基本助動詞20 けり

過去から現在まで続いている今まで意識しなかった事実に初めて気づいたことを表す

❶（過去の事実に初めて気づいた驚きや詠嘆を表し）（実は）…**たのだ**。…**だなあ**。
◉和歌や会話文・心内文に用いられた場合は、ほとんどこの用法。

❷（過去の回想や伝聞を表し）…**た**。…**たのだった**。
◉物語の地の文に用いられた場合は、ほとんどこの用法。

助動詞（ラ変型）
接続 活用語の連用形に付く。

未然形	連用形	終止形	連体形	已然形	命令形
（けら）	○	けり	ける	けれ	○

❶（過去の事実に初めて気づいた驚きや詠嘆を表し）（実は）…たのだ…たのだなあ…だなあ
「さは、翁丸にこそはありけれ。昨夜は隠れ忍びてあ

発展
▼見出し語について掘り下げて学びたい情報をまとめて掲載した。
▼タイトルが付いているので、情報をピックアップしやすい。

…詞を中心に、同形…解説。…で識別のポイン…

発展 ①語の成り立ち 語源については、カ変動詞「来く」の連用形「き」に、ラ変動詞「あり」が付いた「きあり」の変化したものとする説が有力である。未然形は、打消の助動詞「ず」に付いた「けらず」の形で上代にのみ用いられた。それも、疑問を表す助詞「や」を伴った「けらずや」の形がほとんどである。また、上代には「かり」という形も使われた。↓**読解の手引き❶**（98ページ）

②単なる過去の意ではない 「けり」は過去から現在まで続いている事柄を回想する意味を持つ。そのため、和歌や会話文・心内文では、❶のように、過去の事実に初めて気づ

類語比較
▼類義語のニュアンスの違いを解説。
▼箇条書きなので類語どうしを比較しやすい。

類語比較 「けり」と「き」
共通点＝過去を表す助動詞。
けり＝過去のことを伝え聞いて回想したり、過去の事実に初めて気づいた詠嘆を込めて述べたりする場合に用いられることが多い。
き＝過去に自ら体験したことや、過去に確実に存在した事柄を述べる場合に用いられる。
参考＝次の例では、人から聞いた話の内容には「けり」が使われ、自分がその話を聞いたという事実については「き」（ここでは連体形の「し」）が使われている。「その人、程なく失せにけりと聞きはべりし（＝その人は、間もなく死んでしまったそうだと聞きました）。」〈徒然草・32・九月二十日のころ〉

識別 「けれ」の識別

品詞と用法	見分け方	例文と訳
過去の助動詞「けり」の已然形	活用語の連用形に付く。また、上に「こそ」があるか、下に「ど」「ども」「ば」が付く。	とかく直しけれども、つひに回らで…。〈徒然草・51・亀山殿の御池に〉訳（水車を）あれこれと修理したけれども、とうとう回転しないで…。
形容詞の已然形活用語尾	「けれ」の上が形容詞の語幹相当部分である（シク活用形容詞の場合は終止形が語幹に相当する）。	いと近う召し入れられたるこそうれしけれ。〈枕草子・276〉訳たいへん近くに（私を）お呼び入れになられたことがうれしい。
助動詞（形容詞型活用）の已然形活用語尾	「けれ」の上が助動詞の語幹相当部分。	冬枯れの気色こそ、秋にはをさをさ劣るまじけれ。〈徒然草・19・折節の〉訳冬枯れの景色は、秋（の景色）にはほとんど劣らないに違いない。
カ行四段動詞の已然形活用語尾＋存続の助動詞「り」の已然形	「けれ」の上が動詞の語幹である。	咲かざりし花も咲けれど…。歌〈万葉集・1・16〉訳咲いていなかった花も咲いたが…。

◀271ページ

基本敬語25

おは・す【御座す】おわす

一 動詞 自 ―【尊敬語】― ❶ いらっしゃる。[通常語] あり
二 補助動詞 ―【尊敬語】― ❷ いらっしゃる。[通常語] 行く・来く
……(て)いらっしゃる。

未然形	連用形	終止形	連体形	已然形	命令形
おは・せ	おは・し	おは・す	おは・する	おは・すれ	おは・せよ

接続 二は用言の連用形などに付く。→ 発展 ④

一 動詞 自〔サ変〕 ❶(「あり」の尊敬語で)いらっしゃる。おありになる。

「我朝ごと夕ごとに見る竹の中におはするにて知りぬ。子になりたまふべき人なめり。」〈竹取・かぐや姫の出生〉訳「私が毎朝毎晩見るタケの中に(あなたが)いらっしゃることによって分かった。(タケから「籠こ」(=かご。「子」と掛けたしゃれ)ができるように、あなたは私の)子におなりになるはずの人であるようだ。」

○話し手(=竹取の翁)が、「いる」人物(=女の子)への敬意を表している。竹取の翁がタケの中に女の子を見つけた場面。この場合の「おはす」は存在を表す。

この「おはす」は「行く」の尊敬語。

右中将ちゅうじょうおはして、物語したまふ。〈枕草子・故殿などの〉訳右中将がおいでになって、お話をなさる。

○作者が、「来る」動作をする右中将への敬意を表している。この「おはす」は「来」の尊敬語。

二 補助動詞〔サ変〕…(て)いらっしゃる。→ 発展 ④

右大臣阿倍御主人あべのみうしは、財たから豊かに、家広き人におはしけり。〈竹取・火鼠ひねずみの皮衣かわぎぬ〉訳右大臣の阿倍御主人は、財産が豊かで、一門が多く栄えている方でいらっしゃったのだった。

○作者が、「財産が豊富で、一門が栄えている人である」阿倍御主人への敬意を表している。断定の助動詞「なり」の連用形に、接続助詞「て」を介して付いた例。

聞きしにも過ぎて、…和寺にある法…参詣したいと長年…思っていたのにもまさっ…しゃった。
…石清水八幡宮へ…
…連用形に、係助詞…「ありけれ」の尊敬表…になっている。
…「はす」は中古から用…中世以降、しだいに

敬語のしくみ 「あり・行く・来」の尊敬語

存在を表す動詞「あり」や移動を表す動詞「行く・来」の尊敬語となる動詞は数が多い。

上代に広く用いられたことばに「ます」があり、このことばから生じたといわれる「います」も広く用いられた。中古になると、「ます」は衰え、古風なことばとして和歌に残る以外はほとんど用いられなくなる。「います」も使用が限られていき、和文での用例はわずかである。また、中古初期から「いますがり」「いまそがり」などが見られるが、『伊勢物語』『大和物語』などに多少目立つほかは、限られた作品に少数の用例があるのみである。一種の俗語とも見られ、「いますかり」「いまそかり」という清音の形も考えられる。

このように多彩なことばが使用されたが、中古に最も広く用いられたのは「おはす」「おはします」である。なお他に、中古には用法が狭いが、中世になって用法の広がる「まします」ということばもある。→古語チャート ❼(273ページ)

関連語 坐います・御座おはします・坐ます
→基本敬語動詞一覧表(26ページ)

訳出ポイント

▼「訳語がわかる」から「古文を訳せる」に引き上げるためのポイントを記載。
▼基本敬語動詞では、赤字で敬意の方向と対象を明示。用例を使って敬語の学習ができる。

敬語のしくみ

▼敬語は古文学習の山場。見出し語が敬語である場合は、敬語のしくみについて特にここで取り上げた。
▼タイトルが付いているので、情報をピックアップしやすい。

ベネッセ 全訳古語辞典

改訂版

中村 幸弘・編

Benesse®

編者——中村幸弘

編集委員——岩下裕一・碁石雅利・南芳公・村山昌俊　荒井敏光・杉本完治

企画吟味協力者——石塚秀雄・岡花弘幸・嘉登隆・近藤亮・齋藤友季子・菅原悟・長谷川雅浩
樋口元・福士りか・宮原俊二・横田恭一郎

編集——今井惠子・富田正子・藤本なほ子・三和麻里・椋本茜・渡辺典子　校正——東村暁子

本文デザイン——株式会社 中垣デザイン事務所

装丁——坂川事務所

古典挿絵師——香取良夫

カット——牧野暢穂

地図類——有限会社 ジェイ・マップ

コラム写真提供（数字はコラム通し番号。番号順）

必修古典ビッグ30　湯木美術館❶・天理大学附属天理図書館❷❸❻・陽明文庫❹・国立歴史民俗博物館❺⓰・跡見学園女子大学図書館❼・国立国会図書館❽⓭・日本芸術院❾・京都国立博物館❿㉗・野村美術館⓫・川崎市市民ミュージアム⓬・石山寺⓮・水無瀬神宮⓯・宮内庁書陵部⓱・本居宣長記念館⓲・大阪歴史博物館⓳・徳川美術館⓴・神奈川県立金沢文庫㉑・五島美術館㉒・（財）林原美術館㉓・神宮文庫㉔・北野美術館㉕・一茶記念館㉖・独立行政法人国立公文書館㉘・松井文庫㉙・宮内庁三の丸尚蔵館㉚

絵で見る古典生活史　与五沢真吾㉒・風俗博物館㉓

初版でご協力くださった方々　五十嵐一郎・関谷浩　新里博樹・加藤是子・関英一　会田貞夫・秋元伸彦・石坂昌圀・石曾根千勢・伊藤喆・大原敏行・木内和夫・木越隆
栗原隆・小西宏・西光寺実・佐々木和俊・佐藤道彦・塩沢一平・清水めぐみ・白鳥永興・須藤輝雄・瀬山浩義・高橋良久・田村勝浩
富田直次郎・戸谷述夫・長井政寛・古山知子・三井伸昭・水井英彦・水野正・三宅清・矢崎博司・山崎孝雄・池田英乗・稲泉誠司・三瓶和彦
杉崎高信・千葉豊・長嶺力夫・山田光太郎

スタートライン企画

歴史的仮名遣いをマスターするには ―― 4-5
活用語を辞典で調べるには ―― 6-10
この辞典のヘルプ見出しのラインナップ ―― 11

古語辞典入門編

◉この辞典の見方 ―― 28-32

動詞活用表 ―― 12-13
形容詞活用表 ―― 14
形容動詞活用表 ―― 15
基本助動詞活用表 ―― 16-20
基本助詞一覧表 ―― 21-24
活用語音便表 ―― 25
基本敬語動詞一覧表 ―― 26-27

歴史的仮名遣いをマスターするには

古語といっても、書き方や読み方の大部分は現代語と変わりません。ただし、仮名文字のとおりに読むのでなく、読み方に一定のきまりがあります。ここでは、そのポイントをしっかり理解しましょう。また、辞典を正確に引くためにも古典語の仮名遣いに慣れておくことは大切なことです。

原則1　語の頭以外の「はひふへほ」は「ワイウエオ」と読む

［例］　［古語］　　［読み方］
にほ(庭)　　ニワ
まひ(舞)　　マイ
おふ(追ふ)　　オウ
みへ(三重)　　ミエ
おほし(多し)　　オオシ
けはひ(気配)　　ケワイ
にほふ(匂ふ)　　ニオウ

［例外］　はは(母)　はなはだ(甚だ)　など

原則2　歴史的仮名遣いの「読み方早見表」で読み方の法則をマスターする

★この表の見方・使い方

［例］あうむ【鸚鵡】　表のヨコの欄の「あ」とタテの欄の「う」が交わるところに「オウ」とある。↓「オウム」と読むとわかる。

［例］あふ【会ふ】　表のヨコの欄の「あ」とタテの欄の「ふ」が交わるところに「アウ」「オウ」とある。↓「アウ」「オウ」と読むとわかる。

★この表は、覚えるものではありません。表をしばらくながめて、歴史的仮名遣いの読み方の法則をマスターしてください。

あ段の「読み方早見表」　（　）囲みは例外扱い

	う	語例	ふ	語例
あ	オウ	あうむ【鸚鵡】	アウ	あふ【会ふ】
			オウ	あふ【会ふ】 あふぎ【扇】
			(アオ)	あふぐ【扇ぐ・仰ぐ】
か	コウ	かうし【格子】	カウ	かふ【飼ふ】
			コウ	かふ【飼ふ】 かふ【甲】
さ	ソウ	さうぞく【装束】	サウ	さふ【障ふ】(=ひっかかる)
			ソウ	さふ【障ふ】 ざふしき【雑色】 ＊参考：「雑」の付く熟語は「ゾウ」と読む
た	トウ	たうげ【峠】	タウ	たふ【耐ふ】
			トウ	たふ【耐ふ】 たふとし【尊し】
な	ノウ	なう(呼びかけ)	ナウ	なふ【萎ふ】
			ノウ	なふ【萎ふ】 なふえ【衲衣】(=袈裟(けさ))
は	ホウ	はうちゃう【庖丁】	ハウ	はふ【這ふ】
			ホウ	はふ【這ふ】 はふ【法】(注2)
			(ハフ)	はふる【放る】
ま	モウ	まうす【申す】(注1)	マウ	まふ【舞ふ】
			モウ	まふ【舞ふ】
や	ヨウ	やうやく【漸く】		
ら	ロウ	らうたし【労たし】(=かわいらしい)	ロウ	らふたく【臈たく】(=年功を積む)
わ	オウ	わう【王】		

(注1)上代では「まをす」の語形で、「マオス」と読む。
(注2)仏教語以外は「はふ(法)」、仏教語は「ほふ(法)」。

い段の「読み方早見表」

（　）囲みは例外扱い

	う	語例	ふ	語例
い	ユウ	いうなり【優なり】 いうげん【幽玄】	イウ	いふ【言ふ】
き	キュウ	きうと【旧都】 きうもん【糾問】	キュウ （キフ）	きふ【急】 きふじ【給仕】 きふ【来経】(=年月が経過する)
し	シュウ	しうく【秀句】 しうとめ【姑】	シュウ （シウ）	しふしん【執心】 しふ【集】 しふ【強ふ】
ち	チュウ	ちうせい(=小さい) ちう【宙】	チュウ	ちふ(=「といふ」の約)
に	ニュウ	にうなんなり【柔軟なり】	ニュウ	にふだう【入道】
ひ	ヒュウ	ひうが【日向】		
み				
り	リュウ	りうかう【流行】 りうきう【琉球】	リュウ	りふぐゎん【立願】
ゐ				

原則3 え段の「読み方早見表」に出現する読み方と、同じ読み方をするもの

[表記]	[読み方]	[語例]
きやう	キョウ	きやう(京)
しやう	ショウ	しやうぐん(将軍)
ちやう	チョウ	ちやうじや(長者)
ひやう	ヒョウ	ひやうし(拍子)
みやう	ミョウ	みやうぶ(命婦)
りやう	リョウ	りやうがへ(両替)

└え段の「読み方早見表」と同じ読み方

え段の「読み方早見表」

（　）囲みは例外扱い

	う	語例	ふ	語例
え	ヨウ	えうなし【要なし】 えうぜんたり【窅然たり】(=奥深く美しい)	ヨウ	えふ【葉】
け	キョウ	けうず【孝ず】	キョウ	けふ【今日】 けふそく【脇息】
せ	ショウ	せうそこ【消息】 ＊参考：「せうそく」とも。 せうかん【小寒】	ショウ	せふ【少輔】 ＊参考：「せうふ」の変化したことばで本来「せふ」と書く語例はない。
て	チョウ	てうず【調ず】 てうづ【手水】	チョウ	てふ【蝶】 てふ(=「といふ」の約)
ね	ニョウ	ねう【鐃】(=楽器の一種)		
へ	ヒョウ	へう【表】		
め	ミョウ	めう【妙】		
れ	リョウ	れうり【料理】	リョウ	れふし【猟師】
ゑ			ヨウ （エフ）	ゑふ【酔ふ】 ＊参考：「エウ」とも読む。 ゑふ【衛府】

■その他の注意点［その1］

[表記]	[読み方]	[語例]
くゎ	カ	くゎんげん(管絃)
むま	ウマ	むま(馬)
むめ	ウメ	むめ(梅)
むも	ウモ	むもれぎ(埋もれ木)

■その他の注意点［その2］

「じ・ぢ」「ず・づ」の書き分けに注意しましょう。↓四ょつ仮名がな

[例]　こうぢ(小路)　みづ(水)

活用語を辞典で調べるには

古文を読んでいてわからないことばは、まず辞典を引くという姿勢が古文学習の基本ですが、古文中の活用語は終止形に戻さなければ辞典を引くことはできません。(辞典は終止形で立項されているからです。)そのためには、若干の文法的知識が必要になります。手順1～手順4をよく読んで、どんな活用語でも辞典で調べられるようになりましょう。

手順1　文節の構造を知っておく

文[1]は**文節**[2]をつなぎ合わせてできています。また、文節は**単語**[3]によって構成されています。→【図1】

文節は、先頭に必ず**自立語**[4]を一つ持っており、その自立語だけで文節になっている場合と、自立語に**付属語**[5](助動詞・助詞)が付いて文節になっている場合とがあります。→【図2】

このような文節の構造を公式化すると次のようになります。

文節＝1個の自立語＋n個の助動詞＋m個の助詞
(n＝0、1、2…、m＝0、1、2…)

nもmも0のときは、自立語だけの文節になります。また、文節内の語順は、「自立語＋助動詞＋助詞」となります。

※ただし、「春のごとし」「顧みねばなり」のような、比況の助動詞「ごとし」や断定の助動詞「なり」が用いられる場合を除きます。

以上のことから、文節は次の四つのパターンに分類することができます。

Ⅰ型　自立語だけ

[例]　知る(＝わかる)

Ⅱ型　自立語＋助動詞1個以上

【図1】

	定義	例文
文[1]	一つのまとまった内容を表して言い切り、句点でそれを示せるもの。	昔、男ありけり。
文節[2]	実際のことばとして意味がわからなくならない程度に小さく分けたときのことばの単位。	昔、／男／ありけり。
単語[3]	意味を持つ、ことばの最小の単位。	昔、／男／あり／けり。

【図2】

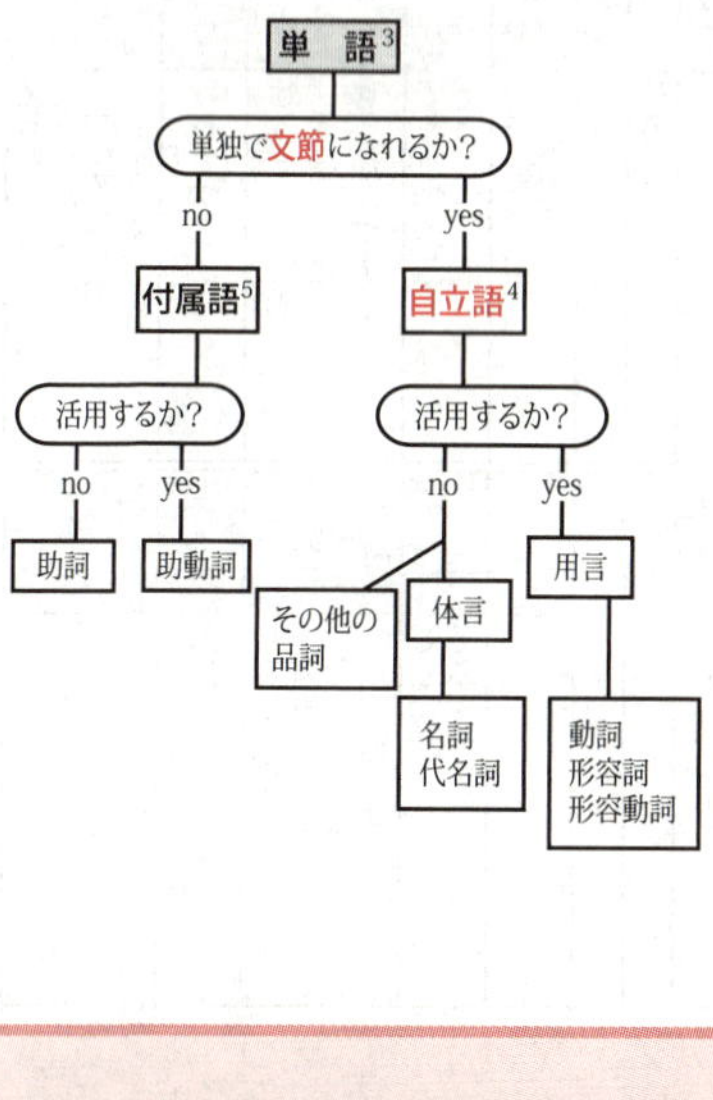

［例1］ 助動詞1個の場合

［自立語］［助動詞］
知ら　ず（＝わからない）

［例2］ 助動詞2個の場合

［自立語］［助動詞］［助動詞］
知ら　ざり　けり（＝わからなかった）

Ⅲ型　自立語＋助詞1個以上

［例］ ［自立語］［助詞］
知れ　ば（＝わかるので）

Ⅳ型　自立語＋助動詞1個以上＋助詞1個以上

［例］ ［自立語］［助動詞］［助動詞］［助詞］
知ら　ざり　けれ　ば（＝わからなかったので）

文節の冒頭には必ず自立語がきます。そこを起点にして次の自立語を探せば、その直前に文節の切れ目が見つかります。

手順2　Ⅰ型の自立語の活用形を特定する

STEP1　【図3】のチャートを利用する

【図3】のチャートは、Ⅰ型の文節で自立語が用言である場合について、その用言の活用形を特定する手順を示したものです。その文節が「文を終わらせているか？」というところから調べてみましょう。用言は動詞だけでなく、形容詞や形容動詞もあります。順を追って体得しましょう。

それでは、次の例文の傍線部が何形であるかを特定してみましょう。

［例1］ 雲　a流れ、山こそ　b遠く　cはるかなれ。

まず、aは**文を終わらせずに中止させている**ので**連用形**。bは「はるかなれ」の**連用修飾語**になっているので、これも**連用形**です。cは**文を終わらせて**いて、しかも「**こそ**」の**結び**になっているので**已然形**となります。

【図3】

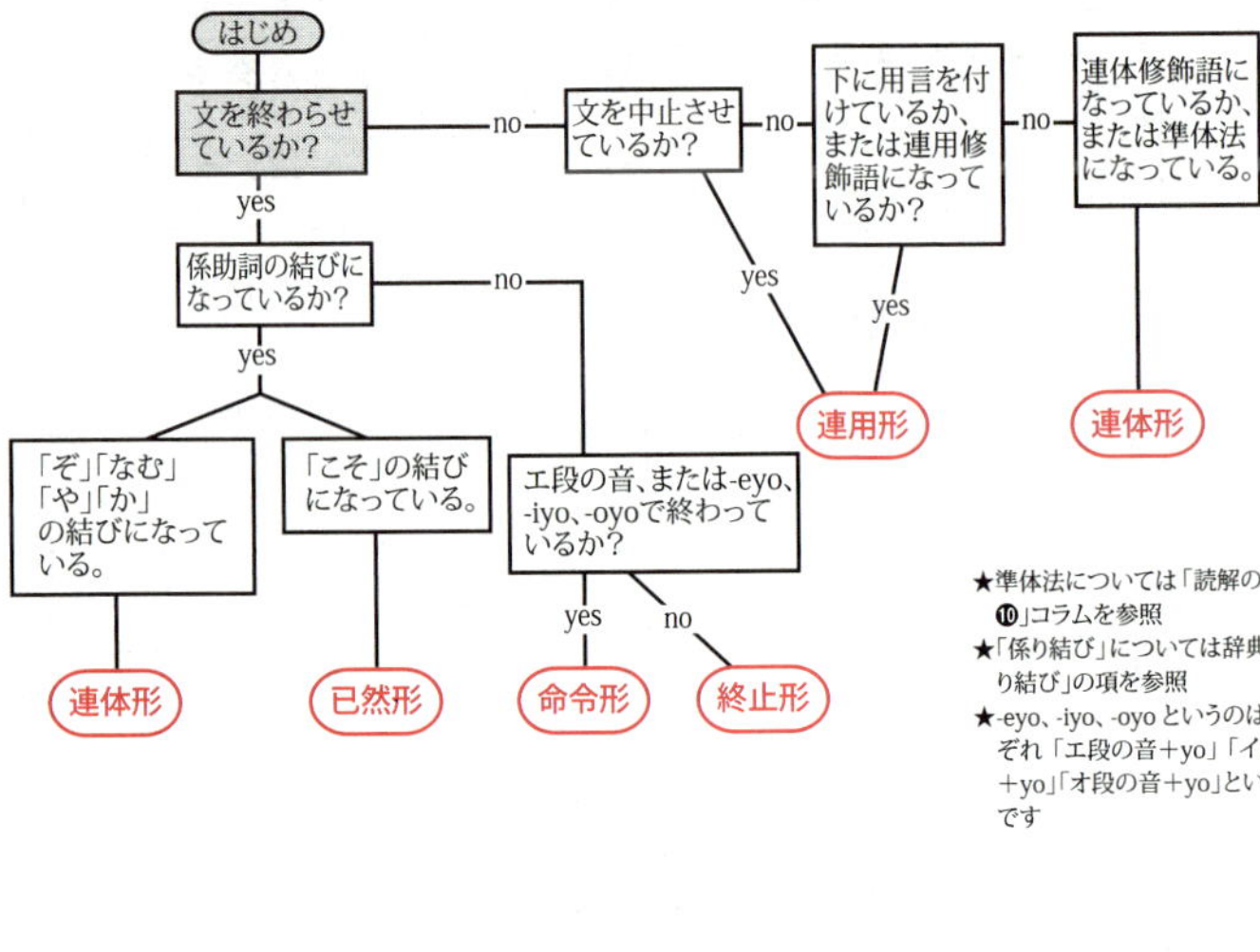
はじめ
文を終わらせているか？
no
yes
係助詞の結びになっているか？
yes
「ぞ」「なむ」「や」「か」の結びになっている。
連体形
「こそ」の結びになっている。
已然形
エ段の音、または-eyo、-iyo、-oyoで終わっているか？
yes
命令形
no
終止形
文を中止させているか？
下に用言を付けているか、または連用修飾語になっているか？
連用形
連体修飾語になっているか、または準体法になっている。
連体形

★準体法については「読解の手引き❿」コラムを参照
★「係り結び」については辞典の「係り結び」の項を参照
★-eyo、-iyo、-oyoというのは、それぞれ「エ段の音＋yo」「イ段の音＋yo」「オ段の音＋yo」という意味です

STEP2 各種**活用表**を参照して終止形を特定する

この辞典の活用表を活用しましょう。

（a）**動詞は動詞活用表**（12〜13ページ）**の各「パターン」と、その語形が合うかをチェックする。合えば終止形のパターンをあてはめて終止形を割り出し、辞典で確認する。**

（b）**形容詞・形容動詞はそれぞれ二種類の活用型しかないので、形容詞活用表**（14ページ）**・形容動詞活用表**（15ページ）**を見て合う語形がないかを探す。合えば終止形を割り出して辞典で確認する。**

STEP1で、【例1】のa「流れ」は連用形と特定されましたが、「流れ」が「エ段」の音であることに注目しましょう。**動詞活用表**の連用形の欄を横に見ていくと、連用形でエ段のパターンを持つ動詞は「下一段活用動詞」と「下二段活用動詞」の二つであることがわかります。→【図4】

しかし、下一段活用動詞は「蹴る」一語しかないので、この「流れ」は下二段活用動詞で、終止形は「ウ段」のパターンをもっていることがわかります。そこから、終止形は「流る」であると特定できます。

bの「遠く」、cの「はるかなれ」については動詞活用表ではなくて、**形容詞・形容動詞の活用表**の中を探すと、活用語尾「く」「なれ」を見つけることができます。それぞれの終止形語尾をあてはめれば、終止形「遠し」「はるかなり」を得られます。→**【図5】【図6】**

手順3 Ⅱ型の助動詞が末尾にある文節の分析法

STEP1 **【図3】のチャート**を利用して、**文節最後尾の助動詞の活用形を特定**する

【例2】 男　都へこそ　行きたりけれ。

7ページのチャートにしたがうと、文節最後尾にきている助動詞「けれ」は**文を終わらせて**いて、しかも**「こそ」**の結びになっているので、**已然形**であることがわかります。

STEP2 **基本助動詞活用表**（16〜20ページ）**で、特定した活用形の欄を横に検索していってその語の終止形を特定する**

【図4】

13ページ

種類	行	語例	語幹※	未然形	連用形	終止形	連体形	已然形	命令形
下一段	カ	蹴る	○	け	け	ける	ける	けれ	けよ
パターン				エ	エ	エる	エる	エれ	エよ
下二段	ア	得う	○	え	え	う	うる	うれ	えよ
	カ	受く	受	け	け	く	くる	くれ	けよ
	ガ	告ぐ	告	げ	げ	ぐ	ぐる	ぐれ	げよ
	サ	寄す	寄	せ	せ	す	する	すれ	せよ
	ザ	交ず	交ま	ぜ	ぜ	ず	ずる	ずれ	ぜよ
	タ	捨つ	捨	て	て	つ	つる	つれ	てよ
	ダ	出づ	出い	で	で	づ	づる	づれ	でよ
	ナ	寝ぬ	○	ね	ね	ぬ	ぬる	ぬれ	ねよ
	ハ	考ふ	考	へ	へ	ふ	ふる	ふれ	へよ
	バ	述ぶ	述	べ	べ	ぶ	ぶる	ぶれ	べよ
	マ	求む	求	め	め	む	むる	むれ	めよ
	ヤ	絶ゆ	絶た	え	え	ゆ	ゆる	ゆれ	えよ
	ラ	暮る	暮	れ	れ	る	るる	るれ	れよ
	ワ	植う	植	ゑ	ゑ	う	うる	うれ	ゑよ
パターン				エ	エ	ウ	ウる	ウれ	エよ

【図5】

14ページ

種類	例語	語幹	未然形	連用形	終止形	連体形	已然形	命令形
ク活用	高し	高	く	く	し	き	けれ	○
			から	かり	○	かる	○	かれ
シク活用	美し	美	しく	しく	し	しき	しけれ	○
			しから	しかり	○	しかる	○	しかれ

STEP1で、［例2］の「けれ」は已然形だとわかりました。**基本助動詞活用表**の已然形の欄を横に見ていきましょう。終止形が「けり」だとわかります。→【図7】

STEP3　基本助動詞活用表（16〜20ページ）で、**その助動詞がどの活用形に接続するか**を確認する

助動詞は、どの活用語のどの活用形に付くかがそれぞれ決まっています。【図7】の助動詞活用表の「接続」という欄を見てみましょう。「けり」は連用形に接続することがわかります。

STEP4　その助動詞の上にある語の終止形を求める

（a）**上にくる語が用言の場合は、**手順2 STEP2に戻る。
（b）**上にくる語が助動詞の場合は、**手順3 STEP2に戻る。

STEP3の結果、「けり」の上に付いている「たり」は、連用形だとわかります。そこで、「たり」が助動詞であると仮定して**基本助動詞活用表**を見ると、終止形は「たり」であることがわかります。→【図7】

※なお、「たり」は、活用表内の「完了」と「断定」の二か所に出現しますが、後者の接続欄を見ると、体言に接続するとあります。［例2］の「たり」は、用言「行き」に接続しているので、前者と特定することができます。

最後に動詞「行き」を確認します。イ段の音を持つことに着目して**動詞活用表**（12〜13ページ）を見ると、「行き」は連用形で、その終止形は「行く」であることがわかります。

行き　　たり　　けれ　　（＝行っていた）
（連用形）（連用形）（已然形）
↑　　　↑　　　↑
行く　　たり　　けり

助動詞は、三つ四つと重なることもあります。手順3のSTEP3・4を必要に応じて繰り返しましょう。→補足（下段★）

15ページ

【図6】

種類	例語	語幹	未然形	連用形	終止形	連体形	已然形	命令形
ナリ活用	静かなり	静か	なら	なり に	なり	なる	なれ	なれ
タリ活用	堂々たり	堂々	たら	たり と	たり	たる	たれ	たれ

17ページ

【図7】

種類	基本形	未然形	連用形	終止形	連体形	已然形	命令形	活用型	接続
過去	けり	（けら）	○	けり	ける	けれ	○	ラ変型	活用語の連用形に付く。
完了	たり	たら	たり	たり	たる	たれ	たれ	ラ変型	ラ変動詞以外の動詞・動詞型活用の助動詞の連用形に付く。

★なお、自立語が体言の場合にも助動詞が付くことがあります。その場合、体言には必ず断定の助動詞「なり」あるいは「たり」が付き、さらにその下に助動詞や助詞が付くこともあります。その場合Ⅱ・Ⅳ型の文節と同じ手順で分析していきます。

［例］　それは　もののふ（体言）なり。（＝それは武者である。）

手順4　Ⅲ・Ⅳ型の助詞が末尾にある文節の分析法

STEP1　文節の末尾に付く助詞がどの活用形に接続するかを確認する

（a）【図8】のコラム1の助詞が付く語は、**連体形**。

※副助詞・係助詞には、連体形以外の活用形が付くこともあるが、連体形には必ず付く。

（b）【図8】のコラム2の助詞が付く語は、**基本助詞一覧表**（21～24ページ）でそれぞれ確認する。

（c）【図8】中で□囲みの語はコラム1にもコラム2にも出現する。

★（1）体言に付いている場合。（2）活用語の連体形に付いていて「もの」「こと」などが補える場合（★準体言）。→格助詞だ。→（a）へ

★右以外のケース→接続助詞だ。→（b）へ

（d）【図8】中で◯囲みの語もコラム1にもコラム2にも出現する。

★文中にあれば係助詞（例外は★結びの省略）→（a）へ　文末にあれば終助詞→（b）へ

【例3】　雨　降りければ、沼　あふれたり。
（＝雨が降ったので、沼があふれている。）

助詞のほとんどはそれぞれどの活用形に付くかが決まっています。【図8】を見ると、文節末尾の助詞「ば」は、**コラム2**の接続助詞の項にあることがわかります。そこで、接続助詞「ば」を、**基本助詞一覧表**で調べると、**未然形**と**已然形**に付く場合があることがわかります。→【図9】

STEP2　その助詞が付く語の終止形を特定する

（a）助詞が付く語が**用言**である場合は、手順2 STEP2に戻る。

（b）助詞が付く語が**助動詞**である場合は、手順3 STEP2に戻る。

STEP1で「ば」に付く活用形は未然形か已然形だとわかりました。次に、接続助詞「ば」の上に付く「けれ」が助動詞だと仮定して、**基本助動詞活用表**（16～20ページ）の**未然形**の欄と**已然形**の欄を横に見ていくと、「けれ」は**已然形**であるということ、また、この「けれ」の**終止形は「けり」**であるということも明らかとなります。→【図10】

【図8】

コラム1

（格助詞）［が］　の　［を］　［に］　［と］　より　から　にて　［して］

（副助詞）だに　すら　さへ　のみ　ばかり　まで　など　し

（係助詞）は　も　こそ　（ぞ）　（なむ）　（や）　（やは）　（か）　（かは）

コラム2

（接続助詞）ば　［と］　ど　ども　［が］　［に］　［を］　て　［して］　で　つつ　ながら　ものから

（終助詞）な　（ぞ）　（や）　ばや　（なむ）　（やは）　（かは）　もがな　てしがな　（か）　かな　かし

【図9】22ページ

接続助詞
ば
❶は活用語の未然形、❷～❺は已然形に付く。
❶順接の仮定条件 ❷単純な接続 ❸順接の確定条件 ❹順接の★恒常的条件 ❺逆接の確定条件 ◉主に上代、「～ねば」の形で用いる。
❶…ならば。 ❷…と。 ❸…（し）たところ。…ので。…から。 ❹…（する）といつも。 ❺…のに。

【図10】17ページ

種類	基本形	未然形	連用形	終止形	連体形	已然形	命令形	活用型	接続
過去	けり	（けら）	○	けり	ける	けれ	○	ラ変型	活用語の連用形に付く。

この辞典のヘルプ見出しのラインナップ

ここまでのスタートライン企画を踏まえれば、古語辞典を使いこなすことができるが、この辞典ではさらに、古文初心者のために、多様なヘルプ見出しを用意した。

異表記(現↓歴)ヘルプ見出し

古語を現代仮名遣い(または現代語の読み)で引いてしまっても、正しい歴史的仮名遣いに誘導する。

あい(現)↓(歴)**あゐ**【藍】
かずく(現)↓(歴)**かづく**【被く】最重要語(360ページ)・【潜く】

異表記(誤↓正)ヘルプ見出し

誤った歴史的仮名遣いで引いてしまっても、正しい歴史的仮名遣いに誘導する。

ことはり(誤)↓(正)**ことわり**【理・断り】最重要語(545ページ)

字音ヘルプ見出し

★字音を現代仮名遣いで引いてしまっても、正しい歴史的仮名遣いに誘導する。

じょう(現)↓(歴)**でう**【条：嫋】

活用形ヘルプ見出し

終止形以外の活用形で引いてしまっても、見出し語の形である終止形がわかる。
※助動詞の主要なものすべて
※動詞カ変「来く」、サ変「為す」と、これらの複合動詞
※下二段活用動詞のうち語幹と語尾の区別がない「得う」「経ふ」「寝ぬ」

し　助動詞**き**の連体形。↓基本助動詞20(396ページ)
こ【来】動詞・補助動詞**く**(来)の未然形・命令形。
いでこ【出で来】動詞**いでく**の未然形・命令形。

現代語ヘルプ見出し

現代語の終止形で引いてしまっても、古語の終止形に誘導する。
※現代語と古語で終止形の形の異なる動詞・形容詞に誘導する。

おいる(現)↓(古)**おゆ**【老ゆ】
ある(現)↓(古)**あり**【有り・在り】最重要語(100ページ)

未然形(現↓古)ヘルプ見出し

ある動詞の活用の種類を判定する際に、打消の助動詞「ず」を付けてみる方法がある。「ず」の直前の語尾がア段の音であれば四段活用、イ段であれば上二段活用、エ段であれば下二段活用である(詳しくは動詞活用表12ページ参照)。
しかし、この方法は、その語が、現代語と古語とで未然形の形が同じ場合についてしか適用できない。たとえば、現代語感覚では「飽き(Ki)ず」「恨ま(MiMa)ず」であっても、古語では「飽か(Ka)ず」「恨み(MiMa)ず」なのである。これでは、「飽く」「恨む」の活用の種類を誤って判断してしまうだろう。
そこで、現代語とは活用の種類が異なるために未然形を正しく推測できないと思われる動詞をピックアップして、次の形式でヘルプ見出しとして掲載した。

あきず【飽きず】(現)↓(古)**あかず**【飽かず】
カ行四段動詞「あく」の未然形＋打消の助動詞「ず」。発展

未然形(誤↓正)ヘルプ見出し

ある動詞の活用の種類を判定する際に、打消の助動詞「ず」を付けてみる方法がある(詳しくは動詞活用表12ページ参照)。
しかし、この方法をとる際に、仮名遣いを誤ると、その活用の種類が何行で活用するかということも誤って判断することになる。たとえば、「老ひず」「飢えず」と想定したとすると、それぞれ終止形は「老ふ(=ハ行)」「飢う(=ア行)」ということになるが、正しくは、「老いず↓老ゆ(=ヤ行)」「飢ゑず↓飢う(=ワ行)」である。
そこで、仮名遣いを誤りやすいと思われるハ・ヤ・ワ行の動詞をピックアップして、次の形式でヘルプ見出しとして掲載した。

おひず【老ひず】(誤)↓(正)**おいず**【老いず】発展
ヤ行上二段動詞「おゆ」の未然形＋打消の助動詞「ず」。

二様に活用する動詞ヘルプ見出し

終止形は同一の形であっても、活用の種類が二つ以上ある語がある。たとえば、敬語動詞「たまふ」には四段(尊敬)と下二段(謙譲・謙譲Ⅱ)の二つがある。これらは、別々の見出し語として掲載されているので、調べたい語がどちらの活用の種類であるかを正しく見分ける必要がある。
そこで、学習上重要、もしくは頻出する語について、次の形式でヘルプ見出しとして掲載した。

たまは＋□「**たまふ**【賜ふ・給ふ】(ハ行四段)」の未然形。↓基本敬語25(802ページ)
たまふれ＋□「**たまふ**【賜ふ・給ふ】(ハ行下二段)」の已然形。↓基本敬語25(803ページ)

音便形ヘルプ見出し

★音便形のままで引いてしまっても、元の形および音便の種類がわかる。
※活用語や連語などのイ音便・ウ音便・撥音便で掲載。

あん-なり「あるなり」の撥音便。↓あなり
かい-け-つ【掻い消つ】「かきけつ」のイ音便。

★たとえ引き誤っても、正しい見出し語に誘導する。
★古文中に出現する形のままで引いても、探したい見出し語を示す。
マークは、改訂版でパワーアップした機能。

動詞活用表

種類	行	語例	語幹※	未然形	連用形	終止形	連体形	已然形	命令形
四段	カ	聞く	聞	か	き	く	く	け	け
	ガ	泳ぐ	泳	が	ぎ	ぐ	ぐ	げ	げ
	サ	押す	押	さ	し	す	す	せ	せ
	タ	立つ	立	た	ち	つ	つ	て	て
	ハ	思ふ	思	は	ひ	ふ	ふ	へ	へ
	バ	呼ぶ	呼	ば	び	ぶ	ぶ	べ	べ
	マ	読む	読	ま	み	む	む	め	め
	ラ	知る	知	ら	り	る	る	れ	れ
	パターン			ア	イ	ウ	ウ	エ	エ
ラ変	ラ	有り	有(あ)	ら	り	り	る	れ	れ
	パターン			ア	イ	イ	ウ	エ	エ
ナ変	ナ	死ぬ	死	な	に	ぬ	ぬる	ぬれ	ね
	パターン			ア	イ	ウ	ウる	ウれ	エ
上一段	カ	着る	○	き	き	きる	きる	きれ	きよ
	ナ	似る	○	に	に	にる	にる	にれ	によ
	ハ	干(ひ)る	○	ひ	ひ	ひる	ひる	ひれ	ひよ
	マ	見る	○	み	み	みる	みる	みれ	みよ
	ヤ	射る	○	い	い	いる	いる	いれ	いよ
	ワ	居(ゐ)る	○	ゐ	ゐ	ゐる	ゐる	ゐれ	ゐよ
	パターン			イ	イ	イる	イる	イれ	イよ
上二段	カ	起く	起	き	き	く	くる	くれ	きよ
	ガ	過ぐ	過	ぎ	ぎ	ぐ	ぐる	ぐれ	ぎよ
	タ	落つ	落	ち	ち	つ	つる	つれ	ちよ
	ダ	恥づ	恥	ぢ	ぢ	づ	づる	づれ	ぢよ

☆活用の種類の見分け方の原則
★活用する行の見分け方

四段

☆打消の助動詞「ず」を付けてみて、直前の語尾がア段の音で、ナ変活用（死ぬ）・ラ変活用（あり等）以外なら四段活用。
〔例〕書か（Ka）ず→四段活用
ただし、「恨む」は現代語の感覚からは「恨ま（Ma）ず」であるが、上二段活用「恨み（Mi）ず」なので注意する。

★四段活用にはア行・ヤ行・ワ行がない。よって、×「思う」→○「思ふ」

五十音図のア・イ・ウ・エの四段にわたって活用する。

ラ変

☆属する語は**「あり」「をり」「はべり」「いますがり（いまそがり）」**の四語なので覚える。

ラ行の四段にわたって活用するが、終止形がイ段である点が四段活用と異なる。

ナ変

☆属する語は**「死ぬ」「往(い)ぬ」**の二語だけなので覚える。

ナ行の四段にわたって活用するが、連体形・已然形が変則的で四段活用と異なる。

上一段

☆属する語は少数なので覚える。覚え方の一例は

「ひ い き に み ゐ」＋る
干 射 着 似 見 居
鋳 煮 率

☆語幹が語尾と区別できない（＝語幹も含めた部分が活用する）点が特徴。

真ん中のウから一段上の音、「イ」段だけで活用する。

上二段

☆打消の助動詞「ず」を付けてみて、直前の語尾がイ段の音で、上一段活用以外なら上二段活用。
〔例〕起き（Ki）ず→上二段活用
ただし、「飽く」は現代語の感覚からは「飽き（Ki）ず」であるが、四段活用「飽か（Ka）

※語幹＝語幹（活用しない部分）が語尾と区別できない語の場合、○で表示。

サ変	パターン			エ	イ	ウ	ウる	ウれ	エよ
	サ	為す	○	せ	し	す	する	すれ	せよ
カ変	パターン			オ	イ	ウ	ウる	ウれ	オ(オよ)
	カ	来く	○	こ	き	く	くる	くれ	こ(こよ)
下二段	パターン			エ	エ	ウ	ウる	ウれ	エよ
	ア	得う	○	え	え	う	うる	うれ	えよ
	カ	受く	受	け	け	く	くる	くれ	けよ
	ガ	告ぐ	告	げ	げ	ぐ	ぐる	ぐれ	げよ
	サ	寄す	寄	せ	せ	す	する	すれ	せよ
	ザ	交ず	交ま	ぜ	ぜ	ず	ずる	ずれ	ぜよ
	タ	捨つ	捨	て	て	つ	つる	つれ	てよ
	ダ	出づ	出い	で	で	づ	づる	づれ	でよ
	ナ	寝ぬ	○	ね	ね	ぬ	ぬる	ぬれ	ねよ
	ハ	考ふ	考	へ	へ	ふ	ふる	ふれ	へよ
	バ	述ぶ	述	べ	べ	ぶ	ぶる	ぶれ	べよ
	マ	求む	求	め	め	む	むる	むれ	めよ
	ヤ	絶ゆ	絶た	え	え	ゆ	ゆる	ゆれ	えよ
	ラ	暮る	暮	れ	れ	る	るる	るれ	れよ
	ワ	植う	植	ゑ	ゑ	う	うる	うれ	ゑよ
下一段	パターン			エ	エ	エる	エる	エれ	エよ
	カ	蹴ける	○	け	け	ける	ける	けれ	けよ
上二段	パターン			イ	イ	ウ	ウる	ウれ	イよ
	ハ	強ふ	強し	ひ	ひ	ふ	ふる	ふれ	ひよ
	バ	浴ぶ	浴あ	び	び	ぶ	ぶる	ぶれ	びよ
	マ	恨む	恨うら	み	み	む	むる	むれ	みよ
	ヤ	老ゆ	老	い	い	ゆ	ゆる	ゆれ	いよ
	ラ	懲る	懲こ	り	り	る	るる	るれ	りよ

ず」なので注意する。
他に「借る」「足る」も同様で、四段活用（「借ら(Ra)ず」「足ら(Ra)ず」）である。

★上二段活用にはア行・ワ行がない。よって例えば「老**い**ず」の「い」はヤ行の「い」であって、終止形は×「老**う**」→○「老**ゆ**」。

★上二段活用のヤ行は「**老ゆ**」「**悔ゆ**」「**報ゆ**」の三語だけなので覚える。

真ん中から上の二段の音「イ」「ウ」で活用する。

☆属する語は上記の「**蹴る**」一語なので覚える。

真ん中のウから一段下の音、「エ」段だけで活用する。

☆打消の助動詞「ず」を付けてみて、直前の語尾がエ段の音で、「蹴る」「為す」以外なら下二段活用。
〔例〕告げ(Ge)ず→下二段活用

☆語幹が語尾と区別できない下二段活用の語は、「**得う**」「**経ふ**」「**寝ぬ**」の三語なので覚える。

★全活用の種類の中で、下二段活用は唯一全行で活用する。
また、全動詞の中でア行に活用するのは下二段活用の「得う」「心得う」や「得」を含む複合動詞だけなので覚える。

★ヤ行とワ行は混同しやすいので注意する。
〔例〕×「植**え**ず」→○「植**ゑ**ず」（ワ行）
×「絶**ゑ**ず」→○「絶**え**ず」（ヤ行）

下二段活用のワ行は「**植う**」「**飢う**」「**据う**」の三語なので覚える。

★ハ行とヤ行は混同しやすいので注意する。〔例〕×「絶**へ**ず」→○「絶**え**ず」
ヤ行は終止形が「―ゆ」である点で見分ける。

真ん中から下の二段の音「ウ」「エ」で活用する。

☆上記の「**来く**」一語のみ。ただし、複合動詞が多い。〔例〕帰り来

カ行のイ・ウ・オの三段で変則的に活用する。

☆上記の「**す**（**為**）」と「**おはす**」の二語のみ。ただし、複合動詞が多く（＝〔例〕「ものす」「愛す」）、その場合は、ザ行で活用することもある。〔例〕案ず・御覧ず・軽んず

サ行のイ・ウ・エの三段で変則的に活用する。

形容詞活用表

種類	例語	語幹	未然形	連用形	終止形	連体形	已然形	命令形	
ク活用	高し	高	く	く	し	き	けれ	○	←基本活用
			から	かり	○	かる	○	かれ	←補助活用
シク活用	美し	美	しく	しく	し	しき	しけれ	○	←基本活用
			しから	しかり	○	しかる	○	しかれ	←補助活用

○は活用形が存在しないことを示す。

●ク活用とシク活用の見分け方

調べたい語に「なる」をつけて「〜くなる」となったらク活用、「〜しくなる」となったらシク活用である。

●補助活用について

補助活用成立の過程

❶うつくしく＋けり　←接続不可能
❷うつくしく＋あり＋けり　←補助動詞が介在して連結
❸うつくし くあ りけり
　　　　↓音変化
　うつくし か りけり
❹うつくし−しかり　＝補助活用の成立

(1)助動詞は本来、動詞を助けるものであって、形容詞には接続できなかったが(❶)、補助動詞(本来の動詞の意味が失われた動詞)の「あり」が介在することで(❷)、形容詞と助動詞の接続が可能となった。後に音変化が生じ(❸)、補助活用が成立した(❹)。

(2)以上の成立の過程からもわかるように、**補助活用は下に助動詞が接続する場合に用いられる。**
※ただし、**断定の助動詞「なり」**は例外的に補助活用ではなく、基本活用のほうに接続する。

(3)形容詞が基本活用か補助活用かによって、下に付く語を識別することができる。

補助活用　確述＋推量　の助動詞
よかり＝な＝む

基本活用　×助動詞　→○係助詞
よく＝なむ

(4)**補助活用には、終止形、已然形が存在しない。**なぜなら、補助活用(=ラ変型活用)の終止形、已然形に接続する助動詞が存在しないからである。
※ただし、**「多し」は例外**で、中古の和文では補助活用の終止形「多かり」、已然形「多かれ」が用いられ、基本活用(「多し」「多けれ」)は用いられなかった。

●形容詞の語幹の用法

形容詞の語幹は独立性が強く、語幹だけでひとつの活用形のように用いられることがある。主な用法は次の通り。

①「あな**めでた**(=ああ、すばらしい)。」のように、語幹だけで特別な感動を含んだ言い方を表す。
②「あな、**にく**の男や(=ああ、いやな男だこと)。」のように、格助詞の「の」を伴って、連体修飾語を作る。
③「**薄**雪」「**寒**(さむ)夜」のように、語幹が直接に名詞を修飾して複合名詞を作る。
④「**さやけ**さ」「野の**繁**(しげ)み」のように、接尾語「さ」「み」などを伴って名詞を作る。
⑤主に和歌に見られる用法で、「山深み(=山が深いので)春とも知らぬ松の戸に…」のように、接尾語「み」を伴って原因・理由を表す。

以上はすべてク活用形容詞の例を示したが、シク活用の場合には、語幹に相当する部分に終止形と同じ形が来るので注意したい。「あなうれし。」「あやしの所」「頼もし人」「悲しさ」などの傍線部がその例。

形容動詞活用表

種類	例語	語幹	未然形	連用形	終止形	連体形	已然形	命令形
ナリ活用	静かなり	静か	なら	なり に	なり	なる	なれ	なれ
タリ活用	堂々たり	堂々	たら	たり と	たり	たる	たれ	たれ

●形容詞と形容動詞の違い

物事の状態や性質を表す品詞である点は、形容詞と共通しているが、**活用が動詞的**(=動詞のラ変型と同じ活用のパターン)である点が異なる。

●形容動詞の活用の成立

ナリ活用は、上代には連用形に相当する「―に」が用いられ、それに「あり」が付いて各活用形が発達した。
タリ活用は、中世に漢語で物事の状態や性質を表す語として発達した。「―と」に「あり」が付くしくみはナリ活用と同じ。

そういう状態で＋存在している
＝　　＝
に　＋　あり
↓音変化
なり　＝ナリ活用の成立

そういう状態で＋存在している
＝　　＝
と　＋　あり
↓音変化
たり　＝タリ活用の成立

●形容動詞ナリ活用の連用形と、副詞の見分け方の一例

いたづらに→活用語尾の「に」を「な」と言い換えられる。
(○「いたづらな」)→**形容動詞**
すでに→活用語尾の「に」を「な」と言い換えられない。
(×「すでな」)→**副詞**

●形容動詞タリ活用と、断定の助動詞「たり」、完了の助動詞「たり」との見分け方の一例

堂々たり→(1)「堂々」は、漢語(漢字二字の音読み)で物事の状態や性質を抽象的に表している。
(2)「堂々」は独立させても主語にならない(=「堂々が…」とはいわない)。
→形容動詞

美人たり→「美人」は独立させたら主語となる(=「美人が…」ということができる)。
→**名詞＋断定の助動詞「たり」**

咲きたり→「咲き」は漢語ではない。
→**四段動詞「咲く」の連用形＋完了の助動詞「たり」**

●形容動詞特有の語尾

左記の語尾が付いている語は、形容動詞であると識別できる。

ナリ活用　→(1)語幹に内在するもの
～かなり・～やかなり・～らかなり
→(2)接尾語として添加したもの
～げなり・～がほ(顔)なり・～がちなり

タリ活用　→(1)畳語(同一語を重ねた表現)の後項が踊り字(「々」など)として示されたもの
～々たり
→(2)接尾語として添加したもの
～然たり

●形容動詞の語幹の用法

形容動詞には、語幹にも独自の用法がある。主な用法は次の通り。

①「あら、**無慚**(むざん)(=ああ、いたましい)。」のように、語幹だけで強い感動を表す。
②「**稀有**(けう)のこと(=珍しいこと)」のように、格助詞の「の」を伴って連体修飾語を作る。
③「**はなやかさ**」のように、接尾語「さ」が付いて、名詞となる。

基本助動詞活用表

「基本助動詞20」のラベルのある見出し語を含む学習上重要な助動詞をここに掲載した。

種類	基本形	未然形	連用形	終止形	連体形	已然形	命令形	活用型	接続	意味	訳語	識別ポイント
使役・尊敬	す	せ	せ	す	する	すれ	せよ	下二段型	四段・ナ変・ラ変動詞の未然形に付く。	❶使役 ❷尊敬 ❸受身	❶…せる。…させる。 ❷お…になる。 ❸…れる。	❷「～せおはします」「～せたまふ」などの形で用いる。 ❸中世以降の用法。軍記物語に見られる。
	さす	させ	させ	さす	さする	さすれ	させよ		四段・ナ変・ラ変以外の動詞の未然形に付く。	❶使役 ❷尊敬 ❸受身	❶…させる。…せる。 ❷お…になる。 ❸…られる。	❷「～させおはします」「～させたまふ」などの形で用いる。 ❸中世以降の用法。軍記物語に見られる。
	しむ	しめ	しめ	しむ	しむる	しむれ	しめよ		活用語の未然形に付く。	❶使役 ❷尊敬	❶…せる。…させる。 ❷お…になる。	❷主に「～しめたまふ」の形で用いる。
受身・可能・自発・尊敬	る	れ	れ	る	るる	るれ	れよ	下二段型	四段・ナ変・ラ変動詞の未然形に付く。	❶自発 ❷可能 ❸受身 ❹尊敬	❶…れる。…られる。自然に…れる。…(し)ないではいられない。 ❷…できる。 ❸…れる。…られる。 ❹お…になる。	❷中古では、下に打消の語を伴う。 ❸無生物が主語となることは少ない。
	らる	られ	られ	らる	らるる	らるれ	られよ		四段・ナ変・ラ変以外の動詞および使役の助動詞「す」「さす」の未然形に付く。	❶自発 ❷可能 ❸受身 ❹尊敬	❶…られる。…れる。自然に…られる。…(し)ないではいられない。 ❷…できる。 ❸…られる。…れる。 ❹お…になる。	❷中古では、下に打消の語を伴う。 ❸無生物が主語となることは少ない。

完了	り	ら	り	り	る	れ	れ	ラ変型	四段動詞の已然形、サ変には未然形に付く。	❶継続・進行 ❷結果が状態として存続している ❸完了	❶…ている。…てある。 ❷…ている。…てある。…た。 ❸…た。…てしまった。	
完了	たり	たら	たり	たり	たる	たれ	たれ	ラ変型	ラ変動詞以外の動詞・動詞型活用の助動詞の連用形に付く。	❶継続・進行 ❷結果が状態として存続している ❸完了 ❹並列	❶…ている。…てある。 ❷…ている。…てある。…た。 ❸…た。…てしまった。 ❹…たり…たり。	❹中世以降の用法。
完了	ぬ	な	に	ぬ	ぬる	ぬれ	ね	ナ変型	活用語の連用形に付く。	❶完了 ❷確述 ❸並列	❶…てしまう。…た。 ❷きっと…。確かに…だ。 ❸…たり…たり。	❷まだ確定していない未来の事柄について用いる。 ❸中世以降の用法。
完了	つ	て	て	つ	つる	つれ	てよ	下二段型	活用語の連用形に付く。	❶完了 ❷確述 ❸並列	❶…てしまう。…た。 ❷きっと…。確かに…だ。 ❸…たり…たり。	❷まだ確定していない未来の事柄について用いる。 ❸中世以降の用法。
過去	けり	(けら)	○	けり	ける	けれ	○	ラ変型	活用語の連用形に付く。	❶過去の事実に初めて気づいた驚きや詠嘆 ❷過去の回想や伝聞	❶(実は)…たのだ。…だなあ。 ❷…た。…たのだった。	❶和歌や会話文・*心内文に用いられた場合は、ほとんどこの用法。 ❷物語の*地の文に用いられた場合は、ほとんどこの用法。
過去	き	(せ)	○	き	し	しか	○	特殊型	活用語の連用形に付く。ただし、カ変・サ変には特殊。	過去(直接体験した)過去	…た。	
打消	ず	ず (な) ざら	ず (に) ざり	ず ○ ○	ぬ ○ ざる	ね ○ ざれ	○ ○ (ざれ)	特殊型	活用語の未然形に付く。	打消	…ない。	

種類	基本形	未然形	連用形	終止形	連体形	已然形	命令形	活用型	接続	意味	訳語	識別ポイント
推量	む(ん)	(ま)	○	む(ん)	む(ん)	め	○	四段型	活用語の未然形に付く。	❶推量 ❷意志・希望 ❸適当・勧誘 ❹仮定・婉曲(えんきょく)	❶…だろう。 ❷…う。…よう。 ❸…(する)のがよい。 ❹…としたら、それは。…ような。	❷話し手自身の動作に付く。 ❸聞き手や不特定の人の動作に付く。 ❹連体形で用いる。
	むず(んず)	○	○	むず(んず)	むずる(んずる)	むずれ(んずれ)	○	サ変型	活用語の未然形に付く。	❶推量 ❷意志 ❸適当・当然 ❹仮定・婉曲(えんきょく)	❶…う。…だろう。 ❷…う。…よう。 ❸…(する)のがよいだろう。 ❹…としたら、それは。…ような。	
	まし	ましか(ませ)	○	まし	まし	ましか	○	特殊型	活用語の未然形に付く。	❶★反実仮想 ❷反実希望 ❸思い迷う気持ちや、ためらいながら抱く意志 ❹推量・意志	❶(もし)…だったら、…(た)だろう(のに)。 ❷…だったらよかった(のに)。 ❸…たものだろうか。…(し)ようかしら。 ❹…だろう。…(し)よう。	❶「〜ませば〜まし」「〜ましかば〜まし」「〜せば〜まし」「仮定条件〜まし」の形をとる。 ❸「疑問語〜まし」の形をとる。 ❹中世以降の用法。
	けむ(けん)	○	○	けむ(けん)	けむ(けん)	けめ	○	四段型	活用語の連用形に付く。	❶過去の事柄についての推量 ❷過去の事柄についての原因・理由などの推量 ❸過去の事柄についての伝聞・婉曲(えんきょく)	❶…ただろう。…たのであろう。 ❷(どうして)…たのだろう。…だったからだろう。 ❸…たとかいう。…たような。	❷多く「疑問語〜けむ」の形をとる。 ❸連体形で用いる。
	らむ(らん)	○	○	らむ(らん)	らむ(らん)	らめ	○	四段型	活用語の終止形、ラ変型には連体形に付く。	❶直接経験していない現在の事実についての推量 ❷現在の事実についての原因・理由の推量や疑い	❶(今ごろ)…ているだろう。 ❷(…だから)…ているのだろう。	

打消推量	まじ	まじく まじから	まじく まじかり	まじ ○	まじき まじかる	まじけれ ○	○○	シク型	活用語の終止形、ラ変型には連体形に付く。	❶打消当然・打消推量 ❷打消意志 ❸不適当・禁止 ❹不可能	❶…はずはない。…ないだろう。 ❷…ないつもりだ。 ❸…ないのがよい。…てはいけない。 ❹…できそうにない。…できない。	
	じ	○	○	じ	じ	(じ)	○	特殊型	活用語の未然形に付く。	❶打消推量 ❷打消意志	❶…ないだろう。…まい。 ❷…ないつもりだ。…まい。	
推定	らし	○	○	らし	らし (らしき)	らし	○	特殊型	活用語の終止形、ラ変型には連体形に付く。	推定	…らしい。…ようだ。	
	めり	○	(めり)	めり	める	めれ	○	ラ変型	活用語の終止形、ラ変型には連体形に付く。	❶視覚による推定 ❷主観的な判断を婉曲(えんきょく)に表す	❶…ように見える。…ようだ。 ❷…ように思える。…ようだ。	
推量	べし	べく べから	べく べかり	べし ○	べき べかる	べけれ ○	○○	ク型	活用語の終止形、ラ変型には連体形に付く。	❶当然・推量・予定 ❷意志・決意 ❸適当・強い勧誘・義務・命令 ❹可能	❶…に違いない。…はずだ。…そうだ。 ❷…つもりだ。…う。…よう。 ❸…のがよい。…方がよい。…(し)なければならない。…せよ。 ❹…できる。…ことができそうだ。	❷常に終止形で用い、主として話し手自身の動作に付く。 ❸主として話し手以外の人の動作に付く。 ❹多く、下に打消の語を伴う。
										❸現在の事柄についての伝聞・婉曲(えんきょく) ❹単なる推量	❸…ているような。…とかいう。 ❹…だろう。	❸連体形で用いる。

種類	基本形	未然形	連用形	終止形	連体形	已然形	命令形	活用型	接続	意味	訳語	識別ポイント
推定・伝聞	なり	○	(なり)	なり	なる	なれ	○	ラ変型	活用語の終止形、ラ変型には連体形に付く。	❶音声などが耳に入る状態 ❷聴覚による推定 ❸伝聞	❶声・音が聞こえる。聞こえてくる。 ❷…ようだ。…らしい。 ❸…という。…そうだ。	
希望	たし	たく たから	たく たかり	たし ○	たき (たかる)	たけれ ○	○ ○	ク型	動詞・動詞型活用の助動詞の連用形に付く。	❶自分および自分以外の人の希望 ❷他への希望	❶…たい。 ❷…てほしい。	
	まほし	まほしく まほしから	まほしく まほしかり	まほし ○	まほしき まほしかる	まほしけれ ○	○ ○	シク型	動詞・動詞型活用の助動詞の未然形に付く。	❶自己の希望 ❷自分以外の人の希望 ❸他への希望	❶…たい。 ❷…たい。…たがっている。 ❸…てほしい。	
断定	なり	なら	なり に	なり	なる	なれ	(なれ)	ナリ型	体言、活用語の連体形、いくつかの副詞・助詞に付く。	❶断定 ❷所在	❶…だ。…である。 ❷…にある。…にいる。	❷多く、連体形で用いる。
	たり	たら	たり と	たり	たる	たれ	たれ	タリ型	体言に付く。	断定	…だ。…である。	
比況	ごとし	ごとく	ごとく	ごとし	ごとき	○	○	ク型	活用語の連体形、格助詞「の」「が」などに付く。	❶比喩(ひゆ)・類似 ❷例示	❶…ようだ。…と同じだ。 ❷(たとえば)…のような。…など。	

基本助詞一覧表

「基本助詞25」のラベルのある見出し語をここに掲載した。
同一の見出し語で、複数の種類の助詞がある場合には、右肩に数字を付けた。
◉は識別ポイント

種類	語	接続	意味	訳語
格助詞	が¹	体言、活用語の連体形に付く。	❶連体修飾語を作って、所有・所属・限定などの関係を表す。 ◉下に体言を伴う。 ❷下に続く体言を省略した形。 ❸主語であることを表す。 ◉「…が…連体形。」または「…が…接続助詞」の形で用いる。 ❹同格 ◉下に★準体言を伴う。 ❺希望・好悪・能力などの対象を表す。 ◉下に希望・好悪・能力を表す語を伴う。	❶…の。 ❷…のもの。 ❸…が。 ❹…で。…であって。 ❺…が。
格助詞	と¹	❶、❹～❼は体言、❷❸は引用文(会話文・★心内文)、❽は動詞の連用形に付く。	❶動作を共にする相手を表す。 ❷引用 ◉「言ふ」「思ふ」「聞く」などの動詞とともに用いる。 ❸❷の「言ふ」「思ふ」などの省略。 ❹比喩（ひゆ） ❺比較の基準 ❻変化の結果 ❼並列・対等の関係 ❽意味を強調する。 ◉同じ動詞を重ねた間に用いる。	❶…と。…と一緒に。 ❷…と。 ❸…と言って。…と思って。 ❹…のように。…として。 ❺…に比べて。 ❻…に。…と。 ❼…と…と。 ❽…はすべて。どんどん…する。
格助詞	に¹（下段へ）	主に体言、活用語の連体形に付く。	❶時・場所・方向・帰着点・対象・結果・比較など ❷動作・作用の目的 ❸動作・作用の手段・原因・理由 ❹比喩（ひゆ）・資格・地位 ❺場合・状況	❶…に。…で。…の方へ。 ❷…によって。…のために。 ❸…(する)ために。 ❹…のように。

種類	語	接続	意味	訳語
格助詞	に¹（上段の続き）		❻婉曲（えんきょく）に主体を示して敬意を表す。 ◉多く「には」「にも」「にこそ」などの形で用いる。 ❼強調	❺…において。…として。 ❻…におかれて(は)。…(する)場合に。 ❼ひたすらに…する。
格助詞	の	体言、活用語の連体形などに付く。	❶連体修飾語を作って、対象となる場所や時間、所有・所属・限定などの関係を表す。 ❷比喩（ひゆ）・例示 ❸下に続く体言を省略した形。 ❹主語であることを示す。 ❺同格 ❻逆接的に下に続ける。 ❼動作・感情・能力などの対象を表す。	❶…の。…にある。…のときの。 ❷…のような。…のように。 ❸…のもの。 ❹…が。 ❺…で。 ❻…であるが。 ❼…を。
格助詞	を¹	体言、活用語の連体形に付く。	❶動作の対象・目標・起点・通過点・期間など ❷行為の対象となる相手を表す。 ❸希望・好悪などの対象を表す。 ❹意味の似た名詞と動詞との間に置かれ、慣用表現を作る。	❶…を。 ❷…に。…に対して。 ❸…が。
接続助詞	が²	活用語の連体形に付く。	❶単純な接続 ❷逆接の確定条件 ◉❶❷とも中古末期以降の用法。	❶…が。…(する)と。…(した)ところ。 ❷…が。…けれども。…のに。
接続助詞	で	活用語の未然形に付く。	上の事実を打ち消して下に続ける。	…ないで。…なくて。

次ページ上段「接続助詞」に続く

種類	語	接続	意味	訳語
接続助詞(前ページより続き)	と²	活用語の終止形などに付く。	逆接の仮定条件	たとえ…ても。…としても。
	ど	活用語の已然形に付く。	❶逆接の確定条件 ❷逆接の★恒常的条件	❶…が。…けれども。…のに。 ❷(たとえ)…ても。…ても、必ず。
	ながら	動詞・動詞型活用の助動詞の連用形、また、一部の名詞に付く。	❶複数の動作や状態が並行している意味を表す。 ❷逆接の確定条件	❶…つつ。…ながら。…まま。 ❷…けれども。…ながらも。
	に²	活用語の連体形に付く。	❶単純な接続 ❷順接の確定条件 ❸逆接の確定条件	❶…と。…ところ。 ❷…ので。…ために。 ❸…のに。…けれども。
	は¹	形容詞・形容詞型活用の助動詞・打消の助動詞「ず」の未然形に付く。	順接の仮定条件	…ならば。
	ば	❶は活用語の未然形、❷～❺は已然形に付く。	❶順接の仮定条件 ❷単純な接続 ❸順接の確定条件 ❹順接の★恒常的条件 ❺逆接の確定条件 ◉主に上代、「～ねば」の形で用いる。	❶…ならば。 ❷…と。…(し)たところ。 ❸…ので。…から。 ❹…(する)といつも。 ❺…のに。
	も¹	動詞・動詞型活用の助動詞の連体形に付く。	❶逆接の確定条件 ❷逆接の仮定条件	❶…けれども。 ❷…ても。

下段「接続助詞」に続く

種類	語	接続	意味	訳語
接続助詞	ものから	活用語の連体形に付く。	❶逆接の確定条件 ❷順接の確定条件 ◉中世以降の用法。	❶…のに。…けれども。 ❷…ので。…だから。
	を²	主に活用語の連体形(まれに体言)に付く。	❶逆接の確定条件 ❷順接の確定条件 ❸単純な接続	❶…のに。…が。 ❷…ので。…から。 ❸…と。…ところ。
係助詞	か¹	★主語・★連用修飾語・★接続語などに付く。また、★補助語・被補助語の間に介在する。	❶疑い ❷問いかけ ❸反語 ◉❶～❸とも文中に置かれ、文末の活用語は連体形で結ぶ。	❶…か。 ❷…か。 ❸…か、いや…ではない。
	こそ¹	★主語・★連用修飾語・★接続語などに付く。また、★補助語・被補助語の間に介在する。	❶強意・強調 ❷多く、逆接の★挿入句を作る。 ❸順接の仮定条件 ◉「ばこそ」の形で用いる。 ❹順接の確定条件 ◉「ばこそ」の形で用いる。 ◉❶～❹とも文中に置かれ、文末の活用語は已然形で結ぶ。	❶…は。 ❷…は…だが。 ❸…ならばきっと。 ❹…からこそ。
	ぞ¹	★主語・★連用修飾語・★接続語などに付く。また、★補助語・被補助語の間に介在する。	強意・強調 ◉文中に置かれ、文末の活用語は連体形で結ぶ。	…は。訳出上表せない場合もある。
	なむ¹	★主語・★連用修飾語・★接続語などに付く。また、★補助語・被補助語の間に介在する。	強意・強調 ◉文中に置かれ、文末の活用語は連体形で結ぶ。	訳語は特定できない。

左ページ上段「係助詞」に続く

係助詞

語	接続	意味・用法	訳語
は²	種々の語に付く。	ある事柄を特に取り出して強調する。◉文中に置かれる。	…は。
も²	種々の語に付く。	❶並列・列挙・添加など ❷最小限の希望 ❸程度の軽いものを挙げて言外にもっと重いもののあることを類推させる関係 ❹強調 ❺詠嘆 ◉「…も…か」の形で用いる。 ◉❶〜❺とも文中に置かれる。	❶…も。 ❷…だけでも。 ❸…でも。…でさえも。 ❹…も。 ❺…ほどに(…だなあ)。
や¹	★主語・★連用修飾語・★接続語などに付く。また、★補助語・被補助語の間に介在する。	❶疑い ◉多く、「む」「らむ」「けむ」などを伴う。 ❷問いかけ ◉「む」「らむ」「けむ」など以外の語を伴う。 ❸反語 ◉❶〜❸とも文中に置かれ、文末の活用語は連体形で結ぶ。	❶…か。…のか。 ❷…か。 ❸…か、いや…ではない。

副助詞

語	接続	意味・用法	訳語
さへ	体言、活用語の連体形、助詞などに付く。	❶添加 ❷程度の軽いものを挙げ、言外にもっと重いもののあることを類推させる。 ❸仮定条件を表す句に用いて、期待の最小限の条件であることを表す。	❶…までも。 ❷…でさえ。 ❸…だけでも。
し	種々の語に付く。	強調	訳語は特定できない。
だに	体言、活用語の連体形、助詞などに付く。	❶最小限の希望 ◉命令・願望・仮定などの表現とともに用いる。 ❷程度の軽いものを挙げ、言外にもっと重いもののあることを類推させる。 ◉多く、下に打消の語を伴う。	❶せめて…だけでも。…なりとも。 ❷…さえ。

終助詞

語	接続	意味・用法	訳語
か²	体言、活用語の連体形に付く。	❶疑い ❷問いかけ ❸反語 ◉多く「かは」「かも」「ものか」「ものかは」の形で用いる。 ❹詠嘆 ◉主に上代に、多く「〜も〜か」の形で用いる。 ❺他に対する願望 ◉上代に「〜も〜ぬか」の形で用いる。 ◉❶〜❺ともに文末に置かれる。	❶…か。 ❷…か。 ❸…か、いや…ではない。 ❹…だなあ。 ❺…てくれないかなあ。
かし	文末に付く。	念を押す気持ちを表す。	…よ。…ね。
こそ²	動詞の連用形（多く「あり」）に付く。	他に対する願望 ◉上代語。	…てほしい。…てくれ。
ぞ²	体言、活用語の連体形に付く。	❶指示・断定 ◉文末に置かれる。 ❷強い問いかけや反語 ◉疑問語とともに用いる。	❶…だ。…である。 ❷…か。…なのか。…か、いや…ではない。
てしがな	活用語の連用形に付く。	自己の願望を詠嘆を込めて表す。	…たいものだ。…たいなあ。
な	❶は動詞・動詞型活用の助動詞の終止形、ラ変型には連体形に付く。 ❷は体言、文末などに付く。 ❸は動詞・動詞型活用の助動詞の未然形に付く。	❶禁止 ❷詠嘆や、念を押す意味を表す。 ❸意志・願望・勧誘 ◉上代語。	❶…(する)な。 ❷…なあ。…よ。 ❸…う。…よう。…たい。…(し)てほしい。
なむ²	動詞・動詞型活用の助動詞の未然形に付く。	他に対する願望 ◉文末に置かれる。	…てくれればいいなあ。…てほしい。
に³	活用語の未然形に付く。	他に対する願望 ◉上代語。	…(し)てほしい。

次ページ上段「終助詞」に続く

種類	語	接続	意味	訳語
終助詞(前ページより続き)	は[3]	体言、活用語の連体形、助詞「ぞ」「や」などに付く。	詠嘆 ◉文末に置かれる。	…よ。 …ことよ。
	ばや	動詞・動詞型活用の助動詞の未然形に付く。	❶自分の行為の実現を控えめに希望する意味を表す。 ❷他に対する願望 ◉「あり」「はべり」などに付いて用いる。 ❸意志 ◉中世以降の用法。 ❹強い打消 ◉中世以降の用法。多く「あらばや」の形で用いる。	❶…たいなあ。 ❷…てほしい。 ❸…(し)よう。 ❹…どころか、まったく…ない。
	も[3]	文末に付く。	詠嘆 ◉上代、和歌の文末に置かれることが多い。	…よ。…ことよ。
	もがな	体言、形容詞の連用形、格助詞などに付く。	実現の困難なことや不可能なことに対する願望を、詠嘆を込めて表す。	…があったらなあ。…(であっ)てくれたらなあ。
	や[2]	❶は「む」、❷は活用語の終止形、❸は已然形、❹は種々の語に付く。	❶疑い ◉「むや」の形で用いる。 ❷問いかけ ❸反語 ◉「已然形＋や」の形で用いる。 ❹詠嘆や念押しなど ◉❶～❹ともに文末に置かれる。	❶…か。 ❷…か。 ❸…か、いや…ではない。 ❹…よ。…ねえ。

種類	語	接続	意味	訳語
間投助詞	や[3]	種々の語に付く。	詠嘆・強調・呼びかけなど	…よ。…だなあ。
	を[3]	種々の語に付く。	❶感動・強調 ◉文中に置かれる。 ❷詠嘆 ◉文末に置かれる。 ❸原因・理由 ◉「体言＋を＋形容詞の語幹＋み(接尾語)」の形をとる。	❶…ねえ。 ❷…のになあ。 ❸…が(…ので)。…の(…さに)。

活用語音便表

動詞

	活用の種類	活用形	原形→音便形	連なる語
イ音便	カ四段	連用形	書き→書い	＋て（ガ行は「で」）＋たり（ガ行は「だり」）
	ガ四段		漕ぎ→漕い	
	サ四段		指し→指い	
ウ音便	ハ四段	連用形	思ひ→思う①	＋て（バ行マ行は「で」）＋たり（バ行マ行は「だり」）
	バ四段		飛び→飛う	
	マ四段		飲み→飲う	
撥音便	バ四段	連用形	呼び→呼ん	＋で（もとは「て」）
	マ四段		住み→住ん	＋だり（もとは「たり」）
	ナ変		死に→死ん	
	ラ四段		終はり→終はん	＋ぬ
	ラ変	連体形	ある→あん	＋なり② ＋めり ＋べし
促音便	タ四段	連用形	持ち→持っ	＋て ＋たり
	ハ四段		言ひ→言っ	
	ラ四段		散り→散っ	
	ラ変		あり→あっ	

形容詞・形容動詞（★の項のみ）

	活用の種類	活用形	原形→音便形	連なる語
イ音便	ク活用	連体形	良き→良い	＋体言 ＋かな 等
	シク活用		珍しき→珍しい	
ウ音便	ク活用	連用形	良く→良う	＋他の用言 等
	シク活用		珍しく→珍しう	
撥音便	ク活用の補助活用	連体形	良かる→良かん	＋なり② ＋めり ＋べし 等
	シク活用の補助活用		美しかる→美しかん	
	★ナリ活用		静かなる→静かなん	＋なり② ＋めり ＋べし 等

助動詞

	活用型	活用形	原形→音便形	連なる語
イ音便	ク活用型	連体形	べき→べい	＋体言 ＋かな 等
	シク活用型		まじき→まじい	
ウ音便	ク活用型	連用形	べく→べう	＋他の用言 等
	シク活用型		まじく→まじう	
			まほしく→まほしう	
撥音便	ラ変型	連体形	たる→たん	＋なり② ＋めり ＋べし 等
	ク活用の補助活用型		べかる→べかん	
	シク活用の補助活用型		まじかる→まじかん	
	形容動詞ナリ活用型		なる→なん	
	特殊型（「ず」）		ざる→ざん	

撥音の無表記について

③ラ変型活用語の連体形に助動詞「なり」「めり」「べし」が接続した場合、それらの連体形は撥音便に変化するが、十一世紀以前には、現代語の表記「ん」が成立しておらず、そのため、「撥音無表記」の習慣があった。古文を読む際には、表記されていない「ん」を想定して理解する必要がある。なお、「なり」には断定の助動詞もあるが、「あなり」のように撥音便の形に付いた「なり」は、推定・伝聞の「なり」である。

あるなり ─ ラ変動詞「あり」の連体形＋断定の「なり」
└（ラ変動詞「あり」の連体形＋推定・伝聞の「なり」）
↓
（あんなり） ← 平安中期の文献には実際には現れない。
↓
あなり

①「思う」は、謙譲の補助動詞（下二段）「たまふ」の上にも現れる。
②推定・伝聞の「なり」に限られる。
③ラ変型活用語＝ラ変動詞、形容詞の補助活用、形容動詞、ラ変型活用の助動詞。

基本敬語動詞一覧表

●敬語動詞

「基本敬語25」を中心に、主な敬語動詞を以下に掲げた。表中のゴシック文字は「基本敬語25」である。

●敬語のはたらき

話し手(書き手)が、聞き手(読み手)や話題の人物などを敬うために使うことばを「敬語」という。この辞典では、敬語を四つに分類している。

A＝話し手(書き手)　B＝聞き手(読み手)
C＝動作をする人物
D＝動作の及ぶ人物(＝動作を受ける人物)

●尊敬語

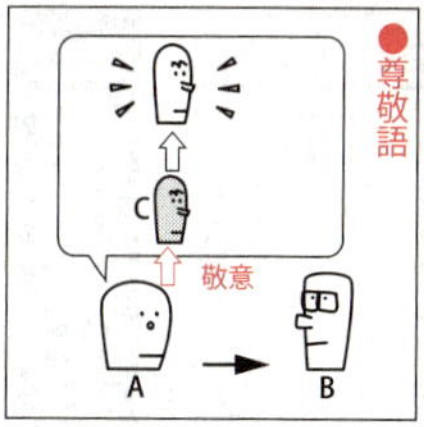

話し手(書き手)が、話題の中のある動作をする人物に敬意を表す。

通常語	尊敬語	謙譲語	謙譲語Ⅱ	丁寧語
遊ぶ	あそばす			
与ふ	たぶ たまはす たまはる＊2 たまふ〔四段〕 つかはす	たてまつる まゐらす まゐる		
あり	います いますがり おはします おはす まします ます	さうらふ＊5 さぶらふ はべり		さうらふ＊5 さぶらふ はべり
言ひつく	おほす＊1			
言ふ	おほす＊1 おほせらる のたまはす のたまふ	きこえさす きこゆ けいす そうす まうす	まうす	
受く		うけたまはる たまはる たまふ〔下二段〕		
贈る		たてまつる		
遣おこす	たまふ〔四段〕			
思ふ	おぼしめす おぼす おもほしめす おもほす			

通常語	尊敬語	謙譲語	謙譲語Ⅱ	丁寧語
見る	ごらんず			
もらふ		たまはる たまふ〔下二段〕		
遣やる	つかはす	たてまつる まゐらす		
行く	います おはします おはす ます	さぶらふ＊6 まうづ まゐる	まかる まゐる	
呼び寄す	めす			
呼ぶ	めす			
治をさむ	きこしめす しろしめす			
補助動詞	あそばす＊4 います いますがり おはします おはす たぶ たまはる＊2 たまふ〔四段〕 まします ます ものす＊7	きこえさす きこゆ たてまつる つかうまつる まうす まゐらす	たまふ〔下二段〕	さうらふ＊5 さぶらふ はべり

おほす・たまはる・あそばす＝「おほす＊1」「たまはる＊2」は中世以降の用法に、「あそばす＊3」は主に中世以降の用法に、「あそばす＊4」は近世以降の用法に、それぞれ限られる。

さうらふ＊5＝中世以降の用例に見られる。

さぶらふ＊6＝貴人の側にお控え申し上げる意味(あり・仕ふ)から派生してできた用法。

ものす＊7　＝「〜ものしたまふ」の形で、補助動詞「あり」の尊敬表現を作る。

★……見出し語として掲載している語

●謙譲語
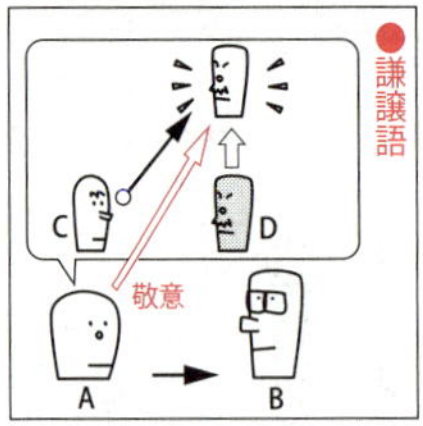

話し手（書き手）が自分の話題の中で、動作の及ぶ人物（＝動作を受ける人物）に敬意を表す。

●謙譲語Ⅱ
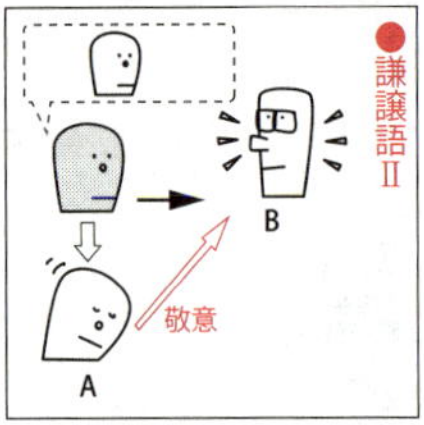

会話文などで、話し手が、自分や自分の側の動作を低めて、聞き手にかしこまりの気持ちを表す。

●丁寧語
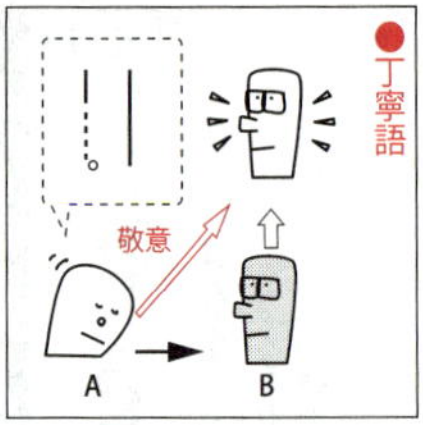

話し手（書き手）が丁寧な言い方をして聞き手（読み手）に敬意を表す。

聞き入る	きこしめす			
聞く	きこしめす	うけたまはる		
着る	たてまつる・めす			
来く	います おはします おはす ます	さぶらふ＊6	まうでく まゐる	
食ふ	きこしめす まゐる めす	たまふ〔下二段〕		
授さづく	たまふ〔四段〕			
知る	しろしめす			
領しる	しろしめす			
為す	あそばす＊3	つかうまつる つかまつる まうす まゐる	つかまつる	
仕つかふ		さうらふ＊5 さぶらふ つかうまつる つかまつる		
使ふ	つかはす			
取り寄す	めす			
寝ぬ	おほとのごもる			
願ふ		きこゆ まうす		
飲む	きこしめす まゐる めす	たまふ〔下二段〕		
乗る	たてまつる めす			

●二方向に対する敬語

話題の中の、動作をする人物への敬意と、動作の及ぶ人物への敬意とを同時に表す用法。「謙譲語＋尊敬語」という順に、二種類の敬語を重ねる。次の三項目が代表例。

二方向に対する敬語	謙譲語		尊敬語
きこえたまふ	きこゆ	動詞／補助動詞	たまふ
たてまつりたまふ	たてまつる	動詞／補助動詞	たまふ
まゐりたまふ	まゐる	動詞	たまふ

●最高敬語

中古の文章の地の文（＝会話文・和歌・心内文以外の文）において、最高階級の人々（天皇・皇后・皇太子・上皇など）に対する高い敬意を表すのに用いられた敬語。次のようなものがある。

①〜せたまふ・〜させたまふ・〜しめたまふ（尊敬の助動詞「す」「さす」「しむ」＋尊敬の補助動詞「たまふ」）

②〜せおはします・〜させおはします（尊敬の助動詞「す」「さす」＋尊敬の補助動詞「おはします」）など

③おはします・思おぼし召す・聞こし召す・賜はす・宣のたまはすなど

※①②は、いわゆる＊二重敬語であり、②は、中古末期から多く使われた。

※会話文中では、最高階級の人々のみに限らず、むしろ、そのときに自分が仕えている直接の主人などへの高い敬意を示すために用いることも多かった。

※中世以降になると、地の文においても、天皇やそれに準じる人以外にも用いられるようになった。

※③を最高敬語に含めない考え方もある。

この辞典の見方

1 この辞典の構造…約2万3千項目収録

スタートライン企画（P4～P11）
◎歴史的仮名遣いをマスターするには
◎活用語を辞典で調べるには
◎この辞典のヘルプ見出しのラインナップ

▼

古語辞典入門編（P12～P32）

▼

★5つのコラムのラインナップについては後見返しを参照

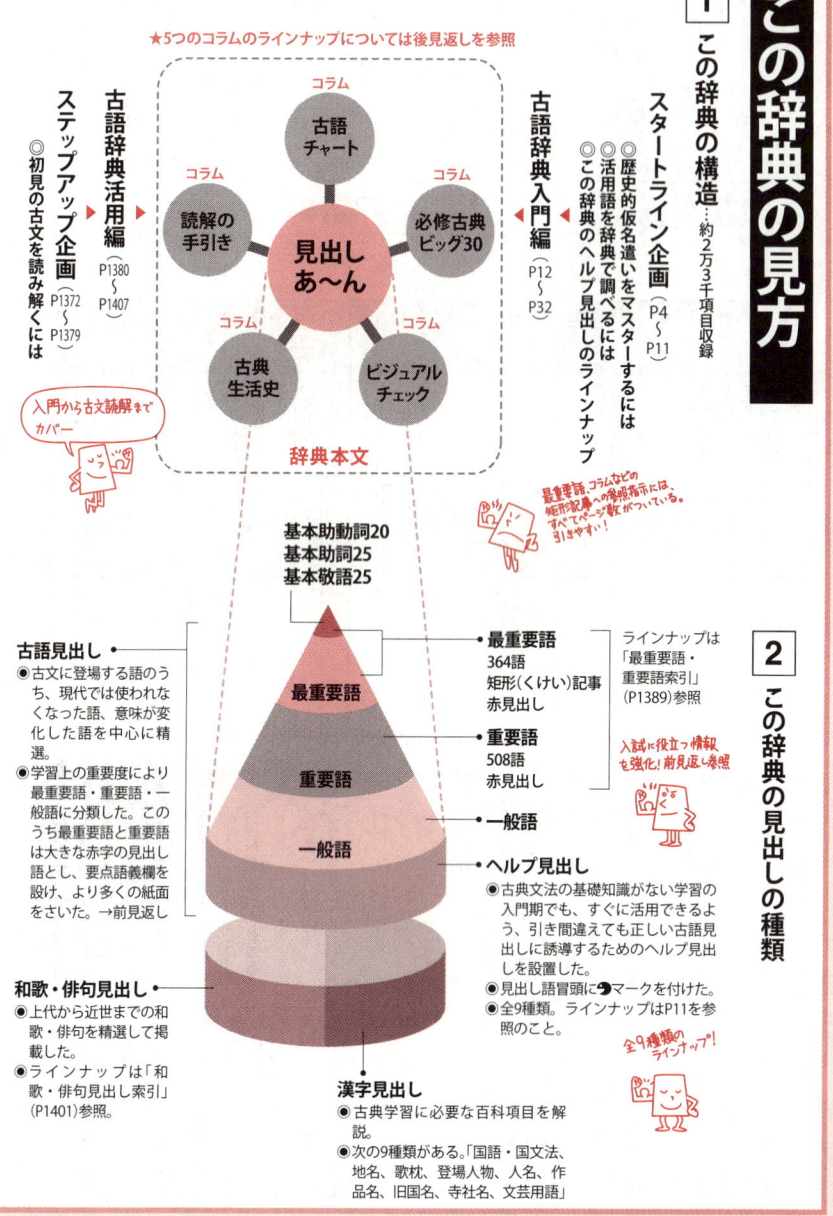

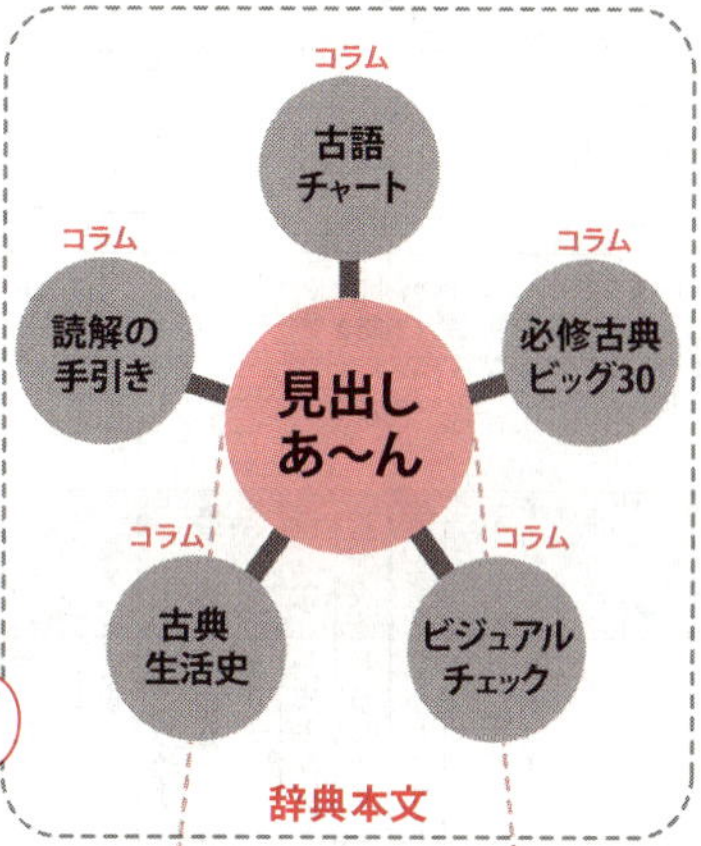

▼

見出し あ～ん

古語辞典活用編（P1380～P1407）

ステップアップ企画（P1372～P1379）
◎初見の古文を読み解くには

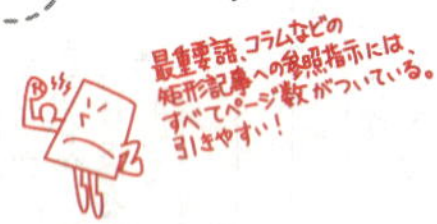

入門から古文読解までカバー

最重要語、コラムなどの矩形記事への参照指示には、すべてページ数がついている。引きやすい！

2 この辞典の見出しの種類

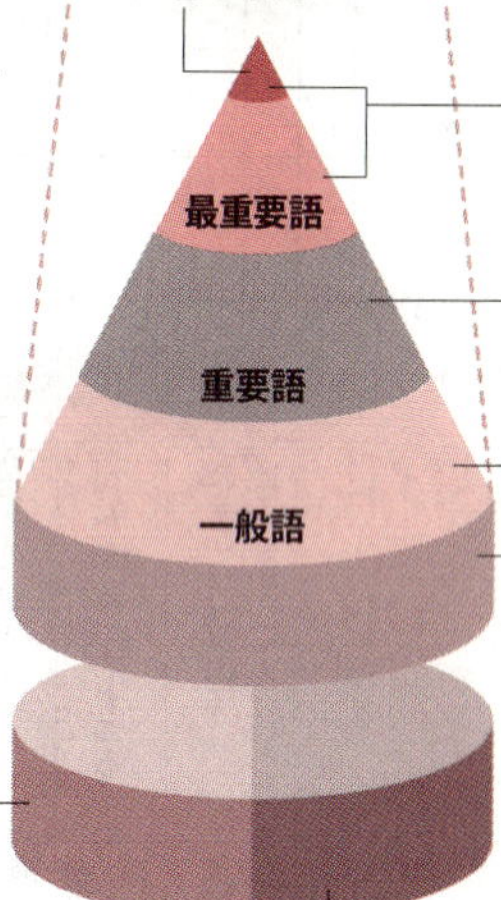

基本助動詞20
基本助詞25
基本敬語25

最重要語
364語
矩形（くけい）記事
赤見出し

重要語
508語
赤見出し

ラインナップは「最重要語・重要語索引」（P1389）参照

入試に役立つ情報を強化！前見返し参照

一般語

古語見出し
◉古文に登場する語のうち、現代では使われなくなった語、意味が変化した語を中心に精選。
◉学習上の重要度により最重要語・重要語・一般語に分類した。このうち最重要語と重要語は大きな赤字の見出し語とし、要点語義欄を設け、より多くの紙面をさいた。→前見返し

ヘルプ見出し
◉古典文法の基礎知識がない学習の入門期でも、すぐに活用できるよう、引き間違えても正しい古語見出しに誘導するためのヘルプ見出しを設置した。
◉見出し語冒頭に◔マークを付けた。
◉全9種類。ラインナップはP11を参照のこと。

和歌・俳句見出し
◉上代から近世までの和歌・俳句を精選して掲載した。
◉ラインナップは「和歌・俳句見出し索引」（P1401）参照。

漢字見出し
◉古典学習に必要な百科項目を解説。
◉次の9種類がある。「国語・国文法、地名、歌枕、登場人物、人名、作品名、旧国名、寺社名、文芸用語」

3 古語見出しの構成

❶**見出し語**＝歴史的仮名遣いによる五十音順配列。

★見出し語の構成要素は、**-**で区切って示した。

★活用語は原則として終止形を示し、語幹と語尾を**・**で区切った。**-**と**・**の区切りが重なる場合は、**・**のみで区切った。

★名詞（主に漢語）にサ変動詞「す」が付いて「○○す」という動詞になる場合は、語幹に当たる名詞の形で立項。

❷**漢字表記**＝見出し語に相当する漢字。【　】の中に示した。

❸**現代語の読み**＝見出し語の仮名遣いが現代語の読みと異なるときに示した。

★仮名遣いと読みが一致している部分は、**-**で区切った単位で—で省略。二通りの読みができるときは（　）に指示。

あうむ【鸚鵡】おうむ

あい-きゃう【愛敬】—きょう

あかな・ふ【贖ふ】あかな（の）う

❹**品詞**＝どの品詞に属する語かをラベルで表示。

使用ラベル一覧（24種類）

造語　接頭語　接尾語　助数詞　名詞　形式名詞　代名詞　動詞
補助動詞　形容詞　補助形容詞　形容動詞　連体詞　副詞　接続詞
感動詞　格助詞　接続助詞　係助詞　終助詞　間投助詞　副助詞　助動詞　連語

★動詞は、品詞ラベルの後に自動詞・他動詞の区別を㊀㊉で表示。

★複数の単語が結合した語句で連語ほど結びつきが強くないものには、品詞ラベルを避けることとした。

❺**活用の種類**＝略称で活用の種類を表示。

〔例〕〔カ四段〕＝カ行四段活用　〔サ変〕＝サ行変格活用　〔ク〕＝（形容詞）ク活用　〔ナリ〕＝（形容動詞）ナリ活用

★助動詞は他の品詞の活用に準じて活用の型を表示。どれにも該当しないものは〔特殊型〕と表示。

この辞典の形容動詞の扱い方

この辞典では、形容動詞を見出し語とする場合、その語の語幹のみを示すのではなく、活用語尾を含めた形で立項している。〔例〕**あはれ・なり**　**さく-さく・たり**【索索たり】

★ナリ活用は〔ナリ〕、タリ活用は〔タリ〕と表示。

★ナリ活用の連用形の一つ「○○に」の形の用法のみが見られるものは語幹で立項し、〔ニ〕と付けた。

★語幹＋「の」の形で用いられるものは語幹で立項し、〔ノ〕と付けた。

★ナリ活用もするが、語幹＋「の」の形でも用いられるものは終止形立項し、〔ナリ・ノ〕と付けた。

★連用形「○○に」と語幹＋「の」の形が見られるものは語幹で立項し、〔ニ・ノ〕と付けた。

★連体形「○○なる」は時代が下るにつれて「○○な」となる傾向を見せたが、そのうち連体形が「○○な」の形しか見られないものは、「○○な」の形で立項し、〔口語化〕と付けた。

❻**接続**＝接続の後に表示。見出し語が助詞・助動詞・補助動詞など、他の語に接続する用法をもつ場合、接続のしかたや接続する品詞名、注意すべき点を示した。

❼**活用表示**＝原則として活用語のすべてに付けた。

★最重要語・重要語は、語幹・活用語尾ともに全書したうえで、表形式で示した。↓前見返し「最重要語・重要語の使い方」

★一般語は、活用の種類の後に活用語尾だけを〈　〉内に表示。

〔例〕〈せ・し・す・する・すれ・せよ〉〈しく・しく・し・しき・しけれ・○／しから・しかり・○・しかる・○・しかれ〉

※／の後は補助活用

★連語、品詞ラベルのないもの、語幹で立項している形容動詞については割愛した。

❽**語義番号**＝意味の区分を三段階で示し、番号を付けた。
〔大分類〕 ■■ 品詞や活用の種類が異なる。
〔中分類〕 ㊀㊁ 漢字表記や構成要素の品詞が異なる。
〔基本分類〕❶❷ 意味や使い方が異なる。

❾**訳語**＝そのまま現代語訳に使える語を表示。
★最重要語・重要語では、代表的な訳語を赤で表示。
★その語義に関する補足的説明、接続情報、呼応関係、敬語の種別などについて、訳語の前に（ ）で表示。

この辞典における敬語の種類

尊敬語＝話し手（書き手）が、話題の中のある動作をする人物に敬意を表すために用いる。
謙譲語＝話し手（書き手）が、自分の話題の中で、動作の及ぶ人物（＝動作を受ける人物）に敬意を表すために用いる。
謙譲語Ⅱ＝会話文などで、話し手が、自分や自分の側の動作を低めて、聞き手にかしこまりの気持ちを表すために用いる。
丁寧語＝話し手（書き手）が丁寧な言い方をして聞き手（読み手）に敬意を表すために用いる。
★一般に謙譲語として扱われる語には、性質の異なる二種類のものが含まれていると考え、「謙譲語」と「謙譲語Ⅱ」とに分類して示した。謙譲語という名称にふさわしいのは後者のほうであるが、古典作品に多いのは前者のほうである。

★時代や使われ方に限定がある場合、訳語の前に《 》で表示。時代（上代語・近世語など）、位相（女房詞・仏教語など）、分野（植物・動物など）を表示し、理解の助けとした。

❿**用例**＝見出し語相当部分は太字。見出し語と呼応する部分は傍線付き。
なほいとゆゆしくて、六条院には、**あからさまに**も、え渡りたまはず。〈源氏・若菜下〉
★助数詞、造語成分、接頭語、接尾語は原則として語例とした。
★用例の出典について
●〈 〉内に、原則として省略しないで表示したが、「○○物語」は「物語」、「○○和歌集」は「和歌」を省略した。
〔例〕源氏、伊勢、古今集、新古今集
●読みが難しい出典については読みを現代仮名遣いで付けた。章・巻・部立に分かれる作品は、章の名称、何巻めであるか、春上などの部立、和歌の歌番号をそれぞれ表示。
●「枕草子」「徒然草」の場合は段数の後にその段の書き出しを表示。作品名だけでは分野がわかりにくいものについては分野、作者名を表示。
〔例〕徒然草・19・折節の、近松・女殺油地獄、謡曲・松風

⓫**現代語訳**＝訳の後に用例の全文を訳出。見出し語に相当する訳語は太字。

そのついでに、やがてまかでさせたてまつらむの御心つきたまひて、ただ、**あからさまの**程を、許しきこえたまふ。〈源氏・真木柱〉訳（鬚黒の大将は）その（＝出仕の）機会に、そのまま（宮中から自分の屋敷に玉鬘を）退出させ申し上げようというお考えを思いつきなさったので、（出仕は）ただ、**ほんのちょっと**の間を、お許し申し上げなさる。○「あからさまの」は「あからさまなり」の語幹に格助詞「の」が付いた形で、形容動詞の語幹用法のひとつ。
★原文にない補足部分は（ ）で表示。
★難解な用語などは（＝ ）で解説。

⓬**訳出ポイント**＝用例の背景、訳し方の要点を○の後に表示。
★「基本敬語25」に該当する見出し語では、赤字で敬意の方向と対象を明示した。↓前見返し裏

⑬学習上のポイント　↓前見返し

●識別＝見出し語と同形の異語を見分ける方法を助詞・助動詞・副詞を中心に表形式で示した。↓識別一覧（1396ページ）

●敬語のしくみ＝見出し語が敬語であるとき、敬語のしくみに特化して詳しく解説。

●類語比較＝見出し語と類似した意味の語を掲げ、ニュアンスや用法の違いを解説。
↓類語比較一覧（1393ページ）

●発展＝見出し語についてさらに掘り下げて学びたい場合に役立つ解説。

表形式！

タイトル付き！

箇条書き！

タイトル付き！

⑭その他の記号

↓（送り矢印）＝他の見出し語に解説を譲ることを示す。

↓（参照矢印）＝参照してほしい他の見出し語、コラムを示す。

＊（立項表示）＝語義解説や用例の現代語訳、コラムの中に、立項されている語があることを示す。そのままの形で引けるように古語見出しの項目の場合は歴史的仮名遣い、漢字見出しの項目の場合は現代仮名遣いで読みを付けた。

類＝類義語・同義語　関連語＝見出し語に関係がある語

対＝対義語　季語＝俳諧で用いられるとき季語となる語。また、俳句用例の季節を示す。春・夏・秋・冬を表示。

枕詞＝和歌で枕詞として用いられる語。係る語、係る理由について解説。

4 漢字見出しの構成

◇古文読解や文学史の学習に必要な百科項目を現代仮名遣いの五十音順に配列した。

葵の上〔あおいのうえ〕［アフヒノウヘ］登場人物『★源氏物語〔げんじものがたり〕』中の人物。主人公光源氏の正妻。左大臣の長女として大切に育てられたため、源氏には冷たい女性と思われ、結婚生活はうまくいかない。長男夕霧を産んだ後、六条御息所〔ろくじょうのみやすどころ〕の生き霊に取り殺される。

①見出し語＝漢字または漢字・仮名交じりで表示。

②見出し語の読み＝現代仮名遣いのひらがなで表示。

③歴史的仮名遣い＝見出し語の読みが歴史的仮名遣いと異なるときに［　］内にカタカナで示した。共通する部分は―で省略。

④準品詞＝どの百科区分に属する語かをラベルで表示。

使用ラベル一覧（9種類）

国語・国文法　地名　歌枕　登場人物　人名
作品名　旧国名　寺社名　文芸用語

5 和歌・俳句・百人一首見出しの構成

◇教科書や入試に頻出する百人一首・その他の和歌、俳句の初句（原則として初めの五文字）を見出し語扱いとした。仮名で表記し、歴史的仮名遣いによる五十音順に配列した。

◇百人一首・和歌見出しは🪭、俳句見出しは🔔のマークを付けた。見出しの最後にそれぞれ 百人一首 歌 歌謡 狂歌 句 川柳 を付けた。

◇同じ初句の和歌や俳句が二つ以上並ぶ場合は見出し語は一つにまとめ、それぞれに解説を施した。ただし、ラベルが異なるものは初句が同じでも独立した見出し語とした。

〈和歌見出し〉

🪭**きみならで**…歌
君ならで誰〔たれ〕にか見せむ梅の花色をも香〔か〕をも知る人ぞ知る〈古今集・春上・38・紀友則〔きのとものり〕〉訳あなたでなくて（いったい）だれに見せようか、（この）ウメの花を。（このすばらしい）色も香りも、（趣の）分かる人だけが分かる（のだから）。〇二・三句切れで倒置法。

発展ウメの花を贈るときに、あいさつとして添えた歌。

★歌謡、狂歌を含む和歌について、その全文を記載。
★出典は〈　〉内に記載。〈歌集名／部立・巻名／歌番号／作者名〉
★訳の後に全体を通しての和歌の意味を記載。表面に現れない修辞的な部分の解釈や補足した内容については（　）内に表示。
★○の後に文法事項や修辞情報（枕詞・序詞・縁語など）を記載。
★踏まえている作品（本歌）がある場合は発展に記載。また、作者についての情報や鑑賞に役立つ情報についても発展に補足した。

〈俳句見出し〉

こがらしの…句
こがらしの地にも落とさぬしぐれかな〈去来発句集・向井去来（むかいきょらい）〉訳木枯らしが吹き荒れて、空中で吹きまくられ地上に落ちないで飛ばされてしまう時雨よ。○季語こがらし・しぐれ―冬
発展『去来抄（きょらいしょう）』にも引かれる句。

★川柳を含む俳句について、その全文を記載。
★出典は〈　〉内に記載。〈句集・作品名／段に分かれているときはその名称／作者名〉
★○の後に季語・句切れを記載。さらに文法事項・修辞についての情報も記載。
★作者についての情報や影響を受けた作品など、鑑賞に役立つ情報を発展に記載。

〈百人一首見出し〉

★すべての百人一首を掲載。記載した情報は和歌見出しと同様。
★百人一首に収録された歌は他の歌集に載っているので、和歌見出しと同様の出典表示をする。百人一首に収録された形と歌集に収録された形とが異なる場合は、異なる部分を〔　〕内に表示。

品詞分解・修辞

秋風	に	たなびく	雲	の	絶え間	より
	格助	カ四・体		格助		格助

もれ出づる	月	の	影	の	さやけ	さ
ダ下二・体		格助		格助	形・語幹	接尾

〈体言止め〉

★品詞分解・修辞欄では、全文を単語に分解。傍線を引き、左側に小字で品詞名を略称で示した。品詞名のないものは名詞。動詞は品詞名を示さず、活用する行・活用の種類・活用形を表示。助詞は種類を表示。助動詞は意味と活用形を表示。修辞情報は右側の傍線と小字で表示。

品詞分解・修辞に用いた略語の見方

（品詞名）　代＝代名詞　補動＝補助動詞　形＝形容詞　形動＝形容動詞　副＝副詞　感＝感動詞
（動詞の活用の種類）　四＝四段活用　上二＝上二段活用　サ変＝サ行変格活用　など
（助動詞の意味）　自発　可能　受身　尊敬　使役　過去　完了　推量　など
（助詞の種類）　格助＝格助詞　接助＝接続助詞　など
（活用形）　未＝未然形　用＝連用形　終＝終止形　体＝連体形　已＝已然形　命＝命令形

「ことばと表現」の解説を強化！
50項目に増設！

6 コラムについて　↓後見返し「コラム索引」

◇この辞典には5種類159項目のコラムが収録されている。
◇各コラムは原則として、最も関連の深い見出し語と同一見開きページ内、あるいはその前後のページに掲載した。
◇関連する見出し語からは参照矢印↓、あるいは送り矢印➔で、関連するコラムの種別と通し番号、掲載ページ数を示している。
●**まとめて覚えよう古語チャート**＝関連性のある語を集め、それらの関係を図示して解説した。左ページ上段左端に掲載。
●**読解の手引き**＝古文の読解に必要な構文情報について具体例を示し、詳しく解説。原則として右ページ下段に掲載。
●**必修古典ビッグ30**＝頻出の古典作品や人物を取り上げ、その内容やことばと表現の特徴を詳しく解説。右ページに掲載。
●**絵で見る古典生活史**＝古典の中に生きる人々の生活を紹介。左ページ上段左端に掲載。
●**ビジュアルチェック**＝見出し語の理解を助ける大型図版・図解・表組み解説を掲載。

あ

あ【足】 名詞 《上代語》あし。
足の音せず行かむ駒もが葛飾の真間の継ぎ橋やまず通はむ 歌〈万葉集・14・3387〉訳↓あのおとせず…

あ【吾・我】 代名詞 私。われ。
「**吾は、国つ神大山津見神の子なり。**」〈古事記・大蛇退治〉訳「**私**は、国つ神の大山津見の神の子である。」
発展 用例は上代に限られ、中古以降は、「あが」の形で親愛の情を込めて言う場合以外は衰えた。

あ【彼】 代名詞 あれ。あちら。対 此こ・其そ
淡路にて彼はとはるかに見し月の近き今宵はところがらかも 歌〈新古今集・雑上・1515〉訳 淡路島で**あれ**は(月か)とはるか遠くに見た月が、近い(所に見える)今夜は(月を見ている)場所柄だろうか。
関連語 彼か

あ 感動詞 ❶(物事に感動して)ああ。❷(相手に呼びかけて)おい。❸(相手に応答して)はい。

ああ 感動詞 (物事に感動して)あら。まあ。

あい(現)↓(歴)**あひ【会ひ・合ひ・遇ひ・逢ひ】【相】【間】**

あい(現)↓(歴)**あゐ【藍】**

あい【愛】 名詞 ❶かわいがること。幼い者を慈しみ、小さな物を大切にすること。また、その心。❷愛らしさ。かわいらしさ。❸大事にすること。手もとに置いて、いとおしみめでること。愛蔵。秘蔵。❹《仏教語》執着する心。むさぼり。欲望。❺男女間の情。

あい-きゃう【愛敬】|きょう 名詞 ↓あいぎゃう最重要語

あい-ぎゃう【愛敬】 名詞 ↓最重要語(33ページ)

あいぎゃう-づ-く【愛敬付く】|あいぎょう 動詞 自 カ四段〈か・き・く・く・け・け〉(顔立ち・声・態度などに)愛らしさがある。魅力がある。↓愛敬あいぎゃう
夜深く打ち出でたる声の、らうらうじう愛敬付きたる、いみじう心あくがれ、せむ方なし。〈枕草子・41・鳥は〉訳(ホトトギスの)夜遅く鳴き出した声が、洗練されて**愛らしさがある**のは、たいへん心引かれ、どうしようもない。
発展 名詞「愛敬」に接尾語「づく」が付いたもの。「愛敬」が「備わっている」の意味。

あい-げう【愛楽】|ぎょう 名詞 動詞 他 サ変〈せ・し・す・する・すれ・せよ〉❶《仏教語》仏の教えを信じて心から願い求めること。❷(物事を)愛好すること。親しみ愛すること。
すべて、人に愛楽せられずして衆に交はるは恥なり。〈徒然草・134・高倉院の法華堂の〉訳 大体、人から**親しみ愛さ**れないで人々と交際するのは恥ずかしいことである。

あい-さつ【挨拶】 名詞 ❶応対。応答。返事。❷人と人との関係。仲。縁。
一生少しの煩ひなく、殊更いづれも挨拶よく…。〈西鶴・日本永代蔵〉訳(三代の夫婦は)これまで生きてきて少しの病気もなく、とりわけ互いに**仲よく**(暮らし)…。
❸仲を取り持つこと。また、その人。仲裁人。
発展 もと禅宗で、門下の僧に口頭試問をし、悟りの程度を確かめることを意味した。

あい-しふ【愛執】|しゅう 名詞 ↓あいぢゃく

あい-しゃう【哀傷】|しょう 一 名詞 動詞 自 サ変〈せ・し・す・する・すれ・せよ〉深く悲しみ心を痛めること。特に、人の死を悲しみ悼むこと。
二 名詞《和歌用語》和歌を内容によって分類するときの部門(=部立ぶだて)のひとつ。↓哀傷歌あいしょうか

哀傷歌[アイシャウ―] 文芸用語『古今集』以降の部立のひとつ。人の死を悲しんだり、すでに死んだ人を思い出して詠まれた。

あい・す【愛す】 動詞 他 サ変〈せ・し・す・する・すれ・せよ〉❶かわいがる。愛情を注ぐ。慈しむ。❷好む。大事に思う。大切にする。
いよいよ愛しかしづくこと限りなし。〈今昔〉訳 ますます**かわいがり**大切に育てることはこの上ない。

あい-ぎゃう【愛敬】|ぎょう

慈しみ尊ぶ意味の仏教語から、容姿・性格などが愛らしいこと

❶**慈しみ尊ぶこと。敬愛。**◉仏教語。
❷(顔形・表情などが)**にこやかでかわいいこと。愛らしさ。**
❸(性格・振る舞い・ことば遣いなどが)**優しく、思いやりがあること。**

名詞 ❶《仏教語》**慈しみ尊ぶこと。敬愛。**
「**この女子に、愛敬、富を得しめたまへ。**」〈今昔〉訳「この娘に、**敬愛**(される心)と、富をお与えください。」
❷(顔形・表情などが)**にこやかでかわいいこと。愛らしさ。魅力。**
頤細う愛敬後れたる人などは、あいなく敵にして、御前にさへぞあしざまに啓する。〈枕草子・49・職の御曹司の〉訳(頭の弁が、女はあごのきれいな人がいいと言ったので)あごが細く**愛らしさ**の劣っている人(=女房)などは、(頭の弁を)むやみに敵視して、御前(=中宮)にまで悪い感じに申し上げる。
❸(性格・振る舞い・ことば遣いなどが)**優しく、思いやりがあること。人情味。**
愛敬ありて、ことば多からぬこそ、飽かず向かはまほしけれ。〈徒然草・1・いでや〉訳 **人情味**があって、口数が多くない人とは、飽きずにずっと対面していたいものだ。

発展 ①**語の由来** 仏教語の❶がもともとの意味。中古では、阿弥陀如来や菩薩などの慈悲深い温和な顔をいう仏教語「愛敬相」を人間の顔形にも使って、❷の意味ができた。さらに、❸のように、性格や振る舞いなどの優しさをも表現するようになった。
②**現代語とのつながり** 古くは「あいぎやう」(「ぎやう」は「敬」の*呉音「きやう」が「愛」と結合して濁音になったもの)と濁音で発音されていたが、室町時代以降「あいきやう」と清音でも発音されるようになった。やがて「あいきやう」だけが残り、近世以降、にこやかさや優しさを際立たせるために、なまめかしいようすを表す「嬌」の字を当てて「愛嬌」とも表記された。

誉れを愛するは、人の聞きを喜ぶなり。〈徒然草・38・名利に使はれて〉訳名誉を好むことは、世間の(よい)評判を喜ぶことだ。

❸自慢する。得意に思う。

八郎返す返す見て、わが弓勢の程ぞ愛しける。〈保元〉訳八郎(=源為朝)は(討ち取った首を)念入りに見て、自分の弓の力のほどを**得意に思った**のだった。

❹(子供を)あやす。(子供扱いして)適当にあしらう。

「**よしよし、しばし愛せよ。**」とて、打たんといふ者なかりけり。〈平家・9・二度之懸〉訳「よいよい、しばらく**適当にあしらえ。**」と言って、(源氏方のこの兄弟を)討ち取ろうという(平家の)者はいなかった。

発展「愛す」は漢語「愛」がサ変動詞になったもので、上位者・強者が下位者・弱者をかわいがり慈しむ意味で用いられた。現代語の「あやす」は、❹の意味から生じた。

あいだ(現)↓(歴)**あひだ【間】**

あいだち-な・し 形容詞 [ク]〈く・く・し・き・けれ・○/から・かり・○・かる・○・かれ〉❶無愛想だ。つれない。奥ゆかしさがない。

「心よからず、**あいだちなきものに思ひたまへる、わりなしや。**」〈源氏・夕霧〉訳「(嫉妬深い私のことを)性根が悪くて、**奥ゆかしさがない**女だと思っていらっしゃるのは、つらいことだよ。」

❷遠慮がない。気兼ねがない。あけすけだ。

あいだちなくぞ愁へたまふ。〈源氏・宿木〉訳(薫は、女二の宮との縁組みへの不満を、中の君に向かって)**あけすけに**愚痴をこぼしなさる。

発展「愛立ちなし」とも「間立ちなし(=距離を置かずに打ち解ける)」ともいわれるが、定かではない。

あいたん-どころ【朝所】 名詞 太政官庁内の北東にあった建物。儀式の際の貴族の会食、会議や政務などに使用した。↓**ビジュアルチェック⑮**(757ページ) 発展「あしたどころ」の変化したことば。「あいだんところ」「あいたどころ」とも。

あい-ちゃく【愛着】|じゃく 名詞《仏教語》情欲に心を奪われ、愛するものに執着すること。

会津 [アヒ] 地名 今の福島県西部、会津盆地一帯。

あい-な・し 形容詞 ↓**最重要語**(35ページ)

あいな-だのみ【あいな頼み】 名詞 あてにならない望み。分に過ぎた期待。

過ぎにし方のやうなる**あいな頼み**の心おごりをだに、すべきやうもなくて…。〈更級日記・宮仕え〉訳以前のような**あてにならない望み**を願う心のおごりすら、持つことができそうになくて…。

発展「あいな」は形容詞「あいなし」の語幹。

あい-べつり-く【愛別離苦】 名詞《仏教語》★八苦の一つ。愛する人や親しい人と別れる苦しみ。↓八苦

あい-ら・し【愛らし】 形容詞 [シク]〈しく・しく・し・しき・しけれ・○/しから・しかり・○・しかる・○・しかれ〉かわいらしい。愛らしい。

「妾が養ひ姫は、御見目の美しく、御目は細々として**愛らしくおはしますぞや。**」〈沙石集〉訳「(乳母である)私が育てる姫君は、ご容貌が美しくて、お目もほっそりとしていて**かわいらしくいらっしゃるよ。**」

あう(現)↓(歴)**あふ【敢ふ】最重要語**(78ページ)・**【合ふ・会ふ・逢ふ・遭ふ】【和ふ・韲ふ】【饗ふ】**

あう-い・く【奥行く】|おう 動詞 自 [カ四段]〈か・き・く・く・け・け〉奥の方へ行く。さらに先へ進む。

「人目も知らず走られつるを、**あういかむことこそ、いとすさまじけれ。**」〈枕草子・99・五月の御精進のほど〉訳「(あなたに遅れまいとして)人目もかまわず走らずにはいられなかったが、**さらに先へ進む**ようなことは、非常に体裁が悪い。」

あうう【奥羽】 地名 ↓奥羽(おうう)

あう-ぎ【奥義】|おう 名詞 学問・芸能・武道などで、たやすく理解できない、奥深くにある、最も重要な事柄。極意。

あうしうかいだう【奥州街道】 地名 ↓奥州街道(おうしゅうかいどう)

あう-な・し【奥なし】|おう 形容詞 [ク]〈く・く・し・き・けれ・○/から・かり・○・かる・○・かれ〉深い思慮がない。軽率である。あさはかだ。

怪しくあうなく、人の思はむところも知らぬ人にて、言ひ散らしゐたり。〈源氏・東屋〉訳(常陸介は)見苦しく**深い思慮もなく**、人の思惑など察しないという態度の人で、(中将の君に向かって)まくしたてている。

あうむ【鸚鵡】おうむ 名詞《動物》熱帯産の鳥の一種。オウム。人のことばをまねる。中国では西域の霊鳥とされた。

あう-よ・る【奥寄る】|おう 動詞 自 [ラ四段]〈ら・り・る・る・れ・れ〉❶(人目に立たない)奥の方に寄る。

あうよりて、三四人差し集ひて、絵など見るもあめり。〈枕草子・184・宮に初めて参りたるころ〉訳(部屋の)**奥の方に寄って**(=下がって)、三、四人(の女房)が寄り集まって、絵など見る者もいるように見える。

❷古びる。古風になる。

御手の筋、殊に**あうよりにたり。**〈源氏・玉鬘〉訳(末摘花の)ご筆跡は、格別**古風になってしまっている。**

❸年を取る。老齢になる。

齢なども**あうよりにたるべければ**…。〈蜻蛉日記〉訳年なども**老齢になってしまっている**はずなので…。〇「たべけれ」は、「たるべけれ」の撥音便「たんべけれ」の「ん」を表記しない形。

あ-うん【阿吽・阿呍】 名詞 ❶吐く息と吸う息。呼吸。❷神社や寺院の山門に左右一対である、仁王・狛犬・唐獅子などの相。一方は口を開き、一方は閉じている。❸相対する二つのものをいう。増減・表裏・明暗など。

あえか・なり 形容動詞 [ナリ]〈なら・なり(に)・なり・なる・なれ・なれ〉触れたら落ちるようだ。いかにも弱々しい。はかなげだ。

はなやかならぬ姿、いとらうたげに、**あえかなる心地して**…。〈源氏・夕顔〉訳(夕顔の)華美でないようすが、(かえって)本当にかわいらしくて、**はかなげな感じがして**…。

あえず(現)↓(歴)**あへず【敢へず】**

あえて(現)↓(歴)**あへて【敢へて】**

あえなし(現)↓(歴)**あへなし【敢へ無し】最重要語**(81ページ)

あえ-もの【肖物】 名詞 似たいと思うもの。あやかりたいもの。

あえる(現)↓(古)**あふ【和ふ・韲ふ】**

あお(現)↓(歴)**あを【青】【襖】**

あおい(現)↓(歴)**あふひ【葵】**

あおい(現)↓(古)**あをし【青し】**

葵の上 [アフヒノウヘ] 登場人物『★源氏物語』中の人物。主人公光源氏の正妻。左大臣の長女として大切に育てられたため、源氏には冷たい女性と思われ、結婚生活はうまくいかない。長男夕霧を産んだ後、六条御息所の生き霊に取り殺される。

あおうま(現)↓(歴)**あをうま【青馬・白馬】**

あおぐ(現)↓(歴)**あふぐ【仰ぐ】【扇ぐ】**

青本 [アヲ] 文芸用語 江戸時代に流行した絵入りの小説。★草双紙の一種。表紙が萌葱色(=薄い緑)な

ので青本と呼ばれる。浄瑠璃・歌舞伎や史話・伝説のあらすじを紹介したもので、読者層は子どもや女性だけでなく、一般男性までを含んだ。↓赤本・黒本

あおる（現）↓（歴）**あふる【煽る】**

あか【赤】 ■一 名詞 ❶緋・紅・朱などの総称。赤色。上代では、黒と組み合わせになることが多い。↓古語チャート⑭（459ページ）❷米の一種で、籾の赤いもの。赤米。❸《女房詞》アズキ。

■二 接頭語 むきだしで隠すところがない、また、まったく、すっかり、まるまるという意味を表す。語例 **赤裸**・**赤恥**

あか【閼伽】 名詞《仏教語》仏に供える花や水。また、その容器。

あ-が【吾が・我が】 ❶（「が」が主格を表し）私が。私は。**一世には二度見えぬ父母を置きてや長く我が別れなむ** 歌〈万葉集・5・891〉訳 一生に二度と会えない父母を残して永久に**私は**別れてしまうのだろうか。

❷（「が」が連体格を表し）私の。**天地は広しといへど我がためは狭くやなりぬる…** 歌〈万葉集・5・892〉訳 天地は広いというけれども、**私のため**には狭くなってしまったのか…。

発展 代名詞「あ」＋格助詞「が」。上代は主格の格助詞「が」のほかに連用格の格助詞「を」や係助詞「は」などにも付いたが、中古以降は❷の連体格の用法に限定されるようになった。

あかあか-と 副詞 ■一【明明と】（たいへん明るいようすを表し）とても明るく。**御枕上に大殿油近く参らせて、あかあかとあり。**〈讃岐典侍日記〉訳（堀河天皇の）お枕元のすぐ近くに灯し火をお置き申し上げて、**とても明るく**している。

■二【赤赤と】真っ赤に。とても赤く。↓あかあかと…

あかあかと… 句

あかあかと日は難面もあきの風〈奥の細道・金沢・松尾芭蕉〉訳 立秋も過ぎたというのにそれを知らないかのように、赤々と太陽は無情にも照り付ける。しかし、さすがに、吹く風にはさわやかな秋の気配が感じられることだ。○季語 あきの風―秋。「つれなく」には「（立秋も過ぎたというのにそれを）知らぬげに（太陽が）」と「（太陽が）無情にも（照り付ける）」の二つの意味が掛けられている。

あい-な・し

形容詞（ク）

なんとなく好意が持てず不快な気持ち

❶**感心しない。気に入らない。**
❷**おもしろくない。つまらない。**
❸**筋が立たない。いわれがない。**
❹**むやみに。わけもなく。**◉連用形「あいなく」の副詞的用法。

未然形	連用形	終止形	連体形	已然形	命令形
あいな・く あいな・から	あいな・く あいな・かり	あいな・し ○	あいな・き あいな・かる	あいな・けれ ○	○ あいな・かれ

❶**感心しない。気に入らない。**

上達部・上人なども、あいなく目をそばめつつ、いとまばゆき、人の御覚えなり。〈源氏・桐壺〉訳（桐壺の更衣は）公卿や昇殿を許された人なども、**感心しない**こととそれぞれに目を背けて、本当に度が過ぎて正視できないほどの、（帝からの）ご寵愛を受けている対象の人である。↓おぼえ❷

○この例の「あいなし」を❹の意味と解釈する説もある。

けしからぬやうにもあり、また、おのづから聞きつけて、恨みもぞする、あいなし。〈枕草子・270・人の上言ふを〉訳（人の悪口は）よくないことでもあるし、また、（その悪口を本人が）いつの間にか耳にして、恨んだりもする、それも**感心しない**。

○人のうわさ・悪口は日常的なことなので、悪口を聞いたからといって怒ったり恨んだりするのも考えものだ、そういう人の気が知れないという気持ちを「あいなし」で表している。

❷**おもしろくない。つまらない。**

愛敬後れたる人の顔などを見ては、譬ひに言ふも、げに、葉の色よりはじめて、あいなく見ゆるを…〈枕草子・37・木の花は〉訳 愛らしさが劣っている人の顔などを見ては、（ナシの花のようだと）たとえとして言うのも、なるほど、（ナシは）葉の色を第一として、**おもしろくなく**見えるが…。

世に語り伝ふること、まことはあいなきにや、多くはみな虚言なり。〈徒然草・73・世に語り伝ふること〉訳 世間で語り伝えていることは、真実は**おもしろくない**のではないだろうか、たいていはみなうそである。

○「まことはあいなきにや」は挿入句。「あいなきにや」の下に続くはずの「あらん」が省略されている。

❸**筋が立たない。いわれがない。**

あさましとのみ、いとど心を尽くし増すぞ、あいなき濡れ衣なるや。〈夜の寝覚〉訳（中の君と宮の中将との仲を誤解した対の君が）驚くほど情けないことだとばかり、ますます心を悩ますことが多くなるのは、（宮の中将にとっては）**いわれがない**濡れ衣であることよ。

❹（連用形を副詞的に用いて）**むやみに。わけもなく。なんとなく。**

人々驚きて、めでたう覚ゆるに忍ばれで、あいなう起きゐつつ、鼻を忍びやかにかみわたす。〈源氏・須磨〉訳（源氏の琴や歌で）人々は目を覚まして、すばらしく思われることに（源氏の都を追われた哀れさを思うと）我慢できなくて、**わけもなく**起きたり座ったりしては、つぎつぎとひそやかに鼻をかんでいる。

○「あいなう」は連用形「あいなく」のウ音便。

少納言、御ありさまなど、うち泣きつつ聞こえ続くるに、あいなう御袖もただならず。〈源氏・若紫〉訳（紫の上の乳母の）少納言が、（紫の上の育ての親だった尼君の臨終の）ごようすなどを、泣き泣き申し上げ続けるので、**わけもなく**（源氏の）お袖も普通ではない（ほど涙に濡れる）。

○源氏にとってはまだ深いかかわりのない人のことなのに、つい引き込まれてもらい泣きするようすを「あいなし」と表現している。❸の意味をやや強めた用法ともいえる。

発展 **共通するのは否定的な意味**

「あひなし」の表記を主張する説もあるが、語源は「あやなし」のイ音便から、とする説が有力である。「あいなし」の意味は多様だが、すべて否定的な意味合いを持つという点で共通している。

発展 一六八九(元禄二)年七月、『奥の細道』の旅の途上金沢で詠まれた句。『古今集』の歌(↓あききぬと…)を踏まえている。

あか-いろ【赤色】 名詞 ❶緋色・紅色・★蘇芳色・朱色などの総称。また、染め色のひとつ。❷織り色のひとつ。縦糸は紫、横糸は赤。あるいは、縦糸・横糸ともに赤とも。❸★襲の色目のひとつ。表は赤、裏は★二藍。あるいは、表裏ともに赤、表は蘇芳で裏は濃い★縹などとも。❹「★赤色の袍」の略。

あかいろ-の-はう【赤色の袍】― 薄ねずみ色を帯びた、くすんだ赤色の★袍。上皇の平服であるが、天皇や摂政・関白が着用することもあった。

あかう【明かう】 副詞 明るく。まだ明るいうちに。**少将、鳥羽へあかうぞ着きたまふ。**〈平家・3・少将都帰〉訳 少将は、鳥羽へ**まだ明るいうちに**お着きになる。

発展 形容詞「あかし」の連用形が副詞になった「あかく」のウ音便。

あ-が-おもと【吾が御許】 あなた。おまえさま。発展「おもと」は女性、特に女房に対して敬意を含んだことば。

あか-かがち【赤かがち】 名詞《上代語》熟して赤くなったホオズキの実。

あか-がり【皸】 名詞 あかぎれ。

あか-ぎ【赤木】 名詞 ❶皮を削った木材。対 黒木 ❷ウメ・カリン・シタン・アカガシなど、材質の赤い木材の総称。

あ-がき【足掻き】 名詞 ❶ウマなどが前足で大地をかくようにけって進むこと。転じて、ウマなどの歩み。❷(苦しくて)もがくこと。あくせくすること。❸子供たちのいたずら。

あか-ぎぬ【赤衣】 名詞 ❶緋色の★袍。五位の官人が着る。❷赤色、または桃色の狩衣。検非違使の下役人や貴族に仕える召し使いなどが着る。発展 ❶は、「あけごろも」「あけのころも」とも。

あ-が-きみ【吾が君】(相手を親しんで)あなた。「**あが君、生き出でたまへ。いといみじき目な見せたまひそ。**」〈源氏・夕顔〉訳「**あなた**(=夕顔)、生き返ってください。ひどくつらい目にどうかあわせないで下さい。」

あ-が・く【足掻く】 動詞 自〔カ四段〕〈か・き・く・く・け・け〉❶(ウシやウマなどが)地面を前足でかく。また、大地をけるようにして足早に進む。**車をやれと言ふと心得て、五、六町こそあがかせたれ。**〈平家・8・猫間〉訳 牛車をどんどん先へ進めろと(木曾義仲が)言うのだと(牛飼いは誤って)理解して、五、六町(=約五〜六〇〇メートル)も(牛車のウシを)**足早に進ませた**。

❷手足をじたばたさせる。もがく。**虎さかさまに伏して倒れてあがくを、雁股をつがひ、二たび腹を射る。**〈宇治拾遺〉訳 トラがまっさかさまに倒れ伏して**もがく**ところを、雁股(=鏃の一種)の矢をつがえて、二度腹を射る。

❸(子供などが)かけずり回る。いたずらをする。存分に遊ぶ。**早く寝せて疾く起こし、昼あがかせたが万病円。**〈近松・鑓の権三重帷子〉訳(子供は)早く寝かせて早く起こし、昼**存分に遊ば**せるのが健康の薬。

発展「足で掻く」の意味。現代語の、無理なことに対して努力したり、あくせく気をもんだりする意味は、江戸時代ごろから使われるようになる。

あ-が-こころ【吾が心】 枕詞 (心が清い、明らかだという意味から)「清し」、地名「清隅」、地名「明石」に、また(心を尽くすという意味から)地名「筑紫」に係る。

あか-ごま【赤駒】 名詞 赤みを帯びた、茶色のウマ。

あかし【明かし・灯】 名詞 ともしび。明かり。灯明。発展 多く、「御明かし」の形で、仏前の灯明をいう。

あか・し 形容詞〔ク〕〈く・く・し・き・けれ・○/から・かり・○・かる・○・かれ〉

━【明かし】❶明るい。対 暗し **月の明かき夜な夜な、老い人どもは艶に歌詠み、古思ひ出でつつ、さまざまの物語などするに…。**〈源氏・手習〉訳 月が**明るい**夜ごとに、老人たちは浮き浮きとした気分で歌を詠み、昔のことをあれこれと思い出しては、いろいろな話などをすることに対して…。

❷潔白だ。誠実だ。偽りがない。**隠さはぬ明かき心を皇辺に極め尽くして仕へ来る…**〈万葉集・20・4465〉訳 包み隠し続けるところのない**誠実な**心を大君のもとに極め尽くして仕えてきた…。

━【赤し】赤い。**白き鳥の、嘴と脚と赤き、鴫の大きさなる…。**〈伊勢・9〉訳 白い鳥で、くちばしと脚とが**赤い**鳥で、シギぐらいの大きさの鳥が…。

↓古語チャート⓮(459ページ)

明石 歌枕 今の兵庫県明石市。明石海峡を挟んで淡路島と対し、古くからの海上交通の要所である。『源氏物語』の「明石」の巻の舞台として有名で、多く望郷の歌に詠まれる。「明石の浦」「明石の浜」などの形で多く詠まれ、また「月」を縁語としたり、「明かし」に掛けたりする。

あかし-くら・す【明かし暮らす】 動詞 自〔サ四段〕〈さ・し・す・す・せ・せ〉日々を過ごす。月日を送る。**夢よりもはかなき世の中を、嘆きわびつつ明かし暮らすほどに…。**〈和泉式部日記〉訳 夢よりも頼りにならない(亡き為尊親王との)仲を(追憶し)、憂いに沈み続けて**日々を過ごし**ているうちに…。

発展「(夜を)明かし(日々を)暮らす」の意味。

明石の上〔ウヘ〕登場人物 ↓明石の君

明石の浦 歌枕 ↓明石

明石の君 登場人物『★源氏物語』中の人物。明石の入道の娘で、須磨に流された源氏と結ばれる。源氏との身分の差に苦しむが、明石の中宮の生母となる。

あか・す【明かす】 動詞 他〔サ四段〕〈さ・し・す・す・せ・せ〉❶夜を明かす。(眠らないで)朝を迎える。

❷明らかにする。はっきり説明する。**この殿より次、さまざま明かしたれば、細かに申さじ。**〈大鏡・道長上〉訳 この殿よりあとは、さまざまに**はっきり説明し**たので、詳しく申し上げるつもりはない。

❸打ち明ける。白状する。**まほにそのことは明かしたまはねど…。**〈源氏・若菜下〉訳 あからさまにそのこと(=柏木との密通事件)とは(女三の宮に源氏が)**打ち明け**なさらないけれど…。

❹(火などをともして)明るくする。

↓古語チャート⓮(459ページ)

あか-ず【飽かず】 連語 ↓最重要語(37ページ)

赤染衛門〔エモン〕人名 平安中期の女流歌人。中古三十六歌仙の一人。大江匡衡の妻。藤原道長の妻倫子、その娘の彰子にも仕え、和泉式部・清少納言・紫式部と交流した。匡衡没後に出家。家集に『赤染衛門集』があり、また『栄花物語』前編の作者ともいわれる。生没年不明。

あがた【県】 名詞 ❶上代、地方豪族が支配した地。あるいは朝廷が直接治めた直轄領。❷平安時代、国司など地方官の任国。また、その任国で地方官を勤めること。❸田舎。地方。

あがた-ありき【県歩き】名詞 律令制において、地方官として任国で勤めること。また、その人。

県居派(あがたいは)【─】(アガタキ) 文芸用語 ★賀茂真淵やその門流を中心とする国学・和歌の流派。「県居」は真淵の屋号・雅号。「県門」ともいう。『万葉集』を中心とした古代古典の研究と、歌文の創作を重視し、その万葉調の作歌は、桂園派とともに近世・近代歌壇に大きな影響を与えた。★本居宣長らがいる。

あか-だな【閼伽棚】名詞 仏前に供える水や花などを置く棚。

[あかだな]

あがた-ぬし【県主】名詞 ★県を治める者。大化の改新以後、氏族を示す姓のひとつとなる。

あがた-めし【県召し】名詞 (「県召しの除目」の略で)国司を任命する朝廷の年中行事。ふつう、陰暦正月十一日から三日間行われた。春の除目。対 司召し ↓除目

あがため-し-の-ぢもく【県召しの除目】名詞 ↓あがためし

あか-ぢ【赤地】名詞 赤色の織地。また、赤い地色を用いた織物。

あか-つ【頒つ・班つ】動詞 他 タ四段 〈た・ち・つ・つ・て・て〉 分ける。分配する。手分けする。
破籠持て来ぬれば、さまざまあかちなどして…。〈蜻蛉日記〉訳 弁当を持って来たので、いろいろと**分けたりなどして**…。

あか-つき【暁】名詞 夜半過ぎから夜明けまでの間。また、夜明け前のまだ暗い時分。未明。
まだ暁より足柄を越ゆ。〈更級日記・門出〉訳 (翌朝は)まだ**夜明け前の暗い時分**から、足柄山を越えてゆく。
発展 上代の「あかとき(明か時)」が変化したことば。平安時代の時間区分では、「夕べ」「宵」「夜中」に続く時間帯で、「東雲」「曙」「朝」より前の、まだ夜が明けきらない暗い時分をいう。↓**古語チャート**❶(47ページ)

あか-ず【飽かず】

心が満たされないようす
- ❶不満足で。心残りで。
- ❷飽きることなく。飽きずにずっと。

連語 ❶**不満足で。心残りで。もの足りなく。**
帝、かぐや姫をとどめて帰りたまはむことを、飽かず口惜しくおぼしけれど…。〈竹取・かぐや姫の昇天〉訳 帝は、かぐや姫を後に残してお帰りになったりすることを、**不満足**で残念だとお思いになったけれども…。
かの国人、餞し、別れ惜しみて、かしこの唐歌作りなどしける。飽かずやありけむ、二十日の夜の月出づるまでぞありける。〈土佐日記・一月二十日〉訳 あちらの国(=中国)の人が、送別の宴をし、(阿倍仲麻呂との)別れを惜しんで、あちらの国の漢詩を作ったりなどした。**不満足であったのではなかろうか**、二十日の夜の月が出るまで続いたのだった。○「飽かずやありけむ」は★挿入句で、「二十日の…」以下の理由を作者が推測している部分。

❷(満足し切ってしまうことがないほどすばらしいようすを表し)**飽きることなく。嫌になることなく。飽きずにずっと。**
山寺なる石井に寄りて、手にむすびつつ飲みて、「この水の飽かず覚ゆるかな。」と言ふ人のあるに…。〈更級日記・東山なる所〉訳 山寺にある岩間のわき水に立ち寄って、何度も手ですくっては飲んで、「この水は**飽きることなく**思われるなあ。」と言う人がいるので…。
もの打ち言ひたる、聞きにくからず、愛敬ありて、ことば多からぬこそ、飽かず向かはまほしけれ。〈徒然草・1〉訳 何かちょっと言ったのが、聞きにくくなく、人情味があって、口数が多くない人とは、**飽きずにずっと**対面していたいものだ。

発展 ①**語の成り立ち** 四段動詞「あく」の未然形+打消の助動詞「ず」から成るが、一語の形容詞に相当すると考えてよい。たとえば❶の第一例では「飽かず」と「口惜し」とが対等に並んでいる。❷の第一例も「この水」の状態をいう、形容詞に準じた述語となっている。
②**逆の意味に見える❶と❷** 心が満たされないようすから、それを不足ととらえたのが❶、逆に、満足し切ってしまうことがない(=いつまでも味わっていたい)ほどのすばらしさととらえたのが❷である。

あかつき-おき【暁起き】名詞 夜明け前に早起きすること。特に、夜明け前に起き、仏前で経を読んだりすること。

あかつき-がた【暁方】名詞 夜明け前のまだ暗い時分。

あかつき-づくよ【暁月夜】名詞 明け方に月の残っている空のようす。また、その月。有り明けの月。対 夕月夜
発展 古くは「あかときづくよ」。

あかつき-つゆ【暁露】名詞 夜明け前に置く露。夜を共にした男女が夜明け前に別れるときの涙の意味に掛けて用いることが多い。発展 古くは「あかときつゆ」。

あかつき-の-わかれ【暁の別れ】夜を共にした男女が、夜明け前の暗いうちに別れること。

あか-で【飽かで】連語 もの足りないまま。不本意のまま。
むすぶ手のしづくににごる山の井のあかでも人に別れぬるかな 歌〈古今集・離別・404〉訳 ↓むすぶての…
発展 四段動詞「あく」の未然形+接続助詞「で」。

あか-とき【暁】名詞 ↓あかつき

あかとき-づくよ【暁月夜】名詞 ↓あかつきづくよ

あかとき-つゆ【暁露】名詞 ↓あかつきつゆ

あか-な-く-に【飽かなくに】

飽きるほどには満足していないのに、という気持ち
- ❶(「なくに」が逆接を表し)満足していないのに。名残惜しいのに。
- ❷(「なくに」が順接あるいは詠嘆を表し)満足していないから。飽き足りないことだなあ。

連語 ❶(「なくに」が逆接を表し)**満足していないのに。名残惜しいのに。**

朝霧のたなびく小野の萩の花今か散るらむいまだ飽かなくに 歌〈万葉集・10・2118〉訳 朝霧がたなびく野のハギの花は、今は散っているだろうか。まだ満足していないのに（＝もっと見たいのに）。○「いまだ飽かなくに、今か散るらむ」の倒置表現。

❷（「なくに」が順接あるいは詠嘆を表し）満足していないから。名残惜しいから。飽き足りないことだなあ。

我が舟の梶はな引きそ大和より恋ひ来し心いまだ飽かなくに 歌〈万葉集・7・1221〉訳 私の舟の梶（＝舟をこぐ道具）はどうか引いて（＝舟を進ませて）くれるな。大和（＝今の奈良県）から（ここの景色を）恋い慕ってやって来た心が、まだ満足していないから。

発展 語の成り立ち　四段動詞「あく」の未然形＋打消の助動詞「ず」の古い未然形＋接尾語「く」＋助詞「に」。「く」は、上に付く活用語を名詞にする接尾語である。

関連語 なくに

あかなくに…歌

飽かなくにまだきも月の隠るるか山の端に逃げて入れずもあらなむ〈古今集・雑上・884・在原業平〉訳 まだ満足していないのに（＝心ゆくまで眺めてはいないのに）、もう月が隠れてしまうのか。（月の入る）山の端よ、逃げて行って、（月を）入れないでおくれ。○三句切れ。「まだき」は、形容詞「まだし」の連体形。「…も…か」は、詠嘆の意味を表す慣用的表現。「…ずもあらなむ」の「なむ」は、願望の終助詞。

発展『伊勢物語』八十二段で、業平が惟喬親王とともに酒を楽しんでいたとき、月が隠れるのと同時に退席しようとした親王を月になぞらえて詠んだ歌。

あかな・ふ【贖ふ】（あかなう）動詞 ↓あかふ

あか-ぬ【飽かぬ】連語 ↓あかず 最重要語（37ページ）

あか-ぬ-わかれ【飽かぬ別れ】名残尽きない別れ。心残りのある別れ。発展 四段動詞「あく」の未然形＋打消の助動詞「ず」の連体形＋名詞「わかれ」。

あかね【茜】名詞 ❶《植物》アカネ科の多年草のつる草。アカネカズラ。根から赤黄色の染料をとる。季語 秋 ❷（「茜色」の略で）染め色のひとつ。❶の染料で染めた、やや黄色みを帯びた、くすんだ赤色。発展「赤根」の意味。

あかね-さす【茜さす】枕詞（赤い色に光り輝くという意味から）「日」「月」「光」「照る」「昼」「君」などに、また（色の類似から）「紫」などに係る。

あかねさす…歌

あかねさす日に向かひても思ひ出でよ都はしのぶ（晴れぬ）**ながめすらむと**〈金葉集・351・藤原定子〉訳 日向の国に行っても思い出してくださいよ。都では（私が、あなたを）懐かしんで長雨のなかで物思いにふけっているであろうと。○「あかねさす」は「日」に係る枕詞。「日に向かひ」は「日向」を暗示する。「ながめ」は「長雨」と「眺め」との掛詞。

発展『枕草子』二百四十段では、御乳母の大輔の命婦が日向へ下るとき、中宮定子がご自筆で記された歌として紹介されていて、その第四句は「都は晴れぬ」となっている。また、『詞花和歌集』にも収録されている。

あかねさす紫野行き標野行き野守は見ずや君が袖振る〈万葉集・1・20・額田王〉訳 ムラサキ（＝草の名）が植えられた野を行き、（その）標野（＝一般の人の立ち入りを禁じた皇室の領有地）を行きながら、（標野の）見張り番が見はしないか、いや、見てしまうだろう。あなたが（そんなに）袖をお振りになるのを。○四句切れで倒置法。「あかねさす」は「紫」に係る枕詞。「紫野」と「標野」は、同じ「領有地」を別のことばで言い表したもの。「袖振る」は、愛情を示す行為。

発展 天智天皇の寵愛を受けた額田王が、天皇の弟で前夫でもある大海人皇子（＝後の天武天皇）に詠みかけたもの。天智天皇も同席した宴会での遊戯的な歌。↓むらさきのにほへるいもを…

あか-はた【赤旗・赤幡】名詞 赤い色の旗。特に、（源氏の「白旗」に対して）平安末期の平家の旗。発展 天皇に関係のある印として用いられることが多く、官軍であることなどを示した。

あがひもの-の-つかさ【贓贖司】あがいもののつかさ 名詞 ★刑部省に属し、盗品の没収や罰金の徴収、遺失物の取り扱いなどを行った役所。発展「あがなひもののつかさ」とも。

あか・ふ【贖ふ】あか（こ）う 動詞 他〔八四段〕（は・ひ・ふ・ふ・へ・へ）❶ 金品・供え物を出して、罪やけがれを免れる。償う。

「この科は、四巻経書き、供養して**あかはん**。」といふ願を起こしつ。〈宇治拾遺〉訳「この罪は、四巻経を書き、供養して償おう。」という願を立てた。

❷ 労や功に報いるために財物を差し出す。報いる。

人を雇ひて家を造らせて、その功を**あかはざりける**に…。〈今昔〉訳 人を雇って家を造らせて、その功を報いなかったので…。

❸ 買う。買い求める。

銭十万をもってこれを**あかふ**に、牛の主許さず。〈今昔〉訳 銭十万でもってこれ（＝ウシ）を買い求めるのに、ウシの持ち主は（売ることを）承知しない。

発展 中世以降「あがふ」とも。「あがなふ」の古い形。

あ-が-ほとけ【吾が仏】（自分が尊敬したり大切に思っている人などに呼びかけて）私の大事なお方。あなたさま。発展 もともとは、自分が信仰する仏や尊敬する僧をいうことば。「あがおもと」「あがきみ」などとともに親愛の情をもった呼びかけに用いる。

赤本 文芸用語 江戸時代に流行した絵入りの小説、★草双紙の一種。表紙が朱色であるところから赤本と呼ばれる。「赤表紙」とも。子供向きのおとぎ話が中心。

あか・む【赤む】■一 動詞 自〔マ四段〕（ま・み・む・む・め・め）赤くなる。赤みを帯びる。

顔少し**赤みて**ゐたるこそをかしけれ。〈枕草子・3・正月一日は〉訳 顔が少し赤くなって座っていたのは、おもしろい。

■二 動詞 他〔マ下二段〕（め・め・む・むる・むれ・めよ）赤くする。赤らめる。

胸つぶれて面**赤めたまへる**も、いと愛敬づき、うつくしげなり。〈源氏・手習〉訳（浮舟が）どきどきして顔を赤くしていらっしゃるのも、とても魅力的で、かわいらしい感じである。

あが・む【崇む】動詞 他〔マ下二段〕（め・め・む・むる・むれ・めよ）❶ 尊び敬う。

「いかなる神を**あがめたてまつる**ぞ。」〈平家・7・願書〉訳「（あの社は）どのような神を尊び敬い申し上げているのか。」

❷ 大切にする。特別にかわいがる。

「昨日まで高き親の家に**あがめられ**、かしづかれし人の娘の…。」〈源氏・若菜上〉訳「昨日まで身分の高い親の家で大切にされ、大事に育てられていた高家の娘でありながら…。」

あがめる（現）↓（古）あがむ【崇む】

あから-さま・なり【形容動詞】↓最重要語（39ページ）

あから-め【傍目】名詞 動詞 自〔サ変〕〈せ・し・す・する・すれ・せよ〉

❶目をそらすこと。わき見。よそ見。
花のもとには、ねぢ寄り立ち寄り、傍目もせずまもりて…。〈徒然草・137・花は盛りに〉訳（片田舎の人は、花見のとき）花のもとには、にじり寄って近寄って、**わき見**もせずに（花を）じっと見つめて…。

❷（❶から転じて）ほかの異性への心変わり。
もとのごとく傍目もせで、添ひゐにける。〈大和・157〉訳（男は）もとのとおり**ほかの女への心変わり**もしないで、（この女に）連れ添っていたのだった。

❸（急に）姿が見えなくなること。姿を隠すこと。雲隠れ。
「**我が宝の君は、いづくに傍目せさせたまへるぞや。**」〈栄花（えいが）〉訳「私の大切な主君（=花山天皇）は、どこに**姿を隠しあそばされたのか**。」

あかり【明かり】名詞 ❶（物が見える）明るさ。光。❷周囲を照らすもの。灯火。ともしび。❸暗い気分の時期が終わること。喪の期間が明けること。喪明け。❹潔白であることの証明。身のあかし。証拠。

あがり【上がり・揚がり・騰がり】名詞 ❶一段高くなること。あがること。❷昇進すること。また、学芸が上達すること。❸区切りがついて終わること。できあがること。仕上がり。❹商売などによるもうけ。売り上げ。収益。収穫。発展 四段動詞「あがる」の連用形が名詞になったもの。

あがり-さわ・ぐ【上がり騒ぐ】動詞 自〔ガ四段〕〈が・ぎ・ぐ・ぐ・げ・げ〉（ウマなどが）跳ね上がって騒ぐ。勢いよく跳ねて暴れる。

あかり-しゃうじ【明かり障子（しょうじ）】名詞 光が入るように、薄く白い和紙を片面だけに張った建具。今の障子。発展「あかりさうじ」とも。

あがり-たる-よ【上がりたる世】今よりはるかにさかのぼった時代。はるか昔。遠い昔。類上（あ）がりての世（よ） 発展 四段動詞「あがる」の連用形＋完了の助動詞「たり」の連体形＋名詞「よ」。

あがりて-の-よ【上がりての世】↓あがりたるよ

あか・る【赤る】動詞 自〔ラ四段〕〈ら・り・る・る・れ・れ〉《上代語》赤くなる。赤く色づく。熟して赤みを帯びる。
赤る橘（たちばな）髻華（うず）に差し…歌〈万葉集・19・4266〉訳**赤く色づいた**タチバナを髪飾りとして差し…。

あから-さま・なり

形容動詞〔ナリ・ノ〕

本来の場所から、ちょっと横にそれるようす

❶ **ほんのちょっと。ほんのしばらく。**◉多く、連用形「あからさまに」の形で用いられる。
❷ **ほんの少しも（…ない）。まったく（…ない）。**◉「あからさまにも～打消」の形をとる。
❸ **あらわだ。明らかだ。**◉近世以降の用法。

未然形	連用形	終止形	連体形	已然形	命令形
あからさま・なら	あからさま・なり あからさま・に	あからさま・なり	あからさま・なる	あからさま・なれ	あからさま・なれ

❶（多く、連用形「あからさまに」の形で）**ほんのちょっと。ほんのしばらく。ほんの一時的に。**
をかしげなる児（ちご）の、あからさまに抱きて遊ばしうつくしむほどに、かい付きて寝たる、いとらうたし。〈枕草子・151・うつくしきもの〉訳愛らしい感じの幼児が、**ほんのちょっと**抱いて遊ばせかわいがっているうちに、（私に）しがみついて寝てしまったのは、とてもかわいらしい。
そのついでに、やがてまかでさせたてまつらむの御心つきたまひて、ただ、あからさまの程を、許しきこえたまふ。〈源氏・真木柱（まきばしら）〉訳（鬚黒（ひげくろ）の大将（だいしょう）は）その（=出仕の）機会に、そのまま（宮中から自分の屋敷に玉鬘（かずら）を）退出させ申し上げようというお考えを思いつきなさったので、（出仕は）ただ、**ほんのちょっと**の間を、お許し申し上げなさる。○「あからさまの」は「あからさまなり」の語幹に格助詞「の」が付いた形で、形容動詞の語幹用法のひとつ。

❷（「あからさまにも～打消」の形で）**ほんの少しも**（…ない）。**まったく**（…ない）。**ほんの一時的にも**（…ない）。
なほいとゆゆしくて、六条院には、あからさまにも、え渡りたまはず。〈源氏・若菜下〉訳（紫の上の容体が悪く、源氏は）やはりたいへん不吉なので、（女三の宮のいる）六条院には、**ほんの一時的にも**、お出かけになることができない。
大将の君も、御忌みにこもりたまひて、あからさまにもまかでたまはず、明け暮れ、近くさぶらひて…よろづに慰めきこえたまふ。〈源氏・御法（みのり）〉訳大将の君（=夕霧）も、（紫の上の死後四十九日の）喪に服するため寺におこもりになって、**ほんの少しも**退出なさらず、朝に夕に、（源氏の）近くにお控え申し上げて…あれこれとお慰め申し上げなさる。

❸《近世以降》**あらわだ。明らかだ。ありのままだ。はっきりとしている。はっきりと見える。**
山蟻（やまあり）のあからさまなり白牡丹（はくぼたん）句〈新花摘（しんはなつみ）・蕪村（ぶそん）〉訳一匹の大きな黒いアリが**はっきりと見える**。大輪の白いボタンの上に。

発展 **①語の成り立ち**　まとまっていたものが分かれる意味の動詞「離（あか）る」から派生したことばといわれる。
②中古での用法　中古の用例はほとんどが連用形「あからさまに」の形で用いられていて、「出（い）づ」「入る」「行く」「参る」「まかづ」「渡る」など、外出や移動の意味を表す動詞を修飾する用法が多い。
③上代は「突然」という意　「追はれたる怒り猪（ゐ）、草中よりあからさまに出（い）でて人を逐（お）ふ（=追われて荒れ狂うイノシシが、草の中から突然出てきて人間を追い回す）。」〈日本書紀〉の例に見るように、上代には「あからさまに」の形で「突然」の意味の例に限られる。

類語比較 **「あからさまなり」と「かりそめなり」**
共通点=①一時的なことを表す。②「～にも」の形をとり、打消や禁止の表現を伴って、「まったく・少しも」の意味となる。
あからさまなり=①もともとは、草むらから急にイノシシが飛び出すなど、予期しない出来事が突然起こるようすを表し、そういう出来事は瞬時に行われるので、客観的に短い時間・期間をいうのに用いられるようになった。②「あからさまにも～打消・禁止」の形は中古から見られる。
かりそめなり=①永遠でないことを表す「仮様（かりさま）」が変化したものといわれ、本格的でない、偶発的だ、などの意味を含んで用いられる。②「かりそめにも～打消・禁止」の形は中世以降に使われ始め、現在に至っている。

あか・る【明かる】 動詞 自 ラ四段〈ら・り・る・る・れ・れ〉明るくなる。

春は曙。やうやう白くなりゆく山際、少し明かりて、紫だちたる雲の細くたなびきたる。〈枕草子・1・春は曙〉訳 春は夜がほのぼのと明けようとするころ(がよい)。しだいに白くなっていく山際の空が、少し**明るくなって**、紫がかっている雲が細く横になびいているのは(趣深い)。

発展「赤る」と同じ語源であるが、「明かる」は光に対して、「赤る」は色に対していう。

あか・る【離る・別る・散る】 動詞 自 ラ下二段〈れ・れ・る・るる・るれ・れよ〉(一か所に集まっていた人が)分散する。別々になる。その場を離れる。

「今は宿取れ。」とて、人々あかれて宿求むる所、はしたにて…。〈更級日記・初瀬〉訳「今となっては(仕方がないから)宿を取れ。」と言って、人々が**分散して**宿を探し求める場所は、中途半端(な所)で…。

あが・る【上がる・揚がる・騰がる】 動詞 自 ラ四段〈ら・り・る・る・れ・れ〉❶(下から上・低い所から高い所へ)移る。のぼる。

うらうらに照れる春日にひばり上がり情悲しもひとりし思へば 歌〈万葉集・19・4292〉訳→うらうらに…

❷時代をさかのぼる。古くなる。

上がりても、かばかりの秀歌えさぶらはじ。〈大鏡・道長上〉訳 **時代をさかのぼって**も、これほどの優れた歌はあり得ないだろう。

❸位が高くなる。昇進する。

竹林院入道左大臣殿、太政大臣に上がりたまはんに、何の滞りかおはせん。〈徒然草・83・竹林院入道左大臣殿〉訳 竹林院の入道左大臣殿が、太政大臣に**昇進**なさるとしたら、何の差し支えがおありだろうか、いやおありにならないだろう。

❹(学問・技芸・腕前などが)上達する。

上がるは三十四、五までのころ、下がるは四十以来なり。〈風姿花伝〉訳(能の技が)**上達する**のは三十四、五歳までのころで、衰えるのは四十歳以後である。

❺(「気け上がる」などの形で)のぼせる。上気する。

唐橋中将といふ人の子に…気けの上がる病ありて…。〈徒然草・42・唐橋中将と〉訳 唐橋中将という人の子に…**のぼせる**病気があって…。

❻(ウマや、しぶきなどが)跳ね上がる。

やがて上がりて投げけるに、てんさかさまに落ちて…。〈古今著聞集〉訳(手綱を強く引くと)すぐに(ウマが)**跳ね上がって**(乗っていた者を)ほうり出し、真っ逆さまに落ちて…。

❼(船・風呂などから)出る。(船から)降りて上陸する。

発展「あがる」は結果として上にある点に重点がある。

類語比較「のぼる」と「あがる」→上のぼる

あかる・い(現)→(古)**あかし【明かし】**(形容詞)

あかれ【離れ・別れ・散れ・分れ】 名詞 ❶分かれること。わかれ。分岐。

❷別れ別れになること。離れてしまうこと。わかれ。別離。

❸それぞれの集団。グループ。系統。所属。

上の御方の五つ、女御殿の五つ、明石の御離れの三つ…。〈源氏・若菜下〉訳(お供の者が乗る車は)対の上の御方(=紫の上)のが五台、(明石の)女御殿のが五台、(母の)明石の君のご**所属**のが三台…。

あかれ‐あかれ‐に【別れ別れに】 副詞 別々に。ばらばらに。わかれわかれに。違って。

男君達の御母、みなあかれあかれにおはしましき。〈大鏡・為光〉訳(為光の)ご子息方の母君(方)は、それぞれ**別々で**いらっしゃった。

あき【秋】 名詞 四季の一つ。立秋から立冬の前日まで。陰暦七月・八月・九月の季節をいう。

「もののあはれは秋こそ勝れ。」と、人ごとに言ふめれど…。〈徒然草・19・折節の〉訳「しみじみとした味わいは**秋**が(もっとも)優れている。」と、だれもが言うようだが…。

発展 和歌では、多く「飽き」に掛けて用いる。

→古語チャート⑳(767ページ)

安芸 旧国名 芸州。山陽道八か国の一つ。今の広島県西半部。**→ビジュアルチェック❼**(450ページ)

あぎ【腭・顎】 名詞「あご」の古い言い方。類 腭門

あき‐うど【商人】 名詞 **→**あきびと

あき‐かぜ【秋風】 名詞 秋に吹く風。秋の風。季語 秋

秋風の吹き裏返す葛の葉のうらみてもなほ恨めしきかな 歌〈古今集・恋5・823〉訳 冷たい**秋の風**が吹いて裏返すクズの葉の裏が見えるように、飽きがきて心変わりして私から離れていったあなたのことはいくら恨んでもまだ恨めしく思うことだなあ。

発展 和歌では、「秋」に「飽き」を掛けて、男女間の愛情が冷めるたとえとすることがある。

あきかぜに… 百人一首

秋風にたなびく雲の絶え間よりもれ出いづる月の影のさやけさ〈新古今集・秋上・413・藤原顕輔〉訳 秋風によってたなびいている雲の切れ目から、漏れ出ている月の光の清く澄んでいることよ。〇「月の影」は月光そのものを指す。

品詞分解・修辞

秋風	に	たなびく	雲	の	絶え間	より
	格助	カ四・体		格助		格助

もれ出づる	月	の	影	の	さやけ	さ
ダ下二・体		格助		格助	形・語幹	接尾

〈体言止め〉

あきかぜに… 歌

秋風にしばしとまらぬ露の世をたれか草葉の上とのみ見む〈源氏・御法〉訳 秋風のために少しの間もとどまっていない露の(ようにはかない、この)世を、だれが草葉の上のことだけ思おうか、いや、思いはしないだろう。

あきかぜ‐の【秋風の】 枕詞「吹く(吹き上げ・山吹)」、地名「千江」などに係る。

あきかぜや… 句

秋風やむしりたがりし赤い花〈おらが春・小林一茶〉訳(墓参の途中)道の辺に咲く赤い花が秋風に揺れている。この花は、(亡くなったあの娘が)よくむしりたがっていた花なのに。〇季語 秋風―秋

発展 一歳余りで亡くなった長女の墓参りをしたときの作である。

秋風や薮も畠も不破の関〈野ざらし紀行・松尾芭蕉〉訳 秋風が寂しく吹き渡るよ。やぶも畑も秋風に吹きさらされ、昔の面影もなく、今はもう荒れ果てて寂しい不破の関よ。〇季語 秋風―秋。「不破の関」は、古代三関の一つで今の岐阜県関ヶ原町にあった。

発展『新古今集』の歌(→ひとすまぬ…)を踏まえている。

あき‐がた【厭き方・飽き方】 形容動詞 (三) 嫌気がさしてきている。飽き気味だ。飽きて鼻につくように感じる。

深草に住みける女をやうやう飽き方にや思ひけむ…。〈伊勢・123〉訳 深草に住んでいた女のことをだんだん**飽き**気味に思ったのだろうか…。

あききぬと… 歌

秋来ぬと目にはさやかに見えねども風の音にぞおどろか

れぬる〈古今集・秋上・169・藤原敏行〉訳 秋が来たと目にははっきりと見えないけれども、風の音で(ああ秋だなと、その訪れを)気づかないではいられなかった。○「見えねども」の「ね」は、打消の助動詞「ず」の已然形。「おどろかれぬる」の「れ」は、自発の助動詞「る」の連用形。「ぬる」は、完了の助動詞「ぬ」の連体形で、「ぞ」の結び。

発展 立秋の日に詠んだ歌。目には何の変化も現れていないのに、風の音に耳が秋を感じ取っているところが鋭い。

あきぎり-の【秋霧の】 枕詞 (秋霧のようすから)「晴る」「おぼつかなし」「籬」などに、また(秋霧が立つということから)「立つ」「立田山」などに係る。

あきくさ-の【秋草の】 枕詞 (草を結んで幸せを祈る習慣があったことから)「結ぶ」に係る。

あき-さ【秋沙】 名詞《動物》ガンカモ科の水鳥。アイサ。冬にやって来る渡り鳥で、くちばしが長く、水に潜る。

あき-さ・る【秋さる】 動詞 自〔ラ四段〕〈ら・り・る・る・れ・れ〉秋が来る。秋になる。季語 秋

秋さらばいまも見るごと妻恋ひに鹿鳴かむ山そ高野原の上 歌〈万葉集・1・84〉訳 **秋になっ**たら、ほら今もご覧のように、妻を恋しがってシカの鳴く山だよ。この高野原の上は。

発展「さる」は「やって来る」という意味。↓去る

秋篠月清集〔シフ〕作品名 鎌倉初期の家集。藤原良経の自撰で、六家集の一つ。「月清集」とも。計千六百余首を収める。一二〇四(元久元)年成立。

あきず【飽きず】〈現〉↓〈古〉**あかず【飽かず】** 発展 カ行四段動詞「あく」の未然形＋打消の助動詞「ず」。

あきすずし…句

秋涼し手ごとにむけや瓜茄子〈奥の細道・金沢・松尾芭蕉〉訳 (草庵での気のきいたもてなしで)残暑も忘れ、秋の涼しさを味わうことだ。さあ、みんなそれぞれが手でむいて食べようではないか。このウリやナスビを。○季語 秋涼し―秋

発展 金沢の俳人、斎藤一泉に招かれたときの句。一座の人々に呼びかける親しみと喜びが込められている。

あき-た【秋田】 名詞 秋の田。また、秋の田に実ったイネ。

あき-た・し【飽きたし】 形容詞〔ク〕〈く・く・し・き・けれ・○/から・かり・○・かる・○・かれ〉ひどく嫌気がさしている。ひどく嫌である。ひどくうんざりする。

「差し当たりて見むには、煩はしく、よくせずは**飽きたき**こともありなむや。」〈源氏・帚木〉訳「(嫉妬ぶかい女は)顔を付き合わせて一緒に暮らすには、やっかいで、悪くすると**ひどくうんざりする**こともきっとあるだろうよ。」

発展 四段動詞「飽く(＝嫌になる)」に「いたし(＝程度がはなはだしい)」が付いた、「飽きいたし」が変化したもの。

あき-た・つ【秋立つ】(暦の上で)秋になる。立秋になる。季語 秋

秋立ちて幾日もあらねばこの寝ぬる朝明の風は手本寒しも 歌〈万葉集・8・1555〉訳 **立秋になって**から幾日もたたないのに、この寝て起きた夜明けの風は手首に冷たいなあ。

あき-だ・る【飽き足る】 動詞 自〔ラ四段〕〈ら・り・る・る・れ・れ〉十分満足する。堪能する。満ち足りる。

梅の花手折りかざして遊べども飽き足らぬ日は今日にしありけり 歌〈万葉集・5・836〉訳 ウメの花を折って髪に差して遊ぶのだが、なお**満ち足りる**ことのない今日であったよ。

発展 多く、打消や反語表現の中で用いられる。

あき-づ【秋津・蜻蛉】―ず 名詞《動物》トンボの古い呼び名。発展 中古以降は「あきつ」。

あき-つ-かみ【現つ神】 名詞 現世に姿を現している神。天皇を敬った言い方。類 現つ御神

発展「あき」は「現世・現実」、また、「つ」は上代の格助詞で「の」の意味。

あき-づ・く【秋づく】 動詞 自〔カ四段〕〈か・き・く・く・け・け〉秋らしくなる。秋めく。季語 秋

春されば花咲きををり秋づけば丹の穂にも充つ… 歌〈万葉集・13・3266〉訳 春になるといつも花がたくさん咲き、**秋らしくなる**ときまって真っ赤に紅葉する…。

発展「づく」は「備わる」という意味を表す接尾語。

あきづ-しま【秋津島・秋津洲・蜻蛉洲】―あきず ㊀ 名詞「日本国」「大和の国」の古い呼び方。

㊁ 枕詞「大和」に係る。

発展 中古以降は「あきつしま」とも。

あき-つ-みかみ【現つ御神】 名詞 ↓あきつかみ

あぎと【腭門・顎・鰓】 名詞 ❶あご。類 腭 ❷魚のえら。

あきとせ…句

秋十とせかへって江戸をさす故郷〈野ざらし紀行・松尾芭蕉〉訳 故郷を出て江戸で秋を迎えるのもはや、十年目になることだ。今ではかえって、江戸のことが故郷のように感じられることだよ。○季語 秋十とせ―秋

発展『野ざらし紀行』は芭蕉が十年ぶりに故郷に帰ったときの紀行文で、この句は旅立ちにあたって門人たちへのあいさつとした句。中唐の詩人賈島の詩(＝「桑乾を渡る」)の一節を踏まえている。

あきない〈現〉↓〈歴〉**あきなひ【商ひ】**

あきなひ【商ひ】 名詞 売り買い。商売。交易。

「火鼠の皮衣、この国になき物なり…いと難き**商ひ**なり。」〈竹取・火鼠の皮衣〉訳「火鼠の皮衣は、この(唐の)国にはない物だ…たいへん難しい**交易**だ。」

あきになる…歌

あきになる言の葉だにも変はらずは我も交はせる枝となりなむ〈大鏡・師尹・宣耀殿の女御〉訳 秋になると(木の葉の色は変わるが、村上天皇が私に)お飽きにならないで、言の葉(＝ことば)だけでも変わらないのならば、私も(ずっとお仕えして)連なる枝(のような間柄)にきっとなりましょう。○「あき」は「秋」と「飽き」との掛詞。「なむ」は確述の助動詞「ぬ」の未然形＋意志の助動詞「む」。「交はせる枝」は、唐の詩人、白楽天の「長恨歌」の一節「連理の枝」を踏まえた慣用表現で、男女の深い契りのたとえ。

発展 村上天皇の歌(↓いきてのよ…)に対する返歌。

阿騎野 地名 今の奈良県宇陀市大宇陀区付近の野。「安騎野」とも書く。上代の狩り場で、軽皇子が狩りをしたときの柿本人麻呂の歌に詠まれている。

↓ビジュアルチェック㉕(1097ページ)

あきのたの…百人一首

秋の田のかりほの庵の苫をあらみわが衣手は露にぬれつつ〈後撰集・302・天智天皇〉訳 秋の稲田に作られた仮小屋(で夜を明かしていると、そ)の庵の屋根を葺いた草の編み目が粗いので、(田の番をしている)私の袖は夜露に(しきりに)ぬれることだ。

発展 農夫の労苦を天智天皇が思いやって詠んだとされるが、作者不明の「秋田刈る仮廬を作りわが居れば衣手寒く露そ置きにける(＝秋の稲田に仮小屋を作って私がいると、私の袖にも冷たく夜露が置いているよ。)」〈万葉集・

10・2174〉が改作され、天皇御製になったと考えられる。

品詞分解・修辞

秋(名) の(格助) 田(名) の(格助) かりほ(仮庵／刈り穂〈掛詞〉) の(格助) 庵(名) の(格助) 苫(名) を(間助) あら(形・語幹) み(接尾)〈つつ止め〉

わ(代) が(格助) 衣手(名) は(係助) 露(名) に(格助) ぬれ(ラ下二・用) つつ(接助)

あきのたの…歌

秋の田の穂の上に霧らふ朝霞いつへの方に我が恋やまむ〈万葉集・2・88・磐姫皇后〉訳 秋の田の稲穂の上に立ち込めている朝霞の(やがて消える)ように、いつになったら(ずっと晴れることのない)私の恋する苦しい思いは消えるのだろうか。○「霧らふ」は、四段動詞「きる」の未然形＋上代の継続の助動詞「ふ」。「朝霞」は朝霧のこと。「いつへ」の「へ」は「…ごろ」という時間を表す接尾語といわれる。

発展 作者は、仁徳天皇の皇后で、嫉妬心の強い女性として記紀にその話が見える。仁徳天皇を待ってむなしく夜明けを迎えたときの重苦しい心情を詠んだもの。

あき-の-たもと【秋の袂】物思いのために涙でぬれがちな袂。秋の袖。

あき-の-ちぎり【秋の契り】❶(七夕伝説から)秋に会う男女の約束。❷(「秋」に「飽き」を掛けて)冷めかかった男女の愛。

あき-の-ななくさ【秋の七草】秋の野に咲く代表的な七種の草花。ハギ・オバナ・クズ・ナデシコ・オミナエシ・フジバカマ・アサガオの総称。季語 秋 対 春の七草

発展 この七種については、山上憶良の歌「萩の花尾花葛花なでしこが花をみなへしまた藤袴朝顔が花」〈万葉集・8・1538〉による。「オバナ」はススキのこと。「アサガオ」は今のキキョウまたはムクゲ・ヒルガオといわれるが、不明。

あきのひの…句

秋の日の雨江戸に指折らん大井川〈野ざらし紀行・苗村千里〉訳 秋の日の雨が降っている。このままだと川を越えるのは今日は無理だろう。今ごろ江戸では指折り数えて待っていることだろう。われわれの大井川の川越えを。

○季語 秋の雨―秋

発展 作者は、松尾芭蕉門人の一人。大井川は、今の静岡県の中部を流れ、駿河湾に注ぐ川。東海道一の難所といわれた。

安芸の宮島 地名 ↓厳島

あき-の-ももよ【秋の百夜】夜の長い秋の夜を百も重ねたほどの長い夜。発展 多く、和歌に用いる。

あき-はぎ【秋萩】名詞 秋のハギ。秋に花を付けたハギ。女性の美しさにたとえることもある。季語 秋 発展 秋に花の咲いたハギを特に賞美していう。

あきはぎ-の【秋萩の】枕詞 (ハギの枝が美しくしなうことから)「撓ふ」に係る。

あき-びと【商人】名詞 商売をする人。商人。発展「あきひと」とも。後、「あきうど」↓「あきんど」と変化した。

あきふかき…句

秋深き隣は何をする人ぞ〈笈日記・松尾芭蕉〉訳 秋も深まった。その中で寂しい旅の日を過ごしているが、隣の家もひっそりしたものだ。隣は何をしている人なのか。○季語 秋深き―秋

発展 隣人に対する興味を示しながら、深まりゆく秋のうちに旅先で病に伏し、孤独な思いを抱いている自分自身の姿をも表している。

あき-み・つ【飽き満つ】動詞 自(タ四段)〈た・ち・つ・つ・て・て〉十分に満足する。満ち足りる。満腹する。

飽き満ちて、舟子どもは腹鼓を打ちて…。〈土佐日記・一月七日〉訳 (ごちそうに、みな)**満腹して**、水夫らは腹鼓を打って(喜び)…。

あき-もの【商物】名詞 商品。売り物。また、商売。

この度、勝四郎が商物買ひて、京に行くといふをうてきことに思ひ…。〈雨月・浅茅が宿〉訳 このたび勝四郎が**商品**を仕入れて、都に(商売をしに)行くというのを(妻は)困ったことと思い…。

あきやま-の【秋山の】枕詞 (秋の山は紅葉することから)「したふ(=紅葉する)」「色懐かし」に係る。

あきやまの…歌

秋山の黄葉を繁み惑ひぬる妹を求めむ山道知らずも〈万葉集・2・208・柿本人麻呂〉訳 秋の山の色づいた葉が(たくさん)茂っているので、(山中に)迷い込んでしまった妻を探し求められるような山道が分からないことだ。○「黄葉を繁み」の「み」は、原因・理由を表す接尾語。「惑ひぬる」の「ぬる」は、完了の助動詞「ぬ」の連体形。山の中に葬ってきた妻を、山中にさまよっているものとした表現。

発展 妻の死を悲しむ長歌に添えられた★反歌の一首目。

あきゅうど (現)↓(歴)**あきうど**【商人】

あきら-か・なり【明らかなり】形容動詞(ナリ)〈なら・なり(に)・なり・なる・なれ・なれ〉❶(光が)明るい。

「**朝廷に畏まりきこゆる人は、明らかなる月日の影をだに見ず**…。」〈源氏・須磨〉訳「朝廷に(咎められて)ご謹慎申し上げる者は、**明るい**月日の光さえ見ないで(=家の中に閉じこもっていなければならなくて)…。」

❷はっきりしている。明白である。

一道にもまことに長じぬる人は、自ら明らかにその非を知るゆゑに…。〈徒然草・167・一道に携はる人〉訳 一つの専門の分野でも本当に優れた人は、自分自身で**はっきりと**自分の欠点を知っているので…。

❸(態度などが)明るい。朗らかだ。晴れ晴れとしている。

「**むつかしくものおぼし乱れず、明らかにもてなしたまひて**…。」〈源氏・若菜下〉訳「くよくよとお悩みにならないで、**晴れ晴れと**気持ちを取り直しなさって…。」

❹判断がはっきりしている。賢明だ。道理に通じている。優れた見識をもっている。

明らかならん人の、惑へる我らを見んこと、掌の上のものを見んがごとし。〈徒然草・194・達人の〉訳 **道理に通じている**ような人が、迷っている(凡人の)私たちを見るようなことは、手のひらの上のものを見るよう(に簡単)だ。

↓古語チャート⑰(605ページ)

あきら-け・し【明らけし】形容詞(ク)〈く・く・し・き・けれ・○／から・かり・○・かる・○・かれ〉❶明るく澄んだ。潔白だ。清らかだ。

明らけき鏡にあへば過ぎにしも今行く末のことも見えけり 歌〈大鏡・後一条院〉訳 **明るく澄んだ**鏡に向かうように、あなたに会うと、過去のことも将来のことも、はっきりと映って見えたのだった。

❷明らかだ。はっきりしている。

明らけき月の照らす所は、鳴く鶴が帰る洲なり。〈常陸国風土記〉訳 **はっきりしている**月が照らしている所は、鳴いているツルが飛び帰る先の浮き州である。

❸物事に明るい。賢明だ。

「**かく末の世の明らけき君として、来し方の御面をも**

起こしたまふ、本意のごと、いとうれしくなむ。」〈源氏・若菜上〉訳「このように(冷泉帝が)末の世の賢明な天皇として、先の私(=朱雀院)の代の名誉までも挽回してくださるのは、念願がかなったようで、たいへんうれしくて。」
↓古語チャート⑰(605ページ)

あきら・む【明らむ】

明らかにし、はっきりさせる
→ ❶明るくする。(心を)晴れやかにする。
→ ❷明らかにする。判別する。(奥義を)究める。

未然形	連用形	終止形	連体形	已然形	命令形
あきら・め	あきら・め	あきら・む	あきら・むる	あきら・むれ	あきら・めよ

動詞 他 〔マ下二段〕 ❶**明るくする。(心を)晴れやかにする。**「嘆かしき心の内も明らむばかり、かつは慰め、またあはれをも覚まし…。」〈源氏・早蕨〉訳悲嘆に暮れている(薫の)胸の内をも晴れやかにするぐらい、(匂宮は)一方では慰め、また、悲しさをも晴らし…。
❷(原因・事情などを)**明らかにする。判別する。説明する。**(道理を)**十分に見極める。**(奥義を)**究める。**「ここもとの浅きことは、何事なりとも、明らめまうさん。」〈徒然草・135・資季大納言入道〉訳「身近なつまらないことは、どんなことでも、ご説明申し上げよう。」
発展 **現代語とのつながり** 形容動詞「あきらかなり」と同じ語源。❶は、主に心の状態を明るくする意味で用いられる。❷は、「是非を明らめる」などの言い方で、現代語にも残っている。

あきる(現)↓(古)**あく【飽く】**

あき・る【呆る】 動詞 自 〔ラ下二段〕〈れ・れ・る・るる・るれ・れよ〉(事の意外さに)どうしてよいか分からなくなる。途方にくれる。あっけにとられる。
「乳母の女房打ち驚き、側を探れどもおはせざりければ、「あれよ、あれ。」とぞ、**あきれける**。〈平家・9・小宰相身投〉訳乳母の女房ははっと目が覚めて、そばを探してみるけれども(小宰相の君が)いらっしゃらないので、「ああ、ああ。」と言って**途方にくれた**。
発展 当惑の意味を表し、現代語の非難・軽蔑の意味は含まない。

あきれる(現)↓(古)**あきる【呆る】**

あく【悪】 一 接頭語 (人の名前に付いて)❶その人が勇ましく、激しい性格である、という意味を表す。語例 悪源太義平(=源義平)・悪七兵衛景清(=平景清)
❷優れた人、という意味を表す。語例 悪左の大臣(=藤原頼長)
二 名詞 ❶道徳や法などに反すること。また、そういう行い。❷悪い性質。邪気。

-あく 接尾語 《上代語》(活用語の連体形に付き、その語を体言にして)…(する)こと、という意味を表す。語例 言はく(「いふ+あく」)・老ゆらく(「おゆる+あく」)・見らく(「みる+あく」)
発展 ①語例に示したように、接続するときに語形が変化するため、「あく」という形では表れない。本辞典では、これらの「く」「らく」を接尾語として扱う。
②「こと」という意味の＊形式名詞・実質名詞という説もある。
↓ク語法・形式名詞・実質名詞

あく【灰汁】 名詞 灰を水に入れて取った上澄み。洗濯や染色に使用する。

あ・く【明く】 動詞 自 〔カ下二段〕〈け・け・く・くる・くれ・けよ〉↓古語チャート⑭(459ページ) ❶**夜が明ける。明るくなる。**「やうやう夜も明けゆくに、見れば、率て来し女もなし。」〈伊勢・6〉訳しだいに夜も明けていくのに、見ると、引き連れてきた女もいない。
❷**年が改まる。年が明ける。**「かくて今年も暮れぬ。明くる春の頃…。」〈平家・1・祇王〉訳こうして今年も暮れてしまった。年が改まった春のころ…。

あ・く【明く・開く・空く】 一 動詞 自 〔カ四段〕〈か・き・く・く・け・け〉❶(閉じていたものや、遮っていたものが)**ひらく。あく。**「立て込めたる所の戸、すなはち、ただ開きに開きぬ。」〈竹取・かぐや姫の昇天〉訳(かぐや姫を中に入れて)閉め切ってある場所の戸が、すぐに、ただもうすっかり開いてしまった。
❷(空間・時間などに)**透き間、空間が生じる。暇になる。**「築地の上に千人、屋の上に千人…空ける隙もなく守らす。」〈竹取・かぐや姫の昇天〉訳築地塀の上に千人、屋根の上に千人、…空いている透き間もなく守らせる。
❸(官職や地位に)**欠員が生じる。あきができる。**「この国、来年空くべきにも…。」〈更級日記・富士川〉訳この国(=駿河の国)に、来年(国司の職の)空き(=交替)が生じる予定のことに対しても…。
❹(物忌みの期間や勤めの年限などが)**終わりになる。**「今日は六日の御物忌み明く日にて…。」〈源氏・松風〉訳「今日は六日間の(宮中での)お物忌みが終わりになる日なので…。」
二 動詞 他 〔カ下二段〕〈け・け・く・くる・くれ・けよ〉(閉じていたものなどを)**あける。**(覆われていたものなどを)**取り除く。**「この戸開けたまへ。」とたたきけれど…。〈伊勢・24〉訳「この戸をお開けください。」と言ってたたいたけれど…。

あ・く【飽く】

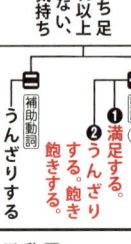

心が満ち足り、これ以上は要らない、という気持ちになる
→ 一 動詞 自 ❶満足する。❷うんざりする。飽きる。
→ 二 補助動詞 うんざりするほど…する。

接続 二は動詞の連用形に付く。

未然形	連用形	終止形	連体形	已然形	命令形
あ・か	あ・き	あ・く	あ・く	あ・け	あ・け

一 動詞 自 〔カ四段〕 ❶**満たされた気持ちになる。満足する。**「大夫殿、いまだ芋粥に飽かせたまはずや。」〈宇治拾遺〉訳「大夫殿、まだ芋粥を満足する(ほど食べ)たことがおありでないのか。」
❷**十分過ぎて、もう嫌だと思う。うんざりする。飽きる。**飽きる。「魚は水に飽かず。魚にあらざれば、その心を知らず。」〈方丈記・閑居の気味〉訳魚は水(中での生活)にうんざりしない。魚でないので、そのわけは分からない。
二 補助動詞 〔カ四段〕 **十分…する。うんざりするほど…す**

る。…(し)過ぎる。
上中下酔ひあきて、いと怪しく、塩海のほとりにて、あざれ合へり。〈土佐日記・十二月二十二日〉訳「高い身分から中ぐらいや身分の低い者までみながうんざりするほど酔っ払って、まったく不思議なことに、(物が腐るはずのない)塩からい海のそばで、ふざけ(=腐り)合っている。」〇「あざる」は、「ふざける」意味と「腐る」意味とを掛けて用いている。

発展 ①意味の広がり 一❶の、満たされた気持ちになる、というのがもともとの意味。その程度が進むと、満足し過ぎてかえって嫌になることから、反対の感情ともいえる一❷の意味になる。ただし、満足した瞬間から❷の感情が芽生えるものなので、❶か❷か、区別できない場合も多い。
②連語「飽かず」 中古以降「飽かず」という連語として用いられる例の方が多くなる。連語にはなっていなくても「飽かず」の形をとる例は多く、一❶の『宇治拾遺物語』の例なども、敬語「せたまふ」を取り除けば「飽かず」となる。
関連語 飽かず・飽かで

あ・ぐ【上ぐ・挙ぐ・揚ぐ】 動詞 他〔ガ下二段〕〈げ・げ・ぐ・ぐる・ぐれ・げよ〉❶(低い方から高い方に)上げる。
御格子上げさせて、御簾を高く上げたれば…。〈枕草子・299・雪のいと高う降りたるを〉訳(人に命じて)御格子を上げさせて、(私は)御簾を高く(巻き)上げ(「簾をかかげて看る」という漢詩の心をご覧に入れ)たところ…。
❷(垂れていた髪を)上に上げて結う。髪上げ(=女性の成人の儀式)をする。
くらべこし振り分け髪も肩過ぎぬ君ならずしてたれか上ぐべき 歌〈伊勢・23〉訳→くらべこし…
❸(都や身分の高い人のもとへ)行かせる。(京に)上らせる。
「**京にとく上げたまひて…**」〈更級日記・門出〉訳「(私を)都に早く上らせてくださって…。」
❹(声や調子を)大きくする。張り上げる。高める。
嘆き切なるときも、声を上げて泣くことなし。〈方丈記・世に従えば〉訳(権勢家の隣に住む者は)悲しみがひどいときも、声を張り上げて泣くことはない。
❺(「名をあぐ」などの形で)名声を誇る。評判を得る。世に名をとどろかせる、広める。
「**後代に名を上げたりし者にてさうらふ。**」〈平家・5・五節之沙汰〉訳「後世にまで名声を誇っていた者でございます。」
❻終了する。(乗馬で)乗り納める。
おもしろく上げたまへば、御気色直りて…。〈大鏡・伊尹〉訳(義懐がウマを)見事に乗りおさめなさると、(花山天皇のご機嫌も直って…。
❼(身分の高い人に)差し上げる。(神仏に)奉納する。
阿弥陀経あまた、経一偈上げさせたまひて…。〈栄花〉訳(関白様は)阿弥陀経を数多く、また偈(=詩形式の経文)を奉納なさって…。

あく-えん【悪縁】 名詞 ❶《仏教語》前世からの悪い因縁。また、前世の悪い行いから生じる悪い出来事。❷思うようにならない人間関係。不幸な事態を生む間柄。特に、男女の仲にいう。

あくがら・す【憧らす】 動詞 他〔サ四段〕〈さ・し・す・す・せ・せ〉❶心の落ち着きを失わせる。取り付く島もない状態にさせる。
「**かくのみあくがらしはつるは、いと悪しきわざなり。なほ、此度だに御返り。**」〈蜻蛉日記〉訳「(ご主人様を)ただもうこんなふうにすっかり取り付く島もない状態にさせてしまうのは、非常によくないことだ。やはり、今回だけでも(お手紙の)お返事を。」
❷さまよわせる。行方の分からない状態にさせる。
「**かくもあくがらさざらまし。**」〈源氏・帚木〉訳「(うるさいほどに付きまとうようすが見えたら)こんなふうにも(あの女を)行方の分からない状態にさせなかっただろう。」
発展「あくがる」の他動詞形。「あこがらす」とも。

あくが・る【憧る】 動詞 ↓最重要語(45ページ)

あくがれ-あり・く【憧れ歩く】 動詞 自〔カ四段〕〈か・き・く・く・け・け〉ふらふらと歩き回る。浮かれてさまよい歩く。

あくがれ-まど・ふ【憧れ惑ふ】-まどう 動詞 自〔ハ四段〕〈は・ひ・ふ・ふ・へ・へ〉ひどく浮かれて、落ち着かない。気もそぞろになる。
かかる折だにと、心もあくがれまどひて、いづくにもいづくにも詣でたまはず…。〈源氏・若紫〉訳せめてこのような(病気で自邸に下がっている)ときだけでも(藤壺の女御にお会いしたい)と、心も落ち着かないで、(源氏は)どこにも(いっさい)お伺いなさらず…。

あく-ぎゃう【悪行】-ぎょう 名詞 神仏の教えや人の道に背く悪い行い。悪事。

あく-ぎゃく【悪逆・悪虐】 名詞 ❶八逆の一つ。親など尊属を殺す罪。↓八逆
❷人道に外れた大悪事。道に背く行い。
平家の悪逆を見るに、保元平治よりこのかた、長く人臣の礼を失ふ。〈平家・7・木曾山門牒状〉訳平家の道に背く行いを見ると、保元平治のころ以来(ずっと)、長く臣下としての礼儀を失っている。
❸いたずら。乱暴。暴行。

あく-ごふ【悪業】-ごう 名詞《仏教語》後世に報いを受ける原因となるような悪事。対善業

あく-さう【悪相】-そう 名詞 ❶不吉な現象・徴候。悪いことが起こりそうな前ぶれ。❷恐ろしい顔つき。凶悪な形相。

あく-しゃう【悪性】-しょう 名詞 ❶《仏教語》仏の道に背く悪い性質。❷《近世語》行いが悪いこと。特に、浮気で遊び好きなこと。女遊び。放蕩。

あく-しょ【悪所】 名詞 ❶道の険しい所。(通行するのに)危険な場所。難所。
「**敵に会うてこそ死にたけれ。悪所に落ちては死にたからず。**」〈平家・9・老馬〉訳「(どうせ死ぬなら)敵に出会って死にたい。(鵯越えのような)難所に落ちては死にたくない。」
❷《近世語》遊廓。遊里。

あくしょ-おとし【悪所落とし】 名詞 ウマで険しい坂を巧みに駆け下ること。また、その人。

あく-そう【悪僧】 名詞 ❶勇猛な僧。武芸に優れた僧。荒法師。❷仏の教えを守らず悪事を行う僧。

あくた【芥】 名詞 ごみ。ちり。くず。
散りぬれば後は芥になる花を思ひ知らずも惑ふ蝶かな 歌〈古今集・物名・435〉訳(いくら美しくても)散ってしまうと、その後はごみになる花なのに、そうとも知らないで、花の美しさに惑わされて飛びまわるチョウよ。〇第二句に「苦丹(=草の名)」が詠み込まれている。

あく-だう【悪道】-どう 名詞 ❶《仏教語》この世で悪事を行った報いとして、死後に落ちてゆく世界。地獄道・餓鬼道・畜生道の三悪道をいう。❷《近世語》酒や女におぼれること。遊里に出入りすること。放蕩。

芥川〔ガハ〕 歌枕 今の京都府と大阪府の境の明神岳付

近を水源とする川。高槻市付近で淀川に合流する。

あく-ぢょ【悪女】 名詞 ❶顔かたちが醜い女性。❷性質のよくない女性。身持ちの悪い女。

あくぢょ-の-ふかなさけ【悪女の深情け】 醜い女性ほど情愛が深くこまやかであること。ありがた迷惑なことのたとえ。

あく-にち【悪日】 名詞 暦の上で、物事を行うのに悪いとする日。縁起の悪い日。凶の日。対吉日

あく-ねん【悪念】 名詞 悪事をたくらむ心。悪い考え。

あく・ぶ【欠ぶ】 動詞 自〔バ四段〕〈ば・び・ぶ・ぶ・べ・べ〉あくびをする。口を大きく開いて呼吸をする。

いとむつかしかめれば、長やかにうちあくびて…。〈枕草子・74・懸想人にて〉訳ひどく気分がくさくさするようなので、長々と大きく**あくびをして**…。

あく-まで【飽くまで】 副詞 思う存分。満足のいくまで。どこまでも。徹底して。

入道殿はあくまで情けおはします御本性にて…。〈大鏡・道隆〉訳入道殿(＝道長)は**どこまでも**思いやり深くていらっしゃるご性格で…。

あ-ぐま・ふ【足組まふ】 動詞 自〔ハ下二段〕〈へ・へ・ふ・ふる・ふれ・へよ〉足を組んで締めつける。足組みする。

あく-みゃう【悪名】 名詞 悪いうわさ。悪い評判。

あく-め【悪馬】 名詞 気性の激しいウマ。性質の荒いウマ。

あ-ぐら【胡床・呉床】 名詞 ❶《上代語》(貴人が座った)高く大きく設けた台座。❷脚をX字型に組み、座る所に革や布などを張り、折り畳めるようにした腰掛け。❸高い所に登るため、材木を組み立てて作った足場。やぐら。発展「あ」は「足」、「くら」は「座」という意味。

[あぐら❷]

あく-りゃう【悪霊】 名詞 たたりをする霊。怨霊。物の怪。

あくる【明くる】 連体詞 次の。翌。

あ-くゎい【亜槐】 名詞 ★大納言の中国風の呼び名。発展 古代の中国の言い方にならって、日本では太政大臣または内大臣・左大臣・右大臣を「三槐」と称した。「亜」は「次ぐ」という意味で、大臣に次ぐ官位の大納言をさす。

あけ【赤・朱・緋】 名詞 ❶黄を帯びた赤色。朱色。

旅にしてもの恋しきに**山下の赤のそほ船沖を漕ぐ**見ゆ 歌〈万葉集・3・270〉訳→たびにして…

❷(「あけの衣」「あけごろも」の略で)平安時代、五位の官人が着た緋色の★袍。

あくが・る【憧る】

心が体から離れ、不安定な状態になる

- ❶(ふらふらと)さまよい歩く。
- ❷(魂が)体から抜け出す。
- ❸(心を)奪われる。
- ❹(男女の仲が)うまくいかなくなる。

動詞 自〔ラ下二段〕

未然形	連用形	終止形	連体形	已然形	命令形
あくがれ	あくがれ	あくがる	あくがるる	あくがるれ	あくがれよ

❶(ふらふらと)**さまよい歩く。浮かれた気分で出歩く。**

いさよふ月にゆくりなくあくがれむことを、女は思ひやすらひ…。〈源氏・夕顔〉訳ためらう(＝沈みそうでなかなか沈まない)月に(誘われて)思いがけず**浮かれた気分で出歩い**たりすることを、女(＝夕顔)はためらい…。

❷(魂が)**体から抜け出す。**

「かくのみものを思ほせば、もの思ふ人の魂はあくがるるものなれば…。」〈源氏・浮舟〉訳「このように思い悩みなさるばかりだと、物思いをする人の魂は**体から抜け出す**ということなので…。」

❸(心を)**奪われる。引かれる。魅せられて、そわそわする。**

夜深く打ち出でたる声の、らうらうじう愛敬付きたる、いみじう心あくがれ、せむ方なし。〈枕草子・41・鳥は〉訳(ホトトギスの)夜遅く鳴き出した声が、洗練されて愛らしさがあるのは、たいへん心を**引かれ**、どうしようもない。

❹(男女の仲が)**うまくいかなくなる。気持ちが離れる。**

御仲もあくがれて程経にけれど…。〈源氏・真木柱〉訳(ご夫婦の)仲も**うまくいかなくなって**時がたってしまったのだったけれど…。

発展 **①語の成り立ち** 「あくがる」の「あく」は場所の意味を表す古いことばといわれる。「がる」は「離る」(＝離れる)。
②現代語とのつながり ❷は、平安時代ごろ、実際に霊魂が体から離れるものと考えられていたところからできた意味。❸は、比喩的に、心が不安定になるほど魅力を感じる意味を表し、現代語の「あこがれ」「あこがれる」につながっていく。
③中世以降、「あこがる」とも。

あけ-あは・す【開け合はす】 動詞 他〔サ下二段〕〈せ・せ・す・する・すれ・せよ〉(あちら側とこちら側の二枚の戸を)両方とも開けておく。互いに戸を開け合う。

局の隔てなる遣り戸を開け合はせて、物語などし暮らす日…。〈更級日記・宮仕え〉訳部屋の仕切りである引き戸を**互いに開け合って**、世間話などをして過ごす日に…。

あげ-おとり【上げ劣り】 名詞 元服して髪を上げて結ったとき、顔かたちが以前より見劣りすること。対上げ優り

あけ・く【明け来】 動詞 自〔カ変〕〈こ・き・く・くる・くれ・こ(こよ)〉夜が明けて来る。

志賀の浦にいざりする海人**明け来れば**浦廻漕ぐらし楫の音聞こゆ 歌〈万葉集・15・3664〉訳志賀の浦で夜漁をする漁師が、**夜が明けてくる**ので、海岸の入り組んだ所をめぐって漕いでいるらしい。櫓の音が聞こえる。

あげ-く【挙げ句・揚げ句】 名詞 ❶連歌や連句の結びの七・七の句。対発句 ❷最後。結局。とどのつまり。

理屈に詰まって挙げ句には、死なずがひな目に遭うて…。〈近松・曾根崎心中〉訳(徳兵衛は)理屈に詰まって**最後**には、死なないだけでも幸いという目に遭って…。

あけ-くら・す【明け暮らす】 動詞 他〔サ四段〕〈さ・し・す・す・せ・せ〉日々を過ごす。月日を送る。

「公私に暇なく明け暮らし…。」〈源氏・橋姫〉訳「公私にわたって忙しく**日々を過ごし**…。」

あけ-く・る【明け暮る】 動詞 自〔ラ下二段〕〈れ・れ・る・るる・るれ・れよ〉夜が明け、日が暮れる。月日がたつ。毎日が過ぎる。

心もとなくおぼしつつ明け暮るるに…。〈源氏・野分〉訳（秋好中宮は秋の花の盛りが過ぎるのを）気がかりにお思いになりながら**毎日が過ぎる**と…。

あけ-くれ【明け暮れ】■一 名詞 夜明けと夕暮れ。朝晩。また、日常。毎日。
■二 副詞 明けても暮れても。いつも。始終。
笑ひし子、孫も、これを明け暮れ食ひてあり。〈宇治拾遺〉訳（今まで）笑っていた子供や、孫も、これ（＝ヒサゴの実）を**明けても暮れても**食べている。

あけ-ぐれ【明け暗れ】名詞 夜がまだ明けきらない薄暗いころ。未明。

あけ-ごろも【緋衣・緋袍】■一 名詞 緋色の★袍（＝男性の衣服の一種）。★束帯用の上着で、平安時代、五位の官人が着た。転じて五位の者。
■二 枕詞 （「あけ」が同音であることから）「明け」に係る。

あげ-じとみ【上げ蔀】名詞 上下二枚の戸からなり、下は固定し、上はつり上げて開け閉めできるようにした★蔀。

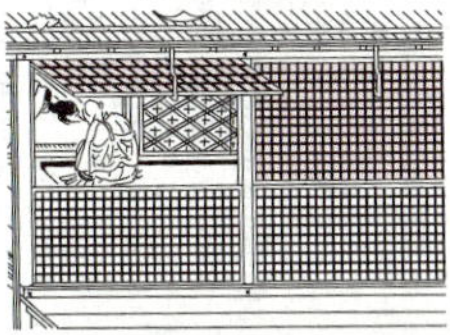
［あげじとみ］

あげ-ず【上げず】連語 （「…にあげず」の形で）間を置かないで。
二、三日に上げずご覧ぜぬ日なし。〈大和・152〉訳（帝はお気に入りのタカを）二、三日の**間を置かないで**ご覧にならない日はない（＝必ずご覧になる）。
発展 下二段動詞「あぐ」の未然形＋打消の助動詞「ず」の連用形。

あげ-す・う【上げ据う】動詞 他〔ワ下二段〕〈ゑ・ゑ・う・うる・うれ・ゑよ〉ある場所に上げて、そこに置く。高い場所に上げて、そこにいさせる。
まめなる男ども二十人ばかり遣はして、あななひに上げ据ゑられたり。〈竹取・燕の子安貝〉訳 忠実な家来たち二十人ほどを遣わして、高い足場に**上げてそこにいさせ**なさった。

あけ-た・つ【明け立つ】動詞 自〔タ四段〕〈た・ち・つ・つ・て・て〉夜明けになる。夜が明ける。
さすがに、**明け立てば**、差し出づる文の見えぬこそさうざうしけれ。〈枕草子・293・常に文おこする人の〉訳 それでもやはり、**夜が明けると**、（早々に召使いが）差し出す手紙（＝★後朝の文）がないのはもの足りないことだ。

あげ-ちら・す【上げ散らす】動詞 他〔サ四段〕〈さ・し・す・す・せ・せ〉（戸や格子などを）ばたばた上げる。乱暴に上げる。
ゐざり帰るにやおそきと上げ散らしたるに、雪降りにけり。〈枕草子・184・宮に初めて参りたるころ〉訳（中宮のもとから）膝を地に付けた姿勢で退いて（局に）帰るやいなや（格子を）**ばたばたと上げ**たところ、雪が降っていたのだ。
発展「散らす」は乱暴で、荒々しい行為をいう。

あげ-つら・ふ【論ふ】つら(ろ)う 動詞 他〔ハ四段〕〈は・ひ・ふ・ふ・へ・へ〉議論する。筋道を立てて論じる。
おほかた世の人の、万の事の善悪是非をあげつらひ…。〈玉勝間〉訳 一般に世間の人が、すべての事柄のよしあしを**議論し**…。

あげ-て【挙げて】副詞 いちいち。すべて。残らず。
心を悩ますことは、挙げて計ふべからず。〈方丈記・世に従えば〉訳（人がそれぞれ境遇に応じて）心を悩ますことは、**いちいち**数え上げることができない。
発展 下二段動詞「あぐ」の連用形＋接続助詞「て」が一語になったもの。

あけぬれば…百人一首
明けぬれば暮るるものとは知りながらなほ恨めしき朝ぼらけかな〈後拾遺集・672・藤原道信〉訳 夜が明けてしまうと、（やがてまた日が）暮れ（てしまって、あなたに再び会え）るものとは分かっていながらも、（あなたとの別れがつらいので、それでも）やはり恨めしい明け方であるよ。○「ぬれば」は「已然形＋ば」で、順接の恒常条件を表し、「夜が明けてしまうといつでも」と解釈する。
発展 詞書に「女のもとより雪ふりはべりける日帰りてつかはしける」とあり、女と一夜を過ごして、雪の朝方に帰った男の歌である。若い恋する男の心情が感じられる。

品詞分解・修辞

明け	ぬれ	ば	暮るる	もの	と	は
カ下二・用	完了・已	接助	ラ下二・体		格助	係助
知り	ながら	なほ	恨めしき	朝ぼらけ	かな	
ラ四・用	接助	副	形・体		終助	

あけ-はな・る【明け放る・明け離る】動詞 自〔ラ下二段〕〈れ・れ・る・るる・るれ・れよ〉夜がすっかり明ける。夜が明けきる。
この度は鳥も花やかなる声に打ちしきれば、明け放るるにやと聞きたまへど…。〈徒然草・104・荒れたる宿の〉訳 今度はニワトリも陽気な声でしきりに鳴くので、**夜がすっかり明ける**のだろうかと思ってお聞きになるけれど…。

あけばまた…歌
明けばまた越ゆべき山の峰なれや空ゆく月の末の白雲〈新古今集・羇旅・939・藤原家隆〉訳（夜が）明けたならば、また越えていかなければならない山の峰であるのかなあ。空を渡る月の（光も）果てる（あの）白雲のあたりは。○三句切れ。体言止め。「なれや」の「べき」は、当然の助動詞「べし」の連体形。「なれや」は、断定の助動詞「なり」の已然形＋終助詞「や」で、詠嘆の意味を表す。
発展 空行く月の光のかなたを望みながら、明日の行程としての山のことを思う旅人の心境になって詠んだ歌。全体として幻想的な感じの歌である。

あけ-ぼの【曙】名詞 夜がほのぼのと明けようとするころ。明け方。→古語チャート❶（47ページ）
み吉野の高嶺の桜散りにけり嵐も白き春のあけぼの歌〈新古今集・春下・133〉訳→みよしのの…

あけぼのや…句
あけぼのやしら魚白きこと一寸〈野ざらし紀行・松尾芭蕉〉訳 今、ちょうど、夜明け方の時刻だ。まだほの暗い浜辺で、網にすくい上げたシラウオはまだ一寸（＝約三センチメートル）ばかりの小ささだが、そのすき通るような白さは目にしみるようだ。○季語 しら魚一寸—冬
発展 今の三重県桑名での句。「しら魚」は春の季語だが、「春二寸、冬一寸」といわれることから冬の季語とする。

あげ-まき【揚げ巻・総角】名詞 ❶上代以来の、子供の髪の結い方のひとつ。髪を中央から左右に分け、両耳の上あたりで丸く輪のように束ねたもの。また、その髪型をした少年や年ごろ。❷（「揚げ巻結び」の略で）ひもの結び方のひとつ。輪を作り、左右に出し、中央を井桁に組んで、両端の房を垂らしたもの。御簾や文箱などの飾りや、よろいの背の逆板（＝背の透き間を覆う板）に付ける房に用いた。

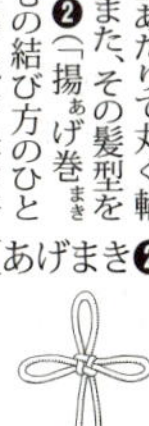
［あげまき❷］

あげ-まく【揚げ幕】名詞 能舞台の橋懸かりの入り口や、

歌舞伎の花道の出入り口に掛ける幕。

あけまく-をし-み【明けまく惜しみ】—　夜が明けるのが惜しいので。

妻を枕かむと朝月夜明けまく惜しみあしひきの山彦とよめ呼び立て鳴くも 歌〈万葉集・9・1761〉訳 妻と一緒に寝ようと、(シカは)月の残っている明け方、**夜が明けるのが惜しいので**、山にこだまするほど呼び立てて鳴くことだ。〇「あしひきの」は「山」に係る枕詞。

発展 下二段動詞「あく」の未然形＋推量の助動詞「む」の未然形＋接尾語「く」＋形容詞「をし」の語幹相当部分(終止形と同形)＋接尾語「み」。↓形容詞の語幹の用法

あげ-まさり【上げ優り】名詞 元服して髪を上げて結ったとき、顔かたちが以前より美しく見えること。対 上げ劣り

あけ-むつ【明け六つ】名詞 明け方の六つ時。今の午前六時ごろ。また、その時刻に鳴らす鐘の音。対 暮れ六つ ↓**ビジュアルチェック**⑲(881ページ)

あけ-もて-い-く【明けもて行く】連語 (夜が)しだいに明けていく。↓持て行く

夜ひと夜、酒飲みし遊びて、夜明けもて行くほどに、この殿のおもしろきをほむる歌詠む。〈伊勢・81〉訳 一晩中、酒を飲み歌や音楽を楽しんで、夜が**しだいに明けていく**ころに、(人々は)この御殿が風情があるのをたたえる歌を詠んだ。

あげ-や【揚げ屋】名詞《遊里語》客が置き屋から高級な遊女を呼んで、飲食しながら遊ぶ店。

あけ-ゆ-く【明け行く】動詞 自〔カ四段〕(か・き・く・く・け・け) 夜が明けていく。年が明けていく。

かくて明け行く空の気色、昨日に変はりたりとは見えねど…。〈徒然草・19・折節の〉訳 こうして**年が明けていく**(元旦の)空のようすは、(大晦日の)昨日と変わっているとは見えないが…。

朱楽菅江 人名 江戸中期の狂歌師・洒落本作者。『万載狂歌集』『故混馬鹿集』を編

まとめて覚えよう古語チャート❶

一日の時間帯を表すことば

この図は一日の時間帯を表すことばを集めたものです。図にあるように、特に夜と朝の境目となる時間帯は、「1あかつき」「2あけぼの」「3あさぼらけ」「4あした」のように細かく分かれていました。「5しののめ」(=東雲)は、ほのかに東の空が白んでいくころを指すことばです。

「あした」は、もとは何か事があった昨夜から見たときの「次の日の朝」を指しましたが、現在では「明日」の意味でしか使われなくなりました。「6つとめて」も同じように朝(=早朝)の意味ですが、翌朝の意味でも使われました。

「7たそかれ」(=誰そ彼の意味)は夕方の薄暗い時間帯を指すことばです。これに対して、明け方の薄暗い時間帯については「8かはたれどき」(=彼は誰れ時)といいました。両方とも、周囲が薄暗くて、そこにいる人が誰だか見分けがつきにくい時刻、という意味です。

赤字は最重要語・重要語

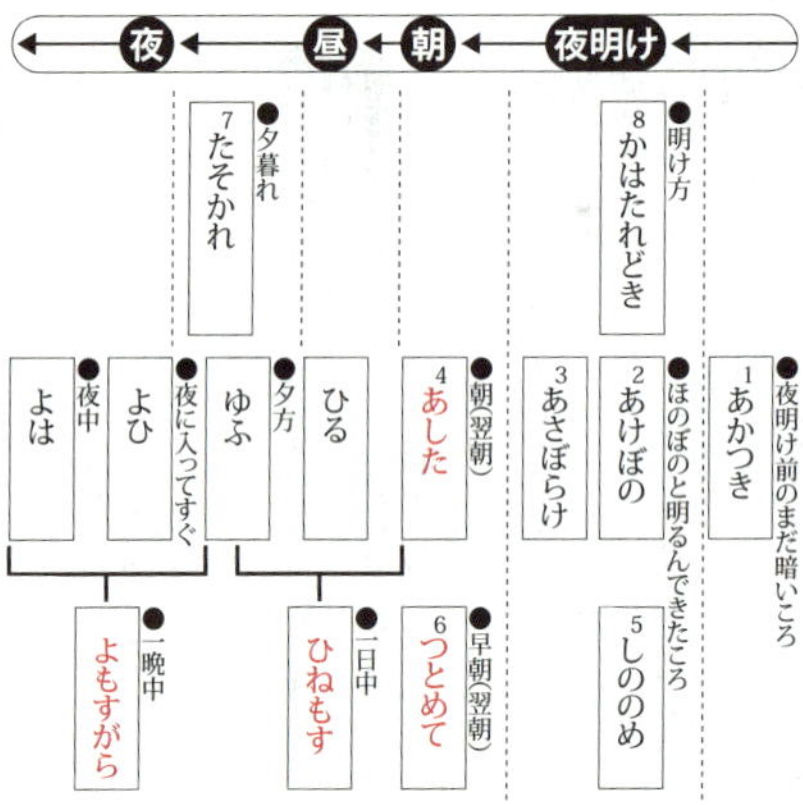

集刊行し、天明期に狂歌を流行させた中心人物のひとりとなった。1740―1800

あける(現)↓(古)**あく**【明く・開く・空く】

あげる(現)↓(古)**あぐ**【上ぐ・挙ぐ・揚ぐ】

あげ-わた-す【上げ渡す】動詞 他〔サ四段〕(さ・し・す・す・せ・せ) (下ろしてある格子や蔀などを)全部を上に上げる。一方から他方へかけて残らず上げる。

東南の格子を上げ渡したれば、涼しげに透きて見ゆる母屋に…。〈枕草子・一本・23・松の木立〉訳 東と南の格子を**残らず上げ**てあるので、いかにも涼しそうに透いて見える母屋に…。

あげ-を【上げ緒・上げ緌】—お 名詞 冠のひも。↓冠(図)

あ-こ【吾子】一 名詞 (自分の子やごく近しい人を親しんで)わが子。私のいとしい子。

大船に真楫繁貫きこの吾子を唐国へ遣る斎へ神たち 歌〈万葉集・19・4240〉訳 大船に櫓をたくさん取り付けて、この**わが子**を唐の国(=中国)へ遣わす。(どうか)守ってください。神々よ。

二 代名詞 (子供や目下の者を親しんで)おまえ。あなた。

「吾子をこそは、恋しき御形見にも見るべかめれ。」〈源氏・真木柱〉訳「**おまえ**(=真木柱の弟君)こそは、(私の)恋しい(真木柱の)お形見とも思っていなければならないようだ。」

発展 上代は「あご」。

あこが-る【憧る】動詞 ↓あくがる 最重要語(45ページ)

あこがれる(現)↓(古)**あくがる**【憧る】最重要語(45ページ)

あこぎ【阿漕・安濃】名詞 ❶↓阿漕が浦 ❷物事が度重なること。また、隠しごとも度重なるといつかは露見するということ。発展 近世に、「欲が深く無慈悲だ」という意味の形容動詞としての用法が生じた。

阿漕が浦 歌枕 今の三重県津市阿漕町の海岸。伊勢神宮に供える魚介(神饌)の漁場。和歌には、「あこぎ(貪欲なようす)」を掛けたり、「たび重なる」が詠み込まれたりもした。

あこめ【衵・袙】名詞 ❶男子が束帯・直衣を着るときに、単衣の上、下襲の下に着る衣服。↓図(次ページ) ❷婦人や童女が肌近くに着る衣服。↓小袿(図)

発展「あこめぎぬ」とも。

あこめ-あふぎ【衵扇】―名詞 貴婦人の正装用の扇。スギまたはヒノキの薄板を色糸でとじ、糸の両端を長く垂らしたもの。表面に薄い鳥の子紙を張り、金・銀の箔を置き、絵を描いた。↓檜扇・汗衫（図）

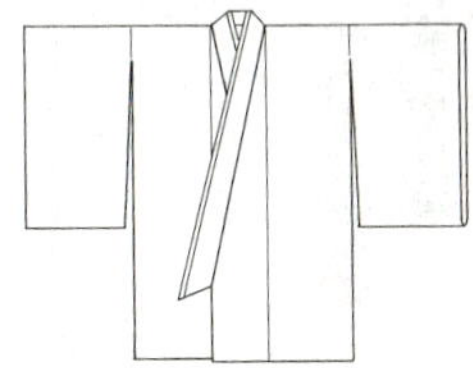
［あこめ❶］

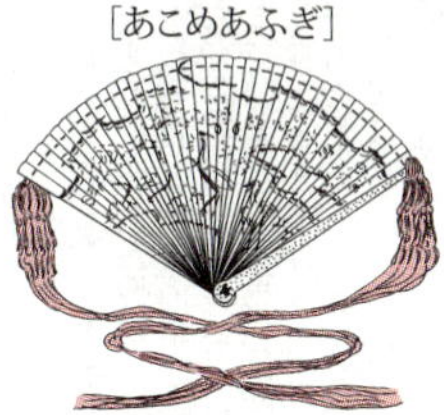
［あこめあふぎ］

あさ【朝】名詞 夜が明けてからしばらくの間。あさ。対 夕 発展 一日を夜間と昼間に大別したときの昼間に属し、その昼間をさらに「あさ」「ひる」「ゆふ」の三つに分けたときの初めの時間帯をいう。また、同義語の「あした」が単独で用いられるのに対して、「あさ」は「朝影」「朝霧」「朝露」などのように複合語として用いられることが多い。

あざあざ-と【鮮々と】副詞 鮮やかに。華やかに。際立ってはっきりと。くっきりと。
来し方あまり匂ひ多くあざあざとおはせし盛りは、なかなかこの世の花の薫りにもよそへられたまひしを…〈源氏・御法〉訳（紫の上は）これまであまりに色香にみち**華やかで**いらっしゃった女盛りのころには、かえってこの世の花の美しさにもたとえられるほどでいらっしゃったが…。

あさ-い【朝寝】名詞 朝、遅くまで寝ていること。朝寝。
夕霧立ち渡りて、いみじうをかしければ、朝寝などもせず、かたがた見つつ…〈更級日記・門出〉訳 あたり一帯に夕霧が立ち込めて、とても趣深い景色なので、（翌朝は）**朝寝**などもしないであちこち眺めては…。

浅井了意［アサヰ］［レウイ］人名 江戸前期の仮名草子作者。『堪忍記』『東海道名所記』『浮世物語』『伽婢子』『狗張子』などを次々と発表し、代表的な作家となる。晩年は京都で僧となる。仏教書の執筆も多い。生年不明―1691

あさ-かう【朝講】―名詞《仏教語》（法華八講などを朝夕行う時の）朝の講座。類 朝座

朝顔の姫君［アサガホノ］［―］登場人物『★源氏物語』中の人物。桃園式部卿の宮の娘。朱雀帝の即位とともに斎院となる。斎院を退いた後も、あくまでも光源氏の求愛を拒み通す。

あさ-かげ【朝影】名詞 ❶朝の日の光。対 夕影 ❷朝、鏡や水に映る姿や顔かたち。
朝影見つつ少女らが手に取り持てる真澄鏡…歌〈万葉集・19・4192〉訳 **朝の姿**を映して見ては、少女たちが手に持っている真澄の鏡の…。
❸やせ細った姿。恋に悩んでやつれたようすのたとえ。
朝影に我が身はなりぬ玉かぎるほのかに見えて去にし児ゆゑに 歌〈万葉集・11・2394〉訳 **やせ細った姿**に、私はなってしまった。ほんのちょっと見えただけで行ってしまったあの娘のために。○「玉かぎる」は「ほのか」に係る枕詞。
発展 ❸は、朝日に照らされてできる影が細長いところから。

あさ-がすみ【朝霞】一名詞 朝に立つ霞。季語 春
二枕詞（朝のかすみが景色を薄ぼんやりとさせるところから）「ほのか」地名「春日」「鹿火屋（＝シカやイノシシが近付かないように火をたく小屋）」などに係る。

安積の沼 歌枕 今の福島県郡山市日和田付近にあったという沼。「花かつみ」で有名。「花かつみ」は、マコモ・アヤメなど諸説あるが、不明。↓ビジュアルチェック❶（194ページ）

あさ-がほ【朝顔】―名詞 ❶朝起きたばかりの顔。
ねたくれの御朝顔見るかひありかし。〈源氏・藤裏葉〉訳 寝乱れ姿の（夕霧の）**朝起きたばかりのお顔**（の風情）は見るかいがある（美しさだ）よ。
❷《植物》平安中期までは早朝に花の咲く植物。キキョウ・ムクゲ今のアサガオなど、諸説がある。近世以降は、今のアサガオ。季語 秋
朝顔に釣瓶とられてもらひ水 句〈千代尼句集・千代女〉訳 **アサガオ**が井戸の釣瓶につるをからめている。それを切ることもできず、近所に水をもらいに行った。
❸★襲の色目のひとつ。表裏とも縹色。秋に用いる。

あさがみ-の【朝髪の】枕詞（朝、起きたばかりの髪は乱れていることから）「乱る」に係る。

安積山 歌枕 今の福島県猪苗代湖東岸の峰。

◆**あさかやま…**歌
安積山影さへ見ゆる山の井の浅き心をわが思はなくに〈万葉集・16・3807・陸奥国前采女〉訳 安積山の影まで見える山の清水のわき出る所のような、そんな浅い心で（私は）思っているのではないのに。○三句までは、「山の井」が掘り抜き井戸に比べて浅いところから、「浅き」を導く序詞。
発展『大和物語』百五十五段にも収録されている。

あさ-がれひ【朝餉】名詞 ❶天皇の日常の食事。❷「★朝餉の間」の略。発展 ❶は大床子の御膳（＝正式の食事）に対して、略式の食事をいう。朝食とはかぎらない。

あさがれひ-の-ま【朝餉の間】―名詞 天皇が「朝餉❶」をとる部屋。清涼殿の西の廂にある。↓ビジュアルチェック⑫（715ページ）

あさ-ぎ 名詞 一【浅葱】❶緑色がかった淡い青色。藍色より薄く、水色より濃い。❷六位の官人が着る❶の色の袍（＝宮中で男性が正装のとき着る上着）。転じて、六位の者。❸★襲の色目のひとつ。表裏ともに薄い藍色。
二【浅黄】薄い黄色。
発展「あさ」は薄いという意味、一の「き」はネギで、そのネギの若芽のような淡い青色をいう。

あさ-きた【朝北】名詞（「朝北風」の略で）朝吹く北風。発展「あさぎた」とも。

あさ-ぎぬ【麻衣】名詞 ❶アサの布で作った粗末な衣服。❷喪中に着るアサの白い衣服。

あさ-ぎよめ【朝浄め】名詞 動詞 他［サ変］（せ・し・す・する・すれ・せよ）朝の掃除をすること。

あさ-ぎり【朝霧】名詞 朝方に立ち込める霧。季語 秋
ほのぼのとあかしの浦の朝霧に島隠れゆく舟をしぞ思ふ 歌〈古今集・羇旅・409〉訳 ↓ほのぼのと…

あさぎり-の【朝霧の】枕詞（朝霧でものがはっきり見えないことから）「おほに」「思ひ惑ふ」「乱る」に、また（朝霧が幾重にも立つことから）「八重山」に係る。

あさ-ぐつ【浅沓】名詞 底の浅いくつ。公卿や殿上人が指貫を着用する時に用いた。対 深沓 ↓図（次ページ）・衣冠（図）

あさ-け【朝明】 名詞 夜が明け始めるころ。明け方。発展「あさあけ」の変化したことば。

あさ-け【朝食】 名詞 朝の食事。朝食。対 夕食(ゆふけ) 発展 後世に「あさげ」とも。

あざけ・る【嘲る】 一 動詞 自 ラ四段〈ら・り・る・る・れ・れ〉大きな声を出す。また、声を上げて詩歌を吟ずる。

月にあざけり、風にあざけること絶えず…。〈後拾遺集・序〉訳 月を見て**声を上げて詩歌を吟じ**、風に興じて**声を上げて詩歌を吟じる**ことが絶えない…。

二 動詞 他 ラ四段〈ら・り・る・る・れ・れ〉嘲笑する。ばかにする。悪く言う。

これを見る人、あざけりあさみて…。〈徒然草・41・五月五日〉訳 これ(=木の上で眠る男)を見る人が、**ばかにし**軽蔑して…。

あさ-ごろも【麻衣】 名詞 →あさぎぬ

あさ-ざ【朝座】 名詞《仏教語》「朝講」に同じ。また、寺院における朝の仏事。対 夕座

あさ-さむ【朝寒】 名詞 秋の深まりとともに、朝方うすら寒く感じること。また、その季節。季語 秋

あさ-さ・る【朝さる】 動詞 自 ラ四段〈ら・り・る・る・れ・れ〉朝になる。対 夕さる

朝されば妹が手に巻く鏡なす三津の浜廻に… 歌〈万葉集・15・3627〉訳 **朝になると**、いつも、妻が手に(ひもを)巻いて鏡を見たが、(「見つ」と同音の)三津の浜の湾曲した所で…。○「三津(=難波の港)」を「見つ」に掛けて、「朝されば…鏡なす」を「三津」の序詞としている。

あさ・し【浅し】 形容詞 ク〈く・く・し・き・けれ・○/から・かり・○・かる・○・かれ〉❶底までの距離が短い。浅い。

❷(感情や趣が)弱い。(かかわりの程度が)軽い。

浅からぬことども書きたまへり。〈源氏・須磨〉訳 (六条御息所からの手紙には、思いが)**弱く**はないことの数々をお書きになってある。

❸程度が低い。つまらない。不十分である。

「まして、ここもとの**浅きことは**、何事なりとも、明らめまうさん。」〈徒然草・135・資季大納言入道〉訳「まして、身近な**つまらない**ことは、どんなことでも、ご説明申し上げよう。」

❹(色が)淡い。(香りが)かすかだ。

藤の花色の浅くも見ゆるかな移ろひにける名残なるべし 歌〈大和・61〉訳 フジの花の色が**淡く**見えることだなあ。(愛情が他へと)移ってしまい、取り残された花だからだろう。

❺(家柄や身分が)低い。

「**位浅く何となき身の程、打ち解け、心のままなる振る舞ひなどものせらるな。**」〈源氏・梅枝〉訳「位が**低く**これということもない身の上(だからといって)、気を許して、したい放題のことなどをなさるものではない。」

あさ-じめり【朝湿り】 名詞 朝方、露や霧のために、物がしっとりと湿っていること。

あさしも-の【朝霜の】 枕詞 (朝の霜は消えやすいことから)「消(け)」に係る。

あさ-すずみ【朝涼み】 名詞 夏の朝の、まだ涼しいころ。また、夏の朝風に吹かれて涼むこと。季語 夏 発展「あさすず」とも。

あさ-だ・つ【朝立つ】 動詞 自 タ四段〈た・ち・つ・つ・て・て〉朝早く旅に出る。早朝に旅立つ。

群鳥の朝立ち去なば後れたる我や悲しき… 歌〈万葉集・17・4008〉訳 **朝早く旅に出て**行ってしまうなら、後に残された私の方が悲しいか…。○「群鳥の」は鳥が朝早く群れをなして飛び立つことから「朝立つ」の枕詞となっている。

あさ-ぢ【浅茅】 名詞 丈の低いチガヤ(=イネ科の多年草)。また、まばらに生えているチガヤ。

秋深き庭の浅茅に、露のいろいろ、玉のやうに置きたる。〈枕草子・119・あはれなるもの〉訳 秋も深まった庭の**丈の低いチガヤ**に、露がさまざまな色に、宝玉のように光って置いている(のもしみじみと感動させられるものだ)。

あさぢ-が-はら【浅茅が原】 名詞 浅茅(=丈の低いチガヤ)の生えている野原。転じて、雑草が生い茂った荒れ野。類 浅茅生

古き都を来てみれば浅茅が原とぞ荒れにける〈平家・5・月見〉訳 古い都を通ってきてみると、**雑草が生い茂った荒れ野**となって荒れ果ててしまっていたことだ。

あさぢ-が-やど【浅茅が宿】 名詞 庭に浅茅(=丈の低いチガヤ)などの雑草が生い茂った、荒れ果てた家。

あさぢ-はら【浅茅原】 一 名詞 浅茅(=丈の低いチガヤ)のまばらに生えている野原。転じて、雑草の茂った荒れ野。類 浅茅が原・浅茅生

二 枕詞 (「ちはら」と音が似ているところから)「つばらつばら」に係る。

あさぢ-ふ【浅茅生】 名詞 浅茅(=丈の低いチガヤ)が一面に生えている所。転じて、荒れてわびしい場所。類 浅茅が原 発展「ふ」は、草などが生えている所という意味。

あさぢふ-の【浅茅生の】 枕詞 (チガヤが生えていることから)「野」「小野」に係る。

🪭 **あさぢふの…** 百人一首

浅茅生の小野の篠原忍ぶれどあまりてなどか人の恋しき〈後撰集・577・源等〉訳 丈の低いチガヤ(の生えている)野の篠原の「しの」ではないが、(あなたへの思いを)こらえ忍んでも(あなたへの思いが胸に)あふれて、どうして(こんなに)あなたが恋しいのか。○「浅茅生の小野の篠原」は「忍ぶ」を導く序詞。また、「浅茅生の」は、「小野(=野原)」に係る枕詞。「恋しき」は、形容詞シク活用「恋し」の連体形で「などか」の係助詞「か」と係り結びとなる。

発展「浅茅生の小野の篠原しのぶとも人知るらめやいふ人なしに(=丈の低いチガヤの生えている小野の篠原、その「しの」ということばのように私がこんなにあなたのことを恋い慕っていようとは、あの人は知っているのだろうか。心を先方に告げてくれる人がいないのに。)」〈古今集・恋1・505〉が本歌。

品詞分解・修辞

浅茅生	の	小野	の	篠原	忍ぶれ	ど
〈枕詞〉→小野	格助	〈序詞〉→忍ぶ	格助		バ上二・已	接助

あまり	て	など	か	人	の	恋しき
ラ四・用	接助	副	係助(係)		格助	形・体(結)

あさぢふ-の-やど【浅茅生の宿】 名詞 →あさぢがやど

あさ-づきよ【朝月夜】 名詞 →あさづくよ

あさ-づくよ【朝月夜】 名詞 ❶明け方に出ている月。有り明けの月。また、月の残っている明け方。類 暁月夜

[あさぐつ]

対 夕月夜 発展「あさづきよ」とも。

あさ-つゆ【朝露】 名詞（草木などに降りた）朝の露。転じて、消えやすく、はかないもののたとえ。季語 秋

朝露は消え残りてもありぬべし誰かこの世を頼みはつべき 歌〈伊勢・50〉訳（もろく消え去る）朝の露（の中に）は、消え残るものがきっとあるにちがいない。（けれども）だれがこんな朝露よりもはかない、あなたとの仲をあてにし続けることができるだろうか、いや、できる人などないだろう。○「世」は、男女の仲。

あさつゆ-の【朝露の】 枕詞（露が置く（=降りる）ことから）「おく」に、また（はかなく消えやすいことから）「消け」「命」「我が身」に係る。

あさて【明後日】 名詞 あさって。明後日。

あさ-で【浅手】 名詞 浅い傷。軽傷。軽いけが。類 薄手 対 深手 発展「手」は傷という意味。

あさ-と【朝戸】 名詞 朝（起きて）開ける戸。

あさどこに… 歌

朝床に聞けばはるけし射水川朝漕ぎしつつ唱ふ舟人〈万葉集・19・4150・大伴家持〉訳 朝の床で聞くと、はるかに聞こえてくるよ。射水川を朝早くこいで行きながら歌う舟人の声が。○二句切れで倒置法。射水川は、今の富山県西部を流れる小矢部川。発展 越中の国府の館で詠んだ歌。朝、目覚めたばかりの床の中で耳を澄ますと、川をさかのぼって行く舟人たちの声が、朝の静けさの中に響いてくる情景が詠まれている。

あさと-で【朝戸出】 名詞 朝早く、戸を開けて家を出ること。対 夜戸出 発展 多く、女性の家に泊まって帰る場面で用いる。

あさとり-の【朝鳥の】 枕詞（朝、鳥が巣から飛び立って行き通うことから）「通ふ」「音鳴く」「朝立つ」に係る。

あざ-な【字】 名詞 ❶成年男子が実名以外に付けた名。中国で元服の時に付けた風習に習ったもの。❷呼び名。あだ名。通称。→古語チャート㉘（911ページ）

あさな-あさな【朝な朝な】 副詞 毎朝毎朝。朝ごとに。対 夜な夜な

「年来頼みて、**朝な朝な**召しつる土大根らにさうらふ。」〈徒然草・68・筑紫に、なにがしの〉訳「長年（薬として）信頼して、**毎朝毎朝**召し上がったダイコンどもでございます。」

発展「あさなさな」とも。

あざなう（現）→（歴）**あざなふ【糾ふ】**

あさ-なぎ【朝凪】 名詞 朝方、海上の風が穏やかになり、波も静かになること。季語 夏

あさな-けに【朝な日に】 副詞 朝に昼に。朝ごと日ごとに。いつも。常に。類 朝に日に 発展「あさにけに」の変化したもの。

あさな-さな【朝なさな】 副詞 →あさなあさな

あざな-ふ【糾ふ】 動詞 他 ハ四段〈は・ひ・ふ・ふ・へ・へ〉（二つのものを一つに）より合わせる。絡み合わせる。より合わせてなう。縄をなう。

吉凶は、**あざなへる縄のごとく、哀楽時を替へたり。**〈太平記〉訳 人間の幸・不幸は、**より合わせてなった**縄のようで、悲しみと楽しみとが時を替えて（交互に）訪れてくる。

発展「あざふ」とも。

あさな-ゆふな【朝な夕な】 副詞 朝に夕に。明けても暮れても。

伊勢の海人の朝な夕なにかづくとふ鮑の貝の片思にして 歌〈万葉集・11・2798〉訳（私の恋は）伊勢の海人が、**朝に夕に**海に潜っては採るというアワビの貝のように片思いであって。○「とふ」は「といふ」の変化したもの。アワビは片側だけの貝なので「片思ひ」のたとえとする。

あさに-けに【朝に日に】 副詞 朝に昼に。朝ごと日ごとに。いつも。常に。類 朝な日に

青山の峰の白雲朝に日に常に見れどもめづらし我が君 歌〈万葉集・3・377〉訳 青々とした山の峰にかかっている白雲のように、**朝に昼に**いつも見ているけれども、すてきな（見飽きることのない）あなたなだなあ。○「青山の峰の白雲」は「朝に日に」を導く序詞。

あさね-がみ【朝寝髪】 名詞 朝の（起きたままの）乱れ髪。朝の寝乱れ髪。

あさ-の-ころも【麻の衣】 →あさぎぬ

あさ-はか・なり【浅はかなり】 形容動詞 ナリ〈なら・なり（に）・なり・なる・なれ・なれ〉❶奥深くない。奥行きがない。

屋のさまもはかなだち、廊めきて、端近に**あさはかなれど**、をかしきに…。〈枕草子・99・五月の御精進のほど〉訳 建物のようすも簡素で、（細長くて）渡り廊下のようで、外に近く**奥深くない**が、趣がある建物で…。

❷思慮が足りない。軽率だ。未熟だ。

『うちつけに、**あさはかなり**』と御覧ぜられぬべき序なれど…。」〈源氏・若紫〉訳「（幼い紫の上を妻にという申し出は）『突然のことで、**軽率である**。』とご覧になっていただいてしまうにちがいない（この）場合であるけれども…。」

❸取るに足りない。

「**あさはかなること**にかかづらひてだに…。」〈源氏・須磨〉訳「**取るに足りない**ことにかかわった場合だって…。」

あさ-は-ふ-る【朝羽振る】 朝、鳥が羽ばたくように風や波が立つ。対 夕羽振る

発展「ふる」は四段動詞。一語の四段動詞のように用いられる。

あさひ-なす【朝日なす】 枕詞（朝日のように美しいという意味から）「まぐはし」に係る。

あさ-びらき【朝開き】 名詞 船が朝早く港を出ること。朝早く船を出すこと。朝の船出。

あさ-・ふ【浅ふ】 動詞 自 ハ下二段〈へ・へ・ふ・ふる・ふれ・へよ〉❶（地位・身分などが）低い。

「まだ位なども**浅へたる**ほどを。」〈源氏・竹河〉訳「まだ位なども**低い状態**なので。」

❷（思慮・分別などが）足りない。あさはかだ。

「かく**浅へたまへる**女の御志にだに、後れぬること。」〈源氏・幻〉訳「このように**あさはかで**いらっしゃる女（=女三の宮）の（仏道への）お志にさえ、遅れをとってしまったことよ。」

発展 形容詞「浅し」の語幹「あさ」に接尾語「ふ」が付いたことばで、多く「あさへたり」の形で用いられる。

あざ・ふ【糾ふ・叉ふ】 動詞 他 ハ下二段〈へ・へ・ふ・ふる・ふれ・へよ〉（二つのものを一つに）より合わせる。絡み合わせる。

戯れの態に十の指を**あざふ**。〈三宝絵〉訳 戯れごととして（=遊び半分で）十本の指を**絡み合わせる**（=仏教での印相を結ぶ）。

発展「あざなふ」とも。

あさ-ぶすま【麻衾】 名詞 アサの布で作った粗末な夜具。

あさ-ぼらけ【朝朗け】 名詞 朝、ほのぼのと明るくなるころ。明け方。→古語チャート❶（47ページ）

あさぼらけ… 百人一首

朝ぼらけ有り明けの月と見るまでに吉野の里に降れる白雪〈古今集・冬・332・坂上是則〉訳 ほのぼのと夜

の明けるころ、有り明けの月(の光)と見間違えるくらいに、吉野(=今の奈良県吉野川中流域一帯)の里に降り積もっている白雪よ。○「有り明けの月」は夜明け以後も空に残っている月。その月の光を「白雪」に見立てる。
発展 公務で吉野の里に行ったとき、雪が降り積もり、月の光かと見紛うほどの雪明かりに感動して詠んだ歌。吉野は、中世以降、サクラの名所として知られるが、『古今集』では雪を詠み込む歌が多い。

品詞分解・修辞
朝ぼらけ　有り明け　の(格助)　月　と(格助)　見る(マ上一・体)　まで(副助)　に(格助)
吉野　の(格助)　里　に(格助)　降れ(ラ四・已)　る(存続・体)　白雪　〈体言止め〉

朝ぼらけ宇治の川霧絶え絶えにあらはれわたる瀬々の網代木〈千載集・420・藤原定頼〉訳 ほのぼのと夜の明けるころ、宇治川の霧がとぎれとぎれになって、(その絶え間からしだいに)一面に現れてくるあちらこちらの浅瀬の網代木よ。○「宇治」は今の京都府宇治市。「わたる」は補助動詞で「一面に…する」という意味。
発展 詞書に「宇治にまかりてはべりけるとき詠める」とあり、宇治の実景を詠んだ、百人一首としては珍しい叙景歌である。

品詞分解・修辞
朝ぼらけ　宇治　の(格助)　川霧　絶え絶えに(形動・用)
あらはれ(ラ下二・用)　わたる(補動ラ四・体)　瀬々　の(格助)　網代木　〈体言止め〉

あさま・し 形容詞 ↓最重要語(51ページ)

あさまし-が・る 動詞 自 ラ四段 〈ら・り・る・る・れ・れ〉 (意外さに驚きあきれる。あきれて興ざめする。「すべて昔よりこの山にかかる姿の人見えざりつ。」と**あさましがりし**を…。〈枕草子・119・あはれなるもの〉訳「まったく昔からこの山(=吉野の金峰山)にこのような姿の人は見かけなかった。」と(人々は)**驚きあきれた**が…。
発展「がる」は接尾語。

あさましく-な・る 連語 死ぬ。亡くなる。三月二十日、終にいと**あさましくならせたまひぬ**。〈増

あさま・し

意外さに驚きあきれる気持ち

❶意外だ。驚きあきれたことだ。◉よい面にも悪い面にも用いられる。
❷嘆かわしい。情けない。あさはかだ。
❸見苦しい。みっともない。
❹取るに足りない。みすぼらしい。
❺ひどく。非常に。◉連用形「あさましく」の副詞的用法。

形容詞〔シク〕	未然形	連用形	終止形	連体形	已然形	命令形
	あさま・しく	あさま・しく	あさま・し	あさま・しき	あさま・しけれ	○
	あさま・しから	あさま・しかり	○	あさま・しかる	○	あさま・しかれ

❶(よくも悪くも)**意外だ。驚きあきれたことだ。**ものの心知りたまふ人は、「かかる人も、世に出でおはするものなりけり。」と、**あさましき**まで目を驚かしたまふ。〈源氏・桐壺〉訳 物事の道理をわきまえていらっしゃる方は、(三歳の源氏を見て)「このような(美しい)方も、この世に生まれ出ていらっしゃるものだったのだなあ。」と、**驚きあきれる**ほど目を見張っていらっしゃる。
思はずに**あさましくて**、「こはいかに。かかるやうやはある。」とばかり言ひて、返歌にも及ばず…。〈十訓抄〉訳 (藤原定頼は、小式部内侍がすばらしい歌を詠んだことが)意外で**驚きあきれて**、「これはどうしたことだ。こんなことがあるだろうか、いや、あるはずがない。」とだけ言って、返歌もできず…。

❷**嘆かわしい。情けない。あさはかだ。**「光の源氏の夕顔、宇治の大将の浮舟の女君のやうにこそあらめ。」と思ひける心、まづいとはかなく、**あさまし**。〈更級日記・物語〉訳「(年ごろになった自分は)たとえば光源氏の(寵愛した)夕顔、宇治の大将(=薫)の(恋した)浮舟の女君のようであるだろう。」と思っていた(若いころの私の)心は、(今考えてみると)どうにもひどく未熟でたわいがなく、**あさはかだ**。
ひたすら世をむさぼる心のみ深く、もののあはれも知らずなりゆくなん、**あさましき**。〈徒然草・7・化野の露〉訳 (四十歳を過ぎると)いちずに俗世の利益にばかり執着する心ばかり強くなって、物事のしみじみとした情感も分からなくなっていくのは、**嘆かわしい**。

❸**見苦しい。みっともない。**後日に、むく犬の**あさましく**老いさらぼひて、毛はげたるを引かせて…。〈徒然草・152・西大寺の静念上人〉訳 (日野資朝卿は)後日に、むく犬で**みっともなく**年老いてやせ衰えて、毛のはげているのを(使用人に)引かせて…。

❹**取るに足りない。みすぼらしい。落ちぶれている。**「**あさましき**身なればとて、小判一両持つまじきものにもあらず。」〈西鶴諸国ばなし〉訳「**落ちぶれた**身の上だからといって、小判一両を持てそうにないものでもない。」

❺(連用形を副詞的に用いて)**ひどく。非常に。たいへん。**灯籠の火のいとほのかなるに、**あさましく**老い神さびて…。〈更級日記・宮仕え〉訳 (博士の命婦は)灯籠の火がとてもほの暗い中で、**たいへん**年老いて神々しく(見え)…。○❶の意味から、程度が並々でないようすを表すようになった用法。この例のように、必ずしも悪い意味ばかりではない。
下ざまの人は、罵り合ひ、いさかひて、**あさましく**恐ろし。〈徒然草・175・世には心得ぬことの〉訳 身分の低い人は、ののしり合い、けんかをして、**ひどく**恐ろしい。

発展 **①語の成り立ち** 中古に「びっくりする・あきれ返る」という意味の四段動詞「あさむ」からできたことば。
②現代語とのつながり もともとは❶や❺のように、よい意味でも悪い意味でも用いられたが、しだいに❷❸❹のように、否定的な意味に限られるようになった。現代では、さらに意味が狭くなって、日常語としては、わずかに「心が汚く卑しい・がつがつしている」という意味で使われる程度である。

鏡〉訳 三月二十日、とうとう本当にお亡くなりになった。

あさまし-げ・なり 形容動詞（ナリ）〈なら・なり（に）・なり・なる・なれ・なれ〉あきれるほどひどいようすだ。驚くべきことだ。とても落胆している。**いみじげに腫れ、あさましげなる犬の、わびしげなるが、わななき歩けば…**〈枕草子・9・上にさぶらふ御猫は〉訳 とてもひどいようすに腫れ上がり、**あきれるほどひどいようすの**イヌで、心細い感じなのが、震えて歩きまわるので…。

あさ-まだき【朝まだき】 副詞 まだ夜の明けきらないころ。早朝。発展「まだき」は、まだその時になりきっていない意味。

あさまだき… 歌 **朝まだきあらしの山の**（小倉山あらしの風の）**寒ければ紅葉の錦着ぬ人ぞなき**〈拾遺集・210・藤原公任〉訳 早朝、嵐山のあたりは寒いので、紅葉の美しい着物を着ない人はない。○「あらし」は、「強い風」の意味と、「嵐山」の「嵐」とを掛けている。発展 藤原道長の大堰川遊覧に招かれた藤原公任が詠んだ歌。『大鏡』には、初句・第二句を「小倉山あらしの風の」として収録されている。

あさ-まつりごと【朝政】 名詞 ❶天皇が朝早く政務を執り行うこと。朝の政務。また、朝廷の政務。❷各官省の役人が、朝早くから執務すること。発展「朝政」を訓読したことば。

あさ-ま・なり【浅まなり】 形容動詞（ナリ）〈なら・なり（に）・なり・なる・なれ・なれ〉❶浅い。「**むげに浅まにさうらふ。潮の干てさうらふときは、陸と島の間は馬の腹も漬っかりさうらはず。**」〈平家・11・勝浦〉訳「（屋島への海は）ひどく**浅く**ございます。潮が引いておりますときは、陸と島の間はウマの腹も（水には）漬かりません。」

❷あらわだ。あさはかだ。粗末だ。「**浅まなる平城に主上、上皇を籠めまゐらせて…。**」〈太平記〉訳「**あらわな**平地の城に天皇や、上皇をお閉じ込め申し上げて…。」

発展「ま」は形容詞の語幹に付いて状態を表す接尾語。

あさ-まもり【朝守り】 名詞 朝、宮門を守ること。

浅間山 歌枕 今の長野県と群馬県の境にある火山。噴煙を燃える恋の思いにたとえたり、「あさまし」を導いた和歌が見られる。「浅間の岳」「浅間の山」という形でも詠まれた。↓ビジュアルチェック❶（194ページ）

あさ-みどり【浅緑】 一 名詞 ❶薄い緑色。薄緑。萌葱色。❷薄緑色に染めた袍（＝男性の衣服の一種）。六位の者が着た。

二 枕詞（浅緑色をしているところから）「糸」「柳」「野辺」などに係る。

あさみどり… 歌 **浅緑糸よりかけて白露を玉にもぬける春の柳か**〈古今集・春上・27・遍昭〉訳 薄緑色の糸をより合わせて、（新芽のついた枝で、）白露を玉のように貫き通している、（そんな）春のヤナギだなあ。○「浅緑」は、「糸」に係る枕詞。ヤナギを糸、白露を玉に見立てた。「にもぬける」は、格助詞「に」＋係助詞「も」＋四段動詞「ぬく」の已然形＋存続の助動詞「り」の連体形。

浅緑花もひとつにかすみつつおぼろに見ゆる春の夜の月〈新古今集・春上・56・菅原孝標女〉訳 薄緑色の（空も）花も一つに（なって同じように）かすみながら、おぼろに（かすんで）見える春の夜の月よ。発展 作者が祐子内親王（＝後朱雀天皇の皇女）に仕えていたころ、春秋の趣の優劣を議論した場で、多くの人が秋が勝るとしたのに対して詠んだ歌。『更級日記』にも見える。

あさ・む

意外な事態に驚きあきれる
- 一 動詞 自（意外さに）驚く。**驚きあきれる。**
- 二 動詞 他【浅む】**驚きさげすむ。軽蔑する。**

未然形	連用形	終止形	連体形	已然形	命令形
あさ・ま	あさ・み	あさ・む	あさ・む	あさ・め	あさ・め

一 動詞 自〈マ四段〉（意外さに）驚く。**驚きあきれる。** **よろづのことにつけて、愛でであさみ、世の言種にて…。**〈源氏・若菜下〉訳 万事につけて、（人々は、明石の尼君の幸福に）心を引かれ**驚き**、世間話の種として…。

二 動詞 他〈マ四段〉【浅む】（あまりの程度の低さに）**驚きさげすむ。軽蔑する。ばかにする。** **これを見る人、あざけり浅みて、「世の痴れ者かな。かく危ふき枝の上にて、安き心ありて眠るらんよ。」と言ふに…。**〈徒然草・41・五月五日〉訳 これ（＝木の上で眠る男）を見る人が、ばかにし**軽蔑して**、「この世のばか者だよ。こんな危険な枝の上で、（どうして）安心して眠っているのだろうかなあ。」と言うので…。

発展 **語の歴史** もともとは一の驚きあきれる意味で、よい場合にも悪い場合にも用いられた。そこから、驚きあきれる気持ちを相手に向けて、軽蔑する、という二の意味ができた。これがさらに形容詞になると「あさまし」となる。

関連語 あさまし

あざむ・く【欺く】 一 動詞 他〈カ四段〉〈か・き・く・く・け・け〉❶だます。（よくない方に）そそのかす。見せかけて惑わす。**はちす葉の濁りにしまぬ心もてなにかは露を玉とあざむく** 歌〈古今集・夏・165〉訳↓はちすばの…

❷見くびる。軽蔑する。あざける。「**かかることよりして、人には欺かるるぞ。**」〈平家・1・殿下乗合〉訳「このような（小さな）ことからはじまって、人には**見くびられる**（ものなのだ）ぞ。」

二 動詞 自〈カ四段〉〈か・き・く・く・け・け〉興に乗って詩歌を吟詠する。声に出して歌う。

あさも-よし【麻裳よし】 枕詞（アサで作った裳の産地であることから）地名「紀」「紀伊」「城上」に係る。

あざ-やか・なり【鮮やかなり】 形容動詞（ナリ）〈なら・なり（に）・なり・なる・なれ・なれ〉❶色や形などが際立って見える。鮮明だ。くっきりとしている。

❷（容姿などが）際立って美しい。**なほ人に優れて鮮やかに清らなるものから…。**〈源氏・藤裏葉〉訳（夕霧は）やはり他の人よりも抜きん出て**際立って美しく**上品ではあるけれども…。

❸新しい。新鮮である。**いとつややかなる板の端近う、鮮やかなる畳一枚うち敷きて…。**〈枕草子・36・七月ばかりいみじう暑ければ〉訳 たいへん艶のある板敷きの間の端の方に、**新しい**畳を一枚敷いて…。

❹性質、言動などがきっぱりしている。はっきりしている。て

きぱきしている。
鮮やかに気高きものから、懐かしうなまめいたり。〈源氏・柏木〉訳（夕霧は）**てきぱきとして**高貴なものの、（一面）優しく優雅（な物腰）である。

あざ-や・ぐ【鮮やぐ】一動詞 自〔ガ四段〕〈が・ぎ・ぐ・ぐ・げ・げ〉❶（色や形などが）はっきりして目立つ。鮮やかになる。際立つ。華やかになる。
侍従もあやしき褶着たりしを、あざやぎたれば…。〈源氏・浮舟〉訳侍従も見すぼらしい★褶を着ていたが、（着替えて）**華やかになって**いるので…。
❷（動作・態度などが）はっきりてきぱきとしている。また、ぎすぎすしている。
「**もののしくあざやぎて、心ばへもたをやかなる方はなく…。**」〈源氏・宿木〉訳「（六の君は）大げさで**ぎすぎすしていて**、気立てもしとやかな面はなく…。」
❸（衣類などが）ごわごわしている。ごつごつしている。
白き単衣の、いと情けなくあざやぎたるに…。〈源氏・手習〉訳白い単衣で、ひどく風情もなく**ごわごわしている**ものに…。
二動詞 他〔ガ下二段〕〈げ・げ・ぐ・ぐる・ぐれ・げよ〉鮮やかにする。華やかにする。
万変はらぬ御ありさまなるに、宮たちの御衣ばかりをあざやげさせたまひて…。〈栄花〉訳何事も（いつもと）変わらない（喪に服している）ごようすであるのに、皇子たちのお召し物だけを**華やかに**なさって…。

あさ-ゆふ【朝夕】一名詞 ❶朝と夕べ。朝晩。
❷平素。平生。ふだん。
かやうのことは、ただ朝夕の心遣ひによるべし。〈徒然草・32・九月二十日のころ〉訳このような（風雅な）ことは、ひたすら**ふだん**の心掛けによるに違いない。
二副詞 いつも。常に。ふだん。
朝夕隔てなく馴れたる人の…。〈徒然草・37・朝夕隔てなく〉訳**ふだん**心の隔たりなく打ち解けている人が…。

あさ-よひ【朝宵・朝夕】名詞 朝と夕。朝晩。朝も晩も。

あさら-か・なり【浅らかなり】形容動詞〔ナリ〕〈なら・なり(に)・なり・なる・なれ・なれ〉あっさりとしている。

あざら-か・なり【鮮らかなり】形容動詞〔ナリ〕〈なら・なり(に)・なり・なる・なれ・なれ〉（魚や肉などが）新鮮だ。
ある人、あざらかなる物持て来たり。〈土佐日記・二月八日〉訳ある人が、**新鮮な物**（=魚）を持って来た。

あざら-け・し【鮮らけし】形容詞〔ク〕〈く・く・し・き・けれ・○／から・かり・○・かる・○・かれ〉（魚や肉などが）新鮮である。
あざらけき鯔八隻を買ひて…。〈日本霊異記〉訳（師である僧の命を受けて）**新鮮な**ボラ（=魚の名）八匹を買って…。

あさり【漁り】名詞 ❶魚介や海草を採ること。漁をすること。漁。❷動物が餌などを探しまわること。発展「いざり（中世以降「いさり」）」「すなどり」とも。

あざり【阿闍梨】名詞 ↓あじゃり

あさ・る【漁る】動詞 他〔ラ四段〕〈ら・り・る・る・れ・れ〉❶（人や動物が）食べ物を探し求める。（特に人の場合）魚・貝・海草・鳥獣などを探し求める。取り集める。
にはかにも、飢ゑても欲しげなるに、をちこちあさり得ずして狂ひゆくほどに…。〈雨月・夢応の鯉魚〉訳急に、腹がすいてひもじいので、あちこち**食べ物を探し求めた**が得られずに狂ったようになっていくうちに…。
❷探し求める。
掘らぬ所もなく山をあされども、なかりけり。〈徒然草・54・御室に、いみじき児の〉訳掘らない所もないほどに山中を**探し求める**のだが、（埋めておいた箱は）なかった。

あざ・る【狂る・戯る】一動詞 自〔ラ下二段〕〈れ・れ・る・るる・るれ・れよ〉❶ふざける。戯れる。
あざれたる物覗きは、いと便なきことにするを…。〈大鏡・道長上〉訳**ふざけた**のぞき見は、ひどくよくないこととする（=悪いことだと思う）のに…。
❷うち解ける。くつろぐ。
あざれたる袿姿にて、笛を懐かしう吹きすさびつつ…。〈源氏・紅葉賀〉訳（源氏が）**くつろいだ**★袿姿で、笛を魅力的に気の向くままに吹いては…。
❸機転をきかす。しゃれている。
「**返しはつかうまつりけがさじ。あざれたり。**」〈枕草子・87・職の御曹司におはしますころ、西の廂にて〉訳「返事の歌はお詠み申し上げて（あなたの歌を）けがさないようにしよう。（あなたの歌は）**しゃれている**。」
二動詞 自〔ラ四段〕〈ら・り・る・る・れ・れ〉《上代語》取り乱して騒ぐ。狂ったように振る舞う。
神のまにまと立ちあざり我乞ひ祈のめど…。歌〈万葉集・5・904〉訳神様のご意志のままにと、いても立ってもいられず**取り乱して騒ぎ**私はこい願うが…。

あざ・る【鯘る】動詞 自〔ラ下二段〕〈れ・れ・る・るる・るれ・れよ〉（魚肉などの鮮度が落ち）腐る。
海人の苞苴に通ふ間にあざれぬ。〈日本書紀〉訳漁師からの貢ぎ物は運ぶ間に**腐ってしまった**。

あざれ-あ・ふ【戯れ合ふ】動詞 自〔ハ四段〕〈は・ひ・ふ・ふ・へ・へ〉ふざけ合う。いっしょにだらしなく乱れる。
上中下酔ひあきて、いと怪しく、塩海のほとりにて、あざれあへり。〈土佐日記・十二月二十二日〉訳高い身分から中ぐらいや身分の低い者までみながうんざりするほど酔っ払って、まったく不思議なことに、（物が腐るはずのない）塩からい海のそばで、**ふざけ**（=腐り）**合っている**。〇「あざる」に「腐る」意味の「鯘る」と「ふざける」意味の「戯る」をかけたしゃれ。

あざれ-がま・し【戯れがまし】形容詞〔シク〕〈しく・しく・し・しき・しけれ・○／しから・しかり・○・しかる・○・しかれ〉不まじめである。ふざけたようすだ。軽薄だ。
「**好き好きしうあざれがましき今様の人の…。**」〈源氏・胡蝶〉訳「浮気っぽい**不まじめな**当世風の男が…。」

あざれ-ば・む【戯ればむ】動詞 自〔マ四段〕〈ま・み・む・む・め・め〉ふざけた態度をとる。不まじめな振る舞いをする。また、好色めいた振る舞いをする。
「**女の心ゆるびたまはざらむ限りは、あざればみ情けなきさまに見えじ。**」〈源氏・椎本〉訳「女の心が打ち解けなさらなかったりするうちは、**不まじめな振る舞いをして**思いやりがないように見られないようにしよう。」

あざ-わら・ふ【嘲笑ふ】動詞 自〔ハ四段〕〈は・ひ・ふ・ふ・へ・へ〉❶大声で笑う。高笑いをする。
翁二人、見かはしてあざ笑ふ。〈大鏡・序〉訳老人二人は、互いに顔を見合わせて**高笑いをする**。
❷（人を）ばかにして笑う。せせら笑う。冷笑する。
「**わ党たちこそ、させる能もおはせねば、物をも惜しみたまへ。**」と言ひて、**あざ笑ひてこそ立てりけれ。**〈宇治拾遺〉訳「おまえたちは、これというほどの才能もおありにならないので、物を惜しみなさるのだ。」と言って、**冷笑して**立っていた。

あし【足・脚】 名詞 ❶人間や動物などの足。また、その先。❷歩くこと。歩行。歩み。**少し足馴れたる人は、疾く御堂に着きにけり。**〈源氏・玉鬘〉訳少し**歩くこと**に慣れている人は、早く(長谷寺の)本堂に着いてしまったのだった。❸足のように、物の下部に付いて、下から支える役目をする部分。机などの足。❹船の進む速さ。船足。❺雨が次々に降って来るようす。雨足。

あし【葦・蘆】 名詞《植物》水辺に自生するイネ科の多年草。アシ。季語 秋

津の国の難波の春は夢なれや蘆の枯れ葉に風渡るなり 歌〈新古今集・冬・625〉訳→つのくにの…

発展「あし」は「悪し」に通じるので、それを嫌って「良し」に通じる「よし」ともいう。和歌では、多く難波江(=今の大阪市一帯の海岸の古い呼び名)の景物として詠まれる。「刈り」「節・よ」などを縁語とすることが多い。

あし【銭】 名詞 銭の別の呼び名。おかね。金銭。代金。
発展 足で歩き回るように、世の中を動き回るところから。

あ-し【悪し】 形容詞 ↓最重要語(54ページ)

あ-じ【阿字】 名詞《仏教語》*梵語の十二母音の第一番目の文字を漢字で表したもの。古代インドでは、この「阿」の字が一切のことばの始まりであり、また、宇宙の根元は本来空であり、不生不滅であることを表しているとする。

[あじ]

あし-かき【葦垣】 名詞 アシで編んで作った粗末な垣根。
発展「あしがき」とも。

あしかき-の【葦垣の】 枕詞 (葦垣はすぐに古びて乱れることから)「旧る」「(思ひ)乱る」に、(編み目を詰めて作ることから)「間近」に、(垣は隔てるという意味から)「外」に、また(アシの別名ヨシと同音で)「吉野」に係る。

[あしかき]

◆**あしかきの…** 歌
葦垣の隈処に立ちて吾妹子が袖もしほほに泣きしそ思はゆ〈万葉集・20・4357〉訳(別れるとき)アシの垣根のすみの所に立って、私の妻が袖もぐっしょりとぬれるほどに泣いていたことが思い出されるよ。○「しほほに」は「しほしほに」の変化したもので、涙にぐっしょりぬれるようす。「思はゆ」は、四段動詞「おもふ」の未然形＋上代の自発の助動詞「ゆ」。
発展 上総(=今の千葉県)の国の防人の歌。

あし-がた【足形】 名詞 足跡。
発展「あしかた」とも。

あ・し【悪し】

形容詞〔シク〕

本質的・絶対的に凶・邪・醜・悪であるものを積極的に否定する気持ち

❶(道義的に)**悪い。不適当だ。具合が悪い。**
❷(容姿などが)**見苦しい。好ましくない。みっともない。**
❸(階層が)**卑しい。貧しい。みすぼらしい。**
❹(機嫌が)**悪い。不快だ。**◉多く「心地あし」「気色あし」の形で用いられる。
❺(技術・技量が)**下手だ。劣っている。**
❻(天候・性格などが)**荒々しい。危ない。荒れている。**

未然形	連用形	終止形	連体形	已然形	命令形
あ・しく	あ・しく	あ・し	あ・しき	あ・しけれ	○
あ・しから	あ・しかり	○	あ・しかる	○	あ・しかれ

❶(道義的に)**悪い。不適当だ。具合が悪い。**
「**唐土にも、かかる事の起こりにこそ、世も乱れあしかりけれ。**」と…。〈源氏・桐壺〉訳「中国でも、こうしたこと(=帝が一人の后を寵愛し過ぎること)が原因で、世の中が乱れ**具合が悪い**ことになったのだ。」と…。
「**あしく参りにけり。**」とて、**取りける物どもをさながら返し置きて帰りにけり。**〈十訓抄〉訳(盗みに入った家で、かえって品物を与えられるような扱いを受けた盗人は後悔して)「(私は)**具合悪く**も参上したことだなあ。」と言って、奪った品物をそっくり返して置いて帰ってしまった。

❷(容姿などが)**見苦しい。好ましくない。みっともない。**
ある人の子の、見ざまなどあしからぬが、父の前にて、人ともの言ふとて…。〈徒然草・232・すべて人は〉訳ある人の子で、見たようすなど**見苦しく**ない子が、(自分の)父の前で、人と話をするということで…。

❸(階層が)**卑しい。貧しい。みすぼらしい。**
よくてやあらむ、あしくてやあらむ、去にし所も知らず。〈伊勢・96〉訳(女が)裕福でいるだろうか、(男には)**貧しく**暮らしているだろうか、行った所も分からない。○「よし」と対極の意味であるのが「あし」だと分かる例。

❹(多く「心地あし」「気色あし」の形で)(機嫌が)**悪い。不快だ。**(気分が)**悪い。**↓気色悪し

このもとの女、あしと思へる気色もなくて、出だしやりければ…。〈伊勢・23〉訳このもとからの妻は、**不快だ**と思っているようすもなくて、(男を)送り出してやったので…。

❺(技術・技量が)**下手だ。劣っている。**
「**この燕の子安貝は、あしくたばかりて取らせたまふなり。**」〈竹取・燕の子安貝〉訳「このツバメの子安貝は、**下手に**計画してお取りになっているのだ。」

❻(天候・性格などが)**荒々しい。危ない。荒れている。**
楫取りらの「北風あし。」と言へば、船出ださず。〈土佐日記・一月二十五日〉訳船頭たちが「北風が**荒々しい**。」と言うので、船を出さない。

類語比較「よし」「よろし」「わろし」「あし」
共通点＝中古において善悪の判断を表したことば。善→悪の順に並べると、「よし↓よろし↓わろし↓あし」。
よし・あし＝①積極的な肯定・否定の気持ちを表す。②物事の本来の性質について、吉凶、正邪、美醜、優劣、快不快という絶対的な面からの判断を表すことば。
よろし・わろし＝①よいとも悪いとも積極的にいえない状態を表す。②物事がある決まった基準に達しているかいないかを相対的に評価することば。感覚的には「よろし」は、悪くない、つまりまあまあ普通であり、「わろし」は、よくはない。
↓**古語チャート**⓫(427ページ)

あし-がなへ【足鼎】 名詞 食物を煮るための、底に三本の足が付いた釜。↓鼎
酔ひて興に入るあまり、傍らなる足鼎を取りて、頭にかづきたれば…。〈徒然草・53・これも仁和寺の法師〉訳(法師は酒に)酔っておもしろがるあまり、そばにあ

る三本の足が付いた釜を取って、頭にかぶったところ…。

あし-かび【葦牙】名詞《上代語》アシの新芽。季語 冬

あし-がも【葦鴨】名詞《動物》カモの別の呼び名。季語 冬

あしがも-の【葦鴨の】枕詞（葦辺のカモは群れを作ることから）「うち群る」に係る。

足柄 歌枕 今の神奈川県西部、箱根外輪山の金時山の北一帯。箱根越えが一般化する中世以前は、東海道の往来には足柄越えが普通で、『更級日記』などにも描かれた。和歌には「足柄の関」「足柄の山」という形でも詠まれた。

足柄山 地名 ↓足柄

あし-がる【足軽】名詞 雑兵。歩兵。兵卒。発展「足取り軽く走る者」という意味。源平合戦のころは、武家のもとで雑役に従事し、戦時に歩兵として仕えた。室町以降は、やり・弓・鉄砲などを装備した歩兵として働いた。

あじきなし（現）↓（歴）**あぢきなし最重要語**（63ページ）

あしき-みち【悪しき道】↓あくだう

あし-く【悪しく】副詞 悪く。まずく。へたに。発展 形容詞「あし」の連用形が副詞になったもの。

あし-げ【葦毛】名詞 ウマの毛色のひとつ。白い毛に、黒色やこげ茶色などの毛が交じったもの。発展 白葦毛・赤葦毛・黒葦毛・連銭葦毛などの種類がある。

あし-げ・なり【悪しげなり】形容動詞［ナリ］〈なら・なり（に）・なり・なる・なれ・なれ〉いかにも感心できない。見苦しい。
下衆ども、あしげなる柚や梨やなどを、懐かしげに持たりて食ひなどするも…〈蜻蛉日記〉訳 下人たちが、いかにも感心できない（＝出来の悪い）ユズやナシなどを、大切そうに持っていて食べたりしているのも…。
↓古語チャート⑪（427ページ）

あし-こ【彼処】代名詞（場所を指して）あそこ。類 彼処 発展「あそこ」の古い形。「かしこ」と「あしこ」は、「かなた」と「あなた」の関係と同じ。

あし-ざま・なり【悪し様なり】形容動詞［ナリ］〈なら・なり（に）・なり・なる・なれ・なれ〉悪い感じだ。悪いふうだ。対 善様なり
「**いみじき吉相の夢も、あしざまに合はせつれば、違ふ。**」〈大鏡・師輔〉訳「すばらしく縁起のよい夢でも、悪い感じに夢合わせをしてしまうと、きまって外れる。」

あしじろ-の-たち【足白の太刀】名詞 銀製の足金（＝太刀を腰に結び付けるために鞘に取り付けたひも通しの金具）を付けた太刀。

あし-ずり【足摺り】名詞 足を大地に踏みつけばたばたさせて、激しい怒りや悔しさを表すこと。じだんだを踏むこと。
足摺りをして泣けども、かひなし。〈伊勢・6〉訳 **じだんだを踏むこと**をして泣いても、いまさら仕方がない。

あした【朝】

夜が明けて明るくなったころ ─ ❶朝。夜明け。
　　　　　　　　　　　　　 ─ ❷（前夜に何かあった）翌朝。明くる朝。

名詞 ❶**朝**。**夜明け**。対 夕べ
朝に死に、夕べに生まるる慣らひ、ただ水の泡にぞ似たりける。〈方丈記・ゆく河〉訳 **朝に**（人が）死に、（一方で）夕方に（新たに子が）生まれるという（この世の）定めは、ちょうど（よどみに浮かぶ）水の泡に似ていたのだった。
❷（前夜に何かあった）**翌朝**。**明くる朝**。対 夕べ
野分のあしたこそをかしけれ。〈徒然草・19・折節の〉訳 秋の嵐の（吹いた）**翌朝**（のようす）は趣がある。
発展 **現代語とのつながり** 現代では、午前零時を過ぎた瞬間から「あした」になる。しかし、中古では、「あした」は夜の延長線上にあって、夜の終わりを「あした」といった。これが❶の「朝・夜明け」という意味である。また、夜が終わるのは、次の日の朝が訪れたときなので、❷の「翌朝・明くる朝」という意味へ変化した。さらに、現代語では「朝」のことを指す意味合いがなくなって、「あした」といえば「翌日」を指すようになった。
関連語 暁・曙・朝
↓古語チャート❶（47ページ）

あし-だ【足駄】名詞 歯をつけた木の台に、鼻緒をすげた履き物。今の「げた」の類。

あし-だか・なり【足高なり】形容動詞［ナリ］〈なら・なり（に）・なり・なる・なれ・なれ〉足が長い感じに見える。

あし-たづ【葦田鶴】名詞 ツルの別の呼び名。発展 アシが茂る水辺に多くいることからいう。

あしたづ-の【葦田鶴の】枕詞（ツルが鳴くことから）「音泣く」に係る。

あした-ゆふべ【朝夕べ】─ 朝も夕も。いつも。

あし-で【葦手】名詞 ❶「★葦手書き」の略。❷紅などで、アシの形を下絵にした紙。発展「手」は文字という意味。

あしで-がき【葦手書き】名詞 平安時代に行われた遊戯的な文字の書き方。水の流れなどを絵に描いて、傍らに和歌などの草仮名を細長く崩して、水辺に群生したアシが乱れたように絵画的に書く技法。後には石・鳥の形などに模したものもある。

［あしでがき］

あし-なか【足半・足中】名詞 足の裏の半分までしかない、短い草履。類 沓切り・尻切れ 発展 かかとの部分がないので、軽くて走りやすく、おもに室町時代の武士や僧侶が用いた。

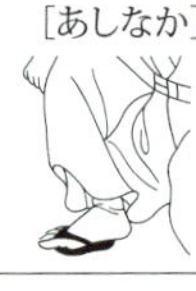
［あしなか］

あし-なが【足長】名詞 中国の古代の伝説集に見える、非常に足の長い、想像上の人。↓荒海の障子・手長

あし-の-かりね【葦の仮寝】（アシの「刈り根」に「仮寝」を掛けて）うとうとと短い時間眠ること。うたたね。

あしのね-の【葦の根の】枕詞（アシの根が細かく絡み合ったり、分かれたりしていることから）「ねもころ」「夜」「世」「節」「短し」「憂き」「分く」などに係る。

あし-の-ふし-の-ま【葦の節の間】短い時間。発展 アシの節と節との間が短いところから。和歌で上に「短き」を伴って用いることもある。

あし-の-まろや【葦の丸屋】アシで屋根をふいた粗末な小屋。類 葦の屋
夕されば門田の稲葉おとづれてあしのまろ屋に秋風ぞ吹く 百人一首〈金葉集・173〉訳 ↓ゆふされば…

あし-の-や【葦の屋】↓あしのまろや

あし-はら【葦原】名詞 アシの生い茂る広い土地。

あしはら-の-なかつくに【葦原の中つ国】名詞 日本の古い呼び名。発展 アシの生えている、★高天原と★黄泉の国との中間にある国の意味。

あしはら-の-みづほ-の-くに【葦原の瑞穂の国】(あしわらのみずほ)→あしはらのなかつくに

あしび【馬酔木】 名詞《植物》ツツジ科の常緑低木。春、スズランに似た白い小花を房状に付ける。発展「あせび」とも。ウマやウシがその葉を食べると中毒して、酔ったようになるところから、「馬酔木」の字を当てる。

[あしび]

あしひき-の 枕詞「山」「峰(を)」「尾の上(へ)」などに係る。発展 後世「あしびきの」とも。意味については、「足を引きながら登る」「裾野(すその)を長く引く」などいろいろな説があるが不明。したがって、係り方も不明。

あしひきの… 百人一首

あしひきの山鳥の尾のしだり尾の長々し夜をひとりかも寝む〈拾遺集(しゅうい)・778・柿本人麻呂(かきのもとのひとまろ)〉訳 山鳥の尾の、あの垂れ下がった長い尾のように長い長い秋の夜を、(私は)ひとりで寂しく寝るのであろうかなあ。○「山鳥」はキジ科の鳥。「長々し」は上代の用法で終止形の形で連体修飾の機能を持っている。発展 山鳥は雌雄が昼は一緒にいて、夜になると谷を隔てて別々に寝るという言い伝えを踏まえている。『万葉集』にも見える歌。秋の夜長の深まるようすが、よく表れている。

品詞分解・修辞

あしひき〈枕詞〉→山 の(格助) 山鳥 の(格助) 尾 の(格助) しだり尾 の(格助)〈序詞〉→長々し

長々し(形) 夜 を(格助) ひとり かも(係助)〈係〉→〈結〉 寝(ナ下二・未) む(推量・体)

あしひきの… 歌

あしひきの山川(やまがは)の瀬の鳴るなへに弓月(ゆつき)が岳に雲立ち渡る〈万葉集・7・1088・柿本人麻呂(かきのもとのひとまろ)〉訳 山の中の川の瀬音が激しく(響き)鳴るにつれて、弓月が岳に雲が一面にわき上がってくる。○「あしひきの」は「山」に係る枕詞。「なへに」は「…につれて」と訳し、事態(=二つの動作)が同時に進行することをいう。「弓月が岳」は、今の奈良県桜井市三輪山東北にある山。発展 激しい瀬音とわき立つ雲とに、自然の動きを力強く表現し、それをたたえた歌。

あし-ぶみ【足踏み】 名詞 舞などでの足の運び。足拍子。**同じ舞の足踏み、面持(おもも)ち、世に見えぬさまなり。**〈源氏・紅葉賀(もみじのが)〉訳 (頭中将(とうのちゅうじょう)と)同じ舞の(源氏の)足拍子や、表情は、この世のものとも思われないようすである。

あし-べ【葦辺】 名詞 アシの生えている水辺。発展「あしへ」とも。

あしべゆく… 歌

葦辺(あしべ)行く鴨(かも)の羽(は)がひに霜降りて寒き夕(ゆふ)べは大和し思ほゆ〈万葉集・1・64・志貴皇子(しきのみこ)〉訳 アシの生えている水辺を行くカモの羽に霜が降りて寒い夕暮れは、(暖かい我が家のある、あの)大和を特に恋しく思わずにはいられない。○「羽がひ」は、たたんだ翼が背で交わるところ。「大和し」の「し」は副助詞で「大和」を強調する。「思ほゆ」は、四段動詞「思ふ」の未然形に上代の自発の助動詞「ゆ」の接続した「思はゆ」が転じたもの。発展 文武天皇(もんむてんのう)の難波(なにわ)宮行幸のときに随行して、故郷を思って詠んだ歌。

あしみ・す【悪しみす】 動詞 他〔サ変〕〈せ・し・す・する・すれ・せよ〉悪くする。**心地あしみして、物もものしたばで、ひそまりぬ。**〈土佐日記・一月九日〉訳 気分を悪くして、食べ物も召し上がらないで、床に就いてしまった。○「ものし(ものす)」は、ここでは「食(く)ふ」意味で用いられている。発展 形容詞「あし」の語幹＋接尾語「み」＋サ変動詞「す」。

あし-もと【足元・足下・足許】 名詞 ❶立っている足の辺り。足のすぐそば。すぐ近くの場所。**遠き所も、出(い)で立つ足下より始まりて年月を渡り…。**〈古今集・仮名序〉訳 遠い所(への旅)でも、(まずは)出発する足のすぐそば(=第一歩)から始まって(ついには長い)年月を送り…。❷歩き方。足つき。(蹴鞠(けまり)などをするときの)足さばき。足の運び具合。**衛門督(えもんのかみ)の、かりそめに立ち交じりたまへる足元に、並ぶ人なかりけり。**〈源氏・若菜上〉訳 衛門督(=柏木(かしわぎ))が、ほんの軽い気持ちで仲間入りなさった(蹴鞠の)足さばきに、並ぶ者はなかったのだった。❸ごく身近なところ。すぐそば。身辺。

芦屋(あしや) 歌枕 今の兵庫県芦屋市とその周辺。「あしのや」とも。『万葉集』の菟原処女(うないおとめ)の歌で知られる。

あじゃら・く【戯く】 動詞 自〔カ下二段〕〈け・け・く・くる・くれ・けよ〉《近世語》ふざける。おどける。**昔のやうなる子供だましのあじゃらけたる事は取らず。**〈難波土産(なにわみやげ)〉訳 昔のような子供だましのふざけたことは認めない。

あじゃり【阿闍梨】 名詞 ❶《仏教語》人を導く師となる、徳の高い僧。❷天台宗・真言宗における僧職のひとつ。また、この位を受けた僧。後、宣旨(せんじ)によって与えられた称号。❸修法(ずほう)(=加持祈禱(かじきとう))の中心となる僧。導師。発展 ★梵語(ぼんご)に漢字の音を当てはめたことばで、規範(手本)となる師という意味。「あざり」とも。

阿州(あしゅう)〔シウ〕旧国名 →阿波(あわ)

あしゅら【阿修羅】 名詞《仏教語》古代インドの闘争を好むという神。常に帝釈天(たいしゃくてん)と敵対・抗争している悪神。後に仏教に帰依して、仏法の守護神となる。発展 ★梵語(ぼんご)に漢字の音を当てはめたことばで、悪神という意味。「あすら」とも。また、略して「修羅(しゅら)」とも。

あしら・ふ(あしら(ろ)う) 動詞 他〔ハ四段〕〈は・ひ・ふ・ふ・へ・へ〉❶もてなす。応対する。取り扱う。**商ひの得意、ことさらにあしらひ…。**〈西鶴・好色一代男〉訳 商売上のお得意様を、特別に**もてなし**…。❷(他のものを引き立てるために)取り合わせる。付け合わせる。配合する。発展「あひしらふ」「あへしらふ」が変化したもの。

あ-じろ【網代】 名詞 ❶冬、氷魚(ひお)(=アユの稚魚)などを捕るための漁具。川の浅瀬にタケや木を編み並べ、囲いを作り、端に簀(す)を設けて魚を捕るようにした仕掛け。季語 冬 ❷薄く削ったヒノキ・タケなどの板を、斜め、または縦横に編んだもの。垣根・天井・屏風(びょうぶ)・笠(かさ)や牛車(ぎっしゃ)の屋形などに用いられた。❸「★網代車(あじろぐるま)」の略。発展「あみしろ」の変化したことば。「あ」は「網」、「しろ」は「代わ

[あじろ❶]

り」で、「網の代わり」という意味。

あじろ-ぎ【網代木】 名詞「*網代❶」を仕掛けるために、川中に立てる杭。季語 冬

朝ぼらけ宇治の川霧絶え絶えにあらはれわたる瀬々の網代木 百人一首〈千載集・420〉訳↓あさぼらけ…

発展「あじろき」とも。

あじろ-ぐるま【網代車】 名詞 車体の屋根や両わきを「*網代❷」で張った*牛車。発展 大臣・納言・大将などの高官は略式・遠出用に用い、四位・五位・中将などは常用とした。

あしわけ-をぶね【葦分け小舟】 名詞 生い茂るアシを押し分けて進む小舟。

あし-を-そら【足を空】 形容動詞〔ナリ〕足が地に着かない。心が落ち着かない。大慌てだ。

何事にかあらん、ことことしくののしりて足を空に惑ふが…〈徒然草・19・折節の〉訳 何事であろうか、大げさに騒ぎ立てて**心が落ち着かず**慌てふためいているのが…。

発展「あしもそら」とも。慌ただしく走り回るようすを、足が地に着かず、まるで宙に浮いているようだと視覚的に表現したことば。

あ・す 動詞 自〔サ下二段〕〈せ・せ・す・する・すれ・せよ〉㊀【浅す】浅くなる。

山は裂け海はあせなむ世なりとも君に二心我があらめやも 歌〈金槐集・680〉訳 たとえ山が裂け、海が(干上がって)**浅くなって**しまうような世であるとしても、主君に背く心を私が持つなどということがあろうか、いや決してない。〇「君」は後鳥羽天皇を指すと考えられる。

㊁【褪す】❶色があせる。薄くなる。

霜にあへず枯れにし園の菊なれど残りの色はあせずもあるかな 歌〈源氏・宿木〉訳 霜に耐えきれず枯れてしまった園のキク(=母女御)ではあるけれど、残っているキク(=女二の宮)の色は**あせる**ことなく美しく咲いていることだよ。

❷衰える。荒廃する。変わりはてる。

山賤の住みぬと見ゆる辺りかな冬にあせゆく静原の里 歌〈山家集・1548〉訳 猟師が住んでいるように見える(ほど山深くて寂しい)あたり一帯だなあ。(すでにある)冬(景色)に(加えてますます)**荒廃して**ゆく静原の里よ。

飛鳥 あすか 歌枕 今の奈良県奈良盆地南部、高市郡明日香村を中心とする飛鳥川流域一帯。「明日香」とも書く。古代の一大中心地で、推古天皇即位以後、藤原京遷都までの百十数年間はほとんどこの地に皇居があった。これらを総称して「飛鳥の都」といい、『万葉集』『日本書紀』に多く描かれた。なお、「飛鳥」の表記は「明日香」に係る枕詞「飛ぶ鳥の」に由来する。↓ビジュアルチェック㉕(1097ページ)

飛鳥井雅経 あすかいまさつね〔アスカヰ―〕人名 鎌倉初期の歌人。藤原氏。飛鳥井流蹴鞠の祖。後鳥羽院の歌壇の重鎮で、『新古今和歌集』の撰者のひとり。家集『明日香井和歌集』のほか、『蹴鞠略記』がある。1170―1221

飛鳥川 あすかがわ〔―ガハ〕歌枕 今の奈良県を流れる川。高取山近くから北流し、奈良盆地のほぼ中央で大和川に注ぐ。「明日香川」とも書く。『万葉集』では「あす」を導き、『古今集』以降、人の世の変わりやすさのたとえとして用いられた。↓ビジュアルチェック㉕(1097ページ)

あずかる (現)↓(歴)**あづかる【与る・預かる】**

あずく (現)↓(歴)**あづく【預く】**

あずける (現)↓(古)**あづく【預く】**

あずさ (現)↓(歴)**あづさ【梓】**

あす-しら-ぬ【明日知らぬ】 明日はどうなるかわからない。

明日知らぬわが身と思へど暮れぬ間の今日は人こそかなしかりけれ 歌〈古今集・哀傷・838〉訳 **明日はどうなるかわからない**我が身(だ)と思うけれど、一日がまだ暮れていない(=まだ私が死んでいない)間の今日は、他人の身の上が悲しく感じられたことだ。

発展 名詞「あす」＋四段動詞「しる」の未然形＋打消の助動詞「ず」の連体形。「あすしれぬ」とも。

あす-と-て-の【明日とての】 明日何事かが行われるという、その前日の。

明日とての暮れには、院の御墓拝みたてまつりたまふとて、北山へ詣でたまふ。〈源氏・須磨〉訳(源氏は)**明日**(須磨に)**出発するという、その前日の**日暮れには、院(=桐壺の帝)のお墓を拝み申し上げなさるということで、北山へ参詣なさる。

発展 名詞「あす」＋格助詞「と」＋接続助詞「て」＋格助詞「の」。

あす-は-ひのき【明日は檜】 名詞《植物》ヒノキ科の常緑高木。アスナロの別の呼び名。ヒノキに似て湿地に生える。発展「あすはヒノキになろう」というところから。

あずま (現)↓(歴)**あづま【東】**

吾妻鏡 あずまかがみ〔アヅマ―〕作品名 歴史書。「東鑑」とも書く。五十二巻。鎌倉幕府の歴史を東鑑体という日本風の漢文で記述している。

あすら【阿修羅】 名詞↓あしゅら

あせ【汗】 名詞 汗。また、*斎宮の*忌み詞で、血。

あ-せ【吾兄】 名詞 男性を親しんで呼ぶことば。多く間投助詞「を」を伴って「あせを」の形で、歌謡のはやしことばに使われる。

あぜ【何】 副詞《上代東国方言》なぜ。どうして。どう。

白雲の絶えにし妹をあぜせろと心に乗りてここばかなしけ 歌〈万葉集・14・3517〉訳 仲の絶えてしまったあの娘なのに、**どうしろ**というわけで、心にかかって、こんなにもひどくいとしいのか。〇「白雲の」は「絶ゆ」に係る枕詞。

あぜ-くら【校倉】 名詞 古代の建築様式のひとつ。三角形の長い横木を積み上げ、四隅を井の字形に交差させて外壁とし、床を高くして湿気を防ぐように工夫された構造をもつ倉。東大寺正倉院宝庫などが代表的。

［あぜくら］

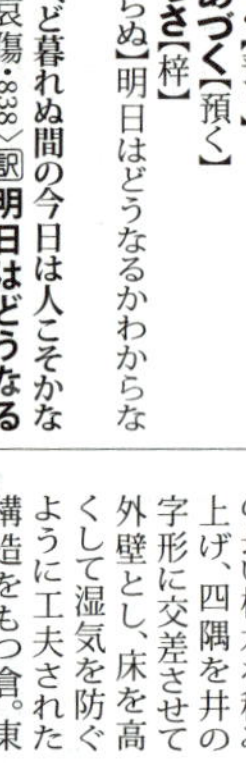

あぜち【按察使】 名詞 令外の官(=大宝律令に制定されていない官職)のひとつ。地方行政の監督や民情視察を行った。奈良時代には諸国に置かれたが、平安時代以降、陸奥・出羽(=東北地方)にだけ残り、他は大・中・少納言が兼ねる、名目だけのものとなった。

あせ-とり【汗取り】 名詞 肌着。上着に汗がとおらないように、直接肌に着ける下着。類 汗衫 季語 夏

あせ-は・つ【褪せ果つ】 動詞 自〔タ下二段〕〈て・て・つ・つる・つれ・てよ〉すっかり色あせる。すっかり衰える。荒廃しきる。

いかならん世にも、かばかりあせはてんとはおぼしてんや。〈徒然草・25・飛鳥川の淵瀬〉訳(藤原道長は自分の建てた寺々が)どのような世の中になっても、これほど**荒廃しきって**しまおうとはお思いになったろうか、いや、お

思いにならなかっただろう。

◆あせる（現）→（古）あす【褪す】

あそ-こ【彼処】 代名詞 あちら。あの所。対 此処(ここ) 発展 古くは「あしこ」とも。

あそば-か・す【遊ばかす】 動詞 他 〔サ四段〕（さ・し・す・す・せ・せ） 遊ばせる。

若君を遊ばかしたてまつりつるほどに…。〈今昔〉訳 若君を遊ばせ申し上げているうちに…。

発展 「かす」は接尾語。

あそば・す【遊ばす】

一 連語 **お遊びになる。** ●上代の用法。
二 動詞 他 ❶（遊びを）**なさる。** ❷**なさる。** 〔通常語〕遊ぶ／〔通常語〕為
三 補助動詞 （お）…**になる。…なさる。**

「遊ぶ」の尊敬表現。また、「為す(=する)」の尊敬語

接続 三は「お」「御」＋動詞の連用形・名詞に付く。

未然形	連用形	終止形	連体形	已然形	命令形
あそばさ	あそばし	あそばす	あそばす	あそばせ	あそばせ

一 連語《上代の用法》（狩猟・音楽などをして）**お遊びになる。狩りをなさる。演奏なさる。**

大御手(おほみて)に取らしたまひて**遊ばしし**わが大君を…。歌〈万葉集・13・3324〉訳（弓を）お手にお取りになって（狩猟をして）**お遊びになった**我々の皇子を…。

二 動詞 他 〔サ四段〕❶（「遊ぶ」の尊敬語で）（音楽・詩歌・芸能などの遊びを）**なさる。お弾きになる。お詠みになる。**

僧都(そうづ)、琴(きん)を自ら持(も)て参りて、「これ、ただ御手一つ**遊ばして**…。」と、せちに聞こえたまへば…。〈源氏・若紫〉訳 僧都は、琴を自分から持って参上して、「これを、ほんの一曲**お弾きになって**…。」と、（源氏に）ひたすらお願い申し上げなさるので…。

この殿、事に触れて**遊ばせる**詩、和歌など…。〈大鏡・道長上〉訳 この殿(=道長)が、機会があると**お詠みになった**漢詩や、和歌などは…。

❷《主に中世以降》（「為す」の尊敬語で）**なさる。お…になる。**

隠岐(おき)の御所より、梵字(ぼんじ)を御自筆に**遊ばし**…。〈沙石集(しゃせきしゅう)〉訳 隠岐の御所(=後鳥羽院(ごとばいん))から、（供養のための）梵字(=古代インド語の文字)を（院の）ご自筆で**お書きになり**…。○「する」動作の具体的な内容は文脈によってそれぞれ考える。この場合、「梵字」「御自筆」とあるところから、「書く」の尊敬語として訳す。

三 補助動詞 〔サ四段〕《近世以降》（お）…**になる。**（ご）…**になる。…なさる。**

「あれへお通り**あそばせ**。」〈近松・女殺油地獄(おんなころしあぶらのじごく)〉

訳「あちらへお通り**なさい**。」

発展 ①**連語から一語の動詞へ**　もともとは一の連語で、四段動詞「あそぶ」の未然形＋上代の尊敬の助動詞「す」。「遊ぶ」の尊敬表現となる。上代では、「す」が一語の尊敬の四段型助動詞として存在しているので、「あそばす」はふつう連語として扱われる。中古になると、尊敬の「す」は衰え、「あそばす」も二の一語の他動詞として扱われる。なお、「あそぶ」の未然形に使役の助動詞「す」が付いた「あそばす(=遊ばせる、の意味で敬意はない)」もあるので、だれの動作かに注意する必要がある。→す（助動詞四段型）

②**意味の広がり**　二❷は、❶の遊びをなさる意味から、しだいに単に「する」意味の尊敬語として用いられるようになったもの。高貴な人の動作を婉曲(えんきょく)に表現する用法。

③**現代語とのつながり**　現代語にも、「あそばせことば」として残るが、近時は使用されなくなってきた。ただ、古典敬語の訳として高度な尊敬を表すのに「お…あそばす」を用いることはある。

あそび【遊び】 名詞 →**最重要語**（59ページ）

あそび-がたき【遊び敵】 名詞 遊び相手。遊び友だち。

あそび-ののし・る【遊び罵る】 動詞 自 〔ラ四段〕（ら・り・る・る・れ・れ） 遊んで大騒ぎをする。にぎやかに音楽を演奏し、声高に歌う。

これかれ**遊びののしりて**、夜いたう更けて…。〈宇津保(うつほ)〉訳 だれやかれやが**にぎやかに歌ったり演奏したりして**、夜もたいへん更けて…。

あそび-め【遊び女】 名詞 歌ったり舞ったりして、遊興の相手をする女性。遊女。類 浮(う)かれ女(め)・遊(あそ)び者(もの)

あそび-もの【遊び者】 名詞 →あそびめ

あそび-もの【遊び物】 名詞 ❶遊びの道具。おもちゃ。❷楽器。

あそび-わざ【遊び業】 名詞 遊びごと。遊戯。娯楽。

◆**あそびをせんとや…** 歌謡

遊びをせんとや生まれけん　戯(たはぶ)れせんとや生まれけん　遊ぶ子どもの声聞けば　わが身さへこそ揺るがるれ〈梁塵秘抄(りょうじんひしょう)〉訳 楽しみごとをしようと（この世に）生まれてきたのではないだろうか、悪戯(いたずら)をしようと生まれてきたのではないだろうか。（無心に）遊んでいる子どもの声を聞くと、自分の体までもが自然と動き出してくる。○通常、主語として子供を想定するが、遊女が自分自身の罪深さを悔いる歌とする説もある。

あそび-をんな【遊び女】 名詞 →あそびめ

あそ・ぶ【遊ぶ】

一 動詞 自 ❶（狩猟・酒宴などを）**楽しむ。** ❷**気ままに旅行する。歩きまわる。** ❸（動物が）**自由に動きまわる。** ❹（詩歌・管絃(かんげん)などを）**楽しむ。** ❺（遊戯・娯楽を）**楽しむ。** ❻**仕事をしないで暮らす。**
二 動詞 他 **演奏する。**

狩り・酒宴・芸能など、日常の生活から離れた、楽しみのための行動をとる

未然形	連用形	終止形	連体形	已然形	命令形
あそ・ば	あそ・び	あそ・ぶ	あそ・ぶ	あそ・べ	あそ・べ

一 動詞 自 〔バ四段〕❶（狩猟・酒宴などを）**楽しむ。**

梅の花折りかざしつつ諸人(もろひと)の**遊ぶ**を見れば都しぞ思(も)ふ 歌〈万葉集・5・843〉訳 ウメの花を折って髪にさしながら人々が**楽しむ**のを見ると、都のことを思い出すよ。

❷**気ままに旅行する。歩きまわる。**

あまねく諸国に遊びて、人をして法道を知らしめて…。〈三宝絵〉訳広く諸国を歩きまわって、人に仏道を教えて…。

❸(動物が)自由に動きまわる。白き鳥の、嘴と脚と赤き、鴫の大きさなる、水の上に遊びつつ魚を食ふ。〈伊勢・9〉訳白い鳥で、くちばしと脚とが赤い鳥で、シギぐらいの大きさの鳥が、水の表面で自由に動きまわりながら魚を食う。○「白き鳥の」の「の」は同格の格助詞。

❹(詩歌・管絃などを)楽しむ。とりどりに物の音ども調べ合はせて遊びたまふ、いとおもしろし。〈源氏・花宴〉訳(左中弁や頭中将が)それぞれに楽器の音の調子を調えてお楽しみになるのが、たいへん心が引かれる。

❺(遊戯・娯楽を)楽しむ。遊ぶ。清げなる大人二人ばかり、さては童部ぞ出で入り遊ぶ。〈源氏・若紫〉訳こざっぱりと美しい年配の女房が二人ほど、それからまた子供が出たり入ったりして遊ぶ。

❻仕事をしないで暮らす。ぶらぶらしている。門前の小家も遊ぶ冬至かな 句〈猿蓑・凡兆〉訳禅寺の門前の小さな店の人も仕事をしないで暮らす冬至だなあ。

二 動詞 他〔バ四段〕演奏する。遊びに心入れたる君たち誘ひて、差し遣りたまふ程、酣酔楽遊びて…。〈源氏・椎本〉訳(薫が)管絃の遊びに熱心な貴公子方を誘って、棹を差して船を進めなさる間、酣酔楽(=雅楽の曲名)を演奏して…。

発展 **意味の限定** 日常の生活から離れた世界に入り込むことを表す。中古では、一❹の管絃などを楽しむという意味の用例が多いことから、二の、楽器の演奏を表すようにもなった。

あそび【遊び】

日常の生活から離れて楽しむこと

- ❶神事に伴う歌舞・音楽。
- ❷(行楽・狩猟・酒宴などによる)楽しみごと。また、遊戯。娯楽。
- ❸詩歌・管絃などを楽しむこと。◉中古では多く、この意味で用いられる。
- ❹「遊び女」の略。

名詞 ❶**神事に伴う歌舞・音楽**。笹の葉に雪降り積もる冬の夜に豊の遊びをするが楽しさ〈神楽歌・篠〉訳ササの葉に雪が降り積もる冬の夜に、豊の明かりの節会の神事に伴う歌舞や音楽をすることの(なんと)楽しいことよ。

❷(行楽・狩猟・酒宴などによる)**楽しみごと**。遊宴。また、**遊戯**。**娯楽**。春さらば会はむと思ひし梅の花今日の遊びに相見つるかも 歌〈万葉集・5・835〉訳春になったら会いたいと思ったウメの花に、今日の遊宴で対面したことだなあ。遊びをせんとや生まれけん戯れせんとや生まれけん…〈梁塵秘抄〉訳楽しみごとをしようと(この世に)生まれてきたのではないだろうか、悪戯をしようと生まれてきたのではないだろうか…。

❸**詩歌・管絃(音楽)などを楽しむこと**。中古では主に、管絃の遊び。殿上の御遊び恋しく、「所々眺めたまふらむかし。」と、思ひやりたまふにつけても…。〈源氏・須磨〉訳(源氏は)清涼殿での管絃のお遊びが恋しく、「(都に残してきた女性の)方々は今ごろは(きっとこの月を)眺めていらっしゃるだろうよ。」と、(都を)はるかにお思いになるにつけても…。

❹**「遊び女」の略**。遊女。麓に宿りたるに…遊び三人、いづくよりともなく出で来たり。〈更級日記・足柄山〉訳(足柄山の)麓に泊まったときに…遊女が三人、どこからともなく現れた。

発展 **中古では「管絃の遊び」の意** どの時代でも「遊び」は日常生活から解放された楽しみを表す。もともとは宗教的な意味合いが強く、神事に伴う歌舞・音楽などの芸能を指したが、後に、広く行楽・狩猟・酒宴・遊戯・娯楽などを指すようになった。ただ、中古の文学作品では、そこに描かれる場面が、多く宮中での生活であるため、その範囲も狭く、ほぼ管絃の演奏に限られる。特に、「御遊び」とある場合は、そうである。

あそみ【朝臣】 名詞《上代語》姓のひとつ。六八四(天武十三)年に天武天皇によって定められた「八色の姓」のうち、第二位。皇別氏族に与えられ、のち、皇子・皇孫にも与えられた。

あそん【朝臣】 名詞 ❶五位以上の人の姓名に付ける敬称。

❷貴族の男性が互いに親しんで呼ぶことば。「朝臣や、さやうの落ち葉をだに拾へ。」〈源氏・常夏〉訳「朝臣(=夕霧)よ、そのような落ち葉(=近江の君)だけでも拾え。」

発展「あそみ」の変化したことば。中世以降「あっそん」とも。三位以上の人には、「菅原朝臣」のように姓の下に付けて名は示さない。四位の人には、「在原行平朝臣」・「業平朝臣」のように姓名または名の下に付ける。五位の人には、「左近中将藤原朝臣定家」のように姓と名の間に付ける。

あた【仇・敵・賊】

自分と敵対するもの

- ❶危害を加えるもの。敵。かたき。
- ❷恨み。恨みの種。

名詞 ❶**危害を加えるもの**。**敵**。**かたき**。筑紫の国は敵守る押さへの城そと… 歌〈万葉集・20・4331〉訳「筑紫の国は敵を見張る防備の砦である。」と…。

❷**恨み**。**恨みの種**。形見こそ今は仇なれこれなくは忘るる時もあらましものを 歌〈古今集・恋4・746〉訳(恋する人を)思い出させる品(が残っていること)が今となっては(かえって自分を苦しめる)恨みの種である。これ(=思い出の品)がなかったならば、(あの人のことを)忘れる時もあるだろうになあ。

発展 近世中期ごろから「あだ」となる。

あだ【徒】 → あだなり 最重要語(60ページ)

あだ-あだ・し【徒徒し】 形容詞〔シク〕〈しく・しく・し・しき・しけれ・○／しから・しかり・○・しかる・○・しかれ〉不誠実だ。浮気である。いささかあだあだしく軽びたる振る舞ひなどすとも聞こえぬに…。〈とりかへばや〉訳 少しも浮気で軽率な行動などするともうわさに聞こえてこないので…。

発展 形容動詞「あだなり」の語幹「あだ」が重なって形容詞になったことば。→古語チャート❷(61ページ)

あたい(現)→(歴)**あたひ【価・値】**

あたう(現)→(歴)**あたふ【能ふ】**

あたえる(現)→(古)**あたふ【与ふ】**

あた-かたき【仇敵】 名詞 憎らしい相手。敵。

安宅の関(あたかのせき) 地名 今の石川県小松市安宅町寇ヶ浦(うら)の海岸にあったとされる関所。謡曲の『安宅』、歌舞伎の『勧進帳(かんじんちょう)』の舞台として有名。

あたか-も【恰も・宛も】 副詞 まるで。

我が背子(せこ)が捧げて持てる厚朴(ほほがしは)あたかも似るか青き蓋(きぬがさ) 歌〈万葉集・19・4204〉訳 我が君が捧げ持っているホオの木は、**まるでそっくりだなあ**。青い絹張りの傘に。

発展 下に、「似る」「ごとし」などのことばがくる。

あだ・く【徒く】 動詞 自 〔カ下二段〕(け・け・く・くる・くれ・けよ) 浮気心を抱く。浮つく。

「まいて、うち**あだけ**好きたる人の、年積もりゆくままに…。」〈源氏・朝顔〉訳「まして、少しばかり**浮気心を抱いて**色好みの人が、年をとってゆくにつれて…。」

発展 形容動詞「あだなり」の語幹が動詞になったことば。

あだ-ごころ【徒心】 名詞 浮ついた、変わりやすい心。節操のない心。浮気心。類 徒(あだ)し心(ごころ) 対 実心(まめごころ) →古語チャート❷(61ページ)

あだ-こと【徒言】 名詞 誠実さのないことば。冗談。うそ。

あだ-こと【徒事】

深い意味がないこと ― ❶**ちょっとした戯れ事。つまらないこと。** ❷**色事。情事。**

名詞 ❶**ちょっとした戯れ事。つまらないこと。** 対 実事(まめごと)

「はかなき**徒事**をも誠の大事をも、言ひ合はせたるにかひなからず…。」〈源氏・帚木(ははきぎ)〉訳「(以前、自分と関係のあった女は)ちょっとした**つまらないこと**でも本当に重大なことでも、相談したときにはむだということはなく(=きちんと答えてくれて)…。」

❷**色事。情事。** 対 実事(まめごと)

あだ・なり【徒なり】

実質的な中身や誠実さがないようす ― ❶**はかない。**もろい。❷**むだである。無益だ。実がない。** ❸**誠実でない。浮気だ。**

形容動詞(ナリ)	未然形	連用形	終止形	連体形	已然形	命令形
	あだ・なら	あだ・なり あだ・に	あだ・なり	あだ・なる	あだ・なれ	(あだ・なれ)

❶**はかない。もろい。ほんの一時的だ。**

すべて世の中のありにくく、わが身と栖(すみか)とのはかなくあだなるさま、またかくのごとし。〈方丈記・世に従えば〉訳 何事につけても世の中が生きていくのが難しく、自分の身とその住む所とが頼りなく**もろい**ようすは、またこの(=大地震の後の)ようなものだ。

逢(あ)はでやみにし憂さを思ひ、あだなる契りをかこち、長き夜をひとり明かし…。〈徒然草・137・花は盛りに〉訳(男女が)逢わないで終わってしまったつらさを思い、**はかない**逢瀬(おうせ)を嘆き、長い夜をひとりで明かし…。

❷**むだである。無益だ。実がない。** 対 実(まめ)なり

思ふかひなき世なりけり年月(としつき)をあだに契りて我や住まひし 歌〈伊勢・21〉訳(いくら)恋い慕ってもむだな(二人の)仲であったなあ。長い年月を、**実のない**男女の愛を誓って、私は(出ていった妻と)住み続けてきたのか。

「**蝶になりぬれば、いともそでにて、あだになりぬるをや。**」〈堤中納言(つつみちゅうなごん)・虫めづる姫君〉訳「(絹をとるカイコも)チョウになってしまうと、まったくおろそかに扱って、**むだになって**(=死んで)しまうものよ。」○「いともそでにて」はいろいろな解釈があるが、ここでは「袖(そで)にする(=おろそかにする、顧みない)」の説によった。

❸**誠実でない。浮気だ。浮ついている。** 対 実(まめ)なり

あだなりと名にこそ立てれ桜花年にまれなる人も待ちけり 歌〈古今集・春上・62〉訳 **誠実でない**とうわさには立っているけれども、サクラの花は(あなたのような)一年のうちめったに来ない人も待って(咲いて)いたのだなあ。○この「あだなり」には、サクラの花がはかなく散りやすい、という❶の意味も掛けて用いてある。

発展 **語の歴史** 「あだなり」の語源は不明。その用法から、もともとは実のないむなしいようすを表すといわれる。「あだこと(徒言・徒事)」「あだごころ(徒心)」など、語幹が直接、名詞を修飾する用法があり、多くの派生語を生んだ。なお、敵対の意味を表す「仇(あた)」とは別のことばである。

→古語チャート❷(61ページ)

「世の常の**徒事**の引き繕ひ飾れるに押されて、業平(なりひら)が名をや朽(くた)すべき。」〈源氏・絵合(えあわせ)〉訳「世間の当たり前の**色事**でもっともらしく飾って(書いて)ある(古い物語など)に圧倒されて、(『伊勢物語』の)業平の名をけがしてよいものか、いや、よいはずがない。」

発展「あだごと」とも。

→古語チャート❷(61ページ)

愛宕山(あたごやま) 地名 今の京都市右京区北西部の山。修験道(しゅげんどう)の霊地として知られ、山頂に愛宕神社、山腹に月輪寺(げつりんじ)がある。

あだし 連体詞 一【他し】他の。異なった。別の。

「この歌、**あだし人**にな聞かせそ。」〈日本書紀〉訳「この歌を、**他の**人に聞かせるな。」

二【徒し】しっかりしていない。浮ついている。

君をおきてあだし心をわが持たば末の松山波も越えなむ 歌〈古今集・東歌・1093〉訳→きみをおきて…

あだし-ごころ【徒し心】 名詞→あだごころ

化野(あだしの) 歌枕 今の京都市右京区、愛宕山(あたごやま)のふもと付近の地。「徒野」「仇野」とも書く。鳥辺野(とりべの)(鳥辺山)・蓮台野(れんだいの)とともに平安京の代表的な火葬場・墓地で、無常を詠んだ和歌が多い。→ビジュアルチェック㉓(1093ページ)

あたたかい(現)→(古)**あたたけし【暖けし】**

あたたか・な【暖かな】 形容動詞 〔口語化〕(財産が)豊かだ。

「身請けするほど内証が暖かで…。」〈近松・博多小女郎波枕〉訳「身請けするほど懐具合が豊かで…。」

あたたけ・し【暖けし】 形容詞〈ク〉〈く・く・し・き・けれ・○／から・かり・○・かる・○・かれ〉暖かい。暖かそうだ。

安達の原 歌枕 今の福島県安達太良山のふもとの地。「安達が原」とも。鬼女伝説で知られ、謡曲『黒塚』の舞台となった。

あだ-な【徒名・仇名】 名詞 浮き名。浮気だという評判。男女関係のうわさ。

あだ-なみ【徒波】 名詞 たいした風も吹かないのにやたらに立ち騒ぐ波。

音に聞く高師の浜のあだ波はかけじや袖のぬれもこそすれ 百人一首〈金葉集・469〉訳→おとにきく…

発展 いいかげんな行為・変わりやすい人の心や、色恋のうわさなどにたとえることが多い。

あだ・なり【徒なり】 形容動詞 ↓最重要語（60ページ）

まとめて覚えよう古語チャート❷
「あだ」と「まめ」の対応

「あだ」は形容動詞「1あだなり」の語幹で、誠実さがないようす、「まめ」は形容動詞「2まめなり」の語幹で、誠実さがあるようすを表します。

この図は、この二つの語幹が他のことばと結び付いて、いろいろなことばを作ることを示しています。

接尾語「めく」や「だつ」を付けて動詞になったものが「3あだめく」「4まめだつ」、語幹を重ねて形容詞にしたものが、「5あだあだし」「6まめまめし」、名詞「こころ」「こと(事)」と結合したものが「7あだごころ」「8まめごころ」「9あだこと」「10まめごと」です。

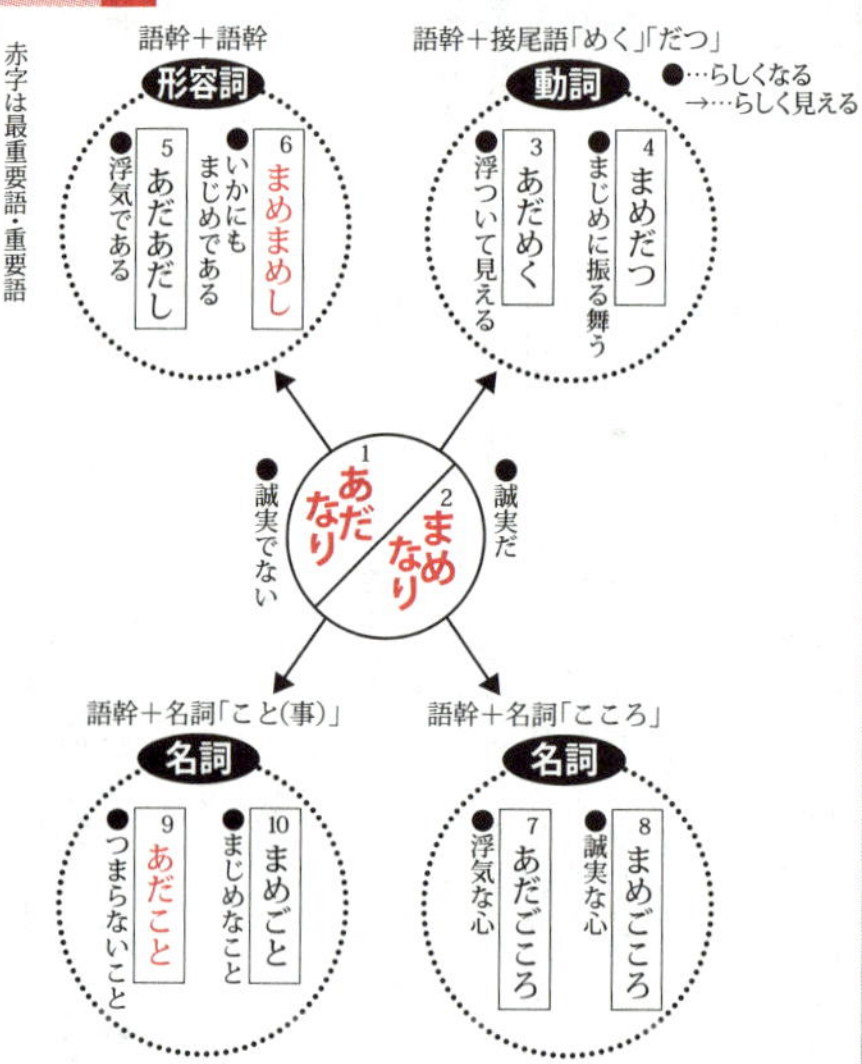

赤字は最重要語・重要語

あたは-ず【能はず】 →あたふ（能ふ）

あたひ【価・値】 名詞 ❶金額。代金。値段。価格。❷（人や物の）値打ち。価値。発展 四段動詞「あたふ（能ふ）」の連用形が名詞になったもの。

あだ-びと【徒人】 名詞 心の変わりやすい人。移り気の人。浮気者。不実な人。

あた・ふ【能ふ】 動詞 自〔八四段〕〈は・ひ・ふ・ふ・へ・へ〉❶できる。なしうる。

権門のかたはらに居る者は、深く喜ぶことあれども、大きに楽しむにあたはず。〈方丈記・世に従えば〉訳 権勢家の隣に住む者は、たいへんうれしいことがあっても、（気がねして）大いに楽しむことができない。

❷適当である。ふさわしい。

これ汝が着るものにあたはず。〈今昔〉訳 これはお前が着るものとしてふさわしくない。

❸理にかなう。納得がいく。分かる。

北の方、いとあたはず思ひて…。〈落窪〉訳 奥方は、とても納得がいかないと思って…。

発展 多く下に打消の語を伴う。中古の和文の不可能の表現が「え…あへず」であるのに対して、漢文訓読文では、「…ことあたはず」「…にあたはず」が用いられた。

あた・ふ【与ふ】 動詞 他〔八下二段〕〈へ・へ・ふ・ふる・ふれ・へよ〉与える。やる。

かれに苦しみを与へ、命を奪はんこと、いかでか傷ましからざらん。〈徒然草・128・雅房大納言は〉訳 彼（＝生き物）に苦痛を与え、命を奪うようなことは、どうしてかわいそうでないことがあろうか、いや、かわいそうなことだ。

発展 中古では、漢文訓読文に用いられ、女流の和文では「取らす」「賜ふ」を用いた。

あだ・ふ【徒ふ】 動詞 自〔八下二段〕〈へ・へ・ふ・ふる・ふれ・へよ〉ふざける。戯れる。いたずらをする。

「すずろにかくあだへ隠して。」〈源氏・夕霧〉訳「むやみに（手紙を）このようにいたずらをして隠すなんて。」

あたま【頭】 名詞 ❶《中世以降》首から上の部分。また、頭髪。❷物事の始め。最初。発展 ❶の意味には、古くは「かしら」を用いた。「かうべ」は漢文訓読文に用いた。

あた・む【仇む】 動詞 他〔マ四段〕〈ま・み・む・む・め・め〉敵視する。敵対する。敵とする。憎む。

「この監にあたまれては、いささかの身じろきせむも所狭くなむあるべき。」〈源氏・玉鬘〉訳「この大夫監に敵視されては、ちょっとした動きをするようなことも窮屈な思いをするにちがいない。」

あだ-め・く【徒めく・婀娜めく】 動詞 自〔カ四段〕〈か・き・く・く・け・け〉不誠実に見える。浮ついて見える。なまめかしく見える。浮気っぽく振る舞う。

発展 名詞「あだ」が動詞に変化したもの。

大方の人柄まめやかにあだめきたるところなくおはすれば…。〈源氏・少女〉訳（夕霧は）大体の人柄がまじめで浮ついて見えるところもなくいらっしゃるので…。

発展「めく」は接尾語。↓古語チャート❷（61ページ）

あだ-もの【徒物】 名詞 移ろいやすく、はかないもの。むなしいもの。つまらないもの。

あた-ゆまひ【—】 名詞《上代東国方言》急病。

あたら【可惜・惜】 ❶惜しむべき。もったいない。せっかくの。

あたら夜の月と花とを同じくはあはれ知れらむ人に見せばや 歌〈後撰集・103〉訳 せっかくの（春の）夜の月と

花とを、同じことなら、しみじみとした趣を理解しているような人に見せたいものだ。

❷おしいことに。もったいないことに。

あたらいみじうおはするに、人を人ともせず…。〈とりかへばや〉訳**もったいないことに**、立派でいらっしゃるのに、人を人とも思わないで…。

発展 形容詞「あたらし」の語幹相当部分。「あったら」とも。❶を連体詞、❷を副詞とする考えもある。

あたら・し【可惜し・惜し】 形容詞 **↓最重要語**（62ページ）

あたら・し【新し】 形容詞〔シク〕〈しく・しく・し・しき・しけれ・○／しから・しかり・○・しかる・○・しかれ〉新鮮だ。新しい。

新しき年ともいはずふるものはふりぬる人の涙なりけり 歌〈源氏・葵〉訳**新しい**年になったにもかかわらず、降るものは、年老いてしまった私の涙であったのだった。○「ふるものは」の「ふる」は「古る」と「降る」の掛詞。

発展 本来「あらたし」であったが、中古以降に「ら」と「た」が逆転して、「あたらし」となった。

あたらし-が・る【惜しがる】 動詞 他〔ラ四段〕〈ら・り・る・る・れ・れ〉惜しいと思う。惜しがる。残念がる。

「口惜しきわざかな。」と**あたらしがりつつ**、**僧都を恨みそしりけり**。〈源氏・手習〉訳（おそばの人々は浮舟の出家を）「残念なことだなあ。」と（何度も）**惜しいと思っては**、（出家をさせた）僧都を恨んだり悪口を言ったりしたのだった。

発展「がる」は接尾語。

あたり【辺り】 名詞 ❶その周り一帯の場所。周辺。近辺。付近。

❷場所・時・人などを直接に指さずに、遠回しに示す。「**あはれ、こは何人ぞ。かかる御辺りにおはするめでたさよ。**」〈源氏・東屋〉訳「ああ、これはどういうお方なのだ。このようなお方の**そば**においでになるすばらしさよ。」

❸身の回り。身辺。

あたり【当たり】 名詞 ❶担当。

この事かの事と、当たり当たりの事ども、家司どもなど申す。〈源氏・東屋〉訳この事務やあの事務と、それぞれの**担当**の役目を、★家司などの者どもが（匂宮に）申し上げる。

❷手に触れた感じ。手触り。感触。

近く寄りて髪を探れば…冷ややかにて、当たりめでたきこと限りなし。〈宇治拾遺〉訳近寄って髪を探ると…冷ややかで、**手触り**のすばらしいことはこの上もない。

❸仕返し。報復。

さきに行綱に謀られける当たりとぞ言ひける。〈宇治拾遺〉訳さきに行綱にだまされた**仕返し**と言ったのだった。

❹対応の仕方。扱い。

❺（芝居興行などが）好評なこと。

❻目当て。おもわく。

あたり-を-はら・ふ【辺りを払ふ】― ❶近くに寄せ付けない。

馬をも人をも辺りを払って食ひければ、生食とつけられたり。〈平家・9・宇治川先陣〉訳（佐々木四郎がいただいたウマは）ウマでも人でも**近くに寄せ付けない**でかみつくので、生食と名付けられた。

❷周囲を威圧する。堂々としている。

凡そ辺りを払ってぞ見えたりける。〈平家・11・能登殿最期〉訳おしなべて**周囲を威圧して**（他を寄せ付けないかのように）見えたのだった。

あた・る【当たる】 動詞 自〔ラ四段〕〈ら・り・る・る・れ・れ〉❶ぶつかる。触れる。

楫に当たる波の雫を春なればいかが咲き散る花と見ざらむ 歌〈古今集・物名・457〉訳櫓に**ぶつかる**波のしぶきを、春なので、どうして咲き散る花と見ないでいられようか、いや、見ないではいられない。

❷命中する。的中する。

「**摂政、関白すべきものならば、この矢当たれ。**」〈大鏡・道長上〉訳「（私が将来）摂政や、関白の位につくはずのものであるならば、この矢が**命中しろ**。」

❸受ける。こうむる。出会う。遭遇する。

「**かく思ひかけぬ罪に当たりはべるも…。**」〈源氏・須磨〉訳「このように思いもかけない罰を**受けます**のも…。」

❹（方角・順位・日時などに）当たる。該当する。ある。

未申の方に当たりて、山かすかに見ゆ。〈宇治拾遺

あたら・し【可惜し・惜し】

本来の価値が十分に発揮されないことを残念に思う気持ち
❶惜しい。残念だ。もったいない。
❷すばらしい。立派だ。

形容詞〔シク〕	未然形	連用形	終止形	連体形	已然形	命令形
	あたら・しく	あたら・しく	あたら・し	あたら・しき	あたら・しけれ	○
	あたら・しから	あたら・しかり	○	あたら・しかる	○	あたら・しかれ

❶**惜しい。残念だ。もったいない。**

際ことに賢くて、徒人にはいとあたらしけれど…。〈源氏・桐壺〉訳（源氏は）格別に賢くて、（親王ではない）臣下とするには非常に**惜しい**けれども…。

御目のそこなはれたまひにしこそ、いといとあたらしかりしか。よろづにつくろはせたまひしかど、えやませたまはで…。〈大鏡・道隆〉訳（藤原隆家の）お目が悪くおなりになってしまったのは、とてもとても**残念だった**。いろいろ治療なさったが、治るようにおさせになることもできなくて…。

❷**すばらしい。立派だ。**

跡はかなくて、あたらしかりし御かたちなど、「恋しくかなし。」とおぼす。〈源氏・若紫〉訳（式部卿宮は娘の）行方が分からないので、**すばらしかった**お顔形などを、「恋しくいとしい。」とお思いになる。

類語比較 **「あたらし」と「をし」**
共通点＝惜しく思う気持ちを表す。
あたらし＝①本来持っているはずのすばらしい価値が十分に発揮されないことを惜しく思う気持ちを表す。②中古特有のことばといってよい。
をし＝①大切なものやいとしい人などに対して、手放したくないと思われるほど愛着を感じる気持ちを表す。②中世以降、しだいに「あたらし」の意味も「をし」に取り込まれていった。

〉訳 南西の方角にあって、山がかすかに見える。

❺対処する。従事する。待遇する。

その人のために太子ねんごろに当たりたまふことあれども…。〈今昔〉訳 その人(=妻)のために皇子は心を込めて待遇なさることがあるけれども…。

❻匹敵する。張り合う。対抗する。

南京のそこばく多かる寺ども、なほ当たりたまふなし。〈大鏡・道長上〉訳 奈良に数知れないほどある多くの寺々も、やはり(無量寿院に)匹敵なさるものはない。

あだ-わざ【徒業】 名詞 ❶役に立たない行為。むだなこと。❷浮ついたこと。好色めいたこと。色恋。浮気。

あぢ【鴨】 名詞《動物》カモの一種。トモエガモ。アジガモ。

あぢき-な・し 形容詞 ↓最重要語(63ページ)

あぢ-さはふ 枕詞 (水鳥のアジガモが網目にさえぎられることから)「目」に、また(昼夜を通して網をかけることから)「夜昼知らず」に係る。

あ・つ【当つ】 動詞 他 タ下二段〈て・て・つ・つる・つれ・てよ〉 ❶ぶつける。当てる。

「**馬に当てられじ。**」と引き退いて…。〈平家・11・弓流〉訳「ウマに当てられないようにしよう。」と引き退いて…。

❷触れさせる。あてがう。付ける。

鹿茸を鼻に当ててかぐべからず。〈徒然草・149・鹿茸を鼻に〉訳 *鹿茸を鼻に当ててにおいをかいではならない。

❸人や物をある目的・用途・対象に、ぴたりと合わせる。

さらに我が用に当てず。〈今昔〉訳 決して自分のものとしては使わない。

❹(雨露・光・熱などに)さらす。当てる。

おぼろなる月に当てて、久しう見て…。〈蜻蛉日記〉訳 (手紙を)ぼんやりとかすんでいる月の光に当てて、(そのまま)長い間見て…。

❺(視線などを)向ける。

変はりゆくかたちありさま、目も当てられぬこと多かり。〈方丈記・飢渇〉訳 (餓死者の死体が腐って)変わってゆく状態は、目を向けることができない(ほど悲惨な)ことが多い。

発展 自動詞「当たる」に対応する他動詞。

あつ-いた【厚板】 名詞 ❶(「厚板織り」の略で)縦に

あぢき-な・し

形容詞〔ク〕

道理をわきまえずどうにもならない状態に対するあきらめの気持ち
- ❶道理に外れている。**まともでない。**
- ❷するかいがない。無意味だ。
- ❸**おもしろくない。**つまらない。情けない。
- ❹耐え難い。切ない。

未然形	連用形	終止形	連体形	已然形	命令形
あぢきな・く あぢきな・から	あぢきな・く あぢきな・かり	あぢきな・し ○	あぢきな・き あぢきな・かる	あぢきな・けれ ○	○ あぢきな・かれ

❶**道理に外れている。まともでない。**不当だ。あいにくだ。

「**唐土にも、かかる事の起こりにこそ、世も乱れ悪しかりけれ。**」と、やうやう天の下にも、**あぢきなう人のもて悩み種になりて…。**〈源氏・桐壺〉訳「中国でも、こうしたこと(=帝が一人の后を寵愛し過ぎること)が原因で、世の中が乱れ具合が悪いことになったのだ。」と、だんだん世間でも、**まともでない**ことと人の悩みの種になって…。○「あぢきなう」は連用形「あぢきなく」のウ音便。

例いとよく書く人も、あぢきなう皆つつまれて、書きけがしなどしたるあり。〈枕草子・23・清涼殿の丑寅の〉訳 (中宮から古歌を書けと命じられたが)いつもはとても上手に書く人も、(天皇の御前なので)**あいにく**皆遠慮しないではいられなくて、書き損じなどした人もいる。

❷**するかいがない。無意味だ。むなしい。**

さしも危ふき京中の家を造るとて、宝を費やし、心を悩ますことは、すぐれてあぢきなくぞはべる。〈方丈記・安元の大火〉訳 (大火に見舞われた)こんなにも危険な都の街中の家を建てるといって、金をむだに使い、心を悩ますことは、(愚かなことのうちでも)特に**するかいのない**ことでございます。

❸**おもしろくない。つまらない。情けない。**

筆に任せつつ、あぢきなきすさびにて、かつ破り捨つべきものなれば、人の見るべきにもあらず。〈徒然草・19・折節の〉訳 (私が書いているものは)筆に任せながら(書く)、**つまらない**慰みで、次々に破り捨てるはずのものであるから、人が見るはずの(価値のある)ものでもない。

❹**耐え難い。切ない。やるせない。**

ほととぎす初声聞けばあぢきなく主定まらぬ恋せらるはた 歌〈古今集・夏・143〉訳 ホトトギスのその年初めて鳴く声を聞くと(うれしいけれど)、**むなしく**(だれとも)相手の決まらない恋をしないではいられないことよ。(うれしいとはいうものの)やはり。

人知れず我恋ひ死なばあぢきなくいづれの神になき名負ほせむ 歌〈伊勢・89〉訳 人に知られないで私が恋い焦がれて死んだならば、**つまらない**ことにも、(人々は)どの神に(そのたたりだと)身に覚えのない罪名を負わせるのだろう。

身に重き病を受けて日ごろわづらひけるに、世の中をあぢきなしと思ひ取りて出家してけり。〈今昔〉訳 体が重い病気にかかって長く患っていたが、世の中を**耐え難い**と悟って出家してしまった。

曹子の内にゐて、いとど昔恋しく、あぢきなくて、この母と頼みし人に…。〈たまきはる〉訳 部屋の中に座り、ますます昔のことが恋しく、**やるせなくて**、この母と頼みにしていた人に…。

発展 ①「**道理がない**」**がもとの意味**　『万葉集』では、すべて「あづきなし」の形で現れ、「あづき」は「分別・道理」の意味といわれる。『日本書紀』の古い訓では「無道」を、また、中古末ごろの漢和辞書である『図書寮本類聚名義抄』では「無端」「無情」などを「あぢきなし」と読んでいることから、「あぢきなし」は道理をわきまえず、どうにもならないように対する半ばあきらめの気持ちを表すといわれる。

②「**味気ない**」**は当て字**　現在使われる漢字表記「味気ない」は、「つまらない」の意味から考え出された当て字で、「味もそっ気もない」ということばからの類推によるものと思われる。

類語比較 「あへなし」と「あぢきなし」↓敢へ無し

練り糸、横に生糸を用いて地紋を織り出した厚地の絹織物。帯地などに多く用いた。対薄板 ❷能装束のひとつ。厚板織りを用い、天狗・鬼・武士などが着る。

★**あつかう**（現）↓（歴）**あつかふ【扱ふ】**

あづかっ‐し【与っし】― （目上の人から）いただいた。
かへって叡感にあづかっしうへは、敢へて罪科の沙汰もなかりけり。〈平家・1・殿上闇討〉訳（平忠盛は）かえって（鳥羽上皇の）お褒めを**いただいた**以上は、特に罪科に処するという裁定もなかった。
発展 四段動詞「あづかる」の連用形に過去の助動詞「き」の連体形が付いた「あづかりし」の促音便形。

あつかは‐し【扱はし】 形容詞〔シク〕〈しく・しく・し・しき・しけれ・○／しから・しかり・○・しかる・○・しかれ〉扱いたい。面倒をみずにはいられない。
「**『いとかく朽ち木にはなし果てずもがな。』と、人知れず扱はしく覚えはべれど…。**」〈源氏・総角〉訳（大君は）「（中の君を）『本当にこのまま朽ち木（のような不遇な境涯）のままで終わらせないでくれればいいなあ。』と、人知れず**面倒をみずにはいられない**と感じておりますけれど…。」
発展 四段動詞「扱ふ」が形容詞に変化したもの。

あつかは‐し【暑かはし】 形容詞〔シク〕〈しく・しく・し・しき・しけれ・○／しから・しかり・○・しかる・○・しかれ〉❶暑苦しい。
この生絹だにいと所狭く暑かはしく、取り捨てまほしかりしに…。〈枕草子・198八、九月ばかりに〉訳この生絹（＝絹の薄くて軽い夏服）でさえひどく煩わしく**暑苦しく**（思えて）、取って捨てたかったのに…。
❷煩わしい。うるさい。
「**いとあまり暑かはしき御もてなしなり。**」〈源氏・蛍〉訳「まったくあまりにも（私のことが）**煩わしい**というご応対である。」

あつかひ【扱ひ】 名詞 ❶育児や看病など、面倒をみること。世話をすること。❷接待すること。もてなし。❸争い事やもめ事などをまとめること。仲裁や調停をすること。また、その人。❹示談。和解。

あつかひ‐ぐさ【扱ひ種】― 名詞 ❶世話をする相手。❷話の種。話題。

あつか・ふ【扱ふ】 動詞 他〔ハ四段〕〈は・ひ・ふ・ふ・へ・へ〉
❶かかわり合う。世話をする。めんどうをみる。
まことに親めきて扱ひたまふ。〈源氏・帚木〉訳（源氏は小君を）本当に親らしい態度で**お世話なさる**。
❷うわさする。
人々も、「思ひの外なることかな。」と扱ふめるを…。〈源氏・紅葉賀〉訳女房たちも、「（源氏が源典侍などという好色な老女房を相手にするとは）意外なことだなあ。」と**うわさする**らしいのを…。
❸処置に苦しむ。もてあます。
いと苦しげに暑さを扱はせたまふさまも…。〈狭衣〉訳たいへんつらそうに、暑さを**もてあまして**いらっしゃるようすも…。
発展 何を「扱ふ」かで、いろいろな訳語が考えられる。

あづかり【預かり】 名詞 ❶ある役目を引き受けている人。担当者。管理人。❷留守役。留守番。❸平安時代の官名。役所の事務の管理者。宮中の御書所・御厨子所・絵所などに置かれた。発展 四段動詞「あづかる」の連用形が名詞になったもの。

あづか・る

かかわりを持つ。また、引き受けて守る
- 一【与る】動詞 自
  - ❶**関与する。かかわる。**
  - ❷**恩恵を受ける。**
  - ❸**頂く。**
- 二【預かる】動詞 他
  - ❶**管理する。**
  - ❷**担当する。**

未然形	連用形	終止形	連体形	已然形	命令形
あづから	あづかり	あづかる	あづかる	あづかれ	あづかれ

一【与る】動詞 自〔ラ四段〕（「～にあづかる」の形で）❶**関与する。かかわる。**
身を静かにし、事にあづからずして心を安くせんこそ、しばらく楽しぶともいひつべけれ。〈徒然草・75・つれづれわぶる人は〉訳わが身を静か（な境地）に置き、俗事に**かかわらない**で心を安らかにしたりするのは、一時的に（生を）楽しむともいうことができよう。
❷**恩恵を受ける。分け前にありつく。得る。**
「**卑しく貧しき者も、高き世に改まり、宝にあづかり、世に許さるるたぐひ多かりけり。**」〈源氏・若菜下〉訳「身分が低く貧しい者も、高貴な身分に打って変わり、財宝を**得て**、世間で認められる人々が多かったのだった。」
❸（目上の人から）**頂く。**
二【預かる】動詞 他〔ラ四段〕❶**管理する。引き受けて守る。**
中垣こそあれ、一つ家のやうなれば、望みて預かれるなり。〈土佐日記・二月十六日〉訳隣家との境に作った垣根はあるけれども、（私の家とは）一軒の家のような（ものな）ので、（隣家の人が）希望して（私の家を）**管理した**のである。
❷**担当する。受け持つ。**
発展 **語の成り立ち** 一は「預く（＝管理させる）」に対応してできた他動詞。二は、漢文訓読文で「与」という字を「～にあづかる」と読んだため、定着したものである。

あづき‐がゆ【小豆粥】― 名詞 アズキを混ぜて炊いたかゆ。季語 春 発展 陰暦正月十五日に一年中の邪気払いのために食べる。望の日（＝陰暦十五日）に食べるところから、「もちがゆ」ともいう。

あつきひを… 句
暑き日を海にいれたり最上川〈奥の細道・酒田・松尾芭蕉〉訳太陽が沈んでようやく暑い一日を海に流し入れているのだなあ。この最上川はその河口あたりから涼しい夕風が吹いてくるようだ。○季語 暑き日―夏。「日」には「太陽」と「一日」の両方を掛けてある。最上川は、今の山形県を縦断する川。
発展 夕方になって涼しくなってきたのは、「最上川」が「暑き日」を海に流し込んだからだ、とその水勢の盛んなことを賛美した句。大まかな表現が、雄大な景色にふさわしい。

あづ・く【預く】 動詞 他〔カ下二段〕〈け・け・く・くる・くれ・けよ〉
❶（物の管理や人の世話を）他人の手に任せる。委託する。あずける。
妻の嫗に預けて養はす。〈竹取・かぐや姫の出生〉訳（かぐや姫を）妻である老女に**任せて**養育させる。
❷（娘を男に任せる意味から）縁付ける。結婚させる。
「**さるべき人あらば預けて、心安く世をも思ひ離ればや…。**」〈源氏・若菜上〉訳「適当な男の人がいたら（娘をその人と）**結婚させて**、安心して俗世を離れて仏道に入りたいものだ…。」

あつ‐ご・ゆ【厚肥ゆ】 動詞 自〔ヤ下二段〕〈え・え・ゆ・ゆる・ゆれ・えよ〉

よ〉（紙・布・衣などが）厚ぼったくなる。厚くふくらむ。くるみ色といふ色紙の厚肥えたるを…。〈枕草子・138・円融院の御果ての年〉訳くるみ色という色をしている色紙で厚くふくらんでいるものを…。

発展 多く「あつごえたる」の形で用いられる。

あづさ【梓】 名詞 ❶《植物》カバノキ科の落葉高木。ヨグソミネバリの別の呼び名。材は古くは弓を作り、後世は版木にも用いた。❷「梓弓」の略。

あづさ-ゆみ【梓弓】 一 名詞 アズサの木で作った弓。上代、狩りや神事などに用いた。二 枕詞（弓に関する動作や各部分の名などから）「い」「射る」「張る」「ひく」「よる」「返る」「たつ」「本」「末」「や」「音」などに係る。

🪭**あづさゆみ…** 歌 **梓弓引けど引かねど昔より心は君によりにしものを**〈伊勢・24〉訳（他の男が私の心を）引こうが引くまいが、昔から（私の）心はあなたに寄り添ってしまっていたのに（あなたは私から離れようとしている）。○「梓弓」は「引く」に係る枕詞。「よる」の縁語。上句は「よりにし」の序詞。

発展 次の男の歌に返して女が詠んだ歌。「引けど引かねど」の解釈については、ほかに、私があなたの心を…、あなたが私の心を…、などの説もある。

梓弓真弓つき弓年を経てわがせしがごとうるはしみせよ〈伊勢・24〉訳（長い）年月を過ごしてきて私が（あなたを）愛してきたように（新しい夫を）親しみ愛しなさい。○「梓弓真弓つき弓」は「年」を導く序詞。「さまざまな弓があるように、さまざまなことがあって」という意味を含む。「つき弓」の「つき」は、「槻」と「月」を兼ねた掛詞。弓の形から空にある「月」を連想し、さらに年月の「月」の意へとつなげ、その縁で「年」を導く。「せしが」は、サ変動詞「す」の未然形＋過去の助動詞「き」の連体形＋格助詞「が」。「うるはしみせよ」は、形容詞「うるはし」の語幹＋接尾語「み」＋サ変動詞「す」の命令形。

発展 三年ぶりに帰宅したら、まさにその夜、待ちかねた妻が別の男を迎えようとしているのに遭遇して男が詠んだ歌。女の歌（↓あらたまの…）への返歌。さらに前の歌から女の最期の歌（↓あひおもはで…）へと続く。

あつ・し【厚し】 形容詞〔ク〕〈く・く・し・き・けれ・○／から・かり・○・かる・○・かれ〉❶厚みがある。厚い。❷（恩恵・情愛が）深い。（程度が）強い。激しい。**人の奴たるものは、賞罰はなはだしく恩顧厚きを先とす。**〈方丈記・閑居の気味〉訳人の召し使いである者は、恩賞（の程度）が普通以上で引き立てが**強い**方（＝主人）を重んじる（ものだ）。❸《近世語》身分が高い。裕福だ。❹《近世語》厚かましい。恥知らずだ。

あつ・し 形容詞〔ク〕〈く・く・し・き・けれ・○／から・かり・○・かる・○・かれ〉一【暑し】気温が高い。暑い。**時は六月の晦、いと暑き頃ほひに…。**〈伊勢・45〉訳時は六月の下旬の、たいへん**暑い**時分に…。二【熱し】体温が高い。（物の）温度が高い。**身の内の熱きこと、火を焚くがごとし。**〈平家・6・入道死去〉訳体の内が**体温高い**ことは、火を焚いているようである。

あつ・し【篤し】

病気によって体が熱いようす ― 病気が重い。危篤の状態だ。病気がちだ。

未然形	連用形	終止形	連体形	已然形	命令形
あつ・しく	あつ・しく	あつ・し	あつ・しき	あつ・しけれ	○
あつ・しから	あつ・しかり	○	あつ・しかる	○	あつ・しかれ

形容詞〔シク〕**病気が重い。危篤の状態だ。病気がちだ。病弱だ。** **人の心をのみ動かし、恨みを負ふ積もりにやありけむ、いとあつしくなりゆき…。**〈源氏・桐壺〉訳（桐壺の更衣は）他の人の心を動揺させてばかりで、恨みを受けることが積もり重なった結果であったのではなかろうか、ひどく**病気がちに**なっていき…。

発展 **「熱し」が変化した語** ク活用形容詞「熱し」がシク活用になったものと考えられ、「熱などで体が熱い」という意味から、「病気が重い」という意味になったものといわれる。「あづし」ともいう。

あっそん【朝臣】 名詞 ↓あそん

あったら↓あたら

あつち-じに【あつち死に】 名詞 苦しさに跳ね回り死ぬこと。悶死。**悶絶躃地して、つひにあつち死にぞしたまひける。**〈平家・6・入道死去〉訳（平清盛は）もだえ苦しみ息が絶え地に倒れて、とうとう**悶死**をなさった。

あっぱれ【天晴れ】 感動詞 ❶（とても感動して）ああ。**「あっぱれ、これは斎藤別当であるごさんめれ。」**〈平家・7・実盛〉訳「**ああ**、これは斎藤別当（の首）であるようだ。」❷見事だ。すばらしい。**あっぱれ文武二道の達者かなとぞ見えたりける。**〈平家・7・願書〉訳（覚明は）**すばらしく**学才と武芸の両道にわたって優れた人であるなあと思われたのだった。

発展 喜怒哀楽などの感情を表す感動詞「あはれ」が促音を伴って強調されたもの。「天晴れ」は当て字。

あづま【東】 名詞 ❶京都から見て東方にある国々の総称。類東国 ❷中世、京都から鎌倉あるいは鎌倉幕府を指していうことば。また、近世では（上方から）江戸を指していうことば。❸「東琴」の略。↓和琴 発展 ❶の範囲は箱根より東、遠江より東、逢坂の関より東など、時代や文献によって異なる。また、都の人から見た「あづま」は文化の遅れた片田舎とされていた。

あづま-あそび【東遊び】 名詞 宮廷の歌舞のひとつ。もと東国地方の民間舞踊であったが、平安時代に雅楽風に変えられて、宮廷や貴族の屋敷・神社などで行われるようになった。

［あづまあそび］

あづま-うた【東歌】 名詞 東国地方の人の歌および東国にかかわる歌。発展『万葉集』巻十四や『古今集』巻二十に収められている。東国方言で詠まれた、素朴な歌が多い。

あづま-うど【東人】 名詞 東国の人。関東の人。発展「あづまびと」の変化したことば。

あづま-くだり【東下り】 名詞 京都から東国へ行くこと。特に中世では、京都から鎌倉へ行くこと。類海道下り

あづま‐ごと【東琴】 →わごん

あづま‐ぢ【東路】 名詞 ❶京都から東国に至る道筋。東海道・東山道など。❷東国地方。

あづまぢの… 歌

東路の道の果てなる常陸帯のかごとばかりも逢はむとぞ思ふ〈新古今集・恋1・1052〉訳 東海道の果ての常陸の国から産する常陸帯のかこ(=帯の留め金)ではないが、かごとばかり(=ほんの申し訳程度)でも、(あなたに)お逢いしようと思うよ。○二句までが「かごと」を導く序詞となっており、「かごと」は「かこ(鉸具)」と「託言」との掛詞。

発展『古今六帖』に紀友則の作として載っており、結句は「逢ひみてしがな」となっている。

あづまぢは… 歌

東路はなこその関もあるものをいかでか春の越えて来つらむ〈後拾遺集・3・源師賢〉訳 東国地方には(「来るな」という名の)勿来の関もあるのに、どのようにして春は(都まで)越えてやって来たのだろうか。○「なこその関」は、今の福島県いわき市にあった関。「な来そ(=来るな)」を掛けている。

発展 詞書に、「春は東より来たるといふ心」を詠んだとある。

あづま‐びと【東人】 名詞 東国の人。また、田舎者。

発展「あづまうど」とも。→東

あづま‐や【四阿・東屋】 名詞 屋根を四方に葺き下ろした、寄棟造りで、壁のない柱だけの建物。後世、庭園に休憩所として建てられた。

あづま‐をとこ【東男】 名詞 ❶東国の男性。粗野な田舎者などの意味を込めていう場合が多い。❷江戸生まれの男。威勢のよい、きっぷのいい、江戸っ子。対 京女

発展「あづまをのこ」とも。

あづま‐をのこ【東男】 名詞 →あづまをとこ

あづま‐をみな【東女】 名詞 東国の女性。また、田舎娘。

あつ・む【集む】 動詞 他〔マ下二段〕〈め・め・む・むる・むれ・めよ〉(多くの人や物を一箇所に)寄せる。集める。集合させる。**五月雨をあつめて早し最上川** 句〈奥の細道・最上川・芭蕉〉訳 降り続く五月雨をひとつに**集め**たように、すさまじく早く流れ下ることよ、この最上川は。

発展「集まる」の他動詞形。

●**あつめる**(現)→(古)**あつむ【集む】**

あつ‐もの【羹】 名詞 野菜や魚・鳥の肉などを煮た、熱い汁物。吸い物。

発展「熱物」という意味。

●**あつらう**(現)→(歴)**あつらふ【誂ふ】**

●**あつらえ** 国語・国文法 →他に対する願望

●**あつらえる**(現)→(古)**あつらふ【誂ふ】・あとらふ【誂ふ】**

あつら・ふ【誂ふ】 動詞 他〔ハ下二段〕〈へ・へ・ふ・ふる・ふれ・へよ〉❶頼む。頼んで(…)してもらう。「**あつらへたるやうに、かしこの人の集まりたるは。**」〈落窪〉訳「**頼んで**(来て)**もらった**ように、あちらの人が集まっているよ。」

❷依頼して作らせる。注文する。**人にあつらへて書写せしむ。**〈今昔〉訳 人に**注文して**(法華経を)書写させる。

あて 名詞 ━【当て】❶(物を打ったり切ったりするとき)下に当てがう台。台。**石をもてあてとして、斧を揮りて材を削る。**〈日本書紀〉訳 石を用いて**台**として、手斧を手にして木材を削る。❷目当て。目的。見当。❸頼みとする目当て。頼り。期待。**こなたの合力米を当てに参ってござる。**〈狂言・米市〉訳(私は)あなたさまの貧しい人々への施しのための米を**目当て**にして(こうして)やって参りました。

━【宛て】❶その人と指し示すこと。名ざし。❷(割り当ての数を示すことばに付いて)…ずつ。

あて‐おこな・ふ【宛て行ふ】 動詞 他〔ハ四段〕〈は・ひ・ふ・ふ・へ・へ〉❶割り当てる。

あて・なり【貴なり】

身分や家柄が高貴で、気品があるようす
- ❶身分が高い。高貴である。
- ❷上品だ。優雅だ。気品がある。

形容動詞(ナリ)

未然形	連用形	終止形	連体形	已然形	命令形
あて・なら	あて・なり あて・に	あて・なり	あて・なる	あて・なれ	(あて・なれ)

❶**身分が高い。高貴である。血筋がよい。** 世界の男、あてなるも卑しきも、「いかでこのかぐや姫を得てしがな、見てしがな。」と…。〈竹取・かぐや姫の出生〉訳 世の中の男は、**身分が高い**者も身分が低い者も、「なんとかしてこのかぐや姫を手に入れたいものだ、妻としたいものだ。」と…。

○「あてなり」の対義語が「卑し」であることを明確に示す例。

❷**上品だ。優雅だ。気品がある。** →古語チャート⑫(429ページ)

四十余ばかりにて、いと白うあてに、やせたれど、つらつきふくらかに…。〈源氏・若紫〉訳(尼は)四十余歳ぐらいで、たいへん色が白く**気品があり**、ほっそりしているが、ほおの辺りはふくよかで…。

あてなるもの。…いみじううつくしき児の、苺など食ひたる。〈枕草子・42・あてなるもの〉訳 **上品なもの**。…並々でなくかわいらしい幼児が、イチゴなどを食べているのは(気品がある)。

類語比較「あてなり」と「やむごとなし」
共通点＝身分の高いことを表す。
あてなり＝一般的な高貴さをいう。
やむごとなし＝他に例がなく最高・最上であるという評価を伴って用いられる。たとえば『源氏物語』では、光源氏の形容に「やむごとなし」は用いるが、「あてなり」は用いない。

関連語 優なり・艶なり・卑し
→古語チャート③(67ページ)

とかくせさすべきことあて行ふとても…。〈落窪〉訳(大納言叙任のために)あれこれと(家来に)やらせなければならないことを割り当てるとしても…。

❷(恩賞として)授ける。

「我、崇徳院(すとくゐん)の御領(ごりやう)を落として、軍勢の兵粮料所(ひやうらうれうしよ)にあて行ひしによりて、重病を受けたり。」〈太平記(たいへいき)〉訳 私は、崇徳上皇(すとくじやうこう)のご領地を攻め落として、軍勢の兵糧(ひやうらう)や領地として授けたために、(罰が当たり)重病になった。」

あて-が・ふ【宛てがふ・宛行ふ】(がう) 動詞 他〔八四段〕〈は・ひ・ふ・ふ・へ・へ〉❶(仕事・役目・金品などを)割り当てて与える。分け与える。

敵に食ひ物あてがふは、おろかの軍法。〈近松・国性爺合戦(こくせんやかつせん)〉訳 敵に食料を**分け与えるの**は、愚かな戦術だ。

❷当てはめる。適用する。

この分け目をばあてがはずして、ただ幽玄にせんとばかり心得て…。〈風姿花伝(ふうしかでん)〉訳 この(幽玄な対象と強い対象との)違いを(芸に)**適用し**ないで、ただ幽玄にしようとばかり思って…。

❸おおよその推測をする。

「この男と同じ列(なみ)に**あてがはるるは迷惑**。」〈傾城禁短気(けいせいきんたんき)〉訳 「この男と同類だと**およその**(=いい加減な)**推測をされるのは迷惑**。」

発展 ❸は「あてがひ測る」「あてがひ思ふ」などとも。

あて-こと【当て言】 名詞 ❶嫌み。皮肉。当てこすり。❷それとなく遠回しに言うことば。

あて-ど-な・し【当て所無し】 形容詞〔ク〕〈(く)・く・し・き・けれ・○／から・かり・○・かる・○・かれ〉目的とする所がない。

「**落ち着く方なく、当て所なく、この所まで迷ひ来て**…。」〈近松・博多小女郎波枕(はかたこじよらうなみまくら)〉訳 「(身を持ち崩して)落ち着く所がなく、**目的とする所もなく**、この場所まで迷って来て…。」

あて・なり【貴なり】 形容動詞 ↓最重要語(66ページ)

まとめて覚えよう古語チャート❸

身分と品位を表すことば

この図は、身分(上層・下層)と品位(上品・下品)を表す代表的なことばを四つのブロックに分けて示したものです。

「1やむごとなし」は「止(や)む事無し」が一単語として使われるようになったもので、そのまま止めておけない、放っておけない状態を表すところから、対象を重んじる意味に発展し、さらに「最高・最上の階層」の意味を表しました。「2貴(あて)なり」は身分を言うときにも、品位を言うときにも使いますが、「3貴(あて)やかなり」「4貴(あて)はかなり」は、もっぱら品位について使われます。「5雅(みや)ぶ」の「みや」は皇族(の住居)を表す「宮」であり、都の「みや」でもあって、「6鄙(ひな)ぶ」の「ひな」は「田舎」という意味です。「5雅(みや)ぶ」からは、やはり品位に関連する「7雅(みや)びやかなり」という形容動詞が生まれました。

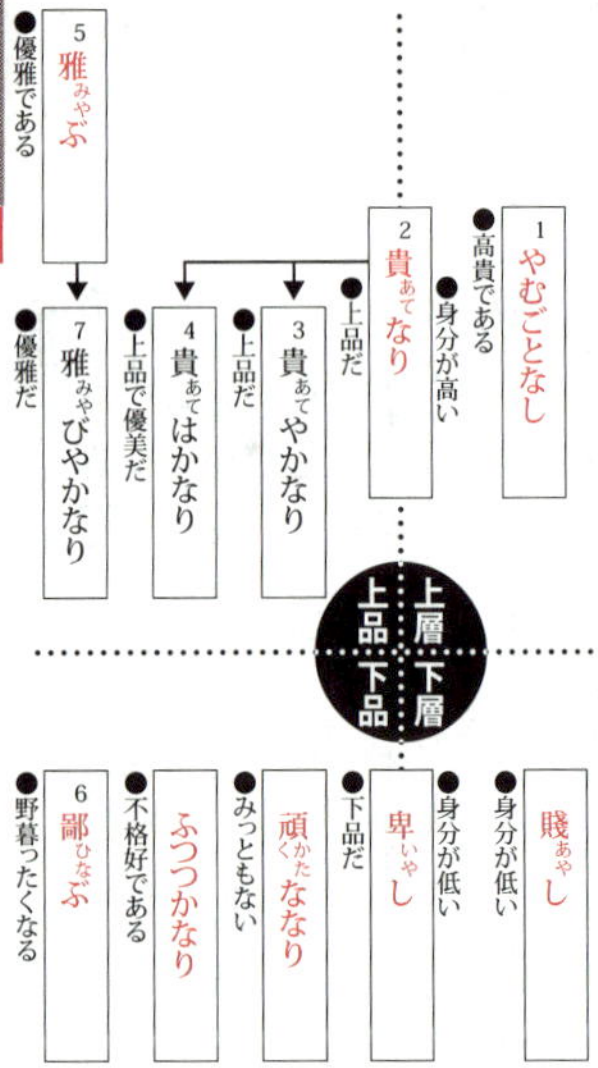

赤字は最重要語・重要語

あて-はか・なり【貴はかなり】 形容動詞〔ナリ〕〈なら・なり(に)・なり・なる・なれ・なれ〉上品で優美だ。みやびやかだ。類 貴(あて)やかなり

人がらは、心うつくしく、**あてはかなることを好みて**、こと人にも似ず。〈伊勢・16〉訳 (紀有常(きのありつね)という人の)人柄は、心が立派で、**上品で優美な**ことを好んで、ほかの人には似ていない(=とは違っている)。

↓古語チャート❸(67ページ)

あて-びと【貴人】 名詞 高貴な人。身分の高い人。

あて・ぶ【貴ぶ】 動詞 自〔バ上二段〕〈び・び・ぶ・ぶる・ぶれ・びよ〉上品ぶる。優雅に振る舞う。

「**若き君達とて、すきずきしくあてびてもおはしまさず**…。」〈源氏・東屋(あづまや)〉訳 「(左近少将(さこんのしやうしやう)は)若い貴公子だからといって、風流好みに**上品ぶって**もいらっしゃらなくて…。」

貴宮(あてみや) 登場人物 『宇津保物語(うつほものがたり)』の女主人公。左大将源正頼(まさより)の九女。主人公藤原仲忠(なかただ)をはじめ多くの貴公子の求婚を受ける絶世の美女として描かれている。東宮に入内(じゆだい)し、わが子を皇太子として立てた。

あて-やか・なり【貴やかなり】 形容動詞〔ナリ〕〈なら・なり(に)・なり・なる・なれ・なれ〉上品だ。高貴だ。類 貴(あて)はかなり

心ばへなどあてやかにうつくしかりつることを見ならひて…。〈竹取・かぐや姫の昇天〉訳 (かぐや姫の)気立てなどが**上品で**かわいらしかったことを(召し使いたちは)見慣れていて…。

↓古語チャート❸(67ページ)

あてる(現)↓(古)**あつ【当つ】**

あと【後】 名詞 ❶後ろ。後方。背後。対 先(さき)

「いづちならむ。」と、ただならで、**我も行く方(かた)あれど、後につきてうかがひけり**。〈源氏・末摘花(すゑつむはな)〉訳 (頭中将(とうのちゆうじやう)は)源氏が「どちらへ行くのだろう。」と、平気ではいられないで、自分も行く先はあるけれど、(源氏の)**後ろ**をつけてようすをうかがったのだった。

❷(物事が終わった)後。以後。

「**亡き後まで人の胸開(あ)くまじかりける**、人の御覚えかな。」〈源氏・桐壺(きりつぼ)〉訳 「亡くなった**後**まで人(=ほかの女性たち)の心がすっきりしそうもなかった、(帝(みかど)からの)ご寵愛(ちようあい)を受けている対象の人だなあ。」↓おぼえ❷

❸死後。

「我こそ得め。」など言ふ者どもありて、後に争ひたる、様(さま)悪(あ)し。〈徒然草・140・身死して〉訳「(遺産を)自分こそ手に入れよう。」などと言う者たちがいて、(人の)死後に争っているのは、みっともない。

❹《中世末期以降》以前。過去。前。
これとどう存じたならば、後の宿(しゅく)で宿(やど)を取らうものを。〈狂言・地蔵舞〉訳こういうことだと早く知っておりましたら、前の宿場で宿を取ったろうに。

あと【跡】 名詞 ❶足のある所。足もと。また、足跡。
父母は枕(まくら)の方に妻子(めこ)どもはあとの方に囲(かく)み居て… 歌〈万葉集・5・892〉訳父母は上座の方に、妻や子らは、(下座の)足もとの方に囲んで座っては…。
❷あることが行われたことを示すもの。痕跡(こんせき)。形跡。
❸行方。行く先。
❹後の世に残ったもの。遺跡。史跡。
大門の跡は一里こなたにあり。〈奥の細道・平泉〉訳(藤原氏の平泉の館の)大門の**遺跡**は一里ほどこちらにある。
❺筆の跡。筆跡。文字。
古めきたる黴(かび)くささながら、跡は消えず、ただ今書きたらむにも違(たが)はぬ言の葉どもの…。〈源氏・橋姫〉訳古びて見えるかび臭い文書だが、**筆跡**は消えないで、たった今書いたりしたのと違わないほどのことばの数々が…。
❻先例。様式。手本。しきたり。
思ひあまり昔の跡を尋(たづ)ぬれど、親に背ける子ぞ類(たぐひ)なき 歌〈源氏・蛍〉訳思い余って、昔物語に**先例**を尋ねてみるけれども、親にそむいている(不孝な)子というのは類のないことだ。
❼家の跡目。家督。
清盛(きよもり)、嫡男(ちゃくなん)たるによって、その跡を継ぐ。〈平家・1・鱸(すずき)〉訳清盛は、(平忠盛の)長男であるから、その**跡目を継ぐ**。

あど 名詞 ❶相手の話に調子を合わせて受け答えすること。相づち。
発展「足処(あと)」という意味。「後(あと)」も同じ語源。
「**殿の珍しう興ありげにおぼして、あどをよく打たせたまふに…。**」〈大鏡・道長下〉訳「あなた(=若侍(わかざむらい))が(この私たち老人の話を)珍しくおもしろそうにお思いになって、**相づちをよくお打ちになります**ので…。」
❷狂言で、主役(=シテ)の相手役である脇役(わき)。対シテ

あど 副詞《上代東国方言》どのように。どうして。なぜ。
子持山(こもちやま)若かへるての紅葉(もみ)つまで寝(ね)もと我(わ)は思(も)ふ汝(な)はあどか思ふ 歌〈万葉集・14・3494〉訳子持山の(若い)カエデの若葉が紅葉するまで、ずっとお前と一緒に寝たいと私は思う。お前は**どのように**思うか。
発展中央での「など」に相当する。

あと-あがり【後上がり・跡上がり】 名詞《近世語》江戸時代の男性の髪型。★月代(さかやき)を狭くそり、両方の鬢(びん)をふっくらとさせ、★髻(もとどり)を高く上げ、後ろ上がりになるように結ったもの。江戸時代初期に流行した。発展「あとだか」「うしろだか」とも。

あど-う・つ【あど打つ】 相づちを打つ。(相手に)調子を合わせる。
人目にあらはれて、この侍(さぶらひ)ぞ、よく聞かむと、あど打つめりし。〈大鏡・序〉訳とりわけ目立って、この侍が、熱心に聞こうと、(老人たちに)**調子を合わせる**ようだった。

あと-しき【跡式・跡職】 名詞 家督や遺産を相続すること。また、その家督。

あと-た・ゆ【跡絶ゆ】 連語 ❶(人の)行き来が絶える。
まして今は、浅茅(あさぢ)分くる人も跡絶えたるに…。〈源氏・末摘花(すゑつむはな)〉訳なおさら今は、(荒れた常陸宮(ひたちのみや)の邸に)チガヤを分けて訪れる人も**行き来が絶え**ているところに…。
❷行方をくらます。連絡が絶える。
「**なほこれより深き山をもとめてや跡絶えなまし。**」とおぼすにも…。〈源氏・明石(あかし)〉訳「さらにここから(出て)深い山を求めて**行方をくらまし**てしまおうかしら。」と(源氏は)お思いになるにつけても…。

あと-と・ふ【跡問ふ・跡訪ふ】一(とう) ❶行方を尋ねる。
❷死後を弔う。
さるは、跡問ふわざも絶えぬれば…。〈徒然草・30・人の亡き後ばかり〉訳そのうえ、**死後を弔う**法事も絶えてしまうと…。

あと-と・む【跡求む・跡尋む】 ❶行き先を尋ねる。
❷先例にならう。古人を手本にする。
嵯峨(さが)の山千代(ちよ)の古道(ふるみち)跡とめてまた露分くる望月(もちづき)の駒(こま) 歌〈新古今集・雑中・1646〉訳嵯峨の山の、遠い昔の天皇の行幸(みゆき)のあった道を**先例にならって**、今また露を分けて引く望月(=名馬の産地)のウマよ。

あと-な・し【跡無し】 形容詞 ク〈く・く・し・き・けれ・○／から・かり・○・かる・○・かれ〉❶跡形がない。何も残らない。
世の中を何にたとへむ朝開(あさびら)きこぎ去(い)にし舟の跡なきごとし 歌〈万葉集・3・348〉訳世の中を何にたとえようか。朝港をこぎ出した舟の**跡形がない**ようなものだ。
❷根拠や証拠がない。事実無根だ。
はやく跡なきことにはあらざめりとて…。〈徒然草・50・応長(おうちょう)のころ〉訳(鬼がいるといううわさは)もともと**根拠がない**ことではないようだと思って…。

あど-な・し 形容詞 ク〈く・く・し・き・けれ・○／から・かり・○・かる・○・かれ〉子供っぽい。あどけない。たわいない。
あからさまにも、あどなきことをばすまじきことなり。〈古今著聞集(ここんちょもんじゅう)〉訳かりそめにも、**子供っぽいこと**(=いたずら)をしてはいけないということだ。

あとはか-な・し【跡はか無し】 形容詞 ク〈く・く・し・き・けれ・○／から・かり・○・かる・○・かれ〉❶跡形もない。手がかりがない。
僧都(そうづ)の御許(もと)にも尋ねきこえたまへど、跡はかなくて…。〈源氏・若紫〉訳(紫の上の父の式部卿宮(しきぶきょうのみや)は)僧都の所にも(娘の行方を)お尋ね申し上げなさるけれど、**手がかりがなくて**…。
❷頼りない。心細い。
いと跡はかなき心地して、うつぶし臥(ふ)したまへり。〈源氏・玉鬘(たまかずら)〉訳(玉鬘は)たいへん**頼りない**気持ちがして、うつ伏せに横になっていらっしゃる。

あと-び【跡火・後火】 名詞 葬儀の際、出棺のあとに門前で焚(た)く火。送り火。

あども・ふ【率ふ】 動詞 他〔ハ四段〕〈は・ひ・ふ・ふ・へ・へ〉《上代語》掛け声をかける。引き連れる。統率する。
あどもひて漕(こ)ぎ去(い)にし舟は高島(たかしま)の阿渡(あど)の水門(みなと)に泊(は)てにけむかも 歌〈万葉集・9・1718〉訳**掛け声をかけて**こいでいってしまった舟は、高島(=今の滋賀県)の阿渡の港に停泊してしまったのだろうかなあ。
発展一説に、「あど」は掛け声のことで声をかけて隊列を整える意味ともいう。

あとら・ふ【誂ふ】 動詞 他〔ハ下二段〕〈へ・へ・ふ・ふる・ふれ・へよ〉《上代語》呼びかけて誘う。誘って思いどおりにさせようとする。頼む。↓誂(あつら)ふ
「**ここに、妾(あ)にあとらへていはく…。**」〈古事記・垂仁(すいにん)天皇〉訳「すると、(兄が)私に**呼びかけて誘って**言うこと

には…。」

発展 中古以降は「あつらふ」。

あと-を-かく・す【跡を隠す】 行方をくらます。俗世間を離れて隠遁する。

今、日野山の奥に**跡を隠して**後、東に三尺余りの庇をさして…。〈方丈記・境涯〉**訳** 今、日野山の奥に**俗世間を離れて隠遁して**から、(方丈の庵の)東側に三尺あまりのひさしを設けて…。

あと-を-た・る【跡を垂る】 仏・菩薩が衆生を救うために、仮に神の姿になってこの世に現れる。

「まことに**跡を垂れ**たまふ神ならば、助けたまへ。」〈源氏・明石〉**訳**「もし本当に**仏が衆生を救うために姿を現し示して**くださる神ならば、お助けください。」

発展 本地垂迹の「垂迹」を訓読したもの。

あな

強い感動の気持ちから出ることば ―(喜び・怒り・悲哀・驚きなどの気持ちを表し)ああ。あら。まあ。

感動詞 (喜び・怒り・悲哀・驚きなどの気持ちを表し)**ああ。あら。まあ。**

かぐや姫は「**あな**うれし。」と喜びてゐたり。〈竹取・火鼠の皮衣〉**訳** かぐや姫は「**ああ**うれしいことだ。」と喜んでいる。

人は、「**あな**めづらか。いかなる御心ならむ。」と泣くもあり。〈蜻蛉日記〉**訳** (私の家の前を、夫の兼家が立ち寄りもせずに通り過ぎるのを見て)侍女たちは、「**ああ**思いもよらないことだ。どういうお気持ちなのだろう。」と言って泣く者もある。

発展 ① **あな＋形容詞の語幹** 「あな憂」「あなかしこ」などのように、多く「あな＋形容詞の語幹」の形で、一語の感動詞のように用いられる。ただ、シク活用形容詞の場合は、用例の「あなうれし」に見るように、そこに終止形が来ているが、外見は終止形でも、語幹相当形と解していきたい。「あなめでたや」など、間投助詞「や」を伴う場合もある。また、まれに第二例の「あなめづらか」のように、形容動詞の語幹が続くこともある。

② 中世以降、しだいに「あら」に取って代わられる。

関連語 あな憂・あな畏・あな囂・あな囂給へ・あな憎・あら

あ-ない【案内】

一 **名詞** ❶**公文書の内容。草案。** ❷(物事の)**事情。内容。子細。**

二 **名詞** **動詞** **他** ❶**事情や実情を尋ねること。また、それを知らせること。通知。** ❷**取り次ぐこと。手引き。** ❸**客を招くこと。招待。**

文書の内容や物事の事情。また、それを尋ねたり、知らせたりすること

未然形	連用形	終止形	連体形	已然形	命令形
あない・せ	あない・し	あない・す	あない・する	あない・すれ	あない・せよ

一 **名詞** ❶**公文書の内容。草案。**

頭の弁して**案内**は奏せさせたまふめり。〈紫式部日記〉**訳** (右大臣は)頭の弁に命じて(役人の位階を上げる)**草案**を(天皇に)申し上げさせなさるようだ。

❷(物事の)**事情。内容。子細。**

いとよく**案内**見取りて申す。〈源氏・夕顔〉**訳** (惟光が)とても詳しく(夕顔の家の)**子細**を見て取って(源氏に)申し上げる。

二 **名詞** **動詞** **他** **サ変** ❶**事情や実情を尋ねること。また、それを知らせること。通知。**

宮の辺に**案内し**に参らまほしけれど…。〈枕草子・277・御前にて人々とも〉**訳** 中宮のもとへ**事情を尋ね**に参上したいけれど…。

❷**取り次ぐこと。手引き。**

おぼし出づる所ありて、**案内せ**させて入りたまひぬ。〈徒然草・32・九月二十日のころ〉**訳** (ある人が)お思い出しになる家があって、(その家に)**取り次ぎ**をさせてお入りになった。

❸**客を招くこと。招待。**

「ものせらるることもなきに、**案内する**も憚り多かれど…。」〈大鏡・師尹〉**訳**「(あなたはふだん、私の御所などに)おいでになることもないのに、(あなたを)**招待する**のもたいへん恐縮であるけれど…。」

発展 ①**「あんない」と読む** 「あんない」の撥音「ん」を表記しない形。中古では、「ん」を表す文字が定まっていなかったため「あない」と表記されたが「あんない」と読むのが普通である。

②「案」は文書の写しや下書き、「内」はその内容を表すのがもともとの意味。

あな-う【あな憂】 **連語** (不快なことや苦しいことを嘆いて)ああ、いやだ。ああ、つらい。 **発展** 感動詞「あな」＋形容詞「うし」の語幹。

あ-な-うら【趺・蹠】 **名詞** 足の裏。

発展 「あ」は足、「な」は上代の格助詞、「うら」は裏、という意味。

あな-かしこ【あな畏】 **連語** ❶ああ、恐れ多い。ああ、もったいない。ああ、慎むべきことだ。

「**あな、かしこ。**」とて、箱に入れたまひて…。〈竹取・火鼠の皮衣〉**訳** (阿倍の右大臣は、手に入れた火鼠の皮衣を)「**ああ、もったいない。**」と言って、箱にお入れになって…。

❷(人に呼びかけて)恐れ入りますが。失礼ですが。

「**あなかしこ**、このわたりに若紫やさぶらふ。」〈紫式部日記〉**訳**「**失礼ですが**、このあたりに若紫(という方)はお仕えしていますか。」

❸(下に禁止や依頼の表現を伴い、副詞的に用いて)決して(…するな)。絶対に(…するな)。必ず(…してくれ)。

「この箱を形見に見たまへ。**あなかしこ**、開けたまふな。」〈俊頼髄脳〉**訳**「この箱を(私の)思い出の品としてご覧ください。(ただし)**決して**、お開けにならないで。」

❹(手紙の末尾に添えて、敬意を表し)謹言。かしこ。

発展 感動詞「あな」＋形容詞「かしこし」の語幹。❹は、後には女性に限られるが、古くは男女共に用いた。

あながち【強ち】 **副詞** (下に打消・反語・禁止などの表現を伴って)必ずしも。決して。むやみに。一概に。

範頼、**義経が申し状、あながち御許容あるべから**ず。〈平家・10・首渡〉**訳** 範頼や、義経の申し出たことは、**決して**お許しになってはいけない。

発展 形容動詞「あながちなり」の語幹が副詞になったことば。自分の内的衝動を抑えきれない、やむにやまれぬようすや、自分勝手でひたすらなようすを表す。

あながち・なり【強ちなり】形容動詞 ↓**最重要語**（70ページ）

あな-かま【あな囂】連語 ↓**最重要語**（71ページ）

あな-かま-たま・へ【あな囂給へ】―（「あなかま」の尊敬表現で）お静かになさい。お黙りなさい。

あな-ぐ・る【探る】動詞 他（ラ四段）〈ら・り・る・る・れ・れ〉探し求める。あれこれたずね求める。詮索する。

寺を囲みて捕らへむとす。すなはち出でて畝傍山に入る。因りて山をあなぐる。〈日本書紀〉訳（境部臣の長子毛津を）寺を囲んで捕らえようとする。すると寺を出て畝傍山に逃げ込む。そこで山を**探し求める**。

❼**あなずらわし**（現）↓（歴）**あなづらはし**【侮らはし】**最重要語**（71ページ）

❼**あなずる**（現）↓（歴）**あなづる**【侮る】

あ-な-すゑ【足末】―名詞 ❶足の先。❷子孫。血縁。血統。発展「あ」は足、「な」は上代の格助詞、「すゑ」は末・末端、という意味。

あ-な-た【彼方・貴方】代名詞 ㊀（指示代名詞）❶（場所を指して）あちら。あちら側。向こうの方。

川の彼方には、按察使の大納言の領じたまふところありける。〈蜻蛉日記〉訳 川の**向こうの方**には、★按察使の大納言が領土となさっている所があった。

❷（時間を指して）以前。また、これから先。将来。

さあらむを、昨夜も、昨日の夜も、そが彼方の夜も…。〈枕草子・292・成信の中将は〉訳 そうではあるだろうが、昨晩も、一昨夜も、それ**以前**の夜も…。

㊁（人称代名詞）❶（第三者を尊敬して）あちらのお方。

「**さなむ。」と彼方にも語らひのたまひければ、いみじくうれしく**…。〈源氏・藤裏葉〉訳（源氏は）「そういう（=姫君入内の際の後見役とする）ことである。」と**あちらのお方**（=明石の君）にも話をなさったところ、とてもうれしくて…。

❷《近世語》（相手を尊敬して）あなた。あなたさま。

あなた-おもて【彼方面】名詞（何かの）向こう側。あちらの方面。裏側。

あなた-がた ㊀【彼方方】名詞 あちらの方。向こう側。相手方。

宮の辺には、ただ彼方方に言ひなして、空言なども出で来べし。〈枕草子・143・殿などの〉訳（中宮の兄が道長と対立して流罪となったとき）中宮の（おそば）近くでは、（たまたま実家に戻っていた私のことを）ひたすら**相手方**（=道長側）だともっともらしく言って、（最後には）うそ（のうわさ）なども出てくるに違いない。

㊁【彼方方・貴方方】代名詞 ❶（複数の第三者を尊敬して）あの方たち。❷（複数の相手を尊敬して）皆様がた。

あなた-こなた【彼方此方】代名詞 あちらこちら。

あなた-ざま【彼方ざま】名詞 あちらの方。向こうの方。

発展「ざま」は、方角・方向を表す接尾語。

あなづら-は・し【侮らはし】形容詞 ↓**最重要語**（71ページ）

あなづ・る【侮る】動詞 他（ラ四段）〈ら・り・る・る・れ・れ〉見下げて、ばかにする。軽蔑する。

「**あまりあなづる古言などは、さもありぬべし。**」〈枕草子・143・殿などの〉訳「あまりにも（分かっているつもりで）**ばかにしている**古い歌など（の場合）は、そんな（=上の句を度忘れする）こともきっとあるにちがいない。」

発展 中世以降、「あなどる」。

あなど・る【侮る】動詞 ↓あなづる

あななひ【麻柱】名詞 高い所に登るための足がかり。足場。

あな-に 感動詞（深い感動を表して）ああ。本当に。

あな-にく【あな憎】連語 ああ、いやだ。ああ、気に入らないことだ。

あながち・なり【強ちなり】

自分の意志・欲望を抑えることができず、やむにやまれないようす

- ❶**無理だ。強引だ。一方的だ。**
- ❷**いちずだ。ひたむきだ。**
- ❸**異常なまでに。強いて。**◉連用形「あながちに」の副詞的用法。
- ❹**必ずしも。一概に。**◉「あながちに〜打消」の形をとる。

形容動詞（ナリ）	未然形	連用形	終止形	連体形	已然形	命令形
	あながち・なら	あながち・なり あながち・に	あながち・なり	あながち・なる	あながち・なれ	（あながち・なれ）

❶**無理だ。強引だ。一方的だ。身勝手だ。**

あながちに御前去らずもてなさせたまひしほどに…。〈源氏・桐壺〉訳（帝が桐壺の更衣を寵愛して）**強引に**おそばから引き離さないようにお取り扱いになったそのうちに…。

あながちなる所に隠し伏せたる人の、いびきしたる。〈枕草子・28・憎きもの〉訳 **無理な**（=隠すのが難しい）所に隠しておいた人が、いびきをしたのは（しゃくに障る）。

❷**いちずだ。ひたむきだ。**

「**ただ、あながちなる心の内を、あはれと見たまひて、かかる形代を神の作り出でたまへるにや。**」〈狭衣〉訳「ひとえに、（源氏の宮を恋い慕う）**いちずな**（私の）心の中を、気の毒だとご覧になって、この（=あなたの）ような身代わり（=源氏の宮によく似た女性）を神がお作り出しになったのであろうか。」

❸（連用形「あながちに」を副詞的に用いて）**異常なまでに。強いて。むやみに。**

「**わが御心ながら、あながちに人目驚くばかりおぼされしも、長かるまじきなりけりと**…。」〈源氏・桐壺〉訳「（帝は）自分のお心だけれども、**むやみに**人が見て驚くほど（あなたを）お思いにならないではいられなかったのも、長く続くはずもなかった（二人の）仲であったのだったと…。」

立ちさまよふらむ下つ方思ひやるに、あながちに丈高き心地ぞする。〈源氏・夕顔〉訳 立ってあちこち歩いていたりする（女たちの、簾越しに見える）下の方（=下半身）を想像してみると、**むやみに**背丈が高い感じがする。

❹（「あながちに〜打消」の形で）**必ずしも。一概に。**

これぞ前の斎宮と聞こえさすれば、あながちに恐ろしかるべきことにもあらねど…。〈栄花〉訳 この方は前斎宮と申し上げるのだから、（密通の噂も）**必ずしも**（神に対して）恐ろしく思わなければならない事態でもないけれど…。

発展 ①**現代語とのつながり**　「あながちなり」は、中古から現代に至るまで生き続けていることば。❹のように打消の語と呼応する用法が多くなるにつれて、語尾を落とした「あながち」の形で副詞として使われることが多くなり、現代ではその用法だけとなった。

②❸の副詞的用法は、副詞「しひて」「せめて」などと似通った意味で用いられる。

関連語 強ひて・せめて

あな-かま【あな囂】

人の話を制止することば ── うるさい。しっ、静かに。

連語 **うるさい。やかましい。しっ、静かに。**
「さりとも、いたづらになり果てたまはじ。夜の声はおどろおどろし。**あなかま**。」〈源氏・夕顔〉訳「いくらなんでも、（夕顔はこのまま）むなしくお亡くなりになってしまうことはないだろう。（夕顔に仕える右近の）夜の（泣き）声は大げさだ。**やかましい**。」
人々、「いとかたはらいたし。」と思ひて、「**あなかま**。」と聞こゆ。〈源氏・若紫〉訳（源氏の来訪にはしゃぐ紫の上のようすを）人々（＝女房たち）は、「たいへんみっともないことだ。」と思って、「**しっ、静かに**。」と申し上げる。

発展 ①**語の成り立ち**　「あなかま」の「あな」は感動詞。「かま」は「かまびすし」の「かま」かともいわれるが、「あなかまや」のように「や」が付いた例もあることから、形容詞「かまし」の語幹かと思われる。

②**形容詞「かまし」**　「かまし」はシク活用であるが、「あな」の下に付く形容詞がシク活用の場合、その終止形が語幹に相当するため、「あなかまし」となるはずである。そのため、「かまし」にはク活用もあったとする説もある。

関連語 あな囂給へ

あなづら-は・し【侮らはし】

たいした価値もなく、軽蔑するのにふさわしいようす
❶ 見くびりたくなる感じだ。尊敬するに足りない。
❷ 遠慮しなくてもよい。気が置けない。

形容詞〔シク〕

未然形	連用形	終止形	連体形	已然形	命令形
あなづらはしく	あなづらはしく	あなづらはし	あなづらはしき	あなづらはしけれ	○
あなづらはしから	あなづらはしかり	○	あなづらはしかる	○	あなづらはしかれ

❶ **見くびりたくなる感じだ。尊敬するに足りない。**
「いとかくやつれたるに、**あなづらはしき**にや。」〈源氏・明石〉訳「（自分が）本当にこんなにも落ちぶれているせいで、（娘にとっては）**見くびりたくなる感じ**なのではないか。」

❷ **遠慮しなくてもよい。気が置けない。気軽に扱える。**
薄物の裳のはかなげなる引き掛けて、ことさら卑下したれど、けはひ、思ひなしも心憎く、**あなづらはしからず**。〈源氏・若菜下〉訳（明石の君は）薄い絹の裳でさりげなく見えるものを着けて、わざと卑下しているけれども、（その）物腰や、心構えも奥ゆかしく感じられ、**気軽に扱えない**（風情である）。

発展 ❶→❷へ
四段動詞「あなづる」が形容詞になったもので、❶の尊敬するに足りない、というのがもともとの意味。そこから、❷の気軽に扱えるという意味も生じた。

「**あな憎の男**や。など、かうまどふ。」〈枕草子・108・方弘は〉訳「**ああ、いやな**男だ。なぜ、そうあわてるのか。」

発展 感動詞「あな」＋形容詞「にくし」の語幹。

あなみにく… 歌
あな醜賢しらをすと酒飲まぬ人をよく見ば猿にかも似る〈万葉集・3・344・大伴旅人〉訳ああみっともない。利口ぶって酒を飲まない人をよく見ると、サルに似ているかなあ。〇「す」はサ変動詞の終止形。「かも」は詠嘆を込めた疑問を表す係助詞。

発展 酒を飲まない「賢しら」の人をサルにたとえて、ばかにしてからかっている歌。

あな-や 感動詞（ひどく驚いて）あれえっ。ああっ。
「**あなや**。」と言ひけれど、神鳴る騒ぎに、え聞かざりけり。〈伊勢・6〉訳（女は）「**あれえっ**。」と言ったが、雷の鳴るやかましさで、（男には）とても聞き取ることができなかった。

あ-なり

存在していることや断定の表現を聞いたり推定したりする
一（「あ（あり）」が独立動詞の場合）
　❶（「なり」が推定を表し）**あるように聞こえる**。**いるように聞こえる**。**あるようだ**。**いるようだ**。
　❷（「なり」が伝聞を表し）**あるそうだ**。
二（「あ（あり）」が補助動詞の場合）
　❶（「なり」が推定を表し）…（で）**あるようだ**。…（で）**あると思われる**。
　❷（「なり」が伝聞を表し）…（で）**あるそうだ**。…だということだ。

連語 一（「あ（あり）」が独立動詞の場合）❶（「なり」が推定を表し）**あるように聞こえる**。**いるように聞こえる**。**あるようだ**。**いるようだ**。
「そのこと怪し。火の事、制せよ。」など言ふも**あなり**。〈枕草子・120・正月に寺に〉訳「何々のことが気がかりだ。火事の、用心をしろ。」などと言う人も**いるように聞こえる**。

外に立て渡したる屏風の中を少し引き開けて、扇を鳴らしたまへば…ゐざり出づる人**あなり**。〈源氏・若紫〉訳外側に立て並べてある屏風の中程を少し引き開けて、(源氏が女房を呼ぶために)扇をお鳴らしになると…ひざで歩いて出てくる人が**いるように聞こえる**。○屏風で隔てられているので、衣擦れの音だけが源氏の耳に入る。そこで、「あなり」と推定している。

❷(「なり」が伝聞を表し)**あるそうだ。いるそうだ。あるとかいう。いるとかいう。**

頭の中将といひける人の…亡くなりて上の社の橋の下にあなるを聞けば…〈枕草子・142・なほめでたきこと〉訳頭の中将と世間でいっていた人が…亡くなって(賀茂神社の)上社の橋の下に(その霊が)**いるとかいう**ことを聞くと…。○下に「聞けば」とあるので、伝聞の表現だと分かる。

「髪、ひげを剃りたる法師だに、怪しき心は失せぬもあなり。まして女の御身はいかがあらむ。」〈源氏・夢浮橋〉訳「髪や、ひげを剃り落とした僧でさえ、よくない心(=情愛)はなくならない人も**いるそうだ**。まして(浮舟のように)女のお身の上では(薫に再会するとなれば)どうであろうか。」

㊁(「あ(あり)」が補助動詞の場合)❶(「なり」が推定を表し)**…(で)あるようだ。…(で)あると思われる。**

「中将の、例の、辺り離れぬどち、遊ぶにぞあなる。」〈源氏・篝火〉訳「中将(=夕霧)が、いつもの、そばを離れない仲間同士で、遊んでいるので**あるようだ**。」

❷(「なり」が伝聞を表し)**…(で)あるそうだ。…(で)あるとかいう。…だとかいう。**

「公の勘事なる人は、心に任せてこの世の味はひをだに知ること、難うこそあなれ。」〈源氏・須磨〉訳「朝廷からお咎めを受けている人は、自分の思うとおりにこの世の風情だけでも感じることが、難しいもので**あるそうだ**。」

発展 ①**語の成り立ち**　「あるなり」(ラ変動詞「あり」の連体形＋推定・伝聞の助動詞「なり」)の「る」が撥音便「ん」に変化して「あんなり」となったもの。
②**「あんなり」と読む**　中古では「ん」を表す文字が定まっていなかったため「あなり」と表記されたが、「あんなり」と読むのが普通。中世以降「あんなり」と表記された。なお、「なり」には断定の助動詞もあるが、「あなり」のように撥音便の形に付いた「なり」は推定・伝聞の「なり」である。

あに【豈】副詞 ❶(下に打消の語を伴って)**決して。**

夏虫の蚕の衣二重着て囲み宿りはあによくもあらず〈日本書紀〉訳カイコで作った衣、つまり絹の衣を二重に着るように、女を二人連れて、(周囲をとりかこんだ家に)こっそり宿るのは、**決して**いいことでもない。

❷(下に反語表現を伴って)**どうして。なんで。**

価なき宝といふとも一杯の濁れる酒にあにまさめやも 歌〈万葉集・3・345〉訳値が付けられないほどの高価な宝といっても、一杯の濁り酒に**どうして**勝っていようか、いや、勝ってなんかいないよ。

発展 中古以降は、漢文訓読文に、❷の意味で用いられた。

あ-の【彼の】(遠くにあるものをさして)**あの。その。**

「鎖し籠めて、守り戦ふべき下組みをしたりとも、あの国の人をえ戦はぬなり。」〈竹取・かぐや姫の昇天〉訳「(私を)閉じ込めて、守り戦うはずの準備をしていても、**あの**(月の)国の人とは戦うことはできないのだ。」

発展 代名詞「あ」＋格助詞「の」。

あのおとせず… 歌

足の音せず行かむ駒もが葛飾の真間の継ぎ橋やまず通はむ〈万葉集・14・3387・東歌〉訳足音を立てずに行くウマがいたらなあ。(そうしたらそのウマで)*葛飾の真間の継ぎ橋を絶えず(渡って)通おう。○二句切れ。「もが」は他への願望の意味を表す終助詞。「継ぎ橋」は、橋板を継いで川に渡した橋で、「続いて通う」という意味を含む。

発展 東歌は、上代東国地方の和歌。恋人のもとへ、ひそかに通って行きたいと願う歌。

あのくたら-さんみゃく-さんぼだい【阿耨多羅三藐三菩提】名詞《仏教語》最高の真理を悟った仏の知恵。仏の知徳をたたえていうことば。

あは【安房】旧国名 ↓安房(あわ)

あは【阿波】旧国名 ↓阿波(あわ)

あは-あは・し【淡淡し】形容詞[シク]〈しく・しく・し・しき・しけれ・○／しから・しかり・○・しかる・○・しかれ〉**軽々しい。軽薄だ。思慮が浅い。不安定だ。**

宮仕へする人を淡々しう悪きことに言ひ思ひたる男などこそ、いと憎けれ。〈枕草子・24・生ひ先なく〉訳宮仕えをする(=女房となる)女性を**軽薄で**よくないことだと言ったり思ったりする男性などは、とても憎らしい。○「淡々しう」は連用形「淡々しく」のウ音便。

あは-うみ【淡海】名詞 淡水の海。湖。対潮海

発展「あふみ」とも。上代では、一面にひろびろと水のある所を「うみ」といい、湖と海とを区別するときは、「あはうみ」と「しほうみ」といった。旧国名の「近江」は「淡海」が変化したもの。

あば・く【発く】動詞 他[カ四段]〈か・き・く・く・け・け〉❶(埋まっているものを)**掘り出す。**(しまってあるものを)**引っぱり出す。**

一朝に、盗人、墳陵をあばいて破りつ。〈白氏文集〉訳ある時、盗人が、陵墓を**掘り出して**こわした。○「あばい」は連用形「あばき」のイ音便。

❷**切り払う。**

剣を抜きてこれをあばくに…。〈古今著聞集〉訳剣を抜いてこれ(=葛)を**切り払う**と…。

あは-ざら-め-やも【会はざらめやも】

会わないことがあろうか、いや、きっと会うだろう。

命をし全くしあらばあり衣のありて後にも会はざらめやも 歌〈万葉集・15・3741〉訳命さえ無事であったならば、このまま過ごした後にも**会わないことがあろうか、いや、きっと会うだろう。**○「あり衣の」は「あり」に係る枕詞。

発展 四段動詞「あふ」の未然形＋打消の助動詞「ず」の未然形＋推量の助動詞「む」の已然形＋終助詞「やも」。

あは・し【淡し】形容詞[ク]〈く・く・し・き・けれ・○／から・かり・○・かる・○・かれ〉❶(色や味が)**薄い。**対濃し
❷(情が)**薄い。あっさりしている。**

老いぬる人は精神衰へ、淡くおろそかにして、感じ動く所なし。〈徒然草・172・若き時は〉訳年老いた人は気力が衰え、(物事に対しても)**あっさりしていて**大ざっぱで、感情が動くことがない。

❸**軽薄だ。落ち着いていない。**

「なのめなることをだに、少し淡き方に寄りぬるは、心留むる便りもなきものを。」と思すに…。〈源氏・澪標〉訳「平凡なかりそめごと(=ふつうの恋愛)にだって、いささか**軽薄な**ところがあった場合には、心を留める機会もないものなのに。」と(源氏が)お思いになると…。

あは・す【合はす】あわす

別々のものや人を、一つにする

一 動詞 他
❶(いくつかのものをまとめて)一つにする。合わせる。
❷結婚させる。
❸釣り合うようにする。
❹(音楽で)調子を合わせる。合奏する。
❺比べる。比べて勝ち負けを争わせる。
❻(夢で)吉凶を判断する。
❼(タカを)放って向かわせる。襲わせる。

二 補助動詞
互いに…(する)。

接続 二は動詞の連用形に付く。

未然形	連用形	終止形	連体形	已然形	命令形
あは・せ	あは・せ	あは・す	あは・する	あは・すれ	あは・せよ

一 動詞 他(サ下二段) ❶(いくつかのものをまとめて)**一つにする**。**合わせる**。(別々のものを)**しっかり付ける**。純友は、「関白にならむ。」と、同じく**心を合はせて**…。〈大鏡・道隆〉訳 純友は、「関白になろう。」と、(将門と)同じように(謀反の)心を**一つにして**…。

❷**結婚させる**。**夫婦にする**。女は、「この男を。」と思ひつつ、親の**合はすれ**ども、聞かでなむありける。〈伊勢・23〉訳 女は、「この男を(夫にしたい)。」と思い続け、親が(他の男と)**結婚させ**(ようとす)**る**けれども、聞き入れないでいたのだった。

❸**釣り合うようにする**。「家の程、身の程に**合はせて**はべるなり。」〈枕草子・8・大進生昌が家に〉訳「(私の家の門が小さいのは)家の大きさや、自分の身分に**釣り合うようにして**(作って)あるのでございます。」

❹(音楽で)**調子を合わせる**。**合奏する**。爪弾きにいとよく**合はせて**、ただ少しかき鳴らいたまふ。〈源氏・紅梅〉訳(宮の御方は、ばちを用いずに琵琶を)爪弾き(=指先で弾くこと)でたいへん上手に(笛に)**調子を合わせて**、ほんの少しかき鳴らしなさる。

❺(二つの物事を)**比べる**。**比べて勝ち負けを争わせる**。伊勢物語に、正三位を**合はせて**、また定めやらず。〈源氏・絵合〉訳(絵合わせで、物語絵の)『伊勢物語』に、『正三位』(=今は残っていない物語の題名)を**比べて勝ち負けを争わせて**、(前と)同様に判定がつかない。

❻(見た夢によって)**吉凶を判断する**。**夢合わせをする**。夢見たまひて…**合はせ**たまひけるに…。〈源氏・蛍〉訳(内大臣は)夢をご覧になって…**吉凶を判断**なさったところ…。

❼(鷹狩りで、獲物にタカを)**放って向かわせる**。**襲わせる**。

二 補助動詞(サ下二段) **互いに…**(する)。**一緒に…**(する)。語らふ人どち、局の隔てなる遣り戸を開け**合はせて**、物語などし暮らす日…。〈更級日記・宮仕え〉訳 親しく付き合う人同士が、部屋の仕切りである引き戸を**互いに**開けて、世間話などをして過ごす日に…。

発展 自動詞の「合ふ」に対応する他動詞の形。

あはせ【合はせ】あわせ 名詞 ❶飯に取り合わせて食べる食べ物。副食物。おかず。❷→ものあはせ

あはせ【袷】あわせ 名詞 ❶裏地の付いた衣服。対 単 ❷江戸時代、綿入れを脱いだ後、初夏に着る裏付きの着物。季語 夏

あはせ-て【合はせて・併せて】あわせ 連語 ❶…(と)**同時に**。…(と)**ともに**。「ありつる文なれば、返してけるかとて、うち見たるに**併せて**をめけば…。」〈枕草子・82・頭の中将の〉訳「先程の手紙なので、(清少納言が)返し(てよこし)たのだったかと、ちょっと見ると**同時に**(頭の中将が)叫ぶので…。」

❷…(に)**加えて**。…(が)**その上**。父子ともに、過分の振る舞ひすると見しに**併せて**あやまたぬ天台の座主、流罪に申しおこなひ…。〈平家・2・西光被斬〉訳(西光)父子ともに身分不相応な振る舞いをすると思っていたのが(それに)**加えて**あやまちのない天台の座主を、流罪に処し…。

発展 下二段動詞「あはす」の連用形＋接続助詞「て」。多く「〜にあはせて」の形で用いられる。

あは-そか・なり あわ 形容動詞(ナリ)〈なら・なり(に)・なり・なる・なれ・なれ〉軽々しい。軽率だ。知ろし召したらむ、**あはそかに**申すべきにはべらず。〈大鏡・道長下〉訳(皆様が)よくご存じでいらっしゃろうし、(明神についてのことなので)**軽々しく**申し上げてよいことではございません。

あはたぐち【粟田口】 地名 →粟田口(あわたぐち)

あはぢ【淡路】 旧国名 →淡路(あわじ)

あはぢしま【淡路島】 歌枕 →淡路島(あわじしま)

あはぢしま…【百人一首】
淡路島通ふ千鳥の鳴く声にいく夜寝覚めぬ須磨の関守〈金葉集・270・源兼昌〉訳 淡路島から通ってくるチドリの鳴く(悲しげな)声(のため)に、(いったい)幾夜眠りを覚ましたことか。須磨の関守は。○チドリは恋人や友人を慕って鳴く鳥として和歌に詠まれた。主語は歌末に倒置されている。

発展『源氏物語』須磨の巻の源氏の歌「友千鳥もろ声に鳴く暁はひとり寝覚めの床もたのもし(=チドリが声を合わせて鳴いている声を聞く夜明け方は、ひとりで目を覚まして寝床にいるのも頼もしく感じられる)」を踏まえた歌。

品詞分解・修辞
淡路島 通ふ(八四・体) 千鳥 の(格助) 鳴く(力四・体) 声 に(格助) 〈四句切れ〉
いく夜 寝覚め(マ下二・用) ぬ(完了・終)。須磨 の(格助) 関守 〈体言止め〉

あはづ【粟津】 歌枕 →粟津(あわづ)

あは-つか・なり あわ 形容動詞(ナリ)〈なら・なり(に)・なり・なる・なれ・なれ〉軽率だ。ぼんやりしている。まぬけだ。『何事ぞ。』など、**あはつかに**差し仰ぎゐたらむは、いかがは口惜しからぬ。〈源氏・帚木〉訳「(妻が)『何事か。』などと、**ぼんやりと**(夫を)仰ぎ見ながら座っていたりする姿は、(なんと物わかりの悪い女性かと)どうしてがっかりしないことがあろうか、いや、がっかりするだろう。」

あは-つけ・し あわ 形容詞(ク)〈く・しき・けれ・○/から・かり・○・か

る・○・かれ〉❶軽々しい。浮ついている。「若き人々の言種には、な笑はせさせたまひそ。うたてあはつけきやうなり。」〈源氏・常夏〉訳「若い女房たちの話の種にして、決して笑わせないようにしてください。(娘である近江の君は)ひどく浮ついているようだ(から)。」❷冷淡だ。思いやりがない。関心が薄い。

あは-に【淡に】 副詞 もろく。はかなく。たよりなく。「**流れての世をも頼まず水の上のあはに消えぬるうき身と思へば**」歌〈後撰集・1115〉訳将来生き長らえての運をもあてにはしていない。流れる水の上の泡のように、**はかなく**消えてしまう、何のあてもなく、やりきれない我が身だと思っているので。〇「流れての世」は「永らへての世」の意味を掛ける。「あは」は「泡」と「淡に」との、「うき」は「憂き」と「浮き」との掛詞。「水」「あは(泡)」「消ゆ」は「流れ」の縁語。

発展 和歌では「泡」と掛詞となることが多い。

あは-に 副詞 多く。たくさん。深く。

あはのなると【阿波の鳴門】 地名 ↓阿波の鳴門(あわのなると)

あはひ【間】 名詞 ❶物と物とのあいだ。透き間。❷人と人との間柄。仲。人間関係。❸事物・人・色などの、取り合わせ。配合。調和。❹形勢。情勢。都合。折り。機会。

あはび【鮑・鰒】 名詞《動物》ミミガイ科の巻き貝のひとつ。貝殻は一枚だが二枚貝の片方に見えるので、歌で「片思ひ」のたとえに使う。

あは・む【淡む】 動詞 他 〔マ下二段〕〈め・め・む・むる・むれ・めよ〉軽蔑する。疎んじ憎む。けなす。「げに、かく**あはめられたてまつるもことわりなる心惑ひを**…。」〈源氏・帚木〉訳「本当に、このように**軽蔑され**申し上げるのももっともな私の取り乱しようを…。」

あは-め-やも【会はめやも】 — 会うことができるだろうか、いや、できない。楽浪の志賀の大わだ淀むとも昔の人にまたも逢はめやも 歌〈万葉集・1・31〉訳↓さざなみの…

発展 四段動詞「あふ」の未然形＋推量の助動詞「む」の已然形＋終助詞「やも」。

あは-や — 感動詞 (大変なことが起こって驚いて)あっ。大変だ。それっ。判官の舟に乗りあたって、「**あはや**。」と目をかけて飛んでかかるに…。〈平家・11・能登殿最期〉訳(能登殿が)判官(＝源義経)の舟に運よく乗りあたって、「**それっ。**」と(判官を)目がけて飛びかかったところ…。

あは-ゆき【淡雪】 名詞 うっすらと積もり、解けやすい雪。春の雪。季語 春 類 沫雪 発展 上代の「沫雪・泡雪」と同じ意味に使われるが、中古では「淡し」の意味を含んで使われた。

あばら・なり【荒らなり・疎らなり】 形容動詞 〔ナリ〕〈なら・なり(に)・なり・なる・なれ・なれ〉❶荒れ果てている。がらんとしている。「うち泣きて、**あばらなる板敷きに、月のかたぶくまでふせりて**…。」〈伊勢・4〉訳(男は)さめざめと泣いて、(戸や家具などがなく)**がらんとした**板の間に、月が西に沈みかけるまで横になっていて…。❷(人などが)まばらだ。手薄である。「高橋心はたけく思へども、後ろ**あばらになりければ**、力及ばで引き退く。」〈平家・7・篠原合戦〉訳高橋長綱は気を強く持っているが、背後(の味方の兵)が**まばらに**なったので、戦力が足りず退却する。❸(門や戸を)開け放してある。

あば・る【荒る】 動詞 自 〔ラ下二段〕〈れ・れ・る・るる・るれ・れよ〉(家などが)荒れ果てる。荒廃する。「女のひとり住む所は、いたく**あばれて**、築土なども全からず…。」〈枕草子・178・女のひとり住む所は〉訳女が一人で住んでいる所は、ひどく**荒れ果てて**、土塀なども完全でなく…。

あはれ

物事に深く感動したときに自然に出ることば。また、感動を引き起こすしみじみとした趣

- 一 感動詞 (喜び・悲哀・驚嘆などの気持ちを表し)ああ。
- 二 名詞
  - ❶しみじみとした趣。深い感慨。
  - ❷悲しさ。寂しさ。
  - ❸情け。人情。また、男女の愛情。

一 感動詞 (喜び・悲哀・驚嘆などの気持ちを表し)**ああ**。「**あはれ**、わが道ならましかば、かく余所に見はべらじものを。」〈徒然草・167・一道に携はる人〉訳「**ああ**、(自分が今出席している芸道が)自分の専門の方面だったなら、このようにわきで(黙って)見てはいないでしょうに。」

二 名詞 ❶**しみじみとした趣。深い感慨。**「不断の御読経の声々、**あはれ増さりけり**。」〈紫式部日記〉訳(中宮の安産を祈るための)絶え間がない読経の(僧たちの)声も、(いっそう)**しみじみとした趣**が増す(ように感じられる)ことだった。「**心なき身にもあはれは知られけり鴫立つ沢の秋の夕暮れ**」歌〈新古今集・秋上・362〉訳↓こころなき…

❷**悲しさ。寂しさ。**「さやの中山にかかりたまふにも、また越ゆべしとも覚えねば、いと**どあはれの数添ひて、袂ぞいたくぬれまさる**。」〈平家・10・海道下〉訳(西行が年老いてから再び通り過ぎたという)さやの中山(＝今の静岡県掛川市にある坂道)に(平重衡の一行が)さしかかりなさるにつけても、(捕虜となって鎌倉へ行く身の上だから)再び通り過ぎることができるとも思われないので、ますます**寂しさ**が増して、袂はひどくびしょぬれになる。〇「年たけてまた越ゆべしと思ひきや命なりけり小夜の中山」という西行の歌を踏まえた感慨を述べている。↓としたけて…

❸**情け。人情。また、男女の愛情。**「さては、もの**のあはれ**は知りたまはじ。」〈徒然草・142・心なしと見ゆる者も〉訳「それでは、人の**情け**というものはお分かりにならないだろう。」

あはれ 文芸用語 ↓あはれ(文芸用語)

あはれ-が・る【憐れがる】 動詞 他 〔ラ四段〕〈ら・り・る・る・れ・れ〉❶しみじみと感動する。感心する。ほめる。「**この歌を、これかれあはれがれども、一人も返しせず**。」〈土佐日記・一月七日〉訳この歌を、この人あの人(みな)が**しみじみと感動する**けれども、一人も返歌をしない。❷気の毒に思う。同情する。いたましく思う。「かかる目見むとは思はざりけむ。」など**あはれがる**。〈枕草子・9・上にさぶらふ御猫は〉訳「このような目に会おうとは思わなかっただろう。」などと**同情する**。❸悲しく感じる。ひどく悲しむ。「**広げて御覧じて、いとあはれがらせたまひて、物も聞こし召さず**。」〈竹取・かぐや姫の昇天〉訳(帝は、かぐや姫からの手紙を)広げてご覧になって、とても**ひどく悲しみ**なさって、食べ物も召し上がらない。

発展「がる」は接尾語。

あはれ-げ・なり【憐れげなり】 形容動詞〔ナリ〕〈なら・なり(に)・なり・なる・なれ・なれ〉見るからにしみじみしている。いじらしい。↓古語チャート⑪(427ページ)

ひたぶるに従ふ心は、いと**あはれげなる**人と見たまふに…。〈源氏・夕顔〉訳(夕顔の)いちずに従順な性格は、実に**いじらしい**人であると(源氏は)ご覧になるにつけて…。

あはれとも…百人一首

あはれとも言ふべき人は思ほえで身のいたづらになりぬべきかな〈拾遺集・950・藤原伊尹〉訳ああ気の毒だと言ってくれるはずの人は思い浮かばないで、(あの人に思い焦がれたまま、きっと)我が身はむなしく死んでしまうにちがいないことだなあ。

発展 親しかった女性が冷たくなり、逢ってくれなくなったときの歌。

品詞分解・修辞

あはれ	と	も	言ふ	べき	人	は	思ほえ	で
形動・語幹	格助	係助	ハ四・終	当然・体		係助	ヤ下二・未	接助

身	の	いたづらに	なり	ぬ	べき	かな
	格助	形動・用	ラ四・用	確述・終	推量・体	終助

あはれ・なり 形容動詞 ↓最重要語(75ページ)

あはれ-ぶ【憐れぶ】 動詞 他〔バ四段〕↓あはれむ

あはれ-む【憐れむ】 動詞 他〔マ四段〕〈ま・み・む・む・め・め〉

❶しみじみと情緒を感じる。しみじみとした気持ちになる。

梟の声を**あはれむ**につけても、山中の景気、折につけて尽くることなし。〈方丈記・勝地は主なければ〉訳フクロウの声を**しみじみと情緒を感じる**につけても、山の中の風景は、季節に応じて(趣が)尽きることがない。

❷ふびんに思う。同情する。情けをかける。

「この心を**あはれみたまへ**。」〈雨月・菊花の約〉訳「(せめて)この気持ちだけは**ふびんにお思いください**。」

あはれ・なり

あわれなり

形容動詞〔ナリ〕

もののあ情緒や美しさに感動を覚え、しみじみと心に深く染み入るようす

- ❶しみじみと心打たれる。感慨深く感じられる。
- ❷趣深いように感じる。
- ❸いとしい。かわいい。愛着を感じる。
- ❹すてきだ。美しい。
- ❺気の毒だ。ふびんだ。
- ❻優しい。情がこまやかだ。感心だ。立派だ。
- ❼悲しい。寂しい。

未然形	連用形	終止形	連体形	已然形	命令形
あはれ・なら	あはれ・なり あはれ・に	あはれ・なり	あはれ・なる	あはれ・なれ	(あはれ・なれ)

❶**しみじみと心打たれる。感慨深く感じられる。**

烏の寝所へ行くとて、三つ四つ、二つ三つなど飛び急ぐさへ**あはれなり**。〈枕草子・1・春は曙〉訳カラスが(山の)ねぐらへ行くというので、三羽四羽、二羽三羽など急いで飛んで行くのまで**しみじみと心打たれる**。○この段の中で、他のものはすべて「をかし」と評価されているのに、カラスだけが「あはれなり」と評価されている。↓類語比較

❷**趣深いように感じる。情緒がある。**

折節の移り変はるこそ、ものごとに**あはれなれ**。〈徒然草・19・折節の〉訳季節がしだいに変化するようすは、何事につけても**趣深いように感じる**。

❸**いとしい。かわいい。愛着を感じる。**

とどめおきて誰を**あはれ**と思ふらむ子は勝るらむ子は勝りけり 歌〈後拾遺集・568〉訳(死んだ私の娘は、親の私と自分の二人の子をこの世に)残しておいて、(その中の)だれを**いとしい**と思うだろう。(やはり)子(を思う心)が勝るだろう。(私自身も自分の親より自分の)子(を思う心)が勝っていたのだ。○形容動詞の語幹用法。「あはれと」で「あはれなりと」の意味を表している。

❹**すてきだ。美しい。**

「**あはれなる**人を見つるかな。」〈源氏・若紫〉訳「**すてきな**人を見たことだなあ。」

❺**気の毒だ。ふびんだ。**

「我を尋ねむためにかく行ふなりけり。」と思ひ、**あはれに**悲しきこと限りなし。〈今昔〉訳「(僧になった)私を捜そうというために(妻であった女は)このように勤行するのだったのだな。」と思い、**ふびんで**悲しいことはこの上もない。

いと**あはれなる**こともはべりき。〈方丈記・飢渇〉訳(大飢饉では)ひどく**気の毒な**こともございました。

❻**優しい。情がこまやかだ。感心だ。立派だ。**

あはれなるやうにて、強からず。〈古今集・仮名序〉訳(小野小町の歌は)**情がこまやかな**感じで、(調子が)強くはない。

あはれなるもの。孝ある人の子。〈枕草子・119・あはれなるもの〉訳**感心な**もの。親孝行の心がある子供。

❼**悲しい。寂しい。**

いつしか虫の声々恨むるも**あはれなり**。〈平家・灌頂・女院出家〉訳(今はまだ夏であるのに)早くも(秋の)虫が悲しい声で鳴くのも**寂しい**。

発展 **語の歴史** 中古に、感動詞「あはれ」から派生したことば。中世以降頻繁に用いられる「あっぱれ」ということばは、❻の「立派だ」という意味を強調してできたものである。

類語比較 **「あはれなり」と「をかし」**

共通点＝情愛や趣の深いことを表す、平安時代の美意識を代表することば。

あはれなり＝①対象への感情移入による主観的な感動や情緒を表す。②わき上がる感情をいったん自分の心の中に押しとどめ、自分の感情を確かめながらことばにするものなので、しんみりとした気持ちが含まれる。③本居宣長は『源氏物語』を「もののあはれ」の文学とした。

をかし＝①対象を客観的・知的にとらえたときの感動や情緒を表す。②自分の持っている価値観や感覚と、ある対象とがぴったり一致したときなどの、知的・美的価値に対する評価の気持ちが含まれる。「あはれなり」に比べて、明るくさっぱりした感情といえる。③『枕草子』は一般に「をかし」の文学と特徴づけられている。

類語比較 「おもしろし」「あはれなり」「をかし」↓面白し

↓古語チャート⑪(427ページ)

❸慈悲の心をかける。慈しむ。「そもそもいかなる人にてましませば、かうは**あはれみたまふ**らん。」〈平家・5・文覚荒行〉訳「いったいどういう人でいらっしゃるので、これほど(私に)**慈悲をおかけく**ださっているのだろう。」

あひ-【相】 接頭語 ❶共に…する、という意味を表す。語例 **相争ふ・相見る・相住む・相乗る**
❷語調を整えたり、改まった気持ちを加えたりする。語例 **相すます・相整ふ**

あひ【会ひ・合ひ・遇ひ・逢ひ】 名詞 (多く男女二人が)会うこと。出会い。対面。

あひ【間】 名詞 ❶(物と物との)あいだ。間隔。中間。合間。❷仲。❸《能楽用語》「*間狂言」の略。アイ。

あび【阿鼻】 名詞《仏教語》(「阿鼻地獄」の略で)八大地獄の一つの、最も恐ろしい地獄。極悪人が死後落ち、絶え間なく苦しみを受ける。類 無間地獄

あひ-あ・ふ【相会ふ・相逢ふ】 動詞 自 四段 (は・ひ・ふ・ふ・へ・へ) 対面する。出会う。
世の人あひ**会ふ**とき、暫くも黙することなし。〈徒然草・164・世の人あひ会ふとき〉訳世間の人が(互いに)**出会う**とき、少しの間も黙っていることはない。

あひ-おひ【相生ひ】 名詞 一緒に生まれ、共に成長すること。また、同じ根から二つの幹が生え育つこと。発展 多く、堅く結ばれ一緒に育つことのたとえにいう。後に、「生ひ」に「老い」を掛けて、夫婦が共に長生きすることを表した。

あひおもはで… 歌
あひ思はで離れぬる人をとどめかねわが身は今ぞ消えはてぬめる〈伊勢・24〉訳(私はあなたを思っているのに)互いに思いが通わないで離れてしまった人を引き止めることもできなくて、私の身はいま、死んでしまうように思われる。○「で」は打消の接続助詞で「…ないで」という意味。「離れぬる」は、下二段動詞「離る」の連用形＋完了の助動詞「ぬ」の連体形。「消えはてぬめる」は、下二段動詞「消えはつ」の連用形＋完了の助動詞「ぬ」の終止形＋推定の助動詞「めり」の連体形で、係助詞「ぞ」の結びとなっている。
発展 夫が三年間帰ってこないので、女は新しい男を迎えようとしたところ夫が帰ってきた。再び出ていった夫を追いかけて、途中の泉で息絶えた女の歌。↓あらたまの…・あづさゆみ…

あひおもはぬ… 歌
相思はぬ人を思ふは大寺の餓鬼のしりへに額つくごとし〈万葉集・4・608・笠女郎〉訳互いに思い合ってはいない人を(一方的に恋しく)思うのは、大寺の餓鬼像を背後から額をこすりつけて(拝んで)いるようなものだ。(本当にかいのないことよ。)○大寺は、今の奈良近辺の規模の大きな寺。「餓鬼」は、当時の寺に置かれた、餓鬼道に落ちた亡者の像のこと。
発展 作者は、伝未詳で、宮廷歌人笠金村の縁者ともいわれる。相手が思ってもくれないのに自分ばかりが恋をするのはむなしいと、わが身とわが恋心を、嘲笑する気持ちが詠まれている。

あひ-おも・ふ【相思ふ】 動詞 他 四段 (は・ひ・ふ・ふ・へ・へ) 互いに思い合う。愛し合う。特別に目をかける。
あひ思はで離れぬる人をとどめかねわが身は今ぞ消えはてぬめる 歌〈伊勢・24〉訳↓あひおもはで…

あひ-がた・し【逢ひ難し】 形容詞 ク (く・く・し・き・けれ・○／から・かり・○・かる・○・かれ) 会うことが難しい。会いにくい。また、結婚するのが難しい。結婚しにくい。
昔、男、**あひがたき**女に会ひて…。〈伊勢・53〉訳昔、ある男が、**会うことが難しい**女に会って…。
「深き志を知らでは**あひがたし**となむ思ふ。」〈竹取・五人の貴公子〉訳「(私への)深い愛情を感じないでは**結婚しにくい**と思う。」
発展 「がたし」は、補助形容詞。

あひ-かたら・ふ【相語らふ】 動詞 他 四段 (は・ひ・ふ・ふ・へ・へ) ❶語り合う。
激つ心を誰にかも**相語らはむ**… 歌〈古今集・雑体・1001〉訳激しく沸きたつ(というが、そんな私の)心をだれと**語り合っ**(て慰め)たらよいのだろうか…。
❷交際する。
懇ろに**相語らひける**友だちのもとに…。〈伊勢・16〉訳互いに懇意に**交際して**いた友人の所に…。
❸(男女が)関係を結ぶ。
女、いかが思ひけむ、**相語らひ**にけり。〈平中〉訳女は、どう思ったのだろうか、(男と)**関係を結ん**でしまったのだった。

あひかま-へ-て【相構へて】

- 十分に気配りをしたり工夫したりするようす
  - 一 連語 十分に気を配って。あれこれ工夫して。
  - 二 副詞
    - ❶なんとしても。ぜひとも。◉命令表現を伴う。
    - ❷決して。きっと。◉禁止表現を伴う。

一 連語 **十分に気を配って。あれこれ工夫して。**十分に考えて。
香花ならびに油を、**相構へて**買ひ求めて、これを持ってかの釈迦の御前にまうでて…。〈今昔〉訳(人々の願い求めるものを与えてくれると聞いた貧乏な女は)仏前に供える香と花および油を、**あれこれ工夫して**買い求めて、これを持って例の釈迦像の前に参上して…。
「**相構へて**思し召したつならば、千尋の底までもひきこそ具せさせたまはめ。」〈平家・9・小宰相身投〉訳「**十分に考えて**(死を)決心なさるならば、果てしなく深い(海の)底までも(私を)引き連れていってくださるのがよかろう。」

二 副詞 ❶(「あひかまへて〜命令表現」の形で)**なんとしても。ぜひとも。**
「我は近う失はれんずらん。この世になき者と聞かば、**相構へて**我が後世弔らへ。」〈平家・2・大納言死去〉訳「私は近々殺されるだろう。この世に生きていない者(=もう処刑された)と聞いたならば、**ぜひとも**私の後生の冥福を祈ってくれ。」
❷(「あひかまへて〜禁止表現」の形で)**決して。きっと。**
「**相構へて**、念仏怠りたまふな。」〈平家・1・祇王〉訳「**決して**、念仏を怠けなさるな。」○「たまふな」の「な」が終助詞で、禁止を表している。
太郎思ふやう、亀が与へし形見の箱、「**あひかまへて**開けさせたまふな。」と言ひけれども…。〈御伽草子・浦島太郎〉訳浦島太郎が考えるには、カメがくれた形見の箱を、「**決して**お開けなさいますな。」と(カメは)言ったけれども…。
発展 ①**語の成り立ち** 下二段動詞「あひかまふ」の連用

形＋接続助詞「て」。「相構ふ」という動詞自体が、ほとんど連用形「相構へ(て)」の形に限られる。

②**連語から副詞へ** 一の連語では、「相構ふ」の、前もって用意するという意味が具体的に残っている。そこから「しっかり心積もりをして、どんな工夫をしてでも」という、より抽象化した意味になったのが二の副詞である。

あ‐びき【網引き】 名詞 魚を捕るために網を引くこと。

あひ‐きゃうげん【間狂言】 名詞 能の中で、狂言方が演じる部分。前後二段に分かれる能で、シテの中入りの間に、多く、その曲の主題を説明する。

あひ‐ぐ・す【相具す】 一 動詞 自 〔サ変〕〈せ・し・す・する・すれ・せよ〉 夫婦になる。連れ添う。「**重盛かの大納言が妹に相具してさうらふ。**」〈平家・2・小教訓〉訳「平重盛はあの大納言の妹と**夫婦になって**います。」
二 動詞 他 〔サ変〕〈せ・し・す・する・すれ・せよ〉 一緒に連れて行く。伴う。**ひとり参らんはあまりにもの憂しとて、妹の祇女をも相具しけり。**〈平家・1・祇王〉訳（祇王は）ひとりで参上するとしたら、それはあまりにつらいと思って、妹の祇女も**一緒に連れて行った**。

あひ‐くち【合ひ口】 名詞 ❶互いに話がよく合うこと。気の合った仲間。❷鍔がなく、鯉口と柄口が直接合う作りの短刀。匕首。

あひ‐ごと【会ひ事・逢ひ事】 名詞 男女が、こっそりと会うこと。会って語り合うこと。

あひ‐しらひ 名詞 ❶調子を合わせて応対すること。もてなし。接待。❷能で、シテに応対する役。ワキ・ツレなど。❸連歌・俳諧で、前句と付け句の取り合わせ。発展「あへしらひ」とも。

あひ‐しら・ふ 動詞 ↓あへしらふ

あひ‐し・る【相知る】 動詞 自 〔ラ四段〕〈ら・り・る・る・れ・れ〉 ❶知り合う。慣れ親しむ。互いに親しく交際する。**相知りてはべりける人の、東の方へまかりけるを送るとてよめる。**〈古今集・離別・378・詞書〉訳**親しく交際して**おりました人が、東国の方へ下るのを送るというので詠んだ歌。❷(男女が)情を通じる。言いかわす。**昔、男、宮仕へしける女の方に、御達なりける人を相知りたりける、程もなく離れにけり。**〈伊勢・19〉訳昔、男が、宮仕えをしていた女の所で、上級の女官だった人と**情を通じて**いたが、間もなく疎遠になってしまった。

あひ‐す・む【相住む】 動詞 自 〔マ四段〕〈ま・み・む・む・め・め〉 一緒に住む。同じ所でともに生活する。

あびせる（現）↓（古）**あぶす【浴ぶす】**

あひ‐せん【間銭】 名詞《近世語》手数料。手間賃。

あひ‐そ・ふ【相添ふ】 動詞 自 〔ハ四段〕〈は・ひ・ふ・ふ・へ・へ〉 そばにいて世話をする。一緒に暮らす。連れ添う。**年ごろ親のごと養ひつつ、相添ひにければ、いと悲しくおぼえにけり。**〈大和・156〉訳長い間親のように養い養いして、**一緒に暮らして**いてくれたので、とても悲しく思われたのだった。

あひだ【間】 一 名詞 ❶二つ以上の物から物、時から時への隔たり。空間。時間。❷人と人との関係。仲。間柄。
二 形式名詞（接続助詞的に用いて原因・理由を表し）…ので。…から。「**行綱こそ申すべきことさうらふ間、参ってさうらへ。**」〈平家・2・西光被斬〉訳「行綱が申し上げなければならないことがございます**ので**、参上しました。」

あひだち‐な・し 形容詞 ↓あいだちなし

あひ‐だな【相店】 名詞《近世語》同じ長屋に住むこと。また、同じ長屋の借家人。

あひづ【会津】 地名 ↓会津（あいづ）

あひ‐づち【相槌】 名詞 ❶鍛冶師が鉄を打つとき、弟子が向き合って交互に打ち合わせる槌。向かい槌。❷人の話にうまく調子を合わせること。

あひなし 形容詞 ↓あいなし最重要語（35ページ）

あひ‐な・る【逢ひ馴る・相馴る】 動詞 自 〔ラ下二段〕〈れ・れ・る・るる・るれ・れよ〉 夫婦としてなれ親しむ。**年ごろあひなれたる妻…つひに尼になりて…。**〈伊勢・16〉訳長年夫婦として**なれ親しんで**きた妻が…とうとう尼になって…。

あひ‐の・る【相乗る】 動詞 自 〔ラ四段〕〈ら・り・る・る・れ・れ〉 一つの乗り物に一緒に乗る。相乗りする。

あひ‐びき【相引き】 名詞 ❶弓で応戦すること。互いに弓を引き合うこと。❷戦場で、敵・味方の両軍が、共に兵を引くこと。

あひ‐み・す【相見す】 動詞 他 〔サ下二段〕〈せ・せ・す・する・すれ・せよ〉 対面させる。会わせる。「**平らかに相見せたまへ。**」〈更級日記・子忍びの森〉訳「無事に（父上に）お**会わせ**ください。」

あひみての… 百人一首
逢ひ見てののちの心にくらぶれば昔はものを思はざりけり〈拾遺集・710・藤原敦忠〉訳（願いがかなって）あなたに逢って契りを結んでから後の（いっそう恋しさがつのった）心に比べると、（あなたに逢って契りを結ぶ）以前は物思いをしなかった（に等しい）ものだなあ。
発展「拾遺集」では、第四句が「昔はものも」となっている。契りを結んで、いっそう燃え上がる恋の切なさを訴えた歌である。

品詞分解・修辞

逢ひ見	て	の	のち	の	心	に	くらぶれ	ば
マ上一・用	接助	格助		格助		格助	バ下二・已	接助

昔	は	もの	を	思は	ざり	けり
	係助		格助	ハ四・未	打消・用	詠嘆・終

あひ‐み・る【相見る・会ひ見る】 動詞 自 〔マ上一段〕〈み・み・みる・みる・みれ・みよ〉 ❶顔を合わせる。互いに会う。対面する。「**父母にも相見ず、かなしき妻子の顔をも見で…。**」〈源氏・明石〉訳「父母にも**会わ**ず、いとしい妻子の顔も見ないで…。」❷男女が関係を結ぶ。契りを結ぶ。**男女の情けも、ひとへに相見るをばいふものかは。**〈徒然草・137・花は盛りに〉訳男女の恋（について）も、ただ**契りを結ぶ**ことだけを（情趣があると）いうものだろうか、いや、そうではない。

あびらうんけん【阿毘羅吽欠】 名詞《仏教語》大日如来に祈るときの呪文。

あびる（現）↓（古）**あぶ【浴ぶ】・あむ【浴む】**

あひ‐ゐる【相居る】 動詞 自 〔ワ上一段〕〈ゐ・ゐ・ゐる・ゐる・ゐれ・ゐよ〉 一緒にいる。同じ場所に集まっている。**山里などに移ろひて、便あしく狭き所にあまたあひ居て…。**〈徒然草・30・人の亡き後ばかり〉訳山里などに移り住んで、条件がよくない狭い所に（人が）数多く**一緒にいて**…。

あ・ふ【敢ふ】 動詞 補助動詞 ↓最重要語（78ページ）

あ・ふ　あ(お)う

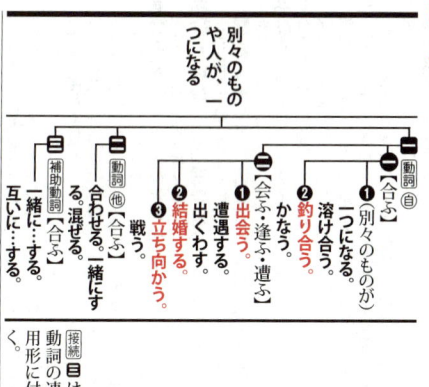

別々のものや人が、一つになる

- 一 動詞 自 【合ふ】
  - ❶（別々のものが）一つになる。溶け合う。
  - ❷**釣り合う**。かなう。
- 二 【会ふ・逢ふ・遭ふ】
  - ❶**出会う**。遭遇する。出くわす。
  - ❷**結婚する**。
  - ❸**立ち向かう**。戦う。
- 三 動詞 他 【合ふ】合わせる。一緒にする。混ぜる。
- 四 補助動詞 【合ふ】一緒に…する。互いに…する。

接続 四は動詞の連用形に付く。

動詞 自〔ハ四段〕 補助動詞〔ハ四段〕

未然形	連用形	終止形	連体形	已然形	命令形
あ・は	あ・ひ	あ・ふ	あ・ふ	あ・へ	あ・へ

動詞 他〔ハ下二段〕

未然形	連用形	終止形	連体形	已然形	命令形
あ・へ	あ・へ	あ・ふ	あ・ふる	あ・ふれ	あ・へよ

一 動詞 自〔ハ四段〕 **一**【合ふ】❶（別々のものが）**一つになる。溶け合う。**

立つ声も、居代(ゐか)**はるも一つに合ひて、いと尊く聞こゆ。**〈源氏・夕霧〉訳（読経の交替のときに）立って出ていく（僧の）声も、交替して座に着く（僧の）声も（読経を絶やすことなく）一つに**溶け合って**、本当に尊く聞こえる。

❷**釣り合う。適合する。調和する。かなう。**

御位の程には合はざめり。〈源氏・朝顔〉訳（源氏の年齢の若さは、内大臣という）官職のご身分には**釣り合わない**

あ・ふ　【敢ふ】あ(お)う

なんとか負けまいとする

- 一 動詞 自
  - ❶**耐える**。こらえる。**持ちこたえる**。
  - ❷大目に見る。**差し支えない**。
  - ◉多く「あへなむ」の形で用いられる。
- 二 補助動詞 **完全に…(し)遂げる。…(し)おおせる。**
  - ◉下に打消の語を伴うことが多い。

接続 二は動詞の連用形に付く。

動詞 自〔ハ下二段〕 補助動詞〔ハ下二段〕

未然形	連用形	終止形	連体形	已然形	命令形
あ・へ	あ・へ	あ・ふ	あ・ふる	あ・ふれ	あ・へよ

一 動詞 自〔ハ下二段〕 ❶**耐える。こらえる。持ちこたえる。**

かく恋ひば老いづく我(あ)**が身けだしあへむかも** 歌〈万葉集・19・4220〉訳（嫁いで行った娘を）こんなにいとしく思っていたら、年を取っていく私の身は、はたして**持ちこたえる**ことができるだろうかなあ。

❷（多く「あへなむ」の形で）**大目に見る。差し支えない。**

幼くおはしける男君、女君たち慕ひ泣きておはしければ、「小さきはあへなむ。」と、公(おほやけ)**も許させたまひしぞかし。**〈大鏡・時平(ときひら)〉訳幼少でいらっしゃる男君、女君たちが（父の菅原道真(すがはらのみちざね)を）慕って泣いていらっしゃったので、（道真の左遷に際して）「幼い者は（同行しても）**差し支えない**だろう。」と、朝廷もお許しになったのだよ。

〇「あへなむ」の「なむ」は、確述の助動詞「ぬ」の未然形＋推量の助動詞「む」。

二 補助動詞〔ハ下二段〕（多く、下に打消の語を伴って）**完全に…(し)遂げる。…(し)おおせる。**

児(こ)**らが家路やや間遠**(まどほ)**きをぬばたまの夜**(よ)**渡る月に競**(きほ)**ひあへむかも** 歌〈万葉集・3・302〉訳妻の家へ向かう道は少し遠いが、夜空を渡る月と（張り合って）、競争し**おおせる**（＝月が沈んでしまう前に妻の家にたどり着ける）だろうか。

〇「ぬばたまの」は「夜」に係る枕詞。

「**かう慎**(つつ)**むべき人目も、え憚**(はばか)**りあふまじくなむ。**」〈源氏・浮舟(うきふね)〉訳「このように気兼ねしなければならない世間の目も、とても遠慮し**おおせる**ことができそうになくて。」

発展 ①**限定的な「あふ」の用法**

「あふ」の使い方はかなり限られていた。上代ですでに、「あふ」が単独で使われることは少なく、補助動詞として使われたり、打消・疑問・反語の表現中に使われて不可能の意味となったりする例がほとんどである。中古以降も単独で使われることはなく、補助動詞として、また、特に連語「あへず」「あへなむ」の形で用いられた。

②**現代語とのつながり**

「あふ」の連用形に接続助詞「て」が付いた「あへて」は副詞となり、「強いて・決して(…ない)」などの意味で用いられる。また、「あふ」の連用形に「なし」が付いた「あへなし」は一語の形容詞となり、「今となってはどうしようもない・張り合いがない」などの意味で用いられる。

両語とも「あえて」「あえない（最期を遂げる）」「あえなく（負ける）」などの言い方で現代語にも残っている。これ以外でも、副詞「とりあえず」や「取るものも取りあえず」という言い方が現代語に残っている。

類語比較「**あふ**」と「**たふ**」

共通点＝持ちこたえる・耐えるなどの意味を表す。

あふ＝①もともと、困難な状況や障害などに負けまいとする積極的な気持ちを表す。

②単独で用いられることは少ない。

たふ＝①もともとは、苦痛や困難な状況をこらえ、持ちこたえるという意味で、ある程度の時間の持続性が認められる。

②用法が広く自由であり、中古以降、「あふ」より優勢になる。

関連語 敢(あ)へず・敢(あ)へて・敢(あ)へ無(な)し・敢(あ)へなむ

ようである。

□二【会ふ・逢ふ・遭ふ】❶出会う。遭遇する。出くわす。

もの心細く、すずろなる目を見ることと思ふに、修行者会ひたり。〈伊勢・9〉訳（これから自分が入ろうとする道は）なんとなく心細く、思いがけない目に遭うことだと思っていると、修行者が（やって来て我々に）出会った。

❷結婚する。

「ゆめ、異男したまふな。我に会ひたまへ。」〈大和・169〉訳「決して、他の男を夫にお持ちになるな。私と結婚してください。」

❸立ち向かう。戦う。

打ち物持っては鬼にも神にも会はうどいふ一人当千の兵なり。〈平家・9・木曾最期〉訳（巴御前は）刀を持っては鬼でも神でも立ち向かおうという一人で千人の敵を相手にできる勇士である。

□二 動詞 他〔ハ下二段〕【合ふ】合わせる。一緒にする。混ぜる。

ほととぎすいたくな鳴きそ汝が声を五月の玉に合へ貫くまでに 歌〈万葉集・8・1465〉訳ホトトギスよ、（まだ四月なのだから）そうひどく鳴かないでくれ。お前の声を、五月（五日の節句）の＊薬玉に合わせて一緒に貫き通すまでは。

□三 補助動詞〔ハ四段〕【合ふ】一緒に…する。…（し）合う。互いに…する。

明けゆく空は、いといたう霞みて、山の鳥ども、そこはかとなうさへづり合ひたり。〈源氏・若紫〉訳明けてゆく空は、たいそうひどく霞んでいて、山の鳥たちが、どこでということもなくさえずり合っている。

発展 接頭語「あひ（相）」へ　連用形「合ひ」が他の動詞の上に付いて、「一緒に…する」などの意味で用いられることも多かった。そこで、その用法での「あひ」として固定化し、接頭語「あひ（相）」が生じた。

あ・ふ【和ふ・韲ふ】 あ（お）う 動詞 他〔ハ下二段〕〈へ・へ・ふ・ふる・ふれ・へよ〉混ぜ合わせる。食物を混ぜ合わせて味付けをする。料理であえものをつくる。

あ・ふ【饗ふ】 あ（お）う 動詞 他〔ハ下二段〕〈へ・へ・ふ・ふる・ふれ・へよ〉ごちそうしてもてなす。

あ・ぶ【浴ぶ】 動詞 他〔バ上二段〕〈び・び・ぶ・ぶる・ぶれ・びよ〉（湯や水を）体にかぶる。浴びる。↓浴む

寝起きて浴ぶる湯は、腹立たしうさへぞ覚ゆる。〈枕草子・25・すさまじきもの〉訳寝て起きて浴びる湯は、腹立たしいとまで感じられる。

あふぎ【扇】 おうぎ 名詞 扇子。季語 夏 ↓檜扇・袙扇 発展 もとは実用品であったが、平安以降男女の礼装の装飾として用い、ヒノキの薄板を糸でとじて作った。

あふぎ-ちら・す【扇ぎ散らす】 あおぎ 動詞 他〔サ四段〕〈さ・し・す・す・せ・せ〉扇でやたらにあおぐ。物をあおいで散らす。

まづ扇して、こなたかなたあふぎ散らして、塵はき捨て…。〈枕草子・28・憎きもの〉訳真っ先に扇で、あちこちやたらにあおいで、塵を掃き捨てて…。

あふ・ぐ【仰ぐ】 あおぐ □一 動詞 自〔ガ四段〕〈が・ぎ・ぐ・ぐ・げ・げ〉上を向く。あおむく。見上げる。

立ち踊り足すり叫び伏し仰ぎ胸打ち嘆き… 歌〈万葉集・5・904〉訳（子どもの死に）立ち上がって跳ね、足をばたばたさせて叫び、下を向いたり上を向いたり、胸をたたいて嘆き…。

□二 動詞 他〔ガ四段〕〈が・ぎ・ぐ・ぐ・げ・げ〉❶見上げる。仰ぎ見る。

空を仰ぎて眺めたまふ。〈源氏・葵〉訳（左大臣は）空を仰ぎ見て物思いにふけっていらっしゃる。

❷敬う。尊び慕う。

古を仰ぎて、今を恋ひざらめかも。〈古今集・仮名序〉訳（後世、歌をよく知る人々は）遠い昔を尊び慕って、（『古今和歌集』の編まれた時代である）現在を恋い慕わないだろうか、いや、恋い慕わないはずはない。

❸（力あるもの・恩恵などを）請う。求める。

孤島の幽祠に詣で、瑞籬のもとに明恩を仰ぎ…。〈平家・5・富士川〉訳離れ島の遠い宮に参詣し、神社の玉垣の所で神の恩を請い…。

あふ・ぐ【扇ぐ】 あおぐ □一 動詞 自〔ガ四段〕〈が・ぎ・ぐ・ぐ・げ・げ〉風が吹く。

一陰一陽の風傍らにあふぐ。〈平家・5・富士川〉訳陰と陽との風がそれぞれ交互に吹く（ように、いずれもよろしきを得ている）。〇高倉院のご願文の一節。

□二 動詞 他〔ガ四段〕〈が・ぎ・ぐ・ぐ・げ・げ〉（扇・うちわ・羽などで）あおぐ。風を起こす。

蚊遣り火の煙けぶたきあふぐ間に夜は暑さも覚えざりけり 歌〈和泉式部集〉訳蚊やり火の煙がけむたいのを扇などであおいでいるうちに、夜は暑さも感じられなかったなあ。

阿武隈川 あぶくまがわ【川】歌枕 今の福島県東部から宮城県南部を流れる川。「逢ふ」に掛けた歌が多い。

あふご【朸】 あ（お）うご 名詞 物を担ぐ棒。てんびん棒。発展「あふご」とも。和歌では多く「逢ふ期（＝会う機会）」に掛ける。

あふ-ご【逢ふ期】 あ（お）う 名詞 男女が会うとき。会う機会。発展 和歌では多く「朸」に掛ける。

あふことの… 百人一首

逢ふことの絶えてしなくはなかなかに人をも身をも恨みざらまし〈拾遺集・678・藤原朝忠〉訳（いっそ）逢うということがまったくないならば、かえって（つれないあの）人をも、（それを悲しむ）自分をも恨まないだろうに。〇「絶えて」は副詞で、打消の語を伴って「少しも・まったく」という意味を表す。

品詞分解・修辞

逢ふ	こと	の	絶えて	し	なく	は
ハ四・体		格助	副	副助	形・未	接助
なかなかに	人	を	も	身	を	も
形動・用		格助	係助		格助	係助
恨み	ざら	まし				
マ上二・未	打消・未	反実仮想・終				

あふこと-も… 歌

あふこともなみだにうかぶわが身には死なぬ薬も何にかはせむ〈竹取・かぐや姫の昇天〉訳もう会うこともないので、（その悲しさのあまりとめどなく落ちる）涙に浮かんでいる（ような）私の身にとって、（永遠に）死なない（という不死の）薬も何になろうか、いや、何にもなりはしない。〇「なみだ」は「涙」と「無み（＝会うことがないので）」との掛詞。「何にかはせむ」の「かは…む」は、反語表現。

発展 月の世界に帰ったかぐや姫の残していった不死の薬と手紙を見て、帝が詠んだ歌。

あふ-こと-もがな【逢ふ事もがな】 あ（お）う —（恋しい人に）会うことがあればいいのになあ。

あらざらむこの世のほかの思ひ出でにいまひとたびの逢ふこともがな 百人一首〈後拾遺集・763〉訳↓あらざらむ…

発展 四段動詞「あふ」の連体形＋形式名詞「こと」＋終助詞「もがな」。

あふさか【逢坂】歌枕 ↓逢坂（おうさか）

あふさ-きるさ【逢ふさ離るさ】— 形容動詞〔ニ・ノ〕❶こちらがよければあちらが悪い。「とあればかかり、**あふさきるさ**にて、なのめにさてもありぬべき人の少なきを…。」〈源氏・帚木〉訳「ああだとすればこうだし、こちらがよければあちらが悪くて、平凡ではあるがまあこれで十分という女が少ないので…。」❷あれこれと思案するようす。ああだこうだ。「親のいさめ、世のそしりをつつむに心の暇なく、**あふさきるさ**に思ひ乱れ…。」〈徒然草・3・万にいみじくとも〉訳親の忠告や、世間の非難を気にするために心の安まる間もなく、**ああだこうだと**思い悩み…。

あふさわ-に — 副詞 会うとすぐに。すぐさま。軽率に。「山背の久世の若子が欲しと言ふ我**あふさわに**我を欲しといふ山背の久世」歌〈万葉集・11・2362〉訳山城の国(=今の京都府南部)の久世郡に住む若様が(嫁に)欲しいという私よ。**会うとすぐに**私を欲しいという山城の久世の若様よ。○五七七・五七七の旋頭歌。

あぶ-す【浴ぶす】㊀動詞 他〔サ四段〕〈さ・し・す・す・せ・せ〉(湯や水を)体にそそぎかける。浴びせる。「湯をわかして大衆に**浴ぶさ**むとして…。」〈今昔〉訳お湯を沸かして多くの衆徒に**浴びせ**ようとして…。㊁動詞 他〔サ下二段〕〈せ・せ・す・する・すれ・せよ〉㊀に同じ。

あぶ-す【溢す】動詞 他〔サ四段〕〈さ・し・す・す・せ・せ〉(不用のものとして)余す。残す。捨てる。「さしも深き御志なかりけるをだに、落とし**あぶさず**…。」〈源氏・玉鬘〉訳「(源氏の君は)それほど深いご愛情がなかった方をさえ、見下げて**見捨てたりし**ないで…。」

あふ-せ【逢ふ瀬】— 名詞 恋人どうしで会う機会。

あふち【楝・樗】— 名詞 ❶《植物》センダン科の落葉高木。センダンの古い呼び名。初夏に薄紫色の小花を梢に付ける。季語 夏 ❷★襲の色目のひとつ。表は薄紫、裏は青。表は紫、裏は薄紫とも。夏に用いる。

あふ-つ【煽つ】動詞 他〔タ四段〕〈た・ち・つ・つ・て・て〉風が吹き動かす。吹きあおる。あおる。「笠**あふつ**柱涼しや風の色」句〈猿蓑・史邦〉訳柱にかけた笠を**あおって**吹きぬける風の緑の色が、いかにも涼しそうだよ。

阿仏尼 人名 鎌倉中期の歌人。安嘉門院に仕え、四条とも呼ばれた。藤原為家の妻となって為相・為守(=暁月房)を生んだ。為家の死後、為氏と所領相続をめぐって争い、訴訟のため鎌倉に下った。その紀行文である『★十六夜日記』、若き日の失恋を記した『うたたねの記』、また歌論書に『夜の鶴』などがある。生年不明—1283

あふな-あふな 副詞 身分相応に。身の程をわきまえて。「**あふなあふな**思ひはすべしなぞへなく高き卑しき苦しかりけり」歌〈伊勢・93〉訳**身分相応に**恋はするのがいい。比べようもないほど、高い身分の者と身分の低い者とが恋をするのはほんとうにつらく苦しいものだったなあ。発展「危な危な」と見て「慎重に・恐る恐る」の意味にとる説など、異説も多い。

あぶな-あぶな 副詞 ↓おほなおほな

あふ-の-く【仰のく】— ㊀動詞 自〔カ四段〕〈か・き・く・く・け・け〉上を向く。あお向く。あお向けになる。「一つの猿、岩の上に**あふのき**伏して動かず…。」〈古今著聞集〉訳(三匹いるうちの)一匹のサルは、岩の上に**あお向けになって**横たわっていて動かないで…。㊁動詞 他〔カ下二段〕〈け・け・く・くる・くれ・けよ〉上を向かせる。あお向けにする。「頸をかかんと甲を押し、**あふのけて**見ければ…。」〈平家・9・敦盛最期〉訳(刀で)首を切り取ろうとかぶとを(力ずくで)押し上げて、**あお向けにして**(顔を)見たところ…。

あふのけに…句 「**仰のけに落ちて鳴きけり秋のせみ**」〈八番日記・小林一茶〉訳あおむけに落ちて鳴いていることだよ。力も衰えた秋のセミが。○季語 秋のせみ—秋

あふひ【葵】名詞《植物》アオイ科の植物の総称。また、フタバアオイ。季語 夏 発展 賀茂神社の祭礼(=葵祭)に用いた。和歌では多く「逢ふ日」に掛ける。

［あふひ］

あふひ-かつら【葵桂】— 名詞 フタバアオイの葉とカツラの枝を組み合わせた飾り。発展 葵祭の日、冠・烏帽子や牛車の簾などに挿した。

あふひ-まつり【葵祭】— 名詞 賀茂神社の祭り。陰暦四月の中の酉の日(今では五月十五日)に行われる。名称は★葵桂を衣服や社殿、牛車などに飾り付けたことに由来する。季語 夏 類 賀茂の祭り・北祭 発展 平安時代には、単に「祭り」といえば葵祭のことを意味した。

あふみ【近江】旧国名 ↓近江（おうみ）

あふみ【淡海】地名 ↓近江（おうみ）

あ-ぶみ【鐙】名詞 馬具のひとつ。ウマの鞍の両わきに下げて、乗り手が足を踏み掛けるもの。発展「足踏み」の意味。↓大和鞍(図)

［あぶみ］

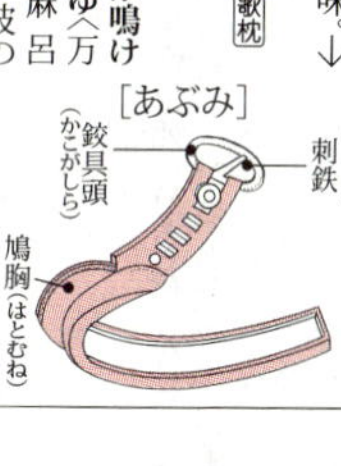

あふみのうみ【近江の海】歌枕 ↓近江の海（おうみのうみ）

あふみのうみ…歌 「**近江の海夕波千鳥汝が鳴けば情もしのに古思ほゆ**」〈万葉集・3・266・柿本人麻呂〉訳琵琶湖の夕波の上を飛ぶチドリよ。おまえが鳴くと、(私の)心もしんみりとして、(大津宮の)昔のことが思われてならない。○「しのに」はしんみりとの意味の副詞。「思ほゆ」は、「思ふ」の未然形に上代の自発の助動詞「ゆ」が付いた「思はゆ」が変化したもの。発展「古」は大津に都のあった天智天皇の時代を指す。「千鳥」は天皇が愛した鳥。ともに、滅び去った過去の都のようすを思い描き、しのぶ思いが詠み込まれている。

あぶら-づ-く【脂付く】動詞 自〔カ四段〕〈か・き・く・く・け・け〉肉付きがよくなり皮膚につやが出る。つややかになる。

あふり【障泥】名詞 馬具のひとつ。泥はねを防ぐために、ウマの両わき腹に垂らす覆い。塗り革などで作られており、野外での敷き物として用いることもあった。↓大和鞍(図)

［あふり］

あふりやう-し【押領使】— 名詞 平安時代にできた★令外の官のひとつ。諸

国の暴徒や盗賊の鎮圧を役目として取り扱う。

あふ・る【煽る】 動詞 他〔ラ四段〕〈ら・り・る・る・れ・れ〉❶（乗り手が）ウマの両わき腹を鐙でけって急がせる。**あふれどもあふれども、打てども打てども働かず。**〈平家・9・木曾最期〉訳 **ウマの両わき腹を鐙でけってもけっても**、（鞭で）打っても打っても動かない。
❷《近世語》おだてる。けしかける。「**思ひいれあふりつけて、おごらせてやらうではないか。**」〈滑稽本・花暦八笑人〉訳「おもいっきり**おだてて**、おごらせてやろうではないか。」

あぶ・る【溢る】 動詞 自〔ラ下二段〕〈れ・れ・る・るる・るれ・れよ〉
❶いっぱいになってこぼれる。あふれる。**蘇生の族、その道にあぶれ**…。〈古今著聞集〉訳 生き返った者たちが、その道に**あふれ**…。
❷零落する。落ちぶれる。放浪する。「**見苦しきさまにて世にあぶれむも知らず顔にて聞かむこそ、心苦しかるべけれ。**」〈源氏・東屋〉訳「（異母妹の浮舟が）見苦しいようすでひどく**落ちぶれ**たりすることも知らんぷりして聞いたりするのは、いたわしいに違いない。」
❸所々に散らばる。ちりぢりになる。**大原、しづ原、芹生の里にあぶれゐたる兵ども…あわてさわいで馳せ参る。**〈平家・2・烽火之沙汰〉訳 大原、静原、芹生の里に**散らばって**（待機して）いた兵士たちは…あわて騒いで馳せ参じる。
発展 中世以降「あふる」とも。

あぶれ-もの【溢れ者・放浪者】 名詞 世の中の決まりに従わず、人々から疎まれている者。無法者。ならず者。

あへ【饗】 名詞 飲食物を振る舞ってもてなすこと。供応。ごちそう。

あ-べか-めり【有べかめり】 あるにちがいないようだ。ありそうに思われる。**いとはしたなく悲しかるべきことにこそあべかめれと思へど、いかがせむ。**〈更級日記・宮仕え〉訳（さて実際に出仕してみると、これからは）さぞかし恥ずかしく悲しいにちがいないことで**あるにちがいないようだ**と思うが、（今さら）どうしようもない。
発展「あるべかるめり」（ラ変動詞「あり」の連体形＋推量の助動詞「べし」の連体形＋推定の助動詞「めり」）の撥音便「あんべかんめり」の「ん」が表記されない形。

あ-べかり→あべし

あへ・く【喘く】 動詞 自〔カ四段〕〈か・き・く・く・け・け〉せわしく呼吸する。苦しげに激しく息をする。あえぐ。**鯨魚取り海路に出でて、あへきつつ我がこぎ行けば**… 歌〈万葉集・3・366〉訳 大海にのり出して、**あえぎ**ながら我々が船をこいで行くと…。〇「鯨取り」は「海」に係る枕詞。
発展 中世以降「あへぐ」となる。

あ-べし あるに違いない。いるはずだ。「**少納言の乳母といふ人あべし。**」〈源氏・若紫〉訳「少納言の乳母という人が**いるはずだ**。」
発展 ラ変動詞「あり」の連体形に推量の助動詞「べし」が付いた「あるべし」の撥音便「あんべし」の「ん」が表記されない形。

あへ-しらひ 名詞 もてなし。接待。応答。発展「あひしらひ」とも。

あへ-しら・ふ 動詞 他〔八四段〕〈は・ひ・ふ・ふ・へ・へ〉❶応対する。あいさつする。受け答えする。あしらう。とりなす。**ただこれをさまざまにあへしらひ、そぞろごとにつれづれをば慰めつつ**…。〈紫式部日記〉訳 ただこういう人たちに対していろいろと**受け答えし**て、とりとめもない話に所在のなさを慰めたりしては…。
❷適当に取り合わせる。混ぜ合わせる。あえる。
発展「あひしらふ」とも。

あへ-ず【敢へず】 連語 ❶こらえきれない。たえきれない。**秋風にあへず散りぬるもみぢ葉のゆくへさだめぬ我ぞかなしき** 歌〈古今集・秋下・286〉訳 秋の風に**たえきれない**で散った色づいた葉がどこへ飛んで行くのか定かではないよ

あへ-な・し【敢へ無し】

形容詞〔ク〕

抵抗する気力を失ったようす ❶（今となっては）どうしようもない。❷張り合いがない。あっけない。がっかりだ。

未然形	連用形	終止形	連体形	已然形	命令形
あへな・く	あへな・く	あへな・し	あへな・き	あへな・けれ	○
あへな・から	あへな・かり	○	あへな・かる	○	あへな・かれ

❶（今となっては）**どうしようもない**。**召し入れて、のたまひ出でむことのあへなきに、ふともの言はれたまはず。**〈源氏・夕顔〉訳（源氏は惟光を）お呼び入れになって、（事情を）口に出しておっしゃったりすることが（夕顔が死んでしまった今となっては）**どうしようもない**ので、すぐには何もおっしゃることができない。
❷**張り合いがない。あっけない。がっかりだ。** **いとはかなき煙にて、はかなく昇りたまひぬるも、例のことなれど、あへなくいみじ。**〈源氏・御法〉訳（紫の上が火葬され）たいへんむなしい煙となって、むなしく（空に）お昇りになってしまうのも、世の常のことではあるが、**あっけなく**悲しい。
「**乳母と、よろづに、いかで人並み並みになさむと思ひ焦られしを、いかにあへなき心地しけむ。**」〈源氏・手習〉訳「（私の）乳母も、万事につけて、なんとかして（私を）人並みにしようと気をもんでいたのに、（宇治川へ身を投げたと知れば）どんなに**がっかりした**気持ちになっただろう。」

発展 **語の成り立ち** 対象や障害に対して負けまいとする気持ちを表す下二段動詞「あふ（敢ふ）」の連用形に、形容詞「なし」が付いたことば。「あいなし」は語形は似ているが、別のことばである。

類語比較 **「あへなし」と「あぢきなし」**
共通点＝落胆やあきらめの気持ちを表す。
あへなし＝すでに起こってしまった取り返しのつかない事態に対する落胆の気持ちを表す。
あぢきなし＝道理に外れていてどうにもならない事態に対するあきらめの気持ちを表す。

うに、先のことが分からない私(の身の上)が悲しいことだ。

❷(動詞の連用形に付いて、「あへ」を補助動詞として用いて)…できない。…きれない。
つぎさまの人は…息もつぎあへず語り興ずるぞかし。〈徒然草・56・久しく隔たりて〉訳(教養や品格が)一段劣る人は…息をつぐことも**できず**おしゃべりに夢中になることだよ。

❸(「もあへず」の形で)…しきらないうちに。…やいなや。
主上いとどしく夜の御殿を出でさせたまひもあへず、かしこへ行幸なって紅葉を叡覧なるに…〈平家・6・紅葉〉訳天皇はいつもよりいっそう早くご寝所をお出になる**やいなや**、そこへおいでになって紅葉をご覧になると…。

発展 下二段動詞「あふ」の未然形＋打消の助動詞「ず」。

あへ-て【敢へて】 副詞 ❶強いて。押し切って。無理に。
いざ子どもあへて漕ぎ出むには静けし 歌〈万葉集・3・388〉訳さあ(水夫の)みんな、(困難を)**押し切って**(元気に)こぎ出そう。海面も穏やかだ。
❷(下に打消の語を伴って)決して(…ない)。まったく(…ない)。
あへて凶事なかりけるとなむ。〈徒然草・206・徳大寺右大臣殿〉訳**まったく**不吉なことはなかったということだ。
発展 下二段動詞「あふ」の連用形＋接続助詞「て」が一語になったもの。❷は、漢文訓読系の文章に多く見られる。

あへ-な・し【敢へ無し】 形容詞 ↓最重要語(81ページ)

あへ-な・む【敢へなむ】 連語 ↓あ(敢)ふ最重要語(78ページ)

あへ-ぬ・く【合へ貫く】 他動詞(カ四段)〈か・き・く・く・け・け〉合わせて一緒に貫き通す。糸や紐で貫いて一つにする。
ほととぎすいたくな鳴きそ汝が声を五月の玉にあへぬくまでに 歌〈万葉集・8・1465〉訳ホトトギスよ、(まだ四月なのだから)そうひどく鳴かないでくれ。お前の声を、五月(五日の節句)の★薬玉に**合わせて一緒に貫き通す**までは。

安倍晴明 人名 平安時代中期の陰陽家。土御門家の祖。天文博士・大膳大夫を歴任し、従四位下左京権大夫に至る。陰陽・暦術・天文の術に精通し、神秘的な説話が数多い。921—1005 ↓**絵で見る古典生活史**❶(83ページ)

阿倍仲麻呂 人名 奈良時代の漢詩人。七一七(養老元)年、唐に留学して玄宗皇帝に仕え、帰国できぬまま唐で五十余年を送り、長安で没した。「天の原ふりさけ見れば春日なる三笠の山に出でし月かも」〈古今集・羇旅・406〉(↓あまのはら…)は、彼の作と伝えられる。698—770

あへ-ら・く【会へらく】 《上代語》出会ったこと。発展 四段動詞「あふ」の已然形＋完了の助動詞「り」の未然形＋接尾語「く」。

あま【天】 一 造語 (直接、体言や用言に付いて)空や天上界に関することばを作る。語例 **天雲・天人・天降る**
二 名詞 空。天。↓天つ・天の
発展「あめ」とも。

あま【尼】 名詞 出家して仏門に入った女性。尼僧。類 比丘尼

あま【海人・海士・蜑】

海で生計を立てている人
├❶漁師。漁夫。
└❷海で貝や海草を採る女性。

名詞 ❶**漁業や製塩に従事する人。漁師。漁夫。**
白波に秋の木の葉の浮かべるを海人の流せる舟かとぞ見る 歌〈古今集・秋下・301〉訳岩に当たり砕けて白く見える(川の)波に、秋の(紅葉した)木の葉が浮かんでいるのを、(大海に出て行く)**漁師**が流れに乗せて進ませる舟(が遠く点々と見えるようなもの)かと(私は)見ることだ。
❷**海で貝や海草を採る女性。海女。**
海女の潜きしに入るは憂きわざなり。〈枕草子・306・日のいとうららかなるに〉訳**海女**が潜りをしに(海に)入るのはつらい仕事である。
発展 ❷は「海女」とも書く。

あまえ-いた・し【甘え甚し】 形容詞(ク)〈く・く・し・き・けれ・○／から・かり・○・かる・○・かれ〉とても照れくさい。非常に気恥ずかしい。
「**今は甘えいたくて、まかり帰らむことも難かるべき心地しける。**」〈蜻蛉日記〉訳「今は**非常に気恥ずかしくて**、(あなたのことばどおりに寺から)帰ることができない気持ちがした。」

❷**あまえる**(現) ↓(古)**あまゆ【甘ゆ】**

あま-おほひ【雨覆ひ】 名詞 ❶雨にぬれるのを防ぐために、上に覆い掛ける物。雨よけ。布や油紙を用いた。❷鳥の風切り羽の根もとを覆う短い羽毛。

あま-が・ける【天翔る】 自動詞(ラ四段)〈ら・り・る・る・れ・れ〉(神や人の霊が)天空を飛び走る。天高く飛んでゆく。
「**かう心苦しき御ありさまどもを、あまかけりてもいかに見たまふらむ。**」〈源氏・総角〉訳「(姫君たちの)このようないたわしいお姿を、(父の霊魂は)**天空を飛んで**もどうご覧になっていることであろう。」
発展「あまかける」とも。

あま-かぜ【雨風】 名詞 雨を伴う風。湿気を含んだ風。

あま-がつ【天児】 名詞 幼児の厄よけのお守り。

あま-かは【雨皮】 名詞 ❶★牛車や★輿の雨覆い。公卿以上の車に用いる。❷厚紙に桐油を塗ったカッパ。山伏などが用いる。発展「あまがは」とも。

あま-ぎみ【尼君】 名詞 出家して尼となった身分の高い人を敬った言い方。類 尼御前・尼前

あま-ぎら・す【天霧らす】 他動詞(サ四段)〈さ・し・す・す・せ・せ〉空を一面に曇らせる。天を雲や霧でおおう。
夢のごと君を相見てあまぎらし降り来る雪の消ぬべく思ほゆ 歌〈万葉集・10・2342〉訳夢のようにはかなくあの方と逢ってから、**空一面を曇らせて**降ってくる雪のように、(私の命が)消えてしまいそうに思われる。

あま-ぎら・ふ【天霧らふ】 雲や霧などがかかって、空一面が曇る。
あまぎらひ降り来る雪の消なめども君に逢はむと流らへ渡る 歌〈万葉集・10・2345〉訳**空一面が曇って**降ってくる雪のように、今にも消えてしまいそうだが、あなたに逢おうと思って生き長らえている。
発展 四段動詞「あまぎる」の未然形＋上代の反復・継続の助動詞「ふ」。

あま-ぎ・る【天霧る】 自動詞(ラ四段)〈ら・り・る・る・れ・れ〉(雲や霧などで)空が一面に曇る。
梅の花それとも見えず久方のあまぎる雪のなべて降れれば 歌〈古今集・冬・334〉訳ウメの花を、(どれが)それであるとも見分けることができない。**大空を曇らせる**雪が一面に降っているので。○「久方の」は「あま」に係る枕詞。

あま-くだ・る【天降る】 自動詞(ラ四段)〈ら・り・る・る・れ・れ〉(神などが)天上界から下界に降りてくる。神の降臨や天

皇の誕生などをいう。
昔、**あまくだりけむ少女子**の姿もかくやありけむとまでおぼゆ。〈紫式部日記〉訳昔、**天上界から下界に降りてきた**という天女の姿もこうであったろうかとまで思われる。

あま-くも【天雲】 名詞 空にある雲。発展「あまぐも」とも。

あまくも-の【天雲の】 枕詞（天にある雲のさまざまなようすから）「たゆたふ」「ゆくらゆくら」「別れ」「行く」「たどきも知らず」「奥」「はるか」「よそ」などに係る。発展「あまぐもの」とも。

あまぐもの… 歌
天雲のはるかなりつる桂川袖をひてても渡りぬるかな〈土佐日記・二月十六日〉訳（土佐の国から）遠く離れた桂川よ、（今はこうして）袖をぬらしてまでも渡ったことだなあ。○「天雲の」は「はるかなり」に係る枕詞。「桂川」は、今の京都市西部を流れる川。「渡りぬるかな」の「ぬる」は、完了の助動詞「ぬ」の連体形。「かな」は、詠嘆の終助詞。発展紀貫之が任国の土佐から、念願の帰京をしていよいよ京都の桂川を渡るという喜びを詠んだ歌。

あまぐり-の-つかひ【甘栗の使ひ】 ― 大臣が★大饗を開く際に、朝廷から賜る甘栗（＝干して甘味を増したクリ）と酥（＝ウシなどの乳を煮詰めて濃くしたもの）を、大臣邸に持参する勅使。発展★六位の蔵人が、この役に当たった。

あま-ごぜ【尼御前】 名詞 尼を敬った言い方。類尼君・尼前 発展「ごぜ」は「ごぜん」の変化したもの。

あま-ごもり【雨隠り・雨籠り】 一 名詞 雨のため家の中に閉じこもること。雨に降りこめられること。
二 枕詞（「雨隠りの御笠」の意味から「御笠」の同音の）地名「三笠」に係る。

あま-ごも・る【雨隠る】 動詞 自 ラ四段〈ら・り・る・る・れ・れ〉雨のため外に出られないで、家にこもる。雨に降り込められる。
雨隠りもの思ふ時にほととぎすわが住む里に来鳴きとよもす 歌〈万葉集・15・3782〉訳**雨のために外に出られないで、家にこもり**、物思いにふけっているときに、ホトトギスが私の住む里に飛んで来て鳴き声を響かせることだ。
発展「あまごもり」という連用形しか現れないので、副詞として扱う説もある。

あま-ごろも【雨衣】 一 名詞 雨などを防ぐための衣服。
二 枕詞（雨具の縁から）「田蓑」に係る。
発展 一 は「あまぎぬ」とも。

あま-ざかる【天離る】 枕詞（空が遠く離れていることから）「ひな」「向かふ」に係る。発展「あまさかる」「あまさがる」とも。

あまざかる… 歌
天離る鄙の長道ゆ恋ひ来れば明石の門より大和島見ゆ〈万葉集・3・255・柿本人麻呂〉訳都から遠く離れた田舎の長い道中を（都を）恋しく思いながらやって来ると、明石海峡から大和の山々が見える。○「天離る」は「鄙」に係る枕詞。「長道ゆ」の「ゆ」は、通過する場所を示す上代の格助詞。「大和島」は島のように見える生駒・葛城連山を指す。発展長い旅路の果てに、故郷の山を見た喜びを詠んだ歌。

あま-さへ【剰へ】 副詞 ↓あまっさへ

あま・し【甘し】 形容詞 ク〈く・く・し・き・けれ・○／から・かり・○・かる・○・かれ〉❶味が甘い。甘味がある。
❷うまい。おいしい。
糧乏しければ、おろそかなる哺を甘くす。〈方丈記・閑居の気味〉訳食糧が少ないので、つまらない食べ物を**おいしく感じる。**
❸ことばが巧みだ。
❹切れ味が悪い。
❺間が抜けている。愚かだ。だらしがない。
しみじみとささやけば、甘いやつ、じろりと見た目にほやりと笑ひ…。〈近松・平家女護島〉訳（女が男に）しんみりとささやくと、（女に）**だらしがない**その男は、じろっと見た目でにやりと笑い…。

あま・す【余す】 動詞 他 サ四段〈さ・し・す・す・せ・せ〉❶余分とする。余らせる。余計な者として扱う。
時を失ひ、世に余されて…。〈方丈記・都遷り〉訳出世の機会を失い、世間から**余計者扱いされて**…。
❷取り残す。逃がす。
「**余すな、もらすな、討てや。**」〈平家・9・二度之懸〉訳「（敵を）**取り残す**な、一人も逃がすな、討てよ。」

あま-ぜ【尼前】 名詞 ↓あまごぜ

あま-そぎ【尼削ぎ】 名詞 ❶肩の辺りで髪を切りそろえた尼の髪型。
❷少女の髪型のひとつ。❶のように肩の辺りで髪を切りそろえる。
頭は尼削ぎなる児

［あまそぎ］

絵で見る古典生活史❶

陰陽師の霊力と予言

宮廷では、陰陽師が国政の未来や天変地異を予言する重大な役割を持っていました。

その陰陽師の中で最も有名なのが★安倍晴明です。『★今昔物語集』にも「古にも恥ぢずやむごとなかりける者なり。」と霊力を持つ伝説的人物として紹介されていますが、『★大鏡』「花山院」の段では晴明の神秘的な力が語られています。★花山天皇は、在位わずか二年で退位し、出家してしまった方です。天皇が宮中をこっそりと脱け出して出家場所の花山寺に向かう途中、「晴明が家の前をわたらせたまへば」、晴明自身の「帝下りさせたまふと見ゆるは。天変ありつるがすでになりにけりと見ゆるかな。」という声が天皇のお耳に達したということです。

陰陽師は、平安以降、貴族に禁忌や作法を教える存在になりました。『★源氏物語』には★玉鬘の★裳着の日程を「いとよき日なりけり。」と占う場面が出てきます。

（絵…陰陽師の占う姿〈建保職人歌合絵巻〉より）

の、目に髪の覆へるをかきはやらで…。〈枕草子・151・うつくしきもの〉訳頭髪は**肩の辺りで切りそろえた髪型**である少女が、目に髪がかぶさっているのを(手で)払いのけ切らないで…。

あま-そそき【雨注き】名詞 雨垂れ。発展 中世以降は「あまそそぎ」。

あま-そそ・る【天聳る】動詞 自〔ラ四段〕〈ら・り・る・る・れ・れ〉 天高くそそり立つ。天に向かってそびえる。 歌 白雲の千重を押し別け**天そそり**高き立山…〈万葉集・17・4003〉訳白い雲が何層も重なるのを押し分けて、**天高くそそり立ち**、高さを誇る立山は…。

あまた【数多】副詞 ↓最重要語(84ページ)

あまた-かへり【数多返り】副詞 (なんべんも)繰り返し。何度となく。何回も。 御文は、明くる日ごとに**あまた返り**づつ奉らせたまふ。〈源氏・総角〉訳(匂宮から中の君への)お手紙は、毎日毎日**何度となく**お差し上げなさる。

あまた-たび【数多度】副詞 何度も。たびたび。 歌 夜を寒み置く初霜を払ひつつ草の枕に**あまたたび**寝ぬ〈古今集・羇旅・416〉訳夜が寒いので、降りる初霜を繰り返し取り除いては、道端の草を枕にして**何度も**(つらい気持ちで)寝たことだ。

あまたら-す【天足らす】《上代語》空に満ち満ちていらっしゃる。↓古語チャート49(1327ページ)

天の原振り放けみれば大君の御寿は長く**あまたらしたり**歌〈万葉集・2・147〉訳大空を振り仰いで見ると、大君のお命は長く、**空に満ち満ちていらっしゃる**。

あま-ぢ【天路・天道】名詞 ❶天に昇る道。❷天上にあるという道。

あま-つ【天つ】連体詞 天の。空の。天空の。対国つ 発展「つ」は上代の格助詞。

あまつ-かぜ【天つ風】名詞 空を吹く風。↓あまつかぜ…

あまつかぜ…百人一首

天つ風雲の通ひ路吹き閉ぢよ少女の姿しばしとどめむ〈古今集・雑上・872・遍昭〉訳大空を吹く風よ、雲の(切れ間にある天と地上とを結ぶ)通り道を吹き閉ざしておくれ。(美しく舞う)天女(たち)の姿をもうしばらく(この地上に)とどめておこう。○倒置法。「雲の通ひ路」は、天女が通る道とされていた。

発展 ★五節の舞姫を天女に見立てた歌。

品詞分解・修辞

天つ風 雲 の(格助) 通ひ路 吹き閉ぢよ(ダ上二・命)。〈三句切れ〉
少女 の(格助) 姿 しばし(副) とどめ(マ下二・未) む(意志・終)

あまた【数多】

数量が多い、また、程度が極端なようす

❶ 数多く。たくさん。
❷ たいへん。非常に。
❸ たいして(…ない)。

副詞 ❶ **数多く。たくさん。**多く。大勢。↓古語チャート19(737ページ)

海原の根柔ら小菅**あまた**あれば君は忘らす我忘るれや 歌〈万葉集・14・3498〉訳海辺の根の柔らかな小さいスゲ(=野草の名)が**数多く**生えているように(女が)たくさんいるので、あなたは(私を)お忘れになる。(だからといって)私は(あなたを)忘れるだろうか、いや、忘れたりはしない。○「海原の根柔ら小菅」は「あまたあれば」を導く序詞。

「片時の間」とて、かの国よりまうで来しかども、かくこの国には、**あまたの年**を経ぬるになむありける。」〈竹取・かぐや姫の昇天〉訳「ほんのしばらくの間だと思って、あの(=月の)国からやってまいりましたけれども、このようにこの国では、**多くの**年を過ごしてしまったことだなあ。」

中陰の程、山里などに移ろひて、便あしくせばき所に**あまた**あひゐて、後の業ども営み合へる、心あわたたし。〈徒然草・30・人の亡き後ばかり〉訳人の死後四十九日の間、(縁者たちが)山里などに移り住んで、条件がよくない狭い所に(人が)**数多く**一緒にいて、法事などを一緒に行っているのは、気ぜわしい。○この例は、「あまた」だけで「人が数多く」の意を表している。

❷《上代の用法》(形容詞を修飾して)**たいへん。非常に。とても。**

草枕旅行く君を人目多み袖振らずして**あまた**悔しも 歌〈万葉集・12・3184〉訳旅に出るあなたなのに、人目が多いからといって(お別れの)袖を振らないままに(別れたことが)**非常に**後悔されることだよ。○「草枕」は「旅」に係る枕詞。

鳥じもの海に浮きゐて沖つ波騒くを聞けば**あまた**悲しも 歌〈万葉集・7・1184〉訳(船で)海面に浮きながらとどまって、沖の波の荒れる音を聞くと、**とても**切ないなあ。○「鳥じもの」は「浮く」に係る枕詞。

❸《上代の用法》(「あまた〜打消」の形で)**たいして(…ない)。**

あまたあらぬ名をしも惜しみ埋もれ木の下ゆそ恋ふる行方知らずて 歌〈万葉集・11・2723〉訳**たいして**(多くも)ない名前が(うわさに立つのが)残念なので、埋もれ木のように人目に立たない所で(あなたを)恋しく思っている。(恋の)行方がどうなるか分からないままで。

発展 ①**語の成り立ち**　「あま」は動詞「余る」の語幹。「た」は「うたた」「はなはだ」の「た」「だ」と同じもので、そのような状態であるという意味を添える接尾語といわれる。

②**「あまた」の他の用法**　動詞や形容詞などの用言を修飾する用法ばかりでなく、「あまたの十体言」「あまたを」「あまたして(=数多くの人を使って)」のように名詞的に用いられたり、「あまたたび」「あまた年」「あまた夜」のような複合語を作ったりする用法もある。

関連語 数多度・数多所

あまつ-かみ【天つ神】名詞 天(=高天原)にいる神。また、そこから地上に下ってきた神。対国つ神

あまっ-さへ【剰へ】副詞 そのうえ。おまけに。 中納言、大納言に経あがって、**あまっさへ**丞相の位にいたり…。〈平家・1・鱸〉訳(平清盛は)中納言、大納言と昇進して、**そのうえ**大臣の位にまで至り…。○「丞」・「相」は「大臣」の中国風の呼び名。

発展「あまりさへ」が変化したもの。中世には「あまさへ」とも

表記された。

あまつ-そで【天つ袖】 名詞 天女の着る衣の袖。特に、★五節の舞姫の袖。

あまつ-そら【天つ空】 名詞 ❶天空。天上界。また、(天空のように)はるか遠い所。
夕暮れは雲のはたてに物ぞ思ふ天つ空なる人を恋ふとて 歌〈古今集・恋1・484〉訳↓ゆふぐれは…
❷宮中。
❸落ち着かないようす。上の空。

あま-づた・ふ【天伝ふ】 一 動詞 自〔ハ四段〕(は・ひ・ふ・ふ・へ・へ) 天を伝わる。大空を飛び巡る。
久方の天伝ひ来る雪じもの行き通ひつつ… 歌〈万葉集・3・261〉訳**大空を飛び巡ってくる雪のように、行き通いながら…**。○「久方の」は「天」に係る枕詞。
二 枕詞 (一の意味から)「入り日」「日」に係る。

あまつ-ひつぎ【天つ日嗣】 名詞 天照大御神の系統を受け継ぐこと。皇位継承。また、天皇の位。

あまつ-みかど【天つ御門】 名詞 皇居の門。皇居。

あま-づら【甘葛】 名詞 ❶《植物》つる草の一種。今のアマチャヅルであるという説もある。
❷❶を煮詰めて作った甘味料。
削り氷に甘葛入れて、新しき金椀に入れたる。〈枕草子・42・あてなるもの〉訳削った氷に**甘味料**を加えて、(それを)新しい金属製の椀に入れてあるのは(上品だ)。

あまつ-をとめ【天つ少女】 名詞 ❶天女。類 天少女
❷(❶のように見えることから)★五節の舞姫。類 天少女

天照大御神〔―|オホミカミ〕 登場人物 記紀神話の女神で、高天原の主神。日の神。伊邪那岐命の子。「天照大神」とも書き、「大日孁貴」とも。弟の須佐之男命の乱行を怒って天の岩屋に隠れた神話が知られている。伊勢神宮の主神として祭られている。

あま-て・る【天照る】 動詞 自〔ラ四段〕(ら・り・る・る・れ・れ) 空に輝く。大空に照る。
久方の天照る月は見つれども吾が思ふ妹に会はぬころかも 歌〈万葉集・15・3650〉訳**空に輝く**月は見たけれども、いとしく思うわが妻に会うことのないこのごろだなあ。○「久方の」は「天」に係る枕詞。

あまてる-や【天照るや】 枕詞 (空に照るという意味から)「日」に係る。

あま-と・ぶ【天飛ぶ】 動詞 自〔バ四段〕(ば・び・ぶ・ぶ・べ・べ) 空を飛ぶ。
久方の天飛ぶ雲にありてしか君を相見む落つる日なしに 歌〈万葉集・11・2676〉訳**空を飛ぶ**雲でありたい。そして飛んでいってあなたに会いたい。一日も欠かさずに。○「久方の」は「天」に係る枕詞。

あまとぶ-や【天飛ぶや】 枕詞 (空を飛ぶという意味から)「鳥」「雁」に、また「雁」との音の類似から)地名「軽」に、転じて「領巾」に係る。

あまな・ふ【和ふ・甘なふ】 動詞 自〔ハ四段〕(は・ひ・ふ・ふ・へ・へ) 受け入れて満足する。甘んじる。承知する。
清貧をあまなひて、友とする書の外はすべて調度の類はしきをいとふ。〈雨月・菊花の約〉訳潔白で貧乏に**甘んじて**、日ごろ親しむ書籍の外はすべて身の回りの道具の類の面倒なのを嫌う。

あまね・し【遍し・普し】 形容詞〔ク〕(く・く・し・き・けれ・○／から・かり・○・かる・○・かれ) 残す所がない。広く行きわたっている。
空には灰を吹き立てたれば、火の光に映じて、あまねく紅なる中に…〈方丈記・安元の大火〉訳(大火事の勢いによって)空には火の粉を吹いて舞い上がらせたので、その炎の光に照り映えて、(夜空一面)**残す所がなく**真っ赤に染まっている中で…。

あま-の【天の】 天の。天にある。天上界の。↓天の 発展 天空、または宮廷に関係ある事物の上に付ける。

あま-の-いはと【天の岩戸】 名詞 天上界の高天原にあるという岩屋の入り口の戸。類 天の門 発展 須佐之男命の悪事に腹を立てた天照大御神がこの岩屋にこもり、天地が闇夜になってしまったので、神々は困った。そこで天宇受売命がその前で踊り、手力男命が引き開けたという有名な神話がある。

あま-の-うきはし【天の浮き橋】 名詞 天上界から地上に降りるとき、天空に架かっているというはしご。発展「はし」は「はしご」の意味。

天の香具山 歌枕 今の奈良県橿原市にある山。「あまのかごやま」とも。畝傍山・耳成山とともに大和三山の一つで、古くから神聖視された。歌枕としては平安後期以降よく用いられ、多く「白妙の」「衣」「干す」「霞」などとともに詠まれた。↓ビジュアルチェック ❶(194ページ)・㉕(1097ページ)

あま-の-がは【天の川・天の河】 名詞 銀河。季語 秋
荒海や佐渡に横たふ天の川 句〈奥の細道・越後路・芭蕉〉訳↓あらうみや…

あま-の-かはら【天の河原】 名詞 ❶天上界にあるという★安の河の河原。❷天の川の河原。

あまのかる… 歌
あまの刈る藻にすむ虫のわれからと音をこそ泣かめ世をば恨みじ〈古今集・恋5・807・藤原直子〉訳海人が刈る海藻に棲んでいる虫のわれからではないが、我から、つまり(人から捨てられたのもすべて)自分のせいであると、声を出して泣こう。二人の仲を恨まないことにしよう。○初二句は「われから」を導く序詞。海藻にすむ虫の「われから(割れ殻)」と「我から」とを掛けている。発展『伊勢物語』六十五段にも見られる。

あま-の-かるも【海人の刈る藻】 漁師の刈り取る海藻。発展 和歌では、多く「乱る」を導く序詞に用いられる。

あま-の-こ【海人の子】 名詞 ❶漁師の子。❷(船に住んで世渡りをするところから)遊女。❸卑しい身分の者のたとえ。

あま-の-さへづり【海人の囀り】 漁師のことば。

あま-の-つりぶね【海人の釣り舟】 漁師が釣りをする船。

あま-の-と【天の門】 名詞 ❶天上の通路。大空。❷「★天の岩戸」に同じ。❸天の川の渡し場。発展 ❶は空を海に見立てたことば。❷は「天の戸」とも。

あま-の-と【海の門】 名詞 海峡。瀬戸。

あま-の-とまや【海人の苫屋】 ★苫で屋根を葺いた粗末な漁師の小屋。

あま-の-ぬぼこ【天の瓊矛】 名詞 玉飾りの付いた神聖な矛。発展「ぬ」は玉の意味。『古事記』の神話に登場する矛で、伊邪那岐命と伊邪那美命が天の神から賜わり、★天の浮き橋に立って海をかき回したという。

あま-の-はごろも【天の羽衣】 名詞 天人が着て空を飛ぶという着物。
天人の中に、持たせたる箱あり。天の羽衣入れり。〈竹取・かぐや姫の昇天〉訳天人の中(の一人)に、持たせてある箱がある。(その中には)**天の羽衣**が入っている。

天の橋立【あまのはしだて】 歌枕 京都府宮津市にある砂州。日本三景の一つ。和歌には、「松」「月」「霞」などとともに詠まれた。↓与謝の海・ビジュアルチェック❶(194ページ)

あま-の-はら【天の原】㊀名詞 ❶広々とした空。大空。↓あまのはら… ❷★天つ神がいるという天上界。類 高天原

㊁枕詞 (大空に高くそびえているところから)「富士山」に係る。

あまのはら… 百人一首

天の原ふりさけ見れば春日なる三笠の山に出でし月かも〈古今集・羇旅・406・阿倍仲麻呂〉訳 大空を遠く仰いで見ると(そこにある月は)、(故郷の)春日にある三笠の山に出た(のと同じ懐かしい)月なのだなあ。○「ふりさけ」の「ふり」は勢いがよいという意味を表す接頭語。「さく(放く・離く)」は(視線を)放つという意味。「春日」は、今の奈良市東方一帯の丘陵地のこと。「三笠の山」は、春日神社後方にある山。歌枕として有名。

発展 遣唐使として唐に派遣された仲麻呂が、帰国するときの餞別の宴で詠んだ歌。しかし、仲麻呂はそのまま唐で没した。

品詞分解・修辞

天の原	ふりさけ見れ(マ上一・已)	ば(接助)	春日	なる(存在・体)	
三笠の山	に(格助)	出で(ダ下二・用)	し(過去・体)	月	かも(終助)

あま-の-ひつぎ【天の日嗣】名詞 ↓あまつひつぎ

あまのやは… 句

蜑の屋は小海老にまじるいとどかな〈猿蓑・松尾芭蕉〉訳 人気のない粗末な漁師の家の前の、人影もないわびしい小庭に干してある、そのコエビに交じってイトド(=コオロギの類)が跳ね動いていることだなあ。○ 季語 いとど―秋。「蜑」は漁師。「いとど」はコオロギに似た虫、カマドウマ。

発展 『去来抄』には、この句と「病雁の夜寒に落ちて旅寝かな」との優劣をめぐって、★向井去来と★野沢凡兆が論争し、両句とも『猿蓑』に入集させたとある。

あまのやや… 句

蜑の家や戸板を敷きて夕涼み〈奥の細道・象潟・宮地低耳〉訳 漁師の家々がある。そこでは縁台の代わりに表に戸板を敷いて夕涼みをしていることよ。○ 季語 夕涼み―夏

発展 作者は、今の岐阜県出身の商人。象潟(=今の秋田県にかほ市象潟町)では、芭蕉と行を共にしていた。

あま-はせづかひ【海人馳せ使ひ】名詞 海人部という部族の出身で神聖な使いをする者。発展 一説に、天皇の使い。また、「天馳せ使ひ」で、「天空を飛ぶ使い」の意味とも。

あま-びこ【天彦】名詞 ❶こだま。山びこ。❷天人。

あま-びこ【雨彦・馬陸】名詞 ヤスデ(=節足動物の一種)の古い呼び名。

あまびこ-の【天彦の】枕詞 (★天彦の音が響くことから)「おと」に係る。

あまびさし-の-くるま【雨庇の車】★牛車のひとつ。屋根が、中央部が高く左右両端に向かって弓のように曲がっているもの。院・親王・摂政・関白などが直衣を着て乗る。雨眉の車。

あま-びたひ【尼額】名詞 尼になって前髪を切った額。★尼削ぎにした額。

あま-びと【天人】名詞 ↓あめひと

あま-びと【海人・蜑人】名詞 ↓あま(海人・海士・蜑)❶

あま-ひれ【天領巾】名詞 ↓ひれ

あま-ぶね【海人舟・蜑舟】名詞 漁師の乗る舟。漁船。

あま-ま【雨間】名詞 雨の晴れ間。雨の降りやんでいる間。

あま・ゆ【甘ゆ】動詞 自(ヤ下二段)〈え・え・ゆ・ゆる・ゆれ・えよ〉❶甘い味や香りがする。**いと甘えたる薫物の香を…。**〈源氏・常夏〉訳 たいへん**甘い**薫物の香りを…。

❷親しみ慣れていい気になる。甘える。**かくわざとめかしければ、甘えて「いかに聞こえむ。」など…。**〈源氏・夕顔〉訳 (源氏が)こうしてわざわざお返事をくれたので、**いい気になって**(女房たちは)「なんと申し上げたらいいだろう。」などと…。

❸恥ずかしがる。てれる。はにかむ。**「遺恨のわざをもしたりけるかな。」とて、甘えおはしましける。**〈大鏡・道長下〉訳 「残念なことをしたのだったなあ。」とおっしゃって、(帝は)**恥ずかしがっていらっしゃった**のだった。

あまり【余り】㊀名詞 残り。余分。余った分。**その余りの暇幾ばくならぬうちに、無益のことをなし…。**〈徒然草・108・寸陰惜しむ人なし〉訳 その(=食事や睡眠の)**残り**の暇な時間はいくらもない中で、役にも立たないことをして…。

㊁形式名詞 (「連体修飾語＋あまり(に)」の形で)(行為や感情が)…し過ぎた結果。あまりにも強かったため。**京の近づく喜びのあまりに、ある童の詠める歌…。**〈土佐日記・二月五日〉訳 都が近づいてくるうれしさが**あまりにも強かったために**、ある子供が詠んだ歌…。

㊂副詞 ❶度を超して。たいへん。あまりにも。**「あまりあなづる古言などは、さもありぬべし。」**〈枕草子・143・殿などの〉訳 「**あまりにも**(分かっているつもりで)ばかにしている古い歌など(の場合)は、そんな(=上の句を度忘れする)こともきっとあるにちがいない。」

❷(下に打消の語を伴って)たいして。それほど。**つれづれなる折に、いとあまりむつましうもあらぬ客人の来て…。**〈枕草子・31・心ゆくもの〉訳 何をするということもなく所在ないときに、まったく**それほど**親しくもない客が来て…。

㊃接尾語 ❶(数詞に付いて、その数よりいくらか多いことを表し)…と、あといくらか。…過ぎ。…ちょっと。**九月二十日あまりの程、長谷に詣でて…。**〈枕草子・228・九月二十日余りのほど〉訳 九月二十日**過ぎ**のころ、長谷寺に参詣して…。

❷(十以上の数を表す場合に、十の位と一の位の間に置いて)…と、あと…。**それの年の、十二月の二十日あまり一日の日の、戌の時に門出す。**〈土佐日記・十二月二十一日〉訳 これこれの年の、十二月の二十**と、あと**一日(=二十一日)の日の、戌の時(=午後八時ごろ)に出発する。

あまり-ごと【余り事】名詞 ❶余分なこと。

❷ちょっと得をしたこと。もうけもの。**「今日までは、余り事なむ…。」など聞こえさせつ。**〈枕草子・87・職の御曹司におはしますころ、西の廂にて〉訳 (作者が使いの者に)「(雪が)今日まで(消えずに残っているの)は、**もうけもの**で…。」と(中宮様に)申し上げさせた。

あまり-さへ【余りさへ・剰へ】副詞 ↓あまっさへ

あまり・なり【余りなり】形容動詞〔ナリ・ノ〕〈なら・なり(に)・なり・なる・なれ・なれ〉度を超している。ひどい。あんまりだ。「**おぼし分かぬやうならむも、あまりにはべりぬべし。**」〈源氏・夕霧〉訳「(夕霧さまの深いお心遣いが)おわかりにならないようであったりするのも、本当に**あんまりで**ございましょう。」

余りの心 文芸用語 和歌用語で、ことばには直接表現されていない感情や趣のこと。余情。

あま・る【余る】動詞 自〔ラ四段〕〈ら・り・る・る・れ・れ〉❶多すぎて残る。限度を超える。**在原業平は、その心余りて、詞足らず。**〈古今集・仮名序〉訳在原業平(の歌)は、その感情(のほう)が**多すぎて残って**、言語表現が十分でない。

❷(多く、「身に余る」の形で)その人の程度を超える。分に過ぎる。「**身に余るまでの御心ざしのよろづにかたじけなきに…。**」〈源氏・桐壺〉訳「(娘の更衣にとって)**分に過ぎる**ほどの(帝の)お気持ちがすべてにつけて恐れ多いほどであることによって…。」

❸力が及ばない。能力を超える。**手に余って討たれぬこともあるべし。**〈太平記〉訳手に**力が及ばず**討ち負かせないこともあるに違いない。〇「余って」は「余りて」の促音便。

あま-をとめ【天少女】名詞 ↓あまつをとめ

あま-をとめ【海人少女】名詞 漁師である少女。海で働く少女。発展「海女」と「少女」とは同格の関係にある。

あま-をぶね【海人小舟・蜑小舟】一名詞 漁師の乗る小さな舟。

二枕詞(舟が停泊することを「泊つ」ということから)「はつ」に係る。

あまん・ず【甘んず】動詞 他〔サ変〕〈ぜ・じ・ず・ずる・ずれ・ぜよ〉満足する。楽しむ。**ひとたびは坐して、まのあたり奇景をあまんず。**〈奥の細道・跋〉訳しばらくの間座ったまま、目の前に広がるめずらしい景色を**楽しむ**。

あみだ【阿弥陀】名詞《仏教語》❶仏の名。西方極楽浄土の主導者で、万人を救うため四十八の願を立てたといわれる。類阿弥陀仏・阿弥陀如来・弥陀

[あみだ❶(阿弥陀如来結跏趺坐像)]

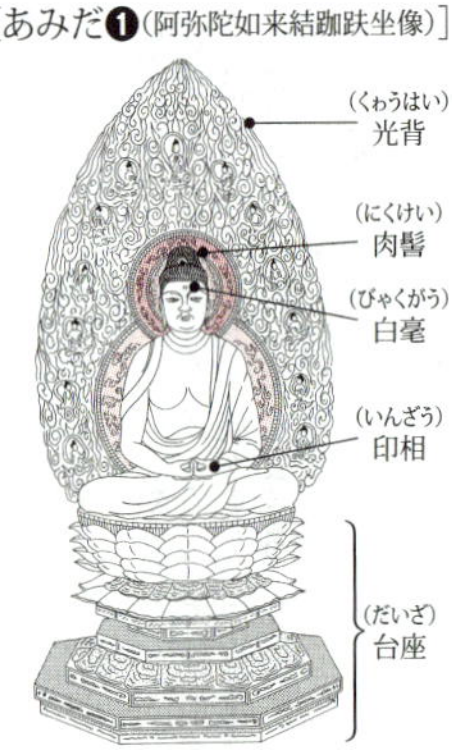

❷「★阿弥陀笠」の略。発展「あみだ」とは★梵語に漢字の音を当てたことばで、「無量寿」「無量光」の意味。日本では平安中期以後盛んに信仰され、その後、浄土宗・浄土真宗の本尊として、その名を唱えると極楽往生ができると信じられた。

あみだ-がさ【阿弥陀笠】名詞 笠を、内側が見えるように後頭部に傾けてかぶること。発展阿弥陀仏の光背に似ていることから。

あみだ-きゃう【阿弥陀経】名詞《仏教語》仏教の経典のひとつ。浄土三部経の一つであり、極楽往生するために、阿弥陀如来の名を唱えることを勧めている。

あみだ-さんぞん【阿弥陀三尊】名詞《仏教語》阿弥陀仏を中心にして、左に観音菩薩、右に勢至菩薩を配した仏像。

あみだ-にょらい【阿弥陀如来】名詞 ↓あみだ❶

あみだ-の-ひじり【阿弥陀の聖】阿弥陀の名号を唱えて歩き、人々に念仏を勧めた僧。

あみだ-ぶつ【阿弥陀仏】名詞 ↓あみだ❶

あみだ-ぼとけ【阿弥陀仏】名詞 ↓あみだ❶

あみ-ど【編み戸】名詞 タケや薄板などを編んで作った粗末な戸。

あ・む【浴む】動詞 他〔マ上二段〕〈み・み・む・むる・むれ・みよ〉(湯や水を)かぶる。浴びる。↓浴ぶ

筑紫へ湯浴みむとてまかりけるときに…。〈古今集・離別・387・詞書〉訳(九州の)筑紫へ湯を**浴び**ようとして下りましたとき…。

発展「あむ」は古い形で、中古以降「あぶ」が現れる。

あむ・す【浴むす】一動詞 他〔サ四段〕〈さ・し・す・す・せ・せ〉(湯や水などを)体にかける。浴びせる。類浴ぶす

さし鍋に湯沸かせ子ども櫟津の檜橋より来む狐に浴むさむ 歌〈万葉集・16・3824〉訳さし鍋(＝柄と注ぎ口の付いた鍋)に湯を沸かせ、皆の者よ。櫟津(＝地名)のヒノキで作った橋を渡って来るキツネに(湯を)**浴びせ**よう。

二動詞 他〔サ下二段〕〈せ・せ・す・する・すれ・せよ〉一の意味と同じ。類浴ぶす

念仏の僧に、湯沸かして浴むせたてまつらんとて、木こりに奥山に入りたりけるに…。〈宇治拾遺〉訳(身分の低い法師たちが)念仏を唱える僧に、(体を清めるため)湯を沸かして**体におかけ**申し上げようとして、木を切りに奥深い山に入っていったところ…。

発展四段活用の例の方が古いといわれる。

あめ【天】名詞 空。また、天上界。対地。↓天

あめ【雨】名詞 空から落ちてくる水滴。また、涙のたとえ。

数々に思ひ思はず問ひがたみ身を知る雨は降りぞまされる 歌〈古今集・恋4・705〉訳(あなたが私を)いろいろと思ってくれているのかいないのか、なかなか問いただすことができないので、(私の)身のほどを知っている**涙の雨**がますます降ってくる。

↓**古語チャート㉑**(783ページ)

あめ-うじ【飴牛・黄牛】名詞 あめ色(＝暗黄色)の毛色のウシ。上等なウシとされていた。発展近世以降「あめうし」とも。

あめ-が-した【天が下】名詞 ↓あめのした

あめ・く【叫く】動詞 自〔カ四段〕〈か・き・く・く・け・け〉大声で騒ぐ。大声を出す。叫ぶ。わめく。類喚く

あめ-つち【天地】名詞 ❶天と地。世界全体。

❷天の神と地の神。天地の神。

天地を嘆き乞ひ祈み幸くあらばまた帰り見む志賀の唐崎 歌〈万葉集・13・3241〉訳**天地の神**に嘆願し、祈願して、もし無事であったなら、再び戻って来て眺めよう。この志賀の★唐崎を。

あめつちの… 歌

天地の　分かれし時ゆ　神さびて　高く貴き　駿河なる　富士の高嶺を　天の原　振り放け

見れば　渡る日の　影も隠らひ　照る月の　光も見えず　白雲も　い行きはばかり　時じくそ　雪は降りける　語り継ぎ　言ひ継ぎ行かむ　富士の高嶺は〈万葉集・3・317・山部赤人〉訳 天と地とが別々になったときから神々しくて高く貴い、駿河にある富士山の高い峰を、大空を振り仰いで遠く見やると、(空を)渡って行く太陽の姿も(富士山の高い峰には)隠れ続け、照る月の光も見えないで、白雲も(富士山の高い峰にはばまれて)行き悩み、時節に関係なく雪は降っていたことよ。ずっと語り伝え言い伝え続けよう。この富士山の高い峰は。

発展 反歌は「田子の浦ゆうち出でて見れば真白にぞ富士の高嶺に雪は降りける」。↓たごのうらゆ…

あめ-に-も-さはら-ず【雨にも障らず】―　雨をものともしないで。雨を何とも思わないで。

此の馬の恋しかりければ、**雨にも障らず**、夕方行きたりけるに…〈今昔〉訳 このウマが恋しかったので、**雨をものともしないで**、夕方に行ったところ…。

あめ-の【天の】天の。天にある。高天原の。↓天の

あめ-の-あし【雨の脚】雨が降るときに白い糸のように見える筋。雨脚。また、頻繁なようすのたとえ。発展「雨脚」を訓読したことば。

あめ-の-した【天の下】名詞 ❶地上の世界。また、日本全国。❷この世の中。天下。類 天が下 発展「天下」を訓読したことば。

あめのした… 歌

あめのした乾ける程のなければや着てし濡れ衣ひるよしもなき〈大鏡・時平・菅原道真〉訳 雨の降りそそぐ天の下は、乾いている間がないので、着てしまったぬれた衣服が乾く(=受けてしまった無実の罪をはらす)すべもないのか。○「あめ」に「雨」と「天」を掛ける。また、「濡れ衣」は、「ぬれた衣服」という意味に「無実の罪」という意味を重ねたもの。

発展 左大臣藤原時平によって無実の罪を着せられた道真の嘆きの歌。

あめ-の-した-しら-しめ-す【天の下領らしめす】天下を統治なさる。国土をお治めになる。発展「しらしめす」は動詞「しらす」の連用形＋尊敬の補助動詞「めす」。「しろしめす」となることもある。

あめ-の-みかど【天の御門】朝廷。また、天皇を敬った言い方。発展「天皇の宮殿」の意味から。

あめのむらくも-の-つるぎ【天の叢雲の剣】名詞 三種の神器の一つ。須佐之男命が出雲で八岐の大蛇を退治したとき、その尾から出たという剣。↓草薙の剣 発展「あまのむらくものつるぎ」とも。

あめ-ひと【天人】名詞 ❶天上界の人。天人。❷天皇の統治下にある人。発展「天人」を訓読したことば。「あまびと」とも。

あめ-まだら【飴斑・黄斑】名詞 ウシの毛色のひとつ。あめ色(=暗黄色)のまだらがあるもの。

あめ-もよ-に【雨もよに】連語 雨が降りしきるときに。雨が降りしきる中。

木幡の山の程も、**雨もよにいと恐ろしげなれど**…〈源氏・椎本〉訳 木幡山の辺りも、**雨が降りしきる中**ひどく恐ろしい感じがするけれど…。

あめ-やま【天山】㊀名詞 (天や山のように高いことから)多大なこと。㊁副詞 はなはだ。大いに。

「堪増は、平家の御恩を**天山**と被ったれば…。」〈平家・4・源氏揃〉訳 「堪増(=人の名)は、平家のご恩を**大いに**受けているので…。」

あ-めり

見た目で推定する
❶(「あ(あり)」が独立動詞の場合)(…が)あるように見える。
❷(「あ(あり)」が補助動詞の場合)…(で)あるようだ。

連語 ❶(「あ(あり)」が独立動詞の場合)(…が)**あるように見える。あるようだ。**

奥寄りて、三四人差し集ひて、絵など見るも**あめり**。〈枕草子・184・宮に初めて参りたるころ〉訳 (部屋の)奥の方に寄って(=下がって)、三、四人(の女房)が寄り集まって、絵などを見る者も**いるように見える**。

❷(「あ(あり)」が補助動詞の場合)…(で)**あるようである**。↓発展 ③

「いみじくおぼし立ちて、仏の御徳必ず見たまふべき人に**こそあめれ**。」〈更級日記・初瀬〉訳 「(長谷寺へお参りしたいと)並々でなく(熱心に)お思い立ちになって、仏の御利益を必ずお受けになるに違いない人で**あるようだ**。」○「あめれ」は★補助語となる文節で、「人にこそ」の「に」は断定の助動詞「なり」の連用形。

発展 ①**語の成り立ち** 「あるめり」(ラ変動詞「あり」の連体形＋推定の助動詞「めり」)が撥音便で「あんめり」となったもの。

②**「あんめり」と読む** 中古では「ん」を表す文字が定まっていなかったため「あめり」と表記されたが、「あんめり」と読むのが普通。中世以降「あんめり」と表記されるようになる。

③**「あめる」「あめれ」しかない❷の「あめり」** ❷のように、「あめり」の「あ(あり)」が補助動詞の場合、必ず係助詞「ぞ」「なむ」「こそ」の結びとして用いられている。したがって、❷の「あめり」は、実際には、「あめる」「あめれ」しか存在しないのである。

あも-る【天降る】動詞 自 ラ上二段〈り・り・る・るる・るれ・りよ〉 ❶天上から地上に降りる。あまくだる。

葦原の瑞穂の国に手向けすとあもりましけむ五百万千万神の… 歌〈万葉集・13・3227〉訳 日本の国に供え物をしようと**天上からお降り**になったという五百万、千万の神の…。

❷(天皇が)お出ましになる。行幸する。

和射見が原の行宮にあもりいまして天の下治めたまひ… 歌〈万葉集・2・199〉訳 和射見が原の仮宮に**行幸なさって**、天下をお治めになり…。

あや【文】名詞 ❶(木の木目、水の波紋、織物の紋様などの)複雑な線の模様。特に、斜線が交錯した模様。❷筋道。道理。区別。❸文章の修辞。表現技巧。

あや【綾】名詞 いろいろな模様を織り出した絹織物。綾織物。

あやうい(現)↓(古)**あやふし【危ふし】**

あやうし(現)↓(歴)**あやふし【危ふし】**

あやおり-もの【綾織物】名詞 ↓あや(綾)

あやか-る【肖る】動詞 自 ラ四段〈ら・り・る・る・れ・れ〉 ❶影響を受けて変わる。感化される。

風速み峰の葛葉のともすればあやかりやすき人の心か 歌〈拾遺集・1251〉訳 風が強く吹くので、山の峰のクズの葉が裏返るように、どうかすると**感化され**やすいあ

の人の心なのだなあ。
❷影響を受けて似る。特に、幸せな人に似て幸せになる。
ただ、人にあやかりてゆくのみなり。〈三冊子〉訳ひたすら、人の句に**影響を受けて似る**(ように)詠んでいくだけだ。

あや-し【怪し・奇し・賤し】形容詞 ↓**最重要語**(89ページ)

あやし-が・る【怪しがる】動詞 他〔ラ四段〕〈ら・り・る・る・れ・れ〉
不審に思う。不思議に思う。
怪しがりて、寄りて見るに、筒の中光りたり。〈竹取・かぐや姫の出生〉訳**不思議に思って**、近づいて見ると、(タケの)筒の中が光を放っている。
発展「がる」は接尾語。

あやし-げ・なり【怪しげなり】形容動詞〔ナリ〕〈なら・なり(に)・なり・なる・なれ・なれ〉

一【怪しげなり】いかにも不思議だと感じる。いかにも奇妙である。

おのおのしたり顔なりけれど、「例の、いかに怪しげに古めきたりけむ。」と思ひやれば…。〈源氏・宿木〉訳(宴に歌を献上する人々は)それぞれ得意そうな面持ちではあったけれど、「例によって、なんとまあ**いかにも奇妙で古めか**しいものであっただろう。」と思いやられるので…。

二【賤しげなり】いかにもみすぼらしい感じがする。

いとあやしげなる張り輿を対の屋の端へ寄す。〈とはずがたり〉訳たいへん**みすぼらしい感じがする**張り輿を対の屋の端の方に寄せる。

↓古語チャート⑪(427ページ)

あやし-の-しづ【賤しの賤】―名詞 身分の低い者。貧しい者。

あやし-ば・む【怪しばむ】動詞 自〔マ四段〕〈ま・み・む・む・め・め〉
怪しそうに見える。怪しいようすをしている。
「転害の門の南のかたに、大衆何十人をへだてて、怪しばうだる者の見えつる。」〈平家・12・六代被斬〉訳「(東大寺の)転害門の南方に、衆徒何十人を間に隔てて、**怪しいようすをし**ている者が見えた。」〇「あやしばう」は、連用形「あやしばみ」のウ音便。

あやし・ぶ【怪しぶ】動詞 他〔バ四段〕〈ば・び・ぶ・ぶ・べ・べ〉「あやしむ」に同じ。
相人驚きて、あまたたび傾き怪しぶ。〈源氏・桐壺〉訳人相見は驚いて、何度も首をかしげて**不思議がる**。

あや・し【怪し・奇し・賤し】形容詞〔シク〕

不思議な現象に対する驚きの気持ち

- 一【怪し・奇し】
  - ❶神秘的だ。不思議だ。
  - ❷異常だ。並々でない。◉よい面にも悪い面にも用いられる。
  - ❸よくない。不都合だ。
  - ❹不審だ。疑わしい。
- 二【賤し】
  - ❶身分が低い。卑しい。
  - ❷見苦しい。みっともない。粗末だ。

未然形	連用形	終止形	連体形	已然形	命令形
あや・しく	あや・しく	あや・し	あや・しき	あや・しけれ	○
あや・しから	あや・しかり	○	あや・しかる	○	あや・しかれ

一【怪し・奇し】❶(人間の知力を超えていて)**神秘的だ。不思議だ。妙だ。**

げに御容貌ありさま、怪しきまでぞ覚えたまへる。〈源氏・桐壺〉訳(話には聞いていたが)現実に(藤壺の女御の)お顔立ちや、お姿が、**不思議な**までに(亡き桐壺の更衣に)似ていらっしゃる。
❷(よくも悪くも)**異常だ。並々でない。珍しい。**
情けある人にて、瓶に花を差せり。その花の中に、怪しき藤の花ありけり。〈伊勢・101〉訳(在原行平は)風流心のある人で、(宴席の飾りとして)花瓶に花を差した。その花の中に、(房の長い)**珍しい**フジの花があった。

人々おぢわびて逃ぐれば、その御方は、いと怪しくなむののしりける。〈堤中納言・虫めづる姫君〉訳侍女たちが怖がって逃げ出すとなると、その(=姫君の)部屋は、たいへん**並々でなく**大騒ぎになるのであった。
❸**道理・礼儀から外れている。よくない。不都合だ。**
遣り戸を荒く立て開くるも、いと怪し。〈枕草子・28・憎きもの〉訳引き戸を荒っぽく閉めたり開けたりするのも、ひどく**礼儀から外れている**。

打ち橋、渡殿のここかしこの道に、怪しきわざをしつつ、御送り迎への人の衣の裾、耐へがたく、まさなきこともあり。〈源氏・桐壺〉訳(桐壺の更衣に嫉妬する女御たちが)打ち橋(=取り外しのできる板橋)や、渡り廊下のあちこちの通り道に、**よくない**ことを仕掛けては、(更衣の)お送り迎えの女房たちの着物の裾が(汚れ)、我慢ならないほど、思いがけないこともある。
❹**不審だ。疑わしい。**
「かぐや姫を養ひたてまつること二十余年になりぬ。『片時』とのたまふに怪しくなりはべりぬ。」〈竹取・かぐや姫の昇天〉訳「かぐや姫を養育し申し上げること二十余年になった。(それを天人は)『わずかの間。』とおっしゃるので(本当にこのかぐや姫のことを言ったのか)**疑わしく**なってしまいました。」

二【賤し】❶**身分が低い。卑しい。**↓古語チャート❸(67ページ)
あやしき賤山賤も、力尽きて、薪さへ乏しくなりゆけば…。〈方丈記・飢渇〉訳(大飢饉のため)**身分の低く**卑しい者や木こりも、力が尽きて、薪までもが乏しくなっていくので…。
❷**見苦しい。みっともない。粗末だ。みすぼらしい。**
あやしき板敷きにしばし立ちたまへるを、もて鎮めたるけはひの、若やかなるして…。〈徒然草・104・荒れたる宿の〉訳**粗末な**板敷き(の所)にしばらくお立ちになっていると、しとやかな声で、若々しい感じの声で…。

発展 ①一の意味の展開　感動詞「あや」が形容詞になったものかといわれる。自己の理解を超えた現象に対する驚きを表す一❶がもともとの意味で、客観的判断や善悪の判断が加わることによって、一の❷以下の意味ができた。
②一→二へ　平安時代の貴族の価値観や生活基準から見れば、庶民の生活や考え方は不思議で理解できなかったことから、二の❶❷などの意味が生じたといわれる。
↓古語チャート⑪(427ページ)

あやし-み【怪しみ】名詞 不審なこと。奇怪な事柄。

あやし・む【怪しむ】**一** 動詞 他 〔マ四段〕〈ま・み・む・む・め・め〉不審に思う。不思議がる。いぶかしく思う。「この月ごろ、うちうちに**怪しみ**思うたまふる人の御ことにや。」〈源氏・夢浮橋〉訳「この幾月、ひそかに**不審に思い**思案させていただいている人のことではないでしょうか。」

二 動詞 他 〔マ下二段〕〈め・め・む・むる・むれ・めよ〉**一**に同じ。「この路**旅人稀なる所なれば**、関守に**怪しめられて、やうやうとして関を越す**。」〈奥の細道・尿前の関〉訳 この道は旅人が少ない所なので、関所の番人に**不審に思われて**、ようやくにして関を越す。

発展「あやしぶ」とも。

あや・す【落す】動詞 他 〔サ四段〕〈さ・し・す・す・せ・せ〉(血や汗などを)流す。したたらす。こぼす。落とす。「**もったいなくも、この御寺に血をあやす**奇怪さよ。」〈近松・出世景清〉訳 恐れ多くも、このお寺に血を**流す**けしからんことよ。

あや-な・し 形容詞 ↓**最重要語**（90ページ）

あや-に【奇に】副詞 ❶むしょうに。むやみやたらに。「**あやにな恋ひ聞こし**…」〈古事記・大国主神〉訳 (明日の夜には私たちは結婚するのだからそんなに)**むやみやたらに**恋しいとおっしゃるな…。❷ひどく。たいへん。

発展 感動詞「あや」が副詞になったもの。

あやにく-が・る 動詞 自 〔ラ四段〕〈ら・り・る・る・れ・れ〉ひどく意地を張る。だだをこねる。「**あやにくがりつるほどこそ、寒さも知らざりつれ**…」〈枕草子・125・無徳なるもの〉訳 **ひどく意地を張って**いた間こそ、寒さも気づかなかったが…。

あやにく-ごころ【あやにく心】名詞 意地悪な心。憎らしく思う気持ち。また、強情な心。

あや-にく・し 形容詞 〔ク〕〈く・く・し・き・けれ・○／から・かり・○・かる・○・かれ〉思うようにならず具合が悪い。不都合だ。「**あてもあやにくきめを見るかな**。」〈宇津保〉訳 それにしても**不都合な**めに遭うことよ。

あや-にく・なり 形容動詞 ↓**最重要語**（91ページ）

あやふ-が・る【危ふがる】**一** 動詞 自 〔ラ四段〕〈ら・り・る・る・れ・れ〉危ないと思う。不安に思う。警戒する。

あや-な・し

形容詞〔ク〕

物事の筋道がはっきりしないようす

❶筋が通らない。わけが分からない。一貫性がない。
❷理由がない。いわれがない。
❸無意味だ。むなしい。かいがない。

未然形	連用形	終止形	連体形	已然形	命令形
あやな・く	あやな・く	あやな・し	あやな・き	あやな・けれ	○
あやな・から	あやな・かり	○	あやな・かる	○	あやな・かれ

❶**筋が通らない。わけが分からない。一貫性がない。**「**春の夜の闇はあやなし梅の花色こそ見えね香やはかくるる**」歌〈古今集・春上・41〉訳 春の夜の闇は**わけが分からない**(ことをする)。(闇で覆っても)ウメの花は色だけは見えないけれど、香りは隠れるというのか、いや、隠れはしない。

○香り高いウメの花を闇で覆うだけで隠そうとする(擬人化された)「春の夜の闇」の考えを「あやなし(=わけが分からない)」と表現している。

❷**理由がない。いわれがない。**「**女郎花多かる野辺に宿りせばあやなくあだの名をや立ちなむ**」歌〈古今集・秋上・229〉訳 (女という名を持つ)オミナエシがたくさんある野辺で泊まったりしようものなら、(我々は)**いわれなく**浮気者という評判を高めてしまうだろう。

○「女」ということばを含むオミナエシだが、実際の女性ではないのだから、そこで泊まったからといって、浮気だと非難されるいわれはないという気持ち。

❸**無意味だ。むなしい。かいがない。**「**その夕べより乱り心地かき暗らし、あやなく今日は眺め暮らしはべる**。」〈源氏・若菜上〉訳「(私は)その(日の)夕方から取り乱した心を(いっそう)暗くして、**むなしく**今日はぼんやりと物思いにふけって暮らしております。」

発展 **語の成り立ち**
「あや」は、波紋・木目・織物の柄など、自然現象や物の表面に現れる筋目や模様のこと。それが「なし」であることから、「あやなし」は対象の筋目がはっきりしない、どこがどこにつながっているのか分からない状態をいうのが、もともとの意味で、「文無し」と表記されることもある。そこから、論理の筋道が分からない❶❷を表すようになった。さらに、わけが分からないことに対するあきらめの気持ちから、❸のように「無意味だ・むなしい」という意味も生じた。

類語比較 **「あやなし」と「わりなし」**
共通点＝筋が通らないようすを表す。
あやなし＝物事の筋道がはっきり見えなくて、わけが分からないという気持ちを表す。
わりなし＝「わり(=道理・筋道)」が「なし」であることから、常識的な理屈で考えて解決しようとしてもどうにもならないようすをいうのが、もともとの意味である。そこから、対策が見つからなければ「どうしようもない」、そのときの心情を強調すると「つらい・苦しい」、あきらめると「やむをえない・無理もない」と意味が広がった。

「**いよいよ危ふがりて、押してこの国に越え来ぬ**。」〈源氏・玉鬘〉訳 (大夫監は)ますます**不安に思って**、強引にこの国に(境を)越えてやってきた。

あやふ-げ・なり【危ふげなり】**一** 形容動詞 〔ナリ〕〈なら・なり(に)・なり・なる・なれ・なれ〉危なそうだ。危なげだ。物騒だ。「さいふ者ありと聞くぞ。**危ふげに希有のやつかな**。」〈宇治拾遺〉訳「そういう者がいるとは聞いているぞ。**物騒でとんでもないやつだ**。」

あやふ・し【危ふし】形容詞 〔ク〕〈く・く・し・き・けれ・○／から・かり・○・かる・○・かれ〉❶危ない。危険だ。「かく**危ふき枝の上にて、安き心ありて眠るらんよ**。」〈徒然草・41・五月五日〉訳「こんな**危険な**枝の上で、(どうして)安心して眠っているのだろうかなあ。」❷心配だ。気がかりだ。不安だ。**弓弦いとつきづきしく打ち鳴らして**、「**火危ふし**。」と言ふ言ふ…。〈源氏・夕顔〉訳 (滝口の武士は魔よけのために)弓の弦をたいそう(その場に)ふさわしく打ち鳴らして、「**火が気がかりだ**(=火の用心)。」と言い言い…。

あやぶ・む【危ぶむ】 ■一 動詞 他 〔マ四段〕〈ま・み・む・む・め・め〉
危険だと思う。心配する。気がかりに思う。
霜を覆へる蘆の葉のもろき命を危ぶむ。〈平家・8・太宰府落〉訳 霜を覆っているアシの葉のようにもろい命を**心配する。**

■二 動詞 他 〔マ下二段〕〈め・め・む・むる・むれ・めよ〉 危ない状態にする。危険にさらす。危うくする。
身を危ぶめて砕きやすきこと、珠を走らしむるに似たり。〈徒然草・172・若き時は〉訳 わが身を**危険にさらして**こなごなにしやすい(=破滅させやすい)ことは、ちょうど珠を走らせる(=強くころがす)のに似ている。

あやまた-ず【過たず】 連語 正確に。間違いなく。ねらいどおり。
小川のはたにて、音に聞きし猫股、あやまたず足許へふと寄り来て…。〈徒然草・89・奥山に、猫股〉訳 小川(という名の川)のほとりで、うわさに聞いた猫股(=ネコの化け物)が、**ねらいどおり**(僧の)足もとへさっと寄ってきて…。

あやまち【過ち・誤ち】 名詞 ❶失敗。過失。
「**大事の御水瓶を、過ちにうち破りてさうらふときに**…。」〈沙石集〉訳「大切なお水瓶を、**過失**で壊してしまいましたときに…。」
❷落ち度。罪。とが。特に、不道徳な男女関係。
「**過ちして、見む人のかたくななる名をも立てつべきものなり。**」〈源氏・帚木〉訳「(浮気な女は他の男と)**不道徳な関係**を持って、(その女を)世話したりする夫が間抜けだという評判までも立ててしまうに違いないものである。」
❸負傷。けが。
「長谷部信連がさうらふぞ。**近う寄って過ちすな。**」〈平家・4・信連〉訳「長谷部信連が(ここに)居りますぞ。近寄って**けが**をするな。」

あやま・つ【誤つ・過つ】 動詞 他 〔タ四段〕〈た・ち・つ・つ・て・て〉
❶間違える。
み吉野の山辺に咲ける桜花雪かとのみぞあやまたれける 歌〈古今集・春上・60〉訳 吉野山のほとりに咲いているサクラの花は、まるで雪ではないかとばかり**間違え**ずにはいられなかったことだ。
❷不正を行う。あやまちや罪を犯す。
「**我は、位にありしとき、あやまつことなかりしかど**…。」〈源氏・明石〉訳「自分は、帝位についていたとき、**不正**(=失政)**を行う**ことはなかったけれども…。」
❸(約束などを)たがえる。背く。反する。
故大納言の遺言にあやまたず…。〈源氏・桐壺〉訳 亡き大納言の遺言に**背か**ないで…。
❹(健康を)害する。損ねる。傷つける。
「**一夜の深山風にあやまちたまへる悩ましさなり。**」〈源氏・夕霧〉訳「一夜の山の風にあたったせいで**体を損ね**なさったご病気であるようだ。」
❺人を殺傷する。殺す。
「**この度は、我あやまたれなんず。神仏、助けたまへ。**」〈宇治拾遺〉訳「今度は、私はきっと**殺さ**れてしまうだろう。神様仏様、お助けください。」

あやまり【誤り】 名詞 ❶間違い。過失。失敗。
❷正気でないこと。気持ちが乱れること。
「**この人をおぼす縁の、御心地の誤りにこそはありけれ。**」〈源氏・蜻蛉〉訳「(匂宮の病気は)この人(=浮舟)をお慕いになることからの、お気持ちの**乱れ**ではあったのだった。」

あやま・る【誤る】 ■一 動詞 自 〔ラ四段〕〈ら・り・る・る・れ・れ〉 ❶間違える。仕損じる。しくじる。
❷(「心地あやまる」の形で)(気分が)悪くなる。
「**今朝の雪に心地あやまりて、いと悩ましくはべれば**…。」〈源氏・若菜上〉訳「今朝の雪で気分が**悪くなって**、ひどく苦しゅうございますので…。」
■二 動詞 他 〔ラ四段〕〈ら・り・る・る・れ・れ〉 ❶(約束などを)破る。たがえる。背く。
むかし、男、ちぎれること誤れる人に…。〈伊勢・122〉訳 昔、ある男が、夫婦になる約束を**たがえ**た女に…。
❷(判断を誤って)心身を損ねたり、失ったりする。

あや-にく・なり

形容動詞〔ナリ〕

未然形	連用形	終止形	連体形	已然形	命令形
あやにく・なら	あやにく・なり あやにく・に	あやにく・なり	あやにく・なる	あやにく・なれ	(あやにく・なれ)

予想や期待に反して、困惑・落胆する気持ち
❶意地が悪い。程度がひどい。
❷間が悪い。都合が悪い。

❶**意地が悪い。程度がひどい。厳しい。無慈悲だ。**
「**さらに知らぬ由を申ししに、あやにくに強ひたまひしこと。**」〈枕草子・84・里にまかでたるに〉訳「(宰相の中将が)おまえの居場所をしつこく尋ねるので)一向に知らないということを申し上げたのに、**意地悪く**無理にも(言わせようと)なさったことだ。」
帝の御掟、きはめてあやにくにおはしませば、この御子どもを同じ方に遣はさざりけり。〈大鏡・時平〉訳 帝の(道真への)ご処置が、非常に**厳しく**ていらっしゃるので、この(=道真の)お子様たちを同じ方面におやりにならなかったのだった。
❷**間が悪い。都合が悪い。あいにくだ。**
暗部の山に宿りも取らまほしげなれど、あやにくなる短夜にて、あさましうなかなかなり。〈源氏・若紫〉訳(藤壺の女御との束の間の逢瀬に源氏は夜明けを知らない)暗部山に宿をも取りたそうであるけれども、(今は初夏の)**あいにくの**短い夜で、嘆かわしくかえってそうしない方がましなくらいである。
かれは、人の許しきこえざりしに、御心ざしあやにくなりしぞかし。〈源氏・桐壺〉訳 あちら(=桐壺の更衣)は、(帝に寵愛されることを)人々がお許し申し上げなかったのに対して、(帝の)ご愛情が**あいにくであった**(=深かった)のだよ。

発展 現代語とのつながり
感動詞「あや」に、形容詞「憎し」の語幹「にく」が付いて形容動詞になったものといわれる。
近世以降「あいにく」となって現代に至るが、何かをしようとする場合にそれを妨害する不都合が生じたときの、失望・落胆・困惑の気持ちを表す本来の意味は、それほど失っていない。

行ひを潔くして、百年の身を誤り、命を失へる例…。〈徒然草・172・若き時は〉訳行動を思いきりよくして、多くの年月のわが身を失ったり（＝一生涯を台無しにしたり）、他人の命を失ったりした先例を…。

あやま・る【謝る】動詞 自 ラ四段〈ら・り・る・る・れ・れ〉❶（自分の誤りを認め）謝罪する。わびる。
❷閉口する。まいる。おそれいる。
とかく素人は狂歌も落首も同じやうに心得るから、これにてあやまる。〈滑稽本・浮世風呂〉訳とかく素人は狂歌も落首も同じだと思っているから、これには閉口する。

あや-め【文目】名詞❶（織物の）織り目。模様。❷（物の）形。ようす。区別。❸（物事の）道理。筋道。分別。

あやめ【菖蒲】名詞❶《植物》ショウブ（＝サトイモ科の多年草）の古い呼び名。水辺に自生し、初夏に香りのよい花をつける。
五月、菖蒲葺くころ、早苗取るころ、水鶏のたたくなど、心細からぬかは。〈徒然草・19・折節の〉訳（陰暦）五月、（端午の節句に）ショウブを軒端に差して飾るころ、早苗を取る（＝田植えをする）ころ、クイナが（戸をたたくような声で）鳴くころなどは、しみじみと寂しくないことがあろうか、いや、しみじみと寂しいものだ。
❷＊襲の色目のひとつ。表は青、裏は紅梅、または白。
❸陰暦五月の別の呼び名。
発展❶の植物は剣型の葉や、強い香りから邪気を払うとされ、＊端午の節句には軒や車に差した。また、和歌では、「文目」に掛けたり、「引く」「ね（根）」などの縁語となることがある。

あやめ-ぐさ【菖蒲草】■一 名詞「＊菖蒲❶」に同じ。季語 夏
■二 枕詞（同音の繰り返しにより）「あや」に、（ショウブの根を賞することから）「ね」に係る。

あやめ-の-くらうど【菖蒲の蔵人】名詞 陰暦五月五日の宮中行事で天皇から下賜されるショウブなどで作った＊薬玉を、親王や公卿に取り次いだ女蔵人（＝宮中で雑事を勤めた女官）。

あやめ-の-せっく【菖蒲の節句】陰暦五月五日の男子の節句。類 端午

あやめ-も-しら-ず【文目も知らず】わけの分からない。道理をわきまえない。
ほととぎすなくや五月のあやめ草あやめも知らぬ恋もするかな 歌〈古今集・恋1・469〉訳→ほととぎす…
発展 名詞「あやめ」＋係助詞「も」＋四段動詞「しる」の未然形＋打消の助動詞「ず」。

あやめ-も-わか-ず【文目も分かず】→あやめもしらず

あや-ゐがさ【綾藺笠】名詞 イグサを編んで作った笠。中央に突出部があり、ここに＊髻を入れてかぶった。発展 武士が旅行や狩り、＊流鏑馬のときなどに使用した。

[あやゐがさ]

あゆ【東風】名詞 東の風。類 東風の風。発展 上代の北陸地方の方言。

あゆ【鮎・香魚・年魚】名詞《動物》アユ科の淡水魚。成魚で体長約二十センチくらい。稚魚を「氷魚」などという。古くから食用とされていた。季語 夏

あ・ゆ【肖ゆ】動詞 自 ヤ下二段〈え・え・ゆ・ゆる・ゆれ・えよ〉似る。あやかる。→肖
「長き契りにぞあえまし。」〈源氏・帚木〉訳「（七夕の彦星と織姫との）末長い夫婦の縁にあやかればよかったのになあ。」

あ・ゆ【落ゆ】動詞 自 ヤ下二段〈え・え・ゆ・ゆる・ゆれ・えよ〉❶（熟した実や花などが自然に）落ちる。散りこぼれる。
❷（血や汗などが）滴る。流れ落ちる。
すずろに汗あゆる心地ぞする。〈枕草子・23・清涼殿の丑寅の〉訳わけもなく冷や汗が流れ落ちる思いがする。

年魚市潟 歌枕 今の名古屋市南部の、古くは海岸だった所。『万葉集』において詠まれた。↓鳴海

あゆ-の-かぜ【東風の風】↓あゆ（東風）

あゆば・す【歩ばす】動詞 他 サ四段〈さ・し・す・す・せ・せ〉歩かせる。↓歩む・歩く

あ-ゆひ【足結ひ】名詞 活動しやすいように、はかまを引き上げて膝の辺りでくくるために用いたひも。飾りに鈴・玉などを付けたりした。発展「あよひ」とも。「あ」は「足」の意味。

あ-ゆ・ふ【足結ふ】動詞 自 ハ四段〈は・ひ・ふ・ふ・へ・へ〉（行動しやすくするために）はかまの膝の下あたりをくくる。

あゆ・ぶ【歩ぶ】動詞↓あゆむ

あゆまひ【歩まひ】名詞 歩くようす。足取り。発展 四段動詞「あゆむ」の未然形に上代の継続の助動詞「ふ」が付いた「あゆまふ」の連用形が名詞になったもの。

あゆみ-あり・く【歩み歩く】動詞 自 カ四段〈か・き・く・く・け・け〉歩いてあちらこちらへ行く。歩き回る。
蟻はいとにくけれど、軽びいみじうて、水の上などを、ただあゆみに歩みありくこそをかしけれ。〈枕草子・43・虫は〉訳アリはとてもにくらしいものだが、軽そうなことはたいしたもので、水の上などを、平気で歩き回るのは（ほんとうに）おもしろい。

あゆみ-い・づ【歩み出づ】動詞 自 ダ下二段〈で・で・づ・づる・づれ・でよ〉歩いて表に出る。歩いて現れる。立ち去る。
琴、笛に合はせて歩みいでたる、いみじうをかし。〈枕草子・218・笛は〉訳琴や笛の音に合わせて（楽人が中央に）歩いて現れたのは、たいへんおもしろい。

あゆ・む【歩む】動詞 自 マ四段〈ま・み・む・む・め・め〉歩く。
もし歩くべきことあれば、みづから歩む。〈方丈記・閑居の気味〉訳もし歩きまわらなければならないことがある場合は、自分の足で歩く。
類語比較「ありく」と「あゆむ」↓歩く
↓古語チャート37（1075ページ）

あら【有ら】動詞・補助動詞**あり**の未然形。↓最重要語（100ページ）

あら-【荒・粗】造語❶こまやかでなく粗雑である、目が粗い、という意味を表す。語例 **荒垣**・**荒栲** ❷勢いが激しい、荒っぽい、という意味を表す。語例 **荒磯**・**荒海** ❸人の手を加えていない、という意味を表す。語例 **粗金**・**粗玉** ❹荒れはてて、人気がない、という意味を表す。語例 **荒山**・**荒野**
関連語 和

あら-【現】造語 世に現れている、目に見えている、現実にある、という意味を表す。語例 **現人神**（＝天皇）・**現神**

あら-【新】造語 新しい、という意味を表す。語例 **新田**・**新身**（＝新しく鍛えた刀）

あら 感動詞（感動したり驚いたりして）ああ。

あら-あら【粗粗】副詞 おおよそ。ざっと。

「さらば紙と筆とを賜へ。あらあら書き付けむ。」〈発心集〉訳「それでは紙と筆とをください。ざっと書き付けよう。」

あら-あら・し【荒荒し】形容詞〔シク〕〈しく・しく・し・しき・しけれ・○／しから・しかり・○・しかる・○・しかれ〉❶【荒荒し】いかにも荒っぽい。ひどく乱暴だ。激しい。

夜中も過ぎにけむかし、風のやや荒々しう吹きたるは。〈源氏・夕顔〉訳きっと夜中も過ぎてしまったのだろうよ、風が次第に**激しく**吹いているのは。〇「荒々しう」は連用形「荒々しく」のウ音便。倒置法の表現。

❷【粗粗し】いかにも粗末だ。粗雑だ。

網代屏風、何かの粗々しきなどは…。〈源氏・東屋〉訳★網代屏風や、その他の**いかにも粗末な**調度類などは…。

↓古語チャート㉓(835ページ)

あら-いそ【荒磯】名詞 ↓ありそ

新井白石 人名 江戸中期の儒学者。木下順庵の門下。徳川家宣に仕え、正徳の治と呼ばれる改革政治を行った。著書に、史論書『読史余論』、自伝『★折たく柴の記』などがある。1657―1725

あらうみ-の-さうじ【荒海の障子】名詞 清涼殿の東の広廂の北の端に立ててあった布張りの障子。表には荒海の磯に手長・足長の怪物がいる場面を描き、裏には宇治川の網代の図が描いてある。発展「あらうみのしやうじ」とも。↓ビジュアルチェック⑫(715ページ)

[あらうみのさうじ]

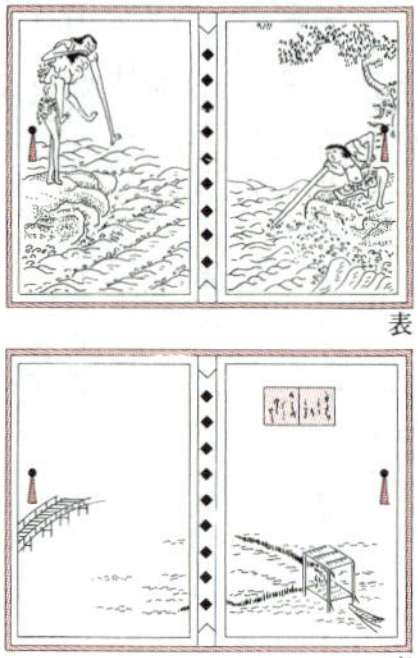

あらうみや…句
荒海や佐渡に横たふ天の川〈奥の細道・越後路・松尾芭蕉〉訳眼前に広がる日本海の荒海よ。かなた沖の方に見える佐渡が島に向かって天の川が夜空に輝いて横たわっていることだ。〇季語 天の川―秋。「横たふ」は、この文脈に即してとらえると、ハ行四段活用の連体形で、横たわる意味の自動詞ということになる。
発展 越後(=今の新潟県)出雲崎での句。佐渡は流刑地であり、金山のあることでも有名。さまざまな歴史や運命を思いつつ、それを包み込むような悠久な自然を雄大に詠んだ句。

あら-えびす【荒夷】名詞 都の人が、東国の人をさげすんで呼んだ言い方。転じて、荒々しい未開人。勇猛な人。

ある荒夷の恐ろしげなるが…。〈徒然草・142・心なしと見ゆる者も〉訳ある**東国の武士**で恐ろしそうな者が…。

あらかじめ【予め】副詞 前もって。かねて。事前に。

出でて行く道知らませばあらかじめ妹をとどめむ関も置かましを 歌〈万葉集・4・468〉訳あの世へと出て行ってしまう道を知っていたならば、**前もって**妻を留めるような関所も置いただろうに。

あらかね-の【粗金の】枕詞（粗金が土の中にあることから）「土」に係る。

あらがひ【争ひ・諍ひ】名詞 言い合い。口論。また、勝負事をして争うこと。

あらが・ふ【争ふ・諍ふ】

相手のことばなどを否定する。また、ことばで争う
❶**言い争う。反論する。否定する。**
❷(かけ事で)**張り合う。かけをする。**

未然形	連用形	終止形	連体形	已然形	命令形
あらがは	あらがひ	あらがふ	あらがふ	あらがへ	あらがへ

動詞 自 〔ハ四段〕❶**言い争う。反論する。否定する。**

いたうもあらがひきこえさせず。〈源氏・紅葉賀〉訳(源典侍は、帝のことばに)あまり**反論**申し上げることもしない。

❷(かけ事で)**張り合う。かけをする。**

言ひ初めてむことはとて、かたうあらがひつ。〈枕草子・87・職の御曹司におはしますころ、西の廂にて〉訳(いったん)言い出してしまったようなことは(後には引けない)と思って、(私は皆と)頑固に**張り合った**。

あらかん【阿羅漢】名詞《仏教語》すべての迷いを断ち切り、悟りを得た者。最高位の修行者。発展 ★梵語に漢字の音を当てたことばで、「尊敬を受けるに値する人」の意味。略して「羅漢」とも。

あら-き【新墾・荒墾】名詞 新しく開墾すること。また、その土地。

あら-き【殯】名詞 古代、人の死後に正式な埋葬が行われるまで、遺体を仮に納めておくこと。また、その場所。発展「あがり」「もがり」とも。庶民の間でも行われていたようだが、盛大なものはやはり大王などの死に際してのものであった。八世紀以降に火葬が浸透すると急速に衰えた。

あらきかぜ…歌
あらき風防きし陰の枯れしより小萩が上ぞしづ心なき〈源氏・桐壺〉訳荒い風を防いでいた親木(=桐壺の更衣)が枯れたときから、(そのもとにあった)小さなハギ(=若宮)の身の上が心配で、心静かにはいられない。
発展 親木を亡くなった桐壺の更衣に、小さなハギをその子の光源氏にたとえた。更衣が亡くなった年の秋、帝の弔問の返事として桐壺の更衣の母が詠んだ歌。

荒木田守武 人名 室町後期の連歌・俳諧作者。伊勢神宮の神官。『守武千句』『俳諧独吟百韻』などの作品があり、★山崎宗鑑とともに俳諧の始祖とされる。

あら-くま・し【荒くまし】形容詞〔シク〕〈しく・しく・し・しき・しけれ・○／しから・しかり・○・しかる・○・しかれ〉見るからに荒々しい。粗暴な感じだ。類 荒けなし

枝差しなどは、いと手触れにくげに荒くましけれど…。〈枕草子・40・花の木ならぬ〉訳枝振りなどは、とても手で触れそうにもないほど**見るからに荒々しいが**…。

あら-け-な・し【荒けなし】形容詞〔ク〕〈く・く・し・き・けれ・○／から・かり・○・かる・○・かれ〉見るからに荒々しい。いかにも乱暴そうだ。類 荒くまし

壇の浦にて海に入らせたまひしかば、武士の荒けなきに捕らはれて…。〈平家・11・重衡被斬〉訳壇の浦で入水なさったところ、武士で**見るからに荒々しい**者に捕らえられて…。

発展「なし」は形容詞を作る接尾語。

あら-げ・なり【荒げなり】形容動詞〔ナリ〕〈なら・なり(に)・なり・なる・なれ・なれ〉荒れている感じがする。

海荒げにて、磯に雪降り、波の花咲けり。〈土佐日記・一月二十二日〉訳 海が荒れている感じであって、海岸に(波の)雪が降り、波の花が咲いている(かのようだ)。

あら-こ【荒籠・粗籠】 名詞 編み目の粗いかご。

あら-ごと【荒事】 名詞《歌舞伎用語》歌舞伎の演技・演出様式のひとつ。鬼神や豪傑などを主人公とし、荒々しい所作を演ずる劇。またはその演技。対 和事 発展 江戸歌舞伎の特色のひとつ。元禄時代(一六八八〜一七〇四)に★市川団十郎が創始し、市川の家の芸として今日まで伝えられている。

◆あらざらむ… 百人一首
あらざらむこの世のほかの思ひ出でにいまひとたびの逢ふこともがな〈後拾遺集・763・和泉式部〉訳 (病のために死にそうになっている私は、もうそう長くは)生きてはいないかもしれない、この世のほか(=あの世に行ってから)の思い出として、(せめて)もう一度逢うことがあればいいのになあ。〇「あらざらむ」は、この世にいないだろうという死後を意味する。「ほかの思ひ出で」は、「あの世へ行く私にこの世でのもう一つの思い出」という意味を含む。
発展 病気が重くなった和泉式部が、死を予感して恋人の敦道親王に贈った歌。

品詞分解・修辞
あら(ラ変・未) ざら(打消・未) む(推量・体) この(代) の(格助) 世 の(格助) ほか の(格助)
思ひ出で に(格助) いま(副) ひとたび の(格助)
逢ふ(八四・体) こと もがな(終助)

あ-らし 《上代語》あるらしい。あるにちがいない。
春雨を待つとにしあらし我がやどの若木の梅もいまだふふめり 歌〈万葉集・4・792〉訳 春雨を待つつもりであるらしい。我が家の(庭の)若木のウメもまだつぼみのままだ。
発展 ラ変動詞「あり」の連体形に推定の助動詞「らし」の終止形が付いた「あるらし」が変化したものとも、「あり」が形容詞になったものともいわれる。

あらし【嵐】 名詞 激しく吹く風。
吹くからに秋の草木のしをるればむべ山風をあらしといふらむ 百人一首〈古今集・秋下・249〉訳 ↓ふくからに…
発展 今の「嵐」のような暴風雨ではなく、山から吹き下ろす風を指すことが多い。

あら・し【荒し】 形容詞 ク〈く・く・し・き・けれ・○／から・かり・○・かる・○・かれ〉
❶荒れている。(風や波が)強い。激しい。
海荒ければ、船出ださず。〈土佐日記・一月十八日〉訳 海が荒れているので、船を出さない。
❷険しい。
「**いと荒き山越えになむはべれど、ことに程遠くはさぶらはずなむ。**」〈源氏・浮舟〉訳「(宇治までは)たいへん険しい山越えではございますが、格別に遠いというほどではございませんで。」
❸(気性や態度が)荒っぽい。乱暴だ。
遣り戸を荒く立て開くるも、いと怪し。〈枕草子・28・憎きもの〉訳 引き戸を荒っぽく閉めたり開けたりするのも、ひどく礼儀から外れている。
↓古語チャート㉓(835ページ)

◆あらしふく… 百人一首
あらし吹く三室の山のもみぢ葉は竜田の川の錦なりけり〈後拾遺集・366・能因〉訳 強い風が吹いている三室の山の色づいた葉は、(川一面に散って)竜田川の錦のようであることよ。〇「三室山」「竜田川」は、共に今の奈良県にあり、歌枕で紅葉の名所。「もみぢ葉」を「錦」に見立てている。
発展「竜田川もみぢ葉流る神奈備の三室の山に時雨降るらし(=竜田川に紅葉した葉が流れている。(この上流の)神奈備の三室山に時雨が降って(葉を散らして)いるらしい。)」〈古今集・秋下・284〉を踏まえた歌。

品詞分解・修辞
あらし 吹く(カ四・体) 三室の山 の(格助) もみぢ葉 は(係助)
竜田の川 の(格助) 錦 なり(断定・用) けり(詠嘆・終)

嵐山【あらしやま】 歌枕 今の京都市西京区、大堰川の南岸の山。「あらしのやま」とも。「紅葉」「月」などとともに詠まれる。「大堰川」「戸無瀬の滝」など、付近の地名とともに詠まれた和歌も多い。↓小倉山・ビジュアルチェック㉓(1093ページ)

あらし-を【荒し男】 名詞 勇猛な男。荒々しい男。類 荒男・益荒男

あら-ず 一 連語 ❶ない。存在しない。
❷(「あら」は補助動詞で)…(で)ない。
世の中を憂しとやさしと思へども飛び立ちかねつ鳥にしあらねば 歌〈万葉集・5・893〉訳 ↓よのなかを…
二 感動詞 (相手のことばを打ち消して)いいえ。そうではない。
「**あらず。車の入りはべらざりつること言ひはべりつる。**」〈枕草子・8・大進生昌が家に〉訳「いいえ(何でもありません)。(私たちの乗った)牛車が(門から)入らなかったことを言ったのです。」
発展 ラ変動詞または補助動詞「あり」の未然形に打消の助動詞「ず」が付いたもの。二は「さあらず」「さにあらず」の「さ」「さに」が省略されたもので、この「あり」はもともとは補助動詞である。また、相手が目上であっても、慣用的な表現なので、「はべらず」の形はとらない。派生語として形容動詞「あらずげなり」(…でもないようすだ)がある。

あらそひ-にく・む【争ひ憎む】 動詞 他 マ四段〈ま・み・む・む・め・め〉言い争う。論争して相手を非難する。

あらそ・ふ【争ふ】 動詞 自 八四段〈は・ひ・ふ・ふ・へ・へ〉
❶抵抗する。逆らう。
春雨に争ひかねて我が宿の桜の花は咲きそめにけり 歌〈万葉集・10・1869〉訳 (春を告げる)春雨に逆らいきれなくて、私の家のサクラの花は咲き始めたことだよ。
❷張り合う。互いに優劣を競う。競争する。
棟を並べ、甍を争へる、高き賤しき人の住まひは…。〈方丈記・ゆく河〉訳 棟を並べ、屋根の高さを競っている、身分の高い人や身分の低い人の住居は…。
❸言い争う。議論する。口論する。
心々に争ふ口つきどもを、「をかし。」と聞こしめして…。〈源氏・絵合〉訳 思い思いに議論する弁舌を、「おもしろいものだ。」と(藤壺の中宮は)お聞きあそばして…。
関連語 競ふ

あらた-か・なり 形容動詞 ナリ〈なら・なり(に)・なり・なる・なれ・なれ〉《近世以降》霊験が著しい。信仰の利益が著しい。類 灼たなり

あらた・し【新たし】
一 物事が新しいようす ― 新しい。新鮮である。

未然形	連用形	終止形	連体形	已然形	命令形
あらた・しく	あらた・しく	あらた・し	あらた・しき	あらた・しけれ	○
あらた・しから	あらた・しかり	○	あらた・しかる	○	あらた・しかれ

形容詞〔シク〕**新しい。新鮮である。**

「**古きを尋ねて、新たしきを知れ**。」などいへり。〈ささめごと〉訳「昔のことを探求して、(それをもとにして)**新しい**ことを知れ。」などと(昔から)いっている。○『論語』にある四字熟語「温故知新」を訓読したもの。この「新たしき」は、前にある「古き」とともに、下に「こと」などを補って考える。

発展 **現代語とのつながり**　形容動詞「新たなり」や動詞「改む」などと同じ語源。中古以降、「ら」と「た」が逆転した「あたらし」という語形が現れ、現代語の「あたらしい」につながる。

関連語 新し

→古語チャート⑰(605ページ)

あらたしき…歌

新たしき年の初めの初春の今日降る雪のいやしけ吉事〈万葉集・20・4516・大伴家持〉訳 新しい年の初めの新春の今日降るこの雪のように、いよいよ重なれ(=積もっていけ)。めでたいことが。○「いや」は、ますます・いよいよという意味の接頭語。「しけ」はたび重なるという意味の四段動詞「しく」の命令形。「吉事」はよいことで、元旦の雪は、豊年のしるしであると考えられていた。

発展『万葉集』の最後を飾る歌。天皇の御代のますますの栄えを歌うこの一首は、全巻の最後の歌としてふさわしい重みを持っている。

あら-だ・つ【荒立つ】 ㊀動詞 自〔タ四段〕〈た・ち・つ・つ・て・て〉激する。荒々しくなる。手荒な行動をとる。

中納言もえぞ荒立ちたまはざりける。〈堤中納言・逢坂越えぬ権中納言〉訳 中納言のほうも(姫宮に対して)**手荒な行動をとり**になることはおできになれなかった。

㊁動詞 他〔タ下二段〕〈て・て・つ・つる・つれ・てよ〉荒立たせる。(事態を)紛糾させる。怒らせる。

「**いま少し、荒立てて惑はしたまへ**。」〈落窪〉訳「もう少し、(事を起こして)**怒らせて**困らせてやりなさい。」

あらた・なり【灼たなり】 形容動詞〔ナリ〕〈なら・なり(に)・なり・なる・なれ・なれ〉顕著だ。明らかだ。著しい。

「**仏の御中には、初瀬なむ、日本の中にはあらたなる験表したまふ**。」〈源氏・玉鬘〉訳「仏様の中では、初瀬が、日本中で最も**著しく**霊験をお示しになる。」

あらた・なり【新たなり】 形容動詞〔ナリ〕〈なら・なり(に)・なり・なる・なれ・なれ〉新しくなる。改まった感じがする。

冬過ぎて春し来たれば年月は新たなれども人は旧りゆく 歌〈万葉集・10・1884〉訳 冬が過ぎて春がやって来ると、年月は**新しくなる**けれども、人は歳をとって古くなってしまうことだ。

→古語チャート⑰(605ページ)

あらたふと…句

あらたふと青葉若葉の日の光〈奥の細道・日光・松尾芭蕉〉訳 ああ、尊いことだ。青葉若葉の緑に降り注ぐ日の光は、日光東照宮のご威光とともに、このように世の中に行き渡っていることだ。○季語 若葉—夏。「あら」は感動詞、「たふと」は「たふとし」の語幹で、詠嘆を表す。「青葉若葉」は、常緑樹の深緑と落葉樹の若葉との濃淡の鮮やかさを言ったもの。「日の光」は太陽光線とともに、地名「日光」を詠み込み、日光東照宮を畏れ敬う気持ちをも表している。

発展 芭蕉の一行が日光山東照宮に参拝したときに詠んだ句。

あら-たへ【荒妙・荒栲】 名詞 ❶フジなどの繊維から作られた目の粗い織物の総称。対 和栲 ❷(絹織物に対して)アサの織物。

あらたへ-の【荒妙の・荒栲の】 枕詞 (荒妙はフジで作ることから)「藤」に係る。

あらたま-の【新玉の・荒玉の】 枕詞「年」「月」「日」「春」「来経」などに係る。発展 時が改まるという意味から、ともいわれる。

あらたまの…歌

あらたまの年立ちかへるあしたより待たるるものは鶯の声〈拾遺集・5・素性〉訳 年が改まった元旦から待たれるものは、(春を告げる)ウグイスの鳴く声であるよ。○「あらたまの」は「年」に係る枕詞。

あらたまの年の三年を待ちわびてただ今宵こそ新枕すれ〈続古今集・1210〉訳 この三年間という長い間、(あなたの帰りを)待ちくたびれて、ちょうど今夜、初めて(ほかの)人と枕を共にするのですよ。○「あらたまの」は「年」に係る枕詞。「ただ」は、叙述を強める副詞で「ちょうど」という意味。「すれ」は、サ変動詞「す」の已然形で「こそ」の結び。「新枕」は、男女が初めて共寝すること。

発展『伊勢物語』二十四段にも見える。作者不明の歌。→あづさゆみ…あひおもはで…

あらたま・る【改まる】 動詞 自〔ラ四段〕〈ら・り・る・る・れ・れ〉❶(古いものが新しいものに)替わる。新しくなる。変わる。

百千鳥さへづる春はものごとに改まれども我ぞふりゆく 歌〈古今集・春上・28〉訳 たくさんの鳥たちがさえずる春は、すべてのものが**新しくなる**が、この私だけは年老いてゆくことだ。

❷よい状態に変わる。改善される。状態が変わる。

今より後の御心改まらむはかひなかるべく思ひ染みてものしたまへば…。〈源氏・総角〉訳 今後(匂宮の)お心が(いい方向に)**変わったり**することは(姉大君の亡き今は)いまさら何のかいもないにちがいないと(中の君は)心底深く思いつめていらっしゃるので…。

あらた・む【改む】 ㊀動詞 他〔マ下二段〕〈め・め・む・むる・むれ・めよ〉❶新しくする。変える。改める。❷きちんと整える。正しくする。

古人冠を正し、衣装を改めしことなど、清輔の筆にもとどめ置かれしとぞ。〈奥の細道・白河の関〉訳 昔の人が(この白河の関を越えるとき)冠を整え(かぶり直し)、衣服を**整え**(て通っ)たことなどが、藤原清輔の著(=『袋草子』)にも書きとめられているということだ。

❸調べる。探す。吟味する。

おほかた煤もはきしまひて、屋根うらまで改めけるとき…。〈西鶴・世間胸算用〉訳 ほとんど(暮れの)すすもはき終わって、屋根裏まで**調べた**とき…。

㊁動詞 自〔マ下二段〕〈め・め・む・むる・むれ・めよ〉変わる。違うものになる。

月、海にうつりて、昼のながめ、また改む。〈奥の細道・松島〉訳 (折から出た)月が海に映って、昼の眺めとは、また**違う(趣の)ものになる**。

あらた・める(現)→(古)**あらたむ【改む】**

愛発 あらち 歌枕 越前(=今の福井県)敦賀の地名。敦賀南一帯の山を愛発山という。また愛発山に置かれた愛発の関は、奈良時代の三関の一つで、★北陸道の要地であった。

愛発の関 歌枕 ↓愛発

愛発山 歌枕 ↓愛発

あら-づくり【粗造り】 名詞 ざっと造ったままで、最後の仕上げをしてないこと。
丈六の仏の、いまだ粗造りにおはするが顔ばかり…。〈更級日記・富士川〉訳 一丈六尺(=約四・八メートル)の仏像で、まだ**仕上げをしてない状態**でいらっしゃる仏の顔だけが…。

あら-て【新手・荒手】 名詞 まだ戦っていない元気な軍勢。

あら-で【有らで】…なくて。
心にもあらで憂き世に長らへば恋しかるべき夜半の月かな 百人一首〈後拾遺集・860〉訳↓こころにも…
発展 ラ変補助動詞「あり」の未然形＋接続助詞「で」。

あら-な【有らな】《上代語》あってほしい。ありたいものだ。
生ける人つひにも死ぬるものにあればこの世なる間は楽しくをあらな 歌〈万葉集・3・349〉訳 生きている者はいずれは死ぬものであるから、この世に生きている間は、**楽しくありたいものだ**。
発展 ラ変動詞「あり」の未然形＋上代の願望の終助詞「な」。

あら-な-く-に【有らなくに】 連語 ないのに。ないことだなあ。
ほととぎす鳴きて過ぎにし岡辺から秋風吹きぬよしも有らなくに 歌〈万葉集・17・3946〉訳 ホトトギスが鳴いて通り過ぎた岡辺から秋風が吹いた。(妻と会う)すべも**ないのに**。
発展 ラ変動詞「あり」の未然形＋打消の助動詞「ず」の古い未然形＋接尾語「く」＋助詞「に」。文中に使われるときは主に逆接(「ないのに」)の意味で、文末にあるときは詠嘆(「ないことだなあ」)の意味になる。↓なくに

あら-なむ【有らなむ】…あってほしい。
飽かなくにまだきも月の隠るるか山の端逃げて入れずもあらなむ 歌〈古今集・雑上・884〉訳↓あかなくに…
発展 ラ変補助動詞「あり」の未然形＋終助詞「なむ」。

あら-ぬ 連体詞 ↓**最重要語**(96ページ)

あらぬ-さま-なり【有らぬ様なり】 普通とは違った。望ましくない。とんでもない。↓あらぬ

あら-ぬ

本来のものとは異なることを表す

- ❶他の。別の。異なった。
- ❷意外な。思いがけない。
- ❸あるべきでない。望ましくない。不適当な。

連体詞 ❶**他の。**別の。**異なった。**
暗うなりて、物食はせたれど食はねば、あらぬものに言ひなしてやみぬるつとめて…。〈枕草子・9・上にさぶらふ御猫は〉訳 暗くなって、(イヌに)食べ物を食べさせたけれど食べないので、(このイヌは、かわいがっていた翁丸とは)**別のもの**だと言い繕って決着がついたその翌朝…。

❷**意外な。思いがけない。**
今日は、そのことをなさんと思へど、あらぬ急ぎまづ出で来て、紛れ暮らし…。〈徒然草・189・今日は、そのことを〉訳 今日は、そのことをしようと思うけれども、**意外な**急用が先に出てきて、気を取られて一日を過ごし…。

❸**あるべきでない。望ましくない。不適当な。**
暑きころなれば、いつしかあらぬ様になりたまひぬ。〈平家・11・重衡被斬〉訳 暑いころなので、(重衡の遺体は)早くも**望ましくない**ようすになっておしまいになった。

発展 **語の成り立ち** ラ変動詞「あり」の未然形に、打消の助動詞「ず」の連体形が付いて一語になったもの。ただし、このことばは「さあらぬ」「さにあらぬ」というべきところを単に「あらぬ」としたものなので、この「あり」は、もともとは補助動詞である。

あら-ぬ-な-めり【有らぬなめり】 別のものであるようだ。違うもののように見える。
「翁丸か。」とだにいへば、喜びてまうでくるものを、呼べどよりこず。あらぬなめり。〈枕草子・9・上にさぶらふ御猫は〉訳「翁丸(=イヌの名)か。」とだけ言うといつも、喜んで(そばへ)やって来るものなのに、呼んでも来ない。**別のもの(=イヌ)であるようだ。**
発展「あらぬなるめり」(ラ変動詞「あり」の未然形＋打消の助動詞「ず」の連体形＋断定の助動詞「なり」の連体形＋推定の助動詞「めり」)の撥音便「あらぬなんめり」の「ん」を表記しない形。「さ」または「さに」が省略されたと見たとき、「あら」は補助動詞ということになる。↓あらず・なめり

あら-ぬ-よ【有らぬ世】 別世界。あの世。発展「あらぬ」は「別の」の意味を表す連体詞。

あら-の【荒野】 名詞 人気のない寂しい野原。荒れ放題の野原。

阿羅野 作品名 俳諧撰集。山本荷兮編。『俳諧七部集』の第三集。芭蕉の序に続き、一七九人の発句七三五句と歌仙十巻を収める。一六八九(元禄二)年刊。

あら-は【顕は】 名詞 人目につくこと。丸見え。表。
人々、あらはをふともえ見つけぬなるべし。〈源氏・若菜上〉訳 女房たちは、(こちらからの)**丸見え**をすぐには気づかないのであるにちがいない。

あら-ば-こそ【有らばこそ】 連語 ❶(多く、下に推量の表現を伴い全体で「ない」という反語の気持ちを含んで)もし…であるなら。あったならば、それこそ。
天地といふ名の絶えてあらばこそ汝と我と逢ふこと止まめ 歌〈万葉集・11・2419〉訳 天と地というものが、**もしなくなるのであるなら**、あなたと私とが会うことも終わるだろう(が、そうではないのだからまた会うだろう)。
❷(下にあるはずの「あらめ」が省略された形で、文末に用いて強い否定を表し)あるものか。あるはずがない。
もとより勧進帳はあらばこそ。〈謡曲・安宅〉訳 もともと★勧進帳は**あるはずがない**。
発展 ラ変動詞または補助動詞「あり」の未然形＋接続助詞「ば」＋係助詞「こそ」。「こそ」によって、上の条件が強められる。↓ばこそあらめ

あらはし-ごろも【著し衣】 名詞 喪服。発展「あらはしぎぬ」とも。喪中を表す衣服の意味で、鈍色(=濃いねずみ色)または白。

あら-は・す【現す・顕す・表す】 動詞 他(サ四段)〈さ・し・す・す・せ・せ〉❶(見えていなかったものを)はっきり示す。表面に出す。
死をやすくして後、初めて名を現すべき道なり。〈徒然草・80・人ごとに〉訳 死ぬことを平然としてやってのち、初めて

武勇の名声をはっきり示すことのできる道（が武道）なのである。
❷打ち明ける。隠さずに言う。口に出して言う。
玉島のこの川上に家はあれど君をやさしみあらはさずありき 歌〈万葉集・5・854〉訳玉島川のこの川上に私の家はあるのだが、あなたに対して恥ずかしいので、**打ち明け**ないでいたのだ。
❸仏像などを新しく造る。
「**思ふことなしたまへらば…金色の御像あらはしたてまつらむ。**」〈宇津保〉訳「お願いを聞き届けてくださったら…金色のご仏像を**新しく**お**造り**申し上げよう。」

あらは・なり【顕はなり】形容動詞 ↓最重要語（97ページ）

あらは・る【現る・顕る】動詞 自 ラ下二段〈れ・れ・る・るる・るれ・れよ〉❶（隠れていたものが）表に出る。表れる。
かかる折にぞ人の心も現れぬべき。〈徒然草・27・御国ゆづりの節会〉訳こういう（どさくさの）場合に、人の本心も**表に出て**しまうに違いない。
❷（隠していたことが）人に知られる。露見する。ばれる。
池にすむ名ををしどりの水を浅み隠るとすれどあらはれにけり 歌〈古今集・恋3・672〉訳池に住むオシドリは、浮き名が立つのを惜しむという名をもっていながら、隠れようにも水が浅いので、つがいでいるところを**人に知られて**しまった（私もオシドリと同じように秘めごとが露見してしまった）。○「名ををしどりに」に「名を惜し」を掛けている。
❸（神仏や物の怪などが）姿をあらわす。示現する。
この無量寿院いとめでたく、極楽浄土のこの世にあらはれけると見えたり。〈大鏡・道長上〉訳この無量寿院の方が（他の寺に比べて）本当にすばらしく、極楽浄土がこの世に**示現した**のだなあと思われるほどだ。

あらひと-がみ【現人神】名詞 ❶神が、仮に人間の姿をしてこの世に現れたもの。❷天皇。❸霊験あらたかな神。住吉神社や北野天満宮の神。

あら・ぶ【荒ぶ】動詞 自 バ上二段〈び・び・ぶ・ぶる・ぶれ・びよ〉❶荒れる。乱暴する。暴れる。対和ぶ
「**葦原の中つ国はもとより荒びたり。**」〈日本書紀〉訳「葦原の中つ国（＝日本）はもともと**荒れて**いた。」
❷情が薄くなる。疎遠になる。対和ぶ
栲領巾の白浜波の寄りもあへず荒ぶる妹に恋ひつつぞ居る 歌〈万葉集・11・2822〉訳寄り付くこともできず、**疎遠になる**ばかりのあの子にいつまでも恋をしている。○「栲領巾の」は「白」に係る枕詞。「栲領巾の白浜波の」は「寄る」を導く序詞。


あら-まし【有らまし】（事実に反することを仮に想像して、こうあったらなあ、と希望する気持ちを表し）…であればよかったのに。いればよかったのに。

神風の伊勢の国にもあらましをなにしか来けむ君もあらなくに 歌〈万葉集・2・163〉訳伊勢の国に**いればよかったのに**なあ。（私は都に）どうして来たのだろうか。あの方（＝恋人）もいないのに。○「神風の」は「伊勢」に係る枕詞。

類語比較「あらまほし」と「あらまし」→あらまほし

あらは・なり【顕はなり】

内にあるものが、はっきりと外に現れるようす

❶丸見えである。はっきり見える。
❷（物事が）明白だ。はっきりしている。
❸表立っている。公然としている。
❹無遠慮だ。慎みがない。

形容動詞（ナリ）	未然形	連用形	終止形	連体形	已然形	命令形
	あらは・なら	あらは・なり あらは・に	あらは・なり	あらは・なる	あらは・なれ	あらは・なれ

❶**丸見えである。**はっきり見える。
「**こなたはあらはにやはべらむ。今日しも端におはしましけるかな。**」〈源氏・若紫〉訳「こちらは（外から）**丸見えで**はないでしょうか。今日に限って（部屋の）隅にいらっしゃったものだなあ。」

年ごろ遊び慣れつる所を、あらはにこほち散らして、立ち騒ぎて…。〈更級日記・門出〉訳（帰京のため）長年の間遊びなじんだ部屋を、（外から）**丸見えに**（家具などを）乱雑に取りはずして、（人々は荷造りに）大騒ぎをして…。
❷（物事が）**明白だ。明らかだ。はっきりしている。**
郎等ども「あらはに御損にさぶらふ。」など言ひて、その時にぞ集まりてさと笑ひにけり。〈今昔〉訳（落ちた谷底からキノコを抱えて上がり「まだ摘み残しがある。損をした。」というので）家来たちは「**明らかに**ご損でございます。」などと言って、その時に（皆）集まってどっと笑ってしまった。

運命の末になることあらはなりしかば、年ごろ恩顧の輩のほかは、従ひ付く者なかりけり。〈平家・6・祇園女御〉訳（平家の）運命が終わりになることが**明白であった**ので、長年恩を受けた者たちのほかは、（平家方に）付き従う者はいなかった。
❸**表立っている。公然としている。**
「**必ずしも氏神の御勤めなど、あらはならぬ程なればこそ、年月は紛れ過ぐしたまへ…。**」〈源氏・行幸〉訳「必ずしも氏神へのお参りなど、**表立っていない**（＝やらなくてもよい）境遇であるから、（今までの）年月は（玉鬘も出身を）曖昧にして過ごしていらっしゃったのだが…。」
❹**無遠慮だ。慎みがない。露骨だ。**
赤衣着たる男、畳を持て来て、「これ。」と言ふ。「あれは誰そ。あらはなり。」など、ものはしたなく言へば、差し置きて往ぬ。〈枕草子・277・御前にて人々とも〉訳赤い着物（＝召し使いの服装）を着た男が、畳を持ってきて、「これを。」と言う。「あれはだれだ。**無遠慮だ**。」などと、（私が）無愛想に言うと、（男は畳を）置いて立ち去る。

「**あな恐ろしや、東宮の女御のいとさがなくて、桐壺の更衣の、あらはにはかなくもてなされにし例もゆゆしう。**」〈源氏・桐壺〉訳「まあ恐ろしいことよ、東宮の女御（＝弘徽殿の女御）が実に意地悪で、桐壺の更衣が、**露骨に**物の数でもなくあしらわれた例も忌まわしいことで。」

あら-まし

前もって心の準備をしておくこと

名詞 ❶予期。計画。心積もり。❷概略。一部始終。
副詞 大体。おおよそ。◉多く「あらましに」の形で用いる。

一 名詞 ❶**予期。計画。心積もり。**
おほやう、人を見るに、少し心ある際は、皆この**あらまし**にてぞ一期は過ぐめる。〈徒然草・59・大事を思ひ立たん人は〉訳大体、世間の人を見ると、少しもの道理が分かる程度(の人)は、皆この(出家の前に気がかりをすべて始末しようという)**計画**(だけ)で一生は終わるようだ。
❷**概略。一部始終。大体のようす。**
「ちかぢか訪ねて、無事の**あらまし**をも聞かせ申すべし。」〈西鶴・好色一代男〉訳「近いうちに(あなたの親を)訪ねて、(あなたが)無事(であること)の**大体のようす**をもお聞かせ申しましょう。」
二 副詞 (多く「あらましに」の形で)**大体。おおよそ。**
すでにその年の大晦日に、**あらまし**に正月の用意をして…。〈西鶴・世間胸算用〉訳すでにその年のおおみそか(になり)、(鍛冶職人は)**おおよそ**正月の準備をして…。
発展 ラ変動詞「あり」の未然形に、推量の助動詞「まし」が付いてできたことばか、といわれる。

あらま・し【荒まし】 形容詞〔シク〕〈しく・しく・し・しき・しけれ・○／しから・しかり・○・しかる・○・しかれ〉**荒々しい。険しい。**
いと**荒ましき**風の競ひに、ほろほろと落ち乱るる木の葉の露の…。〈源氏・橋姫〉訳たいへん**荒々しい**風の競争によって、はらはらと乱れ落ちる木の葉の露が…。
発展『源氏物語』特有のことば。

あらまし-ごと【あらまし事】 名詞 **こうあってほしいと願っていること。また、予期されること。**
すでに船出だすべしとて、ひしめき合へば、僧都乗っては降りつ、降りては乗っつ、**あらまし事**をぞしたまひける。〈平家・3・足摺〉訳いよいよ船を出そうと言って、(人々が)押し合って騒いでいるので、(俊寛)僧都は(船に)乗っては降りたり、降りては乗ったり、**こうあってほしいと願っていること**(=自分も一緒に都へ連れていってほしいというしぐさ)をなさったことだ。

あらま・す 動詞 他(サ四段)〈さ・し・す・す・せ・せ〉**将来のことに思いを巡らす。予期する。予測する。期待する。**
行く末久しく**あらますことども**心にはかけながら…。〈徒然草・188・ある者、子を法師に〉訳長い将来にわたって**予期する**いろんなことを気にかけながらも…。
発展 名詞「あらまし」が動詞になったもの。

あら-まほ・し 連語 形容詞 ↓**最重要語**(99ページ)

あら-みさき 名詞 一【荒御裂】(「荒御裂の神」の略で)男女の仲を裂くという、ねたみ深い女神。二【荒御前】軍の先頭に立つ勇猛な神。

あら-みたま【荒御魂】 名詞 荒々しく勇猛な神霊。強い威力を発揮する神霊。対和御魂

あら-むず-らむ (…に)いるだろう。(…に)いるのだろう。
「済時、朝光なむどもや極楽には**あらむずらむ**。」と仰せられけるこそ、あはれなれ。〈大鏡・道隆〉訳(道隆が)「済時や、朝光なども極楽には**いるのだろうか**。」とおっしゃったことは、(なんとも)感慨深い。
発展 ラ変動詞「あり」の未然形+推量の助動詞「むず」の終止形+現在推量の助動詞「らむ」。「むずらむ」で単なる推量を表す。中世以降は「あらんずらん」。

あら-ゆる【所有】 連体詞 あるものすべての。ある限りの。
発展 ラ変動詞「あり」の未然形+上代の自発の助動詞「ゆ」の連体形。

あら-らか・なり 一【荒らかなり】形容動詞〔ナリ〕〈なら・なり(に)・なり・なる・なれ・なれ〉荒々しい感じだ。乱暴だ。
内侍を**荒らかに**突き驚かして、三人震ふ震ふ、足も空にて参りたれば…。〈紫式部日記〉訳(寝ている)弁の内侍を**乱暴に**突き起こして、三人(=私・弁の内侍・内匠の蔵人)でぶるぶる震えながら、足も地に着かないようすで参上したところ…。
二【粗らかなり】大まかだ。粗雑な感じがする。粗末だ。
ただ、**粗らかなる**東絹どもを、押しまろがして投げ出でつ。〈源氏・東屋〉訳(常陸介は)ただ、**粗末な感じがする**東絹(=東国産の絹)の数々を、丸めて投げ出した。

あら-る【有らる・在らる】 存在することができる。生きていられる。あり得る。
かくても**あられける**よと、あはれに見るほどに…。〈徒然草・11・神無月のころ〉訳こんなようすでも(住んで)**いることができた**のだなあと、感じ入って見ているうちに…。
発展 ラ変動詞「あり」の未然形+可能の助動詞「る」。

あられ【霰】 名詞 ❶空中の水蒸気が氷結してできた小さな氷の塊。古くは降る雹をもいう。季語 冬 ↓**古語チャート**㉑(783ページ)

読解の手引き❶
ラ変動詞「あり」の暗躍

動詞は動作を表すことばと考えられがちですが、たとえば「劣る」「見ゆ(=見える)」などは、ある状態を表しています。さまざまな動詞の中でも特に「あり」は特殊な存在で、ある状態を超えて、抽象的に「存在する」という状態を表しています。

また、**「あり」は、本来は助動詞に接続できなかった語と助動詞の間で暗躍(！)し、両者をつなぐ役割も果たします。このような「あり」の働きが、後に助動詞との接続を可能にする新しい活用、「★補助活用」を生みました。**形容詞「青し」と打消の助動詞「ず」の例で見てみましょう。

補助活用語尾の成立

青く＋あら(未然形)＋む(推量の助動詞)＝青**から**む
青く＋あり(連用形)＋けり(過去の助動詞)＝青**かり**けり
青く＋ある(連体形)＋べし(推量の助動詞)＝青**かる**べし

補助活用の成立

ず＋あら(未然形)＋む(推量の助動詞)＝**ざら**む
ず＋あり(連用形)＋けり(過去の助動詞)＝**ざり**けり
ず＋ある(連体形)＋べし(推量の助動詞)＝**ざる**べし

ちなみに形容詞の補助活用には命令形があります。意味のうえでは奇妙ですが、「あり」の命令形がそれを可能にしたものといえるでしょう。↓形容詞活用表(14ページ)

さらに、「あり」は助詞などと結びつくことで新しい助動詞も形成したと考えられています。

行き＋て(助動詞「つ」の連用形)＋あり＝行き**たり**(完了の助動詞)
花＋と(格助詞)＋あり＝花**たり**(断定の助動詞)
花＋に(格助詞)＋あり＝花**なり**(断定の助動詞)
見(または「見え」)＋あり＝**めり**(視覚による推定の助動詞)
音(ね)＋あり＝**なり**(推定・伝聞の助動詞)
来＋あり＝**けり**(過去の助動詞)

このような「あり」が関与してできた語は、「あり」がラ変動詞なので、当然、ラ変型タイプの活用をします。

❷「★霰地」の略。

あられ-ぢ【霰地】 名詞 織物・染め物などの模様のひとつ。あられのような小紋を織り出したもの。

あられ-ばしり【あられ走り】 名詞 ★踏歌の別の呼び名。

発展 歌舞の終わった後に、「よろづとせ、あられ。」とはやしながら足早に退場することから。

あらわす(現)↓(歴)**あらはす【現す・顕す・表す】**

あらわれる(現)↓(古)**あらはる【現る・顕る】**

あら-を【荒男】 名詞 勇猛な男。荒々しい男。類 荒し男・益荒男

あ・り【有り・在り】 動詞 補助動詞 ↓**最重要語**(100ページ)

あり-あけ【有り明け】 名詞 ❶陰暦の毎月十六日以後、月が空に残ったままの状態で、夜が明けること。そのころの夜明け。また、そのころの月。季語 秋 ❷(有り明け行灯の略で)夜明けまでつけておく行灯。

発展「有り明け」の月で特に代表的なものは、「二十日余りの月」であり、男女の★後朝の風情を象徴するものである。

あり-あけ-あんどん【有り明け行灯】 名詞 ↓ありあけ❷

ありあけの… 百人一首

有り明けのつれなく見えし別れより暁ばかり憂きものはなし〈古今集・恋3・625・壬生忠岑〉訳 (あの人と一夜を共にして別れる、その)夜が明けようとするころの月が、そっけなく白々と空に見えたように、あの人の態度が冷たく無情に見えた(あの)別れ(の日)から、暁(=夜が明けようとしてまだ暗いうち)ほどつらいものはない。○「ばかり」は程度を表す副助詞で、…ほど、…ぐらい、という意味。「つれなく見えし」は、「有り明け」の景色を述べるとともに、下の句の「別れ」を修飾し、相手の冷たさを、有り明けの月になぞらえて表している。

品詞分解・修辞

有り明け　の(格助)　つれなく(形・用)　見え(ヤ下二・用)　し(過去・体)　別れ　より(格助)
暁　ばかり(副助)　憂き(形・体)　もの　は(係助)　なし(形・終)

ありあけ-の-つき【有り明けの月】 ↓ありあけ❶

あら-まほ-し

望ましいようす

一 連語 ―(…で)いたい。ありたい。あってほしい。
二 形容詞 ― 理想的だ。申し分ない。

形容詞[シク]	未然形	連用形	終止形	連体形	已然形	命令形
	あらまほ・しく	あらまほ・しく	あらまほ・し	あらまほ・しき	あらまほ・しけれ	○
	あらまほ・しから	あらまほ・しかり	○	あらまほ・しかる	○	あらまほ・しかれ

一 連語 **(…で)いたい。ありたい。あってほしい。**

朝夕なくてかなはざらん物こそあらめ、そのほかは何も持たでぞ**あらまほしき**。〈徒然草・140・身死して〉訳 常になくてはそのままではすまされないような物(=生活の必需品)はあってもよいだろうが、そのほかは何も持たないで**いたい**ものだ。○この「あらまほし」は理想の生活の状態を表している。

少しのことにも、先達は**あらまほしき**ことなり。〈徒然草・52・仁和寺にある法師〉訳 ちょっとしたことにも、(その道の)指導者は**あってほしい**ことだ。○この「あらまほし」は望ましい存在を表している。

二 形容詞[シク] **理想的だ。申し分ない。好ましい。**

墨染めの御姿**あらまほしう**清らなるも、うらやましく見たてまつりたまふ。〈源氏・柏木〉訳 (朱雀院の)黒い僧衣のお姿が**申し分なく**上品で美しいのも、(源氏は)うらやましいと見申し上げなさる。○「あらまほしう」は連用形「あらまほしく」のウ音便。

あまたたび召し、常よりも乱れ遊ばせたまひけるさまなど、**あらまほしく**おはしましけり。〈大鏡・道隆〉訳 (不機嫌であった隆家が、道長のもてなしによって機嫌を直し)何度も(杯の酒を)召し上がり、いつもよりも羽目を外してお遊びになったようすなど、**好ましく**ていらっしゃった。

女にたやすからず思はれんこそ、**あらまほしかる**べきわざなれ。〈徒然草・3・万にいみじくとも〉訳 女に軽々しくないと思われるようなことこそ、(男にとっては)**理想的である**に違いないことだ。

発展 **語の成り立ち** 一は、ラ変動詞「あり」の未然形＋希望の助動詞「まほし」。二は、一が一語になったもの。

類語比較「あらまほし」と「あらまし」

共通点＝物事の望ましい状態を表す。

あらまほし＝話題の事柄について、その理想的な状態を望む気持ちを表す。

あらまし＝現実にはないものを、仮に想像してこうあってほしいと望む気持ちを表す。

識別 一 連語「あらまほし」と、二 形容詞「あらまほし」の識別

品詞と用法	見分け方	例文と訳
連語「あらまほし」(ラ変動詞「あり」の未然形＋希望の助動詞「まほし」)	「あら」に「ある・いる」などの動詞「あり」の意味が残っていて、何があってほしいのかがはっきりわかる。	げに千とせもあらまほしき御ありさまなるや。〈枕草子・23・清涼殿の丑寅の〉訳 なるほど千年も(このままで)あってほしい(中宮様の)ごようすであるなあ。
形容詞「あらまほし」	全体として「望ましい・理想的だ」という意味を表す。一語として扱われる。	家居のつきづきしく、あらまほしきこそ、仮の宿りとは思へど、興あるものなれ。〈徒然草・10・家居のつきづきしく〉訳 住居が(その人に)似つかわしく、理想的であるのは、(この無常の世では)仮の住居とは思うけれども、おもしろいものだ。

あ・り【有り・在り】

一定の形を持って存在する

- 一 動詞 自
  - [一般的存在]
    - ❶(人や動物が)存在する。いる。
    - ❷(物・事・場所が)存在する。ある。
  - [限定的存在]
    - ❸(そこに)いる。住む。(時が)経過する。◉多く、連体形で用いられる。
    - ❹(…ということばが)ある。言う。(手紙に)書いてある。◉「引用文＋と＋あり」の形をとる。
    - ❺(そのよさが)ある。優れている。
- 二 補助動詞
  - [存在の状態]
    - ❶…(で)ある。
    - ❷…(の)状態である。…(て)いる。
  - [敬語表現]
    - ❸(お)…になる。◉中古末期以降の用法。

接続 二の❶は断定の助動詞「なり」「たり」の連用形「に」「と」などに付く。→発展④

接続 二の❷は形容詞などに付く。→発展⑤

接続 二の❸は「御」＋動詞の連用形、また、敬意を含む動作を表す漢語などに付く。

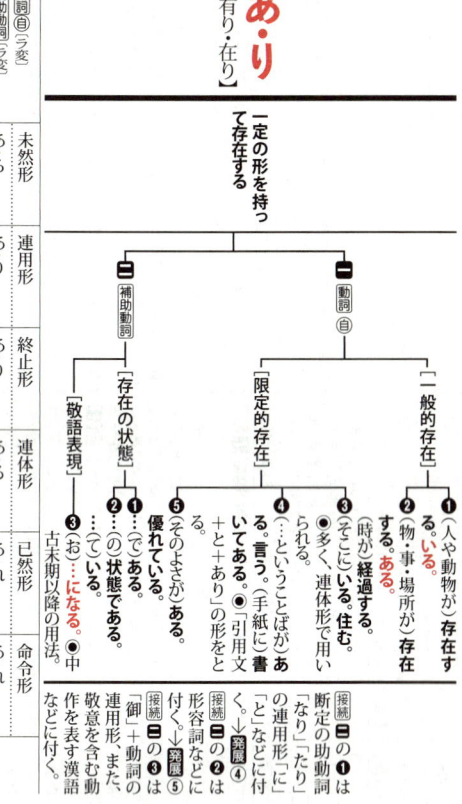

	未然形	連用形	終止形	連体形	已然形	命令形
動詞 自 ラ変 補助動詞 ラ変	あ・ら	あ・り	あ・り	あ・る	あ・れ	あ・れ

一 動詞 自 ラ変 ❶(人や動物が)**存在する**。(この世に)**いる**。**生きている**。**健在である**。

今は昔、竹取の翁といふ者ありけり。〈竹取・かぐや姫の出生〉訳 今から見ると昔のことだが、竹取の翁という者がいたということだ。

❷(物・事・場所が)**存在する**。**ある**。(時が)**ある**。(時が)**経過する**。(時が)**たつ**。

いささかに雨降る。しばしありてやみぬ。〈土佐日記・一月十三日〉訳 ほんの少し雨が降る。しばらくたってやんだ。

❸(多く、連体形で)(そこに)**いる**。**い合わせる**。**また、住む**。**過ごす**。**生活する**。

望月の明かさを十合はせたるばかりにて、ある人の毛の穴さへ見ゆるほどなり。〈竹取・かぐや姫の昇天〉訳 (夜だというのに、天人たちの光は)満月の明るさを十も合わせたほどで、(かぐや姫の家の周辺に)いる人の毛穴まで見えるほどだ。

○物事を漠然と指す連体詞の「或る」と間違えないようにしたい。ここでは、かぐや姫を守ろうと人が集まっている場面に続く文なので、「い合わせる」という意味を動詞「あり」で表していると判断できる。

❹(「引用文＋と＋あり」の形で)(…ということばが)**ある**。**言う**。**おっしゃる**。**答える**。(手紙に)**書いてある**。

例の車にておはしたり。差し寄せて、「はや、はや。」とあれば…。〈和泉式部日記〉訳 (敦道親王は)いつものように車でいらっしゃった。(車を私のそばへ)近づけて、「早く、早く。」とおっしゃるので…。

❺(そのよさが)**ある**。**優れている**。

御供に声ある人して、歌はせたまふ。〈源氏・若紫〉訳 お供の中で声が優れている人に命じて、(源氏の作った和歌を)歌わせなさる。

二 補助動詞 ラ変 ❶(「〜にあり」「〜とあり」などの形で)…**(で)ある**。

一つ松人にありせば太刀佩けましを…〈古事記・景行天皇〉訳 (この)一本松がもし人であったならば、太刀を腰に付けてやっただろうに…。

○「に」は断定の助動詞「なり」の連用形。「〜に」が「あり」の内容を表している。

秋や来る露やまがふと思ふまであるは涙の降るにぞありける 歌〈伊勢・16〉訳 (もう)秋が来たのか、(それとも)露が(季節を)間違えたのかと思うほど、ある(＝袖がぬれた)のは、(うれし)涙が落ちるのであったよ。

○前の例と同じく、「〜に(ぞ)」が「あり」の内容を表しているので、この「に」は断定の助動詞「なり」の連用形である。前にある「あり」は、一❷の「存在する」意味の動詞。

❷…(の)**状態である**。…(て)**いる**。…(て)**ある**。

咲く花も時に移ろふうつせみも常なくありけり… 歌〈万葉集・19・4214〉訳 (世の中のつらさは)咲く花も時とともに色あせていくことだ。この世も無常であったなあ…。

○この「あり」は、形容詞「なし」の連用形「なく」に付いて、助動詞「けり」につなぐ役割をしている。このような用法が、やがて「なくありけり→なかりけり」と変化して、形容詞の補助活用を生み出す。→読解の手引き❶(98ページ)

かくばかり恋ひつつあらずは高山の岩根し枕きて死なましものを 歌〈万葉集・2・86〉訳 これほどまで恋い焦がれ続けていないで、高山の岩を枕にして死んでしまったらよかったのになあ。

○接続助詞「つつ」に付いている例。

思ひやる心は海を渡れどもふみしなければ知らずやあるらむ 歌〈土佐日記・一月九日〉訳 (見送りの人を)はるかに思う(私の)思いは(船から岸へ)海を越えていくけれども、文(＝手紙)も踏み(＝歩いていくこと)もないから(岸の人は)気づかないでいるのではないだろうか。

○この「あり」は、打消の助動詞「ず」に(係助詞「や」を介して)付き、助動詞「らむ」につなぐ役割をしている。このような用法が、やがて「ずある→ざる」となって、助動詞の補助活用を生み出す。→読解の手引き❶(98ページ)

❸《中古末期以降》(「お〜あり」「御〜あり」などの形で)(お)…**になる**。(ご)…**になる**。

その刀を召し出だして叡覧あれば…。〈平家・1・殿上闇討〉訳（鳥羽上皇が）その（＝平忠盛の）刀をお取り寄せになってご覧になると…。

一院御出家あり。〈平家・1・殿下乗合〉訳一院（＝後白河院）はご出家になる。

発展 ②現代語との違い　存在する意味では、現代語では「ある」と「いる」が無生物と生物で使い分けられているが、古語では生物・無生物のどちらにも「あり」を用いる。また、古語の「ゐる」は、「座る」などの具体的動作に重点を置いて用いられる。
③ 一❺　「心あり」「覚えあり」「労あり」など、いろいろな語に付いて、そのよさが目立つ意味を表す。
④ 二❶　第二例にあるように、「に」と「あり」の間に係助詞や副助詞、また接続助詞「て」が挟み込まれることがある。その中で、接続助詞「て」が挟み込まれた「にてあり」は、中世には「にてある」→「である」と変化していく。
⑤ 二❷　形容詞・形容動詞、またその型に活用する助動詞や、打消の助動詞「ず」に付いて、それらを助動詞・助詞につなぐ役割をする。また、接続助詞「つつ」「て」などに付いて、動作・作用がその状態としてあることを表す。

関連語 あらず・こそあらめ・こそあれ・だにあり・ばこそあらめ
→古語チャート❹（103ページ）・❼（273ページ）

あり-がた・し【有り難し】

形容詞〔ク〕

存在することが難しいようす
- ❶めったにない。珍しい。
- ❷（めったにないほど）優れている。立派だ。尊い。
- ❸困難だ。難しい。
- ❹暮らしにくい。生活しにくい。

未然形	連用形	終止形	連体形	已然形	命令形
ありがた・く	ありがた・く	ありがた・し	ありがた・き	ありがた・けれ	○
ありがた・から	ありがた・かり	○	ありがた・かる	○	ありがた・かれ

❶**めったにない。珍しい。まれだ。**
ありがたきもの。舅に褒めらるる婿。また、姑に思はるる嫁の君。〈枕草子・75・ありがたきもの〉訳**めったにないもの。**舅に褒められる婿。また、姑に愛されるお嫁さん。
ありがたき強弓、精兵、馬の上、徒立ち、打ち物持っては鬼にも神にも会はうどいふ一人当千の兵なり。〈平家・9・木曾最期〉訳（巴御前は）**めったにない**剛弓の引き手で、優れた戦い手、馬上でも、徒歩でも、刀を持っては鬼でも神でも立ち向かおうという一人で千人の敵を相手にできる勇士である。

❷（めったにないほど）**優れている。立派だ。感心だ。尊い。もったいない。**
「げに好き者にこそ。」と、あはれに**ありがたく**覚えて、笛急ぎ尋ねつつ送りけり。〈発心集〉訳（石清水八幡宮の別当頼清は）「なるほど（永秀という笛の名手は）風流を理解する人であるなあ。」と、しみじみ**立派だ**と思われて、笛を急いで探し求めては送ったのだった。

御堂の勤めばかりに会ひて、こもりゐたりと聞きはべりしこそ、**ありがたく**覚えしか。〈徒然草・134・高倉院の法華堂の〉訳（自分が醜いことを知る高僧は）お堂での勤行（の時）だけに（人々と）会って、（いつもは）こもっていたと聞きましたことは、実に**感心だ**と思われた。

「それこそいみじく尊く験ありて、鉢を飛ばし、さてゐながら、よろづ**ありがたき**ことをしさぶらふなれ。」〈宇治拾遺〉訳「（信貴山にいる高僧は）それこそ実に尊く祈りの効き目もあって、鉢を（空へ）飛ばし、そうして（＝ひとり山にこもって）いながら、万事**尊い**ことをするそうです。」

❸**困難だ。難しい。**
「されば、千万が一つも生きて帰らんこと**ありがたし**。」〈平家・9・二度之懸〉訳「（一人だけで攻め入るの）だから、千万分の一も生きて帰るようなことは**難しい**。」

❹**暮らしにくい。生活しにくい。**
「年ごろ見ず知らざりつる、人の上なれど、心ばへ、容貌を見れば…らうたく、心苦しきに、世の中は**ありがたく**、むつかしげなるものかな。」〈源氏・東屋〉訳「長い間見もせず知りもしなかった、人（＝浮舟）の身の上であるけれど、その性質や、顔形をみると…かわいらしく、気の毒であるにつけても、世の中は**暮らしにくく**、煩わしいものだなあ。」

発展 ①❶〜❸の意味の展開　「あり（＝存在する）＋かたし（＝難しい）」で、❶の「めったにない」という意味から❷以下の意味が派生する。❸は「かたし」が強調されてできた。
②感謝のことばへ　鎌倉時代になると、宗教的な意味での感謝の気持ちを表すようになる。たとえば、「ありがたき人になりけるかひありて悟り求むる心あらなむ（＝めったに生まれ難い人間に生まれついたかいがあって、仏道の悟りを求める心を持っていたいものだ）」〈山家集・901〉という歌では、仏の尊い意志を受けて初めて、人間というものに生まれついたのだ、という感慨が「ありがたし」に込められている。そこから、現在一般に感謝のことばとして用いられる「ありがたい」へと変わっていったと考えられる。
③一語化の過程にあるもの　❹の語義は、「生活する」意の「あり」に補助形容詞「がたし」が付いて熟したもので、一語化の過程にあるものともいえる。

類語比較 「ありがたし」と「めづらし」

共通点＝めったにない、優れている、などの意味で共通することば。

ありがたし＝「あることが難しい」というもともとの意味から、「（めったにないほど）優れている」という意味が派生したが、「めったにない」という意味で用いられる方が多い。

めづらし＝①動詞「愛づ」から派生したことばで、普通とは異なっていて、そこに心引かれて趣深く感じたり、すばらしいと思ったりする気持ちを表すのがもともとの意味。
②賞美したり珍重したりするのにふさわしいものは、そうめったにあるものではないところから、「めったにない」という意味が派生し、現代語の「珍しい」と同じ意味になった。
③以上の経緯から、「めったにない」という意味の場合にも、対象の持つ価値を積極的に評価する気持ちを含んで用いられる。
→古語チャート⓫（427ページ）

ありあけや…句

有り明けや浅間の霧が膳を這ふ〈七番日記・小林一茶〉訳 有り明けの月がまだ空に残る早朝、浅間山から流れてくる霧が、旅の宿の朝食の膳のあたりをはうように流れ込んでくる。○季語 有り明け・霧—秋

発展 軽井沢の旅宿で詠んだ句。時間(「有り明け」)、背景(「浅間」)、調度(「膳」)、それに動き(「這ふ」)を巧みに詠み込み、高原にある旅宿でのさわやかな早朝をみごとに表現している。

あり-あ・ふ【有り合ふ・在り合ふ】あ(お)う 動詞 自〔ハ四段〕〈は・ひ・ふ・ふ・へ・へ〉❶ちょうどそこに居合わせる。ちょうどそこにある。

至れりし国にてぞ子生める者どもあり合へる。〈土佐日記・二月九日〉訳 着任していた国(=土佐)で子を生んだ者たちが**ちょうどそこに居合わせた**。

❷行き会う。出会う。

「路のほどなども、夜行の夜なども、おのづからありあふらむ。」〈栄花〉訳「道の途中で、百鬼夜行の夜などでも、たまたま**出会って**いることだろう。

❸(「あり」と「あふ」が同等で)生きていて出会う。生まれ合わす。

言の葉の情け絶えにし折節にありあふ身こそ悲しかりけれ 歌〈山家集・1228〉訳 心のこもらない空虚なことばだけが飛び交う時代に**生まれ合わせた**この私こそ悲しかったよ。

あり-あり-て【有り有りて】

連語 このままずっとあり続けるようすや、その結果 → ❶**このままでいて。このまま生き続けて。** ❷**あげくの果てに。とうとう。**

連語 ❶(その状態で存在し続けるようすを表し)**このままでいて。このまま生き続けて。ずっと過ごしてきて。**

ありありて後も逢はむと言のみを固く言ひつつ逢ふとはなしに 歌〈万葉集・12・3113〉訳 **このまま生き続けて**、その後も逢おう、とことばだけを固く言い(=約束し)ながら、逢うことはなくて。

古へ、いみじう語らひ、夜、昼、歌など詠み交はしし人の、ありありても、いと昔のやうにこそあらね、絶えず言ひわたるが…。〈更級日記・初瀬〉訳 以前、たいへん親しく付き合い、夜も、昼も、歌などを詠み交わした人で、**ずっと過ごしてきても**、それほど昔のよう(に頻繁)ではないけれど、絶えることなく文通を続けている人が…。○「ありありても」は、「いと昔のやうにこそあらね」という★挿入句を挟んで「(絶えず)言ひわたる」に係る。

❷(長い時間がたったその結果を表し)**あげくの果てに。とうとう。ついには。**

「人の思ひ言はむこと、よからぬ童部の口ずさびになるべきなめり。ありありて、をこがましき名を取るべきか

あり・く【歩く】

あちこち動きまわる。移動する
- 一 動詞 自
  - ❶(人・動物などが)**歩く。出歩く。歩きまわる。動きまわる。**
  - ❷(乗り物などが)**移動する。**
- 二 補助動詞
  - ❶(空間的に)…(し)**てまわる。ほうぼうで…する。…あるく。**
  - ❷(時間的に)**ずっと…(し)続ける。…(し)て過ごす。…ながら月日を送る。**

接続 二は動詞の連用形に付く。

	未然形	連用形	終止形	連体形	已然形	命令形
動詞 自〔カ四段〕 補助動詞〔カ四段〕	あり・か	あり・き	あり・く	あり・く	あり・け	あり・け

一 動詞 自〔カ四段〕❶(人・動物などが)**歩く。出歩く。歩きまわる。動きまわる。**→古語チャート37(1075ページ)

人にも知られたまはでありきたまうける御供に、これなむおくれたてまつらでさぶらひける。〈大和・2〉訳(宇多法皇が)人にも知られなさらずに**歩きまわり**なさった(その)お供として、この人(=橘良利)は後に残らないでお仕え申し上げたのだった。

いとをかしげにてありくを見るに、まづ思ひ出でらるれば…。〈源氏・若菜下〉訳(子ネコが)とてもかわいい感じで**歩きまわる**のを見ると、(柏木は)真っ先に(女三の宮の飼っていたネコを)思い出さないではいられないので…。

❷(乗り物などが)**移動する。行き来する。**

菰積みたる舟のありくこそ、いみじうをかしかりしか。〈枕草子・114・卯月の晦方に〉訳 マコモ(=草の名)を積んだ舟が**行き来する**のは、たいへん風情があった。

二 補助動詞〔カ四段〕❶(空間的に)…(し)**てまわる。ほうぼうで…する。…あるく。**

預かり、いみじく経営しありく気色に、この御ありさま知り果てぬ。〈源氏・夕顔〉訳 留守役の人が、ひどく忙しく世話を**してまわる**ようすによって、(右近は)この(=まだ身分を隠している源氏の)ご身分がすっかり分かってしまった。○サ変複合動詞「経営す」の連用形に付いている例。

❷(時間的に)**ずっと…(し)続ける。…(し)て過ごす。…ながら月日を送る。**

子どもあまた出で来て、思ひて住みけるほどに、亡くなりにければ、限りなく悲しくのみ思ひありくほどに…。〈大和・13〉訳 子供がたくさん生まれて、いとおしんで住んでいたそのうちに、(妻が)亡くなってしまったので、この上なく悲しいとばかり思って**過ごす**うちに…。

類語比較 **「ありく」と「あゆむ」**

共通点=人の歩行を表す。

ありく=①移動することに重点があり、人の歩行以外でも用いられる。また、人の場合でも足による移動とは限らず、乗り物による移動もある。たとえば、「船に乗りてありく人」〈枕草子・306・日のいとうららかなるに〉というような例も見られる。②「ありく」の使用は中古以降である。特に中古の和文では、「あゆむ」より「ありく」が優勢であった。

あゆむ=①足の運びに重点があり、人の歩行にしか用いられない。②上代から用いられていた。

※現代でも使われる「あるく」は、古く上代から見られるが、中古の和文にはなく、中世末期ごろから一般化した。

な。〈源氏・夕顔〉訳「（夕顔の変死について世間の）人々が思うことをうわさにしたりすることは、よくない連中の無責任なうわさの種になるに違いないことであるようだ。あげくの果てに、（夕顔を亡くした源氏は）みっともないという評判をとるに違いないことだなあ。」
「**我も人も宿世のつたなかりければ、ありありてかくはるかなる国になりにたり。**」〈更級日記・子忍びの森〉訳「私も人（＝私の娘であるおまえ）も前世からの因縁が悪かったので、**ついには**このように（都から）遠く離れた国（の国司）になってしまった。」
発展 **語の成り立ち** ラ変動詞「あり」の連用形を重ねたものに、接続助詞「て」が付いたもの。同一語を重ねた表現は畳語といわれ、動詞の場合は、その動作が繰り返し行われる意を表す。「ありありて」においては、繰り返し存在するところから存在が長きにわたると、とらえた表現だといえよう。

ありあり‐と 副詞 はっきりと。あるがままに。また、まことしやかに。**さもありありと申しければ**…。〈御伽草子・木幡狐〉訳 いかにも（そのものがあるかのように）**まことしやかに**申し上げたところ…。

あり‐う【有り得】 いることができる。暮らすことができる。**しましくもひとりありうるものにあれや島のむろの木離れてあるらむ** 歌〈万葉集・15・3601〉訳 しばらくでも一人で**いることができる**ものであるのか。（どうして）島のムロの木がぽつんと離れてあるのだろう。

あり‐か【在り処】 名詞 物のある場所。また、人のいる場所。所在。居場所。
生ひ立たむありかも知らぬ若草を後らす露ぞ消えむ空なき 歌〈源氏・若紫〉訳 ↓おひたたむ…

あり‐かず【有り数】 名詞 ❶その場にある物の数量。❷（人が）この世に生きる年数。年齢。寿命。

あり‐かた【有り形】 名詞 ありさま。ようす。実情。

ありがた‐げ・なり【有り難げなり】 形容動詞［ナリ］〈なら・なり（に）・なり・なる・なれ・なれ〉めったにないほどすばらしい感じがする。
世に**ありがたげなる**御馬のさまなり。〈源氏・須磨〉訳 世間に**めったにないほどすばらしい感じがする**おウマのようすである。

まとめて覚えよう古語チャート❹
品詞が異なる反対語

通常の考え方では、反対語とは、同一の品詞の中に存在するものでしょうが、そうでない語もあります。最も基本的な動詞ともいえる、存在を表す「1あり」の反対概念を表す語は「2なし」です。このように、動詞の反対語が形容詞であるような場合は、もともと、動詞そのものが状態も表現するものであったからでしょう。
また、形容詞と形容動詞が対応する場合はさらに多い、といえます。これは、ともに物事の性質や状態を表す品詞ですが、活用の型は異なったために異なる品詞に分類されたと考えることができます。

動詞	［ラ変］1あり	［ヤ上二段］老ゆ	［マ四段］富む	［マ四段］撓む ●ゆがむ
↕	↕	↕	↕	↕
形容詞	［ク］2なし	［ク］若し	［シク］貧し	［ク］直し ●まっすぐだ

形容詞	［シク］険し	［シク］騒がし	［シク］乏し
↕	↕	↕	↕
形容動詞	［ナリ］なだらかなり	［ナリ］静かなり	［ナリ］豊かなり

赤字は最重要語・重要語

↓古語チャート⑪（427ページ）

ありがた‐し【有り難し】 形容詞 ↓**最重要語**（101ページ）

ありがたや…句 **ありがたや雪をかをらす南谷**〈奥の細道・羽黒山・松尾芭蕉〉訳 ありがたいことだ。消え残った雪までを薫らせるようにさわやかな薫風が吹いてくる、ここ南谷だよ。○季語（風）かをる―夏
発展 羽黒山は、今の山形県鶴岡市にある山。別当寺別院に泊まった翌日、霊山の尊さを吟じた句。第二句は「かほらす」とも表記されるが、「かをらす」が正しい。

あり‐がほ・なり【有り顔なり】 形容動詞［ナリ］〈なら・なり（に）・なり・なる・なれ・なれ〉（何かが）ありそうな顔つきだ。もっともらしい顔つきだ。いかにもありそうな感じだ。**蔵人の君は、かしづかれたるさまことなれど、打ちしめりて思ふことありがほなり。**〈源氏・竹河〉訳 蔵人の君は、特別にもてなしを受けているのに、憂鬱な気持ちで悩みごとが**ありそうな顔つきである**。

あり‐がよ・ふ【有り通ふ】 動詞 自［四段］〈は・ひ・ふ・ふ・へ・へ〉通い続ける。いつも通う。常に往来する。**清き瀬に朝夕ごとに立つ霧の思ひ過ぎめやありがよひ**…。歌〈万葉集・17・4000〉訳 清く美しい川瀬に朝夕ごとに立つ霧のように、（立山を）思い忘れることがあろうか、いや、そんなことはない。**いつも通い続け**…。

ありき【歩き】 名詞 出歩くこと。歩きまわること。外出。
発展 四段動詞「ありく」の連用形が名詞になったもの。

ありき‐ちが・ふ【歩き交ふ】 動詞 自［四段］〈は・ひ・ふ・ふ・へ・へ〉行き来する。行きかう。**脛を布の端して引き巡らかしたる者ども、ありきちがひ騒ぐめり。**〈蜻蛉日記〉訳 すねを布の端切れで巻いている者たちが、**行き来して**騒いでいるようである。

あり・く【歩く】 動詞 補助動詞 ↓**最重要語**（102ページ）

あり・く【在り来】 動詞 自［カ変］〈こ・き・く・くる・くれ・こ（こよ）〉変わらずに続く。ずっとあり続ける。
今こそあれ我も昔は男山さかゆく時もありこしもの

を 歌〈古今集・雑上・889〉訳今は(こんなに)衰えているけれども、昔は男山の坂行くということばどおりに、(男盛りの)栄えゆくときもずっと続いてきていたのに。○「今こそあれ」は「今こそかくあれ」の略。「男山」は、「坂行く」「栄えゆく」を連想させて、第四句を導く枕詞。

あり-ける【有りける】 連体詞 先程の。前からいた。前からあった。例の。
人々笑ふときにありける女童なむ、この歌をよめる。〈土佐日記・一月十一日〉訳(幼い子供のことばに)人々が笑うときに**先程の**女の子が、この歌を詠んだ。
発展 ラ変動詞「あり」の連用形＋過去の助動詞「けり」の連体形。

あり-こす【有りこす】《上代語》そうあってほしい。
吉野川行く瀬の早みしましくもよどむことなくありこせぬかも 歌〈万葉集・2・119〉訳吉野川を行く(川)瀬(の流れ)が早いので、(そのように二人の仲も)ちょっとでもとどこおることなく**あってほしい**なあ。
発展 ラ変動詞「あり」の連用形＋上代の願望の助動詞「こす」。

あり-さま【有り様】 名詞 ❶(人や物事の)状態。態度。
女房の用意ありさまさへ、いみじくととのへなしたまへり。〈源氏・藤裏葉〉訳(明石の君は)女房たちの気遣いや**態度**までも、とても立派にしつけていらっしゃった。
❷身分。境遇。事情。
身のありさまを口惜しきものに思ひ知りて…。〈源氏・須磨〉訳(明石の入道の娘は)自分の**境遇**を不本意なものだと悟り切って…。
類語比較 「かたち」「ありさま」「すがた」↓形

あり-さ・る【在りさる】 動詞 自〔ラ四段〕〈ら・り・る・る・れ・れ〉そのままで時がたつ。生きながらえて暮らす。
ありさりて後も逢はむと思へこそ露の命も継ぎつつ渡れ 歌〈万葉集・17・3933〉訳**生き長らえて**、また将来もあなたと逢いたいと思うので、このはかない命も、どうにか持ちこたえて過ごしているのです。
発展 「さる」は、時間が経過するという意味。

あり-し【有りし・在りし】
━遠い過去を示す ┬ 以前の。昔の。生前の。

連体詞 **以前の。かつての。昔の。生前の。前世の。**
大人になりたまひて後は、ありしやうに、御簾の内にも入れたまはず。〈源氏・桐壺〉訳(源氏が元服して)成人におなりになった後は、(帝は)**以前の**ように、(源氏を藤壺の女御の)御簾の中にもお入れにならない。
発展 **語の成り立ち** ラ変動詞「あり」の連用形に過去の助動詞「き」の連体形が付いて一語になったもの。
類語比較 「ありつる」と「ありし」↓有りつる

ありし-ながら【有りしながら】 昔のまま。以前のまま。もとのまま。発展 連体詞「ありし」＋接尾語「ながら」。

ありそ【荒磯】 名詞 岩が多く、荒波が打ち寄せる海岸。また、人気がなく、荒涼とした海岸。発展 「あらいそ」が変化したことば。

ありそ-うみ【荒磯海】 名詞 ★荒磯に面した海辺。

あり-た・つ【在り立つ】 動詞 自〔タ四段〕〈た・ち・つ・つ・て・て〉
❶いつも出かけていく。
❷立ち続ける。いつも立っている。
八十島の島の崎々ありたてる花橘を… 歌〈万葉集・13・3239〉訳多くの島の岬に**立ち続けて**いる花の咲いているタチバナを…。

ありつき-がほ・なり【有り付き顔なり】 形容動詞〔ナリ〕〈なら・なり(に)・なり・なる・なれ・なれ〉落ち着いた顔つきだ。もの慣れたようすだ。
慣れたる人は、こよなく、何事につけてもありつきがほに…。〈更級日記・宮仕え〉訳(昔から宮仕えしていて)慣れている女房たちは、この上なく、何事につけても**もの慣れたようすで**…。

あり-つ・く【有り付く】 動詞 自〔カ四段〕〈か・き・く・く・け・け〉
❶安住する。住みつく。
国に大水出で、人を流し里を失ふ。しかれば、民ありつくこと難し。〈今昔〉訳国に大水が出て、人を流し里を失った。だから、民が**住みつく**ことは難しい。
❷(男女が)一緒になる。(結婚して)落ち着く。
わざとありつきたる男となくて、ただ時々通ふ人などぞありける。〈宇治拾遺〉訳とりたてて**一緒になって**いる夫ではなくて、ただ時々通ってくる男などがいたそうだ。
❸なじむ。慣れる。
まだありつかぬ御かたはら目、かくてしもうつくしき子どもの心地して…。〈源氏・柏木〉訳(尼姿が)まだ**なじ**まない(女三の宮の)お横顔は、こうなるとまたかえってかわいい女の子の風情があって…。
❹(ある環境や身分に)生まれつく。
もとよりありつきたる、さやうの並み並みの人は…。〈源氏・蓬生〉訳もともと(平凡な身分に)**生まれついて**いる、そのような普通の階級の人は…。
❺(「世にありつく」の形で)生活をしていく。生計を立てる。
年ごろ身貧しくして、世にありつく方もなかりけるほどに…。〈今昔〉訳長年貧乏していて、**生計を立てる**方法もなかったころに…。

あり-つる【有りつる・在りつる】
━ごく近い過去を示す ┬ 先程の。先刻の。例の。

連体詞 **先程の。先刻の。例の。**
御前に参りて、ありつるやう啓すれば…。〈枕草子・8・大進生昌が家に〉訳(中宮の)お前に参上して、**先程の**ようす(＝作者が髪を整えていない姿を人に見られたこと)を申し上げると…。
発展 **語の成り立ち** ラ変動詞「あり」の連用形に、完了の助動詞「つ」の連体形が付いて一語になったもの。
類語比較 **「ありつる」と「ありし」**
共通点＝過去を示す。
ありつる＝現在にごく近い過去の事柄をいう場合に用いる。
ありし＝遠い過去の事柄をいう場合に用いる。

あり-と-ある【有りと有る】 連語 ある限り全部の。すべての。
我が家にありとある人集めてのたまはく…。〈竹取・竜の頸の玉〉訳(大伴の大納言が)自分の家にいる**すべての**家来を集めておっしゃることには…。
発展 ラ変動詞「あり」の連用形＋格助詞「と」＋ラ変動詞「あり」の連体形。「ある」を強めた言い方。

あり-どころ【在り処・在り所】 名詞 物のあり場所。また、人のいる所。所在。居場所。↓在り処

あり-と-し-ある【有りとし有る】 連語 ↓ありとある

あり-なし【有り無し】 ━ 名詞 あるかないか。いるかいないか。有無。また、生きているかいないか。生死。
暗ければ、頼義がありなしも知らぬに…。〈今昔〉訳

（あたり一面）真っ暗なので、源頼義が（そこに）**いるかいないかもわからない**のに…。

二 形容動詞 〔二〕あるかないかわからないほどだ。また、生きているか死んでいるかわからないほどだ。

北の方年老いたまひて、ありなしにて聞こえなどすめれど…。〈栄花えい〉訳 北の方はお年をお取りになって、**生きているか死んでいるかわからないほどだ**とうわさされているようだが…。

あり‐な‐む【有りなむ】連語 （…であっても）いいだろう。かまわないだろう。

されど、家ごとにあるものなれば、ことさらに求め飼はずともありなん。〈徒然草・121・養ひ飼ふものには〉訳 けれども、（イヌは）どの家にもいるものであるから、特別に探し出して飼わなくても**いいだろう**。

発展 ラ変動詞「あり」の連用形＋確述の助動詞「ぬ」の未然形＋推量の助動詞「む（ん）」。

あり‐にく・し【在りにくし】形容詞 〔ク〕〈く・く・し・き・けれ・○／から・かり・○・かる・○・かれ〉生きていくのが難しい。住みにくい。対 在あり良よし

すべて世の中のありにくく、わが身と栖すみかとのはかなくあだなるさま、またかくのごとし。〈方丈記・世に従えば〉訳 何事につけても世の中が**生きていくのが難しく**、自分の身とその住む所とが頼りなくもろいようすは、またこの（＝大地震の後の）ようなものだ。

あり‐の‐ことごと【有りの悉】あるもの全部。残らず。

あり‐の‐すさび【有りのすさび】あることに慣れてしまい、ありがたいと思わなくなってしまうこと。また、生きていることに慣れてしまい、いいかげんに暮らすこと。

あり‐の‐すさみ【有りのすさみ】「ありのすさび」に同じ。

あるときはありのすさみにかたらはで恋しきものと別れてぞ知る 歌〈歌意考かいこう〉訳（相手の人が自分とともに）いるときは、**いることに慣れてしまい、いいかげんに**（＝気をゆるして）**暮らすこと**になり、愛し合わないで、恋しいものと別れてのちに（初めて）わかることだよ。

あり‐の‐み【有りの実】名詞《忌み詞》ナシの実。「なし」の音が「無し」に通じるのを嫌っていう。

ありのみち…句

蟻ありの道雲の峰よりつづきけん〈おらが春・小林一茶〉訳 アリの行列が道のようだよ。あのはるかな雲の峰から続いてきたのだろうか。○季語 蟻の道・雲の峰―夏。「けん」は過去推量の助動詞の連体形。

あり‐は・つ【有り果つ】動詞 自〔タ下二段〕〈て・て・つ・つる・つれ・てよ〉❶いつまでも生き続ける。命を全うする。

「**世の中にえありはつまじきさまを、ほのめかして言はむ。**」〈源氏・浮舟うきふね〉訳「この世に**いつまでも生き長らえることができそうにない**事情を、それとなく示して（乳母に）言おう。」

❷いつまでも同じ状態でいる。

「**年月経へば、かかる人々も、えしもありはてでや行き散らむ。**」〈源氏・須磨すま〉訳「年月が過ぎたら、これらの人々（＝二条院に仕える女童めのわらわたち）も、**いつまでもこのままの状態でいる**こともできないで散り散りになって別れて行くのではないだろうか。」

あり‐・ふ【在り経】動詞 自〔ハ下二段〕〈へ・へ・ふ・ふる・ふれ・へよ〉生き続ける。日を過ごす。

「**せめて知らず顔にありへても、これよりまさることもや。**」〈源氏・須磨すま〉訳「しいてそしらぬ顔で**日を過ごして**いても、これ以上に悪い事態でも起きるのではないか。」

有馬ありま 歌枕 今の神戸市北区、六甲山北斜面付近。古くから温泉地として知られ、『日本書紀』にもその名が見える。歌には、「有馬山」「有馬の湯」などという形でも詠まれた。→ビジュアルチェック❶（194ページ）

有間皇子ありまのみこ 人名 孝徳天皇こうとくてんのうの皇子。謀反を計画したとして捕らえられ、護送の途中で殺された。『万葉集』に短歌二首を残す。640―658

ありまやま…百人一首

有馬山猪名ゐなの笹原風吹けばいでそよ人を忘れやはする〈後拾遺集ごしゅういしゅう・709・大弐三位だいにのさんみ〉訳 有馬山から猪名の笹原（＝ササの生えている野原）に風が吹くと（ササがそよそよと鳴る音のように）さあそうだよ、どうして（私が）あなたのことを忘れるだろうか、いや、忘れはしない。○上の句は「（いで）そよ」を導く序詞だが、同時に風の音からわびしい恋のイメージを起こさせる効果もある。「そよ」は「それよ」の意味と、ササの葉ずれの「そよそよ」という音との掛詞。

発展 自分の心境を風に揺らぐササの葉にたとえ、相手の気持ちに不安を感じている心情を詠んだ歌。

品詞分解・修辞

〈序詞〉→そよ

有馬山	猪名	の	笹原	風	吹け	ば
		格助			カ四・已	接助

そよそよ／それよ（掛詞）　（係）――→（結）

いで	そよ	人	を	忘れ	やは	する
感	代　間助		格助	ラ下二・用	係助	補動サ変・体

あり‐も‐つか‐ず【有りもつかず・在りもつかず】連語 落ち着かない。住み慣れない。

ありもつかず、いみじうものさわがしけれども…。〈更級日記・梅の立ち枝え〉訳（着いたばかりでまだ）**落ち着かなく**、ひどく取り込んでいるけれど…。

発展 ラ変動詞「あり」の連用形＋係助詞「も」＋四段動詞「つく」の未然形＋打消の助動詞「ず」。

あり‐やう【有り様】ようー 名詞 ❶ありさま。ようす。❷ありのままであること。本当のこと。

あり‐や‐なし‐や【有りや無しや】無事でいるかどうか。生きているかどうか。

名にし負はばいざ言問はむ都鳥わが思ふ人はありやなしやと 歌〈古今集・羇旅・411〉訳→なにしおはば…

発展 ラ変動詞「あり」の終止形＋終助詞「や」＋形容詞「なし」の終止形＋終助詞「や」。これらの「や」を並立助詞とする立場もある。

あり‐よ・し【在り良し】形容詞 〔ク〕〈く・く・し・き・けれ・○／から・かり・○・かる・○・かれ〉住みよい。暮らしやすい。居心地がよい。対 在ありにくし

「**この男をの家ゆかしくて、率ゐて行けと言ひしかば、率て来たり。いみじくここありよく覚ゆ。**」〈更級日記・竹芝寺〉訳「この男の家が見たくなって、連れて行けと（私が）言ったので、（この男が私をここに）連れてきたのだ。たいへんここは**住みよく**思われる。」

あり‐わた・る【在り渡る】動詞 自〔ラ四段〕〈ら・り・る・る・れ・れ〉そのままであり続ける。同じ状態で時を過ごす。生きながらえて年月を送る。

朝露ににほひそめたる秋山に時雨な降りそありわたるがね 歌〈万葉集・10・2179〉訳 朝露に当たって美しくなり始めた秋の山に、時雨よ降らないでくれ。（紅葉が）**そのままであり続ける**ように。○「がね」は「願望」の気持ちを表す上代の終助詞。

あり‐わ・ぶ【在り侘ぶ】動詞 自〔バ上二段〕〈び・び・ぶ・ぶる・ぶれ・

びよ）いづらくなる。住みにくくなる。生きていることや住んでいることが苦痛に思える。**京にありわびて東に行きけるに**…。〈伊勢・7〉訳都に**いづらくなって東国に行ったところ**…。
発展「わぶ」は補助動詞。

在原業平【ありわらのなりひら】人名 平安前期の歌人。平城天皇の第一皇子阿保親王の五男。在五中将・在五とも。六歌仙・三十六歌仙の一人。容姿端麗で自由奔放な性格であったとされる。業平の歌を中心に『伊勢物語』が作られ典型的美男子として伝説化され、能や歌舞伎にも取り上げられた。家集に『業平集』がある。825―880

在原行平【ありわらのゆきひら】人名 平安前期の歌人。業平の兄。大宰権帥、中納言民部卿などを歴任。『在民部卿家歌合』を主催した。また、八八一（元慶五）年には在原氏の私学である奨学院を創設した。『古今集』などに短歌を残す。818―893

❶**ある**【有る】動詞・補助動詞**あり**の連体形。↓**最重要語**（100ジ）

❷**ある**（現）↓（古）**あり**【有り・在り】**最重要語**（100ジ）

あ・る【生る】動詞 自 〔ラ下二段〕〈れ・れ・る・るる・るれ・れよ〉（神・天皇・神聖なものなどが）生まれる。出現する。現れる。**玉だすき畝傍の山の橿原の聖の御代ゆあれまし神のことごと**…歌〈万葉集・1・29〉訳★畝傍山の橿原の天皇（＝神武天皇）のご治世以来、お**生まれ**になった神（である天皇）のすべてが…。○「玉だすき」は「うね」に係る枕詞。

あ・る【荒る】動詞 自 〔ラ下二段〕〈れ・れ・る・るる・るれ・れよ〉❶（海や山・風などが）荒れる。荒れ狂う。暴れる。**海は荒るれども、心は少し凪ぎぬ**。〈土佐日記・一月九日〉訳海は**荒れているが**、気持ちは少し落ち着いた。❷（人の心や都・里・家・庭・田畑などの事物が）荒廃する。荒れ果てる。**さざなみや志賀の都は荒れにしをむかしながらの山ざくらかな**歌〈平家・7・忠度都落〉訳★志賀の古い都（＝大津の宮）はすっかり**荒廃して**しまったけれど、昔のままに美しく咲き匂っている長等山のヤマザクラだなあ。○「さざなみや」は「志賀」に係る枕詞。「ながら」は接続助詞の「ながら」と「長等（山）」との掛詞。

❸興がさめる。白ける。「**こはいかに、こはいかに**。」と**騒がれければ、御遊もはや荒れにけり**。〈平家・5・文覚被流〉訳「これはどうしたことだ、これはどうしたことだ。」とお騒ぎになったので、管絃のお遊びもすぐに**白けて**しまった。

あ・る【離る・散る】動詞 自 〔ラ下二段〕〈れ・れ・る・るる・るれ・れよ〉離れる。遠ざかる。遠のく。離散する。ちりぢりになる。「**あななひにおどろおどろしく二十人の人の上りてはべれば、あれて寄りまうで来ず**。」〈竹取・燕の子安貝〉訳「（高い）足場に大げさにも二十人の人がのぼっておりますので、（ツバメは）**遠のいて**寄って参りません。」

ある【或】連体詞（物事を漠然と指して）ある。とある。**あるとき御所にて、「待つ宵、帰る朝、いづれかあはれは勝れる。」とお尋ねありければ**…。〈平家・5・月見〉訳**あるとき**御所で、「（恋人を）待つ宵と、（恋人が）帰る翌朝と、どちらが趣深さが勝っているか。」とお尋ねがあったので…。
発展ラ変動詞「あり」の連体形「ある」が固定化してできたもの。

ある-い-は【或いは】一 連語（多く「あるいは〜、あるいは〜」の形で）ある人は。ある者は。**日暮るるほど、例の集まりぬ。あるいは笛を吹き、あるいは歌をうたひ、あるいは唱歌をし**…。〈竹取・五人の貴公子〉訳日が暮れるころ、（五人の貴公子たちが）いつものように集まった。**ある者は**笛を吹き、**ある者は**歌を歌い、（また）**ある者は**唱歌（＝琴などの曲の旋律を口ずさむこと）をして…。
二 副詞 ❶（多く「あるいは〜、あるいは〜」の形で）一方では。ある場合には。ある時には。「**いざ見参して遊ばん**。」とて、**あるいは文をつかはす人もあり、あるいは使ひを立つる者もあり**。〈平家・1・祇王〉訳「さあ（祇王に）会って遊ぼう。」と言って、（都中の人々は祇王に）**一方では**手紙を持たせる者もあるし、（また）**一方では**使いを出す者もある。❷もしかすると。ひょっとすると。
三 接続詞 もしくは。または。「**枝の長さ七尺、あるいは六尺**…。」〈徒然草・66・岡本関白殿〉訳「枝の長さは七尺、**もしくは**六尺で…。」

発展①ラ変動詞「あり」の連体形＋上代の間投助詞「い」＋係助詞「は」。②中古には、多く漢文訓読文に「あるいは」が用いられ、和文では「あるは」が用いられた。中世以降は「あるいは」が一般化した。また、仮名遣いを「あるひは」とするのは誤り。

ある-かぎり【有る限り】❶あるだけ全部。ありったけ。「**物語の多くさぶらふなる、ある限り見せたまへ**。」〈更級日記・門出〉訳「（都には）物語がたくさんありますとかいうその物語を、**あるだけ全部**見せてください。」❷生きている間。**女親といふ人ある限りはありけるを**…。〈蜻蛉日記〉訳母親である人が**生きている間**は（どうにか）生きていたが…。
発展❶の「ある」は存在する、❷は生存する、また元気でいる意味を表す。

ある-が-なか-に【有るが中に】連語 多くある中で特に。とりわけ。**この歌は、あるが中におもしろければ**…。〈伊勢・44〉訳この歌は、**多くある**（＝詠まれた）**中で特に**趣があるので…。
発展ラ変動詞「あり」の連体形＋格助詞「が」＋名詞「なか」＋格助詞「に」。

ある-か-なき-か【有るか無きか】❶あるのかないのか、また、いるのかいないのかが、分からないほど目立たないようす。かすかなようす。見すぼらしいようす。❷生きているのか死んでいるのか分からないほど、すっかり弱っているようす。
発展ラ変動詞「あり」の連体形＋終助詞「か」＋形容詞「なし」の連体形＋終助詞「か」。

あるき【歩き】名詞↓ありき

あるじ【主・饗】名詞↓**最重要語**（107ジ）

あるじ-が・る【主がる】動詞 自 〔ラ四段〕〈ら・り・る・る・れ・れ〉主人ぶる。いかにも主人らしく振る舞う。主人顔をする。**常陸守の来て、あるじがりをるなむ、「あやし。」と人々見ける**。〈源氏・蜻蛉〉訳常陸守がやって来て、**主人ぶっている**のを、「見苦しい。」と人々は見たのだった。
発展「がる」は接尾語。

あるじ・す【饗す】動詞 自 〔サ変〕〈せ・し・す・する・すれ・せよ〉主人として人をもてなす。供応する。湯・茶などをふるまって客を接待する。すさまじきもの。…方違へに行きたるに、**あるじせぬ**

所。〈枕草子・25・すさまじきもの〉訳（不調和で）興ざめなもの。…方違えのために（他家に）行ったのに、**もてなしをしない**家。
発展 主人として客人をもてなすことを「あるじまうけ」といい、略して「あるじ」ともいったことから生まれた。

あるじ-ぶり【饗応】名詞 主人としての客人のもてなし方。もてなしぶり。

あるじ-まうけ【饗設け】―もうけ 名詞 ↓あるじ 二 最重要語（107ページ）

ある-ぞ-かし【有るぞかし】あるのだよ。いるのだよ。
かげろふの夕べを待ち、夏の蟬の春秋を知らぬもあるぞかし。〈徒然草・7・化野の露〉訳 カゲロウが夕方を待たないで（死に）、夏のセミが春や秋を知らない（で死ぬ）ということも**あるのだよ**。〇「〜待ち」は、下の「知らぬも」の「ぬ」が「待つ」にまで関係し、「〜待たず」の意となる＊対偶否定法といわれる表現形式である。
発展 ラ変動詞「あり」の連体形＋終助詞「ぞ」＋終助詞「かし」。

ある-に-も-あら-ず【有るにもあらず】連語 ❶生きていると思えないほどはかない。あるかないか分からないようだ。
さりともと思ふらむこそ悲しけれあるにもあらぬ身を知らずして 歌〈伊勢・65〉訳 それでも（いつかは逢える）と（あの人が）思っているだろうことが悲しい。**生きていると思えないほどはかない**（この私の）身の上も知らないで。
❷正気を失っている。無我夢中である。
あるにもあらず見えたまふを、例の、さかしき女ばら、「今はいとゆゆしきこと。」と、引きさけたてまつる。〈源氏・総角〉訳（中の君がほとんど）**正気を失って**いらっしゃるように見えるのを、いつものように、おせっかいな女房たちが、「（姉君の遺骸のそばにいるのは）今はとても不吉だ。」と、遠ざけ申し上げる。
発展 ラ変動詞「あり」の連体形＋断定の助動詞「なり」の連用形＋係助詞「も」＋ラ変補助動詞「あり」の未然形＋打消の助動詞「ず」。

ある-に-も-すぎ-て【有るにも過ぎて】事実以上に。実際よりも大げさに。
あるにも過ぎて人は物を言ひなすに、まして、年月すぎ、境も隔たりぬれば…。〈徒然草・73・世に語り伝ふること〉訳 **事実以上に**人は物事をもっともらしく言うのに（加えて）、なおさら、年月がたって、場所も離れてしまうと…。
発展 ラ変動詞「あり」の連体形＋格助詞「に」＋係助詞「も」＋上二段動詞「すぐ」の連用形＋接続助詞「て」。

あるじ【主・饗】

土地・物などを所有し、中心となる人
- 一【主】
  - ❶主人。一家の長。主君。持ち主。
  - ❷熟達した人。専門家。
- 二【饗】―（「＊饗設け」の略で）主人として客をもてなすこと。ごちそう。供応。↓饗す

名詞 一【主】❶**主人**。**一家の長**。**主君**。**持ち主**。
度重なりければ、主聞きつけて、その通ひ路に、夜ごとに人を据ゑて守らせければ…。〈伊勢・5〉訳（男の訪れが）度重なったので、（屋敷の）**主人**が聞いて気付いて、その（男の）通って来る道に、毎夜人を置いて見張らせたので…。
たびたび召せば、この局の主も…ただ急がしに出だし立つれば…。〈枕草子・184・宮に初めて参りたるころ〉訳（中宮が私を）たびたびお呼び寄せになるので、この部屋の**持ち主**（＝私が世話になっている古参の女房）も…ひたすら（私を）急がせて出仕させるので…。
❷**熟達した人**。**専門家**。
「定かにもわきまへ知らず。」など言ひたるは、なほまことに、道の主とも覚えぬべし。〈徒然草・168・年老いたる人の〉訳「はっきり理解して知ってはいない。」などと言っている人は、（知ったかぶりをする人よりも）やはり本当に、（その）道の**専門家**とも思われるに違いない。
二【饗】（「饗設け」の略で）**主人として客をもてなすこと**。**ごちそう**。**供応**。↓饗す

類語比較「あるじ」と「ぬし」
共通点＝主人・主君を表す。
あるじ＝①家の主人として客を招いてもてなす人という意味から、そのもてなし自体をも表すようになった。②「道のあるじ」「管絃のあるじ」などの言い方で、その道の第一人者・専門家という意味でも用いられる。
ぬし＝①もともと、主人を敬った言い方。②相手に対する軽い敬意を含む代名詞の用法などもある。

ある-は【或は】連語 ↓あるいは

◐**あるひは**（誤）↓（正）**あるいは**

ある-べう-も-な-し【有るべうも無し】―あるびょう 連語 あるはずもない。とんでもない。もってのほかだ。
木曾は、「官加階したる者の、直垂で出仕せんこと、あるべうもなかりけり。」とて…。〈平家・8・猫間〉訳 木曾義仲は、「官位の昇進をした者が、（平服である）直垂で（御所へ）勤めに出たりすることは、**とんでもないことだった**。」と言って…。
発展 ラ変動詞「あり」の連体形＋当然の助動詞「べし」の連用形（ウ音便）＋係助詞「も」＋補助形容詞「なし」。

ある-べか-し【有るべかし】形容詞シク〈しく・しく・し・しき・しけれ・○／しから・しかり・○・しかる・○・しかれ〉ふさわしい。理想的だ。立派だ。
人柄華やかにあるべかしき十余人集ひたまへれば…。〈源氏・行幸〉訳 人柄が立派で**理想的な**方々が十人余りもお集まりになっているので…。
発展「あるべし」（ラ変動詞「あり」の連体形＋推量の助動詞「べし」）が形容詞に変化したもの。

ある-べから-ず【有るべからず】❶あるはずがない。❷とんでもない。もってのほかだ。
発展 中古「あるべからず」「あるべくもあらず」といっていたものが、中世になると、「あらず」を「なし」に代えていうようになり、「あるべくもなし」「あるべうもなし」という形で用いられるようになった。

ある-べき【有るべき】連語 そうあることが適当な。当然。なすべき。
右近に、あるべきことのたまはせて…。〈源氏・玉鬘〉訳（源氏は）右近を通じて、（玉鬘が）**なすべきこと**をご指示おさせになって…。
発展 ラ変動詞「あり」の連体形＋当然の助動詞「べし」の連体形。

ある-べき-かぎり【有るべき限り】できるだけ。ありったけ。この上なく。
発展 ラ変動詞「あり」の連体形＋推量の助動詞「べし」の

連体形＋名詞「かぎり」。

ある-べけれ【有るべけれ】あるにちがいない。発展 ラ変動詞「あり」の連体形＋推量の助動詞「べし」の已然形。接続助詞「ば」「ど」「ども」に連なる以外は係助詞の「こそ」の結びとして現れる。

ある-まじ【有るまじ】連語 あるはずがない。あってはならない。いるはずがない。

世のはかなき事も、うらなく言ひ慰まんこそうれしかるべきに、さる人あるまじければ…。〈徒然草・12・同じ心ならん人と〉訳 世間の取るに足りないことも、ざっくばらんに話して心が晴れたとしたらうれしいに違いないが、そのような人が**いるはずがない**ので…。

発展 ラ変動詞「あり」の連体形＋打消推量の助動詞「まじ」。

ある-まじき【有るまじき】連語 あってはならない。とんでもない。

「かかる折にも、**あるまじき恥もこそ**。」と、**心づかひして**…。〈源氏・桐壺〉訳「このような(＝自分が病気で退出する)ときにも、**あってはならない**不面目なことでもあったら大変だ。」と、心配りをして…。

発展 ラ変動詞「あり」の連体形＋打消推量の助動詞「まじ」の連体形。

あるものと…歌

あるものと忘れつつなほなき人をいづらと問ふぞ悲しかりける〈土佐日記・十二月二十七日〉訳（まだ）生きているものと思って（死んだことを）つい忘れてはまた、依然として、亡くなった人(＝娘)を「どこ(にいるのか)。」と尋ねるのが、(いかにも)悲しいことだなあ。

○「つつ」は反復を表す接続助詞。「いづら」は、場所・方向を問う不定称の代名詞。

発展『土佐日記』の作者紀貫之が、土佐での赴任中に亡くなった幼い娘のことを思う場面。死んでしまったわが子を生きているものと錯覚して、「いづら」と居場所をつい探してしまう親の悲しさが、よく詠まれている。

ある-やう【有る様】名 ❶ありさま。状態。ようす。❷(その状態にあることの)わけ。事情。発展「ある」はラ変動詞「あり」の連体形。

❷**あれ**【有れ】動詞・補助動詞**あり**の已然形・命令形。↓**最重要語**(100ページ)

あれ【吾・我】代名詞 私。われ。対 汝

み吉野の吉野の鮎鮎こそは島辺も良きえ苦しゑ水葱の下芹の下あれは苦しゑ〈日本書紀〉訳 吉野のアユは、島のほとりにいるのも良いかもしれないが、(私は)ああ、苦しいよ、ミズアオイの根もとやセリの根もと(をはい回って)**私は苦しいよ**。

あれ【彼】代名詞 ❶(話し手から遠い事物・場所・時間を指して)あれ。あそこ。あのもの。あの時。❷あなた。

人のけはひのしければ、「あれは誰ぞ。」と問ひければ…。〈宇治拾遺〉訳 人の(いる)ようすがしたので、「**あなたは誰か**。」と尋ねたところ…。

あれ-か-に-も-あら-ず【吾かにもあらず】連語 自分か他人かわからない。茫然自失の気持ちである。

立ち出づるほどの心地、あれかにもあらず、現ともおぼえで、暁にはまかでぬ。〈更級日記・宮仕え〉訳(初めて)宮仕えをするときの気分は、**自分か他人かわからない**(夢のような気持ち)で、現実のこととも思われなくて、明け方には退出してしまった。

発展 代名詞「あれ」＋終助詞「か」＋断定の助動詞「なり」の連用形「に」＋係助詞「も」＋ラ変補助動詞「あり」の未然形「あら」＋打消の助動詞「ず」。「吾か人かにもあらず」の略かともいわれる。

あれ-か-ひと-か【吾か人か】自分が自分であるか他人であるかの区別がつかないようす。茫然としたようす。

発展 代名詞「あれ」＋終助詞「か」＋名詞「ひと」＋終助詞「か」。

あれ-ど【有れど】連語(「～はあれど」の形で)それもそうではあるが、それよりも。…はさておいて。

故郷の明日香はあれどあをによし奈良の明日香を見らくし良しも歌〈万葉集・6・992〉訳 昔の都であった明日香は、**それもそれなりに良いところではあるがそれよりも**(今の都の)奈良の明日香(＝元興寺)を眺めるのは良いことよ。

発展 ラ変動詞「あり」の已然形＋接続助詞「ど」。

あれ-に-も-あら-ず【吾にもあらず】連語 我を忘れる。無我夢中である。

ただ急がしに出だし立つれば、**あれにもあらぬ心地す**れど、参るぞいと苦しき。〈枕草子・184・宮に初めて参りたるころ〉訳(古参の女房が)ひたすら(私を)急がせて出仕させるので、**無我夢中の**気持ちがするけれど、(中宮のもとに)参上するのがひどくつらい。

あれ-は-いかに【彼は如何に】(予想外の出来事に驚いて)これはどうしたことだ。発展 代名詞「あれ」＋係助詞「は」＋副詞「いかに」。

あれ-ば-こそ-あれ【有ればこそあれ】↓こそあれ

あれ-は-たそ-どき【彼は誰そ時】名詞 ↓あれはたれどき

あれ-は-たれ-どき【彼は誰時】名詞 薄暗くて、だれであるか見定めにくい時間。夕暮れ時。夕方。類 黄昏

あれ-は-つ【荒れ果つ】動詞 自[タ下二段]〈て・て・つ・つる・つれ・てよ〉すっかり荒れてしまう。

あれ-まさ-る【荒れ増さる】動詞 自[ラ四段]〈ら・り・る・る・れ・れ〉いっそう荒廃する。ますます荒れていく。

荒れ増さる軒のしのぶを眺めつつ繁くも露のかかる袖かな歌〈源氏・須磨〉訳 **ますます荒れていく**屋敷の軒のシノブグサを物思いにふけりながら眺め、(あなたを)慕いしのびながら、しきりに(涙の)露がかかる袖であるなあ。

あれ-ま-す【生れます】動詞 自[サ四段]〈さ・し・す・す・せ・せ〉お生まれになる。

あれまさむ御子の継ぎ継ぎ天の下知らしまさむと…歌〈万葉集・6・1047〉訳 これから**お生まれになる**(天皇の)御子が代々天下をお治めになるだろうと…。

発展 下二段動詞「生る」の連用形＋尊敬の補助動詞「ます」。

あれ-まど-ふ【荒れ惑ふ】動詞 自[ハ四段]〈は・ひ・ふ・ふ・へ・へ〉ひどく荒れる。

雪降り、荒れ惑ふに、物の興もなくて…。〈更級日記・富士川〉訳 雪が降り、**ひどく荒れる**ので、何のおもしろいものもなくて…。

❸**あれる**(現)↓(古)**ある**【荒る】

安房[アハ]旧国名 房州。東海道十五か国の一つ。今の千葉県南部。↓**ビジュアルチェック**❼(450ページ)

阿波[アハ]旧国名 阿州。南海道六か国の一つ。今の徳島県。↓**ビジュアルチェック**❼(450ページ)

❸**あわい**(現)↓(歴)**あはひ**【間】

❸**あわし**(現)↓(歴)**あはし**【淡し】

淡路［アハヂ］旧国名 淡州。南海道六か国の一つ。今の淡路島全域。↓ビジュアルチェック❼（450ページ）

淡路島［アハヂ］歌枕 今の兵庫県の淡路島。瀬戸内海最大の島。「月」「千鳥」などとともに詠まれる。↓淡路・絵島・ビジュアルチェック❶（194ページ）

あわす（現）↓（歴）**あはす【合はす】**

あわせ（現）↓（歴）**あはせ【袷】**

あわせる（現）↓（古）**あはす【合はす】**

粟田口［アハタ］地名 今の京都市東山区、白川の東側あたりから山科区日ノ岡にかけての一帯。「三条口」「大津口」とも。古くから交通の要地で、京の七口の一つに数えられた。石山寺・三井寺などへの参拝の道として、多くの文学作品にその名が見える。↓ビジュアルチェック㉓（1093ページ）

あわた-た・し【慌たたし】形容詞［シク］〈しく・しく・し・しき・しけれ・○／しから・しかり・○・しかる・○・しかれ〉落ち着かない。せわしい。慌ただしい。

「天の下もかくのどかならぬに、よろづ**慌たたしく**なむ。」〈源氏・薄雲〉訳「世間もこのように穏やかでないので、何につけても**落ち着かない**ことで。」

発展 近世以降は「あわただし」。

あわ・つ【慌つ】動詞 自［タ下二段］〈て・て・つ・つる・つれ・てよ〉落ち着きを失う。慌てる。

幼き心地は、そこはかとなく慌てたる心地して…。〈源氏・夢浮橋〉訳（小君の）幼い気持ちには、なんとなく**落ち着きを失った**気持ちがして…。

粟津［アハ］歌枕 今の滋賀県大津市。木曾義仲戦死の地。近江八景の一つ「粟津の晴嵐」で知られた。「萩」「葛」「鶉」「鷹」などとともに詠まれる。

あわてる（現）↓（古）**あわつ【慌つ】**

阿波の鳴門［アハノ］歌枕 今の淡路島と四国との間にある海峡。潮の干満により、潮流が渦巻いて鳴りとどろくことから、この名がある。

あわび（現）↓（歴）**あはび【鮑・鰒】**

あわ-ゆき【沫雪・泡雪】名詞 泡のように解けやすく、柔らかな雪。

沫雪のほどろほどろに降り敷けば奈良の都し思ほゆるかも 歌〈万葉集・8・1639〉訳 ↓あわゆきの…

あわゆき-の【沫雪の】枕詞（あわ雪は消えやすいことから）「消」に係る。

あわゆきの… 歌

沫雪のほどろほどろに降り敷けば奈良の都し思ほゆるかも〈万葉集・8・1639・大伴旅人〉訳 泡のように消えやすい雪が一面まだらに降ると、（あの）奈良の都が自然と思われることだなあ。

○「降り敷けば」の「敷く」は、「一面に行き渡る」という意味。「都し」の「し」は、「都」を強める副助詞。「かも」は詠嘆の終助詞で、上代特有の語。

発展 都を遠く離れた大宰府に降る雪と、都で見た雪とを重ね、任地の大宰府で奈良への望郷を詠んだ歌。

あわれ（現）↓（歴）**あはれ**（感動詞・名詞）

あはれ 文芸用語 歌論用語。しみじみとした情趣をいい、「をかし」とともに最も基本的な美的理念。「をかし」と比べると、静かで、深く心に感じる趣である。藤原俊成・定家に「艶」とともに重視された。後に★本居宣長は「もののあはれ」による文学論を確立した。↓もののあはれ

あわれなり（現）↓（歴）**あはれなり** 最重要語（75ページ）

あわれむ（現）↓（歴）**あはれむ【憐れむ】**

あゐ【藍】名詞 ❶《植物》タデ科の一年草。茎・葉から、濃い青色の染料をとる。❷藍で染めた色。濃い青色。

あゐ-ずり【藍摺り】名詞 ↓あをずり

あを【青】 一 名詞 色のひとつで、緑・藍・水色も含み、ときに黒・灰色や白をも指す。青色。
二 接頭語 若くて未熟な、という意味を表す。語例 **青**侍・**青**女房・**青**童

あを【襖】名詞 ❶武官の礼服。束帯の★袍の両方の脇を縫い合わせていないもので、位階によって色に決まりがあった。類 闕腋の袍
❷（「狩襖」の略で）狩衣に裏を付けたもの。夏は裏を外し、冬は中に綿を入れることもあった。
❸袷。綿を入れたものもあり、表着にも下着にもなり、男女とも用いた。

発展「襖」の字音「あう」が変化したもの。

あを-あらし【青嵐】名詞 青葉を吹き渡る初夏の風。季語 夏

発展「青嵐」を訓読したことば。

あを-いろ【青色】名詞 ❶染め色や★襲の色目のひとつ。やや黄ばんだ色合いの萌葱色。
❷（「青色の袍」の略で）天皇の平服。天皇の近くに仕える★六位の蔵人なども着用することがあった。

蔵人思ひ染めたる人の、ふとしもえならぬが、この日青色着たるこそ、やがて脱がせでもあらばや、と覚ゆれ。〈枕草子・5・四月、祭りのころ〉訳 蔵人（になる願い）を心に深く染み込ませている人で、すぐにはなれそうもない人が、この（祭りの）日に、**青色の袍**を着ているのは、そのまま脱がせないでおいてもほしい、と思われることだ。

あをいろ-すがた【青色姿】名詞 青色の袍を着た姿。↓青色❷

あを-うま【青馬・白馬】名詞 ❶《上代語》青黒い毛色のウマ。
❷白馬、または葦毛のウマ。

白馬見にとて、里人は車清げに仕立てて見に行く。〈枕草子・3・正月一日は〉訳（節会の）**白馬**を見るためにということで、里帰りしている人は牛車をきれいに飾り立てて見に行く。
❸「★白馬の節会」の略。

発展 ❷は、平安時代以降、★白馬の節会に白馬を用いるようになってから生じた意味。

あをうま-の-せちゑ【白馬の節会】名詞 上代より行われていた宮中の年中行事。陰暦正月七日、紫宸殿で、左右の馬寮から引き出された青馬（=青黒い毛色のウマ）二十一頭を天皇がご覧になり、その後、群臣とともに宴会を催した儀式。

発展 この日に、青馬を見ると一年の邪気が除かれるという中国の故事に基づいて、青馬を用いていたが、後に白馬が用いられるようになって以降、「白馬」を「あをうま」と読み習わした。

あを-かき【青垣】名詞 青く木の茂った山々が、垣根のように周りを取り囲んでいること。

あをかき-やま【青垣山】名詞 垣根のように周りを取り囲んでいる、青々とした山々。

あをき-まなこ【青き眼】（気の合う人の訪問を喜んで迎えるときの）穏やかな目つき。発展「青眼」を訓読したことば。中国の晋代の「竹林の七賢人」の一人、

阮籍が、気の合う人は青眼で、気の合わない人は白眼で迎えたという故事に基づく。

あを-くちば【青朽ち葉】―名詞 ❶染め色のひとつ。青みがかった朽ち葉色(=赤みがかった黄色)。❷織り色のひとつ。縦糸が青で横糸は黄。❸★襲の色目のひとつ。表は青、裏は朽ち葉色。夏秋に用いる。

あを-くび【青衿】―名詞 青い襟。
葛飾の真間の手児奈が麻衣に青衿着け直さ麻を裳には織り着て…… 歌〈万葉集・9・1807〉訳 ★葛飾の真間のかわいい少女は、(粗末な)アサの衣に**青い**襟を着け、アサを裳に織って着て……。

あを-くも【青雲】―名詞 青みを帯びた色の雲。また、灰色の雲。

あをくも-の【青雲の】― 枕詞 (青雲が出ることから)「出づ」に、また(色の具合から)「白」に係る。

あを-げ【青毛】―名詞 ウシやウマなどの毛色のひとつ。つやのある黒色で、青みがかって見える。

あを-ざし【青挿し】―名詞 菓子のひとつ。青麦をいって臼でひき、糸のようによったもの。

あを-ざむらひ【青侍】―名詞 ❶貴族の家に仕える六位の侍。❷身分の低い若侍。
発展「あをさぶらひ」とも。❶は六位の着る★袍が青色だったことから。❷の「あを」は「未熟」の意味を表す接頭語。

あを・し【青し】 形容詞 ク 〈く・く・し・き・けれ・○／から・かり・○・かる・○・かれ〉 ❶青い。
柳の萌えいでたるに、青き薄様に書きたる文付けたる。〈枕草子・89・なまめかしきもの〉訳 ヤナギの芽の出はじめた枝に、**青い薄様**(=和紙の一種)に書いた手紙を結び付けてあるもの(は優雅である)。
❷(人柄や行為が)未熟である。

あを-すそご【青裾濃】―名詞 青色で、上を薄く、裾の方にいくにしたがって濃く染めた衣服。

あを-すだれ【青簾】―名詞 細く新しい青竹で編んだすだれ。特に、★牛車に掛ける、青糸で編んだすだれ。季語 夏

あを-ずり【青摺り】―名詞 アイや青草で花鳥などの模様をすりつけて染めた紙や布。また、その衣服。類 藍摺り

あを-だうしん【青道心】―名詞 ❶いい加減な気持ちで起こした信仰心。❷出家したばかりで、まだ仏道に疎い僧。
発展「あを」は「未熟」の意味を表す接頭語。

あを-つづら【青葛】―名詞《植物》ツヅラフジ科のつる性植物。ツヅラフジ。
発展「青葛」を繰るというところから、「くる」を導く序詞に用いられることが多い。

あを-に【青丹】―名詞 ❶岩緑青の古い呼び名。染料や顔料に用いた。❷染め色のひとつ。濃い青色に黄を加えた色。❸★襲の色目のひとつ。表裏ともに❷の色。
発展「に」は土の意味。

あを-にび【青鈍】―名詞 ❶染め色のひとつ。青みを帯びた薄墨色。尼の服や、仏事などの調度や服に用いる。❷★襲の色目のひとつ。表裏ともに濃い縹色。

あをに-よし【青丹よし】― 枕詞 (奈良で★青丹がとれたことから)「奈良」に、また広く「国内」に係る。

あをはた-の【青旗の】― 枕詞 (木々が青々と茂るようすを青旗にたとえて)地名「木幡」「葛城山」「忍坂山」に係る。

あを-ばな【青花】―名詞 ❶ツユクサの別の呼び名。❷ツユクサの花からとった藍色の染料。また、それを吸収させた紙。青花紙。

あを-ひとくさ【青人草】―名詞 民衆。人民。国民。
発展 民衆を生い茂る草にたとえたことば。

あを-へど【青反吐】―名詞 激しく吐き散らすへど。
青反吐をつきてのたまふ。〈竹取・竜の頸の玉〉訳 (大納言は)**激しいへどを吐いて**おっしゃる。

あをみ-わた・る【青み渡る】― 動詞 自 ラ四段 〈ら・り・る・る・れ・れ〉 一面に青くなる。
梢も庭も珍しく青みわたりたる卯月ばかりの曙…〈徒然草・104・荒れたる宿の〉訳 梢も庭もすばらしく**一面に青くなっ**ている四月ごろの明け方…。
発展「わたる」は補助動詞。

あを・む【青む】 動詞 自 マ四段 〈ま・み・む・む・め・め〉 ❶(空や月、草木などが)青々とする。青くなる。
田の、苗代水まかせたるも、植ゑたるも、何となく青みをかしう見えわたりたる。〈更級日記・東山なる所〉訳 田で、苗代の水を引き入れたのも、もう苗を植えたのも、どことなく**青々として**趣深く見渡された。
❷(顔色が)青ざめる。
げに、いといたくやせやせに、青みて…。〈源氏・若菜下〉訳 (聞いたとおり、柏木は)本当に、たいへんひどくやせて、(顔色が)**青ざめて**…。

あを-やか・なり【青やかなり】 形容動詞 ナリ 〈なら・なり(に)・なり・なる・なれ・なれ〉 青々としている。
雪間の若菜摘み、青やかに、例はさしもさるもの目近からぬ所に、もて騒ぎたるこそをかしけれ。〈枕草子・3・正月一日は〉訳 雪の消えた所から出ている若菜を摘み、**青々としていて**、ふだんはそれほどそのようなもの(=若菜)は見慣れない所(=宮中)で、大騒ぎして(もてはやして)いるのがおもしろい。

あを-やぎ【青柳】―名詞 ❶春ごろに青い若芽を吹いたヤナギ。❷★襲の色目のひとつ。表裏ともに濃い青。一説に、表は青、裏は薄青とも。春に着用する。

あをやぎ-の【青柳の】― 枕詞 (青柳の葉が細いことから)「細き眉根」「いと」に、また(枝を★鬘にすることから)「かづら」、地名「葛城山」に係る。

あをやぎの… 歌
青柳の緑の糸を繰り置きて夏へて秋ははたおりぞ鳴く〈古今著聞集〉訳 (春の)青いヤナギの枝のような緑の糸を繰りためておいて、夏を経ての「綜へて」ではないが、綜にかけ、秋には機を織るというキリギリスが鳴くことだ。
○春を詠むかに見せて、秋を詠んでいる歌。「へて」は、「経て」と「綜へて(=綜にかけて)」との掛詞。

あをやぎ-の-いと【青柳の糸】― ヤナギの垂れ下がる枝を糸に見立てたことば。

あん【案】名詞 ❶(文書などの)下書き。草案。❷考え。工夫。計画。推量。
いかにもして案を巡らし、我が女房にせばやと思ひ…。〈御伽草子・一寸法師〉訳 (一寸法師は)何とかして**考えを巡らして**、(姫君を)自分の女房にしたいと思い…。
❸物を載せる台。机。

あん-ぎゃ【行脚】名詞 動詞 自 サ変 〈せ・し・す・する・すれ・せよ〉

❶《仏教語》禅僧が(修行のため)諸国を巡り歩くこと。または、その僧。類雲水・頭陀・遊行 ❷(徒歩で諸国を)旅行すること。または、その旅行者。
奥羽長途の行脚ただかりそめに思ひ立ちて…。〈奥の細道・草加〉訳奥羽(=今の東北地方)方面への遠路の**旅**をただふと思いついて…。

あん-ぐう【行宮】名詞 天皇が行幸のとき、その地に仮に設けられる住居。

あん-ご【安居】名詞《仏教語》陰暦四月十六日から七月十五日までの九十日間、僧が一か所にこもって修行すること。類夏安居
発展 *梵語を漢字で訳したことば。もとは、「雨期」の意味。

あんじ-さだ・む【案じ定む】動詞 他〔マ下二段〕〈め・め・む・むる・むれ・めよ〉よく考えて決める。決断する。
第一のことを案じ定めて…。〈徒然草・188・ある者、子を法師に〉訳第一番目の大事なことを**よく考えて決めて**…。

あん-じつ【庵室】名詞 俗世を捨てた僧尼や隠者の住まい。類庵 発展「あんじち」とも。

あんしょう-の-ぜんじ【暗證の禅師】名詞《仏教語》禅宗の僧が、*不立文字の教義によって、座禅のみにふけり、経典・教理をおろそかにすることを、他宗の僧があざけっていうことば。対文字の法師

あんじ-ゐる【案じ居る】動詞 自〔ワ上一段〕〈ゐ・ゐ・ゐる・ゐる・ゐれ・ゐよ〉考え続ける。
頼むにもあらず、頼まずもあらで、案じゐたる人あり。〈徒然草・194・達人の〉訳信用するのでもなく、信用しないのでもなくて、**考え続け**ている人がいる。
発展「居る」は動作が継続することを表す。

あん-じん【安心】名詞《仏教語》(信仰によって)心の動揺がなくなること。特に、浄土教において阿弥陀仏をひたすら信じて極楽往生を願う心をいう。

あん・ず【案ず】動詞 他〔サ変〕〈ぜ・じ・ず・ずる・ずれ・ぜよ〉❶あれこれ考える。
「**いづれの手かとく負けぬべきと案じて**…。」〈徒然草・110・双六の上手〉訳「どの方法が早く負けてしまいそうかと**あれこれ考えて**…。」
〇「手」は「やり方」の意味。

❷心配する。気遣う。
頼朝、またいかなる憂き目にか遭はんずらんと、思はじことなう案じ続けておはしけるところに…。〈平家・5・福原院宣〉訳源頼朝が、またどんなひどい目に遭うだろうかと、考えつかないところがないように**心配し**続けていらっしゃったところに…。

あん-ち【安置】名詞 動詞 他〔サ変〕〈せ・し・す・する・すれ・せよ〉(神仏の像や経典などを)据えて礼拝すること。発展「あんち」とも。

あん-ど【安堵】一名詞 動詞 自〔サ変〕〈せ・し・す・する・すれ・せよ〉❶(土地・居所に)安らかに住むこと。安住すること。
それより八幡にも安堵せずなりて、かかる身となりにけるとぞ。〈古今著聞集〉訳それ以後(=叔父を殺してから)八幡宮にも**安住し**なくなって(=安住できなくなって)、このような身となってしまったということだ。
❷心が落ち着くこと。安心すること。
上下安堵して覚えしほどに、同じき七月九日の午の刻ばかりに、大地おびたたしく動いてやや久し。〈平家・12・大地震〉訳身分の高い人も低い人も**安心し**てほっとした思いでいたうちに、同じ年の七月九日の正午ごろに、大地が激しく揺れ動いて(それが)かなり長く続く。
二名詞 動詞 他〔サ変〕〈せ・し・す・する・すれ・せよ〉中世、武士・寺社の私有地の支配権を幕府・領主などが公認すること。また、その証書。

あん-どん【行灯】名詞 照明器具のひとつ。木やタケなどで作った枠に紙を張り、中に油皿を置いて火をともすもの。もとは外出用で、後に室内用となった。発展「あんどう」とも。

［あんどん］

あん-ない【案内】名詞 動詞 ↓あない

あんない-しゃ【案内者】名詞 ❶ようすや事情をよく知っている人。❷道案内をする人。

あん-なり「あるなり」の撥音便。↓あなり

あん-の-うち【案の内・案の中】連語 計画どおりだ。思いどおりだ。予期していることだ。
「**平家を滅ぼさんの案の内にさうらへども**…。」〈平家・10・千手前〉訳「平家を滅ぼそうということは**思いどおりで**ございますが…。」

あん-の-ごとく【案の如く】連語 思ったとおり。
案のごとく五節果てにしかば、殿上人一同に申されけるは…。〈平家・1・殿上闇討〉訳**思ったとおり**五節(の節会)が終わってしまったので、殿上人が口をそろえて申し上げなさったことは…。
発展 名詞「あん」＋格助詞「の」＋比況の助動詞「ごとし」の連用形。

あん-の-ほか【案の外】連語 予想外だ。意外だ。
「**今日の内に寄りて責めむこそ、彼奴は案の外にて迷はめ。**」〈今昔〉訳「今日中に押し寄せて攻撃すれば、あいつは**予想外であって**狼狽するにちがいない。」

あん-ばい【塩梅】名詞 ❶料理の味。または、その味加減。❷物事のころ合い。また、身体の具合。

あんふく-でん【安福殿】名詞 内裏の建物のひとつ。承明門内の西、紫宸殿の西南、校書殿の南に位置する。その建物の西の廂に薬殿があり、侍医の控え所になっていた。発展「あんぷくでん」とも。
↓ビジュアルチェック⑯(759ページ)

あん-べし「あるべし」の撥音便。↓あべし

あん-めり「あるめり」の撥音便。↓あめり

あんら【菴羅】名詞《植物》インド産の高木。マンゴーのことという。
発展「あんまら」とも。花は多いが、実を結ぶことが少ないことから、仏道を志す人は多いが、成功する者は少ないことにもたとえられる。

安楽庵策伝 人名 江戸初期の説教僧・噺本作者。京都誓願寺の住職。笑話集『醒睡笑』を書く。小堀遠州・烏丸光広などとも交友のあった幅広い文化人で、噺本の祖といわれる。*1554—1642*

あん-をん・なり【安穏なり】形容動詞〔ナリ〕〈なら・なり(に)・なり・なる・なれ・なれ〉安らかで、変わりない。平穏無事だ。
「**古里にとどめ置きし妻子安穏に。**」**と祈られけるこそ悲しけれ。**〈平家・10・熊野参詣〉訳「故郷(=都)に残してきた妻子が**平穏無事で**。」と(平維盛が)お祈りになったのは本当に悲しいことだ。

い

●い（現）↓（歴）ゐ【位・偉・囲・委・威・慰・為・畏・維・胃・違・遺・唯】

●い（現）↓（歴）ゐ【井】【亥】【猪】

い-【斎・忌】接頭語（名詞に付き、主に神事に関することばに用いられて）けがれを清めた、神聖なもの、という意味を表す。語例 斎垣（＝神社などの垣根）・斎串（＝悪霊を退散させる神聖な串）

い- 接頭語《上代語》（動詞に付いて）ことばの調子を整えたり、意味を強めたりする。語例 い行く・い漕ぐ

い【糸】名詞 クモの巣。クモの糸。

い【異】名詞《仏教語》「四相」（＝生・住・異・滅）のひとつ。万物が変化すること。

い【寝・睡】

━ 眠ること　丁眠り。睡眠。

名詞 眠り。睡眠。

真玉手玉手さし枕き股長に寝をし寝せ〈古事記・大国主神〉訳 玉のように美しい（私の）手、その美しい手をまくらにして足を伸ばして（さあ）**眠り**をおとりください（＝お休みになってください）。○「寝をし寝せ」の「寝せ」は動詞「寝」の尊敬語「寝す」の命令形。「し」は強調の副助詞。

発展 **単独で用いられないことば**　「安寝」「熟睡」のように複合語を作ったりするほか、「寝を寝」「寝も寝」「寝を寝す」などのように、下に助詞「を」「も」などを伴って下二段動詞「寝」や四段動詞「寝す」とともに用いられる。「寝も寝られず」「寝の寝らえぬに」といった打消の表現もよく使われる。↓**古語チャート**㉛（971ページ）

い 終助詞《中世以降》❶（呼びかけを表し）…よ。…ね。接続 体言（人名など）に付く。

「**母さまいの**、**母さまいの**。」〈近松・傾城江戸桜〉訳「お母さま**よ**、お母さま**よ**。」

❷（語気を強めたり、念を押すことを表し）…ね。接続 文末に付く。

「**客になってやらうかい**。」〈近松・曾根崎心中〉訳「客になってやろうか**ね**。」

発展 間投助詞「よ」が変化したことば。❷は、「かい」「ぞい」「わい」などの形で用いられることが多い。

い 間投助詞《上代の用法》接続 体言、活用語の連体形などに付く。❶（主語になる語句に付いて、強調を表し）それこそ。

我が背子が跡踏み求め追ひ行かば紀伊の関守い留めてむかも 歌〈万葉集・4・545〉訳（もし私が）夫の行った跡を捜し求めて追って行ったとしたら、紀伊の関守**それこそ**が引き留めてしまうだろうか。

❷（連体修飾語に付いて、強調を表し）…その。

青柳の糸の細しさ春風に乱れぬい間に見せむ子もがも 歌〈万葉集・10・1851〉訳 青柳の糸のように細い枝の美しさを、春風に乱れてしまわない**その**間に、見せてやるような恋人がいたらなあ。

発展 ❶のように主語の下に付く場合を格助詞、「いし」「いは」などのように副助詞・係助詞の上に付く場合を副助詞とする説もある。

●いい（現）↓（歴）いひ【飯】

飯尾宗祇［イヒヲ］人名 室町中期の連歌師・歌人。三十歳ごろ連歌に志し、宗砌・心敬らに学ぶ。『新撰菟玖波集』を編纂。『吾妻問答』『筑紫道記』などの著書がある。*1421—1502*

言い切りの形 国語・国文法 文が後に続かずそこで切れるときの表現形式で、「**文末の形式**」や「**終止法**」ともいう。用言・助動詞などは、活用語の終止形あるいは命令形、また終助詞で言い切るのが普通だが、和歌などの韻文や会話文では、体言（名詞）で言い切る場合もあり、「**体言止め**」といわれる。また、「係り結びの法則」により係助詞「ぞ」「なむ」「や」「か」を受ける場合は連体形、「こそ」を受ける場合は已然形が結びとなる。

ところで、中古の物語の会話文や和歌などには、係り結びによらなくても連体形で文を終止する「★連体形止め」がみられる。そして中古末期には、物語の地の文などにもみられるようになり、さらにこの傾向は時代が下るとともに広まって、動詞・形容詞、またそれらと同型の活用をする助動詞は、連体形が終止形を兼ねるようになって現在に至っている。

いう【優】ゆう ↓ いうなり 最重要語（113ページ）

●いう（現）↓（歴）いふ【言ふ】

いう-えん・なり【優艶なり】ゆう 形容動詞〔ナリ・ノ〕〈なら・なり（に）・なり・なる・なれ・なれ〉優しく美しい。あでやかだ。

おおよそは歌は優艶ならむことをこそ庶幾すべきを…〈六百番歌合〉訳 総じて歌というものは**優しく美しい**ことをこいねがうべきであるのを…。

いう-きょ【幽居】ゆう 名詞 俗世間を避けて、もの静かな所で暮らすこと。また、その住居。閑居。

いう-くん【遊君】ゆう 名詞 ↓いうぢょ

いう-げん【幽玄】ゆう 名詞 ❶神秘的で奥深いこと。計り知れないこと。

❷深い味わいがあること。優美。優雅。

詩歌に巧みに、糸竹に妙なるは、幽玄の道…〈徒然草・122〉訳 人の才能は詩歌（を作るの）に巧みで、音楽に優れているのは、**深い味わいがあること**の（＝芸術への）道（であって）…。

❸（中世の歌論・連歌論・能楽論における美的理念のひとつで）美しさ。美。↓幽玄

いうげん-てい【幽玄体】ゆう 名詞 奥深い余情を感じさせる和歌の様式。発展「いうげんたい」とも。

いう-げん・なり【幽玄なり】ゆう 形容動詞〔ナリ〕〈なら・なり（に）・なり・なる・なれ・なれ〉神秘的で奥深く、計り知れない。幽玄の心をよく表している。↓幽玄

まづ、童形なれば、何としたるも幽玄なり。〈風姿花伝〉訳（十二、三歳のころは）まず、元服前の愛らしい垂れ髪姿なので、（能を）どのように演じた場合も**幽玄の心をよく表している**。

いう-し【遊子】ゆう 名詞 家を離れて他郷にある者。旅人。

いう-し【猶子】ゆう 名詞 ❶甥、または姪。❷養子。

発展「いうじ」とも。「猶子のごとし」という意味から。

いう-しょく【有識・有職】ゆう 名詞 ↓いうそく

いうぜんとして… 句

悠然として山を見る蛙かな〈おらが春・小林一茶〉

訳 ゆったりとおおらかに一人前の風情で山を見ているカエルだよ。○季語 蛙—春。陶淵明の『飲酒詩』の一節、「悠然として南山を見る」を踏まえている。

発展 悠々と見えるカエルの姿を、世俗を超越した隠者に見たてている。

いう-そく【有識・有職】 一 名詞 ❶物事に詳しいこと。学問や諸芸に優れていること。また、その人。「**垣代**など、**殿上人**、**地下**も、**心殊なりと世人に思はれたる有職の限り**、**整へさせたまへり**。」〈源氏・紅葉賀〉訳（帝は）*垣代などには、殿上人も、地下（＝下位の役人）も、格別だと世間の人に思われている**芸に優れた人**をすべて集めて、そろえなさった。
❷宮中の先例や儀式。また、それに精通した人。「**有識の振る舞ひ、やむごとなきことなり**。」〈徒然草・48・光親卿の〉訳（上皇は）「**宮中の先例に精通した人**のやり方で、まことに格別なことだ。」（と感心なさった。）
❸才知や顔形の優れた人。「いかで、さる**有識**をば、物げなき若人にてはとりこめられしぞ。」〈大鏡・道長下〉訳「どうやって、そのような**顔形の優れた女性**を、たいしたこともない若者の身で手にお入れになったのだ。」
二 形容動詞［ニ・ノ］教養がある。物事に精通している。故事や典礼に詳しい。
有職に公事の方、人の鏡ならんこそいみじかるべけれ。〈徒然草・1・いでや〉訳**故事や典礼に詳しくて**朝廷の儀式や作法などの面で、人の模範となるようなことこそが本当に優れていることであるに違いない。

いう-ぢょ【遊女】 名詞 ❶歌舞などを演じ、客の遊興の相手をする女性。類遊び女・遊君・浮かれ女 ❷室町時代以降、遊廓で客の相手をする女性。

いう・なり【優なり】 形容動詞 →最重要語（113ページ）

いう-ひつ【右筆・祐筆】 名詞 ❶文を書くこと。❷文章に優れた者。文筆を業とする者。文官。「**我右筆の身にあらず**。**武勇**の家に生まれて…。」〈平家・1・殿上闇討〉訳「私は**文官**の身ではない。武士の家系に生まれて…。」❸武家の職名のひとつ。文書・記録の作成に当たる。書き役。書記。❹代筆をする人。

いう-ゑん・なり【幽遠なり】 形容動詞［ナリ］（なら・なり（に）・なり・なる・なれ・なれ）奥深くかすかである。「**その幽遠なるところ、予が見るところにあらず**。」〈許六離別詞〉訳その（＝許六の絵の）**奥深くかすかである**趣は、私が見抜くことができるものではない。

いう・なり【優なり】

しっとりとしたエレガントなようす

❶すばらしい。優れている。
❷優美だ。上品だ。
❸味わい深い。風流だ。
❹殊勝だ。けなげだ。
❺心が優しい。穏やかだ。

形容動詞［ナリ］	未然形	連用形	終止形	連体形	已然形	命令形
	いう・なら	いう・なり いう・に	いう・なり	いう・なる	いう・なれ	（いう・なれ）

❶**すばらしい。優れている。立派だ。**「遊ばしたる和歌は、いづれも人の口に乗らぬなく、**優にこそ承れな**。」〈大鏡・伊尹〉訳「（花山院が）お詠みになった和歌は、すべて人に知られないものはなく、**優れているとお聞きしているよ**。」
❷**優美だ。上品だ。**→古語チャート⑫（429ページ）「仰せ言に、かぐや姫のかたち、**優におはすなり**。」〈竹取・かぐや姫の昇天〉訳「（帝の）お言い付けで、かぐや姫の容貌が、**優美でいらっしゃる**ということだ（見て参れ）。」
❸**味わい深い。風流だ。**「内侍所の御鈴の音は、めでたく**優なるものなり**。」〈徒然草・23・衰へたる〉訳「*内侍所で（女官が鳴らす）お鈴の音は、すばらしく**味わい深い**ものだ。」
❹**殊勝だ。けなげだ。**「あなやさし。…み方の御勢は皆落ちさうらふに、ただ一騎残らせたまひたるこそ**優なれ**。」〈平家・7・実盛〉訳「ああ感心だ。…あなた方の軍勢は皆逃げましたのに、（あなたが）ただ一騎お残りになっているのは**けなげだ**。」
❺**心が優しい。穏やかだ。**「**優に情けありける三蔵かな**。」〈徒然草・84・法顕三蔵の〉訳「（中国の法顕という僧は）**心が優しくて**人情味のあった高僧であることよ。」

発展 ①**歌合わせの判定にも**
「艶なり」などと同じく、漢語が形容動詞になったもの。上代・中古の漢詩では、ゆったりとした優雅さを表すことばで、中古の歌合わせの評価・判定のときには、「理想的だ」という意味で用いられている。
②**男性による作品に多い**
『源氏物語』に六例しか見られないように、平安女流文学や和歌には用例が少ないが、男性の書いた作品には多く用いられている。中古から中世にかけて用例が多くなるにつれ、ことばの意味も多様になっていく。

類語比較 **「いうなり」と「えんなり」**
共通点＝優美であることを表す。
いうなり＝優しくしっとりとした、エレガントな美しさを表し、主として男性が用いた。
えんなり＝つややかさや華やかさを伴った、セクシーな美しさを表し、平安時代の女性が好んで用いた。

関連語 貴なり

いえ（現）→（歴）**いへ**【家】
いえる（現）→（古）**いゆ**【癒ゆ】
いお（現）→（歴）**いほ**【五百】【庵・廬】
いおり（現）→（歴）**いほり**【庵・廬】

イ音便 国語・国文法 活用語の活用語尾部分のキ・ギ・シの子音が脱落して「イ」の音に変化する現象。カ・ガ・サ行の四段活用動詞では、その連用形語尾「ーき」「ーぎ」「ーし」が「ーい」となる。「書きて→書いて」などである。また、形容詞では、連体形の語尾「ーき」「ーしき」が「ーい」「ーしい」となる。「美しき→美しい」などである。助動詞では、「べし」「まじ」の連体形が「べい」「まじい」のように変化する。なお、「きさきのみや→きさいのみや」「すきがき→すいがい」「さきはひ→さいはひ」など、無活用語の音変化についても、イ音便として扱う考え方もある。中古に発生し、時代が下るにつれて盛んになり、現代も音便形を使うのが一般的な語がある。

↓音便／活用語音便表（25ページ）

いか【如何】↓いかに 最重要語（119ページ）

い-か【五十日】名詞 ❶五十日。❷「★五十日の祝ひ」の略。また、「★五十日の餅」の略。

い-か【衣架】名詞 衣類などを掛ける家具。

伊賀 旧国名 伊州。東海道十五か国の一つ。今の三重県北西部。大和国から伊勢国に通じる所に位置する。↓ビジュアルチェック❼（450ページ）

いか・い【厳い】形容詞〔口語化〕並外れている。大きい。

いがいが-と 副詞 おぎゃあおぎゃあと。

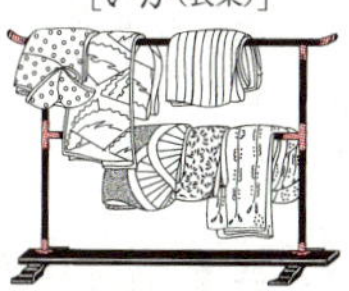

［いか（衣架）］

また児の声に**ていがいがと泣**くなり。〈今昔〉訳 また赤ちゃんの声で**おぎゃあおぎゃあと泣**くのが聞こえる。

発展 赤ん坊の泣き声を表す。「いかいかと」とも。

いかい-こと【厳い事】副詞 たいそう。非常。

い-かう【一向】副詞 ひたすら。もっぱら。

「今宵よりは**いかうに**相頼みたまへ。」〈落窪〉訳「今夜からは**ひたすらに**（私を）頼りになさいませ。」

発展「いっかう」の「っ」を表記しない形。多く「いかうに」の形で用いられる。

いかう【厳う】副詞 ひどく。たいへん。

「さては**いかう**お急ぎか。」〈近松・冥途の飛脚〉訳「では**ひどく**お急ぎだね。」

発展 形容詞「いかい」の連用形「いかく」のウ音便。

いか-が【如何】副詞 ↓最重要語（114ページ）

いかが-し-けむ【如何しけむ】どうしたのだろうか。

いかがしけむ、速き風吹きて、世界暗がりて、船を吹きもて歩く。〈竹取・竜の頸の玉〉訳 **どうしたのだろうか、**激しい風が起こって、その辺りが暗くなって、船を（あちこちへ）吹き動かして行く。

発展 副詞「いかが」＋サ変動詞「す」の連用形＋過去推量の助動詞「けむ」の連体形。挿入句として使われることが多い。

いかが-し-たり-けむ【如何したりけむ】どうしたこと

いか-が【如何】

状態や内容が分からないようす

❶（疑いや問いを表し）**どのように…か。どう…か。**◉「いかが～推量（む・らむ・けむ・まし）」（疑い）、「いかが～推量以外の活用語の連体形」（問い）の形をとる。

❷（反語表現を作って）**どうして…か、いや…ない。**◉「いかが～む」「いかが～べき」などの形をとる。

❸**どうだろうか。どうしたものか。どうですか。**◉「いかがあらむ」の「あらむ」、「いかがある」の「ある」を省略した形。

❹（程度を強調して）**どんなにか。どれほどか。**

副詞 ❶（「いかが～推量（む・らむ・けむ・まし）」の形で疑いを、「いかが～推量以外の活用語の連体形」の形で問いを表し）**どのように…か。どう…か。**

昔、男ありけり。**いかがありけむ、**その男住まずなりにけり。〈伊勢・94〉訳 昔、男がいたということだ。**どうしたのだろうか、**その男が（女の所に）通わないままになってしまったのだった。○「いかがありけむ」は、男が通わずじまいになった事情が分からないという作者の気持ちを述べたもので、★挿入句となる。

「ただ今、行方なく飛び失せなば、**いかが思ふべき。**」〈更級日記・大納言殿の姫君〉訳「たった今、（私が）行く先も知れず飛んでいなくなってしまったら、（あなたは）**どう思うだろうか。**」

❷（「いかが～む」「いかが～べき」などの形で、反語表現を作って）**どうして…か、いや…ない。**

「この玉、たはやすくえ取らじを、いはむや、竜の頸に玉は**いかが取らむ。**」〈竹取・竜の頸の玉〉訳「この（五色に光る）玉を、容易にはとても取ることはできないだろうのに、まして、竜の首に（あるその）玉は**どうして**取ることができるのだろうか、**いや、**取ることができない**だろう。**」

❸（「いかがあらむ」の「あらむ」、「いかがある」の「ある」を省略した形で、ためらいや相手のようすをうかがう気持ちを表し）**どうだろうか。どうしたものか。どうですか。**

「**いかが、**御心地はさはやかにおぼしなりにたりや。」〈源氏・柏木〉訳「**どうですか、**（産後の身のあなたは）ご気分はさっぱりとお感じになるようになってしまっているか。」

○「いかがある」の「ある」を省略した形で、問いかけを表す。

皆人、別当入道の包丁を見ばや、と思へども、たやすく打ち出でんも**いかが、**とためらひけるを…。〈徒然草・231・園の別当入道は〉訳 すべての人が、（料理の達人である）別当入道の包丁（さばき）を見たいものだ、と思うけれども、軽々しく口に出すようなのも**どうだろうか、**と迷ってぐずぐずしていたのを…。○「いかがあらむ」の「あらむ」を省略した形で、ためらいの気持ちを表す。

❹（程度を強調して）**どんなにか。どれほどか。**

東宮に参りたまふほどのことなど、**いかがめでたからぬことなし。**〈枕草子・104・淑景舎、東宮に〉訳（淑景舎が后として）東宮に参上なさるときの（あれこれの）行事は、（どれをとっても）**どんなにか**すばらしくないものはない（＝すばらしいことだろう）。

発展 **①結びは連体形** 「いかにか」が変化した「いかんが」の「ん」を表記しない形。係助詞「か」がすでに含まれているので、「いかが」の下にさらに「か」が付くことはなく、「か」と同様に、結びが活用語の場合は連体形になる。

②結びの省略 「いかが」は、しばしば結びとなる部分を省略することがある。たとえば、「歌はいかが。それ聞かむ。」〈枕草子・99・五月の御精進のほど〉の例では、「いかが」の下に「詠みたる」などを補って「歌はどう（詠んだの）か。それを聞こう。」のように解釈する。❸は、この形式が特定の意味に定着して慣用的に用いられるようになったものである。

③程度強調の用法 ❹は、不明であるという意味から、さらに物事の程度が計り知れないほどだ、と強調する用法である。「いかに」「いかばかり」なども同じ用法を持つ。

関連語 如何すべき・如何せむ・如何は・如何はせむ

であろうか。

されども、いかがしたりけん、判官(はうぐわん)の舟に乗りあたって…。〈平家・11・能登殿最期(のとどのさいご)〉訳けれども、どうしたことであろうか、(能登殿が)判官(=源義経(よしつね))の舟に運よく乗りあたって…。

発展 副詞「いかが」＋サ変動詞「す」の連用形＋完了の助動詞「たり」の連用形＋過去推量の助動詞「けむ(けん)」の連体形。挿入句として用いられることが多い。

いかが-す-べから-む【如何すべからむ】 どうすればよかろうか。どうしたらよいだろうか。

有り明けの月のいみじくあかかりければ、「顕證(けんしょう)にこそありけれ。いかがすべからむ。」〈大鏡・花山院(かざんいん)〉訳 有明の月がたいへん明るかったので、「あまりに目立つことだなあ。(出家のために内裏を脱出することを)**どうしたらよいだろうか。**」

発展 副詞「いかが」＋サ変動詞「す」の終止形＋推量の助動詞「べし」の未然形＋推量の助動詞「む」の連体形。

いかが-す-べき【如何すべき】(相手に問いかけて)どうしたらよいだろうか。

「**ここにもさ思ふに、人の心ざしの同じやうなるになむ、思ひ煩ひぬる。さらばいかがすべき。**」〈大和・147〉訳「私もそう思うけれども、(あの)人たちの気持ちが同じようなものだから、思い悩んでしまうのだ。それならば**どうしたらよいだろうか。**」

発展 副詞「いかが」＋サ変動詞「す」の終止形＋推量の助動詞「べし」の連体形。

いかが-せ-む【如何せむ】 連語 ↓最重要語(115ページ)

いかが-は【如何は】 連語 ❶(反語を表し)どうして…か、いや…ない。

「**君の仰せ言をばいかがは背くべき。**」〈竹取・竜(たつ)の頸(くび)の玉〉訳「主君のご命令に**どうして**背くことができようか、**いや、できない。**」

❷(疑問を表し)どのように。どうして。

いかがは言ふべきなど、くちぐち思ひこころみる。〈紫式部日記〉訳**どのように**言ったらよかろうかと、きれぎれ口の中で(歌を)作ってみる。

❸(疑問の形で程度を強調して)どんなに…か。

この家にて生まれし女子(をんなご)の、もろともに帰らねば、いかがは悲しき。〈土佐日記・二月十六日〉訳この家で生まれた女の子が、(任地の土佐で亡くなり)一緒に帰らないので、**どんなに悲しいか**(=非常に悲しい)。

発展 副詞「いかが」＋係助詞「は」。

いかが-は-せ-む【如何はせむ】

どうしたらよいか方法が分からない
- ❶(疑問表現を作って)どうしようか。どうしたらよいだろうか。
- ❷(反語表現を作って)**どうしようか、いや、どうしようもない。どうしたらよいだろうか、いや、どうにも仕方がない。**

連語 ❶(疑問表現を作って、困惑やためらいの気持ちを表し)**どうしようか。どうしたらよいだろうか。**

酒宴ことさめて、「いかがはせん。」と惑ひけり。〈徒然草・53・これも仁和寺(にんなじ)の法師(ほふし)〉訳(僧が戯れに頭にかぶった釜(かま)が抜けなくなり)酒宴は興がさめて、(そこにいた人々は)「**どうしようか。**」とうろたえた。

❷(反語表現を作って)**どうしようか、いや、どうしようもない。どうしたらよいだろうか、いや、どうにも仕方がない。**

つなぎ苦しむるこそ痛ましけれど、なくてかなはぬものなれば、いかがはせん。〈徒然草・121・養ひ飼ふものには〉訳(家畜を)つないで苦しめることはかわいそうであるけれど、なくてはならないものであるから、(かわいそうだからといっても)**どうしようか、いや、どうにも仕方がない。**

発展 **語の成り立ち** 副詞「いかが」＋係助詞「は」＋サ変動詞「す」の未然形＋推量(意志)の助動詞「む(ん)」の連体形。係助詞「は」によって意味が強調されるため、❷の反語の意味になることが多い。

関連語 如何(いか)が・如何(いか)がせむ・如何(いか)が

い-がき【斎垣・忌垣】 名詞 神社の周囲に巡らした垣根。

類 玉垣(たまがき)・瑞垣(みづかき)

い-か-く【沃懸く】 動詞 他〈カ下二段〉〈け・け・く・くる・くれ・けよ〉

いかが-せ-む【如何せむ】

どうすればよいか方法が分からないようす
- ❶(疑問表現を作って)どうしようか。どうしたらよいだろうか。
- ❷(反語表現を作って)**どうしようか、いや、どうしようもない。**

連語 ❶(疑問表現を作って、困惑・ためらいの気持ちを表し)**どうしようか。どうしたらよいだろうか。**

鎌倉中書王(かまくらのちゅうしょわう)にて、御鞠(まり)ありけるに、雨降りて後、いまだ庭の乾かざりければ、いかがせんと沙汰(さた)ありけるに…。〈徒然草・177・鎌倉中書王(かまくらのちゅうしょわう)にて〉訳 鎌倉中書王(=宗尊親王(むねたかしんのう)の御所)で、蹴鞠(けまり)の会があったときに、雨が降った後で、まだ庭が乾かなかったので、**どうしたらよいだろうか**と評議があったときに…。

❷(反語表現を作って)**どうしようか、いや、どうしようもない。**

思ふとも離(か)れなむ人をいかがせむ飽かず散りぬる花とこそ見め 歌〈古今集・恋5・799〉訳(こちらが)いとしいと思っても離れてしまう人を**どうしようか、いや、どうしようもない。**(だから)心残りのまま散ってしまったサクラだと見ておこう(=思おう)。

○「いかがせむ」は、引き止めようにもどうしようもない、というあきらめの気持ちを表している。

受領(ずりゃう)などの家に、さるべき所の下部(しもべ)などの来て、なめげに言ひ、さりとて我をばいかがせむ、など思ひたる、いとねたげなり。〈枕草子・95・ねたきもの〉訳 国司の長官などの家に、由緒正しい家の使用人などがやって来て、無礼なふうに口を利き、だからといって(そのことで)自分を**どうしようか、いや、どうしようもない**(=国司の長官程度ではなんの手出しもできないだろう)、などと(横柄に)思っているのは、ひどく憎らしい感じだ。

発展 **語の成り立ち** 副詞「いかが」＋サ変動詞「す」の未然形＋意志の助動詞「む」。「いかが」は「いかにか」の転じた形。そこに含まれる係助詞「か」に応じて結ばれる「む」は連体形である。

関連語 如何(いか)がはせむ

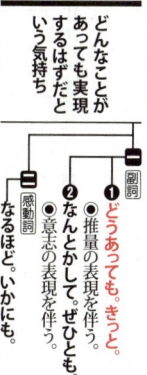

（液体や粉状のものを）ふわっと浴びせかける。↓浴あぶす

いか・く・る【い隠る】動詞 自（ラ四段）〈ら・り・る・る・れ・れ〉《上代語》隠れる。

いかけ-ぢ【沃懸地】名詞 蒔絵の技法。漆塗りの上に金粉や銀粉を流して磨き上げたもの。発展「いっかけぢ」とも。

いか-さま【如何様】

どんなことがあっても実現するはずだという気持ち
- 一 副詞
  - ❶どうあっても。きっと。◉推量の表現を伴う。
  - ❷なんとかして。ぜひとも。◉意志の表現を伴う。
- 二 感動詞 なるほど。いかにも。

一 副詞 ❶（「いかさま～推量」の形で）どう見ても。どうあっても。どうしても。きっと。たぶん。

「**いかさまこれは祇といふ文字を名に付いて、かくはめでたきやらん**」〈平家・1・祇王〉訳「**どう見てもこれは**祇という（めでたい）文字を名前に付けたので、（祇王は）このようにすばらしい（幸運に恵まれた）のではなかろうか。」○「いかさま」は「めでたきやらん」に係っている。「やらん」は「にやあらん」が変化したもの。

❷（「いかさま～意志・希望」の形で）**なんとかして。ぜひとも。**

「**いかさま取りて帰り、古き人にも見せ、家の宝となさばや**」〈謡曲・羽衣〉訳「**ぜひとも**（この羽衣を）取って帰り、年を取った人にも見せたいもので、家宝としたいものだ。」○「いかさま」は、「なさばや」に係っているが、この「ばや」は★対偶中止法によって「（古き人にも）見せ」をも受けているので、「見せ」の下にも「ばや」を補って解釈する。

二 感動詞（相手のことばに同意して）**なるほど。いかにも。まったくそのとおり。**

「**さだめて汝が行くであらう。」「いかさま、誰彼と申して、ほかに人もござらぬによって…。**」〈狂言・素袍落〉訳「きっとおまえが行くのだろう。」「**いかにも**、あの人この人と申しましても、ほかに人もおりませんので…。」

発展 ①**語の成り立ち**　状態・方法などが分からないようすを表す形容動詞「いかさまなり」の連用形に、係助詞「も」が付いた「いかさまにも」の略として、一の副詞ができたと考えられる。

②**用法の展開**　二は、一❶の「どう見ても・きっと」という意味から、相手のことばについて「きっとそうであろう」と全面的に同意する用法として感動詞になったもの。

③**現代語とのつながり**　現代語で「いんちき」の意味を表す「いかさま」は、近世中期ごろに用いられた「いかさまもの」の略。もとの形容動詞「いかさまなり」の、状態などが不明であるところから、中身が疑わしいもの、さらに、本物らしく見せかけた偽物・いんちきという意味になった。

いか-さま・なり【如何様なり】

状態が分からないようす ― どのようだ。どんなふうだ。

未然形	連用形	終止形	連体形	已然形	命令形
いかさま・なら	いかさま・なり いかさま・に	いかさま・なり	いかさま・なる	いかさま・なれ	いかさま・なれ

形容動詞［ナリ］（多く、連用形を副詞的に用いて）**どのようだ。どんなふうだ。どんな具合だ。** 類 如何様なり

この女君いみじくわななき惑ひて、「いかさまにせむ。」と思へり。〈源氏・夕顔〉訳この女君（＝夕顔）はたいへんひどく震えて、「**どのようにしようか。**」と思っている。

発展 **語の成り立ち**　ようすなどを疑う「如何」＋ようすをいう名詞「様」で、形容動詞化した。

いかさまに-も【如何様にも】連語 ❶（判断・推量の確かなことを表して）確かに。どう見ても。

「**これほどの大勢の中へ、鹿の落ちやうこそ怪しけれ。いかさまにも上の山より源氏落とすにこそ。**」〈平家・9・坂落〉訳「これほどの大軍勢の中に、シカが下るというのは変だ。**どう見ても**上の山から源氏が攻め降りるのだろう。」

❷（命令・意志を強調して）どうであれ。ともかく。何とか。

「**いかさまにも御声の出づべうさうらふ。**」〈平家・2・小教訓〉訳「**どうであれ**、お声が出るはずでございます。」

発展 形容動詞「いかさまなり」の連用形＋係助詞「も」。

いか・し【厳し】一 形容詞［ク］〈く・く・し・き・けれ・○／から・かり・○・かる・○・かれ〉勢いが盛んである。激しい。荒々しい。恐ろしい。

現にも似ず、猛くいかきひたぶる心出で来て…。〈源氏・葵〉訳（六条御息所の生霊は）気が確かな（ときの）状態とは違って、荒々しく**恐ろしい**いちずな気持ち（＝葵の上への恨み心）が生じて…。

二 形容詞［シク］〈しく・しく・し・しき・しけれ・○／しから・しかり・○・しかる・○・しかれ〉いかめしく立派だ。重々しい。

いかずち（現）↓（歴）**いかづち**【雷】

いが-たうめ【伊賀専女・伊賀姥】名詞 ❶キツネの別の呼び名。❷結婚の仲立ちをする人。仲人。発展❷は仲人は口がうまく、人をだますことが多いのをキツネにたとえたことば。

いかだ-し【筏師】名詞 いかだ（＝木材などを並べて組み、水に浮かべたもの）を操って川を下るのを職業とする者。

いかづち【雷】名詞 かみなり。雷神。季語 夏 類 神鳴る神

いか-で【如何で】副詞 ↓最重要語（117ページ）

いかで-か【如何でか】連語 ❶（疑問を表し）どうして…か。どういうわけで…か。

「**かかる道は、いかでかいまする。**」〈伊勢・9〉訳「こんな（物寂しい）道は、**どうして**お通りになるの**か**。」

❷（反語を表し）どうして…か、いや…ない。↓**読解の手引き**⑲（1028ページ）

「**異国の人の、いかでかこの国の土をば侵すべき。**」〈大和・147〉訳「他国の人が、**どうして**この国の土地を侵略してよいものだろう**か**、**いや**、よいはずが**ない**。」

❸（希望を表し）なんとか。どうにかして。

「**いかでか今日ものは見るべき。**」〈今昔〉訳「**なんとか**今日（の賀茂の祭りの行列を）見物しよう。」

発展 副詞「いかで」＋係助詞「か」。

いかで-かは【如何でかは】

どうしてそうなったか理由を強く問う
- ❶（疑問表現を作って）どうして…か。
- ❷（反語表現を作って）どうして…か、いや…ない。
- ❸（願望表現を作って）なんとかして。ぜひとも。

連語 ❶（「いかでかは～推量」の形で、疑問表現を作って）**どうして…か。まったくどういうわけで…か。**
いかでかは鳥の鳴くらむ人知れず思ふ心はまだ夜深（よぶか）きに 歌〈伊勢・53〉訳（なかなか会えない人に会えたのに）**どうして**ニワトリが鳴いて（夜明けを告げて）いるのだろう**か**。ひそかに恋しく思う（私の）気持ちは、まだ夜明けまで間がある（＝打ち明け切れないでいる）のに。
❷（「いかでかは～推量」の形で、反語表現を作って）**どうして…か、いや…ない。**
「**いかでかは盗み出でむ**」と、それさへぞ難きことなりける。〈源氏・若菜下〉訳「**どうして**（猫を）盗み出すことができるだろう**か、いや**、とてもでき**ない**」と（思うと）、（柏木（かしわぎ）には）それすら困難なことであったのだった。
❸（「いかでかは～意志・願望」の形で、願望表現を作って）**なんとかして。ぜひとも。**
「**いかでかは後れじ**」と泣き沈みたまへど、限りある道なりければ、何のかひなし。〈源氏・椎本（しいがもと）〉訳（宇治の姫君たちは）「**なんとかして**（父八の宮に）先立たれまい（＝死なせたくない）」とひどく泣いていらっしゃるけれど、限りのある寿命であったので、なんのかいもない。
発展 ①副詞「いかで」＋係助詞「かは」。
②**「いかでか」より多い反語表現**　「いかでか」とほぼ同じ意味で用いられるが、「かは」は係助詞「か」よりも疑問の意味が強調されるため、反語表現を作ることが多い。また、❸は、「どうしたら…できるだろうか」という疑問の意味から、「ぜひ…したい・してほしい」という願望表現を作るようになったもの。
関連語 如何（いか）で・如何（いか）でか・如何（いか）でも

いかで‐も【如何でも】 連語 ❶（希望を表し）**なんとしてでも。どうでも。**
いかでもと思ひし妹（いも）がありさまは語る人までなつかしきかな 歌〈六百番歌合（ろっぴゃくばんうたあわせ）〉訳**なんとしてでも**（会いたい）と思った恋しい人のようすは、（それを）語る人までも心引かれることだ。
❷**どのようにでも。どうなってでも。**
「**我が身のことはいかでもありなん、君の御ため御心苦し**」〈平家・6・小督（こごう）〉訳「自分の身は**どうなってもよ**いが、（そんなことになっては）主君にとってお気の毒だ。」○「いかで」のもともとの形が、形容動詞「いかなり」の連用形に接続助詞「て」が付いた「いかにて」であったことの名残がうかがえる例で、「あり」は補助動詞と見られる。
発展 副詞「いかで」＋係助詞「も」。

いか‐で【如何で】

手段・原因が分からない気持ち

❶（手段・原因を疑って）**どうやって**（…だろう）。**どういうわけで**（…だろう）。◉「いかで～推量」の形をとる。
❷（手段・原因を問いかけて）**どうやって**（…のだ）。**どういうわけで**（…のだ）。◉「いかで～活用語の連体形＋ぞ」の形をとる。
❸（反意を含んだ疑いの表現を作って）**どうして**（…（られる）だろう（とうてい…できない））。◉「いかで～推量」の形をとる。
❹**なんとかして**（…しよう）。**ぜひとも**（…したいものだ）。◉「いかで～意志・願望」の形をとる。

副詞 ❶（「いかで～推量」の形で、手段・原因などを疑って）**どうやって**（…だろう）。**どういうわけで**（…だろう）。**どうして**（…だろう）。
心細げなるありさま、いかで過ぐすらんと、いと苦し。〈徒然草・104・荒れたる宿の〉訳（人気（ひとけ）のない荒れた住まいの）頼りなさそうなようすは、**どうやって暮らすのだろう**と（思われて）、とても気の毒だ。
❷（「いかで～活用語の連体形＋ぞ」の形で、手段・原因を問いかけて）**どうやって**（…のだ）。**どういうわけで**（…のだ）。**どうして**（…のだ）。
「**いかでさは知るぞ**。いで見む。」〈源氏・夕顔〉訳「**どうやってそれが**（頭中将だと）分かるのだ。どれ見よう。」
❸（「いかで～推量」の形で、反意を含んだ疑いの表現を作って）**どうして**（…（られる）だろう（とうてい…できない））。
「**いかで月を見ではあらむ**。」〈竹取・かぐや姫の昇天〉訳「**どうして**月を見ないままで過ごせるだろう（とうてい過ごせない）。」
❹（「いかで～意志・願望」の形で）**なんとかして**（…しよう）。**ぜひとも**（…したいものだ）。
「**いかでこのかぐや姫を得てしがな、見てしがな**。」〈竹取・かぐや姫の出生〉訳「**なんとかして**このかぐや姫を手に入れたいものだ、妻としたいものだ。」
世の中に物語といふもののあんなるを、いかで見ばやと思ひつつ…。〈更級日記・門出〉訳世の中に物語というものがあるとかいうのを、**なんとかして**見たいと（ずっと）願い続けて…。
発展 **「いかで」と呼応することば**
「いかで」に呼応する主なことばと、その文の意味との関係は次のとおりである。
a いかで～む・らむ・けむ・べし・まし→疑い・反意を含む疑い
b いかで～ぞ→問い
c いかで～む・じ・ばや・てしがな・にしがな・もがな→意志・願望
なお、「いかで～む」の形をとる場合は、状態を表すことばに「む」が付くと疑い・反意を含む疑いとなり、動作を表すことばに「む」が付くと意志・願望となる。
関連語 如何（いか）でか・如何（いか）でかは・如何（いか）でも

いか‐な【如何な】 一 連体詞 **どんな。どのような。**
「**いかな畑（はた）でも種を蒔（ま）かいで物ができるものでござるぞ。**」〈狂言・竹子（たけのこ）〉訳「**どんな**畑でも種をまかないで作物ができたりするものでございますか。」
二 副詞（下に打消の語を伴って）**全然。どうしても。**
いかなにっこりと笑顔を見せず…。〈近松・心中天の網島（しんじゅうてんのあみじま）〉訳**どうしても**にっこりと笑顔も見せず…。
発展「いかな」は「いかなる」の変化した形。
関連語 如何（いか）な如何（いか）な・如何（いか）なこと

いかな‐いかな【如何な如何な】（下に打消の表現を伴って）**とてもとても。絶対に。**

いかないかな、万日回向（まんにちえこう）の果てたる場（には）にも、天満祭（てんままつり）の明くる日も、銭（ぜに）が一文（いちもん）落ちてなし。〈西鶴・世間胸算用（せけんむねさんよう）〉訳**とてもとても**、万日回向の終わった寺の境内にも、天満祭の翌日でも、銭の一文も落ちているものではない。

発展 副詞「いかな」を重ねて強めた言い方。

いかな-こと【如何なこと】 連語 (驚いたとき、困ったときに感動詞のように用いて)どうしたことか。何としたことだ。「**これはいかなこと、**太郎冠者は都で時雨にでもあうたとみえて、このやうな古傘を求めて参った。」〈狂言・末広がり〉訳「これは**どうしたことか、**太郎冠者は都で時雨にでも遭ったとみえて、こんな古い傘を買ってきた。」

いかなら-む【如何ならむ】 連語 ❶(疑問を表し)どうであろう。どんなであろう。「少納言よ、香炉峰の雪**いかならむ。**」〈枕草子・299・香炉峰の雪〉訳「(清)少納言よ、★香炉峰の雪は**どんなであろう。**」
❷(将来を不安に思って)どうなることであろう。どういうことなのだろう。「**いかならむ。**」と思ふ夢を見て、恐ろしと胸つぶるるに…〈枕草子・276・うれしきもの〉訳「**どういうことなのだろう。**」と(気がかりに)思う夢を見て、恐ろしいとひやひやしているときに…。
❸(現在を不安がって)どうだろう。君は、行ひしたまひつつ、日たくるままに、「**いかならむ。**」と思ほしたるを…。〈源氏・若紫〉訳 君(=源氏)は、仏への勤行をなさりながらも、日ざかりになるにつれて、「(病気は)**どうだろう。**」と心配していらっしゃるのを…。
❹(連体修飾語として)どのような。どんな。**いかならん世にも、かばかりあせ果てんとはおぼしてんや。**〈徒然草・25・飛鳥川の淵瀬〉訳 (藤原道長は自分の建てた寺々が)**どのような**世の中になっても、これほど荒廃しきってしまおうとはお思いになったろうか、いや、お思いにならなかっただろう。

発展 形容動詞「いかなり」の未然形＋推量の助動詞「む」(中世以降は「ん」)の連体形。

いか・なり【如何なり】 形容動詞 [ナリ] 〈なら・なり(に)・なり・なる・なれ・なれ〉 (状況・原因・手段・程度などを尋ねて)どんなだ。どういうわけだ。どれくらいだ。「**いかなる所にかこの木はさぶらひけむ。**」〈竹取・蓬萊の玉の枝〉訳「**どんな**所にこの木はありましたでしょうか。」

いかなれ-ば【如何なれば】 連語 (原因・理由を尋ねて)どうして。どういうわけで。「**いかなれば、かくしも常に悩ましくはおぼさるらむ。**」〈源氏・宿木〉訳「**どうして、**こんなにいつも気分が悪いとお思いになっているのだろう。」

発展 形容動詞「いかなり」の已然形＋接続助詞「ば」。

いか-に【如何に・奈何に】 副詞 感動詞 ➔**最重要語**(119ページ)

いかに-いはむや【如何に況むや】 — まして。ましてや…言うまでもない。
世の人、常にいはく「悪人なほ往生す。**いかにいはむや、善人をや。**」と。〈歎異抄〉訳 世間の人が、普通に言うことには「悪人がそれでも極楽浄土に行く。**まして、**善人は**言うまでもない。**」と。

発展 副詞「いかに」＋副詞「いはむや」。「いはむや」を強めた言い方。多く文末に「をや」「むや」を伴う。前文の内容から見て、後文は当然であるという意味を表す。漢文訓読文専用の表現である。

いかに-か【如何にか】 連語 ❶(疑問を表し)どのようにして…か。どうして…か。どのように…か。
ゆくへなく月に心の澄み澄みて果ては**いかにかならむとすらむ** 歌〈山家集・353〉訳 どこまでも月を見る私の心は澄んでいき、その果ては**どのように**なろうとしているのだろう**か**。
❷(反語を表し)どうして…か、いや…ない。
「げにいと見苦しきことにもはべるかな。右近は**いかにか聞こえさせむ。**」〈源氏・東屋〉訳「実にひどくみっともないことでございますね。右近(=私)は**どうして**(匂宮に)申し上げることができよう**か、いや、**申し上げることはでき**ない。**」

発展 副詞「いかに」＋係助詞「か」。

いかに-かは【如何にかは】 連語 (反語を表し)どうして…か、いや…ない。
「我ここにあり。」とや言はましと思へども、知らせては**いかにかはせむ。**〈今昔〉訳「私はここにいる。」と言ってやろうかと思うが、(ここで自分の居場所を)知らせるなんて**どうしてできようか、いや、できない。**

発展 副詞「いかに」＋係助詞「かは」。

いかに-し-て【如何にして】 連語 ❶(疑問を表し)どうして。どのようにして。どういうふうにして。「**いかにしてさる所にはおはしつるぞ。**」〈源氏・手習〉訳「**どうして**そのような所にいらっしゃったのだ。」
❷(希望を表し)どうにかして。なんとかして。…「**いかにして都の高き人に奉らむ。**」と思ふ心深きにより…〈源氏・明石〉訳 (明石の入道は)「**どうにかして**(娘を)都の身分の高い人に差し上げたい。」と思う心が強いことによって…。

発展 副詞「いかに」＋サ変動詞「す」の連用形＋接続助詞「て」。

いかにして… 歌
いかにしていかに知らましいつはりを空にただすの神なかりせば〈枕草子・184・宮に初めて参りたるころ・藤原定子〉訳 どうやって、どうして(あなたのうそを)知ればいいのだろうか。(天にいて)偽りをただすという「ただすの神」が空にいなかったとしたら。○反実仮想の「せば〜まし」が、「いかに」を伴って倒置されて、「いかに…まし」で、「どうやって…たらよいのか」の意味を表す。「空に」は、「天に」の意味に「そら言(=うそ)」の意味を掛ける。「ただすの神」は下賀茂神社の「糺の森」の神で、「いつはり」を正すという意味に掛けられることが多い。

発展 作者が清少納言に自分をどれくらい思っているかを尋ねたところ、縁起の悪いくしゃみが聞こえたために奥へ入り込んで清少納言によこした歌。清少納言の返歌(↓うすさこさ…)参照。

いかに-し-て-かは【如何にしてかは】 連語 (原因・手段などについての疑問や反語を表し)どうして…か。どのようにして…か。
雪降りて道踏みまどふ山里に**いかにしてかは**春の来つらむ 歌〈後拾遺集・7〉訳 雪が降り積もって(そのために人が)道を行き迷う山里に**どのようにして**春がやって来ているのだろう**か**。

発展 副詞「いかに」＋サ変動詞「す」の連用形＋接続助詞「て」＋係助詞「かは」。

いかに-せ-む【如何にせむ】 連語 ❶(とまどいを表し)どうしたらよいだろうか。どうしようか。
いかにせむ来ぬ夜あまたの郭公待たじと思へば村雨の空 歌〈新古今集・夏・214〉訳 **どうしたらよいだろうか。**(待っていても)来ない夜の多いホトトギスよ。(今夜はもう)待つまいと思うと、(かえってホトトギスの来そうな)にわか雨の空(になったこと)だ。

❷(あきらめを表し)どうしようもない。仕方がない。

いかにせむ身をうき舟の荷を重みつひの泊まりやいづくなるらむ 歌〈新古今集・雑下・1706〉訳**どうしようもない**。浮き舟のような我が身に背負っている(罪の)荷が重いので、最後に行き着くところはどこなのであろうか。

発展 副詞「いかに」＋サ変動詞「す」の未然形＋推量の助動詞「む」。

いかに-ぞ【如何にぞ】連語(状態・原因などの問いかけを表し)どんなようすだ。どうしたのだ。

轅ほうと打ち下ろすを、「いかにぞ。」と問へば…〈枕草子・25・すさまじきもの〉訳牛車の*轅をぽんと(地面に)下ろすので、「**どうしたのだ**。」と尋ねると…。

発展 副詞「いかに」＋終助詞「ぞ」。

いか-に【如何に・奈何に】

状態・性質・方法・原因などが分からないときにする問いかけ

- 一(状態・性質・方法を問いかけて)どのように。どんなふうに。◉形容動詞「*いかなり」の連用形の用法。
- 二 副詞
  - ❶(原因・理由を問いかけて)なぜ。どうして。
  - ❷(程度を強調して)どんなにか(…だろう)。さぞかし(…だろう)。◉「いかに～推量」の形をとる。
  - ❸なんとも。いやはや。◉「いかに～断定・感動」の形をとる。
  - ❹どんなに(…ても)。いくら(…でも)。◉中世以降の用法。「いかに～逆接仮定」の形をとる。
- 三 感動詞 ー(人に呼びかけて)やあ。おい。

一(形容動詞「いかなり」の連用形で、状態・性質・方法を問いかけて)**どのように。どんなふうに。**

わななくわななく書きて取らせて、いかに思ふらむ、とわびし。〈枕草子・106・二月晦ごろに〉訳(私は)ふるえふるえ(渡された歌の上の句を)書いて渡して、(藤原公任が今ごろ)**どのように**思っているだろう、と(思うと)心細い。○「いかに」は「思ふ」内容を問いかけている。

いかに言ひ何にたとへて語らまし秋の夕べの住吉の浦 歌〈更級日記・初瀬〉訳**どんなふうに**言い、何にたとえて語ったらよいだろう、(絵のようにすばらしい)秋の夕方の住吉の浦は。○「いかに」は「言ふ」方法を問いかけている。

二 副詞 ❶(原因・理由を問いかけて)**なぜ。どうして。**

いかに思ひ始めけることにか、世の中に物語といふもののあんなるを、いかで見ばやと思ひつつ…〈更級日記・門出〉訳**どうして**思い始めたことなの(であろう)か、世の中に物語というものがあるとかいうのを、なんとかして見たいと(ずっと)願い続けて…。○「いかに」は「思ひ始める」理由を問う。また、「いかに…ことにか」は、作者が自分の行動を後に回想して推測した部分で、*挿入句となる。

❷(「いかに～推量」の形で、程度を強調して)**どんなにか**(…だろう)。**さぞかし**(…だろう)。

「**このごろの山の紅葉はいかにをかしからむ**。」〈和泉式部日記〉訳「今ごろの山の紅葉は**どんなにか**風情があることだろう。」

❸(「いかに～断定・感動」の形で)**なんとも。いやはや。**

「**薫大将の宇治に隠し据ゑたまふべきもなき世なり。あなもの狂ほし。いかによしなかりける心なり**。」〈更級日記・宮仕え〉訳「薫大将が宇治に(浮舟を)隠して住まわせなさる(ようなことが現実に起こる)はずもない世の中だ。ああばかげたことだ。**なんとも**たわいのない考えだ。」

❹《中世以降》(「いかに～逆接仮定」の形で)**どんなに**(…ても)。**いくら**(…でも)。

「**いかにお大名でも、そのやうなことは言はぬものぢや、と仰せられい**。」〈狂言・靫猿〉訳「**いくら**お大名であっても、そのようなこと(=私が猿回しに使うサルの毛皮を、矢を入れる容器に張るために貸せということ)は言わないものだ、と(あなたの主君に)おっしゃってください。」

三 感動詞(人に呼びかけて)**やあ。おい。ちょっと。**

「**いかに殿ばら、殊勝のことは御覧じとがめずや。無下なり**。」〈徒然草・236・丹波に出雲と〉訳「**ちょっと**皆さん、(この狛犬の置かれ方の)おごそかなことにはご覧になって不思議にお思いにならないか。まったくひどい。」

発展 ① **一がもとの形** 状態や性質について用いられる場合は、一の形容動詞「いかなり」の連用形と考えられる。二の副詞、三の感動詞は、一が変化したもの。

② 一および二❶の用法では、「いかにぞ」の形で単独の述語になることがある。

③ **二❷→❸→三へ** 二❷の程度を強調する用法は、はっきりしない状態・内容を問うことから、その状態・内容が計り知れない、という気持ちへと変化したものである。また、❸は下に続く文全体とかかわる。つまり、あらかじめ「なんともすごいことに」と言って評価を示し、何がどうすごいのかを後に続けて言うのである。三は、この用法が感動詞へと変化したものである。

識別 一形容動詞「いかなり」の連用形、二副詞、三感動詞の「いかに」の識別

品詞と用法	見分け方	例文と訳
形容動詞「いかなり」の連用形	「いかに」が性質・状態・方法などを問う意味として、「どのように」と訳すことができる。	うちなびく春の柳と我が宿の梅の花とをいかにか別かむ 歌〈万葉集・5・826〉訳春のヤナギと我が家のウメの花とをどのように区別するのだろうか。
副詞「いかに」	原因を問いかける。または、程度の激しさ、感動を表す。	轟の滝は、いかにかしがましく恐ろしからむ。〈枕草子・61・滝は〉訳轟の滝というのは、どんなにかやかましく恐いのだろう。
感動詞「いかに」	多く会話文で、人への呼びかけの場面に使われる。	「いかに佐々木殿、高名せうどて、不覚したまふな。」〈平家・9・宇治川先陣〉訳「やあ佐々木殿、手柄を立てようと思って、思わぬ失敗をなさるな。」

いかに-ぞ-や【如何にぞや】 連語 ❶(疑問を表し)どうであろうか。どういうわけなのか。「ただここもとにおぼえながら、言ひ出でられぬは**いかにぞや**。」〈枕草子・143・殿などの〉訳「すぐここのところまで思い出しているのに、言い出すことができないのは**どういうわけなのか**。」

❷(不満を表し)どんなものだろうか。**兼好法師が『徒然草』に、「花は盛りに、月は隈なきをのみ見るものかは。」とか言へるは、いかにぞや。**〈玉勝間〉訳兼好法師の『徒然草』に、「サクラの花は満開の花を、月は満月の月を見るものと限ったものであろうか、いや、そんなはずはない。」と言っているのは、**どんなものだろうか**。

発展 副詞「いかに」＋終助詞「ぞ」＋終助詞「や」。

いかに-も【如何にも】 連語 ❶どのようにでも。「**いかにも、さるべきさまになさせたまはば、おろかならずなむ。**」〈源氏・宿木〉訳「**どのようにでも**、よいように(山荘を生活できるような状態に)してくださるなら、ありがたいと(存じます)。」

❷(下に打消の語を伴って)決して。どのようにしても。「**御憤り深げなり。いかにもかなふまじきものを。**」〈平家・2・西光被斬〉訳「(法皇の)お怒りは強いようだ。**どのようにしても**(止めることは)できないだろうになあ。」

❸(下に希望や意志、命令の表現を伴って)なんとかして。ぜひ。「**いかにもして平家を滅ぼし、本望を遂げん。**」〈平家・1・鹿谷〉訳「**なんとかして**平家を滅ぼし、前々からの望みを果たそう。」

❹きわめて。ひどく。とても。**ある狐いかにもやせて、人の倉の、いかにも狭い穴から入って…。**〈伊曾保〉訳あるキツネが**ひどく**やせて、人の(家の)倉の、**とても**狭い穴から中に入って…。

❺(相手の発言を肯定し、感動詞的に用いて)そのとおり。なるほど。確かに。「**こちのことでござるか。何事でござる。**」「**いかにも、こなたのことでござる。**」〈狂言・餅酒〉訳「私のことですか。何事でしょう。」「**確かに**、あなたのことです。」

発展 副詞「いかに」＋係助詞「も」。

いかに-も-あれ【如何にもあれ】(結果を考えない気持ちで)どのようであっても(かまわない)。「**悪しくもあれ、いかにもあれ、頼りあらばやらむ。**」〈土佐日記・一月七日〉訳「(歌の出来が)悪くても、**どのようであっても**、ついでがあったら(歌を)送ろう。」

発展 副詞「いかに」＋係助詞「も」＋ラ変補助動詞「あり」の命令形。このような命令形を放任の用法という。

いかに-も-いかに-も【如何にも如何にも】 ❶どのようにでも。❷(下に打消の表現を伴って)どうしても。発展「いかにも」を重ねて強めた表現。↓如何にも

いかに-も-な・る【如何にも成る】 連語 どのようにもなる。転じて、(「死ぬ」の婉曲表現で)亡くなる。「**義仲六条河原でいかにも成るべかりつれども、なんぢが行く方の恋しさに、多くの敵の中をかけわって、これまではのがれたるなり。**」〈平家・9・木曾最期〉訳「義仲は六条河原で**亡くなる**はずであったが、お前の行く方が恋しくて、多くの敵の中を駆け分けて、ここまでは逃れて来たのだ。」

発展 形容動詞「いかなり」の連用形＋係助詞「も」＋四段動詞「なる」。

いかに-や【如何にや】 連語 (状態・原因・理由についての疑い・問いかけを表し)どういう具合か。どういうわけか。「**行幸ははるかに伸びさせたまひぬらん。いかにや、今まで。**」〈平家・7・維盛都落〉訳「天皇のご一行はずっと遠くにお進みになってしまっているだろう。**どういうわけなのか**、今まで(ご出発なさらないとは)。」

発展 副詞「いかに」＋係助詞「や」。

いか-の-いはひ【五十日の祝ひ】― 子供が生まれて五十日目の祝い。父または外祖父などが、子供の口に餅を含ませる儀式を行う。

いか-のぼり【紙鳶・凧】 名詞《近世語》凧。季語 春 発展 略して「紙鳶」とも。もと、形がイカに似ていたことから。

いかのぼり…句

几巾きのふの空のありどころ〈蕪村句集・与謝蕪村〉訳ふと空を見上げると、凧が一つあがっている。きのうも、あの空の同じところに、同じような凧があがっていた。ただ一つ、静かに、孤独と寂寥とを象徴するかのようにあがっていた。○季語 几巾―春

いか-の-もちひ【五十日の餅】―「★五十日の祝ひ」のときに子供の口に含ませる餅。

いか-ばかり【如何ばかり】 副詞 ❶(程度やようすを推量し)どれくらい。どれほど。「**いかばかりのことにてとだに聞かばやすかるべし。**」と…。〈蜻蛉日記〉訳「**どれほどのことで**(来られないのか)と(いうそのわけ)だけでも聞いたなら心安らぐに違いない。」と…。

❷(程度が並々でないことを推測し)どれほど…か。さぞかし…だろう。**偽りのなき世なりせばいかばかり人の言の葉うれしからまし** 歌〈古今集・恋4・712〉訳もし、偽りのない間柄であったならば、**どれほど**あなたが私にかけてくださることばがうれしく思われたことだろう**か**。

伊香保 地名 群馬県渋川市伊香保町。温泉地として知られる。

いか-ほど【如何程】 副詞 どれくらい。類 如何ばかり **今日の造作はいかほどしたるぞと見んと思ひて…。**〈宇治拾遺〉訳今日の仕事は**どれくらい**したかと見ようと思って…。

伊香保の沼 歌枕 ↓伊香保

いか-め・し【厳めし】

厳かで、勢いが激しいようす
- ❶**威厳がある。厳かだ。**
- ❷**盛大である。立派だ。**
- ❸**激しい。荒々しい。**
- ❹**巨大である。がっしりしている。**

未然形	連用形	終止形	連体形	已然形	命令形
いかめ・しく	いかめ・しく	いかめ・し	いかめ・しき	いかめ・しけれ	○
いかめ・しから	いかめ・しかり	○	いかめ・しかる	○	いかめ・しかれ

形容詞(シク) ❶**威厳がある。厳かだ。** **関寺のいかめしう造られたるを見るにも、その折の荒作りの御顔ばかり見られし折思ひ出でられて…。**〈更級日記・初瀬〉訳関寺が**厳かに**造られているのを見るにつけても、そのときの仕上げをしていない(仏像の)お顔だけが自然と目に入ったとき(のこと)が思い出されて…。○「いかめしう」は連用形「いかめしく」のウ音便。

❷**盛大である。立派だ。**
仕うまつる百官の人々に、饗(あるじ)**いかめしう**仕うまつる。〈竹取・かぐや姫の昇天〉訳（竹取の翁は）お仕え申し上げている多くの役人の人々に、（宴席を用意して）もてなしを**盛大に**して差し上げる。
❸**激しい。荒々しい。**
「試みに舟の装ひを設けて待ちはべりしに、**いかめしき**雨風、雷の驚かしはべりつれば…。」〈源氏・明石〉訳「（雨風がやんでから船を出せ、という夢のお告げがあったので）試しに船の用意を調えて待っておりましたところ、（お告げのとおり）**激しい**雨風や、雷がぎょっとさせましたので…。」
❹**巨大である。がっしりしている。**
今は昔、甲斐の国の相撲大井光遠は、低太にいかめしく、力強く…。〈宇治拾遺〉訳 今となっては昔のことだが、甲斐の国（＝今の山梨県）の相撲取り大井光遠は、背が低く太って**がっしりしていて**、力強く…。
発展 ❶**語の成り立ち**　「いかめし」の「いか」は、類義の形容詞「厳し」や、動詞「怒る」などの「いか」と同じ語源といわれる。もともとは、神仏や霊魂などが近寄り難く荘厳であるようすや、神の怒りの激しさなどを表すことばで、そこから、❷以下の意味が派生した。
❷中世には一部、「いかめう」「いかめい」などク活用に変化した語形も認められる。
関連語 厳し

いかもの-づくり【厳物作り・怒物作り】名詞 外装をいかめしく凝らした太刀。

いか-やう・なり【如何様なり】形容動詞〔ナリ〕〈なら・なり（に）・なり・なる・なれ・なれ〉（多く推量表現を伴って）どのようだ。どんなだ。
「**いかやうなる**心地どもしたまふらむ。」〈源氏・椎本〉訳「（父を亡くして姫君たちが）**どんな**お気持ちがしていらっしゃることだろう。」

い-かよ・ふ【い通ふ】動詞 自〔八四段〕〈は・ひ・ふ・ふ・へ・へ〉《上代語》行き来する。行ったり来たりする。通う。

いから-か・す【怒らかす】動詞 他〔サ四段〕〈さ・し・す・す・せ・せ〉怒らせる。おどすようなようすをする。
軍(いくさ)ども、**眼を怒らかして**舌なめづりをして…。〈今昔〉訳 兵たちは、目を**怒らせて**（野獣のように）舌なめずりをして…。

発展「かす」は接尾語。

いかり【碇・錨】名詞 ❶船を泊めておくために、綱や鎖に付けて海底に沈めておくおもり。❷ネコの首ひもの端に付けて物に引っ掛けるようにしたもの。❶の形をしている。❸紋所のひとつ。❶を図案化したもの。

いか・る【怒る】動詞 自〔ラ四段〕〈ら・り・る・る・れ・れ〉❶腹を立てる。怒る。
❷（形・姿が）角張る。ごつごつする。
怒れる手の、その筋とも見えず漂ひたる書きざまも…。〈源氏・常夏〉訳 **角張った**筆跡で、だれの書風ともつかないひょろひょろとした書きざまも…。
❸荒々しく、または激しく活動する。
怒れる湯の泉、処々より出でき。〈豊後国風土記〉訳（山が崩れたところから）**激しく噴出している**温泉が、あちこちから出た。

斑鳩（いかるが）地名 今の奈良県生駒郡斑鳩町付近。聖徳太子が斑鳩の宮を造営した地。法隆寺・中宮寺など多くの古寺が残っている。↓ビジュアルチェック㉕（1097ページ）

いか-ん【如何】副詞 ❶なぜか。どうしてか。
人のために作らず。故**いかんとなれば**…。〈方丈記・閑居の気味〉訳（庵は）他人のために作らない。その理由は**なぜかというと**…。
❷どのように。
発展「いかに」の変化したもの。

いかん-が【如何が】副詞（方法・原因・理由についての疑問・反語を表し）どのように…か。どうして…か。どうして…か、いや…ない。↓如何(いか)・如何にか
いかんが歩みを険難の道に運ばん。〈平家・2・康頼祝言〉訳 **どうして**歩みをこの険しい道に進めることができようか、**いや**、できは**しない**。
発展「いかにか」の変化したことば。「いかんか」とも。漢文訓読文や和漢混交文に見られることば。

いき〔現〕↓〔歴〕**ゐき【域】**

壱岐（いき）旧国名 壱州。西海道十一か国の一つ。今の長崎県北部の島。九州と対馬の間に位置し、古くから対馬とともに朝鮮・中国との海上交通の要地で、『魏志倭人伝』にもその名が見える。↓ビジュアルチェック

ク❼（450ページ）

粋（いき）文芸用語 江戸の遊里に発生し、江戸時代を通じて用いられた一種の美的理念。髪型・衣服などの外面から、気風、根本的な生活態度に至るまで、さっぱりとして嫌味がなく、洗練された言動にしゃれた色気があること。人情本・歌舞伎などによく現れている。江戸前期、上方に発生した「粋(すい)」と対比される。対 野暮　↓粋(すい)・通(つう)

いき-あか・る【行き別る】動詞 ↓ゆきあかる

いき-あ・ふ【行き会ふ・行き逢ふ】動詞 ↓ゆきあふ

いき-い・づ【生き出づ】動詞 自〔ダ下二段〕〈で・で・づ・づる・づれ・でよ〉生き返る。息を吹き返す。対 絶え入る・死に入る
ものいたく病みて、死に入りたりければ、面に水注きなどして、**生き出でて**…。〈伊勢・59〉訳 ひどい病気になって、死にそうになっていたので、顔に水をかけたりなどして、**息を吹き返して**…。

いきおい〔現〕↓〔歴〕**いきほひ【勢ひ】**

いき-かよ・ふ【行き通ふ】動詞 自〔八四段〕〈は・ひ・ふ・ふ・へ・へ〉（多く、男が女の所へ）通って行く。
人の**行き通ふべき所にもあらざりければ**…。〈伊勢・4〉訳 男が**通って行く**ことのできそうな所でもなかったので…。
発展「ゆきかよふ」とも。

いき-ざし【息差し】名詞 ❶息遣い。呼吸。❷ようす。物腰。
発展 ❶は、特に嘆きや意気込みなどの感情が表れている場合に用いる。

いきず〔現〕↓〔古〕**いかず【生かず】**
発展 カ行四段動詞「いく」の未然形＋打消の助動詞「ず」。

いき-す・ぐ【行き過ぐ】動詞 ↓ゆきすぐ

いき-すだま【生き霊】名詞 生きている人の体を離れ、他の人に取り付いて悩ます怨霊。類 生き霊(りょう)　発展「いきずたま」とも。

い-ぎたな・し【寝汚し・寝穢し】

人の眠っているようすを不快に思う気持ち	❶ぐっすりと寝ている。眠り込んでいる。 ❷眠りをむさぼっている。寝坊だ。

未然形	連用形	終止形	連体形	已然形	命令形
いぎたな・く	いぎたな・く	いぎたな・し	いぎたな・き	いぎたな・けれ	○
いぎたな・から	いぎたな・かり	○	いぎたな・かる	○	いぎたな・かれ

形容詞〔ク〕❶ぐっすりと寝ている。眠り込んでいる。

「いといぎたなかりける夜かな。」〈源氏・帚木〉訳「たいそうぐっすりと寝ていた夜だなあ。」

❷眠りをむさぼっている。寝坊だ。対 寝聡し

空寝をしたるを、我がもとにある者、起こしに寄り来て、いぎたなしと思ひ顔に引き揺るがしたる、いと憎し。〈枕草子・28・憎きもの〉訳 眠ったふりをしているのを、自分の所で(使って)いる者が、起こしに近寄ってきて、寝坊だと思っているような顔つきで(私を)引っ張って揺り動かしたのは、ひどくしゃくに障る。

発展 語の成り立ち 「いぎたなし」の「い」は、「寝を寝(=眠る)」などに見るように、「眠ること」をいう名詞である。眠っていて容易に起きないのは、たしなみがないことと考えられ、その状態を見苦しく不快に思うところから「汚し」という形容詞と結び付いたことばである。多く、否定的評価で使われる。

関連語 寝

いき-ちが・ふ【行き違ふ】 動詞 自〔ハ四段〕〈は・ひ・ふ・ふ・へ・へ〉すれ違う。行き交う。発展「ゆきちがふ」とも。

いき-づか・し【息づかし】 形容詞〔シク〕〈しく・しく・し・しき・しけれ・○／しから・しかり・○・しかる・○・しかれ〉ため息が出るほど切ない気持ちだ。嘆かわしい。発展 四段動詞「息づく」が形容詞になったもの。

いき-つ・く【行き着く】 動詞 自〔カ四段〕〈か・き・く・く・け・け〉

❶到着する。たどり着く。

七日七夜といふに武蔵の国に行き着きにけり。〈更級日記・竹芝寺〉訳 七日七夜(=七日間)たって、武蔵の国にたどり着いた。

❷一面に行きわたる。

まことに黒きに、白き物行き着かぬ所は、雪のむらむら消え残りたる心地して…。〈枕草子・3・正月一日は〉訳(顔の地肌が)本当に黒い所に、おしろいが行きわたらない(=うまく肌に付かない)部分は、雪がまだらに消え残っているような感じがして…。

❸《近世語》(最後まで、ある行為が行われることを表す。)身代が尽きはてる。すっかりほれこむ。酔いつぶれる。

発展「ゆきつく」とも。

いき-づ・く【息づく】 動詞 自〔カ四段〕〈か・き・く・く・け・け〉

❶大きく息をする。苦しそうに息をつく。あえぐ。

大納言、南海の浜に吹き寄せられたるにやあらむと思ひて、息づき伏したまへり。〈竹取・竜の頸の玉〉訳 大納言は、南海の浜に吹き寄せられたのだろうかと思って、あえいで横たわっていらっしゃる。

❷ため息をつく。嘆く。

昼はも嘆かひ暮らし夜はも息づき明かし… 歌〈万葉集・5・897〉訳 昼はといえば繰り返し嘆息して過ごし、夜はといえばため息をつきつつ夜を明かし…。

いき-づ・む【息詰む】 動詞 自〔マ四段〕〈ま・み・む・む・め・め〉息を詰めて、腹に力を入れる。いきむ。

◆いきてのよ… 歌

生きての世死にてののちの後の世も羽を交はせる鳥となりなむ〈大鏡・師尹〉訳 生きているこの世でも、死んだ後の(あの)世の(さらに)後の世でも、(常に羽を並べて一体となって飛ぶという)羽を交わす鳥にきっとなって(愛し合って暮らして)いこう。○「なりなむ」の「なむ」は、確述の助動詞「ぬ」の未然形＋意志の助動詞「む」の終止形で、強い意志を表し、「きっと…しよう」という意味。

発展 村上天皇と宣耀殿の女御が歌のやり取りをする場面で、天皇の詠んだ歌。女御の返歌(↓あきになる…)参照。

いき-と-し-いけ-る-もの【生きとし生けるもの】 この世に生きているすべてのもの。あらゆる生き物。

花に鳴く鶯、水に住む蛙の声を聞けば、生きとし生けるもの、いづれか歌を詠まざりける。〈古今集・仮名序〉訳(春、ウメの)花に(止まって)鳴くウグイスや、(秋、川の)水にすむカジカガエルの鳴き声を聞くと、この世に生きているすべてのものは、どれが歌を詠まない(といえる)か、いや、歌を詠まないことはなかったことだなあ。

発展 四段動詞「生く」の連用形＋格助詞「と」＋副助詞「し」＋四段動詞「生く」の已然形＋存続の助動詞「り」の連体形＋名詞「もの」。↓古語チャート❺(123ページ)

いき-どほ・る【憤る】 動詞 自〔ラ四段〕〈ら・り・る・る・れ・れ〉

❶胸につかえる。心が晴れない。

「日に夜に憤りて、え申すまじ。」〈日本書紀〉訳「昼も夜も胸につかえて、申し上げることができるはずもない。」

❷腹を立てる。

「仲綱が天下の笑はれぐさとならんずるこそ安からね。」とて、大きに憤られければ…。〈平家・4・競〉訳「(私)仲綱が天下の笑いの種にされたりすることは穏やかでない。」と非常に腹をお立てになったので…。

いき-とま・る【生き止まる】 動詞 自〔ラ四段〕〈ら・り・る・る・れ・れ〉生き残る。生き延びる。

さばかりにて生き止まりたる人の命なれば、いと執念くて…。〈源氏・手習〉訳 それほどの状態で生き延びた人の命なので、たいそう執着が強くて…。

いき・な【粋な】 形容動詞〔口語化〕(身なり・ことば・動作などが)すっきりしている。(生活や遊び方が)洗練されている。

いき-の-した【息の下】 形容動詞〔二〕息も絶え絶えにものを言っている。

さしも日ごろはゆゆしげにおはせしかども、まことに苦しげにて、息の下に宣ひけるは…。〈平家・6・入道死去〉訳(平清盛は)あれほど日ごろは強気でいらっしゃったけれども、(今は)いかにも苦しそうで、息も絶え絶えにおっしゃったことには…。

いき-の-を【息の緒】 名詞 命。命の綱。発展「緒」は長く続くという意味。「息の緒に」の形で「命がけで」の意味を表す。

いき-ぶれ【行き触れ】 名詞 死人などに行き会って、そのけがれを身に受けること。発展「ゆきぶれ」とも。

いき-ほひ【勢ひ】 名詞 ❶威力。威勢。他を圧倒する力。活力。

❷権力。権勢。勢力。富裕。財力。

勢ひありとて頼むべからず。こはきもの先づ滅ぶ。〈徒然草・211・万のことは〉訳 権勢があるからといって(それを)頼みに思ってはいけない。(権勢の)強い者が真っ先に滅びる。

❸盛んなようす。形勢。成り行き。

「かの君は、ただ今、大臣になりぬべき勢ひなれば…。」〈落窪〉訳「あの中将様は、今すぐにも、大臣になってしまいそうな成り行きなので…。」

発展 動詞「いきほふ」の連用形が名詞になったもの。

いき-ほ・ふ【勢ふ】〔動詞〕自〔八四段〕〈は・ひ・ふ・ふ・へ・へ〉❶活気があふれる。威勢がよい。**そのほどのありさまは、もの騒がしきまで人多く勢ひたり。**〈更級日記・夫の死〉訳その時のようすは、なんとも騒がしいほど人が多く**活気があふれて**いた。❷時めく。栄える。**七つの宝を山と積み、上中下（かみなかしも）花のごと飾りてある中に、勢ひて住みたまふ。**〈宇津保〉訳七つの宝を山のように積み、身分の上の者から下の者まで花のように飾り立てている所に、**栄えて**住んでいらっしゃる。

いき-ま・く【息巻く】〔動詞〕自〔カ四段〕〈か・き・く・く・け・け〉❶勢力を振るう。時めく。「**坊の初めの女御にて、息巻きたまひしかど…。**」〈源氏・若菜上〉訳「（弘徽殿の女御は）東宮を産んだ最初の女御として、**勢力を振るい**なさったけれど…。」❷得意そうに威張る。気炎を上げる。「**さればこそ、我に手向かひはしてむや。**」など**息巻きて**…。〈今昔〉訳「思ったとおり、はたして私に抵抗できるだろうか。」などと**気炎を上げて**…。❸いきり立つ。激しく言い立てる。**上人なほ息巻きて「何と言ふぞ、非修非学の男。」と荒らかに言ひて**…。〈徒然草・106・高野証空上人〉訳上人はさらに**いきり立って**、「何を言うか、仏道の修行も学問もしていない男が。」と荒々しく言って…。

いき-めぐ・る【生き廻る】〔動詞〕自〔ラ四段〕〈ら・り・る・る・れ・れ〉生き長らえる。

いき-りゃう【生き霊】〔名詞〕↓いきすだま

いきる（現）↓（古）**いく【生く】**

いき-わか・る【行き別る】〔動詞〕↓ゆきあかる

いき-を-はな・つ【息を放つ】息を大きく吐き出す。大きな息をつく。

いく-【生く】〔接頭語〕（名詞に付いて）そのものを褒めたたえて、命が長く続いている、生命力に満ちている、という意味を表す。〔語例〕**生く**太刀・**生く**弓矢

まとめて覚えよう古語チャート❺
「生く」の三つの活用型

「¹生く」には活用型が三種類あります。四段活用で使われたのは中古までですが、「²**生きとし生けるもの**」「**生ける屍**（しかばね）」などの形で現在も残っています。上二段活用の「生く」は、後に上一段化していき、現代語の「³生きる」を生みました。

一方、他動詞下二段活用の「生く」は、下一段活用へと変化して、現代語「⁴生ける」となりました。今日、「花を生ける」というとき、その「生ける」には他動詞の意味（＝生かす・死なないようにする）が残っています。さらに、「生け花」の「生け」は、その「生ける」が名詞の一部となっている例です。

- **¹生く**
  - **自動詞**
    - **四段活用**（中古まで　か・き・く・く・け・け）
      - 生き（連用形）生か（未然形）ず　●生きるか死ぬか
      - ²生き（連用形）とし生け（已然形）るもの　●この世に生きているすべてのもの
    - **上二段活用**（中世以降　き・き・く・くる・くれ・きよ）
      - 生き（未然形）んがため
      - 生くる（連体形）道なり
      - ⇢現代語　**上一段活用**（き・き・きる・きる・きれ・きろ（よ））
        - ³生きる
  - **他動詞**
    - **下二段活用**（け・け・く・くる・くれ・けよ）
      - 生け（未然形）させたまへ　●生かしてください（＝助けてください）
      - 生け（連用形）捕る
      - 生け（連用形）垣
      - ⇢現代語　**下一段活用**（け・け・ける・ける・けれ・けろ（よ））
        - ⁴生ける

い・く【行く・往く】〔動詞〕↓ゆく

い・く【生く】 一〔動詞〕自〔カ四段〕〈か・き・く・く・け・け〉生きる。生き返る。死なずにすむ。〔歌〕**限りとて別るる道の悲しきに生かまほしきは命なりけり**〈源氏・桐壺〉訳↓かぎりとて…

二〔動詞〕自〔カ上二段〕〈き・き・く・くる・くれ・きよ〉生きる。助かる。「**たとひ耳鼻こそ切れ失すとも、命ばかりはなどか生きざらん。**」〈徒然草・53・これも仁和寺の法師〉訳「たとえ耳や鼻は切れてなくなるとしても、命だけはどうして**助からない**ことがあろうか、いや、助かるだろう。」

三〔動詞〕他〔カ下二段〕〈け・け・く・くる・くれ・けよ〉❶生かす。助ける。「**この馬を生けてたまはらん。**」〈宇治拾遺〉訳「このウマを**生かして**いただきたい。」❷（生かしておく意味から）花を水に生ける。魚を池などに入れて生かす。

〔発展〕上代から自動詞四段活用があり、中世には上二段活用が発生し、しだいに四段活用を駆逐して交替した。三❷は「活く」とも表記し、中世以降多くなる。↓**古語チャート❺**（123ページ）

いく-か【幾日】〔名詞〕いくにち。何日。

いく-かへり【幾返り】〔副詞〕いくたび。何度。〔歌〕**幾返り露けき春を過ぐし来て花の紐解く折に会ふらむ**〈源氏・藤裏葉〉訳**何度**涙を流す春を過ごしてきて、今こうして花のほころぶように願いのかなうときに出会っているのだろう。

いく-さ【軍】〔名詞〕❶矢を射ること。弓矢を射るわざ。弓術。❷兵士。軍勢。❸戦争。合戦。〔発展〕「いく」は射る、「さ」は矢という意味。

いくさ-がみ【軍神】〔名詞〕武運をつかさどる神。

いくさ-だち【軍立ち】〔名詞〕❶兵を出すこと。出陣。❷軍勢の配置。戦闘の態勢。

いくさ-びと【軍人】〔名詞〕戦闘をする人。武人。兵士。

いくさ-よばひ【軍呼ばひ】〔名詞〕戦場で敵に向かって叫ぶこと。また、その叫び合い。

いく-せ【幾瀬】 一〔名詞〕いくつの瀬。どれだけ多くの瀬。〔歌〕**大堰川（おほゐがは）かがりさしゆく鵜飼（うかひ）ひ舟幾瀬に夏の夜を明かすらむ**〈新古今集・夏・253〉訳大堰川をかがり火

をたいて棹さして下って行く鵜飼い舟は、**どれだけ多くの瀬**を越えて、夏の夜を明かしているのであろうか。

二 副詞 どれほど。どんなに多く。「**去年の暮れから丸一年、二年越しに訪れなく、それは幾瀬の物案じ。**」〈近松・夕霧阿波鳴渡〉訳「(あなたは)去年の暮れから丸一年、二年越しに(何の)音さたもなく、(私は)それは**どれほど**心配したことか。」

いく-そ【幾十】 副詞 どれくらい数多く。どれほど。「**限りなき思ひの空に満ちぬればいくその煙雲となるらむ**」歌〈拾遺集・971〉訳 私の限りない恋の思いが空に満ちてしまったので、今や**どれほどの**煙が雲になっていることだろう。

発展「何十」の意味から、数の多いことを表すようになった。多く「の」を伴って用いられる。

いくそ-たび【幾十度】 副詞 いくたび。何度。何度も。「**葦辺漕ぐ棚なし小舟いくそたび行き帰るらむ知る人もなみ**」歌〈伊勢・92〉訳 葦辺を漕ぐ船棚のない小さな舟(がアシの間に隠れてしまって誰にも気づかれないように、私は)**いくたび**(あなたのもとに)行ったり戻ったりしていることだろう。あなたに気付いてもらえないので。

いくそ-ばく【幾十許】 副詞 どれほど。どれだけ。「**たびたびの炎上に滅びたる家、またいくそばくぞ。**」〈方丈記・閑居の気味〉訳 たびたびの火災によって滅んだ家は、また**どれほど**なのか。

生田 歌枕 神戸市中央区生田町一帯の地。「ほととぎす」「秋風」などとともに詠まれる。「行く」を掛けたり、「幾」を導く序詞として用いられた。「生田の森」「生田の野」という形の和歌も多い。「生田川」は『大和物語』の菟原処女の伝説で知られ、一の谷の合戦や湊川の合戦の古戦場でもある。

いく-だ【幾許】 副詞 どれほど。いくら。「**返り参上りしほど、いまだいくだも経ぬに…。**」〈古事記・景行天皇〉訳「(都に)返って参上してきたその間、まだ**いくら**も経過していないのに…。」

発展 多く「いくだも…ず」の形で用いられる。

生田川 「ガハ」 歌枕 →生田

生田の森 歌枕 →生田

生野 歌枕 京都府福知山市生野。京都・山陰間の交通の要地で、「行く」「幾」に掛けたり、「大江山」とともに多く詠まれた。「生野の道」「生野の里」という形も見られる。

いさ
返答しにくい場合に用いることば

- **一** 感動詞 ― さあ。ええと。
- **二** 副詞
  - ❶ さあ。◉多く「いさ〜知らず」の形をとる。
  - ❷ さあどうだか知らない。◉❶の「知らず」が省略された形。

一 感動詞 (相手の質問に対する答えが分からない、また、すぐに返答しにくい場合に)さあ。ええと。「**見も知らぬ草を、子どもの取り持て来たるを、『何とかこれをば言ふ。』と問へば、とみにも言はず、『いさ。』など、これかれ見合はせて…。**」〈枕草子・131・七日の日の若菜を〉訳 見知らぬ草を、子供らが取って持ってきたのを、「(その子供らに)「なんとこれ(=この草)を言うのか。」と尋ねると、すぐには言わないで、「**さあ。**」などと、めいめい(顔を)見合わせて…。

二 副詞 ❶(多く「いさ〜知らず」の形で)さあ。さあどうだか。「**人はいさ心も知らずふるさとは花ぞ昔の香ににほひける**」百人一首〈古今集・春上・42〉訳 →ひとはいさ…

「**さば、いさ知らず。な頼まれそ。**」〈枕草子・143・殿などの〉訳「そう(=私の提案が受け入れられない)ならば、**さあ**、知らない。(もう私を)当てになさらないでほしい。」

❷(❶の「知らず」が省略され)さあどうだか知らない。「**人はいさ我はなき名の惜しければ昔も今も知らずとを言はむ**」歌〈古今集・恋3・630〉訳 あなた(がどう思っているか)は、**さあどうだか知らない**が、私は(あなたとのことで)身に覚えのないうわさ(を立てられること)が残念なので、昔も今も(あなたのことを)知らないとねえ、言っておこう。

類語比較 **「いさ」と「いざ」**

共通点=中世中期ごろからは、「いさ」と「いざ」は同じことばとして用いられたようであるが、語形は似ていても、もともと「いさ」と「いざ」とは、まったく別のことばである。

いさ=❶すべての歌を漢字で表記している『万葉集』では、「いさ」には「不知」の字を当てている。❷「不知」は「いさ」がしばしば「知らず」と呼応して用いられたことからの用字である。

いざ=❶『万葉集』では、「いざ」には「去来」の字を当てている。❷「去来」は、陶淵明の漢詩「帰去来辞」にある「帰去来兮(=帰りなん、いざ)」の「去来」に由来するもので、これは本来ならば「来」の字だけが「さあ」という勧誘の意味を表すものであったところを、「去来」と誤って区切ってしまったところから生じたといわれる。

※「いさ」が後世は「いざ」と濁音で発音されるようになるとともに、「いさ知らず」も現代語のように「いざ知らず」ともいうようになって、「いさ」が「いざ」と混同されるようになった。

関連語 いさ知らず

いくはう-もん【郁芳門】 名詞 平安京の大内裏外郭の十二門の一つ。東側南端に位置する。大炊門。

発展「いうはうもん」とも。→ビジュアルチェック⑮(757ページ)

いく-ばく【幾許】 副詞 ❶どれほど。何ほど。「**その改め作ること、いくばくの煩ひかある。**」〈方丈記・方丈〉訳 その(家を)作り直すことは、**何ほどの**面倒なことがあるか、いや、何も面倒なことはない。

❷(多く「いくばくも」の形で下に打消の語を伴って)いくらも(…ない)。どれほども(…ない)。「**いくばくもはべるまじき老いの末にうち棄てられたるが、つらうもはべるかな。**」〈源氏・葵〉訳「(余命が)**いくら**もない老いの終わりに(娘に先立たれ)後に残されたことが、辛うございますなあ。」

いくばく-なら-ず【幾許ならず】 連語 大したことではない。(命が)それほど長くない。それほどいるわけではない。「**わきまへ知る人、またいくばくならず。**」〈近代秀歌〉訳(和歌を)よく理解し心得ている人が、また**それほどいるわけではない**。

いくばく-も-な・し【幾許も無し】 それほど時間・日数のたたない。間もない。「**舎人して取りにつかはす。いくばくもなくて持て来ぬ。**」〈伊勢・78〉訳 舎人に命じて取りにおやりになる。**それほど時間もたたない**で持って来た。

発展 副詞「いくばく」+係助詞「も」+形容詞「なし」。「なし」には、補助形容詞性が認められる。

いく-ほど【幾程】 副詞 どれほど。どれだけ。**この川の深さ、速さ、利根川にいくほどの劣り勝りはよもあらじ。**〈平家・4・橋合戦〉訳 この川(=宇治川)の深さ、速さは、利根川と**どれほど**の優劣も決してあるまい。

いく-む【射組む】 動詞 他〔マ四段〕(ま・み・む・む・め・め)(相手と矢を)射合う。

いく-よ【幾代・幾世】 名詞 どれほどの年代。何年。何代。**一つ松幾代か経ぬる吹く風の声の清きは年深みかも** 歌〈万葉集・6・1042〉訳 一本松よ、**どれほどの年代**が過ぎてしまったのか。(この松を)吹く風の音が清らかなのは年を経ているからだろうか。

いく-ら【幾ら】 副詞 ❶(数量の多さを問いかけて)どれほど。どれくらい。**四の君はいくら大きさになりたまひぬる。**〈落窪〉訳 四番目のお姫様は**どれくらい**のお年におなりになったか。❷(多く「いくらも」の形で)たくさん。↓幾らも

いくら-と-も-な・し【幾らとも無し】 数多い。大量だ。**御ふところより櫛をいくらともなく取り出でて…。**〈十訓抄〉訳 懐中から櫛を**数多く**取り出して…。
発展 副詞「いくら」＋格助詞「と」＋係助詞「も」＋補助形容詞「なし」。

いくら-ばかり【幾らばかり】 連語 どのくらい。どれぐらい。いかほど。**底いくらばかりとも知れぬ深さなれば…。**〈今昔〉訳 谷底は**どれぐらい**とも分からない深さなので…。
発展 副詞「いくら」＋副助詞「ばかり」。

いくら-も【幾らも】 連語 ❶たくさん。いくらでも。**いくらもなみゐたりける平家の侍ども、心あるも心なきも、皆鎧の袖をぞぬらしける。**〈平家・9・知章最期〉訳 **たくさん**並んで座っていた平家の侍たちは、人情をわきまえた者も情愛の薄い者も、みな鎧の袖をぬらした(=泣いた)。❷(打消の表現を伴って)それほどは。たいして。**年月もいくらもあらぬに…** 歌〈万葉集・17・3962〉訳 年月も**たいして**経たないうちに…。
発展 副詞「いくら」＋係助詞「も」。「いくらも〜打消」で多くはない意味を表すが、「いくらともなし」は数多いという意味になる。↓幾らとも無し

いくり【海石】 名詞 海中にある岩。暗礁。岩礁。

い-くゎん【衣冠】 名詞 ❶*束帯に準じて用いられた略式礼装。束帯の縫腋の袍に指貫をはき、浅沓を履く。半臂・下襲・石帯は着けず、多く笏の代わりに扇を持つ。類 宿直衣・宿直装束 ❷衣服と冠。
発展 初めは宿直のときや重要な儀式の参列以外のときに着用したが、平安中期以降、参内のときにも用いるようになった。文官と武官に着用の差はなく広く用いられた。

［いくゎん❶］

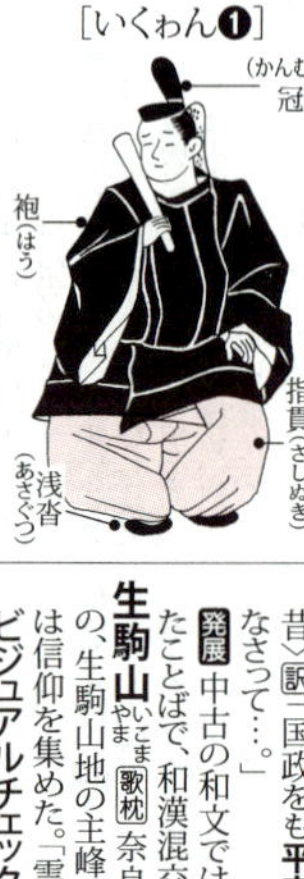

い-げ【以下・已下】 名詞 それより下。以下。

いけ-ながら【生けながら】 連語 生かしたままで。**雉を生けながら捕らへて…。**〈宇治拾遺〉訳 キジを**生かしたまま**捕まえて…。
発展 下二段動詞「生く」の連用形＋接尾語「ながら」。

いけ-はぎ【生け剝ぎ】 名詞 生きている動物の皮をはぎ取ること。天つ罪のひとつ。発展「いきはぎ」とも。

いける(現)↓(古)**いく【生く】**

いざ

相手や自分自身の行動を促すときに言うことば
❶(相手に行動を促して)さあ。
❷(自分が何かを始めようとして)さあ。さて。どれ。

感動詞 ❶(相手に行動を促して)**さあ**。**屋の上に飛ぶ車を寄せて、「いざ、かぐや姫、汚き所に、いかでか久しくおはせむ。」と言ふ。**〈竹取・かぐや姫の昇天〉訳 (天人は)建物の上に(空を)飛ぶ車を近づけて、「**さあ**、かぐや姫よ、(こんな)けがれている所(=下界)に、どうして長い間いらっしゃる(ことができる)のだろうか。」と言う。
❷(自分が何かを始めようとして)**さあ**。**さて**。**どれ**。**秋の野に人まつ虫の声すなり我かと行きていざとぶらはむ** 歌〈古今集・秋上・202〉訳 秋の野で人を待つマツムシの鳴き声が聞こえてくる。(この)私(を待っているの)かと行って、**さあ**、尋ねてみよう。〇「まつ」は「(人を)待つ」と「マツ(ムシ)」との掛詞。
類語比較「いさ」と「いざ」↓いさ
関連語 いざ給へ・いざさせ給へ
↓**古語チャート㉚**(935ページ)

いこ・ふ【憩ふ・息ふ】 一 動詞 自〔ハ四段〕(は・ひ・ふ・ふ・へ・へ)休息する。休む。二 動詞 他〔ハ下二段〕(へ・へ・ふ・ふる・ふれ・へよ)休息させる。休ませる。平安に保つ。**「国の政をも憩へ、物をもよく納めさせたまひて…。」**〈今昔〉訳「国政をも**平安に保ち**、租税をもきちんと納めさせなさって…。」
発展 中古の和文では用いられず、漢文訓読文で用いられたことばで、和漢混交文でもまた用いられるようになった。

生駒山【いこまやま】 歌枕 奈良県生駒市と大阪府東大阪市の境の、生駒山地の主峰。古くからの交通路で、山腹の宝山寺は信仰を集めた。「雲」「雨」などとともに多く詠まれた。↓ビジュアルチェック㉕(1097ページ)

いさ 感動詞 副詞 ↓**最重要語**(124ページ)

いざ 感動詞 ↓**最重要語**(125ページ)

いざ-うれ 連語 (人に誘いかけて)さあ。**「いざうれ、さらばおのれら、死出の山の供せよ。」**〈平家・11・能登殿最期〉訳「**さあ**、それならおまえたち、(冥土にあるという)死出の山の供をしろ(=おれの死の旅の供をしろ)。」
発展「いざ」は感動詞。「うれ」は「おのれ」の変化したことば。「さあ、きさま」がもともとの意味だが、「きさま」の意味はほとんど失われ、誘いかけのことばとして用いられている。

いさお(現)↓(歴)**いさを【功】**

いざ-かし 連語 (相手の行動を促して)さあ、行こうよ。さ

あ、おいでよ。発展 終助詞「かし」で、感動詞「いざ」を強めた言い方。

いさかひ【諍ひ】 名詞 けんか。いざこざ。口論。言い争い。

いさか・ふ【諍ふ】 動詞 自 八四段〈は・ひ・ふ・ふ・へ・へ〉口論する。言い争う。

とばかり聞けば、いみじう、先のごと**いさかふなり**。〈大和・147〉訳 しばらく聞いていると、たいそう、前と同じように**口論するようだ**。

いさか・ふ【叱ふ】 動詞 他 八四段〈は・ひ・ふ・ふ・へ・へ〉しかる。責める。

客人の前には犬をだにもいさかふまじとこそ、文にも見えたれ。〈十訓抄〉訳 客人の前ではイヌでさえもしからない方がいいと、漢籍にも書いてある。

いざ-かまくら【いざ鎌倉】 緊急の事態のたとえ。さあ、一大事（が起こった）。発展 謡曲「鉢の木」の話に由来することば。鎌倉幕府に仕える武士たちは、幕府に緊急の事態が発生したとき、即座に鎌倉へ駆けつける義務をもっていたことから。「いざ」は感動詞。

いさぎよ・し【潔し】 形容詞 ク〈く・から・く・かり・し・かる・〇・かれ・〇・かれ〉❶清らかだ。清浄だ。けがれていない。**瑠璃の浄土は潔し**…〈梁塵秘抄〉訳 薬師如来のいらっしゃる浄土は**清浄だ**…。

❷心がきれいだ。清く美しい。すがすがしい。**あり来つつ来つつ見れども潔き人の心を我忘れめや** 歌〈新古今集・神祇・1863〉訳 今まで人の世にあって年を経て来て見ているけれども、**清く美しい**人の心を私は忘れるであろうか、いや、忘れない。

❸思い切りがよい。小気味よい。痛快だ。**死を軽くして、少しも泥まざる方の潔く覚えて**…〈徒然草・115・宿河原といふ所にて〉訳 死を重大に扱わないで、ちっとも（生死に）執着しないところが（かえって）**小気味よく**思われて…。

いさ-ご【砂・砂子】 名詞 すな。類 真砂 発展「すなご」とも。

いざこども…歌 **いざ子ども早く大和へ大伴の三津の浜松待ち恋ひぬらむ**〈万葉集・1・63・山上憶良〉訳 さあ者どもよ、早く日本へ（帰ろう）。大伴の三津の浜のマツも（われわれを）きっと待ち焦がれているだろう。〇「子ども」は目下の者への呼びかけ。「大和へ」の下に「帰らむ」などを補って解する。発展 憶良が遣唐使として唐にいたときの作。「大伴の三津」は大阪湾の港で、遣唐使船が発着した。

いささ- 造語（名詞に付いて）小さくささやかな、という意味を表す。語例 **いささ川**・**いささ群竹**

いささ-か【聊か】

程度や数量が少ないようす
- ❶（程度や数量が）**わずか。ほんの少し。**
- ❷**少しも**（…ない）。**まったく**（…ない）。

副詞 ❶（程度や数量が）**わずか。ほんの少し。**「男も女も、気近き人思ひ、片引き、褒め、人の**いささかあしきこと**など言へば、腹立ちなどするが、わびしう覚ゆるなり。」〈枕草子・135・故殿の御ために〉訳「男でも女でも、身近な人を（大切に）思い、えこひいきし、褒め、他人が**ほんの少し**（でも）悪いことなどを言うと、腹を立てたりなどするのが、やり切れないと思われるのである。」

❷（「いささか～打消」の形で）**少しも**（…ない）。**まったく**（…ない）。**恐ろしき気も覚えず、いとらうたげなるさまして、まだいささか変はりたるところなし。**〈源氏・夕顔〉訳（夕顔の遺体は）怖いという気持ちも感じないで、とてもかわいらしい顔をして、まだ**まったく**（生前と）変わったところがない。

発展 **「いささかに」と「いささか」** 中古では、副詞「いささか」が和文の作品に、形容動詞「いささかなり」の連用形「いささかに」が漢文訓読文に、それぞれ用いられた。

いささ-か・なり【聊かなり】

ほんの少しであるようす ─ **ほんの少しである。わずかだ。**

未然形	連用形	終止形	連体形	已然形	命令形
いささか・なら	いささか・なり いささか・に	いささか・なり	いささか・なる	いささか・なれ	（いささか・なれ）

形容動詞 ナリ・ノ **ほんの少しである。わずかだ。** **その由、いささかに、物に書き付く。**〈土佐日記・十二月二十一日〉訳 その（旅の）次第を、**ほんの少し**、物（＝日記）に書き付ける。

ありがたきもの。…かたち、心、ありさま優れ、世に経るほど、いささかの傷なき。〈枕草子・75・ありがたきもの〉訳 めったにないもの。…容貌、心、態度が優れ、この世に生き続ける間、**ほんの少し**の欠点もない人。〇「いささかの」は「いささかなり」の語幹に格助詞「の」が付いた形で、形容動詞の語幹用法のひとつ。

発展 **語の成り立ち** わずかである意味を添えて語を作ることば「いささ」が形容動詞として発達したもので、その語幹「いささか」はそのまま「少し・ちょっと」の意味を表す副詞となっている。↓**古語チャート⑲**（737ページ）

いささけ-わざ【聊け業】 名詞 ちょっとしたこと。ささいなもの。発展 形容詞「いささけし」の語幹＋名詞「わざ」。

いざ-させ-たまへ【いざさせ給へ】─（丁重に相手の行動を促して）さあ、そうなさいませ。さあ、おいでなさいませ。さあ、お出かけなさいませ。「いざさせたまへ、おのが家へ。」〈今昔〉訳「**さあ、おいでなさいませ**、私の家へ。」

発展「いざたまへ」に、さらに高い敬意を添えた表現。

いささ-むらたけ【いささ群竹】 名詞 ほんの小さなタケの茂み。小さな竹やぶ。**わがやどのいささ群竹吹く風の音のかそけきこの夕へかも** 歌〈万葉集・19・4291〉訳 ↓わがやどの…

いささめ-に 副詞 軽々しく。いい加減に。かりそめに。**真木柱作る杣人いささめに仮廬のためと作りけめやも** 歌〈万葉集・7・1355〉訳 立派な柱を作る木こりは**かりそめに**仮の小屋のためと思ってその柱を作ったのだろうか、いや、そうではない。

いざさらば… 句 **いざさらば雪見にころぶ所まで**〈花摘・松尾芭蕉〉訳 では、行ってきます。風流で、しかも物好きな雪見に、この老体が転んでしまうほど雪深い所まで。〇季語 雪見─冬。「いざさらば」は、別れに際していう慣用表現で、ここでは出かけるときの挨拶のことば。発展『三冊子』によると、「いざゆかん」を「いざさらば」に改めたものとある。

いさ‐しら‐ず【いさ知らず】さあ、知らない。さあ、どうだか分からない。「さば、**いさ知らず**。な頼まれそ。」〈枕草子・143・殿などの〉訳「そう(＝私の提案が受け入れられない)ならば、**さあ、知らない**。(もう私を)当てになさらないでほしい。」
発展 副詞「いさ」＋四段動詞「しる」の未然形＋打消の助動詞「ず」。

いざ‐たまへ【いざ給へ】— **さあ、一緒にいらっしゃい。さあ、どうぞ。**

「行こう」「来い」ということを丁寧に表す —— さあ、一緒にいらっしゃい。さあ、どうぞ。

連語 **さあ、一緒にいらっしゃい。さあ、どうぞ。**「**いざたまへ**。宮の御使ひにて参り来つるぞ。」〈源氏・若紫〉訳「**さあ、一緒にいらっしゃい**。(私はあなたの)父宮の使者として参上して来たのだよ。」
「**いざたまへ**、出雲拝みに。掻い餅召させん。」〈徒然草・236・丹波に出雲と〉訳「**さあ、一緒にいらっしゃい**、出雲(＝丹波の出雲神社)を参拝に。ぼたもちを召し上がらせよう。」
発展 **語の成り立ち**　感動詞「いざ」＋尊敬の補助動詞「たまふ」の命令形。「たまへ」の上に来るはずの動詞「行く」や「来」などを省略した形なので、この「たまへ」は、本来、補助動詞である。相手に敬意をもって行動を促す場合に用いる。さらに高い敬意を表すには「いざさせたまへ」という。
関連語 いざさせ給へ

い‐ざと・し【寝聡し】形容詞〔ク〕〈く・く・し・き・けれ・○／から・かり・○・かる・○・かれ〉目が覚めてしまいそうだ。対 寝汚し　「さも**いざとき**沓の繁さかな。」〈紫式部日記〉訳「いかにも**目が覚めてしまいそうな**沓音がしきりだこと。」

いさ‐と‐よ 感動詞 ❶(分からなかったり、答えかねたりして)さあねえ。ええと。「**いさとよ**、さやうの人は、三人これにありしが…。」〈平家・3・有王〉訳「**さあねえ**、そういう人は、三人ここにいたが…。」
❷(否定的に応答して)いいえ。いやもう。

いさ‐な【鯨・勇魚】名詞 クジラの古い呼び名。季語 冬
発展「な」は魚という意味。「いさ」とも。

伊邪那岐命 登場人物 記紀神話の中の男神。伊邪那美命とともに国土万物を生み出した。黄泉の国を訪れた後の禊ぎにより、天照大御神・月読命・須佐之男命を生んだ。『日本書紀』では「伊奘諾尊」と書く。

いさな‐とり【鯨取り】枕詞 (クジラを捕るという意味から)「海」「浜」「灘」に係る。

いざ‐な・ふ【誘ふ】—なう 動詞 他〔ハ四段〕〈は・ひ・ふ・ふ・へ・へ〉さそう。連れて行く。**東の方へ、友とする人ひとりふたりいざなひて行きけり。**〈古今集・羇旅・410・詞書〉訳東国の方へ、友人を一人二人**誘って**行った。
発展 感動詞「いざ」が動詞に変化したことば。↓**古語チャート** 30 (935ページ)

伊邪那美命 登場人物 記紀神話の中の女神。伊邪那岐命とともに国土万物を生み出した。火の神を生んで死んだ後、黄泉の国の神となる。『日本書紀』では「伊奘冉尊」とも書く。

いさま・し【勇まし】形容詞〔シク〕〈しく・しく・し・しき・しけれ・○／しから・しかり・○・しかる・○・しかれ〉雄々しい。勇敢だ。気乗りしている。熱心だ。**何の興ありてか、朝夕君に仕へ、家を顧みる営みの勇ましからむ。**〈徒然草・58・道心あらば〉訳何がおもしろくて、朝夕主君に仕え、家庭を顧みる生活に**気乗りしている**のだろうか、いや、していないはずだ。

いさみ【勇み】名詞 ❶勇気。意気込み。気が進むこと。❷義侠心があり、威勢よい言動をすること。また、そのような者。

いさ・む【勇む】一 動詞 自〔マ四段〕〈ま・み・む・む・め・め〉激しく興奮する。気負い立つ。血気にはやる。**友とするに悪き者七つあり。…五つには、猛く勇める兵。**〈徒然草・117・友とするにわろき者〉訳友とするのによくない者が七つある。…五つ目には、たけだけしく**血気にはやっている**武士。
二 動詞 他〔マ下二段〕〈め・め・む・むる・むれ・めよ〉元気づける。励ます。慰める。**義朝、しきりに戦士をいさむといへども…。**〈保元〉訳義朝は、しきりに戦士を**元気づける**のだが…。

いさ・む【禁む・諫む】動詞 他〔マ下二段〕〈め・め・む・むる・むれ・めよ〉❶禁止する。止める。**恋しくは来ても見よかし千早振る神のいさむる道ならなくに** 歌〈伊勢・71〉訳恋しいのなら会いに来てごらんなさいよ。恋の道は神様が**禁止して**いる道ではないのだから。〇「千早振る」は「神」に係る枕詞。
❷意見する。忠告する。叱責する。**ことばを尽くしていさむれども…。**〈雨月・浅茅が宿〉訳ことばを尽くして**意見する**けれども…。

いさめ【禁め・諫め】名詞 ❶(神仏による)禁制。禁止。❷戒め。忠告。

いさ‐や 一 感動詞 (答えるときにためらったり、答えをはぐらかして)さあねえ。どうですかねえ。「**いさや**。それにつけても、いと口惜しくこそあれ。」〈無名草子〉訳「**どうですかねえ**。それにつけても、まったく残念であるよ。」
二 副詞 (疑わしかったり、よく分からなかったりして)さあ、どうだか。**歌の道のみ、いにしへに変はらぬなどいふこともあれど、いさや…あはれも深く見ゆ。**〈徒然草・14・和歌こそ〉訳歌の道だけは、遠い昔と変わらないなどと(世間で)いうこともあるけれど、**さあ、どうだか**…(昔の人の詠んだ歌は)情緒も深いと思われる。
発展 一は感動詞「いさ」＋間投助詞「や」、二は副詞「いさ」＋間投助詞「や」が、それぞれ一語になったもの。

いざ‐や 感動詞 ↓いざ **最重要語**(125ページ)

十六夜日記 作品名 中世中期の日記。阿仏尼作。夫藤原為家の死後、領地相続をめぐる訴訟のため、鎌倉に下った際の日記。旅の動機および道中記、鎌倉滞在記、巻末の長歌からなる。一二七九(弘安二)年十月十六日に京を出発したのでこの名があり、その翌年ごろの成立。

いさよひ 名詞 一 ためらい。ぐずぐずすること。
二【十六夜】❶陰暦十六日の夜。❷「十六夜の月」の略。↓**ビジュアルチェック** 17 (833ページ) ❸陰暦八月十六日の月。季語 秋
発展 中世以降は「いざよひ」。

いさよひ‐の‐つき【十六夜の月】— 陰暦十六日の夜の月。
発展 満月(十五日の夜の月)の翌日の夜は月の出が遅くなり、ためらうように出てくることから。↓**ビジュアルチェック** 17 (833ページ)

いさ-よ・ふ【動詞】自〔八四段〕〈は・ひ・ふ・ふ・へ・へ〉漂う。たゆたう。ためらう。ぐずぐずして進まない。**もののふの八十宇治川の網代木にいさよふ波の行くへ知らずも**〈万葉集・3・264〉訳→もののふの…

いさよふ-つき【いさよふ月】― 名詞 出るのをためらうように、なかなか出てこない月。特に、陰暦十六日の夜の月。

いさら-ゐ【いさら井】― 名詞 小さなわき水。水が少ししかない井戸。発展「いさら」は接頭語。

いざり【漁り】名詞 魚や貝を捕ること。漁。発展 上代には、多く「いざりす」の形で用いられた。中世以降は「いさり」。

いざり-び【漁り火】名詞 魚を集めるために漁船でたく火。発展 中世以降は「いさりび」。

いざりび-の【漁り火の】枕詞（火を「ほ」といったことから）「ほ」「ほのか」に係る。

いざり-ぶね【漁り船】名詞 魚を捕るための船。漁船。

いざる（現）→**ゐざる**（歴）【膝行る】

いざ・る【漁る】動詞 他〔ラ四段〕〈ら・り・る・る・れ・れ〉魚を捕る。漁をする。

海原の沖辺に灯し漁る火は明かして灯せ大和島見む 歌〈万葉集・15・3648〉訳 火をともしている、漁師の**漁をする**（ための）火は、明るくしてともせ。（その光で）大和の山々を見よう。

いさを【功】名詞 手柄。功績。

いさを・し【功し】形容詞〔シク〕〈しく・しく・し・しき・しけれ・○／しから・しかり・○・しかる・○・しかれ〉❶勇ましい。雄々しい。俊蔭、**いさをしき心**、速き足をいたして行くに…。〈宇津保〉訳 俊蔭は、**勇ましい**心と、速い足をもって（はるか遠くに見える山に向かって）行ってみると…。❷努め励む。精を出す。❸功績がある。手柄がある。諸々の**いさをしき人を選びて、冠位を増し加へたまふ**。〈日本書紀〉訳（天武天皇は）すべての**功績がある**者を選んで、官位を増やしてお与えになった。

い-し【倚子】名詞 腰掛けの一種。四角で四脚、背もたれとひじ掛けがあり、貴人や中世の禅僧が儀式のときに用いた。発展 中世以後、唐音で「いす」と読むようになった。

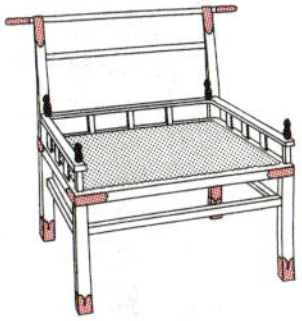
[いし(倚子)]

い・し【美し】形容詞〔シク〕〈しく・しく・し・しき・しけれ・○／しから・しかり・○・しかる・○・しかれ〉❶よい。優れている。巧みだ。上手だ。**いしき盃など、いとめづらしく殊なり**。〈宇津保〉訳 **巧みな**（細工を施した）盃などは、たいへん珍しく格別である。❷けなげだ。感心だ。殊勝だ。「**いしくも、おのおの申されたり**。」〈勧進帳〉訳「**殊勝に**も、それぞれが言ってくださった。」○「申され」は、「言ふ」の尊敬語として使われている。❸うまい。おいしい。

いしかりし斎は夢窓に食らはれて酢菜ばかりぞ皿に残れる 歌〈太平記〉訳 **うまかった**斎（＝僧の食事）は夢窓国師（＝僧の名）に食べられて、酢に浸した野菜だけが皿に残っている。○死刑が決まった土岐頼遠は、夢窓国師に助命を頼むが失敗し首をはねられ、弟の周済は刑を免れた。そのようすを詠んだ狂歌。「斎」は「土岐」と、「酢菜」は「周済」との掛詞。

発展 ❸は多く女性によって用いられ、後に接頭語「お」をつけて「おいし」となり、現代語の「おいしい」となった。

いし-うち【石打ち】名詞 トビやタカの尾羽の両端に生えた羽。強いので矢羽として用いられた。

いしうち-の-や【石打ちの矢】★石打ちを用いた、戦闘用の矢。

いしき-を・る【い敷き折る】― 動詞 他〔ラ四段〕〈ら・り・る・る・れ・れ〉《上代語》（飲食物を盛るために）木の葉を広げて折り曲げる。発展「い」は接頭語。「い頻き折る」ととり、何度も折る意味に解する説もある。『万葉集』の歌が作られた時代には、日常では木の葉に飲食物を盛ることはなかったが、旅中や儀礼の中には残っていたようである。

いし-ずゑ【礎】― 名詞 ❶土台石。礎石。家の土台となる石。❷物事の基礎となるもの。また、その人。

いし-だたみ【石畳・甃】名詞 ❶庭や道などで、四角の平らな石を敷き詰めた所。また、その石。❷模様の名。色違いの方形を交互に並べたもの。→市松模様

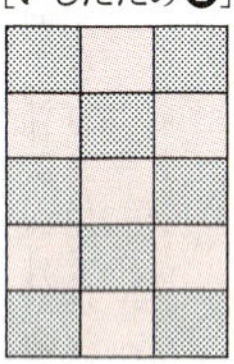
[いしだたみ❷]

いし-づき【石突き】名詞 ❶刀剣の鞘の先端。また、それを包む金具。❷槍・薙刀などの柄の端。また、それを包む金具。❸建物の土台などを石で突いて固めること。また、その土台。

いし-ばし【石階】名詞 石の階段。石段。

いしばひ-の-だん【石灰の壇】― 名詞 清涼殿の東廂の南の隅に、石灰で塗り固めて床と同じ高さまで土を盛り、石灰で塗り固めて作った壇。天皇が、毎朝、そこから伊勢神宮・賀茂神社や内侍所を拝んだ。→ビジュアルチェック⑫（715ページ）

いし-びや【石火矢】名詞 大砲。発展 石を砲弾として用いたことから。

いし-ぶし【石伏・石斑魚】名詞 淡水魚の一種。カジカ。季語 秋

いし-ぶみ【石文・碑】名詞 その場所に関する事跡などを後世に伝えるため、文字を刻んで立てた石。石碑。

い-じゃう【以上・已上】― 一 名詞 ❶ある基準よりも上であること。対 以下。❷終わり。これまで。二 接続詞 ❶合わせて。全部で。❷その結果。それより後。「親類皆梟せられ、**已上**、義朝一人にまかりなりさうらへば…。」〈古活字本平治〉訳「親族は皆さらし首にされ、**その結果**、義朝一人になってまいりますので…。」

いしゃへゆく… 川柳

医者へ行く鼎を犬がやたら吠え〈誹風柳多留〉訳 仁和寺の法師が宴会で興に乗り、鼎をかぶって舞ったところ、その鼎が抜けなくなり、医者へ連れていったというが、その途中、鼎をかぶった奇妙な姿に、さぞかし犬がやたらに吠えかかったことであろう。発展『徒然草』五十三段を素材に楽しんでいる。

石山 歌枕 滋賀県大津市、琵琶湖南岸付近。観音霊場として著名な石山寺がある。多く「月」とともに詠まれ、「石山の秋月」は近江八景の一つ。→打出の浜

石山寺 寺社名 滋賀県大津市にある寺。真言宗。平安時代に観音信仰の霊場として天皇や貴族に崇拝され、石山詣でが盛んに行われた。紫式部・赤染衛門なども参拝している。聖武天皇の勅願により、良弁が開基したと伝えられる。

いしやまの… 句 **石山の石より白し秋の風**〈奥の細道・那谷・松尾芭蕉〉訳石山の白々と冷たい石よりも、いっそう白く感じられるよ。折から吹き渡る寂しげな秋の風が。〇季語秋の風―秋。秋の色は白（春は青、夏は朱、冬は黒）とする中国の思想がある。

いしやま-まうで【石山詣】―もうで 名詞 ★石山寺に参詣すること。特に、陰暦十月の★甲子の日に参詣すること。

い-しゅ【意趣】 名詞 ❶考え。意図。気持ち。見識。「されば衆徒の**意趣**に至るまで並びなく…。」〈平家・2・一行阿闍梨之沙汰〉訳「（比叡山は日本で比類のない霊地なので）それゆえ下級の僧の**見識**に至るまで（他に）並ぶものがないほど（立派）で…。」❷意地。張り合って体面を保とうとする気持ち。**従者一人失ひてんずることは損なれども、意趣なればと思ひて…。**〈古今著聞集〉訳従者一人を失ってしまうようなことは損ではあるが、（これも従者とのいきがかり上の）**意地**であるからと思って…。❸恨み。遺恨。「**降人に参りたりとも、もとの意趣は残りたるらんものを。**」〈古今著聞集〉訳「（安倍宗任は源義家に）降服した者として奉公しているとしても、以前の（一族の者たちが殺された）**恨み**は残っているのだろうになあ。」❹「意趣返し」の略。復讐。意趣晴らし。

伊州［シウ］ 旧国名 ↓伊賀

いしゅ-がへし【意趣返し】―がえし ↓いしゅ❹

いし-ゆみ【石弓・弩】 名詞 ❶ばねを使って石を発射する弓形の武器。❷城壁などに石をくくり付けておき、敵が来ると綱を切って石を落とす装置。

いし-ゐ【石井】―い 名詞 岩間からわく清水をためた所。また、石で囲った井戸。類石井 対板井

いず（現）↓（歴）**いづ【出づ】**

伊豆［イッ］ 旧国名 豆州。東海道十五か国の一つ。今の伊豆半島および伊豆諸島。古来、流刑地とされた。↓ビジュアルチェック❼（450ページ）

いずく（現）↓（歴）**いづく【何処】**

いずこ（現）↓（歴）**いづこ【何処】**

い-ずし【貽鮨】 名詞 貽貝を材料にした鮨。

五十鈴川［ガハ］ 歌枕 三重県伊勢市の中央部を流れる川。中流部は伊勢神宮の内宮境内を流れ、御手洗（＝神を拝む前に手を洗い清めるための水）となっている。「御裳濯川」とも。「神」「万代」などの語とともに詠まれた。↓御裳濯川

いずち（現）↓（歴）**いづち【何方】**

和泉［イヅ］ 旧国名 泉州。畿内五か国の一つ。今の大阪府南部。↓ビジュアルチェック❼（450ページ）

泉川［イヅミ］［ガハ］ 歌枕 京都府南部を流れる木津川の古い呼び名。「瓶原」「鹿背山」とともに詠まれ、「いつ見」を導く序詞に用いられた。↓瓶原・ビジュアルチェック㉓（1093ページ）

和泉式部［イヅミ］ 人名 平安中期の女流歌人。橘道貞と結婚し、小式部内侍を生んだ。その後、道貞との不和の中で、為尊親王と恋愛関係を持った。その没後は、その弟の敦道親王と恋愛関係を持った。親王没後、一条天皇の中宮藤原彰子のもとに出仕した後、藤原保昌と再婚した。多くの恋愛経験から、情熱的な歌を詠み、勅撰集には女流歌人として最多の歌が入集している。家集に『和泉式部集』がある。生没年不明。

和泉式部日記［イヅミシキブ］ 作品名 平安中期の日記文学。作者は和泉式部とされるが、他作説もある。和泉式部と敦道親王との十か月にわたる恋の成り行きが記され、一四〇余首に及ぶ和歌を収める。

いずみどの（現）↓（歴）**いづみどの【泉殿】**

和泉流［イヅミ］［リウ］ 文芸用語 狂言の流派のひとつ。近世初期の山脇和泉元宜を宗家初代とする。元宜が一六三一（寛永八）年に尾張徳川氏に仕えたことから盛んになり、狂言三流の一つに数えられるようになった。

出雲［イッ］ 旧国名 雲州。山陰道八か国の一つで、今の島根県の東半分。出雲神話の舞台。↓ビジュアルチェック❼（450ページ）

出雲のお国［イッモノ］ 人名 安土桃山時代の女性芸能者。歌舞伎踊りを創始し、歌舞伎の始祖とされる。出雲大社の巫女というが、生まれや経歴には諸説がある。慶長年間（1596—1615）、京都の北野天満宮や四条河原で一座は人気を集め、諸国を巡行したともいわれる。生没年不明。

いずら（現）↓（歴）**いづら【何ら】**

いずれ（現）↓（歴）**いづれ【何れ】**

伊勢 人名 平安前期の女流歌人。三十六歌仙の一人。伊勢守藤原継蔭の娘。中務の母。宇多天皇の皇后温子に仕えた。『古今集』には女流歌人としては最多の二十二首が入集。家集に『伊勢集』がある。生年不明―939ごろ

伊勢 旧国名 勢州。東海道十五か国の一つ。今の三重県の大半。古くは伊賀国を含む。伊勢神宮があるため、皇室との関係が深かった。↓ビジュアルチェック❼（450ページ）

いせ-ごよみ【伊勢暦】 名詞《近世語》伊勢神宮の神官の藤浪家が発行し、御師が全国に配った暦。本暦と呼ばれ、最も権威があった。季語春

伊勢神宮［ジングウ］ 寺社名 三重県伊勢市にある皇大神宮（＝内宮）と豊受大神宮（＝外宮）を合わせた名称。「伊勢大神宮」とも。内宮の祭神は天照大御神、外宮の主祭神は豊受大御神。古代から国家最高の神とされ、皇室以外が幣をささげることを禁じ、皇女が斎宮となった。正殿は神明造りで、二十年ごとに遷宮を行い社殿を作り替える。↓斎宮

伊勢の海 歌枕 伊勢湾。広くは伊勢の国の海。恋歌が多く、「浜荻」など、海や浜との関連で詠まれた。「伊勢の海人」「伊勢島」という形にもなる。

伊勢大輔 人名 平安中期の女流歌人。大中臣輔親の娘。「いせのおおすけ」とも。一条天皇の中宮彰子に仕えた。家集に『伊勢大輔集』がある。生没年不明。

いせ-へいじ【伊勢瓶子】 名詞 伊勢産のとっくり。質が悪く、酢瓶として用いられた。発展「伊勢瓶子」と「伊勢平氏」、「酢瓶」と「眇」を掛けて、「**伊勢へいじ**は、すがめなりけり。」〈平家・1・殿上闇討〉と、平忠盛が嫌がらせを受けた話が有名。

伊勢物語 作品名 ↓**必修古典ビッグ30❶**（130ページ）

已然形 国語・国文法 活用形のひとつ。「已然」とは、ある動作・状態に既（＝已）に至っている、という意味で、既に起こった事態を条件として述べる表現を作る（接続助詞「ば」「ど」「ども」を伴う）。この働きによって「已然形」と命名されているが、「こそ」の結びとして用いられたりもする。

◉成立…平安時代中期
◉作者…未詳
◉分野…歌物語
◉段数…百二十五段

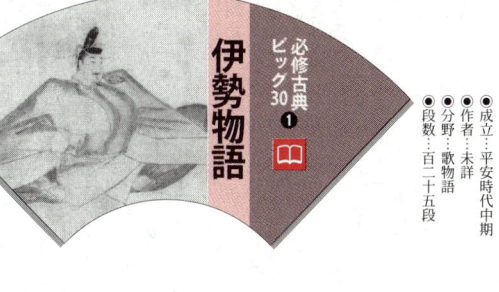

必修古典ビッグ30 ❶

伊勢物語

▼在原業平画像

【冒頭の一文】
昔、男、初冠(うひかうぶり)して、奈良の京、春日(かすが)の里に領(し)るよしして、狩りに往(い)にけり。
訳 昔、(ある)男が、元服して、奈良の都、春日の里に領地を持つ縁があって、(そこへ)鷹狩(たかが)りに出かけた。

【書名の由来】

この物語の成立に伊勢という女流歌人が関係していたからとか、第六十九段の伊勢の斎宮との話があるからとか、いわれているが、どうして「伊勢」というのかはわからない。「在五中将(ざいごちゅうじょう)の日記」という呼び方もあった。「在五中将」とは、「在原(ありわら)氏の五男、近衛(このえ)の中将」という意味である。


【成立と作者】

◉成立…原形の成立は『古今和歌集』(九〇五年)以前と考えられるが、以後、新しい段が書き加えられ、十世紀半ばに今の形ができあがったらしい。

◉作者…中世まで作者は在原業平(ありわらのなりひら)と考えられていた。それは『古今和歌集』で業平の作とされている歌が多く使われているためだが、業平の死後詠まれた歌を物語にした段もあることから、近世からは複数の人が執筆したものとされている。


【概要】

◉百二十五段から成る歌物語(＝歌の詠まれた状況を中心にした短編の物語を集めたもの)。主人公とされる在原業平の「初冠(うひかうぶり)」(＝元服)から死まで、年を追って書かれているが、全体として一貫した筋があるわけではなく、各段は独立している。各段、主人公や彼をめぐる人々の詠んだ歌が一首以上含まれている。

◉主題は、三分の一以上が恋愛で、特に二条の后(＝清和天皇の女御(にょうご)である藤原高子(たかいこ))との熱烈な恋が語られる。その他、伊勢の斎宮との一夜や東国への旅、惟喬(これたか)親王との美しい主従関係なども描かれている。ただし、これらの挿話の中には、主人公の身分などから考えても実行ができないことも多く、かなり、物語としての虚構の部分があると見られている。


【主な内容】

◉主人公…ほとんどの段の冒頭に置かれる「昔、男ありけり」の「男」で、古くから在原業平と考えられていた。容姿端麗で、自由奔放な性格であったといわれ、この作品によって、典型的な美男子として伝説化され、後世多くの文学作品に登場した。

◉第六段…高貴な身分の姫君を盗み出した男は、雨が降り出したので一夜の宿にと思い、蔵の中に姫君を休ませる。男が外で見張りをしていた間に姫君は鬼に食われてしまう。「鬼一口」の話として有名な段。

◉第九段…京に住みにくく感じた男が、友を連れて「東下り」する。東海道を下り、隅田川を渡るなど、東国を放浪する。

◉第二十三段…「筒井筒」と呼ばれる段。幼なじみの男女は、大人になってからその思いを遂げて結ばれるが、後に男は河内(＝今の大阪府中東部)の女に思いを寄せるようになる。男が夜に出かけていくのを見ても、女は恨む気配も見せずに男の安否を気づかって歌を詠む。そのようすを見て、男は河内の女と別れる。

◉第四十五段…「蛍」と呼ばれる段。男は、見知らぬ娘が自分に恋い焦がれ、死も目前だと聞き駆けつけるが、娘は死ぬ。喪に服す男は高く飛び上がる蛍を見て歌を詠む。

◉第六十九段…主人公が伊勢へ狩りの使いに出かけて伊勢の斎宮と密通する。斎宮とは、天皇に代わって皇室の氏神である伊勢の大神に奉仕する未婚の皇女のことである。これと密通するということは、天皇や神をも恐れぬ行為である。当時の習慣からしてこんな話があるはずがない。禁断の恋を描く架空の話と考えられている。

◉第八十二～八十五段…文徳(もんとく)天皇の第一皇子である惟喬親王は、風流を好み、毎春、桜の盛りには、交野(かたの)(＝今の大阪府交野市)へ狩りに出かけていた。物語の主人公は、この親王を慕って交野の渚(なぎさ)の院で、酒を飲み歌を作り合って楽しい時を過ごす。しかし、その後、親王は突然出家し、小野(＝今の京都市左京区八瀬)に引退する。主人公は、雪を踏み分けて比叡山(ひえいざん)の麓(ふもと)の小野の庵室(あんしつ)に出かけていく。

【ことばと表現】
◉本作品の文章は、簡潔素朴で、しかも優雅である。しかし、その一方で、現代人から見ると人物関係が読み取りにくく、ストーリーの省略が多いなど、およそ整った文章とはいえない面がある。
昔、男女、いとかしこく思ひかはして、異心なかりけり。さるを、いかなる事かありけむ、いささかなることにつけて、世の中を憂しと思ひて、出(い)でていなむと思ひて、かかる歌をなむ詠みて、物に書き付けける。…歌…と詠み置きて、出(い)でていにけり。〈伊勢・21〉
このように、「だれが」をはっきり書いてくれていない。歌を詠んで出て行ったのは男の方であろうが、実は、この段の最後まで読んでも判然としないのである。
◉歌が主、語りの部分が従という関係で構成されている。本作品中にある歌二百首の約三分の一は『古今集』にも重出する。
◉しばしば「～よめる。」「～よみける。」などの表現が現れる。歌の直前が、係り結びでもないのに連体形で終止している場合、多くは下に「歌(和歌)」という語が省略されていると考えるとよい。なお、このような表現は、歌物語に特徴的な表現である。↓**読解の手引き⑩**(668ページ)
◉各章段の書き出しの一文「昔、男ありけり。」の「昔」は、「ありけり」を修飾する連用修飾語である。名詞が副詞のような働きをしている例である。

已然形の用法 国語・国文法 主な用法としては次の①〜④が挙げられる。①②は接続助詞が下に付く用法、③④は単独の用法である。
①接続助詞「ど」「ども」の付いた形で、★逆接の確定条件などを示す。→ど・ども／読解の手引き⑪(669ページ)
②接続助詞「ば」の付いた形で、★順接の確定条件などを示す。→ば／読解の手引き⑪(669ページ)
③単独で用いられ、係助詞「こそ」の結びとなる。**七夕まつるこそなまめかしけれ。**〇形容動詞「なまめかし」の已然形。
④上代では、接続助詞を伴わず、単独で順接・逆接の確定条件句を作る場合がある。**ありさりて後も逢はむと思へこそ**(＝生き長らえて、また将来もあなたと逢いたいと思うので)**露の命も継ぎつつ渡れ**〇已然形「思へ」だけで、「思へば」と同じように、★順接の確定条件を表す。

いそ【磯】 名詞 ❶岩の多い海岸。また、その岩。❷和琴・箏・琵琶の胴部の両側面。❸冠の前方のへり。→冠(図)

いそ-がく・る【磯隠る】 一 動詞 自 〔ラ四段〕〈ら・り・る・る・れ・れ〉海辺の岩陰に隠れる。
潮騒の波を恐み淡路島磯隠りゐて… 歌〈万葉集・3・388〉訳 潮鳴りのする波が恐ろしいので、淡路島の**海辺の岩陰に隠れていて**…。
二 動詞 自 〔ラ下二段〕〈れ・れ・る・るる・るれ・れよ〉一の意味に同じ。また、人目を忍ぶ。
磯隠れかきはやれども藻塩草立ち来る波にあらはれやせむ 歌〈千載集・748〉訳 **海辺の岩陰に隠れて**藻塩草をかき集めるように、恋人に手紙を書いてやるけれども、海藻が立ってくる波に洗われるように、(秘密の恋が)知られてしまうのではなかろうか。
発展 上代は四段、中古以降に下二段に活用した。

いそが・し【忙し】 形容詞 〔シク〕〈しく・しく・し・しき・しけれ・〇／しから・しかり・〇・しかる・〇・しかれ〉忙しい。多忙だ。→古語チャート㊺(1275ページ)

いそがし-た・つ【急がし立つ】 動詞 他 〔タ下二段〕〈て・て・つ・つる・つれ・てよ〉急がせる。せき立てる。

いそがは・し【忙はし】 形容詞 〔シク〕〈しく・しく・し・しき・しけれ・〇／しから・しかり・〇・しかる・〇・しかれ〉忙しそうだ。気ぜわしい。落ち着きない。
走りて忙はしく、ほれて忘れたること、人皆かくのごとし。〈徒然草・75・つれづれわぶる人は〉訳 走りまわって**忙しそうに**、ぼんやりして(自分の本当の心を)忘れていることは、すべての人がこのようである。

いそぎ【急ぎ】 名詞 →最重要語(131ページ)

いそぎ【急ぎ】

急ぐこと。また、急いでしなければならないこと
- ❶急ぐこと。急なこと。急用。
- ❷準備。支度。用意。

名詞 ❶**急ぐこと。急なこと。急用。**
水鳥の発ちの急ぎに父母にもの言はず来にて今ぞ悔しき 歌〈万葉集・20・4337〉訳 水鳥が飛び立つように、旅立ちの**急なこと**のために父母に(別れの)ことばも言わないで来てしまって、今となって後悔されることだ。
今日は、そのことをなさんと思へど、あらぬ急ぎまづ出で来て、紛れ暮らし…。〈徒然草・189・今日は、そのことを〉訳 今日は、そのことをしようと思うけれども、意外な**急用**が先に出てきて、(それに)気を取られて一日を過ごし…。
❷(急いでする)**準備。支度。用意。**
京にて生まれたりし女子、国にてにはかに失せにしかば、このごろの出で立ち急ぎを見れど、何事も言はず。〈土佐日記・十二月二十七日〉訳 (ある人は)都で生まれていた女の子が、(任地である土佐の)国で急に亡くなってしまったので、最近の(任期を終えて都へ帰る)出発の**準備**を見るけれども、(悲しくて)何も言わない。
公事どもしげく、春の急ぎに取り重ねて催し行はるるさまぞ、いみじきや。〈徒然草・19・折節の〉訳 (十二月には)朝廷の儀式が頻繁で、正月の**準備**にさらに重ねて執り行われるようすは、すばらしいことだなあ。
発展 **意味の広がり** あることをするために集中して準備し、力を尽くすことを表すのがもともとの意味。そこから、❶のように、急ぐことを表したり、❷のように、準備の意味を表したりするようになった。

いそぎ-あ・ふ【急ぎ合ふ】 動詞 自 〔ハ四段〕〈は・ひ・ふ・ふ・へ・へ〉互いに準備する。忙しそうにし合う。
年の暮れ果てて、人ごとに急ぎ合へるころぞ、またなくあはれなる。〈徒然草・19・折節の〉訳 年が終わろうとしていて、だれもが**忙しそうにし合って**いるころは、またとなく感慨深いものである。

いそぎ-い・づ【急ぎ出づ】 動詞 自 〔ダ下二段〕〈で・で・づ・づる・づれ・でよ〉急いで出かける。

いそぎ-た・つ【急ぎ立つ】 動詞 自 〔タ四段〕〈た・ち・つ・つ・て・て〉(急いで)支度にとりかかる。準備を始める。また、急いで出かける。
人の装束何かのことも、やむごとなき御ありさまに劣るまじく急ぎ立つ。〈源氏・藤裏葉〉訳 女房の衣装や何やかやのことも、この上もない方(＝紫の上)のごようすに劣らぬよう**準備を始める。**
発展「立つ」は動作が始まるという意味。

いそ・ぐ【急ぐ】 一 動詞 自 〔ガ四段〕〈が・ぎ・ぐ・ぐ・げ・げ〉早くしようとする。急ぐ。→古語チャート㊺(1275ページ)
二 動詞 他 〔ガ四段〕〈が・ぎ・ぐ・ぐ・げ・げ〉準備する。
御果ての事急がせたまふ。〈源氏・総角〉訳 (姫たちは、)亡き父宮の一周忌の法事を**準備させなさる。**

いそ・し【勤し】 形容詞 〔シク〕〈しく・しく・し・しき・しけれ・〇／しから・しかり・〇・しかる・〇・しかれ〉勤勉だ。熱心に勤めている。
いとかやすく、いそしく、下﨟童部などの仕うまつりたらぬ雑役をも…。〈源氏・行幸〉訳 (近江の君は)たいへんこまめに、**熱心に勤めていて**、下働きの女房や子供の召し使いなどがお仕えしきれない雑用の役をも(一生懸命にお仕えして)…。

いそ-ぢ【五十】 名詞 (数の)五十。また、五十年。五十歳。発展「ぢ」は接尾語。

いそ-な【磯菜】 名詞 磯に生える海藻で、食用とするもの。

いそのうへに… 歌
磯の上に生ふるあしびを手折らめど見すべき君がありといはなくに〈万葉集・2・166・大伯皇女〉訳 磯の

上に生えているアシビ（の花）を手折ろうとしても、（それを）見せるべきあなたが生きているとは（誰も）言ってくれはしないことよ。〇「手折らめど」は、四段動詞「手折る」の未然形＋意志の助動詞「む」の已然形＋接続助詞「ど」。「ど」は、逆接の確定条件を表すが、ここでは仮定条件を構成している。「なくに」は打消の助動詞「ず」の古い未然形「な」＋接尾語「く」＋間投助詞「に」で、詠嘆を表す。
発展 弟の大津皇子を二上山に移葬したときに詠んだ歌。当時、遺族を慰めるために周囲の人が、死者にどこかで会ったと告げてやる習慣があったのだが、罪人として処刑された大津皇子に出会ったとは誰も言わなかった。そんな弟の死に対する作者の悲しみがよく表現されている。

石上 歌枕 奈良県天理市石上町、布留町の一帯。また、枕詞として「古る」「降る」「振る」などに係る。

石上私淑言 作品名 江戸中期の歌論書。本居宣長著。「もののあはれ」を説き、詩歌の本質を明らかにした。一七六三（宝暦十三）年成立か。

いそ-ぶり【磯触り】 名詞 磯に打ち寄せる荒波。

伊曾保物語 作品名 江戸前期の仮名草子。訳者不明。『イソップ物語』を文語に翻訳したもの。元和年間（一六一五～一六二四）ごろ刊。

イソポ物語 作品名 安土桃山時代のキリシタン文学書。宣教師ハビアン訳。「天草本伊曾保物語」とも。ラテン語の『イソップ物語』を日本語に翻訳したもので、七十話の寓話を収録。ローマ字で表記し、当時の口語体を用いている。一五九三（文禄二）年イエズス会天草学林による刊行。

いそ-み【磯廻】 名詞 磯の入り組んだ所。また、（舟などで）磯を巡ること。発展「み」は湾曲した所という意味。

いそ-や【磯屋】 名詞 海辺にある漁師などの家。

い-そん・ず【射損ず】 動詞 他〔サ変〕〈ぜ・じ・ず・ずる・ずれ・ぜよ〉（矢を）当て損なう。

いた【板】 名詞 薄く平らに削った材木。また、それを用いた板の間や版木のこと。

いた【甚】 副詞 ひどく。類 いと
天飛む 軽の少女 いた泣かば人知りぬべし…〈古事記・允恭天皇〉訳（大和の）★軽の少女よ、**ひどく泣いたら**（自分たちの仲を）人が知ってしまうにちがいない…。〇「天飛む」は「かる」に係る枕詞。
発展 形容詞「いたし」の語幹に相当する。

いたいけ・す【幼気す】 動詞 自〔サ変〕〈せ・し・す・する・すれ・せよ〉（多く「いたいけしたる」の形で）あどけなくかわいらしいようすをする。子供っぽく振る舞う。
いたいけしたる小女房、顔ばかり差し出だいて…〈平家・6・小督〉訳 **あどけなくかわいらしいようすをしている**若い侍女が、顔だけ差し出して…。

いたいけ・なり【幼気なり】 形容動詞〔ナリ〕〈なら・なり（に）・なり・なる・なれ・なれ〉幼くてかわいらしい。いじらしい。また、（物などが）小さくて愛らしい。
下臈の子供にも似ず、かたちいたいけに見えたり。〈御伽草子・三人法師〉訳 身分の低い者の子には似つかわしくなく、顔形は**幼くてかわいらしく**見えた。
発展「痛い気」の意味で、見ていて心が痛むようすから。

いた・う【甚う】 副詞 ❶ひどく。並々でなく。
夜更くるまで寝ず、いといたううち嘆きてながめければ…〈大和・149〉訳 夜が更けるまで寝ないで、とても**ひどく**ため息をついて物思いに沈んでいたので…。
❷（下に打消の語や禁止表現を伴って）そんなに。あまり。
「**能登殿、いたう罪な作りたまひそ。**」〈平家・11・能登殿最期〉訳「能登殿、**そんなに**（人を殺して）罪を作りなさるな。」
発展「いたく」のウ音便。❶の用例のように、「いといたう」という例が多くみられる。「いと」と「いたう・いたく」は程度が極端であるという意味では似ているが、「いたう・いたく」は主に動詞を修飾するのに対し、「いと」は形容詞・形容動詞・副詞を修飾するという違いがある。

いた-がね【板金・板銀】 名詞 中世末期から用いられた銀貨。銀を薄く延ばし、適当に切って使用した。発展「ばんきん」「ばんぎん」とも。

いだか・ふ【抱かふ】 動詞 他〔ハ下二段〕〈へ・へ・ふ・ふる・ふれ・へよ〉抱きかかえる。
嫗、塗籠の内に、かぐや姫を抱かへてをり。〈竹取・かぐや姫の昇天〉訳 老女は、塗籠（＝土蔵のような部屋）の中で、かぐや姫を**抱きかかえ**て座っている。

いた-が・る【痛がる・甚がる】 動詞 自〔ラ四段〕〈ら・り・る・る・れ・れ〉❶感心してみせる。褒める。
これをのみ痛がり、物をのみ食ひて、夜更けぬ。〈土佐日記・一月七日〉訳 これ（＝和歌）だけに**感心してみせ**、（返歌をしないで）料理ばかりを食べて、夜が更けてしまった。
❷痛みを感じる。痛がる。
発展 形容詞「いたし」の語幹「いた」＋接尾語「がる」。

いた・く【甚く】 副詞 ❶ひどく。並々でなく。激しく。
「**雀こそいたく鳴くなれ。ありし雀の来るにやあらん。**」〈宇治拾遺〉訳「スズメが**ひどく**鳴いているようだ。この前の（逃がしてやった）スズメが来ているのだろうか。」
❷（下に打消の語や禁止表現を伴って）それほど。あまり。
関山のそばに水にてある所、いたくも走らせずして、水をつぶつぶと歩ばして行きけるに…。〈今昔〉訳 関山のわきで水のたまっている所を、（ウマを）**それほど**走らせもしないで、水（の中）をずぶずぶと歩かせて行ったところ…。
発展 形容詞「いたし」の連用形が程度の副詞となったもの。その音便形「いたう」も用いられた。

いだ・く【抱く】 動詞 他〔カ四段〕〈か・き・く・く・け・け〉❶両腕で胸のところに抱きかかえる。抱く。
物もまだ言はぬ児の、反り覆り、人にも抱かれず泣きたる。〈枕草子・70・おぼつかなきもの〉訳 ことばもまだ口に出さない乳児が、反っくり返り、人にも**抱かれ**ないで泣いているのは（気にかかる）。
❷かばう。保護する。
軍をやりて、任那を抱き守ること、怠り休むことなかれ。〈日本書紀〉訳 軍を派遣して、任那を**保護し**守ることを、いい加減にしてはならない。
❸心に考えを持つ。感じる。
母となりて子の殺さるるを見て、悲しびを抱けるなり。〈今昔〉訳 母となって我が子の殺されるのを見て、悲しみを**心に感じた**のである。
発展「うだく」「むだく」が変化したもの。

いた-ごし【板輿】 名詞 屋根と両側を白木の板で張り、前後に簾を掛けた★輿。

［いたごし］
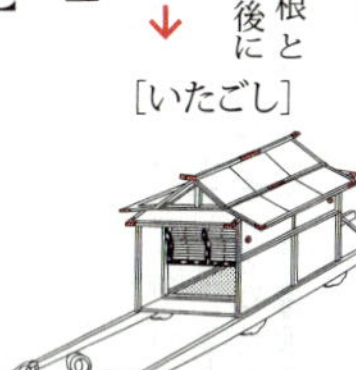

いた・し【甚し・痛し】 形容詞 → **最重要語**（133ページ）

いだし-あこめ【出だし衵】 名詞 → いだしぎぬ❶

いだし-うちき【出だし袿】

名詞 ↓いだしぎぬ❶

いた-じき【板敷き】 名詞 床に板の敷いてある所。板の間。また、板張りの縁側。板縁。

いだし-ぎぬ【出だし衣】 名詞 ❶直衣・狩衣などの上着の下から、前身の丈を長く仕立てた袿・衵などの下着の裾を、指貫の中に着込めずにわざと少し出して着ること。また、その下着。類 出だし袿・出だし衵 ❷女房や女の童が、室内の御簾や牛車の簾の下から衣の袖や裾を出すこと。また、その出した衣。類 打ち出で・打ち出での衣・打ち出で 発展 ❶は、当時の晴れやかな場での服装。❷は、中にいるのが女性であることを示し、装飾して美しさを競った。

［いだしぎぬ❶］

いだし-ぐるま【出だし車】 名詞 簾の下から、女房装束の袖口や裾などを出した牛車。行啓や賀茂の祭りのときなどに、女官や女房が乗った。↓出だし衣❷

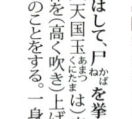

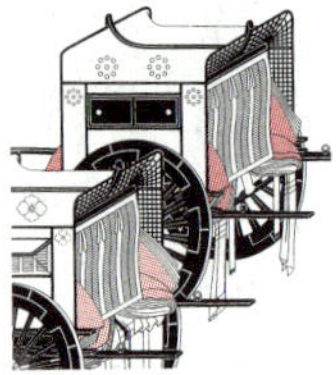
［いだしぐるま］

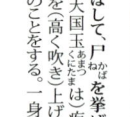

いだし-た・つ【出だし立つ】 動詞 他 タ下二段〈て・て・つ・つる・つれ・てよ〉❶促して出発させる。用意して送り出す。**朝には狩りに出だし立ててやり**…。〈伊勢・69〉訳 朝には狩りに（出かけられるよう）**用意して送り出して**やり…。
❷宮仕えに出す。出仕させる。「宮仕へに**出だし立て**ば死ぬべし。」〈竹取・かぐや姫の昇天〉訳「（私を）宮仕えに**出仕させる**ならば死ぬつもりだ。」

いだし-や・る【出だし遣る】 動詞 他 ラ四段〈ら・り・る・る・れ・れ〉送り出す。出してやる。**このもとの女、悪しと思へる気色もなくて、出だしやりければ**…。〈伊勢・23〉訳 このもとからの妻は、不快だと思っているようすもなくて、（男を新しい女のもとへ）**送り出してやった**ので…。

いた・し【甚し・痛し】

形容詞 ク

痛みを感じるほどに程度が極端なようす

一【甚し】❶**並々でない**。激しい。ひどい。❷**立派である**。すばらしい。◉❶の意味から、よい意味が強調されたもの。
二【痛し】❶（体が）**痛い**。**苦痛である**。（心が）**苦しい**。**つらい**。❷**いたわしい**。**かわいそうだ**。

未然形	連用形	終止形	連体形	已然形	命令形
いた・く	いた・く	いた・し	いた・き	いた・けれ	○
いた・から	いた・かり	○	いた・かる	○	いた・かれ

一【甚し】❶（よくも悪くも）**並々でない**。**激しい**。**ひどい**。**須磨の海人の塩焼くけぶり風をいたみ思はぬ方にたなびきにけり** 歌〈伊勢・112〉訳 須磨の漁師が塩を（採るために海藻を）焼く煙は、風が**激しい**ので意外な方向へたなびいてしまったなあ（＝そのようにあなたは他の男のもとへ行ってしまった）。
〇「いたみ」の「み」は形容詞の語幹などに付く接尾語で、原因・理由を表す。したがって、この「いた」は「いたし」の語幹である。
❷**立派である**。**すばらしい**。**感心できる**。**造れるさま木深く、いたきところまさりて、見所ある住まひなり**。〈源氏・明石〉訳（明石の入道の娘のいる家の）造り具合は木立が深く、（源氏の住む海辺の屋敷より）**すばらしい**点が多くて、見る価値のある住まいである。**打ち解け萎えばめる姿に、小袿引き落として、けぢめ見せたる、いといたし**。〈源氏・野分〉訳（源氏を迎える明石の君の）くつろいで体になじんだ（普段着の）姿に、丈の短い上着を（着物掛けから）引き落として（身に着け）、（普段の状態と）区別を示した（礼儀正しい）姿は、まことに**立派である**。

二【痛し】❶（体が）**痛い**。**苦痛である**。（心が）**苦しい**。**つらい**。「**胸痛きこと、なのたまひそ**。」〈竹取・かぐや姫の昇天〉訳「**胸が苦しく**（なるような）ことを、おっしゃるな。」
❷**いたわしい**。**かわいそうだ**。**いとしい**。「**古代なる御文書きなれど、痛しや、この御手よ。昔は上手にものしたまひけるを**…。」〈源氏・行幸〉訳「昔風の手紙のお書きぶりだが、**いたわしい**ことよ、このご筆跡は。昔は上手にお書きになったのだが…。」

発展 ①**語の成り立ち** 動詞「痛む」や副詞「いと」などと同じ語源で、程度の激しさを表す「いた」からできた形容詞といわれる。
②**現代語との異同** 二❶のように、肉体的にも精神的にも苦痛を表すところは、現代語の「痛い」と共通する。一❶は、苦痛に感じられるほど程度が激しい意味からできた用法。それをよい意味で用いると一❷の「立派だ」、悪い意味が強調されると二❷の「かわいそうだ」となる。

関連語 甚く
↓**古語チャート** ㉜（977ページ）・㊽（1313ページ）

いた・す【致す】 一 動詞 他 サ四段〈さ・し・す・す・せ・せ〉❶至らせる。届ける。**疾風を遣はして、尸を挙げて天に致さしむ**。〈日本書紀〉訳（天国玉は）疾風を吹かせて、（天稚彦の）死体を（高く吹き）上げて天に**届け**させる。
❷できる限りのことをする。一身をささげて行う。尽くす。**深く信を致しぬれば、かかる徳もありけるにこそ**。〈徒然草・68・筑紫に、なにがしの〉訳 深く信心を**尽くした**ので、このような功徳もあったので（あろう）。
❸（ある結果や状態を）招く。もたらす。「**これもよろづ思ふさまなるが致すところなり**。」〈平家・1・鹿谷〉訳「これもすべて（平家の）思うままになっている（という現実）が**招いた**ことである。」

❹（「為す」の謙譲語で）し申し上げる。類仕まつる 山門の大衆、狼藉を致さば、手向かへすべきところに…。〈平家・1・清水寺炎上〉訳延暦寺の僧たちが、乱暴をし申し上げるならば、（興福寺の方も）抵抗すべきところだが…。

❺（「為」の丁寧語で）します。致します。類仕まつる 「何処へ何方へ差いて行かせられうとあっても、ゆっすりとも致さぬ。」〈狂言・末広がり〉訳「（この傘は）どこへ差していらっしゃろうとも、びくともしません。」

二補助動詞（サ四段）〈さ・し・す・す・せ・せ〉（謙譲・丁寧の意味を表し）お…申し上げます。お…ます。…いたします。接続動詞の連用形や漢語サ変動詞の語幹に付く。なかなか同心いたされず。〈西鶴・世間胸算用〉訳とても納得いたしますことができ（ません）ん。

発展 中古には漢文訓読文に用いられたが、中世以降口語化し、また、敬語としても用いられるようになった。

いだ・す【出だす】 一動詞 他（サ四段）〈さ・し・す・す・せ・せ〉❶（表面や外部に）出す。あらわす。「この戸開けたまへ。」とたたきけれど、開けで、歌をなむ詠みて出だしたりける。〈伊勢・24〉訳（男は）「この戸をお開けください。」と言ってたたいたけれど、（女は）開けないで、和歌を詠んで出したのだった。

❷行かせる。出発させる。遣わす。暁に船を出だして、室津を追ふ。〈土佐日記・一月十一日〉訳夜明け前に船を出発させて、室津（の港）を目指して行く。

❸声に出す。歌う。口に出して言う。高砂を出だして歌ふ、いとうつくし。〈源氏・賢木〉訳（頭中将の子息が）「高砂」を声に出して歌うのが、実にかわいらしい。

❹（言葉・文章・絵などとして）表す。描き出す。みな紅の扇の、日出だしたるを、舟の船柵に挟み立てて…。〈平家・11・那須与一〉訳紅一色の扇で、（真ん中に金色の）日の丸を描き出してあるのを、船棚に挟んで立てて…。

❺生じさせる。引き起こす。村上の判官代基国が手より火を出だし…。〈平家・9・坂落〉訳村上の判官代基国の部下（の所）から火を引き起こし…。

二補助動詞（サ四段）〈さ・し・す・す・せ・せ〉❶その動作・作用を内から外に向かって行う意味を表す。類出いづ 対入いる（下二段）月のころは、寝驚きて見いだすに、いとをかし。〈枕草子・36・七月ばかりいみじう暑ければ〉訳月のあるころは、ふと目覚めて外を見ると、とても風情がある。

❷…（し）始める。…（し）だす。語例 言ひ出だす・歌ひ出だす・し出だす・たづね出だす

発展 一は、自動詞「いづ」に対する他動詞としての用法。後に語頭の母音「い」が脱落して、現代語の「だす」となる。また、二の用法は、中古では「いづ」が一般的であった。↓出いづ

いたずらなり（現）↓（歴）**いたづらなり【徒らなり】**

いただき【頂・戴き】 名詞 最重要語（135ページ）❶頭。頭のてっぺん。頭上。この弓取りの法師が頂に落ちて、つぶれて散々に散りぬ。〈古今著聞集〉訳（カキが）この弓を射る役の法師の頭上に落ちて、つぶれてばらばらに散ってしまった。

❷（物の）いちばん上。頂上。炭を重ね置きたる頂に火を置きたる、いとむつかし。〈枕草子・298・節分違へなどして〉訳炭を重ねて置いたいちばん上に火を置いているのは、とてもむさくるしい。

❸「★戴き餅」の略。

いただき-もちひ【戴き餅】 名詞 平安時代、年の初めの吉日に貴族の家で行われた行事。子供の頭に餅を触れさせて、その将来を祝福した。また、その餅。

いただ・く【頂く・戴く】 動詞 他（カ四段）〈か・き・く・く・け・け〉❶頭上に載せる。桶に入れて、女どもにいただかせて、我が坊に帰りたれば…。〈宇治拾遺〉訳（魚を）桶に入れて、（その桶を）女たちの頭上に載せさせて、自分の部屋に帰ったところ…。

❷（最も高い所に置くという意味から）あがめ敬う。敬って大切に扱う。石山の仏をも、弁のおもとをも、並べて頂かまほしう思へど…。〈源氏・真木柱〉訳（玉鬘を得た鬚黒の大将は）石山寺の観音と、弁のおもと（＝女房の名）とを、一緒にしてあがめ敬いたいと思うけれど…。

❸（「もらふ」の謙譲語で）ちょうだいする。賜る。「安堵の御教書をいただいて下った。」〈狂言・鏡男〉訳「（訴訟がうまくいって、自分の）土地の所有を認める文書を（幕府から）ちょうだいして（都から国へ）下った。」

❹（「飲む」「食ふ」の謙譲語、または丁寧語で）ちょうだいする。いただく。「さてさて、気味のよいお酌ぢや。い、戴きまする。」〈狂言・素袍落〉訳「なんとまあ、きっぷのよいお酌だ。い、いただきます。」

いたち-の-みち【鼬の道】 交際・音信などが絶えることのたとえ。発展「鼬の道切り」ともいい、イタチは同じ道を二度と通らないといわれ、イタチが横切ると親しい人との交際が絶えると信じられていたことから。

い-た・つ【射立つ】 動詞 他（タ下二段）〈て・て・つ・つる・つれ・てよ〉❶（矢を射て目標に）突き立てる。背に矢一筋射立てられたり。〈今昔〉訳背中に矢が一本突き立てられていた。

❷盛んに矢を射る。両方の峰なる大勢に射立てられて…。〈太平記〉訳両方の峰にいる大軍に盛んに矢を射られて…。

いたつかは・し【労かはし】 形容詞（シク）〈しく・しく・し・しき・しけれ・○／しから・しかり・○・しかる・○・しかれ〉努めて苦労している。わざわざ苦労している。「愚かなる人、この楽しびを忘れて、いたつかはしく外の楽しびを求め…。」〈徒然草・93・牛を売る者あり〉訳「愚かな人が、この（生きることの）楽しみを忘れて、努めて苦労していて（名利や金銭などの）外的な楽しみを求め…。」

発展 四段動詞「いたつく」が形容詞に変化したもの。

いた-つき【平題箭】 名詞 先のとがっていない矢じり。また、それを付けた矢。多くは弓術の練習に用いた。

いたつき【労き・病き】 名詞 ❶苦労。骨折り。「あるはここながら、その労き限りなし。」〈大和・147〉訳「ある方はこの土地に住んでいながら、その（＝求婚の）苦労はこの上ない。」

❷病気。

発展 室町以降は「いたづき」。

いたつ・く【労く】 一動詞 自（カ四段）〈か・き・く・く・け・け〉❶苦労を顧みず努力する。力を尽くす。

とかうもすることなど、**いたつく**人多くて、みなし果てつ。〈蜻蛉日記〉訳あれこれとやらなくてはならないことなど、**苦労を顧みず努力する**人が大勢いて、すべてすっかりやり遂げた。

❷疲れる。病気になる。

「筋力、精神、一時に**いたつきぬ**。」〈日本書紀〉訳「体力、精神、共に**疲れて**しまった。」〇ここでは「労竭ぬ」とあるところを「いたつきぬ」と読んだ。「つきぬ」とも読まれる。

二 動詞 他〔カ四段〕〈か・き・く・く・け・け〉いたわる。心を込めて世話をする。

かくて懇ろに**いたつきけり**。〈伊勢・69〉訳（伊勢の斎宮は）このように手厚く**心を込めて世話をした**。

発展 中世以降「いたづく」とも。

いたづら-ごと【徒ら言】 名詞 むだなことば。

いたづら-ごと【徒ら事】 名詞 無用なこと。役に立たずくだらないこと。また、みだらなこと。浮気なこと。

いたづら・なり【徒らなり】 形容動詞 ↓最重要語（135ページ）

いたづらに-な・す【徒らに成す】 ❶むだにする。役に立たなくしてしまう。だめにする。

「多くの人の身を**いたづらになして**、逢はざなるかぐや姫は、いかばかりの女ぞ…。」〈竹取・かぐや姫の昇天〉訳「多くの人の身を**だめにして**、（しかも）結婚しないというこであるかぐや姫は、どれほどの女なのか…。」

❷むなしく死なせる。むなしく滅ぼす。

夏虫の身を**いたづらになす**こともひとつ思ひによりてなりけり 歌〈古今集・恋1・544〉訳夏虫（=蛾）が自分の身を**むなしく滅ぼす**ことも、いちずな思い（で火の中に入っていく）からだったのだなあ。

いたづらに-な・る【徒らに成る】 ❶役に立たなくなる。無用なものになる。むだになる。

上人の感涙、**いたづらになりにけり**。〈徒然草・236・丹波に出雲と〉訳（狛犬と獅子の向きに特別な意味があると思っていた）上人の感激の涙は、**むだになって**しまった。

❷死ぬ。はかなくなる。↓古語チャート⑱（647ページ）

「あひ思はで…」と書きて、そこに**いたづらになりにけり**。〈伊勢・24〉訳「あひ思はで…」という歌を書いて（女は）そこで**死んで**しまった。↓あひおもはで…

いたづら-びと【徒ら人】 名詞 ❶落ちぶれて見るかげもない人。用のなくなった人。

「**いたづら人**をば、ゆゆしきものにこそ思ひ捨てたまふらめ。」〈源氏・明石〉訳「**落ちぶれて見るかげもない人**（=明石に流された源氏）を、（明石の入道は）縁起が悪いものだと見捨てなさっているだろう。」

❷死んだ人。

「ただ今はまた、**いたづら人**に見なしたてまつるべきにや。」〈源氏・夕霧〉訳「今はさらに、（落葉の宮を）**死んだ人**と

いたづら・なり【徒らなり】

むだだったと失望を感じるようす

❶役に立たない。むだである。
❷むなしい。はかない。
❸することがない。暇である。

形容動詞（ナリ）	未然形	連用形	終止形	連体形	已然形	命令形
	いたづら・なら	いたづら・なり いたづら・に	いたづら・なり	いたづら・なる	いたづら・なれ	（いたづら・なれ）

❶**役に立たない。むだである。無益だ。なんのかいもない。**

采女の袖吹き返す明日香風都を遠み**いたづらに**吹く 歌〈万葉集・1・51〉訳↓うねめの…

おほかた巡らざりければ、とかく直しけれども、つひに回らで、**いたづらに**立てりけり。〈徒然草・51・亀山殿の御池に〉訳（御所の池に水を引き入れるための水車は）一向に回らなかったので、あれこれと修理したけれども、とうとう回転しないで、**むだに**立っていたそうだ。

❷**むなしい。はかない。つまらない。**

花の色は移りにけりな**いたづらに**わが身世にふるながめせしまに 百人一首〈古今集・春下・113〉訳↓はなのいろは…

何をして身の**いたづらに**老いぬらむ年の思はむことぞやさしき 歌〈古今集・雑体・1063〉訳何をして自分は**むなしく**年老いてしまったのだろう。年月が（人間なら、どう）思っているだろう（と考えるとその）ことが恥ずかしいよ。

❸**することがない。暇である。退屈だ。何もしない。**

かくばかり惜しと思ふ夜を**いたづらに**寝で明かすらむ人さへぞ憂き 歌〈古今集・秋上・190〉訳これほど（風情があって）惜しいと思う夜なのに、**何もしないで**（=歌も詠まずに）寝ないで夜を明かしているような人までも情けないよ（まして、寝てしまう人は論外だ）。

いたづらに過ぐる月日は思ほえで花見て暮らす春ぞ少なき 歌〈古今集・賀・351〉訳**することもなく**過ぎていく月日は（長いとも短いとも）思われないが、花を見て暮らす春（の期間）は少ない（と感じられる）ことよ。

発展 **①共通の意味** ある目的を持って行動しようとしてもうまく事が運ばない、また、何かの目的に使おうとしても役に立たない、という意味を表す。たとえば、「いたづら臥し」「いたづら寝」とは、思う人に会えないでひとり寝をすること、「いたづら人」とは、役に立たない人のことを指した。

②意味の広がり 中世に入ると、人が能力を持ちながらそれが発揮できなくて暇なようす、そこからさらに、怠けているようす、悪意を持って人に害を及ぼそうとすること、悪ふざけ、男女間の不義などの意味が付け加わり、もっぱら悪い面のことばとして定着した。現代語の「いたずら」は、室町時代後期に生じた「悪ふざけ」の意味が残ったもの。

類語比較 **「いたづらなり」と「むなし」**

共通点＝①無益である、かいがない、という意味。②「死」を意味する例もある。

いたづらなり＝①もともと、無用・むだであることを表す。②「死」を意味する例では、生命をむだにしてしまうようすを表し、その際は「いたづらになす」「いたづらになる」の形で用いられることが多い。↓古語チャート⑱（647ページ）

むなし＝①もともとの意味は、物自体が存在しない、何もない状態を表す。②「死」を意味する例では、生命が消える、無になるようすを表す。

関連語 徒なり・甲斐無し・果無し

お思い申し上げなければならないのではないか。」

いた-て【痛手】 名詞 （刀や矢などによる）深い傷。重傷。「はやく**痛手を負ひて**、いかにも延ぶべくも覚えぬに…。」〈古今著聞集〉訳「すでに**深い傷を負って**（てしまって、どのようにしても生き延びることができそうにも思われないので…。」
発展 古くは「いたで」。

い-たど・る【い辿る】 動詞 自 〔ラ四段〕〈ら・り・る・る・れ・れ〉《上代語》たどる。訪ねる。探す。探る。発展「い」は接頭語。

いたは・し【労し】いたわし

病気・心労などで苦しいようすから、対象をいとおしく、気の毒に思う気持ち
→ ❶（病気・心労などで）苦しい。痛い。苦労だ。
→ ❷大切に思う。大事にしたい。
→ ❸気の毒だ。かわいそうだ。

未然形	連用形	終止形	連体形	已然形	命令形
いたは・しく	いたは・しく	いたは・し	いたは・しき	いたは・しけれ	○
いたは・しから	いたは・しかり	○	いたは・しかる	○	いたは・しかれ

形容詞〔シク〕❶（病気・心労などで）**苦しい**。痛い。苦労だ。骨が折れる。「己が身しいたはしければ…草手折り柴取り敷きて床じものうち臥い伏して…。」歌〈万葉集・5・886〉訳 自分の体が（病気で）**苦しい**ので…草を手で折り、柴を取って敷いて、寝床のようにして倒れ伏して…。

❷**大切に思う。大事にしたい**。「親などのかなしうする子は、目立て耳立てられて、**いたはしうこそ覚ゆれ**。」〈枕草子・267・世の中になほ〉訳 親などがかわいがる子は、（他人からも）目や耳に留められて（＝注目されて）、**大事にしたい**と思われるものだ。○「いたはしう」は連用形「いたはしく」のウ音便。

❸**気の毒だ。かわいそうだ**。「さここそ世を捨つる御身といひながら、**御いたはしうこそ**。」〈平家・灌頂・大原御幸〉訳「（建礼門院が）いくら出家したお身の上といっても、（この境遇は）**お気の毒なことで**。」

いたはり【労り】 いたわり 名詞 ❶気にかけること。同情。「そぎ落としきこえたまふに、**何の労りなげなる僧都**の心にも…。」〈狭衣〉訳（僧都は女二の宮を）剃髪して申し上げなさるが、何の**同情**もなさそうな僧都の心にも…。

❷手間。骨折り。「**なにの労りもなく、ことそぎたる寝殿だつもの**…。」〈夜の寝覚〉訳 何の**手間**もかけていない、手を抜いた造りの寝殿めいた建物が…。

❸大切な扱い。下位の者に対する恩恵。世話。「**この御労りにかからぬ人なく、御徳を喜ばぬやはありし**。」〈源氏・須磨〉訳 この（＝源氏の）お**世話**に頼らない人はなく、ご恩恵を喜ばない人はいただろうか、いや、だれもが喜んだことだ。

❹病気。「山吹は**いたはり**あって、都にとどまりぬ。」〈平家・9・木曾最期〉訳 山吹は**病気**になって、都にとどまった。

いたは・る【労る】いたわる

自分が苦しむ。また、相手の苦しみを和らげる
→ 一 動詞 自 ❶苦労する。❷病気で苦しむ。
→ 二 動詞 他 ❶大切に世話する。❷治療する。

未然形	連用形	終止形	連体形	已然形	命令形
いたは・ら	いたは・り	いたは・る	いたは・る	いたは・れ	いたは・れ

一 動詞 自 〔ラ四段〕❶**あれこれと気遣う。苦労する**。「朕…久しく大業に**いたはれり**。」〈日本書紀〉訳「私は…長い間天皇として国を治めることに**苦労してきた**。」

❷**病気で苦しむ**。**疲れる**。「折節**いたはる**ことさうらひて、承らずさうらふ。」〈平家・10・千手前〉訳「ちょうどそのとき（私は）**病気で苦しむ**ことがございまして、（平重衡の琵琶や朗詠を）お聞きしておりません。」

二 動詞 他 〔ラ四段〕❶**大切に世話する**。**面倒を見る**。「異に思はねど、行けばいみじう**いたはり**…。」〈大和・149〉訳（男は新しい妻を）特別に恋しくは思わないが、（妻は男が）行くととても**大切に世話し**…。

❷**治療する**。**休養させる**。「このほど、あまりに乗り損じてさうらひつる間、しばらく**いたはらせさうらはんとて**…。」〈平家・4・競〉訳「（そのウマは）近ごろ、あまりにも乗り過ぎ疲れさせてしまいましたので、しばらく**休養させ**ましょうということで…。」

発展 ①**語の成り立ち** 形容詞「痛し」と同じ語源で、病気や嫌な仕事にかかわる場面で用いられる。自分が苦しむことを表す自動詞の用法から、苦しむ人を大切に世話し、治療する意味の他動詞の用法ができたものかとみられる。
②**現代語とのつながり** 弱小者に同情する態度をいう、現代語の「いたわる」と同じ意味の用例は、中世末ごろから現れる。

関連語 労く・悩む・病む・煩ふ

いた-びさし【板庇】 名詞 板で作った庇。

いた-ぶき【板葺き】 名詞 板で屋根を葺くこと。また、その屋根や家。

いた-ぶ・る 一 動詞 自 〔ラ四段〕〈ら・り・る・る・れ・れ〉激しく揺れ動く。「風をいたみ**いたぶる波の間なく我が思ふ君は相思ふらむか**」歌〈万葉集・11・2736〉訳 風が強いので**激しく揺れ動く**波のように瞬時もとぎれることなく私が思っているあなたは、私のことを同じように思ってくれているのだろうか。○「風をいたみいたぶる波の」までは序詞。
二 動詞 他 〔ラ四段〕〈ら・り・る・る・れ・れ〉（金品を）ねだる。ゆする。

いた-ま【板間】 名詞 ❶板ぶきの屋根の、板と板との透き間。❷板敷きの間。

いたま・し【悼まし・傷まし】 形容詞〔シク〕〈しく・しく・し・しき・しけれ・○／しから・しかり・○・しかる・○・しかれ〉❶心が痛む。気の毒だ。かわいそうだ。「彼に苦しみを与へ、命を奪はんこと、**いかでか悼ましからざらん**。」〈徒然草・128・雅房大納言〉訳 彼（＝生き物）に苦痛を与え、命を奪うようなことは、どうして**かわいそうでないことがあろうか、いや、かわいそうなことだ**。

❷つらい感じだ。苦しそうだ。迷惑そうだ。難儀だ。「**悼ましうするものから、下戸ならぬこそ男はよけれ**。」

〈徒然草・1・いでや〉訳（酒を勧められても）迷惑そうにするものの、酒が飲めない人ではないのが男としてはよいのである。○「悼ましう」は連用形「悼ましく」のウ音便。

いた・む【痛む・傷む】 ㊀動詞 自［マ四段］〈ま・み・む・む・め・め〉
❶（体に）痛みを感じる。いたむ。
五瀬命の矢の瘡痛みますこと甚し。〈日本書紀〉訳 五瀬命（＝神武天皇）の受けた矢の傷が**痛みなさる**ことがひどい。
❷（心に）苦痛を感じる。悲しむ。
有間皇子自ら傷みて松が枝を結ぶ歌。〈万葉集・2・141・題詞〉訳 有間皇子が自ら**悲しんで**マツの枝を結んで詠んだ歌。
❸迷惑がる。苦にする。
人もなくなりにけれど、さらにいたまず。〈発心集〉訳 人もいなくなってしまったけれど、一向に**苦にし**ない。
❹傷つく。
『**再び実なる木は、その根必ず傷む。**』と見えてさうらふ。」〈平家・2・烽火之沙汰〉訳「『（一年に）二度実がなる木は、その根が必ず**傷つく**。』と（古典に）見えております。」
㊁動詞 他［マ下二段］〈め・め・む・むる・むれ・めよ〉痛めつける。傷つける。
生ける物を殺し、傷め、闘はしめて遊び楽しまん人は…。〈徒然草・128・雅房大納言は〉訳 生き物を殺し、**傷つけ**、戦わせて遊び楽しむような人は…。

いため・る（現）→（古）**いたむ【痛む・傷む】**

いた-も【甚も】 連語《上代語》とても。あまりにも。
ほととぎす間しまし置け汝が鳴けば我が思ふ心いたもすべなし 歌〈万葉集・15・3785〉訳 ホトトギスよ、間隔をしばらく置いてくれ。おまえが鳴くと、私の物思う心は**あまりにも**やるせない。
発展 副詞「いた」＋係助詞「も」。

いた-や【板屋】 名詞 板葺きの屋根。また、そうした屋根で造った粗末な家。

いたり【至り】 名詞 ❶思慮。経験・才能などがよく行き届いていること。思慮。造詣。
「**至り少なく、ただ人の聞こえなす方にのみ寄るべかめる御心には…。**」〈源氏・若菜下〉訳「**思慮**が浅く、ただもう他人の申し上げる方にばかり従うに違いないような（あなたの）お気持ちには…。」
❷物事の極限に達すること。極み。極致。
「**短慮の至り、きはめて荒涼のことなれども…。**」〈徒然草・219・四条黄門〉訳「あさはかな考えの**極み**で、非常にぶしつけなことではあるが…。」
❸物事の趣。情趣。

いたり-たる【至りたる】 連体詞 この上ない。極意を極めた。
至りたる上手の能をば、師によく習ひては似すべし。〈花鏡〉訳 **極意を極めた**達人の能は、師匠によく習っている場合は似せてもよい。

いたり-て【至りて】 副詞 きわめて。たいへん。
至りて愚かなる人は、たまたま賢なる人を見て、これを憎む。〈徒然草・85・人の心すなほならねば〉訳 **きわめて**愚かな人は、偶然に賢い優れた人を見て、その人を憎む。

いたり-ふか・し【至り深し】 形容詞［ク］〈から・かり・○・かる・○・かれ〉❶思慮や配慮がよく行き届いている。（学問・芸術などに）造詣が深い。
「**私様の、世に住まふべき心掟を思ひ巡らさむ方も至り深く…。**」〈源氏・帚木〉訳「（その女は）私生活（の面）での、世間で暮らす心構えを工夫するような方面についても**配慮がよく行き届いて**…。」
❷趣ある（感じだ）。味わい深い。
「**近き所には、播磨の明石の浦こそなほ殊には侍れ。何の至り深き隈はなけれど…。**」〈源氏・若紫〉訳「（都に）近い所では、播磨の明石の浦がやはり格別でございます。なんという**趣ある**所はないけれど…。」

いた・る【至る】 動詞 自［ラ四段］〈ら・り・る・る・れ・れ〉❶到着する。（ある地点に）達する。
三河の国、八橋といふ所に至りぬ。〈伊勢・9〉訳 三河の国、八橋という所に**到着した**。
❷（ある時が）やって来る。その時になる。
命を終ふる期、忽ちに至る。〈徒然草・108・寸陰惜しむ人なし〉訳 一生を終える時は、すぐに**やって来る**。
❸（注意などが）行き届く。思い及ぶ。
「**心の至る限りおろかならず思ひたまふるに…。**」〈源氏・薄雲〉訳「心の**思い及ぶ**限りいい加減でなく思わせていただいておりますところに…。」
❹極まる。（ある境地に）達する。
「**いかにも境に至らずして詠み出でがたきさまなり。**」〈無名抄・俊恵歌体定事〉訳「どのようにしても（一定の）境地に**達し**ないではとても作り出せない（すばらしい歌の）ようすだ。」

いたわし（現）→（歴）**いたはし【労し】**
いたわり（現）→（歴）**いたはり【労り】**
いたわる（現）→（歴）**いたはる【労る】**

いた-ゐ【板井】 名詞 板で囲った井戸。対 石井

いち【一】 名詞 ❶ひとつ。また、物事の初め。最初。
まだ見ぬ物語の、一を見て、いみじうゆかしとのみ思ふが残り、見出でたる。〈枕草子・276・うれしきもの〉訳 まだ読んだことのない物語で、**初め**（＝一の巻）を読んで、（その続きを）並々でなく読みたいとばかり思っているものの残り（の巻）を、見つけたのは（うれしい）。
❷最も優れたもの。第一。最もはなはだしいようす。
「**すべて、人に一に思はれずは、何にかはせむ。**」〈枕草子・101・御方々、君達〉訳「大体、人から**第一**に思われないとしたら、何になろうか、いや、何にもならない。」

いち【市】 名詞 人が多く集まって物の交換・売買をする所。

い-ぢ【意地】 名詞 ❶気立て。気性。❷自分の主張を押し通そうとする心。❸連歌で、句を作る心の働き。

いち-いち【一一】 ㊀名詞 ❶ひとつひとつ。❷めいめい。一人一人。
刀自、すましなど、一々に言ひ渡す。〈栄花〉訳 刀自（＝調理の雑用をする女官）や、すまし（＝洗濯や清掃をする女官）など、**めいめいに**言い渡す。
㊁副詞 どれもこれも。一つ残らず。

いち-う【一宇】 名詞 一棟。一軒。発展「宇」は家のこと。

いち-え【一衣】 名詞 一枚の衣服。

市川団十郎 人名 歌舞伎役者。屋号、成田屋。荒事の創始者。江戸で活躍し、和事を得意とした大坂の坂田藤十郎と並び称された。1660―1704

いち-ぐ【一具】 名詞（道具・衣服などの）ひとそろい。一式。一組。

いち-げん【一見】 名詞 初対面。なじみでないこと。特に、遊里でその遊女に初めて会うこと。

いち-ご【一期】 名詞 一生。生涯。
皆このあらましにてぞ一期は過ぐめる。〈徒然草・59・大事

を思ひ立たん人は〉訳 皆この（出家のための）計画（だけ）で一生は終わるようだ。

いち-こつ【壱越】名詞 雅楽の音階である十二律の第一音。

いちこつ-てう【壱越調】名詞 雅楽の六調子の一つ。★壱越を主音とする調子。

いち-ざ【一座】一 名詞 ❶第一番の座席。最上の席。上座。❷同席者の全員。満座。❸説法・講演などの一回。一席。❹★連歌・俳諧を作るための集まり。また、その場。二 名詞 動詞 自〈サ変〉〈せ・し・す・する・すれ・せよ〉❶上座に着くこと。**信頼卿一座して、その座の上臈たち、皆下にぞ着かれたる。**〈古活字本平治〉訳（藤原）信頼卿は**上席に着いて**、同席の身分高い人たちが、皆下座にお着きになった。❷同席すること。相席すること。一緒になること。

いち-じ【一時】名詞 少しの時間。ひととき。

いちじゅ-の-かげ-に-やど-る【一樹の陰に宿る】にわか雨が降ったときに、偶然に同じ木の下で雨宿りをすることも、前世からの因縁によるものであるというたとえ。発展「一樹の陰一河の流れも他生の縁」からきたことば。

一条兼良［イチデウ］人名 室町中期の廷臣で、歌人・連歌作者。「かねら」とも読む。関白・太政大臣に至るが、政界を引退すると学者として古典の研究に没頭した。博学多識で、『花鳥余情』『古今集童蒙抄』など、多くの分野に著作がある。1402—1481

いち-じる・し【著し】形容詞〈ク〉〈く・く・し・き・けれ・○／から・かり・○・かる・○・かれ〉顕著である。はっきりしている。目立つようだ。**いちしるきさまならず、とかく紛らはしつつ、心寄せとぶらひたまふ。**〈源氏・椎本〉訳（薫は弁の君を）**目立つ**ようすでなく、何かと人目を繕いながら、好意を示し、お見舞いなさる。発展 古くは「いちしろし」とも。「いち」は程度が極端なようすを表す接頭語。中世後期からは「いちじるし」と濁り、シク活用となる。

いち-しろ・し【著し】形容詞 ➔いちじるし

いち-じん【一人】名詞（天下にただ一人という意味から）天皇。天子。「**太政大臣は、一人に師範として、四海に儀刑せり。**」〈平家・1・鱸〉訳「太政大臣は、**天皇**に対する師範として、天下に模範となるのである。」

いち-だい【一代】名詞 ❶人の一生。❷君主の在位期間。❸家長となっている期間。発展「一代男」や「一代女」の一代は一代限りという意味で、配偶者や子がいない者をいう。

いち-だいじ【一大事】名詞 ❶重要な事件や事実。大事件。❷《仏教語》仏がこの世に現れた因縁。また、修行を積んで悟りを開くこと。

いち-だう【一道】名詞 一つの専門の道。

いち-だん【一段】一 名詞 一区切り。一段落。場面。二 副詞 ひときわ。いっそう。「**我を祭りなどするをいちだん本意に思ひて**…。」〈愚管抄〉訳「自分自身を祭ったりすることを**いっそう**本来の望みと思って…。」発展 二は「いちだんと」の形で用いられることも多い。

いち-ぢゃう【一定】一 名詞 確実なこと。確かなこと。そうと決まっていること。「**往生は一定と思へば一定、不定と思へば不定なり。**」〈徒然草・39・ある人、法然上人に〉訳「極楽往生は**確かなこと**と思えば**確かなこと**で、不確かなことと思えば不確かである。」〇「一定」の後に「なり」が省略されていると考え、この例の場合「一定なり」という形容動詞として扱うこともある。二 副詞 確かに。きっと。必ず。「**一定仕まつらんずる仁に仰せ付けらるべうやさうらふらん。**」〈平家・11・那須与一〉訳「**確かに**射ることのできそうな方に仰せ付けなさるのがよいのではないでしょうか。」

いち-ぢん【一陣】名詞 ❶第一の陣。先陣。❷敵陣へ一番乗りすること。先駆け。先頭。❸風などのひと吹き。

いち-でう【一条】名詞 一筋。一つながり。

いち-ど【一度】名詞 ❶一回。ひとたび。❷一杯の酒を飲むこと。また、その酒。「**まづ一度せさせよ。**」とて、**酒を出だしたれば**…。〈徒然草・87・下部に酒飲ますることは〉訳「まず**一杯の酒**を飲ませてやれ。」と言って、酒を出したところ…。

いち-どう-に【一同に】副詞 いっせいに。口をそろえて。**殿上人一同に申されけるは**…。〈平家・1・殿上闇討〉訳 殿上人が**口をそろえて**申し上げなさったことは…。

いち-なか【市中】名詞 町の中。

いち-なん【一男】名詞 長男。

いちにち-ぎゃう【一日経】名詞 供養のために、大勢の人が集まって、法華経などの経典を一日で写し終えること。また、その経。

いち-にん【一人】名詞 ❶一人の人。ひとり。❷その領域での第一人者。❸天皇。天子。❹右大臣。発展 ❸は、「いちじん」とも。

いちにん-たうぜん【一人当千】形容動詞〈ナリ〉一人で千人の敵を相手にできるほど強い力がある。勇猛。勇士のたとえ。類 一騎当千 **うち物持っては鬼にも神にも会はうどいふ、一人当千の兵なり。**〈平家・9・木曾最期〉訳（巴御前は）刀を持っては鬼でも神でも立ち向かおうという、**一人で千人の敵を相手にできる勇士**である。

いち-ねん【一念】名詞 ❶《仏教語》念仏を一度唱えること。❷《仏教語》一心に仏を信じること。❸思い詰めた執念。「**今はのとぢめに、一念の恨めしきにも**…。」〈源氏・横笛〉訳「（柏木が）臨終の際に、**思い詰めた執念**の恨めしいと思う気持ちにも…。」❹ごく短い時間。一瞬。また、ごく短い時間に起こる心の作用。一瞬の心。**なんぞ、ただいまの一念において、直ちにすることの甚だ難き。**〈徒然草・92・ある人、弓射ることを〉訳 どうして、現在の**一瞬**に、すぐに実行することがとても難しいのか。

いちねん-ほっき【一念発起】名詞 動詞 自〈サ変〉〈せ・し・す・する・すれ・せよ〉《仏教語》❶仏を信じる心を起こすこと。特に、念仏を唱える心を起こすこと。**一念発起する時、金剛の信心を賜はりぬれば**…。〈歎異抄〉訳 **仏を信じる心を起こす**時に、堅固な信心を（阿弥陀から）頂いてしまうから…。❷悪い心を捨てて、善心を起こすこと。

いち-の【一の】❶一番目の。最初の。

一の舞には関白殿の君とこそはせさせたまひしか。〈大鏡・道長下〉訳 最初の舞としては関白殿の君（＝藤原頼通）にお舞わせになった。
❷いちばんよい。最も優れた。
中にも徳大寺殿は一の大納言にて…家嫡にてましましけるが…。〈平家・1・鹿谷〉訳 中でも徳大寺殿は最も優れた大納言で…本家の跡取りでいらっしゃったが…。

いち-の-おとど【一の大臣】↓いちのかみ

いち-の-かみ【一の上】 名詞 左大臣の別の呼び名。発展 左大臣が摂政・関白を兼ねている場合、および、いない場合は右大臣を指す。

いち-の-きさき【一の后】 名詞 皇后の別の呼び名。

いち-の-くに【一の国】 名詞 国司の任用先で、いちばんよいとされる国。

いち-の-さえ【一の才】 名詞 最も得意な技芸。

一の谷 地名 神戸市須磨区の西にある谷。源平合戦の古戦場で、一一八四（寿永三）年、ここに陣を構えた平氏が、源義経の奇襲を受けて敗走した一の谷の合戦で知られる。

いち-の-ところ【一の所】 名詞 ↓いちのひと❷

いち-の-ひと【一の人】 名詞 ❶いちばん優れた人。❷摂政・関白の別の呼び名。類 一の所。
一の人の御ありさまはさらなり、徒人も、舎人など賜はる際は、ゆゆしと見ゆ。〈徒然草・1・いでや〉訳 **摂政・関白**のごようすは言うまでもなく、普通の貴族でも（朝廷から）舎人（＝警護のための官吏）などをいただく身分（の人）は、立派に見える。

いち-の-ふで【一の筆】 名詞 ❶合戦で一番首を捕った手柄を、首帳（＝戦功を記録する帳面）の一番目に記されること。一番目。❷筆頭。最初。

いち-の-みこ【一の皇子】 名詞 第一皇子。

いち-の-みや【一の宮】 名詞 ❶第一皇子。❷その地方で第一位に格付けされた神社。

いち-の-や【一の矢】 名詞 最初に射る矢。また、手に持つ二本の矢のうち、先に射る矢。

いち-の-ゐん【一の院】 名詞 二人以上の院（＝上皇・法皇）がいるとき、先になった院。

いち-ばい【一倍】 一 名詞（今でいう）二倍。倍。
二 副詞《近世語》いっそう。ひとしお。

いち-はや・し【いち早し】

激しさ・鋭さなどの点で、度を超しているようす
→ ❶**激しい。**強い。
→ ❷**厳しい。容赦ない。**
→ ❸**気が早い。性急だ。**

未然形	連用形	終止形	連体形	已然形	命令形
いちはや・く	いちはや・く	いちはや・し	いちはや・き	いちはや・けれ	○
いちはや・から	いちはや・かり	○	いちはや・かる	○	いちはや・かれ

形容詞〔ク〕❶**激しい。強い。猛烈だ。いちずだ。**
昔人は、かくいち早き雅びをなむしける。〈伊勢・1〉訳 昔の人は、このように（＝かいま見た女性へ即座に恋歌を詠んで贈るような）**いちずな**風雅な振る舞いをしたのだった。
暗う家に帰りて、打ち寝たるほどに、門いち早くたたく。〈蜻蛉日記〉訳 暗く（なったころ）家に帰って、ふっとまどろんでいるときに、（だれかが）門を**激しく**たたく。
❷**厳しい。容赦ない。**
思ひ知らぬにはあらねど、差し当たりていち早き世を思ひはばかりて、参り寄るもなし。〈源氏・須磨〉訳（源氏の恩義を）知らないわけではないけれど、当面の**厳しい**世の中（＝右大臣派の権勢）に気兼ねして、（左大臣と姻戚関係にある源氏のもとには）参上し近寄ってくる者もいない。
❸**気が早い。性急だ。素早い。**
「いち早き世のいと恐ろしうはべるなり。」〈源氏・須磨〉訳「（左大臣であった私が源氏の訪問を受けることは）**素早い**世間（のうわさ）が本当に恐ろしいのでございます。」
○この「いち早き」は、❷の意味にも解される。

発展 **語の歴史** 勢いが激しい意味を表す接頭語「いち」に、厳しい・激しいなどの意味を表す形容詞「はやし」が付いてできたことば。接頭語の「いち」は、威力が絶大であることを表す上代の名詞「厳」と同じ語源といわれ、上代では、「浦の神いち早し。」〈日本書紀〉のように、神の威力が激烈であるという意味で用いられた。❸は「はやし」の早いという意味をもとにして生じた用法である。

いち-ひ【石櫧・櫟】 名詞《植物》ブナ科の常緑高木。堅い材質で器物の材料になる。イチイガシ。

いち-ぶ【一分・一歩】 名詞 ❶尺度の単位。一寸の十分の一。❷江戸時代の貨幣の単位。一両の四分の一。「いちぶきん」のこと。

いち-ぶ-きん【一分金・一歩金】 名詞 江戸時代の金貨で、一両の四分の一。発展 長方形をしている。江戸では「小粒」とも呼ばれた。

［いちぶきん］

いち-ぶ-ぎん【一分銀・一歩銀】 名詞 江戸時代の銀貨で、一両の四分の一。発展 天保年間以後に流通。

［いちぶぎん］

市振の関 地名 江戸時代、北陸道の越後（＝今の新潟県）と越中（＝今の富山県）の境に置かれた関。松尾芭蕉の『奥の細道』にその名が見える。

いち-ぶん【一分】 名詞《近世語》❶その人自身。また、その人自身の面目・責任。❷同様。一様。

いち-まい-かんばん【一枚看板】 名詞 歌舞伎の役者や題名を書いた看板。または、その看板に書かれるような中心的な役者。

いち-まつ-もやう【市松模様】 名詞 ひとつおきに格子の升を色違いにした模様。発展 江戸中期の歌舞伎役者佐野川市松が舞台で袴に用いたことから流行した。

いち-み【一味】 一 名詞《仏教語》仏の教えはさまざまだが、意味は一つであるということ。同一。一つ。
二 名詞 動詞 自〔サ変〕〈せ・し・す・する・すれ・せよ〉味方すること。仲間。

いち-め【市女】 名詞 市場でものを商う女性。

いち-め-がさ【市女笠】 名詞 平安中期以降、女性の外出に用いられた。スゲやヒノキを編んで漆を塗った、中央部が突き出た形をした笠。発展 もと、市女（＝市場でものを商う女

［いちめがさ］

性)がかぶったことから。→壺装束(図)

いち-めん【一面】 名詞 ❶初めて対面すること。❷全体。一帯。

いちめん-に【一面に】 副詞 皆そろって。いっせいに。また、辺り一面に。

太刀を抜いて一面に打ってかかる。〈平家・11・能登殿最期〉訳(源氏方の者が)太刀を抜いて**いっせいに**切りかかる。

いち-もう【一毛】 名詞 一本の毛。また、きわめて軽いもののたとえ。わずかなことのたとえ。

いち-もつ【逸物】 名詞 格別に優れているもの。ウマやイヌ、タカなどについて用いた。発展「いちもち」とも。

いち-もん【一門】 名詞 ❶一家。一族。同族。❷同じ宗派の者。同派。一門。

いち-もんじ【一文字】 名詞 ❶一字。一つの文字。❷「一」の字。❸(「一」の字のように)横にまっすぐなこと。一直線。

[いちもんじ❹]

宇治川速しといへども、一文字にざっとわたいて向かへの岸に打ち上がる。〈平家・9・宇治川先陣〉訳宇治川の流れが速いけれども、**一直線**にざっと渡って向こうの岸に上がる。

❹(「一文字笠」の略で)スゲなどで作った編み笠のひとつ。

いちや-づけ【一夜漬け・一夜付け】 名詞 一晩だけ漬けた、漬かり方が浅い漬物。転じて、世間に起こった事件をすぐに脚色して歌舞伎として上演すること。

いち-らふ【一臈・一﨟】 名詞 ❶《仏教語》長年にわたり修行を続けた長老格の僧。❷(一般社会で)同職の人々の中で最高位・最古参の者。特に六位の蔵人や武者所などの最上位者。

いちれん-たくしやう【一蓮托生】 名詞 ❶《仏教語》死後、極楽浄土で同じハスの花の上に生まれ変わること。❷❶から転じて、運命や行動を共にすること。

いち-ろく【一六】 名詞 ❶双六やばくちで、二つのさいころの目が一と六になること。❷毎月の一と六が付く日。

発展❷は、江戸時代、休日や稽古・会合の日とした。

いち-ゑん【一円】 副詞《中世・近世語》(下に打消の語を伴って)いっこうに(…ない)。まったく(…ない)。少しも(…ない)。

「**一円埒明きまうさず。**」〈万の文反古〉訳「**まったくうまくいきません。**」

発展「一円に」の形でも用いられる。

いつ【何時】 代名詞 ❶(はっきりと定まらない日・時を表し)いつ。どの時。なんどき。

このごろある人の文だに、久しくなりて、いかなる折、いつの年なりけんと思ふはあはれなるぞかし。〈徒然草・29〉訳現在生きている人の手紙でさえ、(手紙をもらってから)長い期間がたって、どんな時節の、**いつ**の年(の手紙)であっただろうと思うのは感慨深いものであるよ。

❷普段。いつも。平生。

「**いつよりも、殊に今日は尊く覚えはべりつる。**」〈徒然草・125〉訳「**いつも**よりも、特に今日はありがたく思われましたよ。」

発展❷は、多く下に比較の格助詞「より」を伴う。

い・つ【凍つ・冱つ】 動詞 自〔タ下二段〕凍る。凍りつく。(氷が)張る。

雪降り積もり、つらら凍て…。〈平家・5・文覚荒行〉訳雪が降り積もり、氷が**張り**…。

い・づ【出づ】 一 動詞 自〔ダ下二段〕❶(表面や外部に)出る。現れる。また、生じる。発生する。

秋の夜は月にこころの隙ぞなき出づるを待つと入るを惜しむと 歌〈詞花集・101〉訳秋の夜は月のために心が落ちつく時もない。(名月が)**出る**のを待ちこがれるのと、入るのを惜しむのとで。

❷出かける。出発する。

その暁に京を出づるに…。〈更級日記・初瀬〉訳その日の夜明け前に京を**出発する**が…。

❸(ある状況から)離れる。逃れる。また、超越する。

その物より自然に出づる情にあらざれば…その情誠に至らず。〈三冊子〉訳その物から自然に**生じる**感動でないと…その感動は真実のものとはならない。

夷狄を出で、鳥獣を離れて、造化に従ひ、造化に帰れとなり。〈笈の小文〉訳未開の野蛮人(のような境涯)から**逃れ**、鳥獣(のような境涯)から離れて、自然に従い、自然に帰れというのである。

二 動詞 他〔ダ下二段〕❶(表面や外部に)出す。現す。

花見れば心さへにぞ移りける色には出でじ人もこそ知れ 歌〈古今集・春下・104〉訳(散りゆく)花を見ていると、(自分の)心までもが変化していくのだった。(しかし)顔色には**出すまい**。人が知ると困るから。

❷(「言に出づ」などの形で)口に出して言う。類打ち出づ

三 補助動詞〔ダ下二段〕(ある動作・作用を内から外に向かって行う意味を表し)…だす。類出だす 対入る(下二段)

古のことなど思ひ出でて、聞こえけり。〈伊勢・83〉訳昔のことなどを思い**だし**、申し上げた。

発展現代語の「でる」は、一の「いづ」が近世以降、下一段活用化し、語頭の母音「い」が脱落したもの。

いづ【伊豆】 旧国名 →伊豆(いず)

いつ-か【何時か】 連語 ❶(不明な時に対する疑問を表し)いつ…か。

塩釜にいつか来にけむ朝なぎに釣りする舟はここに寄らなむ 歌〈伊勢・81〉訳塩釜に**いつ**来てしまったのだろうか。朝なぎの時間に釣りをする船は、ここに寄ってほしい。

❷(実現を待ち望む気持ちを表し)いつになったら…か。

いつか槐安の都を逃れて、その身の安きことを得ん。〈鶉衣〉訳**いつになったら**(えさを求めて少しの間も休まない)アリの都を逃れて、安楽な身になれるのだろうか。

❸(反語を表し)いつ…か、いや…ない。

いつか若やかなる人などさはしたりし。〈枕草子・28・憎きもの〉訳(いったい)**いつ**若々しい人などが、そんな(見苦しい)ことをしていた**か**、**いや**、そんなことはしてい**ない**。

発展代名詞「いつ」+係助詞「か」。係り結びの法則により、文末に活用語が来る場合は連体形で結ぶ。

いっ-かう【一向】 副詞 ❶いちずに。ひたすら。もっぱら。

「**御許されなきは、教盛を一向二心ある者とおぼしめすにこそ。**」〈平家・2・少将乞請〉訳「お許しいただけないのは、教盛のことを**ひたすら**反逆の気持ちがある者とお思いでいらっしゃるからなのであろう。」

❷すべて。いっさい。

ただ一向平家のままにてありしかば…。〈平家・1・鹿谷〉訳（官職の任免などは）まったくすべて平家一門の好き勝手であったので…。

❸（下に打消の語を伴って）全然（…ない）。まったく（…ない）。

「一向前が暗うて見えぬぞ。」〈平家・8・瀬尾最期〉訳「まったく前が暗くて見えないぞ。」

❹いっそ。むしろ。

本意なくも討ち損じ、一向に重忠と刺し違へ死なんとは思ひしが…。〈近松・出世景清〉訳（畠山重忠を）意志に反して討ち損ない、いっそ重忠と刺し違えて死のうと思ったけれども…。

いっかう-せんじゅ【一向専修】―《仏教語》ひたすら一事に専念すること。特に、一心に念仏を唱えること。

いつか・し【厳し】 形容詞〔シク〕〈しく・しく・し・しき・しけれ・○／しから・しかり・○・しかる・○・しかれ〉重々しい。立派だ。

「さばかりいつかしき御身を。」と、ものの心知らぬ下衆さへ泣かぬなかりけり。〈源氏・御法〉訳（紫の上の葬儀で虚脱状態の源氏の姿を見て）「あれほどにも立派なお方であるのに。」と、事情をわきまえない身分の低い者までも泣かない者はいなかったのだった。

発展 四段動詞「斎く」が形容詞になったもの。

いづ-かた【何方】―代名詞 ❶（方向・場所を指して）どこ。どの辺。どの方向。

知らず、生まれ死ぬる人、いづかたより来たりて、いづかたへか去る。〈方丈記・ゆく河〉訳 分からない、生まれたり死んだりする人が、どこから来て、どこへ姿を消すのか。

❷どの人。どなた。

「いづかたとおぼし定まりて、いかにもいかにもおはしまさなむ。」〈源氏・浮舟〉訳「どの人にとお心をお決めになって、どのようにでもなりゆきにお任せになってほしい。」

いつか-の-せちゑ【五日の節会】―陰暦五月五日の宮中の行事。天皇にショウブを献上し、天皇から臣下へは薬玉が与えられ、その後、宴会や騎射（＝馬上で弓を射る競技）が行われた。

いつ-かは【何時かは】 ❶（実現を待ち望む気持ちを表し）いつになったら…か。

「いつかはさる人の御ありさまを、ほのかにも見たてまつらむ。」〈源氏・明石〉訳「いつになったらその（源氏の）ような（立派な）方のお姿を、かすかにでも見申し上げることができようか。」

❷（反語を表し）いつ…か、いや…ない。

君をのみ思ひこしぢの白山はいつかは雪の消ゆる時ある 歌〈古今集・雑下・979〉訳 あなただけを思って越えてきた越路（＝北陸）の白山はいつ雪が消える時があるか、いや（私の思いと同じで）消える時はない。

発展 代名詞「いつ」＋係助詞「かは」。

いつき【斎き】 名詞 ❶心身を清めて神に奉仕すること。また、その場所。★斎院・★斎宮を指すことが多い。❷（「斎女」の略で）神に奉仕する少女。

いっき-たうぜん【一騎当千】―形容動詞〔ナリ〕一騎で千人の敵を相手にできるほど強い力がある。勇猛・勇士のたとえ。類 一人当千

いつき-の-みこ【斎の皇女】 名詞 伊勢神宮や賀茂神社に天皇の代わりに奉仕する未婚の内親王・女王。類 斎宮・斎院

いつき-の-みや【斎の宮】 名詞 ❶神を祭る場所。特に伊勢神宮。❷★大嘗祭の神殿。悠紀殿と主基殿。❸★斎の皇女の御所。

いつ・く【斎く・傅く】

心身を清め、純粋な心で奉仕する

一 動詞 自【斎く】―（けがれのない清らかな状態で）祭る。神に仕える。

二 動詞 他【傅く】―（子供、特に娘を）大切に育てる。

	未然形	連用形	終止形	連体形	已然形	命令形
動詞 自〔カ四段〕 動詞 他〔カ四段〕	いつ・か	いつ・き	いつ・く	いつ・く	いつ・け	いつ・け

一 動詞 自〔カ四段〕【斎く】（けがれのない清らかな状態で）**祭る。神に仕える。**

春日野に斎く三諸の梅の花栄えてあり待て帰り来るまで 歌〈万葉集・19・4241〉訳 春日野に（心身を清めて）祭る神社のウメの花よ、ずっと栄え（＝咲き満ち）たままで待ち続けていてくれ。（私が）帰国するまで。○この例のウメの花のように、神の宿るとされるもの（鏡・花など）を対象にすることが多い。

二 動詞 他〔カ四段〕【傅く】（子供、特に娘を）**大切に育てる。**

「故大納言、『内裏に奉らむ。』など、かしこういつきはべりしを…。」〈源氏・若紫〉訳「亡き（按察使の）大納言が、（自分の娘を）『宮中に差し上げよう。』などと思って、たいへん大切に育てておりましたが…。」

類語比較「いつく」と「いはふ」

共通点＝①両語とも「斎」の字が当てられ、神を祭るという意味を表す。②神に仕えるように、子供などを大切にすることを表すようにもなった。

いつく＝より公的で定例的な祭事に用いられる。

いはふ＝私的に不定期に行われる神を祭る行為に対して用いられる。

関連語 斎き・斎の宮

いつき-むすめ【斎娘】 名詞 大切に養育している娘。

いつき-やしな・ふ【斎き養ふ】―動詞 他〔八四段〕〈は・ひ・ふ・ふ・へ・へ〉大切に養い育てる。

帳の内よりも出だざず、いつき養ふ。〈竹取・かぐや姫の出生〉訳 とばりの中からも出さないで、大切に養い育てる。

いっ-きょう・なり【一興なり】 形容動詞〔ナリ〕〈なら・なり（に）・なり・なる・なれ・なれ〉❶おもしろみがある。風雅だ。風変わりだ。❷意外だ。驚きだ。

い-つ・く【斎く・傅く】 動詞 →最重要語（141ページ）

い-つ・く【射付く】 動詞 他〔カ下二段〕〈け・け・く・くる・くれ・けよ〉射当てる。矢を命中させる。

いづ-く【何処】 代名詞 どこ。どちら。

「いづくにか行ひして、のどやかに住みぬべき所ある。」〈宇治拾遺〉訳「どこかに仏道の修行をして、のんびりと住むことができそうなところはないか。」

発展「く」は場所を表す接尾語。「いづこ」の古い形。

いつくさ-の-たなつもの【五種の穀】 五種類の穀物。イネ・ムギ・ヒエ（またはキビ）・アワ・マメのこと。発展「五穀」を訓読したことば。

いつく・し【厳し・美し】 形容詞〔シク〕〈しく・しく・し・しき・しけれ・○／しから・しかり・○・しかる・○・しかれ〉❶厳かだ。いかめしい。威厳がある。

そらみつ大和の国は皇神のいつくしき国言霊の幸はふ国と語り継ぎ… 歌〈万葉集・5・894〉訳大和の国は神の(威徳が)**いかめしい**国、ことばに宿る霊力によって幸福がもたらされる国であると語り継いで…。○「そらみつ」は「大和」に係る枕詞。

❷厳重だ。厳しい。

いとどいつくしき御清まりに言付けて、聞こえも通ひたまはず。〈源氏・葵〉訳(六条御息所は)いちだんと**厳重な**ご潔斎にかこつけて、(源氏と)お便りも通わし申し上げなさらない。

❸整っている。美しい。よく整っていて立派だ。

かく忍びたまへる道にも、いと殊にいつくしきを見たまふにも…〈源氏・総角〉訳(匂宮が)このようにお忍びでお出かけになった際にも、本当に格別に**よく整っていて立派な**のをご覧になるにつけても…。

発展 神仏・天皇についていうことばだったが、のち、身分の高い人にも使われ、「うつくし」と混同されるようにもなる。

厳島 地名 広島県廿日市市宮島町にある島。「宮島」とも。「安芸の宮島」として知られ、日本三景の一つ。平家の信仰を集めた厳島神社がある。

いつくし・む【慈しむ】 動詞 他〔マ四段〕〈ま・み・む・む・め・め〉かわいがる。大切にする。

子を慈しみて餅をかみて飲ましむる男ありつ。〈今昔〉訳子を**かわいがって**もちをかんで飲ませる男がいた。

いづく-に-も-あれ【何処にもあれ】 いずく どこでもかまわない。どこであろうと。

いづくにもあれ、しばし旅立ちたるこそ、目さむる心地すれ。〈徒然草・15・いづくにもあれ〉訳**どこであろうと**、しばらくの間旅に出ているときは、目が覚めるような新鮮な気持ちがする。

発展 代名詞「いづく」+断定の助動詞「なり」の連用形+係助詞「も」+ラ変補助動詞「あり」の命令形。このような命令形を放任の用法という。

いづく-は-あれ-ど【何処はあれど】 いずく 他の場所はともかく。どこもよいけれど、その中でも。

陸奥はいづくはあれど塩釜の浦漕ぐ舟の綱手

いつ-し-か【何時しか】

思いがけないほど早く物事が起きるようす

- 一 連語 いつ…(だろう)か。◉「いつしか〜む」の形で係り結びを作る。
- 二 副詞
  - ❶早く。◉「いつしか〜願望・意志」の形をとる。
  - ❷いつの間にか。◉すでに起きた事柄に用いる。
  - ❸早くも。すでに。◉下に続く、文に相当する句全体に関係する。
  - ❹いつの日にか。◉これから起きる事柄に用いる。

一 連語 (「いつしか〜む」の形で、係り結びを作って)**いつ…(だろう)か。いつになったら…(だろう)か。**

玉櫛笥いつしか明けむ布勢の海の浦を行きつつ玉も拾はむ 歌〈万葉集・18・4038〉訳**いつ**夜が明けるのだろう**か**。(明けたら)布勢の海の入り江を(何度も)回っては(景色を眺めるだけでなく)美しい石も拾おう。○「玉櫛笥」は「明け」に係る枕詞。「いつしか明けむ」で係り結びを作るので、「いつ…か」となる。これは単なる疑問ではなく、「早く明けてほしい」という期待を含んでいる。

二 副詞 ❶(「いつしか〜願望・意志」の形で)**早く。早速。**

「いつしか梅咲かなむ。来むとありしを、さやある。」〈更級日記・梅の立ち枝〉訳「**早く**ウメが咲いてほしい。(恋しい継母はウメの咲くころには)来ようと言っていたが、(本当に)そうであるか。」○「いつしか」を受ける「咲かなむ」の「なむ」が、他に対する願望を表している。

❷(すでに起きた事柄に用いて)**いつの間にか。間もなく。**

うぐひすばかりぞいつしか音したるを、あはれと聞く。〈蜻蛉日記〉訳ウグイスだけが**いつの間にか**鳴いているのを、しみじみと聞く。

❸**早くも。すでに。**

殿、いつしか抱き取りたまひて、膝に据ゑたてまつりたまへる、いとうつくし。〈枕草子・104・淑景舎、東宮に〉訳殿(=藤原道隆)が、**早くも**(孫の松君を)抱き取りなさって、膝に座らせて差し上げていらっしゃる、(その松君は)たいへんかわいらしい。

○この例の「いつしか」は、下に続く、文に相当する句全体に関係する。「抱き取りたまひて、膝に据ゑたてまつりたまへる」のを「いつしか」と見ているのである。

❹(これから起きる事柄に用いて)**いつの日にか。いつか。**

いつしか、彼をも振り分け髪の丈になして…。〈おらが春〉訳**いつの日にか**、この子(=娘)も振り分け髪の(できる)背丈にして…。

発展 ①**語の成り立ち** 一は、代名詞「いつ」+副助詞「し」+係助詞「か」。二は、それが一語になったもの。

②**意味の広がり** 二❶は、一の「いつ…だろうか」という疑いの表現に込められた期待の気持ちを表すもので、これから起きることについて意志や願望の表現とともに用いている。❷は、すでに起きたことについて、その物事の進んだ時間の面に注目している。❸は❷から発展し、気づかないうちに起きたことに対して、意外な早さだと主観的にとらえている。したがって、その主観が文脈からどのように読み取れるかによって❷か❸かが決まるが、微妙な場合が多い。❹は、将来に向けていうようになったものである。

関連語 何時しかなり

識別 一 連語「いつしか」と、二 副詞「いつしか」の識別

品詞と用法	見分け方	例文と訳
連語「いつしか」(代名詞「いつ」+強意の副助詞「し」+係助詞「か」)	係り結びを作るか否かで識別できる。「いつしか〜む」で係り結びを作って、「いつ…だろうか」の意味を表す。	わが宿に蒔きしなでしこいつしかも花に咲きなむなそへつつ見む 歌〈万葉集・8・1448〉訳私の家の庭にまいたナデシコは、いつ花として咲いてしまうのだろうか。(咲いたらあなたに)見立てては何度も眺めよう。

つなでかなしも 歌〈古今集・東歌・1088〉訳↓みちのくは… 発展 代名詞「いづく」＋係助詞「は」＋ラ変動詞「あり」の已然形＋接続助詞「ど」。

いづ-こ【何処】 代名詞（方角・場所を指して）どこ。どちら。類 何処(いづく)

心騒ぎて、「いづら、いづこにぞ。」と言ひて…。〈堤中納言・はいずみ〉訳（侍女が、急に殿が来ると言うので）心が落ち着かなくなって、「どこだ、**どこに**（いらっしゃるのか）。」と言って…。

いづこ-と-も-な-し【何処とも無し】 連語 どこともわからない。どことも知れない。どこということもない。

道いと露けきに、いとどしき朝霧に、いづこともなく惑ふ心地したまふ。〈源氏・夕顔〉訳 道がひどく露っぽいうえに、いっそうひどく朝霧がかかって、（源氏は）**どこということもなく**途方に暮れる気持ちにおなりになる。

発展 代名詞「いづこ」＋格助詞「と」＋係助詞「も」＋補助形容詞「なし」。

いづこ-を-おもて-にて【何処を面にて】 何の面目あって。どんな顔をして。

「いづこを面にてかはまたも見えたてまつらむ。」〈源氏・賢木〉訳「**何の面目あって**再び（藤壺の中宮に）お目にかかることができようか、いや、できない。」

いづこ-を-はか-と【何処をはかと】 どこを目当てにして。

今日過ぎば死なましものを夢にてもいづこをはかと君がとはまし 歌〈後撰集・640〉訳（お便りのないままに）今日が過ぎてしまったら、（私は悲しみのあまり）死んでいたろうに。（もし死んでいたら、たとえ）夢の中でも、**どこを目当てにして**（私の墓を）あなたは訪れるのだろう。

いづこ-を-はかり-と【何処をはかりと】 ↓いづこをはかと

いっ-こん【一献】 名詞 ❶宴席で最初に出る酒と料理。❷軽い酒盛り。発展 ❶の次に出る、二番目の酒と料理を二献、三番目のものを三献という。

一茶 人名 ↓必修古典ビッグ30 ㉖（1146ページ）

いっさい-きゃう【一切経】 名詞《仏教語》仏の教えとその解釈を含む仏教経典の総称。大蔵経。

いっさい-しゅじゃう【一切衆生】 名詞《仏教語》すべての生き物。すべての人間。

副詞「いつしか」	右に述べた以外は副詞である。	「いつしかその月日になれかし。」〈古本説話集〉訳「早く（吉祥天が妻になってくれるという）その月日になってくれよ。」

いっ-さう【一双】 名詞 二つで一対をなすもの。一組。

いつ-しか【何時しか】 連語 副詞 ↓最重要語（142ページ）

いつしか-と【何時しかと】 いつのことかと。早くその時が来ないかと。

いとなみ、いつしかと待つことの、障りあり、にはかに止まりぬる。〈枕草子・98・口惜しきもの〉訳 準備をして、**いつのことかと待っていることが**、支障ができ、突然中止になってしまうことは（残念だ）。

発展 副詞「いつしか」＋格助詞「と」。

いつしか-なり【何時しかなり】 形容動詞［ナリ］〈なら・なり（に）・なり・なる・なれ・なれ〉物事の移り変わりがとても早いようす。あまりに早い。早過ぎる。

「新帝今年は三歳、あはれ、いつしかなる譲位かな。」〈平家・4・厳島御幸〉訳「新帝（＝安徳天皇）は今年は三歳、ああ、**早過ぎる**譲位だなあ。」

発展 副詞「いつしか」が形容動詞になったもの。

いつしか-も【何時しかも】 今すぐにでも。

いつしかも都を見むと思ひつつ語らひ居れど… 歌〈万葉集・5・886〉訳 **今すぐにでも**都を見たいと思い続けて、（仲間と）繰り返し話しているけれども…。

発展 副詞「いつしか」＋係助詞「も」。

いっ-しに【一時に】 副詞 たちまちのうちに。一瞬のうちに。

波の下に御命をいっしに滅ぼしたまふこそ悲しけれ。〈平家・11・先帝身投〉訳 波の下にお命を**たちまちのうちに**お亡くしになるのは悲しいことだ。

発展「いっし」は漢音。

いっしゃう-しゃうじん【一生精進】 この世に生きている間、仏道の修行に励むこと。

いっ-しゅ【一朱】 名詞 ❶江戸時代の貨幣単位。一両の十六分の一。一分の四分の一。❷（❶の価値に相当する）「一朱金」「一朱銀」の略。

［いっしゅ❷］

一朱金（いっしゅきん）　一朱銀（いっしゅぎん）

いっ-しょ【一所】 名詞 ❶一つの場所。また、同じ場所。

「これまで逃れ来るは、汝と一所で死なんと思ふためなり。」〈平家・9・木曾最期〉訳「ここまで逃れて来たのは、おまえと**同じ場所**で死のうと思ったためである。」

❷（「ひとり」の尊敬語で）お一人。お一方。

黄泉中有の旅の空に、ただ一所こそ赴きたまひけめ。〈平家・6・入道死去〉訳 死者が行く世界への旅に、たった**お一人**で向かいなさったのであろう。

いっしょ-けんめい【一所懸命】 形容動詞［ノ］（多く「一所懸命の地・領地」の形で）武士がただ一つの領地を得て、命を懸けて守る。転じて、一家の生計を支える。

「さしたる罪科とも覚えぬことに、一所懸命の地を没収せらる。」〈太平記〉訳「たいした罪だとも思われないことによって、**命を懸けて守る**領地を召し上げられる。」

発展 近世以降は「一生懸命」とも表記され、「命懸けで事に当たる」の意味で用いられるようになる。

いっすい-の-ゆめ【一炊の夢】 人生の栄華のはかないことのたとえ。発展「盧生の夢」「邯鄲の夢」「邯鄲の枕」ともいう。唐の盧生が、邯鄲の茶店で道士から枕を借りて眠り、夢の中でこの上なく栄える一生を過ごすが、目が覚めてみると粟飯も炊き上がっていないほどの時間しかたっていなかったという故事に基づく。

いっ-せ【一世】 名詞 ❶《仏教語》現世。この世。❷生涯。終生。❸一代。一世代。

いっ-せい【一声】 名詞 ❶ひとこえ。ひと響き。❷《能楽用語》能で、シテが登場して情景などを説明してうたう謡。❸《能楽用語》❷をうたう役者の登場に用いる囃子。❹《歌舞伎用語》主役の登場や退場のときに用いる囃子。

いっ-せつ【一切】 副詞（下に打消の語を伴って）ことごとく。いっさい。まったく。

殿下の御出ともいはず、一切下馬の礼儀にも及ばず…。〈平家・1・殿下乗合〉訳 殿下（＝摂政）のお出ましというのに問題ともせず、**まったく**下馬の礼を取ろうともしないで…。

いっせ-の-げんじ【一世の源氏】 源の姓を賜り、臣下に下った天皇の皇子。発展 嵯峨天皇の皇子、源信が最初の例。親王の子(=天皇の孫)の場合には「二世の源氏」という。

いっ-せん【一銭】 名詞 ❶(貨幣の単位)一貫の千分の一。一文。❷わずかな金。

いつ-ぞ-や【何時ぞや】 副詞 いつだったか。先ごろ。先だって。
かかることの**いつぞや**ありしかと覚えて…。〈徒然草・71・名を聞くより〉訳 このようなことが**いつだったか**あったなあと思われて…。

いっ-たん【一旦】 一 名詞 ❶ある朝。一日。ある日。❷ひととき。一時。しばらくの間。
あるいは**一旦の身命**を延べんがため…。〈平家・4・南都牒状〉訳 あるいは**一時**の身体や生命を延ばそうとするために…。
二 副詞 ❶一度。ひとたび。
いったん恥ぢ恐るることあれば、必ず汗を流すは、心のしわざなりといふことを知るべし。〈徒然草・129・顔回は〉訳 **ひとたび**恥じ恐れることがあると、必ず汗を流すというのは、心の働きであるということを知るがよい。
❷ひとまず。とりあえず。一時的に。臨時に。

いづ-ち【何方】
不定の方角や場所を指し示す
一 代名詞 どの方向。どちら。どこ。
二 副詞 どの方向へ。どちらへ。どこへ。◉「へ」「に」を伴わないで用いる。

一 代名詞 どの方向。どちら。どこ。類 何ら
「尼前、我をば**いづち**へ具して行かんとするぞ。」〈平家・11・先帝身投〉訳「尼君、私を**どちら**へ連れて行こうとするのか。」
二 副詞 どの方向へ。どちらへ。どこへ。
五月雨にもの思ひをればほととぎす夜深く鳴きて**いづち行くらむ** 歌〈古今集・夏・153〉訳(雨の降り続く)梅雨の時に物思いにふけっていると、ホトトギスが(この)夜更けに鳴いて(いったい)**どこへ**(飛んで)行くのだろう。

いづち-も-いづち-も【何方も何方も】 どこへでも。どこへなりとも。
片時あるべき心地もせで、ただ**いづちもいづちも**行きもしなばやと思ふに…。〈枕草子・277・御前にて人々とも〉訳 しばらくの間でも生きていられそうな気持ちもしないで、すぐに**どこへなりとも**行って(身を隠して)しまいたいと思うときに…。

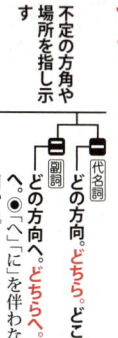

いっ-ちゃう【一町】 名詞 ❶面積の単位。十反。百畝。❷距離の単位。六十間。一里の三十六分の一。約一〇九メートル。❸一つの町。町全体の人。

いっ-ちゃう【一張】 名詞 (琴・琵琶・弓・幕・毛皮など)一つ。ひと張り。

いつ-つ【五つ】 名詞 ❶(数の)五。また、数え年の五歳。❷(時刻の呼び方で)今の午前八時ごろ、または午後八時ごろ。いつつどき。

◆**いづつ**(現)→(歴)**ゐづつ【井筒】**

いつつ-ぎぬ【五つ衣】 名詞 表着と単衣の間に袿を五枚重ねて着る女官の正装。後に簡略化して、袖口と裾だけを五枚重ねにした。↓唐衣(図)

いつつ-を【五つ緒】 名詞 牛車に掛けた革製の帯状のすだれ。また、それを掛けた牛車。五つ掛けたことから呼ばれる。

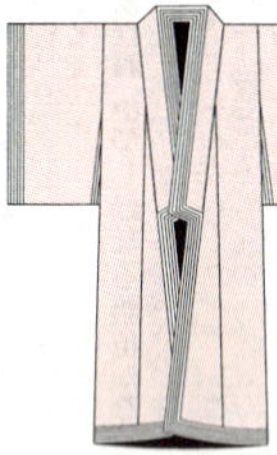
[いつつぎぬ]

いっ-てん【一天】 名詞 ❶空一面。❷「*一天下」の略。

いっ-てんか【一天下】 名詞 国中。世界中。この世の中すべて。発展「いってんが」とも。

いってん-しかい【一天四海】 名詞 全世界。

いってん-の-あるじ【一天の主】 天下を治める君主。天皇。類 一天の君

いってん-の-きみ【一天の君】 →いってんのあるじ

いってん-ばんじょう【一天万乗】 名詞 天下を治める位。また、その人。天皇。発展「一天の君、万乗の主(=天下を治める君主は兵車一万を出す領地を有する)」という中国の故事から。

いっ-とき【一時】 名詞 ❶しばらくの間。少しの間。❷時間の単位。一日の十二分の一。約二時間。❸同時。

いつ-と-な-し【何時と無し】 いつという時期を定めない。いつということもない。いつも同じだ。
「**いつとなき波の上**、舟の内の住まひなれば…。」〈平家・9・小宰相身投〉訳「**いつという時期を定めない**(=いつ終わるあてもない)波の上、船の中の住居なので…。」
発展 代名詞「いつ」+格助詞「と」+補助形容詞「なし」。

いつ-と-も-な-し【何時とも無し】 →いつとなし

いっ-ぱ【言っぱ】 連語 …(と)いうのは。
それ、久方の天と**いっぱ**…。〈謡曲・羽衣〉訳 そもそも、「久方の天」**というのは**…。〇「久方の」は「天」に係る枕詞。
発展 四段動詞「いふ」の連体形に係助詞「は」が付いた「いふは」が変化したもの。謡曲や狂言に多い。

いっ-ぱい【一杯】 一 名詞 ❶飯や酒などを一つの杯や椀に盛った量。❷軽く飲食するだけの量。また、それを飲食すること。❸金一両。
二 副詞 たくさん。十分に。

いつは・る【偽る】 一 動詞 自 ラ四段〈ら・り・る・る・れ・れ〉うそをつく。見せかける。
二 動詞 他 ラ四段〈ら・り・る・る・れ・れ〉だます。欺く。
「**事を偽りて物を盗めるなり**。」〈宇津保〉訳「**事を欺いて物を盗んだのだ**。」

いっ-ぴつ【一筆】 名詞 ❶一本の筆。❷墨つぎをしないで一気に書くこと。ひとふでがき。❸同一の筆跡。ひとりだけが書いていること。❹簡単に書いた、短い文章。❺一通の手紙。

いづ-へ【何処】 代名詞 どの辺り。どのへん。どちら。

いっ-ぽん【一品】 名詞 ❶親王の中で最高位にある皇子。❷《仏教語》経典中の一章。

いつ-ま【暇】 名詞《上代東国方言》ひま。↓暇

いづみ【和泉】 旧国名 →和泉(いずみ)

いづみ-がは【泉川】 歌枕 →泉川(いずみがわ)

いづみ-どの【泉殿】 名詞 泉のわき出る所に造られた建物。特に寝殿造りで、東の対からつながる南端に池に臨んで造られた建物。↓寝殿造り(図)

いづも【出雲】 旧国名 →出雲(いずも)

いつ-もじ【五文字】 名詞 和歌・連歌の初句。

いづも-の-かみ【出雲の神】イヅモ ❶出雲大社の祭神。大国主命。❷男女間の縁結びの神。

い-つも・る【い積もる】動詞 自 ラ四段〈ら・り・る・る・れ・れ〉《上代語》積み重なる。

道の隈い積もるまでにつばらにも見つつ行かむを…

歌〈万葉集・1・17〉訳 道の曲がり角が幾重にも**積み重なる**（ところ）まで、存分に（三輪山を）見続けて行きたいのに…。

いづ-ら【何ら】イヅ 一 代名詞（場所・方向を指して）どこ。どの辺り。

発展「い」は接頭語。

あるものと忘れつつなほなき人をいづらと問ふぞ悲しかりける 歌〈土佐日記・十二月二十七日〉訳（まだ）生きているものと思って（死んだことを）つい忘れてはまた、依然として、亡くなった人（＝娘）を「**どこ**（にいるのか）。」と尋ねるのが、（いかにも）悲しいことだなあ。

二 感動詞（相手を促したり、問いかけたりして）さあ。どうした。

「いづら、歌は。」と問はせたまへば、かうかうと啓すれば…〈枕草子・99・五月の御精進のほど〉訳（中宮が）「**どうした**、歌は。」とお尋ねになるので、これこれの次第でと申し上げると…。

いづ-れ【何れ】イヅレ 一 代名詞（二つ以上の人・物の中から不定の一つを選び出して）どれ。いつ。どこ。だれ。どちら。

いづれ勝れりと言ふべくもあらず。〈大和・147〉訳 **どちら**（の男）が勝っていると言うことはできそうもない。

二 副詞 どちらにせよ。どうせ。

「ちとむさいなあ。」「**いづれ**、きれいにはござりませぬ。」〈狂言・粟田口〉訳「ちょっと汚いなあ。」「**どうせ**、きれいではございません。」

いづれ-と-な・し【何れと無し】イヅレ どれがどうということもない。どれもみな…だ。

四人ながらいづれとなく、高き家の子にて、容貌をかしげに…。〈源氏・若菜下〉訳 四人とも**どれもみな**、高貴な家の息子で、顔形も美しい感じで…。

発展 代名詞「いづれ」＋格助詞「と」＋補助形容詞「なし」。

いづれ-と-も-な・し【何れともなし】イヅレ ↓いづれとなし

いづれ-も【何れも】イヅレ 連語 ❶どれも。

宮は、よろづの物の上手におはすれば、**いづれも**伝へてまつりたまふ。〈源氏・少女〉訳 大宮は、あらゆる楽器が上手でいらっしゃるので、**どれも**（孫の姫君に）ご伝授申し上げなさる。

❷どなたも。皆様。

いづれもいづれも若きどちにて、言はむ方もなけれど…。〈源氏・夕顔〉訳 **どなたもどなたも**若い者たちで、なんとも言いようがない（ほどの困惑ぶりだ）が…。

いで

相手や自分自身の行動を促すときなどに言うことば

- 一 感動詞
  - ❶（相手に行動を依頼したり、勧誘したりするときに）どうか。どうぞ。
  - ❷（相手を軽くたしなめて）これこれ。
  - ❸（自分で決心して行動するときに）どれ。さあ。
  - ❹（軽い反発や否定の気持ちを表して）いや。なんの。
  - ❺（驚きあきれて）いやはや。まったくもう。
- 二 接続詞（改めて話を始めるときに）さて。そもそも。

一 感動詞 ❶（相手に行動を依頼したり、勧誘したりするときに）どうか。どうぞ。

汝をと吾を人ぞ放くなるいで吾が君人の中言聞きこすなゆめ 歌〈万葉集・4・660〉訳 あなたと私を人が引き離すらしい。**どうか**、あなた、人の中傷のことばなど聞いてくれるな、決して。

❷（相手を軽くたしなめて）これこれ。

「**いで、むつかしきことな聞こえられそ**。人の御宿世いと定めがたく。」〈源氏・少女〉訳「**これこれ**、面倒なことを（姫君に）申し上げなさるな。人のそれぞれの前世からの宿命がたいそう決めにくいもので（あるのだから）。」

❸（自分で決心して行動するときに）どれ。さあ。

「東山の辺にぞ得意はある。**いで**、さらば文をやらう。」〈平家・5・文覚被流〉訳「東山の辺りに（私の）親しい知人がいる。**どれ**、それなら手紙を出そう。」

❹（軽い反発や否定の気持ちを表して）いや。なんの。

「**いで、さもはべらず。それは、はや失せはべりにしかば、これは、その後あひ添ひてはべる童部なり。**」〈大鏡・序〉訳「**いや**、そうではありません。それ（＝あの当時の私の妻）は、すでに亡くなってしまいましたので、これは、その後連れ添っています愚妻です。」

❺（驚きあきれて）いやはや。まったくもう。

「**いで、あな幼や**。言ふかひなうものしたまふかな。」〈源氏・若紫〉訳「**いやはや**、（紫の上は）なんと幼いことだよ。幼稚でいらっしゃることだなあ。」

二 接続詞（改めて話を始めるときに）さて。そもそも。

いでまた、いみじくはべりしことは…。〈大鏡・道長下〉訳 **さて**また、すばらしゅうございましたことは…。

いで 接続助詞《中世以降》…ないで。…ずに。接続 動詞・助動詞の未然形に付く。

音もせいでお寝れお寝れ烏は月に鳴きそろぞ〈閑吟集〉訳 音も立て**ないで**お休みなさい、お休みなさい。カラスは月に浮かれて鳴いておりますが。

井手 いで【ヰデ】歌枕 京都府綴喜郡井手町。奈良時代には橘諸兄の所領地。平安時代にはヤマブキの名所となり多くの歌に詠まれた。

いで-あ・ふ【出で会ふ・出で逢ふ】アオウ 動詞 自 ハ四段〈は・ひ・ふ・ふ・へ・へ〉❶（人の前に）出て会う。面会する。

御使ひに竹取出で会ひて…。〈竹取・かぐや姫の昇天〉訳（天皇からの）ご使者に竹取（の翁）が**面会して**…。

❷出くわす。巡り会う。

そこにて知らぬ男に出で会ひ…。〈紫式部日記〉訳 そこで知らない男に**出くわし**…。

❸出てきて立ち向かう。

「山だちあり。」とののしりければ、里人起こりて**出で会へば**…。〈徒然草・87・下部に酒飲まする事は〉訳「山賊がいる。」と声高に騒いだので、村人が大挙して**出てきて立ち向かう**と…。

いで-いで 感動詞 さあさあ。どれどれ。発展 感動詞「いで」を重ねて強調したことば。

いで-いり【出で入り】名詞 ❶ではいり。出たり入ったりすること。❷何気ない普段の動作。❸もめごと。訴訟。

いでいり-な・る【出で入り慣る】 動詞 自〔ラ下二段〕〈れ・れ・る・るる・るれ・れよ〉出入りし慣れる。場慣れする。

家の子にて、いますこし**出で入り慣れたり**。〈枕草子・35・小白河といふ所は〉訳 家の子弟であるから、(他の人よりは)もう少し**場慣れし**ている。

いで-い・る【出で入る】 動詞 自〔ラ四段〕〈ら・り・る・る・れ・れ〉出たり入ったりする。出入りする。

みな集まり来て、**出で入る車の轅**もひまなく見え…。〈枕草子・25・すさまじきもの〉訳（以前仕えていた者たちが）残らず集まって来て、**出入りする**車の★轅も透き間なく見えて…。

発展 同一の人・物が繰り返し出入りする場合と、多くの人・物が同時に出入りする場合とがある。

い-てう【異朝】 名詞 外国の朝廷。外国。異国。

いで-おはしま・す【出で御座します】 動詞 自〔サ四段〕〈さ・し・す・す・せ・せ〉(「出づ」の尊敬語で)❶出ていらっしゃる。お出かけになる。

「かぐや姫は、重き病をしたまへば、え**出でおはしますま**じ」。〈竹取・かぐや姫の昇天〉訳「かぐや姫は、重い病気をなさっているので、**お出かけになる**ことはできないだろう。」

❷お生まれになる。

「若君のかう**出でおはしましたる**御宿世の頼もしさに…」〈源氏・松風〉訳「若君がこのように**お生まれになった**(という)前世からのご宿命の心強さによって…。」

発展「おはします」は尊敬の補助動詞。

いで-か・つ【出でかつ】 出ることができる。発展「かつ」は上代の下二段補助動詞。多く打消の語を伴って、「出ることができない」の意味で用いられる。

いで-かて-に【出でかてに】 出ることができずに。

赤駒が門出をしつつ出でかてにせしを見立てし家の子らはも 歌〈万葉集・14・3534〉訳（私が）赤毛のウマに乗って門出をしながらも、**出ることができずに**いたのを見送っていた家の妻よ。

発展 下二段動詞「いづ」の連用形＋上代の補助動詞「かつ」の未然形＋打消の助動詞「ず」の連用形の古い形「に」。「いでがてに」とも。→かてに

い-てき【夷狄】 名詞 野蛮人。未開人。また、その地。転じて、地方の人々を差別していうことば。発展「夷」は東方の野蛮人、「狄」は北方の野蛮人の意味。古代中国で自国を中心にした考えから。

いで-き【出で来】 動詞「いでく」の連用形。

いで-ぎえ【出で消え】 名詞 見劣りがすること。出来栄えのよくないこと。対 出で映え

いで-く【出で来】 動詞 自〔カ変〕〈こ・き・く・くる・くれ・こ(こよ)〉❶出て来る。現れる。

盗人、傍らよりはらはらと**出で来ぬ**。〈今昔〉訳 盗賊が、わきからばらばらと**出て来た**。

❷発生する。生じる。起こる。

世の中に事**出で来**、騒がしうなりて…。〈枕草子・143・殿などの〉訳 世の中に変事が**起こり**、不穏になって…。

❸(時期や機会が)巡ってくる。

風も吹かず、よき日**出で来て**、漕ぎゆく。〈土佐日記・一月二十一日〉訳 風も吹かないで、(天気の)よい日が**巡ってきて**、(船を)漕いでゆく。〇「よき日出できて」を「すばらしい太陽が出て来て」と解する説もある。

❹出来上がる。完成する。できる。

寝たる由にて、**出で来る**を待ちけるに…。〈宇治拾遺〉訳 眠ったふりをして、(ぼたもちが)**出来上がる**のを待っていたところ…。

いで-くる【出で来る】 動詞「いでく」の連体形。

いで-くれ【出で来れ】 動詞「いでく」の已然形・命令形。

いで-こ【出で来】 動詞「いでく」の未然形・命令形。

いで-こよ【出で来よ】 動詞「いでく」の命令形。

いで-たち【出で立ち】 名詞 ❶出発。出立。❷(出発の)準備。身支度。❸立身出世。❹服装。扮装。身なり。❺樹木の茂り方。山のたたずまい。

いでたち-いそぎ【出で立ち急ぎ】 名詞 ❶出発の準備。❷死出の旅路の準備。あの世に旅立つ用意。

いで-た・つ【出で立つ】 動詞 自〔タ四段〕〈た・ち・つ・つ・て・て〉❶出てそこに立つ。出てたたずむ。

春の園紅にほふ桃の花下照る道にいで立つ娘子 歌〈万葉集・19・4139〉訳→はるのその…

❷出かける。出発する。旅立つ。

有り明けの月のまだ夜深くさし出づる程に出で立ちて…。〈源氏・橋姫〉訳 明け方まである月がまだ深夜に照っている時分に**出かけて**…。

❸(出かけるための)身支度をする。装う。

「いとうれし。」と思ほして、**人知れず出で立つ**。〈源氏・東屋〉訳（中将の君は娘浮舟の引っ越しを）「たいへんうれしい。」とお思いになって、こっそり**身支度をする**。

❹出世する。また、宮仕えに出る。出仕する。

「**この道より出で立ちたまへる上達部**などは、したり顔にうちほゑみなどしつつ…」。〈源氏・少女〉訳「この方面(=大学寮)から**出仕して**いらっしゃる公卿などは、得意顔でほほえんだりなどしながら…。」

❺わき出る。こぼれ出る。

涙、ともすれば出で立つを…。〈源氏・浮舟〉訳 涙が、どうかすると**こぼれ出る**のを…。

いでていなば…歌 **出でて往なばたれか別れの難からむありしにまさる今日は悲しも**〈伊勢・40〉訳（女が自分から）出て行ったのならば、誰が(これほど)別れるのが難しいだろうか。(無理に連れ去られるのだから、思いがかなわなくて苦しんでいた)今までにもまして、今日は悲しいことだ。〇「たれか別れの難からむ」は反語で、別れが難しくはないということになる。「往なば」は、ナ変動詞「往ぬ」の未然形＋順接の仮定条件を表す接続助詞「ば」。「難からむ」は、形容詞「難し」の未然形＋推量の助動詞「む」の連体形で、「たれか」の結び。「も」は、詠嘆の終助詞。

発展 身分の低い女性に恋をしたため、親に引き離されたときに、男が嘆いて詠んだ歌。

いで-ばえ【出で映え】 名詞 出来栄えのよいこと。他人より優れて見えること。対 出で消え

いで-まうで-く【出でまうで来】 動詞 自〔カ変〕〈こ・き・く・くる・くれ・こ(こよ)〉(「出で来」の謙譲語Ⅱ―話し手や書き手が自身をへりくだる敬語―で)出て参ります。発生いたします。

「**乱れがはしきことの出でまうできにしかば**…」。〈落窪〉訳「ごたごたしたことが**発生いたしました**ので…。」

いで-まし【出で坐し・行幸】 名詞 天皇の外出。行幸。

いで-まじら・ふ【出で交じらふ】 動詞 自〔ハ四段〕〈は・ひ・ふ・ふ・へ・へ〉(世間に)出て人と交際する。

世にも出で交じらはず、陰に隠れたらむやうにてゐたるを…。〈更級日記・宮仕え〉訳（父は）世間にも**出て人と交際し**ないで、物陰に隠れている(=隠居している)ような状態でいるのを…。

いで-ま・す【出で坐す】 動詞 自〔サ四段〕〈さ・し・す・す・せ・せ〉《上代語》❶（「行く」「来く」の尊敬語で）お出かけになる。いらっしゃる。おいでになる。**その道に乗りていでまさば、魚鱗のごと造れる宮室、それわたつみの神の宮ぞ。**〈古事記・火遠理命〉訳その潮の流れに任せて**おいでになる**ならば、魚のうろこのように造ってある宮殿（があり）、それがわたつみの神の宮である。❷（「あり」の尊敬語で）いらっしゃる。**父母が殿の後方の百代草百代出でませわが来たるまで** 歌〈万葉集・20・4326〉訳父母の屋敷の後方に生えている百代草のように長く生きて**いらっしゃってください**、私が帰って来るまで。

発展 動詞「出いづ」の連用形＋尊敬の補助動詞「ます」。

いで-まど・ふ【出で惑ふ】 動詞 自〔ハ四段〕〈は・ひ・ふ・ふ・へ・へ〉むやみに出歩く。しきりに出歩く。**京、白川の人、鬼見にとて出で惑ふ。**〈徒然草・50・応長のころ〉訳京都や、白川の人々が、鬼見物にといって**しきりに出歩く**。

いで-もの・す【出で物す】 動詞 自〔サ変〕〈せ・し・す・する・すれ・せよ〉出現する。（子供が）できる。生まれてくる。「**その御腹に出でものしたまへりしかど…。**」〈増鏡〉訳「その方のおなかに（子供が）**できていらっしゃったが…。**」

発展「ものす」は「来く」の婉曲な表現。

いで-や 感動詞 ❶（感慨や詠嘆を表し）いやもう。さてまあ。**いでや、この世に生まれては、願はしかるべきことこそ多かめれ。**〈徒然草・1・いでや〉訳**さてまあ**、現世に生まれたからには、こうありたいと願うはずのことが多いようだ。❷（否定や反発・困惑などを表し）いやいや。なあに。さあ、どうしたものか。**たびたび御消息ありければ、「いでや。」とはおぼしわづらひながら…。**〈源氏・賢木〉訳（源氏から）たびたびお手紙があったので、（六条御息所は）「**さあ、どうしたものか**。」と思い悩みなさるものの…。

いで-ゐ【出で居】 名詞 ❶出て座ること。❷寝殿造りで、外と母屋との間に作られた客間。類出居 ❸宮中で儀式を行うとき、庭に設ける席。

いで・ゐる【出で居る】 動詞 自〔ワ上一段〕〈ゐ・ゐ・ゐる・ゐる・ゐれ・ゐよ〉（外へ）出て座る。

いと【糸】 名詞 ❶糸。また、糸状の細いもの。❷琴・琵琶などの弦楽器の弦。また、弦楽器。↓糸竹

いと 副詞 ↓最重要語（147ページ）

いと

頂点に達するよ うす

❶非常に。とても。◉形容詞・形容動詞を修飾する。
❷それほどは（…ない）。たいして（…ない）。◉「いと～は・も～打消」の形をとる。
❸本当に。まったく。◉下に続く、文に相当する句全体に関係する。

副詞 ❶（形容詞・形容動詞を修飾して）**非常に。とても。たいへん。ひどく。** 類甚く **この女、気色いとよし。**〈伊勢・63〉訳この女は、機嫌が**非常に**よい。**えも言はず茂りわたりて、いと恐ろしげなり。**〈更級日記・足柄山〉訳（足柄山は）言うに言えないほど（木が）一面に茂っていて、**ひどく**怖そうに見える。

❷（「いと～は・も～打消」の形で）**それほどは（…ない）。たいして（…ない）。** 類甚く **雪のいと高うはあらで、薄らかに降りたるなどは、いとこそをかしけれ。**〈枕草子・181・雪のいと高うはあらで〉訳雪が**たいして**高くはなくて、うっすらと降っているようすなどは、とても趣がある。○打消の接続助詞「で」を伴って、極端さを打ち消している。「いとこそ」の「いと」は❶の意味。**いとやんごとなきにはあらねど、卑しからぬ家の子ども…。**〈蜻蛉日記〉訳**それほどは**高貴な身分ではないけれど、低い身分ではない家の子弟たちが…。○打消の助動詞「ず」の已然形「ね」を伴って、極端さを打ち消している。

❸（話し手の判断・評価・批評などの気持ちを表し）**本当に。まったく。まさしく。** **今の御世には、いと親しくおぼされて、いと時の人なり。**〈源氏・若菜下〉訳今の帝には、とても気心が知れた者だと思っていただいて、（柏木は）**本当に**時めいた人である。○下に続く、文に相当する句「時の人なり」全体に関係し、その状態を全面的に認める気持ちを表している。「**いと、こはずちなき世かな。**」〈枕草子・92・内裏は、五節のころこそ〉訳「**まったく**、これ（＝立入禁止の場所へ女房たちが強引に入り込んだこと）はどうしようもないことだなあ。」○この「いと」は、「こはずちなき世かな」という句全体に関係し、困ったことだとは思いながらも、その行為を認める気持ちを表している。

発展 **語の特徴** ①❶の「いと」は、主に形容詞・形容動詞を修飾するが、類義の「いたく」は動詞を修飾する。②「いと」は中古の和文、特に散文に多く用いられ、漢文訓読文では「はなはだ」「すこぶる」が用いられた。③副詞には、下に続く文の内容に対する話し手の判断・評価・批評などの主観的な気持ちを表すものがある。❸の「いと」のほか、「さすが」「なほ」がこれに当たる。

関連語 いといと・いとかく・甚しも・いと迫めて・いとも

いとう（現）↓（歴）**いとふ【厭ふ】**

伊藤仁斎 人名 江戸前期の儒学者。古義学派の祖。直接に『論語』『孟子』の原典によって、聖賢の道を究めようとする古義学を唱えた。京都堀河に古義堂（堀河塾）を開く。著書に『童子問』など。*1627—1705*

いと-かく【いと斯く】 予想以上にひどく。これほどまでに。**忘れ草種とらましを逢ふことのいとかく難きものと知りせば** 歌〈古今集・恋5・765〉訳（それを着けると悲しみを忘れるといわれる）忘れ草の種を採っておけばよかったなあ。（あなたに）逢うことが**これほどまでに**難しいことと分かっていたならば。

いとき-な・し【幼きなし】 形容詞 ↓いとけなし

いと-げ【糸毛】 名詞 ↓いとげのくるま

いとけ-な・し【幼けなし】

年少で幼いよ うす ── **幼い。あどけない。**

未然形	連用形	終止形	連体形	已然形	命令形
いとけな・く	いとけな・く	いとけな・し	いとけな・き	いとけな・けれ	○
いとけな・から	いとけな・かり	○	いとけな・かる	○	いとけな・かれ

形容詞［ク］幼い。あどけない。子供っぽい。

母の命尽きたるを知らずして、いとけなき子の、なほ乳を吸ひつつ伏せるなどもありけり。〈方丈記・飢渇〉訳（飢饉の時には）母の命が尽きているのを知らないで、あどけない子が、依然として（死んだ母の）乳を吸いながら横たわっていることなどもあった。

発展「いときなし」とも。

類語比較「いはけなし」と「いとけなし」→古語チャート29（923ページ）

いとげ-の-くるま【糸毛の車】 屋形をさまざまな色糸で飾った牛車。主に、更衣以上の身分の高い女性が乗った。

［いとげのくるま］

いど-こ【何処・何所】 代名詞（場所を指して）どこ。

「ここやいどこ。」と問ひければ、「土佐の泊まり。」と言ひけり。〈土佐日記・一月二十九日〉訳「ここはどこか。」と尋ねたところ、「土佐の港。」と言った。

いと-ざくら【糸桜】 名詞《植物》シダレザクラ。季語春

いと-し【愛し】 形容詞［シク］〈しく・しく・し・しき・しけれ・○／しから・しかり・○・しかる・○・しかれ〉❶かわいい。いとしい。

「これ清十郎殿、お夏様がいとしくば、まづ往んだがよいわいの。」〈近松・五十年忌歌念仏〉訳「これ清十郎殿、お夏様がかわいいならば、ともあれ帰った方がよいぞ。」

❷かわいそうだ。ふびんだ。気の毒だ。

「あんな気の短い男に添はしゃるお内儀が、縁とは申しながらいとしいことぢゃ。」〈西鶴・世間胸算用〉訳「あんな気の短い男に連れ添っていらっしゃるおかみさんが、縁あってのことというものの気の毒なことじゃ。」○「いとしい」は連体形「いとしき」のイ音便。

いと-しも ❶たいへんに。十分に。

ことにいとしももの方々得たる人は難し。〈紫式部日記〉訳とりわけ十分に物事の何もかもに通じている人はめったにいない。

❷（下に打消の語を伴って）それほどには。

いみじうねぶたしと思ふに、いとしも覚えぬ人の、押し起こしてせめてもの言ふこそいみじうすさまじけれ。〈枕草子・25・すさまじきもの〉訳とても眠いと思っているときに、それほどには（親しいと）思われない人が、揺り起こして無理に話しかけてくるのはひどく興ざめだ。

いと-せめて とても差し迫って。ひどく身に染みて。

いとせめて恋しきときはむばたまの夜の衣を返してぞ着る 歌〈古今集・恋2・554〉訳ひどく身に染みて恋しいときは（せめて夢ででも会えるようにと）夜の着物を裏返しにして着て（寝）ることだ。

発展副詞「いと」＋副詞「せめて」。

いと-たけ【糸竹】 名詞❶楽器の総称。❷管絃。音楽。

発展「糸竹」を訓読したことば。「糸」は琴・琵琶・三味線などの弦楽器を指し、「竹」は笛・笙などの管楽器を指す。

いとど【竈馬】 名詞《動物》カマドウマ（虫の名）。季語秋

いと-ど 副詞 →最重要語（148ページ）

いとど-し 形容詞［シク］〈しく・しく・し・しき・しけれ・○／しから・しかり・○・しかる・○・しかれ〉❶いっそう増している。いよいよ激しい。

後ろめたく悲しけれど、おぼし入りたるに、いとどしかるべければ…。〈源氏・須磨〉訳（源氏は紫の上のことが）気がかりで悲しいけれども、（紫の上は）思い詰めていらっしゃるところに、（何か言うと悲しみが）いっそう増しているに違いないので…。

❷そうでなくてもひどい。ただでさえ（…なのに）。

いとどしく過ぎ行く方の恋しきにうらやましくも返る波かな 歌〈伊勢・7〉訳（旅を重ねて）ただでさえ過ぎ去って行く（都の）方が恋しく思われるのに、うらやましいことにも、（もとに）戻って行く波であるなあ。

いとどしく… 歌

いとどしく虫の音しげき浅茅生に露おきそふる雲の上人〈源氏・桐壺〉訳ただでさえ虫の鳴く声が激しい（ように、私も泣いているこの）草深いわび住まいに、いっそう（涙の）露を置き添える宮中からのお使いの方であるよ。

○「音」には、「虫の音」と「泣く音」とが掛けられている。

発展亡くなった桐壺の更衣の、母を見舞った靫負の命婦（＝雲の上人）の歌（→すずむしの…）に対する桐壺の更衣の母の返歌。

いと-な-し【暇無し】 形容詞［ク］〈く・く・し・き・けれ・○／から・かり・

いと-ど

極端さがより進むようす
- ❶ますます。いっそう。◉「いとど〜用言」の形をとる。
- ❷ただでさえ。◉中世以降の用法。

副詞❶（「いとど〜用言」の形で）ますます。いっそう。いよいよ。

いとどかなしきこと数まさりて、ありしよりけに恋しくのみ覚えければ…。〈伊勢・65〉訳（女との恋を止めるおはらいをしたが）ますます（女を）いとしいと思う回数が増して、以前より格別に恋しいと思われるばかりであったので…。○「数まさりて」や「ありしよりけに」から、「いとど」の表す「いっそう（進む）」という意味が理解しやすい。

目見などもいとたゆげにて、いとどなよなよと、我かの気色にて伏したれば…。〈源氏・桐壺〉訳（更衣は）ものを見る目つきなどもひどくだるそうなようすで、（これまでよりも）いっそうなよなよと、正気でない表情で横になっているので…。

❷《中世以降》ただでさえ。そうでなくても。

いとど鈍なやつめが、茗荷を食ひ、いよいよ鈍になって…。〈狂言・鈍根草〉訳ただでさえ鈍いやつが、（食べると物忘れをすると昔からいわれている）ミョウガを食って、ますます鈍くなって…。

発展①「いとど」と「いと」　「いとど」は、副詞「いと」を重ねた「いといと」が変化したことばといわれる。「いと」は程度の極端なことを表し、「いとど」はそれがさらにいっそう進むようすを表す。

②「いよいよ」と「いとど」　類義語の「いよいよ」が、状態が段階的に進むようすをいうのに対して、「いとど」は程度の進む度合いに視点がある。

○・かる・○・かれ〉暇がない。忙しい。絶え間ない。

春ならぬこのめもいとなく嘆かしきに…。〈源氏・空蟬〉訳春ではないが（春に木の芽が絶え間なく芽ぶくのと同様に）この（空蟬の）目も**絶え間なく**（動いて）ため息が出るばかりの（＝悲しそうな）ようすであるのに…。○「木の芽」と「この目」を掛けている。

↓古語チャート㉙（923ページ）

いとな・ぶ【営ぶ】動詞↓いとなむ

いとなみ【営み】名詞❶仏にかかわる仕事。仏事。❷生活のための仕事。勤め。なりわい。❸準備。支度。用意。

いとなみ-あ・ふ【営み合ふ】動詞自〔ハ四段〕〈は・ひ・ふ・ふ・へ・へ〉互いに行う。一緒に行う。

あまたあひゐて、後のわざども営み合へる、心あわたたし。〈徒然草・30・人の亡き後ばかり〉訳数多く（の人が）一緒にいて、法事などを**一緒に行っている**のは、気ぜわしい。

いとなみ-いだ・す【営み出だす】動詞他〔サ四段〕〈さ・し・す・す・せ・せ〉作り出す。こしらえあげる。

数日に営み出だして、かけたりけるに…。〈徒然草・51・亀山殿の御池に〉訳（水車を）数日（の間）に**こしらえあげて**、設置したところ…。

いとなみ-い・づ【営み出づ】動詞他〔ダ下二段〕〈で・で・づ・づる・づれ・でよ〉作り整える。

風流の破子やうのもの、ねんごろに営み出でて…。〈徒然草・54・御室に、いみじき児の〉訳しゃれた弁当箱ふうのものを、念を入れて丁寧に**作り整えて**…。

いとなみ-つかうまつ・る【営み仕うまつる】動詞自〔ラ四段〕〈ら・り・る・る・れ・れ〉心をこめてお仕えする。

月日の光を手に得たてまつりたる心地して、営みつかうまつること、ことわりなり。〈源氏・明石〉訳（明石の入道は）月や日の光を手にお入れ申し上げたような気持ちがして、（源氏に）**心をこめてお仕えする**ことも、もっともである。

いとなみ-ま・つ【営み待つ】動詞他〔タ四段〕〈た・ち・つ・つ・て・て〉働いた成果を期待する。

人の命ありと見るほども…営み待つことはなはだ多し。〈徒然草・166・人間の営みあへる〉訳人の命があると思っているうちでも…**働いた成果を期待する**ことはたいへん多い。

いとな・む【営む】動詞他〔マ四段〕〈ま・み・む・む・め・め〉❶いそしむ。精を出す。

少しも益のまさらんことを営みて…。〈徒然草・188・ある者、子を法師に〉訳少しでも利益が多くなるようなことに**精を出して**…。

❷作り整える。用意する。整える。

霜月の事なれば、その出で立ちをのみ営まれければ…。〈住吉物語〉訳十一月のことなので、その身支度だけを**整えなさった**ところ…。

❸（仏事などを）執り行う。

折々の御仏事、営みたまふぞあはれなる。〈平家・灌頂・女院死去〉訳その時その時のご仏事を、**執り行いなさる**のは感慨深いことである。

いと-のきて副詞特に。格別。とりわけ。

いとのきて短き物を端切るといへるがごとく…歌〈万葉集・5・892〉訳**とりわけ**短い物を（さらに）端を切ると（よく）いっている（ことわざの）ように…。

いとは・し【厭はし】形容詞〔シク〕〈しく・しく・し・しき・しけれ・○／しから・しかり・○・しかる・○・しかれ〉嫌だ。煩わしい。

世の中おぼし続くるに、いとどいとはしくいみじければ…。〈源氏・御法〉訳（源氏ははかない）この世を思い続けていらっしゃると、ますます**煩わしくて**ひどく悲しく思われるので…。

↓古語チャート❻（215ページ）・㊹（1215ページ）

いとはし-げ・なり【厭はしげなり】形容動詞〔ナリ〕〈なら・なり（に）・なり・なる・なれ・なれ〉いかにも嫌そうだ。とても煩わしそうだ。

いとはしげに言はんも悪し。〈徒然草・170・さしたることなくて〉訳**いかにも嫌そうに**話すようなのもよくない。

いと-びん【糸鬢】名詞江戸時代の男性の髪型。★月代を頭頂から後頭部にかけて広げて、両方の鬢を糸のように細く残して結うもの。類剃り下げ

いと・ふ【厭ふ】

嫌って、かかわらないようにする
- ❶嫌う。嫌がる。
- ❷出家する。
- ❸かばう。いたわる。

未然形	連用形	終止形	連体形	已然形	命令形
いと・は	いと・ひ	いと・ふ	いと・ふ	いと・へ	いと・へ

動詞他〔ハ四段〕❶**嫌だと思う。嫌う。嫌がる。**↓古語チャート❻（215ページ）・㊹（1215ページ）

何すとか君をいとはむ秋萩のその初花のうれしきものを歌〈万葉集・10・2273〉訳なんだって、あなたを**嫌がる**だろうか、いや、嫌がるはずがない。（あなたに会えれば）秋のハギのその初めて咲く花（を見たとき）のようにうれしいのに。

❷**世を避ける。出家する。隠遁する。**

「世の憂きにつけていとふは、なかなか人わろきわざなり。」〈源氏・夕霧〉訳「（信心からではなく）俗世間がつらいからといって**出家する**のは、かえって見苦しいやり方だ。」

❸《近世以降》**かばう。いたわる。大事にする。**

「かうしちゃあお客のおためにならねえとか言って、客人をいとふ気になりますから、そこで、客人にもかみがられるやつでござえます。」〈滑稽本・浮世風呂〉訳「（幇間も年を取って分別が出てくると）こんなこと（＝むだ遣いをさせるようなこと）をしてはお客のためにならないとか言って、お客を**かばう**気持ちになりますから、そのことで（かえって遊びをつまらなくしてしまい）、お客にも嫌がられるものでございます。」

発展**現代語とのつながり**　❷の世を避ける意味は、「世をいとう」という形で現代語に残る。また、❸は苦痛を避ける意味からで、「お体をおいといください」などの形で、これも現代語に残っている。

関連語 厭はし

いとほ・し形容詞↓最重要語（151ページ）

いとほし-が・る動詞他〔ラ四段〕〈ら・り・る・る・れ・れ〉気の毒に思う。同情する。

車の人々も知りたる限りはいとほしがりしを…。〈枕草子・266・いみじうしたてて婿とりたるに〉訳車の人々も知っている人はみんな**気の毒に思った**が…。

発展「がる」は接尾語。

いとほし-げ・なり形容動詞〔ナリ〕〈なら・なり（に）・なり・なる・なれ・なれ〉❶かわいそうな感じだ。気の毒だ。

やせたまへること、いとほしげにさらぼひて…。〈源氏・末摘花〉訳末摘花のやせていらっしゃることは、**かわいそうな感じに**骨ばって…。

❷かわいらしい。

いとほし-さ名詞❶気の毒さ。かわいそうに思われること。❷かわいらしく思われること。

いとほし-み【―】名詞 ❶かわいそうに思うこと。同情。❷かわいらしく思うこと。愛情。

いと-ま【暇】

仕事や用事などのない空いている時間。また、人と別れること
- ❶ひま。ゆとり。余裕。
- ❷休み。休暇。
- ❸辞職。辞任。
- ❹離別。死別。いとまごい。また、そのあいさつ。
- ❺離婚。離縁。
- ❻喪に服すること。忌引き。

名詞 ❶**仕事や用事のない時間。ひま。ゆとり。余裕。**「打ち古めきたる人の、おのがつれづれと**暇**多かる慣らひに、昔覚えて異なることなき歌詠みておこせたる。」〈枕草子・25・すさまじきもの〉訳（時流に乗っている人の所に）時代から取り残された人が、自分の退屈と**ひま**の多い習慣（＝日常）のために、古風に思われて際立ってもいない歌を詠んでよこしたのは（興ざめである）。

❷**休み。休暇。**「まかでなむとしたまふを、**暇**さらに許させたまはず。」〈源氏・桐壺〉訳（病気のため宮中から里に）退出してしまおうとなさるけれども、（帝は更衣の）**休暇**をまったくお聞き入れにならない。

❸**辞職。辞任。**「公にも院にも御気色賜はりて**暇**申して、よろづを捨てて静かにこもりはべりて…。」〈宇津保〉訳「（私は）朝廷にも（朱雀）院にもご意向をお伺いして（官職を）**辞職**申し上げて、（俗世間の）すべてのことを捨てて静かに引きこもりまして…。」

❹**離別。死別。いとまごい。また、そのあいさつ。**「忍びて対の上に御**暇**聞こえて出でたまふ。」〈源氏・蓬生〉訳（源氏は花散里を思い出して）こっそり対の上（＝紫の上）にご**あいさつ**を申し上げてお出かけになる。

❺**離婚。離縁。**

❻**喪に服すること。忌引き。**

類語比較「ひま」「いとま」「はさま」↓暇

いとま-い・る【暇入る】動詞 自 ラ四段〈ら・り・る・る・れ・れ〉時間がかかる。「煩はしくて、**暇入る**わざなれば…。」〈源氏・若菜下〉訳面倒で、**時間がかかる**ことなので…。

いと-まき【糸巻き】名詞 ❶糸を巻き付けること。また、その道具。❷（「糸巻きの太刀」の略で）柄や鞘に組み糸を巻いて滑りにくくした太刀。

いどま・し【挑まし】形容詞 シク〈しく・しく・し・しき・しけれ・○／しから・しかり・○・しかる・○・しかれ〉張り合いたい。競争心が強い。「おのがじしは**いどましく**思ひ、うはべの情けを交はすべかめるに…。」〈源氏・椎本〉訳「めいめいは互いに**張り合いたく**思いながら、表向きは思いやりのある付き合いをするに違いないようだが…。」

発展 四段動詞「いどむ」が形容詞になったもの。

［いとまき❷］

いとま-ぶみ【暇文】名詞 ❶休暇や辞職の願いを述べた文書。休職願い。辞表。❷離婚・離縁する内容を記した書状。

いとま-まう・す【暇申す】―もうす 動詞 ❶休暇を願い出る。「朝廷には、『筑紫の国に湯あみにまからむ。』とて**暇申して**…。」〈竹取・蓬萊の玉の枝〉訳朝廷には、「筑紫の国に湯治に出かけさせていただこうと思う。」と言って**休暇を願い出て**…。

❷別れを告げる。お別れを申し上げる。「はじめよりありのままにはさし過ぎて言ひ散らし、『**暇申して**。』とて出でにけり。」〈平家・2・西光被斬〉訳（行綱は）始めから（一部始終の）事実を過度に言い散らし、「では**お別れを申し上げて**。」と言って出ていってしまった。

いどみ【挑み】名詞 争い。競争。張り合うこと。

いどみ-かは・す【挑み交はす】―かわす 動詞 自 サ四段〈さ・し・す・す・せ・せ〉競い合う。「御方々、いづれともなく**挑み交はし**たまひて…。」〈源氏・真木柱〉訳女御方が、どの方ということもなく**競い合い**なさって…。

いど・む【挑む】動詞 他 マ四段〈ま・み・む・む・め・め〉❶争いを仕掛ける。挑戦する。❷張り合う。競争する。「よきあしきけぢめあるを**挑みつつ**…。」〈源氏・若菜上〉訳（蹴鞠の）上手下手の差があるのをそれぞれ**張り合って**…。

❸恋を仕掛ける。言い寄る。挑発する。「なま**挑みて**、ものなど言ふ人のもとより…。」〈平中〉訳なんとなく**言い寄って**、話などする（親しい）女性のところから…。

いと-も ❶とても。非常に。「勅なれば**いとも**かしこしうぐひすの宿はと問はばいかが答へむ」歌〈拾遺集・531〉訳↓ちょくなれば…

❷（下に打消の語を伴って）それほどは。たいして。「すべて、**いとも**知らぬ道の物語したる、かたはらいたく、聞きにくし。」〈徒然草・57・人の語りいでたる〉訳何事も、**たいして**知りもしない方面の話をしているのは、（そばで聞いていて）苦々しく、聞きづらい。

いと-ゆふ【糸遊】―ゆう 名詞 ❶春の晴れた日に地面からゆらゆらと立ちのぼる蒸気。陽炎。季語 春 ❷（「糸遊結び」の略で）ひもや糸などを花結びにして垂らし、それを飾りにしたもの。

い-と・る【い捕る】動詞 他 ラ四段〈ら・り・る・る・れ・れ〉《上代語》捕らえる。

い・な【異な】形容動詞 口語化 普通とは違っている。不思議な。妙な。「やい太郎冠者、**異な**ことを外聞にお召さりやるなあ。」〈狂言・萩大名〉訳「やい太郎冠者、（亭主は）**妙な**ことを名誉になさるなあ。」○「お召されある」の変化した形。

発展 連体詞と考えることもできる。

いな【否】

相手の言動を否定・拒絶するときに言うことば ― いや。いいえ。

感動詞（相手の言動を否定・拒絶して）いや。いいえ。「大伴の大納言は、竜の頸の玉や取りておはしたる。」「**いな**、さもあらず。」〈竹取・竜の頸の玉〉訳「大伴の大納言は、竜の首の玉を取って（帰って）いらっしゃったのか。」「**いや**、そうでもない。」

いなおほせ-どり【稲負鳥】 名詞 和歌に詠まれる鳥の名。秋のイネを刈るころに飛びまわる鳥で、スズメともセキレイともいわれるが、実体は不明。季語 秋

いなか（現）↓（歴）**ゐなか【田舎】**

いな-がら【稲茎・稲幹】 名詞 イネの茎。季語 秋

いな-き【稲置・稲寸】 名詞《上代語》❶穀物税を徴収・管理した地方官。県主の下位に当たる。❷姓のひとつ。天武天皇が制定した「★八色の姓」の八番目。
発展「いなぎ」とも。

い-な・く【嘶く】 動詞 自〔カ四段〕（か・き・く・く・け・け）いななく。

いな-せ【否諾】 名詞 承諾しないことと承諾すること。聞き入れないか聞き入れるか。だめともいいとも。発展「いな」は否定の意味。「せ」は肯定の意味の「然」が変化したもの。

いな-づま【稲妻・雷】 名詞 ❶雷の光。いなずま。季語 秋 ❷極めて短い時間、はかないもの、素早い動きなどのたとえ。発展 イネが開花するころによく発生するので、「稲の夫」の意味から。

因幡 旧国名 因州。山陰道八か国の一つ。今の鳥取県東半部。↓**ビジュアルチェック**❼（450ページ）

因幡の山 歌枕 鳥取県鳥取市にある山。今の稲葉山。「宇部山」とも。「因幡」に「往なば」、名物の「松」に「待つ」を掛けて詠まれる。↓**ビジュアルチェック**❶（194ページ）

稲日野 地名 ↓印南野

いな・ぶ【否ぶ・辞ぶ】 一 動詞 他〔バ上二段〕（び・び・ぶ・ぶる・ぶれ・びよ）断る。拒む。辞退する。
「**これは、ただわが言ふことをいなびむとて言ふなめり。**」〈今昔〉訳「これは、単に私が言うことを**断ろ**うとして言うのであるようだ。」
二 動詞 他〔バ四段〕（ば・び・ぶ・ぶ・べ・べ）一の意味に同じ。
「**一切はいなばむずらむと思ひつるに…。**」〈今昔〉訳 すべてを**断ろ**うとしているのだろうと思っていたのに…。
発展「いなむ」とも。

いな-ぶね【稲舟】 名詞 収穫したイネを積んで運搬する舟。最上川のものが特に有名。季語 秋

印南野 歌枕 兵庫県明石市から加古川市に広がる台地一帯。「女郎花」や「萩」などとともに詠まれる。「否」を導く歌もある。

いな・む【否む・辞む】 動詞 ↓いなぶ

いとほ・し

形容詞〔シク〕 **自他ともに心を痛めるようす**
❶かわいそうだ。気の毒だ。ふびんだ。
❷かわいい。いじらしい。
❸困ったことだ。つらい。嫌だ。

未然形	連用形	終止形	連体形	已然形	命令形
いとほ・しく いとほ・しから	いとほ・しく いとほ・しかり	いとほ・し ○	いとほ・しき いとほ・しかる	いとほ・しけれ ○	○ いとほ・しかれ

❶**かわいそうだ。気の毒だ。ふびんだ。**
「**来年の国々、手を折りて打ち数へなどして、揺るぎ歩きたるも、いとほしうすさまじげなり。**」〈枕草子・25・すさまじきもの〉訳 来年（国司が交替する予定）の国々を、指を折って数えたりして、（虚勢を張って）体を揺すって歩きまわっているのも、（そのようすはとても）**気の毒で**興ざめのする感じである。○「いとほしう」は連用形「いとほしく」のウ音便。
「**熊谷あまりにいとほしくて、いづくに刀を立つべしとも覚えず…。**」〈平家・9・敦盛最期〉訳 熊谷（直実）は（まだ十七歳の平敦盛の首を取るのが）あまりに**かわいそうで**、どこに刀を刺したらよいかも分からず…。
❷**かわいい。いじらしい。**
「**宮は、「いといとほし。」とおぼす中にも、男君の御かなしさは優れたまふにやあらむ…。**」〈源氏・少女〉訳 大宮は、「本当に**かわいい**。」とお思いになる（孫たちの）中でも、男君（＝夕霧）のおかわいさは（他に）勝っていらっしゃるからではないだろうか…。
❸**困ったことだ。つらい。嫌だ。**
「**強ひていとほしき御振る舞ひの絶えざらむも、うたてあるべし。**」〈源氏・空蟬〉訳「（源氏の）無理な**困った**お振る舞いが絶えなかったりするのも、（私、空蟬は）不快であるに違いない。」○源氏の執拗なアプローチに困惑して、みずからの心情を推量している、空蟬の心内文である。
「**とにかくにあさましくて、すべき方なく、いとほしかりつる恥を隠したまへること。**」〈宇治拾遺〉訳「（観音の霊験には）とにかくびっくりするばかりで、どうしようもなく、**つらかった**（自分の貧しい生活の）恥を隠してくださったことだ。」

発展 ①**「心を痛める」意から**　「いたはる（＝苦労する）」「いたはし（＝苦痛だ）」と関係のあることばといわれ、「心を痛める」がもともとの意味である。対象が他人の場合、❶の、かわいそうだと思う気持ちを表し、さらに、保護してやりたくなる気持ちから❷の意味も表すようになった。
②**現代語とのつながり**　現代語の「いとしい」につながる「いとし」の語形は、「**いとほし**↓いとをし↓いとおし↓いとし」という過程を経て、室町時代末期にできたものである。

類語比較 **「いとほし」と「かはゆし」**
共通点＝相手を気の毒だと思う気持ちを表す。
いとほし＝「心を痛める」という意味を基本として、相手のふびんなようすに同情していうことば。
かはゆし＝①顔を赤らめるような恥ずかしさを表すのがもともとの意味で、対象が他人になると、「目をそむけたくなるほどみじめだ・かわいそうだ」となり、そこから「哀れんでやりたい・愛らしい」という意味に変わっていく。②院政期以降に見られる比較的新しいことばで、「かほ（顔）」に「おもはゆし」「まばゆし」などと同じ、まばゆい・きまりが悪いという意味を表す「はゆし」の付いた「かほはゆし」が変化したものといわれる。

類語比較 **「かなし」と「いとほし」**↓愛し

いな-や【否や】 一 感動詞 ❶（打ち消して）いいえ。いやもう。
「**思へども思はずとのみ言ふなればいなや思はじ思ふかひなし**」歌〈古今集・雑体・1039〉訳（私は）思い慕っているのだけれど、（あの人は）思っていないとばかり言うので、**いやもう**、（私も）思わないことにしよう。思い慕うかいがない。
❷（意外で驚いて）これはこれは。いやはや。いやまあ。
「**いなや、こは誰ぞ。**」〈堤中納言・花桜折る少将〉訳「**いやまあ**、この人はだれなのか。」
二 連語（「といなや」「やいなや」の形で）❶（…か）どうか。
「**汝、我をば知りたりやいなや。**」〈今昔〉訳「おまえは、

私を知っているかどうか。」

❷…(と)すぐに。

大晦日の朝めし過ぎるといなや、羽織、脇差しさして…。〈西鶴・世間胸算用〉訳大晦日の朝飯が終わるとすぐに、羽織を着、小刀をさして…。

いなり【稲荷】名詞❶穀物の神である、宇迦之御魂神を祭る神社。❷伏見稲荷。稲荷神社の総本社にあたる。❸キツネの別の呼び名。

いな-を-かも【否をかも】そうではないか。違うのか。

筑波嶺に雪かも降らるいなをかもかなしき児ろが布乾さるかも 歌〈万葉集・14・3351〉訳↓つくはねに…

いに-し【往にし・去にし】連体詞 去る。先の。前の。過ぎ去った。発展ナ変動詞「いぬ」の連用形＋過去の助動詞「き」の連体形。後に撥音便化して「いんし」「いんじ」とも。

いにし-へ【古】

はるか遠く過ぎ去った昔 ─ ❶遠い昔。古い時代。／❷過去。以前。／❸亡き人。故人。

名詞❶遠い昔。古い時代。

歌の道のみ、古に変はらぬなどいふこともあれど…。〈徒然草・14・和歌こそ〉訳歌の道だけは、遠い昔と変わらないなどと(世間で)いうこともあるけれど…。

❷過去。以前。

古見し人は、二、三十人が中にわづかに一人二人なり。〈方丈記・ゆく河〉訳以前会った人(で、今も生きている人)は、二、三十人のうちでわずかに一人か二人である。

❸亡き人。故人。

発展 **語の成り立ち**　ナ変動詞「いぬ(往ぬ)」の連用形＋過去の助動詞「き」の連体形＋名詞「へ(方)」が、一語になったもの。中古以降は雅語・文語的な性格の強いことばになり、一般にはあまり用いられなくなる。

類語比較 **「いにしへ」と「むかし」**

共通点＝過去のことを指す。

いにしへ＝過ぎ去った時間の経過に対する感慨が含まれることばで、話し手の経験した過去を表す用法が多い。

むかし＝時間の経過という意識がなく、過去のある一時点を意味することが多い。

いにしへの…百人一首

いにしへの奈良の都の八重桜けふ九重ににほひぬるかな〈詞花集・29・伊勢大輔〉訳遠い昔の奈良の都の(美しく咲いていた)ヤエザクラが、今日は京の都の宮中のこのあたりで色美しく咲いたことだなあ。○「けふ」は、「今日」と「京」(本来は「きやう」)の掛詞。「九重」とは宮中のことで「ここの辺(＝このあたり)」との掛詞。

発展「いにしへ」と「けふ」、「八重」と「九重」を対比させ、平安京に咲く奈良のサクラの美しさを詠む。

品詞分解・修辞

いにしへ｜の(格助)｜奈良｜の(格助)｜都｜の(格助)｜八重桜
けふ(今日／京〈掛詞〉)｜九重(九重／ここの辺〈掛詞〉)｜に(格助)｜にほひ(八四・用)｜ぬる(完了・体)｜かな(終助)

いにしへの…歌

いにしへの倭文の苧環繰り返し昔を今になすよしもがな〈伊勢・32〉訳昔のしずを織るのにおだまきの糸をたぐるように、繰り返し(たぐり戻し)て、もう一度愛しあった昔の間柄を今に取り戻す手だてがあってほしいなあ。○「倭文」は上代の織物の名。「苧環」は布を織るための糸を玉のように巻いたもの。初二句は、「繰り返し」を導くための序詞。

いにしへ-の-ひと【古の人】名詞❶昔の人。❷古風な人。

母北の方なむ、いにしへの人の、由あるにて…。〈源氏・桐壺〉訳(桐壺の更衣の)母親である奥方は、古風な人で、(一応の)由緒ある(家柄の)方で…。

いにしへ-びと【古人】名詞❶昔の恋人。昔なじみの人。❷昔の人。特に、上代の人。発展「ふるひと」とも。

いにしへ-ぶみ【古典】名詞 古典。昔の書物。

いにしへも…歌

いにしへもかくやは人の惑ひけむわがまだ知らぬ東雲の道〈源氏・夕顔〉訳遠い昔もこのように人は戸惑ったのではないだろうか。私のまだ経験していない、(恋をして人目を忍ぶ)明け方の道については。○「東雲の道」は、東の空がわずかに明るくなる早朝に、共寝をした人と別れて帰る道。

発展 明け方、ひそかに夕顔を連れだしたときの源氏の歌。

夕顔の歌(↓やまのはの…)参照。

いぬ【犬・狗】■名詞❶《動物》イヌ科の動物。❷(鼻がきくところから)容疑者・逃亡者などを捜したり、調べたり、探ったりする者。回し者。密偵。間者。

「こなたのことで、この在所は大坂から犬が入り、代官殿から詮議ある。」〈近松・冥途の飛脚〉訳「あなたのことで、この村には大阪から密偵が入ってきて、代官さまから調べがある。」

■接頭語(名詞に付いて)似ていても本物でないもの、役に立たないものなどに対する軽蔑の気持ちを表す。語例 犬侍・犬死に

いぬ【戌】名詞❶十二支の十一番目。❷時刻の名。午後八時を中心とした前後二時間。❸方角のひとつ。西北西。

い-ぬ【往ぬ・去ぬ】動詞↓最重要語(153ページ)

↓ビジュアルチェック❹(349ページ)・❺(393ページ)・⑲(881ページ)

い-ぬ【寝ぬ】

横になって、眠る ─ 眠る。寝る。

未然形	連用形	終止形	連体形	已然形	命令形
い・ね	い・ね	い・ぬ	い・ぬる	い・ぬれ	い・ねよ

動詞(自)(ナ下二段)横になる。眠る。寝る。

夕されば小倉の山に鳴く鹿は今夜は鳴かずいねにけらしも 歌〈万葉集・8・1511〉訳↓ゆふされば…

「ここは気色ある所なめり。ゆめいぬな。」〈更級日記・初瀬〉訳「ここは怪しげな所であるようだ。決して眠るな。」

発展 **語の成り立ち** 睡眠を意味する名詞「い(寝)」に、横になる意味の下二段動詞「ぬ(寝)」が付いて一語になったもの。単に横になることと眠ることとの区別は意識されていない。↓古語チャート㉛(971ページ)

関連語 寝い・寝ぬ

いぬい(現)↓(歴)**いぬゐ【戌亥・乾】**

いぬ-おふもの【犬追物】名詞 垣根を巡らした中にイヌを放ち、それを追いながら馬上から弓で射ること。武芸の練習として行われた。

犬筑波集【シフ】作品名 →新撰犬筑波集

いぬ-はりこ【犬張り子】名詞 イヌをかたどった張り子細工。発展 子供の魔よけとされ、婚礼や出産のお祝い品に使われた。

いぬ-ふせぎ【犬防ぎ】名詞 仏殿で、内陣と外陣を仕切る柵。

[いぬおふもの]

いぬる【往ぬる】連体詞 去る。この前の。過ぎ去った。発展 ナ変動詞「往ぬ」の連体形から。

いぬ-ゐ【戌亥・乾】名詞 方角のひとつ。北西。→ビジュアルチェック❹（349ページ）

[いぬはりこ]

いね-かつ【寝ねかつ】寝ることができる。眠れる。

皆人を寝よとの鐘は打つなれど君をし思へば寝ねかてぬかも 歌〈万葉集・4・607〉訳 皆の者に寝よと（知らせる合図の）鐘は打つようだけれども、（私は）あなたのことを思うと、**眠ることができない**ことだなあ。

発展「かつ」は上代の下二段補助動詞。

いね-がて-に-す【寝ねがてにす】連語 寝ることができなくなる。

あきはぎの下葉色づく今よりやひとりある人の寝ねがてにする 歌〈古今集・秋上・220〉訳 秋の美しいハギの下の方の葉が色づき始める今ごろから、独り身でいる人が（ひとりの寂しさのために）**寝ることができなくなる**のか。

発展 下二段動詞「いぬ」の連用形＋下二段補助動詞「かつ」の未然形が濁音化したもの＋打消の助動詞「ず」の古い連用形＋サ変動詞「す」。

いねつけば…歌

稲つけばかかる我が手を今夜もか殿の若子が取りて嘆かむ〈万葉集・14・3459〉訳 イネを搗っくと必ずあかぎれる私の手を、今夜もお館の若様が、（手に）取って（かわいそうだと）嘆いてくださるだろうか。○「かかる」はラ行四段動詞で、ひびやあかぎれが切れること。

発展 東歌（＝上代東国地方の和歌）のひとつ。稲つきという下働きの労働に従事する女の歌。自分の恋人が、身分の高い若様であったらこうもあろうと想像しての歌とする説、また、稲つきをするときの労働歌とする説もある。

いのしし（現）→（歴）**ゐのしし**【猪】

いのち【命】名詞 ❶生命。寿命。

命は人を待つものかは。〈徒然草・59・大事を思ひ立たん人は〉訳 **寿命**は人を待つものだろうか、いや、待つものではない。

❷一生。生涯。

❸とても大切なものや人。

→古語チャート㉝（983ページ）

いのち-い・く【命生く】連語 ❶生き長らえる。

二人の娘どもにおくれなん後、年老い衰へたる母、命生きても何にかはせんなれば…。〈平家・1・祇王〉訳 二人の娘たちに先立たれてしまったような後、年老いて衰弱した母が、**生き長らえ**ていても仕方がないだろうから…。

❷命が助かる。

からき命生きたれど、腰切り損ぜられて…。〈徒然草・87・下部に酒飲ますることは〉訳 危うい**命が助かった**が、腰を切られ傷つけられて…。○「腰切り損ぜられて」は、「腰切られ損ぜられて」の意となる。＊対偶中止法。

いのちこそ…歌

命こそ絶ゆとも絶えめ定めなき世の常ならぬ仲の契りを〈源氏・若菜上〉訳 命は限りがあるので絶えるなら絶えもしようが、定めのないこの世の無常とは異なる（私たち二人の）間の契りなのだから（絶えるはずがない）。○「絶ゆとも絶えめ」の「め」は、推量の助動詞「む」の已然形。「こそ～已然形」の形で下に逆接で続く。

い・ぬ【往ぬ・去ぬ】

今いる所から、いなくなる

❶（どこかへ）行ってしまう。去る。
❷（時が）過ぎる。経過する。
❸（この世から）いなくなる。死ぬ。

動詞 自 ナ変	未然形	連用形	終止形	連体形	已然形	命令形
	い・な	い・に	い・ぬ	い・ぬる	い・ぬれ	い・ね

❶（どこかへ）**行ってしまう。去る。**

大路行きけるを、さなりと喜びたれば、ほかざまにいぬる、いと口惜し。〈枕草子・160・心もとなきもの〉訳 大通りに（車が）通ったのを、そう（＝自分を乗せる車）らしいと喜んでいると、よその方へ**行ってしまう**のは、本当にがっかりだ。

前栽の中に隠れゐて、河内へいぬる顔にて見れば…。〈伊勢・23〉訳（女の浮気を疑った男が）庭の植え込みの中に隠れて座って、河内へ**行ってしまう**振りをして見ていると…。

❷（時が）**過ぎる。経過する。**→往ぬる

契りおきしさせもが露を命にてあはれ今年の秋もいぬめり 百人一首〈千載集・1026〉訳 →ちぎりおきし…

❸（この世から）**いなくなる。死ぬ。**

隠り沼の下延へ置きてうち嘆き妹がいぬれば… 歌〈万葉集・9・1809〉訳（二人の男に思われた菟原処女が、自分さえ死ねばと）人知れず心の内に思い決めて嘆き悲しみ、その処女が**死ん**でしまうと…。○「隠り沼の」は「下」に係る枕詞。

発展 ①**「いぬ」と「行く」との違い** 「いぬ」は、「行く」が「帰る」を前提にしているのに対して、一方的で、帰ることなく消え去る場合に用いられる。そこから、❸の「死ぬ」意が派生した。なお、「死ぬ」は、息を意味する「し」に、この「いぬ」が付いて成立した語とみられている。

②**「いぬ」から完了の「ぬ」へ** 「いぬ」が他の動詞の連用形に付いて複合動詞となったとき、その「い」は脱落する結果をもたらした。それが、完了の助動詞「ぬ」となったものとみられている。

発展 女三の宮の源氏への降嫁に悩む紫の上の歌（↓めにちかく…）への源氏の返歌。

いのち-た-へ-ず【命堪へず】― 連語 命が持ちこたえられない。死ぬ。
「我も人も**命堪へずなりなましかば**…。」〈源氏・若菜上〉訳「私（＝紫の上）もあの方（＝源氏）も**命が持ちこたえられない**ままになってしまったならば…。」

いのち-ながさ【命長さ】 名詞 長生きであること。いつまでも死なないこと。発展 否定的姿勢で使われることが多い。

いのちの… 歌謡
命の　全けむ人は　たたみこも　平群の山の　くまかしが葉を　髻華に挿せ　その子〈古事記・景行天皇・倭建命〉訳 命が無事であるような人は、平群の山の大きなカシの葉を髪飾りとして挿せ。お前たちよ。
○「全けむ」の「全け」は、形容詞「全し」の古い未然形。「たたみこも」は、「平群」に係る枕詞。
発展『古事記』では、倭建命が故郷を偲んで詠んだことになっているが、本来は、歌垣の民謡であったとされる。

いのちふたつの… 句
命二つの中に生きたる桜かな〈野ざらし紀行・松尾芭蕉〉
訳 われわれ二人の命二つの間に、生き生きと命を保って咲いているサクラだなあ。お互いよくぞ元気でいたなあ。○ 季語 桜―春
発展 旅の途中、水口（＝旧東海道の宿駅）で、二十年ぶりに古くからの友人（＝服部土芳）と再会したときの句。

い-の-ね-らえ-ぬ-に【寝の寝らえぬに】 眠ることができないでいると。眠れないときに。
妹を思ひ寝の寝らえぬに秋の野にさ雄鹿鳴きつ妻思ひかねて 歌〈万葉集・15・3678〉訳 妻を思い**眠ることができないでいると**秋の野に雄のシカが鳴いた。妻を思い切れなくて。
発展 名詞「い」＋格助詞「の」＋下二段動詞「ぬ」の未然形＋上代の可能の助動詞「らゆ」（＝中古の「らる」）の未然形＋打消の助動詞「ず」の連体形＋接続助詞「に」。

いの-る【祈る・禱る】 動詞 他〔ラ四段〕〈ら・り・る・る・れ・れ〉 神仏に願う。祈禱する。祈願する。↓**古語チャート** 34（989ページ）

いは【石・岩・磐・巌】 名詞 ❶岩。岩石。❷岩のように重いもの。錨。重り。発展「いはろ」「いひ」とも。

いは【家】 名詞《上代東国方言》家。

いは-がく-る【岩隠る】― 一 動詞 自〔ラ四段〕〈ら・り・る・る・れ・れ〉《上代語》亡くなる。
神さぶと岩隠りますやすみししわが大君の… 歌〈万葉集・2・199〉訳 神として**お亡くなりに**なった我々の天皇が…。
○「やすみしし」は「わが大君」に係る枕詞。
二 動詞 自〔ラ下二段〕〈れ・れ・る・るる・るれ・れよ〉 岩陰に隠れる。
発展 下二段活用となるのは中古以降。一は、貴人を石城（＝棺を納める石室）に葬ったことから。

いは-がくれ【岩隠れ】― 名詞 岩陰。

いは-が-ね【岩が根】― 名詞 地に根をはったような大きな岩。また、その岩の根本。類 岩根

いは-き【石木・岩木】― 名詞 岩石と木。また、岩石や木のように感情のないもの。

いはき【磐城】 旧国名 ↓磐城（いわき）

いは-く【稚く】 動詞 自〔カ下二段〕〈け・け・く・くる・くれ・けよ〉 子供っぽいことをする。幼稚である。
御けはひ、言の葉、いささかいはけたることなく…。〈夜の寝覚〉訳 物腰や、ことばも、少しも**子供っぽいことを**していることはなく…。

いは-く【曰く・言はく】― 一 連語 言うこと。言うことには。
船君のいはく、「この月までなりぬること。」と嘆きて…。〈土佐日記・二月一日〉訳 船の主人の**言うことには**、「今月にまでなってしまったこと。」とため息をついて…。
二 名詞《近世以降》わけ。事情。いわれ。
「お道理お道理、**いはくを御存じないゆゑ御不審の立つはず**。」〈近松・心中天の網島〉訳「ごもっともごもっとも、**事情をご存じないのでお疑いも当然だ**。」
発展 四段動詞「いふ」の未然形＋接尾語「く」。

いは-くら【磐座】― 名詞 ❶岩のように頑丈な座る場所。❷神が降臨するところ。
発展 古代神話で、高天原にある神が座る頑丈な場所を「天の磐座」という。

いはけ-な-し【稚けなし】 形容詞 ↓**最重要語**（155ページ）

いは-じ-と-に-も-あら-ず【言はじとにもあらず】― 言うまいと思っているわけでもない。
源氏物語、枕草子などに事旧りにたれど、同じこと、またいまさらに言はじとにもあらず。〈徒然草・19・折節の〉訳『源氏物語』や、『枕草子』などで言い古されてしまっているけれども、同じことを、また改めて**言うまいと思っているわけでもない**。
発展 四段動詞「いふ」の未然形＋打消意志の助動詞「じ」の終止形＋格助詞「と」＋断定の助動詞「なり」の連用形＋係助詞「も」＋ラ変補助動詞「あり」の未然形＋打消の助動詞「ず」。

いは-しみづ【石清水】 名詞 岩の間からわく清水。

いはしみづはちまんぐう【石清水八幡宮】 寺社名 ↓石清水八幡宮（いわしみずはちまんぐう）

いはしろ【岩代】 旧国名 ↓岩代（いわしろ）

いはしろの… 歌
磐代の浜松が枝を引き結びま幸くあらばまたかへりみむ〈万葉集・2・141・有間皇子〉訳 磐代の浜松の枝を引き結んで（幸いを祈ってゆくが）、もし無事であったなら、また立ち帰って見よう。
○「磐代」は、今の和歌山県日高郡みなべ町の岩代。「浜松が枝を引き結び」は、マツの枝を引き結ぶ風習で、旅路などの無事を祈るまじない。「ま幸くあらば」は、接頭語「ま」＋副詞「幸く」＋ラ変動詞「あり」の未然形＋接続助詞「ば」で、順接の仮定条件を表し、もし…ならば、という意味。
発展 反逆の罪で捕らえられ、護送される途中で自身の無事を祈って詠んだ歌。しかし、有間皇子は藤白の坂（＝和歌山県海南市）で処刑された。↓いへにあれば…

いは-せ【石瀬・岩瀬】― 名詞 石の多い川の浅瀬。

いはせのもり【岩瀬の森】 歌枕 ↓岩瀬の森（いわせのもり）

いは-そそ-く【石注く】― 一 動詞 自〔カ四段〕〈か・き・く・く・け・け〉（波や急流の）水が激しく岩に当たる。
石そそき岸の浦廻に寄する波辺に来寄らばか言のしげけむ 歌〈万葉集・7・1388〉訳 **岩に波が激しく当たって**がけになった海岸に寄せる波のように（恋人の）そばに近寄ったならば人のうわさがうるさくなるだろうか。
二 枕詞「垂水」に係る。

いはけ-な・し【稚けなし】 形容詞(ク)

幼くて頼りないようす

❶(年齢が)幼い。
❷(性格が)幼稚である。子供っぽい。あどけない。

未然形	連用形	終止形	連体形	已然形	命令形
いはけな・く	いはけな・く	いはけな・し	いはけな・き	いはけな・けれ	○
いはけな・から	いはけな・かり	○	いはけな・かる	○	いはけな・かれ

❶(年齢が)幼い。「**いはけなき人を**、いかにと思ひやりつつ…。」〈源氏・桐壺〉訳「**幼い**宮(=後の源氏)を、どうしているかといつも気遣っては…。」「いとうれしかるべき仰せ言なるを、まだむげに**いはけなき**程にはべるめれば…。」〈源氏・若紫〉訳「たいへん喜ばしいはずのおことば(=源氏が紫の上を引き取りたいと言ったこと)であるが、(紫の上は十歳ばかりの)まだむやみと**幼い**年ごろでございますようなので…。」

❷(性格が)**幼稚である。子供っぽい。あどけない。**「かひなき心地のみしはべるを、かの**いはけなう**ものしたまふ御一声、いかで。」〈源氏・若紫〉訳「(参上した)かいのない気持ちばかり致しますので、(紫の上の)あの**あどけなく**ていらっしゃるお声の一言を、なんとか(お聞かせください)。」〇「いはけなう」は連用形「いはけなく」のウ音便。

「もののついでに、**いはけなく**うち出できこえさせたまふな。」〈源氏・若紫〉訳「(あなたの父の式部卿宮に)何かのついでに、**子供っぽく**(あなたを引き取りたいと言っている源氏のことを)お話し申し上げなさいますな。」

類語比較「いはけなし」と「いとけなし」
共通点＝二語に共通する「なし」は形容詞を作る接尾語であり、「無し」の意味ではなく、そのような状態である、また、その程度が極端であるという意味を表す。
いはけなし＝①年少であるとともに、幼くて頼りない意味をも表した。②『源氏物語』では、意味に膨らみのある「いはけなし」の方が、「いとけなし」より圧倒的に多く用いられている。
いとけなし＝古くは、単に年少である意味であった。(「いときなし」ともいった。)

いは-つつじ【岩躑躅】名詞 岩の間に生えているツツジ。

いは-と【岩戸】名詞 岩でできた戸。また、岩を利用して造った住居の戸。また、墳墓の石室の入り口の戸。

いは-とこ【岩床・磐床】名詞 床のように平らな岩。

いは-ね【岩根】名詞 ➜いはがね

いは-ば【言はば】言ってみるなら。言うならば。
「その主と栖と無常を争ふさま、**言はば**、朝顔の露に異ならず。」〈方丈記・ゆく河〉訳その(はかない世の中にある)人間と住居とが無常であることを競い合う(=どちらもあわただしく滅び去っていく)ようすは、**言ってみるなら**、アサガオの花の(上に置く)露(との関係)と同じだ。
発展 四段動詞「いふ」の未然形＋接続助詞「ば」。

いは-ばし【岩橋・石橋】名詞 ❶石を川の浅瀬に並べて、橋のように渡ることができるようにしたもの。❷男女の仲が途中で絶えることのたとえ。

いはばし-の【石橋の】枕詞 (川の浅い所に渡した石の間隔から)「間」「近し」「遠し」に係る。

いは-ばし・る【石走る】一 動詞 自 [ラ四段]〈ら・り・る・る・れ・れ〉岩の上を水が勢いよく流れる。
「**岩走りたぎち流るる泊瀬川**絶ゆることなくまたも来て見む」〈万葉集・6・991〉訳**岩の上を水が勢いよく流れる泊瀬川**を(その流れが絶えることがないように)絶えることなく(私も)また来て見よう。
二 枕詞 (一の意味から)「滝」「垂水」や地名の「近江」などに係る。

いはばしる… 歌
「**石走る垂水の上のさわらびの萌え出づる春になりにけるかも**」〈万葉集・8・1418・志貴皇子〉訳激しく水が岩にぶつかり落ちる滝のほとりのワラビが芽を出す春に(早くも)なってしまったことだなあ。
発展 素直に春の訪れを喜んだ歌で、小さな春の息吹くようすを目にとめている。

いは-はな【岩端・岩鼻】名詞 岩の端。突き出た岩の先。

いははなや… 句
「**岩端やここにもひとり月の客**」〈笈日記・向井去来〉訳山野で月見をする人は多いだろうが、今、私はこの寂しい岩の先端にいる。ここにもひとり私という風狂の人間が月の客となってながめていることだよ。〇季語 月の客—秋
発展 去来は初め岩の先端に(自分以外の)もう一人の風流人を見つけて詠んだが、芭蕉に「月の客」は自分自身の姿を詠んだ句とすべきだと説かれ、感服したと『去来抄』に見える。

いはひ 名詞 一【斎ひ】❶吉事を望み、けがれを忌み、心身を清めて神を祭ること。❷神を祭る所。また、神を祭る人。
二【祝ひ】吉事を喜ぶこと。また、その行事。
類語比較「よろこび」と「いはひ」↓喜び

いはひ-うた【祝ひ歌】名詞 ❶天皇の治世を祝い、たたえる歌。❷祝儀の席や宴席で歌われる歌。
発展 ❶は古今集の仮名序で、和歌を「そへ歌・かぞへ歌・なぞらへ歌・たとへ歌・ただごと歌・祝ひ歌」の六種に分類したうちの一種。

いはひ-ご【斎ひ児】名詞《上代語》(神のように聖なるものとして)大切に守り育てている子供。発展「いはひこ」とも。

いは-びと【家人】名詞《上代東国方言》家の人。家族。

いはひ-べ【斎ひ瓮】名詞 神に供える酒を入れるつぼ。発展「いはひへ」とも。陶器で、地面を掘って据える、底が丸いものが多い。

いは・ふ【祝ふ】動詞 他 [ハ四段]〈は・ひ・ふ・ふ・へ・へ〉祝福する。幸福を願い祈る。
「鶴亀につけて、**君を思ひ、人をも祝ひ**…。」〈古今集・仮名序〉訳鶴亀につけて、君を思い、人をも**祝福し**…。

いは・ふ【斎ふ】いわ(おう) 動詞 他 八四段〈は・ひ・ふ・ふ・へ・へ〉❶心身を清め謹んで神に無事・幸いを祈る。物忌みをする。忌みつつしむ。
我は幣引きいはひつつ君をば遣らむはや帰りませ 歌〈万葉集・8・1453〉訳 私は幣(=神へのささげ物)を引いて、**物忌みをし**ながらあなたを送ろう。早くお帰りください。
❷大切にする。守る。
…**汝が佩ける太刀になりてもいはひてしかも** 歌〈万葉集・20・4347〉訳 …あなたが腰につけている太刀になってでも(あなたを)**守り**たいものだよ。
❸神として祭る。祭礼をする。
類語比較「いつく」と「いはふ」→斎く

いは-ふね【磐船】いわ 名詞 岩のように堅固な船。発展「いはぶね」とも。神が乗り天空を走る乗り物とされた。

いは-ほ【巌】いわお 名詞 突き出た岩。大きな岩。

いは-ま-く-も【言はまくも】いわ 口で言うことも。
かけまくもゆゆしきかも**言はまくも**あやにかしこき… 歌〈万葉集・2・199〉訳 心に思うことも忌み慎まれることだなあ。**口で言うことも**、どうにも恐れ多い…。
発展 四段動詞「いふ」の未然形「ま」＋接尾語「く」＋係助詞「も」。

いは-まくら【岩枕・石枕】いわ 名詞 岩を枕に寝ること。野宿すること。

いは-まほし【言はまほし】いわ 言いたい。
「**言はまほしきこともえ言はず**…。」〈更級日記・子忍びの森〉訳「**言いたい**ことも言うことができないで…。」

いはみ【石見】いわみ 旧国名 ↓石見(いわみ)

いはみのうみ… 歌
石見の海 角の浦廻を 浦なしと 人こそ見らめ 潟なしと 人こそ見らめ よしゑやし 浦はなくとも よしゑやし 潟はなくとも 鯨魚取り 海辺をさして 和多津の 荒磯の上に か青く生ふる 玉藻沖つ藻 朝羽振る 風こそ寄せめ 夕羽振る 波こそ来寄れ 波のむた かより かくよる 玉藻なす 寄り寝し妹を 露霜の 置きてし来れば この道の 八十隈ごとに 万たび 顧みすれど いや遠に 里は離りぬ いや高に 山も越え来ぬ 夏草の 思ひ萎えて しのふらむ 妹が門見む 靡けこの山〈万葉集・2・131・柿本人麻呂〉訳 石見(=今の島根県西部)の海の角の海岸の曲がった所を(良好な)入り江がないと人は見ているだろうが、(良好な)干潟はないと人は見ているだろうが、仮に浦はなくても、仮に潟はなくても、海岸を目ざして、和多津の岩のあたりには、青々と生い茂る玉藻や沖の藻を、朝吹く風が寄せるだろうから、夕方立つ波が来て寄ってくるだろうから、その波とともに、あのように寄り、このように寄る美しい藻のように(私に)寄り添って寝た妻を、(角の里に)置いて来ているので、この道の多くの曲がり角ごとに、何度も振り返って見るが、いよいよ遠く(妻の)里は遠ざかってしまった。いよいよ高く山も越えて来てしまった。今ごろはすっかり元気がなくなって(私のことを)思い慕っているであろう妻の家の門を見ようと思う。(遮らないで)横に倒れ伏せ、この山よ。
〇「鯨魚取り」は「海」に、「露霜の」は「置く」に、「夏草の」は「しなゆ」に係る枕詞。「か青く生ふる」は「か青なる」とも、「来寄れ」は「来寄せ」とも訓まれてきている。

いはみのや… 歌
石見のや高角山の木の間より我が振る袖を妹見つらむか〈万葉集・2・132・柿本人麻呂〉
訳 (妻の住む)石見の国(=今の島根県)の高角山の木の間から、(別れを惜しんで)私が振る袖を妻は見てくれているであろうか。〇「石見のや」の「や」は、詠嘆を表す間投助詞。「我が振る袖」は、別れを惜しんでする行為。
発展 作者が石見の国から上京したとき妻との別れを惜しむ長歌の後に置かれた反歌の一首目。

いは-む-かた-な・し【言はむ方無し】いわ

言い表せないほどすばらしい、あるいはひどいようす ―(よくも悪くも)**言いようもない。この上ない。どうしようもない。**

未然形	連用形	終止形	連体形	已然形	命令形
いはむかたなく	いはむかたなく	いはむかたなし	いはむかたなき	いはむかたなけれ	○
いはむかたなから	いはむかたなかり	○	いはむかたなかる	○	いはむかたなかれ

形容詞 ク (よくも悪くも)**言いようもない。この上ない。どうしようもない。**
言はむ方なき盛りの御容貌なり。〈源氏・松風〉訳 (源氏は)**言いようもない**(ほどすばらしい)男盛りのご容貌である。
まだ暁より足柄を越ゆ。まいて山の中の恐ろしげなること言はむ方なし。〈更級日記・足柄山〉訳 (翌朝)まだ暗いうちから足柄山を越える。(ふもとでも恐ろしかったのに)まして山の中の恐ろしそうであることは**この上ない**。
発展 ①**語の成り立ち** 四段動詞「いふ」の未然形＋推量(仮定・婉曲)の助動詞「む」の連体形＋名詞「かた」＋形容詞「なし」が、一語になったもの。
②**よくも悪くも** 「ことばで言い表したりする方法がない」というのがもともとの意味。そこから、よくも悪くも程度が並々でないようすを表すことばとして用いられる。
関連語 言ふ方無し・言ふ計り無し・言ふべき方無し

いは-む-すべ【言はむ術】いわ 言う方法。言いよう。
言はむすべせむすべ知らず極まりて貴きものは酒にしあるらし 歌〈万葉集・3・342〉訳 **言いよう**もしようもないほどこの上なく貴いものは酒であるらしい。
発展 四段動詞「いふ」の未然形＋仮定・婉曲の助動詞「む」の連体形＋名詞「すべ」。

いは-む-や【況や】いわむ 副詞 まして。言うまでもなく。
善人なほもって往生を遂ぐ。いはむや、悪人をや。〈歎異抄〉訳 善人でもやはり浄土に生まれ変わることを果たす(ことができる)。**まして**、悪人(が往生を遂げること)は言うまでもない。〇述語「往生を遂ぐ」が省略されている。「まして…は言うまでもない」の意味。
発展 「言はむや」の意味。「いはんや」とも。四段動詞「いふ」の未然形「いは」＋推量の助動詞「む」＋反語の終助詞「や」。漢語「況」「何況」の訓読から生じた。

いは-や【岩屋・窟】いわ 名詞 洞窟。洞穴。発展 自然のものも、住居とするため人が掘ったものもいう。

い-ば・ゆ【嘶ゆ】動詞 自 ヤ下二段〈え・え・ゆ・ゆる・ゆれ・えよ〉いななく。ウマが鳴く。
馬どものいばゆる音も…。〈源氏・総角〉訳 ウマたちが**いななく**声も…。
発展 「いばふ」とも。「い」はウマの鳴き声の擬声語。

いは-ゆる【所謂】いわ 連体詞 世間で一般的に言われている。世に言う。また、みなが知っている。
いはゆる実と申すは心、花と申すは詞なり。〈毎月抄〉訳 **世に言う**実と申しますものは心、花と申しますものは詞のことである。
発展 四段動詞「いふ」の未然形＋上代の受身の助動詞「ゆ」の連体形が一語になったもの。

いばら【茨・荊】名詞（野生のバラなど）とげのある小低木の総称。季語 夏 発展「うばら」「むばら」とも。

井原西鶴いはらさいかく【一ハラ】人名 ↓必修古典ビッグ30 ❷（158ページ）

いは-れ【謂はれ】いわ 名詞 理由。わけ。由来。発展 四段動詞「いふ」の未然形＋受身の助動詞「る」の連用形。

いは-れ-ぬ【言はれぬ】いわ 歌枕 ↓磐余（いわれ）
いは-れ-ぬ【言はれぬ】いわ ❶（なんとも言うことができないようすを表し）わけのわからない。無理な。
「**言はれぬことなしたまひそ。**」〈竹取・かぐや姫の昇天〉訳「**わけのわからないこと**をなさらないでほしい。」
❷《中世以降》よけいな。無用な。
者婆でも行かぬ死病、言はれぬ気骨折らるる。〈近松・女殺油地獄〉訳 者婆（＝名医の名）でも治せない死病に、**よけいな**気苦労をなさることだなあ。
発展 四段動詞「いふ」の未然形＋可能の助動詞「る」の未然形＋打消の助動詞「ず」の連体形。

いはろには…歌
家ろには葦火焚けども住みよけを筑紫に至りて恋しけ思はも〈万葉集・20・4419・物部真根〉訳（私の）家では、葦火を焚いて（家中すすけているほどの貧しい暮らしでも）住みよいのに、（遠く離れて防人として遣わされ）筑紫（＝九州）に着いたら（どんなにわが家を）恋しく思うことだろう。〇「家ろ」は、「家」の東国方言「いは」＋接尾語「ろ」。「葦火」は、「葦火」の東国方言で、家の中でアシをたく火。「住みよけを」も「住みよきを」の東国方言。第五句の「恋しけ思はも」は、「恋しく思はむ」の東国方言とされる。

いは-ゐ【石井・岩井】いわい 名詞 ❶石組をした井戸。対 板井 ❷岩の間から井戸のように湧き出る清水。

いはん-や【況や】いわん 副詞 ↓いはむや

いひ【家】いい 名詞《上代東国方言》いえ。発展「いは」「いはろ」とも。

いひ【飯】いい 名詞 めし。ごはん。発展 上代では蒸した堅めの「強飯」を食べたが、後に水で炊いた柔らかい「姫飯」を食べるようになった。

いひ-あつか-ふ【言ひ扱ふ】いいあつか（こ）う 動詞 他 八四段〈は・ひ・ふ・ふ・へ・へ〉❶うわさする。批評する。
「**あさましう、かかるなからひには、いかで、とこそ人は思ひたれ。」など、言ひ扱ふは聞くらむかし。**〈枕草子・266・いみじうしたてて婿とりたるに〉訳「意外なことに、（舅）あんな間柄では、どうして、と人は思っているのだ。」などと**うわさする**のは（本人も）聞いているだろうよ。
❷助言して世話をする。口出しする。
『**かの遺言は違へじ。』と思ひたまへて、ただかく言ひ扱ひはべるなり。**〈源氏・夕霧〉訳『あの遺言には背かないようにしよう。』と存じまして、（落葉の宮に）ただこのように**口出しする**のです。」

いひ-あつ-む【言ひ集む】いい 動詞 他 マ下二段〈め・め・む・むる・むれ・めよ〉あれこれと言う。
かやうの事多く言ひ集めさせたまへれど…。〈栄花〉訳 このようなことを多く**あれこれと言わせ**なさったが…。

いひ-あは-す【言ひ合はす】いいあわす 動詞 他 サ下二段〈せ・せ・す・する・すれ・せよ〉❶語り合う。話し合う。
まめごとなども言ひ合はせてゐたまへるに…。〈枕草子・137・五月ばかり〉訳 まじめなことなども**語り合って**座っていらっしゃるうちに…。
❷相談する。
この三人の兵、言ひ合はせて、「いかでか今日のものは見るべき。」と謀りけるに…。〈今昔〉訳 この三人の武士が**相談して**、「なんとか今日（の賀茂の祭りの行列を）見物しよう。」と企てた時に…。
❸話し合って取り決める。申し合わせる。
「**おどして走らせて笑はん。」と言ひ合はせて…。**〈宇治拾遺〉訳「脅かして逃げ走らせて笑おう。」と**申し合わせて**…。

いひ-あらは-す【言ひ表す】いいあらわす 動詞 他 サ四段〈さ・し・す・す・せ・せ〉❶打ち明ける。白状する。告白する。
「**つひにこれを言ひ表しつること。」など笑ふに…。**〈枕草子・9・上にさぶらふ御猫は〉訳「とうとうこれを**白状し**てしまったね。」などと笑うと…。
❷ことばで表現する。口に出して言う。

いひ-いだ-す【言ひ出だす】いい 動詞 他 サ四段〈さ・し・す・す・せ・せ〉❶（内から外に向かって）ことばをかける。
「**かく定かになむ宿りはある。」と言ひ出だしてはべりければ…。**〈古今集・春上・42・詞書〉訳「このとおり確かに宿はある（のです）。」と（中から）**ことばをかけて**おりましたので…。
❷ことばにする。口に出す。類 言ひ出づ
心に思ふことを、見るもの聞くものにつけて、言ひ出だせるなり。〈古今集・仮名序〉訳 心に思うことを、見るもの聞くものにつけて、（歌として）**ことばにした**のである。

いひ-い・づ【言ひ出づ】いいいず 動詞 他 ダ下二段〈で・で・づ・づる・づれ・でよ〉口に出す。類 言ひ出だす
あはれなることなど、人の言ひ出で、うち泣きなどするに…。〈枕草子・127・はしたなきもの〉訳 しみじみと心打たれることなどを、人が**口に出し**、泣いたりなどするときに…。

いひ-いひ-て【言ひ言ひて】いいいいて 繰り返し言って。言い続けて。互いにあれこれ言い合って。
言ひ言ひて、つひに本意のごとく会ひにけり。〈伊勢・23〉訳（男と女は）**互いにあれこれ言い合って**、とうとうかねてからの希望のとおり結婚したのだった。

いひ-い・る【言ひ入る】いい 動詞 他 ラ下二段〈れ・れ・る・るる・るれ・れよ〉❶（外から内に向かって）ことばをかける。
「**丹後へつかはしける人は参りにたるや。」と言ひ入れて、局の前を過ぎられけるを…。**〈古今著聞集〉訳「丹後へ使いにやった人は（もう）上京したか。」と（外から）**ことばをかけて**、局の前を通り過ぎなさったのを…。
❷言い含める。言い聞かせる。耳もとで言う。
いとみそかに言ひ入るるを、その人だにえ聞きつけで…。〈枕草子・275・大蔵卿ばかり〉訳（そばにいる人に私が）とてもこっそりと**言い聞かせる**のを、（言われた）その人さえ聞き取れないで…。

いひ-お・く【言ひ置く】いい 動詞 他 カ四段〈か・き・く・く・け・け〉言い残す。
「**これが花の咲かむ折は来むよ。」と言ひ置きて渡りぬるを…。**〈更級日記・梅の立ち枝〉訳「これ（＝ウメ）の花が咲いたならば、その時には来ようよ。」と**言い残し**て行ってしまったのを…。

井原西鶴

必修古典ビック30 ❷

▼西鶴肖像

【『西鶴諸国ばなし』の冒頭の一文】

榧、かち栗、神の松、やま草の売り声もせはしく、餅搗く宿の隣に、煤をも払はず、二十八日まで髭も剃らず、朱鞘の反りを返して、「春まで待てといふに、是非に待たぬか。」と…。

訳 カヤの実、かち栗、神棚に飾るマツ、(門飾りの)ウラジロの葉など(正月用品)の売り声もせわしなく、餅を搗く宿の隣に、煤をも払わないし、二十八日まで髭も剃らないで、黄ばんだ赤色の鞘の反りを返して(すぐ抜けるようにして)、「春まで(支払いを)待てというのに、どうしても待てないのか。」と…。

【人物】

一六四二(寛永一九)年〜一六九三(元禄六)年。江戸時代前期の俳人、代表的な浮世草子作者。本名は平山藤五という。俳号として、鶴永・松寿軒などを使った。大坂の裕福な町人の家に生まれたが、父母には早く死別したらしく、両親の名前は不明。その後は祖父に養育され、町人の子弟として教養を身につけたものと考えられる。生涯を通じて文学者としての名声が高かった。

【文学的な功績】

◉一六七三(延宝元)年には大坂及び近郊の俳人を一五六人集め、十二日間にわたって万句俳諧を挙行した。これが『生玉万句』で、これにより一躍俳壇にその名を知られるようになった。その軽口や滑稽な持ち味は、初めのうち俳壇においては受け入れられなかったが、徐々に認められ、西山宗因の別名「西翁」の一字をもらい、西鶴と名乗るようになった。特に、限られた時間内にいかに多くの句を詠むかを競う矢数俳諧の第一人者として一昼夜二万三千五百句の記録を作った。

一六八二(天和二)年四十一歳のときに、浮世草子の始めといわれる『好色一代男』を出版する。それ以降、亡くなるまでの約十年の間に、数多くの浮世草子を著した。

◉短い期間に多くの作品を著したため、西鶴自身の作品ではなく、編集者として他人の原稿を自作の中に編入したものもあるのではないかといわれている。

◉作品は、当時の世の中のようすを鋭く観察し、多彩な文体で描き出したものが多い。また、庶民に対する深い思いやりの心が作品の中にしばしば現れ、独特な軽みのある文章の中に、人情の温かさを表現している。

【主な作品】

①好色物…『好色一代男』は、『源氏物語』の光源氏にならい、主人公世之介の生涯を一代記として綴った作品。前半の三十四歳までは、さまざまな恋愛体験を経て「野暮」から「粋」に成長していくようすを描き、後半は粋の大臣となった世之介が廓の名妓たちと繰り広げる事件を描く。中世的な小説を超えて、人生を写実的に描いている。

『好色五人女』は、当時の有名な恋愛事件を題材とした短編集。姫路のお夏・清十郎、大坂のおせん・長左衛門、京都のおさん・茂右衛門、江戸のお七・吉三郎、薩摩のおまん・源五兵衛の五話。町人社会の一般女性を取り上げているところに新味がある。

②武家物…『武道伝来記』は「諸国敵討」ともいわれ、奥州から九州に取材したさまざまな敵討ちのようすを事実に基づいて記したもの。

また、『武家義理物語』は、人情を捨てて「義理」のために命をなげうつ誠実で悲壮な武士の姿を描く二十六話の短編集。

③町人物…『日本永代蔵』は、金持ちになるための心構えを説いた「長者教」という書物をもとに、才知と倹約で富を獲得する者や逆に没落する者を描いた三十話の短編集。

『世間胸算用』は、一年の借金の総決算である大晦日の町人のようすを描いた二十話の短編集。特定の人物名は出さず、集団としての町人の悲しみやおかしさなどを浮き彫りにした町人物の傑作として高く評価されている。

④雑話物…『西鶴諸国ばなし』は、全国に伝わる怪異談や奇談を紹介したもので、笑話的な要素もある。

『西鶴置土産』は西鶴の死後発刊されたもので、色事にうつつを抜かして没落した男たちについての十五話の短編集。

【ことばと表現】

◉俳諧から転向した西鶴の文章の特徴として、次のような点が指摘できよう。

①概して、ワンセンテンスが長い。

②助詞や述語が省略されていたり、文の途中で主語が交替していたりすることがある。

③会話文と地の文の区別がはっきりしないまま連続していることがある。

④ことわざがしばしば引用され、文章の中に組み込まれていることもある。

⑤語句と語句のつながりに飛躍があることが多い。

⑥動詞などの用言や助動詞が連用形や連体形で文末となっていることもある。

⑦文末に用いて断定し念を押す意の「ぞかし」という言葉がしばしば用いられている。

◉登場人物の着物や髪型の描写等が詳細である。実は、それによってその人物の年齢や経済状態、職業まで表現しているのである。たとえば、『日本永代蔵』では男の服装について、次のように説明する。

不断の身持ち、肌に単襦袢、大布子綿三百目入れて、一つより外に着る事なし。袖覆輪といふ事、この人取りはじめて、当世の風俗、見よげに始末になりぬ。革足袋に雪踏をはきて、終に大道を走りありきし事なし。一生のうちに絹物とては、紬の花色、ひとつは海松茶染めにせし事、若い時の無分別と、二十年もこれを悔しく思ひぬ。

いひ-おこ・す【言ひおこす】動詞 他〔サ下二段〕〈せ・せ・す・する・すれ・せよ〉(手紙や伝言で)言ってよこす。

文も、「**久しく聞こえさせねば。**」などばかり**言ひおこせたる**、いとうれし。〈徒然草・170・さしたることなくて〉訳手紙も、「長らくお手紙も差し上げないので。」などとだけ**言ってよこした**のは、たいへんうれしい。

いひ-おと・す【言ひ落とす】動詞 他〔サ四段〕〈さ・し・す・す・せ・せ〉悪く言う。けなす。類言ひくたす

頭の中将の、すずろなるそらごとを聞きて、いみじう**言ひ落とし**…。〈枕草子・82・頭の中将の〉訳頭の中将が、根拠のないうわさを聞いて、(私を)ひどく**けなし**…。

いひ-おどろ・く【言ひ驚く】動詞 自〔カ四段〕〈か・き・く・く・け・け〉驚いて言う。

「あれはなぞ、あれはなぞ。」と、安からず**言ひ驚き**…。〈更級日記・初瀬〉訳「あれは何か、あれは何か。」と、穏やかでなく**驚いて言い**…。

いひ-おほ・す【言ひ果す】動詞 他〔サ下二段〕〈せ・せ・す・する・すれ・せよ〉十分言い尽くす。

先師日く「**言ひおほせて何かある。**」〈去来抄・先師評〉訳先師(=芭蕉)が言うには「(サクラの美しさを)**十分言い尽くした**からといって何になるのだ。」

発展「おほす」は補助動詞。

いひ-おもむ・く【言ひ趣く】動詞 他〔カ下二段〕〈け・け・く・くる・くれ・けよ〉説き伏せて従わせる。説得する。

「同じくはねんごろに**言ひおもむけよ**。」〈堤中納言・ほどほどの懸想〉訳「同じことなら、熱心に(女を)**説得せよ**。」

いひ-かかづら・ふ【言ひかかづらふ】動詞 自〔ハ四段〕〈は・ひ・ふ・ふ・へ・へ〉❶ものを言ってかかわりをもつ。言い寄る。

「**とかく言ひかかづらひ出で**むも煩はしう…。」〈源氏・夕霧〉訳「(夕霧が)あれこれと**言い寄って**来たりすることも面倒で…。」

❷言えなくて困る。言い煩う。

耳にも聞き入れざりければ、**言ひかかづらひて帰りぬ**。〈竹取・仏の御石の鉢〉訳(姫が)耳にも聞き入れなかったので、(皇子は)**言えなくて困って**帰ってしまった。

いひ-かか・る【言ひ掛かる】動詞 自〔ラ四段〕〈ら・り・る・る・れ・れ〉❶話しかける。言い寄る。

「**うるさき戯れ言言ひかかりたまふ**を、煩はしきに。」〈源氏・玉鬘〉訳「(源氏は)煩わしい冗談でお**話しかけになる**が、(私どもには)面倒なので(不平を言うのだ)。」

❷(後に引けないことを)言い出す。言ったことにこだわる。

それがしも言ひ掛かったことぢゃによって、どうあっても連れて行かねばならぬ。〈狂言・胸突〉訳私も**言い出した**ことだから、どうしても連れて行かなければならない。

❸言いがかりを付ける。難癖を付ける。絡む。

「**この銀を遊ばして置きたる利銀を、きっと母屋から済ましたまへ。**」と**言ひ掛かり**…。〈西鶴・世間胸算用〉訳「この金を遊ばせておいた利子を、必ず本宅から返済しなさい。」と**言いがかりを付け**…。

いひ-か・く【言ひ掛く】動詞 他〔カ下二段〕〈け・け・く・くる・くれ・けよ〉話しかける。声を掛ける。歌などを詠みかける。

「ともにまうで来。」とばかり**言ひ掛けて**…。〈宇治拾遺〉訳「一緒に伺いなさい。」とだけ**声を掛けて**…。

いひ-かけ【言ひ掛け】名詞 ❶(和歌・連歌・俳諧などで)一つの語に複数の意味を持たせること。掛詞。❷言いがかり。うそを言って相手に難癖を付けること。

いひ-かた・む【言ひ固む】動詞 他〔マ下二段〕〈め・め・む・むる・むれ・めよ〉固く口約束をする。

「酒、果物など取り出ださせて、あがなひせん。」と**言ひ固めて**…。〈宇治拾遺〉訳「酒、果物などを取り出させて、償いをしよう。」と**固く口約束をして**…。

いひ-かたら・ふ【言ひ語らふ】動詞 他〔ハ四段〕〈は・ひ・ふ・ふ・へ・へ〉話し合う。語り合う。

いひ-かな・ふ【言ひ叶ふ】動詞 他〔ハ下二段〕〈へ・へ・ふ・ふる・ふれ・へよ〉うまく言い表す。

このごろの歌は、一節をかしく**言ひかなへたり**と見ゆるはあれど…。〈徒然草・14・和歌こそ〉訳最近の歌は、一部分は趣深く**うまく言い表している**と思われるものはあるが…。

いひ-かは・す【言ひ交はす】動詞 他〔サ四段〕〈さ・し・す・す・せ・せ〉❶言い合う。語り合う。

心得たるどち、片端**言ひ交はし**、目見合はせ…。〈徒然草・78・今様のことどもの〉訳よく知っている者どうしが、一部分だけを**言い合って**、目を見合わせ…。

❷歌や手紙をやりとりする。

女も、ただに**言ひ交はす**ことは、疾きこそはと思ふほどに…。〈枕草子・160・心もとなきもの〉訳女も、普通に**歌をやりとりする**のは、早いのがなによりだと思ううちに…。

❸誓い合う。約束をする。特に、結婚の約束をする。

ありしより異に言ひ交はして…。〈伊勢・21〉訳(この男女は)昔よりいっそう(固く愛を)**誓い合って**…。

いひ-がひ【飯匙】名詞 飯を盛る道具。しゃもじ。

手づから**飯匙取りて**、笥子の器物に**盛りける**を見て、**心憂がりて、行かずなりにけり**。〈伊勢・23〉訳(女が侍女に給仕をさせないで)自らの手で**しゃもじ**を取って、(飯を)食器に盛ったのを見て、(男は)嫌気がさして、(女の所へ)通わないままになってしまった。

いひがひ-な・し【言ひ甲斐無し】形容詞 ↓いふかひなし

いひ-かま・ふ【言ひ構ふ】動詞 他〔ハ下二段〕〈へ・へ・ふ・ふる・ふれ・へよ〉言い繕う。都合よく言う。

才々しき人にて、とかく**言ひ構へて**、尋ねて逢ひたり。〈源氏・浮舟〉訳(時方は)気のきく人であって、あれこれと**言い繕って**、(侍従を)捜し出して会った。

いひ-き・す【言ひ期す】動詞 自〔サ変〕〈せ・し・す・する・すれ・せよ〉ことばに出して約束する。口約束する。

「殿上にて**言ひ期しつる本意**もなくては、など帰りたまひぬるぞ、と…。」〈枕草子・137・五月ばかり〉訳「殿上の間で**ことばに出して約束した**目的も果たさないで、どうしてお帰りになってしまったのだ、と…。」

いひ-くく・む【言ひ含む】動詞 他〔マ下二段〕〈め・め・む・むる・むれ・めよ〉分かるように言って聞かせる。言い含める。

「汚げならむはかき捨てて。」など**言ひくくめてやりたれば**…。〈能因本枕草子・91・職の御曹司におはしますころ、西の廂にて〉訳「汚らしいようなところはかき捨てて。」などと**言い含めて**行かせたところ…。

いひ-くた・す【言ひくたす】動詞 他〔サ四段〕〈さ・し・す・す・せ・せ〉悪く言う。けなす。類言ひ落とす

「このごろ、紅葉を**言ひくたさむ**は、竜田姫の思はむこともあるを…。」〈源氏・少女〉訳「このごろ(=秋である今の季節)、紅葉を**悪く言ったら**、(秋の女神の)竜田姫が(不愉快に)思ったりすることもあるので…。」

いひ-くん・ず【言ひ屈ず】動詞 自〔サ変〕〈ぜ・じ・ず・ずる・ずれ・ぜよ〉力を落として言う。がっかりして言う。

「夜の程に消えぬらむこと。」と言ひくんずれば…。〈枕草子・87・職の御曹司におはしますころ、西の廂にて〉訳「(雪が)夜のうちに消えてしまっていることは。」とがっかりして言うと…。
発展「くんず」は、「くっす」「くす」と同じことばの別の表記。

いひ-け・つ【言ひ消つ】いい

言うことを消す(=やめる)。また、言って消す(=否定する)
❶言いかけてやめる。
❷(人のことばを)打ち消す。否定する。
❸非難する。

未然形	連用形	終止形	連体形	已然形	命令形
いひけ・た	いひけ・ち	いひけ・つ	いひけ・つ	いひけ・て	いひけ・て

動詞 他〔タ四段〕❶言いかけてやめる。「はつるる糸は。」と末は言ひ消ちて…。〈源氏・椎本〉訳(大君は)「ほつれる糸は(涙の筋となった)。」と(古歌の一節も口に出すが、その)下の句は言いかけてやめて…。
❷(人のことばを)打ち消す。否定する。わざとはなくて言ひ消つさま、「みやびかによし。」と聞きたまふ。〈源氏・松風〉訳ことさらにというのではなくて(生まれのよさを)否定する(尼君の)ようすを、(源氏は)「優雅で立派だ。」とお聞きになる。〇この例の「言ひ消つ」は❶の意味とする説もある。
❸非難する。をこにも見え、人にも言ひ消たれ、災ひをも招くは、ただ、この慢心なり。〈徒然草・167・一道に携はる人〉訳ばかげたことにも見られ、人からも非難され、災難をも引き寄せるのは、ひとえに、このうぬぼれた心(のせい)である。

いひ-けら-く【言ひけらく】いい 言ったことには。酒など飲みけるついでに、みこの言ひけらく…。〈古今集・羈旅・418・詞書〉訳酒などを飲んだ機会に、親王が言ったことには…。
発展 四段動詞「いふ」の連用形＋助動詞「けり」の古い未然形＋接尾語「く」。

いひ-こしら・ふ【言ひ拵ふ】いいこしら(ろ)う 動詞 他〔ハ下二段〕〈へ・へ・ふ・ふる・ふれ・へよ〉言いなだめる。言い繕う。果て果ては腹立つを、よろづに言ひこしらへて…。〈源氏・若菜下〉訳あげくの果てには怒るのを、いろいろと言いなだめて…。

いひ-ごと【言ひ事】いい 名詞 ❶話の内容。話題。❷言い分。言いぐさ。❸言い争い。口げんか。

いひ-さ・す【言ひさす】いい 動詞 他〔サ四段〕〈さ・し・す・す・せ・せ〉言いかけてやめる。おのおの親ありければ、つつみて言ひさしてやみにけり。〈伊勢・86〉訳それぞれ親があったので、遠慮して言いかけてやめてそれきりになってしまった。

いひ-さだ・む【言ひ定む】いい 動詞 他〔マ下二段〕〈め・め・む・むる・むれ・めよ〉口約束をする。また、話し合って決める。言ひ定めたるやうに、すみやかに酒、果物取りにやりて…。〈宇治拾遺〉訳話し合って決めたように、すぐに酒や、酒のさかなを取りにやって…。

いひ-しら-ず【言ひ知らず】いいしらず 連語 ❶(よい意味でも悪い意味でも表現ができないほど程度が並々でないことを表し)言いようがない。形容のしようがない。言ひ知らずをかしげに、めでたく書きたまへるを見て…。〈更級日記・梅の立ち枝〉訳言いようがなく趣深そうに、美しくお書きになってあるのを見て…。
❷言うまでもない。取るに足りない。つまらない。九重の御殿の上をはじめて、言ひ知らぬ民のすみかまで…。〈枕草子・39・節は五月に〉訳内裏の御殿をはじめとして、取るに足りない(=身分の低い)人々の住まいまでも…。

いひ-し・る【言ひ知る】いい 動詞 他〔ラ四段〕〈ら・り・る・る・れ・れ〉言い方を知っている。ことばも言ひ知らず、いはむや歌は詠まざりければ…。〈伊勢・107〉訳(恋の)ことばさえも言い方を知っていなくて、ましてや歌は詠めなかったので…。

いひ-しろ・ふ【言ひしろふ】いいしろう 動詞 他〔ハ四段〕〈は・ひ・ふ・ふ・へ・へ〉❶互いに言う。語り合う。「あはれ、紅葉をたかん人もがな。」「験のあらん僧たち、祈り試みられよ。」など言ひしろひて…。〈徒然草・54・御室に、いみじき児の〉訳「ああ、紅葉をたくような人がいてくれればよいのに。」「霊験あらたかな僧たち、試しに祈ってみなさい。」などと互いに言って…。
❷言い争う。口論する。とかく言ひしろひて、この御文は引き隠したまひつれば…。〈源氏・夕霧〉訳あれこれと言い争って、(そのあげく)このお手紙は(雲居の雁が)隠しておしまいになったので…。

いひ-すぐし【言ひ過ぐし】いい 名詞 言い過ぎ。程度を越えたことを言うこと。

いひ-す・つ【言ひ捨つ】いい 動詞 他〔タ下二段〕〈て・て・つ・つる・つれ・てよ〉❶言いっぱなしにする。言い捨てる。「神明の加護、必ず恙なかるべし。」と言ひ捨てて出でつ…。〈奥の細道・市振〉訳「神様の加護によって、必ず無事(に旅が続けられる)に違いない。」と(女に)言い捨てて出立したものの…。
❷なにげなく言う。昔の人は、ただ、いかに言ひ捨てたる言草も、皆いみじく聞こゆるにや。〈徒然草・14・和歌こそ〉訳昔の人(の歌)は、ただ、どんなになにげなく言ったことばでも、みんなすばらしく聞こえるのだろうか。

いひ-そ・す【言ひそす】いい 動詞 他〔サ四段〕〈さ・し・す・す・せ・せ〉言い過ぎる。『賢く教へたつるかな。』と思ひたまへて、我たけく言ひそしはべるに…。〈源氏・帚木〉訳『(我ながら)上手に教え諭してやったものだなあ。』と存じまして、自分が偉いというように言い過ぎますと…。

いひ-そ・む【言ひ初む】いい 動詞 他〔マ下二段〕〈め・め・む・むる・むれ・めよ〉❶口に出す。言い出す。言ひそめてむことはとて、かたう争ひつ。〈枕草子・87・職の御曹司におはしますころ、西の廂にて〉訳言い出してしまったようなことは(後には引けない)と思って(私は皆と)頑固に張り合った。
❷初めて口をきく。また、初めて異性に言い寄る。「なほ、浅からず言ひそめてし、事の筋なれば…。」〈源氏・東屋〉訳「やはり、いい加減でなく初めて言い寄った、恋愛のなりゆきなので…。」

いひ-た・つ【言ひ立つ】いい 一 動詞 自〔タ四段〕〈た・ち・つ・つ・て・て〉❶ものを言いながら立っている。立ち話をする。頭の弁、物をいと久しう言ひ立ちたまへれば…。〈枕草子・49・職の御曹司の〉訳頭の弁が、ひどく長い間立ち話をしていらっしゃったので…。
❷言い出す。言い始める。

かく**言ひ立ちて**とどまりたらむ、いとをこならむ。〈落窪〉訳このように**言い始めて**留まってしまったら、まったく愚かであろう。

❸うわさがたつ。評判になる。「いかにして死ぬるやらんと、心も得ざりけるほどに、「この岩のあるゆゑぞ。」と**言ひ立ちにけり**。〈宇治拾遺〉訳どのようにして死ぬのだろうかと、わからないでいたところ、「この岩があるからだぞ。」と**うわさがたって**しまった。

二 動詞 他〔タ下二段〕〈て・て・つ・つる・つれ・てよ〉取り立てて言う。「その景の模様どもを、よそながら数々**言ひ立つれば**…。〈難波土産〉訳その景色のようすなどを、客観的にいろいろと**取り立てて言う**と…。

いひ-たはぶ・る【言ひ戯る】 動詞 自〔ラ下二段〕〈れ・れ・る・るる・るれ・れよ〉冗談を言う。「前なる御達に物など**言ひたはぶれて**、打ち解けたるは…。〈源氏・東屋〉訳（左近少将が）前にいる女房たちに何か**冗談を言って**、くつろいでいるのは…。

いひ-ちぎ・る【言ひ契る】 動詞 他〔ラ四段〕〈ら・り・る・る・れ・れ〉ことばにして約束する。口に出して誓う。「ねむごろに**言ひ契りける**女の、ことざまになりにければ…。〈伊勢・112〉訳心を込めて（変わらぬ愛を）**ことばにして約束した**女が、心変わりしてしまったので…。

いひ-ちら・す【言ひ散らす】 動詞 他〔サ四段〕〈さ・し・す・す・せ・せ〉❶勝手なことを言う。やたらにしゃべる。「取る手もうれしくて、やがてこんこんと**言ひ散らし**、狐のなかは帰りけり。〈御伽草子・のせ猿草子〉訳手に取るのもうれしくて、すぐにこんこんと**やたらに言って**、キツネの田舎殿は帰っていった。

❷言いふらす。「いみじうなむ才ある。」と、殿上人などに**言ひ散らして**…。〈紫式部日記〉訳「たいへん学がある。」と、★殿上人などに**言いふらして**…。

いひ-つか・ふ【言ひ使ふ】 動詞 他〔ハ四段〕〈は・ひ・ふ・ふ・へ・へ〉仕事を言い付けて使う。召し使う。「この人、国に**必ずしも言ひ使ふ者にもあらざなり**。〈土佐日記・十二月二十三日〉訳この人は、国司の役所で必ずしも**召し使っている**者でもないようだ。

いひ-つ・く【言ひ付く】 一 動詞 自〔カ四段〕〈か・き・く・く・け・け〉言い掛ける。言い寄る。また、言い寄って親しくなる。「いかで**言ひ付きし**。」〈堤中納言・ほどほどの懸想〉訳「どうして（姫君に）**言い寄って親しくなった**のか。」

二 動詞 他〔カ下二段〕〈け・け・く・くる・くれ・けよ〉❶頼む。託す。「かの人の**言ひ付けし**ことなど…。〈源氏・手習〉訳あの人が**託した**ことなど…。

❷名付ける。呼び習わす。「大宰相の君などいふ人を、「おばおとど」など**言ひ付けたまひ**…。〈栄花〉訳大宰相の君などという人を「おばあちゃん」などと**名付け**なさって…。

❸告げ口する。また、（いやなことを）言い立てる。うわさする。「さる疎ましきことを**言ひ付けらるる**、宿世の憂きこと。」〈源氏・葵〉訳「（生身のまま生霊になったという）そんないとわしいことを**うわささされる**（とは）、前世からの因縁のつらいこと。」

❹言い慣れる。「ここもとに**言ひ付けたる**ことぐさ、物の名など…。〈徒然草・78・今様のことどもの〉訳自分の方で**言い慣れて**いる話題や、物の名まえなどを…。

❺命じる。叱る。「人々にも**言ひ付け**、みづからも尋ねたてまつれど…。」〈古本説話集〉訳「人々にも**命じ**、自分自身も（女君を）お探し申し上げるけれど…。」

いひ-つ・ぐ【言ひ継ぐ】 動詞 他〔ガ四段〕〈が・ぎ・ぐ・ぐ・げ・げ〉❶言い伝える。語り伝える。「語り継ぎ**言ひ継ぎ**行かむ富士の高嶺は」歌〈万葉集・3・317〉訳↓あめつちの…

❷取り次ぐ。伝言する。「これも**言ひ継ぐが**でやいでぬらむ。」〈大和・171〉訳「この人も**取り次ぎが**ないで行ってしまったのだろうか。」

いひ-つた・ふ【言ひ伝ふ】 動詞 他〔ハ下二段〕〈へ・へ・ふ・ふる・ふれ・へよ〉❶語り伝える。「その煙、いまだ雲の中へ立ち上る、とぞ**言ひ伝へたる**。〈竹取・かぐや姫の昇天〉訳（不死の薬を焼いた）その煙は、今でも雲の中へ立ち上っている、と**語り伝えて**いる。

❷取り次ぐ。伝言する。「常にもの**言ひ伝へ**さする人に…。」〈平中〉訳いつも（女への）ことばを**取り次が**せる人に…。

いひ-とぢ・む【言ひ閉ぢむ】 動詞 他〔マ下二段〕〈め・め・む・むる・むれ・めよ〉言い切る。断言する。「**言ひ閉ぢめつることはさてこそあらめ**。」〈枕草子・101・御方々、君達〉訳「**言い切って**しまったことはそのまま（押し通すの）がよかろう。」

いひ-ととの・ふ【言ひ調ふ】 動詞 他〔ハ下二段〕〈へ・へ・ふ・ふる・ふれ・へよ〉言い聞かせる。言い諭す。「わづかなる下人をも**言ひ調へ**…。〈源氏・夕霧〉訳ほんの少しの（残っている）召し使いをも（命令を）**言い聞かせ**（うまく使って）…。

いひ-とほ・る【言ひ通る】 動詞 自〔ラ四段〕〈ら・り・る・る・れ・れ〉筋の通った話をする。また、すらすらと話す。「世の好き者にて、物よく**言ひ通れる**を…。〈源氏・帚木〉訳（★物忌みに集まった男たちは）世間（で評判）の風流人で、よく**筋の通った話をして**いるので…。

いひ-なぐさ・む【言ひ慰む】 一 動詞 他〔マ下二段〕〈め・め・む・むる・むれ・めよ〉あれこれ話して人を慰める。「せめて引き入れたまひてよろづに**言ひ慰めたまふ**。〈落窪〉訳無理に引き込みなさってさまざまのことについて、**あれこれ話して慰め**なさる。

二 動詞 自〔マ四段〕〈ま・み・む・む・め・め〉話して心が晴れる。「この月ごろの憂さ恐ろしさを心の限り**言ひ慰まん**。」〈雨月・吉備津の釜〉訳「この一月余りのつらさや恐ろしさを思いきりあれこれ**話して心が晴れる**ようにしよう。」

いひ-な・す【言ひ做す・言ひ為す】 動詞 他〔サ四段〕〈さ・し・す・す・せ・せ〉❶事実でないことをあえてもっともらしく言う。また、言い繕う。言い紛らす。「ただ彼方方に**言ひなして**、空言なども出で来べし。」〈枕草子・143・殿などの〉訳（私のことを女房たちが）ひたすら相手方（=道長側の人）だと**もっともらしく言って**、（最後には）うそ（のうわさ）なども出てくるに違いない。

❷ことさらに強調して言う。言い立てる。「うちつけの、懸想びてなども**言ひなさず**…。〈更級日記・春秋の定め〉訳あからさまな、恋の思いをかけているようすなども**言い立て**ないで…。

いひ-な・る【言ひ成る】 動詞 自〔ラ四段〕〈ら・り・る・る・れ・れ〉（話のなりゆきから）言ってしまう。「はかなきこと言ひ言ひの果てに、我も人も悪しう言ひ成りて…。〈蜻蛉日記〉訳ささいなことを言い(争い)合ったあげくに、私もあの人も険悪に言ってしまうようになって…。

いひ-な・る【言ひ慣る・言ひ馴る】いい 動詞 他〔ラ下二段〕〈れ・れ・る・るる・るれ・れよ〉❶言い寄って慣れ親しむ。「言多く、**言ひ慣れたらむ方**にもなびかむかし。」〈源氏・末摘花〉訳「(先方の女は)ことばの数が多く、**言い寄って慣れ親しん**だりする人の方になびくだろうよ。」❷言い慣れる。呼び慣れる。また、言い方が巧みである。「若くてよろしき男の、げす女の名**言ひ慣れて呼び**たるこそ、いと憎けれ。」〈能因本枕草子・59・若くてよろしき男の〉訳若くてそれなりの身分の男が、身分の低い女の名を**言い慣れて**呼んでいるのは、まったく気にくわない。

いひ-のの・し・る【言ひ罵る】いい 動詞 他〔ラ四段〕〈ら・り・る・る・れ・れ〉わいわい言い騒ぐ。また、やかましくうわさする。「罪かうぶりたまふべし。」と**言ひののしる**。〈宇治拾遺〉訳「(左大臣は)罪をお受けになるにちがいない。」と**やかましくうわさする**。

いひ-はげま・す【言ひ励ます】いい 動詞 他〔サ四段〕〈さ・し・す・す・せ・せ〉激しい口調で言う。責めたてるように言う。「憎げなることどもを**言ひ励まし**はべるに…。」〈源氏・帚木〉訳「(恨み言を並べ立てる女に対して)憎らしいことなどを**責めたてるように言って**おりますと…。」

いひ-は・つ【言ひ果つ】いい 動詞 自〔タ下二段〕〈て・て・つ・つる・つれ・てよ〉終わりまで言ってしまう。表現し尽くす。「花とも、月とも、題に従ひて詠むに、その物を**言ひ果つる**なり。」〈俊頼髄脳〉訳花とか、月とか、歌題に従って詠むのだが、その主題を**表現し尽くしている**のである。

いひ-はづかし・む【言ひ辱む】いい 動詞 他〔マ下二段〕〈め・め・む・むる・むれ・めよ〉言って恥をかかせる。からかう。「いときなき子をすかし、おどし、**言ひ辱めて**興ずることあり。」〈徒然草・129・顔回は〉訳幼い子供をだまし、怖がらせ、**言って恥をかかせて**おもしろがることがある。

いひ-はな・つ【言ひ放つ】いい 動詞 他〔タ四段〕〈た・ち・つ・つ・て・て〉遠慮なく言う。きっぱり言う。「よろづえ**言ひ放たず**、心弱く言承けしつ。」〈徒然草・141・悲田院の尭蓮上人は〉訳「(人の頼みを断れずに)万事につけて**遠慮なく言う**ことができず、気弱に引き受けてしまう。」

いひ-はや・す【言ひ囃す】いい 動詞 他〔サ四段〕〈さ・し・す・す・せ・せ〉❶褒めそやす。おだてる。ただ**言ひはやす**やうに、いみじき御心を言ふ。〈落窪〉訳ただ**おだてる**ように、はげしいお心を(かきたてて)言う。❷言いふらす。うわさする。古郷のほとりは干戈満ち満ちて、涿鹿の岐となりし由を**言ひはやす**。〈雨月・浅茅が宿〉訳故郷のあたりは武器で満ち満ちて、戦場となったということを**うわさしている**。〇「干戈」は、盾と矛、「涿鹿の岐」とは戦場のこと。

いひ-ひら・く【言ひ開く】いい 動詞 他〔カ四段〕〈か・き・く・く・け・け〉弁解する。言い訳する。ありつるありさまも**言ひ開き**なむと思ふほどに…。〈今昔〉訳さっきのようすも**言い訳し**ようと思ううちに…。

いひ-ひろ・む【言ひ広む】いい 動詞 他〔マ下二段〕〈め・め・む・むる・むれ・めよ〉言いふらす。今様のことどものめづらしきを**言ひ広め**、もてなすこそ、また受けられね。〈徒然草・78・今様のことどもの〉訳当世風のことなどで(しかも)珍しいことを**言いふらし**、もてはやすのは、また認められない。

いひ-ふ・る【言ひ触る】いい 動詞 他〔ラ下二段〕〈れ・れ・る・るる・るれ・れよ〉❶ことばをかける。相談を持ちかける。頼もしく、いかにと**言ひ触れ**たまふべき人もなし。〈源氏・夕顔〉訳頼りになって、どうしたら(よいか)と**相談を持ちかけ**なさることのできる人もいない。❷言いふらす。「清十郎とりて逃げし。」と**言ひ触れて**…。〈西鶴・好色五人女〉訳「(お夏が盗んだ小判は)清十郎がとって逃げたのだ。」と**言いふらして**…。

いひ-ぶん【言ひ分】いい 名詞 ❶言いたいこと。主張。また、不平。不満。❷言い争い。口論。

いひ-ぼ【飯粒】いい 名詞《上代語》めしつぶ。ごはんつぶ。

いひ-まが・ふ【言ひ紛ふ】いいまが(こ)う 動詞 他〔ハ下二段〕〈へ・へ・ふ・ふる・ふれ・へよ〉言い間違う。取り違えて言う。人の常に**言ひまがへ**はべれば…。〈徒然草・67・賀茂の岩本橋本は〉訳人々がいつも(二社の祭神を)**取り違えて言い**ますので…。

いひ-まぎらは・す【言ひ紛らはす】いいまぎらわす 動詞 他〔サ四段〕〈さ・し・す・す・せ・せ〉話題をそらす。ごまかして言う。異事に**言ひ紛らはして**、おのおの別れぬ。〈源氏・若菜上〉訳他に**話題をそらして**、それぞれ別れてしまう。

いひ-まは・す【言ひ回す】いいまわす 動詞 他〔サ四段〕〈さ・し・す・す・せ・せ〉❶ことば巧みに言う。「むべむべしく**言ひ回し**はべるに…。」〈源氏・帚木〉訳「(博士の娘は手紙にも仮名を混ぜないで)格式ばって(漢文調に)**ことば巧みに言い**ますので…。」❷言い広める。ふれ回る。同類どもに、「かかる所こそあれ。」と**言ひ回して**…。〈宇治拾遺〉訳同類(＝盗人仲間)たちに、「こんな所があるぞ。」と**ふれ回って**…。

いひ-みだ・る【言ひ乱る】いい 一 動詞 自〔ラ下二段〕〈れ・れ・る・るる・るれ・れよ〉とりとめもなくあれこれ言う。また、うちとけて、戯れ言をも**言ひ乱れ遊べ**ば…。〈源氏・若菜上〉訳また、くつろいで、冗談も**あれこれ言って**遊ぶので…。
二 動詞 他〔ラ四段〕〈ら・り・る・る・れ・れ〉口出ししてじゃまをする。あれこれ言って相手の気持ちを迷わせる。「かばかりにしそめつるを、**言ひ乱る**もものし。」〈源氏・手習〉訳「(浮舟の出家の儀式を)ここまでし始めてしまったことを、**口出ししてじゃまをする**のもいやだ。」

いひ-むか・ふ【言ひ迎ふ】いいむか(こ)う 動詞 他〔ハ下二段〕〈へ・へ・ふ・ふる・ふれ・へよ〉逆らって言う。言い争う。事のついでごとに**言ひ迎ふる**種なるを…。〈源氏・紅葉賀〉訳(源典侍との一件は)事あるごとに**言い争う**材料になるのだが…。

いひ-もてゆ・く【言ひもて行く】いい 動詞 自〔カ四段〕〈か・き・く・く・け・け〉❶順を追って話を詰める。せんじつめる。また、次から次へと話す。「**言ひもて行け**ば、女の身はみな同じ罪深き基ぞかし。」〈源氏・若菜下〉訳「**せんじつめる**と、女の身は皆同じように罪深さのもとになるものであるよ。」❷言いながら歩く。道すがら「くさめくさめ。」と**言ひもて行き**ければ…。〈徒然草・47・ある人、清水へ〉訳道々「くさめくさめ。」と**言いながら歩いていった**ので…。〇「くさめ」はくしゃみをしたときに言うまじないの文句。

いひ-もよほ・す【言ひ催す】いいもよおす 動詞 他〔サ四段〕〈さ・し・

〈す・す・せ・せ〉そそのかす。催促する。「伊尹、兼道、兼家などが、言ひ催してせさするならむ。」〈大鏡・師輔〉訳「伊尹、兼道、兼家たちが、そそのかしてさせるのだろう。」

いひ-もら・す【言ひ洩らす】 他動詞（サ四段）〈さ・し・す・す・せ・せ〉秘密を漏らす。こっそりうわさをする。**人の言ひもらさむを聞きつけたらむときなど**…。〈源氏・帚木〉訳人々が（自分と藤壺の仲を）**こっそりうわさをしていたりするのを（だれかが）聞きつけたりするときなど**…。

いひ-や・る【言ひ遣る】 他動詞（ラ四段）〈ら・り・る・る・れ・れ〉❶手紙や伝言で、告げ知らせる。言い送る。**住僧の中へ使ひをやりて、「いかがさうらふべき。」と言ひやりたりければ**…。〈古今著聞集〉訳寺に住んでいる僧のところへ使いをやって、「いかがでございましょうか。」と**言い送った**ところ…。❷（多く打消の語を伴って）すらすら言う。言い尽くす。**消え入りつつ、えも言ひやらねば**…。〈枕草子・90・宮の五節出ださせたまふに〉訳（恥ずかしさのため）気が動転し続けて、（歌を）とても**すらすら言う**ことができないので…。

いひ-よ・る【言ひ寄る】 自動詞（ラ四段）〈ら・り・る・る・れ・れ〉❶言いながら近寄る。「**ここなる物取りはべらむ。」など言ひ寄りて、走り打ちて逃ぐれば、あるかぎり笑ふ**。〈枕草子・3・正月一日は〉訳「ここにある物を取りましょう。」などと**言いながら近寄って**、走ってぶって逃げるので、（そこに）いる全員が笑う。❷ことばをかけて異性に近づく。求愛する。「**さしもあるまじき際の人だに、かばかり言ひ寄りぬれば、心強うしもあらず慣らひたりしを**…。」〈源氏・明石〉訳「そうはなりそうもない（＝なびかない）ような（高貴な）身分の女性だって、これほど**求愛し**てしまうと、きまって、つれなくするわけはないというふうに慣れていたのに…。」❸申し込む。頼み込む。**いみじくゆかしけれど、え言ひ寄らぬに**…。〈更級日記・大納言殿の姫君〉訳たいへん興味深いが、（本を貸してほしいと）とても**頼み込む**ことができないうちに…。

いひ-わ・く【言ひ分く】 一 他動詞（カ四段）〈か・き・く・く・け・け〉道理を説いて説明する。説明してはっきりさせる。「**我が領ずる荘々、はた多かれど、たれかは言ひ分く人あらむ**。」〈宇津保〉訳「私が領有するいくつかの荘園は、また多いけれど、だれか（この私の荘園だと）**道理を説いて説明する**人がいるだろうか、いや、いない。」
二 他動詞（カ下二段）〈け・け・く・くる・くれ・けよ〉弁解する。言い訳する。「**何を証拠に言ひ分けん**。」〈近松・浦島年代記〉訳「何を証拠に**言い訳しよう**。」

いひ-わた・る【言ひ渡る】 自動詞（ラ四段）〈ら・り・る・る・れ・れ〉❶長い間言い続ける。文通を続ける。**夜、昼、歌など詠み交はしし人の…絶えず言ひわたるが**…。〈更級日記・初瀬〉訳夜も、昼も、歌などを詠み交わした人で…絶えることなく**文通を続け**ている人が…。❷絶えず言い寄る。求愛し続ける。**何の入道とかやいふ者の娘、かたちよしと聞きて、人あまた言ひわたりけれども**…。〈徒然草・40・因幡の国に〉訳何々入道とかいう者の娘が、顔かたちがよいと聞いて、多くの人が**求愛し続け**たが…。
発展「わたる」は補助動詞。

いひ-わづら・ふ【言ひ煩ふ】 自動詞（ハ四段）〈は・ひ・ふ・ふ・へ・へ〉うまく言えないで困る。言い悩む。**動くべうもあらねば、よろづに言ひ煩ひ暮らして**…。〈源氏・蓬生〉訳（末摘花が）動きそうもないので、（叔母は）すべてに**うまく言えないで困って**日を暮らして…。
発展「わづらふ」は補助動詞。

いひ-わ・ぶ【言ひ侘ぶ】 他動詞（バ上二段）〈び・び・ぶ・ぶる・ぶれ・びよ〉言い方がわからなくて困る。言いかねる。**言ひわびて、入道ぞ書く**。〈源氏・明石〉訳（娘には）**言いかねて**、（代わりに）入道が書く。
発展「わぶ」は補助動詞。

いひ・ゐる【言ひ居る】 他動詞（ワ上一段）〈ゐ・ゐ・ゐる・ゐる・ゐれ・ゐよ〉言っている。言って座っている。**老い人の若き人に交はりて、興あらんと、もの言ひゐたる**。〈徒然草・113・四十にもあまりぬる〉訳老人が若い人に交じって、おもしろく振る舞おうと、ものを**言っている**の（は聞きづらく、見苦しい）。

い・ふ【言ふ】 一 動詞 自（ハ四段）〈は・ひ・ふ・ふ・へ・へ〉→古語チャート34（989ページ）❶ことばに出す。言う。話す。❷言い寄る。また、情を交わす。結婚を申し込む。「**この皮衣は、火に焼かむに、焼けずはこそまことならめと思ひて、人の言ふことにも負けめ**。」〈竹取・火鼠の皮衣〉訳「この皮衣は、火で焼いたならばその場合に、焼けないならば本物（の皮衣）であろうと思って、（その）人（＝右大臣）が**結婚を申し込む**ことにも（折れて）従おう。」❸詩歌を詠む。吟ずる。**からうた声あげて言ひけり**。〈土佐日記・十二月二十六日〉訳漢詩を声をあげて**吟じた**。❹世間でうわさする。**とかく世の中に言ふことありければ**…。〈大和・42〉訳とやかく世間で**うわさする**ことがあったので…。❺（多く「…といはず」という否定の形で）区別する。わきまえる。**ぬばたまの夜昼といはず思ふにし我が身は痩せぬ**…歌〈万葉集・4・723〉訳夜昼と**区別し**ないで心にかけて思っているうちに私の体はやせてしまった…。〇「ぬばたまの」は「夜」に係る枕詞。❻動物が鳴く。**あやしき声するを**…「**鹿の言ふなり**。」と言ふ。〈蜻蛉日記〉訳奇妙な声がするのを…「シカが**鳴い**ているようだ。」と言う。❼称する。名乗る。**豊前の国の住人、太郎入道といふ者ありけり**。〈古今著聞集〉訳★豊前の国の住人で、太郎入道と**称する**者がいた。❽（動詞本来の意味を失った用法で、事物や条件などをとりたてて）…である。…という状態でいる。…している。**秋の夜も名のみなりけり逢ふといへばことぞともなく明けぬるものを** 歌〈古今集・恋3・635〉訳（長いといわれる）秋の夜も、（私にとっては）名前だけのものだった。（望みがかなって）逢って**いるという状態でいる**と、あっけなく（夜が）明けてしまったものだから。
二 動詞 他（ハ四段）〈は・ひ・ふ・ふ・へ・へ〉一に同じ。
発展「言ふ」の上に格助詞の「を」があったり、また「を」があるのと同じ文脈の場合は、他動詞と判断される。

いふ-いふ【言ふ言ふ】 言いながら。繰り返し言って。「**火危ふし**。」と**言ふ言ふ**、預かりが曹司の方に去ぬなり。〈源氏・夕顔〉訳「火の用心。」と**言いながら**、管理人の部屋の方へ行ってしまったようだ。

発展 四段動詞「言ふ」の終止形を重ねたもの。

いぶか・し【訝し】

はっきりしないことに対する疑いの気持ち
- ❶(ようすが分からず)**気がかりだ。心もとない。**
- ❷(ようすが)**知りたい。はっきりさせたい。見たい。**
- ❸**不審だ。疑わしい。変だ。**

未然形	連用形	終止形	連体形	已然形	命令形
いぶか・しく	いぶか・しく	いぶか・し	いぶか・しき	いぶか・しけれ	○
いぶか・しから	いぶか・しかり	○	いぶか・しかる	○	いぶか・しかれ

形容詞〔シク〕❶(ようすが分からず)**気がかりだ。心もとない。**

つとめて、いぶかしけれど、わが人をやるべきにしあらねば…。〈伊勢・69〉訳(男は伊勢の斎宮と過ごした)翌朝、(斎宮のことが)**気がかりだ**が、自分の方が使いの者をやることができるものでもないので…。

❷(ようすが)**知りたい。はっきりさせたい。見たい。**

あはれなりつるありさまもいぶかしくておはしぬ。〈源氏・若紫〉訳(そこにいた紫の上の)かわいらしかった姿も(また)**見たい**ので(源氏は僧都の住まいに)いらっしゃった。

❸**不審だ。疑わしい。変だ。**

「**かうさだ過ぐるまで、などさしも乱るらむ。」といぶかしく覚えたまひければ…。**〈源氏・紅葉賀〉訳「(源典侍は)このように年の盛りを過ぎるまで、どうしてあんなにふしだらなのだろうか。」と(源氏は)**不審に**思われなさったので…。

発展 上代には「いふかし」。

類語比較 「いぶせし」と「いぶかし」→いぶせし
「ゆかし」と「いぶかし」→ゆかし

いふ-かた-な・し【言ふ方無し】連語 (良くも悪くも)ことばに表せないほど大変だ。言いようもない。

御覧じだに送らぬおぼつかなさを、言ふ方なく思ほさる。〈源氏・桐壺〉訳お見送りさえもなされない心もとなさを、(帝は)**言いようもなく**(悲しく)お思いにならないではいられない。

いふ-かひ【言ふ甲斐】 言ったことで得られる効果。言うだけの効果。発展「いふ」は四段動詞「いふ」の連体形。

いふ-かひ-な・し【言ふ甲斐無し】

何か言ってもどうにもならないようす
- ❶**どうしようもない。**
- ❷**ふがいない。見苦しい。**
- ❸**取るに足りない。つまらない。**
- ❹**幼稚である。たわいない。**

未然形	連用形	終止形	連体形	已然形	命令形
いふかひ・なく	いふかひ・なく	いふかひ・なし	いふかひ・なき	いふかひ・なけれ	○
いふかひ・なから	いふかひ・なかり	○	いふかひ・なかる	○	いふかひ・なかれ

形容詞〔ク〕❶**どうにもならない。どうしようもない。言っても仕方がない。**

やむごとなきこと、おもしろかるべきこと、尊うめでたかべいことも、雨だに降れば、言ふかひなく口惜しきに…。〈枕草子・292・成信の中将は〉訳大事な儀式、おもしろいに違いない行事、尊くすばらしいはずの法要も、雨でも降ると、**どうしようもなく**残念であるのに…。○雨の降ることは人間の力では制止できないので、「言ふかひなし」と表している。

❷**言う価値もない。ふがいない。情けない。見苦しい。**

人にも語らず、何とも思はでやみぬる、いと言ふかひなし。〈更級日記・物語〉訳(夢のお告げを)人にも話さず、なんとも思わないで終わってしまったのは、実に**情けない**。

❸(連体形で)**問題にもならない。取るに足りない。つまらない。**

「**飽かず口惜し。」と、言ふかひなき法師、童部も、涙を落とし合へり。**〈源氏・若紫〉訳(源氏が帰京してしまうのは)「心残りで残念だ。」と、**取るに足りない**(身分の)僧や、子供の召し使いも、涙を流し合っている。

❹**幼稚である。たわいない。**

「**いで、あな幼や。言ふかひなうものしたまふかな。」**〈源氏・若紫〉訳「(スズメが逃げたと言って泣くなんて)いやはや、(紫の上は)なんと幼いことだよ。**幼稚で**いらっしゃることだなあ。」○「言ふかひなう」は連用形「言ふかひなく」のウ音便。

発展 **①語の成り立ち**
四段動詞「いふ」の連体形＋名詞「かひ」＋形容詞「なし」が、一語になったもの。

②対象による意味の区別
目の前の事態に対して、何を言っても仕方がない、どうにもならないという状態を表す❶から、対象の違いによって、次のように意味が分かれる。
a人の死や天候など↓❶　b自分や他人の行動やようす↓❷　c人の身分や品格↓❸　d年齢↓❹
なお、「いふかひなくなる」の形で、人が死ぬという意味を婉曲に表現する用法は、❶から派生したものである。

③語の歴史
中世以降、❶と❸の用法に限られてくる。また、「いひかひなし」の形も生じた。

関連語 甲斐無し

いぶか・る【訝る】一動詞 自〔ラ四段〕〈ら・り・る・る・れ・れ〉知りたく思う。

いふかりし国のまほらをつばらかに示したまへば…。歌〈万葉集・9・1753〉訳(筑波の神も)**知りたいと思った**国の優れたよい所を詳細にお見せくださるので…。

二動詞 他〔ラ四段〕〈ら・り・る・る・れ・れ〉疑う。不審に思う。

「**日ごろ内裏にも参りたまはず、このわたりにもまたものしたまはざりつれば、いぶかりまうしつるになむ…。**」〈宇津保〉訳「このごろ宮中にも参上なさらないし、この辺りにもまたいらっしゃらなかったので、**不審にお思い**申し上げておりまして…。」

発展 上代は「いふかる」。

伊吹山 歌枕 滋賀県と岐阜県との境にある山。薬草の産地で、「さしも草」とともに詠まれる。風が強いことで知られ、「伊吹おろし」とも詠まれた。→**ビジュアルチェック**❶(194ページ)

い-ぶ・く【息吹く】動詞 自〔カ四段〕〈か・き・く・く・け・け〉❶息を吹く。呼吸する。

「**息吹く気息、朝霧に似たり。**」〈日本書紀〉訳「**呼吸する息**は朝霧に似ている。」

❷風を吹かせる。

神風に息吹き惑はし…。歌〈万葉集・2・199〉訳神風として風を吹かせ（敵を）混乱させ…。

発展 上代は「いふく」。

いぶせげ・なり 形容動詞〔ナリ〕〈なら・なり（に）・なり・なる・なれ・なれ〉汚らしい感じがする。むさ苦しい感じがする。

裏は塵積もり、虫の巣にていぶせげなるを、よく掃きのごひて…〈徒然草・228・千本の釈迦念仏〉訳（竜華院と書いてある額の）裏はちりが積もり、虫の巣で**汚らしい感じがする**のを、よく拭き取って…。

いぶせ-さ 名詞 ❶晴れ晴れしない気分。うっとうしさ。「**いぶせさに、今日なむ初立ちはべるを…。**」〈源氏・葵〉訳「**晴れ晴れしない気分**で、今日（久しぶりに宮中へ）初めて出かけますので…。」

❷気味の悪さ。恐ろしさ。**あまりのいぶせさに、目をふさいでぞおとしける。**〈平家・9・坂落〉訳あまりの（絶壁の）**恐ろしさ**に目をつぶって駆けおりた。

発展 形容詞「いぶせし」の語幹＋接尾語「さ」。

いぶせ・し 形容詞 →最重要語（165ページ）

いふ-なら-く【言ふならく】 聞くところによると。人の言うには。

いふ-ばかり-な・し【言ふ計り無し】 言いようがない。言い尽くせない。

かなしとも言ふばかりなし。〈平家・灌頂・女院出家〉訳悲しいとも（なんとも）**言いようがない**。

いふ-べき-かた-な・し【言ふべき方無し】 なんとも言いようがない。ことばに尽くせない。

ほととぎすは、なほさらに言ふべき方なし。〈枕草子・41・鳥は〉訳ホトトギスは、やはり**なんとも**（そのすばらしさは）**言いようがない**。

いふ-べき-に-も-あら-ず【言ふべきにも有らず】 連語 なんとも言い表せない。言いようもない。

冬はつとめて。雪の降りたるは言ふべきにもあらず…。〈枕草子・1・春は曙〉訳冬は早朝（がよい）。雪が降り（積もっ）ている早朝は**言いようもなく**（すばらしい）…。

いふ-べく-も-あら-ず【言ふべくも有らず】 連語 言いようもない。

内々のしつらひには、言ふべくもあらぬ綾織物に絵をかきて、間ごとに張りたり。〈竹取・竜の頸の玉〉訳家の中の飾り付けには、**言いようもない**（ほどすばらしい）綾織物に絵を描いて、柱と柱の間ごとに張ってある。

いぶせ・し

形容詞〔ク〕

心のままにならなくて、気が晴れないようす
- ❶気が晴れない。うっとうしい。
- ❷（ようすが分からず）気がかりだ。気が休まらない。
- ❸不快だ。汚い。むさくるしい。

未然形	連用形	終止形	連体形	已然形	命令形
いぶせ・く	いぶせ・く	いぶせ・し	いぶせ・き	いぶせ・けれ	○
いぶせ・から	いぶせ・かり	○	いぶせ・かる	○	いぶせ・かれ

❶**気が晴れない**。**うっとうしい**。**胸にわだかまる**。

垂乳根の母が飼ふ蚕の繭隠りいぶせくもあるか妹に会はずして 歌〈万葉集・12・2991〉訳母が飼っているカイコが繭にこもるように、**気が晴れない**ことであるなあ。あなたに会わないでいて。○「垂乳根の」は「母」に係る枕詞。上の句は「いぶせくも」を導き出す序詞になっている。

「**いぶせうはべることをも明らめはべりにしがな。**」〈源氏・賢木〉訳「**胸にわだかまって**おりますこと（＝思い）をも晴らしたいものでございます。」○「いぶせう」は連用形「いぶせく」のウ音便。

❷（ようすが分からず）**気がかりだ**。**気が休まらない**。

「**いかなることと、いぶせく思ひわたりし年ごろよりも…。**」〈源氏・椎本〉訳（薫が自分の出生について）「どのような事情が（あるのか）。」と**気がかりに**思い続けてきたこの数年よりも…。

「**便なしと思ふべけれど、今一度、かの亡き骸を見ざらむがいといぶせかるべきを、馬にてものせむ。**」〈源氏・夕顔〉訳「感心しないことと思うに違いないが、もう一度、あの（＝夕顔の）遺体を見なかったりすることがひどく**気が休まらない**に違いないので、（最後の別れをしに）ウマで（東山へ）行こう。」

❸**不快だ**。**汚い**。**むさくるしい**。

さかしらに屏風ども持て来て、いぶせきまで立て集めて…。〈源氏・東屋〉訳（常陸介は）差し出がましく屏風をいくつも持ち込んできて、**むさくるしい**ほど立て並べて…。

五月雨さへかき暗し、まことにいぶせかりけるに…。〈平家・6・祇園女御〉訳五月雨まで（降って）真っ暗になり、本当に**不快だった**ときに…。

類語比較 「いぶせし」と「いぶかし」

共通点＝「いぶ」は、はっきりしない物事を表すといわれ、気がかりなようすを表す。

いぶせし＝はっきりしないことから来る、晴らしようのない感情を表すのがもともとの意味といわれる。

いぶかし＝はっきりしないものに対する疑いの気持ちを表す。

いふ-も-おろか・なり【言ふも疎かなり】

ことばでうまく言い表せないほどの気持ち	言い尽くせないほどだ。

連語 **言い尽くせないほどだ**。**言うまでもない**。類 言へば疎かなり

六月になりぬれば、音もせずなりぬる、すべて言ふもおろかなり。〈枕草子・41・鳥は〉訳（ホトトギスは）六月になってしまうと必ず、鳴き声もしなくなってしまうのも、（含めて、総じてこの鳥のすばらしさは）まったく**言い尽くせないほどだ**。

闇もまたをかし。有り明け、はた言ふもおろかなり。〈枕草子・36・七月ばかりいみじう暑ければ〉訳（残暑の折、夜の月は風情があるが）闇（の夜）もまた趣がある。夜明けまで出ている月（の趣深さ）は、これもまた**言うまでもない**。

発展 ①**語の成り立ち** 四段動詞「いふ」の連体形＋係助詞「も」＋形容動詞「おろかなり」。

②**『枕草子』でよく使われる連語** ある物事について、そのようすをことばで言い表しても不十分であるようすを表

す。用例は『枕草子』に集中して見られ、その物事のすばらしさをいう場合が多い。他の作品には「いへばおろかなり」が多く見られる。

関連語 言ふも更なり・言へば更なり

いふ-も-さら・なり【言ふも更なり】 連語 ↓いへばさらなり

いへ【家】 名詞 ❶家。自宅。❷家族。特に、妻。❸家柄。家系。また、名家。発展 上代東国方言では「いは」。

いへ-あるじ【家主】 名詞 家の主人。類 家の君

いへ-たか・し【家高し】 形ク 家柄が良い。高貴な家柄の出身である。

家高くおはします故に、いみじかりしこと、平らげたまへる殿ぞかし。〈大鏡・道隆〉訳（隆家殿は）**家柄が良く**ていらっしゃるために、並々でなかった（重大な）事件を、治めなさったお方であるよ。

いへ-ぢ【家路】 名詞 自分の家へ帰る道。また、妻の住む家へ行く道。

いへ-づと【家苞】 名詞 家への土産。↓苞

いへ-で【家出】 名詞 ❶家を出て仏門に入ること。出家。また、その人。❷出かけること。外出。❸家を出て行方をくらますこと。家出すること。

いへ-とうじ【家刀自】 名詞 その家の主人の妻。奥さん。夫人。発展「いへとじ」とも。近世では「いへどうじ」とも。

いへ-とじ【家刀自】 名詞 ↓いへとうじ

いへ-ども【雖も】 接続助詞 ↓といへども

いへ-に-あ・り【家に在り】 ラ変 出家しないで俗世間にいる。対 家を出づ

「**家にあり、人に交はるとも、後世を願はんに難かるべきかは。**」〈徒然草・58・道心あらば〉訳「**出家しないで俗世間にいて**、人と交際していても、来世の極楽往生を願おうというのに難しいはずがあろうか、いや、そんなはずはない。」

いへにあれば… 歌

家にあれば笥に盛る飯を草枕旅にしあれば椎の葉に盛る〈万葉集・2・142・有間皇子〉訳 家にいるときはいつも器に盛る飯を、（草を結んで枕として寝るような）旅の途中であるので、シイの葉に盛ることだ。〇「家にあれば」の「あれば」は、ラ変動詞「あり」の已然形＋接続助詞の「ば」で、ここでは恒常的条件（「…といつも」）を示す。「旅にしあれば」は、順接確定条件の原因・理由を表す用法で、「し」は「旅」を強調する副助詞。「草枕」は「旅」に係る枕詞。

発展 反逆の罪で捕らえられ、護送される途中で詠んだ歌。この「盛る」という行為については、旅先でシイの葉に盛って食べる説と、神に供える説とがある。↓いはしろの…

いへ-ぬし【家主】 名詞 ❶一家の主人。❷《近世語》貸家の持ち主。借家の世話役。大家。

いへ-の-かぜ【家の風】 名詞 その家の伝統。その家に伝わる流儀。家風。発展「家風」を訓読したことば。

いへ-の-きみ【家の君】 名詞 家の主人。類 家主

いへ-の-こ【家の子】 名詞 ❶その家に生まれた子。一門の子弟。特に、良家の子弟。❷武家で、本家と主従関係にある分家の者。対 郎等

いへ-の-しふ【家の集】 名詞 個人の和歌を集めた歌集。私家集。家集。

いへ-ば-え-に【言へば得に】 連語 口に出して言おうとすると言えなくて。

言へばえに言はねば胸に騒がれて心ひとつに嘆くころかな〈伊勢・34〉訳 **口に出して言おうとすると言えなくて**、言わないでいると自然と胸の内で動揺しないではいられなくて、（自分の）心の中だけで嘆くこのごろだなあ。発展 四段動詞「いふ」の已然形＋接続助詞「ば」＋下二段動詞「う」の未然形＋打消の助動詞「ず」の上代の連用形「に」。

いへ-ば-おろか・なり【言へば疎かなり】 連語 ↓いふもおろかなり

いへ-ば-さら・なり【言へば更なり】 連語 **いまさら言うまでもない。** 類 言ふも更なり・更なり

改めて言っても、すでに分かり切っているという気持ち ― **いまさら言うまでもない。**

面つき、まみの薫れるほどなど、**言へば更なり。**〈源氏・薄雲〉訳（明石の姫君の）頬の辺りや、目もとが華やかに美しく見えている程度などは、**いまさら言うまでもない。**

発展 ①**語の成り立ち** 四段動詞「いふ」の已然形＋接続助詞「ば」＋形容動詞「さらなり」。口に出して言うと、いまさらという感じがする、というのがもともとの意味。そこから、ある事柄について、改めて言っても仕方がないほど、だれにでも理解できることだ、という気持ちを表すようになった。

②**「更なり」だけでも同じ意味** 「言へば更なり」の「更なり」は終止形でしか用いられない。また、「更なり」が単独で用いられる場合でも、「言へば更なり」「言ふも更なり」と同じ意味を表し、「言へば」「言ふも」が省略された形と考えられる。

関連語 言ふも疎かなり

いへ-びと【家人】 名詞 ❶（旅に出て家に残して来た）妻や家族。❷律令制における賤民。❸貴族の家に仕えている人。

いへ-ひろ・し【家広し】 形ク 一門が多く栄えている。

右大臣阿倍御主人は、財豊かに、家広き人にておはしけり。〈竹取・火鼠の皮衣〉訳 右大臣の阿倍御主人は、財産が豊かで、**一門が多く栄えている**方でいらっしゃったのだった。

いへ-らく【言へらく】 連語 言っていることには。

古老の**言へらく**…。〈常陸国風土記〉訳 古老が**言っていることには**…。

いへ-ゐ【家居】 名詞 家に住むこと。また、住居。

家居のつきづきしく、あらまほしきこそ、仮の宿りとは思へど、興あるものなれ。〈徒然草・10・家居のつきづきしく〉訳 **住居**が（その人に）似つかわしく、理想的であるのは、（この無常の世では）仮の住居とは思うけれども、おもしろいものだ。

いへ-を-い・づ【家を出づ】 連語 仏門に入る。（俗界にある）家を出て仏門に入る。出家する。対 家に在り

いまだ盛んなりし人々の、**家を出で世をのがれ**…。〈平家・3・城南之離宮〉訳 まだ働き盛りであった人々が、**出家し俗世間から逃れて**…。

発展「出家」を訓読したことば。

い-ほ【五百】 《上代語》㊀名詞 五百。㊁造語（名詞に付いて）「たくさんの」の意味を表す。語例 **五百枝・五百機・五百重**

発展「い」は五、「ほ」は百の意味。

いほ【庵・廬】 名詞 (草木で作った)粗末な仮小屋。僧や隠者などの世捨て人の住む小屋。
庵なども浮きぬばかりに雨降りなどすれば、恐ろしくて、寝も寝られず。〈更級日記・門出〉訳 **粗末な仮小屋**なども浮いてしまうぐらい雨が降ったりなどするので、恐ろしくて、眠ることもできない。
発展「いほり」とも。

いぼ-じり【蟷螂・疣毟り】 名詞《動物》カマキリ。季語 秋
発展「いぼうじり」とも。「いぼむしり」の変化したことば。

いほ-ち【五百箇】 名詞 五百個。また、数が多いこと。
発展「ち」は数を表す接尾語。

いほ-つ【五百つ】 連体詞 たくさんの。数多くの。発展「つ」は上代の格助詞。

いほ-へ【五百重】 名詞 幾重にも重なっていること。

いほへ-なみ【五百重波】 名詞 次から次へと重なるように寄せてくる波。

いほり【庵・廬】 名詞 粗末な仮小屋。また、仮の住まいに宿ること。
寂しさにたへたる人のまたもあれな庵ならべむ冬の山里 歌〈新古今集・冬・627〉訳→さびしさに…

いほ-る【庵る・廬る】 動詞 自 ラ四段〈ら・り・る・る・れ・れ〉 仮小屋を作って住む。
狭岑の島の荒磯面にいほりて見れば… 歌〈万葉集・2・220〉訳 狭岑の島の荒磯のそばに**仮小屋を作って住んで**見ると…。

いま【今】 一 名詞 ❶現在。現代。
古を仰ぎて、今を恋ひざらめかも。〈古今集・仮名序〉訳(後世、歌を学ぶ人々は)遠い昔を尊び慕って、(『古今和歌集』の編まれた)**現代**を恋い慕わないだろうか、いや、恋い慕わないはずはない。
❷新しいこと。新しいもの。
信濃道は今の墾り道刈りばねに足踏ましむな沓はけわが背 歌〈万葉集・14・3399〉訳→しなぬぢは…
二 副詞 ❶ただ今。目下。
❷すぐに。
立ち別れいなばの山の峰に生ふるまつとし聞かば今帰り来む 百人一首〈古今集・離別・365〉訳→たちわかれ…
❸さらに。もう。
「**今一日など行きてこそは、浅き方よりめぐりも尋ねめ…。**」〈今昔〉訳「**もう**一日ほど(先に)進んで、(それで、谷の)浅い方から遠回りして戻ってでも(陳忠殿を)探そう(と思っているのに)…。」

いま-いま【今今】 副詞 ❶今後。これから。
「**今々もさこそははべるべかんめれ。**」〈大鏡・道長上〉訳「**これから**もそのようであるにちがいないようです。」
❷今すぐに。じきに。
いとうたても憂く覚えて、「今々。」と言ひて…。〈落窪〉訳ひどく嫌でやりきれなく思われて、「**今すぐに**。」と言って…。
❸(待ち望む気持ちで)今か今か。
とみの物縫ひにやりて、今々と苦しう居入りて…。〈枕草子・160・心もとなきもの〉訳急ぎの(仕立)物を縫いにやって、(出来上がるのが)**今か今か**と気がかりに(思い)座り込んで…。
❹(危ぶむ気持ちで)今が最後か。もうこれまでか。
にはかに病をして、今々となりにければ…。〈古今集・哀傷・862・詞書〉訳急に病気になり、**もうこれまでか**という状態になってしまったので…。
発展「今」を重ねて強めたことば。

いま-いま・し【忌ま忌まし】 形容詞 ↓最重要語(167ページ)

今鏡 作品名 平安後期の歴史物語。十巻。作者は藤原為経といわれる。『大鏡』の後を引き継ぎ、大宅世継の孫の老女が語る一〇二五(万寿二)年から一一七〇(嘉応二)年までの歴史を紀伝体で記す。『大鏡』『水鏡』『増鏡』とともに「四鏡」といわれる。成立は一一七〇(嘉応二)年ごろ。

いま-きさき【今后】 名詞 新しく后になった人。発展「いまぎさき」とも。先に入内している后に対し、それと区別

いま-いま・し【忌ま忌まし】

不吉なもの・けがれたものを嫌悪する気持ち
❶忌み慎むべきだ。はばかられる。
❷縁起が悪い。不吉だ。
❸憎々しい。しゃくにさわる。

形容詞〔シク〕	未然形	連用形	終止形	連体形	已然形	命令形
	いまいま・しく	いまいま・しく	いまいま・し	いまいま・しき	いまいま・しけれ	○
	いまいま・しから	いまいま・しかり	○	いまいま・しかる	○	いまいま・しかれ

❶**忌み慎むべきだ。はばかられる。遠慮される。**
「**ゆゆしき身にはべれば、かくておはしますも、いまいましう、かたじけなくなむ。**」〈源氏・桐壺〉訳「(夫にも娘にも先立たれた)不吉な身でございますので、こうして(娘の子である若宮が私と一緒に)いらっしゃるのも、**はばかられ**、もったいないことで(ございます)。」〇「いまいましう」は連用形「いまいましく」のウ音便。
「**この餅…明日の暮れに参らせよ。今日はいまいましき日なりけり。**」〈源氏・葵〉訳「この(私たちの結婚を祝うための)餅は…明日の夕方に(紫の上に)差し上げよ。今日は(陰陽道で)**忌み慎むべき**日であったのだった。」
❷**縁起が悪い。不吉だ。**
とく参りたまはむことをそそのかしきこゆれど、「かくいまいましき身の添ひたてまつらむも、いと人聞き憂かるべし…。」〈源氏・桐壺〉訳(若い女房たちは若宮が)早く参内なさるようにということをお勧め申し上げるけれども、(祖母君は)「このような(娘に先立たれた)**不吉な**身の上の者が(養育のために若宮に)付き添い申し上げたりするのも、非常に外聞が悪いだろう…。」
❸**憎々しい。不快だ。嫌だ。しゃくにさわる。**
「**年の始めの走り物を、生けて食はざらむはいまいましきことなり。**」〈今昔〉訳「年の始めの初物を、生かしておいて食べないようなのは**しゃくにさわる**ことだ。」
発展 **語の成り立ち**
四段動詞「忌む」が形容詞になったもの。もともとは、不吉なもの・けがれたものに対する嫌悪感を表し、そこから、単に不快感を表す❸の意味でも用いられるようになった。
↓古語チャート㉓(835ページ)

した言い方。

いまこむと…百人一首
今来むと言ひしばかりに長月の有り明けの月を待ち出でつるかな〈古今集・恋4・691・素性〉訳今(すぐそちらへ)行こうと(あなたが)言ったばかりに、九月の(秋の夜長にあなたを待って、とうとう)有り明けの月が出て来るのを待ってしまったことだなあ。〇「有り明けの月」は夜遅く出て、夜明け以後も空に残っている月。「長月」には陰暦九月という意味だけではなく、長い夜というイメージを持たせている。

発展 恋しい人を待つ女性の立場を想像して詠んだ歌。「待ち出でつるかな」に、恋人を待って秋の夜長を明かしてしまった女性の、失望と未練の気持ちがよく表れている。

品詞分解・修辞

今	来	む	と	言ひ	し	ばかり	に
副	カ変・未	意志・終	格助	ハ四・用	過去・体	副助	格助
長月	の	有り明け	の	月	を		
	格助		格助		格助		
待ち出で	つる	かな					
ダ下二・用	完了・体	終助					

いまさう・ず【坐さうず】 動詞 自〔サ変〕〈ぜ・じ・ず・ずる・ずれ・ぜよ〉(人々が)いらっしゃる。**いとよく参りたる御房たちもいまさうじけり。**〈大鏡・道長下〉訳たいへん多く(かゆを)召し上がったお坊様方も**いらっしゃった**のだった。

発展「いまさうず」は「いまさひす」(四段動詞「いまさふ」の連用形＋サ変動詞「す」)のウ音便。「いまさふ」はもともと「いましあふ」なので、主語は複数。補助動詞的にも使われる。

いま-さら【今更】 副詞 ❶(打消の語や反語表現を伴って)今となってはもう。
「げに**いまさら**さやうに慣らひなきありさまはいかがせむ。」など思ひて…。〈和泉式部日記〉訳「本当に**今となってはもう**そのように慣れていない暮らしができるだろうか、いや、できない。」などと思って…。
❷今改めて。こと新しく。
言ひ置きし言の葉、いまさら思ひ出でて…。〈平家・7・忠度都落〉訳言い残していったことばを、**今改めて**思い出して…。
❸初めて。
いまさらの人などのあるとき…。〈徒然草・78・今様のことども〉訳**初めて**の人などがいるとき…。

いまさら-かく-やは【今更斯くやは】 今になってそんなふうにしなくてもいいのに。

いまさら-め・く【今更めく】 動詞 自〔カ四段〕〈か・き・く・く・け・け〉改めて言うのも気がひける。今さら言うまでもない。**はるばると見やらるる海の眺望、二千里の外も残りなき心地する、今更めきたり。**〈増鏡〉訳はるばると自然と遠くを眺められる海の見晴らしは、二千里のかなたまでもはっきり見渡せる気持ちがするのは、**今さら言うまでもない**。

いまし【汝】 代名詞(親しみを込めて)おまえ。
「**汝**をば、わが宮の首に任けむ。」とのりたまひ…。〈古事記・大蛇退治〉訳「**おまえ**を、私の宮の首長に任命しよう。」と(須佐之男命は)仰せになり…。

いまし【今し】 副詞 今という今。ちょうど今。たった今。
発展「し」は強意の副助詞。

いまし-か・り【在しかり】 動詞 ↓いますがり

いまし・む【戒む・警む】 動詞 他〔マ下二段〕〈め・め・む・むる・むれ・めよ〉❶(過ちのないように)注意を与える。忠告する。教え諭す。いさめる。類禁む
「疎かにもてなし思ふまじ。」とかへすがへす**戒めたまへり**。〈源氏・澪標〉訳(源氏からのお手紙にも)「姫君をおろそかに扱ったり思ったりしないつもりだ。(だから、大切にしてくれ。)」とよくよく**忠告**なさっている。
❷(過ちのないように)用心する。警戒する。見張る。
これが後ろめたければ、おほやけ人、すまし、長女などしてたえず戒めにやる。〈枕草子・87・職の御曹司におはしますころ、西の廂にて〉訳これ(＝雪の山)が心配なので、宮仕えの女官や、すまし(＝下級の女官)、長女(＝下級女官)などに命じて、絶えず**見張る**ために行かせる。〇「戒めに」の「に」は目的を表す格助詞。
自ら戒めて、恐るべく慎むべきは、この惑ひなり。〈徒然草・9・女は髪の〉訳自ら**用心して**、恐れもし慎みもしなければならないのは、この(色欲の)迷いである。
❸禁じる。とどめる。類禁む
「かやうのことは**戒めたるこそよけれ**。」〈栄花〉訳「このようなことは**禁じた**ほうがよい。」
❹罰する。とがめる。しかる。
郡司のしどけなかりければ、「召しにやりて戒めん。」と言ひて…。〈宇治拾遺〉訳郡の政務を執る役人がだらしなかったので、「呼びにやって(その役人を)**罰しよう**。」と(国司は)言って…。
❺自由を奪う。縛る。
盗人を戒め、僻事をのみ罪せんよりは、世の人の飢ゑず、寒からぬやうに、世をば行はまほしきなり。〈徒然草・142・心なしと見ゆる者も〉訳盗人を**縛って**、悪事ばかりを罰するようなことよりは、世間の人が飢えることなく、凍えたりしないように、世の中を治めてほしいものである。

発展 動詞「忌む」の未然形に使役の助動詞「しむ」の付いた「忌ましむ」が一語と見なされてできたもの。

いましめ【戒め・警め】 名詞 ❶教え。注意。教訓。
この戒め、万事にわたるべし。〈徒然草・92・ある人、弓射ることを〉訳この**教え**は、すべてのことに通じるはずだ。
❷禁じること。禁止。
これみな科あり。律の戒めなり。〈徒然草・183・人突く牛をば〉訳これはどれも罪がある。律(＝刑法)で**禁じていることだ**。
❸懲らしめること。罰すること。処罰。

いましめる(現)↓(古)**いましむ【戒む・警む】**

い-ま・す【坐す・在す】

語 「あり」「行く・来」の尊敬

一 動詞 自〔サ四段・サ変〕
❶**いらっしゃる。** [通常語]あり
❷**いらっしゃる。** [通常語]行く・来

二 補助動詞〔サ四段・サ変〕…(て)**いらっしゃる。**

三 動詞 他〔サ下二段〕**いらっしゃるようにさせる。いらっしゃっていただく。**
◉上代だけの用法。

接続 二は用言および助動詞「なり」の連用形などに付く。

動詞 自〔サ四段〕補助動詞〔サ四段〕

未然形	連用形	終止形	連体形	已然形	命令形
いま・さ	いま・し	いま・す	いま・す	いま・せ	いま・せ

動詞 自〔サ変〕補助動詞〔サ変〕

未然形	連用形	終止形	連体形	已然形	命令形
いま・せ	いま・し	いま・す	いま・する	いま・すれ	いま・せよ

動詞 他〔サ下二段〕

未然形	連用形	終止形	連体形	已然形	命令形
いま・せ	いま・せ	いま・す	いま・する	いま・すれ	いま・せよ

㊀ 動詞 自〔サ四段・サ変〕❶(「あり」の尊敬語で)**いらっしゃる。おありになる。**

真木柱ほめて造れる殿のごといませ母刀自面変はりせず 歌〈万葉集・20・4342〉訳 ヒノキやスギで作った立派な柱を祝って建てた宮殿のように(堅固で)**いらっしゃいませ**、母上よ、お顔も変わらないで。○上代の四段活用の例。

❷(「行く」「来」の尊敬語で)**いらっしゃる。お出かけになる。おいでになる。**

「**右大将の宇治へいますること、なほ絶え果てずや。**」〈源氏・浮舟〉訳「右大将(=薫)が宇治へ**お出かけになる**ことは、依然としてすっかりとだえてはいないのか。」○中古のサ変の例で、「行く」の尊敬語として用いられている。

立ちて、こなたにいまして、「ここにやおはします。」とて…。〈源氏・手習〉訳 (僧都は)立って、こちら(=浮舟のいる部屋)に**いらっしゃって**、「ここにいらっしゃいますか。」と言って…。○中古のサ変の例で、「来」の尊敬語として用いられている。

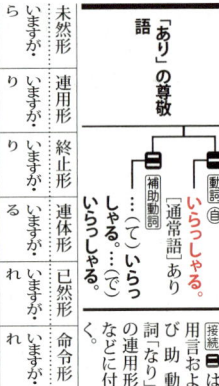

㊁ 補助動詞〔サ四段・サ変〕…(て)**いらっしゃる。**

吾が大国主汝こそは男にいませば…若草の妻持たせらめ〈古事記・大国主神〉訳 私の(夫である)大国主神よ、あなたは男で**いらっしゃる**から…(どこにでも多くの)妻をお持ちになっているだろう。○上代の四段活用の例で、断定の助動詞「なり」の連用形に付いている。

㊂ 動詞 他〔サ下二段〕**いらっしゃるようにさせる。いらっしゃっていただく。**

人国に君をいませていつまでか吾が恋ひ居らむ時の知らなく 歌〈万葉集・15・3749〉訳 他国にあなたを**いらっしゃるようにさせて**(=行かせたままで)、いつまで私は恋い慕っているのだろうか。(その)時も分からないことだ。○㊀に使役の意味を加えて他動詞とした用法。

発展 **①語の歴史**　主に上代に用いられた尊敬語「ます」に、上代の接頭語「い」が付いたものかと考えられる。㊀㊁は、上代では四段活用。中古になると、和文では主にサ変になった。㊂は主に上代だけの用法で、用例はごく少ない。

②「おはす」「おはします」と「います」　中古では、「おはす」「おはします」が広く用いられ、「います」の用例はわずかである。古風な感じのことばとなり、敬意もあまり高くなかったといわれる。

関連語 坐すがり・御座す・坐す
→**古語チャート❼**(273ページ)

います-が-り【坐すがり】

「あり」の尊敬語
- ㊀ 動詞 自　**いらっしゃる。**［通常語］あり
- ㊁ 補助動詞　…(て)**いらっしゃる。**…(で)**いらっしゃる。**

接続 ㊁は用言および助動詞「なり」の連用形などに付く。

未然形	連用形	終止形	連体形	已然形	命令形
いますが・ら	いますが・り	いますが・り	いますが・る	いますが・れ	いますが・れ

㊀ 動詞 自〔ラ変〕(「あり」の尊敬語で)**いらっしゃる。**

西わたりには、もとの更衣などいますかり。〈宇津保〉訳 西の(離れの)辺りには、もとの★更衣などが**いらっしゃる**。

㊁ 補助動詞〔ラ変〕…(て)**いらっしゃる。**…(で)**いらっしゃる。**

「**この講師はただいまのやむごとなき名僧にいますがり。**」〈今昔〉訳「この講師(=仏典を講義する人)は当代の尊い名僧で**いらっしゃる**。」○断定の助動詞「なり」の連用形「に」に付いている例。この「にいますがり」を通常の言い方にすれば「にあり→なり」となる。

発展 **語の成り立ち**　「います＋が＋あり」の変化したものとも、「います」にカリ活用形容詞の活用語尾が独立したものともいわれ、定かでない。語形・清濁に関しても、「いますがり」「いまそかり」「いましかり」など多様である。このように語形が揺れているのは、このことばが一種の俗語であったからかとも考えられる。中古初期から『伊勢物語』『大和物語』『宇津保物語』など限られた作品に用例が見られるが、その数は少ない。

いまそ-が-り【坐そがり】動詞 補助動詞 ➡いますがり

関連語 坐す・御坐す

いま-だ【未だ】

将来到達するはずの段階に今の時点で至っていないようす
- ❶**まだ**(…ない)。**いまだかつて**(…ない)。◉下に打消の語を伴う。
- ❷**今でも。依然として。**

副詞 ❶(「いまだ〜打消」の形で)**まだ**(…ない)。**いまだかつて**(…ない)。

「**大夫殿、いまだ芋粥に飽かせたまはずや。**」〈宇治拾遺〉訳「大夫殿、**まだ**芋粥を満足する(ほど食べた)ことがおありでないのか。」

❷**今でも。まだ。依然として。**

その煙、いまだ雲の中へ立ち上る、とぞ言ひ伝へたる。〈竹取・かぐや姫の昇天〉訳 (不死の薬を焼いた)その煙は、**今でも**雲の中へ立ち上っている、と語り伝えている。

発展 **①❶と❷の違い**　「いまだ」は、名詞「いま(今)」に接尾語「だ」が付いてできたことばといわれる。❶と❷は、下に打消表現を伴うか、肯定表現を伴うかによって区別できるが、基本的に意味の違いはない。

②男性の用語　漢文訓読文で「未」の字を「いまだ…ず」と再読するところから、しだいに❶の打消を伴う用法が固定した。中古の和文では「まだ」「まだし」を用い、「いまだ」は漢文訓読文など男性の用語である。和文中でも男性の会話文中には「いまだ」が用いられることがある。

関連語 未だ・未だし

いま-だいり【今内裏】名詞 仮の皇居。当座の仮御所。

発展 内裏が焼失したときなどに仮に設けられた。

いまだ-し【未だし】形容詞〔シク〕〈しく・しく・し・しき・しけれ・○／しから・しかり・○・しかる・○・しかれ〉まだその時期ではない。早すぎ

る。『疎き人には聞かせじ。』と思ふを、行きて尋ねよ。母に、いまだしきに言ふな。」〈源氏・夢浮橋〉訳『関係のない人には聞かせたくない。』と思うので、(あなたが)行ってようすを見てきなさい。(浮舟の)母には、**まだその時期ではないので**言ってはいけない。」
発展 副詞「いまだ」が形容詞に変化したことば。

いま-に【今に】 副詞 ❶今だに。今でも。今に至るまで。
良秀がよぢり不動とて、**いまに**人々愛であへり。〈宇治拾遺〉訳 良秀(=絵仏師の名)のよじり不動といって、**今に至るまで**人々は賞賛し合っている。
❷そのうちに。近いうちに。
「**いまに**見をれ。この罠にかけて、そのまま打ち殺いてくりょう。」〈狂言・釣狐〉訳「**そのうちに**見ていろ。このわなにかけて、そのまま打ち殺してやろう。」

いま-の-うへ【今の上】― 現在の天皇。今上天皇。

いま-の-まさか【今のまさか】 今の今。今、この時。発展「まさか(=現在)」を強めたことば。

いま-の-よ【今の世】 ❶今の時代。現代。当世。❷現在の天皇が世を治めている期間。

いま-は【今は】 ━ 連語 (「は」は係助詞で)今となっては。もうこれまで。もはや。
今はとて天の羽衣着る折ぞ君をあはれと思ひ出でける 歌〈竹取・かぐや姫の昇天〉訳↓いまはとて…
━ 名詞 死に際。臨終。
故大納言、**今はとなるまで**…。〈源氏・桐壺〉訳 亡き大納言が、**死に際となるまで**…。

いま-は-かう【今は斯う】↓いまはかく

いま-は-かぎり【今は限り】 ❶もうこれで終わり。物事の最後。もうこれまで。
あふことは**今は限り**と思へども涙は絶えぬものにぞありける 歌〈大和・7〉訳 会うことは**もうこれで終わり**と思うけれども、(二人の仲は絶えても)涙は絶えないものなのであったなあ。
❷臨終。人生の最後。
かりそめのゆきかひぢとぞ思ひしを**今は限り**の門出なりける 歌〈大和・144〉訳 この甲斐路の旅をほんのちょっとの行き交い道と思っていたけれども、**臨終**(に向かって)の門出だったのだなあ。○「かひ」は「甲斐路」の「かひ」と「行き交ひ」の「かひ」との掛詞。
発展 名詞「いま」+係助詞「は」+名詞「かぎり」。

いま-は-かく【今は斯く】 もはやこれまで。もう終わりだ。これで最後だ。
人々**今はかく**とて海に沈みしありさま…。〈平家・灌頂・女院出家〉訳(平家の)人々が**もはやこれまで**と思って海に沈んだようす(は)…。
発展 名詞「いま」+係助詞「は」+副詞「かく」。「いまはかう」も同じ意味で、「かう」は「かく」のウ音便形。

いま-は・し【忌まはし】 形容詞〔シク〕〈しく・しく・し・しき・しけれ・○/しから・しかり・○・しかる・○・しかれ〉不吉である。
「あの御浄衣の、よに**いまはしきやうに**見えさせおはしましさうらふ。」〈平家・3・医師問答〉訳「あの白い狩衣が、(喪服のようで)実に**不吉なようすに**お見えでいらっしゃいます。」

いま-はた【今将】 今はまた。今はもう。
わびぬれば**今はた**同じ難波なるみをつくしても逢はむとぞ思ふ 百人一首〈後撰集・960〉訳↓わびぬれば…

いまはただ… 百人一首
今はただ思ひ絶えなむとばかりを人づてならで言ふよしもがな〈後拾遺集・750・藤原道雅〉訳 今はただもう(あなたのことを)思い切ってしまおうということだけでも、人づてでなく(直接あなたへ)言う方法があったらなあ(せめてもう一度あなたにお会いできたらいいのに)。
発展 伊勢斎宮(=三条天皇皇女)のもとへ、ひそかに通ったのを父、三条院にとがめられたときの歌。この逸話は『栄花物語』巻十三にも見える。

品詞分解 修辞
今 は(係助) ただ(副) 思ひ絶え(ヤ下二・用) な(確述・未) む(意志・終)
と(格助) ばかり(副助) を(格助) 人づて なら(断定・未) で(接助)
言ふ(ハ四・体) よし もがな(終助)

いまはとて… 歌
今はとて天の羽衣着る折ぞ君をあはれと思ひ出でける〈竹取・かぐや姫の昇天〉訳 今となっては(もうこれ

いま-めか・し【今めかし】

新鮮で、華やかなようす

❶**現代風である。目新しくしゃれている。**
◉肯定的に評価する用法。
❷**わざとらしい。いまさらという感じだ。**
◉中世以降に現れた、否定的な用法。

形容詞〔シク〕	未然形	連用形	終止形	連体形	已然形	命令形
	いまめか・しく	いまめか・しく	いまめか・し	いまめか・しき	いまめか・しけれ	○
	いまめか・しから	いまめか・しかり	○	いまめか・しかる	○	いまめか・しかれ

❶(肯定的な意味で)**現代風である。目新しくしゃれている。新鮮だ。**
髪のうつくしげにそがれたる末も、「なかなか長きよりもこよなう**今めかしき**ものかな。」と、あはれに見たまふ。〈源氏・若紫〉訳(尼の)髪のきれいに切りそろえられた端も、「かえって長いのよりも格別に**現代風である**ものだなあ。」と、(源氏は)感慨深くご覧になる。
❷《中世以降》(否定的な意味で)**わざとらしい。いまさらという感じだ。改まっていて変だ。**
「**今めかしき**申し事にてさうらへども、七代まではこの一門をばいかでか捨てさせたまふべき。」〈平家・3・法印問答〉訳「**いまさらという感じの**申し上げようでございますが、(我が平家のこれまでのご奉公のことを思えば)七代まではこの(平家)一門を(後白河法皇が)どうしてお見捨てになってよいものか、いや、よいはずがない。」
発展 **語の歴史** 四段動詞「今めく」が形容詞になったことば。現代風で華やかな、陽気な状態について肯定的にいわれることが多いが、特に華やかさが過ぎて軽薄な感じについて否定的にいうこともあり、中世には、卑下する場面でわざとらしいようすを表すようになった。

でお別れ）と思って、天の羽衣を着る（その）とき（になって初めて）、あなたをいとしいと（懐かしく）思い出したのだなあ。○「思ひ出でける」の「ける」は、「ぞ」の結びとなっている。

発展 かぐや姫が、天の羽衣を着て昇天するときに、帝に贈った歌。それを着ると人間の感情がなくなる。

いまは-の-きは【今はの際】― 死ぬ間際。臨終の時。

いま-は-むかし【今は昔】今から見ると昔のことだが。**今は昔、竹取の翁といふ者ありけり。**〈竹取・かぐや姫の出生〉訳 **今から見ると昔のことだが、**竹取の翁という者がいたということだ。

発展 物語・説話の冒頭に用いられる慣用句。「今」を、語ろうとする現在とするのが一般だが、「今」を、その物語・説話のあった時点と考え、今は昔であると解する説もある。

いま-ほど【今程】副詞 近ごろ。このごろ。

いま-まゐり【今参り】― 名詞 新しく参上して仕えること。また、その人。新参者。

いま-めか・し【今めかし】形容詞 ↓最重要語（170ページ）

いま-め・く【今めく】動詞 自 〔カ四段〕〈か・き・く・く・け・け〉現代的になる。当世風に振る舞う。気が利いてしゃれている。「**欲しき物ぞおはすらむ。」とは、今めくものか。**〈土佐日記・二月五日〉訳「（神様にも）自分のものにしたい物がおありになるのだろう。」と（船頭が言うの）は、なんと（神様まで）**当世風に振る舞う**ことではないか。

いま-やう【今様】―

その時代のはやりのスタイル
- ❶現代風。当世風。
- ❷「今様歌」の略。

名詞 ❶**現代風。当世風。**

君は、人の御程をおぼせば、「ざれくつがへる、今様の由ばみよりは、こよなう奥ゆかしう。」とおぼさるるに…。〈源氏・末摘花〉訳 君（＝源氏）は、人（＝姫君）の（親王のご息女という）ご身分をお考えになると、「ひどく風流がる、**現代風**の気取り屋よりは、この上なく慕わしく（感じられる）。」とお思いにならないではいられないところに…。

❷「今様歌」の略。

いまやう-うた【今様歌】― 名詞 平安中後期に新しく流行した歌謡。発展 多くは七五調四句からなる。神楽歌や催馬楽という古来の歌謡に対して、当世風を意味する。

いみ・じ

形容詞〔シク〕

よい面でも悪い面でも程度が極端なようす
- ❶**並々でない。**
- ❷**優れている。すばらしい。**
- ❸**ひどい。恐ろしい。悲しい。**

◉よい面にも悪い面にも用いられる。◉よい面の意味が強調されたもの。◉悪い面の意味が強調されたもの。

未然形	連用形	終止形	連体形	已然形	命令形
いみ・じく	いみ・じく	いみ・じ	いみ・じき	いみ・じけれ	○
いみ・じから	いみ・じかり	○	いみ・じかる	○	いみ・じかれ

❶（よくも悪くも）**並々でない。激しい。たいへん。**

いみじううつくしき児の、苺など食ひたる。〈枕草子・42・あてなるもの〉訳 **並々でなく**かわいらしい幼児が、イチゴなどを食べているのは（気品がある）。○「いみじう」は連用形「いみじく」のウ音便。

❷（よい面を強調して）**優れている。すばらしい。**

おのづからなどは、空に覚え浮かぶを、いみじきことに思ふに…。〈更級日記・物語〉訳 自然と、（源氏物語の文章が）何も見ないで思い出されるのを、（自分でも）**すばらしい**ことだと思っていると…。

❸（悪い面を強調して）**ひどい。恐ろしい。悲しい。**

「**あないみじ。犬を蔵人二人して打ちたまふ。死ぬべし。**」〈枕草子・9・上にさぶらふ御猫は〉訳「まあ**ひどい**。イヌを蔵人が二人でお打ちになる。死ぬに違いない。」

発展 ①**和文で使われる語**　「忌み（＝神事の前に、身を清め、けがれを避けること）」が形容詞になったもので、上代には見られず、中古以降の和文に多く見られる。漢文訓読体の文章や軍記物語には「はなはだ」や「きはめて」が程度が極端である意味を表すことばとして用いられている。

②**副詞的・感動詞的用法**　連用形「いみじく（いみじう）」は副詞的に用いられることが多く（特に❶の意味の場合）、たとえば「かぐや姫、『物知らぬこと、なのたまひそ。』とて、いみじく静かに、朝廷に御文奉りたまふ（＝かぐや姫は、（天人たちに向かい）『ものの（道理の）分からないことを、おっしゃるな。』と言って、たいへん落ち着いて、帝にお手紙を（書いて）差し上げなさる）。」〈竹取・かぐや姫の昇天〉のように、連用修飾語として「静かに」を修飾している。また、「いといみじ」「あないみじ」（❸の例）などの形で感動詞的にも用いられる。

類語比較「いみじ」と「ゆゆし」

共通点＝「触れてはならない・避けるべきだ」という意味から、よい面でも悪い面でも程度が並々でないようすを表すようになった。

いみじ＝①「忌み」を語源とすることば。②程度が並々でない意味で用いられることが多い。

ゆゆし＝①神聖の意味を表す「斎」を重ねたことば。②「いみじ」が程度が並々でない意味で用いられることが多いのに対し、もともとの意味に近い「恐れ多い・不吉である」という意味で用いられることが多い。

↓**古語チャート**⑪（427ページ）

いまやう-だ・つ【今様だつ】― 動詞 自〔タ四段〕〈た・ち・つ・つ・て・て〉当世風を帯びる。現代風になる。

いま-ゆく-すゑ【今行く末】― 今から後。これから先。

◐**いまわしい**（現）↓（古）**いまはし**【忌まはし】

いみ【忌み・斎み】名詞（神聖なものに対して）身を清め、慎むこと。また、（けがれなどを）避けること。はばかること。遠慮すること。控えること。

発展 死や出産、不吉だとされる方角や日取り、神事などに関連して行われた。

いみ-あけ【忌み明け】名詞 忌みの期間が終了すること。

いみ-き【忌寸】名詞《上代語》天武天皇が制定した「八色の姓」の第四番目。発展 祭祀を行う渡来人に与えられることが多かった。

いみ-ことば【忌み詞・忌み言葉】名詞 不吉なもの、不浄なものとして口にするのを避けることば。また、そのことばに代えて使われることば。発展 血↓汗、死ぬ↓なほる、泣く↓潮垂る、などがその例。

いみ・じ 形容詞 ↓最重要語（171ページ）

いみじ-げ・なり 形容動詞（ナリ）〈なら・なり（に）・なり・なる・なれ・なれ〉並々でないようすだ。とてもひどいようすだ。大変だ。

夕つかた、**いみじげに**腫はれ、あさましげなる犬の、わびしげなるが、わななき歩ありけば…。〈枕草子・9・上うへにさぶらふ御猫は〉訳 夕方、**とてもひどいようすに**腫れ上がり、あきれるほどひどいようすのイヌで、心細い感じなのが、震えて歩きまわるので…。

↓古語チャート⑪（427ページ）

いみ-な【諱】名詞 ❶死後にその人を敬って付ける称号。諡おくりな。❷高貴な人の実名。発展「忌み名」から。❷は、不吉なものや不浄なものが取り付くことを恐れ、生きている間は呼ばなかった。↓古語チャート㉘（911ページ）

い-みやう【異名】ーみょう 名詞 本来の名とは異なった名。あだな。別名。

いむ【妹】名詞 ↓いも

い・む【忌む・斎む】動詞 ↓最重要語（172ページ）

いむけ-の-そで【射向けの袖】名詞 鎧よろいの左の袖。発展 弓を射るときに、左を相手の方に向けるところから。

いむ-こと【忌む事・戒む事】名詞 仏から避けるように戒められたこと。仏教の戒律。

いむ-べ【忌部・斎部】名詞 氏族の名のひとつ。中臣なかとみ氏とともに、朝廷の祭祀さいしを行い、祭祀に使われる道具の製作を行った。発展「いんべ」とも。「いみべ」の変化したことば。

い-め【射目】名詞《上代語》狩りの際に、弓を射る者が身を隠す設備。

い-め【夢】名詞《上代語》眠っているときに見る夢。発展「寝い目」からできたとされる。↓古語チャート㉛（971ページ）

いめ-たてて【射目立てて】枕詞（射目を設けて獲物の足跡を見るという意味から）地名「跡見とみ」に係る。

いも【妹】

女性を親しみを込めて呼ぶことば
- ❶（男性から女性、特に妻や恋人に対し親しみを込めて）**あなた**。
- ❷（女性同士が親しみを込めて）**あなた**。

名詞 ❶（男性から女性、特に妻や恋人に対し親しみを込めて）**あなた**。**妻**。対 兄せ・兄子せこ

紫のにほへる**妹**を憎くあらば人妻ゆゑに我あれ恋ひめやも 歌〈万葉集・1・21〉訳 ↓むらさきの…

年ごろの妹などのやうに安らかに向かひたり。〈今昔〉訳（女は）長年の間（連れ添った）**妻**などのように、気楽に向かい合っていた。

❷（女性同士が親しみを込めて）**あなた**。対 兄子せこ

白雲のたなびく山の高々たかだかに吾あが思ふ妹を見む由もがも 歌〈万葉集・4・758〉訳 白雲がたなびく山のように高々と（=しきりに待ち望んで）私が（会いたいと）思う**あなた**に会う方法があったらなあ。〇「白雲のたなびく山の」は「高々」を導く序詞。

関連語 妹いもうと・妹背いもせ・弟おとうと ↓古語チャート㊱（1057ページ）

いも-うと【妹】名詞 姉。妹。対 兄人せうと 発展「妹人いもひと」の変化したもの。男性から女性の姉妹に用いる。女性同士では、姉を「このかみ」「あね」、妹を「おとうと」と呼ぶ。

いも-がしら【芋頭】名詞 サトイモの根元の球茎。親芋。

いも-がゆ【芋粥】名詞 山で採れるイモを薄く切り、*甘葛あまづらの汁と一緒に煮たもの。発展 宮中の宴席で出されることが多かった。

いも-がり【妹許】名詞 妻のところへ。恋人のもとへ。親しい女性のところへ。発展「がり」は「のところへ」という意味を表す接尾語。

いも-せ【妹背】名詞 ❶夫婦。妻と夫。

「**飽かで別れし妹背の仲らへ、必ず一つの蓮はちすに迎へたまへ**。」〈平家・9・小宰相身投こざいしょうみなげ〉訳「飽き足りないうちに別れた**夫婦**の仲である私たちを、必ず同じ（浄土の）蓮の上に迎えて下さい。」

❷兄と妹。姉と弟。

妹背山いもせやま 歌枕 ❶和歌山県にある山。紀きの川を挟んで向かい合う、南岸の妹山と北岸の背山の二つをまとめていう。「いもせのやま」とも。上代では「妹いも」と「背せ」で夫婦の意味。妻恋いの歌に多く詠まれた。❷奈良県にある山。吉野川（紀の川上流）を挟み北岸に妹山、南岸に背山がある。

いもとこし…歌

妹いもと来こし敏馬みぬめの崎を帰るさに一人し見れば涙ぐましも〈万葉集・3・449・大伴旅人たびと〉訳 妻とともに来た敏馬の崎を、（都への）帰り道に（今度は）一人で見ると、涙ぐまれることだよ。〇「敏馬」は今の神戸市灘区岩屋付近。「見ぬ妻め」を掛けて、亡き妻に会えない嘆きを暗示しているともとれる。「帰るさ」は「帰り道」の意味。「涙ぐましも」の「も」は、形容詞の終止形に付いている終助詞。発展 旅人の亡妻挽歌（=亡き妻をしのぶ歌）十一首のうちの一首。旅人が帰京途上で、往路に妻と二人で見た思い

い・む【忌む・斎む】

触れてはならないものから遠ざかるようにする
- 一 動詞 自 ー（宗教的な決まりに従ってけがれを避け）**心身を清めて慎む**。
- 二 動詞 他 ー **不吉なこととして避ける**。

	未然形	連用形	終止形	連体形	已然形	命令形
動詞 自〔マ四段〕 動詞 他〔マ四段〕	い・ま	い・み	い・む	い・む	い・め	い・め

一 動詞 自〔マ四段〕（宗教的な決まりに従ってけがれを避け）**心身を清めて慎む**。*物忌みをする。

「**所を去りて忌め**。」〈今昔〉訳「（災いを避けるため、今いる）場所を出て**心身を清めて慎め**。」

二 動詞 他〔マ四段〕**不吉なこととして避ける**。けがれに触れないようにする。

「**月の顔見るは、忌むこと**。」と制しけれども…。〈竹取・かぐや姫の昇天〉訳「月の表面を見るのは、**不吉なこととして避ける**（べき）ことだ。」と制止したけれども…。

発展 **一と二の違い** 一は、宗教的な決まりによって避けるべき事柄のひとつひとつを特に指し示さないで、全般的に、禁じられていることをせずに慎んでいることを表す。二は、目的語を伴う他動詞なので、不吉・けがれとなる対象を指し示して用いられる。けがれを避ける意味から、単に、ひどく嫌うことをもいう。

↓古語チャート㉓（835ページ）

出の景をあげて、それらが変わらない姿を見せているのに、妻は亡くなってしまったという思いを詠んでいる。

🪭**いもとして…** 歌
妹として二人作りしわが山斎は木高く繁くなりにけるかも〈万葉集・3・452・大伴旅人〉訳妻とともに二人で作ったわが家の庭は、(今では手入れもされず)木も高く伸び、(枝葉も)生い茂ってしまったことだなあ。〇「山斎」は池や築山などのある庭園。「なりにけるかも」は、四段動詞「なり」の連用形＋完了の助動詞「ぬ」の連用形＋過去の助動詞「けり」の連体形＋詠嘆の終助詞「かも」。
発展 旅人の亡妻挽歌(=亡き妻をしのぶ歌)十二首のうちの一首。旅人が帰京し、わが家に至っての歌。荒れた庭の描写が、作者の荒涼とした心に重ねられている。

い-も-ぬ-らめ-やも【寝も寝らめやも】 寝ていられるだろうか、いや寝ていられない。
安騎の野に宿る旅人うちなびきいもぬらめやも古思ふに 歌〈万葉集・1・46〉訳安騎の野で仮寝をする旅人は横になって**寝ていられるだろうか、いや寝ていられない**。昔を思うと。
発展 名詞「い」＋係助詞「も」＋下二段動詞「ぬ」の終止形＋現在推量の助動詞「らむ」の已然形＋終助詞「やも」。

い-も-ね-ず【寝も寝ず】 眠りもしない。
この夜すがらにいもねずに今日もしめらに恋ひつつそ居る 歌〈万葉集・17・3969〉訳(昨夜から)一晩中**眠りもしないで**、今日も一日中恋しく思っていることよ。

い-も-ね-られ-ず【寝も寝られず】 眠ることもできない。
庵なども浮きぬばかりに雨降りなどすれば、恐ろしくて、いもねられず。〈更級日記・門出〉訳粗末な仮小屋なども浮いてしまうぐらい雨が降ったりなどするので、恐ろしくて、**眠ることもできない**。

いも-ひ【斎ひ・潔斎】 名詞 心身を清め、神仏を恐れ慎むこと。物忌み。

いも-めいげつ【芋名月・芋明月】 名詞 陰暦八月十五夜の月。季語 秋

☯**いや**(現)↓(歴)**ゐや【礼】**

いや-【弥】 接頭語 ❶いよいよ、ますます、という意味を表す。語例 **いや遠ざかる**(=いよいよ遠く離れる)・**いや高に**(=ますます高く) ❷非常に、とても、本当に、という意味を表す。語例 **いや遠に**(=非常に遠く)・**いや愚かに**(=本当に愚かに) ❸最も、いちばん、という意味を表す。語例 **いや先立つ**(=いちばん先に立つ)・**いや初花**(=最も早く咲いた花) 発展 副詞のように働く。

いや・し【卑し・賤し】

身分が低く、品性が劣っているようす
❶地位・身分が低い。
❷みすぼらしい。優雅でない。
❸品性が劣っている。下品だ。

形容詞〔シク〕	未然形	連用形	終止形	連体形	已然形	命令形
	いや・しく	いや・しく	いや・し	いや・しき	いや・しけれ	○
	いや・しから	いや・しかり	○	いや・しかる	○	いや・しかれ

❶**地位・身分が低い。**
世界の男、あてなるも卑しきも、「いかでこのかぐや姫を得てしがな、見てしがな。」と…。〈竹取・かぐや姫の出生〉訳世の中の男は、身分が高い者も**身分が低い**者も、「なんとかしてこのかぐや姫を手に入れたいものだ、妻としたいものだ。」と…。〇「卑し」の対義語が「あてなり」であることを明確に示す例。

❷**みすぼらしい。優雅でない。貧しい。**
葎はふ卑しき屋戸も大君の坐さむと知らば玉敷かましを 歌〈万葉集・19・4270〉訳つる草の生い茂る**みすぼらしい**(この私の)家も、天皇がおいでになるだろうと知っていたなら、美しい石を敷き並べたであろうになあ(=知らなかったので、敷き並べられなかった)。
「**かぐや姫は罪を作りたまへりければ、かく卑しきおのれがもとに、しばしおはしつるなり。**」〈竹取・かぐや姫の昇天〉訳「かぐや姫は(天上界で)罪(なこと)を行いなさっていたので、このように**みすぼらしい**おまえ(=竹取の翁)の所に、しばらくいらっしゃったのである。」

❸**品性が劣っている。下品だ。**
ただ文字一つに怪しう、あてにも卑しうもなるは、いかなるにかあらむ。〈枕草子・195・ふと心劣りとか〉訳ただ文字一つで妙に、上品にも**下品に**もなるのは、どういうわけであろうか。〇この例も、「卑し」の対義語が「あてなり」であることを明確に示している。「卑しう」は連用形「卑しく」のウ音便。

関連語 貴なり
↓**古語チャート❸**(67ページ)

いや 感動詞 ❶(驚いたり、気づいたり、嘆いたりして)いやはや。そうそう。おや。
「**いや、さることあり。**」〈今昔〉訳「**そうそう**、そういうことがある。」
❷(呼びかけて)おい。やあ。
❸(否定して)いいえ。いや。
「**いやいや、これまでは思ひも寄りさうず。**」〈平家・2・烽火之沙汰〉訳「**いやいや**、そこまでは思いも寄りません。」
発展 ❸は「否・嫌」などの字を当てることもある。

いや・し【卑し・賤し】 形容詞 ↓**最重要語**(173ページ)

いや-し・く【弥頻く】 動詞 自〔カ四段〕〈か・き・く・く・け・け〉ますます重なる。いよいよ盛んになる。
新たしき年の初めの初春の今日降る雪のいやしけ吉事 歌〈万葉集・20・4516〉訳↓あらたしき…

いやしく-しく-に【弥頻く頻くに】 副詞 いよいよしきりに。いよいよますます。
その潮のいやますますにその波のいやしくしくに吾妹子に恋ひつつ来れば… 歌〈万葉集・13・3243〉訳その満ち潮のようにいよいよますます、その波のように**いよいよしきりに**いとしい妻を恋しく思いながら来ると…。

いやしく-も【苟くも】 副詞 ❶身分不相応にも。もったいなくも。
「**重盛、いやしくも九卿に列して三台に昇る。**」〈平家・3・医師問答〉訳「(私)重盛は、**もったいなくも**公卿に列して、大臣の位に昇る。」
❷かりにも。曲がりなりにも。

夫に別れたる妻室は、いやしくも二夫に嫁せんことを悲しんで…。〈太平記〉訳夫と別れた妻は、かりにも他の夫に嫁ぐようなことを悲しんで…。

発展 形容詞「いやし」の連用形に助詞「も」が付いて一語化した漢文訓読からのことばで、「相応する条件には到達しないが…」「下賤の身分であるが…」という謙遜する気持ちが込められる。漢語本来の意味は❷である。

いやし-げ・なり【卑しげなり・賤しげなり】 形容動詞〔ナリ〕〈なら・なり(に)・なり・なる・なれ・なれ〉下品な感じがする。みすぼらしい感じがする。

卑しげなるもの。ゐたる辺りに調度の多き。〈徒然草・72〉訳**下品な感じがするもの。**座っている辺りに(やたらに)日常の小道具類がたくさんあること。

いや・す【癒やす】 動詞 他〔サ四段〕〈さ・し・す・す・せ・せ〉病気・悩みなどを治す。

思ふやうによき芋頭を選びて、ことに多く食ひて、よろづの病を**いやしけり**。〈徒然草・60・真乗院に盛親僧都とて〉訳思う存分にうまい親芋を選んで、特にたくさん食って、あらゆる病気を**治した**。

いや-た・つ【弥立つ】 動詞 自〔タ下二段〕〈て・て・つ・つる・つれ・てよ〉《上代語》ますます心を奮い立たせる。

大君の御門の守り我をおきて人はあらじと**いや立て**思ひ増さる…歌〈万葉集・18・4094〉訳「朝廷の御門の護衛は、我々をさしおいて他にはあるまい。」と、**ますます心を奮い立たせ**、(忠勤の)思いは増していく…。

いやちこ・なり【灼然なり】 形容動詞〔ナリ〕〈なら・なり(に)・なり・なる・なれ・なれ〉《上代語》(神仏の力や教えなどが)はっきり現れている。

いやつぎつぎ-に【弥次次に・弥継ぎ継ぎに】 副詞《上代語》次から次へと。後から後から。

生れまし神のことごと栂の木の**いやつぎつぎに**天の下知らし召ししを…歌〈万葉集・1・29〉訳お生まれになった神(である天皇)のすべてが、**次から次へと**天下をお治めになったのに…。〇「神」はここでは神武天皇以来の天皇を指す。「栂の木の」は「つぎつぎ」を導く枕詞。

いや-とほなが・し【弥遠長し】 形容詞〔ク〕〈く・く・し・き・けれ・〇／から・かり・〇・かる・〇・かれ〉《上代語》いよいよ遠く長い。ますます末長い。永久だ。

玉葛**いや遠長く**祖の名も継ぎ行くものと…歌〈万葉集・3・443〉訳**ますます末長く**(代々の)父祖の名誉も受け継いで行くものだと…。〇「玉葛」はつるが長いことから「いや遠長く」に係る枕詞。

いやひけ-に【弥日異に】 副詞《上代語》日増しに。日ごとに。

明日香川水行き増さり**いやひけに**恋の増さらばありかつましじ歌〈万葉集・11・2702〉訳明日香川の水かさが増えるように**日増しに**恋の思いが募ったならば生きていられないだろう。〇二句まで「いやひけに」を導く序詞。

❶**いやま・う**〈現〉↓〈歴〉**ゐやまふ【礼ふ・敬ふ】**

いやまさり-に【弥増さりに】 副詞 いよいよ多く。ますます激しく。

さる間に、思ひは**いやまさりにまさる**。〈伊勢・40〉訳そうするうちに、(互いの)恋心が**ますます激しく募ってくる**。

いや-まさ・る【弥増さる】 動詞 自〔ラ四段〕〈ら・り・る・る・れ・れ〉ますます多くなる。ますます激しくなる。さらに募る。

いとなめしと思ひけれど、こころざしは**いや増さりけり**。〈伊勢・105〉訳(男は女を)ひどく失礼だと思ったけれども、恋心は**ますます激しくなった**。

いやまし-に【弥増しに】 副詞 いよいよますます。いよいよ多く。いっそう。

逢はなくも憂しと思へば**いやましに**人言繁く聞こえ来るかも歌〈万葉集・12・2872〉訳逢わずにいることもつらいと思っていると、**いよいよ多く**あなたのうわさが聞こえてくるなあ。

いやますます-に【弥増す増すに・弥益益に】 副詞 いよいよますます。

その山の**いやますますに**この川の絶ゆることなくももしきの大宮人は常に通はむ歌〈万葉集・6・923〉訳その山のように**いよいよますます**重ねて、この川のように絶えることなく、大宮人たちは常に通うことだろう。〇「ももしきの」は「大宮人」に係る枕詞。

いや-め【否目・嫌目】 名詞 悲しげで涙ぐんだ目つき。

いやをち-に【弥復ちに】 副詞 何度も始めに返って。何度も若返って。繰り返し繰り返し。

わが宿に咲ける撫子賂はせむゆめ花散るな**いやをちに咲け**歌〈万葉集・20・4446〉訳我が家に咲いているナデシコの花よ、お礼はするつもりだよ。決して散るんじゃないよ。**繰り返し繰り返し**咲けよ。

い・ゆ【癒ゆ】 動詞 自〔ヤ下二段〕〈え・え・ゆ・ゆる・ゆれ・えよ〉病気や傷が治る。全快する。本復する。

薬の験ありて、その病**いえたまひにければ**…。〈今昔〉訳薬の効験があって、その病気が**お治りになった**ので…。

いゆき-はばか・る【い行き憚る】 動詞 自〔ラ四段〕〈ら・り・る・る・れ・れ〉《上代語》行き悩む。簡単に通れない。

白雲も**い行きはばかり**時じくぞ雪は降りける…歌〈万葉集・3・317〉訳↓あめつちの…

い-ゆ・く【い行く】 動詞 自〔カ四段〕〈か・き・く・く・け・け〉《上代語》行く。

鳥じもの朝立ち**い行きて**入り日なす隠りにしかば…歌〈万葉集・2・213〉訳鳥のように朝出て**行って**(そのまま)亡くなってしまったので…。〇「入り日なす」は「隠る」に係る枕詞。

いゆしし-の【射ゆ獣の】 枕詞(射られた動物という意味から)「心を痛み」「行きも死なむ」に係る。

伊予 旧国名 予州。南海道六か国の一つ。今の愛媛県。→ビジュアルチェック❼(450ページ)

いよ-いよ【愈】 副詞 ❶(程度がいっそう激しくなるようすを表し)いっそう。ますます。

老いぬればさらぬ別れもありといへば**いよいよ**見まくほしき君かな歌〈古今集・雑上・900〉訳↓おいぬれば…

❷確かに。間違いなく。

袖など振るひ、前後を見れども、**いよいよ**ないに極まりける。〈西鶴諸国ばなし〉訳袖などを振り、前後を探すけれども、**確かに**(どこにも)ないものとして決まった。

❸ついに。とうとう。今まさに。

発展「いよ」は副詞「弥」が変化したもの。

いよ-すだれ【伊予簾】 名詞 伊予(=今の愛媛県)特産のすだれ。季語 夏 発展「いよす」とも。

いよ-よ【愈】 副詞 いよいよ。ますます。いっそう。

世の中は空しきものと知る時し**いよよ**ますます悲しかりけり歌〈万葉集・5・793〉訳(親しい人の死が相次ぎ)この世の中ははかないものだと理解する時こそ、**いっそう**ますます悲しく思われるのだった。

発展「いよいよ」が変化したものかといわれる。

い-よ・る【い寄る】 動詞 自〔ラ四段〕〈ら・り・る・る・れ・れ〉《上代語》寄る。近くに寄る。

わが大君の朝には取り撫でたまひ夕へにはい寄り立たしし みとらしの梓の弓の…〈歌〉〈万葉集・1・3〉訳わが大君が、朝には手に取っておなでになり、夕方には近くに寄ってお立ちになったご愛用の梓の弓の…。

いらう（現）↓（歴）**いらふ【答ふ・応ふ】**最重要語（175ページ）

⇒**こたふ【答ふ・応ふ】**

いらか【甍】 名詞 ❶屋根のいちばん高い部分。また、そのかわら。❷屋根がわら。また、かわらぶきの屋根。

いらか-あらたま・る【甍改まる】改築される。

いらか-を-あらそ・ふ【甍を争ふ】あらそう（建物の）屋根の高さを競い合う。

棟を並べ、**いらかを争へる**、高き賤しき人の住まひは…。〈方丈記・ゆく河〉訳（都の中にぎっしりと）棟を並べ、**屋根の高さを競い合っている**身分の高い人や身分の低い人の住居は…。

いら・つ【苛つ】 一 動詞 自〔タ四段〕〈た・ち・つ・つ・て・て〉いらだつ。気がせく。

互ひに掛かるを待ちけるが、**いらって**熊坂早足を踏み…。〈謡曲・熊坂〉訳（牛若と熊坂は）互いに相手が襲いかかるのを待ったが、**いらだって**熊坂は早足で踏み出し…。

二 動詞 他〔タ下二段〕〈て・て・つ・つる・つれ・てよ〉いらだたせる。せかす。

「乗り物より降りさうらへ、降りさうらへ。」と**いらてけれ**ども…〈平家・1・殿下乗合〉訳「乗り物から降りなさい、降りなさい。」と**せかし**たけれども…。

いら-つ-こ【郎子】 名詞《上代語》親愛の情を込めて、男性をいうことば。対郎女 発展「つ」は格助詞。

いら-つ-め【郎女】 名詞《上代語》親愛の情を込めて、女性をいうことば。対郎子 発展「つ」は格助詞。

いら-な・し 形容詞〔ク〕〈く・く・し・き・けれ・○／から・かり・○・かる・○・かれ〉❶心苦しい。つらい。

❷強い。鋭い。

明け暮れは**いらなき**太刀を磨き、刀を研ぎ、剣を設けつつ…。〈宇治拾遺〉訳毎日**鋭い**太刀を磨き、刀を研ぎ、剣の準備をしながら…。

❸大げさである。仰々しい。わざとらしい。

この史、文刺しに文挟みて**いらなく**振る舞ひて、この大臣に奉るとて…〈大鏡・時平〉訳この史（＝太政官の書記）が、文挟みに書類を挟んで**大げさに**動作して、この大臣（＝時平）に差し上げるというわけで…。

❹並々でない。激しい。

さぶらふ人々も、**いらなく**なむ泣きあはれがる。〈大和・168〉訳おそばにいる人々も、**激しく**泣いて気の毒がる。

発展❶は上代の用法。

↓古語チャート㉙（923ページ）

いら・ふ【答ふ・応ふ】 いら（ろ）う

ことばで応対する——**返事する。応答する。**

未然形	連用形	終止形	連体形	已然形	命令形
いら・へ	いら・へ	いら・ふ	いら・ふる	いら・ふれ	いら・へよ

動詞 自〔ハ下二段〕

返事する。応答する。答える。

「いと恥づかしき御けはひに、何事をかは**いらへきこえむ**。」〈源氏・若紫〉訳「（源氏は）本当にこちらが気後れするほど優れたごようすなので、どういうことをご**返事申し上げ**たらよいだろうか、いや、返事のしようもない。」

類語比較「いらふ」と「こたふ」

共通点＝返事をする意味。

いらふ＝①相手の問いかけなどを適当にあしらったり社交儀礼として応対する意味を表す。②『源氏物語』などの和文では、「こたふ」は古めかしいことばとしてあまり用いられず、一般には「いらふ」が用いられた、という指摘もある。

こたふ＝①質問の内容に応じた適切な返事をするときに用いられる。②漢文訓読文では「いらふ」ではなく「こたふ」を用いた、という指摘もある。

※中世以降、「いらふ」の使用は衰えていき、「こたふ」が「いらふ」の意味と区別なく用いられるようになった。

いら・ふ【答ふ・応ふ】 動詞 ↓最重要語（175ページ）

いらへ【答へ・応へ】いらえ 名詞 返事。返答。答え。

いら-め・く【苛めく】 動詞 自〔カ四段〕〈か・き・く・く・け・け〉物事のようす・状態が角立つ。角ばって見える。

いらが・す【苛がす】 動詞 他〔サ四段〕〈さ・し・す・す・せ・せ〉ことさらに目立つようにする。いからせる。

鼻を**いらがし**、さし仰ぎてゐたるを…。〈落窪〉訳鼻を**ことさらに目立つようにし**（＝膨らませ）、あおむいて座っているのを…。

いらら・ぐ【苛らぐ】 一 動詞 自〔ガ四段〕〈が・ぎ・ぐ・ぐ・げ・げ〉

❶角張る。突っ張る。とがる。

こはごはしう**いららぎ**たるものども着たまへるしも、いとをかしき姿なり。〈源氏・手習〉訳（浮舟が）ごわごわとして**突っ張っ**ている（着心地の悪そうな）ものを着ていらっしゃるのも、実に美しい姿である。

❷（寒さなどで）鳥肌が立つ。こわ張る。

いと寒げに、**いららぎたる顔**して持て参る。〈源氏・橋姫〉訳（宿直人は）たいへん寒そうに、**鳥肌が立った顔**をして（歌を）持って（薫のもとに）参上する。

二 動詞 他〔ガ下二段〕〈げ・げ・ぐ・ぐる・ぐれ・げよ〉❶突っ張らせる。とがらせる。（肩などを）いからす。類苛らがす

❷（「目をいららぐ」で）目をつり上げる。

声を**いららげ**色を損じて…。〈太平記〉訳声を**とがらせ**不機嫌な顔色になって…。

俊成卿、御目を**いららげ**…叱らせたまふ。〈戴恩記〉訳俊成卿は、お目を**つり上げ**…お叱りになる。

いら・る【焦らる】 動詞 自〔ラ下二段〕〈れ・れ・る・るる・るれ・れよ〉いらいらする。やきもきする。

男方は、さらに**いられ**きこえたまはず…。〈源氏・常夏〉訳男君（＝夕霧）は、少しも**いらいらし**（た態度をし）申し上げなさらないで…。

いり-あひ【入相】いりあい 名詞 ❶日が沈むころ。夕方。夕暮れ時。

今日の**入相**ばかりに絶え入りて、またの日の戌の時ばかりになむ、からうじて生き出でたりける。〈伊勢・40〉訳その当日の**夕方**ぐらいに気絶して、次の日の午後八時ごろに、やっとのことで息を吹き返した。

❷「★入相の鐘」の略。

いりあひ‐の‐かね【入相の鐘】（いりあい）｜名詞 夕暮れ時につく鐘。また、その音。発展 略して「入相」とも。

いりあや【入り綾】 名詞 舞楽が終わった後、舞人が退場しかけ、引き返してもう一度舞うこと。また、その舞。

いりがた【入り方】 名詞 月や日が沈もうとするころ。

いりぎは【入り際】（ぎわ）｜名詞 月や日がちょうど沈む時。

いりずみ【煎り炭】 名詞 火にあてて湿気を取り、火のつきをよくした炭。

いりたつ【入り立つ】 動詞 自 〔タ四段〕〈た・ち・つ・つ・て・て〉 ❶深く入る。入り込む。立ち入る。**京に入り立ちてうれし。**〈土佐日記・二月十六日〉訳 京（の町）に**深く入って**うれしい。
❷親しく出入りする。親しくする。**山の井の大納言は、入り立たぬ御せうとにても、いとよくおはすかし。**〈枕草子・104・淑景舎（しげいさ）、東宮に〉訳 山の井の大納言は、（異母兄弟のため）**親しくしていない**兄君にしては、たいそう（中宮様と）仲よくしていらっしゃる。
❸物事に精通する。よく知っている。**何事も入りたたぬさましたるぞよき。**〈徒然草・79・何事も〉訳 何事についても（精通しているのに）**精通していない**ようなふりをしているのがよい。

いりちやう【入り帳】（ちょう）｜名詞《近世語》（商家で）収入を記録した帳面。収入簿。

いりはつ【入り果つ】 動詞 自 〔タ下二段〕〈て・て・つ・つる・つれ・てよ〉すっかり入る。入りきる。**山の端に入り日の影は入り果てて心細くぞ眺めやられし** 歌〈更級日記・東山なる所〉訳（西の）山の尾根に夕日の光が**すっかり入って**（＝沈んで）、（東山のあなたの住まいが気にかかり）心細くぼんやりと遠くを見ないではいられなかった。

いりひ【入り日】 名詞 沈もうとしている日。夕日。落日。

いりひなす【入り日なす】 枕詞（入り日のようにという意味から）「隠る」に係る。

いりふね【入り船】 名詞 港に入ってくる船。

いりまへ【入り前】（まえ）｜名詞《近世語》収入。稼ぎ。実入り。発展「入り米（まい）」とも。

いりめく【焦りめく】 動詞 自 〔カ四段〕〈か・き・く・く・け・け〉ひしめき騒ぐ。もみ合ってがやがや言う。「いかがせむとする。」など、口々に**いりめく**ほどに…。〈今昔〉訳「どうしたらよいだろう。」などと、口々に**がやがや言っている**うちに…。

いりもてゆく【入りもて行く】 動詞 自 〔カ四段〕〈か・き・く・く・け・け〉どんどん入って行く。**入りもて行くままにきりふたがりて…。**〈源氏・橋姫〉訳（山路に）**どんどん入って行く**につれて霧のために視界がきかなくなって…。

いりもむ【入り揉む】 一 動詞 自 〔マ四段〕〈ま・み・む・む・め・め〉 ❶（風などが）激しく吹き荒れる。**終日（ひねもす）にいりもみつる雷（かみ）の騒ぎに…。**〈源氏・明石〉訳 一日中**激しく吹き荒れた**雷の騒ぎで…。
❷気をもむ。いらいらする。**この人を妻（め）にせばやと、いりもみ思ひければ…。**〈宇治拾遺〉訳 この人を妻にしたいと、**いらいらし**思いつめたので…。
二 動詞 他 〔マ四段〕〈ま・み・む・む・め・め〉一心に祈る。嘆願する。**人知れぬ額（ぬか）をつき、仏をいりもみたてまつる。**〈栄花〉訳（僧正たちは）人知れず（ひそかに）頭を下げ、仏を**一心にお祈り**申し上げる。

＊**いりもや【入母屋】** 名詞 屋根の形式のひとつ。上の方を切り妻にし、下の方を四方に庇（ひさし）を広げた形。

［いりもや］

いる（現）→（歴）**ゐる【居る】【率る】** 最重要語（1352・1353ページ）

い・る【入る・要る】 一 動詞 自 〔ラ四段〕〈ら・り・る・る・れ・れ〉 ❶（外から内に）はいる。「**妾（あれ）、御子（みこ）に易（か）はりて海に入らむ。**」〈古事記・景行天皇〉訳「私が、御子（＝倭建命（やまとたけるのみこと））の身代わりとなって（海の神の怒りを鎮めるために）海に**入ろう**。」
❷（日や月などが）隠れる。沈む。没する。**日の入る程に起きさせたまひて…。**〈枕草子・104・淑景舎（しげいさ）、東宮に〉訳 日の**沈む**時分に（一条天皇（いちじょうてんのう）は）お起きになって…。
❸（宮中・仏門などに）入る。**斎宮（さいぐう）は、去年（こぞ）内裏（うち）に入りたまふべかりしを、さまざま障ることありて、この秋入りたまふ。**〈源氏・葵（あおい）〉訳 斎宮は、去年宮中にお**入り**になるはずであったが、いろいろと差し障ることがあって、この秋にお**入り**になる。
❹（ある状態・時期・境地に）なる。達する。**悟りに入るべき法（のり）にもあらず。**〈源氏物語玉の小櫛（おぐし）〉訳（物語は）悟り（の境地）に**達する**ような法でもない。
❺必要になる。入り用になる。**法事に要ることありて、東大寺の太鼓を借りて…。**〈西鶴諸国ばなし〉訳（興福寺（こうふくじ）では）法事に**必要になる**ことがあって、東大寺の太鼓を借りて…。
❻（尊敬語とともに用いて）「行く」「来（く）」「あり」の意味を表す。いらっしゃる。おいでになる。「**屋形の中にござあるこそ、日本国のあるじ、かたじけなくも十善の君にていらせたまへ。**」〈太平記〉訳「（船上の）屋形の中にいらっしゃる方こそ、日本国のあるじで、恐れ多くも天皇で**いらっしゃる**。」
二 動詞 他 〔ラ下二段〕〈れ・れ・る・るる・るれ・れよ〉 ❶（外から内に）移動させる。入れる。また、加える。**この皮衣入れたる箱を見れば、くさぐさのうるはしき瑠璃（るり）を色へて作れり。**〈竹取・火鼠（ひねずみ）の皮衣（かわぎぬ）〉訳 この皮衣を**入れ**てある箱を見ると、種々の立派な瑠璃を使って彩色して作ってある。
❷（心や力などを）込める。打ち込む。**狭衣（さごろも）などは、何事も、もはらこの物語のさまをならひて、心を入れたりとは見ゆるものから、こよなく劣れり。**〈源氏物語玉の小櫛〉訳『狭衣物語』などは、すべて、ひたすらこの物語（＝『源氏物語』）のようすを学んで、心を**込めて**（書かれて）いるとは見えるものの、（『源氏物語』に比べると）ひどく劣っている。
三 補助動詞 〔ラ四段〕〈ら・り・る・る・れ・れ〉（その動作に没入する意味を表し）すっかり…になる。深く…する。ひたすら…する。**宮は沈み入りて、そのままに起き上がりたまはず…。**〈源氏・葵〉訳 母宮は（娘である葵の上に先立たれて）**すっかり沈（み込）んで**、そのまま起き上がりなさらないで…。
四 補助動詞 〔ラ下二段〕〈れ・れ・る・るる・るれ・れよ〉 ❶その動作・作用を外から内に向かって行う意味を表す。対 出（い）だす・出（い）づ **御消息（せうそこ）聞こえ入れたまへり。**〈源氏・柏木（かしわぎ）〉訳（夕霧は落葉の宮の邸で）ご案内を申し**入れ**なさった。

❷受け入れる、承諾するという意味を表す。**奏せさせたまふことなどは、必ず聞こしめし入れ、御用意深かりけり。**〈源氏・宿木〉訳（女三の宮が）奏上なさることなどは、（帝は）きまってお聞き**入れ**になり、お心遣いが深かったのだった。

いる【沃る】動詞 他〔ヤ上一段〕〈い・い・いる・いる・いれ・いよ〉注ぐ。浴びせる。
同じき四日、病に責められ、せめてのことに板に水をいて、それにふしまろびたまへども…。〈平家・6・入道死去〉訳同じ月の四日、（平清盛は）病気に苦しめられ、（不十分だが）せめて（これぐらいは）ということで板に水を**注い**で、それに寝転びなさるけれども…。

いる【射る】動詞 他〔ヤ上一段〕〈い・い・いる・いる・いれ・いよ〉矢などを放つ。また、射当てる。
「**希有に馬を取られざる。よく射たりつるものかな。**」〈今昔〉訳「意外に（も）ウマを取られない（ですんだ）ことよ。うまく（弓で盗人を）**射当て**たものだなあ。」

い・る【煎る・炒る・炮る】動詞 他〔ラ四段〕〈ら・り・る・る・れ・れ〉水気のなくなるまで煮詰める。また、あぶる。
鮎ならぬ魚をいりて参りたまふ。〈宇津保〉訳アユでない魚を**あぶって**差し上げなさる。

いる【鋳る】動詞 他〔ヤ上一段〕〈い・い・いる・いる・いれ・いよ〉溶かした金属を鋳型に流して器物を作る。鋳造する。
母、一尺の鏡を鋳させて…。〈更級日記・鏡の影〉訳母は、直径一尺（＝約三〇センチ）の鏡を**鋳造させ**て…。

いるかせ・なり【忽せなり】形容動詞〔ナリ〕〈なら・なり（に）・なり・なる・なれ・なれ〉ぞんざいだ。おろそかだ。おざなりだ。
この禅門世盛りのほどは、いささかいるかせにも申す者なし。〈平家・1・禿髪〉訳この清盛が勢い盛んなころは、少しも**ぞんざいに**申し上げる者はいない。

いるかせに【忽せに】副詞 ↓いるかせなり
発展 中世以降「ゆるかせなり」とも。

いる-さ【入るさ】名詞（月などが）はいる時。はいる方向。
月の入るさの山の端を、そなたの空とや思はれけん…。〈平家・9・小宰相身投〉訳月の**入る方向**の山の稜線を、そちら（＝西方浄土）の空と思われたのか…。

いれ-ずみ【入れ墨】名詞 ❶肌に針状のもので傷を付け、文字や模様を墨や朱で彫り付けたもの。❷手足や顔に傷を付け墨を入れ、前科のある印としたもの。❸後から書き足すこと。加筆。

いれ-ひも【入れ紐】名詞 衣服の襟の裾に付いているひも。発展 片方に輪を作り、結び玉を作ったもう片方を入れて留める。

いれひも-の【入れ紐の】枕詞（入れ紐を結ぶことから）「結び」に係る。

いれ-ふだ【入れ札】名詞 入札。

いれる（現）↓（古）**いる【入る】**

いろ- 接頭語（親族関係を表すことばに付いて）母が同じである、という意味を表す。また、親愛の意味も表す。語例 **いろ兄・いろ弟・いろ妹** 対 継

いろ【色】一 名詞 ❶色彩。
❷位階ごとに定められた衣服の色。↓禁色
「**このごろこそ、少しものものしく御衣の色も深くなりたまへれ。**」〈源氏・若菜下〉訳「最近ようやく、少しは重々しくお召し物の**色**も深く（上位の色に）おなりになったが。」
❸喪服の色。鈍色（＝薄墨色）。転じて、喪服や僧衣。
それより色の姿になりて、泣く泣く鎌倉へ入りたまふ。〈平家・12・紺掻之沙汰〉訳それから**喪服**姿になって、泣く泣く鎌倉へお入りになる。
❹顔色。表情。ようす。素振り。
関白殿、色青くなりぬ。〈大鏡・道長上〉訳関白殿は、**顔色**が真っ青になってしまった。
❺華美。華やかさ。はでさ。
今の世の中、色につき、人の心、花になりにけるより…。〈古今集・仮名序〉訳現在の世の中が、（表面的な）**華美**に流れ、人の心が、はでになってしまった（時）から…。
❻気配。兆し。
春の色の至り至らぬ里はあらじ咲ける咲かざる花の見ゆらむ 歌〈古今集・春下・93〉訳（今ではもう）春の**気配**が行き渡っていない里はないだろう。（それなのに）どうして咲いている花と咲いていない花とが見えているのだろう。
❼趣。趣向。風情。
ある人の、御簾などをみな取らせられはべりしが、色もなく覚えはべりしを…。〈徒然草・138・祭り過ぎぬれば〉訳ある人が、御簾など（にかけてあるアオイ）をすべて取らせなさいましたのが、**趣**もないことだと思われましたが…。
❽情け。優しさ。
「**東人はわが方なれど、げには心の色なく、情けおくれ…。**」〈徒然草・141・悲田院の尭蓮上人は〉訳「東国の人は私の出身地の人であるが、本当は心の**優しさ**がなく、人情味に欠け…。」
❾種類。仲間。たぐい。
いかき者ども…眼に見ゆる鳥けだものの色をも嫌はず殺し食へば…。〈宇津保〉訳荒武者たちは…見つけた鳥や獣の**種類**もかまわずに殺して食うので…。
❿色事。恋愛。情事。
「**これは、色好むといふすき者。**」〈伊勢・61〉訳「これは、**色事**を好むと評判の風流人。」
⓫《近世以降》遊女。恋人。愛人。（恋愛や情事の）相手。
御心に染む色もなかりけるにや…。〈太平記〉訳（一の宮は）お気に召す**相手**もなかったのであろうか…。
二 造語 ❶美しい意味を表す。語例 **色衣・色音** ❷色っぽい意味、または遊里に関する意味を表す。語例 **色酒・色人**
関連語 色なり

いろ-あひ【色合ひ】名詞（染め物・塗り物の）色の具合。色かげん。また、顔の色つや。血色。

いろ-あらたま・る【色改まる】喪が明ける。（服が喪の色から）平常の色に戻る。
年かはりて、宮の御はても過ぎぬれば、世の中色改まりて…。〈源氏・少女〉訳年も改まって、（藤壺の）宮のご一周忌も過ぎてしまうと、世間では（服の色が）**平常の色に戻って**…。
発展 喪が明けると、衣服の色が鈍色から平常の色に戻ることから。

いろ-いろ【色色】一 名詞 ❶さまざまな色。色とりどり。
戸にちかき人々、色々の袖口して、御簾ひき上げたるに…。〈枕草子・129・関白殿、黒戸より〉訳戸口に近い女房たちが、**色とりどり**の袖口を出して、御簾を引き上げたところ…。
❷種々。さまざまなこと。
「**旅の空に、助けたまふべき人もなき所に、色々の病をして…。**」〈竹取・蓬莱の玉の枝〉訳「（心細い）旅の途中で、助けてくださるはずの人もいない所で、**さまざま**の病気をして…。」
二 副詞 さまざまに。いろいろと。
『もてなしたてまつらむ。』と思ふやうあるにや、いろいろ

聞きにくきことどもほのめくめり。」〈源氏・夕霧〉訳「『(あなたを私から)引き離し申し上げよう。』と思うところがあるのではなかろうか、いろいろと聞きづらい噂などをほのめかすようだ。」

発展「いろいろに」の形を形容動詞とする説もある。

いろ-いろ・し【色色し】形容詞〔シク〕〈しく・しく・し・しき・しけれ・○／しから・しかり・○・しかる・○・しかれ〉❶色好みだ。好色めいている。

色々しき者にて、よきあしきを嫌はず、女といへば心を動かしけり。〈古今著聞集〉訳**好色めいた**者であって、美人不美人を問わず、女というと関心を寄せた。

❷きらびやかだ。華やかだ。

畠山は、幕のほころびより座敷の体を差しのぞいて、うち見て、別して色々しくも出で立たず…。〈義経記〉訳畠山(重忠)は、幕のほつれた透き間から座敷のようすをのぞき見て、目に留めて、特に**きらびやかに**装束もせず…。

いろいろに… 歌

いろいろに身のうきほどの知らるるはいかに染めける中の衣ぞ〈源氏・少女〉訳いろいろのことに(つけ)、わが身の情けなさが思い知られるのは、どのように染めた中の着物(の色)なのか。○「知らるる」の「るる」は自発の助動詞「る」の連体形。

発展夕霧が、雲居の雁を思う涙で袖を染めたと詠んだ歌(→くれなゐの…)への雲居の雁の返歌。

いろ-か【色香】名詞❶(花などの)色と香。

余所にのみあはれとぞ見し梅の花飽かぬ色香は折りてなりけり 歌〈古今集・春上・37〉訳離れたところからばかり趣深いものとして見ていたウメの花だけれど、(いくら見ても)十分とはいえない**色と香**は、折り取って(ようやく十分に)なるのだなあ。

❷女性のあでやかな美しさ。色気。また、それが表れている姿。

いろ-かたち【色形】名詞顔の血色。顔色。

いろ-か・は・る【色変はる】— (喪に入り)喪服を着る。

色変はる袖をば露の宿りにてわが身ぞさらに置き所なき 歌〈源氏・椎本〉訳**喪服を着ている**(私の)袖を、(涙の)露の宿るところにしてしまって、この私はまったく身の置きどころがないことだ。

いろ-くづ【鱗】—名詞うろこ。転じて、魚。発展「いろくづ」とも。

いろこ【鱗】名詞うろこ。

いろ-こ・し【色濃し】❶色が濃い。特に、衣服の紫や紅の色が濃い。

紫の色こき時はめもはるに野なる草木ぞわかれざりける 歌〈古今集・雑上・868〉訳→むらさきの…

❷しつこい。情が深い。

片田舎の人こそ、色濃く万はもて興ずれ。〈徒然草・137・花は盛りに〉訳片田舎の人は、**しつこく**あらゆることに(興味を持って)おもしろがるものだ。

いろ-ごのみ【色好み】名詞風流をよく理解すること。特に、恋愛の情をよく理解すること。また、その人。

いろ-この・む【色好む】恋愛の情をよく理解している。恋というものがよく分かっている。

浅茅が宿に昔をしのぶこそ、色好むとは言はめ。〈徒然草・137・花は盛りに〉訳チガヤ(=草の名)の茂っているような(荒れ果てた)家で昔(の恋)を思い出して懐かしむのは、(本当に)**恋愛の情をよく理解している**というのだろう。

いろ-ごろも【色衣】名詞色合いが美しい衣服。発展「いろぎぬ」とも。

いろ-しな【色品】名詞❶いろいろな種類の品物。❷いろいろな方法。さまざまな手段。

いろ-せ【いろ兄】名詞《上代語》母の同じ兄または弟。対いろ弟

うつそみの人なる我や明日よりは二上山をいろせと我が見む 歌〈万葉集・2・165〉訳この世の人である私は、明日からは二上山を**弟**として私は見るのであろうかなあ。○大津皇子が処刑されたときに姉の大伯皇女が詠んだ歌。

いろ-づ・く【色付く】動詞自〔カ四段〕〈か・き・く・く・け・け〉草木の葉や花や実が季節の色を帯びる。古くは、紅葉する意味にいうことが多い。

萩の下葉色付くほど…。〈徒然草・19・折節の〉訳ハギの下葉が**季節の色を帯びる**ころ…。

いろ-ど【いろ弟】名詞《上代語》母が同じ弟または妹。対いろ兄・発展「いろと」とも。

いろ-ど・る【色取る・彩る】動詞他〔ラ四段〕〈ら・り・る・る・れ・れ〉❶色を付ける。彩色する。

絵など描きて、色取りたまふ。〈源氏・末摘花〉訳(紫の上は)絵などを描いて、**色をお付けに**なる。

❷紅や白粉などを顔に塗る。化粧する。

色取りたる顔作りをよくしてうち振る舞ふめり。〈源氏・総角〉訳(老女房たちは)**紅や白粉などを塗った**顔の化粧を念入りにして動きまわっているように見える。

いろ-なり【色なり】形容動詞〔ナリ〕〈なら・なり(に)・なり・なる・なれ・なれ〉❶髪がつややかで美しい。

髪、色に、こまごまとうるはしう…。〈枕草子・200・野分のまたの日こそ〉訳(少女の)髪は、**つややかで美しく**、こまやかにきちんとしていて…。

❷趣がある。風流だ。風雅だ。

時雨には色ならぬ身の袖笠もぬるれば薫るものにぞありける 歌〈内大臣家歌合〉訳時雨が降ると、**風雅でない**私の笠(の代わりにかざした)袖もぬれるので、たきしめた香が香ることであったよ。

❸男女の情を解している。色好みだ。

いと色なる御心ぐせにて…。〈大鏡・師輔〉訳(村上天皇は)ひどく**色好み**のご性癖で…。

いろ-に-い・づ【色に出づ】— 心に思っていることが外に表れる。心のようすを人に見せる。

忍ぶれど色に出でにけりわが恋はものや思ふと人の問ふまで 百人一首〈拾遺集・622〉訳→しのぶれど…

いろ-ね【いろ兄・いろ姉】名詞《上代語》母が同じ兄または姉。対いろ弟

いろ-は【母】名詞《上代語》実母。生みの母。対父

い-ろ-は【伊呂波】名詞❶「★伊呂波歌」の略。❷(「伊呂波仮名」の略で)伊呂波歌の四十七の文字。平仮名。❸順序。はじめ。初歩。発展❸は「伊呂波仮名」を手習いの最初に習うことから。

伊呂波歌 国語・国文法 すべての仮名を漏らさず、繰り返さず詠み込んだ歌。「いろはにほへとちりぬるをわかよたれそつねならむうゐのおくやまけふこえてあさきゆめみしゑひもせす」の四十七字からなる。「色は匂へど散りぬるを、我が世誰ぞ常ならむ、有為の奥山今日越えて、浅き夢見じ酔ひもせず」と解され、仏教思想を詠んだ七五調の今様ふうの歌として、平安中期ごろに作られたようである。俗に空海作といわれるが、現在は否定されている。

いろ-びと【色人】名詞❶美しくなまめかしい人。❷《近

世語》遊女。❸《近世語》色の道を解する人。通人。粋人。

いろ・ふ【色ふ・彩ふ】 一 動詞 自〔八四段〕〈は・ひ・ふ・ふ・へ・へ〉美しい色になる。**いかばかり思ひおくとも見えざりし露に色へる撫子の花** 歌〈和泉式部集〉訳（ずっと忘れずに）どれほど心にとどめていても見えなかった露、その露で**美しい色に**なったナデシコの花よ。
二 動詞 他〔八四段〕〈は・ひ・ふ・ふ・へ・へ〉❶彩色する。美しく彩って飾る。**端袖に色へたる直垂に、萌黄威の鎧着て**…。〈平家・11・那須与一〉訳 端袖を**美しく彩って飾って**ある直垂に、萌黄威の鎧を着て…。❷（文章や演技などに）工夫を凝らす。技巧を凝らす。**物数をばはや初心に譲りて、やすき所を少な少なと色へてせしかども、花はいや増しに見えしなり。**〈風姿花伝〉訳 数々の曲を演じることはもはや初心者に譲って、楽に演じられる曲を控えめに**工夫を凝らして**演じたのだが、花（＝魅力）はますます増しているように見えたのである。

いろ・ふ【綺ふ・弄ふ】 一 動詞 自〔八四段〕〈は・ひ・ふ・ふ・へ・へ〉❶かかわる。関係する。世話をする。**いふかひなき者の秀でて、いろふまじきことにいろひ**…。〈平家・2・西光被斬〉訳 取るに足りない者が出世して、**かかわる**べきでないことに**かかわり**…。❷口出しする。干渉する。「**御治世の御事は、朝議に任せたてまつるうへは、武家いろひまうすべきにあらず。**」〈太平記〉訳「ご治世のことは、朝廷の意見にお任せ申し上げている以上は、武家は**口出し**申し上げるべきではない。」
二 動詞 他〔八四段〕〈は・ひ・ふ・ふ・へ・へ〉手を触れる。いじる。また、もてあそぶ。**数寄屋まはりの掃き拭ひ、下女、中間にもいろはせず、箒離さぬ奇麗好き。**〈近松・鑓の権三重帷子〉訳 茶室周辺の清掃は、下女や中間にも**手を触れ**させないで、ほうきを離すことのない奇麗好き。

いろ-ふか・し【色深し】 ❶色が濃い。**萩、いと色深う、枝たをやかに咲きたるが**…。〈枕草子・67・草の花は〉訳 ハギの花は、とても**色が濃く**、枝もしなやかに咲いているのが…。❷深く思っている。**紅の初花染めの色深く思ひし心われ忘れめや** 歌〈古今集・恋4・723〉訳 ベニバナの初咲きのもので染めた色が深いように、（あなたを）**深く思っていた**（初めの）心を私が忘れるだろうか、いや忘れない。❸美しい。あでやかである。**色深く情けありければ**…。〈古今著聞集〉訳 **美しく**情愛があったので…。

いろ-ふし【色節】 名詞 ❶晴れがましいこと。光栄なこと。❷色の具合。色調。色彩。**万のものの綺羅、飾り、色節も、夜のみこそめでたけれ。**〈徒然草・191・夜に入りて〉訳 すべてのものの光彩、装飾、**色彩**も、夜が特にすばらしい。

いろみえで… 歌
色見えで移ろふものは世の中の人の心の花にぞありける〈古今集・恋5・797・小野小町〉訳（花ならば、色の移ろいが目に見えて分かるのに）色に見えないで変わっていくものは、世の中の人の心という花であったのだなあ。〇「色見えで」の「で」は、打消の接続助詞。「世の中」は男女の間柄のこと。「心の花」は、「人の心という花」で、人の心を花にたとえている。「ぞありける」の「ぞ」は、強意の係助詞。過去の助動詞「けり」の連体形「ける」で、結びとなっている。
発展 思う人の心が変わり、冷たくなったことを悲しむ歌。『無名草子』にも引かれる。

いろ-めか・し【色めかし】 形容詞〔シク〕〈しく・しく・し・しき・しけれ・〇／しから・しかり・〇・しかる・〇・しかれ〉色っぽい。好色そうだ。**いと由あるさまして、色めかしうなよびたまへるを**…。〈源氏・紅葉賀〉訳（式部卿宮は）たいへん風情のあるようすで、**色っぽく**しなやかに振る舞いなさる姿を…。〇「色めかしう」は連用形「色めかしく」のウ音便。

いろ-め・く【色めく】 動詞 自〔カ四段〕〈か・き・く・く・け・け〉❶美しく色づく。その時期が来て美しくなる。**餅もつき、薪も買ひ、神の折敷に山草の色めきければ**…。〈西鶴・世間胸算用〉訳（正月用に）餅もつき、薪も買い、（正月用の）神棚の三方にはシダが**美しく色づいて**いたので…。❷好色そうに見える。なまめかしく見える。**いといたう色めきたまひて、通ひたまふ忍び所多く**…。〈源氏・紅梅〉訳 実にひどく**好色そうに見え**なさって、（匂宮には）お通いになる秘密の場所（＝愛人）も多く…。❸動揺・緊張のようすが見える。また、戦いに負ける気配が現れる。**互ひに人を盾に成して、その陰に隠れんと色めきける気色を見て**…。〈太平記〉訳（味方同士で）互いに他の人を盾にして、その陰に隠れようというように）**戦いに負ける気配が現れて**きたようすを見て…。

いろ-も【いろ妹】 名詞《上代語》母の同じ妹。発展「いろいも」の変化したもの。

いろ-ゆるさ・る【色許さる】★禁色の着用を許される。特別の色の衣服を着ることを許される。↓色
昔、おほやけ思して使うたまふ女の、色許されたるありけり。〈伊勢・65〉訳 昔、天皇が目をおかけになって身辺の世話をおさせになる女で、**禁色の着用を許されて**いる人がいた。
発展 名詞「いろ」＋四段動詞「ゆるす」の未然形＋受身の助動詞「る」。

いろ-を-うしな・ふ【色を失ふ】（驚きや恐れで）顔色をなくす。青ざめる。**大膳大夫信業、呼び出いだいて、このよし申すに、色を失ふ。**〈平家・2・西光被斬〉訳（資成が）大膳大夫信業を呼び出して、このことを申し上げると、（信業は）**青ざめた**。

いろ-をとこ【色男】 名詞 ❶好色な男性。❷美男子。転じて、夫以外で情を通わせる男。情夫。

いわ（現）↓（歴）**いは【石・岩・磐・巌】【家】**
いわう（現）↓（歴）**いはふ【祝ふ】【斎ふ】**
いわお（現）↓（歴）**いはほ【巌】**

磐城［イハキ］ 旧国名 今の宮城県南部と福島県東部。一八六八（明治元）年、陸奥国より分割された。↓ビジュアルチェック❼（450ページ）

いわく（現）↓（歴）**いはく【稚く】【曰く・言はく】**
いわけなし（現）↓（歴）**いはけなし【稚けなし】** 最重要語（155ページ）

石清水八幡宮［イハシミヅ］ 寺社名 京都府八幡市の男山山頂の神社。祭神は誉田別尊（応神天皇）・息長帯比売命（神功皇后）・比売大神。朝廷が信仰し、鎌倉時代以降は源氏の氏神として武家に信仰された。伊勢神宮・賀茂神社（あるいは

春日神社)とともに三社と称される。例祭は九月十五日。臨時祭は、賀茂神社の「北祭」に対し「南祭」という。↓ビジュアルチェック㉓(1093ページ)

岩代(いわしろ)【イハ―】旧国名 今の福島県中・西部。「磐代」とも書く。一八六八(明治元)年、陸奥国より分割された。↓ビジュアルチェック❼(450ページ)

岩瀬の森(いわせのもり)【イハセノ―】歌枕 奈良県生駒郡斑鳩町竜田の森。「伊波瀬の森」とも書く。紅葉の名所。多く「呼子鳥」「ほととぎす」とともに詠まれた。↓ビジュアルチェック㉕(1097ページ)

い‐わた・す【射渡す】動詞 他〔サ四段〕〈さ・し・す・す・せ・せ〉矢を遠くまで射て至らせる。

梓弓末振り起こし投ぐ矢持ち千尋射渡し… 歌〈万葉集・19・4164〉訳 アズサの木で作った弓の上部を振り立て(＝弓を引き絞り)、手で投げる矢を持って千尋の遠くまで射て至らせ…。

い‐わた・る【い渡る】動詞 自〔ラ四段〕〈ら・り・る・る・れ・れ〉《上代語》渡る。

天の川橋渡せらばその上ゆもい渡らさむを秋にあらずとも 歌〈万葉集・18・4126〉訳 天の川にもし橋を渡してあるなら、その上をお渡りになるだろうに。たとえ秋でなくても。○「い渡らさむ」の「さ」は、四段型助動詞「す」の未然形。上代語で、尊敬の意味を表す。

発展「い」は接頭語。

石見(いわみ)【イハ―】旧国名 石州。山陰道八か国の一つ。今の島根県西部。↓ビジュアルチェック❼(450ページ)

❷いわゆる(現)↓(歴)**いはゆる**【所謂】

磐余(いわれ)【イハ―】歌枕 奈良県桜井市阿部付近の地。「言はれ」と掛詞にすることが多い。「萩」「女郎花」「露」「月」などとともに詠まれる。「磐余の池」「磐余野」の形でも詠まれた。

❷いわんかたなし(現)↓(歴)**いはむかたなし**【言はむ方無し】

❷いわんや(現)↓(歴)**いはむや**【況や】

いを【魚】名詞 うお。さかな。

い‐を‐ぬ【寝を寝】《上代語》連語 寝る。睡眠をとる。

家思ふといをねず居れば鶴が鳴く葦辺も見えず春の霞に 歌〈万葉集・20・4400〉訳 家を思い寝ないでいると、ツルが鳴いていると葦辺も見えない。春のかすみで。

↓古語チャート㉛(971ページ)

❷いん(現)↓(歴)**ゐん**【員：院：韻：尹】

いん【印】名詞 ❶印章。はんこ。❷↓いんざう

いん【因】名詞《仏教語》結果を生み出すもと。原因。類 縁 対 果

いん【陰】名詞 易において万物を二つの要素に分けた一方。対 陽 発展 地・月・冬・北・夜・女など受動的、消極的なものを象徴することば。

いん‐えん【因縁】名詞 ❶《仏教語》原因と機縁。❷ゆかり。由来。来歴。発展「いんねん」とも。❶は、この世の物事は、すべてその原因である「因」と、それを結果に至らせる「縁」との関係から生じることを表す。

❷いんが(現)↓(歴)**いんぐゎ**【因果】

いん‐きょ【隠居】一 名詞 動詞 自〔サ変〕〈せ・し・す・する・すれ・せよ〉❶俗世間の煩わしさから逃れて(静かな山野などに)隠れて住むこと。また、そのように暮らす人。❷家督を譲ったり、退職したりして静かに暮らすこと。また、そのように暮らす人。
二 名詞 隠居所。

いん‐ぐゎ【因果】―ガ 名詞《仏教語》❶原因と結果。すべての事象には原因と結果があるということ。❷悪い行いの報い。

いん‐ざう【印相】―ゾウ 名詞《仏教語》仏像が手の指で作っている形。類 印 発展 種々の形があり、悟りや誓願の内容を表している。↓阿弥陀(図)

[いんざう]

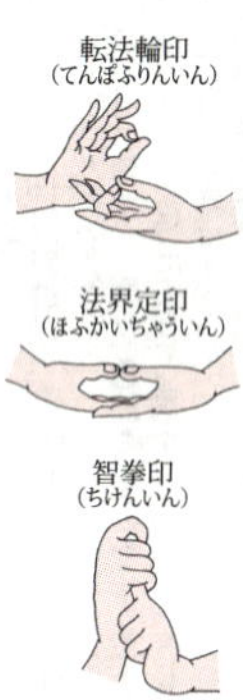

いん‐し【隠士】名詞 俗世間を逃れてひっそりと暮らしている立派な人物。隠者。世捨て人。発展「いんじ」とも。

いん‐じ【往んじ・去んじ】一 連体詞 去る。過ぎ去った。いんじ嘉応二年十月十六日…。〈平家・1・殿下乗合〉訳 去る嘉応二年十月十六日…。
二 名詞 昔。昔のこと。往事。
『いんじをとがめず』と申すことさうらへば、御憤り今はこれまでにてこそさうらへ。〈太平記〉訳『昔のことをとがめない』ということがありますので、(あなたの昔のことへの)お怒りももうこれまででございます。」

発展 動詞「往ぬ」の連用形に過去の助動詞「き」の連体形が付いた「往にし」の撥音便形。

隠者文学(いんじゃぶんがく)文芸用語 俗世間を離れ、仏道修行や悠々自適の生活を送る者(隠居・隠士)による文学作品の総称。特に、中世文学の代表的な作者が隠者だったため、女房文学(中古)や町人文学(近世)と対比される。脱俗・幽玄・閑寂を基調とした作品が多い。代表的な作者に西行・鴨長明・吉田兼好など。

因州(いんしゅう)【―シウ】旧国名 ↓因幡

隠州(いんしゅう)【―シウ】旧国名 ↓隠岐

いん‐ぜふ【引接・引摂】―ジョウ 名詞 動詞 他〔サ変〕〈せ・し・す・する・すれ・せよ〉《仏教語》(阿弥陀仏や菩薩が念仏を唱える者の臨終に現れて)極楽浄土に導いて救うこと。

いん‐だう【引導】―ドウ 名詞 動詞 他〔サ変〕〈せ・し・す・する・すれ・せよ〉❶《仏教語》(迷っている人々などを)仏の道に導くこと。❷導くこと。教え導くこと。❸《仏教語》葬儀のとき、死者が迷わずに悟りを開けるように経文などを唱えること。発展 ❸は「引導を渡す」という形でも用いられる。

いん‐ねん【因縁】名詞 ↓いんえん

殷富門院大輔(いんぷもんいんのたいふ)【インプモンヰンノ―】人名 平安末期から鎌倉初期の女流歌人。殷富門院(後白河天皇の皇女亮子内親王)に仕えた。家集に『殷富門院大輔集』がある。生没年不明。

韻文(いんぶん)【―ブン】文芸用語 漢詩などのように韻を踏んだ文。また、日本では、詩・和歌・俳句などにみえる五七調・七五調などのような韻律を整えた文。「散文」に対する。韻文によって書かれた文章の形式を韻文体という。

いん‐やう【陰陽】―ヨウ 名詞 易において万物を二つの要素(＝陰と陽)に分ける考え。また、その考えによって占いや祈禱を行う者。発展「おんよう」とも。

いん‐ろう【印籠】名詞 印や印肉の容器として、腰に下げる小さい箱。発展 三重のものと五重のものがあり、蒔絵などの細工が施され、後に薬入れとして用いられた。

[いんろう]

う

-う【宇】 助数詞 建物を数えることば。語例 一宇の御堂（みだう）

う【卯】 名詞 ❶十二支の四番目。ウサギ。❷時刻の名。午前六時を中心として、前後約二時間。❸方角のひとつ。東。

う【鵜】 名詞《動物》ウ科の水鳥の総称。潜り魚を飲み込み捕らえるため鵜飼いに用いられる。季語 夏 発展 水に
→ビジュアルチェック❹（349ページ）・❺（393ページ）・⑲（881ページ）

う【得】 一 動詞 他〔ア下二段〕〈え・え・う・うる・うれ・えよ〉❶自分のものにする。手に入れる。
女のえ得まじかりけるを、年を経てよばひわたりけるを…〈伊勢・6〉訳 女で**自分のものにする**ことができそうもなかったのを、何年も求婚し続けてきたのだが…。
❷身に受ける。被る。
これ罪うべきことにあらずと思ひて…。〈宇治拾遺（うじしゅうい）〉訳 これは罪を**受ける**はずのことではないと思って…。
❸得意とする。また、体得する。
これかれえたるところ、えぬところ、互ひになむある。〈古今集・仮名序〉訳 それぞれ**得意として**いるところ、**得意として**いないところが、双方にある。
❹（多く「心を得」「意を得」などの形で）分かる。悟る。理解する。
心もえで、互ひに顔どもを護（まぼ）りて…。〈今昔〉訳 訳も**分からず**、互いに顔を見合わせて…。
❺（用言の連体形に助詞「を」や形式名詞「こと」＋「を」の付いた形に続けて）…できる。…を可能とする。
比丘（びく）の口、にはかに閉ぢて開くことをえず。〈今昔〉訳（与えられた食物を食べようとすると）僧の口は、突然閉じて開けることが**できない**。
二 補助動詞〔ア下二段〕〈え・え・う・うる・うれ・えよ〉…することができる。
「竜の頸の玉取りえずは、帰り来（く）な。」〈竹取・竜（たつ）の頸（くび）の玉〉訳「竜の首の玉を取る**ことができ**ないならば、帰って来るな。」
発展 ア行に活用する動詞は「得（う）」と「心得（こころう）」だけ。

う 助動詞〔特殊型〕〈○・○・う・う・○・○〉接続 四段・ナ変・ラ変動詞の未然形に付く。❶（推量を表し）…だろう。…う。
「広い都のことでござるによって、都にないと申すことがござらうか。都にはござりませう。」〈狂言・末広がり〉訳「広い都のことでございますので、都にないと申しますことがございましょ**う**か。都にはございましょ**う**。」
❷（意志や決意を表し）…う。…（し）よう。…つもりだ。
「この子が我も行かうど慕ひしを…。」〈平家・3・僧都死去（そうずしきょ）〉訳「この子が自分も行こ**う**と（私の）後を慕ったのを…。」
❸（当然・適当を表し）…のがよい。…べきだ。
「せめて門口（かどぐち）ばかりに竹樋（たけひ）をかけられうことぢや。」〈西鶴・好色一代男（こうしょくいちだいおとこ）〉訳「せめて門口くらいには竹の樋（とい）をお付けになる**のがよい**ことだ。」
❹（軽い命令や勧誘を表し）…たらどうだ。…よう。
「いざおのおの、木曾（きそ）殿へ参らう。」〈平家・7・篠原合戦（しのはらがっせん）〉訳「さあ皆さん、木曾殿の方へ参っ**たらどうだ**。」
❺（連体形で体言を修飾して、婉曲（えんきょく）・仮定を表し）…ような。もし…たら、それを。
「馬の足の及ばうほどは、手綱（たづな）をくれて歩ませよ。」〈平家・4・橋合戦（はしがっせん）〉訳「ウマの足が（川の底に）立つ**ような**間は、手綱をゆるめて歩かせろ。」
発展 助動詞「ん」が変化したもので、一般化したのは鎌倉から室町時代にかけて。「うず（うずる）」と併用されたが、「う」がしだいに有力となった。

ヘルプ **うい**（現）→（歴）**うひ【初】**

ヘルプ **ういこうぶり**（現）→（歴）**うひかうぶり【初冠】**

うい-ろう【外郎】 名詞 ❶（「外郎薬（ういろうぐすり）」の略で）痰（たん）を切り、口臭を消す黒い丸薬。❷（「外郎餅（ういろうもち）」の略で）色が❶に似た、米粉と砂糖から作る蒸し菓子。❸（「外郎売（ういろううり）」の略で）❶を売り歩く人。

［ういろう❸］

発展 ❶は室町時代、元（げん）からの渡来人である陳宗敬が作り出したもので、彼の元での官職「外郎」からこの名が付いた。江戸時代には小田原名物となる。❸は独特の口上で知られ、歌舞伎（かぶき）十八番の一つにも取り入れられた。

う・う【飢う・饑う】 動詞 自〔ワ下二段〕〈ゑ・ゑ・う・うる・うれ・ゑよ〉空腹に苦しむ。飢える。
世の人の飢ゑず、寒からぬやうに、世をば行はまほしきなり。〈徒然草・142・心なしと見ゆる者も〉訳 世間の人が**飢える**ことなく、凍えたりしないように、世の中を治めてほしいものである。

う・う【植う】 動詞 他〔ワ下二段〕〈ゑ・ゑ・う・うる・うれ・ゑよ〉植える。また、種をまく。
植ゑたれば、秋になるままに、いみじく多く生（お）ひ広ごりて…〈宇治拾遺（うじしゅうい）〉訳（助けたスズメのくれた種を）**植え**たところ、秋になるにつれて、たいへん多く生え広がって…。
発展 ワ行下二段活用の動詞は「植う」「飢う」「据う」の三語だけである。

ヘルプ **うえ**（現）→（歴）**うへ【上】** 最重要語（216ページ）

上島鬼貫（うえじまおにつら）〔ウヘジマ—〕人名 江戸中期の俳人。俳論書に『独（ひと）ごと』がある。「まこと（＝誠実な心で物と向かい合う）のほかに俳諧なし」と説いて注目された。*1661—1738*

ヘルプ **うえず【飢えず】**（誤）→（正）**うゑず【飢ゑず】** 発展 ワ行下二段動詞「うう」の未然形＋打消の助動詞「ず」。

ヘルプ **うえず【植えず】**（誤）→（正）**うゑず【植ゑず】** 発展 ワ行下二段動詞「うう」の未然形＋打消の助動詞「ず」。

上田秋成（うえだあきなり）〔ウヘダ—〕人名 江戸中期の読本（よみほん）作者・国学者・歌人。前期読本の傑作『★雨月物語（うげつものがたり）』、随筆『胆大小心録（たんだいしょうしんろく）』などの作がある。*1734—1809*

ヘルプ **うえる**（現）→（古）**うう【飢う・饑う】【植う】**

う-えん【有縁】 名詞《仏教語》❶仏に救われる因縁にあること。また、その人。対 無縁（むえん）❷何らかの因縁・ゆかりがあること。対 無縁

ウ音便（うおんびん） 国語・国文法 活用語の活用語尾部分のク・ヒ・ビ・ミの音が「ウ」の音に変化する現象。ハ・バ・マ行の四段活用動詞では、「争**ひ**て」→「争**う**て」「呼**び**て」→「呼**う**で」「頼**み**て」→「頼**う**で」のように、連用形が「て」「たり」などに続くときに現れる。形容詞では、「早**く**言へ」→「早**う**言へ」「美**しく**て」→「美**しう**て」のようにその連用形が他の用言や「て」「して」に続くときに現れる。なお、「か**み**べ（頭）」→か**う**べ」「まら**び**と（客人）→まら**う**ど」など、無活

用語の音変化についても、ウ音便として扱う考え方もある。中古以降、盛んに見られるようになった。
↓音便／活用語音便表（25ページ）

うか＋□「うく【浮く】[一]（カ行四段）」の未然形。

う-がい【有涯】 名詞《仏教語》変化が著しく定まりのない世界。現世。この世。発展「有界」が変化したものと思われる。

うか-うか 副詞 注意力を働かすことなく。ぼんやりと。うっかり。
弥陀頼むすべも知らで、うかうか月日を費やすこそ…〈おらが春〉訳 阿弥陀様に救いを求める方法も知らないで、**ぼんやりと**月日を（むだに）過ごすのは…。
発展 多く「と」を伴って用いる。

うかが・ふ [一]【窺ふ】動詞 他〔八四段〕（は・ひ・ふ・ふ・へ・へ） ❶こっそりのぞき見る。それとなくようすを探る。
おのづからこの男の口をうかがひ…旦那旦那と申しぬ。〈西鶴・日本永代蔵〉訳 自然とこの男の言うことを**それとなく探り**…旦那旦那と（おべっかを）申し上げた。
❷ひそかに好機を待つ。機会をねらう。
衣少しまうけんとて、さるべき所うかがひ歩きけるに…。〈宇治拾遺〉訳（盗人が）衣類を少し手に入れようとして、しかるべき所を**機会をねらって**歩きまわっていたときに…。
❸調べてみる。尋ね求める。
近く本朝をうかがふに…。〈平家・1・祇園精舎〉訳 近ごろの我が国の例を**調べてみる**と…。
❹一通りようすを知っておく。一通り習っておく。
弓射、馬に乗ること、六芸に出だせり。必ずこれをうかがふべし。〈徒然草・122・人の才能は〉訳 弓を射ること、ウマに乗ることは、★六芸に挙げられている。必ずこれを**一通り習っておく**のがよい。
[二]【伺ふ】（「聞く」「問ふ」の謙譲語で）お聞きする。お尋ねする。
「**院宣うかがはうに一日が逗留ぞあらんずる。**」〈平家・5・福原院宣〉訳「院の命令を**お聞きし**ようとするのに一日の滞在はあるであろう。」
発展 [一]は、上代では「うかかふ」と清音。また、[二]は[一]から転じたもの。

うがち【穿ち】 名詞 人情の機微や世間の裏の事情を鋭く指摘すること。発展 四段動詞「うがつ」の連用形が名詞になったもの。

うが・つ【穿つ】 動詞 他〔タ四段〕（た・ち・つ・つ・て・て） ❶穴をあける。掘る。また、突き通す。貫く。
苔をうがちて文字かすかなり。〈奥の細道・壺の碑〉訳（壺の碑の一面を覆っている）コケを**掘り**（とってしまって）、文字はかすかに見えるだけである。
❷《近世語》人情の機微や事の真相などを的確に指摘する。
俗談平話のをかしみのあることどもを拾ひ集め、人情のようすを詳しくうがちて…〈滑稽本・浮世床〉訳 世間話でおもしろみのあるものを拾い集め、人情のようすを詳しく**指摘して**…。

うか-ねら・ふ【窺狙ふ】 [一]動詞 他〔八四段〕（は・ひ・ふ・ふ・へ・へ） うかがいねらう。
この岡に雄鹿踏み起こしうかねらひかもかもすらく君故にこそ 歌〈万葉集・8・1576〉訳 この丘で雄のシカを（地面を）踏み狩り立てて、**うかがいねらう**ようにいろいろと（努力）するのもあなたのためだからだ。
[二]枕詞（狩猟で獲物の足跡をうかがいねらう役を「跡見」ということから）「跡見」に係る。

う-かは【鵜川】 名詞 ウを川に放ち、魚を取ること。鵜飼い。また、その川。季語 夏

うかば＋□「うかぶ【浮かぶ】[一]（バ行四段）」の未然形。

う-かひ【鵜飼ひ】 名詞 飼いならしたウを水中に潜らせ、魚を飲み込ませてそのまま捕らえる漁。また、それを仕事とする人。季語 夏

うかび＋□「うかぶ【浮かぶ】[一]（バ行四段）」の連用形。

うか・ぶ【浮かぶ】 [一]動詞 自〔バ四段〕（ば・び・ぶ・ぶ・べ・べ） ❶（空中や水面などに）浮いている。また、表面に現れる。
❷落ち着かない。浮ついている。
「**浮かびたる心のすさびに人をいたづらになしつる託言負ひぬべきが、いとからきなり。**」〈源氏・夕顔〉訳「**浮ついた**気持ちの気まぐれで人を死なせてしまったという非難を間違いなく受けるにちがいないのが、実につらいのである。」
❸不安定だ。当てにならない。根拠がない。いい加減だ。
「**ようも案内せで、浮かびたることを伝へける。**」〈源氏・東屋〉訳「よくも内情を調べないで、**いい加減な**こと（＝縁談）を伝えたものだ。」
❹自然と意識に上る。思い出される。
これを見るより外のことなければ、おのづからなどは、空に覚え浮かぶを…。〈更級日記・物語〉訳 これ（＝源氏物語）を読む以外のことがないので、自然と、（その文章が）何も見ないで**思い出される**のを…。
❺逆境から抜け出る。立身出世する。また、死者の霊が成仏する。
阿弥陀仏と申さぬ人は淵の石劫は経れども浮かぶ世ぞなき〈梁塵秘抄〉訳「（南無）阿弥陀仏」とお唱え申し上げない人は、淵の（底に沈む）石と同じで、きわめて長い時間を経ても、**逆境から抜け出る**ことはないのだ。
[二]動詞 他〔バ下二段〕（べ・べ・ぶ・ぶる・ぶれ・べよ） ❶水面に浮かべる。
春柳蘰に折りし梅の花たれか浮かべし酒杯の上に 歌〈万葉集・5・840〉訳 春のヤナギの髪飾りに折ったのとウメの花とをだれが**浮かべた**のか。杯の上に。
❷逆境から救う。出世させる。
「**沈める輩をこそ多く浮かべたまひしか。**」〈源氏・明石〉訳「（桐壺院の）慈愛は、不幸に）沈んでいる者たちを多く**逆境からお救い**くださった。」
❸暗記する。暗唱する。
「**さては古今の歌二十巻をみな浮かべさせたまふを御学問にはせさせたまへ。**」〈枕草子・23・清涼殿の丑寅の〉訳「それでは『古今和歌集』の二十巻を全部**暗唱**なさることをご学問になさいませ。」

うかぶ＋□「うかぶ【浮かぶ】[一]（バ行四段）」の終止形・連体形。または、「うかぶ【浮かぶ】[二]（バ行下二段）」の終止形。

うかぶる＋□「うかぶ【浮かぶ】[二]（バ行下二段）」の連体形。

うかぶれ＋□「うかぶ【浮かぶ】[二]（バ行下二段）」の已然形。

うかべ＋□「うかぶ【浮かぶ】[一]（バ行四段）」の已然形・命令形。または、「うかぶ【浮かぶ】[二]（バ行下二段）」

の未然形・連用形。

うかべ-た・つ【浮かべ立つ】 動詞 他〈タ下二段〉〈て・て・つ・つる・つれ・てよ〉すっかり暗記する。また、はっきり思い出す。「**世の中を見知り、浮かべ立てて持ちてはべる翁なり。**」〈大鏡・後一条院〉訳「（私は）世の中のことを観察して理解し、（それを）**すっかり暗記して**（胸の内に）持っております老人だ。」

うかべる（現）→（古）**うかぶ【浮かぶ】**

うか・む【浮かむ】 動詞 →うかぶ

う-から【親族】 名詞 血族。親族。同族。発展 上代では「うがら」。

うかりける… 百人一首

憂かりける人を初瀬の山おろしよ激しかれとは祈らぬものを〈千載集・708・源俊頼〉訳（私に）つれなかった（あの）人を（私にふりむくようにと長谷寺で願ったが）、初瀬山から吹き下ろす山風よ、（おまえが激しく吹きつけるように、つらさが）いっそう激しくなれとは祈らないのになあ。○山おろしを人に見立てて語りかけている。「初瀬」は歌枕の地で、奈良県桜井市初瀬。初瀬山など三方を山に囲まれた峡谷。初瀬には十一面観音を祀る長谷寺があり、信仰の対象であったことから、「初瀬」と「祈ら」、また、「山おろし」と「激しかれ」は縁語。

発展『後鳥羽院御口伝』にも引かれる歌。

品詞分解・修辞
憂かり（形・用）｜ける（過去・体）｜人（縁語）｜を（格助）｜初瀬（縁語）｜の（格助）｜山おろし（縁語）｜よ（終助）〈三句切れ〉
激しかれ（形・命、縁語）｜と（格助）｜は（係助）｜祈ら（ラ四・未、縁語）｜ぬ（打消・体）｜ものを（終助）

うか・る【浮かる】 動詞 自〈ラ下二段〉〈れ・れ・る・るる・るれ・れよ〉❶自然と浮く。浮かぶ。「**その恩を報ぜんと、この君落とし入れける水の上に浮かれきて、甲に乗せてぞ助けたりける。**」〈平家・6・祇園女御〉訳（かつて命を助けられたカメが）その恩に報いようと、この若君を落とし入れた水の上に**浮かん**できて、その甲羅に乗せて助けたのだった。❷当てもなくさまよい歩く。さすらう。**ここをまた我住みうくて浮かれなば松はひとりにならむとすらむ** 歌〈山家集・1359〉訳ここをまた私が住みづらいと思って（旅に出て）**当てもなくさまよい歩い**たならば、（庵の前の）マツはひとりになってしまうだろう。❸動揺する。落ち着かない。**さらぬだに浮かれてものを思ふ身の心を誘ふ秋の夜の月** 歌〈山家集・404〉訳そうでなくてさえ**落ち着かなく**て物思いにふける私の心をそそのかす秋の夜の月であるよ。

発展 四段動詞「浮く」の未然形に自発の助動詞「る」が付いて一語になったもの。

うかれ-た・つ【浮かれ立つ】 動詞 自〈タ四段〉〈た・ち・つ・つ・て・て〉あてもなく家を出る。心も軽く出かける。「**等栽も共に送らんと、裾をかしうからげて、路の枝折りと浮かれ立つ。**」〈奥の細道・等栽〉訳等栽（＝隠者の名）も一緒に（芭蕉を）見送ろうと、着物の裾をしゃれた格好にまくり上げて、道案内役と**心も軽く出かける**。

うかれ-め【浮かれ女】 名詞 歌ったり舞ったりして、遊興の相手をする女性。遊女。類 遊び女・遊び者

うかれる（現）→（古）**うかる【浮かる】**

うき【泥土・埿】 名詞 泥深い土地。水はけが悪い土地。沼地。発展 和歌では多く「憂き」と掛詞になる。

うき 「うく【浮く】⊟（カ行四段）」の連用形。

うきうき-と【浮き浮きと】 副詞（心が乱れて落ち着かないようすを表し）そわそわと。うきうきと。「**かくうきうきと頼みがたきありさまを…。**」〈狭衣〉訳「このように**そわそわと**頼りないようすを…。」

発展 現代語とは違い、不安な状態に使った。

うき-き【浮き木】 名詞 ❶水に浮いている木。❷筏。船。❸めったにない好機。発展 ❸は涅槃経の「盲亀の浮木（＝大海にすむ盲目のカメが百年に一度海面に浮かび、浮いている木に出会って、その穴に入ろうとするがなかなか入れないということ）」の故事から。出会うことの難しさにたとえられる。

うき-くさ【浮き草】 名詞 水面や水中を浮遊する草や藻。季語 夏 発展 和歌では多く「憂き」と掛詞になる。

うき-ぐも【浮き雲】 名詞 ❶空に浮かぶ雲。❷（空に浮かぶ雲のように）不安なようすやはかないことのたとえ。発展「うきくも」とも。

うきぐも-の-おもひ【浮き雲の思ひ】 ─ 空に浮かんでいる雲が漂うように、落ち着かなくて不安な気持ち。

うき-せ【憂き瀬】 名詞 つらい境遇。苦しい立場。

うき-た・つ【浮き立つ】 動詞 自〈タ四段〉〈た・ち・つ・つ・て・て〉❶（雲や霧が）わき上がる。立ち上る。「**浮き立つ雲の行くへをや、風の心に任すらん。**」〈謡曲・土蜘蛛〉訳**わき上がる**雲がどこへ行くのかは、風の思うがままに任せているのだろう。❷浮き浮きする。「**今ひときは心も浮き立つものは、春の気色にこそあれ。**」〈徒然草・19・折節の〉訳なおいっそう心も**浮き浮きする**ものは、春のようすであるようだ。❸（世の中が）騒がしくなる。浮き足立つ。「**日を経つつ世の中浮き立ちて、人の心も治まらず…。**」〈方丈記・都遷り〉訳日がたつにつれ世の中が**騒がしくなって**、人の心も落ち着かず…。

うき-な【憂き名・浮き名】 名詞 ❶嫌なうわさ。悪い評判。❷恋愛に関するうわさ。

うき-に-たへ-ず【憂きに堪へず】 ─ つらさに堪えられない。苦しくてがまんできない。**思ひわびさても命はあるものを憂きに堪へぬは涙なりけり** 百人一首〈千載集・818〉訳→おもひわび…

うき-ね【浮き寝】 名詞 ❶水に浮いたまま水鳥が寝ること。また、そのように船を浮かべてそこで寝ること。❷心が落ち着かず眠れないこと。また、涙に身が浮かぶほど悲しみにくれて寝ること。❸かりそめの恋愛関係。

うき-はし【浮き橋】 名詞 水面に筏や船を並べ、その上に板を渡して橋にしたもの。

うき-ふし【憂き節】 名詞 つらいこと。悲しいこと。発展 竹の「節」との関係から、「竹」の縁語となることがある。

浮舟 登場人物『源氏物語』中の人物。宇治十帖の主人公のひとり。源氏の異母弟である八の宮の娘。異母姉の大君の身代わりとして薫の愛人となるが、匂宮の求愛をも受け入れ、苦悩して宇治川に身を投げる決心をし、岸辺をさまよっていたところを横川の僧都らに助けられた。その後、尼となる。

うき-み【憂き身】 名詞 つらいことの多い身の上。

うき-め【浮き海布】 名詞 水に浮いている海藻。発展 和歌では多く「憂き目」と掛詞になる。

うき-め【憂き目】 名詞 つらいめ。悲しいこと。

うき-もん【浮き文・浮き紋】 名詞 糸を浮かせた織り模様。また、その服。対固文。

う-きゃう【右京】 名詞 平城京・平安京で朱雀大路を境にした西半分の京域。西の京。対左京。発展 内裏から見て右に当たることから。

うきゃう-しき【右京職】 名詞 右京を管轄した役所。行政・司法・警察などをつかさどった。対左京職。

↓ビジュアルチェック⑭(756ページ)

うきゃう-の-だいぶ【右京大夫】 名詞 *右京職の長官。対左京大夫。発展「うきゃうのかみ」とも。

うき-よ【憂き世・浮き世】 名詞 ❶つらい世の中。悲しい世の中。❷悩み多い男女の仲。❸無常の世。現世。俗世間。「山野にかばねをさらさばさらせ、**憂き世**に思ひおくことさうらはず。さらば暇申して。」〈平家・7・忠度都落〉訳「山野に(自分の)死骸を放置するなら放置してよい、**現世**に思い残すことはございません。それではお別れを申し上げて。」
❹《近世語》享楽的に過ごすこの世。
❺《近世語》遊里。また遊里での遊び。
発展 中世までは仏教的厭世観から❶～❸の意味だったが、近世には漢語「浮生」から❹や❺の一時的な快楽を求める意味が加わった。

浮世草子【うきよざうし】 文芸用語 江戸時代の小説の一分野。*井原西鶴の『好色一代男』を代表とする庶民的な小説類。好色物・町人物・武家物・気質物などがある。

浮世床【うきよどこ】 作品名 江戸後期の滑稽本。*式亭三馬作・歌川国直画。社交場である髪結床に集まる江戸庶民の動作や会話を滑稽に描写。一八一三(文化十)年より一八二三(文政六)年刊。

浮世風呂【うきよぶろ】 作品名 江戸後期の滑稽本。*式亭三馬作、北川美丸・歌川国直画。江戸庶民の社交場である銭湯を舞台に、庶民生活のさまざまな姿を生き生きと描いた滑稽本の名作。前編と四編は男湯の巻、二・三編は女湯の巻。一八〇九(文化六)年より一八一三(文化十)年刊。

浮世物語【うきよものがたり】 作品名 江戸前期の仮名草子。*浅井了意作。主人公浮世房の一代記。滑稽味にあふれるが、名所記や事物の起源、当時の政治批判も交えている。一六六一(寛文元)年から刊。

うきよ-ゑ【浮世絵】 名詞 江戸初期に成立し流行した、遊里・風景・役者などを描いた風俗画。肉筆のものは少なく、主体となったのは木版による版画。十七世紀後半、菱川師宣の美人画が流行した後、鈴木春信、喜多川歌麿、葛飾北斎らが出た。

うきわれを… 句
うき我をさびしがらせよ閑古鳥〈嵯峨日記・松尾芭蕉〉訳 もの憂い私を、そのわびしげな鳴き声でいっそう寂しがらせておくれ。カッコウよ。〇季語 閑古鳥—夏。「閑古鳥」は、カッコウの別の呼び名。閑古鳥の字を当てて、もの寂しげに鳴く意味を含ませて用いる。
発展 自分を寂しく孤独な世界の中に置かせたいと願う気持ちが、強く示されている。西行の「山里に誰をまたこは呼子鳥ひとりのみこそ住まむと思ふに」を踏まえている。

う・く【浮く】

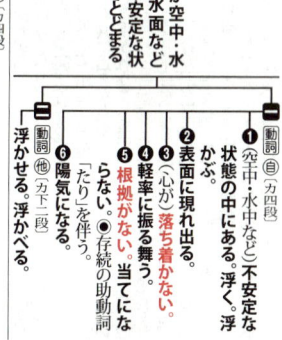

物が空中・水中・水面などに不安定な状態でとどまる

- 一 動詞 自 カ四段
  - ❶(空中・水中など)不安定な状態の中にある。浮く。浮かぶ。
  - ❷表面に現れ出る。
  - ❸(心が)落ち着かない。
  - ❹軽率に振る舞う。
  - ❺根拠がない。当てにならない。◉存続の助動詞「たり」を伴う。
  - ❻陽気になる。
- 二 動詞 他 カ下二段
  - 浮かせる。浮かべる。

動詞 自 カ四段

未然形	連用形	終止形	連体形	已然形	命令形
う・か	う・き	う・く	う・く	う・け	う・け

動詞 他 カ下二段

未然形	連用形	終止形	連体形	已然形	命令形
う・け	う・け	う・く	う・くる	う・くれ	う・けよ

一 動詞 自 カ四段 ❶(空中・水中など)**不安定な状態の中にある。浮く。浮かぶ。** 雲の**浮き**て漂ふを御覧じて…。〈大鏡・時平〉訳 (道真は)雲が**浮かん**で漂うのをご覧になって…。
❷**表面に現れ出る。出てくる。** 鶯の声などを聞くままに、涙の**浮か**ぬ時なし。〈蜻蛉日記〉訳 ウグイスの鳴き声などを聞くにつれて、(年老いていく自分が感じられて)涙が**出てこ**ない時がない。
❸(心が)**落ち着かない。不安定に思う。** 御心地も**浮き**たるやうにおぼされて、悩ましうしたまふ。〈源氏・葵〉訳 (六条御息所は)お気持ちも**落ち着かない**でいるようにお思いにならないではいられなくて、病気のようにしていらっしゃる。
❹**軽率に振る舞う。態度が浮つく。** 限りなく深く沈める我が魂は**浮き**たる人に見えむものかは 歌〈大和・147〉訳 この上なく深く沈んでいる私の魂は、**態度が浮ついて**いる人に見られるようなことがあろうか、いや、そのようなことはない。
❺(下に存続の助動詞「たり」を伴って)**根拠がない。当てにならない。** 口に任せて言ひ散らすは、やがて**浮き**たることと聞こゆ。〈徒然草・73・世に語り伝ふること〉訳 口から出任せに言い散らすのは、すぐに**根拠がない**ことと分かる。
❻**陽気になる。**
二 動詞 他 カ下二段 **浮かせる。浮かべる。** あはれにをかしく聞こゆれば、涙を**浮け**たまひて…。〈源氏・橋姫〉訳 (娘たちの弾く楽器の音が)しみじみと趣深く聞こえるので、(父八の宮は)涙を**浮かべ**なさって…。
発展 **意味の広がり** 一❶❷の、物理的・空間的に浮かぶ意味から、心の状態や態度にもいうようになった。

う・く【受く・承く・請く】 動詞 他 カ下二段 (け・け・く・くる・くれ・けよ) ❶受け取る。引き取る。また、受け止める。**風に散る花橘を袖に受けて君が御跡と偲ひつるかも** 歌〈万葉集・10・1966〉訳 風に散るタチバナの花を袖で**受け取って**、あなたの記念としてお慕いしたことよ。
❷身に受ける。被る。授かる。「ただかやうの罪によりなむ、さるいみじき報いをも**受くる**ものなる。」〈源氏・夕霧〉訳「ただこのような(愛欲の)罪

によって、そういう恐ろしい報いをさえも**身に受ける**ものなのだ。」

❸聞き入れる。承知する。認める。**今様のことどものめづらしきを言ひ広め、もてなすこそ、また受けられね。**〈徒然草・78・今様のことどもの〉訳当世風のことなどで(しかも)珍しいことを言いふらし、もてはやすのは、また**認められ**ない。

❹(多く受身の助動詞を伴って)信頼する。好意を持つ。**すずろなる人にもうけられ、はかなくし出でたまふことも、何事につけても世にほめられ…。**〈源氏・御法〉訳(紫の上は)なんということもない人にも**信頼され**、ちょっとなさることも、何事につけても世間から褒められ…。

❺《近世語》金を払って遊女または質物などを引き取る。類請け出す

うく＋□「うく【浮く】㊀(カ行四段)」の終止形・連体形。または、「うく【浮く】㊁(カ行下二段)」の終止形。

う・ぐ【穿ぐ】 動詞 自〔ガ下二段〕〈げ・げ・ぐ・ぐる・ぐれ・げよ〉穴があく。えぐれる。**頸もちぎるばかり引きたるに、耳鼻欠けうげながら抜けにけり。**〈徒然草・53・これも仁和寺の法師〉訳首も引き切るほどに引いたところ、耳と鼻とが欠けて**穴があいた**けれども(釜は頭から)抜けてしまったということだ。
発展 上代は「うく」。

うぐひす【鶯】 名詞《動物》ヒタキ科の小鳥。背は緑褐色で、鳴き声が美しい。季語 春 発展 早春に鳴くことから「春告げ鳥」ともいわれる。

うぐひすの… 歌
鶯の鳴けどもいまだ降る雪に杉の葉しろき逢坂の山〈新古今集・春上・18・後鳥羽院〉訳ウグイスが鳴いているが、いまだに降る雪(のため)に、スギの葉が白くなっている逢坂の山よ。○「逢坂の山」は、京都府と滋賀県の間にある山。体言止め。発展「梅が枝に来ゐる鶯春かけて鳴けどもいまだ雪は降りつつ」〈古今集・春上・5〉を本歌とする。

うくる＋□「うく【浮く】㊁(カ行下二段)」の連体形。

うくれ＋□「うく【浮く】㊁(カ行下二段)」の已然形。

うけ【浮標・泛子】 名詞 (釣りに使う)うき。

うけ＋□「うく【浮く】㊀(カ行四段)」の已然形・命令形。または、「うく【浮く】㊁(カ行下二段)」の未然形・連用形。

うけが・ふ【肯ふ】 動詞 他〔ハ四段〕〈は・ひ・ふ・ふ・へ・へ〉承諾する。引き受ける。**京に参上らんことを頼みしに、雀部いと安くうけがひて…。**〈雨月・浅茅が宿〉訳(勝四郎が)都へ参上することを頼んだところ、雀部はたいへん気安く**引き受けて**…。

うけ-く【憂けく】 いやなこと。つらいこと。発展 形容詞「うし」の古い未然形＋接尾語「く」。

うけ-ぐつ【穿け沓】 名詞 破れて穴のあいた履きもの。

うけ-じゃう【請け状】 名詞《近世語》使用人や借家人などの身元引き受け状。

うけ-だ・す【請け出す】 動詞 他〔サ四段〕〈さ・し・す・す・せ・せ〉《近世語》❶借金を払って質物を引き出す。❷抱え主に金を支払い、遊女・芸妓を引き取る。身請けする。

うけ-たまは・る【承る】

謙譲語
おことばやご命令などを「受く」「聞く」という意味の謙譲語
- ❶**頂く。お受けする。**〔通常語〕受く
- ❷**伺う。お聞きする。**〔通常語〕聞く
- ❸**お引き受け申し上げる。**

未然形	連用形	終止形	連体形	已然形	命令形
うけたまはら	うけたまはり	うけたまはる	うけたまはる	うけたまはれ	うけたまはれ

動詞 他〔ラ四段〕❶(「受く」の謙譲語で)(貴人のことばや命令などを)**頂く。お受けする。**「**かしこき仰せ言をたびたび承りながら、自らはえなむ思ひたまへ立つまじき。**」〈源氏・桐壺〉訳「(桐壺の帝の)恐れ多いおことばを何度も**頂き**ながら、私自身はとても(参内を)思い立たせていただくことができそうにない。」

❷(「聞く」の謙譲語で)**伺う。お聞きする。**かぐや姫、「**何事をか、のたまはむことは、承らざらむ。変化の者にてはべりけむ身とも知らず、親とこそ思ひたてまつれ。**」と言ふ。〈竹取・五人の貴公子〉訳かぐや姫は、「どのようなことでも、おっしゃったりすることは、**お聞きし**ないことがあろうか、いや、何事でもお聞きする。神仏の化身でありましたような我が身であるとも意識しないで、(あなたを本当の)親だとお思い申し上げているのに。」と言う。

❸**お引き受け申し上げる。**「**難かるべきことなりとも、承らむ。**」〈宇津保〉訳「(あなたの命令は)難しいに違いないことであったとしても、**お引き受け申し上げよう**。」

発展 **語の成り立ち** 下二段動詞「うく(受く)」の連用形に、謙譲語の四段動詞「たまはる」が付いてできたことば。

雨月物語 作品名 ↓必修古典ビッグ30 ❸(186ページ)

うけ-と・る【受け取る・請け取る】 動詞 他〔ラ四段〕〈ら・り・る・る・れ・れ〉❶渡される物を受けて取る。受領する。**物など多く受け取りてなむ急ぎ造りける。**〈源氏・松風〉訳(管理人は明石の入道から)改修費などを多く**受領**して急いで(屋敷を)改修したのだった。
❷(責任をもって)引き受ける。「**ここにはまたいくばく立ち後れたてまつるべしとてか、その御後見のことをば受け取りきこえむ。**」〈源氏・若菜上〉訳「当方(＝私)ではまだどれくらい(院よりも)生き残り申し上げることができるといって、その(女三の宮の)ご後見のことを(責任をもって)お**引き受け**申し上げられようか。」
❸納得する。承知する。
❹(病気などを)身に受ける。被る。「**さばかり重き病を受け取りたまひてければ、御色もたがひて…。**」〈大鏡・道兼〉訳「(道兼殿が)あれほどの重病を**身に受け**なさったので、お顔の色も違って…。」

うけ-にん【請け人】 名詞《近世語》身元や借金の保証人。

うげ-の・く【穿げ除く】 動詞 自〔カ四段〕〈か・き・く・く・け・け〉えぐったような穴があく。

うけ-ば・る【受け張る】 動詞 他〔ラ四段〕〈ら・り・る・る・れ・れ〉一手に引き受ける。我が物顔に振る舞う。出しゃばる。**六位の蔵人の青色など着て、受け張りて…。**〈枕草子・76・内裏の局〉訳六位の蔵人が青色の上着などを着て、**我が物顔に振る舞って**…。

うけ-はん【請け判】 名詞《近世語》請け人(＝保証人)が保証のために請け状(＝身元引き受け状)に判を押すこと。また、その判。

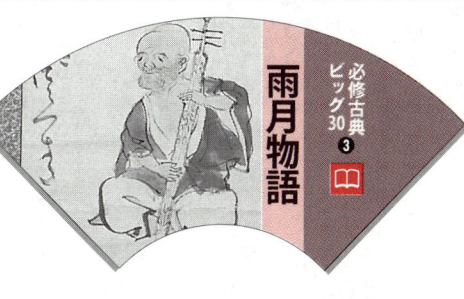

◉成立…江戸時代中期
◉作者…上田秋成〈うえだあきなり〉
◉分野…小説〈読本（よみほん）〉

必修古典ビッグ30 ③

雨月物語

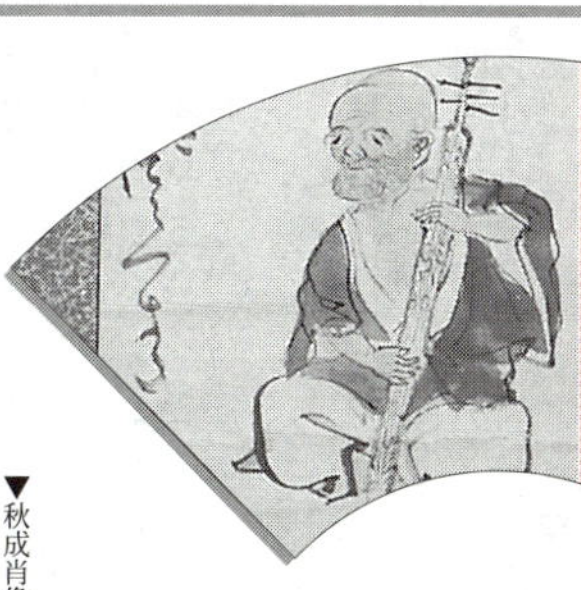
▼秋成肖像

【書名の由来】
作者自身の序文に「雨はれて月おぼろに霞む晩春の夜、座敷のあかり窓の下で編み、書肆に渡す。題して『雨月物語』ということにした。」（原文は漢文）とある。

【作者】

上田秋成。大坂生まれの作家だが、国学者や歌人としても名高かった。後に国学、和歌、当時流行していた中国白話小説（＝中国の口語・俗語で書かれた小説）も学び、この知識が『雨月物語』の成立に大きく影響したと考えられている。


【概要】

九話の短編集。中国の小説の、特に怪談・奇談の場面や登場人物を日本に置き換えたという翻案が中心だが、日本独自の古典や古い伝説なども積極的に題材に加えている。取り上げた超現実的な出来事も、現実の生活ではなかなか見ることができない人間の純粋な心情を表現している。

また、九編の内容が主題的に次の話につながりを持つように書かれている。日本の「怪異小説」の最高傑作といわれ、後世の読本作家に大きな影響を与えた。


【内容】

九編の名称は順に、白峯、菊花の約、浅茅が宿、夢応の鯉魚、仏法僧、吉備津の釜、蛇性の婬、青頭巾、貧福論。

◉第一話・白峯…西行は讃岐の崇徳院の御陵（＝墓所）に参詣するが、その荒れたようすを見て悲しみ、読経しながら一夜を過ごす。西行が歌を詠むと崇徳院の怨霊が現れて、後白河帝や平家一門に対する怨念を語り、平家一門の滅亡を予言する。西行は、院に同情しながらも、そのすさまじい復讐の念をたしなめ、激しく論争する。

◉第二話・菊花の約…丈部左門は、旅行中に病に倒れ苦しんでいた出雲の浪人の赤穴宗右衛門を助け、義兄弟の契りを結ぶ。別れるときに、九月九日の菊の節句に再会することを約束する。当日になり左門は朝から赤穴を待つが、夜になってもやって来ない。これまでかと思っていると、赤穴が風に乗るように現れるが、これは、左門との約束を果たすためにやって来た赤穴の亡霊であった。実は赤穴は、尼子家に捕らえられ、自殺していたのである。左門はすぐに出雲に行き、仇を討つ。

◉第三話・浅茅が宿…下総（＝今の千葉・茨城・埼玉の一部）の国の農夫勝四郎は、家の再興を志して、秋までには帰ると妻の宮木に言い残して都に行く。しかし、その後関東に動乱が起こり、結局七年がたってしまう。勝四郎が故郷に戻ると、村は変わり果てていたが、妻はまだ彼を待っていた。一夜を過ごしてみると、勝四郎は何もない広野のあばら屋の中に一人で寝ていた。昨夜の妻は亡霊だったのである。

◉第四話・夢応の鯉魚…魚の絵の名手である三井寺の僧の興義は病を得て死んでしまう。しかし、三日目に生き返り、その間に鯉として生きていたという不思議な体験を語る。

◉第六話・吉備津の釜…吉備の国の武家の血を引く正太郎は、酒と女に溺れる。見かねた親が、吉備津神社の神主の娘、磯良と結婚させるが、遊女と駆け落ちしてしまう。磯良はそれを恨んで死んでしまうが、その怨霊は遊女を取り殺し、正太郎も血と髻だけを残して死ぬ。

◉第七話・蛇性の婬…紀伊の国の人豊雄は、雨宿りで若く美しい未亡人、真女児と知り合い、深い仲になる。しかし、真女児の本性は白蛇であったため、豊雄を追う執念はすさまじく、豊雄が他の女性と結婚するとその新妻にまで取りつき、苦しめる。結局、法海和尚の力によって、白蛇の姿に戻され、寺のお堂の前に埋められる。


【ことばと表現】

◉作品全体に、漢文と和文のどちらにも深い学識を持っていた作者の教養がほとばしっている。格調高い、独自の★和漢混交文である。次は「浅茅が宿」の一節。


妻涙をとどめて、「一たび離れまゐらせて後、たのむの秋より前に恐ろしき世の中となりて、里人は皆家を捨てて海に漂ひ山に隠れば、たまたまに残りたる人は、多く虎狼の心ありて、かく寡となりしを便りよしとや、言を巧みていざなへども玉と砕けても瓦の全きにはならはじものをと、幾たびか辛苦を忍びぬる。銀河秋を告ぐれども君は帰りたまはず。冬を待ち、春を迎へても消息なし。」

訳 妻は涙を抑えて、「一たびお別れ申し上げて後、再会をあてにしていた秋よりも前に恐ろしい世の中となって、里人は皆家を捨てて海に漂い山に隠れるので、ごく稀に残っていた人は、多く虎や狼のような（恐ろしい）心があって、こうして（私が）未亡人となったのを絶好の機会とするのか、巧いことを言って誘うけれども名誉のために死んでも生きながら恥をさらす人間にはなるまいと、幾たび辛苦を忍んだことか。天の川が秋の到来を告げても君はお帰りなさらない。冬を待ち、春を迎えても消息もない。」

（注）右の例文中、「たのむの秋」とは八月一日を「たのむの節句」ということからできた語。「玉」と「瓦」は美醜を表す語。

◉各編は、その内容に合わせて、文体を変えている。たとえば、「白峯」は漢文調で、「蛇性の婬」は和文調で書いている。

◉漢語を和語として読ませたいとき、振り仮名を意図的に使っている。今で言う熟字訓のようなものである。たとえば前述の「浅茅が宿」の引用文の「辛苦（からき）」「消息（おとづれ）」など、また他編における「驕慢（おごり）」「動静（やうす）」「介抱（いたはり）」などがその例である。

うけ‐ひ・く【承け引く】 動詞 他〔カ四段〕〈か・き・く・く・け・け〉承諾する。承知する。

世のうけひくまじきことなりければ…。〈源氏・桐壺〉訳（源氏を東宮に立てることは）世間（＝貴族社会）の人が**承知する**はずのないことであったから…。

うけ・ふ【誓ふ・祈ふ】

神意を伺うために、物事の実現を誓い、祈る

- 一 動詞 自
  - ❶（神意を伺うために）**誓約する**。◉上代語。
  - ❷（神に）**祈る**。
- 二 動詞 他（人を）**のろう**。

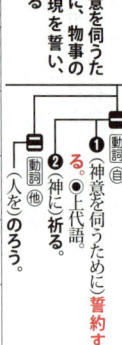

未然形	連用形	終止形	連体形	已然形	命令形
うけ・は	うけ・ひ	うけ・ふ	うけ・ふ	うけ・へ	うけ・へ

一 動詞 自〔八四段〕❶《上代語》（神意を伺うために）**誓約する**。

「**おのおのうけひて子生まむ**」**とまをしき**。〈古事記・天照大御神と須佐之男命〉訳（須佐之男命は、自分に邪心がないことを女の子が生まれるかどうかで占うこととし）「お互いに**誓約して**子供を生もう」と（天照大御神に）申し上げた。

❷（神に）**祈る**。

都路を遠みか妹がこのころはうけひて寝れど夢に見え来ぬ 歌〈万葉集・4・767〉訳 都への道が遠いからか、あなた（の姿）が、近ごろは（現れてほしいと）**祈って**寝ても、夢に現れてこないことだ。

二 動詞 他〔八四段〕（人を）**のろう**。

罪もなき人をうけへば忘れ草おのが上にぞ生ふといふなる 歌〈伊勢・31〉訳 罪もない人を**のろう**と、忘れ草が自分の上に生え（て人から忘れられ）るとかいうことだ。

発展 **語の歴史** 「うけひ」の動詞形。「うけひ」は上代の占いの一種で、相反する二つの事態のうち、どちらが正しいかを神に問う方法。たとえば、ある人が有罪か無罪かを判断するときに、熱湯に手を入れさせ、やけどをしたら有罪、というように判断した。そこから、一❷のように、単に神に祈ること、さらに、二の、人をのろう意味にもなった。

類語比較 「うけふ」と「ちかふ」

共通点＝神仏などに誓約するという意味。

うけふ＝もともと、二つの対立した事態を予想しておき、そのどちらが神の心にかなうかを占うことを表す。

ちかふ＝神仏などに固く約束し、それを必ず実行するという意志を含んで用いられる。

受身の助動詞 国語・国文法 他から動作や作用を受ける意味を表す助動詞。「る」「らる」（上代では「ゆ」）にこの用法がある。

もともと日本語の受身には、無生物が主語となることはまれだといわれるが、次のような例も見られる。「この際に立てたる屏風も端の方おし畳まれたるに…（＝この格子のそばに立ててある屏風も、端の方がおし畳まれているうえに…）。」〈源氏・空蝉〉これを「非情の受身」という。また、「死な**る**」「うち捨て**らる**」などの自動詞の受身表現では、その動作を受けることが迷惑を受けることになる場合が多いところから「迷惑の受身」と呼ぶこともある。なお、ラ変で活用する動詞には受身の用法はないため、受身の助動詞は付かない。

↓使役の助動詞／る（基本助動詞20）・らる（基本助動詞20）

（ヘルプ）**うける**（現）↓（古）**うく【受く・承く・請く】**

う‐げん【有験】 名詞 祈禱の効果が表れること。または霊験あらたかな僧。

う‐げん【繧繝】 名詞（染色で）同系色を濃淡の順に並べた彩色。また、その彩色にならって菱形や花形の模様を織り出した錦織。

発展 「うんげん」とも。

うげん‐ばし【繧繝縁・繧繝端】 名詞 ★繧繝の織物が施されている畳などのへり。

発展 「うげんべり」とも。

羽後 旧国名 今の秋田県全域と山形県北部。一八六八（明治元）年、出羽国が二分されてできた北部。↓羽前・ビジュアルチェック❼（450ページ）

うご・く【動く】 動詞 自〔カ四段〕〈か・き・く・く・け・け〉❶位置・状態が変わる。移る。移動する。

❷揺れ動く。震動する。

大地おびたたしく動いてやや久し。〈平家・12・大地震〉訳 大地が激しく**揺れ動いて**（それが）かなり長く続く。

❸感動する。心が引かれる。また、動揺する。気が変わる。

必ず感ずべきことに触れても、心動かず、感ずることなきを、もののあはれ知らずといひ、心なき人とはいふなり。〈源氏物語玉の小櫛〉訳 間違いなく感動するに違いないことを目にしても、心が**引かれ**ないで、感動することがないのを、もののあはれを知らないといい、趣を解さない人だというのである。

う‐こん【右近】 名詞 「★右近衛府」の略。対 左近

うこん‐の‐うまば【右近の馬場】 名詞 ★右近衛府が管轄する北野にある馬場。発展 「うこんのばば」とも。競べ馬などの行事が行われた。

うこん‐の‐ぞう【右近の将監】 名詞 ★右近衛府の三等官。発展 「うこんのしゃうげん」とも。

うこん‐の‐だいしゃう【右近の大将】 名詞 ★右近衛府の長官。従三位に相当する。類 右の大将 発展 納言や大臣が兼務することが多かった。

うこん‐の‐たちばな【右近の橘】 名詞 ★紫宸殿から見て右側つまり西側に植えられたタチバナの木。★右近衛府が栽培を担当した。対 左近の桜 ↓ビジュアルチェック⓰（759ページ）

うこん‐の‐ちゅうじゃう【右近の中将】 名詞 ★右近衛府の次官。従四位上に相当する。

うこん‐の‐ぢん【右近の陣】 名詞 内裏の月華門内にある右近衛府の武官の詰め所。対 左近の陣

うこん‐の‐つかさ【右近の司】 名詞 ★右近衛府の役所。また、右近衛府の将曹（＝四等官）以下の武官。対 左近の司

うこん‐ゑ【右近衛】 名詞 ↓うこんゑふ

うこん‐ゑ‐ふ【右近衛府】 名詞 ★六衛府の一つ。左近衛府とともに、宮中を警護し、行幸の供奉などに当たった役所。対 左近衛府 ↓ビジュアルチェック⓯（757ページ）

う‐さ【憂さ】 名詞 つらさ。つらいこと。

逢はでやみにし憂さを思ひ、あだなる契りをかこち、長き夜をひとり明かし…。〈徒然草・137・花は盛りに〉訳（男女が）逢わないで終わってしまった**つらさ**を思い、はかない逢瀬を嘆き、長い夜をひとりで明かし…。

発展 「さ」は接尾語。

◉成立…鎌倉時代初期
◉作者…未詳
◉分野…説話集

必修古典ビッグ30 ❹

宇治拾遺物語

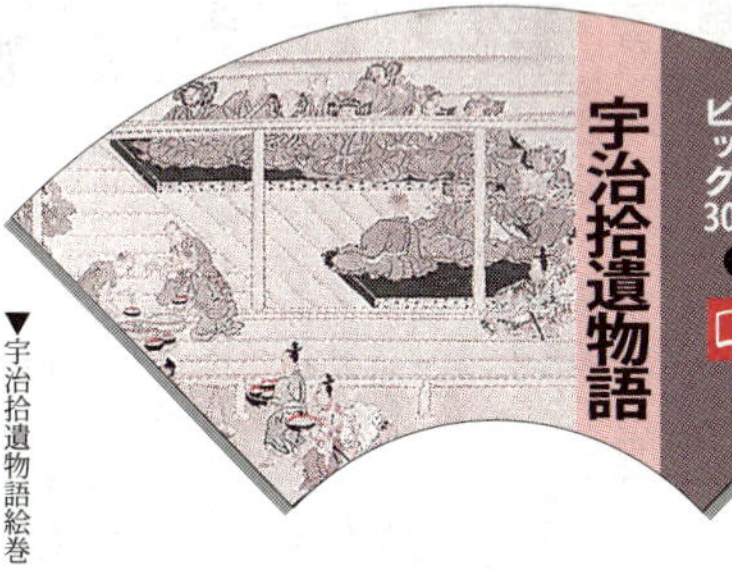

▼宇治拾遺物語絵巻

【冒頭の一文】

世に宇治大納言物語といふ物あり。この大納言は隆国といふ人なり。

訳この世に宇治大納言物語というものがある。この大納言は隆国という人である。

【書名の由来】

序文から。「宇治大納言隆国が、人々の語った昔話を書き集めた書物(宇治大納言物語)がある。その本は侍従俊貞に伝わった。近時、宇治大納言物語にもれた話などを拾い集めた『宇治拾遺物語』ができた。」という意味の文章がある。

【成立と作者】

『宇治大納言物語』の編者である宇治大納言の源隆国がこの物語の作者であると考えられていたが、現在は否定され、十二世紀の後半の人物が書いたものとされる。それがだれかはわかっていない。成立年代もいろいろな説があるが、一二一三～一二一九(建保年間)ごろという説が有力である。

【概要】

◉合計一九七話。当時の世相を反映して、仏教についての説話が最も多く、約八十話ある。この中には、仏の誕生や霊験譚などの純粋な仏教説話もあるが、僧侶の失敗談など、世俗的な説話も含まれている。特に、有名な法師や聖人などの滑稽談など、現実的で庶民的な内容のものが多い。

◉『今昔物語集』と同じ内容の説話が約八十話あり、その他の説話集と重複する説話も約二十話ある。そのため、このような説話集は互いに内容を伝えあってできたものと考えられている。

【各話のあらすじ】

◉巻一の三話…鬼にこぶとらるる事…現在でも「こぶとりじいさん」として知られている話。翁の心の動きが写実的でユーモラスであり、鬼の描き方も怖いというより明るい。

◉巻一の十二話…児のかいもちひするに空寝したる事…寺院に仕える児が、僧たちからぼたもちを食べるよう声を掛けられても、すぐ返事をしたら卑しいと思われはしないかと思って、寝たふりをし続けたところ、みなでもちを食べ始めてしまったので、声も掛けられないのに返事をして笑われた、という話。内容は日常的で珍しい話ではないが、児の心理がよく描かれ、滑稽な味を出している。

◉巻三の六話…絵仏師良秀家の焼くるを見て悦ぶ事…「絵仏師」とは、仏の絵を専門に描く画家。隣の家から自分の家に火が燃え移ったとき、良秀は残った家族や財産もそのままにして一人で逃げ出した。人々が尋ねると、「この火事によって、不動明王の火炎の描き方を体得した」と言って喜んだという話。芥川龍之介の『地獄変』の素材とみられている。

◉巻三の十七話…小野篁広才の事…小野篁は、歌人で、漢学や書でも有名だった。嵯峨天皇の世のとき、だれかが「無悪善」という札を立てた。読める者がいないので天皇が篁に尋ねると「さがなくてよからん」と答え、だれかが天皇はいないほうがよいと言っていると申し上げた。(「さが」が嵯峨と同じ音であるためにこのように考えた。)天皇は篁がそれを書いたと疑い、今度は、人の書いたものなら何でも読めるのかと、「子」の字を十二個書いて、篁を試す。篁は「猫の子の子猫、獅子の子の子獅子」と答えて、何のおとがめもなかったという話。篁の学識の高さを示す有名な話である。

【ことばと表現】

◉多く簡易平明な和文体でつづられている。できるだけ平安時代の和文脈に沿おうとする姿勢が見え、「於国」を「国にて」、「而」を「それに」、「殆」を「ほとほと」、「尋常」を「よく」という具合に、漢文訓読文での用語を和文脈での語句や表現に書き換えてある。

また、語彙の面でも、漢文訓読文の用語よりも和文脈のものを選ぶ傾向が認められる。たとえば、漢文訓読文で用いる「選ぶ」「疲る」「ひそかに」などは、それぞれ「える」「こうず」「みそかに」といった、『源氏物語』にも見られる言い方を採用している。

◉同じ話を記録するにも、漢文訓読文を基調とする『今昔物語集』と和文体を基調とする本作品とでは文体に違いのあることを次の例で示そう。

然レバ、微妙ノ直也トモ不可売ズト。銭持ノ人、手ヲ摺(リ)テ強(チ)ニ乞ヒ請(ケ)テ、此ノ持タル銭五千両ヲ以テ亀五ヲ買(ヒ)取(リ)テ、水ニ放(チ)テ去(リ)ヌ。(今昔物語集・巻九・第十三)

いみじき値なりとも、売るまじきよしを言へば、なほあながちに手をすりて、この五十貫の銭にて亀を買ひ取りて放ちつ。(宇治拾遺物語・巻十三の四)

◉本作品では、他の説話集と同様に俗語を多用する。「むねと(=親分)」「すぢりもぢる(=体をくねらせる)」「すずどし(=すばやい)」「なじかは(=どうして)」「おうおう(=叫び声)」「む(=承諾する時の「うむ」)」「やうれ(=おい、お前)」「わ女(=くそ女)」などのような、口頭語をふんだんに用いることで、場面を活写する。

◉接続助詞「が」は平安時代末期に多く使われるようになった。この作品の中にもこの用法は多く見られる。特に逆接の用法ではなく、単純接続としても用いられる。

女二人ありけるが、姉は人の妻にてありける。(=娘が二人いて、その姉の方は人の妻であった。)(巻三の十五)などがその例である。

↓が(基本助詞25)㊁・発展⑥

うさ‐の‐つかひ【宇佐の使ひ】 名詞 天皇の即位や国家的大事件が起きたとき、宇佐神宮（＝大分県宇佐市）に派遣された勅使。

う‐さん・な【胡散な・烏散な】 形容動詞〔口語化〕疑わしい。不審だ。怪しい。「**うさんな奴ばら切り捨てにせよ。**」〈近松・平家女護島〉訳「**怪しい**者どもは切り殺すことにしろ。」

う・し【憂し】 形容詞 補助形容詞 →**最重要語**（189ページ）

うし【大人】 名詞 ❶《上代語》領主や貴人を敬った言い方。❷学者や師匠を敬った言い方。先生。**県居の大人の御さとし言**〈玉勝間〉訳 県居の**先生**（＝賀茂真淵）のお教えのことば。
発展 ❷は近世の国学者などが、好んで用いた。

うし【丑】 名詞 ❶十二支の二番目。ウシ。❷方角のひとつ。北北東。❸時刻のひとつ。今の午前二時ごろ。また、その前後二時間。
→**ビジュアルチェック**❹（349ページ）・❺（393ページ）・⑲（881ページ）

うじ（現）→（歴）**うぢ【氏】**

宇治 ［ウヂ］ 歌枕 京都府宇治市。平安時代には都から大和国への交通・軍事上の要地で、平安貴族の別荘地・遊楽の地として知られる。『源氏物語』宇治十帖の舞台として、また『平家物語』の「橋合戦」「宇治川先陣」の段などに描かれた。「宇治川」「宇治山」「宇治橋」「宇治川先陣」の形で多く詠まれる。「網代」「氷魚」「川霧」「川波」「柴舟」や「宇治の橋姫」などが詠み込まれた。→**ビジュアルチェック**❶（194ページ）

うしお（現）→（歴）**うしほ【潮】**

うし‐かひ【牛飼ひ】 名詞 ❶ウシを飼う者。❷「牛飼ひ童」の略。

うしかひ‐わらは【牛飼ひ童】 名詞 牛車のウシを扱う者。牛使い。
発展 「牛飼ひ」あるいは「牛健児」とも。成人でも、少年のように髪を束ねていたので「童」と呼ばれる。→牛車（図）

［うしかひわらは］

宇治川 ［ウヂガハ］ 地名 →宇治（うじ）

うし‐ぐるま【牛車】 名詞 →ぎっしゃ

う・し【憂し】

周りの状況が思うようにならず、気持ちがふさいで嫌だと思う気持ち

- 一 形容詞
  - ❶**つらい**。情けない。憂鬱だ。
  - ❷**嫌だ**。憎らしい。恨めしい。
  - ❸**気乗りがしない**。煩わしい。
  - ❹**つれない**。無情だ。
- 二 補助形容詞 ―…（し）づらい。…（する）のが嫌だ。

	未然形	連用形	終止形	連体形	已然形	命令形
形容詞〔ク〕 補助形容詞〔ク〕	う・く	う・く	う・し	う・き	う・けれ	○
	う・から	う・かり	○	う・かる	○	う・かれ

接続 二は動詞の連用形に付く。

一 形容詞〔ク〕❶**つらい**。**情けない**。**憂鬱だ**。**悲しい**。
あり所は聞けど、人の行き通ふべき所にもあらざりければ、なほ憂しと思ひつつなむありける。〈伊勢・4〉訳（女の）居場所は（宮中だとは）聞くが、男が通って行くことのできそうな所でもなかったので、やはり**憂鬱だ**と思いながら過ごしていた。

❷**嫌だ**。**憎らしい**。**恨めしい**。
この人に憂しと思はれて、忘れたまひなむ心細さは、いと深うしみにければ…。〈源氏・浮舟〉訳 この人（＝薫）に**嫌だ**と思われて、（自分のことを）お忘れになってしまったりするその寂しさは、（浮舟はこれまでにも）たいへん深く胸に染み入ってしまったので…。

❸**気乗りがしない**。**煩わしい**。
古体の親は、宮仕へ人はいと憂きことなりと思ひて過ぐさするを…。〈更級日記・宮仕え〉訳 昔かたぎの親は、宮仕えをする人は（当人にとって）ひどく**煩わしい**ものであると思って（私を宮仕えに出さないまま）過ごさせているが…。

❹**つれない**。**無情だ**。**薄情だ**。
人ぞ憂き頼めぬ月は巡りきて昔忘れぬ蓬生の宿 歌〈新古今集・恋4・1281〉訳 あの人は**薄情だ**。（会いたいあの人は来ないのに）期待させない（＝私にとってはどうでもいい）月は（いつものように）巡ってきて、昔を忘れない（で照らしている）ヨモギの生い茂る（この）家を。

二 補助形容詞〔ク〕…（し）**づらい**。…（す）**るのが嫌だ**。…（す）**るのがつらい**。
京や住みうかりけむ、東の方に行きて、住み所求むとて…。〈伊勢・8〉訳（男は）都は住み**づらかった**のだろうか、東国の方へ行って、住む場所を探すということで…。

類語比較 **「うし」と「つらし」**
共通点＝自分自身のつらい気持ちや、相手の薄情さを恨む気持ちを表す。
うし＝①もともとは「嫌になる・飽きる」という意味の動詞「倦む」と同じ語源といわれ、自分自身について「情けない・つらい・嫌だ」と思う用法が一般的である。②『源氏物語』の例で見ると、相手の女性たちは、源氏とかかわる自分の運命を恨んで、自分の身を「憂し」と思うのである。
つらし＝①もともと、他人の自分に対する仕打ちがつらくて、相手を「薄情だ・冷淡だ」と思う気持ちを表す。②『源氏物語』の例で見ると、主人公の光源氏は、自分につれない女性たちを恨んで「つらし」と思うのである。（相手の女性たちが源氏を恨んで「つらし」と思うことはほとんどない。）
※中世以降は、しだいに両語の区別は薄れて、「憂し」は「つらし」に取り込まれていく。

類語比較 **「むつかし」「うし」「うるさし」**→難し

うし‐こでい【牛健児】 名詞 →うしかひわらは

宇治拾遺物語 ［ウヂシフヰ］ 作品名 →**必修古典ビッグ30**❹（188ページ）

宇治十帖 ［ウヂジフデフ］ 文芸用語『源氏物語』五十四巻（帖）のうちの最後の十巻の通称。光源氏の死後の物語。宇治を舞台に、薫や宇治の八の宮の姫君らを中心に展開する。橋姫・椎本・総角・早蕨・宿木・東屋・浮舟・蜻蛉・手習・夢浮橋からなる。→**必修古典ビッグ30**❿（494ページ）

うしとのみ… 歌 **うしとのみひとへにものはおもほえでひだりみぎにもぬるる袖かな**〈源氏・須磨〉訳 恨めしいとだけひたすらに思

うこともできなくて、あれこれと(情けなくもあり、また懐かしくもあり)(涙で)ぬれる袖だよ。○「ひだりみぎに」は「あれこれ」という意味。「ひとへ」は、「ひたすら」と「単(ひとへ)」との掛詞。「ひとへ」「ひだりみぎ」は、「袖」の縁語。

発展 須磨に退去した源氏が宮中に思いをはせ、自分を須磨に退去させた朱雀帝のことをつらくも懐かしくも思い出している心情を、「ひだりみぎにもぬるる」と表現し、詠んだ歌。

うし-とら【丑寅・艮】 名詞 方角のひとつ。丑の方角(北北東)と寅の方角(東北東)の間。北東。発展 ★陰陽道では、北東を鬼門(=鬼の住む方角)として忌みはばかる習慣があった。→ビジュアルチェック❹(349ページ)

うしな・ふ【失ふ】 動詞 他 〔八四段〕〈は・ひ・ふ・ふ・へ・へ〉

❶なくす。

❷死に別れる。亡くす。

昔、男、友達の人を失へるがもとにやりける。〈伊勢・109〉訳 昔、男が、友人で(愛する)人を**亡くし**た人のもとに贈った(歌)。

❸殺す。亡きものにする。

もしこのこと漏れぬるものならば、行綱まづ失はれなんず。〈平家・2・西光被斬〉訳 もしこのこと(=平家討伐の計画)が漏れてしまったら、行綱がまず**殺さ**れるだろう。

❹(罪を)消す。消滅させる。

「親に先立ちなむ罪失ひたまへ。」〈源氏・浮舟〉訳「親に先立って死んでしまったりする罪を**消し**てください。」

うしのつの-もじ【牛の角文字】 名詞 形がウシの角に似ている文字。平仮名の「い」の字。

二つ文字牛の角文字直な文字ゆがみ文字とぞ君は覚ゆる 歌〈徒然草・62・延政門院〉訳 二つに分かれた文字(=こ)**形がウシの角に似ている文字**(=い)まっすぐな文字(=し)ゆがんだ文字(=く)と、父親のことは思われます。○父親が「恋しく」思われるという内容を、なぞなぞのように仕立てた歌。「こいしく」の正しい歴史的仮名遣いは「こひしく」であるところから、「牛の角文字」は「い」ではなく、「ひ」とする考えもある。

宇治の橋姫【一】登場人物 宇治橋にまつわる伝説上の女性。『古今和歌集』に詠まれて以来、さまざまな古典の素材となった。『源氏物語』の巻名(「橋姫」)となり、御伽草子『橋姫物語』なども作られた。

うしは・く【領く】 動詞 他 〔カ四段〕〈か・き・く・く・け・け〉《上代語》領有する。鎮座する。おさめる。統治する。

皇神のうしはきいます新川のその立山に… 歌〈万葉集・17・4000〉訳 神様が**領有し**ておいでになる新川郡のあの立山に…。

うしほ【潮】 名詞 海水。また、海水の干満。潮流。

うし-みつ【丑三つ】 名詞 時刻のひとつ。午前二時から二時半ごろ。発展「丑」の時を四分割した、その三番目の時間帯ということ。後に、「真夜中」の意味でも用いられた。

う-じゃう【有情】 名詞《仏教語》感情・意識を持つ、すべての生き物。あらゆる動物。対 非情

羽州【一】旧国名 →出羽(でわ)

うしろ【後ろ】 名詞 ❶後方。背後。

❷(物の)裏側。物陰。

ここかしこの物の後ろなどにぞさぶらふ。〈源氏・賢木〉訳(今も女房たちが)あちらこちらの物の**裏側**(=物陰)などにお控え申し上げている。

❸後部。

「車には、召されさうらふときこそ後ろより召されさうらへ。」〈平家・8・猫間〉訳「牛車には、お乗りになりますときは**後部**からお乗りなさいませ。」

❹背。背中。

廂の柱に後ろを当てて、こなた向きにおはします。〈枕草子・104・淑景舎、東宮に〉訳(藤原道隆は)★廂の間の柱に**背**を当てて、こちら向き(の姿勢で)いらっしゃる。

❺後ろ姿。

目には見えぬものの、戸を押し開けて、御後ろをや見まゐらせけむ。〈大鏡・花山院〉訳 人の目には見えない何物かが、戸を押し開けて、(花山天皇の)**後ろ姿**をお見申し上げたのではないだろうか。

❻(時間的に)後。以後。また、死後。

❼着物の裾。

うしろ-あはせ【後ろ合はせ】 名詞 ❶背中合わせ。

❷逆の方向。反対の方向。

主と後ろ合はせに東国へこそ落ち行きけれ。〈平家・7・一門都落〉訳(肥後守貞能は、西国に逃げる)主家(=平家一門)とは**反対の方向**に東国へと逃げて行った。

うしろ-かげ【後ろ影】 名詞(去っていく)後ろ姿。

うしろ-ぐら・し【後ろ暗し】 形容詞〔ク〕〈く・く・し・き・けれ・○／から・かり・○・かる・○・かれ〉裏切る気持ちがあるようで疑わしい。また、やましい。後ろめたい。

後ろ暗きことをして、もし表れては…。〈傾城禁短気〉訳 **やましい**ことをして、もし発覚したならば…。

うしろ-さま【後ろ様】 名詞 ❶後ろの方。後方。

月の影のはしたなさに、後ろざまにすべり入るを…。〈枕草子・302・十二月二十四日〉訳(女は)月の(明るい)光のきまり悪さによって、(男の)**後ろの方**へそっと入るのを…。

❷後ろ向き。

獅子、狛犬、背きて、後ろさまに立ちたりければ…。〈徒然草・236・丹波に出雲と〉訳(神殿の前の)獅子と、狛犬とが、背中を向け、**後ろ向き**に立っていたので…。

発展「うしろさま」とも。

うしろ-つき【後ろ付き】 名詞 後ろ姿。

うしろ-で【後ろ手】 名詞 後ろ姿。

うつくしげなる後ろ手の、いといたうやつれて…。〈源氏・玉鬘〉訳(玉鬘の)かわいらしい**後ろ姿**が、ほんとうにひどくみすぼらしくなって…。

うしろ-み【後ろ見】 名詞 陰にいて人を援助し、面倒をみること。後見。また、その人。後見人。

うしろ-・みる【後ろ見る】 動詞 自〔マ上一段〕〈み・み・みる・みる・みれ・みよ〉後見をする。補佐する。世話をする。

今参りのさし越えて、もの知り顔に教へやうなること言ひ、後ろ見たる、いと憎し。〈枕草子・28・憎きもの〉訳 新参者が(古参の人を)さし越えて、何でも知っているような態度で教えるようなことを言い、**世話をして**いるのは、ひどく憎らしい。

うしろめた-げ・なり【後ろめたげなり】 形容動詞〔ナリ〕〈なら・なり(に)・なり・なる・なれ・なれ〉いかにも心配だ。気がかりだ。

「世の中のはかなさもあはれに、うしろめたげに思へりし人もいかならむ…。」〈源氏・若紫〉訳「人の世のはかなさも身にしみて悲しく感じられ、(亡き尼君が)**気がかりだ**と思っていた人(=紫の上)もどうしているだろう(と思い起こされ)…。」

→古語チャート⓫(427ページ)

うしろめた-さ【後ろめたさ】 名詞 不安。気がかり。

「いとかく幼き人々を見捨てむ後ろめたさばかりになむ

…。」〈源氏・橋姫〉訳「ほんとうにこのように幼い人々を後に残していったりするのが気がかりなだけで…。」

うしろ-めた・し【後ろめたし】形容詞 ↓最重要語（191ページ）

うしろめた-な・し【後ろめたなし】形容詞〔ク〕〈く・く・し・き・けれ・○／から・かり・○・かる・○・かれ〉気がかりだ。心配だ。不安だ。**得がたき御法の末の世のうしろめたなく覚ゆれば**〈梁塵秘抄〉訳簡単には習得できない仏の教えが末世には（どうなるかと）**不安に**（釈尊には）思われたから。

発展 形容詞「うしろめたし」の語幹＋接尾語「なし」。

うしろ-や【後ろ矢】名詞 敵に内通して味方の背後から射かける矢。また、裏切り行為のたとえ。

うしろやす-さ【後ろ安さ】名詞 安心であること。心配はないと感じること。「**世になきしれじれしさも、また後ろ安さも、この世に類なき程を**…。」〈源氏・真木柱〉訳「世にまたとない（私の）愚かさ加減も、また（女性から見ればかえって）**安心であること**も、この世に例のない程度であるのを…。」

うしろ-やす・し【後ろ安し】

後のことが安心であるようす ─ 後の心配がない。将来が安心だ。頼もしい。心強い。

未然形	連用形	終止形	連体形	已然形	命令形
うしろやす・く	うしろやす・く	うしろやす・し	うしろやす・き	うしろやす・けれ	○
うしろやす・から	うしろやす・かり	○	うしろやす・かる	○	うしろやす・かれ

形容詞〔ク〕**後の心配がない**。**将来が安心だ。頼もしい。心強い。**対後ろめたし **人となして、後ろ安からむ妻などに預けてこそ、死にも心安からむとは思ひしか**…。〈蜻蛉日記〉訳（たった一人の我が子を）一人前にして、**後の心配がない**ような妻などと結婚させてこそ、（私が）死ぬ時にも気が楽だろうとは思っていたのに…。○「死にも心安からむ」の「死に」はナ変動詞「死ぬ」の連用形が名詞として用いられたもの。**さもあるまじき人の、差し答へをも後ろ安くしたるは、うれしきわざなり。**〈枕草子・269・万のことよりも〉訳そんな（＝自分のことを気にかけてくれたりする）はずもなさそうな人が、（私への）受け答えをも**頼もしくし**（てくれ）たのは、うれしいことだ。

発展 **語の成り立ち** 後方・将来の意味を表す名詞「うしろ」に、心安らかなようすを表す形容詞「やすし」の付いたことば。

うしろ-を-み・す【後ろを見す】（相手に）背中を見せて逃げる。負けて逃げる。「**まさなうも敵に後ろを見せさせたまふものかな。**」〈平家・9・敦盛最期〉訳「卑怯にも敵に**背中を見せてお逃げに**なることだなあ。」

う-しん【有心】一 名詞 ❶思慮分別があること。❷趣向や風流を凝らすこと。趣や風流を理解する心。「**とく言へ。あまり有心過ぎて、しそこなふな。**」〈枕草子・35・小白河といふ所は〉訳「早く言え。あまり**趣向を凝らし**過ぎて、（返事を）やりそこなうな。」❸《和歌用語》深い心があること。情緒が豊かであること。対無心
二 形容動詞〔ナリ〕思慮深い。分別がある。思いやりがある。風流心が豊かだ。**いと有心にめでたかりつる幸ひ人なり。**〈栄花〉訳たいへん**思慮深くて**すばらしく幸せだった人である。

発展 一❸は鎌倉初期に藤原定家が重視した歌の詠み方の態度・様式のひとつで、中世歌論を代表する理念。↓有心体・有心連歌

有心体【文芸用語】《和歌用語》鎌倉初期、藤原定家

うしろ-めた・し【後ろめたし】

後ろから見ていて、気がかりで不安な気持ち
- ❶気がかりだ。心配だ。
- ❷油断がならない。気が許せない。
- ❸後ろ暗い。やましい。気がとがめる。

形容詞〔ク〕

未然形	連用形	終止形	連体形	已然形	命令形
うしろめた・く	うしろめた・く	うしろめた・し	うしろめた・き	うしろめた・けれ	○
うしろめた・から	うしろめた・かり	○	うしろめた・かる	○	うしろめた・かれ

❶**気がかりだ。心配だ。不安だ。**対後ろ安し **見たてまつらでしばしもあらむは、いと後ろめたう思ひきこえたまひて**…。〈源氏・桐壺〉訳（更衣の母君は幼い若宮を）見申し上げないでしばらくでも過ごしたりすることは、たいへん**気がかりだ**とお思い申し上げなさって…。○「後ろめたう」は連用形「後ろめたく」のウ音便。

❷**油断がならない。気が許せない。**「**これほど後ろめたう思はれまゐらせては、世にあってても何にかはしさうらふべき。**」〈平家・2・少将乞請〉訳「これほど（兄の平清盛に私のことを）**油断がならない**と思われ申し上げては、俗世間にいたところでなんになりましょうか、いや、なんにもなりません。」

❸**後ろ暗い。やましい。気がとがめる。**「**我も人も後ろめたく心置かれじやは。**」〈源氏・帚木〉訳「（家出騒ぎの後などは）自分も相手も**気がとがめて**自然と気兼ねされることがないだろうか、いや、気兼ねされるだろう。」

発展 ①**語の成り立ち** 「後ろ目＋痛し」あるいは「後ろ方へ＋痛し」が変化してできたことばといわれ、後ろから見て胸を痛める、あるいは、後ろの方が気にかかるようすを表すのがもともとの意味と考えられる。↓古語チャート48

②**現代語とのつながり**（1313ページ） 中古には主として❶の気がかりである意味で用いられ、現代語の「後ろめたい」に通じる❸の意味は中世以降に多くなる。

③**類義語「後ろめたなし」** 「後ろめたし」と同じ意味を表す「後ろめたなし」という形容詞があるが、これは「いはけなし」「はしたなし」などのような、状態を表す接尾語「なし」の付いた形容詞から類推されてできたものと考えられる。

類語比較 「おぼつかなし」「うしろめたし」「こころもとなし」↓覚束なし ↓古語チャート11（427ページ）

が『毎月抄』の和歌十体の中で用いた用語。趣が深く、余情もあり、優美な歌体で、特に『新古今和歌集』で重視され、連歌・俳諧にも採用された。

有心連歌 文芸用語 和歌の伝統を受け継ぎ、芸術的意識のもとに作られた雅の連歌。滑稽味を主とした無心連歌に対する。

う・す【失す】

物事がなくなる。人がいなくなる
- ❶なくなる。消える。
- ❷行方不明になる。姿を消す。
- ❸死ぬ。

未然形	連用形	終止形	連体形	已然形	命令形
う・せ	う・せ	う・す	う・する	う・すれ	う・せよ

動詞 自 〔サ下二段〕 ❶**なくなる。消える。** よろづにつけて光**うせ**ぬる心地して、屈じいたかりけり。〈源氏・葵〉訳（源氏は葵の上を亡くして）すべてのことに関して光が**なくなって**しまった気がして、ひどく気がふさいだのだった。❷**行方不明になる。姿を消す。** 帝・后、皇女**うせたまひぬとおぼし惑ひ**、求めたまふに…。〈更級日記・竹芝寺〉訳帝や后は、皇女が**行方不明になって**おしまいになったと途方に暮れなさり、（皇女を）お探しになると…。❸**死ぬ。亡くなる。**→古語チャート⑱（647ページ）**その御子うせたまひて、御葬りの夜、その宮の隣なりける男、御葬り見むとて**…。〈伊勢・39〉訳その皇女がお**亡くなり**になって、ご葬送の夜、その御殿の隣に（住んで）いた男が、ご葬送（のようす）を見ようとして…。

うず【髻華】 名詞 髪飾り。類挿頭 発展 上代は草木の花や枝を髪や冠に差したが、後には金銀の細工品なども用いた。

うず 助動詞 〔サ変型〕〈○・○・うず（うず）・うずる（うずる）・うずれ・○〉 接続 未然形に付く。❶（推量を表し）…だろう。「**名のらずとも頸を取って人に問へ。見知らうずるぞ**。」〈平家・9・敦盛最期〉訳「名乗らなくても首を捕って人に尋ねてみろ。（私がだれか）分かる**だろうよ**。」❷（意志や意向を表し）…う。…よう。「いかに、船頭殿、舟に乗ら**うずる**にてさうらふ。」〈謡曲・隅田川〉訳「もしもし、船頭さん、（私は）舟に乗ろ**う**とするのでございます。」❸（当然・適当を表し）…のが当たり前だ。…のがよい。「**老いてこそなほ丁寧をば尽くされうずることなれ**。」〈イソポ〉訳「年をとってからはいっそう徹底して丁寧になさる**のがよい**ことなのだ。」

発展 ①推量の助動詞「んず（むず）」が変化したもので、鎌倉時代に成立し、室町時代の口頭語として用いられた。②終止形と連体形は、「うず」「うずる」が併用された。

うす-いろ【薄色】 名詞 ❶染め色のひとつ。薄紫、または薄い二藍（=紅色がかった紫色）。❷織り色のひとつ。縦糸を紫、横糸を白で織ったもの。❸★襲の色目のひとつ。表は赤みを帯びたはなだ色（=薄いあい色）。裏は薄紫、または白。

うす-えふ【薄葉】 名詞 「薄様」に同じ。

うす-ぎぬ 名詞 ㊀【薄帛・薄絹】紗・絽などの生地の薄い絹織物。㊁【薄衣】薄い夏用の着物。

うすくこき…歌 **薄く濃き野べの緑の若草に跡まで見ゆる雪のむら消え**〈新古今集・春上・76・宮内卿〉訳薄かったり濃かったりしている野原の緑の若草（の生え方）に（その）跡が見える、雪がまだらに消えて行ったことが。○「薄く」は連用形の中止法で、「濃き」とともに「緑」を修飾している。「むら消え」は、ところどころ消えている状態をいい、「むら」は、濃い薄いが一様でないことをいう意味を添えている。

発展 雪の消え方によって、若草の生えるのも早かったり、遅かったりするということを詠んだ歌。

うずくま・る【蹲る・踞る】 動詞 自 〔ラ四段〕〈ら・り・る・る・れ・れ〉座り込む。しゃがむ。発展 室町時代以降「うづくまる」とも。

うす-こうばい【薄紅梅】 名詞 ❶色の薄い紅梅の花。また、その花のような色。とき色。❷★襲の色目のひとつ。紅梅襲（=表は紅、裏は紫）の色の薄いもの。

うすさこさ…歌 **うすさ濃さそれにもよらぬはなゆゑに憂き身のほどを見るぞわびしき**〈枕草子・184・宮に初めて参りたるころ・清少納言〉訳（色の）薄さにも濃さにも関係のない花（=私の気持ちの深浅とは関係のない、あのくしゃみ鼻）によって、つらい身の上になるのはやりきれないことだ。○「はな」は、「花」に「鼻」を掛ける。

発展 中宮藤原定子に対する気持ちを述べようとしたとき、だれかがくしゃみをしてその場を台無しにしたことを言い訳する歌。定子の歌（↓いかにして…）への返歌。

うす・し【薄し】 形容詞 〔ク〕〈く・く・し・き・けれ・○／から・かり・○・かる・○・かれ〉❶厚みがない。薄い。❷（色・香り・味が）淡い。（密度や濃度が）低い。薄い。**木の花は、濃きも薄きも紅梅**。〈枕草子・37・木の花は〉訳木に咲く花としては、色が濃いのも**薄い**のも紅梅（がよい）。❸（思慮や愛情が）浅い。薄情だ。あさはかだ。「**古より本意深き道にも、たどり薄かるべき女方にだに、みな思ひ後れつつ**…。」〈源氏・若菜下〉訳「昔から強く望んでいた（仏の）道（=出家）についても、思慮の浅いはずの女君方にすら、すっかりそれぞれに後れをとってしまい…。」

うす-ずみ【薄墨】 名詞 ❶（「薄墨色」の略で）薄い墨色。ねずみ色。❷（「薄墨紙」の略で）薄いねずみ色の再生紙で宣旨の案文を書くのに使われた。❸「★薄墨衣」の略。

うすずみ-ごろも【薄墨衣】 名詞 薄い墨色に染めた衣。喪服として用いた。発展 略して「薄墨」とも。

うずたかし（現）↓（歴）**うづたかし【堆し】**

うす-づ・く【臼搗く・舂く】 動詞 自 〔カ四段〕〈か・き・く・く・け・け〉夕日が沈んでいく。日が傾く。**かくて日も壁際にうすづき、飯時にもならんとするころに傾き、夕食時にもなろうとするころ**…。〈父の終焉日記〉訳こうして太陽も山の端に傾き、夕食時にもなろうとするころ…。

うす-で【薄手】 名詞 軽傷。類浅手 発展「うすつく」とも。

うす-にび【薄鈍】 名詞 染め色のひとつ。にび色（=濃いねずみ色）の薄いもの。僧服や喪服に用いる。

太秦 〔ウツ〕 地名 京都市右京区の中央部、御室川西岸の地。地名はそこに住んでいた秦氏が雄略天皇から「うづまさ」の姓を賜ったことに由来する。↓ビジュアルチェック㉓（1093ページ）

うずむ（現）↓（歴）**うづむ【埋む】**

◐**うずめる**（現）↓（古）**うづむ**【埋む】

うすーもの【薄物】名詞 生地の薄い絹織物。羅・紗・絽の類。類薄帛

うすーやう【薄様】―名詞 和紙のひとつ。薄手の鳥の子紙（＝鳥の卵のような淡黄色の和紙）。

◐**うずら**（現）↓（歴）**うづら**【鶉】

うすらーか・なり【薄らかなり】形容動詞〔ナリ〕〈なら・なり(に)・なり・なる・なれ・なれ〉（物の厚さや色合いが）薄く感じられる。いかにも薄い。うっすらとしている。

雪のいと高うはあらで、薄らかに降りたるなどは、いとこそをかしけれ。〈枕草子・181・雪のいと高うはあらで〉訳雪がたいして高くはなくて、**うっすらと**降（り積も）っているようすなどは、とても趣がある。

鶉衣【ウヅラ―】作品名 江戸後期の俳文集。横井也有著。洗練された技巧と軽妙な内容で俳文集の最も完成されたものと高く評価されている。一七八七（天明七）年より一八二三（文政六）年にかけて刊行された。

うすらーひ【薄ら氷】名詞 薄く張った氷。季語春 発展 上代は「うすらび」。

うーせうしゃう【右少将】―名詞（「右近衛少将」の略で）★右近衛府の次官。対左少将

うーせうべん【右少弁】―名詞 ★太政官の事務を取り扱う右弁官局の役人。右中弁の次の位。対左少弁

う・せる【失せる】動詞自〔サ下一段〕〈せ・せ・せる・せる・せれ・せよ〉（「行く」「来る」「居る」を卑しめていうことばで）行きやがる。来やがる。居やがる。

「**阿呆めが、夜々うせる所、ほかには知らぬか。**」〈近松・心中天の網島〉訳「（あの）ばか者めが、毎晩**行きやがる**所を、ほかには知らないか。」

発展 本来は「なくなる」「消える」の意味だった下二段活用動詞「失す」が、口語化して下一段活用となったもの。近世に広く用いられた。

羽前 旧国名 今の山形県の大半。一八六八（明治元）年、出羽国が二分されてできた南部。↓羽後・ビジュアルチェック❼（450ページ）

うそ【嘯】名詞 口をすぼめて息を出すこと。また、口笛。

うそーぶ・く【嘯く】一動詞自〔カ四段〕〈か・き・く・く・け・け〉❶口をすぼめて息を吐く。ふうふう言う。また、口笛を吹く。

暑けくに汗かきなけ木の根取りうそぶき登り…歌〈万葉集・9・1753〉訳暑いさなかに大汗かいて呻き、木の根につかまり**ふうふう言い**ながら登り…。

❷空とぼける。知らない振りをする。

うそぶいて見回し、いといみじう澄みたるさまなり。〈更級日記・初瀬〉訳**空とぼけて**（辺りを）見回し、（思い上がった感じで）実にひどく澄ましたようすである。

二動詞他〔カ四段〕〈か・き・く・く・け・け〉詩歌などを口ずさむ。

時につけたる題出だして、うそぶき誦じあへり。〈源氏・総角〉訳そのときに応じた（詩歌の）題を出して、（人々は詩歌を）**口ずさみ**節を付けて歌い合っている。

発展「うそむく」とも。

うた【歌・唄】名詞❶節を付けて歌うものの総称。❷詩歌の総称。特に、和歌。

うたーあはせ【歌合はせ】―名詞 物合わせのひとつ。左右二組に分かれ、和歌の優劣を競う遊び。発展 平安末期から鎌倉初期にかけて流行した。方人（＝参加者）が決められた題のもとに和歌を作り、左右一首ずつ出し合って、講師（＝読み手）がそれを読み上げ、判者が「勝ち・負け・持（＝引き分け）」などの判定を下した。歌の題は、事前に出される「兼題」とその場で出される「当座」があった。判者は一名が普通だったが、二名による「両判」、左右の方人が全員判者となる「衆議判」もあった。歌合わせで負けるのは不名誉とされ、競争意識は強かった。

うーだいしゃう【右大将】名詞↓うこんのだいしゃう

右大将道綱母【ウダイシャウ―】人名↓藤原道綱母

うーだいじん【右大臣】名詞 ★太政官の長官で、左大臣の次の位。職務は左大臣と同じ。左大臣が空席などのとき、職務を代行する。類右府 対左大臣 発展「みぎのおとど」「みぎのおほいまうちぎみ」とも。

うーだいべん【右大弁】名詞 ★太政官の事務を取り扱う右弁官局の長官。兵部・刑部・大蔵・宮内の四省を管轄する。対左大弁

◐**うたう**（現）↓（歴）**うたふ**【歌ふ・謡ふ】

うたーがき【歌垣】名詞❶古代、春と秋に男女が集まって歌舞を楽しんだ行事。未婚の男女の求婚の場でもあった。類嬥歌 ❷後世、❶をまねて、宮廷で風流な遊びにしたもの。

うたーかた【泡沫】名詞（水面に生じる）泡。

淀みに浮かぶ泡沫は…。〈方丈記・ゆく河〉訳（流れの）よどんだ所に浮いている**水の泡**は…。

発展 消えやすいことから、はかなさのたとえに使われた。

うたかたーの【泡沫の】枕詞（泡沫は水面に浮くことから）「浮き」および同音の「憂き」に、また、（消えやすいことから）「消ゆ」に係る。

うたがたーも 副詞《上代語》❶きっと。間違いなく。

離磯に立てる室の木うたがたも久しき時を過ぎにけるかも 歌〈万葉集・15・3600〉訳離れ島の磯に立っているネズは、**きっと**長い年月を経てきたことだなあ。

❷（下に打消や反語の表現を伴って）よもや。決して。

鶯の来鳴く山吹うたがたも君が手触れず花散らめやも 歌〈万葉集・17・3968〉訳ウグイスがやって来て鳴くヤマブキは**よもや**あなたの手が触れることなく花が散ったりするだろうか、いや、そんなことはなかろう。

うたーがたり【歌語り】名詞 和歌について語ること。和歌についての話。また、その説話。類歌物語

うたがはし…歌

疑はしほかに渡せるふみ見ればわれやとだえにならむとすらむ〈拾遺集・1202・藤原道綱母〉訳あの人のほんとうのお心がよくわからない。他の女性に渡した手紙を見ると、私の所に来るのはもう途絶えることになろうとしているのではなかろうか。

発展『蜻蛉日記』には、第四句を「ここやとだえに」とした形で収録している。

うたーがま・し【歌がまし】形容詞〔シク〕〈しく・しく・し・しき・しけれ・○／しから・しかり・○・しかる・○・しかれ〉立派で優れた歌のようだ。いかにもすばらしい歌らしい。

「**つゆ取り分きたる方もなく、さすがに歌がましう、我はと思へるさまに最初に詠みはべらむ…。**」〈枕草子・99・五月の御精進のほど〉訳「少しも（人より）目立った方面もなく、（そうはいうものの）やはり**いかにもすばらしい歌らしく**、自分こそはと思っているようすで最初に詠みましたならば、それは…。」〇「歌がましう」は連用形「歌がましく」のウ音便。

うたーくづ【歌屑】―名詞 つまらない歌。へたな和歌。

歌枕図

ビジュアルチェック❶

❶宮城県栗原市金成姉歯にある松。

❷宮城県塩竈市の塩釜港ならびに松島湾全体の眺望をいう。**陸奥はいづくはあれど塩釜の浦漕ぐ舟の綱手かなしも**〈古今集・東歌・1088〉

❸「宮城野」は宮城県仙台市の東方の平野。ハギの名所。**宮城野のもとあらの小萩露を重み風を待つごと君をこそ待て**〈古今集・恋4・694〉

❹宮城県多賀城市八幡の末松山八幡宮付近（岩手県浪打峠とも）。**契りきなかたみに袖をしぼりつつ末の松山波越さじとは**〈後拾遺集・770・清原元輔〉

❺福島県郡山市日和田付近にあったという沼。

❻福島県白河市旗宿付近に置かれた関所。古代の奥羽三関の一つ。**都をば霞とともに立ちしかど秋風ぞ吹く白河の関**〈後拾遺集・518・能因〉

❼福島県いわき市勿来にあった関所。**東路のはなこその関もあるものをいかでか春の越えて来つらむ**〈後拾遺集・3・源師賢〉

❽「筑波嶺」は茨城県西部にある筑波山地の主峰。山頂は男体山と女体山の二峰に分かれる。**筑波嶺の峰より落つる男女川恋ぞ積もりて淵となりける**〈後撰集・776・陽成院〉

❾「武蔵野」は東京都と埼玉県にまたがる関東平野西部の広大な野原。ムラサキ草で有名。

❿長野県と群馬県の境にある火山。

⓫「姨捨山」は長野県にある山。月の名所。**わが心慰めかねつ更級や姨捨山に照る月を見て**〈古今集・雑上・878〉

⓬静岡県と山梨県にまたがる富士火山帯の主峰。

⓭静岡県富士市富士川河口付近。**田子の浦ゆうち出でて見れば真白にそ富士の高嶺に雪は降りける**〈万葉集・3・318・山部赤人〉

⓮静岡県静岡市清水区に平安時代設置された関所。

⓯静岡市駿河区丸子と志太郡岡部町との境にある宇津ノ谷峠。**駿河なる宇津の山べのうつつにも夢にも人に逢はぬなりけり**〈新古今集・羇旅・904・在原業平〉

⓰静岡県掛川市北東にある、東海道の坂道。**年たけてまた越ゆべしと思ひきや命なりけり小夜の中山**〈新古今集・羇旅・987・西行〉

⓱岐阜県不破郡関ケ原町松尾にあった関所。**人住まぬ不破の関屋の板びさし荒れにしのちはただ秋の風**〈新古今集・雑中・1601・藤原良経〉

⓲滋賀県と岐阜県との境にある山。

⓳和歌山県新宮市佐野の海岸に注ぐ紀の川沿岸の渡船場。

⓴「岩代」は和歌山県日高郡みなべ町西岩代。マツの枝を引き結ぶのは旅路などの無事を祈る風習。

㉑和歌山市南部、和歌川河口の入り江。

㉒兵庫県に属する、瀬戸内海最大の島。**淡路島通ふ千鳥の鳴く声にいく夜寝覚めぬ須磨の関守**〈金葉集・270・源兼昌〉

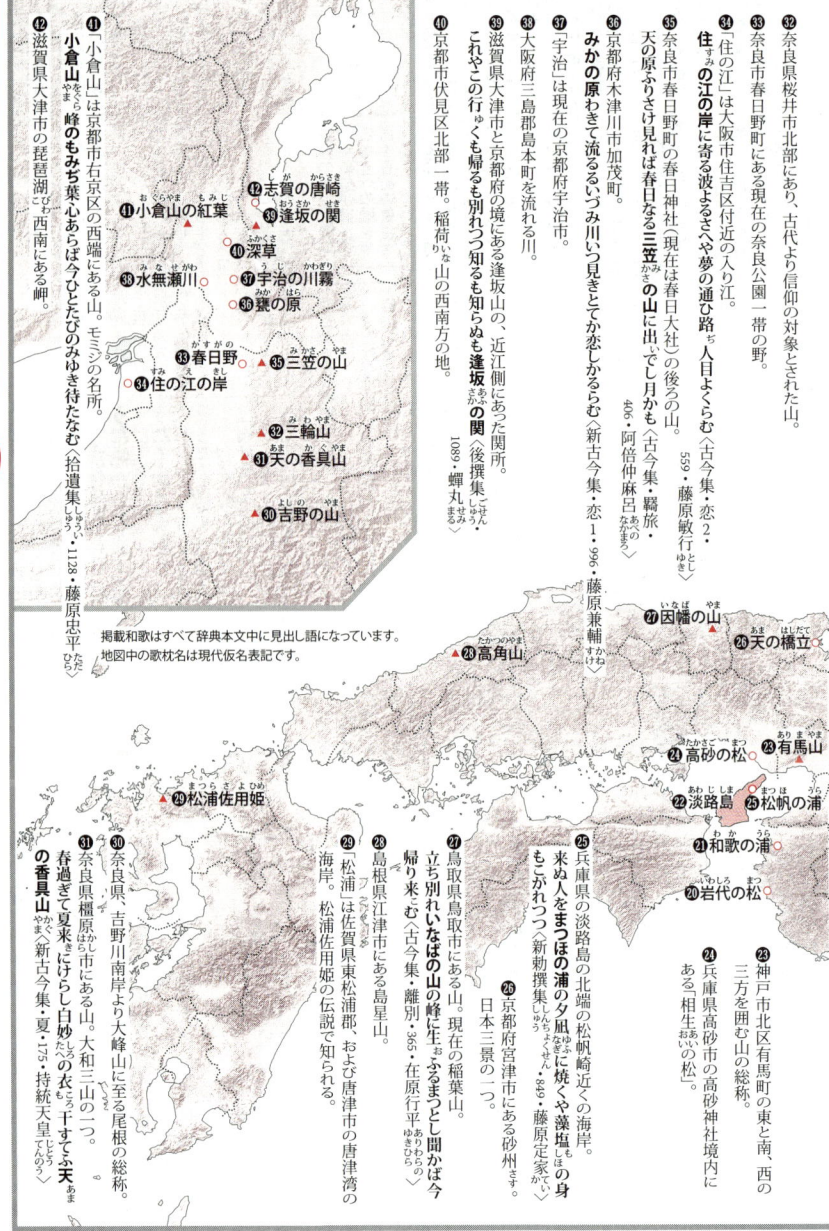

㉜ 奈良県桜井市北部にあり、古代より信仰の対象とされた山。

㉝ 奈良市春日野町にある現在の奈良公園一帯の野。

㉞ 「住の江」は大阪市住吉区付近の入り江。**住の江の岸に寄る波よるさへや夢の通ひ路人目よくらむ**〈古今集・恋2・559・藤原敏行〉

㉟ 奈良市春日野町の春日神社（現在は春日大社）の後ろの山。**天の原ふりさけ見れば春日なる三笠の山に出でし月かも**〈古今集・羈旅・406・阿倍仲麻呂〉

㊱ 京都府木津川市加茂町。**みかの原わきて流るるいづみ川いつ見きとてか恋しかるらむ**〈新古今集・恋1・996・藤原兼輔〉

㊲ 「宇治」は現在の京都府宇治市。

㊳ 大阪府三島郡島本町を流れる川。

㊴ 滋賀県大津市と京都府の境にある逢坂山の、近江側にあった関所。**これやこの行くも帰るも別れつつ知るも知らぬも逢坂の関**〈後撰集・1089・蟬丸〉

㊵ 京都市伏見区北部一帯。稲荷山の西南方の地。

㊶ 「小倉山」は京都市右京区の西端にある山。モミジの名所。**小倉山峰のもみぢ葉心あらば今ひとたびのみゆき待たなむ**〈拾遺集・1128・藤原忠平〉

㊷ 滋賀県大津市の琵琶湖西南にある岬。

掲載和歌はすべて辞典本文中に見出し語になっています。
地図中の歌枕名は現代仮名表記です。

㉓ 神戸市北区有馬町の東と南、西の三方を囲む山の総称。

㉔ 兵庫県高砂市の高砂神社境内にある「相生の松」。

㉕ 兵庫県の淡路島の北端の松帆崎近くの海岸。**来ぬ人をまつほの浦の夕凪に焼くや藻塩の身もこがれつつ**〈新勅撰集・849・藤原定家〉

㉖ 京都府宮津市にある砂州。日本三景の一つ。

㉗ 鳥取県鳥取市にある山。現在の稲葉山。**立ち別れいなばの山の峰に生ふるまつとし聞かば今帰り来む**〈古今集・離別・365・在原行平〉

㉘ 島根県江津市にある島星山。

㉙ 「松浦」は佐賀県東松浦郡、および唐津市の唐津湾の海岸。松浦佐用姫の伝説で知られる。

㉚ 奈良県、吉野川南岸より大峰山に至る尾根の総称。

㉛ 奈良県橿原市にある山。大和三山の一つ。**春過ぎて夏来にけらし白妙の衣干すてふ天の香具山**〈新古今集・夏・175・持統天皇〉

うたげ【宴】 名詞 酒盛り。宴会。

うたた【転】 副詞 ❶いよいよ。ますます。砌に聞けば飛泉**うたた**声をます。〈和漢朗詠集〉訳 みぎり石(＝庭石)の辺りで聞くと川の激しい流れの音が**ますます**高く聞こえてくる。

❷(多く「うたたあり」の形で)不愉快にも。異常なほど。『例の人にてあらじ。』と、いと**うたた**あるまで世を恨みたまふめれば…。」〈源氏・手習〉訳「『普通の女の人のように生きるつもりはない。』と、(浮舟は)たいへん**異常なほど**までに世の中をお恨みになるようなので…。」

類語比較「うたて」と「うたた」→うたて

◆うたたねに… 歌 うたた寝に恋しき人を見てしより夢てふものは頼みそめてき〈古今集・恋2・553・小野小町〉訳 ちょっとの仮寝(の夢)に恋しい(あの)人を見てしまった(時)から、(頼りにはならない)夢というものを当てにし始めてしまった(よ)。

発展 この時代には、自分はもちろんのこと、相手が自分を思っていると、相手の姿を夢に見るものとする俗信があった。はかない夢までも頼みにする恋心を歌っている。

うた-づかさ【雅楽寮】 名詞 ↓うたれう

うたて 副詞 ↓**最重要語**(196ページ)

うたて-あ・り 連語 嫌だ。不快だ。嘆かわしい。情けない。気味が悪い。どうしようもない。

「**うたてある**主の御許に仕うまつりて、すずろなる死にをすべかめるかな。」〈竹取・竜の頸の玉〉訳「**情けない**主君のおそばにお仕え申し上げて、思いがけない死に方をするに違いないようだなあ。」

うたて-げ・なり 形容動詞 [ナリ]〈なら・なり(に)・なり・なる・なれ・なれ〉❶異様な感じがする。怪しげだ。例の人よりはこよなう年老い、**うたてげなる**翁二人…。〈大鏡・序〉訳 普通の人に比べて格別に年を取り、**異様な感じのする**老人二人が…。

❷不快だ。いとわしい。見苦しい。「武士ども打ち入って捜すものならば、**うたてげなる**御ありさまどもを見えさせたまひなんず。」〈平家・12・六代〉訳「武士たちが踏み入って(私を)捜そうとするなら、**見苦しい**お姿などを見られておしまいになるだろう。」

うたて

自分の意志に関係なく事態が進行することへの嘆きやあきらめの気持ち
- ❶ますます。特にひどく。
- ❷不快なことに。嫌なことに。
  または、下に続く、文に相当する句全体に関係する。◉「うたて＋思ふ・覚ゆ」などの形をとる。
- ❸怪しく。異様に。

副詞 ❶**ますます**。**ますますひどく**。**特にひどく**。三日月のさやにも見えず雲隠り見まくぞほしき**うたて**このころ 歌〈万葉集・11・2464〉訳 三日月が(満月でないので)はっきり見えず、(しかも)雲に隠れている(ようにあなたの姿が見えない)ので、見たい(＝会いたい)ことだ。**ますますひどく**、このごろは。

❷(「うたて＋思ふ・覚ゆ」などの形で)**不快なことに**。**嫌なことに**。**情けなく**。かばかりの中に何かは、と人の心はなほ**うたて**覚ゆれ。〈徒然草・30・人の亡き後ばかり〉訳 これ(＝近親者が死んだこと)ほどの(悲しみの)最中にどうして(そんなことを言うのか)、と人の心はやはり**情けなく**感じないではいられない。

❸**怪しく**。**気味が悪く**。**異様に**。**異様で**。狩衣姿のいとぬれ湿りたるほど、「**うたて**、この世の外の匂ひにや。」と怪しきまで薫り満ちたり。〈源氏・橋姫〉訳 狩衣を着た(薫の)姿がひどく(露で)濡れて湿っているようすは、「**異様で**、この世のものでない(＝極楽の)匂いなのではないか。」と不思議に思うぐらい辺り一面に薫りを漂わせている。

発展 ①**語の成り立ち** 「うたた」が変化したことば。なお、「あなうたて」「うたてや」「うたての」のように用いられる「うたて」は、副詞ではなく、形容詞「うたてし」の語幹である。
②まれに、「うたて」が、下に続く、文に相当する句全体に関係することがあるが、その場合は❷の意味が相当する。「散ると見てあるべきものを梅の花うたて匂ひの袖にとまれる(＝嫌なことに、ウメの花の匂いが袖にとどまっているよ。)」〈古今集・春上・47〉

類語比較 **「うたて」と「うたた」**
共通点＝程度が増していくことを表す。
うたて＝自分の意志にかかわりなく事態が進行・変化していくことに対する、嘆きやあきらめの気持ちが含まれる。
うたた＝①状態の変化をいう。②多く「うたたあり」の形で「うたて❷」と同様の意味に用いられたが、中古での用例は少ない。③中世以降には単独で「うたて❶」と同様の意味で用いられたようである。

うたて・し

情けなく見苦しいようす
- ❶嘆かわしい。情けない。見苦しい。
- ❷心が痛む。気の毒だ。

未然形	連用形	終止形	連体形	已然形	命令形
うたて・く	うたて・く	うたて・し	うたて・き	うたて・けれ	○
うたて・から	うたて・かり	○	うたて・かる	○	うたて・かれ

形容詞 [ク] ❶**嘆かわしい**。**情けない**。**見苦しい**。**嫌だ**。勧賞かうぶらんとて、尋ね求むるぞ**うたてき**。〈平家・12・六代〉訳 褒美を頂こうと思って、(京都にいる者たちが、平家の子孫を)探し求めるのは**情けない**。

❷**心が痛む**。**気の毒だ**。「具足したてまつり、行方も知らぬ旅の空にて憂き目を見せたてまつらんも**うたてかる**べし。」〈平家・7・維盛都落〉訳「(妻であるあなたを)お連れ申し上げ、行き先も分からない旅先でつらい目をお見せするようなのも**気の毒な**ことに違いない。」

発展 ①**語の成り立ち** 副詞「うたて」が中古後期以降、形容詞になったもの。中古では、「あなうたて」(感動詞「あな」＋「うたてし」の語幹)のように、語幹「うたて」だけで用いられることが多い。
②**シク活用も** 『平家物語』では、ク活用とともにシク活用も用いられ、「むげにうたてしうさうらふ(＝まったく情けないことです)」などの例がある。

↓古語チャート⑰(605ページ)

うたて・なり 形容動詞 [ナリ]〈なら・なり(に)・なり・なる・なれ・なれ〉情

けない。憎らしい。「**うたてなりける、心なしの痴者かな。**」〈宇治拾遺〉訳「**憎らしい**、(おまえは)考えなしのばか者だなあ。」

↓**古語チャート**⑰(605ページ)

うたて-や-な 情けないことだなあ。嘆かわしいなあ。「**うたてやな。**隅田川の渡し守ならば、『日も暮れぬ。舟に乗れ。』とこそ承るべけれ。」〈謡曲・隅田川〉訳「**情けないことだなあ。**隅田川の渡し守であるなら、(『伊勢物語』にあるように)『日も暮れてしまう。舟に乗れ。』と(いうお言葉を)お聞きするはずである。」

発展 形容詞「うたてし」の語幹＋終助詞「や」＋終助詞「な」。

うたひ【謡】うたい 名詞 ❶神楽歌・催馬楽・今様・謡曲など、節を付けて謡う詩歌の総称。謡物。❷能楽の詞章。謡曲。

うた・ふ【訴ふ】うた(と)う 動詞 他 〔八下二段〕〈へ・へ・ふ・ふる・ふれ・へよ〉訴える。訴訟する。発展「うったふ」の「っ」(=促音)を表記しない形。

うた・ふ【歌ふ・謡ふ】うた(と)う 動詞 他 〔八四段〕〈は・ひ・ふ・ふ・へ・へ〉❶声に節をつけて歌詞を唱える。歌う。❷詩歌を作る。また、作った詩歌を吟じる。

うたへ【訴へ】うたえ 名詞 訴えること。訴訟。

歌枕 文芸用語 平安中期までは、広く和歌に詠まれる歌題・枕詞・名所などの歌材や、これらを集成・解説した書物を指した。平安後期以降は、和歌の題材としてしばしば詠み込まれた諸国の名所のこと。八代集や『源氏物語』などに出てくる地名が繰り返し歌に詠まれるうちに、その地名に特定の表現・情趣が固定し、人々に共通の美意識が生じた。↓**ビジュアルチェック**❶(194ページ)

歌物語 文芸用語 ❶和歌についての話。類 歌語り ❷平安時代の物語の分類のひとつ。一般的には、和歌を中心に、歌の詠まれた状況などの短編物語を集めたもの。『★伊勢物語』『★大和物語』『★平中物語』など。

うた-よみ【歌詠み】 名詞 ❶和歌を作ること。作歌。❷和歌を詠む人。歌人。

◆・うたよみは… 狂歌 **歌詠みは下手こそよけれ天地の動き出だしてたまるものかは**〈狂歌才蔵集・宿屋飯盛〉訳 歌人は、下手であるのがよい。(歌が上手であると)天地が(感動して)動き出したら、たまったものではない。

発展『古今集』(仮名序)にある「力をも入れずして天地を動かし」を素材に楽しんでいる。

うた-れう【雅楽寮】―りょう 名詞 ★治部省に属し、音楽・舞踊などを取り扱った役所。発展「うたづかさ」「ががくれう」とも。↓**ビジュアルチェック**⑮(757ページ)

うた-ろんぎ【歌論議】 名詞 和歌のよしあしや解釈について議論すること。

うた-ゑ【歌絵】―え 名詞 和歌の意味や内容を絵に描いたもの。

うち-【打ち】 接頭語 (動詞の上に付いて)❶ことばの調子を整えたり、意味を強めたりする。語例 **打ち**降る・**打ち**解く
❷ちょっと、ほんの少し、という意味を表す。語例 **打ち**聞く・**打ち**見る

発展 動詞「打つ」の連用形から。「打ちも身じろきたまはぬも(=ほんの少しも身動きなさらないのも)…。」〈源氏・若菜上〉のように、間に係助詞「も」が入ることもある。

うち【内・裏・中】 名詞 形式名詞 ↓**最重要語**(199ページ)

うぢ【氏】うじ ━ 名詞 ❶上代社会で、血縁関係にある同族集団。氏族。一族。❷姓。名字。家名。
━ 接尾語 (姓の下に付いて)敬意を表す。語例 阿部**氏**・藤原**氏**

発展 ━❶は特に支配力を持つ豪族が他と自分とを区別するために付けた。大伴・蘇我・物部など。

うぢ【宇治】 歌枕 ↓宇治(うじ)

うち-あか・む【打ち赤む】 ━ 動詞 自 〔マ四段〕〈ま・み・む・む・め・め〉(顔が)赤くなる。赤みを帯びる。「**ところどころうち赤みたまへる御まみのわたりなど、言はむ方なく見えたまふ。**」〈源氏・明石〉訳 (泣いて)ところどころ**赤くなって**いらっしゃる(源氏の)お目もとの辺りなどは、言いようもなく(美しく)お見えになる。
━ 動詞 他 〔マ下二段〕〈め・め・む・むる・むれ・めよ〉(顔を)赤くする。赤らめる。
「**怨じたまへば、顔うち赤めてゐたり。**」〈源氏・帚木〉訳 (源氏が)恨み言をおっしゃるので、(小君は)顔を**赤くしている**。

発展「うち」は接頭語。

うち-あ・ぐ【打ち上ぐ・打ち揚ぐ】 動詞 他 〔ガ下二段〕〈げ・げ・ぐ・ぐる・ぐれ・げよ〉❶手を打ち鳴らして歌い騒ぐ。宴会をする。
「**このほど三日、打ち上げ遊ぶ。**」〈竹取・かぐや姫の出生〉訳 このとき三日間、**宴会をし**、管絃を演奏する。
❷高くあげる。はね上げる。
「**若き人のある、まづ下りて、簾打ち上ぐめり。**」〈源氏・宿木〉訳 若い女房で(近くに)いるのが、先に(車から)下りて、車のすだれを**高く上げている**ようだ。
❸声を張り上げる。
「**平家にもあらず舞にもあらず、ひなびたる調子打ち上げて**…。」〈奥の細道・末の松山〉訳 (盲目の法師が)平曲でもなく幸若舞でもなく、田舎びた調子で**声を張り上げて**(語るので)…。

うち-あはび【打ち鮑】―あわび 名詞 アワビの肉を薄く切り、延ばして干したもの。祝宴のさかなにする。類 熨斗

うち-あ・ふ【打ち合ふ】―あ(お)う ━ 動詞 自 〔八四段〕〈は・ひ・ふ・ふ・へ・へ〉❶ぴったりと調和する。うまく釣り合う。ふさわしい。
「**これは御前に参らせたまへ。御台などうち合はで、いとかたはらいたしや。**」〈源氏・玉鬘〉訳「これ(=食器を載せる盆)は御前(=玉鬘)に差し上げてください。お食事台なども**ふさわしく**なく、本当に恥ずかしいことですよ。」
❷切り合う。戦う。
「**剣を合はせて互ひに打ち合ひぬ。**」〈今昔〉訳 剣を打ち合わせて互いに**切り合った**。
━ 動詞 他 〔八四段〕〈は・ひ・ふ・ふ・へ・へ〉(双六などを)互いに打つ。
「**同じやうなりける侍と双六を打ち合ひけり。**」〈今昔〉訳 (ある侍が)同じような立場だった侍と双六を**互いに打った**のだった。

発展 ━の❶の「うち」は接頭語。

うち-あ・り【打ち有り】 動詞 自 〔ラ変〕〈ら・り・り・る・れ・れ〉❶ある。さりげなくある。ちょっと置いてある。
「**うちある調度も昔覚えてやすらかなるこそ、心にくしと見ゆれ。**」〈徒然草・10・家居のつきづきしく〉訳 **さりげなく置いてある**道具類も古風な感じがして落ち着いているのが、奥ゆかしいと感じられる。

❷ざらにある。ありふれている。
「やや、これは**うちある**矢にもあらざりけり。神箭なりけり。」〈宇治拾遺〉訳「やや、これは**ざらにある**矢ではなかったのだ。神の矢だったのだなあ。」


うち-あん・ず【打ち案ず】動詞 他〔サ変〕〈ぜ・じ・ず・ずる・ずれ・ぜよ〉どうしようかと考える。思案を巡らす。考え込む。

発展「うち」は接頭語。

うち-いだ・す【打ち出だす】動詞 他〔サ四段〕〈さ・し・す・す・せ・せ〉❶少し出す。特に＊出だし衣をする。類打ち出づ 一❷
衣の褄重なりて**うち出だしたる**は、色々の錦を枕冊子に作りてうち置きたらむやうなり。〈栄花〉訳(女房たちの)着物の褄が重なって(御簾の下から外へ)それを**少し出し**ているようすは、さまざまな色の錦を雑記帳に作って置いてあるようである。
❷口に出して言う。類打ち出づ 一❸
「露は別れの涙なるべし。」といふことを頭の中将の**うち出だしたまへれば**…。〈枕草子・161・故殿の御服のころ〉訳「露は別れの涙にちがいない。」ということ(＝歌の一節)を頭の中将が**口に出して言い**なさったところ…。

発展「うち」は接頭語。

うち-い・づ【打ち出づ】一動詞 自〔ダ下二段〕〈で・で・づ・づる・づれ・でよ〉❶(広い所などに)出る。(姿が)現れる。
田子の浦ゆうち出でて見れば真白にぞ富士の高嶺に雪は降りける 歌〈万葉集・3・318〉訳→たごのうらゆ…。
❷(軍勢などが)出発する。出陣する。
伊賀、伊勢両国の住人ら、近江国へうち出でたりければ…。〈平家・10・三日平氏〉訳伊賀、伊勢両国の住人たちが、近江国(＝今の滋賀県)へ**出陣し**たので…。

二動詞 他〔ダ下二段〕〈で・で・づ・づる・づれ・でよ〉❶出す。(火を)打って出す。(音を)打ち鳴らす。

その火打ちもちて火を打ち出でて…。〈古事記・景行天皇〉訳(倭建命は)その火打ち石で火を**打って出して**…。
❷少し出す。特に、＊出だし衣をする。類打ち出だす❶
臨時祭りぞ、中宮上らせたまひて御覧ずる。衣なども**うち出でず、例のやうにもなし。**〈栄花〉訳賀茂の臨時の祭りには、中宮がおいでになってご覧になる。衣なども**出だし衣をし**ないで、いつものようではない。
❸口に出して言う。類打ち出だす❷
「**さのみやはとて、うち出ではべりぬるぞ。**」〈竹取・かぐや姫の昇天〉訳「ひたすらそうして(言わずに)過ごせるだろうか、いや、過ごせないと思って、(本当のことを)**口に出して言ってしまうのです。**」

発展一および二❷❸の「うち」は接頭語。

うち-いで【打ち出で】名詞❶(金・銀・銅などを)薄く打ち延ばして作ったもの。❷「＊打ち出での衣」の略。

うちいで-の-きぬ【打ち出での衣】＊御簾や＊几帳などの下から、女房の衣の袖や裾の端の部分を少し出すこと。類出だし衣 発展「打ち出で」「打ち出で」とも。


うち-い・ふ【打ち言ふ】動詞 他〔ハ四段〕〈は・ひ・ふ・ふ・へ・へ〉ちょっと言う。何気なく口にする。

「**今日はほかへおはしますとて渡りたまはず。」などうち言ひて**…。〈枕草子・25・すさまじきもの〉訳「今日はよそへいらっしゃるというので(こちらには)お越しにならない。」など(使いの者が)**ちょっと言って**…。

発展「うち」は接頭語。

うち-い・る【打ち入る】一動詞 他〔ラ下二段〕〈れ・れ・る・るる・るれ・れよ〉❶入れる。納める。
手にうち入れて、家に持ちて来ぬ。〈竹取・かぐや姫の生ひ立ち〉訳(翁は)かぐや姫を)掌に**入れて**、家に持ってきた。
❷(賭博などに金品を)つぎ込む。
ばくちの負けきはまりて、残りなく打ち入れんとせんにあひては、打つべからず。〈徒然草・126・ばくちの負けきはまりて〉訳ばくちで負けがこんで、残りもなく(金品のすべてを)**つぎ込もう**とする人に会ったときは、打ってはいけない。

二動詞 自〔ラ四段〕〈ら・り・る・る・れ・れ〉(敵陣などに)攻め込む。

物具したる者どもの打ち入るを見て、後ろより落ちにけり。〈平家・12・泊瀬六代〉訳武装した者たちが**攻め込む**のを見て、裏から逃げた。

発展二は「討ち入る」とも表記する。一の❶の「うち」は接頭語。


うち-うち【内内】一名詞❶家の中。家庭内。❷表向きでないこと。個人的なこと。内々のこと。心の内。

御私ざまに、内々のことなれば…。〈源氏・少女〉訳(今日の催しが)私的なご行事で、**内々のこと**なので…。

二副詞 内緒で。こっそりと。内々に。

「**うちうちよく習ひ得てさし出でたらんこそ、いと心にくからめ。**」〈徒然草・150・能をつかんとする人〉訳「(芸を身に付けようとする人は)**内緒で**十分に習得してから人前に出たとしたならば、たいへん奥ゆかしいだろう。」

発展二は「うちうちに」の形でも使われる。

うち-お・く【打ち置く】動詞 他〔カ四段〕〈か・き・く・く・け・け〉❶置く。ちょっと置く。
折りたまへる花を、扇にうち置きて見ゐたまへるに…。〈源氏・宿木〉訳(薫は)お手折りになった花を、扇の上に**置いて**じっとご覧になっていると…。
❷そのままの状態にしておく。ほうっておく。別にする。
しさしたる事の、今日過ぐすまじきをうち置きて…。〈枕草子・35・小白河といふ所は〉訳し始めて途中でやめている仕事で、今日を(のんびりと)過ごしてはいけないのを**ほうっておいて**…。

発展「うち」は接頭語。


うち-おこた・る【打ち怠る】動詞 自〔ラ四段〕〈ら・り・る・る・れ・れ〉怠ける。なおざりにする。発展「うち」は接頭語。


うち-おこな・ふ【打ち行ふ】動詞 自〔ハ四段〕〈は・ひ・ふ・ふ・へ・へ〉仏道を修行する。勤行をする。

たてへだてゐて、うち行ひたる暁の額など、いみじうあはれなり。〈枕草子・119・あはれなるもの〉訳(家人と)間を隔てて住んで、**勤行して**いる暁の礼拝などは、たいへんしみじみと胸をうつ。

発展「うち」は接頭語。

うち-おとり【内劣り】名詞 外面は立派だが、内面はそれほどでもないこと。見かけ倒し。

うち-おどろ・く【打ち驚く】動詞 自〔カ四段〕〈か・き・く・く・け・け〉❶予期しないことが起こったりしてはっとする。驚く。

久しうさしものぞきたまはぬに、覚えなき折なれば、うち驚かるれど…。〈源氏・幻〉訳長い間お顔もお出しにならないのに、思いもかけないとき(に源氏がいらっしゃったこと)なので、(明石の君は)**驚か**ないではいられないけれど…。
❷ふっと目が覚める。はっと気がつく。

うち驚きたれば、夢なりけりと思ふに…。〈更級日記・春秋の定め〉訳はっと目が覚めたので、(あのことばは)夢だったのだなあと思うにつけ…。

発展「うち」は接頭語。

うち-おぼ・す【打ち思す】動詞→うちおもふ

うち-おほひ【打ち覆ひ】名詞 仮に作った簡単な屋根。

うち-おぼめ・く【打ちおぼめく】動詞 自 〔カ四段〕〈か・き・く・く・け・け〉わからない振りをする。そらとぼける。**げにげにしく、所々うちおぼめき、よく知らぬよしして**…。〈徒然草・73・世に語り伝ふること〉訳いかにももっともらしく、所々**そらとぼけ**、よく知らないふりをして…。

発展「うち」は接頭語。

うち-おぼ・ゆ【打ち覚ゆ】一 動詞 自 〔ヤ下二段〕〈え・え・ゆ・ゆる・ゆれ・えよ〉❶心に浮かぶ。しみじみと思い知られる。**来し方行く先のこと**うち覚え、**とやかくやとはかばかしう悟る人もなし**。〈源氏・明石〉訳(須磨には)過去未来のことが**心に浮かび**(=考えることができ)、ああだこうだとはっきり判断する人もない。❷どことなく似ている。**いとをかしげにて、少しうち覚えたまへる心地もすれば**…。〈源氏・夢浮橋〉訳(小君は)とてもかわいらしくて、(浮舟に)少し**似て**いらっしゃるような気もするので…。

うち

【内・裏・中】

空間的・心理的に、ある範囲の内側

一 名詞
- [空間的]
  - ❶内部。区域内。国内。
  - ❷家。家の中。部屋の中。
  - ❸宮中。内裏。
  - ❹天皇。主上。
  - ❺妻。また、夫。
  - ❻以内。以下。 ◉数量を表すことばに付く。
- [心理的]
  - ❼心の中。内面。内心。
  - ❽身辺のこと。私事。
- ❾(儒教を「外」というのに対して)仏教の教典。また、仏教。◉仏教語。

二 形式名詞 …(している)間。…(している)間中。

一 名詞 ❶**内部。区域内。国内。**中。内側。対外

大宮の内にも外にも光るまで降らす白雪見れど飽かぬかも 歌〈万葉集・17・3926〉訳皇居の**中**にも外にも光り輝くほどに降る白雪は、見ても飽きないことだなあ。○「降らす」の「す」は上代の尊敬の助動詞であるが、皇居に降る雪に対して慶祝の意味を含めたものかと考えられる。

❷**家。家の中。部屋の中。**

山の際に惣門のある内に入りぬ。〈徒然草・44・あやしの竹の編み戸〉訳(男は)山のほとりの外構えの大門のある**家の中**に入った。

❸**宮中。内裏。**対里

堀河の大臣、太郎国経の大納言、まだ下臈にて、内へ参りたまふに…。〈伊勢・6〉訳堀河の大臣と、長男の国経の大納言が、まだ位の低い者として、**宮中**に参上なさっているときに…。

❹**天皇。主上。**帝。類上

内にも、おぼし嘆きて、行幸あり。〈源氏・賢木〉訳(桐壺院の病気が重くなり)**帝**(=朱雀帝)におかれても、お心をお痛めになって、(お見舞いに)お出ましになる。○「内にも」の「にも」は格助詞「に」+係助詞「も」で、婉曲に主体を示すことによって、主体(ここでは朱雀帝)に敬意を表す用法。

❺(妻が他人に対して、自分自身や夫を指して)**妻。また、夫。主人。**

一門中の状文にも『伊左衛門内より』と書いても、人のとがめぬこと。〈近松・夕霧阿波鳴渡〉訳(あなたが)親戚に出す手紙にも(私のことを)『伊左衛門の**妻**より』と書いても、人が(私が遊女だからといって)とやかく言わないことだよ。」

❻(数量を表すことばに付いて)**以内。以下。**また、**一部分。**

広さはわづかに方丈、高さは七尺が内なり。〈方丈記・方丈〉訳(私の庵の)広さはわずかに一丈(=約三メートル)四方、高さは七尺(=約二・一メートル)**以下**である。

❼**心の中。内面。内心。**

内に思慮なく、外に世事なくして…。〈徒然草・108・寸陰惜しむ人なし〉訳**内心**には雑念がなく、外に対しては俗事にかかわらず…。

❽**身辺のこと。私事。内実。**

内裸でも外錦…。〈近松・心中天の網島〉訳**内実**は無一文でも世間体は見えを張って…。

❾《仏教語》(儒教を「外」というのに対して)**仏教の教典。また、仏教。**

内には五戒を保って慈悲を先とし、外には五常を乱らず礼儀を正しうしたまふ人なれば…。〈平家・2・教訓状〉訳(平重盛は)**仏教**(の方面)では*五戒を守り続けて慈悲を第一とし、儒教(の方面)では*五常を乱さず礼儀を正しくなさる人なので…。

二 形式名詞 …(している)**間**。…(している)**間中**。

年ごろ、よく比べつる人々なむ、別れがたく思ひて、日しきりに、とかくしつつののしるうちに、夜更けぬ。〈土佐日記・十二月二十一日〉訳ここ数年、とても親しく付き合ってきた人々は、(私と)別れにくく思って、一日中、めいめいあれこれして声高に騒いでいる**間**に、夜が更けてしまった。

類語比較 「うち」と「なか」

共通点＝空間的・時間的・心理的な内部の意味を表す。

うち＝「外」「ほか」に対することばで、ある境界線の内側全体を表す。

なか＝①上・下、左・右、前・後、始め・終わりなどに挟まれた中間・途中をいい、中心・中央の意味も表す。②間柄・関係の意味をも表すことは現在でも同じだが、特に中古では「世の中」の形で、男女・夫婦の関係を表した。

㊁動詞 他〔ヤ下二段〕〈え・え・ゆ・ゆる・ゆれ・えよ〉思い出して言う。「時々、さるべきことのさし答へ、繁樹もうち覚えはべらむかし。」〈大鏡・序〉訳「その時その時、そうするのに適当な事柄の受け答えは、この繁樹も思い出して言いましょうよ。」
発展「うち」は接頭語。

うち-おも・ふ【打ち思ふ】― 動詞 他〔八四段〕〈は・ひ・ふ・ふ・へ・へ〉ふと考えたり、感じたりする。「老いたる者は、すずろに涙もろにあるものぞ。」と、おろそかに**うち思ふなりけり**。〈源氏・東屋〉訳「年老いた者は、むやみに涙もろいものなんだ。」と、(侍従は弁の尼の気持ちを知らず)いい加減に**ふと考える**のであった。
発展「うち」は接頭語。

うち-か・く【打ち掛く・打ち懸く】㊀動詞 他〔カ下二段〕〈け・け・く・くる・くれ・けよ〉ちょっとかける。ひっかける。三つ足なる角の上に帷子を**うち掛けて**…。〈徒然草・53・これも仁和寺の法師〉訳三本足の角(＝釜の足)の上に帷子を**ひっかけて**…。
㊁動詞 自〔カ下二段〕〈け・け・く・くる・くれ・けよ〉(水などが)強くかかる。浪は船に**打ち掛けつつ**巻き入れ…。〈竹取・竜の頸の玉〉訳波は船に**強くかかって**は(海の中に)巻き込み(そうになり)…。
発展㊀の「うち」は接頭語。

[うちかけ❶]

[うちかけ❷]

うち-かけ【打ち掛け・裲襠】名詞 ❶(「打ち掛け鎧」の略で)朝廷の儀式に、武官が★袍の上に着る、鎧のような形をした袖のない服。❷(「打ち掛け小袖」の略で)江戸時代の女性の礼服のひとつ。帯を締めた上に羽織る小袖。

うち-かしこま・る【打ち畏まる】動詞 自〔ラ四段〕〈ら・り・る・る・れ・れ〉心から敬い慎む。威儀を正す。深く頭を下げる。
発展「うち」は接頭語。

うち-かす・む【打ち掠む】動詞 他〔マ下二段〕〈め・め・む・むる・むれ・めよ〉それとなく告げる。ほのめかす。「**うちかすめ申さるる折はべらずなむ**。」〈源氏・若菜上〉訳「(昔の朱雀院と確執があったことを父は少しでも)**ほのめかし**申し上げなさることはございませんで。」
発展「うち」は接頭語。

うち-がたな【打ち刀】名詞 鍔を付けたやや長い刀。

うち-かたぶ・く【打ち傾く】㊀動詞 自〔カ四段〕〈か・き・く・く・け・け〉❶ちょっと傾く。❷首をかしげる。不審に思う。**うちかたぶきて**物など見たるも、うつくし。〈枕草子・151・うつくしきもの〉訳(幼い女の子が)**首をかしげて**何かを見ているのなども、かわいらしい。
㊁動詞 他〔カ下二段〕〈け・け・く・くる・くれ・けよ〉傾ける。
発展「うち」は接頭語。

[うちがたな]

うち-かたら・ふ【打ち語らふ】― 動詞 他〔八四段〕〈は・ひ・ふ・ふ・へ・へ〉話し合う。語り合う。また、親しく付き合う。親にも、君にも、すべて、**うち語らふ**人にも、人に思はれむばかりめでたきことはあらじ。〈枕草子・267・世の中になほ〉訳親にでも、主君にでも、すべて、**親しく付き合う**人にでも、人に愛されるほどすばらしいことはあるまい。
発展「うち」は接頭語。

うち-かづ・く【打ち被く】― ㊀動詞 他〔カ四段〕〈か・き・く・く・け・け〉かぶる。頭の上にのせる。頭上にかざす。女車の、前の簾を**うちかづきて**ゐたる児の、いとうつくしげなるが…。〈宇治拾遺〉訳女車の、前の簾を(かぶるようにして)**頭にのせ**(顔を出し)て座っている子供で、たいへんかわいらしいのが…。
㊁動詞 他〔カ下二段〕〈け・け・く・くる・くれ・けよ〉(褒美として衣類を)人の肩に載せ与える。かずけものを与える。肩に掛ける。侍従は主の君に**うちかづけて**去ぬ。〈源氏・竹河〉訳侍従(＝薫)は(玉鬘からのかずけものを)主の君の**肩に掛けて**帰って行く。
発展「うち」は接頭語。

うち-かは・す【打ち交はす】― 動詞 他〔サ四段〕〈さ・し・す・す・せ・せ〉互いに重ね合う。白雲に羽**うち交はし**飛ぶ雁の数さへ見ゆる秋の夜の月 歌〈古今集・秋上・191〉訳↓しらくもに…。
発展「うち」は接頭語。

うち-かぶと【内兜・内甲】名詞 かぶとの内側の額に当たる部分。

うち-かへし【打ち返し】― 副詞 ❶繰り返し。何度も。**打ち返し**のたまへば、一方ならず煩はしけれど…。〈源氏・早蕨〉訳**繰り返し**おっしゃるので、ひどく煩わしいけれど…。〇前言を翻す意味にとり、❷に解する説もある。
❷かえって。前とは逆に。打って変わって。つれづれに思ひ続くるも、**打ち返し**いとあぢきなし。〈源氏・柏木〉訳所在なく思い続けるのも、**かえって**たいへんやるせない。

うち-かへ・す【打ち返す】― 動詞 他〔サ四段〕〈さ・し・す・す・せ・せ〉㊀(「うち」は接頭語で)❶ひっくり返す。火桶の火、炭櫃などに、手の裏**うち返しうち返し**、押し延べなどしてあぶり居る者。〈枕草子・28・憎きもの〉訳火鉢の火や、いろりなどに、手のひらを**ひっくり返しひっくり返し**して、押してのばしなどしてあぶっている者(は、しゃくに障る)。
❷繰り返す。人見ぬ方にて、**うち返し**つつ見たまふ。〈源氏・若菜下〉訳(源氏は女三の宮のもとにあった手紙を)人の目につかない部屋で、**繰り返し**繰り返し見ていらっしゃる。
❸引き返す。
㊁掘り返す。すき返す。鴫のゐる野沢の小田を**打ち返し**種蒔きてけりしめはへて見ゆ 歌〈金葉集・74〉訳シギのいる野沢の田を**すき返し**て種をまいてしまったことだ。しめ縄をめぐらしているのが見える。

うち-かへ・る【打ち返る】― 動詞 自〔ラ四段〕〈ら・り・る・る・れ・れ〉ひっくり返る。反り返る。発展「うち」は接頭語。

うぢ‐がみ【氏神】ーうじ 名詞 ❶その氏の祖先神。その氏の守護神。❷生まれた土地の神。産土神。

うち‐か・む【打ち擤む】 動詞 他〔マ四段〕〈ま・み・む・む・め・め〉鼻汁を出してふき取る。鼻をかむ。

君も、たびたび鼻うちかみて…。〈源氏・葵〉訳 君(＝源氏)も、何度も鼻をかんで…。

うち‐き【袿】 名詞 ❶貴族の女子の普段着。
発展「うち」は接頭語。
❷男子が★直衣・★狩衣などの下に着る衣服。↓狩衣(図)
❸天皇が装束を整えるために着替えること。お召し替え。
上は御袿果てて、御障子より覗かせたまひけり。〈源氏・紅葉賀〉訳 帝は**お召し替え**が済んで、お襖の透き間から(源氏と源典侍を)おのぞきなさったのだった。
発展 内に着るものの意味。❶は、一般に数枚重ねて着るので「襲袿」といい、五枚重ねた場合は「五つ衣」といった。❸は「御袿」の形で使われる。

うち‐ぎき【打ち聞き】 名詞 ❶偶然、耳に入ったことばや話。ちょっと聞くこと。
深き筋思ひえぬほどの、打ち聞きには…。〈源氏・常夏〉訳 内容の深いところまでは思いつかない程度の、**ちょっと聞いたところ**では…。
❷聞いたままを書き留めておくこと。また、その記録。聞き書き。特に、聞いた和歌を書き留めたもの。
ここもとは打ち聞きになりぬるなめり。〈枕草子・308・小原の殿の御母上とこそは〉訳 ここのあたりは**聞き書き**になってしまったようだ。

うち‐き・く【打ち聞く】 動詞 他〔カ四段〕〈か・き・く・く・け・け〉ちらりと耳にする。小耳に挟む。
うち聞くより、胸ふたがりて覚ゆれど…。〈源氏・明石〉訳 (明石の入道は、源氏ご赦免の報を)**ちらりと耳にする**やいなや、胸がつまったように思われるけれども…。
発展「うち」は接頭語。

うちき‐すがた【袿姿】 名詞 ★袿だけを着た、くつろいだ姿。普段着の姿。発展 男子は直衣・狩衣などを、女子は唐衣・裳などを上に着ない袿だけの姿をいう。

うち‐ぎぬ【打ち衣】 名詞 砧(＝木づち)で打って光沢を出した衣。発展 平安時代、男子は直衣・狩衣のすぐ下、女子は正装である唐衣・裳のとき、上着の下に着た。色は、多く紅色を用いた。

うち‐きら・す【打ち霧らす】 動詞 他〔サ四段〕〈さ・し・す・す・せ・せ〉空を一面に曇らせる。視界をさえぎる。
うち霧らし雪は降りつつしかすがに我家の園に鶯鳴くも 歌〈万葉集・8・1441〉訳 **空を一面に曇らせて**雪は降り続いているが、その一方では、わが家の庭にウグイスが鳴いていることよ。
発展「うち」は接頭語。

うち‐き・る【打ち着る】 動詞 他〔カ上一段〕〈き・き・きる・きる・きれ・きよ〉(衣服などを)身にまとう。着る。かぶる。発展「うち」は接頭語。

うち‐ぐ・す【打ち具す】 一 動詞 自〔サ変〕〈せ・し・す・する・すれ・せよ〉十分に備わる。(ちゃんと)そろう。
二 動詞 他〔サ変〕〈せ・し・す・する・すれ・せよ〉❶伴う。連れる。
うち具しては、つきなからむさまを思ひ返したまふ。〈源氏・須磨〉訳 (紫の上を)**連れていって**は、(この須磨の住まいに)不似合いであると思われる状況を(源氏は)お考え直しになる。
❷持つ。携える。
やがてその蛤をうち具して行きにけり。〈今昔〉訳 (男は)すぐにそのハマグリを**携えて**出かけてしまった。

うち‐くっ・す【打ち屈す】 動詞 自〔サ変〕〈せ・し・す・する・すれ・せよ〉精神的に痛手を受けてひどく気落ちする。しおれる。ふさぎ込む。
あながちにうち屈したるさま、いと心苦しければ…。〈十六夜日記・出発まで〉訳 度を超して**ひどく気落ち**しているようすが、たいそういたわしいので…。
発展「うち」は接頭語。「うちくす」「うちくんず」とも。

うち‐くら【内蔵・内庫】 名詞 ❶古代、朝廷に献上された物を納めた倉。❷住居と軒続きに建てられた倉。また、そのような倉を持つ金持ち。
発展 ❷は「うちぐら」とも。

うち‐くん・ず【打ち屈ず】 動詞 ↓うちくっす

打消推量の助動詞 国語・国文法 打消の意味と推量などの意味とを併せ持った助動詞のことで、語としては、「じ」と「まじ」がこれに当たる。「じ」は、助動詞「む」に打消の意味が加わったものと同じ意味となり、「まじ」は、助動詞「べし」に打消の意味の加わったものと同じ意味となる。↓じ・まじ

打消の助動詞 国語・国文法 話し手(書き手)の否定判断を表す助動詞。「ず」がこれに当たる。上代は「な・に・○・ぬ・ね・○」と四段に活用した。また「ず」が動詞「あり」と結合した「ずあり」は「ざり」の形となり、補助活用として発達した。↓ず(基本助動詞20)

打消の接続 国語・国文法 上の語・語句を打ち消して、さらに下の用言に係っていく用法をいう。語としては接続助詞「で」がこれに当たる。「で」は、助動詞「ず」に「て」の加わったものと同じ意味であるが、「ずて」からの音変化とは考えにくい。↓で(基本助詞25)

うち‐こ・む【打ち込む】 動詞 他〔マ四段〕〈ま・み・む・む・め・め〉❶(刀などで)切り込む。
三尺八寸の太刀を抜いて、大友に馳せかかり、かぶとの鉢より本頸まで、きっさき五寸ばかりぞ打ち込みたる。〈太平記〉訳 三尺八寸の太刀を抜いて、大友に飛びかかり、かぶとの★鉢から首の根もとまで、太刀の切っ先五寸ほど**切り込んだ**。
❷(金品や財産を)つぎ込む。類 打ち入る
一年に三度までの大風、年々の元手打ち込みて、残る物とて家蔵ばかり…。〈西鶴・日本永代蔵〉訳 一年に三度も大風にあって、長年の資本金を**つぎ込んで**(しまい)、残る物といえば家蔵だけ…。
❸たたき打って入れる。突き入れる。たたき込む。
「今度取ったならば、地へ三尺打ち込まう。」〈狂言・文相撲〉訳「もう一度(相撲を)取ったなら、(そなたを)地に三尺**たたき込もう**。」
❹熱中する。ほれ込む。

うち‐ごろも【裏衣】 名詞 一般の僧が着る粗末な法服。

うち‐ささ・ぐ【打ち捧ぐ】 動詞 他〔ガ下二段〕〈げ・げ・ぐ・ぐる・ぐれ・げよ〉少し上に向ける。仰向けにする。
女は額髪晴れらかにかきやり、まばゆからず顔うちささげてうち笑ひ…。〈徒然草・175・世には心得ぬことの〉訳 (酒に酔った)女は垂らした髪を(額もあらわに)さっぱりとかき上げ、恥ずかしげもなく顔を**仰向けにして**笑い…。
発展「うち」は接頭語。

うち‐ささめ・く【打ちささめく】 動詞 自〔カ四段〕〈か・き・く・く・け・け〉ひそひそと話す。

うちささめき言ふことどもを聞きたまへば、わが御上なるべし。〈源氏・帚木〉訳（女房たちが）ひそひそと話していることなどをお聞きになると、（源氏）ご自身のことであるに違いない。

発展「うち」は接頭語。

うち-さぶらひ【内侍】―さぶらい 名詞 宿直や警護のために設けた武士の詰め所。対遠侍

うち-しき【打ち敷き】名詞 ❶家具などの下に敷く装飾用の敷物。❷仏壇・仏具などに敷く布。

うち-しき・る【打ち頻る】動詞 自〔ラ四段〕〈ら・り・る・る・れ・れ〉度重なる。頻繁になる。

参う上りたまふにも、あまりうちしきる折々は…。〈源氏・桐壺〉訳（桐壺の更衣が帝の御座所に）参上なさるにつけても、あまりにも度重なる時々は…。

発展「うち」は接頭語。


うち-し・く【打ち敷く】動詞 他〔カ四段〕〈か・き・く・く・け・け〉寝たり座ったりするために、敷物を広げる。敷く。

笠うち敷きて、時の移るまで涙を落としはべりぬ。〈奥の細道・平泉〉訳 笠を敷いて（腰をおろし）、いつまでも（懐旧の）涙を流しました。

発展「うち」は接頭語。


うち-しぐ・る【打ち時雨る】動詞 自〔ラ下二段〕〈れ・れ・る・るる・るれ・れよ〉秋から冬にかけて、急に曇って雨が断続的に降る。時雨が降る。しぐれる。

深き山の杉の梢に見えたる木の間の影、うちしぐれたる雲隠れのほど、またなくあはれなり。〈徒然草・137・花は盛りに〉訳 奥深い山のスギのこずえに見えている木の間の月の光や、さっとしぐれているむら雲にちょっと隠れた（月の）ようすが、この上なくしみじみと心打たれる。

発展「うち」は接頭語。


うち-しの・ぶ【打ち偲ぶ】動詞 他〔バ四段〕〈ば・び・ぶ・ぶ・べ・べ〉離れている人や過ぎ去ったことを思って慕う。懐かしむ。

発展「うち」は接頭語。上代は「うちしのふ」。


うち-しはぶ・く【打ち咳く】―しわぶく 動詞 自〔カ四段〕〈か・き・く・く・け・け〉（ちょっと）せきをする。せき払いをする。

三つばかりなる児の、寝おびれてうちしはぶきたるも、いとうつくし。〈枕草子・120・正月に寺に〉訳 三歳ぐらいの幼児が、寝ぼけてちょっとせきをしているのも、とてもかわいらしい。


発展「うち」は接頭語。


うち-しめ・る【打ち湿る】動詞 自〔ラ四段〕〈ら・り・る・る・れ・れ〉❶少し湿る。水気を含む。しっとりする。

露にうち湿りたまへるかをり、例のいと様異に匂ひ来れば…。〈源氏・宿木〉訳 露に少しお湿りになった（薫のお召し物の）薫りが、いつものようにいかにも普通の人とは違って匂ってくるので…。
❷静かになる。落ち着く。また、ふさぎ込む。
このごろは誰も、折悪しければ、うち湿りならひておはしませば…。〈讃岐典侍日記〉訳 近ごろはだれも、時機が悪い（＝堀河天皇がご病気である）ので、静かになる（＝静かに振る舞う）習慣になっていらっしゃるので…。

発展「うち」は接頭語。


うち-・す【打ち為】一 動詞 自〔サ変〕〈せ・し・す・する・すれ・せよ〉ちょっとある。ちょっとその状態になる。

時雨うちして、ものあはれなる暮れつ方…。〈源氏・葵〉訳 時雨がぱらぱらとあって、何とはなくしみじみと心にしみる日暮れどき…。

二 動詞 他〔サ変〕〈せ・し・す・する・すれ・せよ〉ちょっとする。気軽にする。

同じ心なる文通はしなどうちしてこそ…。〈源氏・蓬生〉訳 気の合った同士が手紙のやりとりなども気軽にしてこそ…。

発展「うち」は接頭語。

うち-す・ぐ【打ち過ぐ】動詞 自〔ガ上二段〕〈ぎ・ぎ・ぐ・ぐる・ぐれ・ぎよ〉❶（時間的・空間的に）過ぎる。経過する。
「夜半うち過ぐるほどになむ、絶えはてたまひぬる。」〈源氏・桐壺〉訳「夜中を過ぎるころに、（桐壺の更衣は）お亡くなりになってしまった。」
❷（ある基準を）超える。度を超す。まさる。
「身の程にはややうち過ぎ、物の心など得つべけれど…。」〈源氏・朝顔〉訳「（明石の君は）身分のわりに（分別が）少し超えて（すぐれ）、物の道理などもきっと心得ているに違いないけれど…。」

発展「うち」は接頭語。

うち-ず・す【打ち誦す】動詞 ↓うちずんず

うち-すすろ・ふ【打ち啜ろふ】―すすろう 動詞 他〔ハ四段〕〈は・ひ・ふ・ふ・へ・へ〉すすりすすり飲む。続けざまにすする。

糟湯酒うちすすろひて咳かひ鼻びしびしに…。歌〈万葉集・5・892〉訳 糟湯酒をすすりすすり飲みながらしきりにせき込んで、鼻をぐすぐすと（鳴らし）…。

発展「うち」は接頭語。

うち-す・つ【打ち捨つ】動詞 他〔タ下二段〕〈て・て・つ・つる・つれ・てよ〉❶捨てる。また、そのままにする。ほうっておく。
紐などもうち捨てて、添ひ伏したまへる御灯影いとめでたく…。〈源氏・帚木〉訳（源氏の）紐なども（結ばずに）そのままにして、物に寄りかかっていらっしゃる灯に照らされたお姿はまことに美しく…。
❷（死や別離などで人を）後に残す。置き去りにする。
「さりともうち捨てては、え行きやらじ。」〈源氏・桐壺〉訳「いくらなんでも（私を）後に残して、旅立って（＝死んで）しまうことはできまい。」

発展「うち」は接頭語。


うち-ずみ【内裏住み・内住み】名詞 宮中に住むこと。宮中での生活。宮中暮らし。対里住み

うち-ずん・ず【打ち誦ず】動詞 他〔サ変〕〈ぜ・じ・ず・ずる・ずれ・ぜよ〉声を上げて詩歌・経文などを読み上げる。口ずさむ。

「蝸牛の角の、争ふや、なぞ。」と言ふことをうちずんじたまふ。〈堤中納言・虫めづる姫君〉訳（姫君は）「蝸牛のお、角の、争ふや、なぞ。」という一句を口ずさみなさる。

発展「うち」は接頭語。「うちずず」と「ん」を表記しないこともある。

うち-そ【打ち麻】名詞 たたいて柔らかくしたアサ。

うち-そ・ふ【打ち添ふ】―そう 一 動詞 自〔ハ四段〕〈は・ひ・ふ・ふ・へ・へ〉❶加わる。追加される。
あくる年は、立ち直るべきかと思ふほどに、あまりさへ疫癘うち添ひて…。〈方丈記・飢渇〉訳 翌年は、（大飢饉から）復興するにちがいないかと思っているうちに、そのうえ、伝染病が加わって…。
❷連れ立つ。付き添う。付き従う。
いみじく仕立てかしづかれて、うち添ひて下りしを見やりしに…。〈更級日記・夫の死〉訳（息子が）たいへん立派に装束を調え（お供の人々から）大切に扱われて、（父に）付き従って（都から）下っていったのを見送ったのだが…。

二 動詞 他〔ハ下二段〕〈へ・へ・ふ・ふる・ふれ・へよ〉加える。追加する。

「今朝よりこの嘆きをうち添へては、すでに命も絶えなんず。」〈平家・2・少将乞請〉訳「今朝から（成経の

が捕らえられるという)この嘆きを**加え**て、いよいよ命も絶えようとしている。」

うち-そむ・く【打ち背く】 動詞 自〔カ四段〕〈か・き・く・く・け・け〉背を向ける。従わない。離れてゆく。「かやうに**うち背く**際は殊にこそあれ。」〈源氏・宿木〉訳「このように(夫から)**離れてゆく**(＝浮気をする)のは身分の低い者がすることなのだよ。」

発展「うち」は接頭語。

うち-たえ【打ち絶え】 副詞 ❶ひたすら。いちずに。女房なんどの、**打ち絶え**嘆くことをば…。〈平家・11・文之沙汰〉訳(宮仕えの)女房などが、**ひたすら**嘆願することを…。
❷(多く下に打消の表現を伴って)まったく。すっかり。**その後は、何となく紛らはしきに、物語のことなども打ち絶え忘られて**…。〈更級日記・宮仕え〉訳その後は、何となく他のことにとり紛れて、物語のことなども**すっかり**忘れてしまって…。

うち-たの・む【打ち頼む】 動詞 他〔マ四段〕〈ま・み・む・む・め・め〉すっかり頼りにする。信頼する。「**ただうち頼みきこえて、渡したてまつりたまひてよ。**」〈源氏・薄雲〉訳「いちずに(源氏を)ご**信頼**申し上げて、(姫君を)お手渡し申し上げておしまいなさい。」

発展「うち」は接頭語。

うち-た・ゆ【打ち絶ゆ】 動詞 自〔ヤ下二段〕〈え・え・ゆ・ゆる・ゆれ・えよ〉人との文通や交際などがばったりなくなる。関係が切れる。途絶える。**よその御返りなどは、うち絶えでおぼつかなかるまじき程に聞こえたまひ**…。〈源氏・朝顔〉訳(朝顔の姫君は)親密でない人のご返事などは、**途絶え**ないでご無沙汰になりそうでない程度に申し上げなさり…。

発展「うち」は接頭語。

うち-たゆ・む【打ち弛む】 一 動詞 自〔マ四段〕〈ま・み・む・む・め・め〉気が緩む。油断する。**月ごろは常の御悩みとのみうちたゆみたりつるを、源氏の大臣も深くおぼし入りたり。**〈源氏・薄雲〉訳ここ数か月は(今度の藤壺の宮の病気は)いつものご病気とばかり**油断し**ていたことを、源氏の大臣も深く気にかけていらっしゃる。

うち-つけ・なり【打ち付けなり】

状態が急変するようす。またそうしたようすに対する非難の気持ち
❶**突然だ。**にわかだ。急だ。
❷**軽率だ。**軽々しい。考えが浅い。
❸**露骨だ。**無遠慮だ。ぶしつけだ。

形容動詞〔ナリ・ノ〕

未然形	連用形	終止形	連体形	已然形	命令形
うちつけ・なら	うちつけ・なり うちつけ・に	うちつけ・なり	うちつけ・なる	うちつけ・なれ	うちつけ・なれ

❶**突然だ。にわかだ。急だ。**
「眼もこそ二つあれ、ただ一つある鏡を奉る。」とて、海に**うちはめつれば、口惜し。されば、打ち付けに、海は鏡の面のごとなりぬれば、ある人の詠める歌**…。〈土佐日記・二月五日〉訳「(大切な)眼でさえも二つあるのに、たった一つある(だけの)鏡を奉納する。」といって、海に投げ入れてしまったので、残念だ。そうだから、**にわかに**、海は鏡の面のようになってしまったので、ある人が詠んだ歌…。
❷**軽率だ。軽々しい。考えが浅い。**
さしもあだめき目なれたる**打ち付けの好き好きしさなどは好ましからぬ御本性にて**…。〈源氏・帚木〉訳そんなにも浮気っぽく見慣れている(＝ありふれた)**軽々しい**色事などは好きではないご性格で…。○「打ち付けの」は「打ち付けなり」の語幹に格助詞「の」が付いた形で、形容動詞の語幹用法のひとつ。
「いまだ知りたてまつらざるに、申すは**打ち付けなれど**…『誰にても、後世者と見ゆる人過ぎたまはば、必ず呼びたてまつれ。』と、うはのそらに申してはべりつるなり。」〈発心集〉訳「まだ(あなたを)知り申し上げていないのに、(こんなことを)申し上げるのは**軽率であるけれども**…『誰であっても、聖と見える人がお通りになるならば、必ずお呼び申し上げよ。』と、(心も)落ち着かないで申し上げていましたのです。」
❸**露骨だ。無遠慮だ。ぶしつけだ。**
いと著かりし随身の声も、**うちつけに**交じりて聞こゆ。〈源氏・夢浮橋〉訳たいへんはっきりした(薫の)従者の声も、**無遠慮に**交じって(浮舟の耳に)聞こえる。

発展 **語の成り立ち** 動詞「打ち付く」が形容動詞になったもので、物を急に打ち付けるように、物事が急に起こるようすを表すのがもともとの意味。

二 動詞 他〔マ下二段〕〈め・め・む・むる・むれ・めよ〉油断させる。**内には人目いとかたはらいたく覚えたまひて、うちたゆめて入りたまひぬれば**…。〈源氏・宿木〉訳(中の君は)*御簾の中では(女房たちの)人目をたいへん気恥ずかしくお感じになって、**油断させ**て(奥へ)お入りになってしまったので…。

発展「うち」は接頭語。

うち-ち・る【打ち散る】 動詞 自〔ラ四段〕〈ら・り・る・る・れ・れ〉(花びらや雪などが)乱れ飛ぶ。散り落ちる。降り散る。**雪少しうち散りて、挿頭の花、青摺りなどにかかりたる**…。〈枕草子・220・賀茂の臨時の祭り〉訳雪が少し**降り散っ**て、髪飾りの花や、青ずりの衣などにかかっているのは…。

発展「うち」は接頭語。

うち-つ・ぐ【打ち継ぐ】 動詞 自〔ガ四段〕〈が・ぎ・ぐ・ぐ・げ・げ〉(後を)継ぐ。引き続く。**人々はうち継ぎつつ心のどかならぬに**…。〈紫式部日記〉訳人々は(前のことから)**引き続い**て心が穏やかでないのに…。

発展「うち」は接頭語。

うち-つ-くに【内つ国】 名詞 ❶天皇の治めている国。大和の国。❷(地方に対して)都に近い国。近畿地方。❸(外国に対して)日本。対外つ国。

うちつけ-ごと【打ち付け言】 名詞 無遠慮に言うこと。また、そのことば。

うちつけ-ごと【打ち付け事】 名詞 予期しない出来事。

うち-つけ・なり【打ち付けなり】 形容動詞 ↓最重要語 (203ページ)

うち-つづ-く【打ち続く】 一 動詞 自〔カ四段〕〈か・き・く・く・け・け〉切れ目なくずっと続く。何度も続いて起こる。**よからぬことどもうち続きて、五穀ことごとく生らず。**〈方丈記・飢渇〉訳（ひでり・台風・洪水など）悪いことばかりが**何度も続いて起こって**、五穀はまったく実らない。

二 動詞 他〔カ下二段〕〈け・け・く・くる・くれ・けよ〉切れ目なく続ける。継続して行う。**本末あはぬ歌、口疾くうち続けなどしたまふ。**〈源氏・常夏〉訳上の句と下の句とがうまくつながらない歌を、口早に（何首も）**切れ目なく続け**たり（=作ったり）などなさる。

発展「うち」は接頭語。

うち-つぶ-る【打ち潰る】 動詞 自〔ラ下二段〕〈れ・れ・る・るる・るれ・れよ〉（多く「胸打ちつぶる」の形で）驚き・悲しみ・心配・喜びなどのために、どきどきする。胸がつまる。**かく言ひあへるを聞くにも胸うちつぶれて**…。〈源氏・若菜下〉訳このように（紫の上死去のうわさを）互いに言っているのを聞くにつけても（柏木は）胸が**どきどきして**…。

発展「うち」は接頭語。

うち-つ-る【打ち連る】 動詞 自〔ラ下二段〕〈れ・れ・る・るる・るれ・れよ〉連れ立つ。一緒に行く。一緒に並ぶ。**殿上人の若君たちなどうち連れて、とかく立ち煩ふなる庭のたたずまひも**…。〈源氏・賢木〉訳殿上人の若い貴公子などが**連れ立っ**て（来）て、何かと帰りにくがるという庭のようすも…。

発展「うち」は接頭語。

うち-で【打ち出】 名詞 ↓うちいで

うち-てう-ず【打ち懲ず・打ち調ず】 動詞 他〔サ変〕〈ぜ・じ・ず・ずる・ずれ・ぜよ〉打ってこらしめる。「**この翁丸打ち調じて、犬島へ遣はせ。ただ今。**」〈枕草子・9・上にさぶらふ御猫は〉訳「この翁丸(=イヌの名)を**打ってこらしめて**、犬島へ（追い）やれ。今すぐ。」

打出の浜 歌枕 滋賀県大津市松本の琵琶湖岸の地名。「うちいでのはま」とも。石山寺への参拝の道筋。↓石山・石山寺

うち-でら【氏寺】 名詞 氏族が先祖の冥福や一門の繁栄を願って建立した寺。

うち-と【内外】 名詞 ❶内と外。奥と表。私的と公的。**内外なる人の心ども、物に襲はるるやうにて**…。〈竹取・かぐや姫の昇天〉訳（家の）**内と外**にいる人たちの心は、物の怪におびえるよう（な状態）で…。

❷仏教と、それ以外の教え。特に、仏教と儒教。

❸↓うちとのみや

うち-と-く【打ち解く】 一 動詞 自〔カ下二段〕〈け・け・く・くる・くれ・けよ〉❶（氷などが）解ける。**うぐひすの涙のつららうち解けて古巣ながらや春を知るらむ** 歌〈新古今集・春上・31〉訳ウグイスの（冬の間にこぼした）涙（でできた）つららが**解けて**、（今ごろは）古巣にいながら春の訪れに気づいているだろうか。

❷（男女が）慣れ親しむ。隔てがなくなる。**疎き人の、うち解けたることなど言ひたる、またよしと思ひつきぬべし。**〈徒然草・37・朝夕隔てなく〉訳疎遠な人が、**慣れ親しん**だことなどを言っているのは、これもまたよい人だと心が引き付けられるに違いない。

❸くつろぐ。のんびりする。**うち解けて君は寝つらむわれはしも露のおきゐて恋にあかしつ** 歌〈大和・46〉訳（私との仲が絶えた後）あなたは**くつろい**で寝てしまったであろう。（しかし）私は（一晩中）起きていて、あなたを恋い慕いながら泣きあかしたのだ。

❹気が緩む。油断する。「**などかはさしもうち解けつる。**」〈枕草子・8・大進生昌が家に〉訳「どうしてそんなにも**油断して**しまったのか。」

二 動詞 他〔カ四段〕〈か・き・く・く・け・け〉（ひもの結び目などを）解く。解き放つ。**碁を、やむごとなき人の打つとて、紐うち解き、ないがしろなるけしきに拾ひ置くに**…。〈枕草子・146・碁を〉訳碁を、高貴な人が打つと言って、（直衣の）紐を**解き**、しどけない様子で（碁石を）拾って置くが…。

発展「うち」は接頭語。

うち-とけ-ごと【打ち解け言】 名詞 打ち解けた話。くつろいでする話。

うち-とけ-すがた【打ち解け姿】 名詞 くつろいだ姿。**もの清げなる打ち解け姿に、花の雪のやうに降りかかれば**…。〈源氏・若菜上〉訳（夕霧の）なんとなくこざっぱりした**くつろいだ姿**に、サクラの花が雪のように降りかかるので…。

うち-とけ-わざ【打ち解け業】 名詞 気を許した振る舞い。内々のこと。無遠慮な行い。**さま異に、さならぬ打ち解け業もしたまひけり。**〈源氏・末摘花〉訳普通の場合とは違って、そうでないほうがいい**無遠慮な行為**までも（源氏は末摘花のために）なさったのだった。

うち-と-の-みや【内外の宮】 伊勢神宮の内宮と外宮。発展 略して「内外」とも。

うち-なが-む【打ち眺む】 動詞 他〔マ下二段〕〈め・め・む・むる・むれ・めよ〉もの思いにふけってぼんやり見る。思い沈む。もの思いにふける。「**はかなくもかかづらひけるかな。**」と**うち眺めたまふ。**〈源氏・幻〉訳「つまらなく（世事に）とらわれてきたものだ。」と（源氏は）**もの思いにふけって**いらっしゃる。

発展「うち」は接頭語。

うち-な-く【打ち泣く】 動詞 自〔カ四段〕〈か・き・く・く・け・け〉泣く。声を出し涙を流す。発展「うち」は接頭語。

うち-な-く【打ち鳴く】 動詞 自〔カ四段〕〈か・き・く・く・け・け〉動物が鳴き声を出す。鳴く。**鶯の若やかに、近き紅梅の末にうち鳴きたるを**…。〈源氏・若菜上〉訳ウグイスが初々しい声で、庭先の紅梅のこずえで**鳴い**ているのを…。

発展「うち」は接頭語。

うち-なげ-く【打ち嘆く】 動詞 自〔カ四段〕〈か・き・く・く・け・け〉（悲しみや心配などで）ため息をつく。嘆息する。発展「うち」は接頭語。

うち-な-す【打ち成す】 動詞 他〔サ四段〕〈さ・し・す・す・せ・せ〉（多く受身の助動詞を伴って）（よくない状態に）する。減らす。負かす。**畠山、家の子郎等残り少なに打ち成され、力及ばで引き退く。**〈平家・7・篠原合戦〉訳畠山は、家の子や郎等も（討たれて）残りわずかに**され**、戦力が足りずに後ろへ下がり退く。

うち-な-す【打ち鳴す】 動詞 他〔サ四段〕〈さ・し・す・す・せ・せ〉打ち鳴らす。

うち-なび-く【打ち靡く】 一 動詞 自〔カ四段〕〈か・き・く・く・け・け〉❶（袖・簾・草花などが風や露に押されて）横に揺れ動く。なびく。

❷横になる。横たわる。荒磯やに生ふる玉藻のうちなびきひとりや寝らむ我を待ちかねて 歌〈万葉集・14・3562〉訳 岩の多い海岸に生えている藻が波に揺れ動くように(あなたは)横になりひとりで寝ているのであろうか。私を待ちかねて。〇「荒磯やに生ふる玉藻の」は、「うちなびき」を導く序詞。❸(人の気持ちに)引かれて従う。心が引き寄せられる。やむごとなき御方よりも、こよなううちなびきたまへる御けしき浅からねば…。〈狭衣〉訳 高貴なお方(=東宮)よりも、格別に心が引き寄せられなさるごようすがいいかげんでない(=強い)ので…。

二 枕詞 (春になると草木が伸びて、風などになびくことから)「春」「黒髪」「草」などに係る。

発展「うち」は接頭語。

うち-なや・む【打ち悩む】 動詞 自 〔マ四段〕〈ま・み・む・む・め・め〉 苦しむ。病気になる。**源氏の君、いたううち悩みて、岩に寄りゐたまへるは…。**〈源氏・若紫〉訳 源氏の君が、ひどく**病気になって**、岩に寄り掛かって座っていらっしゃるお姿は…。

発展「うち」は接頭語。

うち・ぬ【打ち寝】 動詞 自 〔ナ下二段〕〈ね・ね・ぬ・ぬる・ぬれ・ねよ〉 寝る。**恋ひわびてうち寝るなかに行き通ふ夢の直路はうつつならなむ** 歌〈古今集・恋2・558〉訳 恋に悩んで**寝た**とき夢の中で(あの人のところへ)行き来した、その夢のまっすぐな道が現実であってほしい。

発展「うち」は接頭語。

うち-ねぶ・る【打ち眠る】 動詞 自 〔ラ四段〕〈ら・り・る・る・れ・れ〉 ねむる。寝入る。ついうとうとする。発展「うち」は接頭語。

うち-の-うへ【内の上】 名詞 天皇。

うち-の-おとど【内大臣】 名詞 ↓ないだいじん

うち-の-ひと【内の人】 名詞 ❶その家に仕えている人。家来。❷主人。多く、妻が他人に対して自分の夫を指していう。

うち-の-へ【内の重】 名詞 内囲い。宮殿の内側の垣や門。また、その中。

うち-の-もの【内の者】 名詞 ❶奉公人。❷家の人。身内。❸自分の妻。女房。

うち-は【団扇】 名詞 ❶あおいで風を送る道具。うちわ。季語 夏 ❷貴人が顔を隠すのに用いた、うちわ状のもの。❸(「軍配団扇」の略で)大将が軍隊の指揮に用いたうちわ。

[うちは❸]

うち-ばかま【打ち袴】 名詞 砧(=木づち)で打って光沢を出した絹で作った袴。女子の正装に用いる。

うち-はし【打ち橋】 名詞 ❶板をかけ渡しただけの橋。❷建物をつなぐ廊下に、取り外しできるようかけた板橋。

うぢばしの… 歌
宇治橋の長き契りは朽ちせじを危ぶむかたに心さわぐな〈源氏・浮舟〉訳 宇治橋の(ように)長く続く(私たちの)縁は朽ちはてることはあるまいから、危ないと思って動揺なさいますな。〇「宇治橋の」は「長き」を導く。「朽ちせ」は、「朽つ」の連用形に「す」が付いた複合のサ変動詞「朽ちす」の未然形。「じ」は打消推量の助動詞「じ」の連体形。「危ぶむ」の「ぶむ」の部分に、「踏む」の意味を掛けている。
発展 薫の歌。浮舟の返歌(↓たえまのみ…)参照。

うち-はじ・む【打ち始む】 動詞 他 〔マ下二段〕〈め・め・む・むる・むれ・めよ〉 始めとする。最初にする。また、(物事を)し始める。**昼ありつることどもなどうち始めて、万のことを言ふ。**〈枕草子・181・雪のいと高うはあらで〉訳 昼間あったことのあれこれを**始めとして**、いろいろなことを話す。

発展「うち」は接頭語。

うち-はぶ・く【打ち羽振く】 動詞 自 〔カ四段〕〈か・き・く・く・け・け〉 羽ばたきをする。**うち羽振き鶏は鳴くともかくばかり降り敷く雪に君いまさめやも** 歌〈万葉集・19・4233〉訳 **羽ばたきをして**ニワトリは鳴い(=夜明けを告げ)ても、こんなに降り積もる雪に、あなたはお帰りになるだろうか、いや、そんなはずはない。

発展「うち」は接頭語。

うち-はへ【打ち延へ】

時間的に長く延びて行われるようす	引き続き。長々と。

副詞 引き続き。長々と。**雨のうちはへ降るころ…。**〈枕草子・103・雨のうちはへ降るころ〉訳 雨が**長々と**降る時期…。**うちはへさるべき所々寺々にてぞせさせたまひける。**〈源氏・御法〉訳 (紫の上の病気を治すための祈禱を源氏は)**引き続き**適当な所々や寺々でおさせになったのだった。

発展 **語の成り立ち** 下二段動詞「打ちはふ」の連用形が副詞になったもの。「打ちはへて」とも。

うち-はへ-て【打ち延へて】 副詞 ↓うちはへ

うち-は・む【打ち塡む・打ち嵌む】 動詞 他 〔マ下二段〕〈め・め・む・むる・むれ・めよ〉 ❶投げ入れる。(海などに)沈める。**後へ退きに退きて、ほとほとしく打ちはめつべし。**〈土佐日記・二月五日〉訳 後方へ戻りに戻って、ほとんど(船を海に)**沈めて**しまいそうである。❷押し込める。**中の劣りにてうちはめられてありけるものを…。**〈落窪〉訳 (落窪の君は姫君たちの)中の劣った者として**押し込められて**いたのに…。

発展「うち」は接頭語。

うち-はや・む【打ち早む】 動詞 他 〔マ下二段〕〈め・め・む・むる・むれ・めよ〉 ウマなどをせき立てる。しきりに急がせる。**駒引き留むる程もなく打ち早めて…。**〈源氏・椎本〉訳 (お使いは)ウマを休ませる時間もなく**急がせて**…。

うち-はら・ふ【打ち払ふ】 動詞 他 〔ハ四段〕〈は・ひ・ふ・ふ・へ・へ〉 払い清める。払い落とす。**駒とめて袖うちはらふ陰もなし佐野のわたりの雪の夕暮れ** 歌〈新古今集・冬・671〉訳 ↓こまとめて…

うち-ひさす 枕詞「都」「宮」に係る。

うち-ひそ・む【打ち顰む】 動詞 自 〔マ四段〕〈ま・み・む・む・め・め〉 顔をしかめる。また、べそをかく。泣き顔になる。「**あへなく心細ければ、うちひそみぬかし。**」〈源氏・帚木〉訳「(尼になって切り落とした額髪のあたりを探ると)がっかりして心細いので、**泣き顔になって**しまうのだよ。」

発展「うち」は接頭語。

うち-ふ・く【打ち吹く】 **一** 動詞 自 〔カ四段〕〈か・き・く・く・け・け〉 風が吹く。

二 動詞 他〔カ四段〕〈か・き・く・く・け・け〉楽器などを吹いて鳴らす。

うち-ふ・く【打ち更く】 動詞 自〔カ四段〕〈か・き・く・く・け・け〉夜更けになる。深夜になる。

うち更けて参れる人の、清げなるさましたる、いとよし。〈徒然草・191・夜に入りて〉訳 **夜更けになって**（貴人のもとに）参上している人で、さっぱりとしたようすをしているのは、たいへんよい。

発展「うち」は接頭語。


うち-ふ・す【打ち伏す・打ち臥す】 動詞 自〔サ四段〕〈さ・し・す・す・せ・せ〉床に寝る。体を横にする。腹ばいになる。

黒髪の乱れも知らずうちふせばまづかきやりし人ぞ恋しき 歌〈後拾遺集・755〉訳 ↓くろかみの…

発展「うち」は接頭語。


うち-ふ・る【打ち古る】 動詞 自〔ラ上二段〕〈り・り・る・るる・るれ・りよ〉古い過去のこととして無関心な態度をとる。顧みない。

「いかで、さつれなく**うちふりて**ありしならむ。」〈枕草子・86・さて、その左衛門の〉訳「どうして（あなたは）そんなにそっけなく**古い過去のこととして無関心な態度をと**っていたのだろう。」

発展「うち」は接頭語。


うち-ふるま・ふ【打ち振る舞ふ】 動詞 自〔ハ四段〕〈は・ひ・ふ・ふ・へ・へ〉ある動作をする。

うち振る舞ひたまへるさま、にほひ似るものなくめでたし。〈源氏・賢木〉訳 **動作をし**ていらっしゃる（源氏の）お姿、その美しさは似るものもなく立派である。


うち-ほのめ・く【打ち仄めく】 動詞 自〔カ四段〕〈か・き・く・く・け・け〉かすかに姿を見せる。ちらっと現れる。ちょっと顔を出す。

しるべしいでし人の陰に隠れて、あるが中にうちほのめいて、暁にはまかづ。〈更級日記・宮仕へ〉訳 宮仕えの世話をしてくれた人の陰に隠れて、大勢いる女房たちの中に**ちょっと顔を出して**、明け方には退出する。○「うちほのめい」は連用形「うちほのめき」のイ音便。

発展「うち」は接頭語。


うち-まか・す【打ち任す】 動詞 他〔サ下二段〕〈せ・せ・す・する・すれ・せよ〉❶相手の考えのままに任せる。一任する。

おりたちて中納言のあつかひたまふにうちまかせて…。〈とりかへばや〉訳 自分の手で中納言が面倒をみてくださるのに**任せて**…。
❷普通のこととする。ありふれたものとみる。
「この病のありさま、**うち任せたることにあらず**。」〈宇治拾遺〉訳「この病気のようすは、**ありふれたものとみて**いることではない。」

発展「うち」は接頭語。


うちまかせ-て【打ち任せて】 連語 一般に。ふつう。

「**うちまかせての京上りの体にては叶ふまじ。**」〈義経記〉訳「**ふつう**の上京の姿では具合が良くなかろう。」

発展 下二段動詞「うちまかす」の連用形＋接続助詞「て」。


うちまかせ-て-は【打ち任せては】 連語（多く打消の表現を伴って）ふつうは。一概には。

うちまかせては、都へ御のぼりこそ、いとおもしろくも、めでたかるべきわざなれど…。〈増鏡〉訳 **ふつうは**、都にお上りになることは、たいへん趣があって、すばらしいことだけれど…。

発展 下二段動詞「うちまかす」の連用形＋接続助詞「て」＋係助詞「は」。

うち-まき【打ち撒き】 名詞 ❶病気・出産などのとき、魔よけのために米をまき散らすこと。また、その米。❷《女房詞》米の丁寧な言い方。お米。

うち-まぎ・る【打ち紛る】 動詞 自〔ラ下二段〕〈れ・れ・る・るる・るれ・れよ〉❶（他のものと交じって）目立たなくなる。

「この人の御さまの、なのめに**うち紛れたる程ならば**…。」〈源氏・総角〉訳「この方（＝薫）のお人柄が、世間並みで**目立たなくなっ**ているくらいだったら…。」
❷他のことに心を奪われて、気が紛れる。
「程経ば、少し**うち紛るることもやと**…。」〈源氏・桐壺〉訳「日数がたったら、少しでも**気が紛れる**（＝娘を亡くした悲しみを忘れる）こともあるのではないかと…。」

発展「うち」は接頭語。


うち-まじ・る【打ち交じる】 動詞 自〔ラ四段〕〈ら・り・る・る・れ・れ〉他のものの中に入る。交じり合う。まざっている。

発展「うち」は接頭語。


うち-ま・ず【打ち交ず】 動詞 他〔ザ下二段〕〈ぜ・ぜ・ず・ずる・ずれ・ぜよ〉いろいろなものをまぜ合わせる。混合する。まぜる。

花種々を植ゑて、春秋の木草、その中にうち交ぜたり。〈源氏・少女〉訳 花をいろいろ植えて、春と秋との木や草をその中に**まぜて**ある。

発展「うち」は接頭語。


うち-まも・る【打ち守る】 動詞 他〔ラ四段〕〈ら・り・る・る・れ・れ〉じっと見つめる。見守る。

怪しきまでうち守られたまふ。〈源氏・葵〉訳（源氏は葵の上を）自分でも不思議なくらい**じっと見つめ**ないではいらっしゃれない。
○「打ち守られたまふ」の「れ」は自発。
発展「うち」は接頭語。

うち-まゐり【内参り】 名詞 宮中へ参上すること。参内。入内。

うち-みじろ・く【打ち身動く】 動詞 自〔カ四段〕〈か・き・く・く・け・け〉体を少し動かす。

ただ絵に描きたる、物の姫君のやうに、し据ゑられて、うちみじろきたまふことも難く…。〈源氏・若紫〉訳（葵の上は）まるで絵に描いた、何かの（物語の）姫君のように、座らせられて、**体を少しお動かし**になることも難しく…。

発展「うち」は接頭語。


うち-みだ・る【打ち乱る】 動詞 自〔ラ下二段〕〈れ・れ・る・るる・るれ・れよ〉くずれて整わなくなる。だらしなくなる。くつろぐ。

「**この御ありさまはいみじかりけり。うち乱れたまへる愛敬よ。**」〈源氏・浮舟〉訳「この（＝匂宮の）お姿はすばらしかったなあ。お**くつろぎ**になっているにこやかさといったらねえ。」


うち-みや・る【打ち見遣る】 動詞 他〔ラ四段〕〈ら・り・る・る・れ・れ〉少し離れた方に目を向ける。ちょっと眺めやる。

珍しきさまのしたれば、さすがにうちみやられたまふ。〈源氏・末摘花〉訳 めったに見られない（末摘花の）格好なので、（源氏は）それでもやはり自然に**目を向け**ないではいらっしゃれない。

発展「うち」は接頭語。

うち・みる【打ち見る】 動詞 他〔マ上一段〕〈み・み・みる・みる・みれ・みよ〉ちょっと見る。一目見る。目に留める。
うち見るより、めづらしううれしきにも、ひとつ涙ぞこぼれ

ける。〈源氏・須磨〉訳（三位中将は源氏の）お顔を一目見たとたん、初めて見るような気がしてうれしいにつけても、（悲しいときと）同じ涙がこぼれたのだった。

発展「うち」は接頭語。

うち-む・る【打ち群る】 動詞 自〔ラ下二段〕〈れ・れ・る・るる・るれ・れよ〉集まる。群がる。

散り残る花もやあるとうち群れて深山隠れを尋ねてしがな 歌〈新古今集・春下・167〉訳 散り残っている花があるとかいうので、**集まって**山の奥の方を尋ねたいよ。

発展「うち」は接頭語。

うち-め【打ち目】 名詞 つや出しのために砧（=木づち）で絹布を打ったときに生じる模様。

うち-も-ね-な-なむ【打ちも寝ななむ】 ちょっとでも眠ってしまってほしい。

人知れぬわが通ひ路の関守は宵々ごとにうちも寝ななむ 歌〈伊勢・5〉訳↓ひとしれぬ…

うち-もの【打ち物】 名詞 ❶砧（=木づち）で打ってつやを出した布。❷打ち鍛えた道具。武器。刀・槍・薙刀など。❸雅楽の打楽器。鉦・鼓など。

うち-やす・む【打ち休む】 動詞 自〔マ四段〕〈ま・み・む・む・め・め〉活動をやめる。休息する。心身が安らぐ。また、寝る。発展「うち」は接頭語。

うち-や・る【打ち遣る】 動詞 他〔ラ四段〕〈ら・り・る・る・れ・れ〉❶体から遠ざかるように向こうへ伸ばす。取りのける。

貫き簀をうちやりて、盥の影に見えけるを…。〈伊勢・27〉訳（覆ってある）細いタケのすのこを**取りのけて**、たらいに映る影として（自分の姿が）見えたので…。

❷そのままにしておく。ほうっておく。

伏しながらうちやりたまへりしかば、とみにも乾かねど…。〈源氏・若菜下〉訳（紫の上は洗い髪を）横になったままで**ほうっておいて**いらっしゃったので、急には乾かないけれど…。

発展「うち」は接頭語。

う-ちゅうじゃう【右中将】 名詞（「右近衛中将（うこんゑのちゅうじゃう）」の略で）★右近衛府の次官。対 左中将

う-ちゅうべん【右中弁】 名詞 ★太政官の事務を取り扱う右弁官局の次官。対 左中弁

うち-ゆが・む【打ち歪む】 動詞 自〔マ四段〕〈ま・み・む・む・め・め〉ねじる。また、ことばがひどくなまる。

この聖の声うちゆがみ、あらあらしくて…。〈徒然草・141・悲田院の尭蓮上人は〉訳 この上人は、発音は**なまり**、荒っぽくて…。

うち-よ・す【打ち寄す】 動詞 自〔サ下二段〕〈せ・せ・す・する・すれ・せよ〉波が岸に寄せる。また、人などが押し寄せる。

河風の涼しくもあるかうち寄する波とともにや秋は立つらむ 歌〈古今集・秋上・170〉訳 河を渡る風が涼しいなあ。**岸に寄せる**波と一緒に秋は始まっているのではないだろうか。

うち-よする【打ち寄する】 枕詞（「する」という同じ音を含むことから）地名「駿河」に係る。

発展「うち」は接頭語。

うちわ（現）↓（歴）**うちは【団扇】**

うち-わたし【打ち渡し】 副詞 おしなべて。総じて。（時間・距離などが）ずっと。

あはれともつゆだにかけようち渡しひとりわびしき夜半の寝覚めを 歌〈夜の寝覚〉訳 気の毒だねえと、せめてちょっとだけでも情をかけてください。**ずっと**ひとりで過ごしていて、つらい夜中の目覚めをする私のことを。

うち-わた・す【打ち渡す】 動詞 他〔サ四段〕〈さ・し・す・す・せ・せ〉❶張り渡す。並べて仕掛ける。ずらっと並べる。

平張りどもあまた打ち渡したるおはし所に、入道殿も出でさせたまへる。〈大鏡・道長上〉訳 平張りなどをたくさん**張り渡して**あるご座所に、入道殿（=道長）もお出になっている。

❷ウマなどをむちで打って、渡り越す。乗り越す。

今井四郎兼平六千余騎で鷺の瀬を打ち渡し、日宮林に陣をとる。〈平家・7・火打合戦〉訳 今井四郎兼平は六千余騎で鷺の瀬を**渡り越し**、日宮林に陣を構える。

❸はるかに見渡す。かなたに見渡す。

うち渡す遠方人に物申すわれそのそこに白く咲けるは何の花ぞも 歌〈古今集・雑体・1007〉訳 **かなたに見渡す**遠くの方にもの（=ご質問）を申し上げる、私は。そのそこに白く咲いているのは何の花であるのかなあ。

発展 ❸の「うち」は接頭語。

うち-わたり【内辺り】 名詞 ❶宮中。内裏。❷朝廷。天皇。

うち-わなな・く【打ち戦慄く】 動詞 他〔カ四段〕〈か・き・く・く・け・け〉（体・声・文字などが）小刻みにぶるぶる震える。

御手もうちわななかるるに、乱れ書きたまへる、いとうつくしげなり。〈源氏・夕顔〉訳（源氏は病後でもあるので）お手も自然と**ぶるぶる震えて**くるので、乱雑にお書き乱しになったご筆跡が、とてもみごとな感じである。

発展「うち」は接頭語。

うち-わ・ぶ【打ち侘ぶ】 動詞 自〔バ上二段〕〈び・び・ぶ・ぶる・ぶれ・びよ〉思い悩む。

霜さゆる汀の千鳥うちわびて鳴く音悲しき朝ぼらけかな 歌〈源氏・総角〉訳 霜が冷え冷えとする水際のチドリが寒さに**思い悩んで**鳴く。その声が悲しく聞こえる暁であるなあ。

発展「うち」は接頭語。

うち-わら・ふ【打ち笑ふ】 動詞 自〔ハ四段〕〈は・ひ・ふ・ふ・へ・へ〉口を開けて笑い声を立てる。ふと笑う。

はかなきほどの下衆だに心地よげにうち笑ふ。〈源氏・澪標〉訳 取るに足らない身分の卑しい者さえも気持ちよさそうに**笑う**。

発展「うち」は接頭語。

うち-ゑん・ず【打ち怨ず】 動詞 他〔サ変〕〈ぜ・じ・ず・ずる・ずれ・ぜよ〉恨み言をいう。恨めしそうにする。恨む。

うちゑんじてゐたまへる御さま、よろづの罪も許しつべくをかし。〈源氏・宿木〉訳 **恨めしそうにして**いらっしゃるごようすは、どんな罪でも許してしまいそうになるほどかわいらしい。

発展「うち」は接頭語。

う・つ【打つ】 一 動詞 他〔タ四段〕〈た・ち・つ・つ・て・て〉❶たたく。殴る。

面忘れだにもえすやと手握りて打てども懲りず恋といふ奴 歌〈万葉集・11・2574〉訳（せめてあなたの）顔を忘れることだけでもできるかと、げんこつで**殴って**も懲りない。恋というやつは。

❷（楽器や手などを）たたいて鳴らす。打ち鳴らす。

御琴打ちたるほど、ただいかにせむとぞおぼゆるや。〈枕草子・142・なほめでたきこと〉訳（楽人が）お琴を**打ち鳴らし**ている間、（感動して）ただどうしたらよいかと思わずにはいられないよ。

❸（光沢を出すために布地を）砧でたたく。

み吉野の山の秋風さ夜更けてふるさと寒く衣打つなり〔百人一首〕〈新古今集・秋下・483〉訳↓みよしのの…
❹攻撃する。討伐する。攻め滅ぼす。沙本毘古王を打ちたまひしとき、その王、稲城を作りて待ち戦ひき。〈古事記・垂仁〉訳（垂仁天皇が）沙本毘古王を攻撃なさったとき、その王は、わらなどを積み上げたとりでを作って迎え撃った。
❺（材料などをたたいて）製品を作る。加工する。ここに潔斎して剣を打ち…。〈奥の細道・羽黒山〉訳（刀鍛冶の月山が）ここで心身を清めて剣を作り…。
❻（杭や柱などを）打ち込む。また、打ち込んで仮設物などを設ける。一条の大路の打ち杭打たせたまへれば…。〈落窪〉訳一条大路に（牛車を立てかけるための）打ち杭を打ち込ませなさったので…。
❼（立て札や額などを）打ち付ける。掲げる。南北二京の大衆、ことごとく供奉して、御墓所のめぐりに、わが寺々の額を打つことあり。〈平家・1・額打論〉訳奈良と京都の僧侶たちが、すべてお供をして、ご墓所の周囲に、自分の寺々の額を掲げることがある。
❽物を投げつける。ぶつける。また、まき散らす。ばらまく。穴より通るばかりの土器の割れして、打たせたまへりければ…。〈大鏡・師輔〉訳（壁の）穴を通るぐらいの素焼きの陶器の破片を用いて、（女御の安子が女房に命じて小一条の女御に）投げつけさせなさったところ…。
❾（印や点などを）付ける。しるす。太衝の太の字、点打つ、打たずといふこと…相論のことありけり。〈徒然草・163・太衝の太の字〉訳太衝の太の字に、点を付けるか、付けないかということについて、（陰陽道の仲間が）議論し合ったことがあった。
❿（田畑を）耕す。農具で掘り起こす。つぎねふ山代女の木鍬持ち打ちし大根根白の白腕…。〈古事記・仁徳天皇〉訳山城の女が木のくわを持って（畑を）耕して（作った）ダイコンの白い根のように白い（あなたの）腕…。〇「つぎねふ」は「山代」に係る枕詞。
⓫（碁・双六・賭博などの）勝負をする。
⓬（武器や斧などで）切る。切り倒す。切り落とす。
「はやく痛手を負ひて、いかにも延ぶべくも覚えぬに、この頸打て。」〈古今著聞集〉訳「すでに深い傷を負って、どのようにしても生き延びられそうにも思えないので、この（私の）首を切り落とせ。」
■二 動詞 自〔タ四段〕〈た・ち・つ・つ・て・て〉雨などが強く降る。
■三 動詞 自〔タ下二段〕〈て・て・つ・つる・つれ・てよ〉❶負ける。圧倒される。また、押しつぶされる。
またよりあひて取るに、このたびは壇光打てにけり。〈古今著聞集〉訳再び組み合って（相撲を）取ったが、今度は壇光が負けてしまった。
❷神仏の罰を受ける。
「ある事に書いてさうらへば、打ててさうらふぞかし。」〈平家・12・土佐房被斬〉訳「（起請文には、ないことを）あることのように書いてありますので、神仏の罰を受けましたのですよ。」
発展 ■一の❹は「討つ」「撃つ」とも。

う・つ【棄つ】 動詞 他〔タ下二段〕〈て・て・つ・つる・つれ・てよ〉捨てる。去らせる。類 捨つ・棄つ
にはかに、親、この女を追ひうつ。〈伊勢・40〉訳突然、（男の）親が、この女（＝男の愛する召し使い）を追い出して去らせる。
発展「棄つ」の単独用例はない。

う-づき【卯月・四月】 名詞 陰暦四月。季語 夏

うつく・し【愛し・美し】 形容詞 ↓最重要語（209ページ）

うつくし-が・る【愛しがる】 動詞 他〔ラ四段〕〈ら・り・る・る・れ・れ〉愛らしく思う。かわいがる。
これをうつくしがり、かしづきものにしたまふ。〈落窪〉訳これ（＝生まれた男の子）をかわいがり、大切に育てる宝物になさる。
発展「がる」は接尾語。

うつくし-げ・なり【愛しげなり・美しげなり】 形容動詞〔ナリ〕〈なら・なり（に）・なり・なる・なれ・なれ〉かわいらしそうだ。きれいな感じがする。
山の端の光やうやう見ゆるに、女君の御かたちのまほにうつくしげにて…。〈源氏・総角〉訳山の端（を染める日）の光が次第に見えてくると、中の宮のお顔が申し分なくきれいな感じがして…。

うつくし・ぶ【慈しぶ・愛しぶ】 動詞 ↓うつくしむ

うつくし-み【慈しみ・愛しみ】 名詞 慈愛。

うつくし・む【慈しむ・愛しむ】

幼い者・弱い者へ愛情を注ぐ ― かわいがる。愛する。

未然形	連用形	終止形	連体形	已然形	命令形
うつくし・ま	うつくし・み	うつくし・む	うつくし・む	うつくし・め	うつくし・め

動詞 他〔マ四段〕かわいがる。愛する。いつくしむ。
つと抱き持ちてうつくしみたまふに…。〈源氏・竹河〉訳（玉鬘は生まれたばかりの孫の女宮を）しっかりと抱え持っておかわいがりになるが…。
発展 語の成り立ち　形容詞「うつくし」に接尾語「む」が付いてできたことば。「うつくしぶ」という語形もあるが、中古の和文では、「うつくしむ」がほとんどである。「うつくしむ」は、後に「いつくしむ」となり、現代語につながる。

うづくまる… 句
うづくまる薬の下のさむさかな〈丈草発句集・内藤丈草〉訳（師匠の病床のそばで）薬を煎じながらうずくまっていると、寒さが骨に徹するように感じられる。〇季語 さむさ―冬
発展『去来抄』では、「薬」の部分を「薬罐」として収録している。元禄七年十月十一日、芭蕉臨終前夜の作。

うつけ【空け・虚け】 名詞 ❶中が空であること。空虚。❷ぼんやりしていること。うっかりしていること。また、そういう人。間抜け。ばか。

うつし【移し】 名詞 ❶（「移し花」の略で）ツユクサの花の汁を紙にしみ込ませ、その色を布に移し、染めること。また、その染料や紙。❷（衣服などに）香をたきしめること。また、その香り。❸（「移し馬」の略で）役人が公用で使う乗り換え用のウマ。❹（「移しの鞍」の略で）「移し馬」に乗せる鞍。

うつ・し【現し・顕し】 形容詞〔シク〕〈しく・しく・し・しき・しけれ・○／しから・しかり・○・しかる・○・しかれ〉❶この世に存在している。現実にある。ほんとうだ。❷正気だ。
あしひきの片山雉立ち行かむ君に後れてうつしけめやも 歌〈万葉集・12・3210〉訳片山に住むキジのように

旅立ってしまうあなたに取り残されて、**正気で**いられようか、いや、いられはしない。〇「あしひきの」は「山」に係る枕詞。「うつけ」は古い形の未然形。「雉」は妻問いの後に鳴きつつ別れることから、「旅に出る夫」のたとえ。

うつし-ごころ【現し心】

意識が確かでしっかりしていること ── **しっかりした気持ち。正気。**

名詞 **しっかりした気持ち。正気。**

吹き切られたる焔の、飛ぶがごとくして、一、二町を越えつつ移りゆく。その中の人うつし心あらんや。〈方丈記・安元の大火〉訳（風に）吹きちぎられた炎が、飛ぶようにして、一、二町を越えてはまた移動する（＝燃え移る）。その中にいる人は**正気**があるだろうか、いや、あるはずがない。

発展 **語の成り立ち**　形容詞「現し」に「心」が付いたことば。古くは「うつしごころ」。

うつし-ごころ【移し心】 名詞 変わりやすい心。浮気心。

うつし-ざま・なり【現し様なり】 形容動詞〔ナリ〕〈なら・なり（に）・なり・なる・なれ・なれ〉❶正気だ。気持ちが確かだ。

「**うつしざまなる折少なくはべりて**…。」〈源氏・薄雲〉訳「**気持ちが確かな**ときが少のうございまして…。」

❷普通だ。平常だ。当たり前のようだ。

「**公の畏まりなる人の、うつしざまにて世の中にあり経るは、咎め重き業に**…。」〈源氏・須磨〉訳「朝廷に咎め（を受けている状態）である者でありながら、**普通に世間で過ごしている**のは、罪が重い行為だとして…。」

うつし-と・る【写し取る】 動詞 自〔ラ四段〕〈ら・り・る・る・れ・れ〉そっくりに生まれつく。

母君のそのままに写し取りたまへるを…。〈五葉〉訳 母君のとおり**そっくりに生まれつき**なさった顔を…。

発展 他動詞「写し取る」または「移し取る」が自動詞化したものか。

うつし-びと【現し人】 名詞 ❶（出家した人に対して）俗世間の人。俗人。

「**現し人にては、世におはせむもうたてこそあらめ。**」〈源氏・手習〉訳「（浮舟が）**俗人**であっては、この世でお暮らしになったりするのも情けないことであろう。」

❷（死んだ人に対して）この世の人。生きている人。

うつく・し【愛し・美し】

肉親や、小さい物・幼い者に愛着を感じる気持ち
- ❶（多く、肉親に対して）**いとしい。かわいい。**
- ❷（小さい物・幼い者に対して）**かわいらしい。愛らしい。**
- ❸**見事だ。きれいだ。立派だ。**
- ❹**きれいさっぱりと。体裁よく。**◉近世語。連用形「うつくしく」の副詞的用法。

形容詞〔シク〕

未然形	連用形	終止形	連体形	已然形	命令形
うつく・しく	うつく・しく	うつく・し	うつく・しき	うつく・しけれ	○
うつく・しから	うつく・しかり	○	うつく・しかる	○	うつく・しかれ

❶（多く、肉親に対して）**いとしい。かわいい。**

父母を見れば尊し妻子見ればめぐしうつくし…。歌〈万葉集・5・800〉訳 父母を見るときまって尊い。妻子を見ると必ずかわいらしく**いとしい**…。

❷（小さい物・幼い者に対して）**かわいらしい。愛らしい。**

何も何も、小さきものはみなうつくし。〈枕草子・151・うつくしきもの〉訳 何もかも、小さいものはみんな**かわいらしい**。

「**いとうつくしう生ひ成りにけり。**」〈更級日記・物語〉訳「とても**かわいらしく**成長したものだなあ。」〇この例は、❷から❸へと意味が広がっていく過渡的な用法といえる。「うつくしう」は連用形「うつくしく」のウ音便。

❸**見事だ。きれいだ。立派だ。**→古語チャート⑫（429ページ）

かの木の道の工の作れる、うつくしき器物も、古代の姿こそをかしと見ゆれ。〈徒然草・22・何事も〉訳 あの木を扱う方面の細工師が作った、**見事な**入れ物も、昔の様式（である物）こそが趣深いと感じられる。

❹《近世語》（連用形を副詞的に用いて）**きれいさっぱりと。体裁よく。**

うつくしう出替はりまで使うて暇出さるるは、その家の内儀の利発なり。〈西鶴織留〉訳 **体裁よく**奉公人の入れ替わりの時期まで使って（から、奉公人に）暇を出されるのは、その家のおかみの賢明さである。

類語比較 「うるはし」「うつくし」「らうたし」→麗し

うつ・す【移す・遷す】

物の形や内容をそのまま他の場所に移動させる
- ❶（他に）**位置を変える。置き換える。**
- ❷**流罪にする。**
- ❸（色や香りを他の物に）**染み込ませる。**
- ❹（気持ちを別のものに）**変える。**（気を）**とられる。**
- ❺（物の怪を他の人に）**乗り移らせる。**
- ❻（時間を）**過ごす。**

未然形	連用形	終止形	連体形	已然形	命令形
うつ・さ	うつ・し	うつ・す	うつ・す	うつ・せ	うつ・せ

うつ・す【写す】 動詞 他〔サ四段〕〈さ・し・す・す・せ・せ〉❶もとのままに書き取る。模写する。

瑜伽論を写さむとして…。〈日本霊異記〉訳 瑜伽論（百巻）を**書き取ろう**として…。

❷模造する。

❸模倣する。そっくりまねする。

内裏の儀式を写して…。〈源氏・少女〉訳（二条院では正月の）御所での儀式を**模倣して**…。

発展「移す」の意味が変化したことば。

うつ・す【映す】 動詞 他〔サ四段〕〈さ・し・す・す・せ・せ〉鏡や水面などに物の形を映じる。反映する。映す。

濃き方に霞める月を描きて、水に映したる心ばへ…。〈源氏・花宴〉訳 色の濃い側にかすんだ月を描いて、それを水に**映して**ある（扇の）趣向は…。

発展「移す」の意味が変化したことば。

動詞 他〔サ四段〕❶(他に)位置を変える。置き換える。
君がため移して植うる呉竹にちよもこもれる心地こそすれ 歌〈後撰集・1382〉訳 天皇のために位置を変えて植える★呉竹に、千の節も、そして千年もの長寿も包み込まれている感じがするよ。
○「ちよ」は、「千節(=たくさんの節)」と「千代」との掛詞。
もとよりさぶらひたまふ更衣の曹司を、他に移させたまひて…。〈源氏・桐壺〉訳 (桐壺の帝は)以前からお仕え申し上げなさっている更衣の部屋を、他の場所にお変えになって…。
❷(身分の高い人を)流罪にする。配流する。
「いかでか我が山の貫首をば、他国へは移さるべき。」〈平家・2・一行阿闍梨之沙汰〉訳「どうして我が比叡山の座主(=最高位の僧)を、他国へ配流なさってよいものだろうか、いや、よいはずがない。」
❸(色や香りを他の物に)染み込ませる。
梅が香を袖に移してとどめてば春は過ぐとも形見ならまし 歌〈古今集・春上・46〉訳 ウメの香りを袖に染み込ませて残したならば、春が過ぎたとしても、(その香りが春を)思い出させるものとなるであろうに。
❹(気持ちを別のものに)変える。(気を)とられる。
ふと読みさして、返り言に心移すこそ、罪得らむとをかしけれ。〈枕草子・191・好き好きしくて〉訳 さっと(法華経を)読むのを中断して、(女からの)返事に気をとられるのは、(仏の)罰が当たるだろうと(思うと)おもしろい。
❺(物の怪を他の人に)乗り移らせる。類 駆り移す
物の怪にいたう悩めば、移すべき人とて、大きやかなる童の…。〈枕草子・一本・23・松の木立〉訳 (ある家の主人が)物の怪にひどく悩むので、(その物の怪を)乗り移らせるのに適当な人ということで、大柄な子供が…。
❻(時間を)過ごす。経過させる。
よろづの事障りて時を移す、互ひのため益なし。〈徒然草・170・さしたることなくて〉訳 (他人と対座することで)万事に差し障りがあって時間を(むだに)過ごすのは、お互いのためにむだだ。
発展 意味の限定
「移る」の他動詞の形。❶の他の場所に移動させる意味から、移動させるものや場合が限定されて❷〜❺の各用法ができた。❻は、移動させるものが時間になっている場合である。

うつせみ

この世に生きている人間。また、(誤って解釈して)セミの抜け殻

- ㊀【現せみ】
  - ❶この世の人間。
  - ❷この世。現世。
- ㊁【空蟬】セミの抜け殻。また、セミ。

名詞 ㊀【現せみ】❶この世の人間。
うつせみは数なき身なり山川の清けき見つつ道を尋ねな 歌〈万葉集・20・4468〉訳 この世の人間は取るに足りないものである。山川の清らかなのを見ながら仏道の修行をしたいものだ。
❷この世。現世。
世の中の憂けくつらけく咲く花も時に移ろふうつせみも常なくありけり…歌〈万葉集・19・4214〉訳 世の中の苦しいことやつらいことは、咲く花も時とともに色あせていくことだ。この世も無常であったなあ…。
㊁【空蟬】セミの抜け殻。また、セミ。季語 夏
ありしに変はることもなけれど、空蟬のむなしき心地ぞしたまふ。〈源氏・葵〉訳 以前と(何ひとつ)変わることもないが、(葵の上が亡くなったので、父である左大臣は)セミの抜け殻のようなはかない気持ちがしていらっしゃる。
秋は、ひぐらしの声耳に満てり。空蟬の世をかなしむほど聞こゆ。〈方丈記・境涯〉訳 (私が隠居している庵には)秋は、ヒグラシの鳴き声が(私の)耳にいっぱいに広がっている。(ヒグラシの声は)セミの抜け殻のような世の中を悲しんでいると思うくらいに聞こえる。→発展②
発展 ①語の成り立ち
㊀の「現せみ」は、この世に存在していることを表す形容詞「うつし」に、「おみ」(「臣」で、人の意味かといわれる)が付いた「うつしおみ」が、「うつしおみ→うつそみ→うつせみ」と変化したもの。
②誤解から生じた「㊁空蟬」
㊀の「空蟬」は、㊀が万葉集では「空蟬・虚蟬・鬱蟬」などと表記されたことから、中古以降、語源が「うつ+せみ」と誤って解釈されたものである。これに仏教の無常思想が加わると、「空蟬の世」という言い方で「はかないこの世」「無常の世」などの意味を表す。

空蟬 登場人物『源氏物語』中の人物。衛門督の娘。老齢の伊予介の後妻。★方違へに来た光源氏と会うが、自らの境遇をわきまえ、源氏を拒み続ける。後に尼となり、源氏の二条東院に引き取られる。

うつせみ-の【現せみの・空蟬の】枕詞 (現世のという意味から)「世」「命」「人」「身」などに係る。

うつそみ【現そみ】名詞 ↓うつせみ(現せみ)

うったえる(現)↓(古)うたふ【訴ふ】・うったふ【訴ふ】

うづ-たか・し【堆し】形容詞〔ク〕〈く・く・し・き・けれ・○/から・かり・○・かる・○・かれ〉❶高く盛り上がっている。山盛りだ。
大きなる鉢にうづたかく盛りて、膝元に置きつつ、食ひながら文をも読みけり。〈徒然草・60・真乗院〉訳 盛親僧都は(サトイモを)大きな鉢に山盛りに盛って、膝元に置いては、食べながら経文をも読んだ。
❷おごり高ぶっている。高貴である。

うっ-た・つ【打っ立つ】動詞 自〔タ四段〕〈た・ち・つ・つ・て・て〉❶立つ。つっ立つ。
橋の両方のつめに打っ立って、矢合はせす。〈平家・4・橋合戦〉訳 (敵味方の武士が)橋の両方のたもとにつっ立って、(開戦の合図のために)鏑矢を射合うことをする。
❷出発する。
やがて二十日東国へこそ打っ立たれけれ。〈平家・5・富士川〉訳 (大将軍惟盛・副将軍忠度は)すぐ二十日に東国へ向けて出発なさった。
○「打っ立っ」は連用形の促音便。
発展「立つ」を強めたことば。「うちたつ」の促音便。

うった・ふ【訴ふ】動詞 他〔ハ下二段〕〈へ・へ・ふ・ふる・ふれ・へよ〉❶(役所に判決を)願い出る。請う。
闕官停任せらるべきよし、おのおの訴へまうされければ…。〈平家・1・殿上闇討〉訳 (忠盛の)官職をやめさせ、任務を停止なさって当然だということを、(殿上人たちが)めいめい判決を請い申し上げなさったので…。
❷申し立てる。告げる。
範頼、義経かさねて奏聞しけるは、「…自今以後なんのいさみあってか凶賊をしりぞけんや。」と、両人頻りに訴へまうすあひだ…。〈平家・10・首渡〉訳 範頼、義経が重ねて奏上したことには、「…今後どんな励みがあ

って逆賊を退けようか(、いや、何の励みもない)。」と、二人がしきりに告げ申し上げるので…。

うつた-へ-に 副詞 (下に打消や反語表現を伴って)ことさらに。必ずしも。むやみに。決して。
うつたへに忘れなむとにはあらで…。〈土佐日記・二月五日〉訳 **必ずしも**忘れてしまおうというのではなくて…。

う-づち【卯槌】 名詞 陰暦正月の初めの卯の日に、糸所(=薬玉などを作る役所)から朝廷に奉った木づち。モモの木でできた直方体に穴を開け、五色の組み糸を垂らしたもの。悪鬼を払うまじないとした。季語 春

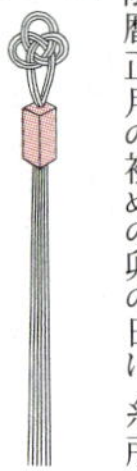
[うづち]

うつつ【現】 名詞 ↓最重要語(211ページ)

うつつ-な・し【現無し】 形容詞 ク 〈く・く・し・き・けれ・○/から・かり・○・かる・○・かれ〉正気を失っている。夢心地だ。判断力に欠ける。
この心をも得ざらん人は、物狂ひとも言へ、うつつなし、情けなしとも思へ。〈徒然草・112・明日は遠き国へ〉訳 この心(=俗事を捨てるという気持ち)も理解しないような人は、乱心だとでもいうがよい、**正気を失っている**、人情がないとでも思うがよい。

うつつ-の-ひと【現の人】 ❶(現実にこの世に)生きている人。実在する人。❷正気の人。気の確かな人。❸正気でない人。(夢を見ているようで)ぼんやりした人。発展 ❸は、「夢うつつ」と続けて使われることから、誤解されて生じた。

うつ-て【討っ手】 名詞 敵や罪人などを討ったり、逮捕したりする者。発展「うちて」の促音便。

うづ-な・ふ 動詞 他 〈八四段〉〈は・ひ・ふ・ふ・へ・へ〉 貴重なものとする。(神が)よしとする。承諾する。
天地の神あひうづなひ…歌〈万葉集・18・4094〉訳 天地の神も共に(黄金があることを)**よしとし**…。

宇津の山 歌枕 静岡県静岡市駿河区丸子と志太郡岡部町との境の宇津ノ谷峠。東海道の名所となり、多くの作品の舞台となった。↓ビジュアルチェック❶(194ページ)

うつは-もの【器物】 名詞 ❶入れ物。容器。❷器量。才能。また、それらのある人。
その器物、昔の人に及ばず…。〈徒然草・58・道心あらば〉訳 (今の人は)その**器量**は、昔の人にかなわないし…。
❸楽器。

うつ-ぶし【俯し】 名詞 ❶下を向くこと。うつむき。
袖を顔に押し当ててうつぶしにぞなられける。〈平家・10・内裏女房〉訳 袖を顔に押し当てて**うつむき**になられた。
❷下を向いて伏すこと。うつぶせ。

うつぶし-ぞめ【空五倍子染め】 名詞 ヌルデ(=ウルシ科の落葉高木)の五倍子(=虫が寄生して木に生じるこぶ)で薄墨色に染めること。発展 和歌では多く「うつぶす」にかける。

うつぶし-ふ・す【俯し伏す】 動詞 自 〈サ四段〉〈さ・し・す・す・せ・せ〉うつむいて横になる。
女君はさながら伏して、右近は傍らにうつぶし伏したり。〈源氏・夕顔〉訳 女君(=夕顔)はもとのまま倒れていて、右近はその横に**うつむいて横になっ**ている。

うつ-ぶ・す【俯す】 動詞 自 〈サ四段〉〈さ・し・す・す・せ・せ〉❶うつむく。下を向く。
伏し目になりてうつぶしたるに…。〈源氏・若紫〉訳 (少女が)伏し目になって**うつむいて**いるときに…。
❷うつぶせになる。↓古語チャート37(1075ページ)

うつ-ほ【空・洞】 名詞 ❶(中が)空であること。❷(岩や木などの)空洞。洞穴。❸上着だけで、下に重ねる衣服を着ないこと。

うつ-ぼ【靫・空穂】 名詞 矢を入れて背負う筒型の武具。多く竹製で漆を塗ったものや毛皮を付けたものがあった。

[うつぼ]

うつほ-ばしら【空柱】 名詞 雨水を地上に

うつつ【現】

夢を見ていない、目が覚めている状態
- ❶(夢に対して)目が覚めている状態。現存。
- ❷(夢心地に対して)気が確かな状態。正気。
- ❸夢か現実か分からない状態。夢心地。

名詞 ❶(夢に対して)**目が覚めている状態**。現実。(死に対して)**生きている状態**。現存。
袖返しつつ寝る夜落ちず夢には見れどうつつにし直にあらねば恋しけく千重に積もりぬ…歌〈万葉集・17・3978〉訳 (袖を返して寝ると、思う人に会えるというので)袖を裏返し裏返しして寝る夜は、欠かさず(おまえを)夢に見るけれど、**目が覚めている状態**(の時)には直接(会え)ないので、恋しさは何重にも重なってしまった…。
「**うつつの人々の中に、忍ぶることだに、隠れある世の中かは。**」〈源氏・手習〉訳「**生きている**人々(同士)の中で、秘密にすることだって、知られないでいる(ことができる)世の中だろうか、いや、そうではない(のだから、死んだ人の秘密などはすぐに分かってしまう)。」
❷(夢心地に対して)**気が確かな状態**。正気。
うつつにも似ず、猛く厳きひたぶる心出で来て…。〈源氏・葵〉訳 (六条御息所の生霊は葵の上の住まいに現れたが)**気が確かな**(ときの)**状態**と違って、荒々しく恐ろしいいちずな気持ち(=葵の上への恨み心)が生じて…。
❸**夢か現実か分からない状態**。夢心地。夢見心地。
寝させおきたる二人の子ども、うつつに声を上げて、びくびく身の動くこと、三十七度なり。〈西鶴諸国ばなし〉訳 (目玉の林内という猟師の)寝かせておいた二人の子供が、**夢見心地**で声を上げて、ぴくぴくっと体を震わせること、(林内が捕った鳥の数と同じ)三十七回である。

発展 ①**語の成り立ち** 現実にある・正気であるという意味を表す形容詞「うつし(現し)」の語幹「うつ」を重ねた「うつつ」が変化したことば。
②**意味の広がり** 夢に対して、目が覚めている状態を表すのがもともとの意味。中古になると、死に対して、生きている状態、また、正気の意味をも表すようになった。一方、『古今集』以後、「夢うつつ」「夢かうつつか」などの形で多く用いられるようになったため、中世以降、誤解されて「うつつ」が夢心地の意味でも用いられるようになった。

導く箱形の樋。特に、清涼殿の殿上の間の外にあるもの。↓ビジュアルチェック⑫(715ページ)

宇津保物語【作品名】平安中期の物語。作者不明。源順とする説がある。清原俊蔭一族の四代にわたる琴の名手の物語と、絶世の美女貴宮が多くの求婚者を拒んだ末に東宮に入内しその子が皇位継承争いに勝つという、源正頼一家の政権獲得のドラマとを二本の筋立てとして、貴族社会の現実に生きる人間の運命を描いた日本初の長編物語。天禄・長徳(九七〇～九九九)ごろの成立か。

うづまさ【太秦】【地名】↓太秦(うずまさ)

うづみ-び【埋み火】【名詞】(消えないように)灰の中に埋めてある炭火。【季語】冬
埋み火を掻き起こして、老いの寝覚めの友とす。〈方丈記・勝地は主なければ〉【訳】**灰の中に埋めてある炭火**をかき起こして、老人の目覚めがちな夜の友とする。

うづ・む【埋む】 一【動詞】【他】〈マ四段〉〈ま・み・む・む・め・め〉
❶ものの中に入れて上を覆う。うずめる。**死にたる蜂少々ありければ、笠置の後ろの山にうづみて、堂を建てなどして**…。〈十訓抄〉【訳】死んだハチが少しばかりいたので、笠置寺の後ろの山に**うずめ**(=埋葬し)て、堂を建てるなどして…。
❷物思いに沈ませる。**思ひやるながめも今は絶えねとや心をうづむ夕暮れの雲**【歌】〈壬二集〉【訳】思いを晴らす眺望ももうなくなってしまえと、心を**物思いに沈ませる**夕暮れの雲であるのだろうか。
二【動詞】【他】〈マ下二段〉〈め・め・む・むる・むれ・めよ〉一に同じ。
【発展】二は、室町時代ごろから現れる。

うつ-むろ【無戸室】【名詞】四面をふさいだ出入り口のない室。

うづら【鶉】【名詞】キジ科の鳥。羽は褐色でまだらがあり、美しい声で鳴く。【季語】秋

うつら-うつら【副詞】(目の前に)まざまざと。はっきりと。**撫子が花取り持ちてうつらうつら見まくのほしき君にもあるかも**【歌】〈万葉集・20・4449〉【訳】ナデシコの花を手に持って見るように、(目の前に)**はっきりと**見たいと思うあなたであるなあ。
【発展】「現ら」を重ねたことば。

◆**うづらなく…**【歌】
鶉鳴く真野の入り江の浜風に尾花なみよる秋の夕暮れ〈金葉集・239・源俊頼〉【訳】ウズラが(悲しげに)鳴いている真野の入り江からの浜風に(吹かれて)、ススキの穂が(波のようになびいて)片方に寄り集まっている秋の夕暮れであるよ。〇「真野」は、近江の国(=今の滋賀県)にある歌枕。「なみよる」は「波」に響いて「入り江」の縁語。
【発展】ススキの穂にウズラの声を配して、秋の夕暮れのもの寂しい情景を、繊細な感覚で詠んだ歌。『後鳥羽院御口伝』にも引かれる。

うつり【移り】【名詞】❶移ること。変化。❷関係。ゆかり。縁。❸事情。いきさつ。わけ。❹《俳諧用語》連句の付け方のひとつ。蕉風の俳諧で、次の句へ情趣が移ること。

うつり-が【移り香】【名詞】他のものに移り残った香り。残り香。**もて馴らしたる移り香、いと染み深う懐かしくて**…。〈源氏・夕顔〉【訳】使い慣らした(人(=夕顔)の)(扇に)たいそう深く染み込んでいて心引かれる気持ちがして…。

うつり-かは・る【移り変はる】【動詞】【自】〈ラ四段〉〈ら・り・る・る・れ・れ〉
❶時とともに、しだいに変化する。**折節の移り変はるこそ、ものごとにあはれなれ。**〈徒然草・19・折節の〉【訳】季節が**しだいに変化する**ようすは、何事につけても趣深いように感じる。
❷入れ替わる。交替する。

うつり-ゆ・く 一【移り行く】【動詞】【自】〈カ四段〉〈か・き・く・く・け・け〉
❶だんだんと移動する。**吹き切られたる焔、飛ぶがごとくして、一、二町を越えつつ移り行く。**〈方丈記・安元の大火〉【訳】(風に耐えきれずに)吹きちぎられた炎が、飛ぶようにして、一、二町を越えてはまた**移動する**(=燃え移る)。
❷移り変わる。変化する。
二【映り行く】次々に現れる。思い浮かぶ。**心に映り行くよしなしごとを、そこはかとなく書きつくれば**…。〈徒然草・序・つれづれなるままに〉【訳】意識に**次々に浮かぶ**つまらないことを、とりとめもなく書き付けていると…。〇一の意味も掛けられている。

うつ・る【映る・写る】【動詞】【自】〈ラ四段〉〈ら・り・る・る・れ・れ〉
鏡や水面などに物の形が見える。反映する。「**この鏡を、こなたに映れる影を見よ。**」〈更級日記・鏡の影〉【訳】「この鏡を、こちらに**映って**いる姿を見よ。」

うつ・る【移る】

物の形や内容がそのまま他の場所に移動する
❶(他に)位置が変わる。移動する。
❷(官位や職務が)変わる。
❸(色や香りが他の物に)染み付く。
❹(色が)あせる。
❺(花や葉が)散る。
❻(気持ちが別のものに)変わる。心変わりする。
❼(物の怪が他の人に)乗り移る。
❽(時間が)経過する。

未然形	連用形	終止形	連体形	已然形	命令形
うつら	うつり	うつる	うつる	うつれ	うつれ

【動詞】【自】〈ラ四段〉
❶(他に)**位置が変わる。移動する。****船より人の家に移る。**〈土佐日記・二月十五日〉【訳】船からある人の家に**移動する**。
❷(官位や職務が)**変わる。転任する。****左大臣に移りたまふこと、西宮殿、筑紫へ下りたまふ御代はりなり。**〈大鏡・師尹〉【訳】(右大臣藤原師尹が)左大臣に**転任**なさることは、西宮殿が、筑紫へお下りになるご後任である。
❸(色や香りが他の物に)**染み付く。染まる。****裳も、唐衣に白いもの移りて、斑ならむかし。**〈枕草子・184・宮に初めて参りたるころ〉【訳】(恥ずかしさに顔に袖を押し当てて伏していたので)裳、唐衣におしろいが**染み付いて**、(顔が)きっとまだらであろうよ。
❹(色が)**あせる。盛りが過ぎる。****秋果てて霧の籬に結ぼほれあるかなきかに移る朝顔**【歌】〈源氏・朝顔〉【訳】秋が終わって、霧の(かかった)目の粗い垣根に絡み付いて、あるのかないのか分からないように(その色が)**あせる**アサガオは(盛りの過ぎた私のようだ)。
❺(花や葉が)**散る。****今日だにも庭を盛りと移る花消えずはありとも雪かとも**

見よ 歌〈新古今集・春下・135〉訳せめて今日だけでも、庭に盛りとして散る(サクラの)花びらを、(雪のように)消えないではいても雪かとでも(思って)見てくれよ。

❻(気持ちが別のものに)変わる。心変わりする。
心は縁に引かれて移るものなれば、静かならでは道は行じがたし。〈徒然草・58・道心あらば〉訳(人の)心は(世の中のさまざまな)機縁に引きずられて変わるものなので、(心が)静かでなくては仏道修行はなかなか行えない。

❼(物の怪が他の人に)乗り移る。
物の怪、生き霊などいふもの、多く出で来て…人にさらに移らず…。〈源氏・葵〉訳物の怪や、生き霊などというものが、たくさん現れてきて…(それらを乗り移らせるためにいる)人(=よりまし)にはまったく乗り移らないで…。

❽(時間が)経過する。(時が)過ぎる。
たとひ時移り、事去り、楽しび悲しび行き交ふとも…。〈古今集・仮名序〉訳たとえ時が過ぎ、過去のことになり、楽しみや悲しみが去っては、またやって来るとしても…。

発展「移す」の自動詞形。

うつ-ろ【空・洞】 名詞 ❶中が空になっているもの。空洞。❷(「空船」の略で)木をくりぬいて造った船。

うつろう(現)↓(歴)**うつろふ【移ろふ】** 最重要語(213ページ)・【映ろふ】

うつろは・す【移ろはす】 動詞 他(サ四段)〈さ・し・す・す・せ・せ〉場所を移らせる。
「**所避りたまふに事寄せて、さるべき所に移ろはしたてまつらむ。**」〈源氏・総角〉訳「住む場所をお変えになるのにかこつけて、(都の)適当な所に移らせ申し上げよう。」

うつろひ【移ろひ】 名詞 ❶居場所を変えること。転居。❷盛りを過ぎて衰えること。衰退。

うつろ・ふ【移ろふ】 動詞 ↓最重要語(213ページ)

うつろ・ふ【映ろふ】

光や影が他の物の上に現れる ―(光や影が)映る。反映する。

未然形	連用形	終止形	連体形	已然形	命令形
うつろ・は	うつろ・ひ	うつろ・ふ	うつろ・ふ	うつろ・へ	うつろ・へ

うつろ・ふ【移ろふ】

時間がたつにつれて変わっていく
- ❶(いる所や状態などが)変わっていく。色づく。
- ❷(花の色が)変わっていく。
- ❸色あせていく。また、(花や葉が)散っていく。
- ❹(人の心が)変わっていく。

未然形	連用形	終止形	連体形	已然形	命令形
うつろ・は	うつろ・ひ	うつろ・ふ	うつろ・ふ	うつろ・へ	うつろ・へ

動詞 自(八四段)

❶(いる所や状態などが)変わっていく。引っ越す。
「**それもいと見苦しきに、住みわびたまひて、『山里に移ろひなむ。』と…。**」〈源氏・夕顔〉訳「それ(=乳母の住む隠れ処)もひどくみすぼらしいので、(夕顔は)住みづらいとお感じになって、『山里に引っ越してしまおう。』と…。」

❷(花の色が)変わっていく。色づく。紅葉する。
神無月時雨もいまだ降らなくにかねて移ろふ神奈備の森 歌〈古今集・秋下・253〉訳(今はまだ秋で)十月の時雨もまだ降らないのに、前もって紅葉する神の宿る森よ。○時雨は、『万葉集』の時代には、木の葉を色づかせるものとして詠まれていたが、中古以降、木の葉を散らせるものというとらえ方に変わっていく。この用例は中古のものなので❸の意味ともとれるが、紅葉を賞美する歌が並ぶ中の初めの方に置かれていることを考え合わせ、「紅葉する」という意味で使っていると解釈する。

❸色あせていく。また、(花や葉が)散っていく。
「**桜ははかなきものにて、かく程なく移ろひさぶらふなり。**」〈宇治拾遺〉訳「サクラ(の花)はあっけないもので、(咲いたかと思うと)こうして間もなく散っていくのです。」

❹(人の心が)変わっていく。(愛情が)他の人に向かう。
「**心は移ろふ方ありとも…。**」〈源氏・帚木〉訳「(夫の)気持ちは他の人に向かうことがあるとしても…。」

発展 ①**語の成り立ち** 四段動詞「うつる」の未然形に、上代の反復・継続の助動詞「ふ」が付いた「うつらふ」が変化して、一語の動詞になったもの。
②**「うつろふ」ものは何か?** 中古では、花や葉の色などについて❷❸の意味で用いられることが多い。❹は主に、男性の女性に対する愛情が変わっていくことを表し、❸の意味と掛けていうことが多い。

動詞 自(八四段)(光や影が)映る。反映する。反射する。
花盛りまだも過ぎぬに吉野川影にうつろふ岸の山吹 歌〈後撰集・121〉訳花の盛りはまだ終わってもいないのに、吉野川では、(花が散っていくかと見えるように)影として(水に)映る岸のヤマブキ(であることよ)。○「うつろふ」は「移ろふ(=散っていく)」と「映ろふ」の掛詞。
鳰の海や月の光のうつろへば波の花にも秋は見えけり 歌〈新古今集・秋上・389〉訳↓にほのうみや…

発展 **語の成り立ち** 「うつらふ」(四段動詞「うつる(映る)」の未然形＋上代の反復・継続の助動詞「ふ」)が変化したもの。

う-づゑ【卯杖】 名詞 陰暦正月の初めの卯の日に、大学寮(後には六衛府)から朝廷に奉った杖。ヒイラギ・モモ・ウメなどの木を五尺三寸(=約一・六メートル)に切って束ねたもので、悪鬼を払うという。季語 春

うてな【台】 名詞 ❶見晴らしがきく高い建物。高楼。❷極楽往生したものが座るというハスの花の形をした台。類 蓮台

うと・うと・し【疎疎し】 形容詞〔シク〕〈しく・しく・し・しき・しけれ・○／しから・しかり・○・しかる・○・しかれ〉❶冷淡だ。よそよそしい。
帥殿はうとうとしくもてなさせたまひけり。〈大鏡・道長上〉訳帥殿は(この女院に対して)よそよそしくお振る舞いになったのだった。
❷疎遠だ。親しくない。
御琴の音を切にゆかしがりたまへば、「うとうとしからぬ始めにも。」とやおぼすらむ…。〈源氏・椎本〉訳(薫は姫君たちの)琴の音をぜひ聞きたいとお望みになるので、(八の宮は)「疎遠でないようになるきっかけにでもしよう。」と思っていらっしゃるのではないだろうか…。

うとく-じん【有徳人・有得人】 名詞 金持ちの人。発展

「うとくにん」とも。

う‐とく・なり【有徳なり・有得なり】形容動詞〔ナリ・ノ〕〈なら・なり(に)・なり・なる・なれ・なれ〉❶徳が高い。ある山寺に**有得**の房主、弟子門徒多き、ありけり。〈沙石集〉訳ある山寺に**徳の高い**僧で、門下の徒弟をたくさん持っている者が、いたということだ。❷金持ちだ。裕福だ。「ここに**有徳なる**者のあるが、彼一人の娘を持つ。」〈狂言・夷毘沙門〉訳「ここに**金持ちの**者がいるが、この者は一人の娘を持っている。」

うと・し【疎し】形容詞 ↓最重要語(214ページ)

う‐どねり【内舎人】名詞 中務省に属し、刀を身に付け、宮中の警備や行幸の警護などを務めた役人。発展「うちのとねり」「うちとねり」の変化したもの。

うとま・し【疎まし】

対象を嫌悪し、遠ざけたい気持ち
❶遠ざけたい。いとわしい。嫌だ。
❷気味が悪い。不気味だ。

未然形	連用形	終止形	連体形	已然形	命令形
うとま・しく	うとま・しく	うとま・し	うとま・しき	うとま・しけれ	○
うとま・しから	うとま・しかり	○	うとま・しかる	○	うとま・しかれ

形容詞〔シク〕❶**遠ざけたい**。いとわしい。**嫌だ**。**疎ましく**、憎くおぼしめして、日ごろの御気色もたがひ、昇進もしたまはざりけり。〈徒然草・128・雅房大納言〉訳(上皇は雅房大納言を)**嫌で**、憎いとお思いになって、普段のご機嫌も損じて、(そのため雅房は)昇進もなさらなかった。

❷**気味が悪い**。**不気味だ**。手をたたきたまへば、山びこの答ふる声いと**疎まし**。〈源氏・夕顔〉訳(源氏は灯火を持ってくるように人を呼ぼうと)手をおたたきになると、山びこの反響する音がたいへん**不気味だ**。

発展❶と❷の違い 四段動詞「うとむ」が形容詞になったもの。❶は人や世の中について、❷は異様な情景などについて用いられることが多い。↓古語チャート❻(215ページ)

うと・し【疎し】

自分と対象との関係が薄く、親しみのわかないようす
❶(人との)関係が薄い。疎遠だ。親しくない。
❷(物事を)よく知らない。知識が乏しい。
❸関心が薄い。そっけない。
❹(心や体の働きが)十分でない。不自由だ。

形容詞〔ク〕	未然形	連用形	終止形	連体形	已然形	命令形
	うと・く	うと・く	うと・し	うと・き	うと・けれ	○
	うと・から	うと・かり	○	うと・かる	○	うと・かれ

❶(人との)**関係が薄い**。**疎遠だ**。**親しくない**。対親し 去る者は日々に**疎し**、と言へることなれば…。〈徒然草・30・人の亡き後ばかり〉訳(世を)去った者は日に日に**疎遠に**(なる)、と(昔から)言っていることなので…。

❷(物事を)**よく知らない**。**知識が乏しい**。**不案内である**。後の世のこと、心に忘れず、仏の道**疎からぬ**、心憎し。〈徒然草・4・後の世のこと〉訳来世のことを、心に(常に保って)忘れず、仏の道に**不案内で**ないのは、奥ゆかしい。

❸**関心が薄い**。**そっけない**。**無関心だ**。形に恥づるところもあれば、さはいへど、悪には**疎く**、善には近づくことのみぞ多き。〈徒然草・58・道心あらば〉訳(出家して僧の姿になれば、その)姿に恥じるところもあるので、(一時的には俗世間の欲に迷うことはあるだろうが)そうはいっても、悪には**無関心に**(なり)、善には近づくことばかりが多いのである。

❹(心や体の働きが)**十分でない**。**不自由だ**。(目や耳などが)**不自由だ**。大臣、押し放ち、引き寄せて見たまへど、え目**疎くて**見たまはで…。〈落窪〉訳大臣は、(手紙を)遠ざけたり、(目の近くに)引き寄せたりしてご覧になるが、目が**不自由**なのでご覧になることができなくて…。

うとまし‐げ【疎ましげ】名詞 気味悪さ。いとささやかにて、**疎ましげ**もなく、らうたげなり。〈源氏・夕顔〉訳(夕顔のなきがらは)たいへん小さくて、**気味悪さ**もなく、かわいらしい感じである。

うと・む【疎む】■一動詞 他〔マ四段〕〈ま・み・む・む・め・め〉いやだと思う。親しくしないで遠ざける。おろそかにする。嫌う。↓古語チャート❻(215ページ) いかにぞや、なんぢ父に憎まれたるか、母に**疎まれたるか**。〈野ざらし紀行〉訳(捨て子よ)どうしたのだ、お前は父に憎まれたのか、母に**嫌われた**のか。

■二動詞 他〔マ下二段〕〈め・め・む・むる・むれ・めよ〉嫌うようにさせる。遠ざけさせる。「上は、『ここに聞こえ**疎むる**なめり。』と、いと憎げにおぼしのたまへば…。」〈源氏・竹河〉訳「上皇(=冷泉院)は、『こちらで何かと申し上げて(大君の参内を)**遠ざけさせている**らしい。』と、(私を)ひどく小憎らしいとお思いにもなり口に出しておっしゃりもするので…。」

発展■二は、「言ひ」「聞こえ」などの下に添えて用いる。

うどん‐げ【優曇華】名詞 インドで古くから神聖なものとされているクワ科の木。仏教では三千年に一度花が咲き、そのとき如来がこの世に出現するとされる。転じて、世にまれなことのたとえ。

うなじ【項】名詞 首の後ろ。襟首。発展「項後」が変化したもの。

うな‐ばら【海原】名詞 広々とした海。また、広々とした湖や池。対国原 発展上代は「うなはら」。

うなゐ【髫・髫髪】名詞 子供の髪型で、髪を襟首の辺りで切りそろえたり、束ねたもの。また、その髪型をした子供。

うぬ【己】代名詞 ❶(自分をさげすんで)おのれ。❷(相手をののしって)おまえ。きさま。発展「おの」の変化したもの。

畝傍山 地名 奈良県橿原市の山。耳成山・天の香具山とともに大和三山の一つで、その最高峰。↓ビジュアルチェック㉕(1097ページ)

うね‐べ【采女】名詞 ↓うねめ

うね‐め【采女】名詞 天皇の食事など日常の雑役に携わっ

た女官。**発展**「うねべ」とも。諸国の郡の次官以上の娘から容姿の美しい者が選ばれた。

うねめの… 歌 **采女の袖吹き返す明日香風都を遠みいたづらに吹く**〈万葉集・1・51・志貴皇子〉訳 采女の(長く美しい衣の)袖を吹きひるがえす(ものであった)明日香の風も、(今は)都が遠いので、なんのかいもなく吹いているよ。○「吹く」は「風」の縁語。「都を遠み」は原因・理由を表し、「都が遠いので」という意味。

発展 明日香から藤原京に遷都した後の歌。人気のない旧都明日香で、あでやかな采女の袖の色を思い描いて、都だったころの繁栄をひとり懐かしむ作者の姿が浮かんでくる。

う-の-はな【卯の花】 名詞 ❶《植物》ウツギの別の呼び名。また、その花。初夏に白い鐘状の小さい花が集まって咲く。ホトトギスとともに詠まれることが多い。季語 夏 ❷(「卯の花襲」の略で)表は白、裏は青。

うのはな-くたし【卯の花腐し】 名詞 ウノハナを腐らせること。また、ウノハナの咲くころ、それを腐らせるように長く降る雨。季語 夏 類 五月雨。

うのはなに… 句 **卯の花に兼房みゆる白毛かな**〈奥の細道・平泉・河合曾良〉訳 真っ白に乱れ咲くウノハナを見ていると、かつてこの地で白髪を振り乱して奮戦した兼房の姿がありありと浮かんでくることだ。○季語 卯の花—夏。「卯の花に」の「に」は、「…によって」の意味の格助詞。

発展 源義経に仕えた増尾十郎兼房は、藤原泰衡に攻められた義経を守って、討ち死にした。六十三歳のその奮闘ぶりを思い描いた句。

うのはなを… 句 **卯の花をかざしに関の晴れ着かな**〈奥の細道・白河の関・河合曾良〉訳 この関を越えるとき、古人は冠をかぶり直し正装に改めたというが、立派な衣服のない世捨て人の私は、せめてウノハナを髪に挿して飾りとして白河の関を通る晴れ着としよう。○季語 卯の花—夏。「かざし」は、冠や頭髪に花の枝や造花を挿すこと。

発展 陸奥国への関門である白河の関での句。竹田大国行が能因の歌に敬意を表し、衣冠を正してこの関を越えたという故事(『袋草子』)を踏まえている。↓みやこをば…

まとめて覚えよう古語チャート❻
嫌がる気持ちを表す動詞

ある対象に向かって、嫌だ、遠ざけたいという感情を抱いたときに用いる動詞を集めてみました。これらの動詞は感情を表しているので形容詞化しやすいのが特徴です。そこで、図の左側には派生した形容詞を示してみました。

対象となるのは主として人間で、特に図の上方の二語は、単に忌み嫌うだけでなく復讐したいという感情につながることもあります。下に下るにつれて、物に対しての感情を表す例も出てきます。

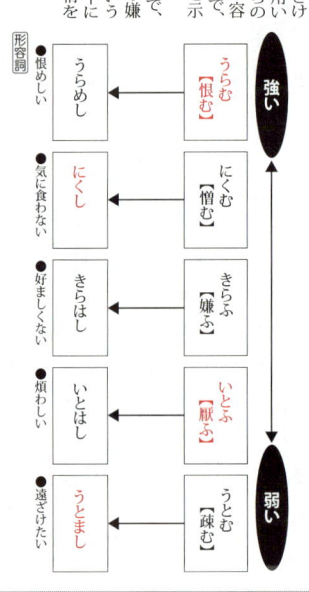

強い ↔ 弱い（動詞）	形容詞	
うらむ【恨む】	うらめし	●恨めしい
にくむ【憎む】	にくし	●気に食わない
きらふ【嫌ふ】	きらはし	●好ましくない
いとふ【厭ふ】	いとはし	●煩わしい
うとむ【疎む】	うとまし	●遠ざけたい

赤字は最重要語・重要語

うば 名詞 ❶【祖母】祖母。❷【姥】年を取った女性。老婆。❸【乳母】母に代わって乳幼児に乳を与えたり、養育に当たったりする女性。類 乳母。

うばい【優婆夷】 名詞《仏教語》在家のまま仏門に仕える女性。対 優婆塞。

うばう (現)→(歴)**うばふ【奪ふ】**

うは-おそひ【上襲ひ】 名詞 一番上に覆うように着る衣服。上掛け。上っ張り。

うは-かぜ【上風】 名詞 草木などの上を吹き渡る風。対 下風。**発展**「うはかぜの」の形でよく歌に詠まれる。

うは-ぎ【上着・表着・表衣】 名詞 重ねた袿などの一番上に着るもの。

うは-ぐ・む【上ぐむ】 動詞 自〔マ四段〕〈ま・み・む・む・め・め〉上気する。あっけにとられる。あきれる。
人々御気色変はりたまへる中にも、今の民部卿殿は、上ぐみて…〈大鏡・道隆〉訳 一座の人々はお顔色がお変わりになったその中でも、今の民部卿殿(=俊賢)は、**上気して**…。

うは-ぐも・る【上曇る】 動詞 自〔ラ四段〕〈ら・り・る・る・れ・れ〉表面のつやが薄れ、色があせる。光沢がなくなる。
いと濃き衣の上曇りたるに…〈枕草子・200・野分のまたの日こそ〉訳 たいへん濃い紫色の着物で**光沢がなくなっている**のに…。

うばそく【優婆塞】 名詞《仏教語》在家のまま仏門に仕える男性。対 優婆夷。

うばたま-の【烏羽玉の】 枕詞「黒」「闇」「夜」「夢」などに係る。
発展「ぬばたまの」の変化したことば。「むばたまの」とも。中古以降用いられた。

うは-て【上手】 名詞 ❶上の方。上流。風上。❷上位。優位。❸技能、才知などが他より優れていること。対 下手

うへ【上(うえ)】

位置や地位が高いほう

- 一 名詞
  - [位置]
    - ❶表面。外面。
    - ❷高い所。上方。上部。
    - ❸辺り。ほとり。
  - [地位]
    - ❹天皇。主上。将軍。主君。
    - ❺高貴な人。また、その妻。
    - ❻宮中。内裏。天皇の御座所。また、清涼殿の殿上(てんじょう)の間(ま)。
    - ❼天皇や貴人に近い所。
- 二 形式名詞
  - ❶(その人や物事について)…(の)こと。…(の)身の上。◉「〜がうへ」「〜のうへ」などの形で用いられる。
  - ❷(さらに加わることを表し)…(する)うえ。…(の)そのうえ。
  - ❸…(が起こった)以上(は)。…からに(は)。◉「〜うへは」の形で用いられる。
  - ❹敬意を表す。◉貴婦人の呼び名に付く。
- 三 接尾語
  - 敬意を表す。◉目上の人を表すことばに付く。

一 名詞 ❶**表面。外面。**

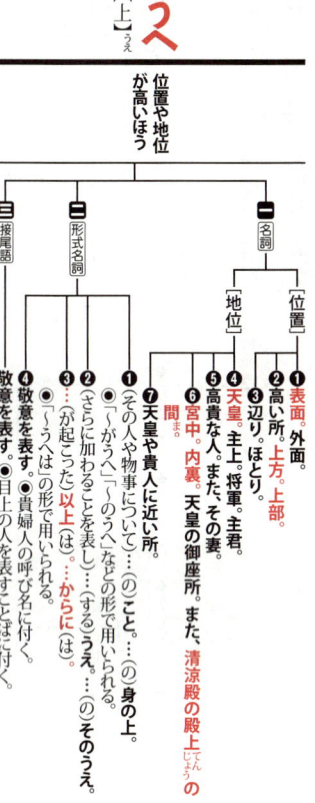

むべも、昔の男は、「棹(さを)は穿(うが)つ波の上の月を。船は圧(おそ)ふ海のうちの天(そら)を。」とは言ひけむ。〈土佐日記・一月十七日〉訳 なるほど、昔の男(=中唐の詩人賈島(かとう))は、「(船をこぐ)棹は突き通す、波の**表面**(に映る、そ)の月を。船は押さえつける、海の中(に映る、そ)の空を。」とは言ったのだろう。

❷**高い所。上方。上部。**

古(いにしへ)に恋ふる鳥かも譲る葉の御井(みゐ)の上より鳴き渡り行く 歌〈万葉集・2・111〉訳 (あの鳥は)古い時代を思い慕う鳥なのだなあ。ユズリハ(=木の名)の(そばにある)御井(=泉)の**上方**を通って鳴いて飛んで行く。

❸**辺り。ほとり。**

もののふの八十娘子(やそをとめ)らが汲(く)みまがふ寺井の上の堅香子(かたかご)の花 歌〈万葉集・19・4143〉訳 大勢の娘たちが入り乱れて水を汲む、寺の井戸の**ほとり**に咲くカタクリの花は(ああ、可憐(かれん)だ)。〇「もののふの」は「八十」に係る枕詞。

❹**天皇。主上。帝(みかど)。将軍。主君。**

上も御涙の隙(ひま)なく流れおはしますを、「怪し。」と見たてまつりたまへるを、〈源氏・桐壺(きりつぼ)〉訳 **帝**もお涙がとめどもなく伝い落ちていらっしゃるのを、(幼い源氏は)「不審なことだ。」と見申し上げていらっしゃることだ。

❺**高貴な人。また、その妻。**

君は、上を恋ひきこえたまひて泣き伏したまへるに…。〈源氏・若紫〉訳 姫君(=紫の上)は、(亡き)**尼君**(=紫の上の祖母)をお慕い申し上げて泣き伏していらっしゃるところに…。

❻**宮中。内裏。天皇の御座所。また、清涼殿の殿上の間。**

上にさぶらふ御猫は、冠(かうぶり)にて命婦(みやう)のおとどとて、いみじうをかしければ…。〈枕草子・9・上(うへ)にさぶらふ御猫は〉訳 **清涼殿の殿上の間**で(一条天皇に)お仕え申し上げている(=飼われている)ネコ様は、五位の身分で命婦のおとどといって(=という名を与えられ)、たいへん愛らしいので…。

❼**天皇や貴人に近い所。おそば近く。**

昼なども上にさぶらひて、御髪(みぐし)なども参り、よろづに使はせたまふ。〈和泉式部日記(いずみしきぶにっき)〉訳 (私は)昼間なども(敦道親王(あつみちしんのう)の)**おそば近く**にお仕えして、お髪などもおすきして、(親王も私を)何かにつけてお使いになる。

二 形式名詞 ❶(「〜がうへ」「〜のうへ」などの形で)(その人や物事について)…(の)**こと**。…(の)**身の上**。

「我がうへを思ふなりけり。」と思ふに、いとかなしうなりぬ。〈大和・149〉訳 (女の詠んだ歌を聞いて、男は)「私の**こと**を(恨むどころか)恋い慕うのであったのだなあ。」と思うと、(この女を)たいそうかわいらしく思うようになった。

❷(さらに加わることを表し)…(する)**うえ**。…(の)**そのうえ**。

「海賊報いせむと言ふなることを思ふうへに、海のまた恐ろしければ、頭(かしら)も皆白(しら)けぬ。」〈土佐日記・一月二十一日〉訳 「(途中)海賊が仕返しをするだろうと(人々が)言うようなうわさを心配する**うえ**に、海(そのもの)がまた恐ろしいので、頭髪もすっかり白くなってしまった。」

❸(「〜うへは」の形で)…(が起こった)**以上**(は)。…**からに**(は)。

その身朝敵(てうてき)となりにしうへは、子細に及ばずといひながら、恨めしかりしことどもなり。〈平家・7・忠度都落(ただのりのみやこおち)〉訳 その身(=平忠度)が朝廷に背く賊になってしまった**以上**は、(『千載集(せんざいしゅう)』に入れる忠度の歌を「読み人知らず」としておくのは)とやかく言い立てることはない(=やむをえない)とはいえ、残念だったことだ。

❹(貴婦人の呼び名に付いて)**敬意を表す**。語例 紫の**上**・尼**上**

三 接尾語 (目上の人を表すことばに付いて)**敬意を表す**。語例 父**上**・母**上**・兄**上**・尼**上**

類語比較 「うへ」「かみ」「した」「しも」

共通点=自分の身体を基準にした位置関係を示す。自分の頭より高い位置を「うへ」「かみ」、自分の足より低い位置を「した」「しも」で指し示す。

うへ・した=①「うへ」の対義語が「した」。②目の高さや水平線など、ある一定の基準となる位置から見た高い方・低い方を表す。天と地、表面と裏面などのように、中間のない二者択一の区別意識がある。③「うへ」は、身分が高いか低いか、と二分した場合の、身分の高い人を指し、そこから中古では特に天皇の意味を表したものと考えられる。

かみ・しも=①「かみ」の対義語が「しも」。②空間的・時間的、また身分や年齢など連続しているものの上部・下部、最初の方・最後の方という意味を表すため、中間部には「なか」がある。③「かみ」には天皇の意味があるが、身分制度の頂点というとらえ方によるものである。④現在では「かみ」「しも」が単独で使われることはほとんどなく、「川上・川下」「上半期・下半期」など、複合語を作ることが多い。

うは-なり【後妻】[名詞] ❶後にめとった妻。古くは本妻以外の妻や愛人を、後には本妻がいなくなってから迎えた後妻をいう。[対]前妻。❷嫉妬。ねたみ。

うは-に【上荷】[名詞] ❶ウマ・車・船などに積んだ荷の上に、さらに積む荷物。❷(「上荷船」の略で)江戸時代、本船と陸上げ地の間を往復して、荷物を運んだ小船。

うは-の-そら【上の空】[名詞] 上空。天空。中空。

うは-の-そら・なり【上の空なり】[形容動詞]〈ナリ〉〈なら・なり(に)・なり・なる・なれ・なれ〉❶落ち着かない感じだ。心があることに引かれている。**川面の住まひいと心細さ勝りて、上の空なる心地のみしつつ明かし暮らすを…。**〈源氏・薄雲〉[訳]大堰川のほとりの住まいはたいへん心細さが募って、**落ち着かない**気持ちばかりしては日々を過ごすのを…。❷根拠がない。当てにならない。いい加減だ。軽率だ。無責任だ。「**誰とも知りたてまつらで、上の空にはいかに。**」〈今昔〉[訳]「(あなたを)どこのだれとも存じ上げないで、**軽率に**(お連れするの)はいかがなものだろうか。」

うば・ふ【奪ふ】[動詞][他]〈八四段〉〈は・ひ・ふ・ふ・へ・へ〉❶無理に取る。取り上げて自分のものにする。**雪の色を奪ひて咲ける梅の花今盛りなり見む人もがも** [歌]〈万葉集・5・850〉[訳]雪の色を**取り上げて自分のもの(=色)にして**(真白に)咲いているウメの花は今盛りである。見る人があればいいなあ。❷(受身の助動詞「る」を伴って)心や目を引きつける。**世に従へば、心、外の塵に奪はれて惑ひやすく…。**〈徒然草・75・つれづれわぶる人は〉[訳]俗世間に順応すると、心は、外界の刺激に**引きつけ**られて迷いやすく…。

うは-むしろ【表筵・上席】[名詞] 畳の上に敷く敷物。表裏は綾で、中に綿を入れたもの。

うは-もり【上盛り】[名詞] 最上。第一の者。第一人者。

うば-ら【姥等・婆等】[名詞]《近世語》老女。**ものに馴れたるうばら一人、わらはめ一人そへて…。**〈春雨〉[訳](遊女屋の夫婦は)もの馴れした**老女**一人、女の子一人を(宮木という遊女に付き添いとして)付けて…。

うひ-【初】[接頭語](名詞に付いて)初めての、最初の、という意味を表す。[語例]**初冠**(=叙任や元服などで初めて冠をかぶること)・**初学び**

うひ-うひ・し【初初し】[形容詞]〈シク〉〈しく・しく・し・しき・しけれ・○／しから・しかり・○・しかる・○・しかれ〉❶経験がとぼしい。物慣れない。初心者らしい。うぶだ。**まだ初々しければ、ともかくもえ啓し返さで…。**〈枕草子・184・宮に初めて参りたるころ〉[訳]まだ(宮仕えの初めで)**物慣れない**ので、(中宮に)どうとも弁解申し上げることができないで…。❷(慣れていないので)気恥ずかしい。気がひける。きまりが悪い。**内裏に参りたまはむことは、初々しく所狭く思しなりて…。**〈源氏・賢木〉[訳](藤壺の中宮は)宮中に参上なさるようなことは、**きまりが悪く**肩身の狭いこととお思いになって…。

うひ-かうぶり【初冠】[名詞] ❶初めて位に叙せられ、任官すること。❷元服(=男子の成人の儀式)して、初めて冠を着けること。[類]初元結 [発展]「うひかうむり」「うひかぶり」「うひかむり」とも。

うひ-かぶり【初冠】[名詞] ↓うひかうぶり

うひ-ごと【初事】[名詞] 初めてすること。初めての経験。

うひ-だち【初立ち】[名詞] ❶初めて旅に出ること。また、久しぶりの外出。❷幼児が初めて立つこと。また、病人が病後に初めて床から立ち上がること。

うひ-まなび【初学び】[名詞] 学問を学び始めること。また、学び始めたばかりであること。

う-ひゃう-ゑ【右兵衛】[名詞]「★右兵衛府」の略。また、右兵衛府に属した武官。[対]左兵衛

うひゃうゑ-の-かみ【右兵衛督】[名詞] ★右兵衛府の長官。従五位上相当の官。

うひゃうゑ-の-すけ【右兵衛佐】[名詞] ★右兵衛府の次官。

うひゃうゑ-ふ【右兵衛府】[名詞] ★六衛府のひとつ。内裏の門の警備や天皇の外出の警護などを担当した。[対]左兵衛府 ↓ビジュアルチェック⑮(757ページ)

う-ふ【右府】[名詞] 右大臣の中国風の呼び名。[対]左府

うぶ-ぎぬ【産衣】[名詞] 生まれたばかりの子に着せる着物。産着。

うぶ-すな【産土】[名詞] ❶その人が生まれた土地。出生地。故郷。❷(「産土神」の略で)その人の出生地の守護神。[類]氏神

うぶ-や【産屋】[名詞] ❶出産のために別棟に設けた建物。また、出産をする部屋。❷↓うぶやしなひ [発展]古代には出産を汚れとして忌み、産婦を隔離する習慣があった。↓絵で見る古典生活史②(217ページ)

うぶ-やしなひ【産養ひ】[名詞] 出産後、三日目、五日目、七日目、九日目の夜に行われる祝宴。出産祝い。親族や縁者から飲食物・衣服・調度などが贈られる。

うへ【上】[名詞][形式名詞][接尾語]↓**最重要語**(216ページ)

絵で見る古典生活史②

赤ちゃん誕生

現代ではおめでたい出産も、古代では霊魂の移動ということもあってか、死と同様、穢れとされていました。産婦は別の建物「産屋」で生活したのです。『★古事記』神代の巻では、山幸彦である火遠理命と結婚した豊玉毘売が、海辺の産屋で出産の時、本来の姿の鮫になっているのを見られ、子を残して海に帰っていくという悲劇が記されています。

現代と異なり医療も未発達の時代は出産は命がけでした。『★枕草子』で「すさまじきもの」の中に「ちご亡くなりたる産屋」が挙げられていますが、こういうことも珍しくなかったのです。無事誕生は貴重なことで、お祝いが行われます。『★紫式部日記』では、中宮彰子が敦成親王を出産しますが、「三日にならせたまふ夜は、宮づかさ、大夫よりはじめて御産養ひつかうまつる。」とあり、五日、七日、九日目にもこの「産養ひ」のお祝いが行われたようすが描かれています。

(絵…祝いの膳を前に、薫を抱く源氏〈源氏物語絵巻〉より)

うべ【宜・諾】

━**同感・同意する気持ち** ─なるほど。いかにも。

副詞 **なるほど。いかにも。**

東の市の植木の木足るまで逢はず久しみうべ恋ひにけり 歌〈万葉集・3・310〉訳 東の市に植えてある木の枝が生い茂るまで、逢わないで長い時間がたっているので、**なるほど**(こんなに)恋しく思ったのだったなあ。

「**うべ、かぐや姫、好もしがりたまふにこそありけれ。**」〈竹取・火鼠の皮衣〉訳「**なるほど**、(やっと手に入った火鼠の皮衣というものは)かぐや姫が、好ましく思って欲しがりなさる(のももっともな)ものであったのだなあ。」

発展 ①**うべ↓む(ん)べ** 上代には「うべ」であったが、中古以降、「むべ」「んべ」と表記されることが多くなる。これは、マ行音・バ行音の前に付く語頭の「う」が、「む(ん)」と表記されるようになったためである。「うま↓むま」「うめ↓むめ」なども同じ例。

②**同意を表すことば** 「うべ」は、ある事柄に同意・賛成する気持ちをあらかじめ示し、下に続く文でその内容を述べるという形をとる。

↓**古語チャート**㉚(935ページ)

うべ-うべ-し【宜宜し】形容詞 ↓むべむべし

うべ-こそ【宜こそ】いかにも。なるほど。まったくそうだ。

発展 副詞「うべ」+係助詞「こそ」。「むべこそ」とも。「うべ」を強めたことば。上代には「うべしこそ」の形もあった。

うへ-ざま【上様】― 名詞 上の方。上部。対 下様

うべ-し【宜し】なるほど。もっともなことに。

ここ見ればうべし神代ゆ始めけらしも 歌〈万葉集・20・4360〉訳 (難波の宮の広々としていて豊かである)このようすを見ると、**なるほど**、神々の時代から(都をここに置き)始めたらしいのももっともだなあ。

発展 副詞「うべ」+副助詞「し」。

うへ-つぼね【上局】― 名詞 ❶中宮や女御などが、ふだん使う部屋のほかに、特別に天皇の近くに与えられる部屋。❷貴族の家で、主人の居間の近くに設けた女房の部屋。

うべな-うべな【宜な宜な】副詞 まことにもっとも。なるほどなるほど。本当にまあ。道理で。

うべなうべな母は知らじうべなうべな父は知らじ… 歌〈万葉集・13・3295〉訳(私がどんなにすばらしい娘のもとに通っているのか)**本当にまあ**、母は知らないだろう。**本当にまあ**、父は知らないだろう…。

うへ-な・し【上無し】― 形容詞 ク〈く・く・し・き・けれ・○/から・かり・○・かる・○・かれ〉最も優れている。最高だ。この上ない。

富士の嶺の煙もなほぞ立ち上る上なきものは思ひなりけり 歌〈新古今集・恋2・1132〉訳 富士の嶺の煙もさらに空高く立ち上るけれども、それにもまして**この上ない**ものは恋の思いであることよ。○「思ひ」の「ひ」には、「火」が掛けられている。

うべ-な・ふ【諾ふ】― ━動詞 自 八四段〈は・ひ・ふ・ふ・へ・へ〉服従する。配下となる。

うべなはぬ者は、ただ星の香々背男のみ。〈日本書紀〉訳 **服従し**ない者は、ただ星の神香々背男だけ。

━動詞 他 八四段〈は・ひ・ふ・ふ・へ・へ〉「うべ」と思う。肯定する。承諾する。また、謝罪する。

頓首みて罪をうべなひて、尽くにその地を献る。〈日本書紀〉訳 (蝦夷らは頭を地につけて)礼拝して罪を**謝罪して**、すべてその土地を(御諸別王に)献上する。

発展 ━は、副詞「うべ」+接尾語「なふ」。↓**古語チャート**㉚(935ページ)

うべ・なり【宜なり・諾なり】

━**納得し、肯定するようす** ─**もっともだ。**

未然形	連用形	終止形	連体形	已然形	命令形
うべ・なら	うべ・なり うべ・に	うべ・なり	うべ・なる	うべ・なれ	(うべ・なれ)

形容動詞 ナリ **もっともだ。**

ただに会はずあるはうべなり夢にだに何しか人の言の繁けむ 歌〈万葉集・12・2848〉訳(人のうわさがうるさいので)直接には会わないでいるのは**もっともだ**が、夢(の中で会うこと)にさえどうして人のうわさはうるさいのだろうか。○「ただに会はずあるはうべなり」は挿入句。

発展 ①**語の成り立ち** 副詞「うべ」や動詞「うべなふ」、形容詞「うべうべし」などと同じ語源で、終止形の例が多い。

②**「むべなり」とも** 中古以降、マ行音・バ行音の前に付く語頭の「う」は、「む(ん)」と表記されることが多かった。「うま↓むま」「うめ↓むめ」などと同じように、この「うべなり」も「むべなり」と表記されることもある。

関連語 宜

うへ-の-おほんぞ【上の御衣・表の御衣】― 名詞 「上の衣」を敬った言い方。発展 中世以降は「うへのおんぞ」。

うへ-の-おまへ【上の御前】― 名詞 天皇。天皇のいる前。

うへ-の-きぬ【上の衣】― 名詞 ↓はう(袍)

うへ-の-ざふし【上の雑仕】― 名詞 宮中の行事や儀式などのとき臨時に置かれる、雑役をする下級の女官。

うへ-の-にょうばう【上の女房】― 天皇のそば近くに仕える女房。

うへ-の-はかま【上の袴・表の袴】― 名詞 ❶貴族の男子が正装のとき、大口袴(=形を整えるためにはく小さめの袴)の上にはく袴。表は白、裏は紅。↓束帯(図) ❷女子が着飾るとき、上にはく袴。

[うへのはかま❶]

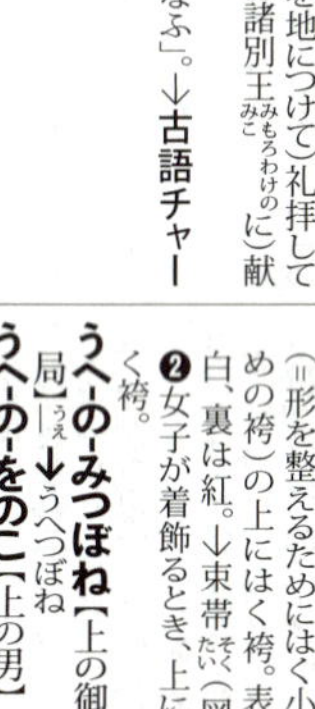

うへ-の-みつぼね【上の御局】― ↓うへつぼね

うへ-の-をのこ【上の男】↓てんじゃうびと

うへ-びと【上人】― 名詞 ★清涼殿の★殿上の間に昇殿を許された者。類 上の男・殿上人

うへ-ぶし【上臥し】― 名詞 宮中に宿直すること。

その夜しも院の御所法住寺殿に上臥しして…。〈平家・2・少将乞請〉訳 その夜ちょうど上皇のお住まいの法住寺殿に**宿直**をして…。

発展「うはぶし」とも。

うへ-みやづかへ【上宮仕へ】― 名詞 常に天皇のそばについて、身辺の用を勤めること。

うべ-も【宜も】なるほど。もっともなことに。道理で。当然。

春なればうべも咲きたる梅の花君を思ふと夜眠も寝なくに 歌〈万葉集・5・831〉訳 春なので**当然**咲いたウメの

花よ。あなたを思うと夜も寝ることができないのだ。

うへ-や【上屋】［名詞］天皇の御座所に近い、女官の詰め所。［発展］副詞「うべ」＋係助詞「も」。

うへ-わらは【上童】［名詞］↓てんじゃうわらは

うま【午】［名詞］❶十二支の七番目。ウマ。❷時刻のひとつ。今の正午ごろ。また、その前後二時間。❸方角のひとつ。南。［発展］中古には多く「むま」と表記されるようになり、後にまた「うま」となった。

うま【馬】［名詞］❶ウマ科の動物。古くから家畜として、農耕・運搬・乗用に用いられた。❷双六のこま。❸将棋のこまのひとつ。桂馬。［発展］中古には多く「むま」と表記されるようになり、後にまた「うま」となった。
↓ビジュアルチェック❹(349ページ)・❺(393ページ)・⓳(881ページ)

うま-い【熟睡】［名詞］ぐっすり眠ること。熟睡。↓古語チャート㉛(971ページ)

うま-いかだ【馬筏】［名詞］川を渡るために、ウマを並べてつなぎ合わせ、筏のように仕立てたもの。

うま-くら【馬鞍】［名詞］ウマに付ける鞍。

うま-ご【孫】［名詞］まご。また、子孫。［発展］中古以降「むまご」とも。

うま-さけ【旨酒・味酒】一［名詞］うまい酒。美酒。
二［枕詞］(神に供える酒を「神酒」ということから)地名「三輪」に係る。また、「三輪山」の別名「三諸山」「三室の山」に係る。さらに、(酒を造るのに生米を醸んだことから)「神」などにも係る。
［発展］二は下に「の」「を」を伴うこともある。

うま・し【甘し・美し・旨し】

物事の加減や具合がよいようす

一［形容詞］〔シク〕
❶**すばらしい。**立派である。
◉上代語。
❷**満ち足りている。**快適である。

二［形容詞］〔ク〕
❶**おいしい。**
❷**上手だ。**手際がよい。
❸**都合がよい。**幸いである。
❹**あさはかだ。**愚かだ。

［形容詞］〔シク〕

未然形	連用形	終止形	連体形	已然形	命令形
うま・しく	うま・しく	うま・し	うま・しき	うま・しけれ	○
うま・しから	うま・しかり	○	うま・しかる	○	うま・しかれ

［形容詞］〔ク〕

未然形	連用形	終止形	連体形	已然形	命令形
うま・く	うま・く	うま・し	うま・き	うま・けれ	○
うま・から	うま・かり	○	うま・かる	○	うま・かれ

一［形容詞］〔シク〕❶《上代語》**すばらしい。立派である。**国原ははけぶり立ち立つ海原はかまめ立ち立つ**うまし国**そ秋津島大和の国は［歌］〈万葉集・1・2〉［訳］平野には(炊事の)煙が次々と立ち上り、広々とした海にはカモメが次々と飛び立っている。(本当に)**すばらしい**国であることよ。大和の国は。○上代には、この例のように、終止形が、直接、体言を修飾する用法を見せた。「秋津島」は「大和」に係る枕詞。

❷**満ち足りている。快適である。**「なでふ心地すれば、かく物を思ひたるさまにて、月を見たまふぞ。**うましき世**に。」〈竹取・かぐや姫の昇天〉［訳］「どんな気持ちがするので、このように物思いにふけっているようすで、月をご覧になるのだ。(こんなに)**快適な**世の中で。」

二［形容詞］〔ク〕❶**おいしい。**［類］甘し
飯食めど**うまく**もあらずゆきゆけど安くもあらず茜さす君が心し忘れかねつも［歌］〈万葉集・16・3857〉［訳］御飯を食べても**おいしく**もない。歩きまわっても心安らかでもない。あなたの(麗しい)心を忘れることができなかったことよ。○「茜さす」は「君」に係る枕詞。

❷**上手だ。手際がよい。巧みだ。**
移り気なるものにして、**うまき色話**にうつつを抜かし…。〈西鶴・好色五人女〉［訳］すべて(女は)移り気なもので、**巧みな**恋愛の話に夢中になり…。

❸《近世語》**都合がよい。幸いである。**
「やあ、**うまいところ**へ出会うたな。」〈近松・国性爺合戦〉［訳］「やあ、**都合のよい**ところで出会ったな。」○「うまい」は連体形「うまき」のイ音便。

❹《近世語》**あさはかだ。愚かだ。お人よしだ。**［類］甘し
「知ったとて言ふものか、**うまいやつら**。」〈近松・津国女夫池〉［訳］「知ったとしても言うものか、**愚かなやつら**(め)。」

［発展］①**語幹の用法**
上代には、一❶で見たように、シク活用の終止形が直接、体言を修飾する用法を見せたが、「うまし」はク活用にも活用するので、語幹「うま」をもとにした「うま寝(＝ぐっすり眠ること)」「うま人(＝身分の高い人)」「うま酒」といった「語幹＋名詞」の用法もある。

②**二種類の活用**
一般的にシク活用の方が主観的感情を強く表すので、その度合いに応じてそれぞれの活用に分かれたものと考えられる。しかし、中古以降はシク活用の例は極端に少なく、ク活用が一般化し、近世になると類義語の「あまし」と同じように、二❹のような否定的な価値観を伴った用法も見られるようになった。

うま-ぞひ【馬副ひ】［名詞］ウマに乗った貴人に付き添う従者。［発展］「うまぞへ」とも。

うま-づかさ【馬寮】［名詞］↓めれう

うまにねて…［句］
馬に寝て残夢月遠し茶のけぶり〈野ざらし紀行・松尾芭蕉〉［訳］ウマの上でうたた寝をして名残の夢を見ているうちに、ふと気付くと、月は遠く傾きかけていた。朝の茶を入れる温かそうな煙が、ゆるやかに立ち昇っていることだ。○［季語］月―秋。「茶のけぶり」とは、そちこちの民家から立ち昇る、朝食に飲む茶を沸かす煙ということであろう。
［発展］「小夜の中山(＝今の静岡県掛川市付近にある坂道)」での作。杜牧の漢詩「早行」を踏まえた句。

うま-の-かみ【右馬の頭】［名詞］＊右馬寮の長官。みぎのうまのかみ。［対］左馬の頭

うま-の-かみ【馬の頭】［名詞］＊馬寮の長官。左右各一人ずついる。

うま-の-すけ【右馬の助】［名詞］＊右馬寮の次官。みぎのうまのすけ。

うま-の-つかさ【馬の寮】［名詞］↓めれう

うま-の-はなむけ【餞】 名詞 旅立つ人を祝福し、その安全を祈って行う送別の宴。また、旅立つ人への贈り物。餞別。はなむけ。↓絵で見る古典生活史❸(221ページ) **船路なれど、むまのはなむけす。**〈土佐日記・十二月二十二日〉訳 (ウマには乗らない)船旅であるけれど、**送別の宴**をする。
発展「むまのはなむけ」とも。

うま-のり【馬乗り】 名詞 乗馬の名人。

うま-ば【馬場】 名詞 乗馬の練習をする広場。ばば。

うまば-の-おとど【馬場の殿】 名詞 競べ馬や騎射などを見物するための建物。発展「うまばどの」とも。宮中では武徳殿が使用されたので、武徳殿のことをもいう。

うま-ひと【貴人】 名詞 身分の高い人。家柄のよい人。高貴な人。

うま-ぶね【馬槽】 名詞 ウマの飼料を入れる容器。飼い葉おけ。

うま-や 名詞 ㊀【駅】旅人のために、ウマや人足などを備えておく施設。宿場。宿駅。律令制で、主な街道に三十里(=約十六キロメートル)おきに設けた。㊁【厩・馬屋】ウマを飼っておく小屋。

うまや-の-をさ【駅の長】 名詞 駅の管理をする人。駅長。

うま・る【生まる】 動詞 自 ラ下二段〈れ・れ・る・るる・るれ・れよ〉この世に生をうける。出生する。生まれる。
知らず、生まれ死ぬる人、いづかたより来たりて、いづかたへか去る。〈方丈記・ゆく河〉訳 分からない、**生まれたり**死んだりする人が、どこから来て、どこへ姿を消すのか。○「知らず」は倒置法をとっている。
発展「むまる」とも。

うまれ-あ・ふ【生まれ合ふ】 動詞 自 ハ四段〈は・ひ・ふ・ふ・へ・へ〉同じ時代に生まれる。同時代に生きる。同じときに生まれる。生まれ合わせる。
灌仏の日に生まれ合ふ鹿の子かな 句〈笈の小文・芭蕉〉訳 灌仏の日(=陰暦四月八日の釈迦誕生会)に(たまたま)**生まれ合わせた**シカの子は、まことに仏縁の深いことだ。

う-まれう【右馬寮】 名詞 左・右あるうちの、右の★馬寮。対 左馬寮 ↓ビジュアルチェック⑮(757ページ)

うま-れう【馬寮】 名詞 ↓めれう

うまれしも… 歌 ↓むまれしも…

うまれる (現)↓(古)**うまる【生まる】**

うみ【海】 名詞 (海洋・湖など)広く水をたたえた場所。
近江の海夕波千鳥汝が鳴けば情もしのに古思ほゆ 歌〈万葉集・3・266〉訳 ↓あふみのうみ…

うみ-が【海処】 名詞 海。海辺。対 陸。発展「が」は「ありか」「すみか」などの「か」と同じで、場所の意味を表す。

うみくれて… 句
海くれて鴨のこゑほのかに白し〈野ざらし紀行・松尾芭蕉〉訳 冬の海が暮れて、薄暗い空のかなたから聞こえるカモの声は、ほのかに白い色のように感じられる。○ 季語 鴨—冬。中五と下七を倒置させて句型を五五七とし「鴨のこゑ」を強調して、余韻を与えている。

うみ-さち【海幸】 名詞 海産物。また、海産物をとる道具。対 山幸

うみ-づら【海面】 名詞 ❶海や湖のほとり。海辺。湖畔。❷海や湖の水面。海上。湖上。

うみならず… 歌
海ならずたたへる水の底までに清き心は月ぞ照らさむ〈新古今集・雑下・1699・菅原道真〉訳 海どころではなく、(もっと深く)満ちている水の底までも、(私の)心は月が(その底までも)照らしてくれることだろう。○「海ならず」の「なら」は、断定の助動詞「なり」の未然形、「ず」は、打消の助動詞「ず」の連用形。「月ぞ照らさむ」の「む」は、推量の助動詞「む」の連体形で、「ぞ」の結びとなっている。
発展 無実の罪によって九州に流された道真が、その心に汚れはないから、天はきっと自分の清い心を見通してくれるだろうと、身の潔白を詠んだ歌。『大鏡』にも見える。

うみ-の-こ【生みの子】 名詞 ❶子孫。❷自分が生んだ子。実の子。

うみ-べた【海辺】 名詞 海岸。発展「うみへた」とも。

うみ-まつ【海松】 名詞 ❶海辺のマツ。❷↓みる(海松)

うみ-やま【海山】 ㊀ 名詞 ❶海と山。❷恩恵などが大きいことのたとえ。
「**おれがあれを育てるにはのう、をばさん、海山の苦労をしたわな。**」〈滑稽本・浮世風呂〉訳「おれがあれ(=息子)を育てるのにはな、おばさん、**多大**の苦労をしたことだよ。」
㊁ 副詞 大いに。たいへん。非常に。
「**それほどにおぼしめしてくださるるは、海山忘れ難うござりまするが…。**」〈狂言・墨塗〉訳「それほどまでにお思いになってくださることは、**たいへん**忘れにくうございますが…。」

うみ-を【績み麻】 名詞 紡いだ麻糸。

うみを-なす【績み麻なす】 枕詞 (績み麻のように長いという意味から)「なが」に係る。

う・む【倦む】 動詞 自 マ四段〈ま・み・む・む・め・め〉嫌になる。飽きる。うんざりする。
やや病身人にうんで、世をいとひし人に似たり。〈幻住庵記〉訳 少し病身で人(との付き合い)に**飽きて**、世を避けた人といったところである。○「うん」は連用形「うみ」の撥音便。
類語比較「たゆむ」「うむ」「ゆるふ」↓弛む

う・む【績む】 動詞 他 マ四段〈ま・み・む・む・め・め〉アサなどを細く裂き、より合わせて糸にする。紡ぐ。
「**かく宿させたまへるかはりに、麻をやある、うみてたてまつらん。**」〈宇治拾遺〉訳「このようにお泊めくださったお礼に、アサはあるか、**紡いで**さしあげよう。」

うめ【梅】 名詞 ❶《植物》バラ科の落葉小高木。また、その花や実。季語 春
なほ梅の匂ひにぞ、いにしへの事も立ちかへり恋しう思ひ出でらるる。〈徒然草・19・折節の〉訳 やはり**ウメの**匂いによって、昔のことも(当時に)立ち返って恋しく思い出される。
❷紋所のひとつ。❶の花を図案化したもの。
❸(「梅襲」の略で)★襲の色目のひとつ。表は濃い紅色、裏は薄い紅梅色。
発展 中古以降「むめ」とも。

うめいちりん… 句
梅一輪一りんほどのあたたかさ〈玄峯集・服部嵐雪〉訳 寒中に咲いたウメが一輪。なるほど、春は知らないうちに近づいてその一輪のほのかな色合いや香りの分、かすかに暖かさが感じられることだなあ。○ 季語 梅—冬。本来「梅」は春の季語だが、嵐雪の一周忌追善集『遠のく』に「寒梅」と前書があるので、冬の句とする。
発展「一りんほどの」を、「一輪づつ」(一輪咲くたびに)とす

る伝えは、誤りである。

うめ-が-え【梅が枝】ウメの木の枝。

うめがかに… 句→むめがかに…

うめ・く【呻く】 動詞 自〔カ四段〕〈か・き・く・く・け・け〉❶（苦しさのあまり）うなり声を立てる。うめく。「**人間ふことあらば、ものを言はぬやうにてうめきて、ゆめゆめ、もののたまふことなかれ。**」〈今昔〉訳「だれかが話しかけることがあったら、口がきけないようすでうめいて、決して、何もおっしゃってはならない。」

❷ため息をつく。嘆息する。「**少し愚かになどもあらむは、こなたかなたおぼさむことのいとほしきぞや。**」とて、**うめきたまへば**…〈源氏・若菜下〉訳（源氏は）「少しでも（女三の宮を）いいかげんになど扱ったとしたら、こちら（＝院）もあちら（＝帝）もご心配になるようなことがお気の毒だねえ。」と言って、**ため息をおつきになる**ので…。

❸苦しんで詩歌を詠む。苦吟する。**世継いたく感じて、あまたたび誦して、うめきて、返し**…〈大鏡・後一条院〉訳（繁樹が歌を詠んだところ）世継はたいへん感心して、何度も口ずさんで、**苦吟して**、返歌（をする）…。

うめ-つぼ【梅壺】 名詞「凝華舎」の別の呼び名。庭にウメが植えてあることから。→**ビジュアルチェック**⑯（759ページ）

うも・る【埋もる】 動詞 自〔ラ下二段〕〈れ・れ・る・るる・るれ・れよ〉❶うずもれる。埋没する。**世の中をはかなきものとみささぎの埋もるる山になげくらむやぞ** 歌〈蜻蛉日記〉訳世の中をはかないものとお思いになり、ご遺体が**うずもれ**（＝埋葬され）ている御陵の山を思って嘆いていらっしゃることだろうね。

❷控えめである。引っ込み思案だ。「**重しとても、いとかうあまり埋もれたらむは、心づきなくわるびたり。**」〈源氏・末摘花〉訳「（いくら親王の姫君という）重い身分だといっても、これほどまでひどく**引っ込み思案で**いるようなのは、おもしろくないし体裁も悪い。」

❸奥まっている。陰気である。**弘徽殿には尚侍の君住みたまふ。登花殿の埋もれたりつるに、晴れ晴れしうなりて**…〈源氏・賢木〉訳弘徽殿には尚侍の君（＝朧月夜の君）がお住みになる。登花殿が**陰気であった**のに対して、こちらは晴れやかな感じになって…。

うもれ-いた・し【埋もれ甚し】 形容詞〔ク〕〈（く）・く・し・き・けれ・○／から・かり・○・かる・○・かれ〉❶気持ちが晴れ晴れしない。**はかばかしうものをも宣ひ合はすべき人しなければ、知らぬ国の心地して、いと埋もれいたく**…〈源氏・須磨〉訳以心伝心にご相談なさることのできそうな人もいないので、（源氏は須磨が）まるで自分の知らない国のような感じがして、たいへん**気持ちが晴れ晴れしないで**…。

❷控えめすぎる。内気すぎる。ひどく地味だ。**心ばへなど、はた、埋もれいたきまで、よくおはする御ありさまに**…。〈源氏・蓬生〉訳（末摘花の）気立てなども、やはり、**控えめすぎる**ほど、よくていらっしゃるごようすに…。

うもれ-ぎ【埋もれ木】 名詞❶長い間埋まっていたために、化石のようになった木。❷世間の人から忘れられた身の上のたとえ。発展 中古以降「むもれぎ」とも。

うもれぎ-の【埋もれ木の】 枕詞（埋もれ木は水底や地中にうずもれて見えないことから）「下（＝心の中）」「知れぬ」などに係る。

うもれる（現）→（古）**うもる【埋もる】**

う-もん【有文・有紋】 名詞❶衣服などに模様や紋があること。対無文 ❷（和歌・連歌・能楽などで）趣向を凝らした巧みな表現。美を表に出した表現。対無文

うやうや・し【恭し】 形容詞〔シク〕〈しく・しく・し・しき・しけれ・○／しから・しかり・○・しかる・○・しかれ〉礼儀正しい。丁重である。**いと恭しく言ひたりしこそ、いみじく覚えしか。**〈徒然草・67・賀茂の岩本、橋本は〉訳たいへん**礼儀正しく**話していたのは、まことに立派だと感じられた。

発展 名詞「礼」を重ねた「うやうや」が形容詞に変化したことば。

うやまう（現）→（古）**ゐやまふ【礼ふ・敬ふ】**

うら【心】 名詞 心。心の内。思い。発展 多くは、「うらがなし」「うらさびし」のように、接頭語のように用いられる。

うら【末】 名詞→うれ（末）

うら【占・卜】 名詞 ものの形などによって神意を問い、ことの成り行きや吉凶を予知すること。占い。**夕占にも占にも告れる今夜だに来まさぬ君を何時とか待たむ** 歌〈万葉集・11・2613〉訳夕方に道で行う占いにも**占いにも**出ている、今夜さえ来られないあなたをいつ（来られる）と待ったらよいのでしょう。

発展 シカの骨による「太占」、カメの甲羅を用いる「亀卜」のほか、「足占・石占・夕占・水占」など、多くの占いがあった。

→**古語チャート**㉚（935ページ）

うら【浦】 名詞❶海・湖などが曲がって陸地に入り込んだ所。入り江。湾。

絵で見る古典生活史❸
旅立ちの日

（絵…騎馬の男女の一行〈石山寺縁起〉より）

古代の旅は、現代からは想像できないほど危険でした。そのため、安全を祈る儀式も丁重に行われたのです。『★万葉集』には「近江道の逢坂山に手向けして我が越え行けば…」など、峠の神に祈るさまが多く見られます。

当時はウマに乗って旅をするのが一般的で、そこから「馬のはなむけ」ということばができました。元来、旅立つ人のウマの★轡をとって、ウマの鼻面を目的地に向け、前途の安全を祈ることでしたが、後には旅路の無事を祈る、門出の宴会や贈り物を指すようになりました。

『★土佐日記』には、土佐から都への出発を前に、多くの人が別れを惜しみながら何日も宴会をするようすが描かれています。その中に「藤原のときざね、船路なれどむまのはなむけす。」という一節があります。船で旅立つので、実際「馬のはなむけ」はないのですが、そのあり得ないことにおもしろさを感じてこんな文を書いたのでしょう。

石見の海角の浦廻を浦なしと人こそ見らめ… 歌〈万葉集・2・131〉訳→いはみのうみ…
❷海岸。海辺。
見わたせば花も紅葉もなかりけり浦の苫屋の秋の夕暮れ 歌〈新古今集・秋上・363〉訳→みわたせば…

うら【裏】 名詞 ❶裏面。反対側。内面。
むつかしげなるもの。縫ひ物の裏。〈枕草子・155・むつかしげなるもの〉訳むさくるしいもの。(刺繍などの)縫い物の**裏面**。
❷(和歌、連歌などで)二つ折りにした懐紙(=たたんでふところに入れておく白い紙)の裏面。

うら‐うへ【裏表】 名詞 ❶裏と表。
❷上下。左右。前後。両側。
「**二人を裏表におきてこそ慰みつるに**…。」〈平家・12・六代〉訳「二人を**左右**において今まで(心が)慰められていたのに…。」
❸反対。逆。あべこべ。うらはら。

うら‐うら 副詞 (多く「に」を伴って、日差しが穏やかなようすを表し)うららかに。のどかに。発展 古くは「うらうらに」、中古以降は「うららかに」「うららと」の形で用いられる。

うらうらに… 歌
うらうらに照れる春日にひばり上がり心悲しもひとりし思へば〈万葉集・19・4292・大伴家持〉訳うららかに照っている春の日にヒバリが(さえずって空高く舞い)上がっているが、(しかし)私の心は悲しいのだ。ただひとりで物思いにふけっていると。○「悲しも」の「も」は、詠嘆の意味を表す終助詞。四句切れ。「ひとりし」の「し」は、強調の意味を表す副助詞。
発展 自分は穏やかな春の昼下がりでも、憂いから解かれることはないという思いを詠んだ歌。

うら‐がき【裏書き】 名詞 文書や巻物などの裏に書き付けた注や証明。覚え書き。

うら‐か・く【裏かく】 動詞 自〔カ四段〕〈か・き・く・く・け・け〉(矢・刀・やりなどがよろいなどの裏まで)貫き通る。貫通する。
鎧に立ったる矢目を数へたりければ六十三、裏かく矢五所〈平家・4・橋合戦〉訳よろいに立った矢傷を数えたところ六十三箇所、(よろいを)**貫通する**矢は五箇所あった。

うら‐がく・る【浦隠る】 動詞 自〔ラ四段〕〈ら・り・る・る・れ・れ〉船が風波を避けて入り江に隠れる。
風吹けば波か立たむとさもらひに都太の細江に浦隠りをり 歌〈万葉集・6・945〉訳風が吹くので波が立ちはすまいかとようすを見るために、都太の細江の**入り江に隠れ**ている。

うら‐かぜ【浦風】 名詞 海辺を吹く風。浜風。

うら‐かた【占形】 名詞 ❶占いで、シカの骨やカメの甲羅を焼いたときに現れる形。❷占い。また、占いをする人。

うら‐がな・し【うら悲し】 形容詞〔シク〕〈しく・しく・し・しき・しけれ・○/しから・しかり・○・しかる・○・しかれ〉❶心の中で悲しく思っている。なんとなく悲しい。もの悲しい。
春の野に霞たなびきうら悲しこの夕影にうぐひす鳴くも 歌〈万葉集・19・4290〉訳→はるののに…
❷いとしい。
発展「うら」は「心」の意味。

うら‐が・る【末枯る】 動詞 自〔ラ下二段〕〈れ・れ・る・るる・るれ・れよ〉草木の葉先や枝先が枯れる。
我が背子を我が恋ひをれば我が宿の草さへ思ひうらがれにけり 歌〈拾遺集・845〉訳私のいとしい人を懐かしく思っていると、わが家の庭の草までが私を思い(=同情して)**葉の先が枯れて**しまった。

うら‐がれ【末枯れ】 名詞 晩秋に、草木の葉や枝の先が枯れること。季語 秋

うら‐ぐは・し【うら麗し・うら細し】 形容詞〔シク〕〈しく・しく・し・しき・しけれ・○/しから・しかり・○・しかる・○・しかれ〉心に染みて美しい。見ていて気持ちがいい。すばらしい。
三諸は人の守る山本辺には馬酔木花咲き末辺には椿花咲くうらぐはし山ぞ泣く子守る山 歌〈万葉集・13・3222〉訳三室の山は人が見張っている山だ。ふもとの辺りにはアシビの花が咲き、頂上の辺りにはツバキの花が咲く。**心に染みて美しい**山だ。泣く子を見張るように人が見張っている(この)山は。○「三諸」は神が来臨する「三室山」のこと。
発展「うら」は「心」の意。風景の美しさをいうことば。

うら‐ごひ・し【うら恋し】 形容詞〔シク〕〈しく・しく・し・しき・しけれ・○/しから・しかり・○・しかる・○・しかれ〉恋しく思う。慕わしい。心をひかれる。
うら恋し我が背の君は撫子が花にもがもな朝な朝な見む 歌〈万葉集・17・4010〉訳**慕わしい**私のあなたがナデシコの花であればよいのに。それなら毎朝毎朝見よう。
発展「うら」は「心」の意味。「うらこひし」「うらごほし」とも。

うら‐さび・し【うら寂し・うら淋し】 形容詞〔シク〕〈しく・しく・し・しき・しけれ・○/しから・しかり・○・しかる・○・しかれ〉心寂しい。もの寂しい。なんとなく寂しい。
君まさで煙絶えにし塩釜のうら寂しくも見えわたるかな 歌〈古今集・哀傷・852〉訳ご主人が亡くなって(塩を焼く)煙も見られなくなってしまった塩釜の浦を、まさにその名のとおり**もの寂しく**見わたすことであるよ。○「しほがま」は塩を焼く釜と地名とを掛ける。「うら」は心を表す「うら」と「浦」とを掛ける。「君まさで煙絶えにし塩釜の」は「うら」を導く序詞。

うら‐さ・ぶ【うら荒ぶ】 動詞 自〔バ上二段〕〈び・び・ぶ・ぶる・ぶれ・びよ〉気持ちがすさむ。心が晴れない。心寂しく思う。
昼はもうらさび暮らし夜はも息づき明かし… 歌〈万葉集・2・210〉訳昼はまあ、**心寂しく思って**暮らし、夜はまあ、ため息をついて明かしながら…。
発展「うら」は心の意味。

うら‐づたひ【浦伝ひ】 名詞 浦から浦へと移っていくこと。

うら‐づた・ふ【浦伝ふ】 動詞 自〔ハ四段〕〈は・ひ・ふ・ふ・へ・へ〉海岸沿いに行く。浦から浦へと移動する。
浦づたふ磯の苫屋の楫枕聞きもならはぬ波の音かな 歌〈千載集・515〉訳**浦から浦へと移動する**(その)磯辺にある粗末な漁師の小屋で舟の楫を枕にして(寝ると)聞き慣れない波の音で(夢を破られるもので)あるよ。

うら‐な・し【うら無し】 形容詞 →最重要語(223ページ)

うら‐な・ふ【占ふ・卜ふ】 動詞 他〔ハ四段〕〈は・ひ・ふ・ふ・へ・へ〉占って吉凶を決める。
玉桙の路行き占にうらなへば妹は会はむと我に告りつる 歌〈万葉集・11・2507〉訳道を行く人のことばで占う辻占いで**占った**ところ、いとしい人は会うだろうと私に占いは告げたことだ。○「玉桙の」は「路」に係る枕詞。
発展「占」に接尾語「なふ」が付いて動詞となったことば。
→古語チャート㉚(935ページ)

うら‐なみ【浦波】 名詞 海辺に打ち寄せる波。
恋ひわびて泣く音にまがふ浦波は思ふ方より風や吹

くらむ 歌〈源氏・須磨〉訳→こひわびて…

うら-の-とまや【浦の苫屋】 海辺にある、苫で屋根を葺いた粗末な漁師の小屋。

うら-ば【末葉】 名詞 草木の先端の葉。こずえの葉。

水門の葦の末葉を誰か手折りしわが背子が振る手を見むと我ぞ手折りし 歌〈万葉集・7・1288〉訳 河口に生えているアシの先端の葉をだれが手で折ったのか。私の夫の振る手を見ようと、私が手で折ったのだ。

うら-びと【浦人】 名詞 ❶海辺に住む人。漁師。❷都を遠く離れてわびしく暮らす人。

うら-び・る 動詞 自〔ラ下二段〕〈れ・れ・る・るる・るれ・れよ〉わびしく思う。悲しみに沈む。しおれる。

秋萩にうらびれをればあしひきの山下とよみ鹿の鳴くなる 歌〈古今集・秋上・216〉訳 ハギの花を見て悲しみに沈んでいると、山のふもとが鳴り響くほど激しくシカの鳴く声が聞こえる。〇「あしひきの」は「山」に係る枕詞。

発展 「うらぶる」の変化したことば。連用形の用例しか見られない。

うら-ぶみ【占文】 名詞 占いに現れたことば。

うら-ぶ・る 動詞 自〔ラ下二段〕〈れ・れ・る・るる・るれ・れよ〉わびしく思う。悲しみに沈む。しおれる。

わたつ海に沈みうらぶれ蛭の子の脚立たざりし年は経にけり 歌〈源氏・明石〉訳 海辺に流浪してわびしく思って、昔、蛭の子の足の立たなかったという年数、三年は過ごしてしまったのだった。〇「蛭の子」は、伊邪那岐・伊邪那美二神の長子。アシの舟に乗せ海に流し捨てられたという。

発展 「うら」は心の意味。

うら-べ【卜部】 名詞 律令制で、神祇官に属し、占いを取り扱った職。

卜部兼好 人名 →吉田兼好

うら-ぼん【盂蘭盆】 名詞《仏教語》陰暦七月十五日を中心に行われる行事。先祖の霊に食物を供え、供養する。季語 秋 類 精霊会・盆 発展 梵語に漢字の音を当てはめたことば。「うらんぼん」とも。

うら-ぼん-ゑ【盂蘭盆会】 名詞 →うらぼん

うら-まず【恨まず】（現）→（古）**うらみず【恨みず】**
発展 マ行上二段動詞「うらむ」の未然形＋打消の助動詞「ず」。

うら-な・し【うら無し】

「うら(=心)」に、何もないようす

❶無心だ。なんの思いもない。
❷心の中に隠し事がない。心の隔てがない。ざっくばらんだ。遠慮がない。
❸考えが浅い。うっかりしている。無警戒だ。

形容詞〔ク〕

未然形	連用形	終止形	連体形	已然形	命令形
うらな・く うらな・から	うらな・く うらな・かり	うらな・し 〇	うらな・き うらな・かる	うらな・けれ 〇	〇 うらな・かれ

❶**無心だ。なんの思いもない。**
初草のなどめづらしき言の葉ぞうらなくものを思ひけるかな 歌〈伊勢・49〉訳 春の初めに生え出た草のように、どうして(そのような)目新しいことば(ばかり言うの)か。**無心に**なんとなく(あなたのことを兄のように)思っていたのにねえ。〇特別な恋愛感情がなかったことを「うらなし」と表現している。

❷**心の中に隠し事がない。心の隔てがない。ざっくばらんだ。遠慮がない。**
をかしきことも、世のはかなきことも、**うらなく言ひ慰まんこそうれしかるべきに**…〈徒然草・12・同じ心ならん人と〉訳 おもしろいことも、世間の取るに足りないことも、**ざっくばらんに**話して心が晴れたとしたらうれしいに違いないが…。

❸**考えが浅い。うっかりしている。無警戒だ。**
「かかりけることもありける世を、**うらなくて過ぐしけるよ。**」〈源氏・朝顔〉訳「こうしたこと(=源氏の愛情が他の女性に移ってしまうこと)もあることだった夫婦の仲(というもの)を、**無警戒**(な状態)で過ごしたのだったよ。」

「思はずにのみとりなしたまふ御心の隔てを、『せめて見知らず**うらなくやは**』とてこそ。」〈源氏・松風〉訳「(私が嫉妬していると)心外に解釈なさるばかりの(あなたさまの)お心の隔たりを、『努めて気づかず**うっかりしていて**(よい)だろうか、いや、そんなことはない。』と思えばこそだ。」

発展 **語の成り立ち** 「裏」と同じ語源で「心の中の思い」という意味を表す名詞「うら」に、形容詞「なし」が付いたもの。この「うら」は、「うら悲し」「うら寂し」のように接頭語的に用いられるが、「うらなし」にはもともとの名詞の意味が強く残っているため、「うらもなし」という形でも用いられる。

うら-み【恨み・怨み】 名詞 ❶恨むこと。憎く思うこと。**恨みを負ふつもりにやありけむ**…〈源氏・桐壺〉訳(桐壺の更衣の病気は、他の女御や更衣の)**恨み**を受けることが積もり積もったせいではなかったろうか…。❷残念に思うこと。未練。「この世に少し**恨み残るはわろきわざとなむ聞く。**」〈源氏・夕顔〉訳「この世に少しでも**未練**が残るのは(極楽往生のためには)よくないことだと聞きます。」❸嘆き。悲しみ。悲嘆。悲哀。呉天に**白髪の恨みを重ぬといへども**…〈奥の細道・草加〉訳 遠い異郷の旅の空で白髪(になってしまうような旅)の**嘆き**を重ねるけれども…。

うら-み【浦廻・浦回】 名詞 海岸の曲がりくねった所。

うらみ-か・く【恨み掛く】 動詞 他〔カ下二段〕〈け・け・く・くる・くれ・けよ〉恨み言を言う。

うらみ-は・つ【恨み果つ】 動詞 他〔タ下二段〕〈て・て・つ・つる・つれ・てよ〉徹底的に恨む。恨みぬく。

つれなきを恨みも果てぬ東雲にとりあへぬまで驚かすらむ 歌〈源氏・帚木〉訳 あなたの冷淡さを**恨みぬか**ない(うちに)空が白んで来た明け方に、ニワトリまでがどうしてせわしく私を呼び起こそうとしているのだろう。〇「とりあへぬ」の「取り」に「鳥」(ここではニワトリ)を掛ける。

うらみ-わた・る【恨み渡る】 動詞 他〔ラ四段〕〈ら・り・る・る・れ・れ〉恨み続ける。恨んで年月を過ごす。
「女の御心の乱りがはしきままに、かく**恨みわたりたまふ。**」〈源氏・真木柱〉訳「女心の慎みのないお気持ちに任せて、このように(私を)**恨み続けて**いらっしゃる。」

うらみわび… 百人一首

恨みわび干さぬ袖だにあるものを恋に朽ちなむ名こそ惜しけれ〈後拾遺集・815・相模〉訳（つれない人を）恨み悲しんで、（涙にぬれて）乾かす間もない袖でさえ（朽ちてしまうのが惜しいこと）なのに、恋（の浮き名）のために（きっと）朽ちてしまう（私の）名が惜しいことだ。○「だに」は副助詞。軽いもの（＝「袖」）をあげて、重いもの（＝「名」）を示している。

品詞分解・修辞

恨みわび（バ上二・用）　干さ（縁語）（サ四・未）　ぬ（打消・体）　袖（縁語）　だに（副助）　ある（補動ラ変・体）　ものを（接助）

恋　に　朽ち（縁語）（タ上二・用）　な（確述・未）　む（推量・体）

名　こそ（係助）　惜しけれ（形・已）　（係）↓（結）

うらみ-わ・ぶ【恨み侘ぶ】動詞 他〔バ上二段〕〈び・び・ぶ・ぶる・ぶれ・びよ〉恨み悲しむ。

うら・む【恨む・怨む】動詞 ↓最重要語（224ページ）

うらめ・し【恨めし・怨めし】形容詞〔シク〕〈しく・しく・し・しき・しけれ・○／しから・しかり・○・しかる・○・しかれ〉恨みに思われる。恨めしい。残念だ。くやしく悲しい。「疎からぬおのれらしも、**恨めしく**我をば煮て、辛き目を見するものかな。」〈徒然草・69・書写の上人は〉訳「他人でもないおまえたちが、**恨めしく**私を煮て、ひどい目に合わせることよ。」○煮られているマメのことば。

うらめしげ・なり【恨めしげなり・怨めしげなり】形容動詞〔ナリ〕〈なら・なり（に）・なり・なる・なれ・なれ〉❶恨めしそうだ。いかにも残念そうだ。女君は「いみじからむ道にも、後れきこえずだにあらば。」と**おもむけて、恨めしげに思いたり**。〈源氏・須磨〉訳女君（＝紫の上）は「どんなにつらかったりする旅路でも、後に残り申し上げないのでさえあるならば（＝いっしょに行ければいいのだが）。」とほのめかして、**恨めしそうに**お思いになっている。

❷しっくりいかない。思わしくない。不満だ。「内裏にさぶらふが、世の中**恨めしげに**て、このごろまかでてはべるに…。」〈源氏・少女〉訳「入内しておりますが（娘の）女御が、（帝との）夫婦仲も**思わしくなくて**、このところ里に下がっておりますが…。」

うら・む【恨む・怨む】

苦しみや不満を相手に訴える
- ❶**恨みに思う。悲しむ。**
- ❷**不平不満を訴える。恨み言を言う。**
- ❸**復讐する。**
- ❹（虫や風などが）**悲しみを誘うように音を立てる。**

動詞 他〔マ上二段〕

未然形	連用形	終止形	連体形	已然形	命令形
うら・み	うら・み	うら・む	うら・むる	うら・むれ	うら・みよ

❶**恨みに思う。悲しむ。**荻の葉のそよぐごとにぞ**うらみ**つる風に移りてつらき心を 歌〈大和・106〉訳オギの葉が（風に揺れて）そよそよと音を立てる度に（葉の）裏が見えるように**恨みに思った**。風に（任せるように他の男に）心変わりして（いく）つれない（あなたの）心を。○「うらみ」は「裏見」と「恨み」の掛詞。

❷**不平不満を訴える。恨み言を言う。**花散らす風のやどりは誰か知る我に教へよ行きて**恨みむ** 歌〈古今集・春下・76〉訳↓はなちらす…

❸**復讐する。あだ討ちをする。恨みを晴らす。**「その人に会ひたてまつりて**恨みまうさばや**と思ひて尋ねまうすなり。」〈徒然草・115・宿河原といふ所にて〉訳「その（＝私の師を殺した）人にお会いして**あだ討ちをし**申し上げたいと思って尋ね求め申し上げているのだ。」

❹（虫や風などが）**悲しみを誘うように音を立てる。恨めしげに鳴く。悲しい声で鳴く。**いつしか虫の声々**恨むる**もあはれなり。〈平家・灌頂・女院出家〉訳早くも（秋の）虫が**悲しい声で鳴く**のも寂しい。○秋の虫の声を比喩的にいったもので、自動詞のように用いられる。

発展 ①**語の歴史**　「うら（心）＋見る」が変化したものとして、上代には上一段活用だったとする説がある。近世には、「象潟は恨むがごとし。」〈奥の細道・象潟〉のように四段にも活用するようになって、現代語につながっていく。

②**類義のことば**　「怨」を音読みした「怨ず」があるが、こちらは、当てつけ、皮肉を言う意味を含む。

↓古語チャート❻（215ページ）

うら-めづら・し【うら珍し】形容詞〔シク〕〈しく・しく・し・しき・しけれ・○／しから・しかり・○・しかる・○・しかれ〉心の中で好ましく思う。なんとなく心引かれる。新鮮に感じる。わが背子が衣の裾を吹き返し**うら珍しき**秋の初風 歌〈古今集・秋上・171〉訳私の夫の着物の裾を（風が）翻して、（着物の）裏地が美しいように、**新鮮に感じる**、秋に初めて吹く風よ。○「うら珍し」の「うら」に着物の「裏」を掛ける。

発展 「うら」は「心」の意。

うら-も-な・し【心も無し】❶何気ない。無心だ。**うらもなく**我が行く道に青柳のはりて立てればもの思ひ出つも 歌〈万葉集・14・3443〉訳**何気なく**私が行く道に青いヤナギが芽吹いて立っていたので、ふと思い出したことよ。

❷なんの遠慮もない。隔てがない。**うらもなく**たはぶるれば、いとねたさに…。〈蜻蛉日記〉訳**なんの遠慮もなく**色事に興じるので、ひどくいまいましいために…。

うら-やま・し【羨まし】形容詞〔シク〕〈しく・しく・し・しき・しけれ・○／しから・しかり・○・しかる・○・しかれ〉うらやましい。「いかでかからむ。**うらやましくもあるかな**。」〈大鏡・道長上〉訳「どうして（公任殿は）あのようにすばらしくていらっしゃるのだろう。**うらやましい**ことでもあるなあ。」

うら-や・む【羨む】動詞 他〔マ四段〕〈ま・み・む・む・め・め〉❶ねたむ。そねむ。うらやましく思う。

類語比較 「ともし」と「うらやまし」↓乏し

われすでに人を**うらやむ**ときは、人またわれを**うらやむ**。〈日本書紀〉訳自分がまさに人を**ねたんでいる**ときは、人もまた自分を**ねたんでいる**。

❷(他人や他のもののよいところを見て)自分もそうありたいと思う。

花をめで、鳥をうらやみ、霞をあはれび…。〈古今集・仮名序〉訳(咲く)花を愛し、(鳴く)鳥に対して**自分もそうありたいと思い**、漂うかすみを趣深く思い…。

うらら【麗ら】形容動詞〔二〕(快適な感じで)明るい。うららかだ。のどかだ。

春の日のうららに差して行く舟は棹の雫も花ぞ散りける 歌〈源氏・胡蝶〉訳春の日の光が**うららかに**差している中を棹を差して行く舟は、その棹の滴もサクラの花のように散ったことだよ。○「差し」は日が「差し」と棹を「差し」の掛詞。

うららか・なり【麗らかなり】形容動詞〔ナリ〕〈なら・なり(に)・なり・なる・なれ・なれ〉❶(日差しが)明るく柔らかだ。(陽気が)明るくのどかだ。穏やかだ。

日のいとうららかなるに、海の面のいみじうのどかに…〈枕草子・306・日のいとうららかなるに〉訳日差しがたいへん**穏やかな**ときに、海の面がたいへんのんびりとしていて…。

❷(声が)明るく朗らかだ。

百千鳥の声もいとうららかなり。〈源氏・若菜上〉訳たくさんの小鳥の声もたいへん**明るく朗らかだ。**

❸率直だ。はっきりしている。

うららかに言ひ聞かせたらんは、大人しく聞こえなまし。〈徒然草・234・人のものを問ひたるに〉訳**率直に**説明してやったとしたら、きっと穏やかに(相手に)聞こえるだろうに。

うら‐わ【浦廻・浦回】名詞 ↓うらみ(浦廻・浦回)

うら‐わか・し【うら若し】形容詞〔ク〕〈く・く・し・き・けれ・○／から・かり・○・かる・○・かれ〉❶(木の枝などが)若くてみずみずしい。新鮮だ。

小里なる花橘を引きよぢて折らむとすれどうら若みこそ 歌〈万葉集・14・3574〉訳里にある花の咲いているタチバナを引き寄せて折ろうとしてみるけれど、(まだ)**若くてみずみずしい**ので(折れない)。○「うら若み」の「み」は形容詞の語幹に付いて原因・理由を表す接尾語。

❷幼い。若々しい。

差し離れたる谷の方より、いとうら若き声に、はるかにながめ鳴きたなり。〈蜻蛉日記〉訳(シカが)少し離れた谷の方から、たいへん**若々しい**声で、長く引いて鳴いているのが聞こえる。

発展「うら」は「心」の意味。

うり‐かけ【売り掛け】名詞 代金を後で受け取る約束で商品を売ること。また、その代金。対買ひ掛かり

うりはめば…歌

瓜食めば　子ども思ほゆ　栗食めば　まして偲はゆ　いづくより　来りしものそ　まなかひに　もとなかかりて　安眠しなさぬ〈万葉集・5・802・山上憶良〉訳ウリを食べると、(ウリの好きな)子どもたちのことが自然に思われる。クリを食べると、いっそうしのばれる。いったい、子どもたちは、どこから来たものなのか。(子どもたちの姿が)眼前にやたらに目に付いて、(私を)安心して眠らせてくれないことよ。

発展 反歌は「銀も金も玉も何せむに優れる宝子にしかめやも」。↓しろかねも…

うりょう(現)↓(歴)**うれふ【憂ふ・愁ふ】**最重要語(227ページ)

うーりん【羽林】名詞「近衛府」の中国風の呼び名。また、そこの役人。

雲林院【一】寺社名 京都市北区にあった寺。「うんりんいん」とも。もとは天皇の離宮だったが、後に遍昭が管理し、天台宗の寺となった。『源氏物語』や『枕草子』に数多く見られる。『大鏡』は、この寺の菩提講に来合わせた二老人が対談する形をとっている。

うる【得る】動詞・補助動詞う(得)の連体形。

うるう(現)↓(歴)**うるふ【閏】**

うるおう(現)↓(歴)**うるほふ【潤ふ】**

うるおす(現)↓(歴)**うるほす【潤す】**

うるさ・し 形容詞 ↓最重要語(225ページ)

うるせ・し 形容詞〔ク〕〈く・く・し・き・けれ・○／から・かり・○・かる・○・かれ〉❶巧みだ。上手だ。

「宮の御琴の音は、いとうるせくなりにけりな。」〈源氏・若菜下〉訳「(女三の)宮のお琴の音は、たいへん**上手にな**

うるさ・し

煩わしく、不快であるようす

❶おっくうだ。やっかいだ。煩わしい。
❷わざとらしい。嫌みである。
❸(細かいところに)よく気がつく。細心だ。
❹立派だ。優れている。

形容詞〔ク〕	未然形	連用形	終止形	連体形	已然形	命令形
	うるさ・く	うるさ・く	うるさ・し	うるさ・き	うるさ・けれ	○
	うるさ・から	うるさ・かり	○	うるさ・かる	○	うるさ・かれ

❶**おっくうだ。やっかいだ。煩わしい。**

歯黒め、「さらにうるさし、汚し。」とて、付けたまはず…。〈堤中納言・虫めづる姫君〉訳(姫君は)お歯黒(などというもの)は、「まったく**煩わしい**、不潔だ。」と言って、お付けにならないで…。

「よしなき情けをかけて、うるさきことや言ひかけられん。」〈発心集〉訳「つまらない同情をしたら、**やっかいな**ことを持ちかけられるのではないだろうか。」

❷**わざとらしい。嫌みである。**

見苦しとて、人に書かするはうるさし。〈徒然草・35・手の悪き人の〉訳(字の下手な人が)見苦しいからといって、人に書かせる(＝代筆させる)のは、**嫌みである。**

❸(細かいところに)**よく気がつく。細心だ。**

「例のうるさき御心。」とは思へども、えさは申さで…。〈源氏・夕顔〉訳(惟光は)「(女性に関しては)いつものように**よく気がつく**(源氏の)お心だ。」とは思うけれども、そのようにはとても申し上げられなくて…。

❹**立派だ。優れている。**

「棚機の手にも劣るまじく、その方も具して、うるさくなむはべりし。」〈源氏・帚木〉訳「(その女の裁縫は)七夕の織女の腕前にも劣らないに違いないほど、その方面(の技術)も備わって、**立派で**ございました。」

発展❹は「うるせし」との混同から生じた意味といわれる。

類語比較「むつかし」「うし」「うるさし」↓難し

ってしまったのだなあ。」

❷賢い。気が利く。抜け目がない。利口だ。「この童は、心得てけり。さだに心得てば、うるせき奴ぞかし。」〈今昔〉訳「この使いの子供は、事情を察したな。それだけ気が付いているとしたら、利口なやつだよ。」

うるは・し【麗し・美し】形容詞 → 最重要語（226ページ）

うるはし-だ・つ【麗しだつ】うるわし 動詞 自〔タ四段〕〈た・ち・つ・つ・て・て〉まじめなようすをする。きちんとした態度をとる。**男の御さまは、麗しだちたまへる時よりも、うちとけてものしたまふは、限りもなう清げなり。**〈源氏・夕霧〉訳 男（＝夕霧）のお姿は、きちんとした態度をおとりになっていた時よりも、くつろいでいらっしゃる姿は、この上もなくすっきりと美しく見える。

発展「だつ」は接尾語。

うるはし-み【麗しみ】うるわし《上代語》美しく立派に。また、立派なので。

浜清み浦麗しみ神代より千船の泊つる大和太の浜〈万葉集・6・1067〉訳 浜が清らかで浦が立派なので、神々の時代から多くの船が停泊する大和太の浜であるよ。

うるはしみ・す【麗しみす】うるわしみす 動詞 自〔サ変〕〈せ・し・す・する・すれ・せよ〉大切にする。親しみ愛する。**梓弓真弓槻弓年を経てわがせしがごとうるはしみせよ**〈伊勢・24〉訳（長い）年月を過ごしてきて私が（あなたを）愛してきたように（新しい夫を）親しみ愛しなさい。〇「梓弓真弓槻弓」は「年」を導く序詞。

うるふ【閏】うるう 名詞 ❶陰暦で、暦と季節のずれを調整するために、一年を十三か月とすること。❷「★閏月」の略。発展 陰暦では、平年は十二か月三百五十四日なので、十九年に七回の割合で閏月をおいて調節した。

うる・ふ【潤ふ】うるう 動詞 → うるほふ・うるほす

うる・ふ【憂ふ】うれう 動詞 → うれふ 最重要語（227ページ）

うるふ-づき【閏月】うるう 名詞 陰暦で、★閏年において十二か月以外に加えられた月。

うるふ-どし【閏年】うるう 名詞 陰暦で、一年を十三か月とする年。

うるほ・す【潤す】うるおす 動詞 他〔サ四段〕〈さ・し・す・す・せ・せ〉❶湿らす。ぬらす。

もし夜静かなれば、窓の月に故人をしのび、猿の声に袖

うるは・し【麗し・美し】うるわし

つやつやと光沢があり、端正で美しいようす

❶壮麗だ。美しい。◉主に上代の用法。
❷（容姿や態度が）端正だ。きちんとしている。
❸親密だ。親しい。
❹きちょうめんだ。堅苦しい。
❺間違いない。本当である。

形容詞〔シク〕

未然形	連用形	終止形	連体形	已然形	命令形
うるは・しく	うるは・しく	うるは・し	うるは・しき	うるは・しけれ	○
うるは・しから	うるは・しかり	○	うるは・しかる	○	うるは・しかれ

❶《主に上代の用法》（自然が）**壮麗だ。美しい。立派だ。見事だ。**

倭は国のまほろばたたなづく青垣山隠れる倭しうるはし〈古事記・景行天皇〉訳 大和は国々の中で（最も）優れたよい所だ。重なり合っている青々とした垣根のような山々、その山々に囲まれている大和は美しい。

❷（容姿や態度が）**端正だ。きちんとしている。整っている。**→古語チャート⑫（429ページ）

髪、色に、こまごまとうるはしう、末も尾花のやうにて丈ばかりなりければ…〈枕草子・200・野分のまたの日こそ〉訳（少女の）髪は、つややかで美しく、こまやかに**きちんとしていて**、先端もススキのようで（自分の）身長ほどの長さであったので…。

〇「うるはしう」は連用形「うるはしく」のウ音便。

ただこのつづら折りの下に、同じ小柴なれど、うるはしくし渡して…〈源氏・若紫〉訳 ちょうどこの曲がりくねった坂道の下のほうに、（他の僧坊と）同じ小さく細い柴で作った低い垣であるが、**きちんと**巡らして…。

❸**親密だ。親しい。誠実である。**

昔、男、いとうるはしき友ありけり。片時去らずあひ思ひけるを、人の国へ行きけるを、いとあはれと思ひて、別れにけり。〈伊勢・46〉訳 昔、男には、たいそう**親しい**友人がいた。少しの間も離れないで互いに思い合っていたのだが、（その人が）他の国へ行ったのを、ひどく悲しいと思って、別れてしまった。

❹**きちょうめんだ。礼儀正しい。堅苦しい。格式張っている。**

ただ絵に描きたる、物の姫君のやうに、し据ゑられて、うちみじろきたまふことも難く、うるはしうてものしたまへば…〈源氏・若紫〉訳（葵の上は）まるで絵に描いた、何か（物語の）姫君のように、（じっと）座らせられて、体を少しお動かしになることも難しく、**礼儀正しく**していらっしゃるので…。

〇『源氏物語』では葵の上に対して「うるはし」をよく用い、冷たい感じの美しさを表現している。

❺**間違いない。本当である。正真正銘である。正しい。**

故左馬頭義朝のうるはしき首とて、高雄の文覚上人頸に掛け…〈平家・12・紺掻之沙汰〉訳 亡き左馬頭義朝（＝源義朝）の**正真正銘の**首だといって、高雄の文覚上人が（自分の）首に掛け…。

類語比較「うるはし」「うつくし」「らうたし」

共通点＝人の容姿などについて感じられる、よい印象を表す。

うるはし＝①四段動詞「潤ふ」が形容詞になったもので、もともとは、水にぬれてつやつやと光沢のある美しさを表す。②人の容姿などをいう場合には、きちんと整った端正な美しさや、髪のみずみずしさ、また、冷たい感じの伴う美しさを表す。

うつくし＝①上代には「いとしい」という意味で、特に肉親に対して感じる愛情や親密な愛情を表した。②中古になると、主に「かわいらしい」という意味で用いられるようになり、小さい物・幼い者に対する愛情を表す場合に用いることが多かった。③現代のように「きれいだ・美しい」という意味を表すのは中古末期以降である。

らうたし＝①「うつくし」と同様、「かわいらしい」という意味を表すが、中古になってから漢語をもとに新たに作られたことばである。（ラ行音で始まることばは古代の日本語にはなかった。）②いたわる、ねぎらうという意味を持つ漢語

袖を潤す。〈方丈記・勝地は主なければ〉訳もし夜が静かであるなら、いおりの窓外の月を仰ぎ見ては古き友を思い出し、サルの声を聞いては涙を流して袖をぬらす。○「静かなれば」は、已然形に「ば」が連なっているが、確定条件ではなく、仮定条件を表している。

❷利益・恩恵を与える。

うるほ・ふ【潤ふ】うるおう 動詞 自〔八四段〕〈は・ひ・ふ・ふ・へ・へ〉

❶湿る。ぬれる。

❷恩恵を受ける。恵まれる。**恩光に照らされ、徳沢に潤ひて、国も富み民もやすかりき。**〈古活字本保元・鳥羽院の〉訳（鳥羽院の）暖かなお恵みを受け、豊かなご人徳に**恵まれて**、国も富み人民も平安でいられた。

❸豊かになる。暮らしが楽になる。

うるわし（現）↓（歴）**うるはし【麗し・美し】最重要語**（226ページ）

うれ【得れ】動詞・補助動詞う（得）の已然形。

うれ【末】名詞 木の枝や草葉の先端。こずえ。発展「うら」とも。

うれ 代名詞（相手をののしったり、親しい相手に呼びかけて）きさま。こいつ。この野郎。

「あっぱれ、**おのれは日本一の剛の者と組んでうずな、うれ。**」〈平家・7・実盛〉訳「あっぱれ、おまえは日本一の武勇に優れた者と組もうとするのだな、**こいつ**。」○「組んでうず」は「組みてむとす」→「組みてむず」と変化したもの。

発展「おれ」の変化したもの。「おのれ」など他の代名詞と併用したり、感動詞「いざ」「や」とともに用いられることが多いため、呼びかけを表す感動詞とみることもできる。

うれう（現）↓（歴）**うれふ【憂ふ・愁ふ】最重要語**（227ページ）

うれえる（現）↓（古）**うれふ【憂ふ・愁ふ】最重要語**（227ページ）

うれ・し【嬉し】形容詞〔シク〕〈しく・しく・し・しき・しけれ・○／しから・しかり・○・しかる・○・しかれ〉喜ばしい。快い。ありがたい。

僧都は、「かくなむ。」と聞きたまひて、怪しきものから、「うれし。」となむ思ほしける。〈源氏・紅葉賀〉訳（北山の、なにがしの）僧都は、「（紫の上が）こんなふうだ。」とお聞きになって、不思議に感じるけれど、「**喜ばしい**。」とお思いになったのだった。

「労」に形容詞「いたし」が付いた「らういたし」から変化し、弱々しく無力なものをなんとかしてやりたいという気持ちが伴ったかわいらしさ、いとしさを表すことばといわれている。

うれ・ふ【憂ふ・愁ふ】

うれ（りょ）う 動詞 他〔八下二段〕

心に悩みを持ち、人に嘆き訴える

❶（悩みや苦労を人に）訴える。**嘆き訴える。**
❷**悲しむ。心を悩ます。**
❸（病気に）**かかる。**

未然形	連用形	終止形	連体形	已然形	命令形
うれ・へ	うれ・へ	うれ・ふ	うれ・ふる	うれ・ふれ	うれ・へよ

❶（悩みや苦労を人に）**訴える。嘆き訴える。**「**なほえ耐ふまじくなむ。」と憂ふ。**〈源氏・空蟬〉訳「（腹の痛みを）やはり我慢できそうもなくて。」と（老女房が）**嘆き訴える**。

❷**悲しむ。心を悩ます。ただ、人間の望みを断ちて、貧を憂ふべからず。**〈徒然草・217・ある大福長者の〉訳いちずに、人間の（世俗的な）願いを断ち切って、貧乏を**悲しんで**はいけない。

❸（病気に）**かかる。患う。この人、昔は身の病を憂へき。今は人の病をいやしぬ。**〈今昔〉訳この人は、昔は自分自身の病気を**患った**。今は他人の病気を治してしまう。

発展 ①**語の歴史** 悩みなどを口に出して人に訴える意味を表す❶がもともとの意味。同じ意味のことばに「訴ふ」があるが、中古の和文では「うれふ」の方が多く用いられた。しだいに、❷のように、人には訴えないで、単に心の中に悩みを持つ意味だけを表すようになっていった。

②**連用形の「うれひ」** 中古以後、連用形に「うれひ」という形もまれに見られ、四段あるいは上二段の活用も存在したかといわれる。しかし、「うれふ」はほとんどの用例が下二段活用の動詞であることを示しているので、連用形にだけ見られる「うれひ」は「うれへ」が変化したものと考えられる。

③❸の用例は少なく、「患ふ」とも表記される。

類語比較「**なげく**」と「**うれふ**」↓嘆く

うれし・ぶ【嬉しぶ】動詞 自〔バ上二段〕〈び・び・ぶ・ぶる・ぶれ・びよ〉うれしく思う。うれしがる。

いきどほる心の内を思ひ延べうれしびながら…歌〈万葉集・19・4154〉訳（自分のタカが鳥を追うのをふり仰ぎ見ながら）晴れやらない心の内をのびのびとさせ、**うれしく思いながら**…。

発展「うれしむ」とも。

うれし・む【嬉しむ】動詞↓うれしぶ

うれた・し【慨たし】形容詞〔ク〕〈く・く・し・き・けれ・○／から・かり・○・かる・○・かれ〉腹立たしい。嘆かわしい。情けない。

「**あなづらはしく目慣れてのみ見なしたまふらむも、方々に口惜しくも、うれたくも覚ゆるを…。**」〈源氏・若菜下〉訳「（年老いた私のことを）取るに足らず変わりばえもしないと（ばかり）思っていらっしゃったりすることも、あれやこれやの点で残念にも、**情けなく**も思われるのだが…。」

うれは・し【憂はし・愁はし】うれわし 形容詞〔シク〕〈しく・しく・し・しき・しけれ・○／しから・しかり・○・しかる・○・しかれ〉心配だ。嘆かわしい。

「**いと遠き所に年ごろ経にけるを、母なる人のうれはしきことに思ひて…。**」〈源氏・宿木〉訳「（浮舟が）たいへん遠い地方でずっと過ごしてきてしまったことを、母である人が**嘆かわしい**ことであると思って…。」

うれひ【憂ひ・愁ひ】うれい 名詞↓うれへ

うれひつつ…句

愁ひつつ岡にのぼれば花いばら〈蕪村句集・与謝蕪村〉訳やるせない愁いを抱いて丘に登ると、そこにはノイバラの可憐な白い花が群れ咲いている。○季語 花いばら—夏。「愁ふ」は本来、下二段動詞で、文法的には「愁へつつ」が正しい。

発展 蕪村にとって「花いばら」は郷愁をかきたてる花であったらしい。

うれ・ふ【憂ふ・愁ふ】動詞↓**最重要語**（227ページ）

うれへ【憂へ・愁へ】名詞 ❶悲しみ。嘆き。悲哀。❷嘆き訴えること。嘆願。**かの憂へせし工をば、かぐや姫呼びすゑて**…。〈竹取・蓬萊の玉の枝〉訳あの**嘆願**した職人を、かぐや姫が呼んで（庭に）控えさせて…。
❸気にかかること。心配。不安。
「いみじう世の**憂へ忘れ**、齢延ぶる、人の御ありさまなり。」〈源氏・若紫〉訳「まったく世の中の**不安**を忘れ、寿命の延びるような、その方（=源氏）のごようすである。」
発展「うれひ」とも。

◐**うれわし**（現）↓（歴）**うれはし**【憂はし・愁はし】

うろ【有漏】名詞《仏教語》煩悩（=欲）を持ち、悟りきれないこと。また、その人。対無漏

うろうろ 副詞（どうしていいか分からないようすを表し）おろおろ。
あっと言ふより納戸に入り、うろうろしても銀はなし。〈近松・冥途の飛脚〉訳あっと言うやいなや納戸に入り、**おろおろと見回しても金はない**。
発展多く「うろうろと」の形で用いられる。

うろくづ【鱗】名詞 ❶魚のうろこ。❷魚。発展「いろくづ」とも。

うろん・なり【胡乱なり】形容動詞（ナリ）〈なら・なり（に）・なり・なる・なれ・なれ〉当てにならない。不誠実だ。怪しい。疑わしい。
「一々覚えあることながら、**証拠なくてはうろんなり**。自らが父と言ふ、**証拠あらば、聞かまほし**。」〈近松・国性爺合戦〉訳「どれも身に覚えのあることではあるが、証拠がなくては**疑わしい**。自分が父と名乗る、その証拠があるならば、聞きたいものだ。」

うゐ【有為】名詞《仏教語》因縁によって生じる、この世のすべての現象・事物。対無為

◐**うわなり**（現）↓（歴）**うはなり**【後妻】

うゐてんぺん【有為転変】名詞《仏教語》この世で起こる出来事は因縁によって生じ、常に移り変わるものであるということ。
発展「うゐてんぺん」とも。

うゐのおくやま【有為の奥山】名詞 無常なこの世を、越えにくい奥山にたとえたことば。いろは歌の一節。

うゑ【飢ゑ】名詞 空腹であること。飢餓。発展ワ行下二段動詞「飢う」の連用形が名詞化したもの。

うゑもん【右衛門】名詞 ↓うゑもんふ

うゑもんのかみ【右衛門の督】名詞 ★右衛門府の長官。

うゑもんのすけ【右衛門の佐】名詞 ★右衛門府の次官。

うゑもんのたいふ【右衛門の大夫】名詞 右衛門尉（通常は従六位相当官）で五位の者。

うゑもんのぢん【右衛門の陣】名詞 ★右衛門府の役人の詰め所。

うゑもんふ【右衛門府】名詞 ★六衛府の一つ。左衛門府とともに大内裏外郭の諸門を警護し、行幸の供奉などを勤めた。対左衛門府

うんか【雲霞】名詞 雲とかすみ。また、人や物が群がり集まってくることのたとえ。

うんかく【雲客】名詞 宮中に仕え、昇殿を許された者。★殿上人
一門の卿相雲客の家々二十余か所、付き付きの輩の宿所宿所…。〈平家・7・維盛都落〉訳（平家）一門の公卿や**殿上人**の家々二十数か所、その従者の多くの宿所…。
発展 天皇を太陽にたとえ（=日の御子・日嗣など）、公卿を月にたとえ（=月卿）て呼ぶように、殿上人を雲にたとえたことば。

うんかのごとし【雲霞の如し】雲や霞がわき起こるように多い。数え切れないほどである。
「御方の軍兵、**雲霞のごとく**さうらふ。」〈平家・9・敦盛最期〉訳「わが軍の兵は**数え切れないほど**（集まって）おります。」
発展 軍勢などが無数に集まることのたとえとして用いられることが多い。

うんくわん【雲関】名詞 雲にある関所。空の高い所。

うんしやう【雲上】名詞 雲の上。転じて、宮中。朝廷。

うんじやう【運上】名詞 ❶鎌倉時代、公の品物や年貢を京都へ運送・上納したこと。❷（「運上金」の略で）江戸時代、商・工・運送業者などに課せられた税金。
発展「うんしやう」とも。

うんしやう・な【雲上な】形容動詞〔口語化〕上品で高尚だ。気位が高い。お高くとまっている。
人が軽しむると心得て、**うんしやうにばかり構へ**…。〈傾城禁短気〉訳人が（自分を）軽んじる（のではないか）と用心して、**お高くとまっている**ぐらいに振る舞い…。

雲州〔旧国名〕↓出雲

うん・ず【倦んず】

━**興味・意欲がなくなる** ┣**うんざりする**。**嫌になる**。

未然形	連用形	終止形	連体形	已然形	命令形
うん・ぜ	うん・じ	うん・ず	うん・ずる	うん・ずれ	うん・ぜよ

動詞（自）〔サ変〕**うんざりする**。**嫌になる**。**ふさぎ込む**。
世の中をうんじて筑紫へ下りける人、女のもとにおこせたりける。〈大和・59〉訳世の中が**嫌になって**筑紫（=今の九州地方）へ下った人が、女の所に送ってよこした歌。
まことにまめやかにうんじ、心憂がれば…。〈枕草子・87・職の御曹司におはしますころ、西の廂にて〉訳本当に心底**ふさぎ込んで**、つらがると…。
発展 **語の歴史**　「倦みす」の撥音便かと推測されるが、「倦みす」という形で用いられた例はない。そこで、「憂し」の語幹に接尾語「み」の付いた「うみ」に、さらにサ変動詞「す」が付いたものからかという説、「鬱す」からかという説などもある。

うんすい【雲水】名詞 ❶雲と水。❷雲が漂い行き、水が流れて一か所にとどまらないように、諸国を遍歴し、思うままに旅をすること。また、そうして修行する僧。行脚僧。

うんでい【雲泥】名詞 雲と泥。また、（空の雲と地の泥のように）隔たり、違いの激しいこと。

うんぬん【云云】名詞（引用したことばや文章の、後の部分を省略する場合に用いることばで）これこれ。しかじか。
発展「うんうん」の上の「ん」が次の「う」の音と連なって「ぬ」と発音されるようになったもの。

うんめいでん【温明殿】名詞 内裏十七殿の一つ。綾綺殿の東にあり、神鏡を安置する。発展内侍が常に詰めていたので、内侍所とも。↓ビジュアルチェック⑯（759ページ）

うんもん【雲門】名詞 雲の出入りする所。高い峰。

え

❓**え【得】**動詞・補助動詞う（得）の未然形・連用形。

❓**え**（現）↓（歴）**へ【重】【上】**

❓**え** 自発・受身・可能の助動詞**ゆ**の未然形・連用形。

❓**え**（現）↓（歴）**ゑ【衛：会：回：廻：絵：恵：慧：穢】**

え【江】名詞 海・湖などの、陸地に入り込んでいる部分。入り江。湾。

え【枝】名詞 えだ。

磐代の浜松が枝を引き結びま幸くあらばまたかへりみむ 歌〈万葉集・2・141〉訳↓いはしろの…

え【疫】名詞 ↓えやみ

え【縁】名詞 ゆかり。縁。発展「えん」の「ん」を表記しない形。「えん」には、「えに」という表記もあった。

え 副詞 ↓最重要語（229ページ）

え 感動詞《上代語》喜びや悲しみなど、心に深く感じて発することば。ああ。

え苦しゑ水葱の下芹の下吾は苦しゑ〈日本書紀〉訳（私は）**ああ**、苦しいよ、ミズアオイの根もとやセリの根もと（をはい回って）私は苦しいよ。〇「ゑ」は上代の詠嘆を表す助詞。

え 終助詞《近世語》❶（呼びかけて）…よ。
「**おかみさんえ、お富さんえ。**」〈与話情浮名横櫛〉訳「おかみさん**よ**、お富さん**よ**。」
❷（親しみを込めて軽く念を押して）…よ。
「**皆さん、許さんせえ。**」〈幼稚子敵討〉訳「皆さん、許してください**よ**。」
発展 近世初期の上方では、多くは町家の娘や遊女が用いたが、後期の江戸語では男性も用いるようになった。

え-あら-じ【え有らじ・え在らじ】生きていくことができないだろう。（そこにそのまま）いられないだろう。
「**なほいとかうわびしうては、え有らじ。**」〈大和・148〉訳「やはりとてもこのように貧しくては、**生きていくことができないだろう。**」
発展 副詞「え」＋ラ変動詞「あり」の未然形＋打消推量の

え

ある動作ができるようす

❶（可能を表し）**よく…できる**。◉上代の用法。「え＋動詞」の形をとる。
❷（不可能を表し）**とても…でき**（ない）。◉「え＋動詞＋打消」の形をとる。
❸（全部否定を表し）**まったく**（…ない）。**全然**（…ない）。◉多く「え＋動詞・形容詞＋打消」の形をとる。

副詞 ❶《上代の用法》（「え＋動詞」の形で、可能を表し）**よく…できる**。

ここに、その暴浪おのづから伏ぎて、御船え進みき。〈古事記・景行天皇〉訳それで（＝倭建命の妻、弟橘姫が荒波を静めるために入水したので）、その荒波が自然と治まって、お船が**よく**進むことが**できた**。〇この例のように打消を伴わない用法は、上代だけのもの。

❷（「え＋動詞＋打消」の形で、不可能を表し）**とても…でき**（ない）。

子は京に宮仕へしければ、詣づとしけれど、しばしばえ詣でず。〈伊勢・84〉訳子は京都で宮仕えをしていたので、（母のいる長岡に）参上しようとしたけれど、たびたびは**とても**（公用が忙しくて）参上することが**できない**。

「**ただし、この玉、たはやすくえ取らじを、いはむや、竜の頸に玉はいかが取らむ。**」〈竹取・竜の頸の玉〉訳「しかしながら、この（五色に光る）玉を、容易には**とても**取ることは**でき**ないだろうのに、まして、竜の首に（あるその）玉はどうして取ることができるのだろうか、いや、取ることができないだろう。」〇「え」に呼応する打消には、打消推量の助動詞「じ」「まじ」や、打消の接続助詞「で」も用いられる。

❸（多く「え＋動詞・形容詞＋打消」の形で、全部否定を表し）**まったく**（…ない）。**全然**（…ない）。

「**をぢなきことする船人にもあるかな。え知らでかく言ふ。**」〈竹取・竜の頸の玉〉訳「臆病なことを言う船頭であることだなあ。（私を大伴の大納言と）**まったく**知らないでこのように言うのだ。」

「**親王たち、大臣の御腹といへど、なほ差し向かひたる劣りの所には、人も思ひ落とし、親の御もてなしもえ等しからぬものなり。**」〈源氏・薄雲〉訳「内親王が産んだ子、大臣（の姫君）が産んだ子といっても、やはり（本妻と）対立している（素性の）劣る所（＝女性の子）では、世間の人も軽蔑し、父親のお取り扱いも**全然**同等ではないものだ。」

発展 ①下二段動詞「得」の連用形が副詞になったもの。

②打消表現で生じる不可能の意　不可能の意味は、「え」と呼応して用いられる打消表現と併せて、全体で生じるものである。中古以降は打消が応じる場合が普通だが、上代では、「旅寝えせめや長きこの夜を（＝旅寝をすることができようか、いやできないだろう、長いこの夜を）」〈万葉集・12・3152〉のように、反語表現「めや」と呼応して不可能の意味を表すこともあった。

③省略の解釈　❷の場合、会話文では「え」に応じて述べられる部分を省略することがある。たとえば、「今宵はえなむ。」〈枕草子・104・淑景舎、東宮に〉では、「えなむ」の下に「参らず」などを補って、「今夜はとても（参内できません）。」のように解釈する。

識別 **「え」の識別**

品詞と用法	見分け方	例文と訳
下二段動詞「得」の未然形	「手に入れる」の意味。何を手に入れるのかがはっきりわかる。	除目に司得ぬ人の家。〈枕草子・25・すさまじきもの〉訳除目の日に官職を手に入れない人の家は（がっかりである）。
下二段補助動詞「得」の未然形	「え」は他の動詞の下に付いて、可能（＝～できる）の意味を添える。	「竜の頸の玉取りえずは、帰り来な。」〈竹取・竜の頸の玉〉訳「竜の首の玉を取ることができないならば、帰って来るな。」
副詞「え」	「え」＋「動詞・形容詞＋打消」の形をとる。	神鳴る騒ぎに、え聞かざりけり。〈伊勢・6〉訳（女の悲鳴は）雷の鳴るやかましさで、とても聞き取ることができなかった。

助動詞「じ」。

え-あら-ぬ【え有らぬ・え在らぬ】連語 ありえない。**花は盛りをのどかに見まほしく、月は隈なからんことを思ふ心の切なるからこそ、さもえあらぬを嘆きたるなれ。**〈玉勝間〉訳 サクラの花は満開の花をゆったりと見たいと思い、月は陰がないことを思う心が切実であるからこそ、そのようにもありえないことを嘆いているのである。発展 副詞「え」＋ラ変動詞「あり」の未然形＋打消の助動詞「ず」の連体形。

えい（現）↓（歴）**ゑい**【衛】

えい（現）↓（歴）**ゑひ**【酔ひ】

えい【詠】名詞 ❶詩歌を声を出して歌うこと。朗詠。特に、舞楽で舞人が舞いながら詩歌を詠じること。**詠果てて、袖うち直したまへるに…。**〈源氏・紅葉賀〉訳（源氏は）**朗詠**が終わって、袖をお直しになると…。❷詩歌を作ること。また、その詩歌。**一首の御詠をあそばして下されけり。**〈平家・6・祇園女御〉訳（白河院は）一首の御**歌**をお詠みになって（平忠盛に）下された。

えい【纓】名詞 冠の部分のひとつ。冠の後ろに長く垂れているもの。発展 もともとは、*巾子の根元を締めたひものことをいったが、後に形式化し、縁に骨を入れて羅を張り、巾子の後ろに差し込んで背に垂らしたものをいう。形により立纓・垂纓・巻纓・細纓の種類があり、身分によって区別される。↓冠（図）

えい 感動詞 ❶応答のことば。はい。**無期の後に、「えい。」と答へたりければ、僧たち笑ふこと限りなし。**〈宇治拾遺〉訳 長い時間がたった後で、（寺に仕える子供が）「**はい。**」と答えてしまったので、僧たちが笑うことこの上ない。❷力を入れるときの掛け声。❸驚きや怒りの声。まあ。ええい。❹念を押したり、呼びかけるときの声。おい。

えい-えう【栄耀】名詞 ❶世にときめき栄えること。類 栄華。❷ぜいたく。わがまま。発展 近世になると「ええう」の形が一般的になる。

栄花物語 作品名 平安後期の歴史物語。「栄華物語」とも書く。「世継物語」とも。四十巻。正編三十巻、続編十巻。正編の作者は赤染衛門説が有力。宇多天皇から堀河天皇までの十五代約二〇〇年間の歴史を仮名文・編年体で記す。藤原道長の栄華を中心とした宮廷社会を物語性豊かに描いていることが特色。一一〇七（嘉承二）年以前に成立したといわれる。

えい-かん【叡感】名詞 天皇・上皇が感心して褒めること。お褒め。類 御感。**かへって叡感にあづかっしうへは、敢へて罪科の沙汰もなかりけり。**〈平家・1・殿上闇討〉訳（平忠盛は）かえって（鳥羽上皇の）**お褒め**をいただいた以上は、特に罪科に処するという裁定もなかった。発展「叡」は天皇・上皇の行為を表すことば。

えい-きょく【郢曲】名詞 平安後期から室町末期にかけて行われた歌曲の総称。催馬楽・神楽歌・今様など。発展「郢」は中国の春秋時代の楚の都。郢で歌われた俗謡が本来の意味。

えい-ぐ【影供】名詞 神仏、または故人の肖像に供物をささげて祭ること。特に、柿本人麻呂の像を掲げた歌会を指すことが多い。**故土御門内府の亭にて影供ありしとき…。**〈後鳥羽院御口伝〉訳 亡き土御門内府（＝源通親）の屋敷で**柿本人麻呂の像を掲げた歌会**があったときに…。

えい-ぐわ【栄華・栄花】名詞 世に栄えて勢いの盛んなこと。富貴であること。

栄西 人名 平安末期から鎌倉初期の僧。日本臨済宗の開祖。「ようさい」とも。天台宗を修学した後、宋へ二度渡り臨済禅を学ぶ。帰朝後、京都と鎌倉を往復して禅を広めた。著書に『興禅護国論』『喫茶養生記』などがある。1141—1215

叡山 地名 ↓比叡山

えい-しゃく【栄爵】名詞 五位の別の言い方。発展 初めて五位（＝貴族に準じる地位）を与えられることを「叙爵」といい、栄誉としたことから。

えい-しる（現）↓（歴）**ゑひしる**【酔ひ痴る】

えい-ず【映ず】動詞 自（サ変）〈ぜ・じ・ず・ずる・ずれ・ぜよ〉物が光を受けて輝く。照り映える。**空には灰を吹き立てたれば、火の光に映じて、あまねく紅なる中に…。**〈方丈記・安元の大火〉訳（大火事の勢いによって）空には火の粉を吹いて舞い上がらせたので、その炎の光に**照り映えて**、（夜空一面）残す所なく真っ赤に染まっている中で…。

えい-ず【詠ず】動詞 他（サ変）〈ぜ・じ・ず・ずる・ずれ・ぜよ〉❶声に出して詩歌などをうたう。吟じる。類 誦ず・誦んず **ひとり調べ、ひとり詠じて、みづから心を養ふばかりなり。**〈方丈記・境涯〉訳 ひとりで（琵琶を）弾き、ひとりで**歌をうたって**、自分で気晴らしをしているだけである。❷詩歌を作る。詠む。**「牡鹿鳴くこの山里」と詠じけん、嵯峨の辺りの秋のころ…。**〈平家・6・小督〉訳「牡鹿が鳴くこの山里」と（古歌に）**詠んだ**とかいう、（この）嵯峨の辺りの秋の時分は…。○「けん」は過去の伝聞の助動詞。

詠嘆の助動詞 国語・国文法 話し手（書き手）の深い感動を表す助動詞。「感動の助動詞」ともいう。「けり」にこの用法がある。「けり」は過去から現在まで続いている事柄を回想する意味を持つため、和歌や会話文・心内文では、過去の事実に初めて気づいた驚きの気持ちを表すことが多い。↓けり（基本助動詞20）

えい-ぶん【叡聞】名詞 天皇・上皇がお聞きになること。発展「叡」は天皇・上皇の行為を表すことば。

えい-ゆう【英雄】名詞 ❶才知・武勇に優れた人。❷（「英雄家」の略で）大臣・大将を兼ね、摂関家に次ぐ家柄。太政大臣にまで昇進することができた。類 清華。

えいらく-せん【永楽銭】名詞 貨幣のひとつ。かつての中国の王朝であった明の、永楽帝の時代（一四一一年）に鋳造された銅銭。永楽通宝。室町時代から輸入され、広く流通した。

[えいらくせん]

えい-らん【叡覧】名詞 天皇や上皇がご覧になること。**その刀を召し出だして叡覧あれば…。**〈平家・1・殿上闇討〉訳（鳥羽上皇は）その（＝平忠盛の）刀をお取り寄せになって**ご覧になる**と…。

えい-りよ【叡慮】名詞 天皇・上皇のお考え。み心。発展「叡」は天皇・上皇の行為を表すことば。

えう（現）↓（歴）**ゑふ**【酔ふ】

えう【要】名詞 物事の重要な点。大切なところ。かなめ。また、必要。入り用。役に立つこと。

次に細工、よろづに要多し。〈徒然草・122・人の才能は〉訳次に手細工(の品)は、いろいろと役に立つことが多い。

えう-じ【要事】ー名詞 必要な用件。重要なこと。

えう-じゅ【遥授】ー名詞 主に平安時代、国司に任じられた貴族が任地に行かず、その任務を目代などに代行させて京都にいて収入だけを得ること。類遥任

えう・ず【要ず】動詞 他〔サ変〕〈ぜ・じ・ず・ずる・ずれ・ぜよ〉必要とする。求める。

「これをこのごろ案ずるに…かぐや姫の要じたまふべきなりけり…。」〈竹取・蓬萊の玉の枝〉訳「これ(＝くらもちの皇子が匠らに玉の枝を作らせたこと)をこのごろよく考えてみると…(実は)かぐや姫がお求めなさっているものであったよ…。」

えう-ぜん・たり【窅然たり】ー形容動詞〔タリ〕〈たら・たり(と)・たり・たる・たれ・たれ〉奥深く美しい。物静かで美しい。

その気色、えうぜんとして美人の顔を装ふ。〈奥の細道・松島〉訳その(＝松島の)景色は、つい見とれてしまいそうなほど奥深く美しく、まるで美人の顔を思わせる。

えう-な・し【要無し】ー

「要」、つまり必要がないようす ― 必要がない。役に立たない。無用である。

未然形	連用形	終止形	連体形	已然形	命令形
えうな・く	えうな・く	えうな・し	えうな・き	えうな・けれ	○
えうな・から	えうな・かり	○	えうな・かる	○	えうな・かれ

形容詞〔ク〕**必要がない。役に立たない。無用である。**

その男、身を要なき者に思ひなして、「京にはあらじ、東の方に住むべき国求めに。」とてゆきけり。〈伊勢・9〉訳その男は、自分を無用な者であると思い込んで、「都にはいないようにしよう、東国の方に住むことのできる国を探しに(行こう)。」と思って出かけて行った。

発展 異本に、「用なき」と表記される例もあるが、意味は同じと考えてよい。

えう-にん【遥任】ー名詞 ↓えうじゅ

え-えう【栄耀】ー名詞 ↓えいえう

え-き【奕】名詞 碁を打つこと。囲碁。

えき【益】名詞 ↓やく(益)

えき【駅】名詞 宿駅。宿場。類駅

えき-ちゃう【役丁】ー名詞 律令制で、諸国から徴集された成人男子に課せられた労役。また、労役に従事する人。類仕丁

えき-ちゃう【駅長】ー名詞 駅馬や駅船などを管理した宿駅の長。類駅の長

えき-ば【駅馬】名詞 律令制で、宿駅に配備し、公用にあてたウマ。類駅・伝馬

恵慶〔エギャウ〕人名 平安中期の歌人。中古三十六歌仙の一人。安法法師(源融の曾孫)・大中臣能宣・清原元輔・源重之らと交流した。経歴は不明。家集に『恵慶集』がある。生没年不明。

えき-れい【疫癘】名詞 ↓えやみ❶

えき-れい【駅鈴】名詞 官命で旅行する使者に対し、朝廷から駅馬の使用を許可する印として与えられた鈴。

[えきれい(駅鈴)]

えこう(現)↓(歴)**ゑかう**【回向・廻向】

え-さ・す【得さす】

自分のものにするようにさせる ― 与える。くれる。

未然形	連用形	終止形	連体形	已然形	命令形
えさ・せ	えさ・せ	えさ・す	えさ・する	えさ・すれ	えさ・せよ

動詞 自〔サ下二段〕**与える。くれる。**

さらに身に従へる貯へもなくて、水をも手して捧げて飲みけるを見て、生り瓢といふ物を人の得させたりければ…。〈徒然草・18・人はおのれを〉訳(中国の許由という人は)まったく身についた財産もなくて、水でさえも手で(すくい)上げて飲んでいたのを見て、生り瓢(＝ヒョウタン)という物をある人がくれたので…。

発展 **語の成り立ち** 下二段動詞「う(得)」の未然形＋使役の助動詞「さす」が、一語になったもの。和文では、「与ふ」ということばはあまり使われず、「得さす」「取らす」が用いられた。

関連語 与ふ・取らす

え-さら-ず【え避らず】

避けて通れない状況にあるようす ― 避けることができない。やむをえない。

連語 **避けることができない。やむをえない。なしで済まされない。**

あるときには、え避らぬ馬道の戸を鎖しこめ、こなたかなた心を合はせて、はしたなめ煩はせたまふときも多かり。〈源氏・桐壺〉訳(ほかの女御や更衣たちが)あるときには、避けることができない(＝どうしても通らなければならない)中廊下の扉を閉ざし、こちら側とあちら側とで示し合わせて、(桐壺の更衣に)恥をかかせたり困らせたりなさるときも多い。

「若い人参らせよ。」と仰せらるれば、え避らず出だし立つるに引かされて、またときどき出で立てど…。〈更級日記・宮仕え〉訳「(おまえの姉の遺児である)若い者を参上させよ。」と(宮家の方から)おっしゃるので、(姉の遺児を)やむをえず宮仕えに出させる縁に引かれて、(私も)またときどき宮仕えに出たけれど…。

え避らぬことのみいとど重なりて、事の尽くる限りもなく、思ひ立つ日もあるべからず。〈徒然草・59・大事を思ひ立たん人は〉訳(雑用にあれこれかかわっていると)やむをえない用事ばかりがますます重なって、用事がなくなる限界もなく、(出家を)決心する日もあるはずがない。

発展 ①**語の成り立ち** 副詞「え」＋四段動詞「さる(避る)」の未然形＋打消の助動詞「ず」。
②**意味の広がり** 「避る」は、避けるという意味で、「え〜ず」は不可能を表す。したがって、「避けることができない」というのがもともとの意味。そこから、ある事態から逃れられず、どうしてもそうしなければならない状況にあることを表すようになった。「避らず」だけでも同じ意味を表すが、その例は少ない。

関連語 避らず

え・し【善し・良し】形容詞 ↓よ(良・好・善)し

絵島【ゑじま】[エ―] 歌枕 兵庫県、淡路島北東端の海上の岩島。「絵島が崎」「絵島が磯」「絵島の浦」という形で、また「絵」の縁で「色」が詠まれた。

江島其磧【えじまきせき】人名 江戸中期の浮世草子作者。八文字屋（＝浮世草子の代表的な版元）から役者評判記『役者口三味線』を刊行後、『けいせい色三味線』『傾城禁短気』などの浮世草子を発表し、流行作家となった。新しい趣向を取り入れた『世間子息気質』などの気質物、また町人物、時代物など多彩な作品がある。西鶴の作品のまねも多いが、構成や趣向を新しくして、わかりやすい文体でつづった点に特徴がある。*1666—1735*

え-し-も （下に打消の表現を伴って）とても…できない。「**憂きながら人をばえしも忘れねばかつ恨みつつなほぞ恋しき**」歌〈伊勢・22〉訳つれない方と思いながらも、あなたを**とても**忘れることが**でき**ないので、恨めしく思う一方、やはり恋しく思われるよ。

発展 副詞「え」＋副助詞「し」＋係助詞「も」。

恵心【ゑしん】[エ―] 人名 平安中期の天台宗の僧。卜部氏。法号は「源信」。「横川僧都」とも。良源に学んだ。『★往生要集』を著して浄土教成立の基礎をつくり、以後の思想に影響を与えた。『源氏物語』宇治十帖に登場する「横川の僧都」のモデルであるという。*942—1017*

えせ-【似非】接頭語 ❶（名詞の上に付いて）偽の、という意味を表す。語例 **似非者**・**似非幸ひ**（＝見せかけの幸福）❷（名詞の上に付いて）つまらない、劣っている、見苦しい、という意味を表す。語例 **似非歌**・**似非牛**（＝ろくでもないやせたウシ）

えせ-ざいはひ【似非幸ひ】― 名詞 幸福そうに見えるが、実際はそうではないこと。見せかけの幸福。「生ひ先なく、まめやかに、**えせ幸ひなど見てゐたらむ人**は…。」〈枕草子・24・生ひ先なく〉訳将来の見込みもなく、まじめに、**見せかけの幸福**などを（夢）見て暮らしているような人は…。

え-せ-ず …することができない。…できない。「言はまほしきこともえ言はず、せまほしきことも**えせず**などあるが、わびしうもあるかなと…。」〈更級日記・子忍びの森〉訳「言いたいことも言うことができないで、したいことも**できない**などというのが、つらいことだなあと…。」

えせ-ずりやう【似非受領】― 名詞 取るに足りない下級の受領。つまらない受領。

えせ・なり【似非なり】形容動詞（ナリ）〈なら・なり（に）・なり・なる・なれ・なれ〉つまらない。見苦しい。「右衛門の尉なりける者の、**えせなる男親を持たり**て…。」〈枕草子・307・右衛門の尉なりける者の〉訳右衛門の尉（＝右衛門府の三等官）である者で、**つまらない**父親を持っていて…。

えせ-もの【似非者】名詞 ❶偽者。まやかしもの。「ただし、**えせ者にこそさぶらふめれ**。」〈今昔〉訳「だが、（その鬼神は）**まやかしもの**でございましょう。」❷身分の低い者。つまらない者。愚か者。「**昔はえせ者なども皆をかしうこそありけれ**。」〈枕草子・23・清涼殿の丑寅の〉訳「昔は**身分の低い者**でもみんな風流であったなあ。」

えぞ【蝦夷】名詞 ❶古代に、関東・東北地方から北海道にかけて住み、大和朝廷に従わなかった人々。類 夷・蝦夷 ❷北海道の古い言い方。

絵双紙【ゑざうし】[エゾウシ] 文芸用語 江戸時代の通俗的な挿絵文学の総称。「絵草紙」とも書く。一般的に草双紙を指す。子ども向けの絵本から大人の読むものまで、多種多様な作品があった。↓草双紙

えだ 一 名詞 ㊀【枝】❶草木の茎。幹から分かれた細い部分。❷一族。子孫。㊁【肢】手や足。四肢。
二 助数詞【枝・肢】木の枝などの細長い物を数えることば。特に、贈り物に花の付いた木の枝を添えたことから、贈り物を数えるのに用いる。

えだ-ざし【枝差し】名詞 草木の枝の出たようす。枝ぶり。「竜胆は、**枝差し**などもむつかしけれど…。」〈枕草子・67・草の花は〉訳リンドウは、**枝ぶり**などもむさくるしいが…。

え-たり【得たり】連語 やった。しめた。うまくいった。「**得たり、をう。**」と矢叫びをこそしたりけれ。〈平家・4・鵺〉訳（矢が怪物にうまく当たって源頼政は）「**やった、**おう。」と矢叫び（＝射手が獲物をしとめたときに挙げる声）をしたのだった。

発展 下二段動詞「う」の連用形＋完了の助動詞「たり」。「手に入れた」というもとの意味が薄れて、感動詞的に用いられる。「えたりや」「えたりやおう」の形で使われることが多い。

え-たる【得たる】連語 自分のものとした。熟達した。「かやうに我が身を知る心、**得たる人の心なるべし**。」〈風姿花伝〉訳このように自分自身を知る心がけが、**熟達した**人の心といえよう。

発展 下二段動詞「う」の連用形＋完了の助動詞「たり」の連体形。

えだ-を-かは・す【枝を交はす】― 男女の契りが深いことのたとえ。↓連理 発展 白楽天の「長恨歌」の一節「連理の枝」から出たことば。二本の木の枝が互いに枝を連ねることから。

越後【ゑちご】[エチ―] 旧国名 越州。北陸道七か国の一つ。今の佐渡を除く新潟県。古くは「越」と呼ばれた地域の一部。七世紀末に越前・越中・越後の三国に分割されてできたうちの一国。後に出羽国が分立した。↓ビジュアルチェック ❼（450ページ）

越前【ゑちぜん】[エチ―] 旧国名 越州。北陸道七か国の一つ。今の福井県の北部・中部で、敦賀市以北に当たる。古くは「越」と呼ばれた地域の一部。七世紀末に越前・越中・越後の三国に分割されてできたうちの一国。七一八（養老二）年に能登国を、八二三（弘仁十四）年には加賀国を分立した。↓ビジュアルチェック ❼（450ページ）

❸**えつ**（現）↓（歴）ゑつ【越】

え-つき【課役・役調・賦役】名詞 律令制で、税として朝廷が人民に提供させた労働とその土地の産物。

越州【ゑっしう】[エッシュウ] 旧国名 ↓越後・越前・越中

越中【ゑっちう】[エッ―] 旧国名 越州。北陸道七か国の一つ。今の富山県。古くは「越」と呼ばれた地域の一部。七世紀末に越前・越中・越後の三国に分割されてできたうちの一国。後に能登国を合わせたが、再び分かれ出た。↓ビジュアルチェック ❼（450ページ）

えて-かって・なり【得手勝手なり】形容動詞（ナリ）〈なら・なり（に）・なり・なる・なれ・なれ〉《近世以降》自分勝手である。わがままである。「おのがよくも心得ぬあまりに、**得手勝手なるかたに説きこかし**…。」〈癇癖談〉訳（詩歌の深い意味を）自分

自身が十分に理解していないために、自分勝手な方面に説明しまくり…。

え-と【干支】 名詞 ↓かんし

➊えど(現)↓(歴)**ゑど【穢土】**

江戸 地名 今の東京都の中心地域。江戸幕府の所在地となった。平安末期に秩父平氏の一族江戸氏が居住した。その後、一四五七(長禄元)年に太田道灌が江戸城を築いた。一五九〇(天正十八)年、徳川家康が入城してから城下町として急速に発展し、特に一六〇三(慶長八)年の開幕以来、政治の中心地として繁栄。神田・日本橋・京橋の中心市街地が寛永年間(一六二四～一六四四)ごろまでに造成され、大火や地震を経ながらも市街地は広がり続け、幕末には二七七〇町を数えた。総人口は一〇〇万に達したといわれる。

江戸生艶気樺焼 えどうまれうわきのかばやき [―ウハキノカバヤキ] 作品名 江戸時代後期の黄表紙。山東京伝作・画。器量の悪いうぬぼれ男の艶二郎が、色男の評判を立てようと芝居を打つが、すべて失敗し、ついに目が覚めるという筋。黄表紙の代表作。一七八五(天明五)年刊。

えど-がらう【江戸家老】―がろう 名詞 江戸時代、大名の家老のうち、江戸屋敷に詰めていたもの。

江戸語 国語・国文法 近世後期、江戸で発達したことば。近世前期に勢力を持っていた「上方語」に対していう。東国のことばを基盤としてしだいに形成され、文化・文政期(一八〇四～一八三〇)の滑稽本、天保(一八三〇～一八四四)以後の人情本になると完全に独自の体系を持ち、江戸が政治の中心になるのに伴って、共通語のような性格に変化した。江戸語の特色は、下層庶民の江戸訛りにある。

えど-だな【江戸店・江戸棚】 名詞 江戸時代、上方の商人が江戸に出した支店。

えど-まへ【江戸前】―まえ 名詞 ➊江戸のすぐ前の海。今の東京湾内奥の海。芝や品川の沖。また、そこで捕れる新鮮な魚。特に、ウナギ。➋江戸の流儀。江戸風。

え-なむ (下に打消の表現を伴って)簡単には…でき(ない)。「わがものとうち頼むべきを選らむに、多かる中にも、**えなむ思ひ定むまじかりける**。」〈源氏・帚木〉訳「妻として頼りにできそうな人を選んだりするのに、大勢いる中でも、(この人と)**簡単には**決心することが**できそうになかった**のだった。」

発展 副詞「え」＋係助詞「なむ」。

え-ならーず【え成らず】

何かにたとえて説明しようとしてもできないほどの状態
- ➊(状態が)言いようもなくすばらしい。
- ➋(程度が)並々でない。並たいていではない。

連語 ➊(状態が)**言いようもなくすばらしい**。「唐の、大和の、珍しく、**えならぬ**調度ども並べ置き…。」〈徒然草・10・家居のつきづきしく〉訳中国(製)の、日本(製)の、目新しく、**言いようもなくすばらしい**道具類を並べ置いて…。

➋(程度が)**並々でない**。**並たいていではない**。「葦根はふ泥土は上こそつれなけれ下は**えならず**思ふ心を」歌〈拾遺集・893〉訳沼地は表面こそはなんの変化もない(ように私も顔には出さない)が、下(=心の中)では**並々でなく**恋しく思っている心なのになあ。〇「葦根はふ」は「うき(泥土・憂き)」に係る枕詞。

発展 **①語の成り立ち** 副詞「え」＋四段動詞「なる(成る)」の未然形＋打消の助動詞「ず」。この「なら」を断定の助動詞「なり」の未然形とする説もあるが、副詞「え」の下に助動詞「なり」が付く語順は考えにくい。また、「えなり」という形容動詞も存在しないので、やはり四段動詞「成る」であると考えられる。

②意味の広がり 「え～ず」は不可能を表し、ある物事が「…となることができない」というのがもともとの意味。そこから、特定の何かにたとえることができないほどすばらしい、また、程度が並々でないようすを表す。➊は、住居・装束・調度などの趣味のよさをいう場合に用いられることが多い。後世には「言いようもなくひどい」という悪い意味でも用いられた。

関連語 えも言いはず

えに【縁】 名詞 えん。ゆかり。縁故。類縁・えん 発展「縁」のもとの漢字音の末尾のn音を「に」で表記したもの。「銭」→「ぜに」「紫苑」→「しをに」などの「に」も同じ。多くは下に副助詞「し」を伴って「縁し」と慣用的に用いられる。和歌では、多く「江」に掛ける。

えに-し【縁】 名詞 えん。ゆかり。縁故。類縁・えん 発展 中古、「縁し」は多く強意の副助詞「し」を伴った「えにしあらば」「えにしあれば」などの形で用いられたため、後に「えにし」が一語と理解され、「え」「えに」と同じような意味を持つようになった。

榎本其角 人名 江戸前期の俳人。後に宝井氏。蕉門十哲の中でも有力な弟子のひとりで、芭蕉とともに俳諧の革新に努め、蕉風を確立し、発展させた。芭蕉没後、洒落風俳諧の一派を打ち立てた。編著に『虚栗』『五元集』『類柑子』などがある。*1661―1707*

え-はう【吉方】―ほう 名詞 その年の干支によって定める縁起のよい方位。★歳徳神のいる方角。季語 春 発展「吉方」「兄方」「得方」などの表記があるが、近世以降、仮名遣いとしては不適切な「恵方」が一般化した。

えはう-だな【吉方棚】えほう― 名詞 正月、その年の★歳徳神を祭る神棚。その年の吉方に設ける。季語 春

えひ【裛衣】えい 名詞 ↓えひかう

えび【葡萄】 名詞 ➊《植物》ブドウの古い呼び名。➋(「葡萄色」の略で)赤みを帯びた紫色。➌「★葡萄染め」の略。

えひ-かう【裛衣香】えいこう 名詞 装束にたきしめたり文書に挟む香のひとつ。芳香や防虫に用いる。センダンの葉や樹皮をつぶし、ふるいでふるって作る粉末状のものをいう。

えびす【夷・戎】 名詞 ➊北関東以北に住み、大和朝廷に従わなかった人々。えぞ。➋都から遠く離れた土地に住む者。田舎者。➌東国の武士。荒々しい武士。東蝦夷。➍中国でいう未開の異民族。東夷・西戎・南蛮・北狄の総称。発展「えみし」とも。初めは「えみし」といったらしく、アイヌ語の「人・男」を意味することばに由来するといわれる。ふつうは東国の異民族を指すが、大和地方の異民族も指し、征服者の立場から広く服従しない民の意味でも用いられた。さらに、都の人から東国の人を軽蔑して呼ぶときに使われるようになった。

えびす【夷・戎・蛭子・恵比須】 名詞 ➊七福神の一つ。漁業・農業・商業を守護し、福利をもたらす神とされる。烏帽子・狩衣・指貫を着て、右手に釣りざおを持ち、左手にタイを抱えている。➋「★夷講」の略。発展 ➊は商家などで「大黒天」と並んで、福の神としてよ

く祭られる。伊邪那岐・伊邪那美両神の第三子・蛭子だとする言い伝えがあって、「えびす三郎」ともいわれる。

えびす-かう【夷講・恵比須講・戎講】[名詞] 陰暦十月二十日に、商売繁盛を祈り商家で行う恵比須神の祭り。上方では正月十日にも行う。また、誓文払いの後十一月二十日にも行った。[季語] 冬

えびす-ごころ【夷心】[名詞] 情趣を理解しない心。田舎者や武士の荒々しい心。

えびす-むかへ【恵比須迎へ】[名詞] 江戸時代、奈良で正月二日または三日に恵比須神の木版画を売り歩いたこと。また、その売り声。[季語] 春 [発展] 福徳を迎え入れるために、「恵比須迎へ」の札を門口などに張った。「わかえびす」も同じ。

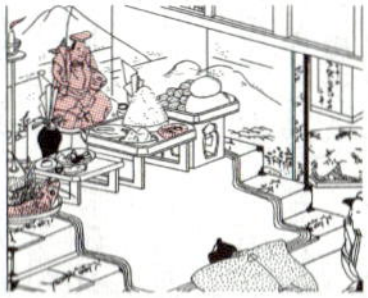
[えびすかう]

えび-ぞめ【葡萄染め】[名詞] ❶染め色のひとつ。やや赤味のある薄い紫色。ブドウの実の色。❷織り色のひとつ。赤い縦糸と紫の横糸で織ったもの。❸★襲の色目のひとつ。表は紫、裏は赤。また、表は蘇芳、裏は縹(＝薄い藍色)とも。冬から春にかけて用いる。

えびら【箙】[名詞] 矢を差し入れて背負う武具。竹箙・革箙・柳箙などがある。矢の数は二十四本が普通。中に筆・紙・硯などの文房具を入れることもあった。

えびら-を-たた-く【箙を叩く】(武士が相手を褒めたたえたり、気勢を上げるようすにいうことばで)えびらをたたいて褒めたたえる。えびらをたたいて気勢を上げる。**陸には源氏、えびらをたたいてどよめきけり。**〈平家・11・那須与一〉[訳] 陸では源氏(の軍勢)が、**えびらをたたいて**大声を上げて騒いだ。

えふ【葉】[一][名詞] 草木の葉。また、葉の先のようにとがった部分。[二][助数詞] 木の葉、紙のように薄い物、小舟などを数えるのに用いる。[語例] 紙一**葉**・一**葉**の舟

➡**えほう**(現)↓(歴)**えはう**【吉方】

え-ぼうし(現)【烏帽子】[名詞] ↓えぼし

え-ぼし【烏帽子】[名詞] 元服した男子のかぶり物のひとつ。身分の上下に関係なく用いられた。平安中期以後、上中流階級は平服に用い、下級・庶民階級は外出用として用いた。位階などによって、立て烏帽子・折り烏帽子・揉み烏帽子など種々の形がある。[発展]「えぼうし」とも。古くは礼冠の下にかぶる頭巾状の柔らかなものであったが、鳥羽天皇のころからは漆で塗り固められるようになり、鎌倉末期には紙製のものが主となった。室町末期以降は儀礼のとき以外用いられなくなった。↓直衣(図)

[えぼし]

えぼし-おや【烏帽子親】[名詞] 武家で、男子が元服のとき、その親に代わって烏帽子をかぶらせ、烏帽子名を与える人。公家の★加冠の役に当たる。↓烏帽子子・烏帽子名 [発展]「元服親」とも。

えぼし-ご【烏帽子子】[名詞] 武家の男子で、元服の際、烏帽子親から烏帽子をかぶせてもらい烏帽子名を付けてもらった者。↓烏帽子親・烏帽子名 [発展] 烏帽子親の名から一字をもらうことが多い。烏帽子親と烏帽子子には血縁関係がなくても、生涯、実の親子のような深いきずなで結ばれていた。

えぼし-な【烏帽子名】[名詞] 武家の男子が、元服のときに、幼名を改め、烏帽子親の名から一字をもらって付ける正式な名前。↓烏帽子親

えぼし-をり【烏帽子折り】[名詞] 烏帽子を作ること。また、その職人。

えみし【蝦夷】[名詞] 奈良時代、北関東以北に住み大和朝廷に従わなかった人々。「えぞ❶」の古称。[発展]「人」を意味するアイヌ語に由来し、アイヌを指すとも、大和朝廷に服属しなかった東部日本の人々を指すともいわれる。

➡**えむ**(現)↓(歴)**ゑむ**【笑む】

え-も ❶よくも。よくまあ。**恋ふといふはえも名付けたり言ふすべのたづきもなきは我が身なりけり**〈万葉集・18・4078〉[訳] 恋するとは**よくまあ**名づけたものだ。(その思いを)言い表すべき方法さえない(つらい)私のこの身であったなあ。❷(下に打消の表現を伴って)どうにも(…できない)。**とばかり、いといたくえもとどめず泣きたまふ。**〈源氏・夕顔〉[訳](惟光が到着して緊張がとけ、源氏は)しばらくの間、ほんとうに激しく**どうにも**止めることができないほどお泣きになる。[発展] 副詞「え」＋係助詞「も」。

え-も-いは-ず【えも言はず】[連語](程度がはなはだしくて)表現のしようがない。言うに言えない。**受領の郎等して、人に猛く見えむと思ひて、えも言はず兵だちける者ありけり。**〈今昔〉[訳] ある★受領の家来で、人に勇ましいと思われようとして、**言うに言えない**(＝ひどい)勇者ぶった振る舞いをする者がいた。[発展]「え言はず」を強めた表現。副詞「え」＋係助詞「も」＋四段動詞「いふ」の未然形＋打消の助動詞「ず」。よい意味でも悪い意味でも使われる。

え-も-しら-ぬ【えも知らぬ】[連語] まったく知らない。**釣りしける船に乗りて、えも知らぬ所に、行きて住みければ…。**〈俊頼髄脳〉[訳](今まで)釣りをしていた船に乗って、**まったく知らない**(＝行ったことのない)所に行き着いて、(そこに)住みついたところ…。[発展] 副詞「え」＋係助詞「も」＋四段動詞「しる」の未然形＋打消の助動詞「ず」の連体形。

え-もの【得物】[名詞] ❶自分が最も得意とする武器、道具。❷最も得意とする物事。

え-もん【衣紋】[名詞] ❶衣服を形よく、着くずれしないようにする作法。着付けや着こなし方。**女のなき世なりせば、衣紋も冠も、いかにもあれ、ひきつくろふ人もはべらじ。**〈徒然草・107・女の物言ひかけたる〉[訳] 女のいない世の中であったならば、**着こなし方**も冠(のかぶり方)も、どうであろうと、身なりを整える人もありますまい。❷着付けの要点となる襟もと。また、ひだや折り目。転じて、衣服の意味でも用いられる。

➡**えもんふ**(現)↓(歴)**ゑもんふ**【衛門府】

え-や ❶(打消の意を含む疑問を表して)…できない(のではないだろう)か。**いと安からず、えや鎮めがたくおはしましけむ…。**〈大鏡・師輔〉[訳](女御の安子は)たいへん不安で、(気持ちを)抑えることが**できなくて**いらっしゃったのではないだろうか…。

❷（反語の表現によって不可能を表し）どうして…できようか、いや、できない。かの霊山の法会に菩薩、聖衆の参り集まりたまひけむも、かくはえや、と見ゆ。〈栄花〉訳あの霊山での法会に菩薩、聖衆が参集なさったとかいうが、このようにはどうして行うことができようか、いや、できない、と見える。

発展 副詞「え」＋係助詞（❶は疑問、❷は反語）「や」。

えーやーは （反語を表して）どうして…できようか、いや、できない。**かくとだにえやはいぶきのさしも草さしも知らじな燃ゆる思ひを** 百人一首〈後拾遺集・612〉訳↓かくとだに…

発展 副詞「え」＋係助詞「や」「は」。「えや」を強めたもの。

えーやみ【疫病】 名詞 ❶一般に、高熱を伴う悪性の流行病。はやりやまい。伝染病。類 疫癘 ❷今のマラリアのような病気。類 瘧・わらはやみ

えよ【得よ】 動詞・補助動詞「う（得）」の命令形。

えら・ぶ【選ぶ・撰ぶ・択ぶ】 動詞 他 〔バ四段〕〈ば・び・ぶ・ぶ・べ・べ〉❶良いものを抜き出す。選択する。**くさぐさの歌をなむ、選ばせたまひける。**〈古今集・仮名序〉訳さまざまの歌を、選択させなさった。❷選び集めて書物を作る。編集する。編纂する。「**四条大納言選ばれたるものを、道風書かんこと、時代やたがひはべらん。**」〈徒然草・88・ある者、小野道風の〉訳「四条大納言（＝藤原公任）が編集なさったもの（＝書物）を、小野道風が書くというようなことは、時代が違うのではないでしょうか。」

発展「える」が中古仮名文学に比較的多く用いられたのに対し、「えらぶ」は漢文訓読文に多く用いられた。

えら・む【選む・撰む】 動詞 他 〔マ四段〕〈ま・み・む・む・め・め〉❶↓えらぶ ❷吟味する。取り調べる。「**国々に新関を立てて、『山伏を堅く選み申せ。』との御ことにてさうらふ。**」〈謡曲・安宅〉訳「諸国に新しい関所を作って、『山伏を厳しく取り調べ申し上げよ。』との（頼朝殿の）ご命令です。」

えりーい・づ【選り出づ】 動詞 他 〔ダ下二段〕〈で・で・づ・づる・づれ・でよ〉多くの中から選び出す。よりぬく。**世の中にをかしきこと、人のめでたしなど思ふべき、なほえり出でて…。**〈枕草子・319・この草子〉訳世の中で趣のあること、人がすばらしいと思うにちがいないことを、（他の本と）やはり同様に選び出して…。

えりーうち【選り討ち】 名詞 敵の中から、強そうな敵を選んで討ち取ること。発展「えらびうち」「えらみうち」とも。

えりーととの・ふ【選り整ふ】 動詞 他 〔ハ下二段〕〈へ・へ・ふ・ふる・ふれ・へよ〉多くの中から、ある基準に合致したものを選んでそろえる。**御厨子どもも開かせたまひて、女君ともろともに、今めかしきはそれそれとえり整へさせたまふ。**〈源氏・絵合〉訳（源氏は絵の入っている）お戸棚のいくつかを開かせなさって、女君（＝紫の上）と一緒に、新味のあるのはあれとあれと選んでそろえさせなさる。

える（現）↓（古）**う【得】**

える（現）↓（歴）**ゑる【彫る】**

え・る【選る・撰る・択る】 動詞 他 〔ラ四段〕〈ら・り・る・る・れ・れ〉多くの中から選ぶ。えらぶ。**唐土に事々しき名付きたる鳥の、えりてこれにのみゐるらむ、いみじう心異なり。**〈枕草子・37・木の花は〉訳中国で仰々しい名前の付いている鳥（＝伝説上の巨鳥、鳳凰）が、多くの中から選んでこれ（＝キリの木）にばかり止まっているとかいうのは、たいへん格別な感じだ。

えーをとこ【え少男・好男】 名詞《上代語》いとしい男。立派な若者。↓え少女 発展「え」は「すばらしい」という意味の接頭語。

えーをとめ【え少女・好女】 名詞《上代語》いとしい女性。美しい女性。↓え少男 発展「え」は「すばらしい」という意味の接頭語。

えん（現）↓（歴）**ゑん【宛：円：園：怨：猿：遠：淵】**

えん【宴】 名詞 酒を飲み、ご馳走を食べ、歌舞などをして楽しむこと。宴会。酒宴。うたげ。

えん【縁】 名詞 ❶《仏教語》間接の原因。直接の原因である「因」に対して、それを外部から助けるもので、特に前世からのものをいう。因縁。類 因 **同じ流れを掬ぶも、多生の縁なほ深し。**〈平家・7・福原落〉訳同じ流れ（の水）を手ですくって飲むのも、何度も生まれ変わる間に結ばれた因縁がやはり深い（からだ）。❷ゆかり。手づる。たより。身より。縁故。**世を背きたまへる宮の御方に、縁を尋ねつつ参り集まりてさぶらふも…。**〈源氏・宿木〉訳出家なさっている宮（＝女三の宮）のもとに、手づるを求めて参集してお仕え申し上げる女房たちも…。❸血縁。夫婦。親子などのつながり。「**我が子の縁に結ぼほれざらんには、これほど心をば砕かじものを。**」〈平家・2・少将乞請〉訳「我が子（＝娘）との血縁に束縛されないということなら、その場合には、これほど心を砕くことはないだろうになあ。」

発展「えに」「えにし」とも。

類語比較「よすが」「ゆかり」「えん」↓縁

えん【縁・椽】 名詞 ❶寝殿造りなどで、*母屋の*廂の外側の細長い板敷きの部分。濡れ縁。すのこ。❷座敷の外側の細長い板敷き。縁側。

えん【艶】 名詞《和歌用語・能楽用語》中世の和歌や能における、美に関する理念のひとつ。優雅さや、あでやかさのある、感覚的な美しさを表す。

えんーいん【宴飲】 名詞 宴会。酒宴。酒盛りをすること。「**銭積もりて尽きざるときは、宴飲、声色を事とせず…。**」〈徒然草・217・ある大福長者の〉訳「金銭がたまって尽きないときは、酒宴、音楽や色事に熱中せず…。」

えんーがく【縁覚】 名詞《仏教語》師につかず、一人で十二因縁の教理を考え、その理法を悟ること。また、その人。独覚、または、辟支仏とも漢訳される。菩薩に次ぐ位。

円覚寺 〔エンガク〕寺社名 神奈川県鎌倉市の寺。臨済宗円覚寺派の大本山。鎌倉五山の第二位。開山は宋僧無学祖元。舎利殿は唐様建築の典型として知られる。一二八二（弘安五）年、北条時宗が創建。

えんーが・る【艶がる】 動詞 自 〔ラ四段〕〈ら・り・る・る・れ・れ〉優美なようすで振る舞う。風流ぶる。つやっぽく振る舞う。**人のためしにしつべき人柄なり。えんがりよしめくかたはなし。**〈紫式部日記〉訳（宮の内侍は）人の手本にするのがふさわしい人柄である。風流ぶったり由緒ありげに気取ったりする点はない。○「えんがり」は連用形中止法で、「よしめく」と対をなし「かた」に係る。

発展「がる」は接尾語。

えん-ぎ【縁起】 名詞《仏教語》❶（「因縁生起」の略で）事物の因縁によって万物が生ずること。❷神社や寺などが創建された由来・霊験などの言い伝え、また、それを記した文書や絵巻。「このしろといふ魚を禁ず。**縁起の旨、世に伝ふこともはべりし**。」〈奥の細道・室の八島〉訳（室の八島神社では）コノシロという魚を（焼いて食べることを）禁じている。（この神社の）**由来**の趣旨が、世間に伝承されていることもございました。❸吉凶のきざし。前兆。

縁起物 文芸用語 御伽草子の一分類。神社・仏閣の創建された由来や霊験について語ったもの。↓縁起・御伽草子

えん-きょく【宴曲】 名詞 中世の歌謡のひとつ。鎌倉時代末から室町時代にかけて、武家を中心に貴族・僧侶などの間に流行し、宴席や★法会で歌われた。内容は、物尽くし・道行きなどで、七五調の歌詞に、天台宗の★声明を取り入れ、扇拍子でリズムをとった。
発展 当初、「★早歌」といっていたが、『★宴曲集』という撰集名によって、この呼び名が行われるようになった。

婉曲 国語・国文法 判断・命令・感動などを直接に表現することを避けて、遠回しに述べる表現。やわらかい口調で聞き手に穏やかな印象を与え、心理的な圧迫感を少なくするという効果がある。結論をぼかして表現したり、身分の高い人の行動を間接的に表現するときに用いられる。次のような形式がある。
①助動詞「めり」を用いて、すでにわかっている事実を、主観的に推定をする表現を借りてやわらげる。「かくて明けぬれば、天禄三年とぞいふ**める**（=こうして（年が）明けたので、天禄三年という**ようだ**）。」
②助動詞「む（ん）」「らむ（らん）」「けむ（けん）」の連体形を用いて表す。連体修飾語をやわらげて言うためのもので、主に体言の上に限って用いられる。「心あら**ん**友もがな（=趣を理解する**ような**友がいればなあ）。」なお、この用法については、想定と解する捉え方もある。
③助動詞「む（ん）」の下に、多く助詞「や」を添えて、相手に対する勧誘をやわらげて表す。「忍びては参りたまひな**むや**（=こっそりと参内なさっては**どうだろうか**）。」
④肯定的内容を、否定的な評価を表すことばに打消の助動詞「ず」を添えて表す。「中の品の、**けしうはあらぬ**、選り出でつべきころほひなり（=（今は）中ぐらいの身分の人で、**それほど悪くはない**女を、きっと選び出すことができそうな時期である）。」
⑤具体的な動作を意味する動詞を避けて、「ものす」を用いて表す。
以上の婉曲表現の多くは、平安時代の女流文学で好んで用いられた。

宴曲集 [ー]シフ 作品名 鎌倉後期の歌謡集。十三世紀末から十四世紀初頭、明空編。五巻。宴曲（早歌）の最初の曲集で、古典や仏典からの引用が多い。↓宴曲

えん-げ・なり【艶げなり】 形容動詞（ナリ）〈なら・なり（に）・なる・なれ・なれ〉優雅だ。風流めいている。思わせぶりだ。「今様の若人たちのやうに、**えんげにもてなさで、いと目安くのどやかなる心ばへならむ**。」とぞ…。〈源氏・椎本〉訳「（大君は）当世の若い人たちのように、**思わせぶりな**素振りも見せないで、たいへん感じのよいおおらかな気性なのだろう。」と…。
発展「げなり」は接尾語。

縁語 文芸用語 主として和歌の修辞技法のひとつ。一首の歌の中のあることばと、意味や音声の上で密接に関係することば。↓ビジュアルチェック❷（236ページ）

えん-しゃう【炎上】 [ー]シャウ 名詞 燃え上がること。火災。特に宮殿・楼閣などの大建築物が炎上するのをいう。

遠州 [エン]シウ 旧国名 ↓遠江

えん-だう【筵道】 [ー]ダウ 名詞 天皇や貴人が車から降りて通行する際に、服の裾が汚れないように門と母屋との間の通路に敷くむしろ。また、神事に際しても行われた。
発展 普通はむしろの上に白い絹を敷いた。宮中や御幸・行啓の際には、掃部寮の役人が設営した。

えん-だ・つ【艶だつ】 動詞 自〔タ四段〕〈た・ち・つ・つ・て・て〉いかにも優美らしく振る舞う。なまめかしく振る舞う。「**艶だち気色ばまむ人は**、消えも入りぬべき住まひの様なめりかし。」〈源氏・夕顔〉訳**いかにも優美らしく振る舞い**気取ったりする人は、（そのむさ苦しさに恥ずかしくて）穴にも入ってしまうにちがいない家のようであるようだよ。

ビジュアルチェック❷ 縁語

和歌で使われる縁語関係にある語には次のものがある。（）内はよく掛けられることばを表す。

主な縁語

- あし【葦】…刈り根（仮寝）・節（節の間）・節（世）
- いづみ【泉】…汲む・湧く（分く）
- いと【糸】…掛く・綻ぶ・乱る・縒る
- いは【岩】…苔
- かすみ【霞】…立つ
- かり【雁】…空
- きり【霧】…晴る
- けむり【煙】…消ゆ・火（思ひ）
- こころ【心】…飽き（秋）
- そで【袖】…裁つ（立つ）・解く・干す・結ぶ
- つゆ【露】…秋・命・置く・葉
- なにはえ【難波江】…澪標（身を尽くす）・渡る
- なみ【波】…浦・音・帰る・掛く・砕く・濡る
- なみだ【涙】…流る・水
- やど【宿】…泊まる（留まる）
- ゆき【雪】…積もる・解く

縁語のしくみ

- □は縁語の中心となる語。
- ⬚は掛詞で、両側は掛けられていることば。左側は歌の表面上の意味、右側の語は□の語と縁語関係にあり、背景で響き合っている。

唐衣 きつつ なれ にし つま しあれば はるばる きぬる旅をしぞ思ふ 〈古今集・羇旅・410〉

- 唐衣 → 着＝き＝来
- 唐衣 → 慣（着慣れる）＝なれ＝馴
- 唐衣 → 褄（=着物のすそ）＝つま＝妻
- 唐衣 → 張る張る（着物を張る）＝はるばる＝遥々

発展「だつ」は接尾語。

えん・なり【艶なり】

華やかに洗練されて美しいようす
→❶あでやかで美しい。優美である。
→❷なまめかしい。色っぽい。
→❸思わせぶりである。

未然形	連用形	終止形	連体形	已然形	命令形
えん・なら	えん・なり えん・に	えん・なり	えん・なる	えん・なれ	えん・なれ

形容動詞〔ナリ〕❶**あでやかで美しい。優美である。**

松風すごく吹き合はせて、その琴とも聞き分かれぬほどに、物の音ども絶え絶え聞こえたる、いと艶なり。〈源氏・賢木〉訳マツに吹く風がもの寂しく(虫の鳴く声に)合わせるように吹いて、どの楽器とも聞き分けられない程度に、楽器の音などがとぎれとぎれに聞こえているのは、たいへん**優美である**。

月くまなく差し上がりて、空の気色も艶なるに、いとあてやかに清げなるかたちして…いとをかし。〈源氏・藤袴〉訳月は曇りなく(天高く)昇って、空のようすも**あでやかで美しい**ときに、(柏木は)たいへん上品で美しい顔立ちをして…本当に魅力的である。

❷**なまめかしい。色っぽい。**

右近、艶なる心地して、来し方のことなども、人知れず思ひ出でけり。〈源氏・夕顔〉訳右近は(源氏と夕顔の恋の場にいたので)**なまめかしい**気分になり、(頭中将が通ってきていた)今までのことなども、ひとりひそかに思い出したのだった。

女は、なほいと艶に恨みかくるを、「わびし。」と思ひありきたまふ。〈源氏・紅葉賀〉訳女(=老女房の源典侍)は、依然としてとても**色っぽく**恨み言を言いかけるので、(源氏は)「やり切れない。」と思いながら月日を送っていらっしゃる。

❸**思わせぶりである。**

「艶なる歌も詠まず、気色ばめる消息もせで、いとひたやごもりに情けなかりしかば、あへなき心地して…。」〈源氏・帚木〉訳「(女は)**思わせぶりな**歌も詠まず、気取った便りもしないで、まったくひたすら家に引きこもったきりで薄情だったので、(私は)張り合いのない気持ちになって…。」

発展 ①**語の成り立ち**　漢語「艶」が形容動詞になったもの。漢語であるという意識が強いため、和歌には用いられない。つややかさや華やかさを伴った美しさを表し、女性の容貌や自然・心情などについていう。↓**古語チャート⑫**(429ページ)

②**中古の女流文学に多く用いられる**　『枕草子』や『源氏物語』などでは、類義語の「優なり」に比べて圧倒的に多い。逆に、男性の手になる作品には「優なり」の方が多い。

類語比較「いうなり」と「えんなり」「なまめかし」↓優なり
「やさし」「えんなり」「なまめかし」↓優し

えん-にち【縁日】名詞 有縁・結縁の日の意味。神仏の降誕や示現・誓願などの縁があって、祭典や供養が行われる日。

えんねん-の-まひ【延年の舞】名 中世、寺院で大法会の後に余興として僧侶や稚児によって演じられた舞い。延暦寺・興福寺・東大寺などで行われた。

[えんねんのまひ]

えん-ばい【塩梅】名詞 ❶調味料の塩と梅酢。❷食物の味加減。あんばい。❸(臣下が)君主を補佐すること。政務を適切に処理すること。発展 中世末期から、ほどよく物を整えるという意味の「安排」「按排」と混同され、近世では「塩梅」と書いても「あんばい」としか読まなくなった。

えんぶ【閻浮】名詞 ↓えんぶだい

えんぶ-だい【閻浮提】名詞《仏教語》須弥山の南方海上にあり、諸仏が現れる島。大陸の中央には閻浮樹が生える。もと、インドを指したが後に、人間世界、現世の意味でも用いられた。

えんま【閻魔】名詞《仏教語》死者の魂を支配し、生前の行状によって賞罰を与える地獄の王。発展 閻魔羅・閻魔大王・閻羅・閻王ともいう。一般には赤血色の衣に冠をかぶり、目を大きくむいた威嚇的な形相で、手に罪人を縛る縄を持っている。

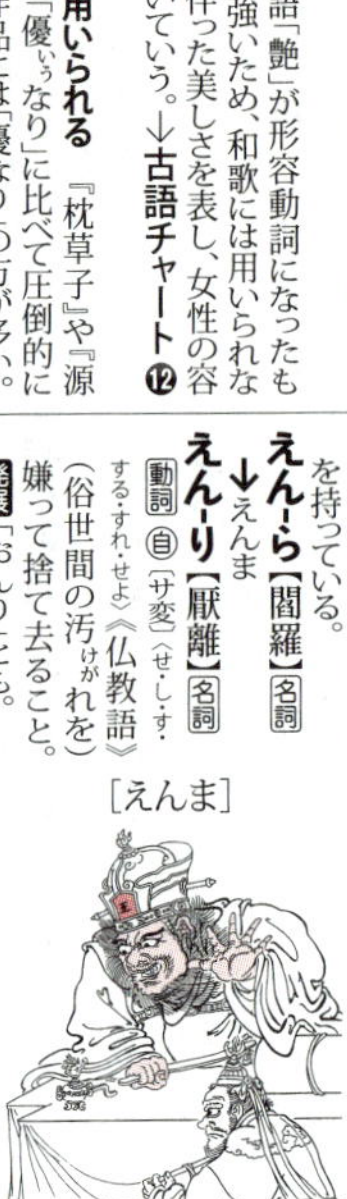
[えんま]

えん-ら【閻羅】名詞 ↓えんま

えん-り【厭離】名詞 動詞 自〔サ変〕{せ・し・す・する・すれ・せよ}《仏教語》(俗世間の汚れを)嫌って捨て去ること。発展「おんり」とも。

延暦寺 寺社名 滋賀県大津市の寺。天台宗の総本山。興福寺の「南都」に対し「北嶺」と呼ばれる。開祖は最澄。七八八(延暦七)年、小堂を営んで比叡山寺と称し、一乗止観院(後の根本中堂)と改称して天台宗を開いた。平安中期、良源のときに全盛期を迎え、浄土教研究も盛んとなって貴族の信仰を集めた。空也・源信らの人材も出た。一五七一(元亀二)年、織田信長の焼き打ちによって全山が焼亡するが、豊臣・徳川両氏によって復興された。↓ビジュアルチェック㉓(1093ページ)

えんりょ(現)↓(歴)**ゑんりょ【遠慮】**

えんり-ゑど【厭離穢土】名《仏教語》けがれたこの世(=穢土)を嫌って、離れること。対 欣求浄土

えん-を-はな-る【縁を離る】世俗の生活から離れる。俗世との縁を切る。

縁を離れて身を静かにし、事にあづからずして心を安くせんこそ、しばらく楽しぶとも言ひつべけれ。〈徒然草・75〉訳(つれづれわぶる人は)**俗世との縁を切って**わが身を静か(な境地)に置き、俗事にかかわらないで心を安らかにしたりするのは、一時的に(生を)楽しむともいうことができよう。

えん-を-むす-ぶ【縁を結ぶ】成仏するための因縁を結ぶ。仏との関係を結ぶ。

その首の見ゆるごとに、額に阿字を書きて、縁を結ばしむるわざをなんせられける。〈方丈記・飢渇〉訳(隆暁法印という人が)その死者(=餓死者)の頭が目に入るたびに、額に「阿」の字を書いて、**仏との関係を結ばせる**(=成仏させる)ことをなさったのだった。

お

お（現）↓（歴）**を**【悪・汚】

お（現）↓（歴）**を**【小】【尾】【牡・雄・男・夫】【麻・苧】【緒】

お-【御】接頭語 ❶（名詞の上に付けて）尊敬の意味を表す。❷（中世以降、女性や幼児の名の上に付けて）軽い尊敬、親しみを示す。語例 **御前**・**御方**・**御事**・**御物** ❸（「お～あり」の形で）お…になる。（お）…なさる。**大峰入りの山伏たちは、百人ばかりざんざめいてお通りある。**〈小栗〉訳（吉野の）大峰山に登る山伏たちは、百人ほどわいわい言いながら**お通りになる**。❹（「お～ない」の形で）お…にならない。（お）…なさらない。**権現は二本の杖をかしこに捨て、かき消すやうにぞお見えない。**〈小栗〉訳 熊野権現は二本の杖をそこに捨てて、かき消すように**お見えにならない**（＝消えてしまわれた）。
発展 ❸は中世に用いられ、近世にも及んだ。❹は❸の打消表現で、中世末期以降に見られる。
関連語 御・おん・ぎょ・ご・み

おい（現）↓（歴）**おひ**【笈】

おい【老い】名詞 年を取ること。老年。また、老人。**舟の上に生涯を浮かべ、馬の口捕らへて老いを迎ふる者は**…。〈奥の細道・発端〉訳 舟の上に身を浮かべ一生を送り、ウマの口を引いて**老年**を迎える者は…。

おい 感動詞 ❶驚いたり思いついたりしたときに発することば。おお。おや。まあ。「**おい、この君にこそ。」と言ひたるを聞きて**…。〈枕草子・137・五月ばかり〉訳「**まあ**、『この君』で（あったわ）。」と（私が）言ったのを（殿上人たちが）聞いて…。○「こそ」の下に「ありけれ」などが省略されている。「この君」は竹の別の呼び名。中国の故事による。❷納得したり承知したりしたときに発することば。おお。うん。「**おい、さり、さり。」とうなづきて**…。〈源氏・玉鬘〉訳（大夫監は）「**おお**、そうだ、そうだ。」とうなずいて…。

おい-おい 感動詞 ❶泣くときに発する声。❷承諾の気持ちを表すことば。はいはい。

おい-かがま・る【老い屈まる】動詞 自〔ラ四段〕〈ら・り・る・る・れ・れ〉年老いて腰が曲がる。「**老いかがまりて、室の外にもまかでず。**」〈源氏・若紫〉訳「**年老いて腰が曲がって**、庵室の外にも出て参れません。」

おい-かけ【老い懸け・緌】名詞 武官の★巻纓の冠の両側に付けた装飾。ウマの尾の毛で作った半月形のもの。↓束帯（図）

おい-くづほ・る【老い頽る】―くずおる 動詞 自〔ラ下二段〕〈れ・れ・る・るる・るれ・れよ〉年老いて心身が弱る。老いぼれる。

おい-ごゑ【老い声】―ごえ 名詞 老い衰えた声。盛りの過ぎた魅力のない声。

おい-さらぼ・ふ【老いさらぼふ】―さらぼう 動詞 自〔ハ四段〕〈は・ひ・ふ・ふ・へ・へ〉年老いて、やせ衰える。老衰する。**尨犬のあさましく老いさらぼひて、毛はげたるを引かせて**…。〈徒然草・152・西大寺の静念上人〉訳（日野資朝卿は）むく犬でみっともなく**年老いてやせ衰えて**、毛のはげているのを（使用人に）引かせて…。

おい-しら・ふ【老い痴らふ】―しろう ❶動詞 自〔ハ四段〕〈は・ひ・ふ・ふ・へ・へ〉年を取ってぼける。老いぼれる。❷動詞 自〔ハ下二段〕〈へ・へ・ふ・ふる・ふれ・へよ〉❶の意味に同じ。**奥の方より老いしらへたる声したる人出で来て**…。〈浜松中納言〉訳 奥の方から**老いぼれた**声をしている人が出て来て…。

おい-し・る【老い痴る】動詞 自〔ラ下二段〕〈れ・れ・る・るる・るれ・れよ〉年を取ってぼける。老いぼれる。「**我は老いしれて、おぼえもなくなりゆく。**」〈落窪〉訳「私（＝中納言）は**老いぼれて**、（宮中での）信望もなくなってゆく。」

老蘇の森 おいそのもり 歌枕 滋賀県蒲生郡安土町、奥石神社の森。ホトトギスの名所。多く、「老い」との掛詞となる。

おい-づ・く【老い就く】動詞 自〔カ四段〕〈か・き・く・く・け・け〉❶老人になる。年を取る。**かく恋ひば老いづく我が身けだし堪へむかも** 歌〈万葉集・19・4220〉訳（嫁いで行った娘を）こんなにいとしく思っていたら、**年を取っていく**私の身は、はたして持ちこたえることができるだろうかなあ。❷年寄りじみる。**なほ童にてあらせまほしきさまを、心と老いつき、やつしてやみ侍りにし。**〈紫式部日記〉訳（宮木の侍従は）まだ童女姿でいさせたいようすであるのに、自分から（好んで）**年寄りじみ**、尼になってそれっきりになってしまいました。
発展「おいつく」とも。「づく」は接尾語。

おい-て【於て】連語 ↓において

おい-なみ【老い次】名詞 年老いたころ。老年。老境。

おいぬれば… 歌 **老いぬればさらぬ別れもありといへばいよいよ見まくほしき君かな**〈古今集・雑上・900・在原業平の母〉訳 年老いてしまうと、避けられない別れ（＝死別）ということもあるというから、（今までよりも）ますます会いたいと思われるあなたであるよ。○「さらぬ別れ」は「避らぬ別れ」で、避けがたい別れ、つまり死別のこと。「まくほしき」は推量の助動詞「む」の古い未然形「ま」＋接尾語「く」＋シク活用形容詞「ほし」の連体形で、「…したい」の意味を表す。「まほし」の古い形である。

おい-の-かたうど【老いの方人】老人の味方として頼りにされる人。
発展『伊勢物語』八十四段にも見える。↓よのなかに…

笈の小文 おいのこぶみ〔オヒノ〕作品名 江戸前期の俳諧紀行。松尾芭蕉著。一六八七（貞享四）年十月二十五日に江戸を出発し、鳴海を経て郷里の伊賀で年を越した後、伊勢・吉野・奈良・大坂・須磨・明石などを遊覧したときの紀行文。一七〇九（宝永六）年刊。

おい-の-なみ【老いの波】年を取ること。また、顔にしわが寄ること。発展 年を取るとともに老いが迫ることや顔に寄るしわを、岸に寄せる波にたとえたことば。

おい-の-ねざめ【老いの寝覚め】老人が、夜中や明け方に目を覚ましやすいこと。

おい-ば・む【老いばむ】動詞 自〔マ四段〕〈ま・み・む・む・め・め〉年寄りじみる。老人めく。**老いばみたる者こそ、火桶の端に足をさへもたげて、もの言ふままに押しすりなどはすらめ。**〈枕草子・28・憎きもの〉訳 **年寄りじみた**者は、火鉢のふちに足までもひょいとかけて、話をしながら（足を）こすったりなどしているのだろう。

発展「ばむ」は接尾語。

おいえりゅう【御家流】 名詞 書道の流派のひとつ。鎌倉時代、伏見天皇の皇子の青蓮院尊円法親王が創始した。江戸時代の公文書は、この書流に限られた。また、寺子屋などでも教えられ庶民の間にも普及した。

おい-ほ・る【老い惚る】 動詞 自 〔ラ下二段〕〈れ・れ・る・るる・るれ・れよ〉年を取ってぼける。老いぼれる。もうろくする。

おい-らか・なり

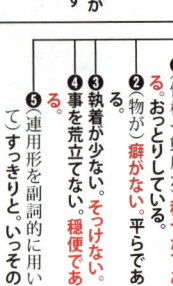

感情の起伏が少ないようす
- ❶（性格や態度が）**穏やかである。おっとりしている。**
- ❷（物が）**癖がない。平らである。**
- ❸**執着が少ない。そっけない。**
- ❹**事を荒立てない。穏便である。**
- ❺（連用形を副詞的に用いて）**すっきりと。いっそのこと。**

未然形	連用形	終止形	連体形	已然形	命令形
おいらか・なら	おいらか・なり おいらか・に	おいらか・なり	おいらか・なる	おいらか・なれ	（おいらか・なれ）

形容動詞〔ナリ〕❶（性格や態度が）**穏やかである。おっとりしている。**「御心ばへの、かからで**おいらかなり**しこそのどかにうれしかりしか。」〈源氏・浮舟〉訳「（あなたの）お気持ちが、このように（めそめそするの）ではなく（以前のように）**おっとりしていた**方が（私は）気がかりでなくうれしかったのに。」○激しい感情を表に出さないようすを「おいらかなり」で表している。右の例からも分かるように、「おいらかなり」は女性（ここでは、浮舟）を賛美する表現として用いられている。
❷（物が）**癖がない。平らである。平凡である。**
白き紙の、上辺は**おいらかに**、すくすくしきに、いとめでたう書いたまへり。〈源氏・胡蝶〉訳（源氏の手紙は）白い紙で、外見は**平凡で**、そっけない（感じを与える）紙に、たいへんすばらしくお書きになっている。
❸**執着が少ない。関心が薄い。そっけない。**
いと**おいらかに**つれなうもてなしたまへるさまの、いと心苦しければ、「いかにせむ。」と思ひ乱れつつ…。〈源氏・真木柱〉訳（玉鬘を訪ねようとする鬚黒の大将は、自分の妻の）たいへん**そっけなく**平然と振る舞っていらっしゃったようすが、ひどく気の毒であるので、「どうしたらいいだろう。」と思い悩みながら…。○「おいらかに」が「つれなく」と並列の関係に立つので、❶の意味とは違う。
❹**事を荒立てない。穏便である。**
ここにもかしこにも**おいらかに**言ひなして、渡したまふなりけり。〈源氏・少女〉訳（娘が夕霧と恋仲であることを知った内大臣はこちらにもあちらにも**穏便に**取り繕って言い、（娘を自分の屋敷へ）お移しになるのであった。
❺（連用形を副詞的に用いて）**すっきりと。いっそのこと。**
「いづこのさる女かあるべき。**おいらかに**鬼とこそ向かひゐたらめ。」〈源氏・帚木〉訳「どこにそんな女（=博士も顔負けの賢女）がいるはずがあるのか、いや、いるはずはない。（そんな女といるぐらいなら）**いっそのこと**鬼と向かい合っていよう。」

発展 ①**語の成り立ち**　「おほらかなり」が変化したものともいわれるが、年長の者は心が平静であるという判断から、「老い」や「親」などのことばと関係するという説もある。
②**女性を賛美する語**　感情の起伏が少なく穏やかなようすを表す❶がもともとの意味で、特に女性を賛美する表現として用いられることが多い。❶の用例のように、平安時代においては、激しい感情を表に出さないことが女性の美徳のひとつであったことが分かる。ただし、❸の「そっけない」という意味で用いられる場合は、同じ平安時代の文学の中でも、否定的な意味合いが含まれる。

おい-らく【老いらく】 名詞 年を取ること。老年。老境。また、老人。
老いらくの来むと知りせば門鎖してなしと答へて会はざらましを 歌〈古今集・雑上・895〉訳**年を取ること**（=老いというもの）が来るだろうと知っていたならば、門を閉ざして、不在だと答えて会わなかっただろうになあ。
発展「老ゆらく」の変化したことば。

おいる（現）↓（古）**おゆ【老ゆ】**

おう（現）↓（歴）**あう【央：奥：鶯：桜：鸚】**
おう（現）↓（歴）**あふ【圧：凹：押】**
おう（現）↓（歴）**おふ【生ふ】【負ふ】【追ふ】**
おう（現）↓（歴）**わう【往：旺：横：王：黄：皇】**
おう（現）↓（歴）**をふ【終ふ】**

奥羽 〔アウ〕地名 陸奥国と出羽国のこと。陸奥は今の福島・宮城・岩手・青森県と秋田県の一部に当たり、出羽は今の山形・秋田県。両国で今の東北地方を指す。

おう-おう 感動詞 ❶応答のときに発することば。はいはい。おお。❷強く泣き叫ぶときの声。わあわあ。おいおい。

応々といへどたたくや雪の門〈去来発句集・向井去来〉訳 しんしんと降り積もる雪のなか、だれか、わが家を訪ねた人がいるらしく、門をたたく音がする。「応々」と答える声が聞こえないのか、門をたたく音がますます激しいようだ。○季語 雪—冬

おうぎ（現）↓（歴）**あふぎ【扇】**

逢坂 〔アフ〕歌枕 滋賀県大津市と京都府との境界付近の地。逢坂山があり、近江側に逢坂の関があった。交通の要地であり、別離の場所でもあった。「逢ふ」を掛けて詠まれることも多い。「逢坂山」「逢坂の関」などの形で多く使われた。なお、逢坂山の別の呼び名「関山」も歌枕。↓音羽山

逢坂の関 〔アフサカノ〕歌枕 ↓逢坂 ↓ビジュアルチェック❶（194ページ）
逢坂山 〔アフサカ〕歌枕 ↓逢坂
奥州 〔アウシウ〕地名 ↓陸奥
奥州街道 〔アウシウカイダウ〕地名 江戸時代の五街道の一つ。江戸から東北地方へ至る街道。江戸の日本橋を起点とした千住から陸奥白河までをいう。二十七の宿が置かれた。そのうち千住から宇都宮までの十七宿は日光街道と同じため、厳密には、白沢から白河までの十の宿をいう。↓ビジュアルチェック❿（502ページ）

往生要集 〔ワウジャウエウシフ〕作品名 平安中期の仏教書。源信著。極楽往生に関する経論の主要なものを集め、極楽浄土に往生するためには阿弥陀仏を念ずるのが最大の功徳である、と説いた書。鎌倉時代の浄土思想の確立に大きな役割を果たした。「厭離穢土」の地獄の描写は、信仰・思想・文学・美術など後世に大きな影響を与えた。九八五（寛和元）年成立。

◉成立…平安時代後期
◉作者…未詳
◉分野…歴史物語

大鏡

必修古典ビッグ30 ❺

▼大鏡絵巻

【冒頭の一文】

先つ頃、雲林院の菩提講に詣でてはべりしかば、例の人よりはこよなう年老い、うたてげなる翁二人、嫗と行きあひて、同じ所にゐぬめり。訳せんだって、雲林院の菩提講に参詣いたしておりましたところ、普通の人に比べて、格別に年を取り、異様な感じのする老人二人が、老女と偶然に出会い、同じ所に居合わせたようだ。

【書名の由来】
『大鏡』は、後世の僧侶の命名といわれている。いろいろな書物には、語り手である世継の名を含んだ「世継が物語」「世継の翁の物語」などの名称が残されている。「鏡」とは、歴史の真実を写し出そうとする書物という意味で、これ以降「鏡物」と呼ばれる歴史物語（『今鏡』『水鏡』『増鏡』）が著され、『大鏡』と併せて「四鏡」と呼ばれた。

【概要】

仮名で書かれた初めての歴史書。文徳天皇が即位した八五〇（嘉祥三）年から、後一条天皇の一〇二五（万寿二）年までの十四代一七六年間を★紀伝体で記したもの。万寿二年五月、紫野の雲林院で開かれた菩提講に集まった聴衆を前にして二人の老人が語ったという形をとる。一人は大宅世継で、もう一人は夏山繁樹。この二人と、三十歳ぐらいの若侍との間で、問答形式によって歴史が語られる。次の五部から成っている。

◉序文…話の場や話し手などの紹介。

◉本紀…文徳天皇から後一条天皇までの十四代の天皇の略歴。

◉列伝…藤原冬嗣から道長に至る二十人の摂関大臣について。

◉藤原氏の物語…藤原鎌足から頼通までの藤原氏十三代の繁栄について。

◉昔物語…古人の逸話や和歌・技芸の話。または、神仏譚・怪異譚などをまとめた雑多な物語。

作品の中心は、藤原道長の栄華のようすであるが、道長を語ることによって、歴史全体を表そうとしている。また、単なる道長讃美には終わらず、道長が政権を獲得する間に、敗れていった多くの人々（花山院、菅原道真など）についても語り、生々しい人間のドラマとしての歴史を描いている。


【主な登場人物】

◉藤原道長…一条天皇のとき左大臣に昇進する。妻倫子との間に生まれた三人の娘はそれぞれ皇后となり、道長は三代にわたる天皇の母方の祖父としての絶対的な地位を獲得し、藤原氏の全盛期を迎える。

◉菅原道真…藤原時平から中傷され、大宰府の権帥に左遷され、筑前（＝今の福岡県）で亡くなった。「時平伝」の中にその左遷の経緯が詳しく描かれている。

◉花山天皇…九八六（寛和二）年藤原兼家の策略によって出家させられる。「花山紀」の中に出家の経過が、悲劇的な物語として詳しく語られている。和歌にも優れ、『拾遺和歌集』を編纂したといわれている。

◉藤原公任…花山天皇から藤原道長の時代にかけての和歌の指導者的存在で、また多くの芸能に通じていて「三船の才」の逸話が紹介されている。↓才

【ことばと表現】
◉本作品の文体は、総体的に簡潔で躍動感に富む。本紀・列伝ともに、冒頭の人物紹介ではほとんど事務的に出自や係累を並べ、事跡・逸話に入ると、情感を込めて臨場感豊かに語るという型式で展開される。
堀河院は、地形のいといみじきなり。大饗の折、殿ばらの御車の立ちやうなどよ。…「尊者の御車の別に見ゆることは、異所は見はべらぬものをや。」と見たまふるに…。〈大鏡・基経〉訳（基経の邸宅である）堀河院は、地勢が非常にすばらしい所である。（大臣就任の宴を行う）大饗のとき、殿方のお車が（ずらっと）立つ有様はねえ（言いようもないくらいだ）。…「貴人のお車が（川を隔てて）特別に見える（ほど宏大な）状況は、他所ではとうてい見ませんのにねえ。」と拝見しておりますうちに…。
◉漢文脈に用いる語彙が数多く見られる。『源氏物語』などの女流文学には見られない次のような語を和文のなかに交え、独特の文体を作っている。
かるがゆゑに・しかれども・いはく・あるいは・すでに・ならびに・きはめて・すこぶる
◉会話文に限って用いられる丁寧語が地の文にも出てくるような印象を持つことがある。これは、作品自体が二老人による語りぐちで構成されているためである。
◉天皇や皇后以外にも最高敬語が用いられている。次の例は、帝より道真のほうが高く待遇された例である。↓最高敬語
九月の今宵、内裏にて菊の宴ありしに、この大臣の作らせたまひける詩を、帝かしこく感じたまひて、御衣賜はりたまへりしを、筑紫に持て下らしめたまへりければ…。〈大鏡・時平〉
帝には「感じたまひて」であるが、道真には「作らせたまひける」「持て下らしめたまへりければ」のように、語り手が義憤を感じているようなところには、最高敬語を用いて待遇している。
◉視覚に基づく推定を表す助動詞「めり」が多く用いられる。【冒頭の一文】では、これから語り手となる二老人を書き手が見ていることを示す。一方、本紀・列伝内では、二人の語り手が、それぞれの事件をその目で見て、これこれであると判断していることを「めり」で示している。

❍**おうせ**（現）↓（歴）**あふせ**【逢ふ瀬】
❍**おうち**（現）↓（歴）**あふち**【楝・樗】
❍**おうな**（現）↓（歴）**をうな**【女】

おうな【嫗・老女】

一 年老いた女性 ― **老女。老婆。**

名詞 **老女。老婆。** 対 翁

「**嫗**ども、いざたまへ。寺に尊きわざすなる、見せたてまつらむ。」〈大和・156〉訳「**婆**さんよ、さあいらっしゃい。寺で尊い仏事をするとかいうのを、お見せ申し上げよう。」

発展 **語の成り立ち** 「おみな」が「おむな」→「おうな」と変化したもの。一般に女性を指す「をうな」「をみな」とは別のことばである。老女が謙遜して自分を指していうこともある。→古語チャート 50（1357ページ）

❍**おうなおうな**（現）↓（歴）**あふなあふな**
❍**おうぼう**（現）↓（歴）**わうぼふ**【王法】

近江 おうみ［アフ］旧国名 江州。東山道八か国の一つ。今の滋賀県。古くは「淡海」とも書く。「近淡海」とも。東山道の交通の要地。早くから琵琶湖の水上交通が発達し、平安時代には平安京の隣りの国として発展した。室町末期以降、近江商人の活躍が知られる。↓ビジュアルチェック 7（450ページ）・23（1093ページ）

淡海 おうみ［アフ］地名 ↓近江

近江の海 おうみのうみ［アフミノ］歌枕 滋賀県にある琵琶湖の古い呼び名。近江国の湖という意味。「おうみのみ」とも。多く「近江」に「逢ふ」の意味を掛けて歌に詠まれた。↓琵琶湖・ビジュアルチェック 23（1093ページ）

近江八景 おうみはっけい［アフミ］文芸用語 琵琶湖の南西岸にある八つの景勝地。瀬多の夕照・石山の秋月・粟津の晴嵐・唐崎の夜雨・比良の暮雪・堅田の落雁・矢橋の帰帆・三井の晩鐘をいう。一五〇〇（明応九）年、近衛政家が中国洞庭湖の瀟湘八景をまねて選定し安藤広重も画材とした。

❍**おうよる**（現）↓（歴）**あうよる**【奥寄る】

往来物 おうらいもの［ワウライ］文芸用語 書簡形式の初等教科書の総称。平安末期から明治初期に至るまで盛んに作られ、広まった。平安時代は手紙などの文例集であったが、鎌倉時代以降は用語集なども現れ、多方面にわたる日常知識を文例とともに教えた。種類は多く、近代以前の庶民教育に果たした役割は大きい。

❍**おえる**（現）↓（古）**をふ**【終ふ】
❍**おお**（現）↓（歴）**おほ**【大】

大海人皇子 おおあまのおうじ［オホアマノ］［ワウジ］人名 ↓天武天皇

❍**おおい**（現）↓（古）**おほし**【大し・多し】

大井川 おおいがわ［オホヰ］［ガハ］地名 静岡県中央部を流れ、駿河湾に注ぐ川。江戸時代には幕府により橋を建築したり、船で渡ることが禁じられたため、人足による肩車・輦台で川を渡ったが、増水でしばしば川止めになった。東海道の難所のひとつ。

大堰川 おおいがわ［オホヰ］［ガハ］歌枕 京都府南部を流れる川で、上流は保津川、下流は桂川と呼ばれ、淀川に合流する。「大井川」とも書かれた。紅葉・サクラの名所で、歴代天皇の行幸の地。↓ビジュアルチェック 23（1093ページ）

❍**おおう**（現）↓（歴）**おほふ**【被ふ・覆ふ】

大内山 おおうちやま［オホウチ］地名 京都市右京区御室、仁和寺の北方の山。

大江千里 おおえのちさと［オホエノ］人名 平安前期の漢学者・歌人。大江家の家学の祖の参議音人の子。宇多天皇の命により『句題和歌（千里集）』を撰進した。生没年不明。

大江匡房 おおえのまさふさ［オホエノ］人名 平安後期の廷臣で、漢学者・歌人。江帥とも。秀才として名高く、正二位権中納言にまで昇進した。『江家次第』『本朝神仙伝』『傀儡子記』などの著作のほか、家集に『江帥集』がある。*1041―1111*

大江山 おおえやま［オホエ］歌枕 ❶京都市右京区と亀岡市の境近くの山。「大枝山」とも書く。交通の要地で、近くの老ノ坂峠を山陰道が通る。❷京都府福知山市と与謝郡の境にある山。酒呑童子の伝説で有名。

大鏡 おおかがみ［オホ］作品名 ↓必修古典ビッグ30 5（240ページ）

大国主神 おおくにぬしのかみ［オホクニヌシノ］登場人物 記紀の出雲神話の中心的な神。須佐之男命の子とも、子孫ともいわれる。少名毘古那神とともに国土を経営した後、邇邇芸命に国を譲って隠退。大穴牟遅神など多くの別名を持ち、後世、大国主神と統合して呼ばれるようになった。因幡（＝今の鳥取県）の白ウサギの伝説でも有名。また、大黒天と同一視され、広く福の神として信奉された。

大坂 おおさか［オホ］地名 大阪市の中心部。古くは「難波」と呼ばれた。中世には「小坂」「大坂」と書く。明治以降、「大阪」に改められた。古くからの淀川による水上交通の要地。一五八三（天正十一）年に豊臣秀吉が大坂城を築き、堺の商人を移住させて城下町を作った。江戸時代には幕府の直轄領として堂島に各藩の蔵屋敷が置かれ、江戸との間に菱垣廻船・樽廻船が通って大都市として繁栄し、「天下の台所」と呼ばれた。元禄期には町人を中心とする上方文化（＝元禄文化）が開花した。

❍**おおし**（現）↓（歴）**おほし**【大し・多し】
❍**おおし**（現）↓（歴）**ををし**【雄雄し・男男し】
❍**おおじ**（現）↓（歴）**おほぢ**【祖父】

凡河内躬恒 おおしこうちのみつね［オホシカフチノ］人名 平安前期の歌人。三十六歌仙の一人。即興的な歌風で紀貫之とともに高く評価された。『古今集』の撰者の一人。家集に『躬恒集』がある。『大和物語』『古今著聞集』などに説話が伝わる。生没年不明。

❍**おおす**（現）↓（歴）**おほす**【生ほす】【仰す】【負ほす・課す】【果す】

大隅 おおすみ［オホ］旧国名 隅州。西海道十一か国の一つ。今の鹿児島県北東部から大隅半島・種子島・屋久島・奄美諸島を含む。古くは日向国の一部で、襲国とも呼ばれた。↓ビジュアルチェック 7（450ページ）

❍**おおせ**（現）↓（歴）**おほせ**【仰せ】
❍**おおせる**（現）↓（古）**おほす**【果す】

大田南畝 おおたなんぽ［オホタ］人名 江戸後期の狂歌師・戯作者。四方赤良・蜀山人・杏花園・寝惚先生・山手馬鹿人とも。狂歌や戯作の中心人物として江戸文化を主導。『万載狂歌集』などの撰者。『四方のあか』ほか、編著が多い。*1749―1823*

大津 おおつ［オホ］地名 滋賀県大津市。琵琶湖南西岸にあり、天智天皇が大津宮を置いたことで知られる。琵琶湖の水運と東海道・中山道・北陸道の集まる交通の要地で、港町・宿場町、また三井寺の門前町として発達した。

大津皇子 おおつのみこ［オホツノ］人名 天武天皇の第三皇子。文武に優れ、人々の信頼も厚かったが、反逆罪に問われて

処刑された。『懐風藻』に漢詩四首、『万葉集』に短歌四首を残す。663—686

おおとなぶら（現）↓（歴）**おほとなぶら【大殿油】**

おおとの（現）↓（歴）**おほとの【大殿】**

おおとのごもる（現）↓（歴）**おほとのごもる【大殿籠る】**

大伴黒主［｜｜オホトモノ］人名 平安前期の歌人。「大友」とも書く。六歌仙の一人。『古今集』『後撰集』などに入集。生没年不明。

大伴坂上郎女［オホトモノサカノウヘノイラツメ］人名 奈良時代の歌人。旅人の異母妹、家持の叔母、娘の坂上大嬢は家持の妻となる。『万葉集』に、女性としては最も多くの歌を残し、その数は長歌・短歌計八十余首に及ぶ。内容・素材の多彩さが目立ち、才気に富む技巧的な歌が多い。生没年不明。

大伴旅人［｜｜オホトモノ］人名 飛鳥後期から奈良前期の廷臣で、歌人。家持の父。『万葉集』に残した八十首ほどの歌の大半は大宰の帥の在任中、山上憶良らとの親交の中で詠まれた。中国文学の影響を受けた浪漫的な作風が特徴。亡妻を悼んだ痛切な叙情歌なども多い。665—731

大伴家持［｜オホトモノ］人名 奈良時代の廷臣で、歌人。旅人の子。三十六歌仙の一人。『万葉集』に最多の四七〇首余りの歌を残す。『万葉集』の最終的な編集にかかわったと考えられる。万葉末期の代表的な歌人で、独自の優美繊細な作風を示す。没落しつつある古代豪族大伴氏の長としての苦悩が、その歌境に影響を与えたといわれる。718ごろ—785

大中臣能宣［オホナカトミノ｜］人名 平安中期の伊勢祭主で、歌人。三十六歌仙の一人。梨壺の五人の一人として、『万葉集』の訓読、『後撰集』の撰に当たった。家集に『能宣集』がある。921—991

太安万侶［オホノ｜］人名 奈良初期の廷臣。七一一（和銅四）年、元明天皇の勅命により、稗田阿礼の暗誦した「帝紀」「旧辞」を記録し、翌年『古事記』を撰進。また、舎人親王のもとで『日本書紀』の編纂にも参与した。生年不明—723

大原［オホ｜］歌枕 京都市左京区、大原地区の一帯。比叡山の西北に当たり、大原川が流れる。三千院・寂光院・勝林院など、名刹が多い。物売りの大原女は有名。↓ビジュアルチェック㉓（1093ページ）

大原野［オホハラ｜］歌枕 京都市西京区、大原野地区の一帯。小塩山の東側に位置。藤原氏が氏神を祭った大原野神社があり、藤原氏出身の皇后の行啓がしばしば行われた。↓ビジュアルチェック㉓（1093ページ）

おおやけ（現）↓（歴）**おほやけ【公】最重要語**（288ページ）

大宅世継［オホヤケノ｜］登場人物 ↓必修古典ビッグ30 ❺（240ページ）

おおらかなり（現）↓（歴）**おほらかなり【多らかなり】**

おおる（現）↓（歴）**ををる【撓る】**

おおん（現）↓（歴）**おほん【大御・御】**

おかし（現）↓（歴）**をかし 最重要語**（1360ページ）

おかす（現）↓（歴）**をかす【犯す・侵す・冒す】**

お-かた【御方】 名詞 他人を敬った言い方。また、人の妻を敬った言い方。

おかへ（誤）↓（正）**をかへ【岡辺・丘辺】**

おがむ（現）↓（歴）**をがむ【拝む】**

おき【沖・澳】 名詞 ❶海・湖・川などの、岸から遠く離れた所。対 辺。 **箱根路をわが越えくれば伊豆の海や沖の小島に波の寄る見ゆ** 歌〈金槐集・593〉訳↓はこねぢを…

❷（心の中の）深部。奥底。❸田畑の広々と開けた所。

おき【熾・燠】 名詞 ❶赤くおこった炭火。熾火。❷薪などが燃えて炭のようになったもの。

隠岐 旧国名 隠州。山陰道八か国の一つ。今の島根県北部の隠岐郡、日本海上の隠岐諸島の全域。古代から罪人の流刑地で、小野篁・後鳥羽上皇・後醍醐天皇などの配流の地として知られる。↓ビジュアルチェック❼（450ページ）

おぎ（現）↓（歴）**をぎ【荻】**

おき-あま・る【置き余る】 動詞 自〔ラ四段〕〈ら・り・る・る・れ・れ〉（露などが）置ききれないほど多くある。いっぱい降る。 **心のままに茂れる秋の野らは、置き余る露にうづもれて**…〈徒然草・44・あやしの竹の編み戸〉訳 思いのままに茂っている秋の野原は、**置ききれないほどいっぱいある露**に埋もれて…。

おき-い・づ【起き出づ】｜いず 動詞 自〔ダ下二段〕〈で・で・づ・づる・づれ・でよ〉起きて寝所から出る。起き出る。

おき-そは・る【置き添はる】｜そわる 動詞 自〔ラ四段〕〈ら・り・る・る・れ・れ〉（露や霜などが）さらに降り加わる。 **夕さればいとど干がたきわが袖に秋の露さへ置き添はりつつ** 歌〈古今集・恋1・545〉訳 夕暮れになると（恋しい人を思う涙で）ひとしお乾きにくい私の袖に、秋の露まで**さらに降り加わり**加わりする。

おき-そ・ふ【置き添ふ】｜そう ■一 動詞 自〔ハ四段〕〈は・ひ・ふ・ふ・へ・へ〉さらに降り加わる。 **いにしへの秋さへ今の心地して濡れにし袖に露ぞ置き添ふ** 歌〈源氏・御法〉訳（葵の上の亡くなった）昔の秋までも今のような気がして、（この度紫の上の亡くなった）お悲しみにぬれてしまった袖の涙の上に、（思い出の）涙が**降り加わる**ことだ。○「置き添ふ」は係助詞「ぞ」の結びで連体形。「露」は涙のたとえで秋の縁語。

■二 動詞 他〔ハ下二段〕〈へ・へ・ふ・ふる・ふれ・へよ〉さらに降り加える。 **いとどしく虫の音しげき浅茅生に露おきそふる雲の上人** 歌〈源氏・桐壺〉訳↓いとどしく…

おき・つ【掟つ】 動詞 ↓**最重要語**（243ページ）

おき-つ【沖つ】 連体詞 沖の。沖にある。語例 **沖つ風・沖つ波** 発展「つ」は「の」の意味の上代の格助詞。

おき-つ-かい【沖つ櫂】 名詞 沖をこぐ舟の櫂。対 辺つ櫂 発展「つ」は「の」の意味の上代の格助詞。

おき-つ-かぜ【沖つ風】 名詞 沖を吹く風。対 辺つ風 発展「つ」は「の」の意味の上代の格助詞。

おき-づきん【置き頭巾】｜ずきん 名詞 ❶江戸時代、袱紗などをたたみ、深くかぶらないで頭に載せた頭巾。置き手拭いのようなもの。❷僧や老人がかぶる丸い頭巾。発展 ❶の置き頭巾は多くは隠居の持ち物である。

おき-つ-しま【沖つ島】 名詞 沖にある島。

おきつしま… 歌 **沖つ島荒磯の玉藻潮干満ちい隠りゆかば思ほえむかも**〈万葉集・6・918・山部赤人〉訳 沖にある島の荒磯の玉藻（＝美しいモ）は、引き潮が満ち潮になって、隠れていったならば（さぞ恋しく）思われるだろうなあ。○「い隠りゆかば」の主語は「玉藻」で、「い」は、動詞（＝「隠りゆく」）に接続して、意味を強める接頭語。「思ほえ」は下二段動詞「思ほゆ」の未然形で、自然と思われてくるという意味。「かも」は、詠嘆の終助詞。

おき-つ-しまもり【沖つ島守】 名詞 沖にある島の番人。

わが髪の雪と磯辺の白波といづれまされり沖つ島守 歌〈土佐日記・一月二十一日〉訳↓わがかみの…

おき-つ-しらなみ【沖つ白波・沖つ白浪】 名詞 沖に立つ白い波。

風吹けば沖つ白波たつた山夜半にや君がひとり越ゆらむ 歌〈古今集・雑下・994〉訳↓かぜふけば…

おき-つ-す【沖つ州】 名詞 沖にある砂州。

おき-つ-たまも【沖つ玉藻】 名詞 沖の海底に生えている美しい海藻。

おき-つ-なみ【沖つ波】 一 名詞 沖に立つ波。沖の波。対 辺つ波・辺波

二 枕詞 (沖の波がさまざまな動きを見せるところから)「頻く」「撓む」「高し」「荒れ」などに係る。

発展「つ」は「の」の意味の上代の格助詞。

おき-つ-も【沖つ藻】 名詞 沖に生えている藻。対 辺つ藻

おき-つ-も-の【沖つ藻の】 枕詞 (沖にある藻のようすから)「なびく」「なばる(=隠れる)」に係る。

おき・つ【掟つ】

前もって、自分や他人の行動を決定する

- ❶ **決心する。取り決める。**
  - ◉多く「思ひおきつ」「おぼしおきつ」などの形で用いられる。
- ❷ **指図する。命令する。**
- ❸ **管理する。取り計らう。**

動詞 他〔タ下二段〕

未然形	連用形	終止形	連体形	已然形	命令形
おき・て	おき・て	おき・つ	おき・つる	おき・つれ	おき・てよ

❶(多く「思ひおきつ」「おぼしおきつ」などの形で) **決心する。取り決める。予定を立てる。**「**世のはかなく憂きを知らすべく、仏などのおきてたまへる身なるべし。**」〈源氏・幻〉訳「(最愛の紫の上に先立たれるように)人生のはかなくつらいことを悟らせようと、仏などが(あらかじめ)**取り決め**ていらっしゃる身の上であるに違いない。」

❷ **指図する。指図して行わせる。命令する。**

高名の木登りといひし男、人を**おきて**て、高き木に登せて…。〈徒然草・109・高名の木登り〉訳 有名な木登りと世間でうわさされた男が、人を**指図し**て、高い木に登らせて…。

❸ **管理する。取り計らう。**

出納、小舎人など、平張りの内にて、みなこれをおきてつ。〈今昔〉訳 出納(=文書や雑具などを管理する役人)や、小舎人(=雑用をする役人)などが、幕を張って作った仮小屋の中で、すべてこれ(=珍しい品々)を**管理し**た。

発展「おきつ」の「おき」は、「置く」の連用形で、それに「当つ」が付いたものと考えられている。

関連語 思ひ掟つ・思し掟つ

おきて【掟】 名詞 ❶取り決め。指図。計画。予定。「『**親の掟に違へり。**』と思ひ嘆きて…。」〈源氏・帚木〉訳「『(自分を宮仕えにという)親の**取り決め**に背いた。』と(空蟬は)思い嘆いて…。」

❷運命。宿命。定め。**等覚、十地、なほ生死の掟に従ふ。**〈平家・10・維盛入水〉訳 等覚、十地(という仏に次ぐ菩薩)も、やはり生死の**定め**には従う。

❸規律。法律。**道の掟正しく、これを重くして放埒せざれば…。**〈徒然草・150・能をつかんとする人〉訳 芸道の**規律**を間違いがなく(守り)、これを重んじて勝手気ままに振る舞わなければ(必ず)…。

❹配置。形式。様式。**水の趣、山の掟を改めて…造らせたまへり。**〈源氏・少女〉訳 遣り水の風情や、築山の**配置**を改めて…(共に住む女性方の希望に沿って)お造らせになっている。

❺心構え。思慮。「**心深く思ひ澄ましたまへるほど、まことの聖の掟になむ見えたまふ。**」〈源氏・橋姫〉訳「(八の宮の)心深く(仏道修行に)専念していらっしゃるようすは、(出家はしていないが)本当の聖僧の**心構え**に見られなさる。」

おき-どころ【置き所・置き処】 名詞 ❶置き場所。物を置く場所。

❷(多く「置き所なし」の形で用いて)身の振り方。身や心の置きどころ。**聞きにくくのたまひ続くるに、心憂くて身ぞ置き所なき。**〈源氏・宿木〉訳 聞きづらく(匂宮が)おっしゃり続けるので、(中の君は)情けなくて**身の置きどころ**もない。

おきな【翁】

年老いた男性

- ❶ **老人。**
- ❷ **能に用いる老人の面。また、謡曲の曲目。**

名詞 ❶**老人。** 対 嫗・媼 ↓古語チャート㊿(1357ページ)

船の長しける翁、月日ごろの苦しき心やりに詠める。〈土佐日記・一月十八日〉訳 船の統率者をしていた**老人**が、何か月何日かのつらい(船旅の)気晴らしに詠んだ歌。

❷**能に用いる老人の面。また、謡曲の曲目。**

[おきな❷]

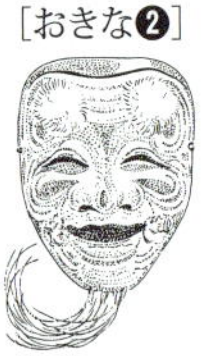

発展 **自分も相手も「翁」**

❶の意味では、老人が謙遜して自分を指したり、相手の老人に親しみを込めて呼んだりする用法もある。「『翁をいかに笑ひたまふらむ。』(=『わしをどんなにお笑いになるだろう。』)」〈枕草子・129・関白殿、黒戸より〉

おきな-さ・ぶ【翁さぶ】 動詞 自〔バ上二段〕〈び・び・ぶ・ぶる・ぶれ・びよ〉老人らしくなる。老人らしく振る舞う。

おきなさび人なとがめそ狩り衣今日ばかりとぞ鶴も鳴くなる 歌〈伊勢・114〉訳(私は)**老人らしく振る舞い**(はするが)、人々はとがめなさるな。(私が)狩り衣(を着てお供をするの)も今日限り、今日限りの命と(この狩り場の)ツルも鳴いているようだ。○天皇の大鷹狩りに、鷹飼いとしてお供した老人の歌。

発展「さぶ」は接尾語。

おきな・ぶ【翁ぶ】 動詞 自〔バ上二段〕〈び・び・ぶ・ぶる・ぶれ・びよ〉老人らしくなる。年寄りじみる。老人めく。

御嶽精進にやあらむ、ただ**おきなびたる**声に額づくぞ聞こゆる。〈源氏・夕顔〉訳*御嶽精進ではなかろうか、ただ**年寄りじみた**声で仏前に額をつくのが聞こえる。
発展「ぶ」は接尾語。

おきのり-わざ【賖り事・賖り業】名詞 代金を後払いにする約束で物を買うこと。掛け買い。
虚言をして、**賖り業**をして…。〈土佐日記・一月九日〉訳うそをついて、**掛け買い**をして…。

おき-ふし【起き伏し・起き臥し】一名詞 起きたり寝たりすること。日常生活。類臥し起き
起き伏しにつけて、物のみ恐ろしうおぼいたるを…。〈狭衣〉訳**起きたり寝たりする**につけて、何ともそら恐ろしくお思いになっているのを…。
二副詞 寝ても覚めても。いつも。
いとど心細くもの思ひ続けられて、**起き伏し**うち語らひつつ…。〈源氏・椎本〉訳いっそう心細くあれこれと物思いを続けないではいられなくて、**寝ても覚めても**語り合っては…。

おき-ふ・す【起き伏す・起き臥す】動詞 自〔サ四段〕〈さ・し・す・す・せ・せ〉起きたり寝たりする。
川ぞひ柳の**起き伏し**なびく水影などおろかならずをかしきを、見ならひたまはぬ人は…。〈源氏・椎本〉訳川ぞいのヤナギが(風に)**起きたり寝たりして**なびくのが水に映る影など並々でなく風情があるのを、見なれていらっしゃらない方(=匂宮)は…。

おき-へ【沖辺・沖方】名詞 沖の辺り。沖の方。遠くの海上。発展「へ」は方向を表す。

おき-まど・は・す【置き惑はす】動詞 他〔サ四段〕〈さ・し・す・す・せ・せ〉❶他のものと見分けにくいように置く。置いて、分からないようにする。
心あてに折らばや折らむ初霜の**置き惑はせる**白菊の花 百人一首〈古今集・秋下・277〉訳↓こころあてに…
❷置き忘れて見失う。置き忘れる。
「鍵を**置き惑はし**はべりて、いと不便なるわざなりや。」〈源氏・夕顔〉訳「鍵を(どこかに)**置き忘れ**まして、たいへん不都合なことだよ。」

おき-まよ・ふ【置き迷ふ】動詞 自〔ハ四段〕〈は・ひ・ふ・ふ・へ・へ〉❶置き場所に迷う。また、霜などがひどく降りる。
ひとり寝る山鳥の尾のしだり尾に霜**置き迷ふ**床の月影 歌〈新古今集・秋下・487〉訳ひとり寝をするヤマドリの尾の長く垂れている尾の上に霜が**ひどく降りている**、その床に月の光がさすことだ。
❷霜などが降りたかと見誤られる。
霜を待つ籬の菊の宵の間に**置き迷ふ**色は山の端の月 歌〈新古今集・秋下・507〉訳やがて霜を迎える垣根のキクの、宵のうちに**霜が降りたのかと見誤られる**(白い)色は山の端の月(の光にキクが白く輝くの)であった。

おきもせず… 歌
起きもせず寝もせで夜をあかしては春のものとてながめ暮らしつ〈古今集・恋3・616・在原業平〉訳起き上がりもせず、眠りもしない(まま)で(恋に悩んで)夜を明かし、(こんな気持ちは)春のもの(だなあ)ということで、(昼は昼で)長雨をじっと眺めて物思いにふけって暮らしてしまった。〇「起きもせず」の「ず」は、打消の助動詞「ず」の連用形で、中止法。下へ係っている。「寝もせで」の「で」は、打消の接続助詞。「ながめ」は、「長雨」と「眺め(=ぼんやりと物思いにふけること)」の掛詞。「起きも」と「寝も」の下の「せ」は、サ変補助動詞「す」の未然形。↓為す 目・発展③
発展『伊勢物語』二段には後朝の歌として見える。

おぎ-やう【御形】名詞 ↓ごぎゃう(御形)

荻生徂徠 人名 江戸中期の儒学者。儒教の本質は古代の聖人の経世済民(=世を治め民を救う)の道であるとして、古文辞を解することを第一とする古文辞学を唱えた。著書に『蘐園随筆』などがある。1666―1728

❷おきる(現)↓(古)**おく【起く】**

おき-ゐる【起き居る】動詞 自〔ワ上一段〕〈ゐ・ゐ・ゐる・ゐる・ゐれ・ゐよ〉起きて座っている。(目覚めて)起きている。
五月ばかり、夜更くるまで、物語を読みて**起きゐたれ**ば…。〈更級日記・大納言殿の姫君〉訳陰暦の五月ごろ、夜が更けるまで、物語を読んで**起きてい**たところ…。

❷おく(現)↓(歴)**をく【招く】**

❷おく(現)↓(歴)**をく【屋】**

おく【奥】名詞 ❶物の内部に深く入った所。
世の中よ道こそなけれ思ひ入る山の**奥**にも鹿ぞ鳴くなる 百人一首〈千載集・1151〉訳↓よのなかよ…
❷家の中で、家人のふだんいる所。奥の間。家の内部の奥まった所。
奥なる屋にて酒飲み、物食ひ…。〈徒然草・137・花は盛りに〉訳**奥**にある部屋で酒を飲み、食事をし…。
❸心の奥。心中。心底。
あきづ羽の袖振る妹を玉くしげ**奥**に思ふを見たまへ我が君 歌〈万葉集・3・376〉訳トンボの羽のような(美しい)袖を振(って舞ってい)る女を(私が)**心の奥**で思っているのを、ご覧なさい。我が君よ。〇「玉くしげ」は「奥」に係る枕詞。
❹物事の終わりの方。
初めより**奥**までいと言ひにくし。〈枕草子・110・言ひにくきもの〉訳初めから**終わり**までとても言いづらい。
❺書物・手紙の終わり。
❻「*陸奥」の略。
❼行く末。将来。未来。
❽《近世語》貴人の妻の暮らす所。また、貴人の妻。

お・く【起く】動詞 自〔カ上二段〕〈き・き・く・くる・くれ・きよ〉❶目を覚ます。目覚めて立つ。寝床を離れる。対寝ぬ
起きもせず寝もせで夜をあかしては春のものとてながめ暮らしつ 歌〈古今集・恋3・616〉訳↓おきもせず…
❷横になっていたものが起き上がる。対伏す ↓古語チャート㊲(1075ページ)
昔、男、伏して思ひ、**起きて**思ひ、思ひ余りて…。〈伊勢・56〉訳昔、男が、(いとしい女を)横になっては思い、**起き上がって**は思い、どうしてよいか分からなくなって…。
❸眠らないでいる。横にならないでいる。
灯火を掲げつくして、**起きおはします**。〈源氏・桐壺〉訳灯火を(灯心が)尽きるまでかき立てて、(桐壺の帝は)**眠らないで**いらっしゃる。

お・く【置く】一動詞 自〔カ四段〕〈か・き・く・く・け・け〉(露や霜が)降りる。↓古語チャート㉑(783ページ)
霜いと白う**置ける**朝、遣り水より煙の立つこそをかしけれ。〈徒然草・19・折節の〉訳霜がたいへん白く**降り**ている朝、*遣り水から水蒸気が立っているのは趣があるものだ。
二動詞 他〔カ四段〕〈か・き・く・く・け・け〉❶(ある位置・地位などに)置く。据える。設ける。
枕上に長刀を**置きたる**を探り取りて…。〈今昔〉訳(盗賊が家に侵入したと思い)まくら元に大ぶりの刀を**置いて**あったのを探り取って…。

❷そのままの状態で残す。ほうっておく。(途中で)やめにする。
名残なく燃ゆと知りせば皮衣思ひのほかにおきて見ましを 歌〈竹取・火鼠の皮衣〉訳↓なごりなく…
❸除く。別にする。
我を置きて人はあらじと誇ろへど… 歌〈万葉集・5・892〉訳私を除いて(他に)立派な人はいないだろう、と得意になっているけれど…。
❹(時間的・空間的に)間隔を置く。隔てる。
ほととぎす間しまし置け汝が鳴けば我が思ふ心いたもすべなし 歌〈万葉集・15・3785〉訳ホトトギスよ、間隔をしばらく置いてくれ。おまえが鳴くと、私の物思う心はあまりにもやるせない。
三 補助動詞 [カ四段]〈か・き・く・く・け・け〉あらかじめ…する。前もって…しておく。…したままでほうっておく。接続 活用語の連用形、およびそれに接続助詞「て」を介した形に付く。
くちばみにさされたる人、かの草を揉みて付けぬれば、すなはち癒ゆとなん。見知りておくべし。〈徒然草・96・めなもみといふ草あり〉訳マムシにかまれた人は、その草(＝メナモミ)をもんで付けると、すぐに治ると(いう)。見て知っておくほうがよい。

おく-か【奥処】 名詞 奥まった所。果て。また、将来。

おく-ざま【奥様】 名詞 奥の方。

おく-じゃうるり【奥浄瑠璃】 名詞 古浄瑠璃のひとつ。近世初期より、仙台地方を中心に盲人たちによって語られた。発展 伊達藩の保護下にあったことから「御国浄瑠璃」「御国節」ともいわれた。松尾芭蕉の『奥の細道』に琵琶を伴奏として語ったことが記されている。ほかに三味線も使われた。

おく・す【臆す】 動詞 自 [サ変]〈せ・し・す・する・すれ・せよ〉気後れする。おじけづく。
かいさぐるに、何となくぬれぬれとありけるを、「はや射られにけり。」と思ひて臆してけり。〈古今著聞集〉訳(頭部を)指先で探ると、何となくべっとりとしているので、「はやくも射られてしまったことだ。」と思っておじけづいてしまった。

おく-つ-き【奥つ城】 名詞《上代語》墓。神の祭ってある場所。発展「つ」は上代の格助詞、「き」は構えて作ってある所の意味。「おくつきどころ」「おきつき」とも。

おくつゆ-の【置く露の】 一 「消け」「いちしろし」「たま」などを導く序詞を構成する。
咲き出照る梅の下枝に置く露の消ぬべく妹に恋ふるこのころ 歌〈万葉集・10・2335〉訳咲き出て映えるウメの下枝に降りる露のように(私は身を)消えてしまいそうに妻に恋心を抱くこのごろである。○上の句が「消」を導く序詞。
二 枕詞 (草や葉に降りる露の状態から)「たま」「あだ」などに係る。

おく-て【奥手・晩生・晩稲】 名詞 ❶遅く成熟するイネ。季語 秋 類 晩稲 対 早稲 ❷時期に遅れて開花する草花。遅咲き。

おくとみる… 歌
おくと見るほどぞはかなきともすれば風に乱るる萩のうは露〈源氏・御法〉訳(ハギの上に)降りたと(思って)見ている間がほんの束の間である。どうかすると、(吹く)風に(すぐにも)乱れて(散って)しまうハギの上の露(のような私)は。○「おく」は四段動詞「おく」の終止形で、露が「置く」に(わが身が)「起く」の意味も掛けている。「ぞ」は係助詞で、結びは形容詞「はかなし」の連体形「はかなき」。二句切れ。
発展 ハギの上に降りたかと思うと秋風に乱れ落ちる露に、今は起きてはいるが、すぐにでも死んでしまいそうな病弱な自分をたとえた、紫の上の歌。

奥の細道 作品名 ↓必修古典ビッグ30 ❻(246ページ)

おく-ぶか・し【奥深し】 形容詞 [ク]〈く・く・し・き・けれ・○／から・かり・○・かる・○・かれ〉❶奥まっている。奥行きが深い。
卑しからぬ家の、奥深く、木立ものふりて、庭に散りしをれたる花、見過ごしがたきを…〈徒然草・43・春の暮れつかた〉訳相当な身分の人の家で、奥まっていて、どことなく木立も古くて、庭に散りしおれている花などが見え、(そのまま)見過ごしてしまうには惜しいのを…。
❷深みのある。意味深長だ。奥ゆかしい。
箏の琴をいとほのかにかき鳴らしたまへるも奥深き声なるに…〈源氏・横笛〉訳(落葉の宮が)箏の琴をほんのかすかにかき鳴らしていらっしゃるのが深みのある音色であるために…。

おく-ま・る【奥まる】 動詞 自 [ラ四段]〈ら・り・る・る・れ・れ〉❶奥に位置する。奥に引きこもる。
「頭髪も下ろしはべりにけるを、少し奥まりたる山住みもせで、さる海づらに出でゐたる…。」〈源氏・若紫〉訳「(明石の入道は)髪をそってしまいましたが、少しでも奥に引きこもった山里住まいもしないで、そうした(眺望のよい)海岸に出て暮らしているのは…。」
❷控えめで奥ゆかしい。深いたしなみを備える。
心にくく奥まりたるけはひは立ち後れ、いまめかしきことを好みたるわたりにて…。〈源氏・花宴〉訳奥ゆかしく深いたしなみを備えた感じは少なく、当世風なことを好んでいる屋敷であって…。
❸内気である。引っ込み思案である。
わりなくもの恥ぢをしたまふ、奥まりたる人ざまにて…。〈源氏・澪標〉訳(前斎宮は)むやみに恥ずかしがりなさる、内気になっているご性分で…。

おく-やま【奥山】 名詞 人里離れた奥深い山。山の奥深い所。深山。対 外山

おくやまに… 百人一首
奥山にもみぢ踏み分け鳴く鹿の声聞く時ぞ秋は悲しき〈古今集・秋上・215・猿丸大夫〉訳人里離れた奥深い山に(散り積もった)モミジを踏み分けて鳴いているシカの声を聞くときが、(とりわけ)秋は悲しい(季節だと感じられるよ)。○「踏み分け」の主語を「人」とするか、「鹿」とするか、二説あるが、「鳴く鹿の」は、秋になるとオジカがメジカを求めて鳴くといわれていることから、シカと解釈するのが一般的。下の句は、強意の係助詞「ぞ」を受けて、形容詞「悲し」が連体形「悲しき」となり、結びになっている。「秋は悲しき」の「は」は、他のものと区別して取り立てていう係助詞。他の季節と比べて特に秋は、という気持ちを含んでいる。
発展 秋のもの悲しさを、「奥山に」「鳴く鹿」に寄せて詠んだ歌。『猿丸大夫集』に収められているため、『百人一首』では猿丸大夫の作とされているが、猿丸大夫が実在の人物かどうかは不明。

品詞分解・修辞

奥山	に	もみぢ	踏み分け	鳴く	鹿	の	声	聞く	時	ぞ	秋	は	悲しき
	格助		カ下二・用	カ四・体		格助		カ四・体		係助(係)		係助	形・体(結)

●成立…江戸時代前期
●作者…松尾芭蕉(まつおばしょう)
●分野…紀行文学

奥の細道

必修古典ビッグ30 ❻

▼芭蕉行脚図

【冒頭の一文】

月日は百代の過客にして、行き交ふ年もまた旅人なり。

訳 月日は永遠の旅人(のようなもの)であって、去っては、またやって来る年も同様に旅人(のようなもの)である。

【書名の由来】

「宮城野」の部分に「奥の細道の山際に…。」という一節があるのによったと考えられる。

【成立と作者】

●成立…執筆は一六九二(元禄五)年ごろで、その後、推敲を重ねて一六九四(元禄七)年に成立。刊行は一七〇二(元禄一五)年。

●作者…松尾芭蕉は、江戸時代前期の俳人。一六四四(正保元)年～一六九四(元禄七)年。伊賀国(=現在の三重県北西部)上野で生まれる。本名、松尾宗房。俳号としては他に桃青を用いた。

武家の出身だが、二十三歳のとき京都に出て北村季吟に俳諧を学んだ。その後、江戸に行き、今度は談林俳諧の影響を受けて、俳諧の宗匠として生活するようになる。やがて弟子たちが援助して、江戸の深川に「芭蕉庵」を作り、そこを拠点として活動するが、江戸の大火で芭蕉庵が焼失してしまう。そこで旅人として生きる覚悟をしたといわれる。

一六八四(貞享元)年に故郷に帰って、母の墓参をする。そこから近畿地方を遍歴し、江戸に帰る。これが『野ざらし紀行』の旅となる。その途中で、俳諧集である『冬の日』が成り、ここに高い文芸性を持つ独自の俳風(蕉風)を確立する。その後も、蕉風の完成のために多くの旅に出た。

元禄二年からの『奥の細道』の旅は、蕉風の完成を示すものとして高く評価されている。『冬の日』をはじめとする俳諧集は『芭蕉七部集』と呼ばれ、蕉風の変遷を知るうえで重要な書である。また、俳諧に対する芭蕉の考えは、門弟の書き留めた『去来抄』や『三冊子』などに残されており、芭蕉を中心とする蕉門は、全国の俳壇に強い影響を与えた。

【作品の概要】

●一六八九(元禄二)年、四十六歳の芭蕉は三月二十七日に弟子の曾良を連れて江戸を出発し、関東・奥羽・北陸の各地を巡る。八月下旬には大垣に着き、さらに九月六日美濃(=現在の岐阜県)から船に乗って伊勢の遷宮を拝むためにまた旅立つ。その旅のようすを描いた紀行文である。行程は、日数百五十日、旅をした距離は六百里(約二千四百キロメートル)に及ぶ。

●元禄二年の旅から書き始められ、芭蕉が死ぬ年の最後の旅に出発する直前までかかって完成された。初めから出版することが目的ではなく、兄の半左衛門に贈るためのものだったため、弟子にも内容のことは公開されていなかった。

●曾良には、旅の行動を詳しく記した『奥の細道随行日記』があり、この日記と『奥の細道』には内容の違いが見られる。紀行文は、旅のようす、見聞したことや感想を書き留めるものであるが、この作品は旅の事実から独立した一個の文芸作品と考えられる。つまり、作品の中の時間や行程は、必ずしも実際の旅どおりではなく、作品としての効果を考えて並べられ、虚構の出来事もあるといわれている。

●文章の特色としては、自然についての描写が少ないことが挙げられる。具体的な場所よりも、そこでの人物の行動が中心に描かれている。名所や歌枕を訪ねる旅の中で、芭蕉は、人の作ったもの、伝統のはかなさを実感するが、それでも時の流れに逆らって根強く残っているものを心から讃えている。それがこの作の主題の一つともなっている。

【ことばと表現】

●文体は漢語・漢文調に和語・和文調を合わせた文体である。

●簡潔な文体である。主語など省略が多いことや、古典の知識を踏まえた表現などと表裏一体である。

心許なき日かず重ぬるままに、[1]白河の関にかかりて、旅心定まりぬ。[2・3]「いかで都へ」と便り求めしも理なり。中にもこの関は三関の一にして、風騒の人、心をとどむ。[4]秋風を耳に残し、[5]紅葉を俤にして、青葉の梢猶あはれなり。卯の花の白妙に、茨の花の咲きそひて、[6]雪にもこゆる心地ぞする。

(注)
1の傍線の主語は、作者。
2の傍線の主語は、平兼盛。
3「いかで都へ」は、「**たよりあらばいかで都へ告げやらむ今日白河の関は越えぬと**」〈拾遺集・339・平兼盛〉(訳→たよりあらば…)を踏まえる。
4「秋風を耳に残し」は、「**都をば霞とともに立ちしかど秋風ぞ吹く白河の関**」〈後拾遺集・518・能因〉(訳→みやこをば…)を踏まえる。
5「紅葉を俤にして」は、「**都にはまだ青葉にて見しかども紅葉散りしく白河の関**」〈千載集・365・源頼政〉(訳→みやこには…)を踏まえる。
6の傍線の主語は、作者。

●作品冒頭に盛唐の詩人李白の「春夜桃李園ニ宴スルノ序」の一節が踏まえられているのをはじめ、多くの漢詩文が引用されている。たとえば、杜甫の「春望」の一節による、「平泉」の章の「国破れて山河あり、城春にして草青みたり」など、感動の大きい場面に、その傾向が強い。

対句的な発想の表現も見られる。前段で触れた「国破れて山河あり」と「城春にして草青みたり」などがその一例である。

おく-ゆか・し【奥ゆかし】

物事の奥に隠れているものに心が引かれるようす
❶（もっと）見たい。聞きたい。知りたい。心が引かれる。
❷（心遣いなどが）慕わしい。心憎い。

未然形	連用形	終止形	連体形	已然形	命令形
おくゆか・しく	おくゆか・しく	おくゆか・し	おくゆか・しき	おくゆか・しけれ	○
おくゆか・しから	おくゆか・しかり	○	おくゆか・しかる	○	おくゆか・しかれ

形容詞〔シク〕❶（もっと）見たい。聞きたい。知りたい。心が引かれる。「言はむ、言はむ。」と思へる気色ども、いつしか聞かまほしく、**奥ゆかしき**心地するに…。〈大鏡・序〉訳（語り手の老人二人がしきりに）「話そう、話そう。」と思っているようすなどは、（いつ話し始めるのかと私も）早く聞きたくて、**心が引かれる**気持ちになっているところに…。

❷（心遣いなどが）慕わしい。心憎い。**君は、人の御程をおぼせば、「ざれくつがへる、今様の由ばみよりは、こよなう奥ゆかしう。」とおぼさるるに…。**〈源氏・末摘花〉訳君（＝源氏）は、人（＝姫君）の（親王のご息女という）ご身分をお考えになると、「ひどく風流がる、現代風の気取り屋（の女など）よりは、この上なく**慕わしく**（感じられる）。」とお思いにならないではいられないところに…。〇「奥ゆかしう」は連用形「奥ゆかしく」のウ音便。

発展 ①語の成り立ち　「奥＋ゆかし」としてできたことば。「奥」は物事の隠された部分を表し、「ゆかし」は対象に心が引かれて、そこへ行きたいと思う気持ちを表す。

②共通の意味　❶❷とも「心が引かれる」という点で共通しており、奥に潜むものや、すべてがはっきりしてはいない物事の方が、より好奇心をかき立てられるという美意識を表現することばである。

③文脈に応じた訳し方　文脈によって「もっとよく・もっと多く・もっと早く」と「見たい・聞きたい・知りたい」とを、適宜組み合わせるとよいが、「心が引かれる」と訳せばほとんどの場合に通用する。

関連語 ゆかし

おくら-か・す【後らかす】動詞 他〔サ四段〕〈さ・し・す・す・せ・せ〉❶後に残す。置き去りにする。**人は皆後らかし先立てなどして、かすかにて歩みゆけば…。**〈蜻蛉日記〉訳（供の）人はみな**後に残したり**先にやったりなどして、ひっそりと歩いて行くと…。

❷生き残らせる。この世に残す。「**後らかしたまはば、いみじうつらからむ。**」〈源氏・総角〉訳「もし私を**この世にお残し**になっ（て先に死んでしまいになっ）たなら、どんなにつらいだろう。」

❸後回しにする。おろそかにする。**後の世の御勤めも後らかしたまはず…。**〈源氏・匂宮〉訳（源氏は）後世のためのご勤行も**おろそかに**なさらないで…。

おくら・す【後らす】動詞 他〔サ四段〕〈さ・し・す・す・せ・せ〉先に死んだり、出発したりして、後に残す。類後らかす **限りなき雲居のよそに別るとも人を心に後らさむやは** 歌〈古今集・離別・367〉訳果てしもない空のように遠く離れた所に別れて（行って）も、あなたを私の心に連れて、**後に残す**だろうか、いや後に残しはしない。

小倉百人一首〔ヨグラ〕作品名 鎌倉時代の秀歌撰集。藤原定家の撰。天智・持統の両天皇から後鳥羽・順徳の両院に至る古今の歌人一〇〇人の秀歌を各一首ずつ集めたもの。小倉山荘で撰歌したというが不明。『明月記』に、一二三五（文暦二）年五月二十七日、蓮生の求めに応じて撰歌し、色紙に書いて送ったことが記されている。↓小倉百人一首一覧（1398ページ）

小倉山〔ヨグラ〕歌枕 ❶奈良県桜井市近辺の山というが不明。『竹取物語』で、石作の皇子が「仏の御石の鉢」を求めた地。「鹿」とともに詠まれた。❷京都市右京区の西端の山。大堰川の北岸に位置し、南岸の嵐山と相対する。モミジの名所。多く「小暗し」の意味を掛けて詠まれた。↓亀山・ビジュアルチェック❶（194ページ）・㉓（1093ページ）

憶良らは… 歌
憶良らは今はまからむ子泣くらむそれその母も我を待つらむそ〈万葉集・3・337・山上憶良〉訳私め、憶良はもう退出申し上げよう。ほら、その（子の）母親（＝私の妻）も私を待っているだろう。（家では今ごろ）子供が泣いているだろうよ。〇「憶良ら」の「ら」は、謙譲の接尾語。「まかる」は、高貴な場所（または、人のもと）から退出する意味の謙譲語。「それ」は、感動詞。相手に呼びかける気持ちを表す。

発展 題詞によると、憶良が宴席を退出しようとしたときのあいさつの歌である。

おくり【送り】名詞 ❶旅に出る人を見送ること。見送り。**かれこれ、知る知らぬ、送りす。**〈土佐日記・十二月二十一日〉訳あの人やこの人、交際している人も交際していない人も、（だれもかれも）**見送り**をする。

❷野辺の送り。葬送。

御送りの女房の車に、慕ひ乗りたまひて…。〈源氏・桐壺〉訳（桐壺の更衣の母は）ご**葬送**の女房の牛車に、心が引かれて後を追うようにお乗りになって…。

❸島へ流すこと。島流し。流罪。

❹護衛、または監視のために付き添って行くこと。「**この送りに行くべき者は誰かある。**」〈今昔〉訳「このたびの**護衛**として行くのにふさわしい者はだれかいるか。」

おくり-び【送り火】名詞 ＊盂蘭盆の最後の日、陰暦七月十五日（または十六日）祖先の霊魂を送るために門前でたく火。季語 秋

おく・る【後る・遅る】動詞 ↓最重要語（248ページ）

おく・る動詞 他〔ラ四段〕〈ら・り・る・る・れ・れ〉㊀【送る】❶（人や物などを）送り届ける。遣わす。つき従う。見送る。

❷（死者を）葬送する。**鳥部野、舟岡、さらぬ野山にも、送る数多かる日はあれど、送らぬ日はなし。**〈徒然草・137・花は盛りに〉訳鳥部野、舟岡、そうでない野山にも、**葬送する**（遺体の）数の多い日はあっても、**葬送し**ない日はない。〇鳥部野、舟岡は有名な葬場。

❸（時を）過ごす。暮らす。**四十あまりの春秋を送れる間に、世の不思議を見ること、ややたびたびになりぬ。**〈方丈記・安元の大火〉訳四十年以上の歳月を**過ごし**てきた間に、世の中の思いもよらないことを見ることが、しだいに度重なった。

㊁【贈る】❶人に物をあげる。贈り物をする。「**人のもとに、さる物包みて贈るやうやはある。**」〈枕草子・84・里にまかでたるに〉訳「人の所に、そんな物を包んで**贈り物をする**わけがあるか、いや、ありはしない。」

❷死んだ後に官位・称号などを授ける。

おくれ【後れ・遅れ】名詞 ❶後に取り残されること。❷負けること。双六で劣勢になること。❸ひるむこと。気後れ。❹結い残されて垂れ下がった髪の毛。後れ毛。後れ髪。

おくれ-さきだ・つ【後れ先立つ】動詞 自〔タ四段〕〈た・ち・つ・つ・て・て〉 ❶後になったり、先になったりする。相前後する。**遅く疾く色づく山のもみぢ葉は後れ先立つ露や置くらむ**〈後撰集・381〉訳 遅かったり早かったりして色づく山の紅葉した葉は**相前後する**露が降りているのではないだろうか。

❷一方は生き残り、一方は先に死ぬ。「限りある別れ路までも、**後れ先立たじ**。」〈平家・7・維盛都落〉訳「死出の別れ路までも、**一方は生き残り、一方は先に死ぬ**(ことは)ない(=一緒に行こう)。」

おくれる(現)➡(古)**おくる**【後る・遅る】最重要語(248ページ)

おくれ-ゐる【後れ居る】動詞 自〔ワ上一段〕〈ゐ・ゐ・ゐる・ゐる・ゐれ・ゐよ〉後に残っている。取り残されている。**後れゐて恋ひつつあらずは追ひ及かむ道の隈廻に標結へわが背**〈万葉集・2・115〉訳 **後に残っていて**恋い慕っていないで、跡を追って行って追いつきたい。道の曲がり角に通ってはいけないという縄を結び付けてください。あなた。

おこ・す【遣す】動詞 補助動詞 ➡最重要語(249ページ)

おこ・す【起こす】動詞 他〔サ四段〕〈さ・し・す・す・せ・せ〉 ❶横になっているものを立てる。

❷眠りから目覚めさせる。**太刀を引き抜きて、うち置きたまひて、右近を起こしたまふ**。〈源氏・夕顔〉訳 (源氏は気味悪くて枕元の)太刀を引き抜いて、そばにお置きになって、右近を**目覚めさせ**なさる。

❸火気を盛んにする。燃え立たせる。火をおこす。**いと寒きに、火など急ぎ起こして、炭持て渡るもいとつきづきし**。〈枕草子・1・春は曙〉訳 ひどく寒い早朝に、火などを急いで**おこして**、(廊下などを)炭火を持って移動するのも(冬の朝に)とても似つかわしい。

❹盛んにする。奮い立たせる。**いといみじく心苦しければ、心を起こして祈りきこゆ**。〈源氏・若菜下〉訳 いかにも心底から(源氏が)お気の毒なので、(高僧たちは)心を**奮い立たせて**(紫の上のために)お祈り申し上げる。

❺ある心や気持ちを生じさせる。**額突き虫、またあはれなり。さる心地に道心起こして突きありくらむよ**。〈枕草子・43・虫は〉訳 コメツキムシも、同じくしみじみと心打たれる。そんな(小さな虫の)心にも仏教を信仰する気持ちを**生じさせて**額を地につけて拝み回っているとかいうことだよ。

❻事を構える。始める。「**君、人の許りの言によりて悪しき行ひを起こしたまふことなかれ**。」〈今昔〉訳「あなた様は、人の作り話によって(咸陽宮攻めという)悪事をお**始め**になってはいけません。」

❼再び盛んにする。再興する。**古のことをも忘れじ、古りにしことをも興したまふ**とて…。〈古今集・仮名序〉訳 (今上天皇は)昔の歌をもお忘れになるまい、年月がたって古くなった歌の道をもご**再興**になるというので…。

❽版木に彫る。出版する。文章を書き始める。

発展 ❼は多く「興す」と書く。

おこたり【怠り】名詞 ❶怠けること。怠慢。無沙汰。**日ごろの怠りなど、限りなくのたまふ**。〈源氏・宿木〉訳 (匂宮は中の君に)長らくの**無沙汰**(の申し訳)など、際限なくおっしゃる。

❷宿命のつたないこと。運の悪さ。不運。**たへがたくとも、我が宿世の怠りにこそあめれ**など…。

おく・る【後る・遅る】

動詞 自〔ラ下二段〕

未然形	連用形	終止形	連体形	已然形	命令形
おく・れ	おく・れ	おく・る	おく・るる	おく・るれ	おく・れよ

時間的・空間的に、後になる
- ❶遅くなる。
- ❷一緒に行けない。後に残る。
- ❸死ぬ順が後になる。死に後れる。
- ❹(髪が)まだ伸びない。
- ❺(性質などが)もの足りない。劣る。
- ❻気後れする。

❶**遅くなる。遅れる。** **遅れて咲く桜二木ぞいとおもしろき**。〈源氏・花宴〉訳 (花盛りの時期より)**遅れて**咲く二本のサクラはとても趣深い。

❷**一緒に行けない。後に残る。取り残される。** **例の、惟光はかかる御忍びありきに後れねば、さぶらひけり**。〈源氏・蓬生〉訳 いつものように、惟光は(源氏の)このようなお忍び歩きに**取り残され**ない(=いつも一緒に行動している)ので、(源氏のそばに)お控え申し上げたのだった。

❸**死ぬ順が後になる。生き残る。死に後れる。** 対 先立つ 「**それなむまたえ生くまじくはべるめる。『我も後れじ。』と惑ひはべりて…。**」〈源氏・夕顔〉訳「それ(=夕顔に死なれた右近)もまた生きていられそうにないようでございます。『自分も**死に後れ**まい。』と分別を失っておりまして…。」

❹(髪が)**まだ伸びない**。(髪の)**伸び方が遅い**。「**むげに後れたる筋のなきや、あまり情けなからむ**。」〈源氏・葵〉訳「全然**まだ伸びない**でいる毛が(額に)ないのも、あまりにも風情がないのではないだろうか。」

❺(性質などが)**もの足りない。劣る。不足している。** **愛敬後れたる人の顔などを見ては、譬ひに言ふも、げに、葉の色よりはじめて、あいなく見ゆるを**…。〈枕草子・37・木の花は〉訳 愛らしさが**劣っている**人の顔などを見ては、(ナシの花のようだと)たとえとして言うのも、なるほど、(ナシは)葉の色を第一として、おもしろくなく見えるが…。

❻**気後れする。おびえる。** 「**ああ、まづ待て待て**。」「**なんと、後れたか**。」〈狂言・文山立〉訳「ああ、ちょっと待て待て。」「なんだ、**気後れした**のか。」

〈蜻蛉日記(かげろう)〉訳（夫婦の仲がうまくいかず）いくらつらくても、私の前世のつたなさであるようだなどと…。
❸（怠慢による）過失。失敗。あやまち。**かやうのこと、わが怠りにて流されたまふにしもあらず。**〈大鏡・道隆(みち)(たか)〉訳このような（＝左遷される）ことは、必ずしも自分の**過失**で流されなさるとは限らない。
❹過失をわびること。謝罪。
泣く泣く怠りを言へど、答(いら)へをだにせで…。〈堤中納言(つつみちゅうなごん)・はいずみ〉訳（男は）泣きながら**謝罪**を言うが、（女は）返事をさえしないで…。

おこたり-は・つ【怠り果つ】 動詞 自〔タ下二段〕〈て・て・つ・つる・つれ・てよ〉病気がすっかり治る。快癒(かいゆ)する。全快する。
御心地怠り果てたまはぬを、心もとなくおぼせど…。〈源氏・葵(あおい)〉訳（左大臣は葵の上の）ご病気が**すっかり治り**なさらないのを、気がかりだとお思いになるけれど…。

おこた・る【怠る】 動詞 ↓最重要語（250ページ）

おこつる（現）↓（歴）**をこつる【誘る】**

おこ-と【御事】 代名詞《中世以降》（相手を親しんで）あなた。そなた。
「御事はいづくよりいづ方へ下る人ぞ。」〈謡曲・隅田川(すみだがわ)〉訳「**あなた**はどこからどちらへ下る人か。」

おこなう（現）↓（歴）**おこなふ【行ふ】**最重要語（251ページ）

おこなひ【行ひ】 名詞 ↓最重要語（250ページ）

おこなひ-あか・す【行ひ明かす】―おこない 動詞 他〔サ四段〕〈さ・し・す・す・せ・せ〉仏前で勤行(ごん)(ぎょう)をして夜を明かす。
よきことならむかしと思ひて、行ひ明かす。〈更級日記・春秋の定め〉訳（今見た夢は）よいこと（の前触れ）なのだろうと思って、**勤行をしながら夜を明かす**。

おこなひ-さ・す【行ひさす】―おこない 動詞 他〔サ四段〕〈さ・し・す・す・せ・せ〉念仏や読経(どきょう)などを途中でやめる。
御堂にのぼるに、人声もせず、山風恐ろしう覚えて、行ひさしてうちまどろみたる夢に…。〈更級日記・春秋の定め〉訳（石山寺の）御堂に上ると、人の声も聞こえないし、山から吹きおろす風が恐ろしく思われもして、**読経を途中でやめて**とろとろっと眠った夢に…。
発展「さす」は接尾語。

おこなひ-すま・す【行ひ澄ます】―おこない 動詞 自〔サ四段〕〈さ・し・す・す・せ・せ〉邪念を捨てて仏道修行(しゅ)(ぎょう)に専心する。
信濃国善光寺に行ひ澄まして…。〈平家・10・千手前(せんじゅのまえ)〉訳（千手前は尼になって）信濃の国の善光寺で**邪念を捨てて修行に専心して**…。
発展「すます」は、補助動詞。

おこなひ-つと・む【行ひ勤む】―おこない 動詞 自〔マ下二段〕〈め・め・む・むる・むれ・めよ〉仏道修行(ぎょう)に励む。勤行(ごん)(ぎょう)する。
仏ばかりに所得させたてまつりて、行ひ勤めけるさまあはれに見えて…。〈源氏・初音(はつね)〉訳（空蟬(うつせみ)が）仏様だけに広座敷を占領させ申し上げて、**勤行して**いたようすがしみじみと心にしみると見えて…。

おこなひ-びと【行ひ人】―おこない 名詞 仏道修行(しゅ)(ぎょう)をする人。行者。法師。修行僧。

おこなひ-ゆ・く【行ひゆく】―おこない 動詞 自〔カ四段〕〈か・き・く・く・け・け〉進行する。

おこ・す【遣す】

他からこちらへ、物や人などを送ってくる

一 動詞 他〔サ下二段〕―（こちらへ）送ってくる。よこす。
二 動詞 他〔サ四段〕―一の意味に同じ。●中世以降の用法。
三 補助動詞 ―こちらに向けて…する。こちらへ…する。

接続 三は動詞の連用形に付く。

	未然形	連用形	終止形	連体形	已然形	命令形
動詞 他〔サ下二段〕 補助動詞〔サ下二段〕	おこ・せ	おこ・せ	おこ・す	おこ・する	おこ・すれ	おこ・せよ
動詞 他〔サ四段〕	おこ・さ	おこ・し	おこ・す	おこ・す	おこ・せ	おこ・せ

一 動詞 他〔サ下二段〕（こちらへ）**送ってくる**。**よこす**。
吾妹子(わぎもこ)が形見がてらと紅(くれなゐ)の八入(やしほ)に染めておこせたる衣の裾(すそ)も通りて濡(ぬ)れぬ 歌〈万葉集・19・4156〉訳私のいとしい妻が（自分の）形見を兼ねてと、紅の染料で何度も染めて**よこした**衣服の裾も、（川の水に、染み）通って濡れてしまった。
「かしこより人おこせば、これをやれ。」〈伊勢・96〉訳「あちら（＝男のもと）から（使いの）人を**よこし**たら、これ（＝別れの歌を書き付けたカエデの葉）を与えよ。」

二 動詞 他〔サ四段〕《中世以降》**一の意味に同じ**。
郡司(ぐんじ)、一家(いっけ)広き者なれば、人数をおこして、不日(ふじつ)に戒壇(かいだん)を築っきてけりとぞ。〈宇治拾遺(うじしゅうい)〉訳（比叡山(ひえいざん)の★戒壇を築けないでいた高僧のために）郡司は、一族の数が多い者なので、（比叡山に）大勢の人を**よこして**、ほどなく戒壇を築いてしまったということだ。

三 補助動詞〔サ下二段〕**こちらに向けて…する**。**こちらへ…する**。…**てよこす**。
かの尼君のもとよりぞ、母北の方に、のたまひしさまなど、たびたびほのめかしおこせけれど…。〈源氏・東屋(あずまや)〉訳あの（＝浮舟(うきふね)の）母である北の方のもとに、（薫の）おっしゃった趣旨などを、たびたびそれとなく言って**よこした**のだったけれど…。

発展 ①**現代語とのつながり** もともとは下二段活用であったが、中世以降、四段活用に変わっていった。また、近世以降は語形も、現代でも使われる「よこす」に変わった。
②**「やる」と「おこす」** 物や人を送る点で、「おこす」と「やる」とは対応する。「おこす」が、他の人が自分へと送ってくることを表すのに対して、「やる」は、自分が送ることを表す。ただし、「やる」はもともと、遠くに移動させる関係を表すため、送る先が人とは限らず、さまざまな意味を派生している。
③**補助動詞の用法** 用法は比較的狭く、特定の動詞との結び付きが強い。特に「見おこす」「言ひおこす」などの例が多い。なお、補助動詞と見ない考え方もある。
関連語 言(い)ひ遣(お)(こ)す・見遣(お)(こ)す・遣(や)る

おこなひ-をさ・む【行ひ治む】（おこないおさむ）動詞 他〔マ下二段〕〈め・め・む・むる・むれ・めよ〉処理する。管理する。
家の内を行ひ治めたる女、いと口惜し。〈徒然草・190・妻といふものこそ〉訳家の中を**管理し**ている女は、ひどくつまらない。

***おこな・ふ**【行ふ】動詞 → 最重要語（251ページ）

おこなり（現）→（歴）**をこなり**【痴なり・烏滸なり・尾籠なり】

おごめ・く【蠢く】動詞 自〔カ四段〕〈か・き・く・く・け・け〉わずかに動く。ひくひくと動く。うごめく。
鼻のほどおごめきて言ふは、その人の虚言にはあらず。〈徒然草・73・世に語り伝ふること〉訳鼻の辺りが**ひくひくと動く**状態で話すのは、その人の(作った)うそではない。

おこり【瘧】名詞 マラリア性の熱病。隔日または毎日、時を定めて発熱する。類 瘧（わらわやみ）

おごり【驕り・奢り】名詞 ❶思い上がること。たかぶること。
上を犯さんとせし驕りの末…。〈太平記〉訳天皇に反逆しようとした**思い上がり**のあげく…。
❷ぜいたく。浪費。
時に合へば高き位にのぼり、奢りを極むるもあり。〈徒然草・38・名利に使はれて〉訳時勢に乗って栄えれば高い官位に昇り、**ぜいたく**を極める人もいる。

おこ・る【起こる】動詞 自〔ラ四段〕〈ら・り・る・る・れ・れ〉❶物事が新しく始まる。
素盞嗚尊よりぞ起こりける。〈古今集・仮名序〉訳(和歌は)素戔嗚尊(の歌)から**始まった**のだった。
❷物事や状態が生じる。
などて、この月ごろ詣でで過ぐしつらむと、まづ心も起こる。〈枕草子・120・正月に寺に〉訳どうして、この幾月も参詣しないで過ごしてしまったのだろうと、真っ先に信仰心も**生じる**。
❸病気にかかる。病気がはやる。
「**風邪起こりはべりて、胸いたく…。**」〈夜の寝覚〉訳「風邪に**かかり**まして、胸が痛く…。」
❹勢いが盛んになる。
❺立ち上がる。大挙して出て来る。
「**山だちあり。**」**とののしりければ、里人起こりて出であへば**…。〈徒然草・87・下部に酒飲まする事は〉訳「山賊がいる。」と声高に騒いだので、村人が**大挙して出て来て**…

おこた・る【怠る】

進行していた物事が停滞する

❶怠ける。休む。
❷気を抜く。うっかりする。
❸病気がよくなる。快方に向かう。
❹過失を犯す。

動詞 自〔ラ四段〕

未然形	連用形	終止形	連体形	已然形	命令形
おこた・ら	おこた・り	おこた・る	おこた・る	おこた・れ	おこた・れ

❶**当然することをしない。怠ける。休む。**
「**なにがしは身の病重くはべりて、宿直仕うまつることは、月ごろ怠りてはべれば…。**」〈源氏・浮舟〉訳「私は自分の病気が重うございまして、宿直の奉仕をすることは、ここ数か月**休ん**でおりますので…。」
❷**気を抜く。うっかりする。**
「**おぼつかなき日数の積もる折々あれど、心の内は怠らずなむ。**」〈源氏・初音〉訳「(親しかったあなた方に対して)ごぶさたしている日数がたつ折はたびたびあっても、心の中では**うっかりする**ことなく(あなた方のことを気にかけている)。」
❸**病気がよくなる。快方に向かう。快復する。**
少将、病にいといたうわづらひて、少しおこたりて内裏に参りたりけり。〈大和・101〉訳少将は、病気にたいそうひどくわずらって、少し**快方に向かって**宮中に参内した。
おぼつかなきことを嘆くに、おこたりたる由、消息聞くも、いとうれし。〈枕草子・276・うれしきもの〉訳(病気に苦しんでいると聞いて)気にかかっていることを嘆いていると、**快復し**たということを、便りで聞くのも、とてもうれしい。
❹**過失を犯す。**
「**自ら怠ると思ひたまふることはべらねど、さるべき身の罪にて、かくあさましき目を見はべれば…。**」〈栄花〉訳「自分自身では**過失を犯す**(ことがあった)と思わせていただくことはございません(=存じません)が、そうなる運命の我が身の(前世からの)罪によって、このように情けない目を見ますので…。」

発展 ①**語の成り立ち**　「おこ」は「おこなふ」と同じ語源、「たる」は「垂る」で、同じ調子で進行していた物事が、途中で停滞したり、調子を落としたりするのがもともとの意味といわれる。
②**意味の広がり**　現代語と同じ❶の意味は上代から見られ、「行(=仏道修行)を怠る」などの形に限って、他動詞としても用いられる。❷は、心が「怠る」ことから、❸は病気の進行が「怠る」ことからできた意味。なお、病気が全快する意味では「怠り果つ」が用いられた。
関連語 怠り果つ

おこなひ【行ひ】（おこない）

一定の手順に従った動作や行為

❶振る舞い。行動。行為。
❷仏道修行。勤行。お勤め。

名詞 ❶**振る舞い。行動。行為。動作。**
行ひを潔くして、百年の身を誤り、命を失へる例…。〈徒然草・172・若き時は〉訳(若い時は)**行動**を思いきりよくして、多くの年月のわが身を失ったり(=一生涯を台無しにしたり)、他人の命を失ったりした先例を…。
❷**仏道修行。勤行。お勤め。**
このごろの世の人は十七、八よりこそ経読み、行ひもすれ、さること思ひかけられず。〈更級日記・子忍びの森〉訳このごろの世間の人は十七、八歳から経を読み、**勤行**もするけれども、(物語に熱中している今の私には)そのようなことは想像もできない。

立ち向かうと…。

おご・る 動詞 自 ラ四段〈ら・り・る・る・れ・れ〉❶【驕る】誇らしげに振る舞う。得意になる。思い上がる。「鏡を見ても、などか**おごらざらむ**。」〈源氏・夕霧〉訳「(夕霧自身で)鏡を見ても、どうして**得意にならないで**いられようか、いや、得意にならないではいられない。」
❷【奢る】❶ぜいたくをする。金銭を浪費する。…。上の**おごり費やす**所をやめ、民を撫で、農を勧めば…。〈徒然草・142・心なしと見ゆる者も〉訳上に立つ為政者が**ぜいたくをして**浪費することをやめ、人民をかわいがり、農業を奨励するならば…。
❷金を出して人に振る舞う。

おさ(現)→(歴)**をさ**【長】【筬】
おさう(現)→(歴)**おさふ**【押さふ・抑ふ】
おさえる(現)→(古)**おさふ**【押さふ・抑ふ】
おさおさ(現)→(歴)**をさをさ** 最重要語(1362ページ)
おさない(現)→(古)**をさなし**【幼し】
おさなし(現)→(歴)**をさなし**【幼し】

おさ・ふ【押さふ・抑ふ】おさ(そ)う 動詞 他 ハ下二段〈へ・へ・ふ・ふる・ふれ・へよ〉❶手を当てて力を加える。
❷押しとどめる。防ぐ。院も御車**抑へさせたまひて**…。〈大和・172〉訳亭子の帝(=宇多天皇)も(進行中のご自身の)お車を**押しとどめなさって**…。
❸こらえる。我慢する。辛抱する。**耐へがたきを抑へて明かしたまうつ**。〈源氏・若菜下〉訳(病気の紫の上は胸の痛さの)とても我慢できそうもないのを**辛抱して**(その)夜はお明かしになった。

おさへ【押さへ・抑へ】おさえ 名詞 ❶敵を防ぐこと。防備。筑紫の国は**敵守る押さへの城**そと…。歌〈万葉集・20・4331〉訳「筑紫の国は敵を見張る**防備**の砦である。」と…。
❷戦陣や行列の末尾にあって列を整えること。また、その人。しんがり。
❸念を押すこと。

おさまる(現)→(歴)**をさまる**【治まる・収まる・納まる】
おさむ(現)→(歴)**をさむ**【治む・修む・収む・納む】
おさめる(現)→(古)**をさむ**【治む・修む・収む・納む】

おこな・ふ【行ふ】おこな(の)う

一定の順序や方式に沿った行為をする

一 動詞 自 ―(礼拝・読経など仏教徒としての定められた)**勤めをする**。**仏道を修行する**。
二 動詞 他 ❶(儀式・行事などを)**催す**。**実行する**。❷(国家・領地を)**治める**。(政治を)**執り行う**。**処理する**。❸**指示してやらせる**。◉「命令文＋と＋おこなふ」の形をとる。

	未然形	連用形	終止形	連体形	已然形	命令形
動詞 自 ハ四段 / 動詞 他 ハ四段	おこな・は	おこな・ひ	おこな・ふ	おこな・ふ	おこな・へ	おこな・へ

一 動詞 自 ハ四段 (礼拝・読経など仏教徒としての定められた)**勤めをする**。**仏道を修行する**。**勤行する**。ただひとり礼堂の片隅に、蓑を打ち敷きて**行ひゐたる**ほどに…。〈今昔〉訳たったひとり礼拝堂の隅の方で、蓑(=わらなどを編んで作った雨具)を敷いて**勤行して**座っているうちに…。

二 動詞 他 ハ四段 ❶(儀式・行事などを)**催す**。**実行する**。「京にも、『この雨風、いとあやしき物の諭しなり。』とて、『仁王会など**行はるべし**。』となむ…。」〈源氏・明石〉訳「京都でも、『この嵐は、たいへん不思議な神霊のお告げだ。』といって、『*仁王会などが**催されるはずだ**。』と…。」
❷(国家・領地を)**治める**。(政治を)**執り行う**。**処理する**。世の人の飢ゑず、寒からぬやうに、**世をば行はまほしきなり**。〈徒然草・142・心なしと見ゆる者も〉訳世間の人が飢えることなく、凍えたりしないように、世の中を**治めて**ほしいものである。
❸(「命令文＋と＋おこなふ」の形で)**指示してやらせる**。**指図する**。**実行させる**。「**行きて彼からめよ。」と行へば**…。〈今昔〉訳「行ってあいつ(=盗人)を捕まえろ。」と**指図すると**…。

発展 ①**語の歴史** 『日本書紀』の漢文訓読文では、「修行」を「おこなふ」と読ませていることから、一の意味は上代からあったといわれる。
②**さまざまな意味** 「決められたことを実行する」という意味を基本として、以下のように、さまざまな意味を含んで用いられる。『土佐日記』の「米、魚など乞へば、行ひつ。」の例も「求められたことを実行する(=施す)」という意味にとれる。また、『保元物語』の「死罪に行ふべし」の例も「決められた刑罰を実行する(=処する)」という意味になる。この例のように「…に処する」の意味で、「～におこなふ」という言い方も慣用的に使われるようになっていく。さらに、『徒然草』の「(この世の転変の重大事は)しばしも滞らず、ただちに行ひゆくものなり。」に見られる「行ふ」は、自動詞のような用い方で「実現する」意味を表している。
③**「す」「なす」との違い** 「何かの決まりに従って」という気持ちが含まれることが、単に「する・行う」という意味を表す「す」「なす」との違いである。ただし中世以降、「す」同様、他の動詞の代わりとして、何かをすることを婉曲的に表すようにもなった。
→**古語チャート**㉚(935ページ)

おし(現)→(歴)**をし**【惜し・愛し】

小沢蘆庵 おざわろあん【一ヲザハ―】人名 江戸中期の歌人。国学者。*冷泉家の歌についての考え方の違いから破門され、独自に「ただごと歌」を理想として実践。古い歌学の伝統を否定して、易しいことばで自然な感情を詠みこむように提唱した。歌集に『六帖詠草』がある。*1723—1801*

おし-【押し】接頭語 (動詞に付いて)意味を強めたり、ことばの調子を整える。また、無理に…する、力を入れて…する、などの意味を表す。語例 **押し移る**(=移り変わる)・**押し直る**(=改めて座り直す)・**押し並ぶ**(=無理に並べる)

お-し【御師】名詞 ❶祈禱に従事する下級の神官や僧を敬った言い方。❷伊勢神宮の下級神職。参拝者の宿泊の世話や案内をした。年末にはお札や暦を諸国に配って歩き、神宮と伊勢講を広めた。発展「お」は接頭語。❷は「おんし」とも。

おし 感動詞 宮中で、天皇・貴人などが通るとき、膳を差し上げるときなどに、人々を静めるために先払いの者が発した警告のことば。警蹕の声。**昼の御座のかたには、御膳参る足音たかし。警蹕など「おし。」といふ声聞こゆるも**…。〈枕草子・23・清涼殿の丑寅の〉訳 昼の御座（＝天皇の食事の間）の方では、（天皇の）お膳をお運び申し上げる（蔵人たちの）足音が高い。先払いなどの「おし。」という声が聞こえるのも…。

❸**おじ**（現）↓（歴）**をぢ**【小父・伯父・叔父】

おし-あ・つ【押し当つ】動詞 他〔タ下二段〕〈て・て・つ・つる・つれ・てよ〉❶力を加えて物を付ける。押し付ける。**とみにも賜はねば、袖を押し当ててうつぶしゐたり**…。〈枕草子・184・宮に初めて参りたるころ〉訳（大納言様は私の扇を）すぐにも返してくださらないので、（私は）袖を（顔に）**押し付け**てうつむいて座っているのは…。❷流れる涙を押さえる。目に袖を当てて泣く。**人知れず押し当てられたまひぬ**。〈苔の衣〉訳 ひそかに**流れる涙を押さえ**ずにはいらっしゃれなかった。

おし-あて【推し当て】名詞 推し量ること。当て推量。**「すきずきしき方にはあらで、まめやかに聞こゆるなり。」と、推しあてにのたまへば**…。〈源氏・若紫〉訳（源氏は）「恋愛に執着した気持ちからではなくて、（故按察大納言に娘があったかどうか）まじめに申し上げるのだ。」と、**当て推量**におっしゃると…。

おし-あゆ【押し鮎】名詞 塩漬けにし、重しで押したアユ。主に正月の祝いに用いた。季語 春

❸**おしい**（現）↓（古）**をし**【惜し・愛し】

おし-いだし-ぎぬ【押し出だし衣】名詞 晴れの儀式の際などに、女房が廂の間に並んで座っているように、御簾の下から女房の装束の袖口を押し出して飾ること。類 出だし衣・打ち出での衣

おし-いだ・す【押し出だす】動詞 他〔サ四段〕〈さ・し・す・す・せ・せ〉押して外に出す。特に、出だし衣をする。

おし-い・づ【押し出づ】動詞 ↓おしいだす

おし-い・る【押し入る】一 動詞 自〔ラ四段〕〈ら・り・る・る・れ・れ〉無理に入り込む。侵入する。**侮りて押し入りたまへりけるを思ふも妬し**。〈源氏・東屋〉訳（浮舟の母北の方は、匂宮が浮舟を）見下げて（浮舟の部屋に）**無理に入り込み**なさっていたことを思うだけでもいまいましい。二 動詞 他〔ラ下二段〕〈れ・れ・る・るる・るれ・れよ〉無理に入れる。押し込む。**あばらなる蔵に、女をば奥に押し入れて**…。〈伊勢・6〉訳 がらんとした蔵に、女を奥に**押し込んで**…。

❸**おしう**（現）↓（歴）**をしふ**【教ふ】

おし-うつ・る【押し移る】動詞 自〔ラ四段〕〈ら・り・る・る・れ・れ〉変化していく。（他の状態に）移り変わる。**これに押し移らずといふは、一旦の流行に、口くせ時を得たるばかりにて**…。〈三冊子〉訳 これ（＝新しい俳風）に**変化していか**ないというのは、一時の流行に、俳諧の詠みくせが合っただけのことで…。発展「おし」は接頭語。

❸**おしえる**（現）↓（古）**をしふ**【教ふ】

おし-おこ・す【押し起こす】動詞 他〔サ四段〕〈さ・し・す・す・せ・せ〉揺り起こす。**いとしも覚えぬ人の、押し起こしてせめてもの言ふこそいみじうすさまじけれ**。〈枕草子・25・すさまじきもの〉訳 それほどには（親しいと）思われない人が、**揺り起こして**無理に話しかけてくるのはひどく興ざめだ。

おし-かか・る【押し掛かる】動詞 自〔ラ四段〕〈ら・り・る・る・れ・れ〉（物に）寄りかかる。もたれかかる。**君は、西の妻の高欄に押し掛かりて、霜枯れの前栽見たまふ程なりけり**。〈源氏・葵〉訳 君（＝源氏）は、西の妻戸の（前の）高欄に**もたれかかって**、霜に枯れた庭の植え込みを見ていらっしゃるときであったのだった。

おし-か・く【押し掛く】動詞 自〔カ下二段〕〈け・け・く・くる・くれ・けよ〉襲いかかる。進撃する。**折節風は激しし、黒けぶり押し掛くれば**…。〈平家・9・坂落〉訳（村上の判官代の手の者が平家の館や仮屋を焼き払う）ちょうどそのとき風は激しいし、黒煙が**襲いかかる**ので…。

おし-かへし【押し返し】副詞 反対に。逆に。**命はあらせて、我が思ふやうに、押し返し物を思はせばやと思ひしを**…。〈蜻蛉日記〉訳 命はそのままにしておいて、私が苦しんでいるのと同じように、**反対に**苦しませたいと思ったが…。

おし-かへ・す【押し返す】動詞 他〔サ四段〕〈さ・し・す・す・せ・せ〉❶押し戻す。後へ引き返す。**御車押し返させて、例の惟光入れたまふ**。〈源氏・花散里〉訳（源氏は）お車を**後へ引き返させ**て、いつものように惟光を（その邸内に）お入れになる。❷歌やことばを返す。**『返しやりてむ』とあめるに、これより押し返したまはざらむも、ひがひがしからむ**。〈源氏・玉鬘〉訳「（末摘花の歌に）『お返ししてしまいたい』とあるようだから、こちらから**歌をお返し**にならなかったりするのも、意地悪であろう。」❸繰り返す。**寿量品三返ばかり押し返し誦するに**…。〈今昔〉訳（持経者が）寿量品を三べんほど**繰り返し**誦したときに…。❹反対にする。ひっくり返す。**鏡の敷きを押し返して書きたまふ**。〈落窪〉訳 鏡の箱の中の敷板を**ひっくり返し**てお書きになる。

おしから-だ・つ【押し柄立つ】動詞 自〔タ四段〕〈た・ち・つ・つ・て・て〉押しが強い性質を持っている。発展「だつ」は接尾語。

❸**おしき**（現）↓（歴）**をしき**【折敷】

お-しきせ【御仕着せ】名詞 主人が季節ごとに奉公人に衣服を与えること。また、その衣服。発展「お」は接頭語。

おし-くく・む【押し包む・押し含む】動詞 他〔マ四段〕〈ま・み・む・む・め・め〉つつむ。くるむ。**上蓆に押しくくみて、惟光乗せたてまつる**。〈源氏・夕顔〉訳（夕顔の遺体を）畳の上に敷く蓆に**くるんで**、惟光が（車に）お乗せ申し上げる。発展「おし」は接頭語。

おし-け・つ【押し消つ】動詞 他〔タ四段〕〈た・ち・つ・つ・て・て〉圧倒する。威圧する。**押し消たれたるありさま、こよなう思さる**。〈源氏・葵〉訳（六条御息所は、葵の上に）**圧倒された**（自分の）姿が、この上もなく（情けないと）お思いにならないではいらっしゃれない。

おし-こ・む【押し込む】一 動詞 自〔マ四段〕〈ま・み・む・む・め・め〉❶大勢の者が狭い所に入り込む。込み合う。

渡殿《わたどの》の戸口まで、ひまもなく**押し込み**てゐたれば、人もえ通りかよはず。〈紫式部日記〉訳（敦成親王《あつひらしんのう》の産養《うぶやしない》に仕える女官たちが）渡り廊下の戸口まで、透き間もなく**込み合って**座っているので、だれも行き来できない。

❷押しかける。無理に入る。

二 動詞 他〔マ下二段〕〈め・め・む・むる・むれ・めよ〉❶閉じ込める。監禁する。

一間《ひとま》なる所に**押し込めてんげり**。〈平家・2・西光被斬《さいこうがきられ》〉訳（武士ら十四、五人が新大納言成親《なりちか》卿を）一間ぐらいの（狭い）室に**閉じ込めて**しまったのだ。

❷心におさめて口外しない。黙っている。

言はぬをも言ふにまさると知りながら**押し込めたる**は苦しかりけり 歌〈源氏・末摘花《すえつむはな》〉訳何も言わないのも言うより勝って思いが深いものだとは分かっていながらも、（あなたが）**黙って**いるのはつらいことであったのだった。

おし-こ・る【押し凝る】 動詞 自〔ラ四段〕〈ら・り・る・る・れ・れ〉群がり集まる。一団となる。

府の内に仕うまつる人をさへ**押し凝りて**戦はせたまひければ…。〈大鏡・道隆《みちたか》〉訳（大宰大弐《だざいのだいに》隆家《たかいえ》は）大宰府の内にお仕えしている文官までも（徴発して）**一団となって**（刀伊国《といこく》と）戦わせなさったので…。

おし-す・る【押し摺る】 動詞 他〔ラ四段〕〈ら・り・る・る・れ・れ〉押しつけてすり合わせる。こする。

老いばみたる者こそ、火桶《ひをけ》の端《はた》に足をさへもたげて、もの言ふままに**押しすり**などはすらめ。〈枕草子・28・憎きもの〉訳年寄りじみた者は、火鉢のふちに足までもひょいとかけて、話をしながら（足を）**こすっ**たりなどしているのだろう。

おし-た・つ【押し立つ】 一 動詞 自〔タ四段〕〈た・ち・つ・つ・て・て〉

❶突っ立つ。立ちはだかる。

不動、火炎の前に**押し立ち**…。〈沙石集《しゃせきしゅう》〉訳不動明王は、火炎の前に**立ちはだかり**…。

❷無理にする。強いて行う。無理強いする。

「情けなう**押し立た**むも、事のさまに違《たが》へり。」〈源氏・明石《あかし》〉訳「情け容赦もなく（男女関係を）**無理強いし**たりするのも、この場の状況からはずれている。」

❸我《が》を張る。我が強い。

いと**押し立ち**、かどかどしきところものしたまふ御方にて…。〈源氏・桐壺《きりつぼ》〉訳（弘徽殿《こきでん》の女御《にょうご》は）たいへん**我が強く**、とげとげしいところがおありになるお方であって…。

二 動詞 他〔タ下二段〕〈て・て・つ・つる・つれ・てよ〉❶閉める。閉ざす。

やをら抱《いだ》き下《お》ろして、戸は**押し立てつ**。〈源氏・花宴《はなのえん》〉訳（源氏は朧月夜《おぼろづくよ》の君を）そっとかかえおろして、戸は**閉じて**しまった。

❷無理に行わせる。無理強いする。

一たびにいと多く**押し立てて**うち入れつつ…。〈宇津保《うつほ》〉訳一度にたいへん多く**無理強いし**て入れながら…。

おし-て【押して】 副詞 ❶無理やり。強引に。

いよいよ危《あや》ふがりて、**押して**この国に越え来《き》ぬ。〈源氏・玉鬘《たまかずら》〉訳（大夫監《たいふのげん》は）ますます不安に思って、**強引に**この国に（境を）越えてやってきた。

❷辺り一面に。広く全体に。

梓弓《あづさゆみ》**押して**春雨今日《けふ》降りぬ明日《あす》さへ降らば若菜摘みてむ 歌〈古今集・春上・20〉訳**辺り一面に**春雨が今日降った。この上明日までも降るなら、きっと若菜を摘むことができるだろう。○「梓弓」は「おして」に係る枕詞。

おし-て-しる-べし【推して知るべし】 推察して分かるはずだ。推測して理解するようにせよ。

去来いはく「ただ、先師の評ある句をあげはべるのみ。他は**推して知るべし**。」〈去来抄《きょらいしょう》・修行〉訳去来（＝私）が思うには「ただ、亡くなった師匠（＝芭蕉）の批評がある句を挙げるだけです。それ以外は**推察して理解できるはずだ**。」

おし-て・る【押し照る】 一 動詞 自〔ラ四段〕〈ら・り・る・る・れ・れ〉すみずみまで照る。一面に光が降り注ぐ。

我が屋戸《やど》に月**押し照れり**時鳥《ほととぎす》心あらば今夜《こそ》来鳴きとよもせ 歌〈万葉集・8・1480〉訳私の家の庭に月が**すみずみまで照って**いる。ホトトギスよ、人らしい感情があるならば、今夜来て鳴き立ててくれ。

二 枕詞「難波《なには》」に係る。

おしてる-や【押し照るや】 枕詞 ↓おしてる二

おしどり（現）↓（歴）**をしどり【鴛鴦】**

おし-と・る【押し取る】 動詞 他〔ラ四段〕〈ら・り・る・る・れ・れ〉無理やりに取る。強引に奪う。

親の処分を、ゆゑなく人に**押し取られける**を…。〈詞花集《しかしゅう》・409・詞書〉訳親の遺産を、理由もなく人に**無理やり取られた**のを…。

発展「おし」は接頭語。

おじなし（現）↓（歴）**をぢなし**

おし-な・ぶ【押し並ぶ・押し靡ぶ】 動詞 他〔バ下二段〕〈べ・べ・ぶ・ぶる・ぶれ・べよ〉❶押しなびかせる。押し伏せる。

印南野《いなみの》の浅茅《あさぢ》**押しなべ**さ寝《ぬ》る夜の日《け》長くあれば家しのはゆ 歌〈万葉集・6・940〉訳印南野の背の低いチガヤを**押し伏せ**て寝る夜が何日も続くので、家が恋しく思われる。

❷押しならす。すべてを一様にする。すべて同じようになる。

さきに焼けにし憎《にく》どころ、こたみは**押しなぶるなりけり**。〈蜻蛉日記《かげろうにっき》〉訳以前火事になった憎いと思っている人（＝夫の愛人）の家が、（前回は一部残っていたが）今回は**すべて同じようになって**（＝すべて残すことなく焼けて）しまった。

❸（多く、下に助動詞「たり」を伴って）普通である。平凡である。

「軽々しう、**押しなべたる**さまにもてなすなるが、いとほしきこと。」〈源氏・葵《あおい》〉訳「（六条御息所《ろくじょうのみやすどころ》を）軽々しく、**普通である**（＝並の人である）ように扱っているとかいうのは、お気の毒なことだ。」

おしなべ-て【押し並べて】 副詞 ❶すべて一様に。

❷（多く「の」を伴って）普通の。ありきたりの。

始めより、**押しなべての**上宮仕《うへみやづか》へしたまふべき際《きは》にはあらざりき。〈源氏・桐壺《きりつぼ》〉訳（桐壺の更衣は）始めから、**ありきたりの**帝《みかど》のおそば付きをなさらなければならない（低い）身分ではなかった。

おしなべて… 歌

おしなべて峰《みね》も平らになりななむ山の端《は》なくは月も隠れじ〔月も入らじを〕〈後撰集《ごせんしゅう》・1249・上野岑雄《かむつけのみねお》〉訳（いっそのこと）すべて（どの）峰も平らになってしまってほしいものだ。山の端がなかったら、月も隠れはしないだろう。○「なりななむ」は四段動詞「なり」の連用形＋完了の助動詞「ぬ」の未然形「な」＋他に対する願望の意味を表す終助詞「なむ」。

発展『伊勢物語』八十二段に紀有常《きのありつね》の作として類歌がある。在原業平《ありわらのなりひら》の歌（↓あかなくに…）に対し、惟喬親王《これたかしんのう》に代わって詠んだ歌とあるが、第五句が「月も入らじを」となっている。作者については、伝未詳。

おし-な・む【押し靡む】 動詞 ↓おしなぶ❶

おし-なら・ぶ【押し並ぶ】 動詞 他 〔バ下二段〕〈べ・べ・ぶ・ぶる・ぶれ・べよ〉無理に並べる。強引に並べる。
押し並べてむずと取って引き落とし、頸ねぢきって…。〈平家・9・宇治川先陣〉訳（畠山は、判官代の重綱のウマに自分のウマを）**強引に並べて**ぐいっとつかんで（ウマから）引きずり落とし、首をねじ切って…。
発展「おし」は接頭語。

おし-ね【晩稲】 名詞 遅く実るイネ。季語 秋 類 晩稲 対 早稲
発展「おそいね」の変化したことば。

おし-のご・ふ【押し拭ふ】 ━ 動詞 他 〔ハ四段〕〈は・ひ・ふ・ふ・へ・へ〉力を込めてぬぐう。ふく。
細やかに語らひたまひて、押しのごひたまへる袖の匂ひも、いと所狭きまで薫り満ちたるに…。〈源氏・夕顔〉訳（源氏が尼になった病床の乳母に）懇ろにお話しかけになって、（目頭を）**おふきに**なっている袖の匂いも、部屋からあふれるまでいっぱいに薫っているので…。

おし-の・ぶ【押し延ぶ】 動詞 他 〔バ下二段〕〈べ・べ・ぶ・ぶる・ぶれ・べよ〉押してのばす。
火桶の火、炭櫃などに、手の裏打ち返し打ち返し、押し延べなどしてあぶり居る者。〈枕草子・28・憎きもの〉訳 火鉢の火や、いろりなどに、手のひらを裏返し裏返しして、**押してのばし**などしてあぶっている者（は、嫌だ）。

おし-はかり【推し量り】 名詞 推量すること。また、当て推量。
この人を引き立てて、推し量りに入りたまふ。〈源氏・夕霧〉訳（夕霧はこの人（＝小少将）を無理に連れて、（落葉の宮の居所に）**当て推量**に入りなさる。

おし-はか・る【推し量る】 動詞 他 〔ラ四段〕〈ら・り・る・る・れ・れ〉推量する。想像する。
「**それは心にかはりても推し量りたまふべし。**」〈平家・9・小宰相身投〉訳「そういうことは（私の）心に代わってでも**推量して**くださるがよい。」

おし-は・る【押し張る】 動詞 他 〔ラ四段〕〈ら・り・る・る・れ・れ〉❶押して張る。ぐっと張る。
簾を押し張りて、枝を見はりたまふを見れば…。〈堤中納言・虫めづる姫君〉訳（姫君が）すだれを**ぐっと張って**（身を乗り出して）、（ケムシのいる）枝を目を大きく開いてご覧になるのを見ると…。
❷意地を張る。
押し張りてのたまはむことを、言ひ返すべき上達部もおはせず。〈落窪〉訳 **意地を張って**おっしゃるようなことを、言い返すことのできる上達部もいらっしゃらない。
発展「おし」は接頭語。

おし-ひし・ぐ【押し拉ぐ】 動詞 他 〔ガ四段〕〈が・ぎ・ぐ・ぐ・げ・げ〉
❶押しつぶす。
蓬の、車に押しひしがれたりけるが、輪の回りたるに、近ううちかかりたるもをかし。〈枕草子・223・五月ばかりなどに〉訳 ヨモギで、車輪に**押しつぶされて**あったのが、車輪が回っているときに、身近におったのもおもしろい。
❷押さえつける。押しやる。
きらきらしくよきなどをば、いとさしも押しひしがず。〈枕草子・237・万のことよりも〉訳 威儀を正した立派なもの（＝車）などは、それほどひどくも**押しやら**ない。

おし-ひた・す【押し浸す】 動詞 他 〔サ四段〕〈さ・し・す・す・せ・せ〉押さえて水につける。
木造りの地蔵を田の中の水に押し浸して、ねんごろに洗ひけり。〈徒然草・195・ある人久我縄手を〉訳 木造の地蔵を田の中の水に**つけて**、入念に洗っていた。

おし-ひら・む【押し平む】 動詞 他 〔マ下二段〕〈め・め・む・むる・むれ・めよ〉押して平らにする。
鼻を押し平めて、顔をさし入れて舞ひ出でたるに…。〈徒然草・53・これも仁和寺の法師〉訳（僧が）鼻を**押して平らにして**、（釜の中に）顔を差し入れて踊りながら現れ出たところ…。

おし-へ・す【押し圧す】 動詞 他 〔サ四段〕〈さ・し・す・す・せ・せ〉押しつぶす。
二藍、葡萄染めなどのさいでの、押しへされて草子の中などにありける見つけたる。〈枕草子・30・過ぎにし方恋しきもの〉訳 二藍、葡萄染め（＝どちらも染め色の名）などの布切れが、**押しつぶされて**とじ本の中などにあったのを見つけたのは（昔が思い出されてなつかしい）。

雄島【ヲ】 歌枕 宮城県松島湾内の島のひとつ。多く「海人」や「松島」とともに詠まれる。↓松島

おし-ま・く【押し巻く】 動詞 他 〔カ四段〕〈か・き・く・く・け・け〉巻く。かたく巻く。
かたへなる硯に、文を押し巻きてうち入れて…。〈蜻蛉日記〉訳（陸奥の守として旅立つ父は）傍らにあるすずり箱に、手紙を**巻いて**入れて…。
発展「おし」は接頭語。

おしまづき【几・机】 名詞 ❶座ったとき、ひじを掛けて休む道具。脇息。❷机。❸牛車の床の前と後に横に渡した仕切りの板。発展 牛車に乗ったままあいさつするときは、❸に手を掛けるのが作法とされた。

●おしむ（現）↓（歴）**をしむ【惜しむ】**

おし-や・る【押し遣る】 動詞 他 〔ラ四段〕〈ら・り・る・る・れ・れ〉押して遠ざける。どかす。
つひに御車ども立て続けつれば、人だまひの奥に押しやられて、ものも見えず。〈源氏・葵〉訳（葵の上方が）とうとう何台もの御車を立て続けたので、（六条御息所方は葵の上の）お供車の奥の方に**押して遠ざけ**られて、（大路を通る行列が）何も見えない。

おしゃ・る【仰しゃる】 ━ 動詞 他 〔ラ四段〕〈ら・り・る・る・れ・れ〉（「言ふ」の尊敬語で）おっしゃる。
おしゃるごとくに、かやうのめでたいことの出でくるも…。〈狂言・薬水〉訳 **おっしゃる**ように、このようなめでたいことが出てくるのも…。
━ 動詞 他 〔ラ下二段〕〈れ・れ・る・るる・るれ・れよ〉━の意味に同じ。
発展「おほせある」の変化したことば。一説に「おほせらる」からとする。中世から近世にかけて用いられた。下二段は命令形が「おしゃれい」となることもある。

おしゃん・す 動詞 他 〔サ変〕〈せ・し・す・する・すれ・せよ〉《上方語》おっしゃいます。主に、遊里の女性が用いた。発展「おしゃります」が変化したことばか。

おし-よ・す【押し寄す】 ━ 動詞 自 〔サ下二段〕〈せ・せ・す・する・すれ・せよ〉押しかける。押し寄せる。
都合その勢二万五千余騎、伊賀の国をへて宇治橋のつめにぞ押し寄せたる。〈平家・9・宇治川先陣〉訳 総計その軍勢二万五千余騎が、伊賀の国（＝今の三重県北西部）を通って宇治橋のたもとに**押し寄せた**。
━ 動詞 他 〔サ下二段〕〈せ・せ・す・する・すれ・せよ〉押して近づける。
上げもはてたまはで、脇息を押し寄せて、うちかけて、御鬢茎のしどけなきをつくろひたまふ。〈源氏・末摘花〉訳（源氏は格子を）すっかり上げ切りもなさらないで、ひじかけを（格子に）**押して近づけて**、（ひじかけの上に）もたせかけて（外の明かりをとり）、お鬢の毛筋の乱れているのをお直しになる。

おじる（現）↓（古）**おづ【怖づ】**

おす（現）↓（歴）**をす【食す】**

お・す【押す・圧す】 動詞 他〈サ四段〉〈さ・し・す・す・せ・せ〉❶力を加える。力を加えて向こうへ動かす。
❷体を物に押し当てる。もたれる。押し付ける。
遣り戸のもとなどに、そば寄せてはえ立たで、塀の方に後ろ押して…。〈枕草子・76・内裏の局〉訳 引き戸の辺りなどに、身を寄せては立つことができないで、塀の方に背中を**押し付けて**…。
❸（紙や箔などを）張り付ける。
「**さは、あれに箔押したてまつらむ。**」〈更級日記・宮仕え〉訳「それでは、あれ（＝仏像）に箔をお**貼り**申し上げよう。」
❹捺印する。
❺（櫓を使って）舟を進める。
舟子ども、「唐泊より川尻押すほどは。」と謡ふ声の…〈源氏・玉鬘〉訳 水夫らが、「唐泊から川尻へ**舟を進める**間は。」と謡う声が…。
❻軍を前に進める。進軍する。
名越式部大輔を大将として、東海、東山両道を押して責め上る。〈太平記〉訳（足利尊氏は）名越式部大輔を大将として、東海、東山両街道を**軍を進めて**攻め上る。
❼圧倒する。
右の大臣の御勢ひは、ものにもあらず押されたまへり。〈源氏・桐壺〉訳 右大臣のご権勢は、問題にもならないくらい（左大臣方から）**圧倒され**ていらっしゃる。

おず（現）↓（歴）**おづ【怖づ】**

おず・し【悍し】 形容詞 ↓おぞし❶

おすひ【襲】 名詞 上代の上着のひとつ。頭からかぶり、全身を包むように垂らした長い布。古くは、男女共に用いたが、奈良時代以降は女性が神事のときに使った。

おずま・し【悍し】 形容詞 ↓おぞし❶

おせ-ぐ・む 動詞 自〈マ四段〉〈ま・み・む・む・め・め〉少し背が曲がる。猫背である。
丈高くおせぐみたる者、赤鬚にて、年五十ばかりなる…。〈宇治拾遺〉訳 背が高く**猫背になっている**者で、赤ひげで、年が五十くらいである者が…。

おそう（現）↓（歴）**おそふ【圧ふ・襲ふ】**

おそき-ひ【遅き日】 のどかな春の日。季語 春
遅き日のつもりて遠きむかしかな 句〈蕪村発句抄〉訳（日の暮れるのが遅い）**のどかな春の日**、こんな日が積もり積もって遠い昔になっていくのだなあ（私の若い日もいろいろな思い出もはるかな出来事のようだ）。
発展「おそき」は形容詞「おそし」の連体形。

おそ・し 形容詞〈ク〉〈く・く・し・き・けれ・○／から・かり・○・かる・○・かれ〉
㊀【遅し】遅れている。遅い。間に合わない。なかなか…ない。
やむごとなき物持たせて、人のもとにやりたるに、遅く帰る。〈枕草子・70・おぼつかなきもの〉訳（新入りの召し使いに）貴重な物を持たせて、人のもとに（使いに）行かせたところ、**なかなか帰らない**のは（気にかかる）。
㊁【鈍し】（「心おそし」の形で）にぶい。気がきかない。↓心鈍し

おぞ・し【悍し】 形容詞〈ク〉〈く・く・し・き・けれ・○／から・かり・○・かる・○・かれ〉❶強情だ。勝ち気である。
物慎みせず、はやりかにおぞき人にて…。〈源氏・東屋〉訳（乳母は）無遠慮で、せっかちで**勝ち気な**人で…。
❷恐ろしい。怖い。
「**怪しうて失せたまへること、人に聞かせじ。おどろおどろしくおぞきやうなり。**」〈源氏・蜻蛉〉訳「（浮舟が）尋常でないありさまでお亡くなりになったことを、人に聞かせないようにしよう。気味が悪くて**恐ろしい**ようである。」
発展 ❶は「おずし」「おずまし」とも。❷は「勝ち気な人」を見て「怖い」と感じることから生じた意味。

おそ-なは・る【遅なはる】 動詞 自〈ラ四段〉〈ら・り・る・る・れ・れ〉遅くなる。おくれる。延びる。
朝に見て、夕べの遅なはるほどだに、紅の涙を落とすに…。〈宇津保〉訳（我が子を）朝見て、夕暮れに（見るのが）**遅くなる**程度でさえ、血の涙を流すというのに…。

おそはや-も【遅早も】 副詞 遅くても早くても。
遅早も汝をこそ待ため向かつ峰の椎の小枝の会ひは違はじ 歌〈万葉集・14・3493〉訳 **遅くても早くても**おまえのことを待っていよう。向こうの峰のシイの小枝が相交わるように、会わないようにはしない。

おそは・る【魘はる・襲はる】 動詞 自〈ラ下二段〉〈れ・れ・る・るる・るれ・れよ〉（夢で恐ろしいものを見て）うなされる。（何ものかに）おびえる。
物に襲はるるやうにて、あひ戦はむ心もなかりけり。〈竹取・かぐや姫の昇天〉訳 物の怪に**おびえる**よう（な状態）で、互いに戦おうという意志もなかった。

おそひ【襲】 名詞 ❶牛車の覆い。
襲棟などに、長き枝を葺きたるやうにさしたれば…。〈枕草子・99・五月の御精進のほど〉訳（卯の花を）**牛車の覆い**、棟などに、長い枝を葺いたようにさしたところ…。
❷上着。類 襲
❸（ウマの）鞍。
❹（「襲木」の略で）屏風の縁の木。

おそ・ふ 動詞 他〈ハ四段〉〈は・ひ・ふ・ふ・へ・へ〉
㊀【圧ふ】押さえつける。圧迫する。のしかかる。
「**棹は穿つ波の上の月を。船は圧ふ海のうちの天を。**」〈土佐日記・一月十七日〉訳「棹は突き通す、波の表面（に映っている、そ）の月を。船は**押さえつける**、海の中（に映る、そ）の空を。」
㊁【襲ふ】不意に攻める。襲撃する。
敵襲ひ来たりて、囲み攻めけるに…。〈徒然草・68・筑紫に、なにがしの〉訳 敵が**不意に攻めて**来て、（館を）囲んで攻めたときに…。

おぞま・し【悍し】 形容詞〈シク〉〈しく・しく・し・しき・しけれ・○／しから・しかり・○・しかる・○・しかれ〉強情だ。勝ち気である。
おほかた、その宮には、心おぞましき人のおはするにや。〈大鏡・道長下〉訳 いったい、その（妍子皇太后の）御所には、**勝ち気な**人がいらっしゃるのであろうか。

おそら＋□「**おそる**【恐る・畏る・懼る】㊀（ラ行四段）」の未然形。

おそら-く【恐らく】 副詞 ❶たぶん。
❷（多く下に命令表現を伴って）できるものなら。
「**恐らくは言うてみよ。**」〈狂言・岡太夫〉訳「**できるものならば**言ってみろ。」
発展 ❷は狂言に多く見られる用法で、相手が不可能なことを前提にした命令。

おそり【恐り・畏り】 名詞 恐れ。心配。不安。

おそり＋□「**おそる**【恐る・畏る・懼る】㊀（ラ行四段）」の連用形。または、「**おそる**【恐る・畏る・懼る】㊁（ラ行上二段）」の未然形・連用形。

おそ・る【恐る・畏る・懼る】 ㊀ 動詞 自〈ラ上二段・四段〉〈り・り・る・るる・るれ・りよ〉↓㊁

かつは人の耳に**恐り**、かつは歌の心に恥ぢ思へど…。〈古今集・仮名序〉訳一方では(世間の)人の評判を**恐れ**、一方では和歌の精神に対し恥ずかしく思うが…。懸念する。

㊁動詞 自〔ラ下二段〕〈れ・れ・る・るる・るれ・れよ〉❶怖がる。恐れる。

「人皆、生を楽しまざるは、死を**恐れ**ざる故なり。」〈徒然草・93・牛を売る者あり〉訳「人が皆、生を楽しまないのは、死を**恐れ**ないからである。」

❷かしこまる。慎む。もったいないと思う。

「君のごとく、神のごとく**おそれ尊み**て、従へ用ゐることなかれ。」〈徒然草・217・ある大福長者〉訳「(金銭は)主君のように、神のように**もったいないと思い尊敬**して、意のままに使うことがあってはならない。」

発展 上代は上二段、中古の中ごろから下二段に変化した。その過程で四段にも活用した。下二段に固定した後も、漢文訓読文では上二段が用いられた。

おそる＋□「**おそる**【恐る・畏る・懼る】㊀(ラ行四段)」の終止形・連体形。または、「**おそる**【恐る・畏る・懼る】㊁(ラ行上二段)」の終止形。または、「**おそる**【恐る・畏る・懼る】㊂(ラ行下二段)」の終止形。

おそるる＋□「**おそる**【恐る・畏る・懼る】㊁(ラ行上二段)」の連体形。または、「**おそる**【恐る・畏る・懼る】㊂(ラ行下二段)」の連体形。

おそるれ＋□「**おそる**【恐る・畏る・懼る】㊁(ラ行上二段)」の已然形。または、「**おそる**【恐る・畏る・懼る】㊂(ラ行下二段)」の已然形。

おそれ【恐れ・畏れ】名詞 ❶恐れること。恐怖。

❷恐れ多いこと。慎みかしこまること。

「されど、**恐れにて**さぶらへば、え申しさぶらはじ。」〈宇治拾遺〉訳「しかし、**恐れ多いこと**でございますので、とても申し上げることはできますまい。」

❸気遣い。心配。

ただ、仮の庵のみのどけくして、**恐れなし**。〈方丈記・閑居の気味〉訳ただ、(私の)かりそめの庵だけがのどかであって、(何の)**気遣い**もいらない。

おそれ＋□「**おそる**【恐る・畏る・懼る】㊀(ラ行四段)」の已然形・命令形。または、「**おそる**【恐る・畏る・懼る】㊁(ラ行上二段)」の未然形・連用形。

おそれる(現)↓(古)**おそる**【恐る・畏る・懼る】

おそろ・し【恐ろし】形容詞〔シク〕〈しから・しく/しかり・し・しき/しかる・しけれ・○/しかれ〉❶身に危険を感じる。怖い。

わづかに見つけたる**心地**、**恐ろしく**さへ覚ゆれど、**寄りて声づくれば**…。〈源氏・蓬生〉訳やっと(人の気配を)見つけた気持ちは、**怖い**とまで感じられるけれど、近寄って(訪問を知らせるために)せき払いをすると…。

❷驚くべきだ。たいしたものだ。

「**あな恐ろし**。入道のあれほど怒りたまへるにちっとも恐れず、返事うちして立たるることよ。」〈平家・3・法印問答〉訳「ああ(静憲法印は)**たいしたものだ**。入道(=平清盛)があんなに怒っていらっしゃるのに少しも動じないで、返事をして立っていらっしゃることだよ。」

おだ・し【穏し】形容詞〔シク〕〈しく・しく・し・しき・しけれ・○/しから・しかり・○・しかる・○・しかれ〉(心や世の中が)穏やかだ。安らかだ。

この人の直しなだめられつればこそ、世もおだしかりつれ…。〈平家・3・医師問答〉訳(入道清盛がどんな横暴をしても)この人(=息子の重盛)がとりなしなだめなさったからこそ、世の中も**穏やかで**あったが…。

おだまき(現)↓(歴)**をだまき**【苧環】

おち(現)↓(歴)**をち**【彼方・遠】【復ち】

おち-あし【落ち足】名詞 ❶戦いに負けて逃げること。また、そのとき。そのときの足取り。

❷川の水が引くこと。また、そのとき。

「淀、一口へや回るべき、**水の落ち足をや待つべき**。」〈平家・9・宇治川先陣〉訳「淀や、一口へ回るのがよいだろうか、(それとも、ここで)川の**水が引くの**を待つのがよいだろうか。」

おち-あ・ふ【落ち合ふ】あ(お)う 動詞 自〔八四段〕〈は・ひ・ふ・ふ・へ・へ〉❶来合わす。また、加勢して組み合う。

「**とっておさへて頸をかき、たちあがらんとしたまふところに、敵が童落ち合うて、武蔵守の頸をうつ**。」〈平家・9・知章最期〉訳(武蔵守知章が敵の大将らしき者を)取り押さえて首を斬り、立ち上がろうとなさるところに、敵の少年が**来合わせて**、武蔵守の首を切り落とす。

❷出て来て相手になる。立ち向かう。

一騎も**落ち合はず**、われ先にとぞ落ち行きける。〈平家・9・忠度最期〉訳一騎も(平忠純に)**立ち向かわず**、我先にと逃げて行った。

❸考えや気持ちが一致する。仲直りをする。

景親、このほども兄弟の仲不快なりける間、「今こそ**落ち合ふ**ところよ。」と思ひければ…。〈保元〉訳景親は、このころも兄弟の仲が悪かったから、「今こそ**仲直りをする**ときだ。」と思ったので…。

おち-い・る【落ち入る・陥る】動詞 自〔ラ四段〕〈ら・り・る・る・れ・れ〉❶落ち込む。落ちてはまる。

「筵道敷きたれど、みな**落ち入り**騒ぎつるは。」〈枕草子・8・大進生昌が家に〉訳「筵道(=衣服の裾の汚れを防ぐため通路に敷くむしろ)が敷いてあるけれど、みんなが(道の穴に)**落ち込んで**大騒ぎしたよ。」

❷くぼむ。へこむ。

目皮らいたく黒み**落ち入りて**…。〈源氏・紅葉賀〉訳(源典侍は)まぶたがひどく黒ずみ**くぼんで**…。

❸死ぬ。

「手負ひのただいま**落ち入る**に、一日経書いてとぶらへ。」〈平家・11・嗣信最期〉訳「負傷者がたった今**死ん**だので、一日経(=大勢で分担して一日で写し終える経)を書いて供養してくれ。」

おち-う・す【落ち失す】動詞 自〔サ下二段〕〈せ・せ・す・する・すれ・せよ〉逃げていなくなる。戦いに負けて逃亡する。

軍に恐れて下人ども皆**落ち失せ**たれば…。〈平家・8・法住寺合戦〉訳戦いを恐れて下人どもがみんな**逃げていなくなった**ので…。

おち-うと【落人】名詞 敗走して行く者。人目を避けて逃げて行く者。落ち武者。発展「おちひと」の変化したことば。「おちうど」とも。

おぢ-おそ・る【怖ぢ恐る】おじ ㊀動詞 自〔ラ四段〕〈ら・り・る・る・れ・れ〉怖がり恐れる。

このよしを申すに、帝、いみじく**おぢ恐りたまひけり**となん。〈宇治拾遺〉訳このことを申し上げると、帝は、ひどく**怖がりなさった**ということだ。

㊁動詞 自〔ラ下二段〕〈れ・れ・る・るる・るれ・れよ〉㊀の意味に同じ。

この人の気色を見るに、「ただ人にもあらぬ者なりけり。」と**おぢ恐れて**…。〈今昔〉訳この人のようすを見ると、「ふつうの人でもない者だったのだ。」と**怖がり恐れて**…。

おちかえる(現)↓(歴)**をちかへる**【復ち返る】

おち-かか・る【落ち懸かる・落ち掛かる】動詞 自〔ラ四

段〈ら・り・る・る・れ・れ〉❶（物の上に）落ちる。（上方から）襲いかかる。（上から物が）落ちてくる。**落ち懸かりて、狐の後足を取りて、引きあげつ。**〈宇治拾遺〉訳（利仁は馬上から）**襲いかかって**、キツネの後足を取って、引き上げた。
❷落ちて（物に）引っ掛かる。**庵の上に柿の落ち懸かりたるを、人々拾ひなどする。**〈更級日記・富士川〉訳仮小屋の屋根にカキの実が**落ちて引っ掛かっている**のを、人々が拾ったりなどする。
❸日や月が、ある物の上に沈む。また、沈もうとする。

おちかた（現）↓（歴）**をちかた**【彼方・遠方】

おち-かた【落ち方】名詞 ❶（花などの）散りどき。**御前の梅は、西は白く、東は紅梅にて、少し落ち方になりたれど…。**〈枕草子・83・返る年の二月二十日余日〉訳（梅壺の）おそばのウメは、西側は白く、東側は紅梅で、少し**散りどき**になっているが…。
❷逃げ落ちる場所。また、そのような機会。**下の手に控へたる者どもは、落ち方を失って…。**〈太平記〉訳川下の方に控えていた者たちは、**逃げ落ちる機会**を失って…。

おち-くぼ【落ち窪】名詞 床を他よりも一段低く作った所。また、そのように作られた部屋。発展 落ちくぼんだ所の意味から。

落窪物語（おちくぼものがたり）作品名 平安中期の物語。作者不明。早くに母をなくして後、継母にいじめられ、床の落ちくぼんだ部屋に押し込められていた姫君（落窪の君）が左近少将の愛を得、救い出される。その後少将は継母らに仕返しをするが、最後はみな幸福になる。継母による継子いじめの典型的な作品で、写実的な描写に特色がある。成立年不明だが、『源氏物語』より早く、十世紀末ごろ書かれたと推定される。

おち-ぐり【落ち栗】名詞 ❶熟して地上に落ちたクリの実。季語 秋
❷（「落ち栗色」の略で）染め色のひとつ。黒みを帯びた濃い紅色。
❸襲の色目のひとつ。表は黒みのある蘇芳（＝暗い紅色）、裏は香色（＝黄みを帯びた薄い赤色）。または、表は濃い紅、裏は香色ともいわれる。

おちこち（現）↓（歴）**をちこち**【彼方此方・遠近】

おち-ず【落ちず】連語 欠けることなく。残らずすべて。**吾妹子がいかに思へかぬばたまの一夜も落ちず夢にし見ゆる** 歌〈万葉集・15・3647〉訳いとしい妻が、どう思ったからか、一夜も**欠けることなく**、夢に見えることだ。○「ぬばたまの」は「夜」に係る枕詞。

おち-たぎ・つ【落ち激つ・落ち滾つ】動詞 自 タ四段〈た・ち・つ・つ・て・て〉水しぶきをあげて激しく流れ落ちる。**瀬を速み落ちたぎちたる白波にかはづ鳴くなり朝夕ごとに** 歌〈万葉集・10・2164〉訳瀬の流れが速いので、**激しく流れ落ちて**いる白波にカジカガエルが鳴く声がする。朝夕ごとに。

おち-つ・く【落ち着く】動詞 自 カ四段〈か・き・く・く・け・け〉❶（目指す所に）行き着く。（居場所や住居が定まって）とどまる。**東に下りし親、からうじて上りて、西山なる所に落ち着きたれば…。**〈更級日記・鏡の影〉訳（四年前）東国に下った（父）親が、ようやく上京して、西山にある家に（住居が**定まって）とどまった**ので…。
❷落ちて下に着く。**刀をぬき、六野太を馬の上で二刀、落ち着く所で一刀、三刀までぞつかれける。**〈平家・9・忠度最期〉訳（平忠度は）刀を抜き、六野太を馬上で二度、（ウマから）**落ちて**（地面に）**着いた**所で一度、（合わせて）三度もお突きになった。
❸（心配や疑問が消えて）安心する。得心する。**凡兆、「あ。」とこたへて、いまだ落ち着かず。**〈去来抄・先師評〉訳凡兆は、「はい。」と返事をしても、まだ**得心しない**。○凡兆は俳人で芭蕉の門人。

おち-とま・る【落ち留まる】動詞 自 ラ四段〈ら・り・る・る・れ・れ〉❶落ちて残る。残存する。残り続ける。**落ち留まりてかたはなるべき人の御文ども、「破れば惜し。」とおぼされけるにや…。**〈源氏・幻〉訳（後に）**残り続けて**は格好の悪いはずの（女の）人のいろいろのお手紙なども、（古歌のとおり）「破って捨てると、惜しい。」と（源氏は）思わないではいらっしゃれなかったのではないか…。
❷人が居残る。生き残る。「**ものはかなきありさまどもにて、世に落ち留まりさすらへむとすらむことどものみ…。**」〈源氏・宿木〉訳「（私どもは）頼りない身の上で、この世に**生き残り**あてもなくさすらう生活をして行くことだろうとばかり…。」

おちなし（誤）↓（正）**をぢなし**

おち-の-ひと【御乳の人】名詞 貴人の乳母。貴人の幼児の養育係。おち。

おぢ-はばか・る【怖ぢ憚る】動詞 自 ラ四段〈ら・り・る・る・れ・れ〉恐れて遠慮する。気後れする。「**下人の病しけるが、にはかに出であへで亡くなりにけるを、怖ぢはばかりて…。**」〈源氏・夕顔〉訳「下人で病気をしていた者が、急に他所に出すことも果たせないうちに亡くなってしまったことを、（私に対して）**恐れて遠慮して**…。」

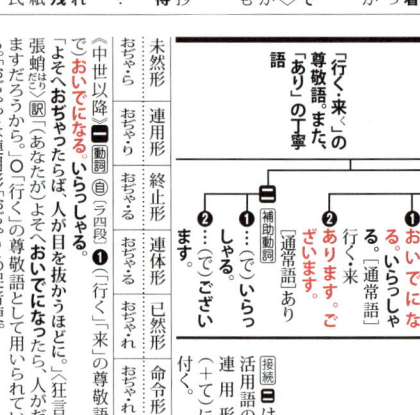

おぢゃ・る

語 「行く・来」の尊敬語。また、「あり」の丁寧語
- 一 動詞 自
  - ❶おいでになる。いらっしゃる。［通常語］行く・来
  - ❷あります。ございます。［通常語］あり
- 二 補助動詞
  - ❶…（で）いらっしゃる。
  - ❷…（で）ございます。

接続 二は活用語の連用形（＋て）に付く。

未然形	連用形	終止形	連体形	已然形	命令形
おぢゃら	おぢゃり	おぢゃる	おぢゃる	おぢゃれ	おぢゃれ

《中世以降》一 動詞 自 ラ四段 ❶（「行く」「来」の尊敬語で）**おいでになる。いらっしゃる。**「**よそへおぢゃったらば、人が目を抜かうほどに。**」〈狂言・張蛸〉訳「（あなたが）よそへ**おいでになったら**、人がだますだろうから。」○「行く」の尊敬語として用いられている。「おぢゃっ」は連用形「おぢゃり」の促音便。
❷（「あり」の丁寧語で）**あります。ございます。**「**三匁もおぢゃらぬ。**」〈近松・女殺油地獄〉訳「（お金は）三匁も**ありません**。」

二 補助動詞 ラ四段 ❶…（で）**いらっしゃる。**…（して）いら

っしゃる。「老いかがまりておぢゃるほどに…。」〈狂言・薬水(やくすい)〉訳「(祖父は)老いて腰が曲がっていらっしゃるので…。」

❷…(で)あります。…(で)ございます。「ねずみ色な鳥の、まづこれほどな大きさでおぢゃる。」〈狂言・察化(さっか)〉訳「灰色の鳥で、ともかくこれぐらいの大きさでございます。」

発展「お出(い)である」が変化してできたことばといわれる。

おち-ゆ・く【落ち行く】 動詞 自 カ四段〈か・き・く・く・け・け〉❶悪くなっていく。落ちぶれていく。「何事につけても末になれば、落ち行くけぢめこそ安くはべめれ。」〈源氏・行幸(みゆき)〉訳「何事につけても後になればなるほど、悪くなっていくその差がつきやすい(=どんどん悪くなる)ようでございます。」

❷逃走する。とるものもとりあへず、我さきにとぞ落ち行きける。〈平家・5・富士川〉訳(平家の兵士たちは)取るものもとりあえず、我先にと逃走した。

おち-ゐる【落ち居る】 ―ゐる 動詞 自 ワ上一段〈ゐ・ゐ・ゐる・ゐる・ゐれ・ゐよ〉心静まる。落ち着く。安心する。御心落ちゐはてたまひて、「今は本意(ほい)も遂げなむ。」と思(おぼ)しなる。〈源氏・藤裏葉(ふじのうらば)〉訳(源氏は)すっかりお気持ちも落ち着きなさって、「いよいよ本来の望み(=出家)を遂げてしまおう。」という気におなりになる。

お・つ【落つ】

支えから離れて自然に上から下へ向かう

- ❶落下する。落ちる。
- ❷(雨や雪などが)降る。(花や葉が)散る。
- ❸(光が)差し込む。照らす。
- ❹(月や日が)沈む。
- ❺(毛が)抜ける。
- ❻地位が下がる。
- ❼つき物が落ちる。病気が治る。
- ❽(戦いに)敗れて逃げる。
- ❾(城などが)陥落する。攻め落とされる。
- ❿白状する。

未然形	連用形	終止形	連体形	已然形	命令形
おち	おち	おつ	おつる	おつれ	おちよ

動詞 自 タ上二段 ❶落下する。落ちる。車より落ちぬべうまろびたまへば…。〈源氏・桐壺(きりつぼ)〉訳(桐壺の更衣の葬儀の時、更衣の母が動揺して)牛車(ぎっしゃ)から落ちてしまいそうにお倒れになるので…。

❷(雨や雪などが)降る。(花や葉が)散る。(雷が)落ちる。雷(いかづち)は落ちぬれど、また上がるものを…。〈大鏡・道長上〉訳雷は落ちてしまっても、再び(空に)上がるのだから…。木の葉の落つるも、まづ落ちて芽ぐむにはあらず。〈徒然草・155・世に従はん人は〉訳木の葉が散るのも、まず(葉が)散って(その後に)芽を出してくるのではない。

❸(光が)差し込む。照らす。冬枯れの森の朽ち葉の霜の上に落ちたる月の影の寒けさ 歌〈新古今集・冬・607〉訳冬になって木々の葉が枯れた森の朽ち葉に(降りた)霜の上を照らしている月の光の寒々としていることよ。

❹(月や日が)沈む。没する。日月(じつげつ)地に落ちたまふかと驚かる。〈平家・1・御輿振(みこしぶり)〉訳太陽や月が大地に没しなさるのかと(思うばかりに)驚かないではいられない。

❺(毛が)抜ける。抜け落ちる。わが御髪(みぐし)の、落ちたりけるを取り集めて、鬘(かづら)にしたまへるが、九尺(さく)余ばかりにて、いと清らなるを…。〈源氏・蓬生(よもぎう)〉訳(末摘花(すえつむはな)が)自分のお髪で、抜け落ちてしまったのを取り集めて、かつらにしていらっしゃった髪で、九尺余りほどであって、たいそう美しい髪を…。

❻地位が下がる。落ちぶれる。堕落する。やむごとなき筋ながらも、かうまで落つべき宿世(すくせ)ありければにや…。〈源氏・蓬生(よもぎう)〉訳(末摘花(すえつむはな)の叔母は)高貴な血筋ながらも、これほど落ちぶれなければならない宿命があったからではないだろうか…。

❼つき物が落ちる。病気が治る。また、精進落ち(=精進の期間が終わって、普通の生活に戻ること)をする。楫取(かぢと)りの昨日釣りたりし鯛(たひ)に…落ちられぬ。〈土佐日記・一月十四日〉訳船頭が昨日釣ってあったタイで…精進落ちをなさった。「今様(いまやう)遊ばさば、落ちさうらひなん。」〈十訓抄(じっきんしょう)〉訳「今様歌をお歌いになったら、きっとつき物が落ちるでしょう。」

❽(戦いに)敗れて逃げる。敗走する。「平家の公達(きんだち)、助け船に乗らんと、汀(みぎは)の方(かた)へぞ落ちたまふらん。」〈平家・9・敦盛最期(あつもりさいご)〉訳「平家の貴公子たちが、助けの船に乗ろうと、波打ち際の方へ敗走なさっていらっしゃるのだろう。」

❾(城などが)陥落する。攻め落とされる。「この城のていたらく、一日二日には落つまじかりけるぞ。」〈太平記(たいへいき)〉訳「この城のようすでは、一日や二日では陥落するはずがなかったぞ。」

❿白状する。あながちに問ひければ、つひに落ちていはく…。〈今昔〉訳強引に尋問したところ、とうとう白状して言うことには…。

発展 **意味の限定** もともとは❶の落下する意味で、❷〜❺は自然現象、❻〜❿は人間の行為などに意味が限られた用法である。

お・づ【怖づ】 おず 動詞 自 ダ上二段〈ぢ・ぢ・づ・づる・づれ・ぢよ〉恐れる。怖がる。ひるむ。帝(みかど)も、この女御(にょうご)殿には、いみじうおぢまうさせたまひ…。〈大鏡・師輔(もろすけ)〉訳帝も、この女御殿(=安子(あんし))には、ひどくお恐れ申し上げなさり…。

おっ-かか・る【押っ掛かる】 動詞 自 ラ四段〈ら・り・る・る・れ・れ〉《近世語》今にもなろうとする。ほとんど近づく。弟とはいひながら三十に押っ掛かり…。〈近松・心中天の網島(しんじゅうてんのあみじま)〉訳弟とはいうものの三十歳になろうとし…。

発展「おしかかる」の変化したことば。

おっさま-に【追っ様に】 副詞 後を追って。後に続いて。「心少し落とし据(す)ゑて、追っ様に参りさうらふべし。」〈平家・10・三日平氏(みっかへいじ)〉訳「(私は)心を少し落ち着かせて、後に続いて参上いたしましょう。」

発展「追ひ様に」が変化したもの。

おったて-の-くゎんにん【追っ立ての官人】 ―かんにん 名詞 流罪となった者を配所に連れて行く使者。発展 検非違使庁(けびいしちょう)の下級役人がこれに当たった。

おっ-つけ【追っ付け】 副詞 すぐに。ただちに。また、間もなく。やがて。

「追っ付けお下りなされませ。」〈近松・心中天の網島〉訳「すぐに(京から)お下りなさいませ。」

おっ-て【追っ手】名詞 ❶罪人など、逃げる者を追う人。❷敵や罪人などを追跡し、捕らえるために出向く人。類討っ手 発展「おひて」の変化したことば。

おっと-まかせ 感動詞 気軽に承諾するときに言うことば。まかせておけ。よしきた。ほいきた。

「おっとまかせ。」とむっくと起き…。〈近松・心中天の網島〉訳「ほいきた。」と言ってむくっと起き上がり…。

おっ-と・る【押っ取る】動詞 他 ラ四段〈ら・り・る・る・れ・れ〉急いで手に取る。勢いよく奪う。

相模守自ら走り下りて、その旗をおっ取りて、切岸の前に突き立て…。〈太平記〉訳 相模の守は自ら(山を)走り下って、(木のこずえなどに結びつけてある敵の)その旗を勢いよく奪って、絶壁の前に突き立て…。

発展「おしとる」の変化したことば。

おてうちの… 句

御手討ちの夫婦なりしを更衣〈蕪村句集・与謝蕪村〉訳 武家に奉公していて不義をはたらき、お手討ちになるはずだった若い男女が許されて、夫婦として暮らしている。四月の衣替えも人並みに迎えることができた。○季語 更衣—夏。「なりしを」の「を」は逆接の接続助詞。 発展 若い夫婦の生き喜びが詠みこまれた、小説的な味わいを持つ句である。

おと【弟・乙】 一 名詞 ❶兄弟・姉妹のうちで、年下の者。弟。妹。❷第一子でない子。特に、末の子。 二 接頭語 (人名または人を表すことばに付いて)年が若い、末の、などの意味を表す。語例 弟橘姫・弟棚機

おと【音】

はっきりと聞こえる物音や鳴き声
- ❶響き。音。物音。
- ❷声。特に、鳥や動物の鳴き声。
- ❸うわさ。評判。
- ❹便り。訪れ。音さた。

名詞 ❶響き。音。物音。

風の音、虫の音につけて、もののみ悲しうおぼさるるに…。〈源氏・桐壺〉訳 風の響きや、虫の鳴き声(を聞く)につけて、(桐壺の更衣を亡くした帝は)なんとなく悲しいとばかりお思いにならないではいられないときに…。

❷声。特に、鳥や動物の鳴き声。

ぬばたまの月に向かひてほととぎす鳴く音はるけし里遠みかも 歌〈万葉集・17・3988〉訳 月に向かってホトトギスが鳴く声がはるか遠い。(それは私のいるこの)里が遠いからなのだなあ。○「ぬばたまの」は「月」に係る枕詞。

❸(多く「音に聞く」「音に聞こゆ」の形で)うわさ。評判。

「日ごろは音にも聞きつらん。今は目にも見たまへ。」〈平家・9・木曾最期〉訳「普段は(私のことを)きっとうわさでも聞いているだろう。(その私を)今は(あなた方の)目でもご覧になれ。」

❹(多く、下に打消の語を伴って)便り。訪れ。音さた。

昔、男、久しく音もせで、「忘るる心もなし。参り来む。」と言へりければ…。〈伊勢・118〉訳 昔、(ある)男が、(女に)長い間便りもしないままで、「(あなたのことは)忘れる気持ちもない。(そちらへ)参上しよう。」と言っていたので…。

類語比較 **「おと」と「ね」**
共通点＝人や動物の声、物音などを表す。
おと＝離れていてもはっきり耳に入る物音や風・鐘の響き、また人の声など、比較的大きな音響一般に用いる。
ね＝かすかな響きで聞く者の心情に訴えかけるような、シカ・鳥・虫などの鳴き声や人の泣き声に用いられ、「ねを泣く」「ねのみ泣く」などの慣用表現がある。さらに中古以降は楽器の音にも用いられるようになった。
→古語チャート㉚(935ページ)

おと-うと【弟・妹】名詞 兄弟・姉妹の中で年少の者。
発展「弟人」の変化したことば。上代は「おと」のみで、中古から「おとうと」が用いられるようになった。性別に関係なく用いられ、妹を指していうことも多い。近世からは男に限られるようになった。↓妹・妹

おとがひ【頤】名詞 あご。

おとがひ-お・つ【頤落つ】— ❶寒さで震える。

節分違へなどして夜深く帰る、寒きことといとわりなく、おとがひなど落ちぬべきを…。〈枕草子・298・節分違へなどして〉訳 節分に方違えなどをして夜がまだ明けないうちに帰るのは、寒いことがとてもひどくて、寒さで震えてしまいそうなのを…。

❷(食物のおいしいことのたとえで)あごが落ちてしまう。

「おとがひが落つるやうな、あむあむあむ。」〈狂言・附子〉訳「あごが落ちてしまうような(おいしさ)、もぐもぐもぐ。」

❸(おしゃべりなことのたとえで)あごが落ちる。

「おとがいの落つるほど、こっちからもしゃべる、あっちからもしゃべる。」〈近松・艶狩剣本地〉訳「あごが落ちるほど、こっちからもしゃべり、あっちからもしゃべる。」

おとがひ-を-と・く【頤を解く】— ↓おとがひをはなつ

おとがひ-を-はな・つ【頤を放つ】— あごが外れるほどに大口を開ける。大笑いする。類 頤を解く

その座にありとある人、おとがひを放ちてぞ笑ひける。〈今昔〉訳 その場にいるすべての人は、あごが外れるほどに大口を開けて大笑いをした。

お-とぎ【御伽】名詞 ❶相手を務めること。高貴な人のそばに控え、慰めに話し相手をすること。

「今宵は御伽して、やがて居明かさむ。」〈無名草子〉訳「今宵は(私たちが)話し相手をして、そのまま眠らずに夜を明かそう。」

❷高貴な人の寝室に奉仕すること。また、その女性。
❸(「御伽小姓」の略で)幼い主君の遊び相手をする少年。

おと-ぎき【音聞き】名詞 世間の評判。うわさ。外聞。

この男、音聞きに聞きならしつつ…。〈平中〉訳 この男が、うわさにいつも聞いていて…。

御伽草子 文芸用語 室町時代から江戸初期にかけて作られた短編小説の総称。狭い意味では、江戸時代、享保年間(一七一六〜一七三六)に大坂の渋川清右衛門が物語草子を二十三編集めて『御伽文庫』または『御伽草紙』として出版した本のことだが、これに類する作品も広く「御伽草子」と呼ばれた。一般的には室町時代の短編物語を指す。平安・鎌倉時代の物語文学の影響を受けて、近世の仮名草子や浮世草子への橋渡しともなった。子供や女性向けに絵入りで分かりやすく書かれていた。「一寸法師」「鉢かづき」などが有名。

伽婢子 作品名 江戸時代の仮名草子。浅井了意作。六十八話の怪異小説集。中国の『剪灯新話』などの内容をもとにしているが、和歌の贈答などを用いて巧みに日本の物語に移し替えている。特に「牡丹灯

籠」は有名。一六六六(寛文六)年刊。

➡おとこ(現)↓(歴)をとこ【男】

おと-ご【乙子・弟子】 名詞 末子。

男山【ヲトコ】 歌枕 京都府八幡市西方、生駒山地の最北端の山。山頂に石清水八幡宮がある。淀川を挟んで天王山と相対。「男」の意味を掛けて詠まれた。↓ビジュアルチェック㉓(1093ページ)

➡おどし(現)↓(歴)をどし【縅・威】

おとし-い・る【落とし入る・陥る】 動詞 他(ラ下二段)(れ・れ・る・るる・るれ・れよ)中に落とす。
「人に見せで、夜、この川に**落とし入れ**たまひてよ。」〈源氏・手習〉訳「だれにも見られないようにして、夜の間に、この川に落とし入れてしまってください。」

おとし・む【貶む】 動詞 他(マ下二段)(め・め・む・むる・むれ・めよ)さげすむ。軽蔑する。悪口を言う。
初めより「我は。」と思ひ上がりたまへる御方々、めざましき者に**おとしめ**嫉みたまふ。〈源氏・桐壺〉訳(入内の)当初から「自分(こそ)は。」と自負していらっしゃるお后方は、(帝の寵愛を独占する桐壺の更衣を)気にくわない者として**軽蔑したり**ねたんだりなさる。○この「おとしめ」は★対偶中止法で、「たまふ」に係る。

➡おとしめる(現)↓(古)おとしむ【貶む】

おと・す【落とす・貶す】 動詞 他(サ四段)(さ・し・す・す・せ・せ)
❶落下させる。
❷(葉や花を)散らす。
もみぢ葉を落とす時雨のふるなへに夜さへぞ寒きひとりしあれば 歌〈玉葉集・889〉訳紅葉した葉を**散らす**時雨が降るにつれて夜までも寒々しい。たった一人でいるから。
❸(坂や急流などを)勢いよく下りさせる。
まづ三十騎ばかり、まっさきかけて落とされけり。〈平家・9・坂落〉訳最初に三十騎ほど、(その中で義経が)先頭を切って(乗っているウマを)**駆け下りさせ**なさった。
❹取り除く。漏らす。
盲ひたる僧、前のことを落とさず語りて…。〈今昔〉訳盲目になっている僧は、以前からの出来事を**漏らさず**(=一部始終)語って…。
❺なくす。紛失する。
竹の葉に露置きたる形かきたる扇を落としてはべりけるを…。〈玉葉集・1461・詞書〉訳竹の葉に露が降りている絵を描いてある扇を**なくし**ておりましたのを…。
❻こっそり逃げさせる。逃がす。
これは謀反の輩を落とさじがための謀なり。〈太平記〉訳これは謀反の人々を**逃がす**まいとするための策略である。
❼劣った扱い方をする。下げる。劣らせる。
いま一方の御気色も、をさをさ落としたまはで…。〈源氏・少女〉訳もうお一方(=花散里)のごようすも、(紫の上に比べて)ほとんど**劣らせ**なさらないで…。
❽見下げる。侮る。
「**人に落とされたまへる御ありさまとて…。**」〈源氏・若菜下〉訳「(女三の宮が)人から**見下げ**られなさっているごようすだからといって…。」
❾調子を下げる。
琵琶を取りて寄せて、『衣がへ』をひとわたり落として、「萩が花摺り」と謡ひつつ…。〈狭衣〉訳琵琶を手もとに引き寄せて、(★催馬楽の)『衣がへ』を一段**調子を下げて**、「萩が花摺り」と歌い歌いして…。
❿物事を終わりの段階に到達させる。城などを攻め取る。

おとど【大殿・大臣】
身分の高い人の住居や、そこに住む大臣や公卿を敬った言い方
❶貴人の邸宅を敬った言い方
❷大臣や公卿を敬った言い方
❸婦人を敬った言い方

名詞 ❶貴人の邸宅を敬った言い方。御殿。類大殿・
明けゆくままに見渡せば、大殿の造りざま、しつらひざま、さらにも言はず、庭の砂子も玉を重ねたらむやうに見えて…。〈源氏・若紫〉訳夜が明けていくに従って(辺りを)見渡すと、**御殿**(=源氏の邸宅である二条院)の造り具合や、設備のようすは、言うまでもなく(すばらしく)、庭の砂も(まるで)宝石を(敷き)重ねてあったりするように見えて…。
❷大臣や公卿を敬った言い方。**大臣**。類大殿・大臣。
「**まかり出でて、大臣にも、変はらぬ姿、いま一度見え…。**」〈大鏡・花山院〉訳「退出して、(父の)**大臣**にも、(出家前の)変わらない姿を、もう一度見せ…。」
❸婦人を敬った言い方。**…殿。…様。**
ゆくりかに寄り来たるけはひにおびえて、大殿色もなくなりぬ。〈源氏・玉鬘〉訳(玉鬘に求婚して拒絶された大夫監が怒って)不意に詰め寄って来た物音におびえて、(玉鬘の)乳母**殿**は顔色も真っ青になってしまった。

おど・す【威す・嚇す】 動詞 他(サ四段)(さ・し・す・す・せ・せ)❶怖がらせる。恐れさせる。脅迫する。
いときなき子をすかし、**おどし**、言ひはづかしめて興ずることあり。〈徒然草・129・顔回は〉訳幼い子供をだまし、**怖がらせ**、言って恥をかかせておもしろがることがある。
❷はっと気づかせる。びっくりさせる。驚かす。
ねぶりてゐたるを、**おどす**とて、「翁丸、いづら。命婦のおとど食へ。」と言ふに…。〈枕草子・9・上にさぶらふ御猫は〉訳(命婦のおとどという名のネコが)眠ってじっとしているのを、**驚かす**というので、「翁丸(=イヌの名)、さあさあ。命婦のおとどに噛みつけ。」と言うと…。

➡おとずる(現)↓(歴)おとづる【訪る】
➡おとずれる(現)↓(古)おとづる【訪る】
➡おとつい(現)↓(歴)をとつひ【一昨日】

おと-づ・る【訪る】 ずる 動詞 自(ラ下二段)(れ・れ・る・るる・るれ・れよ)❶声や音をたてる。
夕されば門田の稲葉おとづれてあしのまろ屋に秋風ぞ吹く 百人一首〈金葉集・173〉訳↓ゆふされば…
❷訪問する。(人のもとを)訪ねる。↓**古語チャート**㉗(895ページ)
年ごろ訪れざりける人の、桜の盛りに見に来たりければ…。〈伊勢・17〉訳長年の間**訪ね**(て来)なかった人が、サクラの盛りに(花を)見にやって来たので…。
❸手紙などで安否を尋ねる。便りをする。
かの夕顔の宿りには、いづかたにと思ひ惑へど…右近だに訪れねば、「怪し。」と思ひ嘆きあへり。〈源氏・夕顔〉訳あ

の夕顔の宿では、(女君は)いったいどこへと心配しきっているのだが…右近ですら便りをし(てよこさ)ないので、「不思議なことだ。」と思ってため息をつき合っている。

おと-と【弟・妹】名詞 ↓おとうと

おとど【大殿・大臣】名詞 ↓最重要語(260ページ)

おとと-い 名詞 兄弟。姉妹。

おとな【大人】

成人した一人前の男女。また、中心になる人
- ❶一人前の人。成人。
- ❷(一家・一族などの)長。かしら。中心になる者。
- ❸(経験を積んだ)年配の女房・女官。
- ❹(家老などの)老臣。

名詞 ❶**一人前の人。成人。**＊元服後の男児。＊裳着を済ませた女子。

大人になりたまひて後は、ありしやうに、御簾の内にも入れたまはず。〈源氏・桐壺〉訳(源氏が元服して)**成人**になった後は、(帝は)以前のように、(源氏を藤壺の女御の)御簾の中にもお入れにならない。

❷(一家・一族などの)**長。かしら。中心になる者。**

父はただ、我を**大人**にし据ゑて、我は世にも出で交じらはず…。〈更級日記・宮仕え〉訳父はただもう、私を(一家の)**長**につかせて、(父)自身は世間にも出て人と交際(するということも)しないで…。

❸(経験を積んだ)**年配の女房・女官。**

清げなる**大人**二人ばかり、さては童部ぞ出で入り遊ぶ。〈源氏・若紫〉訳こざっぱりと美しい**年配の女房**が二人ほど、それからまた子供が出たり入ったりして遊ぶ。

❹(家老などの)**老臣。**

大人ども、つまはじきをして、「口惜しき御事ざうらふかな。…いかでか御命に代へさせたまふべき。」と申せば…。〈平家・11・弓流〉訳**老臣**らは、(流した弓を惜しむ主君の源義経を)非難して、「情けないことでございますな。…どうして(弓を)お命にお代えになる必要がありましょうか、いや、ありません。」と申し上げると…。

おとな-おとな・し【大人大人し】

いかにも大人らしいようす
- ❶大人びている。いかにも大人らしい。
- ❷年配で中心的な立場にある。分別がある。落ち着いている。

未然形	連用形	終止形	連体形	已然形	命令形
おとなおとな・しく	おとなおとな・しく	おとなおとな・し	おとなおとな・しき	おとなおとな・しけれ	○
おとなおとな・しから	おとなおとな・しかり	○	おとなおとな・しかる	○	おとなおとな・しかれ

形容詞シク ❶**大人びている。いかにも大人らしい。**

帝は、御年よりはこよなう**大人大人しう**ねびさせたまひて…。〈源氏・薄雲〉訳帝(＝冷泉帝)は、お年よりはこの上もなく**大人びて**ご成長になって…。○「大人大人しう」は連用形「大人大人しく」のウ音便。

❷**年配で中心的な立場にある。分別がある。落ち着いている。**

大人大人しき御前の人々は、「かくな。」など言へど、えとどめあへず。〈源氏・葵〉訳**分別がある**(葵の上の)おそばにいる人々は、「このように(乱暴を)するな。」などと(乱暴を働く者たちに)言うけれど、とても止め切れない。

おとな・し【大人し】

いかにも大人らしく見えるようす
- ❶いかにも大人らしい。大人びている。成熟している。
- ❷年配で思慮分別がある。中心的な立場の者である。
- ❸温和だ。穏やかだ。素直だ。◉中世以降の用法。

形容詞シク

未然形	連用形	終止形	連体形	已然形	命令形
おとな・しく	おとな・しく	おとな・し	おとな・しき	おとな・しけれ	○
おとな・しから	おとな・しかり	○	おとな・しかる	○	おとな・しかれ

❶**いかにも大人らしい。大人びている。成熟している。**

十一になりたまへど、程より大きに**大人しう**清らにて…。〈源氏・澪標〉訳(東宮は)十一歳におなりになるけれど、年齢のわりには大きく**大人びていて**美しくて…。○「大人しう」は連用形「大人しく」のウ音便。

「今日よりは、**大人しく**なりたまへりや。」とて…。〈源氏・紅葉賀〉訳(源氏は紫の上に対し)「(元日の)今日からは(一歳、年を取って)、**いかにも大人らしく**おなりになりましたか。」と言って…。

❷**年配で思慮分別がある。中心的な立場の者である。**

「少し**大人しき**程になりぬる齢ながら、扱ふ人もなければ、さうざうしきを。」〈源氏・澪標〉訳「(私も)少しは**年配で思慮分別がある**ようになった年齢でありながら、世話する子供もいないので、寂しいなあ。」

❸《中世以降》**温和だ。穏やかだ。素直だ。**

うららかに言ひ聞かせたらんは、**大人しく**聞こえなまし。〈徒然草・234・人のものを問ひたるに〉訳率直に説明してやったとしたら、きっと**穏やかに**(相手に)聞こえただろうに。

発展 **語の成り立ち** 成人や中心的な立場の者という意味を表す名詞「大人」が形容詞になったもの。

おとな・し【大人し】形容詞 ↓最重要語(261ページ)

おとなし-やか・なり【大人しやかなり】形容動詞ナリ〈なら・なり(に)・なり・なる・なれ・なれ〉❶大人びている。大人のようだ。分別がある。

「**おとなしやかに**申し、念仏四、五遍唱へ、つひに事終はってさうらふ。」〈謡曲・隅田川〉訳「(この幼い子供は)**大人のように**申しまして、念仏を四、五回唱えて、ついに息を引き取りました。」

❷落ち着いている。穏当だ。

容儀、事柄**おとなしやかに**て、大将軍なりとぞ見えし。〈保元〉訳(源為義は)身のこなし、人柄ともに**落ち着いていて**、いかにも大将軍だと感じられた。

おとな-だ・つ【大人だつ】動詞 自〈タ四段〉〈た・ち・つ・つ・て・て〉

大人びてくる。年配で分別がありそうに見える。

大人だつ宰相の君、「…つれづれに思し召されてはべ

るに、申させたまへ。」とそそのかせば…。〈堤中納言・このついで〉訳 年配で分別がありそうに見える宰相の君(という女房)が、「…(中宮様が)所在なくお思いになっていらっしゃいますから、(そのお話を)申し上げなさい。」と促すので…。

発展「だつ」は接尾語。

おと-なひ【音なひ・訪ひ】ない 名詞 ❶音がすること。響き。**あやしうめざましき音なひとのみ聞きたまふ。**〈源氏・夕顔〉訳(源氏は唐臼の音を)変な感じで気に食わない**響き**だとお聞きになるだけである。❷(音によって感じ取れる)気配。ようす。**梅壺の女御ののぼらせたまふなる音なひ、いみじく心にくく優なるにも…。**〈更級日記・宮仕え〉訳 梅壺の女御が、(清涼殿に)お上りになるらしい**気配**が、とても奥ゆかしく優雅であるのにつけても…。❸訪れ。訪問。**例ならぬほととぎすのおとなひにも…。**〈蜻蛉日記〉訳 いつもと違うホトトギスの**訪れ**にも…。

おと-な・ふ 動詞 ↓最重要語(262ページ)

おとな・ぶ【大人ぶ】動詞 自 バ上二段〈び・び・ぶ・ぶる・ぶれ・びよ〉
❶大人らしくなる。成長する。ませてくる。対 幼ぶ **宮はいみじううつくしう大人びたまひて、「めづらしううれし。」とおぼして…。**〈源氏・賢木〉訳 東宮はたいへんかわいらしくご**成長**なさって、(母宮との対面を)「珍しくうれしい。」とお思いになって…。❷かなりの年配になる。人の上に立つ。**大人びたまへれど、なほはなやぎたるところつきて、もの笑ひしたまふ大臣の…。**〈源氏・柏木〉訳 **年配になって**いらっしゃるけれど、やはり陽気な性分があって、よくお笑いになる大臣(=源氏)が…。
発展「大人ぶ」の「大人」は成人した一人前の男女で小児に対比し、「ぶ」はそのものらしくなることをいう。

おと-に-き・く【音に聞く】
人づてやうわさなどで耳にしている
❶(「音」がうわさの意味を表し)うわさに聞く。人づてに聞く。
❷(「音」が名声の意味を表し)有名な。名高い。

おと-な・ふ なう(のう)

音を立てて、自分の来たことなどを気づかせる
❶音を立てる。声を出す。
❷声をかける。訪問する。
❸手紙を出す。

動詞 自 ハ四段	未然形	連用形	終止形	連体形	已然形	命令形
	おとな・は	おとな・ひ	おとな・ふ	おとな・ふ	おとな・へ	おとな・へ

❶**音を立てる。声を出す。騒ぐ。**(鳥が)**鳴く。** **鶏も、いづかたにかあらむ、ほのかにおとなふに、京思ひ出でらる。**〈源氏・総角〉訳 ニワトリも、どちらの方にいるのであろうか、かすかに**鳴く**ので、京都が自然と思い出される。
❷**訪ねて来たことを知らせる。声をかける。訪問する。** **怪しと思ひて、寄りておとなひけれど、音なし。**〈宇治拾遺〉訳 変だと思って、(部屋のそばに)寄って**声をかけた**けれども、反応がない。
❸**手紙を出す。** **おぼしも立たぬほどに、殿の上ぞ常におとなひきこえさせたまひけれども…。**〈栄花〉訳(藤原道長は藤原為光の娘、四の君を自分のものにしたいという)ご決心もなさらないうちに、殿の上(=道長の正妻の倫子)がいつも(四の君に)**手紙を出し**申し上げなさったけれども…。
発展①**語の成り立ち** 「おと(音)」に、「する・行う」という意味を表す接尾語「なふ」が付いてできたことば。↓古語チャート㉚(935ページ) ②**意味の広がり** ❶の「音を立てる」がもともとの意味。❷は中古以降、音を立てて相手に来訪を知らせることから生じた意味で、単に、訪問することも表すようになった。さらに、実際には訪問しないで、手紙で相手のようすを尋ねる❸の意味もできた。↓古語チャート㉗(895ページ)

連語❶(「音」がうわさの意味を表し)うわさに聞く。人づてに聞く。**音に聞くと見るときとは、何事も変はるものなり。**〈徒然草・73・世に語り伝ふること〉訳 **人づてに聞く**のと(実際に)見る場合とでは、何事も変わるものである。❷(「音」が名声の意味を表し、多く連体形で)**有名な。名高い。評判が高い。** **音に聞く人なり。何事によりて来たれるぞ。**〈宇治拾遺〉訳「(孔子は)**名高い**方だ。どのような用事でやって来ているのだ。」
発展①「音に聞こゆ」とも。②**「音にも聞く」とも** 軍記物語では、「遠くは音にも聞き、近くは目にも見たまへ(=遠かったらうわさにでも聞くがいい、近かったら目でもご覧になるがいい)。」〈平家・4・宮御最期〉のように、「音にも聞く」の形で、合戦の際に武士が名乗る場面で多く用いられた。

◆**おとにきく**…百人一首
音に聞く高師の浜(浦)のあだ波はかけじや袖のぬれもこそすれ〈金葉集・469・祐子内親王家紀伊〉訳 評判の高い高師の浜の、むなしく寄せる波は(袖に)かけないようにしようと思うよ。(波で)袖が濡れると困るから。(同じように浮気者と名高いあなたの気まぐれを気に掛けないようにしようよ。涙で袖が濡れると困るから。)○「高師」は、歌枕「高師(=今の大阪府堺市西区浜寺の海岸)」と、形容詞「(評判が)高し」の掛詞。「かけ」は、「波をかけ」と「気にかけ」、「ぬれ」は、「波でぬれ」と「涙でぬれ」の意味とを掛けている。「波」「かけ」「ぬれ」、「ぬれ」「袖」が、それぞれ縁語となっている。
発展『金葉集』では、第二句が「高師の浦の」となっている。浜の風景を詠みつつ、相手の誘いを拒絶する意味を重ねて詠んだ、縁語や掛詞の技巧を凝らした歌。

品詞分解・修辞

音	に	聞く	高師の浜	の	あだ波	は
	格助	カ四・体	高し／高師(掛詞)	格助	縁語	係助

かけ	じ	や。	袖	の
縁語 カ下二・未	打消意志・終	〈句切れ〉間助	縁語	格助

縁語			
ぬれ	も	こそ	すれ
ラ下二・用	係助	係助	補動サ変・已
		(係)→	(結)

おとはのたき【音羽の滝】 歌枕 ↓音羽の滝(おとわのたき)

おとはやま【音羽山】 歌枕 ↓音羽山(おとわやま)

おと-みや【弟宮・妹宮】 名詞 弟にあたる皇子。また、妹にあたる皇女。

おとめ(現)↓(歴)**をとめ【少女・乙女】**

おと-も-せ-ず【音もせず】 便りも来ない。訪れもない。花もみな咲きぬれど、**音もせず**。〈更級日記・梅の立ち枝〉訳花も残らず咲いてしまったのに、(継母からは)**便りも来ない**。

おと-や【乙矢】 名詞 弓術で、二本一組の矢のうち、二本目に射る矢。二の矢。対甲矢

おとり-ざま【劣り様】 形容動詞〔ナリ〕劣っている。対勝り様
「万のこと、昔には**劣りざまに**浅くなりゆく世の末なれど…。」〈源氏・梅枝〉訳「何事においても、昔に比べると**劣っていて**浅薄になってゆく末世ではあるけれど…。」

おとり-ばら【劣り腹】 名詞 他と比較して、家柄・身分の低い方の妻。また、その女性が生んだ子。めかけ腹。

おとり-まさり【劣り勝り】 名詞 劣っていることと優れていること。優劣。

おとり-まさ・る【劣り勝る】 動詞 自 ラ四段〈ら・り・る・る・れ・れ〉❶優劣がある。優劣が認められる。涼、仲忠などがこと、御前にも、**劣り勝りたる**ほどなど仰せられける。〈枕草子・83・返る年の二月二十余日〉訳(『宇津保物語』に登場する)涼や仲忠のことについて、中宮定子様も、**優劣が認められた**度合いなどをおっしゃった。
❷劣りがちである。あてにめでたきけはひや、思ひなしに**劣り勝らむ**…。〈源氏・藤裏葉〉訳(夕霧の)気品よく立派な感じは、思いこみのせいで(冷泉帝より)**劣りがちで**はないだろうか…。

おと・る【劣る・損る】 動詞 自 ラ四段〈ら・り・る・る・れ・れ〉❶(価値・力量などが)さがる。ひけをとる。負ける。「しかり。古人もこの国に春を愛すること、をさをさ都に**劣らざる**ものを。」〈去来抄・先師評〉訳「そうだ。古人もこの(近江の)国(=今の滋賀県)で春を賞賛したことは、決して都(の春を賞賛したの)に**ひけをとら**ないではないか。」
❷(身分・位などが)低く位置づけられる。**劣りたる**人の、ゐずまひもかしこまりたるけしきにて…。〈枕草子・146・碁を〉訳(高貴な身分の人が碁を打つときに)無造作なようすであると、かえって)**身分が低く位置づけられ**ている相手が、座り方も恐縮しているようすで…。
❸(数量・利益などが)減少する。損をする。**劣り費ゆること極めてはなはだし**。〈日本書紀〉訳(財宝が**減少し**、なくなることがきわめて激しい。

おどる(現)↓(歴)**をどる【踊る】**

おどろ【棘・荊棘】 名詞 ❶草木などが生い茂ること。また、その場所。やぶ。
奥山の棘が下も踏み分けて道ある世ぞと人に知らせむ 歌〈新古今集・雑中・1635〉訳(人里離れた)奥深い山のやぶの下をも踏み分けて行って、(どんな山奥にも)道がある世だと人に知らせよう。
○「踏む」と「道」は縁語。
❷髪などがひどく乱れているようす。**おどろの髪**、膝にかかるまで乱れ…。〈雨月・白峯〉訳

おどろ-おどろ・し

周りの人々の耳や目を驚かし、恐怖感を与えるほど異様なようす
❶目を見張るほどだ。仰々しい。大げさだ。
❷気味が悪い。恐ろしい。不気味だ。
❸騒がしい。けたたましい。

形容詞〔シク〕	未然形	連用形	終止形	連体形	已然形	命令形
おどろおどろ・	しく	しく	し	しき	しけれ	○
おどろおどろ・	しから	しかり	○	しかる	○	しかれ

❶**目を見張るほどだ**。**仰々しい**。**大げさだ**。
「さりとも、いたづらになり果てたまはじ。夜の声は**おどろおどろし**。あなかま。」〈源氏・夕顔〉訳「いくらなんでも、(夕顔は)むなしくお亡くなりになってしまうことはないだろう。夜の(泣き)声は**大げさだ**。(右近よ)やかましい。」
中将の君も、**おどろおどろしう**様異なる夢を見たまひて、合はする者を召して問はせたまへば…。〈源氏・若紫〉訳中将の君(=源氏)も、**目を見張るほどの**ようすの違った夢をご覧になって、夢占いをする者をお呼びになってお尋ねになると…。○「おどろおどろしう」は連用形「おどろおどろしく」のウ音便。

❷**気味が悪い**。**恐ろしい**。**不気味だ**。
いと**おどろおどろしく**かきたれ雨の降る夜、帝、さうざうしとやおぼしめしけむ、殿上に出でさせおはしまして、遊びおはしましけるに…。〈大鏡・道長上〉訳たいへん**不気味で**激しい雨が降る夜、(花山)天皇は、つまらないとお思いになったのではなかろうか、清涼殿の殿上の間にお出になって、楽しんでいらっしゃったところ…。

❸**騒がしい**。**けたたましい**。**大声を上げる**。
「こは、誰そ。いと**おどろおどろしう**、際やかなるは。」〈枕草子・137・五月ばかり〉訳「これ(=大声を出しているの)は、だれだ。ひどく**騒がしく**、際立っているのは。」
出でにけるすなはち、はひ入りて、**おどろおどろしう泣く**。〈蜻蛉日記〉訳(夫の藤原兼家が子の道綱を呼び出して)出ていってしまった(と思うと)すぐに、(道綱が)入って来て、**大声を上げて泣く**。

発展 **語の成り立ち**
動詞「おどろく」の語幹が重なって形容詞になったもので、心を驚かすほど異常で極端なようすを表す。↓**古語チャート**㉓(835ページ)

類語比較 「こちたし」「ことことし」「ものものし」「おどろおどろし」↓言甚し

ひどく乱れているようすの髪の毛が膝にかかるほど(長く)ばらついて…。

❷おとろえる(現)↓(古)おとろふ【衰ふ】
↓古語チャート㉓(835ページ)

おどろ-おどろ-し【形容詞】↓最重要語(263ページ)

おどろか・し【驚かし】形容詞〔シク〕〈しく・しく・し・しき・しけれ・○／しから・しかり・○・しかる・○・しかれ〉驚かされる。

おどろか・す【驚かす】動詞↓最重要語(264ページ)

おどろ・く【驚く】動詞↓最重要語(265ページ)

おどろ・なり【棘なり・荊棘なり】形容動詞〔ナリ・ノ〕↓おどろ

おとろ・ふ【衰ふ】動詞 自〔ハ下二段〕〈へ・へ・ふ・ふる・ふれ・へよ〉❶物事の勢いが弱くなる。勢力が減じる。落ちぶれる。**昔、衰へたる家に、藤の花植ゑたる人ありけり。**〈伊勢・80〉訳昔、**落ちぶれた**家に、フジの花を植えた人があった。❷体力が弱くなる。衰弱する。また、容姿が醜くなる。

音羽の滝〔オトハノ〕歌枕 京都市山科区の音羽山にあったという滝。また、清水寺の奥の院付近の滝にもこの名がある。

音羽山〔オトハ〕歌枕 京都市山科区と滋賀県大津市の境界近くの山。逢坂の南、京都から東国への通り道に当たった。また、清水寺の東方の山にもこの名があり、清水寺の山号(=寺院の名の上に付く呼び名)ともなっている。↓ビジュアルチェック㉓(1093ページ)

おな・じ【同じ】形容詞〔シク〕〈じく・じく・じ・じき・じけれ・○／じから・じかり・○・じかる・○・じかれ〉同一である。同じだ。等しい。

うたてげなる翁二人、嫗と行きあひて、同じ所にゐぬめり。〈大鏡・序〉訳異様な感じのする老人二人が、老女と偶然に出会い、**同じ**所に居合わせてしまったようだ。

承和九年壬戌二月二十六日に御元服。同じき八月四日東宮に立ちたまふ。御年十六。〈大鏡・文徳天皇〉訳(文徳天皇は)承和九年二月二十六日にご元服。**同じく**(=同年)八月四日に東宮にお立ちになる。十六歳のことである。

発展 体言に続く場合に「同じ」「同じき」の二形があり、中古以降、「同じ」は和文などで、「同じき」は漢文訓読文や和漢混交文で多く用いられた。

おなじえに…歌 **同じ枝に鳴きつつをりしほととぎす声は変はらぬものと知らずや**〈新千載集・1739・敦道親王〉訳同じ枝にいつも一緒にとまって鳴いていたホトトギス(のようなもの)である。声は(兄宮と)変わらないものと知らないか、いや、知っているだろう。

発展『和泉式部日記』にも見える。亡き為尊親王と同母の弟宮敦道親王と作者との交際が始まろうとするときの歌としている。

おなじき【同じき】連体詞 同じ。同上の。その。発展 形容詞「おなじ」の連体形から。

おなじく-は【同じくは】副詞 同じことなら。どうせなら。**あたら夜の月と花とを同じくはあはれ知れらむ人に見せばや** 歌〈後撰集・103〉訳せっかくの(春の)夜の月と花とを、**同じことなら**、しみじみとした趣を理解しているような人に見せたいものだ。

発展「おなじうは」とも。

おに【鬼】一 名詞 ❶醜悪な姿で怪力をそなえ、人にたたったり災いをもたらしたりする想像上の怪物。↓**絵で見る**古典生活史④(265ページ) **夜も更けにければ、鬼ある所とも知らで…。**〈伊勢・6〉訳夜も更けてしまったので、**鬼**がいる所とも知らないで…。❷死者の霊。魂。怨霊。❸勇猛で強い者。荒々しく恐ろしげな者。無慈悲な者。

二 接頭語 勇猛なようすや異様な形であることを示す。語例 **鬼薊**・**鬼葦毛**・**鬼武者**

発展 和語ではなく、字音「隠」が変化したものといわれる。

おに-がみ【鬼神】名詞 荒々しく恐ろしい神。目に見えない精霊。発展「鬼神」を訓読したことば。ただ、漢語の「鬼神」は死者の霊を表し、和語の「おにがみ」と本質的に同じものではない。

おに-ひとくち【鬼一口】名詞 ❶鬼が人を一口に食うこと。また、鬼のように一口で物を食うこと。❷鬼に食われるような危険。❸鬼が一口に人を食うように物事の容易なこと。発展『伊勢物語』第六段に雷雨の夜、女を連れて

おどろか・す【驚かす】

はっと気づかせる
- ❶目を覚まさせる。起こす。
- ❷気づかせる。気を引く。
- ❸びっくりさせる。

動詞 他〔サ四段〕

未然形	連用形	終止形	連体形	已然形	命令形
おどろか・さ	おどろか・し	おどろか・す	おどろか・す	おどろか・せ	おどろか・せ

❶**目を覚まさせる**。**起こす**。

この児、「定めて驚かさんずらん。」と待ちゐたるに…。〈宇治拾遺〉訳この寺に仕える子供は、「(僧たちが、自分を)きっと**起こそう**とするだろう。」と待ち続けていたところ…。

❷**気づかせる**。**思い出させる**。**気を引く**。**注意を促す**。

うちしはぶきて、驚かいたてまつりたまふ。〈源氏・浮舟〉訳(薫は)せき払いして、(大臣のお通りであると、匂宮に)お**気づかせ**申し上げなさる。○「驚かい」は連用形「驚かし」のイ音便。

「さるべき折々は、うち忘れたらむことも驚かしたまへかし。」〈源氏・初音〉訳「しかるべき(=何かが必要になった)その度ごとには、(私が)うっかり忘れていたりすることにも**注意を促して**(何が欲しいのかを言って)くださいよ。」

❸**びっくりさせる**。**目を見張らせる**。↓目を驚かす

「これ、ただ御手一つ遊ばして、同じうは、山の鳥も驚かしはべらむ。」〈源氏・若紫〉訳「これ(=琴)を、ほんの一曲弾きになって、同じことなら、山の鳥も**びっくりさせて**やりましょう。」

発展 **便りをよこす意の「おどろかす」**

自分を意識していない相手に急に注目させることから、次の例のように、「忘れたところに訪問する・便りをする」という意味でも用いられる。「ときどきはそれよりも驚かいたまはむこそ、思ふさまならめ(=ときどきはそちらからも便りをよこしてくださるようなことこそ、理想的だろう)。」〈源氏・浮舟〉

おどろ・く【驚く】

刺激的な出来事に出会ってはっとする
❶目が覚める。眠りから覚める。
❷はっと気がつく。
❸（意外な感じで）はっとする。

動詞 自〔カ四段〕

未然形	連用形	終止形	連体形	已然形	命令形
おどろ・か	おどろ・き	おどろ・く	おどろ・く	おどろ・け	おどろ・け

❶目が覚める。眠りから覚める。**物に襲はるる心地して、おどろきたまへれば、灯**(ひ)**も消えにけり。**〈源氏・夕顔〉訳（源氏は）物の怪(け)におそわれる気持ちがして、**目が覚め**なさると、明かりも消えてしまったのだった。

❷はっと気がつく。気づく。**秋来**(き)**ぬと目にはさやかに見えねども風の音にぞおどろかれぬる** 歌〈古今集・秋上・169〉訳 秋が来たと目にははっきりと見えないけれども、風の音で（ああ秋だなと、その訪れを）**気づか**ないではいられなかった。**端の方に突いゐて、「こちや。」と宣**(のたま)**へど、驚かず…。**〈源氏・紅葉賀(もみじのが)〉訳（源氏が部屋の）隅の方に膝を突いて座って、「こちらへ来なさい。」とおっしゃっても、（紫の上は）**気づか**ないで…。

❸（意外な感じで）**はっとする。びっくりする。** **声をかしうて言へば、女驚きて、人もなしと思ひつるに、ものしきさまを見えぬることと思ひて、ものも言はずなりぬ。**〈大和・173〉訳（男を待つという内容の歌を詠んでいる女の声を耳にした少将が）趣ある声で（返歌を）詠むと、女は**はっとして**、だれもいないと思っていたのに、見苦しいようすを見られてしまったことと思って、何も（返事を）言わないままで終わってしまう。

発展 ①「おどろ」は擬声語　何か刺激的な音や出来事に出会ってはっとする、というのがもともとの意味。
②「目覚む」と「おどろく」　ともに目が覚めるという意だが、「目覚む」が生理的に目が覚める意を表すのに対して、「おどろく」は心理的に目が覚める（＝それまで意識しなかったことを意識する）意を表す。
③❸は現代語の「驚く」と同じ意味であるが、古語では❶❷の意味で用いられることが多い。

絵で見る古典生活史④
「鬼」物語

〈絵…凄惨な地獄で、獄卒のすさまじい形相の鬼〈北野天神縁起〉より〉

鬼は本来、目には見えないが家屋に棲みついていると考えられ、恐れられてきました。『*枕草子』に「母屋(もや)は鬼ありとて、南へ隔ていだして…女房はさぶらふ。」とあります。また、『*源氏物語』で古い邸に夕顔を連れ出した源氏は、気味が悪い所だと思いつつも、「鬼なども我をば見ゆるしてむ。（訳→みゆるす）」と話しています。

平安以降、次第に恐ろしい形相(ぎょうそう)が固定してきますが、これは仏教の「地獄絵」などが影響しています。歌枕で有名な安達(あだち)が原には古くから鬼女がいるといわれ、『*拾遺和歌集』の「みちのくの安達の原の黒塚に鬼こもれりと聞くはまことか」という歌でも有名です。この話は謡曲の『黒塚』に脚色されました。那智(なち)の*阿闍梨(あじゃり)一行が安達が原に宿を借りますが、「いかさまこれは音に聞く、安達が原の黒塚に、籠(こも)れる鬼の住みかなり。」ということで一行は逃げ出します。鬼女は後を追いかけますが、法力に負けて姿を消すという話です。

逃げる途中で、鬼が女を一口で食べてしまったという「鬼はや一口に食ひてけり」から出たことば。

おに-もち【鬼綟・鬼纐】(もじ) 名詞 綿のより糸や太い麻糸で沙織(しゃおり)りにした目の粗い丈夫な布。夏の肩衣(かたぎぬ)に使用した。発展 鬼は丈夫な、の意味を表す。

おに-やらひ【鬼遣らひ・追儺】(やらい) 名詞 ❶平安時代以降の宮中の年中行事。大晦日(おおみそか)の夜、舎人(とねり)が疫病の鬼に扮(ふん)し、殿上人(てんじょうびと)がモモの弓やアシの矢で追い払う儀式。中世まで行われた。類 追儺(ついな)。❷後世、民間で節分の夜に行う豆まき。季語 冬 発展 ❶は中国の習慣を移入したもの。❷は❶が室町時代に変化したもので現在も行われる。

［おにやらひ❶］

お-ぬし【御主】代名詞（同等または、やや目下の相手に対して）おまえ。そなた。

🔉**おの**（現）→（歴）**をの**【小野】

おの【斧】

おの【己】代名詞 →おのが

おの-おの【各・各各】一 副詞 それぞれ。めいめい。**各肝**(きも)**つぶるるやうに争ひ走りのぼりて…。**〈徒然草・137〉訳（葵祭(あおいまつり)を見ようと）**それぞれ**肝がつぶれるかのように争って（桟敷(さじき)に）走りのぼって…。
二 代名詞（多人数に呼びかけて）皆さん。諸君。おのおの。「**是**(これ)**をおのおの聞きたまへ。**」〈平家・2・烽火之沙汰(ほうかのさた)〉訳「これを**おのおの**お聞きなさい。」

おの-が【己が】❶（「が」が主格を表し）自分が。私が。
発展 代名詞「おの（己）」を重ねたことば。
「**おのがものせむには、と思へば、えものせず。**」〈蜻蛉日記(かげろうにっき)〉訳「**私が**（妻のこもる山寺へ）行ったりしたら（だめだ）、と思うから、行くことができない。」
❷（「が」が連体格を表し）自分自身の。私の。**おのが分**(ぶん)**を知りて、及ばざるときはすみやかに止**(や)**むを智**(ち)**といふべし。**〈徒然草・131・貧(まず)しき者は〉訳 **自分自身**

の身の程を知って、達しないときはすぐさまやめるのを知恵(のある生き方)といってよい。

おの-が-さまざま【己が様様】それぞれが別々に。各自がめいめいに。

今までに忘れぬ人は世にもあらじおのが様々年の経ぬれば 歌〈伊勢・86〉訳（昔のことを）今まで忘れない人は世の中にいないだろう。**それぞれが別々に**年月が過ぎてしまったから。

発展 代名詞「おの」＋格助詞「が」＋形容動詞「さまざまなり」の語幹。

おの-が-じし【己がじし】

各人がそれぞれのことをするようす ── めいめいに。それぞれに。

副詞 **めいめいに。それぞれに。**

おのがじし人死にすらし妹に恋ひ日にけにやせぬ人に知らえず 歌〈万葉集・12・2928〉訳 **めいめいに**人は（その人にふさわしい死に方で）死ぬらしい。（私は恋の病で死んでしまうものなのか）あの娘を恋して日ごとにますますやせてしまった。人に知られないままで。

「**御忌み果てて、君も出でたまひ、日ごろ候ひつる女房ども、おのおのあからさまに散るとて、おのがじし別れ惜しむところ、いたくあはれなり。**」〈無名草子〉訳「喪に服して家に慎み籠もる期間が終わって、（源氏の）君も（左大臣の邸宅を）お出になり、日ごろお仕え申し上げていた女房たちが、それぞれほんのしばらく（里下がりのために）別れ別れになるということで、**めいめいに**別れを惜しむ箇所が、ひどく気の毒である。」

発展 **語の成り立ち** 「おのが」（代名詞「おの（己）」＋格助詞「が」）に、サ変動詞「す」の連用形「し」を重ねて付けた「おのがし」が変化したものといわれる。

関連語 己が様様

おの-が-ちりぢり【己が散り散り】てんでんばらばらに。それぞれがばらばらに。

秋の紅葉と人々はおのが散り散り別れなば… 歌〈古今集・雑体・1006〉訳 秋の色を変えた葉のように人々が**それぞれがばらばらに**別れてしまったら…。

おの-づ-から【自ら】

意図的でなく自然であるようす
❶自然に。ひとりでに。
❷いつの間にか。知らないうちに。
❸偶然に。たまたま。
❹もしも。万一。◉下に仮定表現を伴う。

副詞 ❶**自然に。ひとりでに。**

よき人の物語するは、人あまたあれど、一人に向きて言ふを、おのづから人も聞くにこそあれ。〈徒然草・56・久しく隔たりて〉訳 身分も教養もある人が話をするときは、人々が大勢いても、一人に向かって話をするので、**自然に**人々も耳を傾けるのである。

❷**いつの間にか。知らないうちに。ひょっこりと。**

多宝仏の像を作りて、塔に安置したてまつらむとするほどに、おのづから数年を経ぬ。〈今昔〉訳 多宝仏の像を作って、仏塔に安置して差し上げようとしているうちに、**いつの間にか**数年を経過してしまった。

庭の中を見れば、たちまちに紫の色の筍三本、おのづから生ひいでたり。〈今昔〉訳（雪の）庭の中を見ると、突然紫色のタケノコが三本、**ひょっこりと**生え出てきた。

❸**偶然に。たまたま。**

おのづから人の上など打ち言ひそしりたるに、幼き子どもの聞き取りて、その人のあるに言ひ出でたる。〈枕草子・127・はしたなきもの〉訳 **たまたま**ある人のことなどを悪口に出しけなしているときに、（その悪口を）幼い子らが聞いて覚えて、その人がいる所で言い出したのは（きまりが悪い）。

❹（下に仮定表現を伴って）**もしも。万一。**

「**おのづから後まで忘れぬ御事ならば、召されてまたは参るとも、今日は暇を賜はらん。**」〈平家・1・祇王〉訳「**もしも**後々まで（私を）忘れないというお考えならば、お呼びを受けて再び参上するとしても、今日はおいとまをいただきたい。」

発展 ①**語の成り立ち** 代名詞「おの」＋上代の格助詞「つ」＋形式名詞「から」が、変化して一語になったもの。

②**❷〜❹の意味の展開** ❷は時間の面でとらえ、物事の成立までの時間を意識していなかったことを表す。❸は条件の面からとらえ、物事の成立に必然性はなく、偶発的であることを表すものである。❹は物事の成立が未来に起こる場合を仮定し、下に仮定条件「未然形＋ば」を伴うほか、偶然的条件「已然形＋ば」を伴う場合もある。

③**「みづから」と「おのづから」** 類似の成り立ちのことばである「みづから」は、「みづから」だけで「自分自身で」の意味を表し、「みづからに」と「に」を付けた言い方はしない。一方、「おのづから」の方は「おのづからに」の形が漢文訓読文で用いられる。

また、「みづから」が意志をもって行う意味であるのに対し、「おのづから」は物事が自然にそうなるという意味を表す。

発展 代名詞「おの」＋格助詞「が」＋形容動詞「ちりぢりなり」の語幹。

おの-が-どち【己がどち】自分たちどうし。仲間どうし。

おの-が-よよ【己が世世】それぞれが別々の生活をすること。

➒**おのこ**（現）➡（歴）**をのこ**【男・男の子】

➒**おのずから**（現）➡（歴）**おのづから**【自ら】**最重要語**（266ページ）

おの-づ-から【自ら】副詞 ➡ **最重要語**（266ページ）

おのづから-など-は【自らなどは】── 自然と。いつの間にか。

これを見るより外のことなければ、おのづからなどは、空に覚え浮かぶを…。〈更級日記・物語〉訳 これ（＝源氏物語）を読む以外の（する）ことがないので、**自然と**、（その文章が）何も見ないで思い出されるのを…。

おの-づま【己妻・己夫】名詞《上代語》自分の配偶者。自分の妻、または自分の夫。

発展 副詞「おのづから」＋副助詞「など」＋係助詞「は」。

小野小町【ヲノノ】人名 平安前期の女流歌人。六歌仙・三十六歌仙の一人。恋の歌が多く、『古今集』の十八首をはじめ勅撰集に計六十六首が入集。絶世の美女として伝説化されるが伝記では不明な点が多い。晩年に貧しくなり、みじめな状態になった説話や、深草少将の百夜通いの説話などが生まれ、謡曲の題材ともなった。後世編まれた家集に『小町集』がある。生没年不明。→絵で見る古典生活史❺(267ページ)

小野篁【おののたかむら】［ヲノ］人名 平安前期の廷臣で、漢詩人・歌人。岑守の子。小野妹子の子孫。遣唐副使に任ぜられたが、大使と争い命に服さなかったため隠岐国に流された。『令義解』を撰進した。『篁物語』は、篁を主人公とする歌物語。802―852

小野道風【おののみちかぜ】［ヲノ］人名 平安中期の書家。「とうふう」とも。*三跡の一人。篁の孫。平安初期の三筆などの力強い唐様に対し、優雅な和様(上代様)の基礎を作り、特に草書に優れていた。「屏風土代」「玉泉帖」などがある。894―966

おのれ【己】 一 代名詞 ❶本人。自分自身。❷(多く謙譲の気持ちを含んで)私。我。❸(目下の者に対して)おまえ。きさま。
「かぐや姫は罪を作りたまへりければ、かく卑しきおのれがもとに、しばしおはしつるなり。」〈竹取・かぐや姫の昇天〉訳「かぐや姫は(天上界で)罪(なこと)を行いなさっていたので、このようにみすぼらしい**おまえ**(=竹取の翁)の所に、しばらくいらっしゃったのである。」
二 副詞 おのずから。ひとりでに。
松の木のおのれ起きかへりて、さとこぼるる雪も…。〈源氏・末摘花〉訳(雪の重みでたわんでいた)マツの木がひとりでに起き返って、さっとこぼれ落ちる雪も…。

おのれ-と【己と】 副詞 おのずから。ひとりでに。自然に。
おのれと枯るるだにこそあるを、名残なく、いかが取り捨つべき。〈徒然草・138・祭り過ぎぬれば〉訳(賀茂の祭りが終わった後、牛車の簾などにかけたアオイが)**自然に**枯れるのでさえ惜しいのに、惜しむことなくきれいさっぱりと、どうして取り捨てることができようか、いや、とてもできない。

おのれ-ら【己等】 代名詞 ❶私ども。私。❷おまえたち。おまえ。発展 複数にも単数にも用いる。

おば(現)→(歴)**をば【伯母・叔母】**

おば【祖母】 名詞 ❶祖母。❷老母。老女。老婆。対 祖父

お-はぐろ【御歯黒・鉄漿】 名詞《女房詞》歯を黒く染めること。類 鉄漿黒・鉄漿付け 発展 奈良時代(またはそれ以前)からの風習。平安時代に貴族の女性の間で盛んになり、十歳ごろから始めたという例も残っている(『源氏物語』など)。院政期からは男性の間でも行われ、中世には成人した女性の、近世以降は既婚女性のしるしとなった。

おはさう・ず【御座さうず】 一 動詞 自〔サ変〕〈ぜ・じ・ず・ずる・ずれ・ぜよ〉(「あり」「行く」「来」の尊敬語で)いらっしゃる。お出かけになる。おいでになる。
いま二所も、苦む苦むおのおのおはさうじぬ。〈大鏡・道長上〉訳もうお二方(=道隆・道兼)も、しぶしぶそれぞれ**お出かけになった**。
二 補助動詞〔サ変〕〈ぜ・じ・ず・ずる・ずれ・ぜよ〉お…になる。…(て)いらっしゃる。
碁打ちさして、恥ぢらひておはさうずる、いとをかしげなり。〈源氏・竹河〉訳碁を打つのを途中でやめて、(姫君たちが)恥ずかしがって**いらっしゃる**ご様子は、いかにも美しい感じがする。
「若人たちは、何事言ひおはさうずるぞ。」〈堤中納言・虫めづる姫君〉訳「お若い人たちは、何を言って**いらっしゃるのだ**。」
発展 四段動詞「おはさふ」の連用形にサ変動詞「す」の付いてできた「おはさひす」が変化したもの。複数を表す主語に用いられるのが一般的。また、二の用法で用いられる場合が圧倒的に多い。→御座さふ・御座しまさふ

おはさ・ふ【御座さふ】 一 動詞 自〔四段〕〈は・ひ・ふ・ふ・へ・へ〉(「あり」「行く」「来」の尊敬語で)いらっしゃる。お出かけになる。おいでになる。
「昔物語して、このおはさふ人々に、『さは、いにしへは、世はかくこそはべりけれ。』と、聞かせたてまつらむ。」〈大鏡・序〉訳「昔のことを話して、ここに**いらっしゃる**人たちに、『それでは、昔は、世の中がこのようでありましたよ。』と、お聞かせ申し上げましょう。」
二 補助動詞〔四段〕〈は・ひ・ふ・ふ・へ・へ〉お…になる。…(て)いらっしゃる。
生まれたまへる御子をうつくしみおはさふ。〈宇津保〉訳お生まれになった御子をかわいがって**いらっしゃる**。
発展 複数を表す主語に用いられるのが一般的。→御座さうず・御座しまさふ

おはし-あ・ふ【御座し合ふ】 動詞 自〔四段〕〈は・ひ・ふ・ふ・へ・へ〉❶(「あふ」が、「…していっしょになる」の意味の場合)(「ゐ合ふ」「来合ふ」の尊敬語で)折よくその場にいらっしゃる。居合わせていらっしゃる。来合わせていらっしゃる。
「流れてすでに死ぬべかりつる身を、おはし合ひて助けたまひつ。」〈今昔〉訳「(川に)流れてもはや死んでしまいそうであった私を、**来合わせていらっしゃって**お助けくださった。」
❷(「あふ」が、「一緒に…する」の意味の場合)(二人以上

絵で見る古典生活史❺
美人の条件

平安時代の美人の条件は、まず長い黒髪です。『*大鏡』には、村上帝の*女御・芳子が参内するために車に乗ろうとする場面があります。「わが御身は乗りたまひけれど、御ぐしのすそは、母屋の柱のもとにぞおはしける。」という描写で、美人であることを表現しました。

また、物語のヒロインにあこがれた『*更級日記』の作者(*菅原孝標女)は、こんな私だって「盛りにならば、かたちも限りなくよく、髪もいみじく長くなりなむ。」(訳→かたち❷)と、光源氏の愛した夕顔、宇治の大将が恋した浮舟のようになりたい、と思っていました。彼女は後にそんな自分を、たわいがなくあさはかだったと振り返っています。

肌の白さも、黒髪との対比で高く評価されました。『*枕草子』では、「色くろうにくげなる女の鬘したる(=肌色が黒くて見苦しい女で、かつらをしている女)」は「見苦しきもの」とされています。

(絵…*小袿(こうちき)を着用の前姿の*小野小町(おののこまち)〈出羽国伝説〉より。小野小町は美人の代表例)

の者が)…ていらっしゃる。…の状態でいらっしゃる。「をかしげになむおはし合ふめる。」〈落窪〉訳「(娘たちはみな)かわいらしい感じでいらっしゃるようだ。」
発展「あふ」は補助動詞。❷は、多く、上に「…の状態で」の意味の連用修飾語を伴い、補助動詞的に用いる。

おはしーつ・く【御座し着く】― 動詞 自〈カ四段〉〈か・き・く・く・け・け〉(「行き着く」の尊敬語で)お着きになる。ご到着になる。
愛宕といふ所に、いといかめしうその作法したるに、おはし着きたる心地、いかばかりかはありけむ。〈源氏・桐壺〉訳 愛宕という所に、たいへん厳粛に(桐壺の更衣の)葬儀をしているところに、**お着きになった**(母北の方の)気持ちは、どれほどであっただろうか。

おはしまいーし【御座しまいし】― いらっしゃった。
これは、職の御曹司におはしまいし程のことなめり。〈枕草子・93・無名といふ琵琶の御琴を〉訳 この事は、(中宮が)職の御曹司に**いらっしゃった**時分のことであるようだ。
発展 四段動詞「おはします」の連用形「おはしまし」のイ音便形「おはしまい」＋過去の助動詞「き」の連体形。

おはしまさーす【御座しまさす】― ❶いらっしゃるようにさせる。おいでになるようにさせる。
三の宮をぞ、さうざうしき御慰めにはおはしまさせたまひける。〈源氏・幻〉訳 三の宮(=匂宮)を、(源氏の)寂しさをお慰めするために(その場に)**いらっしゃるようにさせ**なさったのだった。
❷お行きになるようにさせる。お越しになるようにさせる。
宮をば、御馬にて暗き紛れにおはしまさせたまひて…。〈源氏・総角〉訳 (薫は)宮(=匂宮)を、ウマで闇に紛れて**お越しになるようにさせ**なさって…。
発展 尊敬の動詞「おはします」の未然形＋使役の助動詞「す」。

おはしまさ・ふ【御座しまさふ】― 一 動詞 自〈八四段〉〈は・ひ・ふ・ふ・へ・へ〉(「あり」「行く」「来」の尊敬語で)いらっしゃる。お出かけになる。おいでになる。
足を逆さまに倒れよろぼひつつ、御方々におはしまさふ。〈宇津保〉訳 千鳥足で転んだりよろけたりしながら、それぞれのお部屋に**おいでになる**。
二 補助動詞〈八四段〉〈は・ひ・ふ・ふ・へ・へ〉お…になる。…(て)いらっしゃる。
御簾の内に、宮、淑景舎、三、四の君、殿の上、その御おとと三所、立ち並みおはしまさふ。〈枕草子・278・関白殿、二月二十一日に〉訳 御簾の内に、中宮(=定子)、(中の君の)淑景舎、三の君、四の君、殿(=道隆)の北の方、その妹君三人が、立ち並んで**いらっしゃる**。
発展 複数を表す主語に用いられるのが一般的。また、「おはさうず」「おはさふ」よりも敬意が高い。
関連語 御座さうず・御座さふ

おはしましーあ・ふ【御座しまし合ふ】― 動詞 自〈八四段〉〈は・ひ・ふ・ふ・へ・へ〉(「あり」「行く」「来」の尊敬語で)いらっしゃる。おいでになる。
それをさへ分かたせたまへば、しかおはしまし合へるに…。〈大鏡・道長上〉訳 (帝は、行く場所だけでなく)それ(=出口)までも別々になさったので、(道隆・道兼・道長のお三方がそれぞれ)その(=帝の仰せの)通り**おいでになった**が…。

おはしましーつ・く【御座しまし着く】― 動詞 自〈カ四段〉〈か・き・く・く・け・け〉❶(「行き着く」の尊敬語で)お行き着きになる。ご到着になる。お着きになる。
二条院におはしまし着きて、都の人も、御供の人も、夢の心地して行きあひ…。〈源氏・明石〉訳 (明石から帰京した源氏が)二条院に**お着きになって**、(待ちわびた)都の人も、(明石からの)お供の人も、まるで夢のような気持ちで出会い(顔を合わせ)…。
❷(「ゐつく」の尊敬語で)居着いていらっしゃる。
「**いつの間に、かう年ごろの御住まひのやうにおはしまし着きたるにか。**」とをかし。〈枕草子・278・関白殿、二月二十一日に〉訳「(中宮は新造の二条の宮に)いつの間に、このように長年来のお住まいのように**居着いていらっしゃった**のだろうか。」と(思うと)興味深い。

おはしま・す【御座します】↓基本敬語25(269ページ)

おは・す【御座す】↓基本敬語25(271ページ)

姨捨山 歌枕 長野県にある山。今の冠着山を指す。「更科山」とも。月の名所。また、『大和物語』など、老母を捨てた伝説でも知られる。↓ビジュアルチェック❶(194ページ)

おひ【笈】 名詞 修験者や行脚の僧が、仏具・衣類・食物などを入れて背負って歩く道具。箱形で短い脚が四隅に付き、両開きの扉がある。

［おひ］
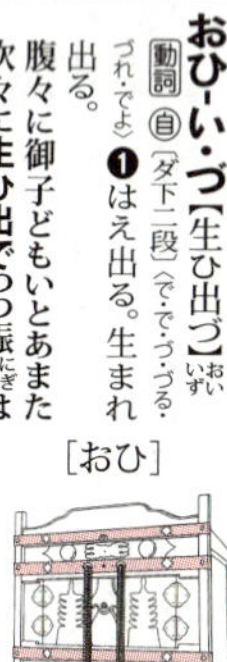

おひーい・づ【生ひ出づ】 動詞 自〈ダ下二段〉〈で・で・づ・づる・づれ・でよ〉❶はえ出る。生まれ出る。
腹々に御子どもいとあまた次々に生ひ出でつつ賑はしげなるを…。〈源氏・澪標〉訳 (宰相中将の)夫人方にお子様たちがとても大勢次々に**生まれ出て**にぎやかなようすであることを…。
❷成長する。育つ。
東路の道の果てよりも、なほ奥つ方に生ひ出でたる人、いかばかりかはあやしかりけむを…。〈更級日記・門出〉訳 都から東国に至る道の尽きた所(である遠い常陸)より、もっと奥の方(の上総の国)で**成長した**人(=私)は、どんなにか見苦しかっただろうに…。
❸大きく育つ。
またいとをかしげなる菊の生ひいでたるを持て来たれば…。〈枕草子・131・七日の日の若菜を〉訳 またたいへん形のよいキクの**大きく育った**のを持って来たので…。

おひーいで・く【生ひ出で来】― 動詞 自〈カ変〉〈こ・き・く・くる・くれ・こ(こよ)〉はえ出てくる。
春日野の雪間を分けて生ひ出で来る草のはつかに見えし君はも 歌〈古今集・恋1・478〉訳 ↓かすがの…。

おひーう・つ【追ひ棄つ】― 動詞 他〈タ下二段〉〈て・て・つ・つる・つれ・てよ〉追い出す。追放する。
にはかに、親、この女を追ひうつ。男、血の涙を流せども、とどむるよしなし。〈伊勢・40〉訳 突然、(男の)親が、この女(=男の愛する召し使い)を**追い出す**。男は、血の涙を流して悲しむけれども、(女を)引きとどめる方法がない。

おびえーまど・ふ【怯え惑ふ】― 動詞 自〈八四段〉〈は・ひ・ふ・ふ・へ・へ〉恐ろしくてあわてふためく。
しれ者は走りかかりたれば、おびえ惑ひて御簾の内に入りぬ。〈枕草子・9・上にさぶらふ御猫は〉訳 ばか者(=翁丸という名のイヌ)は(命婦のおとどという名のネコに)走りかかったので、(ネコは)**恐ろしくてあわてふためいて**(縁側から)御簾の中に入ってしまった。

❶**おびえる**(現)↓(古)**おびゆ【怯ゆ】**

おひーおと・す【追ひ落とす】― 動詞 他〈サ四段〉〈さ・し・す・

す・せ・せ　❶追い詰めて、相手を下へ落とす。追い落とす。「日を待ち暮らし、平家の大勢を倶梨迦羅が谷へ**追ひ落とさうど思ふなり。**」〈平家・7・願書〉訳「日の暮れるのを待って、平家の大軍を倶梨迦羅の谷へ**追い詰めて下へ落とそう**と思っているのだ。」○「追ひ落とさうど」は、「追ひ落とさむと」の助動詞「む」が「う」に変化し、「う」に下接する助詞「と」が「ど」と連濁したもの。中世の言い方。❷敵を追い払う。追いやる。攻め落とす。「天下がくらやみとなったりしに、入道身を捨てて凶徒を**追ひ落とし**…。」〈平家・2・教訓状〉訳「天下が暗闇の状態になった際に、この入道(=平清盛)が命を捨てて悪人らを**攻め落とし**…。」

おひ-かぜ【追ひ風】 名詞 ❶背後から吹く風。順風。❷船を吹き送る風。順風。❸衣にたきしめた香の薫りを伝えてくる風。

基本敬語25　おはします【御座します】

一 動詞 自 ─【尊敬語】─ ❶いらっしゃる。［通常語］あり
　　　　　　　　　　　　 ❷いらっしゃる。［通常語］行く・来
二 補助動詞 ─【尊敬語】─ …(て)いらっしゃる。

接続 二は用言の連用形などに付く。→発展④

	未然形	連用形	終止形	連体形	已然形	命令形
動詞 自〔サ四段〕 補助動詞〔サ四段〕	おはしま・さ	おはしま・し	おはしま・す	おはしま・す	おはしま・せ	おはしま・せ

一 動詞 自〔サ四段〕 ❶(「あり」の尊敬語で)いらっしゃる。おありになる。

昔、惟喬の親王と申す親王**おはしましけり。**〈伊勢・82〉訳昔、惟喬親王と申し上げる親王が**いらっしゃった**ということだ。

○作者が、「いる」人物(=惟喬親王)への敬意を表している。『伊勢物語』各章の冒頭によく用いられる「昔、男ありけり。」などの「ありけり」を、尊敬表現にしたのが「おはしましけり」。この場合の「あり」は存在を表す。

さるべき契りこそはおはしましけめ…。〈源氏・桐壺〉訳(帝が桐壺の更衣を失って悲嘆にくれるに至ったのには)そうなることに決まった前世からの約束が**おありになった**のだろう…。

○作者が、「(前世からの約束が)ある」帝への敬意を表している。帝にお仕えする人々からの敬意とみる説もある。この部分は挿入句である。帝が桐壺の更衣を失って悲嘆にくれるに至る原因を推測する作者のコメントになっている。「ありけむ」の尊敬表現。ただし、「こそ→けめ(已然形)」で係り結びとなっている。この場合の「あり」は、所有を表す。

❷(「行く」「来」の尊敬語で)いらっしゃる。お出かけになる。おいでになる。

ただ舎人二人、召し次ぎとして、やつれたまひて、難波の辺におはしまして…。〈竹取・竜の頸の玉〉訳(大納言は)ただ警護の従者二人を、取り次ぐ人として(連れて)、目立たない姿におなりになって、難波(=今の大阪市一帯)の辺りに**お出かけになって**…。

○作者が、「行く」動作をする大納言への敬意を表している。この「おはします」は「行く」の尊敬語。

上のおはしまして大殿ごもりたり。〈枕草子・106・二月晦ごろに〉訳天皇が(中宮の部屋へ)**おいでになって**お休みになっていた。

○作者が、「来る」動作をする天皇への敬意を表している。この「おはします」は「来」の尊敬語。

二 補助動詞〔サ四段〕 …(て)いらっしゃる。→発展④

この帝は、顔形よくおはしまして…。〈伊勢・65〉訳この帝は、容貌が美しく**ていらっしゃって**…。

○作者が、「容貌が美しい」帝への敬意を表している。形容詞「よし」の連用形に付いている例。

「**夜更けぬ先に帰らせおはしませ。**」と申せば…。〈源氏・夕顔〉訳「夜の更けない前に帰って**いらっしゃいませ**。」と(従者の惟光が源氏に)申し上げると…。

○話し手(=従者の惟光)が、「帰る」動作をする源氏への敬意を表している。尊敬の助動詞「す」の連用形に付いて、「尊敬＋尊敬」(二重敬語)の形で用いられている。主君の源氏に対して、従者の惟光が直接申し上げることばなので、特に高い敬意を表している。→せ御座します

「**上も聞こしめして、興ぜさせおはしましつ。**」〈枕草子・137・五月ばかり〉訳「天皇もお聞きになって、おもしろがって**いらっしゃった**。」

○話し手(=殿上人)が、「おもしろがる」動作をする天皇への敬意を表している。殿上人の会話。尊敬の助動詞「さす」の連用形に付いている例。前の例と同じく尊敬の意味を強めた表現として用いられている。→させ御座します

高松殿の上と申すも、源氏にておはします。〈大鏡・道長上〉訳高松殿の上(=道長の第二夫人、明子)と申し上げる方も、(正妻の倫子と同じ)源氏で**いらっしゃる**。

○『大鏡』の語り手(=大宅世継)が、「源氏である」高松殿の上(=明子)への敬意を表している。断定の助動詞「なり」の連用形に、接続助詞「て」を介して付いている例。

発展 ①**「おはす」と「おはします」**　「おはします」は中古から用いられ、「おはす」より敬意が高い。「せおはします」「させおはします」のように、さらに高い敬意(二重敬語)を表す補助動詞の用法は「おはす」にはない。→**古語チャート⑦**(273ページ)

②**語の成り立ち**　「あり」の尊敬語「ます」に、尊敬の意味などを添える接頭語「おほ」が付いた「おほまします」が変化してできたものといわれるが、「おはす」の連用形に尊敬語「ます」が付いたと見る説もある。

③**複合動詞「おはしまし～」**　他の動詞の上に付いて尊敬の複合動詞を作ることもある。「宇治の院におはしまし着きて…(=宇治の院にご到着になって…)。」〈蜻蛉日記〉この場合は、「行き着く」の尊敬表現となる。

④**補助動詞の接続**　次の三つの型がある。
a 用言の連用形(＋接続助詞「て」など)＋おはします
b 断定の助動詞「なり」の連用形(＋接続助詞「て」など)＋おはします
c 「せおはします」「させおはします」の形→「せ」「させ」は尊敬の助動詞「す」「さす」の連用形。高い敬意を表す。

関連語 御座す・坐す・坐します
→基本敬語動詞一覧表(26ページ)

おひかぜ-ようい【追ひ風用意】おいかぜ― 名詞 通った後によい香の薫りが漂うように、衣に香をたきしめておくこと。**寝殿より御堂の廊に通ふ女房の追ひ風用意など**…〈徒然草・44・あやしの竹の編み戸〉訳寝殿から御堂の廊下に通う女房が**通った後に香の薫りが漂うようにたきしめておくたしなみ**などは…。

おひ・く【追ひ来】おいく 動詞 自〔カ変〕〈こ・き・く・くる・くれ・こ(こよ)〉後を追って来る。追いかけてくる。「海賊**追ひ来**。」といふこと、絶えず聞こゆ。〈土佐日記・一月二十五日〉訳「海賊が**追いかけてくる**。」という(港の)うわさが、絶えず耳に入る。

おひ-こ・る【生ひ凝る】おい― 動詞 自〔ラ四段〕〈ら・り・る・る・れ・れ〉植物などが密集して生え茂る。生い茂る。繁茂する。長雨になりぬれば、草ども**生ひ凝りてあるを**…。〈蜻蛉日記〉訳長雨の季節(=梅雨どき)になったので、(庭の)草々が**生い茂っているのを**…。

おひ-さき【生ひ先】おい― 名詞 成長していく先。将来性。

発展 多く、期待・希望をこめ、すばらしくなる可能性の持てる意味で用いられる。

おひさき-こも・る【生ひ先籠る】おいさき― 若く将来性が備わっている。「親など立ち添ひもてあがめて、**生ひ先こもれる**窓の内なる程は…。」〈源氏・帚木〉訳「親などが付き添って大切にして、**若く将来性が備わっている**箱入り娘の間は…。」

おひさき-み・ゆ【生ひ先見ゆ】おいさき― 将来が期待される。成長後のすばらしさが思われる。いみじく**生ひ先見えて**、うつくしげなる容貌なり。〈源氏・若紫〉訳(少女は)並々でなく**成長後のすばらしさが思われて**、見るからにかわいらしい顔立ちである。

おひ-し・く【生ひ及く】おい― 動詞 自〔カ四段〕〈か・き・く・く・け・け〉後から後から続いて生える。次々と生える。わが背子に**我が恋ふらくは夏草の刈り除くれども生ひしくごとし** 歌〈万葉集・11・2769〉訳私のいとしい人に私が恋することは、ちょうど夏草が、刈って取り除いても**次々と生えるようなものだ**。

◐**おひず【老ひず】**(誤)↓(正)**おいず【老いず】** 発展 ヤ行上二段動詞「おゆ」の未然形＋打消の助動詞「ず」。

◆**おひそめし**…歌

生ひそめし根も深ければ武隈の松に小松の千代を並べむ〈源氏・薄雲〉訳(私とあなたの間にこの姫君が)生まれてきたその根が(深いように私たちの縁も)深いのだから、あの武隈のマツ(のように一心同体の私たち)の間にコマツ(のような姫君)を将来ずっと並べて(見守って)ゆこう。○「生ひそめし根」は、二人の間に姫君(=「小松」)が生まれ育っている縁をいう。「武隈の松」は二本の松の根元が一つで、夫婦和合の象徴。ここでは、源氏と明石の君を指す。

発展 源氏との間に生まれた娘を紫の上方に引き取られることになり、嘆く明石の君の歌(↓すゑとほき…)に対する源氏の返歌。

おびたた・し【夥し】

程度や数量が並たいていではないようす
- ❶(程度が)**並々でない。激しい。**
- ❷(建物の規模などが)**大きい。けた外れだ。**
- ❸**騒がしい。**
- ❹(数量が)**非常に多い。**

未然形	連用形	終止形	連体形	已然形	命令形
おびたた・しく	おびたた・しく	おびたた・し	おびたた・しき	おびたた・しけれ	○
おびたた・しから	おびたた・しかり	○	おびたた・しかる	○	おびたた・しかれ

形容詞〔シク〕❶(程度が)**並々でない。激しい。** **おびたたしく**大地震ふることはべりき。〈方丈記・大地震〉訳**激しく**大きな地震が揺れ動くことがありました。

❷(建物の規模などが)**大きい。けた外れだ。** あまりに内裏の**おびたたしき**を見て、秦舞陽わなわなと震ひければ…。〈平家・5・咸陽宮〉訳あまりに(秦の始皇帝の)宮殿の**大きい**のを見て、(始皇帝を暗殺しようとたくらむ)秦舞陽はわなわなと震えたところ…。

❸**騒がしい。** **おびたたしく**鳴りとよむほどに、もの言ふ声も聞こえず。〈方丈記・辻風〉訳(つむじ風の立てる大きな音が)**騒がしく**鳴り響くので、人の話す声も聞き取れない。

❹(数量が)**非常に多い。**↓古語チャート⑲(737ページ) 打ち続き人の死ぬる数聞く**おびたたし**。〈聞書集・225・詞書〉訳(戦乱で)次々と人の死ぬ数を耳にすることが**非常に多い**。焚き続けたる篝火の数、**おびたたしく見えける間**…。〈太平記〉訳(敵軍が)火を燃やし続けている夜間警備の火の数が、**非常に多く見えていたので**…。

発展 **現代語とのつながり** 近世中期ごろからは「おびだたし」と濁り、現代語「おびただしい」へつながる。現代では主に❹の意味で用いるが、もともとは広く物事の程度が並々でないようすを表した。

◆**おひたたむ**…歌

生ひ立たむありかも知らぬ若草を後らす露ぞ消えむ空なき〈源氏・若紫〉訳成長してゆくその場所も分からない(ように、今後どのように成長してゆくのか分からない)若草(のようなこの女の子)を(死んだ)後に残して消える露(のように老い先短い私)は、消えてゆく空もないことだ。○「生ひ立たむありか」を、若草の生える場所という意味と、姫君の成長(の行く末)という意味とに掛けている。「消え」「草」は、「露」の縁語。

発展 女の子(=後の紫の上)の祖母が、その姫君の将来を危ぶんで、若草にたとえて詠んだ歌。

おひ-た・つ【生ひ立つ】おい― 動詞 自〔タ四段〕〈た・ち・つ・つ・て・て〉成長する。育つ。類 生ひ成る

おひ-なほり【生ひ直り】おいなおり 名詞 成長して、容姿や性格などがよくなること。変わって立派になること。「**生ひ立たむほどの心づかひは、なほ、力入るべかめり。**」〈源氏・若菜下〉訳「(娘が)**成長したり**する間の(親の)心遣いは、なんといっても、力を入れなくてはならないようだ。」

おひ-な・る【生ひ成る】おい― 動詞 自〔ラ四段〕〈ら・り・る・る・れ・れ〉成長する。育つ。「いとうつくしう**生ひ成りにけり**。」〈更級日記・物語〉訳「とてもかわいらしく**成長した**ものだなあ。」

おひ-まさ・る【生ひ勝る・生ひ優る】おい― 動詞 自〔ラ四段〕〈ら・り・る・る・れ・れ〉成長するにつれて美しくなる。美しく成長する。月日にそへて、この君のうつくしう、ゆゆしきまで**生ひまさりたまふに**…。〈源氏・横笛〉訳月日がたつにつれて、この君(=薫)がかわいらしく、ぞっとするくらいまで**美しく成長なさるうちに**…。

おひ-まどは・す【追ひ惑はす】おいまどわす 動詞 他〔サ四段〕〈さ・

し・す・す・せ・せ〉❶追いかけて見失う。取り逃がす。「もし、また**追ひ惑はしたらむとき。**」と、あやふく思ひけり。〈源氏・玉鬘〉訳「もしも、また(玉鬘の行く先を)**見失ったりする**とき(があっては)。」と、(右近は)不安に思うのであった。

❷追い散らす。「我を『悪し。』と思ひて**追ひ惑はして**、いかがしなすらむ。」〈源氏・玉鬘〉訳「(大夫監は)私(=豊後介)を『憎いやつだ。』と思って(残った妻子たちを)**追い散らして**、どんなに(ひどいことを)するだろうか。」

基本敬語25

おは・す【御座す】おわす

━ 動詞 自 ― [尊敬語] ― ❶**いらっしゃる。**[通常語]あり
　　　　　　　　　　　 ❷**いらっしゃる。**[通常語]行く・来
━ 補助動詞 ― [尊敬語] ― …(て)**いらっしゃる。**

④ 接続 ━は用言の連用形などに付く。↓発展

	未然形	連用形	終止形	連体形	已然形	命令形
動詞 自〈サ変〉 補助動詞〈サ変〉	おは・せ	おは・し	おは・す	おは・する	おは・すれ	おは・せよ

━ 動詞 自〈サ変〉❶(「あり」の尊敬語で)**いらっしゃる。おありになる。**「我朝ごと夕ごとに見る竹の中に**おはする**にて知りぬ。子になりたまふべき人なめり。」〈竹取・かぐや姫の出生〉訳「私が毎朝毎晩見るタケの中に(あなたが)**いらっしゃる**ことによって分かった。(タケから「籠(=かご。「子」と掛けたしゃれ)」ができるように、あなたは私の)子におなりになるはずの人であるようだ。」

○話し手(=竹取の翁)が、「いる」人物(=女の子)への敬意を表している。竹取の翁がタケの中に女の子を見つけた場面。この場合の「おはす」は存在を表す。

真実の心おはせむ人は、などか恥づかしとおぼさざらむ。〈大鏡・後一条院〉訳真実の心が**おありになったり**する人は、どうして恥ずかしいとお思いにならないものだろうか、いや、お思いになるだろう。

○『大鏡』の語り手(=大宅世継)が、「真実の心がある」人への敬意を表している。この場合の「おはす」は所有を表す。

❷(「行く」「来」の尊敬語で)**いらっしゃる。お出かけになる。おいでになる。**

御供に、むつましき四人五人ばかりして、まだ暁におはす。〈源氏・若紫〉訳(源氏は)お供として、気心の知れた四人か五人ぐらいと一緒に、まだ夜明け前に(北山へ向かって)**お出かけになる。**

○作者が、「行く」動作をする源氏への敬意を表している。この「おはす」は「行く」の尊敬語。

右中将おはして、物語したまふ。〈枕草子・143・殿などの〉訳右中将が**おいでになって**、お話をなさる。

○作者が、「来る」動作をする右中将への敬意を表している。この「おはす」は「来」の尊敬語。

━ 補助動詞〈サ変〉…(て)**いらっしゃる。**↓発展④

右大臣阿倍御主人は、財豊かに、家広き人にておはしけり。〈竹取・火鼠の皮衣〉訳右大臣の阿倍御主人は、財産が豊かで、一門が多く栄えている方で**いらっしゃった**のだった。

○作者が、「財産が豊富で、一門が栄えている人である」阿倍御主人への敬意を表している。断定の助動詞「なり」の連用形に、接続助詞「て」を介して付いた例。

「**年ごろ思ひつること、果たしはべりぬ。聞きしにも過ぎて、尊くこそおはしけれ。**」〈徒然草・52・仁和寺にある法師〉訳「(石清水八幡宮を参詣したいと)長年願っていたことを、成し遂げました。聞いていたのにもまさって、(石清水八幡宮は)気高くて**いらっしゃった。**」

○話し手(=仁和寺の法師)が、「気高い」石清水八幡宮への敬意を表している。形容詞「尊し」の連用形に、係助詞「こそ」を介して付いた例で、「尊くこそありけれ」の尊敬表現。「こそ」↓けれ(已然形)の係り結びになっている。

発展 ①「**おはします**」と「**おはす**」　「おはす」は中古から用いられ、「おはします」より敬意が低い。中世以降、しだいに書きことばの用語になっていった。

② **複合動詞「おはし～」**　他の動詞の上に付いて尊敬の複合動詞を作ることもある。たとえば、「かの花散里にも、おはし通ふこととこそまれなれ…(=あの花散里にも、お通いになることはめったにないが…)。」〈源氏・須磨〉の例では、「おはし通ふ」で「行き通ふ」の尊敬表現になっている。

③ **活用の種類**　命令形には「おはせ」の形も用いられる。なお、活用については、四段・下二段の二通りに活用すると見る説もある。しかし、サ変でないと明らかに分かる例は少なく、誤写または後世の誤用かと思われる。

④ **補助動詞の** 接続　次の二つの型がある。
a 用言の連用形(＋接続助詞「て」など)＋おはす
b 断定の助動詞「なり」の連用形(＋接続助詞「て」など)＋おはす

敬語のしくみ 「あり・行く・来」の尊敬語
存在を表す動詞「あり」や移動を表す動詞「行く・来」の尊敬語となる動詞は数が多い。
上代に広く用いられたことばに「**ます**」があり、このことばから生じたといわれる「**います**」も広く用いられた。中古になると、「ます」は衰え、古風なことばとして和歌に残る以外はほとんど用いられなくなる。「います」も使用が限られていき、和文での用例はわずかである。また、中古初期から「**いますがり**」「**いまそがり**」などが見られるが、『伊勢物語』『大和物語』などに多少目立つほかは、限られた作品に少数の用例があるのみである。一種の俗語とも見られ、「**いますかり**」「**いまそかり**」という清音の形も考えられる。
このように多彩なことばが使用されたが、中古に最も広く用いられたのは「**おはす**」「**おはします**」である。なお他に、中古には用法が狭いが、中世になって用法の広がる「**まします**」ということばもある。↓**古語チャート**❼(273ページ)

関連語 坐す・御座します・坐す
↓基本敬語動詞一覧表(26ページ)

おび・ゆ【怯ゆ】動詞 自〈ヤ下二段〉〈え・え・ゆ・ゆる・ゆれ・えよ〉怖がる。恐れる。おびえる。**ゆくりかに寄り来たるけはひにおびえて…。**〈源氏・玉鬘〉訳(大夫監が)不意に詰め寄って来た物音に(玉鬘の乳母は)**おびえて**…。

おひ-ゆ・く【生ひ行く】 おい 動詞 自 〔カ四段〕〈か・き・く・く・け・け〉 成長していく。しだいに大きくなる。育つ。
初草の生ひゆく末も知らぬまにいかでか露の消えむとすらむ 歌〈源氏・若紫〉訳↓はつくさの…

おびる（現）↓（古）**おぶ【帯ぶ】**

おび・る 動詞 自 〔ラ下二段〕〈れ・れ・る・るる・るれ・れよ〉❶おっとりしている。のんびりしている。
「やはらかに**おびれ**たるものから、深う由づきたるところの…。」〈源氏・朝顔〉訳「（藤壺の宮は）柔順で**おっとりしている**ものの、奥深く情趣を理解する心を身に付けているところが…。」
❷（多く「寝おびる」の形で）ぼんやりする。ぼける。
抱きおどろかしたまふに、おどろきて、「宮の御迎へにおはしたる。」と、寝**おびれ**ておぼしたり。〈源氏・若紫〉訳（源氏が紫の上を）抱いてお起こしになると、目を覚まして、「父宮がお迎えにいらっしゃったのだ。」と、寝**ぼけ**てお思いになっている。

お・ふ【覆ふ】 おう 動詞 ↓おほふ（被ふ・覆ふ）

お・ふ【生ふ】 おう 動詞 自 〔ハ上二段〕〈ひ・ひ・ふ・ふる・ふれ・ひよ〉生じる。生える。生長する。成長する。伸びる。
葎生ひて荒れたる宿のうれたきはかりにも鬼のすだくなりけり 歌〈伊勢・58〉訳つる草が**伸び**て荒れている（この）家が薄気味悪いのは、ちょっとしたすきにも鬼が多く集まるのであったのだ。

お・ふ【負ふ】 おう

背中に物を乗せて保つ
- 一 動詞 他
  - ❶背中に乗せる。担ぐ。
  - ❷（苦痛や災難などを）身に受ける。
  - ❸（「名に負ふ」の形で）（名として）持つ。
  - ❹借金する。
- 二 動詞 自 （「〜におふ」の形で）相応する。似合う。

未然形	連用形	終止形	連体形	已然形	命令形
お・は	お・ひ	お・ふ	お・ふ	お・へ	お・へ

おぼえ【覚え】

人からよい意味で思われていること。また、自然にそのように感じられること
- ［人から思われること］
  - ❶評判。人望。世評。◉多く、よい意味で使われる。
  - ❷寵愛を受けていること。◉「御覚え」の形で用いられる。
- ［感じられること］
  - ❸知覚。感覚。心当たり。記憶。
  - ❹（腕前や才能に対する）自信。

名詞 ❶（多く、よい意味に用いて）評判。人望。世評。信任。
帝よりはじめたてまつりて、覚えことにすぐれたりけり。〈宇治拾遺〉訳（下野厚行という者は）帝をはじめとし申し上げて、**人望**が特に勝っていた。
❷（「御覚え」の形で）寵愛を受けていること。**寵愛を受けている対象**。
いとまばゆき、人の御覚えなり。〈源氏・桐壺〉訳（桐壺の更衣は）本当に度が過ぎて正視できないほどの、（帝からの）ご**寵愛を受けている対象**の人である。〇右の訳は、「人の御覚え」を「御覚えの人」と解する説に従った。「人の御覚え」のまま、「この人（＝更衣）の（帝からの）ご寵愛の受けぶり」と解する説もある。
❸知覚。感覚。心当たり。記憶。
「**我はものの覚えはべらぬぞ。助けたまへ。**」〈讃岐典侍日記〉訳「私は（堀河天皇の死に気が動転して）普通の**感覚**がありませんよ。助けてください。」
「**愚僧は何も意見を贈らるる覚えはおりない。あらばおしやれ。**」〈狂言・宗論〉訳「愚僧（＝法華宗の僧である私）は（浄土宗の僧であるあなたから）何も忠告を与えられる**心当たり**はございません。あるならおっしゃい。」
❹（腕前や才能に対する）自信。
この尻蹴よと言はるる相撲は、覚えある力、異人よりは優れ…。〈宇治拾遺〉訳（成村という相撲取りに）この（生意気な男の）尻をけれと言われている相撲取りは、（腕前に）**自信**のある力が、他の人よりは優れ…。

発展 **語の成り立ち**
もとになった動詞「覚ゆ」には、「他の人から思われる」という受身の意味と、「自然にそう思われる」という自発の意味と、二通りある。❶❷は受身、❸❹は自発の意味から発展したもの。

一 動詞 他 〔ハ四段〕❶**背中に乗せる。担ぐ。背負う。**
大伴黒主は、そのさま卑し。いはば、薪負へる山人の、花の陰に休めるがごとし。〈古今集・仮名序〉訳大伴黒主は、その（＝歌の）趣が下品だ。いってみれば、薪を**背負った**山人が、花の陰に休んでいるような感じである。
❷（苦痛や災難などを）**身に受ける。被る。**
あまた、さるまじき人の恨みを負ひし果て果ては…。〈源氏・桐壺〉訳数多く、受けなくてもよいはずの人々の恨みを**身に受け**たその最後には…。
❸（「名に負ふ」の形で）（名として）**持つ。有名である。**↓名に負ふ
花橘は名にこそ負へれ、なほ梅のにほひにぞ、古のことも立ち返り恋しう思ひ出でらるる。〈徒然草・19・折節の〉訳タチバナの花は（昔を思い出させる手がかりとして）**有名である**が、それでもやはりウメの花の香りによって、昔のことも（当時に）立ち返って恋しく思い出される。
❹**借金する。**
「**その人は、わが金を千両負ひたる人なり。**」〈宇治拾遺〉訳「その人は、私の金を千両**借金し**ている人だ。」
二 動詞 自 〔ハ四段〕（「〜におふ」の形で）**相応する。似合う。釣り合う。**
文屋康秀は、詞は巧みにて、そのさま身に負はず。〈古今集・仮名序〉訳文屋康秀（の歌）は、ことば（の使い方）は上手であるが、その（＝歌の）体裁が内容に**釣り合わ**ない。

発展 **意味の広がり** 一❶の背中に乗せるというのがもとの意味で、そこから❷❸❹のそれぞれの意味が派生した。二の自動詞の用法は、一❸の「名に負ふ」の形から派生してきたもので、格助詞「に」に付く。

お・ふ【追ふ】 おう 動詞 他 〔ハ四段〕〈は・ひ・ふ・ふ・へ・へ〉❶追いかけ

る。❷目的地に向かって近づいて行く。目指して行く。**暁に船を出だして、室津を追ふ。**〈土佐日記・一月十一日〉訳夜明け前に船を出発させて、室津(の港)を**目指して行く**。❸追い払う。追放する。**うれたきや醜ほととぎす暁のうら悲しきに追へど追へどなほし来鳴きて…**歌〈万葉集・8・1507〉訳いまいましいよ。いやなホトトギスめが、夜明け前のもの悲しいときに、**追い払っても追い払って**も、なおもやって来て鳴いて(美しいタチバナの花を散らしてしまうのだ)…。❹(多く「先(を)追ふ」の形で)貴人が通るとき、お供の者が前方の人を去らせる。先払いをする。どかせる。「**ただ随身どもは…先を高く追へ。**」〈大鏡・師輔〉訳「ただ護衛の役人どもは…前方の人を高い声で**どかせろ**。」

お・ぶ【帯ぶ】一動詞他〔バ四段〕〈ば・び・ぶ・ぶ・べ・べ〉❶身に付ける。腰に下げる。❷任務などを負う。引き受ける。

二動詞他〔バ上二段〕〈び・び・ぶ・ぶる・ぶれ・びよ〉雨露などを身に受け持つ。含む。持つ。「**梨花一枝、春、雨を帯びたり。**」〈枕草子・37・木の花は〉訳「ナシの花の一枝が、春、雨を**含んでいる**。」

発展 上代は四段、中古以降は上二段に活用した。

おふ・す【生ふす】動詞→おほ(生)す

おふ・す【仰す】動詞→おほ(仰)す

おぶつみゃう【御仏名】名詞 陰暦十二月十九日から三日間、★清涼殿で行われた法会。僧に三世の諸仏の名を唱えさせて、身の罪やけがれの消滅を祈った。また、貴族の家でも私的に行われた。季語 冬

おふな-おふな副詞→おほなおほな

おほ-【大】接頭語(名詞に付いて)❶規模が大きい、広い、という意味を表す。語例 **大海**・**大垣**・**大空** ❷量が多い、という意味を表す。語例 **大雪** ❸程度が並々でない、という意味を表す。語例 **大盗人**・**大地震** ❹偉大だ、立派だ、という敬意・賞賛の意味を表す。語例 **大君**・**大神**・**大御所**

おほい-【大】接頭語 一【大】同じ官職の中で、位が上であることを表す。語例 **大納言** 対 中・少

二【正】同じ位の中で、上に当たるものを表す。語例 **正三位** 対 従

おほい-ぎみ【大君】名詞 貴人の長女を敬った言い方。類 大子・大嬢・大姫君

発展 形容詞「おほし」の連体形「おほき」のイ音便から。二女は「中の君」、三女以下は「三の君」「四の君」という。→古語チャート㊱(1057ページ)

おほい-こ【大子】名詞→おほいぎみ

おほい-ご【大御】名詞 年長の女性を敬った言い方。おばあさん。ご老女。

おほい-どの【大殿】名詞 ❶大臣の邸宅。大臣家。❷大臣を敬った言い方。類 大臣・大臣

おほい-まうちぎみ【大臣】名詞→おとど 最重要語(260ページ)

おほ-いらつめ【大嬢・大郎女・大娘】名詞 貴人の長女。類 大君・大子・大嬢

おほ-うち【大内】名詞 皇居。御所。宮中。内裏。

おほ-うちき【大袿】名詞 袿・丈などを大きく仕立てた袿。祝儀・ほうびとして賜るもので、もらった者は普通の袿に仕立て直した。対 小袿

おほうち-やま【大内山】名詞 皇居。宮中。発展 大内山という山が宇多天皇の離宮があったので、そこから宮中を意味するようになったといわれる。

おほうちやま【大内山】地名↓大内山(おおうちやま)

おほ-うへ【大上】名詞 貴人の母を敬った言い方。類 大北の方

おほ-うみ【大海】名詞 ❶大きな海。大海原。❷織物などの模様のひとつ。大波・貝・海藻などを描いたもの。類 海部

おほうみの…歌 **大海の磯もとどろに寄する波割れて砕けて裂けて散るかも**〈金槐集・697・源実朝〉訳大海原の磯にごうごうと(打ち)寄せる波は、割れて、砕けて、裂けて、散っているなあ。○「とどろに」は、大きな音の鳴り響くようすを表す副詞で、どうどう・ごうごう、の意味。「かも」は、

まとめて覚えよう古語チャート❼

「いらっしゃる」という意味の尊敬語

「いらっしゃる」ということばは、上に来ることばによって意味が変わります。「あちらへいらっしゃる」といえば「行く」という意味、「こちらへいらっしゃる」といえば「来る」の意味、「ここにいらっしゃる」といえば「いる」の意味になります。

この図では、「いらっしゃる」に相当する、古語の尊敬語を集めました。時代による違いもありますが、敬意の度合いも同時に理解できるように配列しました。この図の中で最も上位に位置づけられている「¹せおはします」「²させおはします」は補助動詞としての「³おはします」に尊敬の助動詞「す」「さす」の連用形「せ」「させ」が付いたものです。

このように尊敬語が重ねて用いられるので、これを★二重敬語と呼んだりします。そして、中古和文の地の文においては、天皇や皇后など高貴な方に対してしか用いられないので、そのような場合、これらを★最高敬語ということもあります。

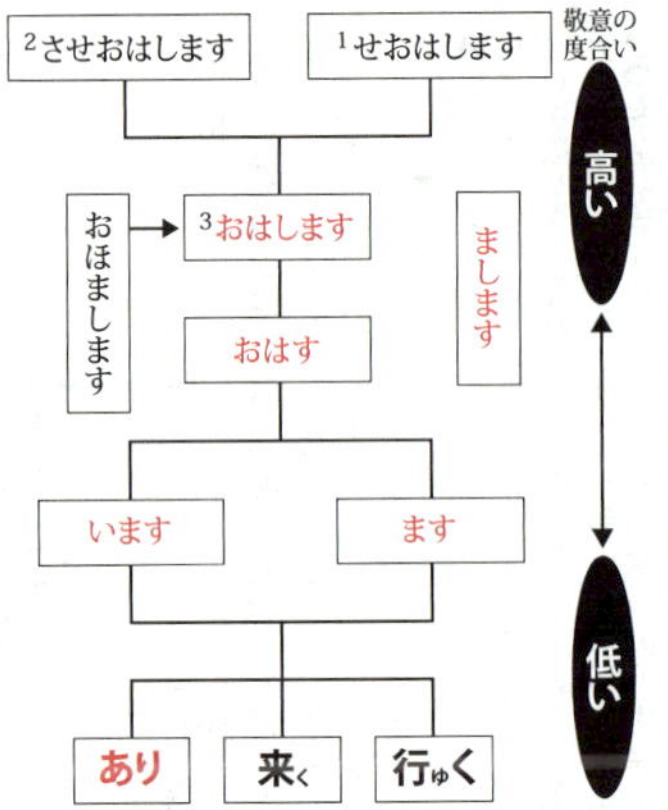

赤字は最重要語・重要語

上代の詠嘆の終助詞。万葉調の和歌に多く用いられる。
発展 自然を的確に、また繊細に観察し、力強く詠んだ叙景歌。

おぼえ【覚え】 名詞 ↓最重要語（272ページ）

おぼえ-うか・ぶ【覚え浮かぶ】 動詞 自〔バ四段〕〈ば・び・ぶ・ぶ・べ・べ〉記憶していた物事が思い出される。

これを見るより外のことなければ、おのづからなどは、空に覚え浮かぶを…。〈更級日記・物語〉訳これ(＝源氏物語)を読む以外の(する)ことがないので、自然と、(その文章が)何も見ないで思い出されるのを…。


おぼえ-かた・る【覚え語る】 動詞 他〔ラ四段〕〈ら・り・る・る・れ・れ〉思い出して話す。

我が思ふままに、空にいかでか覚え語らむ。〈更級日記・門出〉訳私が望むとおりに、(姉や継母などが、物語の一部始終を)何も見ないでどうして思い出して話してくれようか、いや、してくれない。

おぼえ-ず【覚えず】 連語 思いがけなく。知らず知らずに。
人みな死あることを知りて、待つこと、しかも急ならざるに、覚えずして来たる。〈徒然草・155・世に従はん人は〉訳人はみんな(だれでも)死のあることを知って(いながら)、(死を)待つ(＝覚悟する)ことが、それほどさし迫っていないうちに、思いがけなく(死は)やってくる。

おぼえ-な・し【覚え無し】 形容詞〔ク〕〈く・く・し・き・けれ・○／から・かり・○・かる・○・かれ〉思いがけない。心当たりがない。

時々かやうの折に、覚えなく見ゆる人なりけり。〈枕草子・181・雪のいと高うはあらで〉訳時々こうした折に、思いがけなく現れる人なのであった。


おぼえ-な・る【覚え成る】 動詞 自〔ラ四段〕〈ら・り・る・る・れ・れ〉自然に思われるようになる。感じられてくる。

「いとど世にながらへむことも憚り多う覚え成りはべりて…。」〈源氏・柏木〉訳「(自分を許さない源氏を拝見して)前よりいっそうこの世に生き長らえるようなことも遠慮が多いと自然に思われるようになりまして…。」

おほえやま【大江山】 歌枕 ↓大江山(おおえやま)

おほえやま… 百人一首
大江山いく野の道の遠ければまだふみも見ず天の橋立〈金葉集・550・小式部内侍〉訳(今母がいる丹後の)大江山を越えて生野へ行く道のりが遠いので、(そこにある)天の橋立はまだ踏んでみたことがな

おほ-かた【大方】おお—

世間一般に広く通用するようす

一 名詞
❶普通。一般。
❷普段。いつも。
❸(数量について)大部分。(空間について)一面。

二 副詞
❶概して。一般に。
❷(数量・範囲について)ほぼ。およそ。
❸すべて。皆。
❹まったく。すっかり。
❺全然。一向に。◉「おほかた～打消」の形をとる。

三 接続詞
そもそも。いったい。

一 名詞 ❶**普通の事柄。**普通。一般。**世間一般。通常。**
我と等しからざらん人は、大方のよしなしごと言はん程こそあらめ…。〈徒然草・12・同じ心ならん人と〉訳自分に比べて(気持ちが)同じでないような人は、普通のつまらないことを言うような程度ならよいだろうが…。

❷**普段。いつも。平生。**
ただ大方の春だにも、暮れゆく空はもの憂きに、いはんや今日を限りのことなれば、さこそは心細かりけめ。〈平家・10・維盛入水〉訳(入水を決意した平維盛は)単にいつもの春でさえ、暮れてゆく空はもの悲しいのに、ましてや今日が最期のことであるから、さぞかし心細かっただろう。

❸(数量について)**大部分。ほとんど。**(空間について)**一面。辺り一面。**
大方の人も皆寝たれば、さすがに起きてもえ行かで…。〈枕草子・125・無徳なるもの〉訳ほとんどの人々もすべて寝ているので、さすがに起きて行くこともできないで…。

大方の雪の光いと白う見えたるに…。〈枕草子・181・雪のいと高うはあらで〉訳辺り一面の雪の光がとても白く見えているときに…。


二 副詞 ❶**概して。一般に。たいてい。**

おほかた心よき人の、まことに才かどなからぬは、男も女もありがたきことなめり。〈枕草子・269・万のことよりも〉訳概して気立てのよい人で、本当に才能のある人は、男でも女でもめったにないことであるようだ。○「おほかた」は文全体を修飾する。

おほかた持てる調度にても、心劣りせらるることはありぬべし。〈徒然草・81・屛風、障子などの〉訳たいてい持っている道具類によっても、(その持ち主に)がっかりさせられることはきっとあるに違いない。

❷(数量・範囲について)**ほぼ。およそ。大体。**
この大臣は、おほかた男子十一人おはしたるなり。〈大鏡・冬嗣〉訳この大臣(＝藤原冬嗣)は、ほぼ男子を十一人お持ちになっていたという。○はっきりした数は分からないが大体、という意味を「おほかた」で表している。文末に推定・伝聞の助動詞「なり」を用いていることからも、話し手が正確な数を確認していないことが分かる。

おほかた大和、河内、和泉、摂津の国の者まで聞き伝へて、集ひ合ひたり。〈宇治拾遺〉訳およそ大和(＝今の奈良県)、河内(＝今の大阪府中東部)、和泉(＝今の大阪府南部)、摂津(＝今の大阪府北西部・兵庫県南東部)の国の者まで(竜が昇るといううわさを)人づてに聞いて、(奈良の猿沢の池に)集まって来た。○一人一人にどこから来たか聞いたわけではないので、大体の範囲という意味で「おほかた」と表現している。

❸**すべて。皆。何から何まで。**
上より下ざまに至るまで、おほかた響みたりけり。〈宇治拾遺〉訳上座から下座に至る者まで、皆大声を上げて騒いだのだった。

その気色、おほかたゆゆしうぞ見えし。〈平家・2・教訓状〉訳その(＝平清盛の)ようすは、何から何まで(表情から衣服まですべて)並々でなく見えた。

❹**まったく。すっかり。実に。**
「おほかたかたじけなくさうらひしに…。」〈宇治拾遺〉訳「実にもったいなくありがたく思っていましたところ…。」

❺(「おほかた～打消」の形で)**全然。一向に。**

く、(母からの)手紙もまだ見ていない。〇「踏み」と「橋」は縁語。

発展 ①作者は、歌の名手だった和泉式部の娘。母が丹後(＝今の京都府北部)に下っている間に歌合わせの歌人に召された作者を、藤原定頼が「母上から代作を書いた手紙はもう着いたか。」とからかったのに対して、即興でそんなことはしてもらっていないと反撃した歌。

②『十訓抄』、『古今著聞集』にも見える。『金葉集』では、第四句が「ふみもまだ見ず」となっている。

品詞分解・修辞

大江山	いく野	の	道	の	遠けれ	ば
	生野／行く(掛詞)	格助		格助	形・已	接助
まだ	ふみ	も	見	ず。	天の橋立	
副	縁語 踏み／文(掛詞)	係助	マ上一・未	打消・終〈四句切れ〉	縁語〈体言止め〉	

☛**おぼえる**(現)↓(古)**おぼゆ**【覚ゆ】最重要語(289ジペ)

おぼ-おぼ・し 形容詞[シク]〈しく・しく・し・しき・しけれ・〇／しから・しかり・〇・しかる・〇・しかれ〉❶ぼんやりしている。はっきりしない。**黄昏時のおぼおぼしきに**…。〈源氏・常夏〉訳夕方で(辺りが)**ぼんやりしているとき**に…。❷頼りない。しっかりしていない。たどたどしい。**弓引く道もおぼおぼしき若侍などをさへぞ奉りける。**〈増鏡〉訳弓を引く方法も**たどたどしい**若侍たちまでをも(駆り出して)差し出し申し上げた。❸よそよそしい。打ち解けない。「**おぼし隔て、おぼおぼしくもてなさせたまふには、何事をか聞こえはべらむ。**」〈源氏・夢浮橋〉訳「他人行儀になさって、**よそよそしく**お扱いになるのでは、何を申し上げることができましょうか。」

おほ-かた【大方】名詞 副詞 接続詞 ↓最重要語(274ジペ)

おほかた-ならず【大方ならず】― 一通りではない。いい加減にはできない。**人の息女をあづかること、おほかたならずと**…。〈西鶴・好色一代女〉訳他人のお嬢様を預かることは、**いい加減にはできないと**…。

おほ-かた・なり【大方なり】形容動詞 ↓最重要語(275ジペ)

☛**おほかたの**…歌

鬼寄りて、「さは取るぞ。」とてねぢて引くに、おほかた痛きことなし。〈宇治拾遺〉訳鬼が近寄って、「それでは取るぞ。」と言って(翁の顔のこぶを)ねじって引くと、**全然**痛いことがない。**数日に営み出だしてかけたりけるに、おほかた巡らざりければ**…。〈徒然草・51・亀山殿の御池に〉訳(御所の池に、水車を)数日(の間)にこしらえあげて設置したところ、**一向に**回らなかったので…。

三 接続詞 (ある事柄を説き起こして)**そもそも。いったい。** **おほかた、この所に住み始めしときはあからさまと思ひしかども、今すでに五年を経たり。**〈方丈記・閑居の気味〉訳**そもそも**、この場所に住み始めたときはほんの仮住まいだと思ったけれども、もうすでに五年を経過している。

発展 **意味の展開** 二の副詞は、一が単独で用言を修飾するようになったものである。また、三は二❶の「概して」という意味から接続詞へと変化したものである。

関連語 大方なり

おほ-かた・なり【大方なり】

世間一般に広く見られることであるようす ― **普通だ。並だ。**

形容動詞[ナリ]	未然形	連用形	終止形	連体形	已然形	命令形
	おほかた・なら	おほかた・なり おほかた・に	おほかた・なり	おほかた・なる	おほかた・なれ	(おほかた・なれ)

普通だ。並だ。平凡だ。 **また、この男、大方なるものから、時々をかしきことは言ひけり。**〈平中〉訳また、この男は、(ある女と)**平凡な**(付き合いである)ものの、季節ごとに風情のあることばを言い送ったのだった。**おほかたにうち見たてまつる人だに、心留めたてまつらぬはなし。**〈源氏・夕顔〉訳(なんの縁もなく)**普通に**ちらっと見申し上げる人だって、(源氏に)心をお留め申し上げない者はいない。

関連語 大方

おほかたの秋の別れもかなしきに鳴く音な添へそ野辺の松虫〈源氏・賢木〉訳たいていの秋の別れは悲しいものなのに、(いっそう寂しがらせるように)鳴く音を添えてくれるな。野辺のマツムシよ。〇「な…そ」で、禁止を表す。ここで切れて、四句切れ。

発展 光源氏との明け方の別れを惜しむ六条御息所の歌。

おほかた-は【大方は】― 連語 たいていの場合には。**大方は知りたりとも、すずろに言ひ散らすは、「さばかりの才にはあらぬにや。」と聞こえ**…。〈徒然草・168・年老いたる人の〉訳**たいていの場合には**たとえ知っていても、(それを)むやみにしゃべりまくるのは、「それほどの才能ではないのではないだろうか。」と思われ…。

おほ-かみ【大神】― 名詞 神を敬った言い方。神様。**発展** 「おほ」は接頭語。

おほ・かり【多かり】形容詞「おほし(多し)」の補助活用の連用形・終止形。多い。たくさんある。**この泊まりの浜には、種々のうるはしき貝、石など多かり。**〈土佐日記・二月四日〉訳この港の浜辺には、さまざまな美しい貝や、石などが**たくさんある**。

発展 ふつう、形容詞の補助活用であるカリ活用は終止形を持たないが、中古では和文を中心に「多し」に代わって終止形として使われた。また、時に、已然形「多かれ」が現れることもあった。

おほき- 接頭語 一【大・正】↓おほい-

二【大き】(名詞の上に付いて)大きい、偉大であるという意味を表す。語例 **大き海・大き御門・大き聖**

おほき-おとど【太政大臣】― 名詞 ↓だいじゃうだいじん

おほき-おほいどの【太政大臣】― 名詞 ↓だいじ

やうだいじん

おほき‐おほいまうちぎみ【太政大臣】 名詞 ↓だいじやうだいじん

おほ‐きさいのみや【皇太后宮】 名詞 ❶皇太后の宮殿。❷天皇の母。皇太后。

おほ‐きさき【大后・太后】 名詞 ❶天皇の正妻。皇后。❷天皇の母。皇太后。発展 中古には「おほきさい」とも。❶は「大后・皇后」、❷は「太后・皇太后」と書くことが多い。

おほ‐きたのかた【大北の方】 名詞 貴人の母を敬った言い方。先代の「北の方」。類 大上

おほき・なり【大きなり】 形容動詞〔ナリ〕〈なら・なり(に)・なり・なる・なれ・なれ〉 ❶大きい。広大だ。**武蔵の国と下つ総の国との中に、いと大きなる河あり。それを隅田河といふ。**〈伊勢・9〉訳 武蔵の国と下総の国との境に、たいへん**大きな**川がある。それを隅田川と呼ぶ。

❷重大だ。「**天下のことは、とありともかかりとも、御命の危ふさこそ大きなる障りなれば…。**」〈竹取・かぐや姫の昇天〉訳「世の中のことは、どうあろうとこうあろうと(あなた、かぐや姫の)お命の危ないことだけが**重大な**支障だから…。」

❸程度がはなはだしい。ひどい。「**人の讒言したる旨あるにこそ。**」とて、**大きに恐れ騒がれけり。**〈平家・3・行隆之沙汰〉訳「だれかが(私を)陥れるためにありもしないことを告げ口したので(あろう)。」と思って、**ひどく**恐れ動揺なさった。

発展 上代の「おほし」は「大」「多」両方の意味に用いられたが、中古に分かれて「大」の意味は「おほきなり」が受け持つようになった。↓大し

おほ‐きみ【大君・大王・王】 名詞 ❶天皇を敬った言い方。❷親王・諸王を敬った言い方。❸主君や尊ぶべき人物を敬った言い方。発展 ❸は「おほぎみ」とも。↓**古語チャート㉖**(873ページ)

おほきみ‐の【大君の】 枕詞 (大君の召される「御笠」という意味から、同音の)地名「三笠」に係る。

おほき‐やか・なり【大きやかなり】 形容動詞〔ナリ〕〈なら・なり(に)・なり・なる・なれ・なれ〉 いかにも大きいと感じられる。大きそうだ。大ぶりだ。**大きやかなる岩のさまして、されたる常磐木の影茂れり。**〈源氏・浮舟〉訳 **いかにも大きいと感じられる**岩の(ような)ようすであって、風流な(枝ぶりの)常緑樹の姿が生い茂っている。

おほき‐らか・なり【大きらかなり】 形容動詞 ↓おほきやかなり

おほく【多く】 副詞 たいてい。おおかた。**世に語り伝ふること、誠はあいなきにや、多くはみな虚言なり。**〈徒然草・73・世に語り伝ふること〉訳 世間で語り伝えていることは、真実はおもしろくないのではないだろうか、**たいてい**はみなうそである。

発展 形容詞「おほし」の連用形が副詞に変化したことば。「多くは」の形で用いられることが多い。

おほ‐くち【大口】 名詞 ❶大きな口。大きく開いた口。❷(「大口袴」の略)下袴(=指貫の袴の下にはく袴)のひとつ。束帯(=正装)のときに、上の袴の下に着けた袴。発展 紅色の生絹(=練らない生糸で織った絹布)の平絹(=平織りにした絹布)などで作り、裾口を広く大きく仕立てた。後には武士・僧侶などが指貫・直垂などの下に用い、現在は能装束に残っている。

［おほくち❷］

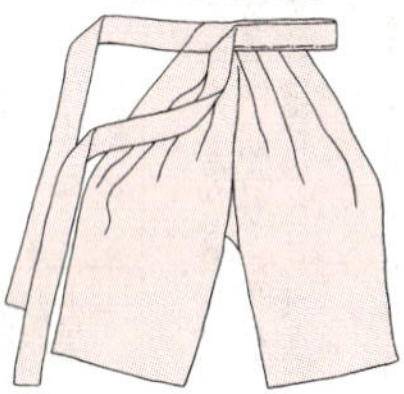

おほくち‐の【大口の】 枕詞 (大きな口をしている真神(=オオカミ)という意味から)地名「真神の原」に係る。

おほ‐くび【大領・衽】 名詞 袍(=朝廷に出仕するときに着る上着)・狩衣・直衣(=普段着)などの、首の回りを囲むように作った前襟。また、そこから衽のこと。

おほ‐くら【大蔵】 名詞 ❶古代、朝廷の財物を納めた倉庫。雄略天皇の時代に設置され、斎蔵(=祭器を収めた倉庫)・内蔵とともに三蔵という。❷大きな倉庫。❸「大蔵省」の略。↓**ビジュアルチェック⑮**(757ページ)

おほくら‐きゃう【大蔵卿】 名詞「大蔵省」の長官。おおくらのかみ。正四位下に相当する。

おほくら‐しゃう【大蔵省】 名詞 八省の一つ。諸国からの租税の出納、銭貨、金属、度量衡、売買価格などを取り扱った。卿(=長官)の下に、大・少の輔、大・少の丞、大・少の録などの職員が置かれた。おおくらのつかさ。↓**ビジュアルチェック⑮**(757ページ)

おほけなく… 百人一首
おほけなく憂き世の民におほふかな我が立つ杣に墨染めの袖〈千載集・1137・慈円〉訳 身の程知らずにも、つらい世の中の人々に(仏の加護を祈って)覆いかけることであるよ。比叡山に住み始めた(私の)墨染めの(衣の)袖を。○「すみぞめ」は「住み初め」と「墨染め」の掛詞。「我が立つ杣」は伝教大師(=最澄)の「阿耨多羅三藐三菩提の仏たち我が立つ杣に冥加あらせたまへ」の歌に基づく表現で延暦寺を指す。

発展 大師の志を受け継いで、仏法により人民を救済しようとする決意を詠んだ歌。

品詞分解・修辞
おほけなく(形・用)｜憂き世｜の(格助)｜民｜に(格助)｜おほふ(ハ四・体)｜かな(終助)　〈三句切れ〉　縁語
我(代)｜が(格助)｜立つ(タ四・体)｜杣｜に(格助)　縁語
すみぞめ(墨染め／住み初め〈掛詞〉)｜の(格助)｜袖　縁語〈体言止め〉

おほけ‐な・し
身分にふさわしくないようす ― ❶身の程知らずである。差し出がましい。／❷恐れ多い。もったいない。

未然形	連用形	終止形	連体形	已然形	命令形
おほけな・く	おほけな・く	おほけな・し	おほけな・き	おほけな・けれ	○
おほけな・から	おほけな・かり	○	おほけな・かる	○	おほけな・かれ

形容詞〔ク〕 ❶身の程知らずである。差し出がましい。

なほいと我が心ながらもおほけなく、いかで立ち出でにしかと…。〈枕草子・184・宮に初めて参りたるころ〉訳 やはり本当に自分の気持ちではあるが差し出がましく、どうして（宮仕えに）出てきてしまったのかと…。

❷恐れ多い。もったいない。

『あしくもよくもあらむは、いかがはせむ。』と、おほけなく思ひなしはべる。」〈源氏・浮舟〉訳『（薫の正妻である女二の宮と、浮舟との仲が）悪くなろうともよくなろうとも、どうしようもないだろう。』と、（浮舟の母である私は）恐れ多くも決め込んでおります。」

発展 ❶→❷の意味へ　❶は、身分上あってはならない不倫の恋を表すときに用いられることが多く、そこから❷の意味が生じた。

類語比較「おほけなし」と「かたじけなし」

共通点＝恐れ多い・もったいないという意味を表す。

おほけなし＝もともと、身分にふさわしくない振る舞いをするようすを表す。そこから、出過ぎた行為が「恐れ多い」ようすを表すもので、否定的な意味を伴う。

かたじけなし＝自分の身分が高貴な人と釣り合わなくて恐縮する気持ちを表す。否定的な意味合いはなく、高貴な人に対するかしこまった気持ちや、分に過ぎた恩恵などに対する感謝の気持ちなどを表す。

おほ‐ざう・なり ↓おぼぞうなり

おほさか【大坂】 地名 ↓大坂（おおさか）

おほ‐さき【大前・大前駆】 名詞 先払いが、先を追う声を長く引くこと。対 小前

おぼさ‐る【思さる】 ❶（「る」が自発の場合で）自然…とお思いになる。お思いにならないではいられない。

程経るままに、せむ方なう悲しう思さるるに…。〈源氏・桐壺〉訳 時のたつにつれて、（帝は更衣の死を）どうしようもないほどに悲しくお思いにならないではいられないので…。

❷（「る」が可能の場合で）お思いになることができる。

かばかりのすさびにても過ぎぬべきことを、さらに「さて過ぐしてむ。」と思されず。〈源氏・夕顔〉訳（夕顔とのことを）それだけの気まぐれとしても終えてしまえそうなことを、とても「そうしてしまおう。」と（源氏は）お思いになることができない。

❸（「る」が尊敬の場合で）お思いになる。

いみじうゆかしく思されければ…。〈更級日記・竹芝寺〉訳（帝の姫宮は）とても知りたいとお思いになったので…。

❹（「る」が受身の場合で）お思いになってもらう。思っていただく。

今の御世には、いと親しく思されて、いと時の人なり。〈源氏・若菜下〉訳 今の帝にとても気心が知れた者だと思っていただいて、（柏木は）本当に時めいた人である。

発展 ❶が基本的な用法。中古は大半が自発の用法だった。❸は中古末期以降の用法で、中世以降はほとんどが❸の用法である。❷は下に打消表現がある場合に限られる。❹は稀にしか見られない。

おほ・し【大し】 形容詞［ク］〈く・く・し・き・けれ・○／から・かり・○・かる・○・かれ〉一 ❶大きい。

大き海の水底深く思ひつつ裳引き平しし菅原の里　歌〈万葉集・20・4491〉訳 大きい海の水底のように深く（あなたを）思いながら、着ている物の裾を引いて（道が）平らになるほどに（何度も）繁く通った菅原の里であることよ。〇「大き海の水底」は「深く」を導く序詞。

❷偉大だ。

酒の名を聖と負ほせし古の大き聖の言のよろしさ　歌〈万葉集・3・339〉訳 酒の名を聖と名付けた昔の（中国の）偉大な聖人のことばの何とすばらしいことよ。

二【多し】多い。（数が）大きい。たくさんある。

忘れがたく、口惜しきこと多かれど、え尽くさず。〈土佐日記・二月十六日〉訳 忘れるのが困難で、残念なことがたくさんあるが、（書きたいことを）全部出すことはできない。〇「おほし」は和文ではカリ活用「おほかり」が本活用として用いられる。ここはその已然形。↓多かり

発展 古くは「大」「多」両方の意味を表した。中古に入って「大」（容積的大きさ）は「大きなり」が、「多」（数量的多さ）は「多し・多かり」が受け持つようになる。

おぼ・し【思し・覚し】 形容詞［シク］〈しく・しく・し・しき・しけれ・○／しから・しかり・○・しかる・○・しかれ〉❶（…と）見受けられる。（…と）思われる。

飛ぶ車一つ具したり。羅蓋差したり。その中に王とおぼしき人…。〈竹取・かぐや姫の昇天〉訳（天人たちは）空飛ぶ車を一台伴っている。（その車には）薄絹の衣笠が差しかけてある。その（車の）中に王と見受けられる人が（乗っていて）…。

❷こうあって欲しいと思う。こうありたいと思う。

おぼしきこと言はぬは、腹膨るるわざなれば…。〈徒然草・19・折節の〉訳 こうあって欲しいと思うことを言わないのは、腹の膨れる（ような嫌な）ことなので…。

おぼし‐あつか・ふ【思し扱ふ】 動詞 他［ハ四段］〈は・ひ・ふ・ふ・へ・へ〉（「思ひ扱ふ」の尊敬語で）❶よく気をつけてお世話なさる。

心苦しげにおぼしめして…とやかくやとおぼし扱ひきこえさせたまへるさま、あはれにかたじけなし。〈源氏・葵〉訳（桐壺院は源氏を）いかにも痛ましいとお思いになって…あれやこれやと心を配ってお世話申し上げていらっしゃるようすは、身に染みるほどでもったいない。

❷あれこれと考えてお苦しみになる。

「いかに思ひたまふらむ。」と、おぼし扱ふ。〈源氏・竹河〉訳（玉鬘は）「（雲居の雁が）どのように思っていらっしゃるのだろう。」と、あれこれと考えてお苦しみになる。

おぼし‐あは・す【思し合はす】 動詞 他［サ下二段］〈せ・せ・す・する・すれ・せよ〉（「思ひ合はす」の尊敬語で）❶思い比べてお考えになる。お考え合わせになる。

論しのやうなることどもを、来し方行く末おぼし合はせて…。〈源氏・明石〉訳 神や仏のお告げのようなことをさまざま、（源氏は）過去将来にお考え合わせになって…。

❷なるほどとお思いになる。お思い当たりになる。

「さらば、その子なりけり。」とおぼし合はせつ。〈源氏・若紫〉訳「それでは、（紫の上は）その（式部卿宮の）娘だったのだ。」とお思い当たりになった。

おぼし‐い・づ【思し出づ】 動詞 他［ダ下二段］〈で・で・づ・づる・づれ・でよ〉（「思ひ出づ」の尊敬語で）お思い出しになる。

おぼし出づる所ありて、案内せさせて入りたまひぬ。〈徒然草・32・九月二十日のころ〉訳（ある人が）お思い出しになる家があって、（その家に）取り次ぎをさせてお入りになった。

おぼし‐い・る【思し入る】 動詞 自［ラ四段］〈ら・り・る・る・れ・れ〉（「思ひ入る」の尊敬語で）一 深く心に思い込みなさる。いちずに思い詰めなさる。

うしろめたく悲しけれど、**おぼし入りたるに**…。〈源氏・須磨〉訳（須磨退去後の紫の上が）気がかりで悲しいけれども、（いま紫の上が）**いちずに思い詰めなさっている**ところに…。

二 動詞 他〔ラ下二段〕〈れ・れ・る・るる・るれ・れよ〉深く心におとめになる。深くお考えになる。身に染みてお考えになる。

「わが身やいかがあらむ、人やいかが思はむ。」とも**深くおぼし入れず**、をかしうらうたげにて…。〈源氏・少女〉訳「（恋のため）自分の身の上が（将来）どうなるのだろうか、人がどのように思うだろうか。」とも（雲居の雁は）深く**身に染みるほどにもお考えにならず**、美しくかわいげな格好をして…。

おぼし-おき・つ【思し掟つ】 動詞 他〔タ下二段〕〈て・て・つ・つる・つれ・てよ〉（「思ひ掟つ」の尊敬語で）前もって心にお決めになる。ご計画なさる。

源氏になしたてまつるべく**おぼしおきてたり**。〈源氏・桐壺〉訳（桐壺帝は若宮に臣下の姓を賜り）源氏にして差し上げようと**心にお決めになっている**。

おぼし-お・く【思し置く】 動詞 他〔カ四段〕〈か・き・く・く・け・け〉（「思ひ置く」の尊敬語で）❶心中にお決めになる。前もってお考えになる。

我が御族のみ、御門の御後ろ見、世の固めにて、行く末までとおぼし置きしとき…。〈徒然草・25・飛鳥川の淵瀬〉訳（藤原道長が）自分のご子孫だけが、天皇のご後見役（＝摂政・関白）、（また）天下の重臣として、将来まで（栄えよう）と**前もってお考えになったとき**…。

❷気におかけになる。後に思いをお残しになる。

思ひ忘れたりつることをおぼし置かせたまへりけるは、なほ、ただ人にてだにをかしかべし。〈枕草子・277・御前にて人々とも〉訳（私が）忘れてしまっていたことを（中宮が）**気におかけになって**くださっていたことは、やはり、普通の人であってさえすばらしいことに違いない。

おぼし-おと・す【思し貶す】 動詞 他〔サ四段〕〈さ・し・す・す・せ・せ〉（「思ひおとす」の尊敬語で）劣ったものとお思いになる。軽蔑なさる。

「あまりこよなく**おぼしおとしたるに**、えなむ鎮めはつまじき心地しはべる。」〈源氏・夕霧〉訳「（あなたさまが）あまりにひどく**軽蔑なさっている**ために、とても思いを抑え切れそうにない気がいたします。」

おぼし-か・く【思し掛く・思し懸く】 動詞 他〔カ下二段〕〈け・け・く・くる・くれ・けよ〉（「思ひ掛く」の尊敬語で）❶予期なさる。

帥殿の御方とて、いとやむごとなくてさぶらひたまふめるこそは、おぼしかけぬ御ありさまなめれ。〈大鏡・道隆〉訳（伊周の二女は）帥殿の御方といって、たいそう身分の高い女房として（彰子に）お仕え申し上げていらっしゃるようだが、それは（生前の伊周の）**予期なさらない**姿であるようだ。

❷思いをおかけになる。

おぼし-かしづ・く【思し傅く】 動詞 他〔カ四段〕〈か・き・く・く・け・け〉（「思ひかしづく」の尊敬語で）心にかけて大切にお育てになる。

ただこの姫君をぞ、**け近うらうたきものとおぼしかしづきて**…。〈源氏・少女〉訳（夕霧の祖母大宮は）ただこの姫君（＝雲居の雁）を、身近なかわいいものとして**大切にお育てになって**…。

おぼし-かずま・ふ【思し数まふ】 動詞 他〔ハ下二段〕〈へ・へ・ふ・ふる・ふれ・へよ〉（「思ひ数まふ」の尊敬語で）人並みに思ってお扱いになる。

「**おぼし数まへざらむ時**、いかなる嘆きをかせむ。」と思ひやるにゆゆしくて…。〈源氏・明石〉訳「（源氏が娘を）**人並みに思ってお扱いにならな**かったりする時には、どんな悲しい思いをするだろうか。」と（両親が）想像すると不吉な感じがして…。

おぼし-かま・ふ【思し構ふ】 動詞 他〔ハ下二段〕〈へ・へ・ふ・ふる・ふれ・へよ〉（「思ひ構ふ」の尊敬語で）心の中で計画なさる。ひそかにお企てになる。

この月の晦日方に下るべければ、「やがてその日渡さむ。」と**おぼし構ふ**。〈源氏・浮舟〉訳（受領が）この月（＝三月）の下旬ごろに任国に下るはずだから、「すぐその日に（浮舟を受領の留守宅に）移そう。」と（匂宮は）**ひそかにお企てになる**。

おぼし-くづほ・る【思し頽る】 動詞 自〔ラ下二段〕〈れ・れ・る・るる・るれ・れよ〉（「思ひくづほる」の尊敬語で）がっかりして気持ちが弱くなられる。がっかりなさる。

一目も見たてまつれる人は、かくおぼしくづほれぬる御ありさまを、嘆き惜しみきこえぬ人なし。〈源氏・須磨〉訳（源氏を）一目でも見申し上げている人は、このように**がっかりして気持ちが弱くなられて**いるお姿を、嘆かわしく残念にお思い申し上げない人はいない。

おぼし-け・つ【思し消つ】 動詞 他〔タ四段〕〈た・ち・つ・つ・て・て〉（「思ひ消つ」の尊敬語で）思わないようになさる。無視なさる。問題になさらない。

ことにもあらずおぼし消ちて、もてなしたまふなるべし。〈源氏・桐壺〉訳（弘徽殿の女御は、桐壺の更衣の死など）何ほどのこともないと**無視なさって**、お振る舞いになっているに違いない。

おぼし-さだ・む【思し定む】 動詞 他〔マ下二段〕〈め・め・む・むる・むれ・めよ〉（「思ひ定む」の尊敬語で）心をお決めになる。考えてお決めになる。

「**徒人にて公の御後見をするなむ、行く先も頼もしげなめること**。」と**おぼし定めて**…。〈源氏・桐壺〉訳「臣下として朝廷のお世話役をするのが、（第二皇子である源氏のためには）将来も心強そうに思われることだ。」と（帝は）**考えをお決めになって**…。

おぼし-さわ・ぐ【思し騒ぐ】 動詞 自〔ガ四段〕〈が・ぎ・ぐ・ぐ・げ・げ〉（「思ひ騒ぐ」の尊敬語で）お思い乱れになる。ご心配になる。

「**いみじうおぼし騒ぎて、御誦経などあまたせさせたまひて**…。」〈枕草子・23・清涼殿の丑寅の〉訳「（左大臣は、娘である女御のことを）ひどく**ご心配になって**、御誦経などをたくさんさせなさって…。」

おぼし-しづ・む【思し沈む】 動詞 自〔マ四段〕〈ま・み・む・む・め・め〉（「思ひ沈む」の尊敬語で）悩みごとなどで気がふさいでいらっしゃる。物思いに沈んでいらっしゃる。ふさぎ込んでいらっしゃる。

かの御祖母北の方、慰む方なく**おぼし沈みて**…。〈源氏・桐壺〉訳あの（＝幼い源氏の）おばあさまである北の方は、（娘の更衣を失って）心を晴らすすべもなく**物思いに沈んでいらっしゃって**…。

おぼし-しづ・む【思し鎮む】 動詞 他〔マ下二段〕〈め・め・む・むる・むれ・めよ〉（「思ひ鎮む」の尊敬語で）乱れた心をお鎮めになる。心を落ち着かせなさる。

「いとかうしも見えじ。」と、**おぼし鎮むれど**、さらにえ忍びあへさせたまはず。〈源氏・桐壺〉訳（帝は）「こんなにまで（ひどく悲しんでいるのだとでも）見られないようにしよう。」と、**心をお鎮めになる**けれども、どうしても我慢なさりきれない。

おぼし-し・む【思し染む】(「思ひ染む」の尊敬語で) ■一■ 動詞 自 〔マ四段〕〈ま・み・む・む・め・め〉心に染み込むほどにお思いになる。心に深くお感じになる。**大将殿は、悲しきことにことを添へて、世の中をいと憂きものにおぼし染みぬれば…。**〈源氏・葵〉訳大将殿(=源氏)は、悲しいこと(=葵の上の死)にもう一つのこと(=六条御息所の生霊に苦しんだこと)を重ねて、この世の中をたいへんいとわしいものと**心に染み込むほどにお思いになった**ので…。

■二■ 動詞 他 〔マ下二段〕〈め・め・む・むる・むれ・めよ〉心に深くお刻みになる。深く思い込みなさる。お思い詰めになる。**女は、いとものをあまりなるまでおぼし染めたる御心ざまにて…。**〈源氏・夕顔〉訳この女(=六条御息所)は、いかにも物事を度が過ぎるまで**お思い詰めになってい**るご性質で…。

おぼし-し・る【思し知る】 動詞 他 〔ラ四段〕〈ら・り・る・る・れ・れ〉(「思ひ知る」の尊敬語で)物事の道理や趣などを理解なさる。十分に理解なさる。お悟りになる。**皇子六つになりたまふ年なれば、この度はおぼし知りて、恋ひ泣きたまふ。**〈源氏・桐壺〉訳若宮(=後の源氏)は六つにおなりになる年なので、(祖母が他界した)今度は(人の死ということを)**十分に理解なさって**、恋い慕って泣いていらっしゃる。

おぼし-す・つ【思し捨つ】 動詞 他 〔タ下二段〕〈て・て・つ・つる・つれ・てよ〉(「思ひ捨つ」の尊敬語で)人や物事を心にかけることをおやめになる。お見捨てになる。「**あな心憂や。いとつらくおぼし捨てしかど…**」〈とりかへばや〉訳「ああ情けないよ。(あなたは私を)ひどく薄情**にお見捨てになったけれど…**。」

おほし-た・つ【生ほし立つ】おおし—

■一■ 人や植物を育て上げる ├ 養い育てる。育て上げる。

未然形	連用形	終止形	連体形	已然形	命令形
おほした・て	おほした・て	おほした・つ	おほした・つる	おほした・つれ	おほした・てよ

動詞 他 〔タ下二段〕養い育てる。育て上げる。**すべて、男をば、女に笑はれぬやうに生ほし立つべしとぞ。**〈徒然草・107・女の物言ひかけたる〉訳一般に、男を、女に笑われないように**養い育て**なければならないということだ。

おぼし-た・つ【思し立つ】 動詞 他 〔タ四段〕〈た・ち・つ・つ・て・て〉(「思ひ立つ」の尊敬語で)何かをすることを心にお決めになる。決心なさる。「**造りたる所に渡してむ。**」と、**おぼし立つに…。**〈源氏・浮舟〉訳(薫は)「(新しく)建てている所に(浮舟を)移してしまおう。」と、**決心なさる**につけて…。

おぼし-つつ・む【思し包む・思し慎む】 動詞 他 〔マ四段〕〈ま・み・む・む・め・め〉(「思ひ包む」の尊敬語で)人に知られないようになさる。遠慮なさる。お気兼ねなさる。「**人も心弱く見たてまつるらむと、おぼしつつまぬにしもあらぬ御気色の心苦しさに…**」〈源氏・桐壺〉訳「(おそばの)人もお気が弱いと見申し上げているだろうと、**お気兼ねなさら**ないでもない(帝の)ごようすのお気の毒さに…。」

おぼし-とが・む【思し咎む】 動詞 他 〔マ下二段〕〈め・め・む・むる・むれ・めよ〉(「思ひとがむ」の尊敬語で)変だと思って心におとどめになる。変だとお気づきになる。気におとめになる。**ただ、「暑き頃なれば、かくおはするなめり。」とぞおぼしける。さすがに、「あやし。」とおぼしとがむることもありて…。**〈源氏・宿木〉訳たんに、「暑い時分だから、(中の君は)こうして(=食が細り、伏して)いらっしゃるのであるようだ。」と(匂宮は)お思いになったのだった。そうはいってもさすがに、「変だな。」と**気におとめになる**こともあって…。○中の君は懐妊している。

おぼし-とど・む【思し止む・思し留む】 動詞 他 〔マ下二段〕〈め・め・む・むる・むれ・めよ〉(「思ひ止む」の尊敬語で)❶考えることをおとどめになる。することを断念なさる。おあきらめになる。**ゆゑある御消息もいと聞こえまほしけれど…おぼしとどめつ。**〈源氏・蓬生〉訳(源氏は末摘花に)趣のあるお歌でもいかにも詠んでおあげになりたいけれども…**おあきらめになった**。

❷忘れないように心におとどめになる。「**なめげなる者におぼしとどめられぬるなむ、心にとまりはべりぬる。**」〈竹取・かぐや姫の昇天〉訳「(私が帝に)無礼な者として(その)**心におとどめになられて**しまうことが、心残りになってしまうのです。」

おぼし-と・る【思し取る】 動詞 他 〔ラ四段〕〈ら・り・る・る・れ・れ〉(「思ひ取る」の尊敬語で)❶しっかり理解なさる。お悟りになる。**いとど心深う世の中をおぼし取れるさまになりまさりたまふ。**〈源氏・鈴虫〉訳(秋好中宮は)これまで以上に心から世の無常を**お悟りになった**気持ちにいよいよ深くおなりになる。

❷お思い定めになる。ご決心なさる。**世のうとましく過ぐしがたうおぼさるれば、背きなむことをおぼし取るに…。**〈源氏・賢木〉訳(藤壺の中宮は)世の中がいとわしく過ごしにくいと自然お思いにならないではいらっしゃれないので、出家してしまおうということを**ご決心なさる**につけて…。

おぼし-なげ・く【思し嘆く】 動詞 自 〔カ四段〕〈か・き・く・く・け・け〉(「思ひ嘆く」の尊敬語で)悲しんで心をお痛めになる。悲嘆なさる。「**避らずまかりぬべければ、おぼし嘆かむが悲しきことを、この春より、思ひ嘆きはべるなり。**」〈竹取・かぐや姫の昇天〉訳「(私は)やむをえず(月の都へ)参らなければなりませんので、(あなた方が)**悲嘆なさっ**たりするのが切ないということを、この春から、嘆き悲しんでいるのです。」

おぼし-な・す【思し為す・思し做す】 動詞 他 〔サ四段〕〈さ・し・す・す・せ・せ〉(「思ひ為す」の尊敬語で)あれこれ考えた上で判断をお下しになる。ことさらにお思いになる。思い込みなさる。**ただ今は、幼き御ほどに、罪なくおぼしなして…。**〈源氏・桐壺〉訳(左大臣方では)現在は、(源氏は)未熟なお年ごろで、(左大臣邸を訪れることが少ないのを)とがめだてすることはないと**ことさらお思いになって**…。

おぼし-なほ・る【思し直る】なおる 動詞 自 〔ラ四段〕〈ら・り・る・る・れ・れ〉(「思ひ直る」の尊敬語で)心がもと通りにおなりになる。考えがお変わりになる。お考え直しになる。「**『世とともにはしたなき御もてなしを、もしおぼし直る折もや。』と…。**」〈源氏・若紫〉訳「『(あなたが私に)いつまでも間の悪い思いをさせなさるお仕打ちを、もしかしたら**お考え直しになる**ときもあるのではないか。』と…。」

おぼし-なや・む【思し悩む】動詞 自〔マ四段〕〈ま・み・む・む・め・め〉（「思ひ悩む」の尊敬語で）いろいろと気にかけてお苦しみになる。ご心配になる。
「さらに行く先のこと**おぼし悩む**べきにもはべらねど…。」〈源氏・若菜上〉訳「（女三の宮の身の上を東宮にお頼みになっておけば）まったく将来のことは**ご心配になる**必要もございませんけれど…。」

おぼし-な・る【思し成る】動詞 自〔ラ四段〕〈ら・り・る・る・れ・れ〉（「思ひ成る」の尊敬語で）だんだんそう思うようにおなりになる。そういう気持ちにおなりになる。
もの心細く、世の中なべて厭はしう**おぼし成らるる**に…。〈源氏・花散里〉訳（源氏は）なんとなく心細く、この世のことは何もかも嫌だといった**気持ちにおなりにならないではいらっしゃれない**につけても…。

おぼし-のたま・ふ【思し宣ふ】動詞 他〔八四段〕〈は・ひ・ふ・ふ・へ・へ〉（「思ひ言ふ」の尊敬語で）心にお思いになり口にお出しになる。お考えになったことをおっしゃる。
「心幼く。」と**おぼしのたまは**むもわびしければ…。〈源氏・夕霧〉訳（母御息所が）「無分別なことだ。」と**お思いになり口にお出しになっ**たりすることも（落葉の宮は）つらいので…。

おぼし-はな・つ【思し放つ】動詞 他〔タ四段〕〈た・ち・つ・つ・て・て〉（「思ひ放つ」の尊敬語で）物事に対する思いをきっぱりとお捨てになる。思い切りなさる。お見捨てになる。
姫宮の御ことをのみぞ、なほえ**思し放た**で…。〈源氏・若菜下〉訳（朱雀院は）姫宮のお身の上のことだけは、今もやはり**思い切りなさる**ことができなくて…。

おぼし-はな・る【思し離る】動詞 自〔ラ下二段〕〈れ・れ・る・るる・るれ・れよ〉（「思ひ離る」の尊敬語で）物事からお心が離れる。断念なさる。おあきらめになる。
「昔より好き好きしき御心にて、なほざりに通ひたまひける所々、みな**おぼし離れ**にたなり。」〈源氏・蓬生〉訳「（源氏の君は）若いときから浮気の好きなご気性で、かりそめにお通いになった方々からは、（今は）みな**お心が離れ**てしまいになっているそうだ。」

おぼし-はばか・る【思し憚る】動詞 他〔ラ四段〕〈ら・り・る・る・れ・れ〉（「思ひ憚る」の尊敬語で）あれこれとお考えになって、ご遠慮なさる。お気兼ねなさる。
世の承け引くまじきことなりければ、なかなかあやふく**おぼしはばかり**て…。〈源氏・桐壺〉訳（帝は第二皇子の若宮を東宮にとお思いになるが）世間が承知しないに違いないことであったので、（若宮のために）かえって不安だと**お気兼ねなさっ**て…。

おぼし-へだ・つ【思し隔つ】動詞 他〔タ下二段〕〈て・て・つ・つる・つれ・てよ〉（「思ひ隔つ」の尊敬語で）心に隔てをお置きになる。
「疎々しく**おぼし隔つ**な。」〈源氏・総角〉訳「よそよそしく**心に隔てをお置きになる**な。」

おぼし-まう・く【思し設く】動詞 他〔カ下二段〕〈け・け・く・くる・くれ・けよ〉（「思ひ設く」の尊敬語で）あらかじめ心にお決めになる。
静やかなる所にやがて籠るべく**おぼし設けける**本意…。〈源氏・若菜上〉訳静かな所にそのままこもるつもりだと**あらかじめ心にお決めになっていた**（朱雀院の）本来の志が…。

おぼし-まど・ふ【思し惑ふ】動詞 自〔八四段〕〈は・ひ・ふ・ふ・へ・へ〉（「思ひ惑ふ」の尊敬語で）心配なさる。お心がお乱れになる。
ましていとあはれげに、御方々も、**おぼし惑ふ**。〈源氏・若菜上〉訳（朱雀院の出家は）いっそうたいへん悲しくつらそうだと、女御や更衣たちも、**お心がお乱れになる**。

おぼし-みだ・る【思し乱る】動詞 自〔ラ下二段〕〈れ・れ・る・るる・るれ・れよ〉（「思ひ乱る」の尊敬語で）お心がお乱れになる。思い悩みなさる。
『僻覚えをもし、忘れたる所もあらばいみじかるべきこと』と、わりなう**おぼし乱れ**ぬべし。〈枕草子・23・清涼殿の丑寅の〉訳『（和歌の）記憶違いをしたり、忘れている箇所でもあったら大変なこと。』と、（女御は）きっとひどく**お心がお乱れになっ**てしまうに違いない。

おぼし-めぐら・す【思し巡らす】動詞 他〔サ四段〕〈さ・し・す・す・せ・せ〉（「思ひ巡らす」の尊敬語で）あれこれとお考えになる。
おぼし巡らすこと多くて、まどろませたまはず。〈源氏・若紫〉訳（源氏は）**あれこれとお考えになる**ことが多くて、うとうととなさることもおできにならない。

おぼし-め・さ-る【思し召さる】❶（「る」が自発の場合で）自然…とお思いになる。お思いにならないではいらっしゃれない。
「かくても月日は経にけり。」と、あさましう**おぼし召さる**。〈源氏・桐壺〉訳「こうして（更衣が亡くなっても）月日は過ぎていってしまうものであった。」と、**自然**あきれたことに**お思いになる**。
❷（「る」が尊敬の場合で）お思いになる。
「いかに御心苦しう**おぼし召され**さうらふらん。」〈平家・12・六代〉訳「どんなに（私のことを）つらく**お思いになって**いらっしゃいましょうか。」
❸（「る」が可能の場合で）お思いになることができる。
来し方行く末**おぼし召されず**…。〈源氏・桐壺〉訳（帝は）過去も未来も**お思いになることができなく**て…。

おぼしめし-よ・る【思し召し寄る】動詞 他〔ラ四段〕〈ら・り・る・る・れ・れ〉（「思ひ寄る」の尊敬語で）「おぼしよる」の意味に同じ。
関連語 思さる

おぼし-め・す【思し召す】↓基本敬語25（281ページ）

おぼし-やすら・ふ【思し休らふ】動詞 自〔八四段〕〈は・ひ・ふ・ふ・へ・へ〉（「思ひ休らふ」の尊敬語で）（決断がつかず）あれこれお迷いになる。おためらいになる。
とかく聞こえ返さひ、**おぼし休らふ**ほどに、**夜明け方にな**りぬ。〈源氏・柏木〉訳（女三の宮の出家に対して源氏が）なんやかやと問いただし申し上げて、**あれこれお迷いになる**間に、夜明け方になってしまった。

おぼし-や・る【思し遣る】動詞 他〔ラ四段〕〈ら・り・る・る・れ・れ〉（「思ひ遣る」の尊敬語で）ご想像になる。遠方に思いをおはせになる。
「山里のつれづれ、ましていかに。」と**おぼしやる**は、いとほしければ…。〈源氏・薄雲〉訳「山里の所在なさは、（姫君がいなくなったら）なおさらどんなであろう。」と（源氏が）**ご想像になる**のは、気の毒だが…。

おぼし-ゆる・す【思し許す】動詞 他〔サ四段〕〈さ・し・す・す・せ・せ〉（「思ひ許す」の尊敬語で）お許しになる。
年ごろ、異心なくて過ぐしたまへるなどを、ありがたく**おぼし許す**。〈源氏・藤裏葉〉訳（夕霧が）長い年月にわたり、浮気心もなくてお過ごしになっていらっしゃることなどを、めったにないことと（舅の内大臣は）**お許しになる**。

おぼし-よ・る【思し寄る】動詞 自 ラ四段〈ら・り・る・る・れ・れ〉（「思ひ寄る」の尊敬語で）お思いつきになる。お考え及びになる。「**ここには久しくなりぬるを、げにいかでかはおぼし寄らむ。**」〈蜻蛉日記〉訳「ここに（戻ってから）は久しくなってしまったが、なるほどどうして**お思いつきになろう**か、いや、ならないだろう。」

おぼし-よわ・る【思し弱る】動詞 自 ラ四段〈ら・り・る・る・れ・れ〉（「思ひ弱る」の尊敬語で）お心弱くおなりになる。お気弱におなりになる。**人知れず、おぼし弱る心も添ひて…。**〈源氏・夕霧〉訳（御息所は）人知れず、**お気弱におなりになる**心も加わって…。

おぼし-わ・く【思し分く】動詞 他 カ四段〈か・き・く・く・け・け〉（「思ひ分く」の尊敬語で）一 お決めになる。判断なさる。また、区別なさる。分け隔てなさる。「**このかうおぼし分かせたまひけむ御心ども、思ふに、ゆゑはべらむかし。**」〈更級日記・春秋の定め〉訳「あなたがたがこう**お決めになった**お心も、思うに、訳がございましょうね。」「**頭の中将と等し碁なり。なおぼし分きそ。**」〈枕草子・161・故殿の御服のころ〉訳「（私は）頭の中将と同格の碁（の腕前）である。**分け隔てなさるな。**」
二 動詞 他 カ下二段〈け・け・く・くる・くれ・けよ〉一の意味に同じ。「**うとうとしく、おぼし分くる御気色なれば、心憂くこそ。**」〈源氏・紅梅〉訳「よそよそしく、（実母と養父の私とを）**分け隔てなさる**ごようすであるので、つらく（思います）。」

おぼし-わす・る【思し忘る】動詞 他 ラ下二段〈れ・れ・る・るる・るれ・れよ〉（「思ひ忘る」の尊敬語で）お忘れになる。**御息所の御事を、おぼし忘るる折なし。**〈源氏・桐壺〉訳（帝は）御息所（=桐壺の更衣）のことを、**お忘れになる**ときがない。

基本敬語25

おぼし-め・す【思し召す】

尊敬語 ─ ❶**お思いになる。** ❷「**おぼしめし＋動詞」の形で、「思ひ＋動詞」型の複合動詞の尊敬表現として用いられる。**

［通常語］思ふ

未然形	連用形	終止形	連体形	已然形	命令形
おぼしめ・さ	おぼしめ・し	おぼしめ・す	おぼしめ・す	おぼしめ・せ	おぼしめ・せ

動詞 他 サ四段

❶（「思ふ」の尊敬語で）**お思いになる。お考えになる。** **先帝、いとあはれにおぼしめしたりけり。**〈大和・45〉訳前の帝は、（娘を心配してその父が詠んだ歌を見て）とても感慨深く**お思いになって**いたのだった。
○作者が、「思う」動作をする前の帝への敬意を表している。

❷「**おぼしめし＋動詞」の形で、「思ひ＋動詞」型の複合動詞の尊敬表現として用いられる。**
「**故院の御心ざし、あまたの皇子たちの御中に、とりわきておぼしめしながら、位を譲らせたまはむことをおぼしめし寄らずなりにけり。**」〈源氏・薄雲〉訳「亡き院（=故桐壺院）のご意向は、大勢の皇子たちの中で、（私のことを）特別にお思いになりながら、（私に）位をお譲りになるようなことを**お思いつきにならない**ままになってしまったのだった。」
○話し手（=源氏）が、「思いつく」動作をする故桐壺院への敬意を表している。源氏に譲位したい意向をもらした冷泉帝に、源氏が故桐壺院の生前の意向を示しつつ辞退する場面。「おぼしめし寄る」は複合動詞「思ひ寄る」の尊敬語であり、「おぼし寄る」よりも敬意が高い。故桐壺院に対して最高敬語「せたまふ」とともに用いられている。前にある単独の「おぼしめす」は❶の用法。
弘徽殿の女御の御文の、日ごろ破り残して御身を放たず御覧じけるをおぼしめし出でて…。〈大鏡・花山院〉訳（亡き）弘徽殿の女御のお手紙で、（花山天皇が）ふだん破り残して（=破り捨てられなくて）お体から離さないでご覧になっていたものを（天皇が）**お思い出しになって**…。
○『大鏡』の語り手（=大宅世継）が、「思い出す」動作をする花山天皇への敬意を表している。「おぼしめし出づ」は複合動詞「思ひ出づ」の尊敬語。天皇に対して、敬意の高い尊敬語「御覧ず」とともに用いられている。

発展 ①**語の成り立ち** 尊敬語の四段動詞「おぼす」の連用形に尊敬の補助動詞「めす」が付いて一語になったもの。
②**「おぼす」と「おぼしめす」** 「おぼしめす」は「おぼす」より敬意が高く、「おぼす」とともに中古から用いられた。天皇など最高階級の人に対して用いられることばなので、中古では「おぼす」に比べると「おぼしめす」の使用範囲は狭い。ただし、「おぼしめす」の方が後世まで用いられ、連用形の「おぼしめし」は、名詞として現代語にも残っている。

敬語のしくみ ①**尊敬語の敬意の高低** 敬意を表す表現はさまざまであり、敬意の程度にも段階差がある。動詞について主な尊敬語を見てみると、一般的には次のような高低の差が認められる。ただし、（ ）内は動詞＋補助動詞。

「あり・行く・来」→**おはす**→**おはします**」

「思ふ」→（**思ひたまふ**）→**おぼす**→**おぼしめす**」

「見る」→（**見たまふ**）→**御覧ず**」

「言ふ」→**のたまふ**→**のたまはす**」

「与ふ」→**賜ふ**→**賜はす**」

それぞれの組み合わせで、通常語から順に敬意が高くなっていく。→基本敬語動詞一覧表（26ページ）
②**古典中の敬語の使用の実態** 最高階級の人である天皇には最も高い敬意を表す「**おはします**」「**おぼしめす**」などが用いられるわけだが、それより低い尊敬語でもまったく使用しないわけではない。たとえば『源氏物語』では、天皇にも「**おぼす**」が用いられている。一般に、高貴な人の動作・存在などに尊敬語が使われるが、古典における実際の敬語の使用は、作品の性格・人物関係（身分の上下など）・場面、あるいは地の文か会話文かなどということにもかかわる。

関連語 思す・思ほし召す

おぼし-わた・る【思し渡る】 動詞 他 〔ラ四段〕〈ら・り・る・る・れ・れ〉(「思ひ渡る」の尊敬語で)お思い続けになる。

君は、「夢をだに見ばや。」とおぼし渡るに…。〈源氏・夕顔〉訳 君(=源氏)は、「せめて(夕顔の)夢だけでも見たいものだ。」とお思い続けになっているうちに…。


おぼし-わづら・ふ【思し煩ふ】 動詞 自 〔ハ四段〕〈は・ひ・ふ・ふ・へ・へ〉(「思ひ煩ふ」の尊敬語で)お思い悩みになる。頭を悩ましていらっしゃる。

「いかがすべし。」とおぼし煩ふに…。〈竹取・燕の子安貝〉訳 (中納言は)「どうしたらよいか。」と頭を悩ましていらっしゃると…。


おぼし-わ・ぶ【思し侘ぶ】 動詞 自 〔バ上二段〕〈び・び・ぶ・ぶる・ぶれ・びよ〉(「思ひ侘ぶ」の尊敬語で)つらくお思いになる。切なくお悩みになる。

御心にかかりて、苦しくおぼしわびて、紀伊守を召したり。〈源氏・帚木〉訳 (源氏は空蝉のことが)お心にかかって、苦しくつらくお思いになって、紀伊の国司をお呼びになった。

基本敬語25

おぼ・す【思す】

〔尊敬語〕
❶ お思いになる。〔通常語〕思ふ
❷「おぼし＋動詞」の形で、「思ひ＋動詞」型の複合動詞の尊敬表現として用いられる。

動詞 他 〔サ四段〕

未然形	連用形	終止形	連体形	已然形	命令形
おぼ・さ	おぼ・し	おぼ・す	おぼ・す	おぼ・せ	おぼ・せ

❶(「思ふ」の尊敬語で)お思いになる。お考えになる。
これを聞きて、かぐや姫、少しあはれとおぼしけり。〈竹取・燕の子安貝〉訳 これ(=石上の中納言の死)を聞いて、かぐや姫は、少し気の毒だとお思いになった。
○作者が、「思う」動作をするかぐや姫への敬意を表している。

❷「おぼし＋動詞」の形で、「思ひ＋動詞」型の複合動詞の尊敬表現として用いられる。
「いみじくおぼし嘆くことあるべし。」〈竹取・かぐや姫の昇天〉訳「(かぐや姫は)ひどくお思い嘆きになることがあるに違いない。」
○話し手(=姫に仕える人々)が、「思い嘆く」動作をするかぐや姫への敬意を表している。かぐや姫が物思いにふけるようすを見て、姫に仕える人々が翁に告げる場面。「おぼし嘆く」は複合動詞「思ひ嘆く」の尊敬語。
昔をおぼし出でて、をかしとおぼしける。〈大和・161〉訳 (春宮の女御は)昔(のこと)をお思い出しになって、趣があるとお思いになったことだった。
○作者が、「思い出す」動作をする春宮の女御への敬意を表している。「おぼし出づ」は複合動詞「思ひ出づ」の尊敬語。後の「おぼし」は❶の用法で、文末の「ける」は連体形止めで余情を表す用法。

発展 **語の歴史**
四段動詞「おもふ」の未然形に、上代の尊敬の助動詞「す」が付いた「おもはす」が、「おもはす→おもほす→おぼほす→おぼす」と変化してできたことば。中古から用いられたが、中世末には衰えていく。

敬語のしくみ **使用頻度の高い「おぼす」**

動詞の尊敬語は数が多いが、ことばによって使用頻度が異なる。「おぼす」が特に使用される回数が多いのは、その通常語である「思ふ」が、ごく基本的な動詞で特に使用頻度が高いことからも当然といえる。

「おぼし～」という型の複合動詞も数多くある。この型の尊敬表現は、もとの複合動詞(動詞A＋動詞B)のうち動詞Aの部分のみ尊敬語に置き換えた形になっている。このような敬語複合動詞は、動詞Bの部分は通常語のままでも、意味のうえでは全体が尊敬語となるので、現代語に訳すときには注意が必要である。次のような型がある。

「思ひ～→おぼし～・おぼしめし～」「見～→御覧じ～」「言ひ～→のたまひ～」

関連語 思し召す・思ほす
↓基本敬語動詞一覧表(26ページ)

おほ・す【生ほす】 動詞 他 〔サ四段〕〈さ・し・す・す・せ・せ〉
❶生やす。伸ばす。
筏の上に土を伏せて、植木をおほし、四方山の田を作り…。〈大鏡・道隆〉訳 いかだの上に土を盛って、樹木を生やし、多くの田を作り…。
❷育てる。養育する。
「あやしの衣の中よりおほしまゐらせて…。」〈讃岐典侍日記〉訳「(堀河天皇を)粗末な着物(=産着)の中からお育て申し上げて…。」

おほ・す【仰す】

ことばを「負ほす(=負わせる)」という意味から、命じる。また、「言ふ」の尊敬語

❶ 命じる。言い付ける。
❷(「おほせらる」「おほせたまふ」の形で)おっしゃる。〔通常語〕言ふ
❸(「おほす」だけで)おっしゃる。〔通常語〕言ふ
◉中世以降の用法。

未然形	連用形	終止形	連体形	已然形	命令形
おほ・せ	おほ・せ	おほ・す	おほ・する	おほ・すれ	おほ・せよ

動詞 他 〔サ下二段〕❶命じる。言い付ける。
『急ぎ参るべきよし言へ。』と仰せよ。」〈源氏・夕顔〉訳「『(こちらに)急いで参上するように』ということを(惟光に)伝言せよ。』と(使いの者に)言い付けよ。」
❷(「言ふ」「言ひつく」の尊敬語。「おほせらる」「おほせたまふ」の形で)おっしゃる。お言い付けになる。
殿、これを聞かせたまひて、「あさましきことかな。」など仰せたまふほどに…。〈今昔〉訳 殿(=藤原道長)は、これをお聞きになって、「あきれたことだな。」などとおっしゃるうちに…。○尊敬の助動詞「らる」や尊敬の補助動詞「たまふ」を伴う用法。全体で「言ふ」「言ひつく」の尊敬表現となる。
❸《中世以降》(「言ふ」「言ひつく」の尊敬語。「おほす」だけで)おっしゃる。お言い付けになる。
瓶子を狩衣の袖にかけて、引き倒されたりけるを、法皇、「あれはいかに。」と仰せければ…。〈平家・1・鹿谷〉訳 (藤原成親が)瓶子(=酒を入れる器)を★狩

衣の袖に引っ掛けて、引き倒しなさったのを、法皇が(見て)「あれはどういうことなのか。」とおっしゃったところ…。

亀山殿の御池に、大井川の水をまかせられんとて、大井の土民におほせて、水車を造らせられけり。〈徒然草・51・亀山殿の御池に〉訳 亀山殿のお池に、(後嵯峨上皇が)大井川の水を引き入れなさろうとして、大井の地元の人々にお言い付けになって、水車をお造らせになったのだった。

発展 ①「命じる」意から「言う」意へ　命じる行為は上位の者から下位の者へと行われ、口で言い付けることが多いところから、❷の形「おほせらる」「おほせたまふ」が定着したものと思われる。
②「らる」「たまふ」が消えて単独で尊敬語化　❸の語義は❷の用法から「らる」や「たまふ」が消えた結果として生まれたものである。

関連語 仰せらる

おほ・す【負ほす・課す】 動詞 他〔サ下二段〕〈せ・せ・す・する・すれ・せよ〉❶背に負わせる。
片思ひを馬にふつまに負ほせ持て越辺にやらば人かたはむかも 歌〈万葉集・18・4081〉訳 (あなたに対する私の)片思いをウマにすっかり背に負わせて越の国(=今の福井県、富山県、新潟県一帯)の辺りに届けたら、あなたも心を寄せるだろうかなあ。
❷責務や罪科などを課する。(罪名を)負わせる。
人知れず我恋ひ死なばあぢきなくいづれの神になき名負ほせむ 歌〈伊勢・89〉訳 人に知られないで私が恋い焦がれて死んだならば、不都合にも、(世間の人は)どの神に(そのたたりだと)身に覚えのない罪名を負わせるのだろう。
❸名付ける。
酒の名を聖と負ほせし古の大き聖の言のよろしさ 歌〈万葉集・3・339〉訳 酒の名を聖と名付けた昔の(中国の)偉大な聖人のことばの何とすばらしいことよ。
❹被害などを与える。負わせる。
あまたして手負ほせ、打ち伏せて縛りけり。〈徒然草・87・下部に酒飲まするこことは〉訳 大勢で手傷を負わせ、押さえつけて縛りあげた。
発展「負ふ」の使役動詞として、使役の助動詞「す」が現れる以前からあった。

おほ・す【果す】 補助動詞〔サ下二段〕〈せ・せ・す・する・すれ・せよ〉…し果たす。…し遂げる。…し終える。
「射おほせさうらはんこと、不定にさうらふ。」〈平家・11・那須与一〉訳「(うまく)射遂げますかどうかは、分かりません。」

おぼ・す【思す】 ↓基本敬語25(282ページ)

おほすみ【大隅】 旧国名 ↓大隅(おおすみ)

おほせ【仰せ】 名詞 お言い付け。ご命令。
各々、仰せうけたまはりてまかりぬ。〈竹取・竜の頸の玉〉訳 各自、ご命令をお受けしておいとました。

おほせ-いだ・す【仰せ出だす】 動詞 他〔サ四段〕〈さ・し・す・す・せ・せ〉(「言ひ出だす」の尊敬語で)命令をお出しになる。ことばにお出しになる。

おほせ-がき【仰せ書き】 名詞 貴人の仰せを文にすること。また、その文書。(貴人の)手紙の代筆。
心憎き所へ遣はす仰せ書きなどを…。〈枕草子・158・うらやましげなるもの〉訳 奥ゆかしい(人の)所へおやりになる(貴人の)手紙の代筆などを…。

おほせ-か・く【仰せ掛く】 動詞 他〔カ下二段〕〈け・け・く・くる・くれ・けよ〉(「言ひ掛く」の尊敬語で)ことばをお掛けになる。ご命令になる。

おほせ-きか・す【仰せ聞かす】 動詞 他〔サ四段〕〈さ・し・す・す・せ・せ〉(「言ひ聞かす」の尊敬語で)言ってお聞かせになる。
乳呑みみ子に物をくくむるやうに仰せ聞かされし御恩は…。〈戴恩記〉訳 乳呑み子(の口)に物を含ませるように言ってお聞かせになってくださったご恩は…。

おほせ-くだ・す【仰せ下す】 動詞 他〔サ四段〕〈さ・し・す・す・せ・せ〉(上の者が下の者に)ことばをお述べになる。命令を下される。
後にもことさらに感じ、仰せ下されけるよし、家長が日記には書けり。〈徒然草・14・和歌こそ〉訳 後にも格別に感心し、(天皇がお褒めの)ことばをお述べになったということが、家長の日記には書いてある。

おほせ-ごと【仰せ言】 名詞 仰せられたことば。ご命令。お言い付け。

おほせ-つ・く【仰せ付く】 動詞 他〔カ下二段〕〈け・け・く・くる・くれ・けよ〉(「言ひ付く」の尊敬語で)お言い付けになる。お命じになる。
これ、不思議の者とて、官人に仰せ付けて遠島に捨てけり。〈曾我物語〉訳 これ(=火を吐く子)は、不思議な者だといって、役人にお命じになって遠島に捨てた(=流した)のだった。

おほせ-らる【仰せらる】 ↓基本敬語25(284ページ)

おほ-ぞう・なり 形容動詞〔ナリ〕〈なら・なり(に)・なり・なる・なれ・なれ〉いい加減だ。普通だ。ありふれている。
心憎からむと思ひたる人は、おほぞうにては文や散らすらむなど、疑はるべかめれば…。〈紫式部日記〉訳 (自分のことを)奥ゆかしいだろうと(周囲が思ってくれることを)思っている(=期待している)人は、ありふれた(書き方である)場合には手紙も取り散らすであろうなどと、つい疑われるに違いないようなので…。
発展「おほざうなり」とも。

おほ-そで【大袖】 名詞 ❶即位・大嘗祭などの朝廷の重要な儀式のとき、小袖の上に着る礼服(=正装)の上着。袖口が広く、袂が長い。対 小袖 ↓礼服(図) ❷大鎧に付けた袖。鎧の肩から垂らして二の腕を守る。室町末期から用いられた。↓鎧(図)

おほ-ぞら・なり【大空なり】 形容動詞〔ナリ〕〈なら・なり(に)・なり・なる・なれ・なれ〉❶ぼんやりとしている。とらえどころがない。頼りない。うわの空である。
秋の夜に夢みる心地して、大空なる気色にておはしける。〈御伽草子・ものくさ太郎〉訳 秋の夜に夢を見るような気がして、ぼんやりとしたようすでいらっしゃった。
❷とおり一遍だ。いい加減だ。
徒なる心を恨みかこてども、大空にのみ聞きなして…。〈雨月・吉備津の釜〉訳 (夫の)軽薄な浮気心を恨み嘆くけれども、(夫は)いい加減に聞き流すばかりで…。
発展「空」が何もない空間を表すことから、人の頼りない不安定な精神状態をさすようになった。

おほぞらに… 歌
大空におほふばかりの袖もがな春咲く花を風にまかせじ〈後撰集・64〉訳 大空にサクラの樹々を覆うほどの袖があったらいいなあ。そうすれば、春咲くサクラの花を風に任せることはないだろうのに。

おほぞらは… 歌
大空は梅のにほひにかすみつつ曇りも果てぬ春の夜の月〈新古今集・春上・40・藤原定家〉訳 大空はウメ(の花)の香りにかすんでいて(照りもしないが、すっかり)曇り切ってもしまわない春の夜の（おぼろにかすむ）月であるよ。発展「照りもせず曇りも果てぬ春の夜の朧月夜（おぼろづきよ）にしくものぞなき（＝照りもしないし、曇り切ってもしまわない、春の夜のおぼろにかすむ月の美しさに及ぶものはない。）」〈新古今集・春上・55〉が本歌。嗅覚（きゅうかく）と視覚の両方を詠みこんでいる。

おほ-ち【大路】（おお）—名詞 大通り。対 小路（こうぢ）。発展 中世ころまでは「おほち」と清音であったが、近世以降は「おほぢ」とも。

おほ-ぢ【祖父】（おおじ）—名詞 ❶父母の父。祖父。対 祖母（おほば）。❷老人。老翁。発展「大父（おほちち）」が変化したことば。

おほつ【大津】地名 ↓大津（おおつ）

おぼつかな-が・る【覚束ながる】動詞 他〔ラ四段〕〈ら・り・る・る・れ・れ〉不安がる。

昨日、**え尋ね出（い）でたてまつらざりしより、おぼつかながらせたまふ**。〈源氏・夕顔〉訳 昨日、（源氏を）お探し出し申し上げることができなかったので、（帝（みかど）は）**不安がっていらっしゃる**。

おぼつか-な・し【覚束なし】形容詞 ↓最重要語（285ページ）

おほ-つごもり【大晦日】（おお）—名詞 おおみそか。十二月の末日。季語 冬。類 大年（おほどし）

おほ-つづみ【大鼓】（おお）—名詞 雅楽や能などに用いる鼓の大形のもの。対 小鼓（こつづみ）。発展「おほかは」「兄鼓（えつづみ）」とも。

[おほつづみ]
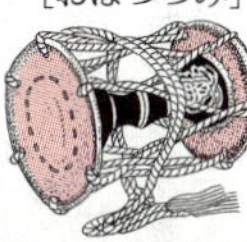

おほつ-の-みや【大津の宮】（おおつ）—名詞 六六七（天智六）年から五年間、近江国（おうみのくに）（＝今の滋賀県）大津に置かれた天智天皇（てんじてんのう）の皇居。近江大津宮。

おほ-て【大手】（おお）—名詞 ❶敵の正面。また、それを攻撃する軍勢。対 搦（から）め手（て） ❷城の正面。城の表門。対 搦（から）め手（て）↓古語チャート㉕（861ページ）

発展 ❶は「追ふ手」とも。

おほ-と【大門】（おお）—名詞 大きな海峡。

おほ-どか・なり（おお）—形容動詞〔ナリ〕〈なら・なり（に）・なり・なる・なれ・なれ〉おおらかだ。おっとりしている。類 おほのかなり

ただうち泣きたまへるさま、**おほどかにらうたげなり**。〈源氏・夕霧〉訳（落葉の宮の）ただお泣きになっていらっしゃる

基本敬語25

おほせ-ら・る

【仰せらる】（おおせ）—【尊敬語】—おっしゃる。〔通常語〕言ふ

動詞 他〔ラ下二段〕

未然形	連用形	終止形	連体形	已然形	命令形
おほせら・れ	おほせら・れ	おほせら・る	おほせら・るる	おほせら・るれ	おほせら・れよ

（「言ふ」の尊敬語で）**おっしゃる**。**仰せになる**。

「**少納言よ、香炉峰（かうろほう）の雪いかならむ**。」と**仰せらるれば**…。〈枕草子・299・雪のいと高う降りたるを〉訳「（清）少納言よ、★香炉峰（こうろほう）の雪はどんなであろう。」と（中宮が）**おっしゃるので**…。

○作者（＝清少納言）が、「言う」動作をする中宮への敬意を表している。

発展 ①**語の成り立ち**　下二段動詞「おほす」の未然形に、助動詞「らる」が付いて一語になったもの。「言ふ」の尊敬語として「のたまはす」とともに最も敬意が高い。中古から用いられ、中世以降は「おほす」単独でも「言ふ」の尊敬語として用いられるようになる。

②**一語の動詞か？連語か？**　「おほせらる」は、一語の動詞の場合と二語が連結している場合とがある。

a「おほせらる」↓尊敬語の動詞（一語）

b「おほせらる」↓動詞「おほす」＋尊敬の助動詞「らる」（連語）

「おほす」は「命じる・言い付ける」の意味で、もともとは敬語ではないため、bは「お命じになる（「命ず」の尊敬表現）」の意味となる。このbの用法からaが生じたといわれるが、両方の用法が同時期に見られるので注意したい。

また、「おほす」の命じるという行為は上位の者から下位の者へと行われ、その上下関係の意識が「おほす」には強くある。aの一語になった動詞「おほせらる」にも、その上下関係の意識が残り、その点が、同じく「言ふ」の尊敬語である「のたまふ」「のたまはす」との語感の違いとなっている。

関連語 仰（おほ）す・宣（のたま）はす・宣（のたま）ふ

↓基本敬語動詞一覧表（26ページ）

ようすは、**おっとりしていて**いかにもかわいい。

おほ-ど・く（おお）—■動詞 自〔カ四段〕〈か・き・く・く・け・け〉おっとりしている。のんびりくつろぐ。

うち臥（ふ）したまへる御さま、おほどきうつくしげなれば…。〈源氏・柏木（かしわぎ）〉訳（女三の宮の）横になっていらっしゃるお姿は、**おっとりしていて**かわいらしく見えるので…。

■動詞 自〔カ下二段〕〈け・け・く・くる・くれ・けよ〉のんびりする。間延びする。

おほどけたる声に言ひなして、よりゐたまへり。〈源氏・花宴（はなのえん）〉訳（源氏は朧月夜（おぼろづきよ）の君に）**のんびりした**声で言いかけて、（長押（なげし）に）身を寄せて座っていらっしゃる。

発展 形容動詞「おほどかなり」の動詞化。「おどく」とも。

おほ-どし【大年・大歳】（おお）—名詞 ↓おほつごもり

おほとなぶら【大殿油】（おおとなぶら）名詞 宮中や貴族の家でともす灯火。油の灯火。

「**大殿油まゐりて、夜更くるまで読ませたまひける**。」〈枕草子・23・清涼殿（せいりょうでん）の丑寅（うしとら）の〉訳「（村上天皇が）**灯火をお使いになって、夜が更けるまでお読みになった**。」○この「まゐる」は尊敬語に転用されたもの。（↓参（まゐ）る 発展 ③）「（灯火を）おつけになる」の意味でも解される。

おほ-との【大殿】（おお）—名詞 ❶宮殿・邸宅を敬った言い方。類 大殿（おとど）・（おほい）・❷大臣を敬った言い方。類 大殿（おとど）・（おほい）・大臣（まうちぎみ）・（だい）（じん）❸貴人である当主、またはその父を敬った言い方。

発展「おほとのあぶら」が変化したことば。

おほとの-あぶら【大殿油】（おおとの）—名詞 ↓おほとなぶら

おほとの-ごも・る

【大殿籠る】（おおとの）—【「寝（ぬ）」の尊敬語】—お休みになる。〔通常語〕寝

未然形	連用形	終止形	連体形	已然形	命令形
おほとのごもら	おほとのごもり	おほとのごもる	おほとのごもる	おほとのごもれ	おほとのごもれ

動詞 自 ラ四段 （「寝ぬ」の尊敬語で）**お休みになる。**

命婦は、「まだ大殿ごもらせたまはざりける。」と、あはれに見たてまつる。〈源氏・桐壺〉訳 （靫負の）命婦は、「（帝は）まだ**お休みにならなかったのだなあ。**」と、気の毒に見申し上げる。○下に「せたまふ」（尊敬の助動詞「す」の連用形＋尊敬の補助動詞「たまふ」）という尊敬表現（＝最高敬語）を伴っている例。このような場合は、訳語に配慮して「お休みあそばす」を用いたりもする。

発展 **もとの意味**　「大殿（＝寝殿）」に「こもる」というのがもともとの意味であり、眠ることにこだわらないで、単に体を休める意味で用いられる場合もある。

おほとも-の【大伴の】 枕詞 （大伴氏の本拠地が大阪湾に面した御津・高師であったことから）地名「御津」「高師」および「御津」と同音の「見つ」に係る。

おほと・る 一 動詞 自 ラ四段 〈ら・り・る・る・れ・れ〉《上代語》乱れ広がる。

皂莢に延ひおほとれる屎葛絶ゆることなく宮仕へせむ 歌〈万葉集・16・3855〉訳 サイカチ（＝植物名）に張り渡し**乱れ広がって**いるクソカズラのように、絶えることなく宮仕えをしよう。○「皂莢に延ひおほとれる屎葛」は「絶ゆることなく」を導く序詞。

二 動詞 自 ラ下二段 〈れ・れ・る・るる・るれ・れよ〉 ❶→一

頭のいと白くおほとれたるも知らず…。〈枕草子・67・草の花は〉訳 頭がたいへん白く**乱れ広がって**いるのも知らず…。

❷しまりがない。だらける。

大路近き所に、おほとれたる声して…。〈源氏・東屋〉訳 大通りに近い所で、**だらけて**いる声で…。

発展 「おぼとる」「おほどる」とも。

おほな-おほな 副詞 精いっぱい。ひたすら。

御心に付くべき御遊びをし、おほなおほなおぼしいたつく。〈源氏・桐壺〉訳 （左大臣は源氏の）お気に召しそうな音楽の催しなどをして、**精いっぱい**気を配りいたわっていらっしゃる。

発展 このほかに、軽々しいようすを表すとする説、おっかな

おぼつか-な・し【覚束なし】

対象がぼんやりしていてとらえどころがないようす

- ❶はっきりしない。ぼんやりしている。
- ❷不審だ。疑わしい。
- ❸心配だ。不安だ。気にかかる。
- ❹心細い。頼りない。
- ❺待ち遠しい。会いたい。
- ❻疎遠だ。ごぶさたしている。

形容詞〔ク〕

未然形	連用形	終止形	連体形	已然形	命令形
おぼつかな・く	おぼつかな・く	おぼつかな・し	おぼつかな・き	おぼつかな・けれ	○
おぼつかな・から	おぼつかな・かり	○	おぼつかな・かる	○	おぼつかな・かれ

❶**はっきりしない。ぼんやりしている。よく分からない。**

夕月夜のおぼつかなきほどに、忍びて訪ねおはしたるに…。〈徒然草・104・荒れたる宿の〉訳 （ある男が）夕方の月が**ぼんやりしている**（＝かすんで見える）時分に、ひそかに（女を）訪ねておいでになったところ…。

❷**不審だ。疑わしい。**

「**四条大納言選ばれたる物を、道風書かんこと、時代や違ひはべらん。おぼつかなくこそ。**」〈徒然草・88・ある者、小野道風の〉訳 「四条大納言が編集なさったものを、小野道風が書くというようなことは、時代が違うのではないでしょうか。**疑わしく**（思われます）。」

❸**心配だ。不安だ。気にかかる。**

旗をば巻かせて、主のおぼつかなきに、都へ取って返すほどに…。〈平家・9・木曾最期〉訳 （今井兼平は）旗を巻かせて、主人（＝木曾義仲）が**気にかかる**ので、都に（急いで）引き返すときに…。

❹**心細い。頼りない。**

「**若宮の、いとおぼつかなく、露けき中に過ぐしたまふも、心苦しう思さるるを**…。」〈源氏・桐壺〉訳 「若宮（＝幼い源氏）が、たいへん**心細い**ようすで、（悲しみの）涙に沈みがちの所でお暮らしになるのも、（帝は）いたわしいとお思いにならないではいられないので…。」○「おぼつかなく」思う人を帝と見れば、幼い源氏のことが気がかりだということになるので、❸の意味でも解釈できる。

❺**待ち遠しい。会いたい。**

一夜のほど、朝の間も恋しくおぼつかなく、いとどしき御志の増さるを…。〈源氏・若菜上〉訳 （源氏は、わずか）一夜の間、（あるいは）朝の間も（紫の上がいないと）恋しく**会いたくて**、いよいよ激しいお気持ちが募るので…。

❻**疎遠だ。ごぶさたしている。**

「**あさましく心よりほかにおぼつかなくなりぬるを、おろかにな思ほしそ。**」〈和泉式部日記〉訳 「（自分でも）あきれるほど不本意に**ごぶさたして**しまったことを、いい加減だとお思いくださるな。」

発展 ①**語の成り立ち**　「おぼろなり」「おぼめかし」「おぼおぼし」などの、対象がぼんやりしていて、とらえどころのないようすを表す「おぼ」に、状態を表す「つか」と、形容詞を作る接尾語「なし」が付いてできたことば。

②**❶～❻の意味の展開**　❶がもともとの意味である。❷❸❹は、ぼんやりしたものに対する、不審な気持ちや、もどかしさ、心細さを表すようになったもの。さらに、はっきりせず気がかりな相手に、会いたいという気持ちを表す❺の意味を生じ、人と人との間に隔たりがあるためはっきりしないということから❻の疎遠の意味も表すようになった。

類語比較 「おぼつかなし」「うしろめたし」「こころもとなし」

共通点＝気がかりで不安な気持ちを表す。

おぼつかなし＝対象がぼんやりして、ようすがはっきり分からないことから来る不安感を表す。

うしろめたし＝はっきりした対象が原因となって不安になる気持ちを表す。

こころもとなし＝ようすは分かっているのだが、自分の期待どおりに物事がなかなか実現しないときの落ち着かない気持ち、焦りからくる不安感を表すといわれる。

びっくりの意味にとる説などもある。「あふなあふな」は別のことば。

おほ-なかぐろ【大中黒】｜名詞 ワシの尾羽で作った矢羽のひとつ。上下が白く、中黒で、中央の黒い斑の大きいものをいう。黒い部分の大小によって、大中黒・小中黒などがある。対 小中黒

おほなめ-まつり【大嘗祭】｜名詞 ↓だいじゃうさい

おほ・なり【凡なり】｜形容動詞〔ナリ〕〈なら・なり(に)・なり・なる・なれ・なれ〉《上代語》❶いい加減だ。おろそかだ。

佐保山をおほに見しかど今見れば山懐かしも風吹くなゆめ 歌〈万葉集・7・1333〉訳 佐保山(＝今の奈良市北部にある丘陵)を(以前は)いい加減に見ていたが、今よく見てみるとこの山に心が引かれることだ。決して風は吹くな。

❷ぼんやりしている。ほのかだ。はっきりしない。

朝霧のおほに相見し人ゆゑに命死ぬべく恋ひわたるかも 歌〈万葉集・4・599〉訳 ほのかに見た(だけの)人なのに、死ぬほど激しく恋しく思い続けていることだよ。〇「朝霧の」は「おほ」に係る枕詞。

❸平凡だ。普通だ。

おほ-ぬさ【大幣】｜名詞 大きな串に付けた幣帛。★祓へのとき用い、その終了後、人々がそれを引き寄せて体をなで、けがれを移し、川に流した。

大幣の引く手あまたになりぬれば思へどえこそ頼まざりけれ 歌〈古今集・恋4・706〉訳（★大祓への後の）**大幣**のように(あなたは)引く手あまたの(大勢の女性から誘われる)身になってしまったので、(私は)恋しく思うけれども、とうてい頼みに思うことはできないね。

発展 右の『古今集』の歌から「引く手あまた」の意味でも用いられるようになった。

おほ-ね【大根】｜名詞 ❶《植物》ダイコンの古い呼び名。土大根。季語 冬。❷太い矢じり。❸物事の根本。本質。

発展 ダイコンは❶を音読したもの。

おほ-のか・なり｜形容動詞〔ナリ〕〈なら・なり(に)・なり・なる・なれ・なれ〉❶(規模が)大きい。どっしりとしている。

車の打ち返りたる。さるおほのかなるものは所せくやあらむと思ひしに…。〈枕草子・97・あさましきもの〉訳 牛車が横転したことは(あきれたものだ)。そうした**大きな**ものは堂々としているだろうと思っていたのに…。

❷おうようだ。のんびりしている。ゆったりしている。のびのびしている。類 おほどかなり

「**おほのかにも、かかる方を安らかに憂へ思ひ、操つくりあへぬ、世の常のことなり**。」〈夜の寝覚〉訳「**のんびりとして**、こんな事態(＝夫の浮気)を穏やかなようで心配したり、平静を装ったりできないのは、当たり前のことだ。」

❸おおげさだ。度が過ぎている。

あさましう、**おほのかにも言ふものかなと聞きて**…。〈宇治拾遺〉訳 あきれたことに、**おおげさに言う**ものだなど(思いながら)聞いて…。

おほ-ば【祖母】｜名詞 父母の母。祖母。また、老いた女性。対 祖父

発展「大母」が変化したことば。

おほはら【大原】 歌枕 ↓大原(おはら)

おほはらの【大原野】 歌枕 ↓大原野(おおはらの)

おほ-はらへ【大祓へ】｜名詞 陰暦六月と十二月の最後の日に行われた宮中の神事。罪やけがれを清め、災いを除くもので、親王をはじめ多くの役人が★朱雀門の前に集まり、中臣氏が★祝詞を奏したので、「中臣の祓へ」ともいう。

発展「おほはらひ」とも。

おほ-ばん【大判】｜名詞 室町時代から江戸時代にかけて通用した大型長円形の金貨・銀貨。贈答など儀礼用に用いられることが多く、価値は時代により変動した。対 小判

［おほばん］

おほひ-どの【大炊殿】｜名詞 貴族などの邸宅で、食物を調理する建物。

おほひめ-ぎみ【大姫君】｜名詞 貴人の長女を敬った言い方。類 大君

おほひ-れう【大炊寮】｜名詞 律令制で、★宮内省に属し、諸国から運ばれる米や雑穀の収納・分配をつかさどった役所。↓ビジュアルチェック⓯(757ページ) 発展「おほひづかさ」「おほひのつかさ」「おほひ」とも。

おほ・ふ【被ふ・覆ふ】｜動詞 他〔ハ四段〕〈は・ひ・ふ・ふ・へ・へ〉❶上から全体にかぶせる。

玉の枝をば長櫃に入れて、物覆ひて持ちて参る。〈竹取・蓬萊の玉の枝〉訳 玉の枝を★長櫃に入れて、物を**上から全体にかぶせて**持って参上する。

❷包み隠して見えなくする。

小瑕をもってその功を覆ふことなかれ。〈平家・10・請文〉訳 わずかの過失をもってその功績を**包み隠して見えなくする**ことがあってはならない。

❸広く行き渡らせる。

威をあまねく海内に覆ひしかども…。〈太平記〉訳 権勢を残すところなく国内に**広く行き渡らせ**たが…。

おほぶねに… 歌

大舟に妹乗るものにあらませば羽ぐくみ持ちて行かましものを〈万葉集・15・3579〉訳 大船にあなた(＝妻)も乗っていけるものであるならば、羽で包むように(あなたを)抱いて行きもしように。

〇「ませば…まし」で反実仮想の表現を構成する。「ませ」は、反実仮想の助動詞「まし」の未然形で、この形は上代に限られた。「ものを」はここでは終助詞として用いられている。

発展 新羅へ船出する夫が、残してゆく妻に贈った。作者未詳の歌。妻からの歌(↓むこのうらの…)を受けて詠んだ。

おほぶね-の【大船の】｜枕詞（大船のようすから「(思ひ)頼む」「たゆたふ」「ゆくらゆくら」「ゆた」に、(大船に関係のある「津」「渡り」「楫取」と同音で)「津守」地名「渡り」「香取」に係る。

おほへず【覚へず】(誤) ↓(正) **おぼえず【覚えず】** 発展 ヤ行下二段動詞「おぼゆ」の未然形＋打消の助動詞「ず」。

おほほ・し｜形容詞〔シク〕〈しく・しく・し・しき・しけれ・〇／しから・しかり・〇・しかる・〇・しかれ〉《上代語》❶ぼんやりしている。はっきりしない。

ぬばたまの夜霧の立ちておほほしく照れる月夜の見れば悲しさ 歌〈万葉集・6・982〉訳 夜霧が立ち込めて**ぼんやりと**照っている月を見ると、切なく悲しい。〇「ぬばたまの」は「夜」に係る枕詞。

❷心が晴れない。

己妻を人の里に置きおほほしく見つつそ来ぬるこの

道の間(あひだ)〈歌〉〈万葉集・14・3571〉訳 自分の妻をよその村里に置き去りにしたまま**心が晴れなくて**何度も振り返り見ながら来たことだ、この道を。
発展「凡々(おぼおぼ)し」の変化したものといわれる。「おぼぼし」「おぼほし」とも。

おぼほ・す【思ほす】 動詞 ↓おもほす

おぼほ・る【溺ほる】(おぼおる)

体や心の動きを奪われ、ぼんやりする
- ❶(水に)**おぼれる**。(水中に)**沈む**。
- ❷(涙に)**おぼれる**。(涙に)**むせぶ**。
- ❸**ぼんやりする**。**正気を失う**。

未然形	連用形	終止形	連体形	已然形	命令形
おぼほ・れ	おぼほ・れ	おぼほ・る	おぼほ・るる	おぼほ・るれ	おぼほ・れよ

動詞 自 ラ下二段 ❶(水に)**おぼれる**。(水中に)**沈む**。「**俊蔭(としかげ)は、激しき波風におぼほれ、知らぬ国に放たれしかど**…。」〈源氏・絵合(えあはせ)〉訳「(『宇津保物語(うつほものがたり)』の)俊蔭は、激しい波風に**おぼれ**、見聞きしたことのない国に遠ざけられ(漂着し)たけれど…。」
❷(涙に)**おぼれる**。(涙に)**むせぶ**。**ただ涙におぼほれたるばかりを託言(かごと)にて、はかばかしうも答(いら)へやらずなりぬ**。〈源氏・蜻蛉(かげろう)〉訳(薫からの使者に、宇治では)ただ涙に**むせん**でいることだけを言い訳にして、はっきりとは返事をしないままになってしまった。
❸**ぼんやりする**。**正気を失う**。御魂(みたま)など見るにも、例の尽きせぬことに**おぼほれてぞ**果てにける。〈蜻蛉日記(かげろうにっき)〉訳(おおみそかの)御魂祭りなどを見るにつけても、いつものように尽きないこと(=物思い)に**ぼんやりして**(今年も)終わってしまった。
発展 ❸については、「惚ほる」という漢字を当てて同音の別のことばと見る説もある。
関連語 溺(おぼ)る

おほ-まします【大座します】(おお) ー《上代語》■(一) 動詞 自 サ四段(さ・し・す・す・せ・せ)(「あり」の尊敬語で)いらっしゃる。おありである。
「万世(よろづよ)に**おほましまさしめたまへ**。」と…。〈祝詞(のりと)〉訳「(天皇を)永遠に**いらっしゃる**ようにおしむけください。」と…。
■(二) 補助動詞 サ四段 お…になる。…(て)いらっしゃる。
朕(われ)**は御身疲(つか)らしくおほましますによりて**…。〈続日本紀宣命(しょくにほんぎせんみょう)〉訳 私は病気がちで**いらっしゃる**ので…。○天皇が自分に対して尊敬語を用いた*自己敬語。
発展 敬意が高く、神仏や天皇について用いられる。

おほ-まへつぎみ【大臣】(おおまへつぎみ) 名詞 ↓だいじん(大臣)
↓古語チャート❼(273ページ)

おほ-み-【大御】(おおみ) ー 接頭語 (名詞に付き、多く神や天皇に関することばに用いられて)強い敬意を表す。語例 **大御門**(おほみかど)(=皇居の門)・**大御酒**(おほみき)(=神や天皇に献上する酒)・**大御食**(おほみけ)(=天皇の食べ物)

おほみ-あそび【大御遊び】(おおみ) ー 名詞 天皇や貴人などの管絃の遊びや宴会。

おほみ-うた【大御歌】(おおみ) ー 名詞 天皇が詠まれた歌。御製(ぎょせい)。

おほみ-おや【大御祖】(おおみ) ー 名詞 ❶天皇の祖先。皇祖。❷天皇の母である前の天皇の后。

おほみ-かど【大御門】(おおみ) ー 名詞 ❶門を尊んだ言い方。特に皇居や貴族の邸宅のご門。❷皇居。宮殿。

おほみ-き【大御酒】(おおみ) ー 名詞 神や天皇・主君に献上する酒。

おほ-みぎり【大砌】(おお) ー 名詞 雨だれを受けるため寝殿の軒下に置く敷き石。

おほみ-け【大御食】(おおみ) ー 名詞 天皇の召し上がる食べ物。
発展「みけ」とも。

おほみ-こと【大御言】(おおみ) ー 名詞 天皇のおことば。詔(みことのり)。

おほみそか…句
大晦日(おほみそか)定めなき世の定めかな〈三ケ津(さんかのつ)・井原西鶴〉訳 この世の中は何から何まで無常ではかないものであるが、大晦日だけは毎年毎年必ず決まってめぐってくるものだ。○季語 大晦日ー冬

おほみ-たから【大御宝】(おおみ) ー 名詞 天皇が治める国民。

おほ-みみ【大御身】(おおみ) ー 名詞 天皇や皇太子のお体。

おほ-みや【大宮】(おお) ー 名詞 ❶皇居・神宮を敬った言い方。❷(中宮を宮というのに対して)太皇太后・皇太后を敬った言い方。❸母宮を敬った言い方。

おほ-みやすんどころ【大御息所】(おお) ー 名詞 前の天皇の女御(にょうご)や更衣(こうい)を敬った言い方。また、天皇の母。
発展「おほみやすどころ」とも。

おほみや-づかへ【大宮仕へ】(おおみやづかえ) 名詞 宮中に仕えること。
発展「おほみやつかへ」とも。

おほみや-どころ【大宮処・大宮所】(おおみや) ー 名詞 皇居のある所。皇居。
発展「おほみやところ」とも。

おほみや-びと【大宮人】(おおみや) ー 名詞 宮中に仕える人。
ももしきの大宮人は暇(いとま)あれや梅をかざしてここに集へる 歌〈万葉集・10・1883〉訳 **宮中に仕える人は暇がある**からなのか、ウメを髪や冠(かんむり)に挿してここに集まっている。○「ももしきの」は「大宮」に係る枕詞。
発展 上代は「おほみやひと」とも。

おほむ-【大御・御】(おおん) 接頭語 ↓おほん■(一)

おぼ-めか・し

ぼんやりとして、はっきりしないようす
- ❶**はっきりしない**。**ぼんやりしている**。**あやふやだ**。
- ❷**詳しくない**。**不案内だ**。
- ❸**不安だ**。**気がかりだ**。
- ❹**空とぼけている**。(わざと)**はっきりさせない**。

未然形	連用形	終止形	連体形	已然形	命令形
おぼめか・しく	おぼめか・しく	おぼめか・し	おぼめか・しき	おぼめか・しけれ	○
おぼめか・しから	おぼめか・しかり	○	おぼめか・しかる	○	おぼめか・しかれ

形容詞 シク ❶**はっきりしない**。**ぼんやりしている**。**あやふやだ**。**はっきり覚えていない**。
いみじう暑きころ、夕涼みといふ程、もののさまなども**おぼめかしきに**…。〈枕草子・224・いみじう暑きころ〉訳 たいへん暑い季節の、夕涼みという時分、辺りのようすなども**ぼんやりしているころに**…。
❷**詳しくない**。**不案内だ**。(ようすや事情が)**よく分かっていない**。
「その方(かた)に**おぼめかしからぬ人**、二、三人ばかり召し出(い)でて…。」〈枕草子・23・清涼殿(せいりょうでん)の丑寅(うしとら)の〉訳「その(=和歌の)方面に**不案内でない**女房を、(帝(みかど)のもとへ)二、三人ほどお呼び出しになって…。」

❸**不安だ。気がかりだ。** かかる御志のおろかならぬを見知れば、**おぼめかし**ながら、頼みかけきこえたり。〈源氏・夕顔〉訳（夕顔の女房たちは、源氏の）このようなお気持ちのいい加減でないのを見て知っているので、**不安で**はあるものの、ご信頼申し上げている。○接尾語「ながら」を伴った「おぼめかし」は終止形と同形だが、語幹に相当するものと見られる。

❹**空とぼけている。**（わざと）**はっきりさせない。**（わざと）**知らない振りをしている。**

「年月の積もりをも、紛れなく数へらるる心習ひに、かく**おぼめかしき**は、いみじうつらくこそ。」〈源氏・若菜上〉訳「（あなたと会わずにいた）年月の積み重ねをも、間違いなく数えないでいられない習慣（がつくほど慕ってきたこと）であるのに、（あなたが）このように（よそよそしく）**知らない振りをしている**のは、ひどく耐え難く（思われます）。」

おぼ-め・く 動詞 自〔カ四段〕〈か・き・く・く・け・け〉❶（よく分からなくて）まごつく。はっきりしない。

つゆ**おぼめかで**、いらへたまへりしは…。〈枕草子・161・故殿の御服のころ〉訳少しも**まごつか**ないで、対応なさったのは…。

❷不審に思う。

おぼめき、ゆかしがり、申したまふに…。〈枕草子・138・円融院の御果ての年〉訳**不審に思い**、知りたがったりして、申し上げなさるので…。

❸知らない振りをする。そらとぼける。

「一所しも、あまり**おぼめかせ**たまふらむこそ、口惜しかるべけれ。」〈源氏・橋姫〉訳「（あなた）お一方でも、あまりに**そらとぼけ**なさったりするのは、残念であるに違いない。」

発展「めく」は接尾語。

おほ-やう【大様】 副詞 たいてい。ほとんど。だいたい。

「しやせまし、せずやあらまし。」と思ふことは、**おほやう**はせぬはよきなり。〈徒然草・98・尊き聖の〉訳「したものだろうか、しないでいたものだろうか。」と思うことは、**たいて**いはしない方がよいのである。

おほ-やう・なり【大様なり】 形容動詞〔ナリ〕〈なら・なり（に）・なり・なる・なれ・なれ〉❶ゆったりと落ち着いている。堂々としている。

「重盛卿はゆゆしく**大様なる**ものかな。」〈平家・1・清水寺炎上〉訳「重盛卿は（平家討伐のうわさがあるのに）とても**ゆったりと落ち着いている**ものであるなあ。」

❷物惜しみせず気が大きい。大ざっぱだ。

「これまで**大様なる**こと、天下の御城下なればこそ。」〈西鶴・日本永代蔵〉訳「こんな者（＝大工の見習い）まで**物惜しみせず気が大きい**ことは、（さすが）将軍家のお膝下であればこそ（の光景）だ。」

おほ-やけ 【公・朝廷】

「大宅（＝大きな建物）」の意味から、朝廷や天皇

❶朝廷。政府。幕府。
❷天皇。皇后。中宮。
❸公的なこと。国家・社会に関すること。

名詞 ❶**朝廷。政府。幕府。**

公よりも多くの物賜はす。〈源氏・桐壺〉訳**朝廷**からも（渡来人の人相見に）多くの品物をお与えになる。○「公」に対する高い敬意を示すため、ここでは「賜ふ」より敬意が強い「賜はす」が用いられている。

❷**天皇。帝。皇后。中宮。**

かぐや姫、「物知らぬこと、なのたまひそ。」とて、いみじく静かに、**朝廷に御文奉りたまふ。**〈竹取・かぐや姫の昇天〉訳かぐや姫は、（天人たちに向かい）「ものの（道理の）分からないことを、おっしゃるな。」と言って、たいへん落ち着いて、**帝**にお手紙を（書いて）差し上げなさる。

❸**公的なこと。国家・社会に関すること。** 対私

公私おぼつかなからず、聞きよきほどに語りたる、いと心ゆく心地す。〈枕草子・31・心ゆくもの〉訳**公的なこと**と私的なこと（の話の区別）がはっきりしないということがなく、聞きやすいように話しているのは、とても気分が晴れ晴れする感じがする。

おほ-やけ【公・朝廷】 名詞 ↓最重要語（288ページ）

おほやけ-おほやけ・し【公公し】 形容詞〔シク〕〈しく・しく・し・しき・しけれ・○／しから・しかり・○・しかる・○・しかれ〉❶いかにも儀式ばっている。公的である。

才なども、**公々しき方**も、**後れずぞおはすべき。**〈源氏・浮舟〉訳（匂宮には）学問なども、**公的な**（政治の）面においても、人に劣らなくていらっしゃるに違いない。

❷表立っている。公然としている。

「交野の少将の私もの設けむときはしも、**公々しくて取られむ。**」〈落窪〉訳「交野の少将が自分のものとして（あなたを恋人に）据えようとしたとしたら、そのときにはきっと（私も）**公然と**（中納言家の婿に）取られ（＝迎えられ）よう。」

発展「おほやけし」を強めたことば。

おほやけ-ごと【公事】 名詞 ❶朝廷の政務や儀式。対私事

「さても侍ひてしがな。」と思へど、**公事どもありければ**…。〈伊勢・83〉訳「そのまま（出家した惟喬の親王の）お側にお仕えしていたい。」と思うが、（正月で）**政務や儀式**などがあったので…。

❷朝廷から課せられた仕事。租税や夫役など。

「**武蔵の国を預けとらせて、公事もなさせじ。**」〈更級日記・竹芝寺〉訳「（竹芝の男に）武蔵野の国を預け与えて、**租税や夫役なども**（免除して）負担させないようにしよう。」

❸規定どおりのやり方。通り一遍のお役目仕事。

「**ことに調へ行ふこともはべらず。ただ公事に**…。」〈源氏・花宴〉訳「特に（花の宴での舞楽を）そろえて指図することもございません。ほんの**お役目仕事に**…。」

おほやけ-ざま【公様】 名詞 ❶朝廷・天皇に関する方面。対私様 ❷公式的なこと。規定どおり。表向きであること。対私様

おほやけ・し【公し】 形容詞〔シク〕〈しく・しく・し・しき・しけれ・○／しから・しかり・○・しかる・○・しかれ〉儀式ばっている。格式ばっている。公的である。表立っている。公然としている。

下など取り次ぎまゐるほど、これはた公しう唐めきてをかし。〈枕草子・104・淑景舎、東宮に〉訳下仕えの者などが（中宮に）取り次いで差し上げるようすは、これも

また**格式ばっていて**中国風でおもしろい。〇「公しう」は連用形「公しく」のウ音便。

おほやけ-づかひ【公使ひ】おおやけづかい 名詞 朝廷からの使者。勅使。

おほやけ-どころ【公所】おおやけ― 名詞 ❶朝廷。宮中。官庁。❷朝廷の所有地。公有地。

おほやけ-ばら【公腹】おおやけ― 名詞 公の立場から腹を立てること。他人のことながら腹が立つこと。公憤。

おほやけ-ばらだた・し【公腹立たし】おおやけ― 形容詞(シク)〈しく・しく・し・しき・しけれ・〇／しから・しかり・〇・しかる・〇・しかれ〉(自分には無関係でも)公の立場から腹立たしく思う。他人事ながら許せない。義憤を感じる。

おほやけばら-た・つ【公腹立つ】おおやけばら― 他人事ながら腹を立てる。義憤を感じる。「あやなき**公腹立たしく**、心一つに思ひ余ることなど多かるを…。」〈源氏・帚木(ははき)〉訳「(うちとけた妻の前なら、他人の事にも)むやみに**公の立場から腹立たしく思い**、自分の心一つには収めきれないことなどが多いのだが…。」あさましう**おほやけ腹立ちて**…。〈枕草子・268・男こそ〉訳(美人で気立てもよく教養もあるようなすばらしい女性でも、男が見捨ててしまうことがあると)驚きあきれ**他人事ながら腹を立てて**…。

おほやけ-びと【公人・朝廷人】おおやけ― 名詞 朝廷に仕える人。宮廷人。役人。類 大宮人(おおみやびと)

おほやけ-わたくし【公私】おおやけ― 名詞 公的なことと私的なこと。公私。表向きと内輪。「朝夕の出で入りにつけても、**おほやけわたくし**の人のたたずまひ、よき悪(あ)しきことの目にも耳にもとまるありさまを…。」〈源氏・帚木〉訳「朝夕の出仕・退庁につけても、**公私**の動静や、よいことや悪いことの目に付き耳に入る出来事を…。」

おほ-やしま【大八州・大八洲】おお― 名詞 (「大八州国(おおやしまぐに)」の略で)本州・四国・九州・淡路(あわじ)・壱岐(いき)・対馬(つしま)・隠岐(おき)・佐渡の八島の意味。日本国の別の呼び名。

おほ-やしろ【大社】おお― 名詞 (「出雲大社(いずものおおやしろ)」の略で)出雲大社。祭神は大国主神(おおくにぬしのかみ)。

おぼ・ゆ【覚ゆ】動詞 ↓最重要語(289ページ)

おほ-よそ【大凡・凡】おお― 一 名詞 一般。通常。普通。さしもあるまじき**大凡**の人さへ…涙落とさぬはなし。〈源

おぼ・ゆ【覚ゆ】

自然にそう思われる

一 動詞 自
- ❶(自然に)思われる。感じられる。
- ❷思い出される。想像される。
- ❸思い及ぶ。分かる。◉多く、下に打消の語を伴う。
- ❹似る。似通う。◉多く「覚えたり」の形で用いる。
- ❺(他の人から)思われる。

二 動詞 他
- ❶思い出す。
- ❷思い出して語る。
- ❸記憶している。覚える。

	未然形	連用形	終止形	連体形	已然形	命令形
動詞 自(ヤ下二段) 動詞 他(ヤ下二段)	おぼ・え	おぼ・え	おぼ・ゆ	おぼ・ゆる	おぼ・ゆれ	おぼ・えよ

一 動詞 自(ヤ下二段) ❶(自然に)**思われる**。**感じられる**。「されど子安貝をふと握り持たれば、うれしく**覚ゆる**なり。」〈竹取・燕(つばくらめ)の子安貝(こやすがい)〉訳「(腰が動かないが)しかし(かぐや姫の望む)子安貝をさっと握って持っているので、うれしく**思われる**のだ。」紫のゆかりを見て、続きの見まほしく**覚ゆれ**ど、人語らひなどもえせず。〈更級日記・物語〉訳(源氏物語の)若紫の巻を見て、(その)続きが見たいと**思われる**けれども、人と相談することなどもできない。

❷**思い出される**。**想像される**。**思い浮かぶ**。昔**覚ゆる**花橘(はなたちばな)、撫子(なでしこ)…などやうの花種々(くさぐさ)を植ゑて…。〈源氏・少女(おとめ)〉訳昔のことが**思い出される**タチバナの花、ナデシコ…などのようないろいろな花を植えて…。〇「昔覚ゆ」は慣用的な言い方。↓昔覚(むかしおぼ)ゆ

❸(多く、下に打消の語を伴って)**思い及ぶ**。**分かる**。目もくれ、心も消え果てて、いづくに太刀を打ち突くべしとも**覚えず**。〈平家・12・六代〉訳目もくらみ、すっかり意識もなくなって、どこに刀を打ち当てるのがよいかということも**分からない**。

❹(多く「覚えたり」の形で)**似る**。**似通う**。少し**覚えたる**ところあれば、「子なめり。」と見たまふ。〈源氏・若紫〉訳(その女の子は尼君と)少し**似ている**ところがあるので、「(その尼君の)子供であるようだ。」と(源氏は)ご覧になる。思ひなしにや、なほ、いとよう**覚えたり**かし。〈源氏・柏木(かしわぎ)〉訳思い込みではないだろうか、やはり、(若君は柏木に)たいへんよく**似ている**よ。

❺(他の人から)**思われる**。世の中に手書くと**覚えたる**、上中下(かみなかしも)の人々にも…。〈源氏・梅枝(うめがえ)〉訳世間で美しく立派な文字を書くと**思われている**、上中下の(階級の)人々にも…。

二 動詞 他(ヤ下二段) ❶**思い出す**。恥づかしき人の、歌の本末(もとすえ)問ひたるに、ふと**覚えたる**、我ながらうれし。〈枕草子・276・うれしきもの〉訳(こちらが気後れするほど)優れている人が、和歌の上(かみ)の句や下(しも)の句を問いかけたときに、さっと**思い出した**のは、自分でもうれしい。

❷**思い出して語る**。「いと興あることなり。いで、**覚えたまへ**。」〈大鏡・序〉訳「(あなたが昔の世の中の話をするのは)とてもおもしろいことだ。さあ、(昔を)**思い出して語って**ください。」

❸**記憶している**。**記憶する**。**覚える**。母御息所(みやすどころ)も影だに**覚えたまはぬ**を…。〈源氏・桐壺(きりつぼ)〉訳(源氏は)母の御息所(=桐壺の更衣)も面影さえ**記憶して**いらっしゃらないのに…。

発展 **語の成り立ち** 「おもはゆ」(四段動詞「おもふ」の未然形＋上代の自発・受身・可能の助動詞「ゆ」)が、「おもはゆ→おもほゆ→おぼほゆ→おぼゆ」と変化してできたことば。この「ゆ」は、中古には単独で用いられることはなくなり、「おぼゆ」「いはゆる」などの一部として残ることになる。一❶～❹などは自発あるいは可能の意味、❺は受身の意味として生じた用法といえる。↓**古語チャート**❽(291ページ)

氏・御法〉訳（紫の上の死に）それほどの縁があるはずのない一般の人々までもが…涙を流さない者はいない。

二 副詞 ❶総じて。およそ。大体。**おほよそ生きたる間、法華経を読みたてまつれること数万部なり。**〈今昔〉訳**総じて**生きている間に、法華経をお読み申し上げたことは数万部である。

❷（下に打消の語を伴い、強調表現として）まったく。ほとんど。そもそも。

おほよそ骸散りたることなくして、ただ足手のみ残りたり。〈今昔〉訳**まったく**死骸らしいものは散らばっておらず、ただ足と手だけが残っていた。

おほよそ-びと【大凡人】― 名詞 世間一般の人。また、特定の関係のない人。

おほ-よろひ【大鎧】 名詞 ❶大柄な人が着用する普通よりも大形の鎧。❷武将が着る騎馬戦用の重装備の鎧。南北朝ごろから徒歩戦が主流になり、しだいに廃れた。式正の鎧。

おほ-らか・なり【多らかなり】― 形容動詞〔ナリ〕〈なら・なり（に）・なり・なる・なれ・なれ〉分量が多い。たくさんある。**我も子どもにももろともに食はせんとて、多らかにて食ふに、苦きことものにも似ず。**〈宇治拾遺〉訳（老婆は）自分も（食べ、また）子供にも共に（ヒサゴの実を）食べさせようとして、**たくさん**食べると、苦いことはたとえようもない。

おぼ・る【溺る】 動詞 自〔ラ下二段〕〈れ・れ・る・るる・るれ・れよ〉❶水中に沈む。おぼれる。

「いかばかり、物を思ひたちて、さる水に**おぼれけむ**。」〈源氏・蜻蛉〉訳「どれほど、決心をして、そのような（宇治川の急流の）水に**おぼれた**のであろう。」

❷心を奪われる。夢中になる。**名利におぼれて、先途の近きことを顧みねばなり。**〈徒然草・74・蟻のごとくに〉訳名誉や利益に**心を奪われて**、（人生の）終局（＝死）が近いことを考えないからである。

発展「おぼほる」が変化したもの。

おぼれる（現）→（古）**おぼる【溺る】**・**おぼほる【溺る】**

おほ-ろか・なり【凡ろかなり】― 形容動詞〔ナリ〕〈なら・なり（に）・なり・なる・なれ・なれ〉おろそかだ。なおざりだ。いい加減だ。

おぼろ-け・なり

形容動詞〔ナリ・ノ〕

ぼんやりして特徴がなく、ありきたりであるようす

❶**並だ。**ありきたりだ。◉多く、下に打消の語や反語表現を伴う。
❷**格別だ。**（程度が）**一通りでない。**

未然形	連用形	終止形	連体形	已然形	命令形
おぼろけ・なら	おぼろけ・なり おぼろけ・に	おぼろけ・なり	おぼろけ・なる	おぼろけ・なれ	（おぼろけ・なれ）

❶（多く、下に打消の語や反語表現を伴って）**並だ。**通り一遍だ。ありきたりだ。

「梨花一枝、春、雨を帯びたり。」など言ひたるは、**おぼろけならじと思ふに…。**〈枕草子・37・木の花は〉訳「ナシの花の一枝が、春、雨を含んでいる。」などと（白楽天が）詠じているのは、（ナシの花も）**並ではあるまい**（＝なかなか見所がある）と思うにつけ…。

❷（「おぼろけならず」の意味で）**格別だ。**（程度が）**一通りでない。**並々でない。

泣くさまおぼろけならず。〈宇治拾遺〉訳（女の）泣くようすは**通り一遍ではない**。

おぼろけの願によりてにやあらむ、風も吹かず、よき日出で来て、漕ぎゆく。〈土佐日記・一月二十一日〉訳**並々でない**祈願によってではないだろうか、風も吹かないで、（天気の）よい日が巡ってきて、（船を）漕いでゆく。〇「おぼろけの」は「おぼろけなり」の語幹に格助詞「の」が付いた形で、形容動詞の語幹用法のひとつ。「よき日出で来て」を「すばらしい太陽が出て来て」と解する説もある。

「いつかとのたまはせたるは。**おぼろけに思ひたまへ入りにしかば**。」〈和泉式部日記〉訳「いつ（私が帰る）かとおっしゃいましたね。**一通りでなく**（仏道修行をしたいと）存じまして（山に）入りましたので（そう簡単には帰れません）。」

発展 ①**❶と❷は正反対の意味** 「並だ」という意味の❶の用法が、多く、否定表現を伴って用いられたため、このことば自体が否定的な意味を含んだものと考えられ、❶と正反対の❷の意味でも用いられるようになった。

②**「おぼろげなり」とは別語** 「かすかだ・ぼんやりしている」という意味を表す「おぼろげなり」と混同されがちであるが、「おぼろげなり」は近世以降にできたもので、現代語「おぼろげに」となることばである。

おほろかに我し思はば下に着てなれにし衣を取りて着めやも 歌〈万葉集・7・1312〉訳**いい加減に**私が思うのだったら、下着にして着古した着物（＝長い間恋しているあなた）を（今さら）取り出して着ることがあろうか、いや着ることはない。

発展「おぼろかなり」とも。

おぼろ-け・なり 形容動詞 ↓最重要語（290ページ）

おぼろ-づき【朧月】 名詞 春の夜のほんのりかすんだ月。かさがかかった春の夜の月。季語 春

おぼろ-づくよ【朧月夜】 名詞 おぼろ月。春の夜のぼんやりかすんだ月。また、おぼろ月の出ている夜。発展「おぼろづきよ」とも。

朧月夜の君 登場人物『源氏物語』中の人物。右大臣の娘で弘徽殿の大后の妹。光源氏との密会事件で東宮（＝朱雀帝）の后になれず、尚侍として入内する。

おぼろ・なり【朧なり】 形容動詞〔ナリ〕〈なら・なり（に）・なり・なる・なれ・なれ〉（月の光などが）ぼんやりとかすんでいる。**月おぼろに差し出でて、池広く山木深きわたり、心細げに見ゆるにも…。**〈源氏・須磨〉訳月が**ぼんやりとかすんで**差し出てきて、池が広く山の木の茂みも深い辺り（のようす）が、もの寂しげに感じられるにつけても…。

類語比較「ほのかなり」「おぼろなり」「かすかなり」↓仄かなり

おほ-わだ【大曲】― 名詞 湖や川などが陸地に大きく入りこんでいる所。

楽浪(さざなみ)の志賀(しが)の大わだ淀(よど)むとも昔の人にまたも逢はめやも 歌〈万葉集・1・31〉訳↓さざなみの…

おほ-わらは【大童】(おおわらわ) 名詞 戦のとき、兜(かぶと)を脱ぎ、髪の結びが解け、乱れて垂れたざんばら髪。多く、大奮闘するようすをいう。

鎧(よろひ)の草摺(くさずり)かなぐり捨て、胴ばかり着て大童になり…。〈平家・11・能登殿最期(のとどのさいご)〉訳(能登守教経(のとのかみのりつね)は)鎧の★草摺りを乱暴に捨て、胴だけ着て**ざんばら髪に**なり…。

発展 兜の下はふつう、髪を束ねないため、兜を取って奮戦すると「大童」の姿になる。ここから、一生懸命なようすや奮闘するようすを「大童」というようになった。

おほゐがは【大井川】(おおいがわ) 地名 ↓大井川(おおいがわ)

おほゐがは【大堰川】 歌枕 ↓大堰川(おおいがわ)

おほ-ん【大御・御】(おおん) 一 接頭語 (名詞に付いて)尊敬の意味を添える。語例 **大御**灯(おほんあかし)・**御**時(おほんとき)・**御**目(おほんめ)・**御**葬(おほんはぶり)

二 名詞 一の下に付くべき名詞を省略して、その名詞と同じ意味を表す。

対(たい)の上の御は、三種(みくさ)ある中に、梅花、花やかに今めかしう…。〈源氏・梅枝(うめがえ)〉訳 対の上(=紫の上)の(調合された)**お香**は、三種類ある中で、(その一種の)梅花が、華やかで(かつ)現代風(の新鮮さ)で…。

発展「大御(おほみ)」が変化したもの。「おほむ」とも。「御」という表記だけでは判断できないが、中古は「おほん」が一般的で、「み」「お」は「み仏(ほとけ)」「お仏名(ぶつみゃう)」など、限られた語に付き、「ご」「ぎょ」も一部の漢語に付くだけであった。「おん」の仮名書きは院政時代に現れる。

おほん-ぞ【御衣】(おおんぞ) 名詞 (衣服を敬った言い方で)お召し物。

発展 古写本には「御そ」と書く例が多いが、仮名書きの例には「おほむ(ん)そ」とある。「おんぞ」と読むのは中世以降。

おほん-とき【御時】(おおんとき) 名詞 ご治世。御代(みよ)。

いづれの御時にか、女御(にょうご)、更衣あまた侍(さぶら)ひたまひける中に…。〈源氏・桐壺(きりつぼ)〉訳 どの帝(みかど)の**御代**であっただろうか、女御、更衣が大勢お仕え申し上げていらっしゃった中に…。

お-まし【御座】 名詞 ❶貴人のいらっしゃる所。御座所(ござしょ)。御寝所(ごしんじょ)。

御車入れさせて、西の対(たい)に御座などよそふほど…。〈源氏・夕顔〉訳(門内に)お車を引き入れさせて、西の対に(源氏の)**御座所**などを支度している間…。

❷お敷物。

塗籠(ぬりごめ)に御座一つ敷かせたまひて…。〈源氏・夕霧〉訳(落葉の宮は)★塗籠に**お敷物**を一枚(女房に)お敷かせになって…。

おまし-どころ【御座所】 名詞 ↓おまし❶

おまし-ま・す【御座します】 動詞 自 〔サ四段〕〈さ・し・す・す・せ・せ〉(「あり」の尊敬語で)いらっしゃる。おありである。

鳥羽院(とばゐん)くらゐにおましましけるとき、内裏(だいり)にて花を見て詠みはべりける。〈続後撰集(しょくごせんしゅう)・1343・詞書〉訳 鳥羽院が帝位に**おあり**だったときに、宮中において桜の花を見て詠みました(お歌)。

発展「おほまします」の変化したもの。

お-ま・す 一 動詞 自 他 〔サ四段〕〈さ・し・す・す・せ・せ〉(「与ふ」「やる」の謙譲語で)差し上げる。

「あまり気味のよい買ひ手ぢやによつて、まけをおまさう。」〈狂言・末広がり〉訳「あまりにも気持ちのよい買い手だから、おまけを**差し上げ**よう。」

二 動詞 自 他 〔サ下二段〕〈せ・せ・す・する・すれ・せよ〉 一の意味に同じ。

三 補助動詞 〔サ四段〕〈さ・し・す・す・せ・せ〉〔サ下二段〕〈せ・せ・す・する・すれ・せよ〉…てあげる。…て差し上げる。接続 接続助詞「て」に付く。

「その機嫌の悪(あ)しいときに、早速(さっそく)直る囃子物(はやしもの)を教へておまさうか…。」〈狂言・末広がり〉訳「相手の機嫌が悪いときに、すぐに(機嫌が)直るお囃子入りの歌を教えて**あげ**ようか…。」

四 補助動詞 〔サ下二段〕〈せ・せ・す・する・すれ・せよ〉 三の意味に同じ。

発展「おまゐらす(「お」は接頭語)↓おまらす↓おまっす↓おます」と変化し、中世末期に成立した。本来下二段活用であるが、後に四段にも活用した。

上代の助動詞「ゆ」が含まれる動詞

まとめて覚えよう古語チャート 8

上代には、「ゆ」という自発・受身・可能の助動詞がありました。その助動詞は、だいぶ古くからあったとみえて、「1見ゆ」「2消ゆ」「3燃ゆ」など、自動詞の活用語尾ともなっていました。殊に、「消ゆ」「燃ゆ」は、他動詞「4消す」「5燃す」との対応から、その成立が推測されるでしょう。

「ゆ」は、四段活用動詞の未然形に付くのが原則でした。「6思ふ」の未然形「思は」に「ゆ」が付いた「7思はゆ」は、やがて「8思ほゆ」となり、中古には「9覚ゆ」になりました。「10聞く」の未然形「聞か」に「ゆ」が付いて「11聞かゆ」となり、それが、中古の「12聞こゆ」となったのです。

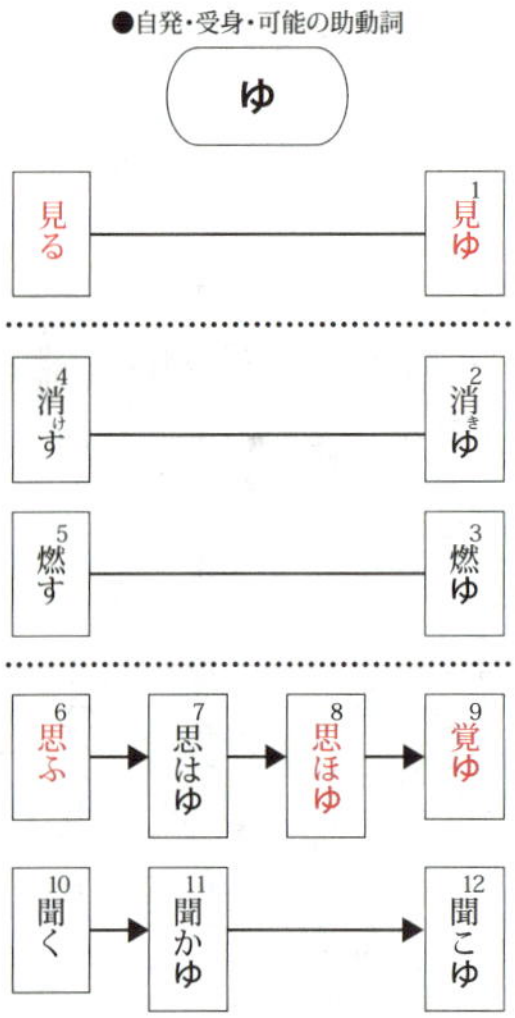

赤字は最重要語・重要語

お-まへ【御前】 まへ

神仏や高貴な人の前やそばを敬っていうことば
- 一 名詞
  - ❶(神仏や高貴な人の)**おそば**。
  - ❷(多く「～のおまへ」の形で)**お仕えしている貴人を敬っていうことば**。御前ご。
- 二 代名詞
  - ❶(他人を尊敬して)**あの方**。
  - ❷(相手を尊敬して)**あなた**。**あなた様**。

一 名詞 ❶(神仏や高貴な人の)**おそば**。**御前ご**。

御前に人々所もなく居たるに、今上りたるは、少し遠き柱もとなどに居たるを…。〈枕草子・276・うれしきもの〉訳(中宮の)**おそば**に人々(=女房たち)が透き間もなく座っているときに、今参上した(ばかりの)人は、少し遠い柱のそばなどに座っているのを…。

❷(多く「～のおまへ」の形で)**お仕えしている貴人を敬っていうことば**。…**様**。…(の)**方**。

上の**御前**に聞こしめして…。〈枕草子・105・殿上より〉訳**帝**がお聞きになって…。○「上」だけでも帝の意味であるが、直接言うのは恐れ多いので、「おそば」の意味も持つ「御前」を下に添えて間接的にいうことで、帝その人を敬って表現している。

二 代名詞 ❶(他人を尊敬して)**あの方**。

「**御前**にこそ、わりなくおぼさるらめ。」〈源氏・夕顔〉訳「(不気味な所なので)**あの方**(=夕顔)におかれては、どうしようもなく(怖いと)お思いにならないではいられないだろう。」

❷(相手を尊敬して)**あなた**。**あなた様**。

「**御前たち**も、必ずさおぼす故はべらむかし。」〈更級日記・春秋の定め〉訳「**あなた**方にも、きっとそのように(=四季のうちで春と秋を風情があると)お思いになる(だけの)理由がございましょうよ。」

発展 **語の歴史**　中世には、「御前」を音読した「ごぜん」「ごぜ」が多く用いられるようになる。また、一❷のように、高貴な人を婉曲に表現する用法から、二の、他人や相手を尊敬していう代名詞の用法ができた。対等およびそれ以下の者に対して用いられるようになるのは近世以降である。

関連語 御前ご

おみ【臣】 名詞 ❶臣下。主君、または宮廷に仕える人。❷古代の姓のひとつ。「連」と並んで最高の姓とされ、その長には「大臣」の称号が与えられたが、六八四(天武十三)年に定められた八色の姓では第六位となった。↓八姓

おみごろも (現)↓(歴)**をみごろも【小忌衣】**

おみな (現)↓(歴)**をみな【女】**

おみな【嫗】 名詞 ↓おうな

おみなえし (現)↓(歴)**をみなへし【女郎花】**

お・む【怖む】 動詞 自〔マ下二段〕〈め・め・む・むる・むれ・めよ〉恐れる。気後れする。おじけづく。

「そもそも御辺ほどの大将軍の夢物語こそ、**おめたる**儀にてさうらへ。」〈保元〉訳「そもそもあなた様ほどの大将軍の夢物語(=見た夢の縁起をかついでいらっしゃること)こそ、**おじけづいている**ことでございます。」

御室 地名 京都市右京区双ヶ岡の北、仁和寺を中心とする地。九〇四(延喜四)年、宇多法皇が仁和寺内に僧坊(=御室)を造営して以後、仁和寺を御室と呼ぶようになり、やがてそれが寺周辺の地名になったもの。↓仁和寺・ビジュアルチェック㉓(1093ページ)

おめおめ-と【怖め怖めと】 副詞 (相手に威圧されておじけづくようすを表して)いくじなくも。びくびくと。こわごわ。

おめく (現)↓(歴)**をめく【喚く】**

お-めみえ【御目見・御目見得】 名詞 ❶目上の人に会うこと。謁見。お目通り。❷江戸時代、大名や旗本が将軍に謁見すること。また、その資格。発展 将軍にお目にかかれる身分は「御目見得以上」と呼ばれ、逆にそうでない身分は「御目見得以下」と呼ばれた。「以上」の方は旗本、「以下」は御家人である。

おも【母】 名詞 ❶母。母親。

韓衣裾に取り付き泣く子らを置きてそ来ぬや**母**なしにして 歌〈万葉集・20・4401〉訳↓からころむ…

❷乳母。類乳母

おも【面】 名詞 ❶表面。❷顔。顔つき。❸面影。

おもう (現)↓(歴)**おもふ【思ふ】**

おもおす (現)↓(歴)**おもほす【思ほす】**

おも-おも・し【重重し】 形容詞〔シク〕〈しく・しく・し・しき・しけれ・○／しから・しかり・○・しかる・○・しかれ〉❶身分や地位が高い。高貴だ。

「**重々しう**おはする殿の、かくわざとおはしましたること。」と、もて騒ぎきこえたまふ。〈源氏・夢浮橋〉訳「**身分が高くて**いらっしゃる殿でありながら、このようにわざわざいらっしゃったことだ。」と、大騒ぎでおもてなし申し上げなさる。○「重々しう」は連用形「重々しく」のウ音便。

❷威厳がある。落ち着いている。

内裏わたりに、御乳母は典侍、三位などになりぬれば、**重々しけれど**…。〈枕草子・186・位こそ〉訳(女性は)宮中で、天皇の乳母である人は次官や、三位になると、**威厳がある**けれども…。

❸主立っている。

この御後ろ見どもの中に、**重々しき**御乳母の兄…仕うまつるありけり。〈源氏・若菜上〉訳(女三の宮の)お世話役たちの中に、**主立った**乳母の兄で…(六条院に)出仕申し上げている者がいたのだった。

関連語 軽軽し

↓**古語チャート**㉓(835ページ)

おも-がい【面繫・羈】 名詞 馬具のひとつ。ウマの頭から左右の轡につないだ飾りひも。発展「おもがき」が変化したことば。「おもづら」とも。↓大和鞍(図)

おも-かくし【面隠し】 名詞 ❶恥じて顔を隠すこと。

玉かつま逢はむと言ふは誰なるか逢へる時さへ**面隠し**する 歌〈万葉集・12・2916〉訳(私に)逢おうというのはだれか。(せっかくこうして)逢っているのに**恥じて顔を隠して**しまうとは。○「玉かつま」は「逢ふ」の枕詞。

❷恥ずかしさを紛らすこと。照れ隠し。

ふともえ言ひ出でたまはぬ**面隠し**にや…。〈源氏・宿木〉訳すぐにも言いだすことがおできにならない(匂宮の)**照れ隠し**ではないだろうか…。

❸表面を隠すこと。

あやしき賤の屋も、雪にみな**面隠しして**…。〈枕草子・302・十二月二十四日〉訳身分の低い者の(粗末な)家も、雪ですっかり**表面を隠して**…。

おも-かく・す【面隠す】 動詞 自〔サ四段〕〈さ・し・す・す・せ・せ〉(恥ずかしさのために)顔を隠す。

今日は、臨時客のことに紛らはしてぞ、**面隠し**たまふ。〈源

氏・初音〉訳今日は、臨時客の(もてなしの)ことに紛らわして、(源氏は)顔を隠していらっしゃる。

おも-かげ【面影・俤】 名詞 ❶(現実であるかのように)目の前に浮かぶ人や物の姿。思い出される姿。幻影。幻。「**まどろめば夢に見え、さむれば面影にたつぞかし。**」〈平家・9・小宰相身投〉訳「うとうとと眠ると夢に見え、覚めると(目の前に)幻として浮かぶよ。」
❷顔つき。姿。
名を聞くより、やがて面影は推し量らるる心地するを…。〈徒然草・71・名を聞くより〉訳名前を聞くやいなや、すぐに(その人の)**顔つき**は自然と推量される気持ちがするのに…。
❸《和歌用語》作品から喚起される情景。余情として感じられる風情。
❹《俳諧用語》(「面影付」の略で)連歌・連句で、故事・古歌などに取材して句を付ける場合、はっきりとそのものを表さず、それとなく表現すること。

おもかげに… 歌
面影に花の姿を先立てて幾重越え来ぬ峰の白雲〈新勅撰集・57・藤原俊成〉訳まぼろしに、花(＝サクラ)の(咲いた)姿を(行路の前に思い描いて)先に行かせて、(いったい)幾重越えて来たか。峰にかかっている白雲を。〇四句切れで、倒置法。体言止めの歌。
発展「遠くの山の花を尋ぬ」という題で詠んだ歌。遠い山に咲く遅咲きのサクラを求めて、いくつもの峰を越えて行く、というサクラの花の美に対する、あこがれや探求心を詠んだ歌。『無名抄』にも引かれる。

おもかげ-に-す【面影にす】 連想する。思い浮かべる。
紅葉を面影にして…〈奥の細道・白河の関〉訳(源頼政の「紅葉散りしく」の歌の)紅葉を**思い浮かべ**ながら…。〇源頼政の歌は「都にはまだ青葉にて見しかども紅葉散りしく白河の関(訳↓みやこには…)」〈千載集・365〉

おも-かぢ【面舵・面楫・面梶】 名詞 ❶船首を右へ向けるときのかじの取り方。対取り舵。❷❶が変化して、右舷。対取り舵。

おも-がはり【面変はり】 名詞 ❶顔かたちが変化すること。❷外見やようすが変化すること。

おもく・す【重くす】 動詞 他〔サ変〕〈せ・し・す・する・すれ・せよ〉大事にする。重んじる。

おも-し【重し・重石】 名詞 ❶物を押さえておくもの。重みをかけるもの。重し。❷世の中や人を制し鎮める力。また、その力を持つ人。重鎮。柱石。
「**つひの世の重しとなるべき心おきてを**…。」〈源氏・少女〉訳「将来の国家の**重鎮**となるはずの心構えを…。」

おも・し【重し】 形容詞〔ク〕〈く・く・し・き・けれ・〇／から・かり・〇・かる・〇・かれ〉❶重い。目方が多い。重さがある。
❷身分や官位などが高い。尊い。
ゆめにもかかる人の親にて重き位と見えたまはず、若うなまめかしき御様なり。〈源氏・若菜上〉訳(源氏は)少しもこのような人の親で**尊い**位(の方)であるとは見えなさらないで、若々しく優雅なお姿である。
❸重要だ。貴重だ。価値がある。
「**一日の命、万金よりも重し。**」〈徒然草・93・牛を売る者あり〉訳「(人間の)一日の命は、多くのお金よりも**価値がある**。」
❹程度がはなはだしい。ひどい。
身の病いと重くなりて…。〈更級日記・夫の死〉訳私の病気もたいそう**ひどく**なって…。
❺落ち着いている。重々しい。
「**いとあさましく柔らかにおほどきて、もの深く重き方は後れて**…。」〈源氏・夕顔〉訳「(夕顔は)本当にあきれるほど素直でおおらかで、(かといって)思慮深く**落ち着いている**といった面は乏しくて…。」対軽し
↓古語チャート㉓(835ページ)

おもしろうて… 句
おもしろうてやがて悲しき鵜舟かな〈阿羅野・松尾芭蕉〉訳かがり火をたき、ウを操って魚を捕るようすはおもしろくて見飽きないのだが、いつか火も消えて鵜飼い舟も遠く去るころには、寂しく哀れな気持ちに包まれる。なんとも切ないことだよ。〇季語鵜舟―夏
発展「美濃の長良川にて」の前書がある。「面白の有り様や。…鵜舟の篝、影消えて、闇路に帰るこの身の名残り惜しさをいかにせん」〈謡曲・鵜飼〉の影響を受けている。歓楽の後の、寂しくもの哀しい余情が示されている。

おも-しろ・し【面白し】 形容詞 ↓最重要語(294ページ)

おも-だか【沢瀉】 名詞 ❶《植物》オモダカ科の多年草。池・沢などに自生しクワイに似る。葉は矢羽形で、白い三弁の花を付ける。季語夏 ❷矢じりのひとつ。❶の葉の形に似る。❸紋所のひとつ。❶の葉や花を図案化したもの。

おも-だた・し【面立たし】
うす ― 面目の立つよう ― 名誉である。光栄だ。晴れがましい。

未然形	連用形	終止形	連体形	已然形	命令形
おもだた・しく	おもだた・しく	おもだた・し	おもだた・しき	おもだた・しけれ	〇
おもだた・しから	おもだた・しかり	〇	おもだた・しかる	〇	おもだた・しかれ

形容詞〔シク〕名誉である。光栄だ。晴れがましい。対面無し
折々内裏へ参り、祭りの使ひなどに出でたるも、面立たしからずやはある。〈枕草子・24・生ひ先なく〉訳(典侍として)ときどき宮中へ参上し、葵祭の使いなどに出たりするのも、(女性として)**名誉で**ないことであるか、いや、名誉である。

おも-て【表】 名詞 ❶表面。外面。❷ある方向に面しているものの前面。先頭。また、家や城などの正面。表口。❸家の外。屋外。❹公的なこと。表向き。建て前。❺連歌・連句で、懐紙を二つ折りにしたものの表の面。特に、一枚目の第一面をいう。

おも-て【面】 名詞 ❶顔。顔かたち。❷面目。体面。
「**いづこを面にてかはまたも見えたてまつらむ。**」〈源氏・賢木〉訳「どこを**面目**として再び(藤壺の中宮に)お目にかかれようか、いや、お目にかかれない。」
❸(「面形」の略で)面。仮面。
発展「表」と同じ語源。

おもて-うた【面歌】 名詞 代表作となる秀歌。

おもて-おこし【面起こし】 名詞 面目を施すこと。名誉を回復すること。対面伏せ
わがいにしへ、少しあざればみ、あだなる名を取りたまうし面起こしに、うれしうおぼしわたるを…。〈源氏・夕霧〉訳(源氏は、息子の夕霧が品行方正であったので)自分が昔、少々好色めいた振る舞いをして、浮気者の評判をお立て

になった**面目を施すこと**として、うれしく思い続けていらっしゃるのに…。

おもて-おこ・す【面起こす】↓おもてをおこす
関連語 面を起こす

おもて-はっく【表八句】名詞 ★百韻の連歌・連句で、懐紙の一枚目の表に記す八句。この部分が特に重んぜられた。発展 百韻の場合、折紙四枚を用いて、それぞれ初折・二の折・三の折・名残の折と呼び、初折の表に八句、その裏以下名残の表まで各十四句、名残の裏には八句を記入した。また、他の連句形式もそれぞれ書式が定められている。

おもて-ぶせ【面伏せ】名詞 面目ないこと。不名誉。恥。対 面起こし
「**醜き容貌をも…**『**疎き人に見えば、面伏せにや思はむ。**』と、**憚り恥ぢて**…」〈源氏・帚木〉訳「(私の妻であった女は)醜い容貌についても…『親しくない人に見られたら、(夫は)恥に思うのではないだろうか。』と、気兼ねし人目をはばかって…。」
発展「おもぶせ」とも。
関連語 面を伏す

おもて-も-ふら-ず【面も振らず】わき目も振らず。まっしぐらに。ひたすら。
面も振らず、命も惜しまず、ここを最後と防ぎ戦ふ。〈平家・9・二度之懸〉訳 **わき目も振らず**、命も惜しまず、ここを最後の場として防戦する。

おもて-を-あは・す【面を合はす】 ❶顔を合わせる。❷対抗する。立ち向かう。
そののち打ち物抜いて、あれに馳せあひ、これに馳せあひ、**切ってまはるに、面を合はする者ぞなき**。〈平家・9・木曾最期〉訳 その後、刀を抜いて、あちらに走り、こちらに走り、切って回るけれども、**立ち向かう**者がいない。

おもて-を-おこ・す【面を起こす】面目を施す。名誉となる。対 面を伏す
「かまへてまろが**面を起こす**ばかり、よき歌仕うまつれよ。」〈増鏡〉訳「必ず私の**名誉となる**ほど、よい歌を詠んでくれよ。」

おもて-を-ふ・す【面を伏す】面目をなくする。顔をつぶす。恥ずかしい思いをする。対 面を起こす

おも-しろ・し【面白し】

目の前が明るくなり、心が晴れやかになるようす

❶風情がある。すばらしい。美しい。
❷愉快だ。心楽しい。
❸風変わりだ。珍しい。◉中世末期以降の用法。

形容詞〔ク〕	未然形	連用形	終止形	連体形	已然形	命令形
	おもしろ・く	おもしろ・く	おもしろ・し	おもしろ・き	○	○
	おもしろ・から	おもしろ・かり	○	おもしろ・かる	おもしろ・けれ	おもしろ・かれ

❶**風情がある。趣深い。すばらしい。見事だ。美しい。**↓古語チャート⑫(429ページ)
雪の**おもしろう**降りたりし朝、人のがり言ふべきことありて文をやるとて…。〈徒然草・31・雪のおもしろう〉訳 雪が**趣深く**降っていた朝、ある人のもとへ言わなければならないことがあって手紙を送ろうと思って…。○「おもしろう」は連用形「おもしろく」のウ音便。

❷**愉快だ。心楽しい。おもしろい。**
造作は、用なき所を造りたる、見るも**おもしろく**、よろづの用にも立ちてよしとぞ、人の定め合ひはべりし。〈徒然草・55・家の作りやうは〉訳 建物は、必要でない所を造ってあるのが、見た目にも**心楽しく**、いろいろな役にも立ってよいと、人々が批評し合いました。

❸《中世末期以降》**風変わりだ。珍しい。妙だ。**
舟人、これを見て、「あら**おもしろ**や、いかなるものやらん。」とて、河の岸へ投げ上ぐる。〈御伽草子・鉢かづき〉訳 船頭が、これ(=頭に鉢がくっついてしまった姫君)を見て、「おや**風変わり**だなあ、(いったい)どんなものだろうか。」と言って、(姫君を)河岸へ投げ上げる。○「おもしろ」は「おもしろし」の語幹。感動詞「あら」の下に形容詞の語幹が続く用法で、感動・詠嘆の気持ちを表す。

発展 ①**語の成り立ち** 「おも(面)＋しろし(白し)」が語源といわれ、目の前がぱっと明るくなり、心が晴れやかになるようすを表すのがもともとの意味と考えられる。

②**❶と❷の違い** ❶の「風情がある」という意味では、雪・月・花など、風物の視覚的な美しさの形容や、音楽や和歌などが優れていて趣深いようすを表す場合に多く用いられる。
❷の「愉快だ」という意味では、芸能・遊び・人の振る舞いなど、人事に関することで心楽しくなるような場合に用いられることが多い。

類語比較「おもしろし」「あはれなり」「をかし」
共通点＝「風情がある・趣深い」という意味。
おもしろし＝心が晴れやかになるような感興を表す。
あはれなり＝しみじみと心動かされる情趣を表す。
をかし＝客観的に余裕のある態度で対象をおもしろい、趣深いと感じるようすを表す。
参考＝三語が一文中に出てくる例を見ると、微妙な違いがわかりやすい。
「ある人の、『月ばかりおもしろきものはあらじ。』と言ひしに、また一人、『露こそあはれなれ。』と争ひしこそをかしけれ(=ある人が、『月ほど風情があるものはあるまい。』と言ったところ、また一人が、『露こそが感慨深い。』と言い争ったのは実におもしろい)。」〈徒然草・21・万のことは〉
「笛をいとおもしろく吹きて、声はをかしうてぞ、あはれに歌ひける(=笛をたいそう趣深く吹いて、声は風情があって、しみじみと胸を打つように歌った)。」〈伊勢・65〉
類語比較「あはれなり」と「をかし」↓あはれなり

さかしらに柳の眉の広ごりて春の**面を伏する**宿かな
歌〈枕草子・301・三月ばかり〉訳(細長いのが美しいのに)余計なことにヤナギの眉(=葉)が(だらしなく)広がって、春の**面目をなくし**ている家だなあ。

おもて-を-むか・ふ【面を向かふ】 ❶顔を向ける。顔を合わせる。
「これを射損ずるものならば、弓切り折り自害して、人に**ふたたび面を向かふ**べからず。」〈平家・11・那須与一〉訳「これを射損なうものなら、弓を切り折って自殺して、人に二度と**顔を合わせる**ことはできない。」

❷相手に立ち向かう。敵対する。何面を向かふべしとも見えざりけり。〈平家・7・火打合戦〉訳どんなことをしても(平家を)相手に立ち向かうことができるとは思えなかった。

おも-と【御許】

貴人のいる所や、そこにいる人を敬った言い方	
一 名詞	❶(貴人の)御座所。おそば。
	❷(「御許人」の略で)女房・侍女を敬った言い方。
	❸(女房の名前や職名の下に付けて、敬意を表し)…(の)方。…さん。
二 代名詞	❶(女性に向かって親しみを込めて)あなた。
	❷(一般の女性、また母や姉などに対し親しみを込めて)あの方。

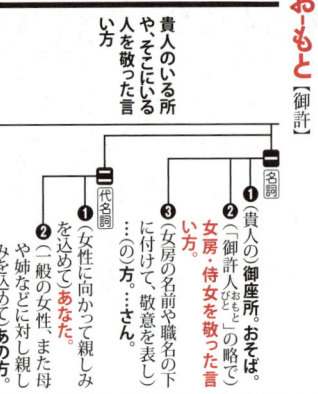

一 名詞 ❶(貴人の)**御座所**。**おそば**。「今宵**御許にさぶらふ人の中に、内侍仕うまつるべき人はありや**。」〈宇津保〉訳「今夜(帝の)**御座所**にお控え申し上げる人の中に、内侍としてお仕え申し上げるのに適当な人はいるのか。」
❷(「御許人」の略で)**女房・侍女を敬った言い方**。**御前のさまよりは、この御許慣れて目安し**。〈源氏・宿木〉訳(浮舟の車の)先追いの者の(田舎びた)ようすよりは、この(=先に降りてきた)**女房である方**は物慣れて(いるようすで)見苦しくない。
❸(「〜のおもと」の形で、女房の名前や職名の下に付けて、敬意を表し)…(の)**方**。…**さん**。**いとをかしき小廂に、式部の御許ともろともに夜も昼もあれば**…。〈枕草子・292・成信の中将は〉訳とても趣のある狭い廂の間に、式部の**方**と一緒に夜も昼もいるので…。
二 代名詞 ❶(女性に向かって親しみを込めて)**あなた**。「**御許**は、今宵は上にや候ひたまひつる。」〈源氏・空蝉〉訳「**あなた**は、今夜は上(=空蝉の所)にお仕え申し上げていらっしゃったか。」
❷(一般の女性、また母や姉などに対し親しみを込めて)**あの方**。**彼女**。「**その御許は、薩摩の氏長ばかりこそは、質に取らめ**。」〈宇治拾遺〉訳「その(=怪力であるという)**彼女**は、(同じく力の強い)薩摩の氏長だけが、人質に取る(ことができる)だろう。」

おも-な・し【面無し】

人に合わせる顔がないようす	
❶	面目ない。恥ずかしい。
❷	恥を知らない。厚かましい。

未然形	連用形	終止形	連体形	已然形	命令形
おもな・く	おもな・く	おもな・し	おもな・き	おもな・けれ	○
おもな・から	おもな・かり	○	おもな・かる	○	おもな・かれ

形容詞〔ク〕❶**面目ない**。**恥ずかしい**。**不名誉だ**。対面立たし 「齢の積もりには、**面なくこそなるわざなりけれ**。」〈源氏・朝顔〉訳「年齢が積もり重なった結果としては、(この私のように)**面目なく**なるものであったのだった。」
❷**恥を知らない**。**厚かましい**。「**我をいかに面なく心浅き者と思ひおとすらむ**。」と、推し量るに…〈紫式部日記〉訳「(宮仕えに出た)私をどんなにか**恥を知らない**あさはかな者だと軽蔑しているだろう。」と、推測すると…。

発展 **正反対に見える❶と❷** ❶の、人に合わせる顔がないようすを表すのがもともとの意味。そこから、中古以降、❷の、他人が見て恥ずかしいはずのことを平気でするようすを表す、一見正反対ともいえる意味でも用いられるようになった。

類語比較 「はづかし」「やさし」「おもなし」「ひとわろし」「はしたなし」→恥づかし

おも-な・る【面馴る】
動詞 自〔ラ下二段〕〈れ・れ・る・るる・るれ・れよ〉❶見慣れる。 **朝ごとの鏡の影に面なれてゆき見にとしも急がれぬかな**〈金葉集・289〉訳毎朝鏡に映る(我が髪の白い)姿に**見慣れ**(てい)るので(あえて)雪見にとも(気が)せきはしないことだよ。
❷なじむ。親しむ。**かく見る人々も、みな家の内出でそめけむほどは、さこそはおぼえけめなど、観じもてゆくに、おのづから面なれぬべし**。〈枕草子・184・宮に初めて参りたるころ〉訳このように(目の前に)見る人々も、みな家を出(て出仕し)始めたようなころは、きっとそう感じられたのだろうなどと、冷静な心で観察していくうちに、自然ときっと**なじんでいく**に違いない。
❸慣れて平気になる。**いまは面なれにたることなどは**、いかにもいかにも思はぬに…。〈蜻蛉日記〉訳今は**慣れて平気になって**しまっていることなどは、まったく何とも思わないのに…。

おも-にく・し【面憎し】
形容詞〔ク〕〈く・く・し・き・けれ・○／から・かり・○・かる・○・かれ〉見るのも憎い。顔を見るのも憎らしい。「すべて入るまじ。」と**戸を押さへて、面憎きまで言へば**…。〈枕草子・92・内裏は、五節のころこそ〉訳「いっさい入ってはならない。」と戸を押さえて、**見るのも憎い**くらいに言うので…。

おもね・る【阿る】
動詞 自〔ラ四段〕〈ら・り・る・る・れ・れ〉へつらう。追従する。

おも-の【御物・御膳】
名詞 ❶飲食物を敬った言い方。貴人のお食事。❷(「飯」の丁寧語で)ごはん。

おもの-やどり【御物宿り】
名詞 宮中で、天皇や貴人が使う膳を収めておく所。紫宸殿の西廂にある。別に、清涼殿の付近にも御物宿りがあったと考えられている。→ビジュアルチェック⑫(715ページ)

おもは-く【思はく】
一 連語 ❶(名詞的に用いて)思うこと。
❷(副詞的に用いて)思うことには。**翁、これを見て思はく、「われ、年ごろ竹取りつるに、今かかるものを見つけたること。」を喜びて**…。〈今昔〉訳翁がこれを見て**思うことには**、「私は長年竹を取っていたが、今(初めて)こんなものを見つけたわい。」と喜んで…。
二 名詞 ❶思うところ。考え。❷思いをかけること。また、その相手。恋人。

発展 一は動詞「思ふ」の未然形＋接尾語「く」。主に上代の用法で、一❷は後世の漢文訓読文にも現れる。二は一

❶が名詞として定着したもので、近世以降には「思惑」の字も当てられた。

おもは-ざる-ほか【思はざる外】― 形容動詞〔ナリ〕思いの外だ。思いがけない。意外だ。予想もしない。

思はざる外のことによりて、帥になさせたまひて…。〈大鏡・道長上〉訳（高明親王が）**思いがけないこと**によって、大宰権帥（＝大宰府の次官）におなりになって…。

おもは-し【思はし】 形容詞〔シク〕〈しく・しく・し・しき・しけれ・○／しから・しかり・○・しかる・○・しかれ〉よいと思われる。好ましい。心引かれるようだ。

「**口つき愛敬付き、頤の下、頸清げに、声憎からざらむ人のみなむ思はしかるべき。**」〈枕草子・49・職の御曹司の〉訳「口の格好が魅力的で、あごの下や、襟元が美しく、声が嫌でないような（＝かわいらしい）人だけは格別に**好ましい**に違いない。」

発展 四段動詞「思ふ」が形容詞に変化したことば。

おもはず-げ-なり【思はず気なり】― 形容動詞〔ナリ〕〈なら・なり（に）・なり・なる・なれ・なれ〉意外に見える。思いがけない感じがする。

人々皆思はずげにぞ見たまひける。〈平家・2・小教訓〉訳（小松の大臣の落ち着き払ったようすを）人々はみな**意外に見える**とご覧になった。

おもは-ず-なり【思はずなり】― 形容動詞〔ナリ〕〈なら・なり（に）・なり・なる・なれ・なれ〉❶思いがけない。意外だ。

酒の香しければ、思はずにあやしくて、そのあたりを見るに…。〈十訓抄〉訳 酒の香りがしたので、**思いがけないことで**不思議に思い、その近辺を見ると…。

❷気に入らない。心外だ。

大きなる木どもも倒れ、枝など吹き折られたるが、萩、女郎花などの上によころばひ伏せる、いと思はずなり。〈枕草子・200・野分のまたの日こそ〉訳 大きな木々も横倒しになり、枝などが吹き折られたのが、ハギや、オミナエシなどの上に横たわり伏しているのは、ひどく**気に入らない。**

おもは-ず-は【思はずは】― 思ったりしないで。

験なき物を思はずは一坏の濁れる酒を飲むべくあるらし 歌〈万葉集・3・338〉訳↓しるしなき…

発展 四段動詞「おもふ」の未然形＋打消の助動詞「ず」の連用形＋係助詞「は」。この場合の「ず」は、未然形ではない。↓ずは

おもは-ゆ【思はゆ】《上代語》（自然と）思われる。思わないではいられない。

かへらひ見つつ誰が子そとや思はえてある… 歌〈万葉集・16・3791〉訳（女官も舎人も男も）振り返って見ながら、あれはどこの貴公子だと（私は）**思われて**いたものだ…。

発展 四段動詞「おもふ」の未然形＋自発の助動詞「ゆ」。

→古語チャート❽（291ページ）

おも-はゆ-し【面映し】 形容詞〔ク〕〈く・く・し・き・けれ・○／から・かり・○・かる・○・かれ〉照れくさい。恥ずかしい。きまりが悪い。

腹巻を着て向かはんこと、面映う恥づかしうや思はれけん…。〈平家・2・教訓状〉訳（平重盛が平服でやって来たのに、清盛が）腹巻（＝簡単な鎧）を着て対面することは、**きまり悪く**恥ずかしくお思いになったのであろうか…。○「面映う」は連用形「面映く」のウ音便。

発展「おもばゆし」とも。

おもひ【思ひ】 名詞 ❶思うこと。考え。❷願い。望み。❸予想。想像。推量。❹心配。もの思い。悲しみ。❺恋い慕う気持ち。愛情。思慕。❻喪に服すること。喪中。

おもひ-あか-す【思ひ明かす】― 動詞 他〔サ四段〕〈さ・し・す・す・せ・せ〉物思いにふけって夜を明かす。

おもひ-あが-る【思ひ上がる】― 動詞 自〔ラ四段〕〈ら・り・る・る・れ・れ〉誇りを持つ。自負する。

初めより「我は。」と思ひ上がりたまへる御方々…。〈源氏・桐壺〉訳（入内の）当初から「自分（こそ）は。」と**自負して**いらっしゃるお后方は…。

発展 現代語の「うぬぼれる」「付け上がる」という否定的な意味はない。

おもひ-あ-つ【思ひ当つ】― 動詞 他〔タ下二段〕〈て・て・つ・つる・つれ・てよ〉❶それと見当をつける。推測する。

いと著く思ひ当てられたまへる御側目を…。〈源氏・夕顔〉訳 たいへんはっきりと**それと見当をつけられ**なさっている（源氏の）お横顔を…。

❷考えて割り当てる。

品々に思ひ当てたる際々…。〈源氏・柏木〉訳（女房の）身分身分に（応じて）**考えて割り当てた**それぞれの（賜物を）…。

おもひ-あつか-ふ【思ひ扱ふ】― 動詞 他〔ハ四段〕〈は・ひ・ふ・ふ・へ・へ〉❶あれこれと世話をやく。

おほかたの御後見を、思ひ扱ひたるさまにて…。〈源氏・藤袴〉訳 一般的なお世話事を、**あれこれと世話をやいて**いるようすで…。

❷心配する。思い煩う。

尚侍の君の御気色いよいよ晴れ間なきを、大将は、「いとほし。」と、思ひ扱ひきこえて…。〈源氏・真木柱〉訳 尚侍の君（＝玉鬘）のご気分がいよいよ晴れるときがないのを、（鬚黒の）大将は、「気の毒だ。」と、ご**心配**申し上げて…。

おもひ-あつ-む【思ひ集む】― 動詞 他〔マ下二段〕〈め・め・む・むる・むれ・めよ〉あれこれ考える。

おもひ-あなづ-る【思ひ侮る】― 動詞 他〔ラ四段〕〈ら・り・る・る・れ・れ〉❶軽蔑する。軽んじる。

おろかなるおのれが道よりは、なほ人に思ひあなづられぬべし。〈徒然草・80・人ごとに〉訳（自分の専門ではないことをどんなに愛好したところで）未熟な自分の専門よりは、いっそう（世間の）人に**軽蔑される**に違いない。

❷油断する。

よせておるべきものと思ひあなづりたるに…。〈枕草子・8・大進生昌が家に〉訳（車を直接建物に）寄せて降りることができるものと**油断して**いたところが…。

おもひ-あは-す【思ひ合はす】― 動詞 他〔サ下二段〕〈せ・せ・す・する・すれ・せよ〉❶考え合わせる。

昔語りに人の言ふを聞き、思ひ合はするに、いかなりけむ。〈枕草子・221・行幸に並ぶものは〉訳 昔話として人が言うのを聞き、**考え合わせる**のだが、どんなであっただろうか。

❷（自動詞的に用いて）思い当たる。

「**たづねきこえまほしき夢を、見たまへしかな。今日なむ、思ひ合はせつる。**」〈源氏・若紫〉訳「（気がかりな人の素性を）尋ね申し上げたい（と思う）夢を、（以前）見させていただいたことだなあ。今日（こちらに伺って、その夢の意味に）**思い当たった**のだ。」

おもひ-あ-ふ【思ひ合ふ】― 一 動詞 他〔ハ四段〕〈は・ひ・ふ・ふ・へ・へ〉互いに同じことを考える。

「**いと嬉し。」と思ひ合へり。**〈源氏・藤裏葉〉訳「たいそううれしい。」と**互いに同じことを考え**ている。

二 動詞 自〔ハ四段〕〈は・ひ・ふ・ふ・へ・へ〉愛し合う。

みがくれの程といふともあやめぐさなほ下刈らむ思ひ合ふやと 歌〈蜻蛉日記〉訳 水に隠れる程度といってもアヤメグサをやはり下根を刈りたい(=本心を伺いたい)。(お互いに)愛し合っているかどうかと。

おもひ-あへ・ず【思ひ敢へず】 ❶思うことができない。思い及ばない。
玉の緒を短き心思ひあへず… 歌〈古今集・雑体・1002〉訳 思慮が足りない(私の)心では、**思い及ばなく**…。○「玉の緒」は「短き」に係る枕詞。
❷思いがけない。思いもつかない。
まだ思ひあへぬほどなれば、心騒ぎて…。〈源氏・東屋〉訳 まだ(薫の訪ねてくることなど)**思いもつかない**折のことであるから、まごまごして…。

◆**おもひあまり**… 歌
思ひあまりそなたの空をながむれば霞を分けて春雨ぞ降る〈新古今集・恋2・1107・藤原俊成〉訳 (恋しい思いに)どうしてよいか分からなくなり、(せめてもと)そちら(=あなたのいる辺り)の空を眺めると、霞を分け(るように)春雨が降っている(ことだ)。○「分けて」は、「春雨」を強調しようとした表現。「降る」は、係助詞「ぞ」を受けた連体形で、結びとなっている。
発展 詞書に、「雨の降る日、女につかはしける」とある。春雨は、涙を連想させ、恋の思いの嘆きを象徴している。

おもひ-あま・る【思ひ余る】 動詞 自 〔ラ四段〕〈ら・り・る・る・れ・れ〉 思い悩む。どうしてよいか分からなくなる。
昔、男、伏して思ひ、起きて思ひ、思ひ余りて…。〈伊勢・56〉訳 昔、男が、(いとしい女を)横になっては思い、起き上がっては思い、**どうしてよいか分からなくなって**…。

おもひ-い・づ【思ひ出づ】 動詞 他 〔ダ下二段〕〈で・で・づ・づる・づれ・でよ〉 思い出す。
いつとは思ひ出でねども、まさしくありし心地のするは、我ばかりかく思ふにや。〈徒然草・71・名を聞くより〉訳 いつとは**思い出せ**ないが、たしかにあった気がするのは、自分だけがこう思うのであろうか。

◆**おもひいでて**… 歌
思ひいでて恋しきときは初雁の鳴きて渡ると人知るらめや〔人は知らずや〕〈古今集・恋4・735・大伴黒主〉訳 (あなたを)思い出して恋しいときは、初雁(=秋になって初めて渡って来たガン)が鳴きながら(空を)渡る(ように、私も泣き泣きあなたの家のあたりを歩き回っている)のを、あなたは知っているだろうか、いや、知りはしないだろう。○「初雁の」は、「鳴きて渡る」の枕詞。「渡る」は、「雁」の縁語。
発展『古今集』仮名序では、第五句が「人は知らずや」となっている。

おもひ-おき・つ【思ひ掟つ】

心の中で、これからのことについて決めておく ―あらかじめ方針を決めておく。

動詞 他 〔タ下二段〕

未然形	連用形	終止形	連体形	已然形	命令形
おもひおき・て	おもひおき・て	おもひおき・つ	おもひおき・つる	おもひおき・つれ	おもひおき・てよ

あらかじめ方針を決めておく。(前もって)**心に決める。**
宮仕へやがてせさすべく思ひおきてたり。〈源氏・少女〉訳 (惟光は自分の娘に)宮仕えをそのままさせようと**心に決めている。**
よろづに、見ざらん世までを思ひおきてんこそ、はかなかるべけれ。〈徒然草・25・飛鳥川の淵瀬〉訳 何事につけても、(まだ)見ないような(死後の)世(の自分の家や墓などのこと)までを**あらかじめ方針を決めておい**たりするのは、むなしいに違いない。

おもひ-い・ふ【思ひ言ふ】 動詞 他 〔ハ四段〕〈は・ひ・ふ・ふ・へ・へ〉 思ったことを発言する。思うことをうわさにする。
「人の思ひ言はむこと、よからぬ童部の口ずさびになるべきなめり。」〈源氏・夕顔〉訳 「(夕顔の変死について世間の)人々が**思うことをうわさにし**たりすることは、よくない連中の無責任なうわさの種になるにちがいないことであるようだ。」

おもひ-い・る【思ひ入る】 一 動詞 自 〔ラ四段〕〈ら・り・る・る・れ・れ〉 ❶思い詰める。考え込む。
❷深く思って入る。望んで入る。多く、出家して山に入ることをいう。
世の中よ道こそなけれ思ひ入る山のおくにも鹿ぞ鳴くなる 百人一首〈千載集・1151〉訳 ↓よのなかよ…
遅れじと憂き陵に思ひ入る心は死出の山にやあるらむ 歌〈蜻蛉日記〉訳 (先帝に死に)後れまいとつらいことの多い身の上を嘆き墓に(これから)**望んで入る**(=先帝と共に死にたいと思う)私の気持ちはすでにあの世にあるのであろうか。
二 動詞 他 〔ラ下二段〕〈れ・れ・る・るる・るれ・れよ〉 気にかける。心に深く刻みつける。
辛きも憂きも、かたはらいたきことも、思ひ入れたるさまならで…。〈源氏・夕顔〉訳 (夕顔は)心苦しいこともつらいことも、きまりの悪いことも、**気にかけ**ているようすでなくて…。

おもひ-う【思ひ得】 動詞 他 〔ア下二段〕〈え・え・う・うる・うれ・えよ〉 思いつく。悟る。判断する。
「障子のそぞろに倒れかかりたりけるなりけり。」と思ひ得て…。〈今昔〉訳 「障子がどうしたわけか倒れかかったのであったよ。」と**思いついて**…。

おもひ-う・ず【思ひ倦ず】 動詞 ↓おもひうんず

おもひ-うつろ・ふ【思ひ移ろふ】 動詞 自 〔ハ四段〕〈は・ひ・ふ・ふ・へ・へ〉 心が他に移る。気が変わる。
「ほかざまに思ひ移ろふべくもはべらざりけるに…。」〈源氏・若菜上〉訳 「(夕霧の中納言は)他の方面(=女性)に**心が移る**ようなこともございませんでしたので…。」

おもひ-うと・む【思ひ疎む】 動詞 他 〔マ四段〕〈ま・み・む・む・め・め〉 嫌だと思う。嫌う。嫌がる。
「ひたぶるに浅き方に思ひ疎まれじ。」とて…。〈源氏・真木柱〉訳 (帝は玉鬘に)「ひたすらに(お心が浅い人だと)**嫌われない**ようにしよう。」と思って…。

おもひ-うん・ず【思ひ倦んず】 動詞 他 〔サ変〕〈ぜ・じ・ず・ずる・ずれ・ぜよ〉 つらく感じる。不快に思う。悲観する。
世の中を思ひうんじて、京にもあらず…。〈伊勢・102〉訳 世の中を**悲観して**、京にもおらず…。

おもひ-おき・つ【思ひ掟つ】 動詞 ↓最重要語(297ページ)

おもひ‐お・く【思ひ置く】 動詞 他〔カ四段〕〈か・き・く・く・け・け〉❶心に決めておく。**不浄のことあるを、出でむと思ひ置きしかど**…。〈蜻蛉日記〉訳生理日になったので、(寺を)出ようと**心に決めておいた**が…。
❷未練を残す。後に思いを残す。**露の命いつとも知らぬ世の中になどかつらしと思ひ置かるる** 歌〈後撰集・1008〉訳露の(ようにはかない)命だから、いつまで続くとも分からぬ二人の仲なのに、どうしてあなたが冷淡だからといって**後に思いを残せ**ようか、いやあきらめ切れません。

おもひ‐おこ・す【思ひ起こす】 動詞 他〔サ四段〕〈さ・し・す・す・せ・せ〉気を取り直す。心を奮い立たせる。**からうじて、思ひ起こして、弓矢を取り立てむとすれども**…。〈竹取・かぐや姫の昇天〉訳やっとのことで、**心を奮い立たせて**、弓矢を取り上げようとするけれども…。

おもひ‐おこ・す【思ひ遣す】 動詞 他〔サ下二段〕〈せ・せ・す・する・すれ・せよ〉遠くから思いを寄せる。思いやる。**かくて眺むらむと思ひおこする人あらむや**。〈更級日記・東山なる所〉訳こうして物思いにふけっているだろうと(私のことを)**思いやってくれる**人があるであろうか。

おもひ‐おと・す【思ひ貶す】 動詞 他〔サ四段〕〈さ・し・す・す・せ・せ〉軽蔑する。見下げる。**我をいかに面なく心浅き者と思ひおとすらむと、推し量るに**…。〈紫式部日記〉訳(宮仕えに出た)私をどんなに恥を知らないあさはかな者だと**軽蔑して**いるだろうと、推測すると…。

おもひ‐およ・ぶ【思ひ及ぶ】 動詞 自〔バ四段〕〈ば・び・ぶ・ぶ・べ・べ〉思い至る。思いをいたす。「**さま異にも思ひ及びたまふ御心かな。**」〈源氏・橋姫〉訳「風変わりなことに**思い至り**なさる(あなたの)お心だなあ。」

おもひ‐か・く【思ひ掛く・思ひ懸く】 動詞 他〔カ下二段〕〈け・け・く・くる・くれ・けよ〉❶予想する。想像する。**思ひ掛けず、暗き所などに、ほとめきありきたるこそをかしけれ**。〈枕草子・43・虫は〉訳(コメツキムシが)**予期しな**い(のに)、暗い所などで、ことことと音を立てて歩きまわっているのはおもしろい。
❷恋しく思う。慕う。**昔、いやしからぬ男、我よりは勝りたる人を思ひ掛けて、年経ける**。〈伊勢・89〉訳昔、身分の低くない男が、自分よりは(身分の)優れている人を**恋しく思って**、年月が経った。
❸考える。**人にも語らず、習はむとも思ひ掛けず、物語のことをのみ心に占めて**…。〈更級日記・物語〉訳人にも語らず、(法華経を)習おうとも**考えず**、物語のことだけで心をいっぱいにして…。

おもひ‐かしづ・く【思ひ傅く】 動詞 他〔カ四段〕〈か・き・く・く・け・け〉大切に扱う。大切に世話をする。大事に育てる。**その後はこの猫を北面にも出ださず、思ひかしづく**。〈更級日記・大納言殿の姫君〉訳その後はこのネコを北側にも出さず、**大切に世話をする**。

おもひ‐か・ぬ【思ひかぬ】 動詞 他〔ナ下二段〕〈ね・ね・ぬ・ぬる・ぬれ・ねよ〉❶悲しさや恋しさに耐えられない。**水鳥の立たむよそひに妹のらに物言はず来にて思ひかねつも** 歌〈万葉集・14・3528〉訳水鳥の立つような(急の旅立ちの)準備で、妻にものも言わずに来てしまったので、**悲しさに耐えられなかった**よ。
❷考え及ばない。判断がつかない。**新羅へか家にか帰る壱岐の島行かむ方便も思ひかねつも** 歌〈万葉集・15・3696〉訳新羅へ(行く)か家に帰るか。行く方法も**判断がつかない**ことだよ。○「壱岐の島」は「行く」に係る枕詞。

おもひ‐かは・す【思ひ交はす】 動詞 自〔サ四段〕〈さ・し・す・す・せ・せ〉互いに慕い合う。愛し合う。**昔、男女、いとかしこく思ひ交はして、異心なかりけり**。〈伊勢・21〉訳昔、男と女が、たいそう並々でなく**愛し合って**、浮気心はなかった。

おもひ‐かへ・す【思ひ返す】 動詞 他〔サ四段〕〈さ・し・す・す・せ・せ〉考え直す。考えを改める。**すでに分かつべかりけるとき、思ひ返して**…。〈沙石集〉訳今にも配分しようとした時、**考え直して**…。

おもひ‐かへ・る【思ひ返る】 動詞 自〔ラ四段〕〈ら・り・る・る・れ・れ〉気持ちや考えがもとのようになる。

おもひ‐がほ・なり【思ひ顔なり】 形容動詞〔ナリ〕〈なら・なり(に)・なり・なる・なれ・なれ〉(「〜と思ひ顔なり」の形で)…と思っているような顔つきだ。**いぎたなしと思ひ顔に引き揺るがしたる、いと憎し**。〈枕草子・28・憎きもの〉訳(眠ったふりをしているのを、人が)寝坊だと**思っているような顔つきで**(私を)引っ張って揺り動かしたのは、ひどくしゃくに障る。

おもひ‐かま・ふ【思ひ構ふ】 動詞 他〔ハ下二段〕〈へ・へ・ふ・ふる・ふれ・へよ〉ひそかに企てる。画策する。

おもひ‐き・や【思ひきや】 思ったか、いや、思わなかった。**思ひきや深山の奥に住まひして雲居の月をよそに見むとは** 歌〈平家・灌頂・大原御幸〉訳(こんなことを)**思ったか、いや、思わなかった**。深い山の奥に住んで、宮中で見た月を(宮中からこんなに)離れた場所で見るだろうとは。
発展 四段動詞「おもふ」の連用形＋過去の助動詞「き」の終止形＋反語の終助詞「や」。

おもひ‐き・ゆ【思ひ消ゆ】 動詞 自〔ヤ下二段〕〈え・え・ゆ・ゆる・ゆれ・えよ〉心も消え入るほど深く思う。思い沈む。**ふるさとの雪は花とぞ降り積もるながむる我も思ひ消えつつ** 歌〈後撰集・485〉訳思い出の里(＝奈良)の雪は花のように降り積もっている。物思いにふけり眺めている私も**心も消え入るほど深く思い沈んで**いることだよ。

おもひ‐き・る【思ひ切る】 動詞 他〔ラ四段〕〈ら・り・る・る・れ・れ〉❶断念する。見切りをつける。「**誰も恩愛は思ひ切られぬことにてさうらへば**…。」〈平家・11・副将被斬〉訳「だれも(親子の)情愛は**断念することができない**ことでございますので…。」
❷決心する。覚悟する。

おもひ‐く・す【思ひ屈す】 動詞 ↓おもひくっす・おもひくんず

おもひ‐くだ・く【思ひ砕く】 一 動詞 自〔カ下二段〕〈け・け・く・くる・くれ・けよ〉あれこれと思い乱れる。**あのさまのらうたげなりしを思ひ出でつつ…千々に思ひ砕くれど**…。〈宇津保〉訳あの(女房の)姿がかわいいようすであったのを思い出し思い出しして…いろいろと**あれこれ思い乱れる**が…。
二 動詞 他〔カ四段〕〈か・き・く・く・け・け〉いろいろ思案する。気をもむ。**したには、思ひ砕くべかめれど**…。〈源氏・須磨〉訳心中では、気をもんでいるのに違いないようだが…。

おもひ-くた・す【思ひ腐す】—

心の中で腐らせる意味から、悪い評価を与える	—(心の中で)けなす。見下げる。軽蔑する。

未然形	連用形	終止形	連体形	已然形	命令形
おもひくたさ	おもひくたし	おもひくたす	おもひくたす	おもひくたせ	おもひくたせ

動詞 他〔サ四段〕(心の中で)けなす。見下げる。軽蔑する。
望み深きを見て、むげに思ひくたすは、僻事なり。〈徒然草・142・心なしと見ゆる者も〉訳(家族を多く持つ人が)欲の深いのを見て、むやみに軽蔑するのは、間違ったことである。

発展 **語の成り立ち** 腐らせる意味の「くたす」が「思ひ」の下に付いた複合動詞で、中世末ごろからは用いられなくなった。

おもひ-くっ・す【思ひ屈す】— 動詞 自〔サ変〕〈せ・し・す・する・すれ・せよ〉気がめいる。気弱になる。→おもひくんず
「むげに思ひ屈しにけり。いとわろし。」〈枕草子・101・御方々、君達〉訳「むやみに気弱になってしまったね。とてもよくない。」

おもひ-くづほ・る【思ひ頽る】— 動詞 自〔ラ下二段〕〈れ・れ・る・るる・るれ・れよ〉落胆する。気がくじける。希望を失う。
「我亡くなりぬとて、口惜しう思ひくづほるな。」〈源氏・桐壺〉訳「私が死んでしまったからといって、(娘が宮仕えに出ることに)情けなく希望を失うな。」

おもひ-ぐま【思ひ隈】— 名詞 思いやり。深い考え。考えが深く行き届いていること。

おもひぐま-な・し【思ひ隈無し】— 形容詞〔ク〕〈く・から・く・かり・○・し・かる・き・けれ・かれ〉
❶心がすみずみにまで行きわたらない。思慮に欠けている。「いとうたて。思ひぐまなき御言かな。」〈源氏・若菜上〉訳「なんと情けない。思慮に欠けているおことばだこと。」
❷思いやりがない。かくおぼし惑ふめるに、むなしく見なされたてまつらむが、いと思ひぐまなかるべければ…〈源氏・若菜下〉訳(源氏が)このように困惑なさっているようなのに、(自分が)はかなくなる姿をお目にかけたりすることが、いかにも思いやりがないに違いないので…。

おもひ-くら・す【思ひ暮らす】— 動詞 他〔サ四段〕〈さ・し・す・す・せ・せ〉物思いをして日を過ごす。恋しく思いながら日を過ごす。

おもひ-くら・ぶ【思ひ比ぶ】— 動詞 他〔バ下二段〕〈べ・べ・ぶ・ぶる・ぶれ・べよ〉心の中で比較する。
いづれかまさるとよく思ひ比べて…。〈徒然草・188・ある者、子を法師に〉訳(やりたい仕事の中で)どれが勝っているかとよく心の中で比較して…。

おもひ-くん・ず【思ひ屈ず】—

心がくじけて、沈んだ気分になる	—気がめいる。ふさぎ込む。

未然形	連用形	終止形	連体形	已然形	命令形
おもひくんぜ	おもひくんじ	おもひくんず	おもひくんずる	おもひくんずれ	おもひくんぜよ

動詞 自〔サ変〕気がめいる。ふさぎ込む。
かくのみ思ひくんじたるを、心も慰めむと、心苦しがりて…。〈更級日記・物語〉訳(私が)このようにふさぎ込んでいるばかりであるのを、(母は私の)気持ちをも(なんとか)慰めようと、気の毒に思って…。

発展 **語の成り立ち** 漢語サ変動詞「屈す」が「思ひ」の下に付いた複合動詞「おもひくっす」が変化したもの。促音の表記の仕方が一定していなかったころ、撥音の表記「ん」で代用する習慣があったことから、この語形になり、表記どおり発音するようになったと考えられる。「くんず」だけでも同じ意味である。

関連語 思ひ屈す・屈ず

おもひ-け・つ【思ひ消つ】— 動詞 他〔タ四段〕〈た・ち・つ・つ・て・て〉❶無理に忘れようとする。
今日は、この御ことも思ひけちて、あはれなる雪の雫に濡れ濡れ行ひたまふ。〈源氏・賢木〉訳(源氏は)今日は、この(藤壺への)思いも無理に忘れて、しみじみとした雪の雫に濡れながら勤行なさる。
❷無視する。軽蔑する。
「こよなく思ひけちたりし人も、嘆き負ふやうにて、亡くなりにき。」〈源氏・藤裏葉〉訳「(六条御息所を)この上もなく軽蔑していた人(=葵の上)も、嘆きを(自分の)身に受けるようにして、死んでしまった。」

おもひ-ご【思ひ子】— 名詞 かわいいと思う子。

おもひ-さだ・む【思ひ定む】— 動詞 他〔マ下二段〕〈め・め・む・むる・むれ・めよ〉よくよく考えて決める。
異なることなき女をよしと思ひ定めて…。〈徒然草・190・妻といふものこそ〉訳特別なことのない女をすばらしいとよくよく考えて決めて…。

おもひ-さま・す【思ひ醒ます】— 動詞 他〔サ四段〕〈さ・し・す・す・せ・せ〉心を冷静にする。気持ちを静める。
「すこしも思ひさます折あらばなむ…。」〈源氏・夕霧〉訳「少しでも心を冷静にする折があるならば…。」

おもひ-さわ・ぐ【思ひ騒ぐ】— 動詞 自〔ガ四段〕〈が・ぎ・ぐ・ぐ・げ・げ〉心に冷静さを失う。落ち着きをなくす。
「こたみはよにしぶらすべくもものせじ。」と思ひ騒ぐほどに…。〈蜻蛉日記〉訳「今度は決して(私を)ぐずぐずさせ(たままにし)てはおかないだろう(=無理にでも連れ帰ることだろう)。」と心に冷静さを失っているうちに…。

おもひ-しづま・る【思ひ鎮まる】— 動詞 自〔ラ四段〕〈ら・り・る・る・れ・れ〉心が落ち着く。
「なにごとも、思ひ鎮まりたまへらむ。」〈源氏・末摘花〉訳「(姫君は)何事にも、落ち着いていらっしゃるだろう。」

おもひ-しづ・む【思ひ沈む】— 動詞 自〔マ四段〕〈ま・み・む・む・め・め〉物思いに沈む。ふさぎこむ。
「いとかく、思ひ沈むさまを、『心細し。』と、思ふらむ。」〈源氏・須磨〉訳「(私が)まったくこのように、物思いに沈むさまを、(人々は)『心細い。』と、思っているだろう。」

おもひ-しづ・む【思ひ鎮む】— 動詞 他〔マ下二段〕〈め・め・む・むる・むれ・めよ〉心を静める。気持ちを落ち着ける。
「しばし思ひ鎮めよ。事のさま、思ひめぐらして。」〈源氏・夕顔〉訳「しばらく心を静めよ。事のようすを、いろいろと考えて。」

おもひ-しな・ゆ【思ひ萎ゆ】— 動詞 自〔ヤ下二段〕〈え・え・ゆ・ゆる・ゆれ・えよ〉すっかり元気がなくなる。
夏草の思ひしなえて偲ふらむ妹が門見む…〈万葉集・2・131〉訳→いはみのうみ… 歌

おもひ-し・ぬ【思ひ死ぬ】おもい 動詞 自 〔ナ変〕〈な・に・ぬ・ぬる・ぬれ・ね〉思い焦がれて死ぬ。

おもひ-し・む【思ひ染む】おもい ━ 動詞 自 〔マ四段〕〈ま・み・む・む・め・め〉心に深く染み込む。深く思い込む。

この君の容貌をば、「**似る者なし。**」と、**思ひ染みたりし**に…。〈源氏・夢浮橋〉訳この君(＝浮舟)の顔をば、「似る者がない。」と、(弟の小君は)**深く思い込んで**いたところ…。

━ 動詞 他 〔マ下二段〕〈め・め・む・むる・むれ・めよ〉(願いを)心に深く染み込ませる。執着する。

蔵人**思ひ染めたる**人の、ふとしもえならぬが…。〈枕草子・5・四月、祭りのころ〉訳蔵人(になる願い)を**心に深く染み込ませて**いる人で、すぐにはなれそうもない人が…。

おもひ-し・る【思ひ知る】おもい 動詞 他 〔ラ四段〕〈ら・り・る・る・れ・れ〉(道理などを)わきまえ知る。理解する。悟る。

「いみじう、ものは、**思ひ知りたまへりしぞかし。**」〈源氏・若紫〉訳「(紫の上の母である故姫君は、十歳ごろには)たいへんよく、道理は、**理解して**いらっしゃったのだよ。」

おもひ-しを・る【思ひ萎る】おもいしおる 動詞 自 〔ラ下二段〕〈れ・れ・る・るる・るれ・れよ〉気がめいる。心が弱る。

「消息などもせで久しくはべりしに、むげに**思ひしをれ**て…。」〈源氏・帚木〉訳「手紙などもやらないままで長いこと(放っておき)ましたところ、(その女は)すっかり**気がめいって**…。」

おもひ-すぐ・す【思ひ過ぐす】おもい 動詞 他 〔サ四段〕〈さ・し・す・す・せ・せ〉心に留めずにいる。忘れる。見過ごす。

「かうまで**思ひ過ぐす**べくもなき、けうとさかな。」〈源氏・真木柱〉訳「こうまで**心に留めずにいる**こともできない、気味悪さよ。」

おもひ-すご・す【思ひ過ごす】おもい 動詞 ↓おもひすぐす

おもひ-す・つ【思ひ捨つ】おもい 動詞 他 〔タ下二段〕〈て・て・つ・つる・つれ・てよ〉見捨てる。顧みない。見放す。

山吹のきよげに、藤のおぼつかなきさましたる、すべて**思ひ捨てがたきこと多し**。〈徒然草・19・折節の〉訳ヤマブキが(すっきりと)きれいに(咲き)、フジがぼんやりとしたようすで(咲いて)いるのなど、すべて**見捨て**にくいことが多い。

おもひ-すま・す【思ひ澄ます】おもい 動詞 他 〔サ四段〕〈さ・し・す・す・せ・せ〉❶心を澄まして静かに思う。冷静に考える。

古きことどもなど、**思ひ澄ましたまひて**…。〈源氏・梅枝〉訳(あれこれの)古いこと(＝古歌)などを、(源氏は)**心を澄まして静かに思い**なさって…。

❷俗世を離れて仏道修行に励む。悟る。

今日は、世を**思ひ澄ましたる**僧たちなどだに、涙もえとどめねば…。〈源氏・若菜上〉訳(院の出家した)今日は、**世俗を離れて仏道修行に励んで**いる僧たちなどだって、涙をとどめることができないのだから…。

おもひ-せ・く【思ひ塞く】おもい 動詞 他 〔カ四段〕〈か・き・く・く・け・け〉高まる感情を抑える。

おもひ-そ・む【思ひ染む】おもい 動詞 自 他 〔マ四段〕↓おもひしむ

おもひ-そ・む【思ひ初む】おもい 動詞 他 〔マ下二段〕〈め・め・む・むる・むれ・めよ〉思い始める。恋し始める。

嘆けどもかひなかりけり世の中に何にくやしく思ひそめけむ 歌〈後撰集・850〉訳嘆息するのだが、(その)かいもなかったなあ。あなたとの関係で(＝あなたのことを)、どうして悔やまれるほど**恋し始めた**のだろうか。

おもひだすとは… 歌謡 **思ひ出すとは　忘るるか　思ひ出さずや　忘れねば**〈閑吟集〉訳思い出すというのは、忘れているということなのか(＝忘れているからいえることだよ)。思い出さないか(＝思い出すわけはないよ)、忘れていないのだから。

おもひ-た・つ【思ひ立つ】おもい 動詞 他 〔タ四段〕〈た・ち・つ・つ・て・て〉(新たに何かしようと)決心する。

事の尽くるかぎりもなく、**思ひ立つ**日もあるべからず。〈徒然草・59・大事を思ひ立たん人は〉訳用事がなくなる限界もなく、(出家を)**決心する**日もあるはずがない。

おもひ-たの・む【思ひ頼む】おもい 動詞 他 〔マ四段〕〈ま・み・む・む・め・め〉頼みに思う。あてにする。

我を子とし頼もしからむ陰のやうに、**思ひ頼み**…。〈更級日記・宮仕え〉訳(父が)私を子として頼りになるような心のより所のように、**あてにして**…。

おもひ-た・ゆ【思ひ絶ゆ】おもい 動詞 他 〔ヤ下二段〕〈え・え・ゆ・ゆる・ゆれ・えよ〉思い切る。あきらめる。

今はただ**思ひ絶えなむとばかりを人づてならで言ふよしもがな** 百人一首〈後拾遺集・750〉訳↓いまはただ…

おもひ-たゆ・む【思ひ弛む】おもい 動詞 自 〔マ四段〕〈ま・み・む・む・め・め〉心がゆるむ。油断する。

「今は、さりとも。」と、**思ひたゆみたりつる**に…。〈源氏・葵〉訳「今は、いくらなんでも(もはや安心だ)。」と、**心がゆるんで**いたときに…。

おもひ-たわ・む【思ひ撓む】おもい 動詞 自 〔マ四段〕〈ま・み・む・む・め・め〉気持ちがくじける。意気消沈する。

おもひ-つ・く【思ひ付く】おもい 動詞 他 〔カ四段〕〈か・き・く・く・け・け〉❶好ましく思う。

「故衛門督をば、取り分きて**思ひ付きにしぞかし。**」〈源氏・夕霧〉訳「故衛門督(＝柏木)を、格別に**好ましく思った**ことだよ。」

❷考えつく。思い当たる。

おもひつつ… 歌 **思ひつつ寝ればや人の見えつらむ夢と知りせば覚めざらましを**〈古今集・恋2・552・小野小町〉訳恋い慕いながら寝るので(あの)人が(夢に)現れたのではなかろうか。もし夢と知っていたら、(夢から)覚めなかったろうのに。○「寝ればや」は、下二段動詞「ぬ(寝)」の已然形＋順接確定条件の接続助詞「ば」＋疑問の係助詞「や」。「見えつらむ」の「つらむ」は、完了の助動詞「つ」の終止形＋現在推量の助動詞「らむ」の連体形で、この「らむ」は、「や」の結びとなっている。そこで切れて三句切れ。下の句は、「せば…まし」の反実仮想で、甘い夢から覚めてしまったことへの悔恨の気持ちを表す。

発展『無名草子』にも引かれる歌。

おもひ-つづ・く【思ひ続く】おもい 動詞 他 〔カ下二段〕〈け・け・く・くる・くれ・けよ〉❶思い続ける。絶えず思う。

❷思いを歌に詠む。

かたじけなくうれしさのあまりに、泣く泣くかうぞ**思ひ続けたまふ**。〈平家・7・竹生島詣〉訳もったいなくうれしすぎて、泣きながらこのように**思いを歌にお詠みに**なった。

おもひ-つつ・む【思ひ包む・思ひ慎む】おもい 動詞 他 〔マ四段〕〈ま・み・む・む・め・め〉人に知られないように心に包み隠す。遠慮する。

ひとへに物を**思ひ包み**…。〈源氏・玉鬘〉訳ひたすら例のこと(＝夕顔の死)を**人に知られないように心に包み隠し**…。

おもひ-つ・む【思ひ積む】おもい 動詞 自 〔マ四段〕〈ま・み・む・む・め・め〉思いが積もる。物思いが重なる。

筑波嶺のよけくを見れば長き日に思ひ積み来し憂へは息みぬ 歌〈万葉集・9・1757〉訳 筑波嶺のよい景色を見ると、長い日数にわたって思いが積もってきた悩みはなくなった。


おもひ-つ・む【思ひ詰む】― 動詞 他〔マ下二段〕〈め・め・む・むる・むれ・めよ〉深く思い込む。いちずに思って悩む。

「あさましうのみ思ひ詰めて、やみたまひにしが…。」〈源氏・薄雲〉訳「あきれるほどにいちずに思って(悩んだ末に)、(あなたの母君が)亡くなってしまいになったことが…。」


おもひ-つら・ぬ【思ひ連ぬ】― 動詞 他〔ナ下二段〕〈ね・ね・ぬ・ぬる・ぬれ・ねよ〉(種々のことを)次から次に思う。

憂きことを思ひ連ねて雁の鳴きこそ渡れ秋の夜な夜な 歌〈古今集・秋上・213〉訳 つらい(世の中の)ことを次から次に思って(そのつらいことを並べ立ててでもいるように)ガンが鳴いて空を横切っていくことだ。秋の夜ごとに。


おもひ-と・く【思ひ解く】― 動詞 他〔カ四段〕〈か・き・く・く・け・け〉❶考えて理解する。悟る。

「思ひ解けば、ものなむ恥づかしからぬ。」〈堤中納言・虫めづる姫君〉訳「悟ると、ものは恥ずかしくはない。」
❷了解する。大目に見る。
思ひ放つまじきあたりは、いとほしなど思ひ解けば…。〈枕草子・270・人の上言ふを〉訳 見放すことができそうにない人については、気の毒だなどと大目に見るので…。

おもひ-どち【思ひどち】― 名詞 気の合う者どうし。思い合う者どうし。(ある一人の人に)思われている者どうし。

おもひ-とぢ・む【思ひ閉ぢむ】― 動詞 他〔マ下二段〕〈め・め・む・むる・むれ・めよ〉あきらめる。断念する。

「『老いの波に、さらに立ち返らじ。』と、思ひ閉ぢめて…。」〈源氏・若菜上〉訳「『年老いてからは、絶対に(都には)帰らないようにしよう。』と、あきらめて…。」


おもひ-とどこほ・る【思ひ滞る】― 動詞 自〔ラ四段〕〈ら・り・る・る・れ・れ〉決断できないでためらう。決心が鈍る。躊躇する。

「はかなきことに思ひ滞り…。」〈源氏・橋姫〉訳「取るに足らないことで(出家を)躊躇し…。」


おもひ-とど・む【思ひ止む・思ひ留む】― 動詞 他〔マ下二段〕〈め・め・む・むる・むれ・めよ〉❶断念する。あきらめる。

かうまで、うち出でたまへれば、え思ひとどめたまはず。〈源氏・浮舟〉訳(匂宮は)このようにまで、口外なさったので、(宇治行きを)断念することがおできにならない。
❷心にとどめる。心に残す。気に留める。
「『この人をとまりに。』とも思ひ留めはべらず…。」〈源氏・帚木〉訳「『この人を(一生の)妻に。』とも心にとどめることはいたしませんで…。」


おもひ-と・る【思ひ取る】― 動詞 他〔ラ四段〕〈ら・り・る・る・れ・れ〉❶理解する。悟る。

「世の道理を思ひ取りて、恨みざりけり。」〈源氏・帚木〉訳「(博士の娘は男女の)仲の道理を理解して、恨むようなことはしなかった。」
❷決意する。
頭下ろしなど、ふつつかに思ひ取りたるにはあらで…。〈徒然草・5・不幸に〉訳 頭髪をそって出家するなど、軽率に決意したのではなくて…。


おもひ-なが・す【思ひ流す】― 動詞 他〔サ四段〕〈さ・し・す・す・せ・せ〉次々にいろいろと思い浮かべる。

「この世の外のことまで思ひ流され…。」〈源氏・朝顔〉訳「来世のことまで次々にいろいろと思い浮かべないではいられず…。」


おもひ-なぐさ・む【思ひ慰む】― 一 動詞 自〔マ四段〕〈ま・み・む・む・め・め〉心が慰められる。気が晴れる。

「この世には、いささか思ひ慰む方なくて過ぎぬべき身どもなめり。」〈源氏・総角〉訳「この世では、少しも心が慰められることがなくて過ぎてしまうに違いない私たちであるようだ。」

二 動詞 他〔マ下二段〕〈め・め・む・むる・むれ・めよ〉心を慰める。気を晴らす。


おもひ-なげ・く【思ひ嘆く】― 動詞 自〔カ四段〕〈か・き・く・く・け・け〉嘆き悲しむ。

いと口惜しく思ひ嘆かるるに…。〈更級日記・物語〉訳 たいそう残念に嘆き悲しまないではいられないときに…。


おもひ-なし【思ひ為し・思ひ做し】― 名詞 ❶先入観によって思い込むこと。気のせい。

思ひなしにや、なほ、いとよう覚えたりかし。〈源氏・柏木〉訳 思い込みのせいではなかろうか、やはり、(若君は柏木に)たいへんよく似ているよ。
❷人望。評判。
人の御際まさりて、思ひ為しめでたく…。〈源氏・桐壺〉訳(藤壺は桐壺の更衣に比べると)ご身分が優れていて、(そう思うせいか)世間の評判がすばらしく…。


おもひ-な・す【思ひ為す・思ひ做す】― 動詞 他〔サ四段〕〈さ・し・す・す・せ・せ〉❶思い込む。決め込む。強いて思う。

その男、身を要なき者に思ひなして…。〈伊勢・9〉訳 その男は、自分を無用な者と思い込んで…。
❷推定する。推測する。(このようだと)考える。

おもひ-なずら・ふ【思ひ準ふ】― 動詞 他〔ハ下二段〕〈へ・へ・ふ・ふる・ふれ・へよ〉思い比べる。比べて考える。

人柄も、なべての人に思ひなずらふれば…。〈源氏・若菜下〉訳(女二の宮の)人柄も、普通の人に比べて考えると…。

発展「おもひなぞらふ」とも。


おもひ-なほ・る【思ひ直る】― 動詞 自〔ラ四段〕〈ら・り・る・る・れ・れ〉考えが変わる。機嫌が直る。

袖の几帳など取り捨てて、思ひ直りたまふめりし。〈枕草子・82・頭の中将の〉訳 袖を几帳などのようにして顔を隠すのをやめ、(私を避けようという)考えが変わりなさるようだ。


おもひ-なら・ふ【思ひ習ふ】― 動詞 他〔ハ四段〕〈は・ひ・ふ・ふ・へ・へ〉❶習い覚える。

君により思ひ習ひぬ世の中の人はこれをや恋といふらむ 歌〈伊勢・38〉訳 あなたによって(男女関係のことを)習い覚えてしまった。人はこれを恋というのであろうか。
❷常にそう思う。いつも心にかける。
「人より先なりけるけぢめにや、とりわきて思ひ習ひたるを…。」〈源氏・若菜下〉訳「(誕生が)人(=他の兄弟)より先であった(ことへの)けじめではないか、(両親は私を)特別にいつも心にかけていたよ…。」
発展 ❷は「思ひ慣らふ」とも書く。

おもひ-な・る【思ひ成る】― 動詞 自〔ラ四段〕〈ら・り・る・る・れ・れ〉思うようになる。その気持ちになる。

「今は亡き人と、ひたぶるに思ひ成りなむ。」〈源氏・桐壺〉訳「もはやこの世にない人だと、すっかりその気持ちになってしまおう。」

おもひ-ね【思ひ寝】― 名詞 ものを思いながら寝ること。特に、恋しい人を思いながら寝ること。

かへり来ぬ昔を今と思ひ寝の夢の枕ににほふ橘 歌〈新古今集・夏・240〉訳帰っては来ない昔を今(のものとできたら)と、恋しく思いながら寝ていたらその思いがかなったよ。その夢の枕元ににおっているタチバナよ。○タチバナの香りは、昔を思い起こさせるという言い伝えがあった。

おもひ-ねん・ず【思ひ念ず】 動詞 自 〔サ変〕〈ぜ・じ・ず・ずる・ずれ・ぜよ〉❶一心に祈る。「命ながくとこそ、**思ひ念ぜめ**。」〈源氏・桐壺〉訳「長生きを(させてください)と、**一心に祈る**のがよかろう。」❷じっとこらえる。我慢する。**思ひ念じて、ただ、するままにまかせて見ゐたり**。〈源氏・東屋〉訳(中将の君は)**じっとこらえて**、ただ、(夫の)するままにまかせて見ていた。

おもひ-のど・む【思ひ和む】

━気持ちをのんびりさせる┳**気持ちを静める。心を落ち着かせる。**

未然形	連用形	終止形	連体形	已然形	命令形
おもひのどめ	おもひのどめ	おもひのどむ	おもひのどむる	おもひのどむれ	おもひのどめよ

動詞 他 〔マ下二段〕**気持ちを静める**。**心を落ち着かせる**。**仏を念じたまへど、いとど思ひのどめむ方なくのみあれば**…。〈源氏・総角〉訳(薫は)仏をお祈りになるが、ますます(大君を恋しく思う)**気持ちを静め**たりする方法もないばかりの状態であるので…。

おもひ-の-ほか・なり【思ひの外なり】 形容動詞 〔ナリ〕〈なら・なり(に)・なり・なる・なれ・なれ〉思いがけない。意外だ。「たまさかに立ち出づるだに、かく**思ひの外なること**を見るよ。」〈源氏・若紫〉訳「たまたま出かけただけでも、この(美少女を見出だす)ように**思いがけないこと**に出会うことよ。」

おもひ-はか・る【思ひ量る】 動詞 他 〔ラ四段〕〈ら・り・る・る・れ・れ〉考えを巡らす。よき人にあはせむと**思ひ量れど**…。〈竹取・火鼠の皮衣〉訳(竹取の翁は)かぐや姫を)高貴な人と結婚させようと**考えを巡らすが**…。

おもひ-はげ・む【思ひ励む】 動詞 自 〔マ四段〕〈ま・み・む・む・め・め〉心に思って努力する。後の世までのことをも思はむと**思ひ励みて**…。〈更級日記・春秋の定め〉訳(その上に)来世までのことも考えようと**心に思って努力して**…。

おもひ-は・つ【思ひ果つ】 動詞 他 〔タ下二段〕〈て・て・つ・つる・つれ・てよ〉❶心に決める。判断する。思い込む。「恐ろしきものに**思ひ果てにためれば**…。」〈蜻蛉日記〉訳「(世の中はいやなものだと)恐ろしいほどに**思い込んでしまっているようなので**…。」❷思いきる。断念する。❸愛しぬく。思い続ける。「あこは、らうたけれど、つらきゆかりにこそ、**え思ひ果つまじけれ**。」〈源氏・空蟬〉訳「おまえ(=小君)は、かわいいが、うらめしい人(=空蟬)の縁者だから、**愛しぬくことはできそうもない**ね。」

おもひ-はな・つ【思ひ放つ】 動詞 他 〔タ四段〕〈た・ち・つ・つ・て・て〉愛想を尽かす。見放す。あきらめる。**思ひ放つまじきあたりは**、いとほしなど思ひ解けば…。〈枕草子・270・人の上言ふを〉訳**見放す**ことができそうにない人については、気の毒だなどと大目に見るので…。

おもひ-はな・る【思ひ離る】 動詞 他 〔ラ下二段〕〈れ・れ・る・るる・るれ・れよ〉関心をなくす。断念する。「なにかは、かばかりぞかし。」と**思ひ離るるものから**…。〈蜻蛉日記〉訳「いやなに、これ(=手紙の文面の上)だけのことよ。」と**関心をなくしているものの**…。

おもひ-はばか・る【思ひ憚る】 動詞 自 〔ラ四段〕〈ら・り・る・る・れ・れ〉いろいろ考えて遠慮する。気兼ねする。人悪かるべきを、わがためは**思ひはばからず**…。〈源氏・藤裏葉〉訳体裁が悪いはずのことを、(明石の君)自身のためには**気兼ねせず**…。

おもひ-びと【思ひ人】 名詞 恋い慕う人。愛人。

おもひ-ふ・す【思ひ臥す】 動詞 自 〔サ四段〕〈さ・し・す・す・せ・せ〉物思いをしながら寝る。物思いに沈んで床に就く。目も合はず**思ひ臥したるに**…。〈枕草子・125・無徳なるもの〉訳目も閉じないで**物思いをしながら寝ている**と…。

おもひ-へだ・つ【思ひ隔つ】 動詞 他 〔タ下二段〕〈て・て・つ・つる・つれ・てよ〉心に隔てを置く。分け隔てする。**思ひ隔てず**、「かなし。」と、見たてまつりたまふ。〈源氏・若菜上〉訳(明石の女御を)**分け隔てしない**で、「(実の子のように)かわいい。」と、(紫の上は)見申し上げなさる。

おもひ-まう・く【思ひ設く】 動詞 他 〔カ下二段〕〈け・け・く・くる・くれ・けよ〉予期する。用意する。覚悟しておく。「兵衛の佐、**返し思ひ設けよ**。」〈枕草子・35・小白河といふ所は〉訳「兵衛の佐、返歌を**用意せよ**。」

おもひ-まが・ふ【思ひ紛ふ】 動詞 他 〔ハ下二段〕〈へ・へ・ふ・ふる・ふれ・へよ〉思い違える。紛らわしく思う。住みなれたまひしふるさとの池水に、**思ひまがへられたまふ**に…。〈源氏・明石〉訳(源氏の)住み慣れなさったわが家の池水に、(明石の入道の邸が)**思い違え**なさらないではいられない(=とてもよく似ている)のにつけて…。

おもひ-ま・す【思ひ増す】 動詞 他 〔サ四段〕〈さ・し・す・す・せ・せ〉いっそう強く思う。ますます恋しく思う。**葦辺より満ちくる潮のいやましに君に心を思ひ増すかな** 歌〈伊勢・33〉訳アシの生えている辺りから満ちてくる潮がいよいよまさるように、あなたを恋い慕う気持ちが**いっそう強まる**ことだな。

おもひ-ま・す【思ひ優す】 動詞 他 〔サ四段〕〈さ・し・す・す・せ・せ〉他よりもよいと思う。いっそう大切に思う。**まてといふに散らでしとまるものならばなにを桜に思ひまさまし** 歌〈古今集・春下・70〉訳(花が散るのを)待てというとき散らずに(枝に)とまるものならば、何をサクラの花に(対して)**いっそう大切に思う**だろうか(花が散るからこそサクラを愛する心が募るのだ)。

おもひ-まど・ふ【思ひ惑ふ】 動詞 自 〔ハ四段〕〈は・ひ・ふ・ふ・へ・へ〉当惑する。思い迷う。困惑する。殿の内の人、足を空にて**思ひ惑ふ**。〈源氏・夕顔〉訳(源氏の重病に)御殿の中の人は、足が地に着かないほど**当惑している**。

おもひ-まは・す【思ひ回す】 動詞 他 〔サ四段〕〈さ・し・す・す・せ・せ〉(あれこれと)思い巡らす。思案する。「とくとく、ただ**思ひ回さで**、難波津も何も、ふとおぼえむことを。」〈枕草子・23・清涼殿の丑寅の〉訳「早く早く、ただ**あれこれと思い巡らさない**で、難波津(の歌)でもなんでも、ふと心に浮かぶようなことを(書きなさい)。」

おもひ-みだ・る【思ひ乱る】 動詞 自 〔ラ下二段〕〈れ・れ・る・るる・るれ・れよ〉思い悩む。煩悶する。あふさきるさに**思ひ乱れ**、さるは独り寝がちに、まどろむ夜なきこそをかしけれ。〈徒然草・3・万にいみじくとも〉訳あれこれと思い悩み、結局一人で寝る夜が多く、うとうとする夜もないのこそおもしろいのだ。

おもひ-み・る【思ひ見る・惟る】― 動詞 他〔マ上一段〕〈み・み・みる・みる・みれ・みよ〉あれこれと思いを巡らす。よく考える。
「**あはれ、さ言ひしを聞く人、いかにをかしと思ひ見るらむ。**」〈蜻蛉日記〉訳「ああ、そのように言ったのを聞く人は、どんなにおかしいと**あれこれと思いを巡らし**ていることであろう。」

おもひ-むすぼほ・る【思ひ結ぼほる】 動詞 ↓おもひむすぼる

おもひ-むすぼ・る【思ひ結ぼる】― 動詞 自〔ラ下二段〕〈れ・れ・る・るる・るれ・れよ〉あれこれ思い、気がめいる。
鶴が鳴く奈呉江の菅のねもころに思ひ結ぼれ… 歌〈万葉集・18・4116〉訳ツルが鳴く奈呉江のスゲの根のように、**あれこれ思い、気がめいり**…。

おもひ-むつ・ぶ【思ひ睦ぶ】― 動詞 自〔バ上二段〕〈び・び・ぶ・ぶる・ぶれ・びよ〉むつまじく思う。親しむ。
「親しく**思ひむつぶる**筋は、またなくなむ思ほえし。」〈源氏・夕顔〉訳「親しく**むつまじく思う**人は、（あなた以外には）二人といないと思われたのだ。」

おもひ-めぐら・す【思ひ廻らす・思ひ巡らす】― 動詞 他〔サ四段〕〈さ・し・す・す・せ・せ〉あれこれと考える。さまざまに思案する。
下りて行く際に、歌詠まほしかりければ、やや久しう思ひ巡らして…。〈源氏・玉鬘〉訳（大夫監は）下がって帰って行く際に、歌を詠みたくなったので、少し時間をかけて**あれこれと考えて**…。

おもひ-やすら・ふ【思ひ休らふ】― 動詞 自〔ハ四段〕〈は・ひ・ふ・ふ・へ・へ〉心を決めかねる。ためらう。
ゆくりなくあくがれむことを、女は思ひ休らひ…。〈源氏・夕顔〉訳思いがけず浮かれた気分で出歩いたりすることを、女（＝夕顔）は**ためらい**…。

おもひ-や・む【思ひ止む】― 動詞 他〔マ四段〕〈ま・み・む・む・め・め〉思いとどまる。
「このこと、**思ひやませたてまつらむ**。」〈源氏・賢木〉訳「このこと（＝源氏が自分に執心すること）を、**思いとどまらせ申し上げよう**。」

おもひ-やり【思ひ遣り】― 名詞 ❶思い巡らすこと。推察。想像。
「**憂きさまに言ひなす人もあらむこそ、思ひ遣り恥づかしけれど**…。」〈源氏・浮舟〉訳「（入水自殺を）つらく情けないように言いたてる人もいたりすることは、（それを）**想像すること**が恥ずかしいけれども…。」
❷人の気持ちになって考えること。同情。
まめやかなる御心ばへも、思ひ遣り深うあはれなれば…。〈源氏・須磨〉訳（お仕えする人々に対する紫の上の）ひたむきなご配慮も、**同情**深く親切であるので…。
❸思慮。分別。考え。
若き者なるにより、思ひ遣りのなきにや…。〈住吉物語〉訳若い者であるから、**分別**がないのであろうか…。

おもひ-や・る【思ひ遣る】―

空間的に離れた場所に気持ちを移す → ❶憂いを晴らす。❷思いをはせる。❸想像する。❹心配りする。

未然形	連用形	終止形	連体形	已然形	命令形
おもひや・ら	おもひや・り	おもひや・る	おもひや・る	おもひや・れ	おもひや・れ

動詞 他〔ラ四段〕❶**憂いを晴らす。心を慰める。**
思ひやる術の方便も今はなし君に逢はずて年の経ぬれば 歌〈万葉集・13・3261〉訳**心を慰める**（ための）頼るべき方法も今はない。あなたに逢わないで（長い）年月がたってしまったので。
❷（遠く離れた人や物を）**はるかに思う**。**思いをはせる。**
遠き雲居を思ひやり、浅茅が宿に昔をしのぶこそ、色好むとはいはめ。〈徒然草・137・花は盛りに〉訳遠く離れた所を**はるかに思い**、チガヤ（＝草の名）の茂っているような荒れ果てた家で昔（の恋）を思い出して懐かしむのは、（本当に）恋愛の情をよく理解しているというのだろう。
❸**推量する。想像する。**
「**前の世の罪、思ひやられはべれば**…。」〈宇津保〉訳「前世の罪業を、**想像し**ないではいられませんので…。」
❹**心配りする。気遣う。**
「**いはけなき人を、いかにと思ひやりつつ、もろともにはぐくまぬおぼつかなさを。**」〈源氏・桐壺〉訳「幼い宮（＝後の源氏）を、どうしているかといつも**気遣って**は、（源氏の祖母であるあなたと）一緒に養育しない気がかりといったら（ない）。」

発展 **現代語とのつながり** 上代からあることばだが、中古では❷の思いをはせる意味が圧倒的に多い。❷〜❹の「やる」は、「思い」を「遠くまで行かせる」意味であるが、❶の「やる」は「思い」を「晴らす」意味で用いられている。なお、現代語には、❹の心配りをする意味だけが残っている。

おもひ-ゆる・す【思ひ許す】― 動詞 他〔サ四段〕〈さ・し・す・す・せ・せ〉❶許す。承認する。
「**坎日にもありけるを、もしたまさかに思ひゆるしたまはば、あしからむ。**」〈源氏・夕霧〉訳「坎日（＝陰陽道で、諸事に凶である日）でもあったから、もしたまたま（落葉の宮との結婚を）お**許し**くださったら、（縁起が）悪いだろう。」
❷顔を立てて許す。免じて許す。

おもひ-よ・す【思ひ寄す】― 動詞 他〔サ下二段〕〈せ・せ・す・する・すれ・せよ〉あれこれと思い合わせる。思い比べる。
忍びて寄する車どものゆかしきを、それか、かれかなど思ひ寄すれば…。〈徒然草・137・花は盛りに〉訳こっそりと近づいてくるいくつかの牛車（の主人）が知りたいので、あの方か、この方かなどと**あれこれと思い合わせる**と…。

おもひ-よそ・ふ【思ひ寄そふ】― 動詞 他〔ハ下二段〕〈へ・へ・ふ・ふる・ふれ・へよ〉他のものに見立てる。連想する。
人も、今見る人の中に思ひよそへらるるは、誰もかく覚ゆるにや。〈徒然草・71・名を聞くより〉訳（物語の登場）人物も、現在見る人の中に自然と**見立てられる**のは、（私だけでなく）だれもこのように思われるのだろうか。

おもひ-よ・る【思ひ寄る】― 動詞 自〔ラ四段〕〈ら・り・る・る・れ・れ〉❶思いつく。気が付く。
紅葉散らしかけたりなど、思ひ寄らぬさまにして、御所へ参りて…。〈徒然草・54・御室に〉訳紅葉を散らしかけたりなど、**気が付か**ないようにして、御所へ参上して…。
❷心を引かれる。愛着を覚える。また、思いをかけて相手に近寄る。求愛する。
「わが、いとよく**思ひ寄りぬべかりしことを、譲りきこえて**…。」〈源氏・夕顔〉訳「私（＝惟光）が、たいそうよく**思いをかけて相手に近寄る**ことができるに違いなかったことを、（源氏に）お譲り申し上げて…。」

おもひ-よわ・る【思ひ弱る】—《おもい》 動詞 自〔ラ四段〕〈ら・り・る・る・れ・れ〉気が弱くなる。気弱になる。我を折る。
「渡りたまひては、まさるべし。」とのみ言へば、**思ひ弱りにたり**。〈源氏・薄雲〉訳（周囲も占い師も異口同音に）「（姫君は二条院に）お移りなさってしまえば、（ご運も）よくなるに違いない。」とばかり言うので、（明石《あかし》の君は）**気弱になってしまった**。

おもひ-わ・く【思ひ分く】—《おもい》

心の中で事態をはっきりととらえる

- 一 動詞 他〔カ四段〕**判断する**。識別する。**区別する**。
- 二 動詞 他〔カ下二段〕一の意味に同じ。

動詞 他〔カ四段〕

未然形	連用形	終止形	連体形	已然形	命令形
おもひわ・か	おもひわ・き	おもひわ・く	おもひわ・く	おもひわ・け	おもひわ・け

動詞 他〔カ下二段〕

未然形	連用形	終止形	連体形	已然形	命令形
おもひわ・け	おもひわ・け	おもひわ・く	おもひわ・くる	おもひわ・くれ	おもひわ・けよ

一 動詞 他〔カ四段〕**判断する**。**識別する**。**区別する**。**分け隔てする**。
異人《ことひと》と思ひ分きたまふまじきさまに、かすめつつ語らひたまへる心ばへなど、いとあはれなり。〈源氏・総角《あげまき》〉訳（大君《おおいぎみ》が薫に、妹の中の君を自分とは）別の人だと**分け隔て**なさらない方がよい（＝自分に対してと同じように思いを寄せてほしい）というように、ほのめかしながらお話しになっている心遣いなどは、本当にしみじみと心を打たれる。

二 動詞 他〔カ下二段〕一の意味に同じ。
「**これを異人《ことひと》と思ひ分けたること**。」〈源氏・東屋《あずまや》〉訳「（浮舟《うきふね》の継父《ままちち》は）これ（＝浮舟）を他人と（して取り扱い、実の娘たちと）**分け隔てして**いることだよ。」
発展 四段活用の例が多く、下二段活用の例はまれ。

おもひ-わた・る【思ひ渡る】—《おもい》 動詞 他〔ラ四段〕〈ら・り・る・る・れ・れ〉思い続ける。
昔、つれなき人をいかでと思ひ渡りければ…。〈伊勢・90〉訳昔、無情な人をなんとかして（思いに気付かせて会いたい）と**ずっと思い続けていた**ので…。

おもひ-わづら・ふ【思ひ煩ふ】—《おもいわずら(ろ)う》 動詞 自〔ハ四段〕〈は・ひ・ふ・ふ・へ・へ〉思い悩む。途方に暮れる。
この女、いとわろくなりにければ、思ひ煩ひて…。〈大和・149〉訳この女が、ひどく貧しくなってしまったので、（男は）**思い悩んで**…。

おもひわび…［百人一首］
思ひわびさても命はあるものを憂きに堪へぬは涙なりけり
〈千載集《せんざいしゅう》・818・道因《どういん》〉訳（冷たい仕打ちに）思い悩んで、それでも（死にもしないで）命はあるものなのに、つらさに耐えられない（でこぼれる）のは涙であったのだった。
〇「さても」は「そうであっても、やはり」の意味の副詞。「さありても」と解する。「涙なりけり」の「涙」は、「命」との対比表現。
発展 作者は、生没年未詳。俗名を藤原敦頼《あつより》といい、初め崇徳院《すとくいん》に仕え、後、一一七二（承安二）年に出家した。どんなに恋に苦しもうと、肉体的なものである命は衰えないのに、その苦しみが激しければそれだけ、精神的なものによる涙は、耐え切れずに流れてくると、命を涙と対比させて、恋する者の苦悩を詠んだ歌。

品詞分解・修辞

思ひわび	さても	命	は	ある	ものを
バ上二・用	副		係助	ラ変・体	接助

憂き	に	堪へ	ぬ	は	涙	なり	けり
形・体	格助	ハ下二・未	打消・体	係助		断定・用	詠嘆・終

おもひ-わ・ぶ【思ひ侘ぶ】—《おもい》 動詞 自〔バ上二段〕〈び・び・ぶ・ぶる・ぶれ・びよ〉思い悩む。悲しく思う。
事に触れて数知らず苦しきことのみまされば、いといたう思ひわびたるを…。〈源氏・桐壺《きりつぼ》〉訳何かにつけて数えきれないほど苦しいことがふえるばかりなので、（更衣が）ほんとうにひどく**思い悩ん**でいるのを…。

おもひ-を-か・く【思ひを掛く・思ひを懸く】—《おもい》
望みを抱く。
官位《つかさくらゐ》に思ひを掛け、主君のかげを頼む程の人は…。〈方丈記・都遷《みやこうつ》り〉訳官職や位階に**望みを抱き**、主君の恩恵を当てにするくらいの人は…。

おも・ふ【思ふ】《おもう》

心を働かせる

- ❶感じる。思う。考える。
- ❷判断する。理解する。
- ❸表情に表す。（…の）顔つきをする。
- ❹**愛する**。恋い慕う。
- ❺**心配する**。嘆く。思い悩む。
- ❻懐かしむ。回想する。
- ❼願う。望む。希望する。
- ❽想像する。予想する。

未然形	連用形	終止形	連体形	已然形	命令形
おも・は	おも・ひ	おも・ふ	おも・ふ	おも・へ	おも・へ

動詞 他〔ハ四段〕❶**感じる**。**思う**。**考える**。
目に見えぬ鬼神《おにがみ》をもあはれと思はせ、男女《をとこをんな》の仲をも和《やは》らげ、猛《たけ》き武士《もののふ》の心をも慰むるは歌なり。〈古今集・仮名序〉訳目に見えない天地万物の霊魂までも感慨深く**感じ**させ、男女の関係をも親しくさせ、荒々しい武士の心をもなごやかにさせるものは和歌である。

❷**判断する**。**理解する**。
「**これこそ、我に衣《きぬ》得させんとて出《い》でたる人なめり**。」と**思ひて**…。〈宇治拾遺《うじしゅうい》〉訳（盗人は、高貴な姿の人が歩いてくるのを見て）「こいつこそ、自分に着物を与えようということで現れた人であるようだ。」と**判断して**…。

❸（その気持ちを）**表情に表す**。（…の）**顔つきをする**。
月出《い》づれば、出でゐつつ、嘆き思へり。〈竹取・かぐや姫の昇天〉訳（かぐや姫は）月が出ると、（部屋の端近くに）出て座っては、悲しみを**表情に表して**いた。

❹**愛する**。**恋い慕う**。**いとおしむ**。
遠き所より、思ふ人の文《ふみ》を得て、固く封《ふん》じたる続飯《そくひ》など開くるほど、いと心もとなし。〈枕草子・160・心もとなきもの〉訳遠い所から、**愛する**人の手紙を受け取って、固く封をしてある糊《のり》づけなどを開ける間は、とてもじれったい。

❺**心配する**。**嘆く**。**思い悩む**。
「**海賊報いせむと言ふなることを思ふうへに、海のまた恐ろしければ**…。」〈土佐日記・一月二十一日〉訳「（途中）海賊が仕返しをするだろうと（人々が）言うようなうわさ

を心配するうえに、海（そのもの）がまた恐ろしいので…。」

❻（過去の事柄を）**懐かしむ。回想する。思い出す。**

処女らが奥つ城処我さへに見れば悲しも古思へば 歌〈万葉集・9・1801〉訳処女（＝二人の男に求婚されて、どちらにも決められず自殺したという伝説の菟原処女）の墓のある所を、私でさえも見ると切ないことよ。昔を**思い出す**と。

❼**願う。望む。希望する。**

世の中に物語といふもののあんなるを、いかで見ばやと思ひつつ…。〈更級日記・門出〉訳世の中に物語というものがあるとかいうのを、なんとかして見たいと（ずっと）**願い続けて**…。

❽**想像する。予想する。**

日々に過ぎゆくさま、かねて思ひつるには似ず。一年のうちもかくのごとし。〈徒然草・189・今日は、そのことを〉訳日ごとに（いろいろな用事に追われて）過ぎてゆくようすは、前もって**予想して**いたこととは同じようにはならない。一年の間もこのとおりである。

発展 ①**語の成り立ち** 「面」と同じ語源で、顔つきに表れる心の動きを意味するという説、また、「重し」と同じ語源で、心の中に深く蓄えている状態を意味するという説がある。

②**「思ひ～」型の複合動詞** 心の動きを表す最も基本的なことばで、その意味は、古語、現代語ともに幅広い。複雑な心の動きは、この一語には収まらず、「思ひやる」「思ひわたる」など、多くの「思ひ～」型の複合動詞を生み出した。

→**古語チャート❽**（291ページ）

おもふ-おもふ【思ふ思ふ】 副詞 思いながら。

いかなることにかあらんと、思ふ思ふ入りたりければ…。〈宇治拾遺〉訳（家の中から呼びかけられて）どういうことなのだろうかと、**思いながら**（家の中に）入っていったところ…。

おもふ-く【趣く】 動詞 →おもむく

おもふ-さま【思ふ様】 名詞 思うところ。考え。

おもふ-さま・なり【思ふ様なり】 形容動詞〔ナリ〕〈なら・なり（に）・なり・なる・なれ・なれ〉❶思いどおりだ。理想的だ。

しぶしぶに思ひたる人を、強ひて婿取りて、思ふさまならずと嘆く。〈枕草子・79・あぢきなきもの〉訳（娘が）気が進まずにいる男を、（親が）無理に婿に迎えて、**思いどおりで**はないと嘆くのは（つまらない）。

❷思うままに振る舞っている。気ままだ。わがままだ。

これは入道相国、万思ふさまなるが致すところなり。〈平家・4・厳島御幸〉訳これは入道相国（＝平清盛）が、万事**思うままに振る舞っている**ことがもたらすところである。

おもふ-どち【思ふどち】 名詞 →おもひどち

おもへ-らく【思へらく】 思ったことには。思っていることには。発展 四段動詞「おもふ」の命令形＋完了の助動詞「り」の未然形＋接尾語「く」。

おもほえ-ず【思ほえず】 連語 思いがけなく。意外にも。

思ほえず袖に湊の騒ぐかな唐土船の寄りしばかりに 歌〈伊勢・26〉訳**思いがけなく**（恋しい人との縁が切れて）、（港に波が打ち寄せるように）袖にたくさんの涙がこぼれることだなあ。（珍しい）唐船が（いきなり港に）入って来たときぐらいに。

おもほ・し【思ほし】 形容詞〔シク〕〈しく・しく・し・しき・しけれ・○／しから・しかり・○・しかる・○・しかれ〉（心のうちで）思い望んでいる。願わしい。望ましい。

玉桙の道をた遠み間使ひも遣るよしもなし思ほしき言伝て遣らず恋ふるにし心は燃えぬ… 歌〈万葉集・17・3962〉訳道が遠いので、使いの者をやるすべもない。**望ましい**ことも伝えきれなくて、恋い慕うことによって心は燃えてしまう…。

○「玉桙の」は「道」に係る枕詞。

おもほし-い・づ【思ほし出づ】 動詞 他〔ダ下二段〕〈で・で・づ・づる・づれ・でよ〉（「思ひ出づ」の尊敬語で）お思い出しになる。

ありつる垣根、思ほし出でらるべくもあらずかし。〈源氏・夕顔〉訳（風情に富む六条御息所の邸に比べると）先刻の（夕顔の宿の）垣根は、自然**お思い出しになる**ことができそうもないのだよ。

おもほし-め・す【思ほし召す】

語 「思ふ」の尊敬 ― **お思いになる。**［通常語］思ふ

未然形	連用形	終止形	連体形	已然形	命令形
おもほし め・さ	おもほし め・し	おもほし め・す	おもほし め・す	おもほし め・せ	おもほし め・せ

動詞 他〔サ四段〕《上代語》（「思ふ」の尊敬語で）**お思いになる。**

遠くあれば一日一夜も思はずてあるらむものと思ほしめすな 歌〈万葉集・15・3736〉訳遠くにいるのだから、一日一晩でも（私があなたのことを）思わないでいるだろうなどと、**お思いになる**な。

発展 ①**語の成り立ち** 尊敬の四段動詞「おもほす」の連用形に、さらに尊敬語「めす」（補助動詞と説明されることが多い）が付いてできたことば。「思ほす」に比べて、敬意が高い。

②**語の展開** 中古になると、「思ほす」が「おもほす→おぼほす→おぼす」と変化したため、新しい語形「おぼしめす」が用いられるようになり、「思ほしめす」は使用されなくなっていった。

関連語 思す・思し召す・思ほす

おもほ・す【思ほす】

語 「思ふ」の尊敬 ― **お思いになる。**［通常語］思ふ

未然形	連用形	終止形	連体形	已然形	命令形
おもほ・さ	おもほ・し	おもほ・す	おもほ・す	おもほ・せ	おもほ・せ

動詞 他〔サ四段〕（「思ふ」の尊敬語で）**お思いになる。**

いとあつしくなりゆき、もの心細げに里がちなるを、いよいよ飽かずあはれなるものに思ほして…。〈源氏・桐壺〉訳（更衣が）たいへん病気がちになっていき、なんとなく心細そうな感じで実家に引きこもりがちであるのを、（帝は）ますます名残惜しくいとしいものと**お思いになって**…。

発展 ①**語の成り立ち** 四段動詞「おもふ」の未然形＋上代の尊敬の助動詞「す」（＝「おもはす」が変化してできたことば。上代から中古にかけて用いられたが、中古には、さらに「おもほす→おぼほす→おぼす」と変化したため、新しい語形「おぼす」が盛んに用いられるようになり、「思ほす」は後退していった。

②**複合動詞の尊敬表現** 「思ほし＋動詞」型の複合動詞の尊敬表現としても用いられる。たとえば、「思ほし出づ」「思ほし嘆く」は、それぞれ「思ひ出づ」「思ひ嘆く」の尊敬表現である。

関連語 思す・思し召す

おもほ・ゆ【思ほゆ】

自然にそう思われる
- ❶(自然に)思われる。(おのずと)思い起こされる。
- ❷(世間の人に)思われる。

未然形	連用形	終止形	連体形	已然形	命令形
おもほ・え	おもほ・え	おもほ・ゆ	おもほ・ゆる	おもほ・ゆれ	おもほ・えよ

動詞 自 ヤ下二段 ❶(自然に)思われる。(おのずと)思われてくる。思い起こされる。「瓜食めば子ども思ほゆ栗食めばまして偲はゆ…」〈万葉集・5・802〉訳ウリを食べると、(ウリの好きな)子どもたちのことが自然に思われる。クリを食べるといっそう恋しく思わないではいられない(=しのばれる)…。

❷(世間の人に)思われる。「世に少しこれはと思ほえ、心地に留まる節ある辺りを尋ね寄りたまふものと人の知りたるに…」〈源氏・蓬生〉訳世間で少しこれは(優れたところがある)と思われ、気持ちが引き付けられる点のある人を(源氏は)探して近づきなさるものと世間の人が理解していたところに…。

発展 ①語の成り立ち　四段動詞「おもふ」の未然形＋上代の自発・受身・可能の助動詞「ゆ」＝「おもはゆ」が変化してできたことば。→古語チャート❽(291ページ)

②語の展開　❶は「ゆ」の自発の意味、❷は「ゆ」の受け身の意味からできた用法。中古以降はあまり用いられなくなり、主に和歌などに残る。

関連語 思ゆ

おも-むき【趣】

心の向かっていく方向
- ❶趣旨。意図。
- ❷しみじみした味わい。風情。
- ❸ようす。次第。

名詞 ❶趣旨。意図。「仏の教へたまふ趣は、事に触れて執心なかれ、となり。」〈方丈記・みずから心に問う〉訳仏のお教えになる趣旨は、何事につけても執着をするな、ということである。

❷しみじみした味わい。風情。おもしろみ。「もとありける池山をも、便なき所なるをば崩しかへて、水の趣、山の掟を改めて、さまざまに、御方々の御願ひの心ばへを造らせたまへり。」〈源氏・少女〉訳もとからあった池や山なども、不都合な所にあるのは崩して移し変え、遣り水の風情や、築山の配置を改めて、(源氏は)いろいろと、(自分と共に移り住む)女性方のご希望の風情をお造らせになっている。

❸ようす。次第。ありさま。「ゆかしく覚えんことは、学び聞くとも、その趣を知りなば、おぼつかなからずしてやむべし。」〈徒然草・151・ある人の言はく〉訳知りたいと思われるようなことは、学問して尋ねるとしても、その(大体の)ようすを知ったならば、(一通り)不審がなくなった程度で終わりにする方がよい。

発展「おもぶき」とも。

おも-む・く【赴く・趣く】

ある方向に向かう。また、向ける
- 一 動詞 自 カ四段
  - ❶向かう。出向く。
  - ❷心が向かう。志す。
  - ❸なびき従う。服従する。
- 二 動詞 他 カ下二段
  - ❶向かわせる。勧める。
  - ❷従わせる。服従させる。
  - ❸ほのめかす。仕向ける。

動詞 自 カ四段

未然形	連用形	終止形	連体形	已然形	命令形
おもむ・か	おもむ・き	おもむ・く	おもむ・く	おもむ・け	おもむ・け

動詞 他 カ下二段

未然形	連用形	終止形	連体形	已然形	命令形
おもむ・け	おもむ・け	おもむ・く	おもむ・くる	おもむ・くれ	おもむ・けよ

一 動詞 自 カ四段 ❶(ある方向に)向かう。出向く。「悪しき方の風にはあらず。よき方に赴きて吹くなり。」〈竹取・竜の頸の玉〉訳「(今吹いている風は)悪い方角の風ではない。よい方向に向かって吹くようだ。」

❷(ある方向に)心が向かう。志す。「ひとへに貪ることを努めて、菩提に赴かざらんは、よろづの畜類に変はるところあるまじくや。」〈徒然草・58・道心あらば〉訳ひたすら欲張ることに熱心で、仏道の悟りに心が向かわないとしたら、すべての畜生のたぐいと変わるところがないのではないだろうか。

❸なびき従う。服従する。「いはむや、娑婆の人は、国王と聞こゆとも、赴きたまひなむをや。」〈宇津保〉訳「(あなたには神仏でさえ力添えをしてくれるのだから)まして、現世の人はなおさら、国王と申し上げる(ような高貴な方)でも、(あなたの願いに)きっとなびき従いなさるだろう。」

二 動詞 他 カ下二段 ❶(ある方向に)向かわせる。勧める。「本意ならぬ方に赴けたまひしが、ねたく恨めしかりしかば…」〈源氏・宿木〉訳(薫は、大君と結婚したかったのに)かねてからの希望ではない方(=妹の中の君)を(大君が)お勧めになったことが、いまいましくもあり恨めしくもあったので…。

❷従わせる。服従させる。なびかせる。「恥づかしげなる御気色なれば、強ひてもえ聞こえ赴けたまはず。」〈源氏・少女〉訳(女五の宮は、朝顔の姫君が)こちらが気後れするほど立派なごようすなので、無理に(意見を)申し上げ従わせることもおできにならない。

❸ほのめかす。仕向ける。「よくもあらぬ敵だちたる人もあるやうに赴けて、隠し忍びはべるを…」〈源氏・手習〉訳「(浮舟は)よくない敵のような人もあるらしくほのめかして、隠れ住んでおりますが…。」

発展 語の歴史　「面＋向く」が語源で、「向く」の自動詞と他動詞が共に発達していった。「おもぶく」とも。

おも-むけ【趣け・赴け】 名詞 ある方向に向けること。指図。意向。教え。

おも-もち【面持ち】 名詞 顔つき。表情。

おも-や【母屋・母家・主屋】 名詞 ❶(廂・廊下などに対して)寝殿造りで、建物の中央部分。もや。❷《近世以降》(離れ・物置などに対して)世帯主の住む家屋。❸《近世語》(分家・支店に対して)本家・本店。

おも-やう【面様】 名詞 顔のつくり。顔立ち。面差し。

おも-や・す【面瘦す】 動詞 自 サ下二段(せ・せ・す・する・すれ・せよ) やせて顔つきが変わる。やつれる。

いと匂ひやかに、うつくしげなる人の、いたう面痩せて…。〈源氏・桐壺〉訳とてもつやつやと、かわいらしい人でありながら、(今は)ひどくやせて顔つきが変わって…。

おもり‐か・なり【重りかなり】形容動詞〔ナリ〕〈なら・なり(に)・なり・なる・なれ・なれ〉❶重そうだ。重々しい。
包みに衣箱の重りかに古代なる、打ち置きて押し出でたり。〈源氏・末摘花〉訳包み布(の上)に衣装箱の重々しく古風なのを、置いて押し出した。
❷重々しく落ち着いている。どっしりしている。慎重だ。
「なほ、あたら、重りかにおはする人の、ものに情け後れ、すくすくしきところ付きたまへるあまりに…。」〈源氏・葵〉訳「(葵の上は)やはり、惜しいことに、重々しく落ち着いていらっしゃる方でありながら、何かにつけて人情味に欠け、そっけない面をお持ちなさるものだから…。」
発展「おもらかなり」とも。

おも・る【重る】動詞自〔ラ四段〕〈ら・り・る・る・れ・れ〉❶重みが増す。重くなる。
そのときに人多くゐて屋重りにければ…。〈今昔〉訳そのときに人間が多くいて家が重くなってしまったので…。
❷病気が重くなる。病状が悪化する。
日々に重りたまひて、ただ五、六日の程に、いと弱うなれば…。〈源氏・桐壺〉訳日ごとに病状が悪化なさって、わずか五、六日の間に、ひどく衰弱するので…。

おもろさうし【おもろさうし】作品名 沖縄の古歌謡集。首里王府編。沖縄に伝わる古い歌謡「オモロ」を集大成したもの。歌謡の主題は、神・国王の礼賛・航海・漁労など多様。一五三一年より一六二三年にかけて成立か。

おも‐わ【面輪】名詞 顔。顔つき。

おもん‐ばかり【慮り】名詞 思慮。はかりごと。発展「おもひはかり」の変化したことば。「おもんぱかり」とも。

おや【親・祖】名詞 ❶父母。古くは、特に母。対子
❷祖先。
❸物事の始め。元祖。
物語の出で来はじめの親なる竹取の翁に…。〈源氏・絵合〉訳物語が出てきた始めの元祖である竹取の翁(の物語の絵)に…。
❹長。頭。上に立つ者。

おや‐が・る【親がる】動詞自〔ラ四段〕〈ら・り・る・る・れ・れ〉親らしく振る舞う。類親めく
「ふと、しか受け取り、親がらむも、便なからむ。」〈源氏・行幸〉訳「ふと、そのように(玉鬘を)引き取り、親らしく振る舞うようなのも、よろしくなかろう。」
発展「がる」は接尾語。親でない者が親のように振る舞ったり、親が親であることを必要以上に示す場合に用いた。

おや‐ざと【親里】名詞 妻・婿養子・奉公人などの親元。

おや‐さま【親様】名詞 親のように頼りにする人。親代わり。

おやぢゃ‐ひと【親ぢゃ人】―名詞 親。発展親である人という意味。「ぢゃ」は「なる」の変化したもので、「者」と書くのは当て字である。

おや‐はらから【親同胞】名詞 親兄弟。

おや‐やま【御山・女形】名詞 ❶《上方語》遊女。特に、太夫や天神以外の下級遊女。❷美人。美女。❸歌舞伎の女形。操り人形芝居で女形の人形やその使い手。

おや‐め・く【親めく】動詞自〔カ四段〕〈か・き・く・く・け・け〉親らしいようすである。親らしい態度である。
まことに親めきて扱ひたまふ。〈源氏・帚木〉訳(源氏は小君を)本当に親らしいようすでお世話なさる。
発展「めく」は接尾語。親らしいようすを評価していう場合に用いた。

お・ゆ【老ゆ】動詞自〔ヤ上二段〕〈い・い・ゆ・ゆる・ゆれ・いよ〉❶年を取る。老いる。
老いぬればさらぬ別れのありといへばいよいよ見まくほしき君かな 歌〈古今集・雑上・900〉訳↓おいぬれば…
❷衰える。
春日野に多くの年は摘みつれど老いせぬものは若菜なりけり 歌〈拾遺集・20〉訳春日野で(長年若菜摘みをして)多くの年齢を重ねてしまったが衰えないものは若菜であったよ。○「つみ」は「摘み」と「積み」の掛詞。
↓古語チャート❹(103ジ)

お‐ゆどの【御湯殿】名詞 ❶貴人の浴室、または入浴を敬った言い方。❷清涼殿の西廂の北にある一室。湯を沸かしたり、天皇の食事を調えた。↓ビジュアルチェック⑫(715ジ) ❸「御湯殿の儀式」の略。❹江戸時代、大名などの浴室に奉仕する女性。

おゆどの‐の‐ぎしき【御湯殿の儀式】誕生した皇子に、白装束の女官二人でうぶ湯をつかわせる儀式。御湯殿の外では、めでたい章句の漢文を読み、米をまき、弓の弦を鳴らして邪気払いをした。

およす・く

成長して、年を取った感じになる
❶成長する。成人する。
❷大人びる。ませる。
❸年寄りくさくなる。地味に見える。

未然形	連用形	終止形	連体形	已然形	命令形
およす・け	およす・け	およす・く	およす・くる	およす・くれ	およす・けよ

動詞自〔カ下二段〕❶成長する。成人する。
程よりは大きにおよすけたまひて、やうやう起き返りなどしたまふ。〈源氏・紅葉賀〉訳(皇子は、まだ生まれて三月という)年齢のわりには大きく成長なさって、そろそろ寝返りなどなさる。
❷大人びる。ませる。大人ぶる。
「人離れたらむ御住まひにもがな。」とおぼしなれど、およすけて、えさも強ひ申したまはず。〈源氏・鈴虫〉訳(女三の宮は)「人里離れていたりするお住まいにでも移りたいものだ。」とお思いになるけれど、大人ぶって、(源氏に)そのように無理に申し上げることもおできにならない。
❸年寄りくさくなる。地味に見える。老成する。
昼は、事そぎ、およすけたる姿にてもありなん。夜は、きらびらかに、華やかなる装束、いとよし。〈徒然草・191・夜に入りて〉訳昼は、簡略にし、地味に見えている姿であってもよいだろう。夜は、きらびやかで、華麗な衣装が、たいへんよい。
発展 語の成り立ち 「老ゆ」と同じ語源の「およす」に、そのようなようすであるという意味を添える接尾語「け」が付いた「およすけ」を動詞にしたものといわれる。用例は未然形・連用形に限られ、「およずく」「およすぐ」と書かれた例もあって、それら清濁については定かでない。

およそ【凡そ】副詞 ❶だいたい。一般に。おしなべて。
大童になり、大手を広げて立たれたり。およそ辺りを払ってぞ見えたりける。〈平家・11・能登殿最期〉訳(能登殿は)ざんばら髪になり、大手を広げて立っていらっしゃった。おしなべて周囲を威圧して(他を寄せ付けないかのように)見えたのだった。

❷〔下に打消の語を伴って〕まったく。全然。少しも。**およそ能登守教経の矢先にまはる者こそなかりけれ。**〈平家・11・能登殿最期〉訳**まったく**(だれ一人として)能登守教経(=平教経)の矢の正面に立ち回る者はいなかった。

およそに-す【凡そにす】いい加減にする。**私とは、なさぬ仲ぢゃゆゑ、およそにしたと思はれては。**〈仮名手本忠臣蔵〉訳私と(お前)は、継母と継子の間柄なので、**いい加減にし**たと思われては。

およづれ【妖】名詞〔「妖言」の略で〕人を惑わすうわさ。

およば-ず【及ばず】❶そこまで届かない。達しない。**おのが分を知りて、及ばざるときは速やかに止むを**智といふべし。〈徒然草・131・貧しき者は〉訳自分自身の身の程を知って、**達しない**ときはすぐさまやめるのを知恵(のある生き方)といってよい。❷〔「…に及ばず」の形で〕できかねる。できない。**祇王とかうの御返事にも及ばず**…。〈平家・1・祇王〉訳祇王はなんともお返事も**できかね**…。

お-よび【指】名詞ゆび。**いとをかしげなる指にとらへて**…。〈枕草子・151・うつくしきもの〉訳(幼児が小さなちりを)とても愛らしい感じの**指**でつまんで…。

および【及び】接続詞また。並びに。そして。**あるいは、主君師匠および財宝牛馬のためにさへ、これを作る。**〈方丈記・閑居の気味〉訳ある者は、主君や師匠**また**財宝や牛馬のためにまでも、これ(=家)を造る。

およびかか・る【及び掛かる】動詞自〔ラ四段〕〈ら・り・る・る・れ・れ〉前の方にのしかかる。前の人に寄りかかる。**人の後ろにさぶらふは、さま悪しくも及びかからず、わりなく見んとする人もなし。**〈徒然草・137・花は盛りに〉訳人(=身分の高い人)の後ろにお控え申し上げている者は、みっともなく(他人に)**のしかかっ**たりもしないし、無理に(祭りを)見ようとする人もいない。

およびな・し【及び無し】形容詞〔ク〕〈く・く・し・き・けれ・○／から・かり・○・かる・○・かれ〉地位や身分が及ばない。考えや力が及ばない。至らない。手が届かない。**合はする者を召して問はせたまへば、及びなうおぼしもかけぬ筋のことを合はせけり。**〈源氏・若紫〉訳(悪夢を見た源氏が)夢占いをする者をお呼びになってお尋ねになると、**考えも及ばない**ご想像もなさらないようなことを解き合わせる(=予言する)のであった。○「及びなう」は連用形「及びなく」のウ音便。

およ・ぶ【及ぶ】動詞自〔バ四段〕〈ば・び・ぶ・ぶ・べ・べ〉❶届く。達する。至る。**すべて都のうち三分が一に及べりとぞ。**〈方丈記・安元の大火〉訳(焼失家屋は)全体で都のうち三分の一に**達**したとか。❷前かがみになる。及び腰になる。**衣の前を整へ果てて、腰を及びて取るほどに**…。〈枕草子・272・古代の人の〉訳着物の前をすっかり整え、腰を**前かがみにし**て取るときに…。❸〔「…に及ぶ」の形で〕ある状態に至る。ついに…になる。**「心よく数献に及びて、興に入られはべりき。」**〈徒然草・215・平宣時朝臣〉訳「気持ちよく数献(=数度、酒や食物を勧めること)に**至り**、おもしろがっていらっしゃいました。」❹〔多く打消のことばを伴って〕できる。かなう。↓及ばず

朝な朝な海女の棹さす浦深み及ばぬ恋も我もするかな 歌〈新勅撰集・634〉訳朝ごとに海女が(漁をするために)棹をさす浦が深くて(棹が底に届かないように)、**かなわ**ない恋を私はすることだなあ。

お-よ・る【御寝る】動詞自〔ラ四段〕〈ら・り・る・る・れ・れ〉〔「寝ぬ」の尊敬語で〕お休みになる。発展「御夜」が動詞になったもの。

おらが春 作品名 江戸後期の俳諧・俳文集。小林一茶著。一茶五十七歳の文政二年の元旦から一年間の見聞・随想を、発句と挿絵を折り込みながら日記のように書いたもの。特に長女の死についての記述に一茶の悲しみが強く表れている。書名は「めでたさもちう位なりおらが春」の句による。一八五二(嘉永五)年刊。一八二〇(文政三)年成立と推定される。

おり〔現〕↓〔歴〕**をり【折】【居り】**

折句〔ヲリク〕国語・国文法 和歌・俳諧の技法・形態のひとつ。題のことばの一文字ずつを、各句の最初に詠み込んだものをいう。「**か**らころも**き**つつなれにし**つ**ましあれば**は**るばるきぬる**た**びをしぞ思ふ」の歌では、「かきつばた」の五文字が詠み込まれている。↓沓冠

折たく柴の記〔ヲリタク シバノキ〕作品名 ❶江戸時代中期の自伝。★新井白石著。白石は幼少年時代から六代将軍家宣に仕えた。自らの生い立ち、経歴、家宣の政治的業績を格調ある和漢混交文でつづったもの。幕府の政治や外交を知る貴重な資料でもある。一七一六(享保元)年から執筆。

おり-た・つ【下り立つ】動詞自〔タ四段〕〈た・ち・つ・つ・て・て〉❶下に降りる。降りて立つ。**泉には手、足さし浸して、雪には下り立ちて跡つけなど**…。〈徒然草・137・花は盛りに〉訳(田舎者は)泉には手、足をひたして、雪(見のとき)には(地面に)**降りて立って**足跡を付けるなど…。❷熱心にする。身を入れてする。自分が直接行う。**「惟光下り立ちて、よろづはものしはべる。」**〈源氏・夕顔〉訳「私惟光が**身を入れてし**て、万事取り計らいます。」

おり-な・い 形容詞〔口語化〕〔「ない」「ゐない」の丁寧語で〕ございません。ありません。**「このやうな気楽なことはおりない。」**〈狂言・附子〉訳「こんな気楽なことは**ありません**。」発展「おいりない」の変化したことば。

おり-のぼ・る【下り上る】動詞自〔ラ四段〕〈ら・り・る・る・れ・れ〉❶降りたり上ったりする。❷貴人のところに参上して退出する。**下り上らせたまふ儀式、見ものなり。**〈紫式部日記〉訳(若宮が帝の前に)**参上したり退出したり**なさる儀式は、見物である。

おりふし〔現〕↓〔歴〕**をりふし【折節】**

おり-みだ・る【織り乱る】動詞他〔ラ四段〕〈ら・り・る・る・れ・れ〉(複雑な模様を)織り込む。模様を散らして織る。**葡萄染めのいと濃き指貫、藤の折り枝おどろおどろしく織り乱りて**…。〈枕草子・83・返る年の二月二十日余日〉訳浅い紫色のとても濃い指貫、フジの折り枝の模様を驚くほどすばらしく**織り込んで**…。

おり-もの【織物】名詞模様が浮き出るように織った絹布。固織物・浮き織物・二重織物など。

おりゃ・る 一 動詞自〔ラ四段〕〈ら・り・る・る・れ・れ〉〔「行く」「来く」「あり」「居る」の尊敬語で〕いらっしゃる。おいでになる。

おありになる。
「それならば、おつつけて行かう。さあさあ、おりやれ、おりやれ。」〈狂言・二人袴〉訳「それなら、すぐ行こう。さあさあ、お行きください、お行きください。」
二 補助動詞〔ラ四段〕〈ら・り・る・る・れ・れ〉(「あり」の丁寧語で)…(て)います。…(で)ございます。接続 形容詞・形容動詞の連用形や助詞「て」「で」に付く。
「これがすなはち末広がりでおりやる。」〈狂言・末広がり〉訳「これがつまり末広がりでございます。」
発展「おいりある」が変化したもの。

おりる(現)→(古)**おる【下る・降る】**

おりゐ-の-みかど【下り居の帝】 名詞 退位した天皇。上皇。太上天皇。

おり-ゐ-る【下り居る】 動詞 自〔ワ上一段〕〈ゐ・ゐ・ゐる・ゐる・ゐれ・ゐよ〉❶下りて座る。
その沢のほとりの木の陰に**下りゐて**、乾飯食ひけり。〈伊勢・9〉訳その沢の近くの木の陰に(ウマから)下りて座って、干した飯を食べた。
❷退位する。
日ごろいと重く悩ませたまふことありて、にはかに**下り居させ**たまひぬ。〈源氏・若菜下〉訳(冷泉帝は)数日来ひどく重くお病みになることがあって、急にご退位なさってしまった。

おる(現)→(歴)**をる【折る】**

お・る【下る・降る】 動詞 自〔ラ上二段〕〈り・り・る・るる・るれ・りよ〉❶(高い所や乗り物から)下に移動する。おりる。
「あやまちすな。心して**下りよ**。」〈徒然草・109・高名の木登り〉訳「けがをするな。注意して(木から)下りよ。」
❷貴人のもとなどから退出する。
さし離れたる屋に**下りぬ**。〈蜻蛉日記〉訳(寺から)離れた家に退出した。
❸退位する。
「帝**下りさせたまふ**と見ゆるは。」〈大鏡・花山院〉訳「帝がご退位なさると(私、安倍晴明には)見えるよ。」
類語比較「くだる」「おる」「さがる」→下る

お・る【愚る・痴る】 動詞 自〔ラ下二段〕〈れ・れ・る・るる・るれ・れよ〉ぼんやりする。愚かしくなる。
「かばかりすくすくしう**おれて**、年経る人は…。」〈源氏・夕霧〉訳「これほどまで実直で愚かしくなって、年を送っている人は…。」

おれ【己・爾】 代名詞 ❶(相手をさげすんで)おまえ。きさま。
「ほととぎす、**おれ**、かやつよ。**おれ**鳴きてこそ、我は田植うれ。」〈枕草子・226・賀茂へ参る道に〉訳「ホトトギス、きさま、きやつよ。きさまが鳴くから、私は田植えをするのだ。」
❷私。おれ。
「ただし**おれ**が母にてさうらふものこそ、姉よりもよくさうらへ。」〈古今著聞集〉訳「しかし私の母でございます者は、姉よりも(器量が)よいのでございます。」
発展 ❷の自分を示す「おれ」は、❶の相手を示す「おれ」から変化したものとされ、中世以降、身分や男女を問わず用いられたが、近世後半ごろから女性は用いなくなった。

おれ-おれ・し【愚れ愚れし・痴れ痴れし】 形容詞〔シク〕〈しく・しく・し・しき・しけれ・○／しから・しかり・○・しかる・○・しかれ〉ぼんやりしている。愚かしい。おっとりし過ぎている。
もとより**おれおれしき**人の心にて、えさかしく強ひてものたまはず。〈源氏・手習〉訳(浮舟は)もともと**おっとりし過ぎている**性分なので、(完全な尼削ぎを)気丈に無理にもおっしゃることができない。

おれ-もの【愚れ者・痴れ者】 名詞 愚か者。ばか者。

おれ-ら【己等】 代名詞 ❶我ら。私たち。❷おまえら。おまえたち。発展「おれ」の複数。

おれる(現)→(古)**をる【折る】**

おろ-おろ 副詞 ❶(おろそかにするようすを表し)いい加減にでたらめに。
天骨もなく、**おろおろ**奏でたりければ…。〈宇治拾遺〉訳才能もなく、**いい加減に**舞を舞ったので…。
❷(部分的なようすを表し)少しばかり。ぽつりぽつり。
「渡辺といふ所にこそ、このこと知りたる聖はありと聞きはべりしか。」と**おろおろ**言ひでたりけるを…。〈無名抄・ますほの薄事〉訳「渡辺という所にこそ、このこと(=ますほの薄)を知っている僧がいると聞きました。」と(ある老人が)**ぽつりぽつり**言い出したのを…。
❸《近世語》(涙で目や声を潤ませているようすを表し)うるんで。

おろ-か・なり【疎かなり・愚かなり】 形容動詞→最重要語(310ページ)

おろがむ(現)→(歴)**をろがむ【拝む】**

おろし 名詞 一【下ろし】神仏への供物、貴人の衣類や食物のお下がり。
二【颪】山から吹き下ろす風。山おろし。

おろし-こ・む【下ろし籠む】 動詞 他〔マ下二段〕〈め・め・む・むる・むれ・めよ〉格子・蔀・御簾などをすべて下ろして閉じこもる。

おろし-た・つ【下ろし立つ】 動詞 他〔タ下二段〕〈て・て・つ・つる・つれ・てよ〉❶(下に)降ろして立たせる。
❷身分の低い者の中に交わらせる。
「真人たちの、つきづきしく今めきたらむに、**下ろし立てむ**やは。」〈源氏・帚木〉訳「あなた方のような、(自分こそ空蟬の夫に)似つかわしく当世風である(と思っている)者に、(伊予介が空蟬を)**交わらせて**くれようか、いや、くれまい。」

おろ・す【下ろす】 動詞 他〔サ四段〕〈さ・し・す・す・せ・せ〉❶(高い所や乗り物から)下へ移す。下ろす。
❷落とす。
「卯槌の木のよからむ、切りて**下ろせ**。」〈枕草子・144・正月十余日のほど〉訳「*卯槌にする木で(作るのに)よさそうなのを、切って**落とせ**。」
❸髪を剃って出家する。剃髪する。
三日過ぐして、つひに御髪**下ろしたまふ**。〈源氏・若菜上〉訳(朱雀院は女三の宮の裳儀の後)三日を過ごして、とうとうお髪を**剃り**なさる。
❹(自動詞的に用いて)風が高い所から吹き下ろす。
三室山**下ろす嵐**のさびしきに妻呼ぶ鹿の声たぐふなり 歌〈千載集・307〉訳三室山を**吹き下ろす**風が寂しいのに、妻を呼ぶシカの声が共に混じって聞こえてくるよ。
❺退出させる。
「皆下屋に**下ろし**はべりぬるを…。」〈源氏・帚木〉訳「(女たちは)皆、下の屋に**退出させて**しまいましたが…。」
❻官位を下げる。退位させる。
粟田殿の、花山院すかし**下ろしたてまつり**…。〈大鏡・道兼〉訳粟田殿(=道兼)は、花山院をだまし**退位させ**申し上げ…。
❼(神仏の供物を)下げる。(貴人の食べ物の残りや使用

後の品を)下げ渡す。
御前へのを下ろしたるとて…。〈更級日記・梅の立ち枝〉訳 宮様の(お持ち物)を下げ渡し(てくださっ)たのだということで…。
❽すりくだく。すり下ろす。
下ろして見ければ、きらきらとしてまことの金なりければ…。〈宇治拾遺〉訳 (鉱石を)すりくだいて見たところ、きらきらとして本物の金であったので…。
❾魚や鳥などを切り裂く。調理する。
生けながら下ろしけるを見て…。〈今昔〉訳 (イノシシを)生かしたまま調理したのを見て…。
❿そしる。非難する。こきおろす。悪口を言う。
あさましく咎め出でつつ下ろす。〈源氏・少女〉訳 あきれるほど非難してはこきおろす。
⓫取り出す。また、新しい品を使い始める。
三合の米を下ろして食ひつつ…。〈宇津保〉訳 三合の米を取り出して食べながら…。

おろ-そか・なり【疎かなり】 形容動詞 ↓最重要語(311ページ)

おろち(現)↓(歴)**をろち【大蛇】**

おわす(現)↓(歴)**おはす【御座す】** 基本敬語25(271ページ)

尾張【ヲハリ】旧国名 尾州。東海道十五か国の一つ。今の愛知県西半部。古くから社寺や権門勢家の荘園が多数分立。↓ビジュアルチェック❼(450ページ)

おわる(現)↓(歴)**をはる【終はる】**

おわんぬ(現)↓(歴)**をはんぬ【畢んぬ・了んぬ】**

おん(現)↓(歴)**をん【怨・遠・温・穏】**

おん-【御】 接頭語 (名詞に付いて)尊敬の意味を添える。
語例 御方・御衣・御身
発展 「おほみ」↓「おほん」↓「おん」と転じたもので、院政期以後に用いられた。

おん-あい【恩愛】 名詞 《仏教語》親子・兄弟・夫婦などの間の愛情。慈しみ。発展 ★連声で「おんない」とも。

おんいり-さうらふ【御入り候ふ】 ― いらっしゃいます。おいでなさいます。
かた様御弟分の吉弥様もいよいよ美しく御入りさうらふ。〈西鶴・好色一代男〉訳 あなたさまの弟分の吉弥様もいよいよお美しくいらっしゃいます。

おろ-か・なり【疎かなり・愚かなり】

物事が密でなく、いい加減・不完全・不十分なようす

❶なおざりだ。いい加減だ。おろそかだ。●多く、下に打消の語や反語表現を伴う。
❷関係が薄い。疎遠だ。
❸未熟だ。下手だ。至らない。
❹思慮が浅い。ばかだ。
❺(ことばでは)言い尽くせない。不十分である。●「〜とはおろかなり」「言へばおろかなり」「言ふもおろかなり」などの形で用いられる。

形容動詞〔ナリ〕	未然形	連用形	終止形	連体形	已然形	命令形
	おろか・なら	おろか・なり おろか・に	おろか・なり	おろか・なる	おろか・なれ	おろか・なれ

❶(多く、下に打消の語や反語表現を伴って)**なおざりだ。いい加減だ。おろそかだ。**
わづかに二つの矢、師の前にて一つをおろかにせんと思はんや。〈徒然草・92・ある人、弓射ることを〉訳 (弓を射るときの作法で、的に向かうとき持てるのは)わずかに二本の矢(だけなのに)、師匠の前で(その)一本をいい加減にしようと思ったりするだろうか、いや、思いはしないだろう。

❷**関係が薄い。疎遠だ。よそよそしい。**
父御王はいとおろかに、もとよりおぼしつきにけるに、まして世の聞こえを煩はしがりて…。〈源氏・須磨〉訳 (紫の上の)父である親王(=式部卿宮)は(官職を失った源氏に対して)たいへんよそよそしく、(紫の上が)もとから(源氏を)好ましくお思いになっていたことに加え、(近ごろでは)いっそう世間のうわさを煩わしいと思って…。

❸**未熟だ。下手だ。至らない。**
手利き魂太く思量ばかりありて、おろかなることなかりけり。〈今昔〉訳 (源頼光の家来である三人の武士は)武芸に優れ肝っ玉が太く思慮分別があって、(何一つとして)至らないところはなかった。

❹**思慮が浅い。ばかだ。**
名利に使はれて、静かなる暇なく、一生を苦しむるこそ愚かなれ。〈徒然草・38・名利に使はれて〉訳 名誉や利益に使われて(=操られて)、(心に)静かな余裕がなく、一生(我が身)を苦しめることはとりわけ思慮が浅い。

❺(「〜とはおろかなり」「言へばおろかなり」「言ふもおろかなり」などの形で)(ことばでは)**言い尽くせない。不十分である。**
六月になりぬれば、音もせずなりぬる、すべて言ふもおろかなり。〈枕草子・41・鳥は〉訳 (ホトトギスは)六月になってしまうと必ず、鳴き声もしなくなってしまうのも(含めて)、(すばらしさは)まったく言い尽くせない(ほどだ)。

発展 **現代語とのつながり** ❺の「言へばおろかなり」「言ふもおろかなり」が、「言うまでもない・もちろんだ」の意味で、慣用的に定着すると、その省略形「〜はおろか〜」という形でも、同じ意味を表すようになる。これが近世以降、現代にもつながり、「虎はおろか、象でも鬼でも」〈近松・国性爺合戦〉のような言い方として残っている。

類語比較 **「おろかなり」と「おろそかなり」**
共通点＝①物事が密でないようす、不完全・不十分なようすを表すのがもともとの意味。②密でないから「まばらだ」、さらに「粗末だ」という意味になり、不十分だから行き届かなくて「いい加減だ・なおざりだ」という意味になる。
おろかなり＝①中古までは「共通点①②」の意味で多く用いられた。②一方、考え方が不十分だというところから現代語の「愚か」の意味も生まれ、中世以降は「愚か」の意味が優勢になっていった。
おろそかなり＝「おろかなり②」の推移に伴い、「疎か」の意味では「おろそかなり」を用いるようになった。

類語比較 **「なのめなり」「おろかなり」「なかなかなり」** ↓斜めなり

おん-ぎょく【音曲】 名詞 ❶楽器による演奏や歌などの総称。❷《能楽用語》所作（＝演技）に対して、謡。

おん-こ【恩顧】 名詞 上位の者が下位の者に目をかけること。引き立て。

おん-こと【御事】 名詞 ❶貴人に関する事柄（特に死）の尊敬語。❷（貴人を敬った言い方で）お人。お方。

おん-ざうし【御曹司・御曹子】 ―ぞうし 名詞 ❶貴族・武家の子息で、まだ独立していない部屋住みの者を敬った言い方。

❷（平氏の「公達」に対して）源氏の子息を敬った言い方。特に、源義経を指すことが多い。

発展 「曹司」は部屋という意味。

おん-し【恩賜】 名詞 天皇から物を賜わること。また、そのいただいた物。

おん-じき【飲食】 名詞 飲むことと食べること。また、飲み物と食べ物。発展 「飲食」を★呉音読みしたことば。

おん-じゃう【音声】 ―じょう 名詞 ❶人の声。❷管絃や鼓などの楽器の音色。発展 「音声」を★呉音読みしたことば。

園城寺 おんじょうじ［オンジャウ］寺社名 ↓三井寺

音節 おんせつ 国語・国文法 音声の単位のひとつ。日本語で、音を細かに区切って発音するときに、最も小さい単位として意識されるものをいう。仮名二文字からなる拗音も含まれるが、他はすべて、仮名一文字が一音節である。

おん-ぞ【御衣】 名詞 ↓おほんぞ

おん-でも-な-い【恩でも無い】 言うまでもない。もちろんである。発展 恩に着るまでもない、という意味。

おんとの-ごも-る【御殿籠る】 動詞 ↓おほとのごもる

◐**おんな**（現）↓（歴）**をんな【女】**

おん-な【嫗】 名詞 ↓おうな

おん-ない【恩愛】 名詞 ↓おんあい

女殺油地獄 おんなごろしあぶらのじごく［ヲンナコロシアブラノヂゴク］作品名 江戸中期の浄瑠璃。世話物。三巻。近松門左衛門作。油屋河内屋の次男である放蕩者の与兵衛が借金の返済に困り、同じ油屋の豊島屋の女房お吉を殺して金を奪うが捕らえられる。一七二一（享保六）年初演。実話にもとづいた戯曲。

女三の宮 おんなさんのみや［ヲンナ］登場人物 『源氏物語』中の人物。朱雀帝の最愛の皇女。光源氏に降嫁するが、源氏はその幼さに失望する。柏木と密通し不義の子である薫を出産。ほどなく出家する。

音便 おんびん 国語・国文法 ことばが他のことばに続いたとき、発音しやすいようにもとのことばの音の一部が規則的に変わる現象。★イ音便・★ウ音便・★撥音便・★促音便がある。中古に発生した。↓活用語音便表（25ページ）

おん-み【御身】 一 名詞 「み（身）」の尊敬語。おからだ。ご身分。

二 代名詞 （軽い敬意を含んで）あなた。あなたさま。

おん-みゃう【陰陽】 ―みょう 名詞 ↓いんやう

おんみゃう-だう【陰陽道】 名詞 ↓おんやうだう

おんみゃう-れう【陰陽寮】 名詞 ↓おんやうれう

おん-やう【陰陽】 ―よう 名詞 ↓いんやう・おんやうじ・おんやうだう

おんやう-じ【陰陽師】 ―じ 名詞 ★陰陽寮の職員。陰陽道により占いをしたり、土地の吉凶を判定したりした。後には民間の占いや加持祈禱を行う呪術師の呼び名。↓絵で見る古典生活史❶（83ページ）

発展 「おんみゃうじ」とも。

おんやう-だう【陰陽道】 名詞 中国から伝わった学問。陰陽五行説に基づいて天文や暦数・方位などによって国家・社会や個人の吉凶を占った。↓ビジュアルチェック❹（349ページ）発展 「おんみゃうだう」とも。

おんやう-の-かみ【陰陽頭】 名詞 「★陰陽寮」の長官。類 占頭

おんやう-れう【陰陽寮】 名詞 ★中務省に属し、★陰陽道のことをつかさどった役所。↓ビジュアルチェック⓯（757ページ）

おん-り【厭離】 名詞 動詞 ↓えんり

おろ-そか・なり【疎かなり】

形容動詞［ナリ］ **物事が密でなく、いい加減・不完全・不十分なようす**

❶**粗末だ。簡素だ。**
❷**なおざりだ。いい加減だ。**
❸**劣っている。よくない。つたない。**
❹**まばらだ。ばらばらだ。**

未然形	連用形	終止形	連体形	已然形	命令形
おろそか・なら	おろそか・なり おろそか・に	おろそか・なり	おろそか・なる	おろそか・なれ	（おろそか・なれ）

❶**粗末だ。簡素だ。簡単だ。**
「竹編める垣し渡して、石の階、松の柱、**おろそかなる**ものから、めづらかにをかし」〈源氏・須磨〉訳 タケで編んだ垣根を一面に巡らして、石の階段や、マツの柱は、**簡素では**あるけれども、（かえって）珍しく風情がある。

❷**なおざりだ。いい加減だ。疎略だ。そっけない。**
「公事に仕うまつれる、**おろそかなる**こともぞ」と、とりわき仰せ言ありて、清らを尽くして仕うまつれり。〈源氏・桐壺〉訳 「朝廷の仕事として（ごちそうなどを）ご調達申し上げるのでは、**なおざりな**ことでもあったらいけない」と、（源氏の元服の儀の祝宴は）特別に（帝の）お指図があって、華美の限りを尽くしてご奉仕申し上げた。○「もぞ」の下には「ある」が省略されている。「もぞ」は並の行事として扱われたら困るという気持ちを表す。↓もぞ

❸**劣っている。よくない。つたない。**
前生の運**おろそかに**して、身に過ぎたる利生にあづからず。〈宇治拾遺〉訳 前世（から）の巡り合わせが**よくなくて**、身に余るご利益を受けることもない。

❹**まばらだ。ばらばらだ。**
もし軽み笑ふ者あらば、まさに世々に牙歯**おろそかに**欠け…。〈日本霊異記〉訳 （法華経を読む人を）もし軽蔑して笑う者があるならば、必ず生まれ変わる世ごとに歯が**まばらに**欠けて…。

発展 **意味が分岐した「おろかなり」と「おろそかなり」**
中古においては、「おろかなり」と「おろそかなり」は、なおざりだという意味で、特に区別することなく用いられていた。中世以降は、「おろかなり」は「愚か（＝ばかだ）」の意味が優勢になっていき、「疎か」の意味では「おろそかなり」が用いられるというように、はっきり分かれていく。

類語比較 「おろかなり」と「おろそかなり」↓疎かなり

か

か↓基本助詞25（312ページ）

か（現）↓（歴）**くゎ**【渦・瓜・化・寡・科・果・火・禍・花・華・菓・課・貨・過・靴・夥・訛・顆】

-か【処】造語 場所という意味を表す。語例 住み**処**・在り**処**
発展「ここ」「そこ」の「こ」や、「いづく」の「く」も同じ意味を表す。

か- 接頭語（主に形容詞に付いて）ことばの意味を強めたり、調子を整えたりする。語例 **か**青し・**か**弱し

-か 接尾語（状態や性質を表すことばの要素に付いて）副詞や形容動詞（ナリ活用）の語幹を作る。語例 いささ**か**・清**か**・疎**か**

-か【日】助数詞 日数を表すことば。語例 十**日**・幾**日**

-か【荷】助数詞 荷物を数えることば。語例 破子三十**荷**（＝弁当箱三十箱）
発展 天秤棒の両端に掛けて肩で一度に担げる量を「一荷」とした。

-か【箇・個】助数詞（漢語の数詞に付いて）物を数えることば。語例 十余**箇**国・七**箇**条

か【可】名詞 よいこと。よいとして認めること。
可、不可は一条なり。〈徒然草・38・名利に使はれて〉訳 **よいこと**と、よくないことはひとつづきのものである（＝はっきりと区別できるものではない）。

か【香】名詞 かおり。におい。発展 芳香にも悪臭にも用いられるが、芳香をいう場合が多い。

か【鹿】名詞《動物》シカの古い呼び名。季語 秋 発展「かのしし」とも。↓**古語チャート**㉝（983ページ）

か【彼】一 代名詞 あれ。あちら。対 此・其 ↓**読解の手引き**❾（634ページ）
ふるさとをかはと見つつもわたるかな淵瀬ありとはむべもいひけり 歌〈大和・10〉訳 以前住んでいた所（の家）を、**あれ**はと見ながら川を渡ってゆくことだよ。（古歌にいう）「昨日の淵ぞ今日は瀬となる」というのは、なるほど、（よく）言ったものだなあ。〇「かは」は「彼は」と「川」との掛詞。
二 副詞 あのように。
波のむたか寄りかく寄る玉藻なす寄り寝し妹を… 歌〈万葉集・2・131〉訳 ↓いはみのうみ…
発展 一は、掛詞となる例を除くと、ふつう格助詞「の」を伴う「かの」の形で用いられる。

が↓基本助詞25（314ページ）

が（現）↓（歴）**ぐゎ**【臥・賀・瓦】

が【賀】名詞 ❶喜び祝うこと。祝い。また、その祝宴。❷長寿を祝う儀式。もと中国の風習で、四十歳（初老）から始めて、十年ごとに祝い、「四十の賀」「五十の賀」などといった。室町時代からは、六十一歳（還暦）、七十歳（古稀）、七十七歳（喜寿）、八十八歳（米寿）、九十九歳（白寿）などに祝うようになった。

かい（現）↓（歴）**かひ**【交】【甲斐・詮・効】【貝】【峡】【匙】

かい（現）↓（歴）**くゎい**【会・回・塊・壊・廻・快・怪・懐・魁・灰・絵・傀・槐】

かい-【掻い】接頭語（動詞に付いて）ことばの意味を強めたり、調子を整えたりする。語例 **かい**伏す・**かい**挟む・**かい**曇る
発展「かき」のイ音便。

かい【戒】名詞《仏教語》仏教に帰依した人が守らなければならない生活規範。戒め。おきて。

甲斐「カヒ」旧国名 甲州。★東海道十五か国の一つ。今の山梨県。↓**ビジュアルチェック**❼（450ページ）

がい（現）↓（歴）**ぐゎい**【外】

かい-えき【改易】名詞 動詞 他 サ変（せ・し・す・する・すれ・せよ）❶公職を解任すること。所領を取り上げること。
御持僧を改易せらる。〈平家・2・座主流〉訳 天皇の身体護持を祈禱する僧の職を**解任される**。
❷江戸時代における武士への刑罰のひとつ。士族の籍を取り上げ、領地や家屋敷を没収する。切腹に次ぐ重罰で、閉じ込めて謹慎させる「蟄居」より重い。

かい-き【開基】名詞 ❶基礎をつくること。創始すること。❷寺院を創建すること。宗派を新しく開くこと。また、その人。開山。開祖。

か　基本助詞25

- 一 係助詞
  - ❶（疑いを表し）…か。
  - ❷（問いかけを表し）…か。
  - ❸（反語を表し）…か、いや…ではない。
  - ◉文中に置かれ、文末の活用語は連体形で結ぶ。
- 二 終助詞
  - ❶（疑いを表し）…か。
  - ❷（問いかけを表し）…か。
  - ❸（反語を表し）…か、いや…ではない。◉多く「かは」「かも」「ものか」「ものかは」の形で用いる。
  - ❹（詠嘆を表し）…だなあ。◉主に上代に、多く「～も～か」の形で用いる。
  - ❺（他に対する願望を表し）…てくれないかなあ。◉上代に「～も～ぬか」の形で用いる。
  - ◉文末に置かれる。

接続 一は★主語・★連用修飾語・★接続語などに付く。また、★補助語・被補助語の間に介在する。
接続 二は体言、活用語の連体形に付く。

一 係助詞 ❶（疑いを表し）…か。…のか。
「**いかなる所にかこの木はさぶらひけむ。**」〈竹取・蓬萊の玉の枝〉訳「どんな所にこの木はありましたでしょう**か**。」〇冒頭に、疑いを表す形容動詞「いかなり」の連体形が置かれているので、疑いを表している文だといえる。★係り結びの法則により、文の結びとなる過去推量の助動詞「けむ」は、この場合、終止形ではなく連体形である。
いかに思ひ始めけることにか、世の中に物語といふもののあんなるを、いかで見ばやと思ひつつ…〈更級日記・門出〉訳 どうして思い始めたことなの（であろう）**か**、世の中に物語というものがあるとかいうのを、なんとかして見たいと（ずっと）願い続けて…。〇冒頭に、疑いを表す副詞「いかに」が置かれている。この例↖

では、「いかに思ひ始めけることにか」までが挿入句で、一つの文に相当する。「か」の結びは省略されていて、「か」の下に補助語に相当する「あらむ」「ありけむ」などが補われる。なお、体言および活用語の連体形にしか付かない㊁の終助詞の「か」と違って、断定の助動詞「なり」の連用形に付いている。

❷（問いかけを表し）…か。…のか。**「何とかこれをば言ふ。」と問へば、とみにも言はず、「いさ。」など、これかれ見合はせて…。**〈枕草子・131・七日の日の若菜を〉訳（珍しい草を持ってきた子供らに）「なんとこれ（＝この草）を言うの**か**。」と尋ねると、すぐには言わないで、「さあ。」などと、めいめい（顔を）見合わせて…。

○「か」を含む会話文の冒頭に不明なものを問う代名詞「何」が置かれ、すぐ後に「と問へば」とあるので、この会話文は問いかけを表しているといえる。係り結びの法則により、文の結びとなる四段動詞「言ふ」は連体形である。

❸（反語を表し）…か、いや…ではない。…か、いや…ない。

花に鳴く鶯、水に住む蛙の声を聞けば、生きとし生けるもの、いづれか歌を詠まざりける。〈古今集・仮名序〉訳（春、ウメの）花に（止まって）鳴くウグイスや、（秋、川の）水にすむカジカガエルの鳴き声を聞くと、この世に生きているすべてのものは、どれが歌を詠まない（といえる）**か、いや、**歌を詠まないことは**なかった**ことだなあ。

○反語とは、話し手や書き手がすでに判断を下している事柄について、わざわざ確信とは逆の形にして、相手に強く問いかける表現である。この例では、疑問を表す代名詞「いづれ」に直接「か」を付けて疑問を強め、結果として反語になっている。係り結びの法則により、文末は過去（詠嘆）の助動詞「けり」の連体形である。

㊁終助詞 ❶（疑いを表し）…か。…のか。**「風の吹き出づるか、雷の鳴るか。」など思ひて怪しぶほどに…。**〈今昔〉訳「風が吹き出す**のか**、雷が鳴る**のか**。」などと思って不思議に感じているうちに…。

○「吹き出づる」も「鳴る」も、共に連体形で、「か」に連なるためにそうなっている。疑いの気持ちは、会話文のすぐ後に「など思ひて怪しぶ」とあることからも判断できる。

❷（問いかけを表し）…か。…のか。

殿より、使ひ隙なく賜はせて、「子安の貝取りたるか。」と問はせたまふ。〈竹取・燕の子安貝〉訳（石上の中納言は）御殿から、使者をひっきりなしにおよこしになって、「（かぐや姫が欲しがっている）子安の貝（＝巻き貝の一種）を取った**のか**。」とお尋ねさせになる。

○「たる」は完了の助動詞「たり」の連体形。すぐ後に「と問はせたまふ」とあるので、この会話文は問いかけの文である。

❸（多く「かは」「かも」「ものか」「ものかは」の形で、反語を表し）…か、いや…ではない。**…だろうか、いや…ではない。…か、いや…ない。**↓かは・かも・ものか・ものかは

❹（主に上代に、多く「〜も〜か」の形で、詠嘆を表し）…だなあ。

能登川の後には逢はむしましくも別るといへば悲しくもあるか 歌〈万葉集・19・4279〉訳 後に逢うだろう。（しかし）しばらくでも別れるとなると、悲しいこと**だなあ**。

○「能登川の」は、「のと」に音が通じる「後」の枕詞。

❺（上代に「〜も〜ぬか」の形で他に対する願望を表し）**…てくれないかなあ。…でないものかなあ。…てほしい。**↓ぬか・ぬかも

発展 **①係助詞の用法** ㊀の係助詞の「か」は、「ぞ」「なむ」「や」と同じく、係り結びの法則により、文末に活用語が来る場合は連体形で結ぶ。文中に置かれるのが普通であるが、❶では、『更級日記』の用例のように、「いかなり」「いかに」など疑いを表すことばを伴って、文末に来るはずの「あらむ・ありけむ」などが省略されることも少なくない。❷は、「何」「たれ」などの問いかけを表すことばや、「問ふ」「聞く」などの動詞とともに使われる。「疑い」と「問いかけ」とを併せて「疑問の係助詞」（㊁❶❷は「疑問の終助詞」）とも呼ばれる。

②「か」の前が疑問の内容 上代では、係助詞「か」の前に疑問を表すことばがない例もあるが、その場合も、疑問の内容は存在する。たとえば、「倉橋の山を高みか夜ごもりに出で来る月の光乏しき（＝倉橋山が高いからか、夜遅く出て来る月の光が暗い）」〈万葉集・3・290〉では、月光が暗い理由を「倉橋の山を高みか」と疑問の形で示している。

③結びが省略された「か」 ㊀❶の『更級日記』の用例のように、「か」が文末（あるいは文末に相当する位置）に置かれていても、結びが省略された形である場合は、終助詞ではなく係助詞である。その場合の「か」は断定の助動詞「なり」の連用形に付いて「にか（あらむ・ありけむ）」の形で用いられることが多い。なお、その「あらむ」「ありけむ」は、補助語に相当する。↓にかあらむ

④終助詞の「か」 ㊁の終助詞の「か」は、もともとは疑問の意味であるが、その程度の差に基づいて詠嘆や反語にもなる。しかし、どの意味とも決められない例も多い。また、❹の詠嘆の用法は、眼前の事実に対して疑う気持ちが、「どうしてこうなのか↓信じられないが眼前の事実である↓やはりこうなんだなあ」と驚きを込めて受け入れる気持ちに変化したものである。

⑤並列・対等の用法も 「あれかこれか」というような二者択一、または三者択一のような疑問を表す場合には、並列・対等の関係にあることばを列挙してつなぐ働きが生まれる。この「か」を副助詞あるいは並立助詞とする説もある。

類語比較 **「か」と「や」**

共通点＝疑問や反語の意味を表し、結びは活用語の連体形となる。

か＝①疑問を表すのがもともとの用法で、そこから反語・詠嘆などの用法を生じた。②原則として、「何」「いかに」「いつ」などの疑問を表すことばが前にある場合は「か」を用いる。③そのため、疑問を表すことばとともに用いられる場合、「たれかある（＝だれがいるのか）。」というように、疑問を表す代名詞「たれ」は、「か」の前に置かれる。④終助詞の場合、体言や活用語の連体形に付いて、「か」の前にある内容だけに対する疑問を表すことが多い。

や＝①感動詞から派生したもので、もともとは詠嘆・強調を表す。また、「や」の方が「か」より比較的柔らかな語感を持つといわれ、中古では「か」よりも「や」が使われることが多い。②原則として、「何」「いかに」「いつ」などの疑問を表すことばが前にない場合は「や」を用いる。③そのため、疑問を表すことばとともに用いられる場合、「ぬしやたれ（＝持ち主はだれか）。」というように、疑問を表す代名詞「たれ」は、「や」の後に置かれる。④終助詞の場合、終止形に付いて、文全体の内容に関して問いかける場合が多い。

↓**読解の手引き**❸（324ページ）・⑲（1028ページ）

かい-く・る【掻い繰る】 動詞 他〔ラ四段〕〈ら・り・る・る・れ・れ〉 手元にたぐり寄せる。**弓取り直し、手綱かい繰り汀へ向かひて歩ませければ**…。〈平家・11・那須与一〉訳弓を持ち直し、手綱を**手元にたぐり寄せ**水辺に向かってウマを進めたので…。
発展「かきくる」の変化したことば。

かい-け・つ【掻い消つ】「かきけつ」のイ音便。

かい-げん【開眼】 名詞 ❶《仏教語》新しくできあがった仏像・仏画に仏の霊を迎えること。また、その儀式。❷《仏教語》仏の道を悟ること。❸道理・真髄をつかむこと。

かい-さん【開山】 名詞 ❶寺院を創建すること。また、その人。開基。開祖。❷転じて、創始者。また、第一人者。
発展「山」は寺の意味。

かい-しゃく【介錯】 名詞 動詞 自〔サ変〕〈せ・し・す・する・すれ・せよ〉 ❶付き添って介抱すること。身のまわりの世話をすること。付き添い。介添え。**介錯の女房さへ身を投げけるこそありがたけれ。**〈平家・11・副将被斬〉訳**付き添い**の女房までも身を投げたことは珍しいことである。❷切腹する人のそばにいて、その首を切り落とし、死ぬ手助けをすること。また、その人。

かい-しら・ぶ【掻い調ぶ】 動詞 他〔バ下二段〕〈べ・べ・ぶ・ぶる・ぶれ・べよ〉 楽器の調子を合わせる。楽器を弾き鳴らす。**琵琶かい調べ、笛の音など聞こえたるは、過ぎて往ぬるもくちをし。**〈枕草子・224・いみじう暑きころ〉訳琵琶を**弾き鳴らし**、笛の音など聞こえたのは、(ただ)通り過ぎて行ってしまうのも残念だ。
発展「かきしらぶ」の変化したことば。

かい-しろ【垣代】 名詞 ❶囲いや仕切りに用いる垂れ布。幕。とばり。❷舞楽、特に「青海波」を演じるとき、垣のように立ち並んで笛を吹き拍子をとる伴奏の楽人たち。
発展「かきしろ」のイ音便。

がい・す【害す】 動詞 他〔サ変〕〈せ・し・す・する・すれ・せよ〉 傷つける。損なう。殺す。だめにする。「**それが玉を取らむとて、そこらの人々の害せられむとしけり。**」〈竹取・竜の頸の玉〉訳「それ(=竜)の(持っている)玉を取ろうと思って、多くの人々が**殺され**ようとしたのだ。」

かい-そ・ふ【掻い添ふ】 ■一 動詞 自〔ハ四段〕〈は・ひ・ふ・ふ・へ・へ〉 寄り添う。**渡殿の口にかい添ひて、隠れ立ちたまへれば**…。〈源氏・空蝉〉訳★渡殿の戸口に**寄り添って**、隠れてお立ちになっていらっしゃると…。■二 動詞 他〔ハ下二段〕〈へ・へ・ふ・ふる・ふれ・へよ〉 寄り添わせる。付き添わせる。**御髪長く美しうてかい添へて伏せさせたまへり。**〈栄花〉訳御髪は長く美しく(それを身体に)**寄り添わせて**休ませなさった。
発展「かきそふ」の変化したことば。

が 基本助詞25

- ■一 格助詞
  - ❶(連体修飾語を作って、所有・所属・限定などの関係を表し)…の。◉下に体言を伴う。
  - ❷(下に続く体言を省略した形で)…のもの。
  - ❸(主語であることを表し)…が。◉「…が…連体形。」または「…が…接続助詞」の形で用いる。
  - ❹(同格を表し)…で。…であって。◉下に★準体言を伴う。
  - ❺(希望・好悪・能力などの対象を表し)…が。◉下に希望・好悪・能力などの対象を表す語を伴う。
- ■二 接続助詞
  - ❶(単純な接続を表し)…が。…(する)と。…(した)ところ。
  - ❷(逆接の確定条件を表し)…が。…けれども。…のに。
  - ◉中古末期以降の用法。

接続 ■一は体言、活用語の連体形に付く。
接続 ■二は活用語の連体形に付く。

■一 格助詞 ❶(連体修飾語を作って、所有・所属・限定などの関係を表し)…の。…に関する。**妹が袖別れて久になりぬれど一日も妹を忘れて思へや** 歌〈万葉集・15・3604〉訳妻**の**袖とは別れて長い間になってしまったけれども、一日でも妻を忘れるだろうか、いや、忘れるものではない。
○「妹」が着ている衣服の「袖」という所属の関係を表している。
「**それが玉を取らむとて、そこらの人々の害せられむとしけり。**」〈竹取・竜の頸の玉〉訳「それ(=竜)**の**(持っている)玉を取ろうと思って、多くの人々が殺されようとしたのだ。」
○「それ」が持っている「玉」という所有の関係を表している。
❷(下に続く体言を省略した形で)…のもの。**生まれしも帰らぬものをわが宿に小松のあるを見るが悲しさ** 歌〈土佐日記・二月十六日〉訳↓むまれしも…
この歌は、ある人のいはく、大伴黒主がなり。〈古今集・雑上・899・左注〉訳この歌は、ある人の言うことには、大伴黒主**のもの**(=歌)である。
○「大伴黒主が歌なり」というところを、冒頭に「この歌は」とあるので、二度目に出てくる「歌」を省いて述べる用法。
❸(主語であることを表し)…が。「**雀の子を犬君が逃がしつる。**」〈源氏・若紫〉訳「スズメの子を(召し使いの)犬君**が**逃がしてしまったのだ。」
○「犬君」が「逃がしつる」という動作の主語になっている。長く、完了の助動詞「つ」の連体形「つる」で止めることで余情の表現となり、詠嘆や驚きを表すとされてきていたが、連体形の下に断定の助動詞「なり」があると考えるとよい。
雁などの連ねたるが、いと小さく見ゆるは、いとをかし。〈枕草子・1・春は曙〉訳ガンなどが(一列に)並んで(飛んで)いるの**が**、たいへん小さく見えるのは、とても趣がある。
○「雁などの連ねたる」が「見ゆる」という状態の主語になっている。「たる」は完了の助動詞「たり」の連体形、「見ゆる」は下二段動詞「見ゆ」の連体形で、共に★準体法である。下に「ようす」などの名詞を補って解釈すると分かりやすい。
❹(同格を表し)…で。…であって。**いとやむごとなき際にはあらぬが、優れて時めきたまふ、**

ありけり。〈源氏・桐壺〉訳それほど高貴な家柄ではない方で、際立って(帝の)寵愛を受けていらっしゃる方が、あったのだった。

○「…あらぬ(方)」も「時めきたまふ(方)」も同一人物のことを表している。打消の助動詞「ず」の連体形と、補助動詞「たまふ」の連体形が、共に準体法であるので、下に「人」などの名詞を補って解釈する。↓**読解の手引き⑰**(876ページ)

❺(希望・好悪・能力などの対象を表し)**…が。…を。**「**琵琶には手と申して、めでたきことのさうらふぞかし。それが承りたくさうらひて。**」〈古今著聞集〉訳「琵琶には奏法といいまして、すばらしい技芸がありますね。(あなたに)それをお聞きしたいと思いまして。」

○「それ」が「承りたく」という希望の対象になっている。

二 接続助詞 《中古末期以降》❶(単純な接続を表し)**…が。…(する)と。…(した)ところ。** **九条の方より起こりけるが、京中の家、あるはまろび、あるは柱ばかり残れる。**〈古今著聞集〉訳(京都の)九条の辺りから(つむじ風が)起こったが、京都中の家は、ある家は倒れ、ある家は柱だけが残っていることだ。

○過去の助動詞「けり」の連体形に付いている例。「が」の前の句と後の句とは主語に当たるものが異なっている。

❷(逆接の確定条件を表し)**…が。…けれども。…のに。**「**昔より多くの白拍子ありしが、かかる舞はいまだ見ず。**」〈平家・1・祇王〉訳「昔から多くの*白拍子がいたけれども、このような(すばらしい)舞はまだ見たことがない。」

○過去の助動詞「き」の連体形に付いている例。「が」の前の句と後の句とは主語に当たるものが異なり、前後が内容的に反対の関係を表している。

発展 ① **❶がもともとの用法** 一の格助詞の「が」は、下に来る体言を限定・修飾する❶がもともとの用法である。

❶の『土佐日記』の用例にある「見るが悲しさ」のように、形容詞(この例では「悲し」)の語幹に接尾語「さ」が付いて名詞になったことばが「が」の下に付く例は、主に上代に限られた用法である。『土佐日記』のような中古の作品では珍しい例といえる。意味のうえでは、「見ること」が「悲しい」という主述の関係になっているので、❸の主語を表す用法に近い。

② **一❷の用法** ❶の用法の、下に続く体言を省略した形。「…のもの」という体言の意味まで含み込んだ、このような用法は類義の格助詞「の」にもあり、体言に準じた助詞ということで、*準体助詞ということもある。

③ **一❸～❺の用法** 一❸の主語を表す用法も❶から派生したもので、中古末ごろまでは述語が終止形になることはなく、連体形になるか、接続助詞などを伴って後に続く形で用いられた。「花が咲く。」のように、終止形の述語で言い切る用法は、主に中世以降である。また、述語が連体形となる場合は、『枕草子』の用例にあるように「体言(*準体言)+が+準体言」という❶と似た形になることが多い。そこから、❹の同格を表す用法も生まれてくる。❺の対象を表す用法は、終止形で言い切る形から派生したもの。

④ **「が」+「ごとし」** 格助詞の「が」には、「匂ふがごとく」のように、下に助動詞「ごとし」(あるいはその語幹相当部分「ごと」)が来る場合もある。ただし、この「ごと」は、もともとは形式名詞であったといわれ、助動詞となっても名詞の性質が含まれているために、格助詞の「が」や「の」の下に付く用法が現れたとみられる。

「ごと」と同じく「が」や「の」の下に付いて連用修飾語となるものには、「…(の)ため」という意味の「から」「ため」、「…と共に」という意味の「むた」、「…に任せて」という意味の「まにま」などがある。現代まで広く使われる「ため」のほかは、特に上代の用例が多い。↓故・如・如し・随に・共

⑤ **比喩を表す用法** 格助詞「の」にある「…のような」という比喩を表す用法が、「が」にもあるとする説もある。「象潟や雨に西施がねぶの花(↓きさがたや…)」〈奥の細道・象潟・芭蕉〉では、「(中国の美女)西施のようなネムノキの花」と解釈できる。ただし、「ねぶの花」の「ねぶ」には「(西施が)眠っている」という意味も掛けてあると考えるなら、この「が」は❸の主語を表す用法ともとれる。

⑥ **一格助詞と二接続助詞の識別**

二の接続助詞の「が」は、一の❸❹で、活用語の連体形に付く場合の用法から、中古末期以降に生まれたものである。体言に付く場合は必ず格助詞となるが、活用語の連体形に付く例では、格助詞の場合も接続助詞の場合もある。その連体形が準体言になっていれば格助詞で、そうでなければ接続助詞である。

たとえば、一❸の『枕草子』の用例では、「が」の前の句が後の句に対する主語を表しているので、準体言に付く格助詞だと分かる。また、一❹の『源氏物語』の「いとやむごとなき際にはあらぬが…。」は、「それほど高貴な家柄ではないけれども…。」と、接続助詞の逆接の用法とみられがちだが、「が」の前の句と後の句が同一人物のことを述べており、連体形「ぬ」は準体言になっているので、格助詞の同格の用法ととらえるのが普通である。

一方、二の用例は二例とも、「が」の前の句と後の句で主語に当たるものが異なっているので、この場合の連体形は準体言とは考えられず、この「が」は接続助詞ということになる。

⑦係助詞「も」に付いて「もが」「もがな」となる「が」は終助詞の一部である。↓もが・もがな・もがも

類語比較 **「が(格助詞)」と「の(格助詞)」**

共通点＝もともとは「我が国」「花の色」というように、体言に付いて連体修飾語を作る格助詞で、同格や主語を表す用法などを後に生じた。

が(格助詞)＝①古くから体言のほかに活用語の連体形にも付いた。

②人を表す体言に付く場合、「が」は「の」に比べて、親愛や軽いさげすみ、卑下などの気持ちを含む場合がある。たとえば、秦兼久という人物が和歌について相手を問い詰める場面では、「いかなれば、四条大納言のはめでたく、兼久がは悪かるべきぞ(＝どういうわけで、四条大納言のものは立派で、兼久のものは劣っているはずなのか)。」〈宇治拾遺〉というように、「の」と「が」が使い分けられている。四条大納言(＝藤原公任)は高貴な人であり、その和歌はすでに高い評価を得ていたので、敬意を表すために「の」を付け、自分の和歌については「が」を付けている。

の(格助詞)＝①体言のほかに形容詞・形容動詞の語幹、副詞、一部の助詞などにも付く。ただし、連体形に付くようになるのは中世末ごろからである。

②人を表す体言に付く場合、「の」は敬意の対象に用いられる場合がある。たとえば、『万葉集』などでは、天皇に対しては「が」は使われず、「の」しか使われなかった。

③格助詞としての用法は「の」の方が幅広く、「…のときの」「…にある」「…で作った」「…のように」など、「が」には含まれない意味も多い。

かい-ぞへ【介添へ】‐ぞえ 名詞 ❶そばに付き添って世話をすること。また、その人。❷嫁入りのとき、新婦に実家から付き添って行き、世話をする女性。

かい-だう【海道】‐どう 名詞 ❶海沿いの道。また、その海辺の地域。対山道。❷「★東海道」の略。❸航路。

かい-だう【街道】‐どう 名詞 諸国への主要道路。発展 古くは「海道」と表記していたが、日光街道・甲州街道などは山中の陸路であり、「海道」ではそぐわないので「街道」の字をあてるようになった。

かい-だて【垣楯・掻楯】 名詞 防御のために楯を垣のように立て並べたもの。**堀ほり垣楯かき逆茂木ひいて待ちかけたり**。〈平家・5・奈良炎上〉訳（興福寺の七千余人の衆徒は）堀を掘り、**掻楯を立て逆茂木**（＝とげのある木を垣にしたもの）を設けて（平家の軍勢を）待ち受けた。

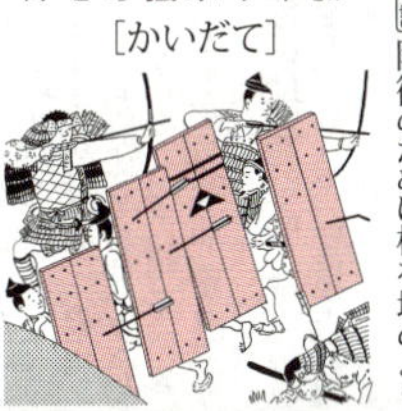

［かいだて］

発展「かきだて」のイ音便。

かい-だん【戒壇】 名詞《仏教語》仏門に入る人に戒（＝教えや規律）を授ける儀式を行うために設けた、土や石で築いた壇。発展 七五四（天平勝宝六）年、鑑真が東大寺に設けたのが最初。平安時代には延暦寺にもつくられた。

かい-ちゃう【開帳】‐ちょう 名詞 動詞 他〔サ変〕〈せ・し・す・する・すれ・せよ〉《仏教語》いつもは公開しない仏像などを公開すること。季語 春 発展 仏像や経巻などを収めてある厨子の帳を開くことから。

かい-つ・く【掻い付く】 一 動詞 自〔カ四段〕〈か・き・く・く・け・け〉取りすがる。しがみつく。抱きつく。うつくしきもの〈枕草子・151・うつくしきもの〉訳 愛らしい感じの幼児が、ほんのちょっと抱いて遊ばせかわいがっているうちに、（私に）**しがみついて**寝てしまったのは、とてもかわいらしい。**むほどに、かい付きて寝たる、いとらうたし**。**をかしげなる児の、あからさまに抱きて遊ばしうつくし**

二 動詞 他〔カ下二段〕〈け・け・く・くる・くれ・けよ〉付ける。**紅といふもの、いと赤らかにかい付けて、髪けづりつくろひたまへる**…。〈源氏・常夏〉訳 口紅というものを、めちゃくちゃ赤く**付けて**、髪をとかし化粧なさったのは…。

発展「かきつく」の変化したことば。

かい-つくろひ【掻い繕ひ】‐つくろい 名詞 着付けや髪型などの世話をすること。また、その人。付き添い役。特に「五節の舞姫」の付き添い役の女房。発展「かきつくろひ」の変化したことば。

かい-つくろ・ふ【掻い繕ふ】‐つくろう 動詞 他〔ハ四段〕〈は・ひ・ふ・ふ・へ・へ〉（乱れたものを）整える。（身なりを）整える。**馬の腹帯結ひ、胡籙などかい繕ひて**…。〈今昔〉訳 ウマの腹帯を結び、★胡籙などを**整えて**…。

発展「かきつくろふ」の変化したことば。

かい-つら・ぬ【掻い列ぬ・掻い連ぬ】 動詞 他〔ナ下二段〕〈ね・ね・ぬ・ぬる・ぬれ・ねよ〉連れ立つ。伴う。**思ふどちかい連ねて、和泉の国へ二月ばかりに行きけり**。〈伊勢・67〉訳 親しい者同士**連れ立って**、和泉の国へ二月ごろに行った。

発展「かきつらぬ」の変化したことば。

海道記かいどうき［カイダウ］作品名 鎌倉前期の紀行文。作者不明。仏道修行のひとつとして鎌倉に下った作者が、その途中見聞した風物や鎌倉の繁栄に対する感動を、対句を多く交えた★和漢混交文で記す。一二二三（貞応二）年ごろ成立。

かい-ともし【掻い灯し】 名詞 清涼殿の夜の御殿（＝天皇の寝所）の四隅にともした灯籠。また、それにともす明かり。発展「かきともし」の変化したことば。

かい-ど・る【掻い取る】 動詞 他〔ラ四段〕〈ら・り・る・る・れ・れ〉（着物の端を）手でまくり上げて持つ。**着なす裳裾をかい取りて**…。〈松の葉〉訳 身に着けた（着物の）すそを**手でまくり上げて持って**…。

発展「かきとる」の変化したことば。

かいな（現）↓（歴）**かひな【腕・肱】**

かい-な・づ【掻い撫づ】‐なず 動詞 他〔ダ下二段〕〈で・で・づ・づる・づれ・でよ〉なでる。**かいなでつつ、顧みがちにて、出でたまひぬ**。〈源氏・若紫〉訳（源氏は紫の上の髪を）**なで**ながら、何度も振り返って、お出なさった。

発展「かきなづ」の変化したことば。

かい-なで・なり【掻い撫でなり】 形容動詞〔ナリ・ノ〕〈なら・なり（に）・なり・なる・なれ・なれ〉表面的だ。うわべだけだ。また、平凡だ。ありきたりだ。「**かうやうのかいなでにだにあらましかば**。」と、かへすがへす口惜し。〈源氏・末摘花〉訳（末摘花の歌があまりにも下手なので）「せめてこの（命婦の歌の）ように**平凡でも**あったならば（まだよかったろうに）。」と、（源氏は）返す返すも残念に思われる。

発展「かきなでなり」とも。下二段動詞「かいなづ」が形容動詞になったもの。

かい-ねり【掻い練り】 名詞 ❶灰汁などで煮て糊を落とし、柔らかくした絹布。練り絹。紅や濃い紫色のものが多い。❷「★掻い練り襲」の略。発展「かきねり」の変化したことば。

かいねり-がさね【掻い練り襲】 名詞 ★襲の色目のひとつ。表・裏ともに紅。冬から春まで着用する。

かい-のご・ふ【掻い拭ふ】‐のごう 動詞 他〔ハ四段〕〈は・ひ・ふ・ふ・へ・へ〉ふき取る。ぬぐい取る。**いみじうおはせしを、かいのごひたるやうにやめたてまつりたりしかば**…。〈枕草子・259・さかしきもの〉訳（宮様や若君が）たいへん患っていらっしゃったのを、**ぬぐい取ったように**お治し申し上げたので…。

発展「かきのごふ」の変化したことば。

かい-はさ・む【掻い挟む】 動詞 他〔マ四段〕〈ま・み・む・む・め・め〉抱えるように挟む。**長刀を脇にかい挟み**…。〈平家・11・能登殿最期〉訳 長刀を脇に**抱えるように挟み**…。

発展「かきはさむ」の変化したことば。

かいば-み【垣間見】 名詞 ↓かいまみ

かいば・む【垣間む】 動詞 ↓かいまみる

貝原益軒かいばらえきけん［カヒバラ］人名 江戸前期の儒学者・教育家・本草学者。福岡藩の家臣。山崎闇斎・木下順庵に朱子学を学ぶ。わかりやすい文章で多方面にわたり著作を残した。著書に『養生訓』『大和本草』などがある。1630―1714

かい-ひ・く【掻い弾く】 動詞 他〔カ四段〕〈か・き・く・く・け・け〉弦楽器を弾く。つま弾く。かき鳴らす。発展「かきひく」の変化したことば。

かい-ひざ【掻い膝】 名詞 片膝を立て、それを手で抱くようにして座ること。

かい-ひそ・む【掻い潜む】 一 動詞 自 〔マ四段〕〈ま・み・む・む・め・め〉ひっそりと隠れる。**かい潜みて群がりゐつつ…。**〈増鏡〉訳 **ひっそり隠れて群がっていながら…。** 二 動詞 他 〔マ下二段〕〈め・め・む・むる・むれ・めよ〉目立たないようにする。隠す。**いたうかい潜めて、かたみに心遣ひしたり。**〈源氏・玉鬘〉訳 たいへん**目立たないようにして**、互いに気遣いをしている。

かい-ひゃく【開闢】 名詞 ❶天地の開け始め。世界の始まり。❷信仰の地として、山を開き、寺院を建立すること。また、その人。開基。開山。開祖。 発展 中世末から「かいびゃく」とも。

かい-びゃく【開白】 名詞 発展「かきひそむ」の変化したことば。

動詞 自 〔サ変〕〈せ・し・す・する・すれ・せよ〉《仏教語》❶法事の初めに、その趣旨を仏に申し述べること。❷法会の始まり。法会の初日。

かい-ぶ【海部・海浦・海賦】 名詞 織物・蒔絵などの模様のひとつ。大波・州浜・マツ・ミル(=海藻)・貝などを組

[かいぶ]

み合わせ、海浜の風物を図案化した模様。類 大海

懐風藻 〔クヮイフウ サウ〕 作品名 奈良時代の漢詩集。現存する漢詩集ではわが国最古のもの。編者は、淡海三船あるいは石上宅嗣などの諸説があるが不明。近江朝から奈良時代までの詩約一一六首を、作者別・年代順に配列して収める。詠者は皇族や上層官人・僧侶を主とするが、中国六朝の詩の模倣が多い。七五一(天平勝宝三)年成立。

かい-ふ・す【掻い伏す】 動詞 自 〔サ四段〕〈さ・し・す・す・せ・せ〉姿勢を低くする。身体を伏せる。横になる。 発展「かきふす」の変化したことば。

廻文歌 〔クヮイブンカ〕 文芸用語 和歌の歌体のひとつ。上から読んでも下から読んでも同じになる遊戯的和歌。近世、正月の宝船の絵に添えられた「なかきよのとをのねふりのみなめさめなみのりふねのおとのよきかな」の歌は有名。

かい-まく・る【掻い捲る】 動詞 他 〔ラ四段〕〈ら・り・る・る・れ・れ〉まくり上げる。**袖をかいまくりて、顔に当てて…。**〈更級日記・初瀬〉訳 **袖をまくり上げて、顔に当てて…。** 発展「かきまくる」の変化したことば。

かい-まさぐ・る【掻い弄る】 動詞 他 〔ラ四段〕〈ら・り・る・る・れ・れ〉手でもてあそぶ。いじる。**よく装束したる数珠かいまさぐり…。**〈枕草子・33・説経の講師は〉訳 よく飾り付けた数珠を**手でもてあそび…。**

絵で見る古典生活史 ❻

女性を「垣間見る」

　昔は、女性の姿を見るには、物のすき間からこっそり見る「★垣間見」という手段しかありませんでした。

　『★竹取物語』では、かぐや姫を一目見たくて、邸の周りをうろうろし「(垣根に)穴をくじり、垣間見」ようとしている男たちが描かれています。この後、物語の中では垣間見は恋の始まりの描写となりました。

(絵…美しい姉妹を透垣から覗き見する★薫〈源氏物語絵巻〉より)

　『★源氏物語』「若紫」の巻では、源氏が「★惟光の朝臣とのぞきたまへば」と垣間見をする場面があります。「★瘧病」にかかった源氏は、★加持を受けにやって来た★北山で、恋い慕う★藤壺の女御に似た美少女を、垣根ごしにのぞき見ます。それが、後に源氏の妻となる★紫の上との出会いでした。

　この部分は『★伊勢物語』第一段で、美しい姉妹を「この男(=昔男)、垣間見てけり。」という場面の影響から生まれたともいわれています。

かいま-み【垣間見】 名詞 垣根や戸の透き間、物陰などからこっそりと中を見ること。のぞき見。 発展「かいばみ」とも。↓絵で見る古典生活史❻(317ページ)

かいま・みる【垣間見る】

物の透き間からこっそりと見る ― のぞき見る。

未然形	連用形	終止形	連体形	已然形	命令形
かいま・み	かいま・み	かいま・みる	かいま・みる	かいま・みれ	かいま・みよ

動詞 他 〔マ上一段〕**物の透き間からこっそりとのぞき見る。のぞき見る。のぞき見をする。**

その里に、いとなまめいたる女はらから住みけり。この男、かいま見てけり。〈伊勢・1〉訳 その里に、とても若々しくて美しい姉妹が住んでいた。この男は、(その姉妹の姿を)**物の透き間からこっそりとのぞき見て**しまった。

発展 ①**語の成り立ち**　「垣間＋見る」としてできたことばで、垣の間から見るという意味といわれる。その「かきまみる」が、イ音便で「かいまみる」となったもの。

②**四段活用「かいまむ」**　「かいまむ」という四段活用の語形もある。いずれも連用形は「かいまみ」であり、他の活用形の用例が乏しく、名詞「かいまみ」と動詞「かいまみる」「かいまむ」のどれが先にあったことばかははっきりしない。「かいばむ」ともいう。

かいま・む【垣間む】 動詞 ↓かいまみる

かい-もちひ【掻い餅】 名詞 ぼたもち。おはぎ。一説に、そばがき。

「いざたまへ、出雲拝みに。**掻い餅召させん。**」〈徒然草・236・丹波に出雲と〉訳「さあ、一緒にいらっしゃい、出雲(神社)を参拝に。**ぼたもちを召し上がらせよう。**」

発展「かきもちひ」の変化したことば。「かいもち」とも。

かいもと-あるじ【垣下饗】 名詞 祭りや儀式などの饗宴の際、正客以外の相伴客の座である「垣下」の座に着いて、もてなしを受けること。また、その人。 発展「かいもと」は「かきもと」の変化したことば。

かい-や・る【掻い遣る】動詞 他 〔ラ四段〕〈ら・り・る・る・れ・れ〉❶手で払いのける。かき上げる。**いはけなくかいやりたる額つき**、**髪ざし**、**いみじううつくし**。〈源氏・若紫〉訳（少女の）あどけなく**かき上げ**た額のようすや、髪の生え具合が、非常にかわいらしい。❷押しやる。与える。**引き結びてかいやりたまひしを**…。〈西鶴・好色五人女〉訳結び文にしてお**与え**になったのを…。

発展「かきやる」の変化したことば。

かい-りつ【戒律】名詞《仏教語》仏教の修行をする上で、守らなければならない規律。

かい-わぐ・む【掻い綰む】動詞 他 〔マ四段〕〈ま・み・む・む・め・め〉たわめ曲げる。丸め込む。折り曲げる。**緑衫はしも、後の方にかいわぐみて**…。〈枕草子・201・心憎きもの〉訳緑衫（＝六位の人が着る緑色の上着）に限り、後の方に**丸め込んで**…。

発展「かきわぐむ」の変化したことば。

会話文 国語 国文法 文章の中で、人が話していることばとして書き表されている文。現代語においては、★地の文と区別が明らかになるように「」でくくる表記法が定着しているが、古文にはそのような表記法はなかった。おおむね「と」「とて」「など」という引用の助詞が、これを受ける。↓**読解の手引き❷**（318ページ）

かう【剛】↓かうなり

かう（現）↓（歴）**かふ**【交ふ】【飼ふ】

かう【更】名詞 日没から日の出までの夜間を五等分した時刻の単位。初更（一更・甲夜）・二更（乙夜）・三更（丙夜）・四更（丁夜）・五更（戊夜）という。季節によって日没・日の出の時刻が異なるので、長さは不定である。↓**ビジュアルチェック⑲**（881ページ）

かう【長官・守】名詞↓かみ（長官）

かう【香】名詞❶香料。沈香・白檀・伽羅などの天然香木や、麝香・竜涎などの動物性のものと、各種の香料を練り合わせた人造のものがある。薫き物。❷（「香色」の略で）赤味がかった黄色。丁子色。❸織物の色のひとつ。縦糸が香色、横糸が白色で、老人が用いる。

かう【講】名詞❶《仏教語》（「講会」の略で）仏典を講義する集会。信者が集まって行う法会。❷社寺への参詣・寄進などを目的として組織された信者の団体。講社。講中。❸金銭を出し合って融通し合う組合。

かう【斯う】

目の前の事実や、前後の会話または文脈の内容を指示する

- ❶（目の前の物事や、前に述べた内容、また、直後の内容を指示して）**このように。こんなに。次のように。**
- ❷（会話文などを代用して）**これ。**
- ❸（相手のことばに同意して）**そうだ。そのとおり。**
- ❹（物事が完全に終わったことを表し）**もう大丈夫だ。もうおしまいだ。**◉「今はかう」の形で用いる。
- ❺（相手に注意を促して）**ほら、こちらへ。そら、こうして。**◉中世以降の用法。

副詞❶（目の前の物事や、前に述べた内容、また、直後の内容を指示して）**このように。こんなに。次のように。**「**花の名は人めきて、かうあやしき垣根になむ咲きはべりける。**」〈源氏・夕顔〉訳「（ユウガオの）花の名前は人間のようであるのに、**このように**みすぼらしい（家の）垣根に咲くのでございました。」〇「かう」は目の前にある垣根を指している。「**あな似気な。愛敬な。などかう、このことばはなめき。**」〈枕草子・262・文ことばなめき人こそ〉訳「ああ（おまえのことば遣いは）ふさわしくない。かわいげがない。どうして**こんなに**、この（＝おまえの）ことばは失礼なのだ。」〇「かう」は前に出た会話の内容を指している。**涙に床も浮くばかりにて、かうぞ思ひ続けたまふ。**〈平家・11・内侍所都入〉訳（帥典侍殿は悲しさに）涙で床も浮くほどで、**次のように**思い続けなさる。〇「かう」は、後に続く帥典侍殿が詠んだ和歌をあらかじめ指示する。

❷（会話文などを代用して）**これこれ。これこれと。入道にかうとも申しも入れず、ざざめき連れて、皆小松**

読解の手引き❷

会話文・心内文の見分け

物語などの文章は、登場人物が語った内容を表す「**会話文**」、登場人物が心の中で思った内容を表す「**心内文**」、そのどちらでもない、作者が状況の説明や描写をしている「**地の文**」に区別されます。

会話文は、現代の小説では「　」でくくって改行するのが一般的です。しかし、句読点さえ発達していない古典の原文の場合は、構文から判断しなければなりません。

たとえば、「いかなる女か**と問へば**、美しき女なり**と言ふ**。」という文ならば、「と問へば」「と言ふ」の前がそれぞれ会話文であると理解できますが、判断が難しいのは、「と」「とて」「など」の語だけで「…（など）と言って」という意味を表す場合です。次の二つの例を見てみましょう。

この戸開けたまへとたたきけれど…。〈伊勢・24〉訳「この戸をお開けください。」**と言って**たたいたけれど…。

いとうつくしう生ひ成りにけりなどあはれがり…ゆかしくしたまふなる物を奉らむとて源氏の五十余巻、櫃に入りながら…。〈更級日記・物語〉訳（おばに当たる人が）「とてもかわいらしく成長したものだなあ。」**などと言って**なつかしがり…「（あなたが）欲しいとお思いになっている物を差し上げよう。」**と言って**源氏物語の五十余巻を、櫃に入ったまま（全部私にくれて）…。

会話文を判断する方法は、**「と」「とて」「など」の前の句が独立した一文として成り立つかどうかが決め手**になります。

初めの例では活用語の命令形で終わる命令文になっていますし、後の例では共に活用語の終止形になっています。また、この「と」「とて」「など」は、「…（など）と思って」という意味の心内文を表す場合もあります。

地の文と会話文・心内文の区別は、内容からも慎重に判断する必要があります。古典のテキストなどでは、古文の会話文に「　」を付けてくれている場合がほとんどですが、心内文には決まった符号がなく、何も付いていないので、特に注意が必要です。

殿へぞ馳せたりける。〈平家・2・烽火之沙汰〉訳入道(=平清盛)にこれこれ(=小松殿へ参集する)と申し上げもしないで、がやがや騒ぎながら連れ立って、全員小松殿(=重盛の邸)へウマで駆けつけたのだった。

❸(「かうなり」の形で、相手のことばに同意して)そうだ。そのとおり。「かうなり、かうなり。さらむ折は、必ず告げたまふべきなり。」〈大鏡・道長下〉訳「そうだ、そうだ。その(=昔の話を語り合いたい)ような場合は、(すぐに会いに来るので)必ずお知らせくださらなくてはいけない。」

❹(「今はかう」の形で、よい場合にも悪い場合にも、物事が完全に終わったことを表し)もう大丈夫だ。もうおしまいだ。これまでだ。「今はかう。」とおぼして、足の向きたる方へ走りたまふ。〈宇治拾遺〉訳(慈覚大師は)「もう大丈夫だ。」とお思いになって、足の向いた方へお逃げになる。祇王「すでに今はかう。」とて出でけるが…。〈平家・1・祇王〉訳(平清盛に追い出される)祇王は「もはや今となってはこれまでだ。」と思って(屋敷の)外へ出たが…。

❺《中世以降》(相手に注意を促して)ほら、こちらへ。そら、こうして。「それならばお目にかけうほどに、『かう通らせられい。』とおしゃれ。」〈狂言・萩大名〉訳「それならば(ハギを)お目にかけようと思うので、『ほら、こちらへお通りください。』と(主人に)おっしゃい。」

発展 ①現代語とのつながり　副詞「かく」のウ音便で、現代語の「こうしたい」「こう言った」などの「こう」のもとの形である。「かく」の方が多く使われるが、「かく」は「かう」よりも用法が狭く、主に「かう」の❶❷の用法に限られる。

②❷は古語特有の指示語　❷の、会話文などを代用する用法は、古語特有といえる。「かう」「かく」を二つ重ねた「かうかう」「かくかく」や、「しかしか」などの副詞があり、現代でも「かくかくしかじか」のように、古語そのままの形で用いられる。こうした用法は、作者が読者と同一の場(社交の場)で物語などを語った意識の名残と考えられる。

関連語 斯く・斯く斯く・斯う斯う・然然

かう-い【更衣】こう 名詞 ❶季節によって衣服を着替えること。衣替え。

❷女官の呼び名。后妃のうち、女御の次位。初め天皇の衣がえを担当したが、平安時代には天皇のご寝所に奉仕するようになった。納言以下の家柄の女性から選ばれ、多くは五位。↓古語チャート⑮(463ページ) いづれの御時にか、女御、更衣あまたさぶらひたまひける中に…。〈源氏・桐壺〉訳どの帝の御代であっただろうか、女御、更衣が大勢お仕え申し上げていらっしゃった中に…。

かうい-ばら【更衣腹】こうい 名詞 天皇の后妃のうちの、更衣を母として生まれた子供。

かう-うん【高運】こう 名詞 すばらしくよい運に恵まれていること。幸運。

かう-がい【笄】こう 名詞 ❶男女ともに髪を整えるときに用いた、平たい棒状の道具。❷刀の鞘に差しておいた、へら状の髪上げの道具。後には装飾用になった。❸江戸時代、女性が髪にさした装飾品。べっこう・角や金・銀・蒔絵などで作った。

かうがい-わげ【笄髷】こうがい 名詞 江戸時代の女性の髪型のひとつ。髪を巻き上げ笄で留める。町人の娘や若妻に多く見られた。

[かうがいわげ]

かう-かう【斯う斯う】こうこう 副詞 これこれしかじか。親のもとに行きて、「かうかうのことなむある。」と言へば…。〈枕草子・244・蟻通の明神〉訳親のところに行って、「これこれしかじかのことがある。」と言うと…。

発展「かくかく」の変化したことば。

かう-かう・たり【皓皓たり・皎皎たり】こうこうたり 形容動詞〔タリ〕〈たら・たり(と)・たり・たる・たれ・たれ〉白く輝いている。白く明らかだ。白い。白々としている。

上ればり白雲かうかうとして聳え、下れば青山峨峨として岸高し。〈平家・9・老馬〉訳登れば白雲が白々として(いる山が)そびえ、下ると青葉の茂った山が険しく崖が高い。

かうが・ふ こうがう 動詞 他〔ハ下二段〕〈へ・へ・ふ・ふる・ふれ・へよ〉

━【考ふ】前例や暦などに照らして考える。判断する。「ちかう、又よき日なし。」とかうがへ申しけるうちに…。〈源氏・行幸〉訳「その前後に、他によい日がない。」と前例に照らして考え申し上げたうちに…。

━【勘ふ】罪を調べて罰する。とがめる。処罰する。いみじう腹立ち叱りて、かうがへて、また滝口にさへ笑はる。〈枕草子・56・殿上の名対面こそ〉訳たいそう腹を立ててしかり、処罰して、また滝口にまで笑われる。

発展「かんがふ」が変化したことば。

がう-き【拷器】ごう 名詞 拷問に用いる道具。

かう-け【高家・豪家】こう 名詞 ❶格式の高い家。名家。名門。また、権勢のある家。権門。❷権威を頼むこと。頼みとするもの。よりどころ。❸江戸幕府の職名。儀式典礼・勅使の接待などをつかさどる。室町時代からの名門二十六家が世襲した。

かう-けち【纐纈】こう 名詞 上代、中国から伝来した染色法のひとつ。現在の絞り染めの類。女性の裳・唐衣の染色に使った。発展「かうけつ」「かうきつ」とも。

かう-ざ【高座】こう 名詞 ❶寺院などで経典の講義や仏教えを説く人が座る、一段高く設けられた席。❷高座で講釈や説法をすること。

かう-ざく・なり【警策なり】こう 形容動詞 ↓きやうざくなり

かう-さつ【高札】こう 名詞 室町以降、幕府の法令・禁止事項・罪人の罪状などを民衆に示すために、街頭に高く掲げた木の札。

発展「たかふだ」とも。

[かうさつ]

かう-ざま・なり【斯う様なり】こう 形容動詞〔ナリ〕〈なら・なり(に)・に・なり・なる・なれ・なれ〉このようだ。このようなようすだ。こういう内容だ。類 斯様なり

「源中納言はかうざまに好ましうは薫き匂はさで、人柄こそ世になけれ。」〈源氏・紅梅〉訳「源中納言(=薫)はこのように(匂宮のように)風流めかしては香をたきにおわさないで、生まれながらにして身に添う香が比類ない。」

発展「かくさまなり」が変化したもの。

がう-ざんぜ【降三世】ごう 名詞《仏教語》(「降三世明王」の略で)五大尊明王の一つ。三つまたは四つの憤怒の相と八本の腕を持ち、東の方角を守る。↓図(次ページ)

かう-し【格子】 名詞 ❶細い角材を一定の間をあけて縦横に組んだ建具。窓や出入り口に取り付ける。寝殿造りでは黒塗りにして、建物の四面の柱と柱の間に、上下二枚の格子の戸をはめる。上は釣り上げ、下は掛け金で留め、無用の時は取りはずすことができる。❷(「格子縞」の略で)格子模様の縞織物や染め物。発展「かくし」の変化したことば。❶は、上部を開くときは「格子上ぐ」、閉じるときは「下ろす」、取り外すときは「放つ」という。「御格子まゐる」は、目上の人に対してであれば、格子を上げる場合にも、下ろす場合にも用いられる。

[がうざんぜ]

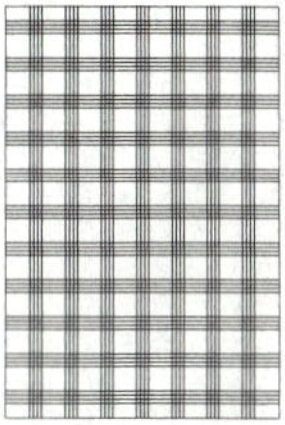
小格子(せうかうし)

三筋格子(みすぢかうし)

[かうし❷]

かう-じ【好事】 名詞 ❶よいこと。よい行い。めでたいこと。

かう-じ【柑子】 名詞 ❶《植物》ミカンのひとつ。今のコウジミカン。実は小形で皮が薄く、酸味が強い。季語 秋 ❷★襲の色目のひとつ。表裏ともに濃い朽葉色。発展「かんじ」の変化したことば。

かう-じ【勘事】 名詞 ❶とがめること。叱ること。勘当。不興。❷肉体を痛めつけて罪を問いただすこと。拷問。

かう-じ【講師】 名詞 ❶《仏教語》諸国の国分寺に置かれた僧官。僧・尼を監督・指導し、仏教の講義を行った。もとは国師といったが、平安初期に講師と改められた。❷《仏教語》法会で仏典を講義し説明する僧。❸漢詩の会や歌会などの席で詩歌を読み上げる人。

かうし-づくり【格子造り】 名詞 家の表(=道に面した方)に格子を設けること。また、その家。発展 多く商家でない家の構えにいう。

かうし-の-つぼ【格子の坪・格子の壺】 名詞 格子(=寝殿造りの戸のひとつ)の桟で囲まれたところ。格子の升目の一こま一こま。

かう-しゃう【江上】 名詞 大きな河川や、湾・入り江のほとり。

江上の破屋に蜘蛛の古巣を払ひて…。〈奥の細道・発端〉訳(旅先からもどって)川(=隅田川)**のほとり**のあばら家でクモの古巣を払いのけて(再びここに住み)…。

かう-しゃう【高声】 名詞 声が大きいこと。大声。

かう-しょく【好色】 名詞 ❶異性を好むこと。また、その人。色好み。❷顔だちが美しいこと。また、その女。美貌。美人。❸遊女。

かう-しん【庚申】 名詞 ❶干支の一つ。かのえさる。→**ビジュアルチェック❺**(393ページ) ❷「★庚申待ち」の略。発展「かうじん」とも。

かうしん-まち【庚申待ち】 名詞 六十日ごとの庚申の日、神仏に酒食を供え、寝ずに過ごす習俗。仏教では青面金剛、神道では猿田彦の神を祭る。「庚申」とも。→**絵で見る古典生活史❼**(321ページ)

かう・す【号す】 動詞 他〈サ変〉〈せ・し・す・する・すれ・せよ〉 ❶呼ぶ。名付ける。

柳原の辺に、強盗法印と号する僧ありけり。〈徒然草・46・柳原の辺に〉訳 柳原のあたりに、強盗法印と呼ぶ僧がいた。

❷唱える。ふれ回る。

あるいは相伝の郎従と号して…。〈平家・1・殿上闇討〉訳 あるいは年来の家来と**唱えて**…。

かう・ず【拷ず・勘ず】 動詞 他〈サ変〉〈ぜ・じ・ず・ずる・ずれ・ぜよ〉 拷問にかける。こらしめる。

かう・ず【講ず】 動詞 他〈サ変〉〈ぜ・じ・ず・ずる・ずれ・ぜよ〉 ❶講義する。難しい文章や学説の意味を解説する。

法華経を日に一品づつ講ぜさせたまふ。〈讃岐典侍日記〉訳(中宮は)法華経(全二十八品)を一日に一品ずつ**講義させ**なさる。

❷漢詩や和歌を読み上げる。

みじかき頃の夜なれば、明け果ててぞ、講ずる。〈源氏・少女〉訳(夏の)短い時候の夜なので、すっかり明けてから、**詩を読み上げる。**

かう-ずい【香水】 名詞 《仏教語》種々の香を溶かした、仏に供える浄水。

かう-せき【行跡】 名詞 行為。行い。行状。また、身持ち。品行。発展「ぎゃうせき」とも。

かう-ぞめ【香染め】 名詞 丁子(=フトモモ科の常緑高木)を濃くせんじた汁で染めたもの。黄色を帯びた淡紅色。丁子染め。

がう-だう【強盗】 名詞 暴力をふるって他人の金品を奪い取ること。強奪。また、その人。発展 近世以降は「がうたう」。

かう-ぢゃう【定考】 名詞 平安時代、陰暦八月十一日に朝廷で行われる、六位以下の官吏の昇進を決定し任命する儀式。発展「定考」は、考査して定めるという意味。漢字の読み方からすると「ぢゃうかう」となるはずだが、なぜ逆に読まれたのかは不明。上皇の発音は「しゃうくわう」なので、音が「上皇」に通じるので避けたともいわれるが、現在は否定されている。

かうづけ【上野】 旧国名 →上野

かう-て【斯うて】 副詞 こうして。

かうて、つれづれと眺むるに…。〈更級日記・鏡の影〉訳 **こうして**、所在なくぼんやりと物思いにふけっているときに…。

発展「かくて」が変化したことば。

かうて-さぶら・ふ【斯うて候ふ】 (人に対面するときのあいさつとして)ごめんください。おじゃまします。

黒戸に主殿司来て、「かうてさぶらふ」と言へば…。〈枕草子・106・二月晦ごろに〉訳 黒戸(=清涼殿内の部屋)に★主殿司(の女官)が来て、「**ごめんください。**」と言うので…。

発展 副詞「かうて」＋四段動詞「さぶらふ」。もともとは「こうして控えております」という意味だが、慣用的なあいさつのことばとして用いられた。

かう-なぎ【巫・覡】 名詞 →かむなぎ

かう・なり【剛なり】 形容動詞〈ナリ〉〈なら・なり(に)・なり・なる・なれ・なれ〉 (武勇に)優れて強い。勇猛だ。剛勇だ。

「手もき心もかうに、よき大将軍にておはしつる人を。」〈平家・9・知章最期〉訳「(武蔵守知章は)腕もたち心も勇猛で、立派な大将軍でいらっしゃった人なのに。」
発展「剛」は本来「かう」で、「がう」と濁るのは近世中期以降。「甲なり」とも表記された。

かう-にん【降人】―名詞 降参した人。

かう-の-きみ【長官君】―名詞 ↓かうのとの

かう-の-との【長官殿】―名詞 諸官庁の長官を敬った言い方。類長官君 発展「かみのとの」が変化したことば。「かんのとの」とも。

かう-の-もの【剛の者】―名詞 強く勇敢な武人。武勇の優れた者。発展 近世には、「がうのもの」とも。

かうば・し【香ばし・芳ばし】形容詞〘シク〙〈しく・しく・し・しき・しけれ・○／しから・しかり・○・しかる・○・しかれ〉❶香りがよい。においがよい。薫物・香を焚きしめてよい香りがする。「**武蔵の国の衛士の男なむ、いと香ばしき物を首にひきかけて、飛ぶやうに逃げける。**」〈更級日記・竹芝寺〉訳「武蔵の国の衛士の男が、たいそう**香りのよい**物を首にひっかけて、まるで飛ぶように逃げて行った。」
❷心引かれる。立派だ。すばらしい。「**その跡もっとも香ばしといへども**…。」〈保元〉訳「その後任に命じられるのはなるほど**すばらしい**と言っても…。」
発展 中世以降は「かんばし」とも。「かぐはし」が変化したことば。

かう-ばり【かう張り】―名詞 傾いた建物などを支える柱。つっかい棒。そこから、人をかばい守ること。かばいだて。庇護。ひいき。発展「かひばり」の変化したことば。「かう」を「勾」「甲」などとするのは当て字。

かう-ふう【好風】―名詞 すばらしい景色。美しい風景。

がう-ぶく【降伏】―名詞 動詞 他〘サ変〙〈せ・し・す・する・すれ・せよ〉神仏の法力や武力で、悪霊や敵を制圧すること。「弓馬の芸に任せて、速やかに賊徒を追討し、凶党を**降伏すべき由**…。」〈平家・7・平家山門連署〉訳「弓馬の技によって、すぐに反逆者を追討し、悪党どもを**制圧する**ようにせよという旨…。」

かうぶり【冠】

宮中出仕など、正装のときにかぶる冠。また、冠の必要な身分や儀式

- 一 名詞
  - ❶(宮中出仕や★衣冠・★束帯などの正装の時にかぶる)かんむり。
  - ❷位階。
  - ❸五位の位階を授けられること。叙爵。
  - ❹「★年爵」の意味に同じ。
- 二 名詞 動詞 自 元服して初めて冠を着けること。「★初冠」の略。

絵で見る古典生活史❼
徹夜の祭事

「庚申」に当たる日の夜には、人間の体内にいる三尸虫が天に上り、その人の悪事を天帝に告げるので、命を奪われると信じられていました。そこで、庚申の夜には用心のために夜明かしをする風習がありました。宮中や王朝の貴族は酒、菓子を供え、詩歌を詠み、「★管絃」の遊びをして朝を待ちました。

(絵…三尸図〈玉函秘伝・和漢三才図会〉より 左から下尸・中尸・上尸)

『★枕草子』「五月の御精進のほど」には、定子の兄伊周が「庚申せさせたまふとて」いろいろ趣向を考え、女房たちに題を出して歌を詠ませるようすが描かれています。★清少納言は名高い歌人★清原元輔の娘であるため、父の名誉のために気軽に歌を詠もうとはしませんでした。
また、『★源氏物語』「東屋」にも、「よき若人ども集ひ、装束ありさまはえならずととのへつつ、腰折れたる歌合はせ、物語庚申をし、まばゆく見苦しく遊びがちに好めるを」とあって、この夜のようすをうかがうことができます。

未然形	連用形	終止形	連体形	已然形	命令形
かうぶり・せ	かうぶり・し	かうぶり・す	かうぶり・する	かうぶり・すれ	かうぶり・せよ

一 名詞 ❶(宮中出仕や衣冠・束帯などの正装の時にかぶる)**かんむり**。「しどけなき姿にて、**かうぶり**などうちゆがめて走らむ後ろ手思ふに…。」〈源氏・紅葉賀〉訳「(源氏は)だらしない格好で、**冠**などを曲げて逃げたりする(自分の)後ろ姿を想像すると…。」
❷**位階**。位。「さらに官も**かうぶり**も賜はらじ。」〈枕草子・244・蟻通〉訳「まったく官職も**位階**も頂くまい。」
❸**五位の位階を授けられること**。叙爵。従五位下に任じられること。「上にさぶらふ御猫は、**かうぶり**にて命婦のおとどとて…。」〈枕草子・9・上にさぶらふ御猫は〉訳 清涼殿の殿上の間で(一条天皇に)お仕え申し上げている(=飼われている)ネコ様は、**従五位下に任じられたもの**であって命婦のおとどといって(=という名を与えられ)…。
❹「**年爵**」**の意味に同じ**。
二 名詞 動詞 自〘サ変〙**元服して初めて冠を着けること**。「**初冠**」の略。「十二歳にて**かうぶりしつ**。」〈宇津保〉訳(俊蔭は)十二歳で**元服した**。
発展 ①**語の成り立ち** 上代語の「かがふり」が変化したことば「かうぶり」がさらに変化したものが「かんむり」である。②**意味の広がり** 一❶がもともとの意味。五位に昇進すると初めて冠をかぶることから、一❸の意味ができ、一❷のように単に「位階」という意味でも用いられる。

かうぶ・る【被る・蒙る】動詞 他〘ラ四段〙〈ら・り・る・る・れ・れ〉❶身に受ける。こうむる。「神仏の恵み**かうぶれるに似たり**。」〈土佐日記・一月三十日〉訳 神仏の恩恵を**身に受けた**ようにみえる。
❷承る。頂く。「**関白の宣旨かうぶらせたまひて**…。」〈大鏡・道兼〉訳(道兼は)関白の宣旨を**頂き**なさって…。
発展「かうむる」とも。「かがふる」が変化したもの。

かう-べ【首・頭】―名詞 頭髪を含めた、くびから上の部

分。くび。あたま。かしら。

その首の見ゆるごとに、額に阿字を書きて、縁を結ばしむるわざをなんせられける。〈方丈記・飢渇〉訳（隆暁法印という人が）その死者（＝餓死者）の**頭**が目に入るたびに、額に「阿」の字を書いて、仏との関係を結ばせる（＝成仏させる）ことをなさったのだった。

がう-ま【降魔】ーごう 名詞《仏教語》悪魔を屈伏させること。悟りの妨げとなるものを、払いのけること。

がうま-の-さう【降魔の相】（不動明王などが）悪魔を屈伏させるときにするような、怒りの形相。

かう-みゃう【高名】 名詞 動詞 自 サ変（せ・し・す・する・すれ・せよ）（戦場などで）手柄を立てること。名をあげること。面目。

「いかに佐々木殿、**高名せうどて、不覚したまふな。**」〈平家・9・宇治川先陣〉訳「やあやあ佐々木殿、**手柄を立て**ようと思って、思わぬ失敗をなさるな。」○「せうど」ては「せむとて」が変化したもの。

かう-みゃう【高名】 形容動詞（ノ）名高い。有名な。

高名の木登りといひしをのこ、人を掟てて、高き木に登せて梢を切らせしに…。〈徒然草・109・高名の木登り〉訳**有名な**木登りと世間でうわさされた男が、人を指図して、高い木に登らせて梢を切らせたときに…。

かう-む・る【被る・蒙る】 動詞 ↓かうぶる

かう-やう・なり【斯う様なり】 形容動詞（ナリ・ノ）（なら・なり(に)・なり・なる・なれ・なれ）このようだ。このようなようすだ。こういう内容だ。こういうわけだ。

「なほ、**かうやうによろしげに聞こえなされよ。**」〈源氏・総角〉訳「（薫の気持ちは理解しているが）やはり、**こういうわけで**と取り繕って（薫に）申し上げてください。」

発展「かくやうなり」が変化したもの。

かうや-がみ【紙屋紙】 名詞 ↓かんやがみ

かうや-さん【高野山】 地名 ↓高野山

かう-らい【高麗】 名詞 ❶古代朝鮮の国名。十世紀初頭、新羅を滅ぼして朝鮮半島を統一し、十四世紀末まで存続した。また、一般に朝鮮半島をいうことば。❷「★高麗端」「高麗縁」の略。発展❶は「こま」とも。

かうらい-ばし【高麗端・高麗縁】 名詞 畳のへりのひとつ。白地に菊花や雲形などの模様を黒く織り出したもの。発展「かうらいはし」「かうらいべり」とも。

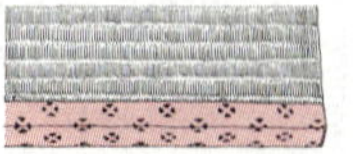
［かうらいばし］

かうらい-べり【高麗縁】 名詞 ↓かうらいばし

かう-らん【高欄】 名詞 ❶宮殿や社寺にある、渡り廊下・階段・橋などに取り付けた手すり。❷いすのひじかけ。発展近世以降「勾欄」と表記されるが、「勾」の字音は「こう」なので、当て字である。

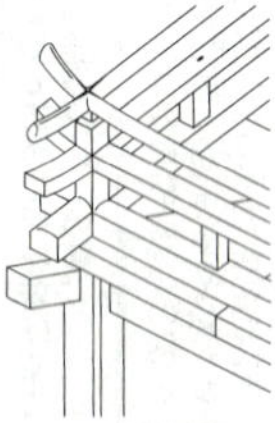
［かうらん❶］

かう-りょう【亢竜】 名詞 高く昇りつめた竜。

「**亢竜の悔いあり。**」**とかやいふことはべるなり。**〈徒然草・83・竹林院入道左大臣殿〉訳「**昇りつめた竜**は（下に降りるほかない、そこに）後悔が生じる（＝最盛の後には必ず衰微がある）。」とかいうこと（＝ことわざ）があるのでございます。

かう-ろ【香炉】 名詞 香をたく器具。灰の上に炭火を置いて香をたき、くゆらせる。陶磁器・漆器、金・銀・銅製のものなどがある。

［かうろ］

かうろ-ほう【香炉峰】 地名 ↓香炉峰

かうわか-まひ【幸若舞】 名詞 中世芸能のひとつ。室町時代、桃井直詮（幼名は幸若丸）の創始した舞曲。烏帽子・直垂姿で舞う。英雄物や武将物が多い。

［かうわかまひ］

かえし（現）↓（歴）**かへし【返し】**

かえす（現）↓（歴）**かへす【返す・帰す】【返す・反す・覆す】**

かえで（現）↓（歴）**かへで【楓】**

かえりみる（現）↓（歴）**かへりみる【顧みる・省みる】**

かえる（現）↓（歴）**かへる【返る・帰る・還る】【返る・反る・覆る・孵る】**

がえんず（現）↓（歴）**がへんず【肯ず】**

かお（現）↓（歴）**かほ【顔】**

かおる（現）↓（歴）**かをる【薫る】**

薫 登場人物『源氏物語』宇治十帖の主人公のひとり。光源氏の息子であるが、実は正妻★女三の宮と★柏木との間に出来た不義の子。体から芳香を発するためこの名が付いた。信仰心が厚く、誠実な人物として描かれるが、大君、浮舟との恋は悲恋に終わる。

かか 名詞 ㊀【母】子が母を親しんで呼ぶことば。かあちゃん。対父

㊁【嬶】庶民階層で、自分の妻、または遠慮のいらない他家の主婦を親しんで呼ぶことば。

加賀 旧国名 賀州。★北陸道七か国の一つ。今の石川県の南半部。大化の改新より平安初期まで越前国に属したが、八二三（弘仁十四）年に立国された。↓ビジュアルチェック❼（450ページ）

か-かい【加階】 名詞 動詞 自 サ変（せ・し・す・する・すれ・せよ）位階が上がること。昇進すること。

秋、右近の中将になりて、御賜ばりの加階などをさへ…。〈源氏・匂宮〉訳秋、右近の中将になって、（朝廷から）賜わる**昇進**などまでも…。

かがい（現）↓（歴）**かがひ【嬥歌】**

かかえる（現）↓（古）**かかふ【抱ふ】**

かか・ぐ【掲ぐ】

かき上げて、高くなるようにする
❶かき上げる。高く上げる。
❷（灯心を）かき立てる。

未然形	連用形	終止形	連体形	已然形	命令形
かかげ	かかげ	かかぐ	かかぐる	かかぐれ	かかげよ

動詞 他（ガ下二段）❶**かき上げる。高く上げる。**巻き上げる。

少女らが織る機の上を真櫛持ち掲げたく島波の間ゆ見ゆ 歌〈万葉集・7・1233〉訳若い女性たちが織る織物の上を、くしを持ち**かき上げて**たく（＝束ねる）（その「たく」と同音で始まる地名の）栲島が波の間から見える。

〇「たく」は、束ねる意味の「たく」と地名「栲島」の「栲」との掛詞で、「少女らが…掲げ」までは序詞。

殿上人ども黒戸にて碁を打ちけるに、御簾を掲げて見るものあり。〈徒然草・230・五条の内裏には〉訳 殿上人たちが黒戸（＝清涼殿の北側の部屋）で碁を打っていたところ、すだれを**巻き上げ**て見るものがある。

❷（灯心を）**かき立てる。かき立てて明るくする。**

灯し火を掲げつくして、起きおはします。〈源氏・桐壺〉訳 灯火を（油が）尽きるまで**かき立てて**、（桐壺の帝は）起きていらっしゃる。

発展 **現代語とのつながり**　「掻き上ぐ」が変化したことば。動詞「掻く」の、爪などで物を引っかく動作が含まれている場合と、「かき」が単なる接頭語となっている場合とがある。高く上げるという意味から、比喩的に、人の目につくように取り立てて掲示するという意味にも使われるようになり、現代語の「掲げる」となっていく。

が-がく【雅楽】 名詞 奈良・平安時代以降、朝廷や寺社・貴族社会の饗宴・儀式などで行われてきた舞楽の総称。日本固有の神楽・催馬楽・東遊び・風俗歌などのほか、外来の高麗楽・唐楽などがある。

かかぐ・る【掲ぐる】 動詞 自 ラ四段〈ら・り・る・る・れ・れ〉手探りする。たどる。すがる。すがりつく

柱よりかかぐり下るる者あり。〈宇治拾遺〉訳 柱から**すがりついて下りる者がいる。**

かかげる（現）→（古）**かかぐ【掲ぐ】**

か-がし 代名詞 だれそれ。だれだれ。

「一番にはなにがし、二番には**かがし**。」など言ひしかど、**その名こそ覚えね。**〈大鏡・伊尹〉訳「（競べ馬の騎手の）一番にはだれそれ、二番には**だれそれ**。」などと言ったけれども、その名は記憶していない。

発展「なにがし」と対で用いられる。

かかづら・ふ

対象となるものと関係する

❶（山などを）**伝っていく。**
❷**まつわりつく。**
❸**関連する。従事する。**
❹**こだわる。**
❺（俗世間から）**離れられないでいる。**

未然形	連用形	終止形	連体形	已然形	命令形
かかづら・は	かかづら・ひ	かかづら・ふ	かかづら・ふ	かかづら・へ	かかづら・へ

動詞 自 ハ四段 ❶（山などを）**伝っていく。あちこちに引っ掛かって行く。**

雪の山に登り、かかづらひありきて、往ぬる後に…。〈枕草子・87・職の御曹司におはしますころ、西の廂にて〉訳（物乞いの女が）雪で作った（高い）山に登り、（すがりつくように）**伝っていき**歩きまわって、帰ってしまった後で…。

❷**まつわりつく。付きまとう。**

「**更返りて懸想だち、涙を尽くしかかづらはむも、いと初々しかるべし。**」〈源氏・夕霧〉訳「（いまさら）昔に戻って色恋めい（た振る舞いをし）て、ある限りの涙を流し（落葉の宮に）**まつわりつい**たりするのも、本当に気恥ずかしいに違いない。」

❸**関連する。かかわりを持つ。**（仲間に）**加わる。**（物事に）**携わる。従事する。**

やむごとなき忍び所多う、かかづらひたまへれば…。〈源氏・葵〉訳（源氏は）高貴な（女性のいる）ひそかに通う所が数多く、**かかわりを持って**いらっしゃるので…。

鷹にかかづらひたまへるは、めづらしき狩りの御装ひどもを設けたまふ。〈源氏・行幸〉訳 鷹狩りにお**加わり**になった方々は、目新しい狩りのご衣装などをご用意になる。

❹**こだわる。**（物事に）**とらわれる。**

「**かうかかづらひ思ほさで、さるべきさまに聞こえさせたまひてよ。**」〈源氏・浮舟〉訳「このように（二人の男性に）**こだわって**思い悩みなさらないで、それなりに（匂宮の方に返事を）申し上げておしまいなさいよ。」

❺（俗世間から）**離れられないでいる。出家しないでいる。生き長らえる。**

「**いとよく思ひ澄ましつべかりける世を、はかなくもかかづらひけるかな。**」〈源氏・幻〉訳「本当に十分に仏道修行に励むことができたはずの一生を、愚かにも（俗世間から）**離れられないでいた**ことだなあ。」

発展 **好ましくない物事との関係**　物事にかかわりを持つ、とらわれるという意味を表すことば。場面に応じていろいろな意味になるが、好ましくない物事に関係する場合に用いられることが多い。

かが-なべ-て【日日並べて】 日々を並べて。日数を重ねて。

日々並べて夜には九夜日には十日を〈日本書紀〉訳 **日数を重ねて**夜では九晩、昼では十日を（過ぎたよ）。

発展「か」は「日」の変化したことば。

かがひ【嬥歌】 名詞《上代語》「歌垣」の東国での呼び名。男女が一定の場所に集まって、共に食べたり飲んだり、異性に歌いかけたり踊ったりして楽しむ行事。

かかふ【襤褸】 名詞 ぼろきれ。ぼろ布。

かか・ふ【抱ふ】 動詞 他 ハ下二段〈へ・へ・ふ・ふる・ふれ・へよ〉❶（自分の身に）抱える。抱く。

人々あさましがりて、寄りて抱へたてまつれり。〈竹取・燕の子安貝〉訳 人々はびっくりして、寄って**抱き**申し上げた。

❷（自分の仕事として）持つ。抱える。

これほどの大事を前に抱へながら、同士軍さうらはば…。〈平家・11・壇浦合戦〉訳 これほどの大変なことを今後に**持ってい**ながら、同士討ちがありましたら…。

かがふり【冠】 名詞 →かうぶり

かがふ・る【被る・蒙る】 動詞 他 ラ四段〈ら・り・る・る・れ・れ〉《上代語》❶かぶる。

寒くしあれば麻衾引きかがふり… 歌〈万葉集・5・892〉訳 寒いので、アサの布で作った粗末な夜具を**ひきかぶり**…。

❷承る。頂く。

恐きや命かがふり明日ゆりや草がむた寝む妹なしにして 歌〈万葉集・20・4321〉訳 恐れ多い天皇の命令を**頂き**、明日からカヤと寝るのか。妻もいなくて。

かがみ【鏡】 名詞 ❶顔や姿を映す道具。また、そこに映る姿・形。金属製で、形は円・八つ花形などがある。裏面のつまみを中心に絵模様を浮き出しにしてある。❷手本。模範。

［かがみ❶］

発展「影見」という意味。歴史を映す意味から、『大鏡』『増鏡』など、歴史物語の書名ともなった。❷には「鑑」という

字を当てることもある。

各務支考【―】〔シカウ〕人名 江戸前期の俳人。★蕉門十哲の一人。★松尾芭蕉の没後、わかりやすさを特徴とする美濃派を開く。多くの俳論を著し、仮名詩を創始した。著書に『笈日記』『俳諧十論』『葛の松原』などがある。*1665—1731*

かがみ-なす【鏡なす】 枕詞 （鏡を「見る」の意味から）「見る」、（「見る」の「み」という音から）「み」、地名「御津」に係る。また（鏡を大切にする意味から）「思ふ」に係る。

鏡物 文芸用語 鏡という字を書名に含む歴史物語。『日本書紀』などの漢文の六国史に対し、和文で書かれた国史。『大鏡』『今鏡』『水鏡』『増鏡』などをいい、この四書は「四鏡」と総称される。

鏡山 歌枕 今の滋賀県南部にある山。「鏡の山」とも。源義経の元服の地と伝えられる。和歌には、「光」「曇りなし」「見る」などとともに多く詠まれた。

かが・みる【鑑みる】 動詞 他〔マ上一段〕〈み・み・みる・みる・みれ・みよ〉先例や手本に照らして考える。**たとひ四部の書をかがみて、百療に長ずといふとも**…。〈平家・3・医師問答〉訳たとえ四部の書（＝中国の四つの医書）に**照らし考えて**、多くの治療に優れていても…。

発展 名詞「鏡」が動詞になったもの。

かが・む【屈む】 動詞 他〔マ下二段〕〈め・め・む・むる・むれ・めよ〉身体の一部を前方に曲げる。折り曲げる。**指をかがめて、「十、二十、三十、四十。」など数ふるさま**…。〈源氏・空蝉〉訳（軒端荻が）指を**折り曲げて**、「十、二十、三十、四十。」などと数えるようすは…。

かかやか・し【輝かし・耀かし】 形容詞〔シク〕〈しく・しく・し・しき・しけれ・○／しから・しかり・○・しかる・○・しかれ〉（顔が赤くなるほど）恥ずかしい。照れくさい。**いたく恥ぢらひたまひたれど、かかやかしくなどはあらで**…。〈夜の寝覚〉訳（姫君は）たいそうはにかんでいらっしゃるが、（顔が赤くなるほど）**恥ずかしい**わけではなくて…。

発展 近世中期以降「かがやかし」。四段動詞「かかやく」が形容詞になったもの。

かかやか・す【輝かす・耀かす】 動詞 他〔サ四段〕〈さ・し・す・す・せ・せ〉まぶしいほど光らせる。きらびやかにする。**少将の君は、秋の草むら、蝶、鳥などを、白銀してつくりかかやかしたり**。〈紫式部日記〉訳少将の君（の着物）は、秋の草むら、チョウ、鳥などの模様を、銀の糸で刺繍して**きらびやかにしている**。

発展 近世中期以降「かがやかす」。

かかや・く【輝く・耀く】 一 動詞 自〔カ四段〕〈か・き・く・く・け・け〉❶まぶしく光る。美しく光り輝く。**水葱の花いときはやかに輝きて**…。〈枕草子・278・関白殿、二月二十一日に〉訳ミズアオイの花（の形の飾り）がたいそう際立って**美しく光り輝いて**…。

❷（恥ずかしがって）顔が赤くなる。赤面する。**なかなか恥ぢかかやかむよりは、罪許されてぞ見えける**。〈源氏・夕顔〉訳かえって恥ずかしがって**顔が赤くなったり**するよりは、罪がないと見えたのだった。

二 動詞 他〔カ四段〕〈か・き・く・く・け・け〉恥をかかせる。**昼も夜も来る人を、なにしにかは、「なし。」ともかかやきかへさむ**。〈枕草子・84・里にまかでたるに〉訳昼も夜も来る人を、どうして、「いない。」と言って**恥をかかせて帰せよう**か、いや、帰せない。

発展 近世中期以降「かがやく」。

かがよ・ふ【耀ふ】 動詞 自〔八四段〕〈は・ひ・ふ・ふ・へ・へ〉ちらちらと揺れて光る。きらめく。ちらつく。**灯火の影にかがよふうつせみの妹が笑まひし面影に見ゆ** 歌〈万葉集・11・2642〉訳灯火の影に**ちらつく**現実の恋人がほほえんだ顔が面影に見える。

かからは・し【懸からはし】 形容詞〔シク〕〈しく・しく・し・しき・しけれ・○／しから・しかり・○・しかる・○・しかれ〉（何かに引っかかって）動きが取れない。離れにくい。**父母を見れば尊し妻子見ればめぐし愛し世の中はかくぞことわりもち鳥のかからはしもよ行くへ知らねば**… 歌〈万葉集・5・800〉訳父母を見るときまって尊い。妻子を見ると必ずかわいらしくいとしい。世の中はこれが道理というものだ。鳥もちにかかった鳥のように**離れにくい**ものなのだ。行く末も定かでないはかないこの世なのだから…。

かから-む【斯からむ】 こうなるだろう。**かからむとかねて知りせば越の海の荒磯の波も見せましものを** 歌〈万葉集・17・3959〉訳**こうなるだろう**と前もって知っていたら北陸の海の荒磯（＝荒波が打ち寄せる岩の多い海岸）の波でも見せてやればよかったのに。

読解の手引き❸

疑問文の構造と作り方

①庭に　木の葉　落つ。

右の平叙文を疑問文に変えると、

②庭に　木の葉**や**落つる。

③庭に**や**木の葉　落つる。

となります。いずれも、**疑問の焦点となる語句の末尾に「や」という疑問を表す係助詞を付け、文末を連体形**で結びます。これは「**係り結び」の形式のひとつ**です。「…**や～連体形**」という公式として覚えておきましょう。

この形式は過去や完了などの助動詞を伴った文にも同じように適用されます。

④庭に木の葉　落ちけり。

⑤庭に木の葉**や**落ち**ける**。（過去の助動詞「けり」の連体形）

これは述語が形容詞（⑥～⑧）や形容動詞（⑨～⑪）でも同じです。

⑥庭の花　うつくし。
⑦庭の花**や**　**うつくしき**。
⑧庭の花**や**　うつくしかり**ける**。
⑨庭　しづかなり。
⑩庭**や**　**しづかなる**。
⑪庭**や**　しづかなり**ける**。

疑問文には「いづれ」「いつ」「いづこ」などの疑問の語を伴ったものもあります。その場合、⑫⑬のように**疑問の語と係助詞の「か」が使われて、結びの活用語はやはり連体形**になります。

⑫いづれの庭に**か**木の葉**落つる**。（どの庭に～）

⑬いつか　庭に　木の葉**落つる**。（いつ庭に～）

これは、「**疑問の語**（…）**か～連体形**」のように公式化できます。

以上のほか、疑問文の作り方には次の方法があります。

- **疑問の語～連体形（「や」「か」は伴わない）**
- **文末に終助詞「や」「か」を付ける**

発展 ラ変動詞「かかり」の未然形＋推量の助動詞「む」。

かかり【懸かり・掛かり】名詞 ❶女の髪が肩に垂れかかっていること。また、そのようす。❷蹴鞠(けまり)をする場所。また、その四方に植えてある木。ふつう、サクラ・ヤナギ・マツ・カエデの四本。❸寄りかかるところ。頼ること。頼りとするもの。❹（建物の）構え。造り方。❺関係すること。かかわり。つながり。❻きっかけ。手がかり。❼経費。出費。費用。❽（能楽・連歌で）ことばの調子。気分。風情や雅趣。

かか・り【斯かり】動詞 自 〔ラ変〕〈ら・り・り・る・れ・れ〉こんなである。このようである。

「これは、とあり、**かかり**。それが、かれが。」などのたまはす。〈枕草子・184・宮に初めて参(まゐ)りたるころ〉訳「これは、これこれで、**こんなである**。それが、あれが。」などとおっしゃる。

発展 「かくあり」が変化したもの。↓**読解の手引き❾**（634ページ）

かがり【篝】名詞 ❶かがり火を燃やす鉄製のかご。❷「★篝火(かがりび)」の略。

係助詞(かかりじょし) 国語・国文法 ↓係助詞(けいじょし)

かかり-どころ【掛かり所・懸かり所】名詞 頼りにできるところ。頼みにするもの。

かがり-び【篝火】名詞 夜間の警備、屋外照明、漁などのために、鉄製のかごでたく火。

［かがり❶］

係り結び(かかりむすび) 国語・国文法 文章の呼応法則のひとつ。★係助詞が文中にあって活用語がこの係助詞を含む部分を受けて、その活用語が活用形を変える現象。

①係助詞「ぞ」「なむ」「や」「か」のどれかが文中にあるときには★連体形で、係助詞「こそ」があるときには★已然形で文が結ばれる。これらの係助詞を「係り」、これに呼応する連体形・已然形の活用語を「結び」という。ただし、係助詞「は」「も」の結びは終止形で、形態上の結びは現れないが、文末にまで拘束が及ぶものとして係り結びに含めることもある。

②「こそ」の結びが逆接（まれに順接）の意味でさらに下に続いていくことがある。和歌や会話文に多く、いわゆる★挿入句のひとつとされる。「昨日**こそ**早苗(さなへ)取り**しか**いつの間に稲葉(いなば)そよぎて秋風の吹く（＝ほんの昨日、早苗を取って田植えをしたと思った**のに**、いつの間にか稲葉がそよいで秋風が吹いている（ことだ）。）」

また、「や」「か」も、その一連の文脈からは離れた挿入句中に用いられることがある。「前(さき)の世にも御契り**や**深かり**けむ**、世になく清らなる玉の男御子(をのこみこ)さへ生まれたまひぬ（＝前世においてもご宿縁が深かったのではないだろう**か**、世にまたとなく清らかで美しい玉のような皇子までもが、お生まれになった）。」

③係り結びが発達したのは平安時代であるが、上代には、形容詞が「こそ」の結びとなる場合、「おのが妻**こそ**常(とこ)**めづらしき**（＝私の妻**こそ**いつもすばらしい。）」のように、連体形で結ぶ例がみられる。また、中世以降、活用語の連体形と終止形が同形になったため、法則性が乱れて現代語にはほとんど残っていない。

↓**読解の手引き❸**（324ページ）・**❹**（325ページ）・結びの消滅・結びの省略

かかる【斯かる】

前に述べた内容を受けて、そのような状態であることを指し示す ―このような。こんな。こういう。

（前に述べた内容を受けて）**このような。こんな。こういう。**

「**かかる**ことは文(ふみ)にも見えず、伝へたる教へもなし。」〈徒然草・53・これも仁和寺(にんなじ)の法師(ほふし)〉訳「**このような**こと（＝頭にかぶった釜(かま)が取れなくなったこと）は（医学の）書物にも見えないし、受け継いでいる教えにもない。」

発展 **語の成り立ち** 「かくあり」が変化してできたラ変動詞「かかり」の連体形。下に続く名詞を修飾する用法が固定しているので、連体詞として認める立場もある。

かか・る【皸る】動詞 自 〔ラ四段〕〈ら・り・る・る・れ・れ〉ひびやあかぎれが切れる。

稲つけばかかる我(あ)が手を今夜(こよひ)もか殿の若子(わくご)が取りて嘆かむ 歌〈万葉集・14・3459〉訳↓いねつけば…

かか・る【懸かる・掛かる】■動詞 自 〔ラ四段〕〈ら・り・る・る・れ・れ〉❶垂れ下がる。ぶら下がる。

読解の手引き❹

訳に注意すべき係り結び

係り結びは、係助詞が付いた語を文の中で際だたせて述語に結びつける強調表現のひとつですが、中には特殊な意味を表すものもあります。代表的なものをいくつか挙げてみましょう。

①**雨もぞ降る、御車は門(かど)の下に。**〈徒然草・104・荒れたる宿の〉訳雨が**降るといけない**、お車は門の下に。

この「**…もぞ～連体形**」（「もぞ」は係助詞「も」＋係助詞「ぞ」）という文は、「～（する）といけない」「～（する）と困る」という意味です。次の「**…もこそ～已然形**」（「もこそ」は係助詞「も」＋係助詞「こそ」）も同様の意味です。

②**音に聞く高師(たかし)の浜のあだ波はかけじや袖(そで)のぬれもこそすれ** 百人一首〈金葉集(きんようしゅう)・469〉訳評判の高い高師の浜の、むなしく寄せる波は（袖に）かけないようにしようと思うよ。（波で）袖が濡れる**と困る**から。（同じように浮気者と名高いあなたの気まぐれを気に掛けないようにしようよ。涙で袖が濡れる**と困る**から。）

次のように「**…こそ～已然形**」で**文が終止せず、中止しただけで意味的に後に続いている場合は、「…は～だが」「…は～（する）けれども」という逆接**になります。

③**中垣こそあれ、一つ家のやうなれば、望みて預かれるなり。**〈土佐日記・二月十六日〉訳隣家との境に作った垣根**はあるけれども**、一軒の家のような（ものな）ので、（隣家の人が）希望して（私の家を）管理したのである。

つまり、**結句・文末以外の「…こそ～已然形」は、「ど」「ども」を補って**解釈します。

④**昨日こそ早苗(さなへ)取りしかいつの間に稲葉(いなば)そよぎて秋風の吹く** 歌〈古今集・秋上・172〉訳ほんの昨日、早稲は取った**のだが**、いつの間にか稲葉がそよいで（略）。

「**動詞連体形＋や＋遅きと**」を見たら、「…するやいなや」「…するとすぐに」と訳すと覚えておきましょう。

⑤**明くるや遅きと**、武蔵寺(むさしでら)に参りて見れども…。〈宇治拾遺(うじしゅうい)〉訳（夜が）**明けるやいなや**、武蔵寺に参詣して見たが…。

御髪の懸からせたまへるなど…。〈枕草子・184・宮に初めて参りたるころ〉訳お髪が（肩に）垂れ下がっていらっしゃるお姿などは…。

❷寄り掛かる。もたれ掛かる。**御脇息に掛かりて弱げなれど…。**〈源氏・行幸〉訳ご脇息に**寄り掛かって**衰弱している（ご）ようすであるけれども…。

❸頼る。すがる。世話になる。**うつせみの世は憂きものと知りにしをまた言の葉に懸かる命よ** 歌〈源氏・夕顔〉訳（はかないあなたとの）仲はつらいものと知ってしまったのに、またおことばに**すがろ**うとする（私の）運命であるよ。〇「うつせみの」は「世」に係る枕詞。

❹いかりを下ろす。停泊する。**そのときに童部驚きて見るに、かかりたる方にもなき沖に出でにければ…。**〈今昔〉訳そのときに子供たちが驚いて見ると、**停泊し**た所でもない沖に出てしまったので…。

❺覆いかぶさる。（霞や雲が）たなびく。**思へどもなほうとまれぬ春霞かからぬ山のあらじと思へば** 歌〈古今集・雑体・1032〉訳（春霞は）懐かしく思うけれども、やはり（自然と）親しみが持てなくなってしまう。春霞の**たなびか**ない山があるまいと思うので。

❻（雨・雪・涙などが）落ちてかかる。（水などを）注ぐ。**荒れ増さる軒のしのぶを眺めつつ繁くも露のかかる袖かな** 歌〈源氏・須磨〉訳ますます荒れていく屋敷の軒のシノブグサを物思いにふけりながら眺め、（あなたを）慕いしのびながら、しきりに（涙の）露が**かかる**袖であるなあ。

❼（病気・災害・けがれ・刑罰あるいは、情愛・恩恵などが）身におよぶ。降りかかる。出会う。「**いかなる行き触れにかからせたまふぞや。**」〈源氏・夕顔〉訳「どのようなけがれに**出会って**いらっしゃるのか。」

❽（その時期や場所などに）至る。差しかかる。**よく咲きこぼれたる藤の花の、夏にかかりて…。**〈源氏・若菜下〉訳美しく咲きこぼれたフジの花が、夏に**差しかかっても**（咲き続け）…。

❾攻め進む。襲いかかる。迫る。**楯の陰より大長刀打ち振って掛かりければ…。**〈平家・11・弓流〉訳楯の陰から（平家の者が）大長刀を振るって**襲いかかって**きたので…。

❿関係を持つ。かかわる。**かしこき御ことにかかりてかたじけなけれど…。**〈枕草子・278・関白殿、二月二十一日に〉訳恐れ多い（中宮様の）御ことに**かかわって**もったいないけれども…。

⓫心に留まる。気に懸かる。目に付く。**まなかひにもとなかかりて安眠し寝さぬ** 歌〈万葉集・5・802〉訳↓うりはめば…

⓬熱中する。集中して行う。**狩りは懇ろにもせで、酒をのみ飲みつつ、やまと歌にかかれりけり。**〈伊勢・82〉訳狩りは心底から熱心にもしないで、酒ばかり飲んでは、和歌を詠むのに**熱中して**いたのだった。

二 補助動詞 〔ラ四段〕〈ら・り・る・る・れ・れ〉 ❶…（し）始める。**暮れかかるほど、清見が関を過ぐ。**〈十六夜日記・駿河・伊豆路〉訳日が暮れ**はじめる**ころ、清見が関を通り過ぎる。

❷…（し）そうになる。「**神さへ頂に落ちかかるやうなるは…。**」〈竹取・竜の頸の玉〉訳「雷まで頭の上に落ち**そうになる**ようなのは…。」

かかる-に【斯かるに】 連語 こうしているうちに。**かかるに、今皇の、天の下しろしめすこと、四つの時、九返りになむなりぬる。**〈古今集・仮名序〉訳**こうしているうちに**、今上天皇（＝醍醐天皇）が、世の中をお治めになることは、四季が（巡ること）、九回（＝九年目）になった。

かかる-ほど-に【斯かる程に】 連語 こうしているうちに。**かかるほどに、帝聞こし召し付けて…。**〈伊勢・65〉訳**こうしているうちに**、帝がお聞きつけになって…。 発展 場面を展開するときに用いる。

かかる-まま-に【斯かる儘に】 こうするにつれて。**かかるままに、浅茅は、庭の面も見えず、繁き蓬は、軒を争ひて生ひのぼる。**〈源氏・蓬生〉訳**こうするにつれて**、チガヤは、庭の地面も見えないほどで、茂ったヨモギは、軒ほどの高さまで伸びて生える。

かかれ-ど【斯かれど】 接続詞 こうではあるけれど。けれども。 発展「斯くあれど」の変化したもの。

かかれ-ば【斯かれば】 接続詞 このようなわけなので。だから。↓**読解の手引き❾**（634ページ）

この泊まりの浜には、種々のうるはしき貝、石など多かり。かかれば、ただ昔の人をのみ恋ひつつ、船なる人の詠める…。〈土佐日記・二月四日〉訳この港の浜辺には、（子供が喜びそうな）さまざまな美しい貝や、石などがたくさんある。**このようなわけなので**、ただもう亡くなった人（＝自分の娘）ばかりを恋しく思っては、船にいる人が詠んだ歌は…。

香川景樹（かがわかげき）〔カガハ〕 人名 江戸後期の歌人。号は桂園。香川景柄・小沢蘆庵に学ぶ。賀茂真淵らの万葉主義を批判し、『古今集』の調べを理想とし、桂園派を創始した。著書に『桂園一枝』『古今和歌集正義』『百首異見』など。1768―1843

かき-【搔き】 接頭語 （動詞に付いて）意味を強調したり、語調を整えたりする。語例 **搔き消す・搔き曇る・搔き籠る** 発展 イ音便で「搔い」とも。

かき【柿】 名詞 ❶《植物》カキノキ科の落葉高木。果実は食用、材は器具用。季語 秋 ❷（「柿色」の略で）カキの渋で染めた色。

が-き【餓鬼】 名詞 ❶《仏教語》生前の罪の報いによって、餓鬼道に落ち、飢えや渇きに絶えず苦しむ亡者。❷《仏教語》「★餓鬼道」の略。❸若者をののしったり、子供を卑しめていうことば。

かき-あ・ぐ【搔き上ぐ】 動詞 他 〔ガ下二段〕〈げ・げ・ぐ・ぐる・ぐれ・げよ〉 ❶上の方に引き上げる。**弓のはずで御簾をざっとかき上げ…。**〈平家・7・維盛都落〉訳弓のはず（＝弓の両端の弦を掛ける所）で御簾をざっと**上の方に引き上げ**…。

❷灯心（＝灯油にひたして明かりをつけるための細いひも）をかき立てて明るくする。「**いにしへは、車もたげよ、火かかげよ、とこそ言ひしを、今やうの人はもてあげよ、かき上げよと言ふ。**」〈徒然草・22・何事も、古き世のみぞ〉訳「昔は、車もたげよ（＝持ち上げよ）、火かかげよ（＝灯心をかき立てて明るくせよ）と言ったのを、今の人は持て上げよ、**かき上げよ**と言う。」

かき-あつ・む【搔き集む】 動詞 他 〔マ下二段〕〈め・め・む・むる・むれ・めよ〉 多くのものを集める。かき集める。**命婦の君ぞ、御直衣などは、かき集め持て来たる。**〈源氏・若紫〉訳命婦の君が、（源氏の脱ぎ散らした）御直衣などは、**かき集め**て持って来ている。

かき-あは・す【掻き合はす】あわす 動詞 他 〔サ下二段〕〈せ・せ・す・する・すれ・せよ〉❶(琵琶や琴などを)他の楽器に合わせて弾く。合奏する。**掻き合はせたまへる御琴の音**ね、**劣らず限りなき**を…。〈とりかへばや〉訳 (中納言の笛の音に)**合わせてお弾き**になるお琴の音が、(笛の音に)負けないくらいこの上なく美しいのを…。

❷(箏の琴の弦を)中指と親指で連続して弾く。(調子を合わせるために)弦を掻き合わせる。**よく鳴る琴を、あづまに調べてかき合はせ**、**賑ははしく弾きなすなり**。〈源氏・花散里〉訳 音のよく響く琴を、和琴の調子に整えて**弦を掻き合わせ**、にぎやかに弾いている音が聞こえる。

❸手で寄せ合わせる。**袖かき合はせて**、「いかがさうらふらん。頭をば見さうらはず。」と答へ申しき。〈徒然草・90・大納言法印〉訳 袖を**手で寄せ合わせて**、「どうでしょう。頭を見ておりません。」とお答え申し上げた。

かき-あはせ【掻き合はせ】あわせ 名詞 弦楽器の弦の調子をみるため、ためしに簡単な一曲を弾いてみること。試し弾き。また、他楽器との合奏。

かき-いだ・く【掻き抱く】 動詞 他 〔カ四段〕〈か・き・く・く・け・け〉抱き上げる。抱きかかえる。**いと小さやかなれば、かき抱きて**…。〈源氏・帚木〉訳 (空蟬は)たいへん小さな感じなので、**抱き上げ**て…。

かき-い・づ【書き出づ】いず 動詞 他 〔ダ下二段〕〈で・で・づ・づる・づれ・でよ〉書き出す。**あはれげに、書き出でたまへれば**…。〈源氏・夕顔〉訳 (夕顔極楽往生の願文を)いかにも趣がありそうに、(源氏が)**書き出し**なさったところ…。

かき-い・づ【掻き出づ】いず 動詞 他 〔ダ下二段〕〈で・で・づ・づる・づれ・でよ〉手でかいて取り出す。むき出す。「さが尻を**かき出でて**、ここらの**朝廷人**に**見せて**、**恥を見せむ**。」〈竹取・かぐや姫の昇天〉訳 「そいつ(=天からの迎えの人)の尻を**むき出し**にして、たくさんの役人に見せて、恥をかかせよう。」

かき-お・く【書き置く】 動詞 他 〔カ四段〕〈か・き・く・く・け・け〉書き残す。

かき-おろ・す【掻き下ろす】 動詞 他 〔サ四段〕〈さ・し・す・す・せ・せ〉(牛車からウシを離し)轅を下に置く。「**御車牛もかき下ろせ、かき下ろせ**。」〈大鏡・師輔〉訳 「お車のウシも離して**轅を下に置け、轅を下に置け**。」

かき-かぞ・ふ【掻き数ふ】かぞう 一 動詞 他 〔ハ下二段〕〈へ・へ・ふ・ふる・ふれ・へよ〉数える。**秋の野に咲きたる花を指折りかき数ふれば七種の花** 歌〈万葉集・8・1537〉訳 秋の野原に咲いている花を指**折り数えると**、七種類の花(があるなあ)。

二 枕詞 (一つ二つと指折り数えることから)「二」に、(その音を含む)地名「二上山」に係る。

発展「かき」は接頭語。

かき-かは・す【書き交はす】かわす 動詞 他 〔サ四段〕〈さ・し・す・す・せ・せ〉手紙などを書いて取り交わす。文通する。**和泉式部といふ人こそ、おもしろう書き交はしける**。〈紫式部日記〉訳 和泉式部という人は、趣深く**手紙を書いて取り交わした**。

かき-くづ・す【掻き崩す】くずす 動詞 他 〔サ四段〕〈さ・し・す・す・せ・せ〉❶少しずつ崩す。少しずつ散らす。十月**時雨に紅葉かき崩し、とどまる木の葉まれなり**。〈宇津保〉訳 十月、時雨が色づいた葉を**少しずつ散らして**、枝に残る葉は少ない。❷少しずつ語ったり考えたりする。ぽつりぽつり話す。「**昔語りも、かき崩すべき人、少なうなりゆくを**…。」〈源氏・花散里〉訳 「昔話も、**ぽつりぽつり話す**ことのできる人が、少なくなっていくのを…。」

発展「かき」は接頭語。

かき-くど・く【掻き口説く】 動詞 自 〔カ四段〕〈か・き・く・く・け・け〉くどくどと繰り返して言う。「あはれ、**弓矢取る身ほど口惜しかりけるものはなし**。」と**かき口説き**…。〈平家・9・敦盛最期〉訳 「ああ、弓矢を取る身(=武士の身分)ほど情けなかったものはない。」と**くどくどと繰り返して言い**…。

発展「かき」は接頭語。

かき-くも・る【掻き曇る】 動詞 自 〔ラ四段〕〈ら・り・る・る・れ・れ〉❶急に曇る。**今朝はさしも見えざりつる空の、いと暗うかき曇りて**…。〈枕草子・294・今朝はさしも〉訳 今朝はそれほどとも見えなかった空が、非常に暗く**急に曇って**…。

❷涙で目がうるむ。**かき曇り**、もの見えぬ心地したまへば…。〈源氏・椎本〉訳 (中の君は)**涙で目がうるみ**、ものが見えないような気がなさるので…。

発展「かき」は接頭語。

かき-くら・す【掻き暗す】 動詞 他 〔サ四段〕〈さ・し・す・す・せ・せ〉❶空を暗くする。**時雨のさとかき暗せば**、使ひも急ぐ。〈紫式部日記〉訳 時雨が(降って)さっと**空を暗くする**ので、使者も急いでいる。

❷心を暗くする。悲しみにくれる。「**かかる仰せ言につけても、かき暗す乱り心地になむ**。」〈源氏・桐壺〉訳 「このような(桐壺の帝の)ありがたいおことばを聞くにつけても、(亡くなった娘が思い出されて)**悲しみにくれる**取り乱した心境で(ございます)。」

発展「かき」は接頭語。

かきくらす… 歌 **かきくらす心の闇に惑ひにき夢うつつとは世人〈今宵〉定めよ**〈古今集・恋3・646・在原業平〉訳 (悲しみで)まっ暗闇になって、私の心は理性を失ってしまった。夢か現実かは世間の人が(はっきり)決めてくれ。〇「惑ひにき」の「にき」は、完了の助動詞「ぬ」の連用形＋過去の助動詞「き」の終止形。

発展『伊勢物語』六十九段には、第五句が「今宵定めよ」で収録されている。

かき-く・る【掻き暗る】 動詞 自 〔ラ下二段〕〈れ・れ・る・るる・るれ・れよ〉❶(空が)暗くなる。**にはかに風吹き出でて、空もかきくれぬ**。〈源氏・須磨〉訳 急に風が吹き出して、空も**暗くなってしまった**。❷かすんで見える。心が暗くなる。**水ぐきの跡は涙にかきくれて、そこはかとは見えねども**…。〈平家・2・大納言死去〉訳 筆跡は涙に**かすんで見えて**、はっきりとは見えないが…。

発展「かき」は接頭語。

かき-け・つ【掻き消つ】 動詞 他 〔タ四段〕〈た・ち・つ・つ・て・て〉ふっと姿を消す。一瞬のうちに消滅させる。「**いかなることかありけむ、過ぎぬるころ、かき消つやうに失せて、行方も知らず**。」〈発心集〉訳 「どのようなことがあったのであろうか、先ごろ、**ふっと姿を消すよう**

にいなくなって、行方もわからない。」

かき-こ-す【掻き越す】動詞 他〔サ四段〕〈さ・し・す・す・せ・せ〉後ろに垂れた髪を前の方に振りやる。発展「かき」は接頭語。

かき-こ-も-る【掻き籠る】動詞 自〔ラ四段〕〈ら・り・る・る・れ・れ〉引きこもる。閉じこもる。

山寺にかきこもりて、仏に仕うまつるこそ…。〈徒然草・17・山寺にかきこもりて〉訳 山寺に**引きこもって**、仏にお仕えすることこそ…。

かき-さ-す【書きさす】動詞 他〔サ四段〕〈さ・し・す・す・せ・せ〉書きかけてやめる。

発展「かき」は接頭語。

ほのかに、**書きさしたるやうなるを**、**喜びながら**、**奉れる**…〈源氏・紅葉賀〉訳 かすかに、**書きかけてやめた**ような(藤壺の宮からの)返事を、喜びながら、(命婦が源氏に)差し上げるのだが…。

発展「さす」は接尾語。

かき-さま【書き様】名詞 書いた文字のようす。書きぶり。

かき-しら-ぶ【掻き調ぶ】動詞 ↓かいしらぶ

かき-す-う【舁き据う】動詞 他〔ワ下二段〕〈ゑ・ゑ・う・うる・うれ・ゑよ〉担いできて置く。

舟に車を**かき据ゑて**…。〈枕草子・114・卯月のつごもりがたに〉訳 舟に牛車を**担いできて置いて**…。

かき-すさ-ぶ【書き遊ぶ】動詞 他〔バ四段〕〈ば・び・ぶ・ぶ・べ・べ〉慰みに書く。気の向くままに書く。書き散らす。

畳紙に手習ひのやうに**書きすさびたまふ**。〈源氏・空蝉〉訳 (源氏は手紙を)ふところ紙に手習いをするようにお**書き散らし**になる。

発展「かきすさむ」とも。

かき-す-つ【書き捨つ】動詞 他〔タ下二段〕〈て・て・つ・つる・つれ・てよ〉書きっぱなしにする。書き流す。

とりあへぬさまして、**草鞋ながら書き捨つ**。〈奥の細道・全昌寺〉訳 とり急いだようすで、草鞋をはいたまま(句を)**書き流す**。

かき-そ-ふ【書き添ふ】動詞 他〔ハ下二段〕〈へ・へ・ふ・ふる・ふれ・へよ〉書き添える。

我も、**書き添へたまふ**。〈源氏・末摘花〉訳 (紫の上の絵に源氏は)自分も、お**書き添え**になる。

がき-だう【餓鬼道】名詞《仏教語》★六道の一。そこに落ちた亡者が前世の悪業によって、飢えと渇きに絶えず苦しむという世界。

かき-たて【書き立て】名詞 ある部分を取り出して書いたもの。順に書き並べたもの。目録。

かき-た-ゆ【掻き絶ゆ】動詞 自〔ヤ下二段〕〈え・え・ゆ・ゆる・ゆれ・えよ〉便りや知らせがなくなる。消息が絶える。

越前の守の嫁にて下りしが、かき絶え音もせぬに…。〈更級日記・初瀬〉訳 越前の守の妻として都から遠い所へ行った人が、**消息が絶え**何の便りもないので…。

発展「かき」は接頭語。

かき-た-る【掻き垂る】━ 動詞 自〔ラ四段〕〈ら・り・る・る・れ・れ〉垂れる。下がる。

━ 動詞 自〔ラ下二段〕〈れ・れ・る・るる・るれ・れよ〉❶ ━ の意味に同じ。

❷(雨や雪などが)激しく降り続く。

憂ふなりつる雪、**かき垂れ**いみじう降りけり。〈源氏・末摘花〉訳 心配していた雪が、**激しく降り続き**、たくさん降った。

━ 動詞 他〔ラ下二段〕〈れ・れ・る・るる・るれ・れよ〉(髪を)垂らす。

か黒し髪をま櫛持ちここに**かき垂れ**… 歌〈万葉集・16・3791〉訳 まっ黒い髪を櫛でとき、ここまで**垂らし**…。

発展「かき」は接頭語。

かき-つ-く【掻き付く】━ 動詞 自〔カ四段〕〈か・き・く・く・け・け〉❶取り付く。しがみつく。

あやまたず足もとへふと寄り来て、やがてかき付くままに…。〈徒然草・89・奥山に、猫股と〉訳 (★猫股が)ねらいどおり(僧の)足元にさっと寄ってきて、すぐさま**しがみつく**と同時に…。

❷頼りにしてすがる。すがりつく。

かき付かむ方なく、悲しげに、**眺め過ごしたまふ**。〈源氏・蓬生〉訳 (末摘花は)**頼りにしてすがる**ところもなく、悲しそうに、物思いにふけっていらっしゃる。

━ 動詞 他〔カ下二段〕〈け・け・く・くる・くれ・けよ〉❶髪などをなでつける。

草枕寝くたれ髪をかき付けしその朝顔の忘られぬかな 歌〈続詞花集・558〉訳 草を枕に夜を明かし、寝乱れ髪を**なでつけた**その朝の顔が忘れられない。

❷身に付ける。

弓矢**かき付けて**…。〈古今著聞集〉訳 弓矢を**身に付けて**…。

かき-つ-ばた【燕子花・杜若】━ 名詞 ❶《植物》アヤメ科の多年草。水辺に生え、夏に紫や白の花を付ける。季語 夏 ❷★襲の色目のひとつ。表は「二藍」、裏は「萌黄」で夏に着る。

━ 枕詞 (かきつばたの花は赤く美しいことから)「丹つらふ」に係る。

かき-つ-む【掻き集む】動詞 他〔マ下二段〕〈め・め・む・むる・むれ・めよ〉かき集める。発展「かきあつむ」が変化したもの。

かきつめて… 歌

かきつめて見るもかひなし藻塩草同じ雲居の煙とをなれ〈源氏・幻〉訳 (こうして)かき集めて見るのも甲斐のないことだ。(これらの)手紙もモシオグサ(今はもういないあの人)と同じ大空の煙になってしまえ。○「藻塩草」は、塩を作るためにかき集める海藻のことで、「書く」「書きつむ」の縁語となり、ここでは書き集めたもの(=手紙)を表している。「とをなれ」の「を」は間投助詞で、強調を表し、「なれ」は四段動詞「なる」の命令形。

発展 亡くなった紫の上が生前書きよこした手紙の束を見て、源氏が悲しみにくれる場面。

かきつらね… 歌

かきつらね昔のことぞ思ほゆる雁はその世の友ならねども〈源氏・須磨〉訳 (ガンの声を聞いていると)次から次へと昔のことが(自然と)思い出される。(連なって飛んでいる)ガンは昔の友ではないのだけれども。○「かきつらね」は、「次から次へと並べたてる」の意味。また、「つらぬ」は「雁」の縁語で、ガンが連なって飛ぶ意味と、次々に思い出すことの両方を表す。

発展 須磨に引きこもった源氏が、都を懐かしんで詠んだ歌(↓はつかりは…)に対する、良清朝臣の返歌。

かき-な-す【書き成す】動詞 他〔サ四段〕〈さ・し・す・す・せ・せ〉意識的にそのように書く。わざと…のように書く。

「**君をし見れば」と書き成したる**…。〈枕草子・23・清涼殿の丑寅の〉訳 (古歌の一部を改めて)「君をし見れば」と**意識的に書いて**あるのを…。

発展「なす」は補助動詞。

かき-な-す【掻き鳴す】動詞 他〔サ四段〕〈さ・し・す・す・せ・せ〉かき鳴らす。

秋の夜は人を静めてつれづれとかき鳴す琴の音にぞ泣きぬる 歌〈後撰集・334〉訳 秋の夜は人を寝静めて(し

まうので、私は一人(退屈なまま)かき鳴らす琴の音に泣いてしまった。

かき-な-づ【掻き撫づ】なず 動詞 他〔ダ下二段〕〈で・で・づ・づる・づれ・でよ〉なでる。さする。
尼君、髪をかきなでつつ…。〈源氏・若紫〉訳尼君は、(女の子の)髪をなでながら…。

かき-なで-なり【掻き撫でなり】形容動詞 ↓かいなでなり

かき-なら-す【掻き鳴らす】動詞 他〔サ四段〕〈さ・し・す・す・せ・せ〉弾き鳴らす。

かき-の-く【掻き退く】動詞 他〔カ下二段〕〈け・け・く・くる・くれ・けよ〉払いのける。押しやる。
木の葉を**かき退けたれど**、つやつや物も見えず。〈徒然草・54・御室に、いみじき児の〉訳木の葉を**払いのけた**けれど、まったく物も見えない。

かき-の-もと【柿の本】名詞 伝統的な和歌。上品な連歌。対栗の本 発展 狂歌や滑稽な連歌を「栗の本」と呼ぶのに対していうことばで、歌聖柿本人麻呂にちなんだもの。

柿本人麻呂(かきのもとのひとまろ) 人名 飛鳥時代の歌人。★三十六歌仙の一人。持統・文武の両天皇に仕えたが、身分は低かったという。『万葉集』に長歌二十首・旋頭歌三十五首・短歌約三九〇首を残す。作風は重厚壮大で多彩な技巧をこらし、長歌形式を完成させ、歌聖として敬われた。生没年不明。

かき-はら-ふ【掻き払ふ】はら(ろ)う 動詞 他〔ハ四段〕〈は・ひ・ふ・ふ・へ・へ〉❶払いのける。取り去る。
涙のこぼるるを**かき払ひ**たまへる御手つき…。〈源氏・須磨〉訳涙のこぼれるのを**払いのけ**ていらっしゃる(源氏の)お手つきが…。
❷(自動詞のように用いて)すっかりなくなる。何も残らないようになる。全員死ぬ。
西の宮は、流されたまひて三日といふに、**かき払ひ**焼けにしかば…。〈蜻蛉日記〉訳西宮の屋敷は、(帥殿が)流されなさって三日目というのに、**すっかりなくなり**焼けてしまったので…。

かき-ほ【垣穂】名詞 垣。かきね。囲い。

かき-まぎ-る【掻き紛る】動詞 自〔ラ下二段〕〈れ・れ・る・るる・るれ・れよ〉紛れる。紛れて目立たない。平凡である。
「**かき紛れたる際**の人こそ…。」〈源氏・若菜上〉訳「(大勢に)**紛れて目立たない**身分の人は…。」
発展「かき」は接頭語。

かき-まぜ-なり【掻き混ぜなり・掻き雑ぜなり】形容動詞〔ナリ・ノ〕〈なら・なり(に)・なり・なる・なれ・なれ〉ありきたりだ。普通だ。並だ。
「いとおよびなく、心尽くさざらむ**かき混ぜの程**は、かやうに心うつくしう…。」〈浜松中納言〉訳「全く及びのつかない相手でなく、心をすり減らすことのなかったりする**普通**の分際の女は、このように気立てがかわいらしく…。」

かきま-みる【垣間見る】動詞 ↓かいまみる

かき-みだ-る【掻き乱る】一動詞 自〔ラ四段〕〈ら・り・る・る・れ・れ〉混乱する。心が乱れる。
また心地も**かき乱る**やうなれど…。〈とりかへばや〉訳また気持ちも**乱れる**ようであるが…。
二動詞 自〔ラ下二段〕〈れ・れ・る・るる・るれ・れよ〉乱れる。
雪みぞれ**かき乱れ**荒るる日…。〈源氏・澪標〉訳雪やみぞれが(降り)**乱れ**荒れ模様のある日…。
発展「かき」は接頭語。

かき-もち【欠き餅】名詞 ❶正月の鏡餅を手で欠いたもの。❷餅を薄く切って干したもの。焼いて食べる。❸餅を薄く切って寒気にさらし、凍らせて干したもの。湯に浸して食べる。類氷餅

かき-や-る【書き遣る】動詞 他〔ラ四段〕〈ら・り・る・る・れ・れ〉❶手紙を書いて送る。書いて渡す。
「いかで、はるばると**書きやりたまふらむ**。」〈源氏・浮舟〉訳「どうやって、(匂宮は)はるばると(宇治まで)**手紙を書いて送り**なさっているのであろう。」
❷すらすらと書き続ける。書き尽くす。
涙のこぼるるを、袖のいとまなく、え**書きやりたまはず**。〈源氏・御法〉訳涙がこぼれるので、(それをぬぐう)袖が休むひまもなく、(源氏は返事を)**すらすらと書き続けることがおできにならない**。

かき-や-る【掻き遣る】動詞 他〔ラ四段〕〈ら・り・る・る・れ・れ〉手で払いのける。かき上げる。類掻い遣る
黒髪の乱れも知らずうちふせばまづ**かきやり**し人ぞ恋しき 歌〈後拾遺集・755〉訳↓くろかみの…

花鏡(かきょう)〔クワキャウ〕作品名 室町時代中期の能楽論書。★世阿弥著。四十歳代から老後までに得た芸の上での体験を集めたもの。序破急や幽玄などについて述べる。一四二四(応永三十一)年までに段階的に成立。

カ行変格活用(かぎょうへんかくかつよう) 国語・国文法 動詞の活用の種類のひとつ。略して「カ変」とも。所属語は「来く」一語で、語幹と語尾との区別がない。ただし、「来」が付いてできた複合動詞「まうで来」なども力変となる。命令形は、古くは「とく来(=早く来い)。」〈枕草子・25・すさまじきもの〉のように「よ」の付かない形であったが、後に「こよ」になった。↓動詞活用表(12ページ)

かぎり【限り】名詞 形式名詞 ↓**最重要語**(330ページ)

かぎり-ある-みち【限りある道】死への旅路。死。発展「寿命には限度があるため必ずたどらなくてはならない道」という意味から。

かぎり-ある-よ【限りある世】無限に生きていくことのできないこの世。現世。

かぎり-ある-わかれ【限りある別れ】死別。発展「寿命には限度があるためいつかは必ずくる別れ」という意味から。

かぎりとて… 歌
限りとて別るる道の悲しきにいかまほしきは命なりけり〈源氏・桐壺〉訳(これが)最後とお別れする(あの世への)道の悲しさによって、(行きたくないのは死出の道であり)生きていたいのはこの命であったのだった。〇「悲しきに」の「に」は格助詞で、原因・理由を表す。「いかまほし」の「いか」は、四段動詞「いく」の未然形で、「行く」と「生く(=生きる)」の掛詞。「行く」は「道」の縁語。「なりけり」は、断定の助動詞「なり」の連用形+過去の助動詞「けり」で、詠嘆を表す。
発展 死の床にある桐壺の更衣が、帝との別れの場面で息もたえだえに詠んだ歌。

かぎり-な-し【限り無し】形容詞〔ク〕〈く・から・く・かり・し・き・かる・けれ・○・かれ〉❶限りない。果てしない。
「**限りなく遠くも来にけるかな**。」とわびあへるに…。〈伊勢・9〉訳「**果てしなく遠くまでもやって来てしまった**ことだなあ。」と互いに嘆き合っていると…。
❷甚だしい。この上ない。また、最高である。
満座興に入ること限りなし。〈徒然草・53・これも仁和寺の法師〉訳その場にいる人すべてがおもしろがるこ

とこの上ない。

発展 ❷は「…こと限りなし」の形で多く用いられる。

かぎり-の-みち【限りの道】↓かぎりあるみち

かぎ・る【限る】 ㊀動詞 他〔ラ四段〕〈ら・り・る・る・れ・れ〉境目を付ける。区切る。限定する。

この歌に限りて、かく言ひ立てられたるも知りがたし。〈徒然草・14・和歌こそ〉訳（貫之の）この歌に限定して、このように取り立てられているのも理解できない。

㊁動詞 自〔ラ四段〕〈ら・り・る・る・れ・れ〉特にそれと決まる。定まる。

山桜惜しむにとまるものならば花は春とも限らざらまし 歌〈詞花集・23〉訳 山のサクラが惜しむことで散らないものならば、サクラの花は春のものとも定まるものではないだろうに。

かぎろひ【陽炎】 名詞《上代語》❶明け方、東方にほのかに赤くさす光。あけぼのの光。

東の野にかぎろひの立つ見えてかへり見すれば月かたぶきぬ 歌〈万葉集・1・48〉訳↓ひむかしの…

❷↓かげろふ(陽炎)

かぎろひ-の【陽炎の】 枕詞（陽炎は春に立つことから）「春」に、また（そのようすから）「燃ゆ」などに係る。

か-きん【瑕瑾・瑕釁】 名詞 ❶傷。欠点。短所。あやまち。**天下のものの上手といへども、はじめは不堪の聞こえもあり、無下の瑕瑾もありき。**〈徒然草・150・能をつかんとする人〉訳 世に比べるものがない一芸の達人といっても、初めは下手だというわさもあり、まったくひどい欠点もあった。

❷恥。不名誉。

❶**かく**（現）↓（歴）**くわく【画：拡：穫：郭：霍】**

かく【格】 名詞 ❶法則。きまり。しきたり。流儀。❷位。身分。等級。❸品格。風格。格調。

か・く【駆く・駈く】 動詞 自〔カ下二段〕〈け・け・く・くる・くれ・けよ〉❶ウマに乗って走る。速く走る。

木曾殿はただ一騎、粟津の松原へ駆けたまふが…。〈平家・9・木曾最期〉訳 木曾殿はただ一騎で、粟津の松原へ**ウマに乗って走り**なさるが…。

❷ウマに乗って攻める。

今井四郎ただ一騎、五十騎ばかりが中へ駆け入り…。〈平家・9・木曾最期〉訳 今井四郎はただ一騎で、五十騎ほどの中へ**ウマに乗って攻め**入って…。

か・く【欠く】 ㊀動詞 他〔カ四段〕〈か・き・く・く・け・け〉怠る。欠かす。抜かす。

滝口、帯刀など番欠かず候ふ。〈栄花〉訳 ★滝口、★帯刀の侍などが当番を**怠らず**仕えている。

㊁動詞 自〔カ下二段〕〈け・け・く・くる・くれ・けよ〉物の一部が失われる。足りなくなる。欠ける。

この四つ欠けざるを富めりとす。〈徒然草・123・無益のことを〉訳 この四つ（=衣・食・住・薬）が**欠けていない**のを富んでいるとする。

かぎり【限り】

区切られた範囲の限界

- ㊀名詞
  - [時間・空間]
    - ❶限度。限界。制限。
    - ❷最後。果て。臨終。死亡。葬送。
    - ❸機会。時期。折。
  - [程度]
    - ❹極致。最上。
- ㊁形式名詞
  - ❶…だけ全部。…(の)すべて。
  - ❷…だけ。…ばかり。
  - ❸…(する)間。…(する)うち。

㊀名詞 ❶**限度。限界。**制限。

「**宝は尽くる期あり。限りある宝をもちて、限りなき願ひに従ふこと、得うべからず。**」〈徒然草・217・ある大福長者〉訳「財産は尽きる時がある。（その）**限度**のある財産でもって、**限度**のない欲望に従うことは、できるはずはない。」

○「限りなき」は、形容詞「限りなし」の連体形とも考えられるが、ここは、「限りある」に対応しているので、「限り」を名詞と解釈する。

❷**最後**。果て。臨終。死亡。葬送。

今来むと言ひて別れし人なれば限りと聞けどなほぞ待たるる 歌〈大和・55〉訳 すぐに（帰って）来ようと言って別れた男だから、**死亡**（した）と聞いてもやはり（帰りを）待たないではいられない。

❸**機会**。時期。折。

巡り会はむ限りはいつと知らねども月な隔てそ余所の浮き雲 歌〈新古今集・恋4・1272〉訳（彼女に今度）巡り会うであろう**機会**はいつとは分からないが、（どうか）月（日）を隔てないでくれ。遠く離れた所にある浮き雲（が月を隔てて隠すように）。

❹**極致**。最上。

いつはとは時は分かねど秋の夜ぞもの思ふことの限りなりける 歌〈古今集・秋上・189〉訳 どの時が（物思いをするところである）とは時節を区別をしないけれど、秋の夜こそは物思いをすることの**極致**であったのだなあ。

㊁形式名詞 ❶**…だけ全部**。…(の)**すべて**。

「**京にとく上げたまひて、物語の多くさぶらふなる、ある限り見せたまへ。**」〈更級日記・門出〉訳「（私を）都に早く上らせてくださって、（都には）物語がたくさんありますとかいうその物語を、ある**だけ全部**見せてください。」

❷**…だけ**。…**ばかり**。

猫は、上の限り黒くて、腹いと白き。〈枕草子・52・猫は〉訳 ネコは、上の方**だけ**黒くて、腹はとても白いのが（おもしろい）。

❸**…(する)間**。…(する)**うち**。

春来ぬと人は言へども鶯の鳴かぬ限りはあらじとぞ思ふ 歌〈古今集・春上・11〉訳 春が来たと人は言うけれども、ウグイスが鳴かない**うち**はそうではあるまいと思う。

発展 ㊁の形式名詞の用法は、❷で挙げた用例のように「〜のかぎり」の形で多く用いられる。

類語比較 **「かぎり」と「きは」**

共通点＝物事の限り・最後などの意味を表す。

かぎり＝①動詞「限る」の連用形が名詞になったもので、期日を定めて区切ることがもともとの意味。②時間・空間・程度について、その限界点を示す用法と、限界内の範囲を示す用法とがある。

きは＝①物事が極まることがもともとの意味。②時間的・空間的に区切られた、その境界の部分を指し示すことば。

か・く【舁く】 動詞 他 〔カ四段〕〈か・き・く・く・け・け〉肩に乗せる。担ぐ。

車さし寄せつつ、人にかかれて乗りたまふをぞ…。〈大鏡・道隆〉訳（道隆は酔って）牛車を寄せ（させ）ながら、人に**担がれて**お乗りになるのを…。

か・く【掛く・懸く】 一 動詞 他 〔カ下二段〕〈け・け・く・くる・くれ・けよ〉❶掛ける。つり下げる。

❷張り渡す。かけ渡す。両方にかける。

なかなかに言ひも放たで信濃なる木曾路の橋のかけたるやなぞ 歌〈拾遺集・865〉訳なまじっか口に出して突き放すこともしないで、信濃にある木曾路の橋が**かけ渡して**あるように、（いつまでも）かかずらわせているとはどういうわけだ。○「かけ」は、橋を懸けると、⓬のかかわらせるという意味を掛けている。

❸測り比べる。

筒井つの井筒にかけしまろがたけ過ぎにけらしな妹見ざるまに 歌〈伊勢・23〉訳→つつゐつの…

❹かぶせる。

宿直物とおぼしき衣、伏せ籠にかけて…。〈宇治拾遺〉訳夜着と思われる衣服を、伏せ籠（＝香をたいて衣服に香りをしみ込ませるかご）に**かぶせて**…。

❺注ぐ。浴びせかける。

井に蓋をし、火に水をかけ…。〈平家・2・座主流し〉訳井戸に蓋をし、（煮たきの）火に水を**浴びせかけ**…。

❻乗せる。載せる。置く。

「**御車は榻にかくな。**」〈大鏡・師輔〉訳「お車は＊榻に**載せて**はいけない。」

❼話しかける。口に出す。

さやうの戯れ言もかけたまはず…。〈源氏・浮舟〉訳（匂宮は）そうした冗談も**口に出し**たりなさらないで…。

❽思いをかける。恋しく思う。気にかける。

ちはやぶる賀茂のやしろの木綿襷ひと日も君をかけぬ日はなし 歌〈古今集・恋1・487〉訳賀茂神社の神主が木綿の襷をかけるように、一日たりとも私があの人に**思いをかけ**ない日はないことだ。○「ちはやぶる」は「賀茂」に係る枕詞。

❾火をつける。

都合その勢三百余騎、館に火かけ、焼きあげて…。〈平家・4・競〉訳全部でその軍勢三百余騎は、館に火を**つけ**、すっかり焼いて…。

❿目指す。

わたの原八十島かけて漕ぎ出でぬと人には告げよ海人の釣り舟 百人一首〈古今集・羇旅・407〉訳→わたのはら…

⓫命など大切なものと引き換えにする。

「**命を懸けて、何の契りにかかる目を見るらむ。**」〈源氏・夕顔〉訳「命を**引き換えにして**、何の因縁でこのような目（＝夕顔の頓死）に遭っているのだろう。」

⓬関係づける。かこつける。かかわらせる。

筑波山にかけて君を願ひ…。〈古今集・仮名序〉訳筑波山に**かこつけて**天皇（の長寿や恩恵）を願い…。

二 補助動詞 〔カ下二段〕〈け・け・く・くる・くれ・けよ〉相手にその動作を仕掛ける意を表す。…（し）かける。

「**那智新宮の者どもに、矢一つ射かけて…。**」〈平家・4・源氏揃〉訳「那智、新宮の者どもに、矢の一本でも射**かけて**…。」

発展 上代には四段にも活用した。

か・く【掻く】 動詞 他 〔カ四段〕〈か・き・く・く・け・け〉❶（爪などで）こする。ひっかく。また、弦楽器を弾く。

月立ちてただ三日月の眉根かき日長く恋ひし君に逢へるかも 歌〈万葉集・6・993〉訳姿を現してたった三日の月のような眉を**かき**、長く恋していたあなたに逢えました。○眉をかくと恋しい人に会えるといわれていた。

❷払いのける。押しやる。

頭は尼削ぎなる児の、目に髪の覆へるをかきはやらで…。〈枕草子・151・うつくしきもの〉訳頭髪は肩の辺りで切りそろえた髪型である少女が、目に髪がかぶさっているのを（手で）**払いのけ**はしないで…。

❸（くしで髪を）すく。

御鬢かきたまふとて、鏡台に寄りたまへるに…。〈源氏・須磨〉訳左右の髪を**すき**なさるというわけで、（源氏が）鏡台に寄りなさったところ…。

❹（刀で）切り取る。

取って押さへて頸をかかんと甲を押し、あふのけて見ければ…。〈平家・9・敦盛最期〉訳取り押さえて（刀で）首を**切り取ろ**うとかぶとを（力ずくで）押し上げて、あお向けにして（顔を）見たところ…。

❺急いで食べる。かき込む。

「**猫殿は小食におはしけるや。…かいたまへ。**」〈平家・8・猫間〉訳「猫殿（＝藤原光隆）は小食でいらっしゃったよ。…**かき込み**なさい。」

かく【斯く】

目の前の事実や、前後の会話または文脈の内容を指示する
- ❶（目の前の物事や、前に述べた内容を指示して）こう。このように。
- ❷（会話文などを代用して）これ。これ。しかじか。
- ❸（後に述べる内容をあらかじめ指示して）こう。次のように。

副詞 ❶（目の前の物事や、前に述べた内容を指示して）**こう。このように。こんなに。**

おほかた、差し向かひてもなめきは、「などかく言ふらむ。」と、かたはらいたし。〈枕草子・262・文ことばなめき人こそ〉訳一般に、面と向かっても（ことば遣いが）無礼な人（というの）は、「どうして**こう**言うのだろう。」と、（はたから見て）見苦しい。○この「かく」は前に述べた「なめき（人）」のことば遣いを指している。

❷（会話文などを代用して）**これこれ。これこれと。しかじか。**

「**いかでこの男にもの言はむ。**」**と思ひけり。うち出でむこと難くやありけむ、物病みになりて死ぬべき時に、「かくこそ思ひしか。」と言ひけるを…。**〈伊勢・45〉訳（ある人の娘が）「なんとかしてこの男に愛を打ち明けよう。」と思った。（それを）口に出したりすることが難しかったのではなかろうか、病気になって死にそうな時に、「**これこれと**思ったことだ。」と言ったのを…。○この「かく」は、前文中の「いかでこの男にもの言はむ。」を指す。作者が、同じ内容を繰り返して書く煩わしさを避け、指示語で代用したものである。

❸（後に述べる内容をあらかじめ指示して）**こう。次のように。このように。**

「**心憂きことのはべりしかば。**」と言ふ。「**何事ぞ。**」と問ふに、「**なほかく思ひはべりしなり。**」と、長やかに詠み出づ。〈枕草子・87・職の御曹司におはしますころ、西の廂

しにて〉訳（歌がうまい物乞(ものご)いの女は）「不愉快なことがありましたので（長い間参上しませんでした）。」と言う。「どんなことだ。」と尋ねると、（女は）「やはり次のように思ったのです。」と言って、長々と（声を伸ばして歌を）詠み出す。〇この「かく」は、後に続く物乞いの女が詠んだ和歌をあらかじめ指示する。

関連語 斯(か)う

↓読解の手引き ❾（634ページ）

か-ぐ【下愚】 名詞 とても愚かなこと。また、そのような人。

がく【楽】 名詞 音楽。楽曲。曲。特に、雅楽。**「楽はなんぞと聞きければ…想夫恋(さうふれん)といふ楽なり。」**〈平家・6・小督(こごう)〉訳 **曲**は何かと耳を傾けると…想夫恋（＝雅楽の曲名）という**曲**である。

がく-うち【額打ち】 名詞 寺の門などに、額を打ち付けて掲げること。

かく-かく【斯く斯く】 副詞 こうこう。このように。**「いともどかしう見ゆることなれば、かくかく思ふ。」**〈蜻蛉日記(かげろうにっき)〉訳 たいへん気がかりに思うことなので、**このように**考えている。

かく-ご【覚悟】 名詞 動詞 自 サ変〈せ・し・す・する・すれ・せよ〉
❶迷いを捨て去り、真理を悟ること。悟り。**「それより生死(しょうじ)の眠(ねぶ)り覚め覚悟の月をぞもてあそぶ」**〈梁塵秘抄(りょうじんひしょう)〉訳 それから後は生死流転の迷いから覚めて、**悟り**の月（のように澄みきった境地）を楽しむ。
❷もうこれまでと思うこと。観念すること。**「そちが覚悟を極(き)め、首差し伸べた体(てい)を見たれば…。」**〈狂言・武悪(ぶあく)〉訳「おまえが**もうこれまでと思い**を決め、首を差し伸べているようすを見ていると…。」
❸知っていること。予期すること。**「郎従小庭に伺候(しこう)の由、全く覚悟つかまつらず。」**〈平家・1・殿上闇討(てんじょうのやみうち)〉訳「従者が（殿上の間の前の）小庭に控えていたことのいきさつは、（私は）まったく**知って**おりません（＝存じておりません）。」
❹記憶すること。頭に浮かぶこと。**「時に当たりて、本歌を覚悟す。」**〈徒然草・238・御随身(みずいじん)近友(ちかとも)が〉訳「時に応じて、拠り所となる歌が**頭に浮かぶ**。」

かくご-しゃ【恪勤者】 名詞 ↓かくごん❷

かく-ごん【恪勤】 名詞 ❶怠けずに勤めること。精勤。❷平安時代、親王・大臣家などに仕えた侍。また、鎌倉・室町時代には宿直(とのい)などを勤めた侍。類 番衆(ばんしゅう)・恪勤者(かくごしゃ)

かくさ-ふ【隠さふ】 かくさ(そ)う《上代語》繰り返し隠す。隠し続ける。**「しばしばも見放(みさ)けむ山を心なく雲の隠さふべしや」** 歌〈万葉集・1・17〉訳 幾たびも望み見ようと思う山（＝三輪山(みわやま)）を、無情にも雲が**隠し続け**てよいものか、いや、よくない。
発展 四段動詞「かくす」の未然形＋反復・継続を表す上代の助動詞「ふ」。

かく-しき【格式】 名詞 ↓きゃくしき

かくし-す・う【隠し据う】 動詞 他 ワ下二段〈ゑ・ゑ・う・うる・うれ・ゑよ〉人目に付かないように隠しておく。**「京にも隠し据ゑたまひ、長らへても…。」**〈源氏・浮舟(うきふね)〉訳「京にでも**人目に付かないように隠しておい**てくださり、（匂宮(におうのみや)と私との仲が）続いても…。」

かくし-だい【隠し題】 名詞 和歌・連歌・俳諧で、題として出した事物の名称を、内容と直接かかわりのない形で、それと分からないように歌や句の中に詠みこむ技法。物の名。物名(ぶつめい)。
発展 「いま幾日(いくか)春しなければうぐひす**すもものはな**がめて思ふべらなり（＝もう何日も春は残っていないので、ウグイスも、ぼんやりもの思いにふけっているようだ。）」〈古今集・物名・428〉には「すももの花」が隠されている。

かくし-もがも【斯くしもがも】 このようでありたい。**「常磐(ときは)なすかくしもがもと思へども世の理(こと)なれば留(とど)みかねつも」** 歌〈万葉集・5・805〉訳 常磐（＝永久に変わらない大きな岩）のように、**このようでありたい**と思うけれども、（年老いていくことは）世の中の道理なので、（若いままの姿を）留めることはできなかったのだなあ。

がく-しゃう【学生】 ―しょう 名詞 ❶律令制で、中央の大学寮や地方の国学で、官吏となるための学問を修める者。❷学問修行を専門とする学僧のこと。特に、高野山(こうやさん)・比叡山(ひえいざん)などで、天台・真言の教学を修めた僧。❸学問。また、すぐれた学者。

がく-しゃう【学匠】 ―しょう 名詞 ❶《仏教語》仏道を修め、人に教える資格のある者。❷学者。博学な人。

確述(かくじゅつ) 国語・国文法 まだ確定していない未来の事柄について、確かに起こることとして述べる表現。完了の助動詞に属する「つ」「ぬ」が、推量や意志の助動詞を伴う場合に、確認するという気持ちが働くことになり、その表現を確述の表現と呼ぶ。なお、これを、「強意」として説明することもある。「**てむ**」「**つべし**」「**つらむ**」「**てまし**」「**なむ**」「**ぬべし**」「**ぬらむ**」「**なまし**」などが代表的な表現。

格助詞(かくじょし) 国語・国文法 体言または体言に準じる語や句に付いて、それが文中の他の語とどんな関係なのかを示す助詞。その機能を大別すると、以下のようになる。
①主語や対象となる語であること（主格・対象格）を示す―が・の
②連体修飾語であること（連体格）を示す―が・の（上代は、つ・な・だ）
③連用修飾語であること（連用格）を示す―を・に・へ・と・から・より・にて・で・して（上代は、ゆ・ゆり・よ）
このほか、「の」「が」が体言と同じ機能（★準体法）を、「と」「の」が★対等の関係を作る機能を持っている。
なお、古くは、格助詞を用いなくても、格関係を示していた。特に主格については格助詞を使わない表現が、むしろ一般的であった。また、格助詞は、原則として複数のものを重ねて使うことがない。

がく-・す【学す】 動詞 他 サ変〈せ・し・す・する・すれ・せよ〉学ぶ。修行する。**「道を学する人、夕べには朝あらんことを思ひ、朝には夕べあらんことを思ひて…。」**〈徒然草・92・ある人、弓射ることを〉訳 学問や芸能などの専門の方面を**学ぶ**人は、夕方には翌朝があるだろうということを思い、朝には夕方があるだろうということを思って…。

がく-そ【楽所】 名詞 ❶宮中の桂芳坊(けいほうぼう)にあって、音楽を取り扱う役所。九四八（天暦二）年、雅楽寮に代わって設けられた。❷音楽を演奏する場所。発展「がくしょ」とも。

がく-だいこ【楽太鼓】 名詞 雅楽で用いる釣り太鼓のひとつ。火炎の形を付けた枠に釣り下げてたたく。

［がくだいこ］

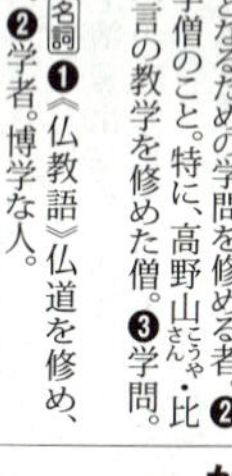

かく-て【斯くて】

一 副詞 こうして。このままで。こんなふうで。

「ゆゆしき身にはべれば、**かくて**おはしますも、いまいましう、かたじけなくなむ。」〈源氏・桐壺〉訳「(夫にも娘にも先立たれた)不吉な身でございますので、**こうして**(娘の子である若宮が私と一緒に)いらっしゃるのも、はばかられ、もったいないことで(ございます)。」

二 接続詞 さて。こうして。それから。

かくて、七月六日より御心地大事に重らせたまひぬれば…。〈讃岐典侍日記〉訳 **こうして**、七月六日から(堀河天皇の)ご病状が進み重くおなりになってしまったので…。

↓読解の手引き ❾(634ページ)

確定条件 国語・国文法 前に述べた事柄が、後に述べる事柄の条件・前提になっている関係を表す条件法のひとつ。ある事柄が既に成り立ったものであることを示す。

①順接(「…ので」の意味を表す)

● 接続詞を用いて表す──されば・しかれば

● 活用語の已然形に接続助詞「ば」を付けて表す。「暁月夜いともおもしろければ、船を出だして漕ぎ行く(=夜明け方の月が趣深いので、船を出して漕いで行く)。」

②逆接(「…けれども」の意味を表す)

● 接続詞を用いて表す──さりながら・さるに・しかれども

● 活用語の已然形に接続助詞「ど」「ども」を付けて表す。「風はいみじう吹けども、木陰なければ、いと暑し(=風は激しく吹くけれども、木陰がないので、とても暑い)。」

↓読解の手引き ⓫(669ページ)

かくて-も【斯くても】 こんな状態でも。こんなようすでも。

かくてもあられけるよと、あはれに見るほどに…〈徒然草・11・神無月のころ〉訳 **こんなようすでも**(住んで)いることができたのだなあと、感じ入って見ているうちに…。

かくとだに… 百人一首

かくとだにえやはいぶきのさしも草さしも知らじな燃ゆる思ひを〈後拾遺集・612・藤原実方〉訳 このように(恋い慕っている)とだけでも(あなたに)どうして言うことができようか、いや、できない。(だから)それほど(激しい)とは(あなたは)知らないだろうよ。伊吹山のヨモギ(=もぐさ)のように燃えている(私の)思いの火を。〇「いぶき」は、「伊吹」(=「さしも草」の産地)と「言ふ」の掛詞。「いぶきのさしも草」は「さしも」を導く序詞。「思ひ」の「ひ」は「火」との掛詞で、「さしも草」の縁語。「さしも知らじな」と「燃ゆる思ひを」が倒置されている。

発展 序詞・掛詞・縁語・倒置法を駆使した、きわめて技巧的な歌。火をつけると表面上はそう変化しないのに、内部は赤く熱く燃えるモグサに、自分の内に秘めた恋をたとえた。

品詞分解・修辞

かく（副）	と（格助）	だに（副助）	え（副）	やは（係助）	いぶき（伊吹／言ふ〈掛詞〉）	の（格助）
さしも草（縁語〈序詞〉→さしも）	さしも（副）	知ら（ラ四・未）	じ（打消推量・終）	な（終助）〈四句切れ〉		
燃ゆる（縁語 ラ下二・体）	思ひ（縁語 思ひ／火〈掛詞〉）	を（格助）				

かく-ながら【斯くながら】 連語 このままで。

「**かくながら**、ともかくもならむを御覧じはてむ」と思し召すに…。〈源氏・桐壺〉訳「**このままで**、(更衣が死ぬのか生きるのか)どのようにかなると思われるようすをぜひともお見届けになろう。」と(帝が)お思いになっているところに…。

発展 副詞「かく」＋接尾語「ながら」。

かく-なむ【斯くなむ】 このように。こんなに。

四位にならぬよし、文のことばにはなくて、ただ**かくなむ**ありける。〈大和・4〉訳 四位にならないといういきさつを、手紙文には書いてなくて、ただ**このように**(歌に詠んで)あった。

かく-なわ【結果】 名詞 ❶うどん粉をねって紐を結んだような形に作り、油で揚げた菓子。❷❶の形のように、心が思い乱れることのたとえ。❸❶の形のように、ぐるぐる振り回す刀の使い方。

発展「香菓泡」の変化したもの。

がく-にん【楽人】 名詞 音楽、特に、雅楽を演奏する人。類 伶人 発展「がくじん」とも。

かく-の-ごと【斯くの如】 このように。

山吹の花の盛りに**かくのごと**君を見まくは千年にもがも 歌〈万葉集・20・4304〉訳 ヤマブキの花の盛りに**このように**君にお会いするのは千年もあってほしい。

かく-の-ごとく【斯くの如く】 このように。

この歌も**かくのごとく**なるべし。〈古今集・仮名序〉訳 この歌も**このように**なった(=成長した)のに違いない。

かく-ばかり【斯くばかり】 連語 (程度を強調して)これほどまで。こんなにも。

かくばかり恋ひつつあらずは高山の岩根し枕きて死なましものを 歌〈万葉集・2・86〉訳 **これほどまで**恋い焦がれ続けていないで、高山の岩を枕にして死んでしまったらよかったのになあ。

か-ぐは・し【香し・馨し】 ぐわし 形容詞〔シク〕〈しく・しく・し・しき・しけれ・○／しから・しかり・○・しかる・○・しかれ〉❶香りがよい。芳しい。

かぐはしき花橘を玉に貫き送らむ妹はみつれてもあるか 歌〈万葉集・10・1967〉訳 **芳しい**タチバナの花を*薬玉に通して贈ろうと思うあの娘は、疲れやつれていることか。

❷心引かれる。美しい。立派だ。

見まく欲り思ひしなへに鬘かげ**かぐはし**君を相見つるかも 歌〈万葉集・18・4120〉訳 会いたいものだと思っていたちょうどそのときに、鬘飾りの**美しい**あなたに会ったことだ。

発展「香細し」から生じたことば。

かく・む【囲む】 動詞 他〔マ四段〕〈ま・み・む・む・め・め〉《上代語》囲む。まわりを取り巻く。

妻子どもは足の方に**囲み**居て…歌〈万葉集・5・892〉訳 妻や子らは、下座の方に**囲んで**座っては…。

かく-や【斯くや】 連語 こんなふうではないか。

かの木の丸殿も**かくや**と、なかなか様かはりて、いうなるかたもはべり。〈方丈記・都遷り〉訳 あの(斉明天皇が筑紫の朝倉に造営された)木の丸殿も**こんなふうではないか**と、(遷都した福原は)かえって風変わりであって、味わい深いところもございます。

がく-や【楽屋】 名詞 ❶雅楽で、楽人が演奏する所。❷田楽・能楽や歌舞伎などで、舞台裏にある控え室。出演者が支度をしたり休息したりするための部屋。❸物事の裏面。内部の事情。内幕。内実。

かく-やう・なり【斯く様なり】 ようなり 形容動詞〔ナリ・ノ〕〈なら・なり(に)・なり・なる・なれ・なれ〉このようだ。このようなようすだ。

「御集(ぎょしふ)など見たまふるに、いとなまめかしう、かくやうの方(かた)さへおはしましける。」〈大鏡・醍醐天皇(だいごてんのう)〉訳「(醍醐天皇の)歌集などを拝見いたしますと、(その歌は)まことに優雅で、(治世のみならず)このような面までも(優れて)いらっしゃったのだった。」〇「見たまふるこそ」とする本文もあるが、係り結びが成立しないので、「見たまふるに」とした。

発展「かうやうなり」とも。

かぐや姫(ひめ) 登場人物『竹取物語』の女主人公。竹取の翁(おきな)によって竹の節の中から発見されて大切に育てられ、三か月で美しく成長する。五人の貴公子に求婚されるが無理な条件を出して拒否し、帝(みかど)の申し入れをも拒む。八月十五夜に月から迎えが来て昇天する。

香具山(かぐやま) 歌枕 ↓天の香具山(あまのかぐやま)

かぐやまは… 歌

香具山(かぐやま)は　畝傍(うねび)を愛(を)しと　耳梨(みみなし)と　相争(あらそ)ひき　神代(かみよ)より　かくにあるらし　古(いにしへ)も　然(しか)にあれこそ　うつせみも　妻を　争ふらしき〈万葉集・1・13・中大兄皇子(なかのおおえのおうじ)〉訳 香具山は畝傍山がいとおしいと思って、耳梨山と互いに争った。神代からこのようであるらしい。昔もそうだったからこそ、今の世の人も妻を(取りあって)争うらしい。〇「畝傍を愛しと」は「畝傍雄々(をを)しと」と訓(よ)んで、畝傍山が男らしいとして、と解する見方もある。

かぐら【神楽】 名詞 神前で奏する歌舞。宮中では、夜、かがり火をたいて、和琴(わごん)・横笛・篳篥(ひちりき)などを奏して、神楽歌を歌い、舞を舞った。発展「神座(かみくら)」の変化したことばか。

[かぐら]

神楽歌(かぐらうた) 文芸用語 歌謡のひとつ。広い意味では神事で歌われる歌謡一般、狭い意味では宮中での御神楽(みかぐら)で歌われる歌を指す。『古今集』『拾遺集(しゅうい)』に採られている。

かくら-く【隠らく】《上代語》隠れること。

茜(あかね)さす日は照らせれどぬばたまの夜渡る月の隠らく惜しも 歌〈万葉集・2・169〉訳 日は照っているが、夜空を渡る月が**隠れること**が惜しいことだ。〇「茜さす」は「日」に係る枕詞。「ぬばたまの」は「夜」に係る枕詞。

かくら-ふ【隠らふ】 かくら(ろ)う《上代語》繰り返し隠れる。隠れ続ける。

天の原振り放(さ)け見れば渡る日の影も隠らひ照る月の光も見えず… 歌〈万葉集・3・317〉訳↓あめつちの…

発展 四段動詞「かくる」の未然形＋反復・継続を表す上代の助動詞「ふ」。

かく・る【隠る】

物の陰などになって、見えなくなる

- 一 動詞 自 ラ四段 ❶**隠れる。** ❷**亡くなる。** ◉上代語。
- 二 動詞 自 ラ下二段 ❶**一❶の意味に同じ。** ❷**一❷の意味に同じ。**

動詞 自 ラ四段

未然形	連用形	終止形	連体形	已然形	命令形
かくら	かくり	かくる	かくる	かくれ	かくれ

動詞 自 ラ下二段

未然形	連用形	終止形	連体形	已然形	命令形
かくれ	かくれ	かくる	かくるる	かくるれ	かくれよ

一 動詞 自 ラ四段《上代語》❶**隠れる。姿を隠す。**

青山に日が隠らばぬばたまの夜(よ)は出(い)でなむ〈古事記・大国主神(おおくにぬしのかみ)〉訳 緑濃い山に日が**隠れ**たならば、夜には(神であるあなたの)姿を現してほしい。〇「ぬばたまの」は「夜」に係る枕詞。

❷**死を遠回しにいうことば。**(高貴な人が)**亡くなる。**↓古語チャート⑱(647ページ)

大君は神にしませば天雲(あまくも)の五百重(いほへ)の下に隠りたまひぬ 歌〈万葉集・2・205〉訳 天皇は神でいらっしゃるので、天の雲が幾重にも重なったその奥へ(隠れるようにして)お**亡くなりになった。**

二 動詞 自 ラ下二段 ❶**一❶の意味に同じ。**

この男、逃げて奥に隠れにければ…。〈伊勢・58〉訳 この男は、逃げて奥に**隠れ**てしまったので…。

❷**一❷の意味に同じ。**↓古語チャート⑱(647ページ)

この山にこもりゐて後、やんごとなき人の隠れたまへるもあまた聞こゆ。〈方丈記・閑居の気味(きび)〉訳 (私が)この(京都の奥の)山にこもり住んで以後、(京都では)高貴な方がお**亡くなり**になったことも数多く耳に入る。

発展「隠す」の自動詞形で、古くは四段活用。上代から下二段の例もあり、中古以降は下二段だけとなった。

かくれ【隠れ】 名詞 ❶人目につかないこと。また、その場所。物陰。裏。

ありつる男もぞ来るなど、危ふく覚えければ、やうやう隠れの方(かた)に引き入れて…。〈宇治拾遺(うじしゅうい)〉訳 さっきの下男が来たら大変だなどと、危険に思われたので、やっと(人目につかない)**物陰**の方に(ウマを)引き入れて…。

❷(「御」を付けて)天皇や貴人の死。ご逝去(せいきょ)。

かくれ-が【隠れ処・隠れ家】 名詞 ❶人目を避けて隠れて住む所。また、隠れ住む家。❷隠れて見えない所。人目につかない場所。

かくれず【隠れず】(現)↓(古)**かくらず【隠らず】**

発展 ラ行四段動詞「かくる」の未然形＋打消の助動詞「ず」。

かくれ-な・し【隠れ無し】 形容詞 ク〈く・く・し・き・けれ・〇／から・かり・〇・かる・〇・かれ〉❶**隠れたところがなくはっきりしている。はっきりそれと分かる。**

程もなき狭さなれば、とぶらひ人あまた来て経聞きなどするも隠れなきに…。〈枕草子・190・八月ばかりに〉訳 いくらもない狭い場所なので、見舞い客がたくさん来て読経(どきょう)を聞くようすなども**はっきりそれと分かる**ので…。

❷**広く知れ渡っている。有名だ。**

「**忍ぶとも世にあること隠れなくて、内裏(うち)に聞こし召さむを始めて…。**」〈源氏・夕顔〉訳「秘密にしていても世間の出来事というものは(自然と)**広く知れ渡っていて**、(いつかは)帝(みかど)におかれてもお聞きになったりすることを始めとして…。」

かくれ-ぬ【隠れ沼】 名詞 草木などに覆い隠されて見えない沼。類 隠(こも)り沼(ぬ)

かくれぬ-の【隠れ沼の】 枕詞 (「隠れ沼」は草などの下に隠れていることから)「下」「底」などに係る。

かくれ-みの【隠れ蓑】 名詞 着ると、姿が見えなくなるという蓑。

かくれ-も-な・し【隠れも無し】連語 有名である。よく知られている。**名は原田内助と申して、かくれもなき、牢人。**〈西鶴諸国ばなし〉訳 名は原田内助と申しまして、（その名が）**よく知られている**、浪人。
発展 名詞「かくれ」＋係助詞「も」＋形容詞「なし」。

かくれる（現）↓（古）**かくる**【隠る】

かくれ・ゐる【隠れ居る】動詞 自 ワ上一段〈ゐ・ゐ・ゐる・ゐる・ゐれ・ゐよ〉隠れて座る。**前栽の中に隠れ居て、河内へ往ぬる顔にて見れば…。**〈伊勢・23〉訳（女の浮気を疑った男が）庭の植え込みの中に**隠れて座って**、河内へ行ってしまう振りをして見ていると…。

か-ぐろ・し【か黒し】形容詞 ク〈く・く・し・き・けれ・○／から・かり・○・かる・○・かれ〉《上代語》黒い。黒々としている。**鴨じもの浮き寝をすれば蜷の腸か黒き髪に露そ置きにける** 歌〈万葉集・15・3649〉訳 舟を泊めて眠ったので、**黒い髪**に露が降りていた（＝白髪になってしまった）ことだ。○「鴨じもの」は「浮き寝」の枕詞。「蜷の腸」は淡水の巻き貝ニナのはらわたで「髪」に係る枕詞。

かくろ・ふ【隠ろふ】一 動詞 自 八四段〈は・ひ・ふ・ふ・へ・へ〉隠れている。人目につかないようにしている。**昨日今日雲の立ち舞ひ隠ろふは花の林を憂しとなりけり** 歌〈伊勢・67〉訳 昨日今日雲が舞うようにあちこちと動いて、（山が）**隠れているのは**、（梢に積もった雪を）花かと見あやまる林を（人に見られるのが）嫌だと思ってのことだった。
二 動詞 自 八下二段〈へ・へ・ふ・ふる・ふれ・へよ〉一の意味に同じ。**夜目にこそ、しるきながらもよろづ隠ろへたること多かりけれ…。**〈源氏・末摘花〉訳 夜、暗い中で見るので、（荒れはてていることは）はっきりしているのに、万事**人目につかないようにしている**（＝気づかれないでいる）ことが多かったのだったが…。
発展「かくらふ」が変化したもの。

かくろへ【隠ろへ】名詞 ❶隠していること。秘密。❷人目につかない場所。隠れるのによい物陰。

かくろへ-ごと【隠ろへ事】名詞 隠しごと。秘めごと。秘密。隠れた事情。

かぐわし（現）↓（歴）**かぐはし**【香し・馨し】

か-くゎん【加冠】名詞 男子が元服して、初めて冠を着けること。また、そのとき、冠を着けさせる役目の人。

かけ【掛け】名詞 ❶ことばにかけて言うこと。口に出して言うこと。❷（「打ち掛け」の略で）江戸時代の上層階級の女性の礼服のひとつ。帯をしめた上に羽織って着る長い小袖。❸（「掛け売り」の略で）代金後払いで品物を売買すること。❹（「売り掛け金」の略で）掛け売りの未払い金。

かけ【駆け・駈け】名詞 ❶（単身で）敵陣に突入すること。❷馬術で、ウマを最も早く走らせること。

かけ【鶏】名詞《上代語》ニワトリの古い呼び名。発展「かけろ」という鳴き声が鳥名になったことば。

か-げ【鹿毛】名詞 ウマの毛色のひとつ。体全体はシカの毛のように茶褐色で、たてがみ、尾、足の下部が黒色のもの。

かげ

日や月などの光。また、光によって作られる映像や陰影

- 一【影・景】
  - ❶（日・月・火などの）光。
  - ❷（光によって見える、また、水や鏡に映る、物の）姿。形。
  - ❸やつれた姿。
  - ❹（光が遮られてできる）暗い像。影。
  - ❺面影。
  - ❻薄ぼんやりと見えるもの。実体のないもの。
- 二【陰・蔭】
  - ❶（他の物に遮られて）光や風などの当たらない部分。（物や人の）後ろ。物陰。
  - ❷心のより所。
  - ❸恩恵。おかげ。

名詞 一【影・景】❶（日・月・火などの）光。**渡る日の影に競ひて尋ねてな清きその道またも会はむため** 歌〈万葉集・20・4469〉訳（東から西へ）移動する日の光と競争して（＝時間を惜しんで）きっと探し求めよう、神聖なその（仏の）道を。（来世で）再び会うために。
❷（光によって見える、また、水や鏡に映る、物の）姿。形。**暁近き月くまなく差し出でて、ふと人の影見えければ…。**〈源氏・空蟬〉訳 明け方近い月の光が余す所なく差し始めて、ちらっと人の姿が見えたので…。
❸やつれた姿。**恋すれば我が身は影となりにけりさりとて人に添はぬものゆゑ** 歌〈古今集・恋1・528〉訳 恋をしているので、私の体は（物思いのために）**やつれた姿**になってしまった。だからといって、あの人に寄り添えるわけではないのに。
❹（光が遮られてできる）暗い像。影。**橘の影踏む道の八衢にものをぞ思ふ妹に会はずして** 歌〈万葉集・2・125〉訳 タチバナの（並木の）影を踏む道がいくつにも分かれているように、（私は）あれこれと物思いをすることだ。あなたに会わないでいるので。○「橘の…道の」までは「八衢」を導く序詞。
❺面影。また、（体や心に）**常に付き添って離れないもの**。**母御息所も影だに覚えたまはぬを…。**〈源氏・桐壺〉訳（源氏は）母の御息所（＝桐壺の更衣）も**面影**さえ記憶していらっしゃらないのに…。**寄るべなみ身をこそ遠く隔てつれ心は君が影となりにき** 歌〈古今集・恋3・619〉訳（近づきたくても）頼みとする縁故がないので、私の体こそは遠く離れているけれども、心はあなたに**常に付き添って離れないもの**となってしまった。
❻**薄ぼんやりと見えるもの。実体のないもの。このかぐや姫、きと影になりぬ。**〈竹取・かぐや姫の昇天〉訳 このかぐや姫は、さっと**実体のないもの**になって（＝姿を消して）しまった。
二【陰・蔭】❶（他の物に遮られて）**光や風などの当たらない部分**。（物や人の）**後ろ**。**物陰**。陰。**我は世にも出で交じらはず、陰に隠れたらむやうにてゐたるを見るも、頼もしげなく心細く覚ゆるに…。**〈更級日記・宮仕え〉訳（父）自身は世間にも出て人と交際（する）ということも）しないで、**物陰**に隠れているようなありさまで（＝隠居したように）じっとしているのを見るのも、（なんとも父のことが）頼りにならなく心細く感じられていると…。
❷**心のより所**。**父の老い衰へて、我を子とも頼もしからむ陰のやう**

に、思ひ頼み、向かひゐたるに…。〈更級日記・宮仕え〉訳 父が老いて弱くなって、私を子として頼りになるような心のより所のように、あてにして、向かい合って暮らしていたのに…。

❸恩恵。おかげ。

官位(つかさくらゐ)に思ひをかけ、主君の陰を頼む程の人は、一日なりともとく移ろはむと励み…。〈方丈記・都遷(みやこうつ)り〉訳 官職や位階に望みを抱き、主君の恩恵を当てにするくらいの人は、一日でも早く(福原に)引っ越そうと努め…。

発展 ①㊀の意味の展開 「かがよふ(=きらめく)」「かがみ(=鏡)」「かぎろひ(=明け方の光)」「かぐつち(=火の神)」などと同じ語源と考えられ、輝くものを表す㊀❶がもともとの意味。そこから、光に照らされることによって、浮かび上がる物の形や明暗などを表すようになった。↓古語チャート㊳(1105ページ)

②㊁の意味の広がり ㊁の❶は、もともとは光があることによって生じるものであり、光などを遮って陰を生じさせる物体の方に視点を置いたとき、外部から自分を守ってくれるものという意味で❷❸の用法も生まれた。

③現代語とのつながり ㊀❶の意味は「星影」、㊀❷の意味は「人影」などに残っている。また、㊁❸は、「おかげ」などの言い方で残っている。

-がけ【掛け】 接尾語 ❶(動詞の連用形に付いて)…しているついで、という意味を表す。語例 戻(もど)り掛け・往(い)に掛け ❷(名詞に付いて)…を身に着けたまま、という意味を表す。語例 下駄(げた)掛け・わらんぢ掛け

かけ-あひ【駆け合ひ】(あい) 名詞 敵・味方が正面から攻めかかる戦い。ぶつかり合い。

➡かけい(現)↓(歴)かけひ【筧・懸け樋】

荷兮(かけい) 人名 ↓山本荷兮(やまもとかけい)

かけ-う・ぐ【欠け穿ぐ】 動詞 自〔ガ下二段〕〈げ・げ・ぐ・ぐる・ぐれ・げよ〉欠けて穴が開く。

耳鼻欠けうげながら抜けにけり。〈徒然草・53・これも仁和寺(にんなじ)の法師(ほふし)〉訳 耳と鼻とが欠けて穴が開いたけれども(釜は頭から)抜けてしまったということだ。

かけ-かけ・し【懸け懸けし】 形容詞〔シク〕〈しく・しく・し・しき・しけれ・○／しから・しかり・○・しかる・○・しかれ〉(特に異性に対して)いつも心に掛けている。好色めいている。

「なかなか懸け懸けしきことはなくてやみなむ。」と思ひしかど…。〈源氏・若菜下〉訳(柏木(かしわぎ)は女三の宮に対して)「なまじっか好色めいたことはないままにしてしまおう。」と思ったけれど…。

かけ-ご【掛け子・懸け子・懸け籠】 名詞 箱の内部を二重にするために、外側の箱の縁にかけてつり下げ、箱の中にはまるように作った平たい箱。

掛詞(かけことば) 文芸用語 和歌・俳諧(はいかい)などの修辞法のひとつ。一つのことばに同じ音の二つの意味を重ねて、表現内容を複雑・豊富にする技法。『古今集』以降盛んに用いられた。「懸詞」とも書く。↓読解の手引き❺(336ページ)・ビジュアルチェック❸(337ページ)

かけ-こも・る【掛け籠る】 動詞 自〔ラ四段〕〈ら・り・る・る・れ・れ〉かぎをかけて閉じこもる。

やがて掛けこもらましかば、口惜(くちを)しからまし。〈徒然草・32・九月(ながつき)二十日のころ〉訳 すぐにかぎをかけて閉じこもったならば、残念に思っただろうに。

かけず 副詞 無造作に。わけもなく。簡単に。

かけず気圧(けお)さるるこそ、本意(ほい)なきわざなれ。〈徒然草・1・いでや〉訳 簡単に圧倒されるのは、不本意なことである。

かけ-すずり【掛け硯・懸け硯】 名詞 *掛(か)け子(ご)の付いた硯箱。下に引き出しがあり、小物・金銭などを入れた。

[かけすずり]

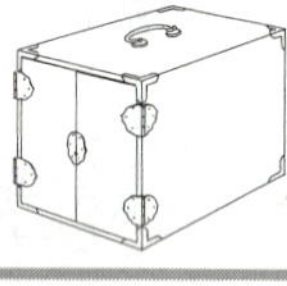

かけ-だひ【掛け鯛・懸け鯛】(だい) 名詞 正月の飾り物のひとつ。塩蔵した小ダイ二尾の口をわら縄を通して結び、シダやユズリハで飾って、かまどの上や門松・蔵の中などに掛けたもの。六月一日にそれを食べると病気にかからないという。季語 春

かけ-ぢ【懸け路】(じ) 名詞 険しい山道。また、山の切り立った崖(がけ)に、木材を棚のように架け渡した道。桟道(さんどう)。類 懸(か)け橋(はし) 発展「かけみち」とも。

花月草紙(かげつさうし)〔クヮゲッサウシ〕 作品名 江戸後期の随筆。*松平定信(まつだいらさだのぶ)著。日常生活・社会・自然に対する見聞や感想を、平安時代の和文をまねた雅文体で記したもの。一八一八(文政元)年成立。

かけ-て【掛けて・懸けて】

読解の手引き❺

掛詞の重要な二つの形式

掛詞は秀句(しゅうく)**とも呼ばれ、同音異義の語を軸に二つの異なる意味の表現を見せる技巧**です。『古今集』以降の和歌で盛んに用いられ、その後も中世・近世と、文学作品からことば遊びにいたるまで幅広い広がりを見せてきています。例を見てみましょう。

①音にのみきくの白露夜はおきて昼は思ひにあへず消(け)ぬべし 歌〈古今集・恋1・470〉

この歌には三か所に掛詞が用いられています。それぞれの同音異義語を軸にどのような表現が見られるか、分かりやすく図示してみましょう。

音にのみ**聞く**　**起きて**昼は**思ひ**にあへず消ぬべし
菊の白露夜は**置きて**　**日**にあへず消ぬべし

三つの同音異義語を軸にしている二列の表現のうち、右の列がこの歌の本来の意味です。左の列の文意を、うまくそれにつなげると、「(あなたのことは)お噂(うわさ)に**聞く**ばかりで、**菊の白露**が夜に**おりて太陽**に耐えきれずに消えてしまうように、(私は)夜は(寝られずに)**起きた**まま、昼には**恋の思い**に耐えきれず(きっと)死んでしまうにちがいない。」という切ない思いの解釈ができあがりました。

このタイプの掛詞は、**同音異義語を軸として文脈を転換させたり表現を重ね合わせたりする**ところに特徴があります。

②山里は冬ぞ寂しさまさりける人目も草も**かれ**ぬと思へば 百人一首〈古今集・冬・315〉

この歌の掛詞は、**同音異義語を軸として、並立の表現を展開**していきます。

人目も**離**(か)**れ**ぬと思へば
草も**枯れ**ぬと思へば

したがって、「山里は(とりわけ)冬が(その)寂しさが強く感じられる。人の訪れも**なくなり**、草も**枯れて**しまうと思うと。」と、これも切ない思いとして解釈されます。

物と物、時間と時間とにまたがっているようす。また、ある物事や人に心を向けて思うようす

- 一 連語
  - ❶（官職名に付いて）…を兼ねて。…を兼任して。
  - ❷（季節・時間に付いて）…にわたって。…になるまで。
  - ❸（地名・場所に付いて）…を目指して。…に向かって。
  - ❹心に留めて。◉下に「思ふ」などを伴う。
- 二 副詞
  - 決して（…ない）。全然（…ない）。◉打消や禁止の表現を伴う。

一 連語 ❶（官職名に付いて）…を兼ねて。…を兼任して。昔、式部の大輔（たいふ）、左大弁**かけて**、清原の王（おほぎみ）ありけり。〈宇津保（うつほ）〉訳 昔、式部省の次官で、左大弁を**兼ねて**（いた）、清原の王（という人）がいたのだった。❷（季節・時間を表すことばに付いて）…**にわたって**。…**になるまで**。来（こ）し方行く末**かけて**、まめやかなる御物語に…。〈徒然草・104・荒れたる宿の〉訳 過ぎ去ったことから将来のことに**わたって**、まじめなお話をなさるうちに…。❸（地名・場所を表すことばに付いて）…**を目指して**。…**に向かって**。眉（まよ）のごと雲居（くもゐ）に見ゆる阿波（あは）の山**かけて**漕（こ）ぐ舟泊まり知らずも 歌〈万葉集・6・998〉訳 眉毛（まゆげ）のようにはるか遠くの空に（ぼんやりと）見える阿波の山**を目指して**漕ぎ進む舟は、停泊する所が分からないことだ。❹**心に留めて**。**忘れないようにして**。**心を向けて**。よひよひに脱ぎてわが寝（ぬ）る狩衣（かりごろも）**かけて**思はぬ時のまもなし 歌〈古今集・恋2・593〉訳 宵ごとに脱いで、私が休むときに狩衣をかけて寝るが、その「かけて」すなわち**心に留めて**、（あの人を）思わない時は少しもない。○「かけて」は、狩衣を体に「掛けて」と、心に「かけて」の掛詞。
二 副詞（「かけて〜打消・禁止表現」の形で）**決して**（…ない）。**全然**（…ない）。「いたくもしたるかな。**かけて**見及ばぬ心ばへよ。」〈源氏・浮舟（うきふね）〉訳「（浮舟は）上手に（言い逃れを）しているなあ。（今までに）**決して**目にしたことのない心遣いだよ。」○下に打消の助動詞「ず」の連体形「ぬ」を伴っている例。「うたてある思ひやりごとなれど、**かけて**さやうの世づいたる筋におぼし寄るな。」〈源氏・澪標（みをつくし）〉訳「（自分でも）不快な気遣いだけれども、**決して**（私の娘である前斎宮に）そうした好色めいた方面（の気持ち）でお近づきにならないでください。」○下に禁止を表す終助詞「な」を伴う例。

発展 ①**語の成り立ち** 一は、下二段動詞「かく」の連用形＋接続助詞「て」。二はこれが一語の副詞になったもの。
②**一❹に多い掛詞** 一❹は、和歌に多く用いられる。用例のように、衣類などに関することばが枕詞や序詞となって上に置かれ、衣類などを「掛けて」という意味と、心に「かけて」という意味を掛詞のようにして用いる例が多い。

かけて-も【掛けても】副詞 ❶ちょっとでも。「**掛けても**聞こし召さむことを、いみじきことにおぼしめして…。」〈源氏・薄雲〉訳「（秘事を帝（みかど）が）**ちょっとでも**お聞きになったりすることを、（藤壺（ふじつぼ）の宮さまは）大変なことだとお考えになって…。」
❷（打消の語を伴って）決して。少しも。まったく。「よく射たりつるものかな。」といふこと、**掛けても**言ひ出（い）ださずして…。〈今昔〉訳「うまく（弓で盗人を）射当てたものだなあ。」ということを、**まったく**口に出さないで…。

かけ-とど・む【掛け留む】動詞 他〔マ下二段〕〈め・め・む・むる・むれ・めよ〉引きとどめる。また、命を長らえさせる。あながちに**掛け留め**まほしき御命とも思（おぼ）されぬを…。〈源氏・御法（みのり）〉訳（紫の上は）無理に**長らえさせ**たいお命ともお考えにならないのであるが…。

かけ-とり【翔け鳥】名詞 空を飛んでいる鳥。また、その鳥を射落とすこと。発展「かけどり」とも。「賭（か）け鳥」と解して、勝負を賭けて飛ぶ鳥を射ること、とする説もある。

かけ-はし【懸け橋・梯・桟】名詞 ❶山中の険しい崖（がけ）などに沿って、板などを架け渡した道。桟道（さんどう）。類 懸（か）け路（ぢ）・懸（か）け道（みち）。❷はしご。また、かりに架けた橋。

かけ-はな・る【掛け離る】動詞 自〔ラ下二段〕〈れ・れ・る・るる・るれ・れよ〉遠ざかる。遠く離れる。大きく隔たる。あさか山浅くも人を思はぬになど山の井の**掛け離るら**む 歌〈源氏・若紫〉訳 浅くも人（＝紫の上）を思わないのに、どうして山の井の影のようにあなたは私から**遠ざかっ**ているのであろう。

ビジュアルチェック❸ 掛詞

主な掛詞

あかし	明石	明かし
あき	秋	飽き
あふ	逢坂	逢ふ
いなば	因幡	往なば
うさ	宇佐	憂さ
おき	置き	起き
かひ	貝	効
かりね	刈り根	仮寝
かる	枯る	離る
きく	菊	聞く
くれ	来れ	繰れ
しか	鹿	然
すみよし	住吉	住み良し
すむ	住む	澄む
する	する	駿河
たび	旅	度
ときは	常磐	時は
とこ	床	常
とし	年	疾し
とり	鳥	取り
ながめ	長雨	眺め
はる	春	張る
ひ	火	思ひ
ふる	降る	古る
まつ	松	待つ
も	裳	藻
よ	世	夜
よる	夜	寄る
を	緒	尾
をし	をし鳥	惜し

掛詞のしくみ　通釈は各々の和歌見出しを参照。

●立ち別れ**いなば**の山の峰に生（お）ふる**まつ**とし聞かば今帰り来（こ）む〈古今集・離別・365〉
（いなば＝あなたと別れて**往**（い）**なば**（＝去っていくが、）／（その行き先の）**因幡**の山の峰に生える）
（まつ＝**待つ**と聞いたら／**松**ではないが）

●この**たび**は幣（ぬさ）も取りあへず手向山（たむけやま）もみぢの錦（にしき）神のまにまに〈古今集・羇旅・420〉
（たび＝この**度**／**旅**は）

◉成立…平安時代中期
◉作者…藤原道綱母
◉分野…日記

蜻蛉日記

必修古典ビッグ30 ⑦

▼右大将道綱母

【冒頭の一文】

かくありし時過ぎて、世の中にいとものはかなく、とにもかくにもつかで世に経る人ありけり。訳このように(はかない状態で)生きてきた(過去の)時間も過ぎてしまって、世間にまことに頼りなく、どのようにもつかず暮らしている女(＝作者)がいた。

【書名の由来】

上巻の終わりの部分に「なほものはかなきを思へば、あるかなきかの心地する、かげろふの日記といふべし。」という文があり、わが身のはかなさを「かげろふ」にたとえたことによる。

【作者】

藤原道綱母。九三六(承平六)年ごろ〜九九五(長徳元)年の人で、藤原倫寧の娘。本朝三美人の一人といわれた。

十九歳で、藤原兼家と結婚してからの生涯については、日記の中に述べられている。『大鏡』には「きはめたる和歌の上手」と評され、日記中の歌が、『拾遺集』以下の勅撰集に三十七首収められている。

【概要】

上巻…九五四(天暦八)年から九六八(安和元)年までの十五年間を記す。作者十九歳の秋に、藤原兼家と結婚した。兼家には正妻の時姫に加え、新しい愛人「町の小路の女」ができた。それを知った作者が、兼家を門の中に入れない事件も起きる。そういった結婚生活での苦悩が中心に描かれている。

中巻…九六九(安和二)年から九七一(天禄二)年までの三年間。道綱が成長し、兼家が昇進するが、作者の苦悩は深まり、出家を望むほどにまでなる。

下巻…九七二(天禄三)年から九七四(天延二)年までの三年間。道綱が元服し、兼家は遠い存在になり諦めを持った心境で描かれている。

◉最初の女流仮名日記であり、その写実性や自己の精細な心理描写は、後の『源氏物語』に大きな影響を与えたと考えられている。

【主な登場人物】

◉父…藤原倫寧。典型的な受領として、地方官を歴任した人物で、日記にも「県ありき」と記されている。温厚で円満な人柄であったことも日記から感じられる。

◉母…父倫寧には、二人の妻がいた。作者の母については、記録的には不明であるが、兄理能と同じ母であろうと考えられている。その母のことは、日記中に、「古代なる人(＝律義な昔気質の人)」と書いてある。

◉夫…藤原兼家。一条天皇の母方の祖父として摂政太政大臣および関白となり、息子道長の栄華の道を開いた。『歴史』では、豪放磊落、明朗闊達な人物と評されているが、日記の中では、妻の嫉妬に手を焼き、言い訳したり、居直ったりするようすが、詳しく描き出されている。

◉息子…藤原道綱。兼家の次男。正二位大納言右大将にまでなった。日記の中では、誕生の事から弓の手柄などの話まで、愛情を持って描かれているが、歴史上では特に評価されるほどの業績はない。

【ことばと表現】

◉主として平仮名表記による和文体を基調とする平叙文の中に、会話文もあり、約二百五十余首の和歌が含まれている。和歌は短歌がほとんどだが、長歌もある。

◉*引き歌という修辞法がある。過去の有名な歌を引用して、文章のイメージを広げる方法である。本作品の作者は、歌に関心が深く『古今集』の歌を多く引用している。この引き歌の技法は、『源氏物語』でさらに進展するが、それに近い形がこの作品にもある。次に挙げるのは、作者が夫兼家との愛に苦悶しながら、鳴滝般若寺に参籠する場面である。

まづ僧坊におりゐて、見出だしたれば、前に籬ゆひわたして、また、なにとも知らぬ草どももしげき中に、牡丹草どもいと情けなげにて、花散りはてて立てるを見るにも、「花も一時」といふことを、かへしおぼえつつ、いと悲し。

引かれているのは「秋の野になまめき立てる女郎花あなかしがまし花も一時」という『古今集』所収の僧正遍昭の歌である。歌中の「花も一時」とは、女性の美しさも一時のことだ、の意。作者はこの歌を引くことで、女性としての自身の悲しい運命を思っているのである。

◉自己の生活の告白という意識からか、本作品の敬語の使用は不統一である。宮中関係や寺社関係には、普通どおり敬語をきちんと使っているが、作者の身内の者、特に夫の兼家に対しては敬語が使われていない。たとえば、下巻で、兼家が右大将になっても敬語が使われていないのである。

◉「だにあり」「こそあれ」「てありなむ」「さてもありぬべき」など、補助動詞「あり」を用いた慣用連語がしばしば見られる。これらの「あり」には、文脈上適当な語を補って読解する必要がある。↓だにあり・こそあれ

◉サ変動詞「ものす」が多用される。その表す動作は、「歌を詠む」「書き送る」「参籠する」「供養する」「旅立つ」「生まれる」など、自由で非常に広範囲にわたっている。これも日記の持つ主観性の現れであろう。

これより文もなくてものしたれば、「これはよろしかめり。まほならぬがわろさよ。」とあり。ねたさにかくものしけり。…歌…とものしつ。訳こちらから手紙も添えないで(兼家のもとへ上着を)返し送ったので、「これはまあ悪くないように思う。(だが)きちんと(歌を添えたり)していないところが具合悪いのだよ。」と言ってくる。しゃくなのでこう書き送ったのだった。…歌…と(恨み言を)詠んだ。(下・天禄三年一月)

かけ-ばん【懸け盤】 名詞 食器をのせる台。もとは四脚の台の上に折敷(=薄板で作った角盆)をのせたが、後には脚を作り付けにした。

[かけばん]

かけ-ひ【筧・懸け樋】 名詞 くり抜いたタケや木などを地上に掛け渡して、水を導くための樋。

かけ-まく【掛けまく・懸けまく】 口に出して言うこと。また、心に掛けて思うこと。

かけまくはあやに恐し 足日女 神の尊…歌〈万葉集・5・813〉訳 **口に出して言うこと**はなんとも恐れ多いことながら、足日女(=神功皇后)様が…。

[かけひ]

かけ-まく-も【掛けまくも】《上代語》心に思うことも。口に出して言うことも。

かけまくもゆゆしきかも 言はまくもあやにかしこき…歌〈万葉集・2・199〉訳 **心に思うことも忌み慎まれる**ことだなあ。口で言うことも、どうにも恐れ多い…。

かけ-まもり【懸け守り】 名詞 紐を付けて胸に掛ける守り札。また、それを入れる紐付きの守り袋。

[かけまもり]

かけ-みち【懸け道】 名詞 ↓かけぢ

かけ-もの【賭け物】 名詞 (和歌・連歌・遊戯などの)勝負事に賭ける品物。賞品。

連歌の賭け物取りて、扇、小箱など懐に持ちたりけるも、水に入りぬ。〈徒然草・89・奥山に、猫股と〉訳(僧は)連歌の**賞品**をもらって、(賞品の)扇や小箱などを懐中に持っていたのも、水につかってしまった。

かけ-や【掛け屋・懸け屋】 名詞 江戸時代、大名の蔵屋敷に出入りして、米や物産の販売、資金の融通、両替などをした、京都や大坂の御用商人。

かけ-や-る【掛け破る】 動詞 他〔ラ四段〕〈ら・り・る・る・れ・れ〉衣服などを物に引っかけて破る。かぎ裂きにする。

いとほそやかなる童の、狩衣は掛け破りなどして…。〈枕草子・144・正月十余日のほど〉訳 たいへんほっそりしている幼児が、狩衣を**かぎ裂きにし**たりなどして…。

かげゆ-し【勘解由使】 名詞 令外の官(=大宝令に定められた以外の官)のひとつ。平安時代、国司交替のとき、解由状(=事務の引き継ぎの書類)の審査に当たった役人。

かげゆし-ちゃう【勘解由使庁】 名詞 勘解由使が勤務する役所。太政官庁内に置かれた。**↓ビジュアルチェック⑮**(757ページ)

かけり【翔り】 名詞 ❶《能楽用語》戦闘や狂乱を表す、動きの早い舞の型。❷《歌舞伎用語》鳴り物のひとつ。物狂いの出や、合戦・時代物の幕切れ、場面転換などに用いる鼓と笛による囃子。❸《連歌・俳諧用語》趣向が鋭く働いていること。目のさめるような発想や表現。

「**句のかけり、事新しさ、まことに秀逸の句なり。**」〈去来抄・先師評〉訳「句の**鋭い働き**(といい)、素材の新鮮さ(といい)、本当に出来栄えの優れた句である。」

かける(現)↓(古)**かく【駆く・駈く】【欠く】【掛く・懸く】**

かけ-る【翔る・駆ける】 動詞 自〔ラ四段〕〈ら・り・る・る・れ・れ〉天空高く飛ぶ。また、早く走る。

「**つゆも、物、空にかけらば、ふと射殺したまへ。**」〈竹取・かぐや姫の昇天〉訳「ちょっとでも、(何か)物が、空に**高く飛んだら**、ぱっと射殺してください。」

かげろう(現)↓(歴)**かげろふ【陽炎】【蜻蛉・蜉蝣】**

蜻蛉日記 かげろうにっき〔カゲロウ―〕作品名 **↓必修古典ビッグ30** ⑦(338ページ)

かげろふ【陽炎】 名詞 春の晴れた日などに、暖かい空気が地表から炎のようにゆらゆらと立ちのぼる現象。光線の不規則な屈折から起こる。転じて、はかなく消えやすいもののたとえ。季語 春 発展「かぎろひ」の変化したことば。

かげろふ【蜻蛉・蜉蝣】 名詞 ❶トンボの古い呼び名。❷カゲロウ科の昆虫。トンボに似て小さく、水辺を飛ぶ。体や羽は弱々しく、成虫後の生存期間が短いので、はかないもののたとえとされる。季語 秋

かげろ-ふ【影ろふ】 動詞 自〔ハ四段〕〈は・ひ・ふ・ふ・へ・へ〉❶ほのかに光る。かすかに光る。

松の絶え間よりわづかに月の影ろひて見えけるを見て。〈山家集・1151・詞書〉訳 松の途絶えた合間からわずかに月が**ほのかに光って**見えたのを見て(詠んだ歌)。

❷光がかげる。かげになる。

よられつる野もせの草の影ろひて涼しく曇る夕立の空 歌〈新古今集・夏・263〉訳 ねじれていた野原一面の夏草の上の日の**光がかげって**涼しく曇る夕立の空であるよ。

かげろふ-の【陽炎の】 枕詞 (陽炎は地表にゆらめいて消えやすいことから)「燃ゆ」「あるかなきか」「それかあらぬか」「ほのかに」「ほのめく」などに、また(その季節で)「春」に係る。

かげろふや名もしらぬ虫の白き飛ぶ 句〈蕪村句集・与謝蕪村〉訳 春の野にゆらゆらと立ちのぼっているかげろう。こちらから見ると、それはまるで名も知らない虫が白い羽をちらちらさせて無数に飛んでいるようだ。○季語 陽炎—春

かけ-わた-す【掛け渡す】 動詞 他〔サ四段〕〈さ・し・す・す・せ・せ〉一面に掛ける。また、一方から他方へ渡し掛ける。

何となく葵掛けわたして…。〈徒然草・137・花は盛りに〉訳 すべてに渡ってアオイを**一面に掛けて**…。

かげをのみみたらし川のつれなきに身の憂きほどぞいとど知らるる 歌〈源氏・葵〉訳 姿だけを(ちらっと)見た(あの方(=源氏)の)みたらし川の(川水のような)冷たさに、わが身の情けなさがいよいよ思い知られたことだ。○「みたらし川」は、鴨川の別の呼び名で、みたらしの「み」に「見(る)」を掛けて、さらに、通り過ぎていく源氏の比喩にもなっている。「影」「うき(憂き)」は、川の縁語。

発展 源氏の薄情さを恨みながらも、その姿をひと目見たいと願う、六条御息所の歌。

か-げん【下弦】 名詞 満月の後に欠けていき、半円形の弦が下に見えるもの。満月と新月との間の半月。特に、陰暦

二十二、三日ごろの月。季語 秋 対 上弦 ↓ビジュアルチェック⑰(833ページ)

か-こ【水夫】 名詞 船乗り。船頭。水夫。

か-ご【加護】 名詞 神や仏が慈悲の力を加えて、守り助けること。

か-ご【駕籠】 名詞 人を乗せて、前後から人間が担いで運ぶ乗り物。江戸時代に発達した。

かご【影】 名詞 ↓かげ(影)

歌語 国語・国文法 和歌にだけ用いられることば。鶴を「たづ」、蛙を「かはづ」、猿を「ましら」というのがその例。

かご-か・なり 形容動詞〔ナリ〕〈なら・なり(に)・なり・なる・なれ・なれ〉 閑静だ。もの静かだ。ひっそりとしている。類 かごやかなり

「**あたりは人繁きやうにはべれど、いとかごかにはべり。**」〈源氏・夕顔〉訳「その(東山の)あたりは人気は多いようですが、たいそう**閑静でございます**。」

過去推量の助動詞 国語・国文法 不確かな過去の事柄やその原因・理由に対して、推量・想像をするという意味を表す助動詞。「けむ」が、これに当たる。↓けむ(基本助動詞20)

かこち-がほ・なり【託ち顔なり】 形容動詞〔ナリ〕〈なら・なり(に)・なり・なる・なれ・なれ〉 嘆いている顔つきだ。恨めしそうだ。…のせいだというようだ。

百人一首 「**嘆けとて月やはものを思はするかこち顔なるわが涙かな**」〈千載集・929〉訳↓なげけとて…

かこち-よ・す【託ち寄す】 動詞 他〔サ下二段〕〈せ・せ・す・する・すれ・せよ〉 関係をつけて言う。こじつける。かこつける。

「**夏の夜の月は程なくあけぬれば朝の間をぞかこち寄せつる**」歌〈後撰集・206〉訳 夏の夜の月は(長く照っている)間もなく(夜が)明けてしまうので、朝の時間の月を月として**こじつけて**見たことだ。

かこち-よ・る【託ち寄る】 動詞 自〔ラ四段〕〈ら・り・る・る・れ・れ〉 関係をつけて言い寄る。泣きつく。

「**この君をぞ、かこち寄りけれど…。**」〈源氏・蛍〉訳(柏木は)この君(＝夕霧)に、**泣きついたが**…。

かこ・つ【託つ】 動詞 ↓最重要語(340ページ)

かこつべき… 歌 「**かこつべきゆゑを知らねばおぼつかないかなる草のゆかりなるらむ**」〈源氏・若紫〉訳(そんなふうに源氏が)嘆かなければならないわけを知らないので気になる。(いったい私は)どんな草の縁なのだろう。

○「おぼつかな」は、形容詞「おぼつかなし」の語幹で、詠嘆の表現。

発展 源氏が若紫と藤壺の血縁を思って詠んだ歌(↓ねはみねど…)に対して、まだ少女である若紫が不審に思って詠んだ歌。源氏と藤壺との関係を知らない若紫には源氏の嘆きの理由がわからない。

か-ごと【託言】

他のことにかこつけて言うことば
- ❶言い訳。口実。
- ❷恨み言。愚痴。不平。◉下に言う動作を伴って用いる。

名詞 ❶**言い訳**。**口実**。

「**分けゆかむ草葉の露を託言にてなほ濡れ衣をかけむとや思ふ**」歌〈源氏・夕霧〉訳(あなたが帰り道に)踏み分けて行くと思われる草の葉の露(にぬれるの)を**口実**にして、やはり(私にまで)ぬれぎぬを着せようと思うのですか。

❷**恨み言**。**愚痴**。**不平**。

「**託言も聞こえつべくなむ。**」〈源氏・桐壺〉訳「(帝からのお見舞いにもかえって悲しみが増し)**恨み言**までも申し上げてしまいそうで(どうにもつらいことです)。」

発展 「かごとばかり」の形で、「ほんの申し訳程度・形だけ」という意味でも用いられる。「かこと」とも。

かごと-がま・し【託言がまし】 形容詞〔シク〕〈しく・しから・しく・しかり・し・しき・しかる・しけれ・○・しかれ〉 恨み嘆いているようだ。ぐちっぽい。言い訳がましい。

「**御心地もいささかさはやぐやうなれど、なほ、ともすればかごとがまし。**」〈源氏・御法〉訳(紫の上の)ご気分も多少はさわやかになられるようであるが、それでも、どうかすると**恨み嘆いているようだ**。

発展 「がまし」は接尾語。

過去の助動詞 国語・国文法 過去のことを回想的に表現するために用いる助動詞。「き」「けり」がこれに当たる。「き」は、話し手自身が実際に経験したことを語るときに用いたり、過去には存在したのだが今は存在していないことを表したりする。「けり」は、過去に起こっていたことではあるが、今になって初めて気づいた事実を述べるときや、間接的に人から聞いたことの回想に用い、詠嘆の気持ちが込められる。「回想の助動詞」ということもある。

かこ・つ【託つ】

原因・理由を他のもののせいにして言い訳する
- ❶口実にする。◉多く「〜にかこつ」の形で用いられる。
- ❷不平を口に出す。嘆く。◉多く「〜をかこつ」の形で用いられる。
- ❸当てにする。

動詞 他〔タ四段〕

未然形	連用形	終止形	連体形	已然形	命令形
かこ・た	かこ・ち	かこ・つ	かこ・つ	かこ・て	かこ・て

❶(多く「〜にかこつ」の形で)**口実にする**。…(の)**せいにする**。

「**酔ひにかこちて苦しげにもてなして…。**」〈源氏・藤裏葉〉訳 酔った**せいにして**つらそうに振る舞って…。

❷(多く「〜をかこつ」の形で)**不平を口に出す**。**責任を追及する**。**文句をつける**。**嘆く**。

「**とにかくにかこつ方なき御涙のみぞすすみける。**」〈平家・6・小督〉訳(後白河法皇は)あれやこれやと**不平を口に出す**方法のないお涙がしきりにこぼれるばかりだった。

「**逢はでやみにし憂さを思ひ、あだなる契りをかこち…。**」〈徒然草・137・花は盛りに〉訳(男女が)逢わないで終わってしまったつらさを思い、はかない逢瀬を**嘆き**…。

❸**当てにする**。

「**よからぬ人こそ、やむごとなき縁はかこちはべるなれ。**」〈源氏・花宴〉訳「身分の高くない人こそ、高貴な縁者をば**当てにするそうです**。」

発展 **語の成り立ち** 他のもののせいにしていうことば、という意味を表す名詞「託言」と同じ語源だが、それが動詞になったものか、逆に「かこつ」から「託言」ができたものかは、はっきりしない。

かご-やか-なり 形容動詞 ↓かごかなり

か-さ【枷鎖】 名詞 罪人をつなぐのに用いた刑具。枷(首枷・足枷)と鎖。

かさ【笠・傘】 名詞 ❶雨・雪・日光などを防いだり、頭部を保護したりするために頭にかぶるもの。菅笠・市女笠・編み笠などのかぶり笠。❷柄の付いた、差し傘。

かさ【嵩】 名詞 ❶重なった物の高さや大きさ。また、その量。容積。❷高い所。上の方。❸相手を圧する勢い。威厳。貫禄。❹能などで、芸の厚みや幅を指すことば。

かさ【瘡】 名詞 はれもの。できもの。かさぶた。

かさ-がけ【笠懸け】 名詞 平安末期から鎌倉時代にかけて武士の間で流行した騎射のひとつ。ウマに乗って走りながら的を弓で射る競技。はじめ、笠を懸けて的にしたのでこの名がある。

[かさがけ]

笠置山 地名 京都府南部にある山。サクラ・紅葉の名所。山中には石仏が多く、山頂には笠置寺がある。元弘の乱の古戦場。

かささぎ 名詞 ㊀【鵲】《動物》カラス科の鳥。カラスより小さく、肩と腹部が白いほかは黒く、尾が長い。七夕伝説の「鵲の橋」で有名。
㊁【笠鷺】《動物》サギの一種。今のアオサギとも、コサギともいう。頭の羽が笠のようであることから命名された。

かささぎの… 百人一首
かささぎの渡せる橋に置く霜の白きを見れば夜ぞ更けにける〈新古今集・冬・620・大伴家持〉訳 カササギが(天の川に)渡した橋に降りた霜が真っ白なのを見ると、(もうすっかり)夜も更けてしまったのだなあ。○「かささぎの渡せる橋」は*鵲の橋のこと。宮中を天上にたとえて、これを宮中の御階と見る説もある。

品詞分解・修辞

かささぎ	の	渡せ	る	橋	に	置く	霜	の
	格助	サ四・已	完了・体		格助	カ四・体		格助
白き	を	見れ	ば	夜	ぞ	更け	に	ける
形・体	格助	マ上一・已	接助		係助	カ下二・用	完了・用	詠嘆・体

(係)→(結)

かささぎ-の-はし【鵲の橋】 ❶七夕の夜、牽牛・織女の両星が会うとき、天の川にカササギが翼を並べて架け渡すという、想像上の橋。男女の契りの橋渡しの意味でも用いる。季語 秋 ❷宮中の殿舎の階段。発展 ❷は、宮中を天上に見立てたことば。

かざし【挿頭】

草木の花や枝などを髪や冠に差すこと ― 髪飾り。

名詞 (草木の花や枝などを)**髪や冠に差すこと。また、そのもの。髪飾り。**
その木のもとに下りゐて、枝を折りて、挿頭に差して、上中下皆歌詠みけり。〈伊勢・82〉訳 その(=サクラの)木の根もとに下りて座って、枝を折って、**髪飾り**として差して、身分の上中下の人々が、皆歌を詠んだのだった。

[かざし]

発展 ①**語の歴史** 草木の花や枝などを髪に差すことは、もともとは神を招き寄せて生命力を得ようとする呪術的な信仰に基づくものだったが、しだいに単なる装飾となり、平安時代以降は金属製の造花も作られた。
②**類義語「髻華(うず)」「鬘(かづら)」** 「髻華」は上代からすでに、草や花だけでなく、金属製の造花や鳥の尾羽なども髪に差し、冠位を象徴するものでもあった。「鬘」は「葛」と同じ語源といわれるように、もともとはつる草などで作った髪飾りである。
関連語 髻華・鬘・簪

かさしまは… 句
笠島はいづこさ月のぬかり道〈奥の細道・笠島・松尾芭蕉〉訳 あの笠島はいったいどのあたりか。折からの五月雨に緑の深い笠島という所を訪ねたいが、雨をよける笠もなく、またこのぬかるみ道ではそれもできず、心残りがする。○季語 さ月―夏。「笠島」には、雨を避ける「笠」の意味を掛けている。

かざ-す【挿頭す】 動詞 他(サ四段)〈さ・し・す・す・せ・せ〉❶(草木の花や造花を)髪や冠に差す。**使ひの君の藤かざして…。**〈紫式部日記〉訳 使いの君がフジ(の造花)を**冠に差して**…。❷(上の方に)飾り付ける。**あやしき小家の半部も、葵などかざして、心地よげなり。**〈堤中納言・ほどほどの懸想〉訳 みすぼらしい小さな家の*半部までも、アオイなどを**飾り付けて**、気持ちよさそうである。

笠取山 歌枕 京都府宇治市北東部にある山。紅葉の名所。和歌では、笠取の名から多く「雨」を詠み込む。↓ビジュアルチェック㉓(1093ジ)

かさ-ぬ【重ぬ】 動詞 他(ナ下二段)〈ね・ね・ぬ・ぬる・ぬれ・ねよ〉重ねる。積む。加える。また、繰り返す。
「**さりとも、かくてやは年を重ねむ。**」〈源氏・明石〉訳 「たとえそうであっても、このまま(明石で)年を**重ねる**のだろうか、いや、そんなこともあるまい。」

かさね【重ね・襲】 ㊀名詞 ❶重ねてあるもの。重なったもの。❷衣服を重ねて着ること。重ね着。また、その衣服。❸「*襲の色目」の略。❹「*下襲」の略。❺上着と下着とがそろっている衣服。
㊁助数詞 衣服・紙など、重なったものを数えるのに用いることば。

かさね-て【重ねて】 副詞 再び。もう一度。
重ねて申されければ…。〈徒然草・184・相模守時頼の母は〉訳 **再び**おっしゃったところ…。

かさねとは… 句
かさねとは八重撫子の名なるべし〈奥の細道・那須・河合曾良〉訳 「かさね」というのだから、それはきっと花にたとえたら、ヤエナデシコの名前だろう。○季語 八重撫子―夏
発展 作者が借りたウマについてきた少女の名前が「かさね」であったことから、ヤエナデシコという植物を連想したという句。古来、子供はよくナデシコにたとえられた。

かさね-の-いろめ【襲の色目】 衣服を重ねて着るときの表・裏、または上・下の色の取り合わせの決まり。季節や場合によって、さまざまな色の組み合わせがあり、それぞれの組み合わせに紅梅襲・山吹襲など固有の名前が付けられている。

❸**かさねる**(現)↓(古)**かさぬ**【重ぬ】

かざ-はな【風花】名詞 ❶初冬のころ、風に乗って、小雨や小雪がちらちらと降ること。❷雪の降り積もった場所から風に吹かれて飛んでくる雪。

かざ-ま【風間】名詞 ❶風のやんでいるあいだ。風の絶え間。❷風の吹いているあいだ。発展 ❶の「ま」は、ない間という意味。

か-ざみ【汗衫】名詞 ❶上代の汗取りの下着。男女共用であった。❷平安以降、童女用の正装。初夏に表着(うわぎ)の上に着た晴れ着。丈が長く裾(すそ)を引く。

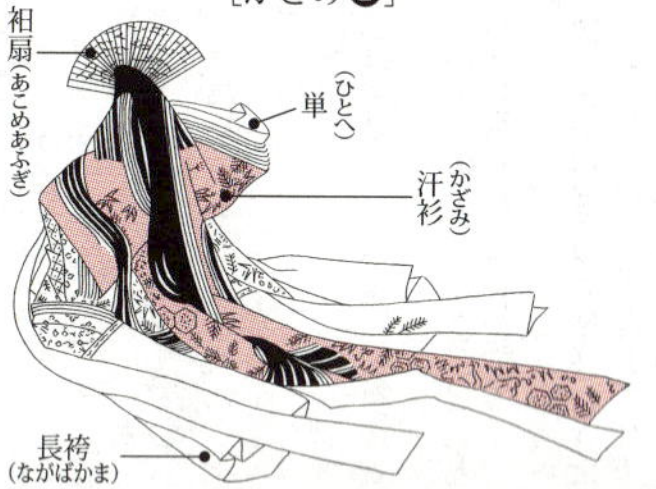

[かざみ❷]

かざら-ふ【飾らふ】かざら(ろ)う《上代語》飾っておく。飾ってある。発展「かざる」の未然形＋反復・継続を表す上代の助動詞「ふ」。

かざり【飾り】名詞 ❶飾ること。装飾。装飾品。装い。❷頭髪。髪の毛。❸松飾り。しめ飾り。季語 春

かざり-たち【飾り太刀】名詞 金・銀・玉・蒔絵(まきえ)などで装飾した、美しい儀仗(ぎじょう)用の太刀。平安時代、節会(せちえ)・御禊(ごけい)・行幸などのとき、束帯に付けて用いた。↓束帯(そくたい)(図) 発展「かざたち」とも。

[かざりたち]

かざ・る【飾る】動詞 他 〔ラ四段〕〈ら・り・る・る・れ・れ〉❶物を取り付けて美しくする。かざる。**山橘、日かげ、山菅など、うつくしげに飾りて、御文はなし。**〈枕草子・87・職(しき)の御曹司(ぞうし)におはしますころ、西の廂(ひさし)にて〉訳ヤマタチバナ、ヒカゲノカズラ、ヤマスゲなど、かわいらしげに**飾って**(あるが)、お手紙はない。

かし 基本助詞25

(念を押す気持ちを表し)…よ。…ね。

接続 文末に付く。↓発展②

終助詞 (念を押す気持ちを表し)…よ。…ね。…ねえ。

「**開けむとならば、ただ入りねかし。**」〈枕草子・8・大進生昌(だいじんなりまさ)が家に〉訳「(女の部屋を)開けようというのであるならば、(いちいち伺いを立てずに)さっさと入ってしまえ**よ**。」○「入りね」の「ね」は完了の助動詞「ぬ」の命令形。末尾に添えた「かし」がなくても成り立つ一文である。

「**人には木の端のやうに思はるるよ。」と清少納言が書けるも、げにさることぞかし。**〈徒然草・1・いでや〉訳「(僧というものは)人には木の切れ端(=取るに足りないもの)のように思われるよ。」と清少納言が(枕草子に)書いているのも、実にもっともなことだ**よ**。○「ぞかし」の「ぞ」は断定の意味の終助詞で、「かし」がなくても一文が成り立つ。

発展 ①**口語的な助詞** 「かし」は中古以降に現れた口語的な助詞で、終助詞「か」に副助詞「し」が付いたものといわれる。念を押す気持ち以外に、皮肉や冷やかしの気持ちを表すこともある。

②**接続** 文末(あるいは文末に相当する位置)に添えられる形で付く。「命令形＋かし」「けむかし」「ぞかし」などの形で用いられることが多い。

③**副助詞的な用法** 「さぞ」「なほ」「よも」などの副詞や、感動詞「いざ」に付いて、その意味を強める副助詞的な用法もある。↓いざかし

❷外観を取り繕う。「**偽り飾りて名を立てんとす。**」〈徒然草・85・人の心すなほならねば〉訳「偽って**外観を取り繕って**名声をあげようとする。」

かざをり-えぼし【風折烏帽子】かざおり― 名詞 折り烏帽子のひとつ。立て烏帽子の先が風に吹き折れた形に作った烏帽子。右折り・左折りがあるが、一般には左折りを用いた。略儀用で狩衣(かりぎぬ)に着用した。

[かざをりえぼし]

花山院(かざんいん)〔クヮザン〕〔ヰン〕人名 ↓花山天皇

花山天皇(かざんてんのう)〔クヮザン〕〔テンワウ〕人名 平安中期、第六十五代の天皇。九八四(永観二)年即位。九八六(寛和二)年藤原兼家(かねいえ)の策略により出家。『拾遺集(しゅういしゅう)』の編纂(へんさん)に加わったといわれる。968―1008

かし↓基本助詞25(342ページ)

❷**かじ**(現)↓(歴)**かぢ**【加持】【楫・梶・舵】【鍛冶】

かしかま・し【囂し】

音や声などが騒がしいようす
❶うるさい。やかましい。騒がしい。
❷口うるさい。口やかましい。

未然形	連用形	終止形	連体形	已然形	命令形
かしかま・しく	かしかま・しく	かしかま・し	かしかま・しき	かしかま・しけれ	○
かしかま・しから	かしかま・しかり	○	かしかま・しかる	○	かしかま・しかれ

形容詞〔シク〕❶**うるさい。やかましい。騒がしい。****あやしき家の見所もなき梅の木などには、かしかましきまでぞ鳴く。**〈枕草子・41・鳥は〉訳みすぼらしい家の(なんの)見所もないウメの木などでは、(ウグイスは)**うるさい**ほどに鳴く。

❷**口うるさい。口やかましい。**「**もの言へば、『ひがみたり。』とかしかましう言へば、聞きにくし。**」〈落窪(おちくぼ)〉訳「(私が)口をきくと、(あなたは)『ひねくれている。』と**口うるさく**言うので、聞くのがつらい。」○「かしかましう」は連用形「かしかましく」のウ音便。

発展 近世以降は「かしがまし」と濁る。「かしまし」「かまし」「かまびすし」も同じ意味で用いられる。

関連語 囂し・喧し

かし・く【悴く】 動詞 自 〔カ下二段〕〈け・け・く・くる・くれ・けよ〉やせ衰える。生気がなくなる。しおれる。
鬚がちに、かしけやせやせなる男と…。〈枕草子・109・見苦しきもの〉訳 ひげが多く、**生気がなく**非常にやせている男と…。

かし・く【炊く】 動詞 他 〔カ四段〕〈か・き・く・く・け・け〉（飯を）炊く。（米や麦を）蒸す。発展 近世以降「かしぐ」。

かしこ【畏・恐】 ❶恐れ多いこと。慎むべきこと。
「しかしかのことは、あなかしこ、あとのため忌むなることぞ。」〈徒然草・30・人の亡き後ばかり〉訳「これこれのことは、ああ**慎むべきこと**です、あと（に残る遺族）のために不吉なこととして避けることだよ。」
❷すばらしいこと。立派なこと。
「かしこの御手や。」と、空を仰ぎて眺めたまふ。〈源氏・葵〉訳「**すばらしい**（源氏の）ご筆跡よ。」と、（左大臣は）空を仰いでじっとご覧なさる。
❸女性の手紙の結びの挨拶として用いることば。
発展 形容詞「かしこし」の語幹。❶は多く「あなかしこ」の形で用いられる。

かし・こ【彼処】 代名詞（場所を指して）あちら。あそこ。類 彼処 対 此処
「中堂より麝香賜はりぬ。とく、かしこへ告げよ。」〈更級日記・春秋の定め〉訳「中堂から麝香をいただいた。早く、**あちら**へ知らせよ。」

かしこ・し【畏し・恐し・賢し】 形容詞 ↓最重要語（343ページ）

かしこ・し【畏し・恐し・賢し】

霊力や威力のあるものを恐れ敬う気持ち。また、優れているようす

一【畏し・恐し】
- ❶恐ろしい。怖い。
- ❷恐れ多い。もったいない。
- ❸ありがたい。尊い。

二【賢し】
- ❶才知に富む。利口だ。
- ❷すばらしい。巧みだ。
- ❸ちょうどよい。幸運だ。
- ❹並々でなく。ひどく。◉連用形「かしこく」の副詞的用法。

形容詞〔ク〕

未然形	連用形	終止形	連体形	已然形	命令形
かしこ・く	かしこ・く	かしこ・し	かしこ・き	かしこ・けれ	○
かしこ・から	かしこ・かり	○	かしこ・かる	○	かしこ・かれ

一【畏し・恐し】❶**恐ろしい。怖い。**
海人少女玉求むらし沖つ波かしこき海に船出せり見ゆ 歌〈万葉集・6・1003〉訳 海で働く少女たちが真珠を得ようとして探すらしい。沖の波の**恐ろしい**海に船出しているのが見える。○この意味での用例は、上代に頻出する。

❷**恐れ多い。もったいない。**
帝の御位はいともかしこし。竹の園生の末葉まで人間の種ならぬぞやんごとなき。〈徒然草・1・いでや〉訳 天皇のお位は非常に**恐れ多い**。（天皇は神の子といわれるように）皇族のご子孫まで人間の血筋ではないのは尊いことである。

❸**ありがたい。尊い。**
「北山になむ、なにがし寺といふ所に、かしこき行ひ人はべる。」〈源氏・若紫〉訳「北山に、何々寺という所に、**尊い**修行者がおります。」

二【賢し】❶**才知に富む。利口だ。利発だ。**
心たけく思量り賢き者どもなれども、いまだ車に一度も乗らざりける者どもにて…。〈今昔〉訳（源頼光の家来たちは）心が勇ましく考えも**才知に富む**者たちであるが、まだ牛車に一度も乗ったことのなかった者たちで…。

❷**すばらしい。巧みだ。立派だ。優れている。**
右大臣は、才世に優れめでたくおはしまし、御心掟も、ことのほかに賢くおはします。〈大鏡・時平〉訳 右大臣（＝菅原道真）は、漢学の才能が非常に優れて立派でいらっしゃるし、ご性格も、格別に**すばらしく**ていらっしゃる。

❸**ちょうどよい。幸運だ。具合がよい。**
やうやう暮れかかるに、「風吹かずかしこき日なり。」と興じて…。〈源氏・若菜上〉訳 だんだん日が暮れかかるときに、「風も吹かず（蹴鞠には）**ちょうどよい**日だ。」と（人々は）おもしろがって…。

❹（連用形を副詞的に用いて）**並々でなく。ひどく。**
昔、男女、いと賢く思ひ交はして、異心なかりけり。〈伊勢・21〉訳 昔、男と女が、たいそう**並々でなく**愛し合って、浮気心はなかった。○この例のように、「賢く」の上に「いと」を伴う例が多い。

発展 **自然崇拝から生まれた語** 『万葉集』では、「かしこし」に「畏」や「恐」の字が当てられていることから、古くは恐れかしこまる気持ちを表したことが分かる。古代人は、海・山・道・波・風・雷などあらゆる自然に霊力が宿ると考え（いわゆるアニミズム、精霊崇拝）、その力を恐れ、かしこまり、敬った。それが自然物からさらにけた外れの能力をもった人間に対する畏敬の気持ちを表すようになって、中古から二の意味で盛んに用いられるようになった。
中世以降、一の意味の「かしこし」は「かけまくもかしこき（＝口に出すのも恐れ多い）」という慣用句や、動詞に変化した「かしこまる」に、その名残をとどめるだけになった。

類語比較 **「かしこし」と「ゆゆし」**
共通点＝「恐れ多い・恐ろしい」などの意味を表す点で共通し、もともとの意味にはあまり違いがない。
かしこし＝①自然物に宿る霊力を恐れかしこまる気持ちを表す。②肯定的な姿勢で用いられる。
ゆゆし＝①神聖であることを表す「斎」から派生したことばで、神聖なものに対する忌み慎まれる気持ちを表す。②触れてはならないような神聖なものに触れると災いを招くという考えから「不吉だ・縁起が悪い・気味が悪い」などの忌み遠ざける否定的な姿勢で用いられることばに変わっていく。

類語比較 「さかし」と「かしこし」→賢し

かしこ-どころ【賢所】 名詞 ❶宮中(=内裏)の温明殿にあり、天照大御神の御霊代である神鏡を祀ってある所。類内侍所 ↓ビジュアルチェック⑯(759ページ) ❷賢所に祭ってある神鏡。三種の神器の一つの八咫鏡。類内侍所 発展❶は、おそれ、かしこまる所、の意味。

かしこまり【畏まり】 名詞 ❶恐れ慎むこと。遠慮。恐縮。❷お礼。答礼。感謝のことば。❸おわび。申し訳。言い訳。謝罪。❹おとがめ。おしかり。勘当。謹慎。

さて、**畏まり許されて、もとのやうになりにき。**〈枕草子・9・上にさぶらふ御猫は〉訳そこで、(イヌの翁丸は、帝の)**おとがめ**も許されて、もとのように(宮中で愛される身と)なったのだった。

かしこまりの語法 国語・国文法 会話文・手紙文などで、話し手が、自分または自分側の動作を低めて聞き手にかしこまりや慎みの気持ちを表す表現。本書の分類では、いわゆる謙譲語のうち、謙譲語Ⅱがこれに相当する。具体的には中古語の「たまふ(下二段・補助動詞)」「まかる」「まうでく」などの語の用法としてある。さらに★丁寧語の「はべり」にも同様の語法が見られ、それは本書では「丁重な表現」とした。↓謙譲語・侍り

敬語のしくみ **かしこま・る【畏まる】**

恐れ、謹む
- ❶恐れ敬う。遠慮する。
- ❷謝罪する。謹慎する。
- ❸礼を述べる。
- ❹(謹んで)正座する。
- ❺(謹んで)命令を受ける。

未然形	連用形	終止形	連体形	已然形	命令形
かしこま・ら	かしこま・り	かしこま・る	かしこま・る	かしこま・れ	かしこま・れ

動詞 自 〔ラ四段〕❶**恐れ敬う。恐縮する。遠慮する。**

さるまじき人のもとに、あまりかしこまりたるも、げに悪きことなり。〈枕草子・262・文ことばなめき人こそ〉訳そうする必要がない人の所に、(手紙文として)あまりにも**恐縮し**(て書い)ているのも、実に感心しないことである。

ここには**かしこまりて**、自らもをさを参らず、もの隔たる下の屋にさぶらふ。〈源氏・明石〉訳(明石の入道は)こちら(=源氏のいる部屋)には**遠慮して**、自分からもめったに参上しないで、いくぶん離れた母屋の後ろの建物にお控え申し上げる。

❷**謝罪する。わびる。**(謝罪として)**謹慎する。**

「心惑はしたまひし世の報いなどを、仏にかしこまりきこゆるこそ苦しけれ。」〈源氏・初音〉訳「(あなたが私のために)心を迷わせなさったころの報いなどを、仏に**おわび**申し上げるのは心が痛んでつらい。」

「朝廷にかしこまりきこゆる人は、明らかなる月日の影をだに見ず…。」〈源氏・須磨〉訳「朝廷に(とがめられて)ご**謹慎**申し上げる者は、明るい月日の光すら見ないで(=家の中に閉じこもっていなければならなくて)…。」

❸**礼を述べる。**

かくおはしましたる喜びを、またなきことにかしこまる。〈源氏・夕顔〉訳このように(源氏がお見舞いに)いらっしゃったお礼を、(乳母の尼君の家人たちが)無上のものとして**述べる**。

❹(謹んで)**正座する。きちんと座る。**

冥官冥衆、皆、閻魔法王の御前にかしこまる。〈平家・6・慈心房〉訳地獄の閻魔庁の役人や目に見えない神々が、皆、閻魔大王の御前に**正座する**。

❺(謹んで)**命令を受ける。承る。承知する。**

「熊野来たりてあらば、こなたへ申しさうらへ。」「かしこまってさうらふ。」〈謡曲・熊野〉訳「熊野(=人の名)が来たならば、こちらへ申し出なさい。」「**承知し**ました。」○「かしこまっ」は連用形「かしこまり」の促音便。

発展 **意味の広がり** 形容詞「畏し」、四段動詞「畏む」と同じ語源で、❶の「恐れ敬う」がもともとの意味。相手に対して恐縮することから、❷以下の意味ができた。

かしこ-む【畏む】 動詞 自 〔マ四段〕〈ま・み・む・む・め・め〉❶恐れ多いと思う。恐れ慎む。

かしこみて仕へまつらむ…。〈日本書紀〉訳**恐れ多いと思ってお仕え申し上げよう**…。

❷謹んで承る。

◐**かしずく**(現)↓(歴)**かしづく【傅く】最重要語**(345ページ)

か-じち【家質】 名詞 家・屋敷を抵当にして金銭を借りること。また、その家・屋敷。

かしづき【傅き】 名詞 ❶大切に養い育てること。大切に世話をすること。❷世話をする人。介添え役。

かしづき-あい・す【傅き愛す】 動詞 他 〔サ変〕〈せ・し・す・する・すれ・せよ〉かわいがって大切に育てる。

子など出で来て、かしづき愛したる、心憂し。〈徒然草・190・妻といふものこそ〉訳子供などが生まれて、**かわいがって大切に育てている**のは、情けない。

かしづき-す・う【傅き据う】 動詞 他 〔ワ下二段〕〈ゑ・ゑ・う・うる・うれ・ゑよ〉大切に取り扱い、住まわせる。

うへなどいひてかしづき据ゑたらむに…。〈枕草子・24・生ひ先なく〉訳奥様などと言って**大切に取り扱い、住まわせて**おいたとしたら、そのような場合に…。

かしづき-た・つ【傅き立つ】 動詞 他 〔タ下二段〕〈て・て・つ・つる・つれ・てよ〉大切に養い育てる。

まづ胸あくばかりかしづき立てて…。〈更級日記・子忍びの森〉訳何はともあれ(私の)気が晴れ晴れとなるほど(しっかりと娘のおまえを)**大切に養い育てて**…。

かしづ・く【傅く】 動詞 ↓**最重要語**(345ページ)

かしの-みの【樫の実の】 枕詞 (カシの実は一つずつなることから)「一つ」「一人」に係る。

かし-は【柏・槲】 名詞 ❶《植物》ブナ科の落葉高木。葉は広く厚くて餅を包むのに用いる。❷上代、食物を盛ったり包んだりするために用いた、堅く広い葉の総称。

かしは-ぎ【柏木】 名詞 ❶《植物》カシワの木。❷皇居を守る任に当たる、「★兵衛府」「★衛門府」の官人の別の呼び名。発展❷は、カシワの木には葉守の神が宿るという言い伝えによる呼び方。

かしはぎ【柏木】 登場人物 ↓柏木

かしは-で【膳・膳夫】 名詞 ❶宮中で食膳をつかさどる人。料理人。類膳人 ❷料理。ごちそう。発展上代、カシワの葉を食器に用いたことによる。「で」は、人の意味。

かしは-びと【膳人】 名詞 ↓かしはで❶

橿原 地名 今の奈良県橿原市付近。神武天皇はこの地の橿原宮で即位したと伝えられる。橿原神宮・藤原京跡などがある。古代文化の発祥地といわれ、

か-しふ【家集】 名詞 個人の和歌を集めた歌集。私家集。また、漢詩人の個人文集。発展「いへのしふ」とも。

がーしふ【我執】しゅう 名詞《仏教語》自分の中に、確かな本質や不変の実体が存在するという意識を捨てきれないこと。自分の考えや判断だけに執着すること。

鹿島かしま 歌枕 今の茨城県鹿嶋市付近。鹿島灘なだに面する地。鹿島神宮があり、古くから軍神として武人の信仰を集めた。奈良時代、*防人さきもりはこの神宮に参拝の後、船で出発したが、これを「鹿島立ち」といい、後には広く「旅立ち」という意味になった。

かしま・し【囂し】形容詞 ↓かしかまし

かしまーだち【鹿島立ち】名詞 ↓鹿島かしま

かーしゃく【呵責】名詞 動詞 他〔サ変〕〈せ・し・す・する・すれ・せよ〉しかり責めること。責めさいなむこと。

河州かしゅう〔一〕旧国名 ↓河内かわち

賀州がしゅう〔一〕旧国名 ↓加賀かが

可笑記かしょうき〔一〕作品名 江戸初期の仮名草子。如儡子にょらいし作。二八〇条余りからなる随筆。当時浪人であった作者の不遇の境涯に対する憤慨や世相批判が俗文体で書かれている。一六四二(寛永十九)年刊。

かしら【頭】一 名詞 ❶あたま。首から上の部分。❷頭髪。❸物の最上部。また、最先端。❹集団を取り仕切る人。特に、職人などの親方。頭領。

二 助数詞 ❶(仏像などを数えることばで)体たい。❷人・動物などを数えることば。

かしらーおろ・す【頭下ろす】頭髪を切ったりそったりして、出家する。僧や尼になる。

不幸かうに愁うれへに沈める人の、**頭下ろし**など、ふつつかに思ひ取りたるにはあらで…。〈徒然草・5・不幸かうに〉訳 不幸に(あって)深い悲しみに沈んでいる人が、**頭髪をそって出家する**など、軽率に決意したのではなくて…。

発展「おろす」は四段動詞。

かしらーだか【頭高】形容動詞〔二〕矢筈やはず(矢の上端の弓を掛けるところ)が肩越しに見えるようだ。

石打ちの矢の、其の日のいくさに射て少々残ったるを、**頭高に負ひなし**…。〈平家・9・木曾最期きそのさいご〉訳(木曾義仲よしなかは)*石打ちの矢で、その日の合戦に射て少し残ったのを、**矢筈が肩越しに見えるように背負い**…。

かしらーつき【頭付き】名詞(頭髪も含めた)頭全体のようす。髪のかたち。

かしわ(現)↓(歴)**かしは【柏・槲】**

かしづ・く【傅く】かしずく

動詞 他〔カ四段〕

未然形	連用形	終止形	連体形	已然形	命令形
かしづ・か	かしづ・き	かしづ・く	かしづ・く	かしづ・け	かしづ・け

大切な者として守り慈しむ ─ ❶(多く、娘を)大切に育てる。❷大切に世話をする。

❶(多く、娘を)**大切に育てる。**

人の娘の**かしづく**、「いかでこの男にもの言はむ。」と思ひけり。〈伊勢・45〉訳 ある人の娘で**大切に育てている**娘が、「なんとかしてこの男に愛を打ち明けよう。」と思った。○「人の娘のかしづく」の下の「の」は*同格の用法。

❷**大切に世話をする。後見人となる。**

「殿上人てんじょうびと参りて、御遊びせさせたまひや、もてなし**かしづき**まうす人などもなく、いとつれづれに、紛るるかたなくおぼしめされけるままに…。」〈大鏡・師尹もろまさ〉訳「殿上人が参上して、詩歌管絃かんげんのお遊びをなさることや、**大切にお世話**申し上げる人などもなく、(小一条院は)とても退屈で、(なにかに)心を奪われて忘れる方法もないとお思いにならないではいられなかったので…。」○「御遊びせさせたまひや」の「や」は、並立を表す助詞。

柏木かしわぎ〔一〕登場人物『源氏物語』中の人物。光源氏の親友であった*頭中将とうのちゅうじょうの長男。光源氏の正妻*女三の宮をかいま見て心が乱れ、密通事件を引き起こし、その結果薫かおるが生まれる。罪の意識に苦しみ、病死する。

かしわで(現)↓(歴)**かしはで【膳・膳夫】**

かすー【糟】接頭語(名詞、特に人を表すことばに付いて)つまらない、取るに足りない、という意味を表す。語例 **糟侍**かすざむらひ・**糟奴**かすやっこ

-か・す 接尾語(四段動詞の未然形に付く形で)使役的な意味を強めて、…(さ)せる、という意味を表す。語例 後おくら**かす**・怒いから**かす**・脅おびや**かす** 発展 四段型に活用する。語例第一・二例は、他動詞「後らす」「怒らす」に「か」が入る形でさらに他動詞的な意味を強めるために成立した。まれに二段活用動詞に付くこともあるが、語例第三例「脅やかす」のように、その未然形活用語尾をア段に変えた形に付く。

かず【数】名詞 ❶物の数量。数すう。❷数字。❸(数える)価値のあるもの。注目するほどのもの。

「高き人は、我を何の**数**にもおぼさじ。」〈源氏・須磨すま〉訳「身分が高い人は、私をどれほどの**価値のある者**にもお思いにならないだろう。」

❹(数量・回数・種類などの)程度。度数。❺数の多いこと。多数。多量。❻一定の数量。定数。定員。

かずーお・く【数置く】連語 何か物を置いて、数を数える。

「碁石して**数置かせたまふ**とて…。」〈枕草子・23・清涼殿せいりょうでんの丑寅うしとらの〉訳「碁石を使って、(誤りの)**数を数えさせなさる**というので…。」

春日かすが 歌枕 今の奈良市付近、特に奈良市東部の丘陵地。和歌には、「春日山」「春日野」の形でも詠まれた。春日山は、*三笠山みかさやまを中心とする山々の総称で、その前方に藤原氏の氏神である春日神社があることから、藤原氏の象徴として多く詠まれた。春日野は、今の奈良公園一帯の野をいう。古代の行楽地で、和歌には「若菜」「若草」が詠み込まれた。↓ビジュアルチェック❶(194ページ)

かずーかず・なり【数数なり】形容動詞(ナリ)〈なら・なり(に)・なり・なる・なれ・なれ〉数や種類が多い。さまざまだ。

わが方かたにありつること、**数々に**残りなく語り続くるこそ、あいなけれ。〈徒然草・56・久しく隔たりて〉訳 自分の側にあったことを、**さまざまに**残さず話し続けるのは、感心しない。

かすか・なり【幽かなり】形容動詞(ナリ)〈なら・なり(に)・なり・なる・なれ・なれ〉❶(形・音・光などが)弱々しい。かすかだ。❷人けがなくもの寂しい。ひっそりとしている。

殿の中うち いと**かすかなり**。〈源氏・須磨すま〉訳(花散里はなちるさとの)邸内はひどく**ひっそりとしている**。

❸みすぼらしい。貧弱である。
その人ともなく、**かすかなる脚弱き車など輪を押しひしがれ**…。〈源氏・行幸〉訳誰々と名前が通っていなく、**みすぼらしい**車輪のしっかりしていない車などは車輪を押しつぶされ…。
❹人目につかない。目立たない。こっそりと忍んでいる。
いとかすかに忍びたり。〈源氏・玉鬘〉訳本当に**こっそりと忍んで**人目をはばかっている。
❺暗示的だ。奥深い。幽玄である。
かすかにて優なる文字あり。〈無名抄・題心事〉訳（歌の題の中で）**暗示的で**しかも趣のあることばがある。
類語比較「**ほのかなり**」「**おぼろなり**」「**かすかなり**」→仄かなり

春日野の 歌枕 **かすがのの**…歌 →春日

春日野の飛ぶ火の野守出でて見よいま幾日ありて若菜摘みてむ〈古今集・春上・18〉訳春日野（＝今の奈良市付近）ののろし台の番人よ、野に出て（ようすを）見なさい。あと何日たったらきっと若菜を摘むことができるだろうか。○「摘みてむ」の「てむ」は、確述の助動詞「つ」の未然形＋推量の助動詞「む」で、「きっと…できるだろう」の意味を表す。
発展 作者不明の歌。若菜摘みは春の年中行事のひとつで、春への強いあこがれが感じられる。

春日野の雪間を分けて生ひ出で来る草のはつかに見えし君はも〈古今集・恋1・478・壬生忠岑〉訳春日野に残る雪の間を分けて生え出てくる若草がほんの少し見えたように、ちらっと見えた（かわいい）あなたよ。○「春日野の…草の」まで、「はつかに見えし」を導く序詞。「はも」は、深い感動の意味を表す終助詞。

春日野の若紫のすり衣しのぶの乱れ限り知られず〈新古今集・恋1・994・在原業平〉訳春日野の若々しいムラサキソウで摺り染めた衣の、しのぶ摺りの模様が乱れているように、（私の心もあなた方姉妹への恋を）忍んで限りなく乱れています。○上の句は「しのぶの乱れ」を導く序詞。「若紫」は、芽吹いたばかりのムラサキソウの意味であるとともに姉妹を暗示する。「しのぶ」は「しのぶ摺り」と「（恋い）忍ぶ」の掛詞。
発展『伊勢物語』一段にも見える。春日野に狩りに行った時、美しい姉妹を見て詠む。

春日野は **かすがのは**〔武蔵野は〕…歌

春日野は今日はな焼きそ若草のつまもこもれり我もこもれり〈古今集・春上・17〉訳（野原の番人よ、）春日野は今日だけは焼かないでくれ。（いとしい）妻もこもっているし、私も（一緒に）こもっているのだから。○「若草の」は、「つま」に係る枕詞。「つま」は配偶者を意味し、夫をも妻をもさすが、ここでは、妻をさしている。
発展『伊勢物語』十二段に、初句を「武蔵野は」として収録されている。

かすが-の-まつり【春日の祭り】 名詞 奈良の春日神社（＝今の春日大社）の祭礼。発展 陰暦二月と十一月の最初の申の日（＝現在は三月十三日）に行われた。藤原氏の氏神であるため、その勢力が強くなるにつれて盛大なものとなり、天皇の行事も多く、賀茂・石清水の祭りとともに三勅祭と称された。

かすがひ【鎹】 名詞 ❶両開きの扉の戸締まりに用いる金具。掛けがね。❷太い材木をつなぎとめるために打ち込む大きな釘。両先を直角に曲げた、コの字形の釘。

かすが-まうで【春日詣で】 名詞 奈良の春日神社（＝今の春日大社）に参詣すること。特に藤原氏の摂政・関白の参詣を指すことが多い。

春日山 歌枕 →春日

かづく（現）→（歴）**かづく【被く】最重要語**（360ページ）・【潜く】

上総 [カヅ]〔一〕旧国名 総州。★東海道十五か国の一つ。今の千葉県中部に当たる。古代には総と呼ばれた地域で、大化の改新後に上・下に分けられて上総国となった。初めは安房国を含んだ。↓**ビジュアルチェック❼**（450ページ）

かず-しら-ず【数知らず】 連語 数えきれないほど多い。
数知らず苦しきことのみまされば、いといたう思ひわびたるを…。〈源氏・桐壺〉訳**数えきれないほど多く**苦しいことが増えるばかりなので、たいそうひどく途方に暮れているのを…。

かず-そ-ふ【数添ふ】 一 動詞 自〔八四段〕〈は・ひ・ふ・ふ・へ・へ〉数が増える。多くなる。
「こよなうこそ紛るることも、**数添ふこともはべりけれ。**」〈源氏・花散里〉訳「すっかり（悲しみが）紛れることも、（また逆に）**多くなることも**ございました。」
二 動詞 他〔八下二段〕〈へ・へ・ふ・ふる・ふれ・へよ〉数を増やす。多くする。

かず-な-し【数無し】 ❶物の数にも入らない。取るに足りない。はかない。
世の中は数なきものか春花の散りのまがひに死ぬべき思へば 歌〈万葉集・17・3963〉訳人の世はなんと**はかない**ものではないか。春の花が散り乱れるときに死ぬにちがいないことを思うと。
❷数えきれないほど多い。無数である。
世を海の泡と消えぬる身にしあればうらむることぞ数なかりける 歌〈後撰集・617〉訳この世がいやになって海の泡のように（はかなく）消えてしまう我が身だから、恨みに思うことは**数えきれないほど多かった**のだなあ。
発展「なし」は形容詞であるが、❶と❷とではまったく反対の意味となるので注意。意味から考えて訳し方を分けることになるが、❶はよく人生、人の命のはかなさを形容し、❷は悲しみや嘆きが多くあることを表すことが多い。

かず-なら-ず【数ならず】 連語 取るに足りない。数える価値がない。ものの数にも入らない。
まして、ここかしこにうち忍びて通ひたまふ所々は、人知れずのみ数ならぬ嘆きまさるも多かり。〈源氏・葵〉訳ましてや、あちらこちらに（君が）人目を避けてお通いになる方々は、ひたすら人目を忍び、**ものの数にも入らない**わが身の嘆きを募らせる方も多いのである。
発展「数ならぬ身」という形で、自分の身分を卑下したり、不遇な状況を嘆いたりするときに多く使われる。

かずへ-れう【主計寮】 名詞 民部省に属し、国の税収や支出などの会計を管理する役所。↓**ビジュアルチェック⓯**（757ページ）発展「かずへのつかさ」「しゅけいれう」とも。

かず-ま-ふ【数まふ】 動詞 →**最重要語**（347ページ）

かすみ【霞】 名詞 朝や夕方に、細かい水滴が大気中に浮遊し、空や遠方がはっきり見えない自然現象。季語 春
発展 もともと、雲や霧と同じ現象であり、上代では特に使い分けはないが、平安時代以降、春のものを霞、秋のものを霧と呼ぶようになった。また、霞は「たなびく」という動詞とともに使われ、遠くに見える感じを表現した。霧は「たつ」と

ともに使われ、地面の近くから立ちのぼる感じを表現した。ただし、和歌の中では霞も「立つ」とともに使われることも多い。↓古語チャート㉑(783ページ)

かすみ-こ・む【霞み籠む】動詞 自〔マ下二段〕〈め・め・む・むる・むれ・めよ〉霞が立ち込める。一面にかすむ。〈枕草子・3・正月一日は〉**空の気色もうらうらと、珍しうかすみこめたるに**…。訳空のようすものどかで、新鮮な感じに**霞が立ち込めて**いるときに…。

かすみたち…歌 **霞立ち木の芽もはるの雪降れば花なき里も花ぞ散りける**〈古今集・春上・9・紀貫之〉訳霞が立ち木の芽もふくらむ春だが、雪が降ると、(それはまるで、まだ)花の咲かない(この)里にも花が散っていた(ように見える)なあ。○「霞立ち木の芽も」は「はる」を導く序詞。「はる」は「(木の芽が)張る(=出る)」と「春」の掛詞。

かすみ-たつ【霞立つ】枕詞(「かす」という同音の繰り返しから)地名「春日」に係る。↓古語チャート㉑(783ページ)

かすみ-の-ころも【霞の衣】❶霞がかかった空模様を衣服に見立てていうことば。❷(「かすみ」の「すみ」に「墨」を掛けて)ねずみ色をした衣。喪服。

かすみ-わた・る【霞み渡る】動詞 自〔ラ四段〕〈ら・り・る・る・れ・れ〉一面に霞がかかる。**垣根の草萌え出づるころより、やや春深く霞みわたりて**…。〈徒然草・19・折節の〉訳垣根の草が芽を出しはじめるころから、しだいに春が深まり**一面に霞がかかって**…。
発展「わたる」は補助動詞。

かす・む【霞む】動詞 自〔マ四段〕〈ま・み・む・む・め・め〉霞がかかる。季語 春 ↓古語チャート㉑(783ページ)
見わたせば山もとかすむ水無瀬川夕べは秋となに思ひけむ 歌〈新古今集・春上・36〉訳↓みわたせば…

かす・む【掠む】動詞 他〔マ下二段〕〈め・め・む・むる・むれ・めよ〉❶奪い取る。❷ほのめかす。におわす。あてこする。「うとくおぼいたること。」などうち**かすめ**…。〈枕草子・36・七月ばかりいみじう暑ければ〉訳「よそよそしくお思いになっていらっしゃること。」などと**あてこすり**…。
発展❶の用例は「略」という字を訓読したもの。

かず-ま・ふ【数まふ】まう(まふ)

その存在を認め、数の中に入れる

一人前として取り扱う。

動詞 他〔ハ下二段〕	未然形	連用形	終止形	連体形	已然形	命令形
	かずま・へ	かずま・へ	かずま・ふ	かずま・ふる	かずま・ふれ	かずま・へよ

一人前として取り扱う。人並みに扱う。仲間に数え入れる。
数まへられたまはざらむも、いとあはれなれば…。〈源氏・松風〉訳(姫君がこんな田舎で育って)**人並みに扱われなさ**らなかったりするのも、たいへん気の毒なので…。
「覚えぬ罪に当たりはべりて、知らぬ世に惑ひはべりしを、たまたま公に**数まへられたてまつりては**…。」〈源氏・朝顔〉訳「(私は)覚えのない罪に当たりまして、(須磨・明石など、自分の)知らない世界をさまよっておりましたところ、偶然に朝廷へ**仲間に数え入れられ**申し上げてからは…。」

かすゆ-ざけ【糟湯酒】名詞 酒のしぼりかすを湯に溶かした飲み物。貧しい人たちが酒の代用とした。

かず-より-ほか【数より外】形容動詞〔ナリ〕❶定員外である。員外である。**程もなく、もとの御位改まりて、数よりほかの権大納言になりたまふ**。〈源氏・明石〉訳(明石から帰京した源氏は)間もなく、元の官位から昇進なさって、(令で定められた)**定員外**の権大納言におなりになった。❷取るに足らない。およびもつかない。**都にて月をあはれと思ひしは数よりほかのすさびなりけり** 歌〈山家集・418〉訳都において月を見て趣深いと思ったのは(いま旅宿で見る月に比べれば)**取るに足らない**慰みごとであったことよ。

かずら(現)↓(歴)**かづら**【葛】【鬘】

葛城 かづらき〔カツラ〕歌枕 今の奈良県金剛山地の東側一帯。葛城山は、現在の金剛山に当たる。和歌には、「雲」や「花」とともに詠まれる。↓ビジュアルチェック㉕(1097ページ)

葛城山 かづらきやま〔カツラキ〕歌枕 ↓葛城

かず-を-つくし-て【数を尽くして】連語 あるだけすべて。ことごとく。あるかぎり。また、数えきれないほど多く。**鵜飼ひ数を尽くしてひと川浮きて騒ぐ**。〈蜻蛉日記〉訳鵜飼いの舟が**あるだけすべて**川いっぱいに浮いて忙しく動きまわっている。

かぜ【風】名詞 ❶空気の流れ・動き。(気象現象としての)風。↓古語チャート㉑(783ページ)❷風習。ならわし。しきたり。❸風邪。感冒。

かぜかよふ…歌 **風通ふ寝覚めの袖の花の香に薫る枕の春の夜の夢**〈新古今集・春下・112・藤原俊成女〉訳風が吹き通って、目覚めた(私の)袖はサクラの花の香にかおり、枕もかおっている。その枕で見ていた春の夜の夢よ。○「風通ふ」は「寝ざめの袖」に係り、風によって目が覚めるようすを表す。
発展 千五百番歌合の歌。体言止めにすることで、春の短い夜の甘美な夢の余韻を出している。

かせぎ【鹿】名詞《動物》シカの別の呼び名。発展 角が桛木(=紡いだ糸を巻きつける木具)に似ていることから。

かぜそよぐ…百人一首 **風そよぐならの小川の夕暮れは禊ぞ夏のしるしなりける**〈新勅撰集・192・藤原家隆〉訳風にナラの木の葉がそよいでいる(この)ならの小川の夕暮れは、(もうすっかり秋の気配だが、この小川で行われている)禊だけが(まだ)夏であることの印であったのだった。○「ならの小川」は、上賀茂神社の中を流れる御手洗川のことで、樹木の「楢」との掛詞。「禊」は六月三十日に行われる六月祓のことで、半年間のけがれをはらう行事。「夏越の祓」ともいう。
発展 秋の気配が漂い始める中で、行く夏を惜しんで詠んだ叙景歌。

品詞分解・修辞

風	そよぐ	ならの小川	の	夕暮れ	は
	ガ四・体	なら／楢〈掛詞〉	格助		係助

禊	ぞ	夏	の	しるし	なり	ける
	係助（係）→		格助		断定・用	詠嘆・体（結）

かぜ-の-たより【風の便り】 ❶風という使者。また、わずかな知らせ。❷風のうわさ。風聞。❸手紙を送る何かの機会。ちょっとしたついで。発展 ❶は、風を人に見立てたことば。❷は、風のように、どこからともなく伝わってくるところから。

かぜふけば… 歌

風吹けば沖つ白波たつた山夜半にや君がひとり越ゆらむ〈古今集・雑下・994〉訳 風が吹くと沖の白波が立つ、(その「立つ」という名の付いている)竜田山を(この暗い)夜中にあなたはたった一人で越えているのではなかろうか。〇「風吹けば沖つ白波」は「たつ」を導く序詞。「たつ」は、「(波が)立つ」に、地名の「竜田山(=大和と河内の境にある山)」の「たつ」を掛ける。発展 作者不明の歌。『伊勢物語』二十三段、『大和物語』百四十九段にも見える。別の女のもとに通うようになった男が、妻も浮気をしているのではと疑って植え込みに隠れてようすをうかがったところ、妻がこの歌を詠んだので感動して、それから別の女のもとへは通わなくなったという。

風吹けば落つるもみぢ葉水清み散らぬ影さへ底に見えつつ〈古今集・秋下・304・凡河内躬恒〉訳 風が吹くと(水の上に)落ち(て浮かんでい)るもみじの葉。水が清く澄んでいるので(まだ)散っていないもみじの影までも水底に映って見えている。〇「清み」は、形容詞「清し」の語幹＋接尾語「み」で、原因・理由を表す。

鹿背山 歌枕 今の京都府南端にある山。『枕草子』第十三段の「山は」の章段にも挙げられている。

かぜわたる… 歌

風わたる浅茅が末の露にだに宿りも果てぬ宵の稲妻〈新古今集・秋上・377・藤原有家〉訳 風が吹き渡るアサジ(=低いチガヤ)の葉末の露(がこぼれるまでの短い間)さえも(その露に光が)宿りきれない宵の稲妻よ。〇体言止め。「だに」は程度の軽いものを挙げ、より重いもののあることを示す副助詞。発展 風の吹き渡るアサジの葉末の露のもろさに、よりはかない稲妻を配することによって、無常感を詠み込んでいる。

かぜをいたみ… 百人一首

風をいたみ岩打つ波のおのれのみ砕けてものを思ふころかな〈詞花集・211・源重之〉訳 風が激しいので、岩を打つ波が自分だけ砕けるように、あの人が(岩のように)冷たいので、悩む私も自分だけが(心から)粉々になって物思いをするこのごろであるよ。〇「風をいたみ岩打つ波の」が「砕けて」を導く序詞。「いたみ」は、形容詞の語幹＋接尾語「み」で、原因・理由を表す。「砕け」は、波が岩に当たって砕ける意味と、自分の心が砕ける意味を掛ける。「波」と「砕け」は縁語。発展 恋する相手の冷たさと、思い乱れる自分の心を、風に揺らがない岩と、砕け散る波にたとえる。

品詞分解・修辞

風	を	いた	み	岩	打つ	波	の	おのれ	のみ
	間助	形・語幹	接尾		タ四・体	縁語	格助	代	副助

〈序詞〉→砕けて

砕け	て	もの	を	思ふ	ころ	かな
カ下二・用 縁語	接助		格助	ハ四・体		終助

か-せん【歌仙】 名詞 ❶すぐれた歌人。和歌の名人。❷↓歌仙(文芸用語)

歌仙 文芸用語 連俳用語。連歌・連句で、長句(五・七・五)と短句(七・七)を交互に連ね、三十六句続ける形式。名称は和歌の三十六歌仙にちなむ。芭蕉を中心とする元禄時代には、百韻に代わって主流となった。

かぞ【父】 名詞 ちち。対 母。発展 上代は「かそ」。

かぞ-いろは【父母】 名詞 父母。両親。発展 上代は「かそいろは」。

かぞえる(現)↓(古)**かぞふ【数ふ】**

かそけ・し【幽けし】

音・色・光などが今にも消えてしまいそうなようす ―**かすかだ。淡い。ほのかだ。**

未然形	連用形	終止形	連体形	已然形	命令形
かそけ・く	かそけ・く	かそけ・し	かそけ・き	かそけ・けれ	○
かそけ・から	かそけ・かり	○	かそけ・かる	○	かそけ・かれ

形容詞 ク **かすかだ。淡い。ほのかだ。**

わがやどのいささ群竹吹く風の音の**かそけき**この夕へかも 歌〈万葉集・19・4291〉訳 ↓わがやどの…

…夕月夜**かそけき**野辺に、はろはろに鳴くほととぎす… 歌〈万葉集・19・4192〉訳 夕方に出ている月が**淡い**(光を照らしている)野原に、はるかに遠く鳴くホトトギスが…。

発展 **視覚表現が基本** 類義の形容動詞「かすかなり」と同じ語源。初めの用例は音、第二例は光についてというように、視覚・聴覚のどちらにも用いられる。ただし、視覚表現の方が基本であり、聴覚表現に用いられる場合でも、音を発しているものが目に見える場合に使われることが多い。

かぞ・ふ【数ふ】 動詞 他 八下二段〈へ・へ・ふ・ふる・ふれ・へよ〉❶数える。勘定する。❷列挙する。認めて数に入れる。**親しき家人のうちには数へたまひけり。**〈源氏・関屋〉訳 親密な家来の中には**認めて数に入れ**てくださっていた。❸拍子をとって歌う。白拍子を歌う。**「数寄者の少将」といふ白拍子を数へてぞ舞ひたりける。**〈義経記〉訳 「数寄者の少将」という白拍子を**歌って舞った**のだった。

かぞへ-うた【数へ歌】 名詞 ❶『古今集』の仮名序にいう、漢詩の*六義に見立てて設けた和歌の一体。漢詩の「賦」に対応し、いくつかの景物をすらすらと詠み込んだ歌。❷「一つとや…二つとや…」というように数を追ってうたう歌。

かた-【片】 接頭語 ❶二つで一組のものの一方という意味を表す。語例 **片**恋・**片**手 ❷不完全な、不十分な、という意味を表す。語例 **片**生り(=幼少) ❸位置が一方に偏っている、という意味を表す。語例 **片**田舎・**片**辺り(=辺鄙な土地) ❹(動詞に付いて)ひたすら、非常に、しきりに、という意味を表す。語例 **片**待つ(=ひたすら待ち受ける)

かた【方】一 名詞 ❶方向。方角。方。方位。向き。↓ビジュアルチェック❹（349ページ）

御堂の方に向きて…。〈今昔〉訳お堂の方に向かって…。

❷場所。所。また、(ある人の所ということから)部屋。**娘住ませたる方は、心殊に磨きて…。**〈源氏・明石〉訳(明石の入道が)娘を住ませている所は、格別に美しく飾って…。

❸方面。また、その方面の事柄。**頼みたる方のことは違ひて、思ひよらぬ道ばかりはかなひぬ。**〈徒然草・189・今日は、そのことを〉訳当てにしていた方面のことは(期待と)食い違って、意外な方面だけは思いどおりになってしまう。

❹方法。手段。**すべき方なき者、古寺に至りて仏を盗み…。**〈方丈記・飢渇〉訳(生活に困って)何とも方法がない者が、古寺に行って仏像を盗み…。

❺時分。ころ。**過ぎにし方恋しきもの。枯れたる葵。**〈枕草子・30・過ぎにし方恋しきもの〉訳過ぎ去ったころが恋しいもの。(賀茂祭りのときに飾り付けて、今は)枯れているアオイ。

❻(人を敬って)お人。おかた。

❼組。仲間。**左右に小間取りに、方分かせたまへり。**〈源氏・賢木〉訳(人数を)左右交互の振り分けで、組を分けなさった。

二 造語 ❶方向という意味を表す。語例 遠方・いづ方・東方 ❷時分・ころの意味を表す 語例 暁方・つごもり方 ❸系統の意味を表す 語例 母方

かた【形・型】名詞 ❶物のかたち。姿。形状。ありさま。❷物をかたどった、絵・像や模様。**御屏風に竜田川に紅葉流れたる形をかけりけるを題にてよめる。**〈古今集・秋下・293・詞書〉訳屏風に竜田川に紅葉が流れている絵が描いてあったのを主題にして詠んだ(歌)。

❸あとに残るかたち。あとかた。形跡。あと。❹占いの結果として現れるかたち。しるし。占形。❺決まった形式。型。慣例。しきたり。❻抵当。担保。

発展 二 は「がた」と濁る場合もある。

かた【肩】名詞 ❶腕の付け根の部分。❷衣服の肩の部分。❸獣の前脚の上部や鳥の翼の付け根の部分。

かた【潟】名詞 ❶遠浅の海岸で、潮が引くと現れる所。干潟。❷海岸の入り江。また、海に続いている湖や沼。

-がた【方】一 造語 (時を表す名詞に付いて)ころ、時分、という意味を表す。語例 暁方・暮れ方

二 接尾語 ❶(人を表す名詞に付いて)敬意を表す。語例 殿方・奥方 ❷(人を表す名詞に付いて)…の側、…の方という意味を表す。語例 院方・主方

かたい(現)↓(歴)**かたゐ【乞丐・乞児】**

歌体 文芸用語《歌論用語》和歌の形態のこと。★短歌(五・七・五・七・七)・★長歌(五・七の反復の最後に七を加えた形式)・★旋頭歌(五・七・七・五・七・七)・★片歌(五・七・七)など。

かた-いと【片糸】名詞 まだより合わせていない糸。これを二本より合わせて糸を作る。片緒。

かたいと-の【片糸の】枕詞 (片糸をより合わせ、手繰ることから)「より」「よる」「あふ」「くる」に、また(糸は切れやすいことから)「たゆ」「乱る」「節」などに係る。

かた-うた【片歌】名詞 和歌の歌体のひとつ。五・七・七音の三句からなる。発展 ★旋頭歌の半分に当たるので、片方だけの歌、不完全な歌の意味からこの名がついた。記紀歌謡に見られるが、『万葉集』には見られず、早くに消滅したものと考えられる。

かた-うど【方人】名詞 ❶二組に分かれて競技をする場合の、一方の側の人。特に「★歌合はせ」でいう。❷ひいきする人。味方。仲間。

「この人の後には、たれにか問はん。」など言はるるは、老いの方人にて…。〈徒然草・168・年老いたる人の〉訳(一つのことに優れた才能を持つ老人が)「この人の死後には、だれに尋ねたらよかろうか。」などと人に言われるのは、老人に味方する者のことばであって…。

かたえ(現)↓(歴)**かたへ【片方】**

発展「かたびと」の変化したことば。

かた-え【片枝】名詞 片方の枝。かたえだ。

片岡 歌枕 ❶今の京都市北区、上賀茂神社の東にある丘陵。和歌には、「片岡の森」「片岡の神」という形でも詠まれ、多くホトトギスが歌材となった。❷今の奈良県北

ビジュアルチェック❹ 方位

★十二支による方位(外側の円)――三六〇度を十二分し、北を子として、右回りに子・丑・寅・卯・辰・巳・午・未・申・酉・戌・亥を割り当てたもの。

八卦による方位(中間の円)――中国の易学に基づくもの。八卦は、易における陰と陽を三つずつ組み合わせたときできる八種類の形のこと。三六〇度を八等分し、北を坎、東を震、南を離、西を兌とし、さらにその中間の北東を艮、南東を巽、南西を坤、北西を乾としたもの。十二支による方位の読み方を応用して、訓で艮・巽・坤・乾とも読まれる。

★五行による方位(内側の円)――中国の五行説に従ったもの。中心を土とし、北を水、東を木、南を火、西を金とする。

★★陰陽道では、艮を「鬼門」、坤を「裏鬼門」と呼び、不吉な方向として避けた。

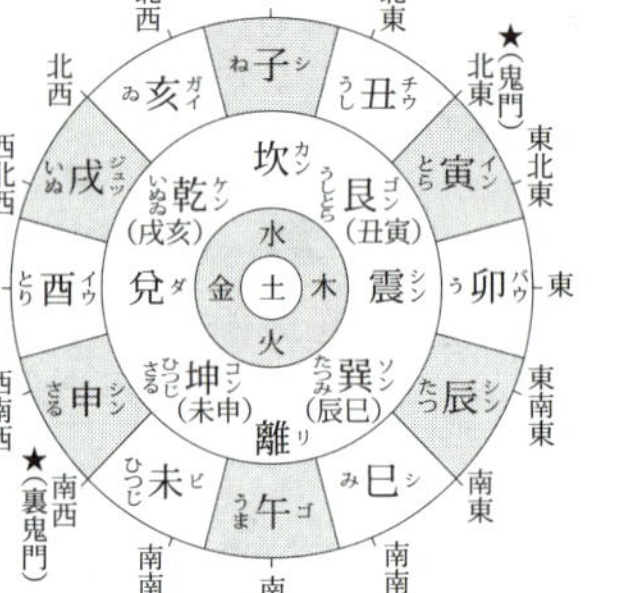

葛城郡王寺町付近の丘陵一帯。「片岡山」の形で詠まれたり、「朝の原」とともに詠まれることが多かった。

かた-おひ【片生ひ】名詞 十分に成長・成熟していないこと。また、そのような人や物。未成熟。

かた-おひ・なり【片生ひなり】形容動詞〔ナリ〕〈なら・なり(に)・なり・なる・なれ・なれ〉十分に成長していない。未熟である。

まだ**片生ひなる**手の、生ひ先うつくしきにて…。〈源氏・少女〉訳まだ**未熟な**筆跡で(はあるが)、将来は立派な字を書きそう(な筆跡)で…。

かた-おもむき・なり【片趣なり】形容動詞〔ナリ〕〈なら・なり(に)・なり・なる・なれ・なれ〉一方にばかり心を寄せ、他を顧みない。一途だ。一方的だ。

「**片趣なる**をば猪武者とて、よきにはせず。」〈平家・11・逆櫓〉訳「(融通のきかない)**一方的な**武将は猪武者といって、よい武将のたとえにはしない。」

かた-か・く【片掛く】動詞 他〔カ下二段〕〈け・け・く・くる・くれ・けよ〉❶片方を寄せ掛ける。

山に**片掛けたる**家なれば…。〈源氏・手習〉訳山に**寄せ掛け**(て建て)た家なので…。

❷頼る。あてにする。

『かの殿の御かげに**片掛けて**。』と思ふことありて。〈源氏・松風〉訳『あの殿(=源氏)のご恩に**頼って**(しまおう)。』と思うことがあってね。

かた-かご【堅香子】名詞《植物》ユリ科の多年草、カタクリの古い呼び名。早春、紅紫色の花が咲く。季語春

かた-かた【片方】名詞❶一対のうちの一方。かたほう。片一方。片側。

❷片隅。傍ら。

片方に寄りて、寝たるよしにて、出で来るを待ちけるに…。〈宇治拾遺〉訳(寺に仕える子供は部屋の)**片隅**に寄って、寝ているふりをして、(ぼたもちが)できあがるのを待っていたところ…。

かた-がた【方方】一名詞❶あちこち。部屋ごと。

宮仕へに人を**かたがた**に据ゑてこそあらせまほしけれ。〈枕草子・303・宮仕へする人々の〉訳宮仕えの人々を**部屋ごと**に住まわせていさせたいものだ。

❷あれこれ。いろいろな方面。

「後の人々に、**かたがた**につけておくれゆく心地はべるも…。」〈源氏・鈴虫〉訳「年下の人々に、**あれこれ**につけて置き去りにされる気持ちがいたしますのも…。」

❸「人々」の尊敬語でかたがた。

「かくて集へる**方々**の中に、かの折の志ばかり、思ひ留むる人なかりしを…。」〈源氏・玉鬘〉訳「こうして(ここに)集まって(住んで)いる**方々**の中には、あのときの(夕顔への)愛情ほど、深く感じる人はいなかったが…。」

二代名詞《中世以降》おのおの方。あなた方。皆さん。

「某が鎧には、**方々**のへろへろ矢はよも立ちさうらはじ。」〈太平記〉訳「私の鎧には、**あなた方**のへなへなした矢などは間違っても突き立たないでございましょう。」

三副詞❶あれこれと。さまざまに。

かたがたに臆せられたまひにけるにや…。〈大鏡・師尹〉訳**あれこれと**自然気後れなさってしまったのであろうか…。

❷いずれにしても。どの点から見ても。

「**かたがた**恐れあるべし。」〈平家・2・小教訓〉訳「**いずれにしても**(乱暴なことをすると)後で問題が起こるだろう。」

発展 三❶は、「に」を添えて「かたがたに」として用いられる。

かた-かど【片才】名詞 わずかな才能。少しの取り柄。ちょっとした長所。

片仮名 国語・国文法 日本独特の表音文字。平安時代に、漢字の一部分をとって作られ、仏典や漢籍に訓や送り仮名などを書きこむのに用いられた。「阿」から「ア」、「伊」から「イ」、「宇」から「ウ」など。

かたき【敵】名詞❶(遊び・競技・勝負などの)相手。

❷戦う相手。敵。

❸恨みや憎しみのある相手。仇。あだ。

人々しう、**敵**などにすべきものの大きさにはあらねど…。〈枕草子・43・虫は〉訳(ハエは)人間並みに(扱って)、**相手**になどするほどの大きさではないが…。

❹結婚などの相手。配偶者。

かた-ぎ【気質・形気・容気】名詞❶習慣。ならわし。❷身分・職業・地位・環境などによって類型化した、独特な気風。また、性質。たち。容姿。発展❷は、「女房かたぎ」「武士かたぎ」など、職業や地位を表す名詞に付いて接尾語的に用いられることも多い。

かた-きし【片岸・片崖】名詞❶両側ががけのようになっている所の、片方。❷傍らにある場所。隣り合わせの場所。

かた-ぎぬ【肩衣】名詞❶古代の庶民が着用した、肩と背を覆う袖なしの胴着。❷室町時代以降の武家の礼服。袖がなく、肩から背中・胸前を覆い、小袖の上に着る。肩に骨を入れて水平に形を整えてあり、紋が付いている。袴と合わせて裃といって形式化し、江戸時代には町家でも、年賀回りや婚礼などに着用した。↓裃(図)

[かたぎぬ❷(肩衣袴姿)]

❸浄土真宗の信徒が寺参りなどの際に着用する衣服。

かた・ぐ【担ぐ】動詞 他〔ガ下二段〕〈げ・げ・ぐ・ぐる・ぐれ・げよ〉❶担ぐ。

❷(肩より上に)上げる。

たつぎ振り**かたげて**大木を切りたるあり。〈古今著聞集〉訳斧を振り**上げて**大木を切っている絵がある。

かたくな・し【頑し】形容詞〔シク〕〈しく・しく・し・しき・しけれ・○/しから・しかり・○・しかる・○・しかれ〉❶頑固だ。偏屈である。

心をやりて言ふも、**かたくなしく**見ゆ。〈源氏・須磨〉訳得意になって言う(明石の入道の)ようすも、**頑固に**見える。

❷愚かである。融通がきかない。無器用だ。無骨だ。

はかばかしうもあらず、**かたくなしう**語りなせど…。〈源氏・明石〉訳(都のようすについて使者が)はきはきともしないで、強いて**無器用に**話すが…。〇「かたくなしう」は連用形「かたくなしく」のウ音便。

❸みっともない。不体裁だ。見苦しい。

いみじくしどけなく、**かたくなしく**、直衣、狩衣などゆがめたりとも…。〈枕草子・63・暁に〉訳(明け方に女性のもとから帰る人が)たいへん締まりがなく、**見苦しく**、直衣や、狩衣などを崩して着ていたとしても…。

かた-くな・なり【頑なり】形容動詞 ↓最重要語 351ページ

かた-げ・なり【難げなり】 形容動詞〔ナリ〕〈なら・なり(に)・なり・なる・なれ・なれ〉難しそうだ。↓古語チャート⑪(427ページ)「かの御心に許したまはむことは難げなめり。」〈源氏・夕霧〉訳「あの(落葉の宮の)お気持ちで(私の思いを)受け入れてくださったりすることは難しいようだ。」○「難げなめり」は「難げなるめり」の変化した「難げなんめり」の「ん」を表記しない形。

かた-ごころ【片心】 名詞 心が少しばかり動くこと。いささか興味を持つこと。ちょっとした関心。「らうたげなる姫君のもの思へる見るに、片心付くかし。」〈源氏・蛍〉訳「いかにもかわいらしい姫君が(物語に熱中して)物思いに沈んでいるさまを見ると、ちょっとした関心がわくものだよ。」

かた-こひ【片恋】〔-こい〕名詞 片思い。男女のいずれか一方だけが恋い慕うこと。対 諸恋(もろごひ)

かた-さま【方様】 一 名詞 ❶方向。方角。ほう。繁樹(しげき)と名乗るが方様に見やりて…。〈大鏡・序〉訳(侍(さぶらい)は)繁樹と名のる人の方に目を向けて…。
❷その筋。方面。向き。かかる方様をおぼし好みて…。〈源氏・少女(おとめ)〉訳(源氏はこのような(儒学の)方面をお好みになって…。
二 代名詞《近世語》(多く、女性が男性を尊敬の気持ちを込めて)あなたさま。

かた-さ・る【片去る】 動詞 自〔ラ四段〕〈ら・り・る・る・れ・れ〉❶片側に寄る。かたよる。ぬばたまの夜床(よとこ)片去り…。歌〈万葉集・18・4101〉訳 寝床の片側に寄り…。○「ぬばたまの」は「夜」に係る枕詞。
❷遠慮する。「こなたの御けはひには、片去り憚(はばか)るさまにて…。」〈源氏・若菜上〉訳「こちら(=紫の上)の態度には、遠慮し気兼ねするようすで…。」

かた-し【片し】 名詞 (対になっているものの)片方。片一方。
発展「片足(かたあし)」の変化したことば。

かた・し【堅し・固し】 形容詞〔ク〕〈く・く・し・き・けれ・○/から・かり・○・かる・○・かれ〉❶堅固だ。丈夫だ。動かない。かたい。彫(ゑ)り深う、強う、固う書きたまへり。〈源氏・行幸(みゆき)〉訳(末摘花(すゑつむはな)の歌は)彫り込んだように深く、強く、固くお書きになってある。○「固う」は連用形「固く」のウ音便。
❷厳しい。強い。頑固だ。

かた-くな・なり【頑なり】

ある方向に思いやり考えが偏ってしまい、判断が狭くなるようす

❶偏屈だ。頑固だ。融通が利かない。
❷ものの趣を理解しない。愚かで教養がない。
❸みっともない。見苦しい。

形容動詞〔ナリ〕	未然形	連用形	終止形	連体形	已然形	命令形
	かたくな・なら	かたくな・なり かたくな・に	かたくな・なり	かたくな・なる	かたくな・なれ	(かたくな・なれ)

❶**偏屈だ。頑固だ。融通が利かない。**「いとど人わろうかたくなになりはつるも、前(さき)の世ゆかしうなむ。」〈源氏・桐壺(きりつぼ)〉訳「(更衣に先立たれたやりきれなさに)ますますみっともなく偏屈になってしまったのも、(どうした因縁(いんねん)であろうかと)前世が知りたいことで。」あるは偏執(へんしふ)の方にてかたくななり。これはわが思ひたることをいみじくして、人の言ふことを用ゐざるなり。〈十訓抄(じっきんしょう)〉訳 ある人は偏った考えに執着し融通が利かない。これは自分の考えていることをすばらしいと思い、人の言うことを受け入れないのである。

❷**ものの趣を理解しない。愚かで教養がない。**花の散り、月の傾(かたぶ)くを慕ふ習ひは、さることなれど、ことにかたくななる人ぞ、「この枝、かの枝散りにけり。今は見所なし。」などは言ふめる。〈徒然草・137・花は盛りに〉訳(サクラの)花が散り、月が西に沈みかけるのを(惜しみ)慕う世の習慣は、もっともなことであるが、とりわけものの趣を理解しない人は、「この枝も、あの枝も散ってしまった。今は見るだけの価値もない。」などとは言うようである。

❸**みっともない。見苦しい。不格好である。**↓古語チャート③(67ページ)絵も文字も、かたくななる筆様(ふでやう)して書きたるが、見にくきよりも、宿の主(あるじ)のつたなく覚ゆるなり。〈徒然草・81・屏風(びやうぶ)、障子(しやうじ)などの〉訳(屏風などの)絵でも文字でも、見苦しい筆遣いで書いてあるのが、みっともないというよりも、(その)家の主人が下品に見えるものだ。

発展 ①**語の成り立ち**
「かた」は「片」で、一方・不完全の意味を表し、「くな」は曲がっている意味の「くねる」と同じ語源といわれる。
②**語の展開**
「かたくな」からは「かたくなし」「かたくなはし」という形容詞もできた。『源氏物語』では、「かたくなり」よりも「かたくなし」の方が多く用いられたが、中世以降「かたくなし」は衰退した。

関連語 頑(かたく)なし

言ひ初(そ)めてむことはとて、かたう争(あらが)ひつ。〈枕草子・87・職(しき)の御曹司(ぞうし)におはしますころ、西の廂(ひさし)にて〉訳(いったん)言い出してしまったようなことは(後には引けない)と思って、(私は皆と)頑固に張り合った。○「かたう」は連用形「かたく」のウ音便。

かた-し【難し】 形容詞 ↓最重要語(352ページ)

-がた-し【難し】 補助形容詞〔ク〕〈く・く・し・き・けれ・○/から・かり・○・かる・○・かれ〉…(し)にくい。…(するのが)困難だ。なかなか…ない。
二人行(ゆ)けど行き過ぎかたき秋山をいかにか君がひとり越ゆらむ 歌〈万葉集・2・106〉訳↓ふたりゆけど…
発展 ①上代は「かたし」。
②「難(かた)し」が動詞の連用形に付いて濁音化したもの。「がたし」を伴ったもののうち、「ありがたし」など、一語として定着したものについては、形容詞として立項した。
③接尾語とする見方もある。
関連語 有(あ)り難(がた)し・去(さ)り難(がた)し・堪(た)へ難(がた)し

かた-しき【片敷き】 名詞 自分の着物の片袖(かたそで)だけを下に敷いて寝ること。さびしいひとり寝を表現することば。

かた-し・く【片敷く】 動詞 自〔カ四段〕〈か・き・く・く・け・け〉自分の衣の片袖(そで)を敷いて、ひとり寂しく寝る。きりぎりす鳴くや霜夜のさ筵(むしろ)に衣(ころも)片敷きひとりかも寝む 百人一首〈新古今集・秋下・518〉訳↓きりぎりす…
発展 古く、男女が共寝をするとき、互いに袖を敷き交わし

て寝たことから。

かたじけな・し【辱し・忝し】形容詞 ↓**最重要語**（352ジペー）

かた-しほ【堅塩】— 名詞 まだ精製していない、固まったままの塩。発展「きたし」とも。

かた-しろ【形代】名詞 ❶神を祭るとき、神体の代わりとして据えるもの。❷禊や祓えをするとき、陰陽師などが使う、紙を人の形に切って作ったもの。人の体をなでて、災いやけがれを移してから川に流す。類 人形 ❸本物の代わりとなるもの。身代わり。

かた-そば【片傍】名詞 片はし。一端。一面。ほんの一部分。物事の一部分。「日本紀などは、ただ**片傍**ぞかし。」〈源氏・蛍〉訳（物語に比べて）『日本書紀』などは、ほんの**一面**（の事実を伝える）にすぎないのだよ。」

かた-そ・ふ【片添ふ】— 動詞 他〔ハ下二段〕〈へ/へ/ふ/ふる/ふれ/へよ〉 一方に寄せる。片寄せる。
海づらよりは少し引き入りて、山かげに**片添へて**…。〈増鏡〉訳（後鳥羽院のお住まいは）海辺よりは少し引き込んで、山かげに**片寄せて**（建ててあり）…。

堅田 地名 今の滋賀県大津市の北部。琵琶湖の西岸。「堅田の落雁」は近江八景の一つ。

かた-たがへ【方違へ】—

陰陽道に基づく風習 ── 外出の際、凶とされる方角を避けて目的地に行くこと。

名詞 **外出の際、凶とされる方角を避けて目的地に行くこと。**方違え。
方違へに行きたるに、饗せぬ所。〈枕草子・25・すさまじきもの〉訳（興ざめなものとして）**方違え**のために（他家に）行ったのに、もてなしをしない家。

発展 ★陰陽道に基づく風習で、平安時代以降に行われた。外出の際、「★天一神」などのいる凶とされる方角を避けるために、その前夜、縁起のよい方角の家に泊まって、一度方角を変えてから目的地に行くことを表す。「かたたがひ」とも。↓ビジュアルチェック❹（349ジペー）・絵で見る古典生活史❽（353ジペー）

かたたがへ-どころ【方違へ所】— 名詞「★方違へ」のために、仮に宿泊する家。

かた・し【難し】

変化させたり、動揺させたりすることが困難であるようす
❶ **難しい。**容易でない。
❷ **めったにない。**まれである。

形容詞〔ク〕

未然形	連用形	終止形	連体形	已然形	命令形
かた・く	かた・く	かた・し	かた・き	かた・けれ	○
かた・から	かた・かり	○	かた・かる	○	かた・かれ

❶ **難しい。容易でない。なかなかできない。**対 易し
人目をおぼして、夜の大殿に入らせたまひても、まどろませたまふこと**難し**。〈源氏・桐壺〉訳（帝は）人目を気になさって、ご寝所にお入りになっても、うとうとお眠りになることも**なかなかできない**。

❷ **めったにない。めったにいない。まれである。**
男、女をば言はじ。女どちも、契り深くて語らふ人の、末まで仲よき人**難し**。〈枕草子・75・ありがたきもの〉訳男と、女（の間）については（いまさら）言うまい。女同士でも、約束が確かで（=信頼関係が強くて）親しく付き合っている人で、最後まで仲のよい人は**めったにいない**。○『枕草子』「ありがたきもの」の末尾の一文で、「ありがたし」と同じ意味で「難し」を用いている。
↓**古語チャート⓫**（427ジペー）

かたじけな・し【辱し・忝し】

高貴な人、あるいは尊ぶべきものに対して、はばかり敬う気持ち
❶ **もったいない。**恐れ多い。
❷（分に過ぎた恩恵を受けて）**ありがたい。**うれしい。
❸ **恥ずかしい。**面目ない。

形容詞〔ク〕

未然形	連用形	終止形	連体形	已然形	命令形
かたじけな・く	かたじけな・く	かたじけな・し	かたじけな・き	かたじけな・けれ	○
かたじけな・から	かたじけな・かり	○	かたじけな・かる	○	かたじけな・かれ

❶ **もったいない。恐れ多い。**
「**かたじけなく**、汚げなる所に、年月を経てものしたまふこと、極まりたる畏まり。」〈竹取・五人の貴公子〉訳「（貴公子たちが）**もったいなく**（も）、（この）見苦しい所（=わが家）に、長い年月を経過して（通って）いらっしゃることは、この上ない恐縮（でございます）。」○連用形の副詞的用法で、「ものしたまふ」に係る。「ものす」は「来る」という意味を婉曲に表す。

❷（分に過ぎた恩恵を受けて）**ありがたい。うれしい。**
いとはしたなきこと多かれど、**かたじけなき**御心ばへの比類なきを頼みにて交じらひたまふ。〈源氏・桐壺〉訳（桐壺の更衣は）ずいぶん気まずいことも多いけれども、（帝の）**ありがたい**ご愛情の並ぶものがないことを頼みとして宮中生活をしていらっしゃる。

❸ **恥ずかしい。面目ない。**
我ながら**かたじけなく**、屈しける心のほど思ひ知らる。〈源氏・明石〉訳（源氏は）自分でも**恥ずかしく**、（また）意気地のなくなってしまった心の状態を思い知らないではいられない。

発展 **❶・❷が表す気持ち**
❶は、高貴な人に対して、自分の身分がふさわしくないことに恐縮する気持ち、❷は、高貴な人から受ける過分な愛情・恩恵・好意などに対する感謝の気持ちを表す。『源氏物語』では、「もったいない」という訳語でどちらの意味にも適用できる例が圧倒的に多い。

類語比較「おほけなし」と「かたじけなし」↓おほけなし

かた-ち【形・容・貌】名詞 ↓最重要語（354ページ）

かたち-あ・り【形有り・容貌有り】連語 容貌《ようぼう》が美しい。顔かたちが美しい。
容貌ある限り、下襲《したがさね》の色、表袴《うへのはかま》の紋《もん》、馬《むま》、鞍《くら》までみなととのへたり…。〈源氏・葵《あおい》〉訳 **容貌が美しい**人々ばかりを選んで、下襲の色合い、表袴の模様、ウマや鞍までみな（立派に）整えているのだが…。

かたち-かは・る【形変はる】《かわる》— 出家して、僧の姿になる。剃髪《ていはつ》する。

かたち-びと【形人・客人・貌人】名詞 容貌《ようぼう》の美しい人。顔かたちの美しい人。美人。

かたち-を-か・ふ【形を変ふ】《か(こ)う》— 出家する。剃髪《ていはつ》する。
「『**形を変へ、世を背きにき。**』とおぼえたれど…。」〈源氏・夢浮橋《ゆめのうきはし》〉訳「『（浮舟が）**出家して**（尼になり）、世間を捨ててしまった。』と思われているけれども…。」

かた-つ-かた【片つ方】名詞 ❶（二つあるもののうちの）一方。片一方。片側。❷もう一人の人。他の一方の人。
「**きびしき片つ方やありけむ、絶え間がちにてあるほどに**…。」〈堤中納言《つつみちゅうなごん》・このついで〉訳「（姫君のもとに通った男には）やかましい**もう一人の人**（＝本妻）でもいたのだろうか、（姫君のもとに通うのも）とだえがちになっていたところ…。」❸片端。片隅。
発展「つ」は上代の格助詞で、「の」の意味。

かた-つ・く【片付く】動詞 自〔カ四段〕〈か・き・く・く・け・け〉一方に寄る。片側が何かに接する。
谷片付きて家居《いへゐ》せる君が聞きつつ告げなくも憂《う》し 歌〈万葉集・19・4207〉訳 谷に**寄って**家を作って住んでいる君が、（ホトトギスの声を）聞いているのに知らせないことは憎らしい。
発展「かたづく」とも。

かた-つぶり【蝸牛】名詞《動物》カタツムリ。季語 夏

かた-て【片手】名詞 ❶一方の手。片方の手。対 諸手《もろて》 ❷対となるものの一方。相手。❸かたわら。❹（片手の指の数から）五の数（の金額）を表す隠語。

かた-とき【片時】名詞 わずかな時間。ほんのしばらくの間。ちょっとの短い間。
「**汝《なんぢ》が助けにとて、片時のほどとて下ししを**…。」〈竹取・かぐや姫の昇天〉訳「おまえ（＝竹取の翁《おきな》）の助けにということで、**ちょっとの短い間**と思って（かぐや姫を下界に）下したのだが…。」
発展 一時《ひととき》（＝今のおよそ二時間）の半分の意味から。

かたとき-さら-ず【片時去らず】連語 少しの間も離れないで。いつも一緒にいて。
かた時さらずあひ思ひけるを…。〈伊勢・46〉訳 **少しの間も離れないで**互いに思い合っていたのだが…。

絵で見る古典生活史 8
方違《かたたが》え

*陰陽道《おんやうだう》では、大将軍や*天一神《なかがみ》などの神のいる方角を凶方《きょうほう》とし、無理にこの方角へ行くと七人もの死人が出るといわれていました。このような方角に行けないということが「*方塞《かたふたがり》」です。これでは生活に不便なので、その解決策として「*方違へ」が生まれました。いったん知人の家などよそに移動して滞在し、目的地が凶にならない位置から出かける方法です。

（絵…大将軍（右）と太歳神（左）〈吉凶早見〉より）

『*源氏物語』では、源氏は、ある時、正妻*葵《あおい》の上の邸宅が宮中から見て「忌みたまふ方」だったので、紀伊守《きのかみ》の別邸を訪れます。そこで会ったのが*空蟬《うつせみ》でした。
『*枕草子』「すさまじきもの」には、「方違へに行きたるに」歓待してくれない家が挙げられています。親しくない人の家での宿泊は、あまり歓迎されなかったのでしょう。また、『*古今和歌集』雑上の詞書《ことばがき》には、「方違へに人の家にまかれりける時に、主《あるじ》の衣《きぬ》を着せたりけるを、朝《あした》に返すとて詠みける」とあって、そのお宅で衣類を借りて泊めてもらうこともあったようです。

かたな【刀】名詞 ❶片刃の刃物の総称。❷小さな刃物。（紙などを切る）小刀。❸小さな太刀。腰刀。❹江戸時代、脇差《わきざし》に添えて身に付ける大刀《だいとう》。
発展「かた」は片方、「な」は刃の意味。

かた-なり・なり【片生りなり】形容動詞〔ナリ〕〈なら・なり（に）・なり・なる・なれ・なれ〉❶発育が不十分だ。幼稚だ。幼げだ。
げにまだいと小さく、片なりにおはするうちにも…。〈源氏・若菜上〉訳（女三の宮は見た目にも）本当にまだひどく小柄で、**幼げで**いらっしゃるうえに…。
❷（技能・力量・成果などが）未熟だ。不十分だ。
御息所《みやすどころ》の御琴の音、まだ片生りなるところありしを…。〈源氏・竹河《たけかわ》〉訳 御息所の箏《そう》のお琴の爪音《つまおと》は、まだ**未熟な**ところがあったけれども…。

かた-ぬ・ぐ【肩脱ぐ】動詞 自〔ガ四段〕〈が・ぎ・ぐ・ぐ・げ・げ〉❶（宴席などで）上着を半ば脱いで下着の肩を現す。
若やかなる上達部《かんだちめ》は肩脱ぎて下りたまふ。〈源氏・若菜下〉訳 若々しい上達部は**上着を半ば脱いで下着の肩を現して**（庭に）下りなさる。
❷衣服の上半分を脱いで肌を出す。上半身裸になる。
男の肩脱ぎて、たつぎ振りかたげて大木を切りたるあり。〈古今著聞集《ここんちょもんじゅう》〉訳（絵本の中に）男が**衣服の上半分を脱いで肌を出して**、斧《おの》を振り上げて大木を切っている絵がある。

交野《かたの》 歌枕 今の大阪府枚方《ひらかた》市・交野市一帯。平安時代以来、皇室の狩猟地で、サクラの名所としても知られた。和歌では「難《かた》し」などに掛けて用いられる。

荷田春満《かだのあずままろ》［アヅママロ］人名 江戸中期の国学者・歌人。伏見稲荷の神官。復古神道を唱え、古典を研究し、*国学の祖といわれる。著書は『日本書紀問答鈔《もんどうしょう》』『万葉集僻案抄《へきあんしょう》』など。*1669—1736*

荷田在満《かだのありまろ》 人名 江戸中期の国学者。*荷田春満《かだのあずままろ》の養子で、春満の*有職故実《ゆうそくこじつ》研究を発展させた。また『国歌八論』を著し、歌道の革新に貢献した。*1706—1751*

かた-の-ごとく【形の如く】連語 形式通りに。しきたりに従って。また、ほんの形ばかり。
「**形のごとくなむ斎《いも》ひの御鉢参るべきを**…。」〈源氏・若菜下〉訳「**しきたりに従って**精進《しょうじん》のお食事を差し上げるつもりですが…。」

発展 名詞「かた」＋格助詞「の」＋比況の助動詞「ごとし」の連用形。

かた-は【片端】わ|名詞 ❶不完全なこと。未熟。欠点。見苦しいこと。体裁が悪いこと。❷身体に障害のあること。また、その人。

かた-はし【片端】名詞 ❶一方の端。❷物の一部分。ほんの一部。一端。ごくわずか。

かたは-なら-ず【片端ならず】かたわ|連語 〔結婚相手として〕不満足な地位ではない。不適格ではない。

「人の御ほどの、**少しものものしくなりなむに、かたはならず見なして**…。」〈源氏・少女〉訳「夕霧のご身分が、少しきちんとしたものになったりするときに、〔娘の結婚相手として〕**不適格ではない**ものと認めたうえで…。」

かた-は・なり【片端なり】わなり|形容動詞〔ナリ〕〈なら・なり(に)・なり・なる・なれ・なれ〉 ❶不完全だ。未熟だ。不十分だ。

この大臣は色めきたまへるなむ少しかたはに見えたまひける。〈今昔〉訳この大臣は好色そうでいらっしゃることがいくぶん**不十分に**お見えになった。

❷見苦しい。聞き苦しい。体裁が悪い。不都合だ。

殿上人、宰相などを、**ただ名のる名をいささかつつましげならず言ふは、いと片はなるを**…。〈枕草子・262・文ことばなめき人こそ〉訳殿上人や、宰相などに対して、ただその官名だけを少しも遠慮しないで言うのは、とても**聞き苦しい**が…。

かたばみ【酢漿草・酸漿草】名詞 ❶《植物》カタバミ科の多年草。山野に自生する。茎は細く地をはい、三枚の小花が咲き、実ははじけて種子を飛ばす。季語夏 ❷紋所のひとつ。❶の葉を図案化したもの。

かた-はら【傍ら】かたわ|名詞 ❶わき。そば。側面。横側。

卯の花の、いみじう咲きたるを折りて、車の簾、かたはらなどに挿しあまりて…。〈枕草子・99・五月の御精進のほど〉訳ウノハナが、たくさん咲いているのを折って、牛車の簾や、**側面**などに差したのが余って…。

❷そばにいる人。周囲の人。

「**かたはらもなきやうにてのみ物したまふめればこそ。**」〈源氏・竹河〉訳「**周囲の人**もいないかのように振る舞っておいでのごようすなので。」

❸端に寄った所。端っこ。片隅の所。近辺。

かたはら-いた-し【傍ら痛し】形容詞 ↓最重要語（355ページ）

かた-ち【形・容・貌】

人や物の外形や輪郭

- ❶外形。姿。格好。
- ❷容貌。顔形。
- ❸美しい顔立ち。美人。
- ❹ようす。ありさま。

名詞 ❶**外形。姿。格好。**

「**法師の形にはべれど、俗人のごとくなれば、後世のこといかがと悲しくはべれど**…。」〈宇治拾遺〉訳「〔私は〕僧の**格好**でございますが、俗人のようなので、〔仏教を信じる心が足りなくて〕来世のことはどうなるのだろうかと〔思うと〕悲しゅうございますが…。」

❷**容貌。顔形。**

「**盛りにならば、かたちも限りなくよく、髪もいみじく長くなりなむ。**」〈更級日記・物語〉訳「〔私も〕年ごろになったら、**容貌**もこの上なく美しく、髪もきっとたいへん長くなるだろう。」

❸**美しい顔立ち。美人。**

かたちを好ませたまひて、今もよき若き人ども参り集まりて、めでたくあらまほしき御ありさまなり。〈栄花〉訳〔女院の藤原彰子は〕**美人**をお好みになって、今でも美しい若い人〔＝侍女〕たちが参上し集まって、〔女院御所での生活は〕すばらしく理想的なごようすである。

❹**ようす。ありさま。**

国司、郡司、および百姓の**あるかたちを見しめたまふ。**〈日本書紀〉訳〔天武天皇は使いを出して〕国司、郡司、および人民の**ありさま**を巡察させなさる。

発展 **意味の展開** もともとの意味は、内面のようすを映し出す輪郭のことであるが、中古では❷❸の意味に限定して用いられることが多く、❸の意味では、「**形あり**（＝美人だ）」「**形族**（＝美人ばかりの一族）」などの複合語も生み出した。また、出家して僧になる意味として「**形を変ふ**」が用いられた。

類語比較 **「かたち」「ありさま」「すがた」**

共通点＝物や人の外形を表す。

かたち＝①もともとの意味は、形状や輪郭を表す。②人についていう場合、主として容貌を表す。

ありさま＝①もともとの意味は、状態やようすを表す。②人についていう場合、姿形・容姿を表すことが多い。

すがた＝①もともとの意味は、外見的な印象を表す。②人についていう場合、衣服などを身に着けた全体のようすをいう。

関連語 形有り・形を変ふ

かたはら-ざま【傍ら様】かたわら|名詞 わきの方。かたわら。

かたはら-ふ・す【傍ら臥す】かたわら|動詞 自〔サ四段〕〈さ・し・す・す・せ・せ〉 横向きに寝る。

「**悩ましうて、無礼なるを。あらはに。」などいさめて、傍らふしたまへり。**〈源氏・総角〉訳「気分がすぐれず、無作法な姿ですのに。〔明るすぎて〕丸見えで。」など〔灯火の用意を〕制止して、〔薫は〕**横向きに寝て**いらっしゃる。

かたはら-め【傍ら目】かたわら|名詞 横から見た顔や姿のようす。横顔。わきから見た姿。類 側目

かた-ひ・く【片引く・方引く】動詞 他〔カ四段〕〈か・き・く・く・け・け〉 一方だけをひいきにする。えこひいきする。

「男も女も、**気近き人思ひ、片引き、褒め**…。」〈枕草子・135・故殿の御ために〉訳「男でも女でも、身近な人を〔大切に〕思い、**えこひいきし**、褒め…。」

かた-びら【帷・帷子】名詞 ❶室内の間仕切りに用いる家具に掛けて、隔てとして垂らす布。夏は生絹、冬は練絹を用いた。❷裏を付けない衣服。夏は直衣の下に着用した。❸夏用の単衣の衣服。江戸時代では、アサや木綿で織ったものをいう。季語夏 ❹〔「経帷子」の略で〕仏葬で、経文などを書いて死者に着せる、白いアサの着物。

発展「片枚」で、裏のない一枚だけの布の意味。「かたひら」とも。

かた-ぶ・く【傾く】■動詞 自〔カ四段〕〈か・き・く・く・け・け〉 ❶平衡を失う。傾斜する。かたむく。

❷日や月が西に沈みかける。**あばらなる板敷きに、月のかたぶくまでふせりて…。**〈伊勢・4〉訳がらんとした板の間に、月が西に沈みかけるまで横になっていて…。

❸勢力が衰える。終わりに近くなる。滅びる。**そもそも一期の月影かたぶきて、余算の山の端に近し。**〈方丈記・みずから心に問う〉訳そもそも(私の)一生は月が傾いて(光が弱まって)いるように終わりに近くなり、残りの寿命は(月が)山の稜線に近い(ようなわずかなものとなった)。

❹首をかしげる。**相人驚きて、あまたたびかたぶき怪しぶ。**〈源氏・桐壺〉訳人相見は驚いて、何度も首をかしげて不思議がる。

二 動詞 他〔カ下二段〕〈け・け・く・くる・くれ・けよ〉❶斜めにする。傾ける。傾斜させる。

かたはら-いた・し【傍ら痛し】

そばで見たり、見られたりするのが、つらくていたたまれないようす

❶(はたから見て)気の毒だ。心苦しい。
❷(はたから見て)みっともない。見苦しい。
❸(はたから見られたとき)きまりが悪い。恥ずかしい。
❹(「片腹痛し」と誤解して)みっともなくておかしい。ばかばかしい。◉中世以降の用法。

形容詞〔ク〕	未然形	連用形	終止形	連体形	已然形	命令形
	かたはらいた・く	かたはらいた・く	かたはらいた・し	かたはらいた・き	かたはらいた・けれ	○
	かたはらいた・から	かたはらいた・かり	○	かたはらいた・かる	○	かたはらいた・かれ

❶(はたから見て)**気の毒だ。心苦しい。** このごろの御気色を見たてまつる上人、女房などは、「**かたはらいたし。**」と聞きけり。〈源氏・桐壺〉訳(桐壺の更衣を亡くした帝の)最近のごようすを見申し上げている昇殿を許された人や、女房などは、(弘徽殿の女御が弾き鳴らす音楽を、帝にとって)「気の毒だ。」と聞いたのだった。

❷(はたから見て)**みっともない。見苦しい。苦々しい。** **かたはらいたきもの。よくも音弾きとどめぬ琴を、よくも調べで、心の限り弾き立てたる。**〈枕草子・96・かたはらいたきもの〉訳**みっともない**もの。十分には(その)音を弾きこなさない琴を、よく調律もしないで、思う存分に弾き鳴らしているのは(みっともない)。

❸(はたから見られたとき)**きまりが悪い。恥ずかしい。** 「**その打ち解けて、かたはらいたしとおぼされむこそゆかしけれ。**」〈源氏・帚木〉訳「その(女からの手紙の)気を許して(書いてあって)、(人に見られたら)**きまりが悪い**とお思いにならずにいられないような手紙こそ見たいものだ。」

❹《中世以降》(「片腹痛し」と誤解して)**みっともなくておかしい。ばかばかしい。** 「**やれやれ、かたはらいたいことを言ふ。**」〈狂言・若市〉訳「やれやれ、**ばかばかしい**ことを言うものだ。」○この例では、口語化して「かたはらいたい」となっている。

発展 ①**語の成り立ち**　そば・脇の意味を表す名詞「かたはら」に、つらい・苦しい、という気持ちを表す形容詞「いたし」が付いて一語になったもの。そばで見ていて心が痛むようすを表す❶がもともとの意味である。

②**❶〜❹の意味の展開**　❶が見る側からの同情を含んでいるのに対し、❷は見る側からの批判的な意識を含んだ気持ちを表す。❸はそのような他人の目を意識したときの意味である。❹は、❷の「みっともない・見苦しい」の意味から、その状態を滑稽に思う気持ちが強く出てきたもので、中世後期から近世にかけて広く使われるようになっていく。「片腹」の字を当てたときから誤解しているわけだが、近世になると「片方の腹」ではまだ不足だということで、「両腹痛い」という言い方まで出てくる。

❷衰えさせる。滅亡させる。**臣下のあまたしてかたぶけたてまつる時は、かたぶきたまふものなり。**〈大鏡・後一条院〉訳臣下が大勢で国を**衰えさせ**申し上げるときは、(国は)滅びなさるものである。○「かたぶきたまふ」の「かたぶき」は一❸の例。

❸非難する。悪く言う。「**『あまりひき違へたる御ことなり。』とかたぶけはべめるを…。**」〈源氏・少女〉訳「『(源氏の夕霧に対する厳しい教育は)あまりにも常識を外れたなさりかただ。』と(右大将も)**非難し**ているようですから…。」

かた-ふたがり【方塞がり】

名詞 ★陰陽道で、行こうとする方角に★天一神が巡行していて、行けないこと。また、そのとき。

発展 「かたふさがり」とも。やむなく行くときには「★方違へ」の方法をとる。

かた-ふたが・る【方塞がる】

動詞 自〔ラ四段〕〈ら・り・る・る・れ・れ〉行こうとする方角に天一神がいて、行くことができない。方角がふさがる。↓方違へ

雨のどやかに降るに、方ふたがりたりと思ふこともあり…。〈蜻蛉日記〉訳雨がのどかに降っているし、**方角がふさがっている**と思うこともあって…。

かた-へ【片方】

全体の中の一部分

❶片側。片方。対のものの一方。
❷一部分。少し。
❸傍ら。そば。
❹傍らの人。仲間。同僚。

名詞 ❶**片側。片方。対のものの一方。** **夏と秋と行き交ふ空の通ひ路はかたへ涼しき風や吹くらむ** 歌〈古今集・夏・168〉訳(去って行く)夏と(やって来る)秋とがすれ違う空の通り道では、(秋のいる)**片方**(だけ)に涼しい風が吹いているのではないだろうか。

❷**一部分。少し。** **五年六年のうちに、千年や過ぎにけむ、かたへはなくなりにけり。**〈土佐日記・二月十六日〉訳(留守をした)五年か六年の間に、千年もたってしまった(というの)だろうか、(池のマツの)**一部分**はなくなってしまったのだ。

❸**傍ら。そば。** **かたへの人に合ひて、「年ごろ思ひつること、果たしはべり**

ぬ。…」とぞ言ひける。〈徒然草・52・仁和寺にある法師〉訳（仁和寺にいる僧が）そばにいる人に向かって、「長年願っていたこと（＝石清水八幡宮への参詣）を、成し遂げました。…」と言った。○「かたへの人」で、仲間・同僚の意。

❹**傍らの人。そばの人。仲間。同僚。** **ある荒夷の恐ろしげなるが、かたへに合ひて、「御子はおはすや。」と問ひしに**…〈徒然草・142・心なしと見ゆる者も〉訳ある東国の武士で恐ろしそうな者が、**そばの人**に向かって、「お子さんはいらっしゃるか。」と尋ねたところ…。

かたへ-は【片方は】｜連語（多く、推量・疑問の表現を伴い、理由の一部を推測して）半ばは。ひとつには。「**などかおどろおどろしうは言ふべからむは。かたへは妻を思ふなめり。**」〈落窪〉訳「どうして大げさに言うのだろうか。**ひとつには**妻を思うからであるようだ。」

発展「は」は係助詞。

かた-ほとり【片辺り・偏辺り】名詞❶中心から離れた、へんぴな所。片いなか。へき地。❷片隅の地。町はずれ。端の方。

かた-ほ-なり【片秀なり・偏なり】

物事が部分的であるようす｜**不十分である。不完全である。劣っている。未熟である。**

未然形	連用形	終止形	連体形	已然形	命令形
かたほ・なら	かたほ・なり かたほ・に	かたほ・なり	かたほ・なる	かたほ・なれ	かたほ・なれ

形容動詞〔ナリ〕**不十分である。不完全である。劣っている。未熟である。** 対真秀なり **かたほなるをだに、乳母やうの思ふべき人は、あさましうまほに見なすものを**…〈源氏・夕顔〉訳（欠点があって）**劣っている**子でさえ、乳母というような（その子を）かわいがるのが当然の人は、あきれるほど完全であると思い込むものではあるが…。○「まほに」は「まほなり」の連用形で、対義語「まほなり」との関係が鮮やかな例。**いまだ堅固かたほなるより、上手の中に交じりて、そしり笑はるるにも恥ぢず**…〈徒然草・150・能をつかんとする人〉訳（芸能を身に付けるためには）まだまったく**未熟な**うちから、（その道の）達人の中に交じって、けなされ笑われても恥ずかしいと思わず…。

かた-ま-く【片設く】動詞自〔カ下二段〕〈け・け・く・くる・くれ・けよ〉《上代語》その時期が巡ってくる。その時期になる。**梅の花散り紛ひたる岡辺にはうぐひす鳴くも春かたまけて**歌〈万葉集・5・838〉訳ウメの花の散り乱れている丘の辺りには、ウグイスが鳴いているなあ。**その時期**（＝春）**になって**。

かだま-し【奸まし・姦まし】形容詞〔シク〕〈しく・しく・し・しき・しけれ・○／しから・しかり・○・しかる・○・しかれ〉心がねじけている。ひねくれている。道理に外れている。「**かだましき者朝にあって罪を犯す。是わが恥にあらずや。**」〈平家・6・紅葉〉訳「**心がねじけている**者が市中にいて罪を犯す。これは自分の恥ではないか。」

発展「かたまし」とも。四段動詞「かだむ」が形容詞になったもの。

かた-ま-つ【片待つ】動詞他〔タ四段〕〈た・ち・つ・つ・て・て〉ひたすら待つ。**雲隠り雁鳴く時は秋山の黄葉片待つ時は過ぐれど**歌〈万葉集・9・1703〉訳雲に隠れてガンが鳴くころには、秋の山の紅葉（すること）を**ひたすら待っている**時期はもう過ぎているけれど。

かた-み【形見】名詞過ぎ去った昔のことや、別れた人や死んだ人を思い出す手掛かりとなるもの。また、別れた人や死んだ人が残したもの。

かたみ【筐】名詞目の細かい竹かご。小かご。類勝間 **忘れ貝拾ひしもせじ白玉を恋ふるをだにも形見と思はむ**歌〈土佐日記・二月四日〉訳→わすれがひ…

かたみ-に【互に】副詞→最重要語（356ページ）

かたみ-の-くも【形見の雲】（死者の形見のように空に長く続く）火葬の煙。

かた-む【固む・堅む】動詞他〔マ下二段〕〈め・め・む・むる・むれ・めよ〉❶固くする。固める。❷しっかりと約束する。**この篋開くなゆめとそこらくに固めし言を**…歌〈万葉集・9・1740〉訳「この玉手箱を開かないで、絶対に。」と、しっかりと**約束した**ことなのに…。❸しっかりと固定する。しっかりと結ぶ。**烏帽子の緒、元結ひ、固めずともありなむとこそおぼゆれ。**〈枕草子・63・暁に〉訳★烏帽子の緒や、束ねた髪を結ぶひもも、**しっかりと結ば**なくてもよいように思われる。❹警備する。守護する。**今井四郎兼平も、八百余騎で勢田を固めたりける**

かたみ-に【互に】

二人の人間がそれぞれにするようす｜**互いに。かわるがわる。**

副詞**互いに。かわるがわる。** **同じ所に住む人の、かたみに恥ぢ交はし、いささかの隙なく用意したりと思ふが**…〈枕草子・75・ありがたきもの〉訳同じ所に住む（＝宮仕えする）人で、**互いに**気兼ねをし合い、ほんの少しの油断もなく気遣いをしていると思う人が…。**古もものの狂ほしきまで挑みきこえたまひしをおぼし出でて、かたみに今もはかなきことにつけつつ、さすがに挑みたまへり。**〈源氏・賢木〉訳（頭中将は）昔も異常なほど（源氏と）張り合い申し上げなさったのをお思い出しになって、**互いに**今でもささいなことにつけては、（親しい仲とはいっても）さすがに張り合っていらっしゃる。

発展①「片身」が語源といわれる。②**「たがひに」と「かたみに」** 中古では、「かたみに」は和歌・和文に用いられ、類義語の「たがひに」は漢文訓読文に用いられた。中世以降は、★擬古文でも「たがひに」を用いるようになる。

が…。〈平家・9・木曾最期〉訳 今井四郎兼平も、八百騎余りで勢田を守護していたが…。

◐**かたむける**（現）↓（古）**かたぶく**【傾く】

かため【固め】名詞 ❶守り固めること。警備。守護。また、その人。❷〔「世のかため」「おほやけのかため」などの形で〕頼みとなるような存在。支えとなること。❸かたい約束。夫婦や主従などの契り。

◐**かためる**（現）↓（古）**かたむ**【固む・堅む】

かた-もじ【片文字】名詞 文字や名前の一部分。

かた-もひ【片思ひ】名詞 男女の一方だけが、相手を恋い慕うこと。片恋。発展「かたおもひ」の変化したことば。

かた-もん【固文・固紋】名詞 糸を浮かさずに固く締めて模様を織り出した綾織物。対 浮き文

かた-より【片縒り・片撚り】名詞 片一方の糸だけによりをかけること。発展 和歌では「片寄り」と掛けて、片思いの気持ちにたとえていうことがある。

◐**かたらう**（現）↓（歴）**かたらふ**【語らふ】最重要語（357ページ）

かたら-く【語らく】語ることには。

梅の花夢に語らくみやびたる花と我思ふ酒に浮かべこそ 歌〈万葉集・5・852〉訳 ウメの花が夢で語ることには、優雅な花だと自分では思う。（だから私を）酒に浮かべてほしい（と）。

発展 四段動詞「かたる」の未然形＋接尾語「く」。

かたらひ【語らひ】名詞 ❶互いに親しく話をすること。話し合い。❷夫婦の契りを結ぶこと。男女の仲。❸説得して仲間に引き入れること。説き伏せること。

かたらひ-つ・く【語らひ付く】━動詞 自〔カ四段〕〈か・き・く・く・け・け〉言い寄る。親しんで近付く。

「兵部卿宮なむ、しのびて**語らひ付き**たまへりけるを…。」〈源氏・若紫〉訳「兵部卿宮が、（故按察大納言の娘に）こっそりと**言い寄って**いらっしゃったが…。」

━動詞 他〔カ下二段〕〈け・け・く・くる・くれ・けよ〉依頼する。手なずける。なじませる。

「かかる者をなむ**語らひ付け**ておきためる。」〈枕草子・87・職の御曹司におはしますころ、西の廂にて〉訳「このような者を**手なずけ**ておいてあるようだ。」

かたらひ-と・る【語らひ取る】━動詞 他〔ラ四段〕〈ら・り・る・る・れ・れ〉言いくるめて自分のものにする。説得して味方にする。

みづからも、この家の二郎を**語らひ取り**て、うち連れて来たり。〈源氏・玉鬘〉訳 自分（＝大夫監）でも、この家（＝玉鬘のいる故少弐の邸）の二男を**説得して味方にして**、一緒に連れて来た。

かたらひ-びと【語らひ人】名詞 話し相手。相談相手。また、親しい友人。味方。

かたら・ふ【語らふ】動詞 ↓最重要語（357ページ）

かたられぬ… 句

語られぬ湯殿にぬらす袂かな〈奥の細道・月山・松尾芭蕉〉訳 湯殿山の神秘は他人に語ることを禁じられているので、そこに登ったありがたさは並々ではなく、感激のあまり涙で袂を濡らすほどであるよ。○季語 湯殿―夏。「湯殿」は、今の山形県にある出羽三山の一つの湯殿山で、霊山として山中の詳しいことを人に語ることが禁じられていた。「ぬらす」は「湯殿」の縁語。

かたり【語り】名詞 ❶ある事柄を語り伝えること。また、その話。物語。❷能や狂言で、事の由来や昔の物語などを語る部分。

かたり-あは・す【語り合はす】━動詞 他〔サ下二段〕〈せ・せ・す・する・すれ・せよ〉互いに話し合う。親しく話し合う。

かたり-きょう・ず【語り興ず】動詞 他〔サ変〕〈ぜ・じ・ず・ずる・ずれ・ぜよ〉話をしておもしろがる。

かたり-ぐさ【語り種】名詞 話のたね。話題になるような変わった出来事。

かたり-しら・ぶ【語り調ぶ】動詞 他〔バ下二段〕〈べ・べ・ぶ・ぶる・ぶれ・べよ〉調子に乗って話す。得意げに話す。

我もとより知りたることのやうに、異人にも語り調

かたら・ふ【語らふ】かたら（ろ）う

動詞 他〔ハ四段〕

繰り返し語る意味から、親密に特定の人と話す

❶繰り返し語る。大勢に語る。◉主に上代の用法。
❷親しく語り合う。親しく付き合う。
❸男女が関係を持つ。
❹説得して味方につける。

未然形	連用形	終止形	連体形	已然形	命令形
かたら・は	かたら・ひ	かたら・ふ	かたら・ふ	かたら・へ	かたら・へ

❶《主に上代の用法》**繰り返し語る。大勢に語る。**

祖の名も継ぎ行くものと母父に妻に子どもに語らひて… 歌〈万葉集・3・443〉訳（代々の）父祖の名誉も受け継いで行くものだと、父母や妻や子供たちに**繰り返し語って**…。

❷**親しく語り合う。相談する。親しく付き合う。**

古、いみじう**語らひ**、夜、昼、歌など詠み交はしし人の…。〈更級日記・初瀬〉訳 以前、たいへん**親しく付き合い**、夜も、昼も、歌などを詠み交わした人で…。

❸**男女が関係を持つ。深い仲になる。契りを結ぶ。**

「さやうに軽らかに**語らふ**わざをもすなれ…。」〈源氏・明石〉訳「（まったくの田舎者なら）そのように軽々しく**男女が関係を持つ**ことをもするそうだが…。」

❹**説得して味方につける。うまく言いくるめる。**

「**語らは**ばや。」と思ひ、義朝を呼び寄せ、頼むべき由宣へば…。〈平治〉訳（藤原信頼は、源義朝を）「**説得して味方につけ**たいものだ。」と思って、義朝を呼び寄せて、力として頼る必要がある事情をおっしゃると…。

発展 **①語の成り立ち** 四段動詞「かたる」の未然形＋接尾語「ふ」。この「ふ」は上代の反復・継続を表す助動詞が、中古以降、接尾語になったもの。❶は上代の用法なので、動詞「語る」と助動詞「ふ」がまだ完全には一語になっていないとも考えられ、反復・継続の意味が直接に表れている。

②意味の広がり もともとは、❶の「繰り返し語る」という意味であるが、『万葉集』のころからすでに、男女の親密な交わりを思わせる場面にも用いられていた。その場合の用法が強調されて❸の「男女が関係を持つ」という意味にもなった。また、特定の人に心を開いて語る場面に重点が置かれると、❷の用法になって、話題に関しても、ごく個人的なことを相談する、という意味合いが生じている。その感覚が強調されると❹の用法となり、悪い相談という感じをも持つようになる。

ぶるも、いと憎し。〈枕草子・28・憎きもの〉訳自分が初めから知っていることのように、他人にも得意げに話すのも、ひどくしゃくに障る。

かたり-つ・く【語り付く】 動詞 他〔カ下二段〕〈け・け・く・くる・くれ・けよ〉付け加えて話す。

愚かなる人は、怪しく異なる相を語り付け…。〈徒然草・143・人の終焉の有り様の〉訳（人の死を語るのに）愚かな人は、不思議で普通とは違ったようすを**付け加えて話し**…。

かたり-な・す【語り成す】 動詞 他〔サ四段〕〈さ・し・す・す・せ・せ〉❶意識的に話す。…のように話す。

かたくなしう**語りなせど**…。〈源氏・明石〉訳（都のようすについて使者が）強いて無器用な**ように話すが**…。

❷そうではないことをそれらしく言う。ゆがめて話す。

言ひたきままに語りなして、筆にも書きとどめぬれば、やがてまた定まりぬ。〈徒然草・73・世に語り伝ふること〉訳言いたいままに**それらしく話して**、文字にも書き留めてしまうと、そのままた定着してしまう。

発展「なす」は補助動詞。

かた・る【語る】 動詞 他〔ラ四段〕〈ら・り・る・る・れ・れ〉❶話す。言う。話して聞かせる。↓**古語チャート** 34（989ページ）

❷説話、物語などを話す。

我が思ふままに、空にいかでか覚え語らむ。〈更級日記・門出〉訳私が望むとおりに、（姉や継母などが、物語の一部始終を）何も見ないでどうして思い出して**話して**くれようか、いや、してくれない。

❸節を付けて朗読する。

平家物語を作りて、生仏といひける盲目に教へて語らせけり。〈徒然草・226・後鳥羽院の御時〉訳平家物語を作って、生仏といった盲目（の法師）に教えて**節を付けて朗読させ**たそうだ。

❹親しくする。

-かたわら（現）↓（歴）**かたはら【傍ら】**

かた-ゐ【乞丐・乞児】 い

道の傍らなどで、食物・金銭などをもらって生活する人
❶**こじき。**物ごい。
❷（人をののしって）**ばか者。**

名詞 ❶**こじき。物ごい。**

乞丐どもの、坏、鍋など据ゑてをるも、いと悲し。〈蜻蛉日記〉訳（長谷寺の近くでは）**こじき**たちが、食器や、鍋などを（地面に）置いて座っているのも、とてもかわいそうだ。

❷（人をののしって）**ばか者。**

この楫取りは、日もえ計らぬ乞丐なりけり。〈土佐日記・二月四日〉訳この船頭は、天候も予測できない**ばか者**であったのだなあ。

かた-ゑ・む【片笑む】 ゑむ 動詞 自〔マ四段〕〈ま・み・む・む・め・め〉ちょっと笑う。微笑する。

かた-をか【片丘・片岡】 おか 名詞 一方が低くなだらかになっている丘。また、丘の片側。孤立した丘ともいう。

かた-をか【片岡】 歌枕 ↓片岡

かた-をりど【片折り戸】 おりど 名詞 一枚作りで、蝶番で片側だけ開くように作った戸。一方だけ開く折り戸。対諸折り戸

かち

乗り物に乗らないで、歩いて行くこと
㊀【徒・徒歩】**歩いて行くこと。徒歩。**◉多く「徒より」の形で用いる。
㊁【徒・徒士】（「徒侍」の略で）**徒歩で主人の供や、先導をする武士。**◉近世語。

名詞 ㊀【徒・徒歩】（多く「徒より」の形で）**歩いて行くこと。徒歩。**↓徒より

馬買はば妹徒ならむよしゑやし石は踏むとも我は二人ゆかむ 歌〈万葉集・13・3317〉訳ウマを買ったなら、（私はウマで行けても）妻は**徒歩**だろう。ままよ、石は踏んで（歩きにくくて）も、私は（妻と）二人で（歩いて）行こう。

㊁【徒・徒士】《近世語》（「徒侍」の略で）**徒歩で主人の供や、先導をする武士。**

かち【褐】 名詞 ↓かちいろ

か-ぢ【加持】 じ 名詞《仏教語》真言密教で行う呪法のひとつ。行者が手に印を結び、金剛杵を握り、陀羅尼を唱え、仏に祈ること。厄災や物の怪を払うために行う。

かぢ【楫・梶・舵】 かじ 名詞 船をこぎ進める道具。櫓や櫂の類。

か-ぢ【鍛冶】 じ 名詞 金属を打ち鍛えて、器具を作ること。また、それを職業とする人。

発展「金打ち」の変化したことば（「かなうち」↓「かぬち」↓「かんぢ」↓「かぢ」）。

かち-いろ【褐色】 名詞 濃い藍色。発展「かち（ん）」とも。

かぢ-かうずい【加持香水】 かじこうずい 名詞《仏教語》真言密教で、仏に供える香水（＝いろいろの香をとかした水）を、経文を唱えて浄化し、神聖にする儀式。また、その香水。これを体に注ぐと、心身清浄となり、妄執も去り、果報が得られるという。

［かぢ（鍛冶）］

かぢ-たくみ【鍛冶匠】 かじ 名詞 金属を打ち鍛え、加工して、種々の器具を作る職人。

かち-だち【徒立ち】 名詞 ❶歩いて行くこと。徒歩。

❷騎馬でなく徒歩で戦うこと。徒歩での戦い。

大衆はみな徒立ち打ち物なり。〈平家・5・奈良炎上〉訳衆徒（＝多数の僧）はみな**徒歩での戦い**で（武器は）太刀や刀である。

かち-ぢ【徒歩路】 じ 名詞 歩いて行くこと。また、その道。徒歩の旅。陸路。対船路

かぢ-とり【楫取り】 かじ 名詞 楫をとって船の進路を定め、運行させる人。船頭。発展「かんどり」とも。

-がち・なり【勝ちなり】 接尾語（名詞、動詞の連用形に付いて）そのようになる傾向が強い、という意味を表す。語例 **里がちなり・眺めがちなり** 発展 形容動詞（ナリ活用）化する。望ましくない傾向のものについて用いることが多い。

かち-びと【徒人】 名詞 歩いて行く人。徒歩の人。

「徒人の渡れど濡れぬえにしあれば」と書きて、末はなし。〈伊勢・69〉訳（女からの歌には）「（今の私たちの縁は）**歩いて行く人**が渡っても裾が濡れない程度の（浅い）ご縁だから」と（だけ）書いて（あって）、下の句はない。

かぢ-ま【楫間】 かじ 名詞 船をこぐときの、櫓のひとこぎと次のひとこぎの間。ごくわずかな時間。ちょっとの間。

かち-より【徒より】連語 徒歩で。歩いて。また、陸路から。**ある時思ひたちて、ただひとり、かちより詣でけり。**〈徒然草・52・仁和寺にある法師〉訳ある時決心して、ただ一人、**歩いて**（石清水八幡宮）に参詣した。

かちん【褐】名詞 ↓かちいろ

かちん 名詞《女房詞》餅。発展「搗ち飯」の変化したことば。「搗ち」は臼でつくこと。

か・つ（現）↓（歴）**くゎつ**【括・活・滑】

か・つ 補助動詞〔タ下二段〕（て・て・つ・つる・つれ・てよ）《上代語》…できる。…にたえる。

梓弓引かばまにまに依らめども後の心を知りかてぬかも 歌〈万葉集・2・98〉訳私の心を引いて誘うならば、あなたの思うままに寄り従おうと思うけれど、後のあなたの心を知ることが**できない**ことであるよ。〇「梓弓」は「引か」に係る枕詞。

発展 多く打消の語を伴って「～かてに」「～かてぬ」などの形で用いられ、不可能・困難という意味を表す。

かつ【且つ】

二つのことが並行して行われたり、続けて起きたりするようす
- 一 副詞
  - ❶一方では。
  - ❷すぐに。つぎつぎに。
  - ❸わずかに。ちょっと。
  - ❹すでに。あらかじめ。◉「知る」「聞く」「見る」などを伴う。
- 二 接続詞 そのうえ。また。◉近世以降の用法。

一 副詞 ❶（「かつ～かつ～」の形で、また、「かつ」単独で、二つの動作・作用が並行して行われるようすを表し）**一方では。一方では…他方では…。** **淀みに浮かぶうたかたは、かつ消え、かつ結びて、久しくとどまりたる例なし。**〈方丈記・ゆく河〉訳よどんだ所に浮いている水の泡は、**一方では**形がなくなり、**他方では**形を作って、いつまでもそのままでいる例はない。

❷（二つの事態が連鎖的に起こるようすを表し）**すぐに。つぎつぎに。**

かつ現るるをも顧みず、口に任せて言ひ散らすは、やがて浮きたることと聞こゆ。〈徒然草・73・世に語り伝ふること〉訳**つぎつぎに**（本当のことが）あらわになることをも構わずに、口から出任せに言い散らすのは、すぐに根拠のないことだと分かる。

❸（程度や時間が）**わずかに。ちょっと。**

かつ見るにだに飽かぬ御さまを、いかで隔てつる年月ぞ。」と、あさましきまで思ほすに…。〈源氏・明石〉訳（紫の上は）**ちょっと**目にするだけでは満足できない（と思われるほど魅力的な）ごようすなのに、「どうやって過ごしてきた年月なのだ（＝長い間会わないでいられたのか）。」と、（源氏は）あきれるほどにお思いになるにつけても…。

❹（「知る」「聞く」「見る」などの上に付いて）**すでに。あらかじめ。**

世の中し常かくのみとかつ知れど痛き心は忍びかねつも 歌〈万葉集・3・472〉訳世の中はいつもこのようであるばかりだと**すでに**知っているけれども、つらい気持ちはこらえ切れないことよ。

二 接続詞《近世以降》**そのうえ。また。** **なほ、松島、塩釜の所々、絵に書きて贈る。かつ、紺の染め緒付けたる草鞋二足、はなむけす。**〈奥の細道・宮城野〉訳なお、（画家の加右衛門は）松島や、塩釜などあちこち（の名所）を、絵に描いて贈り物としてくれる。**そのうえ**、紺色に染めた鼻緒を付けた草鞋を二足、餞別としてくれる。

発展 **語の歴史** 二つの事柄が並行して起こるようすを表す一❶から、連鎖的に起こる場合にも用いられる❷のようになり、近世には二の接続詞の用法も生じた。現代語では、文語的な表現として「なおかつ」「かつまた」のように、類義のことばと重ねて使われることもある。

類語比較 「また」「さらに」「かつ」↓又

かつ・う【飢う・餓う】動詞 自〔ワ下二段〕（ゑ・ゑ・う・うる・うれ・ゑよ）《中世以降》空腹に苦しむ。飢える。

「一日もここもとに居ゑまうすほど、かつゑまうしさうらふ。」〈万の文反古〉訳「一日でもここにおりますと、**飢えて**しまいます。」

発展 確かに下二段と判断される用例はなく、現代語化した下一段の用例しか見ない。活用の行も「かつへ」「かつえ」などが多いが、「飢う」との関係などから、ワ行と判断する。

かつ-は【且つは】副詞 ↓かつは

かつお（現）↓（歴）**かつを**【鰹】

かづか＋口 「**かづく**【被く】一（カ行四段）」の未然形。または、「**かづく**【潜く】一（カ行四段）」の未然形。↓かづく【被く】最重要語（360ページ）

かつ-がつ

不十分・不満足ではあるが一応の対応をするようす
- 副詞
  - ❶何はともあれ。ともかくも。
  - ❷ひとまず。さしあたり。
  - ❸やっとのことで。どうにか。

副詞 ❶（何をおいても取り急いで行うようすを表し）**何はともあれ。ともかくも。** **まず、かの弁してぞ、かつがつ案内伝へきこえさせたまひける。**〈源氏・若菜上〉訳（院は）まず、あの左中弁を使いとして、**ともかくも**事情を（源氏に）お伝え申し上げさせなさったのだった。

かつがつ南都の狼藉を鎮めんとて、備中国の住人、瀬尾太郎兼康、大和国の検非所に補せらる。〈平家・5・奈良炎上〉訳（平清盛は）**ともかくも**奈良の騒動を鎮圧しようとして、備中の国の住人である、瀬尾太郎兼康が、大和の国の検非違使所（の長官）に任命される。

❷（応急の処置として行うようすを表し）**ひとまず。さしあたり。早速に。**

「これなむ、その人の近き縁なるを、これをかつがつものせむ。」〈源氏・夢浮橋〉訳「これ（＝小君）は、その女（＝浮舟）の近い縁続きの者であるから、これを**ひとまず**遣わそう。」

❸**やっとのことで。どうにか。どうにかこうにか。**

渡りの津に泊まりて、夜一夜、舟にてかつがつ物など渡す。〈更級日記・太井川〉訳（川の）渡し場の船着き場に泊まって、一晩中、舟で**どうにかこうにか**（対岸に）荷物などを渡す。

かづき【被き・被衣】名詞 頭にかぶること。また、そのもの。特に、身分の高い女性が外出の際に、顔を隠すため、頭から背に垂れるようにかぶった衣服。

かづき【潜き】名詞 水の中にもぐること。水中にもぐって魚貝や海藻をとること。また、その人。

かづき＋口 「かづく【被く】㊀（カ行四段）」の連用形。
または、「**かづく**【潜く】㊀（カ行四段）」の連用形。↓かづく【被く】最重要語（360ページ）

かづく【被く】動詞 ↓最重要語（360ページ）

かづく【潜く】

頭からすっかり水の中に入る
- ㊀動詞 自〔カ四段〕（水に）潜る。
- ㊁動詞 他〔カ下二段〕（水に）潜らせる。

動詞 自〔カ四段〕

未然形	連用形	終止形	連体形	已然形	命令形
かづ・か	かづ・き	かづ・く	かづ・く	かづ・け	かづ・け

動詞 他〔カ下二段〕

未然形	連用形	終止形	連体形	已然形	命令形
かづ・け	かづ・け	かづ・く	かづ・くる	かづ・くれ	かづ・けよ

㊀動詞 自〔カ四段〕（水に）**潜る。**
かづけども、**かづけ**ども、月おぼろにて見えざりけり。〈平家・9・小宰相身投〉訳（身投げした小宰相を捜して、水に）**潜って**も、**潜って**も、月の光がぼんやりしていて見えなかったのだった。

㊁動詞 他〔カ下二段〕（水に）**潜らせる。**
平瀬には小網刺し渡し早き瀬に鵜をかづけつつ月に日に然し遊ばね愛しき我が背子歌〈万葉集・19・4189〉訳川の流れが緩やかな所には小さな網を一方から向こうまでかけ渡し、流れの急な所でウを何度も**潜らせて**は、幾月も幾日もそうして遊んでください。いとおしいあなたよ。

発展 ①**語の成り立ち**　頭からかぶるという意味の動詞「被く」と同じ語源で、「か」は「頭」の意味かといわれる。「被く」は中古から用例が現れるが、「潜く」は上代からすでにあった。
②**文法のポイント**　「かづく」のように、四段・下二段の両方の活用がある動詞では、それぞれが「…する」（四段）「…させる」（下二段）という意味のうえでの関係になるものが多い。「かづく」のほかに「弛む」「違ふ」「立つ」「付く」「向く」などがある。

かづく【被く】

頭を覆うようにする
- ㊀動詞 他〔カ四段〕
  - ❶頭からかぶる。
  - ❷（褒美・引き出物として貴人から着物などを）頂く。
- ㊁動詞 他〔カ下二段〕
  - ❶頭からかぶせる。
  - ❷（褒美・引き出物として貴人が着物などを）与える。
  - ❸他のもののせいにする。◉近世語。

動詞 他〔カ四段〕

未然形	連用形	終止形	連体形	已然形	命令形
かづ・か	かづ・き	かづ・く	かづ・く	かづ・け	かづ・け

動詞 他〔カ下二段〕

未然形	連用形	終止形	連体形	已然形	命令形
かづ・け	かづ・け	かづ・く	かづ・くる	かづ・くれ	かづ・けよ

㊀動詞 他〔カ四段〕❶**頭からかぶる。頭を覆う。**
足鼎を取りて、頭にかづきたれば…。〈徒然草・53・これも仁和寺の法師〉訳（僧は）三本の足が付いた釜を取って、**頭からかぶった**ところ…。
❷（褒美・引き出物として貴人から着物などを）**頂く。また、**（頂き物を）**左肩に掛ける。**
雪の降り敷きたるに、かづきて参るもをかしう見ゆ。〈枕草子・87・職の御曹司におはしますころ、西の廂にて〉訳雪の一面に降った中を、（中宮から賜った衣装を）**左肩に掛けて**（使者が斎院に）参上（＝帰参）する姿も趣深く見える。

［かづく㊀❷］

㊁動詞 他〔カ下二段〕❶**頭からかぶせる。**
円居する身に散りかかる紅葉は風のかづくる錦なりけり歌〈伊勢集・86〉訳宴会をしている自分に散りかかる紅葉の葉は、風が（私の）**頭からかぶせる**錦（の衣）だったのだなあ。
❷（褒美・引き出物として貴人が着物などを）**与える。また、**（与えるものを）**肩に掛けてやる。転じて、**（一般に）**褒美を与える。**
宮の方より、萌黄の織物の小袿、袴、押し出でたれば、三位の中将かづけたまふ。〈枕草子・104・淑景舎、東宮に〉訳中宮の方から、萌黄色（＝薄い緑色）の織物の★小袿、袴を（褒美として）押し出したので、三位の中将が（使者の）**肩に掛けてやり**なさる。
❸《近世語》**他のもののせいにする。責任を押し付ける。**
「利徳は黙りて、損は親方にかづけ…。」〈西鶴・日本永代蔵〉訳「利益は隠して、損は親方に**責任を押し付け**…。」

発展 ①**語の歴史**　中古から見られることばであるが、上代からある「潜く」と同じ語源で、頭を覆うように物を載せるというのがもともとの意味。㊀❷は、頂いた着物などを左肩に掛ける作法があったことからできた意味で、実際には肩に掛けないで単に「頂く」という意味でも用いられた。㊀❶は女性が外出する際に顔を隠すことにも用い、そのための衣を「かづき」と呼んだ。↓被き
②**四段・下二段両方がある動詞**　㊁は、四段活用の㊀に使役の意味が含まれて下二段活用になったもの。このように、四段・下二段の両方の活用がある動詞には、それぞれが「…する」（四段）「…させる」（下二段）という関係になっているものが多い。↓頼む発展
③**「かづく」と「かつぐ」**　中古末期から「かつぐ」ともいわれたが、「かづく」の方が優勢であった。「肩に載せる意味の「担ぐ」が中世末期に「かつぐ」に変化したのに伴って、「かづく」を「かつぐ」の形で用いることはなくなっていった。

⚈かづく＋囗 「かづく【被く】㊀（カ行四段）」の終止形・連体形。または、「かづく【被く】㊁（カ行下二段）」の終止形。↓最重要語（360ページ）「かづく【潜く】㊀（カ行四段）」の終止形・連体形。または、「かづく【潜く】㊁（カ行下二段）」の終止形。

⚈かづくる＋囗 「かづく【被く】㊁（カ行下二段）」の連体形。または、「かづく【潜く】㊁（カ行下二段）」の連体形。↓かづく【被く】最重要語（360ページ）

⚈かづくれ＋囗 「かづく【被く】㊁（カ行下二段）」の已然形。または、「かづく【潜く】㊁（カ行下二段）」の已然形。↓かづく【被く】最重要語（360ページ）

⚈かづけ＋囗 「かづく【被く】㊀（カ行四段）」の已然形・命令形。または、「かづく【被く】㊁（カ行下二段）」の未然形・連用形。↓最重要語（360ページ）「かづく【潜く】㊀（カ行四段）」の已然形・命令形。または、「かづく【潜く】㊁（カ行下二段）」の未然形・連用形。

かづけ-もの【被け物】［名詞］褒美として目下の者に与える品物。ねぎらいの品。祝儀しゅうぎ。［類］纏頭てんとう ［発展］もと、禄ろく（＝褒美）としての品は多くが衣服で、受けた者は左肩に掛けて退いたことからいう。

かっ-こ【羯鼓】［名詞］❶雅楽ががく・伎楽ぎがく・田楽でんがくなどで用いる鼓つづみの一種。鼓面を左右にして台にのせ、二本のばちで両面を打つ。❷能・狂言で、体の前に付けて、二本のばちで打ち鳴らす鼓。また、そのようにして舞う舞。

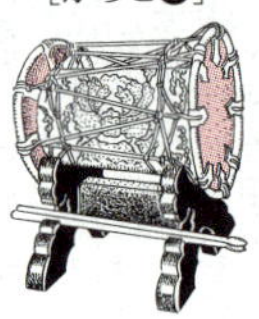
［かっこ❶］

かづさ【上総】［旧国名］↓上総

月山がっさん［｜グヮッ］［地名］山形県中部にある火山。出羽でわ三山さんざんの一つ。頂上に月山神社があり、古くから修験道しゅげんどうの地として知られる。

かっ-し【甲子】［名詞］↓きのえね

葛飾かつしか［地名］今の東京都葛飾区から千葉・埼玉県にまたがる地域。江戸川・中川・荒川沿岸の低地で、真間ままの手児奈てこなの伝説で知られた。

かっ-せん【合戦】［名詞］戦うこと。いくさ。戦い。

かっ-ちう【甲冑】｜ちゅう［名詞］よろいとかぶと。

かつ-て【都て・曾て・嘗て】［副詞］❶（打消の語を伴って）全然。決して。一向に。**木高こだかくはかつて木植ゑじほととぎす来鳴きとよめて恋益まさらしむ**［歌］〈万葉集・10・1946〉［訳］木がこんもりと茂るようには**決して**木を植えまい。ホトトギスが来て（声をあたりに響かせて）鳴き（私の）恋（心）を募らせるから。❷（肯定文に用いて）以前。昔。［発展］男性にのみ使われたことば。中古の女流文学には出てこない。

かって【勝手】［名詞］❶弓の弦を引く方の手。右手。❷有利なこと。都合のよいこと。❸自分の思うまま。気まま。自由。❹ようす。事情。❺台所。また、そこで働く人。❻暮らし向き。家計。財政。

かって-づく【勝手尽く】｜ずく［名詞］自分に都合がよいようにすること。自分の思いどおりに振る舞うこと。身勝手。

かって-な【勝手な】［形容動詞］［口語化］気ままだ。思いどおりだ。都合がよい。「**利を一か月も重ねぬやうに廻せば、いづれには勝手の商ひするものなり。**」〈西鶴・日本永代蔵にっぽんえいたいぐら〉［訳］「利息を一か月もためないように（毎月きちんと支払って元金を）運用すると、いつかは**思いどおり**の商売ができるようになるものだ。」

がってん【合点】［名詞］［動詞］［自］〔サ変〕（せ・し・す・する・すれ・せよ）❶和歌・連歌・俳諧はいかいなどを批評するとき、よい出来のものの右肩に印を付けること。**定家朝臣ていかあそんのもとへ点を請ひにやりたりければ、「合点して褒美の詞など書き付けはべり。」**とて…。〈古今著聞集ここんちょもんじゅう〉［訳］（藤原）定家朝臣の所へ（和歌の）批評をお願いしにやったところ、「**よいものに印を付けて**褒めことばなどを書き付けてございます。」と言って…。❷回状などで承知したという印を自分の名前の右肩に付けること。❸承知すること。同意すること。**もっとももしかるべき由よし、合点申されけるうへは、子細に及ばず。**〈保元ほうげん〉［訳］最もそうするのがよいことを、（左大臣が）ご**同意**申し上げなさった以上は、あれこれ言うまでもない。［発展］「がてん」とも。

かつ-に-の-る【勝つに乗る】勝って、ますます勢いづく。**源氏の兵者つはものども、勝つに乗って**…。〈平家・11・弓流ゆみながし〉［訳］源氏の軍兵どもは、**勝ってますます勢いづいて**…。〇「乗って」は「乗りて」の促音便。［発展］四段動詞「かつ」の連体形＋格助詞「に」＋四段動詞「のる」。

かつ-は【且つは】［副詞］一方では。一つには。**かつは仏に奉り、かつは家づとにす。**〈方丈記・勝地は主ぬしなければ〉［訳］（木の実を拾って）**一方では**仏様にお供えし、**一方では**家への土産とする。［発展］副詞「かつ」＋係助詞「は」が一語になったもの。多くの場合、対句にして二つの事実が並存する意味を表す。

かっぱ【河童】［名詞］川や水辺にすむという想像上の動物。頭上に水を載せる皿、手足に水かきがあり、口はとがり、背に甲羅を付けている。人やウマを水中に引き入れていたずらをするという。

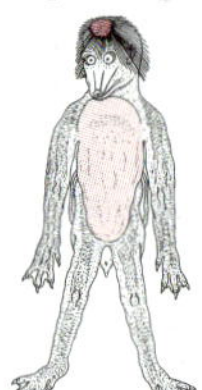
［かっぱ］

かつ-ま【勝間】［名詞］目の細かい竹かご。［類］筐かたみ

かつみ［名詞］《植物》イネ科の多年草。マコモの別の呼び名。一説にアヤメの一種。［発展］古来、「安積あさかの沼（＝今の福島県郡山市にあった沼）の花かつみ」として和歌に詠まれ、多く「且かつ見」に掛けられる。

活用かつよう［国語・国文法］動詞・形容詞・形容動詞・助動詞が、文中における働きに応じて語形変化すること。また、語形変化するととらえること。したがって、無変化型の助動詞「じ」などにも活用がある、ととらえる。

活用形かつようけい［国語・国文法］動詞・形容詞・形容動詞・助動詞が切れ続き（＝下の文節と結び付かないか、結び付くか）によって変化する種々の語形の名称。一般に、★未然形・★連用形・★終止形・★連体形・★已然形・★命令形の六活用形を設けるが、これは、最も多様に語形変化するナ行変格活用動詞を基準にしたものである。なお、各活用形の名称は、各活用形のもついくつかの働きのうち、最も代表的な働きによって名付けられたものである。↓活用語尾かつようごび・語幹ごかん

活用語かつようご［国語・国文法］活用するかしないかで単語を分類したとき、活用する語のこと。単独で、または他の語に付属して一文節となるとき、切れ続き（＝下の文節と結び付かないか、結び付くか）によって規則的に語形の変化する

語である。自立語では動詞・形容詞・形容動詞、付属語では助動詞がこれに属する。

活用語尾【かつようごび】国語・国文法 動詞・形容詞・形容動詞が活用する際に語形の変化する部分。たとえば動詞「読む」は「読ま・読み・読む・読む・読め・読め」と活用するが、変化しない部分(=★語幹)「よ」に対して、変化する部分「ま・み・む・む・め・め」が活用語尾である。「見る」「得う」「来く」「為す」などのように、語幹と活用語尾とを区別することができない場合もある。

かつら【桂】 名詞 ❶《植物》カツラ科の落葉高木。春先に紫紅色の花をつけ、葉はハート形。樹高は二、三十メートルに達する。❷中国の伝説で、月に生えているという木。❸❷から転じて、月の別の呼び名。

桂【かつら】歌枕 今の京都府西京区、桂川南西岸の地区。古くから京都と西国を結ぶ交通の要地。この地の桂橋より下流の★大堰川を桂川と呼ぶ。和歌には、月にカツラの木が生えているという中国の故事を連想して、月を詠み込むことが多かった。↓ビジュアルチェック㉓(1093ページ)

かづら【葛】 名詞《植物》つる草の総称。

かづら【鬘】 名詞 ❶上代、つる草や草木の枝・花などで作った髪飾り。アヤメ・ヤナギなども用いた。❷頭髪が短いときや少ないときなど、別の髪の毛を束ねて自分の髪に添えて補うもの。類 髢 ❸能や歌舞伎などで、役柄に合わせて用いる、作り物の頭髪。付け髪。かつら。

かつらがは… 歌

桂川わが心にも通はねど同じ深さに流るべらなり〈土佐日記・二月十六日〉訳 桂川(=京都市西京区を流れる川)は私の心の中にまで通い流れているというわけではないが、(帰京の喜びに満ちた私の心と)同じ深さで流れているようだ。○「深さ」には、川の深さと心の深さの両方の意味が掛けられている。「通ふ」「深さ」は、「川」の縁語。発展 桂川を人に見立てて、土佐の国からの帰京の喜びを詠んだ歌。当時、西国からは桂川を渡って京へ入った。

桂川【かつらがは】[-ガワ] 地名 ↓桂

かづらき【葛城】 歌枕 ↓葛城

かづらき-の-かみ【葛城の神】 名詞 大和(=今の奈良県)の葛城山に住むという「一言主神」の別の呼び名。役の行者(=修験者の開祖)が葛城山から吉野の金峰山への久米路に岩橋をかけようとその神に命じたが、醜い容貌を恥じて夜の間しか働かなかったので、完成しなかったという伝説から、恋や物事が成就しないたとえに用いられる。

かづら・く【鬘く】 動詞 他 (カ四段)〈か・き・く・く・け・け〉つる草や花などで作った髪飾りを付ける。

ももしきの大宮人のかづらけるしだり柳は見れど飽かぬかも 歌〈万葉集・10・1852〉訳 宮中に仕える人が**つる草や花などで作った髪飾りを付け**ている(その飾りにしている)シダレヤナギはいくら見ても飽きないものだ。

発展 名詞「かづら(鬘)」が動詞になったもの。

かつら-の-かげ【桂の影】 月光。月の光。発展 月にカツラの木が生えているという中国の伝説から、「桂」は月の別の呼び名としても用いられる。

かつら-の-まゆずみ【桂の黛】 三日月のように細く美しく引いたまゆ墨。美人のまゆ墨のたとえ。

かつら-をとこ【桂男】 名詞 中国の伝説で、月世界にあるカツラの木の下に住むという男。転じて、月の別の呼び名。

かつを【鰹】 名詞《動物》サバ科の海水魚。カツオ。季語 夏 発展「かたうを」の変化したことば。万葉集に加工して食用にしたという記述がある。近世の江戸では、特に五月初旬の初鰹を珍重した。

かつを-ぎ【鰹木】 名詞 上代の宮殿や、神社の屋根の棟木の上に、棟木と直角に並べた円筒(=鰹節)形の木。発展 略して「かつを」とも。

かて【糧・粮】 名詞 旅行用の食物。また、日常の食物。発展「かりて」の変化したことば。

仮定【かてい】国語・国文法 実際に行われたり成立したりしていない事柄を、実現したものと仮に想定して述べる表現。次のような場合がある。
① 条件法の中の★仮定条件の表現。
● 順接仮定条件の表現
● 逆接仮定条件の表現
② 反実仮想の助動詞を用いた「～ましかば～まし」などの表現。英語の仮定法に近い。
③ 推量の助動詞「む」を用いる。この用法は、体言の上に、また助詞「に」「こそ」などの上に、「む」が連体形として用いられる場合に限られる。「思は**む**子を法師になしたら**む**こそ心苦しけれ(=愛する子がいる**として**、その子を僧にしている**としたら**、それは気の毒だ)。」〈枕草子・7・思はむ子を〉ただし、「思はむ」の「む」を婉曲と考える取り扱いもある。

仮定条件【かていじょうけん】国語・国文法 条件法の一種。ある事柄を仮定することを示す表現法。
① 順接(「もし…なら」という意味を表す)
● 接続詞を用いて表す―さらば・しからば
● 活用語の未然形に接続助詞「ば」を付けて表す。「春まで命あら**ば**、必ず来む(=もし春まで命があっ**たら**、きっと来よう)。」
② 逆接(「かりに…ても」という意味を表す)
● 接続詞を用いて表す―さりとて
● 動詞終止形・形容詞未然形に接続助詞「と」「とも」を付けて表す。「唐の物は、薬のほかはなく**とも**、事欠くまじ(=中国から渡来した物は、薬のほかはない**としても**、不自由はあるまい)。」

かて-に 連語 …できないで。…きれないで。
↓読解の手引き⑪(669ページ)

鶯の待ちかてにせし梅が花散らずありこそ思ふ児がため 歌〈万葉集・5・845〉訳 ウグイスが(咲くのを)待ち**きれないで**いたウメの花よ、散らずにいてほしい。愛するあの娘のために。

発展 下二段補助動詞「かつ」の未然形＋打消の助動詞「ず」の古い連用形「に」。意味用法の似た「難し」と混同され、中古以降「がてに」と濁った形で多く和歌の中で使われた。

-がてら 接尾語 (別の動作を加えることを表し)…(するの)を兼ねて。…かたがた。…(し)ながら。接続 用言の連用形、また動詞の連用形が名詞になったもののような、動作を表す名詞に付く。

梅の花咲き散る園に我行かむ君が使ひをかた待ちがてら 歌〈万葉集・18・4041〉訳 ウメの花が咲いたり散ったりしている庭園に私は行こう。あなたからの使いをひたすら待ち**ながら**。

-がてり 接尾語 ↓-がてら

が-てん【合点】 名詞 動詞 ↓がってん

花伝書【かでんしょ】[-クヮデン] 作品名 ↓風姿花伝

かど【才】

他より優れた才能や素質 ─ ❶**才能。才覚。才気。** ❷**見所。趣。**

名詞 ❶(多く「才あり」の形で)才能。才覚。才気。 容貌をかしう、心ばせ**才**ありて、皆優れたりける。〈源氏・夕霧〉訳(若君たちは)容姿がすばらしく、優れた心遣いや**才気**があって、皆他人より勝っていたのだった。

❷**見所。趣。** 怪しき草木を掘り植ゑ、**かど**ある巌石を立て並べて、山を畳み…。〈栄花〉訳(庭には)珍しい草木を掘り取ってきて植え、**趣**のある岩石を立て並べて、築山を築き…。

関連語 才才し

かど【角】 名詞 ❶物のとがって突き出た部分。物の角ばっている所。❷刀剣の刃と峰(=背)の間の厚くなっている部分。鎬。また、刀の切っ先。❸物の隅。また、道の曲がる所。❹性格や言動などが、きつく、とげとげしいこと。

かど【門】 名詞 ❶門。家の出入り口。また、門のあたり。門前。❷家柄。一門。一族。「なほ、この**門**広げさせたまひて…。」〈源氏・薄雲〉訳「やはり、この**一族**(=源氏の一門)を繁栄させてくださって…。」 発展「か」は所、「と」は出入り口という意味。

かど-あんどん【門行灯】 名詞 屋号などを書いて門口に掛け、目印とした行灯。 発展「かどあんどう」とも。

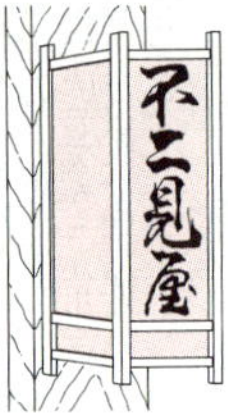

[かどあんどん]

かど-かど・し【才才し】 形容詞 (363ページ) **要語** ↓最重

かど-かど・し【角角し】 形容詞〔シク〕〈しく・しく・し・しき・しけれ・○/しから・しかり・○・しかる・○・しかれ〉 ❶角が多い。角張っている。とげとげしい。❷気が強く心が角立っている。とげとげしい。 いと押し立ち、**かどかどしき**ところものしたまふ御方にて…。〈源氏・桐壺〉訳(弘徽殿の女御は)たいへん我が強く、**とげとげしい**ところがおありになるお方であって…。

かど-た【門田】 名詞 門の前にある田。家の近くの田。家のそばにある田。

かど-ちか・なり【門近なり】 形容動詞〔ナリ〕〈なら・なり(に)・なり・なる・なれ・なれ〉門に近い。

かど-かど・し【才才し】

見るからに才能があるようす ─ **才能がある。才気がある。**

形容詞〔シク〕

未然形	連用形	終止形	連体形	已然形	命令形
かどかど・しく	かどかど・しく	かどかど・し	かどかど・しき	かどかど・しけれ	○
かどかど・しから	かどかど・しかり	○	かどかど・しかる	○	かどかど・しかれ

才能がある。才気がある。てきぱきしていて賢い。 **かどかどしう**らうらうじう、匂ひ多かりし心ざまもてなし…。〈源氏・幻〉訳(生前の紫の上の)**才気があり**(何事につけても)洗練され、生き生きとした美しさの多かった(=あふれていた)性質や振る舞いが…。○「かどかどしう」は連用形「かどかどしく」のウ音便。

人の**かどかどしく**魂あることの興ありて…。〈大鏡・道長下〉訳その人(=清範という僧)が**才気があり**思慮のあることがおもしろくて…。

発展 名詞「才」を重ねて形容詞にしたことば。

かど-で【門出】 名詞 ❶旅や戦いのために出発すること。出立。旅立ち。❷出発に先立ち、出発日や目的地の方角の吉凶などを考慮し、吉日を選んでひとまずよそに移ること。九月三日**門出して、いまたちといふ所に移る**。〈更級日記・門出〉訳九月三日に(ひとまず)**門出**をして、「いまたち」という所に移動する。 発展「かどいで」とも。❷は、移った先から再度旅立つことになる。陰陽道の盛んな平安時代には多かった。

かど-の-をさ【看の長・看督長】 名詞 検非違使庁の下級役人。牢獄の管理や罪人を追って捕まえることなどを仕事とした。

かど-は・す【勾引す・誘拐す】 動詞 他〔サ四段〕〈さ・し・す・す・せ・せ〉誘拐する。だまして、あるいは無理に連れて行く。京より浮かれたる女の、人に**かどはされて来たりけるを**…。〈今昔〉訳京から浮浪してきている女で、人に**誘拐されて来ていた女を**…。

かど-び【門火】 名詞 ❶死者を送り出すとき、また、婚礼で花嫁を送り出すとき、門口でたく火。❷盂蘭盆のとき、(死者の霊を送迎するため)門口でたく火。

かど-ひろ・し【門広し】 連語 一門の勢力が広がっている。一族が栄えている。「この世の人は、男は女に逢ふことをす。女は男に逢ふことをす。その後なむ**門広くもなりはべる**。」〈竹取・五人の貴公子〉訳「この世の人は、男は女と結婚する。(また)女は男と結婚する(ものだ)。その後、**一族が栄えている**ようにもなるのです。」

かど-め・く【才めく】 動詞 自〔カ四段〕〈か・き・く・く・け・け〉才気が感じられる。才気走る。「らうらうじう、**かどめきたる心はなきなめり**。」〈源氏・末摘花〉訳「(姫君は)物慣れて巧みで、**才気走った心**はないようである。」

か-な【仮名】 名詞 漢字から生まれた日本固有の音節文字。漢字本来の用法だけでは、日本語を十分に表記できないため、まず、同音の漢字を借りて用いた万葉仮名が発生し、さらに、これを草書体にして平仮名が、また、万葉仮名として用いた漢字の点画を省略して片仮名が成立した。特に平仮名を指すことが多い。 発展「かりな」の変化したことば(「かりな↓かんな↓かな」)。「な」は字の意味。漢字を「真名」というのに対していう。↓**古語チャート**

か-な

㉘(911ページ)

(感動・詠嘆を表し)**…だなあ。** …ものだなあ。…ことよ。

接続 体言、活用語の連体形に付く。

終助詞（感動・詠嘆を表し）…だなあ。…ものだなあ。…ことよ。

「いといみじきことかな。」〈蜻蛉日記（かげろうにっき）〉訳「（私が流罪だとは）本当にひどいことだなあ。」

「限りなく遠くも来にけるかな。」〈伊勢・9〉訳「果てしなく遠くまでもやって来てしまったものだなあ。」○過去の助動詞「けり」の連体形に付いている例。

発展 **①語の成り立ち**　終助詞「か」に終助詞「な」が付いてできたことば。「か」「な」ともに、詠嘆を表す。

②使われる場面　感動・詠嘆は、話し手の気持ちを表すものなので、会話文・心内文や和歌の中に多く用いられる。近世以降は俳句の★切れ字としての用法が多い。

③「かも」と「かな」　上代には主として「かも」が用いられ、「かな」の用例は見られない。中古以降には、「かな」が「かも」に代わって用いられるようになる。

関連語 かも（終助詞）

がな

- 一 終助詞
  - ❶（他への願望を、詠嘆を込めて表し）…があったらなあ。…がいたらなあ。
  - ❷（他に対する願望・強調・確認を表し）…てくれたらなあ。…よ。◉中世後期以降の用法。
- 二 副助詞（物事を漠然と不特定のまま提示する意味を表し）…か。…でも。◉中世以降の用法。

接続 一の❶・二は体言（＋格助詞「を」など）に付く。一の❷は命令文に付く。

一 終助詞 ❶（他への願望を、詠嘆を込めて表し）…があったらなあ。…がいたらなあ。…が欲しいなあ。

「かの君たちをがな。つれづれなる遊び敵（がたき）に。」〈源氏・橋姫〉訳「あの（宇治の）姫君たちがいたらなあ。退屈しているときの遊び相手として。」○体言「君たち」が格助詞「を」を伴った形に付いている例。

「あっぱれ、よからう敵（かたき）がな。最期の軍（いくさ）して見せたてまつらん。」〈平家・9・木曾最期（きそのさいご）〉訳「ああ、（相手として）ふさわしいような敵がいたらなあ。最期の戦いをしてお見せ申し上げよう。」○名詞「敵」に付いている例。

❷《中世後期以降》（命令文に用いて、他に対する願望・強調・確認を表し）…てくれたらなあ。…よ。

「橋へ回れば人が知る水門（みなと）の川の潮が引けがな」〈閑吟集（かんぎんしゅう）〉訳「（川を渡りたいが）橋へ回ると人が知る（ことになる）。（川の中を歩けるように）河口の潮が引いてくれたらなあ。」○四段活用動詞「引く」の命令形に付いている例。

二 副助詞《中世以降》（物事を漠然と不特定のまま提示する意味を表し）…か。…でも。

「何がな取らせん。」と思へども、取らすべきものなし。〈宇治拾遺（うじしゅうい）〉訳「何か与えよう。」と思うけれども、渡すのに適当なものがない。○「何」という疑問語に付いている例。「何をがな」「何とがな」のような形でも用いられる。

「私寝言がな申したか。ただし、おまへが病みほうけて空耳でがなござりましょ。」〈近松・心中重井筒（しんじゅうかさねいづつ）〉訳「私が寝言でも言いましたか。それとも、あなたが病気でぼけて空耳（で人の声を聞いたの）でもございましょう。」○疑問語を伴わずに、漠然と例を示している。

発展 **①一の終助詞「がな」の歴史**　実現の困難なことや不可能なことに対する願望を表す終助詞「もがな」からできたもの。「もがな」は、願望を表す終助詞「もが」に、詠嘆を表す終助詞「な」が付いたもので、上代の「もが」「もがも」に代わって中古以降に用いられるようになった。この「もがな」が、しだいに「も＋がな」と解され、一の❶の『源氏物語』の用例のように、体言に格助詞「を」を伴った形に「がな」が付くようになり、さらに、「がな」単独でも用いるようになる。

②一の❷は、命令文の下に付く　その命令の実現を望む気持ちや、単なる強調・確認の意味で用いられる。この用法の「がな」は、取り除いても文意は変わらない。

③二の副助詞「がな」　終助詞「がな」の用法が変化したものといわれるが、能・狂言では「かな」と清音になっていることなどを考え合わせると、疑問の係助詞「か」に間投助詞「な」が付いたものと見ることもできる。また、近世に入るまでは、『宇治拾遺物語』の用例のように、疑問語に付く形で用いられていて、係助詞「か」と用法が似ている。

関連語 もが・もがな・もがも

❸**かなう**（現）↓（歴）**かなふ**【叶ふ・適ふ】最重要語（367ページ）

❸**かなえ**（現）↓（歴）**かなへ**【鼎】

かなぐ・る 動詞 他 ラ四段〈ら・り・る・る・れ・れ〉手荒く引きのける。かきむしる。

「死人の髪をかなぐり抜き取るなりけり。」〈今昔〉訳「死んだ人の髪の毛をかきむしり抜き取るのであった。」

かな-ごよみ【仮名暦】名詞（本格的な漢字書きの暦に対して）女子用に作られた仮名書きの暦。

かな・し【愛し・悲し・哀し】形容詞 ↓最重要語（365ページ）

かなしう・す【愛しうす】（かなしゅうす）

親が子を思うように切ないほどいとしいと思う ― いとしいと思う。かわいがる。

未然形	連用形	終止形	連体形	已然形	命令形
かなしう・せ	かなしう・し	かなしう・す	かなしう・する	かなしう・すれ	かなしう・せよ

動詞 他 サ変 いとしいと思う。かわいがる。

「ひとつ子にさへありければ、いとかなしうしたまひけり。」〈伊勢・84〉訳 ひとりっ子でもあったので、（母は）とてもいとしいと思っていらっしゃった。

発展 **語の成り立ち**　形容詞「かなし」の連用形＋サ変動詞「す」＝動詞「かなしくす」のウ音便形。「かなし」には、「愛し」「悲し」の意味があるが、「かなしうす」「かなしくす」は、「愛し」の意味に限られる。

かなし-が・る【愛しがる】

親が子を思うように切ないほどかわいいと思う ― かわいがる。かわいいと思う。

未然形	連用形	終止形	連体形	已然形	命令形
かなしが・ら	かなしが・り	かなしが・る	かなしが・る	かなしが・れ	かなしが・れ

動詞 他 ラ四段 かわいがる。かわいいと思う。

「御孫の頭（とう）の中将（ちゅうじょう）公成（きんなり）の君を、ことのほかにかなしがりたまひて…」〈大鏡・公季（きんすえ）〉訳（公季は）お孫である頭の中将の公成様を、格別におかわいがりになって…。

発展 ①語の成り立ち　形容詞「かなし」＋接尾語「がる」＝動詞「かなしがる」となったもの。同様に接尾語「ぶ」「む」が付いた「かなしぶ」「かなしむ」という動詞もある。

②「悲しがる」意も　「悲しがる」という表記が当てはまる例もある。たとえば、「今日はまして、母のかなしがるることは(＝今日はなおさら、母が悲しがりなさることだなあ。」〈土佐日記・一月十一日〉などの例では、現代語と同じ「悲しがる」という意味で用いられている。

かなしく・す【愛しくす】 動詞 ↓かなしうす

かなしけ【愛しけ】《上代東国方言》いとしい。かわいい。懐かしい。

上野の久路保の嶺ろの葛葉がたかなしけ児らにいや離りくも 歌〈万葉集・14・3412〉訳 上野(＝今の群馬県)の久路保の山の(どこまでも伸びる)クズの蔓のように、いとしいあの娘なのにどんどんと遠ざかって来てしまったことよ。

発展 形容詞「かなし」の連体形「かなしき」が変化したもの。

かなし-さ 名詞 ㊀【愛しさ】かわいいこと。いとしいこと。㊁【悲しさ・哀しさ】悲しいこと。悲哀。

かな・し

【愛し・悲し・哀し】

形容詞[シク]

身近なものに対する感情が痛切に迫って心がかき立てられるようす

㊀【愛し】
❶かわいい。いとおしい。
❷心が引かれる。おもしろい。
❸見事に。うまく。◉連用形「かなしく」の副詞的用法。

㊁【悲し・哀し】
❶切ない。嘆かわしい。
❷かわいそうだ。気の毒だ。
❸(経済的に)貧しい。気苦労が多い。
❹悔しくも。しゃくなことに。◉連用形「かなしく」の副詞的用法。

未然形	連用形	終止形	連体形	已然形	命令形
かな・しく かな・しから	かな・しく かな・しかり	かな・し ○	かな・しき かな・しかる	かな・しけれ ○	○ かな・しかれ

㊀【愛し】❶かわいい。いとおしい。↓愛しうす

その人の心になりて思へば、まことにかなしからん親のため、妻子のためには、恥をも忘れ、盗みもしつべきことなり。〈徒然草・142・心なしと見ゆる者も〉訳 その人の気持ちになって思えば、本当にいとおしいと思うような親のため、妻子のためには、恥をも忘れて、盗みもしてしまうに違いないことである。

❷心が引かれる。おもしろい。

見継ぎ見継ぎに御供に参りて、御額つかせたまひしも、見たてまつりはべりき。いとかなしうあはれにこそはべりしか。〈大鏡・伊尹〉訳 (私、世継は藤原義孝の後を)見え隠れにお供申し上げて、(世尊寺の紅梅の下で)ご礼拝なさったお姿も、見申し上げました。(その殊勝さは)とても心が引かれしみじみと感慨深うございました。

○「かなしう」は連用形「かなしく」のウ音便。

❸(連用形を副詞的に用いて)見事に。うまく。

「かなしくせられたり。」とて、見あさみけるとなん。〈古今著聞集〉訳「見事に(タヌキの化け物を)お捕りになった。」と言って、(他の者たちは)見てびっくりしたと(いうことだ)。

㊁【悲し・哀し】❶切ない。嘆かわしい。心が痛む。悲しい。

女、いと悲しくて、後に立ちて追ひゆけど、え追ひつかで、清水のある所に伏しにけり。〈伊勢・24〉訳 女は、(男に去られて)ひどく切なくて、後から追いかけていくが、とても追いつけず、清水のある所で倒れてしまった。

○中古では、この意味で用いられることが多い。

❷かわいそうだ。気の毒だ。ふびんだ。

ふと天の羽衣打ち着せたてまつりつれば、翁を、「いとほし、悲し。」とおぼしつることも失せぬ。〈竹取・かぐや姫の昇天〉訳 (天人が)さっと天の羽衣を(かぐや姫に)着せて差し上げたところ、(竹取の)翁を、「気の毒だ、かわいそうだ。」と(先ほどまで)お思いになったことも(かぐや姫の心から)消えてしまった。

○「いとほし」と「悲し」がほぼ同じ意味で用いられている。

↓類語比較

❸(経済的に)貧しい。気苦労が多い。情けない。

「年ごろ、仏を頼みたてまつりて、この身いと悲し。」〈古本説話集〉訳「長年の間、仏をお頼り申し上げていて、この自分はたいへん貧しい。」

❹(連用形を副詞的に用いて)悔しくも。しゃくなことに。残念なことに。

「安からぬことこそあれ。ものも覚えぬ腐り女に、悲しう言はれたる。」〈宇治拾遺〉訳「心安らかでは(いられ)ないことだ。ものも分からない取るに足りない女に、悔しくも(ひどく)言われたことよ。」

発展 **「貧しい」の意は中世から**　㊁❸は、近世になってからの意味ともいわれるが、用例に挙げた『古本説話集』(中古末期から中世初期にかけて成立)の例などは文脈上「貧しい」の意味と認められる。この意味での「悲し」の対義語と考えられる「楽し」には、「堀川相国は、美男の楽しき人にて…。」〈徒然草・99・堀川相国は〉のように「(物質的に)豊かである・裕福である」の意味で用いられることが中世に多い。そのことからも、中世には「悲し」に「貧しい」という意味があったと考えられる。

類語比較 **「かなし」と「いとほし」**

共通点＝自分に身近な人を気の毒だと思う気持ち、また、かわいいと思う気持ちを表す。

かなし＝不可能の意味を表す補助動詞「かぬ」と同じ語源で、身近なものに対する押しとどめがたい、切ない感情を表すのがもともとの意味といわれる。

いとほし＝「いたはる」「いたはし」と関係のあることばといわれ、「心を痛める」というのがもともとの意味である。

↓**古語チャート**⑪(427ページ)

かなしび【悲しび】 名詞 悲しみ。悲しみ嘆くこと。

かなし・ぶ【愛しぶ】 動詞 他 〔バ四段〕〈ば・び・ぶ・ぶ・べ・べ〉

一【愛しぶ】愛する。賞美する。いとおしむ。

楊貴妃をかなしびたまふによりて…。〈今昔〉訳（玄宗皇帝は）楊貴妃を愛しなさることで…。

二【悲しぶ】悲しむ。嘆く。悲しいと思う。

愚かなる人は、またこれを悲しぶ。〈徒然草・74・蟻のごとくに〉訳 愚かな人は、またこれ（＝老いと死）を悲しむ。

かなし・む【愛しむ・悲しむ】 動詞 →かなしぶ

かなず（現）→（歴）**かなづ【奏づ】**

仮名草子【かなぞうし】 文芸用語 江戸時代に仮名で書かれた短編小説。室町時代の*御伽草子の後を受け、慶長年間（一五九六～一六一五）から*井原西鶴の『*好色一代男』刊行の一六八二（天和二）年までに書かれた。啓蒙・教訓・処世の物語が多い。代表的作品には、*浅井了意の『浮世物語』、*鈴木正三の『因果物語』、如儡子の『*可笑記』など。

か-な-た【彼方】 代名詞（方向を示して）あちら。あちらの方。向こう側。↓此方・其方。

此方も彼方、心を合はせて、はしたなめわづらはせたまふ時も多かり。〈源氏・桐壺〉訳（ほかの女御や更衣たちが中廊下の扉を閉ざし）こちら（側）と**あちら**（側）とで、示し合わせて、（桐壺の更衣に）恥をかかせたり困らせたりなさるときも多い。

かな・づ【奏づ】 動詞 他 〔ダ下二段〕〈で・で・づ・づる・づれ・でよ〉

❶舞を舞う。

しばし奏でて後、抜かんとするに、大方抜かれず。〈徒然草・53・これも仁和寺の法師〉訳 しばらく**舞を舞った**後、（頭にかぶった釜を）抜こうとするのに、全然抜くことができない。

❷弦楽器などを弾く。音楽を演奏する。

仮名遣い【かなづかい】 国語・国文法 仮名によって日本語を表記するときの、仮名の使い方の規則。現代語の発音に基づく「*現代仮名遣い」と、過去の文献によりどころを求める「*歴史的仮名遣い」とがある。↓字音仮名遣い

仮名手本忠臣蔵【かなでほんちゅうしんぐら】 作品名 江戸中期の浄瑠璃。時代物。十一段。二世*竹田出雲・*並木宗輔・三好松洛の合作。赤穂義士の仇討ちを描き最も多く上演されている。一七四八（寛延元）年初演。

かなは-ず【叶はず】 連語 ❶許されない。することができない。

物の具、脱ぎ捨ててあゆめども、かなはざりけり。〈平家・8・瀬尾最期〉訳 よろいやかぶとなどを脱ぎ捨てて歩くけれども、（うまく進むことが）**できなかった**。

❷思いどおりにならない。思うに任せない。

「**乏しく、かなはぬ人のみあれば、おのづから本意通らぬこと多かるべし。**」〈徒然草・141・悲田院の尭蓮上人は〉訳「（都の人は）貧乏で、**思いどおりにならない**人ばかりいるので、自然と本来の志を貫かないことが多いに違いない。」

❸そのままではすまされない。

朝夕なくてかなはざらん物こそあらめ…。〈徒然草・140・身死して〉訳 常になくては**そのままではすまされない**ような物（＝生活の必需品）はあってもよいだろうが…。

❹しなくてはならない。避けられない。

「**いや、隣の者でおりゃるが、ちとかなはぬ用のことがあるほどに…。**」〈狂言・節分〉訳「いや、隣の者でございますが、ちょっと**しなくてはならない**用のことがあるので…。」

発展 四段動詞「かなふ」の未然形＋打消の助動詞「ず」。

かな・ふ【叶ふ・適ふ】 動詞 ↓最重要語（367ページ）

かな-へ【鼎】 名詞 食物を煮たり、湯を沸かしたりするための金属製の器。青銅製のものが多い。発展「金瓮」の意味。三本足の付いたものを「足鼎」という。

［かなへ］

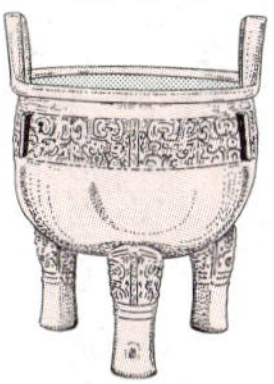

かな-まり【金椀・鋺】 名詞 金属製の椀。

削り氷に甘葛入れて、新しき金椀に入れたる。〈枕草子・42・あてなるもの〉訳 削った氷にアマズラの汁を煮つめた甘味料を加えて、（それを）新しい**金属製の椀**に入れてあるのは（上品だ）。

かな-やき【金焼き】 名詞 熱した鉄で、焼き印を押すこと。

かな-やま【金山・銀山】 名詞 鉱石を掘り出す山。

かならず【必ず】 副詞 ❶（推量表現を伴って）どんなことがあっても。きっと。確かに。

「**この度は必ずあはむ。**」と、**媼の心にも思ひをり。**〈竹取・火鼠の皮衣〉訳「今度は**きっと**結婚するだろう。」と、（翁と同じく）媼の心においても思って座っている。

❷決まって。

「**吉日に悪をなすに必ず凶なり。**」〈徒然草・91・赤舌日といふこと〉訳「吉日に悪行をすれば**決まって**凶である。」

❸（打消の語や反語表現を伴って）必ずしも。

「**人の心、みな、さこそある世なめれ。必ず、さしもすぐれじ。**」〈源氏・常夏〉訳「人の心は、みな、そのような世の中なのだろう。**必ずしも**、それほど優れてはおるまい。」

❹（禁止の表現を伴って）決して。

かならず-しも【必ずしも】 副詞 ❶「かならず❶」に同じ。

必ずしも人情によって、公道を忘るべからず。〈椿説弓張月〉訳 **確かに**人情に引かれて、公の道を忘れてはならない。

❷「かならず❸」に同じ。

必ずしもわが思ふにかなはねど…。〈源氏・帚木〉訳 **必ずしも**自分が希望するとおりではないが…。

-か・なり 接尾語（単語以下の単位の、語の要素に付いて）…の状態、という意味を表す。語例 しづ**かなり**・はる**かなり** 発展 形容動詞（ナリ活用）化する。形容動詞発達の最も古い形の一つで、「やかなり」「らかなり」に比べて、接尾語としての意識は薄れている。

がに 一 接続助詞《上代語》（程度や状態を表して、下の用言を修飾し）…（する）ほどに。…（してしまい）そうに。接続 動詞や完了の助動詞「ぬ」の終止形に付く。

うれたきや醜ほととぎす今こそは声のかるがに来鳴きとよめめ 歌〈万葉集・10・1951〉訳 腹立たしい、ばかなホトトギスよ。今こそ声がかれる**ほどに**、来て大きな声で鳴くがいいのに。

二 終助詞《上代東国方言》（打消・意志・禁止・命令・願望などの表現を受けて、その理由や目的を表し）…（こと）だろうから。…ために。↓がね（終助詞）接続 動詞の連体形に付く。

おもしろき野をばな焼きそ古草に新草まじり生ひは生ふるがに 歌〈万葉集・14・3452〉訳 景色のすばらしい野を焼かないでくれ。古草にまじって新しい草が生え育つのなら生え育つ**ことだろうから**。

発展 一 二 とも、中古には和歌に用いられるだけとなる。

かに-かくに 副詞 あれこれと。いろいろと。
かにかくにものは思はじ朝露のあが身一つは君がまにまに 歌〈万葉集・11・2691〉訳 **いろいろと**ものは思うまい。朝露のようにはかない我が身はあなたの思うままだ。

かにも-かくにも 副詞 ともかくも。いずれにしても。
何すとか使ひの来つる君をこそかにもかくにも待ちかてにすれ 歌〈万葉集・4・629〉訳 どうして使者が来たのか。あなたをこそ**ともかくも**待ちきれずにいるのに。

か・ぬ【予ぬ・兼ぬ】

将来について考え、関係する
- ❶将来のことを考える。予想する。
- ❷(一定の範囲に)わたる。
- ❸併せ持つ。兼任する。

未然形	連用形	終止形	連体形	已然形	命令形
か・ね	か・ね	か・ぬ	か・ぬる	か・ぬれ	か・ねよ

動詞 他〔ナ下二段〕❶**将来のことを考える。前もって決めておく。先のことを心配する。**予想する。予言する。
八百万千年をかねて定めけむ奈良の都は… 歌〈万葉集・6・1047〉訳 非常に多くの限りない年月まで**将来のことを考えて**定めたとかいう奈良の都は…。
❷(一定の範囲に)**わたる。**
一町かねて辺りに人も駆けらず…〈大鏡・師輔〉訳 一町(＝平安京の一区画)に**わたって**付近に人も速く走ることなく…。
❸(両方を)併せ持つ。**兼ねる。兼任する。**
才芸優れて、ことばに徳を兼ねたまへり。〈平家・3・医師問答〉訳 (平重盛は)才芸に優れて、弁舌と徳行とを**併せ持って**いらっしゃった。

か・ぬ 補助動詞〔ナ下二段〕〈ね・ね・ぬ・ぬる・ぬれ・ねよ〉…(する)ことができない。…(し)にくい。…(し)かねる。また、…(する)ことがこらえきれなくなる。
関連語 予かねて
世の中を憂しとやさしと思へども飛び立ちかねつ鳥にしあらねば 歌〈万葉集・5・893〉訳 ↓よのなかを…

かね【金】 名詞 ❶金属の総称。❷貨幣としての、黄金・砂金や銀。❸貨幣。金銭。おかね。❹金属製の道具。金具。

かな・ふ【叶ふ・適ふ】かな(の)う

期待される事柄にちょうど合うようになる
- 一 動詞 自
  - ❶適合する。◉「〜にかなふ」の形で用いられる。
  - ❷望みが現実になる。◉多く、下に打消の語を伴う。
  - ❸できる。◉多く、下に打消の語を伴う。
  - ❹対等に戦える。
  - ❺それでよい。◉多く「なくてかなはず」の形で用いられる。
- 二 動詞 他 ― 望みを現実にする。

	未然形	連用形	終止形	連体形	已然形	命令形
動詞 自〔ハ四段〕	かな・は	かな・ひ	かな・ふ	かな・ふ	かな・へ	かな・へ
動詞 他〔ハ下二段〕	かな・へ	かな・へ	かな・ふ	かな・ふる	かな・ふれ	かな・へよ

一 動詞 自〔ハ四段〕❶(「〜にかなふ」の形で)**適合する。合致する。**
あやしき下﨟なれども、聖人の戒めにかなへり。〈徒然草・109・高名の木登り〉訳 (木登りの名人といわれた男は)身分の低い下人であるけれども、(言ったことばは)聖人の訓戒に**合致して**いる。
❷**望みが現実になる。期待したとおりになる。思いどおりになる。**
頼みたる方のことはたがひて、思ひ寄らぬ道ばかりはかなひぬ。〈徒然草・189・今日は、そのことを〉訳 当てにしていた方面のことは(期待と)食い違って、意外な方面だけは**思いどおりになって**しまう。
❸(多く、下に打消の語を伴って)**できる。思うようになる。**
「偽りせんとは思はねど、乏しく、かなはぬ人のみあれば、おのづから本意通らぬこと多かるべし。」〈徒然草・141・悲田院の尭蓮上人は〉訳 「(都の人は)うそをつこうとは思わないが、貧乏で、**思うようにならない**人ばかりいるので、自然と本来の志を貫かないことが多いに違いない。」
❹(多く、下に打消の語を伴って)**対等に戦える。相手になれる。**
小太刀、大長刀にかなはじとや思ひけん…。〈平家・11・弓流し〉訳 小さな太刀では、大きな長刀と**対等に戦えない**だろうと思ったのだろうか…。
❺(多く「なくてかなはず」の形で)**それでよい。それで済む。**
朝夕なくてかなはざらん物こそあらめ、そのほかは何も持たでぞあらまほしき。〈徒然草・140・身死して〉訳 常になくては**それで済まない**ような物(＝生活の必需品)はあってもよいだろうが、そのほかは何も持たないでいたいものだ。
二 動詞 他〔ハ下二段〕**望みを現実にする。成就させる。**
「それを取りて奉りたらむ人には、願はむことをかなへむ。」〈竹取・竜の頸の玉〉訳 「それ(＝竜の首の玉)を取って(私に)献上したとしたらその人には、願うようなことを**成就させて**やろう。」

発展 ❸は、上方では、主に銀貨が使われたので、「銀」と表記することが多い。

かね【矩】 名詞 ❶曲尺。直角の基準になるものさし。❷直角。

かね【鉦】 名詞 下に置いたり、手に持ったりして木の棒で鳴らす金属製の楽器。多く、仏具として使う。

かね【鉄漿】 名詞 ↓かねぐろ

かね【鐘】 名詞 釣り鐘。また、その音。

-がね 接尾語 (名詞に付いて)…のためのもの、…の候補者、という意味を表す。語例 后がね・婿がね

がね 終助詞《上代語》(打消・意志・禁止・命令・願望などの表現を受けて、その理由や目的を表し)…(こと)だろうか

ら。…ために。接続 動詞の連体形に付く。

佐保川の岸のつかさの柴しばな刈りそねありつつも春し来たらばたち隠るがね 歌〈万葉集・4・529〉訳 佐保川の岸の小高い所の柴は刈らないでくれ。このままにしておいて春が来たら(あの人と会うときにそれに)隠れる**ために**。

発展 和歌にだけ見られる。

かね-ぐろ【鉄漿黒】 名詞 鉄漿かね(=鉄を酸化させた液)で、歯を黒く染めること。おはぐろ。また、黒く染めている歯。

年十六、七ばかりなるが、**薄化粧して、鉄漿黒なり。**〈平家・9・敦盛最期あつもりさいご〉訳 年のころは十六、七歳ぐらいの者が、薄化粧して、**歯を黒く染めているの**である。

発展 平安時代の上流階級の女性の風習であったが、院政のころから男性貴族にも行われた。後に民間にも広まり、江戸時代には既婚女性の目印となった。

かね-こと【予言】 名詞 あらかじめ言っておくことば。未来を予想していうことば。予言よげん。約束のことば。

『**いかがはせん。**』**なんど言ひしは、はかなかりける予言かな。**」〈平家・9・小宰相身投こざいしょうみなげ〉訳『(船中で子どもを産むようなときは)どうしたらよかろう。』などと言ったのは、頼りない**予言**であるよ。」

かね-て【予ねて】

ある時期よりも前の時
- 一 連語 ─…前から。…前に。
- 二 副詞 ─前もって。以前から。あらかじめ。

一 連語 (多く、日数を表すことばに付いて)…前から。…前に。

五日**かねて**は、**見むもなかなかなべければ、内にも入らず。**〈更級日記・子忍びの森〉訳 (父は地方へ下る)五日**前から**は、顔を合わせたりするのもかえってしない方がましである(=会えばつらい)ので、(私の)部屋の中にも入らない。

二 副詞 前もって。以前から。あらかじめ。

この女ひとりぞ、子孫も引き具して、家の物の具ひとつも失はずして、かねて逃げ退のきて、静かにゐたりける。〈宇治拾遺うじしゅうい〉訳 この女ひとりが、子や孫をも引き連れて、家財道具をひとつもなくさないで、**前もって**(山崩れから)避難して、落ち着いていたのだった。

発展 **語の成り立ち** 一は、下二段動詞「かぬ」の連用形＋接続助詞「て」。二はこれが一語の副詞になったもので、中世以降、「かねてより」の形で「前々から・常日ごろから」の意味でも用いられた。格助詞の「より」は副詞には付かないので、この「かねて」は名詞的に用いられたものといえる。

かねのおとの… 歌

鐘の音の絶ゆるひびきに音ねをそへてわが世つきぬと君に伝へよ〈源氏・浮舟うきふね〉訳「あの(寺の)鐘の音が絶えてゆく響きに、(私の泣く)音を添えて、私の命も終わってしまった。」と(母)君に伝えてください。〇「つきぬ」の「つき」は「尽き」と「撞つき」の掛詞で、「撞き」は「鐘」の縁語。

発展 寺の鐘の音を聞きながら、別れの手紙を書き、自分を案じる母にあてた浮舟の歌。

かねる(現)↓(古)**かぬ【予ぬ・兼ぬ】**

か-の【彼の】 ❶(話し手、聞き手から遠く離れた事物を指して)あの。

「**かの都の人は、いと清らに、老いをせずなむ。**」〈竹取・かぐや姫の昇天〉訳「**あの**(月の)都の人は、たいそう美しく、年を取ることがなくて。」

❷(すでに話題になった事物を指して)その。

めなもみといふ草あり。くちばみにさされたる人、かの草を採もみて付けぬれば、すなはち癒いゆとなん。〈徒然草・96・めなもみといふ草あり〉訳 メナモミという草がある。マムシにかまれた人は、**その草**をもんで付けると、すぐに治る(ということだ)。

可能かのう 国語・国文法 動作主体が、あることを実現する能力のあることを示す表現。次のような表現形式があるが、打消の語を伴うことが多い。

①動詞の下に、可能の助動詞「る」「らる」を伴う。
②動詞の上に副詞「え」を付ける(上代の用法)。
③補助動詞「う」「あふ」、また「かつ」(上代語)などを伴う。
④「こと得う」「こと能あたふ」を添えて表す。
⑤推量の助動詞「べし」、また「てむ」の「む」が、可能の意味を担って、これを表す。「いま幾日いくかありて若菜摘みて**む**(=あと何日たったら若菜を摘むことが**できるだろう**か)」〈古今集・春上・18〉
⑥室町時代末期以降、四段活用動詞を下一段化させた、いわゆる★可能動詞を用いて表す。

可能動詞かのうどうし 国語・国文法 可能の意味を表す動詞。「書ける」「読める」などのように、四段活用動詞が、同じ行の下一段活用(ただし「命令形」を欠く)に変化してできた動詞。室町時代末期頃に使われ始め、近世中期以降、多くの動詞に広がったもの。

可能の助動詞かのうのじょどうし 国語・国文法「できる」という意味を表す助動詞。「る」「らる」(上代では「ゆ」「らゆ」)にこの用法がある。助動詞「べし」にも、また、二語以上の助動詞が連結した「てむ」の「む」にも、可能を表す用法が見られる。可能を表す場合は命令形がない。

か-の-え【庚】 名詞 ★十干じっかんの七番目。こう。発展「金かねの兄え」の意味。↓ビジュアルチェック❺(393ページ)

かのえ-さる【庚申】 名詞 ↓かうしん

か-の-こ【鹿の子】 名詞 ❶シカの子。また、シカ。季語 夏 ❷「★鹿かの子こ斑まだら」の略。❸(「鹿かの子こ絞しぼり」の略で)絞り染めのひとつ。糸でくくって、白い斑点はんてんの模様を染め出したもの。鹿の子染め。鹿の子結ゆい。発展「か」はシカの古い呼び名。❸は、近世に流行した。

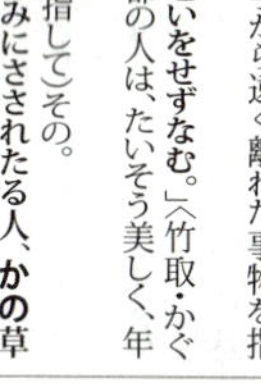

[かのこ❸(鹿の子絞り)]

かのこ-まだら【鹿の子斑】 名詞 シカの子の毛色のように、茶褐色の地に白い斑点はんてんがあるもの。

時知らぬ山は富士の嶺ねいつとてか鹿の子まだらに雪の降るらむ 歌〈新古今集・雑中・1616〉訳 ↓ときしらぬ…

か-の-と【辛】 名詞 ★十干じっかんの八番目。しん。発展「金かねの弟おと」の意味。↓ビジュアルチェック❺(393ページ)

か-の-も【彼の面】 名詞 あちら側。向こう側。かなた。対 此この面も 発展 多く「このもかのも」の形で用いられる。

か-は

- 一 係助詞
  - ❶(疑問を表し)…か。…のか。
  - ❷(反語を表し)…か、いや…ない。
- 二 終助詞 (反語を表し)…だろうか、いや…ではない。

接続 一は★主語・★連用修飾語・★接続語などに付く。また、★補助語・被補助語の間に介在する。
接続 二は体言、活用語の連体形などに付く。

る。

一 係助詞 ❶〈疑問を表し〉…か。…のか。「いかなる契りにかはありけむ。」〈源氏・夕顔〉訳「（夕顔と私は）どのような前世の因縁であったのだろうか。」○断定の助動詞「なり」の連用形「に」に付いている例。疑問を表す形容動詞「いかなり」と係助詞「かは」とで、話者が心中で疑う気持ちを表している。★係り結びの法則により、文の結びとなる過去推量の助動詞「けむ」は、連体形である。

❷〈反語を表し〉…か、いや…ない。…か、いや…ではない。「都には父もなし、母もなし。捨てられまゐらせて後、また誰にかは見ゆべきに…。」〈平家・7・維盛都落〉訳「都には（私の）父もいないし、母もいない。（あなたに）見捨てられ申し上げた後は、再びだれと結婚することができるだろうか、いや、できるはずもないのに…。」○「誰にかは」は「見ゆべきに」に係るが、「かは」を受ける部分に接続助詞「に」が付いて後に続いているので、係り結びの法則は成立しない。これを、「★結びの消滅」という。

二 終助詞〈反語を表し〉…だろうか、いや…ではない。…か、いや…ない。「おぼつかなからぬやうに告げやりたらん、悪しかるべきことかは。」〈徒然草・234・人のものを問ひたるに〉訳 はっきりしない点がないように（相手に）知らせてやるようなことは、悪いことだろうか、いや悪いことではないはずだ。「隔てなく馴れぬる人も、程経て見るは、恥づかしからぬかは。」〈徒然草・56・久しく隔たりて〉訳 心の隔たりなく打ち解けた人も、時がたって（から）会う場合は、気詰まりでないか、いや、気詰まりでなくはない（＝気詰まりだ）。○打消の助動詞「ず」の連体形に付いている例。

発展 ①係助詞の「かは」 一の係助詞は、疑問・反語を表す係助詞「か」に、強調を表す係助詞「は」が付いてできたもの。「か」の意味を強めたものなので、「か」と同じように文中に置かれ、文末に活用語が来る場合は連体形で結ぶ。❶は原則として、「いかに」「何」「いつ」などの疑問を表すことばが前に置かれる。

②文末の「かは」 「かは」が文末に相当する位置に置かれていても、結びが省略された形である場合は、終助詞ではなく係助詞である。たとえば、「いかなる人にかは。」〈源氏・浮舟〉などの例では、「いかなる」という疑問語が前に置かれ、「かは」の下に「あらむ・ありけむ」などが補える。意味は「どのような人で（あるのだろう）か。」となるので、この場合の「かは」は係助詞である。↓結びの省略

③終助詞の「かは」 二の終助詞は、終助詞「か」＋係助詞「は」としてできたもの。体言、活用語の連体形などに付いて、文末に置かれる。「かは」の下に語句を補うことができない。↓読解の手引き ⑲（1028ページ）

か-ばかり 副詞 ❶これほど。この程度。「かばかりになりては、飛び降るるとも降りなん。」〈徒然草・109・高名の木登り〉訳「（高さが）この程度になれば、飛び降りても降りることができるだろう。」

❷これだけ。これきり。「極楽寺、高良などを拝みて、かばかりと心得て帰りにけり。」〈徒然草・52・仁和寺にある法師〉訳 極楽寺、高良神社などに参詣して、これだけと思い込んで帰ってしまった。

かは-ぎぬ【皮衣・裘】 名詞 ↓かはごろも

かは-くま【川隈】 名詞 川の流れが曲がっている所。

かは-ご【皮籠・皮子】 名詞 まわりに皮を張ったかご。後には、紙張りや竹編みのものをもいう。行李。発展「ご」は「籠」という意味。

［かはご］

かは-ごろも【皮衣・裘】 名詞 獣の毛皮で作った衣服。防寒用に着る。「名残なく燃ゆと知りせば皮衣思ひのほかにおきて見ましを」歌〈竹取・火鼠の皮衣〉訳 跡形もなく燃えると知っていたなら、（この）皮衣を気に懸けないで火の外にほうっておいて見ただろうのになあ。○「思ひ」の「ひ」に「火」を掛ける。発展「かはぎぬ」とも。

かば-ざくら【樺桜】 名詞 ❶《植物》ヤマザクラの一種。白い一重の花をつける。❷★襲の色目のひとつ。表は蘇芳（＝紫がかった紅色）、裏は赤花（＝ベニバナで染めた、紫を帯びた淡い赤色）。一説に、表は薄色、裏は濃い二藍。

-がは・し 接尾語 ↓-がまし

かは・す【交はす】 一 動詞 他（サ四段）〈さ・し・す・す・せ・せ〉❶交える。交差させる。「羽を並べ、枝を交はさむ。」と、契らせたまひしに…。〈源氏・桐壺〉訳「羽を並べ、枝を交えよう（＝比翼の鳥、連理の枝のように深い契りの夫婦でいよう）。」と、（帝が）お約束くださったのに…。

❷互いにやり取りする。通じ合う。「かの親王よりほかに、また言の葉を交はすべき人こそ世におぼえね。」〈源氏・胡蝶〉訳 あの親王以外に、またことばを互いにやり取りすることのできそうな人は世の中に（いるとは）思われない。

❸変える。移す。「とみの御ものなり。たれもたれも、あまたして時交はさず縫ひて参らせよ。」〈枕草子・95・ねたきもの〉訳「急ぎのお品である。誰も誰も、大勢で時を移すことなく（＝時間内に）縫って差し上げよ。」

二 補助動詞（サ四段）〈さ・し・す・す・せ・せ〉互いに…（し）合う。「湊風寒く吹くらし奈呉の江につま呼び交はし鶴さはに鳴く」歌〈万葉集・17・4018〉訳 河口の風が寒く吹いているらしい。★奈呉の海の入り江で、つがいの相手を互いに呼び合い、ツルがたくさん鳴いている。

かは-せ【川瀬】 名詞 川の浅瀬。川底の浅い所。

かは-たけ【川竹・河竹】 名詞 ❶マダケまたはメダケの別の呼び名。清涼殿の東庭の御溝水の近くに植えられていた。↓ビジュアルチェック ⑫（715ページ）・⑯（759ページ）❷川辺に生えているタケ。

かは-たび【革足袋】 名詞 なめし革製の足袋。多くシカの革を用いる。

かはたれ-どき【彼は誰時】 名詞 薄暗い時分。明け方。夕方。発展 はっきり見えないので「あの人は誰か」と人の見分けがつかないような時刻という意味。後に、明け方を「彼は誰時」、夕暮れを「誰そ彼時」というようになった。↓古語チャート ❶（47ページ）

かはち【河内】 旧国名 ↓河内

かはづ【蛙】 名詞 《動物》❶カジカガエル。小形のカエルで谷川に住み、夏から秋にかけて澄んだ声で鳴く。「花に鳴く鶯、水に住む蛙の声を聞けば、生きとし生けるもの、いづれか歌を詠まざりける。」〈古今集・仮名序〉訳

（春、ウメの）花にさえずるウグイス、（秋）清流に住むカジカガエルの声を聞くと、この世に生きているすべての物は、どれが歌を詠まなかったか。いや、すべてが歌を詠んだ。

❷カエル。

悠然として山を見る蛙かな 句〈おらが春・一茶〉訳↓いうぜんとして…

発展「かへる」は口語、「かはづ」は★歌語として用いられたといわれる。

かは-づか【革柄】― 名詞 革を巻いた太刀のつか。

かは-づら【川面】― 名詞 ❶川のほとり。川辺。❷川の水面。かわも。水上。発展 近世以降は「かはづら」。

かは-と【川門】― 名詞 川幅の狭くなっている所。また、川の渡り場。発展「と」は狭まっている場所という意味。

かは-と【川音】― 名詞 川の流れの音。発展「かはおと」が変化したことば。

がは-と 副詞 （動作を急激にするようすを表し）がばっと。**弁慶土佐坊をかき抱き、鞍壺にがばと投げ乗せ**…〈義経記〉訳 弁慶は土佐坊を抱き上げ、★鞍壺にがばっと投げ乗せ…。

発展「かっぱと」「がばと」とも。

かばね【姓】名詞 ❶古代氏族の家柄や世襲の官職を表す称号。朝廷から与えられるもので臣・連・造・君・首など数十種類あり、しだいに序列を表すようになり、臣・連が尊ばれ国政に参与した。❷六八四（天武十三）年、天武天皇が制定した★八色の姓。多数の姓を、八等級に整理したもので、真人・朝臣・宿禰・忌寸・道師・臣・連・稲置の八種。

かばね【屍】名詞 死体。発展「しかばね」「しにかばね」とも。

かはのへの… 歌 **河上のつらつら椿つらつらに見れども飽かず巨勢の春野は**〈万葉集・1・56・春日蔵首老〉訳 川べりに並んで咲くツバキを、よくよく見ても飽きないよ、★巨勢の春の野は。○「つらつら椿」は並んで咲く椿。第二句までが「つらつらに」を導く序詞。

かは-ばしら【川柱】― 名詞 川の中に残って立っている家や橋などの柱。

かは-ぶえ【皮笛】― 名詞 口笛。発展 唇の皮で吹く笛という意味。

かは-ぼり【蝙蝠】― 名詞 ❶コウモリの古い呼び名。季語 夏 ❷（「蝙蝠扇」の略で）扇子。発展 ❷は、「かはぼり」「かはもり」とも。開くとこうもりが翼を広げた形に似ていることから。

［かはぼり❷］

かは-むし【皮虫】― 名詞 毛虫。蝶や蛾などの幼虫。

かはむしの… 歌 **鳥毛虫の毛深きさまを見つるよりとりもちてのみ守るべきかな**〈堤中納言・虫めづる姫君〉訳 毛虫が毛深いの（と同じく、眉をそらず毛深いあなたが考え深いの）を見てから、（その姿が心から離れず、毛虫を手に）取り持つように世話をして（妻にして）守ろうと思いますよ。○「毛深き」は「気深き（＝考え深い）」との掛詞。

発展 歌の表面は毛虫のことをいいながら、裏には、眉も抜かず虫にばかり興味を示す姫君に右馬の佐が、求婚の意味を含ませて詠んだ歌。眉毛を抜くのは平安時代の貴族の女性の身だしなみのひとつ。返歌（↓ひとにぬ…）参照。

かは-や【廁・厠】― 名詞 便所。発展 川屋（＝川の上に渡して作った小屋）という意味。また、側屋（＝家のそばに作った小屋）という説もある。

かはゆ・し 形容詞［ク］〈く・く・し・き・けれ・○／から・かり・○・かる・○・かれ〉❶恥ずかしい。きまりが悪い。類 面映ゆし **いたく思ふままのことかはゆくもおぼえて、少々をぞ書きて見せし。**〈建礼門院右京大夫集・359・詞書〉訳 あまり自分の思っているままのことでは恥ずかしくも思われて、ほんの一端だけを書いてみせた。

❷気の毒だ。かわいそうだ。見るに忍びない。**聞こえぬことども言ひつつよろめきたる、いとかはゆし。**〈徒然草・175・世には心得ぬことの〉訳（年老いた法師が、酔って）意味が分からないことなどを言いながらよろめいているのは、本当に**見るに忍びない**。

❸《中世以降》かわいらしい。愛らしい。かわいい。**かはゆき子には旅をさせよ。**〈鶉衣〉訳 **かわいい**子供には旅（のつらい思い）を体験させよ。

発展「顔映ゆし」が変化したもの。

類語比較「いとほし」と「かはゆし」↓いとほし

かは-よど【川淀】― 名詞 川の水のよどんでいる所。**吉野なる夏実の河の川淀に鴨そ鳴くなる山陰にして** 歌〈万葉集・3・375〉訳↓よしのなる…

かはら【川原・河原】名詞 ❶川辺の、水が流れていない砂や石の多い平地。❷京都の鴨川の河原。特に、四条河原。発展 ❷では「祓へ」や「禊」が行われた。また、江戸時代には四条河原で夕涼みや歌舞伎が行われた。

かはらかなり （誤）↓（正）かわらかなり

かはら-け【土器】― 名詞 ❶うわぐすりを用いない素焼きの陶器。古くは食器として用いられたが、後、行灯の油皿などに用いられた。**「参らせよ。」とて、まづ大きなる土器具して**…。〈宇治拾遺〉訳「（芋粥を）差し上げよ。」と言って、初めに、大きな**素焼きの陶器**を持って…。

❷素焼きの杯。また、それについだことから、酒。**「女あるじにかはらけ取らせよ。さらずは、飲まじ。」**〈伊勢・60〉訳「女主人に**素焼きの杯**を取らせて酌をさせよ。そうしないなら、（私は）飲むまい。」

❸酒宴。酒盛り。酒杯のやりとり。**土器始まりて、宗との鬼殊の外に酔ひたるさまなり。**〈宇治拾遺〉訳 **酒宴**が始まって、首領の鬼は格別に酔ったようすである。

発展「瓦製の器」という意味。

かはり【代はり】名詞 ❶後任。交代。❷身代わり。代理。❸償い。代償。❹代価。代金。

かはり-がはり【代はり代はり】副詞 かわるがわる。交替で。

かは・る 動詞 自［ラ四段］〈ら・り・る・る・れ・れ〉

一【変はる】❶変化する。かわる。**所も変はらず、人も多かれど**…。〈方丈記・ゆく河〉訳 場所も**変わらない**し、人も多いけれど…。

❷年月が改まる。**後は世変はり時移りにければ**…。〈伊勢・16〉訳 後は時代も改まり時も移ってしまったので…。

二【代はる・替はる】入れ替わる。交代する。また、身代わりになる。**東宮、すなはち代はりゐさせたまふ。**〈蜻蛉日記〉訳 皇太子が、すぐに**入れ替わり**即位あそばされる。

-かひ【交】造語 物と物の間、重なったところ、という意

味を表す。[語例]羽交(はか)ひ・眼交(まなか)ひ(=目の前)

かひ【甲斐・詮・効】[名詞]❶しるし。効き目。かい。**都出でて君に逢はむと来しものを来しかひもなく別れぬるかな**[歌]〈土佐日記・十二月二十六日〉[訳]都を出てあなたにお目にかかろうと思ってやってきたのに、来たかいもなくもう別れてしまうことだな。❷価値。値打ち。**暑さに乱れたまへる御ありさまを、見るかひありと思ひきこえたり。**〈源氏・帚木〉[訳]暑さにくつろいでいらっしゃる(源氏の)ごようすを、見る**価値**があると(女房たちは)お思い申し上げている。

かひ【貝】[名詞]❶貝。貝殻。上代には装身具、平安時代以降は「★貝合はせ」などの遊びに用いた。❷《動物》フジツガイ科の大形の巻き貝。ホラガイ。貝殻は時報や合図などのため吹き鳴らすのに用いた。

かひ【峡】[名詞]山と山の間。峡谷。谷間。[発展]「交(かひ)」と同じ語源。

かひ【匙】[名詞]さじ。しゃもじ。[発展]古くは貝殻を用いたことからいう。

かひ【甲斐】[旧国名]↓甲斐(かい)

かひ-あはせ【貝合はせ】[名詞]❶平安時代の「★物合はせ」のひとつ。二組に分かれ、出し合った貝の珍しさや美しさを競い合う遊び。❷遊戯のひとつ。三百六十個のハマグリの貝殻を、それぞれ二片に分け、同じものを合わせる。平安末期から行われ、後には貝に絵や和歌などを書いて使った。[類]貝覆

[かひあはせ❷]

かひ-うた【甲斐歌】[名詞]「★東歌」のひとつ。甲斐(=今の山梨県)の民謡。

かひ-おほひ【貝覆ひ】[名詞]↓かひあはせ❷

かひ-がかり【買ひ掛かり】[名詞]《近世語》代金後払いで、品物を買うこと。また、その代金。掛け買い。かけ。[対]売り掛け　**よろづの買ひ掛かりも、あるほどは随分すまし…。**〈西鶴・世間胸算用〉[訳]さまざまな**掛け買い**の代金も、(金の)あるだけはできるだけ支払い…。

かひがねを… [歌]
甲斐が嶺をさやにも見しがけけれなく横ほりふせる小夜の中山〈古今集・東歌・1097〉[訳]甲斐(=今の山梨県)の山々をはっきりと見たいものだ。(それなのに)心なくも横たわってさえぎっている★小夜の中山よ。○「さやにも」は「はっきりと」の意味。「けけれ」は「心」の東国方言。
[発展]甲斐地方の民謡で、作者不明の歌。

かひ-がひ・し【甲斐甲斐し】[形容詞]〔シク〕〈しく・しく・し・しき・しけれ・○／しから・しかり・○・しかる・○・しかれ〉❶かいがある。有効だ。期待したとおりだ。**この歌を参らせたりければ…かひがひしく千載集に入りにけり。**〈古今著聞集〉[訳](歌詠みの加賀が花園左大臣に)この歌を差し上げたところ…**期待したとおりに**千載集に入集したのだった。❷頼もしい。しっかりしている。けなげだ。**かひがひしくもたのむの雁、秋は必ず越地より都へ来るものなれば…。**〈平家・2・蘇武〉[訳]**頼もしく**も田に降りているガンは、秋には必ず北国から都へ飛んで来るものなので…。○「たのむ」は、「田の面」が変化したもので、「頼む」の掛詞として用いられている。❸てきぱきしている。勢いがよい。**日ぐらし遊びこうじて物の欲しかりける時にて、かひがひしく皆食ひてけり。**〈古今著聞集〉[訳]一日中遊び疲れて食べ物が欲しいと思っていたときであって、(出された食事を)**勢いよく**全部食べてしまった。

かひ-つ・く【飼ひ付く】[動詞]他〔カ下二段〕〈け・け・く・くる・くれ・けよ〉飼い慣らす。**池の鳥を日ごろ飼ひ付けて…。**〈徒然草・162・遍照寺の承仕法師〉[訳]池の鳥を日ごろから**飼い慣らし**て…。

かひな【腕・肱】 一[名詞]❶肩からひじにかけての部分。二の腕。❷肩から手先までの部分。腕。
二[助数詞]❶舞の手の動きを数えることば。[語例]二(ふた)**腕** ❷木などの太さを表すことば。両腕を伸ばした太さを一腕とする。

かひなく-な・る【甲斐無くなる】— 亡くなる。死ぬ。「もし、**かひなくなりてはべりなば、このかしこまりをだに聞こえさせでや…。」**〈源氏・夕霧〉[訳]「もし(このまま私が)**死ん**でしまいましたならば、このお礼さえも申し上げずじまいになるのではないか…。」
[発展]「死ぬ」の婉曲的な言い方。

かひ-な・し【甲斐無し】[形容詞]↓最重要語(372ページ)

かひろ・ぐ[動詞]自〔ガ四段〕〈が・ぎ・ぐ・ぐ・げ・げ〉揺れ動く。**風になびきてかひろぎ立てる、人にこそいみじう似たれ。**〈枕草子・67・草の花は〉[訳](ススキが)風になびき**揺れ動い**て立っている(姿は)、人間にたいへん似ている…。

かひ-をけ【貝桶】[名詞]「★貝合はせ」に使う貝殻を入れる桶。二個で一組とする。江戸時代には、嫁入り道具のひとつとされた。

かひ-をつく・る【貝を作る】— 口を「へ」の字形にして、泣き顔になる。べそをかく。**足摺りをして、いみじげなる顔に貝を作りて泣きければ…。**〈今昔〉[訳]じだんだを踏み、ひどいようすで**べそをか**いて泣いたので…。

かふ【甲】[名詞]❶★十干の一番目。きのえ。↓ビジュアルチェック❺(393ページ)❷(❶の意味から)順位としての一番目。❸カメ・カニなどの甲羅。❹よろい。かぶと。❺琵琶や三味線の胴のふくらんでいる部分。

か・ふ【交ふ】 一[動詞]他〔ハ下二段〕〈へ・へ・ふ・ふる・ふれ・へよ〉交換する。交える。交わす。やりとりする。**しきたへの袖交へし君玉垂の越智野過ぎ行くまたも逢はめやも**[歌]〈万葉集・2・195〉[訳]袖を**交わし**た夫は越智野を通って行く。再び逢えることがあろうか、いや、逢えないだろう。○「しきたへの」は「袖」に、「玉垂の」は「を」に係る枕詞。
二[補助動詞]〔ハ四段〕〈は・ひ・ふ・ふ・へ・へ〉互いに…する。交じる。行き違う。「**ももしきに行きかひはべらむことは、ましていと憚り多くなむ。**」〈源氏・桐壺〉[訳]「宮中に行き**交じり**(=親しく出入りし)ますようなことは、いっそうひどく恐れ慎むことが多く(ございます)。」

か・ふ【飼ふ】[動詞]他〔ハ四段〕〈は・ひ・ふ・ふ・へ・へ〉❶(動物に)えさを与える。

鷹に飼はんとて、生きたる犬の足を切りはべりつるを…。〈徒然草・128・雅房大納言〉訳 タカにえさを与えようとして、生きているイヌの足を切りましたのを…。

❷動物を養う。飼育する。

がふ【合】ごう 一 名詞 面積・容積をはかる単位。一坪・一升の十分の一。二 助数詞 ふたの付いた容器を数えることば。

が-ふ【楽府】名詞 ❶中国で、漢の武帝が設けた音楽を取り扱う役所。また、そこで採集・制定された歌謡。❷❶の歌謡にならって作られた漢詩の一体。特に、白楽天のものを指す。

かふ-か【閣下】こう 名詞 ❶身分や地位の高い人を敬った言い方。閣下。❷同等の者を敬った言い方。あなた。

かぶき【歌舞伎・歌舞妓】名詞 ❶派手で変わった身なりや振る舞いをすること。❷(「歌舞伎踊り」の略で)江戸時代の初期に出雲の阿国が、演じた踊り。❸の原形となる。❸元禄(一六八八～一七〇四年)ごろに大成した演劇。音楽と踊りを取り入れ、女形(=女性を演じる男優)を使い、独特のせりふまわしや化粧を行い、花道や回り舞台などの舞台装置を備えるなど、多くの特色を有している。

歌舞伎十八番かぶきじゅうはちばん 「ジフハチバン」 文芸用語 ★市川団十郎家代々の★荒事を中心とした演目十八種の総称。一八四〇(天保十一)年、七世団十郎が『勧進帳』を初演するにあたり、「歌舞伎十八番の内」と銘打って以後定着した呼び名。不破・鳴神・不動・嫐・象引・景清・暫・勧進帳・助六・外郎売・矢の根・押戻・関羽・七つ面・毛抜・解脱・蛇柳・鎌髭の十八種。

かぶき-もん【冠木門】名詞 二本の柱の上部をつなぐように横に木を渡した門。

かぶ・く【傾く】動詞 自 カ四段〈か・き・く・く・け・け〉❶傾く。頭を傾ける。
八束穂のかぶきわたりて賤のをがたのみゆたかに見ゆる秋かな 歌〈六帖詠草〉訳 稲穂が一面傾いて、農夫たちの願いがかなえられていると見える秋だよ。
❷ふざけ戯れる。異様な身なりや振る舞いをする。
かぶきたるなりばかりを好み…。〈御伽草子・猫の草紙〉訳 ふざけ戯れた身なりばかりを好み…。

かひ-な・し【甲斐無し】かい

効き目がなくむだであるようす
❶効き目がない。むだである。
❷どうしようもない。
❸意気地がない。ふがいない。弱々しい。

形容詞 ク

未然形	連用形	終止形	連体形	已然形	命令形
かひな・く	かひな・く	かひな・し	かひな・き	かひな・けれ	○
かひな・から	かひな・かり	○	かひな・かる	○	かひな・かれ

❶**効き目がない。むだである。無益である。かいがない。**
泣き顔作り、気色異になせど、いと**かひなし**。〈枕草子・127・はしたなきもの〉訳 (気の毒な話に同情する気持ちを見せようとして)泣き顔をよそおい、ようすも普通ではなく変え(てみ)るが、まったく**効き目がない**。

❷**どうしようもない。**
その後、翁・嫗、血の涙を流して惑へど、**かひなし**。〈竹取・かぐや姫の昇天〉訳 その後、翁と、嫗は、(ひどく悲しんで)血のにじむような涙をこぼして心が乱れるが、**どうしようもない**。

❸**意気地がない。ふがいない。弱々しい。取るに足りない。**
「よろづのこと、**かひなき**身にたぐへきこえては、げに生ひ先もいとほしかるべく覚えはべるを…。」〈源氏・薄雲〉訳 「万事につけて、(私の娘である姫君を)**ふがいない**私と一緒にいさせ申し上げては、なるほど(姫君の)将来のこともおかわいそうに違いないと思われますが…。」
「我は故池の尼御前に、**かひなき**命を助けられたてまってさうらへば…。」〈平家・5・福原院宣〉訳 「私は亡き池の尼御前に、**取るに足りない**命を助けられ申し上げ(=助けていただき)ましたので…。」

類語比較 「はかなし」「かひなし」「むなし」↓果無し

[かぶきもん]

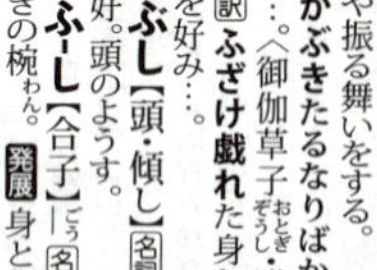

かぶし【頭・傾し】名詞 頭の格好。頭のようす。

がふ-し【合子】ごう 名詞 ふた付きの椀。発展 身とふたが合うものという意味。「がふす」とも。

かふしうかいだう【甲州街道】こうしゅうかいどう 地名 ↓甲州街道

かぶと【兜・甲・冑】名詞 ❶頭と首を保護するため、頭にかぶる鉄製の武具。❷舞楽に用いる、鳳凰の頭をかたどった冠。類 鳥兜

[かぶと❶(当世具足用兜のいろいろ)]

かぶと-の-てさき【兜の手先】かぶとの吹き返しの前方の部分。↓鎧(図)

かぶと-の-はち【兜の鉢】かぶとの頭部を覆う鉢形の部分。

かぶら【鏑】名詞 ❶矢の先に付けるもの。木やシカの角で野菜のカブラのような形に作る。中は空洞で、表面に数個の穴があり、矢を射ると高い音を鳴り響かせる。❷「★鏑矢」の略。↓図(次ページ)

かぶら-や【鏑矢・鏑箭】名詞 先に「鏑(かぶら)」を付けた矢。戦いの合図や狩猟などに用いる。類 鳴(な)り矢(や) ↓矢(や)（図）

[かぶら❶]
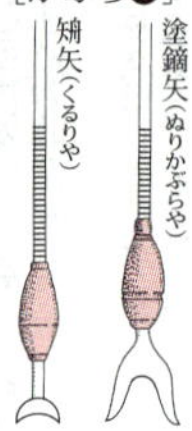

かぶり【冠】名詞 ❶かんむり。❷官位。❸成人して官職に就くこと。発展「かうぶり」が変化したことば。

かふ-りょく【合力】ごう 名詞 動詞 他〔サ変〕〈せ・し・す・する・すれ・せよ〉力を合わせること。力を貸して助けること。協力。助力。また、金品を与えて助けること。施しをすること。援助。「**すべからく平家値遇(ちぐ)の儀を翻して、源氏合力の心に住(じゅう)すべき。**」〈平家・7・返牒(へんちょう)〉訳「当然（今まで）平家に寄せていた好意を翻して、源氏と**力を合わせること**を決意すべきである。」

かぶ・る【被る・蒙る】動詞 ↓かがふる

かぶろ【禿】名詞 ❶髪のない頭。坊主頭。❷髪の先を切りそろえ、結ばないで垂らしておく子供の髪型。おかっぱ。また、その髪型をした子供。❸《遊里語》上級の遊女に仕えた見習いの少女。発展「かむろ」とも。

[かぶろ❷]

かべ【壁】名詞 ❶家の周囲や室内の仕切り。❷夢。壁を「塗る」を「寝(ぬ)る」に掛けていう。❸《女房詞》豆腐。色が白いところから白壁にたとえていう。

が-へ え 終助詞《上代東国方言》（反語を表し）…だろうか（いや…でない）。接続 活用語の連体形に付く。
我が目妻(めづま)人は放(さか)くれど朝顔の年さへこごと我(わ)は離(さか)るがへ 歌〈万葉集・14・3502〉訳 目で見るだけの私の妻を、人は遠ざけるが、幾年までも私は離れる**だろうか**、いや、離れはしない。

か-べい …に違いない。たぶん…だろう。「**今より染めたまはむこそ、かひなかべいことなれ。**」〈源氏・真木柱(まきばしら)〉訳「今から（私の気持ちを）深くお知りになったりすることは、（あなたは人妻だから）かいがない**に違いないこと**ですよ。」
発展「かんべい」の「ん」を表記しない形。「かんべい」の「かん」は、形容詞型活用語の連体形の語末「かる」の撥音便。「べい」は推量の助動詞「べし」の連体形「べき」のイ音便。

かへ-さ【帰さ】かえ 名詞 帰り道。帰りがけ。特に、賀茂の祭りの翌日の、斎王(いつきのみこ)が斎院へ帰る行列。類 帰(かへ)るさ
発展「かへるさ」が変化したもので、「かへるさ」から「かへっさ」を経て成立したことばで、「かへるさ」が和歌に多く用いられたのに対し、「かへさ」は散文に用いられた。

かへさひ-まう・す【返さひ申す】かえさいもうす 動詞 他〔サ四段〕〈さ・し・す・す・せ・せ〉ご辞退申し上げる。「などか、**返さひ申されける。**」〈源氏・若菜下〉訳「どうして、**ご辞退申し上げ**なさったのか。」

かへさ・ふ【返さふ】かえさ（そ）う 一《上代語》何度も裏返す。ひっくり返す。
針袋取り上げ前に置き返さへばおのともおのや裏も継ぎたり 歌〈万葉集・18・4129〉訳 針袋を取り上げ前に置いて、**ひっくり返して**みると、何とまあ、（丁寧な作りで）裏も継いである。
二 動詞 他〔ハ四段〕〈は・ひ・ふ・ふ・へ・へ〉❶問い返す。問いただす。繰り返し問う。**とかく聞こえ返さひ、思(おぼ)しやすらふほどに…。**〈源氏・柏木(かしわぎ)〉訳 あれこれと**問いただし**申し上げ、あれこれお迷いになる間に…。〇「聞こえ返さふ」は「言ひ返さふ」を謙譲語としたもの。
❷繰り返し言う。説得する。「**大臣などもねむごろに口入れ返さひたまはむにこそは、負くるやうにてもなびかめ。**」〈源氏・常夏(とこなつ)〉訳「大臣（＝源氏）なども、熱心に口添えを**繰り返し**なさったりしたら、（それに）根負けするように見せて（私は雲居の雁(かり)と夕霧との結婚を）許そう。」
❸反省する。思い返す。「**かくだに思はじ。**」など、**心ひとつを返さふ。**〈源氏・手習(てならい)〉訳「このようなこと（＝薫に対する未練）すら思うまい。」などと、（浮舟は）ひとりよがりの思いを**反省する**。
❹（「返さひ申す」「申し返さふ」などの形で）辞退する。「**とかく申し返さふことえあらじかし。**」〈源氏・行幸(みゆき)〉訳「どうしてもご**辞退**申し上げることはできないだろうよ。」
発展 一は、四段動詞「かへす」の未然形＋上代の反復・継続の助動詞「ふ」。二は、一が一語になったもの。

かへ-さま【返様】かえ 形容動詞〔ナリ〕 裏返しだ。逆さまだ。後ろ前だ。**かへさまに縫ひたるもねたし。**〈枕草子・95・ねたきもの〉訳（急ぎの仕立て物を）**裏返しに**縫ってしまったのも悔しい。

かへし【返し】かえし
相手から贈られた歌や手紙に対する返歌・返事
- ❶返事の歌。返歌。
- ❷返事。返答。
- ❸（波・風・地震などが）一度治まって、再び起こること。

名詞 ❶**返事の歌。返歌。** **この歌を、これかれあはれがれども、一人も返しせず。**〈土佐日記・一月七日〉訳 この歌を、この人あの人（みな）がしみじみと感動するけれども、一人も**返歌**をしない。
❷**返事。返答。**「**今宵(こよひ)はえ参るまじ。**」とて**返しおこせたるは、すさまじきのみならず、いと憎くわりなし。**〈枕草子・25・すさまじきもの〉訳「今夜は参上できそうもない。」と言って**返事**をよこしたのは、興ざめなだけでなく、とても憎らしく分別がない。
❸（波・風・地震などが）**一度治まって、再び起こること。打ち返しの波。吹き返しの風。揺り返し。** 昼つ方、**返し打ち吹きて、晴るる顔の空はしたれど…。**〈蜻蛉日記(かげろうにっき)〉訳 昼ごろ、**吹き返しの風**が吹いて、晴れ模様の（明るい）空にはなったけれど…。
発展 中古では、❶の返歌の意味で用いられることが多い。❷の意味では、ふつう「返り」「返りこと」という。
関連語 返(かへ)り・返(かへ)り言(こと)

かへし-あは・す【返し合はす】かえしあわす 動詞 自〔サ下二段〕〈せ・せ・す・する・すれ・せよ〉引き返して敵と戦う。**父を延(の)ばさんと、返し合はせ返し合はせ防ぎ戦ふ。**〈平家・4・宮御最期(みやのごさいご)〉訳 父を遠くに逃がそうと、**引き返しては戦い引き返しては戦い**防戦する。

かへし-うた【返し歌】かえし 名詞 ❶贈られた歌に答えて詠む歌。返歌。❷長歌に添えられた短歌。反歌。

かへし-がたな【返し刀】かえし 名詞 斜めに切った竹や木を、とがらせるために反対側から少し切ること。

かべ-しろ【壁代】名詞 壁の代わりに垂らした間仕切りの幕。絹や綾などで作られる。↓図（次ページ）

かへ・す かえす 動詞 他〔サ四段〕〈さ・し・す・す・せ・せ〉

一【返す・帰す】❶物などをもとの場所に戻す。
❷人を帰らせる。**都に帰したてまつるべきにあらず。**〈更級日記・竹芝寺〉訳都にお帰し申し上げることができるわけでもない。

［かべしろ］

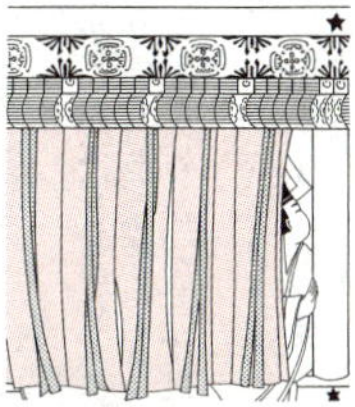

❸（もとの状態に）戻す。**しひて昔に返されぬ…**歌〈増鏡〉訳どうしても昔（の姿）に（戻そうとしても）戻すことができない…。
❹（官位を）辞退する。退く。「**病によりて、位を返したてまつりてしを…。**」〈源氏・澪標〉訳「病気によって、位をご辞退申し上げたのに…。」
❺返歌・返事をする。**かの詠みたまひける歌の返し、箱に入れて返す。**〈竹取・火鼠の皮衣〉訳あのお詠みになった歌の返しを、箱に入れて返歌する。
❻（自動詞のように用いて）引き返す。**扇を上げて招きければ、招かれて取って返す。**〈平家・9・敦盛最期〉訳扇を上げて呼び寄せたところ、招かれて引き返す。
二【返す・反す・覆す】❶ひっくり返す。裏返す。**いとせめて恋しきときはむばたまの夜の衣を返してぞ着る**歌〈古今集・恋2・554〉訳ひどく身に染みて恋しいときは（せめて夢でも会えるようにと）夜の着物を裏返して着て（寝）ることだ。〇「むばたまの」は「夜」に係る枕詞。
❷耕す。**しづが山田を返さねば、米穀の類もなく…。**〈平家・2・大納言死去〉訳農夫が山の田を耕さないので、米穀の類もなく…。
❸吐く。**御湯参らせたまへば、返してきこしめさず。**〈栄花〉訳お薬湯を差し上げなさると、吐いてお飲みにならない。
❹繰り返す。**「…」といふことを返しおぼえつつ、いと悲し。**〈蜻蛉日記〉訳「…」ということを繰り返し感じて、とても悲しい。
❺染め返す。**小桜を黄に返いたる鎧着て…。**〈平家・9・一二之懸〉訳小桜色を黄色に染め返した鎧を着て…。〇「返い」は連用形「返し」のイ音便。

かへすがへす【返す返す】副詞❶繰り返し繰り返し。何度も何度も。→古語チャート❾（375ページ）**親王、歌を返す返す誦じたまうて…。**〈伊勢・82〉訳親王は、歌を何度も何度も口ずさみなさって…。
❷重ね重ね。まったく。「**過ぎ別れぬること、返す返す本意なくこそおぼえはべれ。**」〈竹取・かぐや姫の昇天〉訳「去り別れてしまうことは、重ね重ね不本意なことに思われます。」
発展「かへすかへす」とも。

かへで【楓】名詞❶《植物》カエデ科の落葉高木。紅葉が美しい。季語秋 ❷小さくかわいらしい手のたとえ。「モミジ」ともいわれる。❸*襲の色目のひとつ。表裏ともに薄緑色。発展❶は葉の形がカエルの手に似ていることから「かへるで」といわれ、それが変化した。

かへら-か・す動詞他〔サ四段〕〈さ・し・す・す・せ・せ〉煮立たせる。沸かす。**提に湯をかへらかして…。**〈宇治拾遺〉訳提（=水を暖める器具）に湯を煮立たせて…。
発展「かす」は接尾語。

かへら-ぬ-たび【帰らぬ旅】— 死んであの世へ旅立つこと。死への旅。類帰らぬ道 発展「この世に再び帰ってこない旅」の意味から。

かへら-ぬ-ひと【帰らぬ人】— 死んだ人。発展「この世に再び帰ってこない人」の意味から。

かへら-ぬ-みち【帰らぬ道】— →かへらぬたび

かへり【返り・帰り・還り】

出かけた先から戻ること。また、返事・返歌
❶帰ること。帰る時。帰り道。
❷返事。返答。
❸返歌。

名詞❶帰ること。帰る時。帰り道。**近くあらば帰りにだにもうち行きて妹が手枕差し交へて寝ても来ましを…。**歌〈万葉集・17・3978〉訳（妻が）近くにいるなら、帰る時にでもちょっと行って、妻と互いの腕をまくらにし合って、寝てもこようが…。
❷返事。返答。「**今宵過ぐさず、御返り奏せむ。**」〈源氏・桐壺〉訳「今夜のうちに、（帝に）ご返事を申し上げよう。」
❸返歌。**小君して、小袿の御返りばかりは聞こえさせたり。**〈源氏・夕顔〉訳（空蝉は弟の）小君に託して、（源氏から贈られた歌と）*小袿のご返歌だけは（源氏に）申し上げさせた。
関連語 返し・返り言

かへり-あるじ【還り饗】— 名詞「*賭弓」・「*相撲」などの行事の後で、勝った方の近衛の大将が自邸に戻って味方の人々をもてなす宴。

かへり-い・づ【帰り出づ】動詞自〔ダ下二段〕〈で・で・づ・づる・づれ・でよ〉❶帰って来て人の前に出る。**嫗、内侍のもとに帰り出でて…。**〈竹取・かぐや姫の昇天〉訳老女は、（帝の使者である）*内侍のところに帰って来て前に出て…。
❷帰るために出発する。帰途につく。**京に帰り出づるに、わたりし時は水ばかり見えし田ども、皆刈りはててけり。**〈更級日記・東山なる所〉訳京に向けて帰途につき（見ると）、こちらに来たときは水ばかり見えた田も、みな収穫が終わっていた。

かへり-い・る【帰り入る】— 動詞自〔ラ四段〕〈ら・り・る・る・れ・れ〉立ち帰る。**いづこをはかりともおぼえざりければ、帰り入りて…。**〈伊勢・21〉訳どこを目当て（に出ていった）とも思い付けなかったので、立ち帰って…。

かへりける…歌 **帰りける人来たれりと言ひしかばほとほと死にき君かと思ひて**〈万葉集・15・3772・狭野茅上娘子〉訳（配流の地から許されて）帰ってきた人が来たと（だれかが）言ったので、（喜びのあまり）もうほとんど死んでしまいそうになった。あなた（が帰った）かと思って。
発展作者は女嬬（=御所の掃除などの雑務を担当した下級女官）をしていた。越前の国（=今の福井県）に配流されていた作者の恋人の中臣宅守を思って詠んだ歌。

かへり-こと【返り言・返り事】 名詞 ❶使者が帰って報告することば。❷手紙・和歌に対する返事。返答。返歌。❸贈り物などに対する返礼。 発展 近世以降「かへりごと」。

かへり-だち【還り立ち】 名詞 ❶賀茂神社や石清水八幡宮の祭りが終わった後、勅使や舞人が宮中に戻って、天皇の御前で再び舞楽を演じること。また、その儀式。❷→かへりあるじ

かへり-ちゅう【返り忠】 名詞 主君に背くこと。また、味方を裏切って敵側に付くこと。寝返り。

かへり-て【却りて】 副詞 逆に。反対に。かえって。「遂に、かくなりはべりぬれば、かへりては、つらくなむ…。」〈源氏・桐壺〉訳「とうとうこうなって(＝帝の情愛があだとなって、娘が死んで)しまったので、逆に、つらく…。」

かへり-まうし【返り申し】 名詞 ❶使者が帰ってきて、その返事や報告をすること。❷神仏へお礼参りをすること。❸神社を立ち去るときのあいさつ。

かへり-まうで-く【帰り詣で来】 動詞 自 〔カ変〕〈こ・き・く・くる・くれ・こ（こよ）〉(宮中や貴人の所へ)帰って来る。帰参する。麻柱をこほち、人みな帰りまうで来ぬ。〈竹取・燕の子安貝〉訳(高い所への)足場を壊し、(家来の)人々はみな帰参した。

かへり-まゐ-る【帰り参る】 動詞 自 〔ラ四段〕〈ら・り・る・る・れ・れ〉(宮中や貴人のところに)帰って来る。自分の国や家へ帰って来る。地方から都へ帰って来る。中将、人々引き具して帰り参りて…。〈竹取・かぐや姫の昇天〉訳中将は、人々を引き連れて(宮中に)帰って来て…。

かへり-み【顧み】 名詞 ❶振り返って見ること。❷過去を振り返り思うこと。反省。❸自分の身を心配すること。❹世話をすること。

かへり・みる【顧みる・省みる】

まとめて覚えよう古語チャート❾
サ・ラ行で自・他が対応する動詞

〔ラ行〕（自動詞）	〔サ行〕（他動詞）
¹返る（四段）	²返す（四段）
通る（四段）	通す（四段）
成る（四段）	為（成）す（四段）
回る（四段）	回す（四段）
流る（下二段）	流す（四段）
寄る（四段）	寄す（下二段）

語幹は同じでも、語尾がラ行になるか、サ行になるかで、自動詞と他動詞とに分かれてしまうようです。「返」に「る」が付けば「¹返る」という自動詞になり、「返」に「す」が付けば「²返す」という他動詞になるといってもいいでしょう。ラ行四段活用の自動詞とサ行四段活用の他動詞とが、みごとに対応しているわけです。

時には、どちらかが下二段活用、どちらかが四段活用という組み合わせもあります。それにしても、ラ行が自動詞、サ行が他動詞という関係は変わらないようです。

未然形	連用形	終止形	連体形	已然形	命令形
かへり・み	かへり・み	かへり・みる	かへり・みる	かへり・みれ	かへり・みよ

後ろを振り返って見るという動作から、心に留めて考える
- ❶振り返って見る。
- ❷気にかける。
- ❸世話をする。

動詞 他 〔マ上一段〕❶(後ろを)振り返って見る。思ひつつ来れど来かねて水尾の崎真長の浦をまたかへりみつ 歌〈万葉集・9・1733〉訳(真長の浦の風景を)思い慕いながら(そこを出て)来たが、(離れて)行くのがこらえ切れなくなって、水尾の崎の真長の浦をまた振り返って見た。

❷気にかける。気にする。反省する。身を助けんとすれば、恥をもかへりみず、宝をも捨てて逃れ去るぞかし。〈徒然草・59・大事を思ひ立たん人は〉訳(火事のときは)自分自身を助けようとするので、恥を気にせずに、財宝をも捨てて逃げ去るものだよ。

❸世話をする。情けをかける。目をかける。「ようかへりみてこそさぶらはせたまはめ。」〈枕草子・278・関白殿、二月二十一日に〉訳「(この女房たちに)十分に目をかけて(中宮であるあなたのもとに)お仕え申し上げさせてくださるのがよかろう。」

発展 語の成り立ち　四段動詞「かへる(返る)」の連用形に上一段動詞「みる」が付いてできたことば。❶の用法では、「返る」と「見る」という二語の具体的な動作がそのまま残っている。自分の行為、他人の境遇などを振り返って見るということから、❷❸の用法も生じた。

かへり-わた-る【帰り渡る】 動詞 自 〔ラ四段〕〈ら・り・る・る・れ・れ〉帰って行く。帰って来る。三条院の御券を持て帰りわたらせたまうけるを…。〈大鏡・三条院〉訳(一品の宮が父帝からもらった)三条院の所有権確認証書を持って帰って来なさったのを…。

かへ・る　一 動詞 自 〔ラ四段〕〈ら・り・る・る・れ・れ〉【返る・帰る・還る】❶(もとの所に)戻る。帰る。極楽寺、高良などを拝みて、かばかりと心得て

帰りにけり。〈徒然草・52・仁和寺にある法師〉訳極楽寺、高良神社などに参詣して、これだけと思い込んで帰ってしまった。
❷（もとの状態に）戻る。「**昔に返りたるやうにはべめる**。」〈源氏・宿木〉訳「（再び）昔（のにぎやかさ）に**戻った**ようなのです。」
❸（来た方向へ）戻って行く。**いとどしく過ぎ行く方の恋しきにうらやましくも返る波かな** 歌〈伊勢・7〉訳（旅を重ねて）ただでさえ過ぎ去って行く（都の）方が恋しく思われるのに、うらやましいことにも、（もとに）**戻って行く**波であるなあ。
❹（年が）改まる。（同じ季節が）再び巡ってくる。**忍び音をのみ泣きて、その年も返りぬ**。〈更級日記・梅の立ち枝〉訳人知れず泣くことばかりして、その年も**改まって**しまった。
❺色あせる。色がさめる。**薄色の、裏いと濃くて、上は少しかへりたるならずは**…。〈枕草子・36・七月ばかりいみじう暑ければ〉訳薄紫色の、裏がたいそう濃くて、表面は少し**色あせ**ている衣服でないなら…。
■二【返る・反る・覆る】❶裏返る。翻る。❷ひっくり返る。覆る。**大船を漕ぎの進みに磐に触れかへらばかへれ妹によりては** 歌〈万葉集・4・557〉訳大船を漕いで進み、岩に触れて**ひっくり返る**なら**ひっくり返れ**、あの子のためなら。
■三【孵る】（卵が）かえる。**同じ巣にかへりしかひの見えぬかないかなる人か手に握るらむ** 歌〈源氏・真木柱〉訳同じ巣で**かえっ**たかいもなく、そのひなの姿が見えないことだ。どのような人が手に握っているのであろうか。
■四 補助動詞（ラ四段）〈ら・り・る・る・れ・れ〉❶繰り返し（…する）。❷すっかり（…する）。ひどく（…する）。**敵の方にも静まりかへって音もせず**…。〈平家・9・二之懸〉訳敵方でも**すっかり**静まって何の音もしないで…。

かへる-さ【帰るさ】 名詞 帰り道。類帰さ
↓古語チャート❾（375ページ）
帰るさの行幸物憂くおもほえて背きて止まるかぐや姫ゆゑ 歌〈竹取・かぐや姫の昇天〉訳**帰り道**の行幸がなんとなくつらく思われて、（私は）振り返っては止まってしまう、（それは私の命令に）背いて後にとどまるかぐや姫、（あなた）のせいだよ。○「背きて止まる」は、「帝が振り返って止まる」と「かぐや姫が帝の命令に従わないで家にとどまる」意味を掛けている。

かへる-とし【返る年】 名詞 次の年。翌年。

力変 国語・国文法 ↓力行変格活用

がへん・ず【肯ず】 動詞 他（サ変）〈ぜ・じ・ず・ずる・ずれ・ぜよ〉承諾する。承知する。認める。発展「かへにす」（＝下二段動詞「かふ」の未然形＋打消の助動詞「ず」の古い連用形「に」＋サ変動詞「す」）が変化したもの。本来は否定の意味であったが、肯定の意味に転じたことば。多く、打消の助動詞「ず」を伴った「がへんぜず」の形で、漢文訓読文に用いられる。

かほ【顔】 名詞 ❶顔面。顔。「**あな心憂**。」**と驚かしきこえたまへば、顔うち赤めておはす**。〈源氏・柏木〉訳（源氏が）「ああ、情けなくつらい。」とお気づかせ申し上げなさると、（女三の宮は）**顔**を赤らめていらっしゃる。
❷顔立ち。容貌。**かねて思ひつるままの顔したる人こそなけれ**。〈徒然草・71・名を聞くより〉訳前もって想像していたままの**顔立ち**をしている人はいないものだ。
❸表情。ようす。**おとなしくもの知りぬべき顔したる神官を呼びて**…。〈徒然草・236・丹波に出雲と〉訳年配で何か（いわれを）知っていそうな**表情**をした神官を呼んで…。
❹ものの表面。「**月の顔見るは、忌むこと**。」**と制しけれども**…。〈竹取・かぐや姫の昇天〉訳「月の**表面**を見るのは、不吉なこととして避ける（べき）ことだ。」と（かぐや姫を）制止したけれども…。
❺顔ぶれ。
❻面目。体面。

かほ-かたち【容貌・顔形】 名詞 顔立ち。容姿。

が-ほし 連語《上代語》《願望を表し》…したいものだ。**橘は花にも実にも見つれどもいや時じくになほし見がほし** 歌〈万葉集・18・4112〉訳タチバナは花でも実でも見たけれども、ますますいつでももっと見**たいものだ**。
発展 格助詞「が」＋形容詞「ほし」。動詞の連用形に付き、「有りがほし」「見がほし」という形だけで用いられる。

かほ-づくり【顔作り】 名詞 化粧すること。

か-ほど【斯程】 これくらい。これほど。**かほどの理、誰かは思ひ寄らざらんなれども**…。〈徒然草・41・五月五日〉訳**これほど**の道理は、だれも思いつかないはずはないであろうけれども…。
発展 副詞「か」＋名詞「ほど」。「さばかり」などとともに程度を強調する言い方。

かほ-どり【容鳥・貌鳥】 名詞 春に鳴く美しい鳥と考えられるが、はっきり分かっていない。カッコウの古い呼び名という説もある。発展 古くは「かほとり」。

-がほ・なり【顔なり】 接尾語 ❶（動詞の連用形や、その他多く活用語に付いて）そのようなようすである、という意味を表す。語例 託ちがほなり・事ありがほなり
❷（動詞の連用形や、その他多く活用語に付いて）そのように見せる、そのようなふりをする、という意味を表す。語例 知らずがほなり・つれなしがほなり 発展 形容動詞（ナリ活用）化する。

かほ-の-きぬ【顔の衣】 名詞 顔の地肌。顔の生地。

かほ-ばせ【顔ばせ】 名詞 ↓かんばせ

かほ-みせ【顔見世】 名詞 ❶歌舞伎の年中行事のひとつ。陰暦十一月から新しい顔触れの役者が総出演で始める興行。季語 冬 ❷初めて人前に顔を見せること。特に、遊女が初めて勤めに出るとき、客や客が遊ぶ店にあいさつをして回ること。

⦿**かほる**（誤）↓（正）**かをる【薫る】**

⦿**かま【囂】** ↓あなかま 最重要語（71ページ）

⦿**かまう**（現）↓（歴）**かまふ【構ふ】** 最重要語（377ページ）

かま-ぎ【薪・竈木】 名詞 かまど用のたきぎ。

鎌倉 地名 今の神奈川県鎌倉市付近。十二世紀末に源頼朝が鎌倉幕府を開いて以来、一世紀半にわたって政治の中心地となった。大仏・鶴岡八幡宮・鎌倉五山などが知られる。和歌には「鎌倉山」の形でも詠まれた。

かま・し【囂し】 形容詞（シク）〈しく・しく・し・しき・しけれ・○／しから・しかり・○・しかる・○・しかれ〉騒がしい。やかましい。類 囂かし・囂し
耳かましきまでの御祈りども、験しる見えず。〈栄花〉訳

（物の怪ヶ）につかれた中宮のための）耳にやかましいほどのご祈禱きとうも、霊験が現れない。

発展「あなかま」というときの「かま」は、この「かまし」の語幹である。→あな囂かま

-がま・し 接尾語（名詞、副詞、動詞の連用形などに付いて）まるで…のようだ、…らしい、…の傾向がある、という意味を表す。語例 得ぇがまし・痴をこがまし・わざとがまし

発展 形容詞（シク活用）化する。

かま-ど【竈】名詞 ❶鍋なべ・釜かまを載せて煮炊きできるようにした、土や石で作った設備。❷生活に必要なもの。家財。❸世帯。家。

かま-びす・し【喧し・囂し】一 形容詞〔ク〕〈く・く・し・き・けれ・○／から・かり・○・かる・○・かれ〉騒々しい。やかましい。永き日のしげきの枝に**かまびすく**鳴くひよ鳥にねぶたげもなし 歌〈為忠集ためただしゅう〉訳（春の）長い一日の茂みの枝で**やかましく**鳴き立てているヒヨドリ（の声）に眠たそうにもならない。類 囂かまし

二 形容詞〔シク〕〈しく・しく・し・しき・しけれ・○／しから・しかり・○・しかる・○・しかれ〉騒々しい。やかましい。「身のほども知らず心高く傲おごり、**かまびすしく**憤いきどほりを結びて…。」〈無名抄むみょうしょう・千載集事せんざいしゅうのこと〉訳「（当世の人は歌の道において）身の程をわきまえず尊大に構えて、**騒々しく**対立を起こして…。」

発展 二は中世以降の用法。

かまひ-て【構ひて】かまい 副詞 →かまへて

かま-ふ【構ふ】動詞 →最重要語（377ページ）

かまへ-いだ・す【構へ出だす】かまえ 動詞 他〔サ四段〕〈さ・し・す・す・せ・せ〉工夫して作り出す。考え出す。ある人の、世に虚言そらごとを**構へ出だして**人を謀ることあらんに…。〈徒然草・194・達人の〉訳 ある人が、世にうその話を**作り出して**人をだますことがあるような場合に…。

かま・ふ【構ふ】かま（も）う

簡単には崩れないようにかみ合わせ組み立てる

- 一 動詞 他〔ハ下二段〕
  - ❶建造する。組み立てる。
  - ❷（あらかじめ）用意する。調えておく。
  - ❸工夫する。計画する。たくらむ。
  - ❹待ち構える。
- 二 動詞 自〔ハ四段〕
  - ❶かかわる。◉近世語。多く「かまはず」の形で用いられる。
  - ❷相手をする。◉近世語。多く「～にかまふ」の形で用いられる。
- 三 動詞 他〔ハ四段〕（罰として）追放する。◉近世語。

	未然形	連用形	終止形	連体形	已然形	命令形
動詞 他〔ハ下二段〕	かま・へ	かま・へ	かま・ふ	かま・ふる	かま・ふれ	かま・へよ
動詞 自〔ハ四段〕 動詞 他〔ハ四段〕	かま・は	かま・ひ	かま・ふ	かま・ふ	かま・へ	かま・へ

一 動詞 他〔ハ下二段〕❶**建造する。組み立てる。造る。**居屋ゐやばかりを**構へ**て、はかばかしく屋を造るに及ばず。〈方丈記・我が過去〉訳（日常生活に必要な）住居だけを**造って**、しっかりと屋敷（全体）を建造するまでもない。

❷（あらかじめ）**用意する。調えておく。**「まことに馬の草なんどをも**構へ**させよ。」〈平家・8・瀬尾最期せのおさいご〉訳「本当にウマの（えさの）草なども**調えておかせろ**。」

❸**工夫する。計画する。たくらむ。**「王を害したてまつらむと**構ふ**。」〈今昔〉訳「王を殺し申し上げようと**たくらむ**。」

❹**待ち構える。**来んを**構へ**て殺さんと思ひて…。〈宇治拾遺うじしゅうい〉訳（男が）来るのを**待ち構え**て殺そうと思って…。

二 動詞 自〔ハ四段〕《近世語》❶（多く「かまはず」の形で）**かかわる。関係する。**旧離きゅうり切った親子なれば、よいにつけ悪いにつけ、**構はぬ**ことはいひながら…。〈近松・冥途の飛脚めいどのひきゃく〉訳（親族としての）縁を切った親子なので、よくても悪くても、（子供が何をしようと親には）**関係し**ないこととはいうものの…。

❷（多く「～にかまふ」の形で）**相手をする。付き合う。**「わいらに**構ふ**と日が暮れる。」〈滑稽本こっけいぼん・浮世風呂うきよぶろ〉訳「おまえらに**付き合う**と日が暮れる。」

三 動詞 他〔ハ四段〕《近世語》（罰として）**追放する。**「死罪を御赦免なされ、和泉境いずみざかひを**お構ひ**なさる。」〈夏祭浪花鑑なつまつりなにわかがみ〉訳「死刑の罪をお許しになり、和泉（＝今の大阪府南部）の境からご**追放**になる。」

発展 ①**用法の広がり**　「嚙かみ合あふ」が変化したもので、かみ合わせて組み立てることを表す一❶がもともとの意味。そこから、心に構える意味で❷以下の用法ができた。②三は近世の刑罰のひとつとして、追放することをいい、多く「鎌倉中を構ふ」のように地域名に付けて用いる。

かまへ-て【構へて】かまえ 副詞

十分に気をつけてするようす

- ❶十分に心掛けて。注意して。
- ❷なんとかして。ぜひとも。◉意志・願望・命令などの表現を伴う。
- ❸決して。絶対に。◉打消または禁止の表現を伴う。

副詞 ❶**十分に心掛けて。注意して。心して。**人はただ歌を**構へて**詠むべし、と見えたり。〈宇治拾遺うじしゅうい〉訳 人はひたすら歌を**十分に心掛けて**詠むのがよい、と思われた。

❷（「構へて～意志・願望・命令」の形で）**なんとかして。ぜひとも。**「おのれ、**構へて**かの御事を止とどめはべらむ。」〈大鏡・時平ときひら〉訳「私が、**なんとかして**あの（時平の）ご提言をお止め申し上げましょう。」○意志の助動詞「む」を伴っている例。

「**構へて**この池の魚いをを取らばや。」〈今昔〉訳「**なんとかして**この池の魚を取りたいものだ。」○自己の願望を表す

終助詞「ばや」を伴っている例。「自然のことさうらはば、頼盛構へて助けさせたまへ。」〈平家・7・一門都落〉訳「もしものことがございましたら、(私)頼盛をぜひともお助けください。」○四段活用の補助動詞「たまふ」の命令形を伴っている例。

❸(「構へて〜打消・禁止」の形で)決して。絶対に。「かやうの物をば、構へて調ずまじきなり。」〈宇治拾遺〉訳このような動物(=キツネ)は、決して懲らしめてはいけないのである。○打消推量(禁止)の助動詞「まじ」の連体形を伴っている例。

発展 語の成り立ち

下二段動詞「かまふ」の連用形＋接続助詞「て」が一語になったもの。中世以降の作品に多く、『平家物語』などでは、強調を表す接頭語「あひ」が上に付いた「相構へて」の形でも用いられる。

識別 下二段動詞「かまふ」の連用形＋接続助詞「て」と、副詞「かまへて」の識別

品詞と用法	見分け方	例文と訳
下二段動詞「かまふ」の連用形＋接続助詞「て」	「かまへ」が具体的な動作(組み立てる・用意する・工夫する・待ち構えるなど)を表す。	「綱を構へて、鳥の、子生まむあひだに綱を吊り上げさせて…。」〈竹取・燕の子安貝〉訳(人を乗せた籠を、吊り上げられるように)綱を用意して、鳥が、子を産むような間に綱を吊り上げさせて…。」
副詞「かまへて」	意志・願望・命令や、打消・禁止の表現と呼応する。	「かまへて参りたまへ。」〈宇治拾遺〉訳「ぜひとも参上してください。」

かまめ【鷗】 名詞《動物》水鳥の一種。カモメ。発展「かまめ」は万葉集には一例しかなく、内陸深く入る「ユリカモメ」とする説、「カモ」とする説などがある。

が-まん【我慢】 名詞 ❶《仏教語》自信過剰になること。おごりたかぶること。うぬぼれ。❷強情。意地を張ること。❸耐え忍ぶこと。辛抱。

かみ【上】

- [空間]
  - ❶うえ。高い所。上部。
  - ❷川の上流。
- [時間] ❸古い時代。以前。昔。
- [順序] ❹初めの部分。特に、(和歌の)上の句。また、(各句の)初めの文字。
- [年齢] ❺年上。年長者。
- [身分]
  - ❻高い身分。高位の人。天皇。将軍。
  - ❼上位の人の席。上座。
- ❽皇居のある地域。京都。都。上方。
- ❾人の妻の呼び名。◉近世語。

空間的にも時間的にもひと続きの物事の前の方

名詞 ❶うえ。高い所。上部。「いざ、この山の上にありといふ布引の滝見に登らむ。」〈伊勢・87〉訳「さあ、この山の上にあるという布引の滝を見に登ろう。」

❷川の上流。川上。太井川といふが上の瀬…。〈更級日記・太井川〉訳太井川(=今の江戸川)という川の川上の浅瀬…。

❸古い時代。以前。昔。上、正暦のころほひより、下、文治の今に至るまでの大和歌を選びたてまつるべき仰せ言なむありける。〈千載集・序〉訳古い時代は、正暦(=九九〇年代前半)のころから、現在に近い方では、文治(=一一八〇年代後半)の現在に至るまでの和歌をお選び申し上げるようにとの(後白河院の)ご命令があったのだった。

❹初めの部分。特に、(和歌の)上の句。また、(各句の)初めの文字。『かきつばた』といふ五文字を句の上に据ゑて、旅の心を詠め。」〈伊勢・9〉訳「『かきつばた』という五文字を各句の初めの文字に置いて、旅の思いを詠んでみよ。」

❺年上。年長者。七つより上のは、皆殿上せさせたまふ。〈源氏・若菜下〉訳七歳より年上の子は、皆昇殿させなさる。

❻高い身分。高位の人。天皇。将軍。上中下酔ひあきて…。〈土佐日記・十二月二十二日〉訳高い身分から中ぐらいや身分の低い者までみながうんざりするほど酔っ払って…。

❼上位の人の席。上座。南の廂に、殿上人の座は西を上なり。〈紫式部日記〉訳南側の★廂の間では、昇殿を許された人の席は西が上座である。

❽皇居のある地域。京都。都。上方。

❾《近世語》人の妻の呼び名。おかみさん。かみさん。

類語比較「うへ」「かみ」「した」「しも」→上

かみ【長官】 名詞 律令制で、四等官の最高の官。長官。発展「上」という意味。役所によって漢字表記が異なり、神祇官では「伯」、太政官では「大臣」、八省では「卿」、坊・職では「大夫」、寮では「頭」、弾正台では「尹」、近衛府では「大将」、衛門府・兵衛府では「督」、検非違使庁では「別当」、大宰府では「帥」、国司では「守」がこれに当たる。

かみ【神】 名詞 ❶自然界の神聖な存在。天地・山河・草木などに宿り、これを支配する精霊。

❷(神として恐れたことから)雷。神は落ちかかるやうにひらめきかかるに…。〈竹取・竜の頸の玉〉訳雷は(船上に)まるで落ちてくるように閃光を放ち始めるので…。

❸人間の力を超越した能力を有するもの。畏怖すべき存在。「神ならねば、何わざをか仕うまつらむ。」〈竹取・竜の頸の玉〉訳「(私は)人間の力を超越した能力を有するものではないので、どんなことをして差し上げられようか。」

❹神話に出てくる神。「天照大御神」「大国主神」など。

❺神社に祭られ神格化された人やものの霊。祭神。北野の神にならせたまひて…。〈大鏡・時平〉訳(道真は)北野(天満宮)の祭神になりになって…。

❻天皇を敬った言い方。

発展 ❷は「なるかみ」とも。

かみ【髪】名詞 頭髪。髪の毛。

かみ-あげ【髪上げ】名詞 ❶女子が成人になった儀式として、垂らしていた髪を結い上げること。**よきほどなる人になりぬれば、髪上げなど左右して髪上げさせ、裳着す。**〈竹取・かぐや姫の出生〉訳（かぐや姫が）十分な大きさ（＝一人前）の人になったので、**髪上げの儀式**などをあれこれと手配して髪を上げさせ、裳（＝成人女子の正装）を着せる。❷食膳に仕える女官が髪を結い上げ、釵子（＝かんざしの類）を挿すこと。また、その姿の女房。礼装で唐風の装いとされた。

［かみあげ❷］

かみ-いだ・す【嚙み出だす】動詞 他〔サ四段〕〈さ・し・す・す・せ・せ〉（獣などが歯や牙を）むき出す。**牙あるものの牙をかみいだすたぐひなり。**〈徒然草・167・一道に携はる人〉訳 牙のある動物が牙を**むき出す**ことと同類である。

かみ-いちじん【上一人】名詞 ↓かみいちにん

上一段活用 国語・国文法 動詞の活用の種類のひとつ。五十音図のイ段音に「る」「れ」「よ」が添えられた活用語尾をもつ形式。カ・ナ・ハ・マ・ヤ・ワの六行にあるが、その数は限られる。なお、本来の上一段活用動詞は、語幹と語尾との区別がなく、区別があるものは、「試みる」「用ゐる」など、いずれも、もとは★複合動詞であったものである。また、「干る」「嚏る」など、ハ行上一段活用動詞は、上代には、★上二段活用であったと考えられている。↓動詞活用表（12ページ）

かみ-いちにん【上一人】名詞 天皇。発展「かみいちじん」とも。

かみ-が-かみ【上が上】上のまた上。最上。

かみ-がき【神垣】名詞 神社や神域の周囲の垣。転じて、神社。類 斎垣・玉垣・瑞垣

かみがき-の【神垣の】枕詞（神が鎮座する場所という意味から）「御室」および地名「御室山・三室山」に係る。

かみ-かけ-て【神掛けて】神に誓って。決して。「**神掛けて変はらじと契りしことも定めなや。**」〈謡曲・舟弁慶〉訳「**決して**変わるまいと約束したこともなんとはかないことだよ。」

かみ-かぜ【神風】名詞 ↓かむかぜ

かみかぜ-や【神風や】枕詞 地名「伊勢」、および伊勢神宮に関係のある「五十鈴川」「御裳濯川」「玉串」「山田原」などに係る。

かみ-がた【上方】名詞 京都とその付近。京阪地方。
発展 皇居のあった京都を「上」と呼んだことから。

かみ-が・る【神がる】動詞 他〔ラ四段〕〈ら・り・る・る・れ・れ〉《近世語》嫌がる。「**かうしちゃあお客のおためにならねえとか言って、客人をいとふ気になりますから、そこで、客人にもかみがられるやつでござえます。**」〈滑稽本・浮世風呂〉訳「（幇間も年を取って分別が出てくると）こんなこと（＝むだ遣いをさせるようなこと）をしてはお客のためにならないとか言って、お客をかばう気持ちになりますから、そのことで（かえって、遊びをつまらなくしてしまい）、お客にも**嫌がられる**ものでございます。」

かみ-こ【紙子】名詞 紙子紙（＝上質の和紙）で作った衣服。季語 冬 発展「かみぎぬ」とも。柿渋を塗って天日で干し、さらに夜露にさらして、もみ柔らげたもの。もとは僧が使ったが、後には一般の防寒用にも用いられた。

かみ-さ・ぶ【神さぶ】

神々しく不思議である
❶神々しいようすをしている。
❷古めかしい。
❸年功を積んでいる。◉下に存続の助動詞「たり」を伴う。

未然形	連用形	終止形	連体形	已然形	命令形
かみさ・び	かみさ・び	かみさ・ぶ	かみさ・ぶる	かみさ・ぶれ	かみさ・びよ

動詞 自〔バ上二段〕❶**神々しいようすをしている。**神々しい。厳かである。**難波津を漕ぎ出て見れば神さぶる生駒高嶺に雲そたなびく**〈万葉集・20・4380〉訳 難波（＝今の大阪市一帯）の港を漕いで出て来て見ると、**神々しい**生駒（＝今の奈良県生駒市）の高い峰に雲がたなびいている。❷**古めかしい。古めかしくなる。古びて落ち着いている。古人ども御前に所得て、神さびたることども聞こえ出づ。**〈源氏・藤裏葉〉訳 古参の女房たちが（夕霧夫妻の）おそばでよい場所を占めて、**古めかしくなった**（昔の）ことをあれこれと口に出して申し上げる。❸（下に存続の助動詞「たり」を伴って）**年功を積んでいる。年を経た感じがする。琵琶は優れて上手めき、神さびたる手遣ひ、澄み果てておもしろく聞こゆ。**〈源氏・若菜下〉訳（明石の君の弾く）琵琶は際立って巧みに見え、**年功を積んでいる手**さばきは、音色がさえわたって趣深く聞こえる。
発展「さぶ」は接尾語で、古くは「かむさぶ」とも。

かみ-さま【上様】名詞 ❶貴人の妻を敬った言い方。奥方。❷《近世語》良家の妻や老母を敬った言い方。奥さま。ばばさま。

かみ-ざま【上様】名詞 ❶上の方。対 下様。「**かひねぢて、上様へ突かば、肩の骨は上様へ出でて…。**」〈宇治拾遺〉訳「（盗人の手を）ねじって、もし**上の方**へ突き上げるならば、肩の骨は**上の方**へ飛び出して…。」❷上流社会。上流階級の人々。対 下様。**上様までおしなべて、武を好む人多かり。**〈徒然草・80・人ごとに〉訳 **上流階級の人々**までみな、武術を好む人が多い。❸京都で、内裏のある方角。北の方。**四条より上様の人、皆、北を差して走る。**〈徒然草・50・応長のころ〉訳 四条通りより**北の方**の人々は、皆、（鬼が見たくて）北を目指して駆ける。
発展「かみさま」とも。

かみ-しも【上下】名詞 ㊀【上下】❶上の部分と下の部分。❷（身分が）上位の者と下位の者。❸いろいろなこと。㊁【上下・裃】❶（上代では）上着と袴。❷（平安・室町時代では）狩衣

［かみしも㊁❸（長裃姿）］

ぎぬ・水干・直垂・素襖などの上着と袴が同じ布地でできているもの。❸（江戸時代では）同じ布地の肩衣と袴を、紋服や小袖の上に着たもの。
発展「裃」の字は主に㊁の❸に当てる。

上毛野（かみつけの） 旧国名 ↓上野

かみ-つ-よ【上つ世】 名詞 大昔。上代。類 上がりたる世
発展「つ」は上代の格助詞で、「の」の意味。

かみ-な・し【上無し】 形容詞〔ク〕〈く・く・し・き・けれ・○／から・かり・○・かる・○・かれ〉この上ない。最上だ。最高だ。
「帝王の上なき位にのぼるべき相おはします人の…。」〈源氏・桐壺〉訳「（この若君は）帝王という**この上ない**位に就くはずの人相がおありになる方であるが…。」

かみな-づき【神無月】 名詞 陰暦十月。発展 名の由来を、十月には諸国の神々が出雲大社に集まって各地を留守にするためとするのは『奥儀抄』によるもの。他に、「な」を上代の格助詞として、神祭りをする「神の月」という説、新酒を醸す「醸成月」という説などがある。「かむなづき」「かんなづき」とも。

かみなり-の-ぢん【雷鳴りの陣】 名詞 平安時代、雷鳴の激しいときに臨時に設けられた警護の陣。発展 近衛の大・中・少将は弓矢を持って清涼殿の★孫廂に、将監より下の位の者は蓑笠を着て紫宸殿の前庭に詰めた。「かんなりのぢん」とも。

上二段活用 国語・国文法 動詞の活用の種類のひとつ。五十音図のイ段音・ウ段音に「る」「れ」「よ」が添えられた活用語尾をもつ形式。所属語は、カ・ガ・タ・ダ・ハ・バ・マ・ヤ・ラの九行にわたる。中世以降、★上一段活用になるが、「恨む」のように四段活用になったものもある。↓動詞活用表（12ぺ）

かみ-の-ふすま【紙の衾】 ↓かみぶすま

かみ-の-まつ【神の松】 正月に神棚に飾るマツ。

かみ-の-みかど【神の御門】 皇居。朝廷。

かみ-ぶすま【紙衾】 名詞 紙でわらを包んで作った粗末な布団。季語 冬 類 紙の衾

かみ-む【上無】 名詞 ❶音名。十二律の第十二音。❷（❶の意味から）高い調子の声。

かみむ-でう【上無調】 名詞 ↓かみむ❶

かみや-がみ【紙屋紙】 名詞 ↓かんやがみ

かみ-よ【神代・神世】 名詞『古事記』『日本書紀』の記述のうち、天地開闢から神武天皇の前までの、神々が国を治めた時代。神々の時代。発展「かむよ」「じんだい」とも。

かみ-わざ【神事・神業】 名詞 神に関する行事。神前での儀式。祭典。発展「かむわざ」「かんわざ」とも。

かみ-を-おろ・す【髪を下ろす】 髪をそり落として、出家する。仏門に入る。
この男の跡とふためなりと、自ら髪を下ろしたまふとなり。〈西鶴諸国ばなし〉訳 この男の亡き跡を弔うためであると、自分から**髪をそり落として出家**なさるそうだ。

か・む【噛む・醸む】 動詞 他〔マ四段〕〈ま・み・む・む・め・め〉❶歯で食べ物などを砕く。❷米をかみ、発酵させて酒を造る。

かむ-あが・る【神上がる】 動詞 自〔ラ四段〕〈ら・り・る・る・れ・れ〉神となって天に昇る。（貴人が）亡くなる。
歌ひをふるすなはち、かむあがりましき。〈古事記・景行天皇〉訳（倭建命は）歌い終わるやいなや、お亡くなりになった。

かむ-かぜ【神風】 名詞 神の威力によって起こると信じられた激しい風。発展 中古以降「かみかぜ」とも。

かむかぜ-の【神風の】 枕詞 地名「伊勢」に係る。

かむ-から【神柄】 名詞 神の性格・性質。発展「かんから」とも。

かむ-さび【神さび】 名詞 神々しく振る舞うこと。おごそかであること。

かむ-さ・ぶ【神さぶ】 動詞 ↓かみさぶ

かむ-ながら【随神・惟神・神ながら】 副詞 ❶神でおありになるままに。神として。
神ながら神さびせすと… 歌〈万葉集・1・38〉訳 **神でおありになるままに**神として行動なさるということで…。
❷神のみ心のままに。
葦原の瑞穂の国は神ながら言挙げせぬ国… 歌〈万葉集・13・3253〉訳 葦原の瑞穂の国（＝日本）は**神のみ心のままにことばにして言い立てることをしない**国…。
発展「かんながら」とも。「ながら」は接尾語。

かむ-なぎ【巫・覡】 名詞 神に仕える人（多くは女性）。祭祀・神楽・神降ろしなどにたずさわる。巫女。発展「かみなぎ」「かんなぎ」「こうなぎ」とも。「かむ（神）なぎ（和ぎ）」で、神の心をやわらげ、なごやかにする人という意味。

かむな-づき【神無月】 名詞 ↓かみなづき

かむ-なび【神奈備】 名詞 神が宿る場所。神が鎮座する場所。多く山や森をいい、祭祀の対象とされた。発展「かんなび」とも。「な」は上代の格助詞、「び」は「ほとり」という意味。

かむ-はぶ・る【神葬る】 動詞 他〔ラ四段〕〈ら・り・る・る・れ・れ〉神として葬る。

かむり【冠】 名詞 ❶「★冠」の意味に同じ。❷和歌・俳句の最初の五文字。
この句、初めに冠なし。〈去来抄・先師評〉訳 この句（＝下京や雪つむ上のよるの雨）は、初めに**最初の五文字**がない。

かむろ【禿】 名詞 ↓かぶろ

かめ【亀】 名詞 ❶《動物》爬虫類の一種。万年を生きると考えられ、古くからツルとともに長寿の象徴とされる。❷カメの甲羅を火にかざしてできた裂け目で吉凶を占う「亀卜」という占いに用いるカメの甲羅。

かめ【瓶・甕】 名詞 ❶水・酒・塩などを入れる底の深い陶磁器、または金属器。❷花瓶。❸骨壺。❹とっくり。

亀山 歌枕 今の京都市右京区にある小倉山の南東の尾根。「亀尾山」とも。古くから貴族の遊宴の地で、サクラの名所。「亀」にちなんで「千代」「万代」などとともに、賀の歌に多く詠まれた。

かも【鴨】 名詞《動物》カモ科の水鳥の総称。主に、マガモを指す。季語 冬

か-も ㊀係助詞（詠嘆の気持ちを含んだ疑問を表し）…かなあ。…のかなあ。接続 体言や活用語の連体形などに付く。
あしひきの山鳥の尾のしだり尾の長々し夜をひとりかも寝む 百人一首〈拾遺集・778〉訳 ↓あしひきの…
㊁終助詞 接続 体言、活用語の連体形に付く。反語を表す用法では活用語の已然形にも付く。❶（感動・詠嘆を表し）…ことよ。…だなあ。
み吉野の象山のまの木末にはここだも騒く鳥の声かも 歌〈万葉集・6・924〉訳 ↓みよしのの…
❷（疑問を表し）…か。…だろうか。
暁の家恋しきに浦廻より楫の音するは海人娘子かも 歌〈万葉集・15・3641〉訳 これから夜が明けようとする家が恋しい時分に、浦の方から船をこぐ音がするのは漁をする少女の船**だろうか**。

❸《多く「めかも」「ものかも」の形で、反語を表し》…だろうか、いや…ない。

古へを仰ぎて、今を恋ひざらめかも。〈古今集・仮名序〉訳（後世、歌をよく知る人々は）遠い昔を尊び慕って、（『古今和歌集』の編まれた時代である）現在を恋い慕わないだろうか、いや、恋い慕わないはずはない。

❹（「ぬかも」の形で他に対する願望を表し）…てくれないかなあ。…でないものかなあ。…てほしい。

敷き栲の枕動きて寝ねらえずもの思ふ今宵早も明けぬかも 歌〈万葉集・11・2593〉訳 枕が動いて寝られずに物思いにふけるこの夜は、早く明けてくれないかなあ。○「敷き栲の」は「枕」に係る枕詞。

発展 ①一は係助詞「か」＋係助詞「も」が、二は終助詞「か」＋終助詞「も」が、それぞれ一語になったもの。②二は上代に多く用いられ、中古に入ると「かな」に取って代わられ、中古以降は、限られた用例をしか見ない。

賀茂 かも 歌枕 今の京都市北区上賀茂・左京区下鴨一帯。「鴨」とも書く。賀茂神社があり、和歌には「賀茂の社」「賀茂山」という形でも多く詠まれた。

が-も↓もがも

が-もう【鵝毛】 名詞 ガチョウの羽毛。また、雪などのように白いものや非常に軽いもののたとえ。

かも-かくも 副詞 ああもこうも。どのようにも。

かもかくも君がまにまと…… 歌〈万葉集・17・3993〉訳 どのようにもあなたのお気に召すままにと……。

鴨川 かもがわ【―ガハ】歌枕 京都市街地東部を南北に貫流する川。「賀茂川」「加茂川」とも書く。平安京の東を流れていたので「東河」ともいわれた。和歌には、多く「夏越の祓へ（夏祓へ）」「禊」とともに詠まれた。↓ビジュアルチェック㉓（1093ページ）

か-もじ 名詞 一【か文字】（「か」は「母」「上様」の略）母。妻。
二【髪文字】《女房詞》（「髪」の「か」から）頭髪。
三【髢】（「髢」の「か」から）婦人用の添え髪。

かも-じもの【鴨じもの】 副詞 カモのように。

鴨じもの水に浮きゐて…… 歌〈万葉集・1・50〉訳 カモのように水に浮いていて……。

発展「じもの」は接尾語。

賀茂神社 かもじんじゃ 寺社名 京都市にある賀茂別雷神社（通称、上賀茂神社）と賀茂御祖神社（通称、下鴨神社）の総称。平安京鎮護の神とされ、歴代の皇女が斎院として奉仕した。賀茂の祭り（葵祭）は名高い。神官の賀茂・鴨氏からは★鴨長明など多くの歌人が輩出した。

が-も-な↓もがもな

かも-の-うきね【鴨の浮き寝】 カモが水に浮きながら寝ること。物事の不安定なことのたとえ。「浮き」に「憂き」を掛けて、つらく寂しい意味にも用いる。

かも-の-くらべうま【賀茂の競べ馬】 名詞 陰暦五月五日、京都の上賀茂神社の境内で行う競馬。現在は六月五日に行われる。季語 夏

鴨長明 かものちょうめい【―チャウメイ】人名 平安末期から鎌倉初期の歌人・随筆家。下鴨神社神官の家に生まれる。★俊恵に和歌を学び、後鳥羽院歌壇の一人となって和歌所の寄人を命じられたが、五十歳ごろ出家して大原山に隠棲した。後に日野山に方丈の庵を結ぶ。家集に『鴨長明集』、歌論書に『★無名抄』、随筆に『方丈記』（↓必修古典ビッグ30 ㉔ 1104ページ）、説話集に『★発心集』がある。吉田兼好とともに★隠者文学の代表的作家として、後世に与えた影響は大きい。*1155―1216*

かも-の-まつり【賀茂の祭り】 名詞 京都にある賀茂神社の祭礼。例会は陰暦四月の中の酉の日（現在は五月十五日）に行われ、十一月の末の酉の日には臨時の祭り（↓賀茂の臨時の祭り）が行われた。葵の葉を飾ったことから「葵祭」ともいい、石清水八幡宮の「南祭」に対し、「北祭」ということもある。季語 夏 発展 京都の代表的な祭礼で、単に「祭り」といえば、この賀茂の祭りを指した。桟敷を構えたり、物見車を出して見物したので、見物するための場所争いも起こり、『源氏物語』にも葵の上と六条御息所の車争いのようすが描かれている。

賀茂真淵 かものまぶち 人名 江戸中期の国学者・歌人。★荷田春満に学び、田安宗武に仕えた。『万葉集』を中心に広く古典を研究し、万葉主義の確立に努め、「まこと」や「調べ」の意義を重視した。門弟には★本居宣長・加藤千蔭などがいる。著作はきわめて多く、歌文集に『賀茂翁家集』、主著に『万葉考』『国意考』などがある。*1697―1769*

かも-の-りんじ-の-まつり【賀茂の臨時の祭り】 陰暦十一月下旬の酉の日に行われた賀茂神社の祭り。四月の例祭である「★賀茂の祭り」と区別していう。平安初期から一八七〇（明治三）年まで続いた。季語 冬

かも-まうで【賀茂詣で】 名詞 賀茂神社に参詣すること。特に、賀茂の祭りの前日、摂政や関白が参詣する行事。季語 夏

か-もん【勘文】 名詞 平安以降、朝廷や幕府の諮問に対して古例や故実を調べ、方角・日時などの吉凶を占った結果などを上申した文書。明法道や陰陽道などの学者や神祇官などが作成した。発展「かんもん」「勘へ文」とも。

かもん-れう【掃部寮】 ―リョウ 名詞 宮内省に属する役所のひとつ。宮中の施設の管理や清掃、儀式の際の式場設営などを取り扱った。↓ビジュアルチェック⑮（757ページ）

かや【茅・萱】 名詞 ススキ・スゲ・オギ・チガヤなど、屋根を葺く材料となる丈の高い草をまとめて呼ぶことば。

か-や 終助詞 接続 体言または活用語の連体形に付く。

❶《上代の用法》《詠嘆・感動を表し》…だなあ。…なあ。「憂れたきかや、大丈夫にして、虜が手を負ひて、報いずしてや死みなむとよ。」〈日本書紀〉訳 嘆かわしいなあ、立派な男子でありながら、つまらない奴から手傷を負わされて、仕返しもしないままで死んでしまおうとは。

❷《中世以降》《疑問を表し》…か。…かなあ。「さては天人にてましますかや。」〈謡曲・羽衣〉訳「それでは（あなたは）天人でいらっしゃるのか。」

❸《中世以降》《反語を表し》…であろうか、いや…ない。…ものか。「時の間もながらふべき我が身かや。」〈太平記〉訳「（夫や子供の死んだ後）ほんのわずかな間でも生き長らえられるような我が身であろうか、いや、生きてはいられない。」

発展 終助詞「か」＋間投助詞「や」が一語になったもの。

か-やう・なり【斯様なり】 ―ヨウナリ 形容動詞〔ナリ・ノ〕（なら・なり（に）・なり・なる・なれ・なれ）このようだ。このとおりだ。「まだかやうなることを馴らはざりつるを、心尽くしなることにもありけるかな。」〈源氏・夕顔〉訳「まだこのようなこと（＝女性を連れ出すこと）に経験がなかったのだが、

気苦労なことでもあったのだったなあ。」

かーやす・し【か易し】 形容詞（ク）〈○・から・かり・○・かる・○・かれ〉❶たやすい。容易だ。「**手放れもをちもかやすきこれをおきてまたはありがたし**…」歌〈万葉集・17・4011〉訳手から放れることも、呼び戻すことも**容易な**（タカは）これ以外にはまたとあり得ない…。

❷気軽だ。身軽だ。「**例慣らひにければ、かやすく構へたりけれど、徒歩より歩み堪へがたくて**…。」〈源氏・玉鬘〉訳（右近は長谷寺詣でが）いつものことで慣れているので、**身軽に**支度をしてきたけれども、歩くのが堪えきれなくて…。

発展「か」は接頭語。

かーやつ【彼奴】 代名詞（人を卑しめて）あいつ。発展「きやつ」とも。

かやーぶき【萱葺き・茅葺き】 名詞 カヤで屋根を葺くこと。また、その屋根。

かやーや【茅屋・萱屋】 名詞 カヤで葺いた屋根。また、その家。

かやりーび【蚊遣り火】 名詞 カを追い払うためにいぶす火。また、その煙。季語 夏

かゆ【粥】 名詞 米を水で煮たもの。固粥（＝今のご飯）、汁粥（＝今の粥）の二種があり、「強飯（＝米を蒸したもの）」に対していう。

かゆーづゑ【粥杖】 名詞 陰暦正月十五日に、望粥（＝この日に食べるアズキ粥）を炊いた木の燃えさしを削って作った杖。これで子のない女性の腰をたたくと男児を産むといわれた。季語 春 類 粥の木

かゆーのーき【粥の木】 名詞 ↓かゆづゑ

かよう（現）↓（歴）かよふ【通ふ】

かよは・す【通はす】 動詞 他（サ四段）〈さ・し・す・す・せ・せ〉❶（人や手紙などを）行き来させる。通わせる。「**光源氏などのやうにおはせむ人を、年に一たびにても通はしたてまつりて**…。」〈更級日記・子忍びの森〉訳「光源氏などのよう（に立派）でいらっしゃる方を、年に一度でもお**通わせ申し上げて**…。」

❷行き渡らせる。「**至らぬ隈もなく、かたがたに通はし読みたまへるさま**…」〈源氏・少女〉訳あやふやなところもなく、（史記を）あれこれと（諸説を）**行き渡らせて**お読みになっている（夕霧の）態度が…。

かよひ【通ひ】 名詞 ❶行き来すること。往来。また、その通路。道。❷（手紙などの）やりとり。❸飲食物の給仕をすること。また、その人。❹（「通ひ帳」の略で）掛け売りの帳面。

かよひーす・む【通ひ住む】 動詞 自（マ四段）〈ま・み・む・む・め・め〉❶男性が女性のもとへ通って行って暮らす。「**よそながら、ときどき通ひ住まんこそ年月経ても絶えぬ仲らひともならめ**…。」〈徒然草・190・妻といふものこそ〉訳他の所にいたままで、ときどき**女のもとへ通って行って暮らす**のなら、年月が経過しても切れない間柄ともなるだろう…。

❷やって来て住みつく。出入りして住みつく。「**人住まで年経ぬる、大きなる所は、よからぬもの必ず通ひ住みて**…。」〈源氏・手習〉訳「人の住まないままで年がたった、大きな屋敷は、よくない物の怪が必ず**出入りして住みついて**…。」

かよひーぢ【通ひ路】 名詞 行き来する道。通路。特に、恋人のところへ通う道。「**天つ風雲の通ひ路吹き閉ぢよ少女の姿しばしとどめむ**」百人一首〈古今集・雑上・872〉訳↓あまつかぜ…

かよ・ふ【通ふ】

離れた二つの場所の間を繰り返し行き来する
- ❶**行き来する。**
- ❷（妻や恋人のもとに）**行く。**
- ❸（手紙・気持ちなどが相手方に）**届く。通じる。**
- ❹**似通う。**共通する。
- ❺**よく知っている。**
- ❻**入り交じる。交わる。**

未然形	連用形	終止形	連体形	已然形	命令形
かよ・は	かよ・ひ	かよ・ふ	かよ・ふ	かよ・へ	かよ・へ

動詞 自（ハ四段）❶（特定の場所を）**行き来する。往来する。通る。**「**淡路島通ふ千鳥の鳴く声にいく夜寝覚めぬ須磨の関守**」百人一首〈金葉集・270〉訳↓あはぢしま…

❷（妻や恋人のもとに）**行く。通う。結婚して行き通う。**「**新しう通ふ婿の君などの、内へ参るほどをも心もとなうて**…。」〈枕草子・3・正月一日は〉訳新しく（姫君と）**結婚して行き通う**（ことになった）婿の方などが、宮中へ参上するころ（になるの）も待ち遠しくて…。

❸（手紙・気持ちなどが相手方に）**届く。通じる。やり取りする。**「**御文なども通はむことの、いとわりなきをおぼすに、いと胸痛し。**」〈源氏・帚木〉訳（源氏は空蝉と）お手紙などすらも**やり取りし**たりすることが、全然なすべがないことをお思いになると、ひどくつらい。

❹**似通う。よく似る。共通する。**「**鵺鳥も、喚子鳥のことざまに通ひて聞こゆ。**」〈徒然草・210・喚子鳥は〉訳トラツグミも、カッコウのように**似通っている**ように思われる。

❺（物事に）**通じる。よく知っている。詳しい知識を持っている。**「**仏の道にさへ通ひたまひける御心のほどなどを、院は「いと限りなし。」と見たてまつりたまひて**…。」〈源氏・御法〉訳（紫の上が）仏事にまで**通じて**いらっしゃったお心の程度などを、院（＝源氏）は「本当にこの上なくすばらしい。」と（改めて）ご確認申し上げなさって…。

❻**入り交じる。交わる。**「**春はやがて夏の気を催し、夏よりすでに秋は通ひ、秋はすなはち寒くなり**…。」〈徒然草・155・世に従はん人は〉訳春はそのまま夏の気配を誘い、夏（のうち）からもはや秋（の気配）は**入り交じり**、秋はすぐに寒くなり…。

発展 ①**語の成り立ち** 「かよふ」の「か」は、交える・交じるなどの意味を表す動詞「交ふ」と同じ語源かと考えられ、「よふ」は「いさよふ」「ただよふ」などの「よふ」と共通するものかといわれる。

②**意味の広がり** 離れた二つの場所を行き来するという❶がもともとの意味で、心と心、物事と物事とが通じ合う場合など、さまざまな意味で用いられるようになった。

③**自動詞「～を通ふ」** 「青旗の木幡の上を通ふとは目には見れどもただに逢はぬかも（＝木幡の山の上を（天皇の霊魂が）行き来するとは目には見えるけれども、直接には（天皇と）逢わないことだなあ。）」〈万葉集・2・148〉のように、「通ふ」は格助詞「を」に続くこともある。ただ、この「を」は、動作の目的格を表すものではなく、動作の通過点

などを表すもので、「通ふ」は自動詞である。↓を(基本助詞25)㊁❶

から【柄】 造語 (名詞に付いて)ものの本質的なありさま(性質・素性・品格・状態)を意味する名詞を作る。↓古語チャート㊶(1179ページ) 語例 守柄・山柄

から【故・柄】 名詞 (原因・理由を表し)ゆえ。ため。
発展 上代は「から」、後世*連濁で「がら」となる。
明日よりは継ぎて聞こえむほととぎす一夜のからに恋ひわたるかも 歌〈万葉集・18・4069〉訳 明日からは(夏になるので)続いて聞けるはずのホトトギス(の鳴き声)を今夜一晩のために(私は)恋い慕い続けているのだよ。
発展 語源については「族」「親族」などの「から」と同じで、自然の血のつながりを意味することばから出たとする説がある。

から【唐・韓・漢】 名詞 ❶中国・朝鮮の古い呼び名。❷中国・朝鮮、後には広く外国から渡来したことを表す。**唐の物は、薬のほかはなくとも、事欠くまじ。**〈徒然草・120〉訳 **中国から渡来した**物は、薬のほかはなくても、不自由はあるまい。❸(「唐織り」「唐織物」の略で)中国の織物。また、中国風に織った織物。錦・綾・金襴・緞子の類。
発展 ❶は、もともとは朝鮮半島の南面にあった「伽羅国」のことをいったが、後に半島全体を指すようになり、さらに中国をもいうようになった。

から【殻・蛻】 名詞 ❶中身を取り去った外皮。抜け殻。❷昆虫などの抜け殻。和歌では多く、❸の意味に掛ける。**空蟬の殻は木ごとにとどむれど魂のゆくへを見ぬぞかなしき** 歌〈古今集・物名・448〉訳 セミの**抜け殻**は木ごとに付いているが、(飛んで行った)魂(=セミ)の行方の分からないのが悲しいことだ。〇「から」は「ぬけがら」と「亡骸」の意味を掛けている。❸魂の抜けた肉体。死体。なきがら。**影とのみ水の下にてあひ見れど魂なきからはかひなかりけり** 歌〈大和・147〉訳 恋人の姿とだけは水の下で逢って見たけれど、魂のない**なきがら**では甲斐がないことだったなあ。

から ㊀格助詞 接続 体言や活用語の連体形に付く。❶(移動・経過する場所を表し)…を通って。**月夜よみ妹に逢はむと直道から我は来つれど夜ぞ更けにける** 歌〈万葉集・11・2618〉訳 月がよいのであの娘に逢おうと近道**を通って**私は来たが、夜が更けてしまったことだ。
❷(動作や作用の時間的・空間的起点を表し)…から。…以降。**波の音の今朝から異に聞こゆるは春の調べや改まるらむ** 歌〈古今集・物名・456〉訳 波の音が(立春の)今朝**から**これまでと違って聞こえるのは、春の調子が新しく始まっているのであろうか。**浪の花沖から咲きて散り来めり水の春とは風やなるらむ** 歌〈古今集・物名・459〉訳 波の花は沖の方**から**咲いたり岸の方に散ったりして寄せて来るようだ。水の春とは風がなっているのであろうか。
❸(移動の手段を表し)…によって。…で。「**徒歩からまかりて、言ひ慰めはべらむ。**」〈落窪〉訳「徒歩**で**出かけていって、話して機嫌をとりましょう。」
❹(動作や作用の起こる原因・理由を表し)…によって。…しだいで。…がもとで。**何心なき空の気色も、ただ見る人から、艶にもすごくも見ゆるなりけり。**〈源氏・帚木〉訳 何気ない空のようすも、もっぱら見る人**しだいで**、はなやかに美しくもぞっとするようにも見えるのであった。
㊁接続助詞《中世末期以降》接続 活用語の連体形に付く。❶(原因・理由を表し)…ため。…ので。「**案ずることはちっともない。外には人も知らぬから。**」〈袂の白しぼり〉訳「心配することは少しもない。ほかにはだれも知らない**ので**。」
❷(多く「からは」の形で、判断の根拠を強調して)…(する)以上は。…からには。「**真実の母が追ひ出すからは、こなたの名の立つことはない。**」〈近松・女殺油地獄〉訳「実の母が追い出す**からには**、あなたが世間のうわさにのぼることはない。」
発展 ㊀は、上代では主に❶の意味を表したが、中古以降は❷❸❹の意味が生じ、❶の意味では使われなくなった。㊁は、中世末ごろに㊀の❹から発生した。

から-あや【唐綾】 名詞 中国渡来の綾織物。織り模様を浮き織りにしたもの。

からあや-をどし【唐綾縅】 名詞 鎧の縅の一つ。唐綾を細く裁ち、たたみ重ねて縅の糸としてつづったもの。

柄井川柳 人名 江戸中期の*前句付点者。その選評は、他の点者に比べ圧倒的に好評を得、川柳点と呼ばれた。後に前句付けから五・七・五の句が独立し、それが川柳と呼ばれた。「誹風柳多留」の二十四編までの撰者でもある。*1718—1790* ↓川柳(文芸用語)

か-らう【家老】 名詞 大名・小名の最も重要な家臣で、その家中の政務を統括する者。類 年寄

からう-じて【辛うじて】 副詞 やっと。ようやく。**辛うじて、越えいでて、関山にとどまりぬ。**〈更級日記・足柄山〉訳 **ようやく**、(足柄山を)越えて、関山に泊まった。
発展「からくして」が変化したもの。古くは「からうして」とも。

から-うす【唐臼・碓】 名詞 地面に埋め、てこを応用した仕掛けの、杵の柄を踏んで穀物をつく臼。

から-うた【唐歌】 名詞 漢詩。対 大和歌

から-おり【唐織り】 名詞 中国渡来の織物。また、中国風に織った織物。錦・綾・金襴・緞子など。発展「唐織物」とも。

から-かさ【傘】 名詞 細い割り竹を骨にして油紙を張った、柄の付いたかさ。「唐風のかさ」という意味。

からか・ふ ㊀動詞 自 ハ四段〈は・ひ・ふ・ふ・へ・へ〉争う。負けまいと張り合う。**心に心をからかひて、高野の御山に参られけり。**〈平家・10・横笛〉訳(都へ行きたい)心と(行くまいとする)心が**争って**、高野のお山に参詣なさったのだった。
㊁動詞 他 ハ四段〈は・ひ・ふ・ふ・へ・へ〉もてあそぶ。じらして苦しめる。

から-かみ【唐紙】 名詞 ❶中国渡来の上質な紙。また、それをまねて作った紙。❷(「唐紙障子」の略で)❶を張った襖。❸*襲の色目のひとつ。表は白、裏は黄。

から-から 副詞 ❶(物が転がるようすを表し)がらがら。ころころ。❷(固い物などが触れ合って鳴る音を表し)かたかた。❸(高らかに笑うようすを表し)かっかっか。かんらかんら。発展 多く「と」を伴って用いる。

から-が・る【辛がる】 動詞 自 ラ四段〈ら・り・る・る・れ・れ〉つらそうにする。困る。「**いと軽々しき隠れ処が見あらはされぬるこそねたう。**」と、**いたうからがりたまふ。**〈源氏・松風〉訳「ひどく粗末な

と、(源氏は)たいそうお困りになる。

から-ぎぬ【唐衣】 名詞 平安以降、女性が正装するとき、上着の上に着る錦や綾で仕立てた衣服。前は袖丈ほどの長さで、後ろはそれよりも短い。裳とともに用いる。

[からぎぬ]

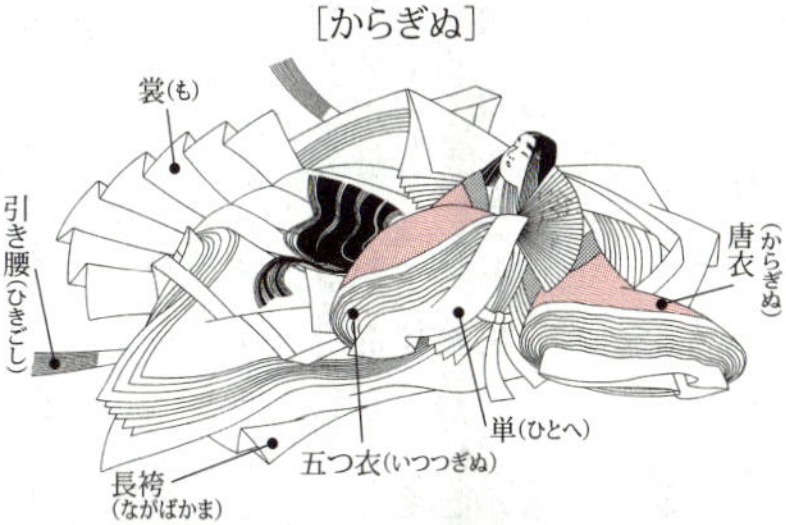

から-き-め【辛き目】 ひどい体験。つらい思い。つらい目。発展 多く「辛き目を見る」「辛き目にあふ」などの形で用いる。

からく【辛く】 副詞 ❶必死に。**辛く神仏を祈りて、この水門を渡りぬ。**〈土佐日記・一月三十日〉訳 **必死に**神仏を祈って、この海峡を渡った。❷かろうじて。やっと。「**船君の、辛くひねり出だして、よしと思へる言を。**」〈土佐日記・二月一日〉訳「船の主人が、**やっと**工夫して作り出して、うまいと思っている歌なのになあ。」

から・ぐ【絡ぐ】 動詞 他(ガ下二段)〈げ・げ・ぐ・ぐる・ぐれ・げよ〉❶縛る。くくる。頭**からげ**浄衣着て…。〈平家・4・橋合戦〉訳 頭を(布で)**くくって**、白い僧衣を着て…。❷まくり上げる。**裾をかしうからげて、路の枝折と浮かれ立つ。**〈奥の細道・等栽〉訳(隠者の等栽は)着物の裾をしゃれた格好に**まくり上げ**て、道案内役と心も軽く出かける。

からく-して【辛くして】 副詞 やっとのことで。今日、**辛くして**、和泉の灘より小津の泊まりを追ふ。〈土佐日記・二月五日〉訳 今日、**やっとのことで**、和泉の灘から小津の港を目指す。

から-くら【唐鞍】 名詞 儀式用の飾り鞍。御禊・供奉の公卿、賀茂の祭りの勅使、外国の使節などが用いた。対 大和鞍

[からくら]

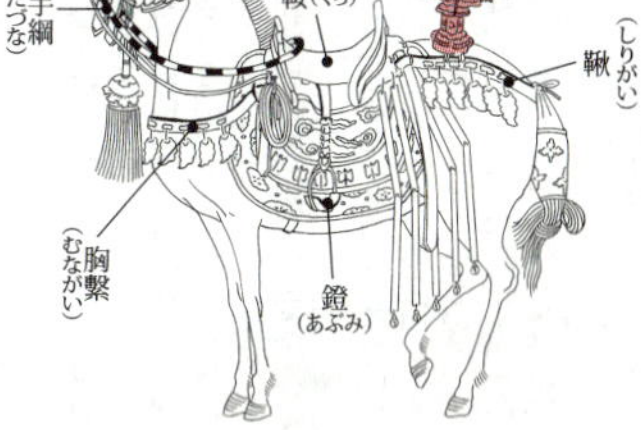

から-くり【絡繰り・機関】 名詞 ❶(糸・ぜんまい・水力などを使った)仕掛け。装置。❷たくらむこと。計画。計略。❸(「絡繰り人形」の略)糸やぜんまいなどの仕掛けで動く人形。❹(「覗き機関」の略)箱にはめこんだ眼鏡を通して、紙芝居などをのぞかせる装置。

から-ぐるま【唐車】 名詞 大型で豪華な様式の牛車。屋根は唐破風造りで、檳榔の葉で葺き、庇や腰にもその葉を房にして垂らして美しく飾った。皇族・摂関などが公式行事のときなどに用いた。

から-くれなゐ【韓紅・唐紅】 名詞 深紅色。その染め色の美しさを賞美していうことば。**ちはやぶる神代も聞かず竜田川からくれなゐに水くくるとは** 百人一首〈古今集・秋下・294〉訳 ↓ちはやぶる…

[からぐるま]

から-ごころ【漢心・漢意】 名詞 漢学を学んだ者が、何事につけても中国の文化、特に儒学を優れたものとして、それを物事の判断の基準とする心。江戸時代の国学者が用いた。対 大和心

から-ごと【唐琴・韓琴】 名詞 中国から伝わった琴・箏などの弦楽器。対 大和琴・和琴

からころむ… 歌 **韓衣裾に取り付き泣く子らを置きてそ来ぬや母なしにして**〈万葉集・20・4401・他田舎人大島〉訳 唐衣の裾にすがり付いて泣く子供たちを、置き去りにしてきてしまったんだよ。(あの子らには)母親もいないのに。○「からころむ」は、「からころも」の東国方言。これを「裾」に係る枕詞とする考え方もある。発展 作者は小県郡(=今の長野県の一部)の人。防人のために残してきた子供たちを案じて詠んだ歌。

から-ころも【唐衣・韓衣】 一 名詞 中国風の衣服。また、珍しい形の美しい衣服。二 枕詞 (衣服の縁から)「着る」「裁つ」「返す」「袖」「裾」「ひも」などに係る。発展「からごろも」とも。一で中国風というのは、袖が大きく裾も長く、上前と下前を深く合わせて着るもので、平安時代より前に用いられた。平安以降は、珍しく美しい衣服という感覚で枕詞としてだけ用いられるようになった。

からころも… 歌 **唐衣きつつなれにしつましあればはるばるきぬる旅をしぞ思ふ**〈古今集・羇旅・410・在原業平〉訳(何度も着て身になじんだ唐衣のように)馴れ親しんだ妻が(都に)いるので、(その妻と別れて)はるばる来てしまった旅の(わびしさ)を(しみじみと)思うことだ。○「唐衣きつつ」は「なれ」を導く序詞。「唐衣」は、「き(着)」に係る枕詞。「なれ」は、「着慣れる」と「馴れ親しむ」の意味の掛詞。「つま」は、「妻」と「褄(=着物のすそ)」の掛詞。「なれ」「つま」「はる」「き」は、「衣」の縁語。「はるばる」は、「遥々」と「張る張る(=着物を張る)」の意味の掛詞。「きぬる」の「き」は、「来」と「着」の掛詞。発展『伊勢物語』九段にも見える。東国への旅で三河の国の八橋(=今の愛知県知立市付近)に来たとき、カキツバタが美しく咲いていたので詠んだ歌。この歌の各句の

頭の音を並べると「かきつはた」となる。

唐崎【からさき】歌枕 今の滋賀県大津市、琵琶湖の西南にある岬。「辛崎」とも書く。桓武・嵯峨両天皇の行幸や、斎院の禊・祓が行われた。「唐崎の夜雨」は★近江八景の一つ。また、「唐崎の一つ松」も知られる。「志賀の唐崎」としても詠まれた。↓**ビジュアルチェック**❶（194ページ）・㉓（1093ページ）

から-ざけ【乾鮭】 名詞 内臓を取り除き、塩を用いずに陰干しにしたサケ。季語 冬

から・し【辛し】 形容詞 ↓**最重要語**（385ページ）

から-しほ【鹹塩・辛塩】 名詞 塩。また、塩水。海水。

から-と【唐櫃】 名詞 ↓からびつ（唐櫃）

から-なでしこ【唐撫子】 名詞 ❶《植物》ナデシコ科の多年草、セキチクの別の呼び名。季語 夏 ❷★襲の色目のひとつ。表裏ともに紅色（表は紫、裏は紅とも）。

から-に 接続助詞 接続 活用語の連体形に付く。❶（上のことが原因で下の結果が生じることを表し）…ために。…ばかりに。

白たへの袖をはつはつ見しからにかかる恋をも我はするかも 歌〈万葉集・11・2411〉訳 白い袖をちらりと見たばかりにこんな（つらい）恋を私はするのか。

❷（二つの動作・状態が同時に起こることを表し）…と同時に。…するやいなや。

吹くからに秋の草木のしをるればむべ山風をあらしといふらむ 百人一首〈古今集・秋下・249〉訳 ↓ふくからに…

❸（多く「むからに」の形で、逆接の仮定条件を表し）…だからといって。たとえ…だとしても。

「**などかは、女といはむからに、世にあることの、公私につけて、むげに知らず至らずしもあらむ**」〈源氏・帚木〉訳「いったいどうして、**たとえ**女だといったり**するとしても**、世の中にあることの、公的私的な面に関して、まったく知らなかったり思いも及ばなかったりということがあろうか、いや、そんなことはない。」

発展 格助詞「から」に「に」が付いて一語になったもの。

から-にしき【唐錦】 ■一 名詞 中国産のにしき。唐織りのにしき。

■二 枕詞（布の縁から）「織る」「縫ふ」「裁つ」などに係る。

から-ねこ【唐猫】 名詞 中国渡来のネコ。↓**絵で見る古典生活史**❾（387ページ）

から・し【辛し】

鋭く、痛みを伴うような刺激を感じるようす

❶塩辛い。辛い。
❷むごい。ひどい。残酷だ。◉多く、肉体的苦痛についていう。
❸つらい。切ない。苦しい。◉多く、精神的苦悩についていう。
❹嫌だ。おもしろくない。
❺危ない。危うい。
❻並々でない。痛切だ。

形容詞〔ク〕	未然形	連用形	終止形	連体形	已然形	命令形
	から・く	から・く	から・し	から・き	から・けれ	○
	から・から	から・かり	○	から・かる	○	から・かれ

❶**塩辛い。辛い。**

志賀の海人の火気焼き立てて焼く塩の辛き恋をも我はするかも 歌〈万葉集・11・2742〉訳 志賀の漁師が煙を立てて焼く塩が**辛い**ように、つらい恋をも私はすることよ。〇第三句までは「辛き」を導く序詞。この「辛き」は「塩辛き」（=塩辛い）と「からき恋」（=つらい恋）との掛詞。

❷（多く、肉体的苦痛について）**むごい。ひどい。残酷だ。**

「**これほど文覚に辛い目を見せたまひつれば、思ひ知らせ申さんずるものを。**」〈平家・5・文覚被流〉訳「これほど（この）文覚を**むごい**目に遭わせなさったからには、（その報いを）思い知らせ申し上げようと思うがなあ。」〇「辛い」は連体形「辛き」のイ音便。

❸（多く、精神的苦悩について）**つらい。切ない。苦しい。**

「**浅葱をいと辛し、と思はれたるが、心苦しうはべるなり。**」〈源氏・少女〉訳「（自分だけが昇殿を許されない浅葱色を着る）六位の身分を『たいへん**つらい**。』と（夕霧が）お思いになっているのが、かわいそうでございます。」

❹**嫌だ。おもしろくない。**

「**辛しや、眉はしも烏毛虫だちためり。**」〈堤中納言・虫めづる姫君〉訳「**嫌だ**なあ、眉といったら毛虫みたいに見える。」〇当時の女性は眉をそり、眉墨で眉を書く習慣であったが、そらない眉を毛虫にたとえ、その嫌悪感を「辛し」と表現している。

❺**危ない。危うい。**

辛き命まうけて、久しく病みゐたりけり。〈徒然草・53・これも仁和寺の法師〉訳（僧は）**危うい**命を拾い取って、長く患い続けていたのであった。

❻**並々でない。痛切だ。**

石川の高麗人に帯を取られて辛き悔いする〈催馬楽・石川〉訳 石川の高麗の国の人に帯を取られて（=身を任せて）、（その後別れることになり）**痛切な**後悔をすることだ。

発展 **現代語との違い** 現代語では❶の意味以外では、「かろうじて」や「からくも」などのことばに❺の意味に近いものが見られるが、古語では、苛酷な状態に置かれていることに対する苦痛を表す、❷❸の用例が最も多い。主に否定的な意味を表すことばであるため、❻のように単に程度を表す場合にも、悪い意味で用いられる傾向がある。

から-は 連語 ■一（「から」は格助詞で、体言に付いて）…である以上は。…ならば。…であるので。

この心からは、いろは歌を作りてよませ、女寺へもやらずして筆の道を教へ、ゑひもせす京のかしこ娘となしぬ。〈西鶴・日本永代蔵〉訳 こういう発想**であるので**、（自ら）いろは歌を作って読み習わせ、女寺子屋へもやらずに手習いを教え、京一番の賢い娘に育て上げた。

■二（「から」は接続助詞で、活用語の連体形に付いて）…（する）以上は。…からには。

世に住むからは、何事も案じたるが損なり。〈西鶴・日本永代蔵〉訳 この世に住む**以上は**、どんなことも心配しているのが損だ。

から-はし【唐橋】 名詞 中国風の、欄干（=手すり）が付いている橋。

から-びさし【唐庇】 名詞 唐破風の造りにした軒先。また、その家。

からびつ【屍櫃・辛櫃】 名詞 棺おけ。お棺。発展「から」は亡骸という意味。「からうと」とも。

からびつ【唐櫃】 名詞 足の付いた中国風の箱。長方形で、外に反った足が前後に二本ずつ、左右に一本ずつ、計六本あるのが普通。重要品から衣類や調度品まで入れた。後世、「からうづ」「からうど」とも。

からひと【唐人・韓人】 名詞 中国や朝鮮の人。発展 古くは外国人一般を指した。「からびと」とも。

［からびつ(唐櫃)］

から・ぶ【乾ぶ】 動詞 自〔バ上二段〕〈び・び・ぶ・ぶる・ぶれ・びよ〉❶乾く。水分がなくなる。ひからびる。しわがれる。**その時にこの目代、太くからびたる音を打ち出だして**…。〈今昔〉訳 その時にこの目代(=代官)は、太く**しわがれた**声を出して…。❷枯れた趣がある。渋く深みのある趣を持つ。**からびてけだかき所、及ぶべき物にもあらず**。〈正徹物語〉訳 (伏見院の筆による手紙は)**枯れた趣があって**気品に満ちたところは、肩を並べられそうなものでもない。

からぶみ【漢文】 名詞 中国の書物。漢籍。

からへいじ【唐瓶子】 名詞 中国風のとっくり。金属製、または黒の漆を塗った木製のもの。

から・む【絡む】 一 動詞 自〔マ四段〕〈ま・み・む・む・め・め〉❶巻き付く。絡み付く。まとい付く。「**昼の、蜘蛛の網に絡まれつる蜂は己にはべる。**」〈十訓抄〉訳「昼の、クモの糸に**絡み付かれた**ハチは私でございます。」❷難題を言って困らせる。言いがかりを付ける。**少し甘いことばを掛くると、あぢに絡んで**…。〈傾城買四十八手〉訳 (相手の遊女が)少し甘い言葉を掛けると、(したたかな客は)変に**言いがかりを付けて**…。

二 動詞 他〔マ四段〕〈ま・み・む・む・め・め〉巻き付ける。絡み付ける。まとい付ける。**二所ながら裸に腰絡ませたまひて、夜半、暁まであそばす。**〈大鏡・道隆〉訳 お二人(=道長と伊周)とも上半身裸で腰に(着物を)**巻き付け**なさって、夜中から、明け方まで(双六を)なさる。

から・む【搦む】 動詞 他〔マ下二段〕〈め・め・む・むる・むれ・めよ〉捕まえて縛る。逮捕する。捕らえる。**盗人なりければ、国の守にからめられにけり。**〈伊勢・12〉訳 盗人であったので、国司の長官に**逮捕されて**しまった。

から・め・く【唐めく】 動詞 自〔カ四段〕〈か・き・く・く・け・け〉中国風に見える。外国風に見える。また、しゃれている。**姿なけれど、棕櫚の木、唐めきて、悪き家のものとは見えず。**〈枕草子・40・花の木ならぬは〉訳 形はよくないが、シュロの木は**外国風に見えて**、貧しい人の家のものとは見えない。

からめて【搦め手】 名詞 ❶からめ捕らえる者。捕り手。「**年ごろ、搦め手向かひさぶらふこと、その数を知らずさぶらふ。**」〈古今著聞集〉訳「長年の間、(私を)**からめ捕らえる者**が向かって来ましたこと、その回数を知りません。」❷城や砦の裏門。敵の背後。また、敵の背後を攻める軍勢。対 大手 ↓古語チャート㉕(861ページ)

源氏大手ばかりではかなふべしとも見えざりしに、九郎御曹司搦め手に回って…。〈平家・9・坂落〉訳 源氏は正面攻撃の軍勢だけでは(合戦に)勝てるはずであるとも見えなかったのだが、九郎御曹司(=義経)は**敵の背後**に回って…。

発展 中世には「からめで」とも。

◗**からめる**(現)↓(古)**からむ【搦む】**

からもの【唐物】 名詞 中国渡来の品物。また、外国から渡来した品物。舶来品。

からもん【唐門】 名詞 屋根を唐破風の造りにし、唐戸を付けた門。神社などに多い。

からやう【唐様】 名詞 ❶中国風。唐風。❷中国風の書体。特に、江戸時代に儒者や文人の間に流行した明風の書体。❸中国風の寺院建築様式。鎌倉時代に宋から伝わった。

からゑ【唐絵】 名詞 中国風の様式・題材の絵。対 大和絵

❂**からをだに**…… 歌

からをだに**うき世の中にとどめずはいづこをはかと君もうらみむ**〈源氏・浮舟〉訳 (せめて)なきがらだけでも(この)つらい世の中に残しておかなかったら、「どこが目当ての墓だ。」と、あなたも(私を)お恨みになるだろう。○「はか」は「見当・目当て」という意味の「計」と、「墓」の意味を掛けた掛詞。

発展 死を決意した浮舟が、匂宮にあてた歌。

がらん【伽藍】 名詞 僧が集まって仏道修行をする清浄な所。後には、寺や寺院の主要建物群を意味するようになった。

かり 形容詞および形容詞型活用助動詞の、補助活用(カリ活用)に現れる語末の形。

かり【狩り・猟り】 名詞 ❶野生の鳥獣を捕らえること。狩猟。特に、タカ狩り・シカ狩り。季語 冬 ❷花や木を探し求めて観賞すること。特に、サクラ狩り・モミジ狩り。

かり【雁】 名詞《動物》ガンの別の呼び方。晩秋、北から日本に渡来し、翌春北に帰る渡り鳥で、飛行するときに一羽を先頭に隊列飛行する習性がある。季語 秋 類 雁

かり 助動詞 ↓けり基本助動詞20(491ページ)

がり【許】

ある人のいる方向へ移動する、という意味を表す
一 接尾語 (人を表す名詞、または代名詞に付いて)…のもとに。…の所へ。◉上代の用法。
二 形式名詞 (人の)もとに。

一 接尾語《上代の用法》(人を表す名詞、または代名詞に付いて)…**のもとに。…の所へ。**

広橋を馬越しがねて心のみ妹がり遣りて我はここにして 歌〈万葉集・14・3538〉訳 広い橋なのに、ウマを越えさせられないので、心だけをあの娘の**もとに**行かせて、私はここにいるままで。

二 形式名詞 (主に「人を表す名詞+の(格助詞)+がり」の形で)(人の)**もとに。**

手を引き杖を突かせて、京なる医師のがり、率て行きける道すがら…。〈徒然草・53・これも仁和寺の法師〉訳 手を引き杖を支えとさせて、都にいる医師の**もとに**、連れて行った(その)道中…。

発展 一↓二へ　上代では一の接尾語のみで、人を表す名詞・代名詞に直接付いて用いられたが、中古以降は二

の形式名詞になった用法が多い。主に「行く」「遣る」「率る」などの移動を表す動詞とともに用いられる。「がり」の中に、もともと、方向を指し示す意味が含まれているので、格助詞「に」「へ」などを伴うことはない。

かり-いほ【仮庵・仮廬】｜名詞 仮に作った小屋。

かり-うつ・す【駆り移す】動詞 他 (サ四段)〈さ・し・す・す・せ・せ〉(祈禱によって物の怪などを寄りましに)追い払って移す。

人に駆り移したまへる御物の怪ども…。〈源氏・葵〉訳 寄りましに**追い払って移し**なさった御物の怪どもが…。

カリ活用 国語・国文法 ↓補助活用

かり-がね 名詞 一【雁が音】ガンの鳴き声。季語 秋 二【雁・雁金】❶《和歌用語》ガンの別の呼び名。季語 秋 ❷紋所のひとつ。ガンを図案化したもの。

かり-ぎぬ【狩衣】名詞 襟が丸く、脇を縫い合わせず、袖口に括り緒を通す形の上着。もと、公家の平服となり、下には指貫の袴をはいた。平安時代には公家が鷹狩りのときに用いたが、中世以降は武家も着用し、室町以降は礼服となった。類 布衣。発展「かりごろも」とも。

[かりぎぬ]

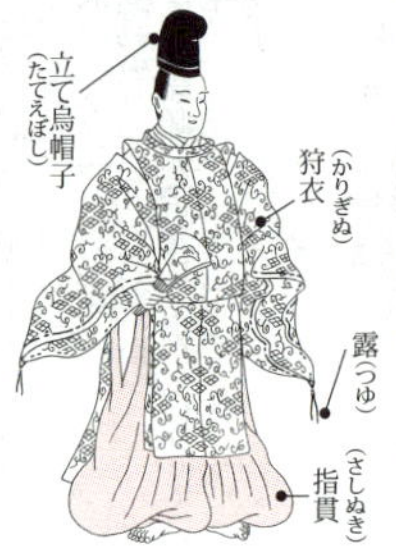

🪭**かりくらし**…歌

狩り暮らしたなばたつめに宿からむ天の河原にわれは来にけり〈古今集・羇旅・418・在原業平〉訳 一日中狩りをしていて日暮れになったので、織女に宿を借りよう。天(の川)の河原に私は来てしまったのだなあ。〇「暮らし」は、一日を暮らすと、日が暮れる意味の掛詞。

発展『伊勢物語』八十二段にも見える。作者が惟喬親王の狩りのお供をして、「天の川」という所(＝今の大阪府枚方市禁野に流れる川)で、「狩して天の河原にいたる」という趣旨で詠んだ歌。

かり-くら・す【狩り暮らす】動詞 他 (サ四段)〈さ・し・す・す・せ・せ〉狩りをして一日を過ごす。日が暮れるまで一日中狩りをする。

かり-こも【刈り菰・刈り薦】名詞 刈り取ったマコモ。また、それで編んだ敷物。

かりこも-の【刈り菰の・刈り薦の】枕詞 (刈り取ったマコモは乱れやすいことから)「乱る」に係る。

かり-ごろも【狩衣】一 名詞「かりぎぬ」に同じ。

あられ降る交野のみののかりごろも濡れぬ宿かす人しなければ 歌〈詞花集・152〉訳 あられが降る交野のご領地で鷹狩りする人の**狩衣**が濡れてしまった。濡れない(ように宿れる)宿を貸してくれる人もいないので。〇「濡れぬ」の「ぬ」は完了・打消の両意を担い、「**濡れぬ**(＝濡れてしまった)」、「**濡れぬ宿**(＝濡れない宿)」の意。また、「みの」は「御野」の意だが、「蓑」を含めた表現。

二 枕詞 (衣の縁から)「着る」「裁つ」「ひも」「裾」や、(それらと同音の)「立つ」「日も」などに、また、(狩衣が乱れやすいことから)「乱る」「おどろ」に係る。

発展「かりころも」とも。

かり-さうぞく【狩装束】｜名詞 狩りに行くときの衣装。発展「かりしゃうぞく」とも。公家は狩衣に指貫を着用したが、後に武家は行縢をはき、綾藺笠をかぶった。

かり-そ・く【刈り除く】動詞 他 (カ下二段)〈け・け・く・くる・くれ・けよ〉刈り除く。刈り取る。

わが背子に我が恋ふらくは夏草の刈り除くれども生ひしくごとし 歌〈万葉集・11・2769〉訳 私のいとしい人に私が恋することは、ちょうど夏草が、**刈って取り除いて**も次々と生えるようなものだ。

かりそめ-なり【仮初なり】形容動詞 ↓最重要語(388ページ)

かり-なり【仮なり】形容動詞〈ナリ・ノ〉〈なら・なり(に)・なり・なる・なれ・なれ〉一時的だ。間に合わせだ。本物でない。

「**仮に下りたる人のうちとけ言に付きて、さやうに軽かに語らふわざをもすなれ**…。」〈源氏・明石〉訳「(愚かな田舎者ならば)**一時的に**都から下って来ている人の打ち解けたことばにつられて、そのように軽々しく男女が関係を持つことをもするそうだが…。」〇「仮に下りたる人」は任期の短い国司などを指す。

かり-にも【仮にも】副詞 かりそめにも。一時的にも。

「**弓矢取る身は、仮にも名こそ惜しうさうらへ。**」〈平家・4・信連〉訳「弓矢を取る身(＝武士)には、**かりそめにも**名前が惜しいことでございます。」

かり-ね【仮寝】名詞 ❶ちょっと寝ること。うたた寝。❷非公式に、また一時的に肉体関係を結ぶこと。仮の契りを結ぶこと。❸旅寝。野宿。発展「仮枕」とも。

かり-の-こ【雁の子】名詞 ❶ガンやカモなどの水鳥。❷水鳥の卵。

かり-の-つかひ【雁の使ひ】｜名詞 手紙。消息。季語 秋

絵で見る古典生活史 9

貴族のペット

昔の貴族のペットとしては、ネコが多くの作品に登場します。奈良時代の少し前に新羅からネコを飼う習慣が伝わったとされています。

『★枕草子』「上にさぶらふ御猫は」には、「命婦のおとど」という名の、天皇にたいへんかわいがられているネコが登場します。このネコに「走りかかりたれば」、イヌの「翁丸」は、ひどい目にあわされます。

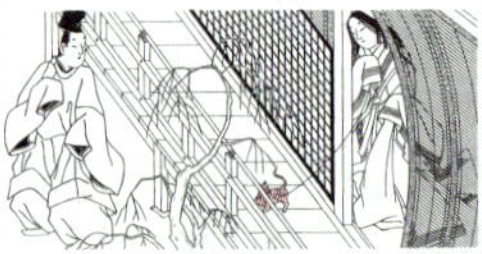

(絵…公卿に飼われる猫〈菱川師宣画「美人絵尽」〉より)

『★源氏物語』では、「★唐猫のいと小さくをかしげなる」が★御簾を開けてしまったために、★柏木は★女三の宮の顔を初めて見ます。これにより、二人は熱烈な恋に落ちるのですから、ネコは重要な役割を演じているのです。女三の宮の飼っていたネコは「唐猫」といい、中国から渡来した種類で、当時珍しがられ、大切にされていました。

また『★更級日記』にも、どこからか来たネコを、「いとをかしげなる猫なり。飼はむ。」と、作者たち姉妹が大切に飼っていたことが記されています。

発展 ガンの足に手紙を付けて連絡をとったという中国の故事から。

かり-の-つかひ【狩りの使ひ】|つかい 名詞 平安初期、朝廷用の鳥獣を捕獲するために諸国に派遣された役人。

かり-の-やどり【仮の宿り】一時的な住まい。仮の宿。多く、はかないこの世のたとえに用いる。また、知らず、**仮の宿り**、誰がためにか心を悩まし、何によりてか目を喜ばしむる。〈方丈記・ゆく河〉訳 そしてまた、分からない、(はかないこの世の)**一時的な住まい**を、だれのために心を苦しめ、何のために(豪邸を建てて)目をうれしがらせるのか。

かり-ばね【刈り株】名詞 刈り取った後の竹や木などの切り株。

かり-ほ【仮庵・仮廬】名詞 ↓かりいほ

かり-まくら【仮枕】名詞 ↓かりね

かり-また【雁股】名詞 鏃の一種。カエルの股を開いたような形をし、その内側に刃があるもの。また、それを付けた矢。発展「蛙股」の変化したものか。

かり-や【仮屋】名詞 仮りに作った家。仮小屋。

かりょうびんが【迦陵頻伽】名詞 極楽浄土に住むという想像上の鳥。美しい声で鳴くという。美女の顔を持ち、声が非常に美しいとされるところから仏の声を形容するのに用いられる。

［かりょうびんが］

か・る 動詞 自 〔ラ下二段〕〈れ・れ・る・るる・るれ・れよ〉

一【枯る】❶(草や木が)生気を失って死ぬ。枯れる。みつみつし久米の若子がい触れけむ磯の草根の**枯れまく惜しも** 歌〈万葉集・3・435〉訳(伝説の)久米の若者が触れたであろう磯辺の草の**枯れ**たりすることが惜しいなあ。○「みつみつし」は「久米」に係る枕詞。「久米」は氏のひとつといわれる。❷干からびる。虫などの**枯れ**たるに似てをかし。〈枕草子・40・花の木ならぬは〉訳(カエデの花のようすは)虫などが**干からび**たのに似ておもしろい。

二【涸る】水がなくなる。干上がる。水がかれる。耳無の池し恨めし我妹子が来つつ潜かば水は**涸れなむ** 歌〈万葉集・16・3788〉訳 耳無の池が恨めしい。あの子が来て入水したならば、水は**かれて**ほしかったのに。

三【嗄る】(声が)しわがれる。いと荒々しくふつつかなるさましたる翁の、声**かれ**、さすがに気色ある…。〈源氏・浮舟〉訳 たいそう荒々しく太ってどっしりとした老人で、声が**しわがれ**、そうはいってもやはりひと癖ある人が…。

かり-そめ・なり【仮初なり】

確実な基盤となるものがなく、一時的で長続きしないようす
- ❶ほんの一時的である。はかない。
- ❷軽はずみである。なおざりだ。
- ❸たまたま。ふと。◉連用形「かりそめに」の副詞的用法。

形容動詞〔ナリ・ノ〕

未然形	連用形	終止形	連体形	已然形	命令形
かりそめ・なら	かりそめ・なり かりそめ・に	かりそめ・なり	かりそめ・なる	かりそめ・なれ	(かりそめ・なれ)

❶**ほんの一時的である。はかない。間に合わせである。その場限りである。**ものはかなげなる小柴垣を大垣にて、板屋ども、辺りいと**かりそめなり**。〈源氏・賢木〉訳 いかにも形だけに見える小さく細い雑木で作った垣根を外囲いにして、板葺きの家々が、そこかしこにほんの**間に合わせである**(ように建ち並んでいる)。心戒といひける聖は、あまりにこの世の**かりそめなる**ことを思ひて…。〈徒然草・49・老い来たりて〉訳 心戒といった高僧は、あまりにこの世が**はかない**ことを思って…。

❷**軽はずみである。なおざりだ。いい加減だ。ほんの軽い気持ちである。**「我も劣らじ。」と思ひ顔なる中に、衛門督の、**かりそめに**立ち交じりたまへる足元に、並ぶ人なかりけり。〈源氏・若菜上〉訳「自分も劣るまい。」と思っているような顔つきである(者の)中に、衛門督(=柏木)が**ほんの軽い気持ちで**加わりなさった(蹴鞠の)足さばきに、並ぶ者はなかったのだった。

❸(連用形を副詞的に用いて)**たまたま。ふと。**奥羽長途の行脚ただ**かりそめに**思ひ立ちて…。〈奥の細道・草加〉訳 奥羽(=今の東北地方)方面への遠路の旅をただ**ふと**思いついて…。

発展 ①**語の成り立ち** 永遠でないことを表す「仮様」が変化したものといわれ、本格的でない、偶発的だ、などの意味を含んで用いられる。

②**現代語とのつながり** 類義の「あからさまなり」と同様に、「かりそめにも～打消・禁止」の形をとって、「まったく」「少しも」の意味でも用いられる。ただし、「あからさまにも～打消・禁止」の形は中古から見られるのに対して、「かりそめにも～打消・禁止」の形は中世以降に使われ始め、現在に至っている。

類語比較「**あからさまなり**」と「**かりそめなり**」↓あからさまなり

か・る【離る】

近い関係にあったものが遠く離れていく
- ❶(空間的に)離れる。遠ざかる。
- ❷(時間的に)間が空く。隔たる。
- ❸(心理的に)遠くなる。疎遠になる。

未然形	連用形	終止形	連体形	已然形	命令形
か・れ	か・れ	か・る	か・るる	か・るれ	か・れよ

動詞 自 〔ラ下二段〕❶(空間的に)**離れる。遠ざかる。**『宿をば**かれじ**。』と思ふ心深くはべるを…。」〈源氏・早

蕨〉訳『(宇治の)屋敷を離れたくない。』と思う気持ちが深くあるのですが…。」

❷(時間的に)**間が空く。隔たる。絶える。**

玉に貫く棟を家に植ゑたらば山ほととぎすかれず来むかも 歌〈万葉集・17・3910〉訳玉として刺し通すセンダン(=植物の名)を家に植えたなら、山にいるホトトギスは**絶えず来る**だろうか。

❸(心理的に)**遠くなる。疎遠になる。よそよそしくなる。**

昔、男、宮仕へしける女の方に、御達なりける人を相知りたりける、程もなくかれにけり。〈伊勢・19〉訳昔、男が、宮仕えをしていた女の所で、上級の女官であった人と情を通じていたが、間もなく**疎遠になって**しまった。

発展 **①意味の広がり** 「枯る」と同じ語源かといわれ、身近なものや大切なものが遠く離れていくことを表す。❶は空間的に、❷は時間的に離れる意味であり、そこから、❸の心理的に遠ざかる意味も生じた。

②掛詞への展開 中古以降は和歌に多く用いられ、「枯る」との掛詞となっていることが多い。

→**古語チャート**㊸(1211ページ)

か・る【刈る】 動詞 他 ラ四段〈ら・り・る・る・れ・れ〉草などを刃物で切り取る。刈り取る。

か・る【狩る・猟る】 動詞 他 ラ四段〈ら・り・る・る・れ・れ〉❶(鳥や獣などを)追い求めて捕らえる。狩りをする。

『**交野を狩りて、天の河のほとりに至る**』を題にて…。」〈伊勢・82〉訳『交野の野原で**狩りをして**、天の河の辺りに到着する』を題として…。」

❷(花や紅葉を)探し求めて観賞する。

折につけつつ桜を狩り、紅葉をもとめ…〈方丈記・勝地は主なければ〉訳時節に応じてはサクラを**探し求めて観賞し**、紅葉を求めて…。

か・る【借る】 動詞 他 ラ四段〈ら・り・る・る・れ・れ〉借りる。

片田舎に行きて、いやしき家に宿を借りて泊まりけるに…。〈発心集〉訳都から離れた土地に行って、みすぼらしい家に宿を**借りて**泊まったところ…。

か・る【駆る・駈る】 動詞 他 ラ四段〈ら・り・る・る・れ・れ〉❶追い立てる。

「**この翁丸打ち調じて、犬島へ遣はせ。ただ今。**」と**仰せらるれば、集まりかり騒ぐ。**〈枕草子・9・上にさぶらふ御猫は〉訳「この翁丸(=イヌの名)を打ってこらしめて、犬島へ(追い)やれ。今すぐ。」と(帝が)おっしゃるので、(男たちは)集まって(翁丸を)**追い立てて**騒ぐ。

❷ウマや車を走らせる。

軽 地名 奈良県橿原市大軽付近の古い呼び名。懿徳・孝元・応神天皇の皇居があったといわれる。下ツ道と山田道の交わる交通の要所で、軽の市と呼ばれる市場が栄えた。

-が・る 接尾語 (形容詞・形容動詞の語幹、名詞などに付いて)そのように思う、…のように感じる、そのように振る舞う、という意味を表す。語例 ゆかし**がる**・痴**がる**・親**がる** 発展 動詞(ラ四段)化する。

かる-かや【刈萱】 名詞 ❶イネ科の多年草、カルカヤ。季語 秋 ❷屋根を葺くために刈り取ったカヤ。

かるかや-の【刈萱の】 枕詞 (刈り取ったカヤのようすから)「乱る」「束」「穂」に係る。

かるが-ゆゑに【かるが故に】 接続詞 それゆえに。だから。

硫黄といふもの満ち満てり。かるがゆゑに硫黄が島とも名づけたり。〈平家・2・大納言死去〉訳硫黄というものがいっぱいである。**だから**硫黄が島とも名づけている。

発展 「斯かあるがゆゑに」の変化したもの。

かる-がる・し【軽軽し】 形容詞 →かろがろし

かる-くち【軽口】 名詞 ❶深く考えずにしゃべること。出まかせ。❷軽妙なしゃれ。冗談。

かる-み【軽み】 名詞 ❶軽さ。❷《俳諧用語》芭蕉が説いた俳諧の美的理念のひとつ。日常的な物事のうちに詩情を感じ取り、それを平易なことばで素直に表現する。軽妙・平淡なうちに味わいのある境地。発展 「かろみ」とも。

かる・む【軽む】 動詞 →かろむ

かるらか・なり【軽らかなり】 形容動詞 →かろらかなり

かれ【彼】 代名詞 ❶(遠くにある事物を指して)あれ。

草の上に置きたりける露を、「彼は何ぞ。」となむ男に問ひける。〈伊勢・6〉訳草の上に降りていた露を(見て)、(女は)「**あれ**は何か。」と男に尋ねた。

❷(男性にも女性にも用いて)あの人。

これよりも彼よりも、同じやうにおこする物ども、取りも入れねど、いろいろに持ちて立てり。〈大和・147〉訳この人からも**あの人**からも、同じようによこすいろいろな物は、受け取りもしないが、(その二人の男は)さまざまに(贈り物を)持って(女の家の門前に)立っている。

かれ【故】 接続詞 それゆえ。そこで。それで。だから。発展 副詞「か」にラ変動詞「あり」の已然形が付いた「かあれ」の変化したもの。已然形だけで確定条件を表した古い語法のなごりで、上代に仮名書きの例はないが、中古の漢文訓読文に見られるところから「古事記」では「故」の字などの訓に採用される。

かれ-いひ【乾飯】 名詞 干した飯。旅の携行食。湯や水で戻して食べる。発展 「かれひ」とも。

🕸**かれえだに…** 句

かれ枝に烏のとまりけり秋の暮れ〈阿羅野・松尾芭蕉〉訳枯れ枝にカラスがじっと止まっていたなあ。静かに深まる秋の暮れよ。○季語 秋の暮れ—秋

かれ-がた【離れ方】 形容動詞 (二)(男女の仲が)疎遠だ。

あひ知りける人の、やうやくかれ方になりける間に…。〈古今集・恋5・790・詞書〉訳なれ親しんでいた人が、しだいに**疎遠になった**ので…。

かれ-がれ・なり ㊀**【枯れ枯れなり】** 形容動詞 ナリ〈なら・なり(に)・なり・なる・なれ・なれ〉草木が枯れている。枯れそうだ。

通ひ来し宿の道芝かれがれに跡なき霜の結ぼほれつつ 歌〈新古今集・恋4・1335〉訳あの人が通って来た宿の道芝も**枯れそうで**、(同じようにあの人とも疎遠になり、)通った足跡もなく霜が固く降りている(私の心も悲しみに固く閉ざされて)。○「離れ離れ」と「枯れ枯れ」を掛ける。

㊁**【嗄れ嗄れなり】** 声がかすれて途切れたりする。

浅茅が原もかれがれなる虫の音に、秋風すごく吹き合はせて…。〈源氏・賢木〉訳浅茅が原も(枯れそうな中で)**かすれて途切れたりする**虫の音に、秋風がもの寂しく吹きあわせて…。○「枯れ枯れ」と「嗄れ嗄れ」を掛ける。

発展 和歌では、「離れ離れなり」との掛詞として用いられることが多い。

かれ-がれ・なり【離れ離れなり】 形容動詞 ナリ〈なら・なり(に)・なり・なる・なれ・なれ〉疎遠だ。途絶えがちだ。

「**かれがれにおはせしをだに、飽かず胸いたく思ひはべりしを**…。」〈源氏・葵〉訳「(源氏の訪れが)**途絶えがち**でいらっしゃったことをさえも、満ち足りずに胸が痛いと思

っておりましたのに…。」

かれ-これ【彼此】 一 代名詞 ❶あれとこれ。あれこれ。**詠める歌多く聞こえねば、かれこれを通はして、よく知らず。**〈古今集・仮名序〉訳(喜撰法師の)詠んだ歌は多く知られていないので、**あれこれ**を参照しても、十分に理解することができない。

❷あの人とこの人。**かれこれ、知る、知らぬ、送りす。**〈土佐日記・十二月二十一日〉訳**あの人とこの人**、(また)知っている人も、知らない人も、(私を)見送る。

二 副詞 ❶あれこれと。なにやかや。とやかく。「**かやうに人知れずかれこれ恥をさらしさうらふも…。**」〈平家・10・戒文〉訳「このように誰も思い及ばぬ(ほどに)**あれこれと**恥を広く人の目に触れさせますのも…。」

❷おおよそ。だいたい。**かれこれ三万疋を芋頭の銭と定めて…。**〈徒然草・60・真乗院に盛親僧都とて〉訳**およそ**三万疋の金銭を芋頭(=サトイモの親芋)の代金と決めて…。

かれ-の【枯れ野】 名詞 ❶草の枯れた冬の野原。季語 冬 **旅に病んで夢は枯れ野をかけめぐる** 句〈笈日記・松尾芭蕉〉訳↓たびにやんで…

❷*襲の色目のひとつ。表は黄色、裏は薄青色。冬に用いる。

発展 ❷は「からの」とも。

かれ-は・つ【枯れ果つ】 動詞 自 タ下二段〈て・て・つ・つる・つれ・てよ〉すっかり枯れる。発展 和歌では多く「離れ果つ」に掛ける。

かれ-は・つ【離れ果つ】 動詞 自 タ下二段〈て・て・つ・つる・つれ・てよ〉まったく離れる。すっかり疎遠になる。縁が切れる。**花散里をかれはてたまひぬるこそいとほしけれ。**〈源氏・澪標〉訳(源氏が)花散里と**すっかり疎遠になっ**てしまいになったのはとてもかわいそうだ。

かれ-ば・む【嗄ればむ】 動詞 自 マ四段〈ま・み・む・む・め・め〉(声が)しわがれる。**あやしくかればみ騒ぎたる声にて…。**〈枕草子・8・大進生昌が家に〉訳(生昌が)妙に**しわがれ**耳ざわりな声で…。

かれ-ひ【餉】 いい 名詞 ↓かれいひ

かれ-まさ・る【離れ増さる】 動詞 自 ラ四段〈ら・り・る・る・れ・れ〉ますます遠ざかる。いっそう疎遠になる。**六条わたりにだに、かれまさりたまふめれば…。**〈源氏・末摘花〉訳(源氏は)六条(=六条御息所)のあたりにだって、**いっそう疎遠になって**いらっしゃるようなのだから…。

かれ-やう・なり【離れ様なり】 ようなり 形容動詞 ナリ〈なら・なり(に)・なり・なる・なれ・なれ〉離れがちだ。疎遠だ。**人をあひ知りて通ひつつ、かれやうにのみなりゆきけり。**〈古今集・雑下・994・左注〉訳(男は)新しい女と知り合ってしげく通い、(元の女とは)**疎遠に**なっていくばかりであった。

かれ-ゆ・く【枯れ行く】 動詞 自 カ四段〈か・き・く・く・け・け〉(草や木が)しだいに枯れていく。

かれ-ゆ・く【離れ行く】 動詞 自 カ四段〈か・き・く・く・け・け〉遠のいていく。離れていく。疎遠になっていく。まばらになっていく。**院の内、やうやう人目かれゆきてしめやかなるに…。**〈源氏・賢木〉訳桐壺院の中は、しだいに人の出入りも**まばらになっていって**ひっそりとしているときに…。

❸**かれる**(現)↓(古)**かる【枯る・涸る・嗄る】**

かれ-をばな【枯れ尾花】 おばな 名詞 冬枯れしたオバナ。枯れたススキ。季語 冬

かろ-がろ・し【軽軽し】

言動に思慮が足りないようす。また、身分や価値が低く手軽に扱えるようす
- ❶(言動に)思慮が足りない。**軽率だ。**軽薄だ。
- ❷**身分が低い。**貫禄が足りない。
- ❸手軽だ。簡単だ。身軽だ。

未然形	連用形	終止形	連体形	已然形	命令形
かろがろ・しく	かろがろ・しく	かろがろ・し	かろがろ・しき	かろがろ・しけれ	○
かろがろ・しから	かろがろ・しかり	○	かろがろ・しかる	○	かろがろ・しかれ

形容詞 シク ❶(言動に)**思慮が足りない。軽率だ。軽薄だ。** 見ではあるまじく、この人の御心にかかりたれば、「**便なくかろがろしきこと。**」と思ほし返しびつつ…。〈源氏・夕顔〉訳会わないではいられそうにないほど、この人(=夕顔)が頭から離れないでいるので、(源氏は)「不都合で**軽薄な**ことだ。」と思い返しなさって苦しみながら…。

❷**身分が低い。貫禄が足りない。価値が低く粗末だ。**「**などてかかろがろしき人の家の飾りとはなさむ。**」〈源氏・蓬生〉訳「どうして(亡き父の調度類を売って)**身分が低い**者の家の飾りとすることができるだろうか、いや、そんなことはできない。」

❸**手軽だ。簡単だ。身軽だ。**「**かき紛れたる際の人こそ、かりそめにも、たはやすき物忌み、方違への移ろひもかろがろしきに…。**」〈源氏・若菜上〉訳「(大勢に)紛れて目立たない身分の人は、ほんの一時的にでも、気軽な*物忌みや、*方違への外出も**簡単**なので…。」

発展 **語の成り立ち** 形容詞「軽し」の語幹を重ねて形容詞にしたことば。「かるがるし」とも。

関連語 重重し

かろ・し【軽し】 形容詞 ク〈く・く・し・き・けれ・○/から・かり・○・かる・○・かれ〉❶重量が少ない。軽い。対 重し

❷身分が低い。軽い身分だ。軽い。対 重し **おのづからかろき方にも見えしを…。**〈源氏・桐壺〉訳(桐壺の更衣は)自然と**身分が低い**者とも見られたが…。

❸たいした程度ではない。重大ではない。軽い。対 重し 「**この度の地震、古文のさす所、その慎みかろからず。**」〈平家・3・法印問答〉訳「今回の地震は、これを占い文に照らし合わせて示すところ(を見ると凶変を示しており)、それに対する謹慎は決して**軽く**はない。」

❹言動に思慮が足りない。軽率だ。軽薄だ。対 重し **この宮たちは、御心の少し軽くおはしますこそ…。**〈大鏡・兼家〉訳この(冷泉院の)宮たちは、お心が少し**軽率でいらっしゃる**のを…。

❺価値が低い。値打ちがない。対 重し **一銭かろしと言へども、是を重ぬれば、貧しき人を富める人となす。**〈徒然草・107・女の物言ひかけたる〉訳一銭は**値打ちがない**といっても、これを積み重ねると、貧しい人を裕福な人にする。

かろ-し・む【軽しむ】 動詞 他〔マ下二段〕〈め・め・む・むる・むれ・めよ〉軽んじる。侮る。類軽む
「**この太子は人に勝れたまへり。ゆめゆめかろしめたてまつることなかれ。**」〈今昔〉訳「この太子は人よりも勝っていらっしゃる。決して**軽んじ**申し上げてはならない。」

かろ-とうせん【夏炉冬扇】 名詞 夏の炉と冬の扇。無用なもの、役に立たないもののたとえ。

かろび-やか・なり【軽びやかなり】 形容動詞〔ナリ〕〈なら・なり(に)・なり・なる・なれ・なれ〉軽々としている。軽快だ。身軽だ。類軽らかなり
「**装束かろびやかにして馬に乗りて行くに**…。」〈今昔〉訳身なりを**身軽に**してウマに乗って出かけて行くが…。

かろ・ぶ【軽ぶ】 動詞 自〔バ上二段〕〈び・び・ぶ・ぶる・ぶれ・びよ〉❶軽そうに見える。軽快である。軽装である。
「さばかり**かろび涼しげなる御中に**…。」〈枕草子・35・小白河といふ所は〉訳あれほど(服装が)**軽装であり**涼しそうな方々の中で…。
❷軽々しく見える。軽率である。
「かかる好き事どもを末の世にも聞き伝へて、**かろびたる名をや流さむ**。」と…。〈源氏・帚木〉訳(源氏の)このような色好みの言動などを後の世にも聞き伝えて、「**軽々しく見える**(という)評判を世間に広めるのではなかろうか。」と…。
❸低い身分である。
「いと**かろびたるほどにはべるめれど**…。」〈源氏・竹河〉訳「たいへん**低い身分である**(者の)ようでありますが…。」

かろ・む【軽む】 一 動詞 自〔マ四段〕〈ま・み・む・む・め・め〉軽くなる。
「**後の世の罪も少しかろみなむや。**」〈源氏・柏木〉訳「来世での罪も少し**軽くなって**しまうだろうか。」
二 動詞 他〔マ四段〕〈ま・み・む・む・め・め〉❶軽くする。
「**ともかくもひき助けさせたまはむことこそは、罪かろませたまはめ。**」〈源氏・玉鬘〉訳「(玉鬘を)どのようにしてでも手を差し延べてお助けになったりすることこそ、(夕顔を死なせた)罪を**軽くし**なさるだろう。」
❷軽んじる。侮る。
三 動詞 他〔マ下二段〕〈め・め・む・むる・むれ・めよ〉❶程度を軽くする。
「**我にその罪をかろめて、許したまへ。**」〈源氏・賢木〉訳「私に(免じて)その罪を**軽くして**、お許し下さい。」
❷軽んじる。侮る。
「**あないとほしや。祖母殿の上、ないたうかろめたまひそ。**」〈源氏・葵〉訳「ああ気の毒だね。お婆さま殿(=源典侍)を、ひどくは**軽んじ**なさるな。」
発展「かるむ」とも。

かろ-らか・なり【軽らかなり】 形容動詞〔ナリ〕〈なら・なり(に)・なり・なる・なれ・なれ〉❶軽そうだ。気軽だ。軽快だ。身軽だ。
急ぎ出でたまひて、**かろらかにうち乗せたまへれば**…。〈源氏・夕顔〉訳(源氏は夕顔の宿を)急いでお出になり、**軽快に**(夕顔を車に)乗せなさっていると…。
❷軽々しい。軽率だ。浮気だ。
「**例のかろらかなる御心ざまに、もの思はせむこそ心苦しかるべけれ。**」〈源氏・総角〉訳「(匂宮の)いつもの**浮気な**お気持ちから、(中の君を)悩ませたりすることは申し訳ないにちがいない。」
❸容易だ。簡単だ。粗略だ。粗末だ。
人の心を合はせたらむことにてだに、かろらかにえしも紛れたまふまじきを…。〈源氏・夕顔〉訳(相手の女性が)こちらと心を示し合わせていたりする場合でさえも、**簡単に**人目をごまかすことはおできになりそうもないのに…。
❹身分が低い。
かろらかなる御身ならねば、おぼすままに昼のほどなどもえ出でたまはねば…。〈源氏・宿木〉訳(匂宮は)**低い**ご身分ではないので、思いどおりに昼間でさえもお出ましになることができないので…。

歌論 文芸用語 和歌に関する文芸理論。和歌の本質について論じたもの、様式分類などの理論を述べたもの、和歌の作り方や表現技術について述べたものなどがある。七七二(宝亀三)年成立の『歌経標式』が現存最古の歌論書といわれるが、『万葉集』の題詞・左注にすでに歌論のような記述が見られる。中国の詩論の影響を受けて生まれ、平安初期から行われた歌合わせの判詞などによって展開した。藤原俊成・定家の歌論が重要。なお、近世の歌論にも優れたものが多い。

かろん・ず【軽んず】 動詞 他〔サ変〕〈ぜ・じ・ず・ずる・ずれ・ぜよ〉❶軽くする。軽減する。
「**刑の疑はしきをばかろんぜよ。**」〈平家・2・小教訓〉訳「刑のはっきりしないものは**軽減せよ**。」
❷軽く見る。軽視する。惜しまない。
命をかろんじ、義を重んじて…。〈平家・7・木曾山門牒状〉訳命を**惜しまず**、人として守るべき道理を重んじて…。
❸侮る。見下す。
王化に従はず、おのづから**朝権をかろんずる者には**…。〈平家・1・二代后〉訳君主の徳化に従わないで、たまたま朝廷の権威を**侮る**者には…。

かわいい(現)↓(古)**かはゆし**

河合曾良〔カハヒ〕人名 江戸前期の俳人。伊勢国の長島藩を辞職した後、芭蕉に師事し、『鹿島紀行』『奥の細道』の旅に同行した。著書に『奥の細道随行日記』などがある。*1649—1710*

かわき-すなご【乾き砂子】 名詞 乾いた砂。朝廷の儀式や蹴鞠などのとき、雨後のぬかるみにまいた。

かわす(現)↓(歴)**かはす【交はす】**

かわず(現)↓(歴)**かはづ【蛙】**

河竹黙阿弥〔カハタケ〕人名 江戸末期から明治前期の歌舞伎作者。世話物を多作し、白浪物、活歴劇や散切物、松羽目物に新しい分野を開いた。江戸歌舞伎の集大成的業績を残し、代表作に『勧善懲悪覗機関』『青砥稿花紅彩画』などがある。*1816—1893*

かわたれどき(現)↓(歴)**かはたれどき【彼は誰時】**

河内〔カハ〕旧国名 河州。畿内五か国の一つ。今の大阪府中東部。東は大和国に、西は摂津国・和泉国に隣接し、常に都と深くかかわる重要な地であった。↓**ビジュアルチェック** ❼(450ページ)・㉕(1097ページ)

かわや(現)↓(歴)**かはや【厠・厠】**

かわ-らか・なり 形容動詞〔ナリ〕〈なら・なり(に)・なり・なる・なれ・なれ〉さっぱりしている。さわやかだ。
「**もとの根ざし卑しからぬ、安らかに身をもてなし振る舞ひたる、いとかわらかなりや。**」〈源氏・帚木〉訳「(四位でも参議の資格のある階級で)もともと素性の卑しくない者が、安楽な暮らしぶりをしているのは、本当に**さっぱりしている**ことであるよ。」

かわる(現)↓(歴)**かはる【変はる・代はる・替はる】**

かをり【香り・薫り】 名詞 ❶よい匂い。❷(顔の)華やいでつややかな美しさ。

かを・る【薫る】 動詞 自 ラ四段〈ら・り・る・る・れ・れ〉❶（霞・霧が）立ちこめる。「わが生める国、ただ朝霧のみありて、**薫り満てるかな。**」〈日本書紀〉訳「私が生んだ国は、ただ朝霧だけがあって、**立ちこめ**満ちていることだなあ。」❷よい香りが漂う。「風通ふ寝覚めの袖の花の香に**薫る枕**の春の夜の夢」歌〈新古今集・春下・112〉訳↓かぜかよふ…❸（顔が）華やかに美しく見える。「面つき、まみの**薫れるほど**など、言へばさらなり。」〈源氏・薄雲〉訳（明石の姫君の）頬の辺りや、目もとが**華やかに美しく見え**ている程度などは、いまさら言うまでもない。

類語比較「にほふ」と「かをる」↓匂ふ

かをるかに… 歌
薫る香によそふるよりはほととぎす聞かばやおなじ声やしたると〈千載集・971・和泉式部〉訳いただいたタチバナの香によって兄宮様を思い出すよりもホトトギスの声を聞きたいと思う。同じ声をしているかどうかと。○「よそふ」は、（あるものと）関係づける意。タチバナの香と為尊親王を関係づけている（=為尊親王をしのんでいる）。「ばや」は希望を表す終助詞。発展『和泉式部日記』にも見える。

かん（現）↓（歴）**くゎん**【冠・勧・巻・完・官・寛・患・慣・換・棺・款・歓・灌・管・観・貫・還・関】

かん【長官】 名詞 役所の長官。発展「かみ」が変化したことば。「かう」とも。

かん【寒】 名詞 冬至後五日目から節分までのおよそ三十日間。前半を小寒、後半を大寒という。一年中で最も寒い時期とされる。季語 冬

かん【感】 名詞 感じること。心を動かすこと。感動。感じ。

がん（現）↓（歴）**ぐゎん**【丸・頑・願・元】

観阿弥【―】人名 室町前期の能役者・能作者。観世流の始祖。世阿弥の父。将軍足利義満の後援を得て観世流隆盛の基礎を確立した。猿楽に曲舞や田楽能など他の芸能を取り入れ、歌舞の要素をも合わせ持つ、新しい芸能を創始した。その芸能に対する考えは、世阿弥によって『★風姿花伝』としてまとめられた。『自然居士』『卒都婆小町』などの作がある。*1333—1384* ↓必修古典ビッグ30 ⑯（712ページ）

かん-おう【感応】 名詞 動詞 自 サ変〈せ・し・す・する・すれ・せよ〉❶《仏教語》厚い信仰に神仏が通じること。信仰心が神仏に通じること。「而るに、今その**感応あり**。地蔵菩薩の化身に値遇したてまつれり。」〈今昔〉訳「ところが、今その**厚い信仰にこたえること**があった。地蔵菩薩が人に変じたお姿にお会い申し上げた。」❷心に深く感じること。感動すること。「明神**感応に堪へずして**、経正の袖の上に白竜現じて見えたまへり。」〈平家・7・竹生島詣〉訳竹生島明神は**感動に我慢できなくなって**、経正の袖の上に白竜（となって）現れて（姿を）お見せになった。

漢音 国語・国文法 ↓字音

かんがえる（現）↓（古）**かうがふ**【考ふ・勘ふ】

かんが・ふ【考ふ・勘ふ】 動詞 ↓かうがふ

かんが・みる【鑑みる】 動詞 ↓かがみる

かん-き【勘気】 名詞 主君・親など、目上の人から受けるとがめ。おしかり。勘当。

かん-きょ【閑居】 名詞 動詞 自 サ変〈せ・し・す・する・すれ・せよ〉世間を離れ心静かに暮らすこと。また、そうした住まい。「**閑居の気味**もまた同じ。住まずして誰か悟らむ。」〈方丈記・閑居の気味〉訳**世間を離れ心静かに暮らすこと**の味わいもまた（魚が水に住んだり、鳥が林の中にいるのと）同じである。住みもしないで、だれが（この味わいを）理解できるだろうか。

閑吟集【―】作品名 室町後期の歌謡集。編者不明。全歌数三一一首の七割強を占める★小歌をはじめ、大和節・近江節・田楽節など、室町時代の多彩な歌謡を集成。四季・恋、および内容語句の連想による連歌的配列法を採って編纂されている。六割強が恋愛歌であり、当時の民衆の生活をうかがうことができる。一五一八（永正十五）年成立。

菅家文草【―】作品名 平安前期の漢詩文集。★菅原道真の作。「道真集」とも。道真が、自作を編集して醍醐天皇に献上したもの。漢詩約四六八首、漢文約一五九編を収める。九〇〇（昌泰三）年成立。

漢語 国語・国文法 漢字音で読むことば。和語（=やまとことば）に対する。「字音語」とも。古く中国から借用した呉音・漢音で読む語のほか、和語に漢字を当て音読してできた語、「火事（↑ひのこと）」「出張（↑ではる）」なども含めていう。中古の仮名文学では、当然和語が中心となるが、「願」「消息」「愛敬」などの漢語も使用され、漢語を語幹にもつ「優なり」「艶なり」などの語も見られる。

かんこ-どり【閑古鳥】 名詞 ❶《動物》ホトトギス科の鳥、カッコウの別の言い方。季語 夏「うき我をさびしがらせよ**閑古鳥**」句〈嵯峨日記・芭蕉〉訳↓うきわれを…❷（❶の鳴くようすから）もの寂しいようすのたとえ。転じて、生活が貧しかったり、商売が繁盛しないことのたとえにも用いる。

かん-ざし【髪状・髪差し】 名詞 額の上の髪の生え具合。髪のようす。髪型。また、髪。

かん-ざし【簪・釵】 名詞 ❶冠が落ちないように髻（=束ねた髪）に差す棒状のもの。↓冠（図）❷女性の髪に差す装飾品。❸くし。発展「髪挿し」の変化したことば。

かん-さ・ぶ【神さぶ】 動詞 ↓かみさぶ

かん-し【干支】 名詞 十干と十二支。また、その組み合わせ。↓ビジュアルチェック⑤（393ページ）

かん-じ【柑子】 名詞 ↓かうじ（柑子）

かんじき【樏・檋】 名詞 雪に深く踏み込まないように、履き物の下に付ける道具。発展「がんじき」「かじき」とも。

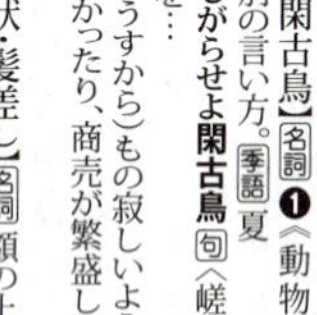

［かんじき］

かんじ-ののし・る【感じ罵る】 動詞 自 ラ四段〈ら・り・る・る・れ・れ〉感心して口々に褒める。ひどく感心する。「帝よりはじめ、**感じののしられた**まへど…」〈大鏡・道長上〉訳（肝試しで平然と帰ってきた道長を）天皇をはじめ、**感心して口々に褒め**なさるけれど…

かん-じゃう【勘状】 名詞 先例の調査や占いなどによる判断を記した文書。調査報告書。

かん-じゃく【閑寂】 名詞 ひっそりと物静かなこと。閑静。発展 近世以前は「かんせき」。

かん-じゃく・なり【閑寂なり】 形容動詞 ナリ〈なら・なり（に）・なり・なる・なれ・なれ〉物静かでひっそりとしている。閑静だ。

ビジュアルチェック 5

干支図

五行…古代中国の「陰陽五行説（いんようごぎょうせつ）」において、天地の間を循環して万物を生成する木（もく）・火（か）・土（ど）・金（ごん）・水（すい）の五つの元素。

十干…「陰陽五行説」における五行をそれぞれ陰と陽の二つに分けて、十の要素にしたもの。陰を「弟（と）」、陽を「兄（え）」に見立てる。

十二支…「陰陽五行説」における子（ね）・丑（うし）・寅（とら）・卯（う）・辰（たつ）・巳（み）・午（うま）・未（ひつじ）・申（さる）・酉（とり）・戌（いぬ）・亥（い）の十二の宮（＝毎年の木星の位置を示すために天を十二分したときの呼び名）。中国でそれぞれに十二の獣の名を当てたものが日本に伝わった。

干支…十干と十二支を合わせた六十とおりの組み合わせ。これを用いて、年や月の順序を表す。

・十と十二の組み合わせのため、「兄弟（えと）」が一組みとなって二つずつのずれが生じる。したがって、子・寅・辰・午・申・戌は「兄」、丑・卯・巳・未・酉・亥は「弟」だけと組み合わせることになり、「乙子（きのとね）」「甲丑（きのえうし）」などの組み合わせは生じない。

・六十番目の次は再び「甲子」がくるように、どの干支に当たる年に生まれた人でも、六十一歳で、生まれた年の干支がもう一度巡ってくる。そのため、数え年で六十一歳のことを「還暦（かんれき）」という。

古文の文献では、ある年を記録するのに、干支を用いることも多い。そのため、だいたいの時代さえわかっていれば、干支によって年を特定できる。例えば壬申（じんしん）の乱などがこれに当たる。その場合は、音で読むことが多い。

五行（ごぎょう）		十干（じっかん）
木（モク・き）	兄（え）	甲（カフ・きのえ）―木の兄
	弟（と）	乙（オツ・きのと）―木の弟
火（クワ・ひ）	兄（え）	丙（ヘイ・ひのえ）―火の兄
	弟（と）	丁（テイ・ひのと）―火の弟
土（ド・つち）	兄（え）	戊（ボ・つちのえ）―土の兄
	弟（と）	己（キ・つちのと）―土の弟
金（ゴン・かね）	兄（え）	庚（カウ・かのえ）―金の兄
	弟（と）	辛（シン・かのと）―金の弟
水（スイ・みづ）	兄（え）	壬（ジン・みづのえ）―水の兄
	弟（と）	癸（キ・みづのと）―水の弟

十二支（じふにし）

鼠（ねずみ）	＝子（シ・ね）
牛	＝丑（チウ・うし）
虎	＝寅（イン・とら）
兎（うさぎ）	＝卯（バウ・う）
竜	＝辰（シン・たつ）
蛇（へび）	＝巳（シ・み）
馬	＝午（ゴ・うま）
羊	＝未（ビ・ひつじ）
猿	＝申（シン・さる）
鶏	＝酉（イウ・とり）
犬	＝戌（ジュツ・いぬ）
猪（いのしし）	＝亥（ガイ・ゐ）

干支（かんし）

1 甲子（きのえね）	2 乙丑（きのとうし）	3 丙寅（ひのえとら）	4 丁卯（ひのとう）	5 戊辰（つちのえたつ）	6 己巳（つちのとみ）	7 庚午（かのえうま）	8 辛未（かのとひつじ）	9 壬申（みづのえさる）	10 癸酉（みづのととり）	11 甲戌（きのえいぬ）	12 乙亥（きのとゐ）
13 丙子（ひのえね）	14 丁丑（ひのとうし）	15 戊寅（つちのえとら）	16 己卯（つちのとう）	17 庚辰（かのえたつ）	18 辛巳（かのとみ）	19 壬午（みづのえうま）	20 癸未（みづのとひつじ）	21 甲申（きのえさる）	22 乙酉（きのととり）	23 丙戌（ひのえいぬ）	24 丁亥（ひのとゐ）
25 戊子（つちのえね）	26 己丑（つちのとうし）	27 庚寅（かのえとら）	28 辛卯（かのとう）	29 壬辰（みづのえたつ）	30 癸巳（みづのとみ）	31 甲午（きのえうま）	32 乙未（きのとひつじ）	33 丙申（ひのえさる）	34 丁酉（ひのととり）	35 戊戌（つちのえいぬ）	36 己亥（つちのとゐ）
37 庚子（かのえね）	38 辛丑（かのとうし）	39 壬寅（みづのえとら）	40 癸卯（みづのとう）	41 甲辰（きのえたつ）	42 乙巳（きのとみ）	43 丙午（ひのえうま）	44 丁未（ひのとひつじ）	45 戊申（つちのえさる）	46 己酉（つちのととり）	47 庚戌（かのえいぬ）	48 辛亥（かのとゐ）
49 壬子（みづのえね）	50 癸丑（みづのとうし）	51 甲寅（きのえとら）	52 乙卯（きのとう）	53 丙辰（ひのえたつ）	54 丁巳（ひのとみ）	55 戊午（つちのえうま）	56 己未（つちのとひつじ）	57 庚申（かのえさる）	58 辛酉（かのととり）	59 壬戌（みづのえいぬ）	60 癸亥（みづのとゐ）

かん-しん【甘心】 名詞 動詞 自〔サ変〕〈せ・し・す・する・すれ・せよ〉
❶快く思うこと。感心すること。満足すること。
先言耳にあり。今もって甘心す。〈平家・3・医師問答〉訳この古人のことばは耳に残る。今も**感心する**。
❷同意すること。納得すること。
このことを甘心したまひて、相国の望みおはせざりけり。〈徒然草・83・竹林院入道左大臣殿〉訳このことを**同意**なさって、太政大臣（になる）という望みはおありにならなかった。
発展「かんじん」とも。

かん-じん【肝心】 名詞 ❶肝臓と心臓。❷（❶が人体に欠かせないことから）非常に大切なこと。特に重要なこと。要点。

かん・ず【感ず】 一 動詞 自〔サ変〕〈ぜ・じ・ず・ずる・ずれ・ぜよ〉❶心が動かされる。感動する。
❷前世の行為による報いが生じる。
かの信施無慙の罪によって、今生にはや感ぜられけりとぞ見えたりける。〈平家・3・有王〉訳あの僧が修行を怠る罪によって、この世で早くも自然と**前世の行為による報いが生じ**たのだと思われたのだった。
二 動詞 他〔サ変〕〈ぜ・じ・ず・ずる・ずれ・ぜよ〉感心する。褒める。
「**何よりもいみじく思し寄りたり。**」と、**人は感じ申しき。**〈大鏡・伊尹〉訳「（サクラは梢を見るのがおもしろいと、花山院が門の外に植えたのは）何よりもすばらしいお思いつきである。」と、人々は**感心し**申し上げた。

かん-せい【感情】 名詞 しみじみとした深い感動。

かんぜおん（現）➡（歴）**くゎんぜおん【観世音】**

かん-せき【閑寂】 名詞 ➡かんじゃく・かんじゃくなり

観世流 文芸用語 能のシテ方の一流派。南北朝時代に★観阿弥が★大和猿楽の結崎座から出て創始した。子の世阿弥、孫の観世元雅により流派が確立。

かん-だう【勘当】 一 名詞 動詞 他〔サ変〕〈せ・し・す・する・すれ・せよ〉❶罰すること。罪をとがめること。また、罰を受けること。処罰。とがめ。
「**後日には、いかなる御勘当もあらばあれと存じて…。**」〈平家・9・生ずきの沙汰〉訳「後になってからは、どのようなお**とがめ**があってもかまわないと思いまして…。」
❷親子関係を断つこと。主従や師弟の関係を断つこと。
発展❶は本来、罪を「勘え」、法に「当てる」という意味。

かんだち-め【上達部】
名詞 大臣・大納言・中納言・参議および三位以上の者の総称。公卿。

「★公卿」の別の言い方 ─ 大臣・大納言・中納言・参議および三位以上の者の総称。公卿。

大臣、上達部を召して、「いづれの山か天に近き。」と問はせたまふに…。〈竹取・かぐや姫の昇天〉訳（帝は）大臣や、**公卿**をお呼びになって、「どの山が（いちばん）天に近いか。」とお尋ねになると…。
発展「かんだちべ」とも。用例にあるように、「大臣」と並べて用いられる場合は、大臣より下の位で「卿」と呼ばれる三位以上の者を指す。
関連語 殿上人

かん-たん【肝胆】 名詞 ❶肝臓と胆嚢。❷（❶の意味から）心の底。また、真心。

かんたん-を-くだ・く【肝胆を砕く】 非常に苦心する。知恵を絞って考える。真心を込める。
老僧ども肝胆を砕いて、祈念しけり。〈平家・2・一行阿闍梨之沙汰〉訳老僧どもは**真心を込めて**、祈念した。

がん-とう【岩頭・巌頭】 名詞 岩の上。岩の突端。また、岩のほとり。

感動詞 国語・国文法 品詞のひとつ。自立語で活用がなく、ふつうは文頭に置かれ他の文節と関係せず、独立語となるもの。感動詞は、意味の上から、次の三つに分類される。
①感動を表すもの── あな・あはれ・あら・さても・すは
②呼びかけを表すもの── いかに・いざ・いで・やよ
③応答を表すもの── いな・いや・えい・しかしか

間投助詞 国語・国文法 文中・文末を問わず、自由に文節の終わりに付いて、語調を強めたり、感動を表したりする助詞。「や」「を」などがこれに属する。★終助詞と似た点も多いが、終助詞は文末にしか付かず、それを省けば文意がまったく変わってしまうものもある。ほとんどが話しことばとしての表現に限られる。

かん-どり【楫取り】 名詞 船頭。発展「かぢとり」が変化したことば。

かん-な【仮名】 名詞 ➡かな
かん-ながら【随神】 副詞 ➡かむながら
かんなぎ【巫】 名詞 ➡かむなぎ
かんな-づき【神無月】 名詞 ➡かみなづき
かん-なび【神奈備】 名詞 ➡かむなび

神奈備山 歌枕 今の奈良県の高市郡明日香村にある雷の丘、あるいは生駒郡斑鳩町の竜田山などを指す。本来、「神奈備」とは神の鎮座する場所という意味で、この名を持つ山はほかにも多い。

かん-にち【坎日】 名詞 すべてに不吉であるとして、外出や行事を見合わせる日。

かん-にん【堪忍】 名詞 動詞 自〔サ変〕〈せ・し・す・する・すれ・せよ〉
❶堪え忍ぶこと。持ちこたえること。
将軍、京都には一日も堪忍したまはじと覚えしを…。〈太平記〉訳将軍は、京都では一日も（敵の攻撃を）**耐え忍び**なさらないだろうと思われたが…。
❷怒りを抑えて、過ちを許すこと。勘弁すること。
門口の柱から大槌にて打ち外せば、亭主駆けいで、「堪忍ならぬ。」と言ふ。〈西鶴・世間胸算用〉訳入り口の柱から大槌で打って外すので、亭主が駆け出てきて「**勘弁できない**。」と言う。

かん-のう【堪能】 名詞 ❶忍耐努力して行うこと。
❷その道に深く通じること。また、その人。才能・技術が優れていること。達人。
堪能になりぬれば、何としたるもよかるべし。〈風姿花伝〉訳（その子供が）**芸に優れている段階**に至ってしまった場合には、（猿楽を）どのように演じてもよいだろう。

かん-のう・なり【堪能なり】 形容動詞〔ナリ〕〈なら・なり(に)・なり・なる・なれ・なれ〉❶忍耐努力している。
ただ堪能に練習して、座功を積むより外の稽古はあるべからず。〈連理秘抄〉訳ただ**忍耐努力して**練習して、連歌の一座で経験を重ねていく以外の稽古はあるはずがない。
❷その道に深く通じている。才能・技術が優れている。
上、下臈をいはず堪能のものにゆづりて…。〈十訓抄〉訳（『朝倉』という神楽歌は）身分の上下を問わず**歌の道に深く通じている者**に譲って…。

かん-ばせ【顔】 名詞 顔つき。顔色。顔。発展「かほばせ」の変化したことば。

漢文 国語・国文法 漢民族により表現された詩や文章、およびそれにならって書かれたものの総称。日本では、平安時代から江戸時代に至るまで、漢文を読み、作ることが教養のひとつとされ、漢文が公的な文章であるとの考え方が強かった。ただ、文体をいう漢文体という呼称は、この漢文を指していう場合と*漢文訓読文を指していう場合とがあった。しかし、現在は、後者を漢文訓読文体というだけで、漢文体という呼称は使われなくなっている。

漢文訓読文 国語・国文法 漢文を日本語として読むことを**訓読**という。中国語文とは文法構造が異なるので、返読・再読・置き字(不読字)などを用いながら、原文を逐語的に訓や音を交えて文全体として日本語文にしていく読み方である。そのようにして訓読された文章が**漢文訓読文**で、「訓み下し文」「書き下し文」ともいう。最初は漢文をそのまま日本語に翻訳しながら読む助けとして、訓点(返り点や送りがななど)が施されていたが、平安後期以降、訓読法が固定され、文章表現のひとつとして漢文訓読文体が確立した。また、この漢文訓読文体を、単に**漢文体**ということもあったが、漢文をいうのか、訓読文をいうのか、誤解される恐れもあるので、現在は行われなくなってきている。

願望の助動詞 国語・国文法 ↓希望の助動詞

かん-ぼく【翰墨】 名詞 ❶筆と墨。❷(❶の意味から転じて)書画・詩文を書くこと。また、学問。

かん-むり【冠】 名詞 ❶頭にかぶるものの総称。❷貴族が衣冠・束帯、または直衣のときにかぶるもの。平安時代には主に黒の羅で作った。身分や年齢により種類が異なる。↓直衣(図) ❸俳句の最初の五文字。発展「かうぶり」の変化したことば。「かむり」とも。

[かんむり❷(垂纓の冠)]

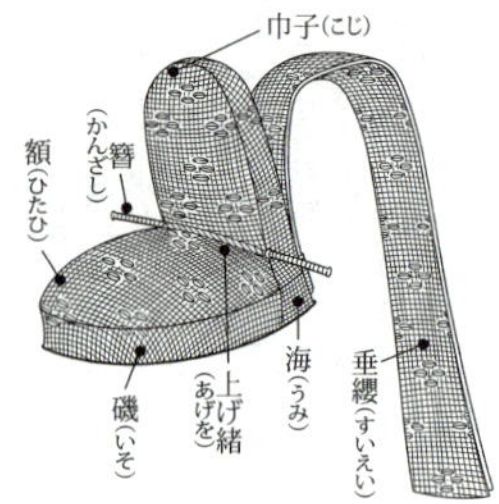

かんもり-づかさ【掃部寮・掃部司】 名詞 ↓かもんれう

かん-もん【勘文】 名詞 ↓かもん

かん-もん【勘問】 名詞 動詞 他 サ変〈せ・し・す・する・すれ・せよ〉厳しく取り調べること。尋問すること。
勘問せらるるに、皆進みて咎に落ちにける。〈今昔〉訳 厳しく取り調べられると、いずれも進んで罪を認めた。

かん-や【紙屋】 名詞 ❶(「紙屋院」の略で)*紙屋紙をすいて作る所。❷「*紙屋紙」の略。発展「かみや」の変化したことば。

かんや-がみ【紙屋紙】 名詞 京都・紙屋川のほとりの、朝廷所属の紙屋院で作られた紙。発展 平安時代には上質の美しい紙であったが、後に作るようになった再生紙が何度もすきなおして薄墨色をしていたため、薄墨色紙とも呼ばれた。また、特に綸旨(＝勅書)に用いられたことから綸旨紙とも呼ばれた。

勧誘 国語・国文法 推量の助動詞の用法のひとつ。「む」は、聞き手に対して丁寧な要求をして行動を勧める言い方として、主に文末に使われ、命令の言い方に比べて柔らかな表現となる。「べし」は、「…するのが当然だ」という判断を相手に当てはめることから、「…するがいい」という強い勧誘の意味が派生する。

完了の助動詞 国語・国文法 動作・作用・状態が完了しているという意味を表す助動詞。「つ」「ぬ」「り」「たり」がこれに属す。「つ」と「ぬ」は、主として動作・作用の完了を確認するものであり、「り」「たり」は完了した事態の存続に重点を置いた表現である。*過去の助動詞(「き」「けり」)とは異なるが、共に時にかかわっているので、あわせて「時の助動詞」とよぶことがある。
歴史的に見ると、これらのうち、中古末期に「たり」の連体形「たる」から生じた「た」がしだいに中心となって用いられるようになり、他は衰え、ついには使われなくなった。「た」は完了・確認・過去・回想など、広い意味を表すようになり、現在に至っている。

かん-ろ【甘露】 名詞 ❶中国の伝説で、帝王が仁政を行うと、天が感じて降らすという甘い水。❷古代インドの伝説で、苦悩をいやし、長寿を授け、死者を復活させるという甘い飲み物。また、仏の教えのたとえ。❸おいしいもの。

き

き【来】 動詞・補助動詞**く**(来)の連用形。

き↓基本助動詞20(396ページ)

き-【生】 接頭語 (名詞に付いて)本来のままで、手を加えていない、純粋な、混じり気のない、という意味を表す。語例 **生**糸・**生**酒

き-【貴】 接頭語 (漢語の名詞に付いて)高貴な、身分が高い、という意味、および、尊敬を表す。語例 **貴**命・**貴**僧・**貴**札

き【寸】 名詞 ❶古代の長さの単位。およそ、寸(＝約三センチメートル)に相当する長さ。❷ウマの背の高さを表すことば。発展 ❷は、四尺(＝約一二〇センチメートル)を標準とし、それ以上の四尺一寸を「一寸」、四尺二寸を「二寸」といい、標準以下は、「かへり一寸」「かへり二寸」という。

き【木・樹】 名詞 ❶樹木。材木。古くは、草や海藻をも含めた植物全般を指した。↓**古語チャート⑩**(397ページ)・㉝(983ページ) ❷歌舞伎で、幕の開閉や回り舞台の合図のために打つ拍子木。

き【気】 名詞 ❶空気。大気。また、雲・霧・霞・煙・香りなどの流動・変化するもの。❷自然がかもし出す雰囲気。気配。❸元気。気力。気勢。
春はやがて夏の気を催し…。〈徒然草・155・世に従はん人は〉訳 春はそのまま夏の**気配**を誘い…。
❹気持ち。気分。心。
度々の合戦に打ち勝って、兵皆気を挙げける上…。〈太平記〉訳 たびたびの合戦に打ち勝って、兵は皆**気勢**を挙げたうえに…。

き【忌】 名詞 ❶喪に服する一定の日数。忌中。類 忌み ❷死んだ人の命日。忌日。類 忌み 発展 ❷は「一周忌」「三回忌」などのように接尾語的に用いる。

き【季】 名詞 ❶四季の一つをいうことば。(春・夏・秋・冬のどれかを指し)季節。
「この月は季の果てなり。」〈源氏・玉鬘〉訳「今月(＝

三月)は(春の)**季節**の終わりです。」
❷年季奉公などで一年を区分するときのことば。
❸連歌・俳諧で、句に詠み込む四季の風物。季語。
発展 ❷は、一年を一季、半年を半季という。

き【奇】 名詞 ふつうと違っていること。珍しいこと。ふつうと変わっておもしろいこと。

き【紀】 名詞 ❶『★日本書紀』の略。❷紀伊の国の古い呼び方。今の和歌山県と三重県の南部に当たる。

き【城・柵】 名詞 敵を防ぐため、木・石・土などで築いた垣や柵。また、それに囲まれた所。砦。類 磐城
→**古語チャート**㉔(839ページ)

き【酒】 名詞 酒の古い呼び方。**帰り来む日に相飲まむ酒そこの豊御酒は** 歌〈万葉集・6・973〉訳(君たちが)帰って来る(という)日に一緒に飲もうと思う**酒**である、このすばらしいお**酒**は。
発展 単独で用いられた「き」の例は少なく、「さけ」が普通。

き【記】 名詞 ❶(あることを記録した)文書。記録。❷『★古事記』の略。
発展『日本書紀』の「紀」と合わせて、古事記・日本書紀を「記紀」と呼ぶ。

き【綺】 名詞 織物のひとつ。錦に似た薄い絹織物で、模様を浮かせて織ったもの。

き【驥】 名詞 一日に千里(=約四〇〇〇キロメートル)を走るという駿馬。

ぎ【義】 名詞 ❶(五常の一つで)人として守るべき道理。**命を軽んじ、義を重んじて、一戦の功を励ます**…。〈平家・7・木曾山門牒状〉訳 命を惜しまず、**人として守るべき道理**を重んじて、ひと奮戦を試みる…。
❷当然しなければならない事柄。義理。道理。条理。「**この義を守りて利を求めん人は**…。」〈徒然草・217・ある大福長者の〉訳「この**道理**を守って利益を追求する人は…。」
❸教え。教義。説法。**殊勝なる義なれば、老若男女ともに参詣多し**。〈西鶴・世間胸算用〉訳(平太郎の法話は)心打たれる**教え**なので、老若男女そろって参詣(する者)が多い。
❹法義。意味。意義。**阿闍梨も請じ下ろして、義など言はせたまふ**。〈源氏・橋姫〉訳(山から)阿闍梨までも招き下ろして、(読み

き 基本助動詞20

過去に直接体験した、あるいは確実に存在した事実であることを表す ―(過去を表し)…た。

助動詞(特殊型) 接続 活用語の連用形に付く。ただし、カ変・サ変には特殊。→発展①

未然形	連用形	終止形	連体形	已然形	命令形
(せ)	○	き	し	しか	○

(過去を表し)…**た**。
袖ひちてむすびし水のこほれるを春立つけふの風やとくらむ 歌〈古今集・春上・2〉訳→そでひちて…
「**一夜の門のこと、中納言に語りはべりしかば**…。」〈枕草子・8・大進生昌が家に〉訳「先夜の門の一件(=生昌の家の門の小ささに関係して故事を引いたこと)を、中納言に話し**ましたところ**…。」○「語る」動作が、過去に自分が行った事実であることを明確に表している。
「**みな結びといふは、糸を結び重ねたるが、蜷といふ貝に似たればいふ**。」と、**あるやんごとなき人仰せられき**。〈徒然草・159・みな結びといふは〉訳「みな結び(=飾りひもの結び方のひとつ)というのは、糸を結び重ねてある形が、蜷という(巻き)貝に似ているので(そのように)いう。」と、ある高貴な方がおっしゃっ**た**。

発展 ①**カ変・サ変動詞との接続** 活用語の連用形に付く。ただし、カ変・サ変動詞には未然形と連用形に付き、カ変動詞「来」の場合は「こし」「こしか」「きし」「きしか」、サ変動詞「す」の場合には「せし」「せしか」「しき」の形でしか用いられない。なお、「こし」「こしか」は「きし」「きしか」よりも古い言い方だが、和歌では中世以降も用いられる例を見る。
②**「けり」と「き」** 同じ過去の助動詞でも、「けり」は伝聞・回想を述べることが多いのに対して、「き」は、話し手や書き手が自ら体験した事実や、過去に確実に存在した事柄を述べるのが普通である。
③**反実仮想** 未然形の「せ」は、「世の中にたえて桜のなかりせば(=サクラがなかったならば)春の心はのどけからまし(訳→よのなかに…)」〈古今集・春上・53〉のように、常に「～せば～まし」の形をとり、事実に反する仮定(反実仮想)を表す。しかし、この「せ」をサ変動詞「す」の未然形とする説もある。→**読解の手引き**⑳(1029ページ)
④上代には未然形に相当する「け」があった。
⑤**「せし」「せしか」の形** およそ中世のころから、連体形「し」・已然形「しか」がサ行四段活用動詞に接続する場合、「…しし」「…ししか」となるところが、「…せし」「…せしか」となることがあった。
⑥**連体形による文の終止** 中世以降、連体形「し」で、文を終止する例が多くなる。「その人、程なく失せにけりと聞きはべりし(=その人は、間もなく死んでしまったそうだと聞きました)。」〈徒然草・32・九月二十日のころ〉

識別 **「せ」の識別**→す(基本助動詞20)
「し」の識別→し(基本助詞25)
類語比較 **「けり」と「き」**→けり

識別 **「しか」の識別**

品詞と用法	見分け方	例文と訳
過去の助動詞「き」の已然形	活用語の連用形に付く。上に「こそ」があるか、下に「ど」「ども」「ば」が付く。	昨日こそ早苗取りしかいつの間に稲葉そよぎて秋風の吹く 歌〈古今集・秋上・172〉訳ほんの昨日、早苗を取っ(て田植えをした)と思ったのに、いつの間にか稲葉がそよいで秋風が吹いている(ことだ)。
過去の助動詞「き」の連体形＋終助詞「か」	活用語の連用形に付く。上に「こそ」がなく、疑問語「いつ」「や」などがある。	かかることのいつぞやありしかと覚えて…。〈徒然草・71・名を聞くより〉訳このようなことがいつかあったなあと思われて…。

かけの経典の）**意味**などを（八の宮は）講義おさせになる。

ぎ【儀】 一 名詞 儀式。また、その次第。
二 形式名詞 事柄。こと。わけ。事情。
「**すべてその儀あるまじ**。」〈平家・1・祇王（ぎおう）〉訳「いっさいそんな**こと**はしてはいけない。」
三 接尾語（自分を示す名詞に付き、謙譲の意味を添えて）…については。…に関して言えば。…こと。語例 私儀
発展 改まった文書や口上などに用いることば。

き-あ・ふ【来合ふ・来会ふ】　あ（お）う　動詞 自〈八四段〉（は・ひ・ふ・ふ・へ・へ）来合わせる。
「**人々また来合へば、やがてすべり入りて**…。」〈更級日記・春秋の定め〉訳 人々がまた**来合わせる**ので、そのまますべり入って（＝逃げ込んで）…。

紀伊（きい） 旧国名 紀州（きしゅう）。★南海道六か国の一つ。今の和歌山県全域と三重県の一部。もと「木国（きのくに）」と書いたが、和銅年間に「紀伊国」と改めた。↓ビジュアルチェック❼（450ページ）

まとめて覚えよう古語チャート⑩
名詞も活用するの？（「木」の変化形）

名詞は動詞のように活用する語（★活用語）ではないので、語形は変化しないものと思われがちですが、「ふね（船）」が「船出」のときは「ふな」と変わるように、母音が変化するものも多いのです。

この図は、そんな名詞のひとつ、「木」がどのように変化するかを示しています。

「木」は名詞として単独で使われるときは、「1き」という形ですが、他のことばと結び付いたときは、「2こ」とか「3く」に変化します。「4このは（木の葉）」「5このみ（木の実）」などの「こ」、「6くだもの（果物）」の「く」などがそうです。

なお、「くだもの（果物）」の「だ」は「の」という意味の古い格助詞であろうと推測されています。

また、「7け」となる例は、『万葉集』の東歌（あずまうた）や防人歌（さきもりうた）に見られるもので、上代の東国方言に限られることになります。

1 き（木）
- 2 こ
  - こづたふ（木伝ふ）
  - こがくる（木隠る）
  - こだかし（木高し）
  - 4 このは（木の葉）
  - 5 このみ（木の実）
- 3 く
  - 6 くだもの（果物）（だ＝「の」という意味の古い格助詞）
- 7 け
  - まけはしら（真木柱）●立派な柱

終助詞「てしか」「にしか」の一部	文末に用いられ、「て」「に」の下に付いている。「てしか」「にしか」は希望の意味を表す。	年の端（は）にかくも見てしか吉野の清き河内（かふち）のたぎつ白波 歌〈万葉集・6・908〉訳 毎年このように見たいものだ。吉野の清らかである河内の激しく打ち寄せる白波を。

き-い・なり【奇異なり】 形容動詞〈ナリ・ノ〉（なら・なり（に）・なり・なる・なれ・なれ）ふつうと異なり、変わっている。奇妙だ。
「**法華経を入れたてまつれる箱、焼けずしてあり。奇異なりと思ひて**…。」〈今昔〉訳（家の焼け跡の中に）法華経をお入れ申し上げた箱が、焼けずに残っていた。（沙弥（しゃみ）は）**奇妙だ**と思って…。

きう-けい【九卿】 きゅう 名詞 公卿（くぎょう）の別の呼び名。発展 中国で、主要な九人の大臣を総称したことから。

きう-けう【九竅】 きゅうきょう 名詞 人体にある九つの穴。両目・両耳・両鼻孔・口・前陰・後陰の総称。

きう-せい【九星】 きゅう 名詞 古代中国の『河図洛書（かとらくしょ）』の図にあるという九つの星。一白（いっぱく）・二黒（じこく）・三碧（さんぺき）・四緑（しろく）・五黄（ごおう）・六白・七赤（しちせき）・八白・九紫（きゅうし）の九星。陰陽道（おんようどう）では、これを五行・方位などに配し、人の生年に当てて吉凶を判断する。

きう-ぞく【九族】 きゅう 名詞 一門。一家。九代の親族。高祖父母・曾祖父母（そうそふぼ）・祖父母・父母・自分・子・孫・曾孫・玄孫（やしゃご）の総称。発展 父方の四親族と母方の三親族、妻方の二親族という説もある。

きう-たい【裘代・裘帯】 きゅう 名詞 僧服の一種。法皇や法親王、また、諸門跡・参議以上の出家した人などが参内するときに用いた晴れの場で着る法衣。

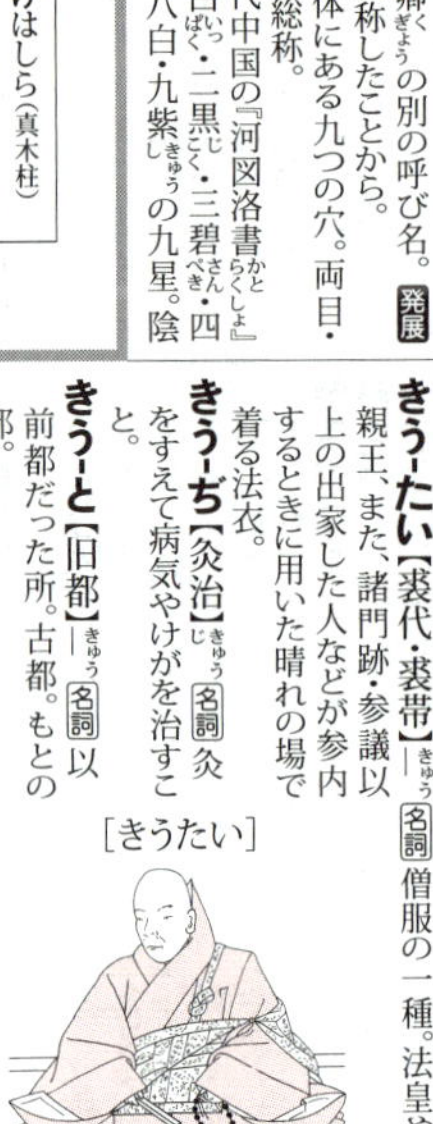
［きうたい］

きう-ぢ【灸治】 きゅうじ 名詞 灸（きゅう）をすえて病気やけがを治すこと。

きう-と【旧都】 きゅう 名詞 以前都だった所。古都。もとの都。

きうび-の-いた【鳩尾の板】 きゅうび 名詞 鎧（よろい）の部分の名。左の肩から胸にかけて着ける鉄製の板。発展「きうび」は「みぞおち」のこと。「鳩尾（きゅうび）」とも。↓鎧（よろい）（図）

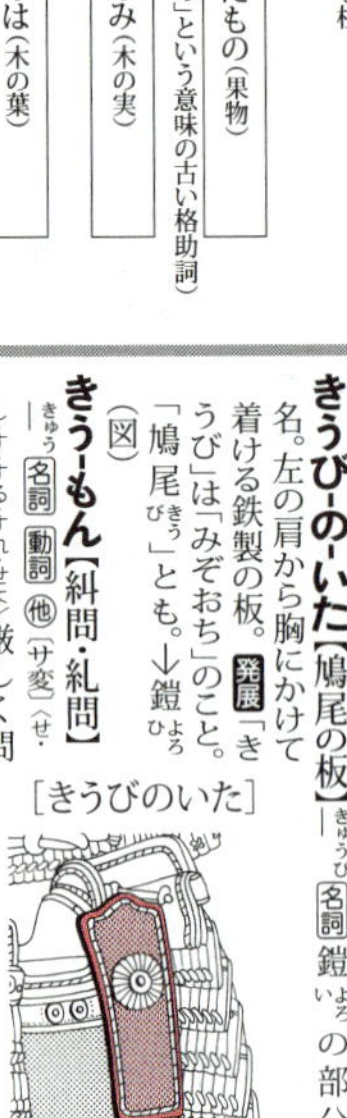
［きうびのいた］

きう-もん【糾問・糺問】 きゅう 名詞 動詞 他〈サ変〉（せ・し・す・する・すれ・せよ）厳しく問いただすこと。
「**糾問してよくよく事の子細を尋ね問ひ**…。」〈平家・4・信連（のぶつら）〉訳「**厳しく問いただして**徹底的に事件の詳細を尋問し…。」

きう-り【久離・旧離】 きゅう 名詞 江戸時代に行われた、親族関係を断絶する方法。目下の者に悪行があったとき、目上の者が連帯責任を免れるため、名主を通して町奉行（まちぶぎょう）に願い出て人別帳（＝戸籍）から除外してもらい、本人を町内から追放すること。発展 改心しても人別帳への再

登録はできないという点で勘当とは異なるが、後には混同して用いられた。

きうり-き・る【久離切る】— 親族の縁を切る。勘当する。

き-え【帰依】 名詞 動詞 自 他〔サ変〕〈せ・し・す・する・すれ・せよ〉《仏教語》神仏や高僧を信じ、その教えに従うこと。**皆人はこれを帰依しけり。**〈平家・6・慈心房〉訳 人々は皆この僧を信じて教えに従っていた。

きえ-あへ-ず【消え敢えず】— 消えきれない。消え残る。

心ざし深く染めてし折りければ消えあへぬ雪の花と見ゆらむ 歌〈古今集・春上・7〉訳（だれかが）思いを深く込めて折り取ったので、**消えきれない**雪が（ウメの）花のように見えているのだろう。○第三句を「居りければ」とし、自分のこととする説もある。

きえ-い・る【消え入る】 動詞 自〔ラ四段〕〈ら・り・る・る・れ・れ〉❶しだいに消える。**灯火などの消え入るやうにて果てたまひぬれば…。**〈源氏・薄雲〉訳（藤壺の宮は）灯火などが**しだいに消える**ようにしてお亡くなりになってしまったので…。

❷（悲しさ・恥ずかしさなどのため）気が動転する。人心地がなくなる。**消え入りつつ、えも言ひやらねば…。**〈枕草子・90・宮の五節出ださせたまふに〉訳（恥ずかしさで）**気が動転し**続けて、（歌を）とてもすらすら言うことができないので…。

❸気絶する。**持病さへ起こりて、消え入るばかりになん。**〈奥の細道・飯塚〉訳（宿が貧しく天候が悪いうえに）持病まで起こって、**気絶する**ほどであるよ。

❹息が絶える。死ぬ。**目に見す見す消え入りたまひにしことなど語る。**〈源氏・浮舟〉訳（弁の尼の）目で見ているうちに（大君が）**息が絶えて**おしまいになってしまったことなどを話す。

きえ-う・す【消え失す】 動詞 自〔サ下二段〕〈せ・せ・す・する・すれ・せよ〉❶消えてなくなる。**夢に見えつる容貌したる女、面影に見えて、ふと消えうせぬ。**〈源氏・夕顔〉訳 夢に現れた（のとそっくりな）顔形をした女が、幻で見えて、ふっと**消えてなくなって**しまった。❷命が絶える。亡くなる。死ぬ。**消えうせたまひにしことをおぼし出づるに…。**〈源氏・夕霧〉訳（母御息所が誤解したまま）お**亡くなり**になってしまったことを（落葉の宮が）お思い出しになるにつけて…。

きえ-がた・なり【消え方なり】 形容動詞〔ナリ〕〈なら・なり（に）・なり・なる・なれ・なれ〉今にも消えそうだ。**雪は、檜皮葺、いとめでたし。少し消え方になりたるほど。**〈枕草子・251・雪は、檜皮葺き〉訳 雪は、ヒノキの皮で葺かれた屋根（に積もったようす）が、本当に美しい。少し**消えそう**になったようすも（趣がある）。

きえ-が・て・なり【消えがてなり】 形容動詞〔ナリ〕〈なら・なり（に）・なり・なる・なれ・なれ〉容易には消えそうでない。消えにくい。**桜散る花のところは春ながら雪ぞ降りつつ消えがてにする** 歌〈古今集・春下・75〉訳 サクラが散っている花の名所（＝京都の雲林院）では、春だというのに、雪が次々に降り続けて**容易には消えそうにない**ことだ。

きえ-かへ・る【消え返る】— 動詞 自〔ラ四段〕〈ら・り・る・る・れ・れ〉❶すっかり消える。消え失せる。**さだめなく消えかへりつる露よりも空頼めする我は何なり** 歌〈蜻蛉日記〉訳 はかなく**消え失せて**しまう露よりももっと当てにならないあなたに期待させられている私は（いったい）何であるのか。

❷死ぬほど強く思う。消え失せるほど思いつめる。**わが宿の菊の垣根に置く霜の消え返りてぞ恋しかりける** 歌〈古今集・恋2・564〉訳 私の家のキクの垣根におりる霜がすぐに消えるように**死ぬほど強く思いつめて**あの人が恋しかったことだなあ。

きえ-のこ・る【消え残る】 動詞 自〔ラ四段〕〈ら・り・る・る・れ・れ〉❶消えないで残る。**北の家陰に消え残りたる雪の、いたう凍りたるに…。**〈徒然草・105・北の家陰に〉訳 北側の家の陰に**消えないで残って**いる雪が、ひどく凍っている所に…。❷生き残る。**誰も皆消え残るべき身ならねどゆき隠れぬる君ぞ悲しき** 歌〈栄花〉訳 だれもが皆（この世に）**生き残る**ことができる身ではないが、亡くなってしまった宮のことがやるせなく悲しいことよ。

きえ-は・つ【消え果つ】 動詞 自〔タ下二段〕〈て・て・つ・つる・つれ・てよ〉❶完全に消えてしまう。**消えはつるときしなければ越路なる白山の名は雪にぞありける** 歌〈古今集・羇旅・414〉訳（雪が）**完全に消えてしまう**ときがないので、北陸にある白山の名は（実は）雪にちなんだものなのだ。

❷息が絶える。死ぬ。**あひ思はで離れぬる人をとどめかねわが身は今ぞ消えはてぬめる** 歌〈伊勢・24〉訳（私はあなたを思っているのに）互いに思いが通わないで離れてしまった人を引き止めることもできなくて、私の身はいま、**死ん**でしまうように思われる。

発展 ❶の「はつ」は補助動詞。

きえ-まど・ふ【消え惑ふ】— 動詞 自〔ハ四段〕〈は・ひ・ふ・ふ・へ・へ〉死ぬほどに思い迷う。**消え惑へる気色いと心苦しくらうたげなれば…。**〈源氏・帚木〉訳（空蝉の）**死ぬほどに思い迷って**いるようすがたいへん気の毒でいとおしい感じなので…。

➡きえる（現）↓（古）**きゆ【消ゆ】**

きえ-わ・ぶ【消え侘ぶ】 動詞 自〔バ上二段〕〈び・び・ぶ・ぶる・ぶれ・びよ〉❶なかなか消えない。消えきれない。❷消え入るほど心細く思う。**消えわびぬうつろふ人の秋の色に身をこがらしの森の下露** 歌〈新古今集・恋4・1320〉訳 **消え入るほど心細く**思ってしまう、心変わりする人の飽きるようすに身を焦がれさせるのは、木枯らしの森の漏れ落ちる下露のようだ。○「秋」に「飽き」を、「木枯らし」に「身を焦がれさす」という意味を掛ける。「森」は「漏り」の掛詞。

➡きおう（現）↓（歴）**きほふ【競ふ】**

祇王〔ワウ〕 登場人物 『平家物語』中の人物。京都堀川の白拍子（＝歌や踊りをする遊女）で、平清盛に愛された。後に、同じ白拍子の仏御前に清盛の寵愛を奪われると、妹の祇女、また母とともに嵯峨野の往生院に隠れ、出家する。後に、仏御前も出家し、四人で念仏の日々を送ったといわれる。

鬼界が島 地名 九州南方の諸島の古い呼び名。また、大隅諸島の硫黄島とも。罪人を流刑にした島で、俊寛僧都の流された島として、『平家物語』で名高い。

きかう-でん【乞巧奠】— 名詞 陰暦七月七日の夜、牽牛・織女を祭る行事。七夕祭り。季語 秋 発展 宮中では、清涼殿の庭に机四脚、灯台九本を立て、供え物を置いて一晩中香をたいた。もと、裁縫の上達を願う中国の行事であったが、七夕伝説や日本に古くからあった棚機つ女の伝説と結び付いて民間にも普及した。「乞巧」とは、わざが巧みになるように乞い願うという意味。「きっこうでん」とも。

［きかうでん］

其角【きかく】人名 ↓榎本其角（えのもときかく）

きか-す【聞かす】《上代語》（「聞く」の尊敬語で）お聞きになる。
遠々し高志国に賢し女をありと聞かして…〈古事記・大国主神〉訳（大国主神は）非常に遠い越の国に、賢い女がいると**お聞きになって**…。
発展 四段動詞「きく」の未然形＋上代の尊敬の助動詞「す」。

きかず-がほ・なり【聞かず顔なり】|がおなり 形容動詞 ↓ききかぬがほなり

きかぬ-がほ・なり【聞かぬ顔なり】|がおなり 形容動詞〔ナリ〕〈なら・なり(に)・なり・なる・なれ・なれ〉聞こえないような顔つきだ。聞こえないようだ。類 聞かず顔なり
「むべなりけり、**聞かぬ顔なるは**。」〈枕草子・131・七日の日の若菜を〉訳「なるほどそういうことだったの、**聞こえないような顔つきなのは**。」

きき【聞き】名詞 ❶聞くこと。聞いていること。また、見聞。❷評判。外聞。風聞。❸酒などの味を試して鑑定すること。吟味。❹香道で、香をかぎ分けること。また、その香り。

記紀【きき】文芸用語『★古事記』と『★日本書紀』の略称。この二つの書物に載っている神話・歌謡は、それぞれ「記紀神話」「★記紀歌謡」と称される。

きき-あきら・む【聞き明らむ】動詞 他〔マ下二段〕〈め・め・む・むる・むれ・めよ〉（事情を）聞いて（事実を）明らかに知る。
詳しく**聞きあきらめたまひて**…。〈源氏・宿木〉訳（薫は浮舟に関して）詳しく（事情を）**聞いて明らかに知りなさって**…。

きき-あつ・む【聞き集む】動詞 他〔マ下二段〕〈め・め・む・むる・むれ・めよ〉（いろいろなことを）聞いて心に留める。
つくづくと**聞き集むらむ**、心のうち恥づかし。〈枕草子・124・恥づかしきもの〉訳（若い女房たちが他人のうわさをするのを、僧が）じっと**聞いて心に留めているだろう**、（その）心の内は（考えてみると）気詰まりだ。

きき-あは・す【聞き合はす】|あわす 動詞 他〔サ下二段〕〈せ・せ・す・する・すれ・せよ〉❶聞いて自分の知っていることと照らし合わせる。聞いて考える。聞いて思いあたる。
「今宵の御物語に**聞き合はすれば**、『げに浅からぬ前の世の契りにこそは。』とあはれになむ。」〈源氏・明石〉訳「今夜のお話を**聞いて考えると**、『なるほど深い前世からの約束である。』としみじみと心を動かされて。」
❷問い合わせる。はっきりさせる。
米問屋の売り買ひを**聞き合はせ**…。〈西鶴・日本永代蔵〉訳 米問屋の取引相場を**問い合わせ**…。

きき-あ・ふ【聞き敢ふ】|あおう 動詞 他〔ハ下二段〕〈へ・へ・ふ・ふる・ふれ・へよ〉すっかり聞き取る。はっきりと聞きつける。
いかで**聞きあへつらむ**、追ひてものしたる人もあり。〈蜻蛉日記〉訳（こっそりと出かけたのに）どうして**はっきりと聞きつけた**のだろうか、あとを追ってきた者もいる。
発展「あふ」は補助動詞。

きき-あらは・す【聞き顕す】|あらわす 動詞 他〔サ四段〕〈さ・し・す・す・せ・せ〉探り聞く。（秘密などを）聞き出す。聞いてはっきりと知る。
「忍ぶる筋を、**聞きあらはしけり**。」と思ひたまはむが、いとほしく思さるれ…。〈源氏・手習〉訳「（薫が）包み隠す筋のことを、（私がすでに）**探り聞いた**のだった。」と（薫が）お思いになったりすることが、気の毒だと（明石の中宮は）お思いにならないでいられなくて…。

きき-い・づ【聞き出づ】|いず 動詞 他〔ダ下二段〕〈で・で・づ・づる・づれ・でよ〉（秘密などを探って）聞き知る。聞き出す。
いたううち解けぬ人の言ひたる古き言の、知らぬを**聞き出でたる**もうれし。〈枕草子・276・うれしきもの〉訳 あまり親しくない人が詠んだ古い詩歌で、（自分の）知らない歌を（後で）**聞き知った**場合もうれしい（ものだ）。

きき-い・る【聞き入る】一 動詞 自〔ラ四段〕〈ら・り・る・る・れ・れ〉耳を澄まして聞く。
若き人はいみじうかたはらいたきことに**聞き入りたる**こそ、さるべきことなれ。〈枕草子・195・ふと心劣りとか〉訳（年かさの人が言ったよくない、いやしいことばを）若い人はたいへん苦々しいこととして**耳を澄まして聞いている**のは、当然のことである。
二 動詞 他〔ラ下二段〕〈れ・れ・る・るる・るれ・れよ〉❶聞いて心に留める。熱心に聞く。意識的に耳に入れる。
鳶・鳥などのうへは、見入れ**聞き入れ**などする人、世になしかし。〈枕草子・41・鳥は〉訳 トビ、カラスなどの（つまらない鳥の）ことについては、関心を持って見（また）**聞いて心に留め**などする人は、世間にいないよ。
❷承諾する。同意する。聞き届ける。
大納言はこれを**聞き入れたまはず**。〈竹取・竜の頸の玉〉訳（楫取りが天候が回復したことを告げたが）大納言はこれをお**聞き届け**にならない。
❸聞いて理解する。聞き分ける。
何の響きとも**聞き入れたまはず**、「いと怪しうめざましき音なひ。」とのみ聞きたまふ。〈源氏・夕顔〉訳（源氏は隣家の物音を）どんな物の響きとも**聞き分け**なさらず、「ひどく変で気に食わない物音だ。」とお聞きになるばかりである。

きき-う【聞き得】動詞 他〔ア下二段〕〈え・え・う・うる・うれ・えよ〉聞いて納得する。聞き分ける。
わづかに**聞きえたる**ことをば、我もとより知りたることのやうに、異人にも語り調ぶるも、いと憎し。〈枕草子・28・憎きもの〉訳 ちょっと**聞いて納得している**ことを、自分が初めから知っていることのように、他人にも得意げに話すのも、ひどくしゃくに障る。

きき-お・く【聞き置く】動詞 他〔カ四段〕〈か・き・く・く・け・け〉聞いて覚えている。聞いて心に留める。
まだまゐらざりしより**聞き置きたまひける**ことなど…。〈枕草子・184・宮に初めて参りたるころ〉訳（私が宮仕えに）まだ参上しなかったころから**聞いて心に留め**なさったことなどを…。

きき-おと・す【聞き落とす】動詞 他〔サ四段〕〈さ・し・す・す・せ・せ〉聞いて心の中でさげすむ。
「あへなくあはつけきやうにや、**聞き落としたまひけむ**。」

〈源氏・若菜下〉訳「期待外れで浮ついているもののように、(兵部卿宮は私、玉鬘のことを鬚黒と結婚すると)聞いて心の中でさげすみなさっただろうか。」

きき-お・ふ【聞き負ふ】おう 動詞 他〔八四段〕〈は・ひ・ふ・ふ・へ・へ〉自分のことと思って聞く。**おのがよはひを思ひければ、若からぬ人は聞き負ひけりとや。**〈伊勢・114〉訳(和歌を詠んだ男は)自分の年齢を思ったのだが、若くない人は**自分のことと思って聞い**たとか。

きき-およ・ぶ【聞き及ぶ】動詞 他〔バ四段〕〈ば・び・ぶ・ぶ・べ・べ〉人づてに聞いて知る。伝え聞く。**西の山寺にありと聞き及びて…。**〈竹取・火鼠の皮衣〉訳(火鼠の皮衣というものが)西の山寺にあると**伝え聞いて**…。

きき-がき【聞き書き】名詞 ❶人から聞いたことを記録すること。また、その文書。❷★除目における叙位・任官の理由などを書いた文書。

きき-かは・す【聞き交はす】かわす 動詞 他〔サ四段〕〈さ・し・す・す・せ・せ〉互いに聞き合う。便りをし合う。**御ありさまは絶えず聞き交はしたまひけり。**〈源氏・早蕨〉訳(薫と中の君との)ごようすは絶えず**互いに聞き合い**なさった。

きき-がほ・なり【聞き顔なり】がおなり 形容動詞 ↓ききしりがほなり

記紀歌謡〔ききかよう〕「|―|」〔カエウ〕 文芸用語 『★古事記』『★日本書紀』に収められている歌謡の総称。『古事記』に一一二首、『日本書紀』に一二八首あり、その多くは物語・説話と結びついた形で伝えられる。内容は恋愛・戦争・狩猟・酒宴など、生活に即したものが多い。

きき-かよ・ふ【聞き通ふ】かよう 動詞 自〔八四段〕〈は・ひ・ふ・ふ・へ・へ〉❶伝わり聞こえる。耳に入る。「**おのづから聞き通ひて、隠れなきこともこそあれ…。**」〈源氏・浮舟〉訳「(薫大将殿が京にいるかいないかは)自然に**伝わり聞こえて**、(ここにいるという嘘が)分かってしまうかもしれない…。」❷聞いて心が通じる。**御遊びの折々、琴、笛の音に聞き通ひ…。**〈源氏・桐壺〉訳管絃の遊びのつど、(藤壺の)琴や、(それに合わせて吹く)笛の音を(互いに)**聞いて心が通じ**…。〇この「聞き通ひ」は、伝本によっては「聞こえ通ひ(=耳に入り心が通じる)」となっている。❸聞いて事情が分かる。**わが男を取りたる人の類なれば、近うて聞き通はむをねたしと思ふ。**〈落窪〉訳自分の夫を奪った人の一族なので、身近な関係(=親戚)になって(前夫の噂を)**聞いて事情が分かる**ようなことをしゃくだと思う。

きき-ごと【聞き事】名詞 聞くだけの価値があること。聞きもの。対見事

きき-こ・ふ【聞き恋ふ】こう 動詞 他〔八上二段〕〈ひ・ひ・ふ・ふる・ふれ・ひよ〉聞いて恋しく思う。聞いて心ひかれる。**里人の聞き恋ふるまで山彦の相とよむまでほととぎす妻恋すらしさ夜中に鳴く** 歌〈万葉集・10・1937〉訳里人が**聞いて恋しく思う**ほどに山彦が答えるほどにホトトギスは妻恋するらしい夜中に鳴く。

きき-さ・す【聞きさす】動詞 他〔サ四段〕〈さ・し・す・す・せ・せ〉聞くのを途中でやめる。**物語をも聞きさして、蓑うち着、藁沓さし履きて急ぎ出でけるを…。**〈無名抄・ますほの薄事〉訳(登蓮法師が)話をも**聞くのを途中でやめて**、蓑を身に着け、わらの履き物を履いて急いで出かけたので…。発展「さす」は接尾語。

きぎし【雉・雉子】名詞 キジの古い呼び名。季語 春 発展「きぎす」とも。

きき-し-に-も-すぎ-て【聞きしにも過ぎて】聞いていたのにもまさって。「**聞きしにも過ぎて、尊くこそおはしけれ。**」〈徒然草・52・仁和寺にある法師〉訳「**聞いていたのにもまさって**、気高くていらっしゃった。」

きき-しの・ぶ【聞き忍ぶ】動詞 他〔バ四段〕〈ば・び・ぶ・ぶ・べ・べ〉聞きながら黙っている。聞いても知らないふりをする。**心やましうち思ひて、聞き忍びたまふ。**〈源氏・横笛〉訳(雲居の雁は)不愉快だとふと感じて、(夕霧の話しかけるのを)**聞いても知らないふりをし**なさる。

ききしり-がほ・なり【聞き知り顔なり】がおなり 形容動詞〔ナリ〕〈なら・なり(に)・なり・なる・なれ・なれ〉いかにも聞き知っているような顔つきだ。聞いて心得ているようなようすだ。類聞き顔なり **内の人は、聞き知り顔にさし答へたまはむも慎ましくて…。**〈源氏・総角〉訳御簾の中の姫君たちは、(薫の口ずさんだ歌に)**いかにも聞き知っているような顔つきで**返答なさったりするのも遠慮されて…。

きき-し・る【聞き知る】動詞 他〔ラ四段〕〈ら・り・る・る・れ・れ〉聞いて知る。聞いて悟る。聞いて理解する。**風の音を聞き知りて、八月ばかりになれば、「ちちよ、ちちよ。」とはかなげに鳴く、いみじうあはれなり。**〈枕草子・43・虫は〉訳(ミノムシは秋風の折に迎えに来ると言った、その)風の音を**聞いて知って**、八月ごろになると、(親に捨てられたとも知らず)「ちちよ、ちちよ(=父よ父よ、または乳よ乳よ)。」と心細そうに鳴くのは、たいへんしみじみと心打たれる。

ききす【雉・雉子】名詞 ↓きぎし

きき-すぐ・す【聞き過ぐす】動詞 他〔サ四段〕〈さ・し・す・す・せ・せ〉聞いても心に留めない。聞き流す。**大臣、例の聞き過ぐしたまはで…。**〈源氏・末摘花〉訳(源氏と頭中将との笛の合奏を)左大臣は、いつものようにお**聞き流し**にならないで…。

きき-そ・ふ【聞き添ふ】そう 動詞 他〔八下二段〕〈へ・へ・ふ・ふる・ふれ・へよ〉さらに聞く。聞き足す。聞き加える。「**うき宿世ある身にて、かく生きとまりて、果て果ては珍しきことどもを聞き添ふるかな。**」〈源氏・関屋〉訳「つらい宿命のある身で、このように生き長らえて、あげくの果ては今までに例がないことなどを**さらに聞く**ことだなあ。」

きき-つ・く【聞き付く】━ 動詞 自〔カ四段〕〈か・き・く・く・け・け〉耳を傾ける。聞き入る。「**物の音に聞き付いて立てるに…。**」〈源氏・末摘花〉訳「琴の音に**聞き入って**立っている間に…。」〇「ききついて」は「ききつきて」のイ音便。
━ 動詞 他〔カ下二段〕〈け・け・く・くる・くれ・けよ〉聞いて気付く。**あるじ聞きつけて、その通ひ路に、夜ごとに人を据ゑて守らせければ、行けどもえ会はで帰りけり。**〈伊勢・5〉訳主人が**聞いて気付いて**、その(男の)通って来る道に、毎夜番人を置いて見張らせたので、(男は途中まで)行くけれども(娘に)会うことができないで帰ったのだった。

きき-つ・ぐ【聞き継ぐ】動詞 他〔ガ四段〕〈が・ぎ・ぐ・ぐ・げ・げ〉❶(人に)引き続いて聞く。引き継いで聞く。**霍公鳥鳴き渡りぬと告ぐれどもわれ聞き継がず花は過ぎつつ** 歌〈万葉集・19・4194〉訳ホトトギスが鳴いて

い。(フジの)花(の盛り)は過ぎているのに。」

飛んだと(人は)言うのだが、私は引き続いて聞いてはいない。(フジの)花(の盛り)は過ぎているのに。

❷人から人へと伝え聞く。

これは、妻の、人に語りけるを聞き継ぎて、かく語り伝へたることや。〈今昔〉訳これは、妻が、人の語ったのを人から人へと伝え聞いて、このように語り伝えていることよ。

きき-つた・ふ【聞き伝ふ】―(つた(と)う) 動詞 他〔ハ下二段〕〈へ・へ・ふ・ふる・ふれ・へよ〉人づてに聞く。それとなく耳にする。

きき-とが・む【聞き咎む】 動詞 他〔マ下二段〕〈め・め・む・むる・むれ・めよ〉❶聞いて問いただす。

『何人ぞ、いつより。』など、聞きとがめられむもの騒がしく…。」〈源氏・浮舟〉訳『どういう人だ、いつから(薫が浮舟と親しくなったのか)。』などと、聞いて問いただされたりするのもなんとなく落ち着かないことだし…。」

❷聞いて心に留める。

相坂の夕つけに鳴く鳥の音を聞きとがめずぞ行き過ぎにける 歌〈後撰集・1126〉訳(人の来訪を伝える)逢坂の夕方に鳴くニワトリの声を聞いて心に留めないで、(あなたは私のところを)行き過ぎてしまったことだよ。

きき-とど・む【聞き留む】 動詞 他〔マ下二段〕〈め・め・む・むる・むれ・めよ〉聞いて分かる。聞いて心に留める。また、注意して聞く。

ほかの人は目も見知らじ、ものをも聞きとどめじと、思ひあなずらむぞ、またわりなき。〈紫式部日記〉訳ほかの人は目で見分けがつくまい、ものをも聞いて分からないだろうと、軽蔑するようなことは、また道理に合わない。

きき-と・る【聞き取る】 動詞 他〔ラ四段〕〈ら・り・る・る・れ・れ〉聞いて覚える。聞いて習得する。

幼き子どもの聞き取りて、その人のあるに言ひ出でたる。〈枕草子・127・はしたなきもの〉訳(人の悪口を)幼い子らが聞いて覚えて、その人がいる所で言い出したのは(きまりが悪い)。

きき-な・す【聞き做す】 動詞 他〔サ四段〕〈さ・し・す・す・せ・せ〉聞いて思い込む。

耳を立ててよく聞けば、我が妻にてありし人のけはひに聞きなしつ。〈今昔〉訳耳をとめてよく聞くと、自分の妻であった者の声(だったの)だと聞いて(そう)思い込んだ。

きき-なほ・す【聞き直す】―(なおす) 動詞 他〔サ四段〕〈さ・し・す・す・せ・せ〉聞いて誤解を解く。聞いて誤りを改める。

「おのづから聞き直したまひてむ。」〈枕草子・82・頭の中将の〉訳「(頭の中将が聞いたうわさはうそなのだから)自然と(ほんとうのことを)聞いて誤解を解きなさるにちがいない。」

きき-なら・す【聞き慣らす・聞き馴らす】 動詞 他〔サ四段〕〈さ・し・す・す・せ・せ〉いつも聞いて耳に慣れるようにする。

「月ごろ、など強ひても聞き慣らさざりつらむ。」と、悔しうおぼさる。〈源氏・明石〉訳(源氏は)「何か月もの間、どうして無理にでも(明石の入道の娘の弾く琴の音を)いつも聞いて耳に慣れるようにしなかったのだろう。」と、残念にお思いになる。

きき-なら・ふ【聞き慣らふ】―(なら(ろ)う) 動詞 他〔ハ四段〕〈は・ひ・ふ・ふ・へ・へ〉いつも聞いている。聞き慣れている。

壁の中のきりぎりすだに、間遠に聞きならひたまへる御耳に、差し当てたるやうに鳴き乱るるを…。〈源氏・夕顔〉訳壁の中で鳴くコオロギ(の声)だって、遠い所にいつもお聞きになっている(源氏の)お耳に、じかに押し当てたように(騒がしく)鳴きたてるのを…。

きき-にく・し【聞きにくし】 形容詞〔ク〕〈く・く・し・き・けれ・○/から・かり・○・かる・○・かれ〉

❶聞くに堪えない。聞き苦しい。

法師ども言の葉なくて、聞きにくくいさかひ、腹立ちて帰りにけり。〈徒然草・54・御室に、いみじき児の〉訳法師たちは何とも言いようがなくて、聞き苦しく口論をして、腹を立てて帰ってしまった。

❷聞き取りにくい。耳なれない。

きき-はな・つ【聞き放つ】 動詞 他〔タ四段〕〈た・ち・つ・つ・て・て〉聞き流す。

いかなる折も、かならず見過ぐし聞き放たせたまはず…。〈大鏡・師輔〉訳(女御の安子は)どんな場合でも、けっしてお見過ごしになったりお聞き流しなさったりしないで…。

きき-はや・す【聞き囃す】 動詞 他〔サ四段〕〈さ・し・す・す・せ・せ〉聞いて褒めそやす。

右の大臣、「和琴いとおもしろし。」など聞きはやしたまふ。〈紫式部日記〉訳右大臣は、「和琴がずいぶんとすばらしい。」などと聞いて褒めそやしなさる。

きき-ひら・く【聞き開く】 動詞 他〔カ四段〕〈か・き・く・く・け・け〉聞いて理解する。承知する。

理ある愁へなどの、埋もれたるを聞き開きては…。〈増鏡〉訳(時頼は諸国を修行して歩き)道理のある訴えなどで、取り上げられないでいるのを聞いて理解しては…。

きき-ふけ・る【聞き耽る】 動詞 他〔ラ四段〕〈ら・り・る・る・れ・れ〉じっと聞く。一心に聞く。聞いて心を奪われる。

この歌どもを、人の何かといふを、ある人聞きふけりて詠めり。〈土佐日記・一月十八日〉訳この和歌などを、人がなにかと批評するのを、ある人がじっと聞いていて(自分も)詠んだ。

きき-ふる・す【聞き旧す】 動詞 他〔サ四段〕〈さ・し・す・す・せ・せ〉聞き慣れて新鮮味を失う。いやになるほど聞いている。

至らぬところなしと聞きふるしたる手も、あらじとおぼゆるまで悪しければ…。〈蜻蛉日記〉訳行き届かないところがないといやになるほど聞いていた筆跡も、(求婚の手紙では)あるまいと感じるぐらい下手なので…。

きき-まがは・す【聞き紛はす】―(まがわす) 動詞 他〔サ四段〕〈さ・し・す・す・せ・せ〉他の音と入り交じって聞こえる。

例の絶えせぬ水のおとなひ、夜もすがら聞きまがはさる。〈紫式部日記〉訳いつものとだえることのない遣り水の音が、一晩中(お経の声と)入り交じって聞こえている。

きき-みみ【聞き耳】 名詞 ❶耳に聞いた感じ。

「それはいと聞き耳遠ければ、ただ近き程より申さむと思ふにはべり。」〈大鏡・序〉訳「それ(=歴代の天皇の順に話を進めること)はたいへん耳に聞いた感じが疎遠である(=実感がわかない)ので、直接(現在に)近い時代から申し上げようと思うのでございます。」

❷(他人への)聞こえ。外聞。

「かく世の聞き耳もなのめならぬことの出で来ぬるよ。」〈源氏・若菜上〉訳「このように世間への聞こえも具合の悪いこと(=女三の宮の降嫁)が持ち上がってしまったよ。」

きき-め・づ【聞き愛づ】―(めず) 動詞 他〔ダ下二段〕〈で・で・づ・づる・づれ・でよ〉(うわさや評判を)聞いて心引かれる。聞いて感心する。

「いかでこのかぐや姫を得てしがな、見てしがな。」と、音に聞きめでて惑ふ。〈竹取・かぐや姫の出生〉訳(世の中の男は皆)「なんとかしてこのかぐや姫を手に入れたいものだ、妻としたいものだ。」と、うわさに聞いて心引かれて(また)心が乱れる。

きき-も-あへ-ず【聞きも敢へず】 十分に聞きもしない。完全に聞き終えない。「ふしあはせ言ふを**聞きもあへず**…。」〈西鶴・世間胸算用〉訳「不幸（な身の上）を言うのを**十分に聞きもしないで**…。」

きき-もた-り【聞き持たり】動詞 他〔ラ変〕〈ら・り・り・る・れ・れ〉聞き覚えている。「いま来むよ。」といふも**聞き持たりて**、まねびありく。〈蜻蛉日記〉訳（夫の）「近いうちに来るつもりだよ。」というのも**聞き覚えていて**、（幼児が片言で）口まねをしつづける。

発展「もたり」は「もちあり」の変化したことば。

きき-もら・す【聞き漏らす・聞き洩らす】動詞 他〔サ四段〕〈さ・し・す・す・せ・せ〉❶聞いたことを他人にこっそりと語る。人に伝える。「人の**聞き漏らさむ**こともことわり。」〈源氏・夕霧〉訳「人が**聞いたことを他人にこっそりと語ったり**することも無理もない。」❷聞き落とす。

き-きやう【桔梗】―きょう 名詞 ❶《植物》キキョウ科の多年草。季語 秋 ❷*襲の色目のひとつ。表は二藍（=紅色がかった紫色）、裏は青。❸織り色のひとつ。縦糸・横糸ともに縹色（=薄い藍色）。発展 ❶の意味では「きちかう」とも。万葉集（1538）で詠まれる「秋の七草」の一つの「あさがほ」は、この花のことともいう。

きき-よ・し【聞きよし】形容詞〔ク〕〈く・く・し・き・けれ・○／から・かり・○・かる・○・かれ〉❶聞いていて快い。**橘の花を居散らしひねもすに鳴けど聞きよし**… 歌〈万葉集・9・1755〉訳（ホトトギスが）タチバナの木に止まって花を散らし、一日中鳴いていても**聞いていて快い**…。❷人聞きがよい。聞きやすい。**公私おぼつかなからず、聞きよききほどに語りたる、いと心ゆく心地す**。〈枕草子・31・心ゆくもの〉訳 公的なこと（と）私的なこと（の話の区別）がはっきりしないということがなく、**聞きやすい**ように話しているのは、とても気分が晴れ晴れする感じがする。

発展「よし」は補助形容詞。

きき-わ・く【聞き分く】一 動詞 他〔カ四段〕〈か・き・く・く・け・け〉聞いて判断する。聞き分ける。**春や疾き花や遅きと聞き分かむ鶯だにも鳴かずもあるかな** 歌〈古今集・春上・10〉訳（春になったのにウメの花が咲かないのは）春（の来るの）が早いのか、それとも（ウメの）花（の咲くの）が遅いのかと、**聞いて判断し**たいウグイスさえも鳴かないでいることよ。

二 動詞 他〔カ下二段〕〈け・け・く・くる・くれ・けよ〉 一の意味に同じ。「**あるじの君、よく聞き分けてたまへ**。」〈雨月・蛇性の婬〉訳「あるじの君よ、よく**聞いて判断して**くだされ。」

発展 中古までは四段活用、中世以降に下二段活用が生じた。

きき-わた・す【聞き渡す】動詞 他〔サ四段〕〈さ・し・す・す・せ・せ〉（…の音を）あたり一帯に聞く。長い間ずっと聞く。**白栲の衣打つ砧の音も、かすかに、こなたかなた聞き渡され**…。〈源氏・夕顔〉訳（粗末な夕顔の宿では）白い着物を打つ木づちの音も、かすかに、あちらこちら**あたり一帯に聞こえ**…。

きき-わた・る【聞き渡る】動詞 他〔ラ四段〕〈ら・り・る・る・れ・れ〉ずっと聞き続ける。**もみぢせぬ常盤の山は吹く風の音にや秋を聞き渡るらむ** 歌〈古今集・秋下・251〉訳 木々の葉が色づかない常盤の山は（紅葉の色から秋を知ることができないから）吹く風の音によって秋（の訪れ）を**ずっと聞き続け**ているのだろうか。

きき-わづら・ふ【聞き煩ふ】―わずらう 動詞 他〔ハ四段〕〈は・ひ・ふ・ふ・へ・へ〉聞いてつらく思う。聞いて悩む。「**それをなむただ今聞き煩ふ**。」〈宇津保〉訳「それをとりわけ今**聞いて悩んでいる**。」

きき-ゐ・る【聞き居る】ききいる 動詞 自〔ワ上一段〕〈ゐ・ゐ・ゐる・ゐる・ゐれ・ゐよ〉聞いて座っている。じっと聞き入る。**聞き居たるほどに、証人にさへなされて、いとど定まりぬべし**。〈徒然草・73・世に語り伝ふること〉訳（みんながおもしろがるうそに）**じっと聞き入って**いるうちに、証人にまでされて、（その話は）いよいよ（本当のことと）決定してしまうに違いない。

季吟 人名 ↓北村季吟

きく【菊】名詞 ❶《植物》キク科の多年草。季語 秋 ❷模様のひとつ。❶の花・葉・枝をかたどったもの。❸（「菊襲」の略で）*襲の色目のひとつ。表は白、裏は青。一説に、裏は蘇芳（=暗い紅色）または、紫といい、秋に用いる。発展 ❶は中国原産の渡来植物で、『古事記』『日本書紀』『万葉集』には登場せず、栽培や観賞が行われるのは平安時代からといわれる。

き・く【利く】動詞 自〔カ四段〕〈か・き・く・く・け・け〉❶役に立つ。「**あはれ利きたまへる口かな**。」〈栄花〉訳「ああ**役に立ちなさる**弁舌だなあ。」❷物事に通じている。優れている。上手だ。**宮口半内といふ男は、小刀細工利きければ**…。〈西鶴・日本永代蔵〉訳 宮口半内という男は、小刀細工が**上手だった**ので…。

き・く【聞く】動詞 他〔カ四段〕〈か・き・く・く・け・け〉❶音を耳にする。聞く。「**あなかま、何事をのたまふぞ。聞け、聞け**。」〈今昔〉訳「しっ、静かに、何をおっしゃるのか。**聞け、聞け**。」❷聞いて知る。聞いて判断する。**いとよく似通ひたれば、妹と聞きたまひつ**。〈源氏・帚木〉訳（さっきの少年と声が）ずいぶんよく似通っているので、姉（の空蟬）だと（源氏は）**聞いて判断**なさった。○「妹」は、年の上下に関係なく、男性にとっての姉妹。❸承諾する。聞き入れる。**女は、「この男を。」と思ひつつ、親のあはすれども、聞かでなむありける**。〈伊勢・23〉訳 女は、「この男を（夫にしたい）。」と思い続け、親が（他の男と）結婚させ（ようとす）るけれども、**聞き入れ**ないでいたのだった。❹尋ねる。問う。**人の、子生みたるに、男、女、とく聞かまほし**。〈枕草子・159・とくゆかしきもの〉訳 人が、子を生んだときに、男か、女か、早く**尋ね**たい。❺味や香を試す。吟味する。❻評価する。
↓古語チャート ❽（291ページ）

きく-あはせ【菊合はせ】―あわせ 名詞「*物合はせ」のひとつ。左右に分かれ、双方からキクの花を出し合って、その優劣を競うもの。花に歌を添えて、歌合わせを伴うことが多かった。季語 秋

［きくとぢ］

きく-とぢ【菊綴ぢ】―とじ 名詞 ❶

直垂・水干・素襖などの縫い目に綴じ付けた飾りひも。ひもの先を菊の花形の房にしたり、布や皮のひもを結んだ。↓素襖（図）

きく-の-えん【菊の宴】 陰暦九月九日の重陽の節句に行われた観菊の宴。酒杯にキクの花を浮かべて飲んだ。季語 秋

きくのかや… 句
菊の香や奈良には古き仏達〈笈日記・松尾芭蕉〉訳 キクの花の香りが今を盛りと漂っている。ここ奈良の都の寺々には、古い仏像が昔と同じ姿で鎮座していることだ。
○季語 菊の香―秋
発展 九月九日、奈良で重陽（＝菊の節句）を迎えての句。キクの花と古仏を組み合わせて、両者に共通の古雅な余情を示したもの。杉風宛ての書簡で詠まれた。

きく-の-さけ【菊の酒】 キクの花を浸した酒。菊酒。陰暦九月九日の重陽の節句に、不老長寿を願って飲んだ。季語 秋

きく-の-つゆ【菊の露】 キクの花の上にたまる露。これを飲むと長生きするとされた。

きく-の-わた【菊の綿】 キクの花にかぶせて、その香りと露を染み込ませた綿。陰暦九月九日の重陽の節句に、この綿で身をぬぐうと長生きするとか、若返るとかいわれた。季語 秋 類 着せ綿

き-くわい-なり【奇怪なり】 形容動詞（ナリ）〈なら・なり（に）・なり・なる・なれ・なれ〉怪しい。不思議だ。けしからぬ。不届きだ。理解しがたい。「さても経遠、兼康が、けさ大納言に情けなうあたりけること、返すがへすも**奇怪なり**。」〈平家・2・小教訓〉訳「ところで経遠、兼康が、今朝大納言卿に情けなく仕打ちをしたことは、本当に**けしからぬ**。」
発展「きっくわいなり」とも。

義経記 作品名 室町中期の軍記物語。作者・成立年不明。八巻。源義経の不遇な幼時を描く前半と、頼朝に追放された後の奥州落ちを描く後半とに分かれ、義経の行動・運命を記す。謡曲・幸若舞・浄瑠璃など、後世の文芸に大きな影響を与え、数多くの判官物を生むもととなった。

き-げつ【忌月】 名詞 ↓きづき

き-げん 名詞 ㊀【譏嫌】《仏教語》世間の人のそしり。
㊁【機嫌】❶思惑。意向。気分。❷時機。しおどき。**世に従はん人は、先づ機嫌を知るべし。**〈徒然草・155・世に従はん人は〉訳 世の中に順応して生きようとする人は、まず第一に**時機**をわきまえなければならない。❸ようす。事情。**片ほとりの山科に知る人ありける所に渡らせたまひて、京の機嫌をぞ窺ひける。**〈義経記〉訳（義経は）都のはずれの山科にいる知人の所に身をお寄せになって、京の**ようす**をうかがった。
発展 もともとは「譏嫌」。「譏」はそしる、「嫌」は疑う意味。

きげん-を-はから-ず【機嫌を測らず】 時機を考慮しない。都合のよしあしに関係ない。**病をうけ、子生み、死ぬることのみ、機嫌を測らず、ついで悪しとてやむことなし。**〈徒然草・155・世に従はん人は〉訳 病気になり、子どもを生み、死ぬことだけは、**時機を考慮しなくて**、順序が悪いといって中止になることはない。

季語 文芸用語《俳諧用語》句に詠み込んで季節を示すことば。庶民生活と関係の深い年中行事なども含まれる。古くは「季詞」「季の詞」などといい、「季語」というのは明治以降。発句が独立していくにつれ、表現の不足を補うものとしてその重要性はいっそう高まり、数も増えていった。古典では旧暦が使われているため、現代の季節の感覚とずれることがある。↓ビジュアルチェック❻（404ページ）

きこうでん（現）↓（歴）**きかうでん【乞巧奠】**

きこえ【聞こえ】

よくも悪くも世間の人の耳に入ること ―評判。うわさ。外聞。

名詞 **評判。うわさ。外聞。** **二条の后に忍びて参りけるを、世の聞こえありければ、兄人たちの守らせたまひけるとぞ。**〈伊勢・5〉訳（男が）二条の后のもとに忍んで参上したのを、世間の**うわさ**があったので、（后の）兄たちが（家来たちに命じて）守らせなさったのだということだ。**先帝の四の宮の、御容貌優れたまへる聞こえ高くおはします…。**〈源氏・桐壺〉訳 前の帝の四番目の皇女で、ご容貌が他の人より優れていらっしゃる（という）**評判**が高くていらっしゃる方で…。
発展 下二段動詞「きこゆ」の連用形が名詞になったもの。

きこえ-あは・す【聞こえ合はす】 動詞 他（サ下二段）〈せ・せ・す・する・すれ・せよ〉（「言ひ合はす」の謙譲語で）互いに共感を持って申し上げ合う。お話し合いをする。「**昔の人に対面して、いかで、世の中の見聞くことをも聞こえ合はせむ**…。」〈大鏡・序〉訳「昔なじみにお目にかかって、ぜひとも、この世の中の見たり聞いたりすることをも**お話し合いしたい**…。」

きこえ-あ・ふ【聞こえ合ふ】 動詞 他（八四段）〈は・ひ・ふ・ふ・へ・へ〉（「言ひ合ふ」の謙譲語で）❶口々に申し上げる。**聞こえ合へるもいと心憂く疎ましくて**…。〈源氏・総角〉訳（老女房たちが縁組について大君に）**口々に申し上げている**のもずいぶん情けなくいやな感じで…。❷口々にうわさし申し上げる。おうわさする。「**この世のものともおぼえたまはず。」と聞こえ合へり。**〈源氏・若紫〉訳「（源氏は）この世のものとも思われなさらない（美しさだ）。」と、（尼君たちは）**口々にうわさし申し上げている**。

きこえ-いだ・す【聞こえ出だす】 動詞 他（サ四段）〈さ・し・す・す・せ・せ〉（「言ひ出だす」の謙譲語で）（内にいる人から外にいる人に）申し上げる。**尼君は、この殿の御方にも、御消息聞こえ出だしたりけれど**…。〈源氏・宿木〉訳 尼君は、この殿（＝薫）のお部屋の方にも、お取り次ぎを**申し上げていた**けれども…。

きこえ-い・づ【聞こえ出づ】 ㊀動詞 自（ダ下二段）〈で・で・づ・づる・づれ・でよ〉世間のうわさになる。外部にことが漏れる。**わざと思しあがめきこえたまふ御気色など、みな世に聞こえ出でて**…。〈源氏・胡蝶〉訳（玉鬘を）特別に大事にご養育申し上げなさるごようすなどが、すべて**世間に漏れてうわさになって**…。
㊁動詞 他（ダ下二段）〈で・で・づ・づる・づれ・でよ〉（「言ひ出づ」の謙譲語で）口に出して申し上げる。**はかなく聞こえ出づる言の葉も、人よりは殊なりしけはひ容貌の**…。〈源氏・桐壺〉訳（帝に）とりとめもなく**口に出して申し上げる**ことばも、他の人よりは格別すぐれた（更衣の）ようすや顔つきが…。

季語一覧

ビジュアルチェック 6

●配列は各分野ごとに歴史的仮名遣いによる五十音順。
●ゴシックは辞典本文中で見出し語として立項されている語であることを示す。

春

時候・天文・地理

【時候】
遅き日　川獺の祭り　元日　啓蟄　小正月　去年今年　人日　清明　年返る　年立つ　年の端　初午　初春　春日　春方　旧年　松の内　弥生　弥生尽　行く春　立春

【天文】
朝霞　淡雪　糸遊　朧月　陽炎　霞　霞む　風光る　貝寄せ　東風　春霞　別れ霜　忘れ霜

【地理】
凍て返る　薄ら氷　苗代　春野　焼け野　雪消　雪間　若菜野

人事・宗教

【人事】
小豆粥　紙鳶　伊勢暦　卯槌　卯杖　押し鮎　飾り　粥杖　毬杖　曲水の宴　桜狩り　上巳　太神楽　道中双六　宝船　薪能　種蒔き　椿餅　朝拝　出替はり　歳徳神　鳥追ひ　七種の粥　庭竈　野火　野焼き　賭弓　歯固め　畑打ち　花合はせ　花衣　破魔弓　雛　雛遊び　白散　藤襲　藤衣　太箸　蓬莱　御薪　和布刈り　望粥　柳鬘　藪入り　炉塞ぎ　若水　男踏歌

【宗教】
吉方　吉方参り　開帳　御斎会　四方拝　聖霊会　涅槃会　花鎮めの祭り　御修法　南祭

動物

鶯　雉　雉　桑子　蚕　胡蝶　鱓　子安貝　囀る　燕　蝶　猫の恋　蛤　春告げ鳥　雲雀　蜷　百千鳥　呼子鳥　嫁が君

植物

馬酔木　虎杖　糸桜　独活　梅　堅香子　紅梅　御形　辛夷　桜　さしも草　早蕨　樒　羊歯　石楠花　清白　菘　菫　芹　竹の秋　田芹　沈丁花　土筆　躑躅　椿　茅花　壺菫　野老　飛び梅　薺　初草　花　花桜　花の顔　春の七草　蘖　藤　藤波　三千年　耳菜草　柳　柳の糸　山草　譲り葉　蓬　落花　若草　若菰　若菜　若紫

夏

時候・天文・地理

【時候】
卯月　夏至　五月　三伏　土用　麦秋　短夜　水無月　麦秋　立夏

【天文】
朝凪　青嵐　雷　卯の花腐し　風薫る　雲の峰　五月雨　五月闇　五月雨　鳴る神　霹靂神　氷雨　南

【地理】
滝　遣り水

人事・宗教

【人事】
朝涼み　汗取り　袷　扇　伊予簾　鵜川　鵜飼ひ　団扇　蚊遣り火　行水　草合はせ　薬玉　削り氷　衣替へ　菖蒲の鬘　菖蒲の輿　菖蒲挿し櫛　早少女　簾　水飯　簾　滝殿　竹植うる日　玉簾　端午　粽　辻が花　釣り忍　夏引き　幟　端居　氷水　氷室　乾し飯　矢数　流鏑馬　湯帷子

【宗教】
葵祭　賀茂競べ馬　賀茂の祭り　賀茂詣で　祇園会　競べ馬　灌仏　灌仏会　夏安居　祭り　禊川　諸葛

動物

鯵　鮎　烏賊　鵜　空蝉　蝸牛　河鹿　鰹　鹿の子　翡翠　蝙蝠　閑古鳥　蛇　蝮　水鶏　蜘蛛の網　死出の田長　紙魚　蟬　谷蟇　夏虫　初鰹　蟇　仏法僧　蛍　蛍火　時鳥　海鞘　蝮　山時鳥　葭切　鹿茸

植物

紫陽花　楝　葵　菖蒲草　茨　浮き草　卯の花　沢瀉　燕子花　酸漿草　帷　唐撫子　桐　梔子　萱草　芥子　薦　薔薇　榊　杜鵑花　早苗　百日紅　下野　菖蒲　石楠花　芍薬　末摘花　筍　筍　葛　常夏　夏草　蓴　合歓　蓮葉　花柘榴　帚木　浜木綿　枇杷　牡丹　朴　真菰　葎　葎生　雪の下　夕顔　蓮華　若楓　病葉　忘れ草

秋

時候・天文・地理

【時候】
秋さる　秋立つ　秋づく　秋風楽　朝寒　二百十日　八朔　冷ゆ　文月　孟秋　身に沁む　紅葉月　行く秋　夜寒　夜長　立秋

【天文】
秋風　朝霧　朝露　天の川　有り明け　十六夜　稲妻　下弦　霧　栗名月　三五夜　下露　十五夜　十三夜　新月　立ち待ち月　月　月影　月夜　露霜　名残の月　寝待ちの月　後の月　野分　初風　星合ひ　星月夜　待つ宵　豆名月　名月　夕月夜　婚ひ星　居待ち月

【地理】
不知火　早稲田

動物

石伏　竈馬　稲負鳥　蝗　蟷螂　鶉　馬肥ゆる　鹿　蜻蛉　雁　雁が音　啄木鳥　蟋蟀　小鷹　蟋蟀　小牡鹿　鹿　鴫　鈴虫　蟷螂　朱鷺　蜻蛉　機織り　初雁　初雁が音　蜩　松虫　蚯蚓鳴く　鵙　山雀　猪

人事・宗教

【人事】
稲舟　案山子　鵲の橋　雁の使ひ　乞巧奠　菊合はせ　菊の宴　菊の酒　菊の綿　砧　下り簗　索餅　新酒　硯洗ひ　案山子　棚機　棚機つ女　棚機祭り　重陽　菜種蒔く　八朔　彦星　臥し待ちの月　紅葉狩り　紅葉の賀　焼き米　早稲飯　尾花粥

【宗教】
盂蘭盆　施餓鬼　大文字　魂棚　魂祭り　放生会　盆　迎へ火

植物

茜　秋の七草　秋萩　通草　葦　稲茎　末枯れ　晩稲　晩稲　落ち栗　柑子　柿　楓　刈萱　桔梗　菊　桐　葛　胡桃　小萩　下紅葉　忍草　紫苑　薄　当薬　竹の春　橘　千草　月草　蔦　葛　露草　木賊　富草　団栗　撫子　零余子　萩　櫨紅葉　旗薄　花薄　柞　瓢　藤袴　芙蓉　糸瓜　鳳仙花　真葛　真葛原　木槿　木犀　紅葉　紅葉の錦　山梨　竜胆　早稲穂　早稲　吾亦紅　尾花　女郎花

冬

時候・天文・地理

【時候】
大晦日　寒　極月　小春　小六月　冴え凍る　師走　凍む　節季　春の隣　冬ざれ　孟冬　臘

【天文】
霰　北　木枯らし　粉雪　時雨る　時雨　霜　斑雪　初時雨　初霜　村時雨　虎落笛　雪

【地理】
枯れ野　狐火　氷　垂氷　氷　初氷　山眠る

動物

葦鴨　鮟鱇　鯨　鳰　牡蠣　鴨　鰈　寒鰤　狐　鷹　鱈　千鳥　通し鮎　海鼠　鳰鳥　浜千鳥　氷魚　河豚　梟　木菟　貉　鴛鴦　鴛鴦

人事・宗教

【人事】
網代　網代木　埋み火　鬼遣らひ　紙子　紙衾　乾鮭　狩り　嚔　事始め　雑魚寝　咳き病　障子　煤掃き　炭櫃　節季候　咳く　大嘗祭　大嘗会　鷹飼ひ　鷹狩り　布子　袴着　屏風　火桶　懐手　冬籠り　帽　厄落とし　雪仏　雪まろげ　炉　炉開き　綿衣　綿子　亥の子　亥の子餅

【宗教】
夷講　御仏名　賀茂の臨時の祭り　寒垢離　十夜　酉の町　荷前の使ひ　鉢叩き　仏名　報恩講

植物

大根　蕪菜　枯れ薄　枯れ尾花　甘蔗の花　朽ち葉　山茶花　唐菜　立忍　土大根　石蕗　根深　日陰の蔓　柊の花　冬枯れ　冬椿　蜜柑　侘助

きこえ-いな・ぶ【聞こえ否ぶ】 動詞 他〔バ上二段〕〈び・び・ぶ・ぶる・ぶれ・びよ〉（「言ひ否ぶ」の謙譲語で）ご辞退申し上げる。反対申し上げる。

「心苦しくて、**え聞こえ否びずなりにしを**…。」〈源氏・若菜上〉訳「（病弱な朱雀院が）気の毒で、（女三の宮を妻として迎えることを私源氏が）**ご辞退申し上げる**ことができないままになってしまったことを…。」

きこえ-お・く【聞こえ置く】 動詞 他〔カ四段〕〈か・き・く・く・け・け〉（「言ひ置く」の謙譲語で）（遺言などを）あらかじめ申し上げておく。言い残し申し上げる。
聞こえ置きて、かくれたまひぬ。〈宇津保〉訳（遺言として）**あらかじめ申し上げておいて**、お亡くなりになった。

きこえ-かか・る【聞こえ掛かる】 動詞 自〔ラ四段〕〈ら・り・る・る・れ・れ〉（「言ひ掛かる」の謙譲語で）言い寄り申し上げる。話しかけ申し上げる。

指して聞こえ掛かれる心の憎からず…。〈源氏・夕顔〉訳（源氏を）指して（歌を）**話しかけ**（＝詠みかけ）**申し上げた**（夕顔の宿の女の）心がいやなものでなく…。


きこえ-か・く【聞こえ掛く】 動詞 他〔カ下二段〕〈け・け・く・くる・くれ・けよ〉（「言ひ掛く」の謙譲語で）ことばをおかけ申し上げる。

人して、「…」と**聞こえ掛けて、帰りにき**。〈枕草子・35・小白河といふ所は〉訳人を介して、「…」と**ことばをおかけ申し上げて**、（私は）帰ってしまった。◯清少納言が朝の説経を中途で退出した折、釈迦が法を説こうとしたとき、五千人の増上慢が座を立って退いたのを釈迦が制止しなかった故事によって、中納言がたわむれ気どったことに応酬した記事。なお、この「聞こえ掛けて」を、「申し上げかけて」とする解もあるが、不適切である。


きこえ-かは・す【聞こえ交はす】 動詞 他〔サ四段〕〈さ・し・す・す・せ・せ〉（「言ひ交はす」の謙譲語で）互いに手紙を交わし申し上げる。お手紙を差し上げ合う。

御返り、さすがに憎からず聞こえ交はしたまひて…。〈竹取・かぐや姫の昇天〉訳（かぐや姫からの）ご返事は、（帝のご要望に応じないものであったが）そうはいうもののやはり情愛深く**互いに手紙を交わし申し上げ**なさって…。


きこえ-かへ・す【聞こえ返す】 動詞 他〔サ四段〕〈さ・し・す・す・せ・せ〉（「言ひ返す」の謙譲語で）❶（負けずに）お答え申し上げる。お返事申し上げる。

御いらへを、いささか恥づかしとも思ひたらず**聞こえ返し**…。〈枕草子・184・宮に初めて参りたるころ〉訳（女房たちは冗談を言う大納言への）お返事を、少しも気が引けるとも思わずに**お答え申し上げ**…。
❷勧められたことなどをお断りする。辞退申し上げる。「かくあながちに公にも**聞こえ返させたまへば**…。」〈源氏・若菜上〉訳（四十の賀宴を源氏自身が）このように強引に帝に対しても**ご辞退申し上げ**なさるので…。
❸逆らうようなことを申し上げる。反対申し上げる。「**法師にて聞こえ返すべきことならず**。」〈源氏・手習〉訳「僧侶の身で（出家することに）**反対申し上げる**ことができることではない。」
❹これまでと反対のことを申し上げる。前言を翻し申す。

きこえ-かよ・ふ【聞こえ通ふ】 動詞 他〔ハ四段〕〈は・ひ・ふ・ふ・へ・へ〉（「言ひ通ふ」の謙譲語で）手紙を差し上げる。親しくお付き合い申し上げる。

「**心美しきやうに聞こえ通ひたまひて、なほありしままならむこそよからめ**。」〈源氏・夕霧〉訳「心が素直で親しみ深いやり方で（夕霧に）**手紙を差し上げ**なさって、やはりもとのまま（の関係）であったりするのが好ましかろう。」


きこえ-ごつ【聞こえごつ】 動詞 他〔タ四段〕〈た・ち・つ・つ・て・て〉人に聞こえるように申し上げる。聞こえよがしに申し上げる。

「雨降りぬべし。」など**聞こえごつ**もいとにくし。〈枕草子・74・懸想人にて〉訳（来客の供人が）「雨がきっと降るに違いない。」などと**聞こえよがしに申し上げる**のもずいぶんと憎らしい。


きこえ-さ・す【聞こえさす】 ↓基本敬語25（407ページ）

きこえ-さ・す【聞こえ止す】 動詞 他〔サ四段〕〈さ・し・す・す・せ・せ〉（「言ひ止す」の謙譲語で）申し上げるのを途中でやめる。

人々参れば、**聞こえさしつ**。〈源氏・玉鬘〉訳女房たちが参上するので、（右近は源氏に）**申し上げるのを途中でやめた**。

きこえ-させ-たま・ふ【聞こえさせ給ふ】 連語
㊀（「きこゆ」が動詞の場合）❶（「さす」は使役の助動詞で）申し上げさせなさる。
桐壺の御方より伝へて聞こえさせたまひければ…。〈源氏・若菜下〉訳桐壺のお方を通して（そのネコが欲しいと女三の宮に）**申し上げさせなさった**ので…。
❷（「さす」は尊敬の助動詞で）申し上げなさる。
御前にゐさせたまひて、ものなど聞こえさせたまふ。〈枕草子・278・関白殿、二月二十一日に〉訳（道隆殿は中宮様の）お前にお座りになって、お話などを**申し上げなさる**。

㊁（「きこゆ」が補助動詞の場合）❶（「さす」は使役の助動詞で）お…申し上げさせなさる。

まづ、かの弁してぞ、かつがつ案内伝へきこえさせたまひける。〈源氏・若菜上〉訳（院は）まず、あの左中弁を使いとして、ともかくも事情を（源氏に）**お伝え申し上げさせなさった**のだった。
❷（「さす」は尊敬の助動詞で）お…申し上げなさる。
この御方の御諫めをのみぞ、なほわづらはしう、心苦しう思ひきこえさせたまひける。〈源氏・桐壺〉訳（帝は）このお方（＝弘徽殿の女御）のご意見だけを、やはり厄介で、（桐壺の更衣にとって）気の毒だと**お思い申し上げなさる**のだった。
発展 下二段動詞（または補助動詞）「きこゆ」の未然形＋使役・尊敬の助動詞「さす」の連用形＋補助動詞「たまふ」。㊀㊁とも❶は謙譲＋使役＋尊敬、❷は謙譲＋強い尊敬の意味になる。「きこえさす」が一語の場合もあるので注意が必要である。
関連語 聞きこゆ（基本敬語25）

きこえさせ-たま・ふ【聞こえさせ給ふ】 連語
㊀（「きこえさす」は動詞で）申し上げなさる。

「いかにはかばかしき御答へ**聞こえさせたまはむ**。」〈源氏・若紫〉訳「（紫の上が源氏に）どんなにはきはきしたご返事を**申し上げなさる**だろう。」

㊁（「きこえさす」は補助動詞で）お…申し上げなさる。

「つひに負け**きこえさせたまはずなりにけり**。」〈枕草子・23・清涼殿の丑寅の〉訳「（女御は帝に）最後まで**お負け申し上げなさら**ないままで終わってしまったのだった。」

発展 下二段動詞（または補助動詞）「きこえさす」の連用形＋補助動詞「たまふ」。強い謙譲＋尊敬の意味。

関連語 聞こえさす（基本敬語25）

きこえ-しら・す【聞こえ知らす】 動詞 他〔サ下二段〕〈せ・せ・す・する・すれ・せよ〉（「言ひ知らす」の謙譲語で）申し上げて分か

らせる。言い聞かせ申し上げる。説明し申し上げる。**僧都**(そうづ)**、世の常なき御物語、後の世のことなど聞こえ知らせたまふ。**〈源氏・若紫〉訳僧都は、この世の無常を教えるお話、死後のことなどを（源氏に）**説明し申し上げ**なさる。

きこえ-たま・ふ【聞こえ給ふ】(たま(も)う) 連語 一（「きこゆ」が動詞の場合）お申し上げになる。申し上げなさる。**来**(き)**し方ゆく末おぼしめされず、よろづのことを泣く泣く契り宣**(のたま)**はすれど、御答**(いら)**へも、え聞こえたまはず。**〈源氏・桐壺(きりつぼ)〉（帝(みかど)は）過去も未来もお思いになることができなくて、さまざまなことを泣きながら約束しておっしゃるけれども、（今にも死にそうな桐壺の更衣は）ご返事も、とても**申し上げなさる**ことができない。○作者が、「言う」動作の及ぶ帝と、その動作をする桐壺の更衣への敬意を同時に表している。

基本敬語25 きこえ-さ・す【聞こえさす】

一 動詞 他 ―【謙譲語】― ❶ 申し上げる。❷（手紙などを）差し上げる。［通常語］言ふ
二 補助動詞 ―【謙譲語】― お…申し上げる。

	未然形	連用形	終止形	連体形	已然形	命令形
動詞 他（サ下二段） 補助動詞（サ下二段）	きこえさ・せ	きこえさ・せ	きこえさ・す	きこえさ・する	きこえさ・すれ	きこえさ・せよ

接続 二は動詞の連用形に付く。

一 動詞 他（サ下二段） ❶（「言ふ」の謙譲語で）**申し上げる。お耳に入れる。**「**何とはべらぬ昔物語も、参り来て聞こえさせむと思うたまふれど…。」と聞こえたまひて…。**〈源氏・須磨(すま)〉訳（左大臣は）「とりとめもございません昔話でも、（源氏の屋敷に）参上して**お耳に入れ**ようと存じますが…。」と（源氏に）申し上げなさって…。

○話し手（＝左大臣）が、自分の「言う」動作の及ぶ源氏への敬意を表している。用例文中に、「言ふ」の謙譲語として「聞こえさす」「（連語「★きこえ-たまふ」中の）聞こゆ」の二種類のことばがある。どちらも「言う」動作の及ぶ源氏への敬意であるが、会話文中の「聞こえさす」は、話し手（左大臣）から聞き手である源氏への敬意、地の文の「聞こゆ」の方は、作者からの敬意である。同じ人物（源氏）への敬意でありながら、会話文の方が地の文よりも敬意の高いことば「聞こえさす」が用いられている。

山井大納言(やまのゐのだいなごん)**と聞こえさせけるなむ、かくありし。**〈栄花(えいが)〉訳山井大納言と**申し上げ**た方（＝藤原道頼(みちより)）が、このようで（＝若くして死んだので）あった。

○作者が、世の人々の「言う」動作の及ぶ山井大納言への敬意を表している。人名などを表すことば＋格助詞「と」＋「きこえさす」で、「（世の人々が）…と申し上げる」という意味を表す慣用的な言い方。この「聞こえさす」は、「呼ぶ」の謙譲語と見ることもできる。その呼ばれる人（山井大納言）を敬う。

❷（手紙などを）**差し上げる。をかしと見れど、常はとて御返し聞こえさせず。**〈和泉式部日記(いずみしきぶにっき)〉訳（敦道親王(あつみちしんのう)からの恋文を女は）趣深いと見るが、いつも（返事を差し上げるの）は（どうか）と思ってご返事を**差し上げ**ない。

○作者が、自分の「（返事を）送る」動作の及ぶ敦道親王への敬意を表している。❶が直接に「言う」場合であるのに対し、この例は手紙で間接に「言う」場合と考えられる。

二 補助動詞（サ下二段） **お…申し上げる。お…する。ありつることのさま、語りきこえさすれば…。**〈枕草子・83・返(かへ)る年の二月二十日余日(よひ)〉訳（私が）先刻のことのようすを、（中宮に）**お話し申し上げる**と…。

○作者（＝清少納言）が、自分の「語る」動作の及ぶ中宮への敬意を表している。

発展「きこゆ」と「きこえさす」

「きこえさす」は謙譲語の下二段動詞「きこゆ」の未然形に、使役の助動詞「さす」が付いて一語になったもの。この「さす」は、使役の意味が失われ、謙譲の意味を強める働きをしている。「聞こゆ」よりも敬意が高い。

敬語のしくみ

①「聞こゆ」の謙譲の意を強めたことば

高貴な人にものを言う場合に、直接に「申し上げる」のは失礼なことであり、人を中に立てて言ってもらう。つまり、「申し上げるようにさせる」のである。そのもともとの使役の意味が失われ、「聞こえさす」であると考えられている。このように、敬意を強める働きをするのは「す」も同様で、それが付いてできたことばには、次のようなものがある。

- 「たてまつらす」「まゐらす」…謙譲の意味を強調。
- 「たまはす」「のたまはす」…尊敬の意味を強調。

②「聞こえさせたまふ」には三種類ある

a 聞こえさせ（動詞・**謙譲**）＋たまふ（補助動詞・**尊敬**）
b 聞こえ（動詞・**謙譲**）＋させ（助動詞・**尊敬**）＋たまふ（補助動詞・**尊敬**）
c 聞こえ（動詞・**謙譲**）＋させ（助動詞・使役）＋たまふ（補助動詞・**尊敬**）

ここでは、ともに「申し上げなさる」と訳されるaとbについて、見分け方の一例を示す。まず、aは謙譲語のほうを強めた言い方である。一方、bの「させたまふ」は地の文では★最高敬語で、尊敬語の方を強めた言い方である。では次のケースはどれにあたるだろうか。

「**ただ、わが女御子**(をんなみこ)**たちの同じ列**(つら)**に思ひきこえむ。」と、いと懇ろに聞こえさせたまふ。**訳「いちずに、（あなたのことを）私の皇女方と同列に（手厚く）お思い申し上げよう。」と、（桐壺の帝(みかど)は先帝の四の宮に）とても丁重に申し上げなさる。〈源氏・桐壺(きりつぼ)〉

この用例は、桐壺の帝が、先帝の四の宮の宮中入りを間接的に申し入れる場面で、「聞こえさせたまふ」は地の文に使われている。つまり、謙譲語は動作の及ぶ先帝の四の宮に、尊敬語は動作をする桐壺の帝に対して用いられている。どちらも作者からの敬意を表すのであるが、人物の身分の上下関係を考慮すれば、動作をする桐壺の帝を敬う意味を強めたbの言い方と見るべきである。

関連語 聞(き)こえさせ給(たま)ふ・聞(き)こゆ（基本敬語25）
↓基本敬語動詞一覧表（26ページ）

❷(「きこゆ」が補助動詞の場合)お…申し上げなさる。
「父大臣(おとど)の教へきこえたまひけることは、『一つには、御手を習ひたまへ…。』となむ聞こえたまひける…。」〈枕草子・23・清涼殿(せいりゃう)の丑寅(うしとら)の〉訳「父である大臣(=藤原師尹(もろまさ))が(娘である宣耀殿(せんようでん)の女御(にょうご)に)お教え申し上げなさったことは、『第一番には、書道を学びなさい…。』と申し上げなさったのだった…。」〇話し手の中宮定子が、「教える」動作の及ぶ宣耀殿の女御と、その動作をする父である大臣への敬意を同時に表している。「となむ聞こえたまひける」の「聞こえたまふ」は❶の用例。
発展 下二段動詞(または補助動詞)「きこゆ」の連用形＋補助動詞「たまふ」。「謙譲語(きこゆ)＋尊敬語(たまふ)」で、★二方向に対する敬語。

きこえ-つ・く【聞こえ付く】 ❶ 動詞 自 〔カ四段〕〈か・き・く・く・け・け〉(「言ひ付く」の謙譲語で)言い寄り申し上げて、近づく。声をおかけ申し上げて親しくなる。
仲忠(なかただ)、あて宮に、いかで**聞こえ付かむ**と思ふ心ありて…〈宇津保(うつほ)〉訳 仲忠は、あて宮に、どうにかして**言い寄り申し上げて、近づこう**と思う考えがあって…。
❷ 動詞 他 〔カ下二段〕〈け・け・く・くる・くれ・けよ〉お頼み申し上げる。お言いつけ申し上げる。
「御本意(ほい)にはあらざりけめど、かく**聞こえ付けて**、年ごろは心安く思ひたまへつるを…。」〈源氏・柏木(かしわぎ)〉訳「(あなたにとっては)ご本意ではなかっただろうけれど、このように(女三の宮の世話を)**お言いつけ申し上げて**、長年の間は安心に思わせていただいてきたが…。」

きこえ-つ・ぐ【聞こえ継ぐ】 動詞 他 〔ガ四段〕〈が・ぎ・ぐ・ぐ・げ・げ〉(「言ひ継ぐ」の謙譲語で)取り次いで申し上げる。お耳に達するようにお伝えする。
所どころの、御とぶらひの使ひなど立ちこみたれど、え**聞こえ継がず**…。〈源氏・葵(あおい)〉訳(葵の上が急に亡くなり)あちらこちらの方々の、お見舞いの使者などが込み合っているけれども、**取り次いで申し上げる**こともできないで…。

きこえ-つた・ふ【聞こえ伝ふ】(つた(と)う) 動詞 他 〔ハ下二段〕〈へ・へ・ふ・ふる・ふれ・へよ〉(「言ひ伝ふ」の謙譲語で)❶お伝え申し上げる。お取り次ぎ申し上げる。
「さらに人の御消息(せうそこ)などは**聞こえ伝ふることはべらず**。」〈源氏・胡蝶(こちょう)〉訳「決してあの人のお手紙などは(姫君に)**お取り次ぎ申し上げる**ことはございません。」
❷おうわさ申し上げる。
世の人の**聞こえ伝ふらむ**ことも…。〈狭衣(さごろも)〉訳 世間の人が(狭衣が出家することを)**おうわさ申し上げて**いるようなことも…。

きこえ-な・す【聞こえ為す】 動詞 他 〔サ四段〕〈さ・し・す・す・せ・せ〉(「言ひ為す」の謙譲語で)❶意識的に申し上げる。わざと申し上げる。
浅はかに**聞こえなしたまへば**…。〈源氏・須磨(すま)〉訳(須磨に出発する源氏は紫の上を悲しませまいと和歌を)深刻でなく**わざと申し上げ**なさると…。
❷いかにもそうであるかのように申し上げる。
情(なさ)け情けしう**聞こえなしたまふこともあめり**。〈源氏・蓬生(よもぎう)〉訳(源氏は末摘花(すえつむはな)に対して)いかにも情愛深く**いかにもそうであるかのように申し上げ**なさることなどがあるようだ。

きこえ-ぬ【聞こえぬ】 連語《中世以降》(相手を非難して)理がとおらない。納得できない。わけが分からない。
こなたは**聞こえぬ**お方でござる。〈狂言・千鳥(ちどり)〉訳 あなたは**わけの分からない**お方でございます。
発展 下二段動詞「きこゆ」の未然形＋打消の助動詞「ず」の連体形。

きこえ-や・る【聞こえ遣る】 動詞 他 〔ラ四段〕〈ら・り・る・る・れ・れ〉(「言ひ遣る」の謙譲語で)❶残りなく申し上げる。十分に申し尽くす。
いとあはれとものを思ひしみながら、言(こと)に出(い)でても**聞こえやらず**…。〈源氏・桐壺(きりつぼ)〉訳 ずいぶんしみじみと世の悲しみを心に深く感じていながらも、ことばに表して**残りなく申し上げ**ないで…。
❷(納得のいくように)十分ご説明申し上げる。懇切に申し上げる。
「宮の、渡らせたまはむには、いかさまにか**聞こえやらむ**。」〈源氏・若紫〉訳「宮(=紫の上の父、式部卿宮(しきぶきょうのみや))が、おいでなさったりするときには、どのように**十分ご説明申し上げ**ようか。」
❸(ことばや消息を先方に)お伝え申し上げる。
「**絶えぬ御とぶらひも、聞こえやるべき**。」〈源氏・夕霧〉訳「絶えることのないお見舞いに対しても、(お礼を)**お伝え申し上げる**つもりだ。」

➡**きこえる**(現)↓(古)**きこゆ【聞こゆ】**

きこしめし-あは・す【聞こし召し合はす】(あわす) 動詞 他 〔サ下二段〕〈せ・せ・す・する・すれ・せよ〉(「聞き合はす」の尊敬語で)お聞きになって参考になさる。
「奏することを**聞こし召し合はせて**、世の政(まつりごと)は行はせたまひけれ。」〈大鏡・序〉訳「(昔、賢い天皇は老人たちが)奏上することを**お聞きになって参考になさって**、天下の政治を執り行いなさったのだった。」

きこしめし-い・る【聞こし召し入る】 動詞 他 〔ラ下二段〕〈れ・れ・る・るる・るれ・れよ〉(「聞き入る」の尊敬語で)お聞き入れになる。ご納得なさる。
奏せさせたまふことなどは、必ず**聞こし召し入れ**、御用意深かりけり。〈源氏・宿木(やどりぎ)〉訳(女三の宮が)奏上なさることなどは、(帝(みかど)は)きまって**お聞き入れになり**、お心遣いが深かったのだった。

きこしめし-つ・く【聞こし召し付く】 動詞 他 〔カ下二段〕〈け・け・く・くる・くれ・けよ〉(「聞き付く」の尊敬語で)お聞きつけになる。お聞き及びあそばす。
かかるほどに、帝(みかど)**聞こし召し付けて**、この男をば流し遣はしてければ…。〈伊勢・65〉訳 こうしているうちに、帝が**お聞きつけになって**、この男を流罪に処しなさったので…。

きこしめ・す【聞こし召す】 →基本敬語25(409ページ)

きこし-を・す【聞こし食す】(おす) 動詞 他 〔サ四段〕〈さ・し・す・す・せ・せ〉《上代語》お治めになる。
皇祖(すめろき)の神の命(みこと)の**聞こしをす**国のまほらに…。歌〈万葉集・18・4089〉訳 天皇が**お治めになる**国のすばらしくよい所に…。

きこ・す【聞こす】

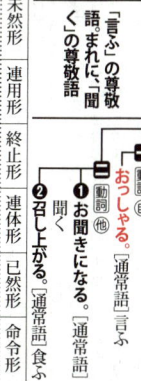

「言ふ」の尊敬語。まれに、「聞く」の尊敬語

- ❶ 動詞 自 — **おっしゃる。**〔通常語〕言ふ
- ❷ 動詞 他
  - ❶ **お聞きになる。**〔通常語〕聞く
  - ❷ **召し上がる。**〔通常語〕食ふ

未然形	連用形	終止形	連体形	已然形	命令形
きこ・さ	きこ・し	きこ・す	きこ・す	きこ・せ	きこ・せ

《上代語》❶ 動詞 自 〔サ四段〕(「言ふ」の尊敬語で)**おっしゃ**

る。わが背子しかくし聞こさば天地の神を乞ひ祈み長くとそ思ふ 歌〈万葉集・20・4499〉訳あなたが（私に）そのように（=長生きしろと）おっしゃるなら、天地の神に祈願して長く（生きたい）と思う。

二 動詞 他〔サ四段〕❶（「聞く」の尊敬語で）**お聞きになる**。**遠々し高志国に賢し女をありと聞かして麗し女をありと聞こして**…〈古事記・大国主神〉訳（大国主神は）非常に遠い越の国に、賢い女がいるとお聞きになって、美しい女がいると**お聞きになって**…。○「聞こす」のもともとの語形である「聞かす」も同じ意味で用いられている。

❷（「食ふ」の尊敬語で）**召し上がる**。↓古語チャート⑬（453ページ）

発展 **語の成り立ち** 四段動詞「きく」の未然形に、上代の尊敬の助動詞「す」が付いた「きかす」が変化したもの。ことばの成り立ちから見れば「聞く」の尊敬語となるが、その意味で用いられた確実な例はほとんどなく、主に、一の「言ふ」の尊敬語として用いられる。二❶の『古事記』の歌謡の用例も、「おっしゃる」という意味で解せる。そこで、「聞こす」「聞かす」の「す」を使役の助動詞と見て、上位者が下位者に「聞かせる」という関係から、「おっしゃる」という意味になったとする説もある。

関連語 聞こし召す

ぎごつ-な・し 形容詞〔ク〕〈く・く・し・き・けれ・○／から・かり・○・かる・○・かれ〉無愛想な感じだ。無作法だ。ぎこちない。乱暴な言い方だ。「**こりゃ、そこな自然薯め。謡をらう。」とぎごつなく**…〈近松・丹波与作待夜の小室節〉訳「こら、そこの山芋（=三吉のあだ名）め。歌っておれ。」と**乱暴な言い方で**…。

発展「ぎごつなし」「ぎこつなし」とも。

き-ことば【季言葉・季詞】 名詞 ↓季語

擬古文 国語・国文法 平安時代の和文体をまねて表現した文章。普通、江戸中期から明治初期のものをいう。★賀茂真淵・村田春海・加藤千蔭・★本居宣長など、国学者のものが有名。古文辞学派の影響などにより、平安時代を雅なものとし、それをまねようとした。平安時代の和歌や仮名文の用語や語法に基づき、ときに奈良時代のものも交え、主に平仮名を用いて表記した。用語は「雅言」と呼び、漢語も字音読みを避け、できるだけ訓読みして和語風にした。「雅文」ともよばれる。

基本敬語25
きこし-め・す【聞こし召す】

〔尊敬語〕
❶**お聞きになる。**〔通常語〕聞く
❷**お聞き入れになる。**〔通常語〕聞き入る
❸**召し上がる。**〔通常語〕食ふ・飲む
❹**お治めになる。**〔通常語〕治む ◉主に上代の用法。

動詞 他〔サ四段〕

未然形	連用形	終止形	連体形	已然形	命令形
きこしめ・さ	きこしめ・し	きこしめ・す	きこしめ・す	きこしめ・せ	きこしめ・せ

❶（「聞く」の尊敬語で）**お聞きになる**。**笑ひののしるを、上にも聞こしめして渡りおはしましたり。**〈枕草子・9・上にさぶらふ御猫は〉訳（皆が）笑って大騒ぎするのを、天皇におかれても**お聞きになって**（こちらへ）おいでになった。○作者（=清少納言）が、「聞く」動作をする天皇への敬意を表している。天皇に対し、敬意の高い「聞こしめす」が用いられている。「おはします」も敬意の高い尊敬語の補助動詞。

❷（「聞き入る」の尊敬語で）**お聞き入れになる**。**お許しになる**。「**ここに切に申さむことは、聞こしめさぬやうあらざらまし。**」〈源氏・行幸〉訳「私から（あなたの宮中入りを）いちずにお願い申し上げたとしたらそのことは、（冷泉帝も）**お聞き入れになら**ないことはなかっただろうに。」○話し手（=内大臣）が、「聞き入れる」動作をする冷泉帝への敬意を表している。尚侍になることを望む近江の君を、父親である内大臣がからかう場面。

❸（「食ふ」「飲む」の尊敬語で）**召し上がる**。**広げて御覧じて、いとあはれがらせたまひて、物も聞こしめさず。**〈竹取・かぐや姫の昇天〉訳（帝は、かぐや姫からの最後の手紙を）広げてご覧になって、とてもひどく悲しみなさって、食べ物も**召し上がら**ない。○作者が、「食べる」動作をする帝への敬意を表している。帝に対する尊敬語で、敬意が高い。「せたまふ」も帝に対する尊敬語で、最高敬語。

❹《主に上代の用法》（「治む」の尊敬語で）**お治めになる**。**統治なさる**。**桜花今盛りなり難波の海押し照る宮に聞こしめすなへ** 歌〈万葉集・20・4361〉訳サクラの花は今が盛りである。難波の海（=今の大阪湾）のくまなく照る（=光り輝く）宮で（世の中を）**お治めになる**その時に。○作者が、「治める」動作をする天皇への敬意を表している。

発展 ①**語の成り立ち** 「言ふ」「聞く」の尊敬語である四段動詞「きこす」の連用形に、さらに尊敬の補助動詞「めす」が付いて一語になったもの。最高敬語のひとつで、多く天皇や皇后などの動作に用いられる。なお「きこす」は上代語で、「言ふ」の尊敬語として用いられることの方が多い。②❸の「召し上がる」という意味では、中世以降「こしめす」という省略形も用いられた。

関連語 聞こし食す・聞こす ↓基本敬語動詞一覧表（26ページ）

きこへず【聞こへず】（誤）↓（正）**きこえず【聞こえず】**

発展 ヤ行下二段動詞「きこゆ」の未然形＋打消の助動詞「ず」。

き-こ・む【着込む・着籠む】 動詞 他〔マ下二段〕〈め・め・む・むる・むれ・めよ〉（髪などを）着衣の下に入れ込む。**髪着込めたるあやしの者ども、手をつくりて額に当てつつ**…〈源氏・葵〉訳髪を**着衣の下に入れ込んで**いる卑しい身分の連中（=老女たち）が、手を合わせて拝んで額に当てては…。

擬古物語 文芸用語 物語の分類のひとつ。『源氏物

語』を中心とする平安時代の作り物語に似せて、主として鎌倉・南北朝時代に作られた物語の総称。当時の貴族たちの、王朝時代を懐かしむ気持ちから生まれた。貴族の恋愛を、類型的な構想・表現で描く。『住吉物語』『★とりかへばや物語』『松浦宮物語』などがその代表作品。

きこ・ゆ【聞こゆ】↓基本敬語25（410ページ）

きこ・ゆ【聞こゆ】 動詞 自 〔ヤ下二段〕（え・え・ゆ・ゆる・ゆれ・えよ）

❶（声や音が自然に）耳に入る。聞こえる。

志賀の浦にいざりする海人明け来れば浦廻漕ぐらし楫の音聞こゆ 歌〈万葉集・15・3664〉訳 志賀の浦で夜漁をする漁師が、夜が明けてくるので、海岸の入り組んだ所をめぐって漕ぐらしい。櫓の音が聞こえる。

❷広く伝わる。うわさされる。評判になる。世間に知られる。思われる。

「これ、昔、名高く聞こえたる所なり。」〈土佐日記・二月九日〉訳「ここ（＝渚の院）は、昔、有名で世間に知られた場所である。」

❸理解できる。意味が分かる。

年老い、袈裟かけたる法師の、小童の肩を押さへて、聞こえぬことども言ひつつよろめきたる、いとかはゆし。〈徒然草・175・世には心得ぬことの〉訳 年を取り、袈裟を掛けた僧が、（酔って）子供の肩を押さえて、意味が分からないことなどを言いながらよろめいているのは、本当に見るに忍びない。

発展 ①「きかゆ」（四段動詞「きく」の未然形＋上代の自発・受身・可能の助動詞「ゆ」）が変化してできたことば。↓古語チャート❽（291ページ）

②❶の、音声が自然に耳に入るというのがもともとの意味。人の耳に入るという意味で❷、耳に入れば分かることから❸の意味にもなった。そして、貴人の耳に自然に入るようにするというところから、「言ふ」の謙譲語ともなった。↓聞こゆ（基本敬語25）

きこゆる【聞こゆる】 連体詞 有名な。評判の。発展 下二段動詞「聞こゆ」の連体形から。

きさい【后】 名詞 ↓きさき(后)

きさい-の-みや【后の宮】 名詞 ★后を敬った言い方。

きさい-ばら【后腹】 名詞 ★后の腹から生まれること。また、皇后を母とする皇子・皇女。

ぎ-さう【擬生】 名詞（「擬文章生」の略で）★大

基本敬語25

きこ・ゆ【聞こゆ】

一 動詞 他 ―〔謙譲語〕― ❶申し上げる。〔通常語〕言ふ
　　　　　　　　　　　　 ❷お願い申し上げる。〔通常語〕願ふ
　　　　　　　　　　　　 ❸（手紙などを）差し上げる。
二 補助動詞 ―〔謙譲語〕― お…申し上げる。

	未然形	連用形	終止形	連体形	已然形	命令形
動詞 他〔ヤ下二段〕 補助動詞〔ヤ下二段〕	きこ・え	きこ・え	きこ・ゆ	きこ・ゆる	きこ・ゆれ	きこ・えよ

接続 二は動詞の連用形に付く。

一 動詞 他〔ヤ下二段〕❶（「言ふ」の謙譲語で）**申し上げる。**

来し方ゆく末おぼしめされず、よろづのことを泣く泣く契り宣はすれど、御答へもえ聞こえたまはず。〈源氏・桐壺〉訳（帝は）過去も未来もお思いになることができなくて、さまざまなことを泣きながら約束しておっしゃるけれども、（今にも死にそうな桐壺の更衣は）ご返事も、とても**申し上げ**なさることができない。

○「え〜ず」は不可能の意味。「聞こえたまふ」は「謙譲語＋尊敬語」で、★二方向に対する敬語。ここは地の文なので、いずれも作者からの敬意を表している。「聞こゆ」は、作者が、「言う」動作の及ぶ帝への敬意を表している。「たまふ」は、作者が、「言う」動作をする更衣への敬意を表している。

左大臣に、源氏の兼明と聞こゆる、なりたまひぬ。〈栄花〉訳 左大臣に、源氏の兼明と**申し上げる**方が、おなりになった。

○作者が、世の人々の「言う」動作の及ぶ兼明への敬意を表している。人名などを表すことば＋格助詞「と」＋「きこゆ」で、「（世の人々が）…と申し上げる」という意味を表す慣用的な言い方。この「聞こゆ」は、「呼ぶ」の謙譲語と見ることもできる。その呼ばれる人（兼明）を敬う。

❷（「願ふ」の謙譲語で）**お願い申し上げる。**

心々に世のありさま書きたるを、よそへらるること多くて、御目留まりたまへば、少し聞こえたまひて…。〈源氏・総角〉訳 思い思い（の趣向）で男女の仲のようすを書いてある絵を、（匂宮は自分の経験に）なぞらえられることが多くて、お目がお留まりになるので、少し（欲しい、と姉の女一の宮に）**お願い申し上げ**なさって…。

○作者が、匂宮の「願う」動作の及ぶ女一の宮への敬意を表している。

❸（手紙などを）**差し上げる。**

やむごとなき所々に御文など聞こえたまふ人も、今日は心異になまめかし。〈枕草子・39・節は五月に〉訳 貴い方々のもとにお手紙などを**差し上げ**なさる方も、今日（＝五月五日の節句の日）は（ショウブの葉や根で手紙を結んだりするので）趣が普段と違って優雅である。

○作者が、手紙を「送る」動作の及ぶ貴い方々への敬意を表している。一❶の最初の用例の「聞こゆ」が直接に「言う」場合であるのに対して、手紙などによって間接に「言う」場合とも考えられる。

二 補助動詞〔ヤ下二段〕**お…申し上げる。お…する。**

「ただ、わが女御子たちの同じ列に思ひきこえむ。」と、いと懇ろに聞こえさせたまふ。〈源氏・桐壺〉訳（桐壺の帝は）「いちずに、（あなたのことを）私の皇女方と同列に（手厚く）**お思い申し上げ**よう。」と、（先帝の四の宮（＝藤壺の女御）に）とても丁重に申し上げなさる。

○話し手（＝桐壺の帝）が、自分の「思う」動作の及ぶ先帝の四の宮への敬意を表している。地の文の「聞こえさせたまふ」は、一❶の「きこゆ」の未然形＋「させたまふ」（尊敬の助動詞「さす」の連用形＋尊敬の補助動詞「たまふ」）で、「きこゆ」はやはり「言う」動作の及ぶ先帝の四の宮を敬い、最高敬語の「させたまふ」は「言う」動作をする帝を敬う。

発展 ①**語の歴史**

もともとは自動詞で「自然に音声が耳に入る」という意味である。敬うべき人の耳に自然にことばなどが入る、という意味から「言ふ」「願ふ」などの謙譲語として使われるようになったもの。一二ともに、中古になって特に女流文学で広く用いられたが、二の用法は、中古末ごろからは、新しくできた「まゐらす」などに取って代わられていく。

②**複合動詞「聞こえ〜」**

一は、他の動詞の上に付いて、「聞こえ出づ」「聞こえ遣や

学寮で、*文章生に次ぐ者。[発展]「さう」は「しゃう」の*直音表記。

きさ-かた【象潟】[歌枕] 秋田県にかほ市象潟町。古くは美しい入り江で松島と並ぶ奥羽の海の景勝地であったが、一八〇四(文化元)年の地震で土地が隆起し陸地となった。

きさがたや…[句]
象潟や雨に西施がねぶの花〈奥の細道・象潟・松尾芭蕉〉[訳](ぼんやりと雨に煙る)象潟よ。(その風景は)ネムノキの花が静かな雨に濡れたような憂いがあって、(美女として名高いあの)西施が憂いに目を伏せて眠っているかのように見えることだ。〇[季語]ねぶの花―夏。「ねぶ」は、花の名に、眠るという意味を掛けたもの。「西施」は、中国周代越の国の伝説的美女。
[発展]雨にぬれたネムノキの花を、象潟の象徴とみた一句。

象潟や料理なに食ふ神祭〈奥の細道・象潟・河合曾良〉[訳]ここ象潟では祭礼に精進をするそうだが、お祭り料理としてはいったい何を食べるのであろうか。〇[季語]神祭―夏

きさき【后】[名詞] 天皇の夫人。↓古語チャート㉖(873ページ)
まだいと若うて、后のただにおはしけるときとや。〈伊勢・6〉[訳]まだたいへん若くて、(二条の)**天皇の夫人**が普通の(=入内する前の)人でいらっしゃったときのことということだよ。

き-さき【気先】[名詞]《近世語》気勢。意気込み。
「**俳諧は気先をもって無分別になすべし。**」〈去来抄・同門評〉[訳]「俳諧は(感興の発した)**気勢**(=勢い)に乗って理性で考えないで作るのがよい。」
[発展]「きさい」とも。

きさき-がね【后がね】[名詞] *后の候補者。[発展]「がね」は将来そうなるはずの者、という意味の接尾語。

きさき-ばら【后腹】[名詞]↓きさいばら

きざし【萌し・兆し】[名詞] ❶芽ばえ。❷物事の前触れ。前兆。

きざ-す【萌す・兆す】[動詞]自〈サ四段〉〈さ・し・す・す・せ・せ〉❶芽ぐむ。もえ出す。
下よりきざしつはるに堪へずして落つるなり。〈徒然草・155・世に従はん人は〉[訳](木の葉は、まず葉が落ちて芽が出るのではなく)下から**芽ぐみ**芽が出るのに持ちこたえないで(古い葉が)落ちるのである。
❷物事が起ころうとする。また、思いが生じる。
「**所願心にきざすことあらば**…。」〈徒然草・217・ある大福長者の〉[訳]「願望が心に**生じる**ことがあったら…。」

きざ-はし【階】[名詞] 階段。

き-さま【貴様】[代名詞](軽い敬意を表し)あなたさま。あなた。また、おまえ。君。[発展]近世前期ごろまでは目上に用い、それ以降、しだいに同等以下の者に対して用いられるようになった。

きざみ【刻み】[名詞] ❶階級・身分。段階。等級。❷時。機会。場合。❸《能楽用語》鼓などを軽く続けて打つこと。また、その音。❹《歌舞伎用語》拍子木を小刻みに打つこと。❺(「刻み煙草」の略で)煙管用に細かく刻んだ煙草の葉。

きざ-む【刻む】[動詞]他〈マ四段〉〈ま・み・む・む・め・め〉❶細かく切る。
❷彫刻する。彫り付ける。入れ墨をする。
漸く仏形に刻みたてまつる間に…。〈今昔〉[訳]どうにか仏の姿に**彫り付け**申し上げる間に…。
❸太鼓などを細かく連続して打つ。
❹責め苦しめさいなむ。

象山【きさやま】[歌枕] 奈良県吉野町にある山。近くに吉野離宮があった。ここを流れ吉野川に入る川を、象の小川という。

きさらぎ【如月・二月】[名詞] 陰暦二月。
願はくは花の下にて春死なむそのきさらぎの望月のころ[歌]〈続古今集・1527〉[訳]↓ねがはくは…
[発展]寒くて着物をさらに重ねて着る「衣更着」かなどともされるが、確かな語源説はない。

きし【岸】[名詞] ❶がけ。土地の切り立っている所。
岸をめぐり、岩を這ひて、仏閣を拝し…。〈奥の細道・立石寺〉[訳]**がけ**に沿って歩き、岩をはうようにして進み、仏閣を参拝し…。
❷水辺。水際。川岸。海岸。
あなたの岸に車ひきたてて、送りに来つる人々これより皆帰りぬ。〈更級日記・太井川〉[訳]向こうの**川岸**に牛車をとどめて、見送りにやって来た人々はここから皆帰って行った。

きじ【雉・雉子】[名詞] キジ科の野鳥の総称。[季語]春 [発展]「きぎし」「きぎす」とも。

き-し-かた【来し方】[名詞]↓こしかた

きしかた-ゆくさき【来し方行く先】↓こしかたゆくさき

きしかた-ゆくすゑ【来し方行く末】↓こしかたゆくさき

ぎ-しき【儀式】[名詞] ❶公事・神事・祭事。また、それを行う作法。❷法則。(固苦しい)決まり。

きし-ね【岸根】[名詞] 川岸の、水に近い所。水際。

きし-の-ひたひ【岸の額】[名詞] 岸の突き出た所。[発展] 地形を人間の額にたとえたことば。

きし-む【軋む】[動詞]自〈マ四段〉〈ま・み・む・む・め・め〉すれ合って

る」などのような複合動詞も作る。これらはそれぞれ複合動詞「言ひ出づ」「言ひ遣る」の謙譲語である。

③補助動詞「たてまつる」と「きこゆ」
補助動詞の「きこゆ」は、「思ふ」「恨む」など精神作用を表す動詞に付いて用いられることが多く、類義の「たてまつる」は、「見る」「聞く」など具体的動作を表す動詞に付くことが多い。

敬語のしくみ　二通りの謙譲語
ふつう謙譲語とされることばには、二通りある。「聞こゆ」は、同じ謙譲語でも下二段の補助動詞「たまふ」(本書では謙譲語Ⅱとする)などとは異なる。
「たまふ」は、話し手が自分または自分の側の動作を低めて、聞き手にかしこまりの気持ちを表すときに用いられる。
「聞こゆ」の方は、話し手や書き手が、動作の及ぶ人を敬う敬語である(*客体尊敬ともいう)。この敬語の用法では、だれに対して敬意を表すか、という点が重視され、だれが、という動作をする人はあまり重要でない。そのため、㈡の用例のように、動作をする人が上位で、その動作の及ぶ人が下位であるという場合もある。
現代語の謙譲語では、その動作をする人は話し手自身(または自分の側の者)であるのが普通である。古語の一般の謙譲語とは異なる点なので注意しなければならない。↓賜ふ(下二段)
[関連語] 聞こゆ(自動詞)・聞こえさす
↓基本敬語動詞一覧表(26ページ)

音を立てる。きしる。

また、墨の中に、石のきしきしときしみ鳴りたる。〈枕草子・28・憎きもの〉訳また、墨の中に、石が(交じって)きしきしとすれ合って音を立て鳴っているのは(嫌なものだ)。

きし-め・く【軋めく】 動詞 自〔カ四段〕〈か・き・く・く・け・け〉きしむ。きしきしと音を立てる。

きしめく車に乗りて歩く者。〈枕草子・28・憎きもの〉訳**きしきしと音を立てる**牛車に乗って歩きまわる者(はしゃくに障る)。

き-しやう【起請】 しょう 名詞 動詞 他〔サ変〕〈せ・し・す・する・すれ・せよ〉❶自分の考えを上位の者に伝え、その実行を願い出ること。また、その文書。

❷神仏に誓いを立てて、それを破ったときは罰を受ける覚悟であることを文書に記すこと。また、その文書。誓い文。

後生にては無間の業を受くべしと、一紙の**起請**を書きて…。〈太平記〉訳来世では無間地獄のような報いを受けるつもりだと、一枚の**誓い文**を書いて…。

きしやう-もん【起請文】 きしょう 名詞「きしやう❷」を書き記した文書。誓紙。発展 近世では、多く情人と遊女の間で取り交わされた。

紀州【－】［シウ］ 旧国名 →紀伊

きしゅんらく【喜春楽】 名詞 雅楽の曲名。唐楽、★黄鐘調で四人が舞う。

き-しょく【気色】 一 名詞 ❶気持ちが顔に表れること。また、顔に表れた気持ち。顔色。機嫌。

「入道相国の**気色**をも伺うて、迎へに人を奉らん。」〈平家・3・足摺〉訳「入道相国(=平清盛)の**機嫌**をもうかがってから、迎えに人を参上させよう。」

❷心持ち。意向。

『八島へ帰さるべし。』との御**気色**でさうらふ。」〈平家・10・内裏女房〉訳『(三種の神器を都に返したら)八島へ帰してやろう。』とのご**意向**です。」

❸気分。心地。特に、病気で気分がすぐれないこと。病状。

「**気色**もだんだん快うござるによって…。」〈狂言・武悪〉訳「**気分**も次第によくございますので…。」

二 動詞 自〔サ変〕〈せ・し・す・する・すれ・せよ〉気取った顔をする。

武正殊に**気色して**渡る。〈宇治拾遺〉訳武正(=人名)は特に**気取った顔をして**(法性寺殿の前を)通って行く。

発展「きそく」とも。「けしき」(呉音読み)が、外見上のようすについて広くいうのに対して、「きしょく」(漢音読み)は、気持ちの表れたようす、または気持ちそのものをいう。

きし・る【軋る】 一 動詞 自〔ラ四段〕〈ら・り・る・る・れ・れ〉「きしむ」の意味に同じ。

二 動詞 他〔ラ四段〕〈ら・り・る・る・れ・れ〉❶すれ合うようにする。

法眼にむずと膝を**きしりて**居たまひけり。〈義経記〉訳法眼(の前)に力を込めて膝を**すれ合うように**してお座りになった。

❷(音を立てて)かじる。かむ。

人声の沖には何を呼ぶやらん鼠は船を**きしる**暁〈三冊子〉訳人声の(する)沖では何を呼び合っているのだろうか、ネズミが船を**かじる**(音がする)明け方に。

きしろ・ふ【軋ろふ・競ろふ】 きしろう 動詞 自〔ハ四段〕〈は・ひ・ふ・ふ・へ・へ〉競争する。争う。

きしろふたびの蔵人に子なしたる人のけしき。〈枕草子・185・したり顔なるもの〉訳**競争する**(者が多い)ときの★蔵人に我が子を(着任)させた人のようすは(得意そうな顔をしている)。

き-しん【鬼神】 名詞 天地万物の霊魂。神々。発展「きじん」と読むと別のことばになる。

き-しん【寄進】 名詞 神社や寺院などに金品を寄付すること。奉納。

き-じん【鬼神】 名詞 ❶人間を超える力を持つ、目に見えない神霊。❷鬼。

擬人法 国語・国文法 人間以外のものの動作や状態を、人間に見立てて表現する修辞法のひとつ。「そのあたり近う鶏が居て、高声に時を歌うたれば(=ニワトリは鳴くものであって歌っているわけではないが、人間に見立てて表現したもの)」〈イソポ〉や、「はら筋をよりてや笑ふ糸桜(風に揺れてよじれて見えるシダレザクラを、腹を抱えて笑う人に見立てたもの)」〈綾錦・季吟〉などが、それにあたる。ふつう、人間にしか使われない動詞が使われることで見分けることができる。

き・す【帰す】 動詞 自〔サ変〕〈せ・し・す・する・すれ・せよ〉❶落ち着く。至る。最後にはそのようになる。

「時の大将軍にてさうらひし上は、責め一人に**帰す**とかや申しさぶらふなれば…。」〈平家・10・戒文〉訳「その時の大将軍でございましたからには、責任は(めぐりめぐって結局大将軍)一人に**至る**とか申しますようですから…。」

❷信仰する。帰依する。服従する。

久しく法相大乗の宗を**帰す**。〈平家・7・平家山門連署〉訳(藤原氏は)長い間法相大乗宗を**信仰する**。

き・す【期す】 動詞 他〔サ変〕〈せ・し・す・する・すれ・せよ〉❶定める。限る。

「月秋と**期して**身いづくか。」〈枕草子・135・故殿の御ために〉訳「月は秋と**定めて**(美しく照るが、その月を賞した人の)身はどこか(すでに世にない)。」

❷誓う。約束する。

『殿上にて言ひ**期しつる**本意もなくては、など帰りたまひぬるぞ。』と…。」〈枕草子・137・五月ばかり〉訳『殿上の間でことばに出して**約束した**目的も果たさないで、どうしてお帰りになってしまったのだ。』と…。」

き・す【着す・著す】 動詞 他〔サ下二段〕〈せ・せ・す・する・すれ・せよ〉❶着せる。身に着けさせる。

❷載せる。置く。

ぬばたまの甲斐の黒駒鞍**着せば**命死なまし甲斐の黒駒〈日本書紀〉訳甲斐の国(=今の山梨県)の黒駒、それにもし鞍を**置いた**なら、(それに手間取って韋名部の工匠は)命を失っただろう。(ありがたい)甲斐の国の黒駒よ。〇「ぬばたまの」は「黒」に係る枕詞。

きず【傷・疵・瑕】 名詞 ❶体や物の壊れたり破損した所。きず。

❷不完全な点。欠点。

この母君のかくて候ひたまふを、**瑕**に言ひなしなどすれど…。〈源氏・藤裏葉〉訳(姫君に対抗する后方の女房たちは)この母君(=明石の君)がこうして(明石の姫君に)お仕え申し上げなさることを、**欠点**として言い立てなどするけれども…。

❸恥。不名誉。悪い評判。汚点。

「最後の時不覚しつれば、長き**疵**にてさうらふなり。」〈平家・9・木曾最期〉訳「(武士は、どれほど名声があっても)死に際に失敗してしまうと、後の世までの**不名誉**(となるの)でございます。」

ぎ・す【擬す】 動詞 他〔サ変〕〈せ・し・す・する・すれ・せよ〉❶あらかじめ定める。前もって図る。

忠盛を闇討ちにせんとぞ擬せられける。〈平家・1・殿上闇討〉訳（殿上人は）忠盛を闇討ちにしようと前もって図りなさった。

❷なぞらえる。見立てる。

竹屋を造りて、黒木の屋に擬して…。〈古今著聞集〉訳竹の建物を造って、皮の付いたままの材木の建物に見立てて…。

きずく（現）↓（古）**つく**【築く】

き-すぐ・なり【生直なり】形容動詞〈ナリ〉〈なら・なり（に）・なり・なる・なれ・なれ〉飾り気がない。堅苦しい。きまじめだ。

さらにさらに乱れそめじの心にて、いときすぐにもてなしたまへり。〈源氏・総角〉訳（薫は）決して決して迷い心を起こすまいとの心によって、本当に**きまじめに**振る舞っていらっしゃる。

発展「きすくなり」とも。

きずな（現）↓（歴）**きづな**【絆】

きず-を-もと・む【疵を求む】（人の）欠点を探し求める。（人の）あらさがしをする。

おとしめ、**疵をもとめ**たまふ人は多く…。〈源氏・桐壺〉訳さげすんだり、**あらさがしをし**たりなさる方は多く…。

き-せい【祈誓】名詞 動詞 自〈サ変〉〈せ・し・す・する・すれ・せよ〉神仏に祈り誓うこと。

「大八王子権現。」と高らかにぞ**祈誓し**たりける。〈平家・1・願立〉訳「偉大な八王子権現様。」と大きな声で**祈り誓って**いた。

ぎ-せい【擬勢・義勢】名詞 ❶見せかけの元気。虚勢。

義勢ばかりでは、この謀反かなうべうも見えざりしかば…〈平家・2・西光被斬〉訳**見せかけの元気**だけでは、この謀反はうまくいきそうにも見えなかったので…。

❷意気込み。相手に示す気勢。

手痛き合戦あらんと覚ゆるに、日ごろの**義勢**尽きはてて…。〈太平記〉訳激しい合戦があるだろうと思っていると、ふだんの**意気込み**はすっかり尽きて…。

きせ-なが【着背長・着せ長】名詞 大きな鎧。主に大将などが着る。

きせる（現）↓（古）**きす**【着す・著す】

きせ-わた【着せ綿・被せ綿】名詞 キクの花にかぶせる綿。

発展 陰暦九月九日の重陽の節句に行った行事で、前夜キクの花に綿をかぶせておき、当日その露や香りの付いた綿で身をぬぐって長寿を願った。類菊の綿

喜撰 人名 平安初期の歌人。★六歌仙の一人だが、『古今集』に一首が現存するのみ。和歌四式の一つ『喜撰式』は、喜撰に仮託された偽書。生没年不明。

きぞ【昨・昨日・昨夜】名詞 昨夜。また、昨日。発展 上代東国方言では「きそ」とも。

き-そく【気色】名詞 動詞 ↓きしょく

き-そ・ふ【着襲ふ・着装ふ】―そう 動詞 他〈ハ四段〉〈は・ひ・ふ・ふ・へ・へ〉衣服を重ねて着る。着重ねる。

寒くしあれば麻衾引きかがふり布肩衣ありのことごと**着そへども**… 歌〈万葉集・5・892〉訳寒いので、アサの布で作った粗末な夜具をひきかぶり、布で作った袖なしの上着をありったけ全部**着重ねる**けれども…。

木曾義仲 人名 ↓源義仲

きた【北】名詞 ❶方角のひとつ。北方。❷北風。季語 冬

きだ【段】助数詞《上代語》❶切り分けたものを数えることば。❷布地の長さの単位。反。❸田地の面積の単位。段。

き-たい・なり【希代なり・稀代なり】形容動詞〈ナリ・ノ〉〈なら・なり（に）・なり・なる・なれ・なれ〉世にまれだ。不思議だ。

「**希代なる少人かな**。」とて、呆れ果ててぞ立ったりける。〈謡曲・橋弁慶〉訳「**不思議な**子供だ。」と、呆れ果てて立っていた。

き-たう【祈禱】―とう 名詞 動詞 自〈サ変〉〈せ・し・す・する・すれ・せよ〉ある事を神や仏に祈ること。また、その儀式。

きた-おもて【北面】名詞 ❶北向き。北側。❷北側の部屋。❸院の御所を守る武士。類北面の武士 発展 ❷は、神殿造りでは南面を正面とするので裏側に当たり、家人や女房などの居室に使われた。

き-だすけ【気助け・気扶け】名詞 気持ちを助けること。元気づけ。

きたなげ-な・し【汚げ無し】形容詞〈ク〉〈く・く・し・き・けれ・○／から・かり・○・かる・○・かれ〉見苦しくない。こぎれいだ。

丈高くものものしく太りて、**汚げなけれど**…。〈源氏・玉鬘〉訳（大夫監は）背丈が高くどっしりと太っていて、**見苦しくない**が…。

きたなげ・なり【汚げなり】形容動詞〈ナリ〉〈なら・なり（に）・なり・なる・なれ・なれ〉汚らしい。見苦しい。みすぼらしい。

立て文をも結びたるをも、いと**汚げに**取りなしふくだめて…。〈枕草子・25・すさまじきもの〉訳（先程の手紙で）正式な包み方の手紙も略式に結んでいる手紙も、（使いの者が）ひどく**汚らしく**取り扱い毛羽立たせて…。

きたな・し【汚し・穢し】形容詞〈ク〉〈く・く・し・き・けれ・○／から・かり・○・かる・○・かれ〉❶汚い。けがれている。清浄ではない。

「いざ、かぐや姫、**汚き**所に、いかでか久しくおはせむ。」〈竹取・かぐや姫の昇天〉訳「さあ、かぐや姫よ、（こんな）**けがれている**所（＝下界）に、どうして長い間いらっしゃるのだろうか。」

❷よこしまだ。正しくない。

「汝なほ**汚き**心あり。汝と相見じ。」〈日本書紀〉訳「おまえはやはり**正しくない**心を持っている。おまえとは二度と会うまい。」

❸卑怯だ。恥を知らない。

「連れて出でつらん時は、一所にとこそ言ひつらめ。**汚し**、返し合はせよ。」〈義経記〉訳「連れだって出たときは、生死を共にしようと言ったはずだ。**卑怯だ**、引き返して勝負せよ。」

❹卑しい。下品だ。見苦しい。

汚き者の身として、賢しき人をたぶらかさんとすること…。〈伊曾保〉訳**卑しい**者でありながら、賢い人をだまそうとすることは…。

北野 地名 京都市の北野天満宮以南一帯の地。平安京大内裏の北の野の意味。平安初期には狩猟の地となった。

きた-の-かた【北の方】名詞（★寝殿造りの北の対に住んでいたところから、身分の高い人の妻を敬って）奥方。夫人。

きた-の-たい【北の対】名詞 ★寝殿造りで、北方の★対の屋。多く、正妻が住んだ。

きた-の-ぢん【北の陣】―じん 名詞 内裏の北門である朔平門の別の呼び名。兵衛府の陣（＝詰め所）があった。

きた-の-まんどころ【北の政所】名詞 摂政・関白の正妻を敬った言い方。後には、大・中納言の正妻にも用いた。

北畠親房 人名 鎌倉時代末期から北朝時代の廷臣で、学者。建武の新政で活躍した後、南北朝の動乱中は南朝の勢力回復に努め『★神皇正統記』を著した。1293―1354

きた-まつり【北祭】 名詞 京都の賀茂神社の祭りの別の呼び名。陰暦四月の例祭と十一月の臨時祭がある。

発展 石清水八幡宮の南祭に対していう。

北村季吟 人名 江戸前期の俳人・歌学者。松永貞徳にとくに俳諧と歌学の指導を受ける。中年以後古典注釈に力を入れ、幕府の歌学方となった。俳諧の編著に『山の井』『新続犬筑波集』などがあり、古典注釈には『大和物語抄』『枕草子春曙抄』『徒然草文段抄』『源氏物語湖月抄』などがある。1624—1705

北山 地名 京都市北方の山地を広くいう。特に、右京区と北区の境にある衣笠山・大北山、またその付近一帯の地。

義太夫節 文芸用語 浄瑠璃の一流派。★竹本義太夫を始祖とする。単に「義太夫」ともいい、他の流派を圧倒して浄瑠璃の代名詞ともなった。一六八四（貞享元）年、義太夫が大坂に竹本座を創立したのが始まり。以後、人形操りと結び付いて発展した。叙事性のみならず、登場人物の性格・境遇などを情感深く語り分ける変化に富んだ曲節に特徴がある。

き-たり【来たり】 来ている。来た。 発展 カ変動詞「く」の連用形＋存続の助動詞「たり」。

きた・る【来る】 動詞 自 〔ラ四段〕〈ら・り・る・る・れ・れ〉 ❶やって来る。

死は前よりしも来らず、かねて後ろに迫れり。〈徒然草・155・世に従はん人は〉 訳 死は必ずしも前から**やって来る**とはかぎらないで、あらかじめ後ろに迫っている。

❷古くなって役に立たなくなる。いたむ。

発展 「来至る」の変化したもの。❷は、近世の用法。

きたれども… 歌

来たれども言ひしなれねば鶯の君に告げよと教へてぞ鳴く〈大和・173〉 訳 （あなたのもとへ）来たけれども、（私はものを）言うこと（＝恋の告白）に慣れていないので、（どうしようかと思っていると）ウグイスが（私が来ていることを）あなたに告げなさいと教えるかのように鳴いている。○「言ひしなれねば」の「し」は強調の意味を表す副助詞。

きち-かう【桔梗】 名詞 ↓ききやう

きち-じつ【吉日】 名詞 ↓きちにち

きち-じゃう【吉上】 名詞 ★六衛府の下位の職名。

発展 衛士・仕丁の上位で、宮門・宮中の警備を行った。「きつじゃう」とも。

きちじゃう-てんにょ【吉祥天女】 名詞 《仏教語》人々に福徳を授けるという美しい女神。もとはインド神話の神で、後に仏教に取り入れられた。父は徳叉迦、母は鬼母神といわれ、毘沙門天の妻と伝えられる。 発展 「きっしゃうてんにょ」とも。

［きちじゃうてんにょ］

きち-にち【吉日】 名詞 物事をするのに縁起のよい日。めでたい日。 対 悪日 発展 「きちじつ」とも。

き-ちゃう【几帳】 名詞 平安時代、外から見えないように、室内の仕切りや隔てに用いた移動用の道具のひとつ。貴人の座のわきに立てて使用した。

［きちゃう］

一の巻よりして、人も交じらず、几帳の内に打ち伏して、引き出でつつ見る心地…。〈更級日記・物語〉 訳 （源氏物語を）第一の巻から（読み）始めて、人もまざらないで（＝じゃまされず）、**几帳**の内側で横になって、何度も取り出しては読む（うれしい）気持ちは…。

発展 台の上に柱を二本立て、その上に横木を渡した木組みに★帷を掛けたもの。普通、夏は白の★生絹に花鳥や秋草などを、冬は白の★練り絹に★朽ち木形を描いて模様とした。高さは三尺（＝約九一センチメートル）が普通だが、四尺（＝約一・二メートル）のものもある。

ぎ-ちゃう【毬杖・毬打】 名詞 ↓ぎっちゃう

❷きちゃう （現）↓（歴）**きちゃう【几帳】**

き-づき【忌月】 名詞 命日のある月。忌日のある月。 類 祥月 発展 「きげつ」とも。

きっ-きょう【吉凶】 名詞 よいことと悪いこと。吉事と凶事。

き-つ・く【来着く】 動詞 自 〔カ四段〕〈か・き・く・く・け・け〉 到着する。

日よいほどにたけしかば、暗くぞ京にきつきたる。〈蜻蛉日記〉 訳 日が十分なほどに高くなっ（て出発し）たので、暗くなって都に**到着した**。

きっ-くゎい・なり【奇怪なり】 形容動詞 ↓きくわいなり

きっ-さう【吉左右】 名詞 喜ばしい通知。吉報。また、縁起がよいこと。

ぎっ-しゃ【牛車】 名詞 ウシに引かせる乗用の車。 対 手車

発展 平安貴族を中心に盛んに用いられ、身分などにより、唐庇の車、雨眉の車、檳榔毛の車、糸毛の車、半蔀の車、網代車、金作りの車など多くの種類があった。普通は四人乗りで、向き合って座る。前方右側が最上席。乗るときは榻を踏み台にして後ろから乗り、降りるときはウシを外して前から降りる。

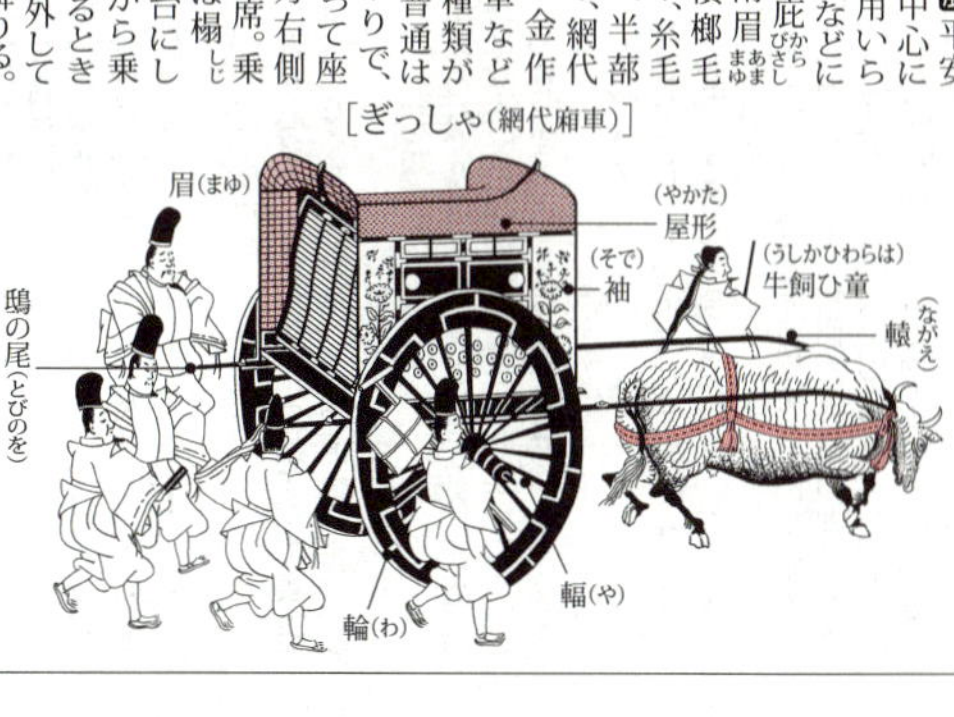

［ぎっしゃ（網代廂車）］

単に「くるま」といえば「牛車」を指す。「うしぐるま」とも。

↓絵で見る古典生活史 ⑩（415ページ）

きつ-じゃう【吉上】 名詞 ↓きちじゃう

ぎっしゃ-の-せんじ【牛車の宣旨】 （親王・摂政・関白

など）身分の高い人が、★牛車に乗ったままで★建礼門まで入ることを許される宣旨。

◐**きっそう**（現）↓（歴）**きっさう**【吉左右】

ぎっ-ちゃう【毬杖・毬打】|ちょう 名詞 正月の子供の遊び。槌の形の杖で、木製の毬を打ち合うもの。また、その杖や毬。季語 春 発展「ぎちゃう」とも。

［ぎっちゃう］

◇**きつつきも…** 句

きつつきも庵は破らず夏木立〈奥の細道・雲巌寺・松尾芭蕉〉訳 木をつついて穴を空けるキツツキも、さすがにこの仏頂和尚の庵は敬意を払ってかつつき破っていない、夏木立の中に往時の姿をとどめていることだ。○ 季語 夏木立―夏。「きつつき」は、別名「寺つつき」とも呼ばれた鳥。「きつつきも」の「も」は係助詞で、「何でもつつき壊してしまうあのキツツキでさえもさすがに」という気持ちを含んでいる。発展 芭蕉と親交のあった禅宗の僧侶、仏頂和尚が山居した雲巌寺を訪ねての句。

きっ-と【急度・屹度】副詞 ❶すぐに。すばやく。「**船はきっと押し戻すが大事にさうらふ。**」〈平家・11・逆櫓〉訳「船は**すばやく**押し戻すのが大仕事でございます。」❷厳しく。厳重に。❸間違いなく。必ず。「**申し合はすべきことあり。きっと立ち寄りたまへ。**」〈平家・2・西光被斬〉訳「相談申し上げなければならないことがある。**必ず**お立ち寄りください。」発展「きと」が変化したことば。

き-づな【絆】|ずな 名詞 ❶ウマ・イヌ・タカなどをつなぎとめるための綱。❷人と人との断ち切れないつながり。断ちがたい情愛。

きつね【狐】名詞 イヌ科の動物。稲荷の神の使いで、霊力を持ち、人を化かす動物と考えられていた。季語 冬 発展 古くは「きつ」とも。

き-でん【貴殿】㊀ 代名詞 （武士が同等またはそれ以上の人に対して）あなた。貴公。㊁ 名詞 （相手の殿舎を敬って）あなたの屋敷。御殿。

紀伝体 文芸用語 歴史書の書き方のひとつ。人物を中心として歴史を記したもの。帝王の伝記である「本紀」、臣下の伝記である「列伝」を中心として、ほかに部門別の記録を載せた「志」や年表・系譜などの「表」からなる。司馬遷の『史記』に始まり、中国の正史はみなこの体裁をとる。日本でも『大鏡』『大日本史』がある。

きと 副詞 ❶すぐに。さっと。「**その聞きつらむ所にて、きとこそは詠ままじか。**」〈枕草子・99・五月の御精進のほど〉訳「その（ホトトギスの声を）聞いたとかいう所で、**すぐに**（歌を）詠んだらよかったのに。」❷ちょっと。ちらりと。「**法師の着たる衣の袖口きと見ゆ。**」〈今昔〉訳 法師の着ている衣の袖口が**ちらりと**見える。❸しっかりと。確かに。「**烏帽子の緒きと強げに結ひ入れて…。**」〈枕草子・63・暁に〉訳 ★烏帽子の緒を**しっかりと**強そうに結び締めて…。

き-ど【木戸・城戸】名詞 ❶城・関所・柵などに設けられた入り口。城門。また、城。❷江戸や大坂などで、警戒のために市内の要所に設けた門。❸芝居小屋などで、客から見物料を取る出入り口。

ぎ-どう-さんし【儀同三司】名詞 准大臣の別の呼び名。発展 儀礼での格式が三司（太政大臣・左大臣・右大臣）に同じであるという意味。平安時代、藤原伊周が自分で名乗ったのが始まり。

儀同三司母 人名 平安中期の女流歌人。名は貴子。円融天皇の内侍となり、高内侍と呼ばれた。藤原道隆の妻となり伊周（儀同三司）・隆家・一条天皇の后定子らを生んだ。生年不明―996

き-と-きと 副詞 ❶必ず。きっときっと。❷すぐに。さっと。発展「きと」を重ねて強めたことば。

き-と-く【来と来】連語 ❶どんどんやって来る。**きときては川上り路の水を浅み船も我が身もなづむ今日かな** 歌〈土佐日記・二月七日〉訳 **どんどんやって来る**と、川を上る水路の水が浅いので、船も行き悩み、自分も（病に）悩み苦しむ今日だなあ。❷次々と来る。続々と来る。**春ごとの花の盛りは我が宿にきとくる人の長居せぬなし** 歌〈和泉式部集〉訳 毎年のサクラの盛りに、私の家に**次々と来る**人が長居をしないことはない。発展 カ変動詞「く」の連用形＋格助詞「と」＋カ変動詞「く」。「く」を重ねて、強調したことば。

き-どく【奇特】名詞 ❶不思議なことの現れ。神仏の不思議なるし。霊験。奇跡。「**仏神の奇特、権者の伝記、さのみ信ぜざるべきにも**

絵で見る古典生活史⑩

車付きの乗り物

（絵…網代車の牛車〈輿車図考〉の付図より）

平安時代の車といえば、人力で引く★輦車と、牛が引く★牛車がありました。貴族はこの牛車を利用しました。身分や男女によって車の種類は決められ、★網代車・檳榔毛車などの名が付いていました。定員は四人で、横向きに座ります。車といっても今の自動車のように速くはなく、歩くのと大差ありませんでした。

『★蜻蛉日記』の作者、★藤原道綱母は、★初瀬（★長谷寺の観音で有名）詣でに行く時、「あかつきより出で立ちて、午時ばかりに宇治の院にいたりつく。」とあり、夜明け前に京都を出発して、お昼ごろにやっと宇治に着いています。

貴族の間では牛車の★御簾の下から装束の裾を見せる「★出だし衣」が流行しました。美しい袖口や★裳を見せ、趣味のよさを競ったのでしょう。

祭りの見物には車の場所取りである「車争い」がありました。『★源氏物語』には車争いで屈辱を受けた★六条御息所の逸話があります。

あらず。〈徒然草・73・世に語り伝ふること〉訳仏や神の霊験、神仏の化身の伝記などは、そうむやみに信じないでよいわけでもない。
❷珍しいこと。不思議なこと。

きどく・なり【奇特なり】形容動詞〔ナリ〕〈なら・なり（に）・なり・なる・なれ・なれ〉❶珍しい。不思議だ。類なく優れている。**女これを見て奇特なりと思ひて**…。〈今昔〉訳女はこれを見て**不思議だ**と思って…。
❷感心だ。殊勝だ。「**汝らが毎年毎年、奇特に足を運ぶによって、楽しう成いて取らせうと思ひ**…」〈狂言・福の神〉訳「おまえたちが毎年毎年（大晦日には）、**感心にも**（私のところに）やって来るので、楽しくさせてやろうと思って…」
❸不都合だ。心外だ。「**甚だ奇特なりと思ひて、心の内に瞋恚起こすといへども**…」〈今昔〉訳「ひどく**心外だ**と思って、心の中で怒り恨みを起こすといっても…」

き-ない【畿内】名詞 京都の周辺の五か国。山城・大和・河内・和泉・摂津（＝今の京都・奈良・大阪・兵庫）をいう。発展「畿」は、古代中国で王城から五百里（＝約二〇〇キロメートル）以内の天子直属の土地を指した。↓ビジュアルチェック❼（450ページ）

きなき-とよ・む【来鳴き響む】動詞 他〔マ下二段〕〈め・め・む・むる・むれ・めよ〉飛んで来てやかましく鳴き声を響かせる。やって来て鳴き立てる。**ほととぎす何の心そ橘の玉貫く月に来鳴きとよむる** 歌〈万葉集・17・3912〉訳ホトトギスよ、どんな気持ちでタチバナの花を薬玉の緒に通す月（＝四月）に**やって来て鳴き立てる**のか。

きなき-とよも・す【来鳴き響もす】動詞 他〔サ四段〕〈さ・し・す・す・せ・せ〉飛んで来て鳴き声を響かせる。やって来て鳴き立てる。**雨隠りもの思ふ時にほととぎすわが住む里に来鳴きとよもす** 歌〈万葉集・15・3782〉訳雨のために家にこもり、物思いにふけっているときに、ホトトギスが私の住む里に**飛んで来て鳴き声を響かせる**。

き-な・く【来鳴く】動詞 自〔カ四段〕〈か・き・く・く・け・け〉（鳥などが）飛んで来て鳴く。来て鳴く。**けさ来鳴きいまだ旅なるほととぎす花橘に宿は借らなむ** 歌〈古今集・夏・141〉訳今朝、（山から里に下りて）**来て鳴き**、まだ（すみかの定まらないまま）旅にいるホトトギスよ、（わが家の）花の咲いているタチバナに宿は借りてほしい。〇「なむ」は、他に対する願望を表す終助詞。

き-な・す【着為す】動詞 他〔サ四段〕〈さ・し・す・す・せ・せ〉…の状態に着る。…のように着る。**黄なる生絹の単袴長く着なしたる童の、をかしげなる**…。〈源氏・夕顔〉訳黄色の薄くて軽い絹の一重の袴を長めに**着ている**女の子で、かわいらしい子が…。発展「なす」はわざとそうするという意味の補助動詞。

き・なり【奇なり】形容動詞〔ナリ〕〈なら・なり（に）・なり・なる・なれ・なれ〉変わっている。珍しい。ふうと違っておもしろい。**闇中に模索して、雨もまた奇なりとせば**…。〈奥の細道・象潟〉訳暗闇の中で手探りで探すように、雨（に隠れた景色）もまた**ふうと違っておもしろい**と考えるなら…。

き-にち【忌日】名詞 その人の死んだのと同じ日。命日。

きぬ【衣】名詞 ❶衣服。着物。**少し、形見とて、脱ぎ置く衣に包まむとすれば**…。〈竹取・かぐや姫の昇天〉訳（不死の薬を）少し、形見として、（かぐや姫は）脱ぎ置く**着物**に包もうとすると…。
❷（人の）地肌。皮膚。（動物の）皮。（鳥の）羽。**舎人の顔の、衣にあらはれ**…。〈枕草子・3・正月一日は〉訳★舎人の顔の、**地肌**もあらわとなり…。
発展上代では衣服を「きぬ」「ころも」「そ」といったが、中古以降「きぬ」が一般的となり、「ころも」は僧衣に限られ、衣服の意味としては和歌でのみ用いられた。また、「そ」は「御衣」などのことばに残った。❷は、一説に「おしろい」。

きぬ-がさ【衣笠・蓋】名詞 ❶絹布を張った、柄の長いかさ。貴人の外出の際、従者が背後からさしかけた。❷仏像の頭上にかざす布張りのかさ。

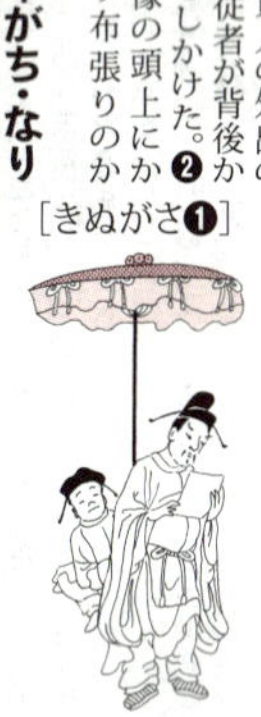
［きぬがさ❶］

きぬ-がち・なり【衣勝ちなり】形容動詞〔ナリ〕〈なら・なり（に）・なり・なる・なれ・なれ〉着物を幾重にも重ねて着ている。**きぬがちに、みじろきもたをやかならずぞ見ゆる**。〈紫式部日記〉訳（舞姫の介添え役の女房は）**着物を幾重にも重ねて着て**、身動きもしなやかでないように見える。

きぬ-かづき【衣被き】━かずき 名詞 貴婦人が外出するとき、単衣の小袖を頭からかぶり、顔を隠すようにした姿。また、その衣服。また、そのような姿の女性。

きぬ-ぎぬ【衣衣・後朝】名詞 ❶脱いだ衣服を重ねてかけて共寝をした男女が、翌朝それぞれの衣服を着て別れること。また、その朝。↓**絵で見る古典生活史**⓫（417ページ）❷男女・夫婦の離婚。また、離れ離れになること。❸離れ離れになること。発展平安時代の結婚は男が女の家に通う「通い婚」だったため、朝には別れなければならなかった。その雰囲気・気持ちを衣で象徴したことば。和歌にも多く詠まれている。「ごちょう」とも。

きぬ-た【砧】名詞 木の槌で布を打ち、つやを出したり柔らかくするときに用いる木、または石の台。また、それを打つ音。季語秋 **白栲の衣打つ砧の音も、かすかに、こなたかなた聞きわたされ**…。〈源氏・夕顔〉訳（粗末な夕顔の宿では）白い着物を打つ**砧**の音も、かすかに、あちらこちらあたり一帯から聞こえ…。発展「衣板」が変化したもの。

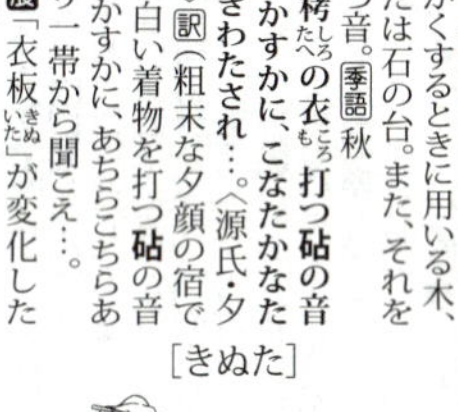
［きぬた］

きぬたうちて…句 **きぬた打ちて我に聞かせよや坊が妻**〈野ざらし紀行・松尾芭蕉〉訳きぬたを打って、あのもの寂しくもなつかしい音を聞かせてわが心をなぐさめておくれ、山深いここ、古都吉野の宿坊の妻よ。〇季語きぬた─秋 発展「み吉野の山の秋風さ夜更けてふるさと寒く衣打つなり」〔百人一首〕〈新古今集・秋下・483〉（訳↓みよしの…）を踏まえている句。

きぬ-なが・なり【衣長なり】形容動詞〔ナリ〕〈なら・なり（に）・なり・なる・なれ・なれ〉丈の長い着物を着ているようだ。対衣短なり **二藍の薄物など衣長にてたすき結ひたるが這ひ出でたるも**…。〈枕草子・151・うつくしきもの〉訳（二歳ぐらいの子で）藍と紅で染めた薄い絹の着物などを**丈の長い**

着物を着ているように袖をひもでくくり上げたのが逗って出てきたのも…〈愛らしい〉。

きぬ‐みじか・なり【衣短なり】 形容動詞〈ナリ〉〈なら・なり(に)・なり・なる・なれ・なれ〉丈の短い着物を着ているようだ。対 衣長なり

鶏の雛の、足高に、しろうをかしげに、衣短なるさまして…。〈枕草子・151・うつくしきもの〉訳 ニワトリの雛が、すねが長く、白くかわいげで、（まるで）**丈の短い着物を着ているような姿**で…。

き‐ねん【祈念】 名詞 動詞 他〈サ変〉〈せ・し・す・する・すれ・せよ〉神仏に祈ること。祈願すること。

「この矢、外させたまふな。」と心の内に**祈念して**…。〈平家・11・那須与一〉訳「この矢を外させなさるな。」と心の中で**神仏に祈って**…。

きのう（現）→（歴）**きのふ【昨日】**

き‐の‐え【甲】 名詞 十干の一番目。発展「木の兄」という意味。→**ビジュアルチェック5**（393ページ）

きのえ‐ね【甲子】 名詞 ❶干支の一番目。十干の甲と十二支の子に当たる年・月・日。→**ビジュアルチェック5**（393ページ）
❷（「甲子待ち」の略）甲子の日、子の刻（＝午前零時ごろ）まで起きていて商売繁盛を祈願して大黒天を祭ること。商家で盛んに行われた。
発展 ❶は「かっし」とも。❷の「まち」は「まつり」が変化したもの。

絵で見る古典生活史⑪ 男女の別れ

（絵…夜の明けるか明けないかのころ、男と女の涙の別れ〈菱川師宣画「美人絵尽」〉より）

古くは、男女の朝の別れを「★袖の別れ」といいました。互いの上衣を脱ぎ、その袖を重ねて添い寝をしていた男女が、翌朝それぞれの上衣をまた身に着けて別れていくため、袖も別れたと考えたのでしょう。

これが平安時代以降は「★後朝（「衣衣」とも書く）の別れ」ということばになり、後には「後朝」で日常の別れを表すようになりました。

『★古今和歌集』には「しののめのほがらほがらと明けゆけばおのがきぬぎぬなるぞ悲しき」という歌があります。しらじらと夜が明けると、それぞれ自分の着物を着る別れの朝が来る、それがつらいと詠んでいます。

男は、人目につかない夜明け前に女の家を出て、翌朝には「後朝の文」を送るのが通例でした。★清少納言は「胸つぶるるもの」として、「よべ来はじめたる人の、今朝の文のおそきは、人のためにさへつぶる（＝後朝の文が遅いのは他人事であってもどきどきする）。」と書いています。

のともいわれる。

紀の川【カハ】地名 和歌山県北部を西流して和歌山市の北西で紀伊水道に注ぐ川。吉野川の下流で、奈良県との境を越えてからの呼び名。

紀貫之 人名 平安前期の歌人・日記文学作者。★三十六歌仙の一人。『古今集』の撰者のひとりで、仮名序の執筆者と推定されている。入集歌数は一〇二首。また、その著『土佐日記』は仮名日記文学の創始として注目される。ほかに家集『貫之集』を自撰。理知的分析的歌風を特徴とする。和歌・歌論など、多方面にわたり文学史上の功績は大きい。870前後―945ごろ→**必修古典ビッグ30** ㉒（888ページ）

き‐の‐と【乙】 名詞 十干の二番目。発展「木の弟」という意味。→**ビジュアルチェック5**（393ページ）

き‐の‐どく・なり【気の毒なり】 形容動詞〈ナリ〉〈なら・なり(に)・なり・なる・なれ・なれ〉❶自分がつらい気持ちになる。困る。当惑する。迷惑だ。

「**親しきやうにしてうち解けず、気の毒なるやうにて挨拶おもしろく**…。」〈浮世物語〉訳「（遊女は）親しく振る舞うようで（いて）心許さず、**迷惑な**ような感じで（いて）応対は心ひかれ…。」

❷他人の不幸などに接して同情する。心痛だ。かわいそうだ。気の毒だ。

紀友則 人名 平安時代前期の歌人。貫之の従兄。★三十六歌仙の一人。『古今集』の撰者のひとりとなったが、完成を見ずに没した。家集に『友則集』がある。生年不明―905ごろ

きのふ【昨日】 名詞 今日の前日。また、ごく近い過去。

きのふ‐けふ【昨日今日】 名詞 ❶近ごろ。最近。

いたう衰へさせたまへるを、昨日今日ぞ少しよろしう思されける。〈源氏・明石〉訳（朱雀帝は）ひどく衰弱なさっていたのだが、**近ごろ**は少しよく（自然と）お感じになったのだった。

❷時が切迫して、猶予のないことのたとえ。

つひにゆく道とはかねて聞きしかど昨日今日とは思はざりしを 歌〈古今集・哀傷・861〉訳→つひにゆく…

きのふこそ… 歌

昨日こそ早苗取りしかいつの間に稲葉そよぎて秋風の吹く〈古今集・秋上・172〉訳 ほんの昨日、早苗を取って田植えをしたと思ったのに、いつの間にか稲葉がそよいで秋風が吹いている（ことだ）。〇「しか」は、過去の助動詞「き」の已然形。上の係助詞「こそ」を受けた結びで、逆接の関係で下に続く。
発展 作者未詳の歌。

きのふ‐の‐よ【昨日の夜】 名詞 ❶一昨夜。おとといの晩。❷昨夜。

きのまろ‐どの【木の丸殿】 名詞 切り出した丸木で作った粗末な御殿。発展 斉明天皇が、朝鮮出兵のために筑前の国（＝今の福岡県）朝倉郡に設営した行宮を指すことが多い。「きのまるどの」とも。

き‐の‐みどきゃう【季の御読経】 名詞 春秋二回、陰暦二月と八月の吉日を選び、四日にわたって、宮中で多くの僧に大般若経を読ませる儀式。

きは【際】 名詞 →**最重要語**（418ページ）

き‐は‐ぎは【際際】 一 名詞 ❶それぞれの身分の相違。各自の分際。

「**その際々をまだ知らぬ初事ぞや。**」〈源氏・帚木〉訳「（あなたが恋にも分相応があるという）その**分際**をまだ知らない初めての経験なのだよ。」

❷季節の区切りの時期。折々。転じて、（収支の）決算期。

二 副詞（「と」を伴って）すっきりと。てきぱきと。

「**きはぎはと、かねてより御定めさうらへかし。**」〈曾我物

語〉訳「すっきりと、前々からお決めくださいませよ。」

きは‐ぎは‐し【際際し】 形容詞〔シク〕〈しけれ・○／しから・しかり・○・しかる・○・しかれ〉 目立ってはっきりしている。きっぱりしている。際立っている。
門いたく固め、**際々しきは**、いとうたてこそ覚ゆれ。〈枕草子・178・女のひとり住む所は〉訳（女のひとり住まいなのに）門（の守り）を並々でなく固め、**きっぱりしている**のは、ひどく不快なことに思われるものだ。

きは‐こと・なり【際殊なり】 形容動詞〔ナリ〕〈なら・なり／に・なり・なる・なれ・なれ〉 際立っている。格別だ。
きはことに賢くて、徒人にはいとあたらしけれど…。〈源氏・桐壺〉訳（源氏は）**格別に賢くて**、（親王ではない）臣下とするには非常に惜しいけれども…。

きは‐だ【黄蘗】 名詞 ❶《植物》木の内皮が黄色いミカン科の落葉高木。❷❶から採った染料。また、その色。 発展 樹皮は黄色の染料、実は胃薬に用いられた。

きは‐だか・し【際高し】 形容詞〔ク〕〈く・く・し・き・けれ・○／から・かり・○・かる・○・かれ〉 気位が高い。気が強い。
「さかしら心の、**際高くさいまくれたるやうなる**、返りてはうたてありや。」〈浜松中納言〉訳「利口ぶった心が、**気が強く先走っているようなことは**、かえって見苦しいものだよ。」

きは‐だか・なり【際高なり】 形容動詞〔ナリ〕〈なら・なり／に・なり・なる・なれ・なれ〉 際立っている。気位が高い。
「あまり**際高なる仰せこそ苦しけれ**。」〈夜の寝覚〉訳「あまりにも**気位の高い仰せ言には困ってしまう**。」

きは‐だけ・し【際猛し・際武し】 形容詞〔ク〕〈く・く・し・き・けれ・○／から・かり・○・かる・○・かれ〉 気が強い。厳格だ。厳しい。いかめしい。
「よからぬ世の人の言につきて、**きはだけく**思しのたまふもあぢきなく…。」〈源氏・少女〉訳「つまらない世間の人の噂を信用して、**厳しく**お思いになり（不満を）おっしゃるのも情けなく…。」

きは‐な・し【際無し】 形容詞〔ク〕〈く・く・し・き・けれ・○／から・かり・○・かる・○・かれ〉 ❶限りない。果てしない。
「才といふもの、いづれも**際なくおぼえつつ**…。」〈源氏・若菜下〉訳「才芸というものは、どれも**限りないとそれぞれに思われてきて**…。」

きは【際】

空間的・時間的に区切られた領域の境目の方

- [空間]
  - ❶端。へり。
  - ❷境目。境界。辺り。ほとり。そば。
- [時間]
  - ❸終わり。最後。最期。
  - ❹時。場所。折。
  - ❺（商家の盆・暮れなどの）決算期。◉近世語。
- [程度]
  - ❻限り。極限。極み。
  - ❼程度。ほど。
  - ❽身分。家柄。

名詞 **❶端。へり。**
母屋の際に立てたる屏風の…。〈源氏・夕顔〉訳母屋の端に立ててある屏風の…。

❷境目。境界。仕切り。また、辺り。ほとり。そば。
二間の際なる障子、手づからいと強くさして…。〈源氏・末摘花〉訳柱と柱の間が二つある部屋の**境目**にあるふすまを、（命婦が）自分の手でたいへんしっかりとかぎをかけて…。
ただひとり御簾の際に立ち出でたまひて、柱に寄りかかりて御覧ずるに…。〈更級日記・竹芝寺〉訳（姫宮が）たったひとり御殿のすだれの**そば**に出て来なさって、柱にもたれて（庭を）ご覧になっていると…。

❸終わり。最後。最期。
「**これこそは際の御ありさまなりけれ。**」〈栄花〉訳「これこそが（一条院の）**最期**のごようすだったのだなあ。」

❹時。場所。折。
その際ばかりは覚えぬにや、よしなしごと言ひてうちも笑ひぬ。〈徒然草・30・人の亡き後ばかり〉訳（亡くなった）その**時**ほどには（悲しいと）感じないのではないだろうか、つまらないことを言って笑い出したりしてしまう。

❺《近世語》（商家の盆・暮れなどの）**決算期**。
「**この中はどうぢや。際の日に商人の店を捨て、どこへぬっくり入ってぞ。**」〈近松・生玉心中〉訳「このごろはどうしておいでだ。（忙しい）**決算期**の日に商人が店を捨て、どこへぬけぬけと入り込むのか。」

❻限り。極限。極み。
福原より数万騎の大勢を向けらるる由聞こえしほどに、城の内の兵ども、手の際戦ひ…。〈平家・9・六ヶ度軍〉訳福原（＝今の神戸市の地名で、平家の拠点）から数万騎の大軍を向けられるということが伝えられたので、城内の（平家の）兵士たちは、力の**限り**戦い…。

❼程度。ほど。
少し心ある際は、皆このあらましにてぞ一期は過ぐめる。〈徒然草・59・大事を思ひ立たん人は〉訳少しものの道理が分かる**程度**（の人）は、皆この（出家する前に気がかりなことをすべて始末しておこうという）計画（だけ）で一生は終わるようだ。

❽身分。家柄。
いとやむごとなき際にはあらぬが、優れて時めきたまふ、ありけり。〈源氏・桐壺〉訳それほど高貴な**家柄**ではない方で、際立って（帝の）寵愛を受けていらっしゃる方が、あったのだった。

類語比較 「かぎり」と「きは」→限り

❷この上なく優れている。たいへんすばらしい。
「中宮大夫殿こそ、**限りなく際なくおはしませ**。」〈大鏡・道長上〉訳「中宮大夫殿（＝道長）こそ、（顔相が）限りなく**たいへんすばらしくて**いらっしゃる。」

きは‐な・る【来離る】 動詞 自〔ラ下二段〕〈れ・れ・る・るる・るれ・れよ〉 住んでいた場所を離れて来る。後にする。

きは‐はな・る【際離る】 動詞 自〔ラ下二段〕〈れ・れ・る・るる・るれ・れよ〉 際立つ。抜きんでる。
「とあるもかかるも、**際離るることは難きものなりけり**。」〈源氏・若菜上〉訳「ああもこうも（人さまざまだが）、**抜きんでることはめったにないものであったのだった**。」

きはまり‐て【極まりて】 副詞 この上なく。きわめて。

きはまりて貴きものは酒にしあるらし 歌〈万葉集・3・342〉訳この上なく貴いものは酒であるらしい。

発展 四段動詞「きはまる」の連用形＋接続助詞「て」が一語になったもの。漢文訓読文に多く使われる。

きはまり‐な・し【極まり無し】 形容詞〔ク〕〈く・し・き・けれ・○／から・かり・○・かる・○・かれ〉この上ない。はなはだしい。

きはまりなき放言しつと思ひける気色にて…。〈徒然草・106・高野証空上人〉訳**この上ない**悪口を言ってしまったと思っているようすで…。

きはま・る【極まる・窮まる】 動詞 自〔ラ四段〕〈ら・り・る・る・れ・れ〉❶極限に達する。この上ない状態である。「汚げなる所に、年月を経てものしたまふこと、**きはまりたる畏まり**。」〈竹取・五人の貴公子〉訳「（この）見苦しい所（＝わが家）に、長い年月を経過して（通って）くださることは、**この上ない**恐縮（です）。」

❷尽きる。終わる。なくなる。**矢きはまりて、つひに敵に下らず**…。〈徒然草・80・人ごとに〉訳矢が**尽きて**も、最後まで敵に降伏しないで…。

❸行き詰まって苦しむ。困り果てる。**日を経つつきはまりゆくさま、少水の魚のたとへにかなへり**。〈方丈記・飢渇〉訳（飢饉で飢えた人々が）一日一日**困り果てて**ゆく状況は、（水がなくなって死にかけている）少水の魚のたとえに合致している。

❹決まっている。相違ない。**蛸の足は日本国が八本にきはまりたるものを**…。〈西鶴・世間胸算用〉訳タコの足というものは日本では八本と**決まって**いるのに…。

きはみ【極み】 名詞 物事が極まる地点。また、時点。果て。限り。類 極め

きは・む【極む・窮む・究む】 一 動詞 他〔マ下二段〕〈め・め・む・むる・むれ・めよ〉❶限界にまで至らせる。きわめる。**我が身の栄花をきはむるのみならず、一門ともに繁昌して**…。〈平家・1・吾身栄花〉訳（平清盛は）自分自身の栄華を**極める**ばかりではなく、（平家）一門がともに繁栄して…。

❷終わらせる。尽くす。「何ばかりの過ちにてかこの渚に命をばきはめむ。」と…。〈源氏・明石〉訳「どれほどの罪によって、この（須磨の）渚で命を**終わらせ**ようというのか。」と…。

❸決定する。定める。**先師をはじめいろいろと置きはべりて、この冠にきはめたまふ**。〈去来抄・先師評〉訳先師をはじめ（門人たちも）いろいろと（冠＝上の五文字を）置いてみまして、（ようやく）この冠に**決定**なさる。

二 動詞 自〔マ下二段〕〈め・め・む・むる・むれ・めよ〉限界にまで達する。最高になる。最高に相当する。**ほどにつけて、きはむる官、位に至りぬれば乗るものなり**。〈徒然草・64・車の五緒は〉訳（牛車には）家の格に応じて、**最高に相当する**官位に達すると乗るものである。

きはめ【極め】 名詞 ❶物事の極限。果て。限り。究極点。極意。類 極み

因果の花を知る事、極めなるべし。〈風姿花伝〉訳「花」に関する因果の道理（＝花が咲くという結果も何かの原因があってのことだとする考え）を知ることは、（この風姿花伝の目指す）**極意**であるにちがいない。

❷決定。契約。

❸刀剣などを鑑定すること。目利き。

きは‐め【際目】 名詞 物事の節目。間際。折り。

発展 下二段動詞「きはむ」の連用形が名詞化したもの。

きはめ‐たる【極めたる】 連体詞 非常な。はなはだしい。たいへんな。この上ない。

この母君、きはめたる和歌の上手にておはしければ…。〈大鏡・兼家〉訳この母君（＝道綱の母）は、**この上ない**和歌の名人でいらっしゃったので…。

きはめ‐て【極めて】 副詞 非常に。ひどく。たいへん。

聞こゆる木曾の鬼葦毛といふ馬の、きはめて太うたくましいに…。〈平家・9・木曾最期〉訳有名な木曾の鬼葦毛というウマで、**たいへん**太くたくましいウマに…。

きは‐やか・なり【際やかなり】 形容動詞〔ナリ〕〈なら・なり（に）・なり・なる・なれ・なれ〉❶際立っている。

「こは、誰そ。いとおどろおどろしう、**際やかなるは**。」〈枕草子・137・五月ばかり〉訳「これ（＝大声を出しているの）は、だれだ。ひどく騒がしく、**際立っているの**は。」

❷思い切りがよい。さっぱりしている。**思ひ出で所ありて、いと際やかに起きて、ひろめきたちて**…。〈枕草子・63・暁に〉訳（女性のもとで過ごした夜の明け方に）思い出した所があって、本当に**思い切りよく**起きて、ばたばた騒ぎだして…。

き‐び【気味】 名詞 ➡きみ（気味）

吉備 地名 今の岡山県と広島県東部に当たる地域。山陽地方の古代の国名。七世紀末ごろ、*備前・*備中・*備後の三国に分割する以前の呼称。後に備前の一部は*美作となった。

きび・し【厳し・緊し・峻し】 形容詞〔シク〕〈しく・しく・し・しき・しけれ・○／しから・しかり・○・しかる・○・しかれ〉❶透き間がない。

❷厳重だ。近寄りがたい。いかめしい。**大きなる柑子の木の、枝もたわわになりたるがまはりを厳しく囲ひたりしこそ、少しことさめて**…。〈徒然草・11・神無月のころ〉訳大きなミカンの木で、枝もたわむほどに実がなっている（その）木の周囲を**厳重に**囲ってあったのは、少々興がさめて…。

❸容赦がない。手加減しない。手厳しい。**真似うちするを聞かば、ましていかに厳しく言ひとがめむ**。〈枕草子・179・宮仕へ人の里なども〉訳（家人たちのようすを客の供の者たちが）真似しているのを聞いたならば、（家人たちは）なおさら、どんなに**手厳しく**非難することであろうか。

❹険しい。鋭い。**徒歩より参れば道遠しすぐれて山峻し**〈梁塵秘抄〉訳（熊野へは）徒歩で参詣すると、道中が遠い。とりわけ山路も**険しい**。

❺《近世語》すばらしい。結構だ。たいしたものだ。「野暮ぢやによって、一つも腹は立てぬ。**厳しいか**。」〈幼稚子敵討〉訳「（腹を立てるのは）野暮な（者のする）ことだから、一向に腹は立てない。**たいしたものだろう**。」○「厳しい」は連体形「厳しき」のイ音便。

発展 古くはク活用でも用いられた。

きびす【踵】 名詞 かかと。また、履き物のかかとにあたる部分。発展 古くは「くびす」。

きび‐は・なり 形容動詞〔ナリ〕〈なら・なり（に）・なり・なる・なれ・なれ〉幼くか弱い。

「いとかうきびはなるほどは、あげ劣りや。」と、疑はしくおぼされつるを…。〈源氏・桐壺〉訳「本当にこんなにも**幼い**年ごろでは、（髪上げをしたら、顔かたちが以前より）見劣りがするのではないか。」と、（帝は）疑わしくお思い

にならないではいられなかったが…。

黄表紙【ー】文芸用語 江戸時代に流行した絵入りの、*草双紙の一種。表紙が浅黄色のため黄表紙といわれた。恋川春町作・画の『金々先生栄花夢』に始まり、洒落や滑稽、風刺に富んだ大人の読み物として人気を呼んだ。山東京伝の『江戸生艶気樺焼』、唐来参和の『莫切自根金生木』などの代表作品がある。

きふ【急】 名詞 ❶差し迫ったこと。火急。急事。急難。❷雅楽、謡曲・能などの芸能、文芸における表現形式・構成上の三区分「序・破・急」のうちの最後の部分「急」のこと。雅楽などでは細かい拍子で速い調子となる。

き・ふ【来経】 動詞 自〔ハ下二段〕〈へ・へ・ふ・ふる・ふれ・へよ〉年月が経過する。

きーぶくりん【黄覆輪】 名詞 →きんぶくりん

きふーじ【給仕】 ー 名詞 動詞 自〔サ変〕〈せ・し・す・する・すれ・せよ〉❶仕えること。奉仕すること。❷身のまわりの雑用をすること。特に、飲食の世話をすること。また、その人。

きふ・なり【急なり】 形容動詞〔ナリ〕〈なら・なり(に)・なり・なる・なれ・なれ〉❶差し迫っている。急いでいる。突然だ。「**急なることにてまかでたれば、今宵かの宮に参るべくはべり。**」〈源氏・手習〉訳「**突然の**ことで(山を)下りて参りましたので、今夜中にあの宮(=女一の宮)のもとに参上しなければなりません。」❷性急だ。短気だ。「**急なる人は久しく常ならず。**」〈源氏・若菜下〉訳「(心の)**性急な**人は(地位を)長く保つことができない。」

貴船 地名 京都市左京区鞍馬貴船町。貴船川に沿う地域。水をつかさどる神として、平安時代ごろから人々に広く信仰された貴船神社がある。

きへず【消へず】(誤)→(正)**きえず【消えず】** 発展 ヤ行下二段動詞「きゆ」の未然形＋打消の助動詞「ず」。

きーへな・る【来隔る】 動詞 自〔ラ四段〕〈ら・り・る・る・れ・れ〉来て遠く隔たる。来て離れる。「**あしひきの山きへなりて遠けども心し行けば夢に見えけり**」〈万葉集・17・3981〉訳 山を(越え)**来て離れて**遠いけれども、(二人は)互いに心が通うので夢に見えたのだなあ。○「あしひきの」は「山」に係る枕詞。「遠け」は、「遠し」の上代の已然形。

きーぼ【規模】 名詞 ❶模範。手本。「**累代の公物、古弊をもちて規模とす。**」〈徒然草・99・堀川相国は〉訳 代々の朝廷の器物は、古びていたんでいることをもって**模範**とする。❷名誉。手柄。また、面目。「**多年の所望、氏族の規模とする職なれば…。**」〈太平記〉訳 長年の希望であって、一族が**名誉**に思う職なので…。

希望の助動詞 国語・国文法 話し手(書き手)が、ある動作・作用・状態の実現を願い望む意味を表す助動詞。「願望の助動詞」とも。「まほし」「たし」がこれに当たる。形容詞型に活用し、命令形はない。なお、推量の助動詞「まし」にも、非現実的な事態を述べてそれを希望する意味を表す用法(=反実仮想)があった。→まし(基本助動詞20)❶

きほひ【競ひ】 名詞 ❶競うこと。張り合うこと。また、その勢い。弾み。余勢。❷(「競ひ馬」の略で)馬場でウマを競わせて勝ち負けを争う競技。類 競べ馬 発展 四段動詞「きほふ」の連用形が名詞になったもの。

きほ・ふ【競ふ】 動詞 自〔ハ四段〕〈は・ひ・ふ・ふ・へ・へ〉❶互いに張り合って勇み立つ。競争する。「**月にきほひて帰りはべりければ。**」〈新古今集・雑上・1499・詞書〉訳(久しぶりに会った友が、雲に隠れる)月と**競争して**(いるかのように)帰りましたので(詠んだ歌)。❷争うように散る。散り乱れる。「**風にきほへる紅葉の乱れなど、『あはれ。』と、げに見えたり。**」〈源氏・帚木〉訳「(吹く)風に**争うように散っ**ていた紅葉の乱れ(るようす)などは、『ああ、すばらしい。』と、いかにも思われた。」

きーみ【気味】 名詞 ❶香りと味。風味。「**よろづの物の気味は、塩にこそあれ。**」〈沙石集〉訳 いろいろな物の**風味**は、塩(の味わい)にある。❷趣。味わい。「**人事多かる中に、道を楽しぶより気味深きはなし。**」〈徒然草・174・小鷹によき犬〉訳 人間生活でやることの多い中で、仏の道を楽しむほど**味わい**深いものはない。❸気分。気持ち。発展「きび」とも。

きみ【君・公】

天皇や主人、また、相手を呼ぶことば

- 一 名詞
  - ❶国家の元首。**天皇**。君主。
  - ❷主人として仕える人。**主君**。
  - ❸貴人を敬った言い方。
  - ❹(…の)殿。…様。(…の)君。
  - ❺遊女。
- 二 代名詞 あなた。
- 三 接尾語 (人を表す名詞に付いて)尊敬を表す。

一 名詞 ❶**国家の元首。天皇。君主。**「国のため、**君**のために、やむことを得ずしてなすべきこと多し。」〈徒然草・123・無益のことを〉訳 国のため、**天皇**のために、どうあってもしなければならないことが多い。❷**主人として仕える人。主君。**「命を捨てても、おのが**君**の仰せ言をばかなへむとこそ思ふべけれ。」〈竹取・竜の頸の玉〉訳「命を捨てても、自分の**主君**のご命令をかなえようと思え。」❸**貴人を敬った言い方。お方。若君。姫君。**「この**君**をば私物に思ほしかしづきたまふこと限りなし。」〈源氏・桐壺〉訳(桐壺の帝は)この**若君**(=後の源氏)を自分のものとお思いになって大切に養育なさることはこの上もない。❹(人名や官職名などの下に付いて)(…の)**殿**。**…様**。(…の)**君**。(…の)**姫君**。「**業平の君の『山の端にげて…』といふ歌なむ思ほゆる。**」〈土佐日記・一月八日〉訳 業平の**君**が作った「山の端にげて…」という歌が思い起こされる。○「山の端にげて…」は在原業平の歌の一節。→あかなくに…
❺**遊女**。「**腰に着けたるはした銭を投ぐれば、君たち声を上げて…。**」〈西鶴・好色一代男〉訳 腰に着けたわずかな金を投げると、**遊女**たちは(喜んで)声を上げて…。

㊀代名詞 あなた。

春霞たなびく山の桜花見れども飽かぬ君にもあるかな 歌〈古今集・恋4・684〉訳 春の霞が横に長く引いてかかる山のサクラの花は(いくら)見ても飽きない(のと同じように、ずっと)会っていても飽きることがないあなたでもあることだなあ。○「見れども」の「見る」は、サクラを「見る」ことと恋する女性に「会う」ことの掛詞で、第三句までが「見れども」を導く序詞になっている。

㊁接尾語 (人を表す名詞に付いて)尊敬を表す。語例 姉君・尼君・姫君

発展 ①㊀の意味の展開 もともとは、㊀❶の天皇を指すことば。そこから、広く高貴な人を指すことばとなり、古代の姓のひとつの名前にもなった。㊀❹はその姓の名から意味が変化したもので、男性にも女性にも用いられた。
②㊀の二人称の代名詞 上代では主に男性に対して用いられたが、中古以降は男女ともに親しい相手を呼ぶのに用いられた。

きみがあたり…歌

君があたり見つつも居らむ生駒山雲なたなびき雨は降るとも〈万葉集・12・3032〉訳 あなたの(いらっしゃる)あたりを見続けていよう。生駒山に、雲よ、たなびかないでほしい、(たとえ)雨は降っても。○二句切れ。「生駒山」は、奈良県生駒郡と大阪府中河内郡との境にある山で、歌枕。「雲な」の「な」は、禁止の副詞。雲がたなびくと山が隠れてしまうため、雲に呼びかけている。

発展『伊勢物語』二十三段では第四句を「雲なかくしそ」とし、『新古今集』では第二句を「見つつを」とした形で収録されている。

きみ-が-きる【君が着る】 枕詞 (君が着る「御笠」という意味から、同音の)地名「三笠」に係る。

きみ-が-さす【君が差す】 枕詞 (君が差す「御笠」という意味から、同音の)地名「三笠」に係る。

きみがすむ…歌

君が住む宿の梢をゆくゆくと隠るるまでも返り見しはや〈大鏡・時平・菅原道真〉訳 あなたが住んでいる家の(木立の)梢を(西へ西へと)行きながら、(それが)隠れ(て見えなくな)るまでも振り返って見たことだなあ。○「はや」は終助詞で、深い詠嘆を表す。

発展 菅原道真が、流罪で九州の大宰府に下る途中、山崎(=今の京都府乙訓郡大山崎町)で出家した後、京都の妻にあてて詠んだ歌。

きみがため…百人一首

君がため春の野に出でて若菜摘むわが衣手に雪は降りつつ〈古今集・春上・21・光孝天皇〉訳 あなたのために(これを差し上げようと)春の野原に出て若菜を摘む私の袖に、雪が(しきりに)降り続いているよ。○「つつ」は動作の反復・継続を表す接続助詞だが、ここは文末に用いられて余情・詠嘆の気持ちを表している。

発展『古今集』の詞書に、(光孝)天皇がまだ親王であったとき、ある人に若菜を送るのに添えた歌だとある。

品詞分解・修辞

君	が	ため	春	の	野	に	出で	て	若菜
代	格助			格助		格助	ダ下二・用	接助	

摘む	わ	が	衣手	に	雪	は	降り	つつ〈つつ止め〉
マ四・体	代	格助		格助		係助	ラ四・用	接助

君がため惜しからざりし命さへ長くもがなと思ひけるかな〈後拾遺集・669・藤原義孝〉訳 あなたに逢うためなら惜しくはないと思っていた(私の)命までも、(あなたに逢った今となっては)長くあってほしい(そしてまた逢いたい)と思(うようにな)ったことだよ。

発展『後拾遺集』では、第五句が「思ひぬるかな」となっている。詞書には、女のところから帰ってきての歌とあり、いわゆる後朝の歌。恋を得たことによる心境の変化を詠む。

品詞分解・修辞

君	が	ため	惜しから	ざり	し	命	さへ
代	格助		形・未	打消・用	過去・体		副助

長く	もがな	と	思ひ	ける	かな
形・用	終助	格助	ハ四・用	詠嘆・体	終助

きみがゆき…歌

君が行き日長くなりぬ山尋ね迎へか行かむ待ちにか待たむ〈万葉集・2・85・磐姫皇后〉訳 君(=天皇)の行幸は日数が重なった。山を(越えても)尋ねて迎えに行こうか、(それともこのまま)ひたすらお待ちしようか。○二句切れ。「行き」は名詞で、旅行の意味。「日」は日の複数を表すことば。「迎へか行かむ」の「か」は、疑問の係助詞で、推量・意志の助動詞「む」が、連体形で結びとなっている。「待ちにか待たむ」も同じ。

発展 作者は、生没年不明。仁徳天皇の正妻で、天皇への愛情が強いあまり、嫉妬深かったとも伝えられる。

きみがゆく…歌

君が行く道の長手を繰り畳ね焼き滅ぼさむ天の火もがも〈万葉集・15・3724・狭野茅上娘子〉訳 (行ってほしくないから)あなたの行く長い道をたぐり寄せて折りたたんで、焼き尽くしてしまうような天の火があったらいいなあ。○「長手」は、「長い道のり」の意味で、「ながて」の「て」は接尾語。「天の火」は、天の意志による、人間の力のおよばない神秘な力を持つ火のこと。「もがも」は上代の願望の終助詞で、「あったらいいなあ」の意味。

発展 作者は、生没年不明。女孺(=御所の掃除などの雑務をとり扱った下級の女官)をしていた。中臣宅守との恋が周囲に知れ、宅守は越前(=今の福井県)に流罪になった。これは別れを惜しむ歌である。

きみ-が-よ【君が代】 ❶あなたの寿命。❷我が君の時代。天皇の治世。

発展 現在公式行事などで歌われている「君が代」は「我が君は千代に八千代に細れ石の巌となりて苔の生すまで」〈古今集・賀・343〉に基づく。「我が君」が「君が代」になるのは室町以降。

きみこむと…歌

君来むといひし夜ごとに過ぎぬれば頼まぬものの恋ひつつぞふる〈新古今集・恋3・1207〉訳 あなたが来ようと言った夜ごとに、(いつもむなしくあなたを待って時が)過ぎてしまったので、(もう)あてにはしていないものの(やはりあなたを)恋しく思いながら過ごしている。○「ふる」は、下二段動詞「ふ(経)」の連体形で、係助詞「ぞ」の結びとなっている。

発展 作者不明の歌。『伊勢物語』二十三段にも見える。

きみならで…歌

君ならで誰にか見せむ梅の花色をも香をも知る人ぞ知る〈古今集・春上・38・紀友則〉訳 あなたでなくて(いったい)だれに見せようか、(この)ウメの花を。(このすばらしい)色も香りも、(趣の)分かる人だけが分かる(のだから)。○二・三句切れで倒置法。

発展 ウメの花を贈るときに、あいさつとして添えた歌。

きみまつと…歌

君待つと我が恋ひをればわが屋戸の簾動かし秋の風吹く〈万葉集・4・488・額田王〉訳 あなた(のおい

で)を待って私が恋い慕っていると、私の家の戸口の簾を動かして(ただ)秋の風が吹いてる(ばかりだなあ)。○「君」は天智天皇。「我が恋ひをれば」の「が」は主格を表し、「わが屋戸」の「が」は連体格を表す。

きみゃう-ちゃうらい【帰命頂礼】《仏教語》命をささげて仏の教えに帰依し、頭を仏の足に付けて敬礼すること。仏を礼拝するときに唱えることば。

◆きみやこし… 歌

君や来し我や行きけむ思ほえず夢かうつつか寝てか覚めてか〈古今集・恋3・645〉訳 あなたが来たのか、私が行ったのか、はっきりとしない。夢だったのか、現実だったのか、寝ている時だったのか、覚めている時だったのか。

発展『伊勢物語』六十九段にも見える。作者不詳。

◆きみをおきて… 歌

君をおきてあだし心をわが持たば末の松山波も越えなむ〈古今集・東歌・1093〉訳 あなたをさしおいて、(他の人を思うような)浮気心を私が持ったとしたら、(波が越えるはずのないあの)末の松山を、波も(きっと)越えてしまうだろう。○「末の松山」は、今の宮城県多賀城市にあった山。波の越えるはずのないものとして、和歌に多く詠まれた歌枕。

◆きみをのみ… 歌

君をのみたのむ旅なる心には行く末遠く思ほゆるかな〈蜻蛉日記〉訳 あなただけを頼りにして、(このたび)旅立つ(私の)心には、(旅の)行く末が遠く思えるうえに、また(あなたとわが娘との縁が)末長くと思わずにはいられないのだ。○「旅」に「度」を掛ける。また、「行く末」は旅の行く末とともに娘夫婦の今後を指す。

発展 旅立つ藤原倫寧が、娘の夫である藤原兼家にあてて詠んだ歌。

き-むか・ふ【来向かふ】 動詞 自〔ハ四段〕〈は・ひ・ふ・ふ・へ・へ〉やって来る。近づく。

日並しの皇子の尊の馬並めてみ狩り立たしし時は来向かふ 歌〈万葉集・1・49〉訳 日並の皇子の尊(=草壁皇子)がウマを並べて狩りにお出かけになった(同じその)時刻が**やって来る**。

きむ-だち【公達・君達】 名詞 ↓きんだち

きむぢ 代名詞 おまえ。君。あなた。そなた。

「若き者どもはえ見知らじ。**きむぢ**求めよ。」〈大鏡・道長下〉訳「若い者たちは(どんな木がよいか)見分けをつけることができないだろう。**おまえ**が探せ。」

発展「きんぢ」とも。

きも【肝】 名詞 ❶肝臓。また、広く内臓。❷心。気力。精神力。また、思慮。考慮。

きも-いり【肝煎り・肝入り】 名詞《近世語》❶心を込めて世話をすること。また、それをする人。世話役。❷奉公人や遊女の紹介をすること。また、その人。口入れ。❸村の世話役。名主。庄屋。

きも-い・る【肝煎る・肝入る】 動詞 他〔ラ四段〕〈ら・り・る・る・れ・れ〉世話をする。仲介する。仲をとりもつ。

きも-き・ゆ【肝消ゆ】 連語 非常に驚く。肝がつぶれる。類 肝を消す・肝潰る

皇子は、我にもあらぬ気色にて、**肝消えゐたまへり**。〈竹取・蓬莱の玉の枝〉訳 皇子は、なんだか分からないといったようすで、**非常に驚いて**座っていらっしゃる。

きも-こころ【肝心】 名詞 心。精神。正気。

きも-たましひ【肝魂】 名詞 ❶肝っ玉。勇気。❷心。精神。発展「きもだましひ」とも。

きも-つぶ・る【肝潰る】 連語 ↓きもきゆ

きも-ふと・し【肝太し】 連語 勇気がある。度胸がある。

心ばへ賢く、**肝太く**、おしがらだちてなんおはしける。〈宇治拾遺〉訳(三条中納言という人は)気立てがすばらしく、**度胸があり**、押しが強くていらっしゃった。

きも-むかふ【肝向かふ】 枕詞 (肝臓が心臓と向かい合っていると考えられたことから)「心」に係る。

きも-を-け・す【肝を消す】 ↓きもきゆ

きも-を-ひし・ぐ【肝を拉ぐ】 (相手の)肝を潰す。びっくりさせる。

「村の者どもが**肝をひしがん**。」とて…。〈北越雪譜〉訳「村人たちの**肝を潰そう**。」として…。

き-もん【鬼門】 名詞 ★陰陽道で悪鬼が出入りする方角といわれ、不吉だとして忌み嫌われた東北の方角。↓ビジュアルチェック❹(349ページ)

きゃう【京】 名詞 首都。都。特に、平安京。京都。

きゃう【経】 名詞 仏の教えを記した書物。経典。

きゃう【卿】 名詞 ❶中務・式部・治部・民部・兵部・刑部・大蔵・宮内の八省の長官。❷三位以上、また参議以上の人。また、それらの人を敬った言い方。

きゃう【境】 名詞 ❶さかい。境界。❷《仏教語》認識や思念の対象。❸境地。心境。

きゃう【饗】 名詞 酒や食事の支度をしてもてなすこと。もてなし。また、その酒や食事。ごちそう。

ぎゃう【行】 名詞 ❶《仏教語》僧侶や修験者の修行。❷《仏教語》十二因果の一つ。過去に行ったすべての行為。類 業 ❸行書体。対 草・真 ❹位階と官職を同時に記すとき、位階が官職に比べて上位の場合、位階と官職との間に書くことば。逆のときは「守」と書く。

きゃう-おう【饗応・響応】 一 名詞 動詞 自〔サ変〕〈せ・し・す・する・すれ・せよ〉相手の気持ちに逆らわないようにすること。へつらうこと。迎合。

「よもしからず。これは**饗応**の言なり。」〈今昔〉訳「よもやそんなことはあるまい。それは**へつらい**のことばだ。」

二 名詞 動詞 他〔サ変〕〈せ・し・す・する・すれ・せよ〉酒や料理を出して、もてなすこと。ごちそう。

客人の**饗応**なども、ついでをかしきやうに取り成したるも…。〈徒然草・231・園の別当入道は〉訳 客人への**もてなし**なども、ちょうどよい折といったように取り繕っているのも…。

発展 響きが声に応ずるように、相手の意志をすぐくみ取る意味から「響」を用いていたが、酒食が主になり「饗」が多く用いられるようになった。

きゃう-がい【境界】 名詞 ❶《仏教語》因果応報により運命として定められた境遇。❷能力の及ぶ範囲。❸境遇。身の上。

ぎゃう-がう【行幸】 名詞 動詞 自〔サ変〕〈せ・し・す・する・すれ・せよ〉天皇が外出すること。

帝、御心のうちの御願などやおはしましけむ、賀茂、平野などに、二月に**行幸あり**。〈栄花〉訳 天皇は、お心の中ではお望みを持っていらっしゃったのだろうか、賀茂、平野など(の神社)に、二月に**外出**なさる。○「行幸あり」の「あり」は尊敬の意を表す。↓あり 二❸

発展 中世から「ぎゃうかう」とも。

きゃう-きゃう・なり【軽軽なり】 形容動詞〔ナリ〕〈なら・なり(に)・なり・なる・なれ・なれ〉軽々しい。軽率だ。物事にこだわらない。

この春宮の御おとどの宮たちは、少し**軽々にぞおはしまし**。〈大鏡・兼家〉訳 この皇太子(=三条院)の弟宮様方(=為尊・敦道両親王)は、少し**軽率で**いらっし

やった。

きゃう-く【狂句】― 名詞 ❶俳諧の句。❷こっけいで面白みのある句。発展「狂」はこっけい・戯れという意味。

きゃうくこがらしの… 句

狂句こがらしの身は竹斎に似たるかな〈野ざらし紀行・松尾芭蕉〉訳 風狂の句を自分は詠んでゆくのだ。世間的な幸福を求めず、木枯らしに吹かれてわびしい旅を続けるこの身は、あの滑稽本の主人公竹斎に似ていることだ。○季語 こがらし―冬

発展 仮名草子『竹斎』の主人公であるやぶ医者竹斎が、狂歌を詠みつつ諸国を流浪した姿に思いを寄せ、狂句(=俳諧)を吟じつつ木枯らしに吹きさらされて漂泊する自分の風狂の姿にうち興じた句。

ぎゃう-けい【行啓】― 名詞 動詞 自〔サ変〕〈せ・し・す・する・すれ・せよ〉太皇太后・皇太后・皇后・皇太子・皇太子妃が外出すること。お出まし。発展「ぎゃうげい」とも。

きゃう-げん【狂言】― 名詞 動詞 自〔サ変〕〈せ・し・す・する・すれ・せよ〉❶道理に合わない言動をすること。たわ言。**かくのごときのことばは、仏法を知らざる痴人の狂言なり。**〈正法眼蔵〉訳 そのようなことばは、仏法を知らない愚か者の**たわ言**である。

❷おもしろおかしく言うこと。また、そのことば。冗談。「**過ちは常のこと、孔子のたはれと申すことさうらはずや。」と狂言をぞ申しける。**〈義経記〉訳「過ちは日常のことで、孔子でも失敗をするものだということもあるではないか。」と**冗談**を申し上げた。

❸↓狂言 ❹(「歌舞伎狂言」の略で)歌舞伎で演じられる芝居。また、その脚本。

きゃうげん-きぎょ【狂言綺語】― 名詞 道理に合わず、表面を巧みに飾ったことば。転じて、物語・小説・詩歌など。発展「きゃうげんきご」とも。「ぎょ」は「語」の漢音。

きゃう-ご【向後・嚮後】― 名詞 副詞 ↓きゃうこう

きゃう-こう【向後・嚮後】― 名詞 今後。これから後。発展「きゃうご」とも。

きゃう-ごく【京極】 地名 ↓京極

きゃう-ざく・なり【警策なり】― 形容動詞〔ナリ〕〈なら・なり(に)・なり・なる・なれ・なれ〉❶詩文が優れている。「**文どもきゃうざくに、舞、楽、物の音ども調ほりて**…。」〈源氏・花宴〉訳「(今回の花の宴では)詩文も**優れていて**、舞楽や管絃も調和がとれて…。」

❷人柄・器量・物事などが際立っている。立派だ。「**若けれど、いときゃうざくに、生ひ先頼もしげなる人にこそあめるを。**」〈源氏・若菜上〉訳「(夕霧は)若いけれども、本当に**立派で**、将来が期待できる人であるようなのに。」

発展「警」は戒める、「策」はウマをむち打つ意味で、もとはウマを速く走らせるために打つむちのことを表した。そこから、文章などを引きしめる効果的な用語を表すようになり、さらに人を驚かせるほどすばらしいことを表すようになった。「きゃうさくなり」とも。

ぎゃう-じ【行事】― 一 名詞 ❶恒例として行われる催し事。日時や形式が決まっていて行われること。❷担当官。責任者。「**今日はいみじきことの行事にはべり。**」〈枕草子・278・関白殿二月二十一日に〉訳「今日は大切な催事の**責任者**でございます。」❸平安時代に、朝廷で行われる儀式を運営する役目。行事官。

二 名詞 動詞 自〔サ変〕〈せ・し・す・する・すれ・せよ〉担当すること。受け持つこと。「**行事する者のいと悪しきなり。**」〈枕草子・278・関白殿二月二十一日に〉訳「(車の順序が混乱したのは)**担当する者**が非常にまずいのである。」

きゃう-しき【京職】― 名詞 京の司法・警察・行政を担当した役所。また、その役人。類 京兆 発展 左京職・右京職に分かれ、その長官を「大夫」といった。

きゃう-しゃ【狂者】― 名詞 ❶風流に徹した人。風狂の人。❷ふざけたことを言う人。転じて、狂言師。

ぎゃう-じゃ【行者】― 名詞 仏道修行をする人。特に、修験道の修行をする人。

ぎゃう-・ず【行ず】 動詞 自〔サ変〕〈ぜ・じ・ず・ずる・ずれ・ぜよ〉行う。修行する。**老い来たりて、はじめて道を行ぜんと待つことなかれ。**〈徒然草・49・老い来たりて〉訳 老いがやって来て、(その時)初めて仏道を**修行し**ようと待っていてはいけない。

ぎゃうずいの… 句

行水の捨てどころなき虫の声〈仏兄七久留万・上島鬼貫〉訳 庭ではいたる所で虫が鳴いている。この虫の音をやませてしまうのは惜しいから、行水をしたけれど、さて残り水を捨てる所がないことだ。○季語 虫の声―秋

発展 水を捨てて虫を驚かせたら、せっかくの虫の音がやんでしまうという気持ちがよく表れた句である。「行水」は、今でこそ夏の季語だが、当時は季語ではない。

きゃう-ぜん【饗膳】― 名詞 もてなしのための料理や酒。接待の酒食。

きゃう-だう【経堂】― 名詞 寺で経典を納めておくお堂。

ぎゃう-だう【行道】― 名詞 動詞 自〔サ変〕〈せ・し・す・する・すれ・せよ〉《仏教語》❶僧が経を唱えながら、仏教や仏像の周囲を列を作って歩きまわること。また、その儀式。**講師参上り、行道の人々参り集ひたまへば…。**〈源氏・鈴虫〉訳(仏典を説く)講師が参上し、**経を唱えて歩く**人たちも参上しお集まりになるので…。

❷仏道の修行をすること。**後日を待って行道せんと思ふことなかれ。**〈正法眼蔵随聞記〉訳 後になって**仏道の修行をし**ようと思ってはならない。

ぎゃう-でん【宜陽殿・儀陽殿】― 名詞 内裏の建物のひとつ。紫宸殿の東にあり、その母屋には楽器・書籍などの歴代の御物を納めた。↓**ビジュアルチェック⑯**(759ページ)

きゃう-と【京都】 地名 ↓京都(きょうと)

ぎゃう-にん【行人】― 名詞 ❶《仏教語》仏道修行をする人。❷延暦寺で寺の雑務を行う僧。❸修験道の修行をする人。❹江戸時代のこじき僧のひとつ。

きゃう-びと【京人】― 名詞 都の人。

ぎゃう-ぶ【行歩】― 名詞 動詞 自〔サ変〕〈せ・し・す・する・すれ・せよ〉歩くこと。歩行。

一日のうちに、飲食、便利、睡眠、言語、**行歩**、やむことを得ずして、多くの時を失ふ。〈徒然草・108・寸陰惜しむ人なし〉訳 一日のうちに、飲食、便通、睡眠、会話、**歩行**は、やめることができなくて、多くの時間を失う。

ぎゃうぶ-きゃう【刑部卿】― 名詞 刑部省の長官。正四位下に相当。

ぎゃうぶ-しゃう【刑部省】― 名詞 令制八省の一つ。

裁判と罪人の処刑などを担当する役所。発展「うたへのつかさ」とも。↓ビジュアルチェック⑮(757ページ)

ぎゃう-ぼふ【行法】ぎょうぼう 名詞《仏教語》仏法を修行すること。また、その方法。

きゃう-もん【経文】きょう 名詞 仏典の文章。経典。

きゃう-よう【響応・饗応】きょう 名詞 動詞 ↓きょうおう

きゃう-わらはべ【京童部】きょうわらわべ 名詞 京都の若者たち。発展「きゃうわらんべ」とも。無礼で口うるさいという意味を含んで用いられることが多い。

きゃう-わらんべ【京童部】きょう 名詞 ↓きゃうわらはべ

きゃう-をんな【京女】きょうおんな 名詞 京都の女性。美しく、しとやかであるとされた。対 東男(あづまをとこ)

ぎゃく-えん【逆縁】名詞《仏教語》❶仏法に背くことがかえって仏の教化を受け、仏道に入る因縁となること。対 順縁(じゅんえん) ❷順当でない法事。親が子を弔ったり、近親者でないものが弔う場合をいう。対 順縁

きゃく-しき【格式】名詞 ❶律令を追加修正した法令である「格」と、律令の施行細則である「式」。❷儀式や身分に関する規則。発展「かくしき」とも。

逆接ぎゃくせつ 国語・国文法 ↓接続(せつぞく)／**読解の手引き⑪**(669ページ)

逆接の確定条件ぎゃくせつのかくていじょうけん 国語・国文法 前の条件に対して予期に反する結果が起こる逆接条件のうち、前の条件がすでに確定している関係をいう。★順接の確定条件に対する関係にある。また、形態のうえでは同じでも、★逆接の恒常的条件を表す場合もある。↓確定条件／**読解の手引き⑪**(669ページ)

逆接の仮定条件ぎゃくせつのかていじょうけん 国語・国文法 前の条件に対して予期に反する結果が起こる逆接条件のうち、前の条件がまだ確定していない関係をいう。★順接の仮定条件に対する関係にある。↓仮定条件／**読解の手引き⑪**(669ページ)

逆接の恒常的条件ぎゃくせつのこうじょうてきじょうけん 国語・国文法 前の条件に対して予期に反する結果が起こる逆接条件のうち、その結果がいつも決まっている関係をいう。古文では、活用語の已然形に接続助詞「ど」「ども」を接続させて、★逆接の確定条件と同じ形をとるので、文脈でどちらか判断する必要がある。↓恒常的条件／**読解の手引き⑪**(669ページ)

客体尊敬きゃくたいそんけい 国語・国文法 ↓謙譲語(けんじょうご)／**読解の手引き⑱**(962ページ)・基本敬語動詞一覧表(26ページ)

きゃ-しゃ-・なり【花車なり・華奢なり】形容動詞(ナリ)〈なら・なり(に)・なり・なる・なれ・なれ〉❶洗練されて優雅だ。**大内(おほうち)のまた上もなき官女(くわんぢょ)に仕へて、きゃしゃなることどもあらましに暗からず…。**〈西鶴・好色一代女〉訳 宮中の最高の女官に仕えて、**洗練されて優雅**なことなどはほとんど身に付けて…。

❷容姿がほっそりとして品がある。「**この手のきゃしゃなことわいの。**」〈近松・平家女護島〉訳「この手の(なんと)**ほっそりして品があること**よ。」○「きゃしゃな」は、連体形「きゃしゃなる」が口語化したもの。

きゃつ【彼奴】代名詞 (他人を卑しめて)あいつ。類 彼奴(やつ) 「**きゃつは下臈(げらふ)なれども、もっての外(ほか)さかざかしい奴でさうらふ。**」〈平家・12・判官都落〉訳「**あいつ**は身分の低い者であるけれども、とんでもなくしっかりしている奴でございます。」

発展「かやつ」の変化した形。

き・ゆ【消ゆ】動詞 自〈ヤ下二段〉〈え・え・ゆ・ゆる・ゆれ・えよ〉❶形がなくなる。解けてなくなる。**淀(よど)みに浮かぶうたかたは、かつ消え、かつ結びて…。**〈方丈記・ゆく河〉訳(流れの)よどんだ所に浮いている水の泡は、一方では**形がなくなり**、他方では形を作って…。

❷ある感情がなくなる。**月も入りぬるにや、あはれなる空をながめつつ、うらみきこえたまふに、ここら思ひ集めたまへるつらさも消えぬべし。**〈源氏・賢木〉訳 月も沈んでしまったのではないだろうか、寂しげな空を眺め続けて、(源氏が六条御息所に)恨み言を申し上げなさるうちに、たくさんあれこれお考えになったつらさも**なくなって**しまうに違いない。

❸気絶する。**墨染(すみぞめ)の御袂(おんたもと)を見たてまつるにぞ、信俊(のぶとし)目もくれ、心も消えておぼえける。**〈平家・2・大納言死去〉訳(大納言成親の)墨染めの衣のお袂を拝見すると、(家来の)信俊は目の前が真っ暗になり、心も**気絶する**ように思われた。

❹死ぬ。↓**古語チャート⑧**(291ページ)

↓**古語チャート⑱**(647ページ)

◐**きゅう**(現)↓(歴)**きう【臼：丘：久：仇：休：救：朽：求：灸：球：究：糾：旧：九：鳩：毬：裘】**

◐**きゅう**(現)↓(歴)**きふ【及：吸：急：汲：泣：級：給】**

◐**ぎゅう**(現)↓(歴)**ぎう【牛】**

きゅう-せん【弓箭】名詞 ❶弓と矢。❷(弓と矢を手にする者という意味から)武士。転じて、戦い。発展「きゅうぜん」とも。

◐**きゅうなり**(現)↓(歴)**きふなり【急なり】**

きゅう-ば【弓馬】名詞 ❶弓術と馬術。武芸。❷(弓術と馬術を行う者という意味から)武士。❸戦い。

きょ【挙】■名詞 行動。振る舞い。計画。企て。■名詞 動詞 他〈サ変〉〈せ・し・す・する・すれ・せよ〉推挙すること。推薦。**父これほど挙しまうすあひだ、「やうあるべし。」とて召されけり。**〈保元〉訳 父(=為義)が(為朝を)こんなにも**推挙申し上げる**ので、「(それなりの)理由があるはずだ。」と(崇徳院は)お呼びになった。

きょ【虚】名詞 ❶から。空虚。❷すきがあること。油断。不用意。❸事実でないこと。うそ。虚構。

きょ【裾】名詞 ★束帯(そくたい)のときに着る下襲(したがさね)の後ろに引いた部分。↓束帯(図)

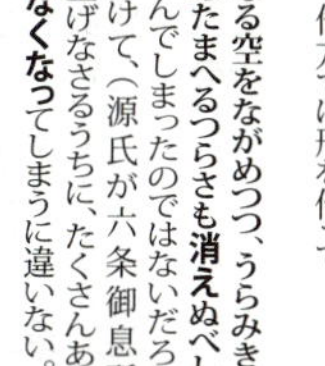
[きょ(裾)]

ぎょ-【御】接頭語 (漢語の名詞に付いて)尊敬を表す。語例 **御**意(ぎょい)・**御**製(ぎょせい) 発展 特に、天皇・上皇の行為や事物などに用いられる。

ぎょ-い【御衣】名詞 天皇や貴人の着物。

ぎょ-い【御意】名詞 お心。ご意向。お気持ち。ご命令。

ぎょ-いう【御遊】ゆう 名詞 天皇や上皇が催す、管絃などの遊び。

ぎょい-を-う【御意を得】お目にかかる。「**我先にと、御意をえらるべし。**」〈戴恩記〉訳「先を争って、(幽斎に)**お目にかかり**なさるに違いない。」

き-よう【器用】名詞 ❶役に立つ才能があること。才能のある人。技芸に巧みなこと。技芸の腕前。賢いこと。賢者。

❷容貌。器量。**発展** 器が用いられて役に立つことが変化したもの。

きょう（現）↓（歴）**きゃう**【享・京・競・匡・卿・境・強・況・狂・郷・鏡・響・饗・驚・兄・敬・景・経・警・軽・向・香・竟】

きょう（現）↓（歴）**けう**【叫・教・橋・矯・孝・校・梟・驕】

きょう（現）↓（歴）**けふ**【協・峡・狭・脅・脇・夾・陜】

きょう（現）↓（歴）**けふ**【今日】

きょう【凶】名詞 不吉なこと。縁起が悪いこと。

きょう【興】名詞 ❶おもしろみ。楽しみ。❷座興。戯れ。❸漢詩の*六義の一つ。自然から受けた感動や興味を詠んだもの。

ぎょう（現）↓（歴）**ぎゃう**【杏・仰・刑・形・行】

ぎょう（現）↓（歴）**げう**【楽・暁】

ぎょう（現）↓（歴）**げふ**【業】

ぎょう【御宇】名詞 天皇が統治する期間。御代。

きょう-あ・り【興有り】連語 おもしろい。趣深い。「**興あるあらがひなり**。」〈徒然草・135・資季大納言入道〉訳「**おもしろい**争いである。」

狂歌（きょうか）【━】［キャウ］文芸用語 正統の和歌に対し、狂体の和歌の意味。滑稽・諧謔を目的とする。江戸前期に、独立した文学ジャンルとなった。江戸後期の代表的作者に唐衣橘洲・四方赤良（大田南畝）・朱楽菅江らがいる。知的な洞察と軽妙・洒脱な作風を特色とした。

きょう-が・る【興がる】動詞 自 ラ四段〈ら・り・る・る・れ・れ〉おもしろいと思う。珍しく思う。不思議に思う。

この滝は様がる滝の興がる滝の水〈梁塵秘抄〉訳この滝は風変わりな滝で**おもしろいと思う**滝の水だ。

教行信証（きょうぎょうしんしょう）【━】［ケウギャウ］作品名 鎌倉前期の仏教書。親鸞著。正式名称は「顕浄土真実教行証文類」。浄土真宗の教義を明らかにした根本聖典。一二二四（元仁元）年ごろより執筆され、二十数年を経て成るか。

狂言（きょうげん）【━】［キャウ］文芸用語 猿楽より起こり、能とともに南北朝・室町時代に発達した演劇。昔話や説話などを素材にした滑稽で風刺的な対話劇。十五世紀にはすでに能と同じ舞台で併演されていた。江戸初期には流派を確立し、大蔵流・和泉流・鷺流がそろった。歌舞伎狂言などと区別するために、特に能狂言ともいわれた。

［狂言］

京極（きょうごく）【━】［キャウ］地名 平安京の東西の端を南北に通っている大路。それぞれ東京極、西京極というが、単に京極というときは東の方をさす。

京極為兼（きょうごくためかね）【━】［キャウゴク］人名 鎌倉後期の廷臣で、歌人。藤原氏。父は為教。持明院統の伏見殿に仕えたが、政争に巻きこまれて、佐渡・土佐に流された。客観的自然詠を尊重した京極派（＝歌道の一家）の中心人物で、『*玉葉和歌集』の撰者。1254―1332

京極為教（きょうごくためのり）【━】［キャウゴク］人名 鎌倉中期の廷臣で、歌人。藤原氏。父は為家。為兼の父。京極家の祖。『続後撰集』以下の勅撰集に三十首余りが入首。1227―1279

きょう-さ・む【興醒む】連語 興味を失う。興ざめがする。**中納言かやうのことに興さめて**…。〈平家・8・猫間〉訳中納言はこのようなことに**興ざめがして**…。

きょう-じ【凶事】名詞 不吉なこと。災い。

きょう・ず【興ず】動詞 自 サ変〈ぜ・じ・ず・ずる・ずれ・ぜよ〉おもしろがる。興に入る。

この侍もいみじう興じて…。〈大鏡・道長下〉訳この若侍もたいへん**おもしろがって**…。

行尊（ぎょうそん）【━】［ギャウ］人名 平安後期の僧。山伏修験の行者として有名。後世の説話集などには、その超人的霊験譚が伝えられている。また、和歌を愛好し、自撰家集『行尊大僧正集』がある。1055ごろ―1135

ぎょう-だう【凝当・凝濁】名詞 ❶杯の底に残った酒。また、その酒を捨てること。❷杯に残った酒で口を当てた部分をすすぐこと。**発展**「当」は「底」という意味。

京伝（きょうでん）【━】［キャウ］人名 ↓山東京伝

ぎょうでん（現）↓（歴）**ぎやうでん**【宜陽殿・儀陽殿】

京都（きょうと）【━】［キャウ］地名 京都市。七九四（延暦十三）年の平安京遷都以来、一一〇〇年続いた王城の地。「京」「京都」は、本来「みやこ」「帝都」の意味の普通名詞だが、平安末期ごろには固有名詞として定着し、一般には「京」の名が用いられた。↓ビジュアルチェック㉓（1093ページ）

きょう-な・し【興なし】形容詞 ク〈く・く・し・き・けれ・○／から・かり・○・かる・○・かれ〉おもしろみがない。つまらない。

大方、振る舞ひて興あるよりも、興なくて安らかなるがまさりたることなり。〈徒然草・231・園の別当入道は〉訳たいてい、わざとらしく趣向を凝らしておもしろみがあるのよりも、**おもしろみがなくて**もあっさりしているのが優れているのだ。

き-よう・なり【器用なり】形容動詞 ナリ〈なら・なり（に）・なり・なる・なれ・なれ〉❶役に立つ才能がある。技芸に巧みだ。

学問世に越えて器用なり。〈義経記〉訳学問において世間並み以上に**役に立つ才能がある**。

❷賢い。利口だ。

「**このやうな器用な子を何として産み出した**。」〈近松・鑓の権三重帷子〉訳「こんな**利口な**子供をどうやって産んだのか。」

❸潔い。（振る舞いや態度が）立派だ。

「**気遣ひしやるな、逃げはせぬ**。」と**器用な白状**。〈近松・淀鯉出世滝徳〉訳「心配しなさるな、逃げはしない。」と**潔い**白状。

きょう-に-い・る【興に入る】おもしろがる。夢中になる。

酔ひて興に入るあまり、傍らなる足鼎を取りて…。〈徒然草・53・これも仁和寺の法師〉訳（法師は酒に）酔って**おもしろがる**あまり、そばにある三本の足が付いた釜を取って…。

きょう-を-さま・す【興を醒ます】↓きょうさむ

ぎょ-かん【御感】名詞 天皇や上皇が感動なさること。お褒めになること。ご感心。**類** 叡感

上皇御感のあまりに内の昇殿をゆるさる。〈平家・1・殿上闇討〉訳上皇は**ご感心**のあまりに清涼殿の殿上の間に出入りすることをお許しになる。

ぎょ-き【御記】名詞 天皇や貴人が書いた日記や記録。

きょく【曲】名詞 ❶音楽の調子や節。❷おもしろみ。興味。

きょく-すい【曲水】名詞 ↓きょくすいのえん

きょくすい-の-えん【曲水の宴】陰暦三月の最初の巳の日に宮中や貴族の邸宅で行われた遊び。宮中などの庭の曲がりくねった小川に沿って座り、上流から流された酒杯が自分の前を過ぎないうちに詩歌を作り、その杯を取って酒を飲み、次へ流す。奈良時代に中国から伝わり、平安時代に盛んに行われた。[季語]春 [発展]「ごくすいのえん」とも。後には三月三日に行われた。

ぎょく-たい【玉体】[名詞]天皇や上皇の体。おからだ。

曲亭馬琴[人名]→滝沢馬琴

きょく-ほ【極浦】[名詞]最果ての海岸。はるか遠くにある海岸。

きょく-も-な-い【曲も無い】[連語]おもしろくない。そっけない。情けない。「こちとは縁を切る心か。**きょくもない**市之進、恨みにござる。」〈近松・鑓の権三重帷子〉[訳]「私とは縁を切る気か。**情けない**市之進、恨みに思うことでございます。」

玉葉和歌集【ぎょくよう「ギョクエフ」わかしゅう「ワカシフ」】[作品名]鎌倉後期の歌集。勅撰和歌集の十四番目。伏見院の命を受けた、京極為兼の撰。二十巻。総歌数二八〇〇首。伏見院・藤原為子・永福門院・為兼などの歌が中心。光線や明暗、また風景や感情の時間的な移りかわりを微細な感覚でとらえ、自然の描写に徹して詠んだ清新な和歌が多い。一三一二（正和元）年成立。

きよ-げ・なり【清げなり】

清潔感がありこざっぱりとした美しいようす

❶（物などが）**さっぱりしている。清浄だ。きれいだ。**
❷（容姿などが）**こざっぱりと美しい。**
❸**見事だ。立派だ。**

未然形	連用形	終止形	連体形	已然形	命令形
きよげ・なら	きよげ・なり きよげ・に	きよげ・なり	きよげ・なる	きよげ・なれ	きよげ・なれ

[形容動詞]［ナリ］❶（物などが）**さっぱりしている。清浄だ。きれいだ。**

きよ・し【清し】

一点の混じり気もなく、純粋に美しいようす

❶（自然のありさまが）**濁りなく美しい。清らかである。澄んでいる。**
❷**さわやかである。心地よい。**
❸**けがれがない。神聖だ。**
❹（心に）**濁りがない。潔い。潔白だ。**
❺**きれいさっぱりと。すっかり。**◉連用形「きよく」の副詞的用法。

未然形	連用形	終止形	連体形	已然形	命令形
きよ・く きよ・から	きよ・く きよ・かり	きよ・し ○	きよ・き きよ・かる	きよ・けれ ○	○ きよ・かれ

[形容詞]［ク］❶（自然のありさまが）**濁りなく美しい。清らかである。澄んでいる。**「ぬばたまの夜のふけゆけば久木生ふる**清き**川原に千鳥しば鳴く」[歌]〈万葉集・6・925〉[訳]↓ぬばたまの…
「**清しと見ゆるもの**。土器。新しきかなまり。」〈枕草子・148・清しと見ゆるもの〉[訳]**濁りなく美しい**と見えるもの。素焼きの焼き物。新しい金属製の椀。

❷**さわやかである。心地よい。**「川速み瀬の音ぞ**清き**…」[歌]〈万葉集・6・1005〉[訳]川（の流れ）が速いので、浅瀬の音が**さわやかである**…。

❸**けがれがない。神聖だ。**「見る人の語り継ぎて聞く人の鑑にせむをあたらしき**清きその名そ**…」[歌]〈万葉集・20・4465〉[訳]（わが大伴一族のことは）見る人が語り伝えて、聞く人の手本にしようというのに、（その名を朽ちさせたりしたら）惜しく、立派な**けがれのない**その家名である…。
はかなく、さは読みたてまつるとも、**清くて読みたてまつるべきことなり。**〈宇治拾遺〉[訳]（法華経は）ほんの一時的に、そのようにはお読みするときでも、**けがれなくして**（＝心身を清めて）お読みしなければならないものである。

❹（心に）**濁りがない。潔い。潔白だ。邪念がない。**「内々の御心**清う**おはすとも、かくまで言ひつる法師ばら、よからぬ童部などは、まさに言ひ残してむや。」〈源氏・夕霧〉[訳]「（夕霧の）お心の中（＝落葉の宮への恋心）は**潔白**でいらっしゃっても、こうまで口にしていた法師どもや、下品な者どもなどは、確かに（何も）言わないで済ますだろうか、いや、済まさない（＝きっと言い触らすだろう）。」〇「清う」は連用形「清く」のウ音便。

❺（連用形を副詞的に用いて）**きれいさっぱりと。すっかり。**「常に覚えたることも、また人の問ふに、**清う**忘れてやみぬる折ぞ多かる。」〈枕草子・276・うれしきもの〉[訳]ふだん記憶していることでも、また（改めて）人が尋ねると、**きれいさっぱりと**忘れてそのままになってしまうときが多いことだ。「そはまづ漢意を**清く離れて**、古の誠の心を尋ね得ずばあるべからず。」〈玉勝間〉[訳]それ（＝『古事記』を解釈すること）にはまず中国思想から**きれいさっぱりと離れて**、（我が国の）古代の真の精神を探求し会得することをしないようであってはならない。

[類語比較]**「きよし」と「さやけし」**
共通点＝清らかに澄んでいるようすを表す。
きよし＝「真澄鏡清き月夜に…」〈万葉集・17・3900〉などの例のように、「清し」に係る枕詞に「真澄鏡」がある。まったく曇りのない鏡を「清し」と形容しているように、「清し」はもともと、対象を客観的にとらえ、そのものの一点の混じり気もない純粋な美しさを表す。
さやけし＝形容動詞「さやかなり」からできたことばといわれ、はっきりとした音や、くっきりとした輪郭についていうのがもともとの意味。そこから、すがすがしい気持ちや爽快さをも表すようになった。
参考＝次の歌は両語の違いをよく示している。「大滝を過ぎて夏身にそほりゐて清き川瀬を見るがさやけさ（＝大滝を過ぎて夏身に近づいて、清らかな川瀬を見ると、すがすがしい気分になることだ。）」〈万葉集・9・1737〉
→**古語チャート**⓫（427ページ）・⓬（429ページ）

人のもとにわざと**清げに書きてやりつる文**の返り事…。〈枕草子・25・すさまじきもの〉訳（ある）人の所にわざわざ**きれいに**書いて送った手紙の返事を…。

❷（容姿などが）**こざっぱりと美しい。** →古語チャート⑫（429ページ）

清げなる大人二人ばかり、さては童部ぞ出で入り遊ぶ。〈源氏・若紫〉訳**こざっぱりと美しい**年配の女房が二人ほど、それからまた子供が出たり入ったりして遊ぶ。

❸**見事だ。立派だ。**

程なく、いと清げなる食ひ物を持て来たり。〈今昔〉訳間もなく、（僧は）たいへん**見事な**食べ物を持って来た。

発展「**きよらなり**」**との違い**　形容詞「きよし」の語幹＋接尾語「げなり」。人の容姿などについて用いるときには、類義の「清らなり」よりもやや低い身分の人を対象とする。

類語比較「**きよらなり**」と「**きよげなり**」→清らなり →**古語チャート**⑪（427ページ）

きよ・し【清し】形容詞 →**最重要語**（426ページ）

まとめて覚えよう古語チャート⑪

接尾語「げなり」が下に付く単語

「げなり」は、形容詞の語幹や、その他の単語の一部の下に付いて、いかにも…のようである、という意の形容動詞を作る接尾語です。「がる」と同様に、形容詞に付く場合、ク活用なら語幹に、シク活用なら終止形（語幹相当形）に付きます。例えば、「**きよし**」［ク］→「**きよげなり**」、「**あし**」［シク］→「**あしげなり**」となります。

このようにしてできた形容動詞は、直接的表現を避けてやや遠回しに述べる、いわゆる婉曲表現に近いものといえます。婉曲表現が多用される中古女流文学の中に「…げなり」の表現が好んで使われるのも、こういったことが背景にあるのでしょう。

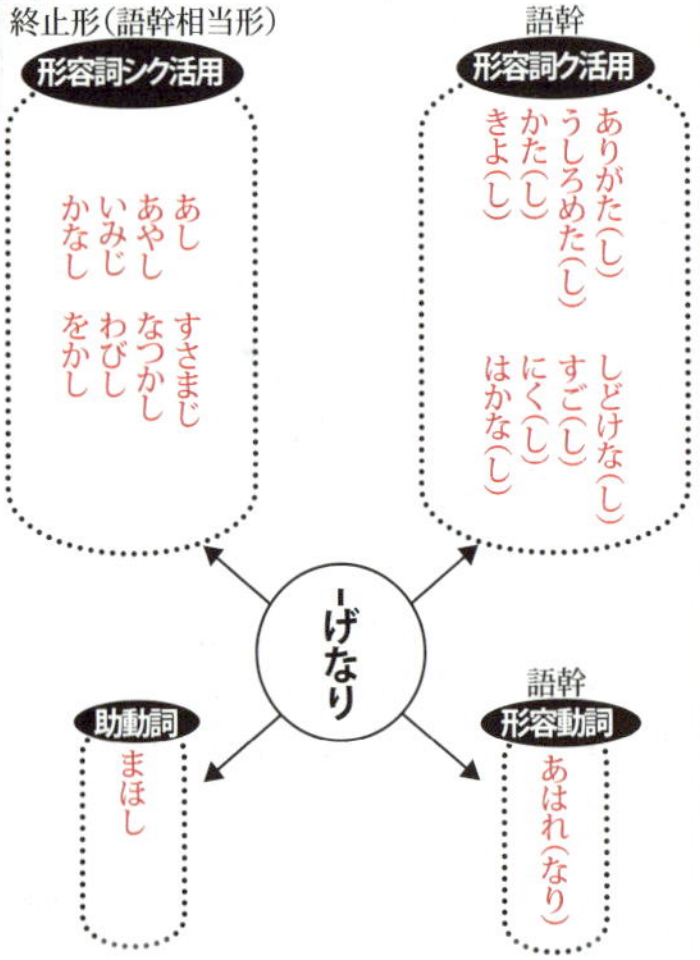

赤字は最重要語・重要語

きょ-じつ【虚実】名詞 うそと本当。ないこととあること。

虚実皮膜論【きょじつひにくろん】文芸用語 江戸時代の浄瑠璃作者★近松門左衛門の芸術論。「きょじつひまくろん」とも。真実と虚構との微妙な境目に、人を感動させる芸術の力が潜むとするもの。近松晩年の芸術観で、『難波土産』の序文に穂積以貫の手で紹介された。

ぎょ-しゅつ【御出】名詞 貴人が出かけること。おでかけ。

ぎょ-しん【御寝】名詞 貴人が寝ること。お休み。お眠り。

ぎょしん-な・る【御寝成る】動詞 自 ラ四段〈ら・り・る・る・れ・れ〉「寝」の尊敬語でお休みになる。

白河院は北首に御寝成りけり。〈徒然草・133・夜の御殿は〉訳白河院は北枕で**お休みになった**のだった。

ぎょ-せい【御製】名詞 天皇や皇族が作った詩歌。

ぎょ-たい【魚袋】名詞 魚の形をした装飾品。礼装のときに腰に着ける。

ぎょ-だう【魚道】名詞 →ぎょうだう（凝当・凝濁）

清滝川【きよたきがわ】［ガハ］地名 京都市右京区嵯峨清滝を流れる川。愛宕山の東を南流して保津川に合流する。和歌には、清流の白波や川面に映る月が詠まれた。→ピクチュアルチェック㉓（1093ページ）

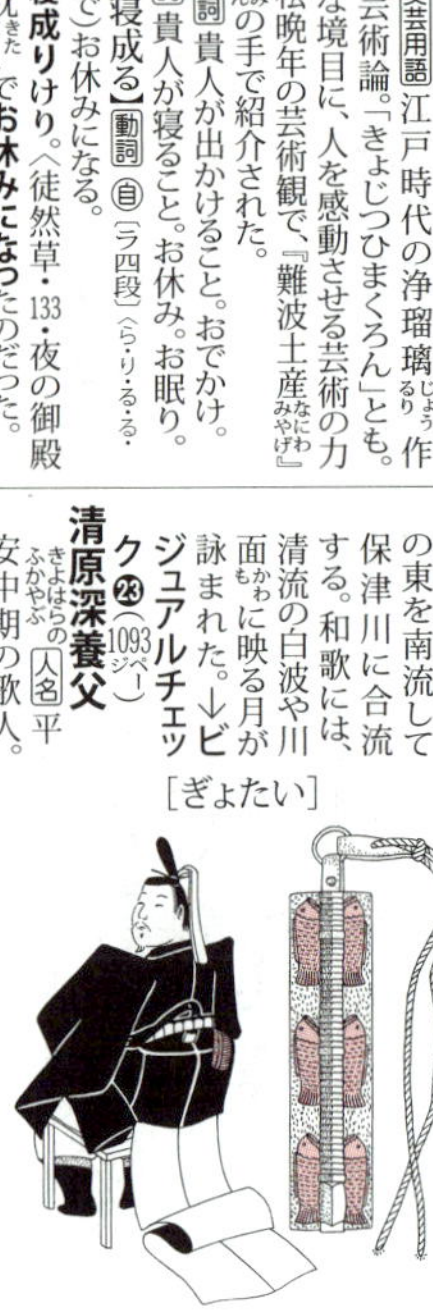

［ぎょたい］

清原深養父【きよはらのふかやぶ】人名 平安中期の歌人。元輔の祖父。清少納言の曾祖父。★中古三十六歌仙の一人。家集に『深養父集』がある。生没年不明。

清原元輔【きよはらのもとすけ】人名 平安中期の歌人。深養父の孫。清少納言の父。★三十六歌仙の一人。★梨壺の五人の一人として『万葉集』の訓読、『後撰集』の撰に当たった。家集に『元輔集』がある。908—990

きよ-まは・る【清まはる】動詞 自 ラ四段〈ら・り・る・る・れ・れ〉❶物忌み、精進によって心身が清まる。

湯たびたび浴み、いみじう潔斎して、清まはりて…。〈大鏡・実頼〉訳（藤原佐理は）湯をたびたび浴び、念入りに沐浴して、（その結果）**心身が清まって**…。

❷潔白になる。

「**今しもけざやかに清まはりて、立ちにしわが名、今さらに取り返したまふべきにや。**」〈源氏・若菜上〉訳「今になってはっきりと**潔白になって**、（一度）立ってしまった自分の浮き名を、（あの方は）今改めてお取り返しになるつもりではないか。」

きよ-ま・る【清まる】動詞 自 ラ四段〈ら・り・る・る・れ・れ〉けがれが除かれて清くなる。清浄になる。清らかになる。

山寺にかきこもりて、仏に仕うまつるこそ、つれづれもなく心の濁りも清まる心地すれ。〈徒然草・17・山寺にかきこもりて〉訳山寺に引きこもって、仏にお仕えすることこそ、所在なさもなく、心の濁りも**清浄になる**気持ちがする。

清見潟【きよみがた】歌枕 静岡市清水区東部の海岸。北東に富士山を眺める絶景の地。南には三保の松原がある。和歌には、「月」とともに多く詠まれた。

清水【きよみず】［ミヅ］地名 京都市東山区にある清水寺を中心と

した地区。

清水寺［キヨミヅ］寺社名 京都市東山区にある寺。北法相宗(もとは法相・真言兼宗)。観音信仰の霊場。種々の縁起が作られ、また、謡曲『田村』『熊野』などの舞台ともなっている。七九八(延暦十七)年坂上田村麻呂の創建といわれる。たびたび焼失したが、一六三三(寛永十)年、徳川家光により再建された。音羽山の山腹を利用して崖の上に本堂があり、「清水の舞台」として有名。↓**ビジュアルチェック㉓**(1093ページ)

ぎょゆう(現)↓(歴)**ぎょいう【御遊】**

きよ-ら【清ら】 名詞 美しさ。華美。↓清らを尽くす

去来［キョライ］人名 ↓向井去来

去来抄［キョライショウ］［セウ］作品名 ↓**必修古典ビッグ30 ❽**(430ページ)

きよ-ら-なり【清らなり】 形容動詞 ↓**最重要語**(428ページ)

きよら-を-つく・す【清らを尽くす】 華美の限りを尽くす。ぜいたくを極める。

よろづに清らを尽くしていみじと思ひ、所せきさましたる人こそ、うたて、思ふところなく見ゆれ。〈徒然草・2・古への〉訳 万事に**華美の限りを尽くして**(それを)立派だと思い、あたり狭しといばっている人は、ひどく、思慮のないように見える。

発展 名詞「きよら」＋格助詞「を」＋四段動詞「つくす」。

許六［キョリク］人名 ↓森川許六

き-よ・る【来寄る】 動詞 自［ラ四段］〈ら・り・る・る・れ・れ〉寄って来る。寄せて来る。

年ごろを住みし所の名にし負へば来寄る波をもあはれとぞ見る 歌〈土佐日記・一月二十九日〉訳(この場所は、私がここ数年を住んだ(所と同じ)土地の名を持っているので、**寄せて来る**波をも感慨深く感じられることだと思って見るよ。

き-ら【綺羅】 名詞 ❶華やかで美しいこと。また、そのような衣服。❷きらびやかさを極めること。栄華。発展「綺」は綾織物、「羅」は薄絹のこと。

きらう(現)↓(歴)**きらふ【嫌ふ】**

きら-きら【煌煌】 副詞 ❶光り輝くようす。きらきら。ぴかぴか。

見上げたまへれば、人もなく、月の顔のみきらきらとして…。〈源氏・明石〉訳(源氏が)見上げなさったところ、(周囲に)人もなく、月の表面だけが**きらきらと**して…。

❷鮮明に。はっきりと。

ことばづかひ、きらきらと、まがふべくもあらぬことどもあり。〈源氏・若菜下〉訳 ことばづかいは、**はっきりとしてい**て、(他の人とは)間違いようのない点がいくつかある。

❸(笑い声を表し)げらげら。

発展 多く、「きらきらと」の形で用いられる。

きら-きら・し【煌煌し】 形容詞［シク］〈しく・しく・し・しき・しけれ・○／しから・しかり・○・しかる・○・しかれ〉❶きらきらと輝いている(感じだ)。

ゆづり葉の、いみじうふさやかに艶めき、茎はいと赤くきらきらしく見えたるこそ、あやしけれど、をかし。〈枕草子・40・花の木ならぬは〉訳 ユズリハで、非常にふさふさとしてつやがあって、茎がとても赤く**きらきらと輝いている感じに**見えているのは、下品であるが、おもしろい。

❷まばゆいほど美しい。端正だ。

ともに容貌きらきらしく、村里に輝けり。〈常陸国風土記〉訳(寒田の郎子と安是の嬢子は)共に容貌が**端正で**、その村里で輝いている。

❸堂々として威厳がある。立派だ。

きらきらしきもの。大将の御前駆追ひたる。〈枕草子・295・きらきらしきもの〉訳 **堂々として威厳があるもの。**近衛大将がお先払いをしているようす。

❹際立っている。格別だ。明確だ。歴然としている。

堂童子など呼ぶ声、山彦響きあひてきらきらしう聞こゆ。〈枕草子・120・正月に寺に〉訳(寺を訪れた使者の)寺の小僧を呼ぶ声が、山びこのように響きわたって**際立**

きよ-ら・なり【清らなり】

完璧な美が外に輝き出るようす

❶(容姿などが)**上品で美しい**。清らかで美しい。
❷(服装・調度品などが)**華麗である**。美麗である。豪華である。

形容動詞［ナリ］	未然形	連用形	終止形	連体形	已然形	命令形
	きよら・なら	きよら・なり きよら・に	きよら・なり	きよら・なる	きよら・なれ	(きよら・なれ)

❶(容姿などが)**上品で美しい**。**清らかで美しい**。

前の世にも御契りや深かりけむ、世になく清らなる玉の男御子さへ生まれたまひぬ。〈源氏・桐壺〉訳(帝と桐壺の更衣とは)前世においてもご宿縁が深かったのではなかろうか、世にまたとなく**清らかで美しい**玉のような皇子までもがお生まれになった。

この児のかたちの清らなること世になく、屋の内は暗き所なく光満ちたり。〈竹取・かぐや姫の出生〉訳 この女の子の容貌が**上品で美しい**ことは世に比類なく、(竹取の翁の)家屋の中は暗い場所がなく光がいっぱいになっている。

❷(服装・調度品などが)**華麗である**。**美麗である。豪華である。**

立てる人どもは、装束の清らなること、ものにも似ず。〈竹取・かぐや姫の昇天〉訳(地上から一・五メートルほどの雲の上に)立っている人たち(＝天人たち)は、(その)衣装の**華麗な**ことは、何物にもたとえようがない。

類語比較 **「きよらなり」と「きよげなり」**

共通点＝形容詞「清し」の語幹からできたことばであり、物や人の清浄で気品のある美しさを表すが、対象となる人に身分による使い分けが認められる。

きよらなり＝『源氏物語』では、源氏・紫の上・桐壺の帝など、極めて高貴な人に対して用いられている。

きよげなり＝『源氏物語』では、頭中将・内大臣のほか、それに次ぐ身分の人に対して用いられている。

参考＝『源氏物語』では、さらに階層の低い女房やそれ以下の庶民クラスの女性に対しては「汚げなし」「汚げならず」(＝汚らしくない)を用いている。美の評価にも身分・階級が判断基準のひとつとなっていたことが分かる例である。

↓**古語チャート⑫**(429ページ)

って聞こえる。

❺威儀正しい。形式を重んじる。形式ばっている。

きら‐く【帰洛】 名詞 動詞 自〔サ変〕〈せ・し・す・する・すれ・せよ〉都に帰ること。帰京。

きら・す【霧らす】 動詞 他〔サ四段〕〈さ・し・す・す・せ・せ〉空を一面に曇らせる。(目を)曇らせる。

うち霧らし雪は降りつつしかすがに我家の園に鶯鳴くも 歌〈万葉集・8・1441〉訳**空を一面に曇らせて**雪は降り続いているが、その一方では、わが家の庭にウグイスが鳴いていることよ。

きらは・し【嫌はし】 形容詞〔シク〕〈しく・しく・し・しき・しけれ・○／しから・しかり・○・しかる・○・しかれ〉いとわしい。好ましくない。→古語チャート❻(215ページ)

浄飯王、御心に嫌はしくおぼしめしながら、辞するに詞やなかりけん。〈太平記〉訳浄飯王は、お心では**いとわしく**お思いになっていたが、(申し入れを)断るのに口実がなかったのであろうか。

まとめて覚えよう古語チャート⑫

容姿の美しさを表すことば

下の図では、容姿の美しさを表すことばのうち、本辞典が最重要語・重要語として取り扱っているものに限って紹介しています。

これらのことばの多くは、平安時代の和文作品の中に残されています。外面的な美ばかりでなく内面からほとばしるものをも表現し、男女差や年齢差によって使い分けされているので、使われている語から主体を想定することが可能なこともあります。

例えば、『源氏物語』などは、「[1]きよらなり」と「[2]きよげなり」とによって、登場人物に対する評価を加えた描写をしているようにも解されています。

赤字は最重要語・重要語

典雅
- 立派だ　めでたし(愛でたし)
- 端正だ　うるはし(麗し)
- 優雅だ　あてなり(貴なり)

清潔
- 清らかである　きよし(清し)
- 清らかで美しい　[1]きよらなり(清らなり)
- こざっぱりと美しい　[2]きよげなり(清げなり)

優艶
- 優美である　やさし(優し)
- みずみずしく美しい　なまめかし(生めかし)
- なまめかしい　えんなり(艶なり)
- 優美だ　いうなり(優なり)

賞美
- きれいだ　うつくし(美し)
- 心引かれる　めづらし(珍し)

華美
- 魅力的である　をかし
- すばらしい　おもしろし(面白し)

きらびやか・なり【煌びやかなり】 形容動詞〔ナリ〕〈なら・なり(に)・なり・なる・なれ・なれ〉❶輝くほど美しい。

宮柱太しく、彩椽きらびやかに…。〈奥の細道・塩釜〉訳宮柱は太く、彩った垂木(＝棟から軒にかけて板裏を支える木)は**輝くほど美しく**…。

❷きっぱりとしている。

「すみやかに流罪に行はれさうらへかし。」ときらびやかに申してけり。〈古今著聞集〉訳「(まじないの効果が現れなかったならば)すぐに流罪にしていただいて結構です。」と**きっぱりと**申し上げてしまった。

きら‐ふ【霧らふ】 《上代語》霧や霞で曇る。霧や霞が立ち込める。

秋の田の穂の上に霧らふ朝霞いつへの方に我が恋やまむ 歌〈万葉集・2・88〉訳→あきのたの…

発展 四段動詞「きる」の未然形＋上代の反復・継続の助動詞「ふ」。

きら・ふ【嫌ふ】 動詞 他〔ハ四段〕〈は・ひ・ふ・ふ・へ・へ〉❶好まない。嫌がる。嫌だと退ける。→古語チャート❻(215ページ)

❷選別する。分け隔てする。差別する。

大衆も老少きらはず…。〈平家・5・奈良炎上〉訳衆徒も老人も若者も**分け隔てし**ないで…。

きら‐め・く【煌めく】 動詞 自〔カ四段〕〈か・き・く・く・け・け〉❶きらきらと輝く。

前栽の露は、なほ、かかるところも同じごときらめきたり。〈源氏・夕顔〉訳植え込みの草木の露は、やはり、こんな所(＝場末のあばら屋)でも(大邸宅と)同じように**きらきらと輝いている**。

❷きらびやかに着飾る。華やかに振る舞う。

公卿も殿上人も今日を晴れときらめいてこそありしか。〈平家・11・一門大路渡〉訳公卿も殿上人も今日を晴れがましい日と**きらびやかに着飾ってい**た。

❸盛んにもてなす。歓待する。

貧しき所に、酒宴好み、客人に饗せんときらめきたる。〈徒然草・113・四十にもあまりぬる〉訳貧しい家で、酒宴を好み、客にごちそうしようと**盛んにもてなしている**のは(見苦しいことである)。

きらら‐か・なり【煌らかなり】 形容動詞〔ナリ〕〈なら・なり(に)・なり・なる・なれ・なれ〉きらきらして美しい。きらびやかだ。華やかだ。

今めかしくきららかならねど、木だちものふりて…。〈徒然草・10・家居のつきづきしく〉訳当世風でもなく**きらびやかで**もないが、(庭の)木立がどことなく古びていて…。○「きららかならねど」の「ね」(打消の助動詞「ず」の已然形)は「今めかしく」をも打ち消す。★対偶否定法の用法。

きり【切り】 一 名詞 ❶切ること。区切り。段落。❷限ること。限度。期限。際限。❸(「キリ」と書いて)能で、曲の終末部分。❹(歌舞伎・浄瑠璃で)最後の幕・場・段。対口・序。

二 助数詞 (切ったものを数えるときに用いて)切れ。

三 接尾語 (限度、期限を表し)…限り。…だけ。

きり【桐】 名詞 ❶《植物》ゴマノハグサ科の落葉高木。たんすや琴の材料にする。季語 夏(桐の花)・秋(桐一葉・桐の葉)❷❶の葉や花を図案化した紋所。❸(❶の木で作ったことから)琴の別の呼び名。

去来抄

必修古典ビッグ30 ❽

◉成立…江戸時代中期
◉作者…向井去来（むかいきょらい）
◉分野…俳論書

▼向井去来画像

【冒頭の一文】

蓬萊に聞かばや伊勢の初だより　芭蕉　深川よりの文に「この句さまざまの評あり。汝いかが聞きはべるや。」となり。（＝深川（の芭蕉庵）からの手紙で「この句にはさまざまな評がある。お前（去来）はどう解しますか。」というのである。）


【書名の由来】

はじめは、去来は『落柿舎集』と題する芭蕉や蕉門の人々の句文集を編纂する予定で、一七〇二（元禄十五）年ごろから句を集めていた。それを、一七〇四年ごろ『去来抄』と名を変え、まず俳論の部分の原稿の完成を目指したらしいが、そのまま、病死してしまう。その後、去来没後七十年を経て、加藤暁台の序、井上士朗の跋（＝後書き）を付して刊行された。


【成立】

一七〇二（元禄十五）年ごろ執筆を開始し、一七〇四年に成立。出版されたのは、一七七五（安永四）年。


【作者】

向井去来は、八歳のとき、父兄とともに京都に移住したが、一六六六（寛文六）年、叔父の久米氏の養子として福岡に移る。少年時代は、武道に専念し、青年期は、神道や有職故実を学んだ。


俳諧師としての出発は、一六八五（貞享二）年の句集の中の句である。芭蕉との付き合いは、文通によっていたが、一時江戸へ下り、芭蕉・其角らと交わり、俳諧修行を積む。京都の嵯峨に落柿舎という草庵を建て、隠棲していた。芭蕉は、この落柿舎に一六九一（元禄四）年四月十八日から五月五日まで滞在し、『嵯峨日記』を書いた。

また同年七月に、芭蕉監修のもとに凡兆との共撰で、『猿蓑』を出版した。同書は、蕉風の代表的な撰集であり、「俳諧の古今集」とも呼ばれた。去来は、生涯、師である芭蕉の説を忠実に守り、芭蕉没後蕉門の高弟たちが、蕉風俳諧から逸脱してゆく傾向に対して警告を発し、師の説につくように、繰り返し述べている。


【概要】

版本では「先師評」「同門評」「修行」の三部構成であるが、本来は「故実」編を加えた四部構成であった。


「先師評」は、芭蕉の発言を中心に収め、句作の心得などを述べる。「同門評」は、同門の人々がお互いの作品を批評し論議し合ったときの発言を収める。「故実」は、問答形式をとり、俳諧の方式や切れ字などについての芭蕉の考えを伝えている。「修行」は、俳諧の歴史や本質的問題、俳諧修行の心得などが述べられている。

つまり、この作品は、芭蕉とその門人の俳論を集大成したもので、蕉風俳諧の本質を研究するのに重要な資料といえる。


【関係する人物】

◉先師…この作品では「芭蕉」を指す。

◉其角…蕉門随一の高弟として活躍し、芭蕉とともに俳諧の革新に努め、蕉風の樹立発展に貢献した。芭蕉没後は、都会風で軽妙な俳諧を多く作り、蕉風から離れていった。この『去来抄』でも、中世の和歌の第一人者である藤原定家になぞらえられるほど、芭蕉から評価されていたようすが記されている。

◉越人…一六五六（明暦二）年～没年未詳。江戸時代前期の俳人。北越の人。越智氏。一六八四（貞享元）年刊の『冬の日』のころ蕉門に入った。一六八八（元禄元）年から江戸に帰る芭蕉にしたがって『更科紀行』の旅をし、翌年刊の『阿羅野』で蕉門作家としての地位を確立した。

◉凡兆…『猿蓑』に収録されている凡兆の四十一句は数の上でも群を抜いている。しかし、刊行後は芭蕉から遠ざかり、一六九三（元禄六）年投獄された。出獄した後は、大坂で余生を送ったといわれている。この『去来抄』にも、後に芭蕉から離れていく凡兆のようすがうかがえる話が含まれている。


【『去来抄』のキーワード・風雅】

「風雅」という語は俳論特有の用語である。一般的には「詩歌や高尚な文芸」を意味するが、芭蕉は、「（蕉門における）俗を離れた俳諧（の姿）」を指している。本作品においてもそのような意味で使われている。


【ことばと表現】

◉本作品の文章のスタイルは、基本的に、ある一つの句、または用語や概念について、芭蕉や著者去来を含む門人たちの考えを述べる、という形式をとっている。したがって、「〇〇曰く、「…」。××曰く、「…」。」という会話形式による文章がほとんどである。

先師曰く「尚白が難に『近江は丹波にも、行く春は行歳にもふるべし。』といへり。汝いかが聞きはべるや。」

去来曰く「尚白が難あたらず。湖水朦朧として春を惜しむに便りあるべし。殊に今日の上にはべる。」と申す。

訳 芭蕉が言う「尚白の批判に『近江は丹波にも、行く春は行歳にも置き換えられる。』と言っている。お前はどのように聞きますか。」

去来が言う「尚白の批判はあたらない。琵琶湖の湖面がぼんやりとかすんでいて（近江の風景は）惜春の情に最適の取り合わせであるにちがいない。とりわけ現地の情景を実際に見た上でのことです。」と申し上げる。

◉会話文の後は、「～言ふ。」とせず、「～となり。」という結び方をしている例がかなり見られる。稀に「～となん。」のパターンもあるが、その場合は、「★結びの省略」で、発言する人物によって、「言ふ」「申す」「のたまふ」などを想定することができる。

きり【霧】 名詞 細かい水蒸気が煙のように立ちこめたもの。季語 秋 発展 春のものを「霞（かすみ）」、秋のものを「霧」と区別するようになった。↓霞（かすみ）／**古語チャート㉑**（783ページ）

ぎ-り【義理】 名詞 ❶文章などの意味・内容。❷正しい筋道。道理。❸他人に対して行わなければならないこと。

きり-かけ【切り掛け・切り懸け】 名詞 ❶横板を外に向けて斜め下に突き出し、少しずつ重ねて張った板べい。❷❶のように作った、室内用のつい立て。

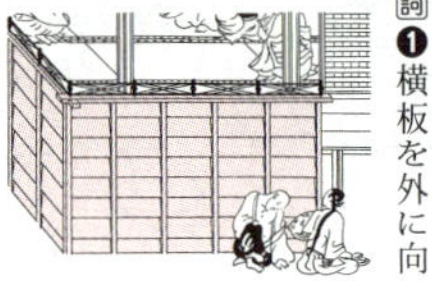
［きりかけ❶］

きり-かみ【切り髪】 名詞 ❶肩の辺りでそろえた少女の髪形。❷髷（まげ）を結わずに髪を束ねて後ろに下げ、先端を切りそろえた髪形。江戸時代の女性のもの。発展「きりがみ」とも。

きり-きり 副詞 ❶物がきしるようす。❷弓を引き絞るようす。また、強く巻くようす。**まだらなる蛇（くちなは）の、きりきりとしてゐたれば**…。〈宇治拾遺（うぢしふゐ）〉訳 まだらのヘビが、**きりきりとして**（=とぐろを巻いて）いたので…。❸てきぱき。さっさと。発展 多く、「きりきりと」の形で用いられる。

［きりかみ❶］

きりぎり-す【蟋蟀】 名詞《動物》コオロギの古い呼び名。季語 秋 発展 現在のキリギリスに当たるのは「はたおり」。

きりぎりす…百人一首

きりぎりす鳴くや霜夜のさ筵（むしろ）に衣（ころも）片敷きひとりかも寝む〈新古今集・秋下・518・藤原良経（よしつね）〉訳 コオロギの鳴く、霜（の降りた）夜の寒々とした筵（の上）に（着物を着たまま）片袖（かたそで）を敷いて（私は）ひとり（きりで）寂しく寝るのだろうかなあ。○「さむしろ」は、「狭筵（=幅の狭い筵）」と「寒し」の掛詞。昔、男女が共寝するときは二人の衣を重ねて敷いて寝たのだが、「片敷き」は、衣を脱がないで片袖を敷いて独り寝をすることを意味している。発展 次の歌が本歌。「あが恋ふる妹（いも）は逢（あ）はさず玉の浦に衣片敷きひとりかも寝む（=私が、恋しく思うあなたは逢ってくださらない。玉の浦に自分の着物の片袖を敷いて、ひとりで寝るのだろうかなあ。）」〈万葉集・9・1692〉「さむしろに衣片敷きこよひもや我を待つらむ宇治の橋姫（=寒々とした筵に衣の片袖を敷いて今夜も私を待っているだろうか。宇治の橋姫のようなあの人は。）」〈古今集・恋4・689〉

品詞分解・修辞

きりぎりす／鳴く（カ四・体）／や（間助）／霜夜／の（格助）／さ筵（寒し／狭筵（掛詞））／に（格助）
衣／片敷き（カ四・用）／ひとり／かも（係助）／寝（ナ下二・未）／む（推量・体）
（係）→（結）

きり-くひ【切り杙・切り杭】〔―くい〕名詞 ❶木の切り株。❷平安時代、女官が母の仕えた年数まで含めて叙位を申請すること。切り株から芽が出ることにたとえていう。

きりしぐれ…句

霧しぐれ富士を見ぬ日ぞ面白き〈野ざらし紀行・松尾芭蕉〉訳 あたり一面に立ち込めた霧が時雨のように薄く濃く降りかかって、どこからでもいつも見えていた富士が今日は見えないのが、かえっておもしろいことだ。○季語 霧しぐれ―秋 発展 箱根の関所を越えるときに詠んだ句。

キリシタン【吉利支丹・切支丹】 名詞 キリスト教の日本での呼び名。また、その信者。天主教（てんしゅきょう）。

きり-そん・ず【切り損ず】 動詞 他〔サ変〕〈ぜ・じ・ず・ずる・ずれ・ぜよ〉切って傷つける。**からき命生きたれど、腰切り損ぜられて**…。〈徒然草・87・下部（しもべ）に酒飲ますることは〉訳 危うい命は助かったが、腰を**切られ、傷つけられて**…。

きり-つぼ【桐壺】 名詞 ★淑景舎（しげいさ）の別の呼び名。発展 庭にキリが植えてあることからいう。↓**ビジュアルチェック⑯**（759ページ）

桐壺の更衣（きりつぼのかうい）【―】〔カウイ〕登場人物『源氏物語』中の人物。★桐壺の帝（みかど）の寵愛（ちょうあい）を受けて源氏を産むが、後見もない身の上で、弘徽殿（こきでん）の女御（にょうご）をはじめとする他の女御・更衣らにねたまれ、病死する。

桐壺の帝（きりつぼのみかど） 登場人物『源氏物語』中の人物。源氏の父。源氏の母桐壺の更衣を寵愛（ちょうあい）し、その死後、更衣によく似た★藤壺（ふじつぼ）の女御（にょうご）を入内（じゅだい）させる。

きり-づま【切り妻】 名詞 ❶（「切（き）り妻戸（つまど）」の略で）寝殿造りで、廊下から寝殿へ出入りする両開きの戸。❷（「切（き）り妻屋根（やね）」の略で）二つの斜面からなる屋根。

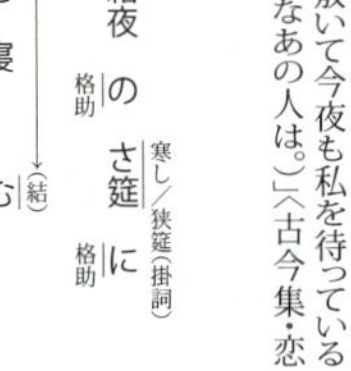
［きりづま❷］

きり-ど【切り戸】 名詞 門のわきや塀の途中に設けた小さな出入り口。

きり-とほ・す【切り通す】〔―とおす〕動詞 他〔サ四段〕〈さ・し・す・す・せ・せ〉山や岩などを切り開き、通路や水路をつける。**吉野川岩切り通し行く水の音には立てじ恋ひは死ぬとも** 歌〈古今集・恋1・492〉訳 吉野川の岩石を**切り開き**流れ行く水の音のように声を立て（て恋心を訴え）ないようにしよう。たとえ恋い焦がれて死んでも。

きりのはも…歌

桐（きり）の葉も踏み分けがたくなりにけり必ず人を待つとなけれど〈新古今集・秋下・534・式子内親王（しきしないしんのう）〉訳 キリの（落ち）葉も（庭一面に深く積もり）踏み分け（て歩き）にくいほどになってしまった（=キリの落ち葉が積もって家の入り口を閉ざしてしまった）。必ずしも（だれか訪れてくれる）人を待っているというわけではないのだけれど。○三句切れ。上の句と下の句が倒置されている。「必ず」は、後に打消の語があるので、ここでは「必ずしも」の意味になる。

きり-ふ【切り斑・切り生】 名詞 タカの羽根から作った白と黒のまだら模様になった矢羽。発展「ふ」はまだらという意味。「切り生」は当て字。

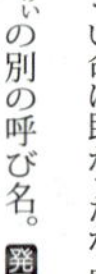
［きりふ］

きり-ふた・が・る【霧り塞がる】 動詞 自〔ラ四段〕〈ら・り・る・る・れ・れ〉❶霧のために視界がきかなくなる。**入りもてゆくままにきりふたがりて**…。〈源氏・橋姫〉訳（山路に）どんどん入って行くにつれて**霧のために視界がきかなくなって**…。❷（涙で）ものが見えなくなる。

「月ごろは、いとど涙にきりふたがりて…。」〈源氏・葵〉訳「数か月このかたは、ますます（娘を失った悲しみの）涙でものが見えなくなって…。」

きり-まは・す【切り回す】—まわす 動詞 他〔サ四段〕〈さ・し・す・す・せ・せ〉物の周りを切る。切りそろえる。あちこちを切る。**すすけたるあかり障子の破ればかりを、禅尼手づから小刀して、切り回しつつ張られければ**…。〈徒然草・184・相模守時頼の母は〉訳すすけている紙障子の破れたところだけを、禅尼（＝北条時頼の母）が自分の手で小刀を用いて、あちこち切ってはお張りになったので…。

きり-やう【器量】—りょう 名詞 ❶能力。才能。力量。技量。また、それらが優れている人。❷容姿。顔立ち。

きり-よ【羈旅・羇旅】 名詞 ❶旅・旅行。❷《和歌・俳諧用語》旅先での体験・感想・風物などを詠んだもの。和歌などの部立てのひとつになる。

きり-わた・る【霧り渡る】 動詞 自〔ラ四段〕〈ら・り・る・る・れ・れ〉霧が一面にかかる。

きり-ん【麒麟】 名詞 ❶中国の想像上の動物。体はシカ、尾はウシ、足はウマ、額はオオカミに似ていて、角が一本生えているという。聖人の出現の予兆とされた。❷優秀な人のたとえ。

［きりん❶］

き・る【霧る】 動詞 自〔ラ四段〕〈ら・り・る・る・れ・れ〉❶霧が立つ。かすむ。曇る。→古語チャート㉑（783ページ）
春草の繁く生ひたる霞立ち春日の霧れるももしきの大宮所見れば悲しも 歌〈万葉集・1・29〉訳春の草がたくさん生えている、霞が立ち春の日がかすんでいる大宮所（＝近江大津宮の跡）を見ると、悲しいことよ。○「ももしきの」は「大宮」に係る枕詞。❷目が曇る。目がかすむ。**思ひ出づることども書き続くれば、筆の立ち処も見えずきりふたがりて**…。〈讃岐典侍日記〉訳思い出されることなどを書き続けていると、筆を下ろす所もわからないくらい（涙があふれてきて）目がかすみ見えなくなって…。

き・る【切る・斬る】 一 動詞 他〔ラ四段〕〈ら・り・る・る・れ・れ〉❶切断する。刀で断ち切る。
❷決定する。決着をつける。**わがひがごとを思ふか、人のあしく難じたまふか、事をば切らめ。**〈無名抄・静縁こけ歌事〉訳（自作の歌について）私が間違ったことを思っているのか、あの人（＝鴨長明）が（特に）悪く非難なさるのか、事の**決着をつけたい**。
❸期限を定める。**十年切って、銭一貫から三十目までにて、好きなる子供取りける。**〈西鶴・世間胸算用〉訳（役者は）十年と**期限を定めて**、銭一貫から銀三十匁まで（の給金）で、気に入った子供を雇った。○「切っ」は連用形「切り」の促音便。
二 動詞 自〔ラ下二段〕〈れ・れ・る・るる・るれ・れよ〉❶切れる。分断される。**水精の数珠の緒を切れたらんやうなる涙をはらはらとこぼして**…。〈宇治拾遺〉訳水晶の数珠の緒が切れたような涙をぼろぼろと流して…。
❷決着がつく。落着する。**よきこともわろきことも、その時、事は切るるなり。**〈愚管抄〉訳よいことも悪いことも、そのとき、物事は**決着がつく**のである。
❸尽きる。**さすがの廓駕籠切れて**…。〈近松・淀鯉出世滝徳〉訳さすがの（＝大量にあるはずの）廓駕籠（＝遊廓のかご）も**尽きて**（＝出払って）…。
❹それる。曲がる。**二本松より右に切れて、黒塚の岩屋一見し、福島に宿る。**〈奥の細道・浅香山〉訳二本松から右に**曲がって**、黒塚の岩屋を一通り見て、福島に泊まる。
三 補助動詞〔ラ四段〕〈ら・り・る・る・れ・れ〉…終える。…尽くす。**今宵、あしともよしとも定めきりて止みなむかし。**〈枕草子・82・頭の中将の〉訳今夜、悪いともよいとも決め**終え**てしまおうよ。

き・る【着る・著る】 動詞 他〔カ上一段〕〈き・き・きる・きる・きれ・きよ〉❶（衣服などを）身に着ける。かぶる。はく。**いはば、商人のよき衣着たらむがごとし。**〈古今集・仮名序〉訳（文屋康秀の歌は）言うならば、商人がきれいな衣服を**身に着け**ているようなのと同じだ。
❷被る。受ける。**「いな。」と申せば、人の恨みを着ると言ひ**…。〈御伽草子・猿源氏草紙〉訳「いや。」と申し上げると、人の恨みを**受ける**と言い…。

きれ【切れ】 一 名詞 ❶（布・紙・木・髪などの）切れて残った部分。切れ端。❷（多くの同類の中で）取るに足りない者。はしくれ。❸（書画・古文書などの）断片。古筆切れ。
二 助数詞 切り離されたものを数えることば。

き-れい・なり【綺麗なり】 形容動詞〔ナリ〕〈なら・なり（に）・なり・なる・なれ・なれ〉❶美しく華やかだ。❷容姿・容貌が美しい。❸潔い。さっぱりしている。❹何も残らない。物事が残りなく行われる。

きれ-う・す【切れ失す】 動詞 自〔サ下二段〕〈せ・せ・す・する・すれ・せよ〉切れてなくなる。**たとひ耳鼻こそ切れ失すとも、命ばかりはなどか生きざらん。**〈徒然草・53・これも仁和寺の法師〉訳たとえ耳や鼻が**切れてなくなる**としても、命だけはどうして助からないことがあろうか、いや、助かるだろう。

切れ字 文芸用語《連歌・俳諧用語》発句が独立していることを示すため、句中・句末に用いて言い切りの気持ちを表す語。「や」「か」「ぞ」「かな」などの助詞、「けり」「ず」「らん」などの助動詞や、活用語の言い切りの形（終止形・命令形）がそれに当たる。

き・れる【切れる】 動詞 自〔ラ下一段〕〈れ・れ・れる・れる・れれ・れよ〉❶物事が終わる。❷金銭を惜しみなく使う。❸勢力を持つ。❹処理能力に富む。

きろ-きろ 副詞（目などが光ったり、目つきが落ち着かないようすを表し）きょろきょろ。**目のきろきろとして、瞬きゐたり。**〈堤中納言・はいずみ〉訳（女は）目が**きょろきょろ**として、まばたきをし座っている。
発展 多く、「きろきろと」の形で用いられる。

きわ（現）↓（歴）**きは【際】** 最重要語（418ページ）

きわだ（現）↓（歴）**きはだ【黄檗】**

きわまる(現)→(歴)**きはまる【極まる・窮まる】**

きわむ(現)→(歴)**きはむ【極む・窮む・究む】**

きわめて(現)→(歴)**きはめて【極めて】**

きわめる(現)→(古)**きはむ【極む・窮む・究む】**

き-ゐる【来居る】 動詞 自 ワ上一段〈ゐ・ゐ・ゐる・ゐる・ゐれ・ゐよ〉来てそこに居る。来て座る。

葦が散る難波に**来居て**夕潮に船を浮け据ゑ…

歌〈万葉集・20・4398〉訳 難波に**来てそこに居て**、夕方に満ちてくる潮に船を浮かべて動かないようにして…。○「葦が散る」は「難波」に係る枕詞。

ぎ-をん【祇園】 名詞 ❶《仏教語》釈迦が修行したインド舎衛国の祇陀太子の庭園「祇樹給孤独園」の略。❷京都市東山区にある八坂神社(=祇園社)のこと。また、その周辺の地名。

ぎをん-しゃうじゃ【祇園精舎】 名詞《仏教語》「ぎをん❶」に建てられた釈迦のための寺。

祇園精舎の鐘の声、諸行無常の響きあり。〈平家・1・祇園精舎〉訳 **祇園精舎**(という釈迦が説教した寺)で鳴る鐘の音には、万物は生滅流転して常にとどまることがないという響きがある。

ぎをん-ゑ【祇園会】 名詞 京都市東山区の八坂神社(=祇園社)の祭礼。祇園祭り。季語 夏

きん【金】 名詞 ❶こがね。黄金。❷金貨。❸五行の一つ。季節は秋、方角は西、星では金星に当たるもの。

きん【琴】 名詞 中国伝来の七弦の琴で琴柱を用いないもの。発展「琴の琴」とも。

[きん(琴)]

ぎん【吟】 名詞 ❶詩歌を作ること。また、声に出して歌うこと。❷音楽の調べ。響き。

ぎん【銀】 名詞 ❶しろがね。銀。❷銀貨。

金槐和歌集 作品名 ↓必修 古典ビッグ30 ❾(434ページ)

ぎん-かう【吟行】 名詞 動詞 自 サ変〈せ・し・す・する・すれ・せよ〉❶詩歌・俳句を作るために名所旧跡や風景のよい所へ出かけること。❷詩歌を吟じながら歩くこと。

金々先生栄花夢 作品名 江戸時代後期の★黄表紙。恋川春町作・画。いなか出の青年が江戸にやってきて金持ちの養子となるが、放蕩して勘当されるという一部始終を夢に見る。謡曲の「邯鄲」を素材としている。一七七五(安永四)年刊。

きん-ざ【金座】 名詞 江戸幕府の金貨の鋳造・発行を行った役所。

ぎん-ざ【銀座】 名詞 江戸幕府の銀貨の鋳造・発行を行った役所。

禁止 国語・国文法 相手に動作を実現・実行しないように求める表現。以下の表現形式がある。

①終助詞「な」を用いる。「吹かざる**な**ゆめ(=吹かないでいてくれるな、決して。)」

②副詞「な」、また「な…そ(終助詞)」を用いる。「春日野はけふは**な**焼き**そ**(=春日野を今日は焼かないでくれ。)」

③終助詞「そ」を用いる。院政期ごろに現れ、近世には用いられなくなる。

④打消の助動詞の命令形「ざれ」を用いる。

⑤形容詞「なし」の命令形「なかれ」を用いる。

⑥助動詞「まじ」を用いる。

⑦助動詞「べし」を打ち消した「べからず」を用いる。

⑧★陳述の副詞「ゆめ」「ゆめゆめ」「かまへて」などを添えて強調する。

⑨漢文訓読語特有の副詞「まな」を用いる。ただし、例は少ない。

きん-しう【錦繡】 名詞 錦と刺繡をした織物。そこから、美しい織物や衣服。また、花や紅葉など美しいもののたとえ。

きん-じう【禽獣】 名詞 鳥と獣。

きん-じき【禁色】 名詞 ❶天皇や皇族にのみ許され、臣下の使用が禁じられた色。対 許し色。❷位階によって定められた衣服の色以外の色。対 許し色。発展 ❶は、赤・青・黄丹・梔子・深紫・深緋・深蘇芳の七色。

きんし-ぎょくえふ【金枝玉葉】 名詞 天皇の一族。皇族。発展 金や玉の枝葉という意味から。

きん-じふ【近習】 名詞 ↓きんじゅ

きん-じゃう【今上】 名詞 (「今上天皇」の略で)当代の天皇。発展「きんしゃう」「こんじゃう」とも。

きん-じゅ【近習】 名詞 主君のそばに仕える者。発展「きんじふ」の変化したことば。

きん-す【金子】 名詞 金貨。また、金銭。

ぎん-す【銀子】 名詞 銀貨。また、金銭。

ぎん-ず【吟ず】 動詞 他 サ変〈ぜ・じ・ず・ずる・ずれ・ぜよ〉(詩歌などを)歌う。口ずさむ。

ただ、『一昨日はあの山越えつ』と、日々**吟じ**行きはべるのみ。」となり。〈去来抄・先師評〉訳 (先師=芭蕉は)「ただ、『一昨日はあの山越えつ花盛り』の(私の)句を、毎日**口ずさみ**ながら山を巡り歩くばかりでございます。」と書いてよこしてくださった。

近世語 国語・国文法 江戸時代に使われた言語の総称。宝暦年間(一七五一～一七六四)を境に前期(上方語)と後期(江戸語)に分けられる。町人文化を反映した町人独自の語彙・語法・音韻などに特色が見られる。↓江戸語

きん-だい【近代】 名詞 近ごろ。最近。

近代秀歌 作品名 鎌倉前期の歌論書。★藤原定家著。定家が源実朝の質問の答えを書き送ったもの。和歌史批判・本歌取り論を展開した歌論的部分と近代歌人の秀歌例とからなる。一二〇九(承元三)年成立。

きん-だち【公達・君達】

上流貴族の子息 ─┬─ ❶**貴公子。**
　　　　　　　　 └─ ❷(代名詞的に用いて)**あなた様。**

名詞 ❶(皇族・摂関家・公卿などの)**上流貴族の子息。貴公子。貴公子たち。若君。まれに、姫君。**

辺りを離れぬ**公達**、夜を明かし、日を暮らす、多かり。〈竹取・五人の貴公子〉訳 (かぐや姫の家の)近辺を離れない**貴公子たち**で、夜を明かし、日を暮らす者が、多い。

❷(代名詞的に用いて)**あなた様。あなた様方。**

「**公達**こそめざましくもおぼしめさめ…。」〈源氏・藤袴〉訳 「**あなた様**(=宰相の君)はあきれたこととも思いになるだろうが…。」

発展 ①「きみたち」の変化したことば。「きむだち」とも。

②**単数・複数とも** 「たち(だち)」は敬意を含む複数を表す接尾語であるが、「きんだち」は単数・複数のいずれにも用いられる。

③**「御曹司」と「公達」** 『平家物語』などでは、源氏一門の子弟を「★御曹司」と呼ぶのに対して、平氏一門の子弟を「公達」ということがある。

金槐和歌集

必修古典ビッグ30 ❾

◉成立…鎌倉時代初期
◉作者…源実朝(みなもとのさねとも)
◉分野…和歌集
◉歌数…六百六十三首

▼右大臣実朝

【有名な一首】
ものいはぬ四方の獣すらだにもあはれなるかな親の子を思ふ
訳 口をきかないあちらこちらの獣でさえも心を動かされるものであるなあ。親が子をいとおしく思うことについては。

【書名の由来】
「金槐」の「金」は、鎌倉の「鎌」の字の偏をとったもの。「槐」は、大臣の意。すなわち、鎌倉右大臣の家集となる。よって、実朝が右大臣になった後の名称であろう。

【作者と成立】
◉作者…源実朝。一一九二(建久三)年～一二一九(建保七)年の人。鎌倉幕府の三代将軍。源頼朝の二男。母は、北条政子。一二〇三(建仁三)年十二歳のとき、兄の二代将軍の源頼家を継いで征夷大将軍となった。一二一八(建保六)年十二月、正二位右大臣にまでなったが、翌年一月二七日、右大臣拝賀の儀式の日、鶴岡八幡宮へ参詣の帰り、兄の三男公暁により暗殺された。

幼いころから京都風の生活にあこがれ、和歌や蹴鞠を好んだ。一二〇九(承元三)年藤原定家に和歌を送り、八月には、定家から批評とともに『詠歌口伝』(『近代秀歌』の原型)を贈られている。実朝の和歌は、この『金槐和歌集』を含めて、合計七百五十八首が知られている。また『新勅撰和歌集』以降の勅撰集に九十三首が入集している。

◉成立…実朝が二十二歳の一二一三(建保元)年成立と考えられている。

【概要】
◉全体は、春・夏・秋・冬・賀・恋・旅・雑に分類した六百六十三首を収めている。定家の説く「詞は古きをしたひ、心は新しきを求め」(『近代秀歌』その他)る姿勢の歌が多い。定家の教えに忠実だったということができる。

◉実朝は、江戸時代の国学者賀茂真淵や明治時代の正岡子規によって、「万葉調の歌人」と評価されているが、厳密な意味での「万葉調」の和歌は少ない(→【ことばと表現】)。しかし、力強さを持った写実の歌が多い。

◉鎌倉の地を生かした歌が、個性的である。本歌取りの歌が多いのも特色で、『古今和歌集』『新古今和歌集』調の歌も多い(→【ことばと表現】)。この後、政治生活で多忙となったためか、二十三歳以降の歌はわずかしか伝わっていない。

【ことばと表現】
◉この作品には「万葉調」の和歌が多いという指摘がある。

①「久方のあまの川原にすむ鶴も心にあらぬ音をやなくらむ」(恋)の「久方の」、あるいは「むばたまの」「あしひきの」「天の原」「唐衣」「あをによし」など、『万葉集』に特徴的な枕詞が随所に使われていること。

②「山はさけ海はあせなむ世なりとも君にふた心わがあらめやも」(雑)の「めやも」など、『万葉集』に特徴的な語が使われていること。

③「時により過ぐれば民の嘆きなり八大竜王雨やめたまへ」(雑)の「たまへ」のように、敬語を用いた短歌は、『万葉集』以外では限られる。

◉しかし、実際には、実朝が多く影響を受けたのは、『万葉集』よりも、同時代の『新古今和歌集』、あるいは『古今和歌集』であろうと思われる。

[金槐集]**見渡せば雲居はるかに雪白し富士の高嶺のあけぼのの空**(冬)訳 見渡すと、雲のあたりに遠く雪が白い。富士の高嶺の(春ではないが、冬の)明け方の空よ。

[新古今集]**天の原富士の煙の春の色の霞になびくあけぼのの空**(巻第一・春上・慈円)訳 大空の富士山の噴煙が、春らしいようすの霞となってたなびいている曙の空よ。

[金槐集]**桜花うつろふ時はみ吉野の山下風に雪ぞふりける**(春)訳 桜花が色あせる時は、吉野山麓へ吹き下ろす風で、雪(のような落花)が降ったことだ。

[古今集]**白雪の降りしく時はみ吉野の山下風に花ぞ散りける**(巻第七・賀・紀貫之)訳 まっ白い雪がしきりに降る時は、吉野山麓へ吹き下ろす風で、(さすが、花の名所だけあって)花が散ったことだ。

◉この歌集では、当時の歌壇の流行である「本歌取り」の技巧が多く使われている。

[金槐集]**さわらびのもえ出づる春に成りぬれば野辺の霞もたなびきにけり**(春)訳 ワラビが芽吹く春になったので、野辺の霞も横長にかかってしまっていたなあ。

[万葉集(本歌)]**石ばしる垂水の上のさわらびの萌え出づる春になりにけるかも**(巻第八・春の雑歌)訳 →いはばしる…

◉模倣歌といわれる歌がいくつかある。

[金槐集]**名にし負はばいざ尋ねみむあふ坂の関路に匂ふ花はありやと**(春)訳 (逢う坂という)名を持っているなら、さあ、(逢えるかと思って)尋ねてみよう。逢坂の関所に通じる道に美しく色づく花は(まだ)あるかと。

[古今集]**名にし負はばいざ言問はむ都鳥わが思ふ人はありやなしやと**(巻第九・羇旅・在原業平)訳 →なにしおはば…

[金槐集]**わが宿の梅のはつ花咲きにけり待つ鶯はなどか来鳴かぬ**(春)訳 私の家の梅の初花が咲いた。待っているウグイスは、どうしてやって来て鳴かないのか。

[古今集]**わが宿の池の藤波咲きにけり山ほととぎすいつか来鳴かむ**(巻第三・夏・読人知らず)訳 私の家の池のほとりの藤の花が咲いたよ。山ほととぎすはいつ来て鳴くのだろう。

きんぢ 代名詞 ↓きむぢ

きん-ちゃう【錦帳】— 名詞 仕切りに用いた、錦の垂れ幕。

きん-ちゃく【巾着】 名詞 口をひもでくくるようにした布や革製の袋。財布や小銭入れとして使う。

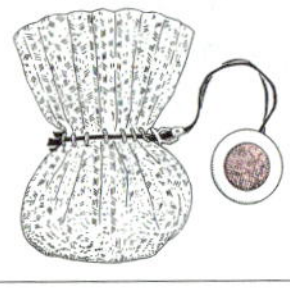

[きんちゃく]

きん-ちゅう【禁中】 名詞 宮中。内裏。皇居。

京中の貴賤、禁中の上下、騒ぎののしることおびたたし。〈平家・1・内裏炎上〉訳 京都中の貴い人卑しい人や、宮中の身分の高い人低い人が、騒いで大声を上げるようすは普通ではない。

きん-の-こと【琴の琴】 名詞 ↓きん(琴)

きん-ぷくりん【金覆輪】 名詞 鞍や鞘などに施した金の縁取り。類 黄覆輪 発展「きんふくりん」「きんぷくりん」とも。

ぎん-み【吟味】 名詞 動詞 他〔サ変〕〈せ・し・す・する・すれ・せよ〉❶詩歌を吟じて味わうこと。❷念入りに調べること。「分け悪しからぬ退のきやう吟味のうへ会ひまうしさうらふ。」〈西鶴・好色一代男〉訳「理由のもっともな別れ方かどうか念入りに調べてお会いいたします。」❸監視すること。取り締まること。**妾の横日をたのみ、外より男の出入りはかたく吟味して…。**〈西鶴置土産〉訳 愛人の見張りを頼み、外から男が出入りすることは厳しく監視して…。

きん-もん【禁門】 名詞 ❶皇居の門。また、皇居。宮中。内裏。❷出入りを厳しく禁じた門。牢獄の門など。

金葉和歌集 作品名 平安後期の歌集。勅撰和歌集の第五番目。白河院の命を受けた源俊頼の撰。三度撰進を行い、それぞれ初度本、二度本、三奏本とする。いずれも十巻だが、世には二度本が伝わった。六四七首・連歌十八首(本により少し差がある)。清新な叙景歌や、構想・表現の自由で新しい歌が多い。

きん-り【禁裏・禁裡】 名詞 皇居。宮中。内裏。

く

-く 接尾語《上代語》(四段・ラ変の動詞の未然形、形容詞の古い未然形「け」「しけ」、助動詞の未然形、過去の助動詞「き」の連体形「し」などに付いて)❶上の活用語を名詞化して、…こと、という意味を表す。また、下にその内容があることを示して、…ことに、…ことには、という意味を表す。語例 のたまはく・悲しけく・思ひけらく

❷(文末に用いて)詠嘆を表す。…ことだ。↓なくに

磯ごとに海人の釣船泊てにけりわが船泊てむ磯の知らなく 歌〈万葉集・17・3892〉訳 どの磯にも漁師の釣り船が停泊してしまったのだった。私の船が停泊するような磯が分からないことだ。

発展 ①❶は、中古以降、「言はく」「思はく」などの一部のことばに慣用的な表現として残るだけとなった。また、❷は助詞「に」を伴う形で和歌に多く用いられる。

②語源としては、形式名詞的な性格の「あく」が背景にあるとする説がある。↓ク語法・らく(接尾語)

く【句】 名詞 ❶(和歌などの)五音・七音のまとまり。❷(連歌や俳諧で)五七五または七七のまとまり。❸(漢詩で)五字・七字のまとまり。❹(連歌や俳諧の)発句。

く【来】 一 動詞 自〔カ変〕〈こ・き・く・くる・くれ・こ(こよ)〉❶来る。↓古語チャート❼(273ページ)

唐衣きつつなれにしつましあればはるばるきぬる旅をしぞ思ふ 歌〈古今集・羇旅・410〉訳 ↓からころも…

逢坂も果ては行き来の関もゐず訪ねて来ば来来なば帰さじ 歌〈俊頼髄脳〉訳 逢坂の関も深更には旅人を取り締まる関守もいない。(この御所も深更ならば人目にもつかないから)訪ねて来るなら、来い(=来なさい)。来たならば、(愛して)帰すまい(よ)。

〇「来ば」の「来」は未然形。次の「来」は命令形。「来なば」の「来」は連用形。また、この歌は「★沓冠」折句の例。「あふさかも はてはゆききの せきもゐず たづねてこば こきなばかへさじ」と、各句の頭と末に「合はせ薫き物少し」を折り込んでいる。

❷行く。

からうじて、大和人、「こむ。」と言へり。〈伊勢・23〉訳 ようやく、大和の国の男は、「(そちらへ)行こう。」と言った。

二 補助動詞〔カ変〕❶ずっと…し続けている。

ありはてぬ命を限りに思ひて、契り過ぐしきつるを…。〈源氏・松風〉訳 いつまでも生き長らえない命をこれまで(一緒に)と思って、将来を誓いずっと過ごし続けていたのだから…。

❷だんだん進む。…てくる。

沖辺より潮満ちくらし可良の浦にあさりする鶴鳴きて騒きぬ 歌〈万葉集・15・3642〉訳 沖の方から潮が満ちてくるらしい。可良の浦にえさを求めるツルが鳴き騒いだ。

発展 命令形「こよ」は中世以降の形。

く【消】 動詞 自〔カ下二段〕〈け・け・く・くる・くれ・けよ〉消える。

我が宿の夕影草の白露のけぬがにもとな思ほゆるかも 歌〈万葉集・4・594〉訳 私の家の庭の夕影草(=夕方に花を咲かす草、あるいは、夕日に映える草)に置く白露が消えてしまうように(私は消えてなくなってしまうほど)しきりにあなたのことが思われることよ。

発展 上代において、未然形・連用形・終止形に限って見られる。

ぐ【具】 一 名詞 ❶道具。器具。

恋せじといふ祓への具してなむ行きける。〈伊勢・65〉訳 恋をすまいというお祓いの道具を持って(河原に)行ったのだった。

❷連れ添う者。結婚相手。配偶者。

「**この宮の御具にてはいとよき間なり。**」〈源氏・浮舟〉訳「あの宮(=匂宮)のご結婚相手としては実にいい似合いの仲だ。」

❸(貴人の)相手役。話し相手。遊び相手。

姫宮の御具にて、いとこよなからぬ御程の人なれば…。〈源氏・蜻蛉〉訳 (宮の君は)姫宮(=女一の宮)のお相手として、実にこの上ないご身分の人なので…。

二 助数詞 (道具・衣装・食器などのひとそろいを数えるのに用いて)組。そろい。

くい【悔い】 名詞 悔やむこと。後悔。↓古語チャート㉜(977ページ)

くいる(現)↓(古)**くゆ【悔ゆ】**

くう(現)↓(歴)**くふ【食ふ・喰ふ】**

くう【功】名詞 功績。手柄。年功。発展「こう」とも。

くう【空】名詞《仏教語》物事はすべて因縁によって生じる仮の存在で、永遠不変の固定的実体は存在しないということ。↓空なり

空海(くうかい) 人名 平安初期の僧。★真言宗の開祖。諡(おくりな)は弘法大師(こうぼうだいし)。唐の恵果(けいか)に密教を学んで帰国後、真言宗を開く。八一六(弘仁七)年、高野山(こうやさん)に金剛峯寺(こんごうぶじ)を開創。東寺を賜わってから、両寺を密教の根本道場とした。綜芸種智院(しゅげいしゅちいん)を創立。また、書にも優れ、★三筆の一人でもある。詩論集に『文鏡秘府論(ぶんきょうひふろん)』、詩文集に『遍照発揮性霊集(へんじょうはっきせいれいしゅう)』がある。774―835

隅州(ぐうしう)〔シウ〕旧国名 ↓大隅(おおすみ)

偶然的条件(ぐうぜんてきじょうけん) 国語・国文法 活用語の已然形＋接続助詞「ば」、あるいは接続助詞「に」「を」「が」によって表される条件表現のうち、ある条件のもとでたまたまある結果が起こった場合の条件。偶時条件とも。また、前の句と後の句には直接的な因果関係はないので、「**単純な接続**」ともいう。「それを**見れば**、三寸ばかりなる人、いとうつくしうてゐたり。(＝それを**見ると**、身長が三寸ほどである人が、とてもかわいらしいようすで座っている。)」

↓**読解の手引き**⑪(669ページ)

くう-づ・く【功付く・功就く】動詞 自〔カ四段〕〈か・き・く・く・け・け〉年功が積もる。熟練する。

あはれにくうづきて、陀羅尼(だらに)**読みたり。**〈源氏・若紫〉訳(僧のしわがれた声が)しみじみと**年功が積もって**(聞こえ)、陀羅尼(＝翻訳していない経文)を読んでいる。

くう・なり【空なり】形容動詞〔ナリ〕〈なら・なり(に)・なり・なる・なれ・なれ〉《仏教語》実体がない仮の存在だ。…の姿だ。

ある人、「万法(ばんぽう)**はみな空なり」といふ法問**(ほふもん)**を出**(い)**だしたりけるを聞きて**…。〈古今著聞集(ここんちょもんじゅう)〉訳ある人が、「一切(いっさい)の存在物は皆**仮の存在である**」という仏の教えを出したのを(寂蓮(じゃくれん)法師が)聞いて…。

く-えう【九曜】名詞 ❶(「九曜星(くようせい)」の略で)日・月・火・水・木・金・土の七星に羅睺(らご)・計都(けいと)の二星を加えたもの。占いに用いる。❷(「九曜紋(くようもん)」の略で)大きな円を中心に、その回りに八つの小さい円を配した紋。

くが【陸】名詞 陸。丘。地面。対海処(うみが) 発展「国所(くにか)」の変化したことば。

く-かい【苦海】名詞《仏教語》苦しみに満ちた人間界。この世。類苦界(くがい) 発展 苦しみが絶えず煩悩(ぼんのう)の尽きないことを広い海にたとえた言い方。

く-がい【公界】名詞 公のことや場所。表向き。晴れの場。また、人前。世間。社会。

く-がい【苦界】名詞《仏教語》苦しみに満ちた人間界。この世。類苦海(くかい)

ク活用(かつよう) 国語・国文法 形容詞の活用の種類のひとつ。連用形語尾が「**く**」となるところからこう呼ばれ、所属語は、「よし」「高し」「近し」などである。ク活用形容詞は、概して、事物の程度や度合いなどの状態を表すものが多い。また、ク活用の語「無し」「良し」などが付いてできた「限り無し」「心良し」などの複合語の形容詞もある。↓シク活用

く-がね【黄金・金】名詞《上代語》こがね。黄金(おう)(ごん)。

銀(しろかね)**も金も玉も何せむに優**(まさ)**れる宝子にしかめやも** 歌〈万葉集・5・803〉訳↓しろかねも…

愚管抄(ぐかんしょう)〔グクヮン〕〔セウ〕作品名 鎌倉前期の歴史書。★慈円(じえん)著と考えられる。神武(じんむ)天皇から順徳天皇までの皇帝年代記・本論・付録の三部からなる。日本の政治の変遷を末法思想と道理の理念で説明しようとしたもので仏教の考え方が強く表れている。編年体で書かれ、一貫した史観のもとに歴史を把握した点が重要。一二二〇(承久二)年成立。

くぎ-ぬき【釘貫】名詞 ❶杭(くい)や柱の横に細長い板を通しただけの簡単な柵(さく)。❷町の入り口に作った木戸。

くき-みじか・なり【茎短なり】形容動詞〔ナリ〕〈なら・なり(に)・なり・なる・なれ・なれ〉(身軽に動くために)槍(やり)やなぎなたの柄(＝茎)の刀身に近い方を握って構えている。

打ち物茎短にとって、源氏の舟に乗り移り乗り移り…。〈平家・11・能登殿最期(のとどのさいご)〉訳(平教経(のりつね)は)刀の**柄の刀身に近い方を握って**持って、源氏の舟に次から次へと乗り移り…。

く-きゃう【究竟】名詞 ❶物事の極限。極まり至ったところ。究極。終局。❷《仏教語》(「究竟即(くきょうそく)」の略で)天台宗で、悟りの段階を表す六即(ろくそく)の最高位。悟りを達成した無上至極の位。

発展「くっきゃう」とも。↓究竟(くきゃう・くっきゃう)なり

く-ぎゃう【公卿】名詞 高位の役人。「公」は摂政・関

読解の手引き⑥

和歌の句切れ

和歌の各句をそれぞれ、初句・二句・三句・四句・結句と呼びます。通常の和歌は結句で終止しますが、**結句以外で文を終止させる「句切れ」という技法**もあります。まず、二句切れと四句切れの例を紹介しましょう。

①**わが妻は｜いたく恋ひらし‖飲む水に｜影**(かご)**さへ見えて｜よに忘られず**‖ 歌〈万葉集・20・4322〉訳私の妻は(私を)たいそう思い慕っているらしい。飲もうとする水にその面影までが見えて、どうしても忘れることができない。

②**あかねさす｜紫野行き｜標野**(しめの)**行き｜野守**(のもり)**は見ずや‖君が袖**(そで)**振る**‖ 歌〈万葉集・1・20〉訳ムラサキ(＝草の名)が植えられた野を行き、(その)★標野を行きながら、(標野の)見張り番が見はしないか、いや、見てしまうだろう。あなたが(そんなに)袖をお振りになるのを。

二句切れと四句切れは、歌のリズムを五七調に整える働きをしています。(①五―七‖五―七―七‖／②五―七―五―七‖七‖)

次は初句切れと三句切れの例です。

③**契りきな‖かたみに袖**(そで)**を｜しぼりつつ｜末**(すゑ)**の松山｜波越さじとは**‖ 百人一首〈後拾遺集(ごしゅうい)・770〉訳固く約束したね。お互いに(愛を誓い合った感激の)涙をひどく流しては、末の松山を(決して)波が越えないだろう(そのように私たちも心変わりをするまい)と。

④**思ひつつ｜寝**(ぬ)**ればや人の｜見えつらむ‖夢と知りせば｜覚めざらましを**‖ 歌〈古今集・恋2・552〉訳恋い慕いながら寝るので(あの)人が(夢に)現れたのではなかろうか。もし夢と知っていたら、(夢から)覚めなかったろうのに。

初句切れと三句切れとには、歌のリズムを七五調に整える働きがあります。(③五‖七―五―七―七‖／④五―七―五‖七―七‖)

句切れの位置によって五七調が強調されたり、七五調が強調されたりするのです。『**万葉集**』**は二句・四句切れ**、『**古今集**』**は三句切れ**、『**新古今集**』**は初句・三句切れが多く見られるという傾向に**あります。

白・大臣、「卿」は三位以上者と参議。類上達部

く-きゃう・なり【究竟なり】形容動詞〔ナリ・ノ〕〈なら・なり（に）・なり・なる・なれ・なれ〉力や技などが非常に優れている。力が強い。最高である。

くきゃうの足軽ども五六人、腹巻着せて…。〈義経記〉訳**力が強い**足軽たち五、六人に、腹巻鎧を着せて…。

発展「くつきやうなり」とも。

くぎょう〈現〉→〈歴〉**くぎゃう【公卿】**

句切れ 文芸用語 短歌の結句以外の句の終わりに意味上の切れ目があることをいう。→**読解の手引き❻**（436ページ）

く・く【漏く・潜く】動詞 自〔カ四段〕〈か・き・く・く・け・け〉漏れる。くぐり抜ける。

「子の中に、わが手俣より**くきし子なり**。」〈古事記・大国主神〉訳「（多くの）子の中で、私の手の指の透き間から**漏れた子である**。」

くぐつ【傀儡】名詞❶操り人形。からくり人形。❷「★傀儡回し」の略。❸（❷を行う女性が売春をする場合もあったことから）遊女。

くぐつ-まはし【傀儡回し】名詞 歌に合わせて人形を操る芸。また、その芸人。

［くぐつまはし］

くく・む【含む・銜む】一 動詞 他〔マ四段〕〈ま・み・む・む・め・め〉❶口の中に含む。

…**くくみたる水を吐き捨てて**…。〈宇治拾遺〉訳**口の中に含んで**いる水を吐き捨てて…。

❷包む。くるむ。

「襁褓に**くくまれたまへる**、女帝に**ゆづり置き**…。」〈狭衣〉訳「産着に**包まれて**いらっしゃる方（＝応神天皇）を、女帝（＝神功皇后）に世話を任せておき…。」

❸中にはめ込む。また、外側を飾る。

金にてうちくくんだる腰の刀にて…。〈平家・12・泊瀬六代〉訳黄金で**外側を飾って**ある腰の刀で…。〇「くくん」は連用形「くくみ」の撥音便。

二 動詞 他〔マ下二段〕〈め・め・む・むる・むれ・めよ〉❶口の中に含ませる。口に含めて食べさせる。

御粥や蒜などを、もしやとくくめまゐらすれば、少し召し、また大殿籠りぬ。〈讃岐典侍日記〉訳お粥や（薬用の）蒜などを、もしかしたらと**口に含めて食べさせ**申し上げると、（堀河天皇は）少し召し上がって、再びおやすみになった。

❷（❶から転じて）かんで含めるように言い聞かせる。納得させる。→言ひ含くむ

くぐ・む【屈む】一 動詞 自〔マ四段〕〈ま・み・む・む・め・め〉腰や膝を曲げて身体を小さくする。かがむ。こごむ。

笛の音の近づきければ、差しくぐみて見れば…。〈義経記〉訳笛の音が近づいたので、**かがんで**（笛の音の方を）見ると…。

二 動詞 他〔マ下二段〕〈め・め・む・むる・むれ・めよ〉身をかがませる。かがめる。

背をくぐめてぞ立ったりける。〈太平記〉訳背中を**かがめて立ち止まっていた**。

くくもり-ごゑ【くくもり声】名詞 内にこもってはっきりしない声。発展「くぐもりごゑ」とも。

くくり【括り】名詞❶衣類の裾や袖をくくること。また、その紐。❷動物の足などを挟んで捕らえるわな。

くく・る【括る】動詞 他〔ラ四段〕〈ら・り・る・る・れ・れ〉❶まとめて束ねる。

この男、家業のほかに反故の帳をくくり置きて…。〈西鶴・日本永代蔵〉訳この男は、家業のほかにほご紙の帳面を**まとめて束ね**（作って）おいて…。

❷縛る。

馬より取って引き落とし、宙にくくって西八条へさげてまゐる。〈平家・2・西光被斬〉訳（平家の侍は西光法師を）ウマからつかんで引きずり落とし、宙づりに**縛って**（平清盛のいる）西八条へぶらさげて参上する。〇「くくつ」は連用形「くくり」の促音便。

❸括り染めにする。

ちはやぶる神代も聞かず竜田川からくれなゐに水くくるとは〈百人一首〉〈古今集・秋下・294〉訳→ちはやぶる…

くぐ・る【潜る】動詞 自〔ラ四段〕〈ら・り・る・る・れ・れ〉❶狭い透き間を通り抜ける。また、漏れて流れる。

しきたへの枕ゆくくる涙にそ浮き寝をしける恋の繁きに

歌〈万葉集・4・507〉訳枕から**漏れて流れる**涙に浮かぶほど悲しみにくれて寝るのだなあ、恋しく思う気持ちが絶え間ないので。〇「しきたへの」は「枕」に係る枕詞。

❷水中に潜る。

水の底をくぐって、むかへの岸へぞつきにける。〈平家・9・宇治川先陣〉訳水の底を**潜って**、向こうの岸へ着いたのだった。〇「くぐつ」は連用形「くぐり」の促音便。

発展 中古までは「くくる」と清音。

く-げ【公家】名詞 天皇。朝廷。また、朝廷に仕える貴族。

く-げん【苦患】名詞《仏教語》地獄で受ける苦しみ。また、広い意味で、苦悩。

く-ご【供御】名詞❶天皇や皇族、将軍などの飲食物。❷《女房詞》お召し上がりもの。ご飯。発展「ぐご」とも。

く-ご【箜篌】名詞 ハープに似た弦楽器。百済琴。発展「くうこう」「くうこ」「くうご」とも。

［くご（箜篌）］

ク語法 国語・国文法 上代に用いられた、活用語を体言化させる方法。ふつう、形容詞・四段動詞・ラ変動詞には、その未然形に接尾語「く」を付けて、「遠けく（＝遠いこと）」「語らく（＝語ること）」「有らく」のような形をとり、その他の動詞には、「恋ふらく」「絶ゆらく」「来らく」「為らく」のように「らく」が付く。これら「く」や「らく」は、一説には、「連体形＋あく」であるとされ、その説に従うと、「遠き＋あく」「有る＋あく」「見る＋あく」「来る＋あく」のように説明できる。

くさ【草】名詞❶くさ。特に、雑草。❷（屋根・壁の材料とする）カヤ・ワラの類。❸まぐさ。飼い葉。飼料。

くさ【種】一 名詞❶物事の種となること。もと。❷種類。

二 接尾語❶種類を数えるときのことば。

「**二種づつ合はせさせたまへ。**」〈源氏・梅枝〉訳「（香料を）**二種類**ずつ調合なさってください。」

❷（動詞の連用形に付いて）動作の対象、材料を表す。

語例 遊び**種**・おどし**種**・笑ひ**種**

発展 一は「くさはひ」とも。

くさ-あはせ【草合はせ】名詞「★物合はせ」のひとつ。陰暦五月五日の節句などに、持ち寄った草の優劣を

競ったもの。〔季語〕夏

くさ-がくれ【草隠れ】〔名詞〕❶草の中に隠れること。また、その草の中。❷草深い田舎の隠れ家。

くさ-ぐさ【種種】〔名詞〕種類が多いこと。さまざま。**この泊まりの浜には、種々のうるはしき貝、石など多かり。**〈土佐日記・二月四日〉〔訳〕この港の浜辺には、**さまざまな**美しい貝や、石などがたくさんある。

くさ・し【臭し】〔一〕〔形容詞〕〔ク〕〈く・く・し・き・けれ・〇／から・かり・〇・かる・〇・かれ〉嫌なにおいがする。臭い。**取り捨つるわざも知らねば、臭き香世界にみち満ちて…。**〈方丈記・飢渇〉〔訳〕（餓死者の死体を）取り片付ける方法もないので、**臭い**においが一帯に漂って…。

〔二〕〔接尾語〕〔ク型〕〈く・く・し・き・けれ・〇／から・かり・〇・かる・〇・かれ〉…に似ている。…の感じがする。…を気取っている。…ぶっている。「**鴨長明が孔子臭き身のとり置きも…。**」〈西鶴・好色一代男〉〔訳〕「鴨長明の孔子を**気取っている**（堅苦しい）身の持ち方も…。」

くさ-ずり【草摺り】〔名詞〕鎧の胴の下に垂らして腰から下を覆う部分。〔発展〕垂れ下がって草にすれることから。↓具足〈図〉

草双紙【くさぞうし】［ザウシ］〔文芸用語〕江戸時代に流行した絵入りの小説の一形態で、★赤本・★黒本・★青本・★黄表紙・★合巻を合わせた呼び名。江戸特有の大衆向け絵双紙で、寛文年間（一六六一～一六七三）の末ごろから明治十年代まで続いた。↓絵双紙

くさなぎ-の-つるぎ【草薙の剣】〔名詞〕三種の神器の一つ。天の叢雲の剣。〔発展〕日本武尊が、東国征討のとき、草をなぎ払って危機を脱したことから名付けられたといわれる。

くさ-の-いほ【草の庵】─↓くさのいほり

くさ-の-いほり【草の庵】─ 草ぶきの簡素な住まい。〔発展〕「草庵」を訓読したことば。「くさのいほ」とも。

くさ-の-かげ【草の陰】墓地。墓の下。そこから、あの世。〔類〕草葉の陰

くさ-の-たもと【草の袂】草を衣のたもとに見立てたことば。

くさ-の-と【草の戸】草ぶきの粗末な家の戸。また、その家。〔類〕草の戸ざし

くさ-の-とざし【草の戸ざし】〔連語〕↓くさのと

くさのとも…〔句〕**草の戸も住み替はる代ぞ雛の家**〈奥の細道・発端・松尾芭蕉〉〔訳〕私が住んできた、このみすぼらしい草庵も、人が住み替わるときが来た。新しい住人は自分のような世捨て人とは違うだろうから、三月の節句には雛人形も飾られて華やいだ家になることだろう。〇〔季語〕雛─春

〔発展〕『奥の細道』巻頭の句。旅立ちに際して「草庵（＝芭蕉庵）」を人に譲り、門人のひとり、江戸日本橋小田原町の魚問屋の当主である杉風の別宅（＝採荼庵）に移ったときのもの。

くさ-の-まくら【草の枕】↓くさまくら〔一〕❷

くさ-の-むしろ【草の莚】草を使った粗末な敷物。転じて、旅寝する場所。

くさ-の-やどり【草の宿り】❶（虫などが）草を宿とすること。野宿すること。❷粗末な住まいのたとえ。〔類〕草の庵

くさ-の-ゆかり【草の縁】一つのものへの情愛が、それに縁のあるものにまで及ぶこと。〔類〕紫の縁

〔発展〕「紫のひともとゆゑに武蔵野の草はみながらあはれとぞ見る」〈古今集・雑上・867〉（〔訳〕↓むらさきの…）に基づくことば。

くさば-の-かげ【草葉の陰】↓くさのかげ

くさ-はひ【種】─〔名詞〕❶物事のもととなる種。材料。物事の起こる原因。もと。「**難ずべき種混ぜぬ人は、いづこにかはあらむ…。**」〈源氏・帚木〉〔訳〕「非難することのできそうな**種**を含まない（完璧な）女性は、どこにいるであろうか、いや、どこにもいない…。」

❷種類。〔発展〕「くさ」とも。

くさ-びら【草片】〔名詞〕野菜。青物。また、きのこ。

くさ-まくら【草枕】〔一〕〔名詞〕❶草を編んで旅寝の枕とすること。また、そのようなわびしい野宿や仮の宿。❷旅。旅寝。〔類〕草の枕

朝な日に見べき君とし頼まねば思ひ立ちぬる草枕なり〔歌〕〈古今集・離別・376〉〔訳〕朝に昼に会えるあなただと頼りにするわけにいかないので、意を決して出ることにした**旅**である。〇「君とし」で相手の名「公利」を、「ひ立ち」で国名「常陸」を詠み込んだ歌。

〔二〕〔枕詞〕（草を枕にして寝ることから）「旅」「旅寝」「度」、地名「多胡」に、また（草を結ぶという意味から）「結ぶ」「結ふ」などに係る。

家にあれば笥に盛る飯を草枕旅にしあれば椎の葉に盛る〔歌〕〈万葉集・2・142〉〔訳〕↓いへにあれば…

くさまくら…〔歌〕**草枕旅の丸寝の紐絶えば我が手と付けろこれの針持し**〈万葉集・20・4420・妻椋椅部弟女〉〔訳〕旅のごろ寝で（着物の）紐が切れたなら、私の手だと思って縫い付けてくださいね。この針を持って。〇四句切れで、第五句が四句の前につながる倒置法。「草枕」は、「旅」の枕詞。「付けろ」は「付けよ」、「針」は「はり」、「持し」は「もち」の、東国方言。

〔発展〕作者は、生没年・伝ともに不明。防人に出て行く夫に持たせるどんな小さなものにでも、自分の思いのたけを込めようとする妻の心情を詠んだ歌。

くさめ【嚔】〔名詞〕くしゃみ。また、くしゃみをしたときに唱える呪文。〔季語〕冬〔発展〕「糞食め（＝くそくらえ）」が変化したものかといわれる。くしゃみをすると命が縮むという言い伝えがあり、「くさめ」と唱えることによってこれを防ぐことができるとされた。↓誦文

く・し【奇し】

人知を超えた神秘的なようす─**神秘的だ。不思議だ。霊妙だ。**

未然形	連用形	終止形	連体形	已然形	命令形
くしく	くしく	くし	くしき	くしけれ	〇
くしから	くしかり	〇	くしかる	〇	くしかれ

〔形容詞〕〔シク〕**神秘的だ。不思議だ。霊妙だ。**〔類〕奇す

天地の共に久しく言ひ継げとこの奇し御魂敷しかしけらしも〔歌〕〈万葉集・5・814〉〔訳〕「天地と共に（＝この世が続く限り）永遠に語り継げ。」と言って、この**神秘的な**霊は（この地を）統治なさったに違いないなあ。〇この場合の「くし」は、終止形と同形だが、機能としては連体形に相当し、下の名詞を修飾している。

〔発展〕「**くしみたま**」**がほとんど**「奇し御魂」の形がほと

んどで、同じ意味の「くすし」の方が広く用いられた。「くし」は、「くしくも」という言い方で現代語に残っている。

くーじ【公事】 名詞 ❶朝廷が行う儀式や政治。❷年貢以外の雑税。❸訴訟。裁判。

◐**ぐし【具し】** 動詞**ぐす**の連用形。↓**最重要語**（439ページ）

くしーいた・し【屈し甚し】 形容詞〔ク〕〈く・く・し・き・けれ・○／から・かり・○・かる・○・かれ〉ひどく気がふさぐ。ひどく心が沈む。

この夕べよりくしいたく、もの思はしくて…。〈源氏・若菜上〉訳（柏木は）この日の夕方から**ひどく心が沈みこんで**、物思いにふけりがちになり…。

発展「くんじいたし」とも。

くしーげ【櫛笥・匣】 名詞 櫛などの化粧道具を入れる箱。

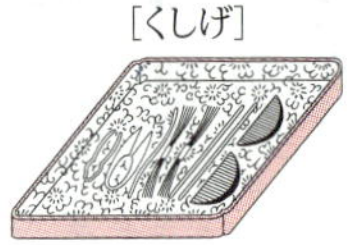
［くしげ］

くーじゃう【公請】 名詞 朝廷から、僧が法会や講義に来るよう要請されること。また、その僧。

くじゃくーみゃうわう【孔雀明王】 名詞《仏教語》クジャクを神格化した明王。多く、四本の腕を持ち、金色のクジャクに乗った姿で描かれ、害毒や災難を除くといわれる。

［くじゃくみゃうわう］

九条良経 人名 ↓藤原良経

くじ・る【抉る】 動詞 他〔ラ四段〕〈ら・り・る・る・れ・れ〉❶穴を開ける。えぐる。

穴をくじり、かいまみ、惑ひ合へり。〈竹取・かぐや姫の生〉訳（男たちは竹取の翁の家の垣根に）穴を**開け**、のぞき見し、みんなうろついている。

❷えぐり取る。えぐり出す。

目をくじらんとしける時…。〈古今著聞集〉訳目を**えぐり取ろ**うとしたとき…。

くしろ【釧】 名詞 貝・石・玉などで作られた古代の腕輪。

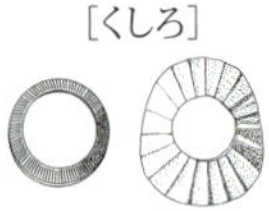
［くしろ］

く・す【屈す】 動詞 自〔サ変〕〈せ・し・す・する・すれ・せよ〉❶気がめいる。ふさぐ。

夕暮れとなれば、いみじく屈したまへば…。〈源氏・若紫〉訳（尼君を失った悲しみで、紫の上は）夕暮れとなると、ひどく**気がめいり**なさるので…。

❷卑屈になる。いじける。

論なう、くしたる人の名ならむ。〈落窪〉訳（落窪という名は）言うまでもなく、**卑屈になっ**ている人の名だろう。

発展「くっす」の促音「っ」の表記されない形。

くず【葛】 名詞《植物》山野に自生するマメ科の多年生ツル草。茎から葛布にする繊維を、根から葛粉を採る。

季語 秋　発展「秋の七草」の一つ。葉の裏側が白く、秋の風にひるがえるようすから、歌では「恨み」を掛けることが多い。

ぐ・す【具す】

あるべきものが備わっている。また、あるべきものを持っている

- 一 動詞 自
  - ❶**備わる。**
  - ❷**共に行く。**◉「〜に具す」の形で用いられる。
  - ❸**夫婦となる。**◉「〜に具す」の形で用いられる。
- 二 動詞 他
  - ❶**備える。一組にする。**
  - ❷**連れて行く。従える。**
  - ❸**持って行く。**

	未然形	連用形	終止形	連体形	已然形	命令形
動詞 自（サ変）／動詞 他（サ変）	ぐ・せ	ぐ・し	ぐ・す	ぐ・する	ぐ・すれ	ぐ・せよ

一 動詞 自〔サ変〕❶**備わる。そろう。**

「人ざま、容貌など、いとかくしも具したらむとは、え推し量りたまはじ。」〈源氏・蛍〉訳「（玉鬘の）人柄や、顔立ちなどが、本当にこれほどにも**備わって**いようとは、（蛍兵部卿の宮は）ご想像にもなれないだろう。」

❷（「〜に具す」の形で）**共に行く。連れ立って行く。**

「我は一門に具して西国の方へ落ちゆくなり。」〈平家・7・維盛都落〉訳「私（＝平維盛）は（平家）一門に**連れ立って行って**西国の方へ逃げていくのだ。」

❸（「〜に具す」の形で）**夫婦となる。結婚する。連れ添う。**

かの大臣に具したまひければ…。〈大鏡・師輔〉訳（女御の婉子は）あの大臣（＝藤原実資）と**結婚**なさったので…。

二 動詞 他〔サ変〕❶**備える。そろえる。一組にする。添える。**

かの奉る不死の薬壺に文具して、御使ひに賜はす。〈竹取・かぐや姫の昇天〉訳あの（かぐや姫から帝に）差し上げる不死の薬の（入った）壺に手紙を**添えて**、（帝は）使者の方にお与えになる。

「はや、はや。」と、硯、紙具して責めたまふ。〈落窪〉訳（左大臣は四の君に）「早く、早く。」と、硯と、紙を**そろえて**（筑紫の権帥への返事の手紙を）催促なさる。

❷**連れて行く。従える。**

士どもあまた具して山へ登りけるよりなむ、その山を富士の山とは名付けける。〈竹取・かぐや姫の昇天〉訳（帝の命令で遣わされた使者が）兵士たちを大勢**従えて**山へ登ったことから、その山を（「士に富む」という意味で）富士の山と名付けたということだ。

❸**持って行く。持参する。身に付ける。**

暗きに起きて、折り櫃など具せさせて…。〈枕草子・87・職の御曹司におはしますころ、西の廂にて〉訳暗いうちに起きて、（雪を入れるために）折り櫃（＝食器の一種）などを**持って行かせて**…。

ぐ・す【具す】 動詞 ↓**最重要語**（439ページ）

◐**くずおる**（現）↓（歴）**くづほる【頽る】**

くすーし【薬師・医師】

薬を用いて病気を治療する人 ― 医師。医者。

名詞 **医師。医者。**

よき友三つあり。一つには、物くるる友。二つには、医師。三つには、智恵ある友。〈徒然草・117・友とするにわろき者〉訳よい友に三つある。一つには、物をくれる友。二つには、医師。三つには、物事の道理を理解し、的確に判断し処理する力のある友。

発展「くすりし」が変化したもの。

くす・し【奇し】形容詞 ↓最重要語（440ページ）

くすし-が・る【奇しがる】動詞 自〔ラ四段〕〈ら・り・る・る・れ・れ〉神妙な顔つきをする。まじめくさった振る舞いをする。 **中納言の君の、忌日とてくすしがり行ひたまひしを**…〈枕草子・129・関白殿、黒戸より〉訳中納言の君（＝中宮付きの女房）が、命日だと言って**神妙な顔つきをし**経を読みなさったのを…。

●**くずす**〔現〕↓〔歴〕**くづす**【崩す】

くす-だま【薬玉】名詞 さまざまな香料を袋に入れ、ショウブなどの造花で飾り、五色の糸を垂らしたもの。季語 夏 発展 端午の節句に用いられ、邪気払いに帳台や柱などに掛けられた。

［くすだま］

くず-の-うらかぜ【葛の裏風】クズの葉を裏返して吹く秋風。↓葛

くずのは-の【葛の葉の】枕詞（クズの葉が風に吹かれて裏返ることから）「うら」「うらみ」に係る。

くす・む 動詞 自〔マ四段〕〈ま・み・む・む・め・め〉❶地味である。質素だ。渋い感じがする。 **引きずり入れたる姿を見れば、大小くすんだ武士の正真**。〈近松・心中天の網島〉訳引きずり入れた姿を見ると、大小（の刀）も**渋い感じがした**武士の本物。○「くすん」は、連用形「くすみ」の撥音便。「だ」は、完了の助動詞「た」が濁音化したもの。 ❷きまじめである。また、陰気である。 **くすむ人は見られぬ夢の夢の世をうつつがほして**〈閑吟集〉訳**きまじめである**人は見ていられない、夢の夢でしかないこの世を、覚めた顔つきをして。

くすり-の-こと【薬の事】病気。発展「薬を用いること」の意味から。

くすり-の-にょうくゎん【薬の女官】平安時代、元旦より三日間、天皇に薬（屠蘇）を差し上げる役に当たった女官。

●**ぐする**【具する】動詞**ぐす**の連体形。↓最重要語（439ページ）

●**ぐすれ**【具すれ】動詞**ぐす**の已然形。↓最重要語（439ページ）

●**くずれる**〔現〕↓〔古〕**くづる**【崩る】

くせ【癖】名詞 ❶くせ。習慣。決まり。習わし。 **心尽くしなることを御心に思し留むる癖なむあやにくにて**…〈源氏・帚木〉訳（源氏は）苦悩の種になることを思いつめなさる**癖**があいにくおありになって…。 ❷欠点。欠陥。短所。 **必ず癖は見つけらるるわざにはべり**。〈紫式部日記〉訳必ず**欠点**は見つけられるものです。

●**ぐせ**【具せ】動詞**ぐす**の未然形。↓最重要語（439ページ）

くせ-ぐせ・し【癖癖し】形容詞〔シク〕〈しく・しく・し・しき・しけれ・○／しから・しかり・○・しかる・○・しかれ〉ひと癖ある感じだ。ひねくれている。意地が悪い。 **御心ざま煩はしく、癖々しき覚えまさりて**…。〈大鏡・師尹〉訳（済時は）ご気性が気難しく、**ひと癖ある**という評判がいっそうひどくて…。

くせ-ごと【曲事】名詞 ❶道理に合わないこと。正しくないこと。好ましくないこと。❷珍しいこと。また、不吉なこと。❸処罰。

く-ぜち【口舌・口説】名詞 文句。悪口。苦情。また、口げんか。言い争い。

く-ぜつ【口舌・口説】名詞 ↓くぜち

くせ-づ・く【曲付く】動詞 自〔カ四段〕〈か・き・く・く・け・け〉曲節がある。節が付く。 **今様歌は長うてくせ付いたり**。〈枕草子・280・歌は〉訳★今様歌は長くて**曲節がある**。○「くせづい」は連用形「くせづき」のイ音便。

発展「癖付く」で、癖がある意味とも。

くせ-もの【曲者・癖者】名詞 ❶ひとくせあるもの。変わり

くす・し【奇し】

形容詞〔シク〕

人知を超えた、神秘的なようす
- ❶神秘的だ。不思議だ。霊妙だ。◉上代語。
- ❷現実離れしている。生まじめで親しみにくい。

未然形	連用形	終止形	連体形	已然形	命令形
くす・しく	くす・しく	くす・し	くす・しき	くす・しけれ	○
くす・しから	くす・しかり	○	くす・しかる	○	くす・しかれ

❶《上代語》**神秘的だ。不思議だ。霊妙だ。** **言ひも得ず名付けも知らずくすしくもいます神かも**…〈万葉集・3・319〉訳（富士山は）ことばで言い表すこともできず、名を付けることもできず、**霊妙で**いらっしゃる神であるなあ…。

❷**現実離れしている。生まじめで親しみにくい。偏屈で取っ付きにくい。** 「**吉祥天女を思ひかけむとすれば、法気づき、くすしからむこそ、またわびしかりぬべけれ**」〈源氏・帚木〉訳「吉祥天女を（理想の女性として）恋い慕おうとすると、仏くさくなり、**現実離れしたり**することは、（これも）またきっと興ざめであるに違いない。」

「**いたく物忌み、くすしきは人といはず**。」〈宇治拾遺〉訳「大変な★物忌みをして、**生まじめで親しみにくい**人は（まともな）人とはいわない。」

発展 ①**非現実感を表す** 上代語の❶がもともとの意味で、「くし」「くすばし」などと同様、神霊にかかわる状態やそこから受ける感覚を表現することばであった。中古以降に生じた❷の意味であっても、神仏や物忌みなどにかかわるような非現実感を表す。

②接尾語「がる」を付け、「くすしがる」という動詞も生まれた。

関連語 奇し・奇しがる

者。

「さては、かかる**曲者**かな。いでさらば、助かるやうにせん。」〈御伽草子・ものくさ太郎〉訳「それでこそ、このような**変わり者**なのだな。さあそれならば、助かるようにしよう。」

❷したたかな者。悪者。また、怪物。化け物。

❸怪しい者。抜きんでた者。

ぐせよ【具せよ】動詞**ぐす**の命令形。↓最重要語(439ページ)

くそ【屎・糞】一名詞❶大便。❷かす。あか。

二接頭語 憎悪や軽蔑などにより見下げる気持ちを表す。語例 **屎鮒**

ぐ-そう【愚僧】名詞 拙僧。私。発展 僧が自分を謙遜していうことば。

ぐ-そく【具足】一名詞 動詞 自〔サ変〕〈せ・し・す・する・すれ・せよ〉物事が十分に備わっていること。満ち足りていること。

二名詞 動詞 他〔サ変〕〈せ・し・す・する・すれ・せよ〉❶持つこと。所有すること。

「**四天下に七宝を満みて千の子を具足せむとす。**」〈今昔〉訳「(須弥山の周りにあるといわれる)四州に七種の宝を満たして千人の子を**持つこと**となろう。」

❷引き連れること。伴うこと。

「**具足したてまつり、行方も知らぬ旅の空にて憂き目を見せたてまつらんもうたてかるべし。**」〈平家・7・維盛都落〉訳「(妻であるあなたを)お**連れ**申し上げ、行き先も分からない旅先でつらい目をお見せするようなのも気の毒なことに違いない。」

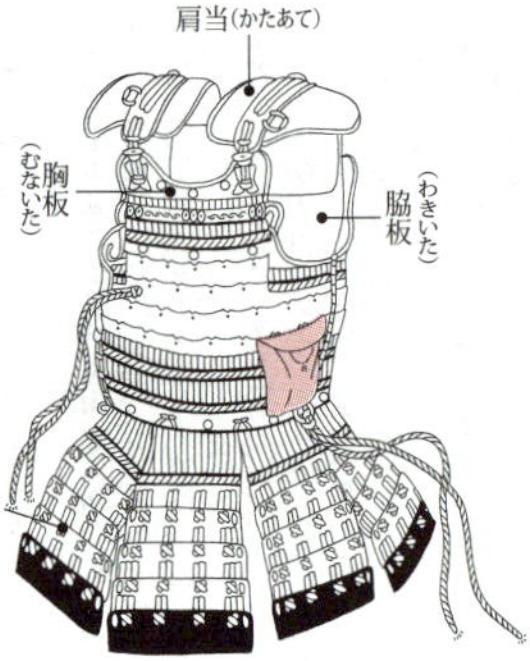

[ぐそく三❹(当世具足)]

三名詞❶従う者。家来。部下。❷道具。調度品。所持品。❸武具。特に、甲冑。❹《近世語》(「当世具足」の略で)槍や鉄砲に対処した堅固な鎧。

く-たい【裙帯】名詞 女性が正装したとき、裳の左右に長く垂らす幅の広い添え帯。発展「くんたい」の撥音「ん」を表記しない形。

くだか＋ロ「くだく【砕く・摧く】一(カ行四段)」の未然形。

くだき＋ロ「くだく【砕く・摧く】一(カ行四段)」の連用形。

くだ・く【砕く・摧く】一動詞 他〔カ四段〕〈か・き・く・く・け・け〉❶細かくする。こなごなにする。

「**嵐にむせびし松も千年を待たで薪に砕かれ**…。」〈徒然草・30・人の亡き後ばかり〉訳 嵐にむせび泣くような音を立てたマツも千年を待たないで薪として**細かくされ**…。

❷あれこれと思い煩う。

「**人知れぬ心を砕きたまふ人ぞ多かりける。**」〈源氏・須磨〉訳(源氏が須磨に行くことについて)ひそかに心を**あれこれと思い煩い**なさる方が多かったのだった。

❸(多く「身を砕く」の形で)力の限りを尽くす。

「**身を砕いて度度の逆鱗をば休めまゐらせてさうらへ。**」〈平家・3・法印問答〉訳「**力の限りを尽くして**たびたびの天皇のお怒りをお静め申し上げています。」○「砕い」は連用形「砕き」のイ音便。

二動詞 自〔カ下二段〕〈け・け・く・くる・くれ・けよ〉❶細かくなる。こなごなになる。

「**朽ち木の柔らかなるを押し砕くやうに砕くるを**…。」〈宇治拾遺〉訳(二、三十本ほどの矢竹が)枯れ木で柔らかなのを押し砕くように**こなごなになる**のを…。

❷悩む。思い乱れる。

「**年ごろ、よろづに思ひ残すことなく過ぐしつれど、かうしも砕けぬを**…。」〈源氏・葵〉訳 長年の間、すべてにつけて物思いを残すことなく(それほど物思いをして)過ごしてきたけれども、これほど**思い乱れた**ことはなかったのに…。

❸整わなくなる。まとまらなくなる。

「**まことに、少しくだけたる姿にもや見ゆらん。**」〈徒然草・14・和歌こそ〉訳 本当に、(この歌は)少し**整わなくなって**いる姿(=表現)にも見えるのだろうか。

くだく＋ロ「くだく【砕く・摧く】一(カ行四段)」の終止形・連体形。または、「くだく【砕く・摧く】二(カ行下二段)」の終止形。

くだ-くだ・し

物事が細かくて煩わしいようす―煩雑である。煩わしい。

未然形	連用形	終止形	連体形	已然形	命令形
くだくだ・しく	くだくだ・しく	くだくだ・し	くだくだ・しき	くだくだ・しけれ	○
くだくだ・しから	くだくだ・しかり	○	くだくだ・しかる	○	くだくだ・しかれ

形容詞〔シク〕**煩雑である**。煩わしい。**こまごまとしている。すっきりしていない。**

「**いと怪しうめざましき踏みとどろかす唐臼の音も**…」**とのみ聞きたまふ。くだくだしきことのみ多かり。**〈源氏・夕顔〉訳 大きな音で踏み鳴らす(隣家の)唐臼の音も…「ずいぶん変で気に入らない物音だ。」と(源氏は)お聞きになるばかりである。(夕顔の粗末な家の中のようすは)**煩わしい**ことばかりが多い。

発展 **語の成り立ち**「砕く」と同じ語源の「くだ」を重ねて形容詞にしたことば。物が砕かれて細かくなった状態のような、こまごまとした煩わしさを表す。

くだくる＋ロ「くだく【砕く・摧く】二(カ行下二段)」の連体形。

くだくれ＋ロ「くだく【砕く・摧く】二(カ行下二段)」の已然形。

くだけ＋ロ「くだく【砕く・摧く】一(カ行四段)」の已然形・命令形。または、「くだく【砕く・摧く】二(カ行下二段)」の未然形・連用形。

くだける(現)↓(古)**くだく【砕く・摧く】**

くださ・る【下さる】動詞 他〔ラ下二段〕〈れ・れ・る・るる・るれ・れよ〉❶(「下す」「与ふ」「授く」の尊敬語で)お遣わしになる。お与えになる。お授けになる。

「**有官の別当忠成を御使ひに下されたりければ**…。」〈平家・5・奈良炎上〉訳 有官の別当忠成をお使いとしてお遣わしになったところ…。

❷（❶を受け手の立場から見て）（「受く」「もらふ」の謙譲語で）頂く。

「すでに詔命を下さる。子細を申すに所なし。」〈平家・1・二代后〉訳「すでに（入内せよとの）天皇のご命令を頂いたのだ。細かいことを申し上げる余地はないのだ。」

発展 ①上位者が下位者に与える意味の四段動詞「下す」に助動詞「る」が付いて中世ごろに一語になったもの。「る」が尊敬を表す場合は与える主体を敬う尊敬語、また、受身を表す場合は与えられる側から上位者を敬うことになるため謙譲語となる。

②中世後期以降、「…(し)てくださる」という意味の補助動詞としての用法も生じ、近世には「お…てくださる」ともなった。独立動詞・補助動詞とも、近世以降は四段活用に変わっていった。

くだし-ぶみ【下し文】 名詞 院庁・国司・寺社・幕府などが、その支配下にある役所や人民に下した公文書。

くた・す【腐す・朽たす】 動詞 他（サ四段）〈さ・し・す・す・せ・せ〉❶腐らせる。朽ちさせる。

富人の家の子どもの着る身なみくたし捨つらむ絁綿らはも 歌〈万葉集・5・900〉訳↓とみひとの…

❷気持ちを損なう。

「あなかしこ、過ちひき出づな。」などのたまふに、**くたされてなむわづらはしがりける**。〈源氏・竹河〉訳「決して、間違いを起こすな。」などと（玉鬘が）おっしゃるので、（女房たちは）**気持ちを損なわ**されて（蔵人の少将の手紙の扱いを）面倒がったのだった。

❸悪く言う。けなす。評判を落とす。けがす。

「**業平が名をやくたすべき**。」と、**争ひかねたり**。〈源氏・絵合〉訳（物語絵の優劣を争うときに）「（『伊勢物語』の）業平の名を**けがして**よいものか、いや、よいはずがない。」と、張り合うことができないでいる。

くだ・す【下す・降す】 動詞 他（サ四段）〈さ・し・す・す・せ・せ〉❶天から地上へ下ろす。（雨などを）降らせる。

❷下流へ流す。

日々にこぼち、川も狭に**運び下す**家、いづくに作れるにかあるらむ。〈方丈記・都遷り〉訳毎日打ち壊し、川も狭いほどに運び**流す**家は、どこに建ててあるのだろうか。

❸（紙などに筆を）下ろす。

三人の絵師、おのおの書くべき絹を広げて、三人並びて筆を**下さん**とするに…。〈宇治拾遺〉訳三人の絵師は、各自が描くはずの絹を広げて、三人並んで筆を**下ろそう**とすると…。

❹調子を低くする。

琴の緒もいと緩に張りて、いたう下して調べ…。〈源氏・若菜上〉訳和琴の緒もずいぶんと緩やかに張って、非常に**調子を低くして**演奏し…。

❺（動詞の連用形に付いて）下方へ向かってする意や、すらすらと進行させる意を表す。

「**御髪搔き下したまへ**。」と、おとなおとなしうつくろへど…。〈落窪〉訳「御髪をとかし**下ろし**なさいませ。」と、分別がありそうに化粧するけれども…。

❻身分の高い者が物を与える。

主上**御感のあまりに、獅子王といふ御剣を下されけり**。〈平家・4・鵺〉訳天皇はご感心のあまりに、獅子王という御剣をお**与え**になった。

❼下付する。命令などを言い渡す。申し渡す。

小一条の済時の中納言を大将になしきこゆる宣旨下して…。〈大鏡・兼通〉訳小一条の済時の中納言を大将に任じ申し上げる宣旨を**申し渡して**…。

❽都から地方へ遣わす。

いま一日も先に打手を**下させたまひたらば**…。〈平家・5・富士川〉訳もう一日でも前に討伐軍をお**遣わし**になったならば…。

くだ-たま【管玉】 名詞 細長い管状の玉で、ひもに通して首飾りにした古代の装飾具。

［くだたま］

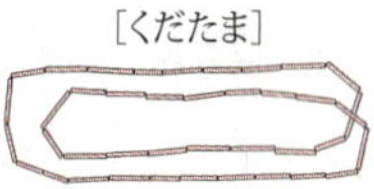

くた・つ【降つ】 動詞 自（タ四段）〈た・ち・つ・つ・て・て〉《上代語》❶日が傾く。また、夜が更ける。

佐保川にさをどる千鳥夜くたちて汝が声聞けば寝ねかてなくに 歌〈万葉集・7・1124〉訳佐保川にさっと走るチドリよ、夜が**更けて**からおまえの声を聞くと寝ることができないことだなあ。

❷盛りが過ぎる。衰える。

我が盛りいたくくたちぬ雲に飛ぶ薬食むともまたをちめやも 歌〈万葉集・5・847〉訳私の盛りはすっかり**衰え**た。たとえ雲に（乗って）飛ぶ（ことができるという）仙薬を飲んでもまた若返るだろうか、いや、若返らないなあ。

くたに【苦丹・苦胆・木丹】 名詞《植物》リンドウ、ボタン、ニワフジの別の呼び名かといわれるが不明。

くたびれて… 句

草臥れて宿かるころや藤の花〈笈の小文・松尾芭蕉〉訳一日歩き疲れて（夕暮れになって）そろそろここらで宿を借りようというとき、ふと目に留まった（ぼんやり淡い紫の花を咲かせている）フジの花。（その花のけだるい風情にほっと心がなごむことだ。）○季語藤の花―春

発展 初案は「ほととぎす宿かるころの藤の花」で、夏の句であったが、後に改作、晩春の句となった。『猿蓑』にも収められている。

く-だ-もの【果物】 名詞 食用となる木や草の実。また、菓子。副食物。酒の肴。↓古語チャート⑩（397ページ）・41（1179ページ）／絵で見る古典生活史⑫（443ページ）

くだらのの… 歌

百済野の萩の古枝に春待つとをりしうぐひす鳴きにけむかも〈万葉集・8・1431・山部赤人〉訳百済野（＝今の奈良県北葛城郡広陵町百済辺りの野）のハギの古い枝に春を待って止まっていたウグイスは、もう鳴き始めただろうかなあ。

-くだり【領・襲】 助数詞 衣類など一式そろっているものを数えることば。語例 御装束一領

くだり【下り】 一 名詞 ❶高い所から低い方へ移ること。

❷都から地方へ行くこと。下向。

❸京都の町を、皇居のある北側から南の方へ行くこと。また、その方向。

大宮を下りに行きければ…。〈宇治拾遺〉訳東大宮大路を**南の方**に行ったところが…。

❹約二時間を単位とした刻限の終わりごろ。

「**申の下りになりさぶらひにたり**。」〈宇治拾遺〉訳「申の刻の**終わりごろ**（＝今の午後四時過ぎ）になってしまっております。」

二 接尾語（地名・場所を表す名詞に付き、はずれの意味を添えて）辺地。くんだり。語例 町**下り**

くだり【行】 名詞 縦の列。特に、着物の袖口の縦の筋や、文章の行。

くだり【件・条】 名詞 ❶文書の一部分。❷前に述べた内

容。

くだり-せば・なり【行狭なり】形容動詞〔ナリ〕〈なら・なり（に）・なり・なる・なれ・なれ〉行間が狭く書かれている。墨のいと黒う、薄く、**くだりせばに**、裏表書きみだりたるを…。〈枕草子・294・今朝はさしも〉訳（手紙に）墨がひどく黒かったり、薄かったり、**行間狭く**（びっしりと）、裏にも表にも書き散らしてあるのを…。

くだ・る【下る・降る】

位置が上から下へ一気に移動する
- ❶（高い所から低い所へ）行く。下降する。
- ❷（都から地方へ）行く。
- ❸（目上の者から品物が）与えられる。
- ❹（地位や品性が）劣る。
- ❺（時が）過ぎる。（時代が）移る。
- ❻降伏する。◉中世以降の用法。
- ❼謙遜する。へりくだる。◉近世語。

未然形	連用形	終止形	連体形	已然形	命令形
くだら	くだり	くだる	くだる	くだれ	くだれ

動詞 自〔ラ四段〕❶（雨などが）降る。（高い所から低い所へ）行く。下降する。**川下へ向かう**。（雨などが）降る。朝凪に楫引き上り夕潮に棹さし下り…歌〈万葉集・20・4360〉訳朝方の波の静かなときに、櫓や櫂を引いて（川を）さかのぼり、夕方の満ち潮に棹をさして川**下へ向かい**…。雨、昨日の夕べより**下り**、風、残りの花を払ふ。〈蜻蛉日記〉訳雨が、昨日の夕方から**降り**、風が、（サクラの枝に）残っている花を振り落とす。❷（都から地方へ）**行く**。下向する。京より**下りし**時に、皆人、子どもなかりき…。〈土佐日記・二月九日〉訳京都から（土佐へ）**行った**ときには、（同行した人は）全員、子供がなかった…。❸（目上の者から品物が）**与えられる**。（命令が）**言い渡される**。御土器**下り**、若菜の御羹参る。〈源氏・若菜上〉訳（源氏から人々に）素焼きのお杯が**与えられ**、（源氏も）初春の菜で作った熱い汁物を召し上がる。「宮にその国を預けたてまつらせたまふ由の宣旨**下りにければ**…。」〈更級日記・竹芝寺〉訳「姫宮にその国（＝武蔵国）をお任せ申し上げなさるという趣旨の天皇のご命令が**言い渡されて**しまったので…。」❹（地位や品性が）**劣る**。**落ちぶれる**。高きをも**下れる**をも、人の心ばへを見たまふに、あはれにおぼし知ること、さまざまなり。〈源氏・蓬生〉訳（源氏は）身分の高い人でも、**劣った**人でも、（出世を望むことしか考えない）人々の心のようすをご覧になると、寂しいものだとお悟りになることが、いろいろとある。❺（時が）**過ぎる**。（ある時間帯を）**過ぎる**。（時代が）**移る**。未**下る**ほどに、南の寝殿に移りおはします。〈源氏・藤裏葉〉訳（冷泉帝は）未の時（＝今の午後二時ごろ）を**過ぎる**ころに、南の寝殿にお移りになる。❻《中世以降》**降伏する**。**降参する**。兵尽き、矢きはまりて、つひに敵に**下らず**…。〈徒然草・80・人ごとに〉訳武器がなくなり、矢が尽きても、最後まで敵に**降伏し**ないで…。❼《近世語》**謙遜する**。へりくだる。「大人の**下りたまふ**ことはなはだし。」〈雨月・吉備津の釜〉訳「あなた様が**謙遜**なさるようすは極端だ。」

類語比較「くだる」「おる」「さがる」

共通点＝位置の高い方から低い方への移動を表す。

くだる＝下方へ移る動き・過程に重点がある。対義語は「のぼる」。

おる・さがる＝結果として下方にある状態・位置の変化に重点がある。対義語は「あがる」。

→古語チャート㊴（1129ページ）

くだん-の【件の】連体詞 ❶前述の。上述の。その。❷例の。いつもの。発展「くだん」は「くだり」の変化したもの。

くだん-の-ごとし【件の如し】前述のとおりである。仍って牒奏件のごとし。〈平家・4・山門牒状〉訳そこで書状を送ることは**前に述べたとおり**である。

くち【口】■ 名詞 ❶飲食や、発声のための、人や動物の器官。→古語チャート⑬（453ページ）❷ものを言うこと。物言い。また、その言い方。ことば。❸うわさ。評判。いつしか人の**口**なれば、新摂政殿をば「かるの大臣」とぞ申しける。〈平家・8・法住寺合戦〉訳早くも人の**うわさ**になったので、新摂政殿を「かるの大臣」と申し上げた。❹入り口。また、出し入れ口。「**口には宮、中の君、しりには嫁の君と我と乗りたまふ**。」

絵で見る古典生活史⑫
食事と「くだもの」

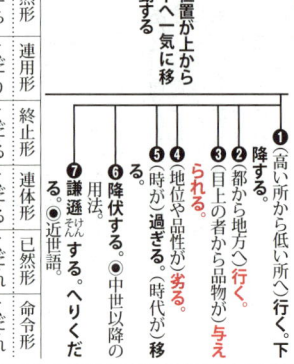

〈絵…懸け盤を据えて食事〈春日権現験記絵〉より〉

古代には、穀類や野菜などのほか、魚類、肉類も食卓に上っていました。仏教が伝来してからは肉食が禁じられ、少し食生活が寂しくなったようです。米は貴重品だったので、ムギやアワなどで主食を補い、さらにクリやクルミなどの木の実を間食にしていました。果物は木の実という意味です。また、「菓子」もくだものと読みました。六世紀ごろ中国からいわゆるお菓子の製法が伝わりましたが、それらは唐菓子と呼ばれ、区別されたのです。今でいう果物は水菓子と呼ばれました。

『*万葉集』の*山上憶良の「瓜食めば子ども思ほゆ栗食めばまして偲はゆ…（訳↓うりはめば…）」という歌は、日常の食生活を描いたものとしても重要です。

また、『*徒然草』には「ただ栗をのみ食ひて、更に米のたぐひを食は」ないため、おかしな娘だからと親が結婚させなかった話が記されています。

〈落窪〉訳「(車の)入り口のところには姫君、中の君、うしろの方に嫁の女君と私(＝北の方)がお乗りになる。」
❺物事の始め。起こり。
❻先。かど。へり。
❼切り口や開口部。また、その直径。幅。
❽就職口。嫁ぎ先。
❾種類。たぐい。
❿(ものを飲食することから)生活をすること。暮らし。
⓫ウマの口に付ける轡や手綱。
□二 助数詞 ❶刀剣・おのなどを数えるのに用いる。❷飲食物を口に入れる回数を数えるのに用いる。

ぐ-ち【愚痴・愚癡】 名詞 ❶《仏教語》貪欲・瞋恚とともに、諸善を生み出す根本(＝善根)を毒する三種の煩悩の一つ。仏道・道理をわきまえないこと。そこから、愚かなことや、そのような者。❷無益な繰り言を言って嘆くこと。ぐち。→愚痴なり

くち-あ・く【口開く】 動詞 自〔カ四段〕〈か・き・く・く・け・け〉発言する。意見を述べる。「**才の際、生々の博士恥づかしく、すべて口あかすべくなむはべらざりし。**」〈源氏・帚木〉訳「(その博士の娘の)学才の程度は、未熟な学者が気後れし、すべてについて**発言させる**余地がありそうにございませんでした。」

くち-あけ【口開け・口明け】 名詞 ❶物事の始め。口切り。皮切り。❷《能楽・歌舞伎用語》狂言方が舞台に出て最初に言うことば。また、歌舞伎の序幕。

くち-あひ【口合ひ】 名詞 ❶仲介をすること。また、その人。❷だじゃれ。ごろ合わせ。

くち-い・る【口入る】 動詞 自〔ラ下二段〕〈れ・れ・る・るる・るれ・れよ〉❶口添えをする。世話を焼く。口出しをする。「**口入れじ。」と言ひてしかば、ただに見聞く。**〈源氏・東屋〉訳「(夫のやることに)**口出しをし**ないようにしよう。」と言ってしまったので、(北の方は娘の婚儀の準備を)単に見聞きするばかりである。
❷仲立ちをする。取り持つ。**しりにこのことに口入れたる人と乗せてやりつ。**〈蜻蛉日記〉訳(網代車の)後ろに今度の一件で**仲立ちをした**人を乗せて(養女を迎えにいっしょに)行かせた。

くち-いれ【口入れ】 名詞 ❶話に口を挟むこと。口出し。干渉。❷間に入って中を取り持つこと。取り次ぎ。あっせん。発展 ❷は、多く、金や奉公口のあっせんをする場合に用いられる。

くちおし (現)→(歴)**くちをし【口惜し】** 最重要語 (446ページ)

くち-おほひ【口覆ひ】 名詞 動詞 他〔サ変〕〈せ・し・す・する・すれ・せよ〉(恥ずかしいときやおかしいときなどに)手や袖・扇などで口を覆い隠すこと。**いたう恥ぢらひて、口おほひしたまへるさへ、ひなび古めかしう…。**〈源氏・末摘花〉訳(末摘花が)ひどく恥ずかしがって、**袖で口を覆い隠して**いらっしゃるようすまでも、田舎じみて古くさくて…。

くち-おも・し【口重し】 形容詞〔ク〕〈く・く・し・き・けれ・○／から・かり・○・かる・○・かれ〉❶話し方が慎重だ。軽々しく言わない。**よくわきまへたる道には、必ず口重く、問はぬ限りは言はぬこそいみじけれ。**〈徒然草・79・何事も入りたたぬさましたるぞ〉訳よく知っている方面のことには、必ず**話し方が慎重で**、尋ねられないうちは言い出さないのがすばらしい。
❷言いにくい。口に出すのが遠慮される。**明かしたまはむことは、なほ口重き心地して…。**〈源氏・手習〉訳(薫は親しい女房に対しても浮舟のことを)打ち明けなさったりすることは、やはり**口に出すのが遠慮される**思いがして…。

くち-がた・む【口固む】 動詞 自〔マ下二段〕〈め・め・む・むる・むれ・めよ〉❶口止めをする。「**さらに心よりほかに漏らすな。」と口固めさせたまふ。**〈源氏・夕顔〉訳「決して不本意にも(この秘密を)他に知らせるな。」と(源氏は)**口止めをさせ**なさる。
❷固く口約束する。「**ゆめゆめ。」と口固めて林中に隠れぬ。**〈十訓抄〉訳「断じて。」と**固く口約束して**林中に隠れてしまった。

くち-がる・し【口軽し】 形容詞〔ク〕〈く・く・し・き・けれ・○／から・かり・○・かる・○・かれ〉話し方が軽々しい。おしゃべりだ。軽率に何でも言ってしまう。「**かくまで漏らしきこゆるも、いと口軽けれど…。**」〈源氏・宿木〉訳「このようなことまで(父の意志に反して)お知らせ申し上げるのも、ひどく**軽々しい**が…。」
発展「くちがろし」とも。

くち-がろ・し【口軽し】 形容詞 →くちがるし

くち-き【朽ち木】 名詞 朽ちた木。腐った木。「**深山隠れの朽ち木になりにてはべるなり。**」〈源氏・橋姫〉訳「山奥に身を隠した**朽ちた木**のような(忘れられた)身の上になっているのでございます。」
発展 不遇な状態のたとえに用いられることが多い。

くちき-がた【朽ち木形】 名詞 朽ちた木に残った木目の形を模様にしたもの。
発展 几帳や襖紙などに用いられた。

[くちきがた]

くち-きき【口利き】 名詞 ❶ことばが巧みなこと。また、その人。❷争い事を巧みに収める人。仲裁人。そこから、顔役。仲間うちで勢力のある人。

くち-ぎよ・し【口清し】 形容詞〔ク〕〈く・く・し・き・けれ・○／から・かり・○・かる・○・かれ〉❶(物言いが)堂々として立派だ。能弁である。「**心の問はむにだに、口ぎよう答へむ。」とおぼせば…。**〈源氏・夕霧〉訳(夕霧との浮き名が立つことはどうにもできないが)「せめて自分の心に問いただされたりする場合だけでも、(自身の潔白を)**堂々として立派に**答えよう。」と(落葉の宮は)お思いになるので…。○「口ぎよう」は連用形「口ぎよく」のウ音便。
❷口先が巧みだ。**商人は「すべてこれなきことなり。」と口ぎよくあらがふ。**〈今昔〉訳商人は「そんな事実はまったくない。」と**口先巧みに**反論する。

くち-ごは・し【口強し】 形容詞〔ク〕〈く・く・し・き・けれ・○／から・かり・○・かる・○・かれ〉❶強硬な言い方だ。抗弁している。「**さらにさやうにさし退けなどすべき御車にもあらず。」と口ごはくて、手触れさせず。**〈源氏・葵〉訳(六条御息所の供人は葵の上の供人に)「決してそのように立ち退かせることなどしてよい(身分の方の)お車でもない。」と**強硬な言い方で**、手も触れさせない。
❷(ウマの)気性が荒くて扱いにくい。**白葦毛なる馬の、きはめて口こはきにぞ乗ったりける。**〈平家・8・法住寺合戦〉訳(加賀房は)白葦毛のウマで、非常に**気性が荒くて扱いにくい**ウマに乗

っていた。
発展「くちこはし」とも。

くち-さがな・し【口さがなし】形容詞〔ク〕〈く・く・し・き・けれ・○／から・かり・○・かる・○・かれ〉ことばに慎みがない。口やかましい。口が悪い。悪口を言い触らしている。「『亡き御後ろに**口さがなくやは**。』と、思うたまふるばかりになむ。」〈源氏・夕顔〉訳「『（夕顔様ご本人が隠し通していたのに）亡くなられた後で**ことばに慎みがなく**てよいものか（そんなはずはない）。』と、思わせていただくだけで（ございます）。」
発展「さがなし」は性格が悪い意味。

くち-すぎ【口過ぎ】名詞 食べ物を稼ぐ手段。生計の糧。暮らしを立てること。また、そのためにする仕事。

くち-ずさび【口遊び】名詞❶詩歌などを思い浮かぶまま口に出すこと。❷人の口によくのぼること。うわさ。発展「くちすさび」「くちずさみ」とも。

くち-ずさ・ぶ【口遊ぶ】動詞他〔バ四段〕〈ば・び・ぶ・ぶ・べ・べ〉（詩歌などを）心に浮かぶまま吟じる。「佐野のわたりに家もあらなくになど**口ずさびて**…。」〈源氏・東屋〉訳「『佐野のわたりに家もあらなくに』などと（薫は和歌の一節を）**心に浮かぶままに吟じて**…。」

くち-ずさみ【口遊み】名詞↓くちずさび
発展「くちすさぶ」「くちずさむ」とも。

くち-ずさ・む【口遊む】動詞↓くちずさぶ

くち-づから【口づから】副詞 その人自身の口から。直接に自分自身のことばで。「恥も忘れて**口づから**言ひたれば…。」〈紫式部日記〉訳恥も忘れて**自分の口から**言ったので…。
発展「づから」は接尾語。

くち-つき【口付き】名詞❶口の形。口のようす。口もと。❷ものの言いよう。歌の詠みぶり。❸牛馬の轡を引くこと。また、その人。類口取り

くち-と・し【口疾し】形容詞〔ク〕〈く・く・し・き・けれ・○／から・かり・○・かる・○・かれ〉❶受け答えが速い。（返歌・返答が）素早い。類口早し・舌疾し
「書き慣れたる手して、**口とく返り事などしはべりき**。」〈源氏・夕顔〉訳「（夕顔の宿に手紙をやってみたところ）書き慣れた筆跡で、**素早く**返事などをしてきました。」
❷軽々しく言う態度だ。すぐ口を挟みがちだ。類口軽し
慮りなく言ふまじきことを**口とく**言ひ出だし…。〈十訓抄〉訳深い考えもなく言ってはならないことを**軽々しく言う態度で**言ってしまい…。

くち-とり【口取り】名詞❶牛馬の轡を引くこと。また、その人。馬子。類口付き・口引き❷正式な日本料理で最初に出す品。多く、昆布・熨斗鮑など。

くち-なし【梔子】名詞❶《植物》アカネ科の常緑低木。夏に芳香のある白い花を付け、実は黄色の染料になる。季語夏❷紋所のひとつ。❶の花を図案化したもの。❸襲の色目のひとつ。表裏ともに黄色。発展❶は、実が熟しても口を開かないことからの名。ことばを発しない意味の「口なし」と掛詞になる。

くち-なは【蛇】名詞《動物》へびの別の呼び名。季語夏
発展「朽ち縄」に似ていることからいう。

ぐ-ち・なり【愚痴なり・愚癡なり】形容動詞〔ナリ〕〈なら・なり（に）・なり・なる・なれ・なれ〉❶道理をわきまえない。愚かだ。「弟子浄尊は**愚痴にして、悟る所なし**。」〈今昔〉訳「（私）仏弟子の浄尊は**愚かであって、道理も分からない**。」❷言っても仕方がない。無益だ。「近ごろ**愚痴なことなれども、世の譬へに言ふとほり**。」〈近松・冥途の飛脚〉訳「まことに**言っても仕方がないことではあるが**、世間の諺にいうとおり。」

くち-な・る【口慣る・口馴る】動詞自〔ラ下二段〕〈れ・れ・る・るる・るれ・れよ〉しばしば口にする。言い慣れる。例の、古言もかかる筋にのみ**口慣れたまへり**。〈源氏・幻〉訳（源氏は）いつものように、古詩もこういう（死んだ妻をしのんでしょんぼりとする思いの）趣向に**しばしば口に**していらっしゃるばかりである。

くち-に-の・る【口に乗る】うわさになる。評判になる。めでたき歌とて、世の人**口に乗りて申すめるは**。〈宇治拾遺〉訳秀歌として、世間の人の**評判になっている**と（人々が）申しているようだよ。

くち-の-は【口の端】名詞 ことばのはしばし。うわさ。

くち-ば【朽ち葉】名詞❶枯れ葉。落ち葉。季語冬❷「朽ち葉色」の略。赤みがかった黄色。

くち-は・つ【朽ち果つ】動詞自〔タ下二段〕〈て・て・つ・つる・つれ・てよ〉❶すっかり朽ちてしまう。秋のうちは**朽ちはてぬべし**ことわりの時雨にたれが袖はからまし 歌〈和泉式部日記〉訳秋のうちには（私の袖は）**すっかり朽ちて**しまうに違いない、（来るのが）当然の時雨のときにはだれの袖を借りようかしら。❷むなしく死ぬ。難波人いかなる江にか**朽ち果てむ**逢ふことなみに身を尽くしつつ 歌〈新古今集・恋1・1077〉訳難波人（＝私）はどういう入り江や、（そして）因縁で**むなしく死ぬ**だろうか、逢うことがないので、身を尽くし尽くして。
発展❶の「はつ」は補助動詞。

くち-ばみ【蝮】名詞《動物》マムシの別の呼び名。季語夏
発展「くちはみ」とも。

くち-はや・し【口早し】形容詞〔ク〕〈く・く・し・き・けれ・○／から・かり・○・かる・○・かれ〉言い方・話し方、歌の読み方などが速い。早口だ。類口疾し
極めて**口早くして**、人の一巻を誦するほどに、二、三部をぞ誦しける。〈今昔〉訳（比叡山の貞遠は）非常に**早口**で、人が（法華経を）一巻唱える間に、二、三部を唱えた。

くち-ひき【口引き】名詞↓くちとり

くち-ひ・く【口引く】動詞自〔カ四段〕〈か・き・く・く・け・け〉牛馬の手綱を取って引く。**口ひきける**男、あしく引きて、聖の馬を堀へ落としてげり。〈徒然草・106・高野証空上人〉訳ウマの**手綱を取って引いた**男が、へたに引いて、高僧のウマを堀へ落としてしまった。

くち-ふたが・る【口塞がる】動詞自〔ラ四段〕〈ら・り・る・る・れ・れ〉あきれたりして、口がきけなくなる。ことばが出ない。言いようがない。珍しきが、なかなか**口ふたがる**わざかな。〈源氏・末摘花〉訳（人を介してばかりの返事の）珍しさが、かえって（こちらから）**言いようがない**ことだなあ。

ぐちゅう-れき【具注暦】名詞 平安時代に用いられた漢文の暦。陰陽寮の暦博士が作成した。日付の下に吉凶などの注記が入ったもの。注記の下に余白があるので公卿が日記を書くのに利用した。

くち-よせ【口寄せ】名詞 死者の霊や物の怪を、巫女が呼び寄せて自分の口で語ること。また、陰陽師が霊や物の怪を「よりまし」に乗り移らせてしゃべらせること。

くちる（現）↓（古）**くつ【朽つ】**

くちーを・し【口惜し】形容詞→**最重要語**（446ページ）

くちをしーが・る【口惜しがる】くちおし 動詞 他〔ラ四段〕〈ら・り・る・る・れ・れ〉いかにも残念そうにする。残念がる。
御方々、物見たまはぬことを、**口惜しがりたまふ**。〈源氏・紅葉賀〉訳 御方々（＝女御・更衣たち）は、（行幸の）催しをご見物にならないことを、**残念がり**なさる。

くちーをーす・ぐ【口を過ぐ】なんとか生計を立てる。なんとか生活をする。
これまでの**口を過ぎ**、銭二貫三百延ばし…。〈西鶴・日本永代蔵〉訳 これまで**なんとか生活して**、（その上）銭二貫三百文残し…。

くつ【沓・靴・履】名詞 履き物の一種。布・皮革・木・わらなどで作った。↓礼服（図）

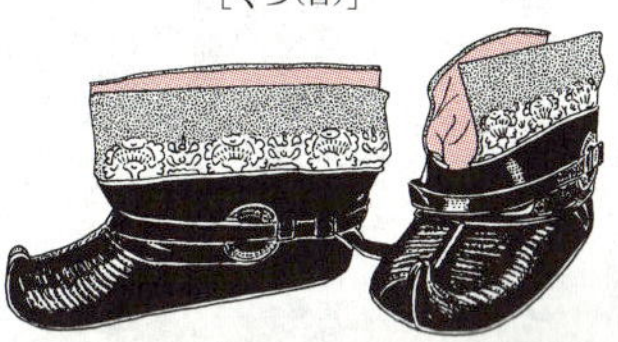
［くつ（沓）］

く・つ【朽つ】動詞 自〔タ上二段〕〈ち・ち・つ・つる・つれ・ちよ〉❶腐る。崩れる。
金の柱、霜雪に**朽ちて**…。〈奥の細道・平泉〉訳 光堂（の）金箔を張った柱は、霜や雪のために**腐って**…。
❷衰える。すたれる。
「かかる海人の中に**朽ちぬる身に余ることとなれ**。」〈源氏・明石〉訳「こういう漁師の中で**すたれ**（＝落ちぶれ果て）た（自分の）身に余る光栄である。」
❸むなしく果てる。死ぬ。
朽ちもせぬむなしき名のみとどめ置きて、屍は越路の末の塵となるこそ悲しけれ。〈平家・7・実盛〉訳（身体とは異なり）**死には**しない（が）はかない名声ばかりを後に残して、（身体は死んで）しかばねは越路の果てのちりとなるとは心が痛む。

くつーかうぶり【沓冠】こうぶり 名詞 ↓くつかぶり

くつがえる（現）↓（歴）**くつがへる**【覆る】

くつーかぶり【沓冠】名詞 ❶《和歌用語》折り句の一種で、事物の名を各句の頭（＝冠）と末尾（＝沓）に一音ずつ詠み込む技法。たとえば兼好法師の歌「**よ**もすずし　**ね**ざめのかり**ほ**　**た**まくら**も**　**ま**袖も秋**に**　**へ**だてなきかぜ」の歌には、冠に「米たまへ」、沓には逆に下の方から「銭も欲し」が詠み込まれている。
❷《俳諧用語》雑俳の一種で、五七五の中七文字を題として、後から上・下の五五を付けて一句とするもの。
発展「くつかうぶり」「くつかむり」とも。

くつーがへ・る【覆る】がえる 一 動詞 自〔ラ四段〕〈ら・り・る・る・れ・れ〉❶上下反対になる。ひっくり返る。あおむけに倒れる。
「その甑、**物に触れてくつがへる**。」〈日本書紀〉訳「その甑（＝調理用具）が、何かに触れて**ひっくり返る**。」
❷国家や権力などが倒れる。滅亡する。
二 補助動詞〔ラ四段〕〈ら・り・る・る・れ・れ〉（動詞に付いてその動作を強め）ひどく…する。
監の命婦、**愛でてくつがへりて、もとめてやりけり**。〈大和・22〉訳 監の命婦は、（良少将の歌を）**ひどく褒めちぎって**、（所望された太刀の革緒を）探し出して送ってやったのだった。

くっーきゃう・なり【究竟なり】きょうなり 形容動詞〔ナリ・ノ〕〈なら・なり（に）・なり・なる・なれ・なれ〉❶優れている。力強い。類究竟
監物太郎は**くっきゃうの弓の上手ではあり**…。〈平家・9・知章最期〉訳 監物太郎頼方は**優れた**弓の名人ではあり…。
❷都合がよい。おあつらえ向きだ。絶好だ。
人にも見せずして詠み置きたれば、率爾の用にも叶ひて、**くっきゃうのことにてあるなり**。〈後鳥羽院御口伝〉訳 人にも見せないで（歌を）詠んでおけば、きまって急な場合にも間に合って、**都合がよい**ものであるのだ。

くづしーい・づ【崩し出づ】くずしいず 動詞 他〔ダ下二段〕〈で・で・づ・づ

くちーを・し【口惜し】ーおし

期待が裏切られたときの失望・落胆・不満の気持ち
❶**残念だ**。❷**おもしろくない**。❸**情けない**。

形容詞〔シク〕

未然形	連用形	終止形	連体形	已然形	命令形
くちを・しく	くちを・しく	くちを・し	くちを・しき	くちを・しけれ	○
くちを・しから	くちを・しかり	○	くちを・しかる	○	くちを・しかれ

❶**残念だ**。**がっかりだ。悔しい。** ❷**おもしろくない。感心しない。つまらない。** ❸**情けない。遺憾だ。**

❶**残念だ。がっかりだ。悔しい。**
忘れがたく、**口惜しきこと多かれど**、え尽くさず。〈土佐日記・二月十六日〉訳 忘れるのが困難で、**残念なことがたくさんあるが**、（書きたいことを）全部出すことはできない。
❷**おもしろくない。感心しない。つまらない。**
家の内を行ひ治めたる女、**いと口惜し**。〈徒然草・190・妻といふものこそ〉訳 家の中を管理している女は、ひどく**つまらない**。
ただ言ふことばも、**口惜しうこそなりもてゆくなれ**。〈徒然草・22・何事も、古き世のみぞ〉訳 普通に言うことばも、しだいに**感心しない**ものとなるようだ。〇当時のことばの乱れを嘆いて「口惜し」と表現している。「口惜しう」は連用形「口惜しく」のウ音便。
❸**情けない。遺憾だ。**
「あはれ、**弓矢取る身ほど口惜しかりけるものはなし**。」〈平家・9・敦盛最期〉訳「ああ、（息子くらいの年齢の平敦盛を討たなければならないとは）弓矢を取る身（＝武士の身分）ほど**情けなかった**ものはない。」

類語比較「**くちをし**」と「**くやし**」
共通点＝残念だという気持ちを表す。
くちをし＝①中古以降に使われ始めたことばのようで、『古事記』『日本書紀』『万葉集』などのなかにまったく見ることができない。②他人や周囲の状況など自分以外の力によって、夢や期待が裏切られたときに起こる失望・落胆・不満の気持ちを表す。③近世になると、現代語の「くやしい」と同じ意味が生じてくる。
くやし＝①上代から使われていることば。②自分の行為について後悔する感情を表す。
↓**古語チャート**㉜（977ページ）

る・づれ・でよ〉ぽつりぽつり話し出す。少しずつ話す。さしも聞きおきたまはぬ世の古事ども崩し出でて…。〈源氏・明石〉訳（源氏が）それほど聞いて覚えていない世の中の古い出来事のいくつかを（明石の入道は）ぽつりぽつり話し出すので…。

くっ・す【屈す】 一 動詞 自 〔サ変〕〈せ・し・す・する・すれ・せよ〉❶気がめいる。ふさぐ。**なほ、このことに宿世なき日なめりと屈して**…。〈枕草子・99・五月の御精進のほど〉訳やはり、この（歌の）ことに縁のない（歌が詠めない）日なのだろうと**気がめいって**…。

❷屈服する。敬服する。**君が才学を聞きて屈して記室とせんと思ふ**。〈今昔〉訳あなたの学識を聞き知って**敬服して**（冥府の）書記としようと思う。

二 動詞 他 〔サ変〕折り曲げる。**膝を屈し手をつかねて**…。〈太平記〉訳膝を**折り曲げ**手を組んで…。

くづ・す【崩す】 動詞 他 〔サ四段〕〈さ・し・す・す・せ・せ〉❶砕き壊す。**中の廊の壁を崩し**…。〈源氏・藤裏葉〉訳御殿との間のある廊下の壁を**砕き壊し**…。

❷物事を少しずつ行う。ぽつりぽつりと話す。**日ごろありつるやう崩し語らひて**…。〈蜻蛉日記〉訳ここ数日来あったことを**少しずつ**語り合って…。

くつ-づけ【沓付け】 名詞《俳諧用語》雑俳の一種で、下五文字を題として、後から上・中の五七を付けて一句とするもの。たとえば「とってみる」という題が出たときに、上に「道楽な息子に嫁を」と付けて一句にするもの。

くっ-と 副詞 すっと。さっと。**目貫のもとよりちゃうど折れ、くっと抜けて**…。〈平家・4・橋合戦〉訳目貫（＝刀身を固定する金具）のもとからがちっと折れ、**すっと**抜けて…。

ぐっ-と 副詞 ❶すっかり。完全に。❷いちだんと。ずっと。❸思い切って。一気に。❹音声がわずかであるようす。

くつ-ばみ【轡・馬銜】 名詞 ↓くつわ

くつばみ-を-なら・ぶ【轡を並ぶ】 ↓くつわをならぶ

くづ-ほ・る【頽る】 動詞 自 〔ラ下二段〕〈れ・れ・る・るる・るれ・れよ〉❶衰弱する。「**いとどいたうくづほれさせたまふに**…。」〈源氏・薄雲〉訳「（藤壺の宮は）いっそうひどく**衰弱**なさるのに加えて…。」

❷気がくじける。心がめいる。「**都離れし時より、世の常なきもあぢきなう、…心もみなくづほれにけり。**」〈源氏・明石〉訳「都を離れたときから、世の無常も耐えがたく、…気もすっかり**くじけて**しまったのだった。」

くづ・る【崩る】 動詞 自 〔ラ下二段〕〈れ・れ・る・るる・るれ・れよ〉❶壊れて、ばらばらになる。崩れる。「**長雨に築地ところどころ崩れてなむ。**」〈源氏・須磨〉訳「長雨のために土塀が所々**崩れて**。」

❷乱れる。**わななくわななく車のうちより崩れ落つ**。〈保元〉訳ぶるぶる震えながら車の中から**乱れ**落ちる。

くづれ-い・づ【崩れ出づ】 動詞 自 〔ダ下二段〕〈で・で・づ・づる・づれ・でよ〉人々が一度にどっと出る。**居こめたりつる人も、みな崩れ出づる程に紛れて**…。〈大鏡・道長下〉訳（大勢）詰めて座っていた人も、皆**一度にどっと出てくる**うちに（老人たちの姿も）分からなくなって…。

くつろ-か・なり【寛かなり】 形容動詞 〔ナリ〕〈なら・なり（に）・なり・なる・なれ・なれ〉くつろいでいる。ゆったりしている。**女房、桜の唐衣どもくつろかに脱ぎ垂れて**…。〈枕草子・23・清涼殿の丑寅の〉訳女房たちは、桜襲の唐衣（＝女官の礼服）を、**ゆったりと**片袖を脱いで垂らして…。

くつろぎ-がま・し【寛ぎがまし】 形容詞 〔シク〕〈しく・しく・し・しき・しけれ・○／しから・しかり・○・しかる・○・しかれ〉くつろいでゆったりしている。のんびりしている。のんきだ。「**くつろぎがましく歌誦じがちにもあるかな。**」〈源氏・帚木〉訳「（紀伊守の邸の人々は）**のんきに**何かといえばすぐ歌を口にすることだなあ。」

発展「がまし」は接尾語。

くつろ・ぐ【寛ぐ】 一 動詞 自 〔ガ四段〕〈が・ぎ・ぐ・ぐ・げ・げ〉❶緩くなる。緩む。**上臈も乱れて、冠の額少しくつろぎたり。**〈源氏・若菜上〉訳（蹴鞠の回数が多くなるにつれて）身分の高い人々もだらしなくなり、冠の額ぎわが少し**緩くなって**（＝あみだかぶりになって）いる。

❷ゆとりがある。余裕がある。**数定まりて、くつろぐ所もなかりければ**…。〈源氏・澪標〉訳（左右の大臣の）員数が定まっており、（人が入り込む）**ゆとりがある**所もなかったので…。

❸ゆったりとした気分になる。のびのびする。休息する。**法皇もくつろがせたまふ。**〈源平盛衰記〉訳法皇も**休息**なさっている。

二 動詞 他 〔ガ下二段〕〈げ・げ・ぐ・ぐる・ぐれ・げよ〉緩める。緩やかにする。**さばかり暑き六月に、装束だにもくつろげず**…。〈平家・2・小教訓〉訳（新大納言は）あんなに暑い六月に、装束さえも**緩めず**…。

くつわ【轡】 名詞 ❶ウマの口にかませる金具。↓大和鞍（図）❷《近世語》遊女を置く家。また、そこの主人。

くつわ-を-なら・ぶ【轡を並ぶ】 ウマを連ねる。ウマに乗って、武者が勢揃いする。

[くつわ❶]

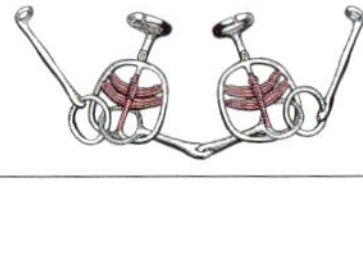

く-でん【口伝】 名詞 奥義を口伝えで伝えること。また、伝えた内容。

句読点 国語・国文法 「くぎり符号」とも。文の構造や語句のつながりを示すために使う。ふつう、句点「。（まる）」、読点「、（てん）」（時に「・（なかぐろ・なかてん）」も）を指し、かぎ・かっこ・疑問符・感嘆符などの符号を含めることもある。もともとは、漢文訓読に用いられたもので、古く平安初期から例が見られる。後に仮名文にも用いられたが、整ってきたのは江戸時代ごろからである。

く-どき【口説き】 名詞 ❶芸能で、恋情・悲哀・懺悔・怨恨などの心情をしめやかに歌う文句。また、そのしぐさ。❷繰り返してくどくどと言うこと。心をこめて訴えること。発展❶は、歌舞伎では、女が恋心を切々と述べる見せ場・聞かせどころとなる。

く-どく【功徳】 名詞《仏教語》読経・写経・布施などのよい行い。また、よい行いによって得られるよい報い。善行。「**いささかなる功徳を、翁作りけるによりて、汝が助けにとて、片時のほどとて下ししを**…。」〈竹取・かぐや姫の昇天〉訳「ほんの少しの**善行**を、翁がしたことによって、おまえの助けにということで、ちょっとの短い間と思って（かぐや姫を下界に）下ろしたのだが…。」

く-ど・く【口説く】 動詞 自〔カ四段〕〈か・き・く・く・け・け〉❶繰り返し話す。くどくど言う。**「せめては九国の地まで。」と口説かれけれども…。**〈平家・3・足摺〉訳「（流人となった俊寛は）せめて九州の地まで（船に乗せて行ってくれ）。」と**くどくど言い**なさったけれども…。
❷願いや心の中を訴える。祈願する。**経読み、仏口説きまゐらせらるる程に…。**〈讃岐典侍日記〉訳経を読み、仏に**祈願**申し上げなさっている間に…。
❸《近世語》しきりに求愛する。「**此方より口説きても埒のあかざることもあるに**…。」〈西鶴・好色一代男〉訳「こっちから**しきりに求愛し**てもうまくいかないこともあるのに…。」

く-ない【宮内】 名詞 ❶宮中。皇居内。❷「*宮内省」の略。

くない-きゃう【宮内卿】 名詞 宮内省の長官。

くない-しゃう【宮内省】 名詞 八省の一つ。皇室に関する事務を取り扱い、諸国の調や官田などを管理する役所。→ビジュアルチェック⑮(757ページ)

くに【国】 名詞 ❶国郡制下の国または郡。→ビジュアルチェック⑦(450ページ)
❷国家。国土。**既に国を生みをへて、更に神を生みき。**〈古事記・伊邪那岐命と伊邪那美命〉訳先に**国土**を生み終えて、加えて神を生んだ。
❸地。地上。対天
国こえて広し。〈日本書紀〉訳**地**は肥えていて広い。
❹生まれた所。故郷。
燕来る時になりぬと雁がねは国思ひつつ雲隠り鳴く 歌〈万葉集・19・4144〉訳ツバメがやってくる季節になったと、ガンは**故郷**をしのびながら、雲に隠れるほど高い所で鳴いている。
❺国府。国司の役所。
この人、国に必ずしも言ひ使ふ者にもあらざなり。〈土佐日記・十二月二十三日〉訳この人は、**国司の役所**で必ずしも召し使っている者でもないようだ。
❻国政。**尾張に下りて、国行ひけるに…。**〈宇治拾遺〉訳尾張の国（＝今の愛知県北西部）に行って、**国政**を執り行ったが…。

くに-から【国柄】 名詞 国の優れた性質。国のよさ。国の品格。発展「から」は造語成分。

くに-つ【国つ】 連体詞 国の。国土の。地上の。対天つ
発展「つ」は上代の格助詞で「の」という意味。

くに-つ-かみ【国つ神】 名詞 ❶地上を支配する神。対天つ神 ❷有力な豪族。また、その祖先。

くに-の-おや【国の親】 ❶天皇。❷皇后。また、天皇の母。

くに-の-かみ【国守】 名詞 →こくしゅ

くに-の-つかさ【国司】 名詞 →こくし

くに-の-みやつこ【国造】 名詞 大和朝廷が設置した地方官。地方の豪族が任命され、大化の改新による廃止後も多くは郡司として力を残した。

くに-はら【国原】 名詞 広く平らな陸地。平原。平野。対海原

くに-ひと【国人】 名詞 ❶その土地の人。その地方の人。**我は国人なれば、いつも長らへてあらんずる。**〈宇治拾遺〉訳私は**土地の人間**だから、いつまでも長く（ここに）いることだろう。
❷国民。
発展「くにびと」とも。

くに-へ【国辺】 名詞 国の辺り。故郷の辺り。

くに-み【国見】 名詞 天皇が高い所から、国土を望み見ること。豊作を祈る儀式であった。

くに-ゆづり【国譲り】 名詞 天皇が退位して、位を譲ること。国土の統治権を譲ること。譲位。

く-にん【公人】 名詞 ❶鎌倉・室町幕府の政所や問注所に詰めた役人。❷平安時代、宮中に仕えた身分の低い役人。

くぬえ-かう【薫衣香】 名詞 →くのえかう

くぬち【国内】 名詞 国の中。国じゅう。発展「くにうち」の変化したことば。

くね-くね・し 形容詞〔シク〕〈しく・しく・し・しき・しけれ・○／しから・しかり・○・しかる・○・しかれ〉心がねじけている。ひねくれている。「まづ、『**くねくねしく恨むる人の心破らじ。**』と思ひて…。」〈源氏・紅葉賀〉訳「まず第一に、『**ひねくれて**恨み言を言う人の機嫌を損なうまい。』と考えて…。」

くね・る 一 動詞 自〔ラ四段〕〈ら・り・る・る・れ・れ〉❶折れ曲がる。うねる。**涼風の曲がりくねって来たりけり** 句〈七番日記・一茶〉訳→すずかぜの…
❷すねる。ひがむ。「**なほ、年の初めに、腹立ちな初めそ。**」などいへば、少しくねりて、書きつ。〈蜻蛉日記〉訳「やはり、年の初めに、腹の立て初めをするな。」などと（侍女たちが）言うので、少し**すね**て、（返事を）書いた。
二 動詞 他〔ラ四段〕〈ら・り・る・る・れ・れ〉恨みに思う。文句を付ける。**女郎花のひとときをくねるにも、歌をいひてぞ慰めける。**〈古今集・仮名序〉訳オミナエシの（盛りが）ほんの少しなのを**恨みに思う**にも、和歌を詠んで気分を晴らしたのだった。

く-のう【功能】 名詞 効能。法力。

くのえ-かう【薫衣香】 名詞 着物にたきしめる香料。さまざまな香を練り合わせて作る。発展「くぬえかう」とも。

く-は 感動詞（相手に注意を促すときの呼び声で）さあ。それ。ほら。「**くは落とせ。義経を手本にせよ。**」〈平家・9・坂落〉訳「**それ**（ウマを走り）下らせろ。この義経を手本にしろ。」

く-ばう【公方】 名詞 ❶公。公務。❷朝廷。また、中世以降の幕府。❸将軍。

くは-がた【鍬形】 名詞 ❶兜の前に付ける角のように上に突き出た装飾。❷❶を図案化した紋所。

［くはがた❶］

くは-こ【桑子】 名詞 カイコの別の呼び名。季語 春 発展クワを食べて成長することから。

くは・し 形容詞〔シク〕〈しく・しく・し・しき・しけれ・○／しから・しかり・○・しかる・○・しかれ〉一【細し・美し・妙し】きめ細やかで美しい。麗しい。**こもりくの泊瀬の山青旗の忍坂の山は走り出の**

宜しき山の出で立ちのくはしき山ぞあたらしき山の荒れまく惜しも… 歌〈万葉集・13・3331〉訳泊瀬山、忍坂山はすそ野が見事に広がって、そびえ立つ姿がきめ細やかで美しい山であるが、もったいない、この山が荒れてしまうのは本当に惜しいなあ…。○「こもりくの」は「泊瀬」、「青旗の」は「忍坂」に係る枕詞。

二【精し・詳し】❶詳細である。つぶさである。詳しい。
「詳しきことは、下人のえ知りはべらぬにやあらむ。」〈源氏・夕顔〉訳「詳しいことは、召し使いにはよく分からないのではないでしょうか。」

❷細部までよく知っている。精通している。
世は、ただその道の芸詳しからば、多能はなくてもあらまし。〈鶉衣〉訳この世では、ただ専門の芸道に精通しているならば、たとえ多芸ではなくてもよいだろう。

発展 一は「うらぐはし」「かぐはし」のように多くは複合語として用いられた。古くは山などの自然の美しさを表し、しだいに細やかな美しさを表現。中古以降は広く詳細さについても表すようになる。上代には「くはし妹」のように「くはし」の形で体言を修飾する用法もあった。↓古語チャート43（1211ページ）

くは・す【食はす】 動詞 他〔サ下二段〕〈せ・せ・す・する・すれ・せよ〉❶飲食させる。
❷くわえさせる。
御巻数鶴に食はせて…。〈拾遺集・273・詞書〉訳御経文をツルにくわえさせて…。
❸合わせる。交わす。（「目をくはす」の形で）目配せする。
中務、中将の君などやうの人々目をくはせつつ、「あまりなる御思ひやりかな」など言ふべし。〈源氏・若菜上〉訳中務、中将の君などのような人々はしきりに目配せして、（女三の宮に対する紫の上の卑屈な態度を）「あんまりなお気遣いであることだなあ。」などと言うはずだ。
❹矢をつがえる。
今度は中差しとってうちくはせ…。〈平家・11・弓流〉訳（那須与一は）今度は中差し（の矢）を取って（弓に）矢をつがえ…。
❺打つ。なぐる。
❻だます。いっぱいくわす。

くはた・つ【企つ】 動詞 他〔タ下二段〕〈て・て・つ・つる・つれ・てよ〉❶計画する。もくろむ。
企てたりしこと成らずと言ふ、愚かなり。〈徒然草・91・赤舌日〉訳（赤舌日には）計画していたことは成功しないというが、愚かなことである。
❷計画を実行する。
法師なに心なくて、れいのやうにかのこと企てんとて…。〈古今著聞集〉訳法師は何という考えもなくて、いつものように例のことを実行しようとして…。
発展 近世以降は「くはだつ」。

くは・る【加はる】 動詞 自〔ラ四段〕〈ら・り・る・る・れ・れ〉
❶参加する。その列に連なる。仲間に入る。
数定まりて、くつろぐ所もなかりければ、加はりたまふなりけり。〈源氏・澪標〉訳（左右の大臣の）員数が定まっており、（人が入り込む）ゆとりがある所もなかったので、（源氏は令外の官である内大臣として）その列に連なりなさるのであった。
❷添う。重なる。多くなる。増える。
わび人の住むべき宿と見るなへに嘆きくははる琴の音ぞする 歌〈古今集・雑下・985〉訳失意の人が住むに違いない家だと見るちょうどそのときに悲嘆が重なる琴の音がすることだ。

くは・ふ【加ふ】 動詞 他〔ハ下二段〕〈へ・へ・ふ・ふる・ふれ・へよ〉❶付け加える。重ね添える。程度を増す。
❷仲間に入れる。参加させる。
繕ふべき所、所の預かり、いま加へたる家司などに仰せらる。〈源氏・松風〉訳（大堰の邸宅の）修繕しなければならない所を、ここの担当者や、新しく仲間に入れた家司などに（源氏は）お命じになる。
❸与える。施す。
四十以後の人、身に灸を加へて、三里を焼かざれば、上気の事あり。〈徒然草・148・四十以後の人〉訳四十歳を過ぎた人が、体に灸を施し（＝すえ）て、三里（＝灸点の名）を（も）すえないと、のぼせることがある。

くは・ふ【銜ふ】 動詞 他〔ハ下二段〕〈へ・へ・ふ・ふる・ふれ・へよ〉口に軽くはさむ。くわえる。↓古語チャート13（453ページ）
鶴、くだんのくちばしを伸べ、狼の口を開けさせ、骨をくはへて、えいやと引き出だす。〈伊曽保〉訳ツルは、例のくちばしを伸ばし、オオカミの口を開けさせ、（のどにささった）骨をくわえて、えいやっと取り出す。

くは‐や 感動詞 ❶（驚いたときに発する語で）これはこれは。あらまあ。
❷（注意を促したり、人にものを渡すときに発する語で）そら。ほら。これこれ。
「くはや。昨日の返りこと。」〈源氏・末摘花〉訳「そら。昨日の返事だよ。」

くば・る【配る】 動詞 他〔ラ四段〕〈ら・り・る・る・れ・れ〉❶分け与える。分配する。配置する。
❷（注意などを）行き渡らせる。
人の袖のかげ、膝の下まで目を配る間に、前なるをば人に覆はれぬ。〈徒然草・171・貝をおほふ人の〉訳（貝覆いの際）他人の袖の陰、膝の下まで目を行き渡らせるうちに、（自分の）前にある貝を人に覆われてしまう。
❸結婚させる。
はじめの腹の二、三人は、みなさまざまに配りて…。〈源氏・東屋〉訳先妻腹の（娘）二、三人は、みなそれぞれに結婚させて…。

くひ‐あは・す【食ひ合はす】 動詞 他〔サ下二段〕〈せ・せ・す・する・すれ・せよ〉かみ合わせる。食いしばる。
歯を食ひ合はせて、念珠をもみちぎる。〈宇治拾遺〉訳歯を食いしばって、数珠をひどく力を込めてもむ。

くび‐かみ【頸上】 名詞 首の回りを取り囲む丸い襟。

くび‐き【頸木・軛】 名詞 牛車などの轅の先端に付けて、牛馬の首の後ろに掛ける横木。

くひず【悔ひず】（誤）↓（正）**くいず【悔いず】** 発展 ヤ行上二段動詞「くゆ」の未然形＋打消の助動詞「ず」。

くびす【踵】 名詞 かかと。きびす。

くひ‐ぜ【株・杭】 名詞 ❶切り株。
❷くい。地面に打ち込む棒。
発展 「くひせ」とも。

くひな【水鶏】 名詞《動物》クイナ科の鳥で、水辺に住むシギに似た水鳥。季語 夏
発展 鳴き声が物をたたく音に似ていることから、この鳥が鳴くことを「たたく」という。

くひ‐も・つ【食ひ持つ】 動詞 他〔タ四段〕〈た・ち・つ・つ・て・て〉口にくわえ持つ。
春霞流るるなへに青柳の枝食ひ持ちてうぐひす鳴くも 歌〈万葉集・10・1821〉訳春霞が流れるのにつれて青柳の枝を口にくわえ持ってウグイスが鳴くよ。

旧国名一覧・五畿七道一覧

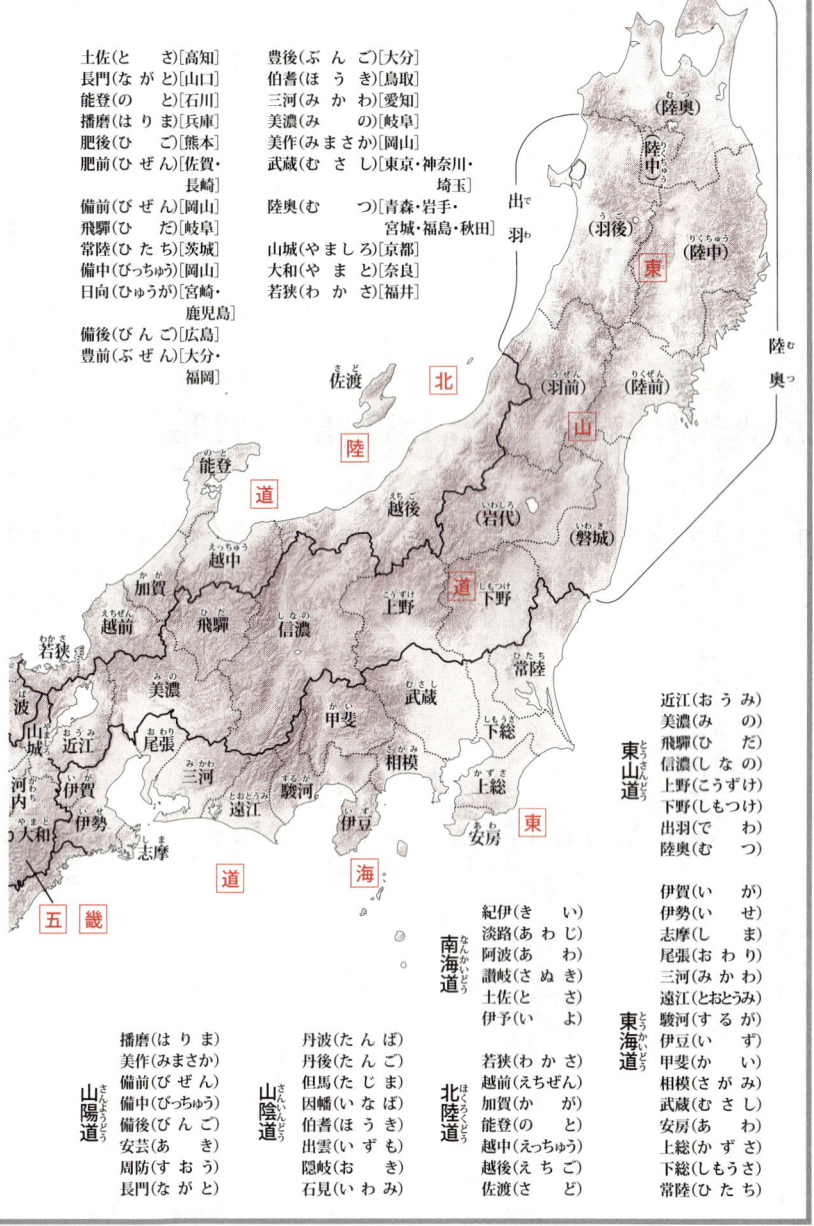

土佐(と　さ)[高知]
長門(ながと)[山口]
能登(の　と)[石川]
播磨(はりま)[兵庫]
肥後(ひ　ご)[熊本]
肥前(ひぜん)[佐賀・長崎]
備前(びぜん)[岡山]
飛驒(ひ　だ)[岐阜]
常陸(ひたち)[茨城]
備中(びっちゅう)[岡山]
日向(ひゅうが)[宮崎・鹿児島]
備後(びんご)[広島]
豊前(ぶぜん)[大分・福岡]
豊後(ぶんご)[大分]
伯耆(ほうき)[鳥取]
三河(みかわ)[愛知]
美濃(み　の)[岐阜]
美作(みまさか)[岡山]
武蔵(むさし)[東京・神奈川・埼玉]
陸奥(む　つ)[青森・岩手・宮城・福島・秋田]
山城(やましろ)[京都]
大和(やまと)[奈良]
若狭(わかさ)[福井]

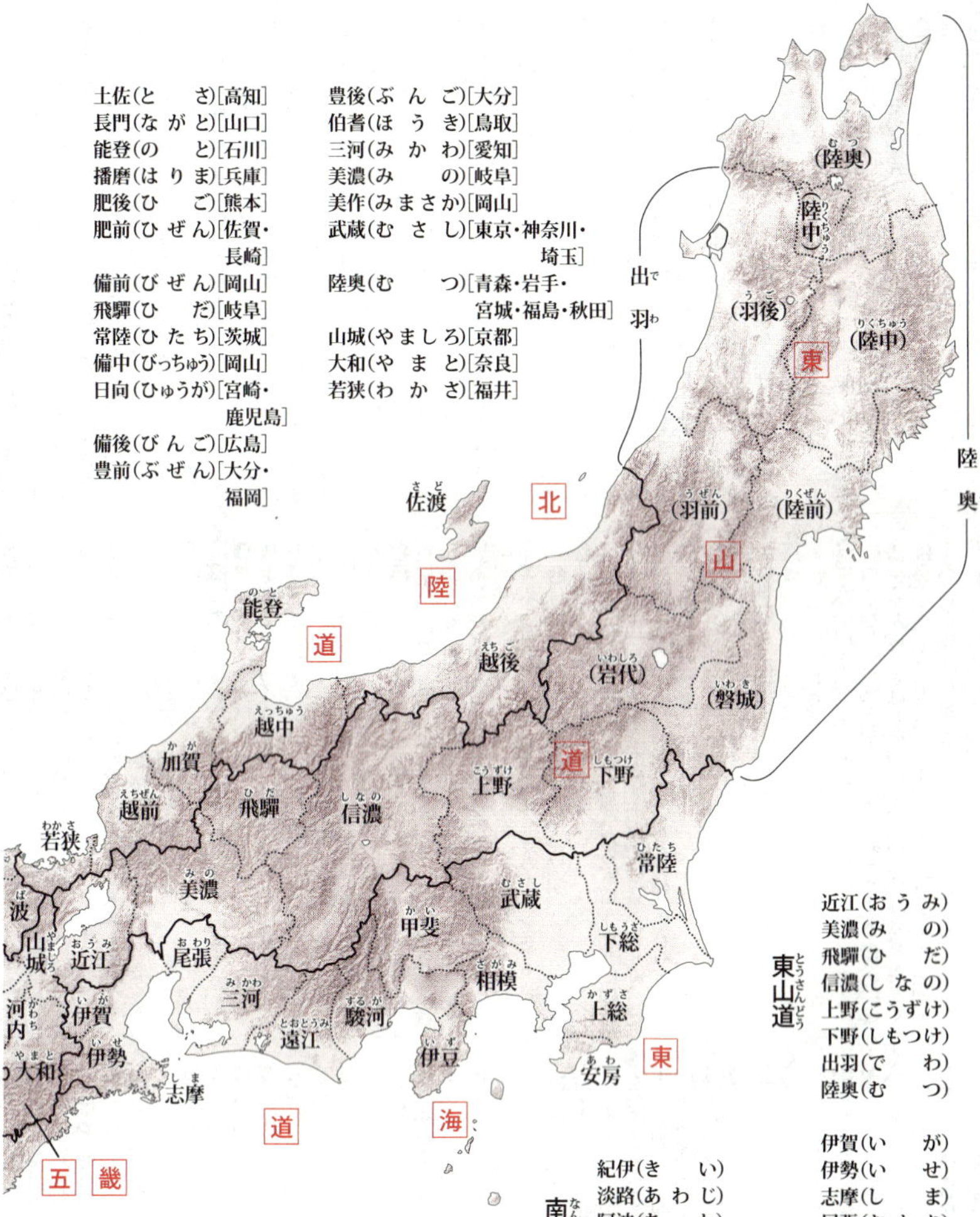

東山道(とうさんどう)
近江(おうみ)
美濃(み　の)
飛驒(ひ　だ)
信濃(しなの)
上野(こうずけ)
下野(しもつけ)
出羽(で　わ)
陸奥(む　つ)

東海道(とうかいどう)
伊賀(い　が)
伊勢(い　せ)
志摩(し　ま)
尾張(おわり)
三河(みかわ)
遠江(とおとうみ)
駿河(するが)
伊豆(い　ず)
甲斐(か　い)
相模(さがみ)
武蔵(むさし)
安房(あ　わ)
上総(かずさ)
下総(しもうさ)
常陸(ひたち)

南海道(なんかいどう)
紀伊(き　い)
淡路(あわじ)
阿波(あ　わ)
讃岐(さぬき)
土佐(と　さ)
伊予(い　よ)

北陸道(ほくろくどう)
若狭(わかさ)
越前(えちぜん)
加賀(か　が)
能登(の　と)
越中(えっちゅう)
越後(えちご)
佐渡(さ　ど)

山陰道(さんいんどう)
丹波(たんば)
丹後(たんご)
但馬(たじま)
因幡(いなば)
伯耆(ほうき)
出雲(いずも)
隠岐(お　き)
石見(いわみ)

山陽道(さんようどう)
播磨(はりま)
美作(みまさか)
備前(びぜん)
備中(びっちゅう)
備後(びんご)
安芸(あ　き)
周防(すおう)
長門(ながと)

旧国名一覧・五畿七道一覧

ビジュアルチェック 7

旧国名一覧

(現代仮名遣い・五十音順)

安芸(あ　き)[広島]
安房(あ　わ)[千葉]
阿波(あ　わ)[徳島]
淡路(あわじ)[兵庫]
伊賀(い　が)[三重]
壱岐(い　き)[長崎]
伊豆(い　ず)[静岡]
和泉(いずみ)[大阪]
出雲(いずも)[島根]
伊勢(い　せ)[三重]
因幡(いなば)[鳥取]
伊予(い　よ)[愛媛]
石見(いわみ)[島根]
越後(えちご)[新潟]
越前(えちぜん)[福井]
越中(えっちゅう)[富山]
近江(おうみ)[滋賀]
大隅(おおすみ)[鹿児島]
隠岐(お　き)[島根]
尾張(おわり)[愛知]
甲斐(か　い)[山梨]
加賀(か　が)[石川]
上総(かずさ)[千葉]
河内(かわち)[大阪]
紀伊(き　い)[和歌山・三重]
上野(こうずけ)[群馬]
相模(さがみ)[神奈川]
薩摩(さつま)[鹿児島]
佐渡(さ　ど)[新潟]
讃岐(さぬき)[香川]
信濃(しなの)[長野]
志摩(し　ま)[三重]
下総(しもうさ)[千葉・茨城・埼玉]
下野(しもつけ)[栃木]
周防(すおう)[山口]
駿河(するが)[静岡]
摂津(せっつ)[大阪・兵庫]
但馬(たじま)[兵庫]
丹後(たんご)[京都]
丹波(たんば)[京都・兵庫]
筑後(ちくご)[福岡]
筑前(ちくぜん)[福岡]
対馬(つしま)[長崎]
出羽(で　わ)[秋田・山形]
遠江(とおとうみ)[静岡]

(注)
宝亀二年(771)、武蔵は東山道から東海道に移された。
陸奥(むつ)を磐城・岩代・陸前・陸中・陸奥とし、
出羽を羽前・羽後に分けたのは、明治元年(1868)のこと。
掲載している旧国名・五畿七道はすべて見出し語になっています。

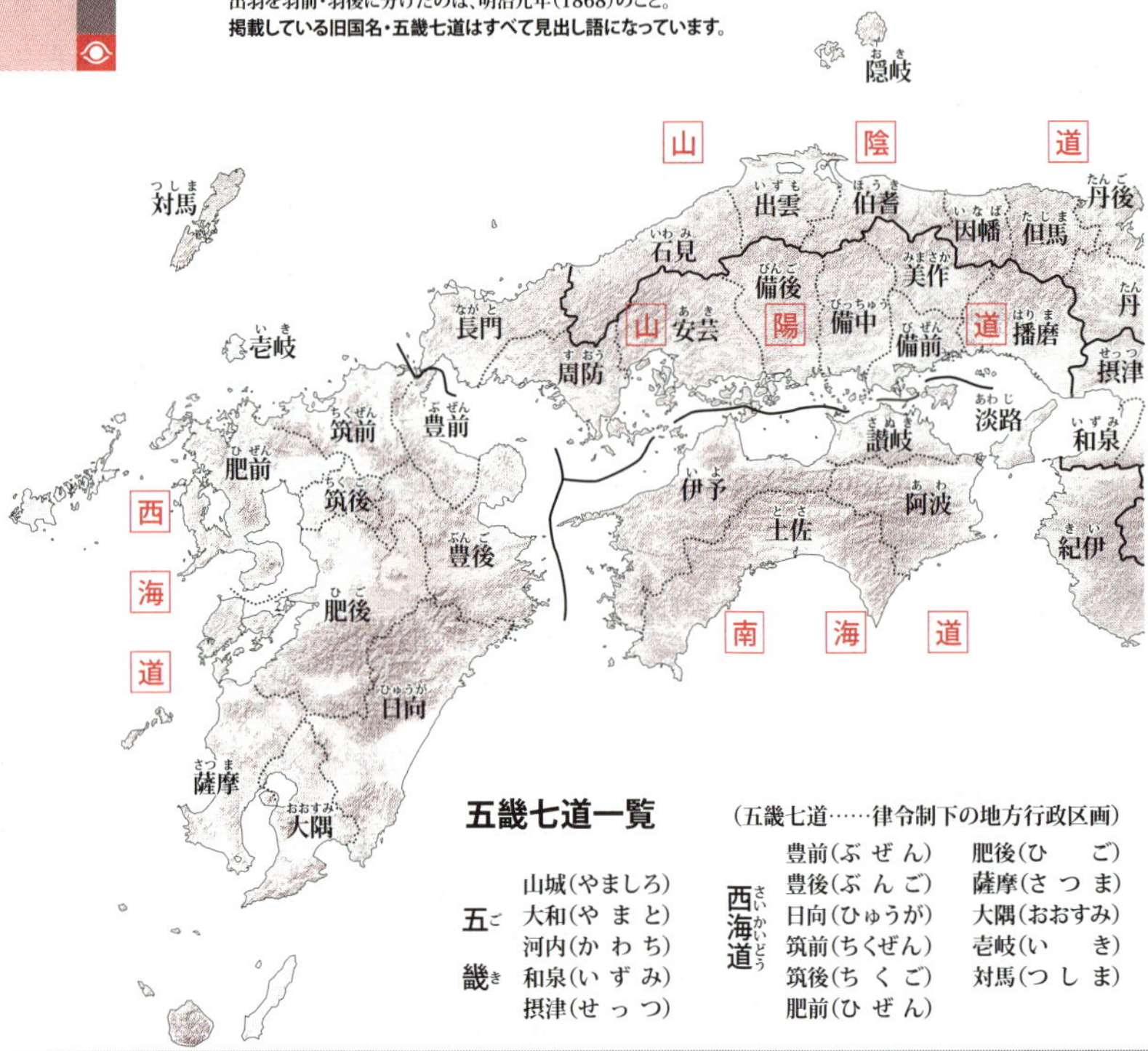

五畿七道一覧

(五畿七道……律令制下の地方行政区画)

五畿
山城(やましろ)
大和(やまと)
河内(かわち)
和泉(いずみ)
摂津(せっつ)

西海道
豊前(ぶぜん)
豊後(ぶんご)
日向(ひゅうが)
筑前(ちくぜん)
筑後(ちくご)
肥前(ひぜん)
肥後(ひ　ご)
薩摩(さつま)
大隅(おおすみ)
壱岐(い　き)
対馬(つしま)

く・び・る【縊る】 ■ 動詞 自 ラ下二段〈れ・れ・る・るる・るれ・れよ〉首をくくって死ぬ。**すなはちかへりて山前に隠れて、自らくびれぬ。**〈日本書紀〉訳（大友皇子は）そこで引き返して山前（＝地名）に隠れて、自ら**首をくくって死ん**でしまった。

■ 動詞 他 ラ四段〈ら・り・る・る・れ・れ〉首を絞めて殺す。「**いはゆる宮毘羅大将**」**とうち上げたるを、**「**われを**『**くびる**』**と読むなりけり。**」**とおぼしけり。**〈大鏡・時平〉訳（祈禱僧が）「世にいう宮毘羅大将」と声を高く張り上げたのを、（保忠は）「（大将である）自分を『**首を絞めて殺す**』と実は読むのだった。」とお思いになった。

くび-を-か・く【首を掻く・頸を掻く】 刀で首をかき切る。

取って押さへて頸をかかんと甲を押し、あふのけて見ければ…〈平家・9・敦盛最期〉訳 取り押さえて**刀で首をかき切ろ**うとかぶとを（力ずくで）押し上げて、あお向けにして（顔を）見たところ…。

くび-を-つ・ぐ【首を継ぐ】 死罪を免れる。助けられる。**小松殿やうやうに申して、首を継ぎたまへり。**〈平家・1・鹿谷〉訳（成親卿は）小松殿（＝重盛）がいろいろと申し上げて、**死罪を免れ**なさった。

く・ふ【食ふ・喰ふ】 動詞 他 八四段〈は・ひ・ふ・ふ・へ・へ〉

❶くわえる。かむ。**法師はあまた所食はれながら、ことゆゑなかりけり。**〈徒然草・218・狐は人に〉訳 法師は数多くの箇所を（キツネに）**かまれた**が、（命に）別条はなかった。

❷飲食する。

❸（「食っていく」の意味から）生活する。

❹身に受ける。また、信じる。だまされる。**古き事ながら、この手だて一度づつは食ふものなり。**〈西鶴・好色一代男〉訳 古い方法ではあるが、このやり方に（誰でも）一度ずつは**だまされる**ものである。

発展『万葉集』では、「くふ」は❶の意味で、❷の意味には「はむ」を用いている。中古には「くふ」の用法が広がり、「はむ」は動物の動作に限られる。「くらふ」は、「くふ」とほぼ重なるが、乱暴なしぐさを伴う場合が多い。近世以後、「給ぶ」から転じた「食ぶ」「食べる」が広がり、「くふ」は下品な表現に位置づけられた。→古語チャート⑬（453ページ）

く・ふ【構ふ】 動詞 他 八四段〈は・ひ・ふ・ふ・へ・へ〉巣などを作る。構える。「**燕の、巣くひたらば告げよ。**」〈竹取・燕の子安貝〉訳「ツバメが、巣を**作った**ならば知らせよ。」

く・ぶ【焼ぶ】 動詞 他 バ下二段〈べ・べ・ぶ・ぶる・ぶれ・べよ〉燃やす。（火に）くべる。**火の中にうちくべて焼かせたまふに、めらめらと焼けぬ。**〈竹取・火鼠の皮衣〉訳（右大臣は皮衣を）火の中に**くべて**お焼かせになると、めらめらと燃えてしまった。

ぐ-ぶ【供奉】 名詞 動詞 自 サ変〈せ・し・す・する・すれ・せよ〉❶行幸・御幸などのときにお供をすること。また、その者。❷（「内供奉」の略で）宮中の内道場に奉仕する僧。高徳の僧十人を選んだ。

くぶつち-の-たち【頭椎の太刀】 名詞 柄の部分が槌の形をした上代の刀剣。

［くぶつちのたち］

ぐふとく-く【求不得苦】 名詞《仏教語》「★八苦」の一つ。求めても手に入れることができない苦しみのこと。

くへ【柵】 名詞 柵。垣根。

現くべる ↓ 古 **くぶ【焼ぶ】**

くぼ・し【凹し・窪し】 形容詞 ク〈く・く・し・き・けれ・○／から・かり・○・かる・○・かれ〉周囲に比べて低い。くぼんでいる。劣っている。

田舎合子のきはめて大きにくぼかりけるに、飯うづ高くよそひ…。〈平家・8・猫間〉訳 田舎風の蓋付き椀のたいへん大きく**くぼんで**いたものに、飯を山盛りに盛り…。

くぼま・る【凹まる・窪まる】 動詞 自 ラ四段〈ら・り・る・る・れ・れ〉一部がへこむ。くぼむ。

く-ほん【九品】 名詞《仏教語》極楽浄土に往生する際、その者のやってきた行為や性質によって生じる九つの階級。発展 浄土は、上品・中品・下品の三つに分かれ、それぞれがさらに上・中・下の生に分かれる。たとえば、上品上生・上品中生・上品下生…のように組み合わせて名付けられている。

くほん-じゃうど【九品浄土】 名詞《仏教語》極楽浄土。↓九品

くほん-の-うてな【九品の台】 ↓くほんれんだい

くほん-の-ねんぶつ【九品の念仏】《仏教語》極楽浄土に生まれることを願って唱える念仏。**ぼろぼろ多く集まりて、九品の念仏を申しけるに**…。〈徒然草・115・宿河原といふ所にて〉訳 虚無僧が多く集まって、**極楽浄土に生まれることを願って唱える念仏**を唱えたところ…。

くほん-れんだい【九品蓮台】 名詞《仏教語》浄土にある九品によって分かれた九種類の蓮の形の台。極楽往生した人がその上に座れるとされた。類 九品の台

くほん-わうじゃう【九品往生】 名詞《仏教語》現世で亡くなり、極楽浄土に行くこと。

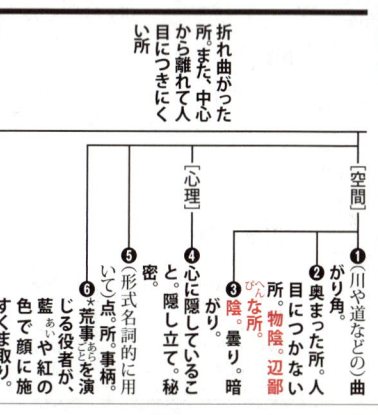

くま【隈】

［空間］
❶（川や道などの）曲がり角。
❷奥まった所。人目につかない所。物陰。辺鄙な所。
❸陰。曇り。暗がり。

［心理］
❹心に隠していること。隠し立て。秘密。

❺（形式名詞的に用いて）点。所。事柄。

❻★荒事を演じる役者が、藍や紅の色で顔に施すくま取り。

折れ曲がった所。また、中心から離れて人目につきにくい所

名詞 ❶（川や道などの）**曲がり角**。**道の隈い積もるまでにつばらにも見つつ行かむを**…〈万葉集・1・17〉歌 訳 道の**曲がり角**が幾重にも積み重なる（ところ）まで、存分に（三輪山を）見続けて行きたいのに…。

❷**奥まった所。人目につかない所。物陰。辺鄙な所。**「**かの浦に静やかに隠ろふべき隈はべりなむや。**」〈源氏・明石〉訳「あの（＝明石の）海岸にひっそりと身を隠していられそうな**人目につかない所**がありましょうか。」

❸**光の当たらない所**。陰。**曇り**。**暗がり**。**藤少将**(とうせうしやう)**、藤壺**(ふぢつぼ)**より出**(い)**でて、月の少し隈ある立**(たて)**て蔀**(じとみ)**のもとに立てりけるを**…。〈源氏・賢木(さかき)〉訳藤少将が、藤壺(の御殿)から出て、月が少し陰になっている★立て蔀のそばに立っていたのを…。○この意味では、月に関して用いられることが多い。❹**心に隠していること**。**隠し事**。**隠し立て**。**秘密**。「**心に隈あること、何事にかはべらむ**。」〈源氏・薄雲〉訳「(私は仏道の奥義まで隠すことなく伝えているのに)心に隠し事がある(といわれる)ことは、どんなことでございましょうか。」❺(形式名詞的に用いて)**点**。**所**。**事柄**。**少し故づきて聞こゆるわたりは、御耳留**(とど)**めたまはぬ隈なきに**…。〈源氏・末摘花(すゑつむはな)〉訳少しでも趣があると評判の(女性の)方々(がいる所)については、(源氏は)お耳にお留めにならない所がないのに加えて…。❻《歌舞伎用語》**荒事**(あらごと)**を演じる役者が、藍や紅の色で顔に施すくま取り**。

［くま❻］

くま-ぐま【隈隈】名詞 ❶あちらこちらの曲がり角。また、曲がった部分。❷あちらこちらの隅。隅々。「**紙燭**(しそく)**さして、隈々を求めし程に**…。」〈徒然草・215・平宣時朝臣(たひらののぶときあそん)〉訳「★紙燭をともして、**隅々**を捜しているうちに…。」

くま-ぐま・し【隈隈し】形容詞〔シク〕〈しく・しく・し・しき・しけれ・○／しから・しかり・○・しかる・○・しかれ〉❶**隠れていてよく見えない**。光が届かずよく見えない。**ここかしこの隈々しくおぼえたまふに**…。〈源氏・夕顔〉訳(屏風(びやうぶ)の上には)あちらこちらが**光が届かずよく見えなく**(不気味だと源氏が)お感じになるのに加えて…。❷隠しごとがある。秘密があるようだ。「**何ごとかはべらむ。隈々しくおぼしたるこそ苦しけれ**。」〈源氏・梅枝(うめがえ)〉訳「何(の隠しごと)がございましょうか。**秘密があるように**お思いになるのは迷惑だ。」

くま-そ【熊襲】名詞 宮崎県・鹿児島県一帯の上代の呼び名。また、その地方に住む部族や人々。大和政権に対する反抗の記録が伝えられている。

くま-で【熊手】名詞 ❶棒の先がクマの手のように鋭くいくつもに分かれた金属製の武器。❷クマの手のような形をした、竹などで作られた穀物や落ち葉などをかき集める道具。❸❷の形をした飾り物。江戸時代から、鷲(おほとり)神社の酉(とり)の市で売られ、福を招くとされた。❹欲深いこと。また、その人。

くま-と【隈所・隈処】名詞 折れ曲がった奥の所。物陰。隠れた所。

くま-な・し【隈無し】

陰や欠点がまったくないようす
- ❶陰がない。暗い所がない。
- ❷行き渡らないところがない。残すところがない。
- ❸万事によく通じている。抜かりがない。

未然形	連用形	終止形	連体形	已然形	命令形
くまな・く	くまな・く	くまな・し	くまな・き	くまな・けれ	○
くまな・から	くまな・かり	○	くまな・かる	○	くまな・かれ

形容詞〔ク〕❶**陰がない**。**暗い所がない**。**曇りがない**。**花は盛りに、月はくまなきをのみ見るものかは**。〈徒然草・137・花は盛りに〉訳サクラの花は満開であるのだけを、月は**陰がないの**(＝満月)だけを見るものであろうか、いや、そうではない。○「花は盛りに」も「月はくまなき」も、ともに「をのみ」が受けていて、「花は満開であるのだけを」「月は陰がないのだけを」と解される★対偶中止法。**くまなき月影、隙**(ひま)**多かる板屋、残りなく漏り来て**…。〈源氏・夕顔〉訳**曇りがない**月の光が、透き間の多い板ぶきの(粗末な)家を、余すところなく漏れてきて…。❷**行き渡らないところがない**。**残すところがない**。**隠すところがない**。「**くまなく見集めたる人の言ひしことは、げに**。」〈源氏・帚

まとめて覚えよう古語チャート⑬
〈食べる〉意味を表すことば

食べる動作を表す動詞で最も基本的な語は「[1]くふ」でしょう。この語は、上代から現代にいたるまで一貫して存在しています。しかし、上代においては、「くふ」は口にくわえたり、かみついたりする動作を意味していました。その時代、食べる動作は、通常、「[2]はむ」を使っていました。「[3]くらふ」は、漢文訓読語として使われる一方で、口頭語としては卑語性も見せました。〈食べる〉動作をはっきり表す動詞で表現することは、失礼なことと思われたのでしょうか、「[4]めす・[5]をす・[6]きこす・[7]まゐる」、また「[8]たぶ・[9]たうぶ」などが、〈食べる〉意味も表す敬語として用いられました。

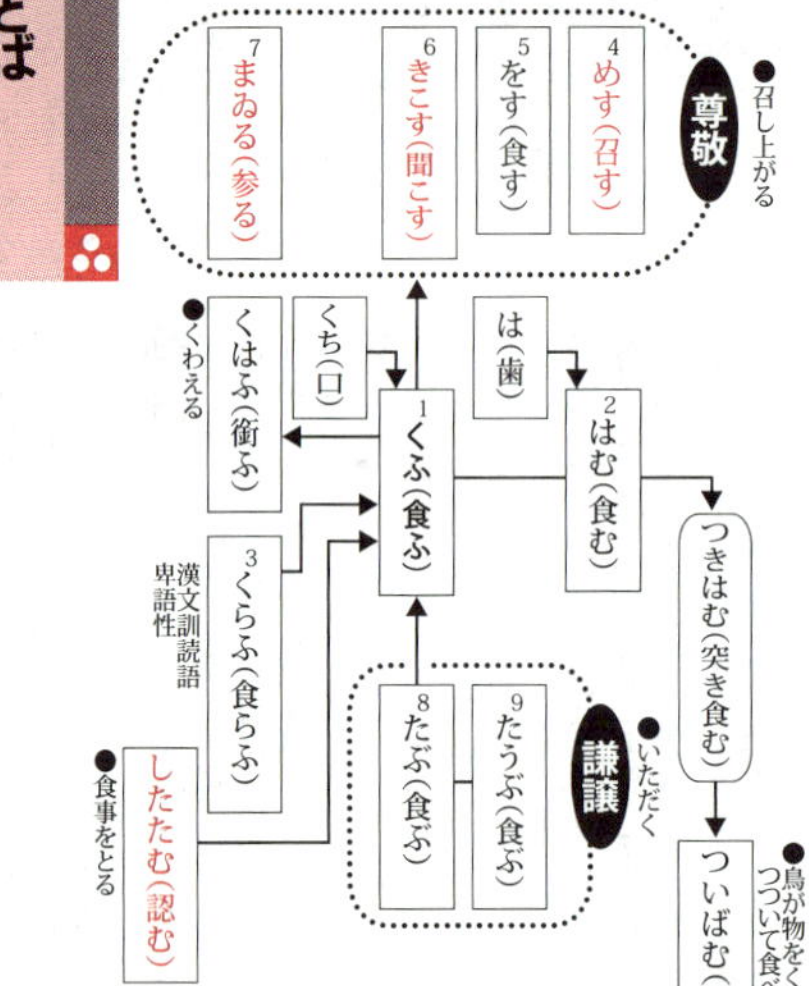

赤字は最重要語・重要語

木〉訳「残すところがなく多く(の女性)に接している人(=左馬頭)の言ったことは、なるほど(そのとおりであった)。」

❸万事によく通じている。抜かりがない。すべてのことに気がつく。

くまなき物言ひも、定めかねて、いたくうち嘆く。〈源氏・帚木〉訳(女性に関しては)万事によく通じている口の達者な人(=左馬頭)も、(妻の理想像となると)判定できなくて、深くため息をつく。

「いとくまなき御心の性にて、推し量りたまふにやはべらむ…。」〈源氏・椎本〉訳「(匂宮は、恋愛の方面では)たいへん抜かりのないお心の性質で、(いろいろと)ご推量になるのではないでしょうか…。」

熊野 地名 和歌山県南東部から三重県熊野市にかけての霊地。古代から「みくまの」と称された。平安中期以降、貴族の熊野詣が流行。↓熊野三社

熊野三山 寺社名 ↓熊野三社

熊野三社 寺社名 和歌山県田辺市にある熊野坐神社(本宮)・同県新宮市の熊野速玉神社(新宮)・東牟婁郡那智勝浦町の熊野那智神社(那智)の三つの神社の総称。「熊野三山」「三熊野」とも称され、「熊野三所権現」「三所権現」、また「熊野権現」ともいわれた。古くから修験道の霊場として有名。平安時代から皇族・貴族や庶民の間で参詣が流行したが、院制期は特に盛んであった。

くまの-まうで【熊野詣で】 名詞 熊野神社に参詣すること。また、その人。↓熊野

くみ【組・組み】 名詞 糸を縒って作ったひも。組みひも。

くみ-す【与す】 動詞 自〔サ変〕(せ・し・す・する・すれ・せよ) 仲間になる。味方する。

「あまつさへこの一門滅ぼすべき謀反にくみしてんげる奴なり。」〈平家・2・西光被斬〉訳「おまけにこの一門(=平家)を滅ぼそうという謀反に味方してしまった奴だな。」

くみ-まが-ふ【汲み紛ふ】 動詞 自〔ハ四段〕(は・ひ・ふ・ふ・へ・へ) (多くの人々が)入り乱れて水をくむ。

もののふの八十娘子らが汲みまがふ寺井の上の堅香子の花 歌〈万葉集・19・4143〉訳↓もののふの…

く・む【組む】 一 動詞 自〔マ四段〕(ま・み・む・む・め・め) (相手に)組み付く。組み討ちする。絡む。

「言ふかひなき人の郎等に組み落とされさせたまひて、討たれさせたまひなば…。」〈平家・9・木曾最期〉訳「つまらない人の家来に組み付かれ(ウマから)落とされなさって、お討たれになったら…。」

二 動詞 他〔マ四段〕(ま・み・む・む・め・め) ❶(綱・糸・つるなど細長いものを互い違いにして)織る。編む。

青葛を大きなる籠に組みて、いかめしき栗、橡を入れて…。〈宇津保〉訳アオカヅラのつるを大きなかごに編んで、大きく立派なクリや、トチの実を入れて…。

❷組み合わせて作る。構築する。

土居を組み、うちおほひを葺きて、継ぎ目ごとにかけがねを掛けたり。〈方丈記・方丈〉訳土台を構築し、仮の屋根をのせて、(柱や板の)継ぎ目ごとに掛け金を掛けてある。

❸互い違いに交わらせる。交差させる。

蜘蛛といへる虫の手は八つあれば、その蜘蛛のいへは軒に見ゆるものの手を組みたるやうに見ゆれば…。〈俊頼髄脳〉訳クモといっている虫の手は八本あるので、そのクモの巣は軒に見えるが手を交差させているように見えるので…。

く・む【汲む・酌む】 動詞 他〔マ四段〕(ま・み・む・む・め・め) ❶(水・酒・茶などを)器にくみ取る。すくい取る。くむ。

手をひてて寒さも知らぬ泉にぞくむとはなしに日ごろ経にける 歌〈土佐日記・二月四日〉訳手をぬらしても冷たさも感じない泉、その和泉の国で、(水を)くむでもなく数日を過ごしてしまったなあ。〇「泉」には、地名の「和泉」を掛けている。

❷(人の心や事情などを)推し量る。思いやる。

清濁定まらず、日々に流れ行く言の葉の源、いかでかくみしることを得む。〈歌学提要〉訳(発音の)清濁も決まらず、日々に変化していくことばの語源を、どうして推し量って知ることができようか、いやできはしない。

-ぐ・む 接尾語 (名詞に付いて)それが外に現れ出そうになる、その兆しが見える、という意味を表す。語例 涙ぐむ・芽ぐむ 発展 動詞〔マ四段〕化する。

久米の皿山 歌枕 岡山県津山市にある佐良山。「さら」の音を導く枕詞や序詞として多く詠まれた。

くも【雲】 名詞 ❶雲。↓古語チャート㉑(783ジ)

❷心が曇って晴れないことやうっとうしいことのたとえ。

雲晴れて身にうれへなき人のみぞさやかに月の影は見るべき 歌〈山家集・1407〉訳うっとうしい心が晴れ、身に憂いのない人だけ、曇りなくこの月を見ることができるのに違いない。

❸火葬の煙。そこから、火葬されること、死ぬことのたとえ。

なき人の形見の雲やしをるらむ夕べの雨に色は見えねど 歌〈新古今集・哀傷・803〉訳亡くなった人の形見となる火葬の煙が漏らすのだろうか。夕方の(空に)雨が降りそうなようすは見えないが。

❹はかないもの、頼りないもののたとえ。また、雲のように見えるもののたとえ。

くもい(現)↓(歴)**くもゐ【雲居・雲井】** 最重要語(456ジ)

くも-がく・る【雲隠る】 一 動詞 自〔ラ四段〕(ら・り・る・る・れ・れ) ❶雲に隠れる。見えなくなる。

雲隠る小島の神の畏ければ目は隔てども心隔てや 歌〈万葉集・7・1310〉訳雲に隠れている小島の神が怖いので会わずにいるが、心は離れることがあろうか、いや決して離れてはいない。

❷(身分の高い人の死を婉曲的に表現して)お亡くなりになる。↓古語チャート⑱(647ジ)

二 動詞 自〔ラ下二段〕(れ・れ・る・るる・るれ・れよ) ❶雲に隠れる。光が当たらない。

ももづたふ磐余の池に鳴く鴨を今日のみ見てや雲隠りなむ 歌〈万葉集・3・416〉訳↓ももづたふ…

十市には夕立すらしひさかたの天の香具山雲隠れゆく 歌〈新古今集・夏・266〉訳十市には夕立が降っているに違いない。天の香具山が雲に隠れていくよ。〇「ひさかたの」は「天」に係る枕詞。

日の光あまねき空の気色にもわが身ひとつは雲隠れつつ 歌〈金葉集・602〉訳太陽の光が行きわたっている空のように、天皇の恵みがまんべんなくもたらされている中でも私ひとりだけは光が当たら(=御恵みを受けてい)ないよ。

❷(身分の高い人の死を婉曲的に表現して)お亡くなりになる。↓古語チャート⑱(647ジ)

など君雲隠れけむかくばかりのどかに澄める月もある夜に 歌〈栄花〉訳どうしてあなたはお亡くなりにな

つてしまったのだろうか。このように穏やかに曇りもなく清らかな月も出ている夜だというのに。

くも-がくれ【雲隠れ】名詞 ❶隠れて姿が見えなくなること。❷貴人が死ぬことのたとえ。

くも-かすみ【雲霞】名詞 ❶雲と霞。❷逃げて行方をくらますこと。❸軍勢が多いこと。

くもけぶり-に-な・す【雲煙になす】火葬にする。茶毘(だび)にふす。**はかなく雲煙になす夜**…。〈更級日記・夫の死〉訳(夫を)むなしく**火葬にする**夜…。

くも-ぢ【雲路】じ|名詞 空や雲の中にあるといわれる道。また、遠い道のり。発展 天女・鳥・月などが通ると考えられていた。

く-もつ【公物】名詞 公の物。朝廷の所有物。官物。

くも-で【蜘蛛手】名詞 ❶クモの巣。❷四方八方に木を打ち付けたり、縄を張ること。❸戦場で四方八方に駆け巡ること。また、太刀を縦横無尽に振り回す使い方。

くもで-・なり【蜘蛛手なり】形容動詞ナリ〈なら・なり(に)・なり・なる・なれ・なれ〉❶(川の流れや道が)八方に分かれている。複雑に枝分かれしている。**水ゆく河(かは)のくも手なれば、橋を八つ渡せるによりてなむ、八橋(やつはし)と言ひける**。〈伊勢・9〉訳川の流れが**八方に分かれている**ので、橋を八つ渡してあることから、(この地を)八橋と呼ぶのだった。❷あれこれと心が乱れる。**くも手に物をこそ思ひたまひける**。〈御伽草子(おとぎぞうし)・文正草子(ぶんしょうそうし)〉訳(中将は)**あれこれと心乱れて**物思いをなさった。❸戦場で四方八方に駆け巡る。刀などを縦横無尽に振り回す。六千余騎が中を縦さま、横さま、**蜘蛛手**、十文字に駆けわって…。〈平家・9・木曾最期(きそのさいご)〉訳(敵の)六千余騎の中を縦に、横に、**四方八方**、十文字に駆け破って…。発展 クモが足を広げた形に似ていることから生じたことば。

くも-の-あなた【雲の彼方】雲の向こう。(雲に隠された)はるかかなたの見えない所。

くも-の-い【蜘蛛の網】クモの巣。クモの糸。季語 夏

くも-の-うへ【雲の上】うえ| ❶雲より上の空。天上。❷宮中。内裏(だいり)。

くものうへは… 歌
雲の上はありし昔にかはらねど見し玉垂(たまだれ)のうちや恋しき〈十訓抄(じっきんしょう)〉訳宮中は(あなたがいたころの)昔に変わってはいないが、かつて見ていた、このすばらしい御簾(みす)の内側が恋しいのではないか。
発展 この歌を、女房から詠みかけられた藤原成範(しげのり)は、「うちや恋しき」の「や」を「ぞ」に直して返歌した、といわれている。

くも-の-うへびと【雲の上人】うえびと| 宮中に仕える貴人の総称。狭い意味では、*殿上人(てんじゃうびと)。**忠盛三十六にて初めて昇殿す。雲の上人これをそねみ…忠盛を闇討ちにせんとぞ擬せられける**。〈平家・1・殿上闇討(てんじょうのやみうち)〉訳(平)忠盛は三十六歳で初めて(清涼殿(せいりょうでん)に)昇殿した。**宮中に仕える人々**はこれをねたみ…忠盛を闇討ちにしようと前もって図りなさった。

くものうへも… 歌
雲の上も涙にくるる秋の月いかですむらむ浅茅生(あさぢふ)の宿〈源氏・桐壺(きりつぼ)〉訳雲の上の宮中でも涙にくもって(よく見えない)秋の月が、どうして澄んでいるだろう、あの丈の低いチガヤに覆われた草深い家では。どんなに悲しみにくれて住んでいることだろう。〇「雲の上」は「月」の縁語。「すむ」は、「(月が)澄む」と「(浅茅生の宿に)住む」の意味を掛ける。
発展 亡くなった桐壺の更衣をしのびながら、その母の悲嘆を思いやった桐壺の帝(みかど)の歌。

くも-の-かけはし【雲の梯】❶雲がたなびくようすを懸け橋に見立てたことば。❷(谷間の絶壁などに)雲をしのぐほど高く架けられた橋。❸宮中の階段。発展 ❸は、雲の上を宮中に見立てたことば。

くも-の-かよひぢ【雲の通ひ路】かよいじ| 雲の行き通う道。雲の中の道。**天(あま)つ風雲の通ひ路吹き閉ぢよ少女(をとめ)の姿しばしとどめむ** 百人一首〈古今集・雑上・872〉訳→あまつかぜ…

くも-の-なみ【雲の波】❶波のように幾層にも重なった雲。❷雲のように高く立った波。

くも-の-ふるまひ【蜘蛛の振る舞ひ】ふるまい| クモが巣を作る動作。恋人が来る前触れと信じられた。**わが背子(せこ)が来(く)べき宵(よひ)なりささがにの蜘蛛のふるまひかねてしるしも** 歌〈古今集・墨滅・1110〉訳(今夜は)私の夫が訪ねてくるはずの宵である。**クモが巣を作る動作**が前もって顕著であるなあ。〇「ささがにの」は「蜘蛛」に係る枕詞。

くも-の-みね【雲の峰】峰のように高く立つ雲。入道雲。季語 夏
しづかさや湖水の底の雲の峰 句〈寛政句帖(かんせいくちょう)・一茶〉訳(琵琶湖のほとりを通りかかると)実に静かである。その湖水の底には、**峰のように高く立つ雲**が白く影を映していることよ。

くものみね… 句
雲の峰幾つ崩れて月の山〈奥の細道・月山(がっさん)・松尾芭蕉〉訳入道雲の峰がむくむくとわき起こり、崩れてはまたそびえ、繰り返しいくつも崩れた果てに築き上げられたのであろうか、この月光に照らされている神々(こうごう)しい月山は。〇季語 雲の峰—夏。「月の山」は、月山(=羽黒(はぐろ)山・湯殿山と並んで、今の山形県にある出羽三山(でわさんざん)の一つ)の歌枕としての呼び方で、同時に月光に照らし出された山という意味を掛ける。「月」は、「(入道雲が崩れては)築っき」と「月(の山)」との掛詞的用法。

くも-の-みを【雲の澪】みお| 雲の流れを澪(=水の流れ)に見立てたことば。

くも-ま【雲間】名詞 ❶雲の切れ間。❷雨の降らない間。晴れ間。「**雲間待ち出(い)でむ程、いかに心もとなう**。」〈源氏・末摘花(すえつむはな)〉訳「(雨の)**晴れ間**を待ってお伺いしようと思っている間、どんなに待ち遠しく(思っていることか)。」

くもら-は・し【曇らはし】わし|形容詞シク〈しく・しく・し・しき・しけれ・〇/しから・しかり・〇・しかる・〇・しかれ〉曇り模様だ。曇りがちだ。くすんでいる。**籬(まがき)の霧のいとどひまなく立ちわたりて、月影もなかなか曇らはしうなりぬれば**…。〈狭衣(さごろも)〉訳籬(=柴の垣)に立ち込める霧が(夜の明け行くのにつれて)ひどく深くなって、有り明けの月もかえって**くすんで**しまったので…。〇「曇らはしう」は連用形「曇らはしく」のウ音便。

くもり-な・し【曇り無し】形容詞ク〈く・から・く・かり・し・き・かる・けれ・〇・かれ〉❶(光・色・輪郭などが)くっきりと見えるようす。鮮明だ。視界がよい。**同じさまに装束(さうぞく)きたる、やうだい、髪のほど、曇りなく**

見ゆ。〈紫式部日記〉訳(色とりどりの衣装を着るよりは)皆同じように(白一色の)装束を着けている方が、姿や、髪のようすが、**鮮明に**見て取れる。
❷後ろめたいところがない。潔白だ。公正だ。
雲近く飛び交ふ鶴もそらに見よわれは春日の曇りなき身ぞ 歌〈源氏・須磨〉訳雲(=宮中)近くを入り交じって飛ぶツル(=あなた)も、空で私を見てくれ。私は春の日のように(曇りのない)**潔白の**身の上である。

くも・る【曇る】 動詞 自〔ラ四段〕(ら・り・る・る・れ・れ) ❶空が雲で覆われる。→古語チャート㉑(783ページ)
❷光や色つやが鈍くなる。くすむ。
山吹にもてはやしたまへる御容貌など、いと華やかに、「ここぞ曇れる」と見ゆるところなく…。〈源氏・初音〉訳山吹襲(のお召し物)で引き立てられていらっしゃる(玉鬘の)ご器量などは、まことに華やかで、「ここが**くすんでいる**。」と思われるところがなく…。
❸悲しみで暗い気持ちになる。(涙で)ぼやける。
ひまもなき涙に曇る心にもあかしと見ゆる月の影かな 歌〈更級日記・後の頼み〉訳次々と止まる間もなく(流れ出る)涙で**悲しく暗い気持ちになる**心にも明るいと見える月の光であるよ。

くも-ゐ【雲居・雲井】 名詞 →最重要語(456ページ)

くもゐ-の-そら【雲居の空】 ❶雲の浮かんでいる空。❷宮中。皇居。

くもゐ-の-よそ【雲居の余所】 はるか遠く離れた所。

くもん-じょ【公文所】 名詞 ❶平安時代、国衙(=国司が政務を行う役所)において公文書を取り扱った役所。❷摂関家・寺社などで、その所領や年貢などに関する文書を処理した所。❸鎌倉幕府に設置された文書の評決所。後の政所。

く-やう【供養】 名詞 動詞 他〔サ変〕(せ・し・す・する・すれ・せよ) 《仏教語》仏・法・僧の三法や死者の霊に対して、飲食・灯明・香・花などの供物をささげ、または読経などをして、弔い、祈ること。

くや・し【悔し】 形容詞〔シク〕(しく・しく・し・しき・しけれ・○/しから・しかり・○・しかる・○・しかれ) 後悔しないではいられない。残念だ。腹立たしい。しゃくだ。類口惜し
今は、昔のよしなし心も悔しかりけりとのみ思ひ知りはて…。〈更級日記・春秋の定め〉訳今では、昔(=若いころ)のたわいもない考えも**後悔しないではいられなかった**のだったとばかりすっかりわきまえ知って…。
→古語チャート㉜(977ページ)
類語比較 「くちをし」と「くやし」→口惜し

くも-ゐ【雲居・雲井】

雲のある所。また、そのように遠く離れた所
- ❶雲のある所。空。
- ❷雲。
- ❸遠く離れた所。
- ❹皇居。宮中。(皇居のある)都。

名詞 ❶**雲のある所。空。**
ふるさとを峰の霞は隔つれどながむる空は同じ雲居か 歌〈源氏・須磨〉訳都(の方)を峰の霞が(遮って)隔てているけれども、(私がこうして)物思いに沈みながらぼんやり見やる空は、(都の人が見ている空と)同じ**空**なのか。
❷**雲。**
嘆きつつ我が泣く涙有馬山雲居たなびき雨に降りきや 歌〈万葉集・3・460〉訳嘆き続けて私の流す涙は、有馬山に**雲**となってかかり、雨となって降ったのか。
❸**遠く離れた所。**
長き夜をひとり明かし、遠き雲居を思ひやり、浅茅が宿に昔をしのぶこそ、色好むとはいはめ。〈徒然草・137・花は盛りに〉訳長い夜をひとりで夜明けまで過ごし、**遠く離れた所**をはるかに思い、チガヤ(=草の名)の茂っているような荒れ果てた家で昔(の恋)を思い出して懐かしむのは、(本当に)恋愛の情をよく理解しているというのだろう。
❹**皇居。宮中。**(皇居のある)**都。**
「かからん世には、雲居に跡をとどめても何かはしさうらふべき。」〈平家・3・城南之離宮〉訳「このような(乱れた)世の中では、**宮中**に我が身をとどめていても何をすることができましょうか、いや、何もできません。」

発展 **意味の広がり** 「ゐ」は、上一段動詞「ゐる(居る)」の連用形が名詞になったもので、雲のある所を表すのがもともとの意味。そこから、雲そのものや、空のように遠く離れた所を指すようになった。❹の皇居・宮中の意味は、庶民から遠く離れた所という意味から派生したもの。

く-やつ【此奴】 代名詞 (人を卑しめて)あいつ。こいつ。発展 「こやつ」の変化したことば。

く・ゆ【悔ゆ】 動詞 自〔ヤ上二段〕(い・い・ゆ・ゆる・ゆれ・いよ) あのときそうしなければよかったと、悔やむ。後悔する。
悔ゆれども取り返さるる齢ならねば、走りて坂を下る輪のごとくに衰へゆく。〈徒然草・188・ある者、子を法師に〉訳**後悔し**ても取り返すことのできる年齢ではないので、走って坂を下る輪のようにどんどん衰えていくのだ。
→古語チャート㉜(977ページ)

く・ゆ【崩ゆ】 動詞 自〔ヤ下二段〕(え・え・ゆ・ゆる・ゆれ・えよ) 崩れる。朽ちる。
愛しと我が思ふ心早川の塞きに塞くともなほやくえなむ 歌〈万葉集・4・687〉訳(あなたを)いとしく思う私の心は、流れの早い川の(ようなものでいくら)せき止めてもその堤はやはり(止めきれずに)**崩れて**しまうだろうか。

く・ゆ【蹴ゆ】 動詞 他〔ヤ下二段〕(え・え・ゆ・ゆる・ゆれ・えよ) 足でける。発展 「蹴る」の古い形。『日本書紀』の古訓に「クウル」などの例があるところから、ワ行下二段に活用したとも考えられている。→蹴る

くゆら・か・す【燻らかす・薫らかす】 動詞 他〔サ四段〕(さ・し・す・す・せ・せ) 煙を立ち上らせる。くすぶらせる。

くゆり-み・つ【燻り満つ・薫り満つ】 動詞 自〔タ四段〕(た・ち・つ・つ・て・て) (煙やにおいなどが)あたり一面に立ち込める。室内に充満する。

くゆ・る【燻る・薫る】 動詞 自〔ラ四段〕(ら・り・る・る・れ・れ) ❶(煙やにおいなどが)立ち上る。くすぶる。
すでにわが家に移りて、煙、炎くゆりけるまで大方向かひのつらに立ちて眺めければ…。〈宇治拾遺〉訳もう我が家に(火は燃え)移って、煙や、炎が**立ち上った**時までおよそ向かい側に立って眺めていたので…。
❷恋い慕う。思い焦がれる。
来ぬ人をまつのえに降る白雪の消えこそかへれくゆる思ひに 歌〈後撰集・851〉訳来ない人を待っているとマツ

の枝に降る白雪は消えているが、（私の）思いは消えないで、（あの人を）**思い焦がれ**たりしなければよかったと思えるのに。（悔いる思いが燻る火のようにくすぶっていることだ。）○「まつ」が「松」と「待つ」、「くゆる」が「悔ゆる」と「燻る」、「思ひ」の「ひ」が「日」と「火」の掛詞になっている。

くよう（現）→（歴）**くやう【供養】**

くら【座】 名詞 ❶神が宿る所。貴人が座る所。❷座る所。物を置く所。また、その台。

くら【鞍】 名詞 人や荷物を乗せるためにウマの背中に置く馬具。→大和鞍（図）

［くら（鞍）］

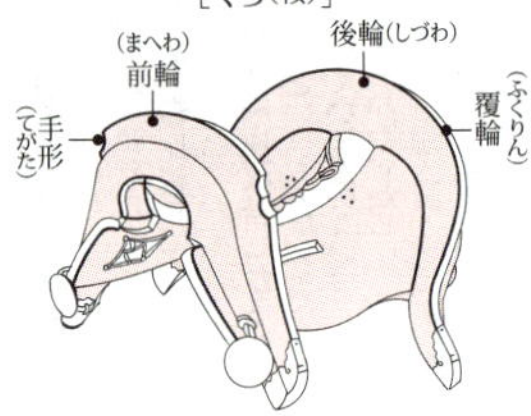

くらい（現）→（歴）**くらゐ【位】**

くらう（現）→（歴）**くらふ【食らふ】**

くらーうど【蔵人】 名詞 ❶天皇のそば近くに仕え諸事を行う「*蔵人所」の役人。❷「*女蔵人」の略。
発展「くらひと」の変化したもの。「くらんど」とも。❶は、律令外の役人で、当初は皇室の文書・道具類を管理していたが、後に除目や節会などの諸儀式や天皇の衣服・食事などまで扱うようになった。蔵人の頭は四位、ほかに五位と六位の蔵人がいた。

くらうど-どころ【蔵人所】 名詞 蔵人の詰める役所。八一〇（弘仁元）年嵯峨天皇によって設置された。宮中の校書殿の西廂にあった。後には院や摂関家にも置かれた。→**ビジュアルチェック⑯**（759ページ）

くらうど-の-ごゐ【蔵人の五位】 名詞 六位の蔵人で、任期（＝六年）が満ちて五位に任命されたものの、（定員三名の）五位の蔵人に欠員がないため、殿上を退いて*地下になった人。発展「五位の蔵人」とは別。

くらうど-の-とう【蔵人の頭】 名詞 蔵人所の実質的な長官。臨時の長官職である別当の次位で、四位の殿上人から二人選ばれる。近衛中将（時に少将）を兼ねたものを「頭の中将」、弁官を兼ねたものを「頭の弁」という。

くら-が・る【暗がる】 動詞 自 ラ四段 〈ら・り・る・る・れ・れ〉 暗くなる。暗闇になる。**いかがしけむ、速き風吹きて、世界暗がりて**…。〈竹取・竜の頸の玉〉訳 どうしたのだろうか、激しい風が起こって、その辺りが**暗くなって**…。

暗きより暗き道にぞ入りぬべきはるかに照らせ山の端の月〈拾遺集・1342・和泉式部〉訳（私は）暗い状態（＝煩悩の闇）から（いっそう）暗い状態（＝煩悩の闇）へと（無明の世界に）迷い込んでしまいそうである。遥かかなたまで照らしてくれ。山の端にかかっている（真如の）月よ。

くら・し【暗し】 形容詞 ク 〈く・く・し・き・けれ・○／から・かり・○・かる・○・かれ〉 ❶光が少ない。暗い。対 明かし →**古語チャート⑭**（459ページ）
❷よく知らない。知識が乏しい。愚かだ。通じていない。**暗き人の、人をはかりて、その智を知れりと思はん、さらにあたるべからず。**〈徒然草・193・暗き人の〉訳 **愚かな人**が、他人を推測して、その人の（持つ）知恵の程度を知っていると思うのは、少しも当たっているはずがない。
❸（真理を悟らず）煩悩に迷っている。悟りを得られない。**暗きより暗きに惑ふ死出の山とふにぞかかる光をも見る** 歌〈狭衣〉訳 **煩悩に迷っている**境地から**悟りを得られない**境地へと迷って越えられずにいた（死後越えるはずの）冥途の山を、（あなたが）死後を弔ってくださったのでこのように成仏することができた。
❹不十分だ。欠けている。不足している。**栄耀栄花は上もなき何暗からぬ御身にて**…。〈伽羅先代萩〉訳 派手で贅沢なことはこの上ないほどで何ひとつ**不足していない**ご身分であって…。
❺文化が開けていない。未開だ。「**時、くらきに鍾れり。**」〈日本書紀〉訳「時は、**未開の**時に当たっている。」

くらし-か・ぬ【暮らしかぬ】 動詞 他 ナ下二段 〈ね・ね・ぬ・ぬる・ぬれ・ねよ〉 一日を過ごすことに困る。暮らしづらく思う。**さまざま興ありしことども、思ひ出でて語り続けて、永日を暮らしかねたまふぞあはれなる。**〈平家・9・生ずきの沙汰〉訳 いろいろと楽しかったことなどを、思い出して語り続けて、長い春の日の（長い）**一日を過ごすことに困って**いらっしゃるのは気の毒である。

くら・す【暗す】 動詞 他 サ四段 〈さ・し・す・す・せ・せ〉 悲しみなどで心を暗くする。**かき曇り日影も見えぬ奥山に心を暗すころにもあるかな** 歌〈源氏・総角〉訳 空も曇り日ざしも見えない（宇治の）山奥にあって**悲しみで心を暗くしている**このごろでもあることだなあ。

くら・す【暮らす】 動詞 他 サ四段 〈さ・し・す・す・せ・せ〉 ❶日が暮れるまで時を過ごす。**とけがたき御気色を恨みきこえたまひて、その日は暮らしたまへれば、え渡りたまはで**…。〈源氏・若菜上〉訳 わだかまりある（紫の上の）ごようすをお恨み申し上げなさって、その日は**日が暮れるまでお過ごし**になったので、（源氏は）（女三の宮の所へ）とてもお出ましにもなれなくて…。
❷月日を送る。**つくづくと一年を暮らすほどだにも、こよなうのどけしや。**〈徒然草・7・化野の露〉訳 しみじみと一年という**月日を送る**間でさえも、この上もなくゆったりしていることよ。
❸（動詞の連用形に付いて）…つづけて一日過ごす。日が暮れるまで…（する）。ずっと…（し）つづける。語例 遊び暮らす・恋ひ暮らす・眺め暮らす
→**古語チャート⑭**（459ページ）

くら-づかさ【内蔵寮】 名詞 →くられう

くら-つぼ【鞍壺】 名詞 鞍の、人がまたがる低い部分。

くら-の-かみ【内蔵頭】 名詞「*内蔵寮」の長官。

くら-の-つかさ【内蔵寮】 名詞 →くられう

くら・ふ【食らふ】 動詞 他 ハ四段 〈は・ひ・ふ・ふ・へ・へ〉 ❶食べる。飲む。また、生活する。**楫取り、もののあはれも知らで、おのれし酒を食らひつれば**…。〈土佐日記・十二月二十七日〉訳（人々が別れを惜しんでいるときに）船頭は、物事のしみじみとした趣も分からないで、自分自身は酒を（たっぷり）**飲んで**しまったので…。
❷（被害などを）受ける。被る。「**狼藉して息杖のむね打ちを食らふか。**」と振り上ぐる。〈近松・淀鯉出世滝徳〉訳「乱暴をして息杖（＝かごかきの持つ棒）の一討ちを**受ける**つもりか。」と

（杖を）振り上げる。
発展 主に★漢文訓読文で用いられ、また、「くふ」の卑語として、身分の低い者や動物が行儀悪く食べたり飲んだりするときに使われた。→古語チャート⑬（453ページ）

くら・ぶ【比ぶ・競ぶ】 動詞 他〔バ下二段〕〈べ・べ・ぶ・ぶる・ぶれ・べよ〉
❶比較する。比べる。
くらべこし振り分け髪も肩過ぎぬ君ならずしてたれか上ぐべき 歌〈伊勢・23〉訳→くらべこし…
❷競争する。勝負を競う。
一番に式部卿の宮、右の大臣競べたまひ、大臣勝ちたまふ。〈宇津保〉訳 最初に式部卿の宮と、右大臣とが**競争**なさり、右大臣がお勝ちになった。
❸親しく付き合う。
年ごろ、よく比べつる人々なむ、別れがたく思ひて…。〈土佐日記・十二月二十一日〉訳 ここ数年、とても**親しく付き合って**きた人々は、（私と）別れにくく思って…。

暗部山 歌枕 →鞍馬山

くらべ-うま【競べ馬】 名詞 馬場でウマを競わせて勝ち負けを争う競技。季語 夏

くらべ-ぐる・し【比べ苦し】 形容詞〔シク〕〈しく・しく・し・しき・しけれ・○／しから・しかり・○・しかる・○・しかれ〉❶比較しにくい。比べるのがむずかしい。
「**世の中や、ただかくこそとりどりに、比べ苦しかるべき。**」〈源氏・帚木〉訳「夫婦の仲というものは、ただ本当にこのようにそれぞれで、**比較しにくい**に違いない。」
❷付き合いにくい。心を合わせるのがむずかしい。
「**例の比べ苦しき御心。**」〈源氏・松風〉訳「例によって**付き合いにくい**（紫の上の）お心であることよ。」

くらべこし… 歌
くらべこし振り分け髪も肩過ぎぬ君ならずしてたれか上ぐべき〈伊勢・23〉訳（子供のころから）比べ合ってきた振り分け髪も、（長くなって）肩を越した。（この長い髪を）あなた（のため）でなくて（あなた以外の）だれ（のため）に（髪を）上げるだろう（あなたのためにするのだ）。○「振り分け髪」は頭のてっぺんから左右に分けて肩のあたりで切りそろえた子供の髪型。成人の証として女性は髪上げをする。
発展 幼なじみの男性からの求婚の歌（→つつゐつの…）への女からのそれを受け入れる内容の返歌。

くらべる（現）→（古）**くらぶ【比ぶ・競ぶ】**

鞍馬 地名 →鞍馬山

くらま・す【暗ます】 動詞 他〔サ四段〕〈さ・し・す・す・せ・せ〉
❶見えないようにする。分からなくする。
「**翁の籠の瓜を取り出だしけるを、われらが目を暗まして見せざりけるなりけり。**」〈今昔〉訳「老人が籠のウリを取り出したのだが、我々の目には**分からなくして**見せなかったのであった。」
❷ごまかす。たぶらかす。
「**ただ餌の香ばしきに暗まされて、釣りの糸に掛かり身を亡ふことなかれ。**」〈雨月・夢応の鯉魚〉訳「ただ（釣り糸の）えさの香ばしいにおいに**ごまかされ**て、釣り糸に引っ掛かり身を滅ぼすことがあってはならない。」

鞍馬山 歌枕 京都市左京区の北山の一峰。中腹に鞍馬寺がある。古くは「暗部山」と呼ばれ、この古い呼び名を用いて「暗し」に掛けた歌が多い。→ビジュアルチェック㉓（1093ページ）

くら・む【暗む・眩む】 一 動詞 自〔マ四段〕〈ま・み・む・む・め・め〉❶（暗くなって、またはめまいがして）見えなくなる。
「**実に御目の暗ませたまひけるにこそ。**」と、各々袖をぞしぼりける。〈保元〉訳「（崇徳院は）本当にお目が**見えなく**おなりになったのだ。」と、それぞれ（涙に）ぬれた袖をしぼったのだった。
❷理性を失う。判断力がなくなる。
勝四郎も心くらみて、しばしものをも聞こえざりしが…。〈雨月・浅茅が宿〉訳 勝四郎も心に**理性を失って**、しばらくものをも申し上げなかったが…。
二 動詞 他〔マ四段〕〈ま・み・む・む・め・め〉くらます。隠す。
その郎等を召すに、跡を暗みて失せぬ。〈古今著聞集〉訳 その家来をお招きになると、跡を**隠して**消えてしまった。

くら-れう【内蔵寮】 名詞 中務省に属し、宮中の財宝・天皇の装束・外国からの献上品などを取り扱った役所。発展「くらのつかさ」「くらのれう」「うちのくらのつかさ」「くらづかさ」とも。→ビジュアルチェック⑮（757ページ）

くらゐ【位】 名詞 ❶宮中・朝廷での席次。官位。位階。
ひとへに高き官、位を望むも、次に愚かなり。〈徒然草・38・名利に使はれて〉訳 ひたすら高い官職や**官位**を望むのも、次いで愚かである。
❷帝位。皇位。
御年十八にて位につかせたまふ。〈大鏡・冷泉院〉訳（冷泉院は）お年十八歳で**帝位**にお就きになる。
❸連歌・俳諧のひとつで、前句の中の人物などの品位を見極めて、それに応じた句を付けること。
❹品位。品格。
姿に位そなはり、心立ておとなしく…。〈西鶴・好色一代女〉訳 容姿には**品位**があって、気立ても素直で…。
❺集団内での順位。等級。程度。優劣。
発展「座居」から。

くら-んど【蔵人】 名詞 →くらうど

く-り【庫裏・庫裡】 名詞 ❶寺院の台所。また、住職の住む所。❷浄土真宗の僧侶の妻。

くり-かた【刳り形】 名詞 ひもを通すために開けた穴。削られた部分。えぐったくぼみ。→腰刀（図）

［くりかた］

くり-かへ・す【繰り返す】 動詞 他〔サ四段〕〈さ・し・す・す・せ・せ〉❶（糸を）何度も繰る。
夏びきの手引きの糸を繰り返し言しげくとも絶えむと思ふな 歌〈古今集・恋4・703〉訳 夏になると手先で糸を**何度も繰る**けれど、繰り返しうわさを立てられても、（私と）縁を切ろうと思わないでください。
❷同じことを何度も行う。反復する。
繰り返しうたひけるを、北の方聞きて、心はや直りにけり。〈古今著聞集〉訳（夫が）**反復して**歌ったのを、奥方が聞いて、気分は早くも直ってしまった。

くり-げ【栗毛】 名詞 赤茶色のウマの毛色。発展 色合いの違いによって、黒栗毛・白栗毛などがある。

くり-ごと【繰り言】 名詞 繰り返し同じことを言うこと。愚痴。発展「くりこと」とも。

くり-たた・ぬ【繰り畳ぬ】 動詞 他〔ナ下二段〕〈ね・ね・ぬ・ぬる・ぬれ・ねよ〉たぐり寄せて折り畳む。
君が行く道の長手を繰り畳ね焼き滅ぼさむ天の火もがも 歌〈万葉集・15・3724〉訳→きみがゆく…

くり-ひろ・ぐ【繰り広ぐ】 動詞 他〔ガ下二段〕〈げ・げ・ぐ・ぐる・ぐれ・げよ〉

れ・げよ〉(書物などを)順に開く。巻き物を広げる。
論語の四、五、六の巻を繰り広げたまひて…。〈徒然草・238・御随身近友が〉訳(堀川大納言殿が)論語の第四、五、六の巻を**順にお開き**なさって…。

くりや【厨・廚】名詞 台所。また、料理人。

く-りん【九輪】名詞《仏教語》塔の頂きの柱にある九つの金輪。

[くりん(九輪)]

く-りん【苦輪】名詞《仏教語》生死の苦しみが、車輪が回り続けるように永遠に続くこと。

くる【来る】動詞・補助動詞く(来)の連体形。

くる(現)→(古)**く【来】**

く・る【暗る・眩る】動詞 自〔ラ下二段〕〈れ・れ・る・るる・るれ・れよ〉
❶目がくらむ。目の前が暗くなる。
目も暗れ心も消えはてて、前後不覚に覚えけれども…。〈平家・9・敦盛最期〉訳 目が**くらみ**心もすっかり消えてしまい、前後のことも分からないように思われたが…。
❷(多く「涙にくる」の形で)目が見えなくなる。涙で目が曇る。
涙にくれて、筆の立てどもおぼえねども…。〈平家・10・請文〉訳 涙で**目が見えなくなって**、筆を立てる所も分からないが…。
❸心が乱れる。理性がなくなる。
さらに何事も思し分かれず、御心もくれて…。〈源氏・若菜下〉訳(源氏は)まったく何事も分別がおつきにならず、御心も**乱れて**…。

く・る【暮る・昏る】動詞 自〔ラ下二段〕〈れ・れ・る・るる・るれ・れよ〉
❶(日が落ちて)暗くなる。↓**古語チャート⑭**(459ページ)
暮るるかとみればあけぬる夏の夜をあかずとやなく山ほととぎす 歌〈古今集・夏・157〉訳 **暗くなる**かと思うと(すぐに)明るくなる夏の夜なのに、(それが)物足りないといって鳴くのか。ホトトギスよ。
❷(季節が)過ぎる。一年が終わりに近づく。↓**古語チャート⑳**(767ページ)
暮れてゆく春のみなとは知らねども霞に落つる宇治の柴舟 歌〈新古今集・春下・169〉訳 ↓くれてゆく…
❸(一生が)終わる。人生の終わりに近づく。
それも廃れたるところのなきは、「一生このことにて暮れにけり。」と、つたなく見ゆ。〈徒然草・168・年老いたる人の〉訳 それ(=ひとつのことに優れた才能がある人)も(老いて)衰退しているところがないのは、「一生このことだけで**終わっ**てしまったのだなあ。」と、つまらなく思われる。

く・る【呉る】一 動詞 他〔ラ下二段〕〈れ・れ・る・るる・るれ・れよ〉
❶(人に)与える。
この長櫃の物は、みな人、童までにくれたれば、飽き満ちて…。〈土佐日記・一月七日〉訳 この長櫃の中の物(=ごちそう)は、(船中にいる)すべての人々、子供にまで**与え**たので、(みな)満腹して…。
❷(自分に物を)与えてくれる。
「人の、物をくれさうらふときは、なにをも食ぶる。」〈御伽草子・ものくさ太郎〉訳「人が、物を**与えてくれ**ますときは、何でも頂戴する。」
二 補助動詞〔ラ下二段〕〈れ・れ・る・るる・るれ・れよ〉接続 動詞の連用形に接続助詞「て」の付いたものに付く。❶(動作としてもらう意味を表して)…(て)くれる。
「いかにもして杣山の城へ入れまゐらせてくれよ。」〈太平記〉訳「どのようにしてでも杣山の城へお入れ申し上げて**くれ**。」
❷(動作をしてやる意味を表して)…(て)やる。
「*犬追物を射るように射てくれさぶらはん。」〈太平記〉訳「*犬追物を射るように射て**やり**ましょう。」

く・る【繰る】動詞 他〔ラ四段〕〈ら・り・る・る・れ・れ〉
❶(ひも・糸・つるなど細長いものを)たぐる。引く。
をみなへし佐紀沢の辺のま葛原いつかも繰りて我が衣に着む 歌〈万葉集・7・1346〉訳 佐紀の沢のほとりのクズの原、そのクズをいつ**たぐって**(糸にして)私の着物にして着ることができるのだろうか。○「をみなへし」は「佐紀沢」の枕詞。
❷順々に送る。めくる。

まとめて覚えよう古語チャート⑭
「暮る」「明く」と「黒」「赤」との対応

「日が暮れる」「夜が明ける」を古典語に訳すと、「日暮る」「夜明く」となります。この「¹くる」「²あく」が意味的に対応することは一目瞭然ですが、実はこの二つの動詞はもともと色を表す名詞の「³黒」「⁴赤」とかかわっていたものと考えられます。

さらに、これらと関係のある形容詞も多く使われています。「⁵くろし」は黒い色をいう語ですが、それと同じように暗いさまを表すには「⁶くらし」という形が使われていました。「⁷あかし」は、赤い色を表すと同時に明るいという意味ももっています。

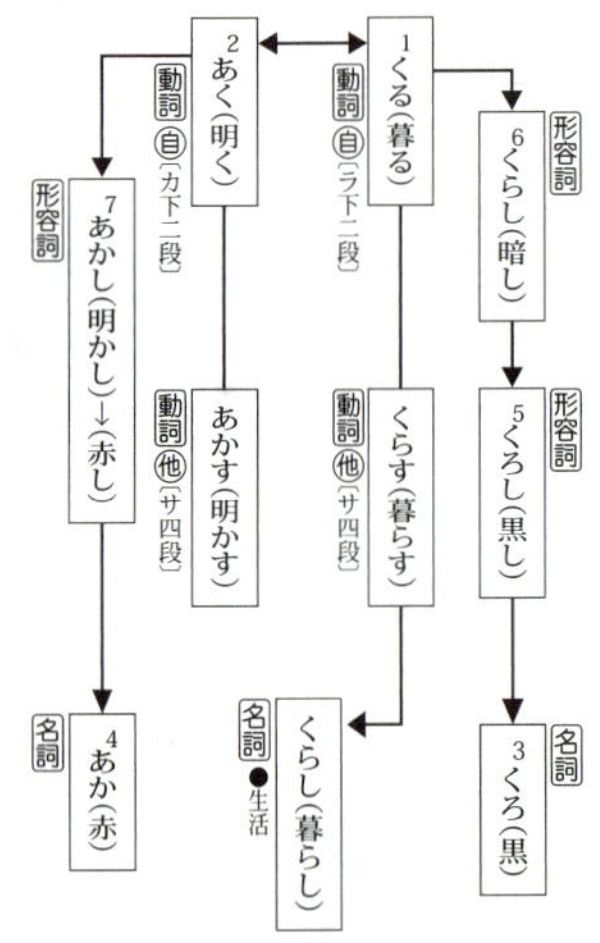

袂より数珠取り出して一粒ずつ繰りて、口の中にて称名唱へてゐしが…。〈西鶴・世間胸算用〉訳袂から数珠を取り出し（その玉を）一粒ずつ順々に送りながら、口の中で念仏を唱えていたが…。

くるう（現）→（歴）**くるふ【狂ふ】**

くるおしい（現）→（古）**くるほし【狂ほし】**

くる-くる 副詞（多く「くるくると」の形で）❶物の回転するようす。ぐるぐる。くるくる。

俄ににこまつぶりのごとくくるくると転びきて…。〈今昔〉訳急にこまのようにぐるぐると回転して…。

❷物事が滞りなく進行するようす。すらすら。

くるくるとやすらかに読みたるこそ、あれがやうにいつの世にあらむとおぼゆれ。〈枕草子・158・うらやましげなるもの〉訳（経を）すらすらと自由に読んでいる（のを見ると）、あの人のようにいつの世になったらなるかと思われる。

くる・し【苦し】

病気や心労などで耐え難くつらい気持ち
- ❶（心や体が）痛んでつらい。
- ❷気がかりだ。心配だ。
- ❸見苦しい。不快だ。
- ❹不都合だ。差し障りがある。
  - ◉打消や反語の表現を伴う。

未然形	連用形	終止形	連体形	已然形	命令形
くる・しく	くる・しく	くる・し	くる・しき	くる・しけれ	○
くる・しから	くる・しかり	○	くる・しかる	○	くる・しかれ

形容詞〔シク〕❶（心や体が）痛んでつらい。つらい。

都なる荒れたる家にひとり寝ば旅にまさりて苦しかるべし 歌〈万葉集・3・440〉訳都にある荒れ果てた家で、（妻を亡くした私が）ひとりで寝るならば、旅（に出ているの）にもましてつらいに違いない。

大納言はその日より伏して、また重く苦しうしたまふ。〈落窪〉訳大納言は（参内した）その日から寝込んで、再び（病気の体が）ひどく痛んでつらくおなりになる。○「苦しう」は連用形「苦しく」のウ音便。

❷気がかりだ。心配だ。困惑する。

いと見たてまつり分きがたげなるを、宮、「いと苦し。」とおぼせど、思ひ寄る人なきなめりかし。〈源氏・紅葉賀〉訳（自分の産んだ皇子は）本当にお見分け申し上げにくいほど（源氏似）であるのを、宮（＝藤壺）は「ひどく心配だ。」とお思いになるが、気づく人がいないようであるよ。

❸見苦しい。不快だ。

前栽の草木まで心のままならず造りなせるは、見る目も苦しく、いとわびし。〈徒然草・10・家居のつきづきしく〉訳庭の植え込みの草木までも（自然な）心任せではなく（意図的に）造り上げてあるのは、見た目にも不快で、たいへん興ざめだ。

❹（多く、打消の語や反語表現を伴って）不都合だ。差し障りがある。

「鳶のゐたらんは、何かは苦しかるべき。」〈徒然草・10・家居のつきづきしく〉訳「（寝殿に）トビが止まっているようなことは、どうして差し障りがあるだろうか、いや、差し障りはない。」

-ぐる・し【苦し】 補助形容詞〔シク〕〈しく・しく・し・しき・しけれ・○／しから・しかり・○・しかる・○・しかれ〉（動詞の連用形に付いて）…しにくい、…するのが難しい、…するのが不快だ、という意味を表す。語例 比べ苦し・見苦し

くるし-げ・なり【苦しげなり】 形容動詞〔ナリ〕〈なら・なり／に・なり・なる・なれ・なれ〉苦しそうだ。困っているようだ。困惑しているように見える。

苦しげなるもの。夜泣きといふわざする児の乳母。〈枕草子・157・苦しげなるもの〉訳困っているように見えるもの。夜泣きということをする乳飲み子の乳母。

くるし・ぶ【苦しぶ】 動詞 自〔バ四段〕〈ば・び・ぶ・ぶ・べ・べ〉苦しむ。

くる・ふ【狂ふ】 動詞 自〔ハ四段〕〈は・ひ・ふ・ふ・へ・へ〉❶心が乱れる。正常でなくなる。

相見ては幾日も経ぬをここだくも狂ひに狂ひ思ほゆるかも 歌〈万葉集・4・751〉訳会ってから幾日もたっていないのに、こんなにも心が乱れに乱れて（あなたのことが）思われることだ。

❷（神の霊や物の怪が取り付いて）正気を失う。

そぞろ神の物につきて心を狂はせ、道祖神の招きにあひて、取るもの手につかず。〈奥の細道・発端〉訳（なんとなく人をそそのかすという）そぞろ神が（わが身に）取り付いて正気を失わせ、（旅人を守るという）道祖神の誘いに出会って、取るものも手につかない。

❸（気が狂ったように）あばれる。また、ふざける。

馬をいたくあふりければ、馬狂ひて落ちぬ。〈宇治拾遺〉訳ウマをひどくあおったので、ウマがあばれて（ウマから）落ちてしまった。

❹必死になって奮闘する。死にもの狂いで戦う。

たのむところは腰刀、ひとへに死なんとぞ狂ひける。〈平家・4・橋合戦〉訳頼みとするのは腰刀だけ、ひたすら死のうと死にもの狂いで戦った。

くる-べか・す【転べかす】 動詞 他〔サ四段〕〈さ・し・す・す・せ・せ〉（多く「見くるべかす」の形で用いて）くるくる回す。目玉をぎょろつかせる。

盗跖を見れば…目大きにして、見くるべかす。〈宇治拾遺〉訳盗跖（という悪人）を見ると…目は大きくて、目玉をぎょろつかせる。

発展「くるめかす」とも。

くる-べ・く【転べく】 動詞 → くるめく（転めく・眩く）

くるほ・し【狂ほし】 形容詞 → ものぐるほし

くるま【車】 名詞 ❶車輪が付いた乗り物。中古の作品では牛車を指す。❷車輪をかたどった紋所のひとつ。

くるま-あらそひ【車争ひ】 名詞 祭り見物などの際、牛車の置き場所をめぐって従者同士が争うこと。

はかなかりし所の車争ひに、人の御心の動きにけるを…。〈源氏・葵〉訳たわいもない牛車の置き場所をめぐる争いによって、人（＝六条御息所）のお心が変わってしまったのを…。

くるま-ぞひ【車添ひ・車副ひ】 名詞 牛車の左右に付き添う従者。

「急ぎ出でつる車副ひなどこそ…。」〈源氏・東屋〉訳「（この邸から）急いで出て行った車に付き添う従者などは…。」

くるま-の-しり【車の尻】 牛車の後部。また、後方の席。

くるま-の-やかた【車の屋形】 牛車で、人が乗る部分。箱形で屋根が付いている。

左右にある垣にある、物の枝などの、車の屋形などに差し入るを、急ぎてとらへて折らむとするほどに…。〈枕草子・223・五月ばかりなどに〉訳（牛車で進む道の）左右にある垣根にある、何かの木の枝などが、牛車の人が乗

る部分などに入り込んでくるのを、急いでつかんで折ろうとするうちに…。

くるま-やどり【車宿り】 名詞 ❶貴族の邸宅の牛車を入れる建物。車庫。❷外出した際、牛車を一時的に止めて休む所。そこから、愛人。

くるま-よせ【車寄せ】 名詞 貴族の邸宅で、牛車を寄せて乗り降りする所。

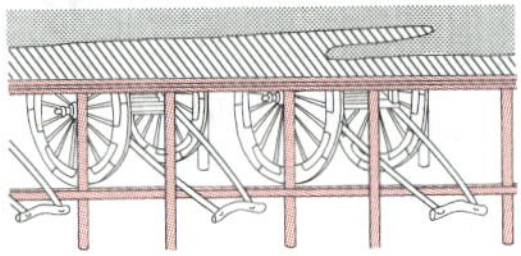
［くるまやどり❶］

くる-め・く【転めく・眩く】 動詞 自（カ四段）〈か・き・く・く・け・け〉❶くるくる回る。
鉢、独楽のやうにくるめきて、唐の僧の鉢よりも速く飛びて、物を受けて帰りぬ。〈宇治拾遺〉訳 鉢が、こまのようにくるくる回って、中国の僧の鉢よりも速く飛んで、食べ物を受けて帰ってきた。
❷めまいがする。**極めて心地悪く成りて、目くるめきて、よろづの物逆さまに見ゆ。**〈今昔〉訳 ひどく気分が悪くなり、めまいがして、何もかもが逆さまに見えてしまう。
❸あわて騒ぐ。**この女、暁立たん設けなどもしにやりて、急ぎくるめくがいとほしければ…。**〈宇治拾遺〉訳 この女が、明け方出発するといった準備なども（自分の家に）しに行かせて、急ぎながらあわて騒ぐのが気の毒なので…。

くるる【枢】 名詞 ❶開き戸の上下に突き出た部分を穴に差し込んで回転させて開閉させる仕組み。また、その戸。❷戸の桟から敷居の穴に差し込み戸締まりをするもの。発展「くる」「くるり」「くろろ」とも。

くるる-ど【枢戸】 名詞 ↓くるる

くるわ【廓・郭・曲輪】 名詞 ❶遊女を置く店がたくさん集まった場所。遊廓。遊里。❷土や石で城の周りに築いた囲い。また、その中。

くれ【来れ】 動詞・補助動詞**く**（来）の已然形。

くれ【呉】 一 名詞《上代語》中国の春秋時代、揚子江の南にあった呉の国。そこから、中国。
二 接頭語 中国渡来の意味。語例 **呉竹・呉楽**

くれ 代名詞 だれだれ。だれそれ。なになに。↓某
「今の世にまことしう伝へたる人、をさをさはべらずなりにたり。何の親王、くれの源氏。」〈源氏・少女〉訳「（琵琶の弾き方を）今の時代に本格的に受け継いでいる人は、ほとんどいなくなってしまいました。何々の親王と、だれだれの源氏（くらいでしょうか）。」

くれ-がし【某】 代名詞 だれそれ。だれだれ。
「君は御直衣姿にて、御随身どももありし。なにがし、くれがし。」〈源氏・夕顔〉訳「君（＝中将殿）は普段着のお姿で、従者たちもいたのだ。だれだれ、だれそれ。」
発展 きまって、「なにがし」と並べて用いられる。

くれがたき… 歌
暮れがたき夏の日暮らしながむればそのこととなくものぞ悲しき〈伊勢・45〉訳 なかなか日が暮れない夏の一日中、ぼんやり物思いにふけっていると、どこがどうということもなく、もの悲しい。〇「日暮らし」は、一日中という意味の副詞。「悲しき」は、シク活用形容詞「悲し」の連体形で、強意の係助詞「ぞ」の結び。
発展 この歌は『続古今集・夏・270』に、在原業平の作として見える。

くれ-くれ【暗れ暗れ】 副詞（多く「くれくれと」の形で）❶悲しみに心が沈んで。心がめいって。
常知らぬ道の長手をくれくれといかにか行かむ糧はなしに 歌〈万葉集・5・888〉訳 行き慣れない長い道中を悲しみに心が沈んで、どのようにして行こうか。食糧も持たずに。
❷はるばると。はるかに。
信濃の御坂をくれくれと…〈梁塵秘抄〉訳 信濃の神坂峠をはるばると（越え）…。

くれ-ぐれ【暮れ暮れ】 名詞 日暮れ方。夕暮れ。

くれ-ぐれ【呉れ呉れ】 副詞 念入りに。返す返す。繰り返し繰り返し。
先哲のくれぐれ書き置けるものにも、やさしくものあはれに詠むべきことぞ見えはべるめる。〈毎月抄〉訳 昔の賢人が念入りに書き残した書にも、優美でなんとなく味わい深いように詠むべきものだと見えているようでございます。

くれ-たけ【呉竹】 名詞《植物》中国産のタケの一種「淡竹」の別の呼び名。葉が細く節が多い。発展「呉」は中国という意味。清涼殿の東庭に植えられた。↓ビジュアルチェック⑫（715ページ）・⑯（759ページ）

くれたけ-の【呉竹の】 枕詞（呉竹の節と同音で）「世」「夜」に、（呉竹の節と同音を含むことから）「ふし」や地名「伏見」などに係る。

くれ-つ-かた【暮れつ方】 名詞 ❶夕暮れ時。夕方。❷季節の終わり時分。時節の終わりごろ。特に、年末。発展「つ」は上代の格助詞で、「の」という意味を表す。

くれてゆく… 歌
暮れてゆく春のみなとは知らねども霞に落つる宇治の柴舟〈新古今集・春下・169・寂蓮〉訳 過ぎて行く春の行き着く所は知らないけれど、（この春の終わりに）霞（の中）に落ちる（ように下っていく）宇治川（＝京都市を流れる川）の柴舟（＝細い木や木の枝などを積んだ舟）よ。
発展「年ごとにもみぢ葉流す竜田川水門や秋のとまりなるらむ（＝毎年紅葉した葉を流れに乗せる竜田川は、（その）河口が（紅葉の流れ行く）秋の行き着く所であるのではなかろうか。）」〈古今集・秋下・311〉を本歌とする。舞台となる歌枕を「竜田川」から「宇治（川）」に移し、「行く秋」の歌を「行く春」の歌に詠み変えている。

くれ-なゐ【紅】 名詞 ❶《植物》ベニバナの別の呼び名。❷ベニバナで染めた鮮やかな赤色。発展「呉の藍」の変化したことば。

くれなゐ-の【紅の】 枕詞（紅色が鮮やかであることから）「色」に、（紅色の染色が薄いことから）「浅」に、（紅色は紅花の花の汁を移し染めたり、振り出して染めたりすることから）「移し」「振り」などに係る。

くれなゐの… 歌
くれなゐの涙にふかき袖の色をあさみどりにやいひしをるべき〈源氏・少女〉訳（あなたを思って流す）紅色の涙に深く（染まった私の）袖の色を、浅緑色だなどと言って責められるものだろうか。（＝私の心は深く、袖の色だって六位の浅緑色ではなく五位の紅色なのだ。）
発展 雲居の雁の乳母たちが、夕霧の位の低いことをあげつらうのを耳にして夕霧が詠んだ歌。雲居の雁の返歌（↓いろいろに…）参照。

くれなゐ-の-うすやう【紅の薄様】 名詞 ❶*襲の色目のひとつ。上から下にしだいに薄く紅色をぼかしたもの。❷紅色の薄い紙。恋文などを書く。

くれなゐ-の-なみだ【紅の涙】― 深い悲しみのあまり流す涙。類 血の涙 発展「紅涙」を訓読したことば。

くれ-はし【呉階】名詞 階段の付いた長い廊下。

くれ-は・つ【暮れ果つ】動詞 自〔タ下二段〕〈て・て・つ・つる・つれ・てよ〉❶日がすっかり暮れる。心地あやしうなやましうて、**暮れはつる**までながめ暮らしつ。〈蜻蛉日記〉訳 気分が妙にすぐれず、**日がすっかり暮れてしまう**までもの思いにふけって過ごしてしまった。❷(年・月・季節などが)終わろうとする。押し詰まる。年の**暮れはてて**、人ごとに急ぎ合へるころぞ、またなくあはれなる。〈徒然草・19・折節の〉訳 年が**終わろうとし**ていて、だれもが忙しそうにし合っているころは、またとなく感慨深いものである。

くれ-はとり【呉織・呉服】一 名詞 ❶上代、呉の国から渡来した機織りの技術者。❷呉の国から伝来した技法による織物。
二 枕詞 (織物にあやがあることから)「あや」に係る。発展「くれはたおり」が変化したもの。「くれはどり」とも。

くれ-ふたが・る【暗れ塞がる】動詞 自〔ラ四段〕〈ら・り・る・る・れ・れ〉❶(辺りが)一面に暗くなる。暗がりたる中に金色なる手の煌と見えしを急きと見てさぶらひしより、四方に**くれふたがりて**…。〈今昔〉訳 暗くなっている中に金色の手がきらっと(光って)見えたのをちらっと見ましてから、辺りが**一面に暗くなって**…。❷暗い気分に閉ざされる。心がふさがれる。院の中**くれふたがりて**、暗に迷ふ心地すべし。〈増鏡〉訳 院の中は**暗い気分に閉ざされて**、闇(の中)に迷う気持ちがするに違いない。

くれ-まど・ふ【暗れ惑ふ】― 動詞 自〔ハ四段〕〈は・ひ・ふ・ふ・へ・へ〉(悲しみのため)目の前が真っ暗になってどうしたらよいか分からない。髪はこぼれ出でたるも、目**くれ惑ひて**、「あさましう悲し。」と思せば…。〈源氏・夕顔〉訳 髪は(遺体を包む)蓆の透き間から)こぼれ出ているようすもまた(悲しく)、(源氏は)**目の前が真っ暗になってどうしたらよいか分からなく**なって、「たまらなく悲しい。」とお思いになるので…。

くれ-むつ【暮れ六つ】名詞 夕方の六つの時刻(=今の午後六時ごろ)。また、その時刻に鳴らす鐘の音。↓ビジュアルチェック⑲(881ページ)

⦿**くれ・る**(現)↓(古)**くる**【暮る・昏る】【暗る・眩る】【呉る】

くろいと-をどし【黒糸縅】― 名詞 鎧の縅の一つ。鎧の札を黒色の糸でとじたもの。萌黄の縅の腹巻きの上に、**黒糸縅の鎧を重ねて着たり**ける。〈平家・5・奈良炎上〉訳 (永覚という悪僧は)萌黄色(=薄緑色)の縅の腹巻きの上に**黒糸縅の鎧を重ねて着ていた**。

⦿**くろうど**(現)↓(歴)**くらうど**【蔵人】

くろ-がね【鉄】名詞 鉄。発展 黒い金属という意味。

くろかみ-の【黒髪の】枕詞 (髪の持っている性質から)「乱れ」「なが」「解け」などに係る。

⦿**くろかみの…** 歌 **黒髪の乱れも知らずうちふせばまづかきやりし人ぞ恋しき**〈後拾遺集・755・和泉式部〉訳 黒髪の乱れもかまわずに(泣きながら)横になっていると、(そんなときはいつも)真っ先に(私の髪を)かき上げてくれた(あの)人が恋しい(ことだ)。

くろ-き【黒木】名詞 ❶皮が付いたままの材木。対 赤木 ❷生木をかまどで蒸し焼きにしてくすぶらせたもの。❸コクタン(=木の名)の別の呼び名。発展 ❷は、薪として京都の八瀬、大原辺りで作られ、京都市中で売られた。

くろ・し【黒し】形容詞〔ク〕〈く・く・し・き・けれ・○/から・かり・○・かる・○・かれ〉❶黒い。黒い色をしている。↓古語チャート⑭(459ページ) ❷公正でない。汚れている。汚い。卑怯だ。昨日今日入学して、**黒し赤しの悟りなきが**…。〈宇津保〉訳 昨日今日(大学勧学院に)入学して(日も浅い)、**汚い清い(=正邪善悪)の見分けもできない未熟者が**…。

くろ-ど【黒戸】名詞 「★黒戸の御所」の略。

くろど-の-ごしょ【黒戸の御所】名詞 宮中で、清涼殿の北側、滝口の陣の西に連なる細長い部屋。発展 仏間用で、黒い板戸で区切られている。↓ビジュアルチェック⑫(715ページ)・⑯(759ページ)

くろ-とり【黒鳥】名詞《動物》(水鳥の名で)クロガモの別の呼び名。

くろ-はう【黒方】― 名詞 薫き物のひとつ。発展「くろぼう」とも。沈香・丁字香・甲香・麝香・白檀香などを練り合わせて作る。

くろ-ば・む【黒ばむ】動詞 自〔マ四段〕〈ま・み・む・む・め・め〉黒みを帯びる。黒ずむ。発展「ばむ」は接尾語。

くろ-ほろ【黒母衣】名詞 矢羽の一種。ワシなどの両翼の下にある黒い羽を用いる。発展「くろぼろ」とも。

黒本 文芸用語 江戸時代の絵入りの小説。★草双紙の一種で、表紙が黒色であるところから黒本と呼ばれる。青本と前後して延享・寛延年間(一七四四~一七五一)ごろから一七七二(安永元)年ごろまで行われた。内容・体裁とも青本とほとんど同じで、同一作品が両型で出版されたこともある。↓青本

くろ・む【黒む】動詞 自〔マ四段〕〈ま・み・む・む・め・め〉❶黒くなる。黒く見える。山は若葉に**黒みかかりて**、ほととぎす鳴き出づべきしののめも、海の方より白みそめたるに…。〈笈の小文〉訳 (初夏の)山は若葉が**黒く見え**はじめて、ホトトギスが鳴き出しそうな夜明けも、海の方から明け始めると…。❷生活できるようになる。暮らしが成り立つ。「互ひに身の**黒みて**後、また一つの寄り合ひ成ること。」〈西鶴織留〉訳「(別れても夫婦の心さえ変わらなかったら)お互いに自身の**暮らしが成り立つ**ようになった後には、もう一度一緒に暮らすことができること。」

くろ-むぎ【黒麦】名詞 そばの別の呼び名。

くろろ【枢】名詞↓くるる

くゎ【火】名詞 ★五行の一つ。季節は夏、方角は南、色は赤で、五星では火星に当たる。

くゎ【化】名詞 徳や教えなどによって、人々をよい方へ導くこと。感化。教化。徳化。

くゎ【果】名詞 ❶果実。草木の実。❷《仏教語》原因によって生じる結果。報い。因果応報。対 因 ❸《仏教語》「★仏果」を略した言い方。発展 ❷は、善業による善果、悪業による悪果のどちらにもいう。

くゎ-あふ【花押】名詞 文書で、署名の下に書く図案化した書き判。

くゎい-き【回忌】― 名詞《仏教語》

[くゎあふ]

源 頼朝　足利義政

人の死後、毎年回ってくる命日。発展特に、死後一年目を一回忌とし、以後三・七・十三・十七・二十三・二十七・三十三・五十・百回忌などがある。

くゎいけい-の-はぢ【会稽の恥】 敗戦の恥辱。以前に受けた恥。
平家は水島のいくさに勝ってこそ、会稽の恥をば雪めけれ。〈平家・8・水島合戦〉訳平家は水島の戦に勝って、(やっとそれまでに受けた)**敗戦の恥辱**をそそいだ。
発展中国の春秋時代、越王勾践が呉王夫差と会稽山で戦い、屈辱的な負け方をしたという故事による。

くゎい-し【懐紙】|名詞 畳んで懐中に入れて持ち歩く紙。後には和歌・連歌などを正式に詠進するのに用いる紙。類畳紙
発展「ふところがみ」とも。

くゎい-じん【灰燼】|名詞 灰と燃えかす。
七珍万宝さながら灰燼となりにき。〈方丈記・安元の大火〉訳(大火事によって)さまざまの金銀財宝が全部**灰と燃えかす**になってしまった。

ぐゎい-じん【外人】|名詞 他人。一族でない人。また、疎遠な人。
しかるにその恩を忘れて、外人もなき所に、兵具を調へ…。〈平家・1・鹿谷〉訳それなのにその恩を忘れて、**他人**(がだれ)もいない所に、兵具をそろえ…。

くゎい-せん【廻船・回船】|名詞 荷物を海上運送した、二、三百石(=約三〜六十トン)積み以上の大型船。発展江戸と大坂を往復した檜垣廻船、樽廻船が有名。

くゎい-はう【懐抱】|名詞 ❶懐。また、懐に抱くこと。❷胸中に抱く思い。

くゎい-ぶん【回文・廻文】|名詞 ❶あて名を連記し、順次に回して事を知らせる書状。回状。❷「＊廻文歌」の略。

ぐゎい-ぶん【外聞・外分】|名詞 ❶世間の評判。世間体。

まとめて覚えよう古語チャート⑮
天皇の「妻」を表すことば

古く、天皇の妻は何人もいらっしゃって、出身の家柄や父親の役職などによってその位が分かれていました。平安時代になる前、大宝律令の規定では、「1皇后」が最高位でしたが、平安時代の中期には「2中宮」が皇后の呼び名として使われました。

その後、平安時代後期には、皇后と中宮が同格の位として存在していました。★紫式部の仕えた藤原彰子が、中宮として一条天皇の夫人になったとき、★清少納言の仕えた中宮の定子が皇后になったのが、その始まりです。

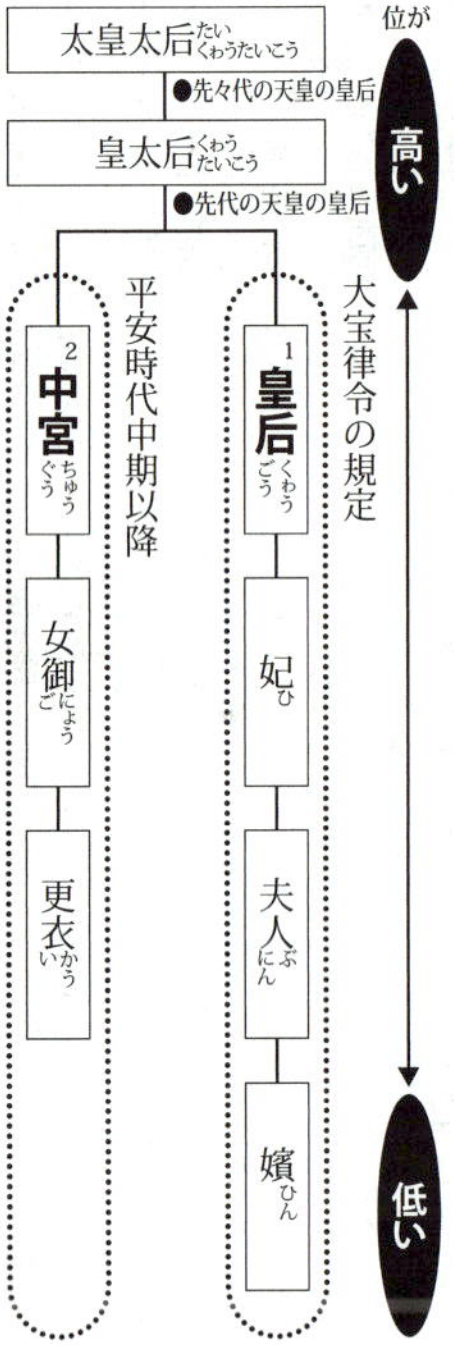

人多ければ外聞もいかがぢやと存じて堪忍をいたいたが…。〈狂言・河原太郎〉訳人が多いので**世間体**もどうかと思いまして我慢をいたしましたが…。
❷名誉。面目。表向き。
一つは私の、外聞にもなりまするほどに…。〈狂言・萩大名〉訳一つには私の、**名誉**にもなりますので…。

くゎい-もん【槐門】|名詞 大臣の別の呼び名。発展中国周代に、朝廷の前庭に三本のエンジュを植えて、三公(太政大臣・左大臣・右大臣)の座とした故事による。

くゎい-ろく【回禄】|名詞 動詞 自(サ変)(せ・し・す・する・すれ・せよ) 中国の火の神のひとつ。そこから、火災。炎上。火災に遭うこと。焼け落ちること。

◐**くわう**(現)→(歴)**くはふ**【加ふ】【銜ふ】

くゎう-いん【光陰】|名詞 月日。歳月。時間。
光陰何のためにか惜しむとならば…。〈徒然草・108・寸陰惜しむ人なし〉訳**時間**を何のために惜しむかというと…。
発展「光」は日、「陰」は月の意味。

くゎう-ごう【皇后】|名詞 天皇の正妻。類后・后の宮→**古語チャート⑮**(463ページ)

くゎうごう-ぐう【皇后宮】|名詞 ❶皇后の住む宮殿。❷皇后を敬った言い方。

くゎう-ごふ【曠劫】|名詞《仏教語》非常に長い年月。永劫。発展「曠」は遠い、「劫」は長い時間という意味。

くゎう-じん【荒神】|名詞 ❶荒々しい神。鬼神。❷(「三宝荒神」の略で)修験道などで仏・法・僧の三宝を守る荒々しい神。民間では、かまどの神・火の神として祭られることが多い。
掛け鯛を六月まで荒神の前に置きけるは…。〈西鶴・日本永代蔵〉訳掛け鯛(=正月の飾り物)を六月まで**かまどの神**の前に置いたわけは…。

くゎう-せん【黄泉】|名詞 ❶地下の泉。❷死者が行く所。あの世。類黄泉 発展❶は、大地の色を黄とするところから。❷は「黄なる泉」とも。古代中国の信仰による。

くゎう-たいこう【皇太后】|名詞 天皇の生母、または先代の天皇の皇后。類国母・大宮→**古語チャート⑮**(463ページ)

くゎうたいこう-ぐう【皇太后宮】|名詞

❶皇太后の住む宮殿。❷皇太后を敬った言い方。

くゎう-はい【光背】― 名詞 仏や菩薩の体から発する光明。また、その光明(=後光)を表すために、仏像の背後に付けられる板。

くゎう-みゃう【光明】― 名詞 ❶明るい光。輝き。❷《仏教語》仏・菩薩の心身から発する尊い光。煩悩や罪悪の暗黒を照らし、衆生に信仰上の安心・知恵を与えるもの。

くゎう-みゃう-へんぜう【光明遍照】―《仏教語》阿弥陀仏の身から出る光(=光明)は、広く世界の隅々まで照らし(=遍照)、念仏をするすべての衆生を救うということ。仏の広大な慈悲を表すことば。発展「観無量寿経」の一節。

くゎう-もく-てん【広目天】― 名詞《仏教語》四天王の一つ。須弥山の西方を守護するという善神。

［くわうもくてん］

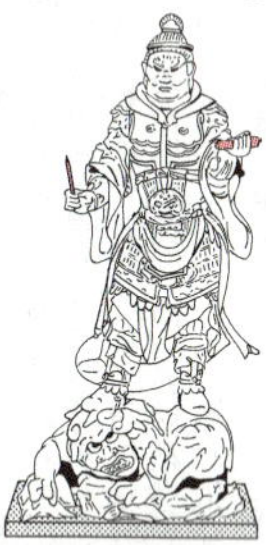

くゎう-もん【黄門】― 名詞 中納言の中国風の呼び名。発展 古代中国で宮門の扉を黄色に塗ったことから。特に、★藤原定家や徳川光圀を指すことがある。

くゎう-りゃう【荒涼・広量】― 名詞 動詞 自〔サ変〕(せ・し・す・する・すれ・せよ) ❶漠然としてとりとめがないこと。根拠がなくいい加減なこと。頼りないこと。❷大きな口をたたくこと。ぶしつけなこと。❸軽率。うかつ。不注意。油断。❹荒れ果てても寂しいこと。荒れすさんでいること。

くゎう-りゃう・なり【荒涼なり・広量なり】 形容動詞〔ナリ・ノ〕(なら・なり(に)・なり・なる・なれ・なれ) ❶根拠がなくいい加減だ。頼りない。あてにならない。五位「**広量の御使ひかな**。」と言へば…。〈今昔〉訳 五位が「**あてにならない**お使いだな。」と言ったところ…。❷とんでもない。無茶だ。不用意だ。軽々しい。偏へに弥陀の御催しに預かって念仏しまうしさぶらふ人を、わが弟子と申すこと、**極めたる荒涼のことなり**。〈歎異抄〉訳 ただひたすらに弥陀の救いの力にゆだねて念仏し申し上げます人を、自分の弟子だなどと申し上げることは、まったく**とんでもない**ことだ。❸ぶしつけだ。言うことが大きい。過言だ。尊大だ。「短慮の至り、きはめて**荒涼のことなれども**…。」〈徒然草・219・四条黄門〉訳「あさはかな考えの極みで、非常にぶしつけなことではあるが…。」

くゎえる（現）↓（古）**くはふ**【加ふ】【銜ふ】

くゎ-かく【過客】― 名詞 旅人。月日は百代の**過客**にして、行き交ふ年もまた旅人なり。〈奥の細道・発端〉訳 月日は永遠の**旅人**(のようなもの)であって、去っては、またやって来る年も同様に旅人(のようなもの)である。

くゎ-きふ【火急】― 形容動詞〔ナリ・ノ〕 きわめて急だ。事態が切迫している。「今、**火急の事ありて**、既に朝夕に迫れり。」〈徒然草・49・老い来たりて〉訳「たった今、**きわめて急な**事態が生じて、もう目の前に差し迫っている。」発展 火の回りが早いことをたとえて生じたことば。

くゎ-げつ【花月】― 名詞 花と月。美しい自然の現象。自然の風物。発展「花鳥風月」とも。

くゎこ-ちゃう【過去帳】― 名詞《仏教語》寺で、檀家の死者の法名・俗名・死亡年月日などを記録しておく帳簿。点鬼簿。鬼籍。

くゎ-さ【過差】― 名詞 身分不相応なぜいたく。度を超した華美。**過差**ことのほかに好ませたまひて…。〈大鏡・伊尹〉訳(伊尹は)**度を超した華美**を特別にお好みになって…。

くゎ-ざ【冠者】― 名詞 ↓くわんじゃ

くゎし（現）↓（歴）**くはし**【細し・美し・妙し】【精し・詳し】

くゎ-し【菓子】― 名詞 ❶木の実。果物。❷常食のほかに食べる食品。間食。発展 古くは果物を指したが、後には米、豆、小麦などの加工品も指す。

くゎしい（現）↓（古）**くはし**【精し・詳し】

くゎ-じつ【花実】― 名詞 ❶(植物の)花と実。❷《和歌用語》外観と内容。表現(=詞)と内容(=心)。

くゎじ-ばおり【火事羽織】― 名詞 江戸時代、火事のとき消火や警備のために着た羽織。発展 武士用は革やラシャで作って背に定紋を付け、一般用は無地の木綿製であった。

くゎ-しゃ【花車】― 名詞《近世語》❶遊女屋・茶屋などの女主人。❷遊女を監督・指揮する女性。遣り手。❸歌舞伎の女形で、年増や老女の役。

くゎ-じゃ【冠者】― 名詞 ↓くわんじゃ

くゎ-しゃう【和尚】― 名詞《仏教語》天台宗・華厳宗などで、「戒」を授けて人の師となる高僧。また、一般に高僧を敬った言い方。発展 漢音読み。律宗では呉音で「わじゃう」、禅宗では唐音で「をしゃう」という。

くゎ-じゃう【款状】― 名詞 ↓くわんじゃう(款状)

くゎす（現）↓（歴）**くはす**【食はす】

くゎせる（現）↓（古）**くはす**【食はす】

くゎ-そ【過所・過書】― 名詞 関所通行のための許可証。関所手形。発展「くわしょ」とも。朝廷・幕府などが発行した。

くゎ-ぞく【華族・花族】― 名詞 ↓せいぐわ

くゎ-たい【過怠】― 名詞 ❶過ち。過失。❷中世以降に行われた刑罰のひとつ。❸懲らしめ。懲罰。発展 過失の償いとして罰金、または労役が科せられた。

くゎ-たく【火宅】― 名詞《仏教語》迷いの多い人間の住むこの世。発展 煩悩が多く安らかでいられない人間世界を火の燃え盛る家にたとえていう。「法華経」から出たことば。

くゎたつ（現）↓（歴）**くはたつ**【企つ】

くゎだてる（現）↓（古）**くはたつ**【企つ】

ぐゎっ-さん【月山】 地名 ↓月山

くゎ-てう【花鳥】― 名詞 花と鳥。自然。また、花や鳥などの自然を愛すること。

くゎてう-の-つかひ【花鳥の使ひ】― 恋の仲立ち。恋文を送り届ける使者。発展 中国、唐の玄宗皇帝が天下の美女を探すために遣わした使者を、「花鳥使」と呼んだ故事から。

くゎてう-ふうげつ【花鳥風月】― 名詞 天地自然の美しい風物。また、自然を愛する風雅な心。

くゎ-の-くつ【靴の沓】― 名詞 ★束帯に用いる、礼装用の黒い皮の靴。発展 位階に応じて、上部に赤または青の錦のへりを付ける。

くゎ-ぶん【過分】― 形容動詞〔ナリ・ノ〕 ❶分に過ぎている。身分不相応だ。思い上がっている。

「平家もってのほかに過分にさぶらふ間、天の御ぱからひにや…。」〈平家・1・清水寺炎上〉訳「平家がとんでもなく身分不相応に出過ぎますので、天のお計らいでは(ないでしょうか)…。」
❷余分だ。必要以上に多い。「安堵の御教書を頂き、新地を過分に拝領致し…。」〈狂言・入間川〉訳「領地を所有してよいとの将軍の許し状を頂戴し、(さらに)新しい領地を必要以上に多く頂戴して…。」
❸ありがたい。身に余る扱いを受ける。「これまでの御出ぃで過分に存じさうらふ。」〈謡曲・藤栄〉訳「ここまでわざわざおいでくださり誠にありがたく存じます。」

くゎ-ほう【果報】｜名詞 ❶《仏教語》因果の応報。前世での行いが原因で、現世でその結果として受ける報い。❷幸運。幸せ。「過たぬ天台座主流罪に申し行ひ、果報や尽きにけん…。」〈平家・2・西光被斬〉訳(西光父子は)過失のない天台座主(=明雲大僧正)を流罪に処し、幸運が尽きてしまったのであろうか…。
発展 ❶は、善悪両方に用いる。

ぐわらり 副詞 (多く「ぐわらりと」の形で)❶固い物がぶつかったり壊れたりする音。❷戸や障子を勢いよく開ける音。❸気前よく。さっぱりと。❹物事が急に変わるようす。

絵で見る古典生活史⑬
幻の名器

平安時代の貴族にとって、音楽は大切な教養のひとつで、「★遊び」といえば「★管絃」を指しました。『★源氏物語』では源氏は「わざとの御学問はさるものにて、琴、笛の音にも雲居を響かし…。」(訳→わざと❸)とあります。

『★宇津保物語』では清原俊蔭は、唐に渡る途中、嵐のために波斯国(東南アジアのどこかの国)に流されます。もともと「心に入れし物は琴」だった彼は仙人から七弦琴の秘曲を授けられ、★阿修羅からは秘琴を得て帰国し、以後四代にわたって琴と秘曲を守り続けます。

『★枕草子』には、天皇のお手許にある楽器は「みな珍しき名付きてぞある(=名前がある)。」と記されています。

武士の時代になっても音楽の素養は重視されました。『★平家物語』では悲劇の貴公子★平敦盛が合戦の中にあっても「錦の袋に入れたる笛をぞ腰にさされたる」という風流心が人々の涙を誘いました。

(絵…桜の木の下で管絃の遊びをする源氏の君〈天理図書館本「源氏物語絵巻」〉より)

すっかり。

くゎ-ろ【火炉】｜名詞 火を入れて暖をとるもの。火鉢など。

くわわる(現)→(歴)**くははる【加はる】**

くゎん【官】名詞 ❶朝廷。政府。❷官職。官位。❸官庁。役所。特に、太政官庁。また、そこに勤める役人。
→ビジュアルチェック❽(466ページ)

くゎん【貫】名詞 ❶銭の単位。一千文。江戸時代では九百六十文。❷鎌倉時代以降、武家の知行高の換算に用いた単位。❸重さの単位。千匁(=約三七五〇グラム)。
発展 ❷は、採れる米を銭に換算したものだが、時代・地方によって一定しない。

ぐゎん【願】名詞 神仏に事の成就を祈願すること。また、その願いごと。

くゎん-おん【観音】名詞 →くゎんぜおん

くゎん-かう【還幸】名詞 →くゎんぎょ

くゎん-ぎょ【還御】｜名詞 天皇・上皇・太皇太后・皇太后・皇后が外出先から戻られること。類 還幸 発展 公卿・将軍などにも用いる。

くゎん-くゎつ-なり【寛闊なり】形容動詞(ナリ)〈なら・なり(に)・なり・なる・なれ・なれ〉❶心が広くこだわらない。おおらかだ。「気分はくゎんくゎつに生まれ付きて物静かに…。」〈西鶴・男色大鑑〉訳(伊藤小太夫は)性格はおおらかに生まれついて物静かで…。❷派手だ。贅沢だ。だてだ。「人も見返るほどのくゎんくゎつなる衣装を飾り…。」〈傾城禁短気〉訳人が振り返り見るぐらいの派手な衣装を着飾って…。

くゎん-げん【管絃・管弦】｜名詞 動詞 自(サ変)〈せ・し・す・する・すれ・せよ〉❶管楽器と弦楽器。楽器の総称。音楽。「管絃の方に心を得て、箏の琴を弾ずること、きはめていたれり。」〈今昔〉訳音楽の方面に心得があって、箏を弾くことが、たいへんじょうずである。
❷楽器を演奏すること。「この暁、城の内にて、管絃したまひつるは、この人々にておはしけり。」〈平家・9・敦盛最期〉訳「今日の明け方、城の中で、楽器を演奏なさったのは、この人々でいらっしゃったのだった。」
→絵で見る古典生活史⑬(465ページ)

くゎん-ざ【冠者】｜名詞 →くゎんじゃ

くゎん-ざう【萱草】｜名詞 ❶《植物》ユリ科の多年草。夏、赤黄色の花が咲く。ワスレグサ。季語 夏 ❷(「萱草色」の略で)だいだい色。

くゎん-さく【官爵】｜名詞 官職と位階。官位。官吏としての地位。発展「くゎんしゃく」「くゎんざく」とも。

くゎん-ざし【貫緡・貫差し】｜名詞 銭一貫文(=一文銭で千枚)を刺し通す細い縄。また、その刺し通した一貫文の銭。発展 一貫文は千文だが、江戸時代には、九百六十文を一貫文として通用させた。

ぐゎん-ざん【元三】｜名詞 ❶正月一日。元日。❷正月の一日から三日まで。三が日。
発展「ぐゎんさん」とも。❶は年・月・日の三つの元の意味から。

ぐゎんじつ-の-せちゑ【元日の節会】名詞 元日に天皇が紫宸殿で、百官に宴を賜った儀式。

くゎん-じゃ【冠者】｜名詞 ❶元服し、冠を着けた少年。また、単に若者。❷六位で無官の者。❸若い召し使い。また、家来。

くゎん-じゃう【款状】｜名詞 官位を望んだり、訴訟したりするときの嘆願書。発展「くゎじゃう」とも。

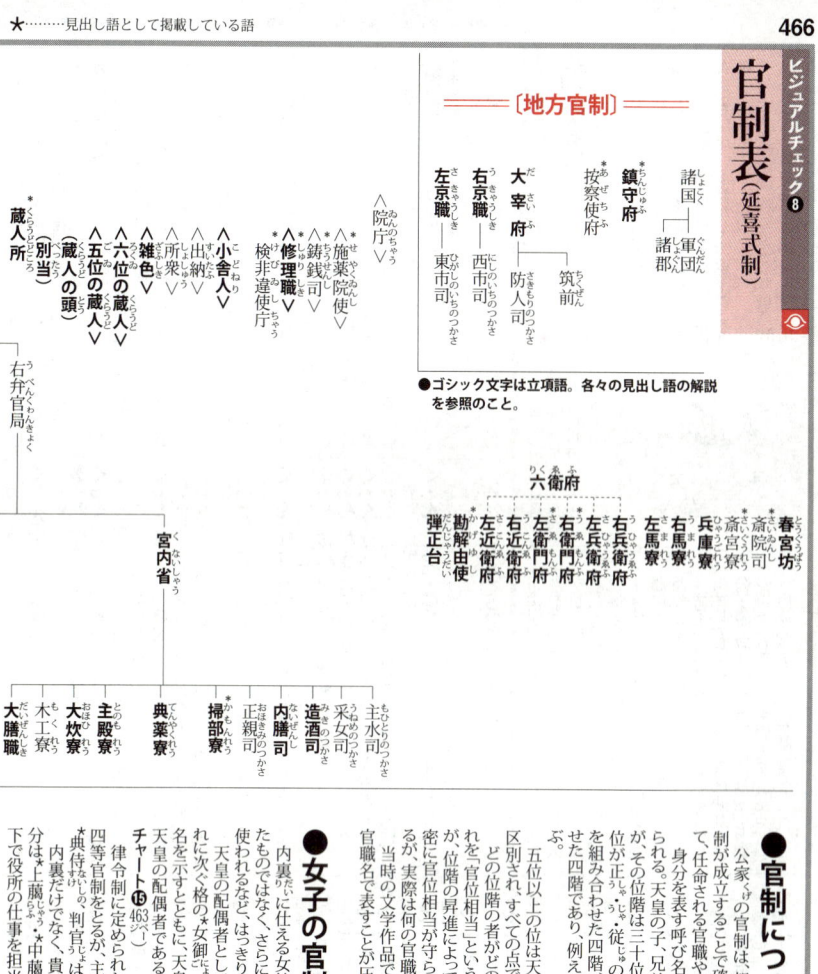

ビジュアルチェック 8

官制表（延喜式制）

●ゴシック文字は立項語。各々の見出し語の解説を参照のこと。

〔地方官制〕

- 諸国 ― 軍団 / 諸郡
- 鎮守府*
- 按察使府*
- 大宰府 ― 筑前 / 防人司
- 右京職 ― 西市司
- 左京職 ― 東市司

六衛府
- 右兵衛府
- 左兵衛府
- 右衛門府*
- 左衛門府*
- 右近衛府
- 左近衛府

- 春宮坊*
- 斎院司*
- 斎宮寮*
- 兵庫寮
- 右馬寮
- 左馬寮
- 勘解由使*
- 弾正台

宮内省
- 主水司
- 采女司
- 造酒司
- 内膳司
- 正親司
- 掃部寮*
- 典薬寮
- 主殿寮
- 大炊寮
- 木工寮
- 大膳職

右弁官局

〈院庁〉
- 〈施薬院使*〉
- 〈鋳銭司*〉
- 〈修理職*〉
- 検非違使庁*
- 〈小舎人〉
- 〈出納〉
- 〈所衆〉
- 〈雑色〉
- 〈六位の蔵人〉
- 〈五位の蔵人〉
- （蔵人の頭）
- （別当）
- 蔵人所*

●官制について

公家の官制は、朝廷を中心として行われ、八世紀ごろ、律令制が成立することで確立された。ふつうはその人の身分や家によって、任命される官職や昇進の順序はかなり限定されていた。

身分を表す呼び名は位階で、位階の高さに合った官職が授けられる。天皇の子、兄弟姉妹を除いた役人たちは諸臣と呼ばれるが、その位階は三十位に細かく分かれている。その内訳は一位〜三位が正・従の二階に分かれ、四位〜八位は正・従・上・下を組み合わせた四階、その下の初位は大・少・上・下を組み合わせた四階であり、例えば「正三位」「従五位上」のように呼ぶ。

五位以上の位は天皇が直接授ける（＝勅授）ので、六位以下とは区別され、すべての点で優遇されていた。

どの位階の者がどの官職に就くかは、細かく定められており、それを「官位相当」という。位階は、勤続年数や業績によって昇進するが、位階の昇進によってすぐに官職も上がるというわけではなく、厳密に官位相当が守られていないこともある。しかし、位階は持っているが、実際は何の官職にも就いていない者も多かった。

当時の文学作品では、個人の行動を表現するとき、名称よりも官職名で表すことが圧倒的に多いので注意が必要である。

●女子の官制について

内裏に仕える女性にも、官制に似た制度があったが、組織だったものではなく、さらにその呼び名も、正式なものや俗称が合わせて使われるなど、はっきりしない。

天皇の配偶者としては、正式に★皇后や★中宮があったが、それに次ぐ格の★女御・★更衣・★尚侍・★御匣殿も官名を示すとともに、天皇や東宮の配偶者である場合もあった。また、天皇の配偶者である女性は★御息所と呼ばれた。（↓古語チャート⑮463ページ）

律令制に定められた正規の役職としては★内侍司がある。四等官制をとるが、主典にあたる職はない。長官は尚侍、次官は★典侍、判官は★掌侍と呼ばれる。

内裏だけでなく、貴人に仕える侍女をすべて★女房という。身分は★上﨟・★中﨟・★下﨟の三段階に分かれる。またその下で役所の仕事を担当するものは★女官という。

〔中央官制〕

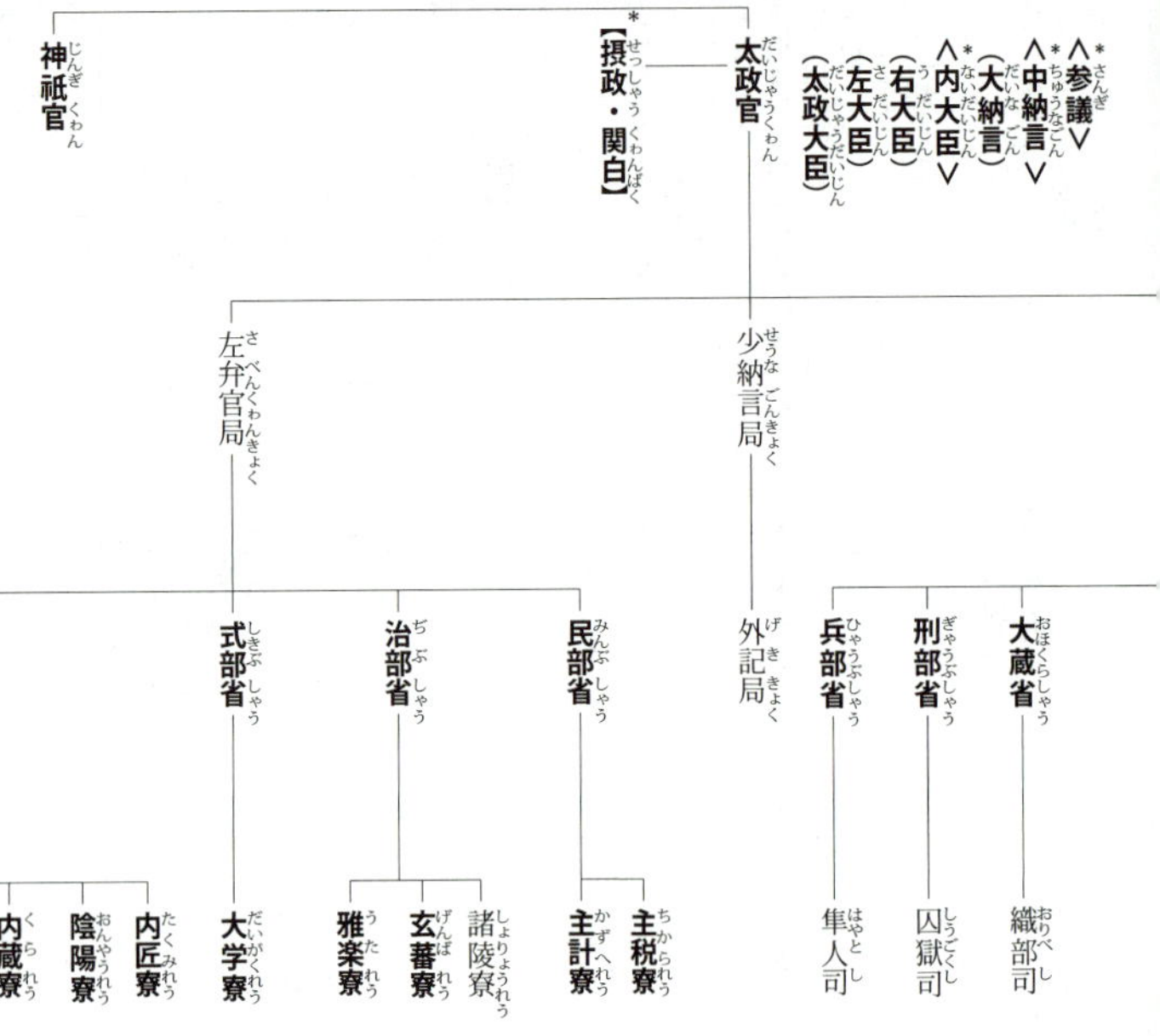

●（ ）内は職階名。
●＊印は令外（りゃうげ）の官（くゎん）。律令制で令に定められた以外の官職・官庁。時代の変遷に伴い必要に応じて置かれたため、実務・実権を握る重要なものが多い。
●＜ ＞印をつけたものは延喜以後の増置官。

●四等官表

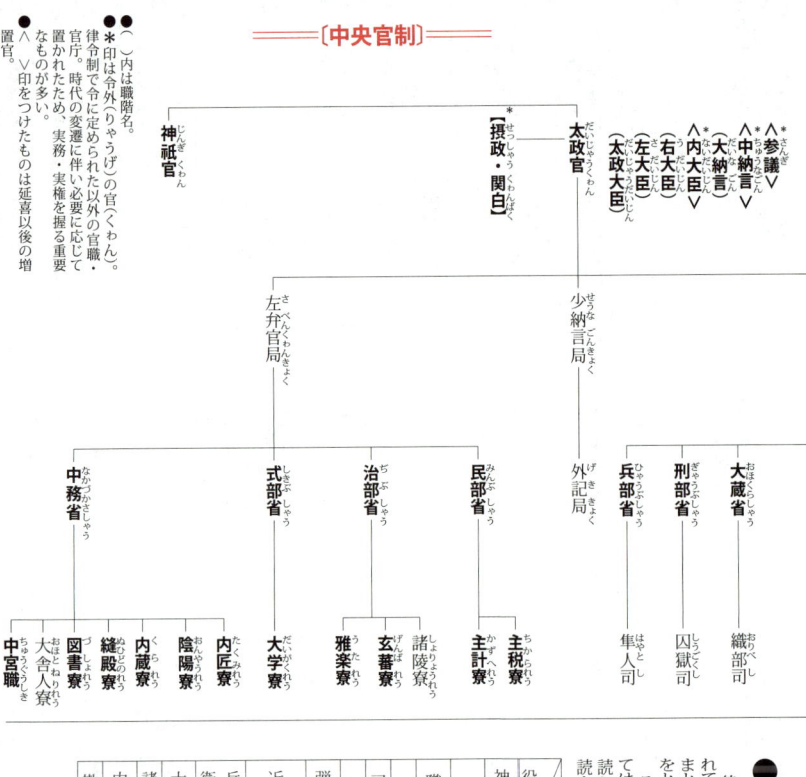

律令制では、すべての役所に、幹部職員として四階級の官が置かれていた。これを四等官制という。長官（かみ）はその役所の担当職務をまとめて管理し、次官（すけ）は長官を補佐する。判官（じょう）は事務の仕事をとりまとめ、文書の審査をし、主典（さかん）は書記の仕事をした。

この四等官は役所によって示す文字が異なっていた。それらについては、それぞれ左に示したように「かみ」「すけ」「じょう」「さくわん」と読むのを原則としたが、ルビのついているものについては、そのように読まれてもいた。

役所名＼四等官	長官	次官	判官	主典
神祇官	伯	副	祐	史
省	卿	輔	丞	録
職・坊	大夫	亮	進	属
寮	頭	助	允	属
司・監	正		佑	令史
署	首			令史
弾正台	尹	弼	忠	疏
近衛府	大将	中将・少将	将監	将曹
兵衛府・衛門府	督	佐	尉	志
大宰府	帥	弐	監	典
諸国	守	介	掾	目
内侍司	尚侍	典侍	掌侍	
勘解由使	長官	次官	判官	主典

くゎん-じゃう【勧請】 名詞 動詞 他〔サ変〕〈せ・し・す・する・すれ・せよ〉❶神託を請い願うこと。神仏のおいでを願うこと。高僧などを迎えること。

比叡山に、大師勧請の起請といふことは、慈恵僧正書き始めたまひけるなり。〈徒然草・205〉訳 比叡山で、(開祖の)伝教大師の(霊の)おいでを願う(その霊にかけて誓う)起請という文章は、慈恵僧正が書き始めなさったのである。

❷神仏の霊を本社・本寺から分けて移して祭ること。「**いかにもして、この島のうちに、熊野の三所権現を勧請したてまつって、帰洛の事を祈りまうさばや。**」〈平家・2・康頼祝言〉訳「どのようにしてでも、この鬼界が島のうちに、熊野の三つの神様を移してお祭り申し上げて、帰京のことをお祈り申し上げたいものだ。」

発展「くわじゃう」とも。

ぐゎん-じゃう【願状】 名詞 神仏への願いを記した文書。祈願文。類 願文。

くゎん-しゃく【官爵】 名詞 官職と位階。発展「くゎんさく」とも。

くゎん-じゅ【貫首・貫主】 名詞 ❶人々の上に立つ人。統領。総領。❷「★蔵人の頭」の別の呼び名。❸「★天台座主」の別の呼び名。発展「くわんず」とも。

くゎん-じん【勧進】 名詞 動詞 自〔サ変〕〈せ・し・す・する・すれ・せよ〉❶《仏教語》寺や仏像を建てたり、修繕などのために、金品の寄付を募ること。または、そういうことをする人。「**これは東大寺の勧進する山伏にてさうらふ。**」〈義経記〉訳「私は東大寺の寄付を募る山伏でございます。」

❷出家した姿で、寺社への寄付のために、銭や米を請い求めること。物ごい。また、それをする人。

息の根の続くほどは、流行歌を歌ひ、勧進をすれども…。〈西鶴・世間胸算用〉訳 息が続く限りは、流行歌を歌って、物ごいをするけれども…。

発展 他人を勧誘して仏道に導き進めるという意味。

くゎんじん-ちゃう【勧進帳】 名詞 ★勧進の趣旨を記した巻物。寄付募集の際、僧が人々に読み聞かせるもの。

くゎん-ず【観ず】 動詞 他〔サ変〕〈ぜ・じ・ず・ずる・ずれ・ぜよ〉❶《仏教語》(深く思いをめぐらして)真理を見通す。

仏眼を以て、諸の衆生を上中下根、及び菩薩の下中上根を観じたまふに…。〈今昔〉訳 仏の目でもって、すべての人間を潜在能力の優劣、および修行者を修行能力の優劣の点で真理を見通しなさるときに…。

❷冷静な心で観察する。

かく見る人々も、みな家の内出でそめけむほどは、さこそはおぼえけめなど、観じもてゆくに、おのづから面馴れぬべし。〈枕草子・184・宮に初めて参りたるころ〉訳 このように(眼前に)見る人々も、みな家から出仕し始めたようなころは、そう感じられたろうなどと、冷静な心で観察していくうちに、自然ときっとなじんでいくに違いない。

❸深く考える。(心に)思い描く。

心、常に風雲の思ひを観ぜしかば…。〈徒然草・108・寸陰惜しむ人なし〉訳 心は、常に大業を成そうという望みを思い描いていたので…。

くゎん-ぜおん【観世音】 名詞《仏教語》二十五菩薩の一つ。世の人がその名を唱える声音を観じて救う菩薩。発展 略して「観音」とも。勢至菩薩とともに阿弥陀如来の脇侍を務める。現世利益の本尊として古くから広く信仰される。

[くゎんぜおん
(十一面観世音菩薩直立像)]

くゎんぜん-ちょうあく【勧善懲悪】 名詞 善事を勧め、悪事を懲らしめること。

ぐゎん-た・つ【願立つ】 神仏に祈る。願をかける。

二十二日に、和泉の国までと、平らかに願立つ。〈土佐日記・十二月二十二日〉訳 二十二日に、和泉の国(=今の大阪府南部)までは、(旅が)無事(であるよう)にと神仏に祈る。

くゎん-ぢゃう【灌頂】 名詞 動詞 自〔サ変〕〈せ・し・す・する・すれ・せよ〉《仏教語》密教で、香水を頭の上にそそぎかける儀式。伝法(=秘法を伝えること)・授戒のとき、修道者が一定の地位に昇るとき、または多くの人々に仏縁を結ばせるときに行う儀式。発展「灌」はそそぐ、「頂」は「頭の頂」の意味。

くゎん-ど【官途】 名詞 ❶官吏の職務、また、その地位。官位。

子孫の官途も、竜の雲に昇るよりは、なほ速やかなり。〈平家・1・鱸〉訳 子孫の官位(の昇進)も、竜が雲に登るよりは、いっそう速やかである。

❷鎌倉時代、受領に対して、京都の官人の呼び名。

発展「くゎんと」とも。

くゎん-とう【関東】 名詞 ❶奈良時代は鈴鹿・不破・愛発の三つの関所より東の諸国をいう。平安時代は逢坂の関より東の国を、また、院政期、鎌倉時代ごろからは箱根の関から東の八か国(=今の関東地方)を指すようになった。類 坂東・東。❷鎌倉幕府。また、その将軍。❸江戸幕府。また、その将軍。

くゎんとう-くゎんれい【関東管領】 名詞 室町幕府が関東統治のために鎌倉に置いた職。

ぐゎん-にち【元日】 名詞 一年の初めの日。正月一日。季語 春 発展「ぐゎんじつ」とも。

くゎん-にん【官人】 名詞 ❶役人。官吏。

ある国の祇承の官人の妻にてなむあると聞きて…。〈伊勢・60〉訳 (男は別れた妻が)ある国の勅使接待の役人の妻になっていると聞いて…。

❷六位以下の役人。

❸六衛府の将監以下の者。また、検非違使庁の下級役人。

くゎん-ねん【観念】 名詞 動詞 自〔サ変〕〈せ・し・す・する・すれ・せよ〉❶《仏教語》観察し念ずること。仏教の真理を悟るために、心を集中して、静かに考えこむこと。

観念のたより、なきにしもあらず。〈方丈記・境涯〉訳 (西側は見晴らしがよく、西方浄土を)念ずる便宜が、ないわけでもない。

❷あきらめること。覚悟すること。

「**これ限りこれ限りと、会ふたびごとの観念。**」〈近松・心中重井筒〉訳「これっきりこれっきりと、会うたびごとの覚悟。」

くゎん-の-つかさ【官司】 名詞 太政官。また、太政官庁。

くゎん-ばく【関白】― 名詞 平安時代に設置された令外の官。天皇の行政を補佐する最高位の職。
「**摂政、関白すべきものならば、この矢当たれ。**」〈大鏡・道長上〉訳「(私が将来)摂政や、**関白**の位につくはずのものであるならば、この矢が命中しろ。」
発展 政治に関かり、天皇に白し上げるという意味。光孝天皇の代(八八四～八八七)、藤原基経に始まる。天皇の幼少のときは摂政、成人後は関白となる。

ぐゎん-はた・す【願果たす】― 神仏に立てた祈願がかない、そのお礼参りをする。
石山に御願果たしに詣でたまひけり。〈源氏・関屋〉訳(源氏は)石山寺に**祈願がかなったお礼参りをし**に参詣なさったのだった。

くゎん-ぷ【官府】― 名詞 朝廷。官庁。太政官庁。類 公

くゎん-ぷ【官符】― 名詞 (「太政官符」の略で)太政官から下される公文書。

くゎん-ぶつ【灌仏】― 名詞《仏教語》❶仏像に香水・五色の水、甘茶などを上から注ぎかけること。また、その仏像。季語 夏 ❷「灌仏会」の略。

くゎんぶつ-ゑ【灌仏会】 名詞《仏教語》陰暦四月八日の釈迦の誕生日に、花御堂を造り、誕生仏を安置して甘茶を注ぎかけて供養する法会。季語 夏 類 仏生会
発展 日本においては、推古天皇の時代に始まり、平安時代は宮中行事となった。

くゎん-へい【官幣】― 名詞 ❶祈年の祭り、月次の祭り、新嘗の祭りなどのとき、神祇官から格式の高い神社に奉る幣帛。❷(「官幣使」の略で)官幣を捧げるために派遣される勅使。

ぐゎん-もん【願文】― 名詞 神仏への願いを記した文。また、仏事のとき、施主が願意を書いた文。類 願状
願文に作善多く書き載せたる。〈徒然草・72・卑しげなるもの〉訳(卑しげに見えるもの。それは)**神仏への願いを記した文**に(自分の)積んだ善行を多く書き載せてある(もの)。

ぐゎん-りき【願力】― 名詞 神仏に願を立て、その願い事を貫こうとする意志。

くゎん-りゃう【管領】― 名詞 動詞 他 〔サ変〕〈せ・し・す・する・すれ・せよ〉❶管理・支配すること。領有。
四海を管領して、万民を悩乱せしむ。〈平家・7・願書〉訳(平清盛は)日本全国を**支配して**、多くの民を苦しめている。
❷自分のものにすること。横領。
我さきに京に入って、よからんずる宿をも取り、財宝をも管領せんと志して…。〈太平記〉訳(僧兵は)我先と都に入って、よさそうな家をも奪い、財宝をも**自分のものにしよう**と心に決めて…。

くゎん-れい【管領】― 名詞 動詞 他 〔サ変〕〈せ・し・す・する・すれ・せよ〉❶「管領❶」と同じ意味。
❷足利幕府の職名。将軍を補佐し政務を総轄する重要な職。斯波・細川・畠山の三氏が交代で当たった。
❸「関東管領」の略。

くゎん-ゐ【官位】― 名詞 官職と位階。

ぐゎん-を-た・つ【願を立つ】― ↓ぐゎんたつ

くゑ-にち【凶会日】― 名詞 「陰陽道」で、陰陽が対立するため万事に凶であるといわれる日。

くゑ-はららか・す【蹴ゑ散かす】― 動詞 他 〔サ四段〕〈さ・し・す・す・せ・せ〉《上代語》けちらす。

く-を-つ・く【句を付く】 連歌・俳諧で、前句に付けて句を詠む。
また前を請うて、この句を付け直す。〈去来抄・先師評〉訳もう一度前句を言ってもらって、この**句を詠み直す**。

ぐん【郡】 名詞 律令制度で、国の下に属した行政区画。
発展 郡の下に、郷、里などがある。

軍記物語 文芸用語 物語の分類のひとつ。武士集団の戦闘を主な題材にした叙事文学。「軍記」「軍記物」「戦記物語」「戦記文学」ともいう。代表作品としては、鎌倉時代の『保元物語』『平治物語』『平家物語』(↓必修古典ビッグ30 ㉓ 1094ページ)、室町時代の『太平記』や『明徳記』などがある。鎌倉・室町時代の軍記物語は和漢混交文体の多彩な文章でつづられている。和漢の故事、神儒仏の思想や武士道精神などが反映され、平曲のような語り物として、また太平記読みのように講釈されて広まった。謡曲・幸若舞・浄瑠璃・歌舞伎などに大きな影響を与えた。

くん-し【君子】 名詞 ❶徳の優れた人。対 小人 ❷身分の高い人。

ぐん-じ【郡司】 名詞 ❶律令制で、地方官のひとつ。国司の下にあって郡の政務を担当する役人。大領・少領・主政・主帳の四等官の総称。❷特に、❶の長官。大領。
発展 「こほりのつかさ」とも。

くんじ-いた・し【屈じ甚し】 形容詞 ↓くしいたし

くん-じゅ【群集・群衆】 名詞 動詞 自 〔サ変〕〈せ・し・す・する・すれ・せよ〉人々が群がり集まること。また、その人たち。
軒騎群集して、門前市をなす。〈平家・1・吾身栄花〉訳車やウマが**群がり集まって**、(平家の邸宅の)門の前は市場がたったようである。

くん-じゅ【薫修】 名詞 動詞 他 〔サ変〕〈せ・し・す・する・すれ・せよ〉《仏教語》他からのよい影響によって自然に修行の功徳を積んでいくこと。薫陶。
ただ、一心に法華経を読みたてまつりける間に、薫修積もりて暗におぼえぬ。〈今昔〉訳ただ、一心に法華経をお読み申し上げていたうちに、**自然に修行の功徳を積んでいくこと**が重なって暗記してしまった。

くん・ず【屈ず】

心がくじけて、沈んだ気分になる ― 気がめいる。ふさぎ込む。

未然形	連用形	終止形	連体形	已然形	命令形
くん・ぜ	くん・じ	くん・ず	くん・ずる	くん・ずれ	くん・ぜよ

動詞 自 〔サ変〕 気がめいる。ふさぎ込む。
面影に覚えて悲しければ、月の興も覚えず、くんじ伏しぬ。〈更級日記・太井川〉訳(産後でつらそうだった乳母と別れてきて)面影が思い浮かんで悲しいので、月の風情さえも感じられなくて、**ふさぎ込ん**で寝てしまった。

発展 **語の成り立ち** 漢語「屈」をサ変動詞にしたことばで、本来は「くっす」という語形である。促音の表記「っ」がまだ定まっていなかったころ、撥音「ん」で代用されることが多く、「くんす」「くす」などと書かれたところから、後に表記どおり「くんず」と連濁して読まれるようになったものと考えられる。

関連語 思ひ屈ず・屈す

くん・ず【薫ず】 一 動詞 自〈サ変〉〈ぜ・じ・ず・ずる・ずれ・ぜよ〉薫る。におう。**香ばしき匂ひ、室の内に薫じて消えず。**〈今昔〉訳 香りのよいにおいが、部屋の内部に**薫っていて**消えない。
二 動詞 他〈サ変〉〈ぜ・じ・ず・ずる・ずれ・ぜよ〉薫らせる。におわせる。

ぐん-せん【軍扇】 名詞 武士が陣中で用いる扇。発展 骨・地紙とも堅牢な作りで、地紙の表に太陽、裏に月の形を描いたものが好まれた。

［ぐんせん］

ぐんだり-やしゃ【軍荼利夜叉】 名詞《仏教語》(「軍荼利夜叉明王」の略)五大尊明王の一つ。多く八本の腕を持ち、憤怒の相を表す。南方を守り、種々の障害を取り除くという。

［ぐんだりやしゃ］

訓点語 国語・国文法 漢文を訓読する際に、漢文の字間に書き加えた文字や符号を**訓点**と呼んだ。*ヲコト点や返り点・振り仮名・送り仮名・朱引き(年号・人名に朱や墨で線を引くこと)などである。そのように訓読するために専用したことばを**訓点語**という。特に中世以前の訓点本、つまり古点本についていうことが多い。平安中期までは、訓読そのものが比較的自由に行われていたようで、当時の口語資料としての価値も高い。しかし、平安後期以降は、一種の文章語を形成していった。和文のことばとは、音韻・語彙・文法などの面で違いがあった。たとえば、和語「かたみに」に対する訓点語「たがひに」など。

ぐん-びゃう【軍兵】 ― 名詞 軍勢。軍隊。類 兵

ぐん-やく【軍役】 名詞 ❶兵役。軍務に服すること。また、武器・兵糧を供出すること。❷戦争。類 軍

ぐん-りょ【軍旅】 名詞 ❶軍勢。軍隊。❷戦争。類 軍

け

け【消】 下二段動詞「きゆ」の未然形・連用形「きえ」が変化したもの。発展「雪はけぬとも(=雪は消えてしまうとしても)」〈万葉集・5・849〉の「け」がこれに当たる。

け【異】 →けなり

け 上代、ク活用形容詞およびク活用型助動詞(べし・ごとし)の未然形・已然形に現れる語末の形。発展『万葉集』に見られる、「死なば安けむ」「生まれぬべけむ」の「け」(未然形)、「遠けども」「行きよけど」などの「け」(已然形)など。

-け【家】 接尾語 (官職や姓氏に付いて)家柄や家系、また、敬意や所属を表す。語例 摂政**家**・平**家**

け【日】 名詞《上代語》日数。**君が行き日長くなりぬ山尋ね迎へか行かむ待ちにか待たむ** 歌〈万葉集・2・85〉訳 →きみがゆき… 発展「日か」の変化したことば。

け【気】 一 名詞 ❶周りから受ける感じ。ようす。気配。**夜深き程の、人の気しめりぬるに…。**〈源氏・椎本〉訳 夜が更けた時分で、人の**気配**が静まったときに…。❷気持ち。心。気分。**恐ろしき気もおぼえず…。**〈源氏・夕顔〉訳 (夕顔の遺体は)怖いという**気持ち**もしないで…。
二 接頭語 (動詞・形容詞・形容動詞などに付いて)なんとなくそのようなようすであることを表す。語例 **気**圧さる・**気**疎し

け【卦】 名詞 陰陽道で、易の算木の上に現れる形。発展 乾・兌・離・震・巽・坎・艮・坤の八卦が基本となる。そこから天地間のすべての変化を読み取り、吉凶を占う。

け【怪】 名詞 ❶怪しいこと。不思議なこと。❷物の怪。たたり。

け【故】 名詞 〈多く、「…けにや」「…けにやあらむ」などの形で〉原因・理由を表す。ため。せい。**御手もわななく故にや、的の辺りにだに近く寄らず…。**

読解の手引き❼ 動作主を特定する方法

古文を読むときの難しさのひとつに、省略が多いということが挙げられます。それは主に、**「だれ(何)が」「だれ(何)に」といった要素の省略**にかかわるものです。**省略は、筆者も読者も当然分かっているようなことについて行われます。**その「常識」が現代の私たちと異なっているため、読みにくいと感じるのです。例を見てみましょう。

雪のいと高う降りたるを、例ならず御格子[1]参りて、炭櫃に火[2]おこして、物語など[3]して[4]集まりさぶらふに、「少納言よ、香炉峰の雪いかならむ。」と[5]仰せらるれば、御格子[6]上げさせて、御簾を高く[7]上げたれば、[8]笑はせたまふ。〈枕草子・299・雪のいと高う降りたるを〉

1～8は、「だれが…する」の「だれが」の部分、つまり動作の主体に相当する部分が省略されています。それでは、手順を追って動作主を特定してみましょう。

まず、5に「仰せらる」という、敬意の高い尊敬語、8に「す＋たまふ」という、**天皇などきわめて身分の高い人に使う*最高敬語が用いられていることに注目**します。作者の清少納言は中宮定子にお仕えしていたことから、この動作主は中宮様ということになります。また、1は「参る」、4は「さぶらふ」という謙譲語が使われています。**話題中の人物の動作に用いられている謙譲語は、その動作の及ぶ相手に対する作者の敬意を表し、動作主に対する敬意は表しません。**したがって、この動作主は、その場にいた敬語を使う必要のない人、すなわち作者も含めた女房たちということになります。同じように2、3も女房たちの動作と判定できます。6、7も敬語が使われていない(6は「上ぐ＋さす(使役)」)という観点からすれば女房たちということになりますが、「少納言よ…」という中宮様のことばを受けての動作ですから、作者が動作主と判断されます。

このように、**隠れた動作主は、多く、敬語の使われ方で判定する**ことができます。

〈大鏡・道長上〉訳（伊周の）お手も小刻みに震えるせいではないだろうか、（矢は）的の付近にさえ近くにいかないで…。

発展 挿入句として用いられる。「ゆゑ」とも。

け【食】 名詞 食物。食事。

け【笥】 名詞 物を入れる器の総称。容器。特に、食器。

家にあれば笥に盛る飯を草枕旅にしあれば椎の葉に盛る 歌〈万葉集・2・142〉訳→いへにあれば…

け【褻】

正式・公式でないこと ──（多く、服装について）日常。普段。

名詞（多く、服装について）日常。普段。**正式でないこと。** 対 晴れ

ことにうち解けぬべき折節ぞ、褻、晴れなく、引き繕はまほしき。〈徒然草・191・夜に入りて〉訳（若い者同士で）特に気を許してしまいそうなときにこそ、**普段**、正式（といった区別）なく、身なりを整えたいものだ。

-け 助動詞 → き基本助動詞20（396ページ）

-げ 接尾語（名詞や動詞の連用形などに付いて）…らしい、…のようである、いかにも…らしく見えるという意味を表す。語例 親げ・消えげ

発展 名詞を作る。→げなり

げ【夏】 名詞《仏教語》❶陰暦四月十六日から七月十五日までの三か月間。❷→げあんご

げ【偈】 名詞《仏教語》仏の徳や教えを賛美した韻文。四句からなる。発展 ★梵語に漢字の音を当てはめたことば「偈陀」の略。

け-あが・る【気上がる】 連語 のぼせる。上気する。類 気上る

いささか身じろきもせられず、気上がりて、ものぞおぼえぬや。〈紫式部日記〉訳 少しも身じろぎもできず、**のぼせ**て、何が何だか分からないことだよ。

け-あ・し【気悪し】 形容詞［シク］〈しく・しく・し・しき・しけれ・○／しから・しかり・○・しかる・○・しかれ〉穏やかでない。すさまじい。

泉川原の風いみじく気悪しく吹きて…。〈今昔〉訳 泉川原（＝木津川）の風がひどく**すさまじく**吹いて…。

げ-あんご【夏安居】 名詞《仏教語》陰暦四月十六日から三か月間、僧が一か所にこもって修行すること。季語 夏 類 夏

け-い【怪異】 名詞 怪しいこと。怪事。不思議なこと。

けい【卿】 名詞 →きやう（卿）

けい【磬・罄】 名詞 中国伝来の打楽器の一種。石や銅の板をへの字形に作り、つるして打ち鳴らすもの。発展 多く仏具として用い、勤行のときに打ち鳴らした。

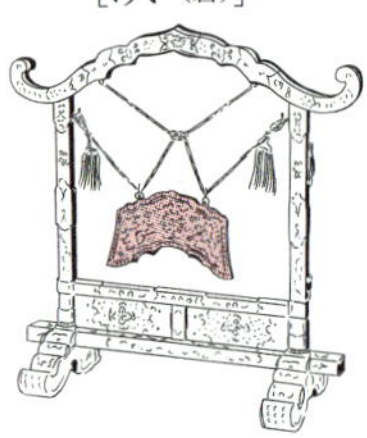

［けい（磬）］

げい【芸】 名詞 習得するわざ。技術・学芸・武芸・芸能など。技能。

芸はこれつたなけれども、人の耳をよろこばしめむとにはあらず。〈方丈記・境涯〉訳（私の琵琶の）**技能**は劣っているけれども、他人に聞かせて喜ばせようというのではない。

けい-えい【経営】 名詞 動詞 他［サ変］〈せ・し・す・する・すれ・せよ〉建物を造ること。建築。構築。

多日の経営をむなしうして、片時の灰燼となりはてぬ。〈平家・7・聖主臨幸〉訳 多くの日を費やしての**建築**をむだに失わせて、あっという間に灰と燃えかすになってしまった。

発展「経」は縦糸のこと。縄を張っていろいろなことをするという意味。→経営

桂園派［ケイエン］文芸用語 和歌の流派のひとつ。始祖の★香川景樹および熊谷直好・木下幸文・八田知紀・高崎正風らが代表的歌人。景樹の号「桂園」からその名ができた。賀茂真淵ら★県居派の万葉調に対抗して古今調を主張し、「調べ」を重んじた。明治初年まで歌壇の主要勢力となった。

けい-き【景気】 名詞 ❶風景。景色。

山中の景気、折につけて尽くることなし。〈方丈記・勝地は主なければ〉訳 山の中の**風景**は、季節に応じて（趣が）尽きることがない。

❷ようす。ありさま。気配。

悪びれたる景気もなし…。〈平家・2・西光被斬〉訳（西光法師は）気後れしておどおどしている**よう**すもない…。

景気 文芸用語《和歌・連歌・俳諧用語》和歌ではことばによってわき起こる視覚的・絵画的イメージをいい、秀歌の条件とされた。

連歌では、景色などをそのまま詠んだ句を景気連歌、景気の句といった。俳諧では、連歌の影響を受けて、景色を多く取り入れる「景気付け」が貞享から宝永（一六八四〜一七一一）にかけて流行した。

けい-こ【稽古】 名詞 動詞 他［サ変］〈せ・し・す・する・すれ・せよ〉

❶学問をすること。学んで身についた学問。

信濃前司行長、稽古の誉れありけるが…。〈徒然草・226・後鳥羽院の御時〉訳（後鳥羽院のご治世に）信濃国の前国守中山行長が、**学問**に優れているという評判があったが…。

❷芸道を習うこと。練習をすること。

さるほどに、稽古の境なり。〈風姿花伝〉訳 したがって、（能の）**練習**の（新しく出発する）境目である。

敬語 国語・国文法 待遇表現のひとつ。話し手（書き手）が、聞き手（読み手）や話題の人物などを敬うために使うことば。対象に対する敬意や身分（上下関係）の違い、また時にはよそよそしさなどを表現する。

敬語はふつう★尊敬語・★謙譲語・★丁寧語の三つに分類される。本書では、敬語を四分類する。

①**尊敬語** 話し手（作者）が、話題の中のある動作をする人物に敬意を表す。

②**謙譲語** 話し手（作者）が自分の話題の中で、動作の及ぶ人物（＝動作を受ける人物）に敬意を表す。

③**謙譲語Ⅱ** 会話文などで、話し手が、自分や自分の側の動作を低めて、聞き手にかしこまりの気持ちを表す。

④**丁寧語** 話し手（作者）が丁寧な言い方をして聞き手（読者）に敬意を表す。

→尊敬語・謙譲語・丁寧語・基本敬語動詞一覧表（26ページ）・読解の手引き❼（470ページ）・⓰（804ページ）・⓲（962ページ）

けい-こく【傾国】 名詞 ❶絶世の美女。類 傾城 ❷遊女。❸遊里。遊廓。発展 ❶は、その魅力に迷って国を危うくするという意味から。

経国集［ケイコクシフ］作品名 平安初期、勅撰漢詩集の第三番目。淳和天皇の勅により、良岑安世らが撰。二十巻（現存六巻）。詩のほかに散文類も収める。三つの勅撰漢詩集のうち最大の規模で、優れた作品が多く、

嵯峨天皇、空海らの作品も含む。平安初期以前の漢詩文の集大成。八二七(天長四)年成立。

敬語動詞 [国語・国文法] 動作や存在などの意味に加えて敬意をも表す動詞。たとえば「御覧ず」という動詞は、「見る」という動作に尊敬の意味の加わった敬語動詞である。また、「御座す」は、「行く・来る」という動作や「いる(ある)」という存在の意味に尊敬の意味の加わった敬語動詞である。敬語動詞は、敬語の種類によって★尊敬語の動詞・★謙譲語の動詞(本書では「謙譲語」と「謙譲語Ⅱ」の二種類ある)・丁寧語の動詞に分類される。↓基本敬語動詞一覧表(26ページ)・敬語の補助動詞・尊敬語の動詞・謙譲語の動詞

敬語の補助動詞 [国語・国文法] ★敬語動詞が、動作や存在などの動詞としての本来の意味が薄れて、敬意に重点を置いた働きを持つようになったもの。本来の意味のままのときは、独立動詞(本動詞)と呼んで、補助動詞の用法と区別する。独立動詞も補助動詞も用法上の呼び名であって品詞名ではない。他の動詞などの連用形の下に付いて敬意を添加する添加形式と、補助動詞「あり」を敬語表現に転換させる転換形式とに使い方を分類できる。↓基本敬語動詞一覧表(26ページ)・敬語動詞・謙譲語の補助動詞・侍り 敬語のしくみ

けい-し【京師】 [名詞] 京都。都。

けい-し【展子】 [名詞] 下駄や足駄の類。**高き展子をさへはきたれば、ゆゆしう高し。**〈枕草子・12・今内裏の東をば〉[訳](背の高い定澄僧都は)高い**足駄**まで履いているので、ひどく(背が)高い。

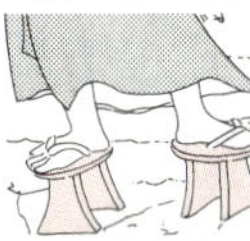
[けいし(展子)]

[発展]「けきし」の変化したことば。

けい-し【家司】 [名詞] ❶親王家・摂関家や三位以上の公卿の家で、家政などの事務を取り扱う職。❷鎌倉・室町幕府で、政所・問注所などの職員である寄人。[発展]「けし」の変化したことば。❶は、「いへづかさ」とも。

形式名詞・実質名詞 [国語・国文法] 普通名詞のうち、実質的な意味内容を有している名詞を**実質名詞**という。また、文法的機能の上では名詞であるが、実質的な意味が薄れ、いつも連体修飾語を上に付けて用いられるものを**形式名詞**という。たとえば、「**事**あるときは、なほ拠り所なく心細げなり(=**特別な行事**があるときには、やはり頼るあてもなく心細そうである)。」の「事」は実質的な意味を持つ名詞(=実質名詞)であるが、「水をくみ入るる**こと**、めでたかりけり(=水を汲み入れる**の**は、すばらしかった)。」の「こと」は形式名詞である。「こと」のほか、「もの」「よし」「ところ」「あひだ」「ゆゑ」なども形式名詞として用いられる。

げいしゃう-うい【霓裳羽衣】 [名詞] ❶天人などの着る美しい衣。❷唐の玄宗皇帝が、夢で見た天人の舞と音楽にならって作ったという舞曲。

芸州 [旧国名] ↓安芸

係助詞 [国語・国文法] いろいろな語に付いて文節を構成し、その文節を中心に強調・疑問などの意味を添え、さらに、それを受ける述語に影響を及ぼす助詞。「係り助詞」とも。「は」「も」「ぞ」「なむ」「や」「か」「こそ」などがこれに属する。「★係り結び」を形成し、これらを受ける述語が活用語のとき、「は」「も」は終止形、「ぞ」「なむ」「や」「か」は連体形、「こそ」は已然形で文を結ぶ。それらのうち「は」「も」は、特別な結びを要求しないが、共に文末の述語にまで拘束力を持つという点で、係助詞として取り扱われる。このように係助詞は、話し手の判断を表明して文を成立させるという働きを持つものといえる。

けい・す【啓す】

謙譲語 皇后や皇太子などに「言ふ」という意味の — **申し上げる。** [通常語] 言ふ

未然形	連用形	終止形	連体形	已然形	命令形
けい・せ	けい・し	けい・す	けい・する	けい・すれ	けい・せよ

[動詞][他](サ変)(「言ふ」の謙譲語で)(太皇太后・皇太后・皇后・皇太子などに)**申し上げる。言上する。**「**よきに奏したまへ、啓したまへ。」など言ひても、得たるはいとよし、得ずなりぬるこそ、いとあはれなれ。**〈枕草子・3・正月一日は〉[訳](自分の昇進について)「(天皇に)よろしく申し上げてください、(皇后によろしく)**申し上げて**ください。」などと言っても、(官位を)手に入れた人はたいへんめでたいが、手に入れないままで終わってしまった人は、とても気の毒だ。〇同じ「申し上げる」という意味で、天皇に対しては「奏す」、皇后に対しては「啓す」が用いられている。「よし」は終止形だが、「得たるはいとよし」は挿入句なので、下に続いていく。

東宮に参りたまひて、「真にさぶらひけり。」とて、したまひつるありさまを啓せさせたまへれば…。〈大鏡・兼家〉[訳](道長が)皇太子の御殿に参上なさって、(道長の姉である綏子の懐妊のうわさについて)「事実でございました。」と言って、(自分が)なさった(=綏子の胸から乳が出るのを確かめた)ようすを**申し上げ**なさったところ…。〇皇太子に対して「啓す」を用いている。

[発展] ①漢語「啓」にサ変動詞「す」が付いてできたことば。
②**「奏す」と「啓す」** 天皇に対しては「奏す」が用いられ、「啓す」は、太皇太后・皇太后・皇后・皇太子などに対して用いられる。ただし、天皇や皇后などに申し上げる場合に、常に「奏す」「啓す」が使われたわけではなく、「申す」「聞こゆ」「聞こえさす」なども用いられた。

[関連語] 聞こえさす・聞こゆ(基本敬語25)・奏す・申す

けい-せい【傾城】 [名詞] ❶美女。美人。[類]傾国 ❷遊女。

けいせつ-の-こう【蛍雪の功】 苦学して励んだ成果。[発展]貧しさのため、中国、晋の車胤が蛍の光で、孫康が雪明かりで書物を読んだという故事から。

けい-ちつ【啓蟄】 [名詞] 二十四節気の一つ。冬ごもりの虫が春の気配にはい出すころ。陰暦では二月前半、今の三月五日ごろ。[季語]春 ↓ビジュアルチェック⑳(958ページ)

契沖 [人名] 江戸時代前期の歌人・国学者。真言宗の僧で、仏典・漢籍の知識をもとに実証的な方法で日本古典に厳密な注釈を付けたり、語源を研究したりした。注釈書に『万葉代匠記』『古今余材抄』など、語学研究に『和字正濫鈔』など、家集に『漫吟集』などがある。*1640—1701*

げい-のう【芸能】 [名詞] ❶訓練して身に付けた技。技能。❷芸道における才能。

けい‐はく【軽薄】 名詞 ❶軽くて薄いこと。お粗末。❷態度が軽々しく誠実さのないこと。❸お愛想。お世辞。

けい‐はく・なり【軽薄なり】 形容動詞〔ナリ・ノ〕〈なら・なり（に）・なり・なる・なれ・なれ〉態度が軽々しく誠実さがない。考えが浅い。言動が軽々しい。
軽薄の人は交はりやすくして、また速やかなり。〈雨月・菊花の約〉訳**誠実さがない人**は親しみやすいが、また（気持ちが離れてしまうのも）早い。

けい‐ひち【警蹕】 名詞 ↓けいひつ

けい‐ひつ【警蹕】 名詞 天皇のお出ましや貴人の通行、また神事などのとき、「おお」「しし」「おし」などと声をかけて人を戒め、先を払うこと。発展「けいひち」とも。

けい‐ぶつ【景物】 名詞 ❶時節に応じた衣装や食物など。❷四季折々の風物や眺め。**蛍はたぐふべきものもなく、景物の最上なるべし。**〈鶉衣〉訳ホタルは比べるものもないほど、**四季折々の風物**の中で最上のものに違いない。
発展 連歌・俳諧では、月・雪・花・ホトトギスを四箇の景物という。

けい‐めい【経営】 名詞 動詞 他〔サ変〕〈せ・し・す・する・すれ・せよ〉忙しく接待の準備をすること。世話をすること。**兄の城介義景、その日の経営してさうらひけるが…。**〈徒然草・184・相模守時頼の母は〉訳兄の城介義景が、（執権北条時頼を迎える）当日の**接待の準備をして**おりましたが…。
発展「けいえい」の発音が変化したもの。

形容詞 国語・国文法 品詞のひとつ。自立語で活用があり、単独で述語となることができる*用言のひとつ。言い切りの形（=終止形）が「―し」で終わり、物事が「そのような性質を持つ」「そのようなありさまにある」「そのような感じである」ことを述べる語。
活用には二種類あり、その連用形が「―く」となるか「―しく」となるかによって、それぞれ「*ク活用」「*シク活用」と呼ぶ。「（し）く・（し）から・（し）かり・（し）かる・（し）かれ」の活用は、「カリ活用」とも呼ばれる*補助活用である。また、上代には未然形・已然形に「―け」「―しけ」という形があった。
↓形容詞活用表（14ページ）

形容詞の語幹の用法 国語・国文法 形容詞の語幹は独立性が強く、語幹だけでひとつの活用形のように用いられることがある。主な用法は次の通り。
①「あな**めでた**（=ああ、すばらしい）。」のように、語幹だけで特別な感動を含んだ言い方を表す。
②「あな、**にく**の男や（=ああ、いやな男だこと）。」のように、格助詞の「の」を伴って連体修飾語を作る。
③「**薄**雪」「**寒**夜」のように、語幹が直接に名詞を修飾して複合名詞を作る。
④「**さやけ**さ」「野の**繁**み」のように、接尾語「さ」「み」などを伴って名詞を作る。
⑤主に和歌に見られる用法で、「山**深**み（=山が深いので）春とも知らぬ松の戸に…」のように、接尾語「み」を伴って原因・理由を表す。
以上はすべてク活用形容詞の例を示したが、シク活用の場合には、語幹に相当する部分に終止形と同じ形が来るので注意したい。「あなうれし。」「あやしの所」「頼もし人」「悲しさ」などの傍線部がその例。

形容動詞 国語・国文法 品詞のひとつ。自立語で活用があり、単独で述語となることができる*用言のひとつ。言い切りの形（=終止形）が「なり」「たり」で終わるもの。事物の性質・状態を表す点では形容詞に似ているが、活用語尾の「なり」「たり」はそれぞれ、「にあり」「とあり」が変化したもので、ラ変動詞「あり」を含んでおり、活用・接続の面からいうと動詞に似た性質がある。
*ナリ活用は中古の和文において急激な発達をみせ、*タリ活用は遅れて中古の漢文訓読語から発生、中世の*和漢混交文に頻用された。語幹の独立性は、形容詞よりもさらに強い。そこで、語幹を体言とする説もある。
↓形容動詞活用表（15ページ）

形容動詞の語幹の用法 国語・国文法 形容動詞には、語幹にも独自の用法がある。主な用法は次の通り。
①「あな、**無慚**（=ああ、いたましい）。」のように、語幹だけで強い感動を表す。
②「**稀有**のこと」のように、格助詞の「の」を伴って連体修飾語を作る。
③「**はなやか**さ」のように、接尾語「さ」が付いて、名詞となる。

け‐う【希有・稀有】 ↓けうなり

けう【孝】 名詞 ❶親孝行。❷死後の供養。追善供養をすること。「**わが身の孝をば、な思ひそ。**」〈源氏・玉鬘〉訳「私の**死後の供養**などを、気にかけてくれるな。」

けう‐が・る【希有がる】 動詞 自〔ラ四段〕〈ら・り・る・る・れ・れ〉おもしろがる。一風変わっている。

げう‐き【澆季】 名詞 発展「澆」は薄い、「季」は末の意味。人情が薄く、道徳の衰えた世。末世。

けう‐げ【教化】 名詞 動詞 他〔サ変〕〈せ・し・す・する・すれ・せよ〉《仏教語》仏の教えを心と心の通じ合いによって教え、よい方へ導くこと。諭し導くこと。発展「けうけ」ともいう。

けう‐しゅ【教主】 名詞 宗教の始祖。特に、釈迦や阿弥陀。教祖。

けう‐しょ‐でん【校書殿】 名詞 内裏の十七殿の一つ。類 文殿・書殿 発展 清涼殿の南にあり、歴代の文書や書籍を収めた。↓**ビジュアルチェック⑫**（715ページ）・⑯（759ページ）

け‐う・す【消失す】 動詞 自〔サ下二段〕〈せ・せ・す・する・すれ・せよ〉（消えて）なくなる。発展 下二段動詞「きえうす」が変化したことば。

けう・ず【孝ず】 動詞 自〔サ変〕〈ぜ・じ・ずる・ずる・ずれ・ぜよ〉❶親孝行をする。**心正直にして、父母にけうずる心もっとも深し。**〈今昔〉訳心は正直であって、父母に**親孝行をする**心はだれよりも深い。
❷（死んだ親や親しい者の）供養をする。**後々の御わざなど、けうじ仕うまつりたまふさまも、そこらの親王たちの御中にすぐれたまへるを…。**〈源氏・賢木〉訳（桐壺院の崩御の）後のご法事などを、**供養をし**申し上げなさる（中宮や源氏の）お姿も、大勢の親王たちの中で他よりも勝っていらっしゃるのを…。

けうと‐げ・なり【気疎げなり】 形容動詞〔ナリ〕〈なら・なり（に）・なり・なる・なれ・なれ〉❶気味の悪い。もの恐ろしそうだ。**みな秋の野らにて、池も水草に埋もれたれば、いとけうとげになりにける所かな。**〈源氏・夕顔〉訳一面の荒れた秋の野原で、池も水草で埋まっているので、（この廃院は）とても**気味の悪いように**なってしまった所だなあ。
❷そっけない。親しみが感じられない。**これよりもいと気疎げにはあらず…。**〈源氏・椎本〉訳

こちらからもそれほどそっけなくはなく…。

けうと・し【気疎し】

人の態度や物事の状態などになじめず、なんとなく避けたい気持ち
- ❶よそよそしい。親しみにくい。疎ましい。
- ❷人気がなく寂しい。気味が悪い。恐ろしい。

未然形	連用形	終止形	連体形	已然形	命令形
けうと・く	けうと・く	けうと・し	けうと・き	けうと・けれ	○
けうと・から	けうと・かり	○	けうと・かる	○	けうと・かれ

形容詞〔ク〕❶**よそよそしい。親しみにくい。疎ましい。**「強ひておぼめかしう、**けうとう**もてなさせたまふめれば、聞こえさせむ方なさに…。」〈源氏・夕霧〉訳「(落葉の宮は)無理に空とぼけて、**よそよそしく**おもてなしになるようなので、(私の気持ちを)申し上げようがなくて…。」○「けうとう」は連用形「けうとく」のウ音便。

❷**人気がなく寂しい。気味が悪い。恐ろしい。**「骸は、**けうとき**山の中に納めて、さるべき日ばかりまうでつつ見れば、程なく卒塔婆も苔むし…。」〈徒然草・30・人の亡き後ばかり〉訳なきがらは、**人気がなく寂しい**山の中に埋葬して、そうするのが最もふさわしい日だけお参りしては(墓を)見るので、間もなく★卒塔婆もコケが生え…。

発展 ①中世末期以降「きょうとし」とも発音された。②**近世の用法**「興ざめだ・納得がいかない」という意味で、「けうとい顔つき」「けうといものの聞きやう」などのようにも用いられた。また、「たいへん・とても」という意味で、「けうとく見事なる品」などのようにいう用法も生じた。

けう・なり【希有なり・稀有なり】

めったになく珍しいようす
- ❶めったにないことである。珍しい。
- ❷不思議である。
- ❸意外である。驚くべきことだ。

未然形	連用形	終止形	連体形	已然形	命令形
けう・なら	けう・なり けう・に	けう・なり	けう・なる	けう・なれ	けう・なれ

形容動詞〔ナリ・ノ〕❶**めったにないことである。珍しい。**「いよいよ映えて、ものを繰り出だすやうに言ひ続くる程ぞ、まことに**希有なるや**。」〈大鏡・時平〉訳(世継が)ますます興に乗って、(次々と)糸を繰り出すように話し続けるようすは、本当に(世の中に)**めったにないことであるよ**。「おとなしき郎等進み来て、「**希有のことのさぶらひつるなり**。」と言ふ。」〈宇治拾遺〉訳年長の家来が進み出て、「**珍しいことがありましたものだ**。」と言う。○「希有の」は「けうなり」の語幹に格助詞「の」が付いた形で、形容動詞の語幹用法のひとつ。

❷**不思議である。**「いと怪しう**希有のこと**をなむ見たまへし。」〈源氏・手習〉訳「たいへん神秘的で**不思議な**出来事を見させていただいたのです。」

「君、いかなる功徳のあるぞ。たちまちに三十年の命を延べたり。これはなはだ**希有なり**。」〈今昔〉訳「あなたは、どのような善行があるのか。すぐさま三十年の寿命を延ばしている。これは非常に**不思議である**。」

❸(よい意味でも悪い意味でも)**意外である。驚くべきことだ。とんでもないことだ。たいしたものだ。**「ちりばかり騒ぎたる気色もなければ、「これは**希有の人**かな。」と思ひて…。」〈今昔〉訳(盗賊に襲われても、藤原保昌は)ほんの少しも動揺したようすもないので、(その盗賊は)「この人は(めったにない)**たいした人**だなあ。」と思って…。

○意外なことに対する驚きを、よい意味で用いている例。

「こは**希有の狼藉**かな。…優婆夷などの身にて、比丘を堀へ蹴入れさする、未曾有の悪行なり。」〈徒然草・106・高野証空上人〉訳「これは**とんでもない乱暴**だな。…(仏教徒としては最下位の)在家信者の女の身分で、(最上位の)僧(の乗るウマ)を堀へ蹴り落とさせるなど、いまだかつてない悪い行いである。」

○意外なことに対する驚きを、悪い意味で用いている例。

発展 **❶→❷❸への展開** 「希有」は仏典などに多く見られる漢語で、「まれにある・あることがまれだ」というのがもともとの意味。そこから❶の「めったにない・珍しい」という意味になり、珍しい物事は常識では考えられないということから、❷の「不思議である」、❸の「意外である」という意味が派生した。

関連語 希有がる・希有にして

けうに-して【希有にして】連語 かろうじて。やっとのことで。

けうにして助かりたるさまにて、はふはふ家に入りにけり。〈徒然草・89・奥山に、猫股と〉訳**やっとのことで**助かったというようすで、はうようにして家の中に入ってしまった。

けう-やう【孝養】名詞 動詞 他〔サ変〕(せ・し・す・する・すれ・せよ) ❶親に孝行を尽くすこと。親孝行。

孝養の心なき者も、子持ちてこそ、親の志は思ひ知るなれ。〈徒然草・142・心なしと見ゆる者も〉訳**親孝行**の気持ちのない者も、(自分に)子供ができて(初めて)、親の(子を思う)気持ちが分かるように思われる。

❷死んだ親や亡くなった親しい人の供養をすること。

「我いかにもなりなん後は、**堂塔をも建て、孝養をもすべからず**。」〈平家・6・入道死去〉訳「私がどのようにでもなる(=死ぬ)としたら(その)後は、仏堂や塔をも建ててはならないし、**供養**をもしてはいけない。」○「堂塔をも建つべからず、孝養をもすべからず」のように両方を禁止する言い方の上の方を省略したもの。★対偶否定法の構文のひとつ。

げう-よく【楽欲】名詞 動詞 自〔サ変〕(せ・し・す・する・すれ・せよ)《仏教語》願い望むこと。欲望。

楽欲するところ、ひとつには名なり。〈徒然草・242・とこしなへに〉訳(人間として)**願い望むところ**は、第一番目には名声である。

けうら・なり 形容動詞〔ナリ〕(なら・なり(に)・なり・なる・なれ・なれ) 清らかで美しい。

御髪のただうちやられたまへるほど、こちたくけうらにて…。〈源氏・御法〉訳(亡き紫の上の)お髪が、(整えられないまま)無造作に放っておかれておありになるようすは、ふさふさとしていて**清らかで美しくて**…。

発展「きよらなり」が変化したものだという説がある。

け-おさ・る【気圧さる】動詞 自〔ラ下二段〕(れ・れ・る・るる・るれ・れよ)

れよ〉相手の勢いに押される。圧倒される。

かざしの紅葉いたう散りすぎて、顔の匂ひに気おされたる心地すれば…。〈源氏・紅葉賀〉訳髪や冠にさす紅葉がほとんど散ってしまって、（源氏の）顔の輝きに圧倒されている感じがするので…。

発展「け」は接頭語。

けーおそろ・し【気恐ろし】形容詞〔シク〕〈しく・しく・し・しき・しけれ・○／しから・しかり・○・しかる・○・しかれ〉そら恐ろしい。薄気味悪い。

さすがにいみじく**気恐ろしければ**…。〈更級日記・後の頼み〉訳さすがになみみでなく**そら恐ろしい**ので…。

発展「け」は接頭語。

けーおと・る【気劣る】動詞 自〔ラ四段〕〈ら・り・る・る・れ・れ〉どことなく劣る。何となく劣る。

昨日見し御けはひには、**気劣りたれど**、見るに笑まるるさまは、立ちも並びぬべく見ゆ。〈源氏・野分〉訳昨日見た（紫の上の）ごようすには、**どことなく劣っている**けれども、見るとほほえまずにはいられない（玉鬘の）姿は、（紫の上と）張り合うこともできそうだと見える。

発展「け」は接頭語。

げーかう【下向・還向】―名詞 動詞 自〔サ変〕〈せ・し・す・する・すれ・せよ〉❶都から地方へ下ること。対上洛。

かの任国に**下向して**、国にありける間も…。〈今昔〉訳その（地方官として）任命された国に**都から下って**、（その）国にいた期間も…。

❷神社や寺院に参詣してから帰ること。

「まだ未に**下向しぬべし**。」〈枕草子・158・うらやましげなるもの〉訳「まだ未の刻（＝今の午後二時ごろ）にはきっと**参詣してから帰る**ことができそうだ。」

けが・す【穢す・汚す】動詞 他〔サ四段〕〈さ・し・す・す・せ・せ〉❶汚す。きたなくする。

拙く、浄き紙を**けがし**、口伝を謬り注す。〈日本霊異記〉訳稚拙なことに、清らかな紙を**汚し**、言い伝えを誤って書き記してある。

❷（名誉や神聖なものを）傷つける。

「ここにて対面したてまつらば、道場を**けがしはべるべし**。」〈徒然草・115・宿河原といふ所にて〉訳「ここで（あなたと）顔を合わせ（＝決闘の相手をし）申し上げたら、（念仏の）道場（の神聖さ）を**傷つける**に違いないでしょう。」

❸（分不相応な地位に就き、その地位を）はずかしめる。

「栖はすなはち、浄名居士の跡を**けがせり**といへども…。」〈方丈記・みずから心に問う〉訳「住まいはほかならぬ、浄名居士（＝インドの優れた仏弟子である維摩のこと）の方丈の石室（をまねて、そ）の名を**はずかしめて**いるけれども…。」

発展自分のことなどを謙遜していうときに使われることもある。特に、❸はほとんどその意味で使われる。

けーかつ【飢渇】名詞 動詞 自〔サ変〕〈せ・し・す・する・すれ・せよ〉飢えと渇きを覚えること。飲食物がなくなること。飢饉が起きること。発展「きかつ」「けかち」とも。

けがらひ【穢らひ・汚らひ】名詞 死や出産によるけがれ。また、服喪や物忌み。

けがら・ふ【穢らふ・汚らふ】動詞 自〔ハ四段〕〈は・ひ・ふ・ふ・へ・へ〉❶けがれる。けがれに触れる。

「かく**けがらひたれば**、とまるべきにもあらず。」〈蜻蛉日記〉訳「（私は）このように**けがれている**から、とどまることはできない。」

❷喪に服する。

帥中納言、左衛門督の御方にて皆**けがらひたまへり**。〈栄花〉訳帥中納言（＝藤原隆家）と、左衛門督（＝藤原兼隆）の所でみな**喪に服し**なさった。

❸亡くなる。死ぬ。

ある大徳の袈裟をひきかけたりしままに、やがて**けがらひにしかば**、ものの中よりいまだ見つけたる。〈蜻蛉日記〉訳ある高僧の袈裟をひっかけたままで、すぐに**亡くなってしまった**ので、（そのまま行方が分からなくなったその袈裟を）他の品物の中から今になって見つけ出した。

けが・る【穢る・汚る】動詞 自〔ラ下二段〕〈れ・れ・る・るる・るれ・れよ〉けがれる。（死・月経・出産などの）不浄なものに触れる。

「かぐや姫のこの世の濁りにも**けがれず**、はるかに思ひのぼれる契り高く…。」〈源氏・絵合〉訳「かぐや姫が地上の世界の濁りにも**けがれず**、この上なく志を高く持って天に上った宿縁は気高く…。」

けがれ【穢れ・汚れ】名詞❶忌み避けるべきもの。❷死・月経・出産などによる不浄。このようなことに関係のある者は神事や外出、人と会うことを避けてある期間「忌み」を行わなくてはならなかった。

けがれる（現）↓（古）**けがる**【穢る・汚る】

げーき【外記】名詞❶太政官の職名。対内記。❷（「外記庁」の略で）❶が執務した役所。

発展❶は、少納言の下にあって、詔勅や上奏文の下書きを作ったり、儀式を行った。大外記・少外記がある。❷は、内裏の建春門の外にあった。↓ビジュアルチェック⑮（757ページ）

げーぎょ【懸魚】名詞 屋根の破風の下、またはその左右に付ける魚の形をした飾り。

発展「げんぎょ」の「ん」を表記しない形。棟木や桁の端を隠すためのものがしだいに装飾的となり、種々の形が作られた。

［げぎょ］

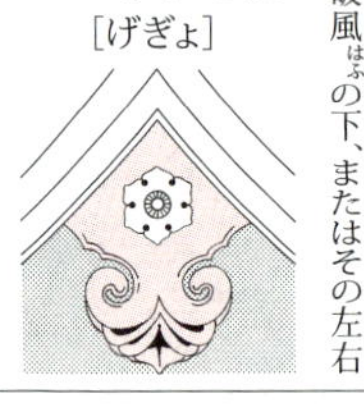

けーぎよ・し【気清し】形容詞〔ク〕〈く・く・し・き・けれ・○／から・かり・○・かる・○・かれ〉さっぱりしている。きっぱりしている。はっきりしている。

すべて夜昼心にかかりて覚ゆるもあるが、**けぎよう申し出でられぬ**はいかなるぞ。〈枕草子・23・清涼殿の丑寅の〉訳（中宮に歌の下の句を問われて）すべて夜も昼も念頭にあって自然と思い浮かぶ歌が、**はっきりと申し上げられない**のはどうしたことか。〇「けぎよう」は連用形「けぎよく」のウ音便。

発展「け」は接頭語。

げきーりょ【逆旅】名詞❶旅人を迎えること。また、その場所。旅館。宿屋。❷旅。旅行。

げきーりん【逆鱗】名詞 天子の怒り。発展竜があごの下にあるという鱗に触れられると怒って触れた人を殺すという故事より出たことば。

けーく【結句】副詞↓けっく⊟❷

げーくわん【下官】⊟名詞 下級の官職・官吏。また、その人。⊟代名詞 役人が自分をへりくだっていうことば。

けけ・し 形容詞〔シク〕〈しく・しく・し・しき・しけれ・○／しから・しかり・○・しかる・○・しかれ〉改まった態度だ。よそよそしい。無愛想だ。そっけない。

「その宮は、いとあてに**けけしうおはしますなるは**。」〈和泉式部日記〉訳「その宮様は、たいへん上品で**そっけなくていらっしゃる**とかいうことだね。」〇「けけしう」は連用形「けけしく」のウ音便。

けけれ 名詞《上代東国方言》こころ。

甲斐が嶺をさやにも見しがけけれなく横ほりふせる小夜の中山 歌〈古今集・東歌・1097〉訳↓かひがねを…

け-ご【家子】 名詞 妻子・弟子・使用人など、その家に属する人。発展「けこ」とも。

け-ご【笥子・笥籠】 名詞 飯を盛る器。

手づから飯匙取りて、笥子の器物に盛りけるを見て…。〈伊勢・23〉訳(女が)自らの手でしゃもじを取って、(飯を)**飯を盛る器**に盛ったのを(男が)見て…。

発展「けこ」とも。

げ-こ【下戸】 名詞 ❶律令制で、家の等級のひとつ。壮丁(=徴発に応じて出す青壮年男子)が三人以下の家。❷酒の飲めない人。対上戸

❸げ-こう(現)↓(歴)**げかう【下向・還向】**

げ-こく【下国】 一 名詞 律令制で、国の等級を大・上・中・下の四段階に分けたうちの最下位の国。伊賀・伊豆・飛驒など九国があった。

二 名詞 動詞 自〈サ変〉〈せ・し・す・する・すれ・せよ〉国司が都から地方の任国へ行くこと。

け-ごろも【毛衣】 名詞 鳥の羽毛。発展 人の衣服のように身を覆っていることから。

けさ【袈裟】 名詞 ❶《仏教語》僧が衣の上に左肩から右わきの下に掛けて着ける布。五条・七条・九条の三種類があり、各宗派・位によって種々の色のものがある。❷「*袈裟懸け」「*袈裟斬り」の略。発展 *梵語に漢字の音を当てはめたことば。

[けさ❶]

げ-ざ【下座】 名詞 ❶貴人に対する礼。座を下がって平伏すること。❷下手の席。末席。❸歌舞伎で、舞台に向かって左手の囃子方のいる所。また、囃子方。

け-さう【化粧・仮粧】― 名詞 動詞 自〈サ変〉〈ぜ・じ・ず・ずる・ずれ・ぜよ〉顔に紅やおしろいをつけて飾ること。化粧すること。また、着飾ること。

見れば、この女、いとよう**化粧じて**、うちながめて…。〈伊勢・23〉訳(うかがい)見ると、この女は、たいへん美しく**化粧して**、ぼんやり(外を)眺めて…。

け-さう【懸想】―

異性に思いを寄せること ―**恋い慕うこと。恋。色恋。**

未然形	連用形	終止形	連体形	已然形	命令形
けさう・ぜ	けさう・じ	けさう・ず	けさう・ずる	けさう・ずれ	けさう・ぜよ

名詞 動詞 他〈サ変〉**思いを寄せること。恋い慕うこと。恋。色恋。**

「私の**懸想**もいとよくし置きて…。」〈源氏・夕顔〉訳「(主人のあなたと夕顔との恋を手引きしながら)私自身の**恋**(=夕顔の女房との恋)もたいへん巧みにしておいて…。」

懸想じける女のもとに、ひじき藻といふ物をやるとて…。〈伊勢・3〉訳(男が)**思いを寄せて**いた女のもとに、ヒジキという物を贈ると言って…。

発展 **語の成り立ち**「けんさう(懸想)」の撥音を表記しない形かといわれるが、古くは「気装」「仮借」と書かれた例もあり、語源についてははっきりしない。なお、一般にサ変動詞の場合は「懸想ず」と濁るが、「懸想す」と清音であったとみる説もある。

げ-さう【外相】― 名詞《仏教語》ことばや動作など、外に現れるもの。うわべ。外見。

外相もし背かざれば、内證必ず熟す。〈徒然草・157・筆を執れば物書かれ〉訳**外に現れた姿**がもしも(道理に)背かないならば、内心の悟りは必ず成熟する。

けさう-だ・つ【懸想だつ】― 動詞 自〈タ四段〉〈た・ち・つ・つ・て・て〉恋しい気持ちが表面に現れる。色恋めく。

懸想だちてもあらず、白き色紙の厚肥えたるに、筆はひきつくろひ選りて、墨つき見どころありて書きたまふ。〈源氏・橋姫〉訳(宇治への手紙は)**色恋めい**ているようではなく、白い色紙の紙の厚ぼったいのに、筆はきれいに整え選んで、墨つきも見事にお書きなさる。

発展「だつ」は接尾語。

けさう-びと【懸想人】― 名詞 ある人に思いをかけている人。恋をしている人。また、求婚者。

懸想人はいかがせむ、それだに折をかしうなどある返り事せぬは、心劣りす。〈枕草子・25・すさまじきもの〉訳(相手からの手紙に返事をしないことについて)**恋をしている人**は(人目があるだろうから)どうしようか、いや、どうしようもないが、それでさえも季節が風情がありなどする(ときの)返事をしないのは、幻滅する。

けさう-ぶ【懸想ぶ】 動詞 自〈バ上二段〉〈び・び・ぶ・ぶる・ぶれ・びよ〉思いをかけているように振る舞う。恋心を抱いているように振る舞う。

わざと**懸想びて**はあらねど、ねんごろに気色ばみて聞こえたまふ。〈源氏・柏木〉訳(夕霧は落葉の宮に)ことさら**思いをかけているように振る舞う**というのではないが、親切で意味ありげに(母御息所に)申し上げなさる。

発展「ぶ」は接尾語。

けさ-がけ【袈裟懸け】 名詞 ❶袈裟を掛けるように、一方の肩から反対のわきの下へ、斜めに物を掛けること。❷↓けさぎり

けさ-ぎり【袈裟斬り】 名詞 刀で肩から斜めに切り下げること。

戯作 文芸用語 江戸時代後期の文学のうち、*滑稽本・*読本・*洒落本・*人情本・*草双紙などを合わせた呼び名。もとは、知識人が余技として狂詩・初期洒落本などの俗な文学を執筆することを自分で卑下したもので、和歌・漢詩文などの雅文学に対していう。

けざ-けざ 副詞(多く「けざけざと」の形で)くっきり。あざやか。

けざけざと物清げなるさましてゐたまへり。〈源氏・野分〉訳(玉鬘は)**くっきり**と清らかなようすをして座っていらっしゃる。

けざやか・なり 形容動詞〈ナリ〉〈なら・なり(に)・なり・なる・なれ・なれ〉はっきりとしている。際立っている。鮮明だ。

その削り跡は、いとけざやかにてはべめり。〈大鏡・道長上〉訳(小刀でつけた)その削り跡は、たいそう**はっきりとして**(今に残って)ございますようです。

け-ざや・ぐ 動詞 自〈ガ四段〉〈が・ぎ・ぐ・ぐ・げ・げ〉はっきりする。きっぱりと振る舞う。

「今ことさらに。」と、**うちけざやぎて参りぬ**。〈源氏・松風〉

訳（靫負の尉は）「そのうちに改めて。」と、**きっぱりと振る舞って**（源氏のもとに）参上した。
発展「け」は接頭語。

げ-ざん【見参】 名詞 動詞 自〈サ変〉〈せ・し・す・する・すれ・せよ〉「げんざん」の意味に同じ。発展「げんざん」の「ん」が表記されない形。

-け・し 接尾語（状態や性質を表すことばの要素に付いて）形容詞（ク活用）を作る。語例 清けし・遥けし
発展 接尾語「けし」が付いて作られた形容詞は、「清かなり」「遥かなり」のように形容動詞（ナリ活用）としても用いられる。

け-し【芥子・罌粟】 名詞 ❶《植物》ケシ科の二年草。陰暦五月ごろ開花する。季語 夏 ❷ケシの種。一説に、カラシナの種とも。❸きわめて細かく小さいもののたとえ。
発展 ❷は、護摩をたくときに用いる。

け・し【異し・怪し】 形容詞 ↓最重要語（477ページ）

げ-し【下司】 名詞 ❶身分の低い官人。❷平安末期から中世に在京の上司に代わって荘園の管理を担当した職。

げ-し【夏至】 名詞 二十四節気の一つ。北半球で昼が最も長い日。陰暦では五月の中ごろ、今の六月二十二日ごろ。季語 夏 対 冬至 ↓ビジュアルチェック⑲（881ページ）・⑳（958ページ）

けしう【異しう】 副詞 たいそう。たいへん。**けしう**つつましきことなれど…。〈蜻蛉日記〉訳 **たいへん**気が引けることであるが…。
発展 形容詞「けし」の連用形「けしく」のウ音便が、副詞になったもの。

け・し【異し・怪し】

異様でとてもなじめないようす

❶**普通ではない。道に外れている。**
❷**怪しい。変だ。**
❸**たいへん。ひどく。**◉連用形「けしく」のウ音便「けしう」の副詞的用法。下に打消の語を伴うことが多い。

形容詞〈シク〉	未然形	連用形	終止形	連体形	已然形	命令形
	け・しく	け・しく	け・し	け・しき	け・しけれ	○
	け・しから	け・しかり	○	け・しかる	○	け・しかれ

❶**普通ではない。道に外れている。不実だ。**あらたまの年の緒長く逢はざれど**けしき**心を我が思はなくに 歌〈万葉集・15・3775〉訳 年数の長く続くこと（として）長く逢っていないけれども、（他の人に思いを移したりする）**不実な**気持ちを私が思ったりしないからね。○「あらたまの」は「年」に係る枕詞。「年の緒」は、長く続く年月をひもにたとえたもの。

❷**怪しい。変だ。不確かだ。**「**けしう**、心置くべきこともおぼえぬを、なにによりてか、かからむ。」と…。〈伊勢・21〉訳「**変だ**、女が自分に気がねしなければならないことも思い当たらないのに、どうして、こうな（=家を出た）のだろう。」と…。○「けしう」は連用形「けしく」のウ音便。

❸（連用形「けしく」のウ音便「けしう」を副詞的に用い、多く、下に打消の語を伴って）**たいへん。非常に。ひどく。**「何事もいとかうなおぼし入れそ。さりとも**けしう**はおはせじ。」〈源氏・葵〉訳「何事も**ひどく**そのように思い詰めなさるな。（葵の上の病状は確かによくないが）いくらなんでも**ひどく**はおなりになりますまい。」

関連語 異しからず・異しうはあらず・怪しかる

けしう-は-あら-ず【異しうはあらず】

人の容姿・能力・気分、物事の釣り合いなどが異常でないようす

❶**悪くはない。劣ってはいない。**
❷**差し支えない。不自然でない。**

連語 ❶（人の容姿・性質・能力・病気・気分などが）**悪くはない。劣ってはいない。おかしくはない。**
昔、若き男、**けしうはあらぬ**女を思ひけり。〈伊勢・40〉訳 昔、若い男が、（容貌の）**悪くはない**女を愛したのだった。
○女の容姿を表している例。

「片手も**けしうはあらず**こそ見えつれ。舞のさま、手遣ひなむ、家の子は殊なる。」〈源氏・紅葉賀〉訳「（源氏の舞に比べて）相手方（=頭中将）も**劣ってはいない**（=すばらしい）と見えた。舞の型や、手さばきが、名門の子息は格別だ。」
○舞の能力を表している例。

心地**けしうはあらね**ば、例の見送りてながめ出だしたる程に…。〈蜻蛉日記〉訳 気分が**悪くない**ので、いつものように（帰る妹を）見送って物思いにふけりながらぼんやり外を眺めている間に…。
○気分を表している例。

❷**差し支えない。不自然でない。構わない。**
さばかり大きにおはする殿の御手に、「大きなる金椀かな。」と見ゆるは、**けしうはあらぬ**程なるべし。〈宇治拾遺〉訳 あれほど大きくていらっしゃる殿（=三条中納言）のお手だから、「大きな金属製の椀だなあ。」と見える椀は、**不自然でない**程度であるに違いない。
○物と物とのつりあいを表している例。

発展 ①**語の成り立ち** 形容詞「けし」の連用形（ウ音便）＋係助詞「は」＋ラ変補助動詞「あり」の未然形＋打消の助動詞「ず」。
②**「けしからず」と「けしうはあらず」** 普通ではない、怪しいなどの意味を表す形容詞「けし」に打消の助動詞「ず」が付いた「けしからず」は、「けし」を打ち消すのでなく、その意味をさらに強めた同義語となる。同様に、「けし」の打消表現「けしうはあらず」も、単に「けし」を打ち消すのでなく、「かなりのものだ・相当な程度だ」という積極的な肯定の意味を含んで用いられることが多い。
③**「けしうはあらず」のバリエーション** 「けしうはあらず」の「あらず」は、「おはせず」「はべらず」「さうらはず」などの敬語表現に代えて用いられる場合もある。また、「ず」の代わりに打消推量の助動詞「じ」を用いることもある。
④**「けしくはあらず」** 説話集ではウ音便に変化していない「けしくはあらず」の形でも用いられた。たとえば、❷に挙げた用例は『今昔物語集』に同じ話があり、そこでは「けしくはあらぬ程なるべし」と書かれている。

関連語 異し・異しからず

けしから-ず【異しからず・怪しからず】連語 ↓最重要語(478ペ)

けしかる【怪しかる】連体詞《中世以降》❶怪しい。異様な。

今は**けしかる**かきすゑ屋形舟に大幕ひかせ…。〈平家・2・大納言流罪〉訳今は**異様な**平舟に屋形を添え乗せただけの屋形舟に大幕を張りめぐらさせて…。

❷粗末な。つまらない。

けしかる紙をたづねて得させたり。〈平家・5・文覚被流〉訳(警護の者は流罪の文覚に)**粗末な**紙を探し出して与えた。

❸ちょっと変わっていておもしろい。悪くない。

「**これもけしかるわざかな。**」〈増鏡〉訳「これも**悪くな**いやり方だな。」

発展 形容詞「けし」の補助活用の連体形が連体詞になったもの。もともとの意味である❶から、❷❸の意味が派生した。

けし-き-あ・し【気色悪し】名詞 ↓最重要語(479ペ)

けしき-あ・し【気色悪し】連語 機嫌が悪い。

楫取り気色あしからず。〈土佐日記・一月十四日〉訳船頭は**機嫌が悪く**ない。

けしき-あ・り【気色有り】連語 ❶趣がある。おもしろい。一風変わった。

「式部が所にぞ、**気色あることはあらむ。少しづつ語りまうせ。**」〈源氏・帚木〉訳「藤式部の所には、**趣がある話もあるだろう。**少しずつお話し申し上げよ。」

❷怪しげだ。異様だ。

明けたつほどに「これは盗人の家なり。主の女、**気色あることをしてなむありける。**」など言ふ。〈更級日記・初瀬〉訳夜が明けるころ「この家は盗人の家だ。女主人が、**怪しげなことをしていた。**」などと言う。

けしき-おぼ・ゆ【気色覚ゆ】連語 ❶情趣が感じられる。

古き歌どものやうに、いかにぞや、ことばの外に、あはれに**気色覚ゆるはなし。**〈徒然草・14・和歌こそ〉訳(最近の歌は)古い歌などのように、どういうわけか、文字に表された意味以外に、しみじみと**情趣が感じられる**ものはない。

❷いやな感じがする。不気味に感じられる。

「今宵こそいとむつかしげなる夜なめれ。かく人がちなるだに、**気色覚ゆ。**」〈大鏡・道長上〉訳「今夜はひどく気味が悪そうな晩であるようだ。こんなに人が多いことだって、**不気味に感じられる。**」

けしき-だ・つ【気色だつ】

人の心の中や体のようすが外にはっきり表れる。また、降雨・開花などの自然現象が現れる
- [人間]
  - ❶顔色や態度に思いが表れる。思いをはっきり表す。
  - ❷(はた目を)意識したようすが見える。もったいぶる。気取る。
  - ❸懐妊・出産の兆しが見える。
- [自然]
  - ❹(自然の)現象が現れる。

未然形	連用形	終止形	連体形	已然形	命令形
けしきだ・た	けしきだ・ち	けしきだ・つ	けしきだ・つ	けしきだ・て	けしきだ・て

動詞 自〔タ四段〕❶**顔色や態度に思いが表れる。思いをはっきり表す。**

心恥づかしうおぼさるれば、**気色だちたまふこともなし。**〈源氏・明石〉訳(源氏は、紫の上を都に残したまま他の女性に恋するのは)気が引けることだとお思いにならないではいられないので、(明石の入道の娘への)**思いをはっきり表し**なさることはない。

❷(はた目を)**意識したようすが見える。気取る。もったいぶる。**

黄なる紙張りたる扇を差し隠して、**気色だち笑ふ程も、**

けしから-ず

【異しからず・怪しからず】

普通とは異なるようす
- ❶(普通とは違って)異様だ。怪しい。
- ❷(道徳や常識に照らして)不都合だ。無分別だ。道理から外れている。
- ❸(程度を超えて)並々でない。普通ではない。はなはだしい。ひどい。

連語 ❶(普通にある物事とは違うようすを表し)**異様だ。怪しい。奇怪だ。**

木霊など、**けしからぬ物**ども、所得て、やうやう形を現し、ものわびしきことのみ数知らぬに…。〈源氏・蓬生〉訳(末摘花の屋敷の内には)木の精霊など、**異様な**物の怪がいくつも、わが物顔をして、しだいに(その)姿を現し、もの寂しいことばかりがいくつあるのか知れないところに…。

❷(道徳や常識に照らして不適当なようすを表し)**不都合だ。無分別だ。道理から外れている。**

よき人のおはしますありさまなどのいとゆかしきこそ、けしからぬ心にや。〈枕草子・303・宮仕へする人々の〉訳高貴な方の過ごしていらっしゃるようすなどがひどく知りたいと思うのは、**無分別な**考えなのだろうか。

❸(通常の状態や程度を超えているようすを表し)**並々でない。普通ではない。はなはだしい。ひどい。**

ただ御本性の**けしからぬ**さまに見えさせたまへば、いと大事にぞ。〈大鏡・伊尹〉訳(花山院は)ただ生まれつきのご性質が**並々でない**ようにお見えになるので、まったく大変なことなのだ。

「**けしからぬ**泰親が今の泣きやうや。何事のあるべき。」〈平家・3・法印問答〉訳「**普通ではない**(安倍の)泰親の今の泣きようだなあ。どんな(大きな)事件が起こるはずだというのか。」

発展 ①**「けし」と「けしからず」は同じ意味**　形容詞「けし」の未然形に打消の助動詞「ず」が付いているが、意味は「けし」と同じである。「けし」がもともと否定的な意味合いで用いられるため、語感のうえから意味もなく「ず」が添加されたものとも、「けし」を打ち消すことで、「けし」どころではないとさらに強調したものともいわれる。

②**現代語とのつながり**　❶の異様である意味では、中世以降「けしかる」の形が多くなる。また、❷の意味は「けしからん」の形で現代語にも残っている。

関連語 異し・異しうはあらず・怪しかる

さすがにをかし。〈大鏡・序〉訳（世継が）黄色い紙の張ってある扇をかざして顔を隠して、気取って笑うようすも、やはり趣がある。

❸**懐妊・出産の兆しが見える。**この左京大夫殿の御上、気色だちて悩ましうおぼしたれば…。〈栄花〉訳この左京大夫殿（＝藤原道長）の奥方（＝倫子）は、**出産の兆しが見えて**気分も悪くお思いになっているので…。

❹（自然の）**現象が現れる。兆しが見える。ようすが見える。**（花が）**咲き出しそうである。**いつしかと気色だつ霞に、木の芽もうちけぶり…。〈源氏・初音〉訳いつの間にか（春の）**兆しが見える**霞で、木の芽もぼんやりかすんで…。垣根の草萌え出づるころより、やや春深くかすみわたりて、花もやうやう気色だつほどこそあれ、折しも雨風打ち続きて、心慌たたしく散り過ぎぬ。〈徒然草・19・折節の〉訳垣根の草が芽を出しはじめるころから、しだいに春が深まり一面に霞がかかって、サクラの花もようやく**咲き出しそうな**ころであるのに、ちょうどそのころ雨や風がずっと続いて、気ぜわしく散りはててしまう。

発展「だつ」は接尾語。

類語比較「けしきばむ」と「けしきだつ」↓気色ばむ

けしき-たまは・る【気色賜はる】— ご意向を伺う。お考えを伺う。「殿に御気色たまはるべき事ありてなむ参りたる。」〈落窪〉訳（中納言殿が）「殿（＝右大臣）に**ご意向を伺わ**なければならないことがあって参上した。」

発展「たまはる」は「受く」の謙譲語。

けしき-づ・く【気色づく】動詞自〔カ四段〕〈か・き・く・く・け・け〉❶ようすや気配が現れる。兆す。秋の気色づきて、都に二なくと尽くしたる家居には、なほあはれも興もまさりてぞ見ゆるや。〈源氏・夕霧〉訳秋の**気配が現れてきて**、都で二つとないほどに趣向を凝らした住まい（＝六条院）よりは、（小野は）さらに心にしみる情趣もおもしろい風情も勝っているように見えるよ。❷一風変わっている。ひとくせある。「いとおほどかに女しきものから、気色づきてぞおはするや。」〈源氏・野分〉訳「（秋好中宮は）とてもおっとりしていて女らしいけれども、**一風変わって**いらっしゃるよ。」

けしき-と・る【気色取る】動詞他〔ラ四段〕〈ら・り・る・る・れ・れ〉❶ようすを見て取る。察する。探る。その局の女の童は気色取りて…。〈宇治拾遺〉訳その局に仕える童女は（周囲の状況を）**察して**…。

❷機嫌を取る。顔色をうかがう。「時に従ふ世人の、下には鼻まじろきをしつつ、追従し、気色取りつつ従ふ程は…。」〈源氏・少女〉訳「時勢に従う世間の人が、内心では鼻先でふふんと冷笑しながら、（表面では）お世辞を言ったり、**機嫌を取ったり**して従

け-しき【気色】

視覚によってとらえられる自然や人間のようす

- [物事]
  - ❶（自然の）ようす。景色。趣。
  - ❷（物事の起こる）兆候。兆し。
  - ❸少し。ちょっと。◉多く「けしきばかり」の形で用いられる。
- [人間]
  - ❹（人の）ようす。表情。態度。
  - ❺機嫌。気分。心地。◉「悪し」「違ふ」などを伴う。
  - ❻考え。意向。

名詞❶（自然の）**ようす。ありさま。景色。趣。**正月一日は、まいて空の気色もうらうらと、珍しう霞みこめたるに…。〈枕草子・3・正月一日は〉訳正月一日は、（他のどの時候よりも）いっそう空の**ようす**ものどかで、新鮮な感じに霞が立ち込めているときに…。

❷（物事の起こる）**兆候。兆し。特に、妊娠・出産の兆し。**「まださるべき程にもあらず。」と、皆人もたゆみたまへるに、にはかに御気色ありて悩みたまへば…。〈源氏・葵〉訳「まだそうなるはずの時期（＝出産の時期）でもない。」と、どなたも油断していらっしゃるうちに、（葵の上は）急に**ご出産の兆し**があって苦しみなさるので…。

❸（多く「けしきばかり」の形で）**少し。ちょっと。**

歌 秋風は気色吹くだに悲しきにかき曇る日は言ふ方ぞなき〈和泉式部日記〉訳秋風は**少し**吹くだけでも悲しいのに、どんより曇った日（の気持ち）は（なんとも）言いようもないほど（悲しいこと）だ。

❹（人の）**ようす。表情。態度。**七月十五日の月に出でゐて、切にもの思へる気色なり。〈竹取・かぐや姫の昇天〉訳（かぐや姫は）七月十五日の（満月の）月（の光の差すところ）に（縁側に）出て座って、深く物思いに沈んでいる**ようす**である。

❺（「悪し」「違ふ」などを伴って）**機嫌。気分。心地。**疎ましく、憎くおぼしめして、日ごろの御気色もたがひ、昇進もしたまはざりけり。〈徒然草・128・雅房大納言〉訳（上皇は雅房大納言を）嫌で、憎いとお思いになって、普段のご**機嫌**も損じて、（そのため雅房は）昇進もなさらなかった。

❻**考え。意向。**宮、大将などは、殿の御気色、もて離れぬさまに伝へ聞きたまうて、いと懇ろに聞こえたまふ。〈源氏・胡蝶〉訳（蛍兵部卿の）宮や、（髭黒の）大将などは、殿（＝源氏）のご**意向**を、（自分たちを玉鬘から）遠ざけないようすだと人づてにお聞きになって、（自分たちの思いを玉鬘に）とても熱心に申し上げなさる。

発展 **①語の歴史** 漢語「気色」の*呉音読みで、中古には広く外見のようすをいうことばであった。中世以降、しだいに「キショク」と*漢音に読まれることが多くなるとともに、使用される意味が狭くなり、顔色・機嫌など人間の気持ちの表れたようすについていうようになった。

②現代語とのつながり 現代語の「けしき」は主に風景の意味だけであるが、これは呉音読みである「ケシキ」に、近世以降「景色」の字を当てて表記するようになり、「気色」とは別のことばのように意識されたことによる。

類語比較「けはひ」と「けしき」↓気はひ

関連語 気色

う間は…。」

❸意向を伺う。意向を確かめる。

さるべき人して気色取らせたまひけれど…。〈源氏・早蕨〉訳（夕霧は）しかるべき人（仲人）に頼んで（薫に六の君との結婚の）意向を確かめさせなさったけれど…。

発展「けしきどる」とも。

けしき-ばかり【気色ばかり】 連語 ほんのちょっと。ごくわずか。形だけ。

朝餉の、**気色ばかり触れさせたまひて**…。〈源氏・桐壺〉訳（桐壺の更衣を亡くした悲しみにより帝は）日常の食事を、**ほんのちょっと**箸をつけなさるだけで…。

けしき-ば・む【気色ばむ】

人の心の中や体のようすが外に見えてくる。また、開花などの兆しが見えてくる

［人間］
- ❶思いが顔色に出る。思いをほのめかす。
- ❷（はた目を）意識したようすが見える。気取る。もったいぶる。
- ❸怒りが顔色に出る。
- ❹懐妊・出産の兆しが見える。

［自然］
- ❺（開花などの）兆しが見える。◉多く存続の助動詞を伴う。

未然形	連用形	終止形	連体形	已然形	命令形
けしきば・ま	けしきば・み	けしきば・む	けしきば・む	けしきば・め	けしきば・め

動詞 自〔マ四段〕❶**思いが顔色に出る。心情を外に出す。**思いをほのめかす。

大臣**気色ばみ**きこえたまふことあれど、もののつつましき程にて、ともかくもあへしらひきこえたまはず。〈源氏・桐壺〉訳 左大臣が（源氏に娘をという）**思いをほのめかし**申し上げなさることはあるけれども、（源氏は）何かと恥ずかしい年ごろで、なんとも受け答え申し上げなさらない。

❷（はた目を）**意識したようすが見える。**気取る。もったいぶる。

気色ばみ、やさしがりて、「知らず。」とも言ひ、ものも言はでも往ぬる者は、いみじう憎し。〈枕草子・46・細殿に人〉訳（「だれだ。」と尋ねたのに）**気取ったり**、恥ずかしがったりして、「知らない。」とも言ったり、何も言わないで行ってしまったりする者は、非常に気に食わない。

「点長に走り書き、そこはかとなく**気色ばめる**は、うち見るにかどかどしく気色だちたれど…。」〈源氏・帚木〉訳「やたらに字の点や線を長く引いて走り書きをし、どことなく**気取っている**文字は、ちょっと見ると才気があり気持ちが表れているが…。」

❸**怒りが顔色に出る。不快感を表に出す。**

童は後ろに立ちてゆくを、供なる者ども**気色ばみて**…。〈今昔〉訳（見知らぬ）少年が（美しい女の）後方に立って（＝後をつけて）行くのを、（女の）供の者たちが**不快感を表に出して**…。

❹**懐妊・出産の兆しが見える。**

またも**気色ばみ**たまひて、五月ばかりにぞなりたまへれば…。〈源氏・若菜下〉訳（明石の女御は）さらにまた**懐妊の兆しが見え**ていらっしゃって、五か月ほどにおなりになっているので…。

❺（存続の助動詞を伴って）（開花などの）**兆しが見える。**咲き出しそうである。↓類語比較 けしきばむ②

朝ぼらけの霧りわたれるに、菊の**気色ばめる**枝に、濃き青鈍の紙なる文つけて…。〈源氏・葵〉訳（秋の）明け方で霧が一面にかかっているときに、キクの（開花の）**兆しが見え**ている枝に、濃い青鈍（＝藍色）の紙である手紙を付けて…。

発展「ばむ」は接尾語。

類語比較「けしきばむ」と「けしきだつ」

共通点＝①人の気持ちや体のようすなどが外にはっきり表れるという意味。②自然現象が現れる意味で使われることは少ない。③中古以降に用いられた。

けしきばむ＝①「気色だつ」よりやや古く、用例も多い。②下に完了（存続）の助動詞を伴う例が少なくない。これは「気色ばむ」の方が状態を表す性質の強いことばで、時間的な動作・作用を表す意味合いが弱いため、完了の助動詞を伴って完了・存続などの時間的な要素を添えたものと考えられる。後に「気色ばまし」という形容詞まで生じた点からも、形容詞的なことばであったことがうかがえる。

けしきだつ＝下に完了（存続）の助動詞を伴わない。

●けじめ（現）↓（歴）**けぢめ**

け-しゃう【顕證・顕証】しょう 名詞 形動 ↓けしょうなり

け-しゃう【化粧・仮粧】しょう 名詞 動詞 ↓けさう（化粧・仮粧）

け-しゃう【懸想】しょう 名詞 動詞 ↓けさう（懸想）

け-しゃう【化生】しょう 名詞 動詞 自〔サ変〕〈せ・し・す・する・すれ・せよ〉❶《仏教語》神仏が人間などに姿を変えてこの世に現れること。類 化身

三界に**化生して**、方便をめぐらして衆生を導く。〈古今著聞集〉訳 現世に**神仏が姿を変えて現れて**、（いろいろな）方法を工夫して人間たちを教え導く。

❷化けること。また、化け物。変化。妖怪。

鬼は**化生**の物なれば…。〈今鏡〉訳 鬼は**化け物**であるので…。

げ-しゃう【下生】しょう ━名詞《仏教語》極楽浄土の階級で、上品・中品・下品のそれぞれを、さらに上中下の三生に分けたときの下の位置。↓九品 ━名詞 動詞 自〔サ変〕〈せ・し・す・する・すれ・せよ〉神仏がこの世に姿を現すこと。

げ-じょう【下乗】 名詞 社寺の境内や城内に、車馬で入ることを禁じること。

け-しょう・なり【顕證なり・顕証なり】 形容動詞〔ナリ〕〈なら・なり（に）・なり・なる・なれ・なれ〉あらわだ。目立っている。際立っている。

「我は心に身をもまかせず、**けしょうなる**さまにもてなされたるありさまなれば…。」〈源氏・蜻蛉〉訳「私は思いどおりに振る舞えず、**あらわな**ようすで取り扱われる（＝何事につけても目立ってしまう）身分なので…。」

発展①「けんしょうなり」の「ん」を表記しない形。「しょう」の★直音表記は「けそう」、慣用表記は「けせう」で、すべて同じことば。
②「しょう」は「證」であって、「証」ではないが、「證」が常用漢字外なので、音の同じ「証」を用いることもある。

け-しん【化身】 名詞《仏教語》神仏が、衆生を救うため、姿を変えてこの世に現れること。また、そのもの。類 化生

け・す【化す】 ━動詞 自〔サ変〕〈せ・し・す・する・すれ・せよ〉形が変わる。別の姿になる。

怪しき鬼の化して、ありし形を見せつるにてぞあるべき。〈雨月・浅茅が宿〉訳（昨夜）怪しい物の怪が（妻の）姿になって、かつての容姿を見せたのであるに違いない。

二 動詞 他（サ変）〈せ・し・す・する・すれ・せよ〉教え導く。教化する。

寺にありてもろもろの人を化し…。〈今昔〉訳（僧は）寺にいて多くの人を**教化し**…。

け・す【消す】動詞 他（サ四段）〈さ・し・す・す・せ・せ〉消す。取り除く。見えなくする。類 消つ

今日よりや書き付け消さん笠の露 句〈奥の細道・山中・芭蕉〉訳 →けふよりや…

→古語チャート ❽（291ページ）

け・す【着す・著す】動詞 他（サ四段）〈さ・し・す・す・せ・せ〉《上代語》お召しになる。

また酒を以ちて御衣を腐し、全き御衣の如けしき。〈古事記・垂仁天皇〉訳 また酒でお召し物を腐らせ、（それを）完全なお召し物のように**お召しになった。**

発展「着る」の尊敬語。上一段動詞「着る」の未然形「き」に四段活用型の古い尊敬の助動詞「す」が付き、音が変化したことば。

げ-す【下司】名詞 →げし（下司）

げ-す【下種・下衆】

身分・階級が下の者 ─ ❶身分の低い者。／❷使用人。召し使い。

名詞 ❶**身分の低い者。**対 上衆

「いとあやしげなる**下衆の小家なむある。**」〈更級日記・初瀬〉訳（同行の人が）「（この辺りには）とてもみすぼらしいようすの**身分の低い者**の小さな家がある（ことだ）。」

❷**使用人。召し使い。**

げす-げす・し【下種下種し・下衆下衆し】形容詞（シク）〈しく・しく・し・しき・しけれ・○／しから・しかり・○・しかる・○・しかれ〉いかにも下品である。品がない。ひどく卑しい。

げすげすしき法師ばらなどあまた来て…。〈源氏・手習〉訳 **いかにも下品な**法師たちなどが（小野の尼君の住まいに）数多くやって来て…。

け-すさま・じ【気凄じ】形容詞（シク）〈じく・じく・じ・じき・じけれ・○／じから・じかり・○・じかる・○・じかれ〉おもしろみがなく興ざめだ。

「こと人のやうに歌うたひ興じなどもせず、**けすさまじ。**」〈枕草子・49・職の御曹司の〉訳「（藤原行成様は）他の方のように歌を詠んで興じるなどといったこともしないで、**おもしろみがない。**」

発展「け」は接頭語。

げずる（現）→（歴）**けづる**【削る】【梳る】

げす-をとこ【下種男・下衆男】名詞 身分の低い男性。また、下働きの男。下男。

げす-をんな【下種女・下衆女】名詞 身分の低い女性。下働きの女。下女。

若くよろしき男の、下衆女の名呼び馴れて言ひたるこそ、にくけれ。〈枕草子・57・若くよろしき男の〉訳 若く（身分も）悪くない男が、**下女**の名をなれなれしく呼んで言うのは、いやなものである。

け-せう・なり【顕證なり・顕証なり】形容動詞 →けしょうなり

けそう（現）→（歴）**けさう**【化粧・仮粧】【懸想】

け-そう・なり【顕證なり・顕証なり】形容動詞 →けしょうなり

け-そん【家損】名詞 家名の損害。家の恥。

けた【桁】名詞 家や橋などの外回りの柱の上に渡す横木。

け-だい【解怠】

「解」も「怠」も怠けること ─ 怠ること。怠けること。怠惰。

未然形	連用形	終止形	連体形	已然形	命令形
けだい・せ	けだい・し	けだい・す	けだい・する	けだい・すれ	けだい・せよ

名詞 動詞 自（サ変）**怠ること。怠けること。怠惰。**

解怠の心、自ら知らずといへども、師これを知る。この戒め、万事にわたるべし。〈徒然草・92・ある人、弓射ることを〉訳 **怠惰**の心というものは、自分では気がつかないといっても、師匠はこれ（＝弟子の怠け心）を知っている。この教えは、すべてのことに通じるはずだ。

一時の解怠、すなはち一生の解怠となる。〈徒然草・188・ある者、子を法師に〉訳 一時**怠けること**が、取りも直さず一生**怠けること**になるのだ。

発展 中世末期まで「けだい」。それ以降は、「けたい」「げたい」とも。

げ-だい【外題】名詞 ❶書籍の表紙に書かれた書名。❷歌舞伎・浄瑠璃の題名。発展 ❷は、主として上方でいう。

げ-だう【外道】名詞 ❶《仏教語》仏教以外の他の宗教・思想・学問。また、その信奉者。対 内教 ❷邪説。また、それを説く人。❸災厄をもたらすもの。悪神。悪魔。❹人をののしっていうことば。

け-たか・し【気高し】形容詞（ク）〈く・く・し・き・けれ・○／から・かり・○・かる・○・かれ〉高貴だ。気品がある。荘厳だ。

後目に見おこせたまへるまみ、いと恥づかしげに、気高ううつくしげなる御容貌なり。〈源氏・若紫〉訳（葵の上の）流し目にこちら（＝源氏）をご覧なさった目元は、たいへん気後れするほどで、**気品があり**美しい感じのお顔立ちである。○「けたかう」は連用形「けたかく」のウ音便。

発展 近世以降は「けだかし」とも。

けだし【蓋し】副詞 ❶（推量表現を伴って）おそらく。たぶん。

明日の日の布勢の浦廻の藤波にけだし来鳴かず散らしてむかも 歌〈万葉集・18・4043〉訳（ホトトギスは）明日の日の布勢の浦辺のフジの花に**おそらく**来て鳴かず、それを散らしてしまうだろうよ。

❷（仮定表現を伴って）もし。万一。

山守はけだしありとも我妹子が結ひけむ標を人解かめやも 歌〈万葉集・3・402〉訳 山守が**もし**いたとしても、あなたが結んだというしめなわを他の人が解くことがあろうか、解くことはないだろう。

❸（疑問表現を伴って）もしや。ひょっとしたら。

夜昼といふわき知らず我が恋ふる心はけだし夢に見えきや 歌〈万葉集・4・716〉訳 夜昼の別なく私が恋している心は、**ひょっとしたら**（あなたの）夢に見えましたか。

けだし-く【蓋しく】副詞 おそらく。もしかすると。

我妹子が形見の合歓木は花のみに咲きてけだしく実にならじかも 歌〈万葉集・8・1463〉訳 あなたの記念のネムの木は、花だけ咲いて**もしかすると**実にならないのではあるまいか。

けだしく-も【蓋しくも】副詞 ❶（疑問・推量表現を伴って）ひょっとしたら。おそらく。

けだしくも逢ふやと思ひて… 歌〈万葉集・2・194〉訳 **ひょっとしたら**（夫に）逢えもしようかと思って…。

が出るだろう。

❷(仮定表現を伴って)もしも。万一。**人目多み直に逢はずてけだしくも我が恋ひ死なば誰が名ならむも** 歌〈万葉集・12・3105〉訳 人目が多いのでじかに逢わずにいて、**もしも**私が恋い死んだらだれの名が出るだろう。

げ-だつ【解脱】 名詞 動詞 自〔サ変〕〈せ・し・す・する・すれ・せよ〉《仏教語》俗世間の煩悩から解放され、この世の苦悩を脱出して、悟りの境地に入ること。「**我すでに生死を離れて、解脱を得たり。**」〈今昔〉訳「私はもう生死(などに苦しむ迷いの世界)を離れて、**悟りの境地に入ること**ができた。」

けち【結】 名詞 ❶「★賭弓」で勝負を決めること。賭弓の試合。❷囲碁の終局で、まだ所有の決まらない目。類 闕

けち【闕】 名詞 ❶→けっくわん❶ ❷→けち(結)❷

げ-ぢ【下知】 ―じ 名詞 動詞 自〔サ変〕〈せ・し・す・する・すれ・せよ〉❶指図すること。命令。「**ひたひたと乗って駆けよ、者ども。」と下知せられける。**〈平家・11・勝浦〉訳(源義経は)「さっさと(ウマに)乗って走らせろ、者ども。」と**命令**なさった。❷(「下知状」の略で)鎌倉・室町時代に幕府の出した指令・命令の文書。判決文などとしても用いられた。**鎌倉殿御下知相添ひて下りければ…。**〈義経記〉訳(源義経追討の院宣に)鎌倉殿(=源頼朝)の**下知状**がいっしょに下ったので…。

けち-えん【結縁】 名詞《仏教語》写経や法会を営んで仏道に縁を結ぶこと。未来に成仏できるような因縁を結ぶこと。**うれしき結縁をもしつるかな。**〈徒然草・144・栂尾の上人〉訳 うれしくも**未来に成仏できるような因縁**を結んだものよ。

けち-えん・なり【掲焉なり】 形容動詞〔ナリ〕〈なら・なり(に)・なり・なる・なれ・なれ〉非常に際立っている。目立っている。著しい。**夜に入りては、なかなか、いま少しけちえんなる灯影に…。**〈源氏・少女〉訳 夜になると、かえって、(昼間よりも)いちだんと**目立っている**灯火に…。

発展「掲」はそば立つ・目立って高く立つ意味。

けちえん-はっかう【結縁八講】 ―はっこう ★結縁のために行う法華八講会。

け-ぢか・し【気近し】 形容詞〔ク〕〈く・く・し・き・けれ・○／から・かり・○・かる・○・かれ〉❶(物や人との間隔が)近い。間近だ。対 気遠し

気近き草木などは殊に見所なく…。〈源氏・夕顔〉訳 **間近の草や木などは特に**見栄えのする特徴もなく…。

❷親しみやすい。気楽だ。くつろいでいる。対 気遠し

「**古のかぐや姫も気近くめでたき方はかくしもやあらざりけむ。**」と…。〈とりかへばや〉訳「昔のかぐや姫も**親しみやすく**すばらしいことについてはこれほどではなかったであろうか。」と…。

発展「け」は接頭語。

けち-ぐゎん【結願】 ―がん 名詞 動詞 自〔サ変〕〈せ・し・す・する・すれ・せよ〉《仏教語》日数を決めて、仏に願を立てたときの、または法会を行ったときの、その最後の日。

けぢめ 名詞 ❶区別。差別。相違。差。**よきあしきけぢめあるを挑みつつ…。**〈源氏・若菜上〉訳(蹴鞠の)上手下手の**差**をそれぞれ張り合って…。

❷移り変わり。変動。**うち継ぎて、世の中の政など、殊に変はるけぢめもなかりけり。**〈源氏・若菜下〉訳(皇太子が帝位を)継いで、世の中の政治などには、特に**変動**もなかったのだった。

❸隔て。仕切り。**廂の中の御障子を放ちて、こなたかなた御几帳ばかりをけぢめにて…。**〈源氏・若菜下〉訳 廂の間のふすまを取りはずして、こちらとあちらとは御几帳だけを**仕切り**にして…。

け-ちゃく【家嫡】 名詞 本家の嫡子(=跡継ぎ)。

け・つ【消つ】

「消す」という意味で、中古の和文・和歌に用いられたことば
- ❶(火や雪などを)消す。なくす。
- ❷(あるのに)ないように見せる。隠す。
- ❸(価値を)損なう。
- ❹(他人の活動を)押さえつける。(他人を)圧倒する。

未然形	連用形	終止形	連体形	已然形	命令形
け・た	け・ち	け・つ	け・つ	け・て	け・て

動詞 他〔タ四段〕❶(火や雪などを)消す。**なくす。除く。**

出で立てる富士の高嶺は…燃ゆる火を雪もて消ち降る雪を火もて消ちつつ… 歌〈万葉集・3・319〉訳(空高く)飛び抜けて立っている富士の高い峰は…(噴火して)燃える火を雪で**消し**、降る雪を火で**消し**続け…。

❷(あるのに)**ないように見せる。隠す。** **事なく消ちたまへるも、ありがたくあはれにおぼさる。**〈源氏・若菜上〉訳(紫の上がつらさを)なんでもないふうに**隠して**いらっしゃるにつけても、(源氏はその態度が)珍しいほど立派でしみじみと胸を打つことだとお思いにならないではいられない。

❸(価値を)**損なう。** **挑みたまへる御方々の人などは、この母君のかくてさぶらひたまふを、瑕に言ひなしなどすれど、それに消たるべくもあらず。**〈源氏・藤裏葉〉訳(東宮の寵愛を得ようと、明石の姫君と)競争していらっしゃる方々の(お付きの)女房などは、この母君(=明石の君)がこうして(姫君に)お仕え申し上げなさることを、欠点として言い立てなどするけれども、それで(姫君の価値が)**損なわれる**はずもない。

❹(他人の活動を)**押さえつける。**(他人を)**圧倒する。見劣りさせる。** 「**容貌よき人は、人を消つこそ憎けれ。**」〈源氏・東屋〉訳「容貌の優れた人は、他人を**見劣りさせる**のが実に気に食わない。」

発展 **「消す」と「消つ」** 「消つ」「消す」は同じ意味で上代から共にあり、どちらが古いかは確定できない。中古の和文・和歌では「消つ」が用いられたが、中古後期の漢文訓読文には「消す」が用いられ、中世以降、「消す」の方が一般に用いられるようになった。

関連語 言ひ消つ・思ひ消つ

けっ-かい【結界】 名詞《仏教語》❶仏道修行の妨げにならないように、一定の区域を制限し、衣・食・住を制限すること。また、その区域。❷外道や女人などの立ち入りを禁じたり、神社や仏寺の内陣と外陣などを分けたりすること。また、そのための木の柵。

けっ-く【結句】 一 名詞 ❶(漢詩や和歌などの)起承転結の最後の句。❷物事の終わり。二 副詞 ❶結局。ついには。あげくの果てに。最後には。「**結句、名越殿討たれたまひぬと聞こえぬれば…。**」

〈太平記〉訳「結局、名越殿がお討たれになってしまったと(いう話が)耳に入ってきたので…。」

❷《近世語》むしろ。かえって。「今朝かりそめに家を出、山立ちし損ずるのみならず、結句傍輩と口論し…。」〈狂言記・文山賊〉訳「今朝軽はずみで家を捨てて、山賊をして失敗したばかりでなく、かえって仲間と口げんかをして…。」

発展 ㊁❷の用法としては、「けっく」の変化した「けく」の形でも用いられる。

げっくゎ-もん【月華門】― 名詞 内裏の門のひとつ。紫宸殿前の大庭の西側、安福殿と校書殿との間にあり、東側の日華門と対する。↓ビジュアルチエック⑯(759ページ)

けっ-くゎん【闕官・欠官】― 名詞 動詞 他 (サ変)〈せ・し・す・する・すれ・せよ〉❶現在任ぜられている者のいない官職。欠員になっている官職。闕。

❷(「解官」と混同して)官職をやめさせること。免官。「**罪科もっとものがれがたし。早く御札をけづって、闕官停任せらるべき。**」〈平家・1・殿上闇討〉訳「(平忠盛の犯した)罪は絶対に免れることはできない。早く(殿上の間にある彼の)名札をはずして、**官職をやめさせ任務を停止なさる**のがよい。」

げっ-けい【月卿】 名詞 公卿の別の呼び名。発展 天子を日に、公卿を月にたとえて言うことば。多く、「月卿、雲客(＝殿上人)」のように並べて用いる。

けっ-こう【結構】 名詞 動詞 他 (サ変)〈せ・し・す・する・すれ・せよ〉❶組み立てること。造り構えること。造営すること。「**いたづらに殿堂精藍を結構する**…。」〈正法眼蔵〉訳むだに仏殿や修行道場を**造営する**のは…。

❷計画。企て。準備。用意。支度。「**法皇の山攻めらるべきよし、御結構あるを**…。」〈平家・2・西光被斬〉訳「法皇が比叡山を攻めなさろうとする、ご**計画**があるのを…。」

けっこう-しゃ【結構者】 名詞 ↓けっこうじん

けっこう-じん【結構人】 名詞 ❶温厚で礼儀正しい人。❷お人よし。ばか正直。

けっこう-な【結構な】 形容動詞〔口語化〕❶優れている。立派だ。「**何が菓子と見えまして、結構な提げ重を持って参ります。**」〈狂言・茫々頭〉訳「なにしろ(中身は)果物と思われまして、**立派な**提げ重箱を持って参りました。」

❷気立てがよい。人がよい。「**これ、おさん、いかに若いとて二人の子の親、結構なばかりめではない。**」〈近松・心中天の網島〉訳「これ、おさんよ、どんなに若いからといっても二人の子供の親なのだから、**人がよいだけ**が誉れではない。」

❸手厚い。丁寧で行き届いている。「**下々にも結構に詞遣ひて**…。」〈傾城禁短気〉訳下々の者に対しても**丁寧に**ものを言って…。

けっ-こく【闕国】 名詞 国司がいない国。

けっ-さい【潔斎】 名詞 動詞 自 (サ変)〈せ・し・す・する・すれ・せよ〉神事や仏事を行う前に、沐浴などをして心身を清めること。「**いみじうけさいして、清まはりて、日の装束して、やがて神の御前にて書きたまふ。**」〈大鏡・実頼〉訳(藤原佐理は)念入りに**沐浴して**、(その結果)心身が清まって、*束帯を身に着けて、そのまま神のお前で(その神社の額を)お書きになる。

発展「けさい」とも。「斎」は物忌みの意味。

けつ-ぢゃう【決定】― ㊀ 名詞 疑いのないこと。決まっていること。**異説口多しといへども、死亡決定なり。**〈源平盛衰記〉訳多くの異なった話があるとはいっても、死亡(したの)は**疑いのないこと**だ。

㊁ 副詞 疑いなく。きっと。「**御方決定うち負けさうらひぬと覚えさうらふなれば**…。」〈太平記〉訳「味方は**きっと**戦い負けてしまいますと思われるものですから…。」

けっ-てき【闕腋】 名詞 ❶衣服の両わきを縫い付けずに開けておくこと。❷「*闕腋の袍」の略。類 脇(腋)明 対 縫腋

発展「けつえき」の変化したことば。

けってき-の-はう【闕腋の袍】― 両脇を縫い付けずに開け、動きやすいようにした*袍。武官や子供が*束帯の上に着た。平安中期以降は、四位以下の武官が行幸・節会などの儀式の際に用いた。対 縫腋の袍

けづり-ぐし【梳り櫛】― 名詞 髪をくしけずること。髪をとかすこと。また、その櫛。

けづり-ひ【削り氷】― 名詞 氷のかたまりを刃物で削ったもの。削った氷。季語 夏

けづ-る【削る】 動詞 他 (ラ四段)〈ら・り・る・る・れ・れ〉❶(刃物などで)薄くそぎ取る。❷取り除く。「**つひに御簡削られ、官も取られてはしたなければ**…。」〈源氏・須磨〉訳(右近の将監は)とうとう御簡(＝*殿上の間に出仕する者の名札)も**取り除かれ**、官職も召し上げられて世間体も悪い身の上であるので…。

けづ-る【梳る】 動詞 他 (ラ四段)〈ら・り・る・る・れ・れ〉(髪を)櫛でとかす。**髪だにも掻きはけづらず沓をだにはかず行けども**… 歌〈万葉集・9・1807〉訳(真間の手児奈は)髪さえも**櫛でとかさず**、沓をさえはかずに歩いて行くけれども…。〇「掻き」も櫛でとかすという意味を表す。「は」を間に入れて、強調している。

げ-てう【化鳥・怪鳥】― 名詞 鳥の形をした化け物。

げ-てん【外典】 名詞《仏教語》仏教の教典以外の書籍。主に儒教の書。外書。対 内典 発展「げでん」とも。

けと-ば【言葉】 名詞《上代東国方言》ことば。**父母が頭かきなで幸くあれて言ひしけとばぜ忘れかねつる** 歌〈万葉集・20・4346〉訳↓ちちはが…

け-どほ-し【気遠し】― 形容詞 (ク)〈く・く・し・き・けれ・○/から・かり・○・かる・○・かれ〉❶(時間・空間が)遠い感じだ。隔たっている。対 気近し「**過ぎにし方、いとど気遠くのみなむはべるを**…。」〈源氏・手習〉訳「過ぎてしまった昔のことは、ますますはるか(遠くに)**隔たっている**ばかりでございますが…。」

❷ひとけがない。寂しい。「**こなたかなた気遠く疎ましきに人声はせず**…。」〈源氏・夕顔〉訳(夕顔を伴った廃院は)どこにも**ひとけがなく**薄気味悪いうえに人声はしない…。

❸疎遠だ。よそよそしい。親近感がない。親しみが薄い。対 気近し **例は気遠き人々さへ**…。〈紫式部日記〉訳いつもは**親近感がない**人々まで…。

発展「け」は接頭語。

け-ど-る【気取る】 動詞 他 (ラ四段)〈ら・り・る・る・れ・れ〉(人の)魂を奪う。正気を奪う。

「いといたく若びたる人にて、物に気取られぬるなめり。」と、せむ方なき心地したまふ。〈源氏・夕顔〉訳「本当にひどく子供っぽく振る舞っている人だから、物の怪に魂を奪われてしまったのであるようだ。」と、(源氏は)どうしようもないお気持ちになる。

げ-な 助動詞〔特殊型〕〈○・げに・げな・げな・○・○〉接続 活用語の連体形に付く。❶(推定を表し)…ようだ。…らしい。「おればそなたにほれたげな。」〈醒睡笑〉訳「おれはおまえに心を奪われたらしい。」
❷(伝聞を表し)…だそうだ。…ということだ。「殺し手は文蔵、憎いげな。」〈近松・女殺油地獄〉訳「殺し手(を演ずる役者)は文蔵、いかにも憎らしいということだ。」
発展 接尾語「げ」に断定の助動詞「なり」の付いた「げなり」が変化したことば。中世末期から近世にかけて、会話文に多く用いられた。

け-ない【家内】 名詞 家の内部。家の中。また、家族。「家内の者ども興をさまし…。」〈西鶴・世間胸算用〉訳家の中の者たちがおもしろくなくなり…。

け-なが・し【日長し】 形容詞〔ク〕〈く・く・し・き・けれ・○／から・かり・○・かる・○・かれ〉《上代語》日数が重なる。日が多く経過する。幾日にもなる。「君が行き日長くなりぬ山尋ね迎へか行かむ待ちにか待たむ」歌〈万葉集・2・85〉訳→きみがゆき…

けなげ・なり【健気なり】 形容動詞〔ナリ〕〈なら・なり(に)・なり・なる・なれ・なれ〉❶勇ましい。勇猛だ。「彼奴はけなげなる者かな。」とぞ御覧じける。〈義経記〉訳「あいつは勇猛な者だなあ。」とご覧になった。
❷殊勝だ。「ことのほかけなげにさぶらふ間、実子のごとく養じたてて…。」〈曾我物語〉訳「(二人の子供たちは)案外殊勝でございますので、実の子供のように育て上げ…。」
発展「異なりげなり」の変化したもの。

-げ-なし 接尾語〔ク型〕(名詞や動詞の連用形などに付いて)…らしい感じがしない、という意味を表す。語例 親げなし・さりげなし 発展 接尾語「げ」＋形容詞「なし」。形容詞(ク活用)化する。

け-なつか・し【気懐かし】 形容詞〔シク〕〈しく・しく・し・しき・しけれ・○／しから・しかり・○・しかる・○・しかれ〉親しみやすく心引かれる。何となく心が引かれる。優しい素振りだ。発展「け」は接頭語。

け-・なり【異なり】 形容動詞〔ナリ〕〈なら・なり(に)・なり・なる・なれ・なれ〉❶普通とは違ったようすである。「妹が手を取石の池の波の間ゆ鳥が音けに鳴く秋過ぎぬらし」歌〈万葉集・10・2166〉訳取石の池の波間から鳥の声が普通と違ったようすで鳴いている。秋ももう過ぎてしまったらしい。○「妹が手を」は「取る」の枕詞なので、「取」の字の付く地名「取石」に係っている。
❷勝っている。優れている。格別だ。「行ひ馴れたる法師よりはけなり。」〈源氏・葵〉訳経を読み慣れている僧よりは(源氏の読経する姿の方が)優れている。

-げ-なり 接尾語(形容詞の語幹などに付いて)いかにも…のようである、…のように見える、という意味を表す。語例 清げなり・美しげなり・心細げなり・つれづれげなり 発展 形容動詞(ナリ活用)化する。

→古語チャート⑪(427ページ)

け-に【異に】

他の物事より特徴がより目立つようす ―いっそう。いよいよ。格段に。

副詞(「〜よりけに」の形で)いっそう。いよいよ。格段に。「夕されば蛍よりけに燃ゆれども光見ねばや人のつれなき」歌〈古今集・恋2・562〉訳夕方になると(私の思いは)ホタルよりいっそう(明るく)燃えるけれども、(その胸に秘められた)光を見ないから、あの人が(私に)冷ややかであるのか。
発展 語の歴史 形容動詞「けなり」の連用形が副詞になったもの。きまって格助詞「より」の下に用いられた。

識別 形容動詞「けなり」の連用形と、副詞「けに」の識別

品詞	見分け方	例文と訳
形容動詞「けなり」の連用形	「よりけに」の形であっても、下に★補助語が続く場合や、「けに」が述語になっている場合。	御心こそ鬼よりけにもおはすれ。〈源氏・夕霧〉訳お心は鬼にも勝っていらっしゃる。
副詞「けに」	述語ではない。「よりけに」の形が多い。	ありしよりけに言ひ交はして…。〈伊勢・21〉訳(この男女は)昔よりいっそう(固く愛を)誓い合って…。

げ-に【実に】 副詞 →最重要語(485ページ)

け-にく・し【気憎し】 形容詞〔ク〕〈く・く・し・き・けれ・○／から・かり・○・かる・○・かれ〉❶嫌な感じだ。小憎らしい。「気憎く心づきなき山伏どもなどもいと多く参る。」〈源氏・柏木〉訳嫌な感じの気に食わない山伏たちなども(柏木のいる致仕大臣邸に)たいそう数多く参上する。
❷無愛想だ。そっけない。「さやは気憎く仰せ言を映えなうもてなすべき。」〈枕草子・23・清涼殿の丑寅の〉訳「そのように(＝覚えていませんなどと)そっけなく(中宮の)おっしゃったことばを見栄えがしなく(無意味なものとして)取り扱ってよいものだろうか、いや、よくない。」
❸煙たい。気詰まりだ。「せうとの家なども、気憎きはさぞあらむ。」〈枕草子・179・宮仕へ人の里なども〉訳兄弟の家などでも、(互いに)煙たい間柄ではそうであろう。
発展「け」は接頭語。

げに-げに【実に実に】 副詞 なるほどなるほど。まったくほんとうに。「げにげに、いみじき好き者にものしたまひけるかな。」〈大鏡・時平〉訳「まったくほんとうに、(世継は)たいそうな好事家でいらっしゃったものだなあ。」
発展 副詞「げに」を重ねて強めたことば。

げに-げに・し【実に実にし】 形容詞〔シク〕〈しく・しく・し・しき・しけれ・○／しから・しかり・○・しかる・○・しかれ〉❶納得できる。道理にかなっている。そのとおりだ。「いとげにげにしくも覚えずして、庁官後ろざまへすべり行く。」〈宇治拾遺〉訳まったく道理にかなっているとも思えなくて、庁官は後ずさりで退出する。
❷いかにももっともらしい。まことしやかだ。「げにげにしく所々うちおぼめき、よく知らぬよしして…。」〈徒然草・73・世に語り伝ふること〉訳いかにももっとも

らしく所々をそらとぼけ、よく知らないふりをして…。

❸実直だ。生まじめだ。誠実味がある。

なほげにげにしく、よき人かなとぞおぼゆる。〈徒然草・37・朝夕隔てなく〉訳やはり**誠実味があり**、「よい人だなあ。」と思われる。

げに-は【実には】 連語 本当は。実は。本当に。

げにはこの世をはかなみ、必ず生死を出でんと思はんに…。〈徒然草・58・道心あらば〉訳**本当に**現世を頼りなく思い、必ず生死(の迷いの世界)を抜け出したいと思うようであるのに…。

げに-も【実にも】 副詞 もっともだ。

小督殿の「げにも。」とや思はれけん…。〈平家・6・小督〉訳小督殿も「**もっともだ**。」とお思いになったのであろうか…。

げにやげに…歌

げにやげに冬の夜ならぬ真木の戸も遅くあくるはわびしかりけり〈蜻蛉日記〉訳ほんとうにまあ、(冬の夜がなかなか明けなくてつらい)とあなたが言うのももっともだが、外で待つ私には)冬の夜ではないマキの戸でも遅く開く(=なかなか開けてもらえない)のは切ないものだよ。○「げにやげに」は、副詞「実にや」を強めたことば。

発展 なかなか門を開けない妻(=道綱の母)の歌(↓なげきつつ…)への夫・藤原兼家からの返歌。

け-にん【家人】 名詞 貴族・武家に代々仕える者。家来。特に、将軍家と主従関係にある家臣。↓御家人

げ-にん【下人】 名詞 身分の低い者。使用人。奉公人。

け-ぬ【消ぬ】 消えてしまう。

夕置きて朝は消ぬる白露の消ぬべき恋も我はするかも 歌〈万葉集・12・3039〉訳夕方置いて朝(に)は**消えてしまう**白露(のように)、**消えてしまい**そうな恋も私はすることだ。

発展 下二段動詞「きゆ(消ゆ)」の連用形「きえ」の変化したもの＋完了の助動詞「ぬ」。↓消

け-のこ-る【消残る】 動詞 自 ラ四段〈ら・り・る・る・れ・れ〉消えずに残る。

この雪の消残る時にいざ行かな山橘の実の照るも見む 歌〈万葉集・19・4226〉訳この雪が**消えずに残る**うちにさあ行こう。ヤマタチバナ(=ヤブコウジの別名)の実の輝くようすをも見よう。

げ-に【実に】

現実だと認めたり肯定したりするようす

❶(ある事態を現実だと認めて)**現に。本当に。**
❷(他人のことばや前述の内容を肯定して)**なるほど。いかにも。**
❸(程度を強調して)**まったく。実に。**

副詞 ❶(ある事態を現実だと認めて)**現に。本当に。現実に。実際に。**

藤壺と聞こゆ。げに、御容貌、ありさま、あやしきまでぞ覚えたまへる。〈源氏・桐壺〉訳(入内なさった宮は)藤壺と申し上げる。(話には聞いていたが)**現実に**、お顔立ちや、お姿が、不思議なまでに(亡き桐壺の更衣に)似ていらっしゃる。

げに、いといたくやせやせに、青みて…。〈源氏・若菜下〉訳(周囲から病気と聞いていたとおり、柏木は)**本当に**、たいへんひどくやせにやせて、(顔色が)青ざめて…。

❷(他人のことばや前述の内容を肯定して)**なるほど。いかにも。本当に。**

あはれなることなど、人の言ひ出でて、打ち泣きなどするに、げにいとあはれなり、など聞きながら、涙のつと出で来ぬ、いとはしたなし。〈枕草子・127・はしたなきもの〉訳しみじみと心打たれることなどを、人が口に出し、泣いたりなどするときに、**なるほど**とても気の毒だ、などと聞くものの、涙が急に出てこないのは、ひどくきまりが悪い。○「げに」は、ある人の話に対して賛同する意を表している。

「**灌仏のころ、祭りのころ、若葉の梢涼しげに茂りゆくほどこそ、世のあはれも人の恋しさも増され。」と人の仰せられしこそ、げにさるものなれ。**〈徒然草・19・折節の〉訳「★灌仏会のころ、★賀茂の祭りのころ、若葉の梢が(いかにも)涼しそうに茂っていく時期こそは、世の中のしみじみとした趣も人の恋しさも増すものだ。」と(ある)人がおっしゃったのは、**いかにも**そのとおりである。

❸(程度を強調して)**まったく。実に。本当に**

さるまじき人のもとに、あまりかしこまりたるも、げに悪きことなり。〈枕草子・262・文ことばなめき人こそ〉訳そうする必要がない人の所に、(手紙文として)あまりにも恐縮し(て書い)ているのも、**実に**感心しないことである。

「**今まで留まりはべるがいと憂きを…いと恥づかしうなむ。」とて、げにえ堪ふまじく泣いたまふ。**〈源氏・桐壺〉訳「今まで生き残っておりますのがひどく嫌なのに…(帝からの使者を迎えるのは)たいへん恥ずかしくて。」と言って、(桐壺の更衣の母は)**まったく**我慢できそうになくお泣きになる。

発展 **語の成り立ち** 『今昔物語集』などに「現に」とあるところから、漢語「現」に格助詞「に」が付いて変化したことばと考えられている。こうした「一字漢語＋に」という構成による副詞には、ほかに「切に」「別に」などがある。

発展「きえのこる」が変化したことば。

け-のぼ-る【気上る】↓けあがる

げ-ば【下馬】 名詞 動詞 自 サ変〈せ・し・す・する・すれ・せよ〉ウマから降りること。特に、貴人・寺社などに敬意を表するためにウマから降りること。類下乗

けはい(現)↓(歴)**けはひ【気はひ・化粧・仮粧】**最重要語(486ページ)

けは・し【険し】 形容詞 シク〈しく・しく・し・しき・しけれ・○／しから・しかり・○・しかる・○・しかれ〉❶傾斜が急だ。険しい。

その道険しく堪へがたきこと限りなし。〈今昔〉訳その道は**険しく**てつらいことといったらこの上ない。

❷激しい。荒々しい。勢いが強い。手ごわい。危険だ。

川風険しく吹き上げつつ、堪へがたくおぼえけり。〈更級日記・富士川〉訳(天竜川の)川風が**激しく**吹き上げてきて、(その寒さは)我慢できなく思われた。

❸慌ただしい。性急だ。

女険しく走り来て「姪御様、ただいま安々と御平産あそばしました。お知らせ申します。」と言ふ。〈西鶴・世間胸算用〉訳女が**慌ただしく**走って来て「姪御様が、たった今やすやすと安産なさいました。お知らせ申し上げます。」と言う。

↓**古語チャート**❹(103ページ)

け-はひ【気はひ・化粧・仮粧】名詞 ↓**最重要語**（486ページ）

け-はれ【褻晴れ】名詞 平常のときと公式のとき。公私。発展「褻」と「晴れ」の意味。

けびゐ-し【検非違使】— 名詞 令外の官のひとつ。平安初期に設置され、京都の治安維持のため、罪人の検挙や風俗の粛正に当たった官職。
発展「けんびゐし」の「ん」を表記しない形。「けんぴゐし」「げんびゐし」とも。後には、訴訟・裁判も担当し、権限を強めた。平安後期以降は、諸国や伊勢神宮などの神社にも置かれた。

けびゐし-ちゃう【検非違使庁】— 名詞 ★左衛門府に置かれた★検非違使の役所。使庁。

けびゐし-の-べったう【検非違使の別当】名詞 検非違使庁の長官。類 別当 発展 原則として「参議」以上の人が任じられ、衛門督または兵衛督の兼任とされた。

け-はひ【気はひ・化粧・仮粧】—わい

一【気はひ】— 聴覚によってとらえられる周囲の雰囲気やようす
- ❶**声。物音。ようす。雰囲気。**
- ❷**態度。物腰。品格。人柄。**
- ❸**面影。名残。**
- ❹**血縁。ゆかり。**

二【化粧・仮粧】— **化粧。装い。**

名詞 一【気はひ】❶**声。物音。におい。また、**（それから感じられる）**素振り。ようす。雰囲気。**「げに雨降る**気はひ**しつるぞかし。」〈枕草子・278・関白殿二月二十一日に〉訳「なるほど雨の降る**物音**がしていたね。」○はっきり雨の降る音を聞いたというより、かすかに聞こえた程度であることを「気はひ」で表している。

秋の気はひ入り立つままに、土御門殿のありさま、言はむ方なくをかし。〈紫式部日記〉訳 秋の**雰囲気**が深まるにつれて、土御門殿（=藤原道長邸）のたたずまいは、言いようもなくすばらしい。

❷**態度。物腰。また、**（それから感じられる）**品格。人柄。**
おとなしく静やかなる気はひにて、ものなど言ふ、口惜しからざなり。〈更級日記・春秋の定め〉訳（昇殿を許されている身分の人が）落ち着いたもの静かな**物腰**で、話などしているのは、残念なことではない（=期待どおりにすばらしい）。
大方の気色、人の気はひも、けざやかに気高く、乱れたるところ交じらず…。〈源氏・帚木〉訳（左大臣邸内の）辺り一帯のようすや、人（=葵の上）の**人柄**も、際立っていて気品があり、（少しも）乱れたところが交じっていなくて…。○「気色」が目に見える辺りのようすを表すのに対し、「気はひ」は人の言動や態度から感じ取られた雰囲気を表す、という違いがはっきり分かる例。↓類語比較

❸（亡き人の）**面影。名残。**
夢の心地もせず、御気はひ留まれる心地して…。〈源氏・明石〉訳（源氏は）夢のような気分でもなく、（亡き父桐壺の帝の）**面影**が（そのまま）残っている気がして…。

❹**血縁。ゆかり。**
「六条院の御**気はひ**近うと思ひなすが心殊になるにやあらむ。」〈源氏・竹河〉訳「（薫を）六条院（=源氏）とご**血縁**の近い（方だ）と思って見ることで特別に思われるのではなかろうか。」

二【化粧・仮粧】（雰囲気を作る意味から）**化粧。装い。**
「**ことに女はけはひといふて、顔におしろいを塗り、紅といふものを塗り**…。」〈狂言・鏡男〉訳「特に女は**化粧**といって、顔におしろいを塗り、紅というものを塗って…。」

発展 ①**語の成り立ち**「け（気）」に接尾語「はひ」が付いたことばといわれ、それとなく感じられる、ある物事の感じや雰囲気を表す。❹は、血縁のある人同士は、その物腰や面影が似ていることから派生した意味と考えられる。
②**現代語とのつながり** 現代語で「気配」と書くのは近世以後の当て字であり、「配」の字の読みに引かれて「ケハイ」とも発音するが、古語では「ケワイ」と読む。

類語比較「**けはひ**」と「**けしき**」
共通点=物事のようすや雰囲気を表す。
けはひ=①主に聴覚、また、においや温度などにより、それとなく感じられる周囲の雰囲気やようすを表すのがもともとの意味である。②「聞く」という動詞を伴う場合が多い。
けしき=①もともと、視覚によってとらえられる物事や人間のありさまをいう。②「見る」「見す」という動詞を伴う場合が多い。

けふ【今日】名詞 今のこの日。本日。

げふ【業】名詞 ❶職業。仕事。❷常のこと。勤め。❸学問・技芸。

けふ-あす【今日明日】— ❶今日と明日。❷（その時が近づき）今日か明日かに。近いうち。「おのがかく**今日明日に覚ゆる命をば、何とも思したらで**…。」〈源氏・若紫〉訳「私のこのように**今日か明日か**に思われる命を、（あなたは）何ともお思いにならないで…。」

けふ-けふ-と【今日今日と】— 一 今日か今日かと。今日こそ今日こそと。**今日今日と我が待つ君は石川のかひに交じりてありといはずやも**…歌〈万葉集・2・224〉訳**今日こそ今日こそと**私が待っているあなたは、石川の山と山の間に入ってしまっているというではないか…。
二 枕詞（今日こそと思っていながら明日になるという意味的なつながりから）地名「飛鳥」に係る。

けふ-さん【夾算・夾竿】— 名詞 書物や巻物などに挟む道具。木または竹製で、幅一・五センチ、長さ九センチほどのもの。類 枝折り・栞

［けふさん］

けふ-じ【夾侍・脇士・脇侍】— 名詞《仏教語》仏を助けて衆生を導く大士（=菩薩の別名）の意味で、本尊の両脇に立つ仏像。発展 薬師如来の日光菩薩と月光菩薩など。「脇侍」とも。

けふ-そく【脇息】— 名詞 座ったとき、前や横に置いてひじを乗せ、体を休める道具。ひじ掛け。類 几

［けふそく］

けぶ-た-し【煙たし・烟たし】形容詞【ク】〈く・く・し・き・けれ・○／から・かり・○・かる・○・かれ〉❶煙で息が苦しい。けむたい。「**空薫き物いとけぶたうくゆ**

りて…。〈源氏・花宴〉訳どこからともなくにおってくる香がほんとうに**けむたくくすぶって**…。○「けぶたう」は連用形「けぶたく」のウ音便。
❷気詰まりだ。窮屈だ。
「**いと苦しき判者にも当たりてはべるかな。いとけぶたしや。**」〈源氏・梅枝〉訳「ひどくつらい（薫き物の）判定役に当たったものだ。ほんとうに**気詰まりであるよ**。」

発展「煙いたし」の変化したことば。

けふ-の-あした【今日の朝】― 今朝。

けふよりや…句
今日よりや書き付け消さん笠の露〈奥の細道・山中・松尾芭蕉〉訳今日からは、笠に書き付けてきた「同行二人」の文字を消そう。その笠に置いた露で。○季語露―秋。「書き付け」は、巡礼者が笠に書く「乾坤無住同行二人」の文字。「同行二人」は、本来「仏と自分と一体となって旅をする」という意味だが、ここではそれを、同伴の曾良との別れに用いている。「露」は、別れを惜しむ芭蕉の涙も暗示している。
発展このとき、曾良は腹痛がひどく、伊勢の親戚を訪ねるため芭蕉と別れた。別れに際し、曾良は「行き行きてたふれ伏すとも萩の原」（訳↓ゆきゆきて…）の句を詠んだ。

けぶり【煙・烟】名詞❶物が燃えるときなどに生じる、目に見える気体。煙。
❷煙のようにたなびき、立ちのぼるもの。霞・塵・もやなど。
霜いと白う置ける朝、遣り水より煙の立つこそをかしけれ。〈徒然草・19・折節の〉訳霜がたいへん白く降りている朝、★遣り水から**もや**が立ち上っているのは趣があるものだ。
❸火葬の煙。転じて、火葬。死ぬこと。
「**同じ煙に昇りなむ。**」と、泣き焦がれたまひて…。〈源氏・桐壺〉訳（桐壺の更衣の母は、娘の火葬の煙と）「同じ**火葬の煙**となって空へ昇ってしまいたい。」と、泣いてお慕いになって…。
❹飯を炊くかまどの煙。転じて、暮らし。
煙絶えて、あはれにいみじきこと多かり。〈源氏・蓬生〉訳（末摘花の邸では）**かまどの煙**もとだえて（＝生活が苦しくなって）、かわいそうで気の毒なことが多い。
❺燃え上がるような苦しみ。地獄の責め苦。
いかなる煙の中に惑ひたまふらむ…。〈源氏・鈴虫〉訳（母六条御息所は）どんな**地獄の責め苦**の中にさすらっていらっしゃるのだろう…。
❻草木の新芽が萌え出て煙のようにかすんで見えるもの。
発展「けむり」の古い形。

けぶり-の-なみ【煙の波】❶遠くに煙のようにかすんで見える波。❷波のように幾層にもたなびく煙や霧。

けぶ・る【煙る・烟る】動詞自〈ラ四段〉〈ら・り・る・る・れ・れ〉
❶煙が立つ。（煙や霞のため景色などが）かすんで見える。
はるかに霞みわたりて、四方の梢そこはかとなうけぶりわたれる程…。〈源氏・若紫〉訳遠くまで一面に霞がかかって、周囲一帯の木々の梢がどこということもなく一面に**かすんで見える**辺りを…。
❷（若葉が）萌え出る。芽ぶく。
木立いたうけぶりて、花は時を忘れぬ気色なるを眺めつつ…。〈源氏・柏木〉訳木立（の若葉）がひどく**萌え出て**、花は時を忘れない（ような）景色をぼんやりと眺めながら…。
❸ほんのりと美しく見える。
眉のわたりうちけぶり、いはけなくかいやりたる額つき、髪ざし、いみじううつくし。〈源氏・若紫〉訳（少女は）眉のあたりが**ほんのりと美しく見え**、あどけなくかき上げた額のようすや、髪の生え具合が、非常にかわいらしい。
❹火葬にされて煙となる。
むかひ居て見るにも悲しけぶりにし人を思ひの灰によそへて 歌〈夫木抄〉訳向かって座って見るにつけても悲しい。**火葬にされて煙となって**しまった人を恋しく思う火の灰になぞらえて。

げ-ぼん【下品】名詞❶《仏教語》極楽浄土の階級を示す★九品のうち、下位にある下品上生・下品中生・下品下生の総称。対上品・中品
❷下等。下級。

けま-く《上代語》…たということ。…ただろうこと。

朝夕に笑みみ笑まずもうち嘆き語りけまくは…歌〈万葉集・18・4106〉訳朝に夕に、笑顔を交わしたり笑顔を見せなかったりして、嘆いて語っ**ただろうこと**には…。

発展過去推量の助動詞「けむ」の古い未然形「けま」＋接尾語「く」。

関連語く

け-まり【蹴鞠】名詞貴族の屋外での遊びのひとつ。シカのなめし革で作った鞠を、足の甲を使って複数の人の間で落とさないように蹴り合う遊戯。発展「しうきく」とも。
↓絵で見る古典生活史⑭（487ページ）

け-まん【花鬘・華鬘】名詞《仏教語》❶古代インドの装身具。仏や天人などが着けている、生花などで作った頭や首の飾り。❷仏堂内陣の装飾品。❶が常備の仏具となっ

絵で見る古典生活史⑭

王朝のサッカー

朝廷や貴族の男子の遊びとして代表的なのは「★蹴鞠」です。古くは大化の改新を行った中大兄皇子に中臣鎌足が出会ったのは、「法興寺の槻の樹の下」に鞠を蹴る仲間としてだったという逸話が『★日本書紀』にありますが、平安末期が最盛期で、後に勝負を競うものから作法中心になりました。

蹴鞠をする場所は、鞠壺や懸かりと呼ばれ、東北の隅には桜が植えられていました。

『★枕草子』には、「さまあしけれど、鞠もをかし。」とあります。蹴った鞠の軌跡や蹴る姿の優雅さも競われたなかで、不慣れな人の姿はあまりよくなかったのでしょう。

『★源氏物語』「若菜上」の巻には、蹴鞠のうまさでは★柏木が「かりそめに立ち交じりたまへる足元に、並ぶ人なかりけり。（訳↓かりそめなり❷）」と書かれています。六条院で行われた蹴鞠の際、柏木は★女三の宮の姿を見、これが熱烈な恋に発展していきます。

（絵…蹴鞠に興ずる公卿たち〈年中行事絵巻〉より）

たもの。発展❷は、うちわ形の金・銅・革などに、花鳥・天女などを透かし彫りにして欄間(らんま)などに掛けた。

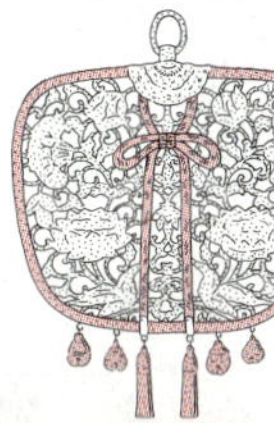
［けまん❷］

けみ・す【検す・閲す】 動詞 他 〔サ変〕〈せ・し・す・する・すれ・せよ〉見る。調べる。**疑ひなき千歳(ちとせ)の記念(かたみ)、今、眼前に古人の心をけみす。**〈奥の細道・壺(つぼ)の碑(いしぶみ)〉訳（壺の碑だけは）まぎれもない千年の昔のようすを伝える手がかりとなるもので、今、目の前に昔の人の心を**見る**（思いがする）。

け-みゃう【仮名(けみやう)】 名詞 呼び名。通称。俗称。対実名(じつみやう)

けむ↓基本助動詞20（488ページ）

け-むつか・し【気難し】 形容詞〔シク〕〈しく・しく・し・しき・しけれ・○／しから・しかり・○・しかる・○・しかれ〉薄気味悪い。なんとなく恐ろしい。**人もなき旧(ふる)き堂なれば、けむつかしきほどに…。**〈今昔〉訳 人気もない古びた堂なので、**薄気味悪い**ようすなので…。

発展「け」は接頭語。

けめ 助動詞**けむ**の已然形。↓**基本助動詞20**（488ページ）

け-も-な・し【気も無し】 連語 ❶見るかげもない。みすぼらしい。**尻切れの尻のやれたるはきて、気もなく青みやせて…。**〈宇津保(うつほ)〉訳 後ろ半分のない短いわらぞうりの破れたものを履いて、**みすぼらしく**青ざめてやせて…。❷それらしい気配がない。また、たわいもない。**気もないことを、「お腹(なか)にお子さまが宿りたまふ。」**など言ひて喜んで…。〈西鶴・好色一代女(こうしょくいちだいおんな)〉訳 **それらしい気配がない**のに、「おなかにお子様がおできになっている。」などと言って喜んで…。

げ-もん【解文】 名詞 ❶公文書。上申書。❷推薦状。
発展「げぶみ」とも。

けやけ・し【尤けし】

基本助動詞20　けむ

過去に行われた事柄や、その原因・理由などを推し量る

❶（過去の事柄についての推量を表し）…**ただろう**。…**たのであろう**。
❷（過去の事柄についての原因・理由などの推量を表し）（どうして）…**たのだろう**。…**だったからだろう**。◉多く「疑問語～けむ」の形をとる。
❸（過去の事柄についての伝聞・婉曲(えんきょく)を表し）…**たとかいう**。…**たような**。◉連体形で用いられる。

未然形	連用形	終止形	連体形	已然形	命令形
○	○	けむ（けん）	けむ（けん）	けめ	○

助動詞〔四段型〕
接続 活用語の連用形に付く。

❶（過去の事柄についての推量を表し）…**ただろう**。…**たのであろう**。

世の人もことのほかに申しけめども、その御末こそ、今に栄えおはしますめれ。〈大鏡・良房(よしふさ)〉訳（昔、兄の藤原長良(ながら)が弟の良房に官位を越されたということがあり）世間の人も格別に（気の毒だと）申し上げ**ただろう**けれども、その（長良の）ご子孫は、今になって栄えていらっしゃるようだ。

❷（多く「疑問語～けむ」の形で、過去の事柄についての原因・理由などの推量を表し）（どうして）…**たのだろう**。…**だったからだろう**。

京や住みうかりけむ、東(あづま)の方(かた)に行(ゆ)きて、住み所求むとて、友とする人、一人二人して行きけり。〈伊勢・8〉訳 都は住みづらかっ**たのだろう**か、東国の方へ行って、住む場所を探すということで、同行する友人、一人二人と共に下って行った。

○「京や住みうかりけむ」は挿入句で、一つの文に相当する。疑問を表す係助詞「や」の結びは、係り結びの法則により連体形になるので、この「けむ」は連体形である。

薄霧の籬(まがき)の花の朝じめり秋は夕べとたれか言ひけむ 歌〈新古今集・秋上・340〉訳 薄霧の（漂っている）柴の垣根に（咲いて）いる花の、朝のしっとり湿ったようす（はすばらしい）。秋は夕暮れ（がよい）とはだれが言っ**たのだろう**か。

○「たれか」が疑問語で、言った人はだれなのかと推量している。上に付く疑問語の種類によって、時・所・方法・程度などを推量する場合もある。

❸（連体形で、過去の事柄についての伝聞・婉曲を表し）…**たとかいう**。…**たような**。

「あはれ、昨日翁丸(おきなまろ)をいみじうも打ちしかな。死にけむこそあはれなれ。」〈枕草子・9・上(うへ)にさぶらふ御猫は〉訳「ああ、昨日は翁丸（＝イヌの名）をひどくも殴ったものだなあ。死ん**だとかいう**のはふびんだ。」

○この「けむ」は連体形で＊準体法。翁丸が死んだと、ある人から伝え聞いたことを「けむ」で表している。

「変化(へんげ)の者にてはべりけむ身とも知らず、親とこそ思ひたてまつれ。」〈竹取・五人の貴公子〉訳「神仏の化身であり**ましたような**我が身であるとも意識しないで、（あなたを本当の）親だとお思い申し上げているのに。」

○かぐや姫が自分の過去のことを控えめに表現する場面なので、伝聞ではなく、自分のことをいう婉曲の用法である。

発展 ①**「む」「らむ」と「けむ」**　「けむ」の語源は、過去の助動詞「き」の古い未然形といわれる「け」に、推量の助動詞「む」が付いてできたものとみるのが有力。自分が実際に経験したわけではない過去の事実や、正確には知らない過去のこと、人から聞いたことなどについての推量を表す。一方、未来の事柄についての推量には「む」、現在の事柄についての推量には「らむ」が用いられる。

②**限られた活用形**　「む」「らむ」「けむ」などは、話し手の主体的な気持ちを表現する助動詞であるため、他の助動詞と併せて用いられる場合、必ず最下位に付く。したがって、用法も活用形も限られ、❶❷は、文末か文末に相当する位置（引用文の末尾や、終助詞・接続助詞の上など）にしか付かない。この場合の活用形は、終止形・連体形・已然形のいずれかとなる（推量を表す助動詞には命令形は存在しえない）。一方、文中に用いられる「けむ」は❸の伝聞・婉曲の用法で、連体形に限られる。

③**接続する語の制限**　活用語の連用形に付くが、過去と推量の意味を併せ持つため、「き」「けり」「めり」など、過去や推量を表す助動詞には付かない。上代には形容詞に付

普通と異なり、際立っているようす
- ❶異様である。尋常でない。
- ❷際立って優れている。特別である。
- ❸はっきりとしている。露骨である。
- ❹（態度などが）際立って悪い。生意気である。

未然形	連用形	終止形	連体形	已然形	命令形
けやけ・く	けやけ・く	けやけ・し	けやけ・き	けやけ・けれ	○
けやけ・から	けやけ・かり	○	けやけ・かる	○	けやけ・かれ

形容詞〔ク〕❶**異様である。尋常でない。**大臣、「**いとけやけう**も仕うまつるかな。」とうち乱れたまひて…。〈源氏・藤裏葉〉訳（内）大臣は、「ひどく**異様に**も（祝言の場にふさわしくない歌を）お歌い申し上げるものだなあ。」と（冗談っぽく）言っておくつろぎになって…。○「けやけう」は連用形「けやけく」のウ音便。❷**際立って優れている。特別である。世にもまれである。**貫之召し出でて、歌仕うまつらしめたまへり。…それをだに**けやけきことに**思ひたまへしに…。〈大鏡・道長下〉訳（帝は）貫之をお呼び出しになって、歌をお詠み申し上げさせなさった。…それ（＝歌）だけでも**際立って優れている**ことだと思わせていただきましたのに加えて…。❸**はっきりとしている。きっぱりしている。露骨である。**「なべて心柔らかに、情けあるゆゑに、人の言ふほどのこと、**けやけく**否び難くて、よろづ、え言ひ放たず、**心弱く言承けしつ。**」〈徒然草・141・悲田院の尭蓮上人〉訳「（都の人は）総じて心が温和で、思いやりがあるために、他人が言う（＝頼む）ぐらいのことを、**はっきりと**断りにくくて、万事につけて、遠慮なく言うことができず、気弱に引き受けてしまう。」❹（態度などが）**際立って悪い。生意気である。しゃくに障る。**太刀をもえ差しあへず、脇に挟みて逃ぐるを、「**けやけきやつかな。**」と言ひて…。〈宇治拾遺〉訳（盗人の一人を切った橘則光が）刀さえもしっかりと差すことができないで、脇に挟んで逃げるのを、（盗人たちは）「**生意気なやつだな。**」と言って…。

発展 ①**語の成り立ち**　普通と違っているようすを表す形容動詞「異なり」の語幹「け」に、そのような状態であるという意味を添える接尾語「やか」が付いた「けやか」が、さらに形容詞になったもの。
②**よい意味も悪い意味も**　同じ語源の形容詞「けし」が、どちらかといえば悪い意味で用いられるのに対して、「けなり」「けやけし」はよい意味でも悪い意味でも用いられる。
関連語 異し・異なり

け-やす・し【消易し】形容詞〔ク〕〈く・く・し・き・けれ・○／から・かり・○・かる・○・かれ〉消えやすい。はかない。**朝露のけやすき我が身他国に過ぎかてぬかも親の目を欲り**歌〈万葉集・5・885〉訳朝露のように**消えやすくはかない**我が身であるが、他国では死にきれないことだ、親に会いたくて。
発展「消えやすし」が変化したもの。

いた例はなく、形容詞および形容詞型活用の助動詞に付く場合は、「なかりけむ」「べかりけむ」などのように★補助活用の連用形に付く。ただし、打消の助動詞「ず」に付く場合には、上代に限って「ずけむ」の形が用いられ、中古以降は「ざりけむ」となった。また、形容動詞に付いた例は、上代・中古には見られない。
④**「けまく」の形**　上代には、「うち嘆き語りけまくは…（＝嘆いて語っただろうことには…）」〈万葉集・18・4106〉などのように、「けまく」の形で用いられることがある。この「けまく」は★ク語法と呼ばれる上代の用法で、「こと」の意味を表す名詞「あく」を「けむ」の下に付けたものという説のほか、この「けま」を「けむ」の古い未然形と考え、活用語を名詞にする接尾語「く」が付いたものと見る説がある。↓けまく
⑤**「けめば」という形はない**　已然形「けめ」は、係助詞「こそ」（係り結びの法則により結びは已然形となる）の結びと、接続助詞「ど」「ども」に続く用法のみに限られ、「けめば」という形では用いられない。
⑥**「けむ」↓「けん」**　「む」は中古中期から発音に変化が生じて「ん」とも表記され、中古末期には「う」の形も生じたが、「けむ」は「けん」という表記になっても、「けう」とはならなかった。中世以降、文語的な性格が強まったからである。
関連語 む（基本助動詞20）・らむ（基本助動詞20）

識別 「けむ」の識別

品詞と用法	見分け方	例文と訳
過去推量の助動詞「けむ」	上に活用語（形容詞は★補助活用）の連用形がくる。	奥つ方に生ひ出でたる人、いかばかりかはあやしかりけむを…。〈更級日記・門出〉訳奥の方（の上総の国）で成長した人（＝私）は、どんなにか見苦しかっただろうに…。
形容詞の上代の未然形語尾「け」＋推量の助動詞「む」	用例が上代に限定される。「け」の上で品詞分解できない。	なかなかに死なば安けむ…歌〈万葉集・17・3934〉訳いっそのこと死んだら心安らかであるだろう…。

げ-ゆ【解由】名詞 ❶国司などの交替の際、事務の引き継ぎをし、検証すること。❷「★解由状」の略。

げゆ-じゃう【解由状】名詞 国司などの交替の際、事務の引き継ぎが滞りなく行われたことを証明するために、後任者が前任者に渡す公文書。引き継ぎの証書。発展 前任者はこれを京に持ち帰って勘解由使の審査を受けた。

けら　助動詞**けり**の古い未然形。↓**基本助動詞20**
（491ページ）

け-らい　㊀【家礼】❶貴人や身分の高い人に礼を尽くすこと。❷朝廷の公事・故実を見習うために摂家（＝摂関家）や大臣家に出入りする者。㊁【家来】公家・武家・商家などに仕える者。家臣。従者。類家人

げらう（誤）↓（正）**げらふ【下臈】**

げ-らう【下郎】名詞 身分の低い者。類下人 発展「下臈」の変化したことば。

けら-く　…（し）たこと。…（し）たことには。

時に、郎子歌ひけらく…。〈常陸国風土記〉訳そのときに、郎子(=若い男性)が歌ったことには…。
発展 過去の助動詞「けり」の古い未然形「けら」＋体言を作る接尾語「く」。
関連語 く

けらし 助動詞〔特殊型〕〈○・○・けらし・けらし(けらしき)・けらし・○〉接続 活用語の連用形に付く。❶(過去の事実についての推定を表し)…たに違いない。…たらしい。

夕されば小倉の山に鳴く鹿は今夜は鳴かず寝ねにけらしも 歌〈万葉集・8・1511〉訳→ゆふされば…

❷《近世の用法》(過去や詠嘆を表し)…たことよ。…たのだったなあ。

「**神明の加護、必ずつつがなかるべし。」と言ひ捨てて出でつつ、あはれさしばらくやまざりけらし。**〈奥の細道・市振〉訳「神様の加護によって、必ず無事(に旅が続けられる)に違いない。」と(女に)言い捨てて出立したものの、ふびんに思う気持ちがしばらくやまなかった**ことよ**。

発展 ①❶は過去の助動詞「けり」の連体形に推定の助動詞「らし」の付いた「けるらし」が変化したものといわれるが、「けるらし」という形そのものの例は見られず、また音韻的に「る」が欠落する理由もはっきりしない。一説に、助動詞「けり」の形容詞形ともいわれる。ただし意味的には、中古までの用例については、「けり(過去)」と「らし(推定)」を合わせた意味に相当するものと解される。また、「らし」の場合と同じく、推定の根拠になる事柄とともに用いられることが多く、中古以降は根拠が示されないことが多くなる。
②❷は、「けり」と言い切ってよいところを婉曲に表現し、詠嘆の気持ちを添える。

けら-ず-や 《上代語》…たではないか。

梅の花咲きたる園の青柳はかづらにすべく成りにけらずや 歌〈万葉集・5・817〉訳ウメの花が咲いている庭園の青柳は髪飾りにして頭を飾るほど(みごとに)芽吹いた**ではないか**。

げ-らふ【下﨟】

官位・身分・階級の低いとされていた人
- ❶﨟(=修行の年功)が少なく、地位の低い僧。
- ❷官位・身分の低い人。
- ❸下賤の者。下人。

名詞 ❶《仏教語》﨟(=修行の年功)が少なく、地位の低い僧。下位の僧。対上﨟

上﨟は下﨟になり、知者は愚者になり、徳人は貧になり、能ある人は無能になるべきなり。〈徒然草・98〉訳年功を積んだ上位の僧は**下位の僧**(の心)になり、知恵のある者は愚かな者(の心)になり、金持ちは貧乏人(の心)になり、才能のある人は無能な人(の心)になるのがよいのである。○「下﨟」の対義語が「上﨟」であることが分かる例。

❷官位・身分の低い人。対上﨟

下﨟におはしませど、前に立てたてまつりて、まづ射させたてまつらせたまひけるに…。〈大鏡・道長上〉訳(藤原氏の中で、道長は伊周より)**官位の低い人**でいらっしゃるけれど、(道隆が弓矢の競技で道長を)先にお立て申し上げて、最初に射させ申し上げなさったところ…。

❸下賤の者。下人。類下郎

あやしき下﨟なれども、聖人の戒めにかなへり。〈徒然草・109・高名の木登り〉訳(木登りの名人といわれた男は)身分の低い**下人**であるけれども、(言ったことばは)聖人の訓戒に合致している。

発展 **語の歴史** もともとは❶の、僧の位についていう仏教語であった。❷の意味で用いられる場合は、❸と違って、絶対的な身分の低さを表すものではない。たとえば、用例に挙げた『大鏡』で藤原道長について用いられているように、ある人と比較して、官位・身分が低い人という相対的な意味になる。

けり→基本助動詞20(491ページ)

け・り【来り】動詞 自〔ラ変〕〈ら・り・り・る・れ・れ〉《上代語》来ている。やってきた。

筑波嶺を外のみ見つつありかねて雪消の道をなづみけるかも 歌〈万葉集・3・383〉訳筑波山を遠くにばかり見ておれず(近くに見たくて)、雪解けの道を行き悩んで**来ている**ことよ。

発展 カ変動詞「く」の連用形にラ変動詞「あり」が付いた、「来あり」の縮まったもの。その「あり」は、存続の助動詞「り」の前身と考えられる。

け・り【着り・著り】動詞 他〔ラ変〕〈ら・り・り・る・れ・れ〉《上代語》着ている。着る。

我が旅は久しくあらしこの我がける妹が衣の垢付く見れば 歌〈万葉集・15・3667〉訳私の旅は長くなったらしい、この私の**着ている**妻の衣が垢で汚れたのを見ると。

発展 上一段動詞「着る」の連用形にラ変動詞「あり」が付いた、「着あり」の縮まったもの。その「あり」は、存続の助動詞「り」の前身と考えられる。

け-りやう【仮令】 一 名詞 仮そめ。仮。いい加減なようす。

二 副詞 ❶たいがい。およそ。一般に。大体。

けりやうも、年寄りの心には、何事をも若くしたがるものなり。〈風姿花伝〉訳**たいがい**、年寄りの心理としては、何事においても若々しく振る舞いたがるものだ。

❷たとえば。

けりやう、怒れる風体にせん時には、柔らかなる心を忘るべからず。〈風姿花伝〉訳**たとえば**、怒り狂う(力強い)演技をしようとするときは、(逆に)柔和な心を忘れてはならない。

❸(多く下に「ばこそ」を伴って)偶然。幸いにして。

「**けりやう道を守ればこそ…。**」〈近松・薩摩歌〉訳「**幸いにして**(私が)女の道を守っていたからこそ…。」

発展 漢文で「たとひ」と訓読する「仮令」を音読したことば。強調して「けんりやう」となる場合がある。

ける 助動詞**けり**の連体形。→基本助動詞20(491ページ)

ける【蹴る】動詞 他〔カ下一段〕〈け・け・ける・ける・けれ・けよ〉足で突きとばす。ける。

「**ただ今の太政大臣の尻はけるとも、この殿の牛飼ひに手触れてむや。**」〈落窪〉訳「現在の太政大臣の尻は**足で突きとばし**ても、この殿(=衛門督)の牛飼いに手を触れることができようか、できはしまい。」

発展 古語の中で下一段活用の動詞は、このことばだけである。上代は下二段活用で、ワ行(「くう」)にもヤ行(「くゆ」)にも活用した。そして、近世中期以降は、ラ行四段に活用するようになった。→蹴ゆ

ける-なり-けり …たのであった。…たのであったなあ。

忍びて渡りたまへりけるなりけり。〈源氏・宿木〉訳(匂宮は)こっそりと(中の君のもとへ)お渡りになって**いたのであった**。

発展 過去の助動詞「けり」の連体形＋断定の助動詞「なり」の連用形＋過去の助動詞「けり」。

けり

基本助動詞20

過去から現在まで続いている今まで意識しなかった事実に初めて気づいたことを表す

❶〈過去の事実に初めて気づいた驚きや詠嘆を表し〉(実は)…たのだ。…だなあ。
◉和歌や会話文・*心内文に用いられた場合は、ほとんどこの用法。

❷〈過去の回想や伝聞を表し〉…た。…たのだった。
◉物語の*地の文に用いられた場合は、ほとんどこの用法。

未然形	連用形	終止形	連体形	已然形	命令形
(けら)	○	けり	ける	けれ	○

助動詞〔ラ変型〕
接続 活用語の連用形に付く。

❶〈過去の事実に初めて気づいた驚きや詠嘆を表し〉(実は)…**たのだ**。…**たのだなあ**。…**だなあ**。
「さは、**翁丸**(おきなまろ)**にこそはありけれ**。**昨夜**(よべ)**は隠れ忍びてあるなりけり**。」〈枕草子・9・上(うへ)にさぶらふ御猫は〉訳「それでは、(このイヌは)実は(打ち殺されたと思っていた)翁丸であった**のだ**。昨夜は隠れて人目につかないようにしているのであった**のだなあ**。」
○初めの「けり」は、初めて気づいた驚きを表し、後の「けり」は、昨夜のイヌのようすを思いやった詠嘆の気持ちが込められている。
霞(かすみ)**立ち木**(こ)**の芽もはるの雪降れば花なき里も花ぞ散りける** 歌〈古今集・春上・9〉訳↓かすみたち…

❷〈過去の回想や伝聞を表し〉…**た**。…**たのだった**。…**たということだ**。…**たそうだ**。
今は昔、竹取の翁(おきな)**といふ者ありけり**。〈竹取・かぐや姫の出生〉訳今から見ると昔のことだが、竹取の翁という者がい**たということだ**。
○ずっと伝えられてきた話をこれから語り始めるのだという感慨を込めて、「ありけり」と用いている。物語の冒頭に多く見られる表現。
後徳大寺大臣(ごとくだいじのおとど)**の、「寝殿に鳶**(とび)**ゐさせじ。」とて縄を張られたりけるを、西行**(さいぎやう)**が見て…その後**(のち)**は参らざりける、と聞きはべるに**…〈徒然草・10・家居(いへゐ)のつきづきしく〉訳後徳大寺大臣(=藤原実定(さねさだ))が、「寝殿にトビを止まらせないようにしよう。」と思って縄をお張りになっていたのを、西行が見て…(怒って)その後は参上しなかっ**た**、と聞いておりますが…。
○西行は作者の兼好(けんかう)より百五十年ほど前の人であり、さらに「と聞きはべるに」とあって、この用例の「ける」は二例とも過去の出来事の伝聞であると分かる。続く文章で、兼好は直接自分が体験した過去の事実については、「思ひ出でられはべり**し**に」「人の語り**し**こそ」「覚え**しか**」と、類義の助動詞「き」を用いて区別している。↓類語比較

発展 **①語の成り立ち** 語源については、カ変動詞「来(く)」の連用形「き」に、ラ変動詞「あり」が付いた「きあり」の変化したものとする説が有力である。未然形は、打消の助動詞「ず」に付いた「けらず」の形で上代にのみ用いられた。それも、疑問を表す助詞「や」を伴った「けらずや」の形がほとんどである。また、上代には「かり」という形も使われた。↓読解の手引き❶(98ページ)

②単なる過去の意ではない 「けり」は過去から現在まで続いている事柄を回想する意味を持つ。そのため、和歌や会話文・心内文では、❶のように、過去の事実に初めて気づいた驚きや詠嘆の気持ちを含んで用いられることが多い。また、物語の地の文では、その物語の作者の直接的な体験ではないので、ほとんど❷の、回想や伝聞の用法となる。

③「たっけ」に至る回想の用法 完了の助動詞「つ」の連用形に付いた「てけり」は、中世において「てんげり」となることもある。また、完了の助動詞「たり」と結びついた「たりける」は、「たける」の形を経て、近世には「たっけ」と変化し、現在でも「行ったことがあったっけ」などのように、回想の意味で用いられている。↓てけり・てんげり

類語比較 **「けり」と「き」**
共通点=過去を表す助動詞。
けり=過去のことを伝え聞いて回想したり、過去の事実に初めて気づいた詠嘆を込めて述べたりする場合に用いられることが多い。
き=過去に自ら体験したことや、過去に確実に存在した事柄を述べる場合に用いられる。
参考=次の例では、人から聞いた話の内容には「けり」が使われ、自分がその話を聞いたという事実については「き」(ここでは連体形の「し」)が使われている。「その人、程なく失(う)せにけりと聞きはべりし(=その人は、間もなく死んでしまったそうだと聞きました)。」〈徒然草・32・九月(ながつき)二十日のころ〉

識別 **「けれ」の識別**

品詞と用法	見分け方	例文と訳
過去の助動詞「けり」の已然形	活用語の連用形に付く。また、上に「こそ」があるか、下に「ど」「ども」「ば」が付く。	とかく直しけれども、つひに回らで…。〈徒然草・51・亀山殿(かめやまどの)の御池(みいけ)に〉訳(水車を)あれこれと修理したけれども、とうとう回転しないで…。
形容詞の已然形活用語尾	「けれ」の上が形容詞の語幹相当部分である(シク活用形容詞の場合は終止形が語幹に相当する)。	いと近う召し入れられたるこそうれしけれ。〈枕草子・276・うれしきもの〉訳たいへん近くに(私を)お呼び入れになられたことがうれしい。
助動詞(形容詞型活用)の已然形活用語尾	「けれ」の上が助動詞の語幹相当部分。	冬枯れの気色(けしき)こそ、秋にはをさをさ劣るまじけれ。〈徒然草・19・折節(をりふし)の〉訳冬枯れの景色は、秋(の景色)にはほとんど劣らないに違いない。
カ行四段動詞の已然形活用語尾＋存続の助動詞「り」の已然形	「けれ」の上が動詞の語幹である。	咲かざりし花も咲けれど…歌〈万葉集・1・16〉訳咲いていなかった花も咲いたが…。

けれ 助動詞**けり**の已然形。↓**基本助動詞20**（491ページ）

げろう（現）↓（歴）**げらふ【下﨟】**

けわい（現）↓（歴）**けはひ【気はひ・化粧・仮粧】最重要語**（486ページ）

けわし（現）↓（歴）**けはし【険し】**

け-をさめ【褻納め】―おさめ 名詞 平常と正式。また、普段着と晴れ着。

けん 助動詞**けむ**の終止形・連体形。↓**基本助動詞20**（488ページ）

けん【券】名詞 田地・邸宅・荘園などの所有を証明する書類。権利書。

けん【剣】名詞 ❶両刃の太刀。❷剣を使う技。剣術。❸紋所のひとつ。❶を図案化したもの。
発展 ❶は、後世、片刃の太刀にもいうことが多い。

けん【間】名詞 ❶建物の柱と柱との間。**七間の寝殿、広く大きにつくりて**…。〈源氏・紅梅〉訳（正面の幅が）**柱と柱の間**七つ分の寝殿を、広く大きく建てて…。
❷長さの単位。六尺。約一・八メートル。

けん【権】名詞 権力。権威。支配力。おごり。**いよいよ頼朝権を施して、さらに君の御後見を仕うまつる。**〈増鏡〉訳（平家滅亡後）いよいよ頼朝は**権力を広く行き渡らせて**、そのうえ後白河上皇の後見役としてお仕え申し上げる。

けん【賢】名詞 賢いこと。また、その人。**人の賢を見て羨むは尋常なり。**〈徒然草・85・人の心すなほならねば〉訳 人が**賢いの**を見てうらやむのは普通のことである。

げん【監】名詞 ❶奈良時代、離宮を置くために一時的に設けられた特別行政区。❷★大宰府の判官（＝三等官）。大監と少監がある。

げん【験】名詞 ❶仏道修行の効果。加持祈禱などの効き目。霊験。効験。「**夜居の加持の僧などの心地すれど、まだ験つくばかりの行ひにもあらねば**…。」〈源氏・柏木〉訳「夜居の加持の僧などのような感じがするけれど、まだ**効験**が現れるほどの修行でもないので…。」
❷（❶の意味から）しるし。効き目。効果。

けん-えい【巻纓】名詞 冠の★纓を内側に巻き、挟んでおくこと。また、その纓。
発展 武官が用いた。

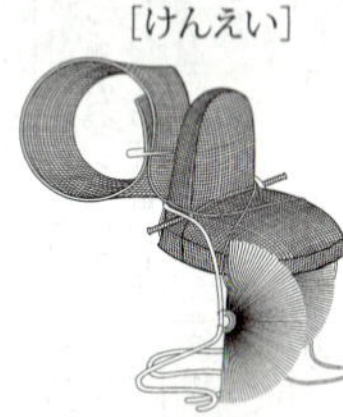
[けんえい]

げん-がた【験方】名詞 加持祈禱などで現世の利益を願う方面のこと。

げん-かん【阮咸】名詞 古代中国の弦楽器の一種。発展 竹林の七賢の一人、晋の阮咸が愛用したことからの呼び名という。四弦で、円形の胴の長いさおの付いたもの。明・清時代のものは、胴が八角形。

[げんかん]

げん-き【験気・減気】名詞 病勢が衰え、快方に向かうこと。発展 転じて、今日の「元気」となった。

げんき-もん【玄輝門・玄暉門】名詞 平安京の内裏内郭にある十二門の一つ。発展 北側の中央の門で、外郭の朔平門に対する。↓**ビジュアルチェック16**（759ページ）

けん-げう【検校】―ぎょう 名詞 ❶物事を調べ正すこと。また、その職。❷寺社の事務を監督する僧職。❸荘園を管理する荘官のひとつ。盲人に与えられた最上の官名。
発展 ❷は、熊野・八幡・春日などに置かれた。

けん-けん 副詞（多く「けんけんと」の形で用いられ）無愛想でつっけんどんなようす。つんけん。「**ことばではけんけんと慳貪に言うたれど**…。」〈近松・女殺油地獄〉訳「ことば（の上）では**つんけんと邪険に言ったけれども**…。」

けん-ご【堅固】 一 名詞 ❶固いこと。しっかりしていること。❷健康。壮健。達者。
二 副詞 ❶完全に。まったく。一向に。「**いまだ堅固かたほなるより、上手の中に交じりて**…。」〈徒然草・150・能をつかんとする人〉訳 まだ**まったく**未熟なうちから、（その道の）達人の中に交じって…。
❷必ず。きっと。絶対に。「**判官殿の御志を忘れまゐらせて、君に堅固使はれまゐらせさぶらふまじきものをや。**」〈義経記〉訳「（佐藤忠信は）義経殿の（これまでの）ごひいきを忘れ申し上げて、我が君（頼朝）に**絶対に**使われ申し上げるということはございますまい。」

兼好法師［ケンカウ ホフシ］人名 ↓吉田兼好

けん-ご・なり【堅固なり】形容動詞［ナリ・ノ］〈なら・なり（に）・なり・なる・なれ・なれ〉❶堅い。しっかりしている。堅実だ。「**道心堅固の人なり。**」〈宇治拾遺〉訳 仏道に帰依する心が**しっかりしている**人である。
❷健康だ。壮健だ。達者だ。「**第一人間堅固なるが、身を過ぐるもとなり。**」〈西鶴・日本永代蔵〉訳 第一に人間というものは**健康である**のが、世わたりの基本だ。

けん-こん【乾坤】名詞 ❶易の卦で、乾（＝陽）と坤（＝陰）。❷天（＝乾）と地（＝坤）。あめつち。天地自然。❸戌亥（＝乾）と未申（＝坤）の方角。北西と南西。

げん-ざ【験者】名詞 加持祈禱によって、病気を治したり物の怪を退散させるなど、霊験をあらわす行者。類 修験者。発展「げんじゃ」とも。

げん-ざい【現在・見在】名詞 ❶《仏教語》未来・過去に対して現在。この世。❷実際。真実。正真正銘。現実。

現在推量の助動詞 国語・国文法 現実にそれを見ているわけではないが、ある事実が現在行われているであろうことを推量する助動詞。「らむ」が、これに当たる。「憶良らは今はまから**む**子泣く**らむ**それその母も我を待つ**らむ**ぞ」（訳↓おくらは…）

げん-ざん【見参】名詞 動詞 自 サ変〈せ・し・す・する・すれ・せよ〉❶（「対面・面会」の謙譲語で）貴人などにお目にかかること。お目通りすること。「**御覧ぜよ。昨日の狐の見参するを。**」〈今昔〉訳「ご覧なさい。昨日のキツネが（我々人間に）**お目通りする**のを。」
❷（貴人が身分の低い者に）会ってやること。引見すること。「**わごぜがあまりに言ふことなれば、見参してかへさん。**」〈平家・1・祇王〉訳「そなたがあんまり言うことなので、（仏御前に）**会ってやって**から帰そう。」
❸節会や宴会などに出席すること。また、出席者が名

簿に署名すること。
発展 ❸が本来の意味で、❶❷へと発展した。「げざん」「げんざう」とも。

げんざん-に-い・る【見参に入る】 連語 ㊀(「いる」は四段活用の自動詞で)高貴な人にお目にかかる。
「**鳥羽殿へ参って、法王の見参に入らばやとおぼしめすは、いかに。…」と仰せければ…**〈平家・4・厳島御幸〉訳(高倉上皇が)「鳥羽殿へ参上して、(後白河)法皇に**お目にかかり**たいとお思いになるのは、どうだろうか。…」とおっしゃったところ…。○「おぼしめす」は、高倉上皇がみずからの動作に用いた尊敬語。→自己敬語
㊁(「いる」は下二段活用の他動詞で)人や物を高貴な人にお目にかける。ご覧にいれる。
「**兼平うって見参にいれよ。**」〈平家・9・木曾最期〉訳「兼平を討って(源頼朝殿に)**ご覧にいれろ。**」

げん-じ【剣璽】 名詞 三種の神器のうち、草薙の剣と八尺瓊の曲玉。

げん-じ【源氏】 名詞 ❶源の姓を持つ氏族。→源氏(494ページ)
❷「源氏物語」の略。→**必修古典ビッグ30** ⑩

源氏 文芸用語 「源」姓を持つ氏族。八一四(弘仁五)年、嵯峨天皇の皇子が臣籍に下って「源」姓を賜わり、その後清和・村上・宇多などの諸源氏が出て藤原氏に対抗する宮廷貴族となった。また、その一族は各地に土着し、平氏とともに武家の豪族となった。特に、清和源氏は東国で武士階級として勢力を強めた。
→ビジュアルチェック⑨(493ページ)

源氏物語 作品名 →**必修古典ビッグ30** ⑩(494ページ)

源氏物語玉の小櫛 [―タマノヲグシ] 作品名 江戸時代後期の評論・注釈書。★本居宣長著。『源氏物語』は、人間の純粋な感動としての「★もののあはれ」にその本質があると提唱した。儒教や仏教の考え方による善悪に縛られない、芸術至上主義的文芸論である。一七九六(寛政八)年成立。

げん-じゃ【験者】 名詞 →げんざ

けん-じゃう【勧賞】 ―ジョウ 名詞 功労を賞して、官位や物品などを授けること。類 褒美 発展「けじゃう」とも。

げん-じゃう【玄上・玄象】 ―ジョウ 名詞 皇室に古くから伝わる琵琶の名器。発展「けんじゃう」「げんしゃう」とも。これを巡る多くの霊験や逸話が残されている。何度か紛失し、そのつど発見されたが、鎌倉時代の末に紛失後、所在不明。

げんじゃうらく【還城楽】 ―ジョウ― 名詞 雅楽の曲名。中国の西域にヘビを好んで食べる民族がいて、その人がヘビを見つけ、喜んでいるようすを舞踊化した。

[げんじゃうらく]

幻住庵記 [ゲンヂュウアンノ―] 作品名 江戸前期の俳文。★松尾芭蕉作。一六九〇(元禄三)年四月から七月まで、近江石山の幻住庵で過ごした折の生活や心境をまとめたもの。俳諧師として自己をかける宣言が見られ、芭蕉の人生観や俳諧への思いが明確に語られている。一六九一(元禄四)年刊の『★猿蓑』などに所収。

ビジュアルチェック⑨

系図［源氏］

- 清和天皇
  - 貞純親王
    - 経基王〔賜源姓〕
      - 満仲
        - 頼光
          - 頼国
            - 頼綱
              - 明国
                - 行国
                  - 頼盛
                    - 行綱〔多田〕
              - 仲正
                - **頼政**
                  - 仲綱
                  - 兼綱
            - 国房
        - 頼親
        - 頼信
          - 頼義
            - 義家
              - 義親
                - ※為義
              - 義国
                - 義重〔新田〕
                - 義康〔足利〕
              - 為義
                - 義朝
                  - 義平
                  - 朝長
                  - **頼朝**
                    - 頼家
                      - 一幡丸
                      - 公暁
                      - 千寿丸
                    - **実朝**
                  - 希義
                  - 範頼
                  - 全成
                  - 義円
                  - **義経**
                - 義賢
                  - **義仲**
                    - 義高
                - 義憲
                - 為成
                - 為朝
                - 行家
            - 義綱
            - 義光
              - 義清〔武田〕
              - 盛義
          - 頼季
      - 満政

※義親の子の為義は、義家の養子となった。

人名は現代仮名表記で示しています。
ゴシック文字は源姓で見出し語になっています。

◉成立…平安時代中期
◉作者…紫式部
◉分野…物語
◉巻数…五十四巻

源氏物語

必修古典ビック30 ⑩

▼源氏物語手鑑

【冒頭の一文】
いづれの御時にか、女御、更衣あまたさぶらひたまひける中に、いとやむごとなき際にはあらぬが、優れて時めきたまふありけり。訳どの帝の御代であっただろうか、女御、更衣が大勢お仕え申し上げていらっしゃった中に、それほど高貴な家柄ではない方で、際立って(帝の)寵愛を受けていらっしゃる方が、あったのだった。

【成立と作者】
◉成立…作者の夫、藤原宣孝が亡くなった一〇〇一(長保三)年ごろ書き始められたと考えられている。また『紫式部日記』に、一〇〇八(寛弘五)年ごろ、一条天皇の後宮内で、この物語の評判が高かったことが記されている。さらに『更級日記』によると、一〇二一(治安元)年に作者(菅原孝標女)が、『源氏物語』「五十余巻」を手に入れたことが記されているので、そのころは完成し広まっていたといえる。各巻の成立順序については諸説あるが、第一巻の「桐壺」から順に書かれたのではないことは定説となっている。

◉作者…紫式部の生没年は、九七三(天延元)年ごろ〜一〇一四(長和三)年ごろという説が有力であるが、諸説がある。父親の藤原為時は優れた漢学者。作者は幼時、弟惟規が父から漢籍を学んでいるのを傍らで聞き理解が早かった。「お前が男でなくて残念だ」と父を嘆かせたという。九九九(長保元)年に藤原宣孝と結婚し、賢子をもうけたが、一〇〇一(長保三)年に死別した。一〇〇五(寛弘二)年一条天皇の中宮藤原彰子のもとへ宮仕えに出る。歌人としても優れ、中古三十六歌仙の一人でもある。また『紫式部日記』は、作者の人柄を知ることができるよい資料である。清少納言が外向的・明朗・勝ち気な性格であるのに比べて、紫式部は、内向的・冷静・控え目な性格であると考えられている。

【書名の由来】
「光源氏の物語」という意味。

【概説】
◉巻名…全部で五十四巻からなる長編物語である。現在の五十四巻の巻名は次の通り。

桐壺・帚木・空蟬・夕顔・若紫・末摘花・紅葉賀・花宴・葵・賢木・花散里・須磨・明石・澪標・蓬生・関屋・絵合・松風・薄雲・朝顔・少女・玉鬘・初音・胡蝶・蛍・常夏・篝火・野分・行幸・藤袴・真木柱・梅枝・藤裏葉・若菜上・若菜下・柏木・横笛・鈴虫・夕霧・御法・幻・匂宮・紅梅・竹河・橋姫・椎本・総角・早蕨・宿木・東屋・浮舟・蜻蛉・手習・夢浮橋。

このほかに、古くから「幻」と「匂宮」との間に、源氏の死を描いた「雲隠」の巻があったという説もあるが、その本文は伝わっていない。源氏の死はあまりにも悲しく、題名のみを付けたという考え方もある。

源氏の死後を描いた「橋姫」以降の十巻を「宇治十帖」と呼ぶ。

◉構成…長い内容を大きく分けると、京都を中心的な舞台にして光源氏の生涯を描く部分と、宇治の地を中心にして、薫などのその後の世代を描く部分とに分けられ、主題の展開からみて、全体を以下の三部に分ける方法が一般的に行われている。

第一部…「桐壺」の巻から「藤裏葉」の巻までの三十三巻。前半の主人公である光源氏の誕生に始まる。葵の上との結婚や、父、桐壺帝の女御である藤壺との不倫とその不義の結果である冷泉帝の誕生、藤壺に似た紫の上との生活、六条御息所や朝顔の姫君との恋愛、明石の君との宿縁、須磨退居の不遇を乗り越えた光源氏の広大な邸宅六条院をめぐる紫の上や玉鬘の物語など、多様な女性関係を経て、准太上天皇という栄華の頂点に至るまでの約四十年間を描く。

第二部…「若菜上」の巻から「幻」の巻までの八巻。中年に至った光源氏が女三の宮との縁組みにより、今まで正妻格でいた紫の上の地位が下がり苦悩におちいることから物語が始まる。また女三の宮は、柏木という貴公子と密通し、不義の子薫を生む。これは、第一部で起こった光源氏と藤壺との密通の報いであり、光源氏は苦悩しつつ運命をかみしめる。柏木はやがて罪の意識のため病死し、女三の宮も出家する。そして、最愛の紫の上の死を迎え、第一部で栄華の頂点に達した源氏が、過去の人生の意味を問い直すかたちで苦悩する、寂しい晩年の姿が描かれている。

第三部…「匂宮」の巻から「夢浮橋」の巻までの十三巻。舞台を宇治に移し、光源氏の死後、不義の子薫の道心と、宇治に住む八の宮の娘たち、大君と中の君とのかかわりから物語が始まる。薫に求婚された大君は、愛しながらもそれを拒否し、中の君を薫の相手として推薦するが、薫は中の君を匂宮と結婚させる。中の君の不幸な結婚を見て大君は死んでしまい、薫は大君の面影を求めて中の君に恋心を告白するが、困惑した中の君は、浮舟の存在を知らせる。浮舟はやがて薫と匂宮の二人と関係を持つが、ついに苦悩し、入水を決意する。結局死にきれなかった浮舟が、薫のその後の求愛を拒否することで物語は終わる。

『源氏物語』は、七十四年間、登場人物は約四百九十名という膨大な世界を描いているが、綿密な構成のもとに統一されている。第一部は、登場する人物の数も多く、事件も、第二・第三部に比べて起伏が激しい。また第二部以降は人物の心理描写が深まり、人間の心の奥底を凝視し、貴族社会の暗部まで描くことによって、貴族社会に生きる人々の愛と苦悩、理想と現実、さらには普遍的な人間の真実を追求しようとする作者の姿勢が見られる。

また『源氏物語』は、『竹取物語』に始まる伝奇的作り物語の虚構性・写実性と、『伊勢物語』に始まる歌物語の叙情性と、『蜻蛉日記』によって開かれた女流仮名日記の自分で自分を観察し、反省する姿勢を見せるといった特徴を総合的に生かした、日本古典文学の最高傑作であるといわれている。

【主な登場人物】

●**光源氏**…桐壺の更衣を母とする帝の第二皇子。母親の身分が高くなく、後ろだての勢力が弱いことから、帝は皇位継承を断念し、臣下に下して源の姓を与えた。多くの女性との恋愛が華やかに述べられているが、須磨から明石への流離の試練を経て人間的に成長していく変化は目を見張るものがある。「光」の名は、人間の理想性を表しているが、華やかな部分だけでなく、人間的苦悩に満ちた「闇」の部分も理解できる。

●**藤壺の女御**…先帝の第四皇女。光源氏の亡き母の桐壺の更衣に似た女性として宮中に入り、「かがやく日の宮」と呼ばれ、帝の寵愛を受けるが、同時に亡き母の面影を慕う光源氏の思いも拒みきれず、密通により生まれた子を東宮に立てる。夫帝への罪の意識と、光源氏の破滅的な恋心との間で、秘密を守り通して生き、帝の供養の最終日に出家する。後、三十七歳で没する。

●**紫の上**…「若紫」の巻で、藤壺に似た可憐な少女として登場する。源氏は、この少女を理想的な女性として育てる。正妻の葵の上亡き後、実質的な正妻となる。しかし、女三の宮の降嫁によって、正式な妻でないことを自覚し、内面的な苦悩が深まる。「御法」の巻で、源氏に看取られて亡くなる。

●**六条御息所**…ある大臣の娘で、十六歳のとき、桐壺帝と同腹の皇太子と結婚し、姫君を生むが、二十歳で皇太子と死別し、源氏が通う。源氏より七歳年上で、源氏が父帝から戒められるほどの冷たい扱いをするようになると、愛情が屈折した形になる。「葵」の巻の車争いの場面で、葵の上から受けた屈辱のため、御息所の物の怪が葵の上を取り殺してしまう。また「若菜下」では亡くなった後死霊として紫の上を悩ませる。

●**薫**…女三の宮と柏木との密通事件の不義の子として「柏木」の巻で生まれる。体から芳香を発する人物として描れている。「匂宮」では、自分の出生にまつわる秘密に、うすうす気が付いてしまう。そのため出世と恋に関心が持てず、仏教への信仰心が深い後ろ向きな性格の人物として描かれている。源氏亡き後の後半の主人公ではあるが、源氏が「光」の世界を象徴していたのに対して、「闇」の世界の主役と考えられる。

●**匂宮**…明石の中宮と今上帝の間に生まれた第三親王。薫に対抗していつも衣服に香をたきしめていたことから、人々は「匂ふ兵部卿、薫る中将」(「匂宮」)と併称した。宇治十帖を通じて、常に薫と一対の存在として描かれている。また薫が「闇」の世界を代表しているのに対して、光源氏の明るい部分を継承していることを意味している。それは浮舟をめぐる薫との恋のさや当てでも典型的に表れている。前向きに生きられない薫と、刹那的で享楽的な熱情で未来への保証を持たない匂宮との間で、浮舟は苦悩する。

●**浮舟**…「宿木」で私生児として、東国の受領の後妻の連れ子として育った女性として登場し、薫の関心を引く。匂宮も関心を持ったと聞いて薫は彼女を三条の小家に隠し、さらに宇治に連れ去る。しかし、匂宮は浮舟の所在を探り当て、薫をよそおって契る。二人の秘密に薫が気づく。二人の男性の間で煩悶した末、宇治川に身を投げる決意をし、失踪する。自殺が未遂に終わったあと、小野の里で横川の僧都に訴えて出家する。当時の女性には珍しく、自らの意志で、入水と出家を選択した女性である。

【ことばと表現】

●本作品の冒頭、「いづれの御時にか、女御、更衣あまたさぶらひたまひける中に、いとやむごとなき際にはあらぬが、優れて時めきたまふ、ありけり。」の「けり」は、『伊勢物語』などの「昔、男ありけり。」と同じく、過去の事件・事実や巷間の話題などを伝承として物語る場合に用いる助動詞である(↓けり〈基本助動詞20〉❷)。

この作品でも、ある時代の話が物語られるのだが、それがいつのことであるかについては、「いづれの御時にか(ありけむ)」という*挿入句で示されているとおり、特定されていない。↓**読解の手引き⑬**(732ページ)

また、「〜にはあらぬが」の「が」は接続助詞ではない。「〜にはあらぬ(女)が(=デ)、優れて時めきたまふ(女ガ)、ありけり。」のように解釈される、同格を表す助詞である。↓**読解の手引き⑰**(876ページ)

●作者の美的評価は厳格である。身分と物語中の重要度によって評価する語を使い分けていた。源氏・朱雀院・冷泉帝などの皇族やそれに準じた人々には「きよらなり」を用い、薫・玉鬘・内大臣など、身分的にはやや低くなる人々には「きよげなり」を用いるというように、明らかな段階差があった。したがって、これに外れる、美しくても無名の人々は、「きたなげなし」「きたなげならず」という打消表現で形容されたのである。だが、「なし」や「ず」を伴うからといって、決して否定しているわけではない。立派なほめ言葉であった。心優しいことを「憎からず」というのと同じである。

●全編を通じて基本的に純和文体であり、漢文訓読文のような文体は混入していない。が、「長恨歌」や「白氏文集」などを踏まえた文章が物語の随所に見られ、作者の漢文学に対する造詣の深さがうかがわれる。

●会話文中に謙譲語Ⅱの「たまふ」が多く見られる。↓**読解の手引き⑯**(804ページ)

「**昔を思うたまへ出づる御かはりどもには、身を捨つるさまにもとこそ、思ひたまへ知りはべるを…。」と、畏まりきこえたまふ。**〈藤裏葉〉訳「亡き母や祖母を思い出させていただくお身代わりとしては、この身を捨てる覚悟でもあると、心に決めさせていただいておりますのに…。」と、(夕霧は内大臣に)恐縮し申し上げなさる。

このように、相手に対してかなり畏まった気持ちで接する場面に用いられる敬語である。「〜たてまつる」「〜きこゆ」などの謙譲語とは異なり、しかも、二例目は「はべり」が付いているところから、丁寧語でもない。自己の動作を卑下する敬語(=謙譲語Ⅱ)である。現代語の「〜させていただく」がこれに近い。

第一部（源氏の誕生から三十九歳の秋まで）

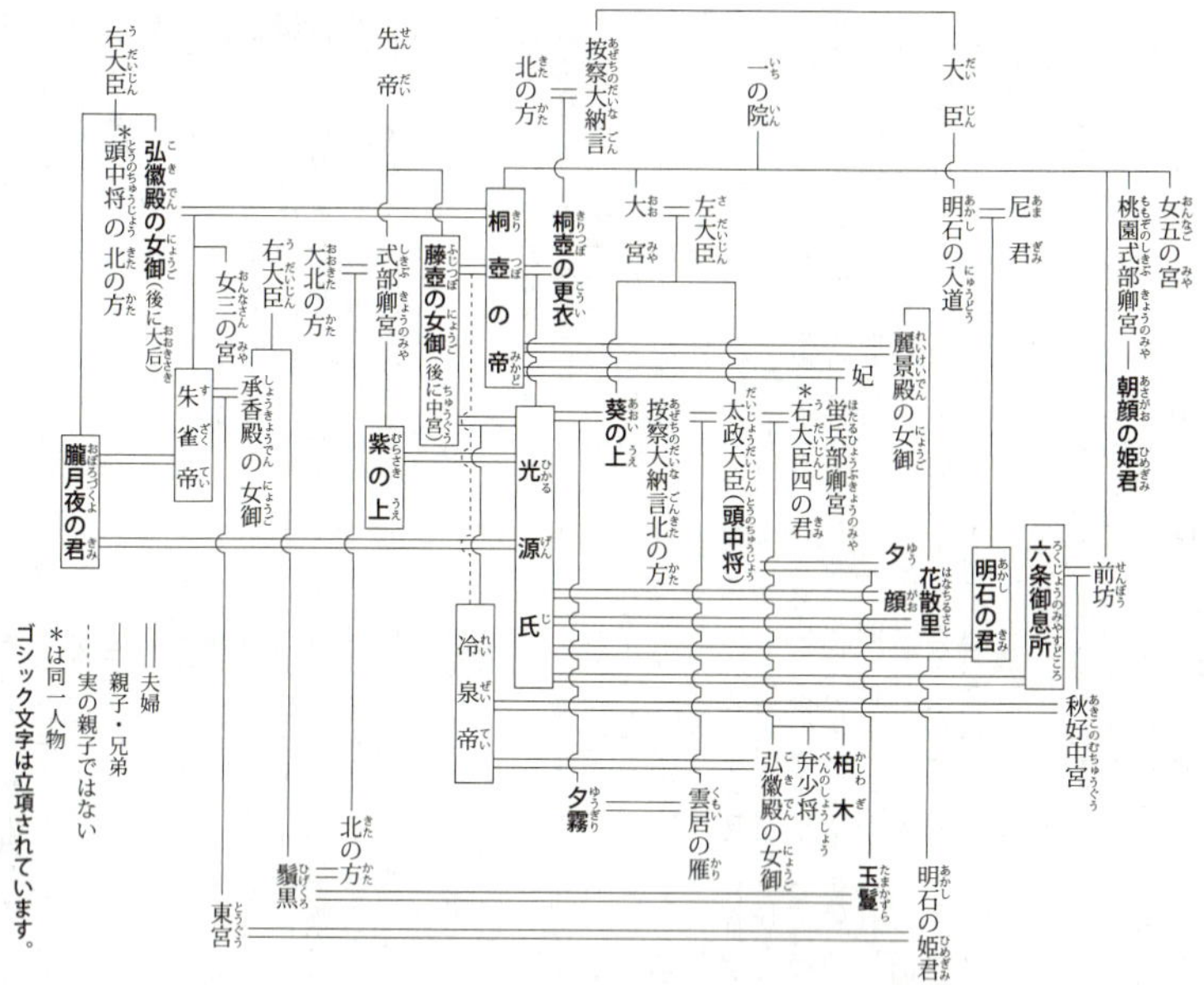

＝ 夫婦
― 親子・兄弟
┆ 実の親子ではない
＊は同一人物
ゴシック文字は立項されています。

第二部（源氏三十九歳の冬以降）

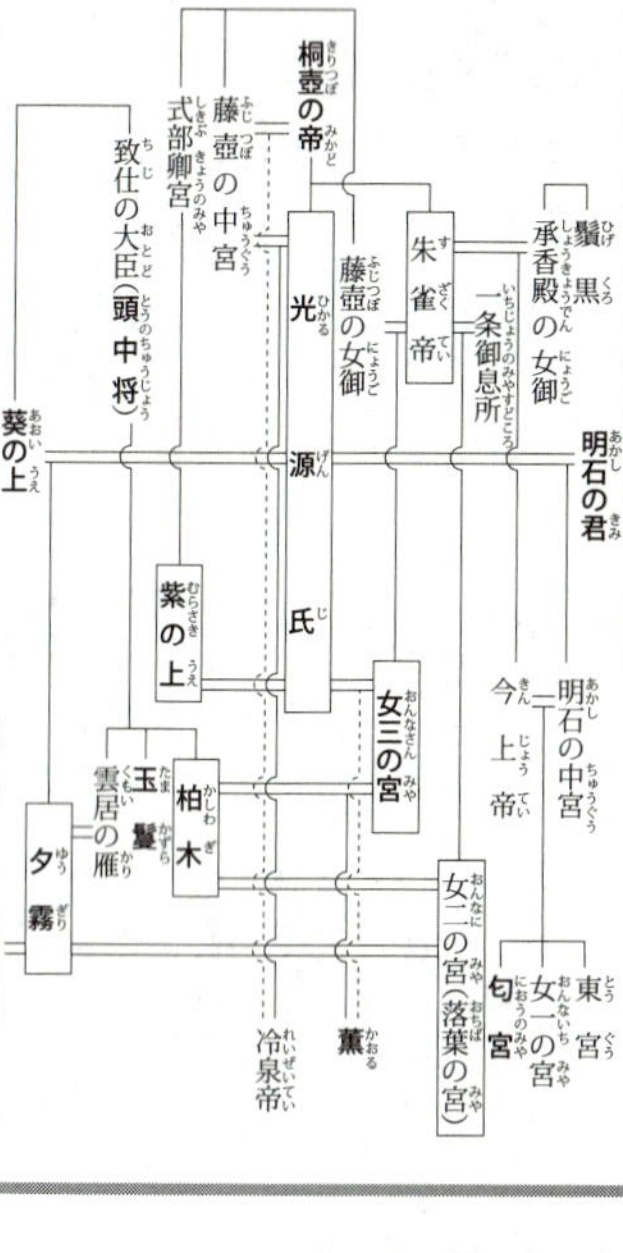

第三部（源氏の死後・宇治十帖）

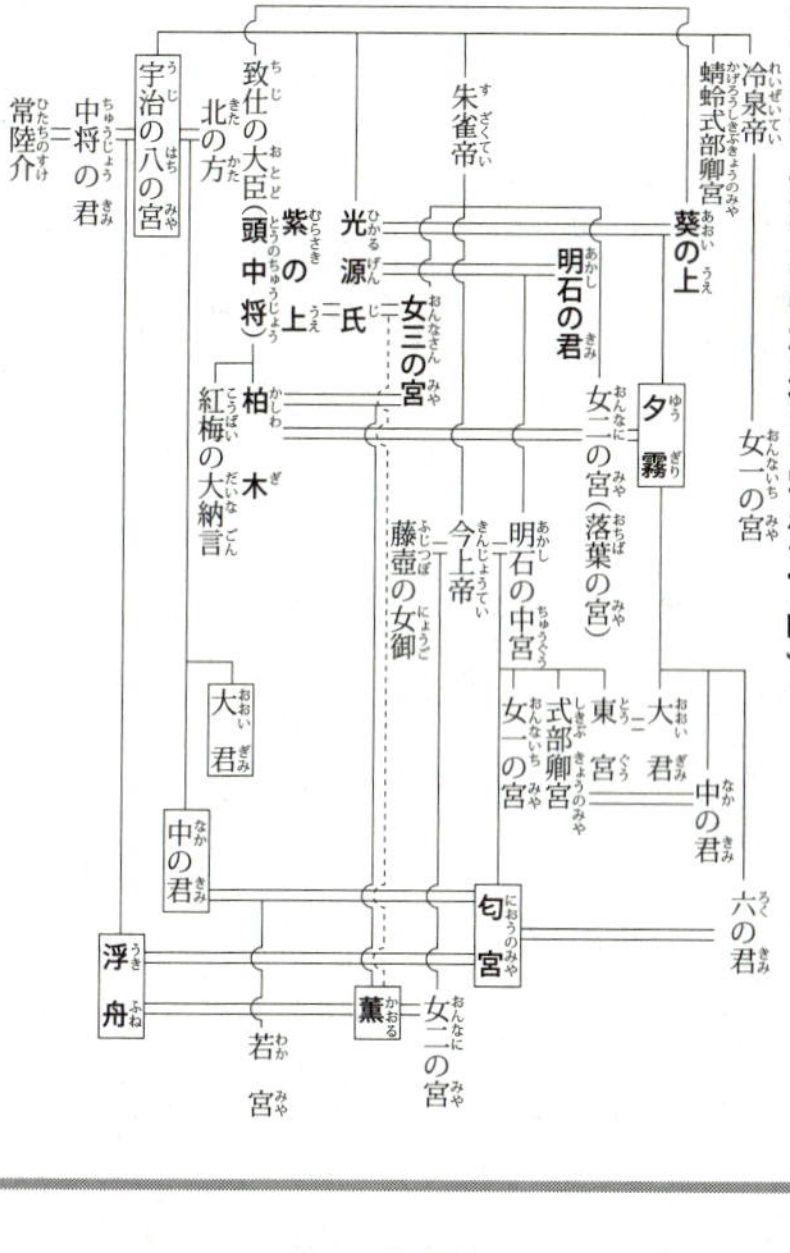

けんしゅん-もん【建春門】 名詞 内裏の外郭門のひとつ。東側の中央にあり、内郭の宣陽門に対する。↓ビジュアルチェック⑯(759ページ)

けん-しょ【見所】 名詞 ❶見物する場所。観客席。観覧席。❷見物人。観客。❸芸のみどころ。また、芸の上で悟り得たところ。発展「けんじょ」とも。

けん-じょ【見證】 名詞 動詞 他 〔サ変〕〈せ・し・す・する・すれ・せよ〉(碁・双六などの勝負を)そばで見て判定すること。**ある人と双六を打ちけるを、隣にある越前房といふ僧来たりて、見證すとて、さまざまにさかしらをしけるを**…。〈古今著聞集〉訳 (孝道入道が)ある人と双六をしていると、隣に住む越前房という僧が来て、**そばで見て判定する**といって、いろいろと口出しをしたのを…。

発展「けぞう」「けんじょう」「けんぞ」などの表記がある。

謙譲語 国語・国文法 ★敬語を三分類したときの一つ。いわゆる謙譲語には、次のように性質の異なる二種のものが含まれている。

(Ⅰ)話し手(作者)が話題の中で、動作の及ぶ人物(=動作を受ける人物)に敬意を表すために用いることば。

(Ⅱ)会話文などで、話し手が、自分や自分の側の動作を低めて、聞き手にかしこまりの気持ちを表すために用いることば(自己卑下とも)。

謙譲語という名称がふさわしいのは(Ⅱ)の方なのであるが、古典作品に多いのは(Ⅰ)の方である。そこで本書では、謙譲語の動詞のうち、(Ⅰ)を単に「謙譲語」として、(Ⅱ)についてのみ、「謙譲語Ⅱ」と明示した。次は主な語例。

一 謙譲語となる語

①代名詞　(Ⅱ)おのれ・拙者・わらは

②動詞　(Ⅰ)聞こゆ・奉る・申す・参る　(Ⅱ)罷る・詣で来・参る

③補助動詞　(Ⅰ)聞こゆ・奉る(Ⅱ)給ふ(下二段)

二 謙譲語を作る語

①接頭語　(Ⅱ)拙・愚・卑　②接尾語　(Ⅱ)ども・め

↓**読解の手引き**⑱(962ページ)・基本敬語動詞一覧表(26ページ)・給ふ(下二段) 敬語のしくみ

謙譲語の動詞 国語・国文法 ★敬語動詞のうち、★謙譲語として用いられるもの。いわゆる謙譲語は、さらに二種類(客体尊敬と自己卑下)に分けられるので、以下にはどちらに用いられるかによって主な語を掲げる。

①謙譲語(客体尊敬)=聞こえさす・聞こゆ・奉る・仕うまつる・申す・罷づ・参らす・参る　など

②謙譲語Ⅱ(自己卑下)=詣で来・罷る・参る

右のうち、「奉る」「参る」は、謙譲語から転じて、尊敬語としても用いられることがある。また、「聞こゆ」は、別に一般語(非敬語の自動詞)としても用いられ、「聞こえさす」「参らす」には連語の場合もあるので注意しなければならない。

↓基本敬語動詞一覧表(26ページ)・敬語動詞・謙譲語・奉る 敬語のしくみ

絵で見る古典生活史⑮ 男子の成人式

男子の成人式を「元服」といい、十一歳から十六歳のころ、吉日を選んで行われました。元服は頭に冠をかぶる儀式で、「初冠」「初元結」とも呼ばれます。『★伊勢物語』は、「昔、男、初冠して、奈良の京、春日の里に領る由して、狩りに」出かけた話から始まります。

加冠役は権力者がつとめます。東宮や皇子の場合には、公卿の娘で年上の女性が「★添ひ臥し」として選ばれ、そのまま正妻になることもあったようです。

『★源氏物語』「桐壺」には、源氏が「十二にて御元服したまふ」時の豪華な儀式のようすが描かれています。源氏の場合も、加冠役をつとめた左大臣の娘である★葵の上が添い臥しに選ばれ、後に正妻となったものの、源氏はその年上の妻にはうちとけることができませんでした。また、同物語「匂宮」では、出家を願う薫が、結婚がつきものの元服を「もの憂がりたまひけれど」断りきれないという場面があります。

〈絵…源氏の元服〈絵入源氏物語所載〉より〉

謙譲語の補助動詞 国語・国文法 ★敬語の補助動詞のうち、★謙譲語として用いられるもの。単独では使用されず、他の動詞の連用形の下に付く。助動詞(「る」「らる」「す」「さす」「しむ」)の連用形の下に付くこともある。次の二種類がある。

①謙譲語(客体尊敬)=〜きこえさす・〜きこゆ・〜たてまつる・〜まうす・〜まゐらす

②謙譲語Ⅱ(自己卑下)=〜たまふ(下二段)

なお、「〜たてまつる」は、「率ゐる」に付くときのみ「ゐてたてまつる」となる(動詞などの連用形に直接付かない特別な例である)。また、「〜たまふ(下二段)」は、「思ひ出づ」のような複合動詞の場合にはその間にわりこむ形式をとる(「思ひたまへ出づ」となる)。「〜たてまつる」にも同様な例が見られる(「見たてまつり送る」など)。

↓基本敬語動詞一覧表(26ページ)・敬語の補助動詞

けん-しょう・なり【顕證なり・顕証なり】 形容動詞 ↓けしょうなり

けん・ず【献ず】 動詞 他 〔サ変〕〈ぜ・じ・ず・ずる・ずれ・ぜよ〉(「与ふ」の謙譲語で)物を差し上げる。献上する。**今も年々十苻の菅菰を調へて、国守に献ずといへり**。〈奥の細道・壺の碑〉訳 今でも毎年十苻の菅菰(=編み目が十筋あるムシロのひとつ)を編んで、藩守に**献上する**といっている。

げん・ず【現ず】 一 動詞 自 〔サ変〕〈ぜ・じ・ず・ずる・ずれ・ぜよ〉現れる。出現する。特に、神や仏が現れる。**多聞、持国二人の童子に現じ、薬王菩薩、勇施菩薩二人の従僧に変ず**。〈平家・6・慈心房〉訳 多聞天、持国天が二人の少年の姿となって**現れ**、薬王菩薩、勇施菩薩は二人の従僧に姿を変える。

二 動詞 他 〔サ変〕〈ぜ・じ・ず・ずる・ずれ・ぜよ〉現す。見えるようにする。**夢に天女ありて、身を半ば現じて**…。〈今昔〉訳 夢で天女に会って、からだの半分を**現して**…。

げん-ぜ【現世】 名詞 《仏教語》★三世の一つで、現在の世。この世。対 前世・来世 発展「げんせ」とも。

げん-ぜん・たり【現前たり】 形容動詞 〔タリ〕〈たら・たり(と)・たり・たる・たれ・たれ〉目の前に現実にある。目の当たりだ。

けん-ぞ【見證】 名詞 動詞 ↓けんじょ

けん-そう・なり【顕證なり・顕証なり】 形容動詞 ↓

けしょうなり

けん-ぞく【眷属・眷族】 名詞 ❶親族。一族。あるいは、**妻子眷属のために作り**…。〈方丈記・閑居の気味〉 訳 ある者は、妻子や**親族**のために(家を)作り…。❷配下の者。使用人。類 従者・家来。

げん-ぞく【還俗】 名詞 動詞 自〈サ変〉〈せ・し・す・する・すれ・せよ〉 いったん僧や尼になった者が、再び俗人に戻ること。

現代仮名遣い 国語・国文法 仮名遣いのひとつ。「新仮名遣い」とも。歴史的仮名遣いが、現代語の発音とは違っており、現代の人々にとって、その使用が困難であるために制定されたもの。一九四六(昭和二十一)年十一月、内閣告示されて以後一般に行われ、またその後改定もされている。現代語の発音に基づくという表音的な性格を持つが、「私は」「学校へ」など、一部に歴史的仮名遣いをもとにした表記を残している。

限定 国語・国文法 そのことだけに限定する意味を表す用法。ふつう、副助詞のいくつかがこの役割で使われる。代表的なのは、「ただ波の白き**のみ**ぞ見ゆる(=ただ波の白いの**だけ**が見える)。」にみられる副助詞「のみ」。また、同じく副助詞「ばかり」にも、程度を表す用法のほかに、平安時代以降、「月影**ばかり**ぞ、八重葎にもさはらずさし入りたる(=月の光**だけ**が、生い茂ったつる草にも妨げられないで差し込んでいる)。」のように、限定を表す用法が生まれた。

げん-とく【験得・験徳】 名詞 加持祈禱などの効き目。類 霊験。

けん-どん【慳貪】 形容動詞〈ナリ〉 ❶けちで欲が深い。強欲だ。家富めりといへども、長者**けんどん**の心深くして…。〈今昔〉 訳 家が裕福だといっても、長者は**強欲な**心が深くて…。❷冷淡で無愛想だ。邪険だ。そっけない。「**ことばではけんけんとけんどんに言うたれど、心で三度戴きし**…。」〈近松・女殺油地獄〈の上〉〉 訳「ことばではつんけんと**邪険に**言ったけれども、心の中では三度拝んだ…。」
発展「慳」は惜しむ、「貪」はむさぼるの意味。

げん-な・し【験無し】 連語 (加持祈禱などの)効果がない。ご利益がない。発展「なし」は形容詞。

けんにんじ-がき【建仁寺垣】 名詞 四つ割りにした竹を皮を表にして縦に並べ、横に渡した竹に縄で結び付けた垣根。発展 京都の建仁寺で作り始めたということから。

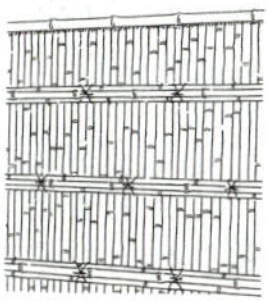
[けんにんじがき]

げんば-れう【玄蕃寮】 名詞 治部省に属する役所。寺院・僧尼に関する事柄、外国使節の接待などを担当した。→ビジュアルチェック⑮(757ページ)

けんびゐ-し【検非違使】 名詞 →けびゐし

げん-ぷく【元服】 名詞 動詞 自〈サ変〉〈せ・し・す・する・すれ・せよ〉 男子の成人式。大人の髪型・衣裳に改め、初めて冠(武家では烏帽子)をかぶる。後には、簡略化して、前髪・月代をそり落とすだけとなる。類 初冠・初元結。**この君の御童姿、いと変へまうくおぼせど、十二にて御元服したまふ。**〈源氏・桐壺〉 訳 (父の帝は)この若君の御童子姿を、強く変えたくないとお思いになるけれども、十二歳で**成人式**をなさる。
発展「元」は首の意味で、冠を着けること。「服」は成人の服を着ることを指す。後世「げんぶく」ともいう。
→絵で見る古典生活史⑮(497ページ)

けん-ぶつ【見物】 名詞 動詞 他〈サ変〉〈せ・し・す・する・すれ・せよ〉 ❶見て楽しむこと。類 物見。❷見物をする人。見物人。❸見る価値のあるもの。見もの。

けん-ぶん【見分・検分】 名詞 動詞 他〈サ変〉〈せ・し・す・する・すれ・せよ〉 ❶役人などが立ち合って本当かどうか取り調べること。検査すること。❷見かけ。外見。

源平盛衰記〔ジャウスイキ〕 作品名 鎌倉時代の軍記物語。四十八巻。作者・成立年不明。「げんぺいせいすいき」とも。『平家物語』を増補した異本のひとつ。近世以降独立した別個の作品として流布した。詳細だが、表現の格調は『平家物語』の方が高い。

けん-みつ【顕密】 名詞《仏教語》顕教(=ことばで明確に説き示された教え)と密教(=ことばで容易に言い表せない教え)。

げん-む【玄武】 名詞 四神の一つ。北方の守護神で、カメにヘビが巻き付いた形をしている。発展「げんぶ」とも。

けんめい-の-ち【懸命の地】 主家から与えられ、一家の生計を支える大切な領地。

けん-もつ【監物】 名詞 中務省に属し、大蔵省、内蔵寮などの出納の監察を担当した職。→ビジュアルチェック⑮(757ページ)

けん-もん【権門】 名詞 官位が高く、権力のある家柄。権勢家。

けん-もん【見聞】 名詞 動詞 自〈サ変〉〈せ・し・す・する・すれ・せよ〉 見たり聞いたりすること。見物すること。

けんもん-かご【権門駕籠】 名詞 江戸時代、大名の家臣が、主用で他家へ行くときに乗った駕籠。

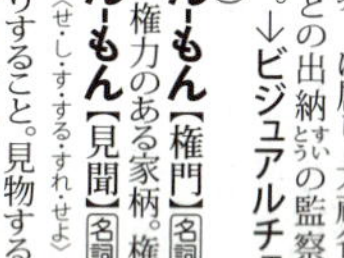
[げんむ]

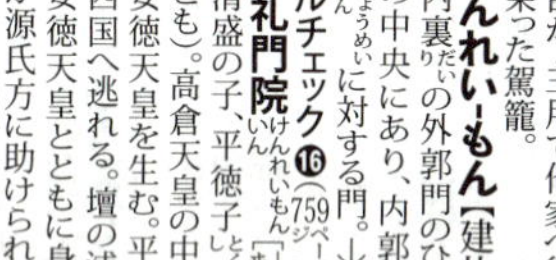
[けんもんかご]

けんれい-もん【建礼門】 名詞 内裏の外郭門のひとつ。南側の中央にあり、内郭の承明門に対する門。→ビジュアルチェック⑯(759ページ)

建礼門院〔―サン〕 人名 平清盛の子、平徳子(「とくこ」とも)。高倉天皇の中宮となり、安徳天皇を生む。平氏一門と西国へ逃れる。壇の浦の戦いで安徳天皇とともに身を投げたが源氏方に助けられ、出家して寂光院で余生を送った。

建礼門院右京大夫〔ケンレイモンサンウキャウノダイブ〕 人名 平安時代末期・鎌倉初期の女流歌人。平徳子に仕え、平資盛・藤原隆信と恋愛関係を持った。平氏が滅びた後は、出家した。

建礼門院右京大夫集〔ケンレイモンサンウキャウノダイブシフ〕 作品名 鎌倉時代初期の家集。★建礼門院右京大夫作。自撰。総歌数三五〇余首。平資盛との恋愛を中心とするが、資盛の戦死の後は平家滅亡の悲しみを詠んだ歌も多い。藤原隆信との恋愛贈答歌、後鳥羽院出仕の歌なども収める。長文の詞書と、年代配列によって日記的家集と呼ばれる。一二三二(貞永元)年ごろ最終的に成立したと思われる。

こ

こ【来】動詞・補助動詞く(来)の未然形・命令形。

-こ【処】造語 場所の意味を表す。語例 此処・彼処・其処

こ-【小】接頭語 ❶小さい、細かい、という意味を表す。語例 小家・小萩 ❷少し、ちょっと、という意味を表す。語例 小首・小気味 ❸(数量などが)もう少しでそれに達する、およそ、だいたい、という意味を表す。語例 小半時・小一時 ❹なんとなく、ちょっと、という意味を表す。語例 小ぎれい・小寒し ❺軽い軽蔑や反感を表す。語例 小賢し・小せがれ

こ-【故】接頭語 (官位や氏名に付いて)その人物が亡くなっている、という意味を表す。語例 故宮・故姫君

こ-【濃】接頭語 (名詞に付いて)色が濃い、という意味を表す。語例 濃染め・濃紫

こ【子・児】一 名詞 ❶幼い者。小さい者。子供。対 親
銀も金も玉も何せむに優れる宝子にしかめやも 歌〈万葉集・5・803〉訳 →しろかねも…
❷相手を親しんで呼ぶことば。男女ともに用いる。**この岡に菜摘ます児家聞かな名告らさね**… 歌〈万葉集・1・1〉訳 →こもよ…
❸鳥の卵。
二 接尾語 親しみを表す。語例 吾妹子・背子
→古語チャート40(1167ページ)

こ【蚕】名詞《動物》カイコ。季語 春 類 桑子

こ【籠】名詞 ❶かご。❷→ふせご

こ【此・是】代名詞 (話し手に近い場所や事物、話題にしていることを指して)これ。ここ。対 彼・其「**こは、いかなることぞ。**」〈源氏・帚木〉訳「これは、どういうことなのだ。」
→読解の手引き9(634ページ)

ご-【御】接頭語 (漢語に付いて)尊敬を表す。語例 御所・御覧ず

-ご【御】接尾語 (人を表す名詞に付いて)尊敬を表す。語例 母御・親御

ご【御】名詞 (「*御前」の略で)貴婦人を敬っていうことば。

ご【期】名詞 ❶時。期限。**命を終ふる期、たちまちに至る。**〈徒然草・108・寸陰惜しむ人なし〉訳 一生を終える時は、すぐにやって来る。❷死ぬとき。最期。

ご-あく【五悪】名詞《仏教語》仏の教えに反する五つの悪事。殺生(=生き物を殺すこと)・偸盗(=盗み)・邪淫(=夫婦でない男女の交わり)・妄語(=うそ)・飲酒。→五戒

こい(現)→(歴)こひ【恋】【鯉】

恋川春町 人名 江戸中期の狂歌師・戯作者。狂名、酒上不埒。親友の朋誠堂喜三二とともに黄表紙を創始し、その代表的な作家となった。作品は『金々先生栄花夢』など。1744—1789

こいしい(現)→(古)こひし【恋し】

こ-いたじき【小板敷き】名詞 清涼殿の南側の小庭から殿上の間に昇る所にある板敷き。蔵人や職事が伺候した所。→ビジュアルチェック12(715ページ)

こい-ふ・す【臥い伏す】動詞 自〔サ四段〕〈さ・し・す・す・せ・せ〉《上代語》横たわる。倒れ伏す。**年月もいくらもあらぬにうつせみの世の人なればうちなびき床にこいふし痛けくし日に異に増さる**… 歌〈万葉集・17・3962〉訳 年月もたいして経たないうちに、生身の人だから、病気になって床に横たわり、苦しみが日増しに募る…。○「うつせみの」は「世」に係る枕詞。

こ-いへ【小家】名詞 小さな家。粗末な家。

こい-まろ・ぶ【臥い転ぶ】動詞 自〔バ四段〕〈ば・び・ぶ・ぶ・べ・べ〉《上代語》転げ回る。身もだえる。**立ち走り叫び袖振りこいまろび足ずりしつつたちまちに心消失せぬ**… 歌〈万葉集・9・1740〉訳 (水江の浦島子は)飛び上がり走り回り、叫び袖を振りころげまわり、じたんだを踏み続け、たちまちのうちに失神してしまった…。

こう(現)→(歴)かう【仰：交：効：向：坑：好：孝：巧：巷：幸：庚：康：抗：昂：更：校：梗：江：浩：港：硬：稿：絞：綱：考：膏：航：行：衡：講：郊：酵：鋼：降：項：香：高：剛：肴：狡：纐：膠】

こう(現)→(歴)かう【斯う】

こう(現)→(歴)かふ【甲：閤：合】

こう(現)→(歴)くゎう【黄：光：宏：広：慌：皇：荒：鉱：曠】

こう(現)→(歴)こふ【劫】【乞ふ・請ふ】【恋ふ】

こう【公】一 名詞 ❶朝廷。公。❷大臣。二 代名詞 君。貴公。三 接尾語 ❶(身分の高い人の名に付いて)尊敬を表す。語例 菅公(=菅原道真)・清盛公 ❷《近世語》(同等またはそれ以下の相手の呼び名に付いて)親しみや、少し見下げた感じを表す。語例 熊公・作公

こう【功】名詞 ❶手柄。働き。功績。**まことの人は智もなく、徳もなく、功もなく、名もなし。**〈徒然草・38・名利に使はれて〉訳 仏道で悟りを得た人は(世間でいう)知恵もなく、人徳もなく、功績もなく、名声もない。
❷経験を積んでいること。功徳。年期。年の功。**書写の上人は、法華読誦の功積もりて、六根浄にかなへる人なりけり。**〈徒然草・69・書写の上人〉訳 書写山の(性空)上人は、(長年)法華経を読経した功徳が積もり重なって、(迷いのもとになる)六根が清浄となるにふさわしい人だったそうだ。
❸効果。利益。→功有り
要する人に与へて、その功を取りて世を渡りけるに…。〈今昔〉訳 (タケでかごを作って)ほしいという人に与えて、それで利益を得て生活していたが…。

ごう(現)→(歴)がう【強：郷：降：剛：号：拷：濠：豪：轟：傲：毫】

ごう(現)→(歴)ごふ【業：劫】

ごう(現)→(歴)がふ【合】

こう-あ・り【功有り】連語 効果がある。成功する。「**敏きときは則ち功あり。**」〈徒然草・188・ある者、子を法師に〉訳「敏速であるときは必ず成功する。」

こう-あん【公案】一 名詞《仏教語》禅宗で、悟りに到達させる方法のひとつとして、参禅者に課した問題。二 動詞 自〔サ変〕〈せ・し・す・する・すれ・せよ〉深く考え、工夫をこらすこと。**公案して思ふべし。我が位のほどを、よくよく心得ぬれ**

ば、それほどの花は一期失せず。〈風姿花伝〉訳深く考え、工夫をこらして考えるがよい。自分の芸の力の程度を、十分に理解してしまうと必ず、その芸相当の魅力は一生なくならない。○世阿弥が最初に「公案」をサ変動詞として用い始めたといわれる。

こう-いん【後胤】 名詞 子孫。後裔。

❷こうがい（現）↓（歴）**かうがい【笄】**

皇嘉門院別当 人名 平安時代末期の女流歌人。源俊隆の女。崇徳院の皇后聖子（皇嘉門院）に仕えた女房。『千載集』などに歌が収められている。生没年不明。

合巻 文芸用語 江戸時代の絵入りの小説で★草双紙の一種。式亭三馬が一八〇六（文化三）年に発表した『雷太郎強悪物語』を初めとし、その翌年以降、歌舞伎・浄瑠璃の趣向・表現などを取り入れて急激に流行した。

こう-ぎ【公儀】 名詞 ❶表向き。おおやけ。公的なこと。**これは心中の憤りにて、公儀に出だすべきとがにもあらず。**〈太平記〉訳これは心の中の怒りであって、表向きに出すような罪でもない。❷時の主権者。朝廷・幕府・将軍・公方など。❸役所。官。

こう-ぎゃう【興行】 名詞 動詞 自 サ変〈せ・し・す・する・すれ・せよ〉❶行うこと。開催すること。**四日、本坊において俳諧興行。**〈奥の細道・羽黒山〉訳（六月）四日、本堂で俳諧の会を**開催**（する）。❷寺院を初めて建てること。創建すること。「**橘の道成興行の寺なればとて、道成寺とは名付けたりや。**」〈謡曲・道成寺〉訳「橘道成の**創建**の寺だからということで、道成寺と名付けたのだ。」

こう-きゅう【後宮】 名詞（宮中で）天皇の御所の後ろにある宮殿。皇后・女御などが住む内裏の御殿。また、後宮に住む皇后・中宮・女御・更衣などの女性の総称。↓ビジュアルチェック⑯（759ページ） 発展 仁寿殿の後方に位置する承香・常寧・貞観・弘徽・登華・麗景・宣耀の七殿と昭陽・淑景・飛香・凝華・襲芳の五舎をいう。

こう-けん【後見】 □名詞 動詞 他 サ変〈せ・し・す・する・すれ・せよ〉年齢の幼い者を助け、世話すること。また、その人。□名詞 ❶政治の補佐役。鎌倉幕府の執権、室町幕府の管領などをいう。❷能楽・歌舞伎などで、演技をする人の後ろにいて、演技をする人の衣装を直したり、小道具の世話をしたりする者。

発展「うしろみ」に当てた漢字「後見」を音で読んだもの。

光孝天皇 人名 平安前期、第五十八代の天皇。仁明天皇の第三皇子。八八四（元慶八）年即位。風流を好み、和歌流行のきっかけを作った。家集に『仁和御集』がある。830―887

❷こうざまなり（現）↓（歴）**かうざまなり【斯う様なり】**

❷こうし（現）↓（歴）**かうし【格子】**

❷こうじ（現）↓（歴）**かうじ【好事】【柑子】【勘事】【講師】**

❷こうじ（現）↓（歴）**こうぢ【小路】**

こう-しゃ【巧者】 名詞 物事に熟練していること。技術・技能の巧みなこと。また、その人。発展「こうじゃ」とも。

こう-じゃう【口上・口状】 名詞 ❶口で述べること。また、そのことばや話しぶり。物言い。❷芝居などで、襲名や改名などのあいさつを述べること。また、その人。

こうしゃ-な【巧者な】 形容動詞〔口語化〕物事に熟練している。ませている。「**巧者な口をおききだ…。**」〈滑稽本・浮世風呂〉訳「**ませた**ことをおっしゃる…。」

甲州 旧国名 ↓甲斐

江州 旧国名 ↓近江

甲州街道 地名 江戸時代の★五街道の一つ。「甲州道中」とも。江戸内藤新宿から小仏などを経由して甲府に至り、さらに韮崎を経て下諏訪で★中山道と合流するまでをいう。宿駅数は四十五。↓ビジュアルチェック⑩（502ページ）

恒常的条件 国語・国文法 条件法の一種。ある事柄がある条件のもとではいつも決まった結果になる関係を示す表現法。
①順接（「…すると、そのときはいつも」の意味を表す）
●活用語の已然形に接続助詞「ば」を付けて表す。「命長ければ、恥多し（＝長生きすると、いつも、恥が多いものだ）。」
②逆接（「…ても、いつも…」「…ても、必ず…」の意味を表す）
●活用語の已然形に接続助詞「ど」「ども」を付けて表す。「二人行けど行き過ぎかたき秋山を…（＝二人で行っても、いつも（寂しくて）越えにくい秋山を…。）」↓読解の手引き⑪（669ページ）

好色一代男 作品名 江戸前期の浮世草子。井原西鶴（↓必修古典ビッグ30❷158ページ）作。八冊。世之介の七歳から六十歳まで五十四年の一代記。前半はさまざまな好色体験を経て「野暮」から「粋」に成長する過程を、後半は粋の大臣となった世之介が繰り広げる愛欲生活を描く。文学史上、この作品を浮世草子の始まりとする。一六八二（天和二）年刊。↓浮世草子

好色一代女 作品名 江戸前期の浮世草子。井原西鶴（↓必修古典ビッグ30❷158ページ）作。六冊。京都の公卿の家に生まれた女性の一代にわたる愛欲の歴史と変転を二十四章にわたって叙述し、その境遇や職業の変転に託して、各階層の女性の好色風俗を次々に紹介している。一六八六（貞享三）年刊。

好色五人女 作品名 江戸前期の浮世草子。井原西鶴（↓必修古典ビッグ30❷158ページ）作。五冊。当時の有名な恋愛事件に取材した短編集。姫路のお夏・清十郎、大坂のおせん・長左衛門、京都のおさん・茂右衛門、江戸のお七・吉三郎、薩摩のおまん・源五兵衛の五話からなる。町人社会の一般女性の恋愛を主題とし、当時の社会のもとでの悲劇的結末（巻五は例外）を描く。一六八六（貞享三）年刊。

こう-しん【後心】 名詞《能楽用語》経験を積んだうえの考え。経験を重ねた芸。また、経験を積んだ人。対初心

❷こうず（現）↓（歴）**かうず【講ず】**

こう-ず【困ず】 動詞 ↓最重要語（501ページ）

こう-ず【薨ず】 動詞 自 サ変〈ぜ・じ・ず・ずる・ずれ・ぜよ〉（「死ぬ」の尊敬語で）お亡くなりになる。**小松のおとどこうぜられぬ。**〈平家・6・祇園女御〉訳小松の内大臣（平重盛）が**お亡くなりになられた**。発展 皇太子・親王・女御・三位以上の人の死に対して用いる。関連語 崩ず

上野 旧国名 上州。★東山道八か国の一つ。今の群馬県。古代には毛野と呼ばれた地域で、後に上・下に

分けられて上毛野と称し、律令制の施行によって上野国と記されるようになった。→ビジュアルチェック❼(450ページ)

こう-せい【後生】 名詞 遅れて出生すること。また、その人。後進。後輩。「先達せん、**後生を畏るといふこと、この事なり。**」〈徒然草・219・四条黄門〉訳「先輩が、**後輩**を恐れるというのは、このことである。」

こう-た 名詞 ━【小歌】❶平安時代に民間で歌われた歌謡。今様など。❷鎌倉・室町時代、民間で歌われた俗謡。狂言の中にも多い。
━【小唄】江戸時代に流行した歌謡。初期に流行した隆達節、投げ節のほか、末期に流行した端唄のことも指す。

こう-たう【勾当】 名詞 ❶(「勾当内侍」の略で)掌侍のうち第一の者。天皇への奏上などを担当した。❷摂関家の侍所で、別当の下位にあって事務を担当した者。❸真言宗・天台宗の寺や宮寺などで、別当の下位にあって寺務を担当した者。❹盲人の官名のひとつ。類 検校

こう-ぢ【小路】 名詞 幅の狭い道。小道。対 大路 発展「こみち」の変化したことば。

こう-ちき【小袿】 名詞 貴婦人の装束で、正装の裳・唐衣の代わりとする略式礼服。対 大袿 発展「こうちぎ」とも。上着の上に着るが、袿と丈が短く仕立ててある。

[こうちき]

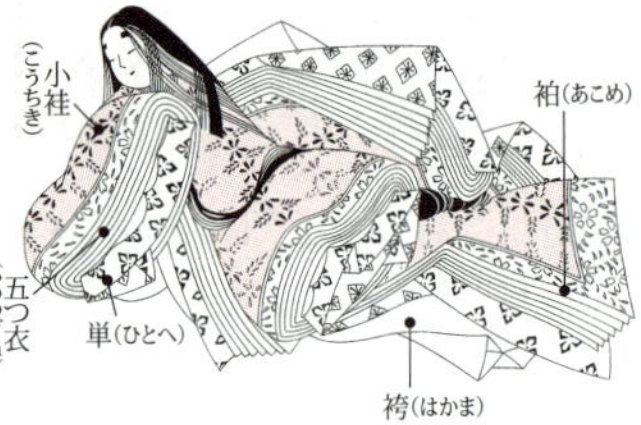

こう-ばい【紅梅】 名詞 ❶《植物》紅色の花が咲くウメの木。また、その花。季語 春 ❷染め色のひとつ。濃い桃色。後には紫がかった赤色。❸襲の色目のひとつ。表は紅梅、裏は蘇芳。また、表は紅、裏は紫。春に着る。❹織り色のひとつ。縦糸が紫または白、横糸が紅。

こう・ず【困ず】

動詞 自 サ変

困難に感じて、負担になる
❶困る。
❷疲れる。

未然形	連用形	終止形	連体形	已然形	命令形
こう・ぜ	こう・じ	こう・ず	こう・ずる	こう・ずれ	こう・ぜよ

❶**困る。気苦労する。弱る。**「いかに、いかに。」と、日々に責められ**こうじて**…。〈源氏・若菜下〉訳(女三の宮と会わせる件で柏木から)「どうなのか、どうなのか。」と、(小侍従は)毎日追及されて**弱って**…。

❷**疲れる。**「験者などはいと苦しげなめり。**こうじて打ち眠れば**、『眠りをのみして。』などもどかる、いと所せく、いかにおぼゆらむ。」〈枕草子・7・思はむ子を〉訳(山野を巡って修行する)修験者などはたいへんつらそうに見える。(激しい修行に)**疲れて**居眠りをすると、「眠ってばかりいて。」などと非難されるのも、たいへん窮屈で、どんなに(つらく)感じているだろう。

発展 ①**語の成り立ち** 漢語「困」にサ変動詞「す」が付いてできたことばといわれてきたが、疲れる意味を表す「極」の字を当てた「極す」の表記も見られること、また、近世に「ごうず」と濁音で書かれた例もあることから、「ごくす」の変化した「ごうず」がもともとの形ではないか、とする説もある。
②❶の、困るという意味では、「こうず」はあまり多く用いられず、「侘ぶ」が一般的に使われる。

こうばい-がさね【紅梅襲】 名詞 →こうばい❸

こうばし(現)→(歴)**かうばし【香ばし・芳ばし】**

こう-ふく【口腹】 名詞 口と腹。転じて、食物。また、飲食。生計。暮らし向き。

興福寺 寺社名 奈良市にある寺。法相宗大本山。南都七大寺の一つで、藤原氏の氏寺として興隆。春日神社の実権も握り、大荘園を領有。「奈良法師」の名で知られる僧兵を擁してしばしば強訴に及んで、延暦寺とともに政治的にも強大な勢力を持った。延暦寺を「北嶺」というのに対し、「南都」という。→ビジュアルチェック㉕(1097ページ)

こうぶり(現)→(歴)**かうぶり【冠】**

こう-ふん【紅粉】 名詞 紅と白粉。

こうべ(現)→(歴)**かうべ【首・頭】**

こう-みゃう【功名】 名詞 手柄を立て、名を揚げること。

こうむる(現)→(古)**かうぶる【被る・蒙る】**

高野山 地名 和歌山県伊都郡高野町。八一六(弘仁七)年、空海が真言宗の本山金剛峯寺を開いて以降、霊地として栄えた。比叡山を「北嶺」と呼ぶのに対し「南山」といわれた。

こう-らう-でん【後涼殿】 名詞 内裏十七殿の一つ。清涼殿の西にあり、女御などの居所となった。発展「こうりやうでん」とも。→ビジュアルチェック⑫(715ページ)・⑯(759ページ)

こう-らん【勾欄】 名詞 →かうらん(高欄)

こうろ-くわん【鴻臚館】 名詞 奈良・平安時代、外国使節を接待するために設けられた官舎。京都・難波(=今の大阪市とその一帯)・大宰府に置かれた。発展「鴻臚」は声を伝えるという意味。

香炉峰 地名 中国江西省北部の廬山の最高峰。白楽天が江州の司馬に左遷された際、ふもとに建てた草堂の東壁に書いた詩の一句「香炉峰の雪は簾を撥げて看る」は、平安時代の教養人の必読書『白氏文集』に収録され、さらに『和漢朗詠集』にも収められた。『枕草子』の299段にもこの詩に関する話がある。

五街道図

ビジュアルチェック⑩

● 地名はすべて現代仮名表記。
● ( )は現在の地名、{ }は複数の村で一宿と数える場合もあることを示す。

中山道 69宿

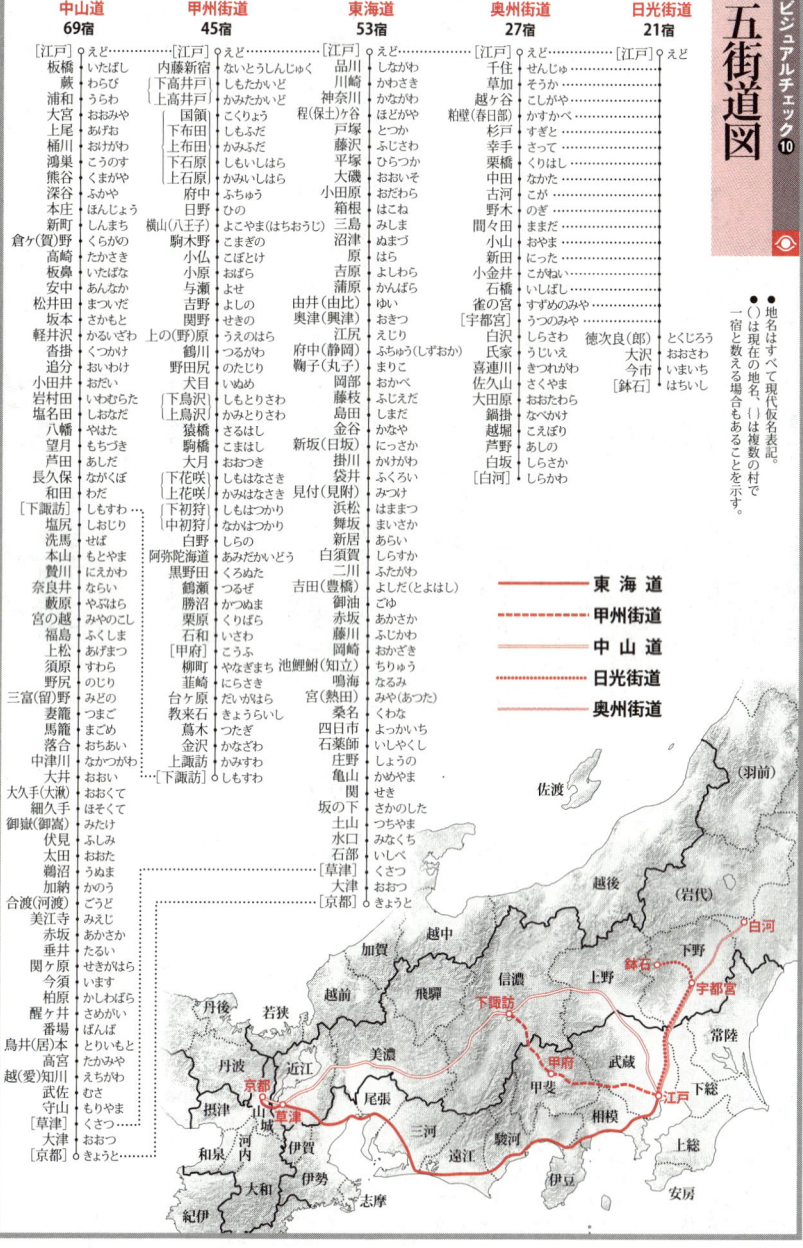

[江戸] えど
板橋 いたばし
蕨 わらび
浦和 うらわ
大宮 おおみや
上尾 あげお
桶川 おけがわ
鴻巣 こうのす
熊谷 くまがや
深谷 ふかや
本庄 ほんじょう
新町 しんまち
倉ケ(賀)野 くらがの
高崎 たかさき
板鼻 いたばな
安中 あんなか
松井田 まついだ
坂本 さかもと
軽井沢 かるいざわ
沓掛 くつかけ
追分 おいわけ
小田井 おだい
岩村田 いわむらた
塩名田 しおなだ
八幡 やはた
望月 もちづき
芦田 あしだ
長久保 ながくぼ
和田 わだ
[下諏訪] しもすわ
塩尻 しおじり
洗馬 せば
本山 もとやま
贄川 にえかわ
奈良井 ならい
藪原 やぶはら
宮の越 みやのこし
福島 ふくしま
上松 あげまつ
須原 すわら
野尻 のじり
三富(留)野 みどの
妻籠 つまご
馬籠 まごめ
落合 おちあい
中津川 なかつがわ
大井 おおい
大久手(大湫) おおくて
細久手 ほそくて
御嶽(御嵩) みたけ
伏見 ふしみ
太田 おおた
鵜沼 うぬま
加納 かのう
合渡(河渡) ごうど
美江寺 みえじ
赤坂 あかさか
垂井 たるい
関ケ原 せきがはら
今須 います
柏原 かしわばら
醒ケ井 さめがい
番場 ばんば
鳥井(居)本 とりいもと
高宮 たかみや
越(愛)知川 えちがわ
武佐 むさ
守山 もりやま
[草津] くさつ
大津 おおつ
[京都] きょうと

甲州街道 45宿

[江戸] えど
内藤新宿 ないとうしんじゅく
{下高井戸 しもたかいど
上高井戸 かみたかいど}
国領 こくりょう
{下布田 しもふだ
上布田 かみふだ}
{下石原 しもいしはら
上石原 かみいしはら}
府中 ふちゅう
日野 ひの
横山(八王子) よこやま(はちおうじ)
駒木野 こまぎの
小仏 こぼとけ
小原 おばら
与瀬 よせ
吉野 よしの
関野 せきの
上の(野)原 うえのはら
鶴川 つるがわ
野田尻 のたじり
犬目 いぬめ
{下鳥沢 しもとりさわ
上鳥沢 かみとりさわ}
猿橋 さるはし
駒橋 こまはし
大月 おおつき
{下花咲 しもはなさき
上花咲 かみはなさき}
{下初狩 しもはつかり
中初狩 なかはつかり}
白野 しらの
阿弥陀海道 あみだかいどう
黒野田 くろぬた
鶴瀬 つるぜ
勝沼 かつぬま
栗原 くりばら
石和 いさわ
[甲府] こうふ
柳町 やなぎまち
韮崎 にらさき
台ケ原 だいがはら
教来石 きょうらいし
蔦木 つたぎ
金沢 かなざわ
上諏訪 かみすわ
[下諏訪] しもすわ

東海道 53宿

[江戸] えど
品川 しながわ
川崎 かわさき
神奈川 かながわ
程(保土)ケ谷 ほどがや
戸塚 とつか
藤沢 ふじさわ
平塚 ひらつか
大磯 おおいそ
小田原 おだわら
箱根 はこね
三島 みしま
沼津 ぬまづ
原 はら
吉原 よしわら
蒲原 かんばら
由井(由比) ゆい
奥津(興津) おきつ
江尻 えじり
府中(静岡) ふちゅう(しずおか)
鞠子(丸子) まりこ
岡部 おかべ
藤枝 ふじえだ
島田 しまだ
金谷 かなや
新坂(日坂) にっさか
掛川 かけがわ
袋井 ふくろい
見付(見附) みつけ
浜松 はままつ
舞坂 まいさか
新居 あらい
白須賀 しらすか
二川 ふたがわ
吉田(豊橋) よしだ(とよはし)
御油 ごゆ
赤坂 あかさか
藤川 ふじかわ
岡崎 おかざき
池鯉鮒(知立) ちりゅう
鳴海 なるみ
宮(熱田) みや(あつた)
桑名 くわな
四日市 よっかいち
石薬師 いしやくし
庄野 しょうの
亀山 かめやま
関 せき
坂の下 さかのした
土山 つちやま
水口 みなくち
石部 いしべ
[草津] くさつ
大津 おおつ
[京都] きょうと

奥州街道 27宿

[江戸] えど
千住 せんじゅ
草加 そうか
越ケ谷 こしがや
粕壁(春日部) かすかべ
杉戸 すぎと
幸手 さって
栗橋 くりはし
中田 なかた
古河 こが
野木 のぎ
間々田 ままだ
小山 おやま
新田 にった
小金井 こがねい
石橋 いしばし
雀の宮 すずめのみや
[宇都宮] うつのみや
白沢 しらさわ
氏家 うじいえ
喜連川 きつれがわ
佐久山 さくやま
大田原 おおたわら
鍋掛 なべかけ
越堀 こえぼり
芦野 あしの
白坂 しらさか
[白河] しらかわ

日光街道 21宿

[江戸] えど
徳次良(郎) とくじろう
大沢 おおさわ
今市 いまいち
[鉢石] はちいし

東海道
甲州街道
中山道
日光街道
奥州街道

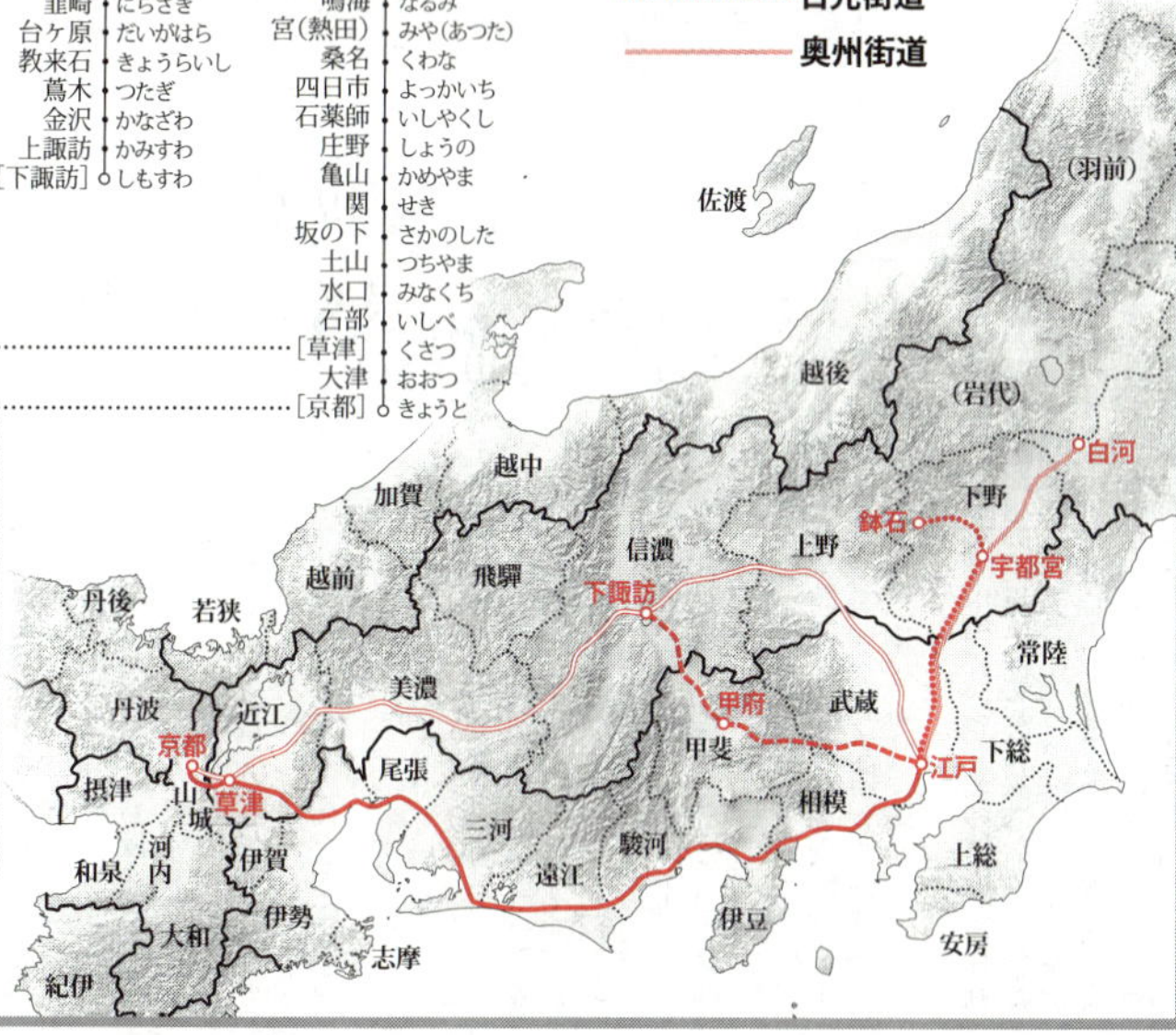

こえ（現）→（歴）**こゑ**【声】

こえ・く【越え来】動詞 自 カ変〈こ・き・く・くる・くれ・こ(こよ)〉（山、川、国境などを）越えてやってくる。「いよいよ危ふがりて、**押してこの国に越えきぬ**。」〈源氏・玉鬘〉訳（大夫監は）ますます不安になって、強引にこの国に（境を）**越えてやってきた**。

ごえふ【五葉】ーよう 名詞（「五葉松」の略で）マツ科の常緑高木のうち、一つの萼から針のような葉を五本出すもの。

こえる（現）→（古）**こゆ**【肥ゆ】【越ゆ】

呼応 国語・国文法 文の中である種の語が前に使われると、後にそれを受ける言い方が決まる現象。
①★陳述の副詞が使われたとき
●「いまだ」「え」…打消の表現を伴う。
●「たとひ」「よし」…仮定の表現を伴う。
→**読解の手引き**❸（324ページ）
②係助詞が使われたとき…★係り結び
→**読解の手引き**❸（324ページ）
③疑問語が使われたとき…疑問語の係り結び
→**読解の手引き**❸（324ページ）
④感動詞「あな」が使われたとき…形容詞・形容動詞の語幹で文を終止。

呼応の副詞 国語・国文法 →陳述の副詞

こおり（現）→（歴）**こほり**【氷】【郡】

こおろぎ（現）→（歴）**こほろぎ**【蟋蟀】

呉音 国語・国文法 →字音

ご-かい【五戒】名詞《仏教語》在家の信者である優婆塞・優婆夷が守るべき五つの戒め。不殺生・不偸盗・不邪淫・不妄語・不飲酒。→五悪

ご-かいだう【五街道】ーかいどう 名詞 江戸時代の幹線道路。江戸の日本橋を起点とする東海道・中山道・日光街道・奥州街道・甲州街道。発展 江戸幕府が全国統治のために整備した街道で、道中奉行を置いて直轄支配した。→ビジュアルチェック⑩（502ページ）

ご-かう【五更】ーこう 名詞 ❶一夜を五等分した時刻の一つ。初更・二更・三更・四更・五更をまとめた呼び名。転じて、一晩中。類 五夜。❷時刻のひとつ。❶の第五。今の午前四時ごろ。また、その前後二時間。→ビジュアルチェック⑲（881ページ）

ご-かう【御幸】ーこう 名詞 上皇・法皇・女院のお出かけ。類 行幸。「法皇、**夜をこめて大原の奥へぞ御幸なる**。」〈平家・灌頂・大原御幸〉訳 法皇は、まだ夜の明けないうちに大原の奥へ**お出かけ**になる。
発展 多く、「御幸なる」の形で用いられる。「みゆき」とも。

こ-がく・る【木隠る】動詞 自 ラ下二段〈れ・れ・る・るる・るれ・れよ〉（木の陰や物陰に）隠れる。
あしひきの山下水の木隠れて激つ心を誰にかもあひ語らはむ… 歌〈古今集・雑体・1001〉訳 山のふもとの流れは**木の間に隠れて**激しく湧きたつ（というが、そんな私の）心をだれと語りあって（慰め）たらよいのだろうか…。○「あしひきの」は「山」に係る枕詞。

→**古語チャート**⑩（397ページ）

こが・す【焦がす】動詞 他 サ四段〈さ・し・す・す・せ・せ〉❶火や太陽の熱で黒く焼く。「**火をもって木像の面を焦がしたれば、瘡のごとくに腫れ出でて**…。」〈御伽草子・二十四孝〉訳 火によって木像の顔面を**黒く焼い**たところ、（自分の顔が）できもののようにはれだし…。
❷（薫き物を）たきしめる。「白き扇のいたう焦がしたるを…。」〈源氏・夕顔〉訳 白い扇でとてもよく香を**たきしめて**あるのを…。
❸心を苦しめ思い悩む。「**涙にも思ひの消ゆるものならばいとかく胸は焦がさざらまし**」歌〈後撰集・644〉訳（もしも）涙でも恋（の炎）が消えるものであるならばとてもこのようには**心を苦しめ思い悩ま**ないであろうに。○「思ひ」の「ひ」は「火」との掛詞。

こ-かた【子方】名詞 ❶子分。手下。❷能や歌舞伎で、子供を演じる役。また、子役が演じる役柄。

こ-がたな【小刀】名詞 ❶腰刀の鞘に差し添える小さい刀。❷雑用に使う小さい刀。

こ-がね【黄金・金】名詞 ❶黄金。金。❷金貨。また、貨幣としての金塊・砂金など。発展 上代は「くがね」。

こがね-づくり【黄金作り】名詞 黄金、または金めっきした金具で装飾すること。また、そのように装飾したもの。

こ-かはらけ【小土器】ーかわらけ 名詞 小さな素焼きの土器。小皿。

こ-がひ【子飼ひ】ーがい 名詞 ❶動物を子供のときから飼い育てること。❷幼いときから引き取って育てること。また、育てられた人。発展 ❷は商家の丁稚などにいう。

こ-がらし【木枯らし・凩】名詞 秋の末から冬にかけて木を枯らすように吹く強い風。季語 冬

こがらしに… 句 **こがらしに二日の月の吹き散るか**〈阿羅野・山本荷兮〉訳 寒々とした冬空には、細い二日の月がさえ渡っている。激しく吹きすさんでいる木枯らしに、あの二日の月も吹き散るのだろうか。○季語 こがらし－冬。「二日の月」は、陰暦で月の二日目の夕方、西方に短い間出る弦月。
発展 荷兮は、この句によって「こがらしの荷兮」と呼ばれた。『去来抄』にも引かれる句。

こがらしの… 句 **こがらしの地にも落とさぬしぐれかな**〈去来発句集・向井去来〉訳 木枯らしが吹き荒れて、空中で吹きまくられ地上に落ちないで飛ばされてしまう時雨よ。○季語 こがらし・しぐれ－冬
発展『去来抄』にも引かれる句。

こが・る【焦がる】動詞 自 ラ下二段〈れ・れ・る・るる・るれ・れよ〉❶焦げる。「**昨夜のは焼け通りて、うとましげに焦がれたるにほひなども異様なり**。」〈源氏・真木柱〉訳 昨夜の（直衣）は焼けて穴があいて、気味悪そうに**焦げた**臭いなども異様である。○「焦がれたるにほひ」の「にほひ」は、古典語として一般に見られない「悪いにおい」の意。
❷日に焼けて色が変わる。「**滝の上の御船の山のもみぢ葉は焦がるるほどになりにけるかな**」歌〈玉葉集・806〉訳 滝の上の御船山の色づいた葉は**日に焼けて色が変わる**くらいになってしまったことだなあ。
❸香をたきしめる。香を染み付かせる。「**取る手もくゆるばかりに焦がれたる紙に、言を尽くしてぞ聞こえける**。」〈太平記〉訳 取り上げる手にも香りが立ち上るほどに**香をたきしめ**た紙に、知っている限りの言葉を使って手紙を差し上げた。
❹恋い焦がれる。「ものひとことばおほせられて聞かせさせたまへ。」と、もだえ**焦がれけれども、一言の返事にも及ばず**。〈平家・9・

小宰相身投〈こざいしょうみなげ〉訳「何か一言おっしゃってお聞かせください。」と、身もだえして**恋い焦がれ**たけれども、一言の返事もない。

❷**こがれる**〈現〉→〈古〉**こがる【焦がる】**

語幹 国語・国文法 用言の各活用形において、語形の変化しない部分。↓活用語尾

こ-き【国忌】 名詞 皇祖・先帝・母后の命日。当日は政務を休み、音楽なども慎み、寺で仏事を行う。発展「こくき」の促音便「こっき」が変化したことば。

ご-き【五畿】 名詞 山城・大和・河内・和泉・摂津の五か国。類 畿内 ↓ビジュアルチェック❼(450ページ)

ご-き【御器】 名詞 食器。特に、ふた付きの椀。発展「合器」の変化したことば。

こぎ-い・づ【漕ぎ出づ】 動詞 自〔ダ下二段〕〈で・で・づ・づる・づれ・でよ〉(舟を)こいで沖へ出る。

熟田津に船乗りせむと月待てば潮もかなひぬ今は**漕ぎ出でな** 歌〈万葉集・1・8〉訳↓にきたつに…

こぎ-かく・る【漕ぎ隠る】 動詞 自〔ラ四段〕〈ら・り・る・る・れ・れ〉(舟を)こいで行って物陰に隠れる。

あゆの風いたく吹くらし奈呉の海人の釣りする小舟**こぎ隠る**見ゆ 歌〈万葉集・17・4017〉訳(海からの)北寄りの東風がひどく吹くらしい。奈呉の漁師が釣りをしている小舟が**こいで行って物陰に隠れる**のが見える。

こぎ-く【漕ぎ来】 動詞 自〔カ変〕〈こ・き・く・くる・くれ・こ(こよ)〉(舟を)こいで来る。こいで近づく。

かく歌ふを聞きつつ**こぎ来る**に、黒鳥といふ鳥、岩の上に集まりをり。〈土佐日記・一月二十一日〉訳このように歌うのを聞きながら**舟をこいで来る**と、クロトリという(名の)鳥が、岩の上に集まって(とまって)いる。

五畿七道〔シチダウ〕地名 律令制下の地方行政区画。山城・大和・河内・和泉・摂津の五か国を五畿といい、東海道・東山道・北陸道・山陰道・山陽道・南海道・西海道を七道という。七道は、これに所属する国々と都とを結ぶ官道の意味にも用いられた。↓ビジュアルチェック❼(450ページ)

こぎ-そ・く【漕ぎ退く】 動詞 他〔カ下二段〕〈け・け・く・くる・くれ・けよ〉(舟を)こいで(舳先で物を)押しのける。

いつしかといぶせかりつる難波潟葦**こぎそけて**御船来にけり 歌〈土佐日記・二月六日〉訳(早く着きたい)いつ(着くの)かとゆううつな思いをしていた難波潟に、アシを**こいで押しのけて**お船は来たことだ。

こぎ-た・む【漕ぎ廻む】 動詞 自〔マ上二段〕〈み・み・む・むる・むれ・みよ〉(海岸線に沿って舟を)こいで巡る。こぎまわる。

磯の崎**こぎたみ**行けば近江の海八十の湊に鶴さはに鳴く 歌〈万葉集・3・273〉訳磯の崎を**こいで巡って**ゆくと、琵琶湖に注ぎこむ川の多くの河口でツルがたくさん鳴いている。

こき-た・る【扱き垂る】 動詞 自〔ラ下二段〕〈れ・れ・る・るる・るれ・れよ〉❶垂れ下がる。また、うなだれる。

人々、唐衣**こき垂れたる**ほどなど、馴れ安らかなるを見るも、いとうらやまし。〈枕草子・184・宮に初めて参りたるころ〉訳女房たちが、唐衣を**垂れ下がって**いる(ように着ている)ようすなどが、もの慣れて心配がなく気楽なのを見るのも、とてもうらやましい。

❷(雨や涙が垂れるように)しきりに落ちる。

明けぬとて帰る道には**こき垂れて**雨も涙も降りそぼちつつ 歌〈古今集・恋3・638〉訳(夜が)明けたといって(仕方がなく女性の家を出て)帰る途中に**しきりに落ちて**(きた)雨も(私の)涙も(私の着物の袖を)びしょぬれにしてしまっているなあ。

こき-ちら・す【扱き散らす】 動詞 他〔サ四段〕〈さ・し・す・す・せ・せ〉まき散らす。しごき落として散らす。

こき散らす滝の白玉拾ひ置きて世の憂きときの涙にぞかる 歌〈古今集・雑上・922〉訳(滝が一面に)**まき散らす**きれいな水玉を拾っておいて(私は)世が悲しくなったときの涙に借りることとしよう。

こぎ-づ【漕ぎ出】 動詞 ↓こぎいづ

こき-でん【弘徽殿】 名詞 ❶内裏の後宮七殿の一つ。清涼殿の北に位置し、皇后・中宮・女御などが住む。↓ビジュアルチェック⑯(759ページ) ❷皇后・中宮などの呼び名。❶に住むことからいう。発展「こうきでん」とも。

弘徽殿の女御 登場人物『源氏物語』中の人物。右大臣の女。桐壺の帝の女御で後に第一皇子(朱雀帝)の母となる。女性として最高の地位にありながら、嫉妬のため桐壺の更衣を迫害。さらに光源氏を憎み、妹朧月夜との密会事件を知ると父と画策して源氏を須磨に退去させた。

こき-ま・ず【扱き混ず】 動詞 他〔ザ下二段〕〈ぜ・ぜ・ず・ずる・ずれ・ぜよ〉混ぜ合わせる。かき混ぜる。取り合わせる。

見わたせば柳桜を**こき混ぜて**都ぞ春の錦なりける 歌〈古今集・春上・56〉訳見渡すと、(新緑の)ヤナギと(紅の)サクラとを**混ぜ合わせて**、都はまさに春の錦だったのだなあ。

こ-きみ【小気味】 名詞 心持ち。気持ち。発展「こ」は接頭語。

こ-ぎみ【小君】 名詞 平安時代、貴族の子弟の年少者を親しんで言うことば。

こ-ぎみ【故君】 名詞 亡くなった、身分の高い人を敬って言うことば。

ご-きゃう【五経】 名詞 儒学で、尊重される五部の経書。詩経・書経・易経・春秋・礼記。類 四書

ご-ぎゃう【五行】 名詞 ❶古代中国の説で、天地の間を循環して万物を生成する木・火・土・金・水の五つの元素。❷《仏教語》菩薩が修行する五つの行法。❸地形に応じて、方・円・曲・直・鋭の五つの陣形を敷くこと。発展 ❶は、古代中国の五行説に基づく。木から火が、火から土が、土から金が、金から水が、水から木が生ずるとする相生説と、木は土に、土は水に、水は火に、火は金に、金は木に剋つとする相剋説がある。❷は、『大乗起信論』では、布施・持戒・忍辱・精進・止観の五つをいう。

ご-ぎゃう【御形】 名詞《植物》キク科の二年草、ハハコグサの別の呼び名。★春の七草の一つ。季語 春 発展「おぎゃう」とも。

ご-ぎゃく【五逆】 名詞 ↓ごぎゃくざい

ごぎゃく-ざい【五逆罪】 名詞《仏教語》最も重い五つの罪。父を殺すこと、母を殺すこと、阿羅漢(=最高の修行者)を殺すこと、僧の和合を破ること、仏身を傷つけることの五つ。これを犯すと無間地獄に落ちるという。

こぎ-わた・る【漕ぎ渡る】 動詞 自〔ラ四段〕〈ら・り・る・る・れ・れ〉(舟を)こいで渡る。

「今日は難波に舟さしとめて、祓へをだにせむ。」とて**こぎ渡りぬ**。〈源氏・澪標〉訳「今日は難波で船を泊めて、せめてお祓いだけでもしよう。」と言って(明石の君は

そちらへ）こいで渡った。

古今和歌集（こきんわかしゅう）「ワカシフ」作品名 ↓必修古典ビッグ30 ⑪（506ページ）

こく【石・斛】名詞 ❶穀物などを量るときに使う容積の単位。一石は十斗（＝約一八〇リットル）。❷和船の積載量や木材の容積の単位。一石は十立方尺（＝約二七八リットル）。❸大名や武士の禄高を表す単位。

こく【刻・剋】名詞 時間の単位。一昼夜を十二分し、十二支に配したもの。一刻はおよそ二時間。発展 一刻をさらに三分して上刻・中刻・下刻といったり、四分して子の一刻・丑の二刻などという。↓ビジュアルチェック⑲（881ページ）

こ・く【扱く】動詞 他〔カ四段〕〈か・き・く・く・け・け〉細長い枝や紐などを指などで挟み、もう一方の手で引っ張るようにして葉や実を落とす。しごき落とす。むしり取る。
そのわたりの家の娘など率ゐて来て、五、六人してこかせ…。〈枕草子・99・五月の御精進のほど〉訳 その辺りの家の娘などを引き連れて来て、五、六人で（イネを）**しごき落とさせ**…。

こ-くう【虚空】名詞 ❶空間。空。大空。
虚空よく物を容る。〈徒然草・235・主ある家には〉訳 **空間は**（中に何も入っていないので）よく物を入れる（ことができる）。
❷《仏教語》（「虚」「空」ともに「無」の意味から）無形・無相・無色なこと。実体のないこと。空。

こ-くう・なり【虚空なり】形容動詞〔ナリ〕〈なら・なり（に）・なり・なる・なれ・なれ〉思慮分別がない。ぼんやりとしている。向こう見ずだ。（副詞的に用いて）やたらに。
「**汝はこくうなることを申す者かな。**」〈謡曲・夜討曾我〉訳 「おまえは**思慮分別がない**ことを言うやつだなあ。」

こく-がく【国学】名詞 ❶律令制で諸国に置かれた、郡司の子弟を教育した学校。❷江戸中期、中国から伝わった儒学・漢学に対抗して起こった学問。日本の古典研究を通じて、古代の精神や文化を明らかにし、その考え方に復帰するように主張した学問。契沖に始まり、荷田春満、賀茂真淵を輩出した後、★本居宣長によって大成された。さらにその後平田篤胤は国粋主義的な考え方を打ち出した。発展 ❶は、平安時代、都の「大学」に対して諸国に設けられた。

こく-き【国忌】｜こっき 名詞 ↓こき

ごく-げつ【極月】名詞 陰暦十二月の別の呼び名。季語 冬。類 師走。発展「ごくづき」とも。

こくさう-ゐん【穀倉院・穀蔵院】名詞 平安時代、畿内諸国から納める調や、諸国の所有者のいない位田・職田・没官田などから採れた穀物を収めておいた朝廷の倉。↓ビジュアルチェック⑭（756ページ）

こく-し【国司】名詞 ❶律令制で、諸国を治めるために中央から各国に派遣された地方官。守・介・掾・目などの官がある。任期は四年。❷国司の長官。国守。受領。発展「くにのつかさ」とも。

こく-しゅ【国守】名詞 ❶↓こくし❷ ❷江戸時代、一国を領有していた大名。発展「くにのかみ」とも。

ごく-すい【曲水】名詞 ↓きょくすいのえん

ごくすい-の-えん【曲水の宴】名詞 ↓きょくすいのえん

国性爺合戦（こくせんやかっせん）作品名 江戸時代前期の浄瑠璃。時代物。五段。★近松門左衛門（↓必修古典ビッグ30 ⑲814ページ）作。中国の明の忠臣鄭芝竜と平戸の浦人（日本人の女性）との間に生まれた和藤内（＝国性爺）が、明へ渡り乱を鎮めるという雄大な作品。大好評を博し、三年越し十七か月間公演された。一七一五（正徳五）年初演。

ごく-そつ【獄卒】名詞 ❶《仏教語》地獄で罪人を責める鬼。地獄の鬼。❷人間としての情を理解しない者をののしっていうことば。

こ-ぐち【小口】名詞 ❶切り口。断面。❷糸口。端緒。きっかけ。❸ちょっと利口ぶった話しぶり。❹少額。少量。❺（「小口袴」の略で）裾にくくりのあるはかま。対 大口。

こくばく副詞 たくさん。非常に。類 ここだ
こくばくの上手どもに勝れり。〈宇津保〉訳 **たくさん**の名人たちに勝っている。

こく-ふ【国府】名詞 律令制で、国司（＝地方官）の役所。また、その所在地。府中。発展「こくぶ」「こふ」とも。

こくぶん-じ【国分寺】名詞 奈良時代、諸国に建てられた寺。発展 七四一（天平一三）年、聖武天皇の発願で、国家安泰を祈願して建てられた。国ごとに僧寺と尼寺があった。東大寺は総国分寺。

こく-も【国母】名詞 ❶天皇の母。皇太后。❷（国民の母という意味で）皇后。きさき。発展「こくぼ」とも。

ごく-らく【極楽】名詞《仏教語》❶「★極楽浄土」の略。対 地獄。
❷（「極楽往生」の略で）死後、極楽浄土に生まれること。また、安らかに死ぬこと。
入道も極楽の願ひをば忘れて…。〈源氏・明石〉訳 （明石の）入道も**極楽往生**の願いを忘れて…。
❸安楽で心配のないこと。また、その場所や境遇。

ごくらく-じゃうど【極楽浄土】｜じょうど 名詞《仏教語》西方十万億土のかなたにあるという阿弥陀如来のいる世界。生死・寒暑・苦悩などのない平和で安楽な理想郷で阿弥陀如来に救われた人が往生する所。発展 略して「極楽」とも。

こ-ぐら・し【小暗し】形容詞〔ク〕〈（く）・く・し・き・けれ・○／から・かり・○・かる・○・かれ〉ほの暗い。薄暗い。
山の方は小暗く、滝の音も似るものなくのみながめられて…。〈更級日記・東山なる所〉訳 山の方は**薄暗く**、滝の音も類なく（趣を添えているので）自然に心引かれて…。
発展「こ」は接頭語。「をぐらし」とも。

こ-ぐら・し【木暗し】形容詞〔ク〕〈（く）・く・し・き・けれ・○／から・かり・○・かる・○・かれ〉木立が茂って暗い。
荒れたる門の、忍ぶ草茂りて見上げられたる、たとしへなく木暗し。〈源氏・夕顔〉訳 荒れた門で、ノキシノブが生い茂っておのずと見上げる目に入ってくる門は、（その奥が）たとえようもなく**木立が茂って暗い**。

こ-くわんじゃ【小冠者】｜かんじゃ 名詞 元服してまもない少年。若者。

こ-け【虚仮】名詞 ❶《仏教語》実体のないこと。真実でないこと。内面と外面とが一致しないこと。偽り。
賢善精進の相を外に示して、内には虚仮を抱けるものか。〈歎異抄〉訳 賢くなろう善人になろうと仏道に励んでいるように見せかけて、内面では**偽り**を抱いていてよいものか。
❷意味の浅いこと。深みのないこと。あさはか。愚かなこと。愚かな人。
「**あまり虚仮すぎて、いかにぞや聞こえはべれ。**」〈無名抄・静縁こけ歌事〉訳 「（そのことばは）あまりにも**深みがな**さすぎて、いかがであろうかと思われます。」

●成立…平安時代前期
●撰者…紀貫之(きのつらゆき)ほか
●分野…勅撰(ちょくせん)和歌集
●歌数…約一一〇〇首

古今和歌集

必修古典ビッグ30 ⑪

▼紀友則像

【成立と撰者】

九〇五(延喜五)年、醍醐天皇の歌集撰進の勅命が下り、紀貫之、紀友則、壬生忠岑、凡河内躬恒の四人が撰者として、編纂にあたった。途中で、紀友則が病死したため、それ以降は紀貫之が中心となった。少なくとも前後二度にわたる慎重な編纂作業を経て、八年後の九一三(延喜一三)年ごろに天皇に献じられたと考えられている。

【書名の由来】

仮名序の最後の「古を仰ぎて今を恋ひざらめかも(=歌の興った古を仰ぎ見て、今を恋しく思うだろう)」という文より。

【概要】

流布本(=古くから最も世の中に普及し、伝わっている本)は二十巻、約一千百首を収める。最初の勅撰和歌集として、後世の勅撰集の規範となり、和歌の長い伝統のもととなった。「仮名序」(紀貫之作)と「真名序」(紀淑望作)が付けられている。「仮名序」は、和歌の本質・歴史を論じ、歌論として後世に与えた影響は大きい。

●部立…春・夏・秋・冬・賀・離別・羇旅・物名・恋・哀傷・雑などに分けられている。各巻とも、時間的な推移や順序・段階に沿って配列されている。

●歌体…ほとんどが短歌で、他に★長歌五首、★旋頭歌四首がある。

●歌風…以下の三つに分けられる。

第一期＝読み人知らずの時代。八四九(嘉祥二)年ごろまで。多くの「読み人知らず」の歌の中には、万葉調の残るような素朴な歌が多い。

第二期＝六歌仙時代。八五〇(嘉祥三)年から八九〇(寛平二)年まで。「天つ風雲の通ひ路吹きとぢよをとめの姿しばしとどめむ」〈雑上・872・遍昭〉のように、明るく浪漫的な歌が多い。

第三期＝撰者時代。寛平三年以降。序詞や掛詞などを用いた優美で繊細な歌が多い。

【主な歌人】

●紀貫之…「**必修古典ビッグ30 ㉒** 土佐日記」(888ページ)参照。

●紀友則…四十六首が入集している。素直で叙情的な歌風であるが、時に機転のきいたおもしろい歌を詠んでいる。

●凡河内躬恒…六十首の歌が入集している。機知に富み、他の詠者との問答歌など、趣向をこらしたものも残っている。素直に風景への感動を表現した歌がすぐれている。

●壬生忠岑…三十六首が入集。後世の歌論書である『和歌体十種』の作者に仮託されるほど、歌論家としても有名であった。この歌論は、和歌の内容上の様式を十種に分けて、例となる歌を挙げて漢文の解説を付けている。

【ことばと表現】

●七五調のリズムを基調とし、三句切れの構成が多い。→**読解の手引き❻**(436ページ)

その三句めに体言を置き、上にも下にも関係させたり、二重の働きを示したりする組み立てが多く見られる。

うつせみの世にも似たるか花桜咲くと見しまにかつ散りにけり〈春下・73〉訳はかないこの現実の世にも似ているものだなあ、桜の花は。その桜の花は、咲くと見た間に一方で散ってしまったのだった。

三句めの「花桜」は、上と下の両方の文の主題となり、歌全体を真ん中で統括する。

●枕詞・序詞も用いられるが、万葉集よりは頻度が少ない。掛詞・縁語の多用が大きな特徴となる。

唐衣きつつなれにしつましあればはるばるきぬる旅をしぞ思ふ〈羇旅・410・在原業平〉訳→からころも…

●特定のイメージを連想させるキーワードを用いる。また、歌の題材としてよく知られた名所を詠みこむ。

五月待つ花橘の香をかげば昔の人の袖の香ぞする〈夏・139〉訳→さつきまつ…

「花橘」は、昔を懐かしく思う気持ちを連想させるための用語である。

み吉野の山辺に咲ける桜花雪かとのみぞあやまたれける〈春上・60〉訳→あやまつ❶

「吉野」は桜や雪の名所としてよく歌に詠まれる「歌枕」である。

●「べらなり」(推量の助動詞)は『古今集』をはじめとする平安初期の和歌集に見られる「歌語」であり、散文には用いない。

鳴きとむる花しなければ鶯もはてはもの憂くなりぬべらなり〈春下・128・紀貫之〉訳鳴きながら捜し求める花が(散ってどこにも)ないので、鶯もとうとう鳴くのが面倒になってしまったようだ。

●「こそ～已然形、～」の形式で逆接を表し、挿入句となる場合が多い。→**読解の手引き⓭**(732ページ)

春の夜の闇はあやなし梅の花色こそ見えね香やは隠るる〈春上・41・凡河内躬恒〉訳→はるのよの…

●詞書に見られる「まかる」や「はべり」は、勅撰集を受け取る人物、すなわち帝を聞き手として意識して用いた敬語である。

業平朝臣の母の皇女、長岡に住みはべりけるときに、業平宮仕へすとて、時々もえまかりとぶらはずはべりければ…〈雑上・900・詞書〉訳業平朝臣の母である内親王が、長岡京に住んでおりましたときに、業平が宮中勤めをするというので、必要な折々にも訪れさせていただくことができませんでしたので…。

内親王の動作だから尊敬語が期待されるところに、「はべり」を用いている。これは、帝以外の人物はすべて自己側に属する者と捉え、低く位置づけた結果である。「まかる」も、帝のいる宮中を中心に、そこから向かわせていただくという意識で用いた。

ごーけい【御禊】 名詞 ❶天皇即位後、十一月の大嘗会に先立ち、陰暦十月下旬に行う禊の儀式。❷「★賀茂の祭り」の前に、斎院や斎宮が賀茂川で行う禊の儀式。

こーけ・なり【虚仮なり】 形容動詞 〔ナリ〕〈なら・なり(に)・なり・なる・なれ・なれ〉意味の浅い。深みのない。あさはかだ。愚かだ。間抜けだ。

ごーけにん【御家人】 名詞 ❶鎌倉時代、将軍と主従関係を結んだ直属の家臣。❷江戸時代、将軍の直参(＝将軍家にじかに仕えていた武士)で、将軍に謁見する資格のないもの。★御目見得以下の直参。

こけ-の-ころも【苔の衣】 ❶衣のように、(岩などの)物を覆うコケ。❷僧や隠者の粗末な衣。類苔の袂 発展 ❷は、修行のため、衣もコケのように古びることから。

こけ-の-した【苔の下】 墓地の下。草葉の陰。発展「コケの生えた地面の下」の意味から。

こけ-の-したみづ【苔の下水】 ― コケの下を流れる水。

こけ-の-たもと【苔の袂】 僧や隠者の粗末な衣の袂。また、その衣。

みな人は花の衣になりぬなり苔の袂よ乾きだにせよ 歌〈古今集・哀傷・847〉訳↓みなひとは…

こけ-の-むしろ【苔の筵】 筵(＝敷物)のように一面に生えたコケ。苔筵。

こけ-む・す【苔生す・苔産す】 動詞 自〔サ四段〕〈さ・し・す・す・せ・せ〉コケが生える。古くなる。

妹が名は千代に流れむ姫島の子松がうれにこけむすまでに 歌〈万葉集・2・228〉訳(この)女性の名は長く伝わるだろう。姫島の小さいマツの梢に**コケが生える**(ほど)までも。

こけら【柿】 名詞 ❶材木を切るときに出る木片。切りくず。こっぱ。❷ヒノキ・サワラなどの材木を薄く削って作る板。屋根を葺く材料にする。へぎ板。そぎ板。発展 柿葺きが済んで木片を払い落とす意味から、新築した芝居小屋の初興行を「こけら落とし」という。

こーこ【此処】 代名詞 ❶(場所・事物などを指して)この場所。ここ。こちら。対 彼処

「**ここ**には、かく久しく遊びきこえて、慣らひたてまつれり。」〈竹取・かぐや姫の昇天〉訳「(私は)**こちら**(＝地上の世界)では、このように長い間楽しく過ごし申し上げて、(育ててくれた竹取の翁と媼にも)なれ親しみ申し上げた。」

❷(人を指して)私。当方。

「**ここ**にも、心にもあらでかくまかるに、昇らむをだに見送りたまへ。」〈竹取・かぐや姫の昇天〉訳「**私**も、本意ではなくてこのように(月の都に)参りますので、せめて(私が)天に昇ろうとするところだけでもお見送りください。」

❸(人を指して、やや敬意を含んで)あなた。こちらさま。

「さはありとも、かの君と、前斎院と、**ここ**にとこそは書きたまはめ。」〈源氏・梅枝〉訳「そう(＝筆跡の難点)はあっても、あの方(＝朧月夜の君)と、前の斎院(＝朝顔の姫君)と、**あなた**(＝紫の上)とは十分お書きになる(＝書の上手な人のうちに入る)だろう。」

発展 ❷❸は、格助詞「に」を下に伴うことが多い。

ごーご【御後】 名詞 (「後ろ」を敬った言い方で)天皇や神、または宮殿や神殿の後ろ。特に、紫宸殿の賢聖障子の北の広廂の間。

小督 こごう〔―〕人名 高倉天皇の寵姫。中納言藤原成範の女。高倉天皇の寵愛を受け、そのため平徳子への寵が衰えたことから平清盛に憎まれた。小督は身を引いたが、勅使源仲国によって連れ戻された。ますます寵愛され、範子内親王を生むに及び、清盛によって尼にされ追放された。『平家物語』や謡曲『小督』でも知られる。生没年不明。

ごごう (現)↓(歴)**ごかう【五更】【御幸】**

語構成 国語・国文法 単語がいかなる要素から成り立っているのかを見たときの、その成り立ち。

単語は文法上は最小の単位であるが、二語以上が結び付いて一語になった「★複合語」と、本来的に一語である「単純語」とに分けることができる。さらに、形態論の立場から語構成を見るとき、一つの形態素からなる語と、二つ以上の形態素からなる語とに分けることができる。形態素には、「語基(＝語が構成されるにあたって、その中心部分と意識される要素)」と「接辞」とがあって、その視点に立って語構成について整理すると、以下のようにまとめられる。

①語基が一つで自立するもの―・単純語
②語基と接辞とが結合したもの―・派生語
③語基を二つ以上組み合わせたもの―・複合語

なお、慣用的にひとまとまりの意味を表すようになった語句については、一語としては認めず、「連語」という名称で便宜的に取り扱うこともある。

こーかしこ【此処彼処】 代名詞 あちこち。こちらとあちら。このところ、あのところ。

また同じく一字に書くにとりても、ここかしこに文字を変へつつ書き…。〈古来風躰抄〉訳また同じように一字で書くことについても、**あちこち**で文字を変えながら書き…。

ごーこく【五穀】 名詞 ❶五種類の主要な穀物。コメ・ムギ・ヒエ(またはキビ、一説にアサ)・アワ・マメ。❷穀物の総称。

ここ・し【子子し】 形容詞〔シク〕〈しく・しく・し・しき・しけれ・○／しから・しかり・○・しかる・○・しかれ〉❶子供っぽい。あどけない。

子々しければ、らうたしと思ひて…。〈落窪〉訳(落窪のようすが)**あどけない**ので、(道頼は)かわいらしいと思って…。

❷おうようだ。おっとりしている。

「この世に名を得たる舞の男どもも、げにいとかしこけれど、**子々しうなまめいたる筋を、えなむ見せぬ**。」〈源氏・紅葉賀〉訳「世間で名声を博している舞人たちも、本当にたいしたものであるが、**おっとりとした**優美な味わいを、見せることができない。」○「子々しう」は連用形「ここしく」のウ音便。

こご・し【凝し】 形容詞〔シク〕〈しく・しく・し・しき・しけれ・○／しから・しかり・○・しかる・○・しかれ〉凝り固まっている。岩などがごつごつして険しい。

神さぶる岩根こごしきみ吉野の水分山を見れば悲しも 歌〈万葉集・7・1130〉訳神々しい岩が**ごつごつしていて険しい**吉野の水分山を見ると切なくなることよ。

ここーだ【幾許】

数量が多い、また、程度が極端なようす ❶**たくさん。数多く。** ❷**ひどく。たいへん。**

副詞《上代語》❶(多く「ここだ(も)＋動詞」の形で)**たくさん。数多く。**

み吉野の象山のまの木末には**ここだ**も騒く鳥の声

かも 歌〈万葉集・6・924〉訳→みよしのの…
妹が家に雪かも降ると見るまでにここだもまがふ梅の花かも 歌〈万葉集・5・844〉訳いとしいあの娘の家に雪でも降るのかと見えるほどに、数多くもまあ入り乱れ(て散ってい)るウメの花だなあ。

❷(多く「ここだ＋形容詞」の形で)ひどく。たいへん。
多摩川にさらす手作りさらさらになにそこの児のここだ愛しき 歌〈万葉集・14・3373〉訳→たまがはに…
秋の夜の月かも君は雲隠りしましく見ねばここだ恋しき 歌〈万葉集・10・2299〉訳秋の夜の月なのか、あなたは。雲に隠れて(しまう月のように)しばらく(あなたの)姿が見えないと、たいへん恋しいことよ。

発展 ①「ここだ」の類語　「ここだ」と同じ意味で、「こきだ」「こきだく」「こきばく」「ここだく」「ここば」「ここばく」という形でも用いられた。中古以降は「ここだ」が「ここら」という形に変化した。
②「そこば」「そこら」との関係　「そきだく」「そこば」「そこばく」「そこら」「そこらく」のように、語頭の「こ」が「そ」となる形もある。これを代名詞の「此」「其」と結び付けて、語頭が「こ」系列は話し手の眼前で行われている事柄に用い、「そ」系列は主に伝聞による事柄に用いるとする説もある。「そこばく」「そこら」は、「ここら」同様、中古以降にも用いられた。

関連語 幾許・若干・そこら

ここだ-く【幾許く】 副詞 →ここだ

ここ-ち【心地】

心の状態や働き
- ❶気持ち。気分。心持ち。
- ❷心積もり。考え。心構え。
- ❸(…のような)感じ。ようす。
- ❹気分の悪いこと。病気。

名詞 ❶**気持ち**。気分。心持ち。
恋しき**心地**しばし休めて、またも恋ふる力にせむとなるべし。〈土佐日記・二月五日〉訳恋しい**気持ち**をしばらく安らかにして、さらに思い慕う力にしようというのに違いない。
❷**心積もり**。心。**考え**。思慮。**心構え**。
幼き**心地**に、「いかならむ折。」と待ちわたるに…。〈源氏・空蟬〉訳(空蟬の弟の小君は)幼い(者なりの)**考え**で、「どのような機会に(源氏を空蟬のもとへ連れて行ったものか)。」と(よい機会を)待ち続けていたところ…。
❸(多く「～のここち」の形で)(…のような)**感じ**。**ようす**。
弱竹の**心地**して、さすがに折るべくもあらず。〈源氏・帚木〉訳(源氏には空蟬の姿が)細くしなやかなタケのような**感じ**がして、そうはいってもやはり折れそうでもない。
❹**気分の悪いこと**。**病気**。
御息所、はかなき**心地**にわづらひて、まかでなむとしたまふを、暇さらに許させたまはず。〈源氏・桐壺〉訳御息所(＝桐壺の更衣)は、ちょっとした**病気**で苦しんで、(宮中から里に)退出してしまおうとなさるけれども、(帝は)休暇を一向にお許しにならない。

ここ-ち-たが・ふ【心地違ふ】―　気分が悪くなる。病気になる。気が変になる。
心地たがひ頭痛けれども、念じて…。〈今昔〉訳**気分が悪くなり**頭が痛いけれども、我慢して…。

ここ-ち-つ・く【心地付く】(成人して)物心がつく。また、(失神状態から)意識が回復する。
「そこにあらむ子はいかがなりにたる。大きなりや、**心地付きにたりや**。」〈蜻蛉日記〉訳「そこにいるという子はどうなっているのか。大きくなったか、**物心がついたか**。」

ここ-ち-な・し【心地無し】 形容詞〔ク〕〈(く)・から・く・かり・し・き・かる・けれ・○・かれ〉思慮が浅い。分別がない。
「あるまじき心のつきそめけむも、**心地なく**悔しうおぼえはべれど…。」〈源氏・夕霧〉訳「(人臣の身で皇女を得ようなどという)とんでもない気持ちを抱くようになったりしたことも、**分別がなく**後悔される気がいたしますけれど…。」

ここ-ち-まど・ふ【心地惑ふ】―　気持ちが動揺する。心が迷う。
思ほえず、ふるさとにいとはしたなくてありければ、**心地惑ひにけり**。〈伊勢・1〉訳意外にも、(寂れた)旧都にひどく不釣り合いなようすで(美しい姉妹が)暮らしていたので、(男は)**気持ちが動揺してしまった**。

ここ-ち-ゆ・く【心地行く】 連語　気持ちが晴れ晴れとする。満足に思う。
鳥のさへづるほど、**心地行き**、めでたき朝ぼらけなり。〈源氏・絵合〉訳鳥のさえずるころは、**気持ちが晴れ晴れとし**、すばらしい明け方である。

ここち-よ-がほ・なり【心地好顔なり】― 形容動詞〔ナリ〕〈なら・なり(に)・なり・なる・なれ・なれ〉気持ちよさそうな表情・態度だ。いい気な態度だ。満足そうだ。
この御文もけざやかなる気色にもあらで、めざましげに**心地よ顔に**…。〈源氏・夕霧〉訳この(夕霧が御息所にあてた)お手紙もはっきりと(落葉の宮との結婚の)気持ちが表されたものではなくて、(書きぶりも)あきれるほどに**いい気な態度で**…。

ここち-よ-げ・なり【心地好げなり】 形容動詞〔ナリ〕〈なら・なり(に)・なり・なる・なれ・なれ〉気持ちよさそうだ。楽しそうだ。機嫌よさそうだ。満足そうだ。
その時、入道、**心地よげにて**、「捕つて伏せてをめかせよ。」とぞのたまひける。〈平家・2・小教訓〉訳その時、入道清盛は、**気持ちよさそうに**、「捕まえ倒してわめかせよ。」とおっしゃった。

ここ-な【此処な】《中世・近世語》━ 連体詞 ❶(人を表す名詞の上に付いて、その相手が近くにいることを表し)ここにいる。近くの。❷(ものを表す名詞の上に付いて、それが近くにあることを表し)ここにある。手もとの。❸(人や物をののしることばを伴い、それを強めて)この。こいつ。
━ 感動詞 (驚きを表し)それはまあ。これはこれは。おやおや。
「**ここな**、何者やら道ばたにふせってをる。」〈狂言記・茶壺〉訳「**おやおや**、何者かが道ばたに倒れている。」

ここ-なる 連体詞　ここにある。そばにいる。
「**ここなる**物取りはべらむ。」〈枕草子・3・正月一日は〉訳「**ここにある**物を取りましょう。」
発展「ここなる」が変化したことば。「なる」は断定(存在)の助動詞「なり」の連体形。

ここ-に【此に・茲に・爰に】━ 副詞　このときに。
むさぼることのやまざるは、命を終ふる大事、今**ここに**来たれりと、確かに知らざればなり。〈徒然草・134・高倉院の法華堂の〉訳欲張ることがやまないのは、命の終わるという大事が、今**このときに**来ているということを、しっかりと自覚しないからである。
━ 接続詞 ❶(話題の転換に使う語で)さて。そこで。
ここに、相応寺のほとりに、しばし船をとどめて…。〈土佐日記・二月十一日〉訳**そこで**、相応寺のそばに、しばらく船をとどめて…。
❷(話を因果関係で展開させる語で)それで。それゆえ。

あはせて八柱の雷神成り居りき。ここに、伊邪那岐命、見畏みて逃げ還りますとき…。〈古事記・伊邪那岐命と伊邪那美命〉訳合わせて八柱の雷神が生まれ出ていた。それで、伊邪那岐命は、見て恐れをなして逃げ帰ろうとなさるとき…。

ここ-に-あり-て【此に有りて】ここにいて。ここにあって。**ここにありて筑紫やいづち白雲のたなびく山の方にしあるらし** 歌〈万葉集・4・574〉訳**ここにいて**筑紫はどちら（の方角）か。白雲がたなびく山の方であるようだ。
発展 代名詞「ここ」＋格助詞「に」＋ラ変動詞「あり」の連用形＋接続助詞「て」。

ここぬ-か【九日】名詞 ❶月の第九番目の日。❷日数の九。九日間。❸誕生の夜から九日目。❸の夜には「☆産養ひ」が行われる。

ここの-かさね【九重】名詞 宮中。類 九重。発展「九重」を訓読したことば。

ここの-しな【九品】名詞 ↓くほん

ここの-そ-ぢ【九十・九十ぢ】名詞 九十。九十歳。

ここの-つ【九つ】名詞 ❶（数の）九。また、数え年の九歳。❷（時刻の呼び方で）今の午前十二時ごろ、または午後十二時ごろ。ここのつどき。↓ビジュアルチェック⑲（881ページ）

ここの-へ【九重】名詞 ❶宮中。内裏。禁中。**九重のうちに鳴かぬぞいとわろき。**〈枕草子・41・鳥は〉訳（ウグイスが）**内裏**の中で鳴かないのはとてもよくない。❷皇居のある所。都。**九重のほかに移ろふ身にしあれば都はよそにきくの白露** 歌〈とはずがたり〉訳**都**の外に移り住んでいる身であるので、都（のこと）はよそごとのように聞くが、（宮中をしのばせる）キクに降りた白露であるよ。❸九つ重なること。また、幾重にも重なること。**九重に霧や隔つる雲の上の月を遥かに思ひやるかな** 歌〈源氏・賢木〉訳**幾重にも重なった**霧が隔てているのか。雲の上の美しい月を遠くはるかに想像していることだよ。○「九重」は「幾重も重なる」意と「宮中」の意を含む。宮中には朱雀帝をとりまく右大臣一派が邪魔していて、帝にお会いできない意をいおうとした藤壺の中宮の歌。

ここ-ば 副詞 ↓ここだ

ここば-く 副詞 ↓ここだ

ここ-ら【幾許】

数量が多い、また、程度が極端なようす

❶数多く。たくさん。 ◉「ここら〜動詞」「ここら（の）＋体言」の形をとる。

❷ひどく。たいへん。 ◉「ここら〜用言」の形をとる。

副詞 ❶（「ここら〜動詞」「ここら（の）＋体言」の形で）**数多く。たくさん。長く。長い間。**「**ここら船に乗りてまかり歩くに、まだ、かかるわびしき目を見ず。**」〈竹取・竜の頸の玉〉訳「**長い間**船に乗って出歩かせていただいているが、まだ、こんなつらい目に遭ったことがない。」○この例の「ここら」は、船に乗る回数が多いこととも取れる。**ここらの国々を過ぎぬるに、駿河の清見が関と、逢坂の関とばかりはなかりけり。**〈更級日記・富士川〉訳**数多く**の国々を通過してきたが、駿河（＝今の静岡県）の清見が関と、（今の滋賀県の）逢坂の関ほどの（すばらしい所）はなかった。

❷（「ここら〜用言」の形で）**ひどく。たいへん。****木伝へばおのが羽風に散る花を誰に負ほせてここら鳴くらむ** 歌〈古今集・春下・109〉訳（ウグイスは）木の枝から枝へ飛び移るから、自分の羽風によって散る花なのに、だれに（花の散る）責任をかぶせて**ひどく**鳴くのだろう。「**今何の報いにか、ここら横様なる波風にはおぼほれまはむ。**」〈源氏・明石〉訳「（皇子である源氏が）今なんの報いによって、**ひどく**非道な波風に溺れ死になさるのだろうか。」

発展 ①**語の成り立ち** 「ここだ」の「だ」が「ら」に変化した形で、上代に用いられた「ここだ」「ここば」に代わって中古以降に用いられた。類義語に「そこば」「そこら」があるが、「ここら」と同様、「そこら」も主に中古以降用いられた。「だ」「ば」「ら」はいずれも数量や程度を表す接尾語と考えられる。
②❶は「ここらの＋体言」の形で連体修飾語となることが多い。その場合の体言は数えられる名詞である。

ここ-もと【此処許】代名詞 ❶（話し手に近い場所を指して）すぐそば。この辺り。**枕をそばだてて四方の嵐を聞きたまふに、波ただここもとに立ちくる心地して…。**〈源氏・須磨〉訳（源氏は）枕を傾けて耳をすまして四方の嵐（の音）をお聞きになると、波がすぐ**この辺り**に打ち寄せてくる気がして…。❷自分の方。こちら側。**いまさらの人などのあるとき、ここもとに言ひつけたることぐさ、物の名など、心得たるどち…。**〈徒然草・78・今様のことどもの〉訳初めての人などがいるとき、（その人への配慮を欠いて）**自分の方**で言い慣れている話題や、物の名まえなどを、理解している仲間が…。

ここ-ら【幾許】副詞 ↓最重要語（509ページ）

こころ【心】名詞 ❶心臓。胸。そこから、中心部。**池の心広くしなして…。**〈源氏・桐壺〉訳池の**中心部**を広く掘り下げて…。❷精神。意識。**心に映り行くよしなしごとを…。**〈徒然草・序・つれづれなるままに〉訳**意識**に次々に浮かぶつまらないことを…。❸気持ち。感情。気分。**心をぞわりなきものと思ひぬる見るものからや恋しかるべき** 歌〈古今集・恋4・685〉訳**感情**を道理の通じないものと（私は）感じてしまった。（今こうして）会っているのに、どうして（これほど）恋しいのだろうか（恋しいという感情が起こるはずはあるまいに）。❹心構え。気構え。**みかどの御心強からず…。**〈栄花〉訳円融天皇のお**心構え**は（他人の意見に）左右されやすく…。❺意向。意志。気立て。性向。**物に襲はるるやうにて、あひ戦はむ心もなかりけり。**〈竹取・かぐや姫の昇天〉訳物の怪におびえるよう（な状態）で、互いに戦おうという**意志**もなかった。❻思慮。判断。考え。**天気のこと、楫取りの心に任せつ。**〈土佐日記・一月九日〉訳天気のことは、船頭の**判断**に任せてしまった。❼思いやり。情け。愛情。

梓弓(あづさゆみ)引けど引かねど昔より心は君によりにしものを 歌〈伊勢・24〉訳↓あづさゆみ…

❽他意。感情のわだかまり。恨み。
「内裏(うち)にも、なめく心あるさまに聞こしめし…。」〈源氏・真木柱(まきばしら)〉訳「帝(みかど)におかれても、(私を)無礼で(一方では何か私に)他意があるようにお考えなさり…。」

❾趣向。特に、和歌の内容・情趣。
武蔵野(むさし)の心なるべし。〈伊勢・41〉訳(この和歌は)武蔵野の趣向(を詠んだの)にちがいない。

❿意味。わけ。事情。
弟子等(でしら)師の泣くを見て、その心を問ふといへども…。〈今昔〉訳弟子たちは師の泣くのを見て、そのわけを尋ねるのだけれども…。

こころ-あがり【心上がり】 名詞 思い上がり。

こころ-あさ・し【心浅し】 形容詞［ク］〈く・く・し・き・けれ・○／から・かり・○・かる・○・かれ〉❶思慮が浅い。あさはかだ。対心深(こころぶか)し
我をいかに面(おも)なく心浅き者と思ひおとすらむと…。〈紫式部日記〉訳(宮仕えに出た)私をどんなにか恥を知らないあさはかな者だと軽蔑(けいべつ)しているだろうと…。
❷愛情が薄い。薄情だ。対心深(こころぶか)し
「心浅くも取りなしたまふかな。」〈源氏・葵(あおい)〉訳「(私のことを)薄情だとも見なしていらっしゃることだなあ。」

こころ-あ・し【心悪し】 形容詞［シク］〈しく・しく・し・しき・しけれ・○／しから・しかり・○・しかる・○・しかれ〉性質がよくない。意地が悪い。気立てが悪い。気分がよくない。
取りどころなきもの。かたち憎さげに、心あしき人。〈枕草子・141・取りどころなきもの〉訳なんの取り柄のないもの。容貌(ようぼう)が醜いうえに、意地の悪い人。

こころ-あて【心当て】 名詞 ❶当て推量。あてずっぽう。
❷心積もり。目的。意図。
心当てなしの京上り。〈西鶴・日本永代蔵(にっぽんえいたいぐら)〉訳目的のない上京。○無駄な浪費をするということわざ。

こころあてに… 百人一首
心あてに折らばや折らむ初霜の置きまどはせる白菊の花〈古今集・秋下・277・凡河内躬恒(おおしこうちのみつね)〉訳もし折るとするならば、当て推量で折りもしようか。初霜が降りて(その白さで霜か花か)見分けにくくしている白菊の花よ。○二句切れ。「初霜」に擬人法を用いている。体言止め。

品詞分解・修辞

心あて	に	折ら	ば	や	折ら	む。
	格助	ラ四・未	接助	係助	ラ四・未	意志・体

(係)――→(結)〈二句切れ〉

初霜	の	置きまどはせ	る	白菊	の	花
	格助	サ四・已	存続・体		格助	

〈体言止め〉

こころあてに… 歌
心あてにそれかとぞ見る白露の光そへたる夕顔の花〈源氏・夕顔〉訳当て推量で、それ(=源氏)かとお見受けします。白露がその光(=輝き)を加えているユウガオの花(のようなお方)は。○二句切れ。体言止め。
発展 香をたきしめた白い扇に書かれた源氏への初めての歌。興をおぼえた源氏が返歌を贈る。↓よりてこそ…

こころ-あやまり【心誤り】 名詞 ❶錯覚。考え違い。
おほけなく心誤りして、いみじきことども書き続けておこせたまへり。〈源氏・若菜下〉訳(柏木(かしわぎ)は)分不相応に考え違いをして、ひどい恨みのことばなどを書き連ねて(女三の宮に手紙を)およこしになっている。
❷気分や心持ちがすぐれないこと。
心誤りして、煩はしく覚ゆれば…。〈源氏・総角(あげまき)〉訳(大君(おおいぎみ)は)気分がすぐれずに、(薫に会うことを)おっくうに感じているので…。
❸正常な心が乱れること。乱心。
本性(ほんじゃう)は、いと静かに心よく、児(こ)めきたまへる人の、時々心誤りして…。〈源氏・真木柱(まきばしら)〉訳(鬚黒(ひげくろ)の大将(だいしょう)の北の方の)生まれつきの性格は、たいへんもの静かで気立てがよく、子供のようにおっとりしていらっしゃる人でありながら、時々乱心して…。

こころあらむ… 歌
心あらむ人に見せばや津の国の難波(なには)わたりの春の景色を〈後拾遺集(ごしゅうい)・春上・43・能因(のういん)〉訳もし、ものの趣というものがわかる人がいたら、そのような人に見せたいものだ。この摂津(せっつ)の国の難波(=今の大阪市付近)あたりの春の景色を。
発展 詞書に「正月ばかりに津の国に侍(はべ)りける頃(ころ)、人のもとに言ひつかはしける」とある。

こころ-あ・り【心有り】 連語

心がある
人間らしい心、物事のよさを理解する
❶人間らしい感情がある。思いやりがある。
❷趣がある。趣を理解する。
❸ものの道理が分かる。

❶人間らしい感情がある。思いやりがある。
三輪山(みわやま)をしかも隠すか雲だにも情(こころ)あらなも隠さふべしや 歌〈万葉集・1・18〉訳↓みわやまを…
❷趣がある。趣を理解する。
ものあはれなる気色(けしき)に見出(い)だして、「むべ山風を。」など言ひたるも、心あらむと見ゆるに…。〈枕草子・200・野分(のわき)のまたの日こそ〉訳(女が)しみじみと感慨深いようすで(母屋の)内から外を見て、「むべ山風を。」などと(古歌の一節を)詠んでいるのも、趣を理解するような人と見えるが…。○「むべ山風を」は『古今集』および『百人一首』に収められた歌の一節。↓ふくからに…
❸ものの道理が分かる。分別がある。
おほやう、人を見るに、少し心ある際(きは)は、皆このあらましにてぞ一期(いちご)は過ぐめる。〈徒然草・59・大事を思ひ立たん人は〉訳大体、世間の人を見ると、少しものの道理が分かる程度(の人)は、皆この(出家する前に気がかりなことをすべて始末しておこうという)計画(だけ)で一生は終わるようだ。
関連語 心無(こころな)し

こころ-ある-もの【心ある者】 ものの道理をわきまえた人。ものの趣を理解する人。
国人(くにびと)の心の常として、「今は。」とて見えざなるを、心ある者は、恥ぢずになむ来(き)ける。〈土佐日記・十二月二十三日〉訳(国守が帰京するときの)土地の人の心の習いとして、「今は(離任するのだから用はない)。」ということで(見送りに)やって来ないということだが、ものの道理をわきまえた人は、(世間体など)はばからないで来てくれたのだった。

こころ-あわたた・し【心慌たたし】 形容詞［シク］〈しく・しく・し・しき・しけれ・○／しから・しかり・○・しかる・○・しかれ〉気持ちが落ち着かない。気ぜわしい。胸騒ぎがする。
おぼしめぐらすに、いと心慌たたし。〈源氏・明石(あかし)〉訳(源氏は)あれこれとご思案なさるにつけて、ひどく気持ちが落ち着かない。

こころ-いき【心意気】 名詞 ❶性格。気立て。心根。❷意

向。希望。❸意地。意気地。❹気取り。つもり。❺歌舞伎で、俳優が台詞によらず無言のまま心持ちを表す演技。思い入れ。

こころ-いきほひ【心勢ひ】いきおい 名詞 気迫。気力。**人の子なれば、まだ心勢ひなかりければ、とどむる勢ひなし。**〈伊勢・40〉訳(男は)親がかりの身なので、まだ(自己を通すだけの)**気力**もなかったので、(女を)引きとどめる力がない。

こころ-いら・る【心焦らる・心苛らる】動詞 自 ラ下二段 〈れ・れ・る・るる・るれ・れよ〉気持ちがいらだつ。**あまりやせ乾からめきたるは、心いられたらむと推し量らる。**〈能因本枕草子・60・若き人と児とは〉訳ひどくやせてひからびたようなのは、**気持ちがいらだって**いるのだろうと想像される。

こころ-いられ【心焦られ・心苛られ】名詞 心がいらいらすること。

こころ-い・る【心入る】㊀(「いる」は四段活用の自動詞で)心が対象に深く入る。心が引かれる。熱心になる。**かの紫のゆかり尋ね取りたまひて、そのうつくしみに心入りたまひて…。**〈源氏・末摘花〉訳(源氏は)あの(藤壺の女御の)縁続きの人(である紫の上)を捜し出してお引き取りになってから、その方をかわいがることに**熱心におなりに**なって…。
㊁(「いる」は下二段活用の他動詞で)心を対象に深く向ける。心を傾ける。熱心にする。**学問に心入れて…。**〈宇津保〉訳学問に**心を傾けて**…。

こころ・う【心得】

核心となる部分を理解し、把握する
- ❶**理解する。悟る。**
- ❷**熟達する。精通する。**◉多く、存続の助動詞「たり」を伴う。
- ❸**承知する。**◉中世後期以降の用法。

未然形	連用形	終止形	連体形	已然形	命令形
こころ・え	こころ・え	こころ・う	こころ・うる	こころ・うれ	こころ・えよ

動詞 自 ア下二段 ❶(事情や状況を)**理解する**。**悟る**。**分かる**。**納得する**。**「人に交じらはむことを、苦しげにのみものするは、かく思ふなりけり。」と心えたまふ。**〈源氏・松風〉訳「(明石の君が)世間の人と交際したりすることを、つらそうにして(渋って)ばかりいるのは、このように(=私が人に非難されることを)心配するからだったのだ。」と(源氏は)**納得**なさる。**まづ酒を勧めて、強ひ飲ませたるを興とすること、いかなるゆゑとも心えず。**〈徒然草・175・世には心得ぬことの〉訳何はともあれ(人に)酒を勧めて、無理強いに飲ませているのを座興とすることは、どういうわけとも**分からない**。
❷(多く、存続の助動詞「たり」を伴って)(芸能・武術などに)**熟達する**。**精通する**。**たしなみがある**。**片田舎より差し出でたる人こそ、よろづの道に心えたる由の差し答へはすれ。**〈徒然草・79・何事も入りたたぬさましたるぞ〉訳片田舎から人前に出てきた人は、すべての方面に**たしなみがある**ようすの受け答えをするものだ。
❸《中世後期以降》**承知する**。**同意する**。「どれどれ、これへ見せい。」「**心えました**。」〈狂言・末広がり〉訳「どれどれ、こちらに見せろ。」「**承知しました**。」

こころう-が・る【心憂がる】動詞 自 ラ四段 〈ら・り・る・る・れ・れ〉情けなく思う。嘆かわしいと思う。**若き人々、おのがじし心憂がり合へり。**〈堤中納言・虫めづる姫君〉訳若い女房たちは、めいめいに**情けなく思い**合っている。

こころ-うご・く【心動く】連語 動揺する。心引かれる。(心配ごとや衝撃などで)心がぐらつく。**「さればよ。」と、なかなか心動きておぼし乱る。**〈源氏・賢木〉訳(六条御息所は)「やはりその(懸念していた)とおりだった。」と、かえって(伊勢へ下ることを決めていた)**心がぐらついて**思い乱れておいでになる。

こころう・し【心憂し】形容詞 ク ↓最重要語(511ページ)

こころ-うつく・し【心愛し】形容詞 シク 〈しく・しく・し・しき・しけれ・○／しから・しかり・○・しかる・○・しかれ〉心根がかわいい。素直で親しみが持てる。好感が持てる。**いと若やかに心うつくしう、らうたき心、はたおはする人なれば…。**〈源氏・夕霧〉訳(雲居の雁は)非常に子供っぽくて**心根がかわいく**、愛らしい心も、またお持ちの人であるので…。〇「心うつくしう」は連用形「心うつくしく」の

こころう・し【心憂し】

物事が嫌になり、心につらく感じられるようす
- ❶**つらい。情けない。悲しい。**◉主に自分のことについていう。
- ❷**嫌な感じだ。不愉快だ。遺憾だ。**◉主に他の対象についていう。

形容詞 ク

未然形	連用形	終止形	連体形	已然形	命令形
こころう・く	こころう・く	こころう・し	こころう・き	こころう・けれ	○
こころう・から	こころう・かり	○	こころう・かる	○	こころう・かれ

❶(主に自分のことについて)**つらい**。**情けない**。**切ない**。**悲しい**。**世の中になほいと心憂きものは、人に憎まれむことこそあるべけれ。**〈枕草子・267・世の中になほ〉訳この世でなんといってもひどく**つらい**ものは、人に嫌われるようなことであるに違いない。**仁和寺にある法師、年寄るまで、石清水を拝まざりければ、心憂く覚えて…。**〈徒然草・52・仁和寺にある法師〉訳仁和寺にいる僧が、年を取るまで、石清水八幡宮を参詣しなかったので、**情けなく**思われて…。
❷(主に他の対象について)**嫌な感じだ**。**不愉快だ**。**遺憾だ**。**「なほ顔いと憎げならむ人は心憂し。」**〈枕草子・49・職の御曹司の〉訳「やはり顔がひどく憎らしそうな人は**嫌な感じだ**。」**恥ぢがましく、心憂きことのみありて、果ては許さぬ物も押し取りて…。**〈徒然草・175・世には心得ぬことの〉訳(人が酒に酔うと)外聞が悪く、**不愉快な**ことばかり起こって、しまいには承諾もしないいくつかの品物を強引に取って(いって)…。

ウ音便。

こころ-うつ・る【心移る】心が引かれる。心変わりする。

心移るとはなけれど、ただにもあらで…。〈源氏・少女〉訳（夕霧は惟光の娘に）**心が引かれる**というわけではないが、平静でなく心が騒いで…。

こころ-え【心得】名詞 ❶理解しておくべきこと。理解。❷考え。取り計らい。

こころえ-がほ・なり【心得顔なり】形容動詞（ナリ）〈なら・なり（に）・なり・なる・なれ・なれ〉事情をよく知っている顔つき・表情だ。心得ている表情だ。得意そうだ。

「さやうの筋にや。」とは思ひぬれど、ふと**心得顔**にも何かは答へきこえさせむ。〈源氏・若菜上〉訳「そのような（自分を女三の宮の相手にという）件についてではないだろうか。」と思い当たったけれども、（夕霧は）すぐさま**事情を知っている顔つきで**どうしてご返答申し上げたりしようか、いや、しはしない。

こころえ-ず【心得ず】連語 理解できない。納得できない。

心知らぬ人に心得ず思はすること、世なれず、よからぬ人の、必ずあることなり。〈徒然草・78・今様のことどもの〉訳意味の分からない人に**納得できない**ように思わせることは、世の中のことに通じていない、教養のない人が、必ずすることである。

こころえ-そ・ふ【心得添ふ】— 自分の理解したことを付け加える。新たに解釈を加える。

あまりに深く信をおこして、なほわづらはしく虚言を**心得添ふる人あり。**〈徒然草・194・達人の〉訳あまりにも深く信じ込んで、そのうえにうるさいほどうそを**付け加える**人がある。

★**こころえる**（現）→（古）**こころう**【心得】

こころ-おきて【心掟】名詞 ❶気立て。性格。配慮。

御心掟も、ことのほかに賢くおはします。〈大鏡・時平〉訳（道真は）ご**性格**も、格別にすばらしくていらっしゃる。

❷心構え。

「つひの世の重しとなるべき**心掟**を習ひなば…。」〈源氏・少女〉訳「将来の国家の重鎮となるはずの**心構え**を（夕霧が）身に付けたならば…。」

❸前々からの意向。方針。

朱雀院の御心掟を、本意かなはせたまへるもいとめでたし。〈栄花〉訳朱雀院の**前々からの御意向**を、願い通りにおさせになったこともたいへんすばらしい。

こころ-お・く【心置く】動詞 自 カ四段〈か・き・く・く・け・け〉❶心をとめる。執着する。

とまる身も消えしもおなじ露の世に心置くらむほどぞはかなき 歌〈源氏・葵〉訳（生きてこの世に）残る身も死んだ身も同じはかない露の世なのに、それに**執着して**（生きて）いたりする間はむなしいことだ。

❷気をつける。用心する。

「すきたわめらむ女に**心置かせたまへ。**」〈源氏・帚木〉訳「浮気で男になびきやすいような女にご**用心**あそばせ。」

❸遠慮する。

朝夕隔てなく馴れたる人の、ともある時、我に心置き、ひきつくろへるさまに見ゆるこそ…。〈徒然草・37・朝夕隔てなく〉訳ふだん心の隔たりなく打ち解けている人が、ちょっとした時に、私に**遠慮し**、特に気を配っているように見えるのは…。

こころ-おく・る【心後る】動詞 自 ラ下二段〈れ・れ・る・るる・るれ・れよ〉❶気が利かない。

「**その折につきなく目にとまらぬなどを、推しはからず詠み出でたる、なかなか心後れて見ゆ。**」〈源氏・帚木〉訳「その場にふさわしくなく（相手から）顧みられない歌を、（こちらの事情を）察しもしないで詠みだしているのは、かえって**気が利かない**ように思われる。」

❷気後れする。

「怪しく、**心後れ**ても進み出でつる涙かな。」〈源氏・梅枝〉訳「不思議なことに、**気後れし**てひとりでに出てしまう涙であることよ。」

こころ-おくれ【心後れ】名詞 ❶気後れ。臆病。

ゆゆしき心後れの人なり。〈十訓抄〉訳（解勘由次官顕宗は）ひどく**臆病**な人である。

❷思慮が足りないこと。愚かなこと。

かたちみにくく、心後れにして出で仕へ…。〈徒然草・134・高倉院の法華堂の〉訳容姿が醜く、**愚か**ながら出仕し…。

こころ-おごり【心驕り】名詞 得意になること。慢心。うぬぼれ。思いあがり。

のどかなりつる御心驕りに、さしもおぼされざりき。〈源氏・賢木〉訳（源氏は）のんきに（構えて）**うぬぼれて**（いらしたので）、（六条御息所に）そんなに（会いたいとも）お思いにならなかった。

こころ-おそ・し【心鈍し】形容詞（ク）〈く・く・し・き・けれ・○／から・かり・○・かる・○・かれ〉気が利かない。鈍い。対心疾し

さやうのことにも心おそくものしたまふ。〈源氏・蓬生〉訳（末摘花は）そのような（古歌や物語の）方面においても（感じ方が）**鈍く**ていらっしゃる。

こころ-おとり【心劣り】

予想したよりも劣って感じられること——**期待外れと思われること。見劣りすること。幻滅すること。**

未然形	連用形	終止形	連体形	已然形	命令形
こころおと り・せ	こころおと り・し	こころおと り・す	こころおと り・する	こころおと り・すれ	こころおと り・せよ

名詞 動詞 自 サ変 **期待外れと思われること。見劣りすること。幻滅すること。**対心勝り

折をかしうなどある返り事せぬは、心劣りす。〈枕草子・25・すさまじきもの〉訳季節が風情がありなどする（ときに）返事をしないのは、**幻滅する。**

めでたしと見る人の、心劣りせらるる本性見えんこそ、口惜しかるべけれ。〈徒然草・1・いでや〉訳立派だと思う人が、**期待外れと思われる**本来の性質が見えたりすることは、情けないに違いない。

こころ-おも・し【心重し】形容詞（ク）〈く・く・し・き・けれ・○／から・かり・○・かる・○・かれ〉考えがしっかりしている。思慮深い。

すぐれてをかしう、心重く、かどゆゑも、よしも、後ろやすさも、みな具することは難し。〈紫式部日記〉訳非常に気品があって、**思慮深く**、才覚や風情も、趣も、心強さも、みんなすべて持ち合わせるということはめったにない。

こころ-か・く【心掛く】動詞 他 カ下二段〈け・け・く・くる・くれ・けよ〉❶意識する。心にとめる。

「**母屋の中柱に側める人や、わが心掛くる。**」と、まづ目とどめたまへば…。〈源氏・空蝉〉訳「母屋の中柱（の所）で横を向いている人が、自分の**意識する**人（＝空蝉）ではないか。」と、（源氏が）まっ先に目をおつけになると…。

❷思いをかける。恋慕する。

年を経て心掛けたる女の「今年ばかりをだに待ち暮ら

せ。」と言ひけるが…。〈後撰集・30・詞書〉訳年月をかけて(男が)**思いをかけて**いた女で「(せめて)今年だけでも待っていてほしい。」と言った女が…。

発展「こころがく」とも。

こころ-がはり【心変はり】 名詞 ❶心が平常とは異なった状態になること。発狂すること。狂乱。

心一つにおぼし嘆くに、いとど御心変はりもまさりゆく。〈源氏・葵〉訳(六条御息所は)一心に思い嘆きなさるので、いよいよご**狂乱**(のようす)も激しくなっていく。

❷気が変わること。変心。

「**阿波民部重能は心変はりしたるとおぼえさうらふ。**」〈平家・11・壇浦合戦〉訳「阿波民部重能は(忠誠心が)**変心**したと思われます。」

発展❷は、主従の間の忠誠心や、男女間の愛情が変心する意味で用いられる場合が多い。

こころ-がまへ【心構へ】 名詞 心の準備。覚悟。心積もり。

こころ-から【心から】 連語 自分から望んで。心ゆえに。

常世辺に住むべきものを剣太刀汝が心からおそやこの君 歌〈万葉集・9・1741〉訳常世の国(=不老不死の国)に住んでいればよかったのに、お前が**自分から望んで**(追ってきて)しまったのだ、ばかだなあこの人は。○「剣太刀」は「汝」に係る枕詞。

こころから… 歌

心から常世を捨てて鳴く雁を雲のよそにも思ひけるかな〈源氏・須磨〉訳自分から望んで常世を捨てて(旅に出て)鳴いているガンを、(今までは)雲の上の関係ないことと思っていたことだなあ。(気づいてみると自分も同じだ。)○「常世」は、雲のかなたにあると想像された不老不死の国で、ここは都の比喩。

発展須磨退居中の源氏に随行してきている惟光の歌。源氏の歌(↓はつかりは…)に触発されての歌。

こころ-がら【心柄】 名詞 ❶性質。気質。性格。❷自分の心掛けが原因でなったこと。自業自得。

こころ-かる・し【心軽し】 形容詞〔ク〕〈く・く・し・き・けれ・○／から・かり・○・かる・○・かれ〉軽率だ。移り気だ。

出でて去なば心軽しと言ひやせむ世のありさまを人は知らねば 歌〈伊勢・21〉訳家を出て行ったならば**軽率だ**

こころ-ぐる・し【心苦し】

自分や他人のことについて心に苦痛を感じるようす

❶**苦痛を感じる。つらい。** ◉自分の心の状態についていう。

❷**気の毒である。いたわしい。** ◉他人の不幸や悲しみについていう。

形容詞〔シク〕	未然形	連用形	終止形	連体形	已然形	命令形
	こころぐる・しく	こころぐる・しく	こころぐる・し	こころぐる・しき	こころぐる・しけれ	○
	こころぐる・しから	こころぐる・しかり	○	こころぐる・しかる	○	こころぐる・しかれ

❶(自分の心の状態について)**苦痛を感じる。つらい。気がかりだ。**

煩はしかりつることは事なくて、易かるべきことはいと心苦し。〈徒然草・189・今日は、そのことを〉訳めんどうだったことは(意外と)容易で、たやすいはずのことは(うまくいかず)とても**つらい**。

「**小二郎が薄手負うたるをだに、直実は心苦しうこそ思ふに**…。」〈平家・9・敦盛最期〉訳「(息子の)小二郎が軽い傷を負ったのをさえ、直実は**つらく**思うのに…。」○「心苦しう」は連用形「心苦しく」のウ音便。

❷(他人の不幸や悲しみについて)**気の毒である。いたわしい。いじらしい。**

思はむ子を法師になしたらむこそ心苦しけれ。〈枕草子・7・思はむ子を〉訳愛する子がいるとして、その子を僧にしているとしたら、(それは)**気の毒だ**。

「**ただ朝夕にもて付けたらむありさまに見えて、心苦しかりしかば**…。」〈源氏・帚木〉訳「ただもう朝に晩に(人妻らしく)取り繕っていたりするように見えて、**いじらしかった**ので…。」

と人は言うだろうか。夫婦の仲を人は知らないので。

発展「こころかろし」とも。

こころ-ぎたな・し【心汚し・心穢し】 形容詞〔ク〕〈く・く・し・き・けれ・○／から・かり・○・かる・○・かれ〉(俗世に対する執着心などがあって)邪念が捨てきれていない。純粋ではない。心が卑しい。

「**心ぎたなき末の違ひめに、思ひ知らするなめり。**」〈源氏・蜻蛉〉訳「**邪念が捨てきれていない**結果として本意に背く心得違いのために、(仏が世の無常を)思い知らせようとなさるのであるようだ。」

発展「こころきたなし」とも。

こころ-ぎは【心際】 名詞 心持ち。心根。心遣い。

さほどの心際にて、かくほどの振る舞ひしけん愚かさこそ。〈古今著聞集〉訳それぐらいの**心持ち**によって、これほどの振る舞いをしたとかいう愚かさは(本当に始末の悪いものだ)。

こころ-ぎも【心肝】 名詞 ❶胸の中。心。魂。

心肝をまどはしてもとむるに、さらにえ見出でず。〈大和・152〉訳(大納言は逃がした夕カを)**心**を乱しながら探すけれど、まったく見つけ出すことができない。

❷深い考え。思慮。理性。

「**心肝もなく、相思ひたてまつらざりしものを。**」〈落窪〉訳「(阿漕は三の君に仕える)**深い考え**もなく、共に気がお合い申し上げなかったのに。」

発展「こころ」は心臓、「きも」は肝臓という意味。

こころ-ぎよ・し【心清し】 形容詞〔ク〕〈く・く・し・き・けれ・○／から・かり・○・かる・○・かれ〉潔癖だ。邪念がない。心が清らかだ。

「**今なむ、阿弥陀仏の御光も、心ぎよく待たれはべるべき。**」〈源氏・夕顔〉訳「(源氏のお姿を拝見した)今こそ、阿弥陀仏の(来迎の)ご威徳も、**邪念がなく**待つことができるにちがいありません。」

こころ-ぐせ【心癖】 名詞 性癖。生まれつきの癖。

なほさる御心癖なれば…。〈源氏・蛍〉訳(源氏は)やはりそのような(=いったんは言い寄ってみる)ご**性癖**なので…。

こころ-ぐる・し【心苦し】 形容詞 ↓最重要語(513ページ)

こころぐるし-が・る【心苦しがる】 動詞 他〔ラ四段〕〈ら・り・る・る・れ・れ〉気の毒に思う。気の毒がる。

心も慰めむと、心苦しがりて、母、物語など求めて見せた

まふに、げにおのづから慰みゆく。〈更級日記・物語〉訳（私の）気持ちをも（なんとか）慰めようと、気の毒に思って、母が、物語などを探し求めて見せてくださるので、（それを読むうちに）本当に自然に心が晴れてくる。

こころぐるしーげ・なり【心苦しげなり】 形容動詞〔ナリ〕〈なら・なり（に）・なり・なる・なれ・なれ〉気の毒そうだ。痛々しい。

「さては下りし時、**心苦しげなる**ありさまを見おきしが、事ゆゑなく育ちけるよ。」〈平家・3・少将都帰〉訳「さては（私が鬼界が島へ）下ったときに、（北の方の懐妊した）**痛々しい**ようすをほうっておいたが、（そのときの子供が）差し障りなく育ったのだな。」

こころーげさう【心化粧】 ーげそう 名詞 相手を意識して言動や姿態に気を配ること。心配り。

すいたる若きむすめたちは、船の中さへ恥づかしう、**心化粧**せらる。〈源氏・須磨〉訳色好みの若い娘たちは、舟の中でさえ気がひけて、**心配り**せずにはいられない。

こころーごころ【心心】 名詞 各人の心。さまざまな考え。それぞれの気質。

こころーごころ・なり【心心なり】 形容動詞〔ナリ・ノ〕〈なら・なり（に）・なり・なる・なれ・なれ〉思い思いだ。各自の考えがばらばらだ。

所々の御桟敷、**心々にし**尽くしたるしつらひ、人の袖口さへいみじき見物なり。〈源氏・葵〉訳（見物しに集まった）さまざまな方々の桟敷は、**思い思いに**趣向の限りを凝らした装飾や、女房の★出だし衣までもがたいそう見事な見るだけの値うちあるものだ。

こころーこと・なり【心異なり・心殊なり】 形容動詞〔ナリ〕〈なら・なり（に）・なり・なる・なれ・なれ〉趣や内容、心配りが普段と違っている。格別だ。特に気を遣っている。

はじめて参らむと申さする人の娘などには、**心ことに**紙よりはじめてつくろはせたまへるを…。〈枕草子・158・うらやましげなるもの〉訳初めて宮仕えしようと言上させている人の令嬢など（への手紙）には、**特に気を遣って**料紙などをはじめとしてご用意なさるのを…。

こころーごは・し【心強し】 ーごわし 形容詞〔ク〕〈く・く・し・き・けれ・○／から・かり・○・かる・○・かれ〉強情だ。気が強い。そっけない。つれない。

「**心ごはく**、思ひ隈なからじ。」と慎みたまひて…。〈源氏・総角〉訳（大君は）「**強情で**、思いやりがないようにしよう（＝思いやりがない女だと薫に思われないようにしよう）。」と（言動を）控えなさって…。

こころーさか・し【心賢し】 形容詞〔シク〕〈しく・しく・し・しき・しけれ・○／しから・しかり・○・しかる・○・しかれ〉気持ちがしっかりしている。気が強い。

心さかしきもの、念じて射むとすれども…。〈竹取・かぐや姫の昇天〉訳**気持ちのしっかりしている**者が、我慢して（月からの使者たちを）射ようとするけれども…。

こころーざし【志】

心中でこうしようと思うこと
- ❶意向。目的。
- ❷親切。誠意。愛情。
- ❸贈り物をすること。贈り物。
- ❹（故人の）追善供養。

名詞 ❶意向。意志。目的。本意。

「さりとも、つひに男逢はせざらむやは。」と思ひて頼みをかけたり。あながちに、**志**を見え歩く。〈竹取・五人の貴公子〉訳（貴公子たちは）「そうはいっても、（竹取の翁はかぐや姫を）いつまでも男と結婚させないようなことがあるだろうか、いや、そんなはずはない。」と思って期待をかけている。ことさらに、（結婚したいという）**意向**をあちこちに見せて回る。

年ごろ経て、女のもとに、なほ**志**果たさむとや思ひけむ、男、歌を詠みてやれりけり。〈伊勢・86〉訳数年たって、（恋い慕う）女のもとに、やはり**本意**を遂げようと思ったのではないだろうか、男は、歌を詠んで贈ったのだった。○「なほ志果たさむとや思ひけむ」は★挿入句。

❷親切。誠意。愛情。

志は致しけれど、さる卑しき業も習はざりければ、上の衣の肩を張り破りてけり。〈伊勢・41〉訳（身分の低い男を夫とした女は、）**誠意**は尽くしたけれど、そのような（夫の上着を洗って張るという）卑しい仕事も習い覚えていなかったので、上着の肩（の部分）を強く張り過ぎて破ってしまった。

❸（好意・感謝などの気持ちを込めて）贈り物をすること。贈り物。

いとはつらく見ゆれど、**志**はせむとす。〈土佐日記・二月十六日〉訳（隣人に預けておいた屋敷が荒れ放題で）本当にまあ薄情だと思われるけれども、（その隣人に、お礼の）**贈り物**はしようと思う。

❹（故人の）追善供養。

三十五日お逮夜の**志**、お同行衆寄り集まり…。〈近松・女殺油地獄〉訳（お吉の）三十五日（の忌日の）前夜の**追善供養**では、信徒の方々が寄り集まり…。

こころーざ・す【志す】 動詞 他〔サ四段〕〈さ・し・す・す・せ・せ〉

❶心に決める。目ざす。

後は誰にと**志す**者あらば、生けらんうちにぞ譲るべき。〈徒然草・140・身死して〉訳死後はだれそれにと**心に決める**人があるならば、生きているような間に譲るのがよい。

❷（好意・感謝などの）気持ちを表して物を贈る。

この食物はかの仙人の**志し遣はす**物なり。〈今昔〉訳この食べ物はその仙人が（自分の）**気持ちを表**（すしるしと）**して贈りなさる**物である。

❸死者の冥福を祈って供養する。

御心のうちにまた**志したまうて**、黄金百両をなむ別にせさせたまひける。〈源氏・横笛〉訳（源氏は）お心ひそかにさらに加えて（若君の分として柏木の）**冥福を祈って供養なさって**、黄金百両を別に（寄進を）おさせになったのだった。

こころーざま【心様】 名詞 性質。気立て。

「さる**心様**したる人ぞよき。」〈徒然草・36・久しく訪れぬころ〉訳「そのような**気立て**をしている人（＝女性）は好ましい。」

こころーしらひ【心しらひ】 ーしらい 名詞 心遣い。配慮。たしなみ。また、工夫。構想。

「け近き籬の内をば、その**心しらひ**、おきてなどをなむ、上手はいと勢ひ殊に…。」〈源氏・帚木〉訳「近くの粗い目の垣根の内を（描くにあたって）、その**構想**や、配置などを、名人は実に筆勢も格別で…。」

こころーしら・ふ【心しらふ】 しら（ろ）う 動詞 自〔ハ四段〕〈は・ひ・ふ・ふ・へ・へ〉気を配る。心遣いする。気を利かす。

「恥づかしくや思さむ。」と、思ひやり深く**心しらひて**…。〈源氏・葵〉訳（惟光は）「（紫の上が）恥ずかしいとお思いになるのではなかろうか。」と、思慮深く**気を配って**…。

こころーしり・なり【心知りなり】 形容動詞〔ナリ・ノ〕〈なら・なり（に）・なり・なる・なれ・なれ〉❶事情をよく理解している。

心知りの人二人ばかり、心を惑はす。〈源氏・賢木〉訳（源氏と朧月夜の君の密会の）**事情を理解している**（女房の）二人だけは、（露見を恐れて）はらはらしている。

❷気心の知れている。意中をよく知っている。

大将は心知りに、「あやしかりつる御簾の透き影思ひ出づることやあらむ」と思ひたまふ。〈源氏・若菜上〉訳夕霧は**意中をよく知っていて**、「（柏木が）妙なことから（かいま見た）御簾の透き間の（女三の宮の）姿を思い浮かべているのではないだろうか。」とお思いになる。

こころ-し・る【心知る】連語 事情を知る。物の道理を知る。物事を理解する。

心知らぬ人々は、「なぞ、御独り笑みは。」と、とがめあへり。〈源氏・末摘花〉訳**事情を知ら**ない女房どもは、「何ですか、（源氏の君の）あのおひとり笑いは。」と、詮索しあっている。

発展「しる」は四段動詞。

こころ・す【心す】動詞 自〔サ変〕〈せ・し・す・する・すれ・せよ〉気をつける。注意する。用心する。

ひとり歩かん身は、心すべきことにこそと思ひけるころしも…。〈徒然草・89・奥山に、猫股と〉訳一人出歩くような自分の身には、**注意し**なければならないと思っていたちょうどその時…。

こころ-すご・し【心凄し】形容詞〔ク〕〈く・く・し・き・けれ・〇／から・かり・〇・かる・〇・かれ〉もの寂しい。気味が悪い。

「深き里は人離れ、心すごく、若き妻子の思ひわびぬべきにより…。」〈源氏・若紫〉訳「奥深い山里は人の気配がなく、**もの寂しく**、若い妻がきっと思い悲しむに違いないから…。」

こころ-そら・なり【心空なり】連語 あることに気を取られて何も手につかないようす。うわの空だ。無我夢中だ。

「またこれもいかならむ。」と、心空にてとらへたまへり。〈源氏・夕顔〉訳「（夕顔の急死に加えて）またこの人（=右近）もどうなることであろう。」と、（源氏は）**無我夢中で**つかまえていらっしゃる。

こころ-たか・し【心高し】形容詞〔ク〕〈く・く・し・き・けれ・〇／から・かり・〇・かる・〇・かれ〉理想が高い。気位が高い。上品だ。

「上も下も思ひおよび出で立つこそ、心高きことなれ。」〈源氏・行幸〉訳「身分の上下にかかわらず（帝に）寵愛されたいという）期待を胸に抱いて宮中に出仕するのが、**理想が高い**というものだ。」

こころづき-な・し【心付き無し】

他人の行為や状態に好感が持てない気持ち ― 気に食わない。好感が持てない。魅力を感じない。

形容詞〔ク〕	未然形	連用形	終止形	連体形	已然形	命令形
	こころづきなく	こころづきなく	こころづきなし	こころづきなき	こころづきなけれ	○
	こころづきなから	こころづきなかり	○	こころづきなかる	○	こころづきなかれ

気に食わない。好感が持てない。魅力を感じない。

「例の、心なしの、かかるわざをしてさいなまるるこそ、いと心付きなけれ。」〈源氏・若紫〉訳「いつものように、（あの）不注意者が、このようなこと（=大事なスズメの子を逃がしたこと）をしておしかりを受けるのは、本当に**気に食わない。**」

心付きなきことあらん折は、なかなかその由をも言ひてん。〈徒然草・170・さしたることなくて〉訳**気に食わない**ことがあるようなときは、かえってその理由をも言ってしまうのがよい。

こころ-たしか・なり【心確かなり】連語 考えがしっかりしている。心強い。

仕うまつる人の中に、心確かなるを選びて…。〈竹取・火鼠の皮衣〉訳お仕え申し上げる人の中で、（右大臣は）**考えがしっかりしている**者を選んで…。

こころ-だて【心立て】名詞 心の持ちよう。心がけ。また、性格。

こころ-たばかり【心謀り】名詞 はかりごと。策略。

こころ-だましひ【心魂】名詞 ❶精神。気力。

人わろく恋しう悲しきに、心魂もうせにけるにや…。〈源氏・賢木〉訳世間体が悪いほど（藤壺の中宮が）恋しくて悲しいので、（源氏は）**気力**もなくなってしまったのではなかろうか…。

❷能力。才覚。

かたちとても人に似ず心魂もあるにもあらで…。〈蜻蛉日記〉訳容貌も人並みではなく**才覚**があるわけでもなくて…。

こころ-づかひ【心遣ひ】名詞 細かく気を配ること。注意。用心。

これが答は必ずせむと思ふらむと、常に心遣ひせらるるも…。〈枕草子・276・うれしきもの〉訳この仕返しは必ずしようと（相手は）思っているだろうと、（こちらも）常に**用心**しないではいられないのも…。

こころ-づから【心づから】副詞 自分の心から。自分の意志で。

歌 **春風は花の辺りをよきて吹け心づからや移ろふと見む**〈古今集・春下・85〉訳春風はサクラの辺りをよけて吹け。私は（サクラが）**自分の意志で**散るのかどうかを見たい。

こころづき-な・し【心付き無し】形容詞 ↓最重要語 （515ページ）

こころ-づ・く【心付く】一 動詞 自〔カ四段〕〈か・き・く・く・け・け〉❶気がつく。心がとまる。

ある人々は、心付きたるもあるべし。〈堤中納言・虫めづる姫君〉訳（そこに）いる人々（=女房）の中には、（返事をすべきだと）**気がつい**た人もいるのだろう。

❷物心がつく。思慮分別がつく。理解できる。

この年のころよりは、はや、やうやう、声も調子にかかり、能も心付くころなれば…。〈風姿花伝〉訳この年齢のあたりからは、もう、だんだんと、（歌う）声も音階に合うようになり、能も**理解できる**年ごろであるから…。

❸気に入る。

『仕うまつらまほし。』と、心付きて思ひきこえしかど…。」〈源氏・東屋〉訳『（少将殿に主君として）お仕えしたいものだ。』と、**気に入って**お慕い申し上げていたけれど…。」

二 動詞 他〔カ下二段〕〈け・け・く・くる・くれ・けよ〉❶思いを寄せる。

心をとめる。「御匣殿、なほこの大将にのみ心付けたまへるを…。」〈源氏・葵〉訳御匣殿(=朧月夜の君)が、今もなおこの大将(=源氏)にだけ思いを寄せていらっしゃるのを…。

❷注意させる。用心させる。「物は破れたる所ばかりを修理して用ゐることぞと、若き人に見習はせて、心付けんためなり。」〈徒然草・184・相模守時頼の母は〉訳「物は壊れている部分だけを修理して使うことだと、若い人に見習わせて、注意させようとするためである。」

こころ-づくし【心尽くし】

考えられる限り思いを巡らすこと	─さまざまにものを思うこと。物思いをすること。

名詞 **さまざまにものを思うこと。物思いをすること。**
木の間よりもりくる月の影見れば心尽くしの秋は来にけり 歌〈古今集・秋上・184〉訳木々の間から漏れてくる月の光を見ると、**物思いをする**秋は来てしまったのだなあ(としみじみ思うことだ)。
「暁の別れは、かうのみや**心尽くし**なる。」〈源氏・須磨〉訳「夜明け前のまだ暗いころの別れは、ひたすらこのように**物思いをする**ものなのか。」

こころ-つく・す【心尽くす】気をもむ。精魂を使い果たす。心配する。「『浅き根ざしゆゑやいかが。』と、かたがた**心尽くされ**はべる。」〈源氏・松風〉訳「『浅い生まれ(=高くない家柄の母親)ゆえにどうだろうか。』と、あれこれ**心配せ**ずにはいられません。」

こころ-づけ【心付け】名詞❶他人への配慮。気遣い。❷祝儀。手当て。❸《連歌・俳諧用語》句の付け方のひとつ。前句中の詞の縁や題材との関連ではなく、一句全体として表している意味や心情によって付けること。

こころ-づよ・し【心強し】形容詞〔ク〕〈く・く・し・き・けれ・○／から・かり・○・かる・○・かれ〉❶気丈だ。強情だ。我慢強い。対心弱し「我は今少し思ひ乱るることの勝るべきを、あいなし。」と**心強く**おぼすなるべし。〈源氏・賢木〉訳「(源氏に対面すれば)自分は今よりもいっそう悩みが深まるに違いないので、(お目にかかるのは)つまらない。」と(六条御息所は)**気丈に**お思いになるのであるに違いない。
❷情にほだされない。つれない。対心弱し「かばかり言ひ寄りぬれば、**心強う**しもあらず慣らひたりしを…。」〈源氏・明石〉訳「これほど求愛してしまうと、きまって、**つれなく**するわけはないというふうに慣れていたのに…。」○「こころづよう」は連用形「こころづよく」のウ音便。

こころ-と【心と】連語 自分から。自分の考えで。進んで。「え旅立ち居たらねば、**心と**出できたる。」〈枕草子・125・無徳なるもの〉訳(妻が)いつまでも別の所に居続けていることもできないので、**自分から**現れたのは(みっともない)。

こころ-ど【心ど】名詞 気力。心の張り。しっかりした心。

こころ-ときめき【心ときめき】名詞 動詞 自〔サ変〕〈せ・し・す・する・すれ・せよ〉期待などで胸がどきどきすること。心がわくわくすること。「宮の内にも**心ときめきせ**しを…。」〈源氏・賢木〉訳(六条御息所の)御殿の内でも(今度こそ源氏の正室にという期待で)**わくわくし**ていたのだが…。

こころ-と・く【心解く】連語 気を許す。打ち解ける。油断する。「**心解けたる**寝だに寝られず…。」〈源氏・空蟬〉訳(空蟬は)**気を許し**て眠ることさえできないで…。

こころ-と・し【心疾し】形容詞〔ク〕〈く・く・し・き・けれ・○／から・かり・○・かる・○・かれ〉察しがよい。敏感だ。利発だ。気が早い。対心鈍し「一重なるが、まづ咲きて散りたるは、**心とく**、をかし。」〈徒然草・139・家にありたき木は〉訳「一重の早咲きのウメが、一足先に咲いて散ってしまったようすは、**気が早く**て、趣がある。」

こころ-とど・む【心留む】気にかける。心にとめる。「着るべきもの、常よりも**心とどめたる**色合ひ為様いとあらまほしくて…。」〈源氏・帚木〉訳「(女が私のために仕立てて残した)着るはずの物は、いつもよりも**気にかけ**た色合いや仕立てがたいそう理想的であって…。」

こころ-とま・る【心留まる】心が引かれる。「時々隠ろへ見はべりし程は、こよなく**心留まり**はべりき。」〈源氏・帚木〉訳「(嫉妬ぶかい女に内緒で)時々(別の女と)こっそり会いました間は、(その女に)この上なく**心が引かれ**ておりました。」

こころ-と・む【心留む】↓こころとどむ

こころ-なが・し【心長し】形容詞〔ク〕〈く・く・し・き・けれ・○／から・かり・○・かる・○・かれ〉長く気持ちが変わらない。気が長い。辛抱強い。
見し人もなき山里の岩垣に心長くも這へる葛かな 歌〈源氏・総角〉訳昔会った人ももういないこの山里の(屋敷の)石垣に、**長く気持ちが変わらない**(=前と変わらないようす)ではっているクズよ。

こころ-ながら【心ながら】連語❶自分の気持ちだが。我ながら。「頼むにつけては、『うらめしと思ふこともあらむ。』と、**心ながら**覚ゆる折々もはべりしを…。」〈源氏・帚木〉訳「(私を)頼りにするにつけても、『(私を)恨めしいと思うこともあるだろう。』と、**我ながら**感じられる折々もございましたが…。」
❷その心のままで。(以前と)同じ気持ちのままで。「貧しく経ても、なほ、昔よかりし時の**心ながら**、世の常のことも知らず。」〈伊勢・16〉訳貧しく暮らしていても、依然として、昔裕福だったときと**同じ気持ちのままで**、世間並みの暮らし方も知らない。

こころなき… 歌 **心なき身にもあはれは知られけり鴫立つ沢の秋の夕暮れ**〈新古今集・秋上・362・西行〉訳(私のような)趣を理解しない者にも、(この)しみじみとした趣は自然に感じられたのだなあ。シギが飛び立つ沢の(この)秋の夕暮れよ。○三句切れ。体言止め。「心なき身」は出家してものの情趣を味わうこととは無縁になった身、とする説もある。
発展 ★三夕の歌の一つ。

こころ-なぐさ・む【心慰む】連語 気が晴れる。楽しい気持ちになる。人遠く、水、草清き所にさまよひありきたるばかり、**心慰む**ことはあらじ。〈徒然草・21・万のことは〉訳人里遠く、水や、草のきれいな所にさまよい歩いているときほど、**気が晴れる**ことはあるまい。

こころ-なさけ-あ・り【心情けあり】連語 思いやりが深い。情趣を解する。世心つける女、「いかで**心情けあら**む男にあひ得てしがな。」と思へど…。〈伊勢・63〉訳男を慕う心に関心を持つ女が、「なんとかして思いやりが深いような男に会う(ことができる)ようになりたいものだ。」と思うが…。

こころ-な・し【心無し】形容詞 → **最重要語**(517ページ)

こころ-なら-ず【心ならず】連語 ❶自分の心からではなく。不本意に。

「されど、おのが**心ならず**まかりなむとする。」〈竹取・かぐや姫の昇天〉訳「しかし、自分の**心からではなく**おいとましようとする(のである)。」

❷無意識に。

源氏の舟は潮に向かうて**心ならず**押しおとさる。〈平家・11・壇浦合戦〉訳源氏の舟は(引く)潮に向かって**無意識に**押し戻される。

こころ-ならひ【心習ひ】ならい 名詞 心に染み付いた性癖。習慣。習性。

こころ-に-い・る【心に入る】㊀(「入る」は四段活用の自動詞で)心にかなう。気に入る。熱中する。

「をかしとも、あはれとも、**心に入らむ**人の、たのもしげなき疑ひあらむこそ、大事なるべけれ…。」〈源氏・帚木〉訳「愛らしいとも、いとしいとも(思って)、**気に入っていたり**する男が、頼りになりそうにないという疑いがあるとしたら、(それこそ)重大なことであるに違いないが…。」

㊁(「入る」は下二段活用の他動詞で)深く心に留める。心を込める。思い込む。

仏の御名を**御心に入れて**、御声はいと尊くて申したまふを聞きて…。〈伊勢・65〉訳(この帝は)仏のお名前をお**心を込めて**、お声はたいへんご立派な感じで唱え申し上げなさるのを聞いて…。◯「御心に入れて」は、「申したまふ」に係っている。

こころ-に-かか・る【心にかかる】気になる。いつも念頭にある。

「**心にかかる**ことあらば、その馬を馳すべからず。」〈徒然草・186・吉田と申す馬乗りの〉訳「**気になる**ことがあったならば、そのウマを走らせてはいけない。」

こころ-に-か・く【心に懸く】❶気に掛ける。

昼は日ぐらし思ひつづけ、夜も目のさめたるかぎりは、これをのみ**心に掛け**たるに…。〈更級日記・物語〉訳昼は終日思い続け、夜も目のさめている限りは、この物語のことばかりを**気に掛け**ていたところ…。

こころ-な・し【心無し】

自然や人間に接する態度に余裕がなく、温かみに欠ける感じを非難する気持ち

❶趣を理解しない。教養がない。風流心がない。
❷配慮に欠ける。分別がない。
❸思いやりがない。薄情だ。つれない。

形容詞(ク)	未然形	連用形	終止形	連体形	已然形	命令形
	こころな・く	こころな・く	こころな・し	こころな・き	こころな・けれ	○
	こころな・から	こころな・かり	○	こころな・かる	○	こころな・かれ

❶**趣を理解しない。教養がない。風流心がない。**

「何に御覧ぜさせつらむ。我さへ**心なき**やうに。」〈源氏・末摘花〉訳「どうして(姫君が源氏に贈った無風流な衣服を、源氏に)お目にかけてしまったのだろうか。(姫君に仕える)自分までもが**趣を理解しない**者のように(なってしまった)。」

心なき身にもあはれは知られけり鴫立つ沢の秋の夕暮れ 歌〈新古今集・秋上・362〉訳(私のような)**趣を理解しない**者にも、(この)しみじみとした趣は自然に感じられたのだなあ。シギが飛び立つ沢の(この)秋の夕暮れよ。◯「心なき身」は出家してものの情趣を味わうこととは無縁になった身、とする説もある。

❷**配慮に欠ける。分別がない。思慮がない。不注意だ。**

格子を上げたりけれど、守、「**心なし**。」とむつかりて、下ろしつれば…。〈源氏・帚木〉訳(源氏がいる部屋の)格子を上げてあったが、守(＝紀伊守)が、「(女房たちが覗いたりすると失礼なのに)**不注意だ**。」と小言を言って、下ろしてしまったので…。

酒飲み連歌して、果ては大きなる枝、心なく折り取りぬ。〈徒然草・137・花は盛りに〉訳(花見のとき、片田舎の人は)酒を飲み連歌をして、しまいには大きな枝を、**分別もなく**折り取ってしまう。

❸**思いやりがない。薄情だ。つれない。**

しばしばも見放けむ山を心なく雲の隠さふべしや 歌〈万葉集・1・17〉訳幾たびも望み見ようと思う山(＝三輪山)を、**薄情に**も雲が隠し続けてよいものか、いや、よくない。

心なしと見ゆる者も、よき一言言ふものなり。〈徒然草・142・心なしと見ゆる者も〉訳**思いやりがない**と思われる者も、(何か)よい一言は言うものである。◯❶・❷の意味でも解釈できるが、すぐ後に「かかる者の心に慈悲ありなんや」とあることから、この例は、荒々しい東国武士がその風貌からいかにも薄情であるように見える、という意味に解釈する。

類語比較「こころなし」と「なさけなし」

共通点＝思いやりがないようすや、趣がないようすを表す。

こころなし＝配慮や分別に欠けることや、趣を理解しないことを強く非難する気持ちを含んで用いられる。

なさけなし＝非難の度合いが弱く、どこかに人間的な温かみを期待する気持ちが含まれている。

→**古語チャート**㉙(923ページ)

❷自分の思いのままにする。

「**まして今は、天の下を御心に懸けたまへる大臣にて…。**」〈源氏・玉鬘〉訳「(昔の頭中将は)まして今は、天下も**自分の思いのままに**なさる大臣で…。」

こころ-に-かな・ふ【心に適ふ】かなう ❶思いどおりになる。

命だに心にかなふものならばなにか別れのかなしからまし 歌〈古今集・離別・387〉訳命だけでも**思い通りになる**(＝あなたの帰りをいつまでも待つことができる)ものならば、どうして別れが(これほど)つらいだろうか。

❷気に入る。心に適する。

情けありて、世の中の人の心にかなへるをよしとし…。〈源氏物語玉の小櫛〉訳思いやりがあって、世の中の人の**心に適し**ているのをよいとし…。

こころ-にく-し【心憎し】形容詞 → **最重要語**（518ページ）

こころ-に-し-む【心に染む】■一（「しむ」は四段活用の自動詞で）心に深く感じる。しみじみと感じ入る。
心深うのたまひし御容貌・気はひも、世の常の人を見るにつけても、心に染みて思ひ出でらるるに…。〈浜松中納言〉訳 情け深くおっしゃった（中納言の）ご容貌やごようすも、世間並みの人（＝衛門の督）を見るにつけても、（大弐の娘は）**心に深く感じて**思い出されるのに…。
■二（「しむ」は下二段活用の他動詞で）思い詰める。深く心を傾ける。
昔より、よしなき物語、歌のことをのみ心に染めで…。〈更級日記・夫の死〉訳 昔から、つまらない物語や、歌のことばかりに**深く心を傾け**ないで…。

こころ-にく-し【心憎し】

自分がとても及ばない相手をうらやみ、強く関心を示すようす

❶**奥ゆかしい。心引かれる。深みがある。**
❷**恐るべきだ。警戒すべきだ。** ◉中世以降の用法。
❸**怪しい。いぶかしい。不審だ。** ◉近世語。

形容詞〔ク〕	未然形	連用形	終止形	連体形	已然形	命令形
	こころにく・く	こころにく・く	こころにく・し	こころにく・き	こころにく・けれ	○
	こころにく・から	こころにく・かり	○	こころにく・かる	○	こころにく・かれ

❶**奥ゆかしい。心引かれる。深みがある。**
忍びやかに、心憎き限りの女房、四人五人さぶらはせたまひて、御物語せさせたまふなりけり。〈源氏・桐壺〉訳（帝は）ひっそりと、**奥ゆかしい**女房ばかりを、四人か五人おそばにお仕え申し上げさせなさって、お話をしていらっしゃるのであった。
簀の子、透垣の頼りをかしく、うちある調度も昔覚えて安らかなるこそ、心憎しと見ゆれ。〈徒然草・10・家居のつきづきしく〉訳 濡れ縁や、透かし張りの垣根の配置もおもしろく、さりげなく置いてある道具類も古風な感じがして落ち着いているのが、**奥ゆかしい**と感じられる。
❷《中世以降》**恐るべきだ。警戒すべきだ。**
「**さだめて討っ手向けられさうらはんずらん。心憎うもさうらはず。**」〈平家・4・競〉訳「（源頼政は）きっと追っ手をお向けになるでしょう。（しかし、頼政の軍勢などは）**恐るべき**（もの）でもございません。」
○「心憎う」は連用形「心憎く」のウ音便。
❸《近世語》**怪しい。いぶかしい。不審だ。**
「**猫にかつをの番とやらで、心憎く思ひしかども…。**」〈根南志具佐〉訳「ネコにカツオの番とかいうので、**いぶかしい**とは思ったが…。」
○ネコにカツオの見張りをさせても結局ネコが自分で食べてしまうので、そのようなことは変だと言っている場面である。

発展 **この「憎し」はねたみやうらやみ** 「心憎し」の「憎し」に憎悪の意味はほとんどなく、優れている者に対するねたみやうらやみの気持ちを表す。

こころ-に-そ-む【心に染む】強く心に焼き付ける。深く心を寄せる。
色なしと人や見るらむ昔より深き心に染めてしものを 歌〈古今集・雑上・869〉訳（私のことを）風流心のない人間だとあなたは思っているだろう。以前から（あなたに）深く**心を寄せていた**（私な）のに。

こころ-に-つ-く【心に付く】■一（「つく」は四段活用の自動詞で）気に入る。好ましく思う。
「**朝見て、心に付かば、速やかに取れ。**」〈今昔〉訳「明朝（そのウマを）見て、**気に入る**ならば、すぐ持っていけ。」
■二（「つく」は下二段活用の他動詞で）気に掛ける。関心を寄せる。
「**この受領どもの、おもしろき家造り好むが、この宮の木立を心に付けて…。**」〈源氏・蓬生〉訳「この受領で、風流な家造りを好む者が、このお屋敷の木立を**気に掛けて**（＝目をつけて）…。」

◆**こころには**…歌
心には下行く水のわきかへり言はで思ふぞ言ふにまされる〈古今六帖〉訳 心のなかでは、山のふもとを木の葉隠れに流れてゆく水が盛んにわき返っているように（わき返って）、（恋しい思いを）口に出して言わないで愛しているのは、口に出して言う以上に思いが（切ないほどに）強まっていることだ。

こころ-に-まか-す【心に任す】思うとおりにする。気の向くままにする。

◆**こころにも**…百人一首
心にもあらで憂き世に長らへば恋しかるべき夜半の月かな〈後拾遺集・860・三条天皇〉訳 不本意にも（この）つらい世に生き長らえていたならば、（そのときは）懐かしいに違いない、（この宮中から眺める）夜更けの（美しい）月だなあ。

品詞分解・修辞

心	に	も	あら	で	憂き	世	に
	断定・用	係助	補動ラ変・未	接助	形・体		格助

長らへ	ば	恋しかる	べき	夜半	の	月	かな
ハ下二・未	接助	形・体	当然・体		格助		終助

発展 藤原道長に退位を迫られ、また眼病に苦しんでいたころの歌。『栄花物語』によると譲位一か月前に詠まれた。たとえこの先まだ命があっても、もう月を見ることはできない身になっているにちがいないと、わが身をはかなんで詠んだ歌である。

こころ-に-も-あら-ず【心にもあらず】連語 ❶無意識のうちに。思わず。
「**いたう困じたまひにければ、心にもあらずうちまどろみたまふ。**」〈源氏・明石〉訳（源氏は）ひどく疲れきっておしまいになったので、**無意識のうちに**うとうととなさる。
❷思いがけず。不本意ながら。
「**さやうに好き惚きさぶらひし者の、心にもあらず、世継が家にはまうで来よりては…。**」〈大鏡・道長下〉訳 そのように（かつて）恋愛沙汰に夢中になっていた者が、**思いがけず**、世継の家にやって参るようになってからは…。
発展 他に「心にもあらで」（「で」は打消接続「…（し）ないで」）の形でも現れる。

こころ-ね【心根】名詞❶心の底。性質。内心。❷能楽で舞を舞うときの心遣い。配慮。

こころ-の-あき【心の秋】（「秋」に「飽き」を掛けて）恋人に飽きられること。恋人の心変わり。

こころ-の-いとま【心の暇】❶心穏やかなとき。物思いのないとき。❷心の中でする別れのあいさつ。

こころ-の-いろ【心の色】心の動き。感情。**内を常に勤めて、物に応ずれば、その心の色句と成る。**〈三冊子〉訳（俳句を作る場合、物事に敏感に反応する）心を常に保って、物に接すると、その**心の動き**が句になる。

こころ-の-うら【心の占】心の中で占うこと。予測。推量。

こころ-の-おきて【心の掟】→こころおきて

こころ-の-おに【心の鬼】❶心をよぎる不安や恐れ。疑心暗鬼。❷やましく思う心。良心の呵責。**宮の、御心の鬼にいと苦しく**…。〈源氏・紅葉賀〉訳（若君が源氏にひどく似ているため）藤壺の宮が、**やましく思う**お心にたいへん苦しんで…。

こころ-の-かぎり【心の限り】❶心が及ぶ限り。精いっぱい。思う存分。「**世を海中にも、魂のあり処尋ねには、心の限り進みぬべきを**…。」〈源氏・宿木〉訳「この世を海の中までも、（亡き大君の）魂のありか探しには、**心が及ぶ限り**進んで行ってしまうつもりなのに…。」❷心のすべて。**面影は身をも離れず山桜心の限り留めて来しかど** 歌〈源氏・若紫〉訳（あなたの）面影は私（＝源氏）の身を離れないヤマザクラ（＝紫の上）であるよ。**心のすべて**を（あなたの住む場所に）残してきたはずなのに。

こころ-の-くま【心の隈】人には見せない心の奥底。

こころ-の-すさび【心の遊び】気の向くままの行い。気まぐれ。

こころ-の-とも【心の友】❶互いに心を知り合っている友。❷心を慰めてくれるもの。

こころ-の-なし【心の做し】気のせい（か）。思いなし（か）。そう思って見るとそう見えること。**顔を打ち守りつつ和う鳴くも、心のなし、目の打ち付けに、例の猫にはあらず、聞き知り顔にあはれなり。**〈更級日記・大納言殿の姫君〉訳（ネコが私の）顔をじっと見つめながら穏やかに鳴くのも、**気のせい**か、（何の考えもなく）ちょっと見たところ、普通のネコではなく（思われて）、（私のことばを）いかにも聞き知っているような顔つきでいとしい。

こころ-の-はな【心の花】❶花の色のように、移ろいやすい人の心。類徒心 ❷花のように美しい心。情け深い心。人間の美しい情愛。

こころ-の-ひま【心の暇】心の安まる時。

こころ-の-ほか【心の外】連語❶自分の思いどおりにならないこと。意向に反すること。期待や予想に反すること。不本意。**世を御心のほかにまつりごちなしたまふ人々のあるに**…。〈源氏・須磨〉訳政治を（帝の）ご**意向に反するように**執り行いなさる人々がいるので…。❷心に留めないこと。無関心。よそ事。**今はただ心のほかに聞くものを知らず顔なる荻の上風** 歌〈新古今集・恋4・1309〉訳今はひたすら**よそ事**のように思って聞いているのに、素知らぬ顔でオギの上を吹き渡る風であるよ。

こころ-の-やみ【心の闇】思い乱れて、分別を失った心を闇にたとえたことば。心の迷い。発展 藤原兼輔の「人の親の心は闇にあらねども子を思ふ道に惑ひぬるかな」〈後撰集・1102〉（訳→ひとのおやの…）の歌から、特に、子供を愛するあまり理性を忘れ思い乱れる親の心をいう。

こころ-ば【心葉】名詞❶心。心ばえ。❷饗膳や折敷などの装飾として添える、銀や銅製の造花。生花を使うこともある。❸贈り物の箱やつぼの覆いに使う四角い綾絹の中央・四隅を飾る、金銀のはくや糸で作ったウメやマツの造花。❹大嘗会のとき、官人が冠に付ける金・銀製の造花。

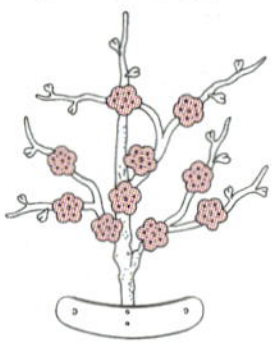

［こころば❹］

こころ-ばせ【心ばせ】

褒めことばとしての人の性質
❶気立て。性質。 ❷心遣い。配慮。 ❸日常の心掛け。たしなみ。また、風流心。

名詞❶**気立て。性質。** **心ばせのなだらかにめやすく、憎みがたかりしことなど、今ぞおぼし出づる。**〈源氏・桐壺〉訳（桐壺の更衣の）**気立て**が穏やかで感じがよく、（憎もうにも）なかなか憎めなかったことなどを、（亡くなった）今となってお思い出しになる。

❷**心遣い。配慮。** **いささめに時待つ間にぞ日は経ぬる心ばせをば人に見えつつ** 歌〈古今集・物名・454〉訳ほんの少しの間と（思って、恋する人に会う）時を待つ間に（どんどん）月日はたってしまった。（私の）**心遣い**をあの人に見せながらも。「**手利きにてはおはすれども、心ばせの後れたまひたるなり。**」〈古今著聞集〉訳「弓の名手ではいらっしゃるけれども、**配慮**が足りなくていらっしゃるのだ。」

❸**日常の心掛け。たしなみ。また、風流心。**「**何の心ばせありげもなく騒動き誇りたりしよ。**」〈源氏・夕顔〉訳「（軒端の荻は）なんの**たしなみ**がありそうにもなく（空蟬と碁を打って）はしゃいで得意になっていたなあ。」

類語比較「こころばへ」と「こころばせ」↓心延へ

こころ-ばせ-びと【心ばせ人】名詞心遣い、気立ての優れた人。

こころ-はづか・し【心恥づかし】形容詞〔シク〕（しく・しく／しから・しかり・し・しき・しけれ・○／しかる・しかれ）❶（相手が立派なので）気がひける。きまりが悪い。気がねされる。**あなづりやすき人ならば、「後に。」とてもやりつべけれど、さすがに心恥づかしき人、いと憎くむつかし。**〈枕草子・28・憎きもの〉訳容易に見下げることができる人であるならば、「後で。」と言ってでも帰してしまうことができそうだが、やはり（相手が立派で）**気がひける**人は、（追い帰すわけにもいかず）ひどくしゃくに障り不快だ。❷（こちらが気後れするほど相手が）立派だ。優れている。「**心恥づかしき人住むなるところにこそあなれ。**」〈源氏・若紫〉訳「（眼下の僧坊はこちらが気後れするほど）**立派**な人が住んでいるとかいう所であるようだ。」

こころ-ばへ【心延へ】名詞 → 最重要語(520ページ)

こころ-ば・む【心ばむ】動詞 自〔マ四段〕〈ま・み・む・む・め・め〉

❶心配する。気になる。「くはや。昨日の返り事。あやしく心ばみ過ぐさるる。」とて、投げたまへり。〈源氏・末摘花〉訳「そら。昨日の返事だよ。妙に気になったまま過ごさないわけにいかないのだ。」と言って、(源氏は命婦に結び文を)お投げになった。

❷気取る。気張る。「心ばみたる方を少し添へたらば。」と見たまひながら、なほうちとけて見まほしくおぼさるれば…。〈源氏・夕顔〉訳「気取ったところを少し加えてみたら。」と(夕顔をご覧になりながらも、やはり(もっと)打ち解けて会いたいと(源氏は)お思いにならないではいられないので…。

こころふか-さ【心深さ】名詞 思慮深さや情趣があること。

こころ-ふか・し【心深し】

思慮や情愛、また趣などが深いようす

❶思慮が深い。情愛が深い。
❷趣が深い。意味が深い。

未然形	連用形	終止形	連体形	已然形	命令形
こころふ か・く	こころふ か・く	こころふ か・し	こころふ か・き	こころふ か・けれ	○
こころふ か・から	こころふ か・かり	○	こころふ か・かる	○	こころふ か・かれ

形容詞〔ク〕❶**思慮が深い。情愛が深い。思いやりが深い。** 対 心浅し・心幼し

心深くもの思ひ知る人にもあれば…。〈蜻蛉日記〉訳(私を訪ねてくれた人は)**思いやりが深く**物事の道理をわきまえた人でもあるので…。

故姫君の御ありさま、心深くおはして…。〈源氏・浮舟〉訳亡き姫君(=大君)のお人柄が、**思慮が深くて**いらっしゃって…。

❷**趣が深い。意味が深い。歌の境地が深い。** 対 心浅し

暁近くなりて待ち出でたるが、いと心深う、青みたるやうにて…。〈徒然草・137・花は盛りに〉訳明け方近くになって出てくるのを待ち受けていた月が、とても**趣が深く**、青みを帯びたようすで…。○「心深う」は連用形「心深く」のウ音便。

古の歌どもに…月の夜は雲をいとひ、あるは待ち惜しむ心尽くしを詠めるぞ多くて、心深きも、ことにさる歌に多かるは…。〈玉勝間〉訳昔の歌などに…月の夜には雲を嫌だと思い、あるいは(再び月の現れるのを)待って名残惜しく思う物思いを詠んだものが多くて、**歌の境地が深い**ものも、特にそういう歌に多いのは…。

発展 **幅広い「心」の内容**　名詞「心」には、思慮・情愛・思いやり・意味・趣・歌の境地など広い意味があり、用例に応じてそれら「心」の内容が「深い」ようすを表す。

こころぼそげ-なり【心細げなり】形容動詞〔ナリ〕〈なら・なり(に)・なり・なる・なれ・なれ〉いかにも心細そうだ。

いと近ければ、心細げなる御声絶え絶え聞こえて…。〈源氏・若紫〉訳(尼君の病床は源氏の御座所に)たいへん近いので、(尼君の)**いかにも心細そうな**お声が途切れ途切れに聞こえてきて…。

こころ-ぼそ・し【心細し】

寂しくて、不安なようす

❶頼りなく不安である。
❷もの寂しい。

未然形	連用形	終止形	連体形	已然形	命令形
こころぼ そ・く	こころぼ そ・く	こころぼ そ・し	こころぼ そ・き	こころぼ そ・けれ	○
こころぼ そ・から	こころぼ そ・かり	○	こころぼ そ・かる	○	こころぼ そ・かれ

形容詞〔ク〕❶**頼りなく不安である。**

「うち捨てて渡らせたまひなば、いと心細くなむはべるべけれど…。」〈源氏・浮舟〉訳「(あなたが私を)見捨てて(都に)お移りになってしまったならば、(私は)ひどく**頼りなく不安である**に違いありませんけれど…。」

❷**もの寂しい。しみじみと寂しい。**

松の梢吹く風の音心細くて、古のこと語り出でて、うち泣きなどしたまふ。〈源氏・末摘花〉訳マツの

こころ-ばへ【心延へ】

気立てや心遣いが表面に表れたようす

❶心のようす。気立て。性質。
❷心遣い。気配り。意向。
❸風情。趣。

名詞 ❶**心のようす。気立て。性質。**

心ばへなどあてやかにうつくしかりつることを…。〈竹取・かぐや姫の昇天〉訳(かぐや姫の)**気立て**などが上品でかわいらしかったことを…。

❷**心遣い。気配り。意向。考え。**

大将の御心ばへもいと頼もしげなきを…。〈源氏・葵〉訳大将(=源氏)のお**心遣い**もあまり当てにできそうもないので…。

❸**風情。趣。**

水の心ばへなど、さる方にをかしくしなしたり。〈源氏・帚木〉訳(紀伊守の屋敷の庭は、流してある)水の**風情**などは、それはそれとして風流にこしらえてある。

歌の心ばへもいとあはれにて…こよなく目留まりて、涙もこぼるれば…。〈源氏・早蕨〉訳(阿闍梨の)歌の**趣**も本当に心にしみじみと感じられるので…この上なく心が引かれて、涙もこぼれるので…。

類語比較 **共通点＝人の心のようすや、気配り・心遣いなどの意味を表す。「こころばへ」と「こころばせ」**

こころばへ＝①「こころ」に、伸び広がる意味の下二段動詞「はふ(延ふ)」の連用形が付いてできたことばで、心の向かうところを表すのがもともとの意味。②そこから、人の性質についてだけでなく、風情・趣など、広く事物の性質についていう。

こころばせ＝①「ばせ」は、姿・状態を表す接尾語とも、「馳せ」の意味ともいわれるように、「心ばせ」は、対象に向かう活発な心の働きを表す。②よい意味で人間の性質についてのみいう。

梢を吹く風の音がもの寂しくて、(姫君は父宮在世中の)昔のことを話し出して、涙を流したりなさる。

五月、菖蒲葺くころ、早苗取るころ、水鶏のたたくなど、心細からぬかは。〈徒然草・19・折節の〉訳(陰暦)五月、(端午の節句に)ショウブを軒端に差して飾るころ、早苗を取る(=田植えをする)ころ、クイナが(戸をたたくような声で)鳴くころなどは、**しみじみと寂しく**ないことがあろうか、いや、しみじみと寂しいものだ。

発展 **美意識を表す語** 中世においては、❷の『徒然草』の用例のように、「心細し」が美意識のひとつととらえられ、風情のあるしみじみとしたもの寂しさを表すようにもなった。

こころ-まうけ【心設け】 名詞 (前からの)心積もり。心構え。

さる**心設け**して、ゆくりもなくかき抱きて馬に乗せて…。〈大和・155〉訳そのような(=女を誘拐する)**心積もり**をして、突然抱き寄せてウマに乗せて…。

こころ-まさり【心勝り】

> **予想したよりも優れて感じられること**
> ❶予想以上に優れている感じがすること。
> ❷見かけよりも心がしっかりしていること。

未然形	連用形	終止形	連体形	已然形	命令形
こころまさり・せ	こころまさり・し	こころまさり・す	こころまさり・する	こころまさり・すれ	こころまさり・せよ

名詞 動詞 自〔サ変〕❶**予想以上に優れている感じがすること。期待以上であること。** 対 心劣り

琴にて答へたまふ思ひやりは山賤めかず、**心勝りし**てをかしければ…。〈浜松中納言〉訳(吉野の姫君が歌ではなく)琴によって(中納言に)ご返事になる気遣いは山里に住む者のようでなく、**予想以上に優れている感じがし**て趣があるので…。

❷**見かけよりも心がしっかりしていること。**

こころ-まどひ【心惑ひ】 名詞 心が迷い乱れること。途方に暮れること。うろたえること。

こころ-まど・ふ【心惑ふ】 連語 思い乱れる。とまどう。当惑する。

竹取**心惑ひて泣き伏せるところに**…。〈竹取・かぐや姫の昇天〉訳竹取の翁が**思い乱れて**泣き伏しているところに…。

こころ-み【試み】 名詞 試してみること。試しに行うこと。試し。発展 試験・試楽(=雅楽を予習すること)・試食・試飲など、内容的にはいろいろある。

こころ-みえ・なり【心見えなり】 形容動詞〔ナリ〕〈なら・なり(に)・なり・なる・なれ・なれ〉人に心を見透かされる。人に心を見せる。見え透いている。

「思ふほどよりはわろし。**心見えなり**。」〈枕草子・319・この草子〉訳「思ったよりはよくない。**見え透いている**。」

こころ-みじか・し【心短し】 形容詞〔ク〕〈く・から・く・かり・し・き・かる・けれ・○・かれ〉❶気が短い。せっかちだ。

「**心短くうち棄てて散りぬるが、恨めしうおぼゆる頃ほひ**…。」〈源氏・藤裏葉〉訳「(サクラの花が)**せっかちに**(散るのを惜しむ気持ちも)ふり捨てて散ってしまうことが、恨めしいと思われるちょうどそのころに…。」

❷飽きっぽい。移り気だ。

頼もしげなきもの。心短く、人忘れがちなる婿の…。〈枕草子・164・頼もしげなきもの〉訳頼りなさそうに思われるもの。**飽きっぽくて**、妻のことを忘れやすい婿で…。

こころ-み・る【試みる】 動詞 他〔マ上一段〕〈み・み・みる・みる・みれ・みよ〉ためす。ようすを見る。

「**わが罪深き者の目に見えたまへば、試みたてまつらんと思ひて、射つるなり。**」〈宇治拾遺〉訳「自分の(ような)罪深い者の目にまでお見えになるので、**おためし**申し上げようと思って、射たのである。」

こころ・む【試む】 動詞 ↓こころみる

こころ-むけ【心向け】 名詞 心の向け方。心の趣。意向。

「**やうやうかかる御心向けこそ添ひにけれ。**」〈源氏・野分〉訳「だんだんこのようなご**意向**(=私と別れたい気持ち)になられてしまったのだった。」

こころ-も-しのに【心もしのに】 連語 しんみりと。しみじみと。心もうちしおれて。

近江の海夕波千鳥汝が鳴けば**情もしのに**古思ほゆ 歌〈万葉集・3・266〉訳↓あふみのうみ…。

こころ-もちゐ【心用ゐ】 名詞 配慮。心遣い。

こころ-も-て【心以て】 連語 自分の心から。自分の心によって。

こころもとな-が・る【心許無がる】 動詞 自〔ラ四段〕〈ら・り・る・る・れ・れ〉待ち遠しく思う。じれったく思う。

天人、「遅し。」と、**心もとながりたまふ**。〈竹取・かぐや姫の昇天〉訳天人は、(帝に手紙を書いているかぐや姫に向かって)「遅い。」と言って、**じれったくお思い**になる。

こころ-もとな・し【心許無し】 形容詞 ↓**最重要語** (522ページ)

こころ-も-な・し【心も無し】 ❶(予想外のことで)心の準備がない。

「**心もなくてはべらむに、ふと行幸して御覧ぜられなむ。**」〈竹取・かぐや姫の昇天〉訳「(かぐや姫が何も)**心の準備がなくて**おりますようなときに、急に行幸なさってご覧になったなら、きっとご覧になることもできよう。」

❷気が気でない。無我夢中だ。心が動揺する。

「**大きなる追捕か。**」など、かたがたに**心もなきまで惑ひまかりしかば**…。〈大鏡・道長下〉訳「大捕り物なのか。」などと、あれやこれやと**心が動揺する**ほどあわててまいりましたところ…。

❸思いやりがない。誠意がない。思慮がない。

心もなく、この人の思ふらむをさへおぼす。〈源氏・末摘花〉訳(源氏は)**誠意がない**と、この人(=命婦)が思っているだろうとまでお考えになる。

❹感情を持たない。無心である。

手なれし具足なども、心もなくて変はらず久しき、いと悲し。〈徒然草・29・静かに思へば〉訳使い慣れた道具類なども、**感情を持たず**(=持ち主の死を知らず)変わらないで長い時間がたっているのは、たいへん悲しい。

こころ-やす・し【心安し】

> **心が落ち着き、安らかなようす**
> ❶安心である。心配がない。
> ❷親しい。遠慮がない。
> ❸たやすい。気軽である。

未然形	連用形	終止形	連体形	已然形	命令形
こころやす・く	こころやす・く	こころやす・し	こころやす・き	こころやす・けれ	○
こころやす・から	こころやす・かり	○	こころやす・かる	○	こころやす・かれ

形容詞［ク］❶**安心である。心配がない。気楽である。**
「いまさらなり、**心安き**さまにてこそ。」などおぼしなして…。〈源氏・浮舟〉訳（薫は「今となってはもう（長居をしても）仕方がない、（新居に浮舟を迎えてから）**心配がない**形で（会うことにしよう）。」などと決め込みなさって…。

❷**親しい。気が置けない。遠慮がない。気兼ねがない。**
「いざ、ただこの辺り近き所に、**心安くて**明かさむ。かくてのみはいと苦しかりけり。」〈源氏・夕顔〉訳「さあ、ともかくこの辺りの近い所で、**気兼ねない**状態で夜を明かそう。このまま（家の中にいる）ばかりではひどくつらいことだなあ。」

❸**たやすい。気軽である。**
「道にも敵待つなれば、**心安う**通らんこともありがたし。」〈平家・7・維盛都落〉訳「道中にも敵が待ち構えているそうなので、**たやすく**通って行くようなことも難しい。」〇「心安う」は連用形「心安く」のウ音便。

発展 ❶→❷❸へ　形容詞「安し」とほぼ同じ意味で用いられる。心安らかであるようすを表す❶がもともとの意味。その気持ちが、他人に与える感じとして用いられると、❷の親しいという意味になり、他の物事を安心して受け入れられるということで、❸の気軽であるという意味にもなる。

関連語 心苦し・心許無し・安し

こころ-やぶ・る【心破る】 機嫌を損なう。
「まづ、『くねくねしく恨むる人の**心破らじ**。』と思ひて…。」〈源氏・紅葉賀〉訳「まず第一に、『ひねくれて恨み言を言う人の**機嫌を損なう**まい。』と考えて…。」

こころ-やま・し【心疾し・心疚し】

物事が思いどおりにならず、心を痛めるようす ─ **不愉快である。しゃくに障る。気がもめる。**

未然形	連用形	終止形	連体形	已然形	命令形
こころやま・しく	こころやま・しく	こころやま・し	こころやま・しき	こころやま・しけれ	○
こころやま・しから	こころやま・しかり	○	こころやま・しかる	○	こころやま・しかれ

形容詞［シク］（物事が思いどおりにいかず）**不愉快である。**

こころ-もとな・し【心許無し】

心の抑制が利かず、落ち着かないようす
❶**待ち遠しい。じれったい。**
❷**気がかりだ。不安だ。**
❸**はっきりしない。ぼんやりしている。**
❹**不十分だ。不満である。**

形容詞［ク］

未然形	連用形	終止形	連体形	已然形	命令形
こころもとな・く	こころもとな・く	こころもとな・し	こころもとな・き	こころもとな・けれ	○
こころもとな・から	こころもとな・かり	○	こころもとな・かる	○	こころもとな・かれ

❶**待ち遠しい。じれったい。**
いみじく**心もとなく**、ゆかしくおぼゆるままに、「この源氏の物語、一の巻よりしてみな見せたまへ。」と心の内に祈る。〈更級日記・物語〉訳 たいへん**じれったく**、読みたいと思われるので、「この源氏物語を、一巻から始めて全部お見せください。」と心の中で祈る。

心もとなきもの。…子産むべき人の、そのほど過ぐるまでさる気色もなき。〈枕草子・160・心もとなきもの〉訳 **待ち遠しいもの**。…子を産むことになっている人が、その（＝予定の）時期を過ぎるまでそのような兆しもないのは（待ち遠しいものだ）。

❷**気がかりだ。不安だ。落ち着かない。**
明け暮れ打ち解けてしもおはせぬを、**心もとなき**ことに思ふべかめり。〈源氏・夕顔〉訳（六条御息所に仕える中将は、源氏が）いつもなれ親しんでお訪ねにならないことを、**気がかりな**ことだと思っているに違いないようだ。〇❶の「待ち遠しい」の意味から❷に移行したのがわかる例。

心もとなき日数重ぬるままに、白河の関にかかりて、旅心定まりぬ。〈奥の細道・白河の関〉訳 **不安な**日数を重ねていくうちに、白河の関に差しかかって、（ようやく）旅（に徹する）心が定まった。

❸**はっきりしない。ぼんやりしている。ほんのりとしている。**
せめて見れば、花びらの端に、をかしき匂ひこそ、**心もとなう**付きためれ。〈枕草子・37・木の花は〉訳（ナシの花はおもしろみのない花だが）よくよく見ると、花びらの端に、趣深い色つやが、**ほんのりと**付いているようだ。〇「心もとなう」は連用形「心もとなく」のウ音便。

心もとなき程の火影に、御髪いとをかしげに華やかに削ぎて…。〈源氏・澪標〉訳 **ぼんやりした**（ほの暗い）程度の灯火の光に、（六条御息所の）お髪はたいそう趣のあるようすで際立って美しく尼そぎにして…。

❹**不十分だ。不満である。未熟である。**
少納言がもてなし、**心もとなき**所なう、心憎しと見たまふ。〈源氏・葵〉訳（二条院では）少納言（の乳母）の（生活諸般に対する）取り計らいは、**不十分な**ところもなく（行き届いて）、奥ゆかしいことだと（源氏は）ご覧になる。

発展 ①**語の成り立ち**　名詞「こころ」に、「根拠もなく・むやみに」という意味の副詞「もとな」が付いて形容詞になったもの、あるいは「もと」は「所」の意味で、心のより所がない意味ともいわれる。
②**中古での意味**　もともとは、はやる心を抑え難いようすを表す。中古では、期待や願望が容易に成就しないことによるもどかしさ、じれったさ、さらには不安やあせりの気持ちを表す例が多い。

類語比較「おぼつかなし」「うしろめたし」「こころもとなし」→覚束なし

不満である。しゃくに障る。気がもめる。じれったい。
今は、まして隙なう、徒人のやうにて添ひおはしますを、今后は**心やましう**おぼすにや、内にのみさぶらひたまへば…。〈源氏・葵〉訳 今となっては、（以前にも）ましてひっきりなしに、（藤壺の宮が）臣下のように（桐壺院）に付き添っていらっしゃるのを、今の皇太后（＝弘徽殿の女御）は**不愉快だ**とお思いになるのではなかろうか、宮中にばかりいらっしゃるので…。〇「心やましう」は連用形「心やましく」のウ音便。
「言ふかひなきことを、なだらかに言ひなして、さてもやあらまし。」とおぼせど、なほいと**心やましければ**…。〈源氏・少女(をとめ)〉訳「言っても仕方のないことだから、穏やかに話をつけて、そのようにも(＝雲居の雁(かり)と夕霧との仲を許すことに)したものだろうか。」と(内大臣は)お思いになるけれど、そうはいってもやはりひどく**しゃくに障る**ので…。

なほ心解けず咎(いら)へたまへるを、「心やまし。」と思ひゐたまへり。〈源氏・紅梅〉訳(匂宮(にほふみや)が)依然として打ち解けないで(中の君との縁談に気兼ねする)ご返事なさったのを、(中の君の父は)「**じれったい**。」と思っていらっしゃった。

発展 **語の歴史**　思い悩むという意味の四段動詞「心病む」が形容詞になったもの。中古末期以降、漢文訓読文に「やまし」単独でも用いられるようになる。

こころ-や・む【心病む】動詞 自 〔マ四段〕〈ま・み・む・む・め・め〉思い悩む。心を痛める。

「**人知れぬわが通ひ路(ぢ)の関守(せきもり)は宵々(よひよひ)ごとにうちも寝(ね)ななむ」と詠めりければ、いといたう心病みけり。**〈伊勢・5〉訳(男が)「人に知られていない私が通う(恋の)道の番人は、毎夜毎夜ちょっとぐらい眠ってしまってほしい。」と詠んだので、(この歌を知った女は)とてもひどく**思い悩んだ**のだった。

こころ-やり【心遣り】名詞 不快な気持ちを発散させること。気晴らし。慰み。

在る人の堪(た)へずして、船の心遣りに詠める…。〈土佐日記・二月四日〉訳 居合わせる人がこらえ切れずに、船旅の**気晴らし**に詠んだ(歌は)…。

こころ-や・る【心遣る】動詞 →こころをやる

こころ-ゆ・く【心行く】

心がよい方に向かう
- ❶**満足する。納得がいく。**◉多く、「心ゆかず」の形で用いる。
- ❷**気分が晴れ晴れする。**

未然形	連用形	終止形	連体形	已然形	命令形
こころゆ・か	こころゆ・き	こころゆ・く	こころゆ・く	こころゆ・け	こころゆ・け

動詞 自 〔カ四段〕❶(多く、「心ゆかず」の形で)**満足する**。気が進む。納得がいく。

「**心ゆかぬなめり。」といとほしく思(おぼ)し召す。**〈源氏・紅葉賀(もみぢのが)〉訳「(源氏が)**満足し**ないように見える。」と(桐壺(きりつぼ)の帝(みかど)は)気の毒にお思いになる。

❷**気分が晴れ晴れする。**

心ゆくもの。よく書いたる女絵の、ことばをかしう付けて多かる。〈枕草子・31・心ゆくもの〉訳 **気分が晴れ晴れするもの**。上手に書いてある女絵(＝大和絵かといわれる)で、絵に添える文章を趣深く付けて(あって、しかも分量が)多いのは(気分が晴れ晴れする)。

発展 **「心ゆかず」が通常**　❶は、用例のように、下に打消の語を伴った例が多く見られ、時に、「心もゆかず」のように、係助詞「も」が間に入り込むこともある。

こころ-ゆるび【心弛び】名詞 気が緩むこと。油断。また、心が休まること。

こころ-よ・し【快し】形容詞 〔ク〕〈く・く・し・き・けれ・○／から・かり・○・かる・○・かれ〉❶気分よい(感じだ)。愉快に感じている。

御顔は赤み濡(ぬ)れ艶(つや)めかせたまひながら、御口は快く笑(ゑ)ませたまひて…。〈大鏡・道長上〉訳(女院の)お顔は赤らみ(涙に濡れて)つやつやと光っていらっしゃるけれども、お口もとは**気分よく**ほほえみなさって…。

❷病気がよくなって気分がよい。具合がよい。

「**気色(きしょく)もだんだん快うござるによって、近々(きんきん)には出勤をもいたさうと申し越しましてござる。**」〈狂言・武悪(ぶあく)〉訳「(武悪は)気分も次第に**具合がよう**ございますので、近々出勤いたそうと申してよこしました。」○「快う」は連用形「快く」のウ音便。

❸【心良し・心好し】気立てがよい。お人好しだ。

あまり心良しと人に知られぬる人。〈枕草子・27・人にあなづらるるもの〉訳(人からばかにされるものは)あまりにも**お人好しだ**と世間に知られてしまった人。

こころ-よ・す【心寄す】思いをかける。好意を示す。

春秋のあらそひに、昔より秋に心寄する人は数まさりけるを…。〈源氏・野分(のわき)〉訳 春と秋の(どちらがよいかという)競いに、昔から秋に**思いをかける**人が多かったけれども…。

こころ-よせ【心寄せ】名詞 ❶好意を寄せること。ひいきにすること。目をかけること。

院の御心寄せもあればなるべし。〈源氏・賢木(さかき)〉訳(斎宮(さいぐう)の御禊(ごけい)の儀式が盛大に行われたのは)桐壺院(きりつぼいん)のご**好意**もあるからなのにちがいない。

❷期待すること。頼みに思うこと。

この児(ちご)、心寄せに聞きけり。〈宇治拾遺(うぢしゅうい)〉訳 この寺に仕える子供は(僧たちがぼた餅を作ろうと言ったのを)**期待すること**として聞いたのだった。

こころ-より-ほか【心より外】連語 思いもかけないこと。意外。不本意。

よう隠しおきたりと思ひしを、心よりほかにこそ漏り出(い)でにけれ。〈枕草子・319・この草子(さうし)〉訳 うまく隠しておいたと思ったのに、**思いもかけないことに**(世間に)漏れ出てしまったことよ。

こころ-よわ・し【心弱し】

心が弱まっているようす ─ 気が弱い。意志が弱い。

未然形	連用形	終止形	連体形	已然形	命令形
こころよわ・く	こころよわ・く	こころよわ・し	こころよわ・き	こころよわ・けれ	○
こころよわ・から	こころよわ・かり	○	こころよわ・かる	○	こころよわ・かれ

形容詞 〔ク〕**気が弱い。気弱だ。意志が弱い。情にもろい。** 対 心強(こころづよ)し

来(き)し方行く先おぼし続けられて、心弱く泣きたまひぬ。〈源氏・賢木(さかき)〉訳(源氏は)過去や将来のことをお思い続けにならないではいられなくて、**気弱に**お泣きになってしまう。

「**さばかりの人の、むげにこそ心弱き気色(けしき)を、人の国にて見えたまひけれ。**」〈徒然草・84・法顕三蔵(ほっけんさんざう)の〉訳「それほどの人(＝三蔵ほどの高僧)が、むやみに(ふるさとを恋しがるような)**情にもろい**ようすを、他国でお見せになったものだなあ。」

こころ-わか・し【心若し】形容詞 〔ク〕〈く・く・し・き・けれ・○／から・かり・○・かる・○・かれ〉純情だ。世慣れていない。幼稚だ。

山鳥、友を恋ひて、鏡を見すれば慰むらむ、心若う、いとあはれなり。〈枕草子・41・鳥は〉訳 ヤマドリが、仲間を恋しがって、鏡を見せると気持ちが安らぐというのは、**純情で**、たいへん感慨深い。○「心若う」は連用形「心若く」のウ音便。

こころ-を-いた・す【心を致す】心を込める。心を尽く

す。
「などてか、かくなにがしが心を致して仕うまつる御修法に験なきやうはあらむ。」〈源氏・夕霧〉訳「どうして、このように私が心を込めてご奉仕申し上げるご祈禱に効果のないわけがあろうか、いや、効果のないわけはない。」

こころ-を-おこ・す【心を起こす】❶信仰心を起こす。
「この盗人、心を起こして法師になりて…。」〈宇治拾遺〉訳このどろぼうは、信仰心を起こして僧侶になって…。
❷勇気を出す。発奮する。奮起する。
「いみじき心起こしてまゐりしに…。」〈枕草子・一本・28・長谷に詣でて〉訳たいへん発奮してお参りしたのに…。

こころ-をか・し【心をかし】形容詞〔シク〕〈しく・しく・し・しき・しけれ・○／しから・しかり・○・しかる・○・しかれ〉かわいい。かわいらしいと感じる。おもしろい。
「心をかしく人馴れたるは、あやしくなつかしきものになむはべる。」〈源氏・若菜下〉訳「(女三の宮が大事にしているネコのように)かわいく人なつっこいのは、不思議と心引かれるものでございます。」

こころ-を-くだ・く【心を砕く】いろいろと気を遣う。心配する。
「わびしうもあるかなと心を砕きしに…。」〈更級日記・子忍びの森〉訳「(大勢の家族を引き連れて)つらいことだなあといろいろと気を遣ったが…。」

こころ-をさな・し【心幼し】形容詞〔ク〕〈く・く・し・き・けれ・○／から・かり・○・かる・○・かれ〉考えが幼稚だ。思慮が足りない。無分別だ。対心深し
「若き人と言ひながら、心幼くものしたまひけるを知らで…。」〈源氏・少女〉訳「年若い人であるとはいうものの、(姫君と夕霧が)無分別でいらっしゃったのを知らないで…。」

こころ-を-た・つ【心を立つ】❶志を立てる。心を奮い起こす。
「独り出でて離れて、心を立てて…。」〈源氏・若菜下〉訳「ひとり(世間から)超越して、(高く)志を立てて…。」
❷我を張る。主張を通す。
「『おのれ一人しも心を立ててもいかがは。』と、思ひ弱りはべりしことなれば…。」〈源氏・夕霧〉訳『私ひとりだけが我を張ってもどうにもなるまい。』と、弱気になりましたことなので…。」

こころ-を-つ・く【心を付く】❶心を向ける。思いを寄せる。
「年ごろ、よからぬ人の心を付けたりけるが…。」〈源氏・橋姫〉訳「数年来、たちの悪い男で思いを寄せてきていた者が…。」
❷(人に)思いを起こさせる。
「おしなべて物を思はぬ人にさへ心を付くる秋の初風」歌〈新古今集・秋上・299〉訳一様に、物思い(というもの)をしない人にさえ、思いを起こさせる秋の初風よ。

こころ-を-つく・す【心を尽くす】❶真心を尽くす。全力を傾ける。心を込める。
「多くの工の、心を尽くして磨きたて…。」〈徒然草・10・家居のつきづきしく〉訳大ぜいの職人が、心を込めて特に磨いて…。
❷限りなく物思いをする。
「さらでも旅はもの憂きに、心を尽くす夕まぐれ、池田の宿にも着きたまひぬ。」〈平家・10・海道下〉訳ただでさえ旅はつらいのに、限りなく物思いをする夕方に、池田の宿にも(重衡は)お着きになった。

こころ-を-と・む【心を留む】気をとめる。執着する。
「よからぬ物蓄へ置きたるも拙く、よき物は、心を留めけんとはかなし。」〈徒然草・140・身死して〉訳つまらない物を蓄えて(死後に残して)置いてあるのも見苦しく、立派な物は、(それに)執着したのだろうとあさはかに思われる。

こころ-を-と・る【心を取る】機嫌を取る。
「大和撫子をば差し置きて、まづ『塵をだに。』など、親の心を取る。」〈源氏・帚木〉訳「大和撫子(=幼い子供)のことは後回しにして、まず、(古歌にあるように)『(床に)塵をさえも(置かないほど通い続けよう)。』などと、母親の機嫌を取る。」○「塵をだに」は、「塵をだに据ゑじとぞ思ふ咲きしより妹とわが寝るとこ夏の花」〈古今集・夏・167〉を引き歌とする。

こころ-を-やしな・ふ【心を養ふ】―やしな(の)う 気晴らしをする。心を慰める。
「ひとり調べ、ひとり詠じて、みづから心を養ふばかりなり。」〈方丈記・境涯〉訳ひとりで(琵琶を)弾き、ひとりで歌をうたって、自分で気晴らしをしているだけである。

こころ-を-や・る【心を遣る】❶気を晴らす。心を慰める。心の中のわだかまりを晴らす。
「夜光る玉といふとも酒飲みて心をやるにあに及かめやも」歌〈万葉集・3・346〉訳夜光の玉などと宝のようにいっても、酒を飲んで気を晴らすことに、どうしてまさるだろうか、いや、まさりはしないのだ。
❷得意になる。満足する。
「わが心得たることばかりを、おのがじし心をやりて、人をばおとしめなど、かたはらいたきこと多かり。」〈源氏・帚木〉訳「(時に応じて応答を上手にこなす女の中でも)自分の理解している事柄だけを、各自めいめい得意になって(言い)、人をけなすなど、目に余ることが多い。」

ここ-を-もって【此処を以て】連語 こういうわけで。それで。
「ここをもってたとひ人怒るといふとも、かへって我が咎を恐れよ。」〈平家・2・教訓状〉訳「こういうわけでたとえ人が怒った場合でも、(自分も腹を立てるのではなく)ふりかえって自分の過失について反省してみよ。」
発展「ここをもちて」が変化したもの。「ここをもて」とも。漢文訓読の文体に用いる。

古今著聞集 ここんちょもんじゅう［チョモンジュ］作品名 鎌倉中期の説話集。橘成季の編。二十巻三十編。勅撰和歌集の形式にならい、神祇・釈教など三十編に分類し、平安中期から鎌倉初期の説話約七〇〇余話を集める。年代順に前後の話と関連付けて配列。前代の日記・記録などからも取材して実録的態度で編集されている。一二五四(建長六)年成立。

ご-ざ【御座】名詞❶(「座」を敬った言い方で)お席。身分の高い人の席。貴人の席。❷貴人の寝所、または座所の畳の上にさらに重ねて敷いた畳。

ござ-あ・り【御座有り】一動詞 自〔ラ変〕〈ら・り・り・る・れ・れ〉
❶(「あり」の尊敬語で)いらっしゃる。
「見まうせば、船中にも少々都の人も御座ありげにさうらふ。」〈謡曲・隅田川〉訳「拝見したところ、(この)船中にも少し都の人もいらっしゃるようであります。」
❷(「行く」「来」の尊敬語で)おいでになる。
「御身はいづくへ御座ある人ぞ。」〈太平記〉訳「あなたはどちらへおいでになるお方か。」
二補助動詞〔ラ四段〕〈ら・り・る・る・れ・れ〉(「あり」「居る」の丁寧語

で)…(で)あります。…(で)ございます。

新帝幼主にて**御座あるうへ**、君崩じたまひたる後は…。〈太平記〉訳 新しい天皇は幼いお方で**ございますうえに**、天皇が崩御なさった後は…。

発展 名詞「ござ」＋ラ変動詞「あり」。

ご-さい-ゑ【御斎会】 名詞 宮中の行事のひとつ。陰暦正月八日からの七日間、大極殿(後には清涼殿)で、「金光明最勝王経」を講じて、国家安寧・五穀豊穣を祈願した儀式。奈良時代から行われ、室町時代に絶えた。季語 春

ご-ざう【五臓】 名詞 ❶(漢方医学の用語で)人体にある五つの内臓。心臓・肝臓・肺臓・脾臓・腎臓。❷全身。満身。五体。

ござ-さうら-ふ【御座候ふ】 一 動詞 自 〔八四段〕〈は・ひ・ふ・ふ・へ・へ〉(「あり」「ござあり」の丁寧語で)いらっしゃいます。おありになります。

藤市と申す人、確かに千貫目御座さうらふ。〈西鶴・日本永代蔵〉訳 藤市と申し上げる人には、確かに千貫目(の財産が)**おありになります**。

二 補助動詞 〔八四段〕〈は・ひ・ふ・ふ・へ・へ〉(「あり」「ござあり」の丁寧語で)…(で)ございます。

「冥途までも御供申させたまひたらんこそ、生々世々の忠孝に**てござさうらはん**。」〈太平記〉訳「あの世までもお供申し上げなさっていたりするのが、未来にわたっての忠孝というもので**ございましょう**。」

ござ-な・し【御座無し】《中世以降》一 形容詞 〔ク〕〈く・く・し・き・けれ・○／から・かり・○・かる・○・かれ〉❶(「なし」の尊敬語で)いらっしゃらない。おいでにならない。

両六波羅おほきに驚きて、まづ内裏へ参じて見たてまつるに、主上は御座なくて…。〈太平記〉訳 (南北)両六波羅探題は(比叡山の挙兵を知って)たいへん驚いて、真っ先に宮中へ参上して見申し上げたが、帝(=後醍醐天皇)は**いらっしゃらなくて**…。

❷(「なし」の丁寧語で)ありません。ございません。

「**南都東大寺の勧進と仰せさうらふ間、さだめて勧進帳の御座なきことはさうらふまじ。**」〈謡曲・安宅〉訳「奈良東大寺(再建)のための勧進とおっしゃいますからには、きっと勧進帳が**ありません**ことはございますまい。」

二 補助形容詞 〔ク〕〈く・く・し・き・けれ・○／から・かり・○・かる・○・かれ〉…(では)ございません。

女は夫をたいせつに思ふといへども、真実では**ござない**。〈イソポ〉訳 女は夫を大切に思うというが、本当では**ございません**。○「ござない」は連体形「ござなき」のイ音便。中世以降、終止形として用いられる。

ござ-なれ 連語 ↓ござんなれ

ござ-ぶね【御座船】 名詞 ❶身分の高い人・貴人の乗る船。❷(川遊びに用いた)屋形船。

ござ-めれ 連語 ↓ござんめれ

ござ・る【御座る】 一 動詞 自 〔ラ四段〕〈ら・り・る・る・れ・れ〉

❶(「ある」「居る」の尊敬語で)いらっしゃる。

「まづ上座に**御座る**お宿老へは、めでたう末広がりを進上申さうと思ふが…。」〈狂言・末広がり〉訳「まず上座に**いらっしゃる**お宿老さまへは、すばらしい末広がりというものを献上して差し上げようと思うが…。」

❷(「行く」「来」の尊敬語で)おいでになる。

先とあらばお先へ参りませう。さあさあ御座れ御座れ。〈狂言・二人大名〉訳 先ということならばお先へ参りましょう。さあさあ**おいでになれおいでになれ**。

❸(「あり」の丁寧語で)あります。ございます。

「**その辺りに末広がり屋は御座らぬか。**」〈狂言・末広がり〉訳「その辺りに末広がり屋は**ありません**か。」

二 補助動詞 〔ラ四段〕〈ら・り・る・る・れ・れ〉(「あり」「居り」の丁寧語で)…(で)あります。…(で)ございます。

「**いかに仏のことにても、ここが胸算用でござる。**」〈西鶴・世間胸算用〉訳「いくら仏様のことといっても、ここが心づもりで**ございます**。」

発展「ござある」が変化した形。特に狂言で多く使われた。↓おぢゃる・おりゃる

ご-さん【五山】 名詞《仏教語》鎌倉・室町幕府が定めた臨済宗の寺院の格式。南宋の制度を模倣し、京都五山と鎌倉五山が定められたが、時期により異同がみられる。

ござん-なれ 連語 ❶(推定を表し)…であるようだ。…であるらしい。

「**六千余騎とこそ聞こえさうらへ。**」「**さてはよい敵ござんなれ。**」〈平家・9・木曾最期〉訳「(軍勢は)六千余騎と情報が入っております。」「それならばよい相手**であるようだ**。」

❷(断定を強調し)…なのだな。

「**内侍所すでに焼けさせたまひぬ。世は今はかうござんなれ。**」〈平家・11・鏡〉訳「お鏡はもはやお焼けになってしまった。世の中はもはや終わり**なのだな**。」○「内侍所」は三種の神器の一つである八咫の鏡。「させたまふ」はそれに対する二重尊敬。

発展「にこそあるなれ」が「ニコサンナレ」から「ンゴサンナレ」を経て成立した形。室町末期に「まったくそのとおりだ」の意味で「ごさんなれ」と用いたが、これは「こそあるなれ」が変化したもので、「ござんなれ」とは構成が異なる。また、近世以降「御座るなれ」の撥音便と誤解されて、「ござんなれ」の形で「(…で)ございます」の意味になり、さらに命令形として「さあ来い」と相手に呼びかける用法も生じた。

五山文学 文芸用語 鎌倉後期から室町時代にかけて、*五山を中心とした禅僧たちによって行われた文学。漢詩・漢文のほか、日記・語録なども含む。一山一寧と、その一門の雪村友梅・虎関師錬・義堂周信・絶海中津らがその代表的作者。

ござん-めれ 連語 …であるようだ。

「**あっぱれ、これは斎藤別当であるござんめれ。**」〈平家・7・実盛〉訳「ああ、これ(=首)は斎藤別当なの**であるようだ**。」

発展「にこそあるめれ」が撥音になったもの。↓ござんなれ

こし【腰】 一 名詞 ❶背骨の下部で、体を回したり曲げたりできる部分。❷衣服・袴などの腰に当たる部分。また、そのあたりで結ぶひも。❸障子・壁・乗り物などの中ほどからやや下の部分。❹山のふもとに近い辺り。山すそ。❺和歌の三句目。腰の句。❻(「腰押し」の略で)後援する人。支持者。後押し。

二 助数詞 ❶袴・刀など腰に着けるものを数えることば。❷矢を入れる箙を数えることば。

こし【輿】 名詞 ❶乗り物の一種。二本の*轅の上に屋形を付け、それに人を乗せ人力で担ぐもの。❷柩を運ぶ台。上げ輿。❸神輿。みこし。発展 ❶は鳳輦・葱花輦・腰輿の三種があり、腰輿には、四方輿・板輿・網代輿などがあった。平安時代は天皇などの乗り物であったが、鎌倉・室町時代には大礼に牛車を用いる以外はこれを用い、江戸時代には牛車は用いられなくなった。

古事記

必修古典ビッグ30 ⑫

●成立…奈良時代後期
●編者…太安万侶（おおのやすまろ）
●分野…歴史書

▼草薙の剣

【冒頭の一文】

天地初めて発けし時、高天原に成れる神の名は、天之御中主神、次に高御産巣日神、次に神産巣日神。訳（混沌としたもののなかから）天と地とが初めて分かれた時、（高い天上の聖なる世界である）高天の原に生まれ出た神の名は、（天地を主宰する）天之御中主神、次に（万物を生成する霊力をもった）高御産巣日神、次に（同じ霊力をもった）神産巣日神である。

【書名の由来】

「古人から伝えられた事を記したもの」という意味。今日では、「こじき」と読むが、江戸時代の国学者、*本居宣長は「ふることぶみ」と読むべきであると主張した。

【成立】

序文によると、天武天皇が当時の氏族たちの間で伝承されていた「帝紀」や「旧辞」を整理し、語り部である稗田阿礼に命じて誦習させたとある。天武天皇崩御後、元明天皇が編纂事業を継承し、太安万侶に命じて筆録させ、七一二（和銅五）年に完成させた。

【編者】

編者の太安万侶は、生年未詳〜七二三（養老七）年の人。奈良時代初期の廷臣で、文武・元明・元正の三代の天皇に仕えた。『古事記』のほか、舎人親王のもとで、『日本書紀』の編纂にも加わった。

誦習者の稗田阿礼は、生没年未詳。二十八歳のとき、天武天皇の命で、「帝紀」「旧辞」を誦習したといわれている。聡明で、暗記力に優れていた。女性であったという説もある。

【概要】

●上中下の三巻。神代から推古天皇までを記す。

〔上巻〕神代の物語。天地開闢から神武天皇の誕生までが書かれている。内容は、伊邪那岐命・伊邪那美命の二神による国土創世から、高天原の成立や天孫降臨（＝邇邇芸命が日向の国高千穂に天降ったこと）などである。このうち、天照大御神と須佐之男命が天の岩屋にこもった事件や須佐之男命の大蛇退治の話などは、後世まで長く語り伝えられた。

〔中・下巻〕人の世の物語である。中巻は、神武天皇の建国から応神天皇までの内容で、神武天皇をはじめとして、倭建命や神功皇后などの英雄的人物を中心とする伝説が多く記され、多分に神話的要素を含んでいる。

下巻は、仁徳天皇から推古天皇までの事を記す。中巻に比べて、現実的な内容になっている。

●全体的には、皇室を中心に諸氏族の伝承を統合し、各地の歌謡なども多数採り込んでいるので、物語的・文芸的要素が多く、歴史書としての評価よりも文学作品としての評価が高い。

【主な登場人物】

天照大御神…上巻の神話に登場する女神。「天照大神」とも書く。日の神。伊邪那岐命の禊のとき、その左目から生まれ、高天原の統治を任された。弟の須佐之男命の乱行を怒って、天の岩屋に隠れた話（上巻）は有名。皇室の祖神として、伊勢神宮に祭られている。

須佐之男命…『日本書紀』では「素戔嗚尊」と書く。伊邪那岐命の禊で鼻から生まれ、海原の統治を任されるが、乱行により根の国（＝黄泉の国）に追放される。出雲で、八岐大蛇を退治し、その尾から草薙の剣を得る。

倭建命…『日本書紀』では「日本武尊」と書く。景行天皇の皇子。父の命に背いた兄を惨殺したために、かえって父に恐れられ熊襲（＝九州南部に住んでいた種族）平定に遣わされる。熊襲討伐後、東国平定に遣わされるが、平定の帰途、伊勢の能煩野で「思国歌」を歌って死ぬ。その墓からは、白鳥が天に飛び立ち、后や御子たちが後を追ったという話が、『古事記』の中巻に書かれている。

神武天皇…『古事記』において、初代の天皇とされている人物。日向の高千穂宮から東遷し、大和に至り、紀元前六六〇年元旦、大和の橿原宮で即位したと書かれている。

【ことばと表現】

●原文は漢文で書かれている。そのため、書き下し文においても*漢文訓読文特有の表現が多い。その序文は純粋な漢文であるが、本文は漢字の音訓を用いて表記された変則的な漢文である。また、歌謡には、*万葉仮名が使われている。例は次のとおり。

〔原漢文―序文〕臣安万侶言。夫混元既凝、気象未効。無名無為。誰知其形。

〔書き下し文〕臣安万侶言す。夫れ混元既に凝りて、気象未だ効れず。名も無く為も無し。誰か其の形を知らむ。

〔原漢文―本文〕修理固成是多陀用弊流之国。

〔書き下し文〕是のただよへる国を修理り固め成せ。

〔原文―歌謡〕夜久毛多都　伊豆毛夜弊賀岐　都麻碁微爾　夜弊賀岐都久流　曾能夜弊賀岐袁

〔書き下し文〕八雲立つ　出雲八重垣　妻籠みに　八重垣作る　その八重垣を

●対句が随所に見られる。先の引用文の傍線・波線の箇所などが、その例である。

●用字のなかには、訓読の際、上代特有の読みをする文字や、漢文訓読的に読まれている文字が随所に使われている。たとえば、「故」＝かれ、「爾」＝ここニ。しかクシテ。「白」＝まをス、など。

こ・し【濃し】 形容詞〈ク〉〈く・く・し・き・けれ・○／から・かり・○・かる・○・かれ〉❶(色・味・匂いなどが)濃い。強い。対淡し **かにひの花、色は濃からねど、藤の花といとよく似て、春秋と咲くがをかしきなり。**〈枕草子・67・草の花は〉訳カニヒの花は、色は濃くないけれども、フジの花にたいへんよく似ていて、春と秋に咲くのがおもしろい。❷(色の中でも特に)紫や、紅の色が濃い。**つややかなる狩衣に、濃き指貫、いとゆゑづきたるさまにて…。**〈徒然草・44・あやしの竹の編み戸〉訳(若い男が)つやつやと光り輝いている狩衣に、紫色が濃い指貫(という)、たいへん由緒ありげなようすで…。❸液体の濃度が高い。濃厚だ。**香ばしさたとへん方なし。見れば、沈、丁子を濃く煎じて入れたり。**〈宇治拾遺〉訳香りのよいことはこのうえない。見てみると、沈香、丁子(といった香木)を濃厚にせんじて入れてある。❹情愛が深い。関係が親密だ。「**濃くなりはつまじきにや。**」〈源氏・真木柱〉訳「(あなたとは)情愛が深くなり尽くせないのではないか。」

越 こし 地名 北陸地方全域の古い呼び名。「高志」とも書く。七世紀末にまず越前・越中・越後の三国に分割され、後に越後から出羽、越前から能登・加賀がそれぞれ分立した。

こ-じ【巾子】 名詞 冠の部分のひとつ。頂上後部に高く出ている部分で、中に★髻を入れるところ。後に形式化した。↓冠(図)

こ-じ【居士】 名詞 ❶《仏教語》出家せず、在宅のまま仏門に入った男子。❷在家の男子(＝僧侶以外の一般男子)の死後、法名の下に付ける呼び名。対大姉 ❸学問や徳があって、官職に就かない隠者。発展 ★梵語を漢字で訳したことば。もとは、「家長・長者」という意味。❷は、女性の場合は「大姉」。

こし-かた【来し方】

通り過ぎて来た方向・場所・時間 → ❶通り過ぎた方向・場所。❷過ぎ去った時。過去。

名詞 ❶**通り過ぎた方向・場所。通って来た方向・場所。** うち顧みたまへるに、**来し方**の山は霞はるかにて…。〈源氏・須磨〉訳(源氏が須磨に着いて)振り返ってご覧になったところ、**通って来た方向**の山は霞が遠くまでかかっていて…。❷**過ぎ去った時。過去。** **来し方をさながら夢になしつれば覚むるうつつのなきぞ悲しき** 歌〈新古今集・雑下・1790〉訳**過ぎ去った時**をそのまま夢(の出来事)としてしまったので、(かえって、そのつらい夢から)覚める現実のないのが悲しいことだ。

発展 **「きしかた」と「こしかた」** カ変動詞「来く」は、下に過去の助動詞「き」の連体形「し」が続く場合、未然形「こ」と連用形「き」の両形が用いられるので、「こしかた」のほかに「きしかた」ともいう。古くは「こしかた」が❶の意味、「きしかた」が❷の意味、と区別されていたが、中古末期からこの区別が失われて、中世以降は「こしかた」の方が圧倒的に多く用いられ、「きしかた」は和歌に残るだけとなった。対義語の「行く先」「行く末」と併せて用いられることも多い。

関連語 行く先・行く末

こし-がたな【腰刀】 名詞 太刀に対して、常に腰に差す短めの刀。類 腰差し・鞘巻

[こしがたな]

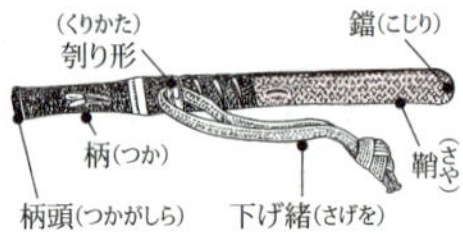

こしかた-ゆくさき【来し方行く先】 過ぎて来た所とこれから行く所。過去と将来。類 来し方行く末

こしかた-ゆくすゑ【来し方行く末】 ↓こしかたゆくさき

こしき【甑】 名詞 米などを蒸すのに用いた、土製の器。後には、木製もあった。今のせいろ。

[こしき]

古事記 こじき 作品名 ↓必修古典ビッグ30 ⑫(526ページ)

ご-しき【五色】 名詞 ❶(中国の五行説に基づく)青・黄・赤・白・黒の五つの色。❷一般に、五種類の色。また、さまざまな色。❸いろいろ。さまざま。各種。多種多様。

古事記伝 こじきでん 作品名 江戸中期の『古事記』(↓必修古典ビッグ30 ⑫ 526ページ)注釈書。★本居宣長著。古語の研究を基礎として、『古事記』にある古代の事実を実証的に究明しようとした書。国学の根本を確立し、古代研究のよりどころを築いた書。一七九八(寛政十)年成立。

小式部内侍 こしきぶのないし 人名 平安中期の女流歌人。母は和泉式部。一条天皇の中宮藤原彰子に出仕。藤原教通の子を生む。才能ある歌人だったが、二十六、七歳の若さで没したといわれる。生年不明—1025

こし-ぐるま【腰車】 名詞 ↓てぐるま

こし-ざし【腰差し】 名詞 ❶貴人から賜わり物としていただく、軸に巻いた巻き絹。❷「★腰刀」の意味に同じ。
発展 ❶は、腰に差して退出することから。

こし-ぢ【越路】 名詞 ↓こし(越)

五七調 ごしちちょう 文芸用語 日本の詩歌における音数律(＝音数による韻律形式)のひとつ。五音の句に七音の句が続く形で、短歌では二句切れ・四句切れになる。荘重・重厚な調べで、『万葉集』では主流であった。↓七五調・読解の手引き❻(436ページ)

ご-しちにち【後七日】 名詞《仏教語》(仏事を行う)正月八日から十四日までの七日間。宮中で神事を行う前七日に対する後七日の御修法を行う、後の七日間。

ごしちにち-の-あざり【後七日の阿闍梨】 ★後七日の御修法を勤める導師。

ごしちにち-の-みしほ【後七日の御修法】 ↓ごしちにちのみずほふ

ごしちにち-の-みずほふ【後七日の御修法】 毎年、★後七日に宮中の真言院で行われた儀式。天皇の健康、国家の繁栄、農作物の豊作などを祈る。発展「ごしちにちのみしほ」とも。

こ-じつ【故実】 名詞 ❶儀式・作法・法令・服などで手本とするべき先例。慣例。また、それらに通じた人。❷心得。知識。手法。発展「こしつ」とも。

こ-じとみ【小蔀】 名詞 ❶格子の付いた小窓。明かりとりなどのために設ける。❷★清涼殿の殿上の間と昼の御座との間にある小窓。そこから天皇が殿上の間をご覧になるために使う。

こし-の-く【腰の句】 名詞《和歌用語》和歌の第三句の五文字。腰句。↓腰折れ歌

こし-の-ぶ【腰伸ぶ】(家にこもっている老人などが)外出する。「**私様には腰伸べてなむ。**」〈源氏・須磨〉訳「私事

では気ままに**外出して**。」

こ-しば【小柴】 名詞 ❶小さく細い雑木の枝。❷「★小柴垣」の略。

こしば-がき【小柴垣】 名詞 雑木の細い枝を編んで作った丈の低い垣根。

[こしばがき]

ごじふさん-つぎ【五十三次】— 名詞 ↓東海道(502ページ)・ビジュアルチェック⑩

こし-まき【腰巻】 名詞 ❶中世以降の女性の衣服のひとつ。宮中の下級女官が、夏、小袖の上から腰に巻いたもの。武家では礼服とした。❷女性の肌着。湯文字。湯巻き。

[こしまき❶]

こし-もと【腰元・腰本】 名詞 ❶腰の辺り。❷貴人のそばに仕え、雑用をする侍女。

ご-しゃ【五舎】 名詞 内裏の中にある五つの殿舎。昭陽舎・淑景舎・飛香舎・凝華舎・襲芳舎の総称。発展 幼少の東宮や摂政の宿舎とされることもあった。↓ビジュアルチェック⑯(759ページ)

こ-しゃう【小姓・小性】— 名詞 ❶子供。少年。青二才。❷貴人の邸や寺に仕えて雑用や給仕をする少年。

ご-しゃう【五障】— 名詞《仏教語》❶女性が生まれながらにして持つ五つの障害。梵天・帝釈天・魔王・転輪聖王・仏身の五つになることのできない障害。❷修行上の妨げとなる、煩悩・業・生・法・所知の五つの障害。↓五濁

ご-しゃう【後生】— 名詞 ❶《仏教語》後の世に生まれ変わること。また、その世。後世。来世。対今生・前生。❷《仏教語》来世の安楽。極楽往生。❸人に折り入って物事を頼むときにいうことば。

ご-じゃう【五常】— 名詞 儒教で、人が常に守るべき五つの道。仁・義・礼・智・信。

ごしゃう-ごころ【後生心】— 名詞 来世の安楽を願う心。

ごしゃう-ねがひ【後生願ひ】 名詞 仏の力にすがって、極楽往生を願うこと。また、極楽往生を願う人。

ごしゃう-ぼだい【後生菩提】—《仏教語》死後の幸せ。極楽往生。

後拾遺和歌集 [ゴシフヰワカシフ] 作品名 平安末期、第四番目の勅撰和歌集。白河天皇の命を受けた藤原通俊の撰。二十巻。総歌数約一二二〇首。仮名序を巻頭に置く。赤染衛門、和泉式部、相模など女流歌人の歌が多い。新奇な表現や叙景歌などの新傾向が見られる。一〇八六(応徳三)年成立。

五十音図 国語・国文法 仮名を、縦に五字ずつ、横に十字ずつ、合計五十字を配列した図。縦は行といい、それぞれア行、カ行などとよぶ。カ行以下、子音の種類をそろえて並べてある。横は段(=列)といい、母音の種類をそろえて並べてあり、それぞれア段、イ段などとよぶ。日本語の主な音節を集めてあるが、図には濁音、半濁音、拗音、促音、撥音は含まない。中古には成立していたとみられる。

ご-しょ【御所】 名詞 ❶天皇の住居。禁中。皇居。また、天皇を敬った言い方。❷上皇・三后・皇子の住居。また、そこに住む人たちを敬った言い方。❸親王・将軍・大臣など高貴な人の住居。または、そこに住む人たちを敬った言い方。❹(「御室御所」の略で)仁和寺。発展「内裏」が公的名称であるのに対して、「御所」は天皇個人のお住まいという私的名称であるといわれる。❹は、宇多法皇が御所としたことから。境内のサクラは「御室の桜」として古くから有名である。

ご-しょ【御書】 名詞 手紙・筆跡を敬った言い方。お手紙。ご筆跡。ご書状。

五条 [テウ] 地名 京都市内を東西に走る大路のひとつ。北から五番めの通り。また、この通りに沿う一帯。

ごしょ-どころ【御書所】 名詞 宮中で書物を管理する役所。発展 延喜の初めごろに設けられた。現在の宮内庁書陵部に当たる。

こしらう(現)↓(歴)**こしらふ【慰ふ・喩ふ・誘ふ・拵ふ】**

こしらえる(現)↓(古)**こしらふ【拵ふ】**

後白河天皇 [ゴシラカハテンワウ] 人名 平安末期、第七十七代の天皇。一一五五(久寿二)年即位、一一五八(保元三)年譲位して上皇に、一一六九(嘉応元)年には法皇となり、院政を執る。みずから『梁塵秘抄』を撰するほど今様に対する造詣は深く、和歌では『千載集』の撰集を命じた。1127—1192

こしら・ふ　こしら(ろ)う

相手を自分の思うようにさせる。また、予定した形に作り上げる
- 一【慰ふ・喩ふ・誘ふ】
  - ❶機嫌をとる。慰める。
  - ❷取り繕う。言いくるめる。
- 二【拵ふ】
  - ❶組み立てて作る。造る。
  - ❷用意する。支度する。
  - ❸計画する。

未然形	連用形	終止形	連体形	已然形	命令形
こしらへ	こしらへ	こしらふ	こしらふる	こしらふれ	こしらへよ

動詞 他 (ハ下二段) 一【慰ふ・喩ふ・誘ふ】❶**機嫌をとる。なだめすかす。慰める。** 若君も心苦しければ、「**こしらへむ**」とおぼして、二条院へおはしぬ。〈源氏・花宴〉訳(長い間疎遠にしていた)姫君(=紫の上)もかわいそうだから、(源氏は)「**慰めよう**。」とお思いになって、二条院へお出かけになった。❷**取り繕う。言いくるめる。丸め込む。**「ともかうも**こしらへ**て具して参れかし。」〈平家・11・志度合戦〉訳「どのようであっても(我が源氏方に降伏するように)**言いくるめて**連れて参れよ。」

二【拵ふ】❶(建造物などを)**組み立てて作る。造る。** 宇治の里人を召して、**こしらへ**させられければ…。〈徒然草・51・亀山殿の御池に〉訳(上皇が)宇治の土地の者をお呼びになって、(水車を)**組み立てて作らせ**

なさったところ…。

❷用意する。支度する。身支度をする。飾り装う。

馬の草までこしらへ持ちて来たり。〈宇治拾遺〉訳ウマのえさの草まで用意して持って来た。

❸計画する。

かねてこしらへたることなれば、走りまはりて火をかけたり。〈義経記〉訳前もって計画してあったことなので、走りまわって火を付けた。

発展 **意味の広がり** ㊀の、その場を取り繕って相手を自分の思うようにさせる、というのがもともとの意味。そこから、ないものをあるようにさせることにも及び、具体的な動作に当てはめた用法が㊁❶❷と考えられる。❸はその用法が再び抽象的・心理的な意味に移ったものである。

こし-をれ【腰折れ】 名詞 ❶年老いて腰が曲がること。また、腰の曲がった老人。❷「★腰折れ歌」「★腰折れ文」の略。

こしをれ-うた【腰折れ歌】 名詞 和歌の第三句(=腰の句)と第四句との続き具合が悪いもの。転じて、下手な和歌。また、自分の和歌を謙遜していう。

こしをれ-ぶみ【腰折れ文】 名詞 下手な詩文。また、自分の詩文を謙遜していう。

こ-じん【古人】 名詞 ❶昔の人。特に、聖人や詩人など尊敬に値する人。

古人も多く旅に死せるあり。〈奥の細道・発端〉訳(私の慕う)**昔の人**も数多く旅の途中で死んでいる人がいる。

❷老人。昔かたぎの人。

こ-じん【故人】 名詞 ❶古くからの友人。旧友。

水口にて、二十年を経て故人にあふ。〈野ざらし紀行〉訳水口で、二十年ぶりで**旧友**に会う。

❷亡き人。死んだ人。

ご-しん【護身】 名詞 ❶身を守ること。❷《仏教語》(「護身法」の略で)真言密教で一切の障害を取り除き、行者の心身を守るために行う法。

こ・す【越す】 ㊀動詞 自 (サ四段)〈さ・し・す・す・せ・せ〉 ❶(事物・地点・基準・時間などを)越える。

暁の夢に見えつつ梶島の磯越す波のしきてし思ほゆ 歌〈万葉集・9・1729〉訳夜明け前の夢にいつも見えている梶島の磯を**越える**波のようにしきりに思われることだ。

❷行く。来る。

「御身たちは鎌倉へ越すべきなり。」〈御伽草子・唐糸草紙〉訳「あなた方は鎌倉へ**行く**のがよいのだ。」

㊁動詞 他 (サ四段)〈さ・し・す・す・せ・せ〉(一方から他方へ)越えさせる。運ぶ。移す。

広橋を馬越しがねて心のみ妹がり遣りて我はここにして 歌〈万葉集・14・3538〉訳広い橋なのに、ウマを**越えさせられ**ないので、心だけをあの娘のもとに行かせて、私はここにいるままで。

こす 助動詞 (特殊型)〈こせ・○・こす・○・○・こせ(こそ)〉《上代語》(他に対する願望を表し)…てほしい。…てくれ。接続 動詞の連用形に付く。

霞立つ春日の里の梅の花山の嵐に散りこすなゆめ 歌〈万葉集・8・1437〉訳春日の里に咲くウメの花よ、山に強い風が吹いても決して散らないで**くれ**。○「霞立つ」は「春日」に係る枕詞。

発展 主として上代に、未然形「こせ」と、終止形「こす」が用いられた。ただし、未然形「こせ」は、他に対する願望を表す「ぬかも」もしくは終助詞「ね」を必ず伴い、「こせぬかも」「こせね」という形で用いられ、終止形「こす」も必ず下に禁止の終助詞「な」を伴って、「こすな」という形で用いられ、単独での用法はない。命令形「こせ」だけが単独で用いられるが、この用法は中古に入ってから生じたものである。命令形「こそ」については、終助詞として別のことばとする説もある。

ご・す【期す】

将来の事柄に対し、はっきりとした形の展望を持つ
- ❶予定する。(あらかじめ)考えておく。
- ❷期待する。将来に希望を抱く。
- ❸決心する。(あらかじめ)覚悟しておく。

未然形	連用形	終止形	連体形	已然形	命令形
ご・せ	ご・し	ご・す	ご・する	ご・すれ	ご・せよ

動詞 他 (サ変) ❶予定する。(あらかじめ)考えておく。心積もりをする。

道を学する人、夕べには朝あらんことを思ひ、朝には夕べあらんことを思ひて、重ねて懇ろに修せんことを期す。〈徒然草・92・ある人、弓射ることを〉訳学問や芸能などの専門の方面を学ぶ人は、夕方には翌朝があるだろうということを思い、朝には夕方があるだろうということを思って、(後になってから)もう一度念を入れて丁寧に修行しようということを**心積もりする**。

❷**期待する**。将来に希望を抱く。

時を失ひ、世に余されて、期するところなき者は、憂へながら留まりをり。〈方丈記・都遷り〉訳(急な遷都が行われて)(出世の)好機を逃し、世間から余計者扱いされて、**将来に希望を抱く**ことがない者は、不満を訴えながら(旧都に)とどまっている。

❸決心する。(あらかじめ)覚悟しておく。

「弓矢とる者の、敵の矢に当たって死なんこと、もとより期するところでさうらふなり。」〈平家・11・嗣信最期〉訳「弓矢を手に持って使う者(=武士)が、敵の矢に当たって死ぬようなことは、もともと**覚悟しておく**ことでございます。」

発展 **和漢混交文で用いる** 漢語「期」をサ変動詞にしたことば。和語の「あらます」とほぼ同じ意味で、主に漢文訓読文や、説話・軍記物語などの★和漢混交文に用いられた。なお、「期」を「ご」と読むのは呉音である。

こ-ずゑ【梢】 名詞 木の枝先。木末。

こせ 願望の助動詞こすの未然形・命令形。

巨勢 地名 奈良県御所市古瀬一帯の地。街道はかつて巨勢路と呼ばれ、紀伊国への交通の要地。また、武内宿禰の系譜に連なる巨勢氏の本拠地でもあった。高市郡との境に巨勢山がある。↓ビジュアルチェック㉕(1097ページ)

ご-せ【後世】 名詞《仏教語》❶死後に生まれ変わる世。来世。対現世・前世。❷来世での安楽。極楽往生。類後生。

ご-ぜ【瞽女・御前】 名詞 盲目の女性芸人。古くは鼓を、近世以降は三味線や琴を伴奏として、語り物・民謡・流行歌などを歌った。

ご-ぜ【御前】 名詞 接尾語 代名詞 ↓ごぜん

[ごぜ(瞽女)]

ご-せち【五節】名詞❶朝廷で、「★新嘗会」・「★大嘗会」のときに行われた舞姫による舞楽の行事。陰暦十一月の中の丑の日から辰の日まで、四日に渡って行われた。❷「★五節の舞姫」の略。

ごせち-どころ【五節所】名詞五節のとき、常寧殿の中に設けられた舞姫の控え所。発展「五節の局」とも。

ごせち-の-とよのあかり-の-せちゑ【五節の豊の明かりの節会】→とよのあかりのせちゑ

ごせち-の-まひひめ【五節の舞姫】名詞★五節で舞を舞う少女。発展★新嘗の祭りには、公卿の子女から二人(★大嘗祭も同じ)、殿上人・国司の子女から二人(大嘗祭には三人)を選ぶ決まりとなっていた。

ごせち-ゑ【五節会】名詞平安時代、宮中で行われた五つの節会。元日・白馬・踏歌・端午・豊の明かりの総称。

ご-せっく【五節句・五節供】名詞一年間に行われる五回の節句。陰暦正月七日の「人日」、三月三日の「上巳」、五月五日の「端午」、七月七日の「七夕」、九月九日の「重陽」の総称。

ご-せっけ【五摂家】名詞鎌倉時代以降、藤原氏で摂政・関白となる資格のあった近衛・九条・二条・一条・鷹司の五家。藤原忠通を祖とする。

こせ-ぬ-かも《上代語》(他に対する願望を表し、動詞の連用形に付いて)…てほしいものだなあ。…てくれないかなあ。

奥まへて我を思へる我が背子は千歳五百歳ありこせぬかも 歌〈万葉集・6・1025〉訳行く末かけて私を思ってくれる私の恋人は、五百年も千年も生きて**ほしいものだなあ**。

発展「ぬかも」は他に対する願望を表す。↓こす(助動詞)

ご-ぜん【御前】一名詞❶貴人や神仏の前。おんまえ。

御前に人さぶらふ折は、やがて問ふもをかし。〈枕草子・56・殿上の名対面こそ〉訳(天皇の)**おんまえ**に人(=宿直の点呼係の蔵人)が仕えているときには、そのまま問う(=天皇の前で宿直の名を呼ぶ)のもおもしろい。❷貴人を敬っていうことば。特に、貴人の妻を敬った言い方。❸(「御前駆」の略で)行幸などのご先導。また、その人。お先払い。❹《近世語》大名・旗本などに対して、その家臣が敬っていうことば。殿。殿様。

二接尾語(人名・人を表す名詞・神仏名に付いて)尊敬を表す。語例父**御前**・恵比須**御前**

三代名詞(多く、女性を敬って)あなた。

発展一の❶❷、三は「おまへ」とも。

後撰和歌集 作品名 平安中期、第二番目の勅撰和歌集。九五一(天暦五)年十月、村上天皇の命によって、いわゆる梨壺の五人の大中臣能宣・清原元輔・源順・紀時文・坂上望城らが撰進。二十巻。一四二五首前後を収める。贈答歌が多く、日常的和歌が中心となっている。詞書が長いため、歌物語的な要素もある。当時の貴族、女流歌人の歌が多く収められるが、撰者の作品は入集していない。

こそ↓基本助詞25(531ページ)

-こそ 接尾語(人名や、人に関係のあることばに付いて)親愛の気持ちを含んだ呼びかけを表す。語例右近の君**こそ**・北殿**こそ** 発展多く、自分と同等以下の相手に対して「…さん、…しなさい。」という命令や要求を表現するのに使う。係助詞から変化した間投助詞とする説もある。

こぞ【去年】名詞去年。昨年。

年のうちに春は来にけりひととせを去年とやいはむ今年とやいはむ 歌〈古今集・春上・1〉訳↓としのうちに…

こそ-あら-め 連語❶(接続助詞「ば」に付いて)…(ならば)いいだろうが。…(ならば)具合が悪いだろうが。↓ばこそあらめ

❷(文中にあって文脈にふさわしいことばを補い、逆接の関係で下に続き)…よいだろうが。

思ひ出でてしのぶ人あらん程こそあらめ、そもまた程なくうせて…。〈徒然草・30・人の亡き後ばかり〉訳(故人を)思い出して懐かしむ人が生きているような間は**よいだろうが**、その人もまたまもなく亡くなって…。

❸(文末にあって適当・勧誘を表し)…がよかろう。

「その夜までは、なほうるはしながらこそあらめ。」〈更級日記・初瀬〉訳「その(=辰の日の)当夜までは、やはりきちんとしたままでおくの**がよかろう**。」

発展係助詞「こそ」+ラ変動詞または補助動詞「あり」の未然形+推量(❸の場合は適当・勧誘)の助動詞「む」の已然形。

こそ-あれ 連語一(「あれ」は動詞で)…(は)あるけれども。

中垣こそあれ、一つ家のやうなれば…。〈土佐日記・二月十六日〉訳隣家との境に作った垣根は**あるけれども**、(私の家とは)一軒の家のような(ものな)ので…。

二(「あれ」は補助動詞で)❶…(で)あるけれども。…(て)いるけれど。

「この人々の男とてあるはみにくくこそあれ、我は、かくをかしげに若き人をも持たりけるかな。」〈源氏・紅葉賀〉訳「(身近な)この女房たちが夫としている男は醜く**はあるけれども**、私は、このように美しいようすの若い人を(夫として)持っていたのだなあ。」

❷(指し示す内容を前後の文脈から補って)…であるが。…けれども。

今こそあれ我も昔は男山さかゆく時もありこしものを 歌〈古今集・雑上・889〉訳今は(こんなに)衰えている**けれども**、昔は男山の坂行くということばどおりに、(男盛りの)栄えゆくときもずっと続いてきていたのに。〇ここでは「(こんなに)衰えている」という内容を前後の文脈から補っている。「さかゆく」は「坂ゆく」と「栄ゆく」の掛詞。

発展係助詞「こそ」+ラ変動詞または補助動詞「あり」の已然形。一二ともに、逆接ではなく単に強調表現として用いられることもある。

こぞ-ことし【去年今年】名詞❶去年と今年。ここ、一、二年。❷新年に当たり、行く年・来る年を感慨を込めていうことば。こぞの今年。季語春

こ-そで【小袖】名詞❶平安時代以降用いられた袖の短い衣服。男女共に肌着・下着として用い、後に上着となる。❷礼服の大袖の下着。対大袖 ❸(近世で)上着の総称。また、絹の綿入れをいう。対布子 ↓打ち掛け(図)

[こそで❶]

こぞり-て【挙りて】一人残らず。全員で。

船こぞりて泣きにけり。〈伊勢・9〉訳船に乗っていた者は**一人残らず**泣いてしまった。

発展四段動詞「こぞる」の連用形+接続助詞「て」。

こそ 基本助詞25

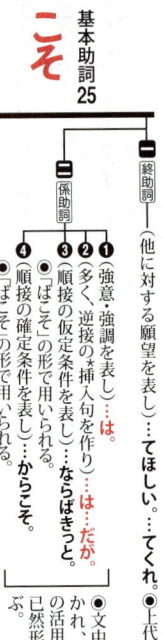

一 終助詞 ―(他に対する願望を表し)…てほしい。…てくれ。◉上代語。

二 係助詞
- ❶(強意・強調を表し)…は。
- ❷(多く、逆接の*挿入句を作り)…は…だが。
- ❸(順接の仮定条件を表し)…ならばきっと。◉「ばこそ」の形で用いられる。
- ❹(順接の確定条件を表し)…からこそ。◉「ばこそ」の形で用いられる。

◉文中に置かれ、文末の活用語は已然形で結ぶ。

接続 一は、動詞の連用形(多く「あり」)に付く。二は、*主語・*連用修飾語・*接続語などに付く。また、*補助語・被補助語の間に介在する。

一 終助詞《上代語》(他に対する願望を表し)…**てほしい**。…**てくれ**。

鶯の待ちかてにせし梅が花散らずありこそ思ふ児がため 歌〈万葉集・5・845〉訳ウグイスが(咲くのを)待ちきれないでいたウメの花よ、散らずにいて**ほしい**。愛するあの娘のために。

二 係助詞 ❶(強意・強調を表し)…**は**。…**こそは**。

「**隆家こそいみじき骨は得てはべれ**。」〈枕草子・102・中納言参りたまひて〉訳「(私、藤原)隆家**は**すばらしい(扇の)骨を手に入れています。」

○*係り結びの法則により、文末の活用語は已然形で結ぶ。「だれが」にあたる主語「隆家」に「こそ」が付いた例。

「**唐土が原に大和撫子しも咲きけむこそ**。」など、**人々をかしがる**。〈更級日記・足柄山〉訳「唐土が原に大和撫子(=ナデシコ)も咲いていたとかいうの**は**(おもしろいことだ)。」などと、人々は趣深く感じる。

○「こそ」が係るはずの述部は省略されている。これを「*結びの省略」という。「をかし」の已然形「をかしけれ」が補われる。

「**たとひ耳鼻こそ切れ失すとも、命ばかりはなどか生きざらん**。」〈徒然草・53・これも仁和寺の法師〉訳「たとえ耳や鼻**は**切れてなくなるとしても、命だけはどうして助からないことがあろうか、いや、助かるだろう。」

○「耳鼻こそ」は「切れ失すとも」に係る。しかし、「こそ」を受ける部分に接続助詞「とも」が付いて後に続いているので、「切れ失すれ」という已然形の結びにはなっていない。これを、「*結びの消滅」「結びの流れ」などという。

❷(多く、逆接の挿入句を作り)…**は**…**だが**。…**は**…(する)**けれども**。

中垣こそあれ、一つ家のやうなれば、**望みて預かれるなり**。〈土佐日記・二月十六日〉訳隣家との境に作った垣根**は**ある**けれども**、(私の家とは)一軒の家のような(ものな)ので、(隣家の人が)希望して(私の家を)管理したのである。

○「中垣こそあれ」という挿入句を「こそ」で強調して示し、後に続く文がそれと対立する関係を表している。中垣が存在することを意味する「あり」が已然形「あれ」となっていて、係り結びも成立している。↓**読解の手引き**❹(325ページ)

❸(「ばこそ」の形で、順接の仮定条件を表し)…**ならばきっと**。**もし**…**ならば**。↓ばこそ

逢坂のゆふつけ鳥にあらばこそ君が行き来をなくなくも見め 歌〈古今集・恋4・740〉訳**もし**(私が)逢坂の関(=今の滋賀県と京都府の境にあった関所)のニワトリであった**ならば**、(私もその関所にいて)あなたの通るのを鳴きながらでも見るだろうが(私は人間なので、家にいて泣くだけだ)。

○活用語(ここではラ変補助動詞「あり」)の未然形に接続助詞「ば」を介して付く場合は、仮定条件を表す。「逢坂の～あらば」が仮定条件を表す*接続語となり、それに「こそ」の付いた例。「見め」の「め」は推量の助動詞「む」の已然形。

❹(「ばこそ」の形で、順接の確定条件を表し)…**からこそ**。↓ばこそ

秋の露色々異に置けばこそ山の木の葉の千種なるらめ 歌〈古今集・秋下・259〉訳秋の露は色がさまざまに異なって降りる**からこそ**、(その露の色に染まって)山の木の葉がいろいろな(色に紅葉している)のだろう。

○活用語(ここでは四段動詞「置く」)の已然形に接続助詞「ば」を介して付く場合は、確定条件を表す。「秋の露～置けば」が確定条件を表す*接続語となり、それに「こそ」の付いた例。結びの「らめ」は現在推量の助動詞「らむ」の已然形。

発展 ①**「こそ」の結びは已然形** 係り結びの法則により、「こそ」を受ける文末の活用語は已然形で結ぶ。

②**「もこそ」で不安を表す** 係助詞「も」の下に係助詞「こそ」が付いた「もこそ」の形で、「…(する)といけない。…(する)と困る。」という、予想される事態に対する不安や恐れを表すことがある。たとえば、『あはれ、さるめり。』と思ひながら、『なほ、誤りもこそあれ。』と怪しむ人あり(=『ああ、そう(=真実ではないこと)であるようだ。』と思いながら、『それでもやはり、(自分の考えの方に)間違いでもあるといけない。』と不審に思う人がいる)。〈徒然草・194・達人の〉などの例がある。↓もこそ・**読解の手引き**❹(325ページ)

③**複合動詞に割って入る** *主語・*連用修飾語・*接続語などに付いたり、*補助語・被補助語の間に介在したりするのが、「こそ」の基本的な用法であるが、*複合動詞の間に割って入って、述語としての複合動詞を強めるのに用いられることもある。たとえば、「憂きことを思ひ連ねて雁がねの鳴きこそ渡れ秋の夜な夜な(=つらい(世の中の)ことを次から次に思って(そのつらいことを並べ立ててでもいるように)ガンが鳴いて空を横切っていくことだ。秋の毎夜毎夜に。)」〈古今集・秋上・213〉の例では、「鳴き渡る」という複合動詞の間に「こそ」が入り、「鳴き渡る」を強めている。

④**上代の「こそ」の結び** 「こそ」は已然形で結ぶのが原則だが、上代では、形容詞型の活用語の場合は連体形で結ぶことがあった。たとえば、「海の底奥を深めて生ふる藻のもとも今こそ恋はすべなき(=海の底の奥深くまで生える藻のように、もっとも今こそが恋は(激しくて止める)方法がない。)」〈万葉集・11・2781〉の例では、「こそ」の結びは形容詞「なし」の連体形になっている。これは、形容詞の活用形が上代ではまだ整っていなかったためと考えられている。

類語比較 **「なむ」「ぞ」「こそ」**↓なむ(基本助詞25)

関連語 こそ(終助詞)・こそ(接尾語)

こぞ・る【挙る】 動詞 自〔ラ四段〕〈ら・り・る・る・れ・れ〉大勢集まる。皆一緒に(…する)。残らずそろう。

あらゆる人々、音に聞こゆる為朝見んとてこぞりたまふ。〈保元〉訳 あらゆる人々が、有名な源為朝を見ようと思ってお集まりになる。

こ-たい

古いスタイルや時代
- ❶【古体】古めかしいようす。古風。また、昔かたぎ。
- ❷【古代】古い時代。昔。

名詞 ❶【古体】古めかしいようす。古風。また、昔かたぎ。

古体の親は、宮仕へ人はいと憂きことなりと思ひて過ぐさするを…。〈更級日記・宮仕え〉訳 **昔かたぎ**の親は、宮仕えをする人は(当人にとって)ひどく煩わしいものであると思って(私を宮仕えに出さないまま)過ごさせているが…。

❷【古代】古い時代。昔。

かの木の道の工の作れる、うつくしき器物も、古代の姿こそをかしと見ゆれ。〈徒然草・22・何事も、古き世のみぞ〉訳 あの木を扱う方面の細工師が作った、見事な入れ物も、**昔**の様式(である物)こそが趣深いと感じられる。

発展 **「古体」か「古代」か?** 古めかしいスタイルという意味で「古体」という表記が当てられるが、中古末期から「古代」とも書かれ、「こだい」と濁音で発音されることもあった。ただし、中古の仮名文学では「古体」か「古代」か明らかでない場合もある。

関連語 古体なり

ご-たい【五体】 名詞 からだ全体。全身。また、頭と両手・両足。

ご-だい-そん【五大尊】 名詞 → ごだいそんみゃうわう・ごだんのみずほふ

ごだいそん-の-みずほふ【五大尊の御修法】 名詞 → ごだんのみずほふ

ごだいそん-みゃうわう【五大尊明王】 名詞《仏教語》主に密教で信奉された五明王。不動明王を中心に降三世・軍荼利夜叉・大威徳・金剛夜叉を合わせた呼び名。仏法および仏法を信じる国を守護する。

こ-たい・なり【古体なり】

物事や気質が古めかしいようす
- ❶古風である。昔かたぎである。古めかしい。
- ❷年寄りじみている。

未然形	連用形	終止形	連体形	已然形	命令形
こたい・なら	こたい・なり こたい・に	こたい・なり	こたい・なる	こたい・なれ	こたい・なれ

形容動詞〔ナリ〕❶古風である。昔かたぎである。古めかしい。

御調度どもも、いと古体になれたるが、昔様にてうるはしきを…。〈源氏・蓬生〉訳 (末摘花の)お身の回りの道具なども、たいへん**古めかしく**使い込まれているもので、昔風で立派なのを…。○「古体に」と「昔様にて」とが対等の関係で、同じ意味に用いられている。また、「…なれたる(御調度ども)が、…うるはしき(御調度ども)を」となる★同格の構文。→**読解の手引き**⑰(876ページ)

古体なる人ありて、「なほ。」とかしこまりて書かすれば…。〈蜻蛉日記〉訳 (その人が)「やはり(返事をしなさい)。」と(藤原兼家に)恐縮して(私に返事を)書かせるので…。

Note: the translation's opening reads: (その人が)**昔かたぎである人**(＝私の母)がいて、

❷年寄りじみている。

古体にうちしはぶきつつ、世の中のことども奏したまふついでに…。〈源氏・薄雲〉訳 (僧都は)**年寄りじみて**せき払いをしながら、世の中のことをいろいろ(冷泉帝に)申し上げなさる機会に…。

発展 中古末期以降は「古代なり」とも書かれ、「こだいなり」というように濁音で用いられることもあった。

関連語 古体に

こ-だい・なり【古代なり】 形容動詞 → こたいなり

こたえる (現)→(古)**こたふ【答ふ・応ふ】**

こ-たか【小鷹】 名詞 ❶ハヤブサ・ハイタカなど、小形のタカの総称。季語 秋 対 大鷹 ❷(「小鷹狩」の略で)秋に小形のタカを使ってウズラ・ヒバリなどの小鳥を狩ること。季語 秋

こ-だか・し【木高し】 形容詞〔ク〕〈(く)・く・し・き・けれ・○／から・かり・○・かる・○・かれ〉木立が高い。梢が高い。

音羽山木高く鳴きて郭公君が別れを惜しむべらなり 歌〈古今集・離別・384〉訳 音羽山の**梢高く**ホトトギスが鳴いて、あなたとの別れを惜しんでいるようである。→**古語チャート**⑩(397ページ)

ご-たち【御達】 名詞 ご婦人がた。特に、上級の女官。

発展「ご」は婦人を敬った言い方。「たち」は複数を示す接尾語であるが、一人の場合にも用いる。

こ-たび【此度】 名詞 このたび。今回。今度。発展「こたみ」とも。

こた・ふ【答ふ・応ふ】 動詞 自〔ハ下二段〕〈へ・へ・ふ・ふる・ふれ・へよ〉❶返答する。応じる。

❷反響する。

山彦の答ふるもいと恐ろし。〈源氏・手習〉訳 やまびこが**反響する**のもとても恐ろしい。

❸報いる。相応する。

かたじけなく十善の余薫に答へて、万乗の主となり…。〈平家・灌頂・六道之沙汰〉訳 恐れ多くも(十戒を守り悪をしないという)十善の修行を(前世に積まれた)恩恵に**報いて**、天皇となり…。

❹感じる。心にしみる。

西に木を伐る音東に響き、院々の鐘の声は心の底にこたふ。〈野ざらし紀行〉訳 西の方で木を切り倒す音は東(の谷)にこだまし、あちこちの寺の(打ち鳴らす)鐘の音は心の底に**しみる**。

❺告げる。

「銀は今日請け取る。ただし、仲間へこたへうか。」〈近松・冥途の飛脚〉訳「金は今日受け取る。それとも、(飛脚)仲間に(不始末を)**告げ**ようか。」

類語比較「いらふ」と「こたふ」→答ふ

こ-たま【木霊・木魂】 名詞 ❶樹木に宿る精霊。❷やまびこ。こだま。

発展 ❷は、山などで反響して聞こえる音を、樹木に宿る精霊が返事をした声と考えたことによるのであろう。近世以降「こだま」。

こ-たみ【此度】 名詞 → こたび

こ-だ・る【木足る】 動詞 自〔ラ四段〕〈ら・り・る・る・れ・れ〉(木の枝や葉が)よく茂る。

こだ・る【傾る】 動詞 自〔ラ下二段〕〈れ・れ・る・るる・るれ・れよ〉姿勢

や居ずまいなどが崩れる。傾く。しなだれる。また、ひるむ。横座の鬼、盃を左の手に持ちて笑みこだれたるさま、ただこの世の人のごとし。〈宇治拾遺〉訳上座にいる鬼が、杯を左の手に持って笑い崩れているようすは、まるでこの世の人間のようである。

ご-だん【五壇】名詞《仏教語》❶密教の修法で、五大尊明王を安置する五つの壇。❷「*五壇の御修法」の略。

ごだん-の-みずほふ【五壇の御修法】《仏教語》天皇または国家の重大事に、*五大尊明王を本尊として行う真言宗の加持祈禱。

こち【東風】名詞 東から吹いてくる風。季語 春
東風吹かばにほひおこせよ梅の花あるじなしとて春を忘るな 歌〈拾遺集・1006〉訳→こちふかば…
発展 春に多く吹くとして春風をいう。「こちかぜ」とも。

こ-ち【此方】代名詞 ❶こちら。こちら側。今上りたるは、少し遠き柱もとなどに居たるを、とく御覧じ付けて、「**こち。**」と仰せらるれば…。〈枕草子・276・うれしきもの〉訳今参上した(ばかりの)人は、(中宮から)少し遠い柱のそばなどに座っているのを、(中宮は)早速お気付きになって、「**こちらへ。**」とおっしゃるので…。❷《中世後期以降》(改まった気持ちで)私。

こち-かぜ【東風】名詞 →こち(東風)

こち-ごち【此方此方】代名詞《上代語》あちらこちら。あちこち。

こち-ごち-し【骨骨し】形容詞〔シク〕〈しく・しく・し・しき・しけれ・○／しから・しかり・○・しかる・○・しかれ〉無骨だ。無風流だ。ぶしつけだ。ごつごつしている。類 骨なし
船君の病者、もとより**こちごちしき**人にて、かうやうのこと、さらに知らざりけり。〈土佐日記・二月七日〉訳船の主人で病人(=紀貫之)は、元来**無風流な**人であって、このような(歌を詠むという)ことを、まったく知らなかったのだ。

ごぢ-そう【護持僧・御持僧】名詞 天皇の身体を守るための祈禱をする僧。発展 東寺・延暦寺・園城寺の僧から選ばれ、*清涼殿の二間(=仏間)に仕えた。

こちた・し【言甚し・事甚し】形容詞 →最重要語(533ページ)

こちた・し
【言甚し・事甚し】

口数や物事が多くて、煩わしく面倒な気持ち
❶(口数が多くて)煩わしい。うるさい。
❷(物事が多くて)煩わしい。(数量が)多い。
❸大げさだ。仰々しい。

形容詞〔ク〕

未然形	連用形	終止形	連体形	已然形	命令形
こちた・く	こちた・く	こちた・し	こちた・き	こちた・けれ	○
こちた・から	こちた・かり	○	こちた・かる	○	こちた・かれ

❶(口数が多くて)**煩わしい**。(人のうわさなどが)**うるさい**。
人言はまこと**こちたく**なりぬともそこに障らむ我にあらなくに 歌〈万葉集・12・2886〉訳人のうわさは本当に**うるさく**なったとしても、それに(あなたとの恋を)妨げられるような私ではないのになあ。○万葉仮名では「こちたし」の表記に「言痛」を当てている。

❷(物事が多くて)**煩わしい**。(数量が)**多い**。**煩雑だ**。
車かき下ろして、こちたくとかくするほどに…。〈蜻蛉日記・中〉訳車(の前方に突き出た引き棒)を下ろして、**煩わしく**あれこれ(川を渡る準備を)するうちに…。
白き御衣に、色合ひいと華やかにて、御髪のいと長うこちたきを引き結ひてうち添へたるも…。〈源氏・葵〉訳(葵の上は)白いお着物に、(黒髪の)色の対照もまことに鮮やかで、お髪のたいそう長く(量が)**多い**のを引き結んでちょっと添えてあるのも…。

❸**大げさだ。仰々しい。**
葉の広ごりざまぞ、うたてこちたけれど、異木どもと等しう言ふべきにもあらず。〈枕草子・37・木の花は〉訳(キリの木の花は)葉の広がり具合は、いやに**大げさだ**けれど、他の木々と同じには言い表せない(すばらしい点がある)。

類語比較「こちたし」「ことことし」「ものものし」「おどろおどろし」
共通点=大げさである、という意味。
こちたし=①口数や物事が多くて煩わしい気持ちを表すのがもともとの意味。②非難に値する悪いものを表現するのに用いられた。
ことことし=①「事」を二つ重ねた「事事」という名詞が形容詞になったもので、もともとは「多くのこと」という意味を表す。②「こちたし❸」に挙げた『枕草子』の用例では、この後に、鳳凰という鳥のことを「ことことしき名付きたる鳥」と紹介している。この例のように、「ことことし」も、「こちたし」と同様、非難に値する悪いものを表現するのに用いられた。
ものものし=好感の持てるよいものを指すことが多い。
おどろおどろし=動詞「おどろく」の語幹が重なって形容詞になったもので、心を驚かすほど異常で極端な感じを含んで用いられる。
↓**古語チャート**⑯(535ページ)・㊽(1313ページ)

こち-な・し
【骨なし】

作法がなっていないようす
❶無作法である。ぶしつけである。
❷無風流である。無骨である。

未然形	連用形	終止形	連体形	已然形	命令形
こちな・く	こちな・く	こちな・し	こちな・き	こちな・けれ	○
こちな・から	こちな・かり	○	こちな・かる	○	こちな・かれ

形容詞〔ク〕❶**無作法である。ぶしつけである。**
「悩ましくなむ。」と、事なしびたまふを、強ひて言ふもいと**こちなし**。〈源氏・手習〉訳(僧に勧められたおかゆを)「気分がすぐれませんので。」と(浮舟は断って)、なんでもない振りをなさるのを、無理に(召し上がれと)言うのもたいへん**無作法である**。
❷**無風流である。無骨である。**

「こちなくも聞こえ落としてけるかな。神代より世にある事を記し置きけるなり。」〈源氏・蛍〉訳「(私はいかにも)無風流にも(物語というものは空言だと)けなし申し上げてしまったものだなあ。(物語は)神々の時代から世の中にある事柄を書き残したものだということだ。」

発展 ①語の成り立ち　漢語「骨」に形容詞を作る接尾語「なし」が付いたもの。「こつなし」とも。
②「骨＋無し」の説は疑わしい　名詞「骨」には「礼儀作法などの心得」という意味もあり、その「骨」がないという「骨無し」の意味でできたことばとする説もある。ただし、「こちなし」とほぼ同じ意味を表す形容詞に「骨々し」があることも考え合わせると、「骨＋無し」とする説は疑わしい。現代でも使われる「無骨」ということばは、「こちなし」が「骨無し」と誤って解釈されて生じたものと考えられる。
③「こちごちし」と「こちなし」　「こちなし」は『源氏物語』以後の和文に見られることばで、それ以前は「こちごちし」が用いられた。もっとも、「こちなし」が主に人との応対について用いられるのに対して、「こちごちし」はそれ以外の物事にも広く用いられるというように、微妙な違いがある。

関連語 骨骨し

こち-の-ひと【此方の人】 ❶(妻が夫に親しく呼びかけて)あなた。
「こちの人、こちの人。」と呼び起こしければ…。〈西鶴・世間胸算用〉訳「あなた、あなた。」と(夫を)呼び起こしたところ…。
❷(妻が夫を指して)うちの人。私の夫。

こちふかば… 歌
東風吹かばにほひおこせよ梅の花あるじなしとて春を忘るな〈拾遺集・1006・菅原道真〉訳(春になって)東からの風(=春風)が吹いたら、(その風にのせて)香りを(私のいる大宰府まで)送っておくれ、ウメの花よ。主人(である私)がいないからといって、(花の咲く)春を忘れないでくれよ。
○第三句を冒頭に移して解する倒置法。
発展 無実の罪で大宰府に流される道真が、わが家のウメを見て配流される悲しい気持ちを、哀惜を込めて詠んだ歌。『大鏡』には第五句を「春な忘れそ」として見える。

こち-や【此方や】 連語 こちらに。こちらへ。
「こちや。」と言へば、ついゐたり。〈源氏・若紫〉訳(尼君が)「こちらに(おいでなさい)。」と言うと、(紫の上はそこに)膝をついて座った。

ご-ぢゃう【御諚・御定】 名詞 貴人の命令。仰せ。ご命令。お指図。
「御諚まことにかたじけなうさうらふ。」〈平家・9・木曾最期〉訳「仰せはまことにもったいのうございます。」

ご-ぢょく【五濁】 名詞《仏教語》*末法の世に現れる五つの濁り汚れた不幸な現象。劫濁(=天災や戦争などが起こること)、見濁(=人間が悪い考えを起こすこと)、煩悩濁(=人間の欲望がうずまくこと)、衆生濁(=人間の質が低下し悪事に走ること)、命濁(=人間が短命になること)。↓ごしゃう(五障)

ごぢょく-あくせ【五濁悪世】 名詞《仏教語》*五濁に満ちている悪い世の中。*末法の世。

ご-ぢん【後陣】 名詞 合戦で、本隊の後に位置する部隊や陣地。後備えの部隊。発展「こうぢん」とも。

こつ【骨】 名詞 ❶火葬にした死者の骨。お骨。遺骨。
❷芸や学問などの奥義。また、それを会得する才能。
天性その骨なけれども、道になづまず…。〈徒然草・150・能をつかんとする人〉訳生まれついて芸道の奥義を会得する才能がなくても、(稽古の)道に停滞しないで…。
❸「*骨法❷」の略。

-ごつ 接尾語(名詞、動詞の連用形に付いて)それをする、それを言う、という意味を表す。語例 政りごつ・後うごつ
発展 複合名詞後項としての「事」「言」を夕行四段型に活用させたものの語末が、接尾語になったと考えられる。

こ-づか【小柄】 名詞 刀の鞘の外側に差しておく小刀の柄。また、その刀。

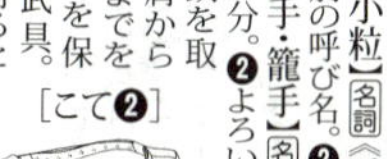
[こづか]

こつ-がい【乞丐】 名詞 人に物をもらって生活すること。また、そうする人。物もらい。
おのづから都に出でて、身の乞丐となれることを恥づといへども…。〈方丈記・閑居の気味〉訳たまたま都に出かけてみて、わが身が物もらい(同様)になっていることを恥ずかしいと思うことがあっても…。

こつがい-にん【乞丐人】 名詞 ↓こつがい

滑稽本 文芸用語 江戸後期に流行した小説のひとつ。一八〇二(享和二)年の十返舎一九の『*東海道中膝栗毛』初編以降、幕末に及ぶ滑稽な内容・表現が特色の文学で、社会風刺などはあまり見られない。ほかに、式亭三馬の『浮世風呂』『浮世床』など。

こつ-じき【乞食】 名詞 ❶《仏教語》托鉢(=僧が修行のため、経を読みながら家々を巡り、食物・金銭を施してもらうこと)すること。また、その人。❷人に物をもらって生活すること。また、そうする人。物もらい。

こ-づた・ふ【木伝ふ】 動詞 自〔八四段〕〈は・ひ・ふ・ふ・へ・へ〉木の枝から枝へ飛び移る。
峰に木づたふ猿の声、賤が爪木の斧の音…来る人まれなる所なり。〈平家・灌頂・大原御幸〉訳峰で木の枝から枝へ飛び移るサルの声や、卑しい木こりの(薪を切る)斧の音(だけ)で…(尋ねて)くる人もまれな所である。
↓古語チャート⑩(397ページ)

こっ-ちゃう【骨張・骨頂】 一 名詞 動詞 自〔サ変〕〈せ・し・す・する・すれ・せよ〉意地を張ること。強く言い張ること。
二 名詞 ❶集団の中で、主立つ人。張本人。主謀者。❷この上ないこと。最上。第一。

こ-つづみ【小鼓】 名詞 小さな鼓。右肩に載せて左手で調べの緒を調節しながら右手で打ち鳴らすもの。田楽・能などに用いる。対大鼓

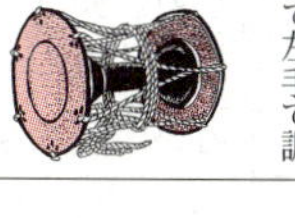
[こつづみ]

こつ-にく【骨肉】 名詞 ❶骨と肉。❷親子、兄弟など血縁関係にあるもの。肉親。

こつ-ぱふ【骨法】 名詞 ❶身体の骨組み。また、骨組み。❷礼儀・故実などの作法。型。礼儀作法。❸芸道などの神髄。奥義。

こ-つぶ【小粒】 名詞《近世語》❶(「小粒銀」の略で)豆板銀の別の呼び名。❷一分銀の別の呼び名。

こ-て【小手・籠手】 名詞 ❶手首から先。また、ひじと手首の間の部分。❷よろいの付属品のひとつ。筒状に作った布に革や鉄を取り付け肩から手の甲までを覆い、腕を保護する武具。❸弓を射ると

[こて❷]

き、左手に着ける革製の具。弓籠手。射手装束や鏑流馬装束などに着用する。

こ-でい【健児】 名詞 役所で下働きする者。下僕。召し使い。発展「こんでい」の変化したことば。

こ-てふ【来てふ】― 来いという。

月夜よし夜よしと人に告げやらば来てふに似たり待たずしもあらず 歌〈古今集・恋4・692〉訳（今夜の）月はきれいだ、いい夜だ、と（あの）人に言ってやるならば、**来いというよう**なものである。（私も）待っていないわけでもない。発展 カ変動詞「く」の命令形＋格助詞「と」＋四段動詞「いふ」の「ことい ふ」が変化したもの。「胡蝶」と掛けることも多い。

こ-てふ【胡蝶】― 名詞 ❶《動物》チョウ。季語 春 ❷紋所のひとつ。❶の羽を広げている姿を図案化したもの。❸「★胡蝶楽」の略。

こてふ-の-ゆめ【胡蝶の夢】― 夢と現実の区別が定かでなくなることのたとえ。人生のはかなさのたとえ。発展 中国の荘子が、夢でチョウになったが、夢から覚めてみると、自分がチョウになったのか、チョウが自分になったのか分からなくなったという故事による。

こてふ-らく【胡蝶楽】― 名詞 雅楽の曲名のひとつ。四人の子供が背にチョウの羽を付けた衣装を着て、ヤマブキの花をかざして舞う。

[こてふらく]

ご-てん【呉天】 名詞 遠い異郷の空。遠く離れた土地。発展「呉」は中国南部にあった国名。長安の都から遠く離れていた。

こと【言】 名詞 ❶言語。ことば。**唐土とこの国とは、言異なるものなれど、月の影は同じことなるべければ、人の心も同じことにやあらむ。**〈土佐日記・一月二十日〉訳 中国とこの国（＝日本）とは、**言語**は違っているものであるけれども、月の光は（比べても）同じことであるに違いないので、人の心も（また）同じことではないだろうか。❷ものを言うこと。また、その文句。**旅行きに行くと知らずて母父に言申さずて今ぞ悔しけ** 歌〈万葉集・20・4376〉訳（長い）旅に出るとは知らないで、母や父に（あいさつの）**文句**を申し上げないで（出てきて）、今になって後悔されることだ。〇「母父」は上代東国方言。「悔しけ」は上代に用いられた「悔し」の古い已然形。❸うわさ。評判。**きみにより言のしげきを故郷の明日香の川に禊しに行く** 歌〈万葉集・4・626〉訳 あなたとのことが原因で（私の）**うわさ**がひどいので、旧都の明日香川に禊をしに行く。❹和歌。詩歌。**この歌は、常にせぬ人の言なり。**〈土佐日記・一月十八日〉訳 この歌は、普段はしない（＝歌など詠まない）人の**和歌**である。発展 奈良時代では「言」（＝ことば）に出して表現することによって、「事」（＝事柄）が実現するという言霊思想があったと考えられることから、「言」と「事」は同じであったとみられる。しかし、平安時代以降、「言」の意味には「ことば」「ことのは」が多く用いられるようになり、しだいに「事」と区別されていく。↓**古語チャート**⑯（535ページ）・㊽（1313ページ）

こと【異】 一 名詞 違うもの。別のもの。「**下の十巻を、明日にならば、異をぞ見たまひ合はするとて…。**」〈枕草子・23・清涼殿の丑寅の〉訳「（古今集の）下の十巻を、明日になったら、**別の本**を参照なさる（かもしれない）とお考えになって…。」 二 造語（名詞の上に付いて）違った、別の、という意味を表す。語例 **異人・異国・異所** 発展 一は形容動詞「ことなり」の語幹が名詞になったもの。

こと【琴】 名詞 ❶弦楽器の総称。琴・箏・琵琶など。胴の上に張った弦を弾く構造になっている。❷特に、十

まとめて覚えよう古語チャート⑯

「こと」の二つの意味

「¹こと」はもともと、広くある物の状態、作用、性質を表すことばで、「事」（＝行為）と「言」（＝言葉）は分化していませんでした。

その後、中古のころから言葉の方の意味を表す「言」の代わりに、「²言の葉」→「言葉」が使われることが多くなり、「事」と「言」が区別されるようになりました。

この図は、その二つの「こと」から生まれたことばを集めてみたものです。

例えば、「³こちたし」は、「事」「言」両方の意味に、「並々でない」という意味を表す形容詞の「いたし」が付いた「こといたし」が変化して生まれたことばです。「⁴ことがまし」も同様で、「事」「言」に「…の傾向がある」意味を表す接尾語「がまし」が付いてできました。

「⁵ことわる」は、「事」を「割る」が語源で、「事情を分けて判断する」というのが、もともとの意味になっています。

赤字は最重要語・重要語

¹こと
- 事
  - ⁵ことわる（理る）　●道理に照らして判断する
  - ことかく（事欠く）　●不足する
  - ⁴ことがまし（事がまし・言がまし）　●おおげさである・口うるさい
  - ³こちたし（事甚し・言甚し）　●物事・口数が多くて煩わしい
- 言
  - ⁴ことがまし（事がまし・言がまし）
  - ³こちたし（事甚し・言甚し）
  - ことどふ（言問ふ）　●話をする
  - ²ことのは（言の葉）　●ことば
  - よごと（寿詞）　●祝いのことば

三弦の箏の通称。現代の「こと」。

こと【事】 名詞 形式名詞 ↓最重要語(537ページ)

こと【同】 副詞 (仮定表現を伴って)どうせ…なら。

こと降らば袖さへ濡れて通るべく降らなむ雪の空に消につつ 歌〈万葉集・10・2317〉訳 **どうせ**降る**なら**、袖まで濡れて通るぐらい降ってくれればいいなあ。雪が空に消えてしまっているよ。

発展「如」と同じ語源。

ごと【如】 比況・例示の助動詞「ごとし」の語幹。→ごとし

-ごと【毎】 接尾語 (名詞や動詞の連体形に付いて)いずれも、どの…も、…のたびに、いつも、という意味を表す。語例 人毎・朝毎・泣く毎

発展 多く格助詞「に」を伴って用いられる。

こと-あげ【言挙げ】 名詞 自分の思うことをことばに出して言い立てること。

あきづ島大和の国は神からと言挙げせぬ国… 歌〈万葉集・13・3250〉訳 大和の国は生まれながらの神の性格として**ことばに出して言い立てること**をしない国である…。〇「あきづ島」は「大和」に係る枕詞。

こと-あたら-し【事新し】 形容詞〔シク〕〈しく・しく・し・しき・しけれ・〇／しから・しかり・〇・しかる・〇・しかれ〉ようすが改まっている。わざとらしい。

「かやうのこと申せば、**事新しう**さぶらへども…。」〈平家・1・祇王〉訳「このようなことを申し上げますと、**わざとらしく**ございますが…。」〇「事新しう」は連用形「事新しく」のウ音便。

こと-あ-ふ【事合ふ】 あ(おう)― 動詞 自〔八四段〕〈は・ひ・ふ・ふ・へ・へ〉思いどおりになる。都合よくいく。

今からいとさま殊にもてかしづききこえたまふさま、おろかならず、**事合ひたる心地して**…。〈源氏・葵〉訳(生まれた若君を)今から実に異様なほど大切にお世話申し上げなさるようすは、並ひととおりではなく、(左大臣の)**思いどおりになった気持ちがして**…。

こと-あやまり 名詞 ❶【言誤り】言い間違い。言い損ない。❷【事誤り】間違い。過失。錯誤。

こと-あり-がほ・なり【事有り顔なり】 がおなり 形容動詞〔ナリ〕〈なら・なり(に)・なり・なる・なれ・なれ〉心に思うところがある顔つきだ。子細あるような表情だ。わけのありそうな面もちだ。

「**事あり顔に**朝露もえ分けはべるまじ。」〈源氏・総角〉訳「**わけのありそうな面もちで**朝露もとても分けて帰ることはできますまい。」

こと-ある-とき【事ある時】 大事なことがあるとき。いざという大事なとき。

こと-い・づ【言出づ】 いず― 動詞 自〔ダ下二段〕〈で・で・づ・づる・づれ・でよ〉❶ことばに出して言う。

「いかでか、この君さへ、おほなおほな**言出づる**ことを、ものうくはもてなすべきぞ。」〈源氏・早蕨〉訳「どうして、この君(=薫)までもが、ひたすら(誠意を尽くして)**ことばに出して言う**ことを、気が進まないように振る舞うことができるというのだ。」

❷演奏して音を出す。

「想夫恋は、心とさしすぎて**言出でたまはむ**や、憎きことにはべらまし…。」〈源氏・横笛〉訳「想夫恋(という曲)については、(先方が)さしでがましく**演奏して音を出し**なさったなら、不愉快なことでございましょうが…。」

こと-いみ【言忌み・事忌み】 名詞 不吉なことを言ったり、したりするのを慎むこと。禁忌。

事忌みもえしたまはぬ気色なり。〈源氏・初音〉訳(源氏は明石の君の不憫な境遇に元日から涙を流す)**慎み**も守ることがおできにならないようすである。

こと-うけ【言承け・事請け】 名詞 引き受けること。承諾。また、受け答え。

「都の人は、**言承け**のみよくて、実なし。」〈徒然草・141・悲田院の尭蓮上人は〉訳「都の人は、**受け答え**ばかりよくて、誠意がない。」

こと-うるは・し【事美し・事麗し】 うるわし― 形容詞〔シク〕〈しく・しく・し・しき・しけれ・〇／しから・しかり・〇・しかる・〇・しかれ〉端正だ。きちんとしている。折り目正しい。

召し出だされて、**事麗しく**扇を笏に取りてうづくまりゐたり。〈宇治拾遺〉訳(男は主に)召し出されて、**端正に**扇を笏の代わりに持ってうずくまっていた。

こと-うるはし-げ・なり【事美しげなり】 うるわしげなり 形容動詞〔ナリ〕〈なら・なり(に)・なり・なる・なれ・なれ〉端正だ。きちんとしている。折り目正しい。

いと**事うるはしげなる**あたりに取り籠められて…。〈源氏・宿木〉訳(匂宮は)たいへん**端正な**屋敷に閉じ込められて…。

こと-えり【言選り】 名詞 ことばを選ぶこと。

こと-か・く【事欠く】 不足する。ないために不自由する。

「御志は、かしこまりはべり。されど、それは**事欠けはべらず**。」〈発心集〉訳「お志は、ありがたく存じます。しかし、それは**不足しておりません**。」

↓古語チャート⑯(535ページ)

こと-かた【異方・他方】 名詞 ほかの方。別の方面。違った所。また、別の人。

こと-かは …ことか、いや…ない。

いかでかそらごとにはあらむ。よろしうだに思ひきこえさす**べきことかは**。〈枕草子・184・宮に初めて参りたるころ〉訳どうしてうそであるだろうか、いや、うそのはずがない。並大抵にさえ思い申し上げる**だろうか、いや**お思い申し上げ**ない**(=この上なく大切に思い申し上げている)。

発展「かは」は終助詞。

こと-がま・し 形容詞〔シク〕〈しく・しく・し・しき・しけれ・〇／しから・しかり・〇・しかる・〇・しかれ〉❶【言がまし】口やかましい。口うるさい。

女の親、さがなき朽ち女、さすがにいとようものの気色見て、いと**言がましき者なりければ**…。〈大和・附2〉訳女の母親というのは、意地悪な年老いた女で、何といってもたいへんよく事情を察して、ひどく**口うるさい**者だったので…。

❷【事がまし】仰々しい。大げさだ。事を荒立てる。

「さがなく、**事がましき**も、しばしはなま難しう、煩はしきやうに憚らるることあれど…。」〈源氏・夕霧〉訳「(妻が嫉妬して)口やかましく、**事を荒立てる**のも、最初はなんとなく面倒で、やっかいなように思われて自然と気兼ねすることがあるけれど…。」

発展「がまし」は接尾語。

↓古語チャート⑯(535ページ)

こと-がら 名詞 ❶【言柄】ことばの品位。ことばの趣。ことばつき。言い回し。

今の世の人の詠みぬべき**言柄**とはみえず。〈徒然草・14・和歌こそ〉訳(紀貫之の出来損ないといわれる和歌でも)今の世の人が詠むことのできる**ことばの品位**とは思えない。

❷【事柄】❶ことのようす。事情。

❷人柄。人品。また、体格。

ごとき【如き】 比況・例示の助動詞**ごとし**の連体形。

こと-き・る【事切る】 動詞 自 (ラ下二段)〈れ・れ・る・るる・るれ・れよ〉❶決着する。事が終わる。「一の笛に依るべからざることは、先々**事切れ**さうらふぞ。」〈古今著聞集〉訳「(あの秘曲を吹くのは)第一人者の笛吹きに限らなくてもよいことは、以前から**決着**しております。」

❷息が絶える。「傷寒を憂へて、**事切れ**たまひなんとするに…。」〈折たく柴の記〉訳(父が)熱病にかかって、(今にも)**息が絶え**ようとしていらっしゃる時に…。

ごとく【如く】 比況・例示の助動詞**ごとし**の未然形・連用形。

こと-ぐさ【言種・言草】 名詞 ❶口癖。「朝夕の**言種**に、『羽を並べ、枝を交はさむ。』と…。」〈源氏・桐壺〉訳朝夕の**口癖**に、「(比翼の鳥のように)寄り添い、(連理の枝のように)深い契りを交わそう。」と…。○「比翼の鳥」「連理の枝」は、白楽天の「長恨歌」で夫婦の仲のよいたとえとして詠まれている。❷話の種。話題。ことば。

こと【事】

人の行為や、それによって生じるさまざまな出来事

- 一 名詞
  - [行為]
    - ❶振る舞い。動作。行為。
    - ❷(政務・事務などの)仕事。
    - ❸(行事や仏事などの)儀式。
    - ❹没頭すること。専念すること。◉「事にて」「事にす」などの形で用いられる。
  - [出来事]
    - ❺(世間の)出来事。事態。事件。変事。
    - ❻意味。事情。わけ。
- 二 形式名詞
  - ❶…(する)こと。…(である)こと。
  - ❷…(という)もの。◉「ことなり」などの形で用いられる。
  - ❸(感動を表し)…ことだよ。◉文末に用いられる。

一 名詞 ❶**振る舞い。動作。行為。**「速やかにすべき**事**を緩くし、緩くすべき**事**を急ぎて、過ぎにしことの悔しきなり。」〈徒然草・49・老い来たりて〉訳すぐにしなければならない**行為**をゆっくりし、ゆっくりしてもいい**行為**(=仏道修行)を急いで、(一生が)過ぎてしまったことが後悔されるのである。○「過ぎにしこと」の「こと」は二の形式名詞。

❷(政務・事務などの)**仕事**。**事務**。「ある人、県の四年五年果てて、例の**事**どもみなし終へて…。」〈土佐日記・十二月二十一日〉訳ある人が、任国での四年か五年(の任期)が終わって、お決まりの**事務**などをすべてやり終えて…。

❸(行事や仏事などの)**儀式**。「この御子三つになりたまふ年、御袴着の**事**、一の宮の奉りしに劣らず…いみじうせさせたまふ。」〈源氏・桐壺〉訳この皇子(=後の源氏)が三歳におなりになる年、初めて袴をお着けになる**儀式**を、一の宮(=後の朱雀帝、源氏の兄)がお召しになったものに劣らないように…(父の帝は)盛大に執り行わせなさる。

❹(「事にて」「事にす」などの形で)**没頭すること**。**専念すること**。「明くれば起き、暮るれば伏すを**事**にてあるぞ、いと怪しく覚ゆれど…。」〈蜻蛉日記〉訳夜が明けると起き、日が暮れると寝ること(だけ)に**専念**している(=他にすることがない)のも、(我ながら)とても変だとは思われるが…。

❺(世間の)**出来事**。**事態**。**状況**。**ようす**。**事件**。**変事**。「古の**事**は知らぬを我見ても久しくなりぬ天の香具山」〈万葉集・7・1096〉訳(伝説などにある)昔の**出来事**は知らないけれど、私が見て(から)も長い時間がたった。(この)天の香具山は。

「殿などのおはしまさで後、世の中に**事**出で来、騒がしうなりて…。」〈枕草子・143・殿などの〉訳殿(=関白藤原道隆)がいらっしゃらなくなって(=亡くなられて)後、世の中に**変事**が起こり、不穏になって…。○この例にある「事出で来」や、「事あり」「事に遭ふ」などの形で用いられる場合は、事件・変事の意味になる。

❻**意味。事情。わけ。**「聖無残に覚えければ、**事**の子細を問ひたまふ。」〈平家・12・六代〉訳聖(=文覚)は(捕らえられた六代が)気の毒に思われたので、(乳母に)**事情**の詳細をお尋ねになる。

二 形式名詞 ❶…(する)**こと**。…(である)**こと**。「穴の空きたる中より出づる水の、清く冷たき**こと**限りなし。」〈更級日記・足柄山〉訳穴の空いた(大きな岩の)中からわき出る水が、澄んで冷たい**こと**はこの上もない。

❷(「ことなり」などの形で、普遍的な事柄であることを表し)…(という)**もの**。「過ちは、やすきところになりて、必ず仕まつる**こと**にさうらふ。」〈徒然草・109・高名の木登り〉訳「けがは、簡単なところになって(=安心したところに)、必ず致します**もの**でございます。」

❸(文末に用いて、感動を表し)…**ことだよ**。…**ことよ**。…**だなあ**。「いとやすき**こと**。確かに守りはべらむ。」〈枕草子・87・職の御曹司におはしますころ、西の廂にて〉訳「実に簡単な**ことよ**。(雪を固めて作った山が壊されないように)しっかり見張っていましょう。」

発展 ①**「言」と「事」** 同じ語源であったと考えられ、上代にははっきりとは区別されていなかったが、中古以降、「言」は「ことば」の意味に限られていくようになる。↓**古語チャート⑯**(535ページ)

②**「もの」と「事」** 「もの」が、時間に関係なく、形のある物体などを漠然と指し示す場合が多いのに対して、「事」は主に、時間の移り変わりとともに進行・変化する状態・作用・性質などを表す。

類語比較 「もの」と「こと」↓物 ↓**古語チャート㊽**(1313ページ)

ごとくなり【如くなり】 助動詞〔ナリ型〕〈ごとくなら・ごとくなり（ごとくに）・ごとくなり・ごとくなる・ごとくなれ・ごとくなれ〉 接続 活用語の連体形、格助詞「が」「の」に付く。❶（比況を表し）…と同じである。…のとおりだ。海の上、昨日(きのふ)の**ごとくに**風波見えず。〈土佐日記・二月一日〉 訳 海の上は、昨日と**同じであり**風も波も見当たらない。
❷（比況を表し）…に似ている。（まるで）…のようだ。「富の来たること、火の乾けるにつき、水の下れるに従ふが**ごとくなるべし**。」〈徒然草・217・ある大福長者(だいふくちゃうじゃ)〉 訳「財産が来ることは、火が乾いているものに燃え移り、水が低い方に流れるのに**似ているに**違いない。」
発展 比況の助動詞「ごとし」の連用形に断定の助動詞「なり」が付いて一語になり、中古以降に用いられるようになった。
類語比較「ごとくなり」「ごとし」「やうなり」→如(ごと)し

こと-くに【異国・他国】 名詞 ❶（日本の中で）よその国。他国。異郷。❷日本以外の国。外国。

⁰ごとくに【如くに】 比況の助動詞**ごとくなり**の連用形。

こと-くは・ふ【言加ふ】― 動詞 自〔ハ下二段〕〈へ・へ・ふ・ふる・ふれ・へよ〉口出しする。助言する。ことばをはさむ。「とう書きて参らせたまへ。男は**言加へ**さぶらふべきにもあらず。」〈枕草子・23・清涼殿(せいりゃうでん)の丑寅(うしとら)の〉 訳「早く書いて差し上げなさい。男性は**口出しす**べきではございません。」

こと-ごころ【異心・他心】 名詞 ❶ほかのことを思う心。余計な考え。他念。❷別の人に引かれる心。浮気心。ふた心。男、**他心**ありてかかるにやあらむと思ひ疑ひて…。〈伊勢・23〉 訳 男は、（妻が）**浮気心**があってこのよう（＝私を送り出す）なのであろうかと疑わしく思って…。

こと-こそ-あれ【事こそあれ】 こともあろうに。「**事こそあれ**、あやしくも言ひつるかな。」とおぼす。〈源氏・東屋(あずまや)〉 訳「**こともあろうに**、奇妙なことにも（不都合な句を）吟じてしまったものだなあ。」と（薫は）お思いになる。
発展 名詞「こと」＋係助詞「こそ」＋ラ変動詞「あり」の已然形。

こと-ごと【事事】 名詞 いろいろなこと。あれこれ。**事々**成すことなくして、身は老いぬ。〈徒然草・188・ある者、子を法師(ほふし)に〉 訳 **いろいろなこと**を達成することがないまま、自分自身は老いてしまう。

こと-ごと【悉・尽】

あるものすべて
一 名詞　全部。すべて。
二 副詞　❶残らず。すっかり。❷まったく。完全に。

一 名詞 **全部。すべて。** 橿原(かしはら)の聖(ひじり)の御代(みよ)ゆ生(あ)れましし神の**ことごと**栂(つが)の木のいやつぎつぎに天(あめ)の下知らし召ししを… 歌〈万葉集・1・29〉 訳 橿原の天皇（＝神武天皇(じんむてんのう)）のご治世以来、お生まれになった神（である天皇）の**すべて**が、次から次へと天下をお治めになったのに…。〇「栂の木の」は「つぎつぎ」に係る枕詞。

二 副詞 ❶**残らず。すっかり。** 悔しかもかく知らませば青丹(あをに)よし国内(くぬち)**ことごと**見せましものを 歌〈万葉集・5・797〉 訳 残念であることよ。こう（＝妻が早く死ぬこと）と知っていたなら、この国（＝九州）中を**残らず**見せただろうになあ。〇「青丹よし」は「国内」に係る枕詞。
❷**まったく。完全に。** 二葉(ふたば)より**ことごと**疑ひなく、后(きさき)がねとかしづききこえたまへるに…。〈栄花(えいが)〉 訳（藤原教通(のりみち)は自分の娘を）幼少のころから**まったく**疑いなく、（将来の）后の候補者として大切にご養育申し上げなさっていたのに…。
発展「事」を重ねた「事事」からできたことば。
関連語 事事(こと)・悉(ことごと)く

こと-ごと【異事】 名詞 ほかのこと。別のこと。生(なま)恐ろしと思へるけしきを見て、**異事**に言ひなして笑ひなどして…。〈更級日記・大納言殿の姫君〉 訳（姉の話を聞いて）薄気味悪いと思っている（私の）ようすを（姉が）見て、**ほかのこと**に言い紛らして笑ったりなどして…。
発展「こととこと」とも。

ことごと-く【悉く・尽く】 副詞 すべて。すっかり。帝(みかど)より始めたてまつりて、大臣公卿(くぎゃう)みな**ことごとく**移ろひたまひぬ。〈方丈記・都遷(みやこうつ)り〉 訳 帝よりお始め申し上げて、大臣、公卿みな**すっかり**（新都福原へ）お移りになってしまった。
発展 中古には漢文訓読語であった。

ことごと-し【事事し】 形容詞 ↓最重要語（539ページ）

ことごと-な・し【異事なし】 ほかのことがない。親の太秦(うづまさ)にこもりたまへるにも、**異事なく**、このことを申して…。〈更級日記・物語〉 訳（私は）親が太秦（の広隆寺）に泊まり込んで祈願なさるときにも、**ほかのことは**（願うことが）**なく**、このこと（＝源氏物語を全部読むこと）を（弥勒菩薩(みろくぼさつ)に）お願い申し上げて…。

こと-ごのみ【事好み】 名詞 物好き。風流好み。

こと-この・む【事好む】 動詞 自〔マ四段〕〈ま・み・む・む・め・め〉風流を好む。もの好きである。派手好みである。「『妻(め)なむ若く、**事好みて**、はらからなど宮仕へ人にて来通ふ。』と申す。」〈源氏・夕顔〉 訳「『妻は若く、**風流を好んで**、（その）姉妹などが宮仕えする人であって（その家に）出入りしている。』と（夕顔の宿の留守番が）申します。」

こと-こ・む【言籠む】 動詞 自〔マ下二段〕〈め・め・む・むる・むれ・めよ〉口ごもる。言い出せないでいる。「これはいと聞こえさせにくくなむ。」と、いたう**言こめたれ**ば…。〈源氏・末摘花(すゑつむはな)〉 訳「このことはたいへん申し上げにくく（ございます）。」と、（命婦(みゃうぶ)が）ひどく**口ごもって**いるので…。

こと-さへく【言さへく】― 枕詞（外国人のことばは鳥がさえずるようでよく分からないことから）「韓(から)」「百済(くだら)」に係る。

こと-ざま【事様】 名詞 ❶物事のようす。ありさま。なほ**事様の優**(いう)**におぼえて**…。〈徒然草・32・九月(ながつき)二十日のころ〉 訳 やはり（家に住んでいる人の）**ありさま**が優雅に思われて…。
❷心のようす。心のほど。人柄。大方は、家居(いへゐ)にこそ、**事様は推し量らるれ**。〈徒然草・10・家居のつきづきしく〉 訳 だいたいは、住まいによって、（主人の）**人柄**は推測される。

こと-ざま【異様】

一 通常とは違ったようす　❶いつもと異なるようす。❷他の方面。他の人。

名詞 ❶いつもと異なるようす。普通と違うようす。
「寝殿を失ひて、異様にも造り換へむの心にてなむ。」〈源氏・宿木〉訳「寝殿を取り払って、普通と違うようすに造り変えようというつもりでね。」○「心にてなむ」の下に「はべる」などが省略されている。
❷他の方面。他の人。
「軽々しく異様になびきたまふこと、はた、世にあらじ。」〈源氏・総角〉訳「軽々しく他の人(=男)になびきなさるようなことは、よもや、決してあるまい。」

こと-ざまし【事醒まし】 名詞 興をそがれること。興ざめ。

こと-さ・む【事醒む】 動詞 自 〔マ下二段〕〈め・め・む・むる・むれ・めよ〉興がさめる。その場がしらける。
大きなる柑子の木の、枝もたわわになりたるがまはりをきびしく囲ひたりしこそ、少し事さめて…。〈徒然草・11・神無月のころ〉訳大きなミカンの木で、枝もたわむほどに実がなっている(その)木の周囲を厳重に囲ってあったのは、少々興がさめて…。

こと-さら【殊更】 副詞 ❶わざわざ。故意に。
ことさら幼く書きなしたまへるも、いみじうをかしげなれば…。〈源氏・若紫〉訳(源氏が紫の上のために)わざわざ子供っぽく書きなさったのも、たいへん見事な感じがするので…。
❷とりわけ。特に。格別。
中にも大覚寺に隠れ居たまへる小松三位中将維盛卿の北の方、ことさらおぼつかなく思はれける。〈平家・10・首渡〉訳中でも大覚寺に隠れていらっしゃった小松三位中将維盛卿の北の方は、特に(夫の身の上を)不安にお思いになった。

こと-さら・なり【殊更なり】 形容動詞 〔ナリ〕〈なら・なり(に)・なり・なる・なれ・なれ〉❶こと改めてする。意図的にする。わざとする。故意だ。
「許すとも、ことさらなるやうにもてなしてこそあらめ。」〈源氏・少女〉訳「(雲居の雁と夕霧の仲を)たとえ許すとしても、こと改めて(縁組み)するように段取りしておくのがよかろう。」
❷格別だ。はなはだしい。特別だ。
「小さきかぎり、ことさらに参れ。」〈源氏・若紫〉訳「小さい者だけ、特別に参上せよ。」

こと-さら-ばかり【殊更ばかり】 形だけ。ほんの形式だけ。
わが御上の衣、袈裟などを、ことさらばかりとて着せたてまつりて…。〈源氏・手習〉訳僧都がご自身の衣や、袈裟などを、ほんの形式だけと(浮舟に)お着せ申し上げて…。

ことごと・し【事事し】

他と比較して特に強く印象づけられるようす —仰々しい。ものものしい。大げさだ。

形容詞〔シク〕	未然形	連用形	終止形	連体形	已然形	命令形
	ことごと・しく ことごと・しから	ことごと・しく ことごと・しかり	ことごと・し ○	ことごと・しき ことごと・しかる	ことごと・しけれ ○	○ ことごと・しかれ

仰々しい。ものものしい。大げさだ。
唐土に事々しき名付きたる鳥の、選りてこれにのみゐるらむ、いみじう心異なり。〈枕草子・37・木の花は〉訳中国で仰々しい名前の付いている鳥(=伝説上の巨鳥、鳳凰)が、多くの中から選んでこれ(=キリの木)にばかり止まっているとかいうのは、たいへん格別な感じだ。
何事にかあらん、事々しくののしりて、足を空に惑ふが…。〈徒然草・19・折節の〉訳何事であろうか、大げさに騒ぎ立てて、足が地に着かないように慌てふためいているのが…。

発展 ①語の成り立ち
「ことごとし」とも。「事」を二つ重ねた「事事」という名詞が形容詞になったもので、もともとは「多くのこと」という意味を表す。
②「ものものし」と「ことごとし」
中古においては、類義の「ものものし」が、好感の持てるよいものを指すことが多いのに対し、「ことごとし」は非難に値する悪いものを表現するのに用いられた。
類語比較 「こちたし」「ことごとし」「ものものし」「おどろおどろし」→言甚し

こと-さら・ぶ【殊更ぶ】 動詞 自 〔バ上二段〕〈び・び・ぶ・ぶる・ぶれ・びよ〉わざとらしくなる。もっともらしいようすである。
「おのづから強々しき声に読みなされなどしつつ、ことさらびたり。」〈源氏・帚木〉訳「(才が勝る女の書いた漢字の多い手紙は)自然にきつい感じの声で特に読まれたりなどして、もっともらしくなっている。」

こと-さら-め・く【殊更めく】 動詞 自 〔カ四段〕〈か・き・く・く・け・け〉わざとらしく見える。ことさらにするように見える。
紙の香などいと艶に、ことさらめきたる書きざまなり。〈源氏・若菜下〉訳紙に(たきしめた)香りなどもとても(ほのぼのと)心をそそる(ような)風情で、わざとらしく見えている(意味ありげな)書きぶりである。

こと-さ・る【事去る】 過去のこととなる。
たとひ時移り、事去り…。〈古今集・仮名序〉訳たとえ時が過ぎ、過去のこととなり…。

ことじ(現)→(歴)**ことぢ【琴柱】**

ごとし【如し】

同一・同類であることを示す(比況)。また、多くの中から例として示す(例示)
❶(比喩・類似を表し)…ようだ。…と同じだ。
❷(例示を表し)(たとえば)…のような。…など。

助動詞〔ク型〕接続 活用語の連体形、格助詞「の」「が」などに付く。

未然形	連用形	終止形	連体形	已然形	命令形
ごとく	ごとく	ごとし	ごとき	○	○

❶(比喩・類似を表し)…ようだ。…ようなものだ。…と同じだ。…(の)とおりだ。
天地の底ひの裏に吾がごとく君に恋ふらむ人はさねあらじ 歌〈万葉集・15・3750〉訳天地の果てに至るまでの

中に、私のようにあなたに恋しているような人は決していないだろう。○格助詞「が」に付いている例。この「ごとし」は類似を表す。

おごれる人も久しからず、ただ春の夜の夢のごとし。〈平家・1・祇園精舎〉訳権勢を誇っている人も、長くは続かなく、まったく春の夜に見る夢の**ようだ**。○格助詞「の」に付いている例。この「ごとし」は比喩を表す。

❷(例示を表し)(たとえば)**…のような。…など。**

和歌、管絃、往生要集ごときの抄物を入れたり。〈方丈記・境涯〉訳和歌、音楽(の本)や、往生要集**など**の抜き書きしたものを(かごに)入れてある。○かごの中に入れた多くの物のいくつかを例として示している。

発展 ①**語の歴史**　上代からある助動詞で、活用語の連体形のほか、格助詞「の」「が」にも付く点など、他の助動詞とは異なる性質を持っている。「の」「が」に付くことから、「ごとし」の「ごと」はもともとは体言であったかといわれるが、語源についてははっきりしない。中世以降は、❷の『方丈記』の用例のように、体言に直接付く用法も見られる。

②**「ごと」の用法**　上代・中古には語幹相当部「ごと」だけでも用いられた。たとえば、「夢のごと君を相見て…」(=夢のようにはかなくあの方と逢ってから…)〈万葉集・10・2342〉のように、ここでは語幹相当部「ごと」が連用形「ごとく」と同じ用法になっている。文末に「ごと」が置かれて、終止形「ごとし」に相当する場合もある。

③**特殊な「ごとし」の活用**　未然形「ごとく」は接続助詞「は」を伴って順接の仮定条件を表す用法でしか使われない。また、断定の助動詞「なり」が下に付く場合には、「なり」はふつう連体形に付くので「ごときなり」となるはずだが、一般には「ごとくなり」となる。もっとも、「ごときなり」と書かれた例も見られ、『今昔物語集』には「ごとしなり」の形もあるというように、「ごとし」の活用形には揺れがある。

④以上のように特殊な点が多いので、「ごとし」を助動詞と認めない立場もあり、形式名詞が形容詞になったものとして「形式形容詞」と呼ぶ説もある。

類語比較 **「ごとくなり」「ごとし」「やうなり」**

共通点＝共に★比況の助動詞とされ、意味・用法・接続の仕方はほとんど共通している。

ごとくなり＝①中古初期に、「ごとし」の連用形に断定の助動詞「なり」が付いてできたことばで、「ごとし」に欠けている活用形を補っている。②文章語・男性語という語感があり、漢文訓読文や中世の説話・軍記物語などの★和漢混交文に用いられることが多い。

ごとし＝①上代から使われ、語幹相当部「ごと」だけでも用いられた。ただし、この用法は漢文訓読文にはみられない。②「ごとくなり②」に同じ。

やうなり＝①形式名詞「やう(様)」に断定の助動詞「なり」が付いてできたことば。②口語・女性語の柔らかい語感を持ち、中古以降の和文に多く用いられる。③現代語の「ようだ」は「やうなり」が変化したものである。

こと-しげ・し【言繁し】連語 ㊀人のうわさがうるさい。あれこれ言われる。

言しげき里に住まずは今朝鳴きし雁にたぐひて行かましものを 歌〈万葉集・8・1515〉訳**人のうわさがうるさい**里に住まずに、今朝鳴いたガンと連れ立って行ってしまえばよかったのに。

㊁【事繁し】仕事が多い。忙しい。

今の世の事しげきにまぎれて、院には参る人もなきぞさびしげなる。〈徒然草・27・御国ゆづりの節会〉訳新帝の御代の**忙しい**のに取り紛れて、上皇の御所には参上する人もないのが寂しいようすである。

こと-しも【事しも】副詞 ちょうど。あたかも。

ことしも我が父母などの病まむを…。〈今昔〉訳**あたかも**我が父母などが病むのを…。

こと-ずくな・なり【言少なり】形容動詞〔ナリ〕(なら・なり(に)・なり・なる・なれ・なれ) 口数が少ない。ことば少ない。

言少なに言ひて、をさをさあへしらはず…。〈源氏・若紫〉訳(少納言の乳母は)**ことば少なく**言って、(源氏からの手紙を)ほとんど相手にしないで…。

こと-そ・ぐ【事削ぐ】動詞 他〔ガ四段〕(が・ぎ・ぐ・ぐ・げ・げ) 簡略にする。(手間を省いて)質素にする。

昼は、事そぎ、およすけたる姿にてもありなん。〈徒然草・191・夜に入りて〉訳昼は、**簡略にし**、地味に見えている姿であってもよいだろう。

こと-ぞ-と-も-な・し【事ぞともなし】連語 どうということはない。あっけない。

秋の夜も名のみなりけり逢ふといへばことぞともなく明けぬるものを 歌〈古今集・恋3・635〉訳(長いといわれる)秋の夜も、(私にとっては)名前だけのものだった。(望みがかなって)逢っているという状態でいると、**あっけなく**(夜が)明けてしまったものだから。

こと-だ・つ【事立つ】動詞 自〔タ四段〕(た・ち・つ・つ・て・て) 特別なことをする。普段と違うことをする。

正月なれば事立つとて、大御酒賜ひけり。〈伊勢・85〉訳正月だから**特別なことをする**と(のおぼし召し)で、お酒を下さった。

こと-だて【言立て】名詞 はっきりとことばに出して言うこと。誓いなどを口に出して言うこと。誓いごと。

こと-だま【言霊】名詞 古代、ことばに宿っていると信じられていた霊力。発展「ことだま」とも。ことばの使い方で、人の運命を左右するものと思われていた。「言霊の幸はふ国」は、言霊が栄えて幸福が満ちあふれる国ということで、日本の別の呼び名となった。

こと-た・る【事足る】動詞 自〔ラ四段〕(ら・り・る・る・れ・れ) 不自由しない。十分である。

今の心にて思へば、古はよろづに事足らず、飽かぬこと多かりけむ…。〈玉勝間〉訳現在の考えで思うと、昔はすべてのことに**十分で**なく、満足しないことが多かったのであろう…。

こと-ぢ【琴柱】名詞 琴の胴の上に立てて弦を支え、また、移動させて音の高低を調節するもの。

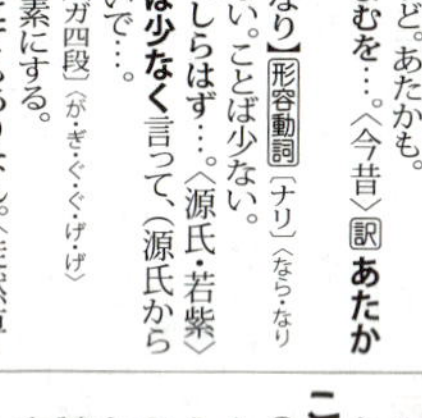
[ことぢ]

こと-・づ【言出】動詞 自〔ダ下二段〕(で・で・づ・づる・づれ・でよ) ことばに出して言う。

言出しは誰が言なるか小山田の苗代水の中淀にして 歌〈万葉集・4・776〉訳(初めに)**ことばに出して言**ったのはだれのことばであるか(いうまでもなくあなただ)。今は山あいの田の苗代の水の(ように)途中で止まってしまって(もう訪ねないで)。

発展「こといづ」の変化したもの。

こと-づ・く【言付く・託く】㊀動詞 自〔カ下二段〕(け・け・く・くる・くれ・けよ) 口実にする。かこつける。

幼き御ありさまのうしろめたさに言付けて、下りやしな

まし。」と、**かねてより思しけり**。〈源氏・葵〉訳「(姫宮の)幼いごようすが(手放すにあたり)気がかりであることを**口実にして**、(自分も伊勢に)下向してしまおうかしら。」と、(六条御息所は)前々から考えていらっしゃったのであった。

二 動詞 他〈カ下二段〉〈け・け・く・くる・くれ・けよ〉(人に物事やことばを)託す。伝言する。

后に言付けたまひし文箱を取り出でたれば…。〈浜松中納言〉訳后にお**託し**になった手紙(を入れて運び届ける)箱を取り出したので…。

ことーづけ【言付け・託け】 名詞 ❶口実。かこつけ。

つきづきしき言付けども作り出でて…。〈源氏・真木柱〉訳(玉鬘を退出させるのに)ふさわしい**口実**などを作り出して…。

❷伝言。類言伝

ことーづ・つ【言伝つ】 動詞 他〈タ下二段〉〈て・て・つ・つる・つれ・てよ〉言づける。伝言する。

やよや待て山ほととぎすことつてむわれ世の中に住みわびぬとよ 歌〈古今集・夏・152〉訳もしもし待ってくれ山のホトトギスよ、(山ごもりしている私の友人へ)**伝言して**ほしい。わたしがこの世の中に住むのがつらくなっていると。

発展 未然・連用・命令の活用形以外はみられない。

ことーつて【言伝て】 名詞 ❶ことばの取り次ぎ。伝言。類言付け ❷伝え聞くこと。発展「ことづて」とも。

ことーと【事と】 副詞 ❶とりわけ。格別。

このごろはことと久しう見えず。〈蜻蛉日記〉訳このごろは**とりわけ**久しく訪れない。

❷みるみるうちに。どんどん。

ことと明くなれば、障子口まで送りたまふ。〈源氏・帚木〉訳**みるみるうちに**明るくなるので、(源氏は空蟬を)障子口までお送りなさる。

ことーとーいへーば【事と言へば】 ❶取り立てて言えば。当面の問題は。取り立ててすることと言うと。

ことといへば、直面なべければ…。〈源氏・夕霧〉訳(落葉の宮のとじこもった塗籠の外で待ちながら)**取り立ててすることと言うと**、(朝になって)人に顔を見られることであるにちがいないから…。

❷何かと言うと。何か事があるといつも。

「**こととといへば大将殿ばらのやうに**。」〈落窪〉訳「**何かと言うと**(まるで)大将殿たちのように(いばりちらしている)。」

ことーとき【異時】 名詞 ほかの時。別の時。

「**異時は知らず、今宵は詠め**。」〈枕草子・99・五月の御精進のほど〉訳「**ほかの時**は別として、今夜は(歌を)詠め。」

ことーどころ【異所】 名詞 ❶別の所。ほかの所。よそ。

「**また異所にかぐや姫と申す人ぞおはしますらむ**。」〈竹取・かぐや姫の昇天〉訳「また**ほかの所**にかぐや姫と申し上げる(別の)人がいらっしゃるのであろう。」

❷外国。異国。

異所のものなれど、鸚鵡、いとあはれなり。〈枕草子・41・鳥は〉訳**異国**のものであるが、オウムは、とてもしみじみと心打たれる。

ことーと・す【事とす】 動詞 他〈サ変〉〈せ・し・す・する・すれ・せよ〉没頭する。専念する。

ただ聞きにくきを事として、易かるべきことを違へ…。〈近代秀歌〉訳もっぱら難解な歌(を詠むこと)に**没頭して**、分かりやすいはずのことを変えて(しまい)…。

ことーとひ【言問ひ】 名詞 言い交わすこと。話し合い。

発展「ことどひ」とも。

ことーと・ふ【言問ふ】

ことばに出し、語りかける ── ❶ものを言う。❷親しく話を交わす。❸質問する。❹手紙を送る。訪問する。 ◉上代の用法。

未然形	連用形	終止形	連体形	已然形	命令形
ことと・は	ことと・ひ	ことと・ふ	ことと・ふ	ことと・へ	ことと・へ

動詞 自〈ハ四段〉❶《上代の用法》**ものを言う。話をする。**

言問はぬ木にはありともうるはしき君が手慣れの琴にしあるべし 歌〈万葉集・5・811〉訳**ものを言わない**木(でできた琴)ではあっても、立派なお方の持ち慣れている(=愛用の)琴であるに違いない。

程なく卒塔婆も苔むし、木の葉降り埋みて、夕べの嵐、夜の月のみぞ、言問ふよすがなりける。〈徒然草・30・人の亡き後ばかり〉訳間もなく卒塔婆(=墓の後ろに立てる細長い板)もコケが生え、木の葉が降り積もって(その墓を)埋め隠して、夕方の嵐や、夜の月だけが、(墓と)**話をする**縁者であったことだ。○『徒然草』の「言問ふ」は古めかしい表現をしているものといえる。

❷《上代の用法》**親しく話を交わす。特に、**(男女が)**語り合う。**

はしきよし我が背の君を朝去らず会ひて言問ひ夕されば手携はりて… 歌〈万葉集・17・4006〉訳いとおしい恋人のあなたに朝ごとに会って**語り合い**、夕方になると手を取り合って…。

❸**質問する。尋ねる。**

名にし負はばいざ言問はむ都鳥わが思ふ人はありやなしやと 歌〈古今集・羇旅・411〉訳→なにしおはば…

いかでなほ網代の氷魚に言問はむ何によりてか我を訪はぬと 歌〈拾遺集・1134〉訳なんとかしてやはり、川魚を捕る仕掛けの(中にいる)アユの稚魚に**尋ね**たい。(アユを受け取りに来るはずの宮中からの使いは)どういう理由で私を訪問しないのかと。

❹**手紙を送る。訪問する。訪れる。見舞う。**

「**この人をかうまで思ひやり、言問ふは、なほ思ふやうのはべるぞ**。」〈源氏・澪標〉訳「(私が)この人(=明石の君)をこんなにまで気にかけて、**手紙を送るの**は、やはりいとしく思う理由があるのです。」

わづかに言問ふものとては、峰に木づたふ猿の声…。〈平家・灌頂・大原御幸〉訳わずかに**訪れる**ものとしては、峰で木の枝から枝へ飛び移るサルの声や…。

発展 **語の歴史** 漢字のみで表記された上代の★万葉仮名では、「こととふ」の「とふ」に使われた「と」の文字と、質問する意味の「とふ」の「と」には、別の漢字が当てられ、二つの「とふ」は、発音も意味も異なるものであった。上代の「言問ふ」は、❶❷の意味に限られたが、中古以降、「と」の発音の区別がなくなったため、「問ふ」と同じように解釈されて❸❹の意味が生じることとなった。

→**古語チャート**⑯(535ページ)・㉗(895ページ)

ことーとーも・せーず【事ともせず】 連語 相手にもしない。問題にもしない。

岩波兜の手先へざっと押し上げけれども、事ともせず、水の底をくぐって…。〈平家・9・宇治川先陣〉訳岩(に当たって砕ける)波が甲の吹き返しに(まで)ざぶっとかかったけれども、**問題にもしないで**、水の底をくぐって…。

こと-な・し【事無し】 形容詞〔ク〕〈く・く・し・き・けれ・○／から・かり・○・かる・○・かれ〉❶特別のことがない。平穏無事だ。
帝ほほゑませたまひて、事なくてやみにけり。〈宇治拾遺〉訳天皇はほほえみなさって、特別のことがなくて済んだのだった。
❷面倒なことがない。容易だ。
煩はしかりつることは事なくて、易かるべきことはいと心苦し。〈徒然草・189・今日は、そのことを〉訳めんどうだったことは(意外と)容易で、たやすいはずのことは(うまくいかず)とてもつらい。
❸悪いところがない。欠点がない。非の打ちどころがない。
大君の御笠に縫へる有間菅ありつつ見れど事なき吾妹 歌〈万葉集・11・2757〉訳大君のお笠に縫いあげる有間スゲのようにずっと見続けたけれども、非の打ちどころがない我が妻であるよ。○「有間菅」までは「ありつつ」を導く序詞。

こと-なし-がほ・なり【事成し顔なり】 形容動詞〔ナリ〕〈なら・なり(に)・なり・なる・なれ・なれ〉事を成し遂げそうな自信のある顔つき、表情だ。
そら言する人の、さすがに人の事成し顔にて大事請けたる。〈枕草子・164・頼もしげなきもの〉訳よくうそをつく人が、そうはいってもやはりやり遂げる自信があるような顔つきで人の大切なことを引き受けたのは(頼りない感じがする)。

こと-なし-び-に【事無しびに】 副詞 こともなげに。さりげなく。
宰相の御いらへを、いかでか事なしびに言ひ出でむ…。〈枕草子・106・二月晦ごろに〉訳宰相へのご返事を、どうしてこともなげに言い出せようか、いや、言い出せはしない…。

こと-なし-ぶ【事無しぶ】 動詞 自〔バ上二段〕〈び・び・ぶ・ぶる・ぶれ・びよ〉なんでもない振りをする。何事もなかったように振る舞う。
群鳥の立ちにしわが名いまさらに事なしぶともしるしあらめや 歌〈古今集・恋3・674〉訳(羽ばたく)鳥たちの群れのようにぱっと私のうわさは立ったが、今になってなんでもない振りをしても効果があるだろうか。

こと-な・す【言成す】 動詞 他〔サ四段〕〈さ・し・す・す・せ・せ〉あれこれ言い立てる。うわさする。口やかましく取りざたする。
秋の田の穂田の刈りばかか寄り合はばそこもか人の吾を言成さむ 歌〈万葉集・4・512〉訳秋の田の稲刈り仕事で(互いに近く)寄りあったら、それさえ、人は、私たち(のこと)をあれこれ言い立てるであろうか。

こと-なほ・る【事直る】 動詞 自〔ラ四段〕〈ら・り・る・る・れ・れ〉❶事態がもとに戻る。復旧する。
かく憎げなくさへ聞こえかはしたまへば、事直りて、目やすくなむありける。〈源氏・若菜上〉訳こうして(紫の上と女三の宮は)相手から憎まれることなくお付き合い申し上げなさるので、(悪いうわさの立った)事態がもとに戻って、人目にも感じがよい状態であったのだった。
❷赦免される。罪を許される。
心の外なることにて知らぬ国にまかれりけるを、事直りて京に上りてのち、日吉御社に参りて詠める。〈千載集・1120・詞書〉訳不本意なことによって知らない国へ流されたことを、赦免されて都に帰った後、日吉神社にお参りして詠んだ(歌)。

こと-なら-ば【同ならば】 連語 同じことなら。できることなら。
ことならば咲かずやはあらぬ桜花見る我さへに静心なし 歌〈古今集・春下・82〉訳同じことなら咲かないでいられないのか、サクラの花は。(いずれ散るものだから)見ている私までも落ち着いた心がない。

こと・なり

他と比べて異なり、際立っているようす
- ❶【異なり】(他と)違っている。風変わりである。
- ❷【殊なり】特別である。格別である。

未然形	連用形	終止形	連体形	已然形	命令形
こと・なら	こと・なり こと・に	こと・なり	こと・なる	こと・なれ	こと・なれ

形容動詞〔ナリ〕❶【異なり】(他と)違っている。普通とは違う。風変わりである。
唐土とこの国とは、言異なるものなれど、月の影は同じことなるべければ、人の心も同じことにやあらむ。〈土佐日記・一月二十日〉訳中国とこの国(=日本)とは、言語は違っているものであるけれども、月の光は(比べても)同じことであるに違いないので、人の心も(また)同じことではないだろうか。
❷【殊なり】特別である。格別である。他と比べて際立っている。
ことなるゆゑなくて、たやすく改まるべくもあらねば…。〈方丈記・都遷り〉訳特別な理由もなくて、簡単に(都が)新しくなる(=遷都する)はずもないので…。
「させる秀句もなく、飾れる詞もなけれど…たとへば、白き色のことなる匂ひもなけれど、諸々の色に優れたるがごとし。」〈無名抄・俊恵歌体定事〉訳「(大江匡房の歌は)これといった技巧もなく、飾り立てたことばもないけれども…(その詠みぶりのすばらしさは)たとえば、白い色が格別な色つやもないけれども、多くの色よりも優れているようなものである。」

発展 **現代語とのつながり** ❶は、現代語では「異なる」という動詞で表現される。また、❷は、副詞「ことに」の形で現代語に残っている。
関連語 異・異に

こと-な・る【言成る】 動詞 自〔ラ四段〕〈ら・り・る・る・れ・れ〉話がまとまる。
海界を過ぎて漕ぎ行くに海神の神の娘子にたまさかにい漕ぎ向かひ相とぶらひ言成りしかばかき結び… 歌〈万葉集・9・1740〉訳海の果てを過ぎて漕いで行く(うち)に、海神という神の娘に偶然に漕いで出会い、求婚して話がまとまったので、(契りを)結び…。

こと-な・る【事成る】 動詞 自〔ラ四段〕〈ら・り・る・る・れ・れ〉❶物事が成就する。成功する。実現する。
平らかに事成りはてぬれば…。〈源氏・葵〉訳(後産も)無事に成功して(=済んで)しまったので…。
❷その時になる。
物見に遅く出でて、事成りにけり。〈枕草子・160・心もとなきもの〉訳(祭りの行列)見物に遅く出かけて、(すでに)その時(=行列が出発する時刻)になってしまっていた。

こと-に【殊に・異に】 副詞 ❶とりわけ。特に。
その院の桜、ことにおもしろし。〈伊勢・82〉訳その院のサクラが、とりわけおもしろい。
❷なお。そのうえ。

こと-に-あ・ぐ【言に上ぐ・言に挙ぐ】(自分の思うことを)言葉に出して言いたてる。
心に思ふことある時は、言に上げてうたふ。〈歌意考〉訳(上代では)心に感じること(=感動すること)がある時は、(率直な思いを)**言葉にして**歌う。

こと-に-あづか・る【事に与る】― 俗事に関係する。
事にあづからずして心を安くせんこそ、しばらく楽しぶともいひつべけれ。〈徒然草・75・つれづれわぶる人は〉訳**俗事に関係し**ないで心を安らかにしたりするのは、一時的に(生を)楽しむともいうことができよう。

こと-に-い・づ【言に出づ】― 口に出して言う。ことばにする。
言に出でて言はばゆゆしみ朝顔のほには咲きでぬ恋もするかも 歌〈万葉集・10・2275〉訳**ことばにして**言えば不吉なので、アサガオが開いて目立つようには人目に立たないようにしながら恋もすることだ。

こと-に-が・し【事苦し】形容詞[ク]〈く・く・し・き・けれ・○／から・かり・○・かる・○・かれ〉気まずい。おもしろくない。
饗応し、もてはやしきこえさせたまひつる興もさめて、事苦うなりぬ。〈大鏡・道長上〉訳(道隆が道長の)機嫌をとり、丁重にもてなし申し上げなさった興もさめて、(雰囲気が)**気まずく**なってしまった。○「事苦う」は連用形「事苦く」のウ音便。

こと-に-す【事にす】連語 よいこととする。それに満足する。
ただ逃げ出でたるを事にして、向かひのつらに立てり。〈宇治拾遺〉訳すぐに逃げ出したことを**よいこととして**、向かいの側に立っている。

こと-に-ふれ-て【事に触れて】機会があると。何かにつけて。

こと-に-も-あら-ず【事にもあらず】連語 たいしたことでもない。なんでもない。
「**事にもあらぬことにこそあんなれ。かく恐ろしげにおどさずとも…。**」〈宇治拾遺〉訳「**たいしたことでもないこと**であるようだ。こんなに恐ろしそうにおどさなくても…。」

こと-に-も-あら-ず-げ【事にもあらずげ】形容動詞[二]何でもないようすだ。たいしたことではないようすだ。心配するには及ばないように見える。
いとさりげなく、事にもあらずげにて参らせたまへる。〈大鏡・道長上〉訳(道長は)まったく平然として、**何でもないようすで**ご参上あそばしている。

こ-どねり【小舎人】名詞 ❶「*蔵人所」に属し、宮中の雑用をする者。❷「*小舎人童」の略。

こどねり-わらは【小舎人童】― 名詞 近衛の中将、少将などが召し使う少年。また、公家、武家などの貴人に仕え身辺の雑用をする召し使いの少年。

こ-との【故殿】名詞 故人となった貴人。亡き殿。

こと-の-こころ【事の心】❶その事柄の意味。趣旨。❷細かい事情。内情。
延喜の御手づから、事の心描かせたまへるに…。〈源氏・絵合〉訳延喜帝(=醍醐天皇)がご自身の手で、(その絵の)**趣旨**をお書きあそばしたものに…。
「**つらつら事の心を案ずるに…。**」〈平家・2・座主流〉訳「よくよく(天台座主が流罪となった)**細かい事情**を考えると…。」

こと-の-さま【事の様】❶その事柄や場面のようす。ありさま。❷物事のあるべきようす。

こと-の-たより【事の便り】何かをするついで。また、なんらかの便宜。
おのづから、事の便りに都を聞けば…。〈方丈記・閑居の気味〉訳たまたま、**何かのついで**に都(のようす)を聞くと…。

こと-の-ついで【事の序】何かの機会。

こと-の-は【言の葉】

ことばのひとつひとつ。特に、和歌 → ❶ことば。言語。／❷歌。和歌。

名詞 ❶**ことば**。言語。
思ふてふ言の葉のみや秋を経て色も変はらぬものにはあるらむ 歌〈古今集・恋4・688〉訳(木の葉は秋になると色が変わるが、私があなたを)愛するという**ことば**だけは、秋が過ぎても色さえ(少しも)変わらないものではないだろうか。○「言の葉」の「葉」は「秋」「色」との縁語。
❷**歌。和歌。**
大和歌は、人の心を種として、万の言の葉とぞ成れりける。〈古今集・仮名序〉訳日本の歌(というもの)は、人の心を種(=根源)として、多くの**歌**に変化していたのだった。○心の「種」からことばの「葉」ができる、という意味が掛けて用いてある。

発展 **「ことば」と「ことのは」** 和歌では、❶の用例のように、草木の「葉」と掛けて用いられることが多い。❷の意味でも、やはり草木の「葉」に通じる意味合いが含まれている。そのため、中古では、「言の葉」は上品で美しいことばという感じを伴って用いられ、単に口から出たことばという意味では「ことば」が用いられるというように区別があった。

こと-の-ほか・なり【殊の外なり】→古語チャート⑯(535ページ)
形容動詞[ナリ]〈なら・なり(に)・なり・なる・なれ・なれ〉❶(多く、不快な気持ちを込めて)思いのほかだ。意外だ。
右大臣の御覚えことのほかにおはしましたるに、左大臣安からずおぼしたる程に…。〈大鏡・時平〉訳(醍醐天皇の)右大臣(=菅原道真)へのご信任が**思いのほかで**いらっしゃったことによって、左大臣(=時平)は穏やかでなくお思いになっていらっしゃる間に…。
❷格別だ。
右大臣は、才世に優れめでたくおはしまし、御心掟も、ことのほかにかしこくおはします。〈大鏡・時平〉訳右大臣(=菅原道真)は、漢学の才能が非常に優れて立派でいらっしゃるし、ご性格も、**格別に**すばらしくていらっしゃる。

こと-は【同は】副詞 同じことなら。
かき暗しことは降らなむ春雨に濡れ衣着せて君をとどめむ 歌〈古今集・離別・402〉訳**同じことなら**空を暗くして降ってほしい、春雨に無実の罪を着せてあなたを引き止めたい。
発展「は」は係助詞。

こと-ば【言葉・詞・辞】名詞 ❶言語。発話。また、言語表現。❷文字に書いたことば。歌や手紙など。❸「*詞書」の略。❹謡曲や語り物などの中で、音楽的な節を付けずに語る部分。❺ものの言い方。話しぶり。
→古語チャート⑯(535ページ)

ことば-がき【詞書】名詞 和歌の前書き。その歌の成立事情や作った日時、場所などを述べる。ことがき。題詞。

こと-はかり【事計り】名詞 何かを計画すること。工夫。

また、その処置。お膳立て。

こと-はじめ【事始め】 名詞 ❶初めて物事に着手すること。❷正月の準備を始める日。上方では陰暦十二月十三日のすす払いの日。お事始め。季語 冬

後鳥羽天皇〔―テンワウ〕 人名 鎌倉初期、第八十二代の天皇。隠岐院とも。一一八三(寿永二)年即位。一一九八(建久九)年に譲位し、以後は上皇として院政を執る。一二二一(承久三)年鎌倉幕府の討幕を企てて敗北し(承久の乱)、隠岐に配流された。優れた歌人でもあり、『新古今和歌集』(→**必修古典ビッグ30** ⑮ 682ページ)を撰集させた。家集に『後鳥羽院御集』、歌論書に『後鳥羽院御口伝』などがある。*1180—1239*

ことば-に-か-く【言葉に掛く】 ことばに出す。口にする。話題にする。**年経にし後は、言葉に掛けて言ひ出づる人だになし。**〈方丈記・大地震〉訳 年を経てしまった後は、(地震の恐怖を忘れて)**ことばに出して**言う人すらいない。

ことば-の-はな【言葉の花】 ❶花のように、美しく華やかなことば。巧みなことば。❷和歌の上品な言い方。

こと-はら【異腹】 名詞 父が同じで母が異なること。腹違い。

ことはり (誤)→(正)**ことわり【理・断り】最重要語** (545ページ)

ことはりなり (誤)→(正)**ことわりなり【理なり】**

こと-ひと【異人】 名詞 ほかの人。別の人。他人。**我もとより知りたることのやうに、異人にも語り調ぶるも、いと憎し。**〈枕草子・28・憎きもの〉訳 自分が初めから知っていることのように、**他人**にも得意げに話すのも、ひどくしゃくに障る。

ことぶき【寿】 名詞 ❶慶事をことばで祝うこと。祝言。「**寿をだにせむや。**」〈源氏・竹河〉訳 「(せめて)**祝い**(のことば)を述べてはどうか。」❷生命。また、命の長いこと。長寿。❸祝い事。特に、婚儀。祝言。
発展 四段動詞「ことほく」の連用形が変化したことば。

こと-ぶ-く【寿く】 動詞 →ことほく(言祝く・寿く)

こと-ふ-る【事旧る・言旧る】 動詞 自〔ラ上二段〕(り・り・る・るる・るれ・りよ) 言い古される。事柄が古めかしくなる。**言ひつづくれば、みな源氏物語、枕草子などに事ふりにたれど…。**〈徒然草・19・折節の〉訳 (このように)言い続けると、みな『源氏物語』や『枕草子』などで**言い古されて**しまっているけれども…。

こと-ぶれ【事触れ】 名詞 ❶物事を世間に広く言いふらすこと。また、その者。❷(「鹿島の事触れ」の略で)初春の門付け芸。江戸時代、鹿島神宮の神託と称して、神官の姿でその年の吉凶などを全国に触れ歩き、米や銭をもらった。

こと-ほ-く【言祝く・寿く】 動詞 他〔カ四段〕(か・き・く・く・け・け) 祝福する。ことばで祝う。**ここに、言ほき白さく…。**〈古事記・仲哀天皇〉訳 そこで、(建内宿祢命がこの神のことばを)**祝福して**申し上げることには…。
発展 中古以降、「ことほぐ」「ことぶく」と変化した。

こと-む-く【言向く】 動詞 他〔カ下二段〕(け・け・く・くる・くれ・けよ) 説得して服従させる。ことばによって相手を従わせる。**ことごとに荒ぶる蝦夷どもを言向け、また、山河の荒ぶる神どもを平らげ和して…。**〈古事記・景行天皇〉訳 (倭建命は)ことごとく荒れすさぶ蝦夷どもを**説得して服従させ**、また、山や川の乱暴な神々を鎮め服従させて…。

こ-ども【子供・子等】 名詞 ❶(自分より若い人や従者を親しんで)諸君。皆の者。**いざ子ども早く大和へ大伴の三津の浜松待ち恋ひぬらむ** 歌〈万葉集・1・63〉訳 →いざこども…。❷わが子。子供たち。❸児童。小児。
発展 「ども」は複数を表す接尾語だが、複数に限らず❷❸の意で使われる。

こと-も-な-し【事も無し】 連語 ❶何事も(起こら)ない。無事である。**平らけく安くもあらむを事もなく喪なくもあらむを…** 歌〈万葉集・5・897〉訳 (生きている間は)平穏でも安楽でもありたいものだが、**何事もなく**災難もなくありたいものだが…。❷なんの苦労もない。容易である。なんのわけもない。「**まして、竜を捕らへたらましかば、また、事もなく我は害せられなまし。**」〈竹取・竜の頸の玉〉訳 「まして、もし竜をつかまえていたならば、(玉を取ろうとした人々と)同様に、**容易に**私はきっと殺されただろう。」❸欠点がない。無難である。理想的である。「**見る目も事もなくはべりしかば…。**」〈源氏・帚木〉訳 「(この女は)容貌も**理想的で**ございましたから…。」❹これという特徴がない。平凡である。**事もなき女房のありけるが…。**〈古今著聞集〉訳 **これという特徴がない**女房がいたが…。

こと-もの【異物】 名詞 ほかのもの。別のもの。「**異物は食はで、ただ仏の御下ろしをのみ食ふか。**」〈枕草子・87・職の御曹司におはしますころ、西の廂にて〉訳 「**ほかのもの**は食べないで、ただ仏のお下がりだけを食べるのか。」

こと-やう・なり【異様なり】(ようなり) ―普通と違っている。風変わりである。

普通と違って いるようす ― **普通と違っている。風変わりである。不格好である。**

未然形	連用形	終止形	連体形	已然形	命令形
ことやう・なら	ことやう・なり ことやう・に	ことやう・なり	ことやう・なる	ことやう・なれ	ことやう・なれ

形容動詞〔ナリ・乙〕 普通と違っている。風変わりである。不格好である。「**昔より、異様なる心ばへはべりし身にて…。**」〈源氏・浮舟〉訳 「(私は)昔から、**普通と違った**気性がございました者で…。」**薬師のもとに差し入りて、向かひゐたりけんありさま、さこそ異様なりけめ。**〈徒然草・53・これも仁和寺の法師〉訳 (頭に釜をかぶった僧が)医者の家に入って、向かい合って座っていたであろうようすは、さぞかし**風変わりであった**だろう。「**直垂などのさぶらはぬにや。夜なれば異様なりとも疾く。**」〈徒然草・215・平宣時朝臣〉訳 「直垂などがありませんのですか。夜だから**不格好であっても**(よいから)早く(おいでください)。」

こと-ゆ-く【事行く】 動詞 自〔カ四段〕(か・き・く・く・け・け) ❶(物事が)うまくいく。「**筆の行く限りありて、心よりは事行かずなむ思うたま**

へられしを…。」〈源氏・絵合〉訳「筆の表現する(ところ)には限界があって、心で思うよりは**うまくいか**ないと思わせていただかないではいられなかったが…。」

❷納得がいく。

事行かぬものゆゑ、大納言をそしり合ひたり。〈竹取・竜の頸の玉〉訳(家来たちは)**納得がいか**ないので、大納言を非難し合っている。

こと-ゆゑ【事故】ー 名詞 差し障り。事故。別条。 発展 多く、「事故無し」の形で用いられる。

こと-よ・す【事寄す・言寄す】 一 動詞 他〔サ下二段〕〈せ・せ・す・する・すれ・せよ〉伝言する。言付ける。

忍び余り天の川瀬に言寄せむせめては秋を忘れだにすな 歌〈新古今集・恋2・1129〉訳「心に秘めきれなくなったので、(牽牛と織女の会うという)天の川の川瀬に**伝言しよう**。ぜひ秋を忘れるようなことだけはしないように。

二 動詞 自〔サ下二段〕〈せ・せ・す・する・すれ・せよ〉かこつける。理由づける。よいことにする。

豪家に事寄せて、人の愁へとあることなどもおのづからうち交じるを…。〈源氏・薄雲〉訳(世の中には)権勢に**かこつけて**、人々の嘆きとなることなども自然と交じるものであるが…。

こと-よ・る【事寄る】 動詞 自〔ラ四段〕〈ら・り・る・る・れ・れ〉(一方に)かたよる。傾く。

「**やむごとなくおぼしたるは、限りありて一方なめれば、それに事寄りて…。**」〈源氏・若菜上〉訳「(源氏の君が)大切にお思いになっている方は、限りがあって一方(だけ)のようだから、そちらに(だけ愛情が)**かたよって**…。」

こと-よろ・し【事宜し】(事情が)たいしたことではない。差し支えがない。

ことよろしき時こそ、腰折れかかりたることも思ひ続けけれ…。〈更級日記・子忍びの森〉訳**たいしたことではない**(=悲しみがそれほど深くない)ときは、下手な歌も考え続けたのだが…。

こと-わざ【事業】 名詞 すること。行為。仕業。仕事。また、できごと。

世の中にある人、事業繁きものなれば…。〈古今集・仮名序〉訳この世に生きている人は、(それぞれに)**すること**が頻繁であるものなので…。

こと-わざ【異業】 名詞 ほかの仕業。他のこと。別の行為。よそごと。

こと-わり【理・断り】 名詞 ↓最重要語(545ページ)

こと-わり・なり【理なり】 形容動詞〔ナリ〕〈なら・なり(に)・なり・なる・なれ・なれ〉当然である。もっともだ。

「**若宮は、いかに思ほし知るにか、参りたまはむことをのみなむおぼし急ぐめれば、ことわりに悲しう見たてまつりはべる。**」〈源氏・桐壺〉訳「若宮(=幼い源氏)は、どのようにお分かりになっているのか、参内なさろうということをお急ぎになるばかりであるようなので、それも**もっともで**悲しいことと見申し上げているのです。」

こと-わり【理・断り】

物事の筋道。また、それをしっかり見極めること

- 一【理】
  - ❶物事の筋道。道理。
  - ❷理由。わけ。
- 二【断り】
  - ❶判断。判定。
  - ❷辞退。拒否。
  - ❸言い訳。申し開き。

名詞 一【理】❶**物事の筋道。道理。**

娑羅双樹の花の色、盛者必衰の理を表す。〈平家・1・祇園精舎〉訳(釈迦入滅のときに白く変わったという)沙羅双樹の花の色は、勢いの盛んな者もいつかは必ず衰えるという(この世の無常の)**道理**を表している。

❷**理由。**わけ。

「**眷属の悪鬼、悪神を恐るるゆゑに、神社にてことに先を追ふべき理あり。**」〈徒然草・196・東大寺の神輿〉訳「(神の)従者である悪鬼や、悪神を恐れるために、神社では(みこしを移すときには)特に前方の通行人を追い払って警護しなければならない**理由**があるのだ。」

二【断り】❶**判断。判定。**

よろづのことを泣く泣く申したまひても、その断りをあらはにえ承りたまはねば…。〈源氏・須磨〉訳(源氏は亡き父の桐壺院の墓前で)すべてのことを泣きながら(訴えて)申し上げなさっても、(この世にいない院からは)その**判断**をはっきりとはお聞きすることはできないので…。

❷**辞退。拒否。**

「**総じてあの人は、言ひかかったことは聞かぬ人ぢゃによって、重ねて断りも申されぬ。**」〈狂言・空腕〉訳「大体あの人(=主人)は、(一度)言い出したことは(だれの意見も)聞かない人だから、(私としても)二度も**拒否**(の返事)も申し上げられない。」

❸**言い訳。申し開き。**

このこと断り立ちかね、哀れや、二十五の四月十八日に、その身を失ひける。〈西鶴・好色五人女〉訳(清十郎は)このこと(=盗みの疑いをかけられたこと)の**申し開き**ができなくなって、かわいそうなことに、二十五歳の四月十八日に(処刑され)、その命を失った。

発展 **語の成り立ち**

「事＋割り」で、事を割って中を明らかにすることの意味から、事態を分析し、筋道を見つけたり、作り出したりすることを表す。まず、名詞「ことわり」が成立し、次いで形容動詞「**ことわりなり**」を生じ、さらに動詞「**ことわる**」ができたといわれる。

こと-わ・る【理る・断る】

物事の是非・優劣などを筋道を立てて判断する

- ❶判断する。判定する。
- ❷事情を説明する。説き明かす。

未然形	連用形	終止形	連体形	已然形	命令形
ことわ・ら	ことわ・り	ことわ・る	ことわ・る	ことわ・れ	ことわ・れ

動詞 他〔ラ四段〕❶**判断する。判定する。**

「**まづ、これはいかに。とくことわれ。**」〈枕草子・83・返る年の二月二十日余日〉訳「何よりも先に、これ(=『宇津保物語』)はどんなものか。早く**判定せよ**。」

「**今何の報いにか、ここら横様なる波風にはおぼほれたまはむ。天地ことわりたまへ。**」〈源氏・明石〉訳「(皇子である源氏が)今なんの報いによって、ひどく非道な波風に溺れ死になさるのだろうか。天地の神々よ(このようなことがあってよいものかどうか)ご判断ください。」

❷事情を説明する。説き明かす。「にぎはひ豊かなれば、人には頼まるるぞかし。」とことわられはべりしこそ…。〈徒然草・141・悲田院の尭蓮上人〉訳「(東国の人は)富み栄えて裕福であるから、人からは信頼されるのだよ。」と、(尭蓮上人が道理を)説き明かしましたのは…。

発展 **現代語とのつながり** 「事＋割り」からできた名詞「ことわり」が、動詞になったものといわれる。事を割って中味を明らかにするという意味から、物事の是非や優劣などを道理で判断し、説き明かすことを表すようになる。そこから、事情を説明して了解を得る、また、理由を述べて辞退するという意味へと広がり、現代語の「断る」ともなる。→古語チャート⑯(535ページ)

こと-を-は・る【事終はる】 連語 ❶あることが終わる。決着がつく。完成する。

そのたびの議定事終はらで退散しぬ。〈伊曾保〉訳そのときの合議は決着がつかないままで散会した。

❷息を引き取る。死ぬ。

「念仏四、五遍唱へ、つひに事終はってさうらふ。」〈謡曲・隅田川〉訳「(この幼い子供は)念仏を四、五回唱えて、ついに息を引き取りました。」○「事終はっ」は連用形「事終はり」の促音便。

こと-をり【異折】 名詞 →ことどき

こ-な【子な】 名詞 →こら

ご-なう【御悩】 名詞 貴人の病気を敬って言うことば。ご病気。

こな-さま【此方様】 代名詞《近世語》あなたさま。発展「こなたさま」の変化したもので、「こなさん」とも。主に女性が用いる。

こなし【熟し】 名詞《歌舞伎用語》体の動かし方。しぐさ。所作。発展 動詞「こなす」の連用形が名詞化したもの。

こ-なた【此方】 代名詞 ❶(自分に近い空間・場所を指して)こちら。こっち。→彼方・其方

大門の跡は一里こなたにあり。〈奥の細道・平泉〉訳(藤原氏の平泉の館の)大門の跡は一里ほどこちらにある。

❷(過去のある時から現在に至るまでの期間を指して)あれから。以後。それ以来。

「その帝よりこなた、今の帝まで、十四代にぞならせたまひける。」〈大鏡・序〉訳「その天皇(＝文徳天皇)から以後、今の天皇(＝後一条天皇)まで、十四代におなりになったのだった。」

❸(未来のある時から現在に近い方の期間を指して)それより前。以前。それまでのうち。

「御世のこなたに。」とおぼしつる御参り…。〈源氏・藤裏葉〉訳(源氏は)「ご寿命の(尽きる)それまでのうちに。」とお思いになってきた(明石の姫君の)ご入内を…。

❹(やや改まって)私。我。

「こなたをもそなたをも、さまざま人の聞こえなやまさむ、ただならむよりはあぢきなきを…。」〈源氏・行幸〉訳「私をもあなたをも、いろいろと人がお取り沙汰申し上げるようなことは、ふつうの(身分の)人よりは困ることなので…。」

❺(やや丁寧に)あなた。

「昨日も申す通り、こなたは乳ぶくろもよいによって…。」〈西鶴・世間胸算用〉訳「昨日も申し上げたとおり、あなたは乳房もよい(＝乳がよく出る)ので…。」

❻(話題の中心となる人を指して)この人。

「まづこなたの心見はてて。」とおぼすほどに…。〈源氏・夕顔〉訳「まずはこの人(＝空蝉)の気持ちを確かめてから。」と(源氏が)お思いになっているうちに…。

こなた-かなた【此方彼方】 代名詞 ❶こちらとあちら。こちら側と向こう側。

片糸をこなたかなたに縒りかけてあはずはなにを玉の緒にせむ 歌〈古今集・恋1・483〉訳まだ縒り合わせていない糸をこちら側と向こう側とで縒って(糸は作るものであるが)、もしこれが一つにならない(ように思う人に会えない)ならば、(私は)何を玉をつなぐ緒にしたものだろう(＝何を頼りに命をつなぎとめておかれようか)。

❷あちこち。方々。

人のもとに来て、居むとする所を、まづ扇して、こなたかなた扇ぎ散らして…。〈枕草子・28・憎きもの〉訳人のそばに来て、(自分の)座ろうとする所を、真っ先に扇で、あちこちやたらにあおいで…。

こなた-ざま【此方様】 代名詞 こちらの方。

「あなめでたや。日にあぶらるるが苦しければ、こなたざまに来るなりけり。」〈堤中納言・虫めづる姫君〉訳「まあすばらしいわ。(毛虫は)日に照りつけられるのが苦しいので、こちらの方に来るのだった。」

発展「ざま」は方角や方向を表す接尾語。

こ-なみ【前妻】 名詞 先に結婚した妻。先妻。また、本妻の意味とも。対 後妻

こ-には【小庭】 名詞 ❶小さい庭。狭い庭。❷寝殿の前の、東西の廊に囲まれた所。❸清涼殿の南庭。紫宸殿の南庭を大庭というのに対していう。→ビジュアルチェック⑫(715ページ) ❹能楽で、狭い舞台。

こぬひとを… 百人一首

来ぬ人をまつほの浦の夕凪に焼くや藻塩の身もこがれつつ〈新勅撰集・849・藤原定家〉訳(いくら待っても)来ない人を待つ(私は)、松帆の浦の夕なぎの(ころ)に(浜辺で)焼く藻塩の(ように、あの人が恋しくて)身も焦がれ(るほどに、恋い慕い)続けている。○「まつほの浦」は歌枕で、今の淡路島北端の海岸のこと。「まつほ」は、地名の「松帆」と「待つ」の掛詞。「焼く」と「藻塩」は、縁語。接続助詞の「つつ」が文末に用いられ、詠嘆の意味を表している。

発展 いくら待っても来ない人を待ち続ける思いを、女性に仮託して詠んだ歌。

品詞分解・修辞

来	ぬ	人	を	まつほの浦	の	夕凪	に
カ変・未	打消・体		格助	待つ／松帆(掛詞)	格助	〈序詞〉→こがれ	格助

焼く	や	藻塩	の	身	も	こがれ	つつ
縁語		縁語					〈つつ止め〉
カ四・体	間助		格助		係助	ラ下二・用	接助

こ-ぬれ【木末】 名詞 こずえ。木の枝先。

み吉野の象山のまの木末にはここだも騒く鳥の声かも 歌〈万葉集・6・924〉訳→みよしの…

発展「木の末」の変化したことば。

こ-の【此の】 ❶(話し手の近くの事物や人を指し示して)この。これの。

この岡に菜摘ます児…。 歌〈万葉集・1・1〉訳→こもよ…

❷(すでに話題になっている事物や人を、話し手に近いものとして指し示し)この。こんな。「この源氏の物語、一の巻よりしてみな見せたまへ。」〈更級日記・物語〉訳「この源氏物語を、一の巻から始めて(終わりまで)全部お見せください。」

❸(現在に近い期間を指し示し)最近の。今までの。「この十余年は、仏のごとくして行はせたまふ。」〈大鏡・道長上〉訳(顕信は)最近の十年あまり(の間)は、仏のようにして仏道修行をしていらっしゃる。

発展 代名詞「こ」に格助詞「の」が付いたもの。

こ-の-あひだ【此の間】 名詞 ❶近ごろ。このごろ。最近。❷先日。過日。先立って。❸近日中。そのうち。

こ-の-かた【此の方】 名詞 ❶こちら側。こちらの方。対彼方。❷その時より後。以来。以後。

こ-の-かみ【兄】

兄弟姉妹の中で、年上の者
- ❶長男。また、(一般に)兄・姉。
- ❷人の上に立つ者。優れている者。
- ❸年上。年長。また、その人。

名詞 ❶**長男。また、**(一般に)**兄・姉。** 対弟・妹。「この男の**このかみ**も衛府の督なりけり。」〈伊勢・87〉訳この男の**兄**も衛府の督(=宮中の警護をする役所の長官)であった。

❷**人の上に立つ者。優れている者。氏の長者。**「その**このかみ**と思へる上手ども、いくばくえ学び取らぬにやあらむ。」〈源氏・若菜下〉訳「その(音楽に)**優れている者**と思っている名手たちは、たいして(師匠から)学んで自分のものとしてはいないのではないだろうか。」

❸**年上。年長。また、その人。**「四年ばかりが**このかみ**におはすれば…盛りに整ほりて見えたまふ。」〈源氏・紅葉賀〉訳(葵の上は源氏より)四歳ほど**年長**でいらっしゃるので…女盛りで落ち着いてお見えになる。

発展「子この上」の意味からできたことば。

このかみ-ごころ【兄心】 名詞 いかにも年長者らしい心遣い。兄、または姉らしい気持ち。

このきどや…句

この木戸や鎖のさされて冬の月〈猿蓑・宝井其角〉訳重々しい木戸にかんぬきが掛けられ、鎖が下ろされている。その影を黒々と照らし出す冬の月の光の冷たさよ。○季語 冬の月—冬

発展『去来抄』によると、其角が「冬の月」か「霜の月」かで迷っていたところ、芭蕉が「冬の月」に決め、また、出版の際「此木戸」を「柴戸」と読み誤っていたのに気づいた芭蕉が、秀句は一字も大事と急ぎ訂正させたとある。

こ-の-きみ【此の君】 名詞 タケの別の呼び名。発展 晋の王、子猷がタケを愛し「此の君」と呼んだという故事から。

こ-の-くれ【木の暗れ・木の暮れ】 名詞 木が茂って薄暗いこと。また、その場所。こぐれ。

このくれ-の【木の暗れの】 枕詞 (木がうっそうと茂っているという意味から)「繁き」に、また、(木が茂る季節であることから)「四月」に係る。

こ-の-ごろ【此の頃】 名詞 ❶近ごろ。近来。最近。「**このごろの歌は、一節をかしく言ひかなへたりと見ゆるはあれど**…。」〈徒然草・14・和歌こそ〉訳**最近**の歌は、一部分は趣深くうまく言い表していると思われるものはあるが…。

❷近い未来。近いうち。近日中。❸今ごろ。今時分。

「**長らへばまたこのごろやしのばれむ憂しと見し世ぞ今は恋しき**」百人一首〈新古今集・雑下・1843〉訳↓ながらへば…

このごろ-やう【此の頃様】 名詞 現代風。当世風。類今様。

このした-つゆ【木の下露】 名詞 木の葉や枝から落ちる露。また、木の下に置く露。

このたびは…百人一首

このたびは幣も取りあへず手向山もみぢの錦神のまにまに〈古今集・羇旅・420・菅原道真〉訳今回の旅は(急のことで、旅の安全を祈って神にささげる)幣も用意できていない。(かわりに)手向山の「もみじの錦」といったらいい。美しい紅葉を神のみ心のままに(お受けください)。○「たび」は、「度」と「旅」の掛詞。「手向山」の「手向」は「幣」の縁語で、道祖神のいる山という意味に動詞「手向く」を掛ける。

発展 八九八(昌泰元)年十月、宇多上皇の吉野宮滝御幸にお供したときの作。大宰府左遷の三年前の歌。

品詞分解・修辞
この(代・格助) たび(度／旅〈掛詞〉) は(係助) 幣(縁語) も(係助) 取りあへ(ハ下二・未) ず。(打消・終)〈二句切れ〉
手向山(縁語) もみぢ の(格助) 錦 神 の(格助) まにま に(格助)

こ-の-ほど【此の程】 名詞 ❶このごろ。近ごろ。「**このほどは大殿にのみおはします。**」〈源氏・帚木〉訳(源氏は)**近ごろ**は左大臣邸にばかりいらっしゃる。❷この度。今回。

こ-の-ま【木の間】 名詞 木と木との間。木々の透き間。

この-まし【好まし】 形容詞シク〈しから・しく／しかり・し・しき・しかる・しけれ・しかれ〉 ❶気に入っている。好きだ。心引かれる。「うちつけの好き好きしさなどは**好ましからぬ御本性**にて…。」〈源氏・帚木〉訳(源氏は)軽々しい色事などは**好きではない**ご性格で…。

❷風流だ。感じがよい。「**藤・山吹など色々好ましうて**…。」〈枕草子・23・清涼殿の丑寅の〉訳藤や山吹の襲など色々の色合いが**感じよくて**…。○「好ましう」は連用形「好ましく」のウ音便。

❸好色がましい。色好みだ。浮気っぽい。「**君の御方に若くてさぶらふ男、好ましきにやあらむ。**」〈堤中納言・ほどほどの懸想〉訳頭の中将のお屋敷にお仕えする若い男は、**色好みで**あるのだろうか。

このまより…歌

木の間よりもりくる月の影見れば心尽くしの秋は来にけり〈古今集・秋上・184〉訳木々の間から漏れてくる月の光を見ると、物思いをする秋は来てしまったのだなあ(としみじみ思うことだ)。○「木の間より」の「より」は、「…を通って」という意味の格助詞。「影」は、月の光そのもの。

発展 物思いの多い悲しい季節といわれる秋のきざしを、月の光に感じ取って詠んだ作者未詳の歌。

このみ【好み】 名詞 ❶好むこと。趣味。嗜好。

「この方の御好みにはもて離れたまはざりけり。」〈源氏・夕顔〉訳「(夕顔様は)こちらの方面のお好み(=源氏の女性の好み)にはかけ離れておいでではなかったのだった。」
❷希望。注文。願い。
「人のありさまをあまた見合はせむの好みならねど…。」〈源氏・帚木〉訳「女性たちのようすをたくさん見比べようという希望ではないが…。」

このみ-ごころ【好み心】 名詞 好色な心。浮気心。

このみちや… 句

この道や行く人なしに秋の暮れ〈其便・松尾芭蕉〉訳 更け行く秋の夕暮れに、一本の道がかなたに続いている。その道は自分以外に行く人もなく寂しげであるが、私は一人でこの道を通っていこう。〇季語 秋の暮れ―秋
発展 人通りの絶えた秋の夕暮れの道の寂しさという実際の景色に、生涯をかけて俳諧の道に進もうとする芭蕉の孤独な決意を重ねた句。

このみ-な・す【好みなす】 動詞 他〔サ四段〕〈さ・し・す・す・せ・せ〉趣向をこらす。
めづらしからんとて、用なきことどもし添へ、わづらはしく好みなせるを言ふなり。〈徒然草・81・屏風、障子などの〉訳 珍しいだろうと(いうので)、必要ないことなどを付け加えて作って、うるさく**趣向をこらし**ているのを(持ち主の品格がないと)いうのである。

この・む【好む】 動詞 他〔マ四段〕〈ま・み・む・む・め・め〉❶おもしろがる。好む。愛する。
❷望む。希望する。
西南海の領所を願ひて、東北の庄園を好まず。〈方丈記・都遷り〉訳(所領には平家方の)九州や四国の土地を願って、(源氏方の)東国や北陸の荘園を**望まない**。
❸注文する。あつらえる。好みに合うようにする。
娘持ちたる親は、おのれが分限より過分に先の家を好み…。〈西鶴・日本永代蔵〉訳(年ごろの)娘を持っている親は、自分の資産よりいっそう立派な(娘の結婚の)相手を**注文し**…。

こ-の-も【此の面】 名詞 こちら側。こちら。こなた。対 彼の面 発展「このおも」の変化したことば。

このも-かのも【此の面彼の面】 ❶こちら側とあちら側。
❷あちらこちら。そこここ。
むつかしげなるわたりの、**このもかのもあやしくうちよろぼひて**…。〈源氏・夕顔〉訳(夕顔の宿は)むさくるしそうな辺りで、**あちらこちら**みすぼらしく倒れかかって…。

このも・し【好もし】 形容詞 ↓このまし

このもし-が・る【好もしがる】 動詞 他〔ラ四段〕〈ら・り・る・る・れ・れ〉好ましく思って欲しがる。心を引かれる。
「うべ、かぐや姫、**好もしがりたまふにこそありけれ**。」〈竹取・火鼠の皮衣〉訳「なるほど、(やっと入手した火鼠の皮衣は)かぐや姫が、**好ましく思って欲しがり**なさる(のももっともなも)のであったのだなあ。」
発展「このまし」の変化した「このもし」に接尾語「がる」が付いたもの。

こ-の-もと【木の下】 名詞 木の下。転じて、寄る辺。身の寄せどころ。庇護してくれる人。

こ-の-よ【此の世】 名詞 ❶(過去・未来に対して)現世。人の生きている世。
いでや、この世に生まれては、願はしかるべきことこそ多かめれ。〈徒然草・1・いでや〉訳 さてまあ、**現世**に生まれたからには、こうありたいと願うはずのことが多いようだ。
❷今の世の中。現代。当代。
❸現実の世の中。世間。
あすはひのき、この世に近くも見え聞こえず。〈枕草子・40・花の木ならぬは〉訳 アスナロは、**世間**では身近で見たことも聞いたこともない。

このよ-なら-ず【此の世ならず】 とてもひどく。
式部が娘、小式部内侍、この世ならずわづらひけり。〈古今著聞集〉訳(和泉)式部の娘、小式部内侍は**とてもひどく**病気で苦しんでいた。

このよにし… 歌

この世にし楽しくあらば来む世には虫に鳥にも我はなりなむ〈万葉集・3・348・大伴旅人〉訳 この世(=現世)で(酒を飲んで)楽しく過ごせるなら、来世には虫にでも鳥にでも私はなってしまおう(=いっそ生まれ変わろう)。〇「なりなむ」の「なむ」は、確述の助動詞「ぬ」の未然形＋意志の助動詞「む」で、強い意志(=きっと…なろう)を表す。
発展 仏教の五戒の一つの飲酒戒(=飲酒を禁じた戒め)を破っても酒を飲みたいと自嘲的に詠んだ歌。

このよ-の-ほか【此の世の外】 俗世間から隔てられた山の中などの別世界。来世。

このよをば… 歌

この世をばわが世とぞ思ふ望月の欠けたることもなしと思へば〈小右記・藤原道長〉訳(今の)この世の中を、自分のためにある世の中だと思っている。(今夜の)満月が欠けているところもないように、(自分も)不満な点がないと思うと。

このゑ【近衛】 名詞「*近衛府」の略。また、そこに勤務する役人。

このゑ-づかさ【近衛府】 名詞 ↓このゑふ

このゑ-ふ【近衛府】 名詞「*六衛府」の一つ。内裏の警護、行幸の*供奉などを担当した。発展 左右に分かれ、大将・中将・少将、将監・将曹の四等官のほか、その下に府生・番長などの職員がいた。「ちかきまもりのつかさ」とも。

こは【強】 造語(名詞などに付いて)強い、固い、厳しい、という意味を表す。語例 **強者・強飯**

こ-は【此は】 連語(感動の気持ちを込めて)これは。いったいこれは。
「**こは**、いかなることぞ。」と怪しがりて騒ぐ。〈宇治拾遺〉訳「**いったいこれは**、どうしたことだ。」と不思議がって騒ぐ。

こ-は-いかに【此は如何に】 これは、どうしたことだ。
裸にて史居たれば、盗人「あさまし。」と思ひて、「こはいかに。」と問へば…。〈今昔〉訳(牛車の中に)裸で史(=太政官の第四等官)が座っているので、盗人は「あきれたな。」と思って、「**これは、どうしたことだ**。」と尋ねると…。

こは-いひ【強飯】 名詞 甑(=今のせいろ)で蒸して作った固い飯。こわめし。

ご-ばう【御坊・御房】 名詞 ❶僧の住む部屋・建物を敬った言い方。❷僧を敬った言い方。お坊さま。お坊さん。

こ-はぎ【小萩】 名詞 小さなハギ。また、ハギをほめていう呼び方。季語 秋
宮城野の露吹き結ぶ風の音に小萩がもとを思ひこそやれ 歌〈源氏・桐壺〉訳 ↓みやぎのの…

こ-はぎ・なり【小脛なり】 形容動詞〔ナリ〕〈なら・なり(に)・なり・なる・なれ・なれ〉着物の裾を少しまくり上げてすねを出している。
引きはこえたる男児、またこはぎにて半靴履きたるなど…。〈枕草子・144・正月十余日のほど〉訳 着物を

たくし上げて着た男の子や、または**着物の裾をまくり上げてすねを出して**★半靴を履いている(男の子)などが…。

こは‐ごは・し【強強し】形容詞［シク］〈しく・しく・し・しき・しけれ・○／しから・しかり・○・しかる・○・しかれ〉❶(布や紙などの手触りが)固い感じだ。ごわごわしている。**すくよかに、白き色紙のこはごはしきにてあり。**〈源氏・宿木〉訳きまじめに、白い色紙で**ごわごわした**のに書いてある。

❷(見た感じや聞いた感じ・態度・ようすが)ごつごつしている。滑らかでない。堅苦しい。ぎこちない。「**桜の花は、優なるに枝差しのこはごはしく、幹のやうなども憎し。**」〈大鏡・伊尹〉訳「サクラの花は、優美であるのに枝ぶりが**ごつごつしていて**、幹のようすなども体裁が悪い。」

❸(性格が)きつい。強情だ。無骨だ。「**わびし。」と思へるものから、「情けなくこはごはしうは見えじ。」と思へり。**〈源氏・花宴〉訳(朧月夜の君は源氏に言い寄られて)「困った。」と思ってはいるものの、「無愛想で**強情**(な女)**には**見られたくない。」と思っている。○「こはごはしう」は連用形「こはごはしく」のウ音便。

こは・し【強し・剛し】形容詞［ク］〈く・く・し・き・けれ・○／から・かり・○・かる・○・かれ〉❶(感触が)固い。ごつごつしている。ごわごわしている。**こはからぬ烏帽子ふりやりつつ**…。〈枕草子・145・清げなる男の〉訳(男は)**固く**ない★烏帽子(が垂れ下がってくるの)を何度も振りやって…。

❷(力や勢いが)強い。猛々しい。**勢ひありとて頼むべからず。こはきもの先づ滅ぶ。**〈徒然草・211・万のことは〉訳権勢があるからといって(それを)頼みに思ってはいけない。(権勢の)**強い**者が真っ先に滅びる。

❸(性格が)強情だ。頑固だ。きつい。「**口惜しく、この幼き者はこはくはべる者にて、対面すまじき。**」〈竹取・かぐや姫の昇天〉訳「残念なことに、この幼少の者(=かぐや姫)は**強情で**ございます者で、(帝に)お会いしそうもない。」

❹抵抗する力が強い。手ごわい。屈服させにくい。「**馬ごとにこはきものなり。人の力、争ふべからずと知るべし。**」〈徒然草・186・吉田と申す馬乗りの〉訳「どのウマもみんな**手ごわい**ものである。人間の力は、(ウマと)張り合うことなどできないと知るべきだ。」

❺(態度やようすが)堅苦しい。ぎこちない。無骨だ。ことばや表現が練れていない。**初めよりこはき連歌に練習しぬれば、やがて詞荒くなる。**〈連理秘抄〉訳最初から**ことばが練れていない**連歌に付き従って習ってしまうと、次第にことばが荒っぽくなる。

❻険しい。「**幼き程にて、坂のこはきを登りはべりしかば、困じて**…。」〈大鏡・道長下〉訳「(私が)幼少のころのことで、坂の**険しい**道を登りましたが、くたびれて…。」

こ‐はじとみ【小半蔀】名詞 小形の半蔀。清涼殿の北廊にある。

こはちえふ‐の‐くるま【小八葉の車】―こはちょう― ★網代車のひとつ。小さな八葉蓮華(=花弁が八つあるハスの花)の紋を付けたもの。発展 もともとは四位と五位の役人が用いたが、平安以降は、身分の上下や男女の区別なく用いられた。

こ‐は‐な‐ぞ【此は何ぞ】これはどうしたことか。「**こはなぞ、あなもの狂ほしの物怖ぢや。**」〈源氏・夕顔〉訳「**これはどうしたことか**、まあ気違いじみたおびえようだなあ。」
発展「こはなにぞ」の変化したもの。

小林一茶 人名 ↓**必修古典ビッグ30** ㉖(1146ページ)

こは‐らか・なり【強らかなり】―こわ― 形容動詞［ナリ］〈なら・なり(に)・なり・なる・なれ・なれ〉❶ごわごわしている。**練り色の衣のこはらかなるを着て**…。〈今昔〉訳薄黄色の着物で**ごわごわしている**のを着て…。

❷荒々しい。無骨だ。**片田舎の侍どもの、こはらかにて**…。〈平家・1・殿下乗合〉訳へんぴな田舎の武士たちで、**無骨であって**…。

こ‐はる【小春】名詞 晴れて暖かく、春に似ている初冬の気候。また、陰暦十月の別の呼び名。小春日和。季語冬

こ‐ばん【小判】名詞 室町末期から江戸時代に鋳造され流通した楕円形の金貨。対大判 発展 形にはほとんど変化はないが、品位・重量・大きさはさまざまで、慶長小判・元禄小判・宝永小判など数種ある。

こひ【恋】こい 名詞 ❶(離れている人・土地・植物などを)懐かしく恋い慕うこと。思慕する感情。

［こばん］

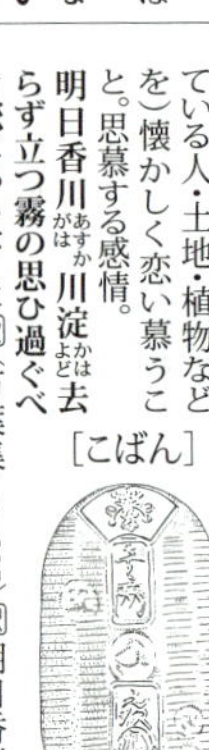

明日香川川淀去らず立つ霧の思ひ過ぐべき恋にあらなくに 歌〈万葉集・3・325〉訳明日香川の川淀を離れずに立つ霧のように(すぐに)心から消え失せるような(旧都を)**思慕する感情**ではないことだなあ。

❷男女間の思慕の情。恋愛。**恨みわび干さぬ袖だにあるものを恋に朽ちなむ名こそ惜しけれ** 百人一首〈後拾遺集・815〉訳↓うらみわび…

こひ【鯉】こい 名詞《動物》コイ科の淡水魚のひとつ。野生種(マゴイ・ノゴイ)と色彩変異種(イロゴイ・ニシキゴイ)などがある。春から秋にかけて食用とされ、初春が最も美味といわれる。

語尾 国語・国文法 ↓活用語尾

こ‐びさし【小庇・小廂】名詞 小さいひさし。また、「廂の間」の小さめのもの。↓廂

こひ・し【恋し】こいし 形容詞［シク］〈しく・しく・し・しき・しけれ・○／しから・しかり・○・しかる・○・しかれ〉(離れ離れにあるものに)心引かれる。慕わしい。懐かしい。恋しい。**うたた寝に恋しき人を見てしより夢てふものは頼みそめてき** 歌〈古今集・恋2・553〉訳↓うたたねに…
発展 上二段動詞「恋ふ」が形容詞になったもの。古くは「こほし」とも。

こひ‐し・ぬ【恋ひ死ぬ】こい― 動詞 自［ナ変］〈な・に・ぬ・ぬる・ぬれ・ね〉恋い焦がれて死ぬ。**他国は住み悪しとそいふ速けくはや帰りませ恋ひ死なぬとに** 歌〈万葉集・15・3748〉訳他国は住みにくいという。速やかにすぐ帰ってきてください。**恋い焦がれて死な**ないうちに。

◆こひすてふ… 百人一首 **恋すてふわが名はまだき立ちにけり人知れずこそ思ひ初めしか**〈拾遺集・621・壬生忠見〉訳恋をしているという私のうわさは、早くも立ってしまったなあ。人に知られないように(ひそかにあの人を)恋し始めたのだけれど。○三句切れで倒置法。「てふ」は「といふ」が変化したこと

ば。「まだき」は「まだその時ではないのに」という意味。「思ひ初めしか」の「しか」は、第四句以降が倒置になっているため、「…のだが」のように逆接的に解釈する。

品詞分解・修辞

恋す（サ変・終）てふ（連語）わ（代）が（格助）名（）は（係助）まだき（副）〈三句切れ〉

立ち（タ四・用）に（完了・用）けり（詠嘆・終）。人（）知れ（ラ下二・未）ず（打消・用）こそ（係助）（係）―

思ひ初め（マ下二・用）しか（過去・已）←（結）

◆こひせじと…歌 **恋せじと御手洗川にせしみそぎ神はうけずぞ(も)なりにけらしも**〈古今集・恋1・501〉訳(もう)恋はしないようにしようと、御手洗川でみそぎをして神に祈願したが、その願いも空しく)願いを神はお受けにならないでしまったらしいなあ(恋のやまないところを見ると)。発展『伊勢物語』六十五段では、第四句が「神はうけずも」、第五句が「なりにけるかな」で収録されている。

こ-ひぢ【小泥】ひぢ|名詞 どろ。土。ぬかるみ。浜も砂子も白くなどもなく、**小泥のやうにて…**。〈更級日記・竹芝寺〉訳浜辺も砂は白くもなく、泥のようで…。

こひ-ぢ【恋路】こいじ|名詞(恋する心の動きを道にたとえたことばで)恋の道。恋。発展和歌では、多く「小泥」に掛けて、恋の気持ちや恋人の意味を表すこともある。

発展「こ」は接頭語。和歌では、多く「恋路」に掛ける。

こひねがは-く-は【希はくは・庶幾はくは・冀はくは】こいねがわくは|副詞 願うことには。なにとぞ。

こひねがはくは… 源氏に同心して…。〈平家・7・木曾山門牒状〉訳**なにとぞ**…源氏に味方して…。

こひ-ねが・ふ【乞ひ願ふ・希ふ】こいねがう|動詞 他〔ハ四段〕〈は・ひ・ふ・ふ・へ・へ〉ひたすら願う。

行く末長きことを**こひねがふ**も、**仏の聞きたまはむこと**かたはらいたし。〈源氏・幻〉訳(いつまでも)余命が長いことを**ひたすら願う**のも、仏様がお聞きになると思われることがきまり悪い。

こひ-の・む【乞ひ祈む】こいのむ|動詞 自〔マ四段〕〈ま・み・む・む・め・め〉(神仏に)祈る。

白たへのたすきを掛けまそ鏡手に取り持ちて天つ神仰ぎこひのみ国つ神伏して額つき…歌〈万葉集・5・904〉訳白いたすきを掛け神聖な鏡を手に持って、天の神を仰いで**祈り**、地の神を伏して額を地につけて(拝み)…。○「白たへの」は「たすき」に係る枕詞。

こ-ひめ【小姫】名詞 少女の愛称。少女。女の子。**ひとりは小姫にて、名をかさねといふ。**〈奥の細道・那須〉訳(借りたウマについてくる子供のうちの)一人は**少女**で、名前をかさねという。

こ-ひゃう【小兵】こひょう|名詞 ❶体が小さいこと。小柄な人。対大兵。「与一宗高こそ**小兵**でさうらへども手利きでさうらへ。」〈平家・11・那須与一〉訳「(那須)与一宗高は**小柄な人**でございますが(弓の)名手でございます。」❷弓を引く力が弱いこと。また、その人。対精兵。

ご-ひゃく-しゃう【五百生】ごひゃくしょう|名詞《仏教語》五百回も★六道に生まれ変わること。何度も転生すること。

こひ-や・む【恋ひ止む】こいやむ|動詞 自〔マ四段〕〈ま・み・む・む・め・め〉恋の苦しみがおさまる。恋がさめる。**いかにして恋ひ止むものぞ天地の神を祈れど我や思ひ増す**歌〈万葉集・13・3306〉訳(一体)どのようにして**恋の苦しみがおさまる**ものなのか、天地の神に祈るのだが、私はますます(切なく)思いが増すことだ。

こひ-らし【恋ひらし】こいらし《上代東国方言》思い慕っているらしい。**わが妻はいたく恋ひらし飲む水に影さへ見えてよに忘られず**歌〈万葉集・20・4322〉訳→わがつまは…

発展「こふらし」(上二段動詞「こふ」の終止形＋推定の助動詞「らし」)の変化したもの。

こひわすれ-がひ【恋忘れ貝】こいわすれがい|名詞《和歌用語》拾うと恋の苦しさを忘れさせるという貝。忘れ貝の別の呼び名。

こひわすれ-ぐさ【恋忘れ草】こいわすれぐさ|名詞《和歌用語》恋の苦しさを忘れさせるという草。忘れ草。

こひ-わた・る【恋ひ渡る】こいわたる|動詞 他〔ラ四段〕〈ら・り・る・る・れ・れ〉長い間ずっと恋い慕い続ける。

岩根ふみ重なる山にあらねども逢はぬ日多く恋ひわたるかな歌〈伊勢・74〉訳(あなたのもとへ通う道は)岩を踏み越えて(行くわけで)重なった山(のように険しいもの)ではないけれど、(あなたに)逢わない日が多く、(私は)**長い間ずっと恋い慕い続けている**ことだなあ。

◆こひわびて…歌 **恋ひわびて泣く音にまがふ浦波は思ふ方より風や吹くらむ**〈源氏・須磨〉訳恋しさに思い悩んで泣く声と(聞き)間違えそうな、(あの岸に打ち寄せる)浦波(の音)は、私のことを思う人たちのいる方(＝都)から風が吹いて(あの人たちの泣き声を運んで)いるからではないだろうか。発展須磨に退居中の源氏が、都を懐かしんで詠んだ歌。

こひ-わ・ぶ【恋ひ侘ぶ】こいわぶ|動詞 自〔バ上二段〕〈び・び・ぶ・ぶる・ぶれ・びよ〉恋に苦しみ悩む。恋いわずらう。**恋ひわびてうち寝るなかに行き通ふ夢の直路はうつつならなむ**歌〈古今集・恋2・558〉訳**恋に苦しみ悩ん**で寝たとき夢の中で(あの人のところへ)行き来した、その夢のまっすぐな道が現実であってほしい。

こ-ふ【劫】こう|名詞《仏教語》❶最長の時間の単位。きわめて長い時間。対刹那。**阿弥陀仏と申さぬ人は淵の石劫は経れども浮かぶ世ぞなき**〈梁塵秘抄〉訳南無阿弥陀仏とお唱えしない人は淵の(底の)石と同じで、**きわめて長い時間**を経ても救われることはないのだ。❷囲碁で、一目を交互に取り合う形。際限がないので、一手を他の所に打ってからでないと取り返せない。

発展★梵語に漢字の音を当てはめたことば。「劫波」が省略された形。「ごふ」とも。

こ-ふ【国府】名詞 →こくふ

こ・ふ【乞ふ・請ふ】こう|動詞 他〔ハ四段〕〈は・ひ・ふ・ふ・へ・へ〉❶欲しがる。求める。また、天皇…庶妹女鳥王を**こひたまひき**。〈古事記・仁徳天皇〉訳また、(仁徳)天皇は…異母妹の女鳥王をお**求め**になった。❷(神仏に)祈る。祈願する。**天地の神をこひつつ我待たむはや来ませ君待たば苦しも**歌〈万葉集・15・3682〉訳天地の神に**祈り**ながら私は待ちましょう。すぐ帰って来てください。あなたを待っていたら苦しいことよ。

こ・ふ【恋ふ】こう|動詞 他〔ハ上二段〕〈ひ・ひ・ふ・ふる・ふれ・ひよ〉なつかしく思う。思い慕う。正月に、**梅の花盛りに、去年を恋ひて行きて、立ちて**

見、ゐて見…。〈伊勢・4〉訳正月に（なって）、ウメの花の満開（になっている）時に、（男は）去年を**なつかしく思って**（女のいた所に）行って、立って見たり、座って見たり（して）…。

こ・ぶ【媚ぶ】 動詞 自〔バ上二段〕〈び・び・ぶ・ぶる・ぶれ・びよ〉❶人の機嫌を取る。人の気に入るようにへつらう。士は今、尼子**にこびて骨肉の人を苦しめ**…。〈雨月・菊花の約〉訳貴殿は今、尼子の**機嫌を取って**血縁の人を苦しめ…。❷なまめかしい態度をとる。なまめく。**露にこびたる花の御姿、風にひるがへる舞の袖、地を照らし天もかかやくばかりなり。**〈平家・10・熊野参詣〉訳露に**なまめい**ている花の（ような維盛卿の）姿や、風にひるがえる舞を舞う袖が、（その美しさは）地を照らし天も輝くほどである。

ご・ふ【業】 名詞《仏教語》❶現世における身・口・心による善悪すべての行為。来世における善悪の結果の原因となるもの。❷前世の行為によって現世において受ける報い。

ご-ふ-いん【業因】 名詞《仏教語》善悪一切の人間の行為が、未来に善悪の果報を招く原因となること。多くは、前世の悪業の報いをいう。悪い果報。因果。宿命。特に、業報。

こ-ぶか・し【木深し】 形容詞〔ク〕〈く・く・し・き・けれ・○／から・かり・○・かる・○・かれ〉木々が茂って奥深い。

ご-ふ-く【業苦】 名詞《仏教語》前世で犯した悪業によって、現世で苦しみを受けること。また、その苦しみ。

ご-ふ-くゎ【業火】 名詞《仏教語》❶地獄に落ちた罪人を焼き苦しめる猛火。転じて、激しい炎。❷悪業の報いが自分の心身を滅ぼすことを、すべてを焼き尽くす火にたとえていうことば。

ご-ふ-くゎ【業果】 名詞《仏教語》前世での善悪の行為が招いた報い。

こふ・し【恋し】 形容詞 ↓こひし

ご-ふ-びやう【業病】 名詞《仏教語》前世の悪業の報いとして生じる治りにくい病気。

ご-ふ-ふう【業風】 名詞《仏教語》❶悪業の激しい報いを風にたとえていうことば。❷人を地獄に追いやる風。また、地獄で吹くという大風。発展❷は、「業の風」とも。

こ-ふ-らく【恋ふらく】 恋い慕うこと。**潮満てば入りぬる磯の草なれや見らく少なく恋ふらくの多き** 歌〈万葉集・7・1394〉訳（私は）潮が満ちると海の中に入ってしまう磯に生えた草なのだろうか。（あなたと）逢うことは少なくて、**恋い慕うこと**（ばかり）が多いことよ。発展上二段動詞「こふ」の終止形＋接尾語「らく」。なお、「こふ」の連体形「こふる」に接尾語「あく」が付いたと見る説もある。

こへ（誤）↓（正）**こゑ【声】**

ご-へい【御幣】 名詞 幣束や幣帛などを敬った言い方。金・銀・五色の紙を段々に切り、木の幣串に挟んだ神祭用具のひとつ。神前に供えたり、★祓へのときなどに用いる。

ごべうとしへて… 句 **御廟年経て忍は何をしのぶ草**〈野ざらし紀行・松尾芭蕉〉訳後醍醐天皇の御陵は、年月を経て荒れ果てしのぶ草が生い茂っているが、それが物思いの種となってこのしのぶ草は、いったい何をたえしのんでいるのだろう。○季語 しのぶ草―秋。「しのぶ」はたえしのぶとしのぶ草の、「くさ」は「草」と「種（＝物思いの種）」とのそれぞれ掛詞。

ご-へん【御辺】 代名詞 あなた。貴殿。**鶴、この由を見て、「御辺は何事を悲しみたまふぞ。」**と言ふ。〈伊曾保〉訳ツルは、このようすを見て、「**あなた**はどのようなことを悲しんでいらっしゃるのか。」と言う。発展中世以降に男性が用いたことば。中世には、目上の人に対して用いたが、近世になると、敬意が低くなり、対等の相手に用いるようになった。

こ-ほう【戸部】 名詞 民部省の中国風の呼び名。発展「ほう」は漢音。「こぶ」とも。

ごぼう（現）↓（歴）**ごばう【御坊・御房】**

ごほ-ごほ 副詞（多く「ごほごほと」の形で）雷の鳴る音。咳をする声。道具などを動かす音。ごろごろ。ごとごと。

こほ・し【恋し】 形容詞 ↓こひし

こぼ・す【毀す】 動詞 ↓こほつ

こぼ・す【零す・溢す】 動詞 他〔サ四段〕〈さ・し・す・す・せ・せ〉❶（容器から）こぼす。あふれ落とす。❷透き間からはみ出るようにする。**いろいろの衣どもこぼし出でたる人の、簾を押し入れてなから入りたるやうなるも**…。〈枕草子・76・内裏の局〉訳さまざまな（色の）着物（の裾）を**透き間からはみ出るようにして**出している人で、（局の）簾を（中へ）押し入れてなかば入り込んでいるような人も…。

こほち-ちら・す【毀ち散らす】 動詞 他〔サ四段〕〈さ・し・す・す・せ・せ〉乱雑に取りはずす。壊してばらばらにしてしまう。**年ごろ遊び慣れつる所を、あらはにこほちちらして、立ち騒ぎて**…。〈更級日記・門出〉訳（帰京の準備のため）長年の間遊びなじんだ部屋を、（外から）丸見えに（家具などを）**乱雑に取りはずして**、（人々はその荷造りに）大騒ぎをして…。

こほ・つ【毀つ】

原形がなくなるように壊す ― ❶打ち壊す。崩す。／❷削る。そり取る。

未然形	連用形	終止形	連体形	已然形	命令形
こほ・た	こほ・ち	こほ・つ	こほ・つ	こほ・て	こほ・て

動詞 他〔タ四段〕❶**打ち壊す**。取り壊す。壊す。崩す。**秋田刈る仮庵もいまだこほたねば雁が音寒し霜も置きぬがに** 歌〈万葉集・8・1556〉訳秋の田を刈る仮小屋もまだ**取り壊さ**ないのに、ガンの声は寒々としている。霜も降りてしまうほどに。❷**削る。そり取る。そり落とす**。無理無体、片端**そるやらこぼつやら**…。〈近松・国性爺合戦〉訳無理やりに、（髪の）一部をそったり（そってはいけないところを）**そり落とし**たり…。○中世以降に「こぼつ」と変化した形が使われている。

発展①「毀る」の他動詞形。中世以降は「こぼつ」とも。
②「こぼす」と「こほつ」　あふれさせる意味の「こぼす」と同じ語源と見る説もあるが、中古末期の漢和辞書『類聚名義抄』では、破損の意味では「コボル・コボス」と区別されていたので、あふれる意味では「コホル・コホツ」、別の系統のことばと考えた方がよい。ただし、中古の早い時期からすでに混同が始まっていたものかと考えられる。『竹取物語』では、「麻柱をこほちて（＝足場を取り壊して）、人皆退きて…。」という文のすぐ後に、「麻柱をこぼし（＝足場を取り壊し）、人皆帰りまうで来ぬ。」とあり、「こほつ」と同じ意味で「こぼす」が用いられている。

関連語 毀る・零す・零る

ご-ほふ【護法】 名詞《仏教語》❶（「護法善神」の略で）仏法を守護する鬼神。❷護法善神に仕える護法童子。寄りましに乗り移って病気の由来や物の怪のたたりを口走る。

こほ-め・く 動詞 自〔カ四段〕〈か・き・く・く・け・け〉ごとごと音がする。ごろごろ鳴る。いみじう寒き夜中ばかりなどこほこほとこほめき、沓すり来て…。〈枕草子・290・時奏する〉訳 とても寒い夜中ごろなどにごとごとと音がし、靴を引きずって来て…。発展「めく」は接尾語。

こほり【氷】 名詞 ❶凍ること。また、凍ったもの。季語 冬 ❷「★氷襲」の略。

こほり【郡】 名詞 律令制で、国の下に定められた地方の行政単位。郷・里・町・村を含む。発展 古くは「評」の字を用い、天武天皇のころから「郡」の字を用いたといわれる。「ぐん」とも。

こほり-がさね【氷襲】 名詞 ❶★襲の色目のひとつ。表はつやのある白、裏は白の無地。冬に着用する。❷白い鳥の子紙（＝上等な和紙の一種）を二枚重ねたもの。表裏共に白で消息や手紙を書くのに用いた。

こほ・る【毀る】 動詞 自〔ラ下二段〕〈れ・れ・る・るる・るれ・れよ〉壊れる。破れる。勢多の橋こほれて、え行きやらず。〈更級日記・竹芝寺〉訳 勢多の橋が壊れて、進み続けることができない。発展 中世後期以降は「こぼる」。もともとは「こほつ」の自動詞形。

こぼ・る【零る・溢る】 動詞 自〔ラ下二段〕〈れ・れ・る・るる・るれ・れよ〉❶あふれ出る。こぼれる。早苗とる山田の懸樋漏りにけり引くしめ縄に露ぞこぼるる 歌〈新古今集・夏・225〉訳 早苗を取る山田のかけどいが水漏れしたことだ。引き渡したしめ縄に露がこぼれ（てい）るよ。❷散り落ちる。梅の花折ればこぼれぬわが袖ににほひ香うつせ家づとにせむ 歌〈後撰集・28〉訳 ウメの花は折（ると花びらが）散り落ちてしまう。（だから）私の袖ににおい（だけ）を移してほしい。家へのみやげにしたい（から）。

❸外に現れる。愛敬こぼるるやうにて…端の方についゐて…。〈源氏・紅葉賀〉訳（紫の上は）魅力が外に現れるようすで…（すねて背を向けて）隅の方に膝をついて座って…。

こぼれ-い・づ【零れ出づ】 動詞 自〔ダ下二段〕〈で・で・づ・づる・づれ・でよ〉はみ出る。あふれ出る。御簾ども青やかに、几帳押し出でたる下より、いろいろの衣こぼれ出で…。〈更級日記・鏡の影〉訳 御簾（の真新しいの）がすがすがしく（かかっていて）、几帳を押し出している下からは、色とりどりの着物がはみ出て…。

こぼれ-かか・る【零れかかる】 動詞 自〔ラ四段〕〈ら・り・る・る・れ・れ〉（髪の毛がさらさらと）垂れかかる。伏し目になりてうつぶしたるに、こぼれかかりたる髪、つやつやとめでたう見ゆ。〈源氏・若紫〉訳（少女が）伏し目になってうつむいているときに、垂れかかっている髪が、つやつやに見事に（美しく）見える。

❷こぼれる（現）↓（古）**こぼる【零る・溢る】**

こほろぎ【蟋蟀】 名詞 秋に鳴く虫の総称。季語 秋 発展 平安時代や中世に「きりぎりす」を「こほろぎ」と呼んだとする説もある。

古本説話集 作品名 平安末期あるいは鎌倉初期の説話集。編者不明。前半は和歌説話四十六話、後半は仏教説話二十四話。滑稽な話も織り込まれている。成立年不明。

こ-ま【木間】 名詞 ↓このま

こま【高麗】 一 名詞 紀元前一世紀から七世紀にかけて朝鮮半島北西部にあった国。高句麗。高麗。転じて、朝鮮半島を指していう。二 接頭語 一から伝来した物であることを表す。語例 高麗錦・高麗笛 発展「かうらい」とも。

こま【駒】 名詞 ❶子ウマ。小さいウマ。❷ウマ。特に、乗用のウマ。❸将棋や双六のこま。発展 ウマの意味を表す「こま」は、中古以降、多く歌語として用いられた。❶は、「子馬」の変化したことば。

ごま【護摩】 名詞《仏教語》密教の秘法のひとつ。息災・増益・降伏・敬愛などを祈願するもの。多く、不動明王を本尊とし、護摩壇を設けて、ヌルデなどの護摩木をたき、悪業や煩悩を退ける。発展 ★梵語に漢字の音を当てはめたことば。

こま-いぬ【狛犬】 名詞 ★高麗から伝来したという獅子に似た獣の像。神社の前などに獅子と向かい合わせて置き、威厳を添えたり、魔よけとした。一方は口を「阿」の形に開け、他方は「吽」の形に閉じている。

こ-まう【虚妄】 名詞《仏教語》真実でないこと。うそ偽り。仮のもの。迷いから起こるもの。

こま-うど【高麗人】 名詞 ★高麗の国の人。また、高麗からの渡来人。発展「こまびと」の変化したことば。

［こまいぬ］

こまか・なり【細かなり】 形容動詞〔ナリ〕〈なら・なり（に）・なり・なる・なれ・なれ〉❶こまごましている。微細だ。葉のいみじう細かに小さきがをかしきなり。〈枕草子・40・花の木ならぬは〉訳（ネズミモチの木は）葉がたいへんこまごましていて小さいようすがおもしろい。❷綿密で行き届いている。念入りだ。詳細だ。「おのれが祖父親は、かの殿の年ごろの者にてはべりしかば、細かに承りしは…。」〈大鏡・兼通〉訳「私の祖父は、あの堀河殿（＝兼通）に長年お仕えした者でございましたので、詳細にお伺いいたしたことは…。」❸細部までよくできている。きめ細やかで美しい。少し起き上がりたまへる顔のうち赤みたまへるなど、細かにをかしうこそはべりしか。〈紫式部日記〉訳 少し起き上がりなさった顔がほんのりと赤らんでいらっしゃるようすなどは、きめ細やかで美しく優美でございました。❹心が行き届いている。交際が深い。親密だ。子ある仲なりければ、細かにこそあらねど、時々もの言ひおこせけり。〈伊勢・94〉訳（前の夫とは）子供ができた間柄であったので、親密ではないが、時々便りをしていた。❺計算高い。けちだ。塵も埃も捨てぬ、随分細かなる人ありけり。〈西鶴・世間胸算用〉訳 塵も埃も捨てないような、ひどくけちな人がいた。

類語比較「こまやかなり」と「こまかなり」↓細やかなり

こま‐がね【細金・細銀】 名詞 江戸時代の小粒の銀貨。類 小粒・豆板

こま‐ごま【細細】 副詞 ❶細かく。湯船に**藁をこまごまと切りて**…。〈宇治拾遺〉訳 浴槽にわらを**細かく**切って…。
❷詳しく。かぐや姫を、**え戦ひ止めずなりぬること**、**こまごまと**奏す。〈竹取・かぐや姫の昇天〉訳 かぐや姫を、(天人と)戦い引き止めることができなくなってしまったこと(の次第)を、**詳しく**(帝に)申し上げる。
❸細やかで美しく。髪、色に、**こまごまとうるはしう**…。〈枕草子・200・野分のまたの日こそ〉訳 (少女の)髪は、つややかで、**こまやかに美しく**きちんとしていて…。
❹入念に。**木の葉をことさらにしたらむやうに**、**こまごまと**吹き入れたるこそ…。〈枕草子・200・野分のまたの日こそ〉訳 木の葉をわざと入れたように、**入念に**吹き入れてあるのは…。
発展 多く、「こまごまと」の形で用いられる。

こま・す 一 動詞 他(サ四段)〈さ・し・す・す・せ・せ〉(「与ふ」「やる」を卑しめていうことばで)くれてやる。《近世語》
二 補助動詞(サ四段)〈さ・し・す・す・せ・せ〉…(て)やる。「こらへて居るかはいさに、名代に投げて**こました**。」〈菅原伝授手習鑑〉訳「がまんしているのがかわいそうなので、おれが代理で投げて**やった**。」
発展 多く接続助詞「て」に付く。

こ‐まつ【小松】 名詞 小さなマツ。若いマツ。発展「小松引き」は、正月初子の日に、野山に出て小松を引き抜いて、長寿を祝う行事。

こま‐つぶり【独楽】 名詞 こまの古い呼び名。おもちゃのこま。発展「つぶり」は円形という意味。

こまとめて… 歌 **駒とめて袖うちはらふ陰もなし佐野のわたりの雪の夕暮れ**〈新古今集・冬・671・藤原定家〉訳 ウマを止めて、袖(に積もった雪)を払い落とす物陰(さえ)もない。(この)佐野(=今の和歌山県)の渡し場の、雪の(降りしきる)夕暮れよ。〇三句切れ。「苦しくも降り来る雨か三輪の崎狭野の渡りに家もあらなくに(=困ったほどに降ってくる雨だなあ。(この)三輪の崎の狭野の渡し場に家人もいないのに。)」〈万葉集・3・265〉を本歌とする。

こま‐どり【小間取り・駒取り】 名詞 人数を左右に分けて勝負事などをするとき、第一席を左、第二席を右というように、奇数と偶数を交互に振り分けること。

こま‐にしき【高麗錦】 一 名詞 ★高麗から渡来した錦。また、高麗風の錦。ひもや剣を入れる袋や畳の縁に用いた。
二 枕詞 (高麗錦が多くひもに用いられることから)「ひも」に係る。

こま‐ぶえ【高麗笛・狛笛】 名詞 雅楽の横笛。古くは、高麗楽用の楽器であったが、東遊などにも使用された。指穴が六つあり、唐楽で用いる横笛に比べ、短く細い。↓笛(図)

ごまめ【鱓・小鰯】 名詞 カタクチイワシを干したもの。まめ(=健康)に通じることから、祝儀、正月の料理に用いる。季語 春

こま‐やか・なり【細やかなり・濃やかなり】

きめ細かく行き届いていると感じられるようす
- ❶**小さくこまごまとしている。**
- ❷(髪・皮膚などが)**きめ細かく潤いがある。**
- ❸**こまごましたところまで行き届いている。詳しい。**
- ❹**情が込められている。親密だ。懇ろだ。**
- ❺(物の作りなどが)**入念で上品である。**
- ❻(色が)**濃い。**

未然形	連用形	終止形	連体形	已然形	命令形
こまやか・なら	こまやか・なり こまやか・に	こまやか・なり	こまやか・なる	こまやか・なれ	こまやか・なれ

形容動詞(ナリ) ❶**小さくこまごまとしている。小柄である。細やかなる御調度は、いとしも調へたまはぬを**…。〈源氏・初音〉訳 (玉鬘は転居したばかりで)**小さくこまごまとした**お身の回りの道具類は、(まだ)それほどおそろえになっていないが…。**細やかにをかしとはなけれど、なまめきたるさまして貴人と見えたり。**〈源氏・帚木〉訳 (小君は体つきが)**小柄であり**美しいというほどではないが、優雅なようすで上品な人と見えている。
❷(髪・皮膚などが)**きめ細かく潤いがある。手つきのつぶつぶと肥えたまへる、身なり肌つきの細やかにうつくしげなるに**…。〈源氏・胡蝶〉訳 (玉鬘の)手の格好がふっくらと太っていらっしゃったようすや、姿や肌のようすが**きめ細かく潤いがあって**かわいらしいので…。
❸**こまごましたところまで行き届いている。詳しい。いと細やかにありさま問はせたまふ。**〈源氏・桐壺〉訳 (桐壺の帝は、靫負の命婦に)非常に**詳しく**(亡き更衣の実家の)ようすをお尋ねになる。
❹**情が込められている。親密だ。懇ろだ。**「今はなほ、昔の形見になずらへてものしたまへ。」など、**こまやかに書かせたまへり。**〈源氏・桐壺〉訳「今はやはり、(私を)亡くなった人の形見と同じものと見なしていてください。」などと、**親密に**お書きになってある。
❺(物の作りなどが)**入念で上品である。御手こまやかにはあらねど、らうらうじう**、草などを**かしうなりにけり。**〈源氏・賢木〉訳 (斎院の)ご筆跡は**入念で上品では**ないけれども、書き慣れて巧みで、草書体などが上手になったのだった。
❻(色が)**濃い。やうやう起きゐて見たまふに、鈍色のこまやかなるが、うち萎えたるどもを着て**…。〈源氏・若紫〉訳 (紫の上は)そろそろと(床から)起きて座って(源氏が見せる絵などを)ご覧になるが、ねずみ色の**濃い**もの(=喪服)で、着古してくたくたになったものなどを着て…。

類語比較「こまやかなり」と「こまかなり」
共通点＝きめ細かく行き届いているようすを表す形容動詞として、どちらもほぼ同じ意味・用法で使われる。
こまやかなり＝「こまかなり」よりも微妙な感じを伴うことば。主観的に細かいと感じられるようすを表す。
こまかなり＝客観的で視覚的な細かさを表すことが多い。「こまやかなり」とは異なり、色が濃いという意味はない。

こ-みかど【小御門】 名詞 小門(=正門以外の脇門・裏門など)を敬った言い方。小さなご門。

こ-みや【故宮】 名詞 亡くなった宮さま。

こ・む【籠む・込む】 一 動詞 自〔マ四段〕〈ま・み・む・む・め・め〉❶混雑する。物がぎっしり詰まる。

人げ多く込みては、いとど御心地も苦しうおはしますらむとて…。〈紫式部日記〉訳(こんなに)人が多く**混雑して**は、ますますご気分も苦しくいらっしゃるだろうと思って…。

❷手間がかかる。細かく入り組む。

「**手の込うだよい普請でござる。**」〈狂言・子盗人〉訳「人手の**手間がかかった**よい建物でございます。」〇「込うだ」は「込みた」のウ音便で、さらに「た」も濁音化している。

❸分かる。承知する。

「**おっと皆まで言はんすな。込んでいる。**」〈滑稽本・浮世風呂〉訳「おっと終わりまでおっしゃるな。**分かっている。**」

二 動詞 自〔マ下二段〕〈め・め・む・むる・むれ・めよ〉一面に立ち込める。

暮れゆくほどの空、いたう霞籠めて…。〈堤中納言・花桜折る少将〉訳日が暮れてゆくころの空が、(霞や霧が)並々でなく**一面に霞が立ち込めて**…。

三 動詞 他〔マ下二段〕〈め・め・む・むる・むれ・めよ〉❶(中に)入れる。閉じ込める。

「**雀の子を犬君が逃がしつる。伏せ籠のうちに籠めたりつるものを。**」〈源氏・若紫〉訳「スズメの子を(召し使いの)犬君が逃がしてしまったのだ。★伏せ籠の中に**閉じ込めて**あったのになあ。」

❷(心の中に)隠す。秘める。

かく御心に籠めたまふことありけるを、恨みきこえたまふ。〈源氏・玉鬘〉訳このように(源氏が)お心にお**秘め**になることがあったことを、(紫の上は)お恨み申し上げなさる。

四 補助動詞〔マ四段〕〈ま・み・む・む・め・め〉…入れる。…こむ。

「**をかしき古事をも、はじめより取り込みつつ**…。」〈源氏・帚木〉訳「おもしろい故事をも、初句から(歌の中に)**取り入れて**は…。」

こ-む-よ【来む世】 名詞《仏教語》死後の世界。あの世。来世。後世。

この世にし楽しくあらば来む世には虫に鳥にも我はなりなむ 歌〈万葉集・3・348〉訳→このよにし…

発展「来世」を訓読したことばで、「む」は本来、推量の助動詞の連体形。

こ-むら【木叢・木群】 名詞 木が群がって生えている所。森。また、樹木が入り組んで陰になっている所。

こ-むらご【紺村濃】 名詞 染め色のひとつ。薄い紺色の地で、ところどころ濃い紺色でまだらに染めたもの。発展「こんむらご」「こうむらご」とも。

-ごめ【籠め・込め】 接尾語 (名詞に付いて)…といっしょに、…ぐるみ、…ごと、もろともに、という意味を表す。語例 花ごめ・魚ごめ 発展 多く格助詞「に」を伴って用いられる。

こ-めか・し【子めかし・児めかし】 形容詞〔シク〕〈しく・しく・し・しき・しけれ・〇/しから・しかり・〇・しかる・〇・しかれ〉❶子供っぽい。あどけない。うぶだ。初々しい。

ものなどほのかに仰せられ、子めかしうつつましげに…。〈枕草子・201・心憎きもの〉訳(中宮が)ほんの少しお声を掛けなさって、(新参の女房が)**初々しく遠慮がちに**(お答え申し上げ)…。〇「子めかしう」は連用形「子めかしく」のウ音便。

❷おっとりしている。

わがもてなし、ありさまは、いとあてはかに児めかしくて…。〈源氏・夕顔〉訳(夕顔)自身の振る舞いや、ようすは、たいへん上品で**おっとりしていて**…。

こ-め・く【子めく・児めく】 動詞 自〔カ四段〕〈か・き・く・く・け・け〉子供っぽく見える。あどけなく見える。おっとりしている。

児めき、おほどかに、たをたをと見ゆれど…。〈源氏・浮舟〉訳(浮舟は)**あどけなく見え**、おおらかで、なよなよと見えるけれども…。

こめ-さし【米刺し・米差し】 名詞 先を斜めにそいだ竹筒。米俵に突き刺し、中の米を取り出して品質を検査するのに用いた。

こめ-す・う【籠め据う】 動詞 他〔ワ下二段〕〈ゑ・ゑ・う・うる・うれ・ゑよ〉家に閉じ込めて外へ出さない。

親たちも、いと心得ず、ほどなくこめすゑつ。〈更級日記・宮仕え〉訳親たちも、まったく納得できないが、まもなく(私を宮仕えから身を引かせ)**家に閉じ込めて外へ出さ**なかった。

❷**こ・める**(現)↓(古)**こ・む【籠む・込む】**

こも【薦・菰】 名詞 ❶《植物》イネ科の多年草、マコモの古い呼び名。季語 夏 ❷❶で編んだ敷物。こもむしろ。後にはわらを用いた。

こ-もの【小者】 名詞 ❶年少者。年若い者。また、小柄な者。❷武家や寺院で、雑用などに使われた召し使い。下男。❸商家などで使われた身分の低い奉公人。丁稚。

こ-もの【籠物】 名詞 かごに入れた果物。発展 木の枝に付け、儀式のときに用いたり、献上物とする。かごの中には五果(=モモ・スモモ・アンズ・ナツメ・クリ)を入れる。

こもよ… 歌

籠もよ　み籠持ち　掘串もよ　みぶくし持ち　この岡に　菜摘ます児　家聞かな　名告らさね　そらみつ　大和の国は　おしなべて　われこそ居れ　しきなべて　われこそいませ　われこそば　告らめ　家をも名をも〈万葉集・1・1・雄略天皇〉訳籠も、まあ、(よい)籠を持って、掘串(=土を掘る道具)も、まあ、(よい)掘串を持って、この岡で菜をお摘みになる娘さん、(あなたの)家が聞きたい。名まえをおっしゃってほしい。この大和の国は、すべて(一面に)、私がいるのだ。広く統治して(一帯に)、私がいらっしゃるのだ。私こそが告げよう。家をも名をも。〇「そらみつ」は「大和」に係る枕詞。

こ-もり【木守】 名詞 庭園の樹木を守ること。また、その番人。庭番。

こもり-え【隠り江】 名詞《和歌用語》陸地などに深く入り込んで、隠れて見えない入り江。アシなどが生えて見えない入り江とも。

こもりく-の【隠り口の・隠り国の】 枕詞 (その地勢が山に囲まれて隠れていることから)地名「泊瀬」に係る。

こもり-づま【隠り妻】 名詞 人目を避けて隠れている妻。また、隠れしのんでいる恋人。

こもり-ぬ【隠り沼】 名詞《和歌用語》堤で囲まれた水の流れ出ない沼。また、草木などに隠れて見えない沼。

埴安の池の堤の隠り沼の行くへを知らに舎人は惑ふ 歌〈万葉集・2・201〉訳埴安の地の池の**堤で囲まれた水の流れ出ない沼**のように、行方も分からず(高市皇子を失った)舎人たちは途方に暮れている。

こもりぬ-の【隠り沼の】 枕詞 (「隠り沼」は草などの下に

隠れていることから)「下」に係る。

こもり・ゐる【籠り居る】 動詞 自〔ワ上一段〕〈ゐ・ゐ・ゐる・ゐる・ゐれ・ゐよ〉❶家や部屋の中などにじっと引きこもっている。閉じこもる。**あるいはおのが家にこもりゐ、あるいはおのが行かまほしき所へ往ぬ。**〈竹取・竜の頸の玉〉訳ある者は自分の家に**閉じこもり**、(また)ある者は自分の行きたい所へ行ってしまう。

❷(祈願や精神のために寺社などに)こもる。「**静かにこもりゐて、後の世のことを勤め、かつは齢をも延べむ。**」〈源氏・絵合〉訳「静かに**こもって**、後世のために読経し、ひとつには寿命を延ばしてもらおう。」

こも・る【隠る・籠る】 動詞 自〔ラ四段〕〈ら・り・る・る・れ・れ〉❶包まれている。囲まれている。**しばらくは滝にこもるや夏の初め** 句〈奥の細道・日光〉訳→しばらくは…

❷ひそむ。隠れる。**二上の山にこもれるほととぎす今も鳴かぬか君に聞かせむ** 歌〈万葉集・18・4067〉訳二上の山に**ひそん**でいるホトトギスよ、今すぐ鳴いてほしい。殿に聞かせよう。

❸閉じこもる。引きこもる。**若き人の、かかる山里に、「今は。」と思ひ絶え、こもるは難きわざなりければ**…。〈源氏・手習〉訳若い女でありながら、このような山里に、「今は(これまで)。」と思い切り、**閉じこもる**のは難しいことであるので…。

❹寺社に泊まり込んで祈願する。**親の太秦にこもりたまへるにも、異事なく、このことを申して**…。〈更級日記・物語〉訳(私は)親が太秦(の広隆寺)に**泊まり込んで祈願**なさるときにも、ほかのことは(願うことが)なく、このこと(=源氏物語を全部読むこと)を(弥勒菩薩に)お願い申し上げて…。

こ-もん【小紋】 名詞 ❶布地の一面に、細かい模様を染め出したもの。小紋染め。❷紙の染型で、小花などの細かい模様を一面に染め出したもの。発展❶は、一説に、錦・綾などで細かい模様を織り出したものとも。❷は、江戸時代には、武士の裃などに用いられた。

［こもん❷(小桜小紋)］

こ-や【此や】 これこそ。これぞ。**憂きふしを心一つに数へ来てこや君が手を別るべき折** 歌〈源氏・帚木〉訳(あなたの)つらい仕打ちを私の胸一つに数えながら(我慢して)きたが、**これこそ**、あなたと関係を断たなければならない機会なのだ。

ご-や【五夜】 名詞 ❶一夜を五等分した呼び名。午後七時から二時間ごとに、甲夜(初更、午後七時～九時)・乙夜(二更、午後九時～十一時)・丙夜(三更、午後十一時～午前一時)・丁夜(四更、午前一時～三時)・戊夜(五更、午前三時～五時)に分ける。類五更 ❷特に、❶の戊夜(=五更)のこと。→ビジュアルチェック⑲(881ページ)

ご-や【後夜】 名詞 ❶一日を六等分した、六時の一つ。一夜を初・中・後に三分したときの最後の夜。およそ、午前二時から午前六時まで。深夜。→初夜・中夜 ❷❶の間に行う勤行。

こ-やく【巨益】 名詞 大きな利益。利潤。発展「きょえき」「こえき」とも。

こや・す【臥やす】 動詞 自〔サ四段〕〈さ・し・す・す・せ・せ〉《上代語》《「臥ゆ」の尊敬語で》横におなりになる。おやすみになる。横たわっておられる。**波の音の騒く湊の奥つ城に妹がこやせる遠き代にありけることを**… 歌〈万葉集・9・1807〉訳波の音の騒がしい湊の墓所にあの娘さんは**おやすみになって**いるという、遠い昔にあった出来事を…。発展もともとは上二段動詞「こゆ」の未然形に古い尊敬の助動詞「す」が付いて変化したもの。

こや・す【肥やす・沃やす】 動詞 他〔サ四段〕〈さ・し・す・す・せ・せ〉❶太らせる。豊かにする。**死骸を窟に引き入れられて飽くまで腹を肥やされたり。**〈南総里見八犬伝〉訳死体を洞穴(の中)に引き入れて(満腹になって)飽きるまで腹を**太らせ**(るほど召し上がり)なさった。

❷楽しませる。喜ばせる。**忠あるも忠なきも、今に栄花を開きぬと目を悦ばしめ、耳を肥やす。**〈太平記〉訳忠義心のある人もない人も、現在栄華の世を開いたと(よいことを)見て喜び、(よいことを)聞いて耳を**楽しませる**。

こやす-がひ【子安貝】 名詞 タカラガイ科の巻き貝のひとつ。古来、安産のお守りとされた。季語春 「**燕の持たる子安貝を取らむ料なり。**」〈竹取・燕の子安貝〉訳「ツバメが持っている(という)子安貝を取ったりするためである。」

こ-やつ【此奴】 代名詞 (人を卑しめて)こいつ。発展「くやつ」とも。

こ・ゆ【肥ゆ】 動詞 自〔ヤ下二段〕〈え・え・ゆ・ゆる・ゆれ・えよ〉❶太る。肉づきがよくなる。**戯奴がため我が手もすまに春の野に抜ける茅花そ召して肥えませ** 歌〈万葉集・8・1460〉訳おまえのために私の手も休めずに春の野で抜いておいたチガヤであるよ。(それを)食べてお**太り**なさい。

❷肥沃である。

こ・ゆ【臥ゆ】 動詞 自〔ヤ上二段〕〈い・い・ゆ・ゆる・ゆれ・いよ〉《上代語》横になる。伏す。→古語チャート㊲(1075ページ) **うちなびき床にこい伏し痛けくの日に異に増せば悲しけくここに思ひ出**で… 歌〈万葉集・17・3969〉訳病に倒れ床に**横になって**、苦しみが日ごとに増していくので、悲しいことをここにおいて思い出し…。発展「こいふす」「こいまろぶ」などのように複合動詞として用いられる。

こ・ゆ【越ゆ】 動詞 自〔ヤ下二段〕〈え・え・ゆ・ゆる・ゆれ・えよ〉❶山や谷を通り過ぎる。越える。**年たけてまた越ゆべしと思ひきや命なりけり小夜の中山** 歌〈新古今集・羈旅・987〉訳→としたけて…

❷(年が)変わる。移る。**遣はしし人は、夜昼待ちたまふに、年越ゆるまで音もせず。**〈竹取・竜の頸の玉〉訳派遣した家来は、夜も昼もお待ちになるのに、年が**変わる**まで便りもない。

❸まさる。抜きんでる。「**いみじきことを思ひたまへ嘆く心は、さるべき人々にも越えてはべれど**…。」〈源氏・柏木〉訳「並々でないこと(=柏木の死)を悲しみ嘆かせていただいております(私の)気持ちは、悲しみ嘆くのが当然の方々(=身内)にも**まさって**おりますけれど…。」

❹(順序に逆らって他を)飛び越える。追い越す。「**我年ごろ沈みて、昨日今日の若人どもに多く越えら**

れて…。」〈落窪〉訳「私は長い年月(昇進せずに)失意の状態であって、つい最近の若い人たちに多く(官位を)**追い越されて…。**」

こ-ゆき【粉雪】 名詞 こな雪。季語 冬

こ-ゆみ【小弓】 名詞 (遊戯用の)小さな弓。座って左ひざを立て、その上に左ひじをのせて射る。

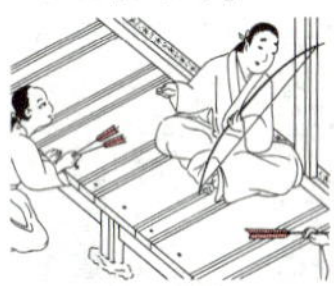
[こゆみ]

小余綾 地名 神奈川県小田原市大磯町付近の海岸。「越ゆ」との掛詞、「急ぐ」の枕詞として多く詠まれた。また、「こゆるぎの磯」「こよろぎの磯」という形でも和歌に詠まれた。

こゆるぎ-の【小余綾の】 枕詞 (地名「小余綾」に「大磯」「小磯」という地名があり、その「いそ」と同音を含むことから)「急ぎ」に係る。

小余綾の磯 歌枕 ↓小余綾

こ-よ【来よ】 動詞・補助動詞**く**(来)の命令形。

ご-よう【御用】 名詞 ❶用事・入用を敬った言い方。ご用事。ご入用。❷朝廷や幕府などの用事。公務。❸(「御用聞き」の略で)商家の小僧・丁稚など。

こよ-な・し 形容詞 ↓最重要語(556ページ)

こ-よひ【今宵】 名詞 ❶今夜。今晩。❷(夜が明けてから、昨夜を指し)昨夜。昨晩。発展 古くは❶❷の両様で用いられたが、近世以降❷の用法は失われた。

こ-よみ【暦】 名詞 時間の流れを年・月・日に区切って数えるようにした体系。また、それを記した本。発展「こ」は「日(か)」という意味。「よみ」は「読み」で数えるという意味。↓ビジュアルチェック⑳(958ページ)

こよみ-の-はかせ【暦博士】 名詞 律令制で、中務省陰陽寮に属した職員。暦を作り、暦生を教育した。れきはかせ。

こ-ら【子等・児等】 名詞 ❶(子の複数で)子供たち。❷人、特に男性が女性を親しんで呼ぶことば。

古来風躰抄 作品名 鎌倉初期の歌論書。式子内親王の依頼により、*藤原俊成が著したもの。和歌の歴史、歌風の変遷を記し、秀歌を選びつつ和歌についての考え方を述べる。一一九七(建久八)年成立の初撰本と、一二〇一(建仁元)年成立の再撰本がある。

ごらんじ-あは・す【御覧じ合はす】 動詞 他 (サ下二段)(せ・せ・す・する・すれ・せよ)(「見合はす」の尊敬語で)視線をお合わせになる。目と目をお合わせになる。**我に御覧じ合はせてのたまはせたる、いとうれし。**〈枕草子・276・うれしきもの〉訳(貴人が女房たちの中で)私に**視線をお合わせになって**おっしゃったのは、とてもうれしい。

ごらんじ-いる【御覧じ入る】 動詞 他 (ラ下二段)(れ・れ・る・るる・るれ・れよ) ❶お気にとめてご覧になる。目をお通しになる。**やむごとなき君達も御覧じ入れて、兼輔の中納言、良岑衆樹の宰相の御文なども持ちてはべるめり。**〈大鏡・道長下〉訳 高貴な身分の貴公子たちも(妻を)**お気にとめてご覧になり**、(妻は)兼輔の中納言、良岑衆樹の宰相(から)のお手紙なども持っておりますようだ。❷お指図になる。注意深くご覧になって処置なさる。**こなたかなたの御営みに、おのづからご覧じ入るることどももあれば…。**〈源氏・若菜下〉訳(新春のための)あれこれのご準備で、(紫の上は)自然と**お指図になる**ことなどもあ

こよ-な・し

形容詞(ク)

よくも悪くも、他と比較して、程度が極端に異なっているようす

❶(差が)**激しい**。◉肯定的な意味で用いられることが多い。**この上もない。**
❷**いちだんと優れている**。◉「こよなく勝る」という表現が多い。
❸**いちだんと劣っている**。◉「こよなく劣る」という表現が多い。

未然形	連用形	終止形	連体形	已然形	命令形
こよな・く	こよな・く	こよな・し	こよな・き	こよな・けれ	○
こよな・から	こよな・かり	○	こよな・かる	○	こよな・かれ

❶(多く、肯定的な意味で)(差が)**激しい**。**この上もない。特別だ。**
おのづから御心移ろひて、こよなうおぼし慰むやうなるも、あはれなるわざなりけり。〈源氏・桐壺〉訳 自然と(帝の)お気持ちが(藤壺の女御のほうへ)移っていって、**この上もなく**お気持ちが慰められるようであるのも、感慨深いことであった。○「こよなう」は連用形「こよなく」のウ音便。
つくづくと一年を暮らすほどだにも、こよなうのどけしや。〈徒然草・7・化野の露〉訳(カゲロウやセミに比べて人間は寿命が長いので)しみじみと一年という月日を送る間でさえも、**この上もなく**ゆったりしていることよ。

❷(多く「こよなく勝る」の形で)**いちだんと優れている**。**段違いに**(…よい)。**立派だ。**
「**人にもてかしづかれて、隠るること多く、自然にそのけはひこよなかるべし。**」〈源氏・帚木〉訳「(女性は身分が高く生まれると必ず)人に大切に世話をされて、(欠点も)目立たないことが多く、自然にその物腰が**いちだんと優れている**(と見えてくる)に違いない。」
松の煙のたなびきて、火のかげに半臂の緒、衣のつやも、昼よりはこよなう勝りてぞ見ゆる。〈枕草子・142・なほめでたきこと〉訳(賀茂の臨時の祭りの夜)たいまつの煙がたなびいて、火の光で*半臂のひもや、衣服の色つやも、昼間よりは**段違いに**優れて見えることだ。

❸(多く「こよなく劣る」の形で)**いちだんと劣っている**。**段違いに**(…悪い)。**ひどい**。
「**御けしきも、異御子どもよりも、こよなくおぼし落とされたりき。**」〈落窪〉訳「(落窪の君に対して、実の父であるあなたの)お気持ちも、他のお子たち(に対する)よりも、**段違いに**お見下しになっていた。」
けはひ異に優れて聞こえ、君達着たまへる物、こよなく劣りて見ゆ。〈落窪〉訳(落窪の君は)ようすがとりわけ優れていると評判され、(他の)姫君たちの着ていらっしゃる物が、**ひどく**劣って見える。

るので…。

❸召し上がる。お口になさる。はかなき御果物をだに御覧じ入れざりしつもりにや、あさましく弱くなりたまひて…。〈源氏・総角〉訳ちょっとした果物をさえ召し上がらなかったのが重なったせいではないだろうか、（大君は）ひどく衰弱なさって…。

発展「見入る」の尊敬語。

ごらんじ-し・る【御覧じ知る】 動詞 他〔ラ四段〕〈ら・り・る・る・れ・れ〉（「見知る」の尊敬語で）お分かりになる。お見分けになる。「**かばかり聞こゆるにても、おしなべたらぬ志の程を御覧じ知らば、いかにうれしう。**」などあり。〈源氏・若紫〉訳「これほど申し上げることからしても、並のものではない（私の紫の上に対する）気持ちの深さを**お分かりになる**ならば、どんなにうれしく（思われることか）。」などと（源氏からの手紙に書いて）ある。

ごらんじ-つ・く【御覧じ付く】 一動詞 自〔カ四段〕〈か・き・く・く・け・け〉おなじみでいらっしゃる。見慣れていらっしゃる。**弘徽殿には御覧じ付きたれば、むつましうあはれに心安くおぼほし…。**〈源氏・絵合〉訳（冷泉帝は）弘徽殿（の女御）とは**おなじみでいらっしゃる**ので、親しくかわいく気がねがないとお思いになり…。

二動詞 他〔カ四段〕〈か・き・く・く・け・け〉ご覧になってお気に入りになる。**これを御覧じ付きて里居したまふほど、御遊びなどもあらまほしけれど…。**〈源氏・野分〉訳（秋好中宮は）ここ（六条院の庭の景色）を**ご覧になってお気に入りになって**里にとどまりなさる間、（管絃の）お遊びなども催したいけれども…。

三動詞 他〔カ下二段〕〈け・け・く・くる・くれ・けよ〉お見つけになる。お気付きになる。**御前に人々所もなく居たるに、今上りたるは、少し遠き柱もとなどに居たるを、とく御覧じ付けて…。**〈枕草子・276・うれしきもの〉訳（中宮の）おそばに女房たちが透き間もなく座っているときに、今参上した（ばかりの）人は、少し遠い柱のそばなどに座っているのを、（中宮は）早速**お気付きになって**…。

発展「見付く」の尊敬語。

ごらんじ-とが・む【御覧じ咎む】 動詞 他〔マ下二段〕〈め・め・む・むる・むれ・めよ〉（「見咎む」の尊敬語で）見とがめなさる。ご覧になって不思議にお思いになる。「**いかに殿ばら、殊勝のことは御覧じとがめずや。無下なり。**」〈徒然草・236・丹波に出雲〉訳「ちょっと皆さん、（この狛犬の置かれ方のおごそかなことには）**ご覧になって不思議にお思いにならない**か。まったくひどい。」

ごらんじ-ゆる・す【御覧じ許す】 動詞 他〔サ四段〕〈さ・し・す・す・せ・せ〉（「見許す」の尊敬語で）お見逃しになる。「**今はただ、なだらかに御覧じ許して、罪避りどころなう、世人にもことわらせてこそ…。**」〈源氏・真木柱〉訳「今はただ、穏便に**お見逃しになって**、（この私には）罪から逃れられないのだと、世間の人にも（よく）判断してもらって…。」

ごらん・ず【御覧ず】 ↓基本敬語25（557ページ）

基本敬語25

ごらん・ず【御覧ず】

〔尊敬語〕─❶ご覧になる。〔通常語〕見る
　　　　　❷「御覧じ＋動詞」の形で、「見＋動詞」型の複合動詞の尊敬表現として用いられる。

動詞 他〔サ変〕

未然形	連用形	終止形	連体形	已然形	命令形
ごらん・ぜ	ごらん・じ	ごらん・ず	ごらん・ずる	ごらん・ずれ	ごらん・ぜよ

❶（「見る」の尊敬語で）**ご覧になる。** **広げて御覧じて、いとあはれがらせたまひて、物も聞こしめさず。**〈竹取・かぐや姫の昇天〉訳（帝は、かぐや姫からの最後の手紙を）広げて**ご覧になって**、とてもひどく悲しみなさって、食べ物も召し上がらない。○作者が、「見る」動作をする帝への敬意を表している。「せたまふ」「聞こしめす」も帝に対する尊敬語で、最高敬語。

❷**「御覧じ＋動詞」の形で、「見＋動詞」型の複合動詞の尊敬表現として用いられる。** **御覧じ始めし年月のことさへ、かき集めよろづにおぼし続けられて…。**〈源氏・桐壺〉訳（帝は、亡き桐壺の更衣を）**ご覧になり**始めた歳月のことまでも、（思い出を）取り集めてどれもこれもお思い続けにならないではいられなくて…。○作者が、「見始める」動作をする帝への敬意を表している。「御覧じ始む」は複合動詞「見始む」の尊敬表現。

発展 **語の成り立ち** 漢語「御覧」に、サ変動詞「す」が付き、一語になって「御覧ず」と濁ったもの。「見たまふ」（上一段動詞「みる」の連用形＋補助動詞「たまふ」）より敬意が高い。中世後期には、「ん」が「う」に変化した「ごらうず」という語形になる。

敬語のしくみ **「尊敬語＋使役／受身」の訳し方** 現代語にはない古語特有の敬語表現に次のようなものがある。

a 御覧ぜさす（「御覧ず」の未然形＋使役の助動詞「さす」）↓「尊敬語＋使役」の用法。

b 御覧ぜらる（「御覧ず」の未然形＋受身の助動詞「らる」）↓「尊敬語＋受身」の用法。

「尊敬語＋使役」という組み合わせによるaの表現は現代語にはない。たとえば、「かの贈り物御覧ぜさす。」〈源氏・桐壺〉という文は、「あの（更衣の母君からの）贈り物を（桐壺の帝に）ご覧に入れる。」と訳すのが自然で、「御覧ぜさす」をそのまま「ご覧になるようにさせる」と訳しては現代語として不自然である。

bの表現もふつう現代語にはない。たとえば、「恥づかしく心づきなきことは、いかでか御覧ぜられじ、と思ふに…。」〈枕草子・238・細殿に便なき人なむ〉という文は、「きまり悪く気に食わないことは、なんとかして（中宮に）ご覧になっていただきたくない（＝お目にかけたくない）、と思うのに…。」というように、訳し方を工夫する必要がある。

「御覧ぜさす」「御覧ぜらる」のどちらも、全体が謙譲語の言い方になるように訳すと自然である。なお、「御覧ぜらる」の「らる」は、中古では主に受身（まれに自発）の意味であるが、中世以降は尊敬の意味になることが多い。

関連語 御覧ぜさす・御覧ぜらる

↓基本敬語動詞一覧表（26ページ）

ごらんぜ-さす【御覧ぜさす】連語 ご覧に入れる。お目にかける。「**歌はいかが。それ聞かむ。」とのたまへば、「いま、御前に御覧ぜさせて後こそ。」など言ふほどに**…。〈枕草子・99・五月の御精進のほど〉訳（侍従殿が）「歌はどう（詠んだのです）か。それを聞こう。」とおっしゃるので、（私が）「すぐに、中宮様に**ご覧に入れ**た後で。」などと言っているうちに…。

発展 サ変動詞「ごらんず」の未然形＋使役の助動詞「さす」。相手にご覧になることをさせる、ということで、その相手に最高の敬意を払う言い方。現代語では、「お目にかける」など、いわゆる謙譲語の訳語で代用する。

ごらんぜ-らる【御覧ぜらる】連語 ❶（「らる」は受身で）目をとめていただく。ご覧いただく。お目にかける。「**恥づかしく心づきなきことは、いかでか御覧ぜられじ。**」〈枕草子・238・細殿に便なき人なむ〉訳「きまり悪く気に食わないことは、なんとかして（中宮に）**ご覧いただき**たくない。」

❷《中世以降》（「らる」は尊敬で）ご覧になる。「**これほどまのあたりに御覧ぜられける御事、誠にありがたうこそさうらへ。**」〈平家・灌頂・六道之沙汰〉訳「（建礼門院が六道を）これほど目の前に**ご覧になった**ことは、ほんとうに珍しいことです。」

発展 サ変動詞「ごらんず」の未然形＋助動詞「らる」。❶は、相手がご覧になることを私が受けるという表現で、「ご覧になっていただく」にあたる。❷は、二重敬語となっている。

こ-り【垢離】名詞 神仏に祈る前に、冷水を浴びて心身のけがれを除くこと。発展 漢語には見当たらず「川降り」の変化したことばとする説もある。

こり-あつま・る【凝り集まる】動詞 自〔ラ四段〕〈ら・り・る・る・れ・れ〉（一か所に）寄り集まる。「**大きなる蛇、数も知らず凝り集まりたる塚ありけり。**」〈徒然草・207・亀山殿〉訳 大きなヘビが数え切れないほど**寄り集まっ**ている塚があった。

こりずま-に【懲りずまに】副詞 前の失敗に懲りもしないで。性懲りもなく。「**懲りずまにおぼしわたれば**…」〈源氏・末摘花〉訳（手ごろな女がいないかと）**性懲りもなく**（源氏は）お思い続けになっていらっしゃるので…。

こり-つ・む【樵り積む】動詞 他〔マ四段〕〈ま・み・む・む・め・め〉木を切って積む。転じて、思いが募る。「**夢かとひながら会ふべき期なくなりぬとや君も嘆きをこり積みて塩焼く海人となりぬらむ。**」〈蜻蛉日記〉訳（奥方様も）夢かとつぶやきながらも（もう）会えそうな機会もなくなってしまったあなたと嘆く**思いが募っ**て（とうとう）尼になってしまっているのだろう。〇「嘆き」の「き」に「木」を、「海人」に「尼」を掛けている。

ごりやう-ゑ【御霊会】名詞 不慮の死を遂げた人の霊などを鎮め、疫病・飢饉・天災などを避けるための祭り。京都、感神院（＝八坂神社）の祇園会などが有名。祇園祭。

こりる（現）→（古）**こる**【懲る】

こ・る【凝る】動詞 自〔ラ四段〕〈ら・り・る・る・れ・れ〉❶寄り集まる。凝結する。密集する。「**まことに巳の時ばかりに三十騎ばかり凝りて来るあり。**」〈宇治拾遺〉訳 本当に十時ごろに三十騎ばかり**寄り集まって**くる一団がある。〇「来る」は連体形で、★準体法。

❷凍る。「**石床と川の水凝り寒き夜を息むことなく通ひつつ**…」歌〈万葉集・1・79〉訳 平らな岩のように（厚く）川の水が**凍り**、（そのような）寒い夜も休むことなく通い続け…。

❸熱中する。ふける。深く思い込む。じっと考える。「**かくて、なでふことなければ、人の心をなほたゆみなく、凝りにたり。**」〈蜻蛉日記〉訳 こうして、別に変わったことがないので、あの人の浮気心をやはり油断なく（＝警戒をゆるめずに）、**じっと考え**てしまっている。

こ・る【懲る】動詞 自〔ラ上二段〕〈り・り・る・るる・るれ・りよ〉懲りる。悔いる。反省して、もう二度とすまいと思う。「**我がやどに韓藍蒔き生ほし枯れぬれど懲りずてまたも蒔かむとぞ思ふ**」歌〈万葉集・3・384〉訳 私の家の庭にケイトウをまいて育て枯れてしまったけれど、**懲り**ずにまたまこうと思う。

こ・る【伐る・樵る】動詞 他〔ラ四段〕〈ら・り・る・る・れ・れ〉（木を）切る。伐採する。「**斧取りて丹生の檜山の木こり来て筏に作り**…」歌〈万葉集・13・3232〉訳 斧を手に持って丹生の檜山の木を**切っ**て来て筏に組み作り…。

これ【此・是・之】一 代名詞 ❶（話し手の側にある事物を指して）このこと。このもの。「**唐歌は、これにえ書かず。**」〈土佐日記・十二月二十六日〉訳（その）漢詩は、**これ**（＝日記）に書くことはできない。

❷（話し手のいる場所、または話題にしている場所を指して）ここ。この場所。「**これ、昔、名高く聞こえたる所なり。**」〈土佐日記・二月九日〉訳「**ここ**（＝渚の院）は、昔、有名で世間に知られた場所である。」

❸（話し手が今いる時を指して）今。現在。「**これより先の歌を集めてなむ、万葉集と名づけられたりける。**」〈古今集・仮名序〉訳 **現在**より前の歌を集めて、万葉集と名付けられたのだった。

❹（直前に話題となった事柄を指して）このこと。「**これを悲しみおぼすこと限りなし。**」〈源氏・桐壺〉訳 **このこと**（＝更衣の死）を悲しくお思いになることはこの上ない。

❺わたし。「**これはたびたび参ってさうらふ間、案内は存知してさうらふ。**」〈平家・11・勝浦〉訳「**わたし**はたびたび参っておりますので、道案内は存じております。」

❻おまえ。あなた。「**これや覚えたまふ。**」〈徒然草・238・御随身近友が〉訳「**あなた**（たちは修行の妨げとなる八つの災いを）覚えていらっしゃるか。」

❼（身近な者を指して）この人。私の身内。「**そもそも去年少将や判官入道が迎へにも、これらが文といふこともなし。**」〈平家・3・僧都死去〉訳「だいたい去年少将や判官入道の迎えのときも、**私の身内**からの手紙というものもない。」

二 感動詞（注意を引くために呼びかけて）もし。おい。これこれ。

発展 漢文訓読文には、「日本は、これ神国なり。（＝日本は、これはまさに神国である。）」〈平家・2・教訓状〉のような強調表現としての用法がある。

ご-れう【御料】―りょう 名詞 ❶貴人の衣服・飲食物・器物などを敬った言い方。お召しもの。召し上がりもの。お道具。

❷「料」を敬った言い方。おため。

これがまあ…句

これがまあつひの栖か雪五尺〈七番日記・小林一茶〉訳漂泊の旅から故郷に戻ってみると、雪が五尺(=一・五メートル)も降り積もっている。この家がまあ最後のすみかとなるのだなあ。○季語 雪―冬

発展 一八一二(文化九)年一茶五十歳の冬、継母・義弟との遺産相続問題解決のため、江戸より帰郷したときの作。一茶はこの後、故郷柏原村(=今の長野県上水内郡信濃町)に定住した。

これ-かれ【此彼】 一 代名詞 あれこれ。この人あの人。このものとあのもの。

二 副詞 めいめい。それぞれ。あれやこれやと。

これかれ得たるところ、得ぬところ、互ひになむある。〈古今集・仮名序〉訳**それぞれ**得意としているところ、得意としていないところが、双方にある。

これ-これ【此此・是是】(具体的に示さず、漠然とまたは略して)かようかよう。しかじか。

局の内より「**これこれにや。**」と言ひ出だしたれば…。〈徒然草・238・御随身近友が〉訳(他の)部屋の中から「**しかじか**(のことでしょう)か。」と言い出したので…。

これ-ぞ-こ-の【此ぞ此の】 連語 これがまさに。これが例の。

大方は月をもめでじ**これぞこの**積もれば人の老いとなるもの 歌〈古今集・雑上・879〉訳たいていの場合には月をも観賞しないようにしよう。**これがまさに**積み重なっていくと人の老いにつながるもの(なのだ)。

これ-てい【此体】 名詞 ❶このようなようす。このような姿。❷たかがこれくらいのこと。これしきのこと。取るに足りないもの。

これ-は-し-たり【此はしたり】(意外さに驚いたり、失敗に気づいて)これは驚いた。しまった。

「**これはしたり、これはしたり**、天の与へ。」〈西鶴・世間胸算用〉訳「**これは驚いた、これは驚いた**、天からの授かり(ものだ)。」

惟光 登場人物 『源氏物語』の主人公、光源氏の従者の名。源氏の乳母の大弐の子。特に源氏の信頼が厚く、数々の忍び歩きにも同行する。後に、娘の藤典侍を夕霧に嫁がせる。

これ-や-こ-の【此や此の】 連語 これがまあ、あの。

これやこの…百人一首

これやこの行くも帰るも別れては知るも知らぬも逢坂の関〈後撰集・1089・蟬丸〉訳これがまあ、(京都から東国へ)行く人も帰る人も(ここで)別れ、知っている人も知らない人も出会うという逢坂の関なのだなあ。○体言止め。「逢坂の関」は平安時代の三関(=鈴鹿・不破・逢坂)の一つで、「逢ふ」との掛詞。

発展 『後撰集』では、第三句が「別れつつ」となっている。

品詞分解・修辞

これ	や	こ	の	行く	も	帰る	も
代	間助	代	格助	カ四・体	係助	ラ四・体	係助

〈対句〉

別れ	て	は	知る	も	知ら	ぬ	も
ラ下二・用	接助	係助	ラ四・体	係助	ラ四・未	打消・体	係助

〈対句〉

逢坂の関
逢ふ／逢坂(掛詞)〈体言止め〉

これ-ら【此等】 代名詞 ❶(複数のものを指して)この者ども。この事など。

「あは、**これらが**内々謀りしことの漏れにけるよ。」〈平家・2・西光被斬〉訳「ああ、**この者どもが**ひそかに企てたことが知られてしまったのだなあ。」

❷この辺り。この辺。

「山ならねども、**これらにも**、猫の経上がりて、猫股に成りて、人取ることはあなるものを。」〈徒然草・89・奥山に、猫股と〉訳「山でなくても、**この辺りにも**、ネコが年を取って変化して、猫股(=ネコの化け物)になった状態で、人(の命)を取ることがあるとかいうのになあ。」

こ-ろ【子ろ・児ろ】 名詞 ↓こら

ころ【頃】 一 名詞 ❶おおよその時。時分。

そのころ、高麗人の参れるなかに、賢き相人ありけるを…。〈源氏・桐壺〉訳**その時分**、高麗の国の人で(日本に)うかがっている人のなかに、才知に富む人相を見る人がいたので…。

❷折。季節。時節。

「しかしかの宮のおはします**ころ**にて、御仏事などさぶらふにや。」〈徒然草・44・あやしの竹の編み戸〉訳「これこれの宮がいらっしゃる**折**で、ご仏事などがございますのでしょうか。」

❸(「年」「月」「日」などの下に付いて「ごろ」と濁音になり)長い時間の経過を表す。↓月頃・年頃・日頃

二 形式名詞 (動詞またはそれに伴う助動詞に付いて)ちょうど…している時分。このごろ。

風をいたみ岩打つ波のおのれのみ砕けてものを思ふころかな 百人一首〈詞花集・211〉訳↓かぜをいたみ…

発展 二は、和歌の句末に見られ、詠嘆の終助詞を下に付けて用いられる。

ころ-く【胡簶】 名詞 ↓やなぐひ

ころ-しも【頃しも】 ちょうどその時。折も折。

一人歩かん身は、心すべきことにこそと思ひける**ころしも**、ある所にて、夜ふくるまで連歌して…。〈徒然草・89・奥山に、猫股と〉訳一人出歩くような自分の身には、注意しなければならないと思っていた**ちょうどその時**、ある所で、夜がふけるまで連歌をして…。

ころび-い・る【転び入る】 動詞 自 ラ四段〈ら・り・る・る・れ・れ〉転がり落ちる。転がるように中に入る。

肝心も失せて防がんとするに力もなく、足も立たず、小川へ**転び入りて**…。〈徒然草・89・奥山に、猫股と〉訳(法師は)正気を失って防ごうとしたが力も抜け、足も立たないで、小川(=川の名)へ**転がり落ちて**…。

ころ・ふ【嘖ふ】 動詞 他 ハ四段〈は・ひ・ふ・ふ・へ・へ〉《上代語》しかる。責める。

誰そこの我がやどに来呼ぶたらちねの母に**ころはえ**物思ふ我を 歌〈万葉集・11・2527〉訳だれか、この我が家に来て呼ぶのは。母に**しかられて**ふさぎ込んでいる私を。○「たらちねの」は「母」に係る枕詞。

発展 「ころふ」は四段動詞「ころ」の未然形＋反復・継続の助動詞「ふ」の変化したことば。

ころ-ほひ【頃ほひ・比ほひ】 名詞 ❶時節。時分。

五月の朔日の**ころほひ**…。〈枕草子・37・木の花は〉訳五月の月初めの**時分**は…。

❷今の時世。当節。

物の上手多かる**ころほひ**なり。〈源氏・竹河〉訳(殿上人の中に)歌、舞の優れた者が多い**当節**である。

ころも【衣】 名詞 ❶衣服。着物。

春過ぎて夏来にけらし白妙の衣干すてふ天の香具山 百人一首〈新古今集・夏・175〉訳↓はるすぎて…

❷僧・尼が着る法衣。僧服。

発展 ❶は「きぬ」と比べて下着を指すことが多かったといわれ、平安以降、主に和歌に用いられた。

ころも-う・つ【衣打つ】（布の光沢を出したり、のりを柔らかくするために）木づちで布を打つ。
み吉野の山の秋風さ夜更けてふるさと寒く衣打つなり 百人一首〈新古今集・秋下・483〉訳↓みよしのの…

ころも-かたし・く【衣片敷く】（ひとりで寝ることの寂しさをたとえたことばで）着物の片袖（=衣）を敷いてひとり寝をする。
あが恋ふる妹は逢はさず玉の浦に衣片敷きひとりかも寝む 歌〈万葉集・9・1692〉訳私が恋しく思うあなたは逢ってくださらない。玉の浦に自分の**着物の片袖を敷いて、ひとり寝をする**のだろうかなあ。

ころも-がへ【衣替へ・更衣】 名詞 ❶衣服を着替えること。❷季節に応じて、衣服や調度を替えること。陰暦四月一日と十月一日とに行うが、特に、四月一日に夏衣になることをいう。季語 夏

衣川【ころもがわ】［ガハ］歌枕 岩手県奥州市に発し、西磐井郡平泉町で北上川に注ぐ川。また、その付近の地。和歌には「衣」の縁で詠み込まれた。

ころも-で【衣手】 ㊀名詞 袖。たもと。
君がため春の野に出でて若菜摘むわが衣手に雪は降りつつ 百人一首〈古今集・春上・21〉訳↓きみがため…
㊁枕詞（衣の袖をぬらすという意味の「ひたす」の音から）地名「常陸」に、また「葦毛」に係る。

ころもで-の【衣手の】 枕詞（「手」を「た」と読むことから）地名「田上」「高屋」に、（袖が風に翻る意味から）「かへる」に、また（袖を分かつという意味から）「別く」に、また、「名木」「真若」などに係る。

ころもで-を【衣手を】 枕詞（衣を砧で打つ意味から）地名「打廻」に、（衣を敷くことから）地名「敷津」に、また（「手」を「た」と読むことから）地名「高屋」に係る。

ころも-を-かへ・す【衣を返す】 着物を裏返しにする。夜に着物を裏返しにして寝る。
いとせめて恋しきときはむばたまの夜の衣を返してぞ着る 歌〈古今集・恋2・554〉訳ひどく身に染みて恋しいときは（せめて夢ででも会えるようにと）夜の**着物を裏返しにして着**（て寝）ることだ。〇「むばたまの」は「夜」に係る枕詞。
発展 着物を裏返しに着て寝ると、恋しい人の夢を見られると信じられていた。

❷**こわい**（現）↓（古）**こはし【強し・剛し】**

こわ-ざま【声様】 名詞 声のようす。話しぶり。口調。

❷**こわし**（現）↓（歴）**こはし【強し・剛し】**

❷**こわす**（現）↓（古）**こほつ【毀つ】**

こわ-だか【声高】 形容動詞（ニ）声が高い。大声だ。
今宵、「かかること。」と、**声高にものもいはせず**。〈土佐日記・二月十六日〉訳今夜は「こんなひどいこと。」と、（供人たちに）**大声で不満を言う**ようなこともさせない。

こわ-づかひ【声遣ひ】 名詞 声のようす。口調。
御声のいと若う貴なるに、うち出でむ声遣ひも恥づかしけれど…。〈源氏・若紫〉訳（源氏の）お声がとても若々しく上品なので、（侍女は）返事する**口調**も恥ずかしいが…。

こわ-づく・る【声作る】 動詞 自 ラ四段（ら・り・る・る・れ・れ）
❶（あいさつなどを）声高に言う。改まった声を出す。
ただここにしも、「宿直奏さぶらふ。」と声作るなり。〈源氏・賢木〉訳ほんの間近で、「宿直奏が伺候いたす。」と**声高に言う**のが聞こえる。
❷魔よけなどのために声を出す。
「**紙燭さして参れ。『随身も弦打ちして、絶えず声作れ。』と仰せよ。**」〈源氏・夕顔〉訳「紙燭に火をつけて（持って）参上せよ。『供の者も弓のつるをひき鳴らして、絶えず**魔よけのために声を出せ**。』と言いつけよ。」
❸注意を引いたり、合図をするためにせき払いをする。
格子のもとによりて声作れば、少将おきたまふに…。〈落窪〉訳格子のそばに寄って**せき払いをする**と、少将は目をお覚ましになり…。

こ-わらは【小童】 名詞 幼児。子供。

❷**こわれる**（現）↓（古）**こほる【毀る】**

ご-ゐ【五位】 名詞 宮中における位階の第五番目。正五位上・下、従五位上・下に分かれ、昇殿が許される下限。発展 特に、五位に叙せられることを叙爵という。

ごゐ-の-くらうど【五位の蔵人】 名詞 蔵人所の頭に次いで、次官に当たる役職。発展 五位の殿上人の中から、才能・家柄の優れた者を選んだ。定員は三人で宮中の雑務を担当した。「★蔵人の五位」とは別。

こ-ゐん【故院】 名詞 亡くなった上皇・法皇・女院。崩御なさった院。

ご-ゐん【後院】 名詞 天皇の常の御所以外に設けられた離宮。発展「こうゐん」とも。皇太后・太皇太后の後院が置かれたこともあり、仙洞御所（=譲位後の御所）となることが多かった。↓ビジュアルチェック⑭（756ページ）

こゑ【声】 名詞 ❶人や動物の発する音声。
❷物の音。楽器の音色。響き。音楽。
逢坂の関の関風吹く声は昔聞きしに変はらざりけり 歌〈更級日記・春秋の定め〉訳逢坂の関の関所のあたりを吹く風の**音**は、昔、（上京するときに）聞いた音と変わらないことだなあ。
待つ宵に更けゆく鐘の声聞けばあかぬ別れの鳥はものかは 歌〈新古今集・恋3・1191〉訳↓まつよひに…
❸漢字音。字音。
❹発音。アクセント。
この聖の声うちゆがみ、荒々しくて…。〈徒然草・141・悲田院の尭蓮上人は〉訳この（尭蓮）上人は、**発音**はなまり、荒っぽくて…。

こゑ-あ・り【声あり】 連語 声が美しい。美声である。
御供に声ある人して、歌はせたまふ。〈源氏・若紫〉訳お供の中で**声が美しい**人に命じて、（源氏の作った和歌を）歌わせなさる。
発展「あり」は「かたちあり」などの「あり」と同じように、優れている状態を表す。

こゑ-た・つ【声立つ】 声を立てる。声を張り上げる。
法師ばらの二人、三人物語しつつ、わざとの声立てぬ念仏ぞする。〈源氏・夕顔〉訳法師たちが二、三人話をしながら、ことさらに**声を立て**ない念仏をしている。

こん【献】 ㊀名詞 ❶宴席で客をもてなす膳。特に、杯。
❷《女房詞》酒。類 九献
㊁助数詞 ❶客をもてなす膳を出す回数を数えることば。
❷（酒杯を飲み干す回数を数えるのに用いて）杯。

こん【魂】 名詞 たましい。霊魂。陰の魄に対して、人間の精神の働きをつかさどる陽気の神霊。発展「魄」は肉体をつかさどる陰気の神霊といわれ、魂魄共に生前は人間の肉体にとどまっているが、死後肉体から離れて、魂は天に、魄は地に帰るという。中国では「たまよばい」の儀式が行わ

れ、白楽天の長恨歌に楊貴妃を招魂する一節が見える。

ごん【権】 名詞 ❶（「権官」の略で）正官に対して、臨時の官。「権守」「権帥」など。❷本物に準ずるもの。次の地位。「権の北の方」（＝正妻に準ずる人）など。発展「権」は仮という意味。

こんがう-しょ【金剛杵】 名詞《仏教語》古代インドの武器。密教で、煩悩を打ち破る象徴として用いる用具。銅やしんちゅうで作り、両端の枝の数により、*独鈷・*三鈷・五鈷などの種類がある。

こんがう-どうじ【金剛童子】 名詞《仏教語》密教で祭る護法の神。子供の姿で憤怒の相を表し、左手に*金剛杵を持つ。

［こんがうどうじ］

こんがう-りきし【金剛力士】 名詞《仏教語》*金剛杵を持って仏法を守護する、密迹金剛・那羅延金剛の二神。勇猛な威嚇の相で、筋骨たくましく、寺の門の左右に置かれる。類仁王・二王

こんがら【矜羯羅・金伽羅】 名詞《仏教語》不動明王に従う二大童子、または八大童子の一つとして制吒迦童子と脇侍（＝本尊の両脇に立つこと）する。合掌した手に*独鈷を持つ姿が多い。発展*梵語に漢字の音を当てはめたことば。

［こんがら］

ごん-ぎゃう【勤行】 名詞 動詞 他〔サ変〕（せ・し・す・する・すれ・せよ）《仏教語》仏道に精進すること。また、決まったときに仏前で読経・念仏などをすること。「我、昔、多くの身を受けて、**仏の道を勤行しき**。」〈今昔〉訳「私は、前世で、いろいろな生き物を経験し、仏道に**精進した**。」

ごん-ぐ【欣求】 名詞《仏教語》喜んで願い求めること。心から願い求めること。

ごんぐ-じゃうど【欣求浄土】 名詞《仏教語》極楽浄土に生まれ変わることを心の底から願い求めること。対厭離穢土

こんくゎうみゃうさいしょうわう-ぎゃう【金光明最勝王経】 名詞 仏教の経典のひとつ。この経を国王が信じて受け入れれば、四天王などの加護により、国土が豊かになり人民は安穏となると説く。発展「金光明経」「最勝王経」とも。「仁王般若経」「法華経」とともに護国の経典として尊ばれた。

ごん-くゎん【権官】 名詞 律令に定められた正官に対して、定員外に仮に設けた官。発展奈良時代に設けられ、有能な人物を任じ、正官に相当する俸禄を与え、多忙な職務を整理させた。

ごん-げ【権化】 名詞《仏教語》仏・菩薩が衆生を救済するために、仮に人や動物などの姿をとってこの世に現れること。また、そのもの。神仏の化身。権現。権者。

ごん-げん【権現】 名詞《仏教語》❶「*権化」の意味に同じ。発展「権」は仮という意味。❷日本の神を尊んだ言い方。発展「権」は仮という意味。日本の神は仏が仮の姿をとって現れたものとする本地垂迹説に基づくもの。「日光権現」「熊野権現」など。

ごん-ご【言語】 名詞 ことば。げんご。話すこと。「一日のうちに、**飲食**、**便利**、**睡眠**、**言語**、**行歩**、**やむことを得ずして、多くの時を失ふ**。」〈徒然草・108・寸陰惜しむ人なし〉訳一日のうちに、飲食、便通、睡眠、**会話**、歩行は、やめることはできなくて、多くの時間を失う。

ごんご-だうだん【言語道断】 ことばで言い表せないようす。「時々剋々の**法施**、**祈念**、**言語道断のことどもなり**。」〈平家・1・願立〉訳次々と読経したり祈念したりするようすは、**ことばで言い表せない**（ほどすばらしい）ことである。発展現在では、「とんでもない」「もってのほか」のように悪い意味でしか用いられないが、古くはよい意味でも悪い意味でも用いられた。

ごん-ざ【権者】 名詞 →ごんじゃ

こん-じき【金色】 名詞 黄金色。きんいろ。

ごん-じゃ【権者】 名詞《仏教語》仏・菩薩が衆生を救うため、仮に人の姿となってこの世に現れた人。権化。権現。「**仏神の奇特**、**権者の伝記**、**さのみ信ぜざるべきにもあらず**。」〈徒然草・73・世に語り伝ふること〉訳仏や神の霊験、**神仏の化身**の伝記などは、そうむやみに信じないでよいわけでもない。発展「権」は仮という意味。「ごんざ」とも。

こん-じゃう【今生】 名詞《仏教語》この世に生存している間。この世。現在。対後生・前生

こん-じゃう【紺青・金青】 名詞 鮮やかな藍色。また、その色の顔料。

ごん-じゃう【言上】 名詞 動詞 自〔サ変〕（せ・し・す・する・すれ・せよ）（貴人に）申し上げること。「**軍士等の申し状をもって、言上するばかりなり**。」〈源平盛衰記〉訳「兵士たちの申し入れを、**申し上げるだけである**。」

今昔物語集 作品名 →必修古典ビッグ30 ⑬（562ページ）

ごん-じゅ【勤修】 名詞 動詞 他〔サ変〕（せ・し・す・する・すれ・せよ）《仏教語》一生懸命に修行すること。仏道に精進をすること。「**十二歳の六月二十日より、不動供養法を勤修せられけり**。」〈古今著聞集〉訳（僧正行尊は）十二歳の六月二十日から、不動供養法を**一生懸命に修行して**いらっしゃったのだった。

ごん-す 一 動詞 自〔サ変〕（せ・し・す・する・すれ・せよ）❶《近世語》（「来る」「居る」の尊敬語で）いらっしゃる。「**そしたらそのお客連れてごんせ**。」〈滑稽本・東海道中膝栗毛〉訳「そうしたらそのお客さんを連れて**いらっしゃい**。」❷（「ある」の丁寧語で）ございます。「**まづ大服の口明に変はった話がごんする**。」〈近松・山崎与次兵衛寿の門松〉訳「まず大服茶を飲みながらの茶飲み話に変わった話が**ございます**。」

◉成立…平安時代末期
◉作者…未詳
◉分野…説話集

必修古典ビック30 ⑬

今昔物語集

▼今昔物語絵巻

【本朝仏教説話の冒頭の一文】
今は昔、本朝に聖徳太子と申す聖おはしましけり。訳 今から見ると昔のことだが、この日本の国に聖徳太子と申し上げる優れた人物がいらっしゃった。

【書名の由来】

各説話が、「今ハ昔」で始まり、「トナム語リ伝ヘタルトヤ」で終わることによる。


【成立と作者】

いろいろな説があるが、平安時代末期の一一二〇(保安元)年ごろに、複数の僧侶により編纂されたと考えられている。

【概要】
◉全三十一巻(うち巻八、十八、二十一は欠)、一〇〇〇余りの説話を収める。当時の説話を集大成したといえる。
　構成は、以下のように分かれている。
巻一～五　天竺(=今のインド)の仏教説話。
巻六～九　震旦(=中国)の仏教説話。
巻十　震旦の世俗説話。
巻十一～二十　本朝(=日本)の仏教説話。
巻二十二～三十一　本朝の世俗説話。
◉仏教説話は、仏教の伝来から始まり、個人の因果応報に至る仏教関係の話である。宗教的で教訓的な傾向が強い。一方、世俗説話は、俗世間で起こったおもしろく、奇抜な出来事を中心に書かれた説話である。文学的に優れているのは世俗説話で、当時の貴族をはじめとして、武士や庶民や盗人まで登場し、人々が混沌とした時代をたくましく生きる姿がリアルに描かれている。しかし、説話の分量でいえば、仏教説話は全体の三分の二を占め、この中にも生き生きとして人間臭い説話が含まれている。
◉近代になって、芥川龍之介や谷崎潤一郎は、自分の小説の題材を、本書から得ているが、芥川は「今昔物語をひろげる度に当時の人々の泣き声や笑い声の立ち昇るのを感じた。」と書いている。

【主な話の内容】

◉源信とその母の話…源信は、「恵心僧都」「横川僧都」とも言う。『往生要集』を著し、浄土教成立の基礎を築くとともに、以後の仏教界に大きな影響を与えた。巻十五の三十九話に登場する。立派な聖人になるまで再び山を下りるなと母親が戒めたが、源信は母親の死期の近いことを虫の知らせで知り、下山する。初めは叱った母親だが、その源信に臨終で念仏を唱えてもらいながら往生するという話。信仰によって結ばれた、厳しい中にも麗しい母子の情愛を語る話である。

◉源頼信の話…頼信は、多田満仲の三男の武将。巻二十五の九～十二話に、彼の話が出ている。一〇二八(長元元)年の平忠恒の乱を鎮めたこと(九話)は有名であるが、十二話の馬盗人を捕まえた話は、彼の武士としてのすばらしさを示した話といえる。

◉藤原陳忠の話…陳忠は信濃守として、巻二十八の三十八話に登場する。任期が終わって上京の途中、御坂峠で谷底に転落し籠で吊り上げられたが、最初の籠は平茸で一杯だった。二度目にやっと本人が乗ってきたが、片手に平茸を三房ほど持ち、生還の喜びよりも平茸の取り残しを悔やんだという話。「受領ハ倒ルル所ニ土ヲツカメ(=ころんでもただでは起きない)」という当時の諺が示すとおり、国司の強欲ぶりを象徴する話である。

◉芋粥に憧れた五位の話…巻二十六の十七話。芋粥を飽きるまで食べたいと願っていた五位が、藤原利仁にだまされ敦賀の家に連れて行かれ大変な歓待を受けるが、翌朝膨大な量の芋粥を作っているところを見ると、日ごろの念願も失せて、食欲もなくなってしまったという話。芥川龍之介の『芋粥』の題材になった話で、五位のお人好しぶりがユーモラスに描かれている。


【ことばと表現】

◉各説話は、すべて「今ハ昔」で始まり、「トナム語リ伝ヘタルトヤ」で終わるという形式上の統一が図られている。同じ内容の説話を多く収録している『宇治拾遺物語』では、「昔」や「今は昔」「是も今は昔」などで始まり、「とや」で終わる場合が多いものの、統一されているわけではない。

◉表記は、「★宣命書き」を含め、次のように漢字とカタカナによっている。

今昔、本朝ニ聖徳太子ト申ス聖御ケリ。(巻十一・第一)

◉『今昔物語集』の文体には、①漢文訓読調の文体、②漢文訓読調＋和文調の文体、③和文調の文体、が見られる。これは、依拠した文献の影響によるものである。原典が漢文であれば、「不如ジ、出家シテ道ヲ得ム。」(巻一・第二十一)のように、漢文の訓読そのままとなり、原典が和文なら「然ルニ、身ヲ要無キ者ニ思ヒ成シテ『京ニハ不居ジ。』ト思ヒ取(リ)テ…」(巻二十四・第三十五)のように、原文の趣のままとなる。

◉『今昔物語集』には、和文にも漢文訓読文にも用いられない特有の語が見られる。例えば、漢語を語幹とした形容動詞にそれが多く、「幼稚」「甘美」「奇怪」「愚痴」「下劣」「厳重」「長大」「同様」「得意」「柔和」「繁昌」「不可思議」など、現在にも残る語がすでに生まれ、活用されていた。

◉「シャ頸」「シャ尻」「エツボニ入ル(=笑い転げる)」などの俗語を効果的に用いて、その場面に現実感を与えている。しかし、口頭語を全面的に取り入れるという姿勢ではなかった。例えば、助動詞「む」から転じた「う」は一例もない。文章語としてふさわしくないと判断したのだろう。

□二 補助動詞〈サ変〉〈せ・し・す・する・すれ・せよ〉(「ある」の丁寧語で)…(で)あります。…(で)ございます。「全盛するほど世間が張ってつらいものでごんす。」〈近松・大経師昔暦〉訳「はぶりがよくなるほど交際範囲が広くなってつらいものでございます。」
発展「ござんす」→「ごあんす」→「ごんす」と変化したことば。遊里の男女・力士・侠客などが用いた。□二❶の敬意は低い。

ごん-だいなごん【権大納言】 名詞 大納言の権官。律令制の定員外の大納言。発展「権」は仮という意味。

こん-だう【金堂】―どう 名詞《仏教語》本尊を安置する堂。伽藍の中心となる建物。本堂。仏殿。

こん-ぢ【紺地】―じ 名詞 紺色の織り地。また、紺色に染めた布地。

こん-でい【金泥】 名詞 金粉をにかわの液で溶いたもの。仏像や書画の装飾に用いた。発展「きんでい」とも。

こん-でい【健児】 名詞 ❶奈良時代、一般の兵士から選ばれた、武芸に優れ、強健な兵士。田租(=口分田に対して課税される税)と雑徭(=成年男子に課せられた労働奉仕)が半分免除された。❷平安初期の❶に代わる兵制。郡司の子弟や農民の中から弓術馬術に優れた者を選び、諸国の警備に当たらせた。❸「*健児童」の意味に同じ。

こんでい-わらは【健児童】―わらわ 名詞 武家の下級の使用人。また、年若い使用人。発展❶は、強い若者という意味。「こでい」とも。

こんにった【今日た】 連語 今日は。発展「こんにちは」(名詞「こんにち」+係助詞「は」)が連声によって変化したもの。謡曲や狂言に多く見られる。

ごん-の-かみ 名詞 □一【権の守】仮に任じられた国司。国司が任地にいないときなど、代わって事務を執った。平安中期ごろには、収入目当ての名目上の任官が多くなった。□二【権の頭】仮に任じられた定員外の諸寮の長官。正官である頭に代わって事務を執った。

ごん-の-そち【権の帥】 名詞 大宰の帥の権官。納言以上の人が任命され、大宰府の政務を統括した。発展「ごんのそつ」とも。「権」は仮という意味。

金春禅竹(こんぱるぜんちく) 人名 室町中期の能役者・能作者。本名、氏信。世阿弥の娘の婿であった。一度は勢いを失った金春流を再び盛んにした。世阿弥の芸風を継承し、金春座発展の基礎を確立した。『六輪一露之記』など、多数の能芸論を著す。能では『芭蕉』『定家』などの作がある。1405—1468ごろ

こんめいち-の-さうじ【昆明池の障子】―そうじ 名詞 清涼殿の広廂に置かれた*衝立て障子。表に昆明池、裏に嵯峨野の小鷹狩りのようすを極彩色に描く。発展「こんめいちのしゃうじ」とも。昆明池は、漢の武帝が長安の西南に水軍訓練のために掘らせた周囲四十里の池。→ビジュアルチェック⑫(715ページ)

[こんめいちのさうじ]

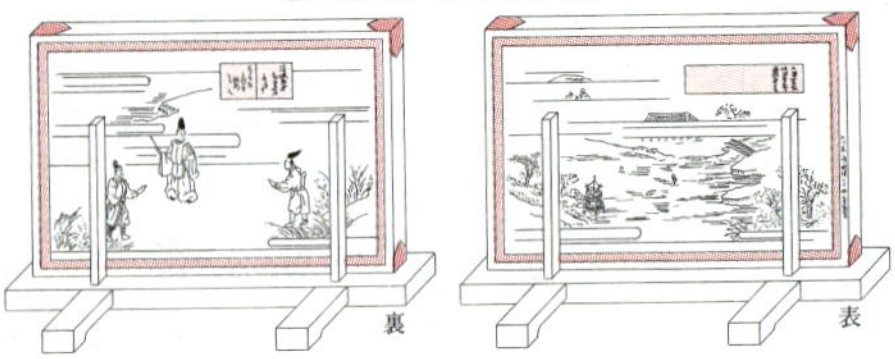

こん-りふ【建立】―りゅう 名詞 動詞 他〈サ変〉〈せ・し・す・する・すれ・せよ〉寺院・堂・塔などを建造すること。

こんりん-ざい【金輪際】 □一 名詞《仏教語》(金輪が水輪と接する所で)地の底。その中に金輪際よりおひ出でたる水精輪の山あり。〈平家・7・竹生島詣〉訳その(湖の)中には地の底から生まれ出た水晶の山がある。□二 副詞 どこまでも。とことん。「聞きかけたことは、金輪際聞いてしまはねば、気がすまぬ。」〈滑稽本・東海道中膝栗毛〉訳「聞きかけたことは、とことん聞いてしまわないと、気がすまない。」発展 宇宙は、大地を支える金輪、その下の水輪・風輪・虚空から成ると考えて、金輪の最下底という意味から。

さ

さ- 接頭語 ❶(名詞、動詞、形容詞に付いて)ことばの調子を整えたり、意味を強めたりする。語例 小夜・狭衣・さ曇る ❷(名詞に付いて)若々しいという意味を表す。語例 早蕨・早苗・早乙女 発展 和歌の中のことばに多く使われる。また、❶は「小」「狭」などの漢字を当てることが多いが、特定の意味を表すものではない。❷は「早」の漢字を当てることが多い。

-さ 接尾語 ❶(形容詞・形容動詞の語幹に付いて)そのような程度や状態を表す。語例 かなしさ・あはれさ ❷(「～の～さ」「～が～さ」の形で)感動や詠嘆を表す。語例 月の影のさやけさ(=月の光が清く澄んでいることよ) ❸(名詞に付いて)方向を表す。語例 縦さ・逆さ ❹(移動を表す動詞の終止形に付いて)…のとき、…の途中、という意味を表す。語例 帰るさ・往くさ 発展❷は、和歌に多く見られる表現で、そこで言い切る。

さ 代名詞(人を指して)そいつ。その者。それ。類 其し「さが髪をとりて、かなぐり落とさむ。」〈竹取・かぐや姫の昇天〉訳「そいつの髪をつかんで、引きずり落とそう。」発展 多く格助詞「が」を伴って用いられる。

さ【然】

すでに述べたことやお互いが知っていることを指示する
- ❶(すぐ前に述べた語句・内容を指示して)そう。そのように。
- ❷(前に述べた会話文の内容を代用して)これこれ。しかじか。

副詞 ❶(すぐ前に述べた語句・内容を指示して)**そう。そのように。そのとおり。** 夜鳴くもの、何も何もめでたし。児どものみぞさしもなき。〈枕草子・41・鳥は〉訳 夜に鳴くものは、何もかもすべてすばらしい。(ただ)赤ん坊ら(の夜泣き)だけは**そう**でもない。○「さ」の指示する内容は、「めでたし」。「我率て行きて見せよ。さ言ふやうあり。」と仰せられければ…。〈更級日記・竹芝寺〉訳(姫君は)「私を連れて行

って(直柄のひさごを)見せなさい。そのように言うわけがある。」とおっしゃったので…。○「さ」の指示する内容は、「我率て行きて見せよ」。
❷(前に述べた会話文の内容を代用して)これこれ。しかじか。
「さて、いづこにぞ。人にさとは知らせで、我に得させよ。」〈源氏・夕顔〉訳「それで、(夕顔の娘は)どこに(いるの)だ。他人にこれこれとは知らせないで、私のものにさせてくれ。」
発展「しか」と「さ」　「さ」は主に上代に用いられた指示語「しか」に代わって、中古以降の和文、特に女流文学に多く用いられた。上代には「さ」単独では用いられず、接続助詞「て」に付いた「さて」の形で用いられた例が少数見られるだけである。中古以降も、漢文訓読文などでは「しか」の方が用いられた。→読解の手引き❾(634ページ)
関連語 然さこそ・さして・さしも(副詞)・然さのみ・然さばかり・然さまで

ざ【座】 一名詞 ❶座る場所。また、そこに置く畳などの敷物。
夜臥す床あり、昼居る座あり。〈方丈記・閑居の気味〉訳夜横になる床はあるし、昼座っている**場所**もある。
❷講義・宴会・歌会・連歌の会などの集会の席。
談義の座にても、大きなる鉢にうづ高く盛りて…。〈徒然草・60・真乗院〉訳説法の**席**でも、大きな鉢に(サトイモを)山盛りに盛って…。
❸朝廷・寺社・貴族などの保護を受け、特定の商品の生産・販売の独占権を持つ商工業者の集団。
❹田楽・能楽・歌舞伎・浄瑠璃などを演ずる者の集団。また、その劇場。
❺江戸幕府が設けた貨幣・度量衡などの製造所。「金座」「銀座」「秤座」など。
二助数詞 ❶仏像・祭神を数えることば。❷講義・神楽・楽曲などを演じる回数を数えることば。❸劇場・劇団などを数えることば。

さ-あら-ぬ【さ有らぬ】 連語 なんでもない。そ知らぬ。
さては夫にも打ち明けし、と思ふ怒りをさあらぬ顔…。〈仮名手本忠臣蔵〉訳それでは夫にも打ち明けたのだな、と思う怒り(が起こるがそれ)を**そ知らぬ**顔…。
発展 副詞「さ」＋ラ変動詞「あり」の未然形＋打消の助動詞「ず」の連体形。ようすや顔などを形容していう。

さ-あら-ば【さ有らば】 連語 それならば。それでは。
さあらば追っ付けて談義を始め申さう…。〈狂言・泣尼〉訳**それでは**すぐに説法を始めて差しあげよう…。
発展 副詞「さ」＋動詞「あり」の未然形＋接続助詞「ば」。

さい【采・賽】 名詞 ❶すごろくなどに用いる、さいころ。❷(「采配」の略で)戦場で、大将が兵の進退を指揮するのに用いた道具。木や竹の柄に房を付けたもの。発展❶は古くは「さえ」とも。❷は「ざい」とも。

[さい❷(采)]

さい【斎】 一名詞《仏教語》❶仏事のためにけがれを避け、心身を清めること。また、そのための法会。類潔斎 ❷仏事の後、僧に振る舞う食事。また、寺で信徒に振る舞う食事。類斎
二接尾語 文人などの部屋・書斎、また雅号に用いる。語例 細川幽斎・自然斎(＝宗祇)

➡さいいん(現)→(歴)**さいゐん【斎院】**

さい-えい【細纓】 名詞 六位以下の武官と六位の蔵人が用いた冠の纓。→纓 発展「ほそえい」とも。もとは幅の狭い布であったが、後にクジラのひげ二本を輪にして用いた。

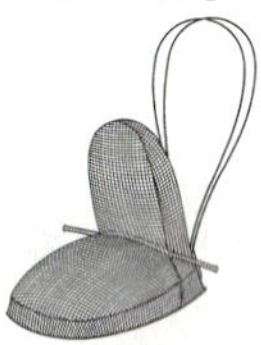
[さいえい]

さいおう-が-うま【塞翁が馬】 人間の幸不幸や物事の吉凶は予測できないというたとえ。発展 古代中国の『淮南子』の故事による。老人の飼っていたウマが逃げるが、そのウマは足の速い良馬とともに家に帰ってくる。すると老人の息子がその良馬から落ちて足をけがしてしまう。しかしそのおかげで息子は戦争に行かずにすみ、生き長らえた、という内容。

さい-かい【西海】 名詞 ❶西の海。特に、瀬戸内海。❷「★西海道」の略。

西海道 [ダウ] 旧国名 ★五畿七道の一つ。今の九州地方。★筑前・★筑後・★豊前・★豊後・★肥前・★肥後・★日向・★薩摩・★大隅および★壱岐・★対馬の九国二島からなる。★大宰府の管轄下に置かれた。→ビジュアルチェック❼(450ページ)

さい-かく【才覚】 一名詞 ❶学識。学問。類才学 ❷頭の働き。機知。工夫。
「**酒は呑みたし、身は寒し。色々無分別、年を越すべき才覚なし。**」〈西鶴・世間胸算用〉訳「酒は飲みたいけれど、我が身は貧乏だ。いろいろと無分別なことを考えてみたが、年越しできる**工夫**が(思いつか)ない。」
二名詞 動詞 他(サ変)(せ・し・す・する・すれ・せよ) 工面すること。算段すること。

西鶴 人名 →必修古典ビッグ30 ❷(158ページ)

さい-がく【才学】 名詞 学才。学識。特に漢文などの学識。
「**才学といふもの、世にいと重くするものなればにやあらむ**…。」〈源氏・絵合〉訳「**学識**というものは、世間でたいへん重んじるものだからではないだろうか…。」

西鶴大矢数 [オホヤカズ] 作品名 江戸前期の俳諧句集。井原西鶴(→必修古典ビッグ30 ❷158ページ)作。大坂生玉社で一日二十四時間のうちに西鶴が一人で詠んだ俳諧四〇〇〇句を収め、諸家の句を加えたもの。一六八一(延宝九)年刊。

西鶴織留 作品名 江戸前期の★浮世草子。井原西鶴(→必修古典ビッグ30 ❷158ページ)の第二遺稿集。六冊。北条団水編。二部二十三話からなる短編集。一六九四(元禄七)年刊。

西鶴諸国ばなし 作品名 江戸前期の★浮世草子。井原西鶴(→必修古典ビッグ30 ❷158ページ)作。五冊。日本全国の珍しい話や、不思議な出来事を軽妙な筆致で描く三十五話の短編説話集。一六八五(貞享二)年刊。

さい-かく-なり【才学なり・才覚なり】 形容動詞(ナリ)(なら・なり(に)・なり・なる・なれ・なれ) よく機転が利く。機知がある。

西行 [ギャウ] 人名 平安後期の歌人。俗名、佐藤義清。★北面の武士として鳥羽上皇に仕えたが、二十三

歳で出家。生涯、諸国を旅する生活の中で歌を詠んだ。歌風は、深い精神性を背景にした、実感的で豊かな叙情を持つ。家集に『*山家集』『聞書集』などがある。1118—1190

さい-く【細工】 名詞 ❶小道具や調度品などを作る職人。細工人。❷手先で細かい物を作ること。また、その物品。❸物事に工夫をこらすこと。また、その工夫。転じて、たくらむこと。また、そのたくらみ。

さい-ぐう【斎宮】 名詞 平安時代、天皇の即位ごとに選ばれ、伊勢神宮に奉仕した未婚の皇女。また、その居所。類 斎の皇女・斎の宮。野の宮で潔斎後に伊勢神宮に入り、天皇に代わって天照大御神を祭った。↓斎院 発展「さいくう」とも。

さい-くゎ【罪科】―か 名詞 ❶犯罪。罪。とが。❷処罰。刑罰。とがめ。

ざい-け【在家】 名詞 ❶《仏教語》出家しないで俗世間にいるままで仏教を信じること。また、その人。対 出家「**在家にして世を欲しいままにせよ。**」〈今昔〉訳「(おまえは)**俗世間にいるまま**で生活を思いどおりにしろ。」❷一般の家。民家。

さい-げい【才芸】 名詞 才能と技芸。学識と芸能。「品の高さにても、**才芸のすぐれたるにても**…。」〈徒然草・167・一道に携はる人〉訳 家柄の高さの点でも、**才能と技芸が優れている点でも**…。

さい-ご【最期】 名詞 ❶命の終わるとき。死ぬとき。臨終。末期。❷物事の終わり。最終。

最高敬語 国語・国文法 中古の文章の*地の文において、最高階級の人々(天皇・皇后・皇太子・上皇など)に対する高い敬意を表すのに用いられた敬語。次のようなものがある。
①~せたまふ・~させたまふ・~しめたまふ(尊敬の助動詞「す」「さす」「しむ」+尊敬の補助動詞「たまふ」)
②~せおはします・~させおはします(尊敬の助動詞「す」「さす」+尊敬の補助動詞「おはします」)など
③おはします・思し召す・聞こし召す・賜はす・宣はすなど
①②は、いわゆる*二重敬語であり、②は、中古末期から多く使用された。
会話文中においては、最高敬語は、最高階級の人々にのみ使われたわけではない。むしろ、そのときに自分が仕えている直接の主人などへの高い敬意を示すために用いられることも多かった。さらに、中世以降になると、地の文においても、天皇やそれに準じる人以外にも用いられるに至った。なお、③を最高敬語に含めない考え方もある。
↓二重敬語・御座します・給ふ(四段)

さい-こく【西国】 名詞 ❶西の方の国。畿内より西の方の国。特に、九州地方。対 東国 ❷日本から見て西の方の国。特に、今のインド。天竺。❸「*西国巡礼」の略。発展「さいごく」とも。

さいこく-じゅんれい【西国巡礼】 名詞 西国三十三所を巡礼すること。また、その人。西国巡り。

在五中将 [ざいごちゅうじょう「ザイゴチュウジャウ」] 人名 ↓在原業平

在五中将の日記 [ざいごちゅうじょうのにっき「ザイゴチュウジャウノ―」] 作品名 ↓必修古典ビッグ30 ❶(130ページ)

ざい-ごふ【罪業】―ごう 名詞 《仏教語》来世で苦の報いを招く悪行。罪となる行い。

ざいざい-しょしょ【在在所所】 名詞 あちらこちら。あらゆる所。ここかしこ。「都のほとりには、**在々所々**、堂舎塔廟ひとつとして全からず…。」〈方丈記・大地震〉訳 都の付近では、**あちらこちら**、寺の堂塔や塔婆が一つとして無事でなく…。

さい-し【妻子】 名詞 ❶妻と子。家族。❷妻。

さい-し【釵子】 名詞 平安時代、女性が宮中で正装するときに髪を上げたり止めたりする金属製のかんざし。

［さいし(釵子)］

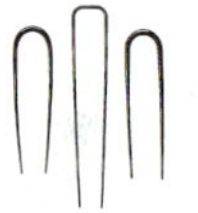

さい-しゃう【宰相】―しょう 名詞 ❶古代中国で、君主を助けて政治を行った最高の官職。類 相国 ❷「*参議」の中国風の言い方。

ざい-しゃう【罪障】―しょう 名詞 《仏教語》成仏や悟りの障害となる悪い行い。「出家の功徳莫大なれば、先世の**罪障**みな滅びたまひぬらん。」〈平家・10・維盛入水〉訳「出家の功徳はきわめて大きいから、(あなたの)前世での**悟りの障害となる悪い行い**はすべてなくなっておしまいになっているであろう。」

ざい-しょ【在所】 名詞 ❶住んでいる所。住居。居所。「その後は**在所**をいづくとも知りまゐらせざりつるに…。」〈平家・1・祇王〉訳 その(=祇王が都を出た)後は**居所**がどこかも存じ上げなかったが…。❷都から離れた所。田舎。❸ふるさと。故郷。

さいしょう-かう【最勝講】―こう 名詞 宮中において金光明最勝王経を講じて、国家の安泰を祈る法会。発展 陰暦五月の吉日五日間を選び、東大寺・興福寺・延暦寺・園城寺の高僧が招かれて清涼殿で朝夕の二座行った。

さいしょう-ゑ【最勝会】―え 名詞 金光明最勝王経を講じて、国家の安泰を祈る法会。発展 陰暦三月初旬に京都の円宗寺で、三月初旬に奈良の薬師寺で行われた。

さい-じん【才人】 名詞 才知ある人。学問のある人。特に、漢詩文に優れている人。「殿にも文作り繁く、博士、**才人ども所得たり**。」〈源氏・少女〉訳 (源氏の)邸宅でも漢詩を作ることが頻繁にあり、文章博士や、**学問のある人**などはわが物顔である。

さい-そ【最初】 名詞 いちばん初め。発展「さいしょ」とも。

ざい-ぞく【在俗】 名詞 出家しないで俗人のままでいること。また、その人。類 在家 対 出家「**それが若くして在俗なりける時、親の家にありけるに**…。」〈今昔〉訳 その人がまだ若くて**俗人**であったころ、親の家に住んでいたが…。

さい-たん【歳旦】 名詞 ❶元日の朝。元旦。❷新年を祝う連歌や俳諧の会。また、その作品。

最澄 [さいちょう] 人名 平安初期の僧。日本天台宗の開祖。諡号は伝教大師。近江(=今の滋賀県)の人。八〇四(延暦二十三)年*空海とともに唐に渡り、翌年戻って天台宗を開く。著書に『顕戒論』など。767—822
↓延暦寺・天台宗

さい-つ-ごろ【先つ頃】 現在からそれほど遠くない過去のある時点 ― 先日。先ごろ。

名詞 先日。先ごろ。「まことに先つ頃賀茂へまうづとて見しが、あはれにもなりにけるかな。」〈枕草子・227・八月晦〉訳 本当に先ごろ賀茂神社にお参りするということで(そのとき田植えをするのを)見たが、(早くも)感慨深いことにも(イネを刈る秋に)なってしまったものだなあ。

発展「さきつころ」が変化したことば。「つ」は「の」という意味の上代の格助詞。「さいつころ」とも。

さい-ど【済度】 名詞 動詞 他〔サ変〕〈せ・し・す・する・すれ・せよ〉《仏教語》《俗世で迷い悩む者を菩薩などが》悟りへと導くこと。「**弁才、妙音二天の名は各別なりといへども…衆生を済度したまふ。**」〈平家・7・竹生島詣〉訳「弁才天と、妙音天の二つの神の名はそれぞれ違うけれども…すべての生き物を**悟りへと導いて**くださる。」

発展「済」は救う、「度」は渡すという意味。

さいな・む【嘖む・苛む】 動詞 他〔マ四段〕〈ま・み・む・む・め・め〉責める。しかる。折檻する。「**馬の命婦をもさいなみて**…。」〈枕草子・9・上にさぶらふ御猫は〉訳 馬の命婦(=女房の名)をも(一条天皇が)**しかって**…。

発展「さきなむ」のイ音便。主に、上下関係の中で、上位者が下位者に対して用いる。

さい-はう【西方】 名詞 ❶西の方。「**紫雲のごとくして、西方に匂ふ。**」〈方丈記・境涯〉訳 (フジの花は阿弥陀如来の乗る)紫色の雲のようで、**西の方**に色美しく咲く。

❷「*西方浄土」の略。

さいはう-じゃうど【西方浄土】 名詞《仏教語》娑婆(=人間界)の西方十万億もの国土を隔ててあるといわれる阿弥陀如来のいる清浄な世界。類 極楽浄土。

さい-はひ【幸ひ】 一 名詞 運がよいこと。幸運。幸福。「**身幸ひあらば、この雨は降らじ。**」〈伊勢・107〉訳「我が身に**幸運**があるならば、雨は降らないだろう。」

二 副詞 運よく。ちょうど。「**幸ひ汝は薬師ぢゃといふほどに、この腰を直いてくれい。**」〈狂言・神鳴〉訳「**運よく**おまえは医者だというから、この腰を直してくれ。」

発展「さきはひ」の変化したことば。

さいはひ-びと【幸ひ人】 名詞 幸せな人。特に、高貴な人に愛される幸せな女性。

発展『源氏物語』では、あまり身分の高くない女性が、幸運に恵まれたときに使われる。『大鏡』などでは男性についても使った例がある。

催馬楽 文芸用語 古代歌謡・雅楽の曲種のひとつ。もとは民謡だったが、平安時代には宮廷に取り入れられ、民謡をもとに新作された。管楽器・弦楽器と笏拍子の伴奏により、雅楽風の節回しで歌われる。平安中期から鎌倉時代にかけて、*御遊の音楽として盛んに行われた。

さ-いへ-ど【然言へど】 連語 そうは言ってもやはり。何と言っても。「**さいへど、年うちねび、「世の中のとあること。」と、潮染みぬる人こそ、物の折節は頼もしかりけれ**…。」〈源氏・夕顔〉訳 (惟光は夕顔の頓死にもらい泣きしてしまったが)**そうは言ってもやはり**、年をとって、「世の中のよくあることだ。」と(即座に判断して)、世慣れてしまった(惟光のような)人は、何かの時には頼もしいものであったのだったが…。

発展 代名詞「さ」＋四段動詞「いふ」の已然形＋接続助詞「ど」。

さい-まく・る 一 動詞 自〔ラ四段〕〈ら・り・る・る・れ・れ〉出しゃばる。先走る。口出しする。「**物語りするに、さし出でして我ひとりさいまくる者。**」〈枕草子・28・憎きもの〉訳 話をしているときに、出しゃばって自分ひとり**口出しする**者は(憎らしい)。

二 動詞 自〔ラ下二段〕〈れ・れ・る・るる・るれ・れよ〉一の意味に同じ。「**さかしら心の、際高くさいまくれたるやうなる、返りてはうたてありや。**」〈浜松中納言〉訳「利口ぶった心が、気が強く**先走って**いるようなことは、かえって見苦しいものだよ。」

発展「さきまくる」のイ音便。「さいまぐる」とも。

さい-もん【柴門】 名詞 柴で編んだ門。草庵の門。

さい-もん【祭文】 名詞 ❶祭りのとき、神仏に唱える祈念・誓願・賛美などのことば。❷室町以降に❶が芸能化してできた俗曲のひとつ。山伏が錫杖を振り、法螺貝を吹いて、神仏の霊験や祭りの由来を語った。❸江戸時代に❷が発展した俗曲。世間で起きた心中などの事件を三味線などに合わせて語った。

さい-ら・ぐ【才らぐ】 動詞 自〔ガ四段〕〈が・ぎ・ぐ・ぐ・げ・げ〉才知がありそうに振る舞う。「**文屋の博士さかしだち、才らぎゐたり。**」〈紫式部日記〉訳 文屋の博士は利口ぶって、**才知がありそうに振る舞っていた**。

さい-りゃう【宰領】 名詞 ❶荷物運送をする者たちを指揮・監督する役。❷多人数の旅行での世話役。また、その人。

さいわい(現)→(歴)**さいはひ【幸ひ】**

さい-ゐん【斎院】 名詞 平安時代、天皇の即位ごとに選ばれ、京都の賀茂神社に奉仕した未婚の皇女。また、その居所。類 斎の皇女・斎の宮 →斎宮

発展 伊勢の「斎宮」に準じたもので、伊勢神宮が天皇の氏神であるのに対して、賀茂神社は天皇の産土神であるとともに平安京の守護神とされ、それぞれの神に皇女が仕えた。斎宮は崇神天皇の時代、斎院は嵯峨天皇の時代に始まり、鎌倉末期に廃絶された。→野の宮

さ-う【左右】 名詞 ❶左と右。「**山の左右より、月日の光さやかにさし出でて世を照らす**…。」〈源氏・若菜上〉訳 山の**左と右**から、月と日の光が明るくさし出て(この)世の中を照らす…。

❷あれこれ言うこと。非難。「**九条殿の御計らひのうへは、左右に及ばず。**」〈平家・4・還御〉訳 九条殿のお取り計らいである以上は、**あれこれ言うこと**はできない。

❸裁定。指示。指図。命令。「**刀の実否について、咎の左右あるべきか。**」〈平家・1・殿上闇討〉訳「刀の真偽によって、罪の**裁定**があるのが当然か。」

❹あれこれの事情。成り行き。状況。「**軍の左右を待つと見るはひがことか。**」〈平治〉訳「(あなたが)戦いの**状況**を待っていると見るのはまちがいか。」

❺あれこれの知らせ。便り。「**川水赤く流るるは叶はぬ左右とおぼしめし**…。」〈近松・国性爺合戦〉訳「川の水(の色が)赤く流れているのは望みがかなわない**知らせ**とお思いになり…。」

さう【姓】 名詞 ↓せい(姓)

さう【相】 名詞 ❶ようす。様相。姿。
愚かなる人は、あやしく異なる相を語りつけ…。〈徒然草・143・人の終焉の有り様の〉訳（人の死を語るのに）愚かな人は、不思議で普通とは違った**ようす**を付け加えて話し…。
❷人相。家相。手相。
「**帝王の上なき位にのぼるべき相おはします人の…。**」〈源氏・桐壺〉訳「（この若君は）帝王というこの上ない位に就くはずの**人相**がおありになる方であるが…。」

さう【草】 名詞 ❶書体のひとつで、行書をさらに崩した書体。草書。対 行・真 ❷「草仮名」の略。❸下書き。草稿。また、草案。

さう【荘・庄】 名詞 ↓しゃう(荘・庄)

さう【笙】 名詞 ↓しゃう(笙)

さう【箏】 名詞 弦が十三本ある琴。類 箏の琴 発展「しゃう」とも。奈良時代に中国から伝来した。現代の琴はこれに当たる。↓琴・琴

[さう(箏)]
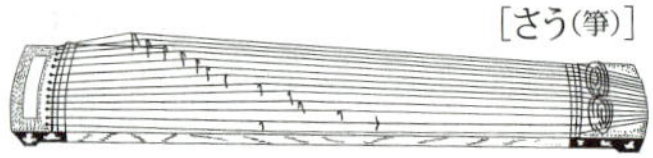

さう【候】 補助動詞〔特殊活用〕〈さう・さう・さう・さう・さうへ・さうへ〉…ます。…です。接続 活用語の連用形および接続助詞「て」に付く。
「**さしも御秘蔵候ふ生食を盗みすまいて、上りさうは。いかに。**」〈平家・9・生ずきの沙汰〉訳「（頼朝殿が）あれほどに大切にしていらっしゃいます生食（＝ウマの名）をうまく盗んで、（こうして都に）上るので**すよ**。どんなもんです。」
発展 敬意の薄い丁寧語。「さうらふ」の変化した形で、中世に、多く男性が用いた。

さう-あん【草庵】 名詞 粗末な家。草ぶきの小さな家。類 草の庵

さう-か【早歌】 名詞 中世歌謡のひとつ。武士が多く宴席で歌った。やや早い調子で歌われたため、この名がある。↓宴曲 発展「さうが」「はやうた」とも。

さう-か【草加】 地名 ↓草加(そうか)

さう-が【唱歌】 名詞 動詞 ↓しゃうが

さう-かく【騒客】 名詞 詩歌などを作る風流人。文人。詩人。発展「騒」は古代中国の漢詩体のひとつ。

さう-ざう・し 形容詞〔シク〕

相手もなく、楽しみもない状態で、もの足りない気持ち ― **もの足りなく、寂しい。心寂しい。張り合いがない。**

未然形	連用形	終止形	連体形	已然形	命令形
さうざう・しく さうざう・しから	さうざう・しく さうざう・しかり	さうざう・し ○	さうざう・しき さうざう・しかる	さうざう・しけれ ○	○ さうざう・しかれ

（当然あるべきものがなくて）**もの足りなく、寂しい。心寂しい。張り合いがない。**
内わたりを朝夕に慣らひて、いとさうざうしく、上の御ありさまなど思ひ出できこゆれば…。〈源氏・桐壺〉訳（若い女房たちは、華やかな）宮中生活を朝夕し慣れているので、（桐壺の更衣の里で、亡き更衣の喪に服するための暮らしは）実に**心寂しく**、帝のごようすなどをお思い出し申し上げるので…。
よろづにいみじくとも、色好まざらん男は、いとさうざうしく、玉の杯の底なき心地ぞすべき。〈徒然草・3・万にいみじくとも〉訳 すべてのことにすばらしくても、恋愛の情を理解しないような男は、まことに**張り合いがなく**、（まるで）美しい杯の底がない（ような）気持ちがするに違いない。
○「色好み」は平安時代の貴族のたしなみのひとつであり、それが分からないような男はつまらないという気持ちを「さうざうし」で表している。

類語比較 **「さうざうし」「さびし」「つれづれなり」**
共通点＝もの足りない気持ちを表す。
さうざうし＝相手もなく楽しみもないことから来る、空虚で満たされない感情を主観的に表す。
さびし＝あるはずのものがそこにないことから来る、欠落感や心細い気持ちを表し、自分の心情をいうだけでなく、情景の客観的なようすについてもいう。
つれづれなり＝変化に乏しく単調なために感じる退屈さ、所在なさを表すといわれる。

さう-がな【草仮名】 名詞 万葉仮名を草書体にした仮名文字。現在の平仮名ほどには崩さず、漢字の形をとどめている字体。発展 略して「草」とも。

ざう-くゎ【造化】 名詞 ❶天地のすべてのものを創造すること。また、その力を持つ神。創造神。造物主。
造化の天工、いづれの人か筆をふるひ詞を尽くさん。〈奥の細道・松島〉訳 **造物主**の巧みさは、どの人間が絵筆を発揮し、ことばを尽くして表現することができようか、いや、できはしない。
❷（造物主が創造した）天地自然。天然。
造化にしたがひて四時を友とす。〈笈の小文〉訳（俳諧は）**天地自然**にしたがって四季（の移ろい）を友とするものである。

さう-くゎん【主典】 名詞 ↓さくわん

さう-ざう・し 形容詞 ↓最重要語（567ページ）

ざう-さく【造作】 名詞 動詞 他〔サ変〕〈せ・し・す・する・すれ・せよ〉❶家を建てること。建築。また、建物。
造作は、用なき所を造りたる、見るもおもしろく、よろづの用にも立ちてよしとぞ、人の定めあひはべりし。〈徒然草・55・家の作りやうは〉訳 **建物**は、必要でない所を造ってあるのが、見た目にも心楽しく、いろいろな役にも立ってよいと、人々が批評し合いました。
❷家具や調度品などを取り付けること。また、その取り付けるもの。内装。

さう-し【冊子・草子・草紙・双紙】 名詞 ❶紙を糸でとじ合わせて本の形にしたもの。とじ本。対 巻物
古今の冊子を御前に置かせたまひて、歌どもの本を仰せられて…。〈枕草子・23・清涼殿の丑寅の〉訳（中宮は）『古今集』の**とじ本**をおそばにお置きになって、いくつかの歌の上の句をおっしゃって…。
❷仮名書きの本。日記・歌集などの和文の書物。
短き灯台を取り寄せて、冊子を見て臥したり。〈今昔〉

訳背の低い★灯台を引き寄せて、書物を見ながら横になっていた。
❸「★絵双紙」「★草双紙」などの絵本、または挿絵入りの読み物。
発展「さくし」が変化したことば。「冊」は書物、「子」は物の名に付ける接尾語。

さうじ【障子】ソウ 名詞 ↓しゃうじ(障子)

さうじ【精進】ソウ 名詞 動詞 ↓しゃうじん(精進)

ざうし【曹司】ゾウ 名詞 ❶宮中や官庁に設けられた、役人や女官のための部屋。詰め所。類局。
もとよりさぶらひたまふ更衣の曹司を、他に移させたまひて…。〈源氏・桐壺〉訳以前からお仕え申し上げなさっている更衣の**部屋**を、他の場所にお移しになって…。
❷宮中や貴族の邸内に設けられた、子弟や従者などの部屋。また、そこに住んで仕える人。
この院の内に御曹司作りて…。〈源氏・少女〉訳この(二条東)院の中に(夕霧の)お**部屋**を作って…。
❸まだ独立せず、親の屋敷に住む貴族・武家の子弟。

ざうしずみ【曹司住み】ゾウシ 名詞 ❶宮中にある自分の部屋に下がって休むこと。❷「★曹司」❸の意味に同じ。

さうじみ【正身】ソウ 名詞 まさしくその人。当の本人。
正身は、何の心化粧もなくておはす。〈源氏・末摘花〉訳**当の本人**(=姫君自身)は、何の心の準備もなくていらっしゃる。
発展「しゃうじみ」とも。

さうじゃ【相者】ソウ 名詞 人相を見る人。類相人。

さうじょう【相承】ソウ 名詞 受け継ぐこと。世襲。発展「さうしょう」とも。

さうじん【精進】ソウ 名詞 動詞 ↓しゃうじん(精進)

ざうしん【造進】ゾウ 名詞 動詞 他〔サ変〕〈せ・し・す・する・すれ・せよ〉寺や神社を造って進上すること。寄進。
得長寿院を造進して、三十三間の御堂を建て…。〈平家・1・殿上闇討〉訳(平忠盛は)得長寿院を**造って進上して**、三十三間のお堂を建てて…。

さう・す【左右す】ソウス 動詞 他〔サ変〕〈せ・し・す・する・すれ・せよ〉あれこれと手配する。
よきほどなる人になりぬれば、髪上げなど左右して…。〈竹取・かぐや姫の生出〉訳(かぐや姫が)十分な大きさ(=一人前)の人になったので、髪上げの儀式などを**あれこれと手配して**…。

さう・す【相す】ソウス 動詞 他〔サ変〕〈せ・し・す・する・すれ・せよ〉人相・家相・手相などを見る。占う。
「**いとかばかりの御年どもをば、相人などに相せられやせし**。」〈大鏡・道長下〉訳「とてもこれほどのご長寿を、人相見などに**見て**もらいなさったのか。」

さう・ず【請ず】ソウズ 動詞 他〔サ変〕〈ぜ・じ・ず・ずる・ずれ・ぜよ〉招く。招待する。
山の座主、何くれの僧都たちも、えさうじ合へたまはず。〈源氏・葵〉訳(夜中なので)延暦寺の座主、だれそれの僧たちも、いっしょに**招き**なさることができない。

さうず【候ず】ソウ 連語 ㊀…ません。…ではありません。
「**いやいや、これまでは思ひも寄りさうず**。」〈平家・2・烽火之沙汰〉訳「いやいや、そこまでは思いも寄り**ません**。」
㊁…ましょう。…でございましょう。
「**それはさもさうず**。」と申す。〈義経記〉訳「それはそうでもあり**ましょう**。」と申し上げる。
発展㊀は、「さうらはず」(四段動詞または四段補助動詞「さうらふ」の未然形＋打消の助動詞「ず」)が変化したもの。㊁は、「さうらはむず」(四段動詞または四段補助動詞「さうらふ」の未然形＋推量の助動詞「むず」)が変化したもの。

ざうずめ・く【上衆めく】ゾウズ 動詞 ↓じゃうずめく(上衆めく)

さうぜん【生前】ソウ 名詞 ↓しゃうぜん

さうぞきた・つ【装束き立つ】ソウゾキ ㊀動詞 自〔タ四段〕〈た・ち・つ・つ・て・て〉きれいに着飾る。装い飾る。
さて、まことに寅の時かとさうぞきたちてあるに、明けはて、日も差し出でぬ。〈枕草子・278・関白殿、二月二十一日に〉訳そこで、(中宮定子のお出かけが)本当に寅の刻(=今の午前四時ごろ)かと(思って)**きれいに着飾って**(待って)いたのに、夜が明けて、日も昇ってしまった。
㊁動詞 他〔タ下二段〕〈て・て・つ・つる・つれ・てよ〉きれいに着飾らせる。
大きにはあらぬ殿上童の、さうぞきたてられてありくもうつくし。〈枕草子・151・うつくしきもの〉訳大きくはない★殿上童が、**きれいに着飾らせられて**歩くのもかわいい。

さうぞく【装束】ソウ

装うこと。また、装うもの
- ㊀ 名詞 動詞 自 衣服。衣装。また、それを身に着けること。
- ㊁ 名詞 動詞 他
  - ❶準備すること。支度。用意。
  - ❷飾り付けること。装飾。

未然形	連用形	終止形	連体形	已然形	命令形
さうぞく・せ	さうぞく・し	さうぞく・す	さうぞく・する	さうぞく・すれ	さうぞく・せよ

㊀名詞 動詞 自〔サ変〕衣服。衣装。また、それを身に着けること。
夜は、きららかに、華やかなる装束、いとよし。〈徒然草・191・夜に入りて〉訳夜は、きらびやかで、華麗な**衣装**が、たいへんよい。
㊁名詞 動詞 他〔サ変〕❶準備すること。支度。用意。
「**まゐりて奏せむ。車に装束とうせよ**。」〈大鏡・花山院〉訳「(すぐに)参内して奏上しよう。牛車に**支度**を早くしろ。」
❷飾り付けること。装飾。
よく装束したる数珠かいまさぐり、手まさぐりにして、こなたかなた打ち見やりなどして…。〈枕草子・33・説経の講師は〉訳よく**飾り付け**た数珠を手でもてあそび、手慰みにして、あちこちをちょっと眺めやったりなどして…。
↓古語チャート47(1309ページ)

さうぞ・く【装束く】ソウ 動詞 自〔カ四段〕〈か・き・く・く・け・け〉❶装束を着ける。装う。着飾る。
裳、唐衣など、ことことしくさうぞきたるもあり。〈枕草子・120・正月に寺に〉訳(正装用の衣服である)裳、唐衣など、ぎょうぎょうしく**着飾っ**ている者もいる。
❷用意する。支度する。
唐めいたる舟造らせたまひける、急ぎさうぞかせたまひて…。〈源氏・胡蝶〉訳(かねて源氏が)中国風の船をお造らせになったのを、急いで**支度**させなさって…。
↓古語チャート47(1309ページ)

さうーそつ・なり【倉卒なり・早卒なり】 形容動詞〔ナリ〕〈なら・なり(に)・なり・なる・なれ・なれ〉あわてている。落ち着かない。
今日は越前の国へと、心早卒にして…。〈奥の細道・全昌寺〉訳今日は越前の国(=今の福井県の北部・中部)へ(行くのだ)と、心も落ち着かなくて…。

さうーでう【双調】 名詞 ❶雅楽の十二律の音名の一つ。洋楽のトの音に相当する音。→十二律 ❷雅楽の六調子の一つ。❶を基音とした旋律。

さうーでん【相伝】 名詞 動詞 自〔サ変〕〈せ・し・す・する・すれ・せよ〉代々受け継ぐこと。
経盛相伝せられたりしを、敦盛器量たるによって持たれたりけるとかや。〈平家・9・敦盛最期〉訳経盛が(笛を)受け継いでいらっしゃったのを、敦盛が名人だということでお持ちになっていたということだ。

さうど・く【騒動く】 動詞 自〔カ四段〕〈か・き・く・く・け・け〉騒ぎたてる。はしゃぐ。
氷水召して、水飯などとりどりにさうどきつつ食ふ。〈源氏・常夏〉訳氷水をお取り寄せになって、(それを注いだ)水飯などをそれぞれにはしゃぎながら食べる。

さうな 助動詞〔特殊型〕〈○・さうに・さうな・さうな・さうなれ・○〉→古語チャート47(1309ページ)
❶(推量を表し)…そうに見える。…ように見える。…(である)と思われる。接続 体言、動詞の連用形、形容詞の語幹(あるいは形容詞の語幹＋接尾語「さ」)、形容動詞の語幹などに付く。
「わごりよもだんだん快ささうなによって、少しも早う出勤をしたならばよからう。」〈狂言・武悪〉訳「あなたも次第に気分もよくなってきているように見えるから、少しでも早く出勤をしたらよいだろう。」
❷(伝聞を表し)…ということだ。…そうだ。接続 活用語の連体形に付く。
「江戸も昔は踊ったさうなが…。」〈滑稽本・浮世風呂〉訳「江戸でも昔は踊ったそうだが…。」
❸(推定を表し)…らしい。…ようだ。接続 活用語の連体形に付く。
「なうなう、その辺りに末広がり屋はござらぬか。ぢやあ、ここもとでもないさうな。」〈狂言・末広がり〉訳「もしもし、その辺りに末広がり屋はありませんか。(ないのか)それじゃあ、この辺りでもないようだ。」
発展 漢語の「相」または「左右」に、断定の助動詞「なり」から変化した「な」が付いて、中世末期に成立。近世後期には終止形に「さうだ」も現れ、現代語の伝聞の助動詞「そうだ」となる。

さうーなう【左右無う】 ためらわずに。安易に。
「さうなう推参するやうやある。」〈平家・1・祇王〉訳「(招きもしないのに、遊女が)安易に押しかけるということがあるか、いや、あるはずのものではない。」
発展 形容詞「さうなし」の連用形「さうなく」のウ音便。「左右」はあれこれの意味。

さうーな・し【双無し】 形容詞〔ク〕
二つとないようす ― 並ぶものがない。この上なくすばらしい。

未然形	連用形	終止形	連体形	已然形	命令形
さうなく	さうなく	さうなし	さうなき	さうなけれ	○
さうなから	さうなかり	○	さうなかる	○	さうなかれ

園の別当入道は、双なき庖丁者なり。〈徒然草・231・園の別当入道〉訳園の別当入道(=藤原基氏)は、並ぶものがない料理人である。
鳥には雉、さうなきものなり。〈徒然草・118・鯉の羹〉訳鳥(料理)としてはキジが、この上なくすばらしいものである。

さうーな・し【左右無し】 形容詞 →最重要語(569ページ)

さうーな・し【左右無し】 形容詞〔ク〕

左右どちらとも定まらず、選択不可能であるようす
❶あれかこれか定まらない。決着がつかない。ためらわない。
❷あれこれ迷うまでもない。ためらわない。
❸たやすい。無造作だ。

未然形	連用形	終止形	連体形	已然形	命令形
さうなく	さうなく	さうなし	さうなき	さうなけれ	○
さうなから	さうなかり	○	さうなかる	○	さうなかれ

❶**あれかこれか定まらない。決着がつかない。**
「なほこのことさうなくてやまむ、いとわろかるべし。」〈能因本枕草子・20・清涼殿の丑寅の〉訳「やはりこのこと(=『古今集』の和歌をどれだけ暗記しているかの勝負)の決着がつかなくて終わるようなことは、たいへんよくないはずだ。」○この意味での用例は他に見られない。現在伝わっている「枕草子」諸本のうち、能因本以外では、「さうなく」が「勝ち負けなく」となっている。

❷**あれこれ迷うまでもない。ためらわない。**
僧の入りぬれば、これを「それぞ。」と思ひて、さうなく家へ行きけるに…。〈今昔〉訳僧が(家の中へ)入ったので、これを「それ(=妻の不倫の相手)だ。」と(夫は)思って、あれこれ迷うまでもなく家へ行ったところ…。

❸**たやすい。無造作だ。**
「さうなくは、え攻めたまはじ。」〈宇治拾遺〉訳「たやすくは、とてもお攻めになることはできまい。」
「しゃつが頸、さうなう斬るな。よくよくいましめよ。」〈平家・2・西光被斬〉訳「そいつ(=西光)の首は、無造作に斬るな。十分に(縄で)縛れ。」○「さうなう」は連用形「さうなく」のウ音便。

さうーにん【相人】 名詞 人相を見る人。類 相者

さうーのーこと【箏の琴】 名詞 →さう(箏)

さうーのーふえ【笙の笛】 名詞 →しゃう(笙)

さうーはく【糟粕】 名詞 酒かす。転じて、残りかす。先人の残りもの。

さうーび【薔薇】 名詞 ❶《植物》バラ。季語 夏 ❷襲の色目のひとつ。表は紅、裏は紫。夏に用いる。

さうーぶ【菖蒲】 名詞 →しゃうぶ

さうぶ-の-かづら【菖蒲の鬘】 陰暦五月五日の端午の節句に、邪気を払うため、男性は冠に付け、女性は髪にさしたショウブの飾り。季語 夏 発展「あやめのかづら」とも。

さうふれん【相府蓮・想夫恋】 名詞 雅楽の曲名。発展「さうぶれん」とも。「相府」は宰相の役所の意味で、中国の晋の大臣王倹がハスの花を植えて楽しんだときの曲といわれるが、日本では、夫を恋慕する曲と解されるようになった。

ざう-め【象馬】 名詞 貴重な家畜。貴重な財産。発展 インドでゾウとウマが貴重な家畜とされたことから。

さう-もん【桑門】 名詞 僧。出家者。また、世捨て人。

さう-もん【相聞】 文芸用語 名詞 ↓相聞

さうら-はん-ず-らん【候はんずらん】 ❶(「さうらふ」は動詞で)ございましょう。「**世鎮まりさうらひなば、勅撰の御沙汰さうらはんずらん。**」〈平家・7・忠度都落〉訳「世の中が治まりましたならば、★勅撰のご命令が**ございましょう**。」❷(「さうらふ」は補助動詞で)…でございましょう。「**さだめて討手向けられさうらはんずらん。**」〈平家・4・競〉訳「きっと(頼政の所へ)討手をお差し向けになることで**ございましょう**。」発展 四段補助動詞「さうらふ」の未然形＋推量の助動詞「んず」の終止形＋現在推量の助動詞「らん」。「あらんずらん」の丁寧語。

さうら・ふ【候ふ】 ↓基本敬語25(570ページ)

ざうら・ふ【候ふ】 連語 …でございます。「**佐々木殿の御馬ざうらふ。**」〈平家・9・生ずきの沙汰〉訳「佐々木殿のおウマ**でございます**。」発展「ざうろ」「ざう」とも。「にさうらふ」(断定の助動詞「なり」の連用形＋四段補助動詞「さうらふ」)が変化したもの。断定の助動詞「なり」の丁寧な言い方。謡曲では、終助詞あるいは間投助詞のような役割で用いられた。

さうらふ-やら-ん【候ふやらん】 連語 …でしょうか。「**人は何として仏には成りさうらふやらん。**」〈徒然草・243・八つになりし年〉訳「人はどのようにして仏にはなるの**でしょうか**。」発展 四段補助動詞「さうらふ」の連体形＋「にやあらん」

基本敬語25

さうら・ふ【候ふ】

一 動詞 自 ─ ❶〔謙譲語〕─(神仏や貴人のそばに)お控え申し上げる。お仕え申し上げる。〔通常語〕あり・仕ふ
　　　　　 ❷〔丁寧語〕─ あります。ございます。〔通常語〕あり
二 補助動詞 ─〔丁寧語〕─ …ます。…ございます。

接続 二は活用語の連用形(＋て)に付く。

動詞 自〔ハ四段〕 補助動詞〔ハ四段〕	未然形	連用形	終止形	連体形	已然形	命令形
	さうら・は	さうら・ひ	さうら・ふ	さうら・ふ	さうら・へ	さうら・へ

《中世以降》一 動詞 自〔ハ四段〕❶(「あり」「仕ふ」の謙譲語で)(神仏や貴人のそばに)**お控え申し上げる。お仕え申し上げる。**「**これにさうらひて、御最期の御ありさま見まゐらせん。**」〈平家・2・大納言死去〉訳「ここに**お控え申し上げ**て、(大納言成親の)ご最期のごようすを見て差し上げよう。」

○話し手(＝信俊)が、自分の「仕える」動作の及ぶ成親への敬意を表している。信俊という侍が、出家した主人成親のもとを訪れた場面。

「**待宵の小侍従といふ女房も、この御所にぞさうらひける。**」〈平家・5・月見〉訳 待宵の小侍従という高位の女官も、この御所に**お仕え申し上げていた**。

○作者が、待宵の小侍従の「仕える」動作の及ぶ御所の主への敬意を表している。

❷(「あり」の丁寧語で)**あります。ございます。**「**武蔵と上野の境に、利根川と申しさうらふ大河さうらふ。**」〈平家・4・橋合戦〉訳「★武蔵と★上野との境に、利根川と申します大河が**ございます**。」

○話し手(＝足利忠綱)が、丁寧な言い方をして聞き手(＝大将軍)への敬意を表している。足利忠綱が大将軍に川を渡るよう進言する場面。「申しさうらふ」の「さうらふ」は二の補助動詞。

二 補助動詞〔ハ四段〕**…ます。…ございます。**「**あまりなる御政とこそ覚えさうらひしか。**」〈平家・2・小教訓〉訳「ひどすぎるご政治と思われ**ました**。」

○話し手(＝重盛)が、丁寧な言い方をして聞き手(＝父清盛)への敬意を表している。重盛が、成親を助命するよう清盛を説得する場面。下二段動詞「おぼゆ」の連用形に付いている例。

「**大納言がことをば、いかが聞こしめされさうらふ。**」〈平家・2・少将乞請〉訳「大納言のことは、どのようにお聞きになってい**ますか**。」

○話し手(＝少将)が、丁寧な言い方をして聞き手(＝教盛)への敬意を表している。少将成経が、教盛に父の大納言のことをたずねている場面。「聞こしめされ」は、尊敬語の四段動詞「きこしめす」の未然形＋尊敬の助動詞「る」の連用形。尊敬表現に「さうらふ」が付いている。

「**渡りさうらふ。**」と言ふ時に、**各肝つぶるるやうに争ひ走りのぼりて**…〈徒然草・137・花は盛りに〉訳「(祭りの行列が)通り**ます**。」と言うときに、(それを見ようと)それぞれ肝がつぶれるかのように争って(桟敷に)走りのぼって…。

○話し手が、丁寧な言い方をして聞き手(＝祭りの見物人)への敬意を表している。

発展 ①**語の歴史** 中古末期から中世初期に「さぶらふ」が変化してできたことばで、中世以降、盛んに用いられた。特に後世、手紙文の用語として定着し、いわゆる「★候文」を生じた。中古の丁寧語「はべり」よりも用法が広く、二の第二用例に見られるように、尊敬語にも付く。

②**「さぶらふ」と「さうらふ」** 中世の『平家物語』では、「さぶらふ」は女性が用い、「さうらふ」は男性が用いるというように使い分けがあったといわれ、二の『平家物語』の用例は、いずれも男性が話し手である。「さうらふ」から、さらに変化して「さう」「そろ」などの語形も生じた。

→基本敬語動詞一覧表(26ページ)

関連語 候ふ・侍り

（断定の助動詞「なり」の連用形＋係助詞「や」＋ラ変動詞「あり」の未然形＋推量の助動詞「ん」の連体形）の変化した形。

さえ【賽・采】 名詞 さいころ。発展「さい」とも。

ざえ【才】 名詞 ↓最重要語（571ページ）

さえ-かへ・る【冴え返る】 動詞 自〔ラ四段〕〈ら・り・る・る・れ・れ〉 ❶光や音がよく澄む。澄み渡る。**月も今宵(こよひ)にさえ返り**…。〈謡曲・八島(やしま)〉訳 月も今夜のように**澄み渡り**…。❷ひどく冷える。また、寒さがぶりかえす。余寒が厳しい。**聞きしにまさる要害は、まださえ返る春の夜の**…。〈近松・国性爺合戦(こくせんやかっせん)〉訳 聞きしにまさるとりでは、まだ**余寒が厳しい**春の夜の…。

ざえ-が・る【才がる】 動詞 自〔ラ四段〕〈ら・り・る・る・れ・れ〉 学問があるようにふるまう。学問や知識をひけらかす。「**男だにざえがりぬる人は、いかにぞや、はなやかならずのみはべるめるよ。**」〈紫式部日記〉訳「男性でさえ**学問や知識をひけらかし**てしまう人は、どうだろうか、栄達はきっとしないようですよ。」
発展「がる」は接尾語。

さえ-こほ・る【冴え凍る】 動詞 自〔ラ四段〕〈ら・り・る・る・れ・れ〉 冷え冷えとして凍りつく感じがする。季語 冬 **いみじく激しく、さえ凍る暁(あけ)がたの月の**…。〈更級日記・宮仕え〉訳 とても厳しく、**冷え冷えとして凍りつく感じがする**明け方の月が…。

ざえ-ざえ・し【才才し】 形容詞〔シク〕〈しく・しく・し・しき・しけれ・○／しから・しかり・○・しかる・○・しかれ〉 いかにも学識がありそうだ。才知があるようすだ。**ただ走り書きたるおもむきの、ざえざえしくはかばかしく**…。〈源氏・若菜下〉訳 無造作に走り書きした（明石(あかし)の入道の願文の）筆跡でありながら、**いかにも学識がありそうで**しっかりしていて…。

さえずる（現）↓（歴）**さへづる【囀る】**

さ-えだ【小枝】 名詞 木の枝。また、小枝。

ざえ-の-をのこ【才の男】 名詞 ★内侍所(ないしどころ)の神楽などで歌を歌ったり、余興にこっけいな芸を演じたりする人。

さえ-まさ・る【冴え勝る】 動詞 自〔ラ四段〕〈ら・り・る・る・れ・れ〉 寒気がいよいよ厳しくなる。ますます冷える。**笹(ささ)の葉に置く霜よりもひとり寝(ぬ)るわが衣手(ころもで)ぞさえまさりける** 歌〈古今集・恋2・563〉訳 ササの葉に冷たい霜が降りる季節になったが、ひとりで寝る私の袖(そで)はその霜より**ますます冷える**ことであったなあ。

さえる（現）↓（古）**さゆ【冴ゆ】**

さえ-わた・る【冴え渡る】 動詞 自〔ラ四段〕〈ら・り・る・る・れ・れ〉 ❶一面に冷える。すっかり冷える。**我が衣手(ころもで)に置く霜も氷(ひ)にさえわたり**… 歌〈万葉集・13・3281〉訳 私の袖(そで)に降りる霜も氷のように**すっかり冷え**…。❷一面に澄みわたる。澄みきる。**星の光に、空さすがに隈(くま)なく、さえわたりたる夜の限り**…。〈更級日記・宮仕え〉訳 星明かりで、空はそれでもやはり陰がなく、**澄みきっている夜の間**…。

さお（現）↓（歴）**さを【棹・竿】**

佐保(さほ)【サホ】 歌枕 今の奈良市市街北部付近。平城京の北東方の地。北方に連なる佐保山は紅葉(もみじ)の名所。佐保川はここを流れ、初瀬(はつせ)川と合流して大和川となる。

さおしか（現）↓（歴）**さをしか【小牡鹿】**

佐保川(さほがわ)【サホガハ】 地名 ↓佐保(さほ)

さおとめ（現）↓（歴）**さをとめ【早少女・早乙女】**

佐保姫(さほひめ)【サホ―】 登場人物 春の女神。佐保山は平城京の東に当たり、方角を四季に配当すると東は春に当たるので、春をつかさどる神とされた。秋の竜田(たつた)姫に対する。

佐保山(さほやま)【サホ―】 地名 ↓佐保(さほ)

さ-か【然か】（前のことばや文を受けて）そうか。「**横笛(やうでう)の吹きすまされたるは、なぞの春とおぼゆかし。またさかと思へば**…。」〈更級日記・春秋の定め〉訳「（秋の月夜に）横笛が澄んだ音で吹かれているのは、なぜ春（がよいもの）かと思われるよ。また**そうか**と思うと…。」
発展 副詞「さ」＋係助詞「か」。

さか＋□「さく【割く・裂く】❶（カ行四段）」の未然形。

ざえ【才】

学問。特に漢学についての才能

❶**学問**。（漢詩・漢学についての）**教養**。才能。
❷（歌舞などの）**才能**。芸。技能。
❸「才(ざえ)の男(をのこ)」の略。

名詞 ❶**学問**。（漢詩・漢学についての）**教養**。**才能**。
「**なほ、才をもととしてこそ、大和魂(やまとだましひ)の世に用ゐらるる方(かた)も強うはべらめ。**」〈源氏・少女(おとめ)〉訳「やはり、**学問**を基本にしてこそ、処世の才能（＝世渡りの術）が世間で尊重されるその方面も確実でございましょう。」〇この意味での「才」は主に漢学を指し、この例のように、処世上の能力を指す「大和魂」と対比的に用いられる。↓発展③

❷（歌舞などの）**才能**。**芸**。**技能**。
「**さらぬことの中には、琴(きん)弾かせたまふことなむ一の才にて**…。」〈源氏・絵合(えあわせ)〉訳「（源氏の君は）それ（＝文才）以外のことの中では、琴をお弾きになることが第一の**才能**で…。」

❸「**才の男**」の略。

発展 ①**漢学の才能**　漢語「才」の呉音読み「ざい」が変化したことばで、身に付けるべき教養を表し、主に漢学についての素養にいう。和歌や管絃(かんげん)の才能についてもいうが、平安時代において、最も重要視されたのは漢学の才能であり、「才」もその意味で用いられることが多かった。

②**三船の才**　『大鏡』の中に、藤原公任(きんとう)の「三船の才(さい)」として有名な次のような話がある。藤原道長が大堰川(おおいがわ)で船遊びをしたとき、漢詩の船・管絃の船・和歌の船と分けられたので、すべてに秀でていた公任は和歌の船に乗り、見事な歌を詠んだ。しかし後日、公任は「漢詩の船に乗ればよかった。そこで和歌と同程度の漢詩を作っていたら、もっと名が上がったに違いない。」と言って悔やんだという。この話からも分かるとおり、平安時代では、漢学の才能がなければ高い地位に上ることはできなかった。

③**「大和魂」と「才」**　「才」に対応する和語は、処世上の能力を意味する「大和魂」である。平安時代の貴族にはこの二つを兼ね備えることが求められた。つまり、「才」の優れた者が高い地位に就いたとしても、「大和魂」に欠けていれば、やがては失墜する運命となるのだった。

さが【性・相】名詞 ↓最重要語(572ページ)

さが【祥】名詞 前触れ。兆し。前兆。
吉き祥、凶き祥を占ふ。〈雨月・吉備津の釜〉訳 よい前触れか、悪い前触れかを占う。

嵯峨 歌枕 今の京都市右京区西部。★小倉山の東方、桂川左岸に位置し、一帯は嵯峨野として知られる。貴族の遊猟・遊覧の地。和歌には、多く「性」を掛けて詠まれた。→ビジュアルチェック㉓(1093ページ)

堺〔サカヒ〕地名 今の大阪府堺市。摂津と和泉の国境にあり、中世から港湾都市として栄えた。室町時代には外国貿易の中心地となり、自治都市を形成し、新しい文化が発展した。

●さかえる(現)↓(古)**さかゆ**【栄ゆ】

さかえ-をとめ【栄え少女】名詞 美しい盛りの少女。

さか-き【榊・賢木】名詞《植物》ツバキ科の常緑高木。古来、神聖な木として枝葉を神事に用いる。季語 夏 発展「神の宿る木」という意味で、古くはサカキに限らず、神社の境内などにある常緑樹を指したともされる。

さか-さま・なり【逆様なり・倒様なり】形容動詞〔ナリ・ノ〕〈なら・なり(に)・なり・なる・なれ・なれ〉❶物事の順序や位置が逆になる。逆さまだ。
守、**逆さまに馬に乗りながら落ち入りぬ**。〈今昔〉訳 国守は、**逆さまに**ウマに乗ったまま落ちてしまった。
❷道理に外れる。
「いみじからむ**逆様**の罪ありとも…。」〈大鏡・師輔〉訳「ひどく**道理に外れた**罪があるとしても…。」
発展「さかしまなり」とも。

さか-し【賢し】形容詞 ↓最重要語(573ページ)

さ-かし【然かし】連語(同意を表し)その通り。そうだ。
さかし、例は忌みたまふ方なりけり。〈源氏・帚木〉訳 **その通り**、いつも(源氏が)お避けになる方角であったのだった。
発展 副詞「さ」+終助詞「かし」。

さが・し【険し・嶮し】形容詞〔シク〕〈しく・しく・し・しき・しけれ・○/しから・しかり・○・しかる・○・しかれ〉❶(山や坂が)険しい。
柴人の通ふ道のみわづかにありて、**さがしき谷を隔てたる、いと尊とし**。〈野ざらし紀行〉訳(西行の庵の跡は)木こりの往来する道がわずかにあるだけで、**険しい**谷を隔てているのは、まことに尊い。
❷危険だ。危ない。
「いと**さがしき**ことなり。」〈落窪〉訳(落窪の君は)「ほんとうに**危ない**ことだ。」

さかし-が・る【賢しがる】動詞 自〔ラ四段〕〈ら・り・る・る・れ・れ〉賢そうに振る舞う。利口ぶる。しっかり者ぶる。
「戯れにても、かやうに隔てがましきこと、な**さかしがり**聞こえさせたまひそ。」〈源氏・若菜上〉訳「ご冗談にも(紫の上と私、明石の君とを)、このように分け隔てなさるようなことを、(気を利かせた風に)**利口ぶって**(紫の上に)申し上げなさいますな。」
○「な～そ」で禁止の意味を表す。

さかし-だ・つ【賢しだつ】動詞 自〔タ四段〕〈た・ち・つ・つ・て・て〉賢そうに見せる。利口ぶる。
さばかり**さかしだち**、真名書き散らしてはべる程も、よく見れば、まだいと足らぬこと多かり。〈紫式部日記〉訳(清少納言は)あれほど**利口ぶり**、漢字を書き散らしておりますが、(が、その)ようすも、よく見ると、まだそれほどは十分でない点が多い。

さか-しま・なり【逆しまなり・倒しまなり】形容動詞 ↓さかさまなり

●さかしみと… 歌
賢しみと物言ふよりは酒飲みて酔ひ泣きするしまさりたるらし〈万葉集・3・341・大伴旅人〉訳 利口ぶってものを言うよりは酒を飲み酔って泣く方が勝っているらしい。
○「酔ひ泣きするし」の「し」は強調を表す副助詞。ここでは間投助詞のように用いられている。「まさりたるらし」は優れているらしいという意味。
発展「酒を讃むる歌十三首」の中の一首。

さかし-ら【賢しら】名詞 ❶利口ぶること。物知りぶること。分別ありげなこと。
あな醜**さかしらをすと酒飲まぬ人をよく見ば猿にかも似る** 歌〈万葉集・3・344〉訳 ↓あなみにく…
❷出しゃばること。おせっかいなこと。よけいなこと。
さかしらする親ありて、「思ひもぞつく。」とて、この女をほかへ追ひやらむとす。〈伊勢・40〉訳 **おせっかい**をする親がいて、「(わが子が召し使いの女に)執着したら困る。」と思って、この女をよそへ追い出そうとする。
❸差し出口をきくこと。告げ口。

さが【性・相】

人間の力では変えられない、生まれつきの性質や運命

- ❶性質。性格。生まれつき。
- ❷習わし。習い。習慣。
- ❸運命。宿命。

名詞 ❶**性質。性格。生まれつき。**
「いとくまなき御心の**性**にて、推し量りたまふにやはべらむ…。」〈源氏・椎本〉訳「(匂宮は、恋愛の方面では)たいへん抜かりのないお心の**性質**で、(いろいろと)ご推量になるのではないでしょうか…。」

❷**習わし。習い。習慣。**
「後れ先立つ程の定めなさは、**世の性と見たまへ知りながら**…。」〈源氏・葵〉訳「一方は生き残り一方は先に死ぬという(人の生きられる)期間に決まりがないことは、この世の**習い**とは見て理解させていただきながら(=存じながら)…。」

❸**運命。宿命。**
父は汝を憎むにあらじ。母は汝を疎むにあらじ。ただこれ天にして、**汝が性のつたなきを泣け**。〈野ざらし紀行〉訳 父はおまえを憎むからではないだろう。母はおまえを嫌うからではないだろう。ひとえにこれ(=幼くして捨てられたこと)は天の定めであって、おまえの**運命**の悪いことを泣け。

発展 ①**語の成り立ち** 自然のままであることがもともとの意味であるが、険しい状態を表す形容詞「険し」の「さが」と同じ語源といわれ、性質や状態がどうにもならない、よくないなどの意味を含んで用いられることが多い。
②「**さがなし**」 接尾語「なし」の付いた形容詞「さがなし」は、「さが」の否定的な意味が強調されたことばである。

関連語 さがなし

この御堂の北南に移り住めば、あるさかしらするもの出《い》で来て…。〈栄花《えいが》〉訳この御堂の北南に移り住むと、ある告げ口をする者が出て来て…。

さかしら-が・る【賢しらがる】動詞 自〔ラ四段〕〈ら・り・る・る・れ・れ〉利口ぶる。おせっかいをする。出しゃばる。
母君ぞ、たまさかにさかしらがり聞こえたまふ。〈源氏・紅梅〉訳（宮の御方《おおんかた》の）母君（＝真木柱《まきばしら》）が、ときたま**おせっかいをして**（匂宮《におうのみや》にご返事を）申し上げなさる。

さかしら-ごころ【賢しら心】名詞 利口ぶる心。でしゃばろうとする考え。
さかしら心つきてうち過ぐしたる人もまじらねば…。〈源氏・竹河《たけかわ》〉訳**でしゃばろうとする考え**が付いていて年取っている人も交じっていないので…。

さかし-ら・なり【賢しらなり】形容動詞〔ナリ〕〈なら・なり（に）・なり・なる・なれ・なれ〉❶利口ぶっている。分別くさい。
心しらひの用意すぎて、いとさかしらなり。〈落窪《おちくぼ》〉訳心配りの用心（の度）が過ぎて、たいへん**分別くさい**。
❷出しゃばっている。おせっかいだ。余計なことだ。
さかしらに柳の眉《まゆ》の広ごりて春の面《おもて》を伏する宿かな 歌〈枕草子・301・三月ばかり〉訳（細長いのが美しいのに）**余計なことに**ヤナギの眉（＝葉）が（だらしなく）広がって、春の面目をなくしている家だなあ。

さかしら-びと【賢しら人】名詞 利口ぶる人。また、出しゃばって世話をしたがる人。おせっかい者。
賢しら人の添ひたまへるぞ、恥づかしくもありぬべく…。〈源氏・総角《あげまき》〉訳**おせっかい者**（＝薫）が付き添っていらっしゃることが、きっと気詰まりでもあるにちがいなく…。

さか・す【栄す・盛す】動詞 他〔サ四段〕〈さ・し・す・す・せ・せ〉❶興をもよおす。関心を起こす。
時々につけて、興をさかすべき渚《なぎさ》の苫屋《とまや》…。〈源氏・明石《あかし》〉訳（四季の）折々につけて、興を**もよおす**ように（しつらえた）海辺の苫ぶきの小屋（を建てたり）…。
❷もてはやす。ひけらかす。
さる所にて才《ざえ》さかしいではべらむよ。〈紫式部日記〉訳そのような所（＝宮中）で（どうして）学問を**ひけらかし**たりするでしょうか。

さか-づき【杯・盃】〔—ずき〕名詞 ❶酒を飲む器。ちょこ。❷（「杯事《さかづきごと》」の略で）杯を取り交わして酒を飲むこと。特に、約束を固めるためにそれを行うこと。酒宴。
杯など、常の作法よりもさし分かせたまひて…。〈源氏・幻〉訳**酒宴**などを、普段のしきたりよりも格別に行いなさって…。

さか・し【賢し】

形容詞〔シク〕

判断を明確に示し、気持ちがしっかりしているようす

❶賢い。利口だ。
❷気が利いてよい。巧みである。
❸気丈である。しっかりしている。
❹こざかしい。利口ぶっている。

未然形	連用形	終止形	連体形	已然形	命令形
さか・しく	さか・しく	さか・し	さか・しき	さか・しけれ	○
さか・しから	さか・しかり	○	さか・しかる	○	さか・しかれ

❶**賢い。利口だ。才知がある。賢明である。**
古《いにしへ》の七《なな》のさかしき人たちも欲《ほ》りせしものは酒にしあるらし 歌〈万葉集・3・340〉訳昔の（中国の）七人の**賢い人たち**（＝竹林《ちくりん》の七賢《しちけん》）も欲しがったものは酒であるようだ。
❷**気が利いてよい。巧みである。上手だ。優れている。**
異人々《ことひとびと》のもありけれど、さかしきもなかるべし。〈土佐日記・十二月二十六日〉訳他の人々の（和歌）もあったけれど、（その中には）**気が利いてよい**のもないに違いない。
❸**気丈である。しっかりしている。気が確かである。理性がある。**
中に、心さかしき者、念じて射むとすれども、外方《ほかざま》へ行きければ…。〈竹取・かぐや姫の昇天〉訳（兵士たちの）中で、心の**気丈な**者が、（恐ろしさを）我慢して（矢を）射ようとするが、（矢はまるっきり）よその方へ行ったので…。
我ひとりさかしき人にて、おぼしやる方《かた》ぞなきや。〈源氏・夕顔〉訳（源氏は）自分ひとり（だけが）**気が確かな**人であって、（夕顔が物の怪《け》に取り殺されたという事態を）推し量りなさる方法がないことだ。
❹**こざかしい。利口ぶっている。生意気である。得意がっている。**
しかくさかしく言ひ出《い》だしたまふなりけり。〈堤中納言《つつみちゅうなごん》・虫めづる姫君〉訳（姫君は毛虫をかわいがる理由を）そのように（＝毛虫がチョウになるのを見て、万物の流転を究明するのだと）**こざかしく**言い出しなさるのであった。
さかしきもの。今様の三歳児《みとせご》。〈枕草子・259・さかしきもの〉訳**こざかしい**もの。今時の三歳児。○「さかしきもの」の冒頭の一文で、❶か❹かで迷う例だが、「さかしきもの」の章全体の内容から判断し、ここは本当に賢いのではなく、抜け目のない、小利口なものをいっていると解釈する。

発展 **語の成り立ち** 「栄《さか》ゆ」「盛《さか》る」と同じ語源で、ほかより優れているようすを表すという説と、動詞「離《さ》く」が形容詞になったもので、自らを他と離し遠ざけているようすを表すのがもともとの意味だとする説とがある。接頭語「こ」が付いた「こざかし」、接尾語「ら」が付いた「さかしら」は、❹と同じ否定的な意味で用いられる。

類語比較 **「さかし」と「かしこし」**
共通点＝利口である、という意味。
さかし＝判断が明確に示せる・気丈でしっかりしている・いかにもすきがない、などの感じを含むといわれる。
かしこし＝対象の偉大さ・卓越したようすに対する畏敬の思いが含まれ、「さかし」のように、利口ぶっていることをいう意味はない。

関連語 小賢《こざか》し・賢《さか》しら

嵯峨天皇《さがてんのう》〔—テンワウ〕人名 平安初期、第五十二代の天皇。八〇九（大同四）年即位。宮廷文化の中心人物として唐風文化を学び、漢詩に優れ、『★凌雲《りょううん》集』などに作品を残す。★三筆《さんぴつ》の一人。786—842

さか-な【肴・魚】名詞 ❶酒を飲む時に添える食べ物。つまみ。❷酒席に興を添える歌や踊り。余興。❸魚。
発展「酒《さか》」＋「菜《な》」の意味で、「菜」は副食物としての野菜や魚肉。本来は魚に限られるものではないが、後に、「いを」「うを」に代わって「さかな」が魚を指すようにもなっていった。

さが‐な‐め【さがな目】名詞 ↓最重要語（574ページ）意地悪な目。厳しい視線。
翁らがさがな目にも、ただ人とは見えさせたまはざめり。〈大鏡・道長上〉訳この老人ども（＝自分たち）の意地悪な目にも、（道長殿は）普通の人とはお見えなさらないようである。
発展「さがな」は形容詞「さがなし」の語幹。

さがな‐もの【さがな者】名詞 意地悪な人。口うるさい人。
この大北の方ぞさがな者なりける。〈源氏・真木柱〉訳この大北の方（＝式部卿宮の奥方）は**口うるさい人**なのであった。
発展「さがな」は形容詞「さがなし」の語幹。

嵯峨日記 作品名 江戸前期の日記。松尾芭蕉（↓必修古典ビッグ30 ❻ 246ページ）著。一六九一（元禄四）年四月十八日から五月四日まで、向井去来の別荘である京都嵯峨の落柿舎に滞在中につづったもの。一七五二（宝暦二）年刊。

嵯峨野 歌枕 ↓嵯峨

坂上郎女 人名 ↓大伴坂上郎女

坂上是則 人名 平安前期の歌人。★三十六歌仙の一人。歌合わせに数多く参加している。家集に『是則集』がある。生没年不明。

さかひ【境】名詞 ❶境界。境目。
下総の国と、武蔵との境にてある太井川…。〈更級日記・太井川〉訳下総（＝今の千葉県）と、武蔵（＝今の東京都）との**境目**である太井川（＝今の江戸川）…。
❷境界の内側。地域。場所。土地。
❸境遇。身の上。
「年の若きを頼むべきにあらず。**老少不定の境なり**。」〈平家・1・祇王〉訳「年の若いのをあてにしてはいけない。老いも若きもいつ死ぬかわからない**身の上**である。」
❹心境。境地。
もとより賢愚得失の境にをらざればなり。〈徒然草・38・名利に使はれて〉訳（聖人が）もともと賢いとか愚かとか得とか損とかの**境地**にいないからである。

さかひ 接続助詞《近世語》（原因・理由を表し）…ので。…から。接続 活用語の連体形に付く。
「売る気ぢゃ**さかひ**、こないに暑さも厭はず、重い荷かついで出るは。」〈滑稽本・浮世風呂〉訳「売る気だ**から**、このように暑さも嫌がらないで、重い荷をかついで出ることだわ。」

さが‐な・し

形容詞 ク　**性質が悪く、嫌な感じがするようす**

❶**性格が悪い。ひねくれている。意地悪だ。**
❷**ずけずけと言う。口やかましい。**◉多く「物言ひさがなし」の形で用いられる。
❸**いたずらだ。やんちゃだ。**

未然形	連用形	終止形	連体形	已然形	命令形
さがな・く	さがな・く	さがな・し	さがな・き	さがな・けれ	○
さがな・から	さがな・かり	○	さがな・かる	○	さがな・かれ

❶**性格が悪い。ひねくれている。意地悪だ。**
男にもこの伯母の御心さがなく悪しきことを言ひ聞かせければ…。〈大和・156〉訳（妻は）夫にもこの伯母がお心が**ひねくれていて**よくないことを言い聞かせていたので…。
「あな恐ろしや、東宮の女御の**いとさがなくて**、桐壺の更衣の、あらはにはかなくもてなされにし例もゆゆしう。」〈源氏・桐壺〉訳「まあ恐ろしいことよ、東宮の女御（＝弘徽殿の女御）が実に**意地悪で**、桐壺の更衣が、露骨に物の数でもなくあしらわれた例も忌まわしいことで。」
❷（多く「物言ひさがなし」の形で）**ずけずけと言う。口やかましい。口が悪い。**
着たまへる物どもをさへ言ひ立つるも、**物言ひさがなきや**うなれど…。〈源氏・末摘花〉訳お召しになっている着物など（のこと）まであれこれ言うのも、**ずけずけと言う**ようではあるが…。
「**さがなく**許しなかりしも、『我を疎みねと思ふ方の心やありけむ。』と…。」〈源氏・帚木〉訳「（嫉妬深い女が）**口やかましく**（私の行動について）容赦しなかったのも、『自分を嫌いになってしまってくれと思う方面の心（＝下心）でもあったのではなかろうか。』と…。」
❸**いたずらだ。やんちゃだ。**
「三の宮こそ**いとさがなく**おはすれ。常に兄に競ひまうしたまふ。」〈源氏・横笛〉訳「三の宮（＝匂宮）は本当に**やんちゃで**いらっしゃる。いつも兄と競争し申し上げなさる。」
「そのことにさうらふ。**さがなき童部どもの仕うまつりける、奇怪にさうらふことなり。**」〈徒然草・236・丹波に出雲と〉訳「そのこと（＝獅子と狛犬を背中合わせに据えたこと）でございます。**いたずらな**子供たちが致しましたのは、ふとどきなことでございます。」〇「さがなき…仕うまつりける」は「奇怪にさうらふこと」に係る。この部分の訳し方には次の説もある。a★準体法と見て「いたずらな子供たちが致しましたのは、…」とする。b★連体形止めと見てここで文を切り「いたずらな子供たちが致しましたのです。」とする。

発展 **「さが」は悪い性質**　名詞「さが」＋強調を表す接尾語「なし」。名詞「さが」は悪い性質という印象を含んでいたようである。たとえば、『宇治拾遺物語』に有名な逸話がある。嵯峨天皇の時代、宮中に「無悪善」と落書きされ、それを小野篁が「さがなくてよからん」、つまり、「嵯峨」天皇がいない方がよかろうと解読した。落書きの文字の「悪」を「さが」と読んでいることから、「さが」には悪い性質の意味があったと分かる。

さか‐びん【逆鬢】名詞 江戸時代の男性の髪の結い方のひとつ。髻の位置を高く取り、鬢の毛を逆さに上に向けたもの。また、毛が乱れている髪とも。

さか・ふ【逆ふ】さか（こ）う ━動詞 自 ハ下二段〈へ・へ・ふ・ふる・ふれ・へよ〉逆らう。はむかう。反対する。背く。
「下として上に**逆ふること**、あに人臣の礼たらんや。」〈平家・3・法印問答〉訳「下位の者として上位の者に**逆らう**ことは、どうして家来の礼儀であろうか、いや、礼儀ではない。」
━動詞 自 ハ四段〈は・ひ・ふ・ふ・へ・へ〉━の意味に同じ。
ついで悪しきことは、人の耳にも逆ひ、心にもたがひて、そ

の事ならず。〈徒然草・155・世に従はん人は〉訳時機に合わないことは、人の耳にも逆らい、心にも背いて、その事は成就しない。

さかへず【栄へず】（誤）↓（正）**さかえず【栄えず】** 発展 ヤ行下二段動詞「さかゆ」の未然形＋打消の助動詞「ず」。

さか-ま・く【逆巻く】 動詞 自〔カ四段〕〈か・き・く・く・け・け〉（流れに逆らい）激しく波が立つ。

瀬枕大きに滝鳴って、逆巻く水も速かりけり。〈平家・9・宇治川先陣〉訳浅瀬のために盛り上がった水は大きく滝のように音を立てて、（流れに逆らい）**激しく波が立つ**川水の流れも速かった。

相模 人名 平安中期の女性歌人。*中古三十六歌仙の一人。相模守大江公資の妻となるが、離別し都へ戻る。脩子内親王に仕えて歌人として活動した。家集に『相模集』がある。生没年不明。

相模 旧国名 相州。*東海道十五か国の一つ。今の神奈川県。↓**ビジュアルチェック❼**（450ページ）

さか-みづ・く【酒水漬く】 動詞 自〔カ四段〕〈か・き・く・く・け・け〉酒に浸る。酒宴を開く。

今日もかも**酒みづくらし**…〈古事記・雄略天皇〉訳今日も**酒宴を開く**のだろうかなあ…。

さか-もぎ【逆茂木】 名詞 敵の侵入を防ぐために、とげのある木の枝を外に向けて柵としたもの。

［さかもぎ］

さか-やき【月代・月額】 名詞 ❶冠の下に当たる頭髪の生え際を半月形にそり上げた男性の髪形。また、そのそり上げた部分。❷近世の男性の髪型で、額から頭の中央にかけて髪をそり落とすこと。また、その部分。

［さかやき❷］

さか・ゆ【栄ゆ】 動詞 自〔ヤ下二段〕〈え・え・ゆ・ゆる・ゆれ・えよ〉盛んになる。繁栄する。栄える。また、繁茂する。

春日野に斎く三諸の梅の花栄えてあり待て帰り来るまで 歌〈万葉集・19・4241〉訳春日野に祭る神社のウメの花よ、ずっと**栄え**（＝咲き満ち）たままで待ち続けていてくれ。（私が）帰国するまで。

さか-ゆ・く【栄行く】 動詞 自〔カ四段〕〈か・き・く・く・け・け〉ますます栄える。栄え続ける。繁栄してゆく。

夕べの陽に子孫を愛して、栄ゆく末を見んまでの命をあらまし…。〈徒然草・7・化野の露〉訳夕日の傾いたような老年に子や孫をかわいがり、**繁栄してゆく**将来を見届けるまでの命を期待し…。

さからう（現）↓（古）**さかふ【逆ふ】**

さかり【盛り】 名詞 勢いの盛んなようす。また、そのような時期。最盛期。元気盛んな年ごろ。

「**盛りにならば**、かたちも限りなくよく、髪もいみじく長く**なりなむ**。」〈更級日記・物語〉訳「（私も）**年ごろ**になったら、容貌もこの上なく美しく、髪もきっとたいへん長くなるだろう。」

さがり【下がり】 名詞 ❶下がること。低くなること。

「**寒暑にしたがひて上がり下がりあるべき故に**…。」〈徒然草・220・何事も辺土は〉訳「寒さ暑さに応じて（鐘の音には）高くなることや**低くなること**があるはずなので…。」

❷下方に垂れること。垂れ下がったもの。また、その形。

筋がらの美しさ、つや、**下がり**など、かくばかりなる類ひあらじかし。〈狭衣〉訳（髪の）毛筋のぐあいの美しさ、つや、**下がり方**など、これほどのものはないだろうね。

❸ある時刻を過ぎること。

❹神仏への供え物をいただくこと。また、そのもの。転じて、目上の人から譲り受けたもの。お古。お下がり。

さかり・なり【盛りなり】 形容動詞〔ナリ〕〈なら・なり（に）・なり・なる・なれ・なれ〉勢いが盛んだ。最盛期だ。

我がやどに盛りに咲ける梅の花散るべくなりぬ見む人もがも 歌〈万葉集・5・851〉訳わが家に今**最盛期**（＝満開）のウメの花が散りそうになった。見る人があればよいのに。

さがり-ば【下がり端】 名詞 平安時代、女性の額髪の先端。また、そのそろい方や垂れ下がったようす。

さか・る【離る】 動詞 自〔ラ四段〕〈ら・り・る・る・れ・れ〉離れる。遠ざかる。隔たる。

いや遠に里はさかりぬいや高に山も越え来ぬ… 歌〈万葉集・2・131〉訳↓いはみのうみ…

さが・る【下がる】 動詞 自〔ラ四段〕〈ら・り・る・る・れ・れ〉

❶垂れ下がる。ぶら下がる。

❷下に向かう。低い所へ行く。下る。対上がる

❸遅れる。後ろにいる。

「**うち捨てて寄せつれば、はるかに下がりぬらん。**」〈平家・9・二之懸〉訳「（彼を）ほうっておいて（一の谷に）攻め寄せたので、ずっと**遅れ**てしまっているだろう。」

❹時刻に遅れる。

「**下がるといふ定**、午未の時には、渡らんずらんものをと思ひて…。」〈宇治拾遺〉訳「（いくら）**時刻に遅れる**とはいっても、午後十二時から午後二時には、（行列が）やってくるはずなのにと思って…。」

❺（目上の人の所から）退出する。対上がる

❻程度が低くなる。衰える。対上がる ↓下ぐ

上がるは三十四、五までのころ、下がるは四十以来なり。〈風姿花伝〉訳（能の技が）上達するのは三十四、五歳までのころで、**衰える**のは四十歳以後である。

類語比較「くだる」「おる」「さがる」↓下る

さか-ろ【逆櫓・逆艪】 名詞 櫓を舳先（＝船首）と艫（＝船尾）の両方に取り付けて、船が逆方向にも進めるようにすること。また、その櫓。

さき【先・前】 名詞 ❶ものの突き出た部分。先端。末端。

❷（空間的に）前の方。行く手。前途。対後

❸（ある集団の）先頭。先陣。先駆け。

❹（時間的に）前の方。その時以前。過去。前。

先のやうに悔しきこともこそあれ。〈蜻蛉日記〉訳**以前**のように残念なこともあるかもしれない。

❺（時間的に）それより後。また、現在より後。以後。将来。行く末。

万の事、**先のつまりたるは、破れに近き道なり。**〈徒然草・83・竹林院入道左大臣殿〉訳何事（でも）、**将来**が行き詰まっているのは、破綻が近いという道理である。

❻（順序・順位が）上の方。第一。最初。上位。最上位。

わが身を後にして人を先にするにはしかず。〈徒然草・130・物に争はず〉訳自分のことを後回しにして他人のこと

を第一にするのにこしたことはない。
❼(「先追ひ」「先払ひ」の略で)貴人が通行するとき、先頭で声を上げて前方にいる通行人を追い払うこと。また、その人。

さき【幸】 名詞 さいわい。幸福。さち。

さき【崎・埼】 名詞 ❶陸地が海や湖に突き出た先。岬。
❷(丘や山が平地に)突き出ている所。
岡の崎い廻むるごとに万度顧みしつつ… 歌〈万葉集・20・4408〉訳 丘の**突き出ている所**で(道が)曲がるたびに(残した家族のいる家の方を)何度も振り返りながら…。

さき+□ 「さく【割く・裂く】」一(カ行四段)」の連用形。

さき-お・ふ【先追ふ・前追ふ】 一 動詞 自 〈八四段〉(は・ひ・ふ・ふ・へ・へ) 貴人が通行するときに先頭で声を上げて前方にいる通行人などを追い払う。先払いをする。
男車のさき追ふは言ふべきにもあらず…。〈枕草子・224・いみじう暑きころ〉訳 男車(=男性用の牛車)で**先払いをする**のは言うまでもなく…。

さき-く【幸く】 副詞《上代語》無事に。変わりなく。
楽浪の志賀の唐崎さきくあれど大宮人の船待ちかねつ 歌〈万葉集・1・30〉訳→ささなみの…

さき-くさ【三枝】 名詞 一本の草の茎から枝が三つに分かれ出ている植物をいうが、具体的に何を指したかは不明。フクジュソウ・ジンチョウゲ・ヤマユリなどの諸説がある。

さきくさ-の【三枝の】 枕詞 「三つ」「なか」などに係る。

さき-ざき【先先】 名詞 ❶以前。過去。前々。
「**先々も申さむと思ひしかども…。**」〈竹取・かぐや姫の昇天〉訳「**以前**も申し上げようと思ったけれども…。」
❷(これから向かう)先方。(時間的に)将来。

さき-だ・つ【先立つ】 一 動詞 自 〈タ四段〉(た・ち・つ・つ・て・て) ❶前に立つ。先に行く。先頭に立つ。
先立ちし人々、いとよく休み涼みて、ここちよげにて…。〈蜻蛉日記〉訳 **先に行った**人たちは、たいへんよく休憩して、気持ちよさそうなようすで…。
❷先んじる。先行する。先になる。
たとへば、碁を打つ人、一手もいたづらにせず、人に先立ちて、小を捨て大につくがごとし。〈徒然草・188・ある者、子を法師に〉訳 たとえて言えば、碁を打つ人が、一手も無駄にせず、相手の人に**先行して**、益の少ない石を捨て益の大きい石を取るようなものである。
❸先に死ぬ。対 後る
親子ある者は、定まれることにて、親ぞ先立ちける。〈方丈記・飢渇〉訳(飢饉の際には)親子で(一緒に)いる者は、決まったこととして、親が**先に死んだ**のだった。
二 動詞 他 〈タ下二段〉(て・て・つ・つる・つれ・てよ) 先に行かせる。先行させる。
先立てて遣はしたりける、夜更くるほどに参れり。〈源氏・浮舟〉訳 **先に行かせて**お遣わしになったが、(時方は)夜が更ける時分に帰参した。

さ-ぎちゃう【三毬杖・左義長】 名詞 陰暦正月十五日に行う悪魔払いの行事。どんど焼き。さいと焼き。発展「さぎっちゃう」とも。毬杖という毬打ちの遊びに用いた杖を三本立てたことからという。宮中では、清涼殿の庭に青竹を立てて扇や短冊などを結び付けて焼く。民間でも、竹数本とともに正月用の門松・しめなわなどを持ち寄って焼いた。

[さぎちゃう]

さき・づ【咲き出】 動詞 自 〈ダ下二段〉(で・で・づ・づる・づれ・でよ) 咲き始める。咲きそめる。咲き出す。
雁がねの初声聞きて咲きでたる宿の秋萩見に来わが背子 歌〈万葉集・10・2276〉訳 ガンの(今年)初めての鳴き声を聞いて**咲き出した**(私の)家の美しいハギを見にいらっしゃい。あなたよ。

さき-にほ・ふ【咲き匂ふ】 一 動詞 自 〈八四段〉(は・ひ・ふ・ふ・へ・へ) 色美しく咲く。咲き乱れる。
今もかも咲きにほふらむ橘の小島のさきの山吹の花 歌〈古今集・春下・121〉訳 今ごろは**色美しく咲いている**だろうか。橘(=地名)の小島の崎のヤマブキの花は。
発展「にほふ」は、色美しく映えるという意味。

さき-の-よ【先の世・前の世】 この世に生まれる前にいた世。前世。
「**いとど人わろうかたくなになりはつるも、前の世ゆかしうなむ。**」〈源氏・桐壺〉訳「(更衣に先立たれたやりきれなさに)ますますみっともなく偏屈になってしまったのも、(どうした因縁であろうかと)**前世**が知りたいことで。」○「なむ」の下には「はべる」などが省略されている。

さき-は・ふ【幸ふ】 一 動詞 自 〈八四段〉(は・ひ・ふ・ふ・へ・へ) 幸福がもたらされる。栄える。
そらみつ大和の国は皇神の厳しき国言霊のさきはふ国と語り継ぎ… 歌〈万葉集・5・894〉訳 大和の国は神の(威徳が)いかめしい国、ことばに宿る霊力で**幸福がもたらされる**国であると語り継いで…。○「そらみつ」は「大和」に係る枕詞。「言霊」は、ことばの持つ神秘的な霊力。
二 動詞 他 〈八下二段〉(へ・へ・ふ・ふる・ふれ・へよ) 栄えさせる。幸運を与える。
いかし御世にさきはへまつりて…。〈祝詞〉訳 勢いの盛んな御世に**栄えさせ**申し上げて…。

さきむりに… 歌
防人に立たむ騒ぎに家の妹がなるべきことを言はず来ぬかも〈万葉集・20・4364・若舎人部広足〉訳 防人に出発しようという騒ぎに(紛れて)、家に残してきた妻に生計のことを言わないで来てしまったことだなあ。○「なるべきこと」は、四段動詞「業る(=暮らしを立てる)」の終止形＋推量の助動詞「べし」の連体形＋名詞「こと」で、生計の立て方という意味。また、「さきむり」は「さきもり」、「いむ」は「いも」の東国方言。
発展 作者は常陸国(=今の茨城県)の人。九州へ向かう作者の、遠くなっていく家や妻のことが離れるほどに心配になるという心情を詠んだ歌。

さき-もり【防人】 名詞 唐や新羅の侵入を防ぐために、九州の筑紫・壱岐・対馬などに配置された兵士。九州北辺の要地を防衛した。発展 辺境を守る「崎守」の意味。大化の改新後、諸国から集められたが、七三〇(天平二)年以後はほぼ東国出身者に限られ、平安中期には有名無実となった。

防人歌 文芸用語『万葉集』に収められている、防人およびその家族が作った歌。内容は、出立時の肉親との別れの悲しみや生活苦を詠んだものや旅中の歌など。★東歌とともに、東国の民衆の歌として特異な地位を占める。

さきもりに… 歌

防人に行くは誰が背と問ふ人を見るが羨しさ物思ひもせず〈万葉集・20・4425〉訳「防人に行くのはだれの夫か。」と尋ねる人を見るのは、本当にうらやましい。（他人事だと思って何の）思いわずらいもしないで。〇「背」は、女性から親しい男性を呼ぶことば。発展 防人の妻の歌。夫を防人にとられた妻が、うわさ話に心を痛めながらも、そうした人たちをうらやましく思う気持ちを詠んだ歌。

さ-きゃう【左京】― 名詞 平城京・平安京の中で、内裏から見て左、すなわち朱雀大路を境として東西に分けた東半分。対 右京。発展「東の京」とも。

さきゃう-しき【左京職】― 名詞 左京の行政・司法・警察を取り扱った役所。対 右京職。↓ビジュアルチェック⑭（756ページ）

さきゃう-の-だいぶ【左京大夫】― 名詞 ★左京職の長官。対 右京大夫。

サ行変格活用 国語・国文法 動詞の活用の種類のひとつ。略して「サ変」とも。サ行下二段活用と類似しているが、連用形がイ段音となるところから、変格活用とされる。所属語は、「為す」と「おはす」の二語で、前者は語幹と語尾との区別がない。ただし、「す」は、他のいろいろな語に付いて多くの複合動詞をつくる。↓動詞活用表（12ページ）／為す

さきわう（現）↓（歴）**さきはふ【幸ふ】**

さき-を-を・る【咲き撓る】― 動詞 自〔ラ四段〕〈ら・り・る・る・れ・れ〉（枝がたわむほど花が）たくさん咲く。咲きこぼれる。**春されば花咲きををり**… 歌〈万葉集・13・3266〉訳 春になるといつも花が**たくさん咲き**…。

さ・く【笏】 名詞 ↓しゃく（笏）

さ・く【放く・離く】 一 動詞 他〔カ四段〕〈か・き・く・く・け・け〉（視線などを）遠くにやる。放つ。引き離す。遠ざける。**行くさには二人わが見しこの崎を独り過ぐれば見もさかず来ぬ** 歌〈万葉集・3・450〉訳 行くときには（妻と）ふたりで見たこの崎を（妻が死んだ今は）ひとりで通り過ぎるので視線を**放ち**（＝見やり）もしないで来た。

二 動詞 他〔カ下二段〕〈け・け・く・くる・くれ・けよ〉❶ 一の意味に同じ。**天の原踏みとどろかし鳴る神も思ふ仲をばさくるものかは** 歌〈古今集・恋4・701〉訳 大空を踏みつけて大音響を立てて鳴っている雷も（愛しく）思っている（男女の）仲を**引き離す**ものだろうか、いや、そんなことはできない。

❷（動詞の連用形に付いて）思いを晴らす。心を慰める。**語りさけ見さくる人目乏しみと思ひし繁し**… 歌〈万葉集・19・4154〉訳 語って**思いを晴らし**、会って**思いを晴らす**知人も少ないので、物思いも多い…。

発展 二❷は「振りさく」「見さく」のように多く複合動詞の後項として用いられる。

さ・く【割く・裂く】 一 動詞 他〔カ四段〕〈か・き・く・く・け・け〉切り離す。割る。引き裂く。「**しゃつが口をさけ。**」とて、**口をさかれ**…。〈平家・2・西光被斬〉訳「そいつの口を**引き裂け**。」と（清盛が）言ったので、（西光は）口を**引き裂かれ**…。

二 動詞 自〔カ下二段〕〈け・け・く・くる・くれ・けよ〉割れる。分かれる。裂ける。**ぬばたまの寝ねてし夕の物思ひに裂けにし胸はやむ時もなし** 歌〈万葉集・12・2878〉訳 共に寝た翌日の夕方、（また会いたいという）思いで**裂けて**しまった（私の）胸は（いつまでも）治まるときがない。〇「ぬばたまの」は、「夜」にかかる枕詞であるが、ここでは夜にかかわることばとして「寝」に係る。

さく【幸く】 副詞 ↓さきく

さく＋□「**さく【割く・裂く】**一（カ行四段）」の終止形・連体形。または、「**さく【割く・裂く】**二（カ行下二段）」の終止形。

さ・ぐ【下ぐ】 動詞 他〔ガ下二段〕〈げ・げ・ぐ・ぐる・ぐれ・げよ〉❶ぶら下げる。つるす。下に垂らす。**女は髪も下げざりけり。**〈平家・2・大納言死去〉訳 女の人は髪を**下に垂らし**ていなかった。

❷低くする。降ろす。低い所へ移す。**鼎の上より、手とり足とりして、下げおろしたてまつる。**〈竹取・燕の子安貝〉訳（落ちて気絶した中納言を）鼎の上から手をとり足をとって、**下へ移し**降ろし申し上げる。

❸見下す。ばかにする。侮る。「**わ殿を下ぐるにはあらず、存ずる旨があれば名乗るまじいぞ。**」〈平家・7・実盛〉訳「あなたを**見下す**わけではなく、（自分としては）考えることがあるので名乗らない。」

❹退ける。（後ろへ）下げる。**中宮の御母御息所の、車押し下げられたまへりし折のこと思し出でて**…。〈源氏・藤裏葉〉訳（秋好中宮の母君（六条）御息所が、車を（見物の人々の後ろへ）押し**下げられ**なさったときのことを（源氏は）お思い出しになって…。

❺貴人の前から退かせる。退出させる。「**心地悩ましければ、人々下げず押さへさせてなむ。**」〈源氏・帚木〉訳「気分がよくないので、侍女たちを**退出させず**（体を）揉ませていまして。」〇「下げ」を「退け（＝引き離す）」とする説もあるが、貴人の前から退出させる意としては「下ぐ」のほうが適当である。

❻地位、席次を低くする。格下げする。「**座敷をさへ下げらるることの心うさよ。**」〈平家・1・祇王〉訳「座席までを**格下げされる**ことがつらいことよ。」

さく-い【作意】 名詞 ❶詩歌・文章などの文芸創作上の意向や意図。趣意。**その情誠に至らず。私意のなす作意なり。**〈三冊子〉訳（自然に生じる感動でないと）その感動は真実のものとはならない。自分勝手な**意向**である。

❷こった考え。工夫。機転。たくらみ。「**さても作意の竹斎かな。**」〈竹斎〉訳「なるほど**機転**の（きく）竹斎（＝医者の名）であることよ。」

さく-さく・たり【索索たり】 形容動詞〔タリ〕〈たら・たり（と）・たり・たる・たれ・たれ〉音が響きわたっている。風が木のこずえを鳴らす音や、琴の音にいう。**松吹く風索々たり。**〈平家・10・海道下〉訳 マツのこずえを吹き通る風の**音が響きわたっている**。

作州〔シウ〕 旧国名 ↓美作

さくじ・る 動詞 自〔ラ四段〕〈ら・り・る・る・れ・れ〉差し出がましくする。こざかしく振る舞う。「**いとさくじりおよすけたる人立ち交じりて**…。」〈源氏・少女〉訳「たいへん**こざかしく振る舞う**ませている人（＝夕霧）が（姫君の所に）出入りしていて…。」

さく-ぢゃう【錫杖】― 名詞 ↓しゃくぢゃう

さく-びゃう【作病】― 名詞 病気だとうそをつくこと。仮病。病気のふりをすること。

さく-べい【索餅】 名詞 小麦粉と米の粉を練り、縄のように細長くねじって油で揚げた菓子。季語 秋 発展 平安時代、陰暦七月七日、熱病よけのまじないとして宮中で食

べ、後に民間にも広がった。

さく・む 動詞 他〔マ四段〕〈ま・み・む・む・め・め〉《上代語》踏み分ける。

岩根さくみてなづみ来し… 歌〈万葉集・2・210〉訳大きな岩を**踏み分け**て苦労してやって来たが…。

さく-もん【作文】

「文(=漢詩)」を作ること ─ ❶**漢詩を作ること。また、漢詩。** ❷**文章を作ること。** ◉江戸時代に入ってからの用法。

未然形	連用形	終止形	連体形	已然形	命令形
さくもん・せ	さくもん・し	さくもん・す	さくもん・する	さくもん・すれ	さくもん・せよ

名詞 動詞 自〔サ変〕❶**漢詩を作ること。また、漢詩。**

ありたきことは、まことしき文の道、作文、和歌、管絃の道…。〈徒然草・1・いでや〉訳(男として)身に付けていたいことは、本格的な学問の道、**漢詩を作ること**、和歌、音楽の道で…。

❷**文章を作ること。**

作文に名を得し難波の西鶴も、五十二にて一期を終はり…。〈鶉衣〉訳**文章を作ること**で名声を得た*難波の西鶴も、五十二歳で生涯を終わり…。

発展 ❷の意味は、江戸時代に入ってから。

さくら【桜】名詞 ❶《植物》バラ科の落葉高木。平安以降、それまでのウメに代わって「花」といえば多くサクラを指す。季語 春 ❷「*桜襲」の略。❸紋所のひとつ。サクラの花を図案化したもので、山桜・大和桜・桜井桜などがある。

さくら-がさね【桜襲】名詞 *襲の色目のひとつ。表は白、裏は濃い紫・二藍・赤・葡萄染めなどいろいろな説がある。春に用いる。

さくら-がり【桜狩り】名詞 サクラの花を見て楽しむため山野を歩くこと。花見。季語 春

またや見む交野のみ野の桜狩り花の雪散る春のあけぼの 歌〈新古今集・春下・114〉訳→またやみむ…

さくらだへ… 歌

桜田へ鶴鳴き渡る年魚市潟潮干にけらし鶴鳴き渡る〈万葉集・3・271・高市黒人〉訳 桜田(=今の名古屋市南部)の方へツルが鳴きながら飛んでゆく。*年魚市潟は潮が引いたらしい。ツルが鳴きながら飛んでゆく。〇「干に」の「に」は、完了の助動詞「ぬ」の連用形。「けらし」は、過去の事実を推定する助動詞「けらし」の終止形。

発展 潮の引いた潟でツルは餌をついばむ。ツルが潟の方に飛んでゆくことから、潮が引いたことを推定している。

さくらばな… 歌

桜花散り交ひ曇れ老いらくの来むといふなる道まがふがに〈古今集・賀・349・在原業平〉訳サクラの花よ、散って辺りが曇るほどになってくれ。老いがやって来るという道が紛れて分からなくなるように。〇「老いらく」は「老ゆらく」の変化したもの。「がに」は終助詞で、第二句の命令を受けてその理由を表す。

発展 藤原基経の四十歳を祝って詠んだ歌。老いを擬人化し、道に迷って自分のところに来ないようにという、不老を求める気持ちを詠む。『伊勢物語』九十七段にも見える。

桜花散りぬる風のなごりには水なき空に波ぞ立ちける〈古今集・春下・89・紀貫之〉訳サクラの花が散ってしまった(その)風の名残として、水のない空に(花びらの)波が立っていたなあ。〇「なごり」は「余韻・余情」の意味と「波残り(=風が静まった後にまだしばらく波が立っていること)」の意味を掛ける。

さくり【噦り・吃逆】名詞 ❶しゃっくり。❷しゃくり上げること。↓噦りもよよと

さくり-あ・ぐ【噦り上ぐ】動詞 自〔ガ下二段〕〈げ・げ・ぐ・ぐる・ぐれ・げよ〉しゃくり上げる。

さくり上げて、よよと泣きければ…。〈宇治拾遺〉訳(子供が)**しゃくり上げて**、おいおいと泣いたので…。

さぐり-あし【探り足】名詞 (暗い所などを)足で前を確かめながら進むこと。また、その足や歩き方。

さくり-も-よよと【噦りもよよと】連語 (激しく泣くようすを表し)しゃくり上げて、おいおいと。

「かく、待たれたてまつる程まで、参り来ざりけること。」とて、**さくりもよよと泣きたまふ**。〈源氏・総角〉訳(重病の大君を見舞った薫は)「こんなに、待たれ申し上げるくらいまで、参上して来なかったことだ。」と言って、**しゃくりあげておいおいと**お泣きになる。

発展 名詞「さくり」+係助詞「も」+副詞「よよと」。

さくる+□ 「さく【割く・裂く】㊁(カ行下二段)」の連体形。

さぐ・る【探る】動詞 他〔ラ四段〕〈ら・り・る・る・れ・れ〉❶触れて確かめる。手足で触れる。

帰り入りて探りたまへば、女君はさながら伏して…。〈源氏・夕顔〉訳(源氏が部屋の中に)戻って入り(寝床を)**触れて確かめ**なさると、女君(=夕顔)はもとのまま倒れていて…。

❷尋ね求める。

諸宗の奥旨探りきはめずといふことなし。〈古今著聞集〉訳諸宗派の奥深い教義を**尋ね求めて**極めないということはない。

さくれ+□ 「さく【割く・裂く】㊁(カ行下二段)」の已然形。

さ-くゎん【主典】|かん 名詞 四等官の最下位。公文書の草案作りや管理を取り扱った。発展 上官を佐ける官という意味の「佐官」の字音からきたことば。長官・次官・判官に次ぐ官。役所によって当てる字が異なり、勘解由使では「主典」、神祇官では「史」、太政官では「史・外記」、八省では「録」、坊・職・寮では「属」、弾正台では「疏」、近衛府では「将曹」、衛門府・兵衛府・検非違使庁では「志」、大宰府では「典」、国司では「目」と書いた。

さけ【酒】名詞 米を蒸して、麹と水を加え醸造した飲料。日本酒。発展 上代から濁り酒が主で、清酒は室町時代ごろから造られたという。なお、上代には、「さけ」の古い名として「き」があった。↓**絵で見る古典生活史⑯**(579ページ)

さけ+□ 「さく【割く・裂く】㊀(カ行四段)」の已然形・命令形。または、「さく【割く・裂く】㊁(カ行下二段)」の未然形・連用形。

さける(現)↓(古)**さく**【割く・裂く】

さげる(現)↓(古)**さぐ**【下ぐ】

さ-こそ【然こそ】連語 ❶そのように。そんなに。

「**それはさこそおぼすらめども、おのれは都に久しく住みて、慣れて見はべるに、人の心劣れりとは思ひはべらず。**」〈徒然草・141・悲田院の尭蓮上人は〉訳「あなたは**そのように**お思いになっているだろうが、私は都に長い

間住んでいて、（都の事情は）よく通じて知っておりますので、（都の）世間の人々の心が（東国の人に比べて）劣っているとは思いません。」

❷（推量の表現を伴って）さぞかし。きっと。

医師のもとにさし入りて、向かひゐたりけんありさま、さこそ異様なりけめ。〈徒然草・53・これも仁和寺の法師〉訳（頭に釜をかぶった僧が）医者の家に入って、向かい合って座っていたであろうようすは、**さぞかし**風変わりであっただろう。

❸（逆接の条件句に用いて）どれほど（…でも）。いくら（…でも）。

「**さこそ世を捨つる御身といひながら、御いたはしうこそ。**」〈平家・灌頂・大原御幸〉訳「（建礼門院は）**いくら**出家したお身の上といっても、（この境遇は）お気の毒なことで。」

発展 副詞「さ」＋係助詞「こそ」。

さ-こそ-いへ【然こそ言へ】 連語 そうは言うものの。さすがに。

この女をほかへ追ひやらむとす。さこそいへ、まだ追ひやらず。〈伊勢・40〉訳この女をよそへ追い出そうとする。**そうは言うものの**、まだ追い出していない。

発展 副詞「さ」＋係助詞「こそ」＋四段動詞「いふ」の已然形。すべて挿入句として用いられ、逆接の接続助詞「ど」「ども」を下に補って解する。

さ-ごろも【狭衣】 名詞 ころも。衣服。着物。発展「さ」は接頭語。多く、和歌に用いることば。

狭衣物語（さごろもものがたり） 作品名 平安後期の物語。作者は六条斎院禖子内親王の宣旨（源頼国女）とされる。四巻。従妹の源氏宮へのかなわぬ恋に苦しむ狭衣大将の女性遍歴をつづる。『源氏物語』の影響を受けた後期物語の代表作。承保年間（一〇七四～一〇七七）ごろの成立と考えられる。

さ-こん【左近】 名詞「*左近衛府」の略。対右近

さこん-の-さくら【左近の桜】 名詞 宮中の紫宸殿の南正面階段下の左（東側）に植えてあるサクラ。対右近の橘 ↓ビジュアルチェック⑯（759ページ）

さこん-の-ぢん【左近の陣】 名詞 *左近衛府の武官の詰め所。対右近の陣 発展 紫宸殿の東、日華門内にあり、紫宸殿での行事の警護に当たるときに用いた。

さこん-の-つかさ【左近の司】 名詞 *左近衛府の役所。また、その役人。

さこん-の-ばば【左近の馬場】 名詞 *左近衛府の管理する馬場。対右近の馬場 発展 京都の一条西洞院にあり、毎年五月に競べ馬が行われた。

さこん-の-むまば【左近の馬場】 名詞 ↓さこんのばば

さこん-ゑ-ふ【左近衛府】 名詞 六衛府の一つ。右近衛府とともに宮中の警備や行事の警護を行った役所。対右近衛府 ↓ビジュアルチェック⑮（757ページ）

ささ-【細・小】 接頭語（名詞に付いて）小さい、細かい、わずかな、という意味を表す。類細ら・細れ 語例 細波・細竹

ささ【酒】 名詞《女房詞》さけ。発展「さざ」とも。

さ-さ【然然】 副詞（具体的な説明を省略して）かくかく。しかじか。

「**もしささのところにありと聞きしか。**」〈蜻蛉日記〉訳「もしかして**しかじか**の所に生まれたと聞いた子供か。」

ささえる（現）↓（古）**ささふ【支ふ】**

ささ-がに【細小蟹】 名詞《動物》（形が小さなカニに似ていることから）クモの別の呼び名。また、クモの巣。

ささがに-の【細小蟹の】 枕詞（「ささがに」は「クモ」の別の呼び名であることから）「くも」「いと」「い」に、また（「い」と同音ではじまる）「いづく」「いかに」「いのち」などに係る。

ささ・ぐ【捧ぐ】 動詞 他（ガ下二段）（げ・げ・ぐ・ぐる・ぐれ・げよ）❶両手で高く差し上げる。抱き上げる。

心もとなき御ほどを、わが心をやりてささげうつくしみたまふも、ことわりにめでたし。〈紫式部日記〉訳（若宮は）何も分からないお年ごろなのに、（殿が）ご自分はいい気持ちになって**抱き上げて**かわいがりなさるのも、もっともで喜ばしい。

❷上にあげる。

「**燕子うまむとする時は、尾をささげて七度めぐりてなむうみ落とすめる。**」〈竹取・燕の子安貝〉訳「ツバメが卵を産もうとするときは、尾を**上にあげて**七度回って産み落とすようだ。」

❸（大声を）上げる。（声を）高くする。

おとど御声をささげて泣きののしりたまへど…。〈栄花〉訳左大臣はお声を**高くして**泣き騒ぎなさるけれども…。

❹献上する。奉る。

所につけたる御贈り物どもささげたてまつりたまふ。〈源氏・若紫〉訳（なにがしの僧都は）場所にふさわしい贈り物などを（源氏に）**献上**申し上げなさる。

発展「さしあぐ」の変化したことば。

ささげる（現）↓（古）**ささぐ【捧ぐ】**

絵で見る古典生活史⑯

酒を食べる

酒が文学作品の中に登場するのは、『*日本書紀』にさかのぼります。木花之開耶姫が稲から酒を醸造したという記事があり、また、素戔嗚尊の大蛇退治の伝説には「八醞の酒を醸み」大蛇に飲ませたとあります。

古い時代の酒は、「濁酒」「白酒」などと書かれ、白く濁っていました。また、酒を飲むことは、「酒をたぶ」と言い、狂言「木六駄」では、「たぶればたぶるほどうまい酒ぢや。」という言い方が聞かれます。「たぶ」は、もともと「いただく」という意味で謙譲語でした。

『*徒然草』百七十五段には、酒飲みの生態が生々しく描写されています。また、酒によってつながっている人間関係の機微を鋭く描いてもいます。冒頭に「事があるとすぐに酒を勧めて、飲めないというのに無理強いするのはいったいどういうわけだろうと思う」と述べてはいるものの、「さはいへど、上戸はをかしく、罪許さるる者なり。」とまとめています。

（絵…帝と公卿たちの酒宴〈奈与竹物語絵巻〉より）

ささ-ごて【捧ごて】《上代東国方言》手に持って。

父母も花にもがもや草枕旅は行くともささごて行かむ〈万葉集・20・4325〉訳父も母も花であったら(いい)なあ。(そうであれば遠くに)旅をするとしても**手に持って行こう**。○「草枕」は旅に係る枕詞。

ささ-と 副詞 ❶(水が勢いよく流れたり、注がれたりするようすを表し)ざあざあと。ざあっと。

あがきの水、前板までささとかかりけるを…。〈徒然草・114・今出河のおほい殿〉訳足でばねとばした水が、(牛車の)前の横板まで**ざあっと**かかったので…。

❷(多くの人々が口々にものを言うようすを表し)ざわざわと。がやがやと。

人々のささと走れば、あやしくて見さうらひしかば…。〈大鏡・道長下〉訳人々が**がやがやと**(言いながら)走っていくので、不思議に思って見ましたところ…。

❸(多くの人々が一度に笑うようすを表し)どっと。わっと。

これはまた、聴聞衆ども、ささと笑ひてまかりにき。〈大鏡・道長下〉訳これにはまた、(説法を)聞いている人々も、**どっと**笑いながら帰っていった。

さざ-なみ【細波・小波】名詞 風によって小刻みに立つ波。細かく立つ波。発展「さざ」は接頭語。古くは「ささなみ」。「さざれなみ」とも。

◆**楽浪の志賀の**…歌

楽浪の志賀の大わだ淀むとも昔の人にまたも逢はめやも〈万葉集・1・31・柿本人麻呂〉訳琵琶湖周辺の志賀の大わだ(=大きな入り江)が(大宮人の船遊びを待って)変わらずによどんでいても、昔の人(=大宮人)にもう一度逢うことができようか、いや、できはしない。○「楽浪の」は「志賀」に係る枕詞とも考えられる。「志賀」は琵琶湖西南岸の地名。「逢はめやも」の「やも」は反語を表す係助詞。

発展 近江の都跡を詠んだ長歌に添えた反歌。変わらない自然と人生のはかなさを対比させて詠む。

楽浪の志賀の唐崎幸くあれど大宮人の船待ちかねつ〈万葉集・1・30・柿本人麻呂〉訳琵琶湖周辺の志賀の★唐崎は昔と変わりなく繁栄しているが、かつてここに遊んだ大宮人の船は(もはや見られず)、待ってもそのかいがなくなってしまった。○「楽浪の」「志賀」は前項を参照。「幸く」は昔どおり変わらないという意味。

発展 前歌の反歌の一首目。

さざなみ-の【細波の・小波の】枕詞 (琵琶湖周辺を「楽浪」といったことから)地名「志賀」「大津」「比良」「連庫山」「長等山」や「古き都」に係る。さらに(波に文があることから)「あやし」に、(波が「寄る」ことから)「寄る」「夜」などに係る。

さざなみ-や【細波や】枕詞 ↓さざなみの(細波の・小波の)

◆**さざなみや**…歌

さざなみや志賀の都はあれにしを昔ながらの山桜かな〈千載集・66〉訳志賀の古い都は荒れてしまったけれど、昔のままに美しく咲いている、長等山のヤマザクラよ。○「さざなみや」は「志賀」に係る枕詞。「志賀」は琵琶湖西南岸の地名。「ながら」は接続助詞「ながら」と地名「長等山」との掛詞。

発展『平家物語』にも見える歌。作者は平忠度で、平家の都落ちに際して和歌の師である藤原俊成に託した。忠度が朝敵であるため、『千載集』には「よみ人知らず」として入集された。

ささ-にごり【小濁り・細濁り】名詞 水が少し濁ること。発展「ささ」は接頭語。

◆**ささのくま**…歌

ささのくま檜の隈川に駒とめてしばし水かへ影をだに見む〈古今集・神遊び・1080〉訳檜の隈川に(あなたの乗る)ウマをとめてしばらく水を飲ませてください。(私はそのあいだ)せめてあなたのお姿だけでも見ようと思う。

発展「日女の歌」という、天照大御神に捧げる歌とされているが、どうして、そのような歌とされているのか、よくわかっていない。

◆**ささのはは**…歌

笹の葉はみ山もさやにさやげども我は妹思ふ別れ来ぬれば〈万葉集・2・133・柿本人麻呂〉訳ササの葉は山全体にさやさやと風に揺れて音を立てているけれども、私は(ひたすら)妻を思っている。別れて(置いて)きてしまったので。○第五句が四句の前にくる倒置法。「さやげども」は「乱るとも」とする説もある。

発展 作者が石見の国(=今の島根県)から妻と別れて上京したときの長歌に添えた反歌。ササの葉のそよぐ音も耳に入らず、置いてきた妻への思いが心を占めていることが表されている。

ささ-はら【笹原】名詞 ササが茂っている原。

ささ-・ふ【支ふ】ささ(そ)う 動詞 他〔八下二段〕〈へ・へ・ふ・ふる・ふれ・へよ〉❶持ちこたえさせる。支える。

身の後には金をして北斗を支ふとも、人のためにぞわづらはるべき。〈徒然草・38・名利に使はれて〉訳自分の死後には黄金を積んで北斗七星を**支える**(ほど財産を残した)としても、周りの人には迷惑に思われるだろう。

❷防ぎ止める。阻む。

城の内の兵ども、しばし支へて防ぎけれども…。〈平家・7・火打合戦〉訳城内の兵たちは、少しの間(敵を)**阻んで**防いだけれども…。

ささめき-あ・ふ【ささめき合ふ】あ(お)う 動詞 自〔八四段〕〈は・ひ・ふ・ふ・へ・へ〉ささやき合う。

「誰が御ためもいとほしく。」とささめき合へり。〈源氏・総角〉訳「(薫と大君と)どなたのためにも気の毒に。」と(老女房たちは)**ささやき合っている**。

ささめき-ごと【私語】名詞 ↓ささめごと

ささ-め・く

ひそひそと小声で話す	― ひそひそ話す。ささやく。

未然形	連用形	終止形	連体形	已然形	命令形
ささめ・か	ささめ・き	ささめ・く	ささめ・く	ささめ・け	ささめ・け

動詞 自〔カ四段〕ひそひそ話す。ささやく。

そばにある人の、「この中将に扇の絵のこと言へ。」とささめけば…。〈枕草子・275・大蔵卿ばかり〉訳(私の)傍らにいる人が、「この中将(=源成信)に扇の絵のことを言え。」と**ささやく**ので…。

ざざ-め・く 動詞 自〔カ四段〕〈か・き・く・く・け・け〉がやがや騒ぐ。わいわい言う。

この世に目馴れぬまめ人をしも、「これぞな。」などめでて、ざざめき騒ぐ声いとしるし。〈源氏・真木柱〉訳この世に珍しいまめな人(=夕霧)を、「これだよ。」などとほめて、**わいわい言って騒ぐ**(近江の君の)声がはっきり聞こえる。

ささめ-ごと【私語】名詞 声を潜めた話。ひそひそ話。

発展「ささめきごと」とも。

ささめごと 作品名 室町中期の連歌論書。★心敬著。理想の美として「艶」を掲げ、美論・風体論・表現論・修行論などを問答体で説く。和歌と連歌を同一の道と主張する点が特色。一四六三（寛正四）年成立。

ささ-やか-なり【細やかなり】 形容動詞〔ナリ〕〈なら・なり(に)・なり・なる・なれ・なれ〉小さい。細かだ。小柄だ。小規模だ。「**いとささやかにて、疎ましげもなく、らうたげなり。**」〈源氏・夕顔〉訳（夕顔のなきがらは）たいへん**小さくて**、気味悪さもなく、かわいらしい感じである。

ささら-【細ら】 接頭語 ↓ささ-（細・小）

ささら【簓・編竹・編木】 名詞 ❶田楽などで用いる楽器のひとつ。長さ三〇センチメートルほどの竹を、手に持つ部分を残して細かく割り裂いたもの。簓子という刻み目を付けた細い棒とすり合わせて音を出す。❷（「びんささら」の略で）田楽法師や歌比丘尼が用いた打楽器。

［ささら❶（簓）］

ささら・ぐ 動詞 自〔ガ四段〕〈が・ぎ・ぐ・ぐ・げ・げ〉水がさらさらと音を立てる。「**心地よげにささらぎ流れし水も、木の葉にうづもれて、あとばかり見ゆ。**」〈更級日記・東山なる所〉訳 気持ちよさそうに**さらさらと音を立て**て流れていた水も、木の葉に埋もれて、（流れの）跡だけが見える。

さざれ-【細れ】 接頭語 ↓ささ-（細・小）

さざれ-いし【細れ石】 名詞 細かい石。小石。「**我が君は千代に八千代に細れ石の巌となりて苔の生すまで**」歌〈古今集・賀・343〉訳 私の主君は（その生命が）千年にも八千年にも（わたって）、**小石**が大きな岩となって（その岩に）コケが生えるまで（長生きをしてくださいませ）。

さざれ-なみ【細れ波】 一 名詞 細かい波。小さな波。二 枕詞（さざ波が立つことから）「立つ」に係る。
発展 一は、それがしきりに立つところから、「間なく」「止む時もなし」「しく」「しくしくに」などを導く序詞として多く用いられる。

さし-【差し・指し】 接頭語（動詞に付いて）意味を強めたり、ことばの調子を整えたりする。語例 **差し当たる**・**差し置く**

さ・し【狭し】 形容詞〔ク〕〈(く)・く・し・き・けれ・○／から・かり・○・かる・○・かれ〉狭い。小さい。「**天地は広しといへど我がためはさくやなりぬる…**」歌〈万葉集・5・892〉訳 天地は広いというけれども、私のためには**狭く**なってしまったのか…。

-ざし【差し・指し】 接尾語（名詞に付いて）そのものの状態やようすを表す。語例 枝**差し**・眼**差し**・面**差し**

さしあたり-て【差し当たりて】 連語 さしあたって。目下のところ。「**差し当たりては、心もとなきやうにはべれども、つひの世の重しとなるべき心おきてを習ひなば…。**」〈源氏・少女〉訳「**さしあたっては**、不十分な状態（＝地位）におりましても、（夕霧が）将来の国家の重鎮となるはずの心構えを身に付けたならば…。」

さし-あた・る【差し当たる】 動詞 自〔ラ四段〕〈ら・り・る・る・れ・れ〉❶（光などが）直接当たる。「**日の差し当たりたるに、うちねぶりてゐたるを…。**」〈能因本枕草子・7・上にさぶらふ御猫は〉訳 日が**直接当たっている**所に、（ネコが）よく眠っているのを…。❷（「さし」は接頭語で）直面する。当面する。「**まづ差し当たりたる目の前の事にのみ紛れて月日を送れば…。**」〈徒然草・188・ある者、子を法師に〉訳 まず**直面している**目の前の事だけに気をとられて月日を送っていると…。

さし-あ・つ【差し当つ】 動詞 他〔タ下二段〕〈て・て・つ・つる・つれ・てよ〉❶押し当てる。じかに当てる。「**差し当てたるやうに鳴き乱るるを…。**」〈源氏・夕顔〉訳（虫の声々が源氏の耳に）**じかに押し当て**たように（騒がしく）鳴きたてるのを…。❷（役や物事に）当たらせる。任務に就ける。「**宿直に差し当てなどしつつ…。**」〈源氏・浮舟〉訳「宿直の役に**当たらせ**などしては…。」❸はっきりとねらいを定める。それと目指して決める。「**最中を差し当てて射つ。**」〈今昔〉訳（盗人の）真ん中に**はっきりとねらいを定めて**射通した。
発展「さし」は接頭語。

さし-あは・す【差し合はす】 一 動詞 他〔サ下二段〕〈せ・せ・す・する・すれ・せよ〉（心・調子などを）合わせる。「**御心を差し合はせてのたまはむこと…。**」〈源氏・行幸〉訳 お心を**合わせて**おっしゃるようなこと（なのだ）…。二 動詞 自〔サ下二段〕〈せ・せ・す・する・すれ・せよ〉かち合う。重なる。「**公事差し合はせたる日なれば…。**」〈大鏡・師尹〉訳（親王の催す饗宴の当日は）政務が**重なって**いる日であるので…。
発展「さし」は接頭語。

さし-あひ【差し合ひ】 名詞 ❶都合が悪いこと。差し障り。❷《連歌・俳諧用語》類似することばが決まり以上に近づいて用いられること。また、それを禁じた規定。❸他人の前で遠慮すべきこと。また、そのことば。当たり障り。
発展 ❷は、「指合」とも表記される。

さし-あ・ふ【差し合ふ】 動詞 自〔ハ四段〕〈は・ひ・ふ・ふ・へ・へ〉❶ばったり出会う。行き会う。「**車なども例ならでおはしますに、差し合ひて…。**」〈源氏・東屋〉訳（匂宮の）牛車などもいつものとおりでなくて（帰って）いらっしゃるところに、（中将の君を迎える車が）**ばったり出会って**…。❷向かい合う。近接する。「**胡国と日本の東の奥の地とは、差し合ひてぞあんなると申しける。**」〈宇治拾遺〉訳（中国北方の）野蛮な国と日本の東の奥の地方とは、**向かい合って**いるということだと申し上げました。❸かち合う。重なり合う。「**これかれ誘ひけるを、差し合ふことありてとどまりて申し遣はしける。**」〈新古今集・雑上・1472・詞書〉訳 幾人か（の人）が誘って（くれ）たが、（他の事と）**かち合う**ことがあって家にとどまって申し贈った歌。
発展「さし」は接頭語。

さし-あ・ふ【指し合ふ】 動詞 他〔ハ四段〕〈は・ひ・ふ・ふ・へ・へ〉非難し合う。言い争う。「**たとへば山賊と海賊と寄り合って、互ひに犯科の得失を指し合ふがごとし。**」〈太平記〉訳 たとえば山賊と海賊が集まって、互いに犯した罪科のよしあしを**非難し合う**ようなものである。

さし-あふ・ぐ【差し仰ぐ】 動詞 自〔ガ四段〕〈が・ぎ・ぐ・ぐ・げ・げ〉上を向く。仰ぎ見る。

えとどむまじければ、ただ差し仰ぎて泣きをり。〈竹取・かぐや姫の昇天〉訳（かぐや姫を）引きとめることができそうにないので、（嫗は）ひたすら仰ぎ見て泣いている。

発展「さし」は接頭語。

さし-あゆ・む【差し歩む】 動詞 自〔マ四段〕〈ま・み・む・む・め・め〉差し足で歩く。しずしずと歩く。**差し歩みて帰れば、やがて灯台は倒れぬ。**〈枕草子・108・方弘は〉訳**差し足で歩いて**戻ると、そのまま灯台は倒れてしまった。

さし-い・づ【差し出づ】 一 動詞 自〔ダ下二段〕〈で・で・づ・づる・づれ・でよ〉❶（光が）差し始める。照り出す。光り出す。**つとめて、少し寝過ぐしたまひて、日差し出づるほどに出でたまふ。**〈源氏・夕顔〉訳（源氏は）翌朝、少しお寝過ごしになって、日の光が**差し始める**時分にお出ましになる。❷人前に出る。外に出て姿を現す。外に出る。**さる滝の上に、わらうだの大きさして、差し出でたる石あり。**〈伊勢・87〉訳そのような滝の上の方に、円座（＝わらなどで作った丸い敷物）ほどの大きさで、**外に出**ている石がある。❸出しゃばる。分を越えて出すぎる。**異人を呼ぶに、我ぞとて差し出でたる。**〈枕草子・127・はしたなきもの〉訳他の人を呼ぶのに、自分（が呼ばれた）と思って**出しゃばっ**たのは（きまりが悪い）。二 動詞 他〔ダ下二段〕〈で・で・づ・づる・づれ・でよ〉差し出す。出す。**手にてもえ差し出づまじうわりなし。**〈枕草子・184・宮に初めて参りたるころ〉訳手さえも**差し出せ**ないほどどうしようもな（く恥ずかし）い。

発展 一❶は「射し出づ」とも表記する。

さし-いで【差し出で】 名詞 出過ぎること。また、その人。出しゃばり。

さし-いらへ【差し答へ・差し応へ】—いらえ 名詞 ❶受け答え。**返答。返事。**

人の話に受け答えをすること
- ❶**返答。返事。**
- ❷（演奏などの）**相手を務めること。**

さもあるまじき人の、差しいらへをも後ろ安くしたるは、うれしきわざなり。〈枕草子・269・万のことよりも〉訳そんな（＝自分のことを気にかけてくれたりする）はずもなさそうな人が、（私への）**受け答え**をも頼もしくし（てくれ）たのは、うれしいことだ。❷（演奏などの）**相手を務めること。合奏。合唱。**「**さらば、ひとりごとはさうざうしきに、差しいらへしたまへかし。**」〈源氏・宿木〉訳「それでは、（私が琵琶を）ひとりで弾くのはもの足りないので、（あなたは箏の琴で）**合奏**なさってくださいよ。」

発展「さし」は接頭語。

さし-い・る【差し入る】 一 動詞 自〔ラ四段〕〈ら・り・る・る・れ・れ〉❶（光が）差し込む。**すだれをいと高う上げたれば、奥まで差し入りたる月に…。**〈枕草子・302・十二月二十四日〉訳すだれをとても高く上げているので、奥まで**差し込ん**だ月の光に…。❷中に入る。**何事やらんと胸うち騒ぎ、車より降り、門のうちに差し入って見たまへば…。**〈平家・2・西光被斬〉訳いったい何だろうと胸騒ぎがして、車から降りて、門の中に**入っ**てご覧になると…。〇「差し入っ」は連用形「差し入り」の促音便。二 動詞 他〔ラ下二段〕〈れ・れ・る・るる・るれ・れよ〉（中に）入れる。差し込む。**燕の巣に手をさし入れさせて探るに…。**〈竹取・燕の子安貝〉訳（家来に命じて）ツバメの巣（の中）に手を**入れ**させて探（らせ）ると…。

発展 一❶は「射し入る」とも表記する。一❷および二の「さし」は接頭語。

さし-う・く【差し受く】 動詞 他〔カ下二段〕〈け・け・く・くる・くれ・けよ〉受ける。**酒を出だしたれば、さし受けさし受け、よよと飲みぬ。**〈徒然草・87・下部に酒飲まする事は〉訳酒を出したところ、（男は何度も杯を）**受け**てはまた**受け**、ぐいぐいと飲んだ。

発展「さし」は接頭語。

さし-お・く【差し置く・差し措く】 動詞 他〔カ四段〕〈か・き・く・く・け・け〉❶置く。**濃き青鈍の紙なる文つけて、さし置きて往にけり。**〈源氏・葵〉訳（キクの枝に）濃い青鈍（＝藍色）の紙である手紙を付けて、（どこかからの使者が黙って）**置いて**行ってしまった。❷そのままにする。後回しにする。放っておく。「**大和撫子をばさしおきて、まづ『塵をだに』**」など、**親の心を取る。**〈源氏・帚木〉訳「大和撫子（＝幼い子供）のことは**後回しにして**、まず、（古歌にあるように）『（床に）塵をさえも（置かないほど通い続けよう）』」などと、母親の機嫌を取る。〇「大和撫子」の「撫子」は「撫でし児」との掛詞でもあり、「可愛い幼児」や「愛しい女性」の意味を表す。

発展「さし」は接頭語。

さし-かく・す【差し隠す】 動詞 他〔サ四段〕〈さ・し・す・す・せ・せ〉（扇や袖などを）かざして顔を隠す。**透き影もやと扇をさし隠すに…。**〈枕草子・184・宮に初めて参りたるころ〉訳透き間などを通して見る姿でも（見えやし）ないかと扇を**かざして顔を隠す**のに…。

発展「さし」は接頭語。

さし-かた・む【差し固む・鎖し固む】 動詞 他〔マ下二段〕〈め・め・む・むる・むれ・めよ〉一【鎖し固む】（門や戸などを）しっかりと閉ざす。**中障子を引けど、例は殊に鎖し固めなどもせぬを、つと鎖して…。**〈源氏・少女〉訳隔ての襖を引くけれど、いつもは特に**しっかりと閉ざし**ていないのに、（今夜は）きちんとかぎをかけて…。二【差し固む】厳重に警戒する。**南部口を差し固め、夷を防ぐと見えたり。**〈奥の細道・平泉〉訳（藤原泰衡一族の旧跡は）南部地方からの入り口を**厳重に警戒し**、★夷（の侵入）を防ぐ（もの）と思われた。

発展 二の「さし」は接頭語。

さし-か・ふ【差し交ふ】—かこう 動詞 他〔ハ下二段〕〈へ・へ・ふ・ふる・ふれ・へよ〉交差させる。重ね合わせる。**鴨すらも妻とたぐひて…白たへの翼さし交へて…。** 歌〈万葉集・15・3625〉訳カモでさえも妻と連れ添って…真っ白な翼を（互いに）**交差させて**…。

さ-じき【桟敷】 名詞 ❶祭りや催し物の見物のために、地面より高くしてある床。❷劇場や相撲小屋などで、土間の左右に一段高く設けた観客席。

ざ-しき【座敷】 名詞 ❶座る場所。座席。また、居場所。**はるかに下がりたる所に座敷しつらうて置かれたり。**〈平家・1・祇王〉訳（以前よりも）ずっと下がった所に、**座**

席を設けて、（そこに）座らされた。❷会合や宴会をする場所。会席。宴席。❸畳を敷き詰めた部屋。特に、客間。
発展 古くは、室内は板張りで、座るのに畳・しとね・円座などを置いたことからいう。❷❸は中世以降のもので、❸は室町時代に書院造りとともに広まっていった。

さし-ぐし【挿し櫛・差し櫛】 名詞 女性が髪飾りとして挿す櫛。

さしくみ-に 副詞 いきなり。前置きなしに。早速。
さしくみに袖ぬらしける山水にすめる心は騒ぎやはする 歌〈源氏・若紫〉訳（あなたが）**いきなり**（涙で）袖をおぬらしになった山の水にも、（ここに）久しく住んでいる私の澄んだ心は、騒ぎ動かされることがあるだろうか、いや、あるはずがない。○「すめ」は「住め」と「澄め」の掛詞。
発展「さしぐみに」とも。

さし-ぐ・む【差し含む】 動詞 自〔マ四段〕〈ま・み・む・む・め・め〉涙ぐむ。（涙が）わいてくる。
「うちも笑まれ、**涙も差しぐみ**…。」〈源氏・帚木〉訳「（よいことには）自然に笑みも浮かび、（悪いことには）涙も**わいてきて**…。」
発展「さしくむ」とも。

さし-こみ【差し込み】 名詞 ❶物を中へ差し入れること。また、そのもの。❷わきから口出しすること。また、入れ知恵をつけること。差し出口。❸別の花飾りなどを、差し込んで取り付けるようにしたかんざし。❹腹や胸が急に激しく痛むこと。

さし-こ・む【差し込む】 一 動詞 自〔マ四段〕〈ま・み・む・む・め・め〉❶込み合う。入りまじる。
女房も**差し込みて臥**したる、人気**にぎはしきに**…。〈源氏・横笛〉訳 女房も**込み合って**寝ているようすは、人気が多くてにぎやかで…。
❷光などが入り込む。
❸胸や腹が激しく痛む。きりきりと痛む。
二 動詞 他〔マ四段〕〈ま・み・む・む・め・め〉❶差し入れる。❷わきから口出しする。
発展 一❶の「さし」は接頭語。一❷は「射し込む」とも書く。

さし-こ・む【鎖し籠む】 動詞 他〔マ下二段〕〈め・め・む・むる・むれ・めよ〉戸や門を閉ざす。また、閉じ込める。
「**さしこめて、守り戦ふべき下組みをしたりとも**…。」〈竹取・かぐや姫の昇天〉訳「（私を）**閉じ込めて**、守り戦うはずの準備をしていても…。」

さし-こも・る【鎖し籠る】 動詞 自〔ラ四段〕〈ら・り・る・る・れ・れ〉入り口を閉ざして閉じこもる。
かしこには、なほ**さしこもりたまへるを**…。〈源氏・夕霧〉訳 あちらでは、（落葉の宮が）依然として**入り口を閉ざして閉じこもって**いらっしゃる状態を…。

さし-す・ぐ【差し過ぐ】 動詞 自〔ガ上二段〕〈ぎ・ぎ・ぐ・ぐる・ぐれ・ぎよ〉❶程度を越える。出過ぎる。度を超える。
「足らず、また**差し過ぎたることなくものしたまひけるかな**。」と…。〈源氏・帚木〉訳「（藤壺は）足りないところも、また**出過ぎ**たところもなくていらっしゃったことだなあ。」と…。
❷通り過ぎる。
佐野の松原差し過ぎて…。〈平家・10・熊野参詣〉訳 佐野の松原を**通り過ぎ**て…。
発展「さし」は接頭語。

さし-すぐ・す【差し過ぐす】 動詞 ↓さしすぐ❶

さし-そ・ふ【差し添ふ】 一 動詞 自〔ハ四段〕〈は・ひ・ふ・ふ・へ・へ〉加わる。付き加わる。
大将は、北の御方の御別れに、この御嘆きさしそひて、御心中おしはかるべし。〈日光山縁起〉訳 大将は、奥方さまとのお別れ（＝奥方さまに先立たれたこと）に、このお悲しみが**加わって**、そのご心中を思いやってほしい。
発展「さし」は接頭語。

さし-たる 連体詞 ❶（打消の語を伴って）さほどの。たいした。これというほどの。類 させる
さしたることなくて、人のがり行くは、よからぬことなり。〈徒然草・170・さしたることなくて〉訳 **たいした**用事もないのに、人のもとへ行くのは、適切でないことである。
❷心に決めた。大事な。格別な。
「**さしたることなん言はんと思ふ**。今のほど、時かはさず来。」〈宇治拾遺〉訳「**大事な**ことを話そうと思う。今のほど、すぐに来い。」
発展 四段動詞「指す」の連用形＋存続の助動詞「たり」の連体形が一語になったもの。

さし-だる【指し樽】 名詞 酒を入れる平たい箱形の樽。上部に突き出た注ぎ口がある。黒い漆塗りで、板の切り口は赤く塗ってある。主に儀式用とした。

［さしだる］
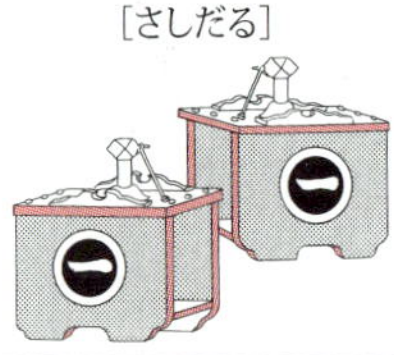

さし-ちが・ふ【刺し違ふ】 動詞 自〔ハ下二段〕〈へ・へ・ふ・ふる・ふれ・へよ〉（互いに刀で）刺し合う。
引っ組んで海に入るもあり、**刺し違へて死ぬるもあり**。〈平家・8・水島合戦〉訳 組み合って海に落ちるのもいるし、**互いに刺し合って**死ぬ者もいる。

さし-ちが・ふ【差し違ふ】 動詞 他〔ハ下二段〕〈へ・へ・ふ・ふる・ふれ・へよ〉互い違いにする。交錯させる。交差させる。
三尺の御几帳一よろひを**差し違へて**…。〈枕草子・278・関白殿、二月二十一日に〉訳 三尺（＝約九〇センチメートル）の几帳（＝仕切りのための家具）一組を**互い違いにして**（置いて）…。

さし-づ【指図】 名詞 ❶設計図。見取り図。図面。また、地図。
指図の入ったる櫃の底に、氷のやうなるつるぎ見えければ…。〈平家・5・咸陽宮〉訳 **地図**の入った木箱の底に、氷のような剣が見えたので…。
❷指示。指定。指揮。命令。
御指図はもれじと、誓言にて申しける。〈西鶴・武家義理物語〉訳 **ご命令**にはそむかないようにしようと、誓いのことばを申し上げた。

さし-つかは・す【差し遣はす】 動詞 他〔サ四段〕〈さ・し・す・す・せ・せ〉派遣する。差し向ける。
李広といふ将軍に仰せて、百万騎を差し遣はす。〈平家・2・蘇武〉訳（漢の昭帝は）李広という将軍に命じて、（胡の国に軍勢）百万騎を**差し向ける**。
発展「さし」は接頭語。

さし-つぎ【差し次ぎ】 名詞 すぐ次に位する者。その次。二番目。
この宮の御母后の御差し次ぎの中の君は…。〈大鏡・道隆〉訳 この（式部卿の）宮の御母である后（＝定子）の**すぐ次の**（妹である）中の君（＝原子）は…。

さし-つ・く【差し着く】 一 動詞 自〔カ四段〕〈か・き・く・く・け・け〉（棹を差して）舟が岸に着く。舟が着く。

かの岸に差し着きて下りたまふに…。〈源氏・浮舟〉訳向こうの岸に舟が着いて（匂宮が）お降りになるときに…。

二 動詞 他〔カ下二段〕〈け・け・く・くる・くれ・けよ〉（棹を差して）舟を岸に着ける。舟を着ける。

岸に差し着くる程、見れば…。〈源氏・澪標〉訳岸に舟を着ける時分に、（ふとその岸辺を）見ると…。

さし-つ・く【差し付く】 動詞 他〔カ下二段〕〈け・け・く・くる・くれ・けよ〉付ける。押し当てる。突き付ける。

人よりよくて着たるを、紙燭さし付け焼き…。〈枕草子・108・方弘は〉訳人よりも立派なのを着ているが、（それに）紙燭（＝照明具の一種）を付けて焦がし…。

発展「さし」は接頭語。

さし-つど・ふ【差し集ふ】 動詞 自〔ハ四段〕〈は・ひ・ふ・ふ・へ・へ〉寄り集まる。寄り合う。

奥寄りて、三四人さし集ひて、絵など見るもあめり。〈枕草子・184・宮に初めて参りたるころ〉訳（部屋の）奥の方に寄って（＝下がって）、三、四人（の女房）が寄り集まって、絵などを見る者もいるように見える。

発展「さし」は接頭語。

さしつめ-ひきつめ【差し詰め引き詰め】 矢を次々に弦につがえて。弓を射るようすをいう。

あそこここに追っかけ追っかけさしつめひきつめさんざんに射ければ…。〈平家・5・奈良炎上〉訳あちらこちらに追いかけ追いかけ矢を次々に弦につがえて激しく射たので…。

さし-て 副詞 ❶（打消の語を伴い）これといって。大して。格別に。

さして異なることなき夜…。〈徒然草・191・夜に入りて〉訳これといって特別なこともない夜に…。

❷特に。はっきりこれと。とりわけ。

「**鎌倉殿にさして申すべき大事ども候ふ。**」〈平家・12・泊瀬六代〉訳「鎌倉殿（＝頼朝）に特に申し上げなければならない重要なことがいくつもございます。」

発展 四段動詞「指す」の連用形＋接続助詞「て」が一語になったもの。

さ-しながら【然しながら】 副詞 ➜さながら 最重要語（595ページ）

さし-なは【差し縄】 名詞 ❶ウマの口に付けて引くための縄。❷罪人を捕らえて縛るための縄。

さし-ぬき【指貫】 名詞 袴の一種。裾の周りにひもを指し貫いておき、着るときに裾をくくって足首にしばるもの。➜衣冠・直衣（図）

[さしぬき]

発展 布袴・衣冠・直衣・狩衣などを着るときに着用した。本来は狩猟用だったが、平安時代には貴族の平常服として用いられた。布地の種類、色、紋様は、年齢や身分によって異なる。

さしぬきを足でぬぐ夜や朧月 句

〈蕪村句集・与謝蕪村〉訳春の夜更け、美しげな公達がけだるそうに横になってさしぬきを足で脱いでいる。空には朧月がぼんやりかかっている。○季語 朧月―春。「さしぬき」は普段着の袴。

発展 若い貴族のもの憂げな動作と、春の夜のけだるさを取り合わせる。王朝時代に思いを寄せた幻想的な句。

さし-の・く【差し除く・差し退く】 一 動詞 自〔カ四段〕〈か・き・く・く・け・け〉❶退く。離れる。引き下がる。

さしのきて、そばみて居ぬ。〈今昔〉訳（女は大臣から）離れて、横を向いて座った。

❷関係が薄くなる。縁が遠くなる。

「**うちさしのきたる人にもおはしまさず。**」〈宇治拾遺〉訳「（僧正様はご主人様と）縁が遠くなった人でもいらっしゃらない。」

二 動詞 他〔カ下二段〕〈け・け・く・くる・くれ・けよ〉退かせる。立ち退かせる。取り除く。

雑々の人なき隙を思ひ定めて、皆さしのけさする中に…。〈源氏・葵〉訳従者たちのいない（牛車の）透き間を見つけて、みな立ち退かせるようにさせる中に…。

発展「さし」は接頭語。

さし-のぞ・く【差し覗く】 一 動詞 他〔カ四段〕〈か・き・く・く・け・け〉のぞいて見る。物陰からようすをうかがう。

さしのぞきて見れば、この家の女なり。〈大和・103〉訳（物陰から）のぞいて見ると、例の家の女である。

二 動詞 自〔カ四段〕〈か・き・く・く・け・け〉訪れる。顔を出す。

そぼれ合へるに、大臣の君さしのぞきたまへれば…。〈源氏・初音〉訳（女房たちが）戯れ合っているところに、大臣の君（＝源氏）が顔を出しなさったので…。

発展「さし」は接頭語。二を他動詞とする考え方もある。

さし-は【翳】 名詞 儀式などで、顔が見えないようにするために、従者が貴人の顔にかざす、柄の長いうちわ状のもの。鳥の羽や薄絹で作る。

[さしは]

さし-はさ・む【差し挟む・差し挿む】 動詞 他〔マ四段〕〈ま・み・む・む・め・め〉❶間に入れる。挟む。差し込む。

えよくも隠したまはで、御褥の下に差し挟みたまひつ。〈源氏・若菜下〉訳（女三の宮は手紙を）うまく隠すこともおできにならないで、お敷物の下に差し込みなさってしまった。

❷心に含む。心に持つ。

野心をさしはさまざるむね…。〈平家・11・腰越〉訳野心を心に持たないという趣旨を…。

発展 ❷の「さし」は接頭語。

さし-はな・つ【差し放つ】 動詞 他〔タ四段〕〈た・ち・つ・つ・て・て〉放っておく。遠ざける。相手にしない。

いみじき武士、仇敵なりとも、見てはうち笑まれぬべきさまのしたまへれば、えさし放ちたまはず。〈源氏・桐壺〉訳恐ろしい武士や、憎い敵であっても、見るとついほほえんでしまいそうなようすをしていらっしゃるので、（弘徽殿の女御も若宮の源氏を）遠ざけることがおできにならない。

発展「さし」は接頭語。

さし-はな・る【差し離る】 動詞 自〔ラ下二段〕〈れ・れ・る・るる・るれ・れよ〉距離が遠くなる。遠ざかる。

御容貌は、さし離れて見しよりも、清らにて…。〈源氏・若紫〉訳（紫の上の）お顔立ちは、遠ざかって見たときよりも、上品で美しく…。

発展「さし」は接頭語。

さし-は・ふ【指し延ふ】 動詞 自〔ハ下二段〕〈へ・へ・ふ・ふる・ふれ・へよ〉わざわざ…する。それと目指してする。類ふりはふ

さしはへたる御文にはあらで、畳紙に手習ひのやうに

書きすさびたまふ。〈源氏・空蟬〉訳（源氏は）わざわざ書いたお手紙ではなく、ふところ紙に手習いをするようにお書き散らしになる。

さし-ま・す 動詞 他 〔サ四段〕〈さ・し・す・す・せ・せ〉（「為す」の尊敬語で）なさる。おやりになる。

「芸能をならひ、商売を**さしませ**かし。」〈浮世物語〉訳「技芸を習い、商売を**なさい**よ。」

さします 助動詞 〔特殊型〕〈さしませ（い）・さしまし・さします・さします・さしませ・さしませ〉（尊敬を表し）…なさる。接続 四段・ナ変・ラ変以外の動詞の未然形に付く。

「なうなう、これのは、内に居**さします**か。」〈狂言・花子〉訳「もしもし、おまえさんは、内にい**なさる**か。」

発展「させおはします」が変化した「させます」がさらに変化したもの。室町時代に現れ、江戸中期には衰退した。

さし-むか・ふ【差し向かふ】 動詞 自 〔八四段〕〈は・ひ・ふ・ふ・へ・へ〉向かい合う。対座する。

冬、狭き所にて、火にて物煎りなどして、隔てなきどち**さし向かひ**て、多く飲みたる、いとをかし。〈徒然草・175〉訳冬、狭い所で、火で何か煎ったりして、心に隔てのない者同士が**向かい合っ**て、たくさん（酒を）飲んでいるのは、とてもおもしろい。

発展「さし」は接頭語。

さしめ 尊敬の助動詞**さしも**の命令形。

さ-しも 副詞 ❶（打消の語や反語表現を伴って）それほど。大して。

例は**さしも**さるもの目近からぬ所に、もて騒ぎたるこそをかしけれ。〈枕草子・3・正月一日は〉訳ふだんは**それほど**そのようなもの（＝若菜）は見慣れない所（＝宮中）で、大騒ぎして（もてはやして）いるのがおもしろい。

❷あれほど。そんなにも。

「見えたる事もなうて、いかが頸をば斬るべき。**さしも**奉公の者であるものを。」〈平家・11・壇浦合戦〉訳「はっきりした証拠もなくて、どうして首を切ってよいものか。**あれほど**職務に忠実に励んでいる者であるのに。」

発展 副詞「さ」に副助詞「しも」が付いて一語になったもの。

さしも 助動詞 〔特殊型〕〈さしも・さしも・さしも・さしも・○・さしめ〉（尊敬を表し）…なさる。…くださる。接続 四段・ナ変以外の動詞の未然形に付く。

「なうなう、この太刀を持ってくれ**さしめ**。」〈狂言・粟田口〉訳「もしもし、この太刀を持ってやり**なされ**。」

発展「させたまふ」から「さしたまふ」→「さしまふ」→「さしもう」→「さしも」と変化したことばで、中世末期を中心に用いられた。

さしも-ぐさ【さしも草】 名詞《植物》ヨモギの別の呼び名。季語 春 発展「させもぐさ」とも。葉は干して灸に用い、若葉は草もちに入れる。

さ-しも-な・し【然しも無し】 ❶そうでもない。

夜鳴くもの、何も何もめでたし。児どものみぞ**さしもなき**。〈枕草子・41・鳥は〉訳夜に鳴くものは、何もかもすべてすばらしい。（ただ）赤ん坊ら（の夜泣き）だけは**そうでもない**。

❷たいしたこともない。取るに足りない。

さしもなき平城にこもりて…。〈太平記〉訳**たいしたこともない**平地に築いた城にこもって…。

発展 副詞「さ」＋副助詞「しも」＋補助形容詞「なし」。

さし-もの 名詞 一【差し物・指し物】❶戦場で目印とした旗や飾り物。鎧の背に差したり、従者に持たせたりした。❷箱・机・たんすなど、木を組み合わせて作った器具。

二【挿し物】女性が髪にさす飾り。櫛・かんざしなど。

さしも-やは【然しもやは】 連語（反語を表し）そんなにも…か（いや、そんなことはない）。

蘆間行くみなとの小舟**さしもやは**通ひし道のさはりはつべき 歌〈続古今集・1329〉訳アシの生えるそのすき間を進む、港の小舟が小回りがきくように、あなたもその気になれば来られるのだから、**そんなにも**通って来た道が障害となってしまうの**か**、いや、そんなわけはない。

さし-や【差し矢】 名詞 ❶矢の一種。矢柄の根を木で作ったもの。通し矢に用いた。❷近距離の目標に向け、まっすぐに射ること。また、やつぎばやに射ること。

さし-や・る【差し遣る】 動詞 他 〔ラ四段〕〈ら・り・る・る・れ・れ〉❶押しやる。差し出す。

広げながら、尼君に**差し遣り**たまへれば…。〈源氏・夢浮橋〉訳（浮舟は手紙を）広げたまま、尼君（の方）に**押しやり**なさるので…。

❷棹を差して船を進める。

遊びに心入れたる君たち誘ひて、**差し遣り**たまふ程…。〈源氏・椎本〉訳（薫が）管絃の遊びに熱心な貴公子方を誘って、**棹を差して船を進め**なさる間…。

さしゃる 一 助動詞 〔下二段型〕〈さしゃれ・○・さしゃる・○・○・さしゃれい〉（尊敬の意味を表し）…なさる。接続 四段・ナ変以外の動詞の未然形に付く。

二 助動詞 〔四段型〕〈さしゃら・さしゃり（さしゃっ）・さしゃる・さしゃる・さしゃれ・さしゃれ（さしゃい）〉 一 に同じ。

発展「させらる」が変化したもの。「さっしゃる」とも。活用は下二段型であったが、後に四段型の用例が多くなる。

さしゃん・す 動詞 他 〔サ特殊活用〕〈せ・し・す・す・すれ・せ〉《近世語》（「為す」の尊敬・丁寧語で）なさいます。

「ああ怪我**さしゃんす**な。」〈近松・女殺油地獄〉訳「ああ怪我を**なさいます**な。」

さしゃんす 助動詞 〔特殊型〕〈さしゃんせ・さしゃんし・さしゃんす・さしゃんす・さしゃんすれ・さしゃんせ〉《近世語》（尊敬・丁寧を表し）…なさいます。接続 四段・ナ変以外の動詞の未然形に付く。

「なう旦那殿、起き**さしゃんせ**。」〈近松・心中天の網島〉訳「もし旦那様、お起き**なさいませ**。」

発展 尊敬の助動詞「さしゃる」の連用形に丁寧の助動詞「ます」が付いた「さしゃります」が変化したもの。

佐州 旧国名 ↓佐渡

さし-よ・す【差し寄す】 動詞 他 〔サ下二段〕〈せ・せ・す・する・すれ・せよ〉寄せる。近づける。

さし寄せて、四人ばかり乗りて行く。〈枕草子・99・五月の御精進のほど〉訳（車を建物に）**寄せ**て、四人ほど乗って出かける。

発展「さし」は接頭語。

さし-よ・る【差し寄る】 動詞 自 〔ラ四段〕〈ら・り・る・る・れ・れ〉そばへ寄る。近づく。

さし寄りて、据ゑ直して往にければ…。〈徒然草・236〉訳（背中を向け合っている獅子と狛犬の所へ）**近づい**て、（元のように）置き直して行ってしまったので…。

発展「さし」は接頭語。

さし-わ・く【差し分く】 一 動詞 他 〔カ四段〕〈か・き・く・く・け・け〉区別する。特別に扱う。格別にする。

杯など、常の作法よりも**差し分か**せたまひて、ことに禄など賜はす。〈源氏・幻〉訳酒宴などを、普段のしきたりよりも**格別に行い**なさって、特別に禄（＝祝儀）を下さる。

二 動詞 他 〔カ下二段〕〈け・け・く・くる・くれ・けよ〉❶ 一 の意味に同

じ。

❷分ける。分割する。名越越前守を大将として、その勢三千余騎をさし分けて…〈太平記〉訳名越越前守を大将にして、その軍勢三千余騎を分割して…。
発展「さし」は接頭語。

さし-わた・す【差し渡す】 一 動詞 自〔サ四段〕〈さ・し・す・す・せ・せ〉《近世語》差し向かう。直接向かい合う。面と向かう。返しもなくて、ある時差し渡して…〈西鶴・好色一代男〉訳（思いを伝えた手紙の）返事もなくて、ある時面と向かって（口説くと）…。
二 動詞 他〔サ四段〕〈さ・し・す・す・せ・せ〉一方から向こうまでかけ渡す。さしかける。「わが国に七つ三つ作り据ゑたる酒壺に、差し渡したる直柄のひさごの…」〈更級日記・竹芝寺〉訳「私の故郷で（あちらこちらに）七つ三つと作って置いてある酒壺に、（浮かべて）さしかけてある直柄のひさご（＝ヒョウタンを縦に二つ割りして作った器）が…。」

さし-わた・る【差し渡る】 動詞 自〔ラ四段〕〈ら・り・る・る・れ・れ〉棹をさして舟で渡る。明け暮れ見出だす小さき舟に乗りたまひて、差し渡りたまふほど…〈源氏・浮舟〉訳（浮舟は）朝晩見やっている小さな舟にお乗りになって、（向こう岸に）棹をさして渡りなさる間…。

-さ・す ↓基本助動詞20（586ページ）

-さ・す 接尾語（動詞の連用形に付いて）…しかけてやめる、…しかける、最後まで…しないでやめる、という意味を表す。語例 言ひさす・開けさす 発展 動詞（サ四段）化する。

さ・す【射す・差す】 一 動詞 自〔サ四段〕〈さ・し・す・す・せ・せ〉❶（光が）照る。
❷（草木の芽が）出る。（枝が）伸びる。わが宿に百枝さし生ふる橘… 歌〈万葉集・8・1507〉訳私の家（の庭）にたくさんの枝が伸びて茂っているタチバナは…。
❸（雲が）わく。（潮が）満ちる。和歌の浦に月の出で潮のさすままに夜鳴く鶴の声ぞ悲しき 歌〈新古今集・雑上・1556〉訳和歌の浦に月が出、潮が満ちてくるにつれ、夜鳴くツルの声が悲しげに聞こえる。
二 動詞 他〔サ四段〕〈さ・し・す・す・せ・せ〉一【指す・差す】❶指示する。指定する。日を指さぬことなれば…〈徒然草・188・ある者、子を法師に〉訳日を指定しないことであるので…。
❷目指す。その津を指して君がこぎ行かば 歌〈万葉集・9・1780〉訳あの湊を目指してあなたが（船を）漕いで行ったら。
❸指名する。任命する。火焚き屋の火たく衛士に指したてまつりたりけるに…。〈更級日記・竹芝寺〉訳（国司が男を）★火焚き屋の火を燃やす衛士（＝宮中の警備兵）として（朝廷に）ご指名申し上げたところ…。
❹掲げる。かざす。庵の前に傘を差して…。〈更級日記・足柄山〉訳庵の前に傘をかざして…。
❺設ける。設置する。東に三尺余りの庇をさして、柴折りくぶるよすがとす。〈方丈記・境涯〉訳（庵の）東側に三尺あまりの庇を設けて、柴を折ってくべる（＝炊事をする）都合のよいようにする。
二【刺す・挿す】❶（刀などを）突き入れる。差し込む。敵押さへてとどめを刺してぞ捨てたりける。〈太平記〉訳敵が（朝範の身体を）押さえつけてとどめ（の刀）を突き入れて捨てておいた。
❷（舟を進めるために棹で水底を）突く。
❸（身に）つける。（髪などに）差し込む。桃の花をかざしに挿させ…。〈枕草子・9・上にさぶらふ御猫は〉訳モモの花をかんざしとして（髪に）差し込ませ…。

さす　基本助動詞20

他の人に、動作をさせること（使役）を表す

❶（使役を表し）…させる。…せる。
❷（尊敬を表し）お…になる。◉「～させおはします」「～させたまふ」などの形で用いられる。
❸（受身を表し）…られる。◉中世以降の用法。軍記物語に見られる。

助動詞〔下二段型〕接続 四段・ナ変・ラ変以外の動詞の未然形に付く。

未然形	連用形	終止形	連体形	已然形	命令形
させ	させ	さす	さする	さすれ	させよ

❶（使役を表し）…させる。…せる。↓古語チャート㊷（1191ページ）
「この十五日は、人々賜はりて、月の都の人まうで来ば、捕らへさせむ。」と申す。〈竹取・かぐや姫の昇天〉訳（竹取の翁は）「この十五日には、（朝廷から警護の）人々をお遣わしいただいて、月の都の人がやって参りましたら、つかまえさせたい。」と（帝の使者に）申し上げる。〇下二段動詞「捕らふ」の未然形に付いている例。「つかまえさせる」という動作の使役の対象者は警護の人々である。
❷（「～させおはします」「～させたまふ」などの形で、尊敬を表し）お…になる。…なさる。…あそばす。↓させ御座します・させ給ふ・古語チャート❼（273ページ）
御年六十二にて失せさせおはしましけるを…。〈大鏡・冷泉院〉訳（冷泉院は）お年六十二歳でお亡くなりになったが…。〇下二段動詞「失す」の未然形に付いている例。「亡くなる」ことについては使役の対象となる者は考えられないので、この場合の「さす」は尊敬である。下に尊敬の補助動詞「おはします」が付いて★最高敬語になる。
新院の降りさせたまひての春、詠ませたまひけるとかや。〈徒然草・27・御国ゆづりの節会〉訳新院（＝花園上皇）が（天皇の）位をお退きになって（その年）の春、お詠みになった歌とかいうことだ。〇上二段動詞「降る」の未然形に付いている例。「新院」が主語で、使役の対象者が記されていないので、この「さす」は尊敬である。下に尊敬の補助動詞「たまふ」が付いて最高敬語になる。「詠ませたまふ」の「せたまふ」もやはり最高敬語で、この「せ」は尊敬の助動詞「す」の連用形である。↓類語比較
❸《中世以降》（受身を表し）…られる。首藤九郎、よっ引いて放つ矢に、胸板射させて落ちにけり。〈保元〉訳首藤九郎は、十分に引き絞って射る矢に、（鎧の）胸板を射当てられて（ウマから）落ちてしまっ

たのだった。○上一段動詞「射る」の未然形に付いた例。

発展 ①**❶と❷の見分け方**　もともとは❶の使役の意味。❷は、身分の高い人は物事を自分ではしないで、人を使ってさせることが多いところから、使役が尊敬の意味に変化したもの。❶と❷の違いは、使役の対象者がいるかいないかで判断できる。使役の対象者が想定できる場合は❶、使役の対象者が考えられない場合は❷である。

②**❸は武士の心意気**　❸は中世の軍記物語に多く見られる特殊な用法で、相手に「…させてやった」という武士の心意気から、受身の意味になったもの。

③**「聞こえさす」**　申し上げるという意味の謙譲語「聞こゆ」に「さす」が付いた「聞こえさす」は、「聞こゆ」の謙譲の意味を強めた表現であり、全体で一語の動詞として扱われる。→聞こえさす

類語比較「さす」「す」「しむ」

共通点＝もともとは使役の意味を表し、尊敬や謙譲の意味を強める用法も持つ。

さす＝①中古以降に用いられるようになった。②和文で用いられた。③四段・ナ変・ラ変以外の動詞の未然形（語尾はイ・エ・オ段音）に付く。④中世には「さする」となり、現代では「させる」の形で使役の意味だけが残っている。⑤現代語「させる」の接続の特徴は古語「さす」と似て、五段・サ変以外に付く。これは、「られる」（古語は自発・受身・可能・尊敬の助動詞「らる」）の場合と同様である。

す＝①中古以降に用いられるようになった。②和文で用いられた。③四段・ナ変・ラ変動詞の未然形（語尾はみなア段音）に付く。④中世には「する」となり、現代では「せる」の形で使役の意味だけが残っている。⑤現代語「せる」の接続の特徴は古語「す」と似て、五段・サ変に付く。これは、「れる」（古語は自発・受身・可能・尊敬の助動詞「る」）の場合と同様である。

しむ＝①上代では「しむ」だけが使役の意味で用いられた。②中古では、漢文訓読文や、男性の会話文などに用いられ、尊敬を表す「しめたまふ」という形もあった。③中世には「しむる」となり、現代でも、改まった表現の際、「しめる」の形で使役の意味の用例を見ることがある。

さすが【遉・流石】

予想どおりだという判断を表す

- [逆接的]
  - ❶（一見ふさわしくないが、心情や常識に照らすと理解できるという気持ちを表し）**そうはいってもやはり。**
  - ❷（予想や常識を超えたことだという気持ちを表し）**いくらなんでも。**
- [順接的]
  - ❸（予想どおりであるという気持ちを表し）**当然とはいえやはり。**
  - ❹（期待に背かないようすを確認する気持ちを表し）**いかにも。なんといっても。**

副詞 ❶（一見ふさわしくないと思われることでも、心情や常識に照らして考えると理解できるという気持ちを表し）**そうはいってもやはり。**

「これや我が求むる山ならむ、と思ひて、**さすがに**恐ろしく覚えて…。」〈竹取・蓬莱の玉の枝〉訳「これが私が探し求める山なのではないだろうか、と思って（うれしいものの）、**そうはいってもやはり**恐ろしいと感じられて…。」

「いみじくそしりつぶやき申したまひけれど、**さすが**ゆかしかりければ、参りて、心の内にぞ腹立ちゐたまへりける。」〈源氏・宿木〉訳（按察大納言は）ひどくぶつぶつと悪口を申し上げていらっしゃったけれど、**そうはいってもやはり**（フジの花の宴会を）見たいと思ったので、参上して、内心腹を立てて座っていらっしゃったのだった。

❷（予想や常識を超えたことだという気持ちを表し）**いくらなんでも。どうしたって。**

「世の滅することなんどいふことは、**さすが**今日明日とは思はず。」〈平家・12・大地震〉訳「世界が滅亡することなどという事態は、**いくらなんでも**今日明日とは思わない。」

「夜討ちなどいふことは、十騎二十騎の私軍などのことなり。**さすがに**主上・上皇の国争ひに夜討ちなんどしかるべからず。」〈保元〉訳「夜討ちなどということは、十騎や二十騎での個人的な戦いなどでのことだ。**いくらなんでも**天皇や、上皇の国をかけた戦いに夜討ちなどは適当でない。」

❸（物事の成立が予想どおりであるという気持ちを表し）**当然とはいえやはり。**

鳴くに、いとようまねび似せて、木高き木どもの中に、諸声に鳴きたるこそ、**さすがに**をかしけれ。〈枕草子・41・鳥は〉訳（ホトトギスが）鳴くと、（ウグイスがそれに）たいへん上手に習い似せて、高い木々の中で、（両者が）声を合わせて鳴いているのは、**当然とはいえやはり**風情がある。

さすが名残の惜しければ、出でやりたまはざりけるを…心ならず乗りたまふ。〈保元〉訳（源為義は子の義朝との別れが）**当然とはいえやはり**名残惜しいので、出発してしまうことがおできにならなかったのだが…納得しないまま（車に）お乗りになる。

❹（物事が予想どおりで期待に背かないようすを確認する気持ちを表し）**いかにも。なんといっても。**

「**さすがに**口疾くなどはべりき。」〈源氏・帚木〉訳「（学者風の女は返歌も）**いかにも**素早くはございました。」

「我らは**さすが**東国では皆人に知られて、名ある者でこそあれ。吉に付いてあなたへ参り、こなたへ参らうことも見苦しかるべし。」〈平家・7・篠原合戦〉訳「私たちは**なんといっても**東国ではすべての人に知られて、名高い者であるのだ。有利な方へ付いてあちらへ参上したり、こちらへ参上したりするようなこともみっともないに違いない。」

発展 ①**「さすがに」と「さすが」**　「さすがに」の形でも用いる（❶・❸・❹の第一例、❷の第二例）。「さすが」は、「さすがに」の「に」を省略した形で、中世にいっそう発達した。

②**評価を表す副詞**　「さすが・さすがに」は、もともとの形容動詞の「～（が）さすがなり」という判断の形式を逆転して、「さすが（に）～」のようにしたもので、ある物事に対する話し手の主観的な評価を表す副詞である。

③**現代語とのつながり**　❹の、予想どおりで納得する意味は現代語に残っている。「流石」は、中世以降の当て字。

す ㊁【注す・点す】❶混ぜる。注ぎ込む。また、加える。つぎ足す。

紫は灰さすものぞ海石榴市の八十のちまたに逢へる児や誰 歌〈万葉集・12・3101〉訳紫染めにはツバキの灰を**加える**ものだ。(その灰にするツバキの名を持った)椿市(＝今の奈良県桜井市)の別れ道で(今)逢っているあなたは、だれなのか。

❷火をともす。

『**紙燭さして参れ。**』と言へ。〈源氏・夕顔〉訳「(渡り廊下にいる宿直の人を起こして)『紙燭(＝照明具の一種)に**火をともして**参上しろ。』と言え。」

❸色を付ける。塗り付ける。

さ・す【鎖す】 動詞 他〔サ四段〕〈さ・し・す・す・せ・せ〉かぎをかける。閉ざす。

門立てて戸はさしたれど盗人の掘れる穴より入りて見えけむ 歌〈万葉集・12・3118〉訳門も閉め、戸も**閉ざし**てあったが、(私は)盗人の掘った穴から入って(あなたに)会ったのだろう。

ざ-す【座主】 名詞 寺を統括する最も高い位の僧。延暦寺・醍醐寺・法性寺などに置かれた。江戸時代まで、勅旨によって任命された。

ざ・す【座す・坐す】 動詞 自〔サ変〕〈せ・し・す・する・すれ・せよ〉座る。

縄床に座せば、覚えずして禅定成るべし。〈徒然草・157・筆を執れば物書かれ〉訳(座禅用の)縄を張った椅子に**座る**ならば、知らず知らずに心の統一による悟りに達するに違いない。

さす-が【刺鉄】 名詞 鐙を留める金具。↓鐙(図)

さすが【遉・流石】 副詞 ↓**最重要語**(587ページ)

さすが・なり【遉なり・流石なり】 形容動詞 ↓**最重要語**(589ページ)

さすたけ-の【刺す竹の】 枕詞 (勢いよく茂る竹のようなという意味から)「君」「大宮人」「皇子」「舎人男」などに係る。発展「さすだけの」とも。

さす-また【刺す股】 名詞 江戸時代、罪人を捕らえるのに用いた道具のひとつ。木の柄の先に、二またに分かれた鉄の金具を付けたもの。これでのどを押さえた。

[さすまた]

❷**さすらは+□** 「**さすらふ**【流離ふ】㊀(ハ行四段)」の未然形。

❷**さすらひ+□** 「**さすらふ**【流離ふ】㊀(ハ行四段)」の連用形。

さすら・ふ【流離ふ】 ㊀ 動詞 自〔ハ四段〕〈は・ひ・ふ・ふ・へ・へ〉さまよい歩く。漂泊する。放浪する。

「**心の外に、あるまじきさまにさすらふたぐひだにこそ多くはべるめれ。**」〈源氏・総角〉訳「思い通りにならず、とんでもない姿で**漂泊する**人だって多いようでございます。」

㊁ 動詞 自〔ハ下二段〕〈へ・へ・ふ・ふる・ふれ・へよ〉㊀の意味に同じ。

海浜にさすらへ、去年の秋江上の破屋に蜘蛛の古巣をはらひて…。〈奥の細道・発端〉訳(近年は)海辺を**放浪し**、去年の秋川のほとりのあばら家に(旅からもどり)クモの古巣を払いのけて(住み)…。

❷**さすらふ+□** 「**さすらふ**【流離ふ】㊀(ハ行四段)」の終止形・連体形。または、「**さすらふ**【流離ふ】㊁(ハ行下二段)」の終止形。

❷**さすらふる+□** 「**さすらふ**【流離ふ】㊁(ハ行下二段)」の連体形。

❷**さすらふれ+□** 「**さすらふ**【流離ふ】㊁(ハ行下二段)」の已然形。

❷**さすらへ+□** 「**さすらふ**【流離ふ】㊀(ハ行四段)」の已然形・命令形。または、「**さすらふ**【流離ふ】㊁(ハ行下二段)」の未然形・連用形。

❷**さする** 助動詞**さす**の連体形。↓**基本助動詞20**(586ページ)

❷**さすれ** 助動詞**さす**の已然形。↓**基本助動詞20**(586ページ)

❷**させ** 助動詞**さす**の未然形・連用形。↓**基本助動詞20**(586ページ)

さ-せうしゃう【左少将】 名詞 (「左近衛少将」の略で)左近衛府の次官。左近衛中将の下位。対右少将

さ-せうべん【左少弁】 名詞 太政官の事務を取り扱う左弁官局に属した役人。左中弁の下位。対右少弁 ↓弁

させ-おはしま・す【させ御座します】 連語 お…になる。…なさる。

「**上も聞こしめして、興ぜさせおはしましつ。**」〈枕草子・137・五月ばかり〉訳「天皇もお聞きになって、おもしろが**りなさった**。」

発展 尊敬の助動詞「さす」の連用形＋尊敬の補助動詞「おはします」で、★二重敬語。高い尊敬を表す。天皇およびそれに準じる高貴な人について用いるが、会話や消息文ではそれらに限らず比較的自由に用いられる。↓せおはします・古語チャート❼(273ページ)

沙石集【シフ】 作品名 ↓沙石集

させ-たま・ふ【させ給ふ】 連語 ❶(「さす」は使役で)お…(さ)せになる。…(さ)せなさる。

七つになりたまへば、読書始めなどせさせたまひて…。〈源氏・桐壺〉訳(源氏が)七つになられたので、(帝は)読書始めなどを行わ**せなさって**…。

❷(「さす」は尊敬で)お…になる。お…なさる。

峰にてすべきやう教へさせたまふ。〈竹取・かぐや姫の昇天〉訳その山頂でなすべき方法を**お教えになる**。

発展 使役・尊敬の助動詞「さす」の連用形＋尊敬の補助動詞「たまふ」。❷は、★二重敬語で、高い尊敬を表す。主として天皇・皇后・中宮・皇太子・皇太后に関して用いるが、物語などでは登場した主人公に対し、また、会話文・消息文ではそれに限らず比較的自由に用いられる。↓せたまふ

させ-たまへ【させ給へ】(「いざさせたまへ」の形で、丁重に相手を促して)…なさいませ。↓いざさせたまへ 発展 尊敬の助動詞「さす」の連用形＋尊敬の補助動詞「たまふ」の命令形。

させも-ぐさ【させも草】 名詞 ↓さしもぐさ

❷**させよ** 助動詞**さす**の命令形。↓**基本助動詞20**(586ページ)

させ-る

対象となるものの程度を低く見なす ― **これというほどの。たいした。** ◉多く、下に打消の語を伴う。

連体詞 (多く、下に打消の語を伴って)**これというほどの。それほどの。たいした。** 類さしたる

保元の合戦の時、御方にて先を駆けたりしかども、させる賞にもあづからず。〈平家・4・鵺〉訳(源頼

政(は)保元(の乱)の合戦の時、(天皇方の)味方として真っ先に立って戦ったけれども、**これというほどの**恩賞も頂いていない。

発展 **語の成り立ち** 四段動詞「指す」の已然形＋存続の助動詞「り」の連体形が一語になったもの。

させる-こと-な-し【させる事なし】 連語 これというほどのことがない。たいしたことがない。

「**させることなき限りは、聞こえ承らず。**」〈源氏・若菜上〉訳「**これというほどのことがない**うちは、手紙を差し上げないし頂かない。」

○「聞こえうけたまはらず」は★対偶否定法で「聞こえず、うけたまはらず」の意味。

発展 連体詞「させる」＋名詞「こと」＋形容詞「なし」。

さ-せん【左遷】 名詞 動詞 他〔サ変〕〈せ・し・す・する・すれ・せよ〉地位を落とすこと。また、地方へ追いやること。

「**左遷の愁へをやすめて、帰洛の本懐を遂げしめたまへ。**」〈平家・2・康頼祝言〉訳「(島流しとなった)**左遷の悲しみをなくして、京に帰るという希望を遂げさせてください。**」

発展「左へ遷す」という意味。古く中国では左より右を尊んだことから。

さ-ぜん【作善】 名詞《仏教語》善行を積むこと。また、積んだ善行。発展 具体的には、仏像や仏塔の建立、写経、供養などを行うことをいう。

ざ-ぜん【座禅・坐禅】 名詞《仏教語》静かに座って精神の統一を図り、無我の境地になること。特に禅宗では、修行の中心をなす。

さ-ぞ【然ぞ】 一 連語 そのように。

「げに**さぞ**おぼさるらむ。」〈源氏・須磨〉訳「なるほど**そのように**自然とお思いになっているのだろう。」

二 副詞 (推量表現を伴って)さぞかし。きっと。さだめし。

「沖は**さぞ**吹いてさうらふらん。」〈平家・11・逆櫓〉訳「沖は**さぞかし**(風が)吹いておりましょう。」

発展 一は、副詞「さ」＋係助詞「ぞ」。

さすが・なり

【遉なり・流石なり】

予想していたことと相反するようす

❶(そうはいうものの)**やはり、そのままにしてはおけない。やはり、そうもいかない。**

❷**どうかと思われる。感心しない。**

形容動詞〔ナリ〕	未然形	連用形	終止形	連体形	已然形	命令形
	さすが・なら	さすが・なり さすが・に	さすが・なり	さすが・なる	さすが・なれ	さすが・なれ

❶(そうはいうものの)**やはり、そのままにしてはおけない。やはり、そうもいかない。**

人の程の心苦しきに、名の朽ちなむはさすがなり。〈源氏・末摘花〉訳 人(＝末摘花)の境遇が気の毒なうえに、(宮家の出である末摘花の)名前が廃れてしまったりするのは(そうはいっても)**やはり、そのままにしてはおけない。**

御輦車など許されたまひて、女御の御ありさまに異ならぬを思ひ比ぶるに、さすがなる身の程なり。〈源氏・藤裏葉〉訳(紫の上が)★輦車(の乗用)などを許されなさって、女御の(退出の)ごようすと変わるところがないのを(わが身と)思い比べてみると、(なんといっても)**やはり、そうもいかない**自分(＝明石の君)の身分である。

❷**どうかと思われる。感心しない。**

「池の水、影見えて、月だに宿る住み処を過ぎむも**さすがにて、降りはべりぬかし。**」〈源氏・帚木〉訳「池の水に、月影が(映って)見え、月でさえ住む(あなたの)家を(そのまま)通り過ぎたりするのも**どうかと思われて**、(車から)降りてしまいましたよ。」

発展 **語の成り立ち** 指示語の副詞「さ」に、サ変動詞「す」の終止形と助詞「がに」が付いて、まず「さすがに」という副詞が成立した。これは、上代に、同じ意味で「しかすがに」ということばがあったところから、「しか」を「さ」に言い換えたものと考えられるが、その「しかすがに」に代わって中古以降多く用いられるようになった。形容動詞「さすがなり」は、「しかすがに」の「しか」が「さ」に言い換えられるのにあわせて成立したものと見られる。

さぞう (現)→(歴)**さそふ【誘ふ】**

さぞ-な【然ぞな】 ❶本当に。いかにも。

さぞな昔の名残もさすがゆかしくて…。〈平家・6・小督〉訳 **本当に**昔の思い出もなんといってもやはり懐かしくて…。

❷きっと。さぞかし。

袖に吹けさぞな旅寝の夢も見じ思ふかたより通ふ浦風 歌〈新古今集・羇旅・980〉訳(私の)袖に吹いてくれ。**きっと**旅寝の夢も見ないだろうから。(恋しく)思う人のほうから吹き通ってくる海辺の風よ。

発展 副詞「さぞ」＋間投助詞「な」。

さそ-ふ【誘ふ】 動詞 他〔八四段〕〈は・ひ・ふ・ふ・へ・へ〉❶促す。勧誘する。誘う。

中納言の君誘ひきこえたまひて…。〈源氏・宿木〉訳(夕霧は)中納言の君(＝薫)をお**誘い**申し上げなさって…。

❷連れて行く。連れ去る。

「我を『あはれ。』と思さば、おはすらむ所に**誘ひたまへ**。」〈源氏・玉鬘〉訳「私を『ああ、気の毒だ。』とお思いになるなら、(母の夕顔が)いらっしゃると思われる所へ**連れて行ってください**。」

さ-た【沙汰】

選択し、処理すること

❶**評議。裁き。**また、**訴訟。**
❷**処置。始末。**手配。
❸**命令。**指図。
❹**知らせ。**音信。
❺**評判。うわさ。**

未然形	連用形	終止形	連体形	已然形	命令形
さた・せ	さた・し	さた・す	さた・する	さた・すれ	さた・せよ

名詞 動詞 他〔サ変〕❶**評議。裁き。**また、**訴訟。**

御鞠ありけるに、雨降りて後、いまだ庭の乾かざりければ、いかがせんと沙汰ありけるに…。〈徒然草・177・鎌倉中書王にて〉訳(将軍家の御所で)蹴鞠の会があったときに、雨が降った後で、まだ庭が乾かなかったので、どうしたらよいだろうかと**評議**があったときに…。

❷**処置。始末。**手配。
「同じくはかのこと**沙汰し**おきて。」〈徒然草・59・大事を思ひ立たん人は〉訳「同じことならあのことを**始末して**おいてから（出家しよう）。」

❸**命令。**指図。
「世鎮まりさうらひなば、勅撰の御**沙汰**さうらはんずらん。」〈平家・7・忠度都落〉訳「世の中が治まりましたなら、★勅撰のご**命令**がございましょう。」

❹**知らせ。音信。**
「さらんには力なし。」とて、その後**沙汰**もなかりしを…。〈平家・4・競〉訳「そのようなことであるなら仕方がない。」と言って、その後**音信**もなかったけれど…。

❺**評判。うわさ。**
二間口の店借りにて千貫目持ち、都の**沙汰**になりしに…。〈西鶴・日本永代蔵〉訳（藤市という男は）二間（＝約三・六メートル）の間口の店を借りる身で千貫目（もの財産）を持ち、それが京中の**評判**になったが…。

発展 ①**意味の広がり** 「沙」は水中の砂、「汰」は洗い出すという意味で、砂を洗い流して金や穀物などをより分けることをいう。そこから、事の理非・善悪を論じ定めることを表す❶、うまく選別して処置する❷の意味が生じた。

②**語の歴史** 中古の和文にはほとんど見られず、漢文体の公文書で多く使われ、中世以降、一般的なことばとなった。

さだ 名詞 時。機会。また、特に、人生の盛り。壮年期。↓さだ過ぐ
年はやや**さだ過ぎ**行くに…。〈更級日記・夫の死〉訳 年は次第に**人生の盛り**を過ぎてゆくので…。

さ-だいしゃう【左大将】 名詞（「左近衛大将」の略で）左近衛府の長官。多くは、大臣や大納言が兼任する。対 右大将

さ-だいじん【左大臣】 名詞 太政官の長官で、太政大臣の下位、右大臣の上位。太政大臣は政務に関係しないので、実際にはすべての政務を担当した。類 左府・一の上 対 右大臣 発展「ひだりのおとど」「ひだりのおほいまうちぎみ」とも。

さ-だいべん【左大弁】 名詞 太政官の事務を取り扱う左弁官局の長官。中務・式部・治部・民部の四省を管轄する。対 右大弁 ↓弁

さだ-か・なり【定かなり】

はっきりと定まっているよう ― **はっきりしている。確かである。**

未然形	連用形	終止形	連体形	已然形	命令形
さだか・なら	さだか・なり さだか・に	さだか・なり	さだか・なる	さだか・なれ	さだか・なれ

形容動詞〔ナリ〕**はっきりしている。確かである。**
うばたまの闇の現は**定かなる**夢にいくらも勝らざりけり 歌〈古今集・恋3・647〉訳 暗闇の中での（あなたに逢ったという）現実は、**はっきりした**夢（の中であなたに逢うこと）に（比べて）たいして勝っていなかったのだなあ。〇「うばたまの」は「闇」に係る枕詞。
家の端の庭に、阿弥陀仏立ちたまへり。**さだかに**は見えたまはず、霧一重隔たれるやうに、透きて見えたまふを、せめて絶え間に見たてまつれば…。〈更級日記・後の頼み〉訳 家の軒先の庭に、阿弥陀仏がお立ちになっている。**はっきりと**は（そのお姿が）お見えにならないで、霧が一重（かかって）、間を遮られているように、透けてお見えになるのを、なおも（霧の）切れ間に見申し上げると…。

さだ-す・ぐ【さだ過ぐ】 動詞 自〔ガ上二段〕〈ぎ・ぎ・ぐ・ぐる・ぐれ・ぎよ〉適切な時期が過ぎる。遅れる。好機が過ぎる。
沖つ波辺波の来寄る左太の浦のこの**さだ過ぎて**後恋ひむかも 歌〈万葉集・11・2732〉訳 沖の波や岸辺の波が寄せる左太の浦のこの**好機が過ぎて**（その）後に恋しく思うだろうなあ。

さ-だ・たり【蹉跎たり】 形容動詞〔タリ〕〈たら・たり（と）・たり・たる・たれ・たれ〉つまずいてよろける。思うようにいかない。
わが生、すでに**さだたり**。〈徒然草・112・明日は遠国へ〉訳 自分の一生は、もうすでに**思うようにはいかない**。

さた-なし【沙汰無し】 とりやめ。中止。また、問題にしないこと。問題外。
分別変はりて、夜抜けの事は**沙汰なし**にして…。〈西鶴・織留〉訳 考えが変わって、夜逃げのことは**とりやめ**にして…。

さ-だに【然だに】 連語 ❶（仮定表現を伴って）そのことさえ。
一度こそあやまちて倒れめ。**さだに**知り得なむには…。〈今昔〉訳 一度くらいは誤って倒れることもあろう。（しかし）**そのことさえ**知ることができたとしたら…。
❷（希望表現を伴って）せめてそのようにでも。
「**さだに**あらせたまへ。」〈堤中納言・はいずみ〉訳「**せめてそのようにでも**（娘を妻としてあなたの家に）いさせてください。」
発展 副詞「さ」＋副助詞「だに」。

さた-の-かぎり【沙汰の限り】 道理を逸脱している。言語道断。もってのほか。

さだま・る【定まる】 動詞 自〔ラ四段〕〈ら・り・る・る・れ・れ〉❶決まる。決定する。
「受領の妻にて品**定まり**ておはしまさむよ。」〈源氏・玉鬘〉訳「★受領の妻として身分がお**決まり**になっていらっしゃるのだろうな。」
❷安定する。落ち着く。
この京は人の家まだ**定まら**ざりける時に…。〈伊勢・2〉訳 この京は人家がまだ**安定し**なかったときに…。
❸型にはまる。慣例となる。
御産のとき甑落とす事は、**定まれる**事にはあらず。〈徒然草・61・御産のとき〉訳（高貴な方の）お産のときに甑（＝せいろのような蒸し器）を（屋根から）落とすということは、**慣例となっている**ことではない。

さだ・む【定む】

公共的なことを正式に決定する ― ❶**決定する。**決める。❷**平定する。**治める。❸**評議する。**相談する。

未然形	連用形	終止形	連体形	已然形	命令形
さだ・め	さだ・め	さだ・む	さだ・むる	さだ・むれ	さだ・めよ

動詞 他〔マ下二段〕❶**決定する。**決める。
帝、にはかに日を**定めて**、御狩りに出でたまうて、かぐや姫の家に入りたまうて、見たまふに…。〈竹取・かぐや姫の昇天〉訳 帝は、急に（お出かけの）日を**決めて**、狩りにお出かけになって、かぐや姫の家にお入りになって、（かぐや姫

を)ご覧になると…。

❷**平定する。治める。鎮める。**

天の下治めたまひ食す国を定めたまふと… 歌〈万葉集・2・199〉訳天下をお治めになり、統治なさる(この)国を平定なさるということで…。

❸**評議する。相談する。**

しばし船をとどめて、とかく定むることあり。〈土佐日記・二月十一日〉訳しばらく船をとどめて、あれこれと相談することがある。

さだめ【定め】 名詞 ❶決定。取り決め。選定。

楽人、舞人の定めなどを、御心に入れて営みたまふ。〈源氏・少女〉訳楽人、舞人たちの選定などを、(源氏は)ご熱心に処置なさる。

❷見極め。判定。また、批判。

この絵の定めをしたまふ。〈源氏・絵合〉訳この絵の判定をなさる。

❸規則。おきて。決まり。

❹安定。変わらないこと。

「**世の中のかく定めもなかりければ、数ならぬ身は、なかなか心安くはべるものなりけり。**」〈源氏・蓬生〉訳「世の中はこのように安定しないものなので、取るに足りない身分の者は、かえって心穏やかなものであったのだ。」

さだめ-あ・ふ【定め合ふ】 あ(お)う 動詞 他 [ハ四段] 〈は・ひ・ふ・ふ・へ・へ〉 批評し合う。論じ合う。

「**これは、かれは。」など定め合へるを、このごろの事にすめり。**〈源氏・絵合〉訳「これは、あれは。」などと(みなで)批評し合っているのを、近ごろの日課にしているようだ。

さだめ-か・ぬ【定めかぬ】 動詞 他 [ナ下二段] 〈ね・ね・ぬ・ぬる・ぬれ・ねよ〉 決めることができない。決めかねる。定めかねる。

伊勢の海に釣りする海人の泛子なれや心ひとつを定めかねつる 歌〈古今集・恋1・509〉訳(私は)伊勢の海で釣りをしている漁師の浮子であるからか、一つの心を(あちらこちらと)決めることができないことだ。

さだめ-て【定めて】

確実にそうなるだろうと予想されるようす ―きっと。必ず。◉多く「さだめて〜推量」の形で用いる。

副詞 (多く「さだめて〜推量」の形で) きっと。必ず。**間違いなく。**

この児、「定めて驚かさんずらん」と待ちゐたるに…。〈宇治拾遺〉訳この寺に仕える子供は、「(僧たちが、自分を)きっと起こそうとするだろう。」と待ち続けていたところ…。○「んずらん」(推量の助動詞「んず」の終止形+現在推量の助動詞「らん」)と呼応して用いられている例。

「**この御社の獅子の立てられやう、定めて慣らひあることにはべらん。**」〈徒然草・236・丹波に出雲〉訳「この神社の獅子の(珍しい)立てられ方は、きっと由緒があることでございましょう。」○この「定めて」は推量の助動詞「む(ん)」と呼応している。

発展 **①語の成り立ち** 下二段動詞「さだむ」の連用形+接続助詞「て」が一語になったもの。中古末期から多く用いられるようになった副詞で、ふつう「む・らむ・けむ・むず」などの推量の助動詞と呼応して用いられる。

②打消の語を伴う場合 「死なむこと定めて疑はず(=死ぬであろうことは決して疑わない)。」〈今昔〉のように、打消と呼応すると「決して(…ない)」という意味になる。

さだめ-な・し【定め無し】 形容詞 [ク] 〈く・から/く・かり/し/○/き・かる/けれ/○・かれ〉 ❶確かでない。はかない。

耳にふれていまだ目に見ぬさかひ、もし生きて帰らばと、定めなき頼みの末をかけ…。〈奥の細道・草加〉訳話には聞いてもまだ目で見たことのないところを見て、もし生きて帰れたら(幸いだ)と、**はかない**望みをあてにして…。

❷一定でない。無常だ。

世は定めなきこそ、いみじけれ。〈徒然草・7・化野の露〉訳この世は**無常だ**からこそ、すばらしいのだ。

さだめる (現) ↓ (古) **さだむ【定む】**

さち【幸】 名詞 ❶弓矢や釣り針など、獲物を捕る道具。また、その道具が持つ霊力。❷漁や狩りで獲物が多いこと。また、獲物。❸さいわい。幸福。

左注 国語・国文法 和歌本文の左側に付ける注記。「左註」とも書く。原文に最初から記されている場合もあるし、編者などが書き入れる場合もある。成立事情・異伝・作者などに関することなどが注記される。↓詞書

さ-ちゅうじゃう【左中将】 ちゅうじょう 名詞 (「左近衛中将」の略で) 左近衛府の次官。左近衛少将の上位。対右中将

さ-ちゅうべん【左中弁】 名詞 太政官の事務を取り扱う左弁官局の次官。対右中弁 ↓弁

さ-つき【五月・皐月】 名詞 陰暦五月。季語夏 類仲夏

さつき-あめ【五月雨】 名詞 さみだれ。梅雨。季語夏

さつきまつ… 歌

五月待つ花橘の香をかげば昔の人の袖の香ぞする〈古今集・夏・139〉訳五月(の来るの)を待って(咲く)タチバナの花の香りをかぐと、(昔の思い出と共に)かつて親しかった人の袖の香りがする。○「袖の香」は着物にたきしめた香。

発展『伊勢物語』六十段にも見える。作者不明の歌。当時は、それぞれ独自の香をたきしめており、タチバナの香りがする人を思い起こしたという趣旨の歌。この歌から、タチバナの香りは昔を思い出させるものといわれるようになる。

さつき-やみ【五月闇】 一 名詞 五月雨のころ、夜が暗いこと。また、その暗闇。季語夏 二 枕詞 (暗いところから)「くら」に係る。

さつ-さつ・たり【颯颯たり】 形容動詞 [タリ] 〈たら・たり/と・たり・たる・たれ・たれ〉 ❶風がさあっと吹く。

三五夜中の新月白くさえ、涼風さつさつたりし夜なかばに…。〈平家・7・青山之沙汰〉訳十五夜の月が白くさえ渡り、涼風が**さあっと吹い**た夜中に…。

❷気品がある。さっそうとしている。

家隆は詞きききて、さつさつとしたる風骨を詠まれしなり。〈正徹物語〉訳(藤原)家隆は歌のことばが適切で、**気品がある**詠みぶりでお詠みになったのである。

ざつ-しき【雑色】 名詞 ↓ざふしき

さっしゃ・る 《近世語》 一 動詞 他 [ラ下二段] 〈れ・れ・る・るる・るれ・れ(れい・い)〉 (「為す」の尊敬語で) なさる。

「**これや何とさっしゃれたぞいの。**」〈狂言記・内沙汰〉訳「これは(いったい)何と**なされた**ことだろうね。」

二 動詞 他 [ラ四段] 〈ら・り・る・る・れ・れ〉 一の意味と同じ。

発展 サ変動詞「す」の未然形に尊敬の助動詞「さす」と「らる」の付いた「せさせらる」が変化したもの。初めは下二段活用だったが、後に四段活用となった。

さっしゃる 助動詞 ↓さしゃる

薩州 さっしゅう [シウ] 旧国名 ↓薩摩

ざっ-てい【雑体】 名詞 和歌の部類のひとつ。一般の短歌と

は形態や内容が異なる和歌を指す。長歌や旋頭歌のように短歌形式ではないもの、俳諧歌のように内容がこっけいで風変わりなものなどをいう。発展「ざったい」とも。

ざっ-と 副詞 ❶(勢いのよいようすを表し)さっと。ぱっと。どっと。**深田ありとも知らずして、馬をざっとうち入れたれば、馬の頭も見えざりけり。**〈平家・9・木曾最期〉訳 深い田があるとも知らずに、ウマを(勢いよく)**どっと**乗り入れたので、ウマの頭も見えなくなった。❷(簡略なようすを表し)ざっと。おおよそ。さらっと。「**戯れ絵ざっとしたを。**」と言ふ。〈狂言・末広がり〉訳「(扇に)戯れ絵(=こっけいな絵)が**さらっと**描いてあるものを(買ってこい)。」と言う。

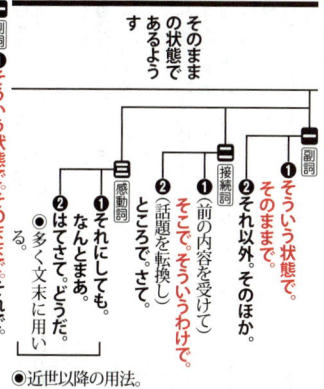

雑俳 文芸用語 雑体の俳諧。本格的な俳諧ではなく、遊戯的で俗な内容のもの。江戸中期から流行した。★前句付、冠付け、★沓付け、折り句、★川柳など。

薩摩 旧国名 薩州。★西海道十一か国の一つ。今の鹿児島県西半部。薩摩半島・甑島列島を占める。古くは日向国の一部。↓**ビジュアルチェック**❼(450ページ)

さ-て【然て・扨・偖】

そのままの状態であるようす
- 一 副詞
  - ❶そういう状態で。そのままで。
  - ❷それ以外。そのほか。
- 二 接続詞
  - ❶(前の内容を受けて)そこで。そういうわけで。
  - ❷(話題を転換し)ところで。さて。
- 三 感動詞
  - ❶それにしても。なんとまあ。
  - ❷はてさて。どうだ。
  - ◉多く文末に用いる。

◉近世以降の用法。

一 副詞 ❶**そういう状態で。そのままで。それで。**「し残したるを、**さて**打ち置きたるはおもしろく、生き延ぶるわざなり。」〈徒然草・82・薄物の表紙は〉訳「やり残してあることを、**そのままで**放置しておくのはおもしろく、寿命が延びることである。」❷(「さての＋名詞」の形で)**それ以外。そのほか。それとは別に。**↓然ての

二 接続詞 ❶(前の内容を受けて、次に述べる結果を導き)**そこで。そういうわけで。**父は直人にて、母なむ藤原なりける。**さて**なむ貴なる人にと思ひける。〈伊勢・10〉訳(娘の)父は並の身分の人で、母が藤原氏であったのだった。**そこで**(母は娘を)高貴な身分の人と(結婚させたい)と思ったのだった。❷(話題を転換し)**ところで。さて。さて**、池めいてくぼまり、水つける所あり。〈土佐日記・二月十六日〉訳 **ところで**、(我が家には)池のようになってくぼみ、水がたまっている所がある。

三 感動詞 ❶**それにしても。なんとまあ。**「御神鏡も、この鏡のごとくぢゃと申すが、**さて**ありがたい宝物ぢゃ。」〈狂言・鏡男〉訳「(三種の神器の一つである)ご神鏡も、この鏡のようだと申しますが、**それにしても**めったにない宝物だ。」❷(多く文末に用いて、前に述べた事柄を自分自身や相手に確認する気持ちを表し)**はてさて。どうだ。**「なんとした心がついて、さやうの体にはおなりやったぞ。浅ましやなう、**さて**。」〈狂言・金若〉訳「(夫には)どのような心が取り付いて、そんなありさまにおなりになったのだ。情けないよねえ、**はてさて**。」

発展 ①副詞「さ」＋接続助詞「て」が一語になったもの。
②一→二→三へ 一の副詞から、二の接続詞、さらに三の感動詞が派生したものと考えられる。三は近世ごろから用いられるようになったもので、三❶の用法は、中世ごろまでは、多く「さてさて」「さても」の形で用いられた。

関連語 然て然て・然ても

さ-で【叉手・小網】名詞 川中に張り渡して魚を捕る網。また、柄の付いたすくい網。さで網。

[さで]

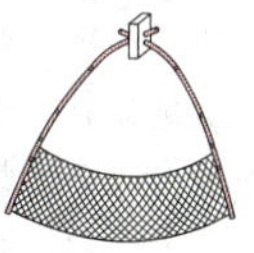

さて-あり-な-む【然て有りなむ】連語 そうしているのがよかろう。それまでのことだ。そうなってもかまわないだろう。**ただ走り出でて舞ひてん、死なばさてありなんと思ひ取りて…。**〈宇治拾遺〉訳 ともかく走り出て踊ってしまおう、死んだら**それまでのことだ**と決意して…。

発展 副詞「さて」＋ラ変動詞「あり」の連用形＋確述の助動詞「ぬ」の未然形＋推量の助動詞「む(ん)」の終止形。

さて-あり-ぬ-べし【然て有りぬべし】連語 そのままでよさそうだ。それで済まされそうだ。「実には似ざらめど、**さてありぬべし**。」〈源氏・帚木〉訳「(名人の描いた鬼の絵は)実物には似ていないだろうが、**それで済まされそうだ**。」

発展 副詞「さて」＋ラ変動詞「あり」の連用形＋確述の助動詞「ぬ」の終止形＋推量の助動詞「べし」。

さて-おき-て【然ておきて】連語 それはそれとして。それはともかく。さておいて。**おもひわび見し面影はさておきて恋せざりけむ折ぞ恋しき** 歌〈新古今集・恋5・1394〉訳 恋に苦しみ悩んで、(あの夜)見たあなたの面影(のなつかしさ)は**さておいて**、まだ恋というものを知らなかったと思われる昔がどうにも恋しく思われることだ。

発展 副詞「さて」＋四段動詞「おく」の連用形＋接続助詞「て」。

さて-こそ【然てこそ】連語 ❶そうしてこそ。そのようにしてはじめて。**さてこそ、わたりたる為手にてはあるべけれ。**〈花鏡〉訳 **そうしてこそ**、(すべてに)通じた★シテとしてふさわしい。❷そういうわけで。そんな次第で。「いさ、かしがましなんど聞こえさうらひしかば、**さてこそ**使ひやみさうらひしか。」〈平家・5・富士川〉訳「さあ、やかましいなどと(いう声が)聞こえましたので、**そういうわけで**使うのをやめました。」

発展 副詞「さて」＋係助詞「こそ」。

さて-さて【然て然て】一 感動詞(驚きあきれたときに発して)いやまあ。いやはや。まあまあ。「**さてさて**、をかしかりける女かな。」〈源氏・帚木〉訳「**いやはや**、興味深かった女だなあ。」
二 副詞(次々に問いかけて)そうしてそれから。「**さてさて**俊寛と康頼法師がことはいかに。」

〈平家・3・赦文〉訳「**そうしてそれから**俊寛と康頼法師のことはどうだ。」

さて-しも【然てしも】連語 ❶そのままで。そうしてばかりも。**さてしも**あるべきことならねば、泣く泣く頸をぞかいてんげる。〈平家・9・敦盛最期〉訳**そのままで**いられないので、泣く泣く首を切ってしまったのだった。

❷それにしても。さて。**さてしも**、臥したる妻は、いづち行きけん、見えず。〈雨月・浅茅が宿〉訳**それにしても**、(一緒に)寝た妻は、どこに行ったのだろう、(姿が)見えない。

発展 副詞「さて」＋副助詞「しも」。

さて-の【然ての】その他の。それ以外の。**さての人々は**、皆臆しがちに鼻白める多かり。〈源氏・花宴〉訳**その他の人々は**、皆おどおどした感じで気後れした顔つきをしている者が多い。

発展 副詞「さて」＋格助詞「の」。

さて-のみ【然てのみ】連語 そうなってこそ。「尼になしたまひてよ。**さてのみ**なむ、生くやうもあるべき。」とのたまへば…。〈源氏・手習〉訳(浮舟が)「(私を)尼にしてしまってください。**そうなってこそ**、生きる方法もあるに違いない。」とおっしゃるので…。

発展 副詞「さて」＋副助詞「のみ」。

さて-は【然ては】一 副詞 そのままでは。そんな状態では。「**さては**え取らせたまはじ。」〈竹取・燕の子安貝〉訳「**そのままでは**(ツバメの子安貝を家来に)お取らせになることができまい。」

二 接続詞 ❶それならば。それでは。人の語りしこそ、**さては**いみじくこそと覚えしか。〈徒然草・10・家居のつきづきしく〉訳人が語ったのは、(なるほど)**それならば**すばらしいこと(であった)と思われた。

❷そのほかには。そして。それからまた。清げなる大人二人ばかり、**さては**童べぞ出で入り遊ぶ。〈源氏・若紫〉訳こぎれいなようすの女房が二人ほど、**それからまた**女の子が出入りして遊んでいる。

発展 副詞「さて」＋係助詞「は」が一語になったもの。

さて-また【然てまた】接続詞 そしてまた。それからまた。「まづ春はわらび折る、**さてまた**夏は田を植ゑ…。」〈狂言・法師が母〉訳「まず春はワラビを採る、**そしてまた**夏には田植えをし…。」

さて-も【然ても】一 副詞 ❶そうして。そのままで。「**さても**さぶらひてしがな。」と思へど…。〈伊勢・83〉訳(馬の頭だった翁は)「**そのまま**(出家した惟喬親王の)お側にお仕えしていたい。」と思うが…。

❷そうであっても。それでもやはり。思ひわび**さても**命はあるものを憂きに堪へぬは涙なりけり 百人一首〈千載集・818〉訳→おもひわび…

二 接続詞 それにしても。さて。ところで。「**さても**、かばかりの家に、車入らぬ門やはある。」〈枕草子・8・大進生昌が家に〉訳「**それにしても**、これほど(＝中宮を迎えるほど)の家に、車の入らない門があるのか、いや、あるわけがない。」

三 感動詞 なんともまあ。ほんとうにまあ。**さても**、義臣すぐってこの城にこもり、功名一時の叢となる。〈奥の細道・平泉〉訳**それにしても**、忠義の家臣を選び出してこの城にたてこもり、その手柄もいっときの(短い間のことで、その戦場も)草むらとなっている。

「**さても**、いとうつくしかりつる児かな。」〈源氏・若紫〉訳「**ほんとうにまあ**、実にかわいらしかった子だなあ。」

発展 副詞「さて」＋係助詞「も」が一語になったもの。

さて-も-あり-ぬ-べし【然ても有りぬべし】連語 確かにそれでもよさそうだ。それでも差し支えないはずだ。男だにせましかば、**さてもありぬべき**を、女はなほおぼろけの心ならじ。〈枕草子・306・日のいとうららかなるに〉訳まんいちせめて男でも(海に潜る仕事を)したとしたら、**確かにそれでもよさそうだ**けれども、(海女の)女はやはり穏やかな気持ちではないだろう。

発展 副詞「さて」＋係助詞「も」＋補助動詞ラ変「あり」の連用形＋確述の助動詞「ぬ」の終止形＋推量の助動詞「べし」。

さても-さても【然ても然ても】いやどうも。いやはやまったく。**さてもさても**、身の貧からはさまざま悪心も起こるものぞかし。〈西鶴・世間胸算用〉訳**いやはやまったく**、(その)身の貧乏からはさまざまな悪心も起こるものであるよ。

さても-やは【然てもやは】(反語を表し)そうであっても…か、いや…ない。そのままでも…か、いや…ない。**さてもやは**長らへ住むべき。〈徒然草・10・家居のつきづきしく〉訳**そう**(＝華美に飾りたてた住居)**であっても**、長く生きて住むことができよう**か、いや**、住むことはできない。

発展 副詞「さても」＋係助詞「やは」。

さと【里】名詞 ❶人家が集まっている所。村落。人里。↓里り

歌 **天飛ぶや軽の道は吾妹子が里にしあれば**…〈万葉集・2・207〉訳軽の道は、私の妻の(住む)**里**であるので…。○「天飛ぶや」は「軽」に係る枕詞。

❷(宮仕えの者の)自宅。実家。生家。対内裏。**宮仕へ人の里なども、親ども二人あるはいとよし**。〈枕草子・179・宮仕へ人の里なども〉訳宮仕えをしている女房の**実家**なども、親たちが二人(そろって)いるのはとてもよい。

❸(自分の住んでいる所をへりくだって)田舎。地方。在所。**深草の里に住みはべりて、京へまうで来とて**…。〈古今集・雑下・971・詞書〉訳(長年)深草の**田舎**に住んでおりまして、京へ移り住もうと思って…。

❹養育費を受けて子供を預かる家。里親の家。養家。

❺(寺に対して)俗世間。**山籠もりして「里に出でじ。」と誓ひたるを**…。〈源氏・夕霧〉訳山籠り(＝比叡山に籠ること)をして「**俗世間**には下りまい。」と誓いを立てている人を…。

❻《近世語》遊里。

❼《近世語》(「お里」の形で)生まれ。育ち。素性。

さ-と【颯と】副詞 ❶(素早く動いたり、急に事が起こったりするようすを表し)さっと。ぱっと。「**おどろおどろしう降り来る雨に添ひて、さと吹く風に灯籠も吹き惑はして**…。」〈源氏・幻〉訳「ひどく降り出して来る雨に加えて、**さっと**吹く風で灯籠の火も揺れ乱れて…。」

❷(人がいっせいに声を出すようすを表し)どっと。わっと。**四、五十人ばかりの声なむさと答へける**。〈今昔〉訳四、五十人ほどの(人の)声が**どっと**答えた。

佐渡 旧国名 佐州。北陸道七か国の一つ。今の新潟県の佐渡島全島。古くから遠流の地、また金の産地として知られた。↓**ビジュアルチェック**❼(450ページ)

ざ-とう【座頭】名詞 ❶琵琶法師の官名。検校・

別当・勾当に次ぐ最下位。❷僧の姿をした盲人で、琵琶・三味線などを弾いて、語り物・歌曲を演じ、または鍼・按摩を職業とした人。

佐藤義清（さとうのりきよ）〔人名〕→西行

❸さとおさ（現）→（歴）さとをさ【里長】

さと-がち・なり【里がちなり】〔形容動詞〕〔ナリ〕〈なら・なり（に）・なり・なる・なれ・なれ〉（宮仕え人・奉公人・妻などが）実家に帰っていることが多い。**もの心細げに里がちなるを**…。〈源氏・桐壺〉〔訳〕（病弱の桐壺の更衣は）何となく心細そうで**実家に帰っていることが多い**のを…。

さとし【諭し】〔名詞〕（神や仏の）お告げ。前兆。**しばしば夢の諭しありければ**…。〈蜻蛉日記〉〔訳〕しばしば（悪い）夢の**お告げ**があったので…。

さと・し【聡し】〔形容詞〕〔ク〕〈く・く・し・き・けれ・○／から・かり・○・かる・○・かれ〉❶考えや判断がしっかりしている。分別がある。❷聡明だ。理解が早い。**世に知らずさとう賢くおはすれば**…。〈源氏・桐壺〉〔訳〕（源氏は）たぐいまれなほど**聡明で**賢くていらっしゃるので…。○「さとう」は連用形「さとく」のウ音便。

さと・す【諭す】〔動詞〕〔他〕〔サ四段〕〈さ・し・す・す・せ・せ〉（神仏が）告げ知らせる。前兆を示す。「**天変しきりに諭し、世の中静かならぬはこの故なり。**」〈源氏・薄雲〉〔訳〕「気象の異変が引き続いて何度も**前兆を示し**、世の中が平静でないのはこの（秘密の）せいである。」

さと-ずみ【里住み】〔名詞〕❶宮仕えの人が、自宅に帰っていること。里下がり。また、宮仕えでない、一般の家庭生活。〔類〕里居 〔対〕内裏住み **定まりたらむ里住みよりは、をかしきことをも見聞きて**…。〈更級日記・宮仕え〉〔訳〕型にはまったような**一般の家庭生活**よりは、（宮仕えの方が）おもしろいことも見たり聞いたりして…。
❷人里に住むこと。俗世で暮らすこと。〔対〕山住み **人に言ひ妨げられて、いままでかかる里住みをして**…。〈蜻蛉日記〉〔訳〕他人に（出家を）引き止められて、今までこのような**俗世の暮らし**をして…。

さと-だいり【里内裏】〔名詞〕大内裏の外、京中に設けた仮の皇居。主として摂関家の邸宅が当てられた。初めは内裏の火災などにより一時的に用いられたが、火災が相次ぐうちに平常の皇居となり、内裏に準じて造営されるようになった。〔発展〕「今内裏」とも。

さと-ばな・る【里離る】〔動詞〕〔自〕〔ラ下二段〕〈れ・れ・る・るる・るれ・れよ〉人里から離れる。辺鄙である。「**昔こそ人の住み処などもありけれ、今はいと里離れ心すごくて**…。」〈源氏・須磨〉〔訳〕「（須磨は）昔は人の住まいなどもあったけれど、今はたいへん**人里から離れて**もの寂しくて…。」

さと-びと【里人】〔名詞〕❶宮仕えをしていない民間人。また、一時的に里帰りしている人。〔対〕宮人 **里人は車清げに仕立てて見に行く**。〈枕草子・3・正月一日は〉〔訳〕**里帰りしている人**は牛車をきれいに飾り立てて（白馬の節会を）見に行く。❷その地方に住んでいる人。土地の者。**宇治の里人を召して、こしらへさせられければ**…。〈徒然草・51・亀山殿の御池に〉〔訳〕（上皇が）宇治の**土地の者**をお呼びになって、（水車を）組み立てて作らせなさったところ…。❸実家の人。里方の人。「**御方々の里人はべりつる中に**…。」〈源氏・花宴〉〔訳〕「女御や更衣の**里方の人**がおりました中に…。」

さと・ぶ【俚ぶ・里ぶ】〔動詞〕〔自〕〔バ上二段〕〈び・び・ぶ・ぶる・ぶれ・びよ〉田舎じみる。田舎くさく感じる。また、世帯じみる。〔類〕鄙ぶ 〔対〕雅ぶ **里びたる心地には、なかなか定まりたらむ里住みよりは、をかしきことをも見聞きて**…。〈更級日記・宮仕え〉〔訳〕**世帯じみた**気分では、かえって（宮仕えの方が）型にはまったような一般の家庭生活よりは、おもしろいことも見たり聞いたりして…。

さとり【悟り・覚り】〔名詞〕❶理解すること。はっきりと知ること。「**内教の御才、悟り深くものしたまひけるかな。**」〈源氏・橋姫〉〔訳〕「（八の宮は）仏教の教典のご学問に、**理解**が深くていらっしゃったなあ。」❷《仏教語》迷いを脱して真理を会得すること。また、その真理。「**成仏得脱して悟りを開きたまひなば**…。」〈平家・10・維盛入水〉〔訳〕「煩悩を解脱し迷いを脱して、**真理を会得なさったならば**…。」

さと・る【悟る・覚る】〔動詞〕〔他〕〔ラ四段〕〈ら・り・る・る・れ・れ〉❶（物事の道理を）知る。理解する。分かる。「**三史、五経道々しき方を明らかに悟り明かさむこそ、愛敬なからめ**…。」〈源氏・帚木〉〔訳〕「三史、五経といった理屈っぽい方面のこと（＝本格的な学問）をはっきりと**理解し**明らかにしたりすることは、（女としては）かわいげがないだろうが…。」○三史は、『史記』『漢書』『後漢書』、五経は、『詩経』『礼記』『春秋』『書経』『易経』で、当時の大学の重要な教科。❷《仏教語》真理を会得する。悟りを開く。**悟りゆくまことの道に入りぬれば恋しかるべき故郷もなし** 〔歌〕〈新古今集・羇旅・985〉〔訳〕**真理を会得して**いく真実の（仏の）道に入ったので、恋しく思うはずの故郷もない。

さと-ゐ【里居】〔名詞〕→さとずみ

さと-をさ【里長】〔名詞〕里の長。村落の長。

❸さなえ（現）→（歴）さなへ【早苗】

さな-かづら【真葛】〔一〕〔名詞〕→さねかづら〔一〕 〔二〕〔枕詞〕（分かれたカズラのつるの先が伸びて、再び絡まることから）「のちも逢はむ」に、（カズラのつるが長く伸びることから）「いや遠長し」「絶えず」に係る。

さ-ながら【然ながら・宛ら】〔副詞〕→最重要語（595ページ）

さ-なき-だに【然無きだに】〔連語〕そうでなくても。ただでさえ。**さなきだに、女は…罪深きにとて、涙を流したまひける。**〈御伽草子・ものくさ太郎〉〔訳〕**そうでなくても**、女は…罪深いのにと思って、涙をお流しになった。〔発展〕副詞「さ」＋補助形容詞「なし」の連体形＋副助詞「だに」。

さ-な-なり【然ななり】〔連語〕そのようだ。そうらしい。**必ず来べき人のもとに車をやりて待つに、来る音すれば、さななり、と人々出でて見るに**…。〈枕草子・25・すさまじきもの〉〔訳〕必ず来ることになっている人のもとに牛車を遣わして待っているところに、（牛車の）来る音がするので、**そうらしい**（＝来たようだ）、と人々が（外に）出て見ると…。〔発展〕さなるなり（副詞「さ」＋断定の助動詞「なり」の連体形＋推定の助動詞「なり」の終止形）の撥音便「さなんなり」の「ん」を表記しない形。

さ-なへ【早苗】 名詞 苗代から田に移し植えるころの稲の苗。季語 夏

さ-なら-ぬ【然ならぬ】 連語 ❶それほどでもない。**さならぬことだに、人の御ためには、善様のことをしも言ひ出でぬ世なれば…。**〈源氏・葵〉訳 **それほどでもない**ことでさえ、人様のお身の上については、よいことは決して言い出さない世間であるから…。❷そうでないほうがいい。そうあるべきでない。普通でない。さま異に、**さならぬ打ち解け業もしたまひけり。**〈源氏・末摘花〉訳 普通の場合とは違って、**そうでないほうがいい**内々のことまでも(源氏は末摘花のために世話を)なさったのであった。

発展 副詞「さ」＋断定の助動詞「なり」の未然形＋打消の助動詞「ず」の連体形。

さ-なり【然なり】 連語 (相手のことばを肯定して)そうだ。その通り。「頭痛きまでありつれば、『げに、**さなりけり。**』と思ひあはせはべりぬる。」〈源氏・夕霧〉訳「頭が痛くなるほど(香りが)あったので、『なるほど、**そうだった**のだ(＝夕霧がお泊まりになったのだ)。』と思い当たったのでございます。」

発展 副詞「さ」＋断定の助動詞「なり」。

ざ-なり ❶(「なり」は推定で)…ないようだ。…ないらしい。この人、国に**必ずしも言ひ使ふ者にもあらざなり。**〈土佐日記・十二月二十三日〉訳 この人は、国司の役所で必ずしも召し使っている者でも**ないようだ。**❷(「なり」は伝聞で)…ないそうだ。…ないということだ。「**多くの人の身をいたづらになして、逢はざなるかぐや姫は、いかばかりの女ぞと、まかりて、見て参れ。**」〈竹取・かぐや姫の昇天〉訳「多くの人の身をだめにして、(しかも)結婚し**ないということである**かぐや姫は、どれほどの女なのかと(いうことを)、(ここを)おいとまして、見て(そのうえで)参内せよ。」

発展「ざるなり」(打消の助動詞「ず」の連体形＋推定・伝聞の助動詞「なり」)の撥音便「ざんなり」の「ん」を表記しない形。読む時は「ざんなり」と「ん」を入れて読む。

さに-つら・ふ【さ丹頰ふ】 枕詞 (赤い頰をしているという意味から)「君」「妹」に、(赤く美しいという意味から)「色」「もみぢ」「紐」に係る。

さ-ながら【然ながら・宛ら】

もとのまま変わらないようす

❶(事態が)そのまま。もとのまま。
❷(数量について)すべて。全部。
❸まるで。あたかも。◉中世以降の用法。「さながら～ごとし」の形をとる。

副詞 ❶(事態が)**そのまま。もとのまま。** おもしろき家の木立焼け失せたる。池などは**さながら**あれど、浮き草、水草など茂りて。〈枕草子・163・昔覚えて不用なるもの〉訳 趣のある家の木立が焼失しているのは(昔の姿が懐かしいが、どうにもならない)。池などは**そのまま**あるけれど、浮き草や、水草などが生い茂って(もとの池のように見えない)。帰り入りて探りたまへば、女君は**さながら**伏して、右近は傍らにうつぶし伏したり。〈源氏・夕顔〉訳 (源氏が部屋の中に)戻って入り(寝床を)触れて確かめなさると、女君(＝夕顔)は**もとのまま**倒れていて、右近はその横にうつむいて身を横たえている。

❷(数量について)**すべて。全部。** 上の女房、**さながら**御送り仕うまつらせたまひける。〈源氏・宿木〉訳 (帝は)帝のおそばに仕える女房に、**すべて**(女二の宮の)お見送りをお務め申し上げさせなさったのだった。七珍万宝**さながら**灰燼となりにき。**その費えいくそばくぞ。**〈方丈記・安元の大火〉訳 (大火事によって)さまざまの金銀財宝が**全部**灰と燃えかすになってしまった。その被害額はどのくらいか(計り知れない)。

❸《中世以降》(「さながら～ごとし」の形で、あるものがあるものをそのまま映したようであるようすを表し)**まるで。あたかも。** あまりに術なかりけるとき見れば、股の肉叢、**さながらよく刀にて切り取りたるがごとし。**〈沙石集〉訳 (けがをした猟師が)あまりに(痛みが)どうしようもないと思って見ると、股の肉塊は、**まるで**うまく刀で切り取ったようだ。

発展 ①**語の成り立ち** 指示語の副詞「さ」＋状態を表す接尾語「ながら」が、一語になったもの。
②**「まったく」の意も** まれに次の例のように、下に打消の語を伴って「まったく」の意味を表すこともある。「人に交はれば、ことばよその聞きに従ひて、さながら心にあらず(＝人と交際すると決まって、ことばが他人の見聞に左右されて、まったく(自分の)心のままではない)。」〈徒然草・75・つれづれわぶる人は〉

さ-に-や-あら-む【然にや有らむ】 (確信のある推量を表して)そうではなかろうか。心の内には、**さにやあらむ**なんど思へど、なほおぼつかなさに、人々出だして求むれど、失せにけり。〈枕草子・277・御前にて人々とも〉訳 心の中では、**そう**(＝中宮からの贈り物)**ではなかろうか**などと思うけれども、やはりはっきりしないので、(持ってきた召し使いを)人々を出して探すけれども、いなくなってしまった。

発展 副詞「さ」＋断定の助動詞「なり」の連用形＋係助詞「や」＋ラ変補助動詞「あり」の未然形＋推量の助動詞「む」の連体形。

さ・ぬ【さ寝】 動詞 自〔ナ下二段〕〈ね・ね・ぬ・ぬる・ぬれ・ねよ〉❶寝る。眠る。春へ咲く藤の末葉のうら安に**さ寝る夜ぞなき児ろをし思へば** 歌〈万葉集・14・3504〉訳 春に向かって咲くフジの先端の葉のように、心安らかに**寝る**夜はないことだ。あの娘を思うと。❷(男女が)共寝をする。**まかなしみさ寝に我は行く鎌倉の水無瀬川に潮満つなむか** 歌〈万葉集・14・3366〉訳 いとしいので、**共寝をする**ために私は(あなたの所へ)行く。鎌倉の水無瀬川に潮が満ちてしまっているだろうか。

発展「さ」は接頭語。

讃岐 旧国名 讃州。★南海道六か国の一つ。今の香川県。古くから瀬戸内海の交通の要地。特に屋島は制海権を巡る源平合戦の主戦場ともなった。↓ビジュアルチェ

ツク❼(450ジー)

讃岐典侍日記 作品名 平安後期の日記文学。讃岐典侍作。現存上下二巻。上巻は一一〇七(嘉承二)年六月、堀河天皇の病苦から崩御までの一か月間の記。下巻は白河院の院宣を受けて再出仕してからの幼帝(鳥羽天皇)養育の記。和歌二十三首を含む。作者は、讃岐守藤原顕綱の女。

さね【札】 名詞 鉄や革で作った小さな板。糸や革でつづり合わせて鎧を作る。

[さね(札)]

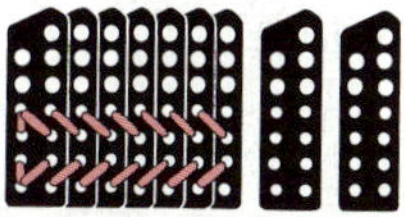

さね 副詞 ❶(多く、打消の語を伴って)少しも。決して。**立ち変はり月重なりて逢はねどもさね忘らえず面影にして** 歌〈万葉集・9・1794〉訳(時が)移り変わって幾月も過ぎて(あなたと)逢っていないけれど、**決して**忘れることができない。面影に見えて。❷ほんとうに。必ず。**行きて見て明日もさね来むなかなかにをちかた人は心置くとも** 歌〈源氏・薄雲〉訳行って(明石の君に)逢って明日にでも**ほんとうに**帰ってこよう。そのためにかえってあちらの人が心に隔てをおくことになっても。

発展 名詞「さね」の副詞的用法として「実」「核」の字を当てる考えもある。主に歌で用いられ、散文での用例はない。

-ざね 造語 ❶(名詞に付いて)ものの本体、根源という意味を表す。語例 物**ざね**・神**ざね** ❷(名詞に付いて)複数あるものの中で、中心となるもの、主となるもの、という意味を表す。語例 使ひ**ざね**(=正使)・客**ざね**(=主賓)

さね-かづら【真葛】 一 名詞《植物》モクレン科のつる性の常緑低木。ビナンカズラ。二 枕詞 →さなかづら 二

発展「さなかづら」とも。

◆さねさし… 歌謡

さねさし　相武の小野に　燃ゆる火の　火中に立ちて　問ひし君はも〈古事記・景行天皇・弟橘比売命〉訳相模(=今の神奈川県)の野で燃える火の炎の中に立って(私の名を)呼びかけてくれたあなたは、ああ。〇「さねさし」は「相武(=相模)」に係る枕詞。「はも」は上代語で、文末に用いて強い詠嘆の意味を表す。

発展 作者は倭建命の后。海神の怒りを鎮めるために入水するときの別れの歌。かつて倭建命が相模で火攻めに遭ったときに、自分の名を呼んでくれたことをふまえ、夫への思いを詠んだ歌。

さねさし 枕詞 地名「相模」に係る。

佐野の舟橋 歌枕 今の群馬県高崎市南東部。烏川を船を並べて渡す「船橋」があった。和歌には、「橋」の縁から多く「(恋ひ)渡る」「(心を)かく」とともに詠み込まれた。

さ-のみ【然のみ】 連語 ❶そのようにばかり。そうむやみに。**すべて、月、花をば、さのみ目にて見るものかは。**〈徒然草・137・花は盛りに〉訳総じて、月や花を、**そうむやみに**目で(ばかり)見るものであろうか、いやそうではない。❷(打消の語を伴って)それほど。たいして。「**さりとも、見つくるをりもはべらむ。さのみもえ隠させたまはじ**」〈枕草子・9・上にさぶらふ御猫は〉訳「それでも、(イヌを)見つけるときもきっとございましょう。**それほど**(まで)もお隠しになることはできますまい。」

発展 副詞「さ」+副助詞「のみ」。

さ-のみ-やは【然のみやは】 連語 (反語を表し)ひたすらそうして…だろうか、いや…ない。

「**先々も申さむと思ひしかども、必ず心惑はしたまはむものぞと思ひて、今まで過ごしはべりつるなり。さのみやはとて、打ち出ではべりぬるぞ。**」〈竹取・かぐや姫の昇天〉訳「以前も(本当のことを)申し上げようと思ったけれども、きっと途方に暮れなさったりするに違いないと思って、今まで(言わずに)過ごしたのです。**ひたすらそうして**(言わずに)過ごせる**だろうか、いや**、過ごせ**ない**と思って、口に出して言ってしまうのです。」

発展 副詞「さ」+副助詞「のみ」+係助詞「やは」。

さ-は【然は】 一 副詞 そうは。そのようには。**などさは臆せしにか、すべて、おもてさへ赤みてぞ思ひ乱るるや。**〈枕草子・23・清涼殿の丑寅の〉訳どうして**そのようには**気おくれしたのか、まったく、顔まで赤くなって途方に暮れるよ。

二 接続詞 それでは。それならば。「**さは、このたびはかへりて、後に迎へに来む。**」〈更級日記・後の頼み〉訳「**それでは**、このたびは帰って、後で迎えに来よう。」

発展 副詞「さ」+係助詞「は」が一語になったもの。二は「さば」とも。

さ-ば【生飯・散飯】 名詞《仏教語》鬼神に供え、鳥獣に施すために自分の食事から取り分けた少量の飯。

発展「生飯」の唐音「さんばん」が変化したことば。

さ-は-いへ-ど【然は言へど】 そうはいうものの。しかしながら。何といっても。**去る者は日々に疎し、と言へることなれば、さはいへど、その際ばかりは覚えぬにや…。**〈徒然草・30・人の亡き後ばかり〉訳(世を)去った人は日に日に疎遠に(なる)、と(昔から)言っていることなので、**何といっても**、(亡くなった)その時ほどには(悲しいと)感じないのではないだろうか…。

発展 副詞「さ」+係助詞「は」+四段動詞「いふ」の已然形+接続助詞「ど」。

さ-ばかり【然ばかり】 連語 ❶その程度。それぐらい。「**この殿の御心さばかりにこそ。」とて、その後は参らざりける、と聞きはべるに…。**〈徒然草・10・家居のつきづきしく〉訳「この(後徳大寺の)殿様のお心は**その程度**である。」といって、(西行は)その後は参上しなかった、と聞いておりますが…。

❷あれほど。とても。非常に。**さばかり酔ひなむ人は、その夜は起き上がるべきかは。**〈大鏡・道隆〉訳(いったい)**あれほど**酔ってしまうような人が、その晩は(どうして)起き上がれようか、いや、起き上がれないはずだ。

発展 副詞「さ」+副助詞「ばかり」。

さは-さは 副詞 さっぱり。はっきり。「**尼も、後はさはさはと張り替へんと思へども…。**」〈徒然草・184・相模守時頼の母は〉訳「尼(=私)も、後には**さっぱりと**(障子を)張り替えようと思うけれども…。」

発展 多く「と」を伴って用いる。

さ-ばし-る【さ走る】 動詞 自 ラ四段〈ら・り・る・る・れ・れ〉走る。すばやく動く。勢いよく動く。

春されば我家の里の川門には鮎子さ走る君待ちがてに 歌〈万葉集・5・859〉訳春になると私の家のある里の川の渡り場には若アユが**勢いよく泳ぐ**。あなたを待ちきれないで。

発展「さ」は接頭語。

さは-だ・つ【爽だつ】 動詞 自〔タ四段〕〈た・ち・つ・つ・て・て〉さわやかになる。爽快になる。**藤壺には御心地も今はさはだちたまひにたれど…。**〈宇津保〉訳 藤壺の女御はご気分も今は**さわやかになり**になったけれども…。

さは-に【多に】 副詞 たくさん。類 ここだ
磯の崎漕ぎ廻み行けば近江の海八十の湊に鶴さはに鳴く 歌〈万葉集・3・273〉訳 磯の崎を漕いで巡ってゆくと、琵琶湖に注ぎこむ川の多くの河口でツルが**たくさん**鳴いている。
発展「ここだ」が量的に多いことを表すのに対して、「さはに」は数の多いことを表す。

さ-はふ【作法】 名詞 ❶やり方。方法。「**言ふかひなき者どもの作法かな。**」〈太平記〉訳「取るに足りない者たちの**やり方**だなあ。」
❷慣例に従った正しいやり方。慣習。しきたり。**勅勘の所に靫掛くる作法、今は絶えて知れる人なし。**〈徒然草・203・勅勘の所に〉訳 天皇のおしかりを受けている家に靫(=矢を入れて背負う道具)を立て掛ける**しきたり**は、今はまったく知っている人がいない。
❸→さほふ

さばへ-なす【五月蠅なす】 枕詞 (夏のハエのようにという意味から)「騒く」「荒ぶ」に係る。

さは-やか・なり【爽やかなり】 形容動詞〔ナリ〕〈なら・なり(に)・なり・なる・なれ・なれ〉❶すがすがしい。さっぱりする。**女君は、「暑く、むつかし。」とて、御髪すまして、少しさはやかにもてなしたまへり。**〈源氏・若菜下〉訳 女君(=紫の上)は、「暑くて、うっとうしい。」というので、髪を洗って、少し**さっぱりと**振る舞っていらっしゃった。
❷はっきりしている。明白だ。**人々「いと苦し。」と思ふに、声いとさはやかにて…。**〈源氏・真木柱〉訳 女房たちが「まことに困ったことだ。」と思っているところに、(近江の君は)声はとても**はっきりと**して…。
❸鮮やかだ。**馬、物の具、まことにさはやかに勢ひあって出で立たれたり。**〈太平記〉訳 ウマや、武器を、実に**鮮やかで**力強い感じに整えて出発なさった。

さは・る【障る】

自分の目的に対して障害となる
❶邪魔になる。
❷都合が悪くなる。

動詞 自〔ラ四段〕	未然形	連用形	終止形	連体形	已然形	命令形
	さは・ら	さは・り	さは・る	さは・る	さは・れ	さは・れ

❶**妨げられる。邪魔になる。引っ掛かる。** **月影ばかりぞ、八重葎にも障らず、差し入りたる。**〈源氏・桐壺〉訳 (訪れる者もなく)月の光だけが、幾重にも生い茂ったつる草にも**妨げられ**ないで、(更衣の母君の邸内に)差し込んでいる。
❷**都合が悪くなる。差し障る。** **「いかに。」と問へば、障ることども奏するに…。**〈枕草子・56・殿上の名対面こそ〉訳「どうして(毎夜の点呼をしないのか)。」と(宮中の役人が)問うので、**差し障る**理由(=交替要員がいないこと)などを申し上げると…。

さは-や・ぐ【爽やぐ】 一 動詞 自〔ガ四段〕〈が・ぎ・ぐ・ぐ・げ・げ〉(気分や病気が)よくなる。さわやかになる。**秋待ち付けて、世の中すこし涼しくなりては、御心地もいささかさはやぐやうなれど…。**〈源氏・御法〉訳 秋を待ち受けて、辺りが少し涼しくなってからは、(病床の紫の上の)ご気分もいくらか**よくなる**ようであるけれども…。
二 動詞 他〔ガ下二段〕〈げ・げ・ぐ・ぐる・ぐれ・げよ〉さわやかにする。(気分や体調を)よくする。「**いましばしさはやげて、渡したてまつれ。**」〈夜の寝覚〉訳「もう少し(体調を)**よくして**、(こちらへ)いらしてください。」

さは-らか・なり【爽らかなり】 形容動詞〔ナリ〕〈なら・なり(に)・なり・なる・なれ・なれ〉すっきりとしている。さっぱりしている。**白きに、けざやかなる髪のかかりの、少しさはらかなるほどに薄らぎにけるも…。**〈源氏・初音〉訳 白い衣装に、鮮やかな黒い髪のかかっているのが、少し**さっぱりした**程度に薄くなっているのも…。

さはり【障り】 名詞 ❶差し支え。妨げ。支障。**待つ人は障りありて、頼めぬ人は来たり…。**〈徒然草・189・今日は、そのことを〉訳 待っている人は**差し支え**があって(やって来ず)、期待してない人はやって来て…。
❷月経。生理。

さは・る【障る】 動詞 →最重要語(597ページ)

さはれ【然はれ】 一 感動詞 どうでもよい。ええい、ままよ。「**さはれ、かくてしばしも生きてありぬべかむめりとなむ覚ゆる。**」〈枕草子・277・御前にて人々とも〉訳「**ええい、ままよ**、このまましばらく生きていてもよさそうだと思われる。」
二 接続詞 しかし。それはそうであるが。「**さはれ、道にても。」など言ひて、みな乗りぬ。**〈枕草子・99・五月の御精進のほど〉訳「**それはそうであるが**、(歌を詠むのは宮中に戻る)途中でも(よいだろう)。」などと言って、みな乗った。
発展 副詞「さ」+係助詞「は」+ラ変動詞「あり」の命令形が一語になった「さはあれ」が変化したもの。「さばれ」とも。

さび【寂】 名詞《連歌・俳諧用語》物の本質が深まって、表面ににじみ出たときの枯淡、閑寂の境地。ひっそりと、もの静かな趣。**去来いはく「さびは句の色なり。閑寂なる句をいふにあらず。…にぎやかなる句にも、静かなる句にもあるものなり。」**〈去来抄・修行〉訳 去来(=私)が思うには「**さび**は句の情緒である。(単に)閑寂な(題材を扱っただけの)句をいうのではない。…にぎやかな句にも、静かな句にも(さびは)あるものである。」
発展 上二段動詞「さぶ」の連用形が名詞化したもの。芭蕉の俳諧で重視された美的理念のひとつで、早くに藤原俊成が、和歌の趣として「さびたる姿」をよいものとした姿勢につながる。
関連語 しをり・細み・侘び

★……見出し語として掲載している語

さび・し【寂し】形容詞 ↓最重要語（598ページ）

◆**さびしさに**…百人一首

寂しさに宿を立ち出でてながむればいづく（こ）**も同じ秋の夕暮れ**〈後拾遺集・333・良暹〉訳 あまりの寂しさのために、庵を出て（辺りを）眺めると、どこも同じ（ようにわびしい）秋の夕暮れであるよ。○「寂しさに」の「に」は動作の原因・理由を表す格助詞。「宿」は住まいのことで、ここでは特に僧庵を指す。

発展 第二句を字余りに、第五句を体言止めにすることで、秋の夕暮れの寂しさを際立たせている。『後拾遺集』では、第四句が「いづこも同じ」となっている。

品詞分解・修辞

寂しさ	に	宿	を	立ち出で	て	ながむれ	ば
	格助		格助	ダ下二・用	接助	マ下二・已	接助

いづく	も	同じ	秋	の	夕暮れ〈体言止め〉
代	係助	形・体		格助	

◆**さびしさに**…歌

寂しさにたへたる人のまたもあれな庵ならべむ冬の山里〈新古今集・冬・627・西行〉訳（私のように）寂しさに耐えて（生きて）いる人がほかにもいるといいなあ。（そうしたら、その人と）庵を並べて住もう。（この）冬の山里に。○「またも」は、「そのほかにも・別にも」という意味。

発展 冬の山里に一人暮らす寂しさと、人恋しさを素直に表現する。『山家集』にも収められている。

◆**さびしさは**…歌

寂しさはその色としもなかりけり槙立つ山の秋の夕暮れ〈新古今集・秋上・361・寂蓮〉訳（この）寂しさは、特にどの色（から）ということはなかったのだなあ（山全体から寂しさが漂うよ）。スギやヒノキの茂る山の秋の夕暮れは。○「その色」は、モミジなどの特定の色を越えた全体の景色や雰囲気をいう。「しも」は副助詞で「その色」を強調している。「槙」は、スギやヒノキなど常緑樹の総称。

発展 特にどこが寂しいというわけでなく、たとえば秋らしくない常緑樹の山であっても寂しいのだと詠み、言い難い寂しさを巧みに表す。「★三夕の歌」の一つ。

さ-ひゃうゑ【左兵衛】名詞「★左兵衛府」の略。また、左兵衛府に属した武官。対 右兵衛

さひゃうゑ-の-かみ【左兵衛の督】名詞 ★左兵衛府の長官。従五位上相当の官。

さひゃうゑ-の-すけ【左兵衛の佐】名詞 ★左兵衛府の次官。

さひゃうゑ-ふ【左兵衛府】名詞 ★六衛府の一つ。内裏の門の警備や天皇の外出の警護などを担当した。対 右兵衛府 →ビジュアルチェック⑮（757ページ）

◆**さびれる**（現）↓（古）**さぶ**【荒ぶ・寂ぶ・錆ぶ】

さ-ふ【左府】名詞 左大臣の中国風の呼び名。対 右府

さ・ふ【障ふ】一 動詞 自 〔八下二段〕〈へ・へ・ふ・ふる・ふれ・へよ〉ひっかかる。つかえる。**その木の枝を捕らへて下りつるに、下に大きなる木の枝のさへつれば**…。〈今昔〉訳 その木の枝をつかんで降りたところ、下に大きな木の枝が**つかえ**ていたので…。

二 動詞 他 〔八下二段〕〈へ・へ・ふ・ふる・ふれ・へよ〉じゃまをする。止める。妨げる。**一生は雑事の小節にさへられて、むなしく暮れなん。**〈徒然草・112・明日は遠き国へ〉訳 一生は雑用のつまらない義理に**妨げ**られて、空しく終わってしまうだろう。

-さ・ぶ 接尾語《上代語》（名詞に付いて）…のようである、…らしくなる、という意味を表す。語例 神**さぶ**・翁**さぶ**

発展 動詞（バ上二段）化する。

さ・ぶ 一【荒ぶ・寂ぶ】動詞 自 〔バ上二段〕〈び・び・ぶ・ぶる・ぶれ・びよ〉❶古くなる。古びて趣がある。閑寂である。**岩に苔むしてさびたる所なりければ、住ままほしうぞおぼしめす。**〈平家・灌頂・大原入〉訳（寂光院は）岩にコケがむして**古びて趣のある**所であったので、（ずっと）住んでいたいとお思いになる。❷荒れる。衰える。色あせる。

さび・し【寂し】

あるべき物事が失われたことを不足に思う気持ち
→ ❶静かで心細い。ひっそりとして寂しい。
→ ❷（必要なものがなくて）もの足りない。（経済的に）貧しい。

形容詞〔シク〕

未然形	連用形	終止形	連体形	已然形	命令形
さび・しく	さび・しく	さび・し	さび・しき	さび・しけれ	○
さび・しから	さび・しかり	○	さび・しかる	○	さび・しかれ

❶**静かで心細い。ひっそりとして寂しい。**

広うもの旧りたる所の、いとど人少なに寂しければ…。〈源氏・若紫〉訳 広々としてどことなく古びている屋敷が、いちだんと人が少なくて**ひっそりとして寂しい**ので…。

❷（必要なものがなくて）**もの足りない。**（経済的に）**貧しい。**

「**世の中寂しく**、思はずなることありとも、忍び過ぐしたまへ。」〈源氏・若菜下〉訳「（源氏との）夫婦仲が**もの足りな**く、心外なことがあっても、我慢してお過ごしなさい。」

「**寂しう、事打ち合はぬ、雅び好める人の果て果ては、もの清くもなく**…。」〈源氏・東屋〉訳「（生活が）**貧しく**、事（＝実質的な方面）が思いどおりに運ばず、（それでもなお）風流を好んだ人たちの最後は、なんとなく潔くもなく…。」○「寂しう」は連用形「寂しく」のウ音便。

発展 **語の成り立ち** 上二段動詞「寂ぶ」あるいは「荒ぶ」が形容詞になったもの。

類語比較 **「さびし」と「わびし」**

共通点＝心細く寂しい気持ちや、もの足りない気持ちを表す。

さびし＝①客観的な状態を表すことば。②あるべきものが欠けていること、あるいは失われたことによって、心が満たされず、ひっそりともの寂しい状態を表す。

わびし＝①自分の心情を表すことば。②物事が思いどおりにならないことから来る失意・落胆の気持ちを表す。

※後に、「わびし」が、つらい気持ちの起こる原因となる自分の置かれた状態までいうようになり、また、「寂し」が欠けるという状態を広く解釈したところから、共に、経済的に貧しい状態を表すようにもなった。

類語比較 **「さうざうし」「さびし」「つれづれなり」**→さうざうし

長月も幾有り明けになりぬらむ浅茅の月のいとどさびゆく 歌〈新古今集・秋下・521〉訳 九月も(深まり)幾度の夜明けを経たことだろう。丈の低いチガヤに差す月の光もますます衰えていくことだ。

❸寂しく思う。寂しがる。気持ちがすさぶ。

真澄鏡見飽かぬ君におくれてや朝夕にさびつつ居らむ 歌〈万葉集・4・572〉訳 見飽きないあなたに残されて(私は)一日中寂しく思い続けるのだろうか。○「真澄鏡」は「見る」に係る枕詞。

□【錆ぶ】(金属が)腐食する。さびる。さびつく。

錠のいといたく錆びにければ、開かず。〈源氏・朝顔〉訳 錠がたいへんひどくさびついてしまったので、(門が)開かない。

ざふか【雑歌】文芸用語 → 雑歌(ぞうか)

さぶ・し【寂し・淋し】形容詞〔シク〕〈しく・しく・し・しき・しけれ・○／しから・しかり・○・しかる・○・しかれ〉《上代語》もの足りない。満足できない。→寂し

桜花今そ盛りと人は言へど我はさぶしも君としあらねば 歌〈万葉集・18・4074〉訳 サクラは今満開だと人は言うけれども、私はもの足りないなあ。あなたといっしょにいないので。

ざふ-し【雑仕】ぞう— 名詞 宮中で、雑役を務め、また行幸・行啓の供をした下級女官。

ざふ-じ【雑事】ぞう— 名詞 さまざまな事柄。雑事。雑用。

一生は雑事の小節にさへられて、むなしく暮れなん。〈徒然草・112・明日は遠き国へ〉訳 一生は雑用のつまらない義理に妨げられて、空しく終わってしまうだろう。

ざふ-しき【雑色】ぞう—

衣服の色に規定のない無位の役人 ― ❶雑役を務める無位の役人。❷下男。

名詞 ❶(蔵人所・院の御所・東宮の御所・摂関家などで)雑役を務める無位の役人。

雑色の、蔵人になりたる、めでたし。〈枕草子・246・身をかへて〉訳(蔵人所の)雑役を務める無位の役人が、(正式な官位のある)*蔵人になったのは、喜ばしい。

❷平安時代以降、貴族や武士の家などで雑役を務めた者。下男。また、鎌倉・室町時代に、幕府の雑役に従事した下級の役人。

発展 語の由来「ざっしき」とも。もともとは、律令制で、良と賤とに大きく二つに分けられた人の身分のうち、良民の最下位に属する品部や雑戸のこと。特定の位を表す色を着用しなかったことからこう呼ばれた。

ざふ-にん【雑人】ぞう— 名詞 身分の低い人。一般の人。

賀茂の競べ馬を見はべりしに、車の前に雑人立ち隔てて見えざりしかば…。〈徒然草・41・五月五日〉訳 上賀茂神社の競馬を見物しましたときに、牛車の前に身分の低い人が立ちふさがって見えなかったので…。

さぶらい(現)→(歴)さぶらひ【侍】

さぶらう(現)→(歴)さぶらふ【候ふ・侍ふ】基本敬語25(600ページ)

さぶらひ【侍】さぶらい 名詞 ❶貴人のそばに仕えて雑用をする人。従者。供の者。❷天皇・上皇および皇太子の住居を警護する者。❸武家に仕える者。武士。❹「*侍所」の略。

発展 ❷は、滝口(宮中警護)・北面(上皇の御所警護)・帯刀(東宮御所警護)の武士。また、親王・摂関・大臣家の家司・家人などもいう。

さぶらひ-だいしゃう【侍大将】さぶらいだいしょう 名詞 侍の身分で、一軍を率いる者。発展「さむらひだいしゃう」とも。

さぶらひ-どころ【侍所】さぶらい— 名詞 ❶平安時代、院・親王・摂関家などで、その家の事務を取り扱った侍の詰め所。❷鎌倉・室町幕府の重要な政治機関のひとつ。鎌倉幕府では、後家人の統制や、罪人の処罰、軍事を担当した。室町幕府では、それらに加えて朝廷・幕府の警護、京都の雑事や領地の管理にも当たった。発展「さむらひどころ」とも。略して「さぶらひ」とも。

さぶら・ふ【候ふ・侍ふ】→基本助詞25(601ページ)→基本敬語25(600ページ)

さ-べき 連体詞 それ相応の。それにふさわしい。適当な。類さるべき

「なほ、この宮の人には、さべきなめり。」〈枕草子・299・雪のいと高う降りたるを〉訳「(あなたは)やはり、この宮の(お仕えする)人としては、それにふさわしい(人の)ようだ。」

発展「さるべき」の撥音便「さんべき」の「ん」を表記しない形。「さべい」とも。

さへづ・る【囀る】さえずる 動詞 自〔ラ四段〕〈ら・り・る・る・れ・れ〉❶(鳥が)しきりに鳴く。季語 春

折節、梅花に鶯の飛び散りて、さへづるを聞き…。〈御伽草子・ものくさ太郎〉訳 ちょうどそのとき、ウメの花にウグイスが飛び交い、しきりに鳴くのを聞き…。

❷(外国語や方言、または下層の者のことばで)聞き分けにくいことをしゃべる。ぺちゃくちゃしゃべる。

例の、品々しからぬけはひ、さへづりつつ入り来たれば…。〈源氏・浮舟〉訳 いつものように、上品でない感じで、ぺちゃくちゃしゃべりながら入って来たので…。

さへ-に さえ— 副助詞(添加を表し)…までも。類そへに

今はとてわが身時雨にふりぬれば言の葉さへに移ろひにけり 歌〈古今集・恋5・782〉訳 今となってはということで、私は冷たい雨に降られたように悲しみの涙にぬれて身も古くなってしまったので、木の葉ばかりかあなたの言葉までも変わってしまったことだ。○「ふり」は「降り」と「古り」との掛詞。

さへ-の-かみ【塞の神】さえ— 名詞 悪霊を防ぎ、通行人を守る神。村境や辻・峠などに祭られる。道祖神。発展「さいのかみ」とも。

サ変 国語・国文法 → サ行変格活用

さほ【佐保】歌枕 → 佐保(さお)

さほひめ【佐保姫】登場人物 → 佐保姫(さおひめ)

さ-ほふ【作法】—ほう 名詞《仏教語》葬礼、授戒など仏事のやり方。

限りあれば、例の作法にをさめたてまつるを…。〈源氏・桐壺〉訳 限り(=身分に応じた定まり)があるので、通例の仏事のやり方で(更衣を)お墓に埋葬し申し上げるが…。

-さま【様・方】接尾語 ❶(方向や場所を示す名詞や地名に付いて)…の方角、…の方向、という意味を表す。語例 京様・横様 ❷(動詞の連用形に付き、下に「に」を伴って)ちょうどその時、…するやいなや、という意味を表す。語例 帰り様に(=帰りがけに)・言ひ様に(=言うやいなや) ❸(名詞や代名詞に付いて)…のよう、…のふう、という意味を表す。語例 いか様 ❹《中世以降》(人を表す名詞、称号、氏名に付いて)尊敬を表す。語例 若君様

発展「ざま」とも。

さま【様・方】□ 名詞 ❶ようす。ありさま。また、姿。身なり。❷趣向。趣。❸形式。様式。体裁。❹理由。事情。

□ 代名詞《近世語》❶(親愛の気持ちを込めて)あなたさま。❷(第三者に対して)あのお方。

さま-あ・し【様悪し】連語 体裁が悪い。みっともない。

人の後ろにさぶらふは、さまあしくも及びかからず、わりなく見んとする人もなし。〈徒然草・137・花は盛りに〉訳 人(=身分の高い人)の後ろにお控え申し上げている者は、**みっともなく**(他人に)のしかかったりもしないし、無理に(祭りを)見ようとする人もいない。

発展「あし」は形容詞。

さま-かたち【様形・様貌】名詞 姿と顔かたち。見た目。

声より始めて、さまかたちも、さばかり貴に美しきほどよりは…。〈枕草子・41・鳥は〉訳(ウグイスは)鳴き声をはじめとして、**見た目**も、あれほど上品でかわいらしいわりには…。

さま-か・ふ【様変ふ】かう ― ❶ようすを変える。趣を変える。

様変へたる春の夕暮れなり。〈源氏・玉鬘〉訳(求愛は夜が普通だが)**趣を変えた**春の夕暮れ(の求愛)である。

❷(元服などをして)姿を変える。

みづら結ひたまへる面つき、顔の匂ひ、様変へたまはむこと、惜しげなり。〈源氏・桐壺〉訳(少年の髪型の)みずらに結っていらっしゃる(源氏の)顔立ちや、顔のつややかな美しさは、(元服して)**姿を変え**なさったりすることが、惜しいように見える。

❸剃髪して僧や尼になる。

さま-こと・なり【様異なり】形容動詞(ナリ)〈なら・なり(に)・なり・なる・なれ・なれ〉ようすが普通と違っている。風変わりだ。格別だ。

棟の花、いとをかし。かれがれに、様異に咲きて…。〈枕草子・37・木の花は〉訳 センダンの花は、たいへんおもしろい。枯れたような感じで、**風変わりに**咲いて…。

さま・す【冷ます】動詞 他(サ四段)〈さ・し・す・す・せ・せ〉

❶(熱を)冷ます。温度の高いものを低温にする。

❷(感情の高ぶりを)静める。(気持ちを)落ち着かせる。

「**何ばかりの事にてかは思ひ冷ますべからむ。**」〈源氏・柏木〉訳「(いったい)どれほどのことでこの思いを**静める**ことができようか、いや、できはしない。」

さま・す【覚ます・醒ます】動詞 他(サ四段)〈さ・し・す・す・せ・せ〉

❶(眠りから)目覚めさせる。さます。

山里は秋こそことにわびしけれ鹿の鳴く音に目を覚ましつつ 歌〈古今集・秋上・214〉訳 山里は秋がひときわもの寂しいことだ。シカの鳴く声に眠りを**さまし**ながら。

❷迷いを解く。平静にする。

「**年積もりぬる人は強ひて心強う覚ましはべるを**…。」〈源氏・柏木〉訳「年を取った私は無理しても気持ちを強く持って**平静にして**おりますが…。」

さま-た・る 動詞 自(ラ下二段)〈れ・れ・る・るる・るれ・れよ〉乱れる。だらしなくなる。

この君達一人うるはしき者もなく酔ひさまたれて…。〈今昔〉訳 この貴公子たちは一人もきちんとしている者もなく酔って**だらしなくなって**…。

さ-まで【然まで】連語 ❶それほどまで。

まして神の御心にさまで欲しくおぼしけむこそ、いかに御心おごりしたまひけむ。〈大鏡・実頼〉訳 ましてや神のお心に**それほどまで**(藤原佐理の書いた額が)ほしいとお思いになったとかいうことは、(佐理は)どれほど鼻高々でいらっしゃったことだろう。

❷(打消の語を伴って)それほどは。たいして。

「**さまで心とどむべきことのさまにもあらず。**」〈源氏・夕顔〉訳「(夕顔との恋は)**それほどは**心を奪われねばならないほどの事柄でもない。」

発展 副詞「さ」+副助詞「まで」。

基本敬語25

さぶら・ふ【候ふ・侍ふ】さぶら(ろ)う

一 動詞 自
- 一 謙譲語
  - ❶(神仏や貴人のそばに)お控え申し上げる。お仕え申し上げる。〔通常語〕あり・仕ふ
  - ❷お伺いする。参上する。〔通常語〕行く・来(く)
- 二 丁寧語 ― あります。ございます。〔通常語〕あり

二 補助動詞
- 三 丁寧語 ― …ます。…ございます。

接続 二は活用語の連用形(+て)に付く。

	未然形	連用形	終止形	連体形	已然形	命令形
動詞 自〔ハ四段〕 補助動詞〔ハ四段〕	さぶら・は	さぶら・ひ	さぶら・ふ	さぶら・ふ	さぶら・へ	さぶら・へ

一 動詞 自〔ハ四段〕 一❶(「あり」「仕ふ」の謙譲語で)(神仏や貴人のそばに)**お控え申し上げる。お仕え申し上げる。**

皆、気色ばみゆるがし出だすに、宮の御前近くさぶらひて、もの啓しなど、異事をのみ言ふを…。〈枕草子・99・五月の御精進のほど〉訳(女房たちは)みんな、気取って(歌を)苦心して作り出すときに、(私は)中宮のおそば近くに**お控え申し上げ**て、何かと申し上げたりなど、(歌を詠まずに)ほかのことばかり言うのを…。

○作者(=清少納言)が、自分の「仕える」動作の及ぶ中宮への敬意を表している。

いづれの御時にか、女御、更衣あまたさぶらひたまひける中に…。〈源氏・桐壺〉訳 どの帝の御代であっただろうか、女御、更衣が大勢**お仕え申し上げ**ていらっしゃった中に…。

○作者が、女御や更衣の「仕える」動作の及ぶ帝への敬意を表している。下に付いている補助動詞「たまふ」は、「仕える」動作をする女御・更衣への敬意。

❷(「行く」「来」の謙譲語で)**お伺いする。参上する。**

「**自ら聞こえさすべきことも多かれど、今日明日過ぐしてさぶらふべし。**」〈源氏・夢浮橋〉訳「自分から(浮舟に)申し上げなければならないこともたくさんあるけれども、今日明日を過ごしてから(そちらに)**お伺いする**つもりだ。」

○手紙の書き手(=僧都)が、自分の「行く」動作の及ぶ尼君への敬意を表している。僧都から妹の尼君への手紙文。❷の意味は❶から派生したもので、この例のように❶の意味を含んで用いられるものもある。

二(「あり」の丁寧語で)**あります。ございます。**

翁、皇子に申すやう、「いかなる所にかこの木はさぶらひけむ。あやしく、うるはしくめでたき物にも。」と申す。〈竹取・蓬莱の玉の枝〉訳(竹取の)翁が、(くらもちの)

皇子に申し上げるには、「どんな所にこの木は**ありました**のでしょうか。不思議なことにも、整っていてすばらしい物でも（ございますね）。」と申し上げる。

○話し手（＝竹取の翁）が、丁寧な言い方をして聞き手（＝くらもちの皇子）への敬意を表している。なお、この用例は、中古の「さぶらふ」の丁寧語用法としては早い例である。

「**京にとく上げたまひて、物語の多くさぶらふなる、ある限り見せたまへ。**」〈更級日記・門出〉訳「（私を）都に早く上らせてくださって、（都には）物語がたくさん**あります**とかいうその物語を、あるだけ全部見せてください。」

○話し手（＝菅原孝標女）が、丁寧な言い方をして聞き手（＝薬師如来像）への敬意を表している。菅原孝標女が、薬師如来像に向かって話しかけている場面。

二 補助動詞（八四段）…**ます**。…**ございます**。

「**からい目を見さぶらひて。たれにかは憂へまうしはべらむ。**」〈枕草子・314・僧都の御乳母のままなど〉訳「（火事で）ひどい目に遭い**まして**。だれに訴え申し上げたらよいでしょうか。」

○話し手（＝男）が、丁寧な言い方をして聞き手（＝御匣殿や清少納言を含む女房たち）への敬意を表している。一人の男が、御匣殿（＝中宮の妹）の局の縁側にやって来て話しかける場面。上一段動詞「見る」の連用形に付いている例。中古では「さぶらふ」の補助動詞の用法はまだ一般化していない。同一会話文中に見られる「はべり」のほうが、この時期の丁寧語としては通常であった。

「**これへ召されさぶらへかし。さらずは妾に暇をたべ。出でて見参せん。**」と申しければ…。〈平家・1・祇王〉訳（仏御前が）「（祇王を）ここへお招きなさい**ませ**。そうしないなら私においとまをください。出て行って（祇王に）お目にかかろう。」と（平清盛に）申し上げたところ…。

○話し手（＝仏御前）が、丁寧な言い方をして聞き手（＝平清盛）への敬意を表している。「召され」は、尊敬語の四段動詞「めす」の未然形＋尊敬の助動詞「る」の連用形。中古では尊敬表現「召され」に丁寧語「さぶらふ」が付くことはなかったが、ここでは、尊敬表現「召され」に丁寧語「さぶらふ」が付いている。

発展 ①上代の動詞「さもらふ」が変化して、中古にできたことばと考えられている。

②**「さうらふ」と「さぶらふ」** 中古末期から中世初期にかけて「さうらふ」という語形が生じる。中世の『平家物語』では、「さぶらふ」は女性の会話に、「さうらふ」は男性の会話に、というように使い分けがあったといわれ、**二**の『平家物語』の用例は、女性が話し手である。しかし、しだいに「さうらふ」が「さぶらふ」を圧倒していく。

敬語のしくみ ①**遅れて発達した丁寧語**
敬語は、そのほとんどが尊敬語と謙譲語で、丁寧語はわずかに「**さうらふ**」「**さぶらふ**」「**はべり**」の三語しかない。これは、丁寧語が他の敬語よりも遅れて発達してきたという、敬語の歴史にかかわっている。丁寧語は上代にはまだ存在せず、中古にその用法が芽生え、中古から中世にかけて発達、成立していく。右の三語はいずれも、もともと謙譲語であったものが丁寧語になっていったものである。

②**丁寧語への発達**
丁寧語への変化は「はべり」においていち早く行われた。ただ、中古は謙譲語から丁寧語への発達の過程にあり、現代の丁寧語と比べると異なる点が見られる。たとえば、中古の丁寧語「はべり」は、対称（＝あなた）の動作に使わないから、尊敬語に付くことはない。なお、中古後期ごろから、「はべり」に代わって「さぶらふ」の使用が多くなり、やがて「はべり」を圧倒していく。中世には「はべり」は口語からは消えていき、「さぶらふ」さらには「さうらふ」が丁寧語としての位置を占めるようになる。

↓基本敬語動詞一覧表（26ページ）

関連語 候ふ・侍り

基本助詞25 さへ

❶（添加を表し）…**までも**。
❷（程度の軽いものを挙げ、言外にもっと重いもののあることを類推させ）…**でさえ**。
❸（仮定条件を表す句に用いて、期待の最小限の条件であることを表し）…**だけでも**。

接続 体言、活用語の連体形、助詞などに付く。

副助詞 ❶（添加を表し）…**までも**。**そのうえ…まで**。

その夜、雨風、岩も動くばかり降りふぶきて、神さへ鳴りてとどろくに…。〈更級日記・初瀬〉訳その夜、雨風が、岩も揺れ動くほどに激しく吹き降り、**そのうえ**雷**まで**鳴って響きわたるときに…。

年老いたる法師…目も当てられずすぢりたるを、興じ見る人さへ疎ましく憎し。〈徒然草・175・世には心得ぬこと〉訳年老いた僧が…見ていられないくらい身をくねらせて（踊って）いるのを、おもしろがって見る人**までも**嫌で憎らしい。

❷（程度の軽いものを挙げ、言外にもっと重いもののあることを類推させ）…**でさえ**。…**さえも**。…**だって**。

母はあまりの悲しさに、念仏をさへ申さずして、ただひれ伏して泣きゐたり。〈謡曲・隅田川〉訳（我が子を亡くした）母はこの上ない悲しさで、念仏**さえも**申し上げないで、ひたすらひれ伏して泣いていた。

❸（仮定条件を表す句に用いて、期待の最小限の条件であることを表し）…**だけでも**。…**なりと**。**せめて…だけでも**。

「**路次すがら雑談いたいて参らうに…連れさへあらば同道いたさう。**」〈狂言・餅酒〉訳「道すがら雑談して（都の方へ）参りたいが…同行者**だけでも**いるならば一緒に参りましょう。」

発展 **語の歴史** 下二段動詞「添ふ」の連用形「添へ」が助詞化したものといわれ、すでにある状態のうえに、さらにある事柄を添加する意味を表す❶がもともとの意味。

類語比較 「**さへ**」「**だに**」「**すら**」

共通点＝程度の軽いものを挙げ、言外にもっと重いもののあることを類推させる「…でさえ」の意味で用いられる。

さへ＝もともと、すでにある状態のうえに、さらにある事柄を添加する意味を表す副助詞で、「すら」「だに」と同じ意味でも用いられるようになるのは中世末期以降である。

だに＝中古になると「…でさえ」の意味で用いられることが多くなった。

すら＝上代には「…でさえ」の意味として用いられていた。中古になると主に漢文訓読文で用いられた。

さ-まね・し【形容詞】〔ク〕〈く・くし・き・けれ・○／から・かり・○・かる・○・かれ〉数が多い。度重なる。

心には忘れぬものをたまさかに見ぬ日さまねく月ぞ経にける 歌〈万葉集・4・653〉訳 心の中では忘れてはいないものの、偶然会わない日が**度重なって**、一月たってしまった。

発展「さ」は接頭語。

さま-の-かみ【左馬の頭】名詞 ★左馬寮の長官。ひだりのうまのかみ。対 右馬の頭

さまよ・ふ【吟ふ】動詞 自〔八四段〕〈は・ひ・ふ・ふ・へ・へ〉声をあげてうめく。嘆き悲しむ。

妻子どもは足の方に囲み居て憂へさまよひ… 歌〈万葉集・5・892〉訳 妻や子らは、下座の方に囲んで座っては、愚痴を言い**嘆き悲しみ**…。

さまよ・ふ【彷徨ふ】動詞 自〔八四段〕〈は・ひ・ふ・ふ・へ・へ〉❶(当てもなく)歩き回る。あちこち歩く。

立ちさまよふらむ下つ方思ひやるに、あながちに丈高き心地ぞする。〈源氏・夕顔〉訳 (乳母の家の隣家に)立って**あちこち歩いていたりする**(女たちの、簾越しに見える)下の方(=下半身)を想像してみると、むやみに背丈が高い感じがする。

❷うつろいやすく浮気だ。心が揺れ動く。迷う。

色めかしうさまよふ心さへ添ひて、もてわづらひたまふ。〈源氏・真木柱〉訳 (近江の君は)好色めいて**うつろいやすく浮気な**心も加わって、(父の内大臣も)手を焼いていらっしゃる。

さ-まれう【左馬寮】名詞 左・右あるうちの、左の★馬寮。対 右馬寮 →**ビジュアルチェック⑮**(757ページ)

さみ【沙弥】名詞 →しゃみ

さみだ・る【五月雨る】動詞 自〔ラ下二段〕〈れ・れ・る・るる・るれ・れよ〉五月雨が降る。

おほかたにさみだるるとや思ふらむ君恋ひわたる今日のながめを 歌〈和泉式部日記〉訳 ふつうに**五月雨が降っている**と思っているのだろうか。あなたを思い続ける(私の物思いで乱れた心によって流す涙である)今日の長雨を。○「さみだるる」は「五月雨るる」と「さ乱るる(=乱れる)」、「ながめ」は「長雨」と「眺め(=物思い)」とを掛けている。

さ-みだれ【五月雨】名詞 陰暦五月に降り続く長雨。梅雨。季語 夏

さみだれの… 句

五月雨の降りのこしてや光堂〈奥の細道・平泉・松尾芭蕉〉訳 何百年もの間、五月雨はすべてを朽ちさせてきていようが、ここ光堂だけには降らずにおいたのだろうか。(その名のとおり、今なお光り輝いている光堂よ。)○ 季語 五月雨―夏。「光堂」は今の岩手県の平泉にある中尊寺の金色堂。阿弥陀如来を本尊とし、藤原三代の棺を保管している。「や」は疑問の意味を込めた詠嘆。

さみだれや… 句

さみだれや大河を前に家二軒〈安永六年句稿・与謝蕪村〉訳 降り続く五月雨のために水かさを増して荒れ狂う大河。その前に、今にも押し流されそうな二軒の小さな家が寄り添うように立っているよ。○ 季語 さみだれ―夏

発展 自然のたけだけしさと、その前ではなす術もない人間の生活が、絵画的な構図の中で表現されている句。

さみだれを… 句

五月雨をあつめて早し最上川〈奥の細道・最上川・松尾芭蕉〉訳 降り続く五月雨をひとつに集めたように、すさまじく早く流れ下ることよ、この最上川は。○ 季語 五月雨―夏

発展 最上川は富士川・球磨川とともに日本三大急流の一つ。増水している最上川を下ったときの印象を「水みなぎって舟危ふし」と『奥の細道』で述べており、それを「あつめて早し」という具体的で力強い言い方で表した句。

さ・む【冷む】動詞 自〔マ下二段〕〈め・め・む・むる・むれ・めよ〉❶冷たくなる。熱が引く。熱が冷める。

「うちはへぬるみなどしたまへることは冷めたまひて…。」〈源氏・手習〉訳「ひき続いて熱などがありになったのも(今では)**冷めなさって**…。」

❷(高ぶっていた心が)静まる。(興が)冷める。

焦がるる胸も、少し冷むる心地したまひける。〈源氏・蜻蛉〉訳 (薫の浮舟に)思い焦がれる胸の思いも、少し**静まる**気持ちがなさったのだった。

さ・む【覚む・醒む】動詞 自〔マ下二段〕〈め・め・む・むる・むれ・めよ〉❶(眠りや夢から)覚める。目覚める。

思ひつつ寝ればや人の見えつらむ夢と知りせば覚めざらましを 歌〈古今集・恋2・552〉訳 →おもひつつ…

❷迷いがなくなる。物思いが晴れる。

夢の心地しつる嘆きも覚めにけり。〈源氏・澪標〉訳 (明石に遣わされた乳母は)夢の(ような情けない)気持ちのしていた嘆きも**晴れて**しまったのだった。

さむけ・し【寒けし】形容詞〔ク〕〈く・くし・き・けれ・○／から・かり・○・かる・○・かれ〉寒々としている。寒そうだ。

すさまじきものにして見る人もなき月の、寒けく澄める二十日あまりの空こそ、心細きものなれ。〈徒然草・19・折節の〉訳 殺風景なものとして見る人もない月が、**寒々と**さえ渡っている二十日過ぎの空は、もの寂しいものである。

→**古語チャート㊸**(1211ページ)

さ-むしろ【さ筵】名詞 むしろ。敷物。

さ筵に衣片敷きこよひもや我を待つらむ宇治の橋姫 歌〈古今集・恋4・689〉訳 **敷物**の上に自分の着物だけを敷いて今夜もいまごろ私を待っていることだろうか、宇治の橋姫は。

きりぎりす鳴くや霜夜のさ筵に衣片敷きひとりかも寝む 百人一首〈新古今集・秋下・518〉訳 →きりぎりす…

発展「さ」は接頭語。

さむらう(現)→(歴)**さむらふ**【候ふ・侍ふ】

さむらひ【侍】名詞 →さぶらひ

さむらひ-えぼし【侍烏帽子】名詞 烏帽子の一種。厚紙製、黒漆塗りの平たい形のもので、頂部に三角状の部分がある。素襖を着るときにかぶった。類 折り烏帽子 発展 武士が常用したことから。→烏帽子(図)・素襖(図)

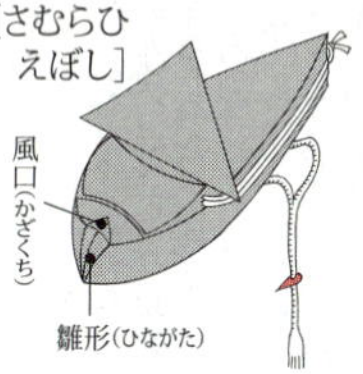

さむらひ-どころ【侍所】名詞 →さぶらひどころ

さむら・ふ【候ふ・侍ふ】動詞 補助動詞 →さうらふ基本敬語25(570ページ)

さ-め・く 動詞 自〔カ四段〕〈か・き・く・く・け・け〉ざわつく。ざわめく。騒がしくする。

からすの集まりて飛びちがひ、さめき鳴きたる。〈枕草子・28・憎きもの〉訳 カラスが集まって飛び交い、**ざわつき鳴い**ている(のはしゃくに障る)。

発展「さ」は擬声語。「めく」は接尾語。「ざめく」とも。

ざ-めり …ないようだ。…ないように見える。「はやく跡なきことにはあらざめり。」とて…。〈徒然草・50・応長のころ〉訳「(鬼がいるといううわさは)もともと根拠がないことではないようだ。」と思って…。

発展「ざるめり」(打消の助動詞「ず」の連体形＋推量の助動詞「めり」)の撥音便「ざんめり」の「ん」を表記しない形。読む時は「ざんめり」と「ん」を入れて読む。

さめる(現)→(古)**さむ**【冷む】【覚む・醒む】

さ-めれう【左馬寮】めりょう 名詞 →さまれう

さ-も【然も】一 副詞 (前に述べられたことを指して)そうも。そのようにも。そんなふうにも。

女の限りしては、**さも**え居明かさざらましを…。〈枕草子・181・雪のいと高うはあらで〉訳 女ばかりでは、**そうも**起きたままで夜を明かすことはできなかったであろうのに…。

二 副詞 ❶そのように。そのとおりに。

出家をも天皇の許されなくては、たやすくすることなかりければ、**さも**ねむごろに祈り請ひけるなりけり。〈今昔〉訳 出家も天皇が許してくれなくては、簡単にすることが(でき)なかったので、**そのように**念入りに祈ったのであった。

❷いかにも。まったく。

「**さも**、清らにおはしける大臣かな。」〈源氏・宿木〉訳「**いかにも**、美しくていらっしゃった大臣であるなあ。」

❸(打消の語を伴って)それほど。たいして。

ただこちたき御物慎みなれば、**さも**睦びたまはぬを、「妬し。」となむ思ひける。〈源氏・蓬生〉訳(末摘花が)ひたすらはなはだしいご遠慮深さなので、**それほど**親しくなさらないのを、(叔母は)「いまいましい。」と思ったのだった。

発展 一は、副詞「さ」＋係助詞「も」。

さも-あら-ず【然も有らず】(強い打消を表し)そうではない。とんでもない。

「大伴の大納言は、竜の頸の玉や取りておはしたる。」「いな、**さもあらず**。」〈竹取・竜の頸の玉〉訳「大伴の大納言は、竜の首の玉を取って(帰って)いらっしゃったのか。」「いや、**そうではない**。」

さも-あら-ば【然も有らば】そうであるなら。

「そも、この衣の御主とは、さては天人にてましますかや。**さもあらば**、末世の奇特に留め置き、国の宝となすべきなり。」〈謡曲・羽衣〉訳「いったい、この衣の持ち主というのは、それでは天人でいらっしゃるのか。**そうであるなら**、末世のめったにない奇跡として(この衣を地上に)とどめ置いて、国の宝とするのが適当である。」

さも-あら-ば-あれ【然も有らば有れ】❶(不本意ではあるが、そうなったらなったで)やむをえない。どうとでもなれ。

思ふには忍ぶることぞ負けにける逢ふにし代へば**さもあらばあれ** 歌〈伊勢・65〉訳(あなたを)思う心には堪え忍ぶ心が負けてしまったのだった。お逢いするのに代えることができるなら、(私の身は)**どうとでもなれ**。

❷それはともかく。何はともあれ。

助くるも道、殺すも道、**さもあらばあれ**、帰れ、有王。〈近松・平家女護島〉訳 助けるのも(人の)道、殺すのも(人の)道、**何はともあれ**、帰れ、有王。

発展「あれ」は放任の意味を表す。

さも-あら-む【然も有らむ】いかにもそうでもあるだろう。そんなこともあるだろう。

「さても、この偽りどもの中に、『げに、**さもあらむ**。』とあはれを見せ、つきづきしく続けたる…。」〈源氏・蛍〉訳「それにしても、この虚構(の物語)のあれこれの中で、『なるほど、**いかにもそんなこともあるだろう**。』としみじみとした趣を表して、(話の筋に)似つかわしく(書き)続けたものは…。」

さも-あ-り【然も有り】連語 いかにもそのとおりだ。もっともだ。

『もしや助かる。』と、それが上に落ちかからむ。」と言へれば、皆人、「**さもあることなり**。」と言ひて…。〈今昔〉訳『もしかして助かるのではないか。』と思って、その(網の)上に飛び降りてみよう。」と言ったところ、皆は、「**いかにもそのとおりのことだ**。」と言って…。

さも-あり-ぬ-べし【然も有りぬべし】きっとそうでもありそうだ。きっとそのとおりに違いない。

「子ゆゑにこそ、万のあはれは思ひ知らるれ。」と言ひたりし、**さもありぬべきことなり**。〈徒然草・142・心なしと見ゆる者も〉訳「子によってこそ、すべての情愛は自然と理解される。」と言っていたのは、**きっとそうでもありそうなこと**である。

発展「ぬ」は確述の助動詞「ぬ」の終止形、「べし」は推量の助動詞。

さも-ある-まじ【然も有るまじ】そうでもないに違いない。そんなはずもなさそうだ。

さもあるまじき人の、差し答へをも後ろ安くしたるは、うれしきわざなり。〈枕草子・269・万のことよりも〉訳 **そんな**(＝自分のことを気にかけてくれたりする)**はずもなさそうな**人が、(私への)受け答えをも頼もしく(してくれ)たのは、うれしいことだ。

発展 副詞「さ」＋係助詞「も」＋補助動詞「あり」の連体形＋打消推量を表す助動詞「まじ」。

さも-あれ【然も有れ】連語 (不本意ではあるが、そうなったらなったで)どうとでもなれ。

「**さもあれ**、ただ走り出でて舞ひてん。」〈宇治拾遺〉訳「**どうとでもなれ**、とにかく走り出て舞ってやろう。」

発展「あれ」は放任の意味を表す。

さも-いは-れ-たり【然も言はれたり】いわれたり (相手のことばに賛同して)よくぞおっしゃった。もっともなことだ。

「なほ、これを焼きて試みむ。」と言ふ。翁、「それ、**さも言はれたり**。」と言ひて…。〈竹取・火鼠の皮衣〉訳(かぐや姫は)「やはり、これ(＝皮衣)を焼いて(本物かどうか)ためしてみよう。」と言う。翁は、「それ(そのことですよ)、**よくぞおっしゃった**。」と言って…。

さも-こそ【然もこそ】連語 ❶(「こそ」の結びで文が終わる場合)いかにも…(である)。さすがに…(であろう)。

「女は**さもこそ**負けたてまつらめ。」〈源氏・蜻蛉〉訳「(匂宮の強引さに)女は**さすがに**負け申し上げるのだろう。」

❷(「こそ」の結びで文が終わらず、逆接的に下の文に続く場合)いかにもそう(であるけれど…)。さすがにそう(であろうが…)。さぞかしそう(であろうが…)。

現には**さもこそ**あらめ夢にさへ人目をよくと見るがわびしさ 歌〈古今集・恋3・656〉訳 現実では**いかにもそう**(＝人目が気になって逢えない)でしょうが、夢の中でまで人目をはばかって現れてくださらないのはつらいことだ。

発展 多く結びとして「あらめ」「〜め」などが使われるが、結びは省略されることもある。

さも-さうず【然も候ず】そうず (相手のことばを否定して)いや、そうではありません。とんでもないことです。

「直実に押し並べて、組めや組め。」と言ひけれども、「さもさうず。」とて引っ返す。〈平家・9・一二之懸〉訳（熊谷直実は）「（この）直実とウマを並べて、組み討ちせよ。」と言ったけれども、（相手の武者は）「とんでもないことです。」と言って引き返す。

発展「さうず」は、「さうらはず」（四段動詞「さうらふ」の未然形＋打消の助動詞「ず」）が変化したことば。近世になって、「さうらはむず」「さうらはうず」（「むず」「うず」は推量の助動詞）が変化した「さうず」が使われるようになるが、こちらは「いかにもそうでしょう」という逆の意味になる。

さも・し 形容詞〔シク〕〈しく・しく・し・しき・しけれ・○／しから・しかり・○・しかる・○・しかれ〉《中世以降》❶みすぼらしい。見苦しい。

見かけより諸事をうちばにして…首尾調ひけるを、**さもしく思ひしが**…。〈西鶴・好色一代女〉訳見かけより万事をひかえめにして…（婚儀も）すべて無事済ませたのだが、（その時は）**みすぼらしい**と思ったけれど…。

❷心が汚い。卑しい。卑怯だ。

「ある時さしわたして、『…二人の子もあることを、**さもしきお志**。』と…。」〈西鶴・好色一代男〉訳「ある時面と向かって（女房を口説くと、その女房は）、『…二人の子供もあることだし、（他人の女房を口説くのは）**卑しいお心**だ。』と…。」

さもし-げ・なり 形容動詞〔ナリ〕〈なら・なり（に）・なり・なる・なれ・なれ〉《近世以降》みすぼらしい感じがする。見苦しい感じがする。

物くるる檀家へは、**さもしげなる重**のうち絶えず持ち運ばせ…。〈癇癖談〉訳（尼は）物をくれる檀家へは、**見苦しい感じがする**（=もの欲しそうな）重箱を絶え間なく持ち運ばせて…。

さも-な・し【然も無し】そうでもない。そんなこともない。また、それほどでもない。

皆人興ずる虚言は、ひとり、「**さもなかりし**ものを。」と言はんも詮なくて…。〈徒然草・73・世に語り伝ふること〉訳だれもがおもしろがるうそは、（自分）ひとりが、「（本当は）**そうでもなかった**のになあ。」と言ったりしても仕方がなくて…。

発展中古では「さもあらず」が用いられた。

さも-や【然もや】連語❶そうも…か。そのようにも…か。

「さもや染みつかむ。」と、あやふく思ひたまへり。〈源氏・末摘花〉訳「**そうも**（紅が鼻に）染み込んで容易にとれないのではないだろう**か**。」と、（紫の上は）心配だと思っていらっしゃる。

❷（「さもやあらむ」の略で）そうかもしれない。

さもやと思ふほどに、夜いたく更けゆく。〈蜻蛉日記〉訳**そうかもしれない**（=来てくれるかしら）と思って（待って）いるうちに、夜はひどく更けてゆく。

さ-もら・ふ【候ふ・侍ふ】―もら（ろ）う 動詞自〔八四段〕〈は・ひ・ふ・ふ・へ・へ〉❶ようすを見ながら待つ。機会をうかがう。見守る。

夕潮に船を浮け据ゑ朝凪に舳向け漕がむと**さもらふ**と…。歌〈万葉集・20・4398〉訳夕方に満ちてくる潮に船を浮かべて動かないようにして、朝なぎに舳先を向けて漕ぎ出そうと（出発の）**機会をうかがっている**と…。

❷（貴人のそばに）お仕え申し上げる。

東の多芸の御門に**さもらへ**ど昨日も今日も召す言ともなし 歌〈万葉集・2・184〉訳東の多芸にある皇居の門に**お仕え申し上げている**けれども、昨日も今日もお召しのことばもない。

発展四段動詞「守る」の未然形に上代の反復・継続の助動詞「ふ」が接続し、さらに接頭語「さ」が付いて一語になったもの。「さぶらふ」の古い形。

さ-や【然や】そのように…か。そう…か。

「来むとありしを、**さやある**。」と、目をかけて待ちわたるに…。〈更級日記・梅の立ち枝〉訳「（恋しい継母がウメの咲くころには）来ようと言っていたが、（本当に）**そうであるか**。」と、（ウメの木を）見守ってずっと待ち続けるが…。

さや【鞘】名詞刀剣や槍の刃の部分を納めておく筒。漆を塗った白ざや・黒ざや・朱ざや、鮫皮を巻いた鮫ざやなどがある。↓腰刀（図）

さや【清・明】副詞（さわやかで気持ちがよいようすを表し）はっきり。すっきり。さっぱり。↓さやに

葦原のしけしき小屋に菅畳**いやさや敷きて**わが二人寝し〈古事記・神武天皇〉訳アシがたくさん生えている所の荒れた小屋に、スゲを編んだ敷物をいよいよ**さっぱり敷いて**、私はあなたと寝たことだ。

さや 副詞（風に吹かれて葉や草が音を立てるようすを表し）さやさや。さわざわ。さらさら。↓さやぐ

笹の葉はみ山も**さやに**さやげども我は妹思ふ別れ来ぬれば 歌〈万葉集・2・133〉訳↓ささのはは…

発展多く「に」を伴って用いる。

さ-やう・なり【然様なり・左様なり】―ようなり 形容動詞〔ナリ〕〈なら・なり（に）・なり・なる・なれ・なれ〉そのとおりだ。そのようだ。

「**さやうなる折**も覚えはべらぬものを…。」〈源氏・宿木〉訳「**そのような**折のことも覚えておりませんのに…。」

さや-か・なり【清かなり・分明かなり】

視覚的・聴覚的に、くっきりと澄んでいるようす
- ❶はっきりとしている。明瞭だ。
- ❷（音や光などが）くっきりとしている。

未然形	連用形	終止形	連体形	已然形	命令形
さやか・なら	さやか・なり さやか・に	さやか・なり	さやか・なる	さやか・なれ	さやか・なれ

形容動詞〔ナリ〕❶**はっきりとしている**。明瞭だ。

月は有り明けにて、光をさまれるものから、**影さやかに見えて**、なかなかをかしき曙なり。〈源氏・帚木〉訳月は夜明け近くの月で、光がなくなっているけれども、（月の）形は**はっきりと見えて**、かえって趣深い明け方である。

❷（音や光などが）**くっきりとしている**。**明るい**。**澄み切っている**。

入り方の日影**さやかに**差したるに…。〈源氏・紅葉賀〉訳日没の日の光が**明るく**差しているときに…。

五月雨の夜は暗くともほととぎす**さやかに**だにも鳴きて来ぬかな 歌〈躬恒集〉訳梅雨の夜は暗くても、ホトトギスよ、せめて**澄み切って**（いる声で）でも鳴いて来ないものかなあ。

↓古語チャート⑰（605ページ）

さや・ぐ 動詞自〔ガ四段〕〈が・ぎ・ぐ・ぐ・げ・げ〉（葉や草が）ざわめく。ざわざわと音がする。

さやげる松風の吟ふ所は、渡る雁が行く山なり。〈常陸国風土記〉訳**ざわざわと音がする**松風が歌う所は、渡っていくガンが行く山であるよ。

さやけ-さ【清明さ】名詞清く澄んでいること。明るくはっ

きりしていること。

秋風にたなびく雲の絶え間よりもれ出づる月の影のさやけさ 百人一首〈新古今集・秋上・413〉訳→あきかぜに…

発展 形容詞「さやけし」の語幹＋接尾語「さ」。

さや-け・し【清けし・分明けし】 形容詞〔ク〕〈く・く・し・き・けれ・○／から・かり・○・かる・○・かれ〉❶**はっきりしている。明るい。**

さやけき影を、まばゆくおぼしめしつる程に…。〈大鏡・花山院〉訳（花山天皇が）（はっきりとして）**明るい**月の光を、まぶしくお思いになっている間に…。

❷清い。すがすがしい。

思ふことなど問ふ人のなかるらむ仰げば空に月ぞさやけき 歌〈新古今集・雑下・1782〉訳（私が）思い悩んでいることを、どうして問い慰めてくれる人がいないのだろうか。仰ぎ見ると、空には月が**すがすがしく**（澄んでいることだ）。

類語比較「きよし」と「さやけし」↓清し

↓**古語チャート⓱**（605ページ）

さや-に 副詞 はっきりと。鮮やかに。

日の暮れに碓氷の山を越ゆる日は背なのが袖もさやに振らしつ 歌〈万葉集・14・3402〉訳 碓氷の山を越える日には、夫が袖を**はっきりと**振ったことだ。○「日の暮れに」は、「碓氷（＝薄日）」に係る枕詞。

小夜の中山 歌枕 今の静岡県掛川市北東にある東海道の坂道。「さよのなかやま」とも。難所であり、旅の感慨を詠んだ歌が多い。↓**ビジュアルチェック❶**（194ページ）

さ-やは【然やは】（反語を表し）そのように…か、いや…ない。

「**我はさやは思ふ**。」など争ひ憎み…。〈徒然草・12・同じ心ならん人と〉訳「自分は**そのように思うか、いや、思わない**。」などと言い争って不快に思い…。

発展 副詞「さ」＋係助詞「やは」。

さや-まき【鞘巻】 名詞 つばのない短い腰刀。さやにツヅラフジを巻いたり、刻み目をつけたりする。腰に巻き付けるための長い下げ緒がある。

形容詞にも形容動詞にもなる語幹

まとめて覚えよう古語チャート⓱

形容詞と形容動詞は、ともに物事の性質や状態を表す品詞です。そこで、概念的に共通するものが両方の品詞に存在することもあります。

下のA群は、語尾を「し」と「なり」とに分けるだけで、同一★語幹が形容詞にも形容動詞にもなるものです。

それに対して、B群は、形容詞としての語幹は「…け」となっており、形容動詞としての語幹は「…か」となっています。「…けし」という形容詞は、主として上代に用いられ、それらと似通った形容動詞「…かなり」は、中古から見られます。

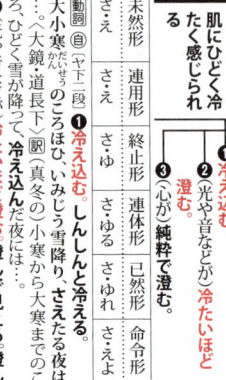

〔A群〕

形容詞	あらた・し	うたて・し	ひさ・し
	≒（新）	≒	≒（久）
形容動詞	あらた・なり	うたて・なり	ひさ・なり

〔B群〕

形容詞	あきらけ・し	さやけ・し	はるけ・し	しづけ・し
	↓（明）	↓（清）	↓（遥）	↓（静）
形容動詞	あきらか・なり	さやか・なり	はるか・なり	しづか・なり

※「・」は語幹と活用語尾の区切り

赤字は最重要語・重要語

参内のはじめより、大きなる鞘巻を用意して…。〈平家・1・殿上闇討〉訳（平忠盛は）内裏に参上する前から、大きな**つばのない短い腰刀**を準備して…。

発展「さうまき」とも。

ざや-め・く 動詞 自〔カ四段〕〈か・き・く・く・け・け〉（ざわざわと）音を立てる。

小松殿、烏帽子、直衣に大紋の指貫そばとって、ざやめき入りたまへば…。〈平家・2・教訓状〉訳 小松殿は、烏帽子、直衣に大きな模様の指貫の側面を持って、（衣ずれの）**音を立てて**お入りになるので…。

さや・る【障る】 動詞 自〔ラ四段〕〈ら・り・る・る・れ・れ〉触れる。引っ掛かる。差し支える。

すべもなく苦しくあれば出で走り去ななと思へど子らにさやりぬ 歌〈万葉集・5・899〉訳→すべもなく…

さ・ゆ【冴ゆ】

肌にひどく冷たく感じられる
❶冷え込む。
❷（光や音などが）冷たいほど澄む。
❸（心が）純粋で澄む。

未然形	連用形	終止形	連体形	已然形	命令形
さ・え	さ・え	さ・ゆ	さ・ゆる	さ・ゆれ	さ・えよ

動詞 自〔ヤ下二段〕❶**冷え込む。しんしんと冷える。**

大小寒のころほひ、いみじう雪降り、さえたる夜は…。〈大鏡・道長下〉訳（真冬の）小寒から大寒までのころ、ひどく雪が降って、**冷え込んだ**夜には…。

❷（光や音などが）**冷たいほど澄む。澄んで見える。澄んで聞こえる。**

更けにけり山の端に近く月さえて十市の里に衣打つ声 歌〈新古今集・秋下・485〉訳 夜が更けてしまったことだ。山の稜線の近くに月が**澄んで見えて**、（奈良の）十市の里で衣を（砧で）打つ音（が聞こえてくる）。

❸（心が）**純粋で澄む。**

万葉集は、げに代も上がり、人の心もさえて、今の世に学ぶとも、さらに及ぶべからず。〈毎月抄〉訳 万葉集は、本当に時代も古く、人の心も**純粋で澄んで**いて、今の世の中で学んでも、決して（その歌の境地に）達することはできない。

◉成立…平安時代後期
◉作者…菅原孝標女（すがわらのたかすえのむすめ）
◉分野…日記

必修古典ピック30 ⑭ 更級日記

▲石山寺縁起絵巻

【冒頭の一文】
東路の道の果てよりも、なほ奥つ方に生ひ出でたる人、いかばかりかはあやしかりけむを、いかに思ひ始めけることにか、世の中に物語といふもののあんなるを、いかで見ばやと思ひつつ…。訳 都から東国に至る道の尽きた所（である遠い常陸）より、もっと奥の方（の上総の国）で成長した人（＝私）は、どんなにか見苦しかっただろうに、どうして思い始めたことなの（であろう）か、世の中に物語というものがあるというのを、なんとかして見たいと（ずっと）願い続けて…。

【書名の由来】

作者が、『古今集』の「姨捨山」の歌（＝我が心慰めかねつ更級や姨捨山に照る月を見て）をふまえて詠んだ「月も出でで闇にくれたる姨捨になにとて今宵たづね来つらむ」によっている。正式な書名は、「さらしなのにき」と呼ぶという説もある。


【成立と作者】

◉成立…日記の記事の内容が、夫橘俊通の死の一、二年後まで記されているので、一〇六〇（康平三）年ごろの成立であろうと考えられている。

◉作者…菅原孝標女。『夜の寝覚』『浜松中納言物語』の作者と目されたりした。


【概要】

◉作者十三歳から五十二歳までの、約四十年間を回想して書いた自叙伝的日記であり、全体は次の三部に分けられる。

第一部…十三歳に始まる少女のころ。

上総の地で、遠く京のまだ見ぬ物語の世界にあこがれを募らせる描写と、十三歳になり、父の任期が終わり上京するまでが記されている。九十日に及ぶ上京の途中は、伝説についての見聞も含まれている。

第二部…上京してから三十歳ころまで。

十四歳のある日、おばから念願の『源氏物語』五十四巻とその他の物語を贈られる。作者の『源氏物語』への耽溺は有名で、『源氏物語』を一の巻から順番に読んでいく幸福感は、皇后さまの位に上ることだって問題にならない。」とまで言い切っている。

十七歳で姉に死別し、その遺児二人を抱える身となる。二十五歳のとき、父が常陸介に任じられ、作者を京に残して赴任する。二十九歳の秋、父が帰京し、隠棲すると言い出し、母が出家すると、作者も現実の世界を気にするようになる。

第三部…宮仕えと結婚生活を中心に、五十一歳で夫に死に別れた翌年までである。

三十二歳のとき、人に請われて祐子内親王家に出仕するようになり、さらに三十三歳の春、橘俊通と平凡な結婚をする。しかし、宮仕えも結婚も、夢想した物語の世界とはまったく異なったものであった。

晩年になって「昔から、つまらない物語や歌のことにばかり夢中になっていないで、仏道修行に精を出していたら、こんな悲しい目に遭わずに済んだものを。」と述懐し、物詣でに積極的になる。

◉作品中に、夢の記事が多いのが特徴で、十一の夢が記されている。


【主な登場人物】

◉父…菅原孝標。右大臣菅原道真の五世の孫である。元来、菅原家は代々学問の家柄で、文章博士・大学頭に任じられてきたが、孝標はいずれにも任じられなかった。

◉実母…藤原倫寧の娘。『蜻蛉日記』の作者藤原道綱母の異母妹に当たる。孝標の二度の地方赴任にいずれも同行せず、しかも一〇三六（長元九）年、夫が常陸より上京すると、間もなく出家してしまう。『更級日記』の中には、古風で引っ込み思案な性格として描かれている。

◉継母…高階成行の娘。孝標に同行して上総に下向、作者に物語への好奇心をはぐくんだ。『更級日記』の中には、都に帰った後の作者との和歌の贈答や作者の姉の死の際の弔問などが、わずかに記されている。しかし、作者に多大な影響を与えた人物である。

◉夫…橘俊通。結婚生活は喜びに乏しいものであったらしく、「宮仕えを退いて家に閉じこもった。」と記されただけで、ほとんど描かれていない。作品中に、夫俊通の和歌は、一首もない。

【ことばと表現】
◉『蜻蛉日記』『和泉式部日記』『紫式部日記』などと同じく、女性筆記による、漢語や熟語が使われていない、柔らかみのあるなめらかな和文体によって書かれている。
◉贈答歌なども含め、作品中約九十首ほどの短歌が所載されている。その時々の場面、また歌の作者の心理が詠み込まれていて、作品構成上すこぶる効果的である。たとえばこんな例がある。
「いつしか梅咲かなむ。来むとありしを、さやある。」と、目をかけて待ちわたるに、花もみな咲きぬれど、音もせず。思ひわびて花を折りてやる。
頼めしをなほや待つべき霜枯れし梅をも春は忘れざりけり
訳「早くウメが咲いてほしい。（恋しい継母が、（ウメの咲くころには）来ようと言っていたが、（本当に）そうであるか。」と、（ウメの木を）見守ってずっと待ち続けるが、花も残らず咲いてしまったのに、（継母からは）便りも来ない。悲しく思って花（の枝）を折って贈ってやる。（和歌の現代語訳は、和歌見出し「たのめしを…」参照）
◉作品の後半は、作者が石山寺や初瀬に参詣する記事が多い。そのときに使われる「詣づ」や「さぶらふ」などの語は謙譲語で、敬意の対象は仏である。

発展 **現代語とのつながり** 「さやかなり」「さやけし」などの「さや」と関係のあることばかといわれる。皮膚感覚として冷たく感じられるようすを表す❶がもともとの意味で、そこから、❷の視覚・聴覚、❸の心の状態についてもいうようになった。やがて、技量や頭の働きなどが鋭く際立つようすをも表し、現代語の「さえる」につながっていく。

さ-よ【小夜】 名詞 夜。
み吉野の山の秋風さ夜更けてふるさと寒く衣打つなり 百人一首〈新古今集・秋下・483〉訳→みよしのの…
発展 「さ」は接頭語。

さよ-ごろも【小夜衣】 名詞 夜着。寝巻き。

さ-よなか【小夜中】 名詞 夜中。**発展** 「さ」は接頭語。

さよふくる… 歌
さ夜更くるままに汀や凍るらむ遠ざかりゆく志賀の浦波〈後拾遺集・419・快覚〉訳 夜が更けてゆくにしたがって、湖の水際がいまごろ凍っているのではなかろうか。(寄せる波音が)岸からしだいに遠ざかってゆく志賀の浦の波よ。
○「さ夜」の「さ」は語調を整える接頭語。
発展 打ち寄せる波の音が遠ざかっていく、その音によって汀からしだいに湖面が氷結していく現象をとらえている。「志賀の浦や遠ざかりゆく波間より凍りて出づる有明の月」〈新古今集・冬・639〉の本歌。↓しがのうらや…

ざら 助動詞**ず**の未然形。↓**基本助動詞20**(687ページ)

さら-さうじゅ【沙羅双樹】 名詞 ↓しゃらさうじゅ

さら-さら【更更】 副詞 ❶さらにさらに。ますます。いっそう。
多摩川にさらす手作りさらさらになにそこの児のここだ愛しき 歌〈万葉集・14・3373〉訳↓たまがはに…
❷いまさら。改めて。
石上布留の神杉神びにし我やさらさら恋に会ひにける 歌〈万葉集・10・1927〉訳 石上の布留の社にある神木ではないが、古び(て年老い)た私が**いまさらに**恋に出会ってしまったのか。○「石上布留」は今の奈良県天理市の石上神宮周辺。
❸(打消の語を伴って)決して。まったく。
美作や久米の佐良山さらさらに我が名は立てじ万代までに 歌〈古今集・神遊び・1083〉訳 美作の久米にある佐良山ではないが、**決して**私の(恋をしているという)評判は立てまい。永遠に。○「美作」は今の岡山県北東部。

さら-さら 副詞 ❶(物が軽く触れ合って音を出すようすを表し)さらさら。
伊予簾はさらさらと鳴るもつつまし。〈源氏・浮舟〉
訳 伊予簾が**さらさらと**音を立てて鳴るのも気が引ける。
○「伊予簾」は、篠竹で編んだ粗末なすだれ。格子の内側に掛けてあり、軽く揺れやすい。
❷(物事が滞りなく行われるようすを表し)すらすら。
岩の上をさらさらと走り上って…。〈太平記〉訳 岩の上を**すらすらと**走り上って…。
発展 多く「と」を伴って用いる。

さらし【晒し】 名詞 ❶布などをさらして白くすること。また、その布。❷江戸時代の刑罰のひとつ。罪人または罪人の死体や首などを、罪状を書いた高札とともに道端に置いて見せしめとしたもの。❸歌舞伎の下座音楽のひとつ。荒事の立ち回りなどに用いる。

更科 歌枕 今の長野県千曲市千曲川付近。「更級」とも書く。★姨捨山があり、月の名所として知られた。

更科紀行 〔一キカウ〕 作品名 江戸前期の俳諧紀行。松尾芭蕉著。『★笈の小文』の旅の帰りに、尾張に至った芭蕉が、門人越人を連れて木曾路を通って更科の月を見るまでをまとめたもの。一六八八(元禄元)年成立か。

更級日記 作品名 ↓**必修古典ビッグ30** ⑭(606ページ)

さら・す【晒す・曝す】 動詞 他(サ四段)〈さ・し・す・す・せ・せ〉❶布などを白くするために、水洗いしたり、灰汁で煮たり、日に当てたりする。
匹布を千むら万むら織らせ、さらさせける家の跡とて…〈更級日記・門出〉訳 一匹(=巻)布を千匹も万匹も織らせて、(それらを)**さらさせ**た家の跡といって…。
○「匹布」は、二反(=一反は一人分の衣を作るのに必要な布の長さ)続きの布。「むら」は、巻いた布を数えることば。
❷外に置いて日光や風雨の当たるままにする。放置する。
「**山野にかばねをさらさばさらせ、憂き世に思ひ置くことさうらはず。**」〈平家・7・忠度都落〉訳「山野に(自分の)死骸を**放置する**のなら**放置してよい**、現世に思い残すことはございません。」
❸広く人の目に触れさせる。
「**人知れずかれこれ恥をさらし**さうらふも…。」〈平家・10・戒文〉訳「誰も思い及ばぬ(ほどに)あれこれと恥を**広く人の目に触れさせ**ますのも…。」

さら-ず【去らず】 連語 離れないで。まつわりついて。
片時去らずあひ思ひけるを、人の国へ行きけるを…。〈伊勢・46〉訳 少しの間も**離れないで**互いに思い合っていたのだが、(その友人が)他の国へ行ったのを…。
発展 「御前」「あたり」「かたはら」などに付いて、その人の身辺から離れずにいる関係を表すことが多い。

さら-ず【然らず】
直前の内容を指示し、それを打ち消す ― **そうではない。**

連語 **そうではない。**
「**かの御伯父の大将なむ、迎へて内に奉らむと申すなる。**」と申せば、「**さらざらむ先に、なほたばかれ。**」とのたまふ。〈堤中納言・花桜折る少将〉訳「あの伯父上である大将が、(姫君を養女として)迎えて宮中に(中宮として)差し上げようと申しているそうだ。」と(光季が少将に)申し上げると、(少将は)「**そうではない**(=中宮になってしまわない)前に、やはり(私と姫君の仲を)取り計らってくれ。」とおっしゃる。
発展 **語の成り立ち** 指示語のラ変動詞「さり」の未然形+打消の助動詞「ず」。

さら-ず【避らず】
自分の力ではどうにも避けられないようす ― (副詞的に用いて)**避けられず。やむをえず。** ◉「え避らず」の形で用いることが多い。

連語 (副詞的に用いて)**避けられず。やむをえず。**
「**避らずまかりぬべければ、おぼし嘆かむが悲しきことを、この春より、思ひ嘆きはべるなり。**」〈竹取・かぐや姫の昇天〉訳「(私は)**やむをえず**(月の都へ)参らなければなりませんので、(あなた方が)悲嘆なさったりするのが切ないということを、この春から、嘆き悲しんでいるのです。」
発展 **語の成り立ち** 四段動詞「さる(避る)」の未然形+

打消の助動詞「ず」の連用形。中古では、副詞「え」を伴った連語「え避らず」の形で用いられる例が多く、「避らず」単独の用例は少ない。

関連語 え避らず

さら-ず-とも【然らずとも】連語 そうでなくても(よいだろう)。そんなことをしなくても(よいだろう)。

人多く行き訪ふ中に、聖法師の交じりて、言ひ入れたたずみたるこそ、さらずともと見ゆれ。〈徒然草・76・世の覚え〉訳 人々がたくさん訪問する中に、修行僧が交じって、案内をこうて(門口に)立ち止まっているのは、**そんなことをしなくても**(よいだろう)と思われる。

発展 ラ変動詞「さり」の未然形＋打消の助動詞「ず」の未然形＋接続助詞「とも」。

さら-ず-は【然らずは】連語 そうでなければ。そうしないなら。

「**女あるじに土器取らせよ。さらずは、飲まじ。**」〈伊勢・60〉訳 「女主人に素焼きの杯を取らせて酌をさせよ。**そうしないなら**、(私は)飲むまい。」

発展 ラ変動詞「さり」の未然形＋打消の助動詞「ず」の未然形＋接続助詞「は」。

さら-で【然らで】そうでなくて。

「**うしろやすき方は並びなくものせらるる人なり。さらで、よろしかるべき人、誰ばかりかはあらむ。**」〈源氏・若菜上〉訳 「(源氏は)末まで安心という面では並ぶ者がなくていらっしゃる人だ。**そうでなくて**(=それ以外に)、(女三の宮の婿として)ふさわしいに違いない人は、(はっきり)だれといえる人がいるだろうか、いや、いないだろう。」

発展 ラ変動詞「さり」の未然形＋接続助詞「で」。

さら-で-だに【然らでだに】連語 そうでなくても。ただでさえ。

さらでだに見るかひある御ありさまを、いよいよ、「あはれにいみじ。」と人の心に占しめられむと…。〈源氏・浮舟〉訳 (匂宮は)**そうでなくても**見てすばらしいお姿を、いっそう、「趣があってすばらしい。」と人(=浮舟)の心に印象づけてもらおうと…。

発展 ラ変動詞「さり」の未然形＋接続助詞「で」＋副助詞「だに」。

さら-で-は【然らでは】連語 そうでなくては。そうでなかったら。それ以外には。

さら・なり【更なり】

いまさら言うまでもないという気持ち
- ❶**いまさら言うのもおかしい。いまさらという感じがする。** ◉「言へば更なり」「言ふも更なり」の形で用いられる。
- ❷**もちろんである。言うまでもない。** ◉❶の「言へば」「言ふも」が省略された形。

形容動詞〔ナリ〕

未然形	連用形	終止形	連体形	已然形	命令形
さら・なら	さら・なり さら・に	さら・なり	さら・なる	さら・なれ	さら・なれ

❶(「言へば更なり」「言ふも更なり」の形で)**いまさら言うのもおかしい。いまさらという感じがする。**↓言へば更なり・言ふも更なり

❷(❶の「言へば」「言ふも」が省略されて)**もちろんである。言うまでもない。**

夏は夜。月のころは更なり、闇もなほ、蛍の多く飛び違ひたる。〈枕草子・1・春は曙〉訳 夏は夜(がよい)。月の(出ている)ころは**もちろんである**し、闇夜(=月のないとき)でもやはり、ホタルが多く飛び交っているのは(おもしろい)。○この「更なり」は終止形であるが、「月のころは更なり」は挿入句で、文はここで終止せず下に続いていく。

一の人の御ありさまはさらなり、徒人も、舎人など賜はる際は、ゆゆしと見ゆ。〈徒然草・1・いでや〉訳 摂政・関白のごようすは**言うまでもなく**、普通の貴族でも、(朝廷から)舎人(=警護のための官吏)などをいただく身分(の人)は、立派に見える。

発展 **限られた活用形** 『源氏物語』の例で見る限り、連用形「さらなり」・終止形「さらなり」・連体形「さらなる」(「ことさらなる」を含む)でしか用いられていない。連用形「さらに」は実質上、その用法は副詞と見なすことができるものばかりである。

「**文覚は観音をこそ深う頼みたてまつったれ。さらでは誰にかは用事をば言ふべき。**」〈平家・5・文覚被流〉訳 「(私)文覚は観世音菩薩を深くお頼み申し上げているのだ。**それ以外には**誰に用事を頼めばよいのだ。」

発展 ラ変動詞「さり」の未然形＋接続助詞「で」＋係助詞「は」。

さら-で-も【然らでも】

前の内容を受け、たとえそのような状態でなくても、という意味 ― そうでなくても。

連語 **そうでなくても。**

霜のいと白きも、またさらでもいと寒きに、火など急ぎ起こして、炭持て渡るもいとつきづきし。〈枕草子・1・春は曙〉訳 霜が(降りて一面が)とても白いのも、また**そうでなくても**ひどく寒い早朝に、火などを急いでおこして、(廊下などを)炭火を持って移動するのも(冬の朝に)とても似つかわしい。

身にかへていざさは秋ををしみみむさらでももろき露の命を 歌〈新古今集・秋下・549〉訳 (私の)命に代えても、さあそれならば秋を惜しんで(引きとめて)みよう。**そうでなくても**はかない露のような命なのだから(秋を引きとめられるなら惜しくない)。

発展 **語の成り立ち** 指示語のラ変動詞「さり」の未然形＋接続助詞「で」＋係助詞「も」。

関連語 然らずとも

さら・なり【更なり】形容動詞 ↓最重要語(608ページ)

さら-に【更に】副詞 ↓最重要語(609ページ)

さらに-も-あら-ず【更にもあらず】連語 特に新しいことでもない。もちろんである。

「覚えたぶや。」と問へば、「**さらにもあらず、一百九十歳にぞ今年はなりはべりぬる。**」〈大鏡・序〉訳 「(年齢を)記憶していらっしゃるか。」と(侍が)尋ねると、(世継が)

「もちろんである、百九十歳に今年はなりました。」
発展 形容動詞「さらなり」の連用形＋係助詞「も」＋ラ変補助動詞「あり」の未然形＋打消の助動詞「ず」。

さらに-も-いは-ず【更にも言はず】 連語 言うまでもない。もちろんである。**上達部、殿上人、五位、四位はさらにも言はず**…〈枕草子・24・生ひ先なく〉訳 公卿、昇殿を許された者、位階の五位の者、四位の者は**言うまでもなく**…。
発展 副詞「さらに」＋係助詞「も」＋四段動詞「いふ」の未然形＋打消の助動詞「ず」。

さら-ぬ【然らぬ】

直前の内容を受けて、それ以外の内容を指し示す
❶そうでない。それ以外の。
❷たいしたことのない。なんでもない。

連語 ❶（直前の内容を受けて）**そうでない。それ以外の。** 寺院の号、**さらぬよろづの物にも、名を付くること、昔の人は少しも求めず、ただありのままに、やすく付けけるなり。**〈徒然草・116・寺院の号〉訳 寺院の名称や、**それ以外のすべての物**にも、名前を付けること（について）は、昔の人は決して（無理に珍しさを）求めず、ただありのままに、無造作に付けたものだ。**鳥部野、舟岡、さらぬ野山にも、送る数多かる日はあれど、送らぬ日はなし。**〈徒然草・137・花は盛りに〉訳 鳥部野、舟岡、**そうでない野山**にも、葬送する（遺体の）数の多い日はあっても、葬送しない日はない。〇鳥部野、舟岡は有名な葬場。
❷**たいしたことのない。なんでもない。**「**さらぬはかなきことをだに、疵を求むる世に、いかなる名の、つひに漏り出づべきにか。**」〈源氏・紅葉賀〉訳「**たいしたことのない**ちょっとした程度のことをだって、人の欠点を探し求める世の中で、（中宮である私が源氏の子を産んだことについて）どのようなうわさが、結局は漏れ出…になるだろうか。」
…り立ち 指示語のラ変動詞「さり」の未然形＋打消の助動詞「ず」の連体形。

…らぬ】 連語 どうしても避けることのできない。世の中に**さらぬ別れ**のなくもがな千代もとなげく人の子のため 歌〈古今集・雑上・901〉訳↓よのなかに…
発展 四段動詞「さる」の未然形＋打消の助動詞「ず」の連体形。↓避らず

さらぬ-がほ・なり【然らぬ顔なり】 形容動詞（ナリ）〈なら・なり（に）・なり・なる・なれ・なれ〉何事もないような顔つきだ。さりげない表情だ。**さらぬ顔なれど、ほほ笑みつつ後目に留めたまふもあり。**〈源氏・葵〉訳（祭り見物に繰り出した女たちの乗った車に）**さりげない表情であるが**、（源氏が）ほほ笑みながら横目でちらりと目になさるものもある。

さら-ぬ-だに【然らぬだに】 連語 そうでなくてさえ。ただでさえ。**さらぬだに心細きを山里の鐘さへ秋の暮れをつぐなる** 歌〈千載集・382〉訳 **ただでさえ**（秋は）心細いのに、（この）山里で（聞く）鐘までが秋の終わりを告げているように聞こえる。
発展 ラ変動詞「さり」の未然形＋打消の助動詞「ず」の連

さら-に【更に】

新たに加わるようす
❶（ある状態に何かが加わるようすを表し）**そのうえに。重ねて。**
❷（一度行われたことが再び行われるようすを表し）**改めて。新たに。**
❸**まったく**（…ない）。**全然**（…ない）。◉「さらに〜打消」の形をとる。

副詞 ❶（ある状態に何かが加わるようすを表し）**そのうえに。重ねて。ますます。今まで以上に。** **ぬばたまの夜渡る月の移りなばさらにや妹に我が恋ひ居らむ** 歌〈万葉集・11・2673〉訳 夜空を（東から西へ）渡る月が（出入りの位置を）移動した（＝月日がたった）なら、**今まで以上に**妻を私は恋い慕いながら過ごしているのではなかろうか。〇「ぬばたまの」は「夜」に係る枕詞。**もとのすみかに帰りてぞ、さらに悲しきことは多かるべき。**〈徒然草・30・人の亡き後ばかり〉訳（四十九日間の追善供養が済んで）もとの家に帰ってから、（遺族にとって）**ます**ます切ないことは多いに違いない。
❷（一度行われたことが再び行われるようすを表し）**改めて。新たに。もう一度。**「**さらに、夜さり、この寮にまうで来。**」〈竹取・燕の子安貝〉訳「**改めて**、今夜、この役所にやって来い。」**ここに、六十の露消えがたに及びて、さらに末葉の宿りを結べることあり。**〈方丈記・方丈〉訳 ここで、六十歳の露（のようにはかない命）が消えるときに至って、**もう一度**晩年の住まいをこしらえているのである。〇作者は三十歳過ぎに一度、仮の住居を構えたことがあるので、今回再び構えたことを「さらに」と表している。
❸（「さらに〜打消」の形で）**まったく**（…ない）。**全然**（…ない）。**決して**（…ない）。**十年ばかりさぶらひて聞きしに、まことにさらに音せざりき。**〈枕草子・41・鳥は〉訳（ウグイスは宮中では鳴かないといううわさがあったので、私は宮中に）十年ほどお仕え申し上げて聞いたが、（ウグイスは）本当に**まったく**声がしなかった。**いみじう酔ひて、わりなく夜更けて泊まりたりとも、さらに湯漬けをだに食はせじ。**〈枕草子・196・宮仕へ人のもとに〉訳（男が）ひどく酔って、やむをえず夜が更けて（女の家に）泊まったとしても、**決して**お茶漬け（一杯）でさえ食べさせないようにしよう。
発展 **①語の成り立ち** 「さらに」は、形容動詞「さらなり」と同じ語源。また、「ことさら」「いまさら」「さらがへる（＝もとに戻る）」などの「さら」も同じ語源である。
②呼応する打消の語は？ ❸は打消の語と呼応して用いられるが、形容詞「なし」や「ず」「じ」「まじ」などの助動詞ばかりではなく、「さらに不用なりけり（＝まったく無駄であったのだなあ）。」〈枕草子・23・清涼殿の丑寅の〉の「不用」のような打消を含んだ漢語や、「知時も涙もさらに抑へ難し（＝知時は涙も全然抑えられない）。」〈平家・10・内裏女房〉のように不可能を表す補助形容詞「難し」が来ることもある。
類語比較 「また」「さらに」「かつ」↓又

体形＋副助詞「だに」。

さらぬ‐わかれ【避らぬ別れ】↓最重要語（610ページ）

さら‐ば【然らば】接続詞 感動詞 ↓最重要語（610ページ）

さら‐ぼ・ふぼう 動詞 自〔八四段〕〈は・ひ・ふ・ふ・へ・へ〉やせ衰える。ひどくやせる。（やせて）骨ばる。やせたまへること、いとほしげに**さらぼひて**…。〈源氏・末摘花すえつむはな〉訳（末摘花の）やせていらっしゃることは、かわいそうなくらい**骨ばって**…。

ざら‐まし ❶（「ざらましかば…まし」の形で）…なかったならば（…ただろうに）。「げに、かう、おはせ**ざらましかば**、いかに心細からまし。」〈源氏・若紫〉訳「本当に、こうして、（源氏が）おいでにならなかったならば、どんなに心細かっただろうに。」
❷（「せば」「ましかば」などの仮定条件と呼応して）（もし…だったら）…（で）なかっただろうに。…（で）ないだろうに。思ひつつ寝ぬればや人の見えつらむ夢と知りせば覚めざらましを 歌〈古今集・恋2・552〉訳↓おもひつつ…
鏡に色、形あらましかば、映らざらまし。〈徒然草・235・主ぬしある家いへには〉訳 鏡にもし色や、形があったら、（物は）映らないだろうに。
発展 打消の助動詞「ず」の未然形＋反実仮想の助動詞「まし」。

ざら‐む ❶（「む」は推量を表し）…ないだろう。何くれと挑いどむことに勝ちたる、いかでかうれしからざらむ。〈枕草子・276・うれしきもの〉訳 何やかやと勝負することで勝ったのは、どうしてうれしくないだろうか、いや、うれしいだろう。
❷（「む」は意志を表し）…まい。…ないつもりだ。…ないようにしよう。さる人あるまじければ、つゆ違たがはざらんと向かひゐたらんは、一人ある心地やせん。〈徒然草・12・同じ心ならん人と〉訳 そのような人（＝自分と考えのまったく同じ人）はいるはずがないので、（相手の気持ちと）少しも違わないようにしようと（心がけて）対座していたりしたら、（おもしろくなくて）一人でいる気持ちがするのではなかろうか。
❸（「む」が連体形で、婉曲えんきょくを表し）…ないような。あらざらむこの世のほかの思ひ出いでにいまひとたびの逢あふこともがな 百人一首〈後拾遺集ごしゅうい・763〉訳（長くは）生きていないような（＝生きていないかもしれない）、この

さら‐ぬ‐わかれ【避らぬ別れ】

どうしても避けることのできない別れ ─ 死に別れ。死別。

死に別れ。死別。
老いぬればさらぬ別れもありといへばいよいよ見まくほしき君かな 歌〈古今集・雑上・900〉訳 年老いてしまうと、（避けられない別れ、つまり）死別ということもあるというから、（今までよりも）ますます会いたいと思われるあなたであるよ。
「『命尽きぬ。』と聞こしめすとも、後の事おぼし営むな。さらぬ別れに御心動かしたまふな。」〈源氏・松風〉訳「『（私の）命が尽きた。』とお聞きになったとしても、死後の法事を気にかけて営みなさってはいけない。（避けられない）死別にお心を動揺させなさるな。」

発展 ①語の成り立ち　四段動詞「さる」の未然形＋打消の助動詞「ず」の連体形＋名詞「わかれ」。
②死別の婉曲表現　「さらぬ」の「さら」は指示語のラ変動詞「然さり」ではなく、「避さる」である。「避らぬ別れ」の「避らぬ」は、可能の意を表す副詞「え」とともに用いられた「え避らぬ」の「え」が脱落したもので、「避けられない別れ」つまり「死別」の婉曲的えんきょくてきな表現となる。多く、和歌に用いられ、散文での用例は少ない。

さら‐ば【然らば】

前に述べた内容を仮定として受け、後に述べる結果を導く

─ 一 接続詞 ─ ❶（順接の仮定条件を表し）それならば。それでは。
　　　　　　　 ❷（逆接の確定条件を表し）それなら…（す）べきなのに（そうしないで）。それなのに。
　　　　　　　 ◉「さらば〜打消」の形をとる。
─ 二 感動詞 ─（別れのあいさつに用いて）では。さようなら。

一 接続詞 ❶（順接の仮定条件を表し）**それならば。それでは。**
「仰おほせ言ごとに、かぐや姫のかたち、優いうにおはすなり。…」と言へば、「**さらば**、かく申しはべらむ。」と言ひて入いりぬ。〈竹取・かぐや姫の昇天〉訳（竹取の媼おうなに）「（帝みかどの）お言い付けで、かぐや姫の容貌ようぼうが、優美でいらっしゃるということだ（見て参れ）。…」と（使者が）言うと、（媼は）「**それでは**、そのように（姫に）申し上げましょう。」と言って（姫の部屋に）入った。
❷（「さらば〜打消」の形で、逆接の確定条件を表し）**それなら…（す）べきなのに**（そうしないで）。**それなのに。しかしながら。**
白衣びゃくえなる法師、共に具しておはしけるが、**さらば**急ぎも歩みたまはで、あそこここに立ち止まり…。〈平家・8・鼓判官つづみほうがん〉訳（藤原頼輔すけよりは）白い下着だけでいる僧を、一緒に連れていらっしゃったが、（戦火を逃れて出てきたのだから）**それなら**急いでお歩きにもなる**べきなのに**（そうしないで）、あちらこちらに立ち止まり…。

二 感動詞（別れのあいさつに用いて）**では。さようなら。**
「またお訪ねにあづからうぞ。」「**さらば**。**さらば**。」「静かに行かしめ。」〈狂言・末広がり〉訳「またお訪ねいただこうよ。」「**さようなら**。**さようなら**。」「ご無事に行かれよ。」

発展 ①語の成り立ち　ラ変動詞「さり」の未然形に、接続助詞「ば」が付いて一語になったもの。
②「**さらば別れむ。」の省略形**　二は、一❶の意味で「さらば、別れむ（＝それならば、別れよう）。」などと言うときの「別れむ」を省略して、慣用的に使われるようになったもの。現代語の「さようなら」も、「さようなら（＝そのようならば）これにて失礼いたします。」の後半を省略した、「さらば」と同じ成り立ちのことばである。↓読解の手引き❾（634ページ）

世のほか（＝あの世に行ってから）の思い出として、せめてもう一度お逢いしたいものだ。

発展 打消の助動詞「ず」の未然形＋推量の助動詞「む（ん）」。「む」が連体形の場合、婉曲を表す。

さら-む-に-は【然らむには】連語 ↓さらんには

さら-めか・す 動詞 他〔サ四段〕〈さ・し・す・す・せ・せ〉音を立てるようにする。さらさらと音を立てる。それを、また同じ湯に入れて、**さらめかし沸かすに**…。〈宇治拾遺〉訳 それ（＝鼻）を、また同じ湯に入れて、**音を立てるようにして**煮え立たせると…。

発展「めかす」は接尾語。

さら-め・く 動詞 自〔カ四段〕〈か・き・く・く・け・け〉音がする。ざわめく。その事となく、**世界さらめきののしり合ひたり**。〈今昔〉訳 なんということもなく、辺りが**ざわめいて**声高に騒ぎ合っている。

発展「めく」は接尾語。

さら-ん-に-は【然らんには】連語 そういうことなら。そのようなことであるなら。「**さらんには力なし。**」とて、その後沙汰もなかりしを…。〈平家・4・競〉訳「**そのようなことであるなら**仕方がない。」と言って、その後音信もなかったけれど…。

発展 ラ変動詞「さり」の未然形＋仮定の助動詞「ん（む）」の連体形＋格助詞「に」＋係助詞「は」。

さり【舎利】名詞 ↓しゃり

さ・り【然り】

前に述べた内容を指示し、肯定する ―**そうである。そのようだ。**

未然形	連用形	終止形	連体形	已然形	命令形
さ・ら	さ・り	さ・り	さ・る	さ・れ	さ・れ

動詞 自〔ラ変〕**そうである。そうだ。そのようだ。**「おい、**さり、さり**。」とうなづきて…。〈源氏・玉鬘〉訳「おお、**そうだ、そうだ**。」とうなずいて…。「あはれ、**さるめり**。」と思ひながら、「なほ、誤りもこそあれ。」と怪しむ人あり。〈徒然草・194・達人の〉訳「ああ、**そう**（＝真実ではないこと）**である**ようだ。」と思いながら、「それでもやはり、（自分の考えの方に）間違いでもあるといけない。」と不審に思う人がいる。

発展 ①**「しかり」と「さり」**　「さり」は指示語の副詞「さ」にラ変動詞「あり」の付いた「さあり」が変化したことば。主に和文に用いられ、漢文訓読文や軍記物語・説話などの*和漢混交文には主として「しかり」が用いられた。

②**「さり」の派生語**　連体形「さる」は連体詞としても用いられる。また、「さらず」「さるべき」「さるものにて」などの連語や、接続詞などとして独立した「さらば」「さりけれど」「さりとて」「さりとも」「さりながら」「さるは」「されど」「されば」など、「さり」から派生したことばは数多い。

↓**読解の手引き** ❾（634ページ）

関連語 然り

ざり 助動詞 **ず**の連用形。↓**基本助動詞20**（687ページ）

ざり …である。…だ。**照る月の流るる見れば天の川出づる水門は海にざりける** 歌〈土佐日記・一月八日〉訳 照っている月が（空を）流れて（海に沈んで）いくのを見ると、天の川の流れ出る河口は（地上の川と同じように）海**であった**のだなあ。○「ざりける」と連体形で結んでいるのは「ざり」の中に係助詞「ぞ」が含まれているため。

発展「ぞあり」（係助詞「ぞ」＋ラ変補助動詞「あり」）の連用形）の変化したもの。

さり-あへ-ず【避り敢へず】連語 避けられない。**梓弓春の山辺を越えくれば道もさりあへず花ぞ散りける** 歌〈古今集・春下・115〉訳（のどかな）春の山路を越えて来ると、道も**避けられない**（＝通れない）ほど、（サクラの）花が散っていることだ。○「梓弓」は「春」に係る枕詞。

さり-がた・し【去り難し】形容詞〔ク〕〈く・く・し・き・けれ・○／から・かり・○・かる・○・かれ〉別れにくい。見捨てられない。**去り難き妻をとこ持ちたる者は、その思ひまさりて深き者、必ず先立ちて死ぬ**。〈方丈記・飢渇〉訳（飢饉の際には）**見捨てられない**妻や夫を持った者は、その愛情がより深いほうが、必ず先に死ぬ。

さり-がた・し【避り難し】形容詞〔ク〕〈く・く・し・き・けれ・○／から・かり・○・かる・○・かれ〉❶逃げられない。逃れがたい。**人間の儀式、いづれのことか避り難からぬ**。〈徒然草・112・明日は遠き国へ〉訳 世の中の儀式は、どんなことが**逃れがたく**ないであろうか、いや、すべてが**逃れがたい**のだ。

❷断りきれない。**避り難き餞などしたるは、さすがに打ち捨てがたくて**…。〈奥の細道・草加〉訳 **断りきれない**餞別などしてくれたのは、さすがに捨てるわけにもいかなくて…。

ざり-き …なかった。**ありし世の旅は旅ともあらざりきひとり露けき草枕かな** 歌〈新古今集・羇旅・923〉訳（夫の）生きていたころの旅は旅というほどのものでも**なかった**。（今は私だけの）一人涙がちな旅寝だよ。

発展 打消の助動詞「ず」の連用形＋過去の助動詞「き」。

さりげ-な・し【然りげ無し】形容詞〔ク〕〈く・く・し・き・けれ・○／から・かり・○・かる・○・かれ〉それらしいようすがない。平然としたようすだ。「いかが。」とおぼし召す程にぞ、**いとさりげなく**、事にもあらずげにて参らせたまへる。〈大鏡・道長上〉訳（花山天皇が）「どうしたのか。」とお思いになっていらっしゃるそのときに、（道長は）まったく**平然としたようすで**、何でもない顔をしてご参上あそばしている。

ざり-けむ …なかっただろう。…なかったのであろう。かうて、**つれづれと眺むるに、などか物詣でもせざりけむ**。〈更級日記・鏡の影〉訳 こうして、所在なくぼんやりと物思いにふけっているときに、（私は）どうしてお参りもし**なかったのであろう**か。

発展 打消の助動詞「ず」の連用形＋過去推量の助動詞「けむ」。

ざり-けり ❶（「けり」は過去を表し）…なかった。**耳にも聞き入れざりければ、言ひかかづらひて帰りぬ**。〈竹取・仏の御石の鉢〉訳（かぐや姫が）耳にも聞き入れ**なかった**ので、（皇子は）言えなくて困って帰ってしまった。

❷（「けり」は詠嘆・気付きを表し）…なかったのだなあ。（実は）…なかったのだ。**かしこう縫ひつと思ふに、針を引き抜きつれば、はやく尻を結ばざりけり**。〈枕草子・95・ねたきもの〉訳 巧みに縫ったと思うのに、針を引き抜いたところ、なんと（糸の）端を結ば**なかったのだ**。

発展 打消の助動詞「ず」の連用形＋過去の助動詞「けり」。

ざり-ける …であった。…であったことだなあ。**秋萩の下葉に宿る白露も色には出づるものにざりけ**

る 歌〈宇津保〉訳 秋ハギの下葉に結ぶ白露でさえも、(時には心に思っていることが涙となって)外に現れるものであったことだなあ。

発展「ぞあり」(係助詞「ぞ」＋ラ変補助動詞「あり」)の変化した形「ざり」＋過去の助動詞「けり」の連体形。

さり-けれ-ど【然りけれど】 接続詞 そうではあったけれど。しかしながら。

行き通ふ所いできにけり。**さりけれど**、このもとの女、悪しと思へる気色もなくて…。〈伊勢・23〉訳 (男には)通って行く所(＝新しい女)ができたのだった。**しかしながら**、このもとからの妻は、不快だと思っているようすもなくて…。

発展 ラ変動詞「さり」の連用形＋過去の助動詞「けり」の已然形＋接続助詞「ど」が一語になったもの。

さり-けれ-ば【然りければ】 接続詞 そういうわけで。それで。

心憂がりて、行かずなりにけり。**さりければ**、かの女、大和の方を見やりて…。〈伊勢・23〉訳 (男は)嫌気がさして、(女の所へ)通わないままになってしまった。**それで**、その女は、(男のいる)大和の方を見やって…。

発展 ラ変動詞「さり」の連用形＋過去の助動詞「けり」の已然形＋接続助詞「ば」が一語になったもの。↓**読解の手引き** ❾(634ページ)

ざり-つ …なかった。…ないままにした。

「などか久しう参りたまは**ざりつる**。」〈宇津保〉訳「どうして長い間参上なさら**なかった**のか。」

発展 打消の助動詞「ず」の連用形＋完了の助動詞「つ」。

さり-どころ-な・し【避り所無し】 形容詞 ク (く・く・し・き・けれ・○／から・かり・○・かる・○・かれ) 避けようがない。免れがたい。

あまりもの言ひさがなき罪、**さりどころなく**…。〈源氏・夕顔〉訳 (作者である私の)あまり口やかましい欠点は、**避けようがなくて**…。

さり-と-て【然りとて】

前に述べた内容と対立する関係であることを示す	だからといって。そうであっても。

接続詞 **だからといって。そうであっても。**

さりとて、し出ださんを待ちて、寝ざらんもわろかりなんと思ひて…。〈宇治拾遺〉訳 (ぼたもちを作ろうと僧たちが話していたのを聞いたが)**だからといって**、作って差し出してくれるのを待って、寝ないでいるようなのもきっと具合が悪いだろうと思って…。

発展 **語の成り立ち** ラ変動詞「さり」の終止形＋格助詞「と」＋接続助詞「て」が一語になったもの。

↓**読解の手引き** ❾(634ページ)

さりとて-は【然りとては】 連語 ❶ そうかといって。

さりとては誰にか言はむ今はただ人を忘るる心教へよ 歌〈詞花集・267〉訳 (あなたに捨てられても)**そうかといって**(他に)だれに言うのだろう。今となっては、ただ、(どうしたら)人を忘れるのか、その心を教えてよ。

❷ (相手に懇願して)ぜひとも。なにとぞ。

天上に帰らんことも叶ふまじ。**さりとては**返したびたまへ。〈謡曲・羽衣〉訳 (私は)天上に帰るようなこともできなくなるだろう。(天の羽衣を)**ぜひとも**お返しください。

❸ (感動詞的に用いて)これはまあ。なんとまあ。

さりとて-も【然りとても】 連語 だからといって。そうはいっても。

いみじく心細ければ、嘆かれたまふこと尽きせぬを、**さりとても**またせめて心ごはく絶えこもりてもたけかるまじく…。〈源氏・早蕨〉訳 ひどく心細いので、(中の君は)嘆息しないではいらっしゃれないことがなくならないのだが、**だからといって**どこまでも強情をはって閉じこもってみても気丈でいられそうもなく…。

さり-と-は【然りとは】 接続詞 ❶ そうだとは。そういうのは。そうだとすると。

「銀取る騙しの空誓文か、**さりとは**悪い合点。」〈近松・心中刃は氷の朔日〉訳「銀を取るためのいんちきの誓い文か、**そういうのは**悪い心がけだ。」

❷ (感動詞的に)なんとまあ。これはまた。

さりとはおそろしの人ごころぞかし。〈西鶴・世間胸算用〉訳 **なんとまあ**恐ろしい人間の心であるよ。

発展 ラ変動詞「さり」の終止形＋格助詞「と」＋係助詞「は」が一語になったもの。

さり-とも【然りとも】

前に述べた内容を、一応は認めつつも、別の希望を示す
- 一 接続詞
  - ❶ そうであったとしても。そうはいっても。
  - ❷ (将来に希望を託して)今まではそうでも、これからは(…だろう)。◉「さりともと」の形で用いる。
- 二 副詞 いくらなんでも。

一 接続詞 ❶ **そうであったとしても。そうはいっても。**

「**さりとも**、つひに男逢はせざらむやは。」と思ひて…。〈竹取・五人の貴公子〉訳 (かぐや姫への求婚を断られ続けている貴公子たちは)「**そうはいっても**、(竹取の翁はかぐや姫を)いつまでも男と結婚させないようなことがあるだろうか、いや、そんなはずはない。」と思って…。

❷ (「さりともと」の形で、将来に希望を託して)今まではそうでも、これからは(…だろう)。

今度は**さりともと**頼もしう思はれけるに、一の谷も攻め落とされて、人々皆、心細うぞなられける。〈平家・9・落足〉訳 (平家方の人々は)今度(こそ)は**今まではそう**(＝都に戻れなかったこと)**でも、これからは**(帰れるだろう)と心強くお思いになっていたのに、一の谷も攻略されて、人々は皆、頼りなく不安におなりになったのだった。○「さりともと」の前後の文脈から、今までの状態と今後に期待されることを想定し、補って解釈する。

二 副詞 **いくらなんでも。**

「妹のあらむ所、**さりとも**知らぬやうあらじ。言へ。」〈枕草子・84・里にまかでたるに〉訳「妹(＝清少納言)がいるような所を、**いくらなんでも**(兄であるおまえが)知らないことはないだろう。言え。」

発展 **語の成り立ち** 指示語のラ変動詞「さり」の終止形＋接続助詞「とも」が一語になったもの。

さり-ながら【然りながら】 接続詞 そうではあるが。しかしながら。しかし。

よく知らぬよしして、**さりながら**、つまづま合はせて語るそらごとは、おそろしき事なり。〈徒然草・73・世に語り伝ふること〉訳 よく知らないふりをして、**しかしながら**、つじつまを合わせて話すうそは、(だまされやすく)恐ろしいことだ。

発展 ラ変動詞「さり」の連用形＋接続助詞「ながら」が一語になったもの。

さり-ぬ-べし【然りぬべし】

心の中に描いた事柄を適当だと判断する
- ❶そうするのが適当である。そうするのにふさわしい。
- ❷立派だ。相当だ。

連語 ❶そうするのが適当である。そうするのにふさわしい。よさそうである。

「世鎮まりさうらひなば、勅撰の御沙汰さうらはんずらん。これにさうらふ巻物のうちに、さりぬべきものさうらはば、一首なりとも御恩をかうぶって…。」〈平家・7・忠度都落〉訳「世の中が治まりましたなら、天皇の和歌を選ぶご命令がございましょう。ここにございます巻物の中に、そうするのが適当な歌がございますならば、一首だけでもご恩を受けて…。」○「さり」の指示内容は「御恩をかうぶって」なので、「御恩をかうぶりぬべき」と置き換えて解釈する。勅撰集への入集を依頼する場面なので、「勅撰集に入集させてもらうのに適当な」と読解する。

「御果物、御酒など、さりぬべく参らせよ。」〈源氏・行幸〉訳「お菓子や、お酒などを、そうするのにふさわしく(して源氏へ)差し上げよ。」○「さり」の指示内容は「参らせよ」である。「参らせぬべく」と置き換えて解釈する。

❷立派だ。相当だ。相当な身分である。

なほさりぬべからむ人の娘などは、差し交じらはせ…。〈枕草子・24・生ひ先なく〉訳なんといっても相当な身分であるような人の娘などは、宮仕えをさせ…。

発展 ①語の成り立ち　指示語のラ変動詞「さり」の連用形＋確述の助動詞「ぬ」の終止形＋推量の助動詞「べし」。

さ・る【去る】

距離・時間が移る
- 一 動詞 自
  - ❶(季節や時間が)やって来る。(出来事が)過ぎ去る。
  - ❷離れる。
  - ❸(官位を)退く。
  - ❹(花や紅葉の色が)薄くなる。
  - ❺間隔を保つ。隔たる。
  - ❻(この世と)縁を切る。出家する。死去する。●多く「世を去る」の形で用いられる。
- 二 動詞 他
  - ❶引き離す。
  - ❷離縁する。

	未然形	連用形	終止形	連体形	已然形	命令形
動詞 自(ラ四段) 動詞 他(ラ四段)	さ・ら	さ・り	さ・る	さ・る	さ・れ	さ・れ

一 動詞 自 ラ四段 ❶(季節や時間が)やって来る。(その時になる。(その時が)来る。(出来事が)過ぎ去る。→古語チャート⑳(767ページ)

秋さらば見つつ偲へと妹が植ゑし宿のなでしこ咲きにけるかも 歌〈万葉集・3・464〉訳秋がやって来たら、たびたび見ては(私を)懐かしんでくれ、と言って妻が植えた(我が)家の庭のナデシコ(の花)が咲いたことだなあ。

たとひ時移り、事去り、楽しび悲しび行き交ふとも…。〈古今集・仮名序〉訳たとえ時が過ぎ、出来事が過ぎ去り、楽しみや悲しみが去っては、またやって来るとしても…。

❷離れる。

源氏の君は、御辺り去りたまはぬを…。〈源氏・桐壺〉訳(幼い)源氏の君は、(父である桐壺の帝の)おそばを離れなさらないので…。

❸(官位を)退く。

「位を去らせたまふことはあるまじきこと。」〈狭衣〉訳「(帝が)位を退きなさることはあってはならないことだよ。」

❹(花や紅葉の色が)薄くなる。あせる。

雨降れば色去りやすき花桜薄き心もわが思はなくに 歌〈貫之集・620〉訳雨が降ると色があせやすいサクラの花よ。(その花のように愛情が)薄い(あなたの)心も私は(嫌だと)思わないのだなあ。

❺間隔を保つ。隔たる。

その所を去れる間を数ふれば、二千余里なり。〈今昔〉訳その(＝今いる)所から(もとの寺までの)隔たった距離を測ると、二千里余り(＝約八〇〇〇キロメートル)である。

❻(多く「世を去る」の形で)(この世と)縁を切る。出家する。死去する。

今はと世を去りたまふべき程近くおぼし設くるに…。〈源氏・幻〉訳(源氏は)もうこれまでと出家なさるのによい時期が近いと腹をお決めになるにつけて…。○出家する意味を表す慣用表現には、他に「世を捨つ」「世を背く」「世を逃る」「世を離る」などがある。

計らざるに病を受けて、たちまちにこの世を去らんとするときにこそ…。〈徒然草・49・老い来たりて〉訳思いがけず病気になって、急に死去しようとするときにこそ…。

二 動詞 他 ラ四段 ❶引き離す。遠ざける。取り除く。

あながちに御前去らずもてなさせたまひしほどに…。〈源氏・桐壺〉訳(帝が)桐壺の更衣を寵愛して強引におそばから引き離さないようにお取り扱いになったそのうちに…。

❷離縁する。

もとの妻をば去りつつ、若くかたちよき女に思ひ付きて…。〈宇治拾遺〉訳もとの妻を離縁する一方で、若く美しい女に心を寄せて…。

発展 ①古語特有の意味　距離や時間が移動する、というのがもともとの意味。現代語では離れていく意味しか持たないが、古語では一❶のように、過ぎ去っていく場合にもやって来る場合にも用いられた。この点では、去っていく意味だけを表す「往ぬ」の方が、現代語の「去る」に近い。

②複合語に残る用法　季節や一日の時間帯を表すことばに付く「春さる」「夕さる」などの言い方は中古以降に固定した表現となり、和歌などに用いられ、「夜さり」のように名詞として定着したものもあった。また、座ったままで進む意味の「ゐざる」には、「去る」のもともとの意味が生きている。「後ずさり」の「さり」も「去る」と関係あるかといわれている。

②「さるべき」の強調表現

多く連体形で、「さるべき」の強調表現として用いられる。「さるべき」は「さるべきにやありけむ（＝そうなる運命だったのではないだろうか）」などのように疑いの表現を伴って用いられることも多いが、「さりぬべき」は疑いの表現を伴わない。

③❶と❷の識別

「さり」の指示内容は、話し手や書き手が心の中で適当だと判断した事柄であるため特定しにくいが、❶の用法では、以下に続く動詞などが該当する。一方、話し手や書き手があらかじめ深層心理に指示内容を決めている場合は、❷となる。

関連語 然るべき

さりーや【然りや】 連語 （物事に思い当たったときに用いて）そのとおりだ。やはりそうだ。

いみじう泣けば、「**さりや、あな苦し。**」とおぼして…。〈源氏・薄雲〉訳（明石の君が）ひどく泣くので、（源氏も）「**そのとおりだ**、ああつらいことだなあ。」とお思いになって…。

発展 ラ変動詞「さり」の終止形＋間投助詞「や」。

さる【申】 名詞 ❶十二支の九番目。❷今の午後四時ごろ。また、その前後二時間。❸西南西。

さる【猿】 名詞 ❶《動物》サル。❷こざかしい人やずばしっこい人をののしっていうことば。

→**ビジュアルチェック** ❹（349ページ）・❺（393ページ）・⓳（881ページ）

さ・る【去る】 動詞 →**最重要語**（613ページ）

さ・る【洒落る・戯る】 動詞 自 ラ下二段〈れ・れ・る・るる・るれ・れよ〉

❶ふざける。戯れる。はしゃぐ。

旅立ちたる所にて、**下衆どもされゐたる**。〈枕草子・96・かたはらいたきもの〉訳 旅先で、身分の低い者たちが**ふざけている**の（は苦々しいことだ）。

❷気がきいている。風情がある。しゃれている。

さすがに**されたる遣り戸口**に…。〈源氏・夕顔〉訳 そう（＝粗末であると）はいうものの**風情がある**引き戸のある出入り口に…。

❸男女のことに通じている。世慣れている。

年の程よりは、**されてやありけむ**、「をかし。」と見けり。〈源氏・少女〉訳（惟光の娘は）年齢のわりには、**世慣れていたのではないだろうか**、（夕霧からの手紙を）「すばらしい。」と見たのだった。

さ・る【避る】

かかわらないようにする ─ ❶**避ける。遠慮する。** ❷**断る。拒む。**

未然形	連用形	終止形	連体形	已然形	命令形
さ・ら	さ・り	さ・る	さ・る	さ・れ	さ・れ

動詞 他 ラ四段 ❶**避ける。遠慮する。敬遠する。**

御子たちだに、上の御もてなしのこよなきに、煩はしがりて、**いと殊に避りきこえたまへるを**…。〈源氏・紅葉賀〉訳 親王方だって、帝の（源氏への）ご待遇がこの上ないことによって、（源氏には）気が置かれると思って、たいへん特別にご**遠慮**申し上げなさっているのに…。

❷**断る。拒む。辞退する。**

「かの左衛門督はえなられじ。また、そこに**さられ**ば、異人こそはなるべかなれ。」〈大鏡・為光〉訳「あの左衛門督（＝誠信）は（中納言には）とてもおなりになれないだろう。そのうえ、あなた（＝誠信の弟、斉信）に**辞退**されたなら、ほかの人がきっとなるに違いないようだ。」

関連語 避らず・え避らず

さる【然る】

前にある語句や心に描いた内容を指し示す
- ━（ラ変動詞「さり」の連体形の場合）**そのような。そんな。**
- ━ 連体詞 ❶**しかるべき。かなり立派な。** ❷**ある。しかじかの。**

━（ラ変動詞「さり」の連体形で、前に述べた内容を受けて）**そのような。そんな。**

子産むべき人の、そのほど過ぐるまで**さる気色**もなき。〈枕草子・160・心もとなきもの〉訳 子を産むことになっている人が、その（＝予定の）時期を過ぎるまで**そのような**兆しもないのは（待ち遠しいものだ）。

━ 連体詞 ❶**しかるべき。かなり立派な。それ相当の。**

また二十人押し寄せたりければ、この度は**さる体**にして…。〈宇治拾遺〉訳（昨日に続いて）再び二十人（の昇殿を許された人）が押し寄せて来たので、（修理大夫は）今度は**それ相当の**形に（酒宴の準備を）して…。

❷**ある。しかじかの。**

「**さる方**へ、便船申してさうらへば…。」〈御伽草子・浦島太郎〉訳「**ある所**へ、折よく出る船に便乗しまして（海に出て）おりましたところ…。」

発展 ①━は指示語のラ変動詞「さり」の連体形で、前に述べた内容を受けて、そんな状態であることを指し示す。

②━は━が連体詞として独立したもので、前に指示する内容がない。❶は、一般に当然のことと認められる事柄という意味からできた用法と考えられ、「さるべき」と同じ意味で用いられる。❷は、特定の事物を指示しないで漠然と表すようになった用法である。

●ざる 助動詞**ず**の連体形。→**基本助動詞20**（687ページ）

さるーあひだーに【然る間に】 連語 そうこうするうちに。そのうちに。

さるあひだに、思ひはいやまさりにまさる。〈伊勢・40〉訳 **そうこうするうちに**、（互いの）恋心がますます激しく募ってくる。

発展 ラ変動詞「さり」の連体形＋名詞「あひだ」＋格助詞「に」。

さるーがう【猿楽・申楽・散楽】 名詞 ❶→猿楽 ❷おどけたしぐさ。戯れ。

「知らぬことよ。」とて**さるがうしかくる**に…。〈枕草子・143・殿などの〉訳「（ぜんぜん）わからないことよ。」と言って**おどけたしぐさ**をしかけると…。

発展「さるがく」が変化したことば。

さるがうーごと【散楽言】 名詞 冗談。ざれごと。

おなじ直衣の人参りたまひて、これは今少しはなやぎ、**散楽言などしたまふ**を…。〈枕草子・184・宮に初めて参りたるころ〉訳（伊周と）同じ直衣姿の人が参上なさって、この方は（伊周より）もう少し陽気で、**冗談**などおっしゃるのを…。

猿楽 文芸用語 ❶平安時代から室町時代にかけて行われた、こっけいな動作や物まねをする雑芸。「申楽」とも書く。中国（唐代）伝来の散楽（＝民間で行われた曲芸やものまね芸）をもとにして成立したといわれ、初めは曲芸・奇術・物まねなどの広範囲な内容を持ち、相撲節会・神楽・酒宴の席などで行われた。平安末期以降、物まねと歌舞的要素が主体となり、南北朝時代から室町初期にかけて各地で猿楽座が発生した。❷「猿楽の能」の略。❶をもとに、鎌倉時代以降に演劇の要素を打ち出した芸能。現在の能楽の母体となった。上品な舞、謡を加え、室町時代に★観阿弥、★世阿弥の親子が芸術的に大成した。↓能・必修古典ビッグ30 ⑯（712ページ）

［猿楽❷］

申楽談儀【さるがくだんぎ】 作品名 室町前期の能芸論書。観世元能編。★世阿弥の晩年の芸談を子の元能が筆録したもの。猿楽・田楽の歴史や当時の能の実態、世阿弥の芸能観などを記す。一四三〇（永享二）年成立。

さる-かた【然る方】そういう方面。それ相応。
「**さる方の後見にてはぐくまむ。**」と思ほしとりて…。〈源氏・末摘花〉訳「**そういう方面**（＝生活面）の世話人として（末摘花を）養おう。」と（源氏は）お考えになって…。

発展「さる」はラ変動詞「さり」の連体形。

さる-かた-に【然る方に】連語 それ相応に。それはまたそれで。それなりに。
待つこともなく明かし暮らしたる、さるかたに有らまほし。〈徒然草・5・不幸に〉訳（何を）期待することもなく日を送っているのは、**それはまたそれで**望ましい。

発展 ラ変動詞「さり」の連体形＋名詞「かた」＋格助詞「に」。

さる-が・ふ【猿楽ふ】動詞 自〔八四段〕（は・ひ・ふ・ふ・へ・へ）ふざける。おどける。冗談を言う。
男などのうちさるがひ、ものよく言ふが来たるを、物忌みなど入れつかし。〈枕草子・140・つれづれ慰むるもの〉訳 男性などで**冗談を言い**、よくしゃべる者がやって来たときは、（退屈なので）物忌みでも（家に）入れてしまうよ。

発展「さるがう」が動詞になったもの。

さる-から【然るから】接続詞 それだから。そういう理由で。
「**さるから、さぞ。**」とうち語らはば、つれづれ慰まめと思へど…。〈徒然草・12・同じ心ならん人と〉訳「**それだから、**そうなのだ。」とでも語り合うならば、寂しい気持ちも晴れるだろうと思うけれども…。

発展 ラ変動詞「さり」の連体形＋格助詞「から」が一語になったもの。

さる-こと【然る事】❶そのようなこと（もの）。そういうこと（もの）。
「**この世の人は、男は女に逢ふことをす。女は男に逢ふことをす。…いかでかさることなくてはおはせむ。**」〈竹取・五人の貴公子〉訳「この世の人は、男は女と結婚する。（また）女は男と結婚する（ものだ）。…（それなのに）どうして**そういうこと**（＝結婚すること）がなくていらっしゃる（ことができる）のだろうか。」
❷理由のあること。もっともなこと。しかるべきこと。
「**人には木の端のやうに思はるるよ。」と清少納言が書けるも、げにさることぞかし。**〈徒然草・1・いでや〉訳「（法師というものは）人からは木の端（＝取るに足りないもの）のように思われるよ。」と清少納言が（枕草子に）書いているのも、実に**もっともなこと**だよ。

さる-は【然るは】

前に述べた内容を受けて、順接または逆接として後に続く内容を補足する

- ❶（順接を表し）**それというのも実は。**というのは。
- ❷（逆接を表し）**そうではあるが。そうはいうものの。**

接続詞 ❶（順接を表し）**それというのも実は。**というのは。そのようにして。そのうえ。
「**ねびゆかむさまゆかしき人かな。**」と目とまりたまふ。「**さるは、限りなう心を尽くしきこゆる人に、いとよう似たてまつれるが、まもらるるなりけり。**」と思ふにも…。〈源氏・若紫〉訳（源氏は）「（少女は）成長していく（、その）ようなようすを見たい人だなあ。」と目がおとまりになる（＝お見つめになる）。「**それというのも実は**、（私が）この上なく真心をお尽くし申し上げている人（＝藤壺の女御）に、とてもよく似申し上げているのが、じっと見つめないではいられない（理由である）のだった。」と思うにつけても…。
聞き伝ふるばかりの末々は、あはれとやは思ふ。さるは、後とふわざも絶えぬれば…。〈徒然草・30・人の亡き後ばかり〉訳（死んだ人のことをただ）人づてに聞くだけの子孫たちは、（荒れた墓を見て）感慨深いと思うだろうか、いや、思わないだろう。**そのうえ**、死後を弔う法事もとだえてしまうと…。

❷（逆接を表し）**そうではあるが。そうはいうものの。**
中垣こそあれ、一つ家のやうなれば、望みて預かれるなり。さるは、頼りごとに物も絶えず得させたり。〈土佐日記・二月十六日〉訳 隣家との境に作った垣根はあるけれども、（私の家とは）一軒の家のような（ものな）ので、（隣家の人が）希望して（私の家を）管理したのである。**そうではあるが**、機会がある度に（お礼の）品物も絶えず与えてある。
打ち解くまじきもの。えせ者。さるは、よしと人に言はるる人よりも、うらなくぞ見ゆる。〈枕草子・305・打ち解くまじきもの〉訳 油断をしてはならないもの。取るに足りない身分の者。**そうはいうものの**、立派だと人に言われる人よりも、心の中に隠し事がないと感じられる。

発展 ①**語の成り立ち** 指示語のラ変動詞「さり」の連体形に、係助詞「は」が付いて一語になったもの。前に述べた内容を受けて、「さるは」の後に続く内容がその説明であることを示す。
②**順接か逆接かは文脈から** 「それというのも実は」という意味を表す❶がもともとの意味であるが、「さるは」ということば自体が順接・逆接の意味を直接に表すものではない。そのため、前後の文脈から、❶の順接か、❷の逆接かを判断する必要がある。

❸言うまでもないこと。もちろんのこと。「**我らが召し帰さるるうれしさは、さることなれども…。**」〈平家・3・足摺〉訳「我々（二人）が（都に）呼び戻してもらえるうれしさは、**言うまでもないこと**であるが…。」

❹たいしたこと。それほどのこと。**さることなければ、高く大きに盛りたる物ども、持て来つつ据ゆめり。**〈宇治拾遺〉訳（ここは田舎だから）**たいしたこと**はないけれど、高く大きく盛った（ごちそうの）品々を、持って来ては並べるようだ。

発展「さる」はラ変動詞「さり」の連体形。

猿沢の池【サルサハノ―】歌枕 奈良の興福寺の南にある池。平城天皇の寵愛が衰えたことを悲しみ、この池に身を投げたという采女の伝説によって歌が詠まれた。

さる-に【然るに】接続詞 ❶そうしたところ。すると。**しばしばえ詣でず。…さるに、十二月ばかりに、とみのこととて、御文あり。**〈伊勢・84〉訳（子は母のもとに）たびたびはとても参上できない。…**すると**、十二月ごろに、至急のことといって、（母から）お手紙が届く。

❷それなのに。ところが。**しのびしのびになむとぶらひけること日々にありけり。さるに、とはぬ日なむありけるに…。**〈大和・165〉訳こっそりと見舞いの手紙を出す毎日だった。**ところが**、手紙を出さない日があったときに…。

発展ラ変動詞「さり」の連体形＋接続助詞「に」が一語になったもの。

さる-に-て-も【然るにても】連語 それにしても。それはそれとしても。「**さるにても、『かかることなむ。』と知らせたまひて…。**」〈源氏・少女〉訳「**それはそれ**（＝娘の雲居の雁を夕霧と結婚させること）**としても**、『（二人は）このような事情だ。』と（私に）お教えくださって…。」

発展ラ変動詞「さり」の連体形＋断定の助動詞「なり」の連用形＋接続助詞「て」＋係助詞「も」。

さる-に-より【然るにより】連語 そういうわけであるから。**暴るる兵、獣も、この主には鎮まりぬ。さるによりなむ、公も捨てたまはざりける。**〈宇津保〉訳暴れる兵士も、獣も、このお方（＝三春高基）には降伏してしまう。**そういうわけであるから**、朝廷でも（高基を）お見捨てにならなかった。

発展ラ変動詞「さり」の連体形＋格助詞「に」＋四段動詞「よる」の連用形。

さる-は【然るは】接続詞 →最重要語（615ページ）

さる-ひと【然る人】❶そのような人。そういった人。**うらなく言ひ慰まんこそうれしかるべきに、さる人あるまじければ…。**〈徒然草・12・同じ心ならん人と〉訳ざっくばらんに話して心が晴れたとしたらうれしいに違いないが、**そのような人**はいるはずがないので…。

❷しかるべき人。相当な人物。**たやすくうち出でんもいかが、とためらひけるを、別当入道さる人にて…。**〈徒然草・231・園の別当入道は〉訳（別当入道のみごとな包丁さばきを見たいと思っていた人々が）軽々しく口に出すようなのもどうか、と迷ってぐずぐずしていたのを、別当入道は**相当な人物**で（人々の思いを察し）…。

発展「さる」はラ変動詞「さり」の連体形。

さる-べき【然るべき】連語 →最重要語（617ページ）

さる-べき-に-や【然るべきにや】連語 そうするのが当然なのではなかろうか。そうなるはずの運命ではなかろうか。**よき人のしたまふことなれば、さるべきにやと思ひしかど…。**〈徒然草・138・祭り過ぎぬれば〉訳（祭りの後で★御簾のアオイを取ることは）立派な人がなさることであるので、**そうするのが当然なのではなかろうか**と思ったけれども…。

発展ラ変動詞「さり」の連体形＋推量（当然）の助動詞「べし」の連体形＋断定の助動詞「なり」の連用形＋係助詞「や」。下に「あらむ」「ありけむ」などが省略されている。

ざる-べし …ないにちがいない。…ないはずだ。**この人々の深き志は、この海にも劣らざるべし。**〈土佐日記・一月九日〉訳この人々の深い誠意は、この（深い）海に比べても劣ら**ないにちがいない**。

発展打消の助動詞「ず」の連体形＋推量の助動詞「べし」。

さるほど-に【然る程に】接続詞 ❶そうこうしているうちに。そのうちに。**奥より端へ読み…さるほどに、少将や判官入道なども出で来たり。**〈平家・3・足摺〉訳（赦免状を）終わりから始めへと（繰り返して）読み…**そうこうしているうちに**、少将や判官入道（の名）も出て来た。

❷（話題を変えるときや物語の冒頭に用いて）さて。ところ

読解の手引き❽

「さるべき」が担う内容

指示語「さ・しか（＝そう・そのように）」「かく（＝こう・このように）」は、副詞として働く一方で、ラ変動詞「あり」と結びついて、さまざまな複合語や、連語による複合表現を作ります。

中でも連語「**さるべき**」は、「さ」＋「あり」が複合したラ変動詞「さり」の連体形と、適当・当然の助動詞「べし」の連体形とから成り立っています。「そうするのが最もふさわしい」「そうなるのが当然の」などのように直訳することができますが、そのままでは意味がはっきりしないので、後に続く動作の意味内容から判断しなければなりません。

例を見てみましょう。

①**娘をば、さるべき人に預けて…。**〈源氏・夕顔〉

これは、ひとまず「娘を、**そうするのが最もふさわしい**人と結婚させて」のように解釈することができます。そして、「さるべき」の後に続く動作「預け（＝結婚させ）」を「さるべき」にあてはめると、「結婚させるのに**最もふさわしい**」と解釈できます。

このように、「さるべき」の「さる」は、後続する動作を、先取りして表現しているのです。「べき」は、適当・当然に相当する「…に最もふさわしい」と解釈できますが、それが何にふさわしいかは、後続する動詞によって決まります。

ただ、時には、固定した意味の「さるべき」もあります。その例を見てみましょう。

②**かしこくおそろしと思ひけれど、さるべきにやありけむ、負ひたてまつりて下るに…。**〈更級日記・竹芝寺〉

「さるべき」の後に被修飾語の省略がある点に注意してください。そこで、形式名詞「こと」を補って「さるべきにやありけむ」を直訳すると、「そうなるのが当然（のこと）であったのであろうか」となります。当時の人々は、前世の因縁で物事が左右されるという仏教的世界観をもっていましたから、「そうなるのが当然のこと」とは、「**そうなる運命**（**因縁**）」を意味しました。「さるべき契り」「さるべき縁」といった表現にも同様の世界観が表れています。

で。そもそも。発展ラ変動詞「さり」の連体形＋名詞「ほど」＋格助詞「に」が一語になったもの。

さる-ぼほ【猿頬】名詞 ❶ほおとあごを覆い、顔面を保護する武具。❷《動物》貝の一種。アカガイに似た二枚貝で、殻は丸くて厚い。❸《近世語》片手桶。

［さるぼほ❶］

さる-まじき【然るまじき】❶そうあってはならない。適当でない。「**ただこの人の故にて、あまたさるまじき人の恨みを負ひし果て果ては**…。」〈源氏・桐壺〉訳「ただこの人（＝桐壺の更衣）が原因で、いろいろと**そう**（＝恨みを受けること）**あってはならない**人の恨みを受けたそのあげくの果ては…。」

❷そうする必要がない。そうしなくてもよい。**さるまじき人のもとに、あまりかしこまりたるも、げに悪きことなり。**〈枕草子・262・文ことばなめき人こそ〉訳**そうする必要がない**人の所に、（手紙文として）あまりにも恐縮し（て書い）ているのも、実に感心しないことである。

発展ラ変動詞「さり」の連体形＋打消推量を表す助動詞「まじ」の連体形。「さるべき」の打消表現。「さり」は下に述べられる内容を指示することが多い。↓さるべき

猿丸大夫［ダイフ］人名 奈良後期あるいは平安初期にいたといわれる伝説上の歌人。★三十六歌仙の一人。『古今集』真名序にその名が見える。なお、『猿丸集』は古歌集で、個人の家集ではない。生没年不明。

さる-まろ【猿丸】名詞 サルを人のように呼ぶことば。

猿蓑 作品名 江戸中期の俳諧撰集。★向井去来・★野沢凡兆編。『★俳諧七部集』の第五集。芭蕉門下生の発句、芭蕉一座の連句歌仙、芭蕉の「★幻住庵記」などを収める。不易流行の理念、匂付けの手法による、幽寂重厚な句や印象鮮明な客観句などを含む。後世、「俳諧の古今集」と称されて俳諧撰集の規範となった。一六九一（元禄四）年刊。

さる-べき【然るべき】

そうあるのがふさわしいと思っていること

❶**そうするのが最もふさわしい。最も適当な。**

❷（前世の因縁で）**そうなるのが当然の。そうなる運命の。**
◉「さるべき＋契り・縁」、また、「さるべきにて」「さるべきにや」「さるべきにこそ」などの形をとる。

❸（身分や能力などが）**立派な。相当な。**
◉多く「さるべき人」「さるべき所」などの形をとる。

連語 ❶（後に続く動作を指示して、その動作を行うのに最も適しているようすを表し）**そうするのが最もふさわしい。最も適当な。**

密か盗人の、**さるべき物の隈々にゐて見るらむをば、たれかは知る。**〈枕草子・124・恥づかしきもの〉訳こそ泥が、**最も適当な**物陰にひそんでいて（こちらを）見ていたりすることを、だれが知るというのか、いや、だれも知ってはいない。

○「さる」の指示内容は「ゐて見る」である。つまり、「ゐて見る」のに最もふさわしい「物の隈々」ということになる。

殻は、気疎き山の中に納めて、さるべき日ばかりまうでつつ見れば、程なく卒塔婆も苔むし…。〈徒然草・30・人の亡き後ばかり〉訳なきがらは、人気がなく寂しい山の中に埋葬して、**そうするのが最もふさわしい**日だけお参りしては（墓を）見るので、間もなく卒塔婆（＝墓の後ろに立てる細長い板）もコケが生え…。

○「さる」の指示内容は「まうで」である。

❷（「さるべき＋契り・縁」また、「さるべきにて」「さるべきにや」「さるべきにこそ」などの形で、前世の因縁で決まっていることを表し）**そうなるのが当然の。そうなる運命の。**

かく覚えなくてめぐりおはしたるも、「さるべき契りあるにや。」とおぼしながら…。〈源氏・明石〉訳（明石の入道の娘と）こう思いがけず巡り会いなさったのも、「**そうなるのが当然の**前世からの因縁があるのではないか。」と（源氏は）お思いになりながらも…。

「**夢にこの猫の傍らに来て、『おのれは侍従の大納言殿の御娘の、かくなりたるなり。さるべき縁のいささかありて**…。』**と言ひて、いみじう泣くさまは**…。」〈更級日記・大納言殿の姫君〉訳「夢の中でこのネコが横に来て、『私は侍従の大納言殿の姫君で、（生まれ変わって）このような（姿に）なっているのです。**そうなる運命の**前世の因縁が少しあって…。』と言って、ひどく泣くようすは…。」

「**我なむ子なくて、年ごろ長谷にまうでつつ、そのことを祈り申しつるに、さるべきにてかく会ひたり。**」〈今昔〉訳「私は子供がなくて、ここ数年長谷寺にお参りしては、そのこと（＝子供を授かること）をお祈り申し上げてきたところ、**そうなる運命**でこうして（子供と）出会った。」

○「さるべき（縁）にて」のように、「縁」を補って解釈する。

❸（多く「さるべき人」「さるべき所」などの形で、身分や能力などが相当な程度であるようすを表し）**立派な。相当な。由緒正しい。**

受領などの家に、**さるべき所の下部などの来て**…。〈枕草子・95・ねたきもの〉訳国司の長官などの家に、**由緒正しい**家の使用人などがやって来て…。

「**さるべき人は、疾うより御心魂の猛く、御守りも強きなめり。**」と覚えはべるは。〈大鏡・道長上〉訳「（道長のように）**立派な**方は、若い時から度胸があって、神仏のご加護も強いように見える。」と感じられますねえ。

発展 ①**語の成り立ち** 指示語のラ変動詞「さり」の連体形＋助動詞「べし」（❶❸は適当、❷は当然）の連体形。

②**「さる」の指示内容** 「さる」は、原則として後続する動詞の内容を指し示し、それらは作者や話し手が心の奥で思い描いた深層心理において捉えられた事柄である。そこで、❶❷については、このことばの前後にある表現から動詞を含む語句を見つけ出し、それを手掛かりとする。❸については、手掛かりがないため、「立派な・相当な」といった肯定的な評価を与えることばを想定して解することになる。↓

③**仏教観の表れ** **読解の手引き**❽（616ページ）❷は、前世の因縁という人知を超えた仏教的な運命観に依る古代人の意識がよく表れている。

関連語 然るまじ

さる-もの【然る者】❶そのような者。あんな者。「むげにこそ思ひ倦じにしか。など、**さる者**をば置きたる。」〈枕草子・83・返る年の二月二十日余日〉訳「まったくひどいと不快に思ってしまった。どうして、**あんな者**を(留守番に)置いているのか。」
❷しかるべき者。立派な者。それ相当の者。「こよなきとだえ置かず、**さる者**にしなして、長く見るやうもはべりなまし。」〈源氏・帚木〉訳「ひどいご無沙汰もしないで、(彼女を)**しかるべき者**(=通い妻)と位置付けて、長く関係を続けることもきっとありましたでしょうに。」
発展「さる」はラ変動詞「さり」の連体形。

さる-もの【然る物】そのような物。そんな物。「人のもとに、**さる物**包みて贈るやうやはある。取り違へたるか。」〈枕草子・84・里にまかでたるに〉訳「人の所に、**そんな物**を包んで贈るわけがあるか、いや、ありはしない。(何かと)取り違えたのか。」
発展「さる」はラ変動詞「さり」の連体形。

さる-もの-にて【然るものにて】

心の中に描いた事柄をひとまず認めておくようす
❶(一応そのとおりであるが)それはともかく。それはそれとして。
❷言うまでもないこととして。もちろんのこととして。

連語❶(一応そのとおりであるが)**それはともかく。それはそれとして。**「悲しきことをば**さるものにて**、人に言ひ騒がれはべらむがいみじきこと。」〈源氏・夕顔〉訳「(主人の夕顔の死が)悲しいことは**それはそれとして**、(変死したと)人に騒ぎ立てられたりいたしますことが非常に恐ろしいことだ。」
❷言うまでもないこととして。もちろんのこととして。「わざとの御学問は**さるものにて**、琴、笛の音にも雲居を響かし…。」〈源氏・桐壺〉訳「(源氏の)本格的な漢学のご学問(の深さ)は**言うまでもないこととして**、琴や、笛の音色につけても宮中に評判を立てさせ…。」
発展 **語の成り立ち** ①指示語のラ変動詞「さり」の連体形＋形式名詞「もの」＋格助詞「にて」。
②この「にて」を、断定の助動詞「なり」の連用形＋接続助詞「て」と見ることができるのは、次の場合だけである。『もののあはれは秋こそまされ。』と、人ごとに言ふめれど、それもさるものにて、今ひときは心も浮き立つものは、春の気色にこそあめれ。(=『しみじみとした味わいは秋が(もっとも)優れている。』と、だれもが言うようだが、それももちろんのことであって、なおいっそう心も浮き浮きするものは、春のようすであるようだ。)〈徒然草・19・折節の〉さらに、中古においては「(を)ばさるものにて」となるはずのところを「もさるものにて」としている。いずれも、本来の用法ではない。

さる-やう【然る様】— しかるべき事情。それなりの理由。「かの山里にありける人の娘の、**さるやう**ありて、このごろかしこにある。」〈源氏・浮舟〉訳「あの(宇治の)山里にいた人の娘が、**しかるべき事情**があって、近ごろあちらに住んでいるのだ。」
発展「さる」はラ変動詞「さり」の連体形。

さる-を【然るを】接続詞 それなのに。ところが。「昔、男女、いとかしこく思ひ交はして、異心なかりけり。**さるを**、いかなることかありけむ、いささかなることにつけて…。」〈伊勢・21〉訳昔、男と女が、たいそう並々でなく愛し合って、浮気心はなかった。**ところが**、どういう事情があったのだろうか、ちょっとしたことがきっかけで…。
発展ラ変動詞「さり」の連体形＋接続助詞「を」が一語になったもの。

され-ど【然れど】

前に述べた内容を受けて、逆接として後に述べる結果を導く
(逆接の確定条件を表し)そうではあるが。しかし。

接続詞(逆接の確定条件を表し)**そうではあるが。しかし。**「ものは少し覚ゆれど、腰なむ動かれぬ。**されど**子安貝をふと握り持たれば、うれしく覚ゆるなり。」〈竹取・燕の子安貝〉訳「(私は)意識は少しあるけれど、腰を動かすことができない。**しかし**(かぐや姫が望んだ)子安貝をさっと握って持っているので、うれしく思われるのだ。」
発展 **①語の成り立ち** 指示語のラ変動詞「さり」の已然形に、接続助詞「ど」が付いて一語になったもの。
②「されども」と「されど」 「されど」は中古の女流文学に多く見られることば。一方、同義語の「されども」は『源氏物語』に三例、それも男性のことばとして見られるだけで、他の女流文学作品には見られない。
↓読解の手引き❾(634ページ)

さるをきくひと…句 **猿を聞く人捨て子に秋の風いかに**〈野ざらし紀行・松尾芭蕉〉訳サルの悲しげな声を聞いて、つらい気持ちを詩に綴ってきた人々よ。冷たい秋風に吹きさらされて泣いている哀れな捨て子のこの声を、どんなふうに聞くというのか。○季語 秋の風—秋。「猿を聞く人」は、サルの鳴き声を聞いて悲しみをうたった中国の詩人たち。
発展 富士川のほとりで泣いている捨て子を見ての句。サルの鳴き声は古来より悲しいものとされるが、そのサルの声と捨て子の声のどちらが悲しいのかと、風雅の世界の一方に過酷な現実があることを自他に問うている。

ざれ(687ページ) 助動詞**ず**の已然形・命令形。↓**基本助動詞20**

ざれ-ごと【戯れ言・戯れ事】名詞 ふざけて言うこと。また、そのことば。冗談。発展「ざれこと」とも。

され-ど【然れど】接続詞 **↓最重要語**(618ページ)

され-ども【然れども】接続詞 **↓**されど**最重要語**(618ページ)

され-ば【然れば】接続詞 感動詞 **↓最重要語**(619ページ)

さればここに…句 さればここに談林の木あり梅の花〈談林十百韻・西山宗因〉訳さて、このウメの花かげこそは、まったく俳諧の修業をするのにふさわしい木かげであるよ。○季語 梅の花—春。「されば」は、謡曲の口調を借りている。「談林」は仏教語で、僧の学寮をいう。
発展 大阪にいた宗因が江戸に下ってきた折、談林軒と称

していた田代松意の歓待を受けて、挨拶として詠んだ句。この句が江戸談林の興隆のきっかけとなった。

され-ば-こそ【然ればこそ】連語 ❶（予想が的中したときに用いて）やはりそうだ。思ったとおりだ。「**さればこそ。異物の皮なりけり。**」〈竹取・火鼠の皮衣〉訳「**思ったとおりだ。**（火鼠のものではなく）別の物の皮だったのだなあ。」
❷（相手のことばを制するときに用いて）いえ、そうだからこそ。だから、そうなんだ。「**さればこそ。**かう世づかぬ御程にてなむ。」〈源氏・若紫〉訳「**いえ、そうだからこそ**（申し上げたはずです）。（紫の上は）こんなに世慣れないお年なのだから。」
発展 ラ変動詞「さり」の已然形＋接続助詞「ば」＋係助詞「こそ」。

ざれ-ば・む【戯ればむ】動詞 自〔マ四段〕〈ま・み・む・む・め・め〉しゃれたふうである。風流めく。「跡も定まらぬは、そばつき**ざればみたる**も、『げに、かうもしつべかりけり。』と…。」〈源氏・帚木〉訳「（指物職人が自由に物を作る場合）様式も定まっていない物は、見た目が**しゃれたふうである**のも、『なるほど、このようにも作ることができたのだったな。』と…。」
発展「ばむ」は接尾語。「さればむ」とも。

され-ば-よ【然ればよ】↓さればこそ

さわが・し【騒がし】形容詞〔シク〕〈しく・しく・し・しき・しけれ・○／しから・しかり・○・しかる・○・しかれ〉❶騒々しい。やかましい。「雷鳴りひらめき、雨風**騒がしき**夜…。」〈源氏・明石〉訳雷が鳴り（稲妻が）ぴかっと光り、雨や風が**騒々しい**夜に…。
❷忙しい。取り込んでいる。「いで、この返りごと、**騒がしう**とも、われせむ。」〈源氏・行幸〉訳「さあ、この（末摘花への）返事は、**忙しく**ても、私がしよう。」○「騒がしう」は連用形「騒がしく」のウ音便。
❸不穏だ。不安だ。「世の中に事出で来、**騒がしう**なりて…。」〈枕草子・143・殿などの〉訳世の中に変事が起こり、**不穏に**なって…。
↓古語チャート❹（103ページ）

さわぎ【騒ぎ】名詞 ❶騒ぐこと。やかましさ。「あなや。」と言ひけれど、神鳴る**騒ぎ**に、え聞かざりけり。〈伊勢・6〉訳（女は）「あれえっ。」と言ったが、雷の鳴る**やかましさ**で、（男には）とても聞き取ることができなかった。
❷あわただしく落ち着かないこと。取り込み。「親たちの亡くなりにける**騒ぎ**に…。」〈宇津保〉訳親たちが亡くなってしまった**取り込み**で…。
❸戦乱。騒動。「純友が**騒ぎ**の時追討の使ひにさされて…。」〈大和・4〉訳純友の**戦乱**（＝藤原純友の乱）のとき追討使に指名されて…。
❹宴会などでにぎやかに遊ぶこと。遊興。「**騒ぎ**の節、きっと参上申すべくさうらふ。」〈近松・冥途の飛脚〉訳**遊興**の際には、必ず参上申し上げるつもりです。
発展 上代は「さわき」。

さわ・ぐ【騒ぐ】動詞 自〔ガ四段〕〈が・ぎ・ぐ・ぐ・げ・げ〉❶騒がしくする。やかましく音や声を立てる。「み吉野の象山のまの木末にはここだも**騒く**鳥の声かも」歌〈万葉集・6・924〉訳↓みよしのの…
❷忙しく動く。奔走する。「あしひきの山にも野にも狩人猟矢手挟み**騒ぎ**てあり見ゆ」歌〈万葉集・6・927〉訳山にも野にも狩人が矢を手に挟み持って**忙しく動い**ているようすが見える。○

され-ば【然れば】

前に述べた内容を受けて、順接として後に述べる結果を導く

一 接続詞
- ❶（順接の確定条件を表し）そうだから。だから。
- ❷（事の意外さに驚いて）そもそも。いったい。
- ❸（話題を変えるときに用いて）さて。ところで。

二 感動詞
- ―（応答するときに用いて）そのことだが。

一 接続詞 ❶（順接の確定条件を表し）**そうだから。だから。**「かなしからん親のため、妻子のためには、恥をも忘れ、盗みもしつべきことなり。**されば、**盗人をいましめ、僻事をのみ罪せんよりは、世の人の飢ゑず、寒からぬやうに、世をば行はまほしきなり。」〈徒然草・142・心なしと見ゆる者も〉訳いとおしいと思うような親のため、妻子のためには、恥をも忘れ、盗みもしてしまうに違いないことである。**だから、**盗人を縛って、悪事ばかりを罰するようなことよりは、世間の人が飢えることなく、凍えたりしないように、世の中を治めてほしいものである。
❷（事の意外さに驚いて）**そもそも。いったい。**「鎌倉へだにも入れられぬこそ本意なけれ。**されば、**これは何事ぞ。日本国を鎮むること、義仲、義経が仕業にあらずや。」〈平家・11・腰越〉訳「（私が、頼朝のいる）鎌倉へさえも入らせてもらえないとは残念だ。**いったい、**これは何事だ。日本国を鎮圧したのは、義仲、（この私）義経の働きではないのか、いや、義仲、義経の働きだ。」
❸（話題を変えるときに用いて）**さて。ところで。**「夫婦の人、一人の息女を持つ。それを昭君と名付く。**されば**並びなき美人にてさうらふほどに、帝に召されて…。」〈謡曲・昭君〉訳（ある）夫婦の人が、一人の娘を持つ。それ（＝その娘）を昭君と名付ける。**さて**（その娘は）たぐいまれな美人でありましたので、帝のお呼びを受けて…。

二 感動詞（応答するときに用いて）**そのことだが。それそれ。**「権三殿はご存じないか。」「**されば、**存じたとも申されず、存ぜぬとも申されぬ。」〈近松・鑓の権三重帷子〉訳「権三殿は（正式の茶の湯の作法を）ご存じでないか。」「**そのことだが、**存じているとも申せないし、存じていないとも申せない。」

発展 ①**「さらば」との違い** 指示語のラ変動詞「さり」の已然形＋接続助詞「ば」が一語になったもので、順接の確定条件を表す。似た形の接続詞「さらば」は、「さり」の未然形に接続助詞「ば」が付いたもので、順接の仮定条件を表すのがもともとの用法。
②**感動詞への広がり** 順接を表す接続詞「さらば」「されば」は感動詞になるが、逆接を表す接続詞「されど」「されども」は感動詞とならない。「されば」はさらに、「さればよ」「さればこそ」という連語の形でも感動詞のように用いられる。

「あしひきの」は「山」に係る枕詞。
❸うわさする。評判が立つ。「帝の御妻をさへ過ちたまひて、かくも騒がれたまふなる人は…。」〈源氏・須磨〉訳「帝のご夫人とまで過ちを犯しなさって、このようにも(=須磨に流されるほど)うわさされなさるとかいう人(=源氏)は…。」
❹心が動揺する。慌てる。入道相国ちっとも騒がず、ちゃうどにらまへておはしければ…。〈平家・5・物怪之沙汰〉訳入道相国(=平清盛)は少しも慌てることなく、はたとにらんでいらっしゃったところ…。
❺騒動が起こる。混乱する。小松殿に騒ぐ事ありと聞こえしかば…。〈平家・2・烽火之沙汰〉訳小松殿(=平重盛)に騒動が起こることがあると(いううわさが)伝わったので…。
発展 上代は「さわく」。
類語比較「ののしる」と「さわぐ」→罵る

さわさわ(現)→(歴)**さはさは**

さわに(現)→(歴)**さはに【多に】**

さわやかなり(現)→(歴)**さはやかなり【爽やかなり】**

さ-わらび【早蕨】名詞 ❶《植物》ワラビ。また、芽を出したばかりのワラビ。季語春 **石ばしる垂水の上のさわらびの萌え出づる春になりにけるかも** 歌〈万葉集・8・1418〉訳→いはばしる…
❷*襲の色目のひとつ。表は紫、裏は青。春に用いる。

さわる(現)→(歴)**さはる【障る】**最重要語(597ページ)・**さふ【障ふ】**

さゑ-もん【左衛門】名詞 →さゑもんふ

さゑもん-の-かみ【左衛門の督】名詞 *左衛門府の長官。

さゑもん-の-すけ【左衛門の佐】名詞 *左衛門府の次官。

さゑもん-の-たいふ【左衛門の大夫】名詞 左衛門尉(通常は従六位相当官)で五位の者。

さゑもん-の-ぢん【左衛門の陣】名詞 *左衛門府の役人の詰め所。

さゑもん-ふ【左衛門府】名詞 *六衛府の一つ。右衛門府とともに大内裏外郭の諸門を警護し、行幸のお供などを務めた。対右衛門府 →衛門府・ビジュアルチェック⑭(756ページ)

さを【棹・竿】一名詞 ❶木や竹で作った船を漕ぐための道具。❷三味線の長い柄の部分。❸ガンが空を一列になって飛ぶようす。
二助数詞 ❶矛や旗を数えることば。❷たんすなどを数えることば。❸三味線を数えることば。

さを-さ・す【棹さす】 棹を水底に突き刺して船を進める。
越前の境、吉崎の入り江を舟に棹さして、汐越の松を尋ぬ。〈奥の細道・汐越の松〉訳(加賀国と)越前国との境にある、吉崎の入り江を舟に乗って棹を水底に突き刺して進めて、汐越の松(という所)を尋ねた。

さ-をしか【小牡鹿】名詞 雄のシカ。季語秋 発展「さ」は接頭語。

さをしか-の【小牡鹿の】枕詞 (シカの分け入る野という意味から)地名「入野」に係る。

さ-をととし【一昨昨年】名詞 一昨年の前年。さきおととし。発展「さ」は「さき」の変化したことば。

さ-をとめ【早少女・早乙女】名詞 ❶田植えをする女性。季語夏 ❷少女。発展「さ」は接頭語。

さん【産】名詞 ❶(生活するための)生業の収入。資産。財産。**人、常の産なきときは、常の心なし。**〈徒然草・142・心なしと見ゆる者も〉訳人は、安定した財産がないときには、安定した心が持てない。❷子供を産むこと。出産。

さん【賛・讃】名詞 ❶漢文の文体のひとつ。人の美徳や事物の美しさを褒めたたえるもの。多く四字一句で韻を踏む。❷絵の傍らにその題として書かれた詩歌や文章。画賛。❸仏の徳をたたえることば。梵賛や和賛など。❹批評。非難。

さん-あく【三悪】名詞 →さんあくだう

さんあく-だう【三悪道】名詞《仏教語》生前の悪い行いの結果、死後に落ちる三つの世界。地獄道・餓鬼道・畜生道の三つ。類三途 発展「さんなくだう」「さんまくだう」とも。

山陰道【ダウ】旧国名 *五畿七道の一つ。「せんおんどう」とも。ほぼ今の山陰地方。*丹波・*丹後・*但馬・*因幡・*伯耆・*出雲・*石見・*隠岐の八か国からなる。また、これらの諸国を結ぶ駅路をもいう。→ビジュアルチェック⑦(450ページ)

さん-がい【三界】一名詞《仏教語》❶衆生が成仏できずに、生死を繰り返す三つの迷いの世界。欲界・色界・無色界の三つの世界。❷全世界。現世。❸過去・現在・未来の三世のこと。
二接尾語 ❶(地名や国名に付いて)遠く離れたという意味を表す。語例 江戸**三界**・唐**三界** ❷(場所を指すことばに付いて)付近一帯という意味を表す。語例 廓**三界** ❸(名詞に付いて)その意味を強める。語例 一日**三界**

さん-かう【三更】名詞 (時刻の名で)一夜を五等分した、三番目。午前零時ごろ。また、その前後二時間。→五更・ビジュアルチェック⑲(881ページ)

山家集【シフ】作品名 平安末期の家集。三巻。*西行作。撰者不明。*六家集の一つ。上巻は四季、中巻は恋・雑、下巻は雑・恋・旅などで構成。自然を詠んだ歌と昔を述懐した歌に特色がある。飾り気のない私的な感情の独自性が高く評価されている。成立年不明。

さん-ぎ【参議】名詞 太政官の官名。大納言・中納言に次ぐ要職で、重要な事項を審議する。定員は八名で、四位以上の有能な人が任じられた。類宰相 発展 朝政に参加して、政策を議するという意味。

さん-きょく【三曲】名詞 ❶箏(または琴)・三味線・胡弓(後には尺八)のこと。また、それらの合奏。❷琵琶の三つの秘曲。流泉・啄木・楊真操。

さん-ぎり【散切り】名詞 江戸時代からの、男性の髪型。*月代をそらずに後ろへなでつけた髪を、結わずに切りそろえたもの。なでつけ。総髪。

さん-くゎん【三関】名詞 ❶古代、都の防備のために設けられた三つの関所。鈴鹿の関(=今の三重県)・不破の関(=今の岐阜県)・愛発の関(=今の福井県)。平安遷都に伴い、愛発の関の代わりに逢坂の関(=今の滋賀県)を入れた。❷蝦夷の侵入を防いだ奥羽の三つの関所。勿来の関(=今の福島県)・白河の関(=今の福島県)・念珠が関(=今の山形県)。

さん-げ【散華・散花】名詞 動詞 自(サ変)〈せ・し・す・する・すれ・せよ〉《仏教語》花をまき散らして供養すること。

さん-げ【懺悔】 名詞 動詞 自〈サ変〉〈せ・し・す・する・すれ・せよ〉❶《仏教語》過去の罪悪を仏前で告白し、悔い改めること。❷(❶の意味から転じて)告白すること。打ち明けること。

ざん-げん【讒言】 名詞 人を陥れるために、事実を偽って悪口を言うこと。告げ口。中傷。発展「ざうげん」とも。

さん-こ【三鈷】 名詞 両端が三つに分かれている金剛杵。密教の加持祈禱の儀式に用いる。発展「さんご」と も。

[さんこ]

さん-こう【三公】 名詞 太政大臣・左大臣・右大臣。後には左大臣・右大臣・内大臣。

さん-こう【参候】 名詞 動詞 自〈サ変〉〈せ・し・す・する・すれ・せよ〉貴人のところに出向き、仕えること。ご機嫌うかがい。「**忠盛に知られずして、ひそかに参候の条、力およばざる次第なり。**」〈平家・1・殿上闇討〉訳「(家来が)忠盛に知られないで、こっそりと**ご機嫌うかがいし**ておりましたのは、(忠盛の)力が行きわたらないからである。」

さん-ごく【三国】 名詞 日本・中国・インド。また、全世界。発展 古代の人にとってこの三国が全世界だった。世界一のことは「三国一」という。

さんご-や【三五夜】 名詞 陰暦十五日の夜。特に八月十五日の中秋の名月の夜。季語 秋

さん-ざう【三蔵】|ぞう 名詞 ❶古代の天皇が所有した三種の倉庫。内蔵・斎蔵・大蔵。❷《仏教語》経蔵(仏の説法集)・律蔵(仏徒の戒律集)・論蔵(経典解説集)の三種の仏教聖典。❸《仏教語》❷に深く通じた高僧を敬った言い方。三蔵法師。

さん-ざうら・ふ【さん候ふ】|ぞうろう

「そうだ」ということを丁寧に表す ─ そうでございます。そのとおりでございます。

そうでございます。そのとおりでございます。

「御事は、聞き及びたる親子の者か。」「**さんざうらふ**。これこそ親子の者にてさうらへ。」〈謡曲・養老〉訳「あなたは、(都まで評判を)伝え聞いている親子の者か。」「**そのとおりでございます。**私こそ(その)親子の者でございます。」

発展 **語の成り立ち** 「さにさうらふ」(副詞「さ」＋断定の助動詞「なり」の連用形＋四段補助動詞「さうらふ」)が変化したもの。「さなり」のごく丁寧な表現として、中世の軍記物語や謡曲などに多く見られる。

ざんざ-め・く 動詞 ↓ざざめく

さん-ざん【三山】 名詞「大和三山(＝香具山・畝傍山・耳成山の三つの山)」「熊野三山(＝熊野本宮、熊野新宮、熊野那智の三つの神社)」「出羽三山(＝月山・羽黒山・湯殿山の三つの山)」の略。

さん-ざん・なり【散散なり】 形容動詞〈ナリ〉〈なら・なり(に)・なり・なる・なれ・なれ〉❶ちりぢりだ。ばらばらだ。「**うみ柿の落ちけるが…つぶれて散々に散りぬ。**」〈古今著聞集〉訳 熟したカキの落ちたのが…つぶれて**ばらばらに散ってしまった。** ❷激しい。したい放題だ。「**屈強の弓の上手どもが矢先をそろへて、差しつめ引きつめ、散々に射る。**」〈平家・4・橋合戦〉訳 非常に優れた弓の上手な者たちがねらいを定めて、(弓に)矢をつがえては引きつがえては引いて、**したい放題に射る。**

さんじふさん-しょ【三十三所】さんじゅうさん 名詞 観世音菩薩を安置した三十三か所の霊場。諸国にあるが、西国三十三所が有名。

さんじふろく-かせん【三十六歌仙】さんじゅうろっ 名詞 藤原公任の『三十六人撰』に選ばれた三十六人の優れた歌人の総称。発展 柿本人麻呂・紀貫之・凡河内躬恒・伊勢・大伴家持・山部赤人・在原業平・遍昭・素性・紀友則・猿丸大夫・小野小町・藤原兼輔・藤原朝忠・藤原敦忠・藤原高光・源公忠・壬生忠岑・斎宮女御・大中臣頼基・藤原敏行・源重之・源宗于・源信明・藤原仲文・大中臣能宣・壬生忠見・平兼盛・藤原清正・源順・藤原興風・清原元輔・坂上是則・藤原元真・小大君・中務の三十六人。

さん-しゃ【三社】 名詞 伊勢神宮・石清水八幡宮・賀茂神社(または春日神社)。発展「さんじや」とも。

さん-しゃう【三障】|しょう 名詞《仏教語》仏道修行の障害となる三つのもの。煩悩障(＝心身を悩ます心の働き)・業障(＝悪い行為)・報障(＝地獄・餓鬼・畜生の苦法)の総称。

さん-じゃう【散状】|じょう 名詞 ❶行事に従事する者の姓名を列記した紙。❷上からの命令や質問に対する略式の回答書。

山州 さんしゅう〔シウ〕旧国名 ↓山城

三(参)州 さんしゅう〔シウ〕旧国名 ↓三河

讃州 さんしゅう〔シウ〕旧国名 ↓讃岐

さんしゅ-の-じんぎ【三種の神器】 名詞 皇位のしるしとして、天皇が代々継承する三つの宝物。八咫の鏡・天の叢雲の剣(草薙の剣)・八尺瓊の曲玉の三つ。発展「さんじゅのしんぎ」とも。

三条大路 さんじょうおおじ〔サンデウオホヂ〕地名 平城京・平安京の東西に通じる大路のひとつ。今の三条通りにほぼ相当する。古くから基幹道路であったが、平安後期以降、三条町付近が商工業の中心地となるにつれてさらに重要性を増した。鴨川に架かる三条大橋は、東海道五十三次の終着地。↓ビジュアルチェック⓮(756ペ)

三条天皇 さんじょうてんのう〔サンデウテンワウ〕人名 平安中期、第六十七代天皇。一〇一一(寛弘八)年即位。★藤原道長の圧迫により、在位六年で後一条天皇に譲位した。歌人としても知られ、作品は『小倉百人一首』に選ばれ、『後拾遺集』などに入集。976—1017

三所権現 さんしょごんげん 寺社名 ↓熊野三社

さん・す 動詞 他〈サ特殊活用〉〈せ・し・す(する)・す(する)・すれ・せ〉《近世語》(「為す」の尊敬・丁寧語で)なさいます。「**せんかたなさに怖い事などさんせぬか。**」〈近松・長町女腹切〉訳「どうしようもなくて恐ろしいことな**どなさいませんか。**」発展「さしゃんす」の変化したもの。

さんす 助動詞〈特殊型〉〈さんせ・さんし・さんす・さんす・さんすれ・さんせ〉《近世語》(尊敬・丁寧を表し)…なさいます。接続 四段・ナ変以外の動詞の未然形、カ変動詞の連用形に付く。「**皆、寝さんせぬか。**」〈西鶴・好色一代女〉訳「皆さん、おやすみ**なさいませんか。**」発展「さしゃんす」が変化したもの。多く上方で用いられた。もとは遊女の使うことば(＝遊里語)であったが、元禄(一六八八〜一七〇四年)ごろから一般の女性も使うようになった。

さん-ず【参ず】 動詞 自〈サ変〉〈ぜ・じ・ず・ずる・ずれ・ぜよ〉(「行く」の謙譲語で)参上する。参る。伺う。「**参ぜむとするを、今日明日の御物忌みにてなむ。**」〈枕草子・161・故殿の御服のころ〉訳「(あなたの所へ)**伺お**うと思うが、今日明日は物忌みなので(参ることはできない)。」

さん-ず【散ず】 一 動詞 自〈サ変〉〈ぜ・じ・ずずる・ずれ・ぜよ〉❶散る。なくなる。「**これによって宮の御憤りも散じけるにや**…。」〈太平記〉訳このことによって宮(=大塔宮)のお怒りも**なくなった**のであろうか…。❷退散する。逃げうせる。「**逃げて車に乗りて散じて**…。」〈今昔〉訳逃げるようにして車に乗って**退散して**…。

二 動詞 他〈サ変〉〈ぜ・じ・ず・ずる・ずれ・ぜよ〉なくす。解消する。「**父を今生にて我に見せざりつる鬱憤を散ぜんと思ふゆゑなり。**」〈太平記〉訳父をこの世で私に会わせなかった恨みを**解消しよう**と思うためである。

さん-ぜ【三世】 名詞 ❶《仏教語》仏教世界の時間的区分。前世・現世・来世の総称。類三界 ❷父・子・孫の三代。

さん-せき【三跡・三蹟】 名詞 平安中期の書道に優れた三人。小野道風・藤原佐理・藤原行成。↓三筆

三夕の歌 文芸用語『新古今集』巻四の秋歌上に並ぶ、秋の夕暮れを詠んだ著名な三首。★寂蓮の「寂しさはその色としもなかりけり槙立つ山の秋の夕暮れ」〈361〉、★西行の「心なき身にもあはれは知られけり鴫立つ沢の秋の夕暮れ」〈362〉、★藤原定家の「見わたせば花も紅葉もなかりけり浦の苫屋の秋の夕暮れ」〈363〉。

さん-せん-の-さい【三船の才】 名詞 詩・歌・管絃の才能。↓才

ざん-そう【讒奏】 名詞 動詞 他〈サ変〉〈せ・し・す・する・すれ・せよ〉天皇・法王に、事実を偽り、人の悪口を言うこと。転じて、告げ口。中傷。陰口。悪口。

三冊子 「ーザウシ」作品名 江戸中期の俳諧論書。三冊。服部土芳著。「白冊子」「赤冊子」「わすれ水(黒冊子)」の三部。連歌・俳諧の起源、芭蕉に至る俳諧史、蕉風俳諧の理念など芭蕉の俳諧観を知るうえで、『★去来抄』とともに重要。一七〇二(元禄十五)年成立。

さん-ぞん【三尊】 名詞《仏教語》❶仏・法・僧のこと。類三宝 ❷中尊(=中央の仏)と左右の脇侍菩薩。阿弥陀三尊(阿弥陀如来と観世音・勢至)、釈迦三尊(釈迦如来と文殊・普賢)、薬師三尊(薬師如来と日光・月光)など。

さんぞん-らいがう【三尊来迎】 「ーライゴウ」名詞 念仏の行者の臨終に、阿弥陀三尊が極楽浄土へ導くために現れること。

さん-だい【参内】 名詞 動詞 自〈サ変〉〈せ・し・す・する・すれ・せよ〉内裏に参上すること。宮中へ出仕すること。「**参内の始めより、大きなる鞘巻を用意して**…。」〈平家・1・殿上闇討〉訳(平忠盛は)**内裏に参上する**前から、大きなつばのない短い腰刀を準備して…。

三代集 「ーシフ」作品名 古今・後撰・拾遺の三勅撰和歌集の総称。二十一の勅撰和歌集のうちの最初の三冊。「代」は、天皇の御代を意味する。

さん-だん【賛嘆・讃歎・讃談】 名詞 ❶《仏教語》仏の徳を褒めたたえる歌謡。❷《仏教語》仏の徳を褒めたたえる話。法話。❸批評。批判。うわさ。

さん-ぢゃう【散杖】 「ージョウ」名詞 真言宗で加持のときに水を注ぐのに用いる、杖の形をした仏具。

さん-ぢゅう【三重】 「ージュウ」名詞 ❶声明や平家琵琶の語りの調子で、もっとも高いもの。❷浄瑠璃や長唄などで、段落の変わり目や盛り上げる場面に用いる三味線の手。❸歌舞伎の下座音楽のひとつ。効果音楽として用いられる三味線。

さん-づ【三途】 「ーズ」名詞《仏教語》❶死者が行く三つの世界。火途(=火で焼かれる地獄道)・刀途(=刀剣で責められる餓鬼道)・血途(=互いに食い合う畜生道)のこと。また、死後の世界。類三悪道 ❷「★三途の川」の略。

さんづ-の-かは【三途の川】 「さんずのかわ」《仏教語》死者が冥途に行く途中、七日目に渡るという川。急な流れ、やや急な流れ、ゆるやかな流れの三つの瀬があり、生前の行いによって渡る場所が異なるという。類三瀬川

さんづ-の-やみ【三途の闇】 「さんず」↓めいど

さんでうおほぢ【三条大路】 地名 ↓三条大路(さんじょうおおじ)

山東京伝 「ーキャウデン」人名 江戸後期の戯作者。『錦之裏』などの洒落本の出版により寛政の改革で処罰された後は、読本に力を入れ、江戸戯作文壇の第一人者となる。代表作は『★江戸生艶気樺焼』『通言総籬』など。*1761—1816*

さんど-がさ【三度笠】 名詞 顔を覆うほど深い旅行用の菅笠。発展 もと、★三度飛脚がかぶったことからいう。

[さんどがさ]

さん-どく【三毒】 名詞《仏教語》人間の善心を毒する三つの煩悩。貪欲(=欲深さ)・瞋恚(=怒り)・愚痴(=愚かな心)の総称。

さんど-びきゃく【三度飛脚】 名詞 江戸時代、江戸と京都・大坂間を月に三度、定期的に往復した飛脚。

ざん-なり 「ざるなり」の撥音便。↓ざなり

三人吉三廓初買 「ークルワノハツガヒ」作品名 江戸末期の歌舞伎脚本。世話物。八幕。★河竹黙阿弥作。和尚吉三・お坊吉三・お嬢吉三と名乗る三人の盗賊を描く。厄払いの名ぜりふ「月も朧に白魚の篝も霞む春の空」が有名。一八六〇(万延元)年初演。

さん-ぬる【去んぬる】 連体詞 過ぎ去った。去る。「**さんぬる応保のころほひ、二条院御在位の時**…。」〈平家・4・鵺〉訳**去る**応保のころ、二条院が天皇でいらっしゃったとき…。

発展 四段動詞「さる」の連用形に完了の助動詞「ぬ」の連体形が付いた「さりぬる」の撥音便。

さん-ばう【三方】 「ーボウ」名詞 ヒノキの白木で作った方形の折敷(=盆の一種)に、三方に穴のあいた台を付けた道具。古代は食事の台にしたが、後世、神仏や貴人への供物を盛るのに用いた。

[さんばう]

さん-はかせ【算博士】 名詞 ★大学寮で算道(=数学)を教えた人。

さんば-そう【三番叟】 名詞 ❶能の「翁」で、千歳の扇の舞に続いて三番目に舞われる舞。老人の面を付けて舞う。❷歌舞伎で、顔見世興行のときなどに序幕の前

に祝儀として舞われる儀式舞踊。❶にならったもの。❸物事の手始め。

さん-ぴつ【三筆】名詞 平安初期の書道に優れた三人。空海（＝弘法大師）・嵯峨天皇・橘逸勢。↓三跡

杉風 人名 ↓杉山杉風

さん-ぷく【三伏】名詞 夏至の後の第三の庚の日を初伏、第四の庚の日を中伏、立秋の後の第一の庚の日を末伏といい、これらの総称。暑い盛り。季語 夏 発展「さんぶく」とも。

さん-ぶつじょう【賛仏乗・讃仏乗】名詞《仏教語》仏法を褒めたたえること。転じて、仏道に入ること。発展「仏乗」は、仏の教えを、悟りの世界に衆生を乗せて行く乗り物にたとえたことば。

散文 国語・国文法 韻律・字数・形式に特別の制限のない普通の文章。「韻文」に対する。

さん-べき【然んべき】連体詞 それ相応の。それにふさわしい。適当な。類 さるべき

さんべきをりふし参りて、つれづれなるさんべき人と物語などして…〈更級日記・宮仕え〉訳 適当な時々に参上して、手持ちぶさたなそれ相応の人と話などして…。発展「さるべき」の撥音便。

さん-ぼう【三宝】━ 名詞《仏教語》❶仏教の三つの宝、すなわち仏（＝悟りを開いた人）・法（＝仏の教え）・僧（＝仏の教えを広める人）。類 三尊 ❷「仏」の別の呼び方。

━ 接尾語 思いのまま、なすがまま、という意味を表す。…しだい。…放題。語例 言ひなり三宝

さん-まい【三昧】名詞《仏教語》❶精神を集中し、安定した状態になること。❷（「三昧場」の略で）火葬場。また墓所。

-ざんまい【三昧】接尾語（名詞などに付いて）そのことに集中する、思うままにする、したい放題する、という意味を表す。語例 念仏三昧・悪業三昧・弓矢三昧

さんまい-そう【三昧僧】名詞「★三昧❶」を修行の中心としている僧。

さんまい-だう【三昧堂】名詞 僧がこもって法華三昧、念仏三昧の修行をする堂。

さん-まく【三悪】名詞 ↓さんあくだう

さん-み【三位】名詞 ↓さんゐ

さんみ-の-ちゅうじゃう【三位の中将】名詞 近衛中将であるため特別に三位を授けられた人。大臣の子弟などである（本来は四位に相当する）で、大臣の子弟などであるため特別に三位を授けられた人。

さんみゃく-さんぼだい【三藐三菩提】名詞 ↓あのくたらさんみゃくさんぼだい

ざん-めり「ざるめり」の撥音便。↓ざめり

さん-もん【山門】名詞 寺院の門。特に、禅宗寺院の楼門。発展 元来、寺院は山に建てられたことからいう。

さんやうだう【山陽道】旧国名 ↓山陽道（さんようどう）

さん-よう【算用】名詞 動詞 他（サ変）〈せ・し・す・する・すれ・せよ〉❶計算すること。勘定すること。清算すること。「この米は…九十五匁の算用にして借りましたよ。」〈西鶴・世間胸算用〉訳「この米は…（一石当たり）九十五匁の勘定で借りましたよ。」❷見積もり。目算。予算。❸支払い。返済。

山陽道 旧国名 ★五畿七道の一つ。「せんようどう」とも。ほぼ今の山陽地方。★播磨・★美作・★備前・★備中・★備後・★安芸・★周防・★長門の八か国からなる。また、これら諸国を結ぶ駅路をもいい、京都と★大宰府を結ぶ基幹道路として重要であったが、平安中期以降は瀬戸内海航路の発達によりやや衰えた。↓ビジュアルチェック❼（450ページ）

さんよう-なし【算用無し】名詞 損得を考えずに、金を使ってしまうこと。また、その人。

さん-り【三里】名詞（灸を据える場所の名で）ひざ頭の下の外側のくぼんだところ。発展 ここに灸をすれば万病に効くといわれ、特に、健脚になるとされる。

さん-ろう【参籠】名詞 動詞 自（サ変）〈せ・し・す・する・すれ・せよ〉寺院や神社に一定の期間、昼も夜もこもって祈願すること。おこもり。

さん-わう【山王】名詞「★山王権現」の略。

さんわう-ごんげん【山王権現】名詞 ❶比叡山の守護神。↓日吉神社 ❷（山王権現に誓って、という意味で）必ず。きっと。誓うときに言うことば。

さん-ゐ【三位】名詞 ❶位階の第三。正三位と従三位がある。また、その位にある人。❷寺院の身分の低い僧。稚児の後見人などをした。発展 ★連声で「さんみ」とも。

し

し【為】動詞・補助動詞**す**（為）の連用形。

し ↓基本助詞25（624ページ）

し 助動詞**き**の連体形。↓基本助動詞20（396ページ）

-し【子】接尾語（姓に付けて）尊敬を表す。語例 孔子・孟子

発展 孔子の敬称として用いることもある。

し【士】名詞 ❶（学問・道徳を備えた）立派な人。博学の士も計るべからず。〈徒然草・143・人の終焉の有り様〉訳（臨終の立派さというものは）広く学問に通じた立派な人でも推察することはできない。❷男子。「士は己を知る者のために死ぬ。」〈枕草子・49・職の御曹司の〉訳「男は自分を理解してくれる人のために死ぬ。」❸武士。

し【師】━ 名詞 先生。師匠。指導者。**懈怠の心、自ら知らずといへども、師これを知る。**〈徒然草・92・ある人、弓射ることを〉訳 怠惰の心というものは、自分では気がつかないといっても、師匠はこれ（＝弟子の怠け心）を知っている。

━ 接尾語 ある技術の専門家である意味を表す。語例 薬師・絵師

し【詩】名詞 漢詩。類 唐歌 発展 一句がふつう、五字または七字からなり、これを五言・七言という。古体詩・楽府・絶句・排律・律詩などに分類される。

し【其】代名詞 ❶（人または物を指して）そいつ。その者。**さきくさの中にを寝むと愛しくしが語らへば**…〔歌〕〈万葉集・5・904〉訳「（父母の）真ん中で寝たい。」と、かわいらしくその者（＝子）が言うので…。〇「さきくさの」は「中」に係る枕詞。❷（自身を指して）自分。

じ（現）↓（歴）**ぢ**【持・治・痔・地】

じ（現）↓（歴）**ぢ**【路】

じ【時】 名詞 ❶とき。時刻。❷(定められた)勤行の刻限。(一日を晨朝・日中・日没・初夜・中夜・後夜の六つの時に分けて行う)定刻の勤行。

じ

推量の気持ちや自分の意志を添えて打ち消す
- ❶(打消推量を表し)…ないだろう。…まい。
- ❷(打消意志を表し)…ないつもりだ。…まい。

助動詞〔特殊型〕接続 活用語の未然形に付く。

未然形	連用形	終止形	連体形	已然形	命令形
○	○	じ	じ	(じ)	○

❶(打消推量を表し)**…ないだろう。…まい。**

ある人の、「**月ばかりおもしろきものはあらじ。**」と言ひしに、また一人、「**露こそあはれなれ。**」と争ひしこそをかしけれ。〈徒然草・21・万のことは〉訳ある人が、「月ほど風情があるものはある**まい**。」と言ったところ、また一人が、「露こそが感慨深い。」と言い争ったのは実におもしろい。

「**今は逃ぐとも、よも逃がさじ。**」〈宇治拾遺〉訳「今となっては(私が)逃げるとしても、(相手は私を)まさか逃がさ**ないだろう**。」○副詞「よも」は「じ」と呼応して「まさか…ないだろう」の意味となる。

❷(打消意志を表し)**…ないつもりだ。…ないようにしよう。…まい。**

その男、**身を要なき者に思ひなして、**「**京にはあらじ、東の方に住むべき国求めに。**」**とてゆきけり。**〈伊勢・9〉訳その男は、自分を無用な者であると思い込んで、「都には**いないようにしよう**、東国の方に住むことのできる国を探しに(行こう)。」と思って出かけて行った。

「**限りあらむ道にも、後れ先立たじと、契らせたまひけるを。さりともうち捨てては、え行きやらじ。**」〈源氏・桐壺〉訳「死出の旅路にも、死におくれたり先に死んだり**しまい**と、固く約束なさったのになあ。いくらなんでも(私を)後に残して、旅立って(=死んで)しまうことはできまい。」

○「え行きやらじ」の「じ」は❶の打消推量の用法。

発展 文法のポイント ①推量の助動詞「む」を打ち消した意味にほぼ相当する。ただし、「じ」は主に終止形で用いられるので、「む」の用法のうち、連体形で仮定・婉曲を

基本助詞25 し

強調を表す。訳語は特定できない。

接続 種々の語に付く。↓発展 ①

副助詞 **強調を表す。上に付くことばを強調したり指示したりすることばで、訳語は特定できない。**

風交じり雨降る夜の雨交じり雪降る夜はすべもなく寒くしあれば… 歌〈万葉集・5・892〉訳風に交じって雨が降る夜で、雨に交じって雪が降る夜は、どうしようもなく寒くて**たまらないので**…。○「寒くあれば」という順接の確定条件を表す句の中に「し」が挟み込まれて、寒いようすを強調している。「し」がなくても文は成り立つ。特に訳出せず、「寒いので」としてもよい。

一文字をだに知らぬ者しが、足は十文字に踏みてぞ遊ぶ。〈土佐日記・十二月二十四日〉訳**それこそ**一という文字をさえ知らない者が、(酔っ払って、その)足は十という文字に(なるように)調子をつけて足踏みをして(踊って)楽しむ。○「一文字をだに知らぬ者」という主部全体を強調している。一般には特に訳出しないことが多い。ただし、この「し」を代名詞とみる説もある。

年経ればよはひは老いぬしかはあれど花をし見ればもの思ひもなし 歌〈古今集・春上・52〉訳↓としふれば…

発展 ①**接続** 体言、活用語の連体形・連用形、副詞、助詞など種々の語に付く。この接続の形は係助詞と同様で強い調子を加えたり語調を整えるために用いられたりするところから、「し」を係助詞や間投助詞とする説もある。

②**「～し～ば」の形** 上代では単独で自由に用いられたが、しだいに、用例に挙げた『万葉集』の「寒くしあれば」、『古今集』の「花をし見れば」などのように、接続助詞「ば」を伴った「～し～ば」の形で、順接の確定条件や仮定条件を表す句の中に挟み込まれる例が多くなる。中古以降は、「し」が単独で用いられる場合はほとんどがこの形で、『土佐日記』のような用例はまれ。

③**現代語とのつながり** 係助詞「も」「ぞ」「か」「こそ」などが下に付いた形をとることも上代から多く、中古以降には「～し～ば」の形のほかは、「しも」「しぞ」「しか」「しこそ」などの形に限られるようになる。中でも「も」を伴った「しも」は、一語の副助詞として扱われ、現代語の「必ずしも」「まだしも」「折しも」などの中に残っている。ほかにも、「いつしか」「果てしない」「ただし」などの言い方が現代まで残っている。

④**現代語の接続助詞「し」との関連** 現代語で「あれも欲しいし、これも欲しい。」などのように使われる接続助詞の「し」は、主に近世以降現れたもので、副助詞「し」との関連はない。これは、「心地は悪し、寝入りて物は見ずなりぬれば…(=気分は悪いし、眠り込んで何も見ないままになってしまったので…)。」〈今昔〉のような、形容詞の終止形が次の句へ続く用法から生じたものかと考えられたりしている。

関連語 しも(副助詞)

識別 「し」の識別

品詞と用法	見分け方	例文と訳
副助詞「し」	「し」を除いても文の意味は変わらない。「～し～ば」となるか、下に係助詞がくる。	はかばかしき後ろ見しなければ…心細げなり。〈源氏・桐壺〉訳(桐壺の更衣は)しっかりとした後ろ盾がないのであるから…心細そうである。
過去の助動詞「き」の連体形	上に活用語の連用形、下に体言または連体形接続の助詞が付く。	「片時のほどとて下ししを…。」〈竹取・かぐや姫の昇天〉訳「ちょっとの短い間と思って(かぐや姫を下界に)下ろしたのだが…。」
サ変動詞「す」の連用形	「～(を)する」と言い換えられる。下に連用形接続の助動詞または接続助詞が付く。	「鬼のやうなるもの出で来て殺さむとしき。」〈竹取・蓬萊の玉の枝〉訳「鬼みたいなものが現れて(私を)殺そうとした。」

表す用法を打ち消した用例を見ることはない。
②連体形の「じ」は、下に終助詞「ものを」や接続助詞「を」が続く場合などに見られる。「なほあらじごと」「負けじ魂」などの例以外に連体修飾語となることはまれであり、*準体法として用いられることもない。また、已然形は係助詞「こそ」の結びとなった例がわずかに存在するだけである。
③主語が自分以外である場合は❶の意味になり、語り手自身である場合は❷の意味になることが多い。なお、聞き手が主語である場合には、禁止を表すとみる説もある。
④「じ」と呼応する副詞には、❶の第二例に挙げた「よも」、❷の第二例に挙げた「え」のほか、「さらに」などがある。

類語比較「じ」と「まじ」
共通点＝共に、打消推量・打消意志の助動詞。
じ＝①「む」の打消と考えることができ、「まじ」よりも当然性・必然性が弱い。
②上代から用いられた。
③語形変化がなく、終止形以外はあまり用いられない。このように、「まじ」に比べて用法が狭いため、中世以降は口語としては用いられなくなった。
まじ＝①「べし」の打消と考えることができ、「じ」よりも当然性・必然性が強い。
②中古から用いられるが、「じ」よりも俗語的で和歌には例が少ない。
③命令形以外の活用形がそろっているため、中世以降、しだいに「じ」に取って代わり、現代語「まい」につながっていく。

し-あはせ【仕合はせ】あわせ 名詞 ❶巡り合わせ。事のなりゆき。運。
「**その科**とが**のがれず、終**つひ**には捕らへられてこの仕合はせ**…。」〈西鶴・好色一代男こうしょくいちだいおとこ〉訳「その罪はのがれられず、とうとう捕まえられてこの**事のなりゆき**…。」
❷幸福。幸運。
「**つつがなうおくりまゐらせて仕合はせしたり。**」〈奥の細道・尿前しとまえの関〉訳「無事にお送りすることができて**幸運**であった。」

し-あ・ふ【為敢ふ】あ(おう) 動詞 他 八下二段〈へ・へ・ふ・ふる・ふれ・へよ〉最後までやり通す。成し遂げる。(物事をし)終える。
「**そむきざまなるを見つけて、とぢめもしあへず、惑ひ置きて立ちぬるが**…。」〈枕草子・95・ねたきもの〉訳「裏返し(に縫ってあるの)に気づかないで、糸の終わりも結び**終え**ないうちに、慌てて置いて立ってしまったが…。」

じ-あまり【字余り】名詞 和歌や俳句などで、いずれかの句が定型の音数(五音または七音)を超えること。

し-あり・く【為歩く】動詞 自 カ四段〈か・き・く・く・け・け〉❶(…)しながら歩き回る。
「**男は、女し会はねば、かくしありきつつ**…。」〈伊勢・65〉訳「男は、女が会わないので、このように**しながら**(＝笛を吹き歌を歌いながら)**歩き回って**は…。」
❷(…)しながら時を過ごす。あれこれする。
「**誇りかにもてなして、つれなきさまにしありく。**」〈源氏・須磨すま〉訳「(源氏に伴って須磨に下ることを)得意そうに振る舞って、平然としたようすを**しながら時を過ごす**。」
発展「ありく」は補助動詞。

し-い【私意】名詞 個人的な意見や考え。ひとりよがりな考え。主観。

しい(現)→(歴)**しひ【椎】**

しいか-あはせ【詩歌合はせ】あわせ 名詞 文学的遊戯のひとつ。左右二組に分かれ、同じ題で一方は漢詩、他方は和歌を作ってその優劣を競うもの。

しい-じ【四時】名詞 四季。春夏秋冬。
「**四時の押し移るごとく物改まる**…。」〈三冊子さんぞうし〉訳「四季が移り変わるように万物は変化する…。」
発展「しじ」の変化したことば。「しいし」とも。

しいず(現)→(歴)**しいづ【為出づ】**

し-いだ・す【為出だす】動詞 他 サ四段〈さ・し・す・す・せ・せ〉❶作って差し出す。作り上げる。
「**すでにし出だしたるさまにて、ひしめき合ひたり。**」〈宇治拾遺うじしゅうい〉訳「(僧たちは)すでに(ぼたもちを)**作り上げ**たようすで、がやがやと騒ぎ合っていた。」
❷し遂げる。しでかす。
「**鎌倉の源二位は何事をかし出だしたる。**」〈平家・11・文之沙汰ふみのさた〉訳「鎌倉の源二位(＝頼朝よりとも)は何事を**しでかしたのか**。」

し-い・づ【為出づ】いず 動詞 他 ダ下二段〈で・で・づ・づる・づれ・でよ〉❶行う。(行為として)表す。しでかす。
「**心強からぬ過**あやま**ちはし出づるなりけり。**」〈源氏・若菜下〉訳「(女が)気強くない(＝拒めない)(ための)失敗は**しでかす**のであった。」
❷成し遂げる。作り上げる。
「**定まれる様**やう**ある物を難なくし出づることなむ**…。」〈源氏・帚木ははきぎ〉訳「定まった様式のある物を欠点もなく**作り上げる**こと(にかけて)は…。」
❸調達する。
「**御皿どもなど、いつの間にかし出でけむ**…。」〈源氏・葵あおい〉訳「お皿などを、いつの間に**調達し**たのだろうか…。」

しいて(現)→(歴)**しひて【強ひて】**

しいる(現)→(古)**しふ【強ふ】**

子音しいん 国語・国文法 単音のひとつ。*母音に対する呼び名。発音する際、舌・歯・唇・口蓋こうがいなどによって呼気を摩擦さまたしたり、破裂させたりすることによって得られる音。日本語の子音はさらに声帯の振動を伴う有声子音[b][d][ʒ][z][g][dz][dʒ][r]、声帯の振動を伴わない無声子音[p][t][k][F][s][ʃ][h][ts][tʃ]および鼻音[m][n][ŋ][N]に分類される。→母音ぼいん

しう(現)→(歴)**しふ【癡ふ】【強ふ】**

しう-いつ【秀逸】しゅう 形容動詞 ナリ (詩歌・俳諧はいかいなどの)出来栄えが優れている。
「**句のかけり、事新しさ、まことに秀逸の句なり。**」〈去来抄きょらいしょう・先師評〉訳「句の鋭い働き(といい)、素材の新鮮さ(といい)、本当に**出来栄えの優れた**句である。」

しう-く【秀句】しゅう 名詞 ❶優れた詩歌。また、優れた句。
「**歌は秀句を思ひ得たれど、本末**もとすゑ**言ひかなふることの難**かた**きなり。**」〈無名抄むみょうしょう・上句劣秀歌事かみのくのおとるしゅうかのこと〉訳「和歌は**優れた句**を思いついても、上の句と下の句がつりあうように表現するのが困難なのである。」
❷和歌・文章・物言いの気のきいた言い回し。掛詞・縁語などの技巧をこらした表現。また、軽口。地口じぐち。洒落しゃれ。
「**御坊をば寺法師と申しつれど、寺はなければ、今よりは法師とこそ申さめ。**」と言はれけり。**いみじき秀句なりけり。**〈徒然草・86・維継中納言これつぐのちゅうなごんは〉訳「あなたを寺法師と(お呼び)申し上げたが、(もう焼けて)寺はないので、これからは法師と申し上げよう。」と言われた。とてもうまい**洒落**であった。
発展「すく」とも。

しうと【舅】しゅうと 名詞 配偶者(夫または妻)の父親。対姑しうとめ ↓**古語チャート**36(1057ページ)
「**ありがたきもの。舅に褒めらるる婿。**」〈枕草子・75・ありがたきもの〉訳めったにないもの。**しゅうと**に褒められる婿。

しう-とく・なり【宿徳なり】 形容動詞（ナリ）〈なら・なり（に）・なり・なる・なれ・なれ〉❶修行を積み徳を備えている。**しうとくにてましましける大徳の、はやう死にけるが室に**…。〈大和・25〉訳**修行を積んで徳を備えて**いらっしゃった僧で、すでに亡くなった方の住まいに…。❷落ち着いていて威厳がある。**いとしうとくに、面もち、歩まひ、大臣と言はむに足らひたまへり**。〈源氏・行幸〉訳（内大臣は）たいへん**落ち着いていて威厳があり**、お顔立ち、歩きぶり、（いずれも）大臣と呼ぶのに十分でいらっしゃる。〇この「しうとくに」を「しとくに」とする異本もある。

しうとめ【姑】 名詞 配偶者（夫または妻）の母親。対 舅 ↓**古語チャート36**（1057ページ） **ありがたきもの。…姑に思はるる嫁の君**。〈枕草子・75・ありがたきもの〉訳 めったにないもの。…**しゅうとめ**に愛されるお嫁さん。

しうふうらく【秋風楽】 名詞 雅楽の曲名。舞人は四人で、常装束のもろ肌を脱いで舞う。季語 秋

し-うん【紫雲】 名詞 紫色の雲。めでたい雲。ありがたい雲。**紫雲のごとくして、西方に匂ふ**。〈方丈記・境涯〉訳（フジの花は阿弥陀如来の乗る）**紫色の雲**のようで、西の方（＝極楽浄土の方角）に色美しく咲く。

発展 中国では、聖天子が現れるめでたい前ぶれといわれる。日本では、特に浄土信仰で、極楽往生する人を迎えるために、阿弥陀仏が乗ってやって来る雲とされる。

使役の助動詞 国語・国文法 他の者に、動作・作用の実現をさせる意味を表す助動詞。したがって、動作をするのは他者となる。「す」「さす」「しむ」にこの用法がある。歴史的にみると、「しむ」は、早く上代に用いられていたが、中古に入って、和文では「す」「さす」がさかんに使われるようになってからは、「しむ」はもっぱら漢文訓読文において用いられ、さらに★和漢混交文にも用いられていく。

し-え-たり【し得たり】 やったぞ。うまくいったぞ。「**われ、物握りたり。いまは下ろしてよ。翁、し得たり**。」〈竹取・燕の子安貝〉訳「私は、物を握った。もう下ろしてくれ。（竹取の）翁よ、**うまくいったぞ**。」

発展 サ変動詞「す」の連用形＋下二段動詞「う」の連用形＋完了の助動詞「たり」。

慈円［ジエン］ 人名 平安末期・鎌倉初期の僧。諡号は慈鎮。後鳥羽院歌壇の中心メンバーで、和歌所寄人のひとり。史論に『★愚管抄』、家集に『拾玉集』がある。*1155—1225*

❷**しお**（現）↓（歴）**しほ**【入】【塩】【潮・汐】

塩釜［―］［シホ］ 地名 宮城県塩竈市。松島湾南西部に臨む。地名は「藻塩焼く」に由来する。↓塩釜の浦

塩釜の浦［―］［シホガマ］ 歌枕 宮城県塩竈市の塩釜港ならびに松島湾全体の眺望をいう。「千賀の浦」とも。「藻塩焼く」「煙」や「海人」「恨み（浦見）」などのことばとともに詠まれた。↓**ビジュアルチェック❶**（194ページ）

❷**しおらし**（現）↓（歴）**しをらし**

❷**しおり**（現）↓（歴）**しをり**【枝折り・栞】

❷**しおる**（現）↓（歴）**しをる**【萎る】【枝折る・栞る】【責る】

❷**しおれる**（現）↓（古）**しをる**【萎る】

❷**しおん**（現）↓（歴）**しをん**【紫苑】

字音 国語・国文法 漢字の読み方のうち、中国語の発音から取り入れた読み方。どの時代の、どの地方の発音を取り入れたかによって差があり、その結果、漢字一字にいくつもの「音」が結び付くことになった。★呉音・★漢音・★唐音に分類されている。

呉音―中国南方の呉地方の音と似ていたので、呉音と称された。日本に最も古く伝わった字音で、上代に用いられ、漢音が広まると、徐々に使われなくなっていったが、仏教関係用語などには根強く残っている。

漢音―中国の隋・唐の時代、都であった長安を中心とする地方で用いられた音をもとにした字音で、日本には遣唐使などによってもたらされた。朝廷も、中国から学者を招き、音博士として、その指導に当たらせた。現代の漢字音は、多くが、この漢音である。

唐音―本来の呼び方は「とういん」。中国の宋代から清代の初め（日本では鎌倉時代から江戸時代）にかけて、禅宗の僧や商人によって伝えられた字音で、「宋音」ともいわれる。

以下に、それぞれの字音の違いを、該当する漢語を引いて紹介する。上から順に呉音・漢音・唐音を示す。

行＝修行（しゅ**ぎょう**）・孝行（こう**こう**）・行脚（**あん**ぎゃ）
経＝経文（**きょう**もん）・経書（**けい**しょ）・看経（かん**きん**）
外＝外道（**げ**どう）・外苑（**がい**えん）・外郎（**うい**ろう）
明＝灯明（とう**みょう**）・明月（**めい**げつ）・明国（**みん**こく）
頭＝頭巾（**ず**きん）・頭髪（**とう**はつ）・饅頭（まん**じゅう**）

字音仮名遣い 国語・国文法 漢字の★字音を表す歴史的仮名遣い。たとえば、「伊」「位」を「い」「ゐ」、「公」「甲」「好」「皇」を「こう」「かふ」「かう」「くわう」などと書き分ける決まり。

❷**しか** 助動詞**き**の已然形。↓**基本助動詞20**（396ページ）

しか【鹿】 名詞《動物》（古くは女鹿に対する）雄のシカ。後に、シカ。季語 秋 類 鹿 ↓獣

奥山にもみぢ踏み分け鳴く鹿の声聞く時ぞ秋は悲しき 百人一首〈古今集・秋上・215〉訳↓おくやまに…

発展 秋の風物を代表するものとして、雄ジカが妻恋いする鳴き声が和歌によく詠まれる。

しか【然】 副詞 そのように。そう。このように。↓然

わが庵は都のたつみしかぞ住む世をうぢ山と人はいふなり 百人一首〈古今集・雑下・983〉訳↓わがいほは…

発展 上代に多く用いられ、中古以降は主に漢文訓読文に使われた。中古の和文では「さ」が一般的である。

しか 終助詞《上代語》（自己の願望を表し）…たいものだ。…たいなあ。接続 動詞の連用形、完了の助動詞「つ」「ぬ」の連用形「て」「に」などに付く。↓**読解の手引き❾**（634ページ）

真澄鏡見しかと思ふ妹も逢はぬかも玉の緒の絶えたる恋の繁きこのころ 歌〈万葉集・11・2366〉訳**見たいものだ**と思うあの娘は逢ってくれないかなあ。とだえていた恋心がしきりであるこのごろだから。

〇旋頭歌。「真澄鏡」は「見」に、「玉の緒の」は「絶え」に係る枕詞。

発展 中古以降は、「しが」となる。

し-か 連語（強い疑問や反語を表し）…か。…か、いや…ではない。

いまさらに何しか思はむ梓弓引きみ緩へみ寄りにしものを 歌〈万葉集・12・2989〉訳 いまさら何を思い悩むだろう**か、いや**思い悩むことは何も**ない**。梓弓を引いたり緩めたり（するようにあなたに）寄り添ったのだから。

発展 副助詞「し」＋係助詞「か」。多く「いつしか」「なにしか」の形で用いる。

しが 終助詞 (自己の願望を表し)…たいものだ。…たいなあ。
接続 動詞の連用形にも付くが、多く、完了の助動詞「つ」「ぬ」の連用形「て」「に」に付く。
思ふどち春の山辺に打ちむれてそこともいはぬ旅寝してしが 歌〈古今集・春下・126〉訳 親しい仲間たちが春の山辺に連れ立って遊びに行き、どこということもなしに、旅寝をしたいものだ。
発展 上代の「しか」が、中古以降濁音化したもので、ほぼ和歌の用例に限られる。「てしが」「にしが」で一語としても扱われる。

志賀 しが 歌枕 滋賀県大津市。大津宮が営まれたが、壬申の乱で廃都となった。和歌には、「志賀の花園」「志賀の山」「志賀の里」などという形でも詠まれ、また、比叡山や比良から吹き降ろす寒風や湖面を照らす月光が詠み込まれた。琵琶湖の西南畔が志賀の浦。

しか-あら-じ【然有らじ】そうではあるまい。
「『**それしかあらじ。**』と、そらにいかがは推しはかり思ひくたさむ。」〈源氏・帚木〉訳「『(女の長所ばかり言う仲人口に対して)それは**そうではあるまい。**』と、実物を見ないでどうして推測して悪く言えるだろうか、いや、言えはしない。」
発展 副詞「しか」+ラ変補助動詞「あり」の未然形+打消推量の助動詞「じ」。

しか-あれ-ど【然有れど】連語 そうだけれど。そうではあるが。
ここに、古のことをも、歌の心をも知れる人、わづかに一人二人なりき。**しかあれど**、これかれ得たるところ、得ぬところ、互ひになむある。〈古今集・仮名序〉訳 このときには、昔のこと(=和歌の盛況)をも、歌の本質をも心得ている人は、わずかに一人二人であった。**そうではあるが**、それぞれ得意としているところ、得意としていないところが、双方にある。
発展 副詞「しか」+ラ変補助動詞「あり」の已然形+接続助詞「ど」。

し-かい【四海】名詞 ❶四方の海。❷天下。世の中。
「**太政大臣は、一人に師範として、四海に儀刑せり。**」〈平家・1・鱸〉訳「太政大臣は、天皇に対する師範として、**天下**に模範となるのである。」

し-かう【四更】名詞 (時刻の名で)夜を五分したうちの第四の時刻。午前二時ごろ。また、その前後二時間。→五更・ビジュアルチェック⑲(881ページ)

しかう-して【而して・然して】接続詞 そうして。それから。類 しかして
百済の国より博士経典をあひ具してきたる。しかうして後、経史我が国に学び伝へたり。〈古今著聞集〉訳 百済の国から博士が経典を持って来た。**それから**後、経史(=四書五経と歴史書)を我が国に学び伝えた。
発展 漢文の「而」の訓読から生まれた「しかくして」(副詞「しか」+接尾語「く」+接続助詞「して」)のウ音便。古くは「しかうじて」とも。和文の「さて」に当たる。

し-か・く【仕掛く】動詞 他 カ下二段 (け・け・く・くる・くれ・けよ)
❶仕向ける。人に働きかける。
❷(装置などを)設ける。仕掛ける。
その時、筒の底に仕掛けたる放火の薬鳴り渡り飛び散って…。〈近松・国性爺合戦〉訳 その時、筒の底に**仕掛けた**爆薬があたりに鳴り響き飛び散って…。
❸計画する。たくらむ。
嵐ふく夜はわざとならぬ首尾に仕掛けて…。〈西鶴・好色一代男〉訳 (客のお供をする人は)嵐の吹く夜はわざわざしたのではないというように**計画して**…。

し-がく【試楽】名詞 公に行われる舞楽の予行演習。

しか-じ【及かじ・若かじ・如かじ】連語 …にしたことはないだろう。…にまさるものはないだろう。
人を分かず、うやうやしく、ことば少なからむにはしかじ。〈徒然草・233・万の咎あらじと〉訳 人を分け隔てせず、(だれに対しても)礼儀正しく、口数の少ないのに**こしたことはないだろう。**
発展 四段動詞「しく」の未然形+打消推量の助動詞「じ」。漢文訓読からできた言い方。

しか-しか【然然】一 副詞 (長い文や具体的な表現を省略して)これこれ。こうこう。
「**しかしかのこと、人の嘲りやあらん…。**」〈徒然草・59・大事を思ひ立たん人は〉訳「**これこれ**のことは、人の嘲笑があるだろうか…。」
二 感動詞 (相づちを打って)そうそう。そのとおり。
「**しかしか、さはべりしことなり。**」〈大鏡・序〉訳「**そうそう**、そうであったことである。」
発展 近世以降「しかじか」とも。

しか-して【而して・然して】接続詞 →しかうして

しか-し-ながら【然しながら】一 副詞 ❶そっくりそのまま。すっかり。すべて。
取るところの物などしかしながら返し置きて退散しけりとうんぬん。〈古事談〉訳 (強盗は)奪い取った物などを**そっくりそのまま**返して置いて退散したという。
❷要するに。結局。
「**人のために恨みを残すは、しかしながら、わが身のためにてこそありけれ。**」〈宇治拾遺〉訳「人のために恨みを残すのは、**結局**、自分自身に返ってくるのであった。」
二 接続詞《中世以降》そうではあるが。しかし。
発展 副詞「しか」+サ変動詞「す」の連用形+接続助詞「ながら」が一語になったもの。

私家集 しかしゅう[シシュウ] 文芸用語 歌集の一種。「家の集」「家集」とも。個人の和歌を集めた歌集。著名な私家集としては、『山家集』(西行作)、『拾遺愚草』(藤原定家作)、『金槐和歌集』(源実朝作)などがある。

しか-ず【及かず・若かず・如かず】連語 及ばない。…ほどではない。…にこしたことはない。
大地震ふりて、東大寺の仏の御首落ちなど、いみじきことどもはべりけれど、なほこの度にはしかずとぞ。〈方丈記・大地震〉訳 (昔)大地震が揺れ動いて、東大寺の大仏のお首が落ちるなど、大変なことがいくつもありましたけれど、それでさえ今度には**及ばない**ということだ。
発展 四段動詞「しく」の未然形+打消の助動詞「ず」。

しか-すが-に【然すがに】副詞《上代語》そうはいうものの。しかしながら。
月よめばいまだ冬なりしかすがに霞たなびく春立ちぬとか 歌〈万葉集・20・4492〉訳 暦で月を数えるとまだ冬である。**そうはいうものの**霞がたなびいている。春が来たのか。
発展 副詞「しか」+サ変動詞「す」の終止形+接続助詞「がに」が一語になったもの。中古以降は、和歌にのみ用いられ、一般には「さすが」が用いられるようになった。

し-かた【仕方】名詞 ❶やり方。振る舞い。しうち。❷しぐさ。身ぶり。手まね。

しか-と【確と】副詞❶きちんと。はっきりと。ちゃんと。「いや、**しかと**見知りは致さぬ。」〈狂言・察化〉訳「いいえ、**はっきりと**見て知っているわけではありません。」❷確かに。必ず。「**しかと**まかり帰るまじいか。」〈謡曲・夜討曾我〉訳「**確かに**帰ろうとすることはないのか。」

しかと-あら-ず【確とあらず】きちんとしていない。

しかとあらぬ髭かきなでて我を置きて人はあらじと誇ろへど… 歌〈万葉集・5・892〉訳**きちんとしていない**髭をなでて、私を除いて(他に)立派な人はいないだろう、と得意になっているけれど…。

発展 副詞「しかと」＋ラ変補助動詞「あり」の未然形＋打消の助動詞「ず」。

しが-な 終助詞 ↓てしがな 最重要語(864ページ)・にしがな

しか-なむ【然なむ】そのとおりで。それと同じで。「上も**しかなむ**。」〈源氏・桐壺〉訳「帝も**それ**(＝更衣の母の気持ち)**と同じで**。」

発展 副詞「しか」＋係助詞「なむ」。

しか-なり【然なり】連語 そうだ。そのとおりだ。

道を知れる教へ、身を治め、国を保たん道も、またしかなり。〈徒然草・110・双六の上手〉訳(これは)道を知っている(人の)教え(であり)、身を修め、国を治めるような道も、また**その**(教えの)**とおりである**。

発展 副詞「しか」＋断定の助動詞「なり」。

しがのうら【志賀の浦】歌枕 ↓志賀

しがのうらや… 歌

志賀の浦や遠ざかりゆく波間より凍りて出づる有明の月〈新古今集・冬・639・藤原家隆〉訳志賀の浦(＝琵琶湖の浦)の、(夜が更けるにつれて)波打ち際からしだいに凍ってゆき、(沖の方へと)遠ざかっていく波間から、凍りついたように出てきた有り明けの月よ。○「有明の月」は、夜が明けようとするころの月。

発展「さ夜更くるままに汀や凍るらむ遠ざかりゆく志賀の浦波(訳↓さよふくる…)」〈後拾遺集・419〉を本歌とする。第二・三句はこの本歌に基づく表現で、下の句で本歌にはない「有明の月」を「凍りて出づる」という表現により詠んだ。

しかのねを… 歌

鹿の音を聞くに我さへ泣かれぬる谷の庵は住み憂かりけり〈無名抄・静縁こけ歌事・鴨長明〉訳シカの鳴き声を聞くと私までも泣かずにはいられなかった。谷の庵は住みにくかったよ。○「泣かれ」の「れ」は自発の助動詞。

発展 シカの鳴き声しか聞こえない、人里離れた山中での生活の寂しさを回想する。

しか-は-あれ-ど【然は有れど】連語 そうではあるが。

年経ればよはひは老いぬしかはあれど花をし見ればもの思ひもなし 歌〈古今集・春上・52〉訳↓としふれば…

発展 副詞「しか」＋係助詞「は」＋ラ変補助動詞「あり」の已然形＋接続助詞「ど」。

しか-ばかり【然ばかり】連語 これほどまで。そんなにまで。

表辺なきものかも人はしかばかり遠き家路を還さく思へば 歌〈万葉集・4・631〉訳あいそがないんだなあ、あなたは。**これほどにまで**遠い家路を(空しく)帰すことを思うと。

発展 副詞「しか」＋副助詞「ばかり」。

しか-め-やも【及かめやも】(反語を表し)及ぶだろうか、いや、及ばない。

銀も金も玉も何せむに優れる宝子にしかめやも 歌〈万葉集・5・803〉訳↓しろかねも…

発展 四段動詞「しく」の未然形＋推量の助動詞「む」の已然形＋終助詞「やも」。

しか-も【然も】㊀副詞 そのように。そんなにも。

三輪山をしかも隠すか雲だにも情あらなも隠さふべしや 歌〈万葉集・1・18〉訳↓みわやまを…

㊁接続詞 それでいて。そのうえ。

ゆく河の流れは絶えずして、しかももとの水にあらず。〈方丈記・ゆく河〉訳流れる川の流れは途絶えることがなくて、**それでいて**前のままの水ではない。

発展 ㊀は、副詞「しか」に係助詞「も」が付いて一語になったもの。㊁は、漢文訓読語であった。

信楽(しがらき) 歌枕 滋賀県甲賀市信楽町。古くは聖武天皇の紫香楽宮で知られ、近江国府と平城京を結ぶ交通の要地であった。平安時代以降は、「信楽の里」「信楽の外山」の形でも和歌に詠まれた。陶器の産地。

しから-ず-は【然らずは】連語 そうでないならば。さもなければ。

「**法皇を鳥羽の北殿へ移したてまつるか、しからずはこれへまれ、御幸をなしまゐらせんと思ふはいかに。**」〈平家・2・教訓状〉訳「(後白河)法皇を鳥羽の北殿にお移し申し上げるか、**さもなければ**ここへでもかまわないが、お出ましになるようにして差し上げようと思うのは、どうか。」

発展 ラ変動詞「しかり」の未然形＋打消の助動詞「ず」の未然形＋接続助詞「は」。漢文訓読文体に用い、和文脈では「さらずは」を用いる。

しから-ば【然らば】接続詞 そうだとすれば。それなら。そうしたら。類 さらば

「**三種の神器を都へ返し入れたてまつれ。しからば、八島へ帰さるべし。**」〈平家・10・内裏女房〉訳「★三種の神器を都へ返し納め申し上げよ。**そうしたら**、屋島へ(あなたを)お帰しになるだろう。」

発展 ラ変動詞「しかり」の未然形＋接続助詞「ば」が一語になったもの。

しがらみ【柵】名詞❶川にくいを打ち渡して木や竹などを結び付けて、流れをせき止める仕掛け。❷せき止めるもの。まつわりつくもの。

涙川落つる水上速ければせきぞかねつる袖のしがらみ 歌〈拾遺集・876〉訳涙川の水上から(流れ)落ちる(涙の水の)流れが速いので、せき止めることができないでいる、袖という(涙を)**せき止めるものであるよ**。

[しがらみ❶]

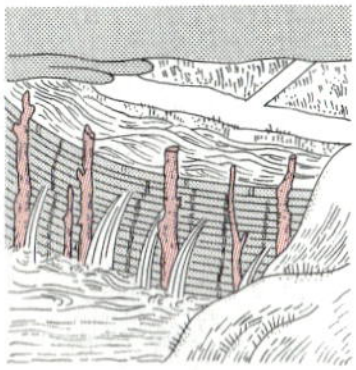

しがら-む【柵む】㊀動詞 他〔マ四段〕〈ま・み・む・む・め・め〉❶絡み付ける。絡ませる。

秋萩をしがらみ伏せて鳴く鹿の目には見えずて音のさやけさ 歌〈古今集・秋上・217〉訳秋のハギを**絡ませ**倒しながら鳴いているシカは、目には(姿が)見えないが、その鳴き声の澄みきっていることよ。

❷★柵を作る。せき止める。

涙川流るる跡はそれながらしがらみ止むる面影ぞなき 歌〈狭衣〉訳涙の川が流れる跡ははっきりとしているが、**しがらみを作って**せき止めておきたい面影は見ることができない。

二 動詞 自 マ四段 〈ま・み・む・む・め・め〉絡み付く。まといつく。かかわりを持つ。

「子で子にあらぬ義理合ひに**しがらむ**縁のいつかは縄目…。」〈青砥稿花紅彩画〉訳「子で（はあるが実の）子ではない義理の付き合いで**かかわりを持つ**縁でいつかは（捕らえられて）縛られる…。」

句 **しかられて次の間へ出る寒さかな**〈蓮二吟集・各務支考〉訳（師の芭蕉に）お叱りを受けて、人気のない次の間へ出たとき、寒さがひときわ身にしみたことだ。○季語 寒さ―冬

発展 芭蕉の臨終近く、付き添いの門人たちが夜伽の句を詠んだときの作である。

しか・り【然り】

前に述べた内容を指示し、肯定する ― そうである。そのようである。

未然形	連用形	終止形	連体形	已然形	命令形
しから	しかり	しかり	しかる	しかれ	しかれ

動詞 自 ラ変 **そうである。そのようである。**

日月は明かしといへど我がためは照りやたまはぬ人皆か我のみや**しかる**…歌〈万葉集・5・892〉訳太陽や月は明るいというけれど、私のためには照ってくださらないのか。すべての人（がそうであるの）か。（それとも）私だけが**そうである**のか…。

「いみじくかく上るとも計りもなき所にこそありけれ。また、**しからむ**ほどに、おのづから事に遭ひなば、きはめて益なし。」〈今昔〉訳「これほどにこうしてさかのぼっても限りもない所（＝長い川）であったのだった。また、**そのような**（長い船旅をしている）うちに、万一不測の事態に遭ったなら、非常に困ることだ。」

発展 **「さり」と「しかり」**　「しかり」は指示語の副詞「しか」にラ変動詞「あり」の付いた「しかあり」が変化したことば。主に漢文訓読文や軍記物語・説話などの＊和漢混交文に用いられ、中古の和文では主として「さり」が用いられた。

↓**読解の手引き** 9（634ページ）

関連語 然り

しかる-あひだ【然る間】

一 **そうしているうちに。やがて。** 類 さるほどに

頼良を討たんがために、すでに陸奥国に下りぬ。**しかる間**、俄に天下大赦ありて、頼良許されぬれば…。」〈今昔〉訳（源頼義らは）阿倍頼良を討伐するために、すでに陸奥国に下った。**そうしているうちに**、急に全国に大赦があって、頼良も許されたので…。

二 接続詞 **そういうわけで。それゆえ。**

「非常の赦行はる。**しかる間**鬼界が島の流人、少将成経、康頼法師、赦免。」〈平家・3・足摺〉訳「特別の恩赦が行われる。**そういうわけで**鬼界が島の流人、少将成経と、康頼法師は、罪を許し放免する。」

発展 一は、ラ変動詞「しかり」の連体形＋名詞「あひだ」で、漢文訓読から生まれたことば。二は、一が一語として定着してから変化した、中世以降の用法。

しかる-に【然るに】

接続詞 1 **そうであるのに。ところが。**

そのものの色や知る。**しかるに**、鳩これをさとりて、いづくともなく飛び去りぬ。〈伊曾保〉訳（男は）そのことの経緯（＝ハトを助けるためにアリが男にかみついたこと）を知っているか、いや知るはずもない。**ところが**、ハトはこれに気づいて、どこへともなく飛び去ってしまった。

2 **そういうことで。それで。**

女房かしこき人にて、男の礼法を教へける。**しかるに**、直垂の衣紋かかり…鬢つきまでも、いかなる公卿殿上人にもすぐれたり。〈御伽草子・ものくさ太郎〉訳女房は賢い人なので、男の礼法を教えた。**それで**、直垂の衣紋の構え…鬢の格好までも、どんな公卿や殿上人よりもよくなった。

発展 ラ変動詞「しかり」の連体形＋接続助詞「に」が一語になったもの。

しかる-べから-ず【然るべからず】

連語 ↓しかるべし

しかる-べき【然るべき】

連語 ↓しかるべし

しかる-べし【然るべし】

連語 1 **もっともだ。適当だ。ふさわしい。**

この名**しかるべからず**とて、かの木を切られけり。〈徒然草・45・公世の二位の〉訳この名前は（自分に）**ふさわしく**ないと言って、その木をお切りになった。

2 **そのような因縁がある。そうなる運命である。**

「**しかるべき**御契りあらんものぞ。」〈増鏡〉訳「（前世から）**そうなる運命である**ご因縁があるのだろうと思うのだ。」

3 **立派だ。優れている。**

「これも**しかるべき**善知識とこそ覚えさぶらへ。」〈平家・灌頂・六道之沙汰〉訳「これも（私が仏道に入るための）**立派な**機縁と思われます。」

発展 ラ変動詞「しかり」の連体形＋当然・適当の助動詞「べし」。和文脈では「さるべき」を用いる。↓さるべき

しかる-を【然るを】

接続詞 1 （逆接の意味を表し）**そうであるのに。ところが。** 類 さるを

しかるを、忠盛備前守たりし時…。〈平家・1・殿上闇討〉訳（諸国の受領だったが、まだ宮中への昇殿は許されていなかった。）**ところが**、忠盛がまだ備前守だった時に…。

2 （順接の意味を表し）**そういうわけで。そういう状態で。**

勝つことを咫尺のもとに得たり。**しかるを**、うてば必ず伏し、攻むれば必ずくだる。〈平家・7・木曾山門牒状〉訳勝利を目前にすることができた。**そういうわけで**、（敵は）討てば必ず服従し、攻めれば必ず降参する。

発展 ラ変動詞「しかり」の連体形＋接続助詞「を」が一語になったもの。

しかれ-ども【然れども】

接続詞 **そうではあるが。しかしながら。**

楫取り、「今日、風、雲の気色はなはだ悪し。」と言ひて、船出ださずなりぬ。**しかれども**、ひねもすに波風立たず。〈土佐日記・二月四日〉訳船頭が、「今日は、風や、雲のようすがたいへん悪い。」と言って、船を出さないままになった。**しかしながら**、一日中波風が立たない。

発展 ラ変動詞「しかり」の已然形＋接続助詞「ども」が一語になったもの。中古以降は、多く漢文訓読文に用いられ、和文では「されども」が用いられた。『土佐日記』には、このように、漢文訓読文で用いられることばが見られる。

しかれ-ば【然れば】

接続詞 **そうであるから。だから。それゆえ。** 類 されば

翁これを取りて家に返りぬ。**しかれば**翁忽ちに豊かに成りぬ。〈今昔〉訳翁はこれ（＝竹の中の黄金）を取って家に戻った。**それゆえ**翁はたちまち富豪になった。

発展 ラ変動詞「しかり」の已然形＋接続助詞「ば」が一語になったもの。

詞花和歌集【しかわかしゅう】［シクヮワカシフ］ 作品名 平安末期、第六番目の勅撰和歌集。十巻。崇徳院の命を受けた藤原顕輔が撰進。四〇〇首余りを所収。院政期における新旧過渡期の多様な歌風を示している。一一五一(仁平元)年ごろ成立。

しき-【頻】 造語 (動詞・名詞などに付いて)回数が多いことや、程度が並々でないことを表す。語例 頻波・頻降る

しき【式】 名詞 ❶取り決め。やり方。方式。しきたり。慣例。「**何事の式といふことは、後嵯峨の御代までは言はざりけるを、近きほどより言ふ詞なり。**」〈徒然草・169〉訳「何々の(慣例という意味の)式ということは、後嵯峨天皇のご治世まで言わなかったのを、近ごろから言い出したことばである。」❷事柄。事情。**強ひて逃れつるかひなくなりぬる身の式も、かこつかたなく**…〈とはずがたり〉訳(雪の曙に逢ったことで)無理に避けていたこともむだになってしまった(私の)身の事情も、(他人に)恨み嘆くわけにもいかず…。❸(弘仁式・貞観式・延喜式などの)律令の施行細則。❹「★式神」の略。❺儀式。

しき【職】 名詞 ❶平安時代、省の下に置かれた役所のひとつ。中宮職・大膳職・京職・修理職など。❷「★中宮職」の略。

し-ぎ【仕儀】 名詞 ありさま。成り行き。事情。

しぎ【鴫】 名詞《動物》シギ科の水鳥の総称。くちばし・足が長く、浅瀬で虫などを捕食する渡り鳥で、春と秋の二回日本に立ち寄る。季語 秋

じき(現)→(歴)**ぢき**【直】

じき【食】 名詞 食べ物。**病に臥しては漢の食を願ひけることを聞きて**…。〈徒然草・84・法顕三蔵の〉訳 病気で伏しているときには(故郷)中国の食べ物を求めたということを聞いて…。

発展「じき」は呉音。

しき-がみ【式神・識神】 名詞 ★陰陽師の命令で動く鬼神。多く童子姿で、変幻自在に行動し、呪詛の術をする。類 式・式の神

しき-し【色紙】 名詞 ❶手紙や和歌を書くいろいろな色のついた紙。屏風の張り紙にも使われた。❷(和歌などを書く)方形の厚紙。ふつう、色や模様がついており、金箔などが施されているものもある。

しき-じ【職事】 名詞 ❶律令制で、位階を持ち職務に就いている者。❷蔵人の頭および五、六位の蔵人の総称。❸親王・摂関・大臣などの家で事務を取り扱う者。家司の下位。

式子内親王【しきしないしんのう】［ーナイシンワウ］ 人名 平安末期・鎌倉初期の歌人。後白河天皇の皇女。「しょくしないしんのう」とも読む。賀茂神社の斎院となり、後に出家。清澄高雅な歌風で、『新古今集』の代表的歌人。家集に『式子内親王集』がある。1149—1201

しき-しま【磯城島・敷島】 名詞 ❶大和の国の地名。今の奈良県桜井市。❷大和の国の別の呼び名。❸日本国の別の呼び名。❹(「敷島の道」の略で)和歌の道。

しきしま-の【磯城島の・敷島の】 枕詞 (大和の都が磯城島にあったことから)「大和」に係る。

しきしま-の-みち【敷島の道】 名詞 和歌の道。歌道。

し-きせ【仕着せ・為着せ】 名詞 ↓おしきせ

しき-だい【敷き台・式台】 名詞 玄関で、客の送迎やあいさつをする板敷きの所。

しき-だい【色代・色体・式体】 名詞・動詞 自〔サ変〕〈せ・し・す・する・すれ・せよ〉❶会釈すること。あいさつ。❷褒めること。お世辞。おべっか。

発展「しきたい」とも。

じき-だう【食堂】ーどう 名詞 寺院の食堂。

鴫立沢【しぎたつさわ】［ーサハ］ 歌枕 神奈川県中郡大磯町の地。

しき-たへ【敷き栲・敷き妙】ーたえ 名詞 寝床に敷く布。ふつうより織り目の細かい布という説もある。

しきたへ-の【敷き栲の・敷き妙の】しきたえの 枕詞 (「しきたへ」が寝具として用いられることから)「枕」「床」「袖」「袂」「衣」や「黒髪」「家」などに係る。

式亭三馬【しきていさんば】 人名 江戸後期の代表的戯作者。寛政年間(一七八九〜一八〇一)に★黄表紙作者として登場。洒落本・合巻に活躍し、『★浮世風呂』『★浮世床』などの滑稽本の名作で知られる。1776—1822

しき-な・ぶ【敷き並ぶ】 動詞 自〔バ下二段〕〈べ・べ・ぶ・ぶる・ぶれ・べよ〉広く統治する。**そらみつ大和の国はおしなべて我こそ居れしきなべて我こそ座せ**…。歌〈万葉集・1・1〉訳↓こもよ…

発展「しき」は治めるという意味。

しき-なみ【頻波・頻浪】 名詞 次々と寄せてくる波。

しき-の-かみ【式の神】 名詞 ↓しきがみ

志貴皇子【しきのみこ】 人名 飛鳥時代、天智天皇の第七皇子。光仁天皇・湯原王の父。「施基」とも書く。『万葉集』に六首の短歌を残す。生年不明—716

しき-の-みざうし【職の御曹司】みぞうし 名詞 中宮職の建物。ふつう、大臣・公卿の控え所であるが、皇后・中宮の仮御所ともなった。↓ビジュアルチェック⑮(757ページ)

しき-ぶ【式部】 名詞 ❶「★式部省」の略。❷女官の呼び名。父や兄が式部省の官人であることからいう。紫式部・和泉式部など。

しきぶ-きゃう【式部卿】ーきょう 名詞 式部省の長官。平安時代には、多く親王が任じられた。

しきぶ-しゃう【式部省】ーしょう 名詞 律令制で、八省の一つ。朝廷の儀礼・儀式、文官の選任・叙位などの人事を担当し、大学寮を管理した。↓ビジュアルチェック⑮(757ページ)

しきぶ-の-たいふ【式部大夫】 名詞 式部省の三等官(六位相当)のうち、五位に叙せられた者。

しきみ【樒】 名詞《植物》モクレン科の常緑低木。葉は長円形で、春、淡黄白色の花を付ける。香気があるので、仏前に供え、葉からは抹香や線香を作る。季語 春

しきみ【閾・閫】 名詞 門の内と外、また、室内の区切りのために置いた横木。敷居。

［しきみ(閾)］

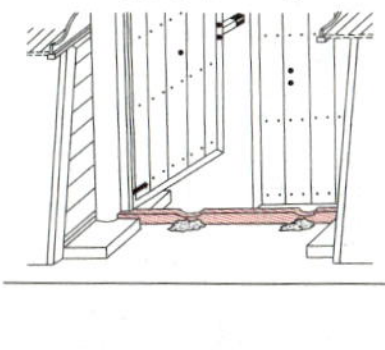

しき-もく【式目】 名詞 ❶武家時代における箇条書きの法規。貞永式目、建武式目など。❷連歌・俳諧の作法上の規則や禁止事項をまとめたもの。

発展「式」は方式、「目」は条目という意味。

し-きゃう【四鏡】ーきょう 名詞 平安時代末期から南北朝時代にかけ

て成立した、鏡物と呼ばれる四つの歴史物語の総称。『大鏡』『今鏡』『水鏡』『増鏡』。

詩経【しきょう】[ーキャウ] 作品名 中国最古の詩集。五経の一つ。編者・成立年代不明。「詩」とも。周から春秋時代までの詩を集めたもので、諸国の民謡である「国風」、宮廷歌である「雅」、祖先をたたえる「頌」の三部からなる。

しき-よく【色欲】 名詞《仏教語》五欲の一つ。男女間の情欲。色情。

しきり-に【頻りに】 副詞 ❶引き続いて何度も。しばしば。「天変**しきりに**さとし、世の中静かならぬはこの故なり。」〈源氏・薄雲〉訳「気象の異変が**引き続いて何度も**前兆を示し、世の中が平静でないのはこの(秘密の)せいである。」

❷はなはだしく。むやみに。身には**しきりに**毛生ひつつ、言ふことばも聞き知らず。〈平家・2・大納言死去〉訳身体には**はなはだしく**毛が生えており、言うことばも聞いて理解できない。

しき・る【頻る】 動詞 自 〔ラ四段〕〈ら・り・る・る・れ・れ〉度重なる。続いて起こる。東宮の御使ひ**しきり**てあるほど、いと騒がし。〈枕草子・104・淑景舎、東宮に〉訳東宮からのお使いが**度重なっ**ている間、たいへん騒がしい。

し-く《上代語》…(し)たこと。…(し)たことには。住吉の名児の浜辺に馬立てて玉拾ひ**しく**常忘らえず 歌〈万葉集・7・1153〉訳住吉の名児の浜辺にウマを止めて玉を拾った**こと**が、いつまでも忘れることができない。

発展 過去の助動詞「き」の連体形＋接尾語「く」。

し-く【四苦】 名詞《仏教語》人生の四つの根本的な苦しみ。生・老・病・死。↓八苦

し・く【及く・若く・如く】 動詞 自 〔カ四段〕〈か・き・く・く・け・け〉❶追いつく。後れゐて恋ひつつあらずは追ひ**しか**む道の隈廻に標結へわが背 歌〈万葉集・2・115〉訳後に残っていて恋い慕っていないで、跡を追って行って**追いつき**たい。道の曲がり角に(通ってはいけないという)縄を結び付けてください。あなた。

❷(多く打消や反語を伴って)及ぶ。匹敵する。銀も金も玉も何せむに優れる宝子に**しか**めやも 歌〈万葉集・5・803〉訳↓しろかねも…

し・く【敷く・頒く】 一 動詞 自 〔カ四段〕〈か・き・く・く・け・け〉(敷きつめたように)一面に広がる。広く覆う。行き渡る。霞**敷く**春の潮路を見渡せば緑を分くる沖つ白波 歌〈千載集・8〉訳霞が**一面に広がる**春の潮路を見渡すと、緑色(の海)を分ける(ように寄せてくる)沖の白波であるよ。

二 動詞 他 〔カ四段〕〈か・き・く・く・け・け〉❶平らに広げる。一面に広げる。一面に置く。一面に敷きつめる。堀江には玉**敷か**ましを大君を御舟漕がむとかねて知りせば 歌〈万葉集・18・4056〉訳堀江には玉を**一面に敷きつめる**のがよかったなあ。もし大君が舟をこぐ(=舟に乗ってこちらへいらっしゃる)つもりだと前から知っていたならば。

❷統治する。治める。天皇の**敷き**ます国の… 歌〈万葉集・18・4122〉訳天皇のお**治め**になる国の…。

❸広く及ぼす。広める。広く施す。禹の行きて三苗を征せしも、師を班して、徳を**敷く**にはしかざりき。〈徒然草・171・貝をおほふ人の〉訳禹が(国外に出て)行って苗族を征伐したことも、軍を返して、(国内に)徳政を**広く施す**のには及ばなかった。〇「禹」は、中国古代の聖天子。「三苗」は、中国湖南地方の苗族で、漢民族に反抗した。

し・く【頻く】 動詞 自 〔カ四段〕〈か・き・く・く・け・け〉事が重なって起こる。何度も繰り返す。度重なる。続いて起こる。新たしき年の初めの初春の今日降る雪のいや**しけ**吉事 歌〈万葉集・20・4516〉訳↓あらたしき…

じく（現）↓（歴）**ぢく【竺：軸：舳】**

シク活用 国語・国文法 形容詞の活用の種類のひとつ。連用形語尾が「しく」となるところからこう呼ばれ、所属語は、「うつくし」「悲し」「ゆかし」などである。シク活用形容詞には、人間の心情を表すものが多く、ことに中古に誕生した形容詞は、そのほとんどがこのシク活用形容詞である。なお、「重し」はク活用であるが、「重重し」はシク活用であり、「うひうひし」「はかばかし」など、同じ要素を繰り返した形の形容詞は、シク活用形式をとる。↓ク活用

しく-しく【頻く頻く】 副詞 (物事が重なり起こるようすを表し)絶え間なく。しきりに。度重ねて。奥山のしきみが花の名のごとや**しくしく**君に恋ひ渡りなむ 歌〈万葉集・20・4476〉訳奥山のシキミ(=モクレン)の花の名前のようだなあ。**しきりに**あなたに恋い続けてしまうだろう。

発展 「しくしくに」の形で使われることも多い。

し-くは・ふ【為加ふ】[ーくわ(お)う] 動詞 他 〔ハ下二段〕〈へ・へ・ふ・ふる・ふれ・へよ〉手を加える。付け加える。追加する。大灯明のことなど、ここにて**し加へ**などするほどに日暮れぬ。〈源氏・玉鬘〉訳(仏前にお供えする)お灯明のことなどを、ここで**付け加え**などするうちに日が暮れた。

しぐら・ふ【時雨ふ】[しぐら(ろ)う] 動詞 自 〔ハ四段〕〈は・ひ・ふ・ふ・へ・へ〉❶(時雨のときのように)薄暗くなる。もうもうと立ち込める。蹴上ぐる潮の霞とともに**しぐらうだる**中より…。〈平家・11・勝浦〉訳(ウマが)蹴り上げる水しぶきが霞とともに**立ち込めている**中から…。〇「しぐらうだる」は「しぐらひたる」の「しぐらひ」がウ音便化し、「たる」が連濁したもの。

❷集まる。密集する。「ここに**しぐらう**て見ゆるはたが手やらん。」〈平家・9・木曾最期〉訳「ここに**集まっ**て見えるのはだれの軍勢であろうか。」〇「しぐらう」は連用形「しぐらひ」のウ音便。

発展 「しぐらむ」とも。

しぐ・る【時雨る】 動詞 自 〔ラ下二段〕〈れ・れ・る・るる・るれ・れよ〉❶時雨が降る。季語 冬 神無月時雨**しぐれ**て冬の夜の庭もはだれに降る雪の… 歌〈古今集・雑体・1002〉訳十月に時雨が**降っ**て、冬の夜の庭にもはらはらと降る雪とともに…。

❷涙にぬれる。涙がこぼれる。まみのわたりうち**しぐれ**てひそみゐたり。〈源氏・若菜上〉訳目の辺りは**涙にぬれ**て泣き顔になって座っていた。

しぐれ【時雨】 名詞 秋から冬にかけて、降ったりやんだりする小雨。季語 冬

し-くゎん【止観】[ーかん] 名詞 ❶《仏教語》天台宗で、心を静かにして雑念を払い、すべてのものごとを正しく見分けること。

❷(「摩訶止観」の略で)仏教書。天台宗の「法華経」の三大注釈書の一つで、天台宗の観心(=実践修行

❸天台宗の別の呼び名。

しｰくゎん【仕官】―す 名詞 動詞 自〔サ変〕〈せ・し・す・する・すれ・せよ〉官職に就いて、主君に仕えること。役人になること。

しけ 上代のシク活用形容詞の未然形・已然形に現れる語末の形。発展『万葉集』に見られる、「恋しけば」の「しけ」(未然形)、「命惜しけど」の「しけ」(已然形)などがそれに当たる。

しげいｰさ【淑景舎】名詞 ❶内裏の後宮五舎の一つ。東北隅にあり、女御・更衣の居所。類 桐壺 ↓ビジュアルチェック⑯(759ページ) ❷淑景舎に住んでいた女御・更衣のこと。発展「しげいしゃ」とも。

しげいｰしゃ【淑景舎】名詞 ↓しげいさ

自敬表現 国語・国文法 話し手(書き手)が自己を相手や第三者より上位に置くように用いた敬語表現。この敬語表現には二通りある。
①自分の動作に★尊敬語を用いる…★自己敬語
②相手や第三者の動作に★謙譲語(客体尊敬)を用いて自分を高める…★尊大表現
①は、神や天皇のことばの中に見られ、上代に多く用いられた。が、こうした敬語の使い方は独特なもので、時代が下るに従って衰えた。
②は、院政期ごろから多く使われ始め、特に、「参れ」「仕うまつれ」「申せ」など限定された語の命令形の表現に多く見られる。なお、①のみを自敬表現とする説もある。

しげ・し【繁し・茂し】形容詞〔ク〕〈く・く・し・き・けれ・○／から・かり・○・かる・○・かれ〉❶(草木が)茂っている。
木々の木の葉まだいと繁うはあらで、若やかに青みわたりたるに…。〈枕草子・5・四月、祭りのころ〉訳 木々の木の葉がまだあまり**茂って**はいなくて、若々しく辺り一面が緑で…。○「繁う」は連用形「繁く」のウ音便。
❷物の量が多い。たくさんある。いっぱいある。
荒れたる庭の露繁きに…。〈徒然草・32・九月二十日のころ〉訳 荒れている庭で露が**たくさんある**(その)庭に…。
❸回数が多く絶え間がない。頻繁である。
世の中にある人、事業繁きものなれば…。〈古今集・仮名序〉訳 この世に生きている人は、(それぞれに)することが**頻繁である**ものなので…。
❹(物事が多くて)煩わしい。うるさい。
人目繁ければ、えあはず。〈伊勢・69〉訳 世間の目が**多くてうるさい**ので、(思うようには)会うことができない。

しげｰどう【重籐・滋籐・繁籐】名詞 黒塗りにして、籐でぎっしり巻いた弓。↓弓(図)

しげりｰあ・ふ【茂り合ふ】―あおう 動詞 自〔ハ四段〕〈は・ひ・ふ・ふ・へ・へ〉草木が一面に生い茂る。
高山森々として一鳥声聞かず、木の下闇茂り合ひて夜行くがごとし。〈奥の細道・出羽の大山越え〉訳 高い山は木々が深々と生え鳥の鳴き声を全く聞かず、木の下の暗い場所は**草木が一面に生い茂って**夜(のやみの中)を歩いて行くかのようだ。

しげ・る【茂る・繁る】動詞 自〔ラ四段〕〈ら・り・る・る・れ・れ〉草木が伸びて広がる。繁茂する。生い茂る。
八重むぐら茂れる宿の寂しきに人こそ見えね秋は来にけり 百人一首〈拾遺集・140〉訳 ↓やへむぐら…

じｰげん【示現】名詞 動詞 自〔サ変〕〈せ・し・す・する・すれ・せよ〉❶神仏が霊験を示し現すこと。お告げ。
「**北の方の右の袂へ月の宿らせたまふと、御示現ありたにかうぶらせたまひ、出で来させおはします姫にてましませば**…。」〈御伽草子・のせ猿草子〉訳「奥方の右の袂に月がお宿りになるという、**お告げ**をはっきりとお受けになって、お生まれになった姫君でいらっしゃるので…。」
❷《仏教語》仏・菩薩がこの世に生きるものを救済するため、さまざまに姿を変えて人間界に現れること。
いかなる仏の、濁世塵土に示現して、かかる桑門の乞食巡礼ごときの人を助けたまふにやと…。〈奥の細道・日光〉訳 どんな仏様が、濁りけがれたこの世に**仮の姿を現して**、こんな僧形の乞食や巡礼のような私をお助けくださるのであろうかと…。

しこ【醜】名詞 ❶がさつなこと。醜悪なこと。主に自分を卑下するときに用いる。
今日よりは顧みなくて大君の醜の御楯と出で立つ我は 歌〈万葉集・20・4373〉訳 今日から(自分のことは)何も考えずに天皇の**がさつ**(だが強力)**な**警護役として出発するぞ、私は。
❷いやなこと。うとましいこと。
うれたきや醜ほととぎす暁のうら悲しきに追へど追へどなほし来鳴きて… 歌〈万葉集・8・1507〉訳 いまいましいよ。**いやな**ホトトギスめが、夜明け前のもの悲しいときに、追い払っても追い払っても、なおもやって来て鳴いて(美しいタチバナの花を散らしてしまうのだ)…。
発展 多く格助詞「つ」「の」を伴い、連体修飾語として用いる。もともと「強い」意だが、強い↓頑固↓不細工の流れで、卑しめる意味を生じた。

しｰご【死期】名詞 死ぬ時期。死に際。臨終。
死期はついでを待たず。〈徒然草・155・世に従はん人は〉訳 **死ぬ時期は**順序を待たない(でやってくる)。

しｰこう【伺候・祗候】名詞 動詞 自〔サ変〕〈せ・し・す・する・すれ・せよ〉❶(貴人のそば近くに)仕えること。また、(貴人の近くに)控えていること。
「**まづ郎従小庭に伺候の由、全く覚悟つかまつらず。**」〈平家・1・殿上闇討〉訳「まず従者が(殿上の間の前の)小庭に**控えていたこと**のいきさつは、(私は)全く知っておりません(=存じておりません)。」
❷(貴人の)ご機嫌を伺いに参上すること。
嫡男義家朝臣のもとに朝夕伺候しけり。〈古今著聞集〉訳(降伏した安倍宗任は、源頼義の)長男義家朝臣のところに朝夕**ご機嫌を伺いに参上した**。

支考 しこう〔人名〕↓各務支考

しｰごく【至極】━ 名詞 動詞 自〔サ変〕〈せ・し・す・する・すれ・せよ〉❶最高であること。この上ないこと。極意。
「**浄土宗の至極おのおの略を存じて、大略これを肝心とす。**」〈平家・10・戒文〉訳「浄土宗の**極意**はめいめい簡略を主として、大要を知ることを最も大切としている。」
❷もっともだと思うこと。
娘もこれを至極して、その心になって男のかたに帰るに…。〈西鶴織留〉訳 娘もこれを**もっともだと思って**、その(=自分から家を出るという)気持ちで男のところに帰るが…。
━ 副詞 この上なく。きわめて。
食後の菓子まで、至極せめ食ひて…。〈沙石集〉訳 食後の菓子までを、**この上なく**十分に食べて…。

しｰごく・なり【至極なり】形容動詞〔ナリ・ノ〕〈なら・なり(に)・なり・なる・なれ・なれ〉❶この上ない。最高である。
❷もっともだ。うってつけだ。
「**名月に明の字書くは未練。」と言へり。この論至極なり。**〈去来抄・故実〉訳(許六が)「名月に明の字を用

いるのは未熟だ。」と言った。この論は**もっともである**。

自己敬語【国語・国文法】自分や自分の動作に尊敬語を用いる表現。上代に多く、神や天皇のことばの中に見られる。「平らけく朕は遊ばむ手抱きて朕は御在さむ…（＝心穏やかに私は遊ぼう、両手を組んで私は**いらっしゃる**ことにしよう…。）」では、聖武天皇が自らに対して用いている。↓自敬表現

しこ-な【醜名】名詞 ❶あだな。❷（自分の名をへりくだって言うことばで）つまらない名前。

自己の願望【国語・国文法】話し手自身が「…したい」と思うときに使われることば。「…てほしい」と他者に対して望む願望と明確に区別するための用語。この願望を表す代表的なことばには、終助詞の「ばや」「てしか」「てしがな」「にしか」「にしがな」がある。また、自己の行為に対してではないが、「心あらん友**もがな**。」訳「情趣を理解する友**がほしい**。」のように、話し手自身が「…がほしい」と存在を希望する場合もこれに含まれると考えられ、このような意味を表す終助詞としては、前述の「もがな」のほか「もが」「がな」などがある。

し-こ・む【為籠む】動詞 他〔マ下二段〕〈め・め・む・むる・むれ・めよ〉（囲いを作って中に）込める。（垣などを）巡らす。「**あなたの御前は竹の透垣しこめて**…。」〈源氏・橋姫〉訳（姫君のいる）あちらのお庭の前は竹の透垣を**巡らして**…。

しころ【錏・錣・鞍】名詞 ❶かぶとの鉢の左右と後ろに付けて、首を覆うもの。革・鉄板を糸でつづり合わせて作ったものが多く、それらの数で三枚かぶと・五枚かぶとなどの区別がある。❷（「錏庇」の略で）しころの形に、軒下から少し離して片流れに取り付けたひさし屋根。

じ-こん【自今】副詞 今から。以降。今後。「**自今以後も、汝等能く能く心得べし**。」〈平家・1・殿下乗合〉訳「**今から**後も、おまえたち、よくよく心得るがよい。」
発展「自」は、「…より」「…から」の意味。

し-さい【子細・仔細】名詞 ❶詳しいこと。細かいこと。また、事情。「別の所にして、事の**子細**を尋ぬるに、夫が申し状に少しもたがはず。」〈沙石集〉訳別の所で、事の**詳しいこと**を尋ねると、夫の言い分に少しも食い違っていない。❷差し支えとなる事柄。支障。異議。文句。「少しも**子細**を存ぜん人は、とうとうこれより帰らるべし。」〈平家・11・那須与一〉訳「少しでも**文句**のある人は、さっさとここからお帰りになるのがよろしかろう。」

し-ざい【死罪】名詞 五刑のうち最も重い刑。死刑。縛り首と斬首（＝打ち首）の二種があった。発展「五刑」は律に定められた刑の種類で、笞（＝むちで打つ）、杖（＝つえで打つ）、徒（＝懲役）、流（＝流刑）と死があった。

し-ざい【資財】名詞 財産。資産。「身ひとつからうじてのがるるも、**資財**を取り出づるに及ばず…。」〈方丈記・安元の大火〉訳体ひとつやっとのことで（火災から）逃れた人も、**財産**を持ち出すことはできず…。

じ-ざい【自在】名詞（「自在鉤」の略で）炉の上のなべなどを自由に上下させる仕掛け。

［じざい］

しさい-な・し【子細無し】形容詞〔ク〕〈く・く・し・き・けれ・○／から・かり・○・かる・○・かれ〉❶面倒がない。わけもない。なんということもない。「男をこしもなむ、**子細なきものははべるめる**。」〈源氏・帚木〉訳「（嫌な女だと思いながら離れられず）男というものは、**なんということもないもの**であるようだ。」❷特に問題はない。別条はない。「**御命には子細なし**。」〈御伽草子・酒呑童子〉訳「お命には**別条はない**。」

じ-ざい-・なり【自在なり】形容動詞〔ナリ〕〈なら・なり（に）・なり・なる・なれ・なれ〉思いのままだ。自由だ。「**虚空に飛び昇ること自在なり**。」〈今昔〉訳「空中に飛び上がることは**思いのままである**。」

しさい-に-およ-ば-ず【子細に及ばず】あれこれと言い立てるまでもない。とやかく言う必要がない。「一天四海を、掌の内に握られしうへは、**子細に及ばず**。」〈平家・1・鱸〉訳（平清盛が）天下を、手中にお収めになった以上は、**あれこれと言い立てるまでもない**。

しさい-ら・し【子細らし】形容詞〔シク〕〈しく・しく・し・しき・しけれ・○／しから・しかり・○・しかる・○・しかれ〉わけがありそうだ。もったいぶっている。わけ知り顔だ。「**おのれ一人跡に残り、物を子細らしく、人のすることを狂言とは**。」〈西鶴・世間胸算用〉訳「お前一人あとに残って、ことを**わけ知り顔に**、人のすることをお芝居だとは（何ごとだ）。」

し-さ・す【為さす】動詞 他〔サ四段〕〈さ・し・す・す・せ・せ〉し始めて途中でやめる。「**しさしたる事の、今日過ぐすまじきをうち置きて**…。」〈枕草子・35・小白河といふ所は〉訳**し始めて途中でや**めている仕事で、今日を（のんびりと）過ごしてはいけないのをほうっておいて…。
発展「さす」は接尾語。

し-ざま【為様】名詞 ❶やり方。事を行うありさま。❷衣服の仕立て方。

じ-さん【自賛・自讃】名詞 自分で自分のことを褒めること。自慢。「**御随身近友が自賛とて、七か条書きとどめたることあり**。」〈徒然草・238・御随身近友〉訳御随身の近友の**自慢**といって、七か条書きとめたことがある。
発展もともとは、自分の描いた絵に自分で讃をする（＝絵の題としての詩歌や文章を書く）、という意味。

し-し【肉・宍】名詞 にく。特に、獣のにく。

し-し【獅子】名詞 ❶《動物》ライオン。❷神社の前などに狛犬と対にして並べて置いてある、❶をかたどった像。

しし【獣】名詞 ❶食用とするけもの。特に、イノシシやシカを指すことが多い。↓古語チャート㉝（983ページ）❷（「獣狩り」の略で）山や野でけものを捕ること。

しじ（現）↓（歴）**しぢ**【榻】

しし-い-でん【紫宸殿】名詞 ↓ししんでん

鹿ヶ谷 地名 京都市左京区にある如意ヶ岳西側の丘陵地。「鹿の谷」とも。一一七七（安元三）年、俊寛・藤原成親・僧西光ら後白河法皇の近臣がこの地の俊寛の山荘で平氏打倒を謀議し、後に発覚した事件（＝鹿ヶ谷の陰謀）で知られる。↓ビジュアルチェック ㉓（1093ページ）

しじか・む【縮かむ・蹙かむ】動詞 自〔マ四段〕〈ま・み・む・む・め・め〉縮む。縮こまる。

指示語【国語・国文法】指示の働きをもつ語。次の二つの基本的な働きがある。
①現場指示―話し手が、ある場面で空間的に直接物事を指示する。
②文脈指示―話し手や書き手が、文脈中の物事を指示する。
★代名詞が中心であるが、★副詞（たとえば、「かく」「さ」「しか」など）と★動詞（たとえば、「さり」など）も含まれる。
↓読解の手引き⑨（634ページ）

しし‐こらか・す【動詞】【他】〔サ四段〕〈さ・し・す・す・せ・せ〉病気をこじらせる。
「**ししこらかしつる時はうたてはべるを**…。」〈源氏・若紫〉【訳】「**病気をこじらせて**しまったときは大変でございますので…。」

しし‐じもの【鹿じもの・猪じもの】【枕詞】（シカ・イノシシのようにという意味から）「い這ひ」「膝折り」「弓矢囲み」「水漬く」などに係る。

しじ‐に【繁に】【副詞】こんもりと。いっぱいに。透き間なく。
「五百枝**さししじに生ひたるつがの木の**…」【歌】〈万葉集・3・324〉【訳】たくさんの枝を広げ、**透き間なく**生い茂っているツガの木のように…。

しじ‐ぬ・く【繁貫く】【動詞】【他】〔カ四段〕〈か・き・く・く・け・け〉（船の櫂などを）たくさん取り付ける。
「小船を**設け玉巻きの小梶しじ貫き**…」【歌】〈万葉集・9・1780〉【訳】小船を用意して、玉を散りばめた楫を**たくさん取り付け**…。

しし‐びしほ【肉醤・醢】【名詞】❶塩で漬けた肉。塩辛の類。❷古代中国の刑のひとつ。人体を塩漬けにすること。
【発展】❶は、「しし」が肉、「ひしほ」が塩で漬けた肉、の意。

しじふく‐にち【四十九日】【名詞】《仏教語》人の死後四十九日目。【発展】「七七日」とも。人は、死んでからこの日までは、この世と次の世との間で行き先が決まっていない。この日に僧を招いて供養をすると、生まれ変わる先がよい所に決まるといわれる。

しじふ‐の‐が【四十の賀】【名詞】初老としての四十歳に行う、長寿を祈る祝い。

しじま【黙】【名詞】口をつぐんでいること。沈黙。無言。
「**いくそたび君が黙に負けぬらむものな言ひそと言はぬたのみに**」【歌】〈源氏・末摘花〉【訳】いったい私（＝源氏）は何度あなた（＝姫君）の**沈黙**に負けてしまっているのであろう。（あなたが私に）ものを言うなと（言えばあきらめられるが）言わない（ことから、うまくいくと思う）期待のせいで。

しじま・る【縮まる・蹙まる】【動詞】【自】〔ラ四段〕〈ら・り・る・る・れ・れ〉縮まる。縮む。
「**鼻いと小さくしぼみしじまりて、例の人の小さき鼻になりぬ。**」〈今昔〉【訳】（大きかった）鼻がたいへん小さくしぼみ**縮んで**、普通の人の（ような）小さな鼻になった。

しし‐むら【肉叢】【名詞】肉のかたまり。肉塊。【発展】「むら」は群れという意味。

じ‐しゃう【時正】【名詞】昼と夜の長さが同じになる日。陰暦二月の春分と陰暦八月の秋分。

志州【シシウ】【旧国名】↓志摩

じ‐じゅう【侍従】【名詞】❶天皇のそばに仕え、雑事に当たった職。中務省に属し、従五位下相当の官である。他の官職と兼任する。❷薫き物のひとつ。❸宮仕えに出た女性に付けられる名。

じじゅう‐でん【仁寿殿】【名詞】内裏十七殿の一つ。内裏の中央にあり、もとは天皇の日常の居所であったが、それが★清涼殿になってからは、宴遊などに使われた。↓ビジュアルチェック⑯（759ページ）【発展】「じんじゅでん」とも。

し‐しょ【四書】【名詞】儒教で大切にされる四つの書物（＝「大学」「中庸」「論語」「孟子」）を合わせた呼び方。

じじょう（現）↓（歴）**ぢぢゃう**【治定】

し‐しょく【四職】【名詞】❶律令制で、左京職・右京職・大膳職・修理職の総称。❷室町時代に、侍所の長官に任命された、山名・赤松・一色・京極の四家の総称。【発展】❶は「しき」とも。

しじら‐ふぢ【しじら藤】【名詞】《植物》ツヅラフジの別の呼び名。つる性の落葉高木。

し‐じん【四神】【名詞】四方をつかさどる神。また、天の四方の星宿。東の青竜・西の白虎・南の朱雀・北の玄武の総称。

ししん‐でん【紫宸殿】【名詞】内裏の正殿。もとは朝賀や公事などを行う所であったが、後には即位の儀式も行った。南向きで、正面階段の下に左近の桜、右近の橘がある。↓ビジュアルチェック⑯（759ページ）【発展】「ししいでん」とも。↓図（次ページ）

読解の手引き⑨

指示語は情報の宝庫

文章を理解するうえで重要なポイントのひとつに、指示語が指し示す内容を正しく把握する視点が挙げられます。**指示語は、ある単語を指す場合もありますが、文や段落の内容を指すこともあり、そちらの方がより重要な働き**ともいえます。例を見てみましょう。

「**いとはかなうものしたまふこそ、あはれに後ろめたけれ。かばかりになれば、いとかからぬ人もあるものを。**」〈源氏・若紫〉

これは、まだ幼くて無邪気な孫娘（後の紫の上）の行く末を案じる尼君の会話ですが、指示語が一つの文の中に二か所使われています。

「**か**」は「あれ」「あちら」という意味の指示代名詞で、「かばかり」で「これくらい」という意味になり、ここでは幼い孫娘（の年齢）を指しています。「**かから**」は「かくあり（＝このようにある）」が縮まってできたラ変動詞「かかり」の未然形で、打消の助動詞「ず」の連体形「ぬ」が付いて「このようでない」となり、孫娘のようす「はかなうものしたまふ」を指して打ち消しています。「かかり」は**その前の文の必要な情報を濃縮して次の文に持ち込む働き**をしていると見ることができます。以上のことを把握して、「本当に未熟でたわいがなくていらっしゃるのが、ふびんでもあり気がかりなことだ。**これ**くらいになると、まったく**このようでは**ない人もいるというのに。」と解釈できます。

指示語は「こ」「そ」「か」（指示代名詞）、「さ」「かく」「しか」（副詞）を基本として、「かかり（かく＋あり）」「さり（さ＋あり）」「しかり（しか＋あり）」「さりとて（さ＋ありとて）」「さりければ（さ＋ありければ）」「されども（さ＋あれども）」「かくて（かく＋て）」「かかれど（かく＋あれど）」などのバリエーションがあります。

また、指示語は**後にある事柄を指したり、読者が当然わきまえているものと期待される事柄を指し、特定の指示内容が示されない**こともあります。

そういえば、「さらば」の「さ」も指示語でしたね。

しず（現）↓（歴）しづ【倭文】【賤】【垂づ】

じす（現）↓（歴）ぢす【治す】

じ・す【辞す】■一 動詞 自〔サ変〕〈せ・し・す・する・すれ・せよ〉引き下がる。退出する。「いま静かに御局にさぶらはむ。」と辞していぬれば…。〈春曙抄本枕草子・6・大進生昌が家に〉訳「そのうちゆっくりとお部屋にお伺いしよう。」と言って退出して行ってしまうので…。

■二 動詞 他〔サ変〕〈せ・し・す・する・すれ・せよ〉辞退する。また、（職を）やめる。辞職する。大きなる職をも辞し、利をも捨つるは、ただ学問の力なり。〈徒然草・130・物に争はず〉訳 立派な職業をもやめ、利益をも捨てるのは、ひとえに学問の力である。

[ししんでん]

しーす・う【為据う】動詞 他〔ワ下二段〕〈ゑ・ゑ・う・うる・うれ・ゑよ〉（位置を固定して）置く。据える。居させる。また、（ある地位や立場に）つかせる。ただ絵に描きたる、物の姫君のやうに、し据ゑられて…。〈源氏・若紫〉訳（葵の上は）まるで絵に描いた、何かの（物語の）姫君のように、（じっと）居させられて（＝座らせられて）…。

しずえ（現）↓（歴）しづえ【下枝】

しずかなり（現）↓（歴）しづかなり【静かなり・閑かなり】

しずく（現）↓（歴）しづく【雫】

しずまる（現）↓（歴）しづまる【鎮まる】

しずむ（現）↓（歴）しづむ【沈む】【鎮む】

しずめる（現）↓（古）しづむ【沈む】【鎮む】

しーせき【咫尺】名詞・動詞 自〔サ変〕〈せ・し・す・する・すれ・せよ〉❶距離がごく近いこと。目の前。勝つことを咫尺のもとに得たり。〈平家・7・木曾山門牒状〉訳 勝利を目前にすることができた（＝勝利を収めた）。

❷側近、または側女として仕えること。上童、思はざるほか、竜顔に咫尺することありけり。〈平家・6・葵前〉訳 女童が、意外なことに、帝に側女として仕えることがあった。

発展「咫」「尺」共に中国周代の長さの単位で、「咫」は約一八センチ、「尺」は約二二・五センチ。

じーせつ【時節】名詞 ❶時候。季節。時節の外なる朝の嵐…。〈西鶴・好色一代女〉訳 季節はずれの朝の嵐…。

❷時。時機。機会。我らが生ける今日の日、なんぞその時節に異ならん。〈徒然草・108・寸陰惜しむ人なし〉訳 私たちが生きている今日の日が、どうしてその（死ぬと決められた）時と異なることがあろうか、いや、異ならない。

❸時代。時世。時勢。

しーぜん【自然】■一 名詞 物の本性。本来の性質。また、天地万物。

■二 副詞 ❶万一。もしも。「自然の事のあらん時、物の具して頼朝が乗るべき馬なり。」〈平家・9・生ずきの沙汰〉訳「（いけずきは）万一の事があるような時に、武具を付けて頼朝が乗るはずのウマである。」

❷おのずと。ひとりでに。自然に宮仕へ所にも、親、同胞のうちにても、思はるる、思はれぬがあるぞ、いとわびしきや。〈枕草子・267・世の中になほ〉訳 おのずから宮仕えする所でも、親、兄弟の中でも、愛される人、愛されない人がいるのは、ひどくやり切れないよ。

発展 中世では、「しぜん」と読んだときは■二❶であり、■二❷は、多く「じねん」であった。

しーそく【紙燭・脂燭】名詞 照明具の一種。マツの木を切り、持つところには紙を巻き、先は焦がして油を塗り、火をつける。

[しそく]

しーぞく【親族・親属】名詞 親類。縁者。「京とても、頼もしう迎へ取りてむと思ふ類、親族もなし。」〈更級日記・子忍びの森〉訳「都といっても（＝都にあなたを残しても）、心強くきっと迎えて引き取ろうと思う仲間や、親類もいない。」

発展「しんぞく」の撥音「ん」を表記しない形。

しぞ・く【退く】動詞 自〔カ四段〕〈か・き・く・く・け・け〉（後ろへ）戻る。しりぞく。後退する。漕げども漕げども、後へ退きに退きて…。〈土佐日記・二月五日〉訳（船を）漕いでも漕いでも、後方へ戻りに戻って（＝ひたすらに戻って）…。

しーそ・す【為過す・為殺す】動詞 他〔サ四段〕〈さ・し・す・す・せ・せ〉やり過ぎる。また、やり遂げる。十分にやる。しそしつとて、うれし。〈落窪〉訳（みごと）やり遂げたと思って、うれしい。

しーそ・ふ【為添ふ】 一 動詞 他〔八下二段〕〈へ・へ・ふ・ふる・ふれ・へよ〉付け加えて作る。付け加えて(種々の動作を)する。

用なきことどもし添へ、わづらはしく好みなせるをいふなり。〈徒然草・81・屏風、障子などの〉訳(上等な道具を持っても)必要ないことなどを**付け加えて作って**、うるさく趣向をこらしているのを(持ち主の品格がないと)いうのである。

しーそ・む【為初む・仕初む】 動詞 他〔マ下二段〕〈め・め・む・むる・むれ・めよ〉し始める。

「**むつかしきこともしそめてけるかな。**」〈源氏・手習〉訳「やっかいなことを**し始めて**しまったのだったなあ。」

した【下】

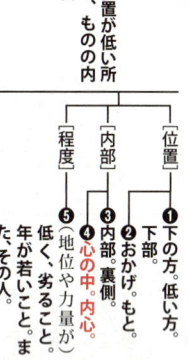

位置が低い所や、ものの内側
- [位置] ❶下の方。低い方。下部。 ❷おかげ。もと。
- [内部] ❸内部。裏側。 ❹心の中。内心。
- [程度] ❺(地位や力量が)低く、劣ること。年が若いこと。また、その人。

名詞 ❶**下の方。低い方。下部。**

木の下のわづかなるに、葵のただ三筋ばかりあるを…。〈更級日記・足柄山〉訳(足柄山の)木の**下**のほんの少しの(=狭い)所に、アオイがたった三本だけあるのを…。

❷**おかげ。もと。庇護。**

ありがたき御顧みの下なりつるを、「しばしにても見たてまつらぬ程や経む。」と思ひ嘆きけり。〈源氏・須磨〉訳(これまでの生活は源氏の)たぐいまれなお世話の**おかげ**であったことを、「ちょっとの間であっても(源氏の姿を)見申し上げない日々が過ごせるだろうか、いや、過ごせるものではない。」と(下女に至るまで)嘆き悲しんでいたのだった。

❸**内部。裏側。内側。**

蚤もいと憎し。衣の下に踊りありきてもたぐるやうにする。〈枕草子・28・憎きもの〉訳ノミもひどくしゃくに障る。着物の**内側**で跳ねまわって(着物を)持ち上げるようにするのが(嫌だ)。

❹**心の中。内心。**

世揺すりて惜しみきこえ、下には公をそしり恨みたてまつれど…。〈源氏・須磨〉訳世の中は騒然として(源氏が須磨へ退去することを)残念にお思い申し上げ、**心の中**では朝廷を非難しお恨み申し上げるけれど…。

❺(地位や力量が)**低く、劣ること。年が若いこと。また、その人。**

しだ 名詞《上代語》時。ころ。際。 類語比較 「うへ」「かみ」「した」「しも」→上 発展 「行きしな」「寝しな」などの「しな」の古い形かという。

しーだい【四大】 名詞 ❶《仏教語》すべての物質を構成する四つの元素。地・水・火・風。また、この元素から構成されている肉体。身体。人体。❷(「四大天王」の略で)持国天・増長天・広目天・多聞天の総称。

しーだい【次第】 一 名詞 ❶順序。順位。

帝王の御次第は申さでもありぬべけれど…。〈大鏡・後一条院〉訳天皇のご**順序**はきっと申し上げなくてもかまわないに違いないけれど…。

❷事情。状況。いきさつ。

北の方の仰せかうむっし次第、こまごまと申して…。〈平家・2・大納言死去〉訳奥方様のおことばをいただいた**事情**を、詳しく申し上げて…。

❸《能楽用語》役者の登場に演奏される囃子。また、謡曲の詞章。登場した役者が、第一声として謡い、役の意向や感慨を述べる。

二 接尾語 ❶(名詞に付いて)…に任せる、…によって決まる、という意味を表す。語例 金**次第**・運**次第**・汝**次第** ❷(動詞の連用形に付いて)そうした動きのままにしておく、という意味を表す。語例 枯れ**次第**・壊れ**次第**・果て**次第** ❸(動詞の連用形に付いて)その動きが完了したらすぐに、という意味を表す。語例 帰り**次第**・見つけ**次第**

じーだい【時代】 名詞 ❶年代。❷(「時代物」の略で)時代を経て古びていること。また、そのもの。

しだいーしゅ【四大種】 名詞 →しだい(四大)❶

じーだい・な【時代な】 形容動詞〔口語化〕古風な。昔風な。

●したう(現)→(歴)**したふ【慕ふ】**

したーうづ【下沓・襪】 名詞 →したぐつ

●したがう(現)→(歴)**したがふ【従ふ・随ふ】**

●したがえる(現)→(古)**したがふ【従ふ・随ふ】**

したーがさね【下襲】 名詞 ★束帯のとき、半臂(=袖なしの短い衣服)の下に着る服。前は短く、後ろは長い裾(「裾」という)が付いていて、袍の下に出して引きながら歩いたり、人に持たせたりした。裾は身分により長さが異なり、色目も季節によって異なった。

[したがさね]

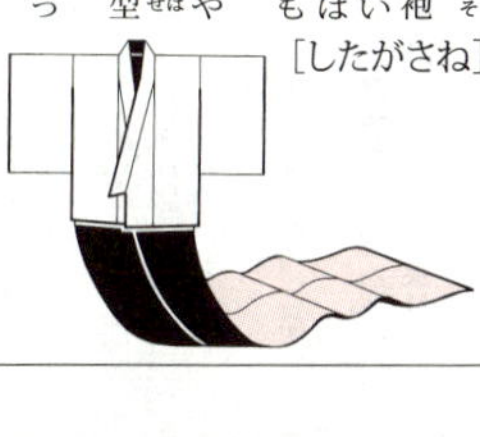

したーかぜ【下風】 名詞 低い所や物の下を吹き通る風。対 上風

したーかた【下形】 名詞 ❶雛型。染めつけに使う形木。また、それの備わった人。❷下地。素質。

大将も、さる世のおもしとなりたまふべき下形なれば…。〈源氏・若菜下〉訳(鬚黒の)大将も、しかるべき国の重鎮とおなりになるはずの**素質のある方**なので…。

❸用意。心の準備。心得。

したが・ふ【従ふ・随ふ】 一 動詞 自〔八四段〕〈は・ひ・ふ・ふ・へ・へ〉❶後からついていく。

皆次々に従ひて行き散りぬ。〈源氏・蓬生〉訳(末摘花に仕える者が)みな次から次へと**後からついていって**散って行ってしまった。

❷服従する。(相手の意のままに)従う。負ける。

「**おのが生さぬ子なれば、心にも従はずなむある。**」〈竹取・五人の貴公子〉訳「私が産まない子であるので、(私の)意向にも**従わない**でいる(のだ)。」

❸従属する。属する。伴われる。つく。

さらに身に従へる貯へもなくて…。〈徒然草・18・人はおのれを〉訳(中国の許由という人は)まったく身に**ついた**財産もなくて…。

❹応じる。まかせる。対応する。

「**寒暑に従ひて上がり下がりあるべきゆゑに**…。」〈徒然草・220・何事も辺土は〉訳「寒さ暑さに**応じて**(鐘の音には)高くなることや低くなることがあるはずなので…。」

二 動詞 他〔八下二段〕〈へ・へ・ふ・ふる・ふれ・へよ〉❶服従させる。意のままにする。従わせる。

「**たとひ丈十丈の鬼なりとも、などか従へざるべき。**」〈平家・11・能登殿最期〉訳「たとえ背丈が十丈(=約三十メートル)の鬼であっても、どうして服従させないことがあろうか、いや、そうさせるつもりである。」

❷連れて行く。後について来させる。率いる。

人を従へ、事行ふ身となれるは、いみじき面目と思ひけり。〈源氏・玉鬘〉訳(豊後介は)供の者を率い、物事を取り仕切る身分になったのは、たいへんな名誉と思ったのだった。

したがへ-もち・ゐる【従へ用ゐる・随へ用ゐる】 動詞 他 ワ上一段〈ゐ・ゐ・ゐる・ゐる・ゐれ・ゐよ〉意のままに使う。

「**君のごとく、神のごとく恐れ尊みて、従へ用ゐることなかれ。**」〈徒然草・217・ある大福長者〉訳「(金銭は)主君のように、神のようにもったいないと思い尊敬して、意のままに使うことがあってはならない。」

した-ぎえ【下消え】 名詞 積もった雪の下の部分がとけて消えること。

かき暗し降る白雪の下消えに消えて物思ふころにもあるかな 歌〈古今集・恋2・566〉訳空を一面に暗くして降る白雪が下の部分がとけて消えるように、(私の心も)消え入り、物思いをするころであるなあ。

した-く【支度・仕度】 名詞 ❶計画。心構え。用意。準備。❷(仕事や旅立ち前の)腹ごしらえ。食事。

しだ・く 一 動詞 自 カ四段〈か・き・く・く・け・け〉(草木が風などで)乱れる。荒れる。

二 動詞 他 カ四段〈か・き・く・く・け・け〉(「踏む」「噛む」などに付いて)乱す。散らす。

…**そこはかとなき水の流れどもを踏みしだく駒の足音も**…。〈源氏・橋姫〉訳そこにあるとも気づきにくい水の流れを何本も踏み散らすウマの足音も…。

発展「したく」とも。

した-くさ【下草】 名詞 木の陰に生えている草。また、つまらぬ者。目立たない者。

した-ぐつ【下沓・襪】 名詞 ★束帯を着用するとき、靴の中に履く白の平絹製の靴下。発展「したうづ」とも。

[したぐつ]

した-ぐみ【下組み】 名詞 用意。準備。計画。

「**鎖し籠めて、守り戦ふべき下組みをしたりとも…。**」〈竹取・かぐや姫の昇天〉訳「(私を)閉じ込めて、守り戦うはずの準備をしていても…。」

した-ごこち【下心地】 名詞 心の内。心中。

下心地はいとうれしけれど…。〈枕草子・82・頭の中将の〉訳心中はたいへんうれしいのだけれども…。

した-ごころ【下心】 名詞 ❶表には出さない心の内。内心。本心。

天雲のたなびく山の隠りたる我が下心木の葉知るらむ 歌〈万葉集・7・1304〉訳空の雲がたなびく山のように内に秘めた私の本心は、木の葉が知っているだろう。

❷かねてからのたくらみ。ひそかな考え。

した・し【親し】 形容詞 シク〈しく・しく・し・しき・しけれ・○/しから・しかり・○・しかる・○・しかれ〉❶血縁が近い。対疎し

「**親しきほどにかかるは…。**」〈源氏・少女〉訳「血縁が近い間柄でこういう(=縁組をする)のは…。」

❷関係が深い。仲がよい。対疎し

国守も親しき殿人なれば、忍びて心寄せ仕うまつる。〈源氏・須磨〉訳この(摂津の)国守も(源氏と)関係が深い家来なので、内々で味方してお仕え申し上げる。

し-だし【仕出し】 名詞《近世語》❶新しい工夫。新趣向。新案。

これは変はった仕出しと様子を問へば…。〈西鶴・好色一代男〉訳これは変わった新趣向だと事情を聞くと…。

❷おしゃれ。

皆遊女に取り違へる仕出しなり。〈西鶴・世間胸算用〉訳(奥様方は)全員、遊女とまちがえるようなおしゃれである。

発展 四段動詞「しだす」の連用形が名詞になったもの。

し-だ・す【仕出す】 動詞 他 サ四段〈さ・し・す・す・せ・せ〉❶新しく作り出す。考え出す。

草履の裏に木を付けて履くこと仕出しけれども…。〈西鶴・世間胸算用〉訳草履の下に木を(打ち)付けて履くことを考え出したけれども…。

[したすだれ]

❷用意する。準備する。

かたのごとく御湯仕出いて参らせたり。〈平家・3・法皇被流〉訳型通りお湯を用意して差し上げた。○「しだい」は連用形「しだし」のイ音便。

❸稼ぎ出す。財産を作る。

した-すだれ【下簾】 名詞 牛車の簾の内側から外に垂らして内側が見えないようにするための布。

したたか・なり

手抜かりなく確かであるよう
- ❶しっかりしている。確かである。
- ❷大げさだ。激しい。ひどい。
- ❸大変に強い。勇猛である。

未然形	連用形	終止形	連体形	已然形	命令形
したたか・なら	したたか・なり / したたか・に	したたか・なり	したたか・なる	したたか・なれ	したたか・なれ

形容動詞 ナリ ❶しっかりしている。確かである。

したたかにしもえせねば、髪はこぼれ出でたるも、目くれ惑ひて…。〈源氏・夕顔〉訳(夕顔の遺体を筵に)しっかりと(包むこと)などはとてもできないので、髪は(透き間から)こぼれ出ているようすもまた(悲しく)、(源氏は)目の前が真っ暗になってどうしたらよいか分からなくなって…。

❷大げさだ。激しい。ひどい。

「**いとしたたかなるみづからの祝ひ言どもかな。**」〈源氏・初音〉訳「まったく大げさな私への祝い言だねえ。」

太刀の峰を取り直し、文覚が刀持ったる腕をしたたかに打つ。〈平家・5・文覚被流〉訳刀の峰を持ち直して、文覚の刀を持っている腕を激しく打つ。

❸大変に強い。勇猛である。屈強である。

したたかなる者ども六人して取りとどめけるに、その力の強きこと言ふばかりなし。〈古今著聞集〉訳屈強な者たち六人で(暴れる男を)取り押さえたが、その(男の)力の強いことはこの上もない。

発展 ①語の成り立ち 動詞「したたむ(=しっかり準備す

る」などと同じ語源といわれ、確かである意味を表す「した」を重ねた「したした」の変化した「したた」に、接尾語「か」が付いて形容動詞になったものといわれる。

②**現代語とのつながり**　現代語の「したたか」は、簡単にこちらの思いどおりに扱えない手ごわい相手を悪くいう場合に使うが、これは近世末期以降に生じた。

したた・む【認む】動詞 → 最重要語（638ページ）

した-だ・む【舌訛む】動詞 自 〔マ四段〕〈ま・み・む・む・め・め〉（ことばが）なまる。**東にて養はれたる人の子はしただみてこそものは言ひけれ** 歌〈拾遺集・413〉訳 東国で育てられた子供は**なまってものを言う**ことであるよ。○★物の名の修辞として、貝の名前の「しただみ」が詠み込まれている。

したため【認め】名詞 ❶ととのえること。処置。始末。**後の認めなども、いとはかなくしてけるを**…。〈源氏・蜻蛉〉訳（浮舟の死んだ）後の**処置**（=葬送）なども、ひどく内々に（簡略に）してしまったことを…。

❷用意。準備。

「今宵しもあらじ。」と思ひつる事どもの**認め**、いと程なく際々しきを…。〈源氏・夕霧〉訳「今夜（するの）ではないだろう。」と思っていたこと（=葬儀）などの**準備**が、とても短時間で手際がよいことを…。

❸食物をとること。食事。

したため-まう・く【認め設く】―もうく 動詞 他 〔カ下二段〕〈け・け・く・くる・くれ・けよ〉前もって処理する。あらかじめきちんとしておく。

「行く末難なく**したためまうけて**。」〈徒然草・59・大事を思ひ立たん人は〉訳「将来文句の付けようがないように**前もって処理して**（から出家しよう）。」

❸**したためる**（現）↓（古）**したたむ**【認む】最重要語（638ページ）

した-たる・し【舌たるし】形容詞〔ク〕〈く・く・し・き・けれ・○／から・かり・○・かる・○・かれ〉❶物言いや態度が甘ったるい。べたべたしている。**客によって舌たるきを好むあり、しゃんとしたを好く人あり。**〈傾城禁短気〉訳 客によっては**態度が甘ったるいのを好む人**もいるし、（また）しっかりした態度を好む人もいる。

❷汚れてくたくたになっている。垢じみてくたびれている。

したた・む【認む】

物事を手抜かりなく処理する

❶**整理する。後始末する。**
❷**用意する。準備する。**
❸**治める。支配する。**
❹**食事をとる。**
❺**書き記す。書き付ける。**
❻**確実に…する。**◉動詞の連用形に付いて用いられる。

動詞 他〔マ下二段〕

未然形	連用形	終止形	連体形	已然形	命令形
したた・め	したた・め	したた・む	したた・むる	したた・むれ	したた・めよ

❶**整理する。後始末する。**
大和守、残りの事どもしたためて…。〈源氏・夕霧〉訳 大和守は、残りの雑用などを**後始末して**…。**物どもしたため果てて、この鉢を忘れて、物も入れず、取りも出ださで**…。〈宇治拾遺〉訳（倉の中の）品物を**整理し**終わって、この（いつも食べ物をもらいに空中を飛んできた）鉢を（倉に置いたままにしたことを）忘れて、（その鉢の中に）物も入れず、（倉から）取り出しもせずに…。

❷**用意する。準備する。**
「まかり下るべき程いと近し。**したたむべきことどものいと多かるを**…。」〈落窪〉訳「（都から九州へ）下ってまいります予定の日がたいへん近い。**準備し**なければならないことなどが非常に多いのに…。」

❸**治める。支配する。**
天皇、世の中をしたためおはしましける時に…。〈今昔〉訳 天皇が、天下を**治めて**いらっしゃった時代に…。

❹**食事をとる。食べる。**↓古語チャート⑬（453ページ）
飯をしたためんとする人もあり。〈義経記〉訳 飯を**食べ**ようとする人もいる。

❺**書き記す。書き付ける。**
明日はふるさとに返す文したためて…。〈奥の細道・市振〉訳（遊女は）明日故郷（=新潟）に帰す（男に持たせる）手紙を**書き付けて**…。

❻（動詞の連用形に付いて）**確実に…する。きちんと…する。**
太刀の柄に血付きたりけるなど、よく洗ひしたためて…。〈今昔〉訳 刀の握る部分に血が付いてしまったのなど、念入りに**きちんと洗って**…。

発展 意味の広がり　「したたかなり」と同じ語源といわれ、物事を手抜かりなく処理することを表す❶がもともとの意味。処理をあらかじめしておく場合には❷の意味になり、❸のように、物事の内容を取り仕切る意味でも用いられた。❹は、処理する物事を食べることに限定したもの。また、❺はもともと、手紙を折ったり巻いたりして渡す用意をする意味から、手紙を書くという意味に変わったもの。

類語比較「したたむ」と「まうく」
共通点＝失態を防ぐために構える、という意味。
したたむ＝後始末をつけて、さらなる失態を防ぐ。
まうく＝失態を招かないよう備え物事を構える、というのがもともとの意味で、準備についてだけ用いられる。

ほつれたる去年の寝ござの舌たるく 句〈猿蓑・凡兆〉訳（使い古して）ほつれてしまった去年の寝ござ（=暑いときに用いる寝具）の、へりが**汚れてくたくたになっている**。

した-ぢ【下地】―じ 名詞 ❶本来の性質。素地。素質。**賢き下地なくして、にはかに菩薩に成りがたかるべし。**〈沙石集〉訳 賢い**素質**がなくては、急に菩薩になることはできないだろう。

❷基礎。準備。下ごしらえ。「**酒は惜しまぬが、下地もあるによって**…。」〈狂言・悪太郎〉訳「酒（を出すの）は惜しまないが、**下ごしらえ**もあるのだから…。」

❸まごころ。本当の気持ち。**下地にはいとねたしとおぼすこと限りなし。**〈宇津保〉訳 **本当の気持ち**ではとてもねたましいと思われてならない。

❹(味の下地となるところから)しょうゆ。

した・つ【仕立つ】 一 動詞 他 [タ四段]〈た・ち・つ・つ・て・て〉(衣服を)仕立てる。作り上げる。**皆装束仕立ちて**…。〈枕草子・90・宮の五節出ださせたまふに〉訳みな衣装を**仕立てて**…。
二 動詞 他 [タ下二段]〈て・て・つ・つる・つれ・てよ〉❶こしらえる。飾り立てる。**里人は車清げに仕立てて見に行く**。〈枕草子・3・正月一日は〉訳里帰りしている人は牛車をきれいに**飾り立てて**(白馬の節会を)見に行く。
❷きちんと用意する。支度をする。**舟を仕立てて一日路おくりたてまつる**。〈平家・2・徳大寺厳島詣〉訳舟を**きちんと用意して**一日の船旅をお送り申し上げる。
❸仕上げる。衣服を裁ち縫う。仕立てる。**いと清らかに仕立てたまへるを**…。〈源氏・少女〉訳(正月の装束を)とても美しく**仕立て**なさったのを…。
❹教え込む。立派に養育する。しつける。**舞習ひなどは、里にていとよう仕立てて**…。〈源氏・少女〉訳舞の稽古などは、実家でとてもよく**教え込んで**…。
発展 二の四段活用の用例はこの一例に限られる。

した-づくえ【下机】 名詞 机の下に置いて、箱などを載せておく机。

した-つゆ【下露】 名詞 草や木からしたたり落ちる露。季語 秋

した-て【下手】 名詞 ❶下の方。対 上手。❷下流。川下の方。対 上手。「**強き馬をば上手にたてよ。弱き馬をば下手になせ。**」〈平家・4・橋合戦〉訳「強いウマを上流に立てよ。弱い馬を**下流**にせよ。」
❸人より低い地位。人より劣ること。また、戦いで不利になること。対 上手。**今さら人の下手に立つべきにあらずとて**…。〈太平記〉訳今となってまた人よりも**低い地位**につくのはよくないと…。

した-て・る【下照る】 動詞 自 [ラ四段]〈ら・り・る・る・れ・れ〉木の下が、花の色などで美しく照り映える。赤く照り映える。**春の園紅にほふ桃の花下照る道に出で立つ娘子** 歌〈万葉集・19・4139〉訳→はるのその…。

した-ど・し【舌疾し】 形容詞 [ク]〈く・く・し・き・けれ・○／から・かり・○・かる・○・かれ〉早口だ。「**小賽、小賽。」と祈ふ声ぞ、いと舌どきや**。〈源氏・常夏〉訳「賽の目が小さく出るように、出るように。」と祈る声が、ひどく**早口だ**。

した-なが・なり【舌長なり】 形容動詞 [ナリ]〈なら・なり(に)・なり・なる・なれ・なれ〉大きなことを言う。ことばが過ぎる。「**やあ主君とは舌長なり。**」〈近松・平家女護島〉訳「おやまあ主君とは**ことばが過ぎる**。」

した-は・ふ【下延ふ】 動詞 自 [ハ下二段]〈へ・へ・ふ・ふる・ふれ・へよ〉人知れず心の中で思う。ひそかに思う。**さ百合花ゆりも逢はむと下はふる心しなくは今日も経めやも** 歌〈万葉集・18・4115〉訳ユリの花の「ゆり」(=後)ではないが、後にでも逢おうと**人知れず心の中で思う**気持ちがなければ、今日一日さえも過ごせようか、いや、過ごせはしない。○「さ百合花」は「ゆり」に係る枕詞。「ゆり」は上代語で「後」の意味。
発展「したばふ」とも。

した-ひも【下紐】 名詞 下裳・下袴などの紐で、表に見えないもの。発展 恋人から思われると自然に解けると信じられていた。

した・ふ【慕ふ】 動詞 他 [ハ四段]〈は・ひ・ふ・ふ・へ・へ〉❶恋しく思う。慕う。心引かれる。**月の傾くを慕ふ習ひは**…。〈徒然草・137・花は盛りに〉訳月が西に沈みかけるのを(惜しみ)**慕う**世の習慣は…。
❷慕って後を追う。**つれもなき佐保の山辺に泣く子なす慕ひ来まして**… 歌〈万葉集・3・460〉訳何の縁もない佐保の山辺に、(親を慕って)泣く子のように**慕って後を追って**おいでになって…。
❸師事する。ついて学ぶ。**有職の道者に慕ひ**…。〈西鶴織留〉訳有職故実(=朝廷の儀式の作法や行事の先例)の専門家に**ついて学び**…。

した-へ【下方】 名詞 死者の行く世界。黄泉の国。**若ければ道行き知らじ賄はせむ下方の使ひ負ひて通らせ** 歌〈万葉集・5・905〉訳(死んだ子供は)若いから(あの世への)道を行くことを知らないだろう。礼物は贈ろう。(だから)**黄泉の国**の使者よ、(子供を)背負ってお通りください。

した-ま・つ【下待つ】 動詞 他 [タ四段]〈た・ち・つ・つ・て・て〉心ひそかに待つ。心待ちにする。**その夜下待ちけれど**…。〈大和・103〉訳その夜**心待ちにしていたけれども**…。

した-みづ【下水】 名詞 表に現れずに物の下を流れる水。発展 多く「〜の下水」の形で使われる。

した-もえ【下燃え】 名詞 人知れず、恋い慕うこと。**下燃えに思ひ消えなむ煙だに跡なき雲の果てぞ悲しき** 歌〈新古今集・恋2・1081〉訳**人知れず、恋い慕うこと**で、死んでしまうであろう。その火葬の煙さえ跡かたなく雲となる恋の果ては悲しいことだ。○「思ひ」の「ひ」は「火」との掛詞。「下燃え」「ひ(火)」「消え」は「煙」の縁語。

した-もひ【下思ひ】 名詞 表に出さない思い。人に隠している思い。発展「したおもひ」の変化した形。

した-もみぢ【下紅葉】 名詞 木の下の方の葉が紅葉すること。また、その葉。季語 秋

した-も・ゆ【下萌ゆ】 動詞 自 [ヤ下二段]〈え・え・ゆ・ゆる・ゆれ・えよ〉(地中から)芽が出始める。芽生え始める。**春日野の下萌えわたる草の上につれなく見ゆる春の淡雪** 歌〈新古今集・春上・10〉訳春日野の一面に**芽生え始める**草の上に無情にも消え残っている春の淡雪よ。

した-も・ゆ【下燃ゆ】 動詞 自 [ヤ下二段]〈え・え・ゆ・ゆる・ゆれ・えよ〉物の下で燃える。くすぶる。転じて、人知れず思い焦がれる。**下燃ゆる嘆きをだにも知らせばや焼火神のしるしばかりに** 歌〈栄花〉訳**人知れず思い焦がれている**嘆きだけでも知らせたいものだ。焼火神(=隠岐の国の海中の神火)の霊験ぐらいには。

志太野坡 人名 江戸前期の俳人。*蕉門十哲の一人。孤屋・利牛とともに『炭俵』を編集。「*軽み」の句で人間を詠んだものを得意とした。句集に『野坡吟草』がある。*1663—1740*

じ-だらく・な【自堕落な】 形容動詞 [口語化] だらしがない。締まりがない。

し-たり 感動詞 ❶うまくやった。でかした。「**をう、したり、したり。**」〈狂言・枕物狂〉訳「おう、**でかした、でかした。**」

❷しまった。「や、これは**したり**。大事の用をとんと忘れた。」〈伊賀越道中双六〉訳「やあ、これは**しまった**。大切な用をすっかり忘れた。」
発展サ変動詞「す」の連用形＋完了の助動詞「たり」。

したり-がほ・なり【したり顔なり】形容動詞〔ナリ〕〈なら・なり(に)・なり・なる・なれ・なれ〉得意顔だ。**我はなど思ひてしたり顔なる人謀り得たる。**〈枕草子・276・うれしきもの〉訳我こそはなどと思って**得意顔でいる**人をだますことができたとき(はうれしい)。

しだり-を【垂り尾】名詞長く垂れている尾。**あしひきの山鳥の尾のしだり尾の長々し夜をひとりかも寝む**〈百人一首〉〈拾遺集・778〉訳↓あしひきの…

し-だ・る【垂る】■一動詞自〔ラ四段〕〈ら・り・る・る・れ・れ〉下に垂れる。垂れ下がる。**垂氷いみじうしだり…。**〈枕草子・302・十二月二十四日〉訳つららが並々でなく**垂れ下がり**…。■二動詞自〔ラ下二段〕〈れ・れ・る・るる・るれ・れよ〉■一の意味に同じ。
発展中古まで四段だが、後世には下二段に活用した。

した-わらび【下蕨】名詞春、草の下から生え出てきたワラビ。

した-ゑ【下絵】名詞紙や絹などに飾りとして描かれた絵。その上に和歌や漢詩を書く。

し-たん【紫檀】名詞《植物》インド原産のマメ科の樹木。材は堅くて暗赤色。器具や調度に珍重される。

し-だん【師檀】名詞寺僧と檀家。師僧と檀那。

しち【質】名詞❶約束の保証として預ける物品。担保。「もし、**金賜はぬものならば、かの衣の質、返したべ**。」〈竹取・火鼠の皮衣〉訳「もし、(不足分の)お金を下さらないのであるならば、あの衣(=皮衣)の**担保**を、返してください。」
❷人質。**その妹を質に取りて、刀を差しあてて抱きて居けり。**〈今昔〉訳その妹を**人質**にとって、刀をつきつけて抱いていたのだった。

しぢ【榻】名詞牛車のウシをはずすとき、車の轅(=車の前方に突き出ている二本の長い棒)の軛(=轅の端に付けてウシの首の後ろに掛ける横木)を載せて支えておく台。乗り降りのときの踏み台としても用いられた。

じち【実】名詞❶真実。実際のこと。本来のもの。「**実を尋ね知らむ人も、なかなかおとしめ思ひぬべきこそ悲しけれ。**」〈源氏・東屋〉訳「**真実**を調べてわかっていたりする人も、(娘を)かえって見下すように思ってしまうに違いないのがつらいことだ。」
❷まごころ。誠実。「手めへも**実**のねえもんだ。」〈滑稽本・東海道中膝栗毛〉訳「おまえも**まごころ**のないやつだ。」
発展「じつ」とも。

し-ちく【糸竹】名詞↓いとたけ

七五調文芸用語日本の詩歌における音数律(=音数による韻律形式)のひとつ。七音の句に五音の句が続く形で、短歌では初句切れ・三句切れになる。流麗優美な調べで、『万葉集』の五七調から、平安初期に七五調へと主流が転じた。↓五七調・**読解の手引き❻**(436ページ)

しち-そう【七僧】名詞《仏教語》平安時代、法会のときの七人の役僧。講師・読師・呪願師・三礼師・唄師・散華師・堂達。

しち-だいじ【七大寺】名詞奈良にある七つの大寺。東大寺・興福寺・西大寺・元興寺・大安寺・薬師寺・法隆寺。発展「南都七大寺」とも。

しち-だう【七道】名詞七街道。東海道・東山道・北陸道・山陰道・山陽道・南海道・西海道。発展「道」は地方という意味。↓**ビジュアルチェック❼**(450ページ)

しちだう-がらん【七堂伽藍】名詞《仏教語》七堂を備えた寺院。七堂は宗派や時代によって異なり、ふつうは金堂・講堂・塔・鐘楼・経蔵・僧坊・食堂をいう。

しちとく-の-まひ【七徳の舞】名詞雅楽の曲名「秦王破陣楽」の別の呼び名。中国、唐の太宗が秦王の時、武の七徳を表す舞として陣中で作ったものという。

しち-ふくじん【七福神】名詞福徳の神として敬われている七柱の神。恵比須・大黒天・毘沙門天・弁財天・福禄寿・寿老人・布袋。

七部集【シフ】作品名↓俳諧七部集

しち-ほう【七宝】名詞↓しっぽう

しち-や【七夜】名詞子供が生まれて七日目の夜。また、その祝い。お七夜。発展「ななよ」とも。

し-ちゃう【使庁】名詞「検非違使庁」の略。左衛門府に置かれた「★検非違使」の役所。

じ-ちゃう【仕丁】名詞❶諸国から集められ、役所の雑役に従事する者。類役丁 ❷貴族などの家で雑役に従事する者。

じち-よう【実用】形容動詞〔ニ〕まじめだ。実直だ。**いとまめにじちようにて、あだなる心なかりけり。**〈伊勢・103〉訳(その男は)たいへんまじめで**実直であって**、軽薄な心はなかった。

しつ【失】名詞❶失敗。過失。**巧みにしてほしきままなるは、失の本なり。**〈徒然草・187・万の道の人〉訳器用であって勝手気ままなのは、**失敗**のもとである。
❷弊害。損失。欠点。**長き恨みを結ぶ類多し。これみな、争ひを好む失なり。**〈徒然草・130・物に争はず〉訳(宴会から生じて)長い恨みを心に残す例が多い。これはみな、勝負事を好む**弊害**である。

しつ【瑟】名詞中国の古い弦楽器のひとつ。奈良時代に日本に伝わり、箏に似ているが、さらに大型である。二十五弦・二十三弦など弦の数は一定していない。

しづ【倭文】名詞日本古来の織物のひとつ。コウゾやアサなどで青・赤に染めて、筋・格子・乱れ模様を織りあげたもの。発展上代は「しつ」。

しづ【賤】名詞身分が低い人。卑しい者。
海士の苦屋に日をおくり、賤がふしどに夜をかさね…。〈平家・8・太宰府落〉訳(殿上人は)漁師の粗末な小屋で日を過ごし、

[しちふくじん]

[しつ(瑟)]
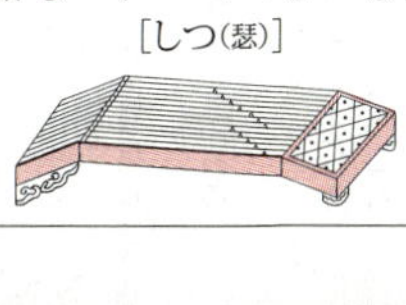

身分が低い者の寝床に幾夜も過ごして…。

し・づ【垂づ】 動詞 他 〔ダ下二段〕〈で・で・づ・づる・づれ・でよ〉掛けて垂らす。下げる。しだれさせる。

後れにし人を偲はく思泥の崎木綿取りしでて幸くとぞ思ふ 歌〈万葉集・6・1031〉訳 後に残した人を忍んでは、思泥の崎で木綿を（手に）取り（幣として）掛けて垂らして、無事であれと祈ることだ。○「思泥」と「しで」の同音で、音調を効果的に整えている。

発展 「しだる」の他動詞形。

◐**じつ**（現）→（歴）**ぢつ【昵】**

じつ【実】 名詞 ❶本当。真実。誠。「**尊氏が不義叡聞に達すといへども、いまだその実を知らず**…。」〈太平記〉訳「尊氏の不義が天皇のお耳に達したとはいっても、まだその**真実**を知らない…。」❷実体。本性。本体。

さればこそ風流のしれもの、ここに至りて、その実を現す。〈奥の細道・宮城野〉訳 思ったとおり（画家の加右衛門は）風流の道のしたたか者で、（まさに）ここに至って、その**本性**を発揮する。

発展 ❶は「じち」とも。

じつ・う【実有】 名詞《仏教語》この世のすべてのものが実体として存在すること。万物はみな一時的な仮のものであると考える仏教では、衆生の考える「実有」は誤りとする。

しづ・え【下枝】 名詞 下の方の枝。対 秀つ枝

沖つ風吹きにけらしな住吉の松の下枝をあらふ白波 歌〈後拾遺集・1063〉訳 沖の風が（激しく）吹いたらしいなあ。（風で高くなり）住吉の岸辺のマツの**下の方の枝**を洗っている白波よ。

しづ・か【静か・閑か】 →しづかなり

じっ・かい【十戒】 名詞《仏教語》仏教で守るべき十の戒律。殺生（＝生き物を殺す）・偸盗（＝物を盗む）・邪淫（＝姦淫する）・妄語（＝うそをつく）・両舌（＝二枚舌を使う）・悪口（＝悪口を言う）・綺語（＝ことばを巧みに飾る・おべっかを言う）・貪欲（＝欲が深い）・瞋恚（＝怒り恨む）・邪見（＝誤った考え方をする）の悪に対する戒律。経典によって異なる。

📶**しづかさや**…句

閑かさや岩にしみ入る蟬の声〈奥の細道・立石寺・松尾芭蕉〉訳（夕暮れの立石寺は）なんと静かなことであるよ。この静寂の中でセミの声だけが岩にしみ入るように聞こえ、辺りの静けさをいっそう際立たせている。○季語 蟬の声―夏

発展 芭蕉が今の山形県にある立石寺に立ち寄ったときのもので、芭蕉の代表的な名句。最初は「山寺や石にしみつく蟬の声」であったが、さらに「さびしさや岩にしみこむ蟬の声」と推敲を重ねて定着した。

しづ・か・なり【静かなり・閑かなり】 形容動詞〔ナリ〕〈なら・なり（に）・なり・なる・なれ・なれ〉❶物音がしない。しずかである。❷落ち着いている。穏やかである。

いみじく静かに、朝廷に御文奉りたまふ。〈竹取・かぐや姫の昇天〉訳（かぐや姫は）たいへん**落ち着いて**、帝にお手紙を（書いて）差し上げなさる。

→古語チャート❹（103ページ）・⑰（605ページ）

じっ・かん【十干】 名詞 ★陰陽道で、宇宙を構成している要素、木火土金水の五行をそれぞれ兄と弟に分けて配当したもの。甲・乙・丙・丁・戊・己・庚・辛・壬・癸。十二支と組み合わせ、年月日を表すのに用いる。→ビジュアルチェック❺（393ページ）

十訓抄 【じっきんしょう】【―セウ】作品名 鎌倉時代の説話集。編者は六波羅二﨟左衛門入道といわれる。三巻十編。十の徳目を挙げ、それぞれにふさわしい説話を集めて若者への教訓啓蒙を目的としたもの。収載の約二八〇の説話は、『大和物語』『江談抄』『古事談』などや『史記』『漢書』などの漢籍から広く採られている。一二五二（建長四）年成立。

し・つ・く【仕付く】 一 動詞 他〔カ四段〕〈か・き・く・く・け・け〉物事をやりつける。し慣れる。

犬防ぎにすだれさらさらと打ち掛くる、いみじうしつきたり。〈枕草子・120・正月に寺に〉訳 ★犬防ぎにすだれをさらさらとかけるのは、たいへん**し慣れ**ている。

二 動詞 他〔カ下二段〕〈け・け・く・くる・くれ・けよ〉❶し始める。

「**今少し珍しからむ事しつけて、同じくは例にせむ。**」〈宇津保〉訳「もう少し珍しいような事を**し始めて**、どうせなら手本にしよう。」

❷作り設ける。仕立てる。仕掛けを作る。

蛇の形をいみじく似せて、動くべきさまなどしつけて…。〈堤中納言・虫めづる姫君〉訳 ヘビの形にたいへん似せて、動くような**仕掛けを作って**…。

❸嫁や養子などにやる。嫁がせる。

衣類諸道具美を尽くしてしつけける。〈西鶴・好色一代女〉訳 着物道具類など華美（の限り）を尽くして**嫁がせた**。

しづく【雫】 名詞 水のしたたり。したたる水滴。発展「華のしづく」「山のしづく」「袖の雫（＝涙）」などと用いることが多い。

しづ・く【沈く】 動詞 自〔カ四段〕〈か・き・く・く・け・け〉❶水底に沈んでいる。深く沈んでいる。

水底にしづく白玉誰が故に心尽くして我が思はなくに 歌〈万葉集・7・1320〉訳 水底に**深く沈んでいる**真珠（のようなあなた）よ。（あなた以外の）誰のためにも真心を捧げて私は思わないのに。

❷（水面に）映っている。

水の面にしづく花の色さやかにも君がみかげのおもほゆるかな 歌〈古今集・哀傷・845〉訳 水面に**映っている**サクラの花の色が鮮やかであるのにつけても、（その花のように優美である）帝のお姿がおのずと思い出されることよ。

しづ・け・し【静けし】 形容詞〔ク〕〈く・く・し・き・けれ・○／から・かり・○・かる・○・かれ〉静かだ。穏やかだ。

いざ子どもあへて漕ぎ出むにはも静けし 歌〈万葉集・3・388〉訳 さあ（水夫の）みんな、（困難を）押し切って（元気に）こぎ出そう。海面も**穏やかだ**。

→古語チャート⑰（605ページ）

じつ・げつ【日月】 名詞 ❶太陽と月。❷月日。歳月。

しっ・けん【執権】 名詞 ❶政権を握ること。また、その人。❷鎌倉幕府の実質的な最高職。北条氏が世襲した。もとは政務を総括する政所の長官。❸院の庁の長官。上皇が政務を執る官庁の長。❹室町幕府で、政務を担当する職。管領。また、その人。

しづ・ごころ【静心】 名詞 落ち着いた心。静かな気持ち。

ひさかたの光のどけき春の日にしづ心なく花の散るらむ 百人一首〈古今集・春下・84〉訳 →ひさかたの…

じつ・ごと【実事】 名詞 ❶（歌舞伎で）常識や分別のある人物を演じること。また、その演技。❷まじめであること。真剣なこと。

実質名詞 【じっしつめいし】国語・国文法 →形式名詞・実質名詞

しっ・す【執す】 動詞 自 〔サ変〕〈せ・し・す・する・すれ・せよ〉深く心にかける。執着する。「**君のさしも執しおぼしめされつる紅葉を、かやうにしけるあさましさよ。**」〈平家・6・紅葉〉訳「君(＝幼い高倉天皇)があれほど**深く心にかけて**お思いあそばされた紅葉を、こんなにしたあきれた行為よ。」

しっちん【七珍】 名詞 ↓しっぽう

しっちん‐まんぼう【七珍万宝】 名詞 いろいろな宝物。あらゆる種類の宝物。

じってい【十体】 名詞 ❶和歌の十種類の表現形式。藤原定家の唱えた定家十体が有名。❷《能楽用語》能楽におけるいろいろな役柄。また、役柄のすべての風体。

じってい【実体】 名詞 まじめで正直なこと。実直。

じってい・なり【実体なり】 形容動詞 〔ナリ〕〈なら・なり(に)・なり・なる・なれ・なれ〉まじめだ。実直だ。**実体なる所帯になせば、必ず衰微して家久しからず。**〈西鶴・日本永代蔵〉訳(出費をきりつめて)**実直な**生活(＝営業)にすると、きっと(商売は)衰えて家もつぶれる。

じってつ【十哲】 名詞 ❶孔子の十人の高弟。❷↓蕉門十哲 発展「哲」は知という意味で、「十哲」は十人の賢い者という意味。

じっとく【十徳】 名詞 ★素襖に似てわきを縫い付けた衣服。四幅袴と一緒に用いられたが、江戸時代になると絽や紗でつくり、医師・絵師・儒者などの礼服として用いられた。

［じっとく］

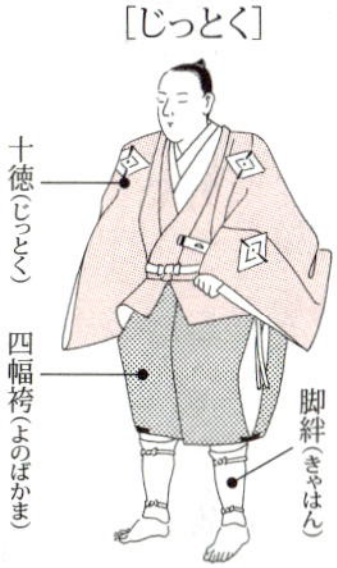

しづ‐の‐め【賤の女】 身分の低い女性。

しづ‐の‐や【賤の家・賤の屋】 身分の低い者が住む家。粗末な家。

しづ‐の‐を【賤の男】 身分の低い男性。

しづ‐の‐をだまき【倭文の苧環】 ★倭文を織るのに使う苧環(＝麻糸を巻いたもの)。**いにしへのしづのをだまき繰り返し昔を今になすよしもがな** 歌〈伊勢・32〉訳↓いにしへの… 発展 糸を繰る意味から「くる」を導く序詞として用いられる。

じっ‐ぱう【十方】 名詞 東・西・南・北の四方に、その間、艮(北東)・巽(東南)・坤(南西)・乾(西北)と上・下を加えた十の方向。あらゆる場所。

しづ‐はた【倭文機】 名詞 ★倭文を織る機械。また、それで織った布。

じっ‐ぷ【実否】 名詞 まことかうそか。真偽。

じっぺんしゃいっく【十返舎一九】 人名 江戸後期の戯作者。一八〇二(享和二)年、滑稽本「浮世道中膝栗毛」(代表作『★東海道中膝栗毛』の初編に当たる)が評判となり、次々と続編を出す。また、合巻・中型読本・咄本なども著し、その多作ぶりで知られる。1765—1831

しっ‐ぽう【七宝】 名詞《仏教語》七種類の宝物。金・銀・瑠璃・玻璃・硨磲・瑪瑙・珊瑚などのこと。経典によっては別な宝物を挙げる。類 七珍 発展「しちほう」とも。

じっ‐ぽふ【実法】 ↓じほふなり

しづま＋ロ 「しづむ【沈む】」■(マ行四段)」の未然形。

しづま・る【鎮まる】 動詞 自 〔ラ四段〕〈ら・り・る・る・れ・れ〉❶(神や霊魂が)一定の場所にとどまる。鎮座する。**城上の宮を常宮と高く仕立てて神ながら鎮まりましぬ**… 歌〈万葉集・2・199〉訳城上の宮を永遠の宮殿として高く造り、神として**鎮座し**なさった…。❷(性質や行動が)落ち着いている。**恥づかしげに鎮まりたれば、うち出でにくくし。**〈源氏・帚木〉訳(こちらが)きまりが悪くなるほどに(小君が)**落ち着い**ているので、(源氏は用件を)言い出しにくい。❸騒ぎが収まる。平静になる。治まる。**その後、世鎮まって**…。〈平家・7・忠度都落〉訳その後、世の中が**治まって**…。〇「鎮まっ」は連用形「鎮まり」の促音便。❹(勢いが)衰える。しおれる。**そこら所狭かりし御勢ひの鎮まりて**…。〈源氏・野分〉訳(他家が)非常に窮屈に思ったほどの(左大臣家の)ご権勢が**衰えて**…。❺眠りにつく。寝静まる。**人鎮まりて後、長き夜のすさびに、何となき具足取りしたため**…。〈徒然草・29・静かに思へば〉訳人が**寝静まって**後、長い夜の慰みとして、どうということもない(身のまわりの)道具類を整理して…。

しづみ＋ロ 「しづむ【沈む】」■(マ行四段)」の連用形。

じつ‐みゃう【実名】 名詞 本名。本当の名前。対 仮名

しづ・む【沈む】 ■ 動詞 自 〔マ四段〕〈ま・み・む・む・め・め〉❶(水の中に)没する。沈む。❷(太陽や月が)没する。沈む。**いかり下ろす波間に沈む入り日こそ暮れゆく春の姿なりけれ** 歌〈建礼門院右京大夫集・41〉訳いかりを下ろすその波間に**沈む**入り日こそが、暮れてゆく春の姿であったのだなあ。❸落ちぶれる。零落する。不遇である。**さやうに沈みて生ひ出でたらむ人のありさま、後ろめたくて**…。〈源氏・玉鬘〉訳そのように**落ちぶれ**て育っていたりする人(＝玉鬘)のようすが、気がかりで…。❹罪に陥る。(霊魂が)成仏できない。「**いかで、かの沈みたまふらむ罪救ひたてまつる事をせむ。**」〈源氏・澪標〉訳「なんとかして、(桐壺院の)あの**成仏できない**でいらっしゃるような罪をお救い申し上げる仏事をしよう。」❺気持ちが落ち込む。ふさぎ込む。「**なほ、我だに、さる物思ひに沈まず、罪などいと深からぬさきに、いかで亡くなりなむ。**」〈源氏・総角〉訳「やはり、私だけでも、そんな(＝不実な夫を持った妹のような)物思いに**ふさぎ込ま**ないで、(父の遺訓に背く)罪などがひどく深くならないうちに、何とかして死んでしまおう。」❻(「病に沈む」の形で)病気になる。患う。**病に沈みて返しまうしたまひける位を**…。〈源氏・澪標〉訳病気に**なって**お返し申し上げなさった(左大臣の)官職を…。

■ 動詞 他 〔マ下二段〕〈め・め・む・むる・むれ・めよ〉❶水中に沈める。❷身分を下げる。落ちぶれさせる。不遇な状態にする。「**あやしき所に沈めたてまつりぬべかりしに**…。」〈源氏・玉鬘〉訳「(姫君＝玉鬘を)辺鄙な土地で**落ちぶれ**

させ申し上げてしまうはずのところに…。」

❸評判を落とす。

見るめこそうらふりぬらめ年経にし伊勢をのあまの名をや沈めむ 歌〈源氏・絵合〉訳見た目には、零落して古くなっているだろうが、年を経た(名高い)伊勢の海人が評判を落とすことだろうか。○「見るめ」に「海松布」、「うらふり」に「浦古り」を掛けている。

しづ・む【鎮む】 動詞 他 〔マ下二段〕〈め・め・む・むる・むれ・めよ〉

❶(神霊などを)鎮座させる。(神霊を)鎮める。

「水、匏、埴山姫、川菜をもちて鎮めまつれ。」〈祝詞〉訳「水の神、匏、埴山姫、川菜で(火の神を)お鎮め申し上げろ。」○「匏」は、水をくむ道具。「埴山姫」は、土山の女神で、火を鎮める力がある。「川菜」は、水藻。

❷(乱れや騒ぎを)鎮める。鎮圧する。静かにさせる。

「日本国を鎮むること、義仲、義経が仕業にあらずや。」〈平家・11・腰越〉訳「日本国を鎮圧したのは、義仲、(この私)義経の働きではないのか、いや、義仲、義経の働きだ。」

❸(気持ちを)落ち着かせる。

御心を鎮めたまふとい取らして斎ひたまひしま玉なす二つの石を世の人に示したまひて… 歌〈万葉集・5・813〉訳お心を落ち着かせなさろうと、(手に)お取りになって(大切に)祭りなさった玉のような二つの石を、世の中の人にお示しになって…。

❹(人を)寝かせる。寝静まらせる。

女、人を鎮めて、子一つばかりに、男のもとに来たりけり。〈伊勢・69〉訳女は、人を寝静まらせて、子一つの刻(=午後十一時から十一時半)ごろに、男の所にやってきたのだった。

❺(声を)低くする。静かにする。

加持の僧ども、声鎮めて法華経を読みたる、いみじう尊し。〈源氏・葵〉訳加持を行う僧侶たちが、声を低くして法華経を読んでいるのが、たいへん尊い。

しづむ+□ 「しづむ【沈む】㊀(マ行四段)」の終止形・連体形。または、「しづむ【沈む】㊁(マ行下二段)」の終止形。

しづむる+□ 「しづむ【沈む】㊁(マ行下二段)」の連体形。

しづむれ+□ 「しづむ【沈む】㊁(マ行下二段)」の已然形。

しづめ+□ 「しづむ【沈む】㊀(マ行四段)」の已然形・命令形。または、「しづむ【沈む】㊁(マ行下二段)」の未然形・連用形。

しづ-やか・なり【静やかなり】 形容動詞〔ナリ〕〈なら・なり(に)・なり・なる・なれ・なれ〉静かだ。穏やかで落ち着いた感じだ。

心憎く静やかなる匂ひ殊なり。〈源氏・梅枝〉訳奥ゆかしく落ち着いた感じの(香の)においが特に優れている。

しづ-やまがつ【賤山賤】 名詞 (身分の)卑しい者と山里に住む木こり。

あやしき賤山賤も、力尽きて、薪さへ乏しくなりゆけば…。〈方丈記・飢渇〉訳(大飢饉のため)身分の低く卑しい者や木こりも、力が尽きて、薪までもが乏しくなっていくので…。

しつらひ 名詞 部屋などを整え、調度類を飾り付けること。

うちのしつらひ見入るれば、昔覚えて畳などよかりけれど…。〈大和・173〉訳家の中の飾り付けをのぞいてみると、昔のようすがしのばれて畳など立派だったことが分かるのだが…。

しつら・ふ

部屋などを飾り付けたり、整えたりする ― 飾り付ける。整え設ける。造作をする。

未然形	連用形	終止形	連体形	已然形	命令形
しつらは	しつらひ	しつらふ	しつらふ	しつらへ	しつらへ

動詞 他 〔ハ四段〕 装飾をする。飾り付ける。整え設ける。造作をする。

塗籠の前の二間なる所を、ことにしつらひたれば、例ざまならぬもをかし。〈枕草子・99・五月の御精進のほど〉訳塗籠の前の二間である部屋を、格別に飾り付けてあるので、普段のようすではないのも趣がある。

し-つる【為つる】 連体詞 大変な。たいした。でかした。

「あはれ、しつる所得かな。年ごろは、わろくかきけるものかな。」〈宇治拾遺〉訳「ああ、大変なもうけものよ。長い間、(火炎を)まずく描いたものよ。」

発展 サ変動詞「す」の連用形＋完了の助動詞「つ」の連体形が一語になったもの。

しづ-を【賤男】 名詞 身分の低い男。

し-て【仕手・為手】 名詞 ❶行う人。する人。

誰返事の仕手もなく、一座、異なものになりて…。〈西鶴諸国ばなし〉訳だれひとり返事をする人もなく、一座は、白けてしまって…。

❷上手にする人。

❸→シテ

して 接続詞 そうして。それで。

「年の暮れなれば、御嘆きをやめさせたまへ。してそれは、元日にどなたの御死去なされた。」〈西鶴・世間胸算用〉訳「めでたい年の暮れだから、お嘆きになるのはおやめなさい。それで(明日一年目という)そのお嘆きぶりは、元日にどなたが亡くなられたのか。」

し-て

- ㊀格助詞
  - ❶(共に動作を行う人数や範囲を表し)…で。…と共に。
  - ❷(動作の手段・方法・材料を表し)…で。…でもって。
  - ❸(使役の対象者を表し)…に。…に命じて。
- ㊁接続助詞
  - ❶(並列を表し)…て。
  - ❷(原因・理由を表し)…ので。
  - ❸(逆接を表し)…のに。

接続 ㊀は主に体言に付く。

接続 ㊁は形容詞・形容動詞・打消の助動詞「ず」の連用形などに付く。

㊀格助詞 ❶(共に動作を行う人数や範囲を表し)…で。…と共に。…と一緒に。

住み所求むとて、友とする人、一人二人して行きけり。〈伊勢・8〉訳住む場所を探すということで、同行する友人、一人二人と共に(東国へ)下って行った。

❷(動作の手段・方法・材料を表し)…で。…によって。…を用いて。…でもって。

すすけたる明かり障子の破ればかりを、禅尼手づから小刀して、切りまはしつつ張られければ…。〈徒然草・184・相模守時頼の母は〉訳すすけている紙障子の破れたところだけを、禅尼(=北条時頼の母)が自分の手で小刀を用いて、あちこち切ってはお張りになったので…。

❸(使役の対象者を表し)…に。…を使いとして。…に命じて。

惟光の朝臣出で来たるして奉らす。〈源氏・夕顔〉訳(源氏の従者は童女から花を渡され)惟光の朝臣が(ちょうど)外に出てきたのを(逆に)使いとして(源氏に花を)差し上げさせる。○完了の助動詞「たり」の連体形に付いている例。この場合の連体形は★準体言になっていて、体言に準ずる働きをする。

仕丁、つとめてごとに、湯を持て参りて入れければ、人しても掛けさせたまはず、我出でたまひて、御手づからぞ洗ひましける。〈大鏡・時平〉訳雑役の者が、毎日早朝、湯を持って参上して(小さな桶に)入れておいたところ、(顕忠公は)人に命じて(その湯を小さな柄杓で)掛けさせなさらず、自分が(寝殿の日隠しの間に)お出かけになり、ご自分で(手を)洗ったのだった。

二 接続助詞 ❶(並列を表し)…て。**ゆく河の流れは絶えずして、しかももとの水にあらず。**〈方丈記・ゆく河〉訳流れる川の流れは途絶えることがなくて、それでいて前のままの水ではない。○打消の助動詞「ず」の連用形に付いている例。

❷(原因・理由を表し)…ので。**この歌は、都近くなりぬる喜びに堪へずして、言へるなるべし。**〈土佐日記・二月七日〉訳この歌は、都が近くなったうれしさに我慢できないので、詠んだのであるに違いない。

❸(逆接を表し)…のに。**大方の振る舞ひ、心遣ひも、愚かにして慎めるは、得のもとなり。**〈徒然草・187・万の道の人〉訳普通の動作や、心の持ち方も、愚鈍であるのに用心深くしているのは、利益を得るもとである。○形容動詞「愚かなり」の連用形に付いている例。この「して」は、愚鈍でありながら、用心深くしているという意味であり、結果的に逆接的な関係となる。

発展 ①語の成り立ち　サ変動詞「す」の連用形＋接続助詞「て」が一語になったもので、「す」の「する」という意味が失われて成立したもの。

②「をして」「にして」などの形の場合　漢文訓読文では、格助詞「を・に・より・から」などに付いた「をして・にして・よりして・からして」などの形が多く用いられる。この場合の「して」を、格助詞とするか接続助詞とするかは説が分かれる。また、サ変動詞「す」の連用形＋接続助詞「て」とする説や、副助詞とする説、「をして・にして」など全体で一語の格助詞とする説などもある。

関連語 て(接続助詞)

識別 「して」の識別

品詞と用法	見分け方	例文と訳
格助詞「して」	上に、体言か活用語の連体形、または格助詞「を」がくる。	そこなりける岩に、指の血して書きつけける。〈伊勢・24〉訳そこにあった岩に、指の血で(歌を)書きつけたのだった。
接続助詞「して」	上は、形容詞や形容詞型活用の助動詞、および形容動詞や断定の助動詞「なり・たり」、または打消の助動詞「ず」の連用形。	中将、病いと重くしてわづらひけるを…。〈大和・165〉訳中将は、病気がとても重いので苦しんでいたが…。
サ変動詞「す」の連用形＋接続助詞「て」	「し」に「する」の意味がある。「し」の上に活用語がない。	男もすなる日記といふものを、女もしてみむとて…。〈土佐日記・十二月二十一日〉訳男も書くという日記というものを、女(である私)も書いてみようと思って…。

シテ 文芸用語《能楽用語》能・狂言での主役。能においては、シテは一曲一人。シテを補佐する役をシテツレといい、シテ、シテツレ、地謡などを担当する人々をシテ方という。狂言においても一曲の主役をシテと称する。対あど・ワキ →連れ 二❷

し-で【死出】 名詞「★死出の山」の略。転じて、死ぬこと。

し-で【垂・四手】 名詞 神の前に供える幣の一種。玉串・注連縄などにつけて垂らす。古くは★木綿を用いたが、後は紙で代用した。

[しで(垂)]

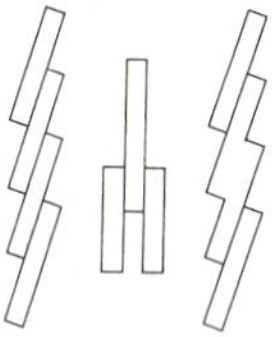

してう-の-わかれ【四鳥の別れ】 親子の悲しい別れ。発展 中国の桓山で生まれた四羽のひなが成長して飛び去る姿を、母鳥が悲しんで見送ったという『孔子家語』の故事による。

して-の-たをさ【死出の田長】 ホトトギスの別の呼び名。季語 夏 発展 語源としては「賤の田長」が変化したことばで、もともとは田植えの時期を告げる鳥という意味であったとも、死出の山を越えてくる鳥の意味からともいわれる。

して-の-やま【死出の山】 冥途にある険しい山。

◆**してのやま…** 歌 **死出の山越えにし人を慕ふとて跡を見つつもなほまどふかな**〈源氏・幻〉訳死出の山を越えていった(あの)人を追いかけて、(足跡を追うように)筆の跡を見ながらもいっそう心が乱れていることだなあ。○「人」はここでは亡くなった紫の上を指す。「跡」は、「足跡」と「筆跡」の掛詞。発展 亡くなった紫の上の手紙を見て悲しみにくれる源氏が詠んだ歌。

して-の-やまぢ【死出の山路】 「★死出の山」の険しい山道。**夏は郭公を聞く。語らふごとに死出の山路を契る。**〈方丈記・境涯〉訳夏はホトトギスを聞く。(ホトトギスと)語り合うたびに死出の山の険しい山道の(道案内をしてくれるように)約束をする。○ホトトギスは冥途に通う鳥と考えられていた。

してん-わう【四天王】 名詞 ❶《仏教語》帝釈天の従者で、須弥山の中腹にある四王天の主。仏法を守護し、四方を鎮護する。東方の持国天・西方の広目天・南方の増長天・北方の多聞天(＝毘沙門天)。❷家臣や門人のうち、最も優れた四人。

しと【尿】 名詞 小便。多くは、子供のものをいう。**蚤虱馬の尿する枕もと** 句〈奥の細道・尿前の関〉訳→のみしらみ…

自動詞 国語・国文法 ★動詞の分類のひとつ。動作・作用が他に働きかける意味を持たない動詞。★他動詞に対する。たとえば、「水流る」がそれで、他動詞「水を流す」に対応する。ただし、「を」の付いている文節がすべて目的語とはいえず、「道を歩く」(自動詞)などの例もある。

また、自動詞・他動詞が同形のものもある。「風吹く」（自動詞）「笛を吹く」（他動詞）、「人笑ふ」（自動詞）「人を笑ふ」（他動詞）など。

持統天皇（じとうてんのう）【人名】飛鳥時代、第四十一代の天皇。女帝。天智天皇の皇女。天武天皇の皇后。天武の死後、六九〇（持統四）年即位。万葉集を代表する女流歌人でもあった。優雅で平明な歌を詠んだ。645―702

しどけ-な・し 形容詞 ↓最重要語（645ページ）

しとど 副詞 （ひどくぬれるようすを表し）びっしょり。**汗もしとどになりて、我かの気色なり。**〈源氏・夕顔〉訳（夕顔は）汗も**びっしょり**とかいて、正気を失っているようすである。

しとね【茵・褥】 名詞 座ったり寝たりするときに敷く、ふっくらとした敷物。発展 多く「に」を伴って用いる。**簾の内より茵さし出でたり。**〈大和・173〉訳すだれの中から**敷物**を差し出した。

［しとね］

しとみ【蔀】 名詞 格子の内側に板を張り、日よけや風雨よけをするための戸。上下二枚からなる。発展 上下二枚のうち、下一枚は固定し、上一枚を上げ、金具を掛ける「半蔀」とすることが多かった。

しと・む 動詞 自 マ四段（ま・み・む・む・め・め）（水などに）浸る。ぬれる。「**水しとまば、三頭の上に乗りかかれ。**」〈平家・4・橋合戦〉訳「（川が深くなって）水に**浸ったら**、三頭（＝ウマの尻の上部）の上に乗りかかれ。」

しどろ・なり 形容動詞 ナリ（なら・なり（に）・なり・なる・なれ・なれ）秩序なく乱れている。整っていない。**筆もしどろに書き流し、さし置きたまふを…。**〈御伽草子・猿草子〉訳筆づかいも**乱れて**書き流し、そのままお置きになるのを…。

しどけ-な・し

生活や服装などに締まりがなく、雑然としたようす

❶くつろいでいる。打ち解けて親しみがある。無造作だ。
❷締まりがない。雑然としている。だらしがない。

形容詞〔ク〕	未然形	連用形	終止形	連体形	已然形	命令形
	しどけなく	しどけなく	しどけなし	しどけなき	しどけなけれ	○
	しどけなから	しどけなかり	○	しどけなかる	○	しどけなかれ

❶**くつろいでいる。打ち解けて親しみがある。無造作だ。**（服装や髪などが）**乱れている。** **こまやかなる御直衣、帯しどけなくうち乱れたまへる御さまにて…。**〈源氏・須磨〉訳（源氏は）色の濃い普段着に、帯も**無造作に**ゆったりとくつろぎなさったお姿で…。○「しどけなし」が、美的に表現されている例。**脇息を押し寄せて、打ち掛けて、御鬢茎のしどけなきを繕ひたまふ。**〈源氏・末摘花〉訳（源氏は）ひじかけを（格子に）押して近づけて、（上げかけた格子をひじかけの上に）もたせかけて（外の明かりをとり）、お鬢の毛筋の**乱れている**のをお直しになる。

❷**締まりがない。雑然としている。だらしがない。** **いみじくしどけなく、かたくなしく、直衣、狩衣などゆがめたりとも…。**〈枕草子・63・暁に〉訳（明け方に女性のもとから帰る人が）たいへん**締まりがなく**、見苦しく、直衣や、狩衣などを崩して着ていたとしても…。

発展 ①**語の成り立ち** 「しどけなし」の「しど」は、中古から見られる形容動詞「しどろなり」「しどろもどろなり」の「しど」と同じもので、秩序なく乱雑であるようすを表し、「け」は「気」で気配・ようすの意味、「なし」は「はしたなし」「いとけなし」などの「なし」と同じで、程度を強調したり、その状態にあるという意味を表したりする接尾語である。
②**美的であれば❶** 規律がない、締まりがない、というのがもともとの意味だが、❶の例のように、中古の和文では、むしろ美的表現のひとつとして使われる。着こなしなどもゆったりとして、服装や髪型が少し乱れている方がくだけた感じで格好がよいと受け止められていたと思われる。❶と❷との相違は、❷が単に締まりなく雑然としていて、美的要素が感じられない点にある。
↓古語チャート⑪（427ページ）

しな【品・科・級・階】 名詞 ↓最重要語（646ページ）

しな-かたち【品形】 名詞 品位や容貌。家柄や容姿。**品形こそ生まれつきたらめ、心はなどか賢きより賢きにも、移さば移らざらん。**〈徒然草・1・いでや〉訳**家柄や容姿**は生まれつき（のもの）であろうが、心はどうして賢いうえにも賢い方へも、進ませようと思えば進まないことがあろうか、いや、進むに違いない。

しなが-どり【息長鳥】 一 名詞《動物》水鳥の名。カイツブリ。あるいはオナガドリとも。二 枕詞 地名「猪名」「安房」に係る。

しな-ざかる 枕詞 地名「越」（＝北陸）に係る。発展 都から遠く離れるという意味、多くの坂を越えるという意味などの説がある。

しな-さだめ【品定め】 名詞 品評。人や物の優劣を判定すること。**ありし雨夜の品定めの後、いぶかしく思ほしなる品々あるに…。**〈源氏・夕顔〉訳以前の雨の夜の（女性についての）**優劣の判定**以来、知りたいとお思いになる色々の階級の女性があるので…。

しな-じな【品品】 一 名詞 ❶いろいろな身分・階級・家柄。**この品々をわきまへ、定め争ふ。**〈源氏・帚木〉訳この（女性を中心とした）**いろいろな階級**を見分け、判定を議論する。❷いろいろな種類。さまざまな品物。**三尺の御厨子一よろひに、品々しつらひ据ゑて…。**〈源氏・紅葉賀〉訳三尺の御厨子（＝置き戸棚）ひと揃えに、**さまざまな品物**を飾って並べ置いて…。

二 副詞 さまざまに。それぞれに。
舎人どもの禄品々賜はる。〈源氏・蛍〉訳 舎人(=近衛府の兵卒)たちが祝儀を(分に応じて)それぞれに頂く。

しな-じな・し【品品し】 形容詞〔シク〕〈しく・しく・し・しき・しけれ・○／しから・しかり・○・しかる・○・しかれ〉上品だ。
男ども多く、例の、**品々しからぬけはひ**、さへづりつつ入り来たれば…。〈源氏・浮舟〉訳 (お供の)男たちが大勢、いつものように、**上品でない**感じで、ぺちゃくちゃしゃべりながら入って来たので…。

し-な・す【為成す・為做す】 動詞 他〔サ四段〕〈さ・し・す・す・せ・せ〉(ある状態に)する。作り上げる。わざわざ(そのように)する。意識してする。きちんとする。
「袴着の事なども、『人知れぬさまならず**しなさむ**』となむ思ふ。〈源氏・薄雲〉訳「(姫君の)袴着の儀式なども、『内々の事としてではなく**きちんとしよう**。』と思うのだ。」○「袴着」は、初めてはかまを着る儀式。古くは三歳、後に五歳、七歳のときに行う。

しなてる-や 枕詞「片」「鳰の湖(=琵琶湖)」に係る。

しなぬぢは… 歌 **信濃道は今の墾り道刈りばねに足踏ましむな沓はけわが背**〈万葉集・14・3399〉訳 信濃路は新しく作ったばかりの道(なので)、切り株で足を踏み抜くな。(だから)くつを履きなさい、わが夫よ。○「信濃道」は信濃(=今の長野県)へ行く道で、険しい山道であった。「墾り(=土地を開墾すること)道」は切り開いた道。「踏ましむな」は、四段動詞「踏む」の未然形＋使役の助動詞「しむ」の終止形＋禁止の意味を表す終助詞「な」。この第四句を「足踏ましなむ」とする説もあり、その場合「きっとお踏みになることだろう」という意味になる。
発展 信濃の国の歌。作者未詳。夫の旅路を気遣う妻の歌。

信濃 旧国名 信州。★東山道八か国の一つ。今の長野県。→ビジュアルチェック❼(450ページ)

信濃前司行長 人名 鎌倉前期の人。『徒然草』二二六段において盲目の僧生仏とともに『平家物語』の作者とされているが、経歴は不明。『平家物語』巻三「行隆之沙汰」の主人公・行隆の子の藤原行長がこの人物だという説もある。生没年不明。

しな【品・科・級・階】

階段。また、階段状に分かれているもの
- ❶段。階段。
- ❷階級。**身分**。地位。家柄。
- ❸品位。品格。
- ❹状況。立場。場合。

名詞 ❶**段。階段。** 類 階・階
しをれたる枝少し押し折りて、御階の中の**階**のほどにゐたまひぬ。〈源氏・若菜上〉訳 (夕霧はサクラの)たわんでいる枝を少し折り取って、階段の中**段**の辺りにお座りになった。

❷**階級。身分。地位。家柄。**
すべて、みめよく、**品高けれども**、あやしくいやしきが能あるに、立ちならぶをりは、**その品**、そのみめも必ず思ひ消たるるものなり。〈十訓抄〉訳 おおよそ、容貌がよく、**身分**が高くても、身分が低くて賤しい人で、能力ある人に、一緒に並ぶ時は、その**身分**、その容貌も必ず無視されるものである。

❸**品位。品格。**
をかしきことを言ひても、いたく興ぜぬと、興なきことを言ひても、よく笑ふにぞ、**品の程測られぬべき**。〈徒然草・56〉訳 おもしろいことを言っても、たいしておもしろがらないことと、おもしろくないことを言っても、よく笑うことによって、(その人の)**品位**の程度がきっと推測されてしまうに違いない。

❹**状況。立場。場合。**
「このうへは徳様も死なねばならぬ**品**なるが、死ぬる覚悟が聞きたい。」〈近松・曾根崎心中〉訳「(もう)こうなった以上は徳(=徳兵衛)様も死ななければならない**状況**だが、死ぬ覚悟が(あるか)聞きたい。」

しなひ【撓ひ】 名詞 しなやかな曲線をしていること。ヤナギやハギの枝、フジの花、また、女性の姿態のことをいう。

しな・ふ【撓ふ】 動詞 自〔ハ四段〕〈は・ひ・ふ・ふ・へ・へ〉❶しなやかにたわむ。しなう。また、なよやかで美しいようすをする。
真木の葉のしなふ勢能山しのはずて我が越え行けば木の葉知りけむ 歌〈万葉集・3・291〉訳 立派な木の枝葉が**しなやかにたわむ**勢能山を賞美するゆとりもなくて私は越えて行くが、木の葉は(私の気持ちが)わかってくれただろう。
❷逆らわずに従う。
「**水にしなうて渡せや渡せ**。」〈平家・4・橋合戦〉訳「**水に逆らわずに従って**(ウマを)渡せ渡せ。」○「しなう」は連用形「しなひ」のウ音便。

しな・ゆ【萎ゆ・撓ゆ】 動詞 自〔ヤ下二段〕〈え・え・ゆ・ゆる・ゆれ・えよ〉しおれる。うなだれる。しぼむ。
君に恋ひしなえうらぶれ我が居れば秋風吹きて月傾きぬ 歌〈万葉集・10・2298〉訳 君に恋をし、**うなだれて**悲しみに沈んで私がいると秋風が吹いて月が傾いてしまった。

し-なん【指南】 名詞 ❶教え導くこと。指導。指導者。
「長者になりやうの**指南を頼む**。」〈西鶴・日本永代蔵〉訳「長者になる方法の**指導を頼む**。」
❷手本。基準。標準。
発展 古代中国の「指南車」の故事から出たことば。指南車は、車の上に置かれた人形の手が常に南を指したところから、指し示す、指導するという意味になった。

しに【死に】 一 名詞 死ぬこと。死。
二 接頭語 役に立たないこと、また、それをののしる意味を表す。語例 **死に**金・**死に**馬

しに-い・る【死に入る】 動詞 自〔ラ四段〕〈ら・り・る・る・れ・れ〉死んだようになる。気絶する。死にそうになる。また、死ぬ。
対 生き出づ
ものいたく病みて、**死に入りたりければ**、面に水注きなどして、生き出でて…。〈伊勢・59〉訳 ひどい病気になって、**死にそうになって**いたので、顔に水をかけたりなどして、息を吹き返して…。

しに-かへ・る【死に返る】 動詞 自〔ラ四段〕〈ら・り・る・る・れ・れ〉❶死んでまた生き返る。

思ひにし死にするものにあらませば千度（ちたび）ぞ我は死に返らまし 歌〈万葉集・4・603〉訳 物思いのために死ぬものだったら、千回でも私は死んでまた生き返っただろうのに。

❷（連用形を副詞的に用いて）死ぬほどに激しく。

「死に返り思ふ心は知りたまへりや。」〈源氏・夕顔〉訳「死ぬほどに激しく思う（私の）心は知っていらっしゃるのか。」

❸今にも死にそうになる。

「親の死に返るをばさしおきて…。」〈源氏・夢浮橋（ゆめのうきはし）〉訳「親が今にも死にそうになるのをそのままにして…。」

しに-す【死にす】 動詞 自〔サ変〕〈せ・し・す・する・すれ・せよ〉死ぬ。

恋にもぞ人は死にする水無瀬川（みなせがは）下ゆ我（あれ）やす月に日に異（け）に 歌〈万葉集・4・598〉訳 恋でも人は死ぬよ。人知れず私はやせていく。月ごと日ごとにいよいよ。○「水無瀬川」は「下」に係る枕詞。

しに-びかり【死に光り】 名詞 死に際が立派なこと。人柄や人徳が褒められるような死に方。

しにもせぬ旅寝の果てよ秋の暮れ…句〈野ざらし紀行・松尾芭蕉〉訳 死を覚悟して旅立ったが、どうやら死にもしないで旅寝を続け、ここまでたどり着いた。もう秋も終わろうとしている。○季語 秋の暮れ―秋。「秋の暮れ」は、秋の夕暮れではなく晩秋のこと。

発展『野ざらし紀行』の最初の句（↓のざらしを…）に呼応する。大垣の木因（ぼくいん）亭での作。死を覚悟の旅であったが、「死にもせぬ」に生きて目的を果たした安堵（あんど）と感慨が素直に表されている。

し・ぬ【死ぬ】 動詞 自〔ナ変〕〈な・に・ぬ・ぬる・ぬれ・ね〉生命を失う。死ぬ。↓古語チャート⑱（647ページ）

「**我こそ死なめ。**」とて、**泣きののしること、いと堪（た）へがたげなり。**〈竹取・かぐや姫の昇天〉訳「（姫を失うなら）私こそ死のう。」と言って、（竹取の翁（おきな）が）泣き騒ぐようすは、本当に我慢できなさそうである。

知らず、生まれ死ぬる人いづかたより来（き）たりて、いづかたへか去る。〈方丈記・ゆく河〉訳 分からない、生まれたり死んだりする人がどこから来て、どこへ姿を消すのか。

まとめて覚えよう古語チャート⑱
「死ぬ」意味を表すことば

古くから、「死」は恐ろしいもの、また、けがれたものと思われてきたからでしょうか、直接「1死ぬ」とは言わないで、別のことばで表されることが多かったようです。

この図は、そのような「死ぬ」意味に使われる動詞を集めたものです。

「2まかる」は、「（貴人の前から）退出する」という意味ですが、この世から退出するということで、「3みまかる」という動詞もありました。「身」が「まかる」ということです。時代が下ると、その「みまかる」の「み」を落として用いることもありました。

「4雲隠（がくも）る」は、貴人の死について使われます。『★源氏物語』には、主人公源氏が亡くなったとされる「雲隠（くもがくれ）」の巻があったといわれます。

このほかでは、「むなし」（＝死んでいる）は、「むなしくなる」で「死ぬ」という意味の慣用表現を作ります。同様に、類義語の「いたづらなり」「はかなし」も、「いたづらになる」「はかなくなる」で死ぬことを表します。

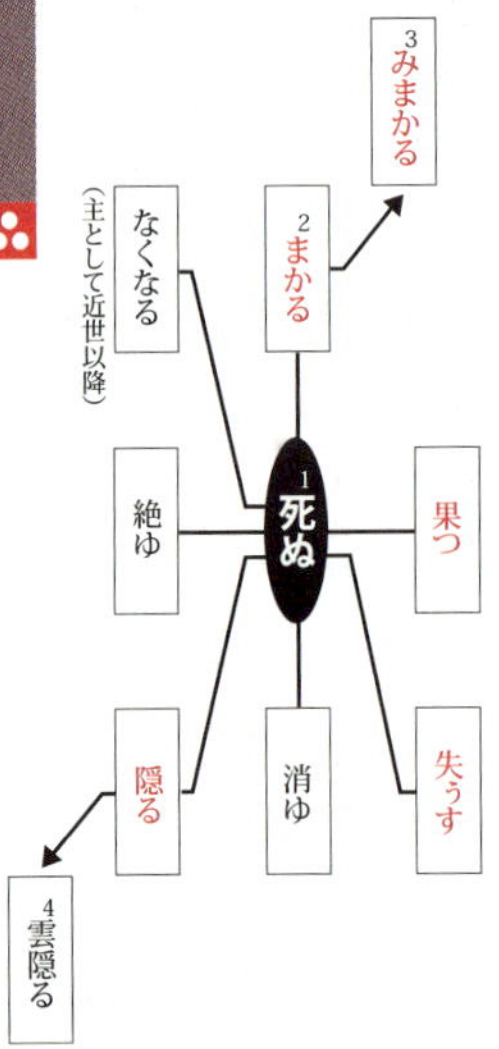

赤字は最重要語・重要語

しぬは-ゆ【偲はゆ】 連語《上代語》「しのはゆ」に意味は同じ。

…**瓜（うり）食（は）めば子ども思ほゆ栗（くり）食めばましてしぬはゆ**… 歌〈万葉集・5・802〉訳↓うりはめば…

発展 四段動詞「しぬふ」の未然形＋上代の自発の助動詞「ゆ」。

しぬ-べく【死ぬべく】 死にそうに。耐えきれなく。

御几帳（みきちやう）の後ろなどに聞く女房、死ぬべくおぼゆ。〈源氏・行幸（みゆき）〉訳 ★几帳の後ろなどで聞いている女房たちは、（おかしくて）死にそうに思われる。

じ-ねん【自然】 一 名詞 天然のままであること。本来そうであること。おのずとそうなること。

わがはからはざるを自然と申すなり。〈歎異抄（たんにしやう）〉訳 自分で（いろいろと）画策することがないのを自然（＝本来そうであること）というのである。

二 副詞 おのずと。しぜんに。たまたま。

我々も自然寝覚めなどに詠みたる歌を置きて見れば、必ずよくもなかりしなり。〈正徹物語（しやうてつものがたり）〉訳 我々もたまたま眠りから覚めたときなどに詠んだ歌を（そのままにして時間を）置いてから見ると、決まってうまく詠めたことはなかったのである。

発展「自然（しぜん）」の呉音読み。

じねん-に【自然に】 副詞 しぜんに。おのずから。

「**人の品（しな）高く生（む）まれぬれば、人にもてかしづかれて、隠るること多く、自然にそのけはひこよなかるべし。**」〈源氏・帚木（ははきぎ）〉訳「（女性は）身分が高く生まれてしまうと（必ず）、人に大切に世話をされて、（欠点も）目立たないことが多く、しぜんにその物腰が格段に優れている（と見えてくる）に違いない。」

しの【篠】 名詞 細く小さい竹の総称。メダケ・ヤダケの類。

しの・ぐ【凌ぐ】 動詞 他〔ガ四段〕〈が・ぎ・ぐ・ぐ・げ・げ〉❶押し伏せる。押さえつける。

奥山の真木（まき）の葉しのぎ降る雪のふりはますとも地（つち）に落ちめやも 歌〈万葉集・6・1010〉訳 奥山の立派な木の葉を押し伏せて降る雪のように、古くなっていくことはあっても、地に落ちることがあろうか、いや、ありはしない。○「やも」は上代語で、詠嘆を伴った反語を表す。

❷押し分ける。かき分けて進む。
❸（苦痛や障害に）耐え（て乗り越え）る。
四面新たに囲みて、甍を覆ひて風雨をしのぐ。〈奥の細道・平泉〉訳（光堂の）四面を新たに囲い、甍（＝屋根）で覆って風雨に**耐える**（ようにしてある）。
❹見下す。さげすむ。いじめる。
その村の童女ら、みな心を同じくしてしのぎあなづりていはく…。〈日本霊異記〉訳その村の女の子たちが、みな気持ちをひとつにして（一人の女の子を）**いじめて**ばかにして言うのには…。

しの-に 副詞 ❶（草木がしおれなびくようすを表し）しんなりと。転じて、（感傷的な気持ちになるようすを表し）しみじみと。しんみりと。
近江の海夕波千鳥汝が鳴けば情もしのに古思ほゆ 歌〈万葉集・3・266〉訳→あふみのうみ…
❷数多く。しきりに。
秋になり風の涼しく変はるにも涙の露ぞしのに散りける 歌〈玉葉集・2405〉訳秋になり風が涼しく変わるにつけても涙の露が**しきりに**散ったことだよ。

しののめ【東雲】 名詞 夜明けごろ。ほのかに東の空が白んでいくころ。明け方。曙。類 暁・朝ぼらけ
しののめの別れを惜しみ我ぞまづ鳥よりさきになきはじめつる 歌〈古今集・恋3・640〉訳**明け方**（になって）の（あなたとの）別れが惜しいので、（その別れをうながす）ニワトリが鳴く前に、私が先に泣いてしまった。
↓古語チャート❶（47ページ）

しのば+□ 「**しのぶ【忍ぶ】**㊁（バ行四段）【偲ぶ・慕ぶ・賞ぶ】㊀（バ行四段）」の未然形。→**最重要語**（648・649ページ）

しのは-ゆ【偲はゆ】 連語《上代語》自然に思い出される。しのばれる。心がひかれる。
里とよめ鳴きわたれどもなほししのはゆ 歌〈万葉集・19・4180〉訳（ホトトギスは）里中に広く大声をあげて鳴くけれども、やはり**心がひかれる**。
発展 四段動詞「しのふ」の未然形＋上代の自発の助動詞「ゆ」。

しの-はら【篠原】 名詞 シノダケが生い茂っている野原。

しのび【忍び】 名詞 ❶人目を避けること。隠れること。内緒。

しの・ぶ【忍ぶ】

人に気づかれないようにする

㊀動詞 他〔バ上二段〕
❶人目につかないように隠す。
❷感情を抑えて、耐える。

㊁動詞 他〔バ四段〕
❶㊀❶の意味に同じ。
❷㊀❷の意味に同じ。

	未然形	連用形	終止形	連体形	已然形	命令形
動詞 他〔バ上二段〕	しの・び	しの・び	しの・ぶ	しの・ぶる	しの・ぶれ	しの・びよ
動詞 他〔バ四段〕	しの・ば	しの・び	しの・ぶ	しの・ぶ	しの・べ	しの・べ

㊀動詞 他〔バ上二段〕❶**人目につかないように隠す。秘密にする。**
「**忍ぶるやうこそは。**」と、あながちにも問ひ出でたまはず。〈源氏・夕顔〉訳「（夕顔が自分の素性を明かさないのは）**秘密にする**わけが（あるのだろう）。」と、（源氏は）強いて聞き出そうとはなさらない。
❷**感情を抑えて、耐える。こらえる。我慢する。**
「**忍ぶれど、涙こぼれ初めぬれば…。**」〈源氏・帚木〉訳「**こらえても**、涙があふれ始めてしまうので…。」
㊁動詞 他〔バ四段〕❶**㊀❶の意味に同じ。**
「何ゆゑか。」と推し当てにのたまふを、**え忍ばぬなるべし**…。〈源氏・花宴〉訳（源氏が）「どうして（逢えないの）か。」と（朧月夜の君の居所へ）見当をつけておっしゃるのに対して、（君は）とても**秘密にする**ことができないに違いない（ので）…。〇源氏の問いかけに対して、朧月夜の君がどんな気持ちで応対したか、を述べてもいるので、㊁❷の意味にも読みとれる。
❷**㊀❷の意味に同じ。**
忍ばじよ石間伝ひの谷川も瀬をせくにこそ水増さりけれ 歌〈新古今集・恋2・1097〉訳（恋しい気持ちをもう）**我慢し**ないつもりだよ。岩の間を伝って流れる谷川も、急流をせき止めるとなお水かさが増すのだなあ（＝私の恋心も増す一方だから）。
発展「**偲ぶ」と「忍ぶ**」 上代には上二段活用であったが、懐かしく思うという意味の四段動詞「偲ふ」と、意味も語形も近いことから混同されるようになり、中古以降は四段にも活用するようになった。中世以降は、「忍ぶ」「偲ぶ」とも四段活用が一般的となる。

忍びなる所なりければ、門よりしもえ入らで…。〈古今集・恋3・632・詞書〉訳**内緒**の所だったので、門から入ることもできず…。
❷ひそかに出歩くこと。忍び歩き。
❸（「忍びの者」「忍びの術」の略で）忍者。忍術。

しのび+□ 「**しのぶ【忍ぶ】**㊁（バ行四段）【偲ぶ・慕ぶ・賞ぶ】㊀（バ行四段）」の連用形。または、「**しのぶ【忍ぶ】**㊀（バ行上二段）【偲ぶ・慕ぶ・賞ぶ】㊁（バ行上二段）」の未然形・連用形。→**最重要語**（648・649ページ）

しのび-あへ-ず【忍び敢へず】― こらえ切れない。耐え切れない。
袖を顔に押し当てて忍びあへぬさま、目も当てられず。〈平家・灌頂・大原御幸〉訳袖を顔に押し当てて**こらえ切れない**（で泣く）ようすは、見ていられない。

しのび-ありき【忍び歩き】 名詞 身分の高い人が、人目を避けて外出すること。

しのび-がへし【忍び返し】 名詞 盗賊や敵の侵入を防ぐために、門や塀などの上にくぎやとがった竹や木を置いたもの。

［しのびがへし］

しのび-ごと【忍び言】 名詞 ㊀【忍び言】内緒の話。
ありつる忍び言どもの、御耳とまりつるや交じりたりつらむ。〈狭衣〉訳先ほどの**内緒の話**で、お耳にとまったことが交じっていたのであろうか。

㊁【忍び事】隠しごと。秘事。
「かかる御忍び事により、山里の御ありきも、ゆくりかに思し立つなりけり。」〈源氏・総角〉訳「(匂宮は)このようなお隠しごとによって、山里へのご遊覧も、急に思い立たれるのだった。」

しのび-こ・む【忍び籠む】 動詞 他〔マ下二段〕〈め・め・む・むる・むれ・めよ〉深く包み隠す。
忍びこめてはやみがたきふしぶしを…。〈源氏物語玉の小櫛〉訳(自分の心に)**深く包み隠して**はおくことのできないあれこれを…。

しのび-しのびに【忍び忍びに】 副詞 ひたすら人目を避けて。
御文は忍び忍びにありけり。〈源氏・真木柱〉訳お手紙は**ひたすら人目を避けて**(遣わされて)いたのであった。

しのび-どころ【忍び所】 名詞 人目を避けて通う場所。秘密の場所。
いといたう色めきたまうて、通ひたまふ忍び所多く…。〈源氏・紅梅〉訳実にひどく好色そうに見えなさって、(匂宮には)お通いになる**秘密の場所**(=愛人)も多く…。

しのび-ね【忍び音】 名詞 ❶声を抑えて泣くこと。人知れず泣くこと。
心の内に恋しくあはれなりと思ひつつ、忍び音をのみ泣きて、その年も返りぬ。〈更級日記・梅の立ち枝〉訳心の中で(継母を)恋しくもしみじみいとしいと思っては、**人知れず泣くこと**ばかりして、その年も改まってしまった。
❷ホトトギスの初音(=陰暦四月ごろの、その年初めて本格的に鳴く声)。
四月一日なりしかば、まだ忍び音のころにて…。〈大鏡・道長下〉訳四月一日だったので、まだ**ホトトギスの初音**のころで…。

しのび-やか・なり【忍びやかなり】 形容動詞〔ナリ〕〈なら・なり(に)・なり・なる・なれ・なれ〉人目に立たない。ひそやかだ。
あいなう起きゐつつ、鼻を忍びやかにかみわたす。〈源氏・須磨〉訳(源氏の詠んだ歌のつらさに、周囲の人々は)わけもなく起きたり座ったりしては、つぎつぎと**ひそやかに**鼻をかんでいる。

しのび-やつ・す【忍び窶す】 動詞 他〔サ四段〕〈さ・し・す・す・せ・せ〉人目につかないように目立たない姿をする。
いみじく忍びやつしたれど、清げなる男どもなどあり。〈源氏・玉鬘〉訳ひどく**人目につかないように目立たない姿をして**いるけれども、小ざっぱりとした男たちなどがいる。

しの・ぶ【偲ぶ・慕ぶ・賞ぶ】

気持ちを向ける

㊀ 動詞 他〔バ四段〕— ❶懐かしく思う。(遠くから)恋い慕う。❷賞美する。
㊁ 動詞 他〔バ上二段〕— ㊀❶の意味に同じ。

	未然形	連用形	終止形	連体形	已然形	命令形
動詞 他〔バ四段〕	しの・ば	しの・び	しの・ぶ	しの・ぶ	しの・べ	しの・べ
動詞 他〔バ上二段〕	しの・び	しの・び	しの・ぶ	しの・ぶる	しの・ぶれ	しの・びよ

㊀ 動詞 他〔バ四段〕❶懐かしく思う。懐かしむ。(遠くから)恋い慕う。
能煩野に至りまししとき、国しのはして歌ひたまはく…。〈古事記・景行天皇〉訳(倭建命は)能煩野(=今の三重県にあったといわれる地名)にお着きになったとき、故郷(=大和の国)を**懐かしまれて**お歌いになることには…。○上代には清音の「しのふ」であった。
しのはむ 歌 **わが妻も絵に描き取らむ暇もが旅行く我は見つつしのはむ**〈万葉集・20・4327〉訳私の妻でも絵に描きとったりする時間があればなあ。(防人として)旅立つ私は、(それを)何度も見ては**恋い慕いたい**。
思ひ出でてしのぶ人あらんほどこそあらめ、そもまた程なくうせて…。〈徒然草・30・人の亡き後ばかり〉訳(故人を)思い出して**懐かしむ**人が生きているような間はよいだろうが、その人もまたまもなく亡くなって…。
❷賞美する。
秋山の木の葉を見ては黄葉をば取りてそしのふ青きをば置きてそ嘆く… 歌〈万葉集・1・16〉訳秋の山の木の葉を見ては、黄色く色づいた葉は(手に)取って**賞美する**。青い葉は(取らずにそのまま)残してため息をつく…。○「取りてそしのふ」の「そ」は係助詞(中古以降の「ぞ」)なので、結びは連体形になる。したがって、この「しのふ」は連体形。

㊁ 動詞 他〔バ上二段〕㊀❶の意味に同じ。
亡き人をしのぶる宵の村雨にぬれてや来つる山時鳥 歌〈源氏・幻〉訳亡き人を**恋い慕う**(私の涙のような)宵の口のにわか雨にぬれてやって来たのか、山にいるホトトギスよ。

発展「忍ぶ」と「偲ぶ」 上代には、「偲ぶ」は清音「しのふ」でハ行四段活用であり、バ行上二段活用の「忍ぶ」とは別のことばであった。心の中で思い慕うことと、人目につかないようにすることとは、共通点があるため、活用も清濁も混同されるようになり、中古以降、両語とも、バ行四段でもバ行上二段でも用いられるようになった。中世末期以降、上二段活用は衰え、四段活用だけが残って現代語に至る。

しのぶ【忍】 名詞 ❶「忍草」の略。❷「忍摺り」の略。

しの・ぶ【忍ぶ】 動詞 ↓最重要語(648ページ)

しの・ぶ【偲ぶ・慕ぶ・賞ぶ】 動詞 ↓最重要語(649ページ)

信夫 歌枕 福島県福島市。信夫山は「御山」とも呼ばれ、古くから信仰を集めた。また、和歌では、この地の名産「信夫摺り」に「忍ぶ恋」を掛けて詠んだものが多い。

しのぶ+□ 「しのぶ【忍ぶ】㊁(バ行四段)【偲ぶ・慕ぶ・賞ぶ】㊀(バ行四段)」の終止形・連体形。または、「しのぶ【忍ぶ】㊀(バ行上二段)【偲ぶ・慕ぶ・賞ぶ】㊁(バ行上二段)」の終止形。↓最重要語(648・649ページ)

しのぶ-ぐさ【忍草】 名詞 ❶《植物》ワスレグサの別の呼び名。
「**忘れ草を忍草とやいふ。」とて、出ださせたまへりければ**…。〈伊勢・100〉訳「忘れ草を**忍草**というのか。」と言って、(ワスレグサを)お差し出しになったので…。
❷《植物》シダ植物の一種。ノキシノブ。季語 秋

❸忘れ形見。昔を思い出す種。

しのぶ-ずり【忍摺り・信夫摺り】名詞 織物で、摺り衣のひとつ。信夫の郡(=今の福島県)から産出する忍草を摺りつけて、乱れ模様としたもの。

しのぶ-の-みだれ【忍ぶの乱れ】人目を忍んで、人を恋しく思う心の乱れ。

しのぶ-もぢずり【忍捩摺り・信夫捩摺り】名詞 「しのぶずり」に意味は同じ。
陸奥のしのぶもぢずりたれゆゑに乱れそめにし我ならなくに 百人一首〈古今集・恋4・724〉訳↓みちのくの…

しのぶる+□ 「**しのぶ**【忍ぶ】□(バ行上二段)【偲ぶ・慕ぶ・賞ぶ】□(バ行上二段)」の連体形。↓**最重要語**(648・649ページ)

しのぶれ+□ 「**しのぶ**【忍ぶ】□(バ行上二段)【偲ぶ・慕ぶ・賞ぶ】□(バ行上二段)」の已然形。↓**最重要語**(648・649ページ)

しのぶれど… 百人一首
忍ぶれど色に出でにけりわが恋はものや思ふと人の問ふまで〈拾遺集・622・平兼盛〉訳(人に知られまいと)隠していたけれども(とうとう)顔色に表れてしまったなあ、私の恋心は。「何かもの思いをしているのか」と人が尋ねるほどに。○第一・二句が第三句を受け、また、下の句が上の句に続く、倒置法を二重に用いている。「ものや思ふ」は「人(=第三者)」のことば。
発展 この歌は九六〇(天徳四)年に宮中で行われた歌合わせで壬生忠見の歌(↓こひすてふ…)と優劣を競って村上天皇の判定により勝ちを得たもの。

品詞分解・修辞

忍ぶれ(バ上二・已)　ど(接助)　色　に(格助)　出で(ダ下二・用)　に(完了・用)　けり(詠嘆・終)。〈二句切れ〉
わ(代)　が(格助)　恋　は(係助)。〈三句切れ〉　もの　や(係助)(係)──→(結)　思ふ(ハ四・体)　と(格助)
人　の(格助)　問ふ(ハ四・体)　まで(副助)

地の文 国語・国文法 物語などの文章中で、会話文・和歌・*心内文を除いた文章。純粋に描写や説明をする文章語部分。会話文が話しことばとの関係が深いのに対して、地の文には、俗語や口語性のあることばは用いられない。

しのべ+□ 「**しのぶ**【忍ぶ】□(バ行四段)【偲ぶ・慕ぶ・賞ぶ】□(バ行四段)」の已然形・命令形。↓**最重要語**(648・649ページ)

しば-【屡】造語 (動詞に付いて)たびたび、しばしば、などの意味を表す。語例 しば鳴く・しばたたく

しば【柴】名詞 山や野原に生える小さい雑木。また、その枝を薪や垣にしたもの。

しはう-しゃ【襲芳舎】名詞 ↓しほうしゃ

しはう-はい【四方拝】名詞 宮中の年中行事のひとつ。元旦に、天皇が束帯で、内裏の清涼殿の東庭に出て、内宮(伊勢皇大神宮)、外宮(豊受大神宮)や天地四方の神を拝み、国家の平安・五穀豊作を祈願する儀式。季語 春

しば-がき【柴垣】名詞 柴を編んで作った垣根。

しはし(誤)↓(正)**しわし**【吝し】

しば-し【暫し】副詞 少しの間。ちょっとの間。しばらく。
いささかに雨降る。しばしありてやみぬ。〈土佐日記・一月十三日〉訳 ほんの少し雨が降る。しばらくたってやんだ。

しば-しば【屡・屡屡】副詞 たびたび。↓**古語チャート**
発展 上代語「しまし」の変化したことば。
㊾(1327ページ) **詣づとしけれど、しばしばえ詣でず。**〈伊勢・84〉訳(母のもとへ)参上しようとしたけれど、たびたびはとても参上できない。

し-はす【師走】名詞 陰暦の十二月。季語 冬

し-は-つ【為果つ】動詞 他(タ下二段)〈て・て・つ・つる・つれ・てよ〉し終える。やり遂げる。
御祓へもしはてず、立ち騒ぎたり。〈源氏・須磨〉訳 お祓いもし終えないまま、大騒ぎしている。
発展「はつ」は補助動詞。

自発 国語・国文法 行為や状態が自然に現れてくること、自然に心に感じられることの意味で、助動詞「る」「らる」の最も本来的な意味。「可能」や「受身」の意味は、この「自発」から発展的に生じたとされている。

自発の助動詞 国語・国文法 自然にそうなってくるという意味を表す助動詞。「る」「らる」(上代では「ゆ」)にこの用法がある。命令形はない。「思ふ」「笑む」など、主に感覚・情緒に関する動詞に付いたときに自発の意味になる。↓ゆ(助動詞)・らる(基本助動詞20)・る(基本助動詞20)

しば-な-く【屡鳴く】動詞 自(カ四段)〈か・き・く・く・け・け〉しきりに鳴く。
ぬばたまの夜のふけゆけば久木生ふる清き川原に千鳥しば鳴く 歌〈万葉集・6・925〉訳↓ぬばたまの…

しばの-あみど【柴の編み戸】↓しばのと

しばの-いほり【柴の庵】名詞 柴で屋根をふいた庵。転じて、粗末な小屋。

しばの-と【柴の戸】柴を編んで作った粗末な戸。転じて、粗末なすみか。類 柴の編み戸・柴の枢 発展「新古今集」以降、粗末な家よりも山里にある別宅の意味として使われることが多くなる。

しばの-とぼそ【柴の枢】↓しばのと

しはぶか-ふ【咳かふ】《上代語》しきりにせき込む。何度もせきをする。
歌 **糟湯酒うちすすろひてしはぶかひ鼻びしびしに…**〈万葉集・5・892〉訳 糟湯酒をすすりすすり飲みながらしきりにせき込んで、鼻をぐすぐすと(鳴らし)…。
発展 四段動詞「しはぶく」の未然形＋上代の反復・継続の助動詞「ふ」。

しはぶき【咳き】名詞 ❶せき。
日ごろなやましうて、咳などいたうせらるるを、もののけにやあらむ…〈蜻蛉日記〉訳 このところ気分が悪くて、せきなどが自然とひどく出るので、物の怪ではないだろうか(と思って)…。
❷(合図のための)せき払い。
発展 動詞「しはぶく」の連用形が名詞になったもの。

しはぶき-やみ【咳き病】名詞 風邪など、せきが出る病気。季語 冬

しは-ぶ-く【咳く】動詞 自(カ四段)〈か・き・く・く・け・け〉❶せきをする。
三つばかりなる児の、寝おびれてうちしはぶきたるも、いとうつくし。〈枕草子・120・正月に寺に〉訳 三歳ぐらいの幼児が、寝ぼけてちょっとせきをしているのも、とてもかわいらしい。
❷合図のためにせき払いをする。

大夫、妻戸を鳴らしてしはぶけば、少納言聞き知りて、出で来たり。〈源氏・若紫〉訳大夫が、妻戸(=開き戸)をたたいて合図のためにせき払いをすると、少納言が(惟光だと)聞いてわかって、出て来た。

しば-ぶね【柴舟】 名詞 柴を積んだ舟。柴積み舟。

しはぶ-る【咳る】 動詞 自 〔ラ下二段〕（れ・れ・る・るる・るれ・れよ）せきをする。せき込む。

帰り来てしはぶれ告ぐれ… 歌〈万葉集・17・4011〉訳(ろくでなしのじじいがタカを失ったと)帰って来て**せき込んで**告げるが…。

しばら-く【暫く】 副詞 ❶少しの間。当分。

しばらくこそ念じても居たれ、すでに十日ばかりにもなりぬれば…。〈今昔〉訳**少しの間**は(じっと)我慢していたけれども、すでに十日ほどにもなってしまったので…。

❷かりそめに。一時的に。

しばらく衣装に薫き物すと知りながら、えならぬ匂ひには、必ず心ときめきするものなり。〈徒然草・8・世の人の〉訳**かりそめに**衣装に香をたき込んでいるとわかっていながら、なんとも言えないよい匂いには、必ず心がどきどきするものである。

発展 「しまらく」の変化したことば。

しばらくは… 句

しばらくは滝にこもるや夏の初め〈奥の細道・日光・松尾芭蕉〉訳こうしてしばらくの間、私は(裏見の)滝の岩屋にこもった。ちょうど僧の夏ごもりが始まる時期でもある。○季語 夏の初め—夏。「夏」は陰暦四月十六日から七月十五日まで。この間、僧は一室にこもって「夏籠り」という修行をする。

発展 今の栃木県日光にある黒髪山に登った芭蕉の一行が、そこにある裏見の滝の裏にある岩屋に入って滝を眺めたときの句。

しば-ゐ【芝居】 名詞 ❶芝の生えている所に座ること。❷勧進の猿楽や曲舞、田楽などで、貴人などの席と舞台との間に設けられた庶民のための見物席。❸歌舞伎や演劇。また、それを行う劇場。

しひ【椎】 名詞《植物》ブナ科の常緑高木。初夏に香りの高い花をつける。実は食用。

し-び【鴟尾・鵄尾】 名詞 宮殿や仏殿などの棟の両端につける魚の尾の形の飾り物。

しび【鮪】 名詞《動物》マグロの大きなもの。

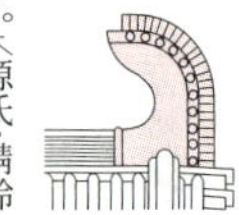
[しび(鴟尾)]

じ-ひ【慈悲】 名詞《仏教語》❶仏や菩薩がすべての人々や生き物に楽しみを与え、苦しみを除くこと。最高の思いやり。

「**仏のしたまふ方便は、慈悲をも隠して**…。」〈源氏・蜻蛉〉訳「(道心を起こさせるための)仏がなさる手段は、**最高の思いやり**をも隠して…。」

❷いつくしみ。哀れみ。

恩愛の道ならでは、かかる者の心に慈悲ありなんや。〈徒然草・142・心なしと見ゆる者も〉訳親子の情愛の道でなくては、このような者の心に**いつくしみ**(の心)があるだろうか、いや、ありはしない。

しひ-がたり【強ひ語り】 名詞 無理に相手に話を聞かせること。また、その話。

否と言へど強ふる志斐のが強ひ語りこのころ聞かずて朕恋ひにけり 歌〈万葉集・3・236〉訳いやだと言うのに無理強いする志斐(という名のおばあさん)の**無理に聞かせる話**をこのごろ聞かないで(いて)、私(=持統天皇)は恋しくなったなあ。

しひ-ごと【誣ひ言】 名詞 事実を曲げて言うこと。こじつけ。つくりごと。

しひ-しば【椎柴】 名詞 ❶《植物》シイの木。シイの木の枝。❷(喪服の染料としてシイを用いることから)喪服の色。また、喪服。

これをだにかたみと思ふを都には葉がへやしつる椎柴の袖 歌〈後拾遺集・583〉訳これだけでも(亡き人の)形見にしようと思っているのに、都ではもうシイの葉が生えかわるように脱いで着替えてしまったのだろうか、**喪服**を。

しひ-て【強ひて】 副詞 ❶無理に。

強ひて御室にまうでて拝みたてまつるに…。〈伊勢・83〉訳**無理に**お住まいに参上してお目にかかったところ…。

❷むしょうに。むやみと。

面影忘れがたうて、兄弟の君たちよりも、「強ひて悲し。」と覚えたまひけり。〈源氏・柏木〉訳(柏木の)面影が忘れられなくて、兄弟の君たちにもまして、「**むしょうに悲しい。**」と(夕霧は)お感じになったのだった。

発展 上二段動詞「しふ」の連用形＋接続助詞「て」が一語になったもの。

類語比較 「せめて」と「しひて」→せめて

しびら【褶】 名詞 衣の上に、腰から下に着用する衣服。男は袴の上から、女は唐裳の上からまとった。主人の前に出るときなどに着用した。

しふ【執】 名詞 深く思い込むこと。執着すること。執心。執念。

身に官禄あらず、何につけてか執を留めん。〈方丈記・我が過去〉訳自分の身には官位や俸禄もなく、(出家するにあたり)何に関して**執心**を残そうか、いや、残すものなどない。

しふ【集】 名詞 漢詩・和歌・文章・俳句などを集めた書物。

し・ふ【癈ふ】 動詞 自 〔ハ上二段〕（ひ・ひ・ふ・ふる・ふれ・ひよ）❶(身体の器官が)機能を失う。だめになる。まひする。

御目のうち塩風吹き入りて、つひに御目しひさせたまふ尊像を拝して…。〈笈の小文〉訳お目の中に潮風が吹き込んで、ついにお目が**機能を失い**なさった(=盲目におなりあそばした)という(鑑真和尚の)尊い像を拝見して…。

❷年老いて衰える。老いぼれる。もうろくする。

❸思いのままにならずにいる。不自由である。

われら、などて今まで参らで、しひたる世を見つらむ。〈落窪〉訳私たちは、どうして今まで(こちらへ)参上しないで、**不自由な**生活をしていたのだろう。

し・ふ【強ふ】 動詞 他 〔ハ上二段〕（ひ・ひ・ふ・ふる・ふれ・ひよ）無理に押し付ける。無理強いする。

いなと言はば強ひめや我が背菅の根の思ひ乱れて恋ひつつもあらむ 歌〈万葉集・4・679〉訳いやと言うのなら(どうして)**無理強いする**だろうか、いや、しない。(私はあなたを)思い乱れて恋い慕い続けていよう。○「菅の根の」は、「乱れ」に係る枕詞。

し-ぶ【四部】 名詞《仏教語》仏の四種の弟子。比丘(=僧)・比丘尼(=尼僧)・優婆塞(=在家のまま仏門に帰依し戒を受けた男)・優婆夷(=在家のまま仏門に帰依し戒を受けた女)のこと。

じふ-あく【十悪】 名詞 ❶《仏教語》三業(身・口・意)による十種の罪悪。殺生・偸盗・邪淫・妄語・綺語・悪口・両舌・貪欲・瞋恚・邪見じゃ。↓十戒 ❷中国の制度による古代の十種の重い罪。謀反・謀大逆・謀叛・悪逆・不道・大不敬・不孝・不睦・不義・内乱。

しぶ・く【渋く】 動詞 自〔カ四段〕〈か・き・く・く・け・け〉（動きが）つかえる。滞る。**高瀬舟しぶくばかりにもみぢ葉の流れて下る大堰川かな** 歌〈新古今集・冬・556〉訳高瀬舟（＝川舟の一種）が**つかえる**ほどに紅葉した落ち葉が流れて下る大堰川であるよ。

しぶ・げ・なり【渋げなり】 形容動詞〔ナリ〕〈なら・なり（に）・なり・なる・なれ・なれ〉色つやがない。くすんでいる。髪も、下がり端清げにはあれど、けづりつくろはねばにや、**渋げに見ゆる**を…。〈堤中納言・虫めづる姫君〉訳（姫君の）髪も、額髪の下がったところなどがきれいではあるが、くしけずることがないからであろうか、**色つやがなく見える**が…。

じふご・や【十五夜】ー 名詞 ❶陰暦で、毎月十五日の夜。満月となる。❷陰暦八月十五日の夜。古くから月を観賞し、宴を催す風習がある。中秋の名月。季語 秋 類 芋名月

じふさんぞく・みつぶせ【十三束三伏】ー 名詞（普通の矢の長さが十二束であるのに対して）長い矢。発展「束」は親指を除く四本の指を並べた幅、「伏」は指一本の幅をいうことば。

じふさんだい・しふ【十三代集】ー 名詞 二十一代集（＝すべての勅撰和歌集）のうち、初めの八代集を除いた十三の和歌集。鎌倉時代から室町時代の、新勅撰・続後撰・続古今・続拾遺・新後撰・玉葉・続千載・続後拾遺・風雅・新千載・新拾遺・新後拾遺・新続古今の各和歌集。

じふさん・や【十三夜】ー 名詞 ❶陰暦で、毎月十三日の夜。❷陰暦九月十三日の夜。八月十五日の中秋の名月に次ぐ月見の日とされた。後の月。季語 秋 類 豆名月

しぶ・しぶ・なり【渋渋なり】 形容動詞〔ナリ〕〈なら・なり（に）・なり・なる・なれ・なれ〉気乗りがしないようすだ。気が進まない感じだ。「おとども**渋々に**おはしげなることは…。」〈源氏・玉鬘〉訳「（姫君の）乳母殿も**気乗りがしないようすで**いらっしゃることは…。」

しふ・しん【執心】ー 名詞《仏教語》深く心にかけること。執念。執着。**仏の教へたまふ趣は、事に触れて執心なかれ、となり。**〈方丈記・みずから心に問う〉訳仏のお教えになる趣旨は、何事につけても**執着**をするな、ということである。

しふ・す【執す】 動詞 ↓しっす

じふ・ぜん【十善】ー 名詞 ❶《仏教語》★十戒を守り、★十悪を犯さないこと。❷天皇や天子。また、その位。発展 前世に十善を行った因縁により、現世で天子の位を授かるというところから。

じふに・し【十二支】ー 名詞 陰陽道で、子・丑・寅・卯・辰・巳・午・未・申・酉・戌・亥を合わせた呼び名。発展 もともとは月を数える数詞であったが、後に動物名と結び付けられた。方向や時刻の呼び名として用いられたり、★十干と組み合わせて暦に用いる。↓ビジュアルチェック❺（393ページ）

じふに・ひとへ【十二単】ー 名詞 平安時代の女官・女房の正装のくだけた呼び名。白小袖に紅の袴を着け、その上に単、五衣、打ち掛け、表衣、唐衣を着て、腰に裳を着ける。発展「十二の御衣」とも。

じふに・りつ【十二律】ー 名詞 古代中国や日本の音楽で用いる十二種類の音階。これによって今の一オクターブを形成する。壱越・断金・平調・勝絶・下無・双調・鳧鐘・黄鐘・鸞鏡・盤渉・神仙・上無。

しふね・し【執念し】 形容詞〔ク〕〈く・から・く・かり・し・き・かる・けれ・○・かれ〉❶執着が強い。しつこい。**例のしふねき御物の怪一つ、さらに動かず。**〈源氏・葵〉訳いつもの**しつこい**物の怪の一つが、（祈禱の限りを尽くしても）どうしても去ろうとしない。❷強情である。頑固である。「**かくしふねき人はありがたきものを**…。」〈源氏・空蟬〉訳「こんなに**強情な**女性はめったにいないものだなあ…。」発展 漢語「執念」が形容詞になったもの。

じふ・ねん【十念】ー 名詞《仏教語》念仏の「南無阿弥陀仏」を十回唱えること。**今はかうとや思はれけん、「しばしのけ、十念唱へん。」とて**…。〈平家・9・忠度最期〉訳（平忠度は）今はこれまでと思われたのだろうか、「しばらくどけ、**念仏を十回唱え**よう。」と言って…。

しぶ・の・でし【四部の弟子】↓しぶ

しふはう・しゃ【襲芳舎】ー 名詞 後宮 十二殿舎の一つで、内裏の西北にある。主に後宮の局として用いられた。↓ビジュアルチェック⑯（759ページ）発展 雷のときの天皇の避難所になっていたため「雷鳴の壺」ともいう。

じふ・もんじ【十文字】ー 名詞 ❶「十」の文字の形。❷武器や体を、前後左右にすばやく動かすようす。**木曾三百余騎、六千余騎が中を縦さま、横さま、蜘蛛手、十文字に駆けわって**…。〈平家・9・木曾最期〉訳木曾の三百余騎は、（敵の）六千余騎の中を縦に、横に、四方八方、**十文字に駆け破って**…。❸（「十文字槍」の略で）穂先が十文字になった槍。

［じふもんじ❸］

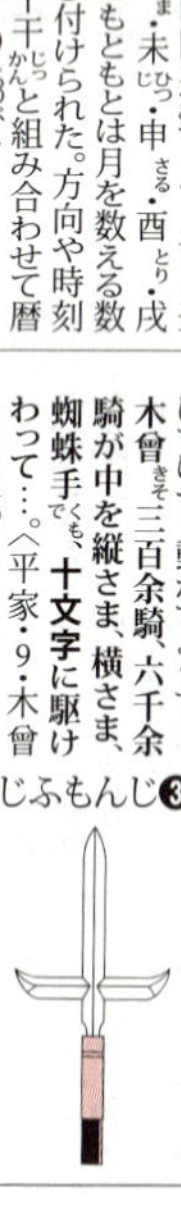

じふ・や【十夜】ー 名詞 陰暦十月六日から十五日までの十日間、浄土宗の寺で、経を読み念仏を唱える法要。十夜念仏。お十夜。季語 冬

しぶ・る【渋る】 動詞 自〔ラ四段〕〈ら・り・る・る・れ・れ〉❶（決心がつかずに）ぐずぐずする。ためらう。気が進まない。いやがる。「**こたみはよにしぶらすべくもものせじ。**」〈蜻蛉日記〉訳「今度は決して（私を）**ぐずぐずさせ**（たままに）してはおかないだろう（＝無理にでも連れ帰ることだろう）。」❷滑らかに通らない。滞る。**かへって心おもく詞しぶり**…。〈去来抄・先師評〉訳（考えすぎてしまうために）かえって慎重でことばが**滞り**…。

じ・ぶん【時分】 名詞 とき。ころ。ころあい。**また、時分にも恐るべし。**〈風姿花伝〉訳また、**ころあい**も気にかけなくてはならない。

じぶん・の・はな【時分の花】《能楽用語》役者の若さから生じる一時的な芸の魅力。対 真の花 **この花は真の花にはあらず。ただ時分の花なり。**〈風姿花

伝〉訳この芸の魅力は能の真の魅力ではない。単に**若さから生じる一時的な芸の魅力**である。

しへた・ぐ【虐ぐ・冤ぐ】動詞 他〔ガ下二段〕〈げ・げ・ぐ・ぐる・ぐれ・げよ〉❶むごい扱いをする。虐待する。いじめる。**すべて、人を苦しめ、物をしへたぐる事、賤しき民の志をも奪ふべからず。**〈徒然草・129・顔回は〉訳おしなべて、人を苦しめ、相手を**虐待すること**（があるが）、身分の低い民衆の意志をも奪ってはならない。

❷打ち負かす。征服する。「**毎度に御方追ひ落とされて、敵をしへたぐるに及ばず。**」〈平家・12・六代被斬〉訳「毎度味方が追い払われて、敵を**征服する**ことができない。」

-しほ【入】助数詞（数を表すことばに付いて）染色をするときに、染料につける回数や、色をつける回数を数えることば。語例 一**入**・八**入**・千**入** 発展 厳密に数えた回数というのではなく、何度も染料につけた色の鮮やかさを表すことが多い。また、紅葉の色の濃さのたとえとしても使われる。

しほ【塩】名詞 ❶岩や海から取り出した塩。食塩。❷塩気。塩味。

しほ【潮・汐】名詞 ❶海水。海水の干満。**熟田津に船乗りせむと月待てば潮もかなひぬ今は漕ぎ出でな** 歌〈万葉集・1・8〉訳→にきたつに…

❷よい機会。よいころあい。しおどき。**言ひ出すしほに茶をさし出し**…。〈夏祭浪花鑑〉訳（願いを）言い出す**ころあい**に茶を差し出して…。

❸あいきょう。愛らしさ。**なぜにそなたはしほがない。**〈近松・五十年忌歌念仏〉訳どうしておまえには**あいきょう**がないのだ。

しほ-うみ【潮海】名詞 海。発展 淡水の「淡海」「湖」に対して言うことば。

しほがま【塩釜】地名 →塩釜（しおがま）

しほがまのうら【塩釜の浦】歌枕 →塩釜の浦（しおがまのうら）

しほ-くみ【潮汲み・汐汲み】名詞 塩を作るために海水をくむこと。また、それをする人。

しほ-け【潮気】名詞 海水の湿気や香り。

しほごしや…句 **汐越や鶴脛ぬれて海涼し**〈奥の細道・象潟・松尾芭蕉〉訳ここ、汐越の風光よ。浅瀬に下り立っているツルの長い脚が（波に）濡れて、海（辺の景色）はいかにも涼しげだ。〇季語 涼し―夏。「汐越」は入り江の口にある浅瀬で、潮が満ちると海水が越えてくるのでこの名がある。発展 松島と並ぶ景勝地であった★象潟の風景を詠んだ句。

しほ-さゐ【潮騒】名詞 潮が満ちてくるとき、潮流がざわめくこと。

しほ-しほ 副詞 ❶（雨などにぬれるようすを表し）びっしょり。また、（涙にぬれるようすを表し）さめざめ。**飽かず悲しくてとどめ難く、しほしほと泣きたまふ。**〈源氏・行幸〉訳限りなく悲しくて（涙を）とどめることができず、**さめざめ**とお泣きになる。

❷（気落ちしたようすを表し）しょんぼり。「**思へば夢なれや、何事もいらぬ世や、後生こそまことなれ。**」と、**しほしほと沈み果て**…。〈西鶴・好色五人女〉訳「思えば夢であるなあ、何もいらない世の中よ、来世こそ人間の真実である。」と、**しょんぼり**とすっかり沈みこみ…。

発展 多く「と」を伴って用いる。

しほ-じ・む【潮染む】動詞 自〔マ四段〕〈ま・み・む・む・め・め〉❶海辺の生活に慣れる。潮水や潮気に染まる。類 潮馴る

世を海にここら潮染む身となりてなほこの岸をえこそ離れね 歌〈源氏・明石〉訳世間をつらく思い、長年**海辺の生活に慣れた**身の上となってもやはりこの海岸から離れることができない。〇「海」に「憂み（＝つらいので）」を、また、「この」に「此の」と「子の」、「岸」に「明石の浦」と「煩悩から逃れられない此岸（＝この世）」を掛けている。

❷（物事に）慣れている。世慣れる。「**世の中のとあること。**」と、**潮染みぬる人こそ**…。〈源氏・夕顔〉訳「世の中のよくあることだ。」と（即座に判断して）、**世慣れて**しまった（惟光のような）人は…。

しほ-じり【塩尻】名詞 塩田で円錐形に砂を積み上げたもの。これに潮水をかけて、乾燥させ塩分を固着させる。

しほだひの…句 **塩鯛の歯ぐきも寒し魚の店**〈薦獅子集・松尾芭蕉〉訳塩漬けのタイがむき出している歯ぐきまで寒々としている。品数も乏しい冬の魚屋の店先だ。〇季語 寒し―冬 発展「魚の店」という日常生活の中にあることばによる表現が、芭蕉晩年の俳風をよく表している句。

しほ-た・る【潮垂る・塩垂る】動詞 自〔ラ下二段〕〈れ・れ・る・るる・るれ・れよ〉❶潮水にぬれてしずくが垂れる。**故郷を恋ふる袂も乾かぬにまた潮垂るる海人もありけり** 歌〈拾遺集・1246〉訳故郷を恋しく思う（涙のために）私のたもとも乾かないのに、（そのうえ）また**潮水にぬれてしずくが垂れている**漁師までもいたことだ。

❷（袖が）涙でぬれる。涙を流す。泣く。悲嘆に沈む。**難波人蘆火焚く屋に宿借りてすずろに袖の潮垂るるかな** 歌〈新古今集・羇旅・973〉訳難波の漁師が蘆火をたく家に宿を借りてむやみと袖が**涙でぬれる**ことよ。

しほたれ-がち・なり【潮垂れがちなり】形容動詞〔ナリ〕〈なら・なり（に）・なり・なる・なれ・なれ〉涙を流すことが多い。涙がちだ。**御潮垂れがちにのみおはします。**〈源氏・桐壺〉訳（帝は桐壺の更衣の死後）**涙がちで**いらっしゃるばかりだ。

しほ-ぢ【潮路】名詞 ❶潮が流れる道。潮流。❷海上の道。海路。海上。

し-ぼち【新発・新発意】名詞 →しんぼち

しほ-ど・く【潮どく】動詞 自〔カ下二段〕〈け・け・く・くる・くれ・けよ〉❶びっしょりぬれる。**雨少し打ち降りて、田子の袂も潮どけたり。**〈栄花〉訳雨が少し降って、農夫のたもとも**びっしょりぬれて**いた。

❷涙にぬれる。類 潮垂る **五月の五月雨にもあはれに潮どけ暮らし**…。〈栄花〉訳五月の五月雨に比べても（さらに）あわれに**涙にぬれて**暮らし…。

しほ-なら-ぬ-うみ【潮ならぬ海】湖。特に、琵琶湖。発展 海水にぬれる意味から来たことば。沖を遥かに見渡せば、**潮ならぬ海に漕がれ行く、身を浮き舟の浮き沈み**…。〈太平記〉訳沖を遠くに見渡すと、**琵琶湖**を漕がれて行く、浮き舟に（自分の運命の）浮き沈みが思われ…。

しほ-な・る【潮馴る】動詞 →しほじむ

しほのみつ… 歌 **潮の満ついつもの浦のいつもいつも君をば深く思ふはやわが**〈枕草子・23・清涼殿の丑寅の〉訳 潮が満ちているいつもの浦(=地名)ではないけれど、いつもいつもあなたのことを深く愛しているのだよ。(この)私が。○「潮の満つ いつもの浦の」は「いつも」を導く序詞。「いつも」は「厳藻」で、よく茂ったモのこと。「はや」は終助詞で詠嘆を表す。「思ふはやわが」は、「わが思ふはや」の倒置表現。 発展 古歌で作者・出典は未詳。「君」を主君と考えて、恋の歌ではなく、天皇への信頼の歌と解釈することもできる。

しほ‐ひ【潮干】 名詞 潮が引くこと。引き潮。**わが袖は潮干に見えぬ沖の石の人こそ知らね乾く間もなし** 百人一首〈千載集・760〉訳 ↓わがそでは…

じ‐ほふ‐なり【実法なり】 形容動詞〔ナリ〕〈なら・なり(に)・なり・なる・なれ・なれ〉まじめだ。律儀だ。誠実だ。「さて、**かかる古事の中に、まろがやうにじほふなる痴れ者の物語はありや**。」〈源氏・蛍〉訳「ところで、こういう古い物語の中に、私のように**まじめな**愚か者の物語はあるか。」 発展「じっぽふ」の「っ」を表記しない形。

しほ‐ぶね【潮船】 名詞 海をこぎわたる船。

しほぶね‐の【潮船の】 枕詞 (浮かぶ船のようすから)「並ぶ」「置く」に係る。

しほふる‐たま【潮干る珠】 名詞 海につけると潮を引かせる力があるという、神話に出てくる玉。対 潮満つ珠 発展「しほひるたま」とも。

しほみつ‐たま【潮満つ珠】 名詞 海につけると潮を満ちさせる力があるという、神話に出てくる玉。対 潮干る珠

しぼ・む【萎む・凋む】 動詞 自〔マ四段〕〈ま・み・む・む・め・め〉しおれる。**しぼめる花の色なくて匂ひ残れるがごとし**。〈古今集・仮名序〉訳 **しおれた**花の色があせて香りが残っているようなものである。

しほ‐や【塩屋】 名詞 塩を作るための海辺の小屋。**さる塩屋のかたはらに過ぐしつらむことをおぼしのたまふ**。〈源氏・松風〉訳 あのような(明石の)**塩を作る小屋**のそばで(乳母が)過ごしてきていたりすることを(源氏は気の毒に)お思いになり(口に出して)おっしゃる。

しほ‐やき【塩焼き】 名詞 海水を煮詰めて塩を作ること。また、それをする人。

しほやき‐ぎぬ【塩焼き衣】 名詞 塩を焼く人が着る粗末な衣。発展「しほやきごろも」とも。

しほらしき… 句 ↓しをらしき…

しほ・る【霑る・湿る】 動詞 自〔ラ下二段〕〈れ・れ・る・るる・るれ・れよ〉❶濡れる。湿る。**降りつもる雪踏む磯の浜千鳥波にしほれて夜半に鳴くなり** 歌〈金槐集・325〉訳 降り積もる雪を踏む磯のハマチドリは、波に**濡れて**夜中に鳴いているようだ。❷(「袖しほる」などの文脈の中で)泣き濡れる。涙が流れる。**木の下露に立ち濡れて、御袖もしほれたるに…**。〈太平記〉訳 木の枝からこぼれ落ちる雨露に濡れて、(その露と悲しみとが重なって)お袖も**泣き濡れて**いたが…。 発展「しをる」説もあるが、「しほる」の「ほ」がワ行に転じたものと思われる。

しぼ・る【絞る・搾る】 動詞 他〔ラ四段〕〈ら・り・る・る・れ・れ〉❶ぬれたものを強くねじって水分を出す。しぼる。**今のやうにおぼえて、みな袖をぞ絞られける**。〈平家・灌頂・大原御幸〉訳 (華やかな生活が)今しがたのように思われて、みな(涙でぬれた)袖を**絞ら**ないではいられなかった。❷苦しげに声を出す。(声を)無理に出す。振り絞る。**せみの声絞り出だして誦みゐたれど…**。〈枕草子・25・すさまじきもの〉訳 セミのような声を**振り絞って**出して(お経を)読んで座っていたけれど…。❸(弓を)強く張る。引き絞る。

し‐ほん【四品】 名詞 ❶親王の位階の第四番めの位。❷臣下の位で、四位の別の呼び名。

しま【島】 名詞 一【島】周りを水で囲まれた陸地。二【山斎】泉水(=庭さきの池)に囲まれた、築山(=山をかたどって土を盛り上げた所)。また、築山や泉水などのある庭園。↓寝殿造り(図) **妹として二人作りしわが山斎は木高く繁くなりにけるかも** 歌〈万葉集・3・452〉訳 ↓いもとして…

志摩 旧国名 志州。★東海道十五か国の一つ。今の三重県鳥羽市と志摩市に当たる。↓ビジュアルチェック❼(450ページ)

しま‐がく・る【島隠る】 一 動詞 自〔ラ四段〕〈ら・り・る・る・れ・れ〉島のかげに隠れる。**わたつみの沖つ白波立ち来らし海人娘子ども島隠る見ゆ** 歌〈万葉集・15・3597〉訳 海原の沖の白波が立って来たらしい。海女の娘たちが**島のかげに隠れる**のが見える。
二 動詞 自〔ラ下二段〕〈れ・れ・る・るる・るれ・れよ〉一の意味に同じ。**ほのぼのとあかしの浦の朝霧に島隠れゆく舟をしぞ思ふ** 歌〈古今集・羇旅・409〉訳 ↓ほのぼのと… 発展 上代には四段活用、中古以降は下二段活用のものが使われた。死ぬことのたとえとなることがある。

しま‐し【暫し】 副詞 ↓しばし

しまし‐く【暫しく】 副詞《上代語》しばらくの間。類 暫し **能登川の後には逢はむしましくも別るといへば悲しくもあるか** 歌〈万葉集・19・4279〉訳 後には逢うことになるだろう。**しばらくの間**でも別れるとなると悲しいことだなあ。○「能登川の」は、「のと」に音が通じる「後」の枕詞。

します 助動詞〔四段型〕〈しまさ・しまし・します・します・しませ・しませ〉(尊敬の意味を表し)…なさる。接続 四段・ナ変動詞の未然形に付く。**色が黒くは遣らしませもとよりも塩焼きの子でそろ**〈閑吟集〉訳 色が黒く(て気に入らない)ならば追い出し**なさい**。もともとはどうせ塩焼きをする人の子でございます。 発展「せます」の変化したことば。

し‐まつ【始末】 名詞 ❶事の始めから終わりまで。事の次第。❷事の終わりをきちんと処理すること。しめくくり。

しま‐づた・ふ【島伝ふ】 動詞 他〔ハ四段〕〈は・ひ・ふ・ふ・へ・へ〉島から島へと船を進める。**白波の高き荒海を島伝ひ別れ行かば…** 歌〈万葉集・8・1453〉訳 白波の高い荒海を**島から島へと船を進めて**別れて行ったら…。○「い別れ」の「い」は、意味を強める接頭語。

しま‐つ‐とり【島つ鳥】 枕詞 (島にいる鳥という意味から)「鵜」に係る。

しま‐ね【島根】 名詞 島。また、島国。発展「ね」は接尾語。

しーまひ【仕舞ひ・終ひ・了ひ】まい｜名詞 ❶（物事を）やり終えること。後始末。❷決算。精算。❸支度。化粧。

しまーみ【島廻・島曲】名詞 ❶島の周り。
渚にはあぢ群騒き島廻には木末花咲き… 歌〈万葉集・17・3991〉訳 波打ち際にはアジガモが群れて鳴き騒ぎ、**島の周りには**梢に花が咲き…。
❷島を巡ること。
島廻すと磯に見し花風吹きて波は寄すとも取らずは止まじ 歌〈万葉集・7・1117〉訳 **島を巡ることを**しようとして磯で見た花（=女性）を、風が吹いて波が寄せてきても（私は）取らずにはおかない。
発展「み」は湾曲した所という意味。

しまーもり【島守】名詞 島を守る番人。島を管理する人。

しまーやま【島山】名詞 ❶島と山。また、川や水に面した島のような山。❷庭園の池の中に造った山。築山。

しまらーく【暫く】副詞 ↓しばらく

しみ【紙魚・衣魚】名詞《動物》衣類や和紙を食う小さな虫。季語 夏

しみーかへ・る【染み返る】かえる｜動詞 自〔ラ四段〕〈ら・り・る・る・れ・れ〉❶（色や香りなどが）深く染み込む。
またの日まで、**御簾に染み返りたりしを**…。〈枕草子・202・五月の長雨のころ〉訳 次の日まで、（移り香が）すだれに深く染み込んでいたのを…。
❷心に深く染み込む。深く感動する。
「あな、めでた。」と、若い人々は**染み返りて**…。〈狭衣〉訳「ああ、すばらしい。」と、若い女房たちは**深く感動して**…。
発展「かへる」は補助動詞。

しみーさ・ぶ【茂みさぶ・繁みさぶ】動詞 自〔バ上二段〕〈び・び・ぶ・ぶる・ぶれ・びよ〉木がこんもりと茂る。
大和の青香具山は日の経の大き御門に春山としみさび立てり… 歌〈万葉集・1・52〉訳 大和（の国）の青々とした香具山は、東の宮殿の方に春山らしく**木がこんもりと茂り**立っている…。

しみーつ・く【染み着く】動詞 自〔カ四段〕〈か・き・く・く・け・け〉❶（色や香りなどが）染み込んで容易にとれない。染まり付く。染み付く。
「さもや**染みつかむ**。」と、あやふく思ひたまへり。〈源氏・末摘花〉訳「そうも（紅が鼻に）**染み込んで容易にとれない**のではないだろうか。」と、（紫の上は）心配だと思っていらっしゃる。
❷心に染みとおる。強く印象に残る。深い関係になる。
「**若き御どちもの聞こえたまはむは、ふとしも染みつくべくもあらぬを**。」〈源氏・東屋〉訳「お若い方同士お話を申し上げなさる（だけ）ならば、急には**深い関係になる**はずもないのに。」

しみーに【茂みに・繁みに】副詞 おびただしく。いっぱいに。よく茂って。
見まく欲り我が待ち恋ひし秋萩は枝もしみみに花咲きにけり 歌〈万葉集・10・2124〉訳 見たいと思い、私が待ちわびた秋のハギは枝も**いっぱいに**花が咲いたことだ。
発展「しみしみに」の変化したことば。

しみらーに 副詞 暇なく連続して。一日中。終日。
あかねさす昼はしみらにぬばたまの夜はすがらに眠も寝ずに… 歌〈万葉集・13・3297〉訳 昼は**一日中**、夜は一晩中眠りもしないで…。○「あかねさす」は「昼」に、「ぬばたまの」は「夜」に係る枕詞。
発展「しめらに」とも。

しみる（現）↓（古）**しむ**【染む・浸む】

しーみん【四民】名詞 ❶江戸時代の四つの階級。武士・農民・工人（=職人）・商人。❷すべての民衆・人民。

し・む【染む・浸む】一 動詞 自〔マ四段〕〈ま・み・む・む・め・め〉❶浸る。染みとおる。
なかなかに人とあらずは酒壺になりにてしかも酒に染みなむ 歌〈万葉集・3・343〉訳 ↓なかなかに…
❷（色や香りが）染み込む。染まる。色づく。
かうばしう**染みたる衣**など着たる。〈枕草子・29・心ときめきするもの〉訳（香の）香りがよく**染み込んだ**衣を着ているのは（胸がどきどきする）。
❸（「身に染む」などの形で）深く感じる。心に染み入る。
夕されば野辺の秋風身にしみてうづら鳴くなり深草の里 歌〈千載集・259〉訳 ↓ゆふされば…
❹深く関心を寄せる。熱心になる。
「**紛れなく行ひに染みたまひにたなり**。」〈源氏・若菜下〉訳「（朝顔の姫君は）わき目も振らず仏道に**熱心になって**いらっしゃるということである。」○「にたなり」は、「にたるなり」（完了の助動詞「ぬ」の連用形＋存続の助動詞「たり」の連体形＋推定・伝聞の助動詞「なり」）が変化した「にたんなり」の「ん」を表記しない形。
二 動詞 他〔マ下二段〕〈め・め・む・むる・むれ・めよ〉❶染める。色づける。染み込ませる。
紅に衣染めまく欲しけども着てにほはばか人の知るべき 歌〈万葉集・7・1297〉訳 ベニバナで衣を**染め**ようと思うけれども、着て美しく映えたら人が知るだろうか。○「欲しけ」は「欲し」の上代の已然形。
❷（「身に染む」「心に染む」などの形で）深く心が引かれる。強い関心をいだく。思い詰める。
若き人々は身に染めて、過ちもしつべくめできこゆ。〈源氏・賢木〉訳 若い女房たちは**深く心が引かれて**、過ちを犯してしまいそうになるほどに（源氏の君を）お褒め申し上げる。

し・む【凍む】動詞 自〔マ上二段〕〈み・み・む・むる・むれ・みよ〉こおる。
季語 冬 類 凍つ
朝夕涼みもなきころなれど、身も凍むる心地して…。〈源氏・若菜下〉訳 朝夕涼しくもないころだけれども、（寒気に）身も**凍る**感じがして…。

し・む【占む・標む】動詞 他〔マ下二段〕〈め・め・む・むる・むれ・めよ〉❶自分の所有である印を付ける。占める。
明日よりは春菜摘まむとしめし野に昨日も今日も雪は降りつつ 歌〈万葉集・8・1427〉訳 明日からは春菜を摘もうと、**自分の所有である印を付けた**野に昨日も今日も雪は降り続いているよ。○「つつ止め」で、動作・作用が進行中であることを詠嘆的に表している。
❷領地や敷地として占有する。自分の土地として住む。居所とする。
「**古くよりこの地を占めたるものならば**…。」〈徒然草・207・亀山殿〉訳「古くからこの土地を**自分の土地として住んで**いるものならば…。」
❸身に備える。心に持つ。
「**いとあはれ。」と、人の思ひぬべきさまをしめたまへる人柄なり**。〈源氏・浮舟〉訳（薫は）「とてもしみじみとして優れている。」と、人がきっと思うにちがいない趣を**身に備えて**いらっしゃる人柄である。

し・む【締む】動詞 他〔マ下二段〕〈め・め・む・むる・むれ・めよ〉❶（ひもなどで）きつく縛る。固く結ぶ。
高角打ったる甲の緒を締め…。〈平家・4・宮御最期〉訳 シカの角を付けたかぶとのひもを**固く結んで**（か

ぶり)…。

❷合計する。「いかさま締めて三百ぐらい…。」〈助六所縁江戸桜〉訳「なるほど合計して三百文ぐらい…。」

❸まとめる。取り決める。胸中残さず打ち明けて、評議を締めん…。〈仮名手本忠臣蔵〉訳胸のうちをすべて打ち明けて、相談をまとめよう…。

❹物事の決着を祝って、みんなで手を打つ。

❺懲らしめる。

しむ

他の人に、動作をさせること(使役)を表す
- ❶(使役を表し)…せる。…させる。
- ❷(主に「～しめたまふ」の形で、尊敬を表し)お…になる。

助動詞［下二段型］接続 活用語の未然形に付く。

未然形	連用形	終止形	連体形	已然形	命令形
しめ	しめ	しむ	しむる	しむれ	しめよ

❶(使役を表し)…せる。…させる。**愚かなる人の、目を喜ばしむる楽しみ、またあぢきなし。**〈徒然草・38・名利に使はれて〉訳愚かな人が、目を喜ばせる(だけの)楽しみも、またつまらない。

❷(主に「～しめたまふ」の形で、尊敬を表し)お…になる。…なさる。**明石の駅といふ所に御宿りせしめたまひて、駅の長のいみじく思へる気色を御覧じて、作らしめたまふ詩、いとかなし。**〈大鏡・時平〉訳(大宰府に左遷される道真が)明石の宿駅という所でご宿泊をなさって、駅長が(自分の境遇を)ひどく悲嘆しているようすをご覧になって、お作りになる漢詩は、まことに哀切である。

発展 ①使役から尊敬へ　もともとは❶の使役の意味。❷は、高貴な人は物事を自分ではしないで、人を使ってさせることが多いところから、中古以降、使役が尊敬の意味に変化したもの。

②文法のポイント　❶と❷とは識別しにくい場合も多いが、基本的に使役の対象者がいるかいないかで判断できる。使役の対象者が想定できる場合は❶、使役の対象者が考えられない場合は❷である。

③「す」「さす」と「しむ」　「しむ」は上代から例がみられるが、類義の助動詞「す」「さす」は中古から用いられた。「す」「さす」が、主として和文で用いられたのに対し、「しむ」は漢文訓読文や、軍記物語・説話などの*和漢混交文、男性の会話文などを中心に用いられた。

類語比較「さす」「す」「しむ」→さす

しむる　使役・尊敬の助動詞**しむ**の連体形。

しむれ　使役・尊敬の助動詞**しむ**の已然形。

しめ㊀使役・尊敬の助動詞**しむ**の未然形・連用形。㊁尊敬の助動詞**しも**の命令形。

しめ【標・注連】名詞❶土地の領有を示し、立ち入りを禁止するための標識。❷「*標縄」の略。

しめ-じめ 副詞❶(雨などが絶え間なく降るようすを表し)しとしと。**夜に入りて、雨しめじめとめでたく降りて…。**〈愚管抄〉訳夜になって、雨がしとしととよい具合に降って…。

❷(ひっそりと沈んだようすを表し)しんみり。**この御前は人げ遠くもてなして、しめじめと物語聞こえたまふ。**〈源氏・総角〉訳このおそばには人気を遠ざけるようにして、(薫は大君に)しんみりとお話を申し上げなさる。

❸(深く心を打ち込むようすを表し)つくづく。ひたすら。**この侍従を年ごろしめじめと懸想しけれど…。**〈十訓抄〉訳この侍従に数年来ひたすら思いをかけていたけれども…。

発展 多く「と」を伴って用いる。

しめ-す【示す】動詞 他［サ四段］〈さ・し・す・す・せ・せ〉❶表して見せる。

❷(神仏などが)告げ知らせる。「**『この浦に寄せよ。』と、かねて示すことのはべりしかば**…。」〈源氏・明石〉訳「『この浦に(こぎ)寄せよ。』と、前もって(夢で)告げ知らせることがございましたので…。」

❸諭し戒める。「**時々意見して、『家衰へさすな。』と、示したまへ。**」〈春雨〉訳「時々意見して、『家を衰えさせるな。』と、お諭し戒めください。」

しめ-たま-ふ【しめ給ふ】連語❶(「しむ」は尊敬で)…なさる。お…になる。…あそばす。**左右の大臣に、世の政を行ふべきよし宣旨下さしめたまへりしに…。**〈大鏡・時平〉訳(醍醐天皇が)左右の大臣に、天下の政治を執り行うようにという内容の宣旨をお下しになっていたときに…。

❷(「しむ」は使役で)…(さ)せなさる。…(さ)せてくださる。「**御船速やかに漕がしめたまへ。**」〈土佐日記・一月二十六日〉訳「(神よ)お船を速く漕がせてください。」

発展 使役・尊敬の助動詞「しむ」の連用形＋尊敬の補助動詞「たまふ」。❶は、*二重敬語で、高い尊敬を表す。

しめ-なは【標縄・注連縄】名詞❶不浄なものが入らないように神前や神事の場所に張り渡す縄。縄をない、*垂を下げる。❷区域を示すための目印の縄。

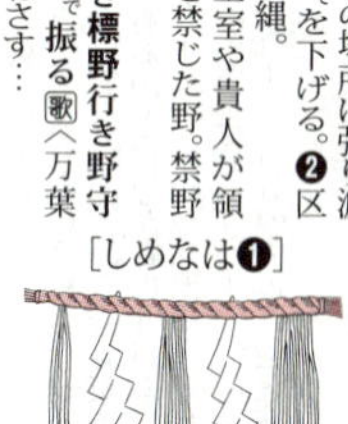

[しめなは❶]

しめ-の【標野】名詞 皇室や貴人が領有し、一般の出入りを禁じた野。禁野。**あかねさす紫野行き標野行き野守は見ずや君が袖振る** 歌〈万葉集・1・20〉訳→あかねさす…

しめ-の-うち【標の内】❶神域を示す印の内側。神社の境内。また、宮中。❷正月の飾り(＝門松やしめなわなど)を付けておく期間。上方で、一月十五日までをいう。類 松の内

しめ-の-ほか【標の外・注連の外】神社の境内や宮廷の外。転じて、(男女が)隔たっていて会えない状態。

しめ-やか-なり 形容動詞［ナリ］〈なら・なり(に)・なり・なる・なれ・なれ〉❶しっとりと落ち着いても静かだ。**荒れたる庭の露繁きに、わざとならぬ匂ひ、しめやかにうち薫りて…。**〈徒然草・32・九月二十日のころ〉訳荒れている庭で露がたくさんある(その)庭に、(わざわざ薫いたのではない)さりげない(香の)香りが、**しっとりと**漂って…。

❷しみじみとしている。しんみりしている。**しめやかなる御物語のついでに…。**〈源氏・薄雲〉訳**しんみりとした**お話のついでに…。

しめよ　使役・尊敬の助動詞**しむ**の命令形。

しめる (現)→(古)**しむ【占む・標む】【締む】**

しめ-る【湿る】動詞 自［ラ四段］〈ら・り・る・る・れ・れ〉❶湿気を

帯びる。水にぬれる。水で湿る。狩衣姿のいと濡れ湿りたるほど…。〈源氏・橋姫〉訳狩衣を着た(薫の)姿がひどく(露で)濡れて湿っているようすは…。

❷火勢が衰える。火湿りはてて…。〈蜻蛉日記〉訳(火事の)火(の勢い)は衰えきって…。

❸(雨や風などが)静まる。勢いが衰える。暁方に風少し湿りて、むらさめのやうに降り出づ。〈源氏・野分〉訳明け方に風が少し静まって、にわか雨のように(雨が)降り出す。

❹思いに沈む。しんみりと考える。めいる。例のやうに物も言はで、湿りたるを…。〈堤中納言・はいずみ〉訳いつものように何も言わないで、思いに沈んでいるのを…。

❺もの静かになる。落ち着く。これは、人ざまもいたう湿り恥づかしげに…。〈源氏・絵合〉訳この方(=新しく入内なさった前斎宮)は、人柄もたいへん落ち着き気後れするほど(立派)で…。

しも【下】

空間的にも時間的にもひと続きの物事の後の方

- [空間] ❶下の方。低い方。川の下流。川下。
- [時間] ❷後の時代。後世。
- [順序] ❸後の方。特に、(和歌の)下の句。(俳句で)最後の五文字。
- [身分] ❹身分の低い者。また、人民。臣下。
  - ❺女房の詰め所。
  - ❻京都の町の南部。また、西国。

名詞 ❶下の方。低い方。また、川の下流。川下。ただこのつづら折りの下に…。〈源氏・若紫〉訳ちょうどこの曲がりくねった坂道の下の方に…。

❷後の時代。後世。現在に近い方。上、正暦のころほひより、下、文治の今に至るまでの大和歌を選びたてまつるべき仰せ言なむありける。〈千載集・序〉訳古い時代は、正暦(=九九〇年代前半)のころから、現在に近い方では、文治(=一一八〇年代後半)の現在に至るまでの和歌をお選び申し上げるようにとの(後白河院の)ご命令があったのだった。

❸後の方。後半。終わりの方。特に、(和歌の)下の句。(俳句で)最後の五文字。歌のありさま三十一字、総じて五句あり。上の三句をば本といひ、下の二句をば末といふ。〈新撰髄脳〉訳和歌の様式は三十一文字で、全体で五句がある。初めの三句を本といい、終わりの方の二句を末という。

❹身分の低い者。また、(朝廷に対して)人民。臣下。上中下酔ひあきて、いと怪しく、塩海のほとりにて、あざれ合へり。〈土佐日記・十二月二十二日〉訳高い身分から中ぐらいや身分の低い者までみながうんざりするほど酔っ払って、まったく不思議なことに、(物が腐るはずのない)塩からい海のそばで、ふざけ(=腐り)合っている。〇「あざる」は、「ふざける」意味と「腐る」意味とを掛けて用いている。

❺(宮中や貴人の邸宅の)女房の詰め所。局。「一昨日より腹を病みて、いとわりなければ、下にはべりつるを…。」〈源氏・空蝉〉訳「(私は)一昨日からおなかをこわしていて、ひどくつらいので、局(=自室)におりましたが…。」

❻京都の町の南部。下京。また、(上方に対して)西国。特に、九州。

類語比較 「うへ」「かみ」「した」「しも」↓上

しも【霜】 名詞 ❶寒い朝に地面にできる氷の結晶。季語冬 ❷(たとえとして)白髪。
↓古語チャート ㉑(783ページ)

し-も 副助詞 接続 体言、活用語の連用形・連体形、副詞、助詞などに付く。❶(強調を表し)よりによって。こともあろうに。これを見れば、春の海に秋の木の葉しも散れるやうにぞありける。〈土佐日記・一月二十一日〉訳これ(=すべての船が港を出ていくようす)を見ると、春の海に秋の木の葉がこともあろうに散っているようであった。

❷(多く「しもぞ」「しもあれ」の形で、強い指示を表し)ちょうど。よりによって。ほかでもない。…にかぎって。青柳の糸よりかくる春しもぞ乱れて花の綻びにける 歌〈古今集・春上・26〉訳青々としたヤナギが(風になびいて)糸をより合わせた(ようにみえる)春にかぎって、(糸となる枝が)乱れて、(着物の縫い目がほどけるように)花はつぼみが開いてしまったことだなあ。

❸(上の語を特に限定して指示し)なにはさておき…が。…だけは。そのほど心ばへはしも、ねんごろなるやうなりけり。〈蜻蛉日記〉訳(私が身ごもった)そのときの夫の心遣いだけは、心がこもっているようだった。

❹(活用語の連体形に付いて、逆接的な感じを表し)…にもかかわらず(かえって)。ことさらに田舎びもてなしたまへるしも、いみじう、見るに笑まれて清らなり。〈源氏・須磨〉訳(源氏は)わざと田舎ふうに振る舞っていらっしゃるにもかかわらず、非常に、見るからにほほえましくて気品があって美しい。

❺(打消の語を伴って、強く打ち消す気持ちを表し)決して…ない。あえて…ない。忘れ貝拾ひしもせじ白玉を恋ふるをだにも形見と思はむ 歌〈土佐日記・二月四日〉訳忘れ貝を決して拾ったりはしないことにしよう。白玉(のようなあの子)を恋しく思う(気持ち)だけでも、(あの子の)形見だと思おう。〇「忘れ貝」は、悲しいことを忘れさせてくれると言い伝えられている貝。

❻(打消の語を伴って、打消の範囲が部分的であることを表し)必ずしも…とはかぎらない。死は前よりしも来たらず、かねて後ろに迫れり。〈徒然草・155・世に従はん人は〉訳死は必ずしも前からやって来るとはかぎらないで、あらかじめ後ろに迫っている。

発展 強意の副助詞「し」＋係助詞「も」が一語になったもの。

しも 助動詞 特殊型〈しも・しも・しも・しも・○・しめ〉《中世語》(軽い尊敬を表し)…なさる。接続 四段・ナ変動詞の未然形に付く。「もそっとぢや。急がしめ、急がしめ。」〈狂言・蚊相撲〉訳「もうちょっとだ。急ぎなされ、急ぎなされ。」

発展 中世の漢文の注釈書や、謡曲・狂言に命令形が多く用いられた。

しも-あら-じ【しも有らじ】❶必ずしも…わけでもないだろう。

人のものを問ひたるに、知らずしもあらじ、ありのままに言はんは痴がましとにや…。〈徒然草・234・人のものを問ひたるに〉訳 人がものを尋ねた時に、**必ずしも**知らない**わけでもないだろう**、ありのままに言うようなことはばからしいと思うのではなかろうか…。

❷…までもいないようにしよう。

発展 形容詞・形容動詞の連用形、打消の助動詞「ず」などの連用形に付く。副助詞「しも」＋ラ変補助動詞「あり」の未然形＋打消推量・打消意志の助動詞「じ」の終止形。

下一段活用 国語・国文法 動詞の活用の種類のひとつ。五十音図のエ段音に「る」「れ」「よ」が添えられた活用語尾を持つ形式。所属する語は、中古では、カ行に活用する「蹴る」一語である。↓動詞活用表(12ページ)／蹴る

下総 「一」旧国名 総州。*東海道十五か国の一つ。今の千葉県北部と茨城県南西部および埼玉県東部に当たる。古代には総と呼ばれた地域で、大化の改新後に上・下に分けられて下総国となった。↓**ビジュアルチェック**❼(450ページ)

しも-うど【下人】名詞 召し使い。身分の低い人。下役。

発展 「しもびと」のウ音便。

しも-が-しも【下が下】身分が最も卑しい者。

しもぎゃうや…句

下京や雪積む上の夜の雨〈猿蓑・野沢凡兆〉訳 小さな家が寄り添うように立ち並ぶ下京よ。雪が積もったその上に、夜になり雪からかわった雨が音もなく降ることだ。○季語 雪―冬

発展 みなで苦心していたはじめの五文字に芭蕉が「下京や」と置き、「もしこれ以上のものがあったら、私は二度と俳諧を語らない」と言ったという話が『去来抄』にある。

じもく(現)↓(歴)**ぢもく【除目】**

しも-けいし【下家司】名詞 六位以下の下級の家司。

発展 四位・五位の家司を「上家司」という。

下河辺長流 人名 江戸前期の歌学者。木下長嘯子に和歌を学ぶ。水戸徳川家より『万葉集』の注釈を依頼されるが果たせず、契沖が継いで『万葉代匠記』として完成させた。注釈書に『万葉集管見』、私撰集に『林葉累塵集』、家集に『晩花集』などがある。*1624―1686*

しもこほり…歌

霜氷うたてむすべる明けぐれの空かきくらし降るなみだかな〈源氏・少女〉訳 霜や氷がますます固まってくる夜明け前の(ほの暗い)空を(さらに)暗くして、(雨のように)降ってくる涙だなあ。○「霜氷」と「むすぶ」は縁語。「うたて」は、ますます・しきりにという意味の副詞。「明けぐれの空」は、夜が明けきる前のほの暗いころの空。「かきくらし」は「空を暗くする」と「心を暗くする」の意味を掛ける。

発展 『源氏物語』の中の夕霧の歌。恋しい雲居の雁が連れ去られ、取り残された悲しさを歌っている。

しも-ざま【下様】名詞 ❶下の方。対 上様。❷身分の低い人。低い階層。対 上様。

下様の人の物語は、耳驚くことのみあり。〈徒然草・73・世に語り伝ふること〉訳 **低い階層**の人の話は、聞いて驚くことばかりある。

❸後の世。後世。

この例は下様までも多かり。〈愚管抄〉訳 このような例(＝兄弟どうしの殺し合い)は**後世**に至っても多い。

しも-つ-かた【下つ方】名詞 ❶下の方。対 上つ方

立ちさまよふらむ下つ方思ひやるに、あながちに丈高き心地ぞする。〈源氏・夕顔〉訳 (上半身しか見えず)立って動きまわっているらしい(体の)**下の方**を想像すると、むやみに背が高い感じがする。

❷京都の南の方。下京。対 上つ方

下つ方の京極わたりなれば、人げ遠く、山寺の入相の声々にそへても…。〈源氏・澪標〉訳 (前斎宮の住まいは)**下京**の京極のあたりであるので、人の気配も少なく、山寺の夕暮れにつく鐘の音があちらこちらから聞こえてくるのに伴っても…。

❸身分の低い人。

それより下つ方は、程につけつつ…。〈徒然草・1・いでや〉訳 それより**身分の低い人**は、身分に応じて…。

発展 「つ」は格助詞。

しも-づかへ【下仕へ】名詞 院の御所や摂関家などで、雑用をする身分の低い女性。

しも-つき【霜月】名詞 陰暦十一月の呼び名。

しも-つけ【下野・繡線菊】名詞《植物》バラ科の落葉低木。夏に、淡紅色の小さい花が茎の先端に咲く。季語 夏

発展 「下野国」の産であることからこの名が付いた。

下野 旧国名 野州。*東山道八か国の一つ。今の栃木県。古代には毛野と呼ばれた地域で、後に上・下に分けられて下毛野と称し、大化の改新後に那須を合わせて下野国となった。↓**ビジュアルチェック**❼(450ページ)

しも-つ-やみ【下つ闇】名詞 陰暦で、月の下旬の闇夜。

発展 「つ」は格助詞。

しもと【笞】名詞 木の枝で作った刑罰のむち。

しもと【楉・細枝】名詞 細く伸びた若い枝。

しもと-がち・なり【楉がちなり・細枝がちなり】形容動詞〔ナリ〕〈なら・なり(に)・なり・なる・なれ・なれ〉若い小枝がたくさん伸びている。

桃の木の若立ちて、いとしもとがちにさし出でたる…。〈枕草子・144・正月十余日のほど〉訳 モモの木で(その)新しい枝が生え出て、(また)たいそう**若い小枝がたくさん伸びて差し出ている木が…。**

下二段活用 国語・国文法 動詞の活用の種類のひとつ。五十音図のウ段音・エ段音に「る」「れ」「よ」が添えられた活用語尾をもつ形式。この活用をする語は、五十音図の濁音まで含めたすべての行、すなわちア・カ・ガ・サ・ザ・タ・ダ・ナ・ハ・バ・マ・ヤ・ラ・ワの十四行にわたる。終止形が同形で、四段活用と活用を分かつ「生く」「浮く」「頼む」の類は、この下二段に活用するものが使役の意味をもつものとして注目される。中世以降、下一段活用となる。↓動詞活用表(12ページ)

-じもの 接尾語《上代語》《名詞に付いて》…のようなもの、…に似たもの、という意味を表す。語例 犬**じもの**・鹿**じもの**

しも-の-や【下の屋】名詞 寝殿造りで、主殿の後ろにある建物。女房や召し使いなどが住んだ。しもや。

しも-びと【下人】名詞 ❶身分の低い人。❷召し使い。下男や下女。

しも-ふさ【下総】旧国名 ↓下総(しもうさ)

しも-べ【下辺】名詞 川の下流の方。

しも-べ【下部】名詞 ❶召し使い。下男や下女。発展「しもへ」とも。❷身分の低い人。

しも-や【下屋】名詞 ↓しものや

しも-よ【霜夜】名詞 霜が降りる寒い夜。

しも-をんな【下女】― 名詞 身分の低い女官。また、召し使いの女。下女。

しゃ- 接頭語 (人の体の一部や、身に着ける物を表す名詞に付いて)人をののしったり、軽蔑したりする意味を表す。語例 しゃ首・しゃ冠

じゃ-いん【邪淫・邪婬】 名詞 《仏教語》*五悪の一つ。夫または妻でない人と交わること。

しゃう【生】 名詞 ❶命。生命。「**生あるもの、死の近きことを知らざること、牛すでにしかなり。**」〈徒然草・93・牛を売る者あり〉訳「**生命**あるものが、死が間近であることを知らないということは、(売る前に死んだ)ウシがまさしくそうである。」❷生まれること。物が生じること。❸生き物。生きていること。**生を苦しめて目を喜ばしむるは、桀、紂が心なり。**〈徒然草・121・養ひ飼ふものには〉訳 **生き物**を苦しめて(自分の)目を楽しませるのは、桀、紂(=古代中国の暴君)の(ような)心である。

しゃう【正】 一 名詞 ❶各役所の長官。かみ。❷間違いのないこと。真実。二 接頭語 ❶ちょうど、という意味を表す。語例 **正**七つ時 ❷二つの位階を二つに分け、その上位の階級であることを表す。下の階級は「従」。語例 **正**一位 発展 二❷は「じゃう」とも。

絵で見る古典生活史⑰

お正月のイベント

平安時代の貴族の元日は、たいへん忙しいものでした。朝は、『*徒然草』十九段に「追儺より*四方拝に続くこそおもしろけれ。」とある「四方拝」の儀式から始まります。これは、天皇が、*寅の刻、四つの方角に向かって、五穀豊穣や国家の平安などを祈る行事です。続いて、臣下は「*朝拝」のため宮中に出仕し、天皇・皇后に新年のおよろこびを申し上げます。『*枕草子』では、元日に、みながかしこまってお祝いを述べているのは「いつもとようすが違っていておもしろい。」と評されています。

家庭では、長寿を祈る「*歯固め」の儀式があります。本来は、元日の朝に、天皇に押しアユ・ダイコンなどを載せた御盤を献上する儀式ですが、後には、正月三が日に鏡餅、ウリ、シカの肉などを食べる風習となりました。『枕草子』四十段に「よはひを延ぶる歯固めの具にもてつかひ」とあるのは、ゆずり葉を歯固めの品の下に敷き、鏡餅に飾ったことを述べたものです。

(絵…儀礼の四方拝〈恒例公事之図〉より)

しゃう【姓】 名詞 ↓せい(姓)

しゃう【性】 名詞 ❶生まれつきの性質。本性。**女の性は皆ひがめり。**〈徒然草・107・女の物言ひかけたる〉訳 女の**本性**は皆ひねくれている。❷心。魂。精神。

しゃう【省】 名詞 太政官が統轄する中央官庁。中務・式部・治部・民部・兵部・刑部・大蔵・宮内の八省。↓**ビジュアルチェック❽**(466ページ)

しゃう【荘・庄】 名詞 ❶荘園。❷かつての荘園の名前を受け継いでいる土地。

しゃう【笙】 名詞 雅楽で用いる管楽器。しょうの笛。

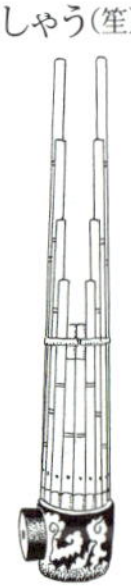

[しゃう(笙)]

しゃう【箏】 名詞 ↓さう(箏)

じゃう【状】 名詞 手紙。書状。

じゃう【城】 名詞 城。城郭。とりで。

じゃう【情】 名詞 ❶感情。気持ち。❷他人を思う心。思いやり。なさけ。

じゃう-え【浄衣】― 名詞 ❶白い布や絹で作った狩衣。神事や祭事に着用した。❷僧が着用する白い衣服。

しゃう-が【唱歌】― 名詞 動詞 自 サ変〈せ・し・す・する・すれ・せよ〉❶笛や琴など、楽器の曲の旋律を口ずさむこと。❷楽曲に合わせて、歌を歌うこと。発展「さうが」とも。

しゃう-がく【正覚】― 名詞 《仏教語》正しい悟り。仏の悟り。

しゃう-ぎ【床几・床机・将机】― 名詞 一人用の腰掛け。座る部分に革や布を張り、脚は携帯に便利なように折りたためる。陣中や狩り場などの屋外で用いられた。

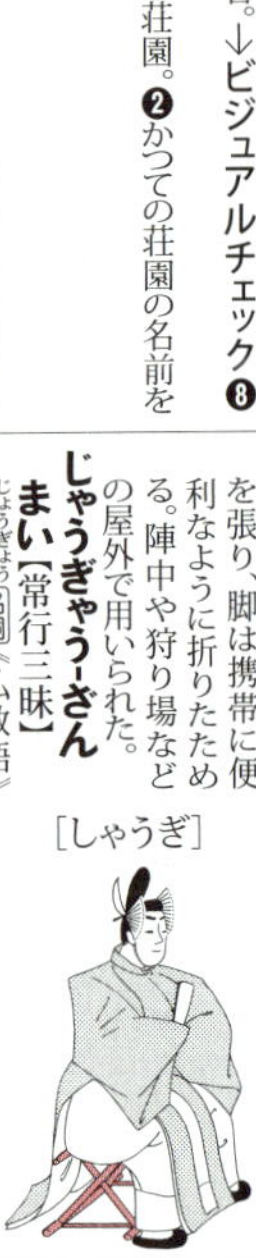

[しゃうぎ]

じゃうぎゃう-ざんまい【常行三昧】― 名詞 《仏教語》天台宗の修行のひとつ。阿弥陀仏のまわりを回りながら名号を唱え、心に仏を念じること。

じゃう-ぐゎい【城外】 一 名詞 城の外。町の郊外。町外れ。二 名詞 動詞 自 サ変〈せ・し・す・する・すれ・せよ〉城外へ出て行くこと。郊外へ出掛けること。都から外へ出て行くこと。**ある人、「城外やしたまへりし。」と言へば…。**〈大鏡・道長下〉訳 ある人が、(繁樹に向かって)「**都から外へ出て行くこと**はなさったことがあるか。」と言うと…。

しゃう-くゎう【上皇】 名詞 退位した天皇を敬った言い方。太上天皇。↓**古語チャート㉖**(873ページ) 発展 室町時代以降「じゃうくゎう」とも。

じゃう-くゎく【城郭】 名詞 城の周りの囲い。とりで。

しゃう-ぐゎち【正月】 名詞 ↓しゃうぐゎつ

しゃう-くゎつ【生活】 名詞 日常の暮らし。日々の雑事。せいかつ。**生活、人事、伎能、学問等の諸縁をやめよ。**〈徒然草・75・つれづれわぶる人は〉訳 **生活**、人との交際、技術、学問など世間とのいろいろなかかわりをやめよ。

しゃう-ぐゎつ【正月】 名詞 一年の初めの月。一月。↓**絵で見る古典生活史⑰**(659ページ)

しゃう-くゎん【賞翫】 名詞 動詞 他 サ変〈せ・し・す・する・すれ・せよ〉❶もてはやすこと。愛好すること。珍重すること。**これをのみ見所の人も賞翫すれども…。**〈花鏡〉訳 これ(=幽玄の風体)ばかりを見物人も**もてはやす**けれ

ども…。

❷味わい楽しむこと。賞味すること。おいしく食べること。
身が賞翫せうと思ひきってゐたその熟柿をば…。〈イソポ〉訳 私が**おいしく食べ**ようと思っていたその熟したカキを…。

❸重んじること。尊重すること。
松の尾の大明神と御賞翫なされまするは、いかやうなことでござる。〈狂言・福の神〉訳 松の尾の大明神とご**尊重**されるのは、どういうご理由ですか。
発展「賞」も「翫」も共に「めでる」という意味。近世以降は「しゃうぐわん」とも。

しゃう-ぐん【将軍】 名詞 ❶一軍を統率し指揮する人。❷*鎮守府の長官。❸「*征夷大将軍」の略。

しゃう-げ【障礙・障碍】 名詞 動詞 他〔サ変〕(せ・し・す・する・すれ・せよ) 魔物や霊魂などが妨げること。障害。

じゃう-げ【上下】 名詞 ❶上と下。❷身分の高い人と低い人。すべての人。
京中の貴賤、禁中の上下、騒ぎののしることおびたたし。〈平家・1・内裏炎上〉訳 京都中の貴い人卑しい人や、宮中の**身分の高い人低い人**が、騒いで大声を上げるようすは普通ではない。
❸上りと下り。往復。

しゃう-けい【上卿】 名詞 宮中での公事や勅使の派遣の際、その長として臨時に任命された公卿。

しゃう-げう【聖教】 名詞 釈迦の教え。仏教。また、仏教の経典。経文。
聖教の細やかなる理、いとわきまへずもやと思ひしに…。〈徒然草・141・悲田院の尭蓮上人は〉訳 **仏教の細かい道理**は、たいして心得ないかもしれないと思ったが…。

しゃう-げん【将監】 名詞 *近衛府の三等官。

じゃう-げん【上元】 名詞 陰暦一月十五日。この日に小豆粥を食べると、一年間災いを避けられるとされた。

じゃう-げん【上弦】 名詞 陰暦の七日・八日ごろの月。左側が欠けて右半円の形に見える。対 下弦 ↓ビジュアルチェック⑰(833ページ)

しゃう-こ【上古】 名詞 大昔。上代。発展 近世以降は「じゃうこ」とも。また、歌論では、奈良・平安時代のことを指す。

しゃう-こ【鉦鼓】 名詞 雅楽や仏教音楽に用いられる打楽器。青銅製で、形は丸く、台につるしてたたく。発展「しゃうこ」とも。

[しゃうご]

じゃう-ご【上戸】 名詞 酒好き。酒豪。対 下戸
近づかまほしき人の、上戸にて、ひしひしと馴れぬる、またうれし。〈徒然草・175・世には心得ぬことの〉訳 (こちらから)親しくなりたい(と思う)人が、**酒好き**で、すっかり打ち解けてしまったのは、またうれしい。

しゃう-こく【相国】 名詞 太政大臣・左大臣・右大臣の中国風の呼び名。発展 国(の政治)を相けるという意味。

じゃう-こく【上国】 名詞 ❶律令制で諸国を大・上・中・下の四等級に分けた、その第二位の国。*山城(=今の京都府の一部)・*摂津(=今の大阪府・兵庫県の一部)など三十五国。❷江戸時代、石高が大きい藩。

しゃう-こつ【性骨】 名詞 天性の素質・才能。

しゃう-ごん【荘厳】 名詞 動詞 他〔サ変〕(せ・し・す・する・すれ・せよ)《仏教語》(仏像や堂などを)厳かに美しく飾ること。また、その飾り。

しゃう-じ【生死】 名詞 ❶生き死に。生きることと死ぬこと。❷死。死期。
「我らが生死の到来、ただ今にもやあらん。」〈徒然草・41・五月五日〉訳「私たちの**死**の到来が、今すぐなのではなかろうか。」
❸《仏教語》生、老、病、死の*四苦のはじめから終わりまで。衆生がいろいろな苦しみに迷う世界。

しゃう-じ【床子】 名詞 宮中などで用いられた腰掛け。机のような形で、背もたれがなく、敷物を敷いて用いた。

しゃう-じ【尚侍】 名詞 ↓ないしのかみ

しゃう-じ【掌侍】 名詞 ↓ないしのじょう

しゃう-じ【障子】 名詞 室内を仕切る建具の総称。ふすま障子・唐紙障子・つい立て障子・明かり障子などがある。季語 冬 発展「さうじ」とも。現在の障子は「明かり障子」のことであり、平安時代のものは、多く「ふすま障子」か「つい立て障子」であった。

しゃう-じ【精進】 名詞 動詞 ↓しゃうじん(精進)

じゃう-し【上巳】 名詞 陰暦三月最初の巳の日(後には三月三日)の節句。宮中では*曲水の宴を行った。後に、女子の祝いとしてひな祭りとなる。桃の節句。季語 春 発展「しゃうし」とも。

しゃう-じ-い・る【請じ入る】 動詞 他〔ラ下二段〕(れ・れ・る・るる・るれ・れよ) 招き入れる。導き入れる。
「まづしゃうじ入れたてまつらむ。」〈竹取・火鼠の皮衣〉訳「まず(右大臣を)**お招き入れ**申し上げよう。」

しゃうじ-ぢゃうや【生死長夜】 名詞《仏教語》人が生死の苦しみに迷って悟れないでいるこの世を、長いやみ夜にたとえたことば。

じゃうし-の-はらへ【上巳の祓へ】 上巳の日(=陰暦三月最初の巳の日)に河原で行った禊ぎ・祓え。人形で身体をなでて川に流し、けがれや災いを除くもの。

しゃう-じゃ【精舎】 名詞《仏教語》仏道を修行する所。寺。寺院。

じゃう-しゃう【上生】 名詞《仏教語》上品・中品・下品の三階級のそれぞれを、さらに三つに分けたうちの第一位のもの。↓九品

しゃうじゃう-せぜ【生生世世】 名詞《仏教語》現世から来世へ、来世からまた次の世へと何度も生まれ変わること。未来永劫。この世でもあの世でも。発展「しゃうじゃうせせ」とも。

じゃうしゃ-ひっすい【盛者必衰】 名詞《仏教語》勢いの盛んな者もいつかは必ず衰えるということ。この世の無常をいうことば。
娑羅双樹の花の色、盛者必衰の理をあらはす。〈平家・1・祇園精舎〉訳 (釈迦入滅のときに白く変わったという)沙羅双樹の花の色は、**勢いの盛んな者もいつかは必ず衰える**という道理を表している。

しゃうじゃ-ひつめつ【生者必滅】 名詞《仏教語》生あるものは必ず死ぬということ。この世の無常をいうことば。

しゃう-じゅ【聖衆】 名詞《仏教語》阿弥陀仏に従って、浄土から往生する人を迎えに来る菩薩たち。発展 聖なる人々という意味。

じゃう-じゅ【成就】 名詞 動詞 自〔サ変〕(せ・し・す・する・す

れ・せよ〉すっかり成し遂げられること。完成。達成。成功。
「壇の上なる御幣が動き、御灯がしだいに消えますが、大願の成就せしるし。」〈西鶴・世間胸算用〉訳「護摩壇の上にあるご幣が動き出し、お灯明がすぐに消えますのが、大願が成し遂げられた証拠。」
発展 呉音読みのことば。

しゃう-じょ【生所】 名詞 ❶生まれた所。出生地。❷《仏教語》人が死後、来世で生まれ変わる所。

しゃう-じん【生身・正身】 名詞《仏教語》❶仏や菩薩が人々を救うために、人の形をしてこの世に現れたもの。❷生きている身。肉体を伴っている者。なまみ。

しゃう-じん【正真】 名詞 真実。本物。
しゃうじんの粟田口を持たれたお方があるによって…。〈狂言・粟田口〉訳**本物**の粟田口(＝名刀の名)をお持ちになっている方がいるので…。
発展「しゃうしん」とも。

しゃう-じん【精進】 名詞 動詞 自〔サ変〕〈せ・し・す・する・すれ・せよ〉《仏教語》❶六波羅蜜の一つ。心を込めて善行を積み、仏道に励むこと。
❷身を清め、不浄を避けて、心を慎むこと。類精進潔斎
その日より精進して、三日といひける日、「さは、いざ清水へ。」と言ひければ…。〈宇治拾遺〉訳そのときから**身を清め心を慎んで**、(約束の)三日(が過ぎた)といったときに、「それでは、さあ清水寺へ。」と言ったので…。
❸(仏道修行のために)肉食を絶って菜食すること。
そのほどは精進せさす。〈更級日記・鏡の影〉訳その間は(私に)**肉食を絶って菜食させる。**
発展「さうじん」「さうじ」「しゃうじ」とも。

しゃうじん-けっさい【精進潔斎】 名詞 身を清め、酒や肉を口にせず、行いを慎むこと。

しゃう・す【賞す】 動詞 他〔サ変〕〈せ・し・す・する・すれ・せよ〉褒める。賞を与える。

しゃう・ず【請ず】 動詞 他〔サ変〕〈ぜ・じ・ず・ずる・ずれ・ぜよ〉招く。招待する。
四十九日の仏事に、ある聖をしゃうじはべりしに…。〈徒然草・125・人に後れて〉訳四十九日の仏事に、ある僧侶を**招待しました**時に…。

発展「さうず」とも。

じゃう-ず【上手】 名詞 ❶物事に器用なこと。また、その人。達人。
いまだ堅固かたほなるより、上手の中に交じりて…。〈徒然草・150・能をつかんとする人〉訳まだまったく未熟なうちから、(その道の)**達人の中に交じって**…。
❷お世辞がうまいこと。愛想のいいようす。

じゃう-ず【上衆・上種】 名詞 高貴な身分の人。貴人。対下種 発展 主に「上衆めかし」「上衆めく」の形で用いられる。

じゃう・ず【成ず】 一 動詞 自〔サ変〕〈ぜ・じ・ず・ずる・ずれ・ぜよ〉なる。出来上がる。成就する。完成する。
「八は悉地の成ずる数なり。」〈源平盛衰記〉訳「八は悉地(＝密教の秘法を修めて得られる悟り)が**成就する数である。**」
二 動詞 他〔サ変〕〈ぜ・じ・ず・ずる・ずれ・ぜよ〉成し遂げる。
「所願を成ぜざれども、心とこしなへに安くたのし。」〈徒然草・217・ある大福長者〉訳「願いを**成し遂げなくても**、心は永久に安らかで満ち足りる。」

じゃうず-なり【上手なり】 形容動詞〔ナリ〕〈なら・なり(に)・なり・なる・なれ・なれ〉物事に巧みだ。
返し、上手なればよかりけめど、え聞かねば書かず。〈大和・135〉訳返歌は、(中納言は歌が)**巧みであるから**さぞよかったであろうけれど、聞くことができなかったから(ここには)書かない。

じゃうず-めか・し【上衆めかし】 形容詞〔シク〕〈しく・しく・し・しき・しけれ・○／しから・しかり・○・しかる・○・しかれ〉貴人らしく見える。
覚えいとやむごとなく、じゃうずめかしけれど…。〈源氏・桐壺〉訳(桐壺の更衣は)世間の評判もたいへん格別で、**貴人らしく見えるけれど**…。

じゃうず-め・く【上手めく】 動詞 自〔カ四段〕〈か・き・く・く・け・け〉巧者らしく振る舞う。また、上手に見える。
万の咎は、馴れたるさまに上手めき…。〈徒然草・233・万の咎あらじと〉訳すべての過失は、慣れたようすで**巧者らしく振る舞い**…。

じゃうず-め・く【上衆めく】 動詞 自〔カ四段〕〈か・き・く・く・け・け〉貴人らしく振る舞う。また、貴人のように見える。
忍びやかに調べたる程、いと上衆めきたり。〈源氏・明石〉訳(明石の入道の娘が)ひそやかに弾いている腕前は、まさしく**貴人のように見えた。**

しゃう-ぜん【生前】 名詞 ❶生きている間。存命中。死ぬ前。❷生まれる前。前世。

しゃうぞ・く【装束】 動詞 → さうぞく(装束)

しゃうぞ・く【装束く】 動詞 → さうぞく(装束く)

じゃう-ぢゅう【常住】 一 名詞 ❶《仏教語》生滅変化することなく、過去・現在・未来にわたって常に存在すること。永久不変。対無常
常住ならんことを思ひて、変化の理を知らねばなり。〈徒然草・74・蟻のごとくに〉訳(愚かな人は)**永久不変**であるようなことを願って、(人の世が)絶え間なく変化するという道理を知らないからである。
❷普段。いつも。日常。
常住の仏前に至り、例のごとく脇息に寄り掛かって…。〈平家・6・慈心房〉訳**いつもの**(念仏を唱える)仏前に行って、例のとおり脇息に寄りかかって…。
❸常にそこに住むこと。
二 副詞 ふだん。いつも。しょっちゅう。
七夕は、機をも織らず、裁縫もせぬなり。異時は三世常住機を織るなり。〈正徹物語〉訳(織女星は彦星と逢う七月七日の)七夕(の日)は、布を織る機械で布も織らないし、裁縫もしない。ほかのときは過去、現在、未来**いつも機を織るのである。**

しゃう-ぢゅう-い-めつ【生住異滅】 名詞《仏教語》すべての物に起こる、生じ(生)、とどまり(住)、変化し(異)、滅びる(滅)という、四つの姿。
生住異滅の移りかはる、まことの大事は、たけき川のみなぎり流るるがごとし。〈徒然草・155・世に従はん人は〉訳**生住異滅**の移り変わっていく、真実の重大な事柄は、勢いの激しい川が満ちあふれて流れるようなものだ。

じゃう-ど【浄土】 名詞《仏教語》❶仏が住む清浄な世界。極楽浄土。対穢土 ❷「浄土宗」の略。十二世紀に*法然が開いた。南無阿弥陀仏の名を唱えればだれでも極楽往生できると説いた。

じゃう-とう【常灯】 名詞 神や仏の前に常にともしておく灯明。常夜灯。

じゃう-とうしゃうがく【成等正覚】 《仏教

語》一切の法を知り、迷いを去って悟り（等正覚）を開くこと。成仏すること。

「**難行苦行の功によって、つひに成等正覚したまひき。**」〈平家・灌頂・大原御幸〉訳「（釈迦は）難行苦行の成果によって、とうとう**悟りを開くこと**をなさった。」

しゃう-とく【生得】― 名詞 生まれつき。天性。

しゃう-な【正な】― 形容動詞〔口語化〕よく似ている。そっくりな。

しゃう-にち【正日】― 名詞《仏教語》❶死後四十九日目。四十九日。

❷年忌の当日。特に、一周忌の当日。

御法事など過ぎぬれど、正日まではなほ籠りおはす。〈源氏・葵〉訳ご法事などは済んだが、（葵の上の）**四十九日**まで（源氏は）やはり（左大臣邸に）こもっていらっしゃる。

御正日には、上下の人々、みな、斎ひして…。〈源氏・幻〉訳（紫の上の）ご**一周忌の当日**には、身分の高い人低い人、みなが、精進潔斎して…。

しゃう-にん【聖人・上人】― 名詞 ❶知識や徳を備えた僧。❷僧を敬った言い方。

しゃう-ね【性根】― 名詞 ❶心の持ち方。心構え。根性。❷根底。基本。

じゃうねい-でん【常寧殿】― 名詞 平安京の内裏の殿舎のひとつ。承香殿の北、貞観殿の南にあって、皇后や女御の居所。↓**ビジュアルチェック⑯**（759ページ）

しゃう-ねん【生年】― 名詞 年齢。生まれてから経過した年。発展「生年二十」のように続けて年数が述べられ、年齢を表すことが多い。

しゃう-ねん【正念】― 名詞 ❶《仏教語》八正道（＝悟りを得るための八つの正しい行い）の一つで、正しい心を常に保つこと。❷正気。平常心。落ち着き。

しゃう-の-こと【箏の琴】― 名詞 ↓さう（箏）

しゃう-の-ふえ【笙の笛】― 名詞 ↓しゃう（笙）

じゃう-び【状日】― 名詞 書状が到着する日。

しゃう-ぶ【菖蒲】― 名詞《植物》サトイモ科の多年草。葉は剣状で香気があり、水辺に群生する。邪気を払い、疫病を除くとされたので、端午の節供で用いられた。季語 夏

発展「さうぶ」「あやめ」とも。

じゃう-ぶつ【成仏】― 名詞 動詞 自〔サ変〕〈せ・し・す・する・すれ・せよ〉❶《仏教語》煩悩を解脱して悟りを開くこと。

成仏得脱して悟りをひらきたまひなば…。〈平家・10・維盛入水〉訳**煩悩を解脱し**迷いを脱して、真理を会得なさったならば…。

❷死んで仏となること。死ぬこと。

じゃう-ほくめん【上北面】― 名詞 四位、五位の北面の武士で、院の昇殿を許された人。↓北面の武士

しゃう-ぼふ【正法】― 名詞《仏教語》❶仏教の教え。正しい仏法。❷仏の教えが正しく行われるとされている期間。釈迦の入滅後五百年、または千年の間。

じゃう-ぼん【上品】― 名詞 ❶《仏教語》極楽浄土の★九品のうち、上位の三等級の階級の総称。対下品・中品 ❷上等。一級品。高級。

じゃうぼん-じゃうしゃう【上品上生】― 名詞《仏教語》極楽浄土の最高位。★九品の最上。

じゃうぼん-れんだい【上品蓮台】― 名詞《仏教語》極楽浄土にあり、上品の者が座るハスの台。

しゃう-みゃう【声明】― 名詞《仏教語》❶仏教の教えをたたえる声楽曲。❷古代インドの学問を分類した五明の一つ。言語・文法・音韻などに関する学問。

しゃう-や【庄屋】― 名詞 江戸時代における村の長。有力者が代官に任命され、村の運営の中心となった。発展主に関西で用いたことばで、関東では「名主」、九州や東北では「肝煎り」といった。

しゃう-らう-びゃう-し【生老病死】― 《仏教語》人間として逃れられない、生まれること、老いること、病むこと、死ぬことの四つの苦しみ。類四苦

しゃう-らく【上洛】― 名詞 動詞 自〔サ変〕〈せ・し・す・する・すれ・せよ〉地方から京都へ上ること。類入洛 対下向

発展近世中期以降「じゃうらく」。洛陽が、周、後漢以来中国歴代王朝の代表的都市であったことから。

じゃう-らふ【上臈】― 名詞 ❶《仏教語》高徳の僧。年功を積んだ高僧。対下臈

上臈、皆、汝が出家を許さず。〈今昔〉訳**高徳の僧**はみな、お前の出家を許さない。

❷身分の高い人。階級が上の人。対下臈

しかれば、源氏の上臈をもって、これ用ゐる。〈今昔〉訳そこで、源氏の姓の**身分の高い人**をもって、これを（寺の施主として）登用する。

❸貴婦人。身分の高い婦人。対下臈 ❹「★上臈女房」の略。❺遊女。特に、美しい人を指す。

発展「臈」とは功を積んだ年数を表すことば。

じゃうらふ-にょうばう【上臈女房】― 名詞 身分が高い女官。二位・三位の典侍、尚侍など。

しゃうりゃう-ゑ【聖霊会・精霊会】― 名詞《仏教語》❶陰暦二月二十二日、聖徳太子の忌日に、法隆寺や四天王寺などで行われる法会。季語 春 ❷↓うらぼん

じゃうるり【浄瑠璃】文芸用語 ↓浄瑠璃

しゃう-ゑん【荘園・庄園】― 名詞 貴族や寺院が所有した私有地。奈良時代から戦国時代まで存在した。発展「さうえん」とも。

しゃう-を-へだ-つ【生を隔つ】― あの世とこの世とに別れる。死別する。死ぬ。

生を隔てたる習ひほど恨めしかりけるものはなし。〈平家・3・少将都帰〉訳**あの世とこの世とに別れ**た自然界のおきてほど悲しく思ったものはない。

発展名詞「しゃう」＋格助詞「を」＋下二段動詞「へだつ」。

釈迦 人名 仏教の開祖。ゴータマ・シッダールタ。釈迦牟尼・釈尊とも。インドのヒマラヤ南麓にある迦毘羅城主浄飯王の子。母は摩耶夫人。二十九歳で出家。三十五歳で悟りを得て各地で説法し、八十歳で入滅した。前566ごろ―前486ごろ

じゃ-かう【麝香】― 名詞 香料のひとつ。ジャコウジカの雄の腹部にある袋から作ったもの。

しゃか-にょらい【釈迦如来】― 名詞 釈迦を敬った言い方。特に、悟りを開いた後の釈迦に対して使う。

しゃか-むに【釈迦牟尼】名詞 ↓釈迦

しゃかむに-ぶつ【釈迦牟尼仏】名詞 ↓釈迦

じゃ-き【邪気】名詞 ❶病気を起こす悪い気。悪気。❷物の怪。人に取り付き、災いをもたらすもの。

しゃく【尺】名詞 長さの単位。約三〇・三センチメートル。一寸の十倍。一丈の十分の一。

しゃく【笏】名詞 宮中の正装である束帯を着用したとき、右手に持つ薄い板。長さは約三十六センチメートル、幅は六センチメートル。象牙やサクラ・ヒイラギの木などで作られる。覚え書きなどを張るものであったが、後には形式的な道具となった。↓図（次ページ）・束帯（図）

じゃく-くわう【寂光】 名詞《仏教語》真理と知恵。

しゃく-し【釈氏】 名詞 釈迦。また釈迦の弟子。出家者。僧。

若州（じゃくしう）［ジシウ］ 旧国名 →若狭

しゃくぜつ-にち【赤舌日】 名詞 陰陽道で、すべてのことに凶とされる日。赤舌神という木星の西門を守る神が人を支配する日で、年間に六十日ある。

［しゃく（笏）］

しゃく-せん【借銭】 名詞 借金。借財。

しゃくせん-こひ【借銭乞ひ】 名詞 借金取り。

しゃく-そん【釈尊】 名詞 釈迦を尊んだ呼び名。

しゃく-ぢゃう【錫杖】 名詞 ❶僧や修験者が、行脚や読経のときに持つ杖。上部に数個の輪があり、振ると音が出る。❷祭文を語る際に、調子を整えるのに用いる❶に似た道具。 発展「さくぢゃう」とも。

［しゃくぢゃう❶］

しゃく-びゃうし【笏拍子】 名詞 ★笏を二つに割ったような板を打ち合わせて、拍子を取る打楽器。神楽・催馬楽などで用いられた。

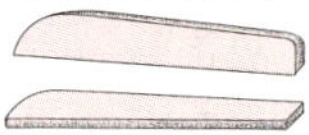
［しゃくびゃうし］

じゃく-まく【寂寞】 名詞 寂しく静かなこと。ひっそりしていること。静寂。せきばく。

佳景寂寞として心澄み行くのみおぼゆ。〈奥の細道・立石寺〉 訳（立石寺は）すばらしい景観が**ひっそり**としていて（私は）ただ心が澄みわたっていくのが感じられるばかりだ。

じゃく-めつ【寂滅】 名詞 ❶《仏教語》煩悩を離れ、悟りの境地に入った状態。涅槃。❷消えうせること。死ぬこと。

寂蓮（じゃくれん） 人名 平安末期の歌人。俗名は藤原定長。藤原俊成の養子となり、後に出家。『新古今和歌集』の撰者の一人となったが、完成を見ずに没した。歌風は優艶で技巧的。家集に『寂蓮法師集』がある。生年不明—1202

しゃ-け【社家】 名詞 神官の家柄。世襲の神職。

じゃ-けん【邪見】 名詞《仏教語》「★十悪」の一つ。因果の道理を無視する誤った考え方。

じゃけん-・なり【邪見なり】 形容動詞［ナリ］〈なら・なり（に）・なり・なる・なれ・なれ〉思いやりがない。残酷だ。無慈悲だ。

申すもあまりに邪見に情けなくさうらへども…。〈太平記〉 訳 申すのもあまりに**残酷で**嘆かわしゅうございますが…。

発展 近世以降「邪慳」「邪険」とも表記。

しゃ-さん【社参】 名詞 宮参り。神社に参拝すること。

しゃ-しょく【社稷】 名詞 ❶土地の神と穀物の神。❷国家。朝廷。また、その崇拝する神。

しゃ-しん【捨身】 名詞《仏教語》❶我が身を捨てて供養や布施をすること。❷仏門に入ること。出家すること。❸死ぬこと。命を捨てること。

しゃしん-の-ぎゃう【捨身の行】 名詞《仏教語》身命をかえりみず、仏道を求める厳しい修行。

沙石集（しゃせきしふ）［シュウ］ 作品名 鎌倉後期の仏教説話集。★無住著。十巻。「させきしゅう」とも。庶民を教化・啓蒙するため、易しい文体で古今の説話を記述。実話に取材した説話や笑話も交え、仏法の趣旨を説く。一二八三（弘安六）年成立。

しゃつ【奴】 代名詞（話題に上っている人を、ののしったり、卑しめて）あいつ。そいつ。やつ。

「**しゃつが頸、左右なう斬るな。**」〈平家・2・西光被斬〉 訳「**そいつ**の首は、無造作に斬るな。」

しゃ-てい【舎弟】 名詞 弟。

しゃ-ば【娑婆】 名詞 ❶《仏教語》釈迦が教え導く人間の世界。❷（❶から転じて）人間界。現世。この世。また、俗世間。

しゃ-み【沙弥】 名詞《仏教語》仏門に入って、まだ日の浅い僧。見習いの僧。 発展「さみ」とも。

しゃみ-せん【三味線】 名詞 浄瑠璃や俗曲などの伴奏に用いる弦楽器。胴とさおの間に三本の弦を張り、ばちで弾く。

しゃ-めん【赦免】 名詞 動詞 他［サ変］〈せ・し・す・する・すれ・せよ〉罪や過失を許すこと。

「**鬼界が島の流人、少将成経、康頼法師、赦免。**」〈平家・3・足摺〉 訳「鬼界が島の流人、少将成経、康頼法師を、**許す**。」

しゃ-もん【沙門】 名詞《仏教語》出家して修行に専念する人。出家者。僧侶。 類 桑門 発展「さもん」とも。

しゃら-さうじゅ【沙羅双樹・娑羅双樹】 名詞 釈迦が入滅したときの床の四方に二本ずつ生えていたシャラの木。入滅と同時に、白く変化したという。

娑羅双樹の花の色、盛者必衰の理を表す。〈平家・1・祇園精舎〉 訳（釈迦入滅のときに白く変わったという）**沙羅双樹**の花の色は、勢いの盛んな者もいつかは必ず衰えるという道理を表している。

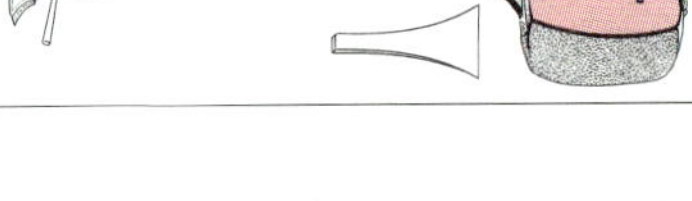
［しゃみせん］

しゃ-り【舎利】 名詞 ❶《仏教語》釈迦の遺骨。仏舎利。❷死者を火葬にして残った骨。❸❶に形が似ていることから米粒。米。 発展 ❶は「さり」とも。

しゃ-・る【為遣る】 動詞 他［ラ四段］〈ら・り・る・る・れ・れ〉滞りなく済ませる。満足に行う。

「**この人々も、はかなきことなどえしやるまじく…。**」〈源氏・浮舟〉 訳「この侍女たちも、（京に移るための）ちょっとした準備などを**滞りなく済ませる**ことなどとてもできそうになく…。」

発展「やる」は補助動詞。

しゃる《近世語》㊀ 助動詞［下二段型］〈しゃれ・しゃれ・しゃる・しゃる・しゃるる・しゃれ・しゃれよ（しゃれい）〉（尊敬の意味を表し）…なさる。 接続 四段・ナ変動詞の未然形に付く。↓さしゃる

㊁ 助動詞［四段型］〈しゃら・しゃり・しゃる・しゃる・しゃれ・しゃれ（しゃれい）〉㊀の意味に同じ。 接続 四段・ナ変動詞の未然形に付く。↓さしゃる

「**何事もないかなどと、問はしゃるときには…。**」〈狂言記・抜殻〉 訳「何事もないかなどと、尋ね**なさる**ときには…。」

発展 尊敬の助動詞「す」の未然形に尊敬の助動詞「らる」が付いた「せらる」の変化したことば。

洒落本しゃれぼん 文芸用語 江戸時代の小説の一分野。遊里を舞台に、遊女と客のやりとりを会話により描く。遊里の案内のようなもの、人情の機微をうがつもの、男女の交情を描くものなどがある。一七七〇(明和七)年の『遊子方言』が始まりとされる。

しゃんす 助動詞 特殊型〈しゃんせ・しゃんし・しゃんす・しゃんす・しゃんすれ・しゃんせ〉《遊里語》(尊敬および丁寧の気持ちを表し)…なさいます。お…になります。接続 四段・ナ変動詞の未然形に付く。「父様今日は寒いによう歩か**しゃんす**。」〈近松・心中天の網島〉訳「お父さま今日は寒いのによくお歩き**になります**。」

発展「しゃります」が変化したもの。後に女性語となる。↓さしゃんす

-しゅ【首】 助数詞 和歌や漢詩を数えることば。

しゅ【朱・銖】 名詞 ❶重さの単位。一両の二十四分の一。❷江戸時代の貨幣の単位。一両の十六分の一。一分の四分の一。❸利率の単位。一割の十分の一。

しゅ【衆】 一 名詞 ❶たくさんの人。大勢。**衆に交はりたるも、あいなく見苦し。**〈徒然草・151・ある人の言はく〉訳 **たくさんの人**と交わっているのも、おもしろくなくみっともない。❷御所で控えている侍。
二 接尾語 (人を表すことばに付いて)尊敬や親しみの気持ちを含んで複数を表す。語例 旦那**衆**・女郎**衆**

じゅ-【従】 接頭語 同じ階位を上下二つに分けたときの、下の位を表す。対 正 語例 **従**一位

しゅう (現)↓(歴)**しう**【囚・収・周・就・州・修・愁・秀・秋・繡・臭・舟・蹴・週・酬・醜・羞】

しゅう (現)↓(歴)**しふ**【執・拾・習・襲・集】

しゅう【主】 名詞 自分の仕える人。主人。主君。
発展「しゅ」の変化したもの。

しゅう【宗】 名詞 仏教の各派の根本となる教え。宗旨。また、その教えに従う人や集団。宗門。

しゅう【衆】 名詞 接尾語 ↓しゅ(衆)

じゅう (現)↓(歴)**じう**【柔・獣・揉・蹂】

じゅう (現)↓(歴)**じふ**【拾・什・十・汁・渋・入】

じゅう (現)↓(歴)**ぢゅう**【住・重・中】

拾遺和歌集しゅういわかしゅう [シフヰワカシフ] 作品名 第三番目の勅撰和歌集。撰者不明だが、花山院と側近の歌人たちが参与したといわれる。二十巻。『古今集』『後撰集』にもれた歌、約一三六〇首を収める。雑春・雑秋・雑賀・雑恋など、それまでにない部立があり、和歌が細分化した状況を示している。成立は一〇〇六(寛弘三)年前後。

しゅう-えん【終焉】 名詞 死に際。臨終。

しゅうぎ-はん【衆議判】 名詞 ↓しゅぎはん

終止形しゅうしけい 国語・国文法 活用形のひとつ。単独で文を終止させる(言い切る)場合に用いられる。また、「らむ」「めり」「べし」などの助動詞、「とも」「や」「な」などの助詞を下に付ける働きも持つ。終止形を活用語の基本的な形として、「基本形」とも呼ぶ。

終止法しゅうしほう 国語・国文法 文の言い切りに用いられる単語の用法。特に、活用語が文の言い切りに用いられる場合をいう。基本的には終止形がこの用法を持つ。ほかにも、係助詞を受け、連体形・已然形で結ぶ場合(★係り結び)や、感動などを表す連体形止め、命令文、形容詞・形容動詞の語幹用法などがある。↓言い切りの形

しゅう-じゅう【主従】 名詞 主人と従者。主君と家来。
発展「しゅじゅう」とも。

修飾語・修飾部しゅうしょくご・しゅうしょくぶ 国語・国文法 文節の役割のひとつ。他の文節(被修飾語)に係って、それを詳しく説明するとともに明確に限定する文節(★連文節)。たとえば、「**黒き雲、にはかに出で来ぬ**」において、「黒き」という文節は「雲」に係って、どんな雲であるかをはっきり限定し、「にはかに」は「出で来ぬ」に係って、どのように出てきたのかを詳しく説明している。修飾語には、★連体修飾語(例文では「黒き」)と、★連用修飾語(例文では「にはかに」)とがある。なお、「修飾語」が連文節からなる場合、「修飾部」ということもある。↓被修飾語・被修飾部

終助詞しゅうじょし 国語・国文法 文末にあって、希望・禁止・感動などの意味を表し、文を終止させる助詞。希望・願望を表すものには、「ばや」「なむ」「もが」「しか」などがあり、禁止には「な」「そ」、感動には「か」「かな」「な」、そのほかに「かし(念押し)」などがある。★係助詞や★間投助詞と混同されやすいが、係助詞は文末に置かれても、文中における働きと変わるところがない点で、間投助詞は文中に置かれることもあり、それがなくとも文意にはほとんど相違がない点で、終助詞と区別することができる。

しゅう-と (現)↓(歴)**しうと**【舅】

しゅう-と【衆徒】 名詞 ↓しゅと

しゅうとめ (現)↓(歴)**しうとめ**【姑】

重箱読みじゅうばこよみ [チュウバコ] 国語・国文法 一般に漢字二字で表記される熟語について、上字を音読み、下字を訓読みにする読み方。「合羽読み」とも。たとえば、「借屋」「団子」などの類。「重箱」はその代表。漢字・漢語の使用が次第に一般化していく中で起こった。中世末期から近世にかけて、音だけで読む本来の漢語とは違った俗語という意識で、こう呼ばれるようになった。↓湯桶読み

じゅう-わう【縦横】 ― 一 名詞 たてとよこ。四方。**江の縦横一里ばかり、おもかげ松島にかよひて、また異なり。**〈奥の細道・象潟〉訳(象潟は)入り江の**四方**(が)一里ほどで、ようすは松島に似通って(はいるが)、また違っている。
二 形容動詞 (ナリ) 自由自在に振る舞っている。思いのまま。勝手気まま。
気力いささかとり直し、路**縦横に踏んで**…。〈奥の細道・飯塚〉訳 気力を少し取り直し、(遠い旅路への)道**を思いのままに踏んで**…。

じゅ-かい【受戒】 名詞 動詞 自(サ変)〈せ・し・す・する・すれ・せよ〉《仏教語》(仏門に入る者が戒壇に上り)守るべき戒律を受けること。また、その儀式。対 授戒
「いかで京に上りて、東大寺といふ所にて**受戒せん**。」〈宇治拾遺〉訳「なんとかして都に上って、東大寺という所で**戒律を受け**よう。」

じゅ-かい【授戒】 名詞 動詞 自(サ変)〈せ・し・す・する・すれ・せよ〉《仏教語》(仏門に入る者を戒壇に上らせ)守るべき戒律を授けること。対 受戒

しゅ-かう【趣向】 ― 名詞 (味わいや趣があるように)工夫すること。組み立て。去来いはく「句案に二品あり。**趣向より入ると、詞道具より入るとなり**。」〈去来抄・修行〉訳 去来(=私)が思うには「句を工夫するのには二つの方法がある。(全体の)**組み立て**から入るのと、ことばや素材から入るのとである。」

主格【しゅかく】国語・国文法 述語の表す動作や性質の主体に当たる事物を示す格。主格を示すために用いる格助詞は「が」「の」であるが、それらを用いない場合、また係助詞・副助詞を添える場合もある。「雀の子を**犬君が**逃がしつる」「犬君が」「昔、**男ありけり**」「**時雨さへ**うちそそく」などの、「男」「時雨さへ」がその例。

しゅぎ-はん【衆議判】名詞 歌合わせにおいて、判者を置かず、参加者全員によって歌の優劣を判定する方法。発展「しゅうぎはん」とも。

しゅ-ぎゃう【執行】ーギョウ 名詞 ❶事務を執り行うこと。❷寺院の事務を総括する僧職。発展「しぎゃう」「しっかう」とも。

しゅ-ぎゃう【修行】ーギョウ 名詞 動詞 自 サ変〈せ・し・す・する・すれ・せよ〉❶《仏教語》仏道を修めること。❷《仏教語》仏道を修めるため、諸国を回って行を積むこと。行脚。托鉢。巡礼。❸武道・技芸・学問・人格などを修めること。特に研究・練磨のために諸国を巡り歩くこと。修業。発展「すぎゃう」とも。

じゅ-ぎょ【入御】名詞 天皇・皇后・皇太后などが内裏に入ること。対出御 発展「にふぎょ」とも。後には、内裏以外や、ほかの貴人にも用いられた。

しゅ-ぎょく【珠玉】名詞 ❶真珠と玉。宝石。❷美しいもの、高貴なもののたとえ。発展「珠」は海の産、「玉」は山の産のものを意味する。

しゅく【宿】名詞 ❶宿場。宿駅。

その日やうやう草加といふ宿にたどり着きにけり。〈奥の細道・草加〉訳その日ようやく草加という**宿場**に迷いながら行き着いたのだった。

❷星座。星宿。

八月十五日、九月十三日は、婁宿なり。この宿、清明なるゆゑに、月を翫ぶに良夜とす。〈徒然草・239・八月十五日〉訳陰暦八月十五日と、九月十三日は、婁宿(という星座)に当たる日である。この**星座**は、清く明らかなので、月を観賞するのにふさわしい夜としている。

しゅく-い【宿意】名詞 ❶前々からの考えや望み。宿願。❷前々からの恨み。遺恨。宿怨。

しゅく-いん【宿因】名詞《仏教語》前世からの因縁。類宿縁 発展「すくいん」とも。

しゅく-うん【宿運】名詞《仏教語》前世から定まっている運命。宿命。発展「すくうん」とも。

しゅく-えき【宿駅】名詞 鎌倉時代以降、街道の要所に宿泊施設などを設け、人やウマの中継地とした所。

しゅく-えん【宿縁】名詞 ↓しゅくいん

しゅく-ぐわん【宿願】ーガン 名詞 前々からの願望。類宿望

しゅく-ごふ【宿業】ーゴウ 名詞《仏教語》前世における行いの報い。前世の行いにより起こる、現世の出来事。発展「すくごふ」とも。

しゅく-しふ【宿執】ーシュウ 名詞《仏教語》前世からの因縁や因果。以前からの恨み。

しゅく-しょ【宿所】名詞 ❶宿泊する所。❷住まい。住居。

しゅくすい-の-つぶね【菽水の奴】貧しい暮らしの中でも親孝行に努めること。発展「菽水」はマメと水、転じて貧しい生活の意味。「つぶね」は奉仕の意味。

しゅく-ば【宿場】名詞 江戸時代、街道の要所にあり、人やウマの中継地であった所。鎌倉時代の★宿駅が発展したもの。

しゅく-ほう【宿報】名詞《仏教語》前世の報い。発展「すくほう」とも。

しゅく-まう【宿望】ーモウ 名詞 前々からの願望。類宿願

しゅく-らう【宿老】ーロウ 名詞 ❶年功を積んだ人。❷鎌倉・室町幕府の評定衆。また、江戸幕府の老中・家老などの重臣。❸江戸時代、町内の年寄役。

しゅ-げん【修験】名詞 山の中で修行して、霊験を身に付けること。また、「★修験道」「★修験者」の略。

しゅげん-じゃ【修験者】名詞 修験道を修める行者。山伏。発展 髪を結わないことが多く、兜巾をかぶり、篠懸けを着用し、結い袈裟をかけ、数珠や檜扇を持って法螺貝を鳴らしながら山野を巡って修行する。

[しゅげんじゃ]

しゅげん-だう【修験道】ードウ 名詞 奈良時代の役行者を祖とする密教。山林に修行し、霊験を得ようとするもの。

しゅ-ご【守護】一 名詞 動詞 他 サ変〈せ・し・す・する・すれ・せよ〉守ること。警護。護衛。

「近うさうらひて守護つかまつれ。」と仰せければ…。〈平家・8・法住寺合戦〉訳「(私の)そばにお仕え申し上げて**警護**を致せ。」とおっしゃったので…。

二 名詞 鎌倉・室町幕府の職名。地方の治安維持や武士の統制をした。戦国時代には、守護大名に発展した。

じゅ-ごう【准后】名詞 ↓じゅさんぐう

主語・主部【しゅご・しゅぶ】国語・国文法 文の成分としての、文節の役割のひとつ。「何がどうする」「何がどんなである」「何が何である」などの文で、「何が」に当たる部分をいう。「**海賊**追ひ来(=海賊が追いかけてくる)。」「**はかなきものは**命なりけり(=はかないものは人の命であることよ)」「**露こそ**あはれなれ(=露こそが情趣がある)。」などのように、動作・作用・状態などの主体になっていれば主語である。「人ぞ恋しき」の場合、「恋しき」の主体(主語)は「私」であるから、「人ぞ」を「対象語」と呼んで区別したり、「象は鼻大なり」の「象は」を、その話題提示性に着目して、「主題」や「題目語」と呼んで、主語と区別する考え方もある。なお、「主語」が★連文節からなる場合、「主部」ということもある。

じゅご-じん【守護神】名詞 守り神。

じゅ-さんぐう【准三宮】名詞 平安以降、太皇太后・皇太后・皇后に準じて、親王・諸王・女御・外祖父母・摂政・関白などを優遇するために与えた称号。

じゅ-さんごう【准三后】名詞 ↓じゅさんぐう

じゅ-し【呪師】名詞 加持祈禱をする僧で、呪文をとなえる役の人。後には、法会の後で、猿楽・田楽なども演じた。

しゅ-しゃう【主上】ーショウ 名詞 その時の天皇を敬った言い方。今上。発展 近世以降は「しゅじゃう」とも。

しゅ-じゃう【衆生】ージョウ 名詞《仏教語》人間。生き物。心のあるすべての存在。↓有情 発展「すじゃう」とも。

しゅ-じゃく【朱雀】名詞 ↓すざく

しゅ-しょう・なり【殊勝なり】形容動詞 ナリ・ノ〈なら・なり(に・なり)・なる・なれ・なれ〉❶特に優れている。格別だ。

元良親王、元日の奏賀の声、はなはだ殊勝にして…。〈徒然草・132・鳥羽の作道は〉訳元良親王の、元日の(大極殿での)お祝いを読み上げなさる声が、

たいへんに**優れていて**…。

❷おごそかだ。こうごうしい。気高い。

「いかに殿ばら、**殊勝のことは御覧じとがめずや**。」〈徒然草・236・丹波に出雲と〉訳「ちょっと皆さん、(この狛犬の置かれ方の)**おごそかな**ことにはご覧になって不思議にお思いにならないか。」

❸感心だ。けなげだ。

さすがに辺土の**遺風忘れざるものから**、**殊勝に覚えらる**。〈奥の細道・末の松山〉訳さすがに(奥浄瑠璃は)片田舎に残る古い伝統を忘れずに伝えているので、**感心だ**と思わないではいられない。

しゅ・す【修す】 動詞 他 〔サ変〕〈せ・し・す・する・すれ・せよ〉修める。修行する。身に付ける。

重ねて懇ろに修せんことを期す。〈徒然草・92・ある人、弓射ることを〉訳もう一度念を入れて丁寧に**修行し**ようということを心積もりする。

じゅ・す【誦す】 動詞 他 〔サ変〕〈せ・し・す・する・すれ・せよ〉読み上げる。唱える。口ずさむ。類誦ず

此の床の四つの角に立ちて、誦して云はく…。〈今昔〉訳この床の四つの角に立って、**唱えて**いうには…。

発展「ずす」「ずんず」とも。

じゅ-ず【数珠】 名詞 仏を拝んだり、念仏を唱えるときなどに持つ仏具。玉を連ねて作り、玉の数は煩悩の数とされる百八個であることが多い。発展「ずず」とも。

じゅ-すい【入水】 名詞 動詞 自 〔サ変〕〈せ・し・す・する・すれ・せよ〉死ぬために水中に身を投げること。身投げ。投身。

しゅ-せき【手跡・手蹟】 名詞 筆跡。書いた文字。

じゅ-ぜん【受禅】 名詞 動詞 自 〔サ変〕〈せ・し・す・する・すれ・せよ〉先代の天皇から譲り受けて天皇に即位すること。発展「禅」は天皇が位を譲るという意味。

しゅ-そ【呪詛・呪咀】 名詞 動詞 他 〔サ変〕〈せ・し・す・する・すれ・せよ〉他人に災いがあるように神仏に祈願すること。人をのろうこと。のろい。

二人の僧都、**極めて仲悪しくなりて**、**互ひに「死ね死ね。」**と**呪詛しけり**。〈今昔〉訳二人の僧都は、たいへん仲が悪くなってしまって、お互いに「死ね死ね。」と**のろった**。

発展「じゅそ」「ずそ」とも。

じゅ-だい【入内】 名詞 動詞 自 〔サ変〕〈せ・し・す・する・すれ・せよ〉(皇后・中宮・女御などに決まった女性が、正式の儀式によって)内裏に入ること。

四条の宮の、后に**立ちたまひて、はじめて入内したまふ**に…。〈大鏡・頼忠〉訳四条の宮が、后にお立ちになって、初めて**内裏に入り**なさるときに…。

発展「内」は内裏のことで、内裏に入るという意味。

主体尊敬 国語・国文法 **→尊敬語／読解の手引き** ⑬(962ページ)

しゅつ-ぎょ【出御】 名詞 動詞 自 〔サ変〕〈せ・し・す・する・すれ・せよ〉天皇・皇后などが外出すること、または臣下の前に出ること。お出まし。対入御 発展「御」は天皇に関連していることを表す接尾語。

しゅつ-くゎい【述懐】 名詞 動詞 自 〔サ変〕〈せ・し・す・する・すれ・せよ〉❶思いを述べること。❷不平。不満。愚痴。また、それを述べること。❸(和歌・連歌などで)心中の思いを述べること。特に、不遇を嘆く気持ちを詠むこと。発展近世以降「じゅっくわい」とも。

しゅっ-け【出家】 名詞 動詞 自 〔サ変〕〈せ・し・す・する・すれ・せよ〉《仏教語》世俗の家を出て、仏門に入ること。受戒して僧になること。また、その人。対在家・在俗 発展「すけ」とも。

述語・述部 国語・国文法 文の成分としての、文節の役割のひとつ。「何がどうする」「何がどんなである」「何が何である」などの文で、「どうする」「どんなである」「何である」に当たる部分をいう。述語を構成するのは、「磯に雪が**降り**、波の花**咲けり**(=海岸に雪が降り、波の花が咲いている)。」のように用言を含む文節や、「家にありたき木は、**松**、**桜**(=家にあってほしい木は、マツと、サクラだ)。」「人は天地の**霊なり**(=人間は天地の中で最も霊妙なものだ)。」のように体言を含む文節である。なお、「述語」が★連文節からなる場合、「述部」ということもある。

しゅっ-し【出仕】 名詞 動詞 自 〔サ変〕〈せ・し・す・する・すれ・せよ〉❶官に仕えること。仕官。

「御辺は故刑部卿忠盛の子でおはせしかども、**十四、五までは出仕もしたまはず**…。」〈平家・2・西光被斬〉訳「貴殿は亡き刑部卿忠盛の子でいらっしゃったけれども、十四、五歳までは**仕官**もなさらず…。」

❷勤めに出ること。出勤。

「**直垂で出仕せんこと、あるべうもなかりけり**。」とて…。〈平家・8・猫間〉訳「(平服である)直垂で(御所へ)**勤めに出**たりすることは、とんでもないことだった。」と言って…。

❸(特定の)席に出て奉仕すること。

出仕して饗膳などに**着く時も、皆人の前据ゑ渡すを待たず、わが前に据ゑぬれば、やがてひとりうち食ひて**…。〈徒然草・60・真乗院に盛親僧都とて〉訳(真乗院の盛親僧都は法会の)**席に出て奉仕して**饗応の食膳などに着くときも、全員に配膳し終わるのを待たないで、自分の前に置いたならば、すぐひとりで食べて…。

しゅっ-せ【出世】 名詞 ❶《仏教語》仏が人間を救うために、この世に現れること。❷《仏教語》世を捨てて仏門に入ること。類出家 ❸貴族出身の身分の高い僧。そこから、地位を得ること。栄えること。

出世景清 作品名 江戸前期の★浄瑠璃。近松門左衛門(→**必修古典ビッグ30** ⑲ 814ページ)作。時代物。五段。平家滅亡後も源頼朝をつけねらう平景清の姿を描く。近松が★竹本義太夫のために書き下ろした第一作。古説話的な古浄瑠璃を脱した、浄瑠璃史上画期的な作品。一六八五(貞享二)年初演。

しゅっ-たい【出来】 名詞 動詞 自 〔サ変〕〈せ・し・す・する・すれ・せよ〉❶事件が起こること。出てくること。❷物事ができあがること。完成。成就。達成。発展「しゅつらい」の変化したもの。

じゅつ-な・し【術無し】 形容詞 〔ク〕〈く・く・し・き・けれ・○／から・かり・○・かる・○・かれ〉なすべき方法がない。どうしようもなくて困り果てる。つらい。

「**飢渇の苦しみに責められて、術なくさうらふに**…。」〈沙石集〉訳「飢えと渇きの苦しみに責められて、**どうしようもなく困り果てて**おりますので…。」

発展「ずちなし」「ずつなし」とも。

しゅつ-り【出離】 名詞 動詞 自 〔サ変〕〈せ・し・す・する・すれ・せよ〉《仏教語》迷いから離れて悟りの境地に至ること。また、出家すること。

しゅ-と【衆徒】 名詞 ❶大きな寺で修行をする下級の僧。雑用や寺の警護などを担当した。後に、武力を持った僧兵となる。❷多くの僧。発展「しゅうと」とも。

しゅ-び【首尾】 名詞 動詞 自 〔サ変〕〈せ・し・す・する・すれ・せよ〉《近世語》❶始めと終わり。また、始めから終わりまで。一部始終。事の成り行き。結果。いきさつ。

その後から一旦那の一人子、金銀を使ひ過ごし、首尾散々にて所を立ちのくを…。〈西鶴・世間胸算用〉訳その後からいちばん大事な檀家の一人息子が、金を使い過ぎて、一部始終散々の不始末で(親から)土地を追放されるのだが…。

❷事情。都合。具合。工面。ようす。**内方の首尾を知らねば、便宜もならず。**〈近松・曾根崎心中〉訳そちらのお宅の事情がわからないので、手紙も出せない。

❸うまく事を運ぶこと。目的を遂げること。転じて、男女が情交すること。

❹よい機会。

しゅ-ひつ【執筆】 名詞 ❶文書などを書くこと。❷書いて記録する役。書記。

しゅ-ほふ【修法】―ほう 名詞《仏教語》密教で、加持祈禱を行うこと。本尊を安置し、護摩をたき、手の印を結び、真言を唱える。発展「すほふ」とも。

しゅみ-せん【須弥山】 名詞《仏教語》世界の中心に高くそびえるという山。頂上に帝釈天が、中腹に四天王が住み、日や月はこの周囲を回るとされている。発展「すみせん」とも。

しゅ-め【主馬】 名詞 皇太子のウマや馬具を管理する役所。また、その長官。

しゅ-もく【撞木】 名詞 鐘やたたき鉦などを打ち鳴らすT字形の仏具。

しゅもく-づゑ【撞木杖】―づえ 名詞 握る部分がT字形になった杖。

しゅら【修羅】 名詞「★阿修羅」の略。

じゅ-らく【入洛】 名詞 動詞 自〔サ変〕〈せ・し・す・する・すれ・せよ〉地方から京都に入ること。京都入り。類上洛 発展 特に貴人の入京に用いる。

しゅら-だう【修羅道】―どう 名詞 ↓ろくだう

しゅ-り【修理】 名詞 動詞 他〔サ変〕〈せ・し・す・する・すれ・せよ〉❶修理・修繕をすること。繕うこと。「**物は破れたる所ばかりを修理して用ゐることぞと、若き人に見習はせて、心付けんためなり。**」〈徒然草・184・相模守時頼の母は〉訳「物は壊れている部分だけを修理して使うことだと、若い人に見習わせて、注意させようとするためである。」

❷「★修理職」の略。発展「すり」とも。

しゅり-しき【修理職】 名詞 平安以後、木工寮とともに内裏の修理や造営に当たった役所。発展「すりしき」とも。

じゅ-りやう【受領】―りょう 名詞 ↓ずりやう

しゅんあうでん【春鶯囀】しゅんおう(の)うでん 名詞 雅楽の曲名。★壱越調の唐楽。

俊恵【―】人名 平安後期の歌人。源俊頼の子。東大寺の僧。京都白川の自坊を歌林苑と呼び、歌人たちが出入りして自由に歌を作れるようにした。鴨長明の和歌の師で、その歌論は『無名抄』(↓必修古典ビッグ30 ㉘1204ページ)などに紹介されている。家集に『林葉和歌集』。*1113*―没年不明

[しゅんあうでん]

じゅん-えん【順縁】 名詞 ❶《仏教語》よいことがきっかけになって仏道に入ること。対逆縁 ❷年齢の高い人から死んでいくこと。対逆縁 発展 順番どおりの縁という意味。

しゅんきょう-でん【春興殿】 名詞 内裏の建物のひとつ。紫宸殿の東南、宜陽殿の南にあって、武具などを収めた。↓ビジュアルチェック⑯(759ページ) 発展「しゅんこうでん」とも。

しゅんくゎ-もん【春華門・春和門】しゅんか― 名詞 内裏の外郭の門のひとつ。建礼門の東、東南の角に南面する。↓ビジュアルチェック⑯(759ページ)

しゅん-じう【春秋】―じゅう 名詞 ❶一年。❷年月。歳月。

春秋【―】作品名 中国の歴史書。★五経の一つ。前七二二年から前四八〇年までの魯の歴史を中心に、編年体によって記す。

春色梅児誉美 作品名 江戸末期の★人情本。四編十二冊。★為永春水作・柳川重信画。江戸深川の遊里を背景に、色男の丹次郎をめぐって、許嫁と二人の芸妓が恋の真心と意気地を尽くす。後に丹次郎は武家の落とし子と分かり、家督を継ぐ。人情本を代表する作品。『春色辰巳園』は続編。初編・二編は一八三二～一三三(天保三～四)年刊。

順接 国語・国文法 ↓接続／読解の手引き⑪(669ページ)

順接の確定条件 国語・国文法 前の条件に対して予期した通りの順当な結果が起こる順接条件のうち、前の条件がすでに確定している関係をいう。次の場合がある。

①原因・理由を表す。(…ので・…から)

なお、以下の関係を順接の確定条件に含めて説くこともある。

②単純な接続(偶然的条件)を表す。(…と・…ところ)↓読解の手引き⑪(669ページ)

順接の仮定条件 国語・国文法 前に述べた仮定の事柄が、後に述べる事柄の条件(前提)となっている関係をいう。「もし…なら」の意味で、活用語の未然形に接続助詞「ば」を付けて表す。「春まで命あら**ば**、必ず来む(=もし春まで命があっ**たら**、きっと来よう)。」↓読解の手引き⑪(669ページ)

順接の恒常的条件 国語・国文法 活用語の已然形の下に接続助詞「ば」が付いて表される条件法。「…と、いつも」「…と、必ず」という意味で、ある事柄がある条件のもとではいつも決まった結果になる関係を示す。「疑ひながらも念仏すれ**ば**、往生す(=疑問を持ちながらでも念仏する**と、必ず**極楽往生ができる)。」↓恒常的条件／読解の手引き⑪(669ページ)

準体言 国語・国文法 ↓準体法／読解の手引き⑩(668ページ)

準体助詞 国語・国文法 活用語の連体形や体言その他に付いて、全体として体言と同じ役割を持つ単位を作る助詞。古典語では、体言に付く「の」「が」にこの用法がある。「いかなれば四条大納言**の**はめでたく、兼久**が**はわろかるべきぞ(=なぜ四条大納言**の歌**は優れていて、兼久**の歌**は悪いのか)。」などのように具体的な名詞を入れて考える。

準体法 国語・国文法 用言や活用連語の連体形が、★体言と同じ役割で用いられる場合、その用言や活用連語を体言に準じるものと考えて、**準体言**といい、連体形のこのような用法を**準体法**という。「手たたけば、山彦の答ふる、いとうるさし(=手をたたくと必ず、こだまが返って

くることが、ひどく煩わしい)。」「大きなるも小さきも、ひとつとして破れざるはなし(=大きな家も小さな家も、ひとつとして壊れない家はない)。」の傍線部がこれに当たる。準体法の現代語訳では、文脈に応じて、連体形の下に名詞「こと・もの・人・時・所・ようす」など、または助詞「の」を補うとよい。→読解の手引き⑩(668ページ)

順徳天皇【じゅんとく[テンワウ]】人名 鎌倉前期、第八十四代の天皇。一二一〇(承元四)年即位。「佐渡院」とも。承久の乱により佐渡へ配流され、同地で崩御した。和歌に造詣が深く、家集に『順徳院御集』、歌論書に『八雲御抄』、故実書に『禁秘抄』がある。*1197—1242*

しゅん-め【駿馬】名詞 優れたウマ。足が速く強いウマ。

じゅん-れい【巡礼・順礼】名詞 動詞 自 サ変〈せ・し・す・する・すれ・せよ〉諸国の神社仏閣や聖地・霊場を巡って礼拝すること。また、その人。西国三十三番の観音霊場巡りや四国八十八か所の弘法大師の霊場巡りが有名。発展「じゅんらい」とも。

[じゅんれい]

しょ【書】名詞 ❶字を書くこと。また、書いた字。❷手紙。❸文書。書物。

じ-よ【自余・爾余】名詞 そのほか。それ以外。凡そは兵衛佐ばかりこそ芳心は存ぜらるるとも、**自余の源氏どもはいかがあらんずらん**。〈平家・7・一門都落〉訳 たぶん兵衛佐(=源頼朝)だけは好意を持っておられるとしても、**そのほか**の源氏の者どもはどう思っているのであろうか。

じょ(現)→(歴)**ぢょ**【女・除】

じょ【序】名詞 ❶序文。端書き。❷和歌で、ある語句を導くために用いることば。序詞。→序詞 ❸和歌の前に、その成立事情などを述べた文。❹音楽や文芸における三部構成(序・破・急)の始め。❺歌舞伎・浄瑠璃の、最初の場や幕。

しょう(現)→(歴)**しゃう**【傷：償：匠：唱：奨：娼：祥：将：尚：庄：床：彰：掌：昌：晶：症：省：祥：章：粧：菖：詳：象：賞：醤：鉦：障：姓：性：政：正：清：生：精：聖：声：請：青：相：荘：装：檣：牀：猩：笙：箏：諍】

しょう(現)→(歴)**せう**【召：哨：妾：宵：小：少：抄：招：捷：昭：梢：樵：沼：消：渉：焼：焦：照：硝：礁：笑：紹：肖：蕉：詔：接：摂：抄：嘯：悄：憔：簫：蕭：逍：鈔】

じょう(現)→(歴)**じゃう**【鎖：上：城：壌：常：情：浄：状：穣：譲：成：盛：静：攘】

じょう(現)→(歴)**ぜう**【擾：繞：饒】

じょう(現)→(歴)**ちゃう**【丈：場：嬢：杖：醸：錠：貞：定：娘：仗：掟：諚】

じょう(現)→(歴)**でう**【条：嫋】

じょう(現)→(歴)**でふ**【畳：帖】

じょう【丞】名詞 ★八省の三等官。判官。

じょう【判官】名詞 律令制で、四等官の三番目。公文書の案文の審査などを行った。発展 役所によってあてる字が異なる。神祇官では「祐」、太政官では「弁官・少納言」、八省では「丞」、近衛府では「将監」、衛門府・兵衛府・検非違使庁では「尉」、大宰府では「監」、国司では「掾」などの字をあてる。

じょう【尉】名詞 ❶兵衛府・衛門府・検非違使庁の三等官。判官。❷能で、翁あるいは翁の面。❸白い炭になった炭火。

しょう-いん【承引】名詞 動詞 自 サ変〈せ・し・す・する・すれ・せよ〉承知すること。承諾すること。聞き入れること。発展「うけひく」に「承引」の漢字を当てて音読みしたもの。

しょう-か【証歌】名詞 証拠となる和歌。また、典拠として引用する和歌。

しょうきゃう-でん【承香殿】名詞 内裏の後宮十二殿舎の一つ。清涼殿の東、仁寿殿の北にあり、内宴や歌舞などの遊びが行われた。→ビジュアルチェック⑯(759ページ)

条件法 国語・国文法 →読解の手引き⑪(669ページ)

しょう-し【勝事】名詞 大変な出来事。異常な出来事。重大事。大事件。発展「しょうじ」とも。

しょう-じゃう【丞相】名詞 ❶大臣の中国風の呼び名。❷中国で、天子を助け政務を執った大臣。宰相。発展「丞」「相」は共に助けるという意味。「じょうしゃう」とも。

読解の手引き⑩

名詞のように働く連体形

「言わぬが花」という諺があります。この「言わぬ」の「ぬ」は、打消の助動詞の連体形です。同じように、「負けるが勝ち」とか「案ずるより産むが易し」といった言い方の「が」の前にくる語は連体形になっています。

これらの例をよく見ると、**連体形が、本来なら体言がくるべき位置に置かれており、連体形の語の後に「こと」などの体言を補うことができます。つまり、この連体形は下に体言がなくてもそこに名詞があるのと同じ働き**をしています。これは、古典の文章ではごく一般的な現象で、このような働きをする連体形を**準体言**といいます。例を見てみましょう。

また、ただ一つ二つなど、ほのかに打ち光りてゆくもをかし。〈枕草子・1・春は曙〉訳→ほのかなり❶

ここでは「ゆく」の連体形の後に「ようす」を補って、(ホタルが)「(飛んで)**行くようす**」と解釈します。

命あるものを見るに、人ばかり久しきはなし。〈徒然草・7・化野の露〉

「久しき」は形容詞「久し(=長い)」の連体形で、ここでは「もの」を補って、「人ほど(命が)**長いもの**はない。」と解釈します。

ついでなくて、「これを奉らん。」と言ひたる、まことの志なり。〈徒然草・231・園の別当入道は〉訳→とらす❶

「たる」は完了の助動詞「たり」の連体形ですが、下に体言がありません。「ついでなくて…と言ひたる」までが「まことの志なり」の主部になっており、「…と言った**のが**」のように解釈します。

助動詞も含めた活用語の連体形の、このような用法を、「★**準体法**」と呼んでいます。現代語では冒頭に挙げた諺のような古典的な言い回し以外に用いられることはなく、「おもしろいのがいい。」のように、連体形の後に「の」という体言の代わりをする助詞を置きます。そのような「の」は、体言に準じた働きをするので、「準体助詞」と呼ばれています。

じょう‐しゃう【縄床】 名詞 縄や木綿のひもを張って作った粗末な腰掛け。禅僧などが用いる。

上州 [ジャウ] 旧国名 →上野

城州 [ジャウ] 旧国名 →山城

常州 [ジャウ] 旧国名 →常陸

じょう・ず【乗ず】 動詞 自〈サ変〉〈ぜ・じ・ず・ずる・ずれ・ぜよ〉状況をうまく利用する。乗じる。かこつける。つけこむ。**運に乗じて敵を砕く時、勇者にあらずといふ人なし。**〈徒然草・80・人ごとに〉訳 うまく運に**乗じ**て敵を破るとき、勇者でないという人はない。

しょう‐せつ【勝絶】 名詞 十二律の第四音。「へ」の音に当たる。発展「しょうぜつ」とも。

しょうそく（現）→（歴）**せうそく【消息】**

上代語 国語・国文法 奈良時代およびそれ以前のことば。地域的には、大和地方の中央語が中心であるが、『★万葉集』の★東歌・防人歌に見える東国語（上代東国方言）も含まれる。音韻では、★上代特殊仮名遣い、母音が重複することを避ける現象などが見られる。語法では、中古以降には見られない助詞「ゆ」「なも」「つ」「な」、助動詞「ゆ」「らゆ」「ましじ」などが見られる。

上代特殊仮名遣い 国語・国文法 上代の文献のエ・キ・ケ・コ・ソ・ト・ノ・ヒ・ヘ・ミ・メ・ヨ・ロ（『古事記』ではさらにモ）の音、およびそれらの濁音ギ・ゲ・ゴ・ゾ・ド・ビ・べに当たる★万葉仮名の二種類の書き分け。この書き分けのある音を含む語は、その語によって用いる仮名の類が決まっており、同じ語には他の類を用いることがない。たとえば「雪」のキは「伎」およびその同類「岐」「吉」などで表記され、「紀」およびその同類「貴」「気」などで表記されることはない。「伎」「岐」「吉」の類を甲類、「紀」「貴」「気」の類を乙類と呼び、その他の音についても同様に二類に分けられる。当時、甲類・乙類の発音が異なっており、その違いを書き分けたものと考えられるが、中古になると消滅する。

状態の副詞 国語・国文法 動作・作用または事態のあり方・性質を詳しく表して、主として動詞を修飾する副詞。「状態」を「情態」とも表記する。★程度の副詞に修飾されることがある。この副詞には、「**うらうらに**照れる春日に（＝うららかに照っている春の日に）」のように、擬声語・擬態語や畳語が多く、語尾に「に」「と」を伴うものも多い。「かく」「かねて」などの指示語や、などもこれに含まれる。

しょう‐ち【勝地】 名詞 ❶立地条件の優れた土地。適地。❷景色のよい所。名勝。

正徹 [シャウテツ] 人名 室町前期の僧・歌人。冷泉為尹・今川了俊に師事。★藤原定家の余情妖艶にあこがれ、浪漫的な歌風を開拓した。歌論書に『正徹物語』、家集に『草根集』がある。*1381―1459*

しょう‐でん【昇殿】 名詞 動詞 自〈サ変〉〈せ・し・す・する・すれ・せよ〉平安以降、★清涼殿の「殿上の間」に昇ることを許されること。発展 平安時代には、五位以上の人で選ばれた人と、六位の蔵人が勅許によって昇殿を許された。そのうち、三位以上の人と四位の参議を「上達部」といい、四位・五位の人および六位の蔵人を「殿上人」といった。また、昇殿を許されない身分の人は「地下」といった。後世は、家の格によって「堂上」と「地下」に別れた。

しょうと（現）→（歴）**せうと【兄人】**

上東門院 [ジャウトウモンヰン] 人名 →藤原彰子

聖徳太子 [シャウトク] 人名 飛鳥時代、推古天皇の皇太子・摂政。名は廏戸豊聡耳皇子、聖徳太子は諡号。十七条憲法・冠位十二階の制定、遣隋使の派遣、国史の編纂、寺院建立など、優れた政策を推進。深く仏教に帰依し、『三経義疏』を著したと伝えられる。*574―622*

肖柏 [セウ] 人名 室町後期の連歌師。★飯尾宗祇に師事して『源氏物語』などの古典や連歌を学ぶ。『★水無瀬三吟何人百韻』および『★新撰菟玖波集』の撰集に参加。家集・句集に同名の『春夢草』二部がある。古典注釈書も多い。*1443―1527*

しょう‐ばん【鐘板】 名詞 食事のときの合図として鳴らされる銅または鉄製の板。雲の形で、禅寺で用いられる。

しょう‐ぶ【勝負】 名詞 動詞 自〈サ変〉〈せ・し・す・する・すれ・せよ〉❶勝つことと負けること。勝ち負け。勝敗。❷勝敗を決めること。❸物をかけるなどして勝ち負けを競うこと。勝負事。かけ事。

蕉風 [セウ] 文芸用語 俳諧で、松尾芭蕉およびその門流の俳風。「正風」とも書く。★貞門・★談林の流派に対して、自然詩としての俳諧を主張し、幽玄・閑寂の境地を庶民芸術である俳諧の通俗性のうちに求めた。「★さび」「★しをり」「★ほそみ」「★軽み」を尊び、また連句の付合に

読解の手引き⑪

条件法を解き明かす

条件法には、**確定条件**（ある事柄が既に成り立ったものであることを示す表現法）・**仮定条件**（ある事柄を仮定することを示す表現法）・**恒常的条件**（ある事柄がある条件のもとではいつも決まった結果になることを示す表現法）の三つがあります。

そして、それぞれに、**順接**（前にある事柄に対して、後に続く事柄が順当、自然である場合）と**逆接**（前の事柄が後に続く事柄と矛盾、対立している場合）の二つの用法があります。

この両者の関係を図示すると、次のように、六通りの組み合わせができます。

	順接	逆接
確定条件	**已然形＋ば** 雨降れ**ば**、傘さす。 ＝ 降る**ので**	**已然形＋ど・ども** 雨降れ**ど**、傘さ**さず**。 ＝ 降る**けれども**
仮定条件	**未然形＋ば** 雨降ら**ば**、傘さす。 ＝ 降る**ならば**	**終止形＋と・とも** 雨降る**とも**、傘ささず。 ＝ 降って**も**
恒常的条件	**已然形＋ば** 雨降れ**ば**、傘さす。 ＝ 降る**と、いつも**	**已然形＋ど・ども** 雨降れ**ど**、傘ささず。 ＝ 降って**も、必ず**

このほかに、「外見れ**ば**、雨降れり（＝外を見る**と**、雨が降っている）。」のように、前の句と後の句が直接的な関係を持たない、**単純な接続**を表す場合もあります。何かがあったとき、たまたまそうなっていた、という場合なので、これを特に「**偶然的条件**」（「偶時条件」ともいう）ともいいます。

も、「*にほひ」「ひびき」「*うつり」「*位」といった微妙複雑な余情の美や韻律・調和を重んじた。

正法眼蔵 しょうぼうげんぞう［シャウボフゲンザウ］作品名 鎌倉時代の法語集(仏教書)。曹洞宗の基本教典。*道元著。一二三一(寛喜三)年から一二五三(建長五)年の間、禅の本質・伝統・規範について門下に示した法語を集めたもの。

正法眼蔵随聞記 しょうぼうげんぞうずいもんき［シャウボフゲンザウ—］作品名 鎌倉時代の法語集。懐奘が師の道元の法語を聴いて記録したもの。易しい文章のため、道元および『*正法眼蔵』理解のための必読書となった。嘉禎年間(一二三五～一二三八)に成立。

しょうまん-ぎょう【勝鬘経】 —ぎゃう 名詞 仏教の経典のひとつ。仏の教えは、ただひとつであり、衆生の本性は清浄であると説く。発展 勝鬘(=古代インドの王妃)が語ったという体裁で書かれているところからこう呼ぶ。

しょう-みゃう【称名】 —みょう 名詞《仏教語》仏の名を唱えること。特に、「南無阿弥陀仏」を唱えること。

しょうめい-もん【承明門】 名詞 内裏内郭の十二門の一つ。紫宸殿の正面に当たり、建礼門に相対する。↓ビジュアルチェック⑯(759ページ)

蕉門 しょうもん［セウ—］文芸用語 松尾芭蕉の俳風。また、その門下の俳人。

将門記 しょうもんき［シャウモン—］作品名 平安中期の軍記物語。作者・成立年不明。「まさかどき」とも。東国に起こった平将門の乱の顛末を将門側から記したもので、将門の生まれに始まり、乱の経緯が変体漢文で描かれている。中世軍記物語の先駆けとなる作品。

蕉門十哲 しょうもんじってつ［セウモン—］文芸用語 松尾芭蕉門下の十人の優れた俳人のこと。明治以降は、*与謝蕪村の画賛(天保三年刊『続俳家奇人談』所収)によって選ばれた、*榎本其角・服部嵐雪・*各務支考・*森川許六・*向井去来・内藤丈草・*志太野坡・越智越人・立花北枝・*杉山杉風の十人をいう。

しょう-り【勝利】 名詞 ❶《仏教語》優れたご利益。❷勝負に勝つこと。

省略 しょうりゃく 国語・国文法 論理上必要と思われる文節や、あったほうが分かりやすいはずの文節が、表現されていない現象。余情を深めたり、文を簡潔にしたりする表現効果がある。具体的には、以下のような場合がある。( )で囲まれた部分が実際には書かれていないところ。
①主語の省略。「(石清水八幡宮は)聞きしにも過ぎて、尊くこそおはしけれ」
②述語の省略。「春は曙(をかし)」
③連用修飾語の省略。「御年のほどよりは、おそろしきまで(賢く)見えさせ給ふ」
④被修飾語の省略。「ある人の詠める(歌)」
⑤補助語の省略。「誰もかく覚ゆるにや(あらん)」
⑥文末「とか」「とかや」の下の被修飾語「いふ」などの省略。「文にもはべるとかや(いふ)」
↓読解の手引き⑦(470ページ)

［浄瑠璃］

浄瑠璃 じょうるり［ジャウ—］文芸用語 主に三味線を伴奏楽器とする語り物。室町時代に琵琶法師が語る『浄瑠璃姫物語』が人気を得ると、次第にその名と節回しが広まり、江戸時代の初めに三味線を伴奏とする人形芝居と結合して成立。全盛期は十七世紀後半で、多くの流派が生まれた。竹本義太夫はそれらの流派の長所を合わせ、独自の節回しを持つ義太夫節を創始し、近松門左衛門と組んで人形浄瑠璃を大成した。

しょ-えん【諸縁】 名詞 いろいろなつながり。さまざまな因縁。

しょ-かう【初更】 —こう 名詞 日没から日の出までの時間を五つに分けた、最初のもの。午後七時ごろから九時ごろまで。甲夜。戌の刻。↓ビジュアルチェック⑲(881ページ)

書簡体 しょかんたい 文芸用語 手紙に用いられた文体。平安時代までは漢文で書くのを正式とした。鎌倉以降、漢文体・和文体を問わず文末が「候ふ」で終わる*候文が一般化し、独特の表現形式が発達した。このような書簡文の模範文例集として編集されたものを、*往来物という。

しょ-ぎゃう【所行】 —ぎょう 名詞 行い。振る舞い。**碁を打つよりほかに、他の所行なくして年月を送れり**…。〈今昔〉訳 碁を打つこと以外には、ほかの行いをすることもなく年月を過ごしていた…。

しょぎゃう-むじゃう【諸行無常】 しょぎょうむじょう 名詞《仏教語》すべてのものは常に変化・生滅し(=諸行)て、永久不変なものはない(=無常)ということ。発展 仏教の根本思想を説いた涅槃経の雪山偈と呼ばれる*偈の一節。

書経 しょきょう［—キャウ］作品名 中国最古の歴史記録。*五経の一つ。著者・成立年代不明。『書』『尚書』とも。政治上の規範となるべき中国古代の君主の誓いや訓告を集めたもの。

じょく(現)↓(歴)**ぢょく【濁】**

続古今和歌集 しょくこきんわかしゅう［—ワカシフ］作品名 鎌倉時代中期、第十一番目の勅撰和歌集。後嵯峨院の命を受けた*藤原為家らが撰進。二十巻。総歌数一九二五首。新古今時代の歌人の作品を多く収めている。一二六五(文永二)年成立。

続後拾遺和歌集 しょくごしゅういわかしゅう［ショクゴシフヰワカシフ］作品名 鎌倉末期、第十六番目の勅撰和歌集。後醍醐天皇の命を受けて、初め二条為藤が、その死後は二条為定がが引き継いで撰した。総歌数一三五五首。歌風は平凡無難。一三二六(嘉暦元)年に成立。

続後撰和歌集(しょくごせんわかしゅう)[ー|ワカシフ] 作品名 鎌倉中期、第十番目の勅撰和歌集。後嵯峨院の命を受けた★藤原為家の撰。二十巻。総歌数一三七一首。中世においては、『★千載和歌集』『★新勅撰和歌集』とともに規範的な地位を占めた。一二五一(建長三)年に成立。

式子内親王(しきしないしんのう・しょくしないしんのう)[ー|ナイシンワウ] 人名 ↓式子内親王

続拾遺和歌集(しょくしゅういわかしゅう)[ショクシフヰ|ワカシフ] 作品名 鎌倉中期、第十二番目の勅撰和歌集。亀山上皇の命を受けた藤原為氏の撰。二十巻。総歌数一四六一首。新味や独自性には乏しい。一二七八(弘安元)年に成立。

続千載和歌集(しょくせんざいわかしゅう)[ー|ワカシフ] 作品名 鎌倉末期、第十五番目の勅撰和歌集。後宇多院の命を受けた藤原為世の撰。二十巻。総歌数二一四三首。平淡・温雅な歌風。一三二〇(元応二)年成立といわれる。

続日本紀(しょくにほんぎ) 作品名 平安初期の歴史書。『★日本書紀』に続く官撰史書。★六国史の第二。光仁天皇の命を受けて、石川名足・淡海三船らが撰修。四十巻。六九七(文武元)年八月から七九一(延暦十)年十二月までの編年体の記録。最古の★宣命を伝え、歌謡・説話も含む。七九七(延暦十六)年に成立。

続日本後紀(しょくにほんこうき) 作品名 平安前期の歴史書。★六国史の第四。藤原良房・春澄善縄の編。二十巻。『★日本後紀』の後を受け、八三三(天長十)年二月から八五〇(嘉祥三)年三月までの仁明天皇一代の歴史を収める。八六九(貞観十一)年に成立。

しょ-くゎ【所課】ーか 名詞 課せられたこと。負担。

しょ-ぐゎん【所願】ーがん 名詞 願い。願望。「**人の世にある、自他につけて所願無量なり。**」〈徒然草・217・ある大福長者の〉訳「人がこの世に生きている間は、自分に対しても他人に対しても**願望**は際限なく多い。」

しょ-け【所化】 名詞 ❶《仏教語》修行中の僧。教え導かれる者。❷化け物。

序詞(じょことば) 文芸用語 ↓序詞(じょし)

しょ-さ【所作】 名詞 動詞 自〔サ変〕〈せ・し・す・する・すれ・せよ〉❶動作。振る舞い。言動。特に神仏に対する行い。礼拝。**化人の所作と知りて、寺の人、皆、貴びけり…。**〈今昔〉訳この世に現れた仏の**行い**と知って、寺の人は、みな、貴んだと…。❷生業。職業。仕事。**常に狩猟・漁捕をもって所作とする国なり。**〈今昔〉訳いつも狩りや漁業を**生業**とする国である。❸身のこなし。演技。身振り。また、歌舞・音曲などを演じること。**されぱこそ、歌舞伎の役者なども、とかくその所作が実事に似るを上手とす。**〈難波土産〉訳だからこそ、歌舞伎の役者なども、とにかくその**演技**が本物に似ているのを上手とする。❹(「所作事」の略で)歌舞伎で演じられる舞踊または舞踊劇。

しょ-ざい【所在】 名詞 ❶ありか。居場所。❷行為。仕業。振る舞い。❸身分。職業。

じょ-さい【如在・如才】 名詞 動詞 自〔サ変〕〈せ・し・す・する・すれ・せよ〉❶眼前に、まるで神がいるように、敬い慎んで神を祭ること。❷いい加減にすること。手落ち。手抜かり。油断。疎略。

しょ-し【所司】 名詞 ❶武家の職名。鎌倉幕府では、侍所の次官。室町幕府では、侍所の長官。❷寺の事務を取り行う僧の職。

助詞(じょし) 国語・国文法 品詞のひとつ。付属語で活用がなく、常に他の語の下に付いて用いられる。他の語に付いて、その語と他の語との関係を示したり、その語に一定の意味を添えたりする。助詞は、接続や切れ続き(=下の文節と結び付かないか、結び付くか)などの機能によりふつう、格助詞・副助詞・接続助詞・係助詞・終助詞・間投助詞の六種(ほかに準体助詞・準副体助詞・並立助詞を考える説もある)に分類される。

序詞(じょし) 文芸用語 和歌の修辞法のひとつ。「じょことば」とも。

ビジュアルチェック⑪

序詞の種類

① 形容・比喩によるもの

春日野の雪間を分けて生ひ出で来る草の **はつかに見えし** 君はも 〈古今集・恋1・478〉

(春日野に残る雪の間を分けて生え出てくる若草がほんの少し見えたように → ちらっと見えた (かわいい)あなたよ)

② 掛詞によるもの→掛詞

伊勢の海人の朝な夕なにかづくてふ **みるめ** に人を飽くよしもがな 〈古今集・恋4・683〉

(伊勢の漁師が朝も晩も水にもぐって採るという → 海松布ではないが = (その)見る目(=会う機会)があって、あの人に飽きてしまうような手立てがあればよいなあ)

③ 同音反復によるもの

浅茅生の小野の篠原 **忍ぶれど** あまりてなどか人の恋しき 百人一首〈後撰集・577〉

(丈の低いチガヤの(生えている)野の篠原の「しの」ではないが → (あなたへの思いを)こらえ忍んでも (あなたへの思いが胸に)あふれて、どうして(こんなに)あなたが恋しいのか)

● ——部分は序詞、□は導き出された語。
● 読解の手引き⑫(672ページ)も参照のこと。

表現をより効果的にするために、表現しようとする語句の直前に置いて、その語句を導き出すことば。音数に制限がなく、二句以上に及ぶことが原則。→読解の手引き⑫(672ページ)・ビジュアルチェック⑪(671ページ)

しょ-しだい【所司代】 名詞 ❶室町幕府で、侍所の所司の代理として、実際に事務を行った者。❷江戸幕府で、朝廷に関する事務、公家の監視、周辺の訴訟などを行った、京都に置かれた役職。京都所司代。

しょ-じゅう【所従】 名詞 家来。従者。
「鞍馬の児して、後には黄金商人の所従になり……。」〈平家・11・嗣信最期〉訳「鞍馬寺の稚児となり、後には金商人の従者になり……。」

叙述の副詞 国語・国文法 →陳述の副詞

しょ-しん【初心】 名詞 ❶《仏教語》(「初発心」の略で)初めて悟りを求める心を発すること。また、仏道に入ったばかりの人。
初心未入の人意得べからずとて、方便、不実を以て答ふべからず。〈正法眼蔵随聞記〉訳**仏道に入ったばかりの人**で未熟な人がよく理解できないからといって、便宜的手段や、真実でないことで答えてはいけない。
❷学問や芸能の習い初め。また、その人。未熟者。
❸能の各修業時期における芸の自覚や経験。また、その時期に習得した芸。対後心
この頃の花こそ初心と申すころなるを…。〈風姿花伝〉訳この(二十四、五歳の)ころの芸の魅力こそ(新鮮な)**芸の自覚**(を得た)と申します段階なのに…。

しょ-しん・なり【初心なり】 形容動詞〔ナリ〕〈なら・なり(に)・なり・なる・なれ・なれ〉もの慣れない。うぶだ。野暮だ。
初心なる女郎は脇からも赤面してゐられしに…。〈西鶴・好色一代男〉訳(お金を差し出されて)**もの慣れない遊女は**わきで(もじもじして)顔を赤くしないではいられなかったのに…。

しょ-せん【所詮】 一 名詞 結果として行き着くところ。究極。
二 副詞 結局。要するに。つまるところ。

しょ-ぞん【所存】 名詞 考え。心に思うこと。
「**このうへは、亭主が所存の通りに、遊ばされてたまはれ。**」〈西鶴諸国ばなし〉訳「こうなったからには、亭主の**考え**のとおりに、なさってください。」

しょ-たい【所帯】 一 名詞 身に帯びているもの。官職・領地・財産など。
二 名詞 動詞 自〔サ変〕〈せ・し・す・する・すれ・せよ〉一家を構え生活すること。世帯。

しょ-だいぶ【諸大夫】 名詞 ❶四位・五位まで昇進した者の総称。摂関・大臣などの★家司。❷五位の武家。
発展「しょだいふ」とも。

しょ-だう【諸道】 ― 名詞 さまざまな専門の道。諸芸。
世の博士にて万人の師となること、諸道かはるべからず。〈徒然草・150・能をつかんとする人〉訳(決まりを守る人は)世に知られる学識者として万人の師となることは、どの**専門の道**でも変わるはずがない。

しょ-てん【諸天】 名詞《仏教語》天上界。また、天上界にいるいろいろな神。

助動詞 国語・国文法 品詞のひとつ。付属語で活用がある。多くは用言に付くが、名詞や副詞・助詞・他の助動詞に付くものもある。話し手の意図や判断・態度を表したり、一定の意味を添えたりする。助動詞は、その意味・活用の型・接続によって三通りに分類・整理することができる。

a **意味による分類**
①自発②可能③受身④尊敬⑤使役⑥打消⑦過去⑧完了⑨推量⑩推定・伝聞⑪希望⑫断定⑬比況など

b **活用の型による分類**
①動詞型②形容詞型③形容動詞型④特殊型

c **接続による分類**
①未然形接続②連用形接続③終止形接続④連体形接続⑤已然形接続⑥体言接続⑦助詞(「の」「が」)接続

序破急【―キフ】 文芸用語 芸能・文芸における、三段階・三区分による構成法。もともと、雅楽の楽章を指す用語で、無拍子でゆったりした楽章を「序」、緩やかな拍子で変化に富む楽章を「破」、急速な拍子で盛り上がりを示す楽章を「急」と呼ぶ。それが次第に、能・連歌・浄瑠璃などの各分野で独自の理論に発展し、特に能では世阿弥によって、脚本・演出などの根本理念として重視された。

しょ-まう【所望】 ― 名詞 動詞 他〔サ変〕〈せ・し・す・する・すれ・せよ〉望むこと。欲しがること。望み。希望。願い。

読解の手引き⑫

和歌に序詞を入れると…

和歌には★枕詞や序詞といった**ある語を導き出すためのパスワードのような技法**があります。**枕詞は五音(一句)を原則とし、常に決まった語を導き出し、歌意には関与しませんが、序詞は作者の即興で作られ、歌意に関与する**ものもあります。

①**あしひきの山鳥の尾のしだり尾の長々し夜をひとりかも寝む** 百人一首〈拾遺集・778〉訳→あしひきの…

この一首の本旨は「長々し夜をひとりかも寝む」にあり、「あしひきの山鳥の尾のしだり尾の(=山鳥の尾の、あの垂れ下がった長い尾のように)」は「長々し」を導いている序詞です。これは、**比喩として歌意に関与する(「…のように」と訳すと意味が通る)序詞**です。なお、「あしひきの」は「山」にかかる枕詞で、序詞の中にも枕詞は使われます。

②**風吹けば沖つ白波たつた山夜半にや君がひとり越ゆらむ** 歌〈古今集・雑下・994〉訳→かぜふけば…

この一首の本旨は「たつた山夜半にや君がひとり越ゆらむ」にあり、「風吹けば沖つ白波」は「たつ」を導く序詞になります。「たつ」は「(白波が)**立つ**」と「**竜田山**」の「たつ」を掛けた掛詞になっており、これは**掛詞で後の語を導くタイプの序詞で、歌意には関与していません。**

このような序詞は「風が吹くと沖の白波が立つ、(その「立つ」という名の付いている)竜田山を…」のように、訳出の際には工夫しなければなりません。

③**ほととぎすなくや五月のあやめ草あやめも知らぬ恋もするかな** 歌〈古今集・恋1・469〉訳→ほととぎす…

この歌では「あやめも知らぬ恋もするかな」が本旨です。「ほととぎすなくや五月のあやめ草」は**末尾の「あやめ草」が類似する音の語「あやめ(文目)」を導くタイプの序詞で、歌意には関与していません。**

「ホトトギスが鳴く五月に咲くアヤメ、(そのアヤメではないが、私は)あやめ(=道理)をわきまえないような恋をもすることだなあ。」と訳すと分かりやすいでしょう。

「もし射外しぬるものならば、汝が欲しく思はんものを所望に従ひて与ふべし。」〈古今著聞集〉訳「もし（お前を）射損ねたならば、お前の欲しいと思っているようなものを望み通り与えよう。」

しょ-や【初夜】 名詞 ❶一日を六つに分けた★六時の一つ。午後六時ごろから九時ごろまで。↓後夜・中夜 ❷《仏教語》❶の時間に行う勤行。❸戌の刻。午後七時から午後九時まで。

しょ-らう【所労】 名詞 病気。患い。**所労いよいよ大事なる由、その聞こえあり。**〈平家・3・医師問答〉訳**病気**がますます重いことについて、そのうわさがある。

しょ-りゃう【所領】 名詞 領地。領有する土地。

しょ-ゐ【所為】 名詞 行為。仕業。

じょ-ゐ【叙位】 名詞 ❶平安中期以降、陰暦正月五日または六日に宮中で、五位以上の位階を授ける儀式。❷位を授けること。

しょ-ゐん【書院】 名詞 ❶書院造りの座敷。武家が客間として使った。❷書院造りの座敷で、床の間の脇に設けた棚。文具置き場や机として使う。付け書院。❸書斎。

しら+ロ 「しる」【知る】■（ラ行四段）の未然形。↓最重要語（676ページ）

しらあわ-かま-す【白泡嚙ます】 ウマが勇んで口から白い泡を吹き出す。**白泡かませ、舎人あまた付いたりけれども、なほ引きもためず**…。〈平家・9・生ずきの沙汰〉訳（生けずきというウマが）**口から白い泡を吹き出し**、ウマを引く男が大勢付いていたのだが、それでも引きおさえられず…。発展「す」は使役の助動詞。ここでは、勇むようすを表現している。

しらうめに… 句 しら梅に明くる夜ばかりとなりにけり〈から檜葉・与謝蕪村〉訳闇の中にもほころび始めた白いウメの香りがほのかに漂う。冬も終わり、白い花のあたりからほのかに夜が明けるころになったことだ。○季語しら梅―春 発展一七八三（天明三）年十二月二十五日未明、六十八歳の天寿を全うした蕪村の辞世の句。

しら-え-ず【知らえず】（人にその真価を）知られない。**白珠は人に知らえず知らずともよし知らずとも我し知らねば知らずともよし** 歌〈万葉集・6・1018〉訳↓しらたまは… 発展四段動詞「しる」の未然形＋受身を表す上代の助動詞「ゆ」の未然形＋打消の助動詞「ず」。

しら-え-ぬ【知らえぬ】 知られた。わかった。**漁りする海人の子供と人は言へど見るに知らえぬ良人の子と** 歌〈万葉集・5・853〉訳漁をする漁師の子供だと人は言うけれど、一目見て**わかった**、良家の娘だと。発展四段動詞「しる」の未然形＋自発を表す上代の助動詞「ゆ」の連用形＋完了の助動詞「ぬ」の終止形。

しら-がさね【白襲・白重ね】 名詞 ★襲の色目のひとつ。表裏とも白で、陰暦四月一日の衣がえの日から着用した。発展「しろがさね」とも。

しら-かし【白樫】 名詞《植物》ブナ科の常緑樹。シラカシ。葉の裏は白く、ドングリの実をつける。

しらかは-よふね【白川夜船】 名詞 熟睡していて、何も知らないこと。発展京都の地名である「白川」のことを聞かれた者が、知ったかぶりをして川の名と思い「夜船で通ったから知らない」と答えた話からいう。

-しらが・ふ 接尾語（動詞の連用形に付いて）わざと…する、しきりに…する、争って…する、という意味を表す。語例見えしらがふ・奪ひしらがふ 発展動詞（ハ四段）化する。

白川【しらかは】 地名 比叡山に源を発し、京都市街地東側を南流する川、およびその流域一帯。平安時代においては、鴨川以東、東山との間の地域をいい特に三条の北を「北白川」と呼んだ。平安後期以降、特に院政期には、院御所が造営されて政治の中心となり、南北朝時代前後からは市街化が一層進んだ。桜の名所としても知られる。「白河」とも書く。

白河の関【しらかはのせき】 歌枕 今の福島県白河市に置かれた関所。★勿来の関・★念珠が関とともに古代の奥羽三関の一つ。和歌には、「白」の縁で「卯の花」や「雪」とともに詠まれたり、「青葉」「紅葉」との対照でも詠まれた。↓ビジュアルチェック❶（194ページ）

しら・く【白く】 ■動詞 自（カ下二段）〈け・け・く・くる・くれ・けよ〉❶白くなる。特に、髪が白くなる。**海のまた恐ろしければ、頭も皆白けぬ。**〈土佐日記・一月二十一日〉訳「海（そのもの）がまた恐ろしいので、頭髪もすっかり**白くなってしまった**。」❷気まずくなる。きまりが悪くなる。**実方は白けて逃げにけり。**〈十訓抄〉訳実方（＝人名）は**気まずくなって**逃げてしまった。❸興が冷める。白ける。**恋に浮き世を投げ首の酒も白けて醒めにけり。**〈近松・冥途の飛脚〉訳恋に（おぼれて）この世を投げ捨てるほど（の思案のようす）に酒（の座）も**白けて**酔いがさめてしまった。
■動詞 他（カ下二段）〈け・け・く・くる・くれ・けよ〉明白にする。隠さずに打ち明ける。告白する。**かしらから物事白けて語りぬ。**〈西鶴・好色一代男〉訳最初から物事を**隠さずに打ち明けて**語った。

しら・ぐ【精ぐ】 動詞 他（ガ下二段）〈げ・げ・ぐ・ぐる・ぐれ・げよ〉❶（玄米をついて）精白する。**臼一つに、女ども八人立ちて、米しらげたり。**〈宇津保〉訳臼ひとつに、女たちが八人立って、米を**精白している**。❷（削ったり磨いたりして）仕上げる。

しら・ぐ 動詞 他（ガ下二段）〈げ・げ・ぐ・ぐる・ぐれ・げよ〉打つ。たたく。**その時、神人白杖をもってかの聖がうなじをしらげ**…。〈平家・1・鹿谷〉訳そのとき、神人（＝神社に仕える役人）は白い杖でその聖人の首を**たたき**…。

しらくもに… 歌 白雲に羽うち交はし飛ぶ雁の数さへ見ゆる秋の夜の月〈古今集・秋上・191〉訳白雲（の浮かぶ高い空）に羽を互いに重ね合わせて（いるかのように）飛んでゆくガンが、（その）数まで見える（明るい）秋の夜の月よ。○「白雲」は高い空にあるものという意味。「羽うち交はし」は、羽と羽が交わるほどに群れ飛ぶようすを表す。発展夜なのに月が明るいため、飛んで行くガンの数さえ数えることができることを示し、月の明るさを強調する。

しらくも-の【白雲の】 枕詞（白雲のようすから）「かかる」「絶ゆ」「立つ」や（同音を含む）地名「竜田山」に係る。

しらし-め・す【知らし召す・領らし召す】 動詞 他（サ四段）〈さ・し・す・す・せ・せ〉《上代語》お治めになる。統治なさる。

宮柱(みやばしら)太知(ふとし)り立てて天(あめ)の下(した)しらしめしける天皇(すめろき)の…〔歌〕〈万葉集・20・4465〉〔訳〕宮柱を立派に立てて天下をお治めになった天皇の…。

〔発展〕四段動詞「しる」の未然形＋尊敬を表す上代の助動詞「す」の連用形＋四段補助動詞「めす」が一語になったもの。中古以降は「しろしめす」。

しら-じら・し【白白し】〔形容詞〕〔シク〕〈しく・しく・し・しき・しけれ・○／しから・しかり・○・しかる・○・しかれ〉❶白々としている。いかにも白い。❷興ざめだ。**いみじう美々(びび)しうてをかしき君たちも、随身(ずいじん)なきはいと白々し。**〈枕草子・48・男(をのこ)は〉〔訳〕（服装や振る舞いが）たいへん華やかで魅力的な貴公子たちでも、（お供に）随身という警護役の下級役人がいない（＝従えていない）のはひどく**興ざめだ**。❸空々しい。白々しい。

〔発展〕「しらしらし」とも。

しら-す【領らす】《上代語》お治めになる。**久方の天(あめ)領らしぬる君ゆゑに日月も知らず恋ひわたるかも**〔歌〕〈万葉集・2・200〉〔訳〕天を**お治めになった**（＝昇天された）皇子ゆえに月日の過ぎるのも分からないほど慕い続けることだ。○「久方の」は「天」に係る枕詞。

〔発展〕四段動詞「しる」の未然形＋尊敬を表す上代の助動詞「す」。

しら-す【白州・白洲】〔名詞〕❶白い砂の州。❷庭や玄関の前の白い小石を敷いた所。❸奉行所(ぶぎょうしょ)で取り調べをする、白い石が敷いてある庭。

しら-ず【知らず】❶関知しない。問題にしない。さておく。「**他人の前は知らず、西光が聞かん所に、さやうの事をば、えこそのたまふまじけれ。**」〈平家・2・西光被斬(さいこうがきられ)〉〔訳〕「他人の前では**さておき**、この西光が聞いていたりする所で、そのようなことは、とてもおっしゃることができまい。」

❷見当がつかない。分からない。**知らず、生まれ死ぬる人、いづ方より来たりて、いづ方へか去る。**〈方丈記・ゆく河〉〔訳〕**分からない**、生まれたり死んだりする人が、どこから来て、どこへ姿を消すのか。

〔発展〕四段動詞「しる」の未然形＋打消の助動詞「ず」。❷の場合、多く倒置の形式となる。

しらず-がほ・なり【知らず顔なり】〔形容動詞〕〔ナリ〕〈なら・なり(に)・なり・なる・なれ・なれ〉知らない振りをする。素知らぬ顔だ。「**せめて知らず顔にあり経(へ)ても、これよりまさることもや。**」とおぼしなりぬ。〈源氏・須磨(すま)〉〔訳〕（源氏は）「しいて**素知らぬ顔で**日を過ごしていても、これ以上に悪い事態でも起きるのではないか。」とお思いになるようになった。

しらず-よみ【知らず詠み】〔名詞〕相手の真意を知っていながら、気がつかないふりをして返歌などを詠むこと。

しら-たま【白玉】〔名詞〕白い玉。白い宝石。真珠。〔発展〕愛人や愛児などのたとえとしても用いられる。

しらたまか…〔歌〕

白玉(しらたま)かなにぞと人の問ひしとき露と答へて消(け)なましものを〈新古今集・哀傷・851・在原業平(ありわらのなりひら)〉〔訳〕「(あれは)真珠か、何なのか。」と(あの)人が尋ねたとき、「露だよ。」と答えて(その露がはかなく消えるように私も)死んでしまったらよかったのに。○「消」は「消え」の変化したもので「露」の縁語。「なまし」の「な」は確述の助動詞「ぬ」の未然形、「まし」は反実仮想の助動詞。

〔発展〕『伊勢物語』六段にも見える。それによると、二人で逃げる途中、草の露を見て「あれは何か」と尋ねた女が、鬼に食われてしまった(実は連れ戻された)ことを、男が嘆き悲しんで詠んだ歌。

しらたまは…〔歌〕

白珠(しらたま)は人に知らえず知らずともよし知らずとも我(われ)し知れらば知らずともよし〈万葉集・6・1018〉〔訳〕真珠(の価値)は人に知られない。(しかし)知られなくてもよい。知らなくても、自分だけが知っているなら、(人が)知らなくてもよい。○上の句、下の句共に五・七・七の三句からなる旋頭歌(せどうか)。「白珠」は真珠のことで、自分の才能をたとえている。「知らえず」の「え」は上代の助動詞「ゆ」の未然形で、ここでは受身を表す。「我し」の「し」は、強意の副助詞。

〔発展〕作者は、元興寺の僧とあるが、生没年・伝は不明。我が身の真価を人に知ってもらえない苦悩を、「白珠」「知らず」と「しら」の音を重ね、技巧的に詠んだ歌。

しら-つゆ【白露】〔名詞〕草木の上の、白く光って見える露。

しらつゆに…〔百人一首〕

白露(しらつゆ)に風の吹きしく秋の野はつらぬきとめぬ玉ぞ散りける〈後撰集(ごせんしゅう)・308・文屋朝康(ふんやのあさやす)〉〔訳〕(草の葉に置いた)白露に風がしきりに吹く秋の野では、(その風のせいで)貫き通して留めていない(美しい)玉が散るように、白露が散ったのだなあ。○「白露」は、白く光っている露をいい、これを下の句で美しい「玉」(ここでは真珠)に見立てている。

〔品詞分解・修辞〕

白露	に	風	の	吹きしく	秋	の	野	は
	格助		格助	カ四・体		格助		係助

つらぬきとめ	ぬ	玉	ぞ	散り	ける
マ下二・未	打消・体		係助	ラ四・用	詠嘆・体

(係)→(結)

しらつゆ-の【白露の】〔枕詞〕(露の性質やようすから)「おく」「消(け)」「たま」に係る。

しらつゆや…〔句〕

白露や茨(いばら)の刺(はり)にひとつづつ〈蕪村句集・与謝蕪村(よさぶそん)〉〔訳〕秋の早朝にきらめく白露よ。葉の落ちたイバラの鋭いとげのひとつひとつに付いてきらきらと光っていることだ。○〔季語〕白露―秋

しら-なみ【白波・白浪】〔名詞〕❶打ち寄せたときに砕けて、白く見える波。❷(『後漢書』に「白波賊」とあることから)盗賊の別の言い方。

しらなみ-の【白波の】〔枕詞〕(波に関連する)「よる」「かへる」「うち」「いちしろし」「浜」などに係る。

しら-に【知らに】《上代語》知らないで。**夜(よる)はも息づき明かし嘆けどもせむすべ知らに恋ふれども逢(あ)ふよしをなみ…**〔歌〕〈万葉集・2・210〉〔訳〕夜はまあ、ため息をついて明かしながら嘆くけれども、したらよい方法を**知らないで**、(亡き妻を)恋しく思うけれども、逢う手立てもなくて…。

〔発展〕四段動詞「しる」の未然形＋打消の助動詞「ず」の古い連用形。

しらぬ-がほ・なり【知らぬ顔なり】〔形容動詞〕↓しらずがほなり

しらぬ-ひ【不知火】〔名詞〕夜の海にゆらめいて見える、た

［しらびゃうし］

くさんの光。九州の有明海や八代海のものが知られる。季語 秋

しらぬひ【しらぬい】枕詞 地名「筑紫」に係る。意味は不明。

しら-びゃうし【白拍子】―びょうし 名詞 平安末期から鎌倉時代に行われた歌舞。また、それを舞う遊女。男装して今様を歌いながら舞った。↓図(前ページ)

-しら・ふ しら(ろ)う 接尾語 (名詞や動詞の連用形に付いて)うまくあしらって…する、その場にふさわしく…する、という意味を表す。語例 あへしらふ・恥ぢしらふ 発展 動詞(八四段)化する。

しら・ぶ【調ぶ】

楽器の弦の末端を合わせて、音調を調える → ❶**音律を調える。調律する。** ❷(音楽を)**演奏する。**

未然形	連用形	終止形	連体形	已然形	命令形
しら・べ	しら・べ	しら・ぶ	しら・ぶる	しら・ぶれ	しら・べよ

動詞 他 〔バ下二段〕❶**音律を調える。調律する。**(楽器の)**調子を合わせる。** **をかしげなる和琴のある、引き寄せたまひて、かき鳴らしたまへば、律にいとよく調べられたり。**〈源氏・常夏〉訳 風情のある*和琴でそこにあるのを、(源氏が)お引き寄せになって、弾き鳴らしなさると、(琴は)律(=雅楽の十二音のうちの六音)に実によく**調律されている**。❷(音楽を)**演奏する。**(楽器を)**弾く。** **忍びやかに調べたる程、いと上衆めきたり。**〈源氏・明石〉訳 (明石の入道の娘が琴を)ひそやかに**弾いている**腕前は、まさしく貴人のように見えた。**ひとり調べ、ひとり詠じて、みづから心を養ふばかりなり。**〈方丈記・境涯〉訳 ひとりで(琵琶を)**弾き**、ひとりで歌をうたって、自分で気晴らしをしているだけである。発展 複合動詞化して、「得意げに…する」の意となることがある。↓語り調ぶ

しらべ【調べ】 名詞 ❶演奏。また、その曲。❷楽曲の調子。音律。❸(「調べの緒」の略で)鼓の調子を調えるためのひも。

しらべ-あは・す【調べ合はす】―あわす 動詞 他 〔サ下二段〕〈せ・せ・す・する・すれ・せよ〉(楽器の)調子や音律を合わせ整える。調律する。「**当寺の楽は、よく図を調べ合はせて**…。」〈徒然草・220・何事も辺土は〉訳「この寺の舞楽は、よく図竹(=音調の標準となる十二律の正調を示す笛)に**調子や音律を合わせ整えて**…。」

しらべる(現)↓(古)**しらぶ【調ぶ】**

しら-ぼし【白干し・白乾し】 名詞 魚肉や野菜などを塩を用いないで干すこと。また、その物。

しら-まゆみ【白真弓・白檀弓】 一 名詞 マユミ(=ニシキギ科の落葉樹)の白木で作った弓。二 枕詞 (弓を引く、射る、張るなどの意味から)「ひく」「はる」「いる」や「い」などに係る。

しら・む【白む】 動詞 自 〔マ四段〕〈ま・み・む・む・め・め〉❶(日や月の光などで)明るくなる。白くなる。**有り明け月のしらみて残りたるも見ゆ。**〈雨月・浅茅が宿〉訳 有り明けの月が**白くなって**残っているのも見える。❷衰える。**老い白みたる老僧来たりぬ。**〈宇治拾遺〉訳 年を取って**衰えた**老僧がやって来た。

白山 しらやま 歌枕 今の岐阜県と石川県境にある白山の古い呼び名。白山比咩神社があり、古くから信仰の山として知られた。和歌には、「越の白嶺」「越の白山」という形でも詠まれ、多く「雪」が詠み込まれた。

しり【尻・後】 一 名詞 ❶腰の後ろの下の部分。臀部。❷後ろ。後方。❸末端。また、果て。❹器物の底。また、裏面。❺衣服の裾。二 助数詞 矢羽に用いる鳥の羽を数えることば。

しり 十口 「**しる**【知る】一 (ラ行四段)」の連用形。↓**最重要語**(676ページ)

じ-り【事理】 名詞 ❶《仏教語》因縁によって生じる相対的な現象(=事)と、普遍的な真理(=理)。❷物事の筋道。道理。

しり-あし【後足】 名詞 後ろ足。あと足。

しりう-ご・つ【後言つ】―しりゅう 動詞 自 〔タ四段〕〈た・ち・つ・つ・て・て〉陰口をきく。「**昔は経読むをだに、人は制しき。**」と、**しりうごち言ふを**…。〈紫式部日記〉訳「昔は(女が)経典を読むことをさえ、人はやめさせた。」と、**陰口をきき**話すのを…。発展「後言」が動詞になったもの。

しりう-ごと【後言】―しりゅう 名詞 本人のいない所で、その人のことを話すこと。陰口。発展「しりへごと」の変化したもの。

しりえ(現)↓(歴)**しりへ【後方】**

しり-がい【鞦】 名詞 ❶ウシの胸からしりに掛け、牛車の轅(=車を引くための柄)を固定させるひも。❷ウマの頭・胸・尾に掛け渡すひも。↓大和鞍(図) 発展「しりがき」の変化したもの。

[しりがい❷]
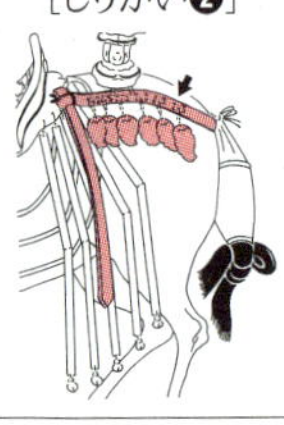

しり-がほ・なり【知り顔なり】―がおなり 形容動詞 〔ナリ〕〈なら・なり(に)・なり・なる・なれ・なれ〉知ったかぶりをしている。**これが末を知り顔に、たどたどしき真名に書きたらむも、いと見苦しと**…。〈枕草子・82・頭の中将の〉訳 この歌の下の句を**知ったかぶりをして**、おぼつかない漢字で書いたとしても、とても見苦しいと…。

じ-りき【自力】 名詞 ❶自分ひとりの力。❷《仏教語》自分自身の修行により悟りを得ようとすること。対 他力

しり-くち【尻口・後口】 名詞 車などの後ろ側の乗り口。

しりくべ-なは【尻久米縄・注連縄】―なわ 名詞 神聖な場として、立ち入りを禁止するために張り渡した縄。後には、しめなわのこと。発展「しりくめなは」とも。

しり-こた・ふ【尻答ふ・後答ふ】―こた(と)う 動詞 自 〔ハ下二段〕〈へ・へ・ふ・ふる・ふれ・へよ〉矢が命中した感じがする。矢を射当てた音がする。手ごたえがある。**弓の音すなり。しり答へぬと聞くに合はせて**…。〈今昔〉訳 弓を射る音がした。**矢を射当てた音がし**たと聞くのと同時に…。

しり-さき【尻前・後前】 名詞 後先。前と後ろ。

しりぞか 十口 「**しりぞく**【退く】一 (カ行四段)」の未然形。

しりぞき 十口 「**しりぞく**【退く】一 (カ行四段)」の連用形。

しり-ぞ・く【退く】 一 動詞 自 〔カ四段〕〈か・き・く・く・け・け〉

❶後ろへ引く。引き下がる。

❷退出する。帰る。

「禄を出だされれば、肩に掛けて、拝して退く。」〈徒然草・66・岡本関白殿〉訳「祝儀(の衣服)をお出しになると必ず、(それを)肩に掛けて、拝舞の礼をして退出する。」

❸(官職を)辞する。引退する。

拙きを知らば、なんぞやがて退かざる。〈徒然草・134・高倉院の法華堂の〉訳(芸の)下手なのを知ったら、どうしてすぐに**引退し**ないのか。

二 動詞 他 (カ下二段)(け・け・く・くる・くれ・けよ) ❶引き下がらせる。追い払う。退治する。

「**逆反の者を退け、違勅の者を滅ぼさんがためなり。**」〈平家・4・鵼〉訳「反逆者を**追い払い**、勅命に背く者を滅ぼそうとするためである。」

❷遠ざける。拒絶する。断る。

奢りを退けて、財を持たず…。〈徒然草・18・人はおのれを〉訳ぜいたくを**遠ざけて**、財宝を所有せず…。

❸地位を落とす。

しりぞく+□ 「**しりぞく**【退く】**一**(カ行四段)」の終止形・連体形。または、「**しりぞく**【退く】**二**(カ行下二段)」の終止形。

しりぞくる+□ 「**しりぞく**【退く】**二**(カ行下二段)」の連体形。

しりぞくれ+□ 「**しりぞく**【退く】**二**(カ行下二段)」の已然形。

しりぞけ+□ 「**しりぞく**【退く】**一**(カ行四段)」の已然形・命令形。または、「**しりぞく**【退く】**二**(カ行下二段)」の未然形・連用形。

自立語 国語・国文法 その語だけで文節を構成できることば。活用する語(動詞・形容詞・形容動詞)と、活用しない語(名詞・副詞・連体詞・接続詞・感動詞)とに分けられる。→付属語

しりへ【後方】

位置・方向が後ろであること ─ ❶**後ろ。後方。** ❷(遊びや競技で)**右方の組。**

名詞 ❶**後ろ。後方。**

し・る【知る】

対象を認識して、自分の心の中に取り込む

- **一** 動詞 他
  - ❶**理解する。判断する。**
  - ❷**認める。見分ける。**
  - ❸**経験する。**
  - ❹**付き合う。交際する。**
  - ❺**恋仲になる。**
  - ❻**世話をする。**
  - ❼**できる。**◉下に打消の語を伴う。
- **二** 動詞 自 ─ **知られる。**◉「人知れず」「人に知る」などの形で用いられる。

	未然形	連用形	終止形	連体形	已然形	命令形
動詞 他(ラ四段)	し・ら	し・り	し・る	し・る	し・れ	し・れ
	未然形	連用形	終止形	連体形	已然形	命令形
動詞 自(ラ下二段)	し・れ	し・れ	し・る	し・るる	し・るれ	し・れよ

一 動詞 他 (ラ四段) ❶**理解する。判断する。**

世の中は空しきものと知る時しいよよますます悲しかりけり 歌〈万葉集・5・793〉訳(親しい人の死が相次ぎ)この世の中ははかないものだと**理解する**時こそ、いっそうますます悲しく思われるのだった。

ただ月を見てぞ、西、東をば知りける。〈土佐日記・一月十一日〉訳ただ月(の出方)を見て、西、東(の方角)を**判断する**のだった。

❷**認める。見分ける。**

飼ひける犬の、暗けれども主を知りて、飛び付きたりけるとぞ。〈徒然草・89・奥山に、猫股と〉訳飼育していたイヌが、(辺りが)暗いけれども主人を**見分けて**、飛び付いたのだということだ。

❸**経験する。**

蜻蛉の夕べを待ち、夏の蟬の春秋を知らぬもあるぞかし。〈徒然草・7・化野の露〉訳カゲロウが夕方を待たないで(死に)、夏のセミが春や秋を**経験し**ない(で死ぬ)というものもあるのだよ。○この例は、*対偶否定法になっていて、「知らぬ」の「ぬ」(打消の助動詞「ず」の連体形)は「夕べを待ち」も打ち消している。

❹**付き合う。交際する。**

かれこれ、知る知らぬ、送りす。〈土佐日記・十二月二十一日〉訳あの人やこの人、**交際している**人も**交際してい**ない人も、(だれもかれも)見送りをする。

❺**恋仲になる。男女の交際をする。**

「**初めより、『知り初めたりし方に渡りたまはむ。』となむ急ぎ立ちて**…。」〈源氏・蜻蛉〉訳「初めから、『(浮舟様は)**恋仲になり**始めた方(=薫)の所へお移りになるだろう。』と(その)支度を急いで…。」

❻**世話をする。**

「**また知る人もなくて漂はむことのあはれに**…。」〈源氏・柏木〉訳「(女三の宮が)ほかに**世話をする**人もないままでより所のない生活を送ったりすることが気の毒で…。」

❼(下に打消の語を伴って)**できる。**

言ひも得ず名付けも知らずくすしくもいます神かも… 歌〈万葉集・3・319〉訳(富士山は)ことばで言い表すことも**でき**ず、名を付けることも**でき**ず、霊妙でいらっしゃる神であるなあ…。

二 動詞 自 (ラ下二段)(「人知れず」「人に知る」などの形で)**知られる。自然に他人に分かる。**

わが思ひを人に知るれや玉くしげ開きあけつと夢にし見ゆる 歌〈万葉集・4・591〉訳私の思いを人に**知られた**のか、いや、知られるはずもない。(それなのに)櫛を入れた美しい箱を開けてしまったと、夢に見える(ことは、人に知られたという夢のお告げなのだろうか)。

恋すてふわが名はまだき立ちにけり人知れずこそ思ひ初めしか 百人一首〈拾遺集・621〉訳恋をしているという私のうわさは、早くも立ってしまったなあ。人に**知られ**ない

しりへの山に立ち出でて、京の方を見たまふ。〈源氏・若紫〉訳（源氏は北山の聖の寺の）後ろの山に立って出て行って、都の方向をご覧になる。❷（遊びや競技で）右方の組。幼き人、しりへの方に取られて出でにたり。〈蜻蛉日記〉訳幼い人（＝私の子の藤原道綱）が、（左右に分かれて弓の技を競う宮廷行事の）右方の組の方に選ばれて出場している。

しりへ-ざま【後方様】名詞 後ろの方。後ろ向き。

しりへ-の-くらゐ【後方の位】 後宮の位。

しり-め【尻目・後目】名詞 横目。流し目。**宮の御前のかたを尻目に見れば**…。〈源氏・若菜上〉訳（柏木が）宮（＝女三の宮）の方を**横目**で見ると…。

しり-やう【死霊】名詞 恨みを持って死んだ人の霊魂。怨霊。

し・る【知る】動詞 ↓最重要語（676ページ）

し・る【治る・領る】動詞 ↓最重要語（677ページ）

し・る【痴る】動詞 自（ラ下二段）〈れ・れ・る・るる・るれ・れよ〉❶ぼける。愚かになる。心の働きが鈍くなる。**合ひも戦はで、心地、ただしれにしれてまもり合へり。**〈竹取・かぐや姫の昇天〉訳戦い合うこともなく、気持ちは、ただ**ぼけにぼけて**みなじっと見つめ合っている。❷（多く、助動詞「たり」を伴った「痴れたる」の形で）いたずら好きである。物好きである。**痴れたる女房ども、若き男たちの参らるるごとに…問ひて試みられけるに**…。〈徒然草・107・女の物言ひかけたる〉訳**いたずら好きな**女房たちが、若い男たちが参内なさるたびに…問いかけてお試しになったところ…。

しる＋□ 「しる【知る】㊀（ラ行四段）」の終止形・連体形。または、「しる【知る】㊁（ラ行下二段）」の終止形。↓古語チャート㉓（835ページ）

しる-し【徴・験・印・標・証・璽】名詞 ↓最重要語（679ページ）

しる・し【著し】形容詞 ↓最重要語（679ページ）

しるしなき…歌 **験なき物を思はずは一坏の濁れる酒を飲むべくあるらし**〈万葉集・3・338・大伴旅人〉訳しても仕方のない物思いをしないで、一杯の濁った酒を飲んでいるのがよいらしい。

ように（ひそかにあの人を）恋し始めたのだけれど。

発展 **語の歴史** 統治する意味の「領る」と同じ語源で、対象となるものの性質や状態を十分に把握して支配できる、というのがもともとの意味。㊀❶は「人はいさ心も知らず（＝あの人はさあ気持ちも分からない）」「すべの知らなく（＝方法も分からないこと）」などの例のように、「分かる」という意味で自動詞としても用いられる。

し・る【治る・領る】

国や領地などを統治する ― 治める。領有する。

動詞 他（ラ四段）

未然形	連用形	終止形	連体形	已然形	命令形
し・ら	し・り	し・る	し・る	し・れ	し・れ

治める。統治する。領有する。占める。
昔、男、初冠して、奈良の京、春日の里にしるよしして、狩りに往にけり。〈伊勢・1〉訳昔、（ある）男が、元服して、奈良の都、春日の里に（土地を）**領有する**縁があって、（そこへ）鷹狩りに出かけた。
入道殿の世をしらせたまはむことを、帝いみじう渋らせたまひけり。〈大鏡・道長上〉訳入道殿（＝道長）が世の中を**治め**なさるようなことを、帝は非常にためらいなさったのだった。
しだのなにがしとかや、しる所なれば、秋のころ、聖海上人、そのほかも、人あまた誘ひて…。〈徒然草・236・丹波に出雲〉訳しだのなにがしとかいう人が、**治める**土地であるので、秋のころ、聖海上人や、そのほかにも、人をたくさん誘って…。

発展「知る」と同じ語源。

○「ずは」は打消の助動詞「ず」の連用形＋係助詞「は」で、上代の用法。連用修飾となって「…ないで」という意味を表す。「飲むべくあるらし」は、四段動詞「飲む」の終止形＋推量（適当）の助動詞「べし」の連用形＋ラ変補助動詞「あり」の連体形＋推定の助動詞「らし」。発展 旅人の「酒を讃むる歌十三首」の冒頭にある歌。十三首の一連の主題は、分別くさく生きていくよりは、人生を楽しもうというものであるが、それはまた、そうせずにはいられない悲痛な生の裏返しでもある。

しる-しる【知る知る】連語 わかっていながら。知りつつ。**昔、男、色好みと知る知る、女をあひ言へりけり。**〈伊勢・42〉訳昔、男が、（その女のことを）色好みだ（＝気が多い）と**わかっていながら**、女とともに語らい合った（＝求愛した）。

発展 四段動詞「しる」の終止形を重ねたことば。逆接的に下に続く。

しる・す動詞 他（サ四段）〈さ・し・す・す・せ・せ〉㊀【徴す】前兆を現す。兆しを見せる。**新たしき年の初めに豊の稔しるすとならし雪の降れるは** 歌〈万葉集・17・3925〉訳新しい年の初めに豊作の**前兆を現す**のであるらしい。雪が降っているのは。○「稔」は、五穀、特にイネの実りをいう。㊁【記す・標す】❶書き記す。記録する。目印を付ける。**事無き御代と天地日月と共に万代に記し継がむそ**… 歌〈万葉集・19・4254〉訳平和な御代であると、天地や日月とともに永遠に**書き記し**継がれるだろうよ…。❷記憶する。思い起こす。

しる-ところ【領る所】名詞 所有している土地。領地。

しる-べ【知る辺・導】名詞 ❶手引き。道案内。❷知り合い。ゆかりのある人。

しる-よし-して【領る由して】 領地を持つ縁があって。**昔、男、初冠して、奈良の京、春日の里にしるよしして、狩りに往にけり。**〈伊勢・1〉訳昔、（ある）男が、元服して、奈良の都、春日の里に**領地を持つ縁があって**、（そこへ）鷹狩りに出かけた。

❷しるる＋□「しる」【知る】㊁（ラ行下二段）」の連体形。→最重要語（676ページ）

❷しるれ＋□「しる」【知る】㊁（ラ行下二段）」の已然形。→最重要語（676ページ）

❷しれ＋□「しる」【知る】㊀（ラ行四段）」の已然形・命令形。または、「しる」【知る】㊁（ラ行下二段）」の未然形・連用形。→最重要語（676ページ）

しれ-がま・し【痴れがまし】形容詞〔シク〕〈しく・しく・し・しき・しけれ・○／しから・しかり・○・しかる・○・しかれ〉ばかげている。「世の中の**しれがましき**名をとりしかど…。」〈源氏・夕霧〉訳「世間で**ばかげた**（男だという）評判をとったけれど…。」

しれ-ごと 名詞 ㊀【痴れ言】ばかげたことば。たわごと。「平家の人どもがさやうの**痴れ言**を言ふにこそあんなれ。」〈平家・4・競〉訳「平家の者どもがそんな**たわごと**を言うのだろうよ。」
㊁【痴れ事】ばかげたこと。愚かなこと。**痴れ事つかうまつりさうらはば、その時いかなる御勘当も候ふべきなり。**〈古今著聞集〉訳**愚かなこと**をいたしますならば、その時にはどんなおとがめでもなされればよいであろう。

しれ-じれ・し【痴れ痴れし】形容詞〔シク〕〈しく・しく・し・しき・しけれ・○／しから・しかり・○・しかる・○・しかれ〉いかにも愚かしい。無知だ。「思ひよらざりけることよ。」と**しれじれしき**心地す。〈源氏・行幸〉訳「思いもかけなかったことだよ。」と（自分が）**いかにも愚かしい**気がする。→古語チャート㉓（835ページ）

しれ-もの【痴れ者】

ばかげた言動をする者 → ❶愚か者。ばか者。／❷その道に打ち込んでいる者。（その道の）したたか者。

名詞 ❶愚か者。ばか者。**しれ者**は走りかかりたれば、おびえ惑ひて御簾の内に入りぬ。〈枕草子・9・上にさぶらふ御猫は〉訳**ばか者**（＝翁丸というイヌ）は（命婦のおとどという名のネコに）走りかかったので、（ネコは）恐ろしくてあわてふためいて（縁側から）御簾の中に入ってしまった。
❷**その道に打ち込んでいる者。（その道の）したたか者。** **風流の痴れ者、ここに至りてその実を現す。**〈奥の細道・宮城野〉訳（画家の加右衛門は）風流の道の**したたか者**で、（まさに）ここに至ってその本性を発揮する。

しろ【代】名詞 ❶代わり。代用。**たなぎらひ雪も降らぬか梅の花咲かぬが代に添へてだに見む** 歌〈万葉集・8・1642〉訳一面に曇り雪でも降らないかなあ。ウメの花が咲かない**代わり**に、（雪をウメの花だと）なぞらえて見たいものだ。
❷代金。代価。**およそ烏帽子の代は定まりてさうらふほどに…。**〈謡曲・烏帽子折〉訳だいたい烏帽子の**代金**は決まっていますので…。

しろい-もの【白い物】名詞 おしろい。発展「しろきもの」のイ音便。

しろ-かね【銀】名詞 ❶銀。白っぽい金属。❷銀貨。発展 近世以降「しろがね」とも。

しろかねも… 歌 **銀も金も玉も何せむに優れる宝子にしかめやも**〈万葉集・5・803・山上憶良〉訳金や銀や玉という世の宝も、（いったい）どうしてこれ以上にすぐれた宝としては、子供（という宝）に及ぶだろうか、いや、及ばない。○「何せむに」は反語表現を伴い、「どうして」の意を表す。ここでは「宝となろうか、いや、ならない」という意を表す結びが省略されている。「しか」は、四段動詞「及しく（＝匹敵する）」の未然形。「め」は、推量の助動詞「む」の已然形。「やも」は反語を表す終助詞。
発展 長歌「瓜食めば子ども思ほゆ栗食めばまして偲はゆいづくより来りしものそまなかひにもとなかかりて安眠し寝さぬ（訳↓うりはめば…）」〈万葉集・5・802〉に添えられた反歌。

しろ・し【白し】形容詞〔ク〕〈く・く・し・き・けれ・○／から・かり・○・かる・○・かれ〉❶（色が）白い。
❷明るい。輝いている。**少したゆみたまへるに、隙白くなれば…。**〈徒然草・104・荒れたる宿の〉訳少しゆっくりなさっていると、（戸の）透き間が**明るく**なってゆくので…。

しろ・し【著し】形容詞〔ク〕〈く・く・し・き・けれ・○／から・かり・○・かる・○・かれ〉はっきりしている。**しろく院方へ参る旨を言ひて…。**〈保元〉訳**はっきり**と上皇の御所へ参上する趣を述べて…。
発展「やうやう**しろく**なりゆく山際少し明かりて…。」〈枕草子・1・春は曙〉の「しろく」については、長く「著く」と解されていたが、近時は、「白し」と見る見方もある。

しろし-め・す

「知る」の尊敬語。また、「領る（＝治める）」の尊敬語 → ㊀【知ろし召す】**お知りになる。ご存じである。**［通常語］知る／㊁【領ろし召す】**お治めになる。**［通常語］領る（・治む）

未然形	連用形	終止形	連体形	已然形	命令形
しろしめ・さ	しろしめ・し	しろしめ・す	しろしめ・す	しろしめ・せ	しろしめ・せ

動詞 他〔サ四段〕㊀【知ろし召す】〔「知る」の尊敬語で〕**お知りになる。ご存じである。**『なにがし、この寺にこもりはべり。』とは**知ろしめし**ながら、忍びさせたまへるを、憂はしく思ひたまへてなむ。〈源氏・若紫〉訳『私が、この寺にこもっております。』とは（源氏は）**ご存じであり**ながら、（近くに来たことを）秘密にしていらっしゃるのを、嘆かわしいと思わせていただいております。」○話し手が、「知る」源氏への敬意を表している。

㊁【領ろし召す】〔「領る（＝治める）（・治む）」の尊敬語で〕**お治めになる。統治なさる。** **今皇の、天の下しろしめすこと、四つの時、九返りになむなりぬる。**〈古今集・仮名序〉訳今上天皇（＝醍醐天皇）が、世の中を**お治めになる**ことは、四季が（巡ること）、九回（＝九年目）になった。○作者が、「治める」動作をする天皇への敬意を表している。

発展 ①**語の成り立ち** 四段動詞「しる」の未然形＋上代の尊敬の助動詞「す」の連用形＋尊敬の補助動詞「めす」が一語になった「しらしめす」が変化したもの。
②**語の歴史** 上代では「しらしめす」の形で、もっぱら㊁の意味で用いられた。中古以降、「しらしめす」に代わって「しろしめす」が用いられるようになる。
関連語 領らし召す

しるし【徴・験・印・標・証・璽】

物事を象徴する出来事や記号

- 一【徴】――前兆。兆し。
- 二【験】――❶(神仏の)御利益。霊験。効果。効き目。
  - ❷かい。価値。
- 三【印・標】――目印。合図。信号。紋所。旗印。
- 四【証】――証拠。
- 五【璽】――三種の神器の一つ。(皇位継承のしるしとしての)神璽。八尺瓊の曲玉。

名詞 一【徴】**前兆。兆し。**

「かの鬼の空言は、この徴を示すなりけり。」〈徒然草・50・応長のころ〉訳「(都に現れたという)あの鬼のうそは、この(=病気がはやったことの)**前兆**を示すものであった。」

二【験】❶(神仏の)**御利益。霊験。効果。効き目。**

よろづにまじなひ、加持など参らせたまへど、験なくて、あまたたび起こりたまひければ…〈源氏・若紫〉訳(熱病にかかった源氏は)何かにつけてまじないや、密教の祈禱などをおさせになるけれども、**効き目**がなくて、何度も(発作が)生じなさったので…。

「**必ず仏の御験を見む**。」と思ひ立ちて、その暁に京を出づるに…〈更級日記・初瀬〉訳「きっと仏の**御利益**を受けよう。」と決心して、その日の夜明け前に京を出発するが…。

❷**かい。価値。**

験なき音をもなくかな鶯の今年のみ散る花ならなくに 歌〈古今集・春下・110〉訳(鳴いても)**かい**がない(のに)声を出して鳴く(=泣く)ものだなあ、ウグイスは。今年だけ散る花ではないのに(泣いてもむだだ)。

○「なく」はウグイスが「鳴く」ことと人が「泣く」ことの掛詞。

三【印・標】**目印。合図。信号。紋所。旗印。**

大江殿といひける所はいたう荒れて、松ばかりぞ印なる。〈源氏・須磨〉訳大江殿と世間でいっていた所はひどく荒れて、マツだけが(かつてあった御殿の)**目印**である。

「**かかる印を見せたまはずは、いかでか見たてまつりたまふとも知らまし。**」〈大鏡・師輔〉訳「(斎院が)このような**合図**(=御輿の垂れ布から扇の端を差し出したこと)をお見せにならなかったならば、どうして(斎院が二人の親王を)見申し上げていらっしゃるということも分かっただろうか、いや、分かりはしなかっただろう。」

四【証】**証拠。**

「**亡き人の住み処尋ね出でたりけむ、証の釵ならましかば**。」と思ほすも、いとかひなし。〈源氏・桐壺〉訳「(玄宗皇帝の命により楊貴妃の魂を探しに行った方士が持ち帰った金の釵のように、これが)亡き人(=桐壺更衣)の(魂の)すみかを捜し出してきたという、**証拠**のかんざしであったなら(どんなによかったか)。」と(帝が)お思いになるのも、まったくかいのないことである。

五【璽】**三種の神器の一つ。**(皇位継承のしるしとしての)**神璽。八尺瓊の曲玉。**

内侍所、**璽の御箱**、鳥羽に着かせたまふと聞こえしかば…〈平家・11・内侍所都入〉訳神鏡と、**神璽**の(納められた)お箱が、鳥羽(=宮中の行政府)にお着きになると耳に入ったので…。

しる・し【著し】

程度が際立ち、はっきりと感じ取れるようす

- ❶はっきりしている。際立っている。明白だ。
- ❷(原因・効果などが)はっきり分かる。予想どおりだ。思ったとおりだ。◉多く、「～もしるし」の形で用いられる。

形容詞〔ク〕

未然形	連用形	終止形	連体形	已然形	命令形
しる・く	しる・く	しる・し	しる・き	しる・けれ	○
しる・から	しる・かり	○	しる・かる	○	しる・かれ

❶**はっきりしている。際立っている。明白だ。**

たれとも知らせたまはず、いといたうやつれたまへれど、**しるき御さまなれば**…〈源氏・若紫〉訳(源氏は自分を)だれともお知らせにならず、たいそうひどく目立たない身なりになっていらっしゃるけれど、(身分の高いことは)**はっきりしている**ごようすなので…。

白雲と見ゆるにしるしみ吉野の吉野の山の花盛りかも 歌〈無名抄・俊恵歌体定事〉訳(まるで)白雲と見えることで**際立っている**。吉野の山の花盛りであることだなあ。

❷(多く「～もしるし」の形で)(原因・効果などが)**はっきり分かる。予想どおりだ。思ったとおりだ。かいがある。**

人漕がずあらくもしるしかづきする鴛鴦と沈鳧と舟の上に住む 歌〈万葉集・3・258〉訳人が(舟を)漕がないでいるということも**はっきり分かる**。水に潜るオシドリとコガモとが舟の上に住みついている(ので舟に乗る人たちは眠っているのだろう)。

秋の野の尾花が末を押しなべて来しくもしるく逢へる君かも 歌〈万葉集・8・1577〉訳秋の野のススキの穂先を押し倒してやって来たことにも**かいがあって**出会ったあなたであることよ。

世の乱るる瑞相とか聞けるもしるく、日を経つつ世の中浮き立ちて、人の心も収まらず、民の憂へ、つひにむなしからざりければ…〈方丈記・都遷り〉訳(風俗が変わるのは)世の中の乱れる前兆とか聞いているのも(聞いて)**予想したとおりで**、日がたつにつれ世の中が騒がしくなって、人の心も落ち着かず、庶民の心配は、とうとう事実無根でもなくなってしまったので…。

発展 **動詞「知る」と関係のあることば** もともとは、目立つ状態を表す。色彩を表現する「白」「白し」や、動詞の「しるす」、その名詞形「しるし」も、語源は同じ。「しるし」を強めたのが「いちしるし」で、現代語では「いちじるしい」となる。

しろ-たへ【白栲・白妙】 たえ 名詞 ❶コウゾの木の繊維で織った白い布。↓栲 ❷色の白いこと。白色。

しろたへ-の【白栲の】 しろたえ 枕詞 （白栲で衣服を作ることから）「衣」「袖」「袂」「紐」「帯」に、（白い色から）「雲」「雪」「波」「月」「砂」などに係る。

しろたへの… 歌

白妙の袖の別れに露落ちて身にしむ色の秋風ぞ吹く〈新古今集・恋5・1336・藤原定家〉訳 袖と袖を分かつ別れ（の悲しさ）に（二人の袖には）涙の露が落ちて、身にしみるような色の秋風が吹いてゆくことだ。○「白妙の」は「袖」に係る枕詞。「袖の別れ」は一夜を共にした男女の明け方の別れ。「身にしむ色」は、別れの悲しみに流す紅涙の色で、白い袖と色彩の対比を成す。「秋風」には、去って行く男の「飽き」が暗示されている。

発展「白栲の袖の別れは惜しけども思ひ乱れてゆるしつるかも」〈万葉集・12・3182〉「吹き来れば身にもしみける秋風を色なきものと思ひけるかな」〈古今六帖〉を本歌とし、明け方の別れのつらさ、恋の終わりの訪れを思わせる秋風を巧みに詠む。

-しろ・ふ しろう 接尾語 （動詞の連用形に付いて）互いに…するという意味を表す。語例 言ひしろふ・突きしろふ

発展 動詞（八四段）化する。「しらふ」が変化したものとする説もあるが、「しらふ」はその場を取り繕うという意味であることから、別のことばと考えられる。

しろ・む【白む】 一 動詞 自 マ四段〈ま・み・む・む・め・め〉❶白っぽくなる。白みを帯びる。

「**まだ暗うてよくも見えざりつるを、白みたる者のはべりつれば**…。」〈枕草子・278・関白殿、二月二十一日に〉訳「まだ暗くてよく見えなかったが、**白みを帯びた**（衣の）者がおりましたので…。」

❷たじろぐ。ひるむ。ためらう。

山名が兵どもも進みかねて、少し白うてぞ見えたりける。〈太平記〉訳 山名（＝人名）の兵たちは前進できなくて、少し**たじろい**でいるように見えたのであった。○「しろう」は連用形「しろみ」のウ音便。

二 動詞 他 マ下二段〈め・め・む・むる・むれ・めよ〉白くする。

衣も白めず、同じすすけにてあれば…。〈枕草子・87・職の御曹司におはしますころ、西の廂にて〉訳 着物も**白くせず**（＝白い着物に替えないで）、（前と）同じすすけた着物でいるので…。

し-わざ【仕業】 名詞 働き。行為。仕事。

万の仕業は止めて、暇あるこそ、めやすく、あらまほしけれ。〈徒然草・151・ある人の言はく〉訳（五十歳を過ぎたら）すべての**仕事**はやめて、暇があるというのが、見た目もよいし、望ましいことである。

しわ・し【吝し】 形容詞 ク〈く・く・し・き・けれ・○／から・かり・○・かる・○・かれ〉けちだ。

この男、生まれ付きてしわきにあらず。〈西鶴・日本永代蔵〉訳 この男は、生まれつき**けちな**のではない。

しわす（現）↓（歴）**しはす【師走】**

し-わた・す【為渡す】 動詞 他 サ四段〈さ・し・す・す・せ・せ〉（垣などを）全体に作り備える。作り巡らす。

川に向かへて、すだれ巻き上げて見れば、網代どもし渡したり。〈蜻蛉日記〉訳（車を）川に向けて、すだれを巻き上げて見ると、★網代が**作り巡らして**ある。

し-わ・ぶ【為侘ぶ】 動詞 他 バ上二段〈び・び・ぶ・ぶる・ぶれ・びよ〉処置に苦しむ。途方に暮れる。持て余す。困り果てる。

これもかれも月日を経て家の門に立ちて、よろづに心ざしを見えければ、しわびぬ。〈大和・147〉訳 この男もあの男も長い月日を経て家の門に立って、万事につけて誠意を見せたので、（女は）**困り果て**てしまった。

しわぶき（現）↓（歴）**しはぶき【咳き】**

しわぶく（現）↓（歴）**しはぶく【咳く】**

しわ・む【皺む】 動詞 自 マ四段〈ま・み・む・む・め・め〉しわが寄る。

若かりし肌もしわみぬ… 歌〈万葉集・9・1740〉訳 若々しかった肌も**しわが寄って**しまったし…。

し-ゐ【四位】 しい 名詞 位階の第四番目。また、その位にある人。五位とともに殿上人。

しゑや しえや 感動詞《上代語》ええい。ままよ。

あらかじめ人言繁しかくしあらばしゑや我が背子奥もいかにあらめ 歌〈万葉集・4・659〉訳 以前からうわさが多く立っている。こんなであるならば、**ええい**、私の恋人よ、これから先はどうなることだろう。

発展 嘆息、または物事を断念するときなどに発することば。

し-をに【紫苑】 おに 名詞 ↓しをん・しをんいろ

しをら・し しおらし 形容詞 シク〈しく・しく・し・しき・しけれ・○／しから・しかり・○・しかる・○・しかれ〉❶つつましやかだ。優美だ。

さりとてはやさしく、御物腰しをらしく…。〈西鶴・好色一代女〉訳 何とまあ優しく、おことば遣いも**つつましやかで**…。

❷かわいらしい。かれんだ。

しをらしき名や小松吹く萩すすき 句〈奥の細道・金沢・芭蕉〉訳 ↓しをらしき…

❸けなげだ。殊勝だ。

この娘しをらしくかしこまり…。〈西鶴・日本永代蔵〉訳 この娘は**けなげに**かしこまり…。

❹こざかしい。

しをらしき… 句

しをらしき名や小松吹く萩すすき〈奥の細道・金沢・松尾芭蕉〉訳 小松とは、何とかれんな地名であることか。その慎ましくかわいらしい小松の生えている野を吹く風に、ハギやススキもそよいでいる。○季語 萩すすき―秋。「小松」は地名の「小松（＝今の石川県小松市付近）」と植物の「小さなマツ」との掛詞。

し-をり【枝折り・栞】 おり 名詞 山道などで、木の枝を折り曲げて、道しるべとするもの。

弥生も半ば過ぐるほど、そぞろに浮き立つ心の花の、われを導くしをりとなりて…。〈笈の小文〉訳 三月半ば過ぎごろ、むやみやたらと浮き立つ心が、私を導く**道しるべ**となって…。

しをり しおり 名詞 蕉風俳諧の美的理念のひとつ。作者の深い哀感をそのままことばで表すのではなく、句の余情として哀感が自然に現れ出ること。

しをり-ど【枝折り戸】 しおり 名詞 竹や木の枝をそのまま用いて作った、簡単な開き戸。

しを・る【萎る】 しおる 一 動詞 自 ラ下二段〈れ・れ・る・るる・るれ・れよ〉❶（花や草などが）生気を失う。しおれる。

吹くからに秋の草木のしをるればむべ山風をあらしといふらむ 百人一首〈古今集・秋下・249〉訳 ↓ふくからに…

❷悲しみに沈む。しょんぼりする。

すくよかなる折もなくしをれたまへるを…。〈源氏・真木柱〉訳（玉鬘は）しっかりとしているときもなく**悲しみに沈ん**でいらっしゃるのだが…。

二 動詞 他 ラ四段〈ら・り・る・る・れ・れ〉しぼませる。しおれさせる。また、たわませる。

しをりつる風は籬に静まりて小萩が上に雨注ぐなり 歌〈玉葉集・509〉訳（草木を）**しおれさせた**風は垣根に（妨げられて）静まり、ハギの上に雨が降り注いでいるのである。

し-を・る【枝折る・栞る】ーおる 動詞 他〔ラ四段〕〈ら・り・る・る・れ・れ〉❶木の枝を折って道しるべにする。**世の憂さにしをらで入りし奥山に何とて人の尋ね来つらむ** 歌〈浜松中納言〉訳世の中のつらさのために、**木の枝を折って道しるべにし**ないで入った奥山に、どうして人が尋ねて来てしまっているのであろう。
❷道案内する。**咲きぬやと知らぬ山路に尋ね入る我をば花のしをるなりけり** 歌〈千載集・60〉訳（ウメは）咲いただろうかと、知らない山道に尋ね入る私を、花が**道案内する**のだったよ。

しを・る【責る】しおる 動詞 他〔ラ四段〕〈ら・り・る・る・れ・れ〉しかりとがめる。責める。戒める。せっかんする。**蔵に込めてしをりたまうければ**…。〈伊勢・65〉訳蔵に押し込めて**せっかんし**なさったので…。

し-をん【紫苑】ーおん 名詞❶《植物》キク科の多年草。丈は高く、秋に淡い紫色の花を付ける。季語秋 ❷「★紫苑色」の略。発展「しをに」とも。

しをん-いろ【紫苑色】しおん 名詞★襲の色目のひとつ。表は薄紫、裏は青。また、表は紫、裏は蘇芳や表は蘇芳、裏は萌葱などの諸説がある。秋に用いる。

しん【信】 名詞❶儒教で、人が常に守らなければならない五つの徳目の一つ。偽らないこと。欺かないこと。
❷信用すること。信頼。**約をも頼むべからず。信あること少なし。**〈徒然草・211・万のことは〉訳約束をもあてにしてはならない。（世の中には）**信用**できることは少ないのだ。
❸信仰すること。帰依。また、信心。**おのおの拝みて、ゆゆしく信起こしたり。**〈徒然草・236・丹波に出雲と〉訳それぞれが拝んで、深く**信心**を起こした。

しん【神】 名詞❶神。神霊。❷精神。心。魂。**鬼に神取られたるやうにて**…。〈宇治拾遺〉訳鬼に**魂を取られた**ようになって…。

しん【真】 名詞❶真実。真理。❷漢字の書体のひとつ。楷書。対行・草

しん【親】 名詞❶親しみ。❷両親。父母。❸身内。親族。

じん〈現〉→〈歴〉**ぢん【塵・陣・沈】**

じん【仁】 名詞❶儒教で、人が常に守らなければならない五つの徳目の一つ。すべてのものに思いやりを持って接すること。
❷思いやり。慈愛。慈しみ。情け。
❸人。人物。「**射つべき仁はみかたに誰かある。**」〈平家・11・那須与一〉訳「射ることができる**人物**は味方にだれかいるか。」

しん-い【瞋恚・嗔恚】 名詞《仏教語》★三毒・★十悪の一つ。怒り・恨み・憎しみなどの感情。発展「しんに」「しんね」とも。

しん-かう【深更】ーこう 名詞 夜更け。真夜中。

しん-がく【心学】 名詞 江戸中期に石田梅岩により行われた庶民教学。平易なことばや身近な例で実践的な道徳を説き、特に商人の間に広まった。

じん-ぎ【仁義】 名詞❶儒教で、人が常に守らなければならない徳のうちの仁と義。博愛の心と正しい行い。特に、孟子が重んじた道徳理念。→五常 ❷人の行うべき道徳。

じん-ぎ【神祇】 名詞 天の神と国の神。天地の神々。発展 天神と地祇という意味。

じんぎ-くゎん【神祇官】ーかん 名詞 律令制で、太政官と並ぶ最高機関。神祇の祭りを行い神社の領地を管理した。→ビジュアルチェック⑮（757ページ）

しん-きん【宸襟】 名詞 天子のお心。天皇のお考え。

親句 しんく 文芸用語 和歌・連歌・俳諧で、初句から結句までが密接な関係を持って続くこと。各句が音韻の上でよく密接している「正の親句」と、縁語や意味の上でよく密接している「響きの親句」がある。後に、★心敬によって連歌の付合の論として進展した。

じん-ぐ【神供】 名詞 神への供え物。供物。発展「じんく」とも。

新宮 しんぐう 地名 今の和歌山県新宮市付近。熊野川河口の地で、新宮と呼ばれる熊野速玉神社の門前町として発展した。

じん-ぐゎん【神官】ーがん 名詞 神事に携わる人。神職。神主。宮司。発展「しんくゎん」「じんくゎん」とも。

心敬 しんけい 人名 室町中期の連歌作者・歌人。★正徹に師事。歌道と仏道はひとつであるとし、表現主体である人間の誠実さ、不断の修行の必要性を説く。連歌論書に『★ささめごと』『老いのくりごと』、句集に『心玉集』、家集に『心敬集』などがある。*1406―1475*

しん-げつ【新月】 名詞❶陰暦で、月の第一日。ついたち。❷陰暦で、毎月の初めに見える細い月。特に、八月三日の月。季語秋 →ビジュアルチェック⑰（833ページ）
❸十五夜の夜、東の空に上り始めた月。

じん-こう【人口】 名詞 うわさ。評判。

新古今和歌集 しんこきんわかしゅう〔ーワカシフ〕作品名 →必修古典ビッグ30 ⑮（682ページ）

新後拾遺和歌集 しんごしゅういわかしゅう〔シンゴシフヰワカシフ〕作品名 室町前期、第二十番目の勅撰和歌集。将軍足利義満の勧めにより後円融天皇が命を下し、初め二条為遠、その死後は二条為重が撰。二十巻。総歌数一五四五首。歌風は平明でなだらか。一三八四（至徳元）年に成立。

新後撰和歌集 しんごせんわかしゅう〔ーワカシフ〕作品名 鎌倉末期、第十三番目の勅撰和歌集。後宇多院の命を受けた藤原為世の撰。二十巻。総歌数一六一二首。★二条家および大覚寺統の歌人の歌が多い。一三〇三（嘉元元）年に成立。

しん-ごふ【賑給】ーごう 名詞 律令制で、国が貧しい人々に米や塩を支給する制度。平安時代には形式化し、毎年五月の、京都の年中行事となった。

しん-ごん【真言】 名詞《仏教語》❶真実のことば。仏や菩薩の、教えや誓いの込もったことば。❷（「真言宗」の略で）仏教の一宗派。平安初期に空海が中国から密教を持ち帰り開いた。金剛峯寺・東寺を根本道場とする。主に大日経・金剛頂経に基づき、大日如来の悟りの世界を明らかにしようとするもので、即身成仏を説く。

しんごん-ゐん【真言院】ーいん 名詞 平安京の大内裏にあった、朝廷の祈禱所。→ビジュアルチェック⑮（757ページ）

●成立…鎌倉時代初期
●撰者…藤原定家(ていか)ほか
●分野…勅撰(ちょくせん)和歌集
●歌数…約一九八〇首

必修古典ビッグ30 ⑮

新古今和歌集

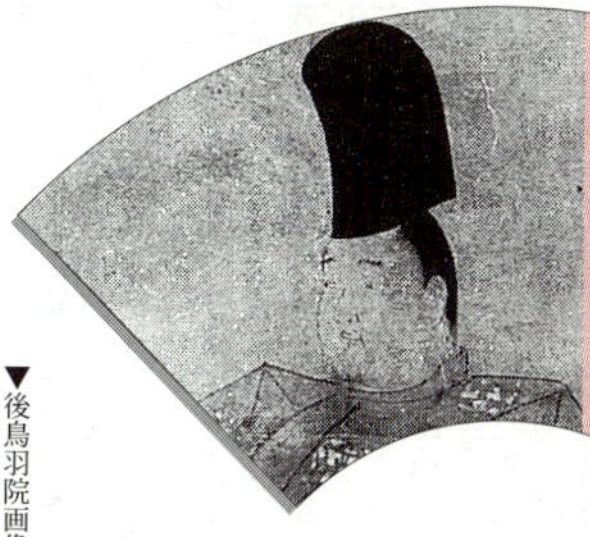

▼後鳥羽院画像

【冒頭の一首】

み吉野は山もかすみて白雪の降りにし里に春は来にけり 訳 吉野では山も霞がかかって、白雪が降っていた古京に春が巡って来たことだなあ。

【書名の由来】

序によると、『古今和歌集』の伝統を受け継ぎつつ、しかも新たな方向も目指すという意味である。

【成立と撰者】

◉一二〇一(建仁元)年七月、和歌所が宮中に設置された。同年十一月、後鳥羽院から和歌集撰進の命が下され、藤原定家らが、一二〇五(元久二)年に撰進した。撰進後も、後鳥羽院自ら和歌を精選し、和歌の削除・追加が続けられた。さらに隠岐に流された後も、約三百八十首の和歌を除去した「隠岐本」を作った。

◉撰者は、源通具、藤原有家、藤原定家、藤原家隆、藤原雅経、寂蓮の六人であるが、寂蓮は途中で没した。後鳥羽院の、この歌集にかける気持ちは強く、撰集の中心人物と考えられる。

【概要】

◉八番目の勅撰和歌集。巻数二十巻。歌数は、約千九百八十首。短歌だけで長歌はない。漢文の真名序、仮名文の仮名序とも後鳥羽院が述べたことを記した形になっている。最も多くの歌が収められている歌人は、西行で、九十四首である。

◉西行や、撰者たちの歌に重点が置かれているが、紀貫之や柿本人麻呂などの古い時代の歌人たちの歌なども交互に配列されている。

◉部立(＝歌集における歌の分類)は、春・夏・秋・冬・賀・哀傷・離別・羇旅・恋・雑・神祇・釈教で、『古今和歌集』の部立から「物名」が無くなり、「神祇」と「釈教」が加わった。

◉歌風は、藤原俊成が唱えた「幽玄」(＝言外に漂う静寂美や情緒)や藤原定家による「有心体」(＝妖艶な情緒の象徴的表現)という理念に代表される、華麗・優美・繊細なものである。たとえば藤原俊成の「荒れわたる秋の庭こそあはれなれまして消えなむ露の夕暮」(雑上)は、死を目前にした心境を、自然の情景の中に象徴させている「幽玄体」の傑作である。

【主な歌人】

◉後鳥羽院…第八十二代の天皇。歌人としても優れ、多くの歌合わせを催し、歌論書として『後鳥羽院御口伝』なども残した。三十三首が入集。歌風としては、昔を思う情緒を重んじ、風情を表現することを好む傾向がある。隠岐に流されてからは日常の感想をありのままに表現するものに変化した。

◉西行…俗名は、佐藤義清。もとは北面の武士で、出家して円位と称した。全国を行脚し自然に親しみ、数多くの名歌を残した。生涯を通して、中央から離れたところで乱れた世をながめながら、静かでもの寂しい調子の歌を詠んだ。西行の生き方は、後世の宗祇や芭蕉などにも大きな影響を与えた。

◉慈円…関白藤原忠通の子。歌僧として、西行と並び称される。歴史書の『愚管抄』の作者。西行に次いで多い九十二首の歌が入集している。伝統を守るという意識よりも自由な表現を重んじた。人生への思いを詠嘆的に表す歌も多い。

◉藤原家隆…和歌を藤原俊成に学び、中世の歌人の代表として、藤原定家と並び称される。四十三首が入集。技巧的な定家に対して、あっさりとした歌風で、雑歌や昔を述懐する歌の率直な表現が目立つ。

◉藤原定家…藤原俊成の子。新古今時代を代表する歌人。『近代秀歌』『毎月抄』などの歌論書を著した。日記に『明月記』がある。晩年は、古典の書写を行い、多くの作品を後世に残した。古典の書写を行い、古典作品をふまえた歌は特に評価が高く、中でも恋の歌に優れているといわれる。一方、率直さに欠けるともされ、歌を詠んでいるのではなく作っている、という評も残っている。

【ことばと表現】

◉万葉調・古今調とともに三大歌風の一つに数えられる「新古今調」を形成する。初句切れや三句切れを多用する七五調の歌が多い。↓**読解の手引き❻**(436ページ)

◉『古今和歌集』以来の和歌によく見られる掛詞・序詞・縁語などを踏襲しながら、「★体言止め」や、過去の名歌の表現を採用する「★本歌取り」(↓**ビジュアルチェック㉖**1118ページ)を盛んに取り入れている。

◉「本歌取り」ではないが、ある古歌をもとにして、原歌とは別の文学世界を形作った歌もある。たとえば、次の歌は『万葉集』の歌を当代語に一部改めて載せられている。

田子の浦ゆうち出でてみれば真白にそ富士の高嶺に雪は降りける 訳 ↓たごのうらゆ…〔万葉集・巻第三・山部赤人〕

田子の浦にうち出でて見れば白妙の富士の高嶺に雪は降りつつ 訳 ↓たごのうらに…〔百人一首〕〔新古今集・冬・山部赤人〕

◉『古今和歌集』から『千載和歌集』までの勅撰集には見られない、『新古今和歌集』の時代に至って定着した歌語がある。

代表例は右歌中の「横雲」である。明け方の景物として詠まれた歌が他に三首採られている。

霞立つ末の松山ほのぼのと波にはなるる横雲の空〔春上・藤原家隆〕

また、「身にしむ色」という表現も、『新古今和歌集』に初めて二首見出だされる。そのほとんどが秋風を形容したものである。

白妙の袖の別れに露落ちて身にしむ色の秋風ぞ吹く 訳 ↓しろたへの…〔恋五・藤原定家〕

しん-ざう【新造】ザウ 名詞 ❶建物や船を、新しく造ること。❷(武家や富裕な町人などの)新妻。妻。❸他人の妻。特に新妻や若い妻。転じて、未婚の若い女性。❹《遊里語》新しく客をとるようになった遊女。

しん-し【神璽】名詞 ❶＊三種の神器の総称。❷三種の神器の一つ。八尺瓊の曲玉。❸天皇の印。発展 近世以降「しんじ」とも。もともと❶の意味であったが、しだいに❷の意味で用いられるようになった。

しん-じ【進士】名詞 律令制で、式部省の官吏登用試験の一科目。また、その合格者。類 文章生。発展「しんし」とも。中国における科挙(＝官吏登用試験)の合格者の呼び名から。

じん-じ【神事】名詞 神を祭ること。祭り。発展「しんじ」とも。

しん-じち-なり【真実なり】形容動詞 ↓しんじつなり

しん-じつ【真実】一 名詞 ❶本当のこと。偽りでないこと。❷《仏教語》この世の迷いを離れ、偽りがないこと。真理。
二 副詞 本当に。まったく。
人の心は知られずや真実心は知られずや〈閑吟集〉訳 人の心というものはわからないものだよ。本当に心はわからないものであるよ。
発展 一は「しんじち」とも。

じん-じつ【人日】名詞 ＊五節句の一つ。陰暦正月七日の節句。七草の粥で祝った。季語 春

しん-じつ-なり【真実なり】形容動詞〈ナリ・ノ〉〈なら・なり(に)・なり・なる・なれ・なれ〉本当だ。偽りではない。

しん-じゃう【進上】ジャウ 名詞 動詞 他〈サ変〉〈せ・し・す・する・すれ・せよ〉❶目上の人に差し出す書状のあて名の上部に書いて、敬意を表すことば。献上。進呈。謹上。
❷奉ること。差し上げること。献上すること。
「例に依りて進上、件のごとし。」〈枕草子・133・頭の弁の御もとより〉訳「先例によって献上するのは、右の通りである。」

じん-じゃう-なり【尋常なり】ジンジャウ 形容動詞〈ナリ・ノ〉〈なら・なり(に)・なり・なる・なれ・なれ〉❶普通だ。ありふれている。まともだ。
押しこりて来たりたるを見れば、一人として尋常なる者なし。〈今昔〉訳 (一団となって)押し寄せて来たのを見ると、ひとりとしてまともな(姿をした)者はいない。
❷品がよい。しとやかだ。つつましやかだ。
まことに尋常なる女房、装束もやさしき体なる…。〈沙石集〉訳 本当につつましやかな女房で、衣服も優美なのが…。
❸立派だ。優れている。
沖の方より尋常に飾ったる小舟一艘、汀へ向いてこぎ寄せけり。〈平家・11・那須与一〉訳 沖の方から立派に飾った小舟が一艘、岸の方へ向かってこぎ寄せた。
発展 中国では「尋」は八尺、「常」は一丈六尺(「尋」の二倍)で、仏の身長といわれる)で、いずれも標準的長さの意味。

しんじゃう-ゑ【新嘗会】シンジャウエ 名詞 ↓にひなめ

しん-しゃく【斟酌】名詞 動詞 自〈サ変〉〈せ・し・す・する・すれ・せよ〉❶事実や状況などをよく理解すること。事情をくみ取ること。見計らうこと。取り計らうこと。
この故に、これを見る人、その斟酌あるべきことなり。〈難波土産〉訳 こういうわけで、これを見る人は、その事情をくみ取ることをするのがよいのである。
❷遠慮すること。辞退すること。差し控えること。

信州【シンシウ】旧国名 ↓信濃

新拾遺和歌集【シンシフヰワカシフ】作品名 室町前期、第十九番目の勅撰和歌集。将軍足利義詮の勧めにより、後光厳天皇が命を下し、初め二条為明が、その死後は頓阿が撰。二十巻。総歌数一九二〇首。類型的で新味に欠けるといわれる。一三六四(貞治三)年に成立。

心中天の網島【シンヂュウ】作品名 江戸前期の＊浄瑠璃。世話物。三巻。近松門左衛門(↓必修古典ビッグ30 ⑲ 814ページ)作。妻子ある紙屋治兵衛が遊女小春と網島の大長寺で心中するまでを描く。緊密な構成で、近松心中物の最高傑作のひとつといわれる。一七二〇(享保五)年初演。

じん-じょ【尋所】名詞 動詞 他〈サ変〉〈せ・し・す・する・すれ・せよ〉道案内をすること。また、その人。案内人。発展「尋承」とも。

新続古今和歌集【シンショクコキンワカシフ】作品名 室町中期、第二十一番目で最後の勅撰和歌集。将軍足利義教の勧めにより後花園天皇が命を下し、飛鳥井雅世が撰。二十巻。総歌数二一四四首。＊二条家風の平明な歌風といわれる。一四三九(永享十一)年に成立。

じん-しん【人臣】名詞 臣下。家来。

しん・ず【進ず】一 動詞 他〈サ変〉〈ぜ・じ・ず・ずる・ずれ・ぜよ〉(「与ふ」の謙譲語で)差し上げる。献上する。
「もしなほその咎あるべくは、かの身を召し、進ずべきか。」〈平家・1・殿上闇討〉訳「もしそれでもその罪があるのならば、その(家来の)身をお呼び出しになって、差し上げるのがよいのであろうか。」
二 補助動詞〈サ変〉〈ぜ・じ・ず・ずる・ずれ・ぜよ〉(動詞の連用形、およびそれに接続助詞「て」を介した形に付いて)…(て)差し上げる。
「茶屋の内借って、ふり濯いでしんぜましょ。」〈近松・女殺油地獄〉訳「茶屋の内を借りて、(体を)すすぎ洗って差し上げましょう。」

しん-すい【薪水】名詞 炊事。発展 薪を拾い、水をくむという意味から。

しん-ぜ【信施】名詞《仏教語》信者からの布施。発展「しんせ」とも。

しん-せつ【深切・親切】名詞 心を込めて行うこと。思いやりが深いこと。

しん-せつ-なり【深切なり・親切なり】形容動詞〈ナリ〉〈なら・なり(に)・なり・なる・なれ・なれ〉心を込める。思いやりが深い。
ことし五月の初め、深切に別れを惜しむ。〈許六離別詞〉訳 今年五月の初めに、心を込めて別れを惜しむ。

しんぜ-むざん【信施無慙】名詞《仏教語》僧が信者から布施を受けながら、修行を怠り功徳を積まないこと。

しん-せん【神仙】名詞 ❶神通力をもった人。仙人。❷＊十二律の第十一番目の音名。

新撰犬筑波集【シンセンイヌツクバシフ】作品名 室町後期の俳諧撰集。＊山崎宗鑑編。「犬筑波集」とも。室町時代の俳諧作品を編纂。大部分が作者不明であるが、＊飯尾宗祇・＊荒木田守武などの連歌師の作品も載せる。自由奔放でおおらかな俳風を特徴とし、最初期の俳諧撰集として後世に多大の影響を与えた。一五三一(享禄四)年ごろから一五三二(天文元)年ごろの成立。

新千載和歌集【シンセンザイワカシフ】作品名 室町前期、第十八番目の勅撰和歌集。将軍足利尊氏の勧めにより、後光厳天皇が命を下し、二条為定が撰。

二十巻。総歌数二三三六四首。★二条家風の平明流麗な歌風の歌が多い。一三五九(延文四)年に成立。

新撰髄脳【しんせんずいのう】〔ズイナウ〕作品名 平安中期の歌論書。★藤原公任(きんとう)著。秀歌論・秀歌例・本歌取り・歌枕論などを含む。心と姿の両方が整ったものを理想的な秀歌として目指す公任の考えが述べられている。成立年不明。

新撰菟玖波集【しんせんつくばしゅう】〔シフ〕作品名 室町後期の連歌撰集。一条冬良・★飯尾宗祇(いいおそうぎ)共撰。二十巻。冬良による仮名序、四季・恋・雑などの部立(ぶだて)ごとに、付け句一八〇二句、発句二五一句を収める。『★菟玖波集』のあとを受け★心敬(しんけい)・高山宗砌(たかやまそうぜい)をはじめとする室町中・後期の連歌師の作を多く載せており、連歌最高の境地を示す撰集として、後世の規範とされた。一四九五(明応四)年成立。

しん-せん-ゑん【神泉苑】―えん 名詞 平安京大内裏の南東に隣接した庭園。天皇の遊覧地であったが、後に空海(くうかい)が雨乞いを行ったといわれる。↓ビジュアルチェック⑭(756ページ) 発展 現在、京都府中京区の二条城の南に、一部が残る。

しん-ぞく【真俗】名詞 ❶《仏教語》仏教の真理と世俗の道理。仏道のことと世俗のこと。❷僧と俗人。類 僧俗(そうぞく)。

しん-たい【真諦】名詞《仏教語》仏教の根本をなす絶対不変の真理。

しん-だい【身代】名詞 ❶財産。資産。❷身分。地位。

しん-だい【進退】一 名詞 動詞 自〔サ変〕〈せ・し・す・する・すれ・せよ〉❶進むことと退くこと。❷立ち居振る舞い。動作。二 名詞 動詞 他〔サ変〕〈せ・し・す・する・すれ・せよ〉❶自由にすること。思うままに扱うこと。❷人間や土地を支配・領有すること。

じん-たい【人体・仁体】名詞 ❶人柄。人品。❷人柄がよい人。身分のある人。

しん-だん【震旦】名詞 中国の別の呼び名。発展「しんたん」とも。古くインドや中央アジア、西アジアから中国をこう呼んだ。

しん-ぢつ【親昵】―じつ 名詞 親しみなじむこと。また、親しい人。

しん-ぢゅう【心中】―じゅう 名詞 動詞 自〔サ変〕〈せ・し・す・する・すれ・せよ〉❶心の中。内心。心の中で思っていること。❷人に対して義理を立てること。誠意。真心。❸《遊里語》遊女が、愛情の変わらないことを誓う具体的な証拠。誓紙を書いたり、爪を抜いたり、髪や指を切ったり、入れ墨をしたりすること。❹相愛の男女が合意の上で、一緒に自殺すること。心中死に。情死。

新勅撰和歌集【しんちょくせんわかしゅう】〔ワカシフ〕作品名 鎌倉前期、第九番目の勅撰(ちょくせん)和歌集。「宇治河(うじがわ)集」とも。後堀河(ごほりかわ)天皇の命を受けた★藤原定家(ていか)の撰。二十巻。総歌数一三七四首。後鳥羽(ごとば)・順徳(じゅんとく)両院ら承久の乱関係者の歌は除かれており、新古今調とは異なる平淡優雅な歌風が中心をなしている。一二三五(文暦二)年に成立。

じん-でう【晨朝】―じょう 名詞 ❶午前六時ごろ。早朝。❷《仏教語》一日を六つに分けたうちの朝方。今の午前六時から十時ごろ。またその時間に寺院で行う勤行(ごんぎょう)。↓六時(ろくじ)。❸(「晨朝の鐘(かね)」の略で)夜明けに鳴らす鐘。

しん-でん【寝殿】名詞 平安時代の貴族住宅の様式である「寝殿造り」の中央南面にある建物。↓寝殿造(しんでんづく)り(図)

しんでん-づくり【寝殿造り】名詞 平安時代に成立した貴族の住宅の建築様式。中央に、庭に面して南向きの寝殿を造り、その東、西、北に★対(たい)の屋(や)と釣殿を配置し、各建物は★渡殿(わたどの)で結ぶ。また、庭には中島のある池を造る。

心内文【しんないぶん】国語・国文法 物語・小説などで、★会話文とも★地の文とも異なって、登場人物や作者が心の中で考えた内容を示す部分。会話文と同じく、格助詞「と」や、その「と」を内含する副助詞「など」(「なにと」から発生)によって引用される。↓読解の手引き❷(318ページ)

しん-にょ【真如】名詞《仏教語》あるがままにあること。ありのままの姿。究極の本質。永久不変の絶対真理。

神皇正統記【じんのうしょうとうき】〔ジンワウシヤウトウキ〕作品名 室町前期の歴史書。★北畠親房(きたばたけちかふさ)著。神代から後村上天皇までの歴史を述べ、南朝の正統性を強調。後世の史観に影響を与えた。一三三九(延元四)年成立。一三四三(興国四)年改訂。

新花摘【しんはなつみ】作品名 江戸後期の俳諧(はいかい)句文集。与謝蕪村(よさぶそん)(↓必修古典ビッグ30 ㉖1146ページ)著。榎本其角(えのもときかく)の『花摘(はなつみ)』に倣って亡母供養のために試みた発句部と、洒脱(しゃだつ)な筆致の文章部とからなる。一七七七(安永六)年成立。

[しんでんづくり(東三条殿)]

しん-ぴつ【宸筆】名詞 天皇の直筆。天皇の筆跡。

しん-べう【神妙】―びょう 名詞 ❶神秘的なこと。人の能力を超えた働き。❷殊勝なこと。けなげなようす。❸すなおなこと。おとなしいこと。発展「しんめう」とも。

しん-べう・なり【神妙なり】―びょうなり 形容動詞〔ナリ〕〈なら・なり(に)・なり・なる・なれ・なれ〉❶神秘的だ。人の能力を超えている。

その舟、やうやう来たり近づくを聞くに、まことにしんべうなりけり。〈古今著聞集(ここんちょもんじゅう)〉訳 その舟が、次第に近づいて来るのを聞くと、(笛の音が)まことに**神秘的だった**。

❷殊勝だ。けなげだ。**木刀を帯しける用意のほどこそしんべうなれ。**〈平家・1・殿上闇討〉訳木の刀を身に付けていた注意深さについては**殊勝である**。❸おとなしい。すなおだ。「なう騒々しい。**しんべうにもなることを**。」〈近松・心中天の網島〉訳「ああやかましい。**おとなしく**もできるのに。」

しん-ぼち【新発・新発意】名詞《仏教語》新たに仏門に入った人。悟りを求める心を起こして間もない人。発展「しぼち」とも。

しん-みゃう【身命】―名詞 体と命。また、身体。生命。発展「しんめい」とも。

しん-めい【神明】名詞 ❶神。❷天照大御神。また、それを祭った神社。

しん-めう【神妙】―名詞 ↓しんべう

しん-よ【神輿】名詞 神霊を乗せる御輿。おみこし。発展「じんよ」とも。

新葉和歌集［シンエフワカシフ］作品名 室町前期の勅撰和歌集。★宗良親王撰。二十巻。一四二〇余首。『★新千載和歌集』『★新拾遺和歌集』などの北朝方の勅撰集から除かれていた南朝関係者の歌の集大成を意図して編まれた。平淡な★二条家風が中心。一三八一(弘和元)年成立。

親鸞 人名 鎌倉初期の僧。浄土真宗の開祖。★法然の弟子となって専修念仏の信仰に帰依。念仏弾圧で越後に流されてそこで妻帯し、民間布教に努めた。絶対他力による極楽往生を説き、悪人正機を唱えた。著書に『教行信証』、法語を弟子の唯円がまとめた『★歎異抄』などがある。*1173―1262*

じん-りん【人倫】名詞 人間。人の仲間。**一切の有情を見て、慈悲の心なからん人は、人倫にあらず。**〈徒然草・128・雅房大納言は〉訳あらゆる生き物を見て、あわれみの心がないような人は、**人間**ではない。

しん-わう【親王】―名詞 天皇の兄弟および皇子。対内親王 ↓**古語チャート**㉖(873ページ)

しん-ゐん【新院】名詞 上皇が複数いる場合、後からなった方の上皇。対本院 ↓**古語チャート**㉖(873ページ)

す

す↓基本助動詞20(686ページ)

す-【素】接頭語 ❶(名詞に付いて)それだけ、ありのまま、そのまま、という意味を表す。語例 **素足**・**素見**。❷(人を表すことばに付いて)卑しめる気持ちを表す。語例 **素浪人**・**素町人**

す【州・洲】名詞 海・川・湖などで土砂が積もって水面に現れた所。

す【簾】名詞 すだれ。季語 夏 ↓**古語チャート**㊵(1167ページ)

す【為】

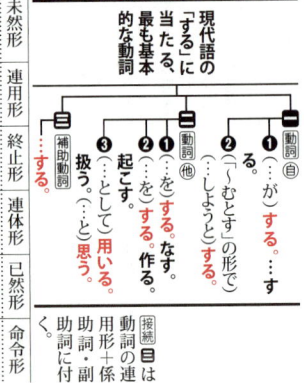

現代語の「する」に当たる、最も基本的な動詞

- 一 動詞 自
  - ❶(…が)**する**。…**する**。
  - ❷(「〜むとす」の形で)(…しようと)**する**。
- 二 動詞 他
  - ❶(…を)**する**。なす。
  - ❷(…を)**する**。作る。起こす。
  - ❸(…として)**用いる**。扱う。(…と)**思う**。
- 三 補助動詞
  - …**する**。

未然形	連用形	終止形	連体形	已然形	命令形
せ	し	す	する	すれ	せよ

接続 三は動詞の連用形+係助詞・副助詞に付く。

一 動詞 自 (サ変) ❶(いろいろな動作・作用が起こる意味を表し)(…が)**する**。…**する**。**我のみや夜船は漕ぐと思へれば沖辺の方に楫の音すなり** 歌〈万葉集・15・3624〉訳私だけが夜に舟を漕いでいると思っていると、沖の方でも楫の音が**する**のが聞こえてくる。〇「すなり」の「なり」は、活用語の終止形に付く推定の助動詞。**長雨例の年よりもいたくして…。**〈源氏・蛍〉訳(梅雨の)長雨が、いつもの年よりもひどく**降り続いて**…。〇この「す」は主語の「長雨」を受けて、「降る」「降り続く」などの動詞の代わりに用いられている。❷(「〜むとす」の形で)(…しようと)**する**。↓むとす

二 動詞 他 (サ変) ❶(意志的にある行為をする意味を表し)(…を)**する**。**なす**。**行う**。**今のごと恋しく君が思ほえばいかにかもせむするすべのなさ** 歌〈万葉集・17・3928〉訳今のように恋しくあなたのことが思われたら、(私は)どのように**し**たものだろうか、いや、どうしようもない。(どうにも)**する**方法がないことよ。❷(いろいろな事物に付いて、それに関する行為をする意味を表し)(…を)**する**。**作る**。**起こす**。**男もすなる日記といふものを、女もしてみむとて、するなり。**〈土佐日記・十二月二十一日〉訳男も**書く**という日記というものを、女(である私)も**書いて**みようと思って、(この日記を)**書く**のである。〇この「す」は「書く」という動詞の代わりに用いられている。❸(「名詞+に(と)+す」、また「形容詞・形容動詞の連用形+す」の形で)(…として)**用いる**。**扱う**。(…と)**思う**。**見なす**。**恋しくは形見にせよと我が背子が植ゑし秋萩花咲きにけり** 歌〈万葉集・10・2119〉訳恋しくなったら、(私を)思い出す頼りとして**用いよ**と言って、あなたが植えたハギの花が咲いたことだなあ。

三 補助動詞 (サ変)(上に付く動詞の意味をもう一度繰り返して)…**する**。「**あさまし。」とあきれてこそ、動きもせで立ちたまひたりけれ。**〈大鏡・伊尹〉訳(任官されるという期待が外れて)「驚きあきれたことだ。」と途方に暮れて、(その場を)動きも**し**ないでお立ちになっていたのだった。〇四段動詞「動く」の連用形+係助詞「も」に付いている例。

発展 ①**どんな動作でも表す「す」** 動詞はふつう、ある特定の動作・作用を表すものだが、「す」は一般の動詞と違って、具体的な動作・作用を特に表すことばではない。そのため、一❶の第二例や、二❷、三の用例のように、文脈に応じてどんな動作・作用についても用いることができる。
②**複合動詞をつくる「す」** 「す」は、さまざまな名詞や用言に付いて、多くのサ変複合動詞を構成する。「す」の前が「う」「ん」のときは★連濁により「ず」となることがある。

a漢語名詞＋す↓愛す・案ず・応ず・対面す・御覧ず
b和語名詞＋す↓恋す・心す・罪す・心地す・紅葉す
c用言＋す↓かなしうす・新たにす・疎んず
③目の場合、上に付く動詞の意味を強調することが多く、動詞との間に「も」「は」などの係助詞や「しも」「だに」などの副助詞を介して用いられる。
④以上のように具体性に欠ける動詞であることから、「す」を形式動詞と呼ぶこともある。

識別 「せ」の識別↓す（基本助動詞20）
「し」の識別↓し（基本助詞25）

す 助動詞〔四段型〕〈さ・し・す・す・せ・せ〉接続 おもに四段・サ変動詞の未然形に付く。《上代語》（尊敬の意や親愛の気持ちを表し）お…になる。…なさる。…ていらっしゃる。
この岡に菜摘ます児 家聞かな名告らさね…歌〈万葉集・1・1〉訳この丘で菜を摘んで**いらっしゃる**娘さんよ、家が聞きたい。名を**お**名乗り**になって**ほしい…。

発展 助動詞としての用例は上代に限られ、中古以降は「思す」「召す」「聞こしめす」など、尊敬語の中に残る。「聞く」「思ふ」「知る」「織る」などに付いたとき、音韻変化を生じて、「聞こす」「思ほす」「知ろす」「織ろす」となる。また、四段・サ変動詞以外の「寝」「着る」「見る」「臥ゆ」などにも付いていて、「寝す」「着す」「見す」「臥やす」など、上代、既に一語化していた。

ず↓基本助動詞20（687ページ）

ず（現）↓（歴）**づ**【図・徒・途・豆・頭】

すあを【素襖】名詞 男性用の衣服のひとつ。直垂から変化した服。室町時代は庶民の普段着であったが、江戸時代には下級武士の礼服となった。布地は麻で背・袖などに家紋を染め、胸紐・縫い目のとじつけ紐には革を用いた。また、はかまは同生地同色の裾の長いものを着ける。類素袍

粋 文芸用語 江戸時代前期の、美的生活理念を表すことば。俗っぽさをきらい、都会的であかぬけた態度をいう。特に遊里の事情によく通じ、男女間の感情の微妙な趣をよく理解し、洗練されていること。また、そのような人。遊里における理想的人物像とされる。浄瑠璃や浮世草子に登場する「粋人」はその典型的な例。「わけ知り（諸分に通じた人）」ともいい、「野暮」に対する。主に上方で用いられ、江戸では「通」「通人」といった。↓粋

［すあを］
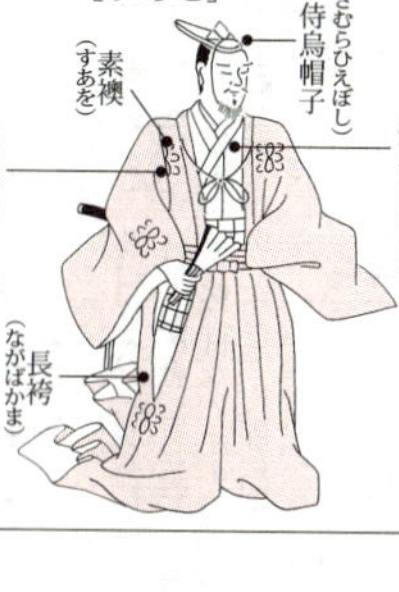

す 基本助動詞20

他の人に、動作をさせること（使役）を表す

❶（使役を表し）…せる。…させる。
❷（尊敬を表し）お…になる。
◉「～せおはします」「～せたまふ」などの形で用いられる。
❸（受身を表し）…れる。◉中世以降の用法。軍記物語に見られる。

助動詞〔下二段型〕接続 四段・ナ変・ラ変動詞の未然形に付く。

未然形	連用形	終止形	連体形	已然形	命令形
せ	せ	す	する	すれ	せよ

助動詞〔下二段型〕❶（使役を表し）…せる。…させる。
あるじ聞きつけて、その通ひ路に、夜ごとに人を据ゑて守らせければ、行けどもえ会はで帰りけり。〈伊勢・5〉訳（男が娘のもとへ通ってくるのを屋敷の）主人が聞いて気付いて、その（男の）通ってくる道に、毎夜人を置いて見張ら**せ**たので、（男は途中まで）行くけれども（娘に）会うことができないで帰ったのだった。
○四段動詞「守る」の未然形に付いている例。ここで使役の対象者になるのは、主人に使われている「人」である。
例の、声出ださせて、随身に歌はせたまふ。〈堤中納言・貝あはせ〉訳（蔵人の少将は）いつものように、声を出さ**せ**て、従者に歌わ**せ**なさる。
○四段動詞「出だす」「歌ふ」の未然形に付いている例。「出ださせて」は「させ」を同義の助動詞「さす」と誤りやすいが、「出ださ」までが動詞「出だす」の未然形である。（「出だ」という形は成立しない（「出づ」は下二段動詞であるため）。）また、「さす」はイ・エ・オ段音（四段・ナ変・ラ変以外の動詞の未然形）に接続するので、「だ」というア段音に付くことはありえない。
「歌はせたまふ」は、「せ」を❷の尊敬の意味と誤りそうなところだが、前に「随身に」と、使役の対象者が明記されているので、この「せ」も使役の意味である。

❷（「～せおはします」「～せたまふ」などの形で、尊敬を表し）お…になる。…なさる。…あそばす。↓せ御座します・せ給ふ・古語チャート❼（273ページ）
上、おはしますに、御覧じていみじう驚かせたまふ。〈枕草子・9・上にさぶらふ御猫は〉訳天皇がいらっしゃるときに、（天皇はネコのようすを）ご覧になってひどく驚き**なさる**。○四段動詞「驚く」の未然形に付いている例。使役の対象者は考えられないので、この「す」は天皇に対する作者からの尊敬の意を表す。「たまふ」を伴った、★最高敬語。
人の謗りをもえ憚らせたまはず、世の例にもなりぬべき御もてなしなり。〈源氏・桐壺〉訳（帝は）世間の人の非難をさえも気兼ねすることが**おできにならないで**、語りぐさにもなってしまいそうな（桐壺の更衣への）ご待遇である。○四段動詞「はばかる」の未然形に付いている例。使役の対象者は考えられないので、この「す」は帝に対する作者からの尊敬の意を表す。「せたまふ」は、★最高敬語。

❸《中世以降》（受身を表し）…れる。…される。
須藤刑部俊通は、六条河原にて子息を討たせ、「討ち死にせん。」と思ひけれども…。〈平治〉訳須藤刑部俊通は、六条河原で息子を討た**れ**、「（自分も）敵と戦って死のう。」と思ったけれども…。

発展 ①**❶と❷の見分け方** もともとは❶の使役の意味。❷は、身分の高い人は物事を自分ではしないで、人を使ってさせることが多いところから、使役が尊敬の意味に変化したもの。❶と❷の違いは、使役の対象者がいるかいないかで判断できる。使役の対象者が想定できる場合は❶、使役の対象者が考えられない場合は❷である。また、他の尊敬語「おはします」「たまふ」などと併用されていないときは、すべて使役と考えてよい。ただし、尊敬語と併用されているときでも、❶の第二例の「歌はせたまふ」のように、「使役の助動詞

＋尊敬の補助動詞」の場合もあるので注意が必要である。

②❸は武士の心意気　❸は中世の軍記物語に多く見られる特殊な用法で、相手に「…させてやった」という武士の心意気から、受身の意味になったもの。

③「賜はす」「のたまはす」　❷の尊敬の用法では、四段動詞「賜ふ」(「与ふ」の尊敬語)「のたまふ」(「言ふ」の尊敬語)などの未然形に付いて、尊敬の意味を強める用法もある。この「賜はす」「のたまはす」は一語の動詞として扱われ、最高敬語になる。↓賜はす・宣はす

④「奉らす」「参らす」　謙譲語の四段動詞「奉る」「申す」「参る」などの未然形に付いて、謙譲の意味を強める用法もある。ただし、「奉らす」「参らす」は、ふつう一語の動詞として扱われ、会話文で用いられることが多い。↓奉らす・申さす・参らす

⑤「す」と「さす」の違い　「す」は、四段・ナ変・ラ変動詞の未然形(語尾はみなア段音)に接続する。これに対して、「さす」は四段・ナ変・ラ変以外の動詞の未然形(イ・エ・オ段音)に付く。「す」「さす」は中世には「する」「さする」となり、現代では「せる」「させる」の形で使役の意味だけが残っている。接続の特徴も古語に倣い、「せる」は五段・サ変、「させる」はそれ以外に付く。この接続の関係は、自発・受身・可能・尊敬の助動詞「る」「らる」の場合も同様である。

識別「せ」の識別

品詞と用法	見分け方	例文と訳
尊敬の助動詞「す」の未然形・連用形	未然形に付いている。使役の対象者がいない。下に尊敬語「たまふ」などがくる。	御簾を高く上げたれば、笑はせたまふ。〈枕草子・299・雪のいと高う降りたるを〉訳(私は)御簾を高く(巻き)上げたところ、(中宮は)お笑いになる。
使役の助動詞「す」の未然形・連用形	未然形に付いている。使役の対象を助詞「に」で明示することがある。	止むことを人に聞かせじとしたまひけれど…。〈竹取・燕の子安貝〉訳(中納言は、求婚が)だめになったことを人に聞かせまいとなさったけれど…。
サ変動詞「す」の未然形	上に活用語がなく、「～する」と言い換えられる。	果つる暁まで門たたく音もせず…。〈枕草子・25・すさまじきもの〉訳(会議が)終わる明け方まで門をたたく音もしないで…。
過去の助動詞「き」の未然形	「せば～まし」の形で使われる。	世の中にたえて桜のなかりせば春の心はのどけからまし歌〈古今集・春上・53〉訳もし世の中にまったくサクラがなかったなら、春(を過ごす人)の心はのどかであるだろうに。

類語比較「さす」「す」「しむ」↓さす
関連語 る(基本助動詞20)

ず　基本助動詞20

上に述べたことを打ち消す ─(打消を表し)…ない。

助動詞〔特殊型〕 接続 活用語の未然形に付く。

未然形	連用形	終止形	連体形	已然形	命令形
ず	ず	ず	ぬ	ね	○
(な)	(に)	○	○	○	○
ざら	ざり	○	ざる	ざれ	(ざれ)

(打消を表し)…ない。…ず。

京には見えぬ鳥なれば、みな人見知らず。〈伊勢・9〉訳京都では見ることができない鳥であるので、その場にいる人全員が(なんという鳥であるのか)見ても分からない。

この歌、よしとにはあらねど、「げに。」と思ひて、人々忘れず。〈土佐日記・一月十一日〉訳この(=鳥のように飛んで都へ帰りたいという)歌が、上手だというわけではないが、「(歌のことばどおり)なるほど。」と思って、人々は忘れない。

仁和寺にある法師、年寄るまで、石清水を拝まざりければ、心憂く覚えて…。〈徒然草・52・仁和寺にある法師〉訳仁和寺にいる僧が、年を取るまで、石清水八幡宮を参詣しなかったので、情けなく思われて…。○この例のように、下に「けり」などの助動詞を伴う場合は、★補助活用の連用形「ざり」が用いられる。

発展 ①活用は三つの系統　「ず」の活用は特殊で、「ず・ず・ず・○・○・○」(無変化型)「(な)・(に)・○・ぬ・ね・○」(ナ行四段型)「ざら・ざり・○・ざる・ざれ・(ざれ)」(ラ変型)の三つの系統から成る。

②「ず」の補助活用　ラ変型の活用は、連用形「ず」に「あり」の付いた「ずあり」が変化して「ざり」となったもので、これを補助活用という。

この補助活用は、漢文訓読文や、下に他の助動詞を続ける場合に多く用いられる。たとえば、過去の助動詞「けり」「き」や過去推量の助動詞「けむ」などに付く場合は、連用形「ざり」が用いられた。ただ、上代には「ずけり」「ずき」「ずけむ」などと、下に他の助動詞が来ても補助活用「ざり」を用いない用法もあった。また、推定の助動詞「なり」「めり」の上には、連体形「ざる」が用いられた。その「ざるなり」「ざるめり」は、撥音便「ざんなり」「ざんめり」に変化し、撥音無表記形「ざなり」「ざめり」となって現れた。

③未然形・連用形の古い形「な」「に」　ナ行四段型に活用する未然形の「な」と連用形の「に」は、主に上代に「涙いまだ干なくに(=涙がまだ乾かないのに)」「知らに(=知らないで)」などの言い方で用いられた。↓なくに

④未然形「ず」　未然形「ず」は、接続助詞「は」に連なる場合に限られる。ただ、上代には、連用形「ず」に係助詞「は」の連なる形もある。同じ「ずは」の「ず」でも、未然形の場合も連用形の場合もあるのである。↓ずは

すい-がい【透垣】 名詞 板または竹で、間を少し透かして作った垣根。**わざとならぬ庭の草も心あるさまに、簀の子、透垣の頼りをかしく…。**〈徒然草・10・家居のつきづきしく〉訳特に手入れをしたというわけでもない庭の草も趣があるようすで、濡れ縁や、**透垣**の配置もおもしろく…。

［すいがい］

発展「すきがき」の変化したことば。「すいがき」とも。

すい-がき【透垣】 名詞 ↓すいがい

すい-かん【水干】 名詞 ❶のりを使わず水張りにして干した絹。❷男性用衣服である狩衣のひとつ。胸および袖と袖付けにそれぞれ二つずつ菊綴じの飾りを付け、襟の上角と後ろの襟の中央に付けたひもで、前後を結ぶようにしてある。色は白が多く、庶民の服装であったが、後に公家・武家の私服、少年の晴れ着として使用された。また、★白拍子と呼ばれる女性の芸人はこれを着て舞った。

［すいかん❷(庶民)］

すいかん-ばかま【水干袴】 名詞 水干を着るときにはく袴。

ずい-き【随喜】 名詞 動詞 自〔サ変〕〈せ・し・す・する・すれ・せよ〉❶《仏教語》喜んで仏を信仰すること。人の善行を見て、これに追随し、歓喜すること。**この翁の法師になるを随喜して、天衆も集まりたまひて…。**〈宇治拾遺〉訳この老人が法師になることを**歓喜して**、天の神々もお集まりになって…。❷心から喜ぶこと。心からありがたく思うこと。深く感謝すること。

すい-くわ【水火】 名詞 ❶水と火。また、水難と火難。洪水と火災。❷水と火のように互いに相いれないもの。きわめて仲の悪いこと。

ずい-さう【瑞相】 名詞 ❶めでたいしるし。吉兆。❷前触れ。前兆。**世の乱るる瑞相とか聞けるもしるく…。**〈方丈記・都遷り〉訳(風俗が変わるのは)世の中の乱れる**前兆**とか聞いているのも(聞いて)予想したとおりで…。

すい-さん【推参】 ■名詞 出しゃばり。差し出がましいこと。**いかなる推参のばか者にてかありけん。**〈太平記〉訳なんという**出しゃばり**のばか者であったことか。■名詞 動詞 自〔サ変〕〈せ・し・す・する・すれ・せよ〉自分から一方的に訪問すること。押しかけること。

すい-さん・なり【推参なり】 形容動詞〔ナリ〕〈なら・なり(に)・なり・なる・なれ・なれ〉出すぎだ。差し出がましい。「**なにか苦しかるべき、推参してみん。**」〈平家・1・祇王〉訳「どんな不都合があろうか、**押しかけてみよう**。」

すい-じゃく【垂迹】 名詞《仏教語》仏や菩薩が、この世に生きるものを救うために、仮に神や人の姿となってこの世に現れること。発展「すいしゃく」とも。インドにいる本来の仏(＝本地)が日本に神として現れる(＝垂迹)という意味。

すい-しゅ【水手・水主】 名詞 水夫。船乗り。類 水夫

ずい-じん【随身】

人 ― 貴人の身辺に付き従うこと。また、その人
→ ❶警護の役を務める近衛府などの★舎人。
→ ❷身辺に付き従って行くこと。また、その人。従者。

未然形	連用形	終止形	連体形	已然形	命令形
ずいじん・せ	ずいじん・し	ずいじん・す	ずいじん・する	ずいじん・すれ	ずいじん・せよ

名詞 動詞 自〔サ変〕❶(貴人の外出の際に)**警護の役を務める近衛府などの舎人**。**いみじう美々しうてをかしき君たちも、随身なきはいとしらじらし。**〈枕草子・48・男は〉訳たいへん華やかで魅力的な貴公子たちでも、(お供に)**警護の役を務める近衛府などの舎人**がいないのはひどく興ざめだ。❷**身辺に付き従って行くこと。お供。また、その人。従者。**「**紙燭さして参れ。『随身も弦打ちして、絶えず声作れ。』と仰せよ。人離れたる所に、心解けて寝ぬるものか。**」〈源氏・夕顔〉訳「紙燭に火をつけて(持って)参上せよ。『**お供の者**も弓のつるをひき鳴らして、絶えず魔よけのために声を出せ。』と言いつけよ。人けのない所で、気を許して寝込むとはなにごとか。」**右衛門府生秦武文と申す随身を、御迎ひに京へ上せらる。**〈太平記〉訳(親王は)右衛門府(＝宮中の諸門の警護をする役所)の下官の秦武文と申す**従者**を、(親王の妻の)お迎えに京都へ上らせなさる。

発展 **随身の定員** ❶がもともとの意味で、平安時代、貴人の外出の際に、弓矢を持ち、太刀を帯び、警護の役を務めた。上皇には十四人、摂政・関白十人、大臣・大将八人、納言・参議六人、中将四人、少将二人などと定員が決まっていた。

すい・す【推す】 動詞 他〔サ変〕〈せ・し・す・する・すれ・せよ〉推し量る。推察する。**さまざまに推し、心得たるよしして、賢げにうちうなづき…。**〈徒然草・194・達人の〉訳さまざまに**推し量り**、理解している振りをして、賢そうにうなずき…。

ずいそう(現)↓(歴)**ずいさう【瑞相】**

すい-たい【翠黛】 名詞 ❶緑色のまゆ墨。また、そのまゆ墨で描いた美しいまゆ。**翠黛紅顔の色やうやう衰へ…。**〈平家・8・太宰府落〉訳(女房たちの)**美しいまゆ**や(若者たちの)血色のよい顔もだんだん衰え…。❷緑にかすむ山の色。緑の山。

すいちゃう-こうけい【翠帳紅閨】 名詞 緑色のとばりのある、紅色に飾った寝室。貴婦人の寝室。

推定・伝聞の助動詞 国語・国文法 話し手(書き手)がほかから聞いたこととして、あるいは、音や声、周囲の状況などによって推測判断したことを述べる助動詞。終止形に接続する(ラ変型活用語には多く連体形の撥音便に接続する)「なり」がこれに当たる。未然形・命令形がなく、自分自身が主語であるとき、その文の述語の中には使われない。

この「なり」は、「ますらをの鞆の音す**なり**(＝勇士の弓を射るときの鞆の音が聞こえて**くる**)」と音響を示す動詞を受け、見えないが音の聞こえることをいい、これが発展して、

「宿直人も皆起きぬなり（＝宿直をする人もみな起きてしまったようだ）。」のように音を頼りにして推定し、次いで「男もすなる日記といふものを（＝男も書くという日記というものを）」という伝聞になった。なお、「けり」「けむ」「らむ」にも伝聞（伝承）した事実として述べる用法がある。

推定の助動詞 国語・国文法 ある根拠や事態に基づいて、確実さを認めながら推し量る意味を表す助動詞。「なり」（終止形接続、ラ変型活用語には連体形接続）、「めり」「らし」にこの用法がある。「藤波の散らまく惜しみほととぎす今城の岳を鳴きて越ゆ**なり**（＝フジの花の散るのを惜しんでホトトギスが今城の丘を鳴いて越える**ようだ**。）」「隠れ忍びてあれば、人も無きな**めり**と思ひて（＝隠れて人目を忍んでいるので、人もいないで**あろう**と思って）」「春過ぎて夏来たる**らし**白たへの衣干したり天の香具山（＝春が過ぎて夏がやって来る**らしい**。白い布の衣が干してある。天の香具山に。）」

ずい-なう【髄脳】ーノウ 名詞 ❶骨髄と脳。また、そこから重要な部分。最も大切なところ。❷和歌の法則・奥義などを述べた書物。

すい・なり【粋なり】 形容動詞（ナリ）〈なら・なり（に）・なり・なる・なれ・なれ〉世事や人情に通じている。特に、遊里の事情に通じていて、あか抜けている。洗練されている。↓粋

すい-はん【水飯】 名詞 干した飯を水に漬けた食べ物。水漬けの飯。季語 夏

すい-び【翠微】 名詞 ❶山の中腹。山頂に近い所。❷薄緑色に見える遠方の山。

随筆 文芸用語 文学のジャンルのひとつ。筆者が自分で見たり聞いたりしたことやそれについての感想、また経験したことなどを書いた散文体の著作をいう。平安時代の『枕草子』（↓**必修古典ビッグ30** ㉕1134ページ）や、鎌倉時代の『方丈記』（↓**必修古典ビッグ30** ㉔1104ページ）『徒然草』（↓**必修古典ビッグ30** ㉑858ページ）などがその代表作品。

すい-ふろ【水風呂】 名詞《近世語》桶の下で火をたき、水から沸かして入る風呂。類 据ゑ風呂

ずい-ぶん【随分】 一 名詞 身分にふさわしいこと。分相応。
出家**随分の功徳**とは、今に始めたることにはあらねども…。〈宇治拾遺〉訳 出家（すれば、その）の**分相応**の功徳があることは、今に始まったことではないけれども…。

二 副詞 ❶分相応に。身分に応じて。
ずいぶんにせん者の功徳、これにていよいよ推し量られたり。〈宇治拾遺〉訳 **分相応に**修行する者の功徳は、これでますます（確かなものと）推量された。
❷できるだけ。精いっぱい。
入道**ずいぶん執り申ししかども、つひに御承引なくして**…。〈平家・3・法印問答〉訳 入道が**できるだけ**とりなし申し上げたけれども、結局ご承知にならなくて…。
❸かなり。大いに。
年ごろ行ふ間、**ずいぶんにその験しあり**。〈今昔〉訳 長い間仏道を修行しているので、**大いに**その霊験がある。
❹（打消の語を伴って）なかなか（…ない）。決して（…ない）。
「**ずいぶん臆せぬやうにさしめ**。」〈狂言・二人袴〉訳「**決して**気後れしないようにしなさい。」
発展 二は、「に」を伴って用いられることもある。

すい-めん【睡眠】 名詞 眠ること。眠り。発展「めん」は呉音。

すい-らう【透廊】ーロウ 名詞 壁がなく、欄干を設けた廊下。発展「すきらう」の変化したことば。

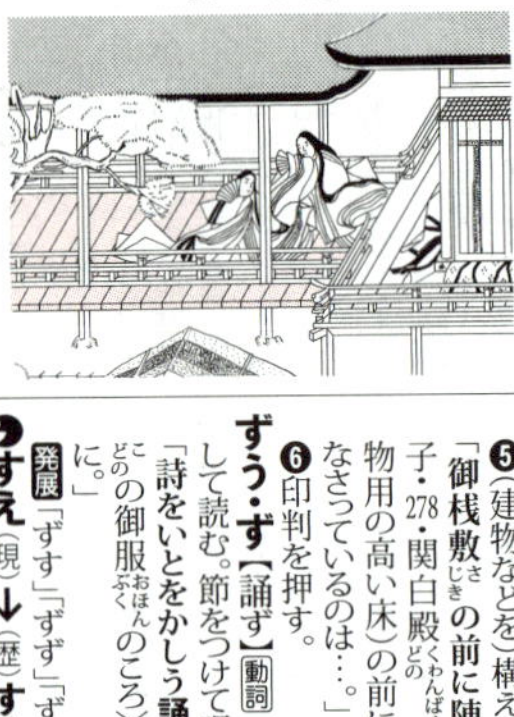
［すいらう］

推量の助動詞 国語・国文法 不確実なことを推測したり、未来・現在・過去における事柄を想像したりする意味を表す助動詞。「む」「むず」や、「じ」「まじ」（打消推量）、「べし」（当然の強い推量）、「けむ」（過去推量）、「らむ」（現在推量）、「まし」（反実仮想）にこの用法がある。一般には、★推定の助動詞「なり」「めり」「らし」もこれに含まれることが多い。古文においては、現代語とは違って、これから起こる事柄については、推量の助動詞を必要とし、中でも「む」が多く用いられた。たとえば、現代語では、「花が咲くだろう時」という言い方をしない。しかし、古文では、「これが花の咲か**む**折（＝花が咲くとしたらその時）は来むよ。」〈更級日記・梅の立ち枝〉という例のように、「む」を省くことはできないのである。

すい-れん【水練】 名詞 水泳の技術。また水泳の達人。

す・う【据う】 動詞 他（ワ下二段）〈ゑ・ゑ・う・うる・うれ・ゑよ〉
❶置く。供える。据える。位置させる。
『かきつばた』といふ五文字を句の上に**すゑ**て、旅の心を詠め。」〈伊勢・9〉訳「『かきつばた』という五文字を各句の初めの文字に**置いて**、旅の思いを詠んでみよ。」
❷止まらせる。とどめる。
矢形尾の**鷹を手に据ゑ**三島野に狩らぬ日まねく月そ経にける 歌〈万葉集・17・4012〉訳 矢形尾のタカを手に**止まらせて**三島野に狩りをしない日が続き、一か月が過ぎたことだ。
❸そばに置いておく。住まわせる。
「思ふやうならむ**人を据ゑて**住まばや。」〈源氏・桐壺〉訳「望んでいるような人を**そばに置いて**住みたいものだ。」
❹（位に）就かせる。
坊にも**据ゑたてまつらずなりにしを**…。〈源氏・紅葉賀〉訳（源氏を）皇太子（の位）にも**就かせ**申し上げることができなくなってしまったことを…。
❺（建物などを）構える。設置する。設ける。
「御桟敷の前に陣屋**据ゑさせたまへる**…。」〈枕草子・278・関白殿、二月二十一日に〉訳「桟敷（＝見物用の高い床）の前に陣屋（＝警護の者の詰め所）を**設置**なさっているのは…。」
❻印判を押す。

ずう・ず【誦ず】 動詞 他（サ変）〈ぜ・じ・ず・ずる・ずれ・ぜよ〉声を出して読む。節をつけて唱える。吟ずる。口ずさむ。類 誦す
「詩をいとをかしう**誦じ**はべるものを。」〈枕草子・161・故殿の御服のころ〉訳「漢詩をとても上手に**吟じ**ますのに。」
発展「ずす」「ずず」「ずんず」とも。

すえ（現）↓（歴）**すゑ【末】**

すえず【据えず】（誤）↓（正）**すゑず【据ゑず】** 発展 ワ行下二段動詞「すう」の未然形＋打消の助動詞「ず」。

末摘花 登場人物『源氏物語』中の人物。故常陸宮の女。光源氏は、★頭中将と競って思いを掛けるが、その赤鼻の醜い顔に驚く。源氏が須磨に退いた間も窮乏生活に耐え、再会を待ち望む古風で実

直な性格で、後に源氏の二条東院に迎えられる。

末の松山【スヱノ】歌枕 宮城県多賀城市八幡の末松山八幡宮付近とも、岩手県二戸郡一戸町北部の浪打峠ともいわれる。波が決して越えないという言い伝えがあり、歌の中では多く、絶対にあり得ないことのたとえとして使われる。↓ビジュアルチェック❶(194ページ)

すえる(現)↓(古)**すう【据う】**

すおう(現)↓(歴)**すあを【素襖】**

すおう(現)↓(歴)**すはう【蘇芳】**

周防【ハウ】旧国名 防州。★山陽道八か国の一つ。今の山口県東半部。↓ビジュアルチェック❼(450ページ)

周防内侍【スハウノ】人名 平安時代後期の女流歌人。周防守平棟仲の女。後冷泉・後三条・白河・堀河の四朝に仕えた。藤原通俊・同顕季など当時の有力歌人と親交があり、さまざまな歌合わせに参加した。宮廷生活の中で洗練され、機知に富んだ作を残した。家集に『周防内侍集』がある。生没年不明。

すが-がき【清掻き・菅掻き】名詞 ❶和琴の弾き方のひとつ。詳しいことは不明だが、即興的な演奏法といわれる。
❷三味線の弾き方のひとつ。江戸時代、遊里で客寄せなどのために弾いたもの。
❸歌舞伎で、遊廓の場面を表すための三味線の演奏。

すが-が・く【清掻く・菅掻く】動詞 他 (カ四段)〈か・き・く・く・け・け〉和琴を速くかき鳴らして演奏する。清掻き(=和琴の奏法のひとつ)で演奏する。
あづまの調べを**すがきて**…。〈源氏・真木柱〉訳 東琴(=和琴)の曲を**清掻きで演奏して**…。

すが-ごも【菅薦・菅菰】名詞 スゲで編んだむしろ。古くから東北地方で作られたが、後に陸前(=今の宮城県)の利生が名産地となった。

すかし-ふ・す【賺し伏す】動詞 他 (サ下二段)〈せ・せ・す・する・すれ・せよ〉だまし通す。
「**すかしふせん**」とて、空知らずして過ぎ行くほどに…。〈宇治拾遺〉訳「**だまし通そう**」と思って、知らない振りをして過ごしているうちに…。

すか・す【透かす】動詞 他 (サ四段)〈さ・し・す・す・せ・せ〉❶透けて見えるようにする。
二藍の指貫、直衣、浅葱の帷子どもぞ**透かしたまへる**。〈枕草子・35・小白河といふ所は〉訳 赤紫色の指貫(=袴)、直衣(=上着)の姿で、薄青色の帷子(=裏を付けないひとえの衣)などを**透けて見えるようにしていらっしゃる**。
❷減らす。少なくする。
京中の勢をばさのみ**透かす**まじかりしものを…。〈太平記〉訳 都中の軍勢をそれほど**減らし**はしなかっただろうに…。
❸まばらにする。間をあける。すき間を作る。
「日も暮れぬほどに、みなこぼち**透かして**…。」〈枕草子・90・宮の五節出ださせたまふに〉訳「(控えの部屋を)日も暮れないうちに、(中に置いてある物を)全部取り払い**透き間を作って**…。」
❹外す。省く。抜かす。手を抜く。
❺油断する。手抜かりをする。

すか・す【賺す】動詞 他 (サ四段)〈さ・し・す・す・せ・せ〉❶だます。あざむく。
日ごろ、よく「御弟子にてさぶらはむ。」と契りて、**すかしまうしたまひけむ**が恐ろしさよ。〈大鏡・花山院〉訳 平生、(道兼は)しばしば「(私も)お弟子としてお仕え申し上げよう。」と(花山天皇に)固く約束していて、**おだまし申し上げ**なさったとかいうことが恐ろしいことだよ。
❷おだてる。調子に乗せる。
うち**すかして**思はぬことをも言ひ頼むるこそ、恥づかしきわざなれ。〈枕草子・124・恥づかしきもの〉訳 (女を)**おだてて**心にもないことを言って頼りにさせることこそは、(女にとって)恥ずかしいことであるよ。〇「うちすかし」の「うち」は接頭語。
❸慰める。なだめる。
さまざまに語らひたまふ御さまのをかしきに**すかされたてまつりて**…。〈源氏・早蕨〉訳 (匂宮の)いろいろにお話しなさるごようすがおもしろいのに(薫は)**慰められ申し上げて**…。

すが-すが・し【清清し】形容詞 (シク)〈しく・しく・し・しき・しけれ・○／しから・しかり・○・しかる・○・しかれ〉❶気分がさっぱりして気持ちよい。さわやかだ。
「吾ここに来て、あが御心**すがすがし**。」〈古事記・大蛇退治〉訳「私はここに来て、私の心は**さわやかである**。」
❷あっさりしている。思い切りがよい。ためらいがない。
すがすがしうもおぼし立たざりけるほどに、后も亡せたまひぬ。〈源氏・桐壺〉訳 (四の宮の入内を)**思い切りよく**も決心なさらないうちに、(その母である)后も亡くなってしまった。〇「すがすがしう」は「すがすがしく」のウ音便。
❸物事がすらすらと運ぶようすだ。思い通りだ。
わたりたまはむこと、**すがすがしく**もいかでかはあらむ。〈源氏・玉鬘〉訳 (六条院に玉鬘が)お移りになったりすることは、**思い通りに**どうして運ぶだろうか、いや、運びはしない。

すがすが-と【清清と】副詞 ❶さっぱりと。こだわりなく。あっさりと。
すがすがとも、え参らせたてまつりたまはぬなりけり。〈源氏・桐壺〉訳 **こだわりなく**、(若宮を)参内させ申し上げなさることがおできにならないのだった。
❷滞りなく。すらすらと。
沼尻といふ所も**すがすがと過ぎて**…。〈更級日記・富士川〉訳 沼尻という所も**滞りなく過ぎて**…。

すがた【姿】名詞 ❶体つき。容姿。姿態。
住み果てぬ世に、みにくき**姿**を待ちえて何かはせん。〈徒然草・7・化野の露〉訳 (永久に)住み通すことができない(この)世に、(生き長らえて)醜い**容姿**となるのを待ち迎えていったいなんになろうか、いや、なんにもならない。
❷服装。身なり。
心にまかせて着たる、青色**姿**などめでたきなり。〈枕草子・88・めでたきもの〉訳 (六位の蔵人が)思いのままに着ている、青色の袍の**身なり**などは立派である。
❸ありさま。ようす。状態。また、特に趣のあるようす。
夕顔は、花のかたちも朝顔に似て言ひつづけたるに、いとをかしかりぬべき花の**姿**に…。〈枕草子・67・草の花は〉訳 ユウガオは、花の形もアサガオに似て(二つ並べて)言い続けていると、とても趣がありそうな花の**ようす**(であるの)に…。
❹《歌論用語》歌の表現様式。
類語比較「かたち」「ありさま」「すがた」↓形

すがた-かたち【姿形】名詞 身なりと顔だち。容姿。
世にありとある人は、みな**姿かたち**心ことに繕ひ…。〈枕草子・3・正月一日は〉訳 世の中にいるすべての人は、皆身なりや顔だちを特に気を遣っておしゃれして…。

すがのね-の【菅の根の】 枕詞 （スゲの根は長く乱れはびこることから）「長し」「乱る」に、（「ね」の音を含むことから）「ねもころ」に係る。

すが・ふ【次ふ】 〈すが(ご)う〉 動詞 自 〔ハ四段〕〈は・ひ・ふ・ふ・へ・へ〉 ❶次に位置する。次ぐ。匹敵する。相並ぶ。中の君も、うち**すがひ**て、あてになまめかしう…。〈源氏・紅梅〉 訳 中の君も、（姉君に）**次いで**、気高く優美であり…。

❷行き違う。すれ違う。**すがひて逢はず**。〈散木奇歌集・詞書〉 訳 **すれ違って逢わない**。

〇「うち」は接頭語。

すが・む【眇む】 一 動詞 自 〔マ四段〕〈ま・み・む・む・め・め〉 片目が不自由になる。片目が細くなる。また、斜視である。忠盛目の**すがまれたりければ**…。〈平家・1・殿上闇討〉 訳 忠盛は**斜視でいらっしゃったので**…。

二 動詞 他 〔マ下二段〕〈め・め・む・むる・むれ・めよ〉 片目を細くして見る。流し目で見る。祐成、こはしと思へば、**松明すこし脇へまはし、眼をすこしすがめてゐたりけり**。〈曾我物語〉 訳 祐成は、手ごわいと思ったので、松明を少し脇の方に回し、目を少し**流し目で見て**いたのだった。

すが-め【眇】 名詞 ❶物を見るとき、片方の目が目標に向かわない状態。やぶにらみ。斜視。❷ひとみを片方に寄せて見ること。横目。流し目。

すが-やか・なり【清やかなり】 形容動詞 〔ナリ〕〈なら・なり(に)・なり・なる・なれ・なれ〉 ❶思い切りがよい。さっぱりしている。「**すがやかにおぼし立ちけるほどよ**」。〈源氏・柏木〉 訳 「**思い切りよく**（出家を）ご決心なさった（女三の宮の）お気持ちだことよ。」

❷滞りがない。（物事が）すらすらと運ぶ。帥のおとどの、**大臣までかくすがやかになりたまへりし**を…。〈大鏡・道長上〉 訳 大宰府の長官が、大臣までこんなに**すらすらと**おなりになったのを…。

-すがら 接尾語 ❶…の始めから終わりまで、…の間中ずっと、という意味を表す。語例 夜**すがら**

❷…の途中、…のついで、という意味を表す。語例 道**すがら**

❸…だけ、という意味を表す。語例 身**すがら**

発展 「に」を伴って副詞になる。

すがる【蜾蠃】 名詞 《動物》 ❶ジガバチの古い呼び名。腰が細くくびれているので、女性の細い腰にたとえる。❷シカの別の呼び名。

すが・る【酸がる】 動詞 自 〔ラ四段〕〈ら・り・る・る・れ・れ〉 酸っぱいと感じる。酸っぱがる。**歯もなき女の梅食ひて酸がりたる**。〈枕草子・45・にげなきもの〉 訳 歯もない女がウメを食べて**酸っぱがっている**のは（似合わない感じがする）。

発展 「がる」は接尾語。

菅原伝授手習鑑（すがわらでんじゅてならいかがみ）［スガハラデンジュテナラヒカガミ］ 作品名 江戸時代中期の浄瑠璃。時代物。五段。初世★竹田出雲・並木千柳（★並木宗輔）・三好松洛らの合作。「父子の別れ」をテーマにそれぞれの作者が競作したという。★菅原道真の配流事件を中心に、梅王・松王・桜丸の三つ子の兄弟が活躍する。特に四段目の「寺子屋」は有名。『★義経千本桜』『★仮名手本忠臣蔵』とともに三大名作といわれている。一七四六（延享三）年初演。

菅原孝標女（すがわらのたかすえのむすめ）［スガハラノタカスエノムスメ］ 人名 平安時代中期の日記文学作者。道真以来の学問の家系である菅原氏に生まれ、少女時代から文学に親しみ、特に『源氏物語』にあこがれた。みずからの生涯を回想し、『更級日記』（→**必修古典ビッグ30** ⑭ 606ページ）を著す。『★夜の寝覚』『浜松中納言物語』などの作者とも考えられる。*1008*—没年不明

菅原道真（すがわらのみちざね）［スガハラノ—］ 人名 平安時代前期の廷臣で、漢学者・漢詩人・歌人。菅家・菅公とも。若いころから才能を発揮し、宇多天皇の信任を得て、醍醐天皇のとき、右大臣となる。この間、八九四（寛平六）年には遣唐使の廃止を建議。藤原時平の中傷により、九〇一（延喜元）年大宰権帥に左遷され、筑前国（=今の福岡県）に渡り、そこで没した。死後、北野天満宮に祭られ、学問の神様とされる。『三代実録』の撰修に参加、『類聚国史』を編集し、『新撰万葉集』の撰にも関与する。詩文集に『★菅家文草』『菅家後集』がある。*845—903*

すき【好き・数寄】

異性に執着すること。また、風流の道に心を寄せること
- ❶恋の道。恋愛。色好み。好色。
- ❷（和歌・管絃・茶の湯など）風流に心を寄せること。風流の道。風雅。

名詞 ❶恋の道。**恋愛。色好み**。好色。「古の**好き**は、思ひやり少なき程の過ちに、仏神も許したまひけむ。」〈源氏・薄雲〉 訳 「（私の）過去の**色好み**は、思慮の浅い年ごろの過失として、仏や神もお許しくださったことだろう。」

❷（和歌・管絃・茶の湯など）**風流に心を寄せること**。風流の道。風雅。念仏のひまひまには、糸竹のすさみを思ひ捨てざりけるこそ、**好きのほど**、いとやさしけれ。〈十訓抄〉 訳 （鴨長明が、出家しても）念仏の合間合間には、管絃の慰みを忘れなかったことは、**風流に心を寄せること**のようすが、とても優美である。

発展 ①**「このみ」と「すき」**　類義語の「このみ」は趣味や嗜好という意味。「すき」は恋愛や和歌・管絃・茶の湯などの風流に並々でない熱意を持っていることをいう。

②**語の展開**　室町時代以降、「数寄」の字が当てられ、特に茶の湯の意味で用いられるようになった。

すぎ【杉】 名詞 《植物》 スギ科の常緑高木。神木として崇拝されることが多い。建築用材・酒樽などに用いられた。

すき-あり・く【好き歩く】 動詞 自 〔カ四段〕〈か・き・く・く・け・け〉 ❶色事を求めて歩き回る。なほ同じごと**すきありきければ**…。〈源氏・夕顔〉 訳 （惟光は）依然として同じように**色事を求めて歩き回っていた**ので…。

❷風流を好んで歩き回る。花の下、月の前と**すきありきけり**。〈宇治拾遺〉 訳 花の下、月の前と**風流を好んで歩き回っていた**。

すき-かげ【透き影】 名詞 ❶物の透き間や物を通して見える姿・かたち。水を物に入るる**透き影**。〈枕草子・148・清しと見ゆるもの〉 訳 水を器に入れるときに**透きとおって見える姿**（は清らかに見える）。

❷物の透き間から漏れる光。**灯ともしたる透き影**、障子の上より漏りたるに…。〈源氏・帚木〉 訳 ともした灯火の**透き間から漏れる**

光が、襖障子の上から漏れている所に…。

すぎ-がて-に【過ぎがてに】通り過ぎることができず。**夜や暗き道や惑へるほととぎすわが宿をしも過ぎがてに鳴く** 歌〈古今集・夏・154〉訳 夜が暗いからなのか、(それとも)道に迷ったからなのか。ホトトギスよ、私の家を**通り過ぎることができず**鳴いているのは。

発展「すぎがてに」(上二段動詞「すぐ」の連用形＋下二段補助動詞「かつ」の未然形＋打消の助動詞「ず」の古い連用形「に」)の「かて」が濁音化したもの。

すき-がま・し【好きがまし】形容詞〔シク〕〈しく・しく・し・しき・しけれ・○／しから・しかり・○・しかる・○・しかれ〉色好みだ。浮気っぽい。「かかること、ゆめ人に言ふな。**好きがましきやうなり**。」〈和泉式部日記〉訳「このようなことは、決して人に言うな。**色好みのようだ**(から)。」

発展「がまし」は接尾語。

すき-ごころ【好き心】名詞 色好みの心。浮気心。「**御好き心の古りがたきぞ、あたら御瑕なめる**。」〈源氏・朝顔〉訳「(源氏の君は)お**浮気心**の昔のまま変わらないところが、残念ながらご欠点であるようだ。」

すき-ごと【好き事】名詞 ❶色好みな言動。**かかる好き事どもを末の世にも聞き伝へて**…。〈源氏・帚木〉訳(源氏の)このような**色好みの言動**などを後の世にも聞き伝えて…。
❷もの好きな行為。「かかる**好き事**をしたまふこと。」とそしりあへり。〈竹取・竜の頸の玉〉訳「このような**物好きなこと**をなさることだ。」と(人々は)非難し合っている。

すぎ-すぎ【次次】副詞 つぎつぎに。順繰りに。**すぎすぎ見ゆる鈍色ども、黄がちなる今様色など着たまひて**…。〈源氏・柏木〉訳 **つぎつぎに**(重なって)見える濃い鼠色の衣(=僧衣)に、黄色味の強い今様色(の上着)などを(女三の宮は)お召しになって…。○「今様色」は流行色のこと。濃い紅梅色という説もある。

すき-ずき・し【好き好きし】形容詞 ↓最重要語(692ページ)

すぎ-はひ【生業】名詞 生活の手段。生計を立ててゆくための職業。なりわい。

すぎはら-がみ【杉原紙】名詞 鎌倉時代、播磨の国(=今の兵庫県)の杉原から産したという紙の名。薄くて柔らかい。楮に米の糊を入れて漉くので「糊入れ紙」とも。

すき-ま【透き間・隙間】名詞 ❶物と物との間。❷つけ込む機会。油断。❸時間の余裕。ひま。

すき-もの【好き者・数寄者】名詞 ❶好事家。風流人。「げにげに、いみじき**好き者**にもものしたまひけるかな。」〈大鏡・時平〉訳「まったく本当に、(世継は)たいそうな**好事家**でいらっしゃったものだなあ。」
❷和歌など、風雅の面に関心の深い人。**いみじかりける数寄者なり**。〈無名抄・ますほの薄事〉訳(登蓮法師は)たいへん**風雅**(=歌道)**の志が深い人**である。
❸色好みの人。好色者。「**よき女のあり所聞きて、好き者どもは去ぬるならむ**。」〈宇津保〉訳「いい女の居場所を聞いて、**好色者**たちは行ってしまったのだろう。」

すき-や【数寄屋】名詞 茶会用の小さい家。茶室。茶室風の建物。

す-ぎゃう【修行】名詞 動詞 ↓しゅぎゃう(修行)

すき-ずき・し【好き好きし】

異性や物事に関心を寄せ、深く愛着するようす
→ ❶**好色めいている**。浮気だ。
→ ❷**風流だ**。物好きだ。酔狂だ。

形容詞〔シク〕	未然形	連用形	終止形	連体形	已然形	命令形
	すきずき・しく	すきずき・しく	すきずき・し	すきずき・しき	すきずき・しけれ	○
	すきずき・しから	すきずき・しかり	○	すきずき・しかる	○	すきずき・しかれ

❶**好色めいている**。浮気だ。恋愛に執着している。色好みだ。「その初めのこと、**好き好きしくとも申しはべらむ**。」〈源氏・帚木〉訳「その(=私の恋愛の)最初のころのことを、**好色めいている**と思われても申し上げましょう。」
「もし、受領の子供の**好き好きしき**が、頭の君に怖ぢきこえて、やがて率て下りにけるにや。」〈源氏・夕顔〉訳「もしかして、国司の子供で**好色めいている**者が、(夕顔のもとに他の男を通わせたことを)頭中将(にとがめられること)を恐ろしいとお思い申し上げて、(夕顔を)そのまま連れて(自分の住む地方へ)下ってしまったのではないだろうか。」

❷**風流だ**。風雅を理解している。物好きだ。酔狂だ。「御誦経などあまたせさせたまひて、そなたに向きてなむ、念じ暮らしたまひける。**好き好きしう**あはれなることなり。」〈枕草子・23・清涼殿の丑寅の〉訳「(宣耀殿の女御が、村上天皇の前で和歌暗唱試験に失敗をしないようにと、女御の父である左大臣は)御誦経などをたくさんさせなさって、そちら(=内裏)に向かって、一日中念じていらっしゃった。(そうした故事も)**風流で**感慨深く感じられることだ。」○「好き好きしう」は連用形「好き好きしく」のウ音便。
「わりなき心地の慰めに、猫を招き寄せてかき抱きたれば、いと香ばしくてらうたげにうち鳴くも、懐かしく思ひよそへらるるぞ、**好き好きしや**。〈源氏・若菜上〉訳(柏木が女三の宮に対する)やるせない思いの慰めに、ネコを招き寄せて抱き上げると、たいへんよい香りがしていかにもかわいらしく鳴くのさえも、慕わしいと(ネコを女三の宮に)思いなぞらえないではいられないのが、(作者から見ると)**物好きな**ことだよ。

発展 **対象による意味の区別**　「好き好きし」は、名詞「好き」を重ねて形容詞にしたもので、対象に並々でない関心を寄せる意味を表す。その対象が異性である場合には❶の意味となり、物事である場合には❷の意味となる。なお、❷は肯定的に評価する場合には「風流だ、風雅を解する」の意味となり、否定的に見る場合には「物好きだ、酔狂だ」の意味となる。

ずーきゃう【誦経】[名詞] ❶経文をそらんじて唱えること。また、僧に読経させること。[類]読経 かかるとみの事には、**誦経などをこそはすなれ**。〈源氏・夕顔〉[訳]このような(人が急死したような)急な事件には、**僧に読経させること**などをするそうだ。❷❶の際に、僧に施す布施物。[発展]「じゅきゃう」とも。

杉山杉風[人名]江戸時代前期の俳人。*蕉門十哲の一人。延宝年間(一六七三～一六八一)の初めごろ蕉門に入り、経済的な後援者としても芭蕉に尽くした。句集に『杉風句集』がある。*1647—1732*

ずきょう(現)→(歴)**ずきゃう【誦経】**

すぎる(現)→(古)**すぐ【過ぐ】**

すきーわたどの【透渡殿】[名詞]*寝殿造りで、建物と建物を結ぶ、柱と*長押だけで左右の壁がない廊下。[発展]「すいわたどの」とも。

すーく【秀句】[名詞]→しうく

すーく【好く】[一][動詞][自]〔カ四段〕〈か・き・く・く・け・け〉❶異性に愛着する。恋愛に熱中する。色好みである。**昔の若人は、さるすける物思ひをなむしける**。〈伊勢・40〉[訳]昔の若い人は、そのような**恋に熱中し**たもの思いをしたそうだ。❷風流の道に熱中する。風流を好む。物好きである。**そのころいたう好いたる者にいはれ**…。〈枕草子・180・ある所に何の君とかや〉[訳]そのころたいへん**風流を好ん**でいる者と評判にされ…。○「好い」は連用形「好き」のイ音便。

[二][動詞][他]〔カ四段〕〈か・き・く・く・け・け〉好む。たしなむ。めでる。**「それがしが好いて読むのは、源氏、平家の物語など**…。」〈狂言記・絹糊〉[訳]「私が**好ん**で読むのは、源氏、平家の物語など…。」○「好い」は連用形「好き」のイ音便。

す・く【透く・空く】[動詞][自]〔カ四段〕〈か・き・く・く・け・け〉❶透き間ができる。まばらになる。**歯はうち透きて、愛敬なげに言ひなす女あり**。〈源氏・総角〉[訳]歯は(抜けて)**透き間ができ**て、無愛想にものを言う女がいる。❷透けて見える。透き通る。霧一重、隔たれるやうに、**透きて見えたまふを**…。〈更級日記・後の頼み〉[訳](阿弥陀仏の姿が)霧が一重(かかって)、間を遮られているように、**透けてお見え**になるのを…。

す・く【食く】[動詞][他]〔カ四段〕〈か・き・く・く・け・け〉食べる。飲み込む。**さるべきもの作りてすかせたてまつり**…。〈源氏・若紫〉[訳](北山の聖は)しかるべきもの(=病気を直すための護符)を作って(源氏に)**飲み込ませ**申し上げて…。

す・く【梳く】[動詞][他]〔カ四段〕〈か・き・く・く・け・け〉髪の毛をくしでとかす。くしけずる。毎日、髪頭も自ら**梳きて**、丸曲に**結ひて**…。〈西鶴・日本永代蔵〉[訳]毎日、髪も自分で**とかして**、丸曲の型に結って…。

す・く【漉く・抄く】[動詞][他]〔カ四段〕〈か・き・く・く・け・け〉原料を水に溶かし、簀の上に薄く広げて紙や海苔を作る。(紙などを)すく。**紙屋の人を召して、殊に仰せ言賜ひて、心ことに清らにすかせたまへるに**…。〈源氏・鈴虫〉[訳]紙屋院(=官立の製紙工場)の者をお招きになり、(源氏が)特にご指示をお与えになって、趣も格別に美しくお**すか**せになった紙に…。

す・く【鋤く・犂く】[動詞][他]〔カ四段〕〈か・き・く・く・け・け〉鋤などで土を掘り返す。土をすく。**古き墳はすかれて田となりぬ**。〈徒然草・30・人の亡き後ばかり〉[訳](土を高く盛った)古い墓は**掘り返さ**れて田となってしまう。

すぐ【直】→すぐなり

す・ぐ【過ぐ】[動詞][自]〔ガ上二段〕〈ぎ・ぎ・ぐ・ぐる・ぐれ・ぎよ〉❶通り過ぎる。通過する。**栗栖野といふ所を過ぎて、ある山里に尋ね入ること侍りしに**…。〈徒然草・11・神無月のころ〉[訳]栗栖野という所を**通り過ぎ**て、ある山里に(人を)捜し求めて分け入ることがありましたが…。❷時が過ぎ去る。経過する。時がたつ。**年月過ぎ、境も隔たりぬれば言ひたきままに語りなして**…。〈徒然草・73・世に語り伝ふること〉[訳]年月が**たっ**て、場所も離れてしまうと言いたいままにそれらしく話して…。❸終わる。済む。死ぬ。消える。**もみち葉の過ぎにし児らと携はり遊びし磯を見れば悲しも**[歌]〈万葉集・9・1796〉[訳]**死ん**でしまった妻と互いに手を取って遊んだ磯を見ると、悲しいことだ。○「もみち葉の」は「過ぎ」に係る枕詞。❹度を越す。他よりまさる。それ以上である。**あるにも過ぎて人は物を言ひなすに**…。〈徒然草・73・世に語り伝ふること〉[訳]事実**以上に**人は物事をもっともらしく言うのに(加えて)…。❺世を渡る。生活する。暮らす。**今は昔、鷹を役にて過ぐる者ありけり**。〈宇治拾遺〉[訳]今は昔のことだが、タカを飼うことを仕事として**暮らす**者がいた。

す・ぐ【挿ぐ】[動詞][他]〔ガ下二段〕〈げ・げ・ぐ・ぐる・ぐれ・げよ〉❶(糸やひもなどを)差し通す。すげる。**とみの物縫ふに、生暗うて針に糸すぐる**。〈枕草子・160・心もとなきもの〉[訳]急ぎの(仕立)物を縫うのに、薄暗い状態で針(の穴)に糸を**差し通す**のは(じれったい)。❷(柄や矢じりなどを)はめ込む。取り付ける。**一尺ばかりの矢に、きりのやうなる矢じりをすげて**…。〈宇治拾遺〉[訳]一尺ほどの矢に、錐のような矢じりを**取り付けて**…。

ーずく(現)→(歴)**ーづく**

すくう(現)→(歴)**すくふ【掬ふ】**

すくーえう【宿曜】[名詞]星の運行によって、人の運勢や吉凶などを占うこと。占星術。[発展]「しゅくえう」とも。

すぐ・す【過ぐす】[一][動詞][他]〔サ四段〕〈さ・し・す・す・せ・せ〉❶年月を経過させる。一定の時間を費やす。生活する。暮らす。**時の盛りをいたづらに過ぐしやりつれ**…[歌]〈万葉集・17・3969〉[訳]盛んな時をむなしく**費やし**てしまったので…。○「つれ」は「つれば」と同じで、順接確定条件を表す。❷そのままにしておく。見逃す。やり過ごす。**たびたびある仰せ言をも過ぐして**…。〈枕草子・143・殿などの〉[訳]たびたびの仰せ言も**そのままにしておいて**…。❸年を取る。ふける。年上である。**女君は、すこし過ぐしたまへる程に**…。〈源氏・桐壺〉[訳]女君は、(源氏より)少し**年上で**いらっしゃる関係に加えて…。❹物事を終わらせる。済ます。**御忌みなどすぐしては**…。〈大和・94〉[訳]御喪などを**終わらせ**ては…。

❺度を過ごす。ものの程度を越える。過ちをする。**左の大臣は過ぐしたることもなきに**…。〈宇治拾遺〉訳左大臣は**過ちを犯した**こともないのに…。❻通過させる。

□二 補助動詞 〔サ四段〕 適当な程度を越える意味を表す。…しすぎる。語例 寝ね**過ぐす**・思ひ**過ぐす**

発展 □一は「過ぐ」が他動詞になったもの。

すく-すく・し 形容詞 〔シク〕〈しく・しく・し・しき・しけれ・○／しから・しかり・○・しかる・○・しかれ〉 ❶まじめだ。実直だ。「『中将などをば、**すくすくしき公人**にしなしてむ。』となむ思ひおきてし…。」〈源氏・初音〉訳「『中将(=夕霧)などを、**実直な**官人に仕立てよう。』と心に決めていたのだが…。」❷まじめすぎて融通が利かない。いと聖だち**すくすくしき**律師にて…。〈源氏・夕霧〉訳本当に名僧らしく**まじめすぎて融通が利かない**律師で…。❸無愛想だ。そっけない。いかなるまめ人にかあらむ、**すくずくしう**さしあゆみて往ぬるもあれば…。〈枕草子・77・まいて、臨時の祭りの〉訳どういうきまじめな人であろうか、**そっけなく**歩いて行ってしまうのもいるので…。○後の方の「すく」が連濁によって「ずく」となった形。「すくずくしう」は連用形「すくずくしく」のウ音便。

発展「すくずくし」「すぐすぐし」とも。

すく-せ【宿世】 名詞 ➔**最重要語**(694ページ)

すくせ-すくせ【宿世宿世】 それぞれの前世からの因縁。それぞれの宿命。「**人の御宿世宿世**のいと定めがたく。」〈源氏・少女〉訳「人の**それぞれの前世からの宿命**がたいそう決めにくいもので(あるのだから)。」

すぐな-もじ【直な文字】 名詞 (まっすぐな文字の意味で)平仮名の「し」の字。

すぐ・なり【直なり】 形容動詞 〔ナリ〕〈なら・なり(に)・なり・なる・なれ・なれ〉 ❶まっすぐだ。**米屋の若い者をにらみつけて、すぐなる今の世を横に渡る男あり。**〈西鶴諸国ばなし〉訳米屋の若い者(=借金取り)をにらみつけて、**まっすぐな**今の世の中を不正に渡る男がいる。❷正直だ。「**心もすぐにない者でござる。**」〈狂言・末広がり〉訳「(私は)心も**正直で**ない者でございます。」❸ありのままだ。「**すぐに知らせたてまつっては**悪しかりなんとや思ひけん…。」〈平家・2・阿古屋之松〉訳「**ありのままに**知らせ申し上げてはよくないだろうと思ったのか…。」

すくね【宿禰】 名詞 ❶上代、人名の下に付け、貴人を親しみ尊んで呼んだことば。❷姓のひとつ。天武天皇のときに定められた八色の姓の第三位。

発展「小兄」の変化したことば。皇子を「大兄」というのに対する。

すく・ふ【掬ふ】 動詞 他 〔八四段〕〈は・ひ・ふ・ふ・へ・へ〉 ❶液体などを手やひしゃくでくみ取る。人々、**水をすくひ入れたてまつる。**〈竹取・燕の子安貝〉訳(家来の)人々は、水を**すくって**(中納言に)飲ませて差し上げる。❷持ち上げる。かき上げる。奪い取る。さらう。**後ろよりかきすくひて**、飛ぶやうにして出でぬ。〈宇治拾遺〉訳後ろから**持ち上げてさらい**、飛ぶように立ち去った。

すぐ-みち【直道・直路】 名詞 まっすぐな道。近い道。**これより野越えにかかりて、すぐみちを行かんとす。**〈奥の細道・那須〉訳この日光から那須野越えにかかって、**近い道を行こうとする。**

発展「ただち」とも。

すく・む【竦む】 □一 動詞 自 〔マ四段〕〈ま・み・む・む・め・め〉 ❶恐れのために身が縮む。こわばる。硬直する。足手など、**ただすくみにすくみて**…。〈蜻蛉日記〉訳手足は、ただもう**こわばりにこわばって**…。❷ごわごわする。固い感じがする。こわばる。**すくみたる衣ども押しやり、厚ごえたる着重ねて**…。〈紫式部日記〉訳**こわばった**晴れ着などを(脱いで)隅へ押しやり、厚ぼったい綿入れを重ねて着て…。❸かたくなな態度をする。緊張して構える。「**けざやかに、いとものの遠くすくみたるさまには見えたまはねど**…。」〈源氏・椎本〉訳「(大君は)はっきりと、たいへんよそよそしく**かたくなな態度をして**いるようにはお見えにならないけれど…。」

□二 動詞 他 〔マ下二段〕〈め・め・む・むる・むれ・めよ〉 縮ませる。こわばらせる。**口すくめて肩据ゑたるやうにつぶやけりとて**、負けになりぬ。〈亭子院歌合〉訳(躬恒は)口を**こわばらせ**て肩をすぼめているように(歌を)つぶやいたといって、負けとなってしまった。

すく-やか・なり【健やかなり】 形容動詞 ➔すくよかなり

すく-よか・なり【健よかなり】

すく-せ【宿世】

前世、また、前世からの因縁を指す仏教語

❶先の世。前世。
❷前世からの因縁。宿命。宿縁。

名詞《仏教語》❶**先の世。前世。** **いと心憂く、宿世のほどおぼし知られて、いみじとおぼしたり。**〈源氏・賢木〉訳(藤壺の中宮は、源氏と不義の罪を犯すことが)本当に情けなく、**前世**でのふるまいが自然と思い知られなさって、ひどく恐ろしいとお思いになっている。

❷**前世からの因縁。宿命。宿縁。** 「**これも前の世に、この国に跡を垂るべき宿世こそありけめ。**」〈更級日記・竹芝寺〉訳「これ(=私がこんな田舎に来たこと)も前世から、この国(=武蔵の国)に住まなければならない**宿縁**があったのだろう。」

発展 **宿世と宿命観** 中古以降の人々に深く浸透していた考え方のひとつで、人間界の出来事は前世からの因縁によって決定されているという仏教の宿命観を表すことば。中古の女流文学などに色濃く反映されている。「しゅくせ」とも。

人の性格・言動が堅実で、近づき難いようす
- ❶生まじめだ。堅実だ。律儀だ。
- ❷気丈だ。元気だ。しっかりしている。
- ❸無愛想だ。そっけない。ぶっきらぼうだ。
- ❹（紙などが）ごわごわしている。
- ❺（山などが）険しい。

未然形	連用形	終止形	連体形	已然形	命令形
すくよか・なら	すくよか・なり すくよか・に	すくよか・なり	すくよか・なる	すくよか・なれ	すくよか・なれ

形容動詞〔ナリ〕❶**生まじめだ。**堅実だ。律儀だ。「もて鎮め、**すくよかなる**上辺ばかりは、うるさかめり。」〈源氏・初音〉訳「（夕霧は）取り澄まして落ち着き、**生まじめな**表面（の態度）だけは、嫌みであるようだ。」

❷**気丈だ。元気だ。しっかりしている。**女君、怪しう悩ましげにのみもてないたまひて、**すくよかなる**折もなくしをれたまへるを…。〈源氏・真木柱〉訳女君（＝玉鬘）は、不思議なほど気分が悪そうにばかりお振る舞いになって、**しっかりしている**ときもなく悲しみに沈んでいらっしゃるのだが…。

❸**無愛想だ。そっけない。ぶっきらぼうだ。**「東人はわが方なれど、げには心の色なく、情け後れ、ひとへに**すくよかなる**ものなれば、はじめより否と言ひてやみぬ。」〈徒然草・141・悲田院〉訳「東国の人は私の出身地の人であるが、本当は心の優しさがなく、人情味に欠け、まったく**無愛想な**ものだから、（無理なことを頼まれると）初めからいやと言って終わってしまう。」

❹（紙などが）**ごわごわしている。**いとこはく**すくよかなる**紙に書きたまふ。〈堤中納言・虫めづる姫君〉訳（姫君は恋文の返事を）たいへん固く**ごわごわした**紙にお書きになる。

❺（山などが）**険しい。**「**すくよかならぬ**山の気色、木深く世離れて畳みなし…。」〈源氏・帚木〉訳「（本当の名人は）**険しく**ない山の風景を、木々が茂って奥深く世間から遠ざかって（いるような感じに）幾重にも重ね（て描き）…。」

発展 ①**語の成り立ち**　動詞「竦む」や形容詞「すくすくし」と同じ語源で、かたい感じがするようすを表すのがもともとの意味と考えられる。人の性質・言動についていう❶❷❸の意味で用いられることが多い。

②**現代語とのつながり**　中古末期以降「すくやかなり」の形を生じ、近世に入ると「すこやかなり」の形で、現代語にも通じる「健康である」という意味でももっぱら用いられるようになる。

すご・し【凄し】

自然現象や人の態度などが寒々として、ぞっとするようなようす
- ❶荒涼としてもの寂しい。寒々としている。恐ろしい。
  - ◉圧倒的にこの意味で用いられることが多い。
- ❷（態度やようすなどが）冷ややかである。
- ❸ぞっとするほどすばらしい。
  - ◉きわめて限られた用法。

未然形	連用形	終止形	連体形	已然形	命令形
すご・く すご・から	すご・く すご・かり	すご・し ○	すご・き すご・かる	すご・けれ ○	○ すご・かれ

形容詞〔ク〕❶**荒涼としてもの寂しい。寒々としている。恐ろしい。**琴を少しかき鳴らしたまへるが、我ながらいと**すごう**聞こゆれば…。〈源氏・須磨〉訳（源氏は）琴を少し弾き鳴らしなさった音が、自分でも実に**荒涼としてもの寂しく**聞こえるので…。○「すごう」は連用形「すごく」のウ音便。

艶になりぬる人は、いと**すごう**すずろなる折も、もののあはれに進み…。〈紫式部日記〉訳風流ぶった振る舞いが身についてしまった人（＝清少納言）は、実に**寒々としてい**てつまらないときでも、しみじみとした感動（を覚える振りをするよう）に心が向かっていき…。

日の入りぎはの、いと**すごく**霧りわたりたるに、車に乗るとて…。〈更級日記・門出〉訳（都への出発の時は）日がちょうど沈もうとする時で、ひどく**もの寂しく**一面に霧が立ちこめている時に、牛車に乗るということで…。

❷（態度やようすなどが）**冷ややかである。冷たい。**「心一つに思ひ余るときは、言はむ方なく**すごき**言の葉、あはれなる歌を詠み置き…。」〈源氏・帚木〉訳「（ふだん恨み言も言えない女が、つらい思いを自分の）胸一つに収めきれないときは、言いようもなく**冷たい**ことば（を男に伝え）、悲しい歌を詠んで残しておき…。」

❸**ぞっとするほどすばらしい。心を打たれる。**琴に打ち合はせたる拍子も…なまめかしく**すごう**おもしろく、所柄はまして聞こえけり。〈源氏・若菜下〉訳（住吉神社での舞楽の演奏は）琴に合わせた拍子も…優雅で**ぞっとするほどすばらしく**趣深く、場所柄いっそう（すばらしく）聞こえた。

発展 **多い❶の用例**　もともとは、自然現象や風景などが寒々としてもの寂しいようすを表すことばで、実際の用例も❶が圧倒的に多い。

→古語チャート⓫（427ページ）

すぐ・る【勝る・優る】動詞 自〔ラ下二段〕〈れ・れ・る・るる・るれ・れよ〉他よりまさる。秀でる。抜きんでる。優れる。位高く、やんごとなきをしも、**すぐれたる**人とやはいふべき。〈徒然草・38・名利に使はれて〉訳官位が高く、高貴な身分（の人）だけを、**優れ**ている人と言えるだろうか、いや、言えはしない。

すぐ・る【選る】動詞 他〔ラ四段〉〈ら・り・る・る・れ・れ〉選び出す。えりぬく。普通ざまの精兵ども五百人を**すぐって**…。〈平家・11・壇浦合戦〉訳ふつうの優秀な兵士も五百人を**選び出して**…。○「すぐっ」は連用形「すぐり」の促音便。

すぐれ-て【勝れて】副詞 特に。きわだって。さしも危ふき京中の家を作るとて、宝を費やし、心を悩ますことは、**すぐれて**あぢきなくぞはべる。〈方丈記・安元の大火〉訳（大火に見舞われた）こんなにも危険な都の街中の家を建てるといって、金をむだに使い、心を悩ますことは、（愚かなことのうちでも）**特に**するかいのないことでござ

います。

発展 下二段動詞「すぐる」の連用形＋接続助詞「て」が一語になったもの。

すぐ-ろく【双六】 名詞 ↓すごろく

す-け【出家】 名詞 ↓しゅっけ

すけ【次官】 名詞 律令制で、四等官のうちの二番目の官。「長官」の代理・補佐をする。発展 役所によって当てる字が異なる。神祇官では「副」、八省では「輔」、坊・職では「亮」、寮では「助」、弾正台では「弼」、衛門府・兵衛府・検非違使では「佐」、大宰府では「弐」、国司では「介」がこれに当たる。

すげ【菅】 名詞《植物》カヤツリグサ科スゲ属の総称。種類が多く水辺や湿地に生える。葉で笠や蓑などを作る。発展「すが」とも。

すげ-な・し 形容詞〔ク〕〈く・く・し・き・けれ・○／から・かり・○・かる・○・かれ〉愛想がない。そっけない。冷淡だ。**さま悪しき御もてなしゆゑこそ、すげなう嫉みたまひしか**…。〈源氏・桐壺〉訳（帝の桐壺の更衣に対する）見苦しいほどのご寵愛のせいで、（人は）**冷淡に**ねたみ憎みなさったのだが…。○「すげなう」は連用形「すげなく」のウ音便。

すげ・む 動詞 自〔マ四段〕〈ま・み・む・む・め・め〉（老人の）歯が抜けて、口のまわりがすぼまる。**いたうすげみにたる口つき思ひやらるる声**づかひの…。〈源氏・朝顔〉訳 ひどく**歯が抜けてまわりがすぼん**でいる口もとが思いやられる口調でありながら…。

すご・う【凄う】「すご（凄）く」のウ音便。↓すごし 最重要語（695ページ）

すご-げ・なり【凄げなり】 形容動詞〔ナリ〕〈なら・なり（に）・なり・なる・なれ・なれ〉❶（ぞっとするほど）気味悪い感じがする。**もの恐ろしうすごげに思ひたれば**…。〈源氏・夕顔〉訳（夕顔が廃院を）なんとなく恐ろしく**気味悪い感じがする**と思っているので…。

❷（しみじみと）寂しそうである。**その琴とも聞きわかれぬ物の音ども、いとすごげに聞こゆ**。〈源氏・橋姫〉訳 どういう琴とも聞き分けられない何かの音が、たいへん**寂しそうに**聞こえる。

↓古語チャート ⓫（427ページ）

すこし【少し】 副詞 わずかに。いくらか。

すさ・ぶ【進ぶ・遊ぶ・荒ぶ】

自然の勢いに任せて物事をする

- 一 動詞 自 ——（物事を）気の向くままにする。（物事に）興じる。もてあそぶ。慰みにする。
- 二 補助動詞
  - ❶ 盛んに…する。
  - ❷ 気の向くままに…する。慰みに…する。
  - ❸ …（する）勢いが尽きる。

接続 二は動詞の連用形に付く。

	未然形	連用形	終止形	連体形	已然形	命令形
動詞 自〔バ上二段〕 補助動詞〔バ上二段〕	すさ・び	すさ・び	すさ・ぶ	すさ・ぶる	すさ・ぶれ	すさ・びよ
	未然形	連用形	終止形	連体形	已然形	命令形
動詞 自〔バ四段〕 補助動詞〔バ四段〕	すさ・ば	すさ・び	すさ・ぶ	すさ・ぶ	すさ・べ	すさ・べ

一 動詞 自〔バ上二段・バ四段〕（物事を）**気の向くままにする。ほんの気持ち程度にする。**（物事に）**興じる。もてあそぶ。慰みにする。** **碁、双六…など取り出でて、心々にすさび暮らしたまひつ**。〈源氏・椎本〉訳 碁、双六…などを取り出して、（匂宮の一行は）思い思いに**興じて**一日をお過ごしになった。

箏の御琴引き寄せて、かき合はせすさびたまひて、そのかしきこえたまへど…。〈源氏・澪標〉訳（源氏は）★箏のお琴を引き寄せて、調子合わせの曲を**もてあそび**なさって、（紫の上も弾くようにと）お勧め申し上げなさったけれど…。

もろともに物など参る。いとはかなげにすさびて…。〈源氏・紅葉賀〉訳（源氏は紫の上と）一緒に食べ物などを召し上がる。（紫の上は）まったく形だけ**ほんの気持ち程度にし**（＝箸をつけ）て…。

二 補助動詞〔バ上二段・バ四段〕❶**盛んに…する。** **朝露に咲きすさびたる月草の日くたつなへに消ぬべく思ほゆ** 歌〈万葉集・10・2281〉訳 朝に降りる露により**盛んに咲いている**ツユクサが、日が傾くにつれてしぼむように、（私も）日が傾くにつれて（あの人が恋しくて）消えてしまいそうに思われる。○「朝露に咲きすさびたる月草の」は「日くたつなへに」を導く序詞。

❷**気の向くままに…する。慰みに…する。** **笛を懐かしう吹きすさびつつ、のぞきたまへれば、女君、ありつる花の露にぬれたる心地して、添ひ伏したまへるさま、うつくしうらうたげなり**。〈源氏・紅葉賀〉訳（源氏は）笛を魅力的な音色で**慰みに**吹きながら、ちょっとお立ち寄りになってようすをご覧になったところ、女君（＝紫の上）は、（まるで）先程（見たナデシコ）の花が露にぬれている（ような）感じで、（物に）寄り掛かって横におなりになっているようすが、愛らしくいかにもかわいらしい。

❸**…（する）勢いが尽きる。…衰える。** **思ひかね打ち寝る宵もありなまし吹きだにすさべ庭の松風** 歌〈新古今集・恋4・1304〉訳（待ち続ける）恋しさに耐えられなくなって寝る夜もきっとあるだろうに。（そんなときに見る恋人の夢を覚まさないように）せめて吹き**衰えてくれ**。庭のマツのこずえを吹く風よ。

発展 ①**上二段から四段へ** 上代には上二段活用で、後に四段活用になる。中古では両方の活用が見られるが、連用形（どちらの活用でも「すさび」）が多く用いられるということもあって、四段か上二段かはっきり分からない場合も多い。

②**二の補助動詞** ❶の勢いが盛んなようすから、❸の勢い尽きるようすまで、一見正反対の意味を併せ持つので注意が必要である。なお、この用法を補助動詞と考えない説もある。

③「すさむ」とマ行に変化した語形もある。

関連語 進む

春は曙。やうやう白くなりゆく山際、少し明かりて、紫だちたる雲の細くたなびきたる。〈枕草子・1・春は曙〉訳春は夜がほのぼのと明けようとするころ(がよい)。しだいに白くなっていく山際の空が、いくらか明るくなって、紫がかっている雲が細く横になびいているのは(趣深い)。

発展「少し」に「なり」が付いて、形容動詞になった「少しなり」の形がある。また、「少し」が形容詞と類推され、「少しく」「少しき」の形が中世以降に生じた。

すご・し【凄し】形容詞↓最重要語(695ページ)

すこし-も【少しも】副詞 ❶少しでも。いささかでも。**少しも益のまさらんことを営みて…。**〈徒然草・188・ある者、子を法師に〉訳少しでも利益が多くなるようなことに精を出して…。

❷(下に打消の語を伴って)ちっとも。決して。**聖人は世を知らずして、少しも怒る心なくして…。**〈今昔〉訳聖人は俗世間とはかかわることなく、決して怒りの心を持たず…。

すご・す【過ごす】動詞 他(サ四段)〈さ・し・す・す・せ・せ〉❶月日を送る。暮らす。「**今まで過ごしはべりつるなり。**」〈竹取・かぐや姫の昇天〉訳「今までは(秘密を言わないで)過ごしてきたのです。」

❷生計を立てる。「**姫がことこそ心苦しけれども、それも生き身なれば、嘆きながらも過ごさんずらん。**」〈平家・3・僧都死去〉訳「姫のことだけが気がかりであるけれども、それでも生きている身だから、嘆きながらも生計を立てていくことだろう。」

❸通り過ぎさせる。終わらせる。済ませる。**産屋のこともあるを、これを過ごすべしと思ひて…。**〈蜻蛉日記〉訳出産のこともあるので、これを先に済ませようと思って…。

発展「すぐす」の変化したことば。

すこ-ぶる【頗る】副詞 ❶少しばかり。いささか。**寝たる顔、美麗ながら、すこぶるけうとき気あり。**〈今昔〉訳寝ている顔は、美しいながらも、少しばかり親しみの感じられないようすがある。

❷ひどく。ずいぶん。たいへん。**侍ども皆馬より取って引き落とし、頗る恥辱に及びけり。**〈平家・1・殿下乗合〉訳侍たちをみなウマから引き落とし、ひどく恥をかかせることになった。

すご-ろく【双六】名詞 奈良時代に中国から伝来した室内遊戯。二人で行う。発展「すぐろく」とも。↓絵で見る古典生活史⑱(697ページ)

ず-さ【従者】名詞 供の者。召し使い。家来。発展「じゅうしゃ」「ずんざ」とも。

す-さき【州崎・洲崎】名詞 岬のように、陸地とつながって水中に突き出た州。

す-ざく【朱雀】名詞 四つの方角を守護するとされる四神(青竜、白虎、玄武と朱雀)の一つ。南方の守護神で、鳥の形をしている。転じて南方。発展「しゅじゃく」「すじゃく」とも。

［すざく］

朱雀大路「―」〔オホヂ〕地名 平城京・平安京で、京中を左京(東)と右京(西)とに二分する大路。都の南端羅城門と★朱雀門との間に南北に通じる。幅は京中で最大。発展「しゅじゃくおおじ」とも。↓ビジュアルチェック⑭(756ページ)

すざく-もん【朱雀門】名詞 大内裏の外郭の十二門の一つ。南面の中央に位置し、正門に当たる。発展「しゅじゃくもん」とも。↓ビジュアルチェック⑮(757ページ)

すざく-ゐん【朱雀院】名詞 嵯峨天皇から朱雀天皇まで、歴代の天皇が退位後に住んだ御所。三条の南、朱雀大路の西にあった。発展「しゅじゃくゐん」とも。↓後院・ビジュアルチェック⑭(756ページ)

すさび【進び・遊び・荒び】名詞 ❶ある方向に心がすすむこと。勢いにまかせてその気になること。気まぐれ。「**好き好きしき心の荒びにて…。**」〈源氏・帚木〉訳「色好みの心の気まぐれで…。」

❷心の赴くままに行うこと。慰み半分にすること。もてあそび。慰み。**筆にまかせつつ、あぢきなきすさびにて、かつ破り捨つべきものなれば、人の見るべきにもあらず。**〈徒然草・19・折節の〉訳(私が書いているものは)筆にまかせながら(書く)、つまらない慰みで、次々に破り捨てるはずのものであるから、人が見るはずの(価値のある)ものでもない。

発展「すさみ」とも。

すさび-ごと【遊び事】名詞 気まぐれな遊び。慰みごと。**はかなき古歌、物語などやうの遊び事にてこそ、つれづれをも紛らはし…。**〈源氏・蓬生〉訳たいしたこともない古い和歌や物語などを読んだりするような慰みごとで、退屈な気分をまぎらわして…。

すさ・ぶ【進ぶ・遊ぶ・荒ぶ】動詞 補助動詞↓最重要語(696ページ)

すさま＋□「すさむ【進む・遊む・荒む】一二(マ行四段)」の未然形。

絵で見る古典生活史⑱

双六遊び

双六は、たいへん古い時代に中国から伝えられた、盤を使った遊びです。今の双六とは違い、長さ四十センチ、幅二十センチの木の盤の上に十二本の罫を引き、中央には横線を引いて敵と味方の領地に分けます。そこに馬という名の十五個の黒・白の石を置き、二個の賽を交互に振って、出た目の数だけ馬を進めて、早く敵の領地に入った方を勝ちとします。盤上の枡目または印が、一列に十二あるところから、〈二つの六〉、つまり「双六」と呼ばれるようになったといわれています。古くは、「すぐろく」と発音したようです。

『★万葉集』には「双六の頭を詠む歌」として、双六には(二つしかない人間の目とは違って)一・二だけでなく五・六・三、四の目まである、とおかしく歌ったものがあります。

平安時代の『★枕草子』には「つれづれなぐさむもの(=退屈が紛れるもの)。碁。すぐろく。物語。」と書かれています。

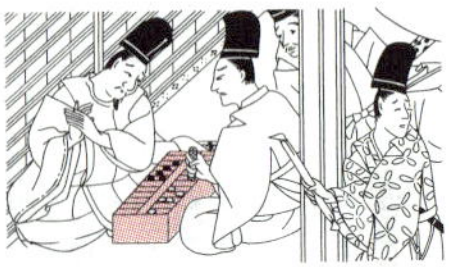

(絵…双六で遊ぶ男性〈石山寺縁起〉より)

すさま・じ【凄まじ・荒まじ】形容詞 ↓**最重要語**（699ページ）

すさまじ-げ・なり【凄まじげなり】形容動詞（ナリ）〈なら・なり（に）・なり・なる・なれ・なれ〉つまらなそうだ。殺風景な感じがする。興ざめに思える。↓**古語チャート**⑪（427ページ）

古言どもの目馴れたるなどは、いと**すさまじげなる**を…。〈源氏・蓬生〉訳古い歌などの見慣れたものなど（が書いてあるの）は、ひどく**興ざめに思える**が…。

すさみ【進み・遊み・荒み】名詞 ↓すさび

すさみ＋□「**すさむ**【進む・遊む・荒む】㊀㊂（マ行四段）」の連用形。

すさ・む【進む・遊む・荒む】

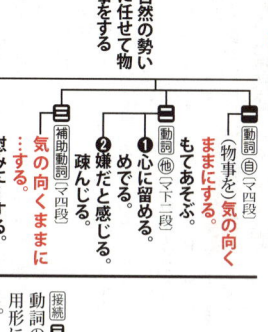

自然の勢いに任せて物事をする

- ㊀ 動詞 自〔マ四段〕（物事を）**気の向くままにする。もてあそぶ。**
- ㊁ 動詞 他〔マ下二段〕❶**心に留める。めでる。** ❷**嫌だと感じる。疎んじる。**
- ㊂ 補助動詞〔マ四段〕**気の向くままに…する。慰みに…する。**

動詞 自〔マ四段〕 補助動詞〔マ四段〕

未然形	連用形	終止形	連体形	已然形	命令形
すさま	すさみ	すさむ	すさむ	すさめ	すさめ

接続 ㊂は動詞の連用形に付く。

動詞 他〔マ下二段〕

未然形	連用形	終止形	連体形	已然形	命令形
すさめ	すさめ	すさむ	すさむる	すさむれ	すさめよ

㊀ 動詞 自〔マ四段〕（物事を）**気の向くままにする。もてあそぶ。慰みにする。**

物など参りたまへど、あさましうはかなく**すさみ**つつ、苦しき御さまを…。〈狭衣〉訳食事などを差し上げなさるけれども、（狭衣は）あきれるほどに頼りなく何度も**もてあそんで**は（口にもせず）、つらいごようすなのを…。

㊁ 動詞 他〔マ下二段〕❶**心に留める。めでる。もてはやす。**

山高み人も**すさめ**ぬ桜花いたくなわびそ我見はやさむ 歌〈古今集・春上・50〉訳山が高いので、人も**心に留め**ないサクラの花よ、どうかそれほど気落ちしてくれるな。私が見て褒めそやそう。

❷**嫌だと感じる。疎んじる。避ける。**

『むべ、我をば**すさめ**たり』と、気色取り、怨じたまへりしこそをかしかりしか。」〈源氏・紅梅〉訳『なるほど、（大夫の君は）私を**疎んじ**ている。』と、（東宮が）察して、恨み言をおっしゃっていたのはおもしろかった。」

㊂ 補助動詞〔マ四段〕**気の向くままに…する。慰みに…する。**

火箸して灰などかき**すさみ**て…。〈枕草子・181・雪のいと高うはあらで〉訳火箸で（火鉢の）灰などを**気の向くままに**こすって…。

発展 ①「すさぶ」の「ぶ」がマ行に変化した語形。

②**両極の意味** ㊀の、気の向くままに物事をするというのがもともとの意味。㊁の❶は、気の向くままに愛するという意味からできた用法で、その気持ちが推移した結果、愛情がなくなるという意味に変化したのが❷である。一見正反対の意味を表すので注意が必要である。

関連語 進ぶ

すさむ＋□「**すさむ**【進む・遊む・荒む】㊀㊂（マ行四段）」の終止形・連体形。または、「**すさむ**【進む・遊む・荒む】㊁（マ行下二段）」の終止形。

すさむる＋□「**すさむ**【進む・遊む・荒む】㊁（マ行下二段）」の連体形。

すさむれ＋□「**すさむ**【進む・遊む・荒む】㊁（マ行下二段）」の已然形。

すさめ＋□「**すさむ**【進む・遊む・荒む】㊀㊂（マ行四段）」の已然形・命令形。または、「**すさむ**【進む・遊む・荒む】㊁（マ行下二段）」の未然形・連用形。

すし【鮨・鮓】名詞 魚肉や貝などを酢や塩に漬けたもの。また、魚肉と飯に塩を加え、自然発酵させて酸味を出した食べ物。保存食のひとつ。

すじ（現）↓（歴）**すぢ**【筋】

ず-して ……なくて。…ないままで。…ないで。

「我が御家へも寄りたまは**ずして**おはしましたり。」〈竹取・蓬萊の玉の枝〉訳「ご自分の家へもお立ち寄りにならないで（こちらへ）いらっしゃった。」

発展 打消の助動詞「ず」の連用形＋接続助詞「して」。

豆州【ずしう（ジウ）】旧国名 ↓伊豆

ず-ず【数珠】名詞 ↓じゅず

ず・ず【誦ず】動詞 ↓ずうず

鈴鹿 歌枕 三重県北部、伊勢平野の中央一帯。鈴鹿山脈に発し伊勢湾に注ぐのが鈴鹿川。鈴鹿峠は今の三重県と滋賀県との境に当たる。ここに置かれた鈴鹿の関は重要な交通路で、★不破の関・★愛発の関と並ぶ古代三関の一つ。鈴鹿峠南端の山々は鈴鹿山という。歌では、多く「鈴」の縁で「ふる」「なる」などの語とともに詠まれた。

鈴鹿川〔一ガハ〕歌枕 ↓鈴鹿

すず-かけ【篠懸け】名詞 修験者が服の上に着る麻の衣。山で露などを防ぐために用いた。

[すずかけ]

すずかぜの… 句

涼風の曲がりくねって来たりけり〈七番日記・小林一茶〉訳私のような貧乏人が住む裏長屋の奥には涼しい風はまっすぐには来てくれないで、いくえにも曲がりくねってやっと吹いてきたことだなあ。〇季語 涼風―夏

発展「裏店に住居して」という前書きがある、江戸での生活を詠んだ句。一茶特有の自嘲がきいている。

鈴鹿の関 地名 ↓鈴鹿

鈴鹿山 歌枕 ↓鈴鹿

すすき【薄・芒】名詞《植物》イネ科の多年草。秋に大きく長い花穂（=尾花）を出す。茎・葉は屋根を葺く材料となる。★秋の七草の一つ。季語 秋

鈴木正三〔一シャウサン〕人名 江戸時代前期の★仮名草子作者。徳川家康に仕えたが、後に出家して仁王禅を説く。キリスト教排除に熱心で、『破吉利支丹』を執筆した。仮名草子に『因果物語』『★二人比丘尼』などがある。*1579―1655*

すす・く【煤く】動詞 自〔カ下二段〕〈け・け・く・くる・くれ・けよ〉❶すすのために黒ずむ。すすける。

御薪に**すすけ**たれば、黒戸といふとぞ。〈徒然草・176・黒戸は〉訳薪で**黒くすすけ**ているので、黒戸ということ

である。

❷よごれて汚くなる。うす汚れる。

白き衣の言ひ知らずすすけたるに…。〈源氏・末摘花〉訳 白い衣服で言いようもなく**汚れて**いるのに加えて…。

すす・ぐ【濯ぐ・滌ぐ・漱ぐ】 動詞 他〔ガ四段〕〈が・ぎ・ぐ・ぐ・げ・げ〉❶水で洗い清める。

「**口のつきたるところをすすぐなり。**」〈徒然草・158・盃の底を〉訳「（杯の自分の）口のついた所を**洗い清める**のである。」

❷罪や恥などを清め取り除く。汚名や恥をそそぐ。

朝敵を傾け、会稽の恥辱をすすぐ。〈平家・11・腰越〉訳 朝敵を滅ぼし、*会稽の恥を**そそぐ**。

すずし【生絹】 名詞 生糸で織った絹の布。薄くて軽く肌ざわりがよいので、主に夏の衣服に用いた。対 練り絹

すず・し【涼し】 形容詞〔シク〕〈しく・しく・し・しき・しけれ・○／しから・しかり・○・しかる・○・しかれ〉❶涼しい。

❷澄んで清い。

秋の夜の月影涼しきほど…。〈源氏・常夏〉訳 秋の夜の月の光が**澄んで清い**時分…。

❸気持ちがさっぱりしている。さわやかだ。

いかばかり心のうち涼しかりけん。〈徒然草・18・人はおのれを〉訳（財産というものを持たなかった許由という人は）どれほど心の中が**さわやかで**あったことだろう。

❹潔白だ。

恐らく涼しいこの新七に、ない難つけて暇出させ…。〈近松・淀鯉出世滝徳〉訳 およそ**潔白な**この新七（＝私）に、ありもしない難癖をつけて（勤め先から）追い出させ…。○「涼しい」は連体形「涼しき」のイ音便。

すずしき-かた【涼しき方】 極楽浄土。発展「すずしき」は形容詞「すずし」の連体形。極楽浄土は「清涼地」とも呼ばれ、邪念やけがれのない清らかで涼しい場所、という意味。極楽へ至る道を「涼しき道」ともいう。

すずしさや…句

涼しさやほの三か月の羽黒山〈奥の細道・月山・松尾芭蕉〉訳 ああ涼しいことよ。三日月がほのかにしか見えない森の影の濃い羽黒山にいると。

○季語 涼しさ—夏。「ほの三か月」は「ほの見える」と「三日月」の掛詞。「羽黒山」は、今の山形県の北西部にある山。

発展 羽黒山参詣の折、宿坊で僧の会覚に請われて詠んだ句。挨拶の気持ちを込める。

すずしろ【清白・蘿蔔】 名詞《植物》ダイコンの別の呼び名。*春の七草の一つ。季語 春

すすど・し【鋭し】 形容詞〔ク〕〈く・く・し・き・けれ・○／から・かり・○・かる・○・かれ〉❶動作が機敏だ。すばやい。

すすどく歩みて過ぐるを…。〈宇治拾遺〉訳 **すばやく**通り過ぎると…。

❷勇猛だ。果敢だ。

「**九郎はすすどき男にてさぶらふなれば**…。」〈平家・11・勝浦〉訳「源義経は**果敢な**男だとかいいますので…。」

❸悪賢い。ずるい。抜け目がない。

若年の時よりすすどく、無用の欲心なり。〈西鶴・世間胸算用〉訳 幼少のときから**抜け目がなく**、（子供には）必要のない欲ばりな気持ちだ。

すずな【菘】 名詞《植物》カブの別の呼び名。*春の七草の一つ。季語 春

すさま・じ

【凄まじ・荒まじ】

荒涼としたもの、不調和なもの、期待外れなものなどに対する不快な気持ち

- ❶**不調和だ。興ざめだ。がっかりだ。**
- ❷**殺風景だ。荒涼としている。**
- ❸**冷淡だ。すげない。思いやりがない。**
- ❹（程度が）**激しい。ひどい。**
- ❺**あきれたことだ。とんでもない。**◉近世語。

形容詞〔シク〕	未然形	連用形	終止形	連体形	已然形	命令形
	すさま・じく	すさま・じく	すさま・じ	すさま・じき	すさま・じけれ	○
	すさま・じから	すさま・じかり	○	すさま・じかる	○	すさま・じかれ

❶**不調和だ。興ざめだ。がっかりだ。**

すさまじきもの。昼ほゆる犬、春の網代。〈枕草子・25・すさまじきもの〉訳（不調和で）**興ざめな**もの。昼ほえるイヌ、春の網代。

○番犬ならば夜ほえるべきであり、網代は本来、水の少ない冬に仕掛けるものである。時間・季節がずれて不調和であることに対する不快感を表している。

❷**殺風景だ。荒涼としている。**

すさまじきものにして見る人もなき月の、寒けく澄める二十日余りの空こそ、心細きものなれ。〈徒然草・19・折節の〉訳 **殺風景な**ものとして見る人もない月が、寒々とさえ渡っている二十日過ぎの空は、もの寂しいものである。

○伝統的には月は秋見るものとなっていたことから、冬の月を「すさまじ」といっている。しかし、作者はそこに中世的な詩情（*幽玄）を見いだしているのである。

❸**冷淡だ。すげない。思いやりがない。**

やむごとなき人の、かく責めたまふことを、すさまじくてやまむことも便なかるべし。〈今昔〉訳 高貴な方が、このように（＝和歌を作るように）厳しく催促なさるのに、**すげなく**（辞退して）やめたりすることも不都合であるに違いない。

○原文では「すさまじく」に「冷」の字を当てている。

❹（程度が）**激しい。ひどい。ものすごい。**

峰の嵐もすさまじきに、この坊の内、光差し入りたるやうにて明かくなりぬ。〈宇治拾遺〉訳 峰から吹き下ろす風も**ものすごい**ときに、この僧坊の中が、光が差し込んだように明るくなった。

❺《近世語》**あきれたことだ。とんでもない。**

「**なに、あれが御屋敷に奉公してゐたもすさまじい。**」〈滑稽本・東海道中膝栗毛〉訳「なあに、あいつがお屋敷に奉公していたのも**あきれたことだ**。」

○終止形が「すさまじい」となって完全に口語化している例。

発展 **現代語とのつながり**　現代語の「すさまじい」につながる❹の意味は、❷の荒涼としている、という意味から、荒々しい、などの意味を経て生じたものである。

→**古語チャート**⑪（427ページ）

すす‐はき【煤掃き】名詞 新年を迎えるために行う年末の大掃除。江戸時代には年中行事として陰暦十二月十三日に行われた。季語 冬 類 煤払ひ

すす‐ばな【洟】名詞 鼻水。また、それをすすること。

すす‐はらひ【煤払ひ】名詞 ↓すすはき

すす・む【進む】一 動詞 自 マ四段〈ま・み・む・む・め・め〉❶前に向かって動く。前方へ移動する。
「**我先にと進むほどに、先陣二百余騎、押し落とされ**…。」〈平家・4・橋合戦〉訳 自分こそ先にと**前に進む**うちに、先陣二百余騎は、（後ろから橋に）押し落とされて…。
❷心がその方へ向かう。高ぶる。はやる。募る。
「**家思ふと心進むな風守りよくしていませ荒しその道**」歌〈万葉集・3・381〉訳 家を思い（帰りたくて）**はやり**なさるな。風のようすをよく注意していらっしゃい。（大和への）海路は荒いので。
❸上達する。上手になる。優れる。
「**いたう進みぬる人の、命、幸ひと並びぬるは、いと難きものになむ。**」〈源氏・絵合〉訳「（学識が）たいへん**優れた**人でありながら、長命と幸福とが両方備わった人は、非常に少ないものでね。」

二 補助動詞 マ四段〈ま・み・む・む・め・め〉（上の動詞の動作が）はなはだしくなる。…（し）すぎる。

「**翁、いたう酔ひすすみて無礼なれば、まかり入りぬ。**」〈源氏・藤裏葉〉訳「老人（である私）は、ひどく酔い**すぎ**て失礼なので、おいとましてしまった。」

すす・む【勧む・薦む】動詞 他 マ下二段〈め・め・む・むる・むれ・めよ〉❶飲食物を差し上げる。
「**人に酒勧むるとて、おのれまづ食べて、人に強ひたてまつらんとするは**…。」〈徒然草・125・人に後れて〉訳「人に酒を**差し上げる**ということで、自分がまず頂いて、（それから）人に無理じい申し上げようとするのは…。」
❷推薦する。奨励する。
「**民を撫で、農を勧めば、下に利あらんこと**…。」〈徒然草・142・心なしと見ゆる者も〉訳 人民をかわいがり、農業を**奨励する**ならば、人民に利益があるようなことは…。
❸促す。誘う。勧誘する。
「**仏などの勧めたまひける身を**…。」〈源氏・御法〉訳「仏が（出家するように）お**誘い**くださったわが身を…。」
❹心を励ます。

すず‐むし【鈴虫】名詞《動物》秋に鳴く虫の名。マツムシの古い呼び名ともいわれている。季語 秋

◆すずむしの…歌
「**鈴虫の声のかぎりを尽くしても長き夜あかず降る涙かな**」〈源氏・桐壺〉訳 スズムシの（ように）声の限りを尽くして泣いても、（秋の）長い夜じゅう不満足なほど（とめどなく）こぼれる涙だなあ。〇「降る」に鈴を「振る」の意をこめた縁語となっている。
発展 帝の使いとして亡くなった桐壺の更衣の母を見舞った靫負命婦が更衣の母に詠みかけた歌。

★すすめる（現）↓（古）**すすむ**【進む】【勧む・薦む】

すずり【硯】名詞 ❶石やかわらなどで作った、墨をする道具。すずり石。❷すずり箱。
発展「墨磨り」から変化したことば。

[すずり❷]

すずろ・く【漫ろく】動詞 自 カ四段〈か・き・く・く・け・け〉なんとなく落ち着かない。そわそわする。
「**この男、いたくすずろきて、門近き廊の簀子だつものに尻かけて、とばかり月を見る。**」〈源氏・帚木〉訳「この男は、ひどく**そわそわして**、中門に近い廊下の濡れ縁めいたものに腰を降ろして、しばらく月を見ている。」
発展「そぞろく」とも。

すずろ‐ごころ【漫ろ心】名詞 そわそわと落ち着かない心。浮ついた気持ち。

「**いとよしなかりけるすずろごころにても、ことのほかに違ひぬる有り様なりかし。**」〈更級日記・宮仕え〉訳 たいへんたわいもなく**浮ついた気持ち**だったとしても、（現実の結婚生活は）あまりにも期待はずれなものだったよ。

発展「そぞろごころ」とも。


すずろ‐ごと 名詞 一【漫ろ言】意味のないことば。つまらない話。冗談。

「**例は、無期に対へ据ゑて、すずろ言をさへ言はせまほしうしたまふを**…。」〈源氏・柏木〉訳「（柏木は）ふだんは、いつまでも迎え入れて座らせて、**つまらない話**でさえ（私に）言わせたがっていらっしゃるのに…。」

二【漫ろ事】とりとめもないこと。浮ついたこと。

「**この物語は、まことに皆そらごとにてはあれども、むげにあともなき、すずろごとにはあらず**…。」〈源氏物語玉の小櫛〉訳 この『源氏物語』は、ほんとうに皆作り話ではあるけれども、まったく痕跡もない、**とりとめもないこと**ではなく…。

すずろ・なり【漫ろなり】形容動詞 ↓最重要語（701ページ）

すずろ‐は・し【漫ろはし】形容詞 シク〈しく・しく・し・しき・しけれ・○／しから・しかり・○・しかる・○・しかれ〉❶心が浮き浮きする。なんとなく落ち着かない。
❷なんとなく気にくわない。不快だ。
「**我が身のとが思ひ知られて、いかにぞや、すずろはしきやうに覚ゆるを**…。」〈発心集〉訳 自分の不実がおのずからわかって、どういうわけか、**なんとなく落ち着かない**ように思われるが…。

「**なまもの憂く、すずろはしけれど**…。」〈源氏・若菜下〉訳 どうも気分がふさぎ、**不快だ**が…。

発展「そぞろはし」「すぞろはし」とも。

すすろ・ふ【啜ろふ】動詞 他 ハ四段〈は・ひ・ふ・ふ・へ・へ〉《上代語》すすり続ける。
発展「すすらふ」（四段動詞「すする」の未然形＋上代の反復・継続の助動詞「ふ」）が変化したことば。

すそ【裾】名詞 ❶衣服の下の端の部分。
「**御送り迎への人の衣の裾、耐へがたく、まさなきこともあり。**」〈源氏・桐壺〉訳（桐壺の更衣の）お送り迎えの女房たちの着物の**裾**が（汚れ）、我慢ならないほど、思いがけないこともある。
❷物の端。末端。また、特に髪の毛の先。
「**箏の御琴の裾すこしさし出でて**…。」〈源氏・若菜下〉訳 ★箏のお琴の**端**を少し出して…。
❸山のふもと。❹川の下流。❺ウマの足。

ず‐そ【呪詛・呪咀】名詞 動詞 ↓しゅそ

すそ‐がち・なり【裾勝ちなり】形容動詞 ナリ〈なら・なり／に・なり・なる・なれ・なれ〉（着物の）裾を長く引いている。
「**御衣のすそがちに、いと細くささやかにて**…。」〈源氏・若菜上〉訳（女三の宮は）お着物の**裾を長く引いていて**、たいへんほっそりと小柄で…。

すそ‐ご【裾濃・末濃】名詞 同じ色で、上を淡く、下になる

ほど濃くなるように染める染め方。また、そのように染めた物。

すそ-み【裾廻・裾回】名詞 山のふもとの辺り。また、山のふもとの周囲。発展「すそわ」とも。

すぞろ・なり【漫ろなり】形容動詞 ↓すずろなり 最重要語（701ページ）

ずだ（現）↓（歴）**づだ**【頭陀】

すだ・く【集く】

鳥や虫などが群がり集まる
❶多く集まる。群がる。
❷（虫や鳥などが）集まって鳴く。

未然形	連用形	終止形	連体形	已然形	命令形
すだ・か	すだ・き	すだ・く	すだ・く	すだ・け	すだ・け

動詞 自〔カ四段〕❶**多く集まる。群がる。大勢集まる。** 大君は神にしませば水鳥の**すだく**水沼を都となしつ 歌〈万葉集・19・4261〉訳 天皇は神でいらっしゃるので、水鳥の**群がる**水をたたえた沼を都に作り上げた。**幼き君たちなど、すだき慌てたまふに慣らひたまひて**…。〈源氏・横笛〉訳（夕霧は屋敷に人が多く）幼い若君たちなどが、**大勢集まり**落ち着きがなくていらっしゃるのに慣れていらっしゃって…。

❷（虫や鳥などが）**集まって鳴く。** 閨の上に雀の声ぞ**すだく**なる出でて立ちがたに子やなりぬらむ 歌〈好忠集〉訳 寝所の上にスズメの声が**集まって鳴く**ように聞こえる。出て行きにくい気持ちに、子供はきっとなってしまっているのではないだろうか。○「すだくなる」の「なる」は聴覚による推定の助動詞「なり」の連体形。したがって、「すだく」は終止形である。

発展 ①**「すだく」と「つどふ」** 和歌では、ほとんど❶の意味に限られる。人間が大勢集まる意味では、❶の第二例のように、散文にわずかに見られる程度で、一般には「つどふ」が用いられた。

②❷は、❶の意味を誤解して生じた用法。

すた・る【廃る】一 動詞 自〔ラ四段〕〈ら・り・る・る・れ・れ〉❶無用になる。不用になる。**この浜に西国米水揚げの折ふし、こぼれ廃れる筒落米を掃き集めて**…。〈西鶴・日本永代蔵〉訳

すずろ・なり【漫ろなり】

無意識のうちにある行為をしたり、意識に関係なく物事が進行するようす

❶なんということもない。わけもない。当てがない。
❷趣を理解しない。思慮に欠けている。
❸無関係だ。見ず知らずだ。
❹思いがけない。予想外である。
❺むやみやたらに。◉連用形「すずろに」の副詞的用法。

形容動詞〔ナリ〕	未然形	連用形	終止形	連体形	已然形	命令形
	すずろ・なら	すずろ・なり すずろ・に	すずろ・なり	すずろ・なる	すずろ・なれ	（すずろ・なれ）

❶**なんということもない。わけもない。当てがない。** 昔、男、**すずろに**陸奥国まで惑ひいにけり。〈伊勢・116〉訳 昔、男が、**当てもなく**奥州までさまよい出かけた。山の中に、えも言はず行ひて過ぐすほどに、**すずろに**、小さやかなる厨子仏を、行ひ出だしたり。〈宇治拾遺〉訳（ある修行僧が）山の中で、言うに言えない（激しい）修行をして過ごすうちに、**なんということもなく**、小さな★厨子に据えるくらいの仏像を、修行の功徳によって生じさせた（＝授かった）。○「すずろに」は下の「行ひ出だしたり」を修飾している。

❷**趣を理解しない。思慮に欠けている。軽率だ。無関心だ。いい加減だ。** 少し眠たげなる読経の絶え絶えすごく聞こゆるなど、**すずろなる人**も、所柄ものあはれなり。〈源氏・若紫〉訳 少し眠そうな読経が途切れ途切れにぞっとするほど身に染みて聞こえてくるようすなどは、**趣を理解しない**人でも、場所柄なんとなくしみじみとした気分になる。「かう、心憂くなおはせそ。**すずろなる人は**、かうはありなむや。」〈源氏・若紫〉訳「このように、（私に対して）ひどくなさるな。**いい加減な人**は、（私のように）こんなに（親切で）あるだろうか、いや、あるはずがない。」

❸**無関係だ。見ず知らずだ。**「**すずろなる者**に、なにか物多く賜ばむ。」〈大和・148〉訳「**見ず知らずの**者に、どうして物をたくさんおやりになるのだろうか。」

主ある家には、**すずろなる人、心のままに入り来ること**なし。〈徒然草・235〉・主ある家には〉訳 主人のいる家には、**無関係な**人が、思いのままに入ってくることはない。

❹**思いがけない。予想外である。**「うたてある主の御許に仕うまつりて、**すずろなる死にをすべかめるかな**。」〈竹取・竜の頸の玉〉訳「情けない主君のおそばにお仕え申し上げて、**思いがけない**死に方をするに違いないようだなあ。」

蔦、楓は茂り、もの心細く、**すずろなる目を見ること**と思ふに…。〈伊勢・9〉訳（宇津の山道は）ツタやカエデが茂り、なんとなく心細く、**思いがけない**目に遭うことだと思っているうちに…。

❺（連用形を副詞的に用いて）**むやみやたらに。しきりに。**「さるべき縁のいささかありて、この中の君の**すずろにあはれと思ひ出でたまへば**…。」〈更級日記・大納言殿の姫君〉訳「そうなる（＝私がネコに生まれ変わった）前世の因縁が少しあって、こちらの中の君（＝作者）が（私のことを）**しきりに**いとおしいとお思い出しになるので…。」

逃げんとするを、捕らへて、引きとどめて、すずろに飲ませつれば…。〈徒然草・175・世には心得ぬことの〉訳 逃げようとするのを、捕まえて、引きとどめて、**むやみやたらに**（酒を）飲ませてしまうと…。

発展 **変化形「そぞろなり」** これといった目的や根拠・原因がないままに物事や人の心が進むようすを表すのがもともとの意味。和歌にはほとんど用いられず、もっぱら散文に用いられた。変化形「そぞろなり」も時代が下るにつれて多く用いられるようになり、中古後期には「すぞろなり」の形も現れた。

この浜に九州の米を陸揚げする際、(米刺しから)こぼれて無用になった米を掃き集めて…。

❷衰えて顧みられなくなる。

二 動詞 自 〔ラ下二段〕〈れ・れ・る・るる・るれ・れよ〉❶→一❶

❷→一❷

この道廃れぬるにやと、悲しくおぼえて…。〈古今著聞集〉訳この道(＝和歌の道)が衰えて顧みられなくなってしまったのだろうかと、悲しく思われて…。

す-だれ【簾】 名詞 細く削ったタケやアシなどを糸で編み、上から垂らすもの。また、*牛車や輿の出入り口の所に下げたもの。目かくしや日よけに用いた。季語 夏 発展「簀垂れ」という意味。

❷**すたれる**(現)→(古)**すたる【廃る】**

すぢ【筋】 一 名詞 ❶細長いもの。線。糸。

髪の筋なども、なかなか昼よりも顕証に見えてまばゆけれど…。〈枕草子・184・宮に初めて参りたるころ〉訳(灯火が明るいので、私の)髪の毛の筋なども、かえって昼間よりもあらわに見えてきまりが悪いけれど…。

❷血統。家柄。素性。

「**元はやむごとなき筋なれど、世に経るたづき少なく…。**」〈源氏・帚木〉訳「もともとは貴い家柄であっても、世に生き続ける手段が少なく…。」

❸性分。気質。素質。

「**女もえをさめぬ筋にて…。**」〈源氏・帚木〉訳「女も我慢のできない気質であって…。」

❹物事の筋道。道理。意味合い。

❺趣。趣向。また、流派。作風。

口にいと歌の詠まるるなめりとぞ、見えたる筋にはべるかし。〈紫式部日記〉訳(和泉式部は歌才があるからか)口をついてたいそう歌が詠めてくるようだと、(そのように)見えた作風でございますよ。○「いと」の下に「すばやく」などの内容が想定される。

❻方向。方角。また、方面。分野。

見聞くことの、深く心に感ぜられて、過ぐしがたきすぢを、その人その事を作りまうけて…。〈源氏物語玉の小櫛〉訳見聞きすることが、深く心に感じられて、そのままにしておくことができない方面を、ある人やある事柄を創作して…。

❼《近世以降》(芝居などの)あらすじ。筋書き。

❽(小説などの)主題。内容。

物語は、もののあはれを知るをむねとはしたるに、その筋に至りては、儒仏の教へには背けることも多きぞかし。〈源氏物語玉の小櫛〉訳物語は、繊細で優美な感慨を知るのをその趣旨とはしているので、その内容については、儒教や仏教の教義に反していることも多いのだよ。

すぢ-か・ふ【筋交ふ・筋違ふ】 一 動詞 自 〔ハ四段〕〈は・ひ・ふ・ふ・へ・へ〉❶物が斜めに交差する。斜めにずれる。

よしと誉めし装束も、筋かひ、怪しげにし出づれば…。〈落窪〉訳上手だと褒めた衣装も、(近ごろでは、まっすぐに縫えずに)斜めにずれ、不格好に仕立て上げるので…。

❷斜めに向かい合う。

いかでかは筋かひ御覧ぜられむとて…。〈枕草子・184・宮に初めて参りたるころ〉訳(恥ずかしいので)なんとかして斜めに向かい合って(顔を)ご覧いただこうと…。

❸時流からそれる。背く。

世に筋かひて、すずろなる山籠もりがちに…。〈浜松中納言〉訳世間に背いて、むやみやたらな山ごもりが多くて…。

二 動詞 他 〔ハ下二段〕〈へ・へ・ふ・ふる・ふれ・へよ〉斜めにする。(物が斜めに)交差する。

太刀を横さまに筋かへたるやうに付けて…。〈中務内侍日記〉訳太刀を横向きに交差するようにして着けて…。

すぢ-な・し【筋無し】 形容詞〔ク〕〈く・く・し・き・けれ・○／から・かり・○・かる・○・かれ〉❶道理に合わない。訳が分からない。

「**筋なきことな宣ひそ。**」〈謡曲・国栖〉訳「道理に合わないことをおっしゃるな。」

❷家柄がよくない。本筋でない。

身の上のことども物語するを聞くに、皆筋なき乞食…。〈西鶴・日本永代蔵〉訳身の上のことなどを話すのを聞くと、みな本筋でない(にわか)乞食で…。

ずち-な・し【術無し】

手段・方法がないようす ―どうにもしようがない。なすすべがない。

未然形	連用形	終止形	連体形	已然形	命令形
ずちな・く	ずちな・く	ずちな・し	ずちな・き	ずちな・けれ	○
ずちな・から	ずちな・かり	○	ずちな・かる	○	ずちな・かれ

形容詞〔ク〕**どうにもしようがない。なすすべがない。困る。**

「**『妹のあり所申せ、申せ。』と責めらるるに、ずちなし。**」〈枕草子・84・里にまかでたるに〉訳『妹(＝清少納言)の居所を申し上げよ、申し上げよ。』と(藤原斉信に)責められるので、**どうにもしようがない。**」

発展 ①**語の成り立ち** 「すべなし」を漢字で「術なし」と表記したものを音読したところから生じたことばといわれる。「じゅつなし」「ずつなし」とも。

②『枕草子』あたりから用例が見られるが、いずれも男性の発言の中に限られた。

類語比較 「すべなし」と「ずちなし」→術無し

すぢ-め【筋目】 名詞 ❶家筋。家柄。素性。❷道理。筋道。

すぢり-もぢ・る【捩り捩る】 動詞 自 〔ラ四段〕〈ら・り・る・る・れ・れ〉❶身をくねらせてよじる。

すぢりもぢり、ゑい声を出だして…。〈宇治拾遺〉訳(老人は)**身をくねらせてよじり**、えいと掛け声を張り上げて…。

❷曲がりくねって行く。

里の裏道、畦路をすぢりもぢりて藤井寺。〈近松・冥途の飛脚〉訳里の裏の道や、あぜ道を**曲がりくねって行って**(たどりついた)藤井寺。

すぢ・る【捩る】 動詞 自 〔ラ四段〕〈ら・り・る・る・れ・れ〉身をくねらせる。よじる。

黒くきたなき身を肩脱ぎて、目も当てられずすぢりたるを…。〈徒然草・175・世には心得ぬことの〉訳(酒に酔った老法師が)黒く汚い体であるのに肩を脱いで、見ていられないくらい**身をくねらせて**(踊って)いるのを…。

す・つ【捨つ・棄つ】 一 動詞 他 〔タ下二段〕〈て・て・つ・つる・つれ・てよ〉❶(不用のものとして)投げ出す。ほうり出す。

牛飼ひ童を打てば、童は牛を捨てて逃げぬ。〈今昔〉訳牛飼いの子供を殴りつけると、子供はウシを**ほうり出して**

逃げてしまった。
❷見捨てる。顧みない。
「我をいかにせよとて、捨てては昇りたまふぞ。」〈竹取・かぐや姫の昇天〉訳「(あなたは)私を(いったい)どうしろというつもりで、見捨てて(天上界へ)昇りなさるのか。」
❸(俗世間を捨てて)出家する。仏門に入る。
「頭下ろし捨てて、まかりこもらむ。」〈宇津保〉訳「髪をそって出家して、山にこもらせていただきましょう。」
■補助動詞(タ下二段)〈て・て・つ・つる・つれ・てよ〉…てのける。…てしまう。接続 動詞の連用形＋接続助詞「て」に付く。
「その鼓め打ち破ってすてよ。」〈平家・8・鼓判官〉訳「その鼓めを打ち破ってしまえ。」
○動詞「破る」の連用形「破り」が促音便化した「破っ」＋接続助詞「て」に付いている例。

ずつ-な・し【術無し】 形容詞 →ずちなし

ず-て …なくて。…ないままで。…ずに。
朝戸出の君が姿をよく見ずて長き春日を恋ひや暮らさむ 歌〈万葉集・10・1925〉訳 朝、戸を開けて出て行くあなたの姿をよく見ずに、長い春の日を恋い暮らすことになるのではなかろうか。
発展 打消の助動詞「ず」の連用形＋接続助詞「て」。

すで-に【既に・已に】

あることが残らず実現しているようす
- ❶すべて。すっかり。◉上代の用法。
- ❷もはや。とっくに。◉多く「すでに〜完了・過去」の形。
- ❸いよいよ。今にも。◉多く「すでに〜推量」の形。
- ❹まさしく。現に。◉多く「すでに〜断定」の形。

副詞 ❶《上代の用法》(全体に行き渡るようすを表し)すべて。すっかり。
天の下すでに覆ひて降る雪の光を見れば貴くもあるか 歌〈万葉集・17・3923〉訳 地上をすべて覆って降る雪の光のような(世界を覆い尽くす天皇の)威光を見ると、貴く思われることだなあ。
❷(多く「すでに〜完了・過去」の形で)もはや。とっくに。
京に住む人、急ぎて東山に用ありて、すでに行き着きたりとも、西山に行きてその益増さるべきことを思ひ得たらば、門より帰りて、西へ行くべきなり。〈徒然草・188・ある者、子を法師に〉訳 京都に住む人が、差し迫って東山に用事があって、もはや到着していても、西山に行ったらその利益が増すに違いないことを考えついたならば、(その家の)門から引き返して、西へ行く方がよい。
❸(多く「すでに〜推量」の形で)いよいよ。もう少しで。今にも。
ある時、この川に男一人流れて、すでに死なんとす。〈宇治拾遺〉訳 ある時、この川に男が一人流されて、今にも死のうとしている。
すでに船出だすべしとて、ひしめき合へば…。〈平家・3・足摺〉訳 いよいよ船を出そうと言って、(人々が)押し合って騒いでいるので…。
❹(多く「すでに〜断定」の形で)まさしく。現に。
「生あるもの、死の近きことを知らざること、牛すでにしかなり。」〈徒然草・93・牛を売る者あり〉訳「生命あるものが、死が間近に迫っていることを知らないということは、(売る前に死んだ)ウシがまさしくそうである。」
発展 語の歴史 もともとは❶の、全体に渡るようすを表すことばであった。漢文訓読文で「既・已」の訓読みとして使われるようになってから、❷以下の用法も生じた。中古の和文にはほとんど用いられず、中世以降、『平家物語』などの★和漢混交文で盛んに用いられるようになってから、一般に広まったものである。

すてる(現)→(古)**すつ【捨つ・棄つ】**

崇徳天皇［ーテンワウ］人名 平安時代末期、第七十五代の天皇。讃岐院とも。鳥羽天皇の第一皇子。白河院政のもと、一一二三(保安四)年即位。保元の乱に敗れて讃岐国に流され、同地で崩御した。和歌を好み、『★詞花和歌集』の撰集を命じた。1119—1164

ず-とも たとえ…なくても。…ないでも。
花の色は霞にこめて見せずとも香をだに盗め春の山風 歌〈古今集・春下・91〉訳 花の色(の方)はかすみに閉じ込められて(姿を)見せなくても、(せめて)においだけでも盗んできてくれ、春の山風よ。
発展 打消の助動詞「ず」の未然形＋接続助詞「とも」。

すなおなり(現)→(歴)**すなほなり【素直なり】**

すな-ご【砂子・沙子】 名詞 ❶砂。類 砂・真砂 ❷蒔絵・ふすま紙・色紙などに吹き付けた金箔・銀箔の粉末。

すな-ど・る【漁る】 動詞 他(ラ四段)〈ら・り・る・る・れ・れ〉(魚や貝を)捕る。漁をする。
流れを尽くしてすなどる時は、多くの魚を得といへども、明年に魚なし。〈平家・7・実盛〉訳 流れにいる全部(の魚)を捕るときは、多くの魚を得るけれども、その翌年には(一匹の)魚もいない。

すなはち【即ち・則ち】 名詞 副詞 接続詞 →最重要語(704ページ)

す-なほ・なり【素直なり】 形容動詞(ナリ)〈なら・なり(に)・なり・なる・なれ・なれ〉❶飾らずありのままだ。
ちはやぶる神代には、歌の文字も定まらず、すなほにして…。〈古今集・仮名序〉訳 神々の時代には、歌の文字(の数)も決まっていなくて、飾らずありのまま(に歌うの)であって…。○「ちはやぶる」は「神」に係る枕詞。
❷心がまっすぐだ。正直だ。
人の心すなほならねば、偽りなきにしもあらず。〈徒然草・85・人の心すなほならねば〉訳 人の心は正直ではないので、うそがないわけでもない。
❸(人に逆らわず)従順だ。
「帝と聞こゆれど、ただすなほに、公ざまの心ばへばかりにて…。」〈源氏・若菜下〉訳「(お后方の夫君が)帝と申し上げても、ただ従順に、朝廷の儀式どおりという気持ちばかりであって…。」

ず-なり-ぬ【ず成りぬ】(ある動作が行われない状態が継続することを表し)…しないままで終わってしまう。…しないままになってしまう。…せずじまいになってしまう。
いみじく短き夜の明けぬるに、つゆ寝ずなりぬ。〈枕草子・73・忍びたる所に〉訳 たいへん短い夜が明けてしまうと、まったく寝ないままで終わってしまう。
発展 ①打消の助動詞「ず」の連用形＋四段動詞「なる」の連用形＋完了の助動詞「ぬ」。
②動詞の未然形に付く「ずなりぬ」は、例に挙げたように、ある動作が行われないまま状態が継続する意味を表すが、「ただならずなりぬるありさま」〈枕草子・124・恥づかしきもの〉のように、状態を表す語に付いた場合は、ある事態から別の事態への変化・推移を表す。そこで、訳も、「普通(の体)ではなくなってしまった(＝妊娠した)ようす」となる。

➡すなわち（現）↓（歴）
すなはち【即ち・則ち】
最重要語（704ページ）

すね-あて【臑当て・脛当て】名詞 すねを守るための防具。

［すねあて］

す-の-こ【簀の子】名詞 ❶竹などを編んで作った敷物。また、竹を並べて作った床。❷寝殿造りで、庇の外に、雨露のたまらないように透き間を作って細板を並べた縁側。

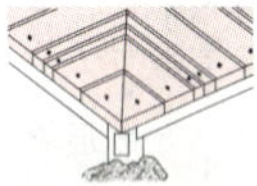
［すのこ❷］

すは 感動詞 ❶（相手の注意を促したり、驚かしたりするときのことばで）そら。類すはや ❷（突然の出来事に驚いたときのことばで）あっ。やっ。それ。類すはや

すは【諏訪】地名 ↓諏訪（すわ）

ず-は 連語 **一** ❶…ないで。…ではなくして。**験なき物を思はずは一坏の濁れる酒を飲むべくあるらし** 歌〈万葉集・3・338〉訳↓しるしなき…
❷（「ずはあり」の形で強調して）…ないでは。…なくては。**今日来ずは明日は雪とぞ降りなまし消えずはありとも花と見ましや** 歌〈古今集・春上・63〉訳今日もし来なかったら、明日は（このサクラの花が）雪のように散って降ってしまっただろうに。（雪ではないから）消え**ないでは**あるとしても、それを花と見られるだろうか。〇「今日来ずは」の「ずは」は**一**❷の用法。
二（順接の仮定条件を表し）…ないならば。「**この皮衣は、火に焼かむに、焼けずはこそまことならめと思ひて**…。」〈竹取・火鼠の皮衣〉訳「この皮衣は、火で焼いたならばその場合に、焼け**ないならば**本物（の皮衣）であろうと思って…。」
発展 **一**は、打消の助動詞「ず」の連用形＋係助詞「は」。❶は主に上代の用法。❷は「ざり」に「は」が介入することで、「ずはあり」となったもので、この「あり」は補助動詞である。**二**は、打消の助動詞「ず」の未然形＋接続助詞「は」。中世には「ずんば」の形も見られ、近世に入ると「ずば」になる。

す-はう【蘇芳】名詞 ❶《植物》マメ科の落葉低木。インド・マレー原産。樹幹の削りくずを煎じて染料をとる。❷染め色のひとつ。「蘇芳色」の略で❶の染料で染めた黒みを帯びた紅色。また、紫がかった赤。❸*襲の色目のひとつ。表は蘇芳色、裏は濃い蘇芳色。冬に用いる。

す-はう【素袍】名詞 ↓すあを

す-はう【周防】旧国名 ↓周防（すおう）

すはう-いろ【蘇芳色】名詞 ↓すはう（蘇芳）❷

すなはち【即ち・則ち】

時間的な間をおかないこと

一 名詞 ─ ❶その時。即時。即座。◉連体修飾語を受ける。
　　　　 ─ ❷そのころ。当時。当座。
二 副詞 ─ すぐに。直ちに。たちまち。
三 接続詞 ─ ❶つまり。言い換えれば。取りも直さず。
　　　　　 ─ ❷そこで。それで。
　　　　　 ─ ❸そのようなときには。◉多く「活用語の已然形＋ば＋すなはち」の形をとる。

一 名詞 ❶（連体修飾語を受けて）その時。即時。即座。同時。**とく下ろさむとて、綱を引き過ぐして綱絶ゆる即ちに、八島の鼎の上にのけざまに落ちたまへり。**〈竹取・燕の子安貝〉訳（石上の中納言を、家来たちが）早く下ろそうとして、綱を引っ張り過ぎて綱が途中で切れると**同時**に、（中納言は）八島の鼎（＝かまどの神を祭る八個の神器）の上にあおむけにお落ちになった。
❷そのころ。当時。当座。**即ちは、人皆あぢきなきことを述べて、いささか心の濁りも薄らぐと見えしかど**…。〈方丈記・大地震〉訳（大地震の）**当座**は、すべての人が（この世の）かいのないことを述べて、少しは心の濁りも薄らぐように思われたけれど…。

二 副詞 すぐに。直ちに。たちまち。**一々に片足を切っておっ放つ。すなはち死する者もあり。程経て死ぬる者もあり。**〈平家・2・蘇武〉訳（匈奴は捕虜にした漢の兵士を）ひとりひとり片足を切断して追放した。（兵士はその場で）**すぐに**死ぬ者もいる。しばらくしてから死ぬ者もいる。

三 接続詞 ❶つまり。言い換えれば。取りも直さず。**狂人のまねとて大路を走らば、すなはち狂人なり。**〈徒然草・85・人の心すなほならねば〉訳狂人のまねだといって大通りを走ったならば、（それは）**取りも直さず**狂人である。
❷そこで。それで。**その間、折々の違ひめ、おのづから短き運を悟りぬ。すなはち、五十の春を迎へて、家を出で、世を背けり。**〈方丈記・我が過去〉訳その間（＝今まで生きてきた間）、そのたびごとの意に反する事態（に遭って）、自然に（自分の）長続きしない運を悟った。**そこで**、五十歳の春を迎えたとき、家を出て、出家した。
❸（多く「活用語の已然形＋ば＋すなはち」の形で）そのようなときには。**君安ければすなはち臣安く、臣安ければすなはち国安し。**〈平家・10・請文〉訳主君が安泰ならば**そのようなときには**臣下も安泰で、臣下が安泰ならば**そのようなときには**国家も安泰である。
発展 **名詞↓副詞・接続詞へ** **一**の名詞としての用法が最も古い。時を表す名詞は、「つとめて御文あり（＝翌朝お手紙があった）。」〈落窪〉「昔、男ありけり（＝昔、男がいた）。」〈伊勢・2〉などのように副詞的に用いられるが、「すなはち」もそこから**二**の副詞ができた。また、**三**は、漢文訓読文で、即時の意味を表す「即」を「すなはち」と訓読みしたために付け加わった意味といわれる。現代語の「すなわち」は主に、**三**❶の「つまり・言い換えれば」の意味で用いられる。

すはう-がさね【蘇芳襲】名詞 ↓すはう（蘇芳）❸

すは-え【楚・楉】名詞 ❶木の枝や幹などからまっすぐに伸びた若枝。❷罪人を打つ刑具のひとつ。むち。類笞
発展 後世は「ずはえ」とも。

す-はま【州浜・洲浜】名詞 ❶州が海に突き出て、水の中に出入りしている海岸。また、それをまねた庭園。❷❶の形

をまねて作った盤の上に、草木・花鳥などの季節の景物をあしらった飾り物。

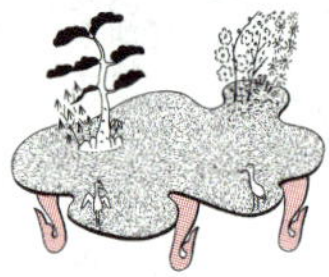
[すはま❷]

すは-や｜すわ 感動詞 ↓すは

すばる【昴・昴星】 名詞 星座のひとつ。牡牛座(おうしざ)にあるプレアデス星団の和名。発展 数個の星が統(す)べ括(くく)られているように見えることから。

す-びつ【炭櫃】 名詞 いろり。あるいは、部屋に据えておく角火鉢(かくひばち)とも。季語 冬

す・ぶ【統ぶ・総ぶ】 動詞 他 バ下二段〈べ・べ・ぶ・ぶる・ぶれ・べよ〉❶一つに集める。まとめる。**海神(わたつみ)、ここに、海(わた)の魚(いを)どもをすべ集(つど)へて…**。〈日本書紀〉訳 海神は、そこで、海の魚を**まとめ**集めて…。❷支配する。統治する。

ずぶぬれの… 句 ↓づぶぬれの…

すべ【術】

ある目的を遂げるための手段・方法 ─ 手段。方法。手立て。

名詞 **手段。方法。手立て。** **梓弓(あづさゆみ)音(おと)に聞きて言はむ術せむ術知らに音のみを聞きてありえねば…** 歌〈万葉集・2・207〉訳 (妻が死んだという)知らせを聞いて(なんとも)言うような**方法**も、なすべき**方法**も分からないで、知らせだけを聞いて(じっとしては)いられないので…。○「梓弓」は「音」に係る枕詞。「せむ術知らに」の「に」は、打消の助動詞「ず」の、主に上代に用いられた連用形。

関連語 術無(すべな)し

す-べか-めり【為べかめり】 …するに違いないようだ。…しそうに思われる。「**すずろなる死にをすべかめるかな。**」〈竹取・竜(たつ)の頸(くび)の玉〉訳「(情けない主君のおそばにお仕え申し上げて)思いがけない死に方を**するに違いないようだ**なあ。」発展「すべかるめり」(サ変動詞「す」の終止形＋推量の助動詞「べし」の連体形＋推定の助動詞「めり」)の撥音便形「すべかんめり」の「ん」の表記されない形。

す-べから-く【須く】 副詞 当然。ぜひすべきことは。なすべきこととして。「**徳をつかんと思はば、すべからく、まづ、その心づかひを修行(しゅぎゃう)すべし。**」〈徒然草・217・ある大福長者(だいふくちゃうじゃ)の〉訳「富を身に付けようと思うなら、**当然**、まず、その心構えを勉強しなければならない。」発展 動詞「す」の終止形＋推量の助動詞「べし」の未然形＋接尾語「く」が一語になったもの。漢文訓読文で「須」を「すべからく…べし」と再読することから生じたことばで、多くは下に推量の助動詞「べし」を伴う。

す-べき-かた-な・し【為べき方無し】 連語 適当な手段をもたない。どうしようもない。**すべきかたなき者、古寺に至りて仏を盗み、堂の物の具を破り取りて、割り砕けるなりけり。**〈方丈記・飢渇(けかつ)〉訳 (生活に困って)**どうしようもない**者が、古寺に行って仏像を盗み、お堂の仏具を壊して取って、(それを)割って砕いた(＝薪(たき)にした)のであった。

す-べき-やう-な・し【為べき様無し】｜ようなし 連語 手の施しようがない。どうしようもない。やるべき方法がない。**打ち割らんとすれど、たやすく割れず、響きてたへがたかりければ、かなはで、すべきやうなくて…**。〈徒然草・53・これも仁和寺(にんなじ)の法師(ほふし)〉訳 (頭にかぶった釜(かま)を)打ち割ろうとするけれど、容易に割れなくて、響いて我慢できなかったので、思うようにならず(＝割れず)、**どうしようもなくて**…。発展 サ変動詞「す」の終止形＋可能の助動詞「べし」の連体形＋名詞「やう」＋形容詞「なし」。

すべし-がみ【垂髪】 名詞 女性の髪型のひとつ。前髪にふくらみをもたせ、背後でそろえて束ね、長く垂らしたもの。下げ髪。

[すべしがみ]

すべ-て【総て・凡て】

たくさんある物事をひとまとめにするようす ─ ❶全部で。まとめて。 ❷大体。およそ。 ❸まったく(…ない)。決して(…ない)。◉「すべて～打消」の形で用いる。

副詞 ❶**全部で。まとめて。全部合わせて。** **すべて千歌(ちうた)二十巻(はたまき)、名付けて『古今和歌集』といふ。**〈古今集・仮名序〉訳 **全部で**千首の歌二十巻(を収めて)、名付けて『古今和歌集』という。
❷**大体。およそ。総じて。一般に。みな。** **すべて、男(をのこ)をば、女に笑はれぬやうにおほし立つべしとぞ。**〈徒然草・107・女(をんな)の物言ひかけたる〉訳 **一般に**、男を、女に笑われないように養い育てなければならないということだ。
❸(「すべて～打消」の形で)**まったく**(…ない)。**全然**(…ない)。**決して**(…ない)。**いっさい**(…ない)。**声すべて似るものなく、空に澄み昇りてめでたく歌を歌ふ。**〈更級日記・足柄山〉訳 (若い遊女の)声(のすばらしさ)が**まったく**他に比べようもなく、空へ高く冴え響いて見事に歌を歌う。
発展 **語の成り立ち** 一つに集めるという意味の下二段動詞「すぶ(統ぶ)」の連用形に、接続助詞「て」が付いてできたことば。

すべ-な・し【術無し】

手段・方法がないようす ─ どうしようもない。途方に暮れる。

未然形	連用形	終止形	連体形	已然形	命令形
すべな・く	すべな・く	すべな・し	すべな・き	すべな・けれ	○
すべな・から	すべな・かり	○	すべな・かる	○	すべな・かれ

形容詞 ク **どうしようもない。途方に暮れる。困る。** **かくばかりすべなきものか世の中の道** 歌〈万葉集・5・892〉訳 これほどまでに**どうしようもない**ものなのか、この世の道のり(＝生きていくこと)は。
発展 **語の成り立ち** 方法・手法の意味を表す名詞「すべ」に形容詞「なし」が付いて一語になったもの。上代では「すべもなし」「すべをなみ」「すべのなさ」などのように用いられ、まだ「すべ」と「なし」とが二語に分かれている意識が強かった。
類語比較「**すべなし**」と「**ずちなし**」
共通点＝共に「術無し」と表記され、意味は同じである。

すべなし＝①「ずちなし」より古い。②平安中期ごろから歌語・文章語となった。

ずちなし＝①「すべなし」を漢字で「術無し」と表記したところから、「術」を音読して「ずちなし」（「じゅつなし」「ずつなし」）が生じたものといわれる。②平安中期ごろから男性の口語として用いられるようになった。

◆**すべもなく…**【歌】

すべもなく苦しくあれば出で走り去いななと思へど子らに障りぬ〈万葉集・5・899・山上憶良〉訳どうしようもなく苦しいので、逃げ出して走って行ってしまいたいと思うけれど、この子たちが引っ掛かって（気になって）しまう。○「去なな」はナ変動詞「去ぬ」の未然形＋願望を表す上代の終助詞「な」。「障りぬ」の「ぬ」は完了の助動詞。

発展「老身に病を得て苦しみ、子を思って詠んだ歌」という題詞のある長歌に続く反歌の二首目。

すべら-【皇】造語→すめら-

すべら-がみ【皇神】名詞→すめかみ

すべら-ぎ【皇・天皇】名詞→すめらぎ

すべり-い・づ【滑り出づ】一動詞 自（ダ下二段）〈で・で・づ・づる・づれ・でよ〉❶こっそり退出する。

ひまなく居りつる者ども、一人二人**滑りいでて**往ぬ。〈枕草子・25・すさまじきもの〉訳透き間なく座っていた人々が、一人二人と**こっそり退出し**て去る。

❷にじり寄るようにして前へ出る。

簀の子に**滑りいでて**、おぼろなる月に当てて、久しう見て入りぬ。〈蜻蛉日記〉訳縁側に**にじり寄るようにして前へ出て**、（手紙を）ぼんやりとかすんでいる月の光に当てて、（そのまま）長い間見て（部屋に）入った。

すべり-い・る【滑り入る】動詞 自（ラ四段）〈ら・り・る・る・れ・れ〉滑るようにそっと入る。

日もやうやう暮れぬれば、やをら**滑り入りて**、この人を奥にも入れず。〈大和・173〉訳（縁側で雨宿りをしていた男は）日もだんだん暮れてきたので、（すだれの内に）静かに**滑るようにそっと入って**、（親のいる奥の部屋に行こうとする）この（女の）人を奥（の間）にも入れない。

➲**すべる**（現）→（古）**すぶ**【統ぶ・総ぶ】

すべ・る【滑る・辷る】動詞 自（ラ四段）〈ら・り・る・る・れ・れ〉

❶なめらかに移動する。すべる。

堤のほとりにて御馬より**滑り下りて**…。〈源氏・夕顔〉訳（賀茂川の）堤の辺りで（源氏は）ウマから**すべり**降りて…。

❷そっと退席する。こっそり席を外す。

女も、夜更くるほどに**滑りつつ**、鏡取りて、顔などつくろひて出づるこそをかしけれ。〈徒然草・191・夜に入りて〉訳女も、夜が更けるころに**そっと退席して**、鏡を（手に）取り、顔などを化粧し（直し）て（また）出仕するのは趣がある。

❸（天皇の位などから）降りる。（位を）譲る。

帝王位を**滑らせたまひて**…。〈平家・4・厳島御幸〉訳天皇は皇位を**お譲りになって**…。

➲**すぼう**（現）→（歴）**すほふ**【修法】

すぼ・し【窄し】形容詞（ク）〈く・く・し・き・けれ・○／から・かり・○・かる・○・かれ〉❶すぼんで細い。狭い。

眼裏に塵あって三界**すぼく**…。〈謡曲・清経〉訳ものを見る目に迷いの塵があるのでは広い世界も**狭く**（見え）…。

❷みすぼらしい。肩身が狭い。

もし貧しくして、富める家の隣に居る者は、朝夕**すぼき**姿を恥ぢて、へつらひつつ出で入る。〈方丈記・世に従へば〉訳もしも貧しくて、富んでいる家の隣に住んでいる（として、その）者は、朝に夕に（自分の）**みすぼらしい**姿を恥じて、おべっかをつかいながら（わが家に）出入りする。

す-ほふ【修法】名詞《仏教語》密教で行う加持祈禱の法。発展「ずほふ」「しゅほふ」とも。

すぼ・る【窄る】動詞 自（ラ四段）〈ら・り・る・る・れ・れ〉❶すぼまる。狭くなる。縮む。

おのづから一門の付き合ひにも**肩身すぼりて**…。〈西鶴織留〉訳自然と（冠婚葬祭の場合などの）一族との付き合いにも**肩身が狭くなって**…。

❷不景気になる。

世の中**すぼりたる**物語して…。〈西鶴・世間胸算用〉訳世間が**不景気になった**話をして…。

須磨【歌枕】神戸市須磨区南部の地区。付近の海岸を須磨の浦と称した。この地は、万葉以来「藻塩焼く海人の里」として歌に詠まれた。また、平安時代には★在原行平が故あって身をひいた地として、さらに『源氏物語』の「須磨」「明石」の巻で光源氏が流された地としても知られ、それらを踏まえて多くの歌が詠まれた。また、摂津（今の大阪府北西部・兵庫県東南部）と播磨（兵庫県西南部）の境に置かれた須磨の関は、廃絶後も詠み続けられた。

➲**すまう**（現）→（歴）**すまふ**【住まふ】【争ふ・辞ふ】

➲**すまう**【相撲】名詞→すまひ

すまし【清まし・洗まし】名詞 ❶洗ってきれいにすること。洗濯。洗髪。

「かの山里にものしたまふ人迎へたてまつりたまひて、御**清まし**の事などせさせたてまつりたまへ。」〈宇津保〉訳「あの（＝志賀の）山里に隠れ住んでいらっしゃる人（＝北の方）をお迎え申し上げなさって、お**洗濯**などを（人に）させ申し上げなさい。」

❷「★樋洗ひすまし」の略。

すま・す【清ます・澄ます・洗ます】一動詞 他（サ四段）〈さ・し・す・す・せ・せ〉❶洗い清める。洗う。

盥して御手**すますこと**なかりき。〈大鏡・時平〉訳（顕忠公は）盥で御手を**洗う**ことがなかった。

❷（水や心などを）澄むようにする。静める。

優婆塞の宮の御娘、秋の名残を惜しみ、琵琶を調べて夜もすがら、心を**すましたまひし**に…。〈平家・5・月見〉訳優婆塞の宮（＝八の宮）の息女が、（去って行く）秋の名残を惜しんで、琵琶を弾いて夜通し、心を**静めなさった**ときに…。

❸（国や世の中などを）鎮める。治める。

一天をしづめ、四海を**すます**。〈平家・12・土佐房被斬〉訳天下を平定し、天下を**鎮める**。

二補助動詞（サ四段）〈さ・し・す・す・せ・せ〉心を込めて（…する）。うまく（…する）。

「さしも御秘蔵さうらふ生食を盗み**すまいて**、上りさうは。いかに。」〈平家・9・生ずきの沙汰〉訳「（頼朝殿が）あれほどに大切にしていらっしゃいます生食（＝ウマの名）を**うまく**盗んで、（こうして都に）上るのですよ。どんなもんです。」○「すまい」は連用形「すまし」のイ音便。

須磨の浦【歌枕】→須磨

すまひ【相撲】名詞 ❶二人が組み合って力を戦わせて勝負を決める競技。すもう。季語秋 ❷「★相撲の節」の略。❸「★相撲人」の略。発展動詞「争ふ」の連用形が名詞になったもの。現代語の「相撲」はこのことばが変化したもの。

すまひ-の-せち【相撲の節】―すまい 名詞 平安時代の宮中の年中行事のひとつ。陰暦七月の二十八・九日（大の月の場合）、二十七・八日（小の月）に、諸国から召集された*相撲人が天皇の前ですもうを取った。一一七四（承安四）年以後廃絶。

すまひ-びと【相撲人】―すまい 名詞 すもうをとる人。すもうとり。力士。

すま・ふ【争ふ・辞ふ】すま（もう）

ある力に対して、力で拒む ― ❶**抵抗する。張り合う。** ❷**辞退する。断る。**

未然形	連用形	終止形	連体形	已然形	命令形
すま・は	すま・ひ	すま・ふ	すま・ふ	すま・へ	すま・へ

動詞 自 八四段 ❶**抵抗する。張り合う。** **秋風に折れじとすまふ女郎花いくたび野辺に起き伏しぬらむ** 歌〈後拾遺集・313〉訳 秋風に折れまいと**抵抗する**オミナエシよ。（いったい）何度、野辺で起きたり伏したりしたことであろう。

❷**辞退する。断る。** **もとより歌のことは知らざりければ、すまひけれど、しひて詠ませければ**…。〈伊勢・101〉訳（在原業平は）もともと歌のことは知らなかったので、（歌を詠むことを）**辞退したけれども**、（人々が）無理に詠ませたので…。

すま・ふ【住まふ】すま（もう） 一《上代語》（「ふ」は反復・継続の助動詞で）住み続ける。**天離る鄙に五年住まひつつ都のてぶり忘らえにけり** 歌〈万葉集・5・880〉訳 地方に五年**住み続け**、都の風習も自然と忘れてしまった。○「天離る」は「鄙」に係る枕詞。

二 動詞 自 八四段〈は・ひ・ふ・ふ・へ・へ〉 暮らす。住む。**あたりあたりおとなしく住まひたまへるさま、華やかなるを見たまふにつけても、いとものあはれにおぼさる。**〈源氏・藤裏葉〉訳（夕霧夫妻が）どこもそこも年長者らしく（落ち着いて）お**暮らし**になるありさまが、晴れ晴れしく感じられるのを（雲居の雁の父は）ご覧になるにつけても、まことに感慨深いとお思いにならないではいられない。

発展 一は「すむ」の未然形＋反復・継続の助動詞「ふ」。二は一が一語になったもの。

すみ-あか・る【住み離る・住み散る】 動詞 自 ラ下二段〈れ・れ・る・るる・るれ・れよ〉 散り散りに別れて住む。**人々は皆ほかに住みあかれて、ふるさとに一人、いみじう心細く悲しくて**…。〈更級日記・夫の死〉訳（一緒に住んでいた）人たちはみなよその（土地）に**散り散りに別れて住んで**、（私だけが住みなれた）我が家にひとり（でいるのは）、ひどく心細く悲しくて…。

すみ-う・し【住み憂し】 形容詞 ク〈く・く・し・き・けれ・○／から・かり・○・かる・○・かれ〉 住みにくい。**京や住みうかりけむ、東の方に行きて**…。〈伊勢・8〉訳 都は**住みにくかった**のだろうか、東国の方へ行って…。

すみ-がき【墨書き】 名詞 ❶墨で絵を描くこと。特に、大和絵で、構図の下書きと採色後の人物・調度などの輪郭を墨だけで描くこと。また、墨で描いた絵。対 作り絵。❷平安時代、絵所（＝宮中で絵について担当する役所）の主任の画家。

すみ-ぞめ【墨染め】 名詞 ❶黒または灰色に染めること。また、そのような色。❷「*墨染め衣」の略。

すみぞめ-ごろも【墨染め衣】 名詞 黒または灰色に染めた衣服。僧衣や喪服。発展 略して「墨染め」とも。

すみぞめ-の【墨染めの】 枕詞（墨染めの色から）「夕べ」「たそがれ」「暗し」に、（「暗し」の音から）地名「鞍馬」「くらぶ」などに係る。

すみぞめ-の-ころも【墨染めの衣】→すみぞめごろも

すみぞめ-の-そで【墨染めの袖】 僧衣や喪服の袖。

隅田川［すみだがわ］「ガハ」 歌枕 東京都東部で東京湾に注ぐ荒川下流部の名。「角田川」とも書く。「浅草川」「宮戸川」とも。江戸時代、隅田堤は桜の名所で、多く詩歌に詠まれた。

炭俵［すみだわら］「ダハラ」 作品名 江戸時代前期の俳諧撰集。野坡・孤屋・利牛共編。『*俳諧七部集』の第六集。最晩年の芭蕉の指導のもとに成立し、「*軽み」の作風を特徴とする。一六九四（元禄七）年刊。

すみ-つき【墨付き】 名詞 ❶手紙・文書などの墨の付き具合。筆跡。❷将軍や大名などが臣下に与えた、確認や保証のための文書。発展 ❷は「お墨付き」とも。

すみ-つ・く【住み着く】 動詞 自 カ四段〈か・き・く・く・け・け〉 ❶定住する。住み慣れる。**まだこまやかなるにはあらねども、住み着かば、さてもありぬべし。**〈源氏・松風〉訳（部屋の装飾や調度類は）まだこまごまと（した心配り）ではないけれども、**住み慣れたら**、それでもきっと間に合うに違いない。

❷（夫婦の関係が定まって）落ち着く。「**太政大臣のわたりに、今は、住みつかれにたりとな。**」〈源氏・若菜上〉訳「太政大臣の所に、今は、（夕霧は婿として）**落ち着かれてしまったそうだね。**」

すみ-つぼ【墨壺】 名詞 ❶大工・石工などが直線を引くのに使う道具。墨の付いた糸をはじいて、その跡が直線になるようにして用いる。❷墨汁を入れる携帯用のつぼ。

［すみつぼ❶］

すみ-な・す【住み成す】 動詞 自 サ四段〈さ・し・す・す・せ・せ〉 …のようにして住む。**心細く住みなしたる庵あり。**〈徒然草・11・神無月のころ〉訳 もの寂しい状態に**して住んで**いる庵がある。

住江［すみのえ］ 地名 →住吉

すみのえ-の【住江の・住吉の】 枕詞（住江がマツの名所であることから）「まつ」に係る。

すみのえの… 百人一首

住の江の岸に寄る波よるさへや夢の通ひ路人目よくらむ〈古今集・恋2・559・藤原敏行〉訳 住の江の岸に寄せてくる波、（その波のように、あなたのそばに寄りたいと思うのに、昼に会えないのはやむを得ないとしても）夜までも、夢の通い路で、どうして（あなたは）人目を避けているのだろうか。○「住の江」は今の大阪市住吉区付近の入り江。第二句までが「よる」を導く序詞。「よる」は「寄る」と「夜」の掛詞。「よく」は、カ行上二段動詞「避く（＝避ける）」の終止形で、主語を作者とする説もある。

発展 恋しい人に夢の中でさえ会えない気持ちを、女性の立場に立って詠む。

品詞分解・修辞

住の江　の（格助）　岸　に（格助）　寄る（ラ四・体）　波　〈序詞〉→よる
よる（寄る／夜〈掛詞〉）　さへ（副助）　や（係助）（係）―
夢　の（格助）　通ひ路　人目　よく（カ上二・終）　らむ（現在推量・体）（結）

すみ-のぼ・る【澄み昇る】 動詞 自〔ラ四段〕〈ら・り・る・る・れ・れ〉❶(月が)はっきりと見える状態で昇る。鮮やかに昇る。**有り明けの月澄み昇りて、水の面も曇りなきに**…。〈源氏・浮舟〉訳 有り明けの月が**鮮やかに昇って**、(川の)水面も曇りもないところに…。

❷(歌声や楽器の音色が)高く昇るように冴え響く。**声すべて似るものなく、空に澄み昇りてめでたく歌を歌ふ**。〈更級日記・足柄山〉訳 (若い遊女の)声(のすばらしさ)がまったく他に比べようもなく、空へ**高く冴え響いて**見事に歌を歌う。

すみ-は・つ【住み果つ】 動詞 自〔タ下二段〕〈て・て・つ・つる・つれ・てよ〉いつまでも住む。一生住み通す。「**この山里に住み果てなむ**。」とおぼいたり。〈源氏・夕霧〉訳 「この(小野の)山里に**一生住み通して**しまおう。」と(落葉の宮は)お思いになっている。

すみ-はな・る【住み離る】 動詞 自〔ラ下二段〕〈れ・れ・る・るる・るれ・れよ〉❶住み慣れた所を離れる。また、別の所に住む。**憂きものと思ひ捨てつる世も、「今は。」と住み離れなむことをおぼすには、いと捨てがたきこと多かる中にも**…。〈源氏・須磨〉訳 嫌なものとして思いあきらめてしまったこの世の中(=都)も、「今は(これまで)。」と**住み慣れた所を離れて**しまおうということを(源氏が)お思いになるときには、とてもあきらめきれないことが多い中でも…。

❷(男女の仲が悪くなって互いに)寄り付かなくなる。別居する。

すみ-まへがみ【角前髪】 名詞 江戸時代の少年の髪型のひとつ。前髪の額の生え際の両隅をそり込んで角ばらせたもの。

[すみまへがみ]

すみ-やか・なり【速やかなり】 形容動詞〔ナリ〕〈なら・なり(に)・なり・なる・なれ・なれ〉速い。さっそく。たちまち。「**この幣の散る方に、御船速やかに漕がしめたまへ**。」〈土佐日記・一月二十六日〉訳 「この*幣の散る方角(=東の方)へ、(神よ)お船を**速く**漕がせてください。」

発展 漢文を訓読したことばで、中古の和文には普通用いられない。

住吉 歌枕 大阪市住吉区一帯の地域。平安時代初期までには、「墨江」「住吉」などと記され、「すみのえ」と称されたが、以降は「住吉」となった。海上交通の守り神、また和歌の神として信仰された住吉神社の所在地。古くは、海に面した松原の続く景勝地で、*高砂と並んで松の名所。歌には、多く「松」「波」「忘れ草」が景物として詠み込まれた。

住吉物語 作品名 平安時代中期の物語。作者不明。母を失った姫君が、継母の悪計を逃れて住吉の尼のもとに身を寄せ、求婚者の四位少将と再会、都に戻って幸福な生活を送る。典型的な継子物語。現存本は鎌倉中期の改作。

すみれ【菫】 名詞 ❶《植物》スミレ科の多年草。早春の野辺に深紫色の小さな花を咲かせる。季語 春。❷*襲の色目のひとつ。表は紫、裏は薄紫。春に用いる。❸紋所のひとつ。❶の花や葉を図案化したもの。

すみ-わた・る【住み渡る】 動詞 自〔ラ四段〕〈ら・り・る・る・れ・れ〉❶住み続ける。落ち着いて住みつく。**遠くな行きそわが宿の花橘に住みわたれ鳥** 歌〈万葉集・9・1755〉訳 遠くへ行かないでくれ。私の家のタチバナの花に**住み続けよ**。鳥(=ホトトギス)よ。

❷(男が女の所に)通い続ける。

すみ-わた・る【澄み渡る】 動詞 自〔ラ四段〕〈ら・り・る・る・れ・れ〉(空・月などが)一面に澄み切る。**月は入り方の、空清う澄みわたれるに**…。〈源氏・桐壺〉訳 月は沈みかけるころで、空は清らかに**一面に澄み切って**いるうえに…。

すみ-わ・ぶ【住み侘ぶ】 動詞 自〔バ上二段〕〈び・び・ぶ・ぶる・ぶれ・びよ〉住みにくく思う。住んでいるのをつらく思う。**住みわびぬわが身投げてむ津の国の生田の川は名のみなりけり** 歌〈大和・147〉訳 (この世に)**住んでいるのをつらく思った**。(そこで)我が身を(この川に)いっそ投げてしまおう。(そうすると、生きるという名を持った)津の国の生田川は名前だけだったのだね(私はそこで死ぬのだから)。

す・む【住む・棲む】 動詞 自〔マ四段〕〈ま・み・む・む・め・め〉❶生活の場とする。居住する。**昔、大和の国葛城の郡に住む男女ありけり**。〈大和・149〉訳 昔、大和の国(=今の奈良県)葛城の郡に**居住する**男と女がいた。

❷妻のもとに通い住む。(夫として)通う。**いみじう仕立てて婿取りたるに、ほどもなく住まぬ婿の舅に会ひたる、いとほしとや思ふらむ**。〈枕草子・266・いみじうしたてて婿とりたるに〉訳 たいへん(立派に)支度をして婿を取ったのに、間もなく(そこに)**通わなく**なった婿が舅に出会った(場合)、(婿は舅を)気の毒だと思っているのだろうか。

発展 平安時代では男が女のもとに通っていくという結婚形態(=妻問い婚)であったので、❷の意味が派生した。

す・む【澄む】 動詞 自〔マ四段〕〈ま・み・む・む・め・め〉❶曇りがなく清らかになる。濁りがなく透明になる。(くっきりと)さえわたる。対 濁る

何事も変はりのみゆく世の中に同じ影にて澄める月かな 歌〈山家集・350〉訳 何事も(すべて)変わってばかりゆく(無常の)世の中に、(昔と)同じ光で**さえわたって**いる月であることだ。

❷もの音がさえる。響きわたる。対 濁る

「**琴、笛の音も、明らかに澄める心地はしはべれど**…。」〈源氏・若菜下〉訳 「琴や、笛の音も、はっきりと(聞こえて)**さえている**感じは致しますけれど…。」

❸(雑念が去り、心が)清らかになる。対 濁る

「**思ひ立つほどは、いと心澄めるやうにて**…。」〈源氏・帚木〉訳 「(出家を)思い立つときは、非常に心が**清らかになった**ようで…。」

❹(人柄・書体・辺りのようすなどが)落ち着いた品格を持つ。すっきりとあか抜ける。(人の気配が)なくなる。静かになる。

人澄みて後、三人ながら車より降りぬれば…。〈今昔〉訳 人(の気配)が**なくなって**から、三人とも車から降りてしまったので…。

すむや-け・し【速やけし】 形容詞〔ク〕〈く・く・し・き・けれ・○／から・かり・○・かる・○・かれ〉すみやかだ。速い。急だ。

かれ、**その軍を廻らして、すむやけくは攻めたまはざりき**。〈古事記・垂仁天皇〉訳 そこで、(垂仁天皇は)その軍隊を(稲城を)囲むように置いて、**急には**攻めなさらなかった。

すめ-【皇】 造語 天皇に関連していることを表す。語例 **皇神**・**皇孫** 発展 「すべ」とも。

すめ-かみ【皇神】 名詞 ❶皇室の先祖の神。皇祖神。❷神々を尊んだ言い方。発展 「すめがみ」「すべがみ」とも。

すめ-みま【皇御孫・皇孫】名詞 ❶天照大御神の孫である邇邇芸命。❷天照大御神の子孫である天皇。皇統の子孫。

すめら-【皇】造語 天皇に関連していることを表す。語例 **皇尊・皇御軍** 発展「すべら」とも。

すめら-ぎ【天皇】名詞 天皇。発展「すべらぎ」「すめらき」「すめろき」「すめろぎ」とも。

すめら-みこと【皇尊・天皇】名詞 天皇を敬った言い方。→古語チャート㉖(873ページ)

すめろ-き【天皇】名詞 →すめらぎ

すもう(現)→(歴)**すまう**【相撲】

す-もり【巣守り】名詞 ❶孵化しないで巣に残った卵。❷取り残されること。また、その人や物。

ず-もん【誦文】名詞 動詞 自〔サ変〕〈せ・し・す・する・すれ・せよ〉まじないの文句を唱えること。呪文。

はなひて誦文する。〈枕草子・28・憎きもの〉訳 くしゃみをして**まじないの文句を唱える**のは(しゃくに障る)。〇「はなひる」は「くしゃみをする」意味。当時は、くしゃみをしたらすぐに「休息万命」急々如律令」という呪文を唱えないと不吉だと信じられていた。その「休息万命」が崩れて、古語の「くさめ」となったかとされる。

ず-や 一❶(文末に用いて、打消の疑問を表し)…ないか。…(では)ないか。

「いかに殿ばら、殊勝のことは御覧じとがめ**ずや**。」〈徒然草・236・丹波に出雲と〉訳「ちょっと皆さん、(この狛犬の置かれ方の)おごそかなことにはご覧になって不思議にお思いにならない**か**。」

❷(文末に用いて、打消の反語を表し)…ないか、…だろう。…(では)ないか、…だろう。

あかねさす紫野行き標野行き野守は見ずや君が袖振る 歌〈万葉集・1・20〉訳 →あかねさす…

初心忘るるは、後心をも忘るるにてあらずや。〈花鏡〉訳 初心を忘れるということは、現在の芸への反省をも忘れているということでは**ないか**。そういうことで**あろう**。〇打消の反語は、肯定の強調表現となる。

二(下に推量の表現を伴って、打消の疑問を表し)…ないで…(のではないだろう)か。

思ひやる心は海を渡れどもふみしなければ知らずやあらむ 歌〈土佐日記・一月九日〉訳(見送りの人を)はるかに思う(私の)思いは(船から岸へ)海を越えていくけれども、文(=手紙)も踏み(=歩いていくこと)もないから(岸の人は)気づか**ないでいるのではないだろうか**。

発展 一は、打消の助動詞「ず」の終止形＋終助詞「や」。二は打消の助動詞「ず」の連用形＋係助詞「や」。

す-やつ【其奴】代名詞(他人を卑しめて)そいつ。

「さりとも、**すやつばら**を、等しなみにはしはべりなむや。」〈源氏・玉鬘〉訳「そうであった(=身分の高くはない女たち大勢と親しんでいる)としても、**そいつら**を、(姫君と)同等に取り扱いましょうか、いえ、そんなことは致しません。」

す・ゆ【据ゆ】動詞 他〔ヤ下二段〕〈え・え・ゆ・ゆる・ゆれ・えよ〉据える。

三里に灸据ゆるより、松島の月まづ心にかかりて…。〈奥の細道・発端〉訳 三里(=膝頭の下の外側のくぼんだ所)に灸を**据える**とすぐに、松島の月(のこと)が真っ先に気にかかって…。

発展 中世以降、ワ行下二段動詞「据う」をヤ行に誤って活用させたもの。

すら 副助詞(程度の軽いものを挙げ、言外にもっと重いもののあることを類推させ)…さえ。…でさえ。…だって。接続 体言、活用語の連体形、副詞、助詞などに付く。

言問はぬ木すら妹と兄とありといふをただひとり子にあるが苦しさ 歌〈万葉集・6・1007〉訳 ものを言わない木**でさえ**妹と兄とがあるというのに、(この私は)まったくのひとりっ子であることがつらいことよ。

聖などすら、前の世のこと夢に見るは、いと難かなるを…。〈更級日記・宮仕え〉訳 高徳の僧など**でさえ**、(自分の)前世のことを夢に見るのは、とても難しいと聞いているが…。

発展 上代に多く用いられた語で、中古以降は、類義の「だに」が広く用いられるようになり、「すら」は漢文訓読文を中心とした作品にしか見られなくなる。したがって、『更級日記』の用例などはまれな例である。

類語比較「さへ」「だに」「すら」→さへ

ず-らう【受領】―ろう 名詞 →ずりやう

すら-に 連語 …でさえ。…さえも。

至極の大聖すらに、なほし子を愛しびたまふ心あり。〈万葉集・5・802・題詞〉訳 無上の大聖人(=釈迦)**でさえ**、やはり子をいとしくお思いになる心はある。

発展 副助詞「すら」＋格助詞「に」。この「に」については、間投助詞とする見方もある。

すら-を 連語(当然推測される事実に反する事態を表し)…でさえあるのに。…であるのに。…までも。…さえも。

息の緒にわが息づきし妹すらを人妻なりと聞けば悲しも 歌〈万葉集・12・3115〉訳 命を懸けて私が恋し嘆いたあなた**であるのに**、人妻なのだと聞くと悲しいことだよ。

発展 副助詞「すら」＋間投助詞「を」。

す-り【修理】名詞 動詞 →しゅり

すり-こ【磨り粉】名詞 米をすりつぶして粉にしたもの。湯に溶かして、母乳の代わりにした。

すり-ごろも【摺り衣】名詞 ヤマアイやツキクサ(ツユクサ)などの染め汁で、模様をすり付けた衣。発展「すりぎぬ」とも。

すり-しき【修理職】名詞 →しゅりしき

すり-も【摺り裳】名詞 染め草の汁で模様をすり出した、女性が腰から下にまとう衣服。

すり-もどろか・す【摺りもどろかす】動詞 他〔サ四段〕〈さ・し・す・す・せ・せ〉染料を刷りつけて乱れ模様を出す。

すりもどろかしたる水干といふ袴を着せて…。〈枕草子・119・あはれなるもの〉訳 **染料を刷りつけて乱れ模様を出して**ある水干という袴を身に着けさせて…。

ず-りやう【受領】―りょう 名詞 実際に任地に赴いて実務をとる長官。国守。発展「じゅりゃう」「ずらう」とも。官人が前任者から事務を受け継ぐという意味。平安中期に赴任を前提としない国守が現れ、これを「遥任(=ようにん)」と呼んだのに対し、実際任地に赴いた国守をこう呼ぶようになった。

ずりょう(現)→(歴)**ずりやう**【受領】

する【為る】動詞・補助動詞**す**(為)の連体形。

する 助動詞**す**の連体形。→基本助動詞20(686ページ)

する(現)→(古)**す**【為】

す・る 動詞 他〔ラ四段〕〈ら・り・る・る・れ・れ〉一【刷る・摺る】(形木や版木で紙や布に)文字や模様などを刷り付ける。

後にも、摺りたる裳も、やがてひろげながらうちさげなどして…。〈枕草子・35・小白河といふ所は〉訳(車の)後ろにも、**模様をすりつけた**裳を、そのまま広げながら下げ掛けたりして…。

二【摩る・磨る・擂る・擦る】❶(物を)こすり合わせる。**やれ打つな蠅が手をすり足をする** 句〈八番日記・一茶〉訳おい、打つな。ハエが手をこすり合わせ足をこすり合わせて(打たないでくれと頼んで)いるよ。

❷こすって研ぐ。磨く。また(墨などを)する。**硯に髪の入りてすられたる。**〈枕草子・28・憎きもの〉訳硯に髪の毛が入ったまま(気づかないで墨が)すられたのは(不快である)。

駿河 旧国名 駿州。★東海道十五か国の一つ。今の静岡県中部。大井川以東の地域で、伊豆半島を除く。↓ビジュアルチェック❼(450ページ)

するがなる… 歌 **駿河なる宇津の山べのうつつにも夢にも人に逢はぬなりけり**〈新古今集・羇旅・904・在原業平〉訳駿河の国(=今の静岡県)にある宇津の山のほとり(に来て、その「うつ」という名のように)、現実でも夢でも(恋しい)あなたに逢わないことだったなあ。○第一・二句は「うつ」と同音の「うつつ」を導く序詞。

発展『伊勢物語』九段にもあり、東国へ向かう男が京へ残してきた女に贈った歌。当時は夢に恋しい人が現れないのはその人が自分のことを思っていないからだと考えられており、「あなたは私を忘れてしまったのか」という意味が詠み込まれている。

するが-まひ【駿河舞】 名詞 駿河の国(=今の静岡県)の風俗歌に合わせて舞う舞。天女が舞った情景を写したといわれる。↓東遊び

するす-み【匹如身】 名詞 身寄りも財産もなく、持っているものが自分の身ひとつであること。また、そのような人。**世を捨てたる人の、万に匹如身なるが…。**〈徒然草・142・心なしと見ゆる者も〉訳世間を捨てて出家した人で、すべてにおいて**自分の身ひとつである人**が…。

すれ【為れ】 動詞・補助動詞す(為)の已然形。

すれ 助動詞すの已然形。↓基本助動詞20(686ページ)

す-ろ【棕櫚・椶櫚】 名詞《植物》ヤシ科の常緑高木。シュロ。発展「しゅろ」とも。

すわ(現)↓(歴)**すは**(感動詞)

諏訪 地名 長野県諏訪市。江戸時代には諏訪氏の城下町で、★甲州街道の宿駅として発展した。諏訪大社・諏訪湖などがある。

すゑ【末】

空間的にも時間的にもひと続きのものの端・終わり

- [空間]
  - ❶(物の)末端。端。最上部。奥。
  - ❷枝先。こずえ。
- [時間]
  - ❸のち。あと。また、将来。後世。
  - ❹終わりごろ。下旬。末期。
  - ❺晩年。また、末世。
  - ❻子孫。跡継ぎ。末子。
  - ❼結果。あげく。
- [順序]
  - ❽下座。末席。下位。
  - ❾(和歌の)下の句。

名詞 ❶(物の)**末端。端。最上部。奥。** 対本

蘆荻のみ高く生ひて、馬に乗りて弓持たる末見えぬまで、高く生ひ茂りて…。〈更級日記・竹芝寺〉訳(ムラサキが生えているという武蔵野も)アシやオギばかりが高く生い茂って、ウマに乗って弓を持っている(武士の弓の)端も見えないほど、高く生い茂って…。

❷**枝先。こずえ。**

雪いと白う木の末に降りたり。〈伊勢・67〉訳雪がたいへん白く木の**枝先**に降っている。

❸**のち。あと。最後。また、将来。後世。** 対元

男、女をば言はじ。女どちも、契り深くて語らふ人の、末まで仲よき人難し。〈枕草子・75・ありがたきもの〉訳男と、女(の間)については(いまさら)言うまい。女同士でも、約束が確かで(=信頼関係が強くて)親しく付き合っている人で、**最後**まで仲のよい人はめったにいない。

❹**終わりごろ。下旬。末期。**

弥生も末の七日、あけぼのの空朧々として…。〈奥の細道・旅立ち〉訳三月も**下旬**の二十七日、明け方の空はおぼろにかすんでいて…。○「末の七日」で二十七日の意味になる。十七日は「中の七日」という。

❺**晩年。また、末世。**

故常陸の親王の、末に設けて、いみじうかなしうかしづきたまひし御娘…〈源氏・末摘花〉訳亡き常陸の親王が、**晩年**に得(た子であっ)て、とてもいとおしく大切にお育てになった姫君が…。

❻**子孫。跡継ぎ。末子。**

「子孫おはせぬぞよくはべる。末の後れたまへるはわろきことなり。」〈徒然草・6・我が身の〉訳「子孫(など)はおありにならないのが結構でございます。**子孫**が劣っていらっしゃるのはみっともないことである。」

❼**結果。あげく。** 対本

その御憤りの末にてこそ、保元の乱れも引き出でたまへりしを…。〈増鏡〉訳(崇徳天皇が父の鳥羽法皇に強引に退位させられた)そのお怒りの**結果**によって、保元の乱も引き起こしになったが…。

❽**下座。末席。下位。**

人々大御酒など参るほど、親王たちの御座の末に源氏着きたまへり。〈源氏・桐壺〉訳人々が(源氏の元服祝いの)お酒などを召し上がるころ、親王たちのお席の**末席**に源氏はお着きになった。

❾(和歌の)**下の句。** 対本

歌どもの本を仰せられて、「これが末いかに。」と問はせたまふに…。〈枕草子・23・清涼殿の丑寅の〉訳(中宮が『古今集』の)いくつかの歌の上の句をおっしゃって、「これの**下の句**は何か。」とお問いかけになるが…。

すゑ-ずゑ【末末】 名詞 ❶先端。先の方。❷将来。行く末。

かかる人々の末々いかなりけむ。〈源氏・末摘花〉訳このような(末摘花、空蟬、軒端荻といった)人々の**将来**はどのようであったのだろう。

❸子孫。また、年下の者。いちばん若い者。

聞き伝ふるばかりの末々は、あはれとやは思ふ。〈徒然草・30・人の亡き後ばかり〉訳人づてに聞くだけの**子孫**たちは、(荒れた墓を見て)感慨深いと思うだろうか、いや、思わないだろう。

❹身分の低い人。しもじも。

若く末々なるは、宮仕へに立ち居…。〈徒然草・137・花は盛りに〉訳若くて**身分の低い者**は、宮中などのご奉仕で立ったり座ったりし…。

すゑ-つ-かた【末つ方】 名詞 ❶終わりのころ。(季節や人生の)終わりの時分。❷終わりの部分。終末部。❸端の方。末の方。末端。末席。発展「つ」は上代の格助詞で、「の」の意味。

すゑつむ-はな【末摘花】すえつむ｜名詞《植物》キク科の一・二年草。ベニバナの別の呼び名。茎の末の方から咲き始める花を摘み取って紅を作ることからいう。季語 夏

すゑとほき… 歌

末遠き二葉の松に引き別れいつか木高き影を見るべき〈源氏・薄雲〉訳（大きく成長するのは）ずっと遠い先の二葉のマツと別れて、（いったい）いつ木高くなった姿を見ることができるのだろうか。

○「末遠き」は、行く末（＝将来）が遠い、という意味。「二葉の松」は、芽を出したばかりのマツのことで、幼い明石の姫君を指す。「引き別れ」の「引く」と「松」は縁語。「木高き影」は、成長した姿を表す。

発展 紫の上の養女になる姫君との別れに、母である明石の君が詠んだ歌。↓おひそめし…

すゑ-な・む【据ゑ並む】すゑ｜動詞 他〔マ下二段〕〈め・め・む・むる・むれ・めよ〉並べて座らせる。ずらりと並べ据える。

ここらめでたき人々を据ゑなめて御覧ずるこそはうらやましけれ。〈枕草子・278・関白殿、二月二十一日に〉訳大勢の美人たちを**並べて座らせ**てご覧になるのはうらやましいことだ。

すゑのまつやま【末の松山】 歌枕 ↓末の松山（すえのまつやま）

すゑ-の-よ【末の世】すえ｜名詞 ❶後世。後代。

「**管絃の方などは、その折にとりて優れたる例多かれど、いづらは末の世にその音の残りてやははべる。**」〈無名草子〉訳「管絃の方面などは、それぞれの時点で立派な手本も多いが、（そのうちの）どれが**後世**にまでその音色が残っていますか、いや、残ってはいませんよ。」

❷晩年。

「**末の世に思ひかけぬこと出で来てなむ、さらに都の住み処求むるを…。**」〈源氏・松風〉訳「**晩年**になって意外なことが起こって、あらためて都の住居を探し求めるのだが…。」

❸仏法が衰えすたれた末法の世。末世。

すゑ-ば【末葉】すえ｜名詞 ❶草木の先端の方の葉。 ❷（❶から転じて）子孫。末裔。

竹の園生の末葉まで人間の種ならぬぞやんごとなき。〈徒然草・1・いでや〉訳（天皇の位は）皇族のご**子孫**まで人間の血筋ではないのは尊いことである。

発展「すゑは」とも。❷は「ばつえふ」「まつえふ」とも。

すゑば-の-やどり【末葉の宿り】すえば｜晩年の住居。人生の終わりごろになってから住む家。

すゑ-ひろ【末広】すえ｜名詞 ❶末がしだいに広がること。末広がり。❷（開くと末の方が広がることから）扇。

すゑ-ひろがり【末広がり】すえ｜名詞 ↓すゑひろ

すゑ-ふろ【据ゑ風呂】すえ｜名詞 ↓すいふろ

すゑ-へ【末方・末辺】すえ 名詞《上代語》❶末の方。先の方。❷山頂の方。頂上の辺り。対 本方

すゑ-わた・す【据ゑ渡す】すえ｜動詞 他〔サ四段〕〈さ・し・す・す・せ・せ〉一面に据える。ずらりと並べる。

五石納の釜を五つ六つかき持て来て、庭に杭ども打ちて、据ゑわたしたり。〈宇治拾遺〉訳（芋粥が）五石も入る釜を五つ六つ担いで持って来て、庭に杭などを打って、**ずらりと並べた**。

発展「わたす」は補助動詞。

すん【寸】名詞 ❶長さの単位のひとつ。尺の十分の一。約三・〇三センチメートル。❷（刀剣などの）長さ。寸法。❸わずかなことのたとえ。ほんの少し。ちょっと。

すん-いん【寸陰】名詞 ほんのわずかな時間。寸暇。

寸陰惜しむ人なし。〈徒然草・108・寸陰惜しむ人なし〉訳**わずかな時間**をもったいないと思う人はいない。

発展「一寸の光陰」という意味。

ずん-ざ【従者】名詞 ↓ずさ

ずん-・ず【誦ず】動詞 ↓ずうず

ずん-なが・る【順流る】動詞 自〔ラ下二段〕〈れ・れ・る・るる・るれ・れよ〉（杯が順々に回る場合や、歌をつぎつぎに詠んでいく場合などに用いて）順を追って回る。

大御酒あまたたびずん流れて…。〈源氏・松風〉訳（酒宴の）お酒が幾度も**順を追って回って**…。

発展「ずん」は「じゅん」の★直音表記。

ずん-ば 連語 …ないならば。…なかったら。

ここに利益の地をたのまずんば、いかんが歩みを嶮難の路に運ばん。〈平家・2・康頼祝言〉訳この時（衆生に）利益を与える菩薩を信じ頼みに**しなかったら**、どうして歩みをこんな険しい道に進めようか、いや、そんなはずはない。

発展 ずは（打消の助動詞「ず」の未然形＋接続助詞「は」）に強調のための「ん」が入り、「ば」と濁ったもの。↓ずは

せ

せ【為】動詞・補助動詞**す**（為）の未然形。

せ 一 助動詞**き**の未然形。↓**基本助動詞20**（396ページ）
二 助動詞**す**の未然形・連用形。↓**基本助動詞20**（686ページ）

せ【兄・夫・背】名詞 女性が夫・恋人・兄弟など、男性を親しみを込めて呼ぶことば。対 妹

防人に行くは誰が背と問ふ人を見るが羨しさ物思ひもせず 歌〈万葉集・20・4425〉訳↓さきもりに…

せ【瀬】名詞 ❶川の水が浅くなっている所。浅瀬。対 淵

世の中は何か常なる飛鳥川昨日の淵ぞ今日は瀬になる 歌〈古今集・雑下・933〉訳↓よのなかは…

↓**古語チャート** 36（1057ページ）

❷川の流れの速い所。急流。早瀬。

❸物事に出会う時。機会。場合。

「**この瀬にも漏れさせたまひて、御上りもさうらはず。**」〈平家・3・有王〉訳「（俊寛は）この度の（恩赦の）**機会**からお漏れなさって、（京都へ）お上り（なさること）もございません。」

❹物事に出会う場所。地点。

聞かずともここを瀬にせむほととぎす山田の原の杉の群立ち 歌〈新古今集・夏・217〉訳（鳴き声を）聞かないとしても、ここを（聞く）**場所**にしよう。ホトトギスよ。（鳴くにふさわしい伊勢の）山田の原の杉が群生するここを。

❺点。節。

「**憂きにも嬉しき瀬はまじりはべりける。**」〈源氏・柏木〉訳「悲嘆にくれるときにも喜ばしい**点**はまじっていたのでした。」

せ【狭】形容動詞〔ニ〕狭いほどだ。狭い状態だ。

日々にこぼち、川もせに運び下す家、いづくに作れるにかあるらむ。〈方丈記・都遷り〉訳毎日打ち壊し、川も**狭いほどに**運び流す家は、どこに建ててあるのだろう。

発展 形容詞「せし」が形容動詞化する過程で連用形以外が未発達のままとなったものである。したがって、「狭に」の形でしか用いられない。

世阿弥

必修古典ビッグ30 ⑯

▼観世能
（洛中洛外図屏風）

【人物】

◉世阿弥は、一三六三(貞治二)年〜一四四三(嘉吉三)年。室町時代前期の能役者・能作者。本名は、元清。やはり、能役者・能作者であった観阿弥の子。二代目の観世大夫(=観世座の統率者)。

一三七四(応安七)年、十二歳のとき、父とともに京都今熊野での猿楽能に出演し、当時の室町幕府将軍足利義満に認められた。以後その支援を得て、観世座を隆盛に導き、猿楽を室町時代の代表的な芸能にまで成長させた。そして、一三九九(応永六)年、三十七歳のとき、義満の後援で興行を行い、第一人者としての地位を確立した。現在行われている曲のおよそ三分の一の約百数十番の作品を書いた。また『風姿花伝』をはじめとする多くの能楽論を残している。

しかし、晩年は、将軍足利義教の怒りにふれ冷遇されたり、息子の元雅を亡くしたり、さらには一四三四(永享六)年、七〇余歳で佐渡へ配流されるなど不遇であった。

◉父の観阿弥は、一三三三(正慶二)年〜一三八四(至徳元)年。本名は、清次。観世流の始祖。田楽の名手一忠に師事して芸を磨き、若いうちから名人と呼ばれた。その後大和の猿楽座の最も上の格になり、京都に近い地方を中心に活発な芸能活動を行った。一三八四年、駿河の浅間神社で法楽の能を舞って観客を魅了したが、その地で亡くなった。

優れた俳優であり、芸術的にも高度な演技をする半面、大衆にも受ける庶民性も兼ね備えていた。「自然居士」「卒塔婆小町」などの曲を作ったが、その他にも後に世阿弥が改作したいくつかの作品の原型を作ったといわれている。観阿弥が基礎を確立させ、世阿弥が大成させたという評価が固定している。

【主な作品】

◉風姿花伝…能楽論書。世阿弥の最初の著作。一四〇〇(応永七)年に一応成立し、その後改訂が加えられて現在の形になったといわれる。「花伝書」ともいう。

全七篇。第四篇までの前半は、亡き父観阿弥の説が中心であるが、後半は、自分自身の論が主体になっている。内容的には、一生にわたる能の稽古や修行のあり方、演出の要点、能の歴史などを述べ、巻七の「別紙口伝」の部分で、主題である「花」や「幽玄」について詳しく述べている。

◉至花道…一四二〇(応永二七)年世阿弥が五十八歳のときの成立。内容は、全五か条にわたり体系的な稽古の心得を述べる。たとえば「二曲三体の事」では、能の基本である舞・謡の二曲と、老・女・軍の三体を修めて、どのような役柄もこなせるようにすべきだと説く。

◉花鏡…一四二四(応永三一)年成立。四十有余歳から老年に至るまでの自己の理論を書き連ねたもので、長男の元雅へ授けられた書。稽古において大切なことを標語にして表題に掲げた六か条と、「〜事」と題した事書ごとに能の演出方法や芸の品位について述べた十二か条の、計十八条からなる。

能の奥義や理想とする芸について述べている。特に、「初心忘るべからず」という考え方をはじめとして、経験に裏づけされた論が列挙されている。

◉井筒…能。旅の僧が大和国の在原寺で里の女と出会い、女は自分は紀有常の娘、すなわち井筒の女だと名のって消える。その夜、僧の夢に紀有常の娘の霊が現れ、在原業平をしのぶ。『伊勢物語』二十三段を主題として、十七段、二十四段の内容も取り入れた作品。

【ことばと表現】

◉『風姿花伝』などには、能楽論独特の用語がある。たとえば「花」「幽玄」「風情」などである。ちなみに、最重要語の「花」という言葉について、世阿弥は、「花と面白きと珍しきと、これ、三つは同じ心なり。」と述べている。

◉『風姿花伝』など能楽論書は、それぞれの一文が短く、主語・述語の関係や修飾語・被修飾語の関係が明快である。

老人の物まね、この道の奥義なり。

訳 老人の演技は、能の道の最もむずかしいところである。

そもそも、上手にも悪き所あり、下手にもよき所必ずあるものなり。これを見る人もなし。主も知らず。上手は、名を頼み、達者に隠されて、悪き所を知らず。下手は、もとより工夫なければ悪き所をも知らねば、よき所のたまたまあるをもわきまへず。

訳 いったい、上手な人にも悪いところがあり、下手な人にもいいところが必ずあるものである。こういうことを見分ける人もない。本人も分かっていない。上手な人は、名誉ある評判を過信し、自分の優れた演技力に隠されて、悪い所がわからない。下手な人は、はじめから工夫がないので悪い所も分かっていないから、よい所がたまたまあるのも判別できない。

◉能楽論書や能(謡曲)の本文は、特殊な芸術に関する解説であるうえに、当時の文語文(=書きことば)で書かれているので、難解な文章との印象を与えはするものの、個々の単語には現代語と同じ意味のものも見え、内容理解の安易なところもある。たとえば、前述の文章中、「上手」「下手」「よき所」「悪き所」「名」などの語句は現代のわれわれが使っている意味と同じ意味である。

◉世阿弥の能楽論書の文章のなかには、「いっぱ」という語がしばしば現れる。「いっぱ」とは「言ふは」の変化したもので、室町時代特有の発音である。

「たへなる」と言っぱ、形なき姿なり。

〈花鏡〉

ぜ【係助詞】↓ぞ基本助詞25（731ページ）

世阿弥【人名】↓必修古典ビッグ30 ⑯（712ページ）

せい【制】【名詞】❶制度。おきて。**この殿、制を破りたる御装束の、ことのほかにめでたきをして…。**〈大鏡・時平〉【訳】この殿（=時平）が、（ぜいたくを禁じた）**制度**を破ったご装束で、特別にみごとな装束を着て…。
❷制止。「**まろが制に従ふべくもあらねばなむ、忍びて奏する。**」〈宇津保〉【訳】「（父の大臣は）私の**制止**に従いそうもないので、そっと申し上げるのです。」
❸天皇の命令。勅命。

せい【姓】【名詞】❶↓かばね（姓）❷氏。名字。

せい【勢】【名詞】❶勢い。力。勢力。**火の勢いよいよ高くなりて…。**〈今昔〉【訳】火の**勢い**はますます強くなって…。
❷軍勢。兵力。**その勢五百余騎、あくる三日卯の刻に…波風も立てずして下りにけり。**〈平家・12・判官都落〉【訳】その**軍勢**五百余騎は、翌三日の午前六時ごろに…（都に）騒ぎも起こさないで（九州へ）下ってしまった。
❸姿。格好。体つき。形。「**中に、勢鞠ばかりにして声ある物あり。**」〈平治〉【訳】「（箱の）中には、**形**が鞠ぐらい（の大きさ）で音のする物がある。」

井蛙抄【せいあしょう】［―セウ］【作品名】室町時代の歌論書。頓阿著。風体・本歌取り・制詞・同名名所・同類歌・雑談の六巻。巻六は藤原為世らからの聞書。二条派に重視された。鎌倉時代末期から書き継いで一三六〇（延文五）年前後に成立したと考えられている。

せいいたいしゃうぐん【征夷大将軍】［たいしょうぐん］【名詞】❶平安初期、★蝦夷を攻めるために任命された臨時の職。❷源頼朝以来、全国の軍事と政権を掌握した幕府の長の職名。【発展】奈良時代には「征夷将軍」「征夷使」「征東使」などと呼ばれた。

せいうん【青雲】【名詞】❶非常に高い所のたとえ。❷地位の高いことのたとえ。❸高い位に昇進すること。立身出世。【発展】立身出世を望むことを「青雲の志」という。

西王母【せいおう】［セイワウ］【人名】中国の仙女の名。天上から降りて漢の武帝に不老長寿の仙桃を与えたという。

清音【国語・国文法】ガ・ザ・ダ・バ行の音に対するカ・サ・タ・ハ行の音。濁点「゛」や半濁点「゜」を付けない仮名一文字で表されるが、拗音（「キャ」「シュ」「チョ」など）も指していうようになってきている。「誰（だれ）」が、古くは「たれ」であったように、現代語と古典語で清濁の異なる語がある。↓濁音・半濁音

せいが【笙歌】【名詞】笙の笛（=雅楽に用いる楽器）などに合わせて歌うこと。また、その歌。【発展】「しゃうが」とも。

せいがいは【青海波】【名詞】❶雅楽の曲名のひとつ。❷❶の舞人が着る服の、波を形どった染め模様。また、それと似た染め模様。

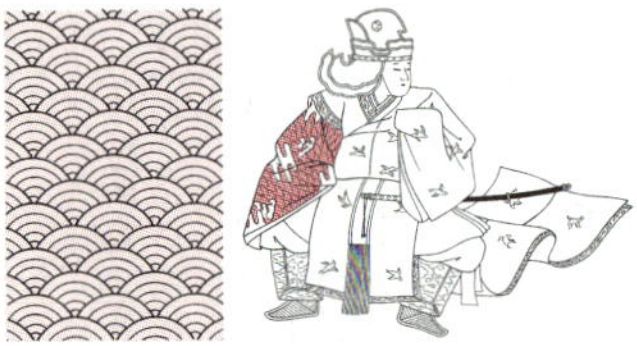
［せいがいは❷］

せいかん【清閑】【形容動詞】［ナ］清らかでもの静かだ。**慈覚大師の開基にして、殊に清閑の地なり。**〈奥の細道・立石寺〉【訳】（立石寺は）慈覚大師が開いた寺で、格別に**清らかでもの静かな**地である。

せいぐゎ【清華・清花】［―ガ］【名詞】鎌倉時代以降の公家の家柄のひとつ。摂関家に次ぎ、大臣家の上に位する。大臣・大将を兼ね、太政大臣にまで上ることができる。久我・三条・西園寺・徳大寺・花山院・大炊御門・今出川の七家。後に広幡・醍醐の二家を加えて九清華といった。「★五摂家」に次ぐ。【類】華族

せいこつ【性骨】【名詞】↓しゃうこつ

せいざう【星霜】［―ゾウ］【名詞】（星は一年に天を一周し、霜は毎年降ることから）年月。歳月。【発展】「せいさう」とも。

せいし【青侍】【名詞】↓あをざむらひ

せいしぼさつ【勢至菩薩】【名詞】《仏教語》知恵をつかさどる菩薩。阿弥陀三尊の一つで、阿弥陀仏の右側に立つ。

勢州【せいしゅう】［―シウ］【旧国名】↓伊勢

清少納言【せいしょうなごん】［―セウナゴン］【人名】平安時代中期の歌人・随筆文学作者。父は清原元輔。★中古三十六歌仙の一人。橘則光と結婚したが別れ、九九三（正暦四）年ごろから一条天皇の皇后定子に仕えた。持ちまえの和漢の才を発揮し、★藤原公任・藤原行成ら当代一流の才子とも交友関係にあった。鋭い感性と観察によってつづった『枕草子』（↓必修古典ビッグ30 ㉕ 1134ページ）は、随筆文学の傑作として知られる。家集に『清少納言集』があり、勅撰集には計十四首が入集。生没年不明。

［せいしぼさつ］

せいしょく【声色】【名詞】音楽と色事。

せいじん【聖人】【名詞】❶知識や人格が優れていて、すべての人の模範となるような人。**あやしき下﨟なれども、聖人の戒めにかなへり。**〈徒然草・109・高名の木登り〉【訳】身分の低い下人であるけれども、（言ったことばは）**聖人**の訓戒に合致している。
❷（濁り酒を賢人というのに対して）清酒の別の呼び名。

せい・す【制す】【動詞】【他】［サ変］〈せ・し・す・する・すれ・せよ〉押しとどめる。制止する。やめさせる。**女、悔しと思へど、制すべきやうもなくて…。**〈大和・173〉【訳】女は、しゃくだと思うが、（入りこんできた少将を）**制止する**ことができそうな手だてもなくて…。

醒睡笑【せいすいしょう】［―セウ］【作品名】江戸時代初期の仮名草子・噺本。★安楽庵策伝作。千話余りを収めた笑話集。話を四十二項に分類するなど、初期噺本の中で質量ともに最大の作品。

せいだい【聖代】【名詞】優れた天皇が治める時代。すばらしい治世。【発展】「せいたい」とも。

清濁の別【せいだくのべつ】【国語・国文法】清音と濁音との違い。上代の万葉仮名で書かれた文献では原則として清濁を書き分

けていたが、中古以降の仮名文献では濁音のための特別の表記法を持たなかったため、現代になっても清濁を決められないものもある。濁点は、訓点資料(=漢文を訓読するために文字や符号を付けた本)で使われはじめ、それが徐々に仮名で書かれた文章にも及び、現代に至ったものである。時代によって清濁が交代する語もある。「しのふ(偲ふ)→しのぶ」「ひつ(漬つ)→ひづ」「むつまし(睦まし)→むつまじ」など、清音から濁音に変わるものが多いが、「いざり(漁り)→いさり」のように濁音が清音に転じた例もある。

せい-ばい【成敗】 名詞 動詞 自 他 〔サ変〕〈せ・し・す・する・すれ・せよ〉❶政治を行うこと。執政。「**又、いかなる賢王、賢主の御政も、摂政関白の御成敗も**…。」〈平家・1・禿髪〉訳また、どんな立派な賢王、賢主の御政治も、摂政関白のご**執政**も…。
❷取り計らうこと。処置すること。計画。「**南都炎上の事、故入道の成敗にもあらず。**」〈平家・10・千手前〉訳南都(=奈良)が炎上したのは、亡くなった入道の**計画**ではない。
❸訴訟を裁くこと。裁き。裁定。裁決。裁断。「**宋の朝の人、いみじき成敗とぞ、あまねく褒めののしりける。**」〈沙石集〉訳宋の国の人々は、すばらしい**裁定**だと言って、(国中)残らず褒めそやした。
❹懲らしめること。処罰すること。特に死罪・斬罪に処すること。手討ち。「**かの男は縄をかけて、その夜に成敗に遭ひける。**」〈西鶴諸国ばなし〉訳その男には縄をかけて、その夜(のうち)に**手討ち**になった。

せい-びゃう【精兵】 ―びょう 名詞 優秀な武士。また、特に強い弓を引く射手。対小兵

せい-めい【清明】 名詞 二十四節気の一つ。万物が新鮮で、さまざまな花が咲き競う時節。陰暦で三月の前半にあり、今の暦では四月五日ごろ。季語 春 →**ビジュアルチェック**⑳(958ページ)

せい-めい・なり【清明なり】 形容動詞 〔ナリ〕〈なら・なり(に)・なり・なる・なれ・なれ〉清く明らかで曇りがない。「**この宿、清明なるゆゑに、月を翫ぶに良夜とす。**」〈徒然草・239・八月十五日〉訳この星座は、**清く明らかな**ので、月を観賞するのにふさわしい夜としている。

せい-もん【誓文】 一 名詞 神にかけて誓うことばや文書。誓約の文書。起請文。
二 副詞 神にかけて。誓って。きっと。「**わしが心はせいもんかうぢゃとひったり抱き寄せ**…。」〈近松・女殺油地獄〉訳私の気持ちは**神にかけて**このとおりだとぴったりと抱き寄せ…。

せい-らん【青嵐・晴嵐】 名詞 ❶晴れた日に立ち上る山の空気。晴れた日のかすみ。
❷夏に吹く強い風。

せいりゃう-でん【清涼殿】 せいりょう― 名詞 内裏の殿舎のひとつ。紫宸殿の西にある。天皇の日常の居場所であったが、儀式も行われた。室町時代以降は儀式用となった。→**ビジュアルチェック**⑫(715ページ)・⑯(759ページ)
発展「せいらうでん」とも。

せ-う【為う】 しょう …しよう。「**いかに佐々木殿、高名せうどて、不覚したまふな。**」〈平家・9・宇治川先陣〉訳「やあやあ佐々木殿、手柄を立て**よう**と思って、思わぬ失敗をなさるな。」
発展「せむ」(サ変動詞「す」の未然形＋意志の助動詞「む」)の変化したもの。「む」は発音の変化に伴って中古中期には「ん」、末期には「う」となり、中世以降「う」と表記されるようになる。なお、「せ」は種々の動詞の代わりをするので、文脈にふさわしく訳す。

せう【小】 しょう 名詞 ❶小さいこと。短いこと。細いこと。狭いこと。軽いこと。劣っていること。また、そのもの。「**大につき小を捨つる理、誠にしかなり。**」〈徒然草・174・小鷹によき犬〉訳大きいことを取り**小さいこと**を捨てるという道理は、ほんとうにもっともなことである。
❷(「小の月」の略で)陰暦で、日数が二十九日の月。

せう【少輔】 しょう 名詞 行政官である★八省の次官。大輔の下の位。発展「せうふ」の変化したことば。「せふ」とも。

せう【簫】 しょう 名詞 中国の管楽器のひとつ。長短ふぞろいの竹の管を並べたもの。

［せう(簫)］

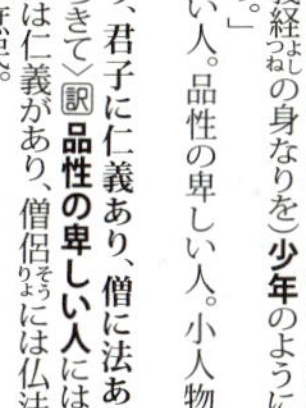

せう-えう【逍遥】 しょうよう 名詞 動詞 自 〔サ変〕〈せ・し・す・する・すれ・せよ〉気ままにあちこちを歩き回ること。散歩。散策。行楽。
発展単なる散歩・散策というよりは、かなりの遠出をも指し、平安時代までは、景色を観賞するための川や海など、水辺での行楽についていうことが多かった。

せう-かん【小寒】 しょう― 名詞 二十四節気の一つ。冬至から十五日目。陰暦では十二月の前半、今の一月六日ごろ。寒の入り。季語 冬 →**ビジュアルチェック**⑳(958ページ)

せう-げき【少外記】 しょう― 名詞 ★太政官の少納言に属する★外記で、下位の者。

せう-こん【招魂】 しょう― 名詞 死者の魂を招いて祭ること。

せう-さい【小賽】 しょう― 名詞 双六で、さいころの目の数が小さいこと。

せう-し・なり【笑止なり】 しょう― 形容動詞 〔ナリ・ノ〕〈なら・なり(に)・なり・なる・なれ・なれ〉❶気の毒だ。「**わが恋は水に燃えたつ蛍々もの言はで笑止の蛍**」〈閑吟集〉訳我が恋は、水辺で燃えて光を放つホタルのようなものだ。何も言わず**気の毒な**ホタルよ。
❷おかしい。笑うべきことだ。「**嗚呼、笑止なることを承るものかな。**」〈風来六部集〉訳「ああ、**おかしな**ことをうかがうものだなあ。」
発展「せうし」はもともとは「勝事」で、大事件の意味。「笑止」は当て字と考えられている。

せう-しゃう【少将】 しょうしょう 名詞 ★近衛府の次官で、中将の次の位。五位に相当する。

せう-じょう【小乗】 しょう― 名詞 《仏教語》他の人々の救済よりも、出家修行によって個人が悟ることを優先する考え。また、そうした考えに基づく仏教。対大乗

せう-じょう【少判官】 しょう― 名詞 ★判官のうちの下位。

せう-しん【少進】 しょう― 名詞 大膳職・修理職・中宮職などの判官(=三等官)で、大進の次の位。発展「せうじん」とも。

せう-じん【小人・少人】 しょう― 名詞 ❶少年。子供。「**山伏の同道には、少人のさまにこそ作りなし参らせうらはんずれ。**」〈義経記〉訳「山伏の一行に加わって旅をするには、(義経の身なりを)**少年**のように作り立て申し上げましょう。」
❷徳や教養のない人。品性の卑しい人。小人物。対君子「**小人に財あり、君子に仁義あり、僧に法あり。**」〈徒然草・97・その物につきて〉訳**品性の卑しい人**には財産があり、立派な人物には仁義があり、僧侶には仏法がある。
❸身分の低い者。庶民。

清涼殿図

ビジュアルチェック⑫

番号は下図に対応しています

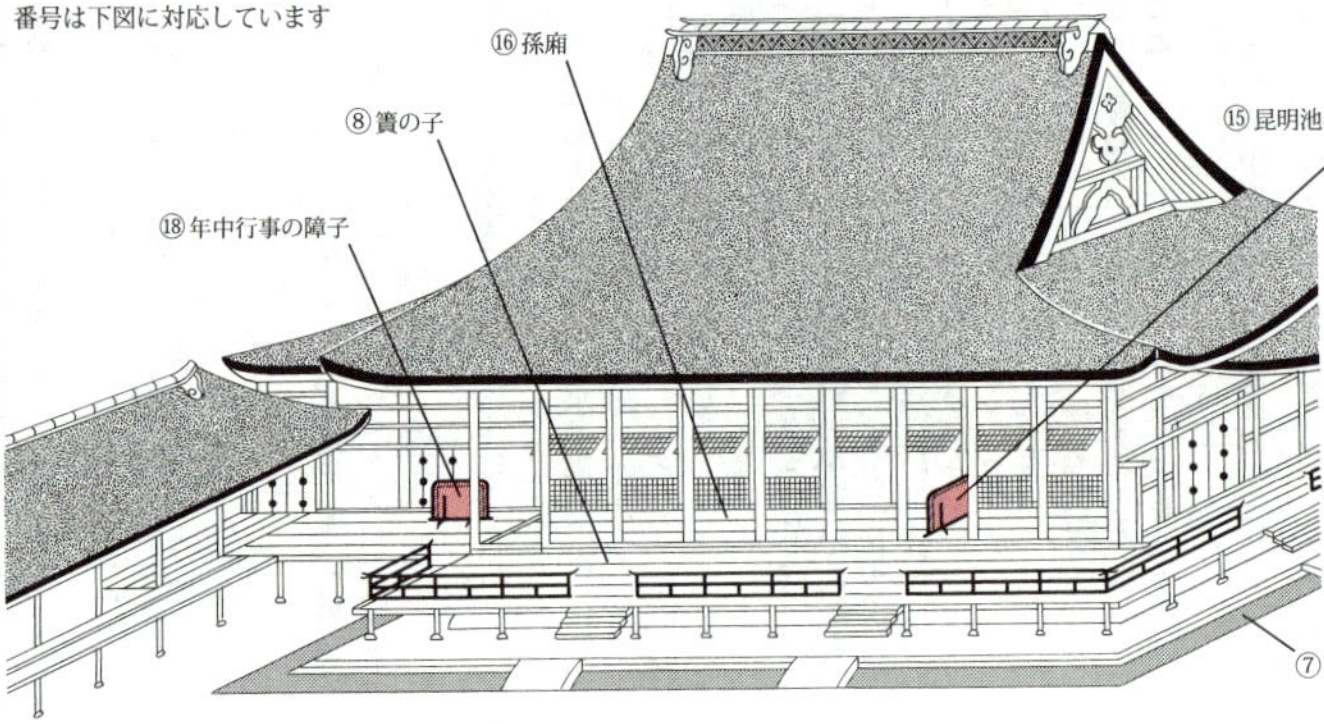

『安政御造営史』より

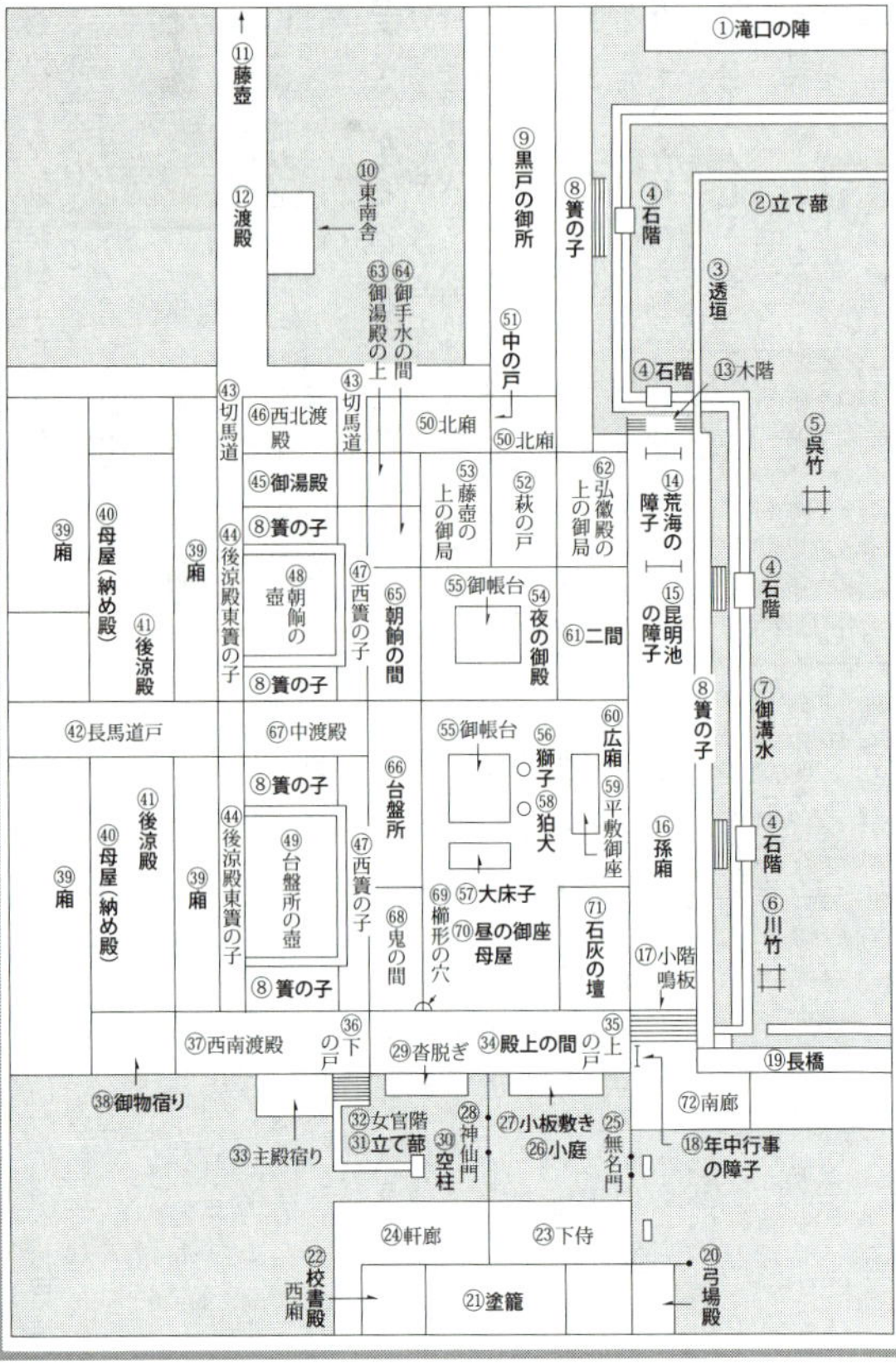

ゴシック文字は見出し語になっています。

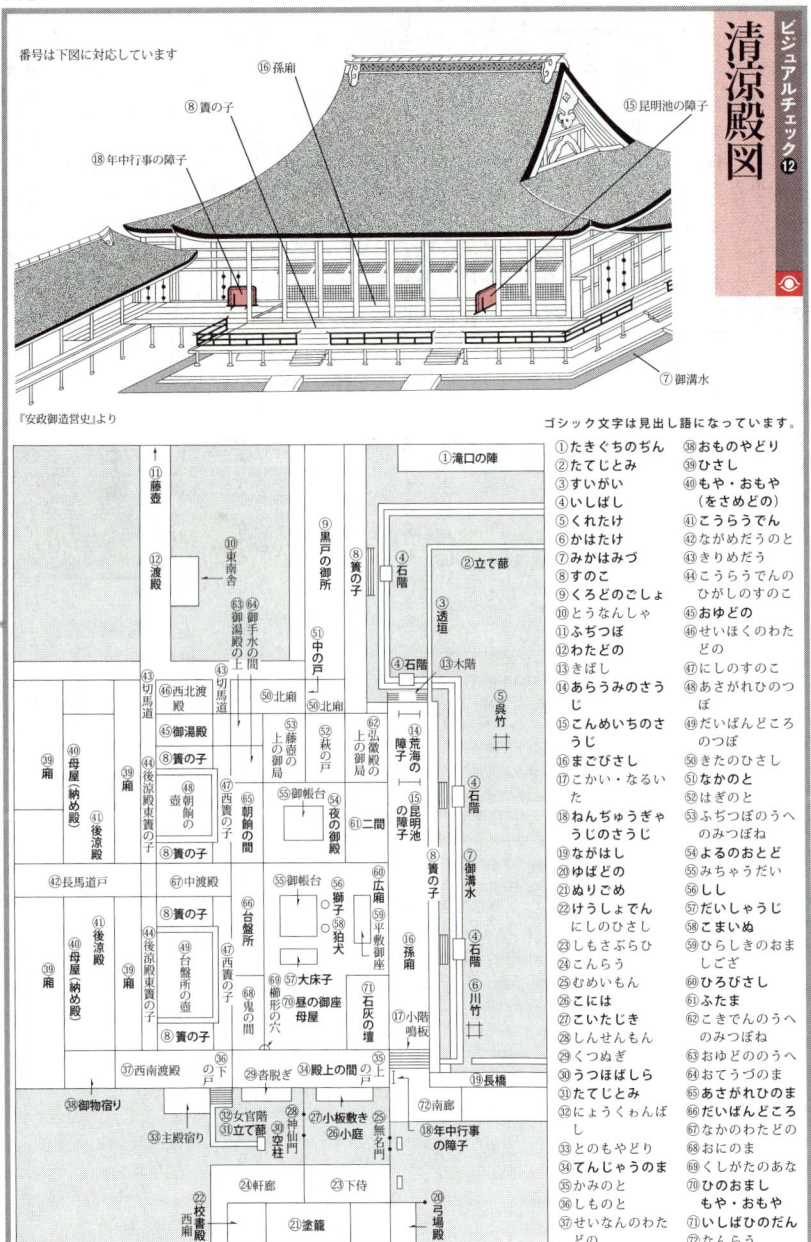

①**たきぐちのぢん**
②**たてじとみ**
③すいがい
④**いしばし**
⑤**くれたけ**
⑥**かはたけ**
⑦**みかはみづ**
⑧**すのこ**
⑨**くろどのごしょ**
⑩とうなんしゃ
⑪**ふぢつぼ**
⑫**わたどの**
⑬きばし
⑭**あらうみのさうじ**
⑮**こんめいちのさうじ**
⑯**まごびさし**
⑰こかい・なるいた
⑱**ねんぢゅうぎゃうじのさうじ**
⑲**ながはし**
⑳**ゆばどの**
㉑**ぬりごめ**
㉒**けうしょでん**
にしのひさし
㉓しもさぶらひ
㉔こんらう
㉕むめいもん
㉖**こには**
㉗**こいたじき**
㉘しんせんもん
㉙くつぬぎ
㉚**うつほばしら**
㉛**たてじとみ**
㉜にょうくゎんばし
㉝とのもやどり
㉞**てんじゃうのま**
㉟かみのと
㊱しものと
㊲せいなんのわたどの
㊳**おものやどり**
㊴**ひさし**
㊵**もや・おもや**
（をさめどの）
㊶**こうらうでん**
㊷ながめだうのと
㊸きりめだう
㊹こうらうでんのひがしのすのこ
㊺**おゆどの**
㊻せいほくのわたどの
㊼にしのすのこ
㊽あさがれひのつぼ
㊾だいばんどころのつぼ
㊿きたのひさし
51**なかのと**
52はぎのと
53ふぢつぼのうへのみつぼね
54**よるのおとど**
55みちゃうだい
56**しし**
57**だいしゃうじ**
58**こまいぬ**
59ひらしきのおましござ
60**ひろびさし**
61**ふたま**
62こきでんのうへのみつぼね
63おゆどののうへ
64おてうづのま
65**あさがれひのま**
66**だいばんどころ**
67なかのわたどの
68おにのま
69くしがたのあな
70**ひのおまし**
もや・おもや
71**いしばひのだん**
72なんらう

せう・す【抄す・鈔す】しょうす 動詞 他 サ変 (せ・し・す・する・すれ・せよ) ❶抜き書きして注を付ける。❷編纂する。

延喜の御時に、古今抄せられし折…。〈大鏡・道長下〉訳延喜(=醍醐天皇)のご治世に、古今和歌集を**編纂されたとき**…。

せう・す【消す】しょうす 動詞 他 サ変 (せ・し・す・する・すれ・せよ) 費やす。暮らす。(時を)過ごす。

日を消し、月を亙りて、一生を送る、尤も愚かなり。〈徒然草・108・寸陰惜しむ人なし〉訳日を**過ごし**、月を送り、一生を送るのは、最も愚かなことである。

発展「せうずる」とも。

せうすい-の-うを【少水の魚】しょうすいのうお 名詞 わずかな水の中にいる魚のように、命が残り少ないことのたとえ。

日を経つつ極まりゆくさま、少水の魚のたとへにかなへり。〈方丈記・飢渇〉訳(飢饉で飢えた人々が)一日一日困り果ててゆく状況は、(水がなくなって死にかけている)**少水の魚**のたとえそのものである。

発展「せうすいのいを」とも。

せう-せつ【小節】しょうせつ 名詞 つまらない節操や義理。

心の暇もなく、一生は雑事の小節にさへられて…。〈徒然草・112・明日は遠き国へ〉訳心の休まるひまもなく、一生は雑用の**つまらない義理**に妨げられて…。

せう-そく【消息】しょうそく 名詞 ↓せうそこ

せう-そこ【消息】しょうそこ

安否を尋ねること	
	❶**手紙。便り。伝言。**
	❷**訪問すること。取り次ぎを頼むこと。来意を告げること。**

未然形	連用形	終止形	連体形	已然形	命令形
せうそこ・せ	せうそこ・し	せうそこ・す	せうそこ・する	せうそこ・すれ	せうそこ・せよ

名詞 動詞 自 サ変 ⑲(717ページ)・古語チャート㊻(1305ページ) ❶**手紙。便り。伝言。**↓絵で見る古典生活史

「**心に忘れずながら、消息などもせで久しくはべりしに**…。」〈源氏・帚木〉訳「(私がひそかに通っていた女のことを)心では忘れないでいるものの、(女に)**便り**などもしないで長く(会わないで)いましたところ…。」

❷**訪問すること。訪ねてきたこと。取り次ぎを頼むこと。来意を告げること。**

「**消息を言はむに、『よかなり。』とはたれか言はむ。**」〈枕草子・8・大進生昌が家に〉訳「(男が)**訪ねてきたこと**を(わざわざ)ことばに出したならば、その時に『(女の部屋に入っても)よいようだ。』とはだれが言うだろうか、いや、だれも言いはしない。」

発展 **語の成り立ち** 「せうそく」が変化したことば。「消」は死、「息」は生の意味で、もともとは、安否を尋ねることを表す。

せうそこ-が・る【消息がる】しょうそこがる 動詞 自 ラ四段 (ら・り・る・る・れ・れ) 手紙をやりとりしようと思う。

好いたる田舎人ども、心かけせうそこがる、いと多かり。〈源氏・玉鬘〉訳色好みの田舎者たちで、(玉鬘に)思いを寄せ**手紙をやりとりしようと思う**者が、たいそう多くいる。

せうそこ-ぶみ【消息文】しょうそこぶみ 名詞 手紙に書かれた文章。手紙。

せうでう・たり【蕭条たり】しょうじょうたり 形容動詞 タリ (たら・たり(と)・たり・たる・たれ・たれ) ひっそりとしてもの寂しい。

せうでうとして… 句

蕭条として石に日の入る枯れ野かな〈蕪村句集・与謝蕪村〉訳草も木も枯れ果ててすっかりあらわになった石に、冬の夕日が沈む荒涼とした枯れ野であることよ。〇季語 枯れ野—冬。「蕭条」は、漢詩に多く用いられることばで、もの寂しいようすを表す。

発展 初句の字余りに枯れ野の寂しい情景が表れている。

せう-てん【少典】しょうてん 名詞 ★大宰府の主典で大典の次の位。書記官。

せうと【兄人】しょうと

女性から見て、男性の兄弟	
	❶(女性から見て)**母親の同じ兄弟。**
	❷(一般に)**男性の兄弟。**(後世には特に)**兄。**

名詞 ❶(年齢の上下に関係なく、女性から見て)**母親の同じ兄弟。兄。弟。**対 妹

二条の后に忍びて参りけるを、世の聞こえありければ、兄人たちの守らせたまひけるとぞ。〈伊勢・5〉訳(男が)二条の后のもとに忍んで参上したのを、世間のうわさがあったので、(后の)**兄**たちが(家来たちに命じて)守らせなさったのだということだ。

❷(一般に)**男性の兄弟。**(後世には特に)**兄。**

公世の二位の兄人に、良覚僧正と聞こえしは、きはめて腹あしき人なりけり。〈徒然草・45・公世の二位の〉訳公世という二位の**兄**で、良覚僧正と申し上げた方は、非常に怒りっぽい人であったということだ。

発展 **語の歴史** ①「せひと」の変化したことば。②中古までは、主に❶の、女性から見た同じ母親から生まれた兄弟を、年齢の上下にかかわりなくいうことばであった。なお、男女に関係なく兄弟姉妹の年長の者を「このかみ」といい、年下の者を「おとうと」といった。

せう-とく【所得】しょうとく 名詞 動詞 自 サ変 (せ・し・す・する・すれ・せよ) 得をすること。もうけ。利益。収入。

「**あはれ、しつるせうとくかな。年ごろは、わろくかきけるものかな。**」と言ふときに…。〈宇治拾遺〉訳(絵仏師良秀が)「ああ、大変な**もうけもの**よ。長い間、(火炎を)まずく描いたものよ。」と言うときに…。

発展「しょとく」を慣用的に「しょうとく」と読み、「せうとく」と表記したもの。

せう-なごん【少納言】しょうなごん 名詞 ★太政官の判官(=四等官の第三等)。侍従を兼ね、天皇のそば近くに仕える要職であったが、蔵人所が設置されて以後、職権がかなり縮小された。

せう-に【少弐】しょうに 名詞 ★大宰府の次官(=四等官の第二等)で、大弐の次の位。発展「すないすけ」とも。

せう-ひつ【少弼】しょうひつ 名詞 ★弾正台の次官(=四等官の第二等)のうちの下位。

せう-べん【少弁】しょうべん 名詞 ★太政官の判官(=四等官の第三等)のうちの下位。

せう-みゃう【小名・少名】しょうみょう 名詞 ❶鎌倉・室町時代、所有する田が少ない領主。対 大名 ❷江戸時代、大名のうちで領地の少ない者。対 大名

せう-もち【抄物】しょうもち 名詞 ↓せうもつ

せう-もつ【抄物】しょうもつ 名詞 書物の一部を抜き書きしたもの。書き写したもの。転じて、注釈書。発展「せうもち」と

も。

せうやう-しゃ【昭陽舎】 名詞 内裏の後宮(=女官の詰め所)のひとつ。紫宸殿の北東にあり、東宮の御在所ともなった。庭に梨の木が植えてあることから「梨壺」ともいった。発展「せうやうさ」とも。↓五舎・ビジュアルチェック ⑯(759ページ)

せ-おはしま・す【せ御座します】 連語 お…になる。…なされる。
「など、かくは謀らせおはしまししぞ。」〈枕草子・138・円融院の御果ての年〉訳「(あなたは)どうして、このようにおだましになったのだ。」
発展 尊敬の助動詞「す」の連用形＋尊敬の補助動詞「おはします」で、★二重敬語。高い尊敬を表す。↓させおはします・古語チャート ⑦(273ページ)

せ-かい【世界】 名詞 ❶人間の住む所。人間界。地上界。
「昔の契りありけるによりてなむ、この世界にはまうで来たりける。」〈竹取・かぐや姫の昇天〉訳「(私は)前世からの約束があったことによって、この地上界にはやって参りました。」
❷世の中。世間。
夜は世界の車の声に胸打ちつぶれつつ…。〈蜻蛉日記〉訳 夜は(往来を通り過ぎる)世間の車の音にどきどきしては…。
❸地方。土地。
若うより、さる東の方の、遥かなる世界に埋もれて…。〈源氏・東屋〉訳(常陸介は)若いころから、あのような東国の、(都からは)ずっと遠い地方に引っ込んで…。
❹周囲。その辺り。一帯。
取り捨つるわざも知らねば、臭き香世界にみち満ちて…。〈方丈記・飢渇〉訳(餓死者の死体を)取り片付ける方法もないので、臭いにおいが一帯に漂って…。
発展 仏教で、過去・現在・未来を「世」といい、東・西・南・北と上・下を「界」という。

せ-がい【船枻】 名詞 船のへりに左右に渡した板。これを踏んで櫓をこいだり、棹をさしたりする。類 船棚

せき【関】 名詞 ❶物事の動きを止めること。また、そのもの。隔て。❷国境や要所に設けて、通行人や荷物の検査をした所。関所。❸水をせき止める所。堰。

せき-あ・ぐ【咳き上ぐ】 動詞 自〔ガ下二段〕〔げ・げ・ぐ・ぐる・ぐれ・げよ〕❶(多く「胸(を)せきあぐ」の形で)むせかえる。しゃくり上げる。
にはかに、例の御胸をせき上げて、いといたう惑ひたまふ。〈源氏・葵〉訳(葵の上は)急に、いつものようにお胸がむせかえって、たいそうひどくお苦しみなさる。
❷(悲しみなどで胸が)いっぱいになる。こみ上げる。
胸のせきあぐるぞ堪へがたかりける。〈源氏・御法〉訳(源氏は)胸がいっぱいになることがたまらないのであった。

せき-あ・ぐ【塞き上ぐ・堰き上ぐ】 動詞 他〔ガ下二段〕〔げ・げ・ぐ・ぐる・ぐれ・げよ〕(川などを)せき止めて、水量を増やす。
佐保川の水をせき上げて植ゑし田を刈れる初飯はひとりなるべし 歌〈万葉集・8・1635〉訳 佐保川の水の流れをせき止めて、水量を増やして植えた田を刈って(炊いた)早稲の飯(を食べるの)は、きっとただひとりなのであろう。○尼の作った上の句(=「植ゑし田を」までに)、大伴家持が下の句(=「刈れる初飯は」から)を付けたもの。★連歌の最初の例といわれる。

せき-あ・ふ【塞き敢ふ】 動詞 他〔ハ下二段〕〔へ・へ・ふ・ふる・ふれ・へよ〕(打消の語を伴って)(涙を無理に)こらえる。がまんする。
御涙せきあへさせたまはず。〈平家・灌頂・大原御幸〉訳(後白河法皇は)お涙をこらえることがおできにならない。

せき-おくり【関送り】 名詞 ❶京都から旅立つ人(特に、伊勢参りの人)を★逢坂の関まで送ること。
❷旅立ちの見送り。対 関迎へ
其角亭において関送りせんともてなす。〈笈の小文〉訳 宝井其角の家で旅立ちの見送りをしようと歓待する。

せき-か・ぬ【塞きかぬ】 動詞 他〔ナ下二段〕〔ね・ね・ぬ・ぬる・ぬれ・ねよ〕せき止めかねる。こらえることができない。
二、三人ながら咽せかへり、いとむつかしく、せきかねたり。〈源氏・玉鬘〉訳(乳母など)二、三人はそのままむせび泣いて、ひどくうち沈み、(涙を)こらえることができないでいる。
発展「かぬ」は補助動詞。

関ヶ原 地名 岐阜県南西端、不破郡関ヶ原町。古代三関の一つである★不破の関が置かれた。南北を鈴鹿・伊吹両山地に挟まれた盆地で、東西交通の要地。安土桃山時代から★中山道の宿駅となった。関ヶ原の合戦でも有名。↓ビジュアルチェック ⑩(502ページ)

石州 〔一〕旧国名 ↓石見

せき-ぞろ【節季候】 名詞 近世、年末に二、三人が組となって人家を回る物乞いのひとつ。シダの葉を差した編み笠をかぶり、赤い布で顔を覆い、「せきぞろ(=節季にさうらふ)」と唱えながら歌い踊って、金銭や米をもらい歩いた。季語 冬 発展「せっきぞろ」とも。↓図(次ページ)

絵で見る古典生活史 ⑲
文のやりとり

(絵…申達の文を取り次ぐ男〈春日権現験記絵〉より)

「★ふみ」といえば、「手紙」の意味がありますが、仮名で書かれた手紙も特に「消息」とも呼びました。また、手紙の種類には、儀礼的な「★立て文」と恋文的な「結び文」とがあります。

手紙を送る場合は、紙の種類や色はもとより、文面や筆跡までが、自分の人柄や教養を表現する大きなポイントになりました。『★源氏物語』の中で、肥後の国の大夫監という者が、玉鬘に、一生懸命「唐の色紙」にきれいに書いた恋文を送るのですが、「ことばぞいと訛みたりける。」とあり、輸入ブランドのレターセットもだいなしのなまりだったようです。

『★枕草子』では、地方からの手紙にプレゼントが添えてないのはがっかりだ、とあります。また、一度出した手紙がボソボソになって「受け取ってもらえませんでした。」と戻されてくるのは「いとわびしくすさまじ(=ひどくがっかりし興ざめだ)。」と今でも共感できる記述があります。

せき-たい【石帯】 名詞 ★束帯のときに袍(＝上着)の腰を締める帯。黒漆塗りの革帯で、背にあてる所に玉石を飾りとして付けた。

[せきぞろ]

[せきたい]

せき-ぢ【関路】 名詞 関所のある街道。関所に通じる道。

せき-とく【碩徳】 名詞 徳の高い人。特に、優れた僧。発展「碩」は大という意味。

せき-とど・む【塞き留む・堰き留む】 動詞 他 マ下二段〈め・め・む・むる・むれ・めよ〉❶流れを遮り止める。(人を)引き留める。❷(涙や気持ちを)抑える。抑制する。「いとあはれ。」と思ひたまへる気色なるに、**いよいよせきとどめがたくて**…。〈源氏・総角〉訳「ひどく悲しい。」とお思いになっている(大君の)ようすなので、(薫は)ますます**涙を抑え**にくくて…。

せき-の-ひがし【関の東】 ★逢坂の関より東の諸国。今の中部地方以東。発展「関東」を訓読したことば。

せき-ふ【隻鳧】 名詞 つがいであったものがはぐれて一羽になったカモ。転じて、親しい人と別れてひとり行くことのたとえ。発展「隻」は対をなすものの片方。「鳧」はカモの意味。

せき-むかへ【関迎へ】 名詞 来る人を関所まで出迎えること。特に、京都に入る人を★逢坂の関に出迎えること。対 関送り

せき-もり【関守】 名詞 関所を守る役人。関所の番人。転じて、人の通行、物事の進行、特に男女の仲を妨げるもののたとえ。
人知れぬわが通ひ路の関守はよひよひごとにうちも寝ななむ 歌〈古今集・恋3・632〉訳→ひとしれぬ…

せき-や【関屋】 名詞 関守の住む家。関所の番小屋。

せ-きゃう【説経】 名詞 動詞→せっきやう

せ-く【節供】 名詞→せちく

せ・く【咳く】 動詞 自 カ四段〈か・き・く・く・け・け〉せきをする。季語 冬
読み売りは二人そろってせきをせき 句〈誹風柳多留〉訳 読み売り(＝瓦版を売り歩く人)が二人そろって**せきをしている**。〇ここは、「せきをせく」で「せく」と同じ意味を表している。

せ・く【急く】 一 動詞 自 カ四段〈か・き・く・く・け・け〉❶焦る。「さあ子細は。」と、聞きかかる。**せく風情もなく、くだんの錦の袋を出して**…。〈西鶴・好色一代男〉訳「さあ(敵討ちの)詳しい事情は。」と、(世之介は)開き直った。(すると女は)**焦る**ようすもなく、例の錦の袋を取り出して…。
❷怒りなどが込み上げる。いらだつ。**阿古屋は読みも果てたまはず、はっとせきたる気色にて**…。〈近松・出世景清〉訳 阿古屋(＝遊女の名)は(手紙を)読み終わりもなさらないうちに、突然**いらだった**ようすで…。
二 動詞 他 カ四段〈か・き・く・く・け・け〉せかす。せき立てる。**はや立ち退のけ、さあ立ち退けとせきければ**…。〈近松・平家女護島〉訳 早くよそへ移れ、さあよそへ移れと**せかした**ので…。

せ・く【塞く・堰く】 動詞 他 カ四段〈か・き・く・く・け・け〉❶せき止める。**まづ、いとせきがたき涙の雨のみ降りまされば**…。〈源氏・幻〉訳(源氏は他の女性方を訪れるにつけ、亡き紫の上を思い出して)まず、とても**せき止め**がたい涙の雨ばかりがますます降るので…。
❷邪魔をする。妨げる。**主なき所には…狐、梟やうの物も、人気にせかれねば、所得顔に入り棲み**…。〈徒然草・235・主ある家には〉訳 主人のいない所には…キツネや、フクロウのようなものも、人の気配に**妨げ**られないので、わが物顔に入って棲みつき…。

せ-けん【世間】 名詞 ❶《仏教語》命あるものが生きている世界。命あるものを住まわせる大地。俗世。世界。**生死の無常を観じ、世間の受楽を厭ひて出家したまふなり。**〈今昔〉訳(皇子は)輪廻の無常を悟り、俗世の快楽を嫌って出家なさるのである。
❷世の中。社会。「**何となく翁びたる心地して、世間の事もおぼつかなしや。**」〈源氏・常夏〉訳「(私も)なんとなく老人じみた気持ちがして、**世の中**の事もよく分からないことだよ。」
❸周り。辺り。周囲。**にはかに霧立ち、世間もかい暗がりてはべりしに**…。〈大鏡・道長下〉訳 急に霧がかかって、**辺り**も真っ暗になっておりましたので…。
❹(僧に対して)一般の人。俗世の人。
❺生活。暮らし向き。財産。

せけん-が-た・つ【世間が立つ】 世間への申し訳が立つ。世の中に義理が立つ。「**ちょっと顔でも見たいが、いやいやそれでは世間が立たぬ。**」〈近松・冥途の飛脚〉訳「ちょっと顔でも見たいが、いやいやそれでは**世間への申し訳が立たない**。」発展 名詞「せけん」＋格助詞「が」＋四段動詞「たつ」。

せけん-だましひ【世間魂】 名詞 世の中の出来事に関する心の働き。世渡りの才能。

世間胸算用 作品名 江戸時代前期の★浮世草子。六冊。井原西鶴(→**必修古典ビッグ30** ❷ 158ページ)作。副題「大晦日は一日千金」。一年の総決算日大晦日の町人たちのやりくりのようすを描いた二十話の短編集。町人物の傑作と評されている。一六九二(元禄五)年刊。

せ-こ【兄子・夫子・背子】 名詞 ❶女性が兄弟を親しんで呼ぶことば。
わが背子を大和へ遣るとさ夜ふけて暁露に我が立ち濡れし 歌〈万葉集・2・105〉訳→わがせこを…
❷女性が夫や恋人を親しんで呼ぶことば。対 妹
わが背子が衣の裾を吹き返しうらめづらしき秋の初風 歌〈古今集・秋上・171〉訳 私の**夫**の着物の裾を(風が)翻して、(着物の)裏地が美しいように、心にも新鮮な、秋に初めて吹く風よ。〇「うらめづらし」の「うら」は接頭語と着物の「裏」との掛詞。
❸男性同士が親しみを込めて呼ぶことば。対 妹
発展「こ」は親愛の情を表す接尾語。「わがせこ」の形で用いられることが多い。

せ-ざい【前栽】 名詞→せんざい(前栽)

せ-さす【為さす】 ❶(「さす」は使役で)させる。

身の装束もいと清らにせさせけり。〈大和・149〉訳（女は通ってくる男の）身に着ける衣服もたいへんきれいにさせた。

❷（「さす」は尊敬で、多く「せさせたまふ」の形で高い尊敬を表し）なさる。

唐土の歌をも、ただその筋をぞ、枕ごとにせさせたまふ。〈源氏・桐壺〉訳（帝は）漢詩についても、もっぱらその趣向のもの（＝長恨歌）を、話題になさる。

発展 サ変動詞「す」の未然形＋使役・尊敬の助動詞「さす」。

せ-させ-たま・ふ【せさせ給ふ】—たま(も)う ━❶（「さす」は使役で）させなさる。

「御誦経など、あまたせさせたまひて、そなたに向きてなむ、念じ暮らしたまひける。」〈枕草子・23・清涼殿の丑寅の〉訳「（左大臣は、娘である女御のことを心配して）御誦経などをたくさんさせなさって、そちら（＝内裏）に向かって、一日中念じていらっしゃった。」

❷（「さす」は尊敬で、高い尊敬を表し）なさる。あそばす。

せさせたまふべきやうは、このあなひをこほちて、人みな退きて…。〈竹取・燕の子安貝〉訳（ツバメの子安貝を取るために）なさるべき方法は、この足場を壊して、人間がみな退いて…。

━（高い尊敬を表し）…させなさる。お…せになられる。…させあそばす。

御鏡を持たせさせたまひて御覧ずれば…。〈枕草子・9・上にさぶらふ御猫は〉訳（朝の身支度をなさるときに）お鏡を（私に）お持たせになられて（中宮が髪かたちを）ご覧になるので…。

発展 ━はサ変動詞「す」の未然形＋使役・尊敬の助動詞「さす」の連用形＋尊敬の補助動詞「たまふ」。━は使役の助動詞「す」の未然形＋尊敬の助動詞「さす」の連用形＋尊敬の補助動詞「たまふ」。

せ・し【狭し】形容詞［ク］〈く・く・し・き・けれ・○／から・かり・○・かる・○・かれ〉（多く「所狭し」の形で）狭い。窮屈だ。

せ-じ【世事・世辞】名詞 ❶世の中の出来事。俗事。

内に思慮なく、外に世事なくして…。〈徒然草・108・寸陰惜しむ人なし〉訳 内心には雑念がなく、外に対しては俗事にかかわらず…。

❷人に対して愛想のよいことば。おせじ。

❸《仏教語》僧がいつもの食事以外にとる食事。類 非時。

ぜ-じ【禅師】名詞 ↓ぜんじ（禅師）

せ-しめ-たま・ふ【せしめ給ふ】—たま(も)う ❶（「しむ」は尊敬で、高い尊敬を表し）なさる。

明石の駅といふ所に御宿りせしめたまひて…。〈大鏡・時平〉訳 明石の宿駅という所でご宿泊をなさって…。

❷（「しむ」は使役で）おさせになる。させてくださる。

「もし、法花の法施を得せしめたまはんや。」〈発心集〉訳「どうか、法華経読誦の施しを得ることをさせてくださらないでしょうか。」○「得せ」の「せ」はサ変動詞で、下の「しむ」とあわせて、「許す」という意味になる。

発展 サ変動詞「す」の未然形＋使役・尊敬の助動詞「しむ」の連用形＋尊敬の補助動詞「たまふ」。

ぜ-じゃう【軟障】—じょう 名詞 ★寝殿造りの家で、すだれ・壁などに沿って垂らす幕。ふつう、絹地に四季の樹木や狩りのようすなどを描き、紫色の縁取りをした。発展「ぜんじゃう」の「ん」を表記しない形。「ぜざう」とも。

［ぜじゃう］

ぜじょう（現）↓（歴）**ぜじゃう【軟障】**

せ・す【施す】動詞 他［サ変］〈せ・し・す・する・すれ・せよ〉ほどこす。与える。

「かひなき身をば、熊狼にも施しはべりなむ。」〈源氏・若菜上〉訳「（生きていても）かいのないこの身は、クマやオオカミにでもほどこしてしまいましょう。」

発展「施」は仏教語で俗を離れ、他に与えること。

せ-す【為す】連語《上代語》なさる。

草枕旅宿りせす古思ひて…。歌〈万葉集・1・45〉訳 旅寝をなさる昔をしのんで…。○「草枕」は「旅」に係る枕詞。

発展 サ変動詞「す」の未然形＋上代の尊敬の助動詞「す」。

せ-ぜ【瀬瀬】名詞 ❶多くの瀬。あちこちの瀬。

朝ぼらけ宇治の川霧絶え絶えにあらはれわたる瀬々の網代木 百人一首〈千載集・420〉訳 ↓あさぼらけ…。

❷その時その時。折々。

見し人の形代ならば身に添へて恋しき瀬瀬の撫で物にせむ 歌〈源氏・東屋〉訳（昔）会った人（＝大君）の身代わりならば、肌身離さずにおいて、恋しい折々に（その思いを払う）撫で物（＝体をなでて汚れや災いを移し、水に流す人形）にしよう。

せせ-らぎ【細流】名詞 浅瀬などに水が流れる音。また、さらさらと音を立てて流れる川。浅瀬。小川。発展 古くは「せせらき」「せぜらき」とも。

せせ・る【挵る】動詞 他［ラ四段］〈ら・り・る・る・れ・れ〉❶もてあそぶ。いじる。つつく。

遂に狐に成りてありけるを、続松の火を以つて毛もなくせせるせせる焼きて…。〈今昔〉訳 とうとう（少女の姿から）キツネになっていたのを、松明の火で毛もなく（なるまで）つっつきつっつき焼いて…。

❷（虫などが）刺す。食う。

雨しきりに降りて、臥せる上より漏り、蚤・蚊にせせられて眠らず。〈奥の細道・飯塚〉訳 雨がしきりに降って、寝ている上から雨漏りがして、（さらに）ノミやカに食われて眠れない。

せ-ぞく【世俗】名詞 ❶世の中の風習。世間の風俗。

❷世の中。世間。

世俗の虚言をねんごろに信じたるもをこがましく…。〈徒然草・73・世に語り伝ふること〉訳 世間のうそを心底から信じているのもばからしく…。

瀬田の唐橋 歌枕 ↓瀬田の長橋

瀬田の長橋 歌枕 滋賀県大津市南部、琵琶湖から瀬田川が流れ出る所に架かる橋。古くから交通の要地。「瀬田の唐橋」という形でも歌に詠まれた。長いたとえとして序詞に用いられることもあり、「渡す」「踏む」などの縁語とともに多く詠まれた。

せ-たま・ふ【せ給ふ】—たま(も)う 連語 ❶（「す」は使役で）お…(さ)せになる。…(さ)せなさる。

火の中にうちくべて焼かせたまふに、めらめらと焼けぬ。〈竹取・火鼠の皮衣〉訳（右大臣は皮衣を）火の中にくべてお焼かせになると、めらめらと燃えてしまった。

❷（「す」は尊敬で）お…になる。お…なさる。

人目をおぼして、夜の大殿に入らせたまひても、まどろませたまふこと難し。〈源氏・桐壺〉訳（帝は）人目を気になさって、ご寝所にお入りになっても、うとうとお眠りになることもなかなかできない。
発展 使役・尊敬の助動詞「す」の連用形＋尊敬の補助動詞「たまふ」。❷は、★二重敬語で、高い尊敬を表す。↓させたまふ

せた・む【責む】 動詞 他〔マ下二段〕〈め・め・む・むる・むれ・めよ〉責める。いじめる。
「何の料にこの老法師をば、かくは**責むる**ぞや。」〈宇治拾遺〉訳「なんのためにこの老いた僧を、このようにいじめるのか。」

せ-ち【世知・世智】 名詞 ❶《仏教語》俗世間の知恵。世間の常識。❷世渡りの知恵。❸抜け目がないこと。けち。↓世知なり

せち【節】 名詞 ❶季節の変わり目。また、季節。時節。❷（「節供」「節日」「節会」の略で）季節の変わり目の祝いをする日。また、その日のごちそう。発展「せつ」とも。↓ビジュアルチェック⑳（958ページ）

せちえ（現）↓（歴）せちゑ【節会】

せち-く【節供・節句】 名詞 ❶季節の変わり目の祝いの日。節日。❷❶の日に供える膳。元日の膳、正月七日（人日）の七草粥、三月三日（上巳）の草もち、五月五日（端午）の粽、七月七日（七夕）の索餅、九月九日（重陽）の菊酒・栗飯、十月初めの★亥の子餅の類。発展「せっく」「せく」とも。

せち・なり【切なり】

心に強く感じたり、思ったりするようす
- ❶痛切である。重大である。
- ❷無理やりである。強引である。

未然形	連用形	終止形	連体形	已然形	命令形
せち・なら	せち・なり せち・に	せち・なり	せち・なる	せち・なれ	せち・なれ

形容動詞〔ナリ〕❶胸に深く染みる。痛切である。切実である。重大である。並々でない。
なげのことばなれど、**せちに**心に深く入らねど、いとほしきことをば「いとほし。」とも…言ひけるを伝へて聞きたるは、差し向かひて言ふよりもうれし。〈枕草子・269・万のことよりも〉訳ただのあいさつ程度のことばでも、（また）並々でなく心に深くは染みなくても、気の毒なことを「気の毒だ。」とも…（人が）言ったのを人づてに聞いたのは、面と向かって（当人がそう）言うよりもうれしい。
❷無理やりである。強引である。
尚侍の君を朱雀院の后の**せちに**取りこめたまひし折などおぼし出づれど…。〈源氏・真木柱〉訳尚侍の君（＝朧月夜の君）を朱雀院の母后（＝弘徽殿の女御）が無理やりに（源氏から）隠しておしまいになったとき（のこと）などを（源氏は）お思い出しになるけれども…。
発展 漢語「切」（「せち」は呉音）が形容動詞になったもの。

せ-ち・なり【世知なり・世智なり】 形容動詞〔ナリ〕〈なら・なり（に）・なり・なる・なれ・なれ〉世渡りの知恵がある。けちだ。
親の**世智なる**ことを見習ひ、八歳より墨に袂をよごさず…。〈西鶴・日本永代蔵〉訳親がけちなことを見習って、八歳から墨で袂を汚さず…。

せち-に【切に】 副詞 ❶（「思ふ」「言ふ」などを修飾して）ひたすら。いちずに。しきりに。
せちに、「否。」と言ふことなれば…。〈竹取・火鼠の皮衣〉訳（かぐや姫は）いちずに、（結婚を）「いやだ。」と言うことであるので…。
❷（希望・命令・当然などの表現を伴って）ぜひとも。
「**せちに**聞こえさすべきことなむある。」と言ひわたりければ…。〈大和・155〉訳「ぜひとも申し上げようと思うことがある。」とずっと言い続けていたので…。

せち-にち【節日】 名詞 ↓せち（節）❷

せち-ぶ【節分】 名詞 ↓せちぶん

せち-ぶん【節分】 名詞 ❶季節の移り変わる時。立春・立夏・立秋・立冬の前日の呼び名。せつぶん。↓ビジュアルチェック⑳（958ページ）❷後世、特に立春の前日の呼び名。発展「せちぶ」とも。

せちぶん-たがへ【節分違へ】 名詞 節分の日に行う方違え。↓方違へ

せち-み【節忌】 名詞 斎日（＝月の八日・十四日・十五日・二十三日・二十九日・三十日）に心身のけがれを取り除くこと。この日は行動を慎み、精進潔斎して、肉や魚も食べない。また、精進する一定の日。発展「せちいみ」の変化したことば。

せち-ゑ【節会】 名詞（もとは、節日の集まりの意味で）平安時代、宮中で節日や公事がある日に、天皇が催す宴会。恒例のものは即位・拝賀の大節、白馬・豊の明かりの中節、元日・踏歌・端午の小節。また、臨時のものには、大嘗会・立后・立太子・任大臣・相撲などがある。↓ビジュアルチェック⑬（721ページ）

せつ【節】 名詞 ↓せち（節）

せっ-かく【折角】 ■名詞 努力すること。骨を折ること。■副詞 努力して。苦心して。努めて。わざわざ。
「なかなか灯明の油銭もござらねば、**せっかく**口をたたいても、世の耗えなり。」〈西鶴・世間胸算用〉訳「（三人の賽銭では）とうてい灯明の油代にもならないので、わざわざ私がおしゃべり（＝説教）をしても、世間（でいうところ）のむだ（というもの）だ。」

せっ-き【節季】 名詞 ❶陰暦十二月の別の呼び名。年の暮れ。年末。季語 冬 ❷（区切りの時という意味から）盆と暮れ。また、各節句の前などの決算期。

せっき-じまひ【節季仕舞ひ】 名詞 節季（＝盆・暮れなどの決算期）に支払いを済ませること。特に、大みそかに支払いを済ませること。

せっ-きゃう【説経】 名詞 動詞 自〔サ変〕〈せ・し・す・する・すれ・せよ〉❶仏の教えや経文の意味を分かりやすく説き聞かせ民衆を導くこと。説法。談義。唱導。
「学問して因果の理をも知り、**説経**などして世渡るたづきともせよ。」〈徒然草・188・ある者、子を法師に〉訳「学問をして因果応報の道理をも知り、**説法**などをして生活していく手段ともせよ。」
❷（「説経祭文」の略で）❶の中で引かれた話を中心に生まれた語り物の歌謡のひとつ。
❸（「説経浄瑠璃」の略で）説経節（＝僧が教義などを分かりやすく節をつけて説教したものが、中世以降芸能となったもの）の別の呼び名。
発展「せきゃう」とも。

せっきゃう-し【説経師】 名詞 経文の意味や仏の教えを説き聞かせる僧。発展「せっきやうじ」とも。

せっ-く【節供・節句】 名詞 ↓せちく

せつ-げ【節下】 名詞 大嘗祭などの儀式のときに立てる「節の旗」の下。また、そこで諸事を執り行う大臣の呼び名。発展「せちげ」とも。

ビジュアルチェック⑬

主要年中行事一覧

- 月日は陰暦に従った。
- その行事を行う階層に違いがある場合は次のように区別した。
  □＝宮中　○＝公家・武家・民間
- **掲載行事はすべて立項されている。各行事の内容については、各見出し語の解説を参照のこと。**

正月

元日　□四方拝
　□朝拝
　□元日の節会
　□歯固め（～3日）
　若水
2日　□朝覲
　□臨時客（～3日）
5日　□叙位（または6日）
7日　□白馬の節会
　○七種の粥
8日　□御斎会（～14日）
　□後七日の御修法
11日　□県召し（～13日）
15日　□御薪
　○望粥（＝小豆粥）
　○三毬杖
16日　□踏歌（14日または15日は男踏歌。16日は女踏歌）
　藪入り
18日　□賭弓
上子日　□子の日の遊び
　初子
　□若菜（のち7日）
上卯日　□卯杖
　□卯槌

二月

4日　□祈年祭
11日　□列見
15日　涅槃会
上午日　○初午
上申日　□春日の祭り
春分日　彼岸（前後7日間）

三月

3日　□曲水の宴
　○上巳
晦日　□花鎮めの祭り
　炉塞ぎ
中午日　□南祭

四月

1日　○衣替へ
8日　○灌仏会（＝仏生会）
16日　夏安居（～3か月間）
中酉日　□賀茂の祭り（＝葵祭・北祭・祭り）

五月

5日　□五日の節会
　○端午（＝菖蒲の節句）
　賀茂の競べ馬
　草合はせ
　根合はせ

六月

7日　祇園会（～14日）
晦日　□節折り
　○大祓へ
　夏越しの祓へ

七月

7日　□乞巧奠
　○棚機祭り（＝棚機）
13日　迎へ火
15日　○盂蘭盆
16日　大文字
　藪入り
28・29日　相撲の節（小の月は27・28日）

八月

1日　八朔
11日　□定考
15日　十五夜
秋分日　彼岸（前後7日間）

九月

9日　菊の宴
　○重陽
13日　十三夜・後の月
秋の不定日　□司召し

十月

1日　○衣替へ
6日　十夜（～15日）
20日　夷講
上亥日　○亥の子餅
　炉開き（のち1日）

十一月

28日　報恩講（22日～）
中丑日　□五節（中辰日までの4日間）
中卯日　□新嘗（＝新嘗会）
中辰日　□豊の明かりの節会
下酉日　□賀茂の臨時の祭り

十二月

19日　□御仏名（～21日）
上申日　春日の祭り
晦日　□節折り
　○大祓へ
　○鬼遣らひ
不定日　□荷前

せっ‐け【摂家】 名詞 公家の家柄のひとつ。摂政・関白に任命される家柄。摂関家。発展 平安初期には藤原北家の嫡流を指し、中期以後は道長の子孫の世襲となった。鎌倉時代にそこから近衛・九条・一条・二条・鷹司の五家に分立し、五摂家といわれた。

せっ‐しゃ【拙者】 代名詞 （自分を謙遜して）私。「そのうち一両は、さる方へ払ひしに、**拙者の覚え違へ**。」〈西鶴諸国ばなし〉訳「その（＝十両の）内の一両は、ある方に支払ったので、**私の記憶違い**。」

せっ‐しゃう【殺生】 名詞 ❶《仏教語》生き物を殺すこと。対 放生。❷むごいこと。残酷なこと。

せっ‐しゃう【摂政】 名詞 動詞 自〔サ変〕〈せ・し・す・する・すれ・せよ〉❶君主に代わって政治を執り行うこと。❷幼少の天皇または女帝に代わって、政治を執り行うこと。また、その職。→関白 発展 聖徳太子以来、皇族に限って任じられていたが、平安時代、清和天皇の外戚の藤原良房が摂政に任じられてから、藤原氏の世襲職のようになった。

せっ‐しゅ【摂取】 名詞 動詞 他〔サ変〕〈せ・し・す・する・すれ・せよ〉《仏教語》阿弥陀仏が慈悲によって、衆生を受け入れて救うこと。極楽浄土に迎えること。

摂州 〔━〕旧国名 →摂津

せっしゅ‐ふしゃ【摂取不捨】 《仏教語》阿弥陀仏が、念仏する衆生を極楽浄土へ迎え入れて（摂取）、一人も見捨てない（不捨）こと。

接続 国語・国文法 前に述べた事柄（前件）と後に述べる事柄（後件）とのつながりの関係をいう。次の二種類がある。

㊀**条件接続**（前に述べる事柄が後で述べる事柄の条件となるもの）

①**順接**―「順態接続」ともいい、後で述べる事柄が前に述べる事柄の順当な結果であると考えられる関係。接続詞「さらば」「しからば」（仮定）「されば」「しかれば」（確定）などを用いたり、活用語の未然形（仮定）・已然形（確定・恒常的）に接続助詞「ば」を付けて表したりする。

②**逆接**―「逆態接続」ともいい、後に述べる事柄が前に述べる事柄と反対の結果となる関係。接続詞「さりとて」（仮定）「さりながら」「さるに」「しかれども」（確定）などを用いたり、動詞型・形容動詞型活用語の終止形、形容詞型活用語および打消の助動詞「ず」の未然形に接続助詞「と」「とも」を付け（仮定）、また、活用語の已然形に接続助詞「ど」「ども」を付けて（確定・恒常的）表したりする。

㊁**単純接続**（前件と後件とが単に並列されているだけのもの）―接続助詞「て」「ば」などを用いて表す。

→**読解の手引き** ⑪（669ページ）

接続語・接続部 国語・国文法 文節（★連文節）の役割の名称のひとつ。条件や理由また、補足説明・話題転換などを示して、後の文節につないでいくものをいう。★接続助詞でまとまる文節（連文節）や接続詞によって作られる。前者の例として、「日悪**しければ**、船出ださず（＝天候が悪いので、船を出さない）。」「**あやしき下臈なれども**、聖人のいましめにかなへり（＝身分の低い者ではあるが、そのことばは聖人のいましめと合っている）。」の太字の部分など。また、「ここに社を作りていはひ給へ。**さらば**いかにもまぼり奉らん（＝ここに神社を作って祭ってください。そうすれば何があってもお守り申し上げよう）。」の太字の部分などは後者（接続詞）の例である。ただし、★連用修飾語とする説もあった。なお、「接続語」が連文節からなる場合、「接続部」ということもある。

接続詞 国語・国文法 品詞のひとつ。自立語で活用がなく、主語・述語・修飾語・被修飾語のいずれにもならず、★接続語として、前にある文や文節・単語を受けて後に結び付ける語のこと。意味上、次の六種に分類される。

①並列―また・および
②添加―かつ
③選択―あるいは・もしは
④条件―（イ）順接―されば　（ロ）逆接―されど
⑤説明―すなはち
⑥補説―ただし

接続詞は、ほとんど他の品詞から転成したものであるため、形のうえでは他の品詞と区別できないものもある。

接続助詞 国語・国文法 用言または助動詞に付いて、その語句の意味を、下の、用言または助動詞を含む語句の意味に関係づける働きをする助詞。

と―逆接の仮定
も―逆接の仮定・確定
ど―逆接の確定・恒常的
が―逆接の確定／単純接続
ながら―逆接の確定／動作の同時並行
は―順接の仮定
ものから―順逆両用の確定
に・を―順逆両用の確定／単純接続
ば―順逆両用の確定／順接の仮定・恒常的／単純接続
で―打消の接続

→**読解の手引き** ⑪（669ページ）

せっ‐た【雪駄・雪踏】 名詞 竹の皮の草履の裏に革をはったもの。丈夫で湿気が通らないようにしてある。千利休が工夫したと伝えられる。

絶対敬語 国語・国文法 どんな場面にあっても扱い方が一定していて変わることなく用いられる、特定の人物に対する敬語。上代に見られる「押そぶらひわが立た**せ**れば」〈古事記・大国主神〉のような★自己敬語がその典型的なもの。自分・相手・話題中の人物三者の相互関係によって使う敬語が決まるという、相対的な敬語に対して、絶対的な敬語という意味である。

せっ‐たう【節刀】 名詞 出征の将軍または遣唐使に、天皇が任命の印として与えた刀。

摂津 旧国名 摂州。畿内五か国の一つ。今の大阪府北西部・兵庫県南東部。古代には津国と呼ばれた。奈良時代には難波宮が置かれた。安土桃山時代には豊臣秀吉が大坂城を築いて支配。→津の国・**ビジュアルチェック** ⑦（450ページ）

接頭語 国語・国文法 語構成の要素のひとつ。接辞の一種。単独では一語としての機能を持たず、常に語や語基（＝語が構成されるにあたって、その中心部分と意識される要素）の前に付いて、語調を整えたり、意味を添える働きをする。

①語調を整える。…**か**やすし・**さ**ばしる
②敬意を添える。…**お**許・**み**明かし
③特定の意味を添える。…**を**舟（小さい）・**さ**乙女（若々しい）

せつ‐どし【節度使】 名詞 ❶中国の唐・五代に設置された軍団の長官。辺境地方の防備を担当した。❷奈良時代、地方の行政・防備などを担当した職。東海・東山・山陰・西海などに置かれた。

せつ‐な【刹那】 名詞《仏教語》非常に短い時間。瞬間。対 劫。

刹那覚えずといへども、これを運びてやまざれば、命を終ふる期、忽ちに至る。〈徒然草・108・寸陰惜しむ人なし〉訳 瞬間的な時は感じられる（＝意識する）ことがないとしても、これをつぎつぎに推し進めていけば、一生を終える時は、すぐにやって来る。

せつ・なり【切なり】 形容動詞〔ナリ〕〈なら・なり（に）・なり・なる・なれ・なれ〉切実だ。

商人の一銭を惜しむ心、切なり。〈徒然草・108・寸陰惜しむ人なし〉訳 商人が（わずか）一銭を大切にする心は、**切実だ**。

接尾語 国語・国文法 語構成の要素のひとつ。接辞の一種。単独では一語としての機能を持たず、常に語や語基（＝語が構成されるにあたって、その中心部分と意識される要素）の後に付く。

一 意味を添える働きをする。
①敬意を表す…**様・殿**
②複数を表す…**ども・たち・ら**
③助数詞…**匹**
④特定の意味を添える…妹**子**（親しみをこめる）・沖**へ**（方角・場所を表す）

二 他の品詞を作る。
①名詞を作る…深**さ**・甘**み**
②動詞を作る…気色**ばむ**・都**ぶ**・今**めく**
③形容詞を作る…をこ**がまし**・古**めかし**
④形容動詞を作る…ひそ**やかなり**・恐ろし**げなり**
⑤副詞を作る…おの**づから**

せつ-ぶん【節分】 名詞 ↓せちぶん

せっ-ぽふ【説法】 名詞 動詞 自 サ変〈せ・し・す・する・すれ・せよ〉仏教の教義を説き聞かせること。説教。

説話 文芸用語 神話・伝説・昔話など、庶民の間で事実と考えられ、伝えられてきた話。特に文学的な形式と内容を持つものは説話文学と呼ばれる。代表的作品は『日本霊異記』『今昔物語集』（↓必修古典ビッグ30 ⑬ 562ページ）『宇治拾遺物語』（↓必修古典ビッグ30 ④ 188ページ）など。

せ-と【瀬戸・迫門】 名詞 ❶両岸が迫っている狭い海峡。❷（「瀬戸際」の略で）勝敗や成否の分かれ目。運命の分かれるところ。機会。

せ-ど【背戸】 名詞 裏門。裏口。

旋頭歌 文芸用語 和歌の歌体のひとつ。本来は五・七・七・五・七・七音の六句からなる形式をいう。『古事記』『日本書紀』『万葉集』『古今集』『後撰集』『千載集』などに見られる。『古来風躰抄』によると、旋頭歌は頭を旋らす（同じ句の繰り返し）歌の意味であるという。

せ-な【兄な・夫な】 名詞 ❶《上代東国方言》女性が夫や恋人などを親しみを込めて呼ぶことば。あなた。類 兄ろ ❷《近世語》あに。発展「な」は接尾語。

せ-なふ【為なふ】 《上代東国方言》…しない。

月日夜は過ぐは行けども母父が玉の姿は忘れせなふも 歌〈万葉集・20・4378〉訳 月日や夜は過ぎて行くが、母や父の玉のように麗しい姿は忘れないことだ。〇「つくひ」は「つきひ」の訛り。

発展 サ変動詞「す」の未然形＋打消の助動詞「なふ」。

せ-に【狭に】 連語 （「〜もせに」の形で）ふさがるほどに。いっぱいになるほどに。

「**野もせにすだく虫の音よ。**」〈平家・5・富士川〉訳「野原も**いっぱいになるほどに**集まって鳴く虫の音よ。」

発展「せ」は形容詞「せし」の語幹で、「せに」は形容動詞化する過程にあるもの。

ぜに【銭】 名詞 銅・鉄などの金属製の通貨。多くは円形で、中央に穴がある。「かね」が高額の貨幣なのに対して、少額の貨幣をいう。発展「銭」の字音の変化したもの。

ぜに-さし【銭差し・銭緡】 名詞 穴のあいている銭に通して一束にまとめる紐。

［ぜにさし］

せ-にふ【施入】 名詞 動詞 他 サ変〈せ・し・す・する・すれ・せよ〉寺社などに施し物を寄進すること。また、その施し物。

せ-の-きみ【兄の君】 名詞「兄」の敬った言い方。女性が男性を敬愛していうことば。あなた。あの方。

せば-が・る【狭がる】 動詞 自 ラ四段〈ら・り・る・る・れ・れ〉狭いと思う。窮屈がる。

いらへもせで、しひてせばがり出づれば…。〈枕草子・35・小白河といふ所は〉訳（中座する私への非難に）応酬もせず、無理やり**窮屈がって**出てくると…。

せは・し【忙し】 形容詞〔シク〕〈しく・しく・し・しき・しけれ・〇／しから・しかり・〇・しかる・〇・しかれ〉❶忙しい。暇がない。❷激しい。性急である。

迎へせはしき殿よりの文。〈猿蓑・去来〉訳（休暇で実家に下がっているところへ）はやく参上せよとの**性急な**主人からの手紙。

❸せわしない。落ち着きがない。

榧、かち栗、神の松、やま草の売り声もせはしく…。〈西鶴諸国ばなし〉訳 カヤの実、かち栗、神棚に飾るマツ、（門飾りの）ウラジロの葉など（正月用品）の売り声も**せわしなく**…。

❹経済的に余裕がない。（生活が）苦しい。

よくよくせはしければこそ、芝居並みの利銀にて何程でも借りらるるなり。〈西鶴・世間胸算用〉訳 よくよく**経済的に余裕がない**ので、芝居興行の借金のような高い利息でいくらでも借りなさるのだ。

せば・し【狭し】 形容詞〔ク〕〈く・く・し・き・けれ・〇／から・かり・〇・かる・〇・かれ〉狭い。

ほどせばしといへども、夜臥す床あり、昼ゐる座あり。〈方丈記・閑居の気味〉訳（庵の）広さは**狭い**とはいえ、夜横になる床はあるし、昼座っている場所もある。

ぜ-ひ【是非】 一 名詞 正しいことと誤ったこと。よしあし。是非。

是非胸中に闘うて、これがために身安からず。〈笈の小文〉訳（今までは俳諧の道を進むか捨てるかの）**是非**を、心の中で争って、そのために心身が落ち着かない（ことがあった）。

二 名詞 動詞 他 サ変〈せ・し・す・する・すれ・せよ〉善悪の判断をすること。批評すること。

世間の浮説、人の是非、自他のために失多く、得少なし。〈徒然草・164・世の人あひ会ふとき〉訳 世間のうわさや、他人の**批評**は、お互いのために損失が多く、利益は少ない（ものである）。

三 副詞 なんとしても。どうしても。必ず。

「**春まで待てと言ふに、是非に待たぬか。**」〈西鶴諸国ばなし〉訳「春まで（支払いを）待てというのに、**どうしても**待てないのか。」

ぜひ-な・し【是非無し】 形容詞〔ク〕〈く・く・し・き・けれ・〇／から・かり・〇・かる・〇・かれ〉❶よしあしにかかわらない。遠慮がない。

強引だ。

かくいふ夫を、逃げて下るぞと心得て、是非なく叱りて…。〈古今著聞集〉訳(中納言の家来は)このように言う人夫を、逃げて(都から)下るのだと理解して、遠慮なく叱って…。

❷仕方がない。どうにもならない。

さりとては、入り婿口惜しく、堪忍ならぬところなれども、是非なく日を重ね…。〈西鶴・世間胸算用〉訳そうかといって、入り婿としては悔しく、我慢できないところだが、仕方なく日数を重ね…。

ぜひ-に-およば-ず【是非に及ばず】連語 いいもわるいもあったものではない。とんでもない。

「蛮夷僭上無礼の至極、是非に及ばずさうらふ。」〈太平記〉訳「武家がおごり高ぶり無礼を極めることは、とんでもないことでございます。」

ぜひ-も-しら-ず【是非も知らず】連語 (副詞的に用いて)夢中になって。我を忘れて。

尼、見るままに是非も知らず、臥しまろびて拝み入りて土にうつぶしたり…。〈宇治拾遺〉訳尼は、(地蔵という名の子供を)見るやいなや我を忘れて、ころげまわってひたすら拝んで地面にひれ伏した…。

発展 名詞「ぜひ」＋係助詞「も」＋四段動詞「しる」の未然形＋打消の助動詞「ず」。

ぜひ-も-な・し【是非も無し】→ぜひなし

ぜひ-を-こら・す【是非を凝らす】(精神を統一して)物事の是非や善悪を熟慮する。

灯を取りては、罔両に是非を凝らす。〈幻住庵記〉訳ともしびを掲げては、罔両(＝影の周囲にできる薄い影)を前に物事の是非や善悪を熟慮する。

発展 名詞「ぜひ」＋格助詞「を」＋四段動詞「こらす」。

せ-ふ【少輔】名詞 →せう(少輔)

せ-ぶみ【瀬踏み】名詞 ❶渡ろうとする川の瀬が深いか浅いかを、足を踏み入れて測ること。❷試みること。ようすをみること。

❸せまい (現)→(古)**せし【狭し】・せばし【狭し】**

せ-まくら【瀬枕】名詞 ❶川の速い瀬の流れが、水中の岩などにぶつかって、水面より高く盛り上がって枕のように見える所。❷船の中で寝ること。

せ-まほし【為まほし】したい。やりたい。したく思う。

かうやうなる住まひもせまほしう覚えたまふものから…。〈源氏・若紫〉訳このような(＝出家した)暮らしでもしたいと(源氏は)お思いになるものの…。〇「せまほしう」は連用形「せまほしく」のウ音便。

発展 サ変動詞「す」の未然形＋希望の助動詞「まほし」。

せま・る【迫る・逼る】動詞 自 ラ四段〈ら・り・る・る・れ・れ〉❶(時間的・空間的に)間隔が狭まる。近づく。

人はただ、無常の身に迫りぬることを心にひしとかけて、束の間も忘るまじきなり。〈徒然草・49・老い来たりて〉訳人はただ、死が(わが)身に近づいていることを心にしっかりと留めておいて、ほんのちょっとの間も(それを)忘れてはならないのである。

❷貧しくて生活に困る。貧乏する。窮迫する。

「せまりたる大学の衆とて、笑ひ侮る人も、よもはべらじ。」〈源氏・少女〉訳「貧乏している大学寮の人々(＝学生)だといって、(夕霧を)笑ってばかにする(世間の)人も、まさかありますまい。」

❸狭くなる。いっぱいになる。

借り蔵せまりて置くべき方もなく…。〈西鶴・日本永代蔵〉訳借りた蔵もいっぱいになって(米を)置くことのできる所もなく…。

せみ【蟬】名詞 ❶《動物》セミ科の昆虫の総称。季語 夏 ❷(形が、樹木に止まっているセミに似ていることから)旗ざおや帆柱の先端に付けられた滑車。

せみ-ごゑ【蟬声】名詞 絞り出すような声。苦しげな声。発展 一説に、「責め声」が転じたものともいう。

せ-みど【清水】名詞《上代東国方言》しみず。きれいな水。

せみ-の-は【蟬の羽】❶セミの羽のように、薄く軽い衣。❷★襲の色目のひとつ。表は檜皮色、裏は青。夏に用いる。

蟬丸 人名 平安時代前期の伝説的歌人。宇多天皇の第八皇子敦実親王の雑色とする説、醍醐天皇の第四皇子とする説などがある。盲目で、琵琶あるいは琴の名手といわれる。『後撰集』などに入集。生没年不明。

せ-む【為む】❶(「む」は推量で)するだろう。

あかず惜しと思はば、千年を過ぐすとも一夜の夢の心地こそせめ。〈徒然草・7・化野の露〉訳物足りずに(死ぬのが)惜しいと思うならば、千年を過ごしても一夜の夢のような(短い)気持ちがするだろう。

❷(「む」は意志で)しよう。するつもりである。

わづかに二つの矢、師の前にて一つをおろかにせんと思はんや。〈徒然草・92・ある人、弓射ることを〉訳わずかに二本の矢(だけなのに)、師匠の前で(その)一本をいい加減にしようと思ったりするだろうか、いや、思いはしないだろう。〇『徒然草』は中世の作品であるため「せん」と表記される。

発展 サ変動詞「す」の未然形＋推量・意志の助動詞「む」。

せ・む【迫む・逼む】一 動詞 自 マ下二段〈め・め・む・むる・むれ・めよ〉近づく。迫る。押し詰まる。

家の隣より火出で来て、風押し覆ひて、せめければ…。〈宇治拾遺〉訳家の隣から火事が起こり、風が吹きまくって、(火が)迫ってきたので…。

二 動詞 他 マ下二段〈め・め・む・むる・むれ・めよ〉ぴったりと身に着ける。

黒糸縅の腹巻の、白金物打ったる胸板せめて…。〈平家・2・教訓状〉訳黒糸縅の鎧の、銀の金具を打ってある胸板をぴったりと身に着けて…。

せ・む【責む】動詞 他 マ下二段〈め・め・む・むる・むれ・めよ〉❶悩ます。苦しめる。

秋は時雨に袖を貸し冬は霜にぞ責めらるる…。歌〈古今集・雑体・1003〉訳秋は時雨に袖を貸し(たように涙でぬらし)、冬は霜に苦しめられるよ…。

❷(過失や罪などを)とがめる。責める。

責め申させたまひければ…。〈大鏡・師輔〉訳(女御の安子が村上天皇を)お責め申し上げなさったので…。

❸せき立てる。せがむ。ねだる。

「物語求めて見せよ。物語求めて見せよ。」と母を責むれば…。〈更級日記・梅の立ち枝〉訳「物語を探して読ませて。物語を探して読ませて。」と母にねだるので…。

❹追求する。求める。

その誠を責めざるゆゑなり。〈三冊子〉訳(俳風が変わらないのは)その(＝風雅の)真実を追求しないためである。

せ-む-かた【為む方】なすべき方法・手段。発展 サ変動詞「す」の未然形＋推量の助動詞「む」の連体形＋名詞「かた」。

せむかた-な・し【為む方無し】
解決する方法・手段がないようす ─ ❶**どうしようもない。方法がない。** ／ ❷**我慢できない。たまらなく切ない。**

未然形	連用形	終止形	連体形	已然形	命令形
せむかた な・く	せむかた な・く	せむかた な・し	せむかた な・き	せむかた な・けれ	○
せむかた な・から	せむかた な・かり	○	せむかた な・かる	○	せむかた な・かれ

形容詞〔ク〕❶**どうしようもない。方法がない。**「いといたく若びたる人にて、物に気取られぬるなめり。」と、**せむかたなき**心地したまふ。〈源氏・夕顔〉訳「本当にひどく子供っぽく振る舞っている人だから、物の怪に魂を奪われてしまったのであるようだ。」と、(源氏は)**どうしようもない**お気持ちになる。

残りの瓢どもを見れば、同じやうに入れてあり。これを移し移し使へば、**せん方なく**多かり。〈宇治拾遺〉訳 残りのいくつかのヒサゴの実を(切り開いて)見ると、同じように(白米を)入れてある。これを(別の容器に)移し移しながら使うと、**どうしようもなく**大量である。○『宇治拾遺物語』は中世の作品であるため「せむかたなし」は「せんかたなし」と表記される。

❷**我慢できない。たまらなく切ない。やり切れない。**乳母も、三月朔日に亡くなりぬ。**せむ方なく**思ひ嘆くに、物語のゆかしさも覚えずなりぬ。〈更級日記・梅の立ち枝〉訳 乳母も、三月一日に亡くなってしまった。**たまらなく切なく**嘆き悲しんでいると、物語が読みたいという気持ちも感じられなくなってしまった。

発展 ①**語の成り立ち** サ変動詞「す」の未然形＋推量の助動詞「む」の連体形＋名詞「かた」＋形容詞「なし」が、一語になったもの。

②**❶と❷の使い分け** ❶は解決する「方(=方法・手段)」がなくて、どうしたらよいか分からない状態を表す。❷は、どうしようもない状態から受ける心情、特につらく悲しい気持ちを表すものとして固定した使い方である。

せ-むず【為むず】↓せ(為)んず

せ-む-すべ【為む術】なすべき方法・手段。

せめ【責め】名詞 ❶罪や過ちを責めること。とがめ。「かへりては、仏の**責め**添ふべきことなるをなむ、承り驚きはべる。」〈源氏・夢浮橋〉訳「(出家の功徳どころか)かえって、仏の**とがめ**が付け加わるに違いないことであるのを、うかがって驚いております。」

❷責任。「時の大将軍にてさぶらひし上は、**責め**一人に帰すとかや申しさぶらふなれば…。」〈平家・10・戒文〉訳「その時の大将軍でございましたからには、**責任**は(めぐりめぐって結局大将軍)一人に至るとか申しますようですから…。」

せめ-おろ・す【責め下ろす】動詞 他〔サ四段〕〈さ・し・す・す・せ・せ〉無理に引き下ろす。強引に退位させる。さて、かく**責め下ろし**たてまつりたまひては…。〈大鏡・師尹〉訳 さて、(道長は)このように(皇太子を)**強引に退位させ**申し上げなさっては…。

せめ・ぐ【閲ぐ】動詞 他〔ガ四段〕〈が・ぎ・ぐ・ぐ・げ・げ〉責めて恨む。恨み嘆く。**老いぬとてなどか我が身をせめぎけむ老いずは今日にあはましものか** 歌〈古今集・雑上・903〉訳 年を取ったといってどうして自分を**責めて恨ん**でいたのだろうか。(もし)年を取って(生き長らえ)なかったら今日(のこのうれしいこと)に会えただろうか。(年を取ったからこそ会えたのだ。)

発展 古くは「せめく」とも。

せめ-て 副詞 ↓最重要語(726ページ)

せめて-の ❶はなはだしい。よくよくの。「**せめての**罪の報いにや、生きながら捕らはれて、大路を渡され…。」〈平家・11・重衡被斬〉訳「**よくよくの**罪の報いなのであろうか、生きたまま捕らえられて、大通りを引き回され…。」

❷精いっぱいの。せめてもの。故郷の恋しきままに、**せめての**策に、千本の卒塔婆を作り…。〈平家・2・卒都婆流〉訳 故郷が恋しいままに、**せめてもの**方策として、千本の供養塔を作り…。

せめて-は 最低限。なんとしてもこれだけは。「屍の恥を、**せめては**頼む。」〈西鶴諸国ばなし〉訳「死後に残った汚名を、**なんとしてもこれだけは**(すすいでくれるよう)頼む。」

せめ-まどは・す【責め惑はす】動詞 他〔サ四段〕〈さ・し・す・せ・せ〉せき立てて困らせる。責めて当惑させる。思ひ回すほどもなく**責め惑はせば**…。〈枕草子・82・頭の中将の〉訳(使いの主殿司は)私が)思案する暇もなく(返事を)**せき立てて困らせる**ので…。

せめる(現)↓(古)**せむ**【責む】

せよ【為よ】動詞・補助動詞**す**(為)の命令形。

せよ 助動詞**す**の命令形。↓基本助動詞20(686ページ)

せり【芹】名詞《植物》セリ科の多年草。川や田の湿地に生える。香りが強く、食用にもする。季語 春

せろ【為ろ】《上代東国方言》せよ。しろ。**高麗錦紐解き放けて寝るが上にあどせろとかもあやにかなしき** 歌〈万葉集・14・3465〉訳 紐を解き放って寝ている上にさらにどう**しろ**というのか、むやみにいとしい。○「高麗錦」は「紐」に係る枕詞。

せ-ろ【兄ろ・夫ろ】名詞 ↓せな❶

発展「為」の命令形。

せ-わ【世話】名詞 ❶世間での言いぐさ。ことわざ。❷口語。俗語。❸面倒をみること。❹「＊世話物」また、「世話狂言」の略。

せわし(現)↓(歴)**せはし**【忙し】

せ-わ・な【世話な】形容動詞〔口語化〕世話がやける。やっかいだ。あた**世話な**家持ちよりは、金持ちがはるかにましでもあらうか。〈近頃河原達引〉訳 ひどく**世話がやける**家持ちよりは、金持ちのほうがはるかにましではなかろうか。

世話物 文芸用語 人形浄瑠璃・歌舞伎の演目のうち、江戸時代の町人社会に起こった心中や殺人事件、および侠客の義理人情を扱うもの。『＊曾根崎心中』『＊冥途の飛脚』などが代表的作品。

せをはやみ… 百人一首 **瀬を早み岩にせかるる滝川のわれても末にあはむとぞ思ふ**〈詞花集・229・崇徳院〉訳 川の流れが早いので、岩にせき止められた急流がたとえ二つに分かれても、後に再び合流するように、(私たちもいったんは)別れてもいつかきっと会おうと思う。○「早み」の「み」は原因・理由を表す接尾語。「滝川」は岩

に激しくぶつかりながら流れる川(=愛し合うふたり)。「の」は比喩を表す格助詞。上の句は「われても」を導く序詞。「われても」は、水が分かれる意味と二人が別れる意味を掛ける。

発展 激しく流れる川のように託して、強い恋心を詠む。

品詞分解・修辞 〈序詞〉↓われても

縁語						縁語
瀬	を	早	み	岩	に	せかるる
	間助	形・語幹	接尾		格助	カ四・未 受身・体

縁語					
滝川	の	われ	て	も	末	に
	格助	ラ下二・用	接助	係助		格助

			(係)↓(結)	
あは	む	と	ぞ	思ふ
ハ四・未	意志・終	格助	係助	ハ四・体

せ-ん【為ん】↓せ(為)む

せん【先】 名詞 ❶以前。前。❷先祖。先代。❸他に先んじて物事をすること。また、その人。さきがけ。❹囲碁・将棋で、先に始める方。先手。❺勝負が決まる大切な時。先途。

せん【詮】 名詞 ❶あれこれ考えて行きついたところ。結局。**ただ、詮は仏法にて王法をば守らんずるぞ。**〈愚管抄〉訳 ただ、**結局**は仏の教えによって国王の政治を守ろうとするのだよ。

❷ききめ。かい。効能。「**生きても、今はまた何の詮かはあるべき。**」〈保元〉訳「生き残っても、今になってはまた何の**かい**があるはずがあるのか。」

❸とるべき手段。方法。**社司ども、詮つきて眠りゐたりけるほどに…。**〈古今著聞集〉訳 神官たちが、(扉をあける)**手段**がなくなって眠っていたところ…。

❹大事なところ。要点。眼目。

せん【銭】 名詞 ❶ぜに。金。❷貨幣の単位。一貫の千分の一。

せん【撰】 名詞 詩歌や文などを選ぶこと。また、編集すること。

ぜん【善】 名詞 ❶正しい道理に従い、道徳にかなうこと。よいこと。❷好ましいこと。優れていること。

ぜん【禅】 名詞 ❶帝位を譲ること。譲位。禅譲。❷《仏教語》一つの対象に精神を集中して、その真の姿を知ること。❸禅宗。また、その教えや修行の方法。

ぜん-あく【善悪】 一 名詞 善と悪。善人と悪人。二 副詞 (「よかれあしかれ」の意味から)何はともあれ。とにかく。なんとしても。どうあっても。

「**善悪、舞はせまゐらせさうらはんずる。**」〈義経記〉訳「**なんとしても、**(静御前を)舞わせてお目にかけましょう。」

発展 ★連声で「ぜんなく」「ぜんまく」とも。

せんえう-でん【宣耀殿】 名詞 内裏の七つの後宮の一つ。麗景殿の北、貞観殿の東にある女御の居所。↓ビジュアルチェック⑯(759ページ)

せん-かう【遷幸】 ─ 名詞 動詞 自 サ変 〈せ・し・す・する・すれ・せよ〉 ❶天皇・上皇が他の場所に移ること。遷御。❷天皇が都を移すこと。天皇が新都へ移ること。遷都。

せ-ん-かた【為ん方】↓せむかた

せん-かた-な・し【為ん方なし】 形容詞 ↓せむかたなし

せん-ぎ【僉議・詮議】 名詞 動詞 自 サ変 〈せ・し・す・する・すれ・せよ〉 ❶評議して物事を明らかにすること。討論。議論。協議。評定。穿鑿すること。

「**この忙しき中に無用の死にてんがうと存じた。**」「**その詮議いらぬこと。**」〈西鶴・世間胸算用〉訳「(材木屋の丁稚は)「この忙しい中で役にも立たない狂言自殺と存じました。」(と言うと、亭主は)「その**せんさく**は余計なことだ。」

❷犯罪や罪人などを取り調べること。吟味。

このこと奉行所へ申し上ぐれば、御詮議になって、太鼓を改めたまふに…。〈西鶴諸国ばなし〉訳 このことを(興福寺は、奈良)奉行所へ訴え出ると、お**取り調べ**になって、太鼓を調査なさると…。

発展 「僉」はみなという意味で本来は「僉議」と表記する。近世から、道理を明らかにする意味の「詮義」と混同され、「詮議」と書かれるようになった。

せめ-て

実行するように強く要求したり、自ら努力して行うようす

❶**強いて。無理に。**◉「せめて＋動詞」の形をとる。
❷**なおも。よくよく。**◉「せめて＋動詞」の形をとる。
❸**ひどく。非常に。**◉「せめて＋形容詞」の形をとる。
❹**なんとか。少なくとも。**◉「せめて〜願望・意志・命令」の形をとる。

戦記物語 文芸用語 ↓軍記物語

せん-く【千句】 名詞 連歌・俳諧で、★百韻を十巻重ねた、句数が千のもの。

せん-ぐ【前駆・先駆】 名詞 行列などの前方を、ウマに乗って先導すること。また、その人。発展「ぜんく」「ぜんぐ」とも。

せん-ぐう【遷宮】 名詞 動詞 自 サ変 〈せ・し・す・する・すれ・せよ〉 神宮や神社の社殿を造営、または改修するとき、ご神体を移すこと。また、その儀式。宮遷し。発展 本殿から仮殿に移すのを仮遷宮、仮殿から新社殿に移すのを正遷宮という。また、二十年目ごとに遷宮をしてきた伊勢神宮と同じように、一定の年月ごとに行う遷宮を式年遷宮という。

せんぐり-に【先繰りに】 副詞 順を追ってしだいに。順繰りに。次々に。

先繰りに毎年集まりて…。〈西鶴・日本永代蔵〉訳 (貸した金が)**順を追ってしだいに**毎年集まって…。

せん-げ【宣下】 名詞 動詞 自 サ変 〈せ・し・す・する・すれ・せよ〉 発展「せんくだし」とも。 ❶天皇・上皇がことばを宣べ下すこと。宣旨が下ること。❷定期の除目以外に、臨時に宣旨が下って官職に任じられること。

せん-げ【遷化】 名詞 動詞 自 サ変 〈せ・し・す・する・すれ・せよ〉 《仏教語》(高僧や隠者が)死去すること。類 入寂・入滅。

この僧、予に告げていはく、円覚寺の大顛和尚今年睦月の初め遷化したまふよし。〈野ざらし紀行〉訳 この僧が、私に話して言うには、円覚寺の大顛和尚が今年一月の初めに**死去**なさったとのこと。

発展「せんくゎ」とも。この世の教化を終えて、あの世に遷るという意味。もともとは儒家のことば。

ぜん-ご【前後】 名詞 動詞 自〔サ変〕〈せ・し・す・する・すれ・せよ〉まえとうしろ。あと先。

千五百番歌合「―ウタアハセ」作品名 鎌倉時代初期の歌合わせ。後鳥羽院・藤原定家らの詠および判。新古今時代の代表的歌人三十人を選んで百首歌を詠ませたもので、歌合わせ史上最大の規模の催し。『新古今和歌集』(↓必修古典ビッグ30 ⑮682ページ)の撰集資料とされた。一二〇二(建仁二)年からその翌年の成立。

ぜん-ごふ【善業】―ゴウ 名詞《仏教語》来世でよい報いを得るもとになるよい行い。対 悪業。

仏前にありて、数珠をとり、経をとらば、怠るうちにも、善業おのづから修せられ…。〈徒然草・157・筆を執れば物書かれ〉訳 仏前にいて、数珠を手に取り、経文を手に取るなら、いいかげんにしているうちでも、自然と**善業**を修めることができ…。

ぜん-こん【善根】 名詞《仏教語》さまざまな善を生み出す根本となるもの。また、良い報いを受けるもととなる行い。

前世にいかなる善根を植ゑて、かくのごときの果報を得たるぞ…。〈今昔〉訳 前世でどんな**よい行い**をして、このような幸運を得たのか…。

発展「ぜんごん」とも。

せん-ざい【千載・千歳】 名詞 千年。長い年月。類 千とせ・千代。

せん-ざい【前栽】

庭先に植えた草木。また、庭先の植え込み	❶庭先に植えた草木。また、植えるための草木。 ❷草木を植え込んだ庭。植え込み。 ❸(「前栽物」の略で)野菜。青物。

名詞 ❶**庭先に植えた草木。**また、植えるための草木。

夜一夜降り明かしつる雨の、今朝はやみて、朝日いとけざやかに差し出でたるに、前栽の露こぼるばかりぬれかかりたるも、いとをかし。〈枕草子・130・九月ばかり〉訳 一晩中明け方まで降り続いた雨が、今朝はやんで、朝日がとても鮮やかに差し始めたころに、**庭先に植えた草木**に降りた露がこぼれ(落ち)るほどに(びっしょり)ぬれてかかって

副詞 ❶(「せめて＋動詞」の形で、ある動作の実行を相手に強く要求したり、自ら努力して動作を行うようすを表し)**強いて。無理に。努めて。**

「せめて申させたまへば、さかしう、やがて末まではあらねども、すべて、つゆたがふことなかりけり。」〈枕草子・23・清涼殿の丑寅の〉訳「(村上天皇が『古今集』の歌の暗唱試験をさせたとき、遠慮深い宣耀殿の女御に)**強いて**お答え申し上げさせなさると、賢いことに、そのまま下の句まで(述べてしまうこと)はないけれども、全部、少しも間違ったところがなかったのだった。」

おぼし嘆きおはしますを聞きたまふに、いとかたじけなくて、せめて強くおぼしなる。〈源氏・夕顔〉訳(源氏は帝が)心配して嘆いていらっしゃるのをお聞きになると、たいへん恐れ多くて、**努めて**気を強く(持とう)とお思いになる。

○「せめて」は「おぼしなる」に係る。

❷(「せめて＋動詞」の形で、困難な状況でもさらに行動するようすを表し)**なおも。よくよく。**

定かには見えたまはず、霧一重隔たれるやうに、透きて見えたまふを、せめて絶え間に見たてまつれば…。〈更級日記・後の頼み〉訳(阿弥陀仏の姿が)はっきりとはお見えにならないで、霧が一重(かかって)、間を遮られているように、透けてお見えになるのを、**なおも**(霧の)切れ間に見申し上げると…。

なほさりともやうあらむ、とせめて見れば、花びらの端に、をかしき匂ひこそ、心もとなう付きためれ。〈枕草子・37・木の花は〉訳(中国ではこの上ないものとして、ナシの花を漢詩にも詠むが)やはり(日本では)そうである(＝評判が悪い)としても(それなりに)理由があるのだろう、と**よくよく**見ると、花びらの端に、趣深い色つやが、ほんのりと付いているようだ。

❸(「せめて＋形容詞」の形で)**ひどく。非常に。きわめて。**

せめて恐ろしきもの。夜鳴る神。近き隣に盗人の入りたる。〈枕草子・264・せめて恐ろしきもの〉訳 **ひどく**恐ろしいもの。夜鳴る雷。近くの隣家に盗人が入った時。

丈高く、大きに太りてなんおはしける。太りのあまり、せめて苦しきまで肥えたまひければ…。〈宇治拾遺〉訳(三条中納言は)背丈が高く、たいへん太っていらっしゃった。太ったあまりに、(立ち居振る舞いが)**非常に**つらいほど肉が付いていらっしゃったので…。

❹(「せめて〜願望・意志・命令」の形で、不満だが最低このぐらいはという気持ちを表し)**なんとか。少なくとも。せめて。**

「事欠けにたり。相構へて勤めよ。せめて京ばかりをまれ、事なきさまに計らひ勤めよ。」〈宇治拾遺〉訳「(神社に奉納したウマを扱う者の)勤めが欠員になってしまっている。よくよく注意して勤めよ。**なんとか**都の中だけでもよい、無事なありさまで(ウマが通るように)考えて勤めよ。」○「せめて」は「勤めよ」に係る。

発展 **語の成り立ち** 下二段動詞「せむ(迫む)」の連用形＋接続助詞「て」が、一語になったもの。❸は切迫するようすから、程度の極端さについていわれるようになったもの。

類語比較 **「せめて」と「しひて」**

共通点＝物事を行ったり行わせたりすることを強く要求することば。

せめて＝相手の気持ちや自分の気持ちを差し迫った状態にさせ、ある行為の実現に近づける意味を表す。

しひて＝相手の気持ちや道理に反してでも無理やりにという意味を表す。

識別 **動詞「せむ」の連用形＋接続助詞「て」と、副詞「せめて」の識別**

品詞と用法	見分け方	例文と訳
下二段動詞「責む」の連用形＋接続助詞「て」	「責める・とがめる・せき立てる」などの意味を表す。「(〜を)せめて」というように、目的語がはっきりとしている。	「まづ御返りを。」と、せめて書かせたてまつる。〈源氏・玉鬘〉訳「まずご返事を。」と、(乳母が玉鬘を)せき立てて(源氏への返事を)お書かせ申し上げる。
副詞「せめて」	「無理に」の意味で、下に被修飾語がある。	せめて思ひしづめてのたまふ気色いとわりなし。〈源氏・葵〉訳(左大臣が)無理に気持ちを落ち着けておっしゃるようすが本当につらい。

いるのも、とても風情がある。
❷草木を植え込んだ庭。**植え込み。**
昔、男、人の前栽に菊植ゑけるに…。〈伊勢・51〉訳昔、男が、他人の(家の)植え込みにキクを植えたときに…。
❸(「前栽物」の略で)**野菜。青物。**
発展「せざい」とも。

せんざい-あはせ【前栽合はせ】 名詞 物合わせのひとつ。左右二組に分かれて、互いに自然の風景を模して前栽を造り、その優劣を競う遊び。

千載和歌集 [ワカシフ] 作品名 平安時代末期、第七番目の勅撰和歌集。後白河院の命を受け、★藤原俊成が撰。二十巻。総歌数一二八八首。編纂方針は『古今和歌集』に近い。仮名序を巻頭に置く。一条朝(九八六～一〇一一)以降の歌を集める。歌風は多様だが、叙情的で映像性豊かな歌が基調となっている。一一八八(文治四)年四月に最終的に成立。

せん-し【先師】 名詞 すでに亡くなった師匠・先生。発展「せんじ」とも。

せん-じ【宣旨】

勅旨(=天皇の命令)を述べ伝えること
→ ❶勅旨を述べ伝えること。また、それを伝える文書。
→ ❷勅旨を★蔵人に伝える宮中の女官。また、中宮・東宮・斎宮・関白などの家の女房。

名詞 ❶**勅旨を述べ伝えること。また、それを伝える文書。**
御前より、内侍、宣旨承り伝へて、大臣参りたまふべき召しあれば、参りたまふ。〈源氏・桐壺〉訳帝から、内侍が、**勅旨を述べ伝えること**を承り(蔵人に)伝えて、大臣は参上なさるようにとのお呼びがあるので、(左大臣が)参上なさる。
❷**勅旨を蔵人に伝える宮中の女官。また、中宮・東宮・斎宮・関白などの家の女房。**↓内侍
故院にさぶらひし宣旨の娘、宮内卿の宰相にて亡くなりにし人の子なりしを…。〈源氏・澪標〉訳亡き(桐壺)院にお仕え申し上げた**勅旨を蔵人に伝える宮中の女官**である者の娘は、宮内卿で参議として亡くなった人の子であったが…。

発展 **内輪の天皇のご命令** 「詔勅」が表向きであるのに対し、内輪の簡略なものをいう。❶の用例のように、天皇から内侍を通して蔵人へ、さらに大臣などへという簡単な手続きをとった。その伝達の順序は一部省略されることもあり、特に蔵人から出す公文書を「★綸旨」という。

ぜん-じ【前司】 名詞 前任の国司。発展「せんじ」とも。

ぜん-じ【禅師】 名詞《仏教語》❶★禅定に達した高僧。また、僧・法師を尊んだ言い方。
昔仕うまつりし人、俗なる、禅師なる、あまた参り集まりて…。〈伊勢・85〉訳昔(主君に)お仕えした人で、俗人である者も、**法師**である者も、大勢参集して…。
❷知徳の高い僧に朝廷から与えられる称号。

せんしう-らく【千秋楽】 名詞 ❶雅楽の曲のひとつ。「★盤渉調」の曲で、舞がない。❷(雅楽の演奏の終わりに❶を演奏するところから)能狂言・芝居・相撲などの興行の最終日。

せんじ-がき【宣旨書き】 名詞 ❶★宣旨の文書。仰せ書き。
❷代筆すること。また、代筆した手紙。
宣旨書きにても、後ろめたのわざや。〈源氏・宿木〉訳**代筆**であっても、(中の君のもとで六の君からの手紙が見つかるのは)気がかりなことであるよ。
発展「せじがき」とも。

せん-じふ【撰集】 名詞 動詞 自〔サ変〕〈せ・し・す・する・すれ・せよ〉(詩歌や文章などのうちから、優れたものを選び出して)編集すること。また、その集。
「撰集のあるべき由承りさうらひしかば、生涯の面目に、一首なりとも御恩をかうぶらうど存じてさうらひしに…。」〈平家・7・忠度都落〉訳(薩摩守忠度が和歌の師、俊成卿に)「**勅撰集の編集**があるだろうということをお聞きしましたので、(私の)生涯の名誉として、(せめて)一首だけでもご恩を頂こう(=勅撰集に採っていただこう)と存じておりましたのに…。」○ここでいう勅撰集は『千載集』。
発展「撰」はより分ける・集めるという意味。特に、勅撰集を指すことが多い。

せん-しゃう【僭上】 名詞 動詞 自〔サ変〕〈せ・し・す・する・すれ・せよ〉身分不相応な、目上をさしおいた行いをすること。また、ぜいたくをすること。見えを張ること。
若い時には遣ひたき金銀はままならず、僭上はしたし…。〈西鶴・好色一代女〉訳若いころには使いたいお金はままならず、**ぜいたく**はしたいし…。

ぜん-しゃう【前生】 名詞《仏教語》前世。対後生・今生。発展「ぜんじゃう」とも。

ぜん-じゃう【軟障】 名詞 ↓ぜじゃう

泉州 [シウ] 旧国名 ↓和泉

せんじゅ-くゎんおん【千手観音】 名詞 ❶《仏教語》六観音の一つ。その身に千の手を持ち、その手に一つずつ目を持つことから、限りない慈悲で衆生を救うとされる菩薩。❷(たくさんの足がある姿が❶に似ていることから)シラミの別の呼び名。

[せんじゅくゎんおん❶]

せん-しょう【先蹤】 名詞 先人の行跡。先例。発展「せんじょう」とも。

ぜんじょう【禅定】(現)↓(歴)**ぜんぢゃう**

せ-んず【為んず】 …しようとする。…するようになる。
高名せんずる人は、その相ありとも、おぼろけの相人の見ることにてもあらざりけり。〈宇治拾遺〉訳名を**あげようとする**人は、たとえその人相があっても、いいかげんな人相見が判断できることでもなかったのだった。
発展 サ変動詞「す」の未然形＋推量・意志の助動詞「んず(むず)」。「せむず」を中古末期以降「せんず」と表記するようになったもの。

せん・ず【先ず】 動詞 自〔サ変〕〈ぜ・じ・ず・ずる・ずれ・ぜよ〉先になる。先を越す。
「大臣に先ぜられて、ねたくおぼえはべる。」〈源氏・若菜上〉訳「(私、朱雀院は)大臣に**先を越され**て(=

夕霧を娘の婿にされて)、無念だと感じております。」

せん・ず【撰ず】 動詞 他〔サ変〕〈ぜ・じ・ず・ずる・ずれ・ぜよ〉(詩歌や文章などを)選ぶ。編集する。「**千載集を撰ぜられけるに**…。」〈平家・7・忠度都落〉訳 千載集を**編集**なさったときに…。

せんず‐まんざい【千秋万歳・千寿万歳】 名詞 正月、法師姿の者が家々の門口に立ち、家門繁栄の祝いのことばを唱えて舞い、祝儀をもらい歩くこと。また、それを仕事とする人々。発展 平安時代、正月四日に紫宸殿の庭で行われた行事から始まり、しだいに民間に広まった。

[せんずまんざい]

せんずる‐ところ【詮ずる所】(副詞的に用いて)結局。要するに。「**詮ずる所、身をまったうして君に仕ふといふ本文あり。**」〈平家・1・殿上闇討〉訳「**結局**、我が身を万全にして主君に仕えるという(典拠となる)文句がある。」

ぜん‐ぜ【前世】 ㊀名詞《仏教語》★三世の一つ。この世に生まれ出る前の世。先の世。対 現世・来世。「**前世の事にてもやさうらひけん。**」〈謡曲・隅田川〉訳「(幼い者が病気になったのは)**前の世**(から)の約束事(=宿命)でもあったのでしょうか。」
㊁副詞 かつて。今まで。「**前世下されたことはなけれども、お流れを下さるる。**」〈狂言・松楪〉訳「**今まで下さったことはないけれども、お流れ**(=目上の人から杯にさしてもらう酒)をくださる。」
発展「ぜんせ」は近世以降の形。

せん‐せき【仙籍】 名詞 ❶殿上の間に出仕する者の姓名を記して、その日の当直者を表示した簡。類 日給の簡。❷「蔵人の頭」の中国風の呼び名。発展「仙」は殿上、「籍」は簡の意味。

せんせき‐を‐ゆる・す【仙籍を許す】(殿上人として)昇殿を許す。「**殿上の仙籍をばいまだ許されず。**」〈平家・1・祇園精舎〉訳(清涼殿の)殿上の間への**昇殿をまだ許されない**。

せん‐そ【践祚】 名詞 動詞 自〔サ変〕〈せ・し・す・する・すれ・せよ〉天皇の位を継ぐこと。皇位継承。即位。発展「践」は「踏む」で、「祚」は「天子の位」という意味。先帝崩御後、すぐ次の天皇が位に就くこと。即位式は、その後で行われる。

せん‐だい【先帝】 名詞 先代の天皇。前の天皇。発展「せんてい」とも。

ぜん‐だい【前代】 名詞 ❶前の時代。前の世。❷前の代の当主。先代。❸(「前代未聞」の略で)今まで聞いたことがないほど変わっていること。

せん‐だう【山道】 名詞 ❶山あいの道。対 海道。❷中山道。木曾路。

せん‐だち【先達】 名詞 ❶(学問・修行・芸術・技能などで)先にその分野で立派な業績を残した人。先人。先輩。❷修験道で、山に入って修行する際に、先導する熟達した者。❸案内者。指導者。「**少しのことにも、先達はあらまほしき事なり。**」〈徒然草・52・仁和寺にある法師〉訳 ちょっとしたことにも、(その道の)**指導者**はあってほしいことだ。
発展「せんだつ」とも。

せん‐だつ【先達】 名詞 ↓せんだち

せん‐だん【栴檀】 名詞 ❶《植物》香木のひとつ。ビャクダンの別の呼び名。❷「★栴檀の板」の略。❸《植物》センダン科の落葉高木。「楝」の別の呼び名。発展 梵語に漢字の音を当てはめたもの。

せんだん‐の‐いた【栴檀の板】 名詞 鎧の部分の名。鎧の右肩から胸にかけて着け、胸板と袖との間を覆う。発展「栴檀」とも。左肩からのものは「鳩尾の板」という。↓鎧(図)

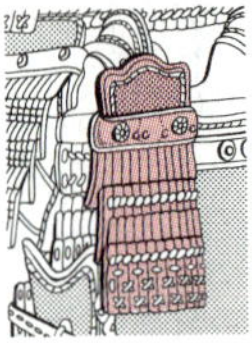
[せんだんのいた]

ぜん‐ぢしき【善知識】 名詞 ❶《仏教語》仏教の正しい道理を教え、悟りに導く人。また、高僧、名僧。親友。友人。❷人を仏道に導き入れる機縁となる物事。「**善知識のために、清き水をもってこの経を書く墨に加ふ。**」〈今昔〉訳 **仏道への機縁**のために、清らかな水をこの経を書く墨に加えた。
発展「ぜんちしき」とも。

ぜん‐ぢゃう【禅定】 名詞 ❶《仏教語》心を統一して、妄想・雑念を払い、真理を悟ろうとすること。また、真理に達すること。「**縄床に座せば、覚えずして禅定成るべし。**」〈徒然草・157・筆を執れば物書かれ〉訳(座禅用の)縄を張った椅子に座るならば、知らず知らずに**心の統一による悟り**に達するに違いない。❷修験道で霊山に登って修行すること。転じて、霊山の頂上。

せん‐ぢん【先陣】 名詞 ❶本陣の前に進む部隊。先鋒。対 後陣。❷一番乗り。さきがけ。

せん‐てい【先帝】 名詞 先代の天皇。発展「せんだい」とも。

せん‐ど【先途】 名詞 ❶将来。先行き。前途。「**先途いづくを期せず、後会その期を知らず。**」〈平家・12・平大納言被流〉訳 **前途**はどこにするか決意せず、再び会うのはいつの機会か分からない。❷終局。行き着くところ。「**名利におぼれて、先途の近きことを顧みねばなり。**」〈徒然草・74・蟻のごとくに〉訳 名誉や利益に心を奪われて、(人生の)**終局**(=死)が近いことを考えないからである。❸大事の決まる時。勝敗の分かれ目の時。❹貴族社会で、その家柄で決まっている官職の上限。

せん‐とう【仙洞】 名詞 ❶仙人の住む所。仙境。仙家。❷上皇の御所。院の御所。仙洞御所。仙院。❸上皇。院。

せん‐な・し【詮無し】

━**手段・方法がない** ━**してもむだである。無益である。仕方がない。**

未然形	連用形	終止形	連体形	已然形	命令形
せんな・く	せんな・く	せんな・し	せんな・き	せんな・けれ	○
せんな・から	せんな・かり	○	せんな・かる	○	せんな・かれ

形容詞〔ク〕**してもむだである。無益である。仕方がない。** 類 術無し

ひとり「さもなかりしものを。」と言はんもせんなくて、聞きゐたるほどに、証人にさへなされて、いと定まりぬべし。〈徒然草・73・世に語り伝ふること〉訳（ある話をみながおもしろがっているときに、自分）ひとりが「そうではなかったのになあ。」と言ったりしても仕方がなくて、じっと聞き入っているうちに、証人にまでされて、（その話は）いよいよ（本当のことと）決定してしまうに違いない。

発展 **語の成り立ち** 漢語「詮」に、形容詞「なし」が付いてできたことば。手段・方法・効果などの意味を表す。

ぜん-に【禅尼】 名詞《仏教語》仏門に入った女性。また、在家のまま修行をする女性。対 禅門

せんにち-まうで【千日詣で】 名詞 ❶祈願のため、千日間、神社や寺院に参詣すること。❷江戸時代、特定の日に参詣すると千日間の参詣に相当する功徳があるとされて、寺社に参詣したこと。発展「千日参り」とも。

せん-にん【仙人・僊人】 名詞 中国の神仙思想や道教で、理想とする人。人間界を離れて山中に住み、不老不死の術や神通力を体得しているという人。

ぜん-の-つな【善の綱】 仏像の右手にかけた五色の綱。臨終の際、これを手にすれば極楽へ導かれるという。また、参拝人が仏との縁を結ぶために引く。

せん-ばう【先坊・前坊】 名詞 前の皇太子。発展「ぜんばう」「ぜんべう」とも。

ぜん-ばう【禅坊・禅房】 名詞 禅寺の僧坊。また、禅寺。転じて、寺院の僧坊。

せん-ばん【千万】 一 名詞 数・量が非常に多いこと。数えきれないほどあること。たくさん。

二 副詞 ❶いろいろと。さまざまに。あれこれ。**千万砕く気の働き**。〈近松・生玉心中〉訳 **あれこれ**思いわずらう気持ちの動揺。❷もしも。万一。

これは、千万駆け合ひの戦にうち負くることあらば…。〈太平記〉訳 これは（＝米をたくさん積んだのは）、**万一**両軍の主力戦に負けることがあったら…。

三 接尾語 この上もない。至極。語例 無礼千万・笑止千万

発展「せんまん」とも。

ぜん-ぶ【膳部】 名詞 ❶膳に載せる食物。料理。❷食物を調理する人。料理人。

せんぶ-にち【先負日】 名詞 急用または公事などを避けるべき日。

せん-べう【先表】 名詞 物事の起こる前触れ。前兆。**平家の世の末になりぬる先表やらん**。〈平家・4・三井寺炎上〉訳 平家の世の中も終わりになってしまった**前兆**だろうか。

発展「せんぺう」とも。

せん-ぼふ【懺法】 名詞《仏教語》★懺悔のために営む法要。また、その際唱える経。

宣命 [ミャウ] 文芸用語 天皇の勅命を宣布する文書で、「★宣命書き」という独特の国文で書かれた詔。詔勅が漢文体で書かれるようになってから、国文体のものを特にこう呼んだ。『★続日本紀』に見える六十二編がその代表。

宣命書き [センミャウ] 国語・国文法 ★宣命や★祝詞の文章に用いられた表記法。『★続日本紀』の宣命がその典型。すべて漢字で表記されているが、ほぼ日本語の語順により、体言・用言の語幹などは大書し、用言の語尾や助詞・助動詞の類は★万葉仮名で右側に寄せて小書きしたもの。宣命書きによる文体を「宣命体」という。

ぜん-もん【禅門】 名詞《仏教語》❶禅宗。❷仏門に入った男性。また、在家のまま禅の修行をする男性。対 禅尼

せんやう-もん【宣陽門】 名詞 平安京内裏の内郭にある十二門の一つ。東側中央にあり、外郭の建春門に対する。↓ビジュアルチェック⑯（759ページ）

川柳 [リウ] 人名 ↓柄井川柳

川柳 [リウ] 文芸用語 雑俳の一種目。十七音からなる滑稽味の強い庶民的な詩。★季語は不要。人情や風俗のおもしろさ、社会の矛盾への風刺などが描かれている。★柄井川柳評の『万句合』から佳句のみを選んだ『★誹風柳多留』が出版され、その文芸形式が完成された。

ぜん-りん【禅林】 名詞《仏教語》禅宗の寺院。また、寺院に住む僧。

そ

-そ【十】 造語 十という意味を表す。語例 三十・四十 発展 三十から九十までの十の位を表す。

そ【衣】 名詞 着物。衣服。ころも。発展 多く「御衣」の形で用いられ、「おんぞ」「みぞ」「おほんぞ」などと読む。

そ【其】 代名詞 それ。対 彼・此 **そはせんかたなし**。〈玉勝間〉訳 **それ**はどうしようもない。

そ 一 係助詞 ↓読解の手引き⑨（634ページ）↓ぞ基本助詞25（731ページ）

二 終助詞 接続 カ変・サ変動詞の未然形、それ以外の動詞や助動詞の連用形に付く。❶（副詞「な」と呼応して、穏やかな禁止を表し）（どうか）…てくれるな。（どうか）…ないでくれ。

残りたる雪に混じれる梅の花早くな散りそ雪は消ぬとも 歌〈万葉集・5・849〉訳（消え）残っている雪に混じっているウメの花よ、どうか早く散っ**てくれるな**。雪は消えてしまうとしても。

「**や、な起こしたてまつりそ。幼き人は寝入りたまひにけり。**」と言ふ声のしければ…。〈宇治拾遺〉訳「おい、どうか起こし申し上げ**ないでくれ**。幼い人はぐっすりお休みになってしまった。」と（僧の）言う声がしたので…。

❷（中古末ごろから「な」を伴わず、禁止を表し）…（する）な。…（し）ないでくれ。

「**今はかく馴れぬれば、何事なりとも隠しそ。**」〈今昔〉訳「今はこのような深い関係になったのだから、どんなことであっても隠しだてはし**ないでくれ**。」

発展 上代には「な…そ」「な…そね」の両形が見られたが、中古に入ると「な…そ」が多くなる。また、上代には「そ」と呼応しない「な＋動詞の連用形」だけの禁止表現もあるところから、「そ」自体には禁止の意味はなかったと考えられる。

ぞ↓基本助詞25（731ページ）

そう（現）↓（歴）**さう【桑：庄：創：双：倉：喪：壮：爽：想：捜：掃：操：早：曹：巣：漕：燥：**

:争:相:草:荘:葬:蒼:藻:装:遭:霜:騒:爪:雙:愴:澡:瘡:箏:艙:艘】

そう(現)↓(歴)**さふ**【挿】

そう(現)↓(歴)**さふ**【障ふ】

そう(現)↓(歴)**そふ**【添ふ・副ふ】

そう【証・證】名詞 証拠。しるし。あかし。

そう【僧】名詞《仏教語》出家して仏門に入って修行する人。僧侶・比丘・法師・出家・沙門・坊主などをまとめた呼び名。

ぞう(現)↓(歴)**ざう**【象:像:臓:蔵:造】

ぞう(現)↓(歴)**ざふ**【雑】

ぞう-【贈】接頭語(官位を表すことばに付いて)その官位が死後に贈られたという意味を表す。語例 **贈**正一位太政大臣

ぞう【判官】名詞 ↓じょう(判官)

ぞ　基本助詞25

- 一 係助詞 ―(強意・強調を表し)…は。**訳出上表せない場合もある。**
  ◉文中に置かれ、文末の活用語は連体形で結ぶ。
- 二 終助詞
  - ❶(指示・断定を表し)…だ。…である。
    ◉文末に置かれる。
  - ❷(強い問いかけや反語を表し)…か。…なのか。…か、いや…ではない。
    ◉疑問語とともに用いられる。

接続 一は*主語・*連用修飾語・*接続語などに付く。また、*補助語・被補助語の間に介在する。接続 二は体言、活用語の連体形に付く。

一 係助詞(文中に置かれて強意・強調を表し)…**は**。…**が**。**訳出上表せない場合もある。**

五色に今一色ぞ足らぬ。〈土佐日記・二月一日〉訳 五色にもう一色**が**足りない。

○*係り結びの法則により、文末の活用語は連体形で結ぶ。ここでは、結びが打消の助動詞「ず」の連体形になっている。主語である「今一色」に付いた例。

よろづの遊びをぞしける。〈竹取・かぐや姫の出生〉訳 いろいろな音楽の遊びをした。

○文末の「ける」は過去の助動詞「けり」の連体形である。この例の「ぞ」のように、適切な訳語が与えられない場合も多い。連用修飾語である「よろづの遊びを」に付いた例。

折りて見ば落ちぞしぬべき秋萩の枝もたわわに置ける白露 歌〈古今集・秋上・223〉訳(ハギの枝を)折り取って観賞するならば、(枝に降りている露は)落ちてしまうに違いないことだ。秋に咲くハギの、枝もたわむばかりに降りている露は。

○上二段動詞「落つ」の連用形に付いて、述部内を強調する用法。下に続く「し」はサ変の補助動詞「す」の連用形で、「ぞ」とともに用いて「落ちる」動作を強調している。「ぞ」がなければ「落ちぬべし」となるところ。被補助語「落ち」と補助語「し」の間に介在した例。

「この男の位ぞまだいと浅けれど、三位の中将にてはべり。」〈栄花〉訳「この男の位**は**まだたいへん低いけれど、*三位の中将でございます。」

○「位ぞ」は「浅けれど」に係る。しかし、「ぞ」を受ける部分に接続助詞「ど」が付いて逆接で後に続くため、「浅き」という連体形にはなっていない。これを「*結びの消滅」などという。

二 終助詞 ❶(文末に置かれて指示・断定を表し)…**だ**。…**である**。…**のだ**。

「祇王があらん所へは、神ともいへ、仏ともいへ、かなふまじきぞ。」〈平家・1・祇王〉訳「祇王(=舞を舞う女性の名)がいるような所へは、神といおうと、仏といおうと、(会いに行くことは)できるはずがない**のだ**。」

○打消推量の助動詞「まじ」の連体形に付き、強く断定している。

夏の蟬の春秋を知らぬもあるぞかし。〈徒然草・7・化野の露〉訳 夏のセミが春や秋を経験しない(で死ぬ)というものもある**のだ**よ。

○ラ変動詞「あり」の連体形に付いている例。「ぞ」の下にさらに終助詞「かし」を付けて念を押している。

❷(疑問語とともに用いて、強い問いかけや反語を表し)…**か**。…**なのか**。…**か、いや…ではない**。

「何事ぞ、生昌がいみじうおぢつる。」〈枕草子・8・大進生昌が家に〉訳「どんなこと**なのか**、生昌がひどく怖がったのは。」

○「何事」という疑問語に付いて、強く問いただす気持ちを表している。

「物の憑きたまへるか。」と言ひければ、「なんでふ物の憑くべきぞ。…」と言ひて、あざ笑ひてこそ立てりけれ。〈宇治拾遺〉訳(自分の家が燃えているのを、絵仏師の良秀は笑って見ているので)「(あなたは)物の怪が取り付きなさったのか。」と(ある人が)言ったところ、「どうして物の怪が取り付くことがあるもの**か、いや**、取り付くはず**はない**。…」と(良秀は)言って、あざ笑って立っていた。

○「なんでふ」という疑問語とともに用いて、反語を表している。

発展 **①語の歴史** 係助詞・終助詞とも、指示代名詞「そ」と同じ語源かといわれ、上代には「ぜ」という東国方言や、「そ」という清音の形も見られる。また、中古以降でも「誰」という疑問語に付くときは「誰そ」と清音が用いられた。

②結びは連体形 一の係助詞の「ぞ」は、「なむ」「や」「か」と同じく、係り結びの法則により、文末の活用語は連体形で結ぶ。

③「もぞ」で不安を表す 係助詞「も」の下に係助詞「ぞ」が付いた「もぞ」の形で、「…(する)といけない」という、近い将来に起こりそうな悪い事態に対する不安や恐れを表すことがある。たとえば、「若き男、けしうはあらぬ女を思ひけり。さかしらする親ありて、『思ひもぞつく。』とて、この女をほかへ追ひやらむとす(=若い男が、それほど悪くない女をいとしく思った。おせっかいをする親がいて、「(わが子が召し使いの女を)好きになるといけない。」と思って、この女をよそへ追い出そうとする)。」〈伊勢・40〉などの例がある。↓**読解の手引き❹**(325ページ)

④「ぞ」は会話文 二❶の断定を表す用法は、断定の助動詞「なり」と似たところがあるが、「なり」が地の文に多く用いられるのに対して、終助詞の「ぞ」は、もっぱら会話文に用いられる。

類語比較 「**なむ**」「**ぞ**」「**こそ**」↓なむ(基本助詞25)

関連語 とぞ・もぞ

ぞう【族】名詞 一族。一門。発展「ぞく」の変化したことば。

宗因 人名 ↓西山宗因

草加 地名 今の埼玉県草加市付近。奥州街道の宿場町として栄えた。↓ビジュアルチェック⑩(502ページ)

雑歌 文芸用語「ぞうのうた」とも。和歌の部類、また歌集の部立てのひとつ。『万葉集』では★挽歌・★相聞とともに三大部立の一つで、主に儀礼の歌を内容としたが、『古今集』以降、四季・恋などに明確に分類できない内容の歌をいうようになった。

そう‐がう【僧綱】名詞《仏教語》僧や尼を監督し、仏法を維持し、寺院の運営を行う僧の役職名。後に、僧官(=僧正・僧都・律師)、僧位(=法印・法眼・法橋)を指した。

そうかく(現)↓(歴)**さうかく**【騒客】

宗鑑 人名 ↓山崎宗鑑

宗祇 人名 ↓飯尾宗祇

そうくゎ‐れん【葱花輦】名詞 天皇の乗り物のひとつ。屋根の頂に、葱の花の形の金色の擬宝珠を付けた輿。神事や普通の行幸に用いた。類 葱の花の御輿

[そうくゎれん]

そうじ‐て【総じて】副詞 ❶すべて。全部で。**総じて四人、ひとつ車にとり乗って、西八条へぞ参りたる。**〈平家・1・祇王〉訳 **全部で**四人(の白拍子)が、一台の車に乗って、西八条(の清盛の館)へ参上した。❷おおよそ。大体。一般に。「**城もなし。かかりもなし。総じて立ち合ふべき方もなし。**」〈十訓抄〉訳「城もない。頼りとするものもない。**およそ**勝負し合おうにも(なんの)方法もない。」

そう‐じゃう【僧正】名詞 ★僧綱のひとつで、僧官の最上位。初めは一人であったが、後には大僧正・正僧正・権僧正の三階級に分かれ、十余人になった。

相州 旧国名 ↓相模

総州 旧国名 ↓上総・下総

僧正遍昭 人名 ↓遍昭

そう・す【奏す】

天皇や上皇に「言ふ」という意味の謙譲語 → ❶**申し上げる。** ❷**演奏する。奏でる。** [通常語]言ふ

未然形	連用形	終止形	連体形	已然形	命令形
そう・せ	そう・し	そう・す	そう・する	そう・すれ	そう・せよ

動詞 他 (サ変) ❶(「言ふ」の謙譲語で)(天皇や上皇に)**申し上げる。奏上する。**「**よきに奏したまへ、啓したまへ。**」〈枕草子・3・正月一日は〉訳 (自分の昇進について)「(天皇に)よろしく**申し上げて**ください、(皇后によろしく)申し上げてください。」○同じ「申し上げる」という意味で、天皇に対しては「奏す」、皇后に対しては「啓す」が用いられている。

❷**演奏する。**(楽器を)**奏でる。** **賀皇恩といふものを奏する程に**…。〈源氏・藤裏葉〉訳 (楽人が)賀皇恩(=祝言の曲名)という曲を**演奏する**間に…。

発展 ①進め捧げることを表す漢語「奏」にサ変動詞「す」が付いてできたことば。

②**対象が限られる敬語** ❶の『枕草子』の用例に見られる「啓す」は、皇后(あるいは太皇太后・皇太后・皇太子など)に対して用いられる。このように「奏す」「啓す」は、使用の対象が限定されるので、これらの敬語を絶対敬語と呼ぶこともある。

③**御前での演奏にも** ❷の意味でも、古くは天皇や上皇の御前で雅楽などを演奏する場合に主として用いられた。用例に挙げた『源氏物語』の例も、冷泉帝や朱雀院の御前で演奏された場面である。

関連語 聞こえさす・聞こゆ(基本敬語25)・啓す・申す

そうず(現)↓(歴)**そうづ**【僧都】

そうぞうし(現)↓(歴)**さうざうし** 最重要語 (567ページ)

そうぞく(現)↓(歴)**さうぞく**【装束】【装束く】

読解の手引き⑬

挿入句のループをたぐる

「インターネットは、**といっても私にはまだよく分からないが、**世界を大きく変える可能性がある。」のように、**述べていることがらに関する注釈や断りを加えたくなる**ことがあります。そういう場合は、文の流れをいったん止めて注釈の文(あるいはその一部)を挿入することになります。このような「挿入句」の例は、古文にも現れます。

①**この暁より、咳病にやはべらむ、頭いと痛くて**…。〈源氏・夕顔〉

挿入されている傍線部は、「頭いと痛くて」の原因を「風邪ではないでしょうか」と推測するコメントになっています。この構造を図でイメージしてみましょう。

この暁より、（**咳病にやはべらむ、**）→**頭いと痛くて**…。

このように、挿入句は文の流れをいったん脱したループのような存在になっています。

②**世に語り伝ふること、まことはあいなきにや、多くはみな虚言なり。**〈徒然草・73・世に語り伝ふること〉

挿入されている傍線部は、「や」の結びの部分が省略されています。結び「あらん」を補って、「世間で語り伝えていることは、**真実はおもしろくないのではないだろうか、**たいていはみなうそである。」と解釈します。この挿入句は「世に語り伝ふること」に対する作者のコメントです。

ここでちょっと、挿入句を見つける手順を考えてみましょう。「A、b、C。」という構成の文で、bがそれだけで一文のようになっていて流れから遊離し、bが後続するCに係らない場合、bは挿入句と見てよいでしょう。②ならば、文末の「なり」は終止形ですから、挿入句末尾の「や」の結びとなっていないことがヒントになります。

挿入句は「はさみこみ」ともいわれます。①②のように**短いものばかりではなく、数行にもわたる長大なものもある**ので、挿入句の前後の文章の本流と、その主語と述語をしっかり押さえましょう。

そう-ぞく【僧俗】 名詞 僧と俗人。出家と在家。

ぞう-ぢゃう【増長】 名詞 動詞 自〈サ変〉〈せ・し・す・する・すれ・せよ〉《仏教語》❶増大すること。強大になること。はなはだしくなること。
才能は煩悩の増長せるものなり。〈徒然草・38・名利に使はれて〉訳 才能とは人間の欲が**増大し**たものである。
❷「★増長天」の略。
発展「増」は横に広がること、「長」は縦に伸びること。「ぞうちょう」とも。

ぞうぢゃう-てん【増長天】 名詞《仏教語》★四天王の一つ。須弥山の南方中腹に住んで、南方を守護する神。剣または矛を持ち、憤怒の相を表す。発展 略して「増長」とも。

[ぞうぢゃうてん]

そう-づ【僧都】 名詞 ★僧綱のひとつで、僧正に次ぐ僧官。初めは大僧都・少僧都各一人であったが、後に大僧都・権大僧都・少僧都・権少僧都の四階級に分かれ、その数も増した。

そう-ついぶし【総追捕使】 名詞 ❶「★令外の官」のひとつ。平安時代、諸国の治安維持に当たった職。❷源頼朝が、一一八五(文治元)年に治安の維持や警護のために、諸国と荘園に置いた職。諸国に置いたものは、後に「守護」と改称された。❸神社や寺院の領地で、治安の維持や警備に当たった職。発展「そうづいぶし」とも。

挿入句 国語・国文法 文の途中で、補足するためにはさみこまれる、一文相当の語句。↓**読解の手引き**⑬(732ページ)

そう-ばう【僧坊・僧房】 名詞 寺院に付属する、僧や尼の生活する建物。また、僧の住む家。

➡そうび(現)↓(歴)**さうび【薔薇】**

そう-ぶん【処分】 名詞 動詞 自〈サ変〉〈せ・し・す・する・すれ・せよ〉(生前に)遺産の分配を決めること。また、(分け与えられた)遺産。
「**御処分に、広くおもしろき宮賜はりたまへるを、繕ひて住ませたてまつらむ。**」〈源氏・柏木〉訳「(桐壺の帝の)ご**遺産**として、広くて趣のある屋敷を頂いていらっしゃる所を、修理して(女三の宮を)住まわせて差し上げよう。」
発展「そぶん」「しょぶん」「せうぶん」とも。

そう-べつ【総別・惣別】 副詞 だいたい。総じて。一般に。
総別、初心の歌詠みの難儀を知りたく思ふは、よからぬ心と見えたり。〈戴恩記〉訳 **だいたい**、初心の歌人が難しい意味を知りたいと思うのは、よくない心がけと思われた。

そう-もん【総門・惣門】 名詞(邸宅や寺院などの)総構えの大門。外郭にある第一の正門。

そう-もん【奏聞】 名詞 動詞 自〈サ変〉〈せ・し・す・する・すれ・せよ〉(天皇・上皇に)申し上げること。奏上。上奏。
御前へ参って、この由奏聞しければ…。〈平家・2・西光被斬〉訳(法皇の)お前へ参上して、このことを**申し上げ**たところ…。

相聞 [サウモン] 文芸用語 ★雑歌・★挽歌とともに『万葉集』の三大部立ての一つ。お互いの消息や親しみの感情を述べあう歌。多くは男女間の恋の歌を内容とし、『古今集』以降の恋歌に相当する。

相聞歌 [サウモンカ] 文芸用語 ↓相聞

そう-らん【奏覧】 名詞 動詞 他〈サ変〉〈せ・し・す・する・すれ・せよ〉(天皇・上皇に)ご覧に入れること。お見せすること。

そう-りゃう【総領・惣領】 一 名詞 ❶上代の地方行政官。地方を支配するため、吉備・周防・筑紫などの重要な土地に置かれた。❷家父長として家名を継ぐべき子。嗣子。❸《近世語》長男、また長女。
二 名詞 動詞 他〈サ変〉〈せ・し・す・する・すれ・せよ〉受け継いで自分のものとすること。
鎌倉は、将軍が跡をば母堂の二位の尼総領して…。〈愚管抄〉訳 鎌倉(幕府)は、将軍(=源実朝)のあとを母君の二位の尼(=政子)が**受け継いで自分のものとして**…。

➡そうろう(現)↓(歴)**さうらふ【候ふ】**

候文 [サウラフブン] 国語・国文法「候ふ」という語が、動詞「あり」に代わって、また補助動詞として用いられる文。また、それを用いた文体。平安後期の手紙文から発生し、それ以前の「侍り」に代わって用いられるようになり、中世・近世には公文書・記録などにも取り入れられた。また、「候ふ」が多く用いられると、もとの謙譲・丁寧という敬意も薄れていった。

➡そえる(現)↓(古)**そふ【添ふ・副ふ】**

そ-が【其が】 それの。その。
「**船に乗りて、竜殺して、そが頸の玉取れるとや聞く。**」〈竹取・竜の頸の玉〉訳「船に乗って、竜を殺して、それの首にある玉を取ったとは聞かないか。」
発展 代名詞「そ」＋格助詞「が」。

ぞ-かし 連語(文末に用いて、断定し、さらに念を押して)…であるよ。…ことだよ。…(な)のだよ。…だぞ。
「**我はこのごろわろきぞかし。**」〈更級日記・物語〉訳「私は今のところ美しくない**ことだよ**。」
発展 終助詞「ぞ」＋終助詞「かし」。

そ-がひ【背向】 名詞《上代語》後方。背後。
雑賀野ゆそがひに見ゆる沖つ島清き渚に風吹けば白波騒き…。 歌〈万葉集・6・917〉訳 雑賀野(=今の和歌山市南部、雑賀崎付近の野)から**後方**に見える沖の島の清らかな渚に風が吹くと白波が騒ぎ…。

そが-ふ-かう【蘇合香】 名詞 ❶《植物》マンサク科の落葉高木。樹脂は薬用にする。❷香の名。❶の樹脂などを香料としたもの。❸雅楽の曲名。六人舞で、インドのアショカ王が病気のとき、蘇合香を服用して治ったという故事によるもの。

曾我物語 作品名 室町時代前期の軍記物語。作者不明。曾我十郎・五郎兄弟が、父の敵工藤祐経を討つまでの話。曾我物として謡曲・浄瑠璃・歌舞伎などに採り上げられた。成立年不明。

[そがふかう❸]

そぎ-す・つ【削ぎ棄つ】 動詞 他〈タ下二段〉〈て・て・つ・つる・つれ・てよ〉❶(髪の毛の末端を)切り捨てる。
いと盛りに清らなる御髪をそぎすてて、忌むこと受けたまふ作法…。〈源氏・柏木〉訳(女三の宮の)ほんとうに盛りの上品で美しいお髪を**切り捨て**て、戒をお受けになる儀式が…。
❷簡略にする。手軽にする。

いみじく事どもそぎすてて、「世の煩ひあるまじく。」と省かせたまへど…。〈源氏・若菜下〉訳（源氏は住吉神社参詣にあたって）きわめて諸事を簡略にして、「世間の迷惑にならないように。」とお省きになるけれど…。

そきゃう-でん【承香殿】 名詞 →しょうきゃうでん

-そく【束】 助数詞 ❶束ねたものを数えることば。❷矢の長さを表す単位。親指を除く四本の指の幅。↓伏せ

そ・く 一【退く】動詞 自〔カ四段〕〈か・き・く・く・け・け〉離れる。遠ざかる。退く。

ここに、速総別王、女鳥王共に逃げそきて…。〈古事記・仁徳天皇〉訳そこで、速総別王と、（その妻）女鳥王は一緒に逃げ退いて…。

二【除く】動詞 他〔カ下二段〕〈け・け・く・くる・くれ・けよ〉離す。取り除く。

わが背子に我が恋ふらくは夏草の刈りそくれども生ひしくごとし 歌〈万葉集・11・2769〉訳私のいとしい人に私が恋することは、ちょうど夏草が、刈って取り除いても次々と生えるようなものだ。

そ・ぐ【削ぐ・殺ぐ】 動詞 他〔ガ四段〕〈が・ぎ・ぐ・ぐ・げ・げ〉❶（髪の毛などの）先を切り落とす。切りそろえる。削りとる。**髪のうつくしげにそがれたる末も**…。〈源氏・若紫〉訳（尼の）髪のきれいに切りそろえられた端も…。❷簡素にする。省略する。**ことさらにそぎたまひて、例の、ことことしからぬ御車に奉りて**…。〈源氏・若菜上〉訳（源氏は格式を）わざと簡素にしなさって、例によって、（あまり）大げさでないお車にお乗りになって…。

ぞく【俗】 名詞 ❶世の習わし。風習。**我が俗にあらずして人に交はれる、見苦し**。〈徒然草・165・吾妻の人の〉訳自分の（本来の）世の習わしの中にいないで（他の世界の）人と交わっているのは、見苦しい。❷僧でない人。俗人。**昔仕うまつりし人、俗なる、禅師なる、あまた参り集まりて**…。〈伊勢・85〉訳昔（主君に）お仕えした人で、俗人である者、法師である者が、大勢参集して…。❸世間一般。世の中。**花の色は蒸せる粟のごとし。俗呼ばって女郎とす**。〈謡曲・女郎花〉訳花の色は蒸したアワのようである。世間一般では女郎と呼んでいる。❹世俗的なこと。風流でないこと。品がないこと。対雅 **このごろ様を好む人は、中ごろの体をば、「俗に近し、見所なし。」と嫌ふ**。〈無名抄・近代歌体事〉訳近ごろの歌風を好む人は、古今集の風体を、「品がないのに近く、特に見所はない。」と嫌う。

促音便 国語・国文法 母音の後、カ・サ・タ・パ行音の前に現れる、つまる感じに発音される音を、**促音**といい、「つまる音」ともいう。古典文の表記としては「つ」を用いるが、本書では現代語と同じく、小書きの「っ」を用いることとした。その促音は、本来、外来音の影響によるものだが、和語動詞が助詞「て」に付く場合にも、発音しやすいように、活用語の語尾のチ・ヒ・リが「ッ」で表記される促音になる現象を見せるようになった。これが★音便の一つに数えられる**促音便**である。「立ちて→立って」「言ひて→言って」「取りて→取って」などのように、タ・ハ・ラ行四段活用動詞およびラ行変格活用動詞の連用形に現れる。なお、「まっしろ（真白）」「まっすぐ（真直）」など、無活用語の音変化も促音便として扱う考え方もある。↓音便／活用語音便表（25ページ）

そく-さい【息災】 名詞《仏教語》（仏法の力で）災難を防ぎ止めること。

そく-さい・なり【息災なり】 形容動詞〔ナリ〕〈なら・なり（に）・なり・なる・なれ・なれ〉無事だ。健康だ。**息災なる人も、目の前に大事の病者となりて、前後も知らず倒れ伏す**。〈徒然草・175・世には心得ぬことの〉訳（無理やり酒を飲ませると）**健康な**人も、見ているうちに重い病人になって、意識を失って倒れ伏す。

続猿蓑 作品名 江戸前期の俳諧撰集。沾圃ら編。『★俳諧七部集』の第七集。『★猿蓑』の続編で、蕉門の連句・発句を収める。芭蕉最晩年の「★軽み」の作風を示す。一六九八（元禄十一）年刊。

即時 国語・国文法 格助詞の「より」が、活用語の連体形に付いて、「…するやいなや」「…するとすぐに」のような意味を表す関係をいう。

ぞく-しゃう【俗姓】 名詞 ❶家柄。素性。**俗姓もよきうへ、弓矢とってもよかりけり**。〈平家・9・三草合戦〉訳（田代冠者は）**家柄**も立派なうえに、武士としても優れていた。❷（僧が）俗人だったときの姓。出家する前の名字。**悲田院の尭蓮上人は、俗姓は、三浦の某とかや、双なき武者なり**。〈徒然草・141・悲田院の尭蓮上人は〉訳悲田院の尭蓮上人は、**出家する前の名字**は、三浦のなんとかという、並ぶものがない武士である。

ぞく-じん【俗人】 名詞 ❶（僧ではない）世間一般の人。❷風流や学問を解さない人。

そく-たい【束帯】 名詞 平安以降、天皇をはじめすべての官吏が朝廷の儀式で着用した正装。発展 冠・袍・半臂・下襲・衵・上の袴・大口・石帯などで装い、笏を持ち沓をはく。日中着用したことから「昼の装束」ともいい、衣冠や直衣などの宿直の装束に対する。

［そくたい（文官）］　［そくたい（武官）］

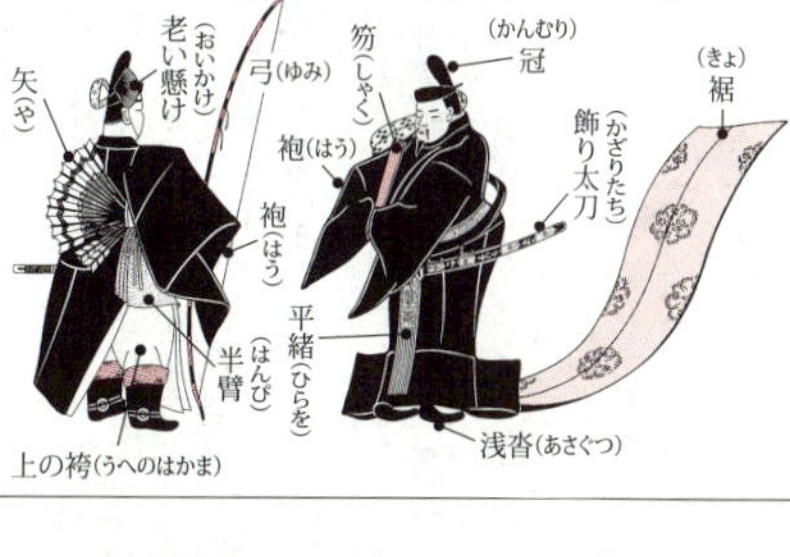

ぞく-ぢん【俗塵】 名詞 世間の汚れ。世間の煩わしさ。**他の俗塵に馳することをあはれむ**。〈方丈記・閑居の気味〉訳他人が**世間の煩わしさ**にあくせくするようすを気の毒に思う。

ぞく・なり【俗なり】 形容動詞〔ナリ〕〈なら・なり（に）・なり・なる・なれ・なれ〉世俗的だ。風流でない。品がない。

そくばく【若干】 副詞 →そこばく

そく-ひ【続飯】 名詞（飯粒を押しつぶして作った）糊。また、それで糊づけすること。**遠き所より、思ふ人の文を得て、固く封じたる続飯など開くるほど、いと心もとなし**。〈枕草子・160・心もとなきもの〉訳遠い所から、愛する人の手紙を受け取って、固く封をしてある**糊づけ**などを開ける間は、とてもじれった

い。

発展「そくいひ」の変化したことば。

ぞく-ひじり【俗聖】 名詞 出家しないで、俗人の姿で仏道を修行する者。頭をそらない僧。発展 男性を優婆塞、女性を優婆夷という。

ぞく-らう【続労・贖労】 名詞 ㊀【続労】奈良時代、金銭や品物を官庁に納めて官職を継続すること。㊁【贖労】平安時代、金銭や品物を官庁に納めて官位を得たり、昇進を願うこと。また、そのための金銭や品物。

発展「そくらう」「しょくらう」とも。

そ-くわい【素懐】 名詞 ❶前々からの願い。本望。**源氏の年来の素懐を遂げんとす。**〈平家・6・廻文〉訳 (木曾義仲は平家の勢力の衰える折に)源氏の長年の**本望**を遂げようとする。

❷(極楽往生の)願い。また、(以前からの)出家の願い。「**一念の菩提心を起こししによって、往生の素懐を遂げたりとこそ承れ。**」〈平家・10・維盛入水〉訳「一心に仏を信じ悟りを求め成仏しようとする心を起こしたために、極楽往生の**願い**を遂げたと承っている。」

発展「素」は平素、「懐」は志という意味。

そこ【底】 名詞 ❶物のいちばん下の部分。❷奥深い所。奥底。**思ひやるすべの知らねばかたもひの底にぞ我は恋ひなりにける** 歌〈万葉集・4・707〉訳 思いを晴らす手段が分からないので、片埦の**奥底**(に沈ん)で私は片思いをするようになってしまった。○「かたもひ」はふたのない水入れである「片埦」と「片思ひ」を掛けている。

❸心の最も奥の部分。心の奥底。心底。「**底に心清う思すとも、しか用ゐる人は少なくこそあらめ。**」〈源氏・夕霧〉訳「**心の奥底**で潔白であるとお思いになっても、そう信じてくれる人は少ないだろう。」

❹そのものの真の力。底力。「**鎌倉殿の賜びたる薄墨にも、底は勝りてこそあるらめ。**」〈源平盛衰記〉訳「(義経のウマは)鎌倉殿(=頼朝)が下さった薄墨(=ウマの名)に比べても、**底力**は優れているだろう。」

そ-こ【其処・其所】 代名詞 ❶(場所を指して)そこの所。その場所。**そこなりける岩に、指の血して書きつけける。**〈伊勢・24〉訳 **そこ**にあった岩に、指の血で(歌を)書きつけたのだった。

❷(事物を指して)それ。そのこと。その点。**入り日なす隠りにしかばそこ思ふに胸こそ痛き…** 歌〈万葉集・3・466〉訳 (妻が入り日のように)隠れて(=亡くなって)しまったので、**そのこと**を考えると胸が切ない…。○「入り日なす」は「隠る」に係る枕詞。

❸(目下や、親しい相手に対して)あなた。君。おまえ。「**そこにはかく忍び残されたることありけるをなむ、つらく思ひぬる。**」〈源氏・薄雲〉訳「**あなた**にはこのように秘密にしておくことがあったことを、耐え難く思ったのだ。」

そこ-そこ【其処其処】 代名詞 ❶(はっきりと特定せずに、場所や箇所を指して)どこそこ。どこどこ。どこか。**西の京のそこそこなる家に、色濃く咲きたる木の…。**〈大鏡・道長下〉訳 西の京の**どこそこ**にある家に、色濃く咲いた(ウメの)木で…。

❷(全体に広く行きわたっていることを指して)あちらこちら。そこかしこ。そこもここも。どこもかしこも。**そこそこ気のつく職人の、金でかす気ぞ格別なる。**〈近松・心中刃は氷の朔日〉訳 **そこかしこ**(よく)気がつく職人で、金をもうけようという気持ちは特別である。

そこ-そこ-に 副詞 あわただしく。いいかげんに。中途半端に。**銀集まればみな我が物と思ふから、そこそこに催促せず…。**〈西鶴・世間胸算用〉訳 金が集まるとだれでも自分のものだと思う(ものだ)から、**中途半端に**(貸した金の)催促はしないで…。

そこ-どころ【其処所】 代名詞 (はっきりと場所や箇所を指して)そこの所。どこそこ。**そこどころともなく、いみじく苦しくしたまひて…。**〈源氏・若菜下〉訳 (病気の紫の上は、はっきりと)**そこの所**というのでなく、(体が)ひどく苦しいとお感じになって…。

発展 多く、打消の語を伴って用いる。

そこ-と-も-しら-ず【其処とも知らず】 どこともわからず。当てもなく。**思ふどちそこともしらず行き暮れぬ花の宿貸せ野辺の鶯** 歌〈新古今集・春上・82〉訳 親しい者同士が、(花に浮かれて)**どこともわからず**行くうちに日が暮れてしまった。(お前の)花の宿を貸しておくれ、野辺のウグイスよ。

そこ-と-も-わか-ず【其処ともわかず】 どこともわからず。**そこともわかず、つひに路ふみたがへて、石巻といふ湊に出づ。**〈奥の細道・石巻〉訳 **どこともわからず**、とうとう道を間違えて、石巻という港に出た。

そ-こな【其処な】 連体詞 そこにある。そこにいる。そこの。「**山伏が柿を盗うで食うてゐる。やいやいそこな奴。**」〈狂言・柿山伏〉訳「山伏がカキを盗んで食っている。やいやい**そこにいる**奴よ。」

発展「そこなる」の変化したことば。多くの場合、人を表すことばの上について、相手を見下して呼ぶのに用いる。

そこな・ふ【損なふ・害ふ】 ㊀動詞 他(四段)〈は・ひ・ふ・ふ・へ・へ〉❶(心身を)傷つける。痛める。殺傷する。**二十日、三十日と数ふれば、およびも損なはれぬべし。**〈土佐日記・一月二十日〉訳 二十日間、三十日間と(指を折って)数えるので、指も**痛められ**てしまいそうだ。

❷(物を)傷つける。壊す。**几帳など、いたく損なはれたるものから…。**〈源氏・末摘花〉訳 几帳などは、ひどく**壊され**ているが…。

❸(「心地損なふ」の形で)病む。病気をする。**心地損なひて煩ひけるときに…。**〈古今集・春下・80・詞書〉訳 **病気をして**悩んでいたときに…。

㊁補助動詞(四段)〈は・ひ・ふ・ふ・へ・へ〉(…し)損じる。(…し)損なう。「**書き損なひつ。**」と恥ぢて隠したまふを…。〈源氏・若紫〉訳 (紫の上が)「書き**損なって**しまった。」と恥ずかしがってお隠しになるのを…。

そこ-はか-と 副詞 (打消の表現を伴って)はっきり(…しない)。明らかに(…しない)。確かに(…ない)。**そこはかと知りて行かねど先に立つ涙ぞ道のしるべなりける** 歌〈更級日記・野辺の笹原〉訳 (そこが墓だと)**はっきり**知って行くわけではないが、まず出てくる涙が道案内だったことだ。○「そこはかと」は、「そこ墓(=そこが墓である)と」との掛詞。

発展 ①中古中期以降、多くのことばの語尾のハ行音は、ワ行音に変化する。しかし、このことばは「墓」と掛けられた用例からもソコワカとはならなかったと考えられる。

②「其処計(=そこが目当て)と」、また「其処は彼か(=

そこがどこと」がもとの意味といわれる。
→古語チャート㉟(995ページ)

そこはか-と-な・し【そこはかと無し】

場所・事物・理由などがはっきりしないようす ─ ❶どこということもない。❷とりとめもない。どうということもない。

未然形	連用形	終止形	連体形	已然形	命令形
そこはかとなく	そこはかとなく	そこはかとなし	そこはかとなき	そこはかとなけれ	○
そこはかとなから	そこはかとなかり	○	そこはかとなかる	○	そこはかとなかれ

形容詞ク ❶**どこということもない**。**はるかに霞みわたりて、四方の梢そこはかとなう煙りわたれる程**…。〈源氏・若紫〉訳遠くまで一面に霞がかかって、周囲一帯の(木々の)梢が**どこということもなく**一面にかすんで見える辺りを…。○「そこはかとなう」は連用形「そこはかとなく」のウ音便。

❷**とりとめもない**。**どうということもない**。**つれづれなるままに、日暮らし、硯に向かひて、心にうつりゆくよしなしごとを、そこはかとなく書き付くれば、怪しうこそものぐるほしけれ**。〈徒然草・序〉訳所在なく退屈であるのに任せて、一日中、硯と向き合って、意識に次々に浮かぶつまらないことを、**とりとめもなく**書き付けていると、不思議に気がおかしくなってくることだ。

発展 副詞「そこはかと」＋形容詞「なし」。
→古語チャート㉟(995ページ)

そこば-く【若干・幾許】

副詞 相当に数量の多いようす ─ たくさん。多く。

副詞 (多く「そこばくの＋名詞」の形で)**たくさん**。**多く**。**数多く**。**そこばくの蜂、盗人ごとにみな付いて、みな刺し殺してけり**。〈今昔〉訳**数多く**のハチが、盗人ひとりひとりにすべてくっついて、全員を刺し殺してしまったのだった。

そこ-ら

副詞 数量が多い、また、程度が極端なようす ─ ❶たくさん。多く。❷たいへん。非常に。◉多く「そこらの＋名詞」の形をとる。

副詞 ❶(多く「そこらの＋名詞」の形で)**たくさん**。**多く**。**数多く**。「**汝が助けにとて、片時のほどとて下ししを、そこらの年ごろ、そこらの黄金賜ひて、身を変へたるがごとなりにたり**。」〈竹取・かぐや姫の昇天〉訳「おまえ(＝竹取の翁)の助けにということで、ちょっとの短い間と思って(かぐや姫を下界に)下ろしたのだが、(おまえは)(竹の中から)**多く**の年月の間、**たくさん**の黄金を頂いて、生まれ変わったように(裕福に)なってしまった。」

供の人々浄衣姿なるを、そこら、桟敷どもに移るとて行き違ふ馬も車も徒人も、「あれはなぞ、あれはなぞ。」と…あざける者どももあり。〈更級日記・初瀬〉訳(祭りの日にわざわざ長谷寺へ参拝に行く私たち一行の)供をする人々が白衣姿なのを、**数多く**、(祭り見物の)桟敷などに移るといって行き交うウマ(に乗った人)も牛車(の人)も徒歩の人も、「あれは何か、あれは何か。」と…ばかにする者たちもいる。

❷**たいへん**。**非常に**。**こなたかなたの御送りの人ども、寺々の念仏僧など、そこら広き野に所もなし**。〈源氏・葵〉訳(葵の上の葬送に)あちらこちらからのお見送りの人々や、諸寺の念仏僧などが、**たいへん**広い野原に透き間もない(ほど集まっている)。○「そこら」は「広き」を修飾している。

そこら所狭かりし御勢ひの鎮まりて、この君を頼もし人におぼしたる、常なき世なり。〈源氏・野分〉訳(他家が)**非常に**窮屈に思ったほどのご権勢が(左大臣の死後)衰えて、(その妻、大宮が)この君(＝孫の夕霧)を頼りにする人だとお思いになっているのも、変化の激しい世の中だ。○「そこら」は「所狭かりし」を修飾している。

発展「そこら」の「ら」は類語「ここら」の「ら」と同じく、数量や程度を表す接尾語。

関連語 幾許・幾許・若干

そこばく集まりたりし万人、さとこそ泣きてはべりしか。〈大鏡・道長下〉訳**たくさん**集まっていたすべての人々は、(高僧の読経と表白に感激して)わっとばかりに泣いたのでした。

発展 ①上代に用いられた副詞「そこば」に接尾語「く」が付いたもの。「そくばく」とも。

②**程度を表す例** 類義語の「ここだ」「ここら」「そこら」などと同じように、程度が並々でないという意味で用いられた例も見られる。たとえば、「そこばく広き大路、揺すり満ちて…。」(＝たいへん広い大通りで、その場にいる者すべてが騒ぎ立て…。)〈狭衣〉などの例がある。

③**おおよその数をいう例** 「そこばく選ばれたる人々に劣らず…。」(＝幾人か選ばれた人々に劣らず…。)〈宇津保〉のように、具体的な数を明らかにしないで、おおよその数量をいう用法もある。→古語チャート⑲(737ページ)

関連語 幾許・幾許・そこば・そこら

そこ-ひ【底ひ】

名詞 至り極まる所。極み。果て。**限りなく底ひ知らぬ心ざしなれば**…。〈源氏・胡蝶〉訳際限なく**極まる所**も知らない愛情なので…。

そこひ-な・し【底ひ無し】

形容詞ク 〈く・く・し・き・けれ・○／から・かり・○・かる・○・かれ〉果てがない。限りなく深い。

底ひなき淵やは騒ぐ山川の浅き瀬にこそあだ波はたて 歌〈古今集・恋4・722〉訳(底も知れないほど)**限りなく深い**淵が音を立てて流れたりするものか。山の川の浅い瀬こそ波の音を立てるものだ。

そこひ-も-しら-ず【底ひも知らず】

─ 限りなく深い。果てがない。

棹させど底ひも知らぬわたつみの深き心を君に見るかな 歌〈土佐日記・十二月二十七日〉訳(船の)棹をさしても**限りなく深い**海のように深いご厚意をあなたに感じていることだなあ。

そこ-ほど【其処程】

代名詞 (おおよその場所を指して)そこら辺。その辺。
昔物語を聞きても、このごろの人の家の、そこほどにてぞ

ありけんと覚え…。〈徒然草・71・名を聞くより〉訳昔の話を聞いても、最近の人の家が、**そこら辺**にあったのだろうと思われて…。

そこ-もと【其処許】 代名詞 ❶そこ。その辺り。そこの所。「**そこもとは、落ちたる所はべり。あがりたり。**」〈枕草子・120・正月に寺に〉訳「**その辺り**は、（床が一段）落ちている場所がございます。（そちらの方は）高くなっている。」❷（自分と同等以下の人に対して）あなた。おまえ。君。**其処許万事ご苦労の段、察し入りさうらふ。**〈反故集〉訳**おまえ**のあらゆるご苦労のこと、察しています。
発展 ❷は中世以降の用法で、多く武士が使った。

そこ-ゆゑ-に【其処故に】 連語 それだから。そのため。**そこゆゑに皇子の宮人行くへ知らずも** 歌〈万葉集・2・167〉訳**そのため**（亡くなった）皇子にお仕えする人は途方に暮れている。

そこ-ら 副詞 ↓最重要語（736ページ）

そこら-く 副詞 分量や程度が十分であることを表す。あれほど。十分に。たくさん。しっかりと。**この篋開くなゆめとそこらくに固めし言を…** 歌〈万葉集・9・1740〉訳「この玉手箱を開かないで、絶対に。」と、**しっかりと**約束したことなのに…。
発展 副詞「そこら」＋接尾語「く」が一語になったもの。多く「に」を伴って用いる。

そしり【謗り・誹り・譏り】 名詞 悪く言うこと。非難。

そし-る【謗る・誹る・譏る】 動詞 他〔ラ四段〕〈ら・り・る・る・れ・れ〉悪く言う。非難する。けなす。**ありがたきもの。…主そしらぬ従者。**〈枕草子・75・ありがたきもの〉訳めったにないもの。…主人を**悪く言わない**従者。

-そ-す 接尾語（動詞の連用形に付いて）…しすぎる、充分に…する、という意味を表す。語例 言ひそす・見そす
発展 動詞（サ四段）化する。

素性 人名 平安前期の歌人。★遍昭の子。俗名、良岑玄利。★三十六歌仙の一人。朝廷に仕えた後に出家し、★雲林院に住む。『古今集』に三十六首が入集。家集に『素性集』がある。生没年不明。

そそか-し 形容詞〔シク〕〈しく・しく・し・しき・しけれ・○／しから・しかり・○・しかる・○・しかれ〉あわただしい。落ち着かない。**うち笑ひて、何とも思ひたらずいとそそかしう這ひ下り騒ぎたまふ。**〈源氏・横笛〉訳（若君は）にっこり笑って、（話しかけられても）どういうことかわからずにたいそう**あわただしく**はいおりて動きまわっていらっしゃる。○「そそかしう」は連用形「そそかしく」のウ音便。
発展 四段動詞「そそく」が形容詞になったもの。

そそ-く【注く・灌く】 一 動詞 自〔カ四段〕〈か・き・く・く・け・け〉❶水が流れる。流れ込む。❷（雨・雪などが）降る。降りかかる。**折知り顔なる時雨うち注きて…。**〈源氏・葵〉訳（悲しい気持ちに）いかにもふさわしい時雨がさっと**降って**…。❸（涙が）しきりに落ちる。「**酔ひの悲しび、涙そそく、春の盃の裏**」〈源氏・須磨〉訳「酔いの悲しみよ、涙が**しきりに落ちる**、春の杯の中に。」○『白氏文集』の中の一句。
二 動詞 他〔カ四段〕〈か・き・く・く・け・け〉流しかける。まきかける。**いとのきて痛き傷には辛塩をそそくちふがごとく…** 歌〈万葉集・5・897〉訳とりわけ痛い傷口には塩水を**流しかける**というように…。
発展 近世以降「そそぐ」。

そそ-く 動詞 自〔カ四段〕〈か・き・く・く・け・け〉忙しそうに振る舞う。そそくさと物事をする。**西面の格子そそき上げて、人々のぞくべかめり。**〈源氏・帚木〉訳西向きの格子を**そそくさと**引き上げて、（源氏が空蟬を送るのを）女房たちがのぞいていそうに見える。

そそ-く 一 動詞 自〔カ下二段〕〈け・け・く・くる・くれ・けよ〉けばだつ。乱れる。ほつれる。**そそけたる葦の生ひざまなど…。**〈源氏・梅枝〉訳**乱れた**アシの生えているようすなどは…。
二 動詞 他〔カ四段〕〈か・き・く・く・け・け〉けばだたせる。乱す。ほぐす。「**これかれそそきはべらむもうるさきに…。**」〈大鏡・道長

量の多少を表すことば

まとめて覚えよう古語チャート⑲

この図は量の多い・少ないを表すことばを集めたものです。厳密には言えませんが、上から順に多↓少というように並べてあります。

「1そこばく」が多・少の中間にあるのは、「たくさん」「数多く」「たいそう」という意味のほかに、「いくらか」という数量を明示しないでおおよそのところをいう意味の用法が見られるからです。

この一群の語は形容詞・形容動詞・副詞の三品詞に分かれて存在していますが、副詞はもちろん、形容詞と形容動詞も連用形の形で動詞を修飾することができます。これを「連用形の副詞法」と呼んだりもします（↓連用修飾語）。

形容動詞「2いささかなり」の連用形の副詞法としては、『土佐日記』に「雨**いささかに**降りてやみぬ。」などの例が見られます。こういう場合は、数量というより、程度を表すと考えた方がよいようです。

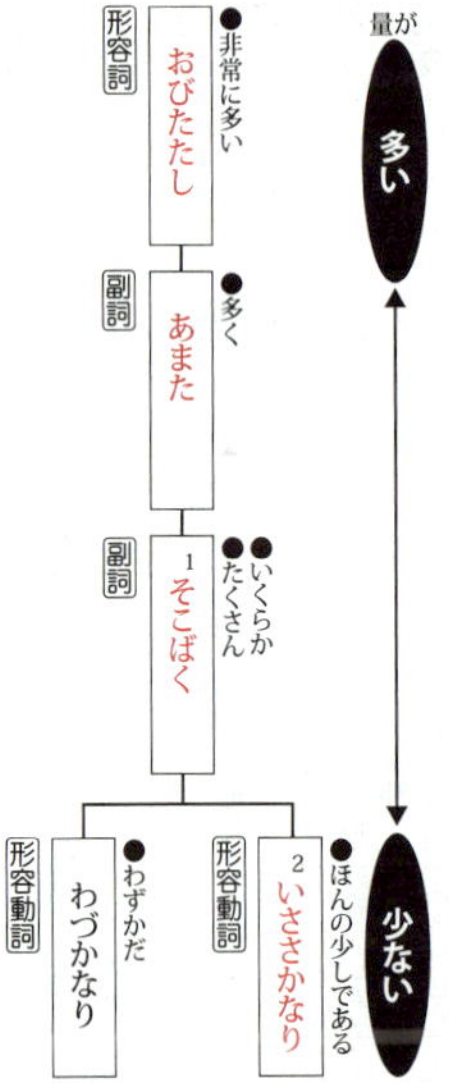

赤字は最重要語・重要語

上〉訳「あれこれ(綿を)ほぐしますのも煩わしいので…。」

そそく・る 動詞 他 [ラ四段]〈ら・り・る・る・れ・れ〉❶せわしく物事をする。忙しげに手先を動かす。

耳挟みして**そそくりつくろひて**、抱きて居たまへり。〈源氏・横笛〉訳(雲居の雁は髪を)耳にはさんで**せわしく片付けて**、(若君を)抱いて座っていらっしゃる。

❷促す。せきたてる。

そそのか・す【唆かす】 動詞 他 [サ四段]〈さ・し・す・す・せ・せ〉せきたてる。また、勧める。誘う。

とく参りたまはむことを**そそのかしきこゆれ**ど…。〈源氏・桐壺〉訳(若い女房たちは若宮が)早く参内なさるようにということを(祖母君に)**お勧め申し上げる**けれども…。

発展「そそなかす」とも。「おだてて、悪い方へ誘う」という意味で用いられるのは近世以降。

そそ-め・く 動詞 自 [カ四段]〈か・き・く・く・け・け〉❶ざわめく。ざわざわ騒がしい音がする。

弓鳴らし、沓の音し、**そそめき出づる**と…。〈枕草子・56・殿上の名対面こそ〉訳弓弦を鳴らし、靴の音をさせ、**ざわめいて出てくる**と…。

❷そわそわする。落ち着かない。

心のどかにゐられたらず、**そそめき歩く**に…。〈源氏・東屋〉訳(中将の君は部屋の中で)落ち着いていられず、**そわそわして**歩きまわっていると…。

そそ-や 感動詞 (注意を促したり、驚いたりするときのことばで)それそれ。そら。さあ。あれまあ。

そそ・る 一 動詞 自 [ラ四段]〈ら・り・る・る・れ・れ〉❶高くそびえる。そそり立つ。

白雲の千重を押し別け天**そそり**高き立山…〈万葉集・17・4003〉訳白い雲が何層も重なるのを押し分けて、天高く**そそり立ち**、高さを誇る立山は…。

❷心がうきうきする。浮かれ騒ぐ。そわそわする。

まだ肌寒き川風を、酒に凌ぎて**そそり行く**。〈近松・女殺油地獄〉訳まだ肌寒い川風を、酒(の勢い)で耐えて**浮かれ騒いで**行く。

二 動詞 他 [ラ四段]〈ら・り・る・る・れ・れ〉揺り動かす。また、(気持ちや言動などを)起こさせる。あおる。誘う。

発展 一❶は「聳る」と表記することがある。

そぞろ【漫ろ】 副詞 なんとなく。わけもなく。むやみと。

いとうつくしき御肌つきも、**そぞろ**寒げにおぼしたるを…。〈源氏・若紫〉訳本当に美しい(紫の上の)お肌つきも、(霰の降る荒れた夜のため)**わけもなく**寒そうにお思いになっていらっしゃるのを…。

そぞろ-か・なり【聳ろかなり】 形容動詞 [ナリ]〈なら・なり(に)・なり・なる・なれ・なれ〉(身の丈が)高い。

丈だち、ものものしう**そぞろかに**ぞ見えたまひける。〈源氏・柏木〉訳背の丈が、堂々としていて**高く**お見えになるのであった。

発展「そぞろかなり」とも。

そぞろ-がみ【漫ろ神】 名詞 (人の心に取り付いて)なんとなく人を旅に誘う神。

そぞろ神の物につきて心を狂はせ、道祖神の招きにあひて、取るもの手につかず。〈奥の細道・発端〉訳(なんとなく人をそそのかすという)**そぞろ神**が(わが身に)取り付いて正気を失わせ、(旅人を守るという)道祖神の誘いに出会って、取るものも手につかない。○「そぞろ」で切って副詞として「心を狂はせ」に係るとする説もあるが、「道祖神」との対句的表現から、「そぞろ神」を一語の名詞として扱うのが通説である。

そぞろ・く【漫ろく】 動詞 →すずろく

そぞろ-ごと 名詞 一【漫ろ言】とりとめもない話。冗談。

ある御所さまの古き女房の、**漫ろ言**はれしついでに…。〈徒然草・238・御随身近友が〉訳ある御所に関係する古参の女房が、**とりとめもない話**をお話しになったついでに…。

二【漫ろ事】つまらないこと。取るに足りないこと。

「これは**漫ろ事**なれば、言ふにも足らず。」〈徒然草・135・資季大納言入道〉訳「これは**つまらないこと**なので、言うほどのことでもない。」

発展「すずろごと」とも。

そぞろ-さむ・し【漫ろ寒し】 形容詞 [ク]〈く・く・し・き・けれ・○/から・かり・○・かる・○・かれ〉❶なんとなく寒い。うすら寒い。

霜のいとこちたく置きて、松原も色まがひて、万のこと**そぞろ寒く**…。〈源氏・若菜下〉訳霜がとても厚く降りて、松原の色も(霜と)間違えそうに白く、あらゆる風物が**なんとなく寒く**…。

❷寒気がするほどすばらしい。

入り綾のほど、**そぞろ寒く**、この世のこととおぼえず。〈源氏・紅葉賀〉訳舞楽の入り綾(＝一度舞い終わって退場するときに再び舞い納めること)のあたりは、**寒気がするほどすばらしく**、とてもこの世のものと思われない。

そぞろ・なり【漫ろなり】

無意識のうちにある行為をしたり、意識に関係なく物事が進行するようす
- ❶なんということもない。
- ❷思いがけない。予想外である。
- ❸なんの関係もない。
- ❹(連用形を副詞的に用いて)むやみやたらに。

未然形	連用形	終止形	連体形	已然形	命令形
そぞろ・なら	そぞろ・なり そぞろ・に	そぞろ・なり	そぞろ・なる	そぞろ・なれ	そぞろ・なれ

形容動詞 [ナリ] ❶**なんということもない。これという当てもない。漫然としている。**

軍もなくて、**そぞろに**向かひゐたるつれづれに…。〈太平記〉訳戦争もなくて、**漫然と**向かい合って座っていることの所在なさに…。

❷**思いがけない。予想外である。**

「障子の**そぞろに**倒れかかりけるなりけり。」と思ひ得て…。〈今昔〉訳(夫は盗賊が入り込んだと思ったが、外にもいないので)「障子が**思いがけなく**倒れかかったのであったことだなあ。」と(夫は)思いついて…。

❸**なんの関係もない。なんのゆかりもない。いわれがない。**

これを衣にして着て後…**そぞろなる**人の手より、物を多く得てけり。〈宇治拾遺〉訳これ(＝観音の霊験で手に入れた絹)を着物にして着てからは…**なんのゆかりもない**人の手から、物をたくさんもらったのだった。

❹(連用形を副詞的に用いて)**むやみやたらに。わけもなく。**

道々のものの上手のいみじきことなど、かたくななる人の、その道知らぬは、**そぞろに**神のごとくに言へども…。〈徒然草・73・世に語り伝ふること〉訳それぞれの専門の方面での達人の優れていることなどを、愚かで教養がない人で、その専門の方面を知らない人は、むやみやたらに神のように言うけれども…。

発展 **語の歴史** 「すずろなり」が変化したことば。中古では「すずろなり」が多く用いられたが、中世以降、しだいに「そぞろなり」の方が優勢となり、現代語につながっている。

関連語 漫ろなり

そぞろ-は・し【漫ろはし】｜形容詞 ↓すずろはし

曾丹 人名 ↓曾禰好忠

そち【帥】名詞 ↓そつ(帥)

そ-ち【其方】代名詞 ❶(方角を指して)そちら。そっち。そこ。**西山に、例のものする寺あり、「そちものしなむ。かの物忌み果てぬさきに。」とて…。**〈蜻蛉日記〉訳 西山に、いつも(お参りに)行く寺があって、「そちらに行ってしまおう。あの物忌みが終わらぬうちに。」と思って…。

❷《中世以降》(目下の者に対して)おまえ。君。**たとへそちの花なりとも、そのやうにするものか。**〈狂言・若市〉訳 たとえ**おまえ**の花であっても、そんなふうにするものか。

そ-ちん【訴陳】名詞 動詞 自 サ変 (せ・し・す・する・すれ・せよ) 訴訟の申し立てをすること。また、その文書。発展「そぢん」とも。

そつ【帥】名詞 大宰府の長官。↓大宰の権の帥 発展「そち」とも。

そつ-じ・なり【卒爾なり・率爾なり】形容動詞 ナリ・ノ (なら・なり(に)・なり・なる・なれ・なれ) ❶出し抜けだ。突然だ。**そつじにして多年の非を改むることもあり。**〈徒然草・157〉訳 **突然に**長年の間違いを改めることもある。

❷軽率だ。軽はずみだ。「**弘高は絵様をかきて、一夜なほよく案じてこそかきたりしか。いかにかくそつじにはかくぞ。**」〈古今著聞集〉訳「弘高は下絵を書いて、一晩さらによく考えてから書いたのだろうか。なぜこう**軽率に**書くのか。」

❸失礼だ。無礼だ。「**そつじなることにてさうらへども…。**」〈清水物語〉訳「**失礼な**ことではございますが…。」

そで【袖】名詞 ❶衣服の両腕を覆う部分。袂を含んでいうこともある。**風通ふ寝覚めの袖の花の香に薫る枕の春の夜の夢** 歌〈新古今集・春下・112〉訳 ↓かぜかよふ…

袖ひちてむすびし水のこほれるを春立つけふの風やとくらむ 歌〈古今集・春上・2〉訳 ↓そでひちて…

❷鎧の肩からひじを覆う部分。左を射向けの袖、右を馬手の袖という。**若君、姫君走り出でて、父の鎧の袖、草摺りに取り付き…。**〈平家・7・維盛都落〉訳 若君や、姫君は走り出て、父の鎧の**袖**や、草摺り(=胴から垂らして腰を守るもの)にしがみ付き…。

❸牛車・輿などの前後の出入り口の左右のところ。前方を前袖、後方を後袖という。↓牛車(図)

❹門戸や垣などの両わき。

❺文書・書物の始めにある余白の部分。

そで-うちあは・す【袖うち合はす】｜ かしこまって袖をかき合わせる。**六位の蔵人の青色など着て…袖うち合はせて立ちたるこそをかしけれ。**〈枕草子・76・内裏の局〉訳 六位の蔵人が青色の上着などを着て…**かしこまって袖をかき合わせて**立っている姿は趣がある。

そで-かへ・す【袖返す】｜ ❶袖を裏返しにする。**しきたへの袖返しつつ寝る夜落ちず夢には見れど…。** 歌〈万葉集・17・3978〉訳 **袖を裏返し裏返し**して寝る夜は、欠かさず(おまえを)夢に見るけれど…。〇「しきたへの」は「袖」に係る枕詞。

❷袖をひるがえす。**のどかに袖返すところを、一をれ気色ばかり舞ひたまへるに、似るべきものなく見ゆ。**〈源氏・花宴〉訳 緩やかに**袖をひるがえす**ところを、(源氏が)一節申し訳程度にお舞いになったところ、比べることができるものがないと見える。

発展 ❶のようにして寝ると恋しい人が夢に現れると信じられていた。

そで-ぎちゃう【袖几帳】｜名詞 袖で顔を隠すこと。発展 袖を几帳の代わりにするという意味。「そでのきちゃう」とも。

そで-ぐち【袖口】名詞 袖の端の手首の出る部分。多く、(殿中または車の上で)すだれの下から押し出された(女房の)衣の袖口。**出だし車どもの袖口、色あひも、目なれぬさまに…。**〈源氏・賢木〉訳(女房たちの)牛車の**すだれの下から押し出された袖口**や、(着物の)色合いも、見慣れない(立派な)ようすで…。

そで-に-あま・る【袖に余る】(涙などが)袖に包みきれないほどこぼれる。**人目をば包むと思ふに塞きかねて袖に余るは涙なりけり** 歌〈千載集・697〉訳 人目をはばかろうと思うのに、せき止めることができずに**袖に包みきれないほどこぼれる**のは涙であることよ。

そで-に-す【袖にす】顧みない。おろそかにする。**いとしきわが夫を袖にしての不義ではなし。**〈近松・堀川波鼓〉訳 いとしく慕う私の夫を**おろそかにし**ての浮気ではない。

そで-に-みなと-の-さわ・ぐ【袖に湊の騒ぐ】(港に波が打ち寄せるように)袖にたくさんの涙がこぼれる。**思ほえず袖に湊の騒ぐかな唐土船の寄りしばかりに** 歌〈伊勢・26〉訳 思いがけなく(恋しい人との縁が切れて)、(港に波が打ち寄せるように)**袖にたくさんの涙がこぼれる**ことだなあ。(珍しい)唐船が(いきなり港に)入って来たときぐらいに。

発展 しきりに涙が流れるようすを、港に打ち寄せる波にたとえた表現。

そで-ぬら・す【袖濡らす】(涙で)衣服の袖をぬらす。泣く。**参りたまへる人々も…みな袖ぬらしてぞ帰りたまひける。**〈源氏・賢木〉訳(法会に)参上なさった人たちも…皆**泣いて**お帰りになった。

そで-の-しがらみ【袖の柵】袖で涙を抑えること。**そでのしがらみせきあへぬまであはれに…。**〈源氏・幻〉訳 **袖で涙を抑えても**抑えきれないほどしみじみと…。

発展 涙の流れを止める袖を、川の流れをせき止める柵にたとえたことば。

そで-の-しづく【袖の雫】｜ 袖にかかる涙。**涙にぞぬれつつしぼる世の人のつらき心は袖のしづくか** 歌〈伊勢・75〉訳 涙にぬれながら(袖を)絞っている。世間の人の冷淡な心は(私の)**袖にかかる涙**であるのか。

そで-の-つゆ【袖の露】↓そでのしづく

そで-の-わかれ【袖の別れ】 袖を重ね合って共寝した男女が、翌朝、袖を解き合って別れること。

◆**そでひちて…** 歌
袖ひちてむすびし水のこほれるを春立つけふの風やとくらむ〈古今集・春上・2・紀貫之〉訳（夏の日に）袖が濡れて（手に）すくった（あの）水が（冬の間）凍っていたのを、立春の今日の風が溶かしているのではないだろうか。○「むすび」は「掬び」と「結び」との、「はる」は「春」と「張る」との、「たつ」は「立つ」と「裁つ」との、「とく」は「溶く」と「解く」との掛詞。また、「結ぶ」「張る」「裁つ」「解く」は、「袖」の縁語。
発展 水に託して季節の推移を表現した。「らむ」は現在の事実の背後にある原因に対する推量を表す。『近代秀歌』にも引かれる歌。

そで-ふり-あふ-も-たしゃう-の-えん【袖振り合ふも他生の縁】 道行く人と袖と袖が触れ合うというちょっとした出来事も、すべて前世からの深い因縁によるということ。発展「他生」は、もともと「多生」の誤用で、「前世からの因縁」という解釈による表記かと思われる。

そで-ふ・る【袖振る】 ❶（別れを惜しんだり、呼びかける気持ちを表し）袖を振る。手を振る。**あかねさす紫野行き標野行き野守は見ずや君が袖振る** 歌〈万葉集・1・20〉訳→あかねさす… ❷袖を振って舞う。**唐人の袖振ることは遠けれど立ち居につけてあはれとは見き** 歌〈源氏・紅葉賀〉訳 中国の人が**袖を振って舞う**ということはよく知らないが、（あなたの舞の）立ち居振る舞いは、しみじみと心深く見たことだ。

そで-を-しぼ・る【袖を絞る】 涙をひどく流す。**契りきなかたみに袖を絞りつつ末の松山波越さじとは** 百人一首〈後拾遺集・770〉訳→ちぎりきな… 発展 涙でぬれた袖を絞ることから。

そで-を-ぬら・す【袖を濡らす】 涙を流す。**思ひ知りたる人は、袖をぬらさぬといふたぐひなし。**〈蜻蛉日記〉訳 人情の分かる人は、**涙を流さ**ないという人はいない。発展 流す涙で袖をぬらすことから。

そと【外】 名詞 ❶外部。外側。❷屋外。戸外。❸（仏教を内というのに対して）儒教。発展「内」の対義語は、古くは「と」、次いで「ほか」が用いられ、「そと」が用いられるようになったのは中世以降とされる。

そ-と 副詞 ❶そっと。静かに。こっそりと。「よいついでござるによって、**そと見ようと存ずる。**」〈狂言・釣狐〉訳「よい機会でありますので、**こっそりと**見ようと思います。」❷ちょっと。少し。「便ならさうらへども、**そと見参に入れさうらふべし。**」〈謡曲・熊野〉訳「ぶしつけですが、**ちょっと**お目にかけましょう。」

衣通姫 [ソトホリ] 登場人物 記紀神話中の女性。「衣通王」とも。美しさが衣を通して光り輝いたため、この名がついた。『古事記』では允恭天皇皇女の軽大郎女（=衣通郎女）、『日本書紀』では允恭天皇皇后の妹の弟姫（=衣通郎姫）とされる。後世、和歌の神として玉津島神社に祭られた。

そとば【卒塔婆・卒都婆】 名詞《仏教語》❶仏舎利を安置したり、死者を供養したりするために建てる塔。五輪の塔、石塔など。❷供養のため墓の後ろに立てる、経文・梵字などを書いた細長い板。発展 略して「塔」「塔婆」とも。

[そとば❷]

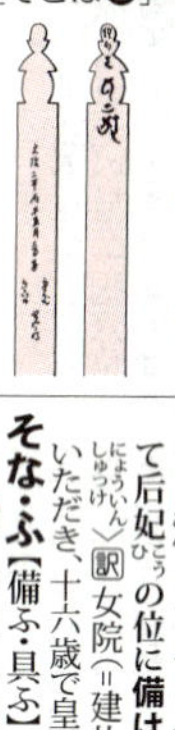

そと-も 名詞 ㊀【外面】外。外側。外部。家の外。**あふち咲く外面の木陰露落ちて五月雨晴るる風渡るなり** 歌〈新古今集・夏・234〉訳 センダン（の花）が咲く**家の外**の木陰は（雨の）露が落ちて（いて）五月雨の晴れ渡る風が吹くようだ。㊁【背面】山の背面。山の陰。北側。**耳梨の青菅山は背面の大き御門に宜しなへ神さび立てり…** 歌〈万葉集・1・52〉訳 青々とスゲの生えた耳成山は、**北側**の大御門（=宮殿）の方に好ましい姿で神々しく立っている…。発展 ㊁は「背つ面」の変化したことば。

◆**そなえる**（現）→（古）**そなふ【備ふ・具ふ】**

そ-な-た【其方】 代名詞 ❶（少し離れた場所を指して）そちら。その方面。そっちの方。→彼方・此方 **思ひあまりそなたの空をながむれば霞を分けて春雨ぞ降る** 歌〈新古今集・恋2・1107〉訳→おもひあまり… ❷（同等以下の人に対し）君。おまえ。そのほう。「**そなたには、興福寺へいませ。**」〈発心集〉訳「**君は、**興福寺へいらっしゃい。」

そなた-ざま【其方様】 代名詞 そちらの方。そちらの方面。**うらうらとなりて、そなたざまに追ひ風吹きて、飛ぶがごとくまうで着きたまひぬ。**〈大鏡・実頼〉訳 うららかになって、**そちら**（=伊予の国）**の方**に追い風が吹いて、（船は）飛ぶように参り着きなさった。

そなは・る【備はる・具はる】 動詞 自 ラ四段〈ら・り・る・る・れ・れ〉❶不足なくそろう。身に着く。そなわる。**三十二相もよく備はりたまひて…。**〈狭衣〉訳（仏の身にそなわる）三十二の美しい姿もよく**備わって**いらっしゃって…。❷（「…にそなはる」の形で）（…の地位に）就く。**女院は十五にて女御の宣旨を下され、十六にて后妃の位に備はり…。**〈平家・灌頂・女院出家〉訳 女院（=建礼門院）は十五歳で女御の★宣旨をいただき、十六歳で皇后の地位に**就き**…。

そな・ふ【備ふ・具ふ】 動詞 他 ハ下二段〈へ・へ・ふ・ふる・ふれ・へよ〉❶十分にそろえ、整える。人員をそろえる。**かく設け備へて…。**〈古事記・垂仁天皇〉訳（后は）このようにあらかじめ（準備を）**整えて**…。❷身に付ける。**三十余り二つの姿そなへたる昔の人の踏める跡ぞこれ** 歌〈拾遺集・1345〉訳 三十二種の（優れた）姿かたちを**身に付けた**昔の人（=仏）の踏んだ跡なのだ。これは。

◆**そなわる**（現）→（歴）**そなはる【備はる・具はる】**

そ-ね 連語《上代語》（副詞「な」と呼応して禁止を表し）…（し）ないでほしいな。…（し）ないでくれよ。**雁がねの来鳴かむ日まで見つつあらむこの萩原に雨な降りそね** 歌〈万葉集・10・2097〉訳 ガンが来て鳴く日まで見続けよう。この萩原に雨よ降ら**ないでくれよ。**発展 終助詞「そ」＋終助詞「ね」。

曾根崎心中 [シンヂュウ] 作品名 江戸中期の浄瑠璃。世話物。近松門左衛門（→必修古典ビッグ30 ⑲）

814ページ)作。実際に起きた心中事件を脚色したもので、醤油屋の手代徳兵衛と遊女お初が曾根崎天神の森で心中するまでを描く。近松最初の世話物として画期的な作品。一七〇三(元禄十六)年初演。

曾禰好忠 人名 平安中期の歌人。丹後掾に任ぜられたことから、「曾丹」とも呼ばれた。★中古三十六歌仙の一人。家集に、『好忠集』がある。一人百首歌などの新形式を工夫し、新しい用語や語法を積極的に用いるなど、後の歌人に影響を与え、和歌史上注目される。生没年不明。

そねみ【嫉み】 名詞 ねたみ。嫉妬。「**人のそねみ深く積もり、安からぬこと多くなり添ひはべりつるに**…。」〈源氏・桐壺〉 訳「(桐壺の更衣は)人々(=ほかの女御・更衣たち)からの**ねたみ**がさらに深まり、心を痛めることがしだいに多くなっていきましたために…。」

そね・む【嫉む・妬む】 動詞 他 〔マ四段〕〈ま・み・む・む・め・め〉うらやましさに憎く思う。ねたむ。

そねまれ…。〈源氏・御法〉 訳 この世で幸運に恵まれて**世の中に幸ひありめでたき人も、あいなうおほかたの世に**すばらしい方でも、むやみに世間一般から**ねたまれ**…。

そ-の【其の】 ❶(相手に近い事物や人を指して)その。そこにある。「**その衣一つとらせて、とくやりてよ。**」〈枕草子・87・職の御曹司におはしますころ、西の廂にて〉 訳「**そこにある**着物を一着与えて、早く帰してしまえよ。」

❷(話題になった事物や人を指して)その。前述の。**むかし、男ありけり。その男、身を要なきものに思ひなして**…。〈伊勢・9〉 訳 昔、ある男がいた。**その**男は、自分を無用な者であると思い込んで…。

❸(漠然とした事物を指して)どの。何の。どういう。**寂しさはその色としもなかりけり槇立つ山の秋の夕暮れ** 歌〈新古今集・秋上・361〉 訳 ↓さびしさは…

❹(名をはっきり明かさないで事物や人を指して)なになの。ある。例の。

願はくは花のしたにて春死なむそのきさらぎの望月のころ 歌〈続古今集・1527〉 訳 ↓ねがはくは…

発展 代名詞「そ」に格助詞「の」が付いたもの。❸は、多く下に打消の語を伴う。

その【園・苑】 名詞 ❶果樹園。野菜園。花園。庭。類 園生 ❷物事が行われる場所。庭。

そのう(現) ↓(歴) **そのふ【園生】**

そ-の-かみ【其の上】

あることが起こった当時	❶当時。そのころ。
	❷昔。過去。

名詞 ❶当時。そのころ。**そのかみを思ひやりて、ある人の詠める歌**…。〈土佐日記・一月二十日〉 訳(阿倍仲麻呂が中国に留学した)**当時**に思いをはせて、ある人が詠んだ歌は…。

❷昔。過去。**そのかみこの御山を「二荒山」と書きしを、空海大師開基の時、「日光」と改めたまふ。**〈奥の細道・日光〉 訳 **昔**このお山を「二荒山」と書いたのを、空海大師が(ここに)寺を建立した時に、(「二荒」の発音と通う)「日光」とお改めになる。

そ-の-こと-と-な・し【其の事と無し】 連語 ❶特に理由や目的などがない。なんということもない。

❷そのことと限らない。何事につけても。**のぞ悲しき暮れがたき夏の日暮らしながむればそのこととなくもの**ぞ悲しき 歌〈伊勢・45〉 訳 ↓くれがたき…

そのこととなく過差を好みたまひけり。〈徒然草・99・堀川相国は〉 訳 **何事につけても**身分不相応のぜいたくをお好みになった。

発展 代名詞「そ」＋格助詞「の」＋名詞「こと」＋格助詞「と」＋補助形容詞「なし」。

そ-の-はう【其の方】 代名詞 ❶(場所や方向を指して)そちら。そっち。その方向。❷《中世以降》(目下の者を指して)おまえ。きさま。

その-ふ【園生】 名詞 ↓その(園・苑)

そ-の-もの-と-な・し【其の物と無し】 連語 取り立てて、これというほどでもない。

そのものとなけれど、宿り木といふ名、いとあはれなり。〈枕草子・40・花の木ならぬは〉 訳 **取り立ててこれというほどでもない**けれど、宿り木という名前は、とてもしみじみとした趣がある。

発展 代名詞「そ」＋格助詞「の」＋名詞「もの」＋格助詞「と」＋補助形容詞「なし」。

そ-の-もの-と-も-な・し【其の物とも無し】 連語 なんとも得体の知れない。

宴の松原の程に、そのものともなき声どもの聞こゆるに…。〈大鏡・道長上〉 訳 宴の松原のあたりで、**なんとも得体の知れない**声がいくつか聞こえるので…。

発展 代名詞「そ」＋格助詞「の」＋名詞「もの」＋格助詞「と」＋係助詞「も」＋補助形容詞「なし」。

そは【岨】 名詞 山の切り立った斜面。がけ。発展 近世以降「そば」とも。

そば 名詞 ㊀【側・傍】傍ら。近く。**そばにある人の、「この中将に扇の絵のこと言へ。」とささめけば**…。〈枕草子・275・大蔵卿ばかり〉 訳(私の)**傍ら**にいる人が、「この中将(=源成信)に扇の絵のことを言え。」とささやくので…。

㊁【稜】❶物の角。すみ。端。**石の稜の折敷の広さにてさし出でたる片稜に尻をかけて**…。〈宇治拾遺〉 訳 石の**角**が折敷(=四角い盆)ぐらいの広さでとび出ている(その)片端に尻をかけて…。

❷(はかまの左右の)縫い止めの部分。股立ち。**衣あまた着たりける主の、指貫の稜挟みて**…。〈宇治拾遺〉 訳 着物をたくさん着ていた人が、指貫のはかまの**股立ち**を(引き上げて帯に)挟んで…。

ぞ-は 終助詞 (疑問を強調して)…かなあ。…だねえ。**あはれてふ常ならぬ世のひとこともいかなる人に掛くるものぞは** 歌〈源氏・竹河〉 訳 あわれという無常のこの世のひとのことばも、どのような人に向かって掛ければよいものかなあ。

発展 終助詞「ぞ」＋終助詞「は」が一語になったもの。

そば-ざま【側方・側様】 名詞 傍ら。横向き。側面。**そばざまに臥せて、下に物をあてて、人に踏ますれば**…。〈宇治拾遺〉 訳(長い鼻を)**横向き**に寝かせて、下に物を当てて、人に踏ませると…。

そば-そば【側側・端端】 名詞 端々。隅々。**中納言の君といふ、近くさぶらひて、そばそば見けり。**〈源氏・常夏〉 訳 中納言の君という(女房が)、近くにお控え申し上げて、**端々**を見るのであった。

そば-そば・し 形容詞 〔シク〕〈しく・しく・し・しき・しけれ・○／しから・しかり・○・しかる・○・しかれ〉 ㊀【稜稜し】角ばっている。険しい。**優婆塞が行ふ山の椎がもとあなそばそばし床に**

しあらねば 歌〈宇津保〉訳優婆塞(=在俗のまま仏道に入った男)が修行する山のシイの木の下は、ああ角ばっていることだ、寝床ではないから。

二【側側し】よそよそしい。しっくりしない。**弘徽殿の女御、また、この宮とも御仲そばそばしきゆゑ…。**〈源氏・桐壺〉訳弘徽殿の女御は、また、この(藤壺の)宮ともお仲が**しっくりしない**ため…。

そば-た・つ 一【峙つ・聳つ】動詞 自〔タ四段〕〈た・ち・つ・つ・て・て〉❶そびえ立つ。高くそびえる。**島々の数を尽くして、そばたつものは天を指さし…。**〈奥の細道・松島〉訳(松島は)島々が無数にあって、**高くそびえている**島は天を指さし(ており)…。

❷(恐怖や怒りで髪が)上を向いて立つ。逆立つ。**髪もうぶ毛もことごとくそばたちてしばらくは死に入りたり。**〈雨月・吉備津の釜〉訳(恐ろしさに)髪もうぶ毛も皆**逆立って**しばらくは気絶していた。

二【欹つ・敧つ・側つ】動詞 他〔タ下二段〕〈て・て・つ・つる・つれ・てよ〉そびえ立たせる。また、(枕などを)高くする。斜めにする。**ひとり目をさまして、枕をそばたてて四方の嵐を聞きたまふに…。**〈源氏・須磨〉訳(源氏は)ひとり目を覚まして、枕を**高くして**(耳をすまし)周囲一帯の嵐(の音)をお聞きになると…。

発展「そばだつ」とも。

そば-つき【側付き】名詞 傍らから見たようす。見た目。「**そばつきさればみたるも、『げに、かうもしつべかりけり。』と…。**」〈源氏・帚木〉訳「(遊び道具で)**見た目**がしゃれたふうであるのも、『なるほど、このようにも作ることができたのだったな。』と…。」

そば-ひら【側平】名詞 そば。横。傍ら。「**その山のそばひらを巡れば、世の中になき花の木ども立てり。**」〈竹取・蓬莱の玉の枝〉訳「その山の**傍ら**(の道)を歩きまわると、この世の中には存在しない花の木などが(多く)立っている。」

そば・ふ【戯ふ】そば(ぼ)ふ 動詞 自〔ハ下二段〕〈へ・へ・ふ・ふる・ふれ・へよ〉ふざける。戯れる。**そばへたる小舎人童などに引き張られて泣くもをかし。**〈枕草子・39・節は五月に〉訳(子供たちが)**戯れ**ている召し使いの少年などに引っ張られて泣くのもおもしろい。

そば・む【側む】

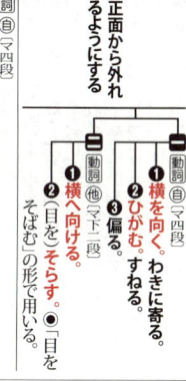

正面から外れるようにする
- 一 動詞 自〔マ四段〕
  - ❶横を向く。わきに寄る。
  - ❷ひがむ。すねる。
  - ❸偏る。
- 二 動詞 他〔マ下二段〕
  - ❶横へ向ける。
  - ❷(目を)そらす。◉「目をそばむ」の形で用いる。

動詞 自〔マ四段〕

未然形	連用形	終止形	連体形	已然形	命令形
そば・ま	そば・み	そば・む	そば・む	そば・め	そば・め

動詞 他〔マ下二段〕

未然形	連用形	終止形	連体形	已然形	命令形
そば・め	そば・め	そば・む	そば・むる	そば・むれ	そば・めよ

一 動詞 自〔マ四段〕❶**横を向く**。わきに寄る。**そばみてあれば、顔は見えず。**〈落窪〉訳(姫君は)**横を向いている**ので、顔は見えない。**差しのきて、そばみてゐぬ。しばしばかりありて、女、大臣に語りていはく…。**〈今昔〉訳(女は大臣から)少し離れて、**わきに寄って**座った。少しばかりたってから、女が、大臣に語って言うには…。○「差しのきて、そばみて」は、その女が、その場にいる大臣に対して敬意を表した行動。

❷**ひがむ**。すねる。**今めかしう心憎きさまに、そばみ恨みたまふべきならねば、心安げなり。**〈源氏・澪標〉訳(花散里は)当世風に心引かれるようすで、**すね**たり恨んだりなさるはずもないので、(源氏は)気兼ねがなさそうである。

❸偏る。正道を外れる。**申楽にそばみたる輪説とし、至りたる風体をすること、あさましきことなり。**〈風姿花伝〉訳(能楽の初心者の段階で)★猿楽に**偏った**自分勝手な意見を述べ、極みに達した(かのような)演じ方をすることは、あきれたことである。

二 動詞 他〔マ下二段〕❶**横へ向ける**。横へ押しやる。わきに寄せる。**うち解けたる世なく、引き繕ひ、そばめたる上辺をのみこそ見たまへ…。**〈源氏・空蝉〉訳(源氏と会う女性は皆)うち解けている時がなく、取り澄まして、(顔を)**横へ向け**た外見だけを(源氏は)ご覧になるが…。

❷(「目をそばむ」の形で)(目を)**そらす**。背ける。嫌う。**上達部・上人なども、あいなく目をそばめつつ、いとまばゆき、人の御覚えなり。**〈源氏・桐壺〉訳(桐壺の更衣は)公卿や昇殿を許された人なども、感心しないことと(それぞれに)目を**背け**て、本当に度が過ぎて正視できないほどの、(帝からの)ご寵愛を受けている対象の人である。↓おぼえ❷

発展 側面を表す名詞「そば」に接尾語「む」が付いてできたことば。中古に多く用いられた。

そば-め【側目】名詞 ❶横から見ること。わき目。はた目。横目。**端に手習ひすさびたまふを、側目に見れば…。**〈源氏・末摘花〉訳(手紙の)端に(源氏が)盛んにいたずら書きをなさるのを、(命婦が)**横目**で見ると…。

❷横から見た姿かたち。横顔。類 傍ら目 **髪の掛かりたまへる側目、言ひ知らずあてにらうたげなり。**〈源氏・若菜上〉訳髪が掛かっていらっしゃる(女三の宮の)**横顔**は、たとえようもなく上品でいかにもかわいらしい。

そば-よ・す【側寄す】動詞 他〔サ下二段〕〈せ・せ・す・する・すれ・せよ〉(わきへ)身を寄せる。**遣り戸のもとなどに、そば寄せてはえ立たで…。**〈枕草子・76・内裏の局〉訳引き戸の辺りなどに、**身を寄せ**ては立つことができないで…。

そは・る【添はる】そわる 動詞 自〔ラ四段〕〈ら・り・る・る・れ・れ〉付け加わる。増える。**なかなか物思ひ添はりて、明け暮れ口惜しき身を思ひ嘆く。**〈源氏・澪標〉訳(明石の君は)かえって物思いが**増え**て、明けても暮れてもつまらないわが身を思っては嘆く。

◗そびえる(現)↓(古)**そびゆ【聳ゆ】**

そひ-ぶし【添ひ臥し】そい 名詞 ❶寄り添って寝ること。添い寝。「**いとかう世づかぬ御添ひ臥しならむ。**」とは思はざりけり。〈源氏・紅葉賀〉訳(紫の上があまりに幼いので)「まったくこのように普通でない(源氏との)お**添い寝**であるのだろう。」とは（二条院の人々も）思いもしなかったのであった。

❷（東宮・皇子などの元服の夜）添い寝する女性。公卿などの娘が選ばれた。「このをりの後見なかめるを、添ひ臥しにも。」〈源氏・桐壺〉訳「この（＝源氏の元服の）際の後見人もいないようなので、（葵の上を）添い寝する女性にでも（せよ）。」

そひ-ふ・す【添ひ臥す】 動詞 自〔サ四段〕〈さ・し・す・す・せ・せ〉❶寄り添って寝る。添い寝する。**端のすだれを上げて添ひふしたまへり。**〈源氏・夕顔〉訳（源氏は）端のすだれを上げて（夕顔の傍らに）寄り添って寝ていらっしゃる。

❷物に寄りかかる。**帳の東面に添ひふしたまへるぞ宮ならむかし。**〈源氏・澪標〉訳帳台の東側に物に寄りかかっていらっしゃるのがきっと宮であろうよ。

そび-やか・なり【聳やかなり】 形容動詞〔ナリ〕〈なら・なり（に）・なり・なる・なれ・なれ〉すらりと背が高い。**いま少しそびやかに、様体などのことさらび…。**〈源氏・少女〉訳（惟光の娘は）もう少しすらりと背が高く、姿かたちなどがひときわ目立ち…。

そび・ゆ【聳ゆ】 動詞 自〔ヤ下二段〕〈え・え・ゆ・ゆる・ゆれ・えよ〉❶（山などが）高くそびえる。そびえ立つ。

❷背がすらりと高い。**人ざまいと貴に、そびえて、心恥づかしきけはひぞしたる。**〈源氏・明石〉訳（明石の入道の娘は）人柄がとても優美で、背がすらりと高くて、（こちらが）気恥ずかしくなるような感じがしている。

そ-びら【背】 名詞 背中。後。発展「背平」という意味。

そひ-ゐ・る【添ひ居る】 動詞 自〔ワ上一段〕〈ゐ・ゐ・ゐる・ゐる・ゐれ・ゐよ〉❶そばに付いている。付き添う。**この人を生け果てて見まほしう、惜しみてうちつけに添ひゐたり。**〈源氏・手習〉訳（尼君は）この人（＝浮舟）の命を最後まで生かしてみたいと、（死なせるのを）惜しんでぴったりと付き添っている。

❷（夫婦として）ともに暮らす。**異なることなき女をよしと思ひ定めてこそ添ひゐたらめと…。**〈徒然草・190・妻といふものこそ〉訳特別なことのない女をすばらしいとよくよく考えて決めて（夫婦として）ともに暮らしているのだろうと…。

そ・ふ【添ふ・副ふ】 一 動詞 自〔ハ四段〕〈は・ひ・ふ・ふ・へ・へ〉❶付け加わる。多くなる。「**あいなく思ふこと添ひぬる人の上なめり。**」〈源氏・東屋〉訳「（浮舟は）むやみに心配事が多くなってしまう身の上であるようだ。」

❷付き添う。そばにいる。「**これは、まことの親にも添ひはべらず…。**」〈大鏡・序〉訳「この私は、実の親にも付き添いませんで…。」

❸連れ添う。結婚する。「**あんな気の短い男に添はしゃるお内儀が、縁とは申しながらいとしいことぢゃ。**」〈西鶴・世間胸算用〉訳「あんな気の短い男に連れ添っていらっしゃるおかみさんが、縁あってのことというものの気の毒なことじゃ。」

二 動詞 自〔ハ下二段〕〈へ・へ・ふ・ふる・ふれ・へよ〉（年月がたつのに）従う。伴う。**年月に添へて、宮の内、ものさびしくのみなりまさる。**〈源氏・橋姫〉訳年月（がたつの）に従って、宮（＝八の宮邸）の中は、うらさびしくなるばかりである。

三 動詞 他〔ハ下二段〕〈へ・へ・ふ・ふる・ふれ・へよ〉❶付け加える。増す。**壺の薬添へて、頭の中将呼び寄せて、奉らす。**〈竹取・かぐや姫の昇天〉訳（手紙に）壺の（中に入った不死の）薬を付け加えて、頭の中将を呼び寄せて、（帝に）献上させる。

❷付ける。付き従わせる。**いみじき源氏の武者たちをこそ、御送りに添へられたりけれ。**〈大鏡・花山院〉訳（兼家は）立派な源氏の武士たちを、（道兼の）お見送りに付けなさっていたのであった。

❸なぞらえる。たとえる。**たなぎらひ雪も降らぬか梅の花咲かぬが代に添へてだに見む** 歌〈万葉集・8・1642〉訳一面に曇り雪でも降らないかなあ。ウメの花が咲かない代わりに、（雪をウメの花と）なぞらえて見たいものだ。

そへ-うた【諷歌】 名詞 ほかのあることに思いを寄せて詠んだ歌。和歌の分類形式のひとつ。発展 漢詩の分類では「風」に当たる。↓六義

そほ【赭・朱】 名詞（顔料に用いた）赤色の土。また、その色。**真金吹く丹生の真朱の色に出て言はなくのみぞ我が恋ふらくは** 歌〈万葉集・14・3560〉訳丹生の赤土のように顔色に出して言わないだけだ。私の恋に対する気持ちは。

◯「真金吹く」は「丹生」に係る枕詞。

そほ-づ【案山子】 名詞 かかし。季語 秋 発展「そほど」の変化したことば。

そぼ・つ【濡つ】 動詞 自〔タ上二段〕〈ち・ち・つ・つる・つれ・ちよ〉❶ぬれて、びしょびしょになる。**二条院よりぞ、あながちに、あやしき姿にてそぼち参れる。**〈源氏・明石〉訳二条院からは、（使いの者が）異常なまでに、見苦しい格好でぬれてびしょびしょになって参上した。

❷（雨などが）降り注ぐ。しとしと降る。

そほ-ど【案山子】 名詞 発展 古くは「そほつ」「そほづ」とも。↓そほづ

そほ-ぶね【赭舟】 名詞 赭（＝赤土）を塗った舟。

そほ-ふ・る【そほ降る】 動詞 自〔ラ四段〕〈ら・り・る・る・れ・れ〉（雨が）しとしと降る。**時は三月のついたち、雨そほ降るに遣りける。**〈伊勢・2〉訳時節は（旧暦）三月の一日、雨がしとしと降るころに（歌を詠んで）届けた。

発展 近世以降「そぼふる」とも。

そぼ・る【戯る】 動詞 自〔ラ下二段〕〈れ・れ・る・るる・るれ・れよ〉❶戯れる。ふざける。**さまざまに、箱のふたどもに取り混ぜつつあるを、若き人々、そぼれとり食ふ。**〈源氏・若菜上〉訳（食物が）いろいろと、箱のふたなどにそれぞれ盛り合わせてあるのを、若い人々は、戯れながら取って食べている。

❷しゃれる。気取る。「**院の尚侍こそ、今の世の上手におはすれど、あまりそぼれて、癖ぞ添ひためる。**」〈源氏・梅枝〉訳「院の尚侍（＝朧月夜の君）は、現代の（書の）名手でいらっしゃるけれども、あまりに気取って、（筆跡に）癖が伴っているようだ。」

そま【杣】 名詞 ❶「杣山」の略。❷（「杣木」の略で）杣山に生えている木。また、そこから切り出した材木。❸「杣人」の略。

そま-いり【杣入り】 名詞 木を伐採するために木こりが山

に入ること。

そま‐びと【杣人】 名詞 山から木を切り出す人。木こり。**杣人は宮木引くらしあしひきの山の山彦呼びとよむなり** 歌〈古今集・墨滅・1101〉訳 **木こり**が宮殿を造るための材木を引っ張っているらしい。山の(木こりの)山彦(=反響)が響きとどろくのが聞こえる。○「あしひきの」は山に係る枕詞。「引くらし」には「ひぐらし」が★物の名として隠してある。

そま‐やま【杣山】 名詞 植林した山。杣木を切り出す山。**杣山や梢に重る雪折れに耐へぬ嘆きの身を砕くらむ** 歌〈新古今集・雑上・1582〉訳 **植林した山**(の木々)がこずえに重く積もる雪で折れるように、(私は)耐えられない嘆きで身を砕いていることだろうか。

そ・む【染む】 一 動詞 自〔マ四段〕〈ま・み・む・む・め・め〉❶染まる。色づく。**君がさす三笠の山のもみぢ葉の色神無月時雨の雨の染めるなりけり** 歌〈古今集・雑体・1010〉訳 三笠の山の紅葉の色は(旧暦)十月の時雨が(染み込んで)**染まっ**たものだったよ。○「君がさす」は「三笠」に係る枕詞。

❷影響を受ける。感染する。感化される。「**この世に染みたるほどの濁り、深きにやあらむ…。**」〈源氏・若菜上〉訳「この俗世に**影響を受け**ている間の煩悩が、深いからではなかろうか…。」

❸(心に)深く感じる。**歓喜の涙こぼれて、渇仰肝に染む。**〈平家・7・願書〉訳 歓喜で涙がこぼれて、仏道を深く信仰すること(のありがたさ)を心に**深く感じる**。

二 動詞 他〔マ下二段〕〈め・め・む・むる・むれ・めよ〉❶染める。**浅緑染め掛けたりと見るまでに春の柳は萌えにけるかも** 歌〈万葉集・10・1847〉訳 浅緑色に**染めて**掛けてあると見(間違え)るほどに、春のヤナギは芽吹いたことよ。

❷(心を)深く寄せる。傾ける。**心こそうたて憎けれ染めざらば移ろふことも惜しからましや** 歌〈古今集・恋5・796〉訳 心というものはいやに憎いものだ。(もしあの人に心を)**深く寄せ**なかったら(あの人が)心変わりすることだって心残りだろうか、いや、心残りではないだろうに(=心変わりされたらひどくつらい)。

そ・む【初む】 補助動詞〔マ下二段〕〈め・め・む・むる・むれ・めよ〉初めて…する。…(し)始める。**うたた寝に恋しき人を見てしより夢てふものは頼みそめてき** 歌〈古今集・恋2・553〉訳→うたたねに…
植ゑし若木の桜ほのかに咲きそめて…。〈源氏・須磨〉訳 植えた若木のサクラがわずかに咲き**始めて**…。

そむか＋□ 「そむく【背く】」一(カ行四段)」の未然形。

そむき【背き】 名詞 ❶後ろ。背面。❷背くこと。反対。離反。❸(多く「世のそむき」の形で)出家。遁世。**多うは思ひなりたまひにし御世の背きなれば…。**〈源氏・鈴虫〉訳(女三の宮は、源氏にお会いしたくないという)お気持ちでおおかたはご決心なさってしまったご**出家**なので…。

そむき＋□ 「そむく【背く】」一(カ行四段)」の連用形。

そむき‐す・つ【背き捨つ】 動詞 他〔タ下二段〕〈て・て・つ・つる・つれ・てよ〉俗世を捨てて出家する。「**いかで、この髪剃りて、よろづ背き捨てむ。**」〈源氏・夕霧〉訳「なんとかして、この髪を剃って、すべてを**捨てて出家して**しまおう。」

そむき‐は・つ【背き果つ】 動詞 自〔タ下二段〕〈て・て・つ・つる・つれ・てよ〉すっかり俗世を捨ててしまう。出家する。「**かかる人を棄てて、背きはてたまひぬべき世にやありける。**」〈源氏・柏木〉訳「こんな(幼い)人(=若君)を見捨てて、**出家し**ておしまいにならなければならない俗世であったのか。」

そむ・く【背く】

対象に背中を向け、仲間にならない姿勢を示す

一 動詞 自〔カ四段〕
- ❶**背中を向ける。**
- ❷(心が)**離れる。別れる。**
- ❸**服従しない。**
- ❹**出家する。**◉多く「世をそむく」の形で用いられる。
- ❺**逆らう。**
- ❻(規則に)**従わない。**

二 動詞 他〔カ下二段〕
- ❶**後ろや横を向かせる。**
- ❷**離反する。**

動詞 自〔カ四段〕

未然形	連用形	終止形	連体形	已然形	命令形
そむ・か	そむ・き	そむ・く	そむ・く	そむ・け	そむ・け

動詞 他〔カ下二段〕

未然形	連用形	終止形	連体形	已然形	命令形
そむ・け	そむ・け	そむ・く	そむ・くる	そむ・くれ	そむ・けよ

一 動詞 自〔カ四段〕❶**背中を向ける。後ろ向きになる。** **涙の落つれば、「恥づかし。」とおぼして、さすがに背きたまへる…。**〈源氏・賢木〉訳(東宮は)涙がこぼれるので、「恥ずかしい。」とお思いになって、そうはいってもさすがに(母宮に)**背中を向けて**いらっしゃるようすは…。

❷(気持ちが)**翻る。**(心が)**離れる。別れる。** **鳰鳥の二人並び語らひし心背きて家ざかりいます** 歌〈万葉集・5・794〉訳 カイツブリ(=鳥の名)のように二人で一つに連なっていて夫婦の約束をした心が**離れて**(あなたは)家を離れていらっしゃる。

❸**服従しない。** 「**鎌倉を立って、西国へ赴かん殿ばらは、義経が命を背くべからず。**」〈平家・11・那須与一〉訳「鎌倉を出発して、(平家を討ちに)西国へ出向こうとする殿たちは、(源)義経の命令に**服従しない**ことがあってはならない。」

❹(多く「世をそむく」の形で)**出家する。**(俗世間を)**捨てる。** **尼などの世を背きけるなども、倒れまろびつつ物見に出でたるも…。**〈源氏・葵〉訳 尼などで俗世間を**捨て**た者なども、(源氏の姿を一目見ようと)倒れたり転んだりしながら(行列の)見物に出て来ているさまも…。

❺**謀反する。逆らう。離反する。** 「**上は天心に背き、下は人望に背かる。**」〈平治〉訳「(上皇の政治が誤っていれば)高い所では天意から**離反され**、低い所では世間の人の信頼から**離反さ**れる(=信頼を失う)。」

❻(道理・規則などに)**従わない。違反する。** **それを先の人のことに言ふは、大きに背けり。**〈排蘆小舟〉訳(「侍り」は自分側に用いるのに)それを相手側のことに用いて言うのは、大きく**違反し**ている。

二 動詞 他〔カ下二段〕❶**後ろや横を向かせる。遠ざける。**

「火ほのかに壁に背け…。」〈源氏・帚木〉訳「(灯し火の)火は薄暗くして壁の方に遠ざけ…。」

❷離反する。

督は、日に添へて人にも背けられゆくに、いとみじき病をさへして…。〈増鏡〉訳督(=源頼家)は、日がたつにつれて人からも**離反され**ていくうえに、ひどく重い病気をまでして…。

発展 ①語の成り立ち 「背＋向く」としてできたことばで、一❶の、背中を向けるというのがもともとの意味。そこから、❷以下のように、対象から離れることを心理的な意味で用いるようになった。

②「〜をそむく」→「〜にそむく」 一は、上代・中古では格助詞「を」を伴った「〜をそむく」の形が多く見られるが、中世以降、格助詞「に」を伴う例が徐々に多くなり、しだいに「〜にそむく」の形が一般的となった。

そむく＋□ 「**そむく**【背く】一(カ行四段)」の終止形・連体形。または、「**そむく**【背く】二(カ行下二段)」の終止形。

そむくる＋□ 「**そむく**【背く】二(カ行下二段)」の連体形。

そむくれ＋□ 「**そむく**【背く】二(カ行下二段)」の已然形。

そむけ＋□ 「**そむく**【背く】一(カ行四段)」の已然形・命令形。または、「**そむく**【背く】二(カ行下二段)」の未然形・連用形。

そむける (現)→(古)**そむく**【背く】

そめ-がみ【染め紙】 名詞 《忌み詞》仏教の経典。お経。

発展 黄色や紺色に染めた紙に書いたことから。斎宮では仏教を忌避して、「仏」を「中子」、「経」を「染め紙」、「僧」を「髪長」のように言い換えた。

そめき【騒き】 名詞 ❶浮かれ騒ぐこと。にぎわい。

夏植うる営みありて、秋刈り、冬収むるそめきはなし。〈方丈記・飢渇〉訳夏に田植えの仕事(だけ)があって、秋に刈り取り、冬に貯蔵する(人々の)**にぎわい**はない。

❷《近世語》遊里などをひやかして騒ぎ歩くこと。また、その人。

発展 古くは「そめき」。

ぞめ・く【騒く】 動詞 自(カ四段)〈か・き・く・く・け・け〉《近世語》群がり浮かれて騒ぐ。騒ぎ歩く。また、(遊里などを)冷やかしながら歩く。

桜橋から中町下りぞめいたら…。〈近松・心中天の網島〉訳桜橋から中町(辺り)を下って**冷やかしながら歩い**たならば…。○「ぞめい」は連用形「ぞめき」のイ音便。

そめる (現)→(古)**そむ**【染む】【初む】

そ-も【其も】 一それも。そのことも。その人も。

思ひ出でてしのぶ人あらんほどこそあらめ、そもまた程なくうせて…。〈徒然草・30〉訳(故人を)思い出して懐かしむ人が生きているような間はよいだろうが、**その人も**またまもなく亡くなって…。

二 接続詞 それにしても。そもそも。

「**聞きしにも過ぎて、尊くこそおはしけれ。そも、参りたる人ごとに山へ登りしは、何事かありけん…。**」〈徒然草・52〉訳「(石清水八幡宮は)聞いていたのにもまさって、気高くていらっしゃった。**それにしても**、参詣している人々がみな山へ登ったのは、どのようなことがあったのだろうか…。」

発展 一は、代名詞「そ」＋係助詞「も」。二は、一が一語化したもの。

ぞ-も 連語 ❶(文中に用いて、詠嘆の気持ちを込めて強く指示し)…こそまあ。…がまあ。

わが待ちし秋は来たりぬしかれども萩の花ぞもいまだ咲かずける 歌〈万葉集・10・2123〉訳私が待っていた秋はやって来た。しかし、ハギの花**こそまあ**まだ咲いていない。

❷(疑問の表現を伴って文末に用いて、詠嘆を含む疑問を表し)…であるのかなあ。…かなあ。

うち渡す遠方人に物申すわれそのそこに白く咲けるは何の花ぞも 歌〈古今集・雑体・1007〉訳かなたに見渡す遠くの方にもの(=ご質問)を申し上げる、私は。そのそこに白く咲いているのは何の花**であるのかなあ**(=何の花であるのか、教えてほしい)。○旋頭歌。「われもの申す」とあるべきところが倒置になっている。

発展 ❶は係助詞「ぞ」＋係助詞「も」。上代は多く「そも」とも。❷は終助詞「ぞ」＋終助詞「も」。

そ-もじ【其文字】 代名詞 そなた。おまえ。

発展 「其方」の文字詞(*女房詞の一種)で、女性が目上の人に対して用いていたが、近世には、同等以下の者に対して、また男性が女性に対して用いるようになった。

そも-そも【抑】 一 接続詞 いったい。さて。

「**そもそもいかなる人にてましましさうらふぞ。名のらせたまへ。**」〈平家・9・敦盛最期〉訳「**いったい**(あなたは)どのような方でいらっしゃいますか。お名乗りください。」

二 名詞 初め。起こり。発端。

「**我そもそもは少しの物にて、一代にかく分限になること**…。」〈西鶴・日本永代蔵〉訳「私が**初め**は少しの元手で、一代でこのような財産家になったのは…。」

発展 接続詞「そも」を重ねたもの。

そも-や 副詞 いったいまあ。それにしてもまあ。

「**そもや、勝手知らぬ者の取ることではござらぬ。**」〈西鶴・世間胸算用〉訳「(金包みが盗まれたが)**それにしてもまあ**、事情を知らない者が取ることではございません。」

発展 接続詞「そも」＋間投助詞「や」が一語になったもの。

そも-や-そも 連語 いったい全体。だれが何と言おうと。

そもやそも、これが取って帰らるるものか。〈西鶴・好色一代女〉訳**いったい全体**、これ(=女が掛け金の代わりに脱いだ着物など)を取って帰れるものか、いや帰れない。

発展 「そもや」を強めた言い方。

そ-や【初夜】 名詞 →しょや

そ-や【征矢・征箭】 名詞 戦闘に用いる普通の矢。→矢(図)

ぞ-や 連語 ❶(疑問の表現を伴って、質問や自問して)…であるか。…であるのか。

「**いかなる行き触れにかからせたまふぞや。**」〈源氏・夕顔〉訳「どのような(死人などの)けがれに出会っていらっしゃるの**であるのか**。」

❷(詠嘆を表し)…だなあ。…ことだ。(念を押したり、言い含めて)…のだよ。

「**日ごろはなにとも覚えぬ鎧が、今日は重うなったるぞや。**」〈平家・9・木曾最期〉訳「普段はなんとも感じない鎧が、今日は重く(感じるように)なった**ことだ**。」

発展 ❶は、終助詞「ぞ」＋間投助詞「や」。❷は、終助詞「ぞ」＋終助詞「や」。

そよ 副詞 (物が触れ合って起こるかすかな音を表し)そよそよ。

ひとりして物を思へば秋の田の稲葉のそよといふ人のな

き 歌〈古今集・恋2・584〉訳（私が）ひとりで物思いにふけるとき、秋の田のイネの葉に**そよそよと**（風が訪れるように、もしもしと私に）話しかける人はない。

発展 多く「と」を伴って用いる。「それそれ」「そうよ」などの意味の「其よ」に掛けて用いられる場合が多い。

そ-よ【其よ】 一 連語 それだよ。

「**御行方や知りたる。」と問ふに…「これこそそよ。」といひもあへず**…。〈平家・3・有王〉訳「（俊寛様の）行方を知っているか。」と尋ねたところ…（その人は）「これ（=私）が**それだよ**。」と言うこともできず…。

二 感動詞（ふと思い出したり、軽く相づちを打ったりするときに発することばで）そうそう。それそれ。

「**そよ、などかうは。」とて、かい探りたまふに、息もせず。**〈源氏・夕顔〉訳「**そうそう**、どうしてこのように（こわがるのか）。」と言って、（源氏が夕顔を）手でお探りになると、息もしていない。

発展 一は、代名詞「そ」＋間投助詞「よ」。

ぞ-よ 連語（念を押して確かめて）…だよ。…だぞ。

「**よその人は、かうほれぼれしうはあらぬものぞよ。**」〈源氏・胡蝶〉訳「他の人は、（恋のために）こんなに我を忘れてしまうことはないもの**なのだよ**。」

発展 終助詞「ぞ」＋終助詞「よ」。

そよ・ぐ【戦ぐ】 動詞 自〔ガ四段〕〈が・ぎ・ぐ・ぐ・げ・げ〉そよそよと音を立てる。

昨日こそ早苗取りしかいつの間に稲葉そよぎて秋風の吹く 歌〈古今集・秋上・172〉訳→きのふこそ…

そよ-そよ 副詞（物が軽く触れ合って立てる連続的な音、特に、人のひそやかな身動きや、風による木の葉のそよぎなどを表し）ざわざわ。さらさら。さやさや。

そよそよと擦る音する。〈源氏・浮舟〉訳 **さらさらと**きぬ擦れする音が聞こえる。

そよ-め・く 動詞 自〔カ四段〕〈か・き・く・く・け・け〉草木が風でそよぐ。きぬ擦れの音がする。また、（人々が）ざわめく。

渡らせたまふとて、人々うちそよめき、几帳ひきなほしなどす。〈源氏・野分〉訳（明石の姫君が）お戻りになられるというので、女房たちが**ざわめいて**、几帳を直したりする。

そよ-や 感動詞（思い出したり、納得したり、同意したりするときのことばで）ああ、そうだ。そのとおり。

「**そよや、さることありきかし。**」〈蜻蛉日記〉訳「**ああ、そうだ**、そんなことがあったなあ。」

発展 感動詞「そよ」＋間投助詞「や」が一語になったもの。

そよ-ろ 副詞（軽いものが触れ合って立てる音を表し）かさっ。がさっ。ことり。

物につき障りて、そよろといはせたる。〈枕草子・28・憎きもの〉訳（烏帽子が）物に突き当たって、**がさっと**音を立てているのは（嫌だ）。

発展「そより」とも。

そら【空】 一 名詞 ❶天空。空中。

月は入り方の、空清う澄みわたれるに…。〈源氏・桐壺〉訳 月は沈みかけるころで、**空**が清らかに一面に澄み切っているうえに…。

❷空模様。天候。

大方の秋の空だにわびしきにもの思ひ添ふる君にもあるかな 歌〈後撰集・423〉訳 普通の秋の**空模様**でもわびしいのに、恋の思いの苦しみを添えさせるあなたであるなあ。

❸天井。天井裏。

屋の空、所々朽ち明きたりしより…。〈宇津保〉訳 家の**天井**は、ところどころ腐って穴が空いていたので…。

❹限定的でない空間・時間。途中。

「**旅の空に、助けたまふべき人もなき所に**…。」〈竹取・蓬萊の玉の枝〉訳「（心細い）旅の**途中**で、助けてくださるはずの人もいない所で…。」

❺（下に打消の表現を伴って、不安・空虚な心の状態の）気持ち。心地。

「**明け暮れ安き空なく嘆きたまふに**…。」〈源氏・明石〉訳「（源氏の君は）毎日毎日安らかな**気持ち**もなくお嘆きになっていらっしゃるのに…。」

二 接頭語 ❶かいのない、むだな、という意味を表す。語例 空頼め ❷うそ、偽り、という意味を表す。語例 空事・空泣き ❸はっきりしない、なんとなく、という意味を表す。語例 空恥づかし

そら 副助詞 …でさえ。…だって。↓すら

蜂そら物の恩は知りけり。〈今昔〉訳 ハチ**でさえ**ものの恩は知っていたものだ。

曾良 人名 ↓河合曾良

そら-おそろ・し【空恐ろし】 形容詞〔シク〕〈しく・しく・し・しき・しけれ・○／しから・しかり・○・しかる・○・しかれ〉なんとなく恐ろしい。

御使ひなどの隙なきも空恐ろしう、ものを思すこと隙なし。〈源氏・若紫〉訳（帝からのお見舞いの）お使いなどがひっきりなしであることも（藤壺の女御としては）**なんとなく恐ろしく**、思い悩みなさることは絶え間がない。○「空恐ろしう」は連用形「空恐ろしく」のウ音便。

そ-らく【疎略・粗略】 名詞（物事を）おろそかに扱うこと。

発展「そりゃく」とも。

そら-ごと【空言・虚言】

一事実に基づかないことば ―**うそ。偽り。**

名詞 **うそ。偽り。作り話。**

宮の辺には、ただ彼方方に言ひなして、空言なども出で来べし。〈枕草子・143・殿などの〉訳（中宮の兄が道長と対立して流罪となったとき）中宮の近くでは、（不在である私のことを）ひたすら相手方（=道長側）だともっともらしく言って、**うそ**（のうわさ）なども出てくるに違いない。

そら-ざま【空様・空方】 名詞 上の方。空の方。上向き。

髪はそらざまへ生ひ上がり…。〈平家・3・有王〉訳 髪の毛は**上の方**に（向かって）生え上がり…。

発展「そらさま」とも。

◆そらさむみ… 歌

空さむみ花にまがへてちる雪にすこし春ある心地こそすれ〈枕草子・106・二月晦ごろに〉訳 空が寒いので花に似せて（=花が散るように）散る雪（のため）に少し春めいた気分がすることだ。○「さむみ」は、形容詞「寒し」の語幹＋原因・理由を表す接尾語「み」。

発展 藤原公任から「すこし春ある心地こそすれ」と詠みかけられた清少納言が、上の句を詠み返して歌にしたもの。『白氏文集』の「南秦の雪」を踏まえたもの。

そら-しら-ず【空知らず】 連語 知らぬふりをする。

心中にをかしく思へども、すかしふせんとて、空知らずして過ぎ行くほどに…。〈宇治拾遺〉訳（人々をだまして）心の中でおかしく思うが、だまし続けてやろうと思って、**そ知らぬふりをして**過ごしているうちに…。

そら・す【逸らす】 動詞 他〔サ四段〕〈さ・し・す・す・せ・せ〉❶逃す。逃がす。

とりかひたまふほどに、いかがしたまひけむ、そらしたまひてけり。〈大和・152〉訳（タカを）飼い養っていらっしゃるうち

に、どうなさったのだろうか、逃がしておしまいになった。
❷(打消の語を伴って)自分の気持ちを他人にさとられないようにする。素知らぬ振りをする。ずっと通れば梅が枝は、炬燵にとんと身を背け、そらさぬ顔で吹く煙管。〈滑稽本・東海道中膝栗毛〉訳ためらわずに通ると梅が枝(=遊女の名)は、こたつにすっかり背を向けて、素知らぬ顔でキセルを吹かしている。

そら-だき【空薫き】名詞 どこからともなく匂うように香をたくこと。また、その香。簾の内より空薫きの香かうばしく匂ひ出でぬ。〈今昔〉訳すだれの中からそれとなくたいた香のかおりが香ばしくにおっていた。

そらだき-もの【空薫き物】名詞 ↓そらだき

そら-だのみ【空頼み】名詞 ↓そらだのめ

そら-だのめ【空頼め】名詞 当てにならないことを頼みにさせること。なほざりの空頼めせであはれにも待つにかならず出づる月かな 歌〈後拾遺集・862〉訳(あなたのように)いいかげんな、当てにならないことを頼みにさせることはしないで、何と感動することに、待っていると必ず出てくる月だなあ。

そら-なき【空泣き】名詞 泣く振りをすること。うそ泣き。

そら-なげき【空嘆き】名詞 嘆く振りをすること。

そら・なり【空なり】

空のように、実体がないようす
- ❶(心が)うつろである。上の空である。
- ❷(理由や根拠などが)明確でない。いい加減である。
- ❸はかない。むなしい。かいがない。
- ❹(連用形「そらに」を副詞的に用いて)暗記していて。記憶によって。

未然形	連用形	終止形	連体形	已然形	命令形
そら・なら	そら・なり そら・に	そら・なり	そら・なる	そら・なれ	そら・なれ

形容動詞〔ナリ〕❶(心が)うつろである。上の空である。野に歩りけど、心は空にて、今宵だに人鎮めて、いとと会はむと思ふに…。〈伊勢・69〉訳(男は狩りに出て)野を歩きまわるが、(女をいとしく思って)心は上の空で、せめて今夜だけでも人を寝かせてから、本当にすぐにも会おうと思っていると…。
❷(理由や根拠などが)明確でない。いい加減である。なんとなく感じられるようである。これほどになりぬる歌は、景気を言ひ流して、ただ空に身にしみけんかしと思はせたるこそ、心憎くも優にもはべれ。〈無名抄・俊成自讃歌事〉訳これほど(優れたもの)になった歌は、視覚的な情景を言い流して、ただなんとなく感じられるように身にしみただろうよと思わせたものこそ、奥ゆかしくもあり優美でもあります。
❸はかない。むなしい。かいがない。この山の峰に近しと吾が見つる月の空なる恋もするかも 歌〈万葉集・11・2672〉訳この山の峰に近い(所にある)と思って、私が見ていた月のように(私にとっては実ははるか遠い存在のあの人を慕って)むなしい恋をすることよ。
❹(連用形「そらに」を副詞的に用いて)暗記していて。記憶によって。何も見ないで。これを見るより外のことなければ、おのづからなどは、空に覚え浮かぶを、いみじきことに思ふに…。〈更級日記・物語〉訳これ(=源氏物語)を読む以外の(する)ことがないので、自然と、(その文章が)何も見ないで思い出されるのを、(自分でも)すばらしいことだと思っていると…。
発展 語の成り立ち 名詞「空」が形容動詞になったことば。実体のない空間の意味から、心理的な空虚さも表す。

そら-に-みつ 枕詞 ↓そらみつ

そら-ね【空音】名詞 ❶実際にはしていない音を、聞いたように感じること。聞き違い。そら耳。幻聴。しのびたる郭公の、遠く空音かとおぼゆばかり、たどたどしきを聞きつけたらむは、なに心地かせむ。〈枕草子・5・四月、祭りのころ〉訳声をひそめた低い声のホトトギスの、遠く聞き違いかと思われるほどの、ぼんやりとしてよく分からない声を聞きつけたとしたら、どんな気持ちがするだろうか。(すばらしい気持ちがすることであろう。)
❷動物の鳴き声をまねること。鳴きまね。夜をこめて鳥のそら音ははかるともよに逢坂の関は許さじ 百人一首〈後拾遺集・939〉訳↓よをこめて…

そら-ね【空寝】名詞 眠った振りをすること。たぬき寝入り。児のかいもちするに空寝したること。〈宇治拾遺〉訳(寺に仕える)子供がぼたもち作りのときに眠った振りをしたこと。

そらはなほ… 歌
空はなほかすみもやらず風冴えて雪げに曇る春の夜の月〈新古今集・春上・23・藤原良経〉訳(もう春だというのに)空はまだかすみきらないで、風は冷たくさえて、雪が降りそうに曇っている春の夜の月よ。〇「かすみもやらず」の「も」は、打消の助動詞「ず」を強調している。「やる」は補助動詞で、「ず」を伴って、最後までやり終えないという意味を表す。「雪げ」は、「雪が降ろうとする気配」という意味。
発展「六百番歌合」で「余寒(=立春以降の寒さ)」の題で詠まれた歌。月がおぼろに曇っているのは、春の霞のためではなく雪模様のせいであるという表現に、春を待つ気持ちと、それが裏切られた切なさが表れている。

そら-みつ 枕詞 地名「大和」に係る。

そら-め【空目】名詞 見間違えること。見誤り。光ありと見し夕顔の上露は黄昏時の空目なりけり 歌〈源氏・夕顔〉訳光り輝いていると思って見たユウガオの花の上の露(のような光源氏のお顔)は、夕暮れ時の見間違いであったのだった。

そり-くつがへ・る【反り覆る】動詞 自〔ラ四段〕〈ら・り・る・る・れ・れ〉後ろの方へ反り曲がる。反っくり返る。物もまだ言はぬ児の、反り覆り、人にも抱かれず泣きたる。〈枕草子・70・おぼつかなきもの〉訳ことばもまだ口に出さない乳児が、反っくり返り、人にも抱かれないで泣いているのは(気にかかる)。

そり-さげ【剃り下げ】名詞 ↓いとびん

そりすてて… 句
剃り捨てて黒髪山に衣更〈奥の細道・日光・河合曾良〉訳黒髪を剃り捨てて墨染めの僧衣に着替えて旅に出てきたが、その黒髪に縁のある黒髪山で衣替えの日を迎えたことだ。〇季語 衣更―夏。「剃り捨てて」は、頭髪を剃って出家したという意味。「黒髪山(=今の栃木県にある男体山のこと)」は、「剃り捨て」た黒髪に掛ける。「衣更」は、季節の衣替えと墨染めの僧衣に着替えたことを掛ける。

発展『奥の細道』で芭蕉と旅する曾良は、旅立つ前に髪を剃り、法名に改め、決死の覚悟で旅に臨んでおり、それを背景としている。

そり-はし【反り橋】名詞 中央が高く弓なりに反った形の橋。多く寝殿造りの庭にある。

そ・る【逸る】一 動詞 自〔ラ四段〕〈ら・り・る・る・れ・れ〉❶思いもかけない方向へ飛び去る。それて飛び去る。**争へば思ひにわぶるあまぐもにまづそる鷹ぞ悲しかりける** 歌〈蜻蛉日記〉訳（夫と）争っているので（尼にでもなろうかとの）思いに悩んでいると、まず（髪を）そる（決心に放した）タカが空の雲（の方）に**それて飛び去った**（そのタカ）こそ、悲しいことだ。○「あま」は「天」と「尼」との、「そる」は「剃る」との掛詞。

❷（心が）ほかの方に向かう。（気が）それる。「**このごろ御心そり出でて、化粧ばやりたりとは見ゆや。**」〈落窪〉訳「このごろはお気持ちが**ほかの方に向かって**出て、化粧に夢中になっていると見えるよ。」

二 動詞 自〔ラ下二段〕〈れ・れ・る・るる・るれ・れよ〉一の意味に同じ。

それ【其れ】代名詞 ❶（やや離れた、あるいは話題になった事物・場所・人を指して）そこ。それ。そいつ。その人。そのこと。**筒の中光りたり。それを見れば、三寸ばかりなる人、いとうつくしうてゐたり。**〈竹取・かぐや姫の出生〉訳（タケの）筒の中が光を放っている。**それ**を見ると、（身長が）三寸ほどである人が、とてもかわいらしいようすで座っている。

❷（漠然と事物を指して）これこれ。なにがし。ある。どこそこ。**それの年の、十二月の二十日あまり一日の日の、戌の時に門出す。**〈土佐日記・十二月二十一日〉訳**これこれ**の年の、十二月の二十日と、あと一日（＝二十一日）の日の、戌の時（＝午後八時ごろ）に出発する。

❸（相手を指して）あなた。「**それはさこそおぼすらめども、おのれは都に久しく住みて…。**」〈徒然草・141・悲田院の尭蓮上人は〉訳「**あなた**はそのようにお思いになっているだろうが、私は都に長い間住んでいて…。」

それ-か-あら-ぬ-か【其れか有らぬか】それか、それともそれではないのか。**去年の夏鳴きふるしてし郭公それかあらぬか声の変はらぬ** 歌〈古今集・夏・159〉訳去年の夏に、（聞き）飽きるほどに鳴いていたホトトギスよ、**それ**（なの）**か、それともそれではないのか**、（今年のホトトギスも）声が変わらないでいることよ。

それ-がし【某】

名も知らない、また、明らかにする必要がない人などを指すことば	❶だれそれ。何とかいう。某。
	❷私。

◉中世以降の用法。

代名詞 ❶**だれそれ**。なになに。何とかいう。某。「**さばかり日本国に聞こえさせたまひつる木曾殿をば、それがしが郎等の討ちたてまつったる。**」〈平家・9・木曾最期〉訳「あれほどに日本国で有名でいらっしゃった木曾（義仲）殿を、**だれそれ**の家来がお討ち申し上げたことだ。」

❷《中世以降》（多く、男性が用いて）**私**。「**丈六の仏を作れる人、子孫において、さらに悪道に落ちず。それがし多くの丈六を作りたてまつれり。**」〈宇治拾遺〉訳「一丈六尺（＝約四・八㍍）の仏像を作った人は、子孫の代まで、決して悪道（＝悪事をなした者が死後に行く世界）に落ちない。**私**は多くの丈六の仏像をお作り申し上げた。」

類語比較「それがし」と「なにがし」
共通点＝共に、不定の人や物事を指すことば。
それがし＝不定の人を指すのがもともとの用法。中世以降、自分を指していう用法が生じ、しだいに不定の人を指す用法は衰えていった。
なにがし＝『源氏物語』などに自分を指す特殊な用法が見られるものの、おおむね不定の人を指した。中世以降、「それがし」が自分を指し、「なにがし」は不定の人などを指すというように固定していった。

それ-かれ【其彼】代名詞（名前を言わずに、複数の人を指して）だれそれ。だれだれ。「**たれたれかありつる。**」と人の問へば、「**それかれ。**」など四、五人ばかり言ふに…。〈枕草子・108・方弘は〉訳「だれとだれがいたのか。」と人が質問すると、（方弘は）「**だれそれ。**」などと四、五人ぐらい（の名前を）言うので…。

それ-それ【其れ其れ】一 代名詞（名前を言わずに複数の人を指して）その人とあの人と。だれそれ。「**誰々か。**」と問へば、「**それそれ。**」と言ふ。〈枕草子・106・二月晦ごろに〉訳「（同席しているのは）だれとだれか。」と尋ねると、「**その人とあの人と。**」と言う。

二 感動詞 ❶（人に注意を促して）それそれ。そらそら。ほらほら。「**よげになりにたり。ただされ、それそれ。**」〈宇治拾遺〉訳「（法師は）気持ちよさそうになっている。ひたすらさすれ、**そらそら**。」

❷（ふと思い付いて）ああそうだ。そうそう。「**曾禰好忠いかにはべりけることぞ。**」と言へば、「**それそれ、いと興にはべりしことなり。**」〈大鏡・道長下〉訳「曾禰好忠はどんなでございましたか。」と言うと、「**そうそう**、たいへん興味深いことでございましたよ。」

それ-と-は-なし-に【其れとは無しに】連語 なんとなく。**ながめわびそれとはなしにものぞ思ふ雲のはたての夕暮れの空** 歌〈新古今集・恋2・1106〉訳（一日中）ぼんやり眺めるのに見入り疲れて**なんとなく**物思いをしていることだ。（旗のようになびいている）雲の果ての夕暮れの空を見ながら。

それ-なる【其れなる】❶そのとおりの。**ただそれなる御ありさまに、あさましとは世の常なり。**〈源氏・葵〉訳（生霊は）まったく（六条御息所）**そのとおりの**お姿なので、驚きあきれはてるというのでは言い足りない。

❷そこにある。**子細はそれなる書き置きに…。**〈小袖曾我薊色縫〉訳詳しいことは**そこにある**書き置きに…。

それ-に 接続詞 ❶それなのに。そうであるのに。**舞はばやと思ふを、一度は思ひ返しつ。それに何となく、鬼どもがうち揚げたる拍子のよげに聞こえければ…。**〈宇治拾遺〉訳舞いたいと思うが、一度は思い直した。**それなのに**なんとなく、鬼どもが打ち鳴らした手拍子がよさそうに聞こえたので…。

❷そのうえ。そのために。**池を失ひたらむに、量りなき罪なり。それに、此の頽るるに依りて、多くの人の家どもを損じ…。**〈今昔〉訳池をつぶしてしまったとしたら、（それだけでも）限りない罪であ

る。**そのうえ**、これが決壊したことによって、多くの人の家々を損ない……。

そゑ-に【其故に】 発展 代名詞「それ」+格助詞「に」が一語になったもの。— 副詞 それだから。

そゑにとてとすればかかりかくすればあな言ひ知らずあふさきるさに 歌〈古今集・雑体・1060〉訳 **それだから**といって、ああすればこうなる、こうすればああなる。ああ、どう言えばいいかわからない。一方がよければ他方が悪いので。 発展「そゆゑに」が変化したもの。

尊敬語 国語・国文法 ★敬語の三分類の一つ。話し手(作者)が、話題の中の動作・存在をする人物(「宮、**宣ふ**」の「宮」)、事物を所有する人物(「君の**おほん**衣」の「君」)、人物自体(「大将**殿**」「**み**仏」の「大将」「仏」)などに敬意を表すために用いることば。主な例は以下のとおり。

一 尊敬の意味を含む語(名詞・代名詞・★尊敬語の動詞)
①名詞・代名詞　上・君・みまし
②動詞　宣ふ・思す・ご覧ず・賜ふ・遊ばす
二 動詞に尊敬の意味を添える語(補助動詞・助動詞)
①補助動詞　たまふ(四段活用)・おはす
②助動詞　る・らる・す・さす・しむ・す(上代語・四段型)
三 名詞に尊敬の意味を添える語
①接頭語　おほん・み・ご
②接尾語　殿・氏

↓読解の手引き⑱(962ページ)

尊敬語の動詞 国語・国文法 ★敬語動詞のうち、★尊敬語として用いられるもの。次は主な語例。
①尊敬語としてのみ用いられるもの＝御座します・御座す・思す・思し召す・思ほす・仰せらる・聞こし召す・御覧ず・賜ふ(四段)・宣ふ・召す
②謙譲語から転じて、尊敬語としても用いられるもの＝奉る・賜はる・参る
なお、「仰せらる」という語形は、別に連語としてもあるので注意しなければならない。
↓敬語動詞・奉る(基本敬語25) 敬語のしくみ・基本敬語動詞一覧表(26ページ)

尊敬語の補助動詞 国語・国文法 ★敬語の補助動詞のうち、★尊敬語として用いられるもの。
一 単独では使用されず、他の動詞の連用形の下に付いて、尊敬の意味を添える(添加形式)。助動詞「る」「らる」「す」「さす」「しむ」)の連用形の下に付くこともある。
二 補助動詞「あり」を尊敬表現に転換させる(転換形式)。
以上二つの形式で用いられる。主な語は次のとおり。
①添加形式専用のもの—たまふ(四段)
②添加形式・転換形式両用のもの—おはします・おはす
「〜たまふ」は、動詞としての本来の意味(与える)が薄れて失われ、尊敬の意味を添えるだけである。しかし、「おはします」「おはす」は、他の動詞の連用形の下に付いて、添加形式の補助動詞として用いられる場合でも、尊敬の意味を添えるだけではない。動作・存在という本来の意味が薄れてはいるが失われてはいない(「〜ている」「〜ていく」「〜てくる」という意味も持つ)。
↓敬語の補助動詞・侍り 敬語のしくみ・基本敬語動詞一覧表(26ページ)

尊敬の助動詞 国語・国文法 尊敬の意味を表す助動詞。「る」「らる」「す(下二段型)」「さす」「しむ」にこの用法がある。いずれも中古になってから、受身や使役の用法から派生したものである。「る」「らる」の敬意は一般に高くない。「す」「さす」「しむ」は、単独で用いられることがなく、常に「**せ**たまふ」「**させ**おはします」「**せ**らる」「**しめ**たまふ」のように尊敬の意味を表す語とともに用いられる。上代には、「す(四段型)」も見られる。

そん-じゃ【尊者】 名詞 ❶大臣などの催す★大饗の際、主賓として、上座に座る人。❷裳着の儀式(＝女子の成人式)の際、腰の紐を結ぶ役をした人。❸目上の人。身分の高い人。 発展「そんざ」とも。

尊称 国語・国文法 人物を尊敬していう言い方。「敬称」とも。尊敬の意味を含む名詞(代名詞)の場合と、接尾語をいう場合とがある。たとえば、名詞では、「大殿」「殿ばら」「御達」など。接尾語では「母上」「尼君」など。直接的な表現を避ける婉曲表現から変化した例が多く、後者の中には、たとえば「君」などのように、単独で名詞(代名詞)のように用いられるものもある。

そん・ず【損ず】 一 動詞 自(サ変)(ぜ・じ・ず・ずる・ずれ・ぜよ) 傷がつく。傷む。壊れる。
「**うすものの表紙は、とく損ずるがわびしき。**」〈徒然草・82・薄物の表紙は〉訳「薄い織物の表紙は、早く**傷む**のがやり切れない。」
二 動詞 他(サ変)(ぜ・じ・ず・ずる・ずれ・ぜよ) 壊す。傷つける。傷める。
損ぜざらんためとて、品なく醜きさまにしなし…。〈徒然草・81・屏風、障子などの〉訳 **傷め**たくないからといって、品がなく醜いように仕立てたり…。

ぞん・ず【存ず】 一 動詞 自(サ変)(ぜ・じ・ず・ずる・ずれ・ぜよ) 生き長らえる。生存する。存在する。
「**計らざるに牛は死し、計らざるに主は存ぜり。**」〈徒然草・93・牛を売る者あり〉訳「思いがけずウシは死に、思いがけず(ウシの)持ち主は**生き長らえ**ている。」
二 動詞 他(サ変)(ぜ・じ・ず・ずる・ずれ・ぜよ) ❶有する。持つ。保つ。
佐々木とても今はいかなる野心か存ずらんと、頼み少なく覚ゆれば…。〈太平記〉訳 佐々木だって今はどんな謀反の下心を**持って**いるだろうかと、信用はあまりできないと思われるので…。
❷(「思ふ」「考ふ」の謙譲語Ⅱ—話し手や書き手が聞き手や読み手に対して自身をへりくだる敬語—で)存じます。思います。考えます。
「**生涯の面目に、一首なりとも、御恩をかうぶらうど存じてさうらひしに**…。」〈平家・7・忠度都落〉訳「生涯の名誉として、(せめて)一首だけでも、ご恩を頂こう(＝勅撰集に採っていただこう)と**存じ**ておりましたのに…。」
❸(「知る」の謙譲語で)存ずる。承知する。
「**存じてさへをりますれば、それからそれへ参れども、存ぜぬによって、かやうに呼ばはって歩くことでござる。**」〈狂言・末広がり〉訳「(末広がりがどのようなものかを)**存じ**てさえいますなら、(売っている所なら)どこからどこへでも参りますが、**存じ**ませんので、このように(買いたいと)叫んで歩くのでございます。」

存続の助動詞 国語・国文法 動作・作用・状態が持続している意味を表す助動詞。「存続」とは「存在継続」という意味。「り」「たり」にこの用法がある。「り」は、四段・サ変動詞の連用形と、それを受ける「あり」との音韻の融合によって生じ(咲き+あり→咲け**り**、し+あり→せ**り**)、「たり」は、動詞の連用形を受ける★完了の助動詞「つ」の連用形と、それに続く「あり」との音韻の融合によって生じた(て+あり→**たり**)。歴史的には、中古を境にして、「り」から「たり」へと移ってきた。

尊大表現（そんだいひょうげん）【国語・国文法】待遇表現のひとつ。話し手が、聞き手や第三者に対し、自らを上位に置いて述べる表現。相手や第三者のことに★謙譲語を用いて話し手の自分を高める。「(私に向けて)和歌を一首ずつお詠み申し上げろ。(=和歌一つづつ仕うまつれ)」このように命令形の例が多い。↓自敬表現

ぞん-ち【存知】—じ 名詞 動詞 他〔サ変〕〈せ・し・す・する・すれ・せよ〉❶知っていること。承知。「**人倫の身としていかがその理を存知つかまつらではさうらふべき。**」〈平家・7・福原落〉訳「人間の身としてどうしてその道理をご**承知**申し上げないでいられましょうか。」
❷考えておくこと。心構え。心得。覚悟。「**後日の訴訟を存知して、木刀を帯しける用意のほどこそ神妙なれ。**」〈平家・1・殿上闇討〉訳「あとあとの訴訟のことを**心得ていて**、木の刀を身に付けていた注意深さについては殊勝である。」
発展「ぞんち」とも。

そん-ぢゃう—じょう 連体詞《中世以降》(「そこ」「その」「それ」「たれ」などの上に付いて、具体的な名前や内容を明らかにしないで)どこそこの。なにがしの。「**この峰は本宮、彼は新宮、これはそんぢゃうその王子、かの王子なんど**…。」〈平家・2・康頼祝言〉訳この峰は本宮、あれは新宮、これは**どこそこの**なんとか王子、かんとか王子など…。
発展 現代語で「そんじょそこらの」という場合の「そんじょ」に当たる。「其の」に程度・範囲を表す「定」の付いた「そのぢゃう」が変化したものと考えられる。

そん-まう【損亡】—もう 名詞 動詞 自〔サ変〕〈せ・し・す・する・すれ・せよ〉壊れたり失われたりすること。被害を受けること。「**家の損亡せるのみにあらず、これを取り繕ふあひだに、身を損なひ**…。」〈方丈記・辻風〉訳家が**被害を受け**ただけでなく、これを修理するときに、自分がけがをしてしまい…。
発展「そんばう」とも。

ぞん-めい【存命】 名詞 生きていること。生き長らえること。

そん-りゃう【尊霊】—りょう 名詞 霊魂や亡霊を敬った言い方。類御霊

た

た-【手】 造語 (名詞や動詞に付いて)手という意味を表す。上代の格助詞「な」を伴って、「たなごころ」などの形になることもある。語例 **手**むけ・**手**折る 発展「て」から変化したことば。↓古語チャート㉕(861ページ)

た- 接頭語 (動詞・形容詞に付いて)ことばの調子を整えたり、意味を強めたりする。語例 **た**易し・**た**走る

た【他】 名詞 ❶ほか。別。❷ほかの人。他人。

た【誰】 代名詞 ↓たれ(誰)

た 係助詞 係助詞「は」が、直前にくる語の末尾の t 音と融合し、連声で「た」となったもの。能や狂言で用いられる。ただし、表記上はそのまま「は」と表記されることが多い。「**今日は(こんにった)有難うござる。**」〈狂言・鞠座頭〉訳「今日**は**ありがとうございます。」「**この後は(こののった)折もあらば**…。」〈狂言・宗論〉訳「これから**は**機会もあるなら…。」

た 助動詞〔特殊型〕〈たら(たろ)・○・た・た・たら・○〉接続 活用語の連用形に付く。❶(完了・存続を表し)…た。…ている。…てある。「**小判はこのはうへ参った。**」〈西鶴諸国ばなし〉訳「(なくなった)小判はこちらへ参っ**ている**。」
❷(過去を表し)…た。「**して、その末広がりをおぬしは見たことがあるか。**」〈狂言・末広がり〉訳「ところで、その扇をあなたは見**た**ことがあるのか。」
発展 完了・存続の助動詞「たり」の連体形「たる」が変化したもの。「き」「けり」が使われなくなった後、その意味を「た」が担うようになっていった。

たい【対】 名詞 ↓たいのや(対の屋)

たい【体】 一 名詞 ❶からだ。身体。❷姿。ようす。様式。❸働きのもとになる中心的なもの。本質。本性。
二 助数詞 神仏の像などを数えることば。
発展 一❷は、「てい」とも。

だい【大】 名詞 ❶大きいこと。広いこと。多いこと。優れていること。また、それらのもの。❷(「大の月」の略で)陰暦で、日

読解の手引き⑭

対偶中止と対偶否定

「見もしないし、知りもしない。」という言い方は、「見も知りもしない。」と言うこともできます。

後者の場合、「しない」を一回サボって後の「しない」でくくった形になっているといえます。この文の構造は、次のように図示することができます。

見も
知りも　**しない**。

このような形の文は古文にもあります。

かげろふの夕べを待ち、夏の蟬の春秋を知らぬもあるぞかし。〈徒然草・7・化野の露〉訳カゲロウが夕方を待た**ない**で(死に)、夏のセミが春や秋を経験し**ない**(で死ぬ)というものもあるのだよ。

このような場合、「カゲロウが夕方を待って…」と解釈するとまったく意味が通らなくなってしまいます。訳で示した「…待たないで」のように、後に出てくる打消の助動詞を前にも補う必要があるわけです。

このようなサボリ表現は受身の助動詞の場合にも現れます。

走る獣は檻にこめ、鎖をささ れ、
飛ぶ鳥は翼を切り、籠に入れ られて…。
〈徒然草・121・養ひ飼ふものには〉

これらの形式をパターン化すると、次のようになります。

A、…**B　助動詞**

この場合、AとBは対等の関係にあり、それを文法用語で「**対偶**」と言います。

Bとの対偶の関係にあるAは連用形で中止しています(=連用中止法)。それで、このような形の文を「**対偶中止**」と呼び、助動詞が打消である場合を特に「**対偶否定**」と呼ぶことがあります。

数が三十日の月。

だい【代】 一 名詞 ❶位や家督を受け継いで、その地位にある年月の期間。類 世ょ ❷代わり。また代わりの人や物。語例 判官代・別当代 ❸代金。代価。
二 接尾語 (数を表すことばの下に付いて)位や家督などを相続した順序を表すことば。特に、天皇の御代。**六十代醍醐天皇**。〈大鏡・醍醐天皇〉訳 第六十代醍醐天皇。

だい【台】 名詞 ❶高く築かれた建物。高殿。❷物を載せるものの総称。❸食物を盛った器を載せる台。転じて、食事。類 台盤

題詠 文芸用語 和歌の詠み方のひとつ。あらかじめ設定された題に従って歌を詠むこと。平安時代後期以降は詠歌の主流となった。

だい-かう【大剛】 ― 形容動詞〔ノ〕非常に強い。武芸にずば抜けている。
秀郷は大剛の男なれば…かの大蛇の背中をむずむずと踏んで…。〈御伽草子・俵藤太物語〉訳 秀郷(=俵藤太)は**非常に強い**男なので…その大蛇の背中をどしどし踏んで…。
発展「たいがう」「だいがう」とも。

だい-かうじ【大柑子】 ― 名詞《植物》夏ミカン。季語 秋 発展「おほかうじ」とも。

だい-がく【大学】 名詞 ❶「*大学寮」の略。❷儒教の経典。中国の四書の一つ。

だい-かぐら【太神楽・代神楽】 名詞 ❶伊勢神宮で、一般の人が、祈願や報謝のために奉納する*神楽。❷(❶が変化して)江戸時代の大道芸のひとつ。獅子舞や皿回しなどの曲芸を演じる。季語 春

[だいかぐら❷]

だいがく-れう【大学寮】 ― 名詞 官吏養成のための中央の教育機関。*式部省に属し、明経(=儒学)・算(=数学)・書(=書道)・明法(=法律)・紀伝(=文学・史学)などを*学生に教えた。↓ビジュアルチェック⑭(756ページ)

たい-かふ【太閤・大閤】 ― 名詞 ❶古くは、摂政、または太政大臣を敬った言い方。後に、関白の位を引退してからも引き続き*内覧の宣旨を賜わった人や、関白の位をその子に譲った人のこと。❷特に、豊臣秀吉のこと。

たい-ぎ【大儀】 名詞 朝廷で行われる即位・拝賀などの重大な儀式。大典。大礼。

たい-き・な【大気な】 形容動詞〔口語化〕度量が広い。おうようだ。太っ腹だ。
「さても**大気な**大臣だ。」〈西鶴・好色一代男〉訳「それにしても**太っ腹な**お客だ。」
発展「だいきな」とも。

たい-ぎ・なり【大儀なり】 形容動詞〔ナリ〕〈なら・なり(に)・なり・なる・なれ・なれ〉❶費用が多くかかる。大げさだ。たいへんだ。
「**大儀なれど**百の餅舟は阿爺がするぞ…。」〈西鶴・好色一代男〉訳「**たいへんだが**百個の安産のお礼のお供えのもちは親父(の私)が(用意)する…。」
❷骨が折れる。面倒だ。
縁付きの時分さのみ**大儀に**なきように、覚悟よろしき仕方なり。〈西鶴・世間胸算用〉訳(器量のよくない娘は)結婚のときにそれほど**面倒で**ないようにするなど、覚悟のよいやり方である。
❸(感動詞的に用いて)ご苦労さま。
「**大儀な**。」といふ男への一礼も言はず…。〈傾城禁短気〉訳「**ご苦労さま**。」という男へのあいさつも言わないで…。○「大儀な」は連体形の口語化したもの。

だい-きやう【大饗】 ― 名詞 ❶大宴会。❷ごちそう。宴会などの料理。発展「たいきやう」とも。❶は、正月の年中行事として、宮中や大臣家などで行われた。臨時のものは、大臣の就任祝いに開催した。

だい-きやうじ【大経師】 ― 名詞 朝廷で、経典や仏画などを表装する職人。後に、一般の経師屋・表具師の呼び名。

だい-ぐうじ【大宮司】 名詞 大きい神社の神官の長。伊勢・熱田・宇佐・香取・鹿島・阿蘇・香椎・宗像・気比などの大社に置かれた。発展「だいぐじ」「だいくうじ」「おほみやづかさ」とも。

対偶中止法 国語・国文法 連用形の用法のひとつ。二つの文節が対等の関係にあるとき、上の対等語に付く助動詞などが、下の対等語まで受ける用法。上の対等語は中止法(=連用形で文を一度中止し、さらに続ける用法)をとる。たとえば、「松も**引き**若菜も摘ま**ず**なりぬるを」では、「引き」が中止法で、それと対等の関係にある「摘ま」の下にある打消の助動詞「ず」が「引き」をまで受けて、「マツも引かず若菜も摘まず」の意味となる。また、「からき命生きたれど、腰**切り**損ぜ**られ**て(=危うい命が助かったが、腰を切られ傷つけられて)」では、「切り」が中止法で、「損ぜ」の下にある受身の助動詞「られ」が「切り」をまで受けて、「腰を切られ」の意味となるのもこの用法である。↓読解の手引き⑭(750ページ)

対偶否定法 国語・国文法 *対偶中止法の一種。対偶中止法のうち、下の対等語の文節の中に打消の語がある場合、特にこう呼ぶことがある。たとえば、「**かたはに**、見苦しから**ぬ**若人なり(=体裁も悪くなく、見苦しくない若者である)」では、「かたはに」が形容動詞連用形(中止法)で、その下の文節(対等語)「見苦しからぬ」にある打消の「ぬ」が「かたはに」までを打ち消し、「かたはならず」の意味を表している。↓読解の手引き⑭(750ページ)

待遇表現 国語・国文法 話し手が、自己・話題の人物・表現の相手のそれぞれとどのような関係にあるかを表現に反映させること。また、その表現そのものをいう。たとえば同一人物に関して、「あの人が見た」(対等)「あの方がご覧になった」(上位)「あいつが見やがった」(下位)と表現者の相手に対する待遇の仕方によって言い方が変わってくるというようなことを指す。代表的なものは敬語表現であるが、そのほか罵詈表現・尊大表現・親愛表現なども含められる。

たい-くつ【退屈】 名詞 動詞 自〔サ変〕〈せ・し・す・する・すれ・せよ〉❶物事に飽きること。疲れてやる気をなくすこと。❷暇を持て余して、困ること。

たい-くゎうたいこう【太皇太后】 ― 名詞 先々代の天皇の皇后。また、天皇の祖母。発展 太皇太后宮とも。女御や中宮などの地位にあった人のことをいう場合もある。↓古語チャート⑮(463ページ)

だい-くゎん【代官】 ― 名詞 ❶ある官職の代理をする役人。❷江戸幕府の直轄地を支配し、税務・警察・裁判・戸

籍などを取り扱った役人。

だい-ぐゎん【大願】 名詞 ❶（神仏にかける）大きな祈願。❷《仏教語》この世のあらゆる生き物を救おうとする、仏や菩薩の誓願。発展「たいぐゎん」とも。

だいくゎん-しょ【代官所】 名詞 江戸時代、「★代官❷」が事務を執った役所。

体言 国語・国文法 自立語のうち、活用がなく、主語となれる語。「★用言」に対する。十★品詞のうち、★名詞がこれに属する。なお、名詞を体言ともいうことがある。↓準体言

体言止め 国語・国文法 文の末尾を体言で言い切る表現。散文にもあるが、和歌などで最後の句が体言で終わっていることを指す。体言の後にまだ表現が続くような感じを残すので、余韻・余情・詠嘆の気持ちを表すことになる。たとえば、藤原定家の「見わたせば花も紅葉もなかりけり浦の苫屋の秋の夕暮れ」（訳↓みわたせば…）の「夕暮れ」のような言い方。『新古今集』には特に多く見られ、新古今調の一特徴をなす。

たいけん-もん【待賢門】 名詞 平安京大内裏の外郭十二門の一つ。大内裏の東面の中央の門。類 中御門
↓ビジュアルチェック⑮（757ページ）

だい-こく【大黒】 名詞 ❶「★大黒天」の略。❷僧の妻を気安く呼ぶ呼び名。

だいこく-てん【大黒天】 名詞 ❶《仏教語》古代インドの神。大自在天が化身した、仏法の守護神。もともとは戦闘神で憤怒の形相を持つが、飲食を豊かにする台所の神ともされる。❷七福神の一つ。代表的な福の神で、狩衣のような衣を着て頭巾をかぶり、袋を背負い、右手に打ち出の小槌を持って、米俵の上などにいるとされる。発展 大国との同音から、俗に大国主神と同一神ともするようになった。

［だいこくてん❷］

だいこく-でん【大極殿】 名詞 大内裏の正殿。南面の朱雀門内正面にあった。内部中央にある高御座で天皇が政務を執ったが、後に紫宸殿に移った。大きな儀式などの場として用いられた。↓高御座・紫宸殿・ビジュアルチェック⑮（757ページ） 発展「だいごくでん」「たいきょくでん」とも。

だいこひき… 句
大根引き大根で道を教へけり〈七番日記・小林一茶〉
訳 大根畑で農夫がダイコンを引き抜いている。ちょうど、そこを通る人に道を聞かれて、引き抜いたばかりの、手にしたダイコンで、その道の方向を指し示しているよ。○季語 大根引き—冬

たい-さい【大才】 名詞 優れた才能。また、その持ち主。

だい-さん【第三】 名詞 ❶第三番目。❷《連歌・俳諧用語》第三句目。発句・脇句に次ぐ句。

たい-し【太子】 名詞 ❶皇位を継承する皇子。皇太子。類 東宮・日嗣ぎの御子・儲けの君。❷古代中国の天子。または、諸侯の嫡男。❸「聖徳太子」の略した言い方。

だい-し【大姉】 名詞《仏教語》❶出家した女性。または、地位や身分のある在家の女性信者を敬った言い方。❷女性の死後、その戒名の下に付ける称号。「…大姉」とする。対 居士

だい-し【大師】 名詞《仏教語》❶仏や菩薩、または高僧を尊んだ言い方。❷朝廷から高僧に授けられる称号。多くは、死後、高徳の僧をたたえて贈られた。語例 伝教大師・弘法大師 ❸特に、「弘法大師」（＝空海）のこと。

だい-じ【大士】 名詞《仏教語》菩薩の別の呼び名。発展「だいし」とも。

だい-じ【大事】 名詞 ❶重大な事柄。大事件。いかなる大事あれども、人の言ふこと聞き入れず…。〈徒然草・60・真乗院に盛親僧都とて〉訳 どんな重大な事柄があっても、いつも、人の言うことを聞いて耳に入れないで…。❷仏道修行をして悟りを開くこと。出家すること。大事を思ひ立たん人は、去りがたく、心にかからんことの本意を遂げずして、さながら捨つべきなり。〈徒然草・59・大事を思ひ立たん人は〉訳 出家することを思い立つような人は、（世俗の）捨て去りがたく、気にかかるようなことの本来の志を果たさないで、そのまま放っておくのがよいのだ。❸病気などが重いこと。危険なこと。

だい-じ【大慈】 名詞《仏教語》仏の大きな慈悲。この世に生きているすべてのものの苦しみを除く慈愛。↓大悲・大慈大悲

だいじ-だいひ【大慈大悲】 名詞《仏教語》仏の広大無辺の慈悲。特に、★観世音の慈悲。

だいじ-な・い【大事無い】 形容詞［口語化］かまわない。たいしたことはない。平気だ。おのれは食はれても大事ない。〈狂言・清水〉訳 おまえは（鬼に）食われてもかまわない。

だいじ・なり【大事なり】 形容動詞［ナリ］〈なら・なり（に）・なり・なる・なれ・なれ〉❶重大だ。たいへんだ。「をかしとも、あはれとも、心に入らむ人の、頼もしげなき疑ひあらむこそ、大事なるべけれ…。」〈源氏・帚木〉訳「美しいとも、いとしいとも（思って）、気に入っていたりする男が、頼りになりそうにないという疑いがあるとしたら、（それこそ）重大なことであるに違いないが…。」❷容易でない。難儀だ。我らが涼みに来るだに、暑く苦しく大事なる道を…。〈宇治拾遺〉訳 私どもが涼みに来るのでさえ、暑く苦しく容易でない道なのに…。❸病気が重い。危険だ。「まことに大事に煩はば、いと悲しきことなり。」〈今昔〉訳「本当に病気が重く苦しむのなら、たいへん悲しいことだ。」❹大切だ。丁重だ。丁寧だ。やむごとなき親王の大事にしたまふ事なれば…。〈大鏡・師尹〉訳 尊い親王（＝八の宮）が丁重に行いなさる行事なので…。

たい-しゃ【大赦】 名詞 恩赦のひとつ。国家に吉事もしくは凶事などがあったとき、天皇が罪人を釈放、または減刑すること。

だい-しゃう【大将】 名詞 ❶★近衛府の長官。天皇を護衛し、皇居を警護する役の長。左近衛府の長官を左大将、右近衛府の長官を右大将という。❷全軍の統率者。司令官。発展 ❶は従三位に相当し、多くは中納言・大納言が兼任したが、名誉職として、大臣・参議でも希望して兼任することがあった。❷は後の用法。中世以降「たいしゃう」とも。

だいじゃう-くゎん【太政官】 名詞 国の行政の最

高機関。事務局として、大蔵省・宮内省などの八省を統括した左・右弁官局と、少納言局が置かれた。太政官の長官は、太政大臣だが、実際の政務は左・右大臣が執った。→太政大臣・ビジュアルチェック⑮(757ページ)
発展「だじゃうくわん」「おほいまつりごとのつかさ」とも。「官」は役人という意味ではなく、役所という意味。

たい-しゃうぐん【大将軍】― 名詞 ❶朝廷に反抗する賊軍を征伐するために、勅命により派兵された征討軍の総司令官。征夷大将軍。❷(❶が変化して)全軍の総司令官。総大将。また、小集団の首領。頭領。かしら。❸武家政権の長。❹陰陽道でいう八将神の一つ。この神のいる方角は三年塞がりといって、何事にも縁起が悪いとされた。発展「だいしゃうぐん」とも。

だい-しゃうこく【大相国】― 名詞 ❶太政大臣の中国風の呼び名。❷特に、平清盛。

だいじゃう-さい【大嘗祭】― 名詞 天皇即位後、天皇自らが初めて新穀を神々に供える、天皇一代に一度の最大の神事。即位が七月以前ならばその年の、それ以後ならば翌年の、十一月に行われる。季語 冬 →大嘗会
発展「おほなめまつり」「おほにへのまつり」とも。

だい-しゃうじ【大床子】― 名詞 天皇が食事などのときに座る机形の四脚の腰掛け。手すりや背もたれはない。→倚子・ビジュアルチェック⑫(715ページ)

だいしゃうじ-の-おもの【大床子の御膳】― 天皇が★大床子に座ってとる正式の食事。

だいじゃう-だいじん【太政大臣】― 名詞 太政官の長官。大臣の最高の位。実際の政務は次官の左・右大臣が執った。適任者がなければ欠員とされ、左大臣・右大臣が代行した。太政大臣から摂政・関白が分化した。→太政官 発展「だじゃうだいじん」「おほきおほいまうちぎみ」「おほきおとど」とも。

だいじゃう-てんわう【太上天皇】 名詞 譲位後の天皇を敬った言い方。上皇。類 下り居の帝 →古語チャート㉖(873ページ)

だいじゃう-ほふわう【太上法皇】 名詞 出家をした太上天皇を敬った言い方。院。法皇。→古語チャート㉖(873ページ)

だいじゃう-ゑ【大嘗会】 名詞 大嘗祭の★節会。季語 冬 →大嘗祭

だいじゃうゑ-の-ごけい【大嘗会の御禊】― ★大嘗会を行う前の陰暦十月の下旬に、天皇が賀茂川で身を清める儀式。

たい-しゃく【帝釈】 名詞「★帝釈天」の略。

たいしゃく-てん【帝釈天】 名詞《仏教語》仏法の守護神のひとつ。宇宙の中心といわれる須弥山の頂の喜見城に住み、その周辺の忉利天の支配者として四天王を従え、仏法を害する阿修羅と戦うという。

[たいしゃくてん]

発展 略して「帝釈」とも。

対者敬語 国語・国文法 話し手(書き手)による敬意の対象が、素材か対者かに注目して敬語を二分した、その一つ。話題の中に登場する人・物・場所など(これらを素材という)にかかわりなく、聞き手または読み手(対者という)に対して直接敬意が向けられる敬語。通常の敬語三分類のうちの★丁寧語にほぼ相当する。

たい-しゅ【太守】 名詞 ❶上総(=今の千葉県)・常陸(=今の茨城県)・上野(=今の群馬県)の三つの国の長官。親王が任じられたが、実際には現地に赴かず、介(=次官)が実務を代行した。類 守 ❷一国の領主。国主。大名。

だい-しゅ【大衆】 名詞《仏教語》大きな寺院の多数の僧。高貴な身分の出身の長老・学侶などに対して、一般の僧たち。平安末、武装化し、僧兵の中心となった。類 衆徒・堂衆

対州 [―シウ] 旧国名 →対馬

たいしょく-くゎん【大織冠】― 名詞 ❶上代、臣下に授けられた最高位の冠。また、その官位。後の正一位。実際には、藤原鎌足に授与されただけである。❷藤原鎌足の別の呼び名。

だい-じん【大臣】 名詞 太政官の上官。太上大臣・左大臣・右大臣・内大臣など。発展「おとど」「おほいまうちぎみ」「おほまへつぎみ」とも。

だい-じん【大尽・大臣】 名詞 ❶《遊里語》遊里で豪遊する客。❷大金持ち。財産家。富豪。

だい-じん【大進】 名詞 大膳職・修理職・中宮職・東宮坊などの上官。長官・次官に次ぐ「進」で★少進より上位の官。発展「たいしん」「だいしん」とも。

だいじん-ぐう【大神宮・太神宮】 名詞 伊勢神宮の、天照大御神を祭ってある内宮。

だいじん-の-だいきゃう【大臣の大饗】― 毎年正月、または新しく大臣に任じられたとき、大臣が他の大臣以下★殿上人を招いて催した盛大な酒宴。

たい・す【帯す】 動詞 他 〔サ変〕〈せ・し・す・する・すれ・せよ〉身に付ける。帯びる。
人々、甲冑をよろひ、弓箭を帯しはせ集まる。〈平家・2・西光被斬〉訳 人々は、よろいとかぶとを身に着け、弓矢を**身に付け**駆け集まる。

だい-せう【大小】― 名詞 ❶大きいことと小さいこと。また、大きいものと小さいもの。❷太刀と★脇差。❸暦の、大の月(=陰暦で三十日間の月)と小の月(=陰暦で二十九日間の月)。また、それがすぐに分かるように工夫した暦。発展 ❷は、この二本を差すのが武士の正式な武装。

たい-せち【大切】 名詞 →たいせつ

たい-せつ【大切】 名詞 ❶貴重なこと。大事なこと。❷さし迫っていること。大切なこと。❸愛情。

たい-せつ・なり【大切なり】 形容動詞〔ナリ・ノ〕〈なら・なり(に)・なり・なる・なれ・なれ〉❶貴重である。
「何としても命は**大切のことなれば**…。」〈平家・3・足摺〉訳「なんといっても命は**貴重な**ものだから…。」
❷特別だ。さし迫っている。急いでいる。
「それがし**大切に申すべきことありて**…。」〈今昔〉訳「私が**特別に**申し上げねばならぬことがあって…。」
❸大事だ。愛する。
人をば、我が身よりも大切に思ふ人なり。〈伊曾保〉訳(三人の友のうち)ひとりは、我が身よりも**大事に**思う人で

ある。

発展「たいせちなり」とも。

だいぜん-しき【大膳職】 名詞 宮内省に属し、天皇の食事や臣下に与える饗膳(=もてなしのごちそう)など、宮中の食糧を取り扱った役所。↓ビジュアルチェック⑮(757ページ)

だい-そうじゃう【大僧正】 名詞《仏教語》僧の階級の最高位。発展 僧の階級には、もともとは僧正・僧都の二種類があり、それぞれ一名ずつが朝廷から任命されたが、後に僧正が三階級(=大僧正・正僧正・権僧正)になり、僧都が五階級(=大僧都・権大僧都・僧都・少僧都・権少僧都)に分けられた。

たいだい-し【怠怠し】

物事がうまく進まず、不都合なようす
- ❶**面倒である。前途多難である。**
- ❷**もってのほかである。とんでもない。不都合である。**

未然形	連用形	終止形	連体形	已然形	命令形
たいだい・しく	たいだい・しく	たいだい・し	たいだい・しき	たいだい・しけれ	○
たいだい・しから	たいだい・しかり	○	たいだい・しかる	○	たいだい・しかれ

形容詞〔シク〕❶**面倒である。前途多難である。**「心を起こしたまふほどは強くおぼせど、年月経れば、女の御身といふもの、いと**たいだいしき**ものになむ。」〈源氏・手習〉訳「出家を思い立ちなさるときは心強くお思いになるけれど、年月がたつと、女のお身の上というものは、本当に**前途多難な**もので(ある)。」

❷**もってのほかである。とんでもない。不都合である。**「かく、世の中の事をも思ほし捨てたるやうになりゆくは、いと**たいだいしき**わざなり。」〈源氏・桐壺〉訳「(桐壺の帝が)このように、世の中の政務をも顧みなさらないようになっていくのは、本当に**もってのほかの**ことだ。」

発展 ①語源 一説では、道が悪くて進みにくい意味を表す「たぎたぎし」が変化したもので、先行きが不安であるようすを表すといわれる。この説に従えば、❶の意味が先にあったと考えられるが、普通は、「怠怠し」の文字を当て、❷の意味で解釈されることが多い。
②中古以降、主として男性の会話文に用いられた。

だい-だいり【大内裏】 名詞 宮城。天皇の住む皇居(=内裏)と、その周囲の諸官庁を含む区域。↓ビジュアルチェック⑭(756ページ)・⑮(757ページ)

だい-ぢから【大力】 名詞 非常に強い力。また、それを持った人。

たいちまい… 句

田一枚植ゑて立ち去る柳かな〈奥の細道・遊行柳・松尾芭蕉〉訳 西行ゆかりのヤナギのもとで感慨にふけっていると、田植えの人たちはいつの間にか田を一枚植え終えてしまった。私は(心を残しつつ)立ち去ってゆく、このヤナギのもとを。○季語 田植ゑ―夏

発展「柳」は西行の歌(↓みちのべに…)に詠まれたものと同じ。「立ち去る」の主語を田植えの人たちと解釈する説もある。

だい-ぢゃうぶ【大丈夫】 名詞 立派な男子。「**大丈夫は義を重しとす。**」〈雨月・菊花の約〉訳「**立派な男子は義を重んじる。**」

たい-てん【退転】 名詞・動詞 自〔サ変〕〈せ・し・す・する・すれ・せよ〉❶《仏教語》修行によって到達した境地を失って、転落すること。❷《仏教語》仏事や行法が衰えること。❸物事が衰えること。中絶すること。中止。

対等語 国語・国文法 文節の役割のひとつ。「並立語」ともいう。二つまたはそれ以上の文節が、互いに同じ資格(=文中の他の語句とどんな関係に立つのか、というそのあり方)で並んでいるとき、これらの文節の関係を「対等(並立)の関係」といい、この関係にある文節を「対等語」という。たとえば、「鏡に**色**、**形**あらましかば、うつらざらまし」のように、体言(「色」「形」)が対等の関係で並んでいる場合、「すべて神の社こそ、**すてがたく**、**なまめかしき**ものなれや」のように、二つ以上の用言(「すてがたく」「なまめかしき」)が対等の関係で並んでいる場合などがある。対等の関係にある文節は、その位置を互いに置き換えても(活用語尾は変わる場合はあるが)、その関係は変わらない。

対等の関係 国語・国文法 ↓対等語

だい-とく【大徳】 名詞《仏教語》❶修行を積んだ徳の高い僧。高僧。名僧。❷僧を敬った言い方。発展「だいとこ」とも。

だい-なごん【大納言】 名詞 太政官の次官。右大臣の下位。大臣とともに国政に参与し、主に宣旨(=天皇の命令)の伝達をする。発展「おほいものまうすつかさ」とも。

だい-に【大弐】 名詞(「大宰の大弐」の略で)大宰府の次官。発展 ★大宰の権の帥を置かないときに置かれる官で、代わって実務を執った。

だいにち-にょらい【大日如来】 名詞《仏教語》真言宗の本尊である最高の仏。すべての仏、菩薩は大日如来の化身だと説かれる。理を象徴する胎蔵界大日如来と、智を象徴する金剛界大日如来の二種類がある。類 毘盧遮那仏 発展「大日」とも。

[だいにちにょらい]

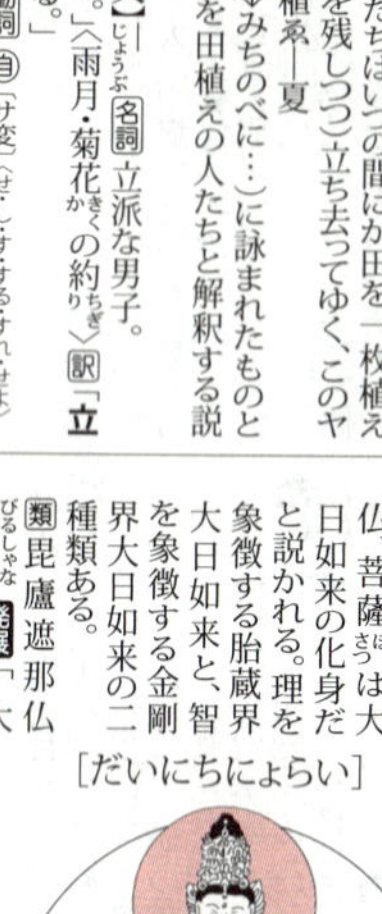

大弐三位【―サンミ】人名 平安時代中期の女流歌人。藤原宣孝の娘。母は紫式部。高階成章の妻となり、夫の官名によって大弐三位、また藤三位とも呼ばれた。家集に『大弐三位集』がある。生没年不明。

だい-ねんぶつ【大念仏】 名詞 ❶多数の人が集まって、大声で念仏を唱えること。❷京都嵯峨の清涼寺釈迦堂で、陰暦三月六日から十五日まで営まれた大念仏の法会。

たい-の-や【対の屋】 名詞 平安時代の寝殿造りで、寝殿(=母屋)の左右や背後に建てた別棟。寝殿とは★渡殿でつながっている。類 対 発展 寝殿の背後のものを「北の対」と呼び、北の方(=正妻)が住んだ。また、左右のものを、それぞれ「東の対」「西の対」と呼び、そのほかの家族が住んだ。

たい-はい【帯佩】 名詞 ❶太刀などを身に付けること。また、その姿。❷芸能・武芸などの型。構え。作法。発展「帯」「佩」は、共に身に付けるという意味。

だい-ばん【台盤】 名詞 宮中や貴族の家で用いた食卓。食

べ物を盛った皿(=盤)を載せる長方形の台。四脚で漆塗りの表面はふちが高く、中がくぼんでいる。↓台盤所 発展 大きさはいろいろあったが、二人用で長さが八尺(=約二・四二メートル)という。

[だいばん]

だいばん-どころ【台盤所】 名詞 ❶台盤を置いた所。★台盤を置いた部屋で、宮中では清涼殿の一室。女官の詰め所となっていた。臣下の家では、台所。↓ビジュアルチェック⑫(715ページ) ❷(高貴な人の妻を敬った言い方で)奥方。**花山院の左大臣殿の御台盤所にならせたまひて…。**〈平家・1・吾身栄花〉訳(平清盛の娘のうちの一人は)花山院の左大臣殿(=藤原兼雅)の**奥方**におなりになって…。

発展 ❷は、「台盤所」は主婦が取り仕切ることから。

だい-ひ【大悲】 名詞《仏教語》❶仏の大きな慈悲。↓大慈 ❷「大悲菩薩」(=観世音菩薩)の略。

だいひ-さ【大悲者】 名詞《仏教語》仏や菩薩のこと。特に、観世音菩薩。発展 もともとは「大慈悲者」という意味。「だいひしゃ」とも。

たい-ふ 名詞 一【大夫】❶上代、一位以下五位以上の者の総称。❷平安以降、五位の者の通称。❸中世以降、大名の家老。

二【大夫・太夫】❶芸能者の長。能楽・狂言・歌舞伎などの一座のうちの技芸のすぐれた者。また、その責任者。❷遊女の最上位。また、その者。

発展 ①一を「たゆう」と読むのは後世のことで、上代・中古の用例については、「たいふ」と読む。
②★職・★坊の長官も「大夫」だが、「だいぶ」と読んで区別する。
③二は、芸能者などの世界に用いたもので、すべて「たゆう」と読む。また「太」の字を用いるのも、区別するためである。
④もともと、中国の周の時代に、「卿」の下、「士」の上に位した職名を、一❶として採用したものである。

たい-ふ【大副】 名詞 ★神祇官の次官で、少副の上位の官。

たい-ふ【大輔】 名詞 太政官の八省の次官で、少輔より上位の官。

だい-ふ【内府】 名詞 内大臣の中国風の呼び名。発展「ないふ」とも。

だい-ぶ【大夫】 名詞 ★職や★坊の長官。

だいふく-ちゃう【大福帳】 名詞 商家で日々の金銭や物品などの出し入れを記録する帳簿。

[だいふくちゃう]

だいふく-ちゃうじゃ【大福長者】 名詞 非常に裕福な人。大金持ち。富豪。

だい-ぶん【大分】 一 名詞 量や数の多いこと。たくさん。**皆三十貫目、又は五十貫目の大分にて。**〈西鶴・世間胸算用〉訳(商人が売り上げの金を運ぶのに目を付けて追いはぎに出たがその金は)みんなで三十貫目、または五十貫目という**たくさん**(の金)で…。

二 副詞 たくさん。多く。「**自今は大分に貸すこと無用。**」〈西鶴・日本永代蔵〉訳「今後は**たくさん**貸すことは禁止。」

太平記 作品名 室町時代前期の軍記物語。小島法師の作とする説もあるが、不明。後醍醐天皇の倒幕計画から建武の新政の成立、南北両朝の分立を経て、室町幕府内の紛争から細川頼之の執事就任までに至る動乱を、★和漢混交文で記述している。物語僧によって語り広められ、江戸初期には太平記読みにより講釈されて、後世の芸能・文学・思想に多大な影響を与えた。

たいへい-らく【太平楽】 名詞 雅楽の曲名。めでたい儀式で、天下太平を祝って行う。↓図(下段)

だい-べん【大弁】 名詞 ★太政官の判官で★弁のうちの最上位。八省を統括し、中央・地方の各役所間の連絡や文書の管理に当たった。

だい-ほふ【大法】 名詞《仏教語》❶仏の教えを尊んだ言い方。また、(小乗に対して)大乗の法。❷(密教で)最も重要な修法。発展「たいほふ」とも。

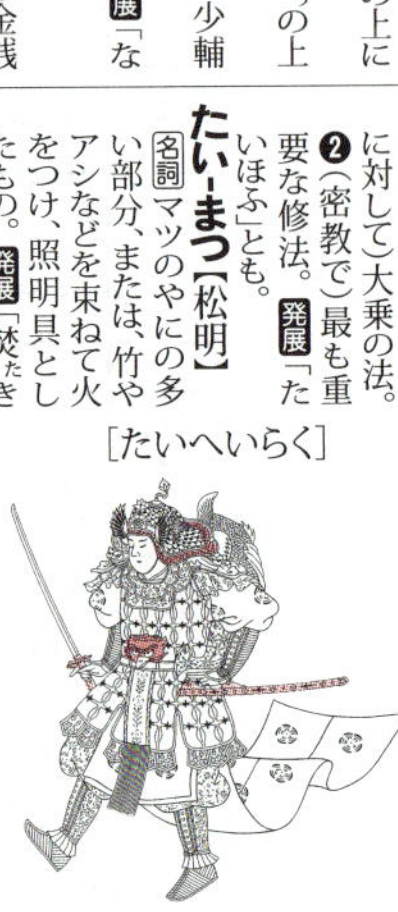
[たいへいらく]

たい-まつ【松明】 名詞 マツのやにの多い部分、または、竹やアシなどを束ねて火をつけ、照明具としたもの。発展「焚き松」の変化したことば。「うちまつ」「ついまつ」「まつ」とも。

[たいまつ]

たいまつ・る【奉る】 一 動詞 他 ラ四段〈ら・り・る・る・れ・れ〉(「与ふ」「やる」の謙譲語で)差し上げる。献上する。↓奉る **言ふに従ひて、幣たいまつる。**〈土佐日記・二月五日〉訳(船頭の)言うままになって、幣(=神に祈るときに奉るささげ物)を**差し上げる**。

二 補助動詞 ラ四段〈ら・り・る・る・れ・れ〉(動詞の連用形に付いて謙譲の意味を表し)(お)…申し上げる。…(て)差し上げる。↓奉る 「**宰相をば見たいまつりしかど…。**」〈大鏡・道長下〉訳「宰相(=良岑衆樹)を見**申し上げ**た(ことはあるが)…。」

発展「たてまつる」のくだけた言い方。

だい-みゃう【大名】 名詞 ❶平安末期、多くの名田を所有した大名主のこと。❷鎌倉時代、将軍家の家臣で、領地の多い守護や地頭に与えた称号。対 小名 ↓守護・地頭 ❸江戸時代、領地一万石以上の武家。藩主。対 小名

だい-みゃうじん【大明神】 名詞 神を尊んだ言い方。また、明神をさらに尊んでいう言い方。↓明神

たい-め【対面】 名詞 動詞 ↓たいめん

ビジュアルチェック⑭

大内裏周辺図

①一条天皇の★里内裏。ここで在位中の大半を過ごし、★藤原彰子も入内した。

②人臣として初の太政大臣、摂政となった藤原良房の邸宅。

③★藤原道長の邸宅のひとつ。一条天皇の中宮となった道長の長女、彰子がこの屋敷をいただいた。京極殿とも。

④★藤原氏摂関家本邸として伝領された邸宅。

⑤平安初期の藤原冬嗣に始まる邸宅。里内裏となることが多かった。

⑥藤原基経の邸宅。後に堀河天皇の皇居にもなった。

⑦大内裏の南東に隣接しており、天皇の遊覧地。

⑧★菅原道真の邸宅。

⑨源融の邸宅。融の死後、子の昇が宇多法皇に寄進した。

●下図中のゴシック文字は見出し語になっています。

●大路名・川の名は本辞典のルールに従い、現代仮名遣いでルビを付しています。

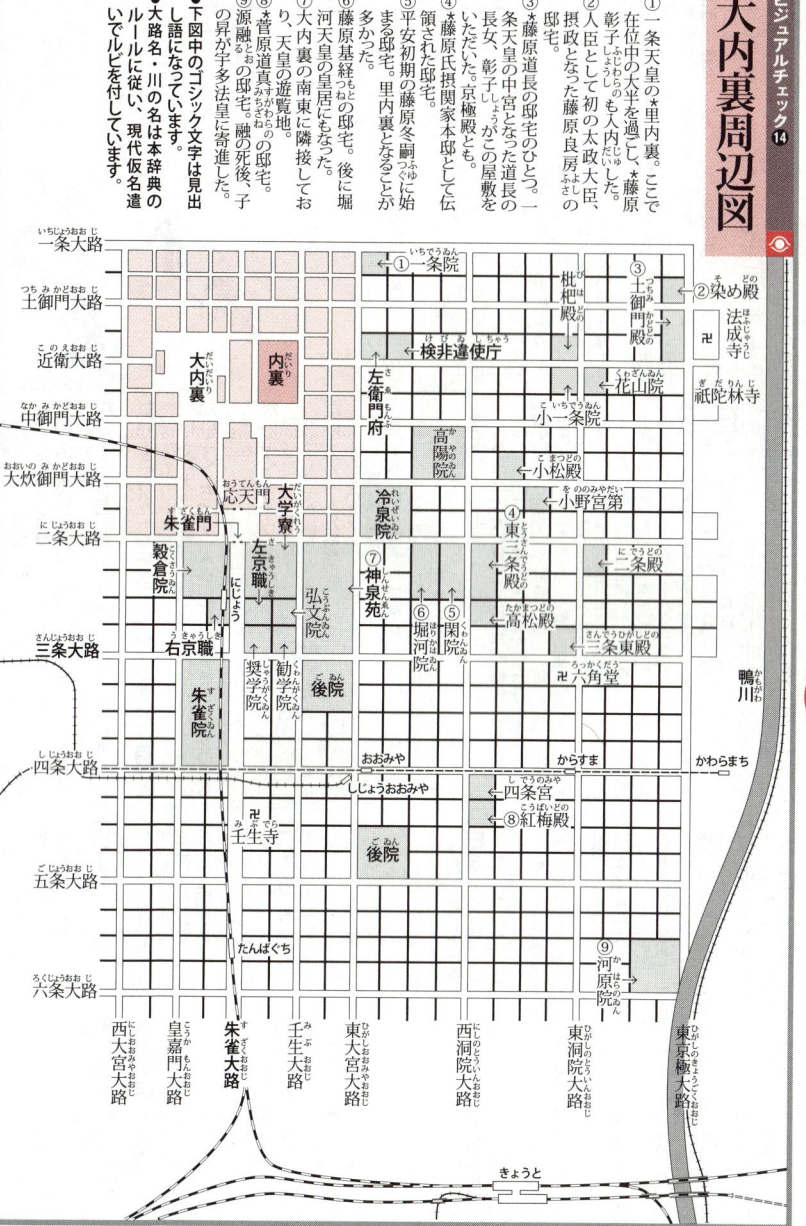

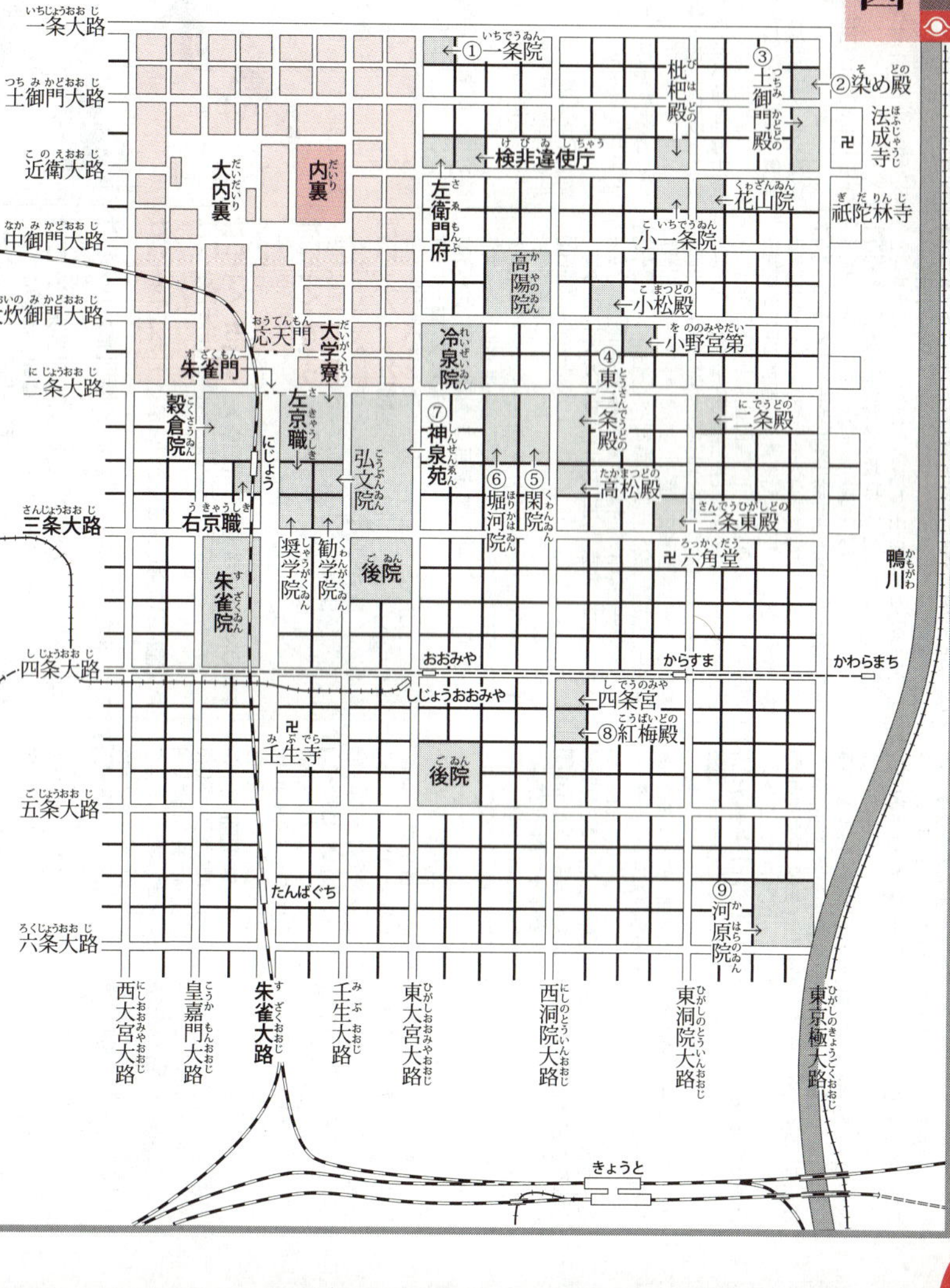

大内裏図

ビジュアルチェック⑮

●南北1.4km、東西約1.2km。
●平安京内裏は平安中期以降たびたび火災に遭い、そのつど再建されたが、新造の間は摂関家の私邸が仮の皇居にあてられた。これを*里内裏という。→ ビジュアルチェック⑭「大内裏周辺図」(756ページ)

●平安後期、相次ぐ火災で次第に全域が内野(うちの)と呼ばれる野原と化し、荒廃した。

下図中のゴシック文字は見出し語になっています。

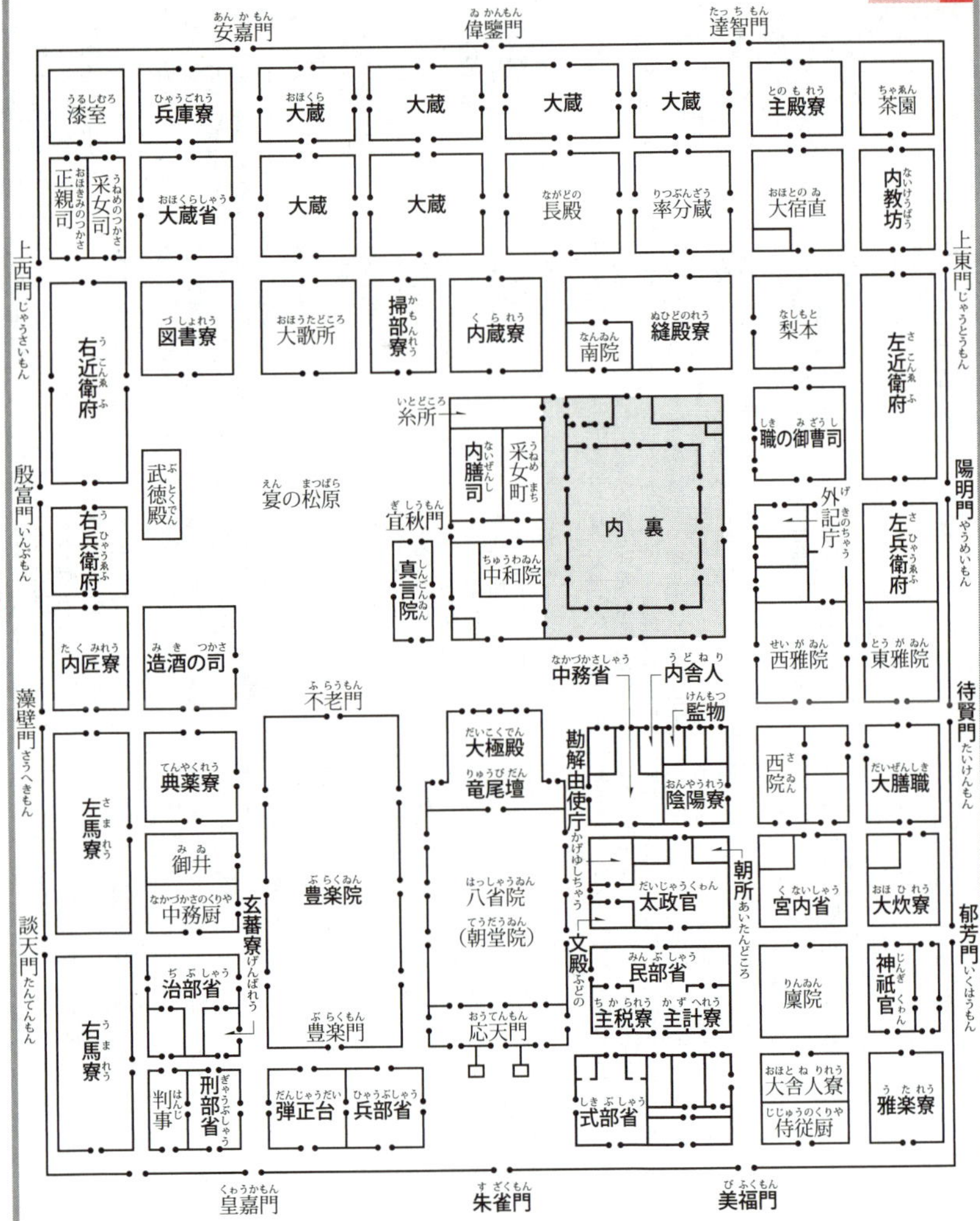

代名詞 国語・国文法 名詞のひとつ。人・事物などについて、具体的な個々の名称の代わりに、話し手の立場から直接指し示す語。たとえば、「われ」「なんぢ」「これ」「それ」「かれ」「あれ」「なに」「おのれ」などの類。ふつう、①人称代名詞、②指示代名詞の二種に分ける。
①は人代名詞ともいう。人を指し示すもので、話し手や書き手との関係から自称（一人称）・対称（二人称）・他称（三人称）・不定称とに分けられる。
②は事物・場所・方向を指し示すもので、話し手や聞き手と対象との距離・関係から近称・中称・遠称と不定称とに分けられる。これらの中には、「かれ」「そなた」「あなた」などのように、①に転用される語もある。
なお、人称代名詞には、自称・対称・他称にかかわりなく、その人自身を再び指し示す語があり、これを、反照代名詞または反射代名詞という。「士はおのれを知る者のために死ぬ（＝男は自分を理解してくれる人のために死ぬ）。」
↓読解の手引き❾（634ページ）

たい-めん【対面】 名詞 動詞 自〈サ変〉〈せ・し・す・する・すれ・せよ〉顔を合わせること。会って話すこと。発展「たいめ」とも。

だい-もく【題目】 名詞 ❶（書物などの）表題。題名。類外題。❷物に付ける名。名称。名目。❸条件。また、項目。❹《仏教語》日蓮宗で唱える「南無妙法蓮華経」の七字。お題目。

だい-もん【大門】 名詞 外構えの大きな正門。寺院などの総門。

だい-もん【大紋・大文】 名詞 ❶大形の紋所。また、大形の紋の付いた柄。
❷大形の家紋を五か所（＝背中中央・左右の袖・胸の左右）に染め出した★直垂。発展❷は下に長袴をはく。室町時代に始まり、江戸時代には五位以上の武家の式服となった。

［だいもん❷（大紋）］
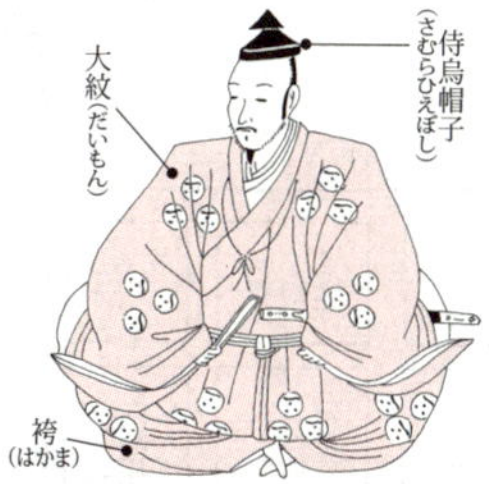

だい-もんじ【大文字】 名詞（「大文字の送り火」の略で）陰暦七月十六日（＝今の八月十六日）の夜、京都東山の如意岳（＝大文字山）の西の中腹で「大」の字の形にたくかがり火。季語 秋 発展 盂蘭盆の送り火の行事。

たい-や【逮夜】 名詞《仏教語》葬式または命日の前日の夜。

➋**たいらなり**（現）↓（歴）**たひらなり【平らなり】**

平敦盛 〔タヒラノ―〕人名 平安時代末期の武将。経盛の子。一の谷の合戦で、源氏方の熊谷直実に若くして討たれた。謡曲「敦盛」をはじめ、幸若舞や浄瑠璃の題材ともなった。1169―1184

平兼盛 〔タヒラノ―〕人名 平安時代中期の歌人。★三十六歌仙の一人。さまざまな歌合わせに出詠した。家集に『兼盛集』がある。生年不明―990

平清盛 〔タヒラノ―〕人名 平安時代末期の武将。忠盛の長男。保元・平治の乱によって勢力を伸ばし、一一六七（仁安二）年太政大臣に至る。高倉天皇の中宮に女の平徳子（★建礼門院）を送り、安徳天皇の外戚となって、平家の全盛時代を作った。1118―1181

平貞文 〔タヒラノ―〕人名 平安時代前期の歌人。定文とも書き、平中の通称でも知られる。★中古三十六歌仙の一人。色好みとして、『★平中物語』の主人公とされた。生年不明―923

平忠度 〔タヒラノ―〕人名 平安時代末期の武将。清盛の弟。薩摩守。一の谷の合戦で敗死。和歌に優れ、平家都落ちの際、引き返して和歌の師★藤原俊成に自作の歌一巻を託した逸話は有名。家集に『平忠度朝臣集』がある。1144―1184

平徳子 〔タヒラノ―〕人名 ↓建礼門院

だい-り【大理】 名詞 ★検非違使の長官。★別当の中国風の呼び名。

だい-り【内裏】 名詞 ❶天皇の住む御殿。皇居。御所。↓ビジュアルチェック⓯（757ページ）・⓰（759ページ）❷天皇。

たい-りやう【大領】 名詞 平安時代の郡の長官。郡司。国司の監督下にあって、郡内の政務を統轄した。多くはその土地の豪族が任じられた。

➋**たう**（現）↓（歴）**たふ【耐ふ・堪ふ】**

たう【当】 ㊀接頭語（名詞の上に付いて）この。その。今の。語例 当人 ㊁名詞《仏教語》「★当来」の略。

たう【党】 名詞 集団。徒党。特に、平安末期から鎌倉時代にかけて、地方の豪族が結び付いてできた軍事上の組織。武士団。

たう【唐】 ㊀名詞 ❶中国の王朝名（六一八～九〇七）。❷（唐の時代とは限定しないで）中国。もろこし。から。類 唐土・震旦 ㊁接頭語 ❶中国風の。中国製の。中国渡来の。語例 唐人・唐船 ❷（中国とは限定しないで）外国の。舶来の。語例 唐桟

だう【堂】 ㊀名詞 ❶接客や儀礼などを行う御殿。正殿。表御殿。❷神仏を祭る建物。㊁接尾語 ❶屋号・雅号・建物の名の下に添えることば。❷敬意を添えることば。多く他人の母を敬っていう。語例 母堂

だう-あう【堂奥】 名詞 ❶建物内の奥まった所。堂の奥。❷学問や技芸の、最も奥が深く重要な教え。奥義。

だう-か【堂下】 名詞 ❶建物の前面などに広がる地面。建物の外。対 堂上 ❷清涼殿に昇殿を許されない、身分の低い者。類 地下 対 堂上 発展 室町以降「だうか」とも。「堂」は建物の意味。❷は、❶に控えていなければならない人の意味から。

たう-か【踏歌】 名詞 ↓たふか

たう-ぎん【当今】 名詞 当代の天皇。今上天皇。

当今の外祖にておはします この入道相国こそ、かけまくもかたじけなく、当今の外祖にておはします。〈平家・5・奈良炎上〉
訳 この入道相国（＝平清盛）と申し上げる方は、口にするのも恐れ多いが、今上天皇の外祖父でいらっしゃる。
発展「たう」は接頭語。

だう-ぐ【道具】 名詞 ❶仏道修行の用具。仏具。❷一般の器物。調度。日用品。❸武具。特に、槍・長刀などの呼び名。

たうげ【峠】 名詞 山路を登り詰めて、これから下りになる境目辺りの地点。発展「たむけ」とも。旅の安全などを祈って、その土地の道の神に幣・花・香などを供えることを「手向け」といい、「手向け」を行う場所そのものも「手向け」と呼ぶようになった。中世以降、「たむけ」が変化して「たうげ」となり、本来の「たむけ」と区別して用いられ、その土地のようすから「峠」という国字を作って当てた。

ビジュアルチェック 16
内裏図

▲は後宮五舎、●は後宮七殿→後宮（こうきゅう） 発展
ゴシック文字は見出し語になっています。

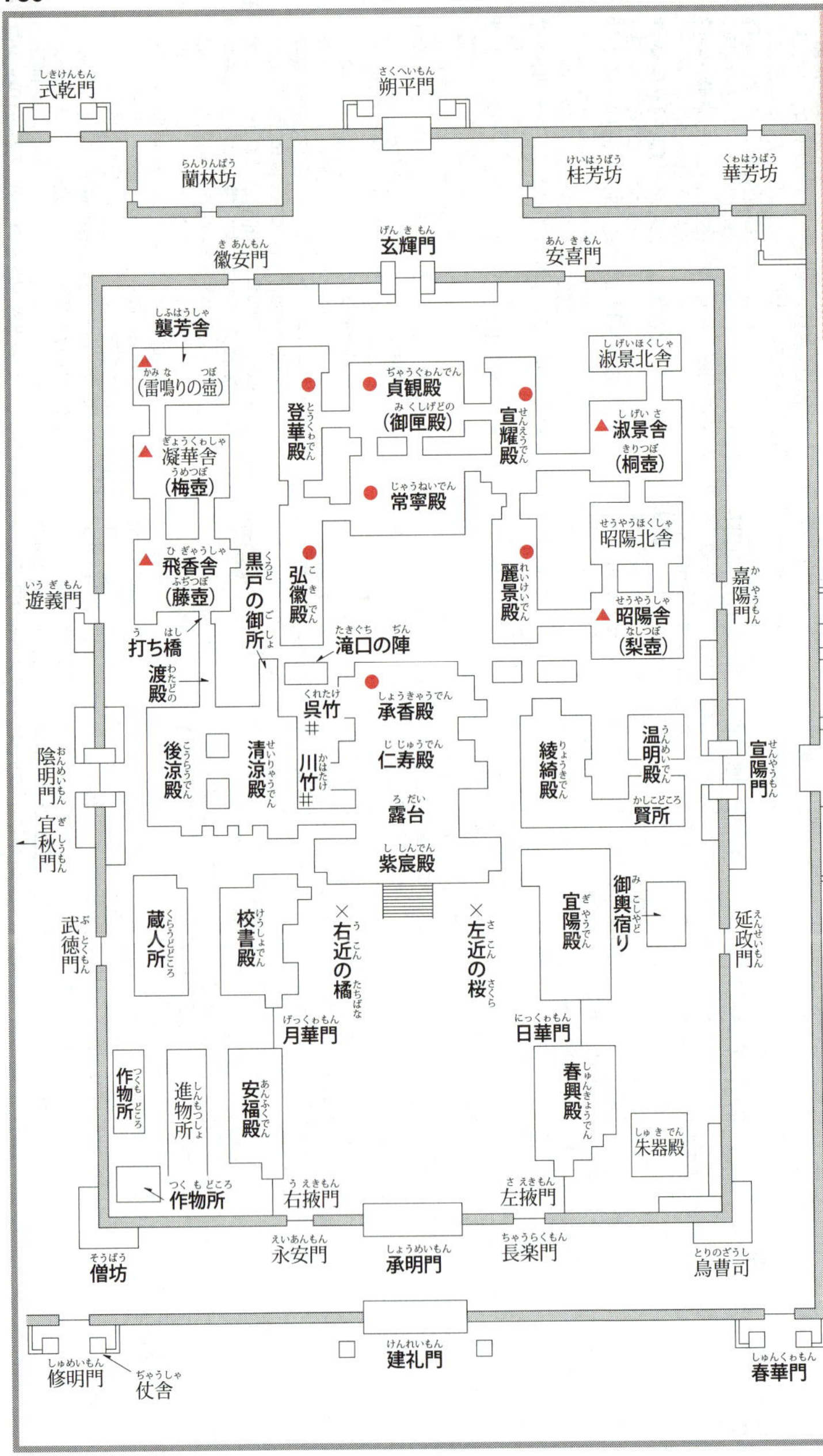

たう-ざ【当座】|名詞 ❶その場。その席上。また、その場にいる人々。**大方、児の中楽に、さのみ細かなる物まねなどは、せさすべからず。当座も似合はず、能も上がらぬ相なり。**〈風姿花伝〉訳だいたい、少年の(演じる)中楽に、そんなに綿密な物まねなどは、させてはならない。(上演している)**その場**にもふさわしくないし、(将来)能が上達しない(結果を招く)やり方だ。❷(多く「当座に」の形で)すぐその時。即座。即刻。**安藤武者、文覚組んだる勧賞に、当座に一臈を経ずして、右馬允にぞなされける。**〈平家・5・文覚被流〉訳安藤武者は、文覚に組み付いた褒美として、**即座**に武者所の長を経ないで、右馬允に任じられた。❸当分の間。さしあたり。その場限り。**吉祥寺といへるに行きて、当座の難をしのぎける。**〈西鶴・好色五人女〉訳吉祥寺といっている寺に行って、**さしあたり**の難儀をしのいだのであった。❹その場で出す和歌・俳句の題。また、その場で和歌・俳句を詠むこと。対兼題

発展「たう」は接頭語。

たうざ-がし【当座貸し】|名詞 小額の金銭を短期間高利で貸すこと。

たうざ-ぎん【当座銀】|名詞 現金取り引き。現金払い。また、現金。類当座払ひ 発展近世、上方では銀本位の貨幣体制だったため「銀」という。

たうざ-さばき【当座捌き】|名詞 その場しのぎの処置。その場逃れ。一時しのぎ。

たうざ-ばらひ【当座払ひ】|名詞 その場で支払うこと。現金払い。類当座銀

たう-ざん【当山】|名詞 この寺。当寺。発展「たう」は接頭語。「山」は寺院という意味。

たう-じ【当時】|名詞 ❶現在。ただ今。「**当時味方に東国の勢何万騎かあるらめども、戦の陣へ笛持つ人はよもあらじ。**」〈平家・9・敦盛最期〉訳「**現在**味方には東国の軍勢が何万騎かいるだろうが、戦場へ笛を持って来ている人はまさかあるまい。」❷その時。そのころ。

発展「たう」は接頭語。

だう-し【道志】|名詞 ★大学寮の明法道(=律令格式を学ぶところ)を卒業して、★衛門府と★検非違使の★主典を兼任した人。発展「道」は明法道、「志」は主典の意味。

だう-し【導師】|名詞《仏教語》❶人々を悟りに導く者。仏・菩薩の呼び名。❷★法会や供養などのとき、僧たちの中心となって仏事を行う僧。❸葬式を執り行い、死者に★引導を渡す僧。

だう-しゃ【道者】|名詞 ❶仏道の修行をする人。僧。❷社寺・霊場などを参詣するために連れ立って旅をしている人。巡礼。

だう-じゃ【堂舎】|名詞 大きな建物と、小さな建物。特に、社寺の建物。発展「たうじゃ」「だうしゃ」とも。

だう-しゃう【堂上】|一名詞 ❶建物の床の上。御殿の内。殿上。対堂下 ❷清涼殿に昇殿を許された、四位以上の★公卿の総称。類殿上人 対堂下・地下

二名詞 動詞 自 サ変〈せ・し・す・する・すれ・せよ〉昇殿すること。**ある人、任大臣の節会の内弁を勤められけるに、内記の持ちたる宣命を取らずして、堂上せられにけり。**〈徒然草・101・ある人、任大臣の節会の〉訳ある人が、大臣新任の宴会の幹事をお勤めになったときに、内記の持っている宣命を受け取らないで、(紫宸殿に)**昇殿してしまわれた**ことがあった。

発展「だうしゃう」「だうじゃう」とも。「堂」は建物の意味。

だう-じゅ【堂衆】|名詞《仏教語》大寺院で雑役に従事した身分の低い僧。平安末期から武力を持つようになり、僧兵になった。★大衆よりも身分が低い。類衆徒

発展「だうしゅ」とも。

たう-じん【唐人】|名詞 ❶中国人。❷外国人。異国人。❸物の道理の分からない人をののしっていうことば。

発展❶は、「からひと」とも。❸は、❷が変化して、ことばの通じない人の意味から。

だう-しん【道心】|名詞《仏教語》❶仏教を深く信仰する心。仏道修行をして悟りを開こうと努める心。**額突き虫、またあはれなり。さる心地に道心起こして突きありくらむよ。**〈枕草子・43・虫は〉訳コメツキムシも、(ミノムシと)同じくしみじみと心打たれる。そんな(小さな虫の)心にも**仏教を深く信仰する心**を生じさせて額を地につけて拝み回っているとかいうことだよ。

❷成人してから仏道に入った者。

だう-じん【道人】|名詞 ↓だうにん

だうしん-じゃ【道心者】|名詞《仏教語》仏教を深く信仰する者。信仰心のたいへん厚い者。発展「だうしんざ」とも。

たう-せい【当世】|名詞 ❶今の世。現代。❷(「当世風」の略で)その時代の流行の風俗。現代風。はやり。

発展「たう」は接頭語。

たう-せん【唐船】|名詞 中国の船。また、中国風の船。類唐土船 発展「からふね」とも。

たう-ぜん【当千】|名詞 一人で千人に匹敵するほどの力を持っていること。勇士のたとえ。類一人当千・一騎当千 発展後に「たうせん」とも。

だう-ぞく【道俗】|名詞 僧侶と俗人。出家と在家。「**ただいまの入道殿下の御有様の、世に優れておはしますことを、道俗男女の御前にて申さむと思ふが…。**」〈大鏡・序〉訳「現在の入道殿下のごようすが、非常に優れていらっしゃることを、**出家と在家**(さらに)男と女(を問わず、皆さん)の御前で申し上げようと思うのだが…。」

だうそ-じん【道祖神】|名詞 (路上の疫神・悪霊を防いで)旅行者の安全を守る神。種々の石像などにかたどられ、村境・国境・橋のたもと・辻・峠などに祭られた。類塞の神・岐の神・手向けの神 **春立てる霞の空に白川の関越えんと、そぞろ神の物につきて心を狂はせ、道祖神の招きに遭ひて取るもの手につかず。**〈奥の細道・発端〉訳立春の霞が立ち込めている空のもとで白河の関を越えたいと(願い)、そぞろ神(=人をそそのかす神)が(わが身に)取り付いて正気を失わせ、(旅人を守るという)**道祖神**の誘いに出会って取るものも手に付かない。

たう-だい【当代】|名詞 ❶今の世。現代。類当世 ❷今の天皇。今上。類当今 発展「たう」は接頭語。❷は、「当帝」とも表記する。

だう-たふ【堂塔】|名詞 寺院の、堂(=仏を祭る建物)と塔。↓堂・塔

だう-ぢゃう【道場】|名詞《仏教語》僧が仏道を修行する場所。寺院。

だう-ちゅう【道中】|名詞 ❶旅行の途中。または、旅行。❷おいらん道中。遊女たちが一定の日に盛装して供

を連れ、遊里内を練り歩くこと。

だうちゅう-すごろく【道中双六】（どうちゅうすごろく）名詞 絵双六のひとつ。東海道五十三次の宿場の風景・風俗が描かれた双六で、江戸品川を振り出しに、さいころの目の数によって宿場を進め、早く京都に入った者を勝ちとするもの。季語 春

たう-ど【唐土】（とう）名詞 中国。発展「もろこし」とも。特に、唐の時代（六一八～九〇七年）とは限定せずにいう。

だう-どうじ【堂童子】（どう）名詞 寺院で雑役などに従事する、僧の姿をしていない少年。

だう-にん【道人】（どう）名詞《仏教語》仏道修行をして悟りを得た人。また、仏道を修行する人。発展「だうじん」とも。

たう-ばり【賜ばり】（とうばり）名詞 格別な恩顧によって、位階・官職・褒美などを頂くこと。また、頂いた物。

「この大嘗会（だいざうゑ）に、院の御賜ばり申さむ。」〈蜻蛉日記〉訳「今回の大嘗会で、院（＝冷泉院）から**位階をいただくこと**をお願い申し上げよう。」

たう-ば・る【賜ばる】（とうばる）動詞 他〔ラ四段〕〈ら・り・る・る・れ・れ〉（「もらふ」の謙譲語で）賜わる。いただく。

「御返（うっ）りは必ずあらむ。たうばりてまうで来む。」〈宇津保〉訳「ご返事はきっとあるだろう。（私が）**いただいて**参りましょう。」

発展「たまはる」の変化したことば。「たまはる」よりも古風な、改まった感じを伴うものとして用いられた。

たう・ぶ【食ぶ】（とうぶ）動詞 他〔バ下二段〕〈べ・べ・ぶ・ぶる・ぶれ・べよ〉

❶（「飲む」「食ふ」の謙譲語で）いただく。

大御酒（おほみき）などたうべて…。〈古今集・離別・397・詞書〉訳（天皇の下さった）お酒などを**いただいて**…。

❷（「飲む」「食ふ」の謙譲語Ⅱ―話し手や書き手が自身をへりくだる敬語―で）飲ませていただく。食べさせていただく。または、（「飲む」「食ふ」の丁寧語で）飲みます。食べます。

「この酒をひとりたうべんがさうざうしければ、申しつるなり。」〈徒然草・215・平宣時朝臣（たひらののぶときあそん）〉訳「この酒を一人で**飲んだりします**のがもの寂しいので、（おいでなさいと）申し上げたのである。」

発展「たぶ」の変化したもの。

→古語チャート⑬（453ページ）

たう・ぶ【賜ぶ・給ぶ】（とうぶ）

「与ふ」の尊敬語

- 一 動詞 他（そちらに）お与えになる。（こちらに）下さる。
  - 〔通常語〕与ふ
- 二 補助動詞 お…になる。…なさる。…（て）くださる。

接続 二は動詞の連用形（＋て）に付く。

未然形	連用形	終止形	連体形	已然形	命令形
たう・ば	たう・び	たう・ぶ	たう・ぶ	たう・べ	たう・べ

一 動詞 他〔バ四段〕（「与ふ」の尊敬語で）（そちらに）**お与えになる**。（こちらに）**下さる**。

上達部（かんだちめ）たちの御中に、「人々、これに名（な）して下されよ。」と、たうびつ。〈宇津保〉訳★上達部たちがいらっしゃる中に、（帝（みかど）が）「みなさん、これに署名して（尚侍（ないしのかみ）に）お与えください。」と言って、（出仕者の名簿を）**お与えになった**。

二 補助動詞〔バ四段〕**お…になる。…なさる。…（て）くださる**。

御館（みたち）より出（い）でたうびし日より、ここかしこに追ひ来る。〈土佐日記・一月九日〉訳（前任の国司が）官舎から出発**なさった**日から、（見送りの人々が）あちらこちらから追いかけてくる。

発展 ①「たぶ」が変化したもの、あるいは、「たまふ」が変化したものといわれる。

②「たまふ」と「たうぶ」　「たうぶ」は中古に用いられた尊敬語で、四段活用の「たまふ」とほぼ同じ意味を表すが、「たまふ」に比べると、用例ははるかに少ない。主に男性が使ったことばで、特に、老人を語り手とした体裁の『大鏡』には、補助動詞「たうぶ」の用例が比較的多い。そのため、老人の話す古めかしい感じのことば、堅苦しいことばであったかともみられる。なお、補助動詞としての敬意は、「たまふ」に比べて低いようである。

関連語 賜（た）ぶ・賜（たま）ふ（四段）

たう-め【専女】（とう）名詞 ❶老女。❷《動物》（「伊賀（いが）たうめ」の略で）年取ったキツネのこと。経験を積んで、たいへん悪賢いといわれる。

たう-やく【当薬】（とう）名詞《植物》センブリ（＝リンドウ科の二年草）の別の呼び名。茎や根を干して胃薬にした。季語 秋

たう-らい【当来】（とう）名詞《仏教語》これから来ようとしている時。将来。未来。来世。

たうらい-だうじ【当来導師】（とうらいどうじ）名詞《仏教語》未来の世に出現してこの世に生きるものを救うことになっている仏。弥勒菩薩（みろくぼさつ）のこと。

だう-り【道理】（どう）名詞 そうあるべき、物事の正しい筋道。正しい論理。

たう-りう【当流】（とうりゅう）名詞 ❶（その時話題の対象になっている）流派。当流派。この流派。特に、自分の属する仏教や芸能の流派。

❷当世の流行。当世風。現代風。

「これこれ、そなたの虎落（もが）り、今時は古し。当流が合点（がてん）まゐらぬさうな。」〈西鶴・世間胸算用（せけんむねさんよう）〉訳「これこれ、あなたのゆすりは、今の世の中では古（くて通用しな）いよ。**現代風**が理解できておりませんようですね。」

たえ（現）→（歴）**たへ【栲】**

発展「たう」は接頭語。

たえ-い・る【絶え入る】動詞 自〔ラ四段〕〈ら・り・る・る・れ・れ〉

❶気絶する。気を失う。

今日（けふ）の入相（いりあひ）ばかりに絶え入りて…。〈伊勢・40〉訳その当日の夕方ぐらいに**気絶して**…。

❷死ぬ。息が絶える。対 生（い）き出（い）づ

内裏（うち）に御消息（せうそこ）聞こえたまふほどもなく絶え入りたまひぬ。〈源氏・葵（あふひ）〉訳宮中に（いる方々の所に）お知らせ申し上げなさる間もなく（葵の上は）**息が絶えて**おしまいになった。

たえ-こも・る【絶え籠る】動詞 自〔ラ四段〕〈ら・り・る・る・れ・れ〉世間との往来を絶って引きこもる。

「かかる雲間にさへやは絶えこもらむ。」〈源氏・若菜下〉訳「こうした雲の晴れ間にまでも（二条院に）**世間との往来を絶って引きこもる**だろうか、いや、そういうわけにはいかない。」

たえ・す【絶えす】 一 動詞 自〔サ変〕〈せ・し・す・する・すれ・せよ〉

絶える。尽きる。

常陸なる浪逆の海の玉藻こそ引けば絶えすれあどか絶えせむ 歌〈万葉集・14・3397〉訳 常陸の浪逆の海の玉藻は引くと必ず絶える(=切れる)が、(私たちの仲は)どうして絶えるだろうか、いや、絶えるはずはない。

二 動詞 他〔サ四段〕〈さ・し・す・す・せ・せ〉絶えるようにする。絶やす。

紙入れに金銀を絶えさず…。〈西鶴織留〉訳 財布に金銀(の銭)を絶やさないようにし…。

❷たえず【耐えず】(誤)↓(正)**たへず【耐へず】** 発展 ハ行下二段動詞「たふ」の未然形＋打消の助動詞「ず」。

たえ-ず【絶えず】 副詞 絶えることなく。常に。いつも。↓古語チャート 49 (1327ページ)

それより後、絶えずみづからも来とぶらひけり。〈大和・40〉訳 それから後、**絶えることなく**自分からも訪ねて来た。

発展 下二段動詞「たゆ」の未然形＋打消の助動詞「ず」の連用形が一語になったもの。

たえ-だえ【絶え絶え】 副詞 とぎれとぎれ。↓古語チャート 49 (1327ページ)

山深み春とも知らぬ松の戸に**たえだえ**かかる雪の玉水 歌〈新古今集・春上・3〉訳↓やまふかみ…

❷たえ-て【絶えて】 副詞↓最重要語(762ページ)

❷たえなり (現)↓(歴)**たへなり【妙なり】**

たえ-は・つ【絶え果つ】 動詞 自〔タ下二段〕〈て・て・つ・つる・つれ・てよ〉❶まったく絶えてしまう。

いとど人目の**絶えはつる**も…。〈源氏・椎本〉訳 (八の宮の没後は)ますます人の出入りが**まったく絶えてしまう**のも…。

❷まったく息が絶える。死ぬ。

わづかに通ひつる息も、はや**絶えはてぬ**。〈平家・9・小宰相身投〉訳 かすかに通っていた息も、もはや**まったく絶えてしまった**。

発展「はつ」は補助動詞。

たえ-ま【絶え間】 名詞 ❶(空間的に)物の途絶えた間。切れ間。

❷(時間的に)人との交流の途絶え。無沙汰。

「久しくなりぬる**絶え間**を恨めしくおぼすにや。」〈源氏・若菜下〉訳「長く訪ねて来なかった**無沙汰**を恨めしいとお思いになっているのではないか。」

◆たえまのみ… 歌 **絶え間のみ世にはあやふき宇治橋を朽ちせぬものとなほたのめとや**〈源氏・浮舟〉訳 絶え間ばかりあって世間では危ない(といわれている)宇治橋(のように途絶えがちなあなたの心)を、朽ちないものと、それでも頼りにせよというのか。〇「とや」は格助詞「と」＋係助詞「や」で、ここでは反問する気持ちを表す。

発展 薫の歌(↓うぢばしの…)に対する浮舟からの返歌。上の句は「忘らるる身を宇治橋のなか絶えて人もかよはぬ

たえ-て【絶えて】

連続していたものがぱったり途切れるようす
- ❶全然(…ない)。少しも(…ない)。
- ❷すっかり。きっぱり。

◉「たえて～打消」の形をとる。

副詞 ❶(「たえて～打消」の形で、ある物事がまったく行われないようすを表し)**全然**(…ない)。**少しも**(…ない)。**まったく**(…ない)。↓古語チャート 49 (1327ページ)

これにまして心やましきさまにて、たえて言伝てもなし。〈蜻蛉日記〉訳 (喪服の仕立てを夫の藤原兼家が頼んできたが、断ったところ)これで今まで以上に機嫌を損ねたようすで、**まったく**音さたもない。

「**今はたえてさることも仕まつりさぶらはねば、このやうの当て物などは、今は矢の落つる所も覚えさぶらはず。**」〈今昔〉訳「(若い時はシカなども射たが)現在では**まったく**そういうことも致しておりませんので、この(キツネを射る)ような物当てなどは、今は矢が届く所も予想できません。」

❷(連続性がまったくとだえるようすを表し)**すっかり。きっぱり。**

さすがに、たえて思ほし忘れなむことも、いと言ふかひなく、憂かるべきことに思ひて…。〈源氏・夕顔〉訳 (源氏の求愛から逃れた空蟬は)そうはいってもやはり、(源氏が)**きっぱり**(自分を)お忘れになってしまったりすることも、本当につまらないし、つらい気持ちになるに違いないことだと思って…。

「**過ぎにし方のことは、たえて忘れはべりにしを、かやうなることをおぼし急ぐにつけてこそ、ほのかにあはれなれ。**」〈源氏・手習〉訳「過ぎてしまった昔のことは、**すっかり**忘れてしまいましたが、このようなこと(=昔のままの華やかな衣装の支度)をお進めになる(ようすを見る)につけて、かすかに(昔のことが思い出され)感慨深い思いです。」

発展 **①語の成り立ち** 下二段動詞「たゆ」の連用形＋接続助詞「て」が、一語になったもの。

②和歌での意味 多く、和歌では「ひどく」の意味で用いられることがある。たとえば、「風吹けば峰にわかるる白雲のたえてつれなき君が心か(=風が吹くと峰に遮られて左右に分かれる白雲がとぎれるように、私と別れてひどく冷淡なあなたのお心ですね。)」〈古今集・恋2・601〉の例の「たえて」は、上の句からの続きでは動詞「たゆ」の連用形＋「て」であり、下の句への始まりとしては、副詞として「ひどく」という、否定的な意味となっている。

識別 **動詞「たえ」＋接続助詞「て」と、副詞「たえて」の識別**

品詞と用法	見分け方	例文と訳
下二段動詞「たゆ」(絶ゆ)の連用形＋接続助詞「て」	「(～が)たえ」のように、主語のはっきりした述語の形で、「とだえる・やむ」の意味として用いられている。	滝の音は絶えて久しくなりぬれど…百人一首〈千載集・1035〉訳 滝の(流れる)音は、消えてから長い時間がたってしまったが…。
副詞「たえて」	「全然・すっかり」の意味で、下に打消を伴う被修飾語がある場合がほとんどである。	御方々の御宿直なども絶えてしたまはず…。〈源氏・桐壺〉訳 (桐壺の帝は)お方々の夜のお相手などもまったくお命じにならないで…。

年ぞ経にける」〈古今集・恋5・825〉による。

❓**たえる**(現)↓(古)**たふ**【耐ふ・堪ふ】

❓**たえる**(現)↓(古)**たゆ**【絶ゆ】

❓**たおやかなり**(現)↓(歴)**たをやかなり**【嫋やかなり】

❓**たおやめ**(現)↓(歴)**たをやめ**【手弱女】

手弱めぶり【文芸用語】《歌論用語》『古今和歌集』以後の勅撰集に見られる、女性的で優艶・優美、表現上は技巧的な歌風を指す。*賀茂真淵は「*丈夫ぶり」を称賛してこれを批判、*桂園派の歌人らは、逆にこれを理想とした。

❓**たおる**(現)↓(歴)**たふる**【倒る】

❓**たおれる**(現)↓(古)**たふる**【倒る】

たか【高】一 名詞 ❶*知行・*扶持などの額。禄高。

❷物事の行き着くところ。あげくの果て。成り行きの末。「生きらるるだけ、添はるるだけ、**高は死ぬると覚悟しや**。」〈近松・冥途の飛脚〉訳「生きられるだけ(生き)、(夫婦として)添えるだけ(添って)、**あげくの果て**は死ぬのだと覚悟してくれ。」

❸程度。せいぜい。

二 造語 (名詞や動詞などに付いて)高い、立派の意味を添える。語例 **高嶺**・**高飛ぶ**

たか【鷹】名詞 ❶《動物》ワシタカ科の猛鳥。特に、「鷹狩り」に用いられるタカ。季語 冬 ❷「*鷹狩り」の略。

た-が【誰が】❶(連体修飾語で)だれの。

❷(主語で)だれが。「仏師知らずは、**たが**知らんぞ。」〈宇治拾遺〉訳「仏像を作る人が知らないなら、(いったい)**だれが**知っているのだ。」

発展 代名詞「た」＋格助詞「が」。

❓**たがいに**(現)↓(歴)**たがひに**【互ひに】

❓**たがいめ**(現)↓(歴)**たがひめ**【違ひ目】

❓**たがう**(現)↓(歴)**たがふ**【違ふ】**最重要語**(765ページ)

たか-うすべう【鷹護田鳥尾・鷹護田鳥斑】名詞 矢羽のひとつ。ワシの羽で、上下が薄黒く、中央に薄黒い模様のあるもの。発展「たかうすべを」とも。

たかうな【筍・笋】名詞《植物》タケノコ。季語 夏 発展「たかむな」が変化したことば。

❓**たがえる**(現)↓(古)**たがふ**【違ふ】**最重要語**(765ページ)

たか-がひ【鷹飼ひ】名詞 タカを飼い慣らして訓練し、狩猟に使うこと。また、それを任務として狩猟に付き添う役人。

[たかがひ]

季語 冬

たか-がり【鷹狩り】名詞 飼い慣らしたタカやハヤブサなどを使って野鳥や小さい獣を捕らえさせる狩猟。冬期に行うのを「大鷹狩り」、秋期に行うのを「小鷹狩り」という。季語 冬

高砂 歌枕 兵庫県高砂市。加古川河口に発達した古くからの港町。高砂神社の相生の松で知られる。歌には、「高砂の浦」という形でも詠まれ、多く「尾上」に続けて「松」が景物として詠み込まれた。↓ビジュアルチェック

🪭**たかさごの…** 百人一首 (194ページ) ❶

高砂の尾の上の桜咲きにけり外山の霞立たずもあらなむ〈後拾遺集・120・大江匡房〉訳 山の峰の上のサクラが咲いたことだよ。人里近い山の春霞よ、(サクラが見えなくなるから)立たないでほしい。○「外山」は、「深山」に対して人里に近い山をいう。「高砂」は、「山」の意味の普通名詞ととる説と、今の兵庫県西南部の地名とする説がある。

発展 春を代表するサクラと霞を、それぞれ山の上と下に置いて、のどかな春の景色を描き出す。

品詞分解・修辞 〈三句切れ〉

高砂　の(格助)　尾の上　の(格助)　桜　咲き(カ四・用)　に(完了・用)　けり(詠嘆・終)。

外山　の(格助)　霞　立た(タ四・未)　ず(打消・用)　も(係助)　あら(補動ラ変・未)　なむ(終助)

たかさご-の-まつ【高砂の松】今の兵庫県高砂市の高砂神社境内にある「相生の松」。クロマツとアカマツが途中で合わさっている。

たれをかも知る人にせむ**高砂の松**も昔の友ならなくに 百人一首〈古今集・雑上・909〉訳↓たれをかも…

たか-し【高し】形容詞【ク】〈く・く・し・き・けれ・○/から・かり・○・かる・○・かれ〉❶上方にある。高い。

❷身分が尊い。高貴だ。**高きあり、賤しきあり**。〈徒然草・74・蟻のごとくに〉訳 **身分の尊い**人もあり、低い人もある。

❸音や声が大きい。**いと高くはなくて**「をう。」と叫びて…〈今昔〉訳 それほど**声が大きくは**なく「おう。」と叫んで…。

❹有名だ。評判が高い。**先帝の四の宮の、御容貌優れたまへる聞こえ高く**おはします…〈源氏・桐壺〉訳 前の帝の四番目の皇女で、ご容貌が優れていらっしゃる(という)評判が**高くて**いらっしゃる方で…。

❺時間的に遠い。年を取っている。**年高くなりて、西の京に住みけり**。〈宇治拾遺〉訳 **年を取って**から、西の京に住んだ。

❻値段が高い。

たか-し・く【高敷く】動詞 他〈カ四段〉〈か・き・く・く・け・け〉《上代語》立派に治める。やすみししわが大君の**高敷かす**大和の国は…歌〈万葉集・6・1047〉訳 わが天皇が**立派にお治めになる**大和の国は…。○「やすみしし」は「わが大君」に係る枕詞。

高師の浜 歌枕 大阪府高石市から堺市へかけての海岸。古くから白砂青松の景勝で知られた。

たか-しほ【高潮】名詞 風などのために高く盛り上がった波が、陸に押し寄せてくること。

たか-し・る【高知る】動詞 他〈ラ四段〉〈ら・り・る・る・れ・れ〉❶立派に造る。立派に建てる。やすみししわご大君の**たかしらす**吉野の宮は…歌〈万葉集・6・923〉訳 わが天皇が**立派にお造りになった**吉野の離宮は…。○「やすみしし」は「わご大君」に係る枕詞。

❷立派に治める。やすみしし我が大君の神ながら**たかしらせる**印南野の…歌〈万葉集・6・938〉訳 わが天皇が神そのままに**立派に治め**あそばしている印南野(=今の兵庫県明石市から加古川市にかけての台地一帯)の…。

たかしる-や【高知るや】枕詞 (天高く造られた建物が日光を遮って影を作ることから)「天のみかげ」に係る。

たか-すなご【高砂子】名詞 海辺で砂が小高く盛り上がった所。砂丘。発展「砂子」は砂のこと。

たか-だか【高高】副詞 ❶(待ちこがれるようすを表し)ひ

たすら。
はしけやし妻も子どもも高々に待つらむ君や山隠れぬる 歌〈万葉集・15・3692〉訳ああ、いたわしいことだ。妻も子供もひたすら待っている君は、(どうしてこの)島陰に隠れてしまった(のか)。
❷目立って高く。❸声高く。朗々と。
❹十分に見積もっても。

たか-たま【竹玉】名詞 細い竹を輪切りにして、ひもに通したもの。神事に用いた。発展「たか」は「たけ」の変化したもの。「たかだま」とも。

たか-つき【高坏】名詞 ❶食物を盛る、高い一本の足が付いた器。古くは土製、後には木製。晴儀には方形、略儀には円形。❷(「高坏灯台」の略で)高坏を逆さに立て、台座の裏の部分に灯明皿を置いたもの。普通の灯台より低い。

[たかつき❶]

たか-てらす【高照らす】枕詞 (空高く照るという意味から)「日」に係る。

たか-どの【高殿】名詞 高く造った建物。高楼。

たか-ね【高根・高嶺】名詞 高い山。高い峰。
み吉野の高嶺の桜散りにけり嵐も白き春のあけぼの 歌〈新古今集・春下・133〉訳→みよしのの…

●**たがは**+□「たがふ」【違ふ】一(ハ行四段)」の未然形。
→最重要語(765ページ)

高橋虫麻呂 人名 奈良時代の歌人。『万葉集』に三十四首の歌を残す。浦島子や真間の手児名などの伝説を叙事的に詠じた作品が多い。『常陸国風土記』の編纂にあたったともいわれる。生没年不明。

●**たがひ**+□「たがふ」【違ふ】一(ハ行四段)」の連用形。
→最重要語(765ページ)

たか-ひかる【高光る】枕詞 (空高く光るという意味から)「日」に係る。

たか-ひざまづき【高跪き】名詞 両膝を地に付けて、つま先を立て腰を伸ばして身体を起こした中腰の姿勢。

たがひ-に【互ひに】副詞 かわるがわる。双方。それぞれ。類互に
互ひに顔どもを護りて…。〈今昔〉訳**それぞれ**(相手の)顔をじっと見つめて…。
発展「違ひ」から派生したことば。中古に、漢文訓読の際使用したことばで、和文では「かたみに」が用いられた。

たがひ-め【違ひ目】名詞 意に反する事態。予想や期待などとの食い違い。行き違い。
その間、折折の違ひ目、おのづから短き運を悟りぬ。〈方丈記・我が過去〉訳その間、そのたびごとの**意に反する事態**(に遭って)、自然に(自分の)長続きしない運を悟った。

たか-ひも【高紐】名詞 鎧の胴の綿上(=胴の背中側の肩口の部分)の先端にあるひも。前胴(胸板)の上部にあるひもとつないで、鎧の胴を肩につる。発展「たかひぼ」とも。

たが・ふ【違ふ】動詞 →最重要語(765ページ)

●**たがふ**+□「たがふ」【違ふ】一(ハ行四段)」の終止形・連体形。または、「たがふ」【違ふ】二(ハ行下二段)」の終止形。→最重要語(765ページ)

たか-ふだ【高札】名詞 →かうさつ

●**たがふる**+□「たがふ」【違ふ】二(ハ行下二段)」の連体形。→最重要語(765ページ)

●**たがふれ**+□「たがふ」【違ふ】二(ハ行下二段)」の已然形。→最重要語(765ページ)

●**たがへ**+□「たがふ」【違ふ】一(ハ行四段)」の已然形・命令形。または、「たがふ」【違ふ】二(ハ行下二段)」の未然形・連用形。→最重要語(765ページ)

高円山 歌枕 奈良市東部にある山。古くは「たかまとやま」とも。聖武天皇の離宮である高円の尾上宮が置かれた。→ビジュアルチェック㉕(1097ページ)

たかま-の-はら【高天原】名詞 日本神話で、空の上にあって「天つ神」といわれる神々が住むという世界。天照大御神を支配者とする。転じて、大空を指すこともある。→葦原の中つ国・根の国・黄泉 発展「たかまがはら」「たかあまのはら」とも。高い所にある「天の原」という意味。

たか-みくら【高御座】名詞 天皇の座席。玉座。即位や朝賀(=元日に諸臣が天皇に年賀のあいさつを申し上げる儀式)、外国使節との接見などの重要な儀式の際、★大極殿や★紫宸殿の中央に設ける。

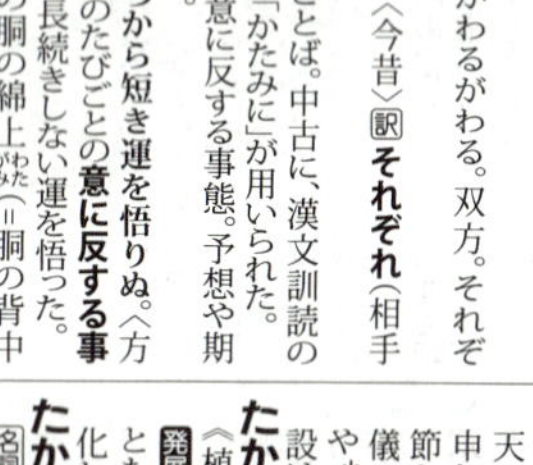
[たかみくら]

たか-むな【筍・笋】名詞《植物》タケノコ。季語 夏 発展「たかうな」「たかんな」とも。「たか」は「たけ」の変化したもの。

たか-むら【竹叢・篁】名詞 竹が群生している所。竹やぶ。
翁、籠を造らむがために篁に行き竹を切りけるに…。〈今昔〉訳翁がかごを作ったりすることのために**竹やぶ**に行って竹を切ったところ…。

たか-やか・なり【高やかなり】形容動詞〔ナリ〕〈なら・なり(に)・なり・なる・なれ・なれ〉いかにも高い。
匙に御物をすくひつつ、高やかに盛り上げて…。〈宇治拾遺〉訳さじで御飯をすくっては、**いかにも高く**(金属製の椀に)盛り上げて…。

たか-やりど【高遣り戸】名詞 丈の高い引き戸。特に、★清涼殿の西南の渡殿の南にある引き戸。

●**たから** 希望の助動詞「たし」の未然形。

たから【宝・財】名詞 ❶大切なもの。貴重なもの。財宝。
銀も金も玉も何せむに優れる宝子にしかめやも 歌〈万葉集・5・803〉訳→しろかねも…
❷金銭。財産。
身死して財残る事は、智者のせざるところなり。〈徒然草・140・身死して〉訳自分が死んで

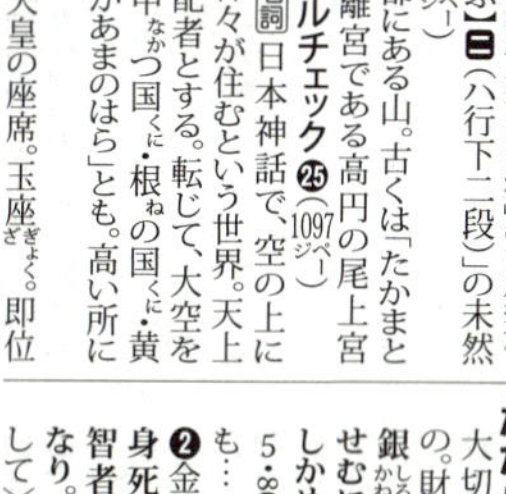
[たからぶね]

(後に)財産が残るということは、賢者のしないことである。

宝井其角〔タカラキ—〕 人名 ↓榎本其角

たか-らか・なり【高らかなり】 形容動詞 〔ナリ〕(なら・なり(に)・なり・なる・なれ・なれ) いかにも高い。特に、声や音が高い。また、声が大きい。 **みづから高らかにのたまひけるは**…。〈平家・7・忠度都落〉 訳 (薩摩の守忠度はウマから下り)自ら**大声で**おっしゃったのは…。

たから-ぶね【宝船】 名詞 宝物と七福神を乗せた帆掛け船。また、それを描いた絵。民間では、古くは大晦日や節分の夜、江戸時代では陰暦の正月二日の夜、この絵を枕の下に敷いて縁起のよい夢を見るためのまじないとした。 季語 春 ↓図(前ページ)

たかり 希望の助動詞**たし**の連用形。

たかる 希望の助動詞**たし**の連体形。

たか・る 一 動詞 自 〔ラ四段〕(ら・り・る・る・れ・れ) 寄り集まる。まといつく。 **船人も皆、子たかりてののしる**。〈土佐日記・二月十六日〉 訳 船人(=一緒に船に乗って帰ってきた人々)もみな、(その周りに)子供が**寄り集まって**騒いでいる。
二 動詞 自 〔ラ下二段〕(れ・れ・る・るる・るれ・れよ) 一の意味に同じ。
発展 上代から平安初期までは下二段、以降は四段活用。

たが・ふ【違ふ】 たが(ご)う

通常の状態・関係と異なってしまう

- 一 動詞 自
  - ❶(予測・希望と)**異なる結果になる。食い違う。**
  - ❷(ある人の気持ちに)**添わなくなる。**
  - ❸**いつもと異なる状態になる。**
- 二 動詞 他
  - ❶(予測・希望と)**異なるようにする。変える。**
  - ❷(ある人の気持ちに)**従わないようにする。背く。**
  - ❸**間違える。**
  - ❹**方違えをする。**↓方違へ

	未然形	連用形	終止形	連体形	已然形	命令形
動詞 自 〔ハ四段〕	たが・は	たが・ひ	たが・ふ	たが・ふ	たが・へ	たが・へ
動詞 他 〔ハ下二段〕	たが・へ	たが・へ	たが・ふ	たが・ふる	たが・ふれ	たが・へよ

一 動詞 自 〔ハ四段〕 ❶(予測・希望と)**異なる結果になる。食い違う。** **天地と共に終へむと思ひつつ仕へまつりし心たがひぬ** 歌〈万葉集・2・176〉 訳 天地(が終わるの)と一緒に終わろう(=永遠に続けたい)と思い続けてお仕え申し上げてきた気持ちが、(希望と)**異なる結果になって**(皇子は亡くなって)しまった。

❷(ある人の気持ちに)**添わなくなる。逆らう。背く。従わない。** **名聞苦しく、仏の御教へにたがふらんとぞおぼゆる**。〈徒然草・1・いでや〉 訳 世間的な名誉に執着するのはつらく、仏のお教えに**背く**だろうと思われる。

❸**いつもと異なる状態になる。**(気分が)**おかしくなる。変わる。** **まことに御心地もたがひたるやうにて、その日は参りたまはず**。〈源氏・浮舟〉 訳 (匂宮は)本当にご気分も**おかしくなった**ようすで、その日は参内なさらない。

二 動詞 他 〔ハ下二段〕 ❶(予測・希望と)**異なるようにする。変える。ひっくり返す。** **人の、「この際は、さりともくづほれたまひなむ。」と思ひたりしところをたがへむとおぼしたりしなめり**。〈大鏡・道隆〉 訳 (隆家が普段よりもきらびやかな衣装で人々の前に現れたのは)世間の人が、「この(=隆家の推す親王が皇太子になれなかった)時には、いくらなんでも気がくじけさってしまうだろう。」と思っていたところを(隆家が)**ひっくり返して**やろうとお思いになったのだと思われる。

❷(ある人の気持ちに)**従わないようにする。背く。** 「**ただ、かの遺言をたがへじとばかりに、出だし立てはべりしを**…。」〈源氏・桐壺〉 訳 「ただもう、あの(=夫の)遺言に**背く**まいという(気持ち)だけで、(娘を更衣として)宮仕えに出しましたのに…。」

❸**間違える。** 「**所たがへてけり。**」〈蜻蛉日記〉 訳 「(使いの者が、手紙を届ける)場所を**間違えて**しまったのだった。」

❹**方違えをする。**↓方違へ 「**二条院にも同じ筋にて、いづくにかたがへむ。いと悩ましきに。**」〈源氏・帚木〉 訳 「二条院(=源氏の自邸)も同じ(この日は凶とされる)方向であって(行けないので)、どちらの方に**方違えをし**ようか。ひどく気分が悪いのだが。」

類語比較 **「たがふ」と「ちがふ」**
共通点=食い違う、背く、などの意味。
たがふ=①通常の状態と異なるという意味を表す。②上代にはもっぱら「たがふ」が用いられ、「ちがふ」が用いられた確かな例は見られないため、「ちがふ」は「たがふ」が変化したものかともいわれる。
ちがふ=もともと、すれ違いになるようすをいい、「飛びちがふ」「歩きちがふ」のように、移動を表す動詞に付いた複合語として使われることが多かった。
※中世に入ると、「ちがふ」も食い違う意味を表すようになり、「たがふ」との違いがあまりなくなって、やがて「たがふ」の方が衰えていった。わずかに、現代語でも、「順序をたがえる」「約束をたがえる」などのやや硬い表現に残る程度である。

たき 希望の助動詞**たし**の連体形。

たき【滝】 名詞 ❶激しく勢いのある、川の流れ。急流。激流。 類 滝つ瀬・滾ち 歌〈万葉集・3・313〉**み吉野の滝の白波知らねども語りし継げば古思ほゆ** 訳 み吉野の**急流**の白波よ。(そのように)知らないことではあるが、(人々が)語り継ぐので、昔のことが自然としのばれることだ。○第一・二句は、「白波」の「しら」と第三句の「知らねども」の「しら」の同音反復を用いた序詞。
❷高いがけから流れ落ちる水。瀑布。 季語 夏 類 垂水

発展 上代は「たぎ」とも。四段動詞「滾(たぎ)つ」「滾(たぎ)る」と同じ語根を持つ。もともとは❶のように「急流」をいい、❷は、*垂水(たるみ)といって区別していた。

たーぎ【弾碁】 名詞 中国伝来の、おはじきに似た遊び。中央が高くなっている四角の盤の両方に石を置き、二人が対座してはじき合う。中央の高くなった部分を越えて相手の石に当たると勝ちとした。発展「たんぎ」の「ん」を表記しない形。

だーきう【打毬】 —きゅう 名詞 ❶古代貴族の遊戯のひとつ。唐人の装束をした数人の男子が歩行またはウマに乗り、*毬杖(ぎっちょう)と呼ぶ木製の杖(つえ)で毬(まり)を打って争った遊び。❷近世のスポーツのひとつ。場内に紅白の毬を置き、紅組と白組とに分かれて乗馬した者たちが、相手方を妨害しながら毬杖で自分の組の毬をすくい取り、自分の組のゴールに投げ入れることを競うもの。

［だきう❶］

発展 ❶は、平安末期にいったん中絶し、近世になって❷のように、やや内容を変えて復活した。ただ、❷では必ず乗馬し、球技より乗馬術に重点が置かれるようになった。

たぎうらく【打毬楽】 たぎゅうらく 名詞 雅楽の曲名。古代貴族の遊戯である「*打毬(だきう)」のようすを模したもの。唐人の装束をした四人または六人の舞い人が*毬杖(ぎっちょう)を持って毬(まり)を打つような姿で舞った。

たきーがは【滝川】 —がわ 名詞 勢いよく激しく流れる川。急流。激流。類 滝(たき)・滾(たぎ)ち・滝(たき)つ瀬(せ)

瀬を早み岩にせかるる滝川のわれても末(すゑ)にあはむとぞ思ふ 百人一首〈詞花集(しかしゅう)・229〉訳→せをはやみ…

たきーぎ【薪】 名詞 燃料・照明用に燃やす木。まき。発展 四段動詞「焚(た)く」の連用形＋名詞「木」。

たきぎーつ・く【薪尽く】 連語 ❶《仏教語》釈迦(しゃか)が入滅する(＝亡くなる)。

二月(きさらぎ)の中の日は、**鶴(つる)の林に薪尽きにし日なれば**…〈増鏡(ますかがみ)〉訳 二月十五日は、(そのとき白く枯れたという)沙羅双樹(さらそうじゅ)の林に**釈迦が入滅した**日なので…。

❷人が死ぬ。

惜しからぬこの身ながらも限りとて薪尽きなむことの悲しさ 歌〈源氏・御法(みのり)〉訳 惜しくも思わないこの身であるが、今を最後として(薪が尽きて火の消えるように)**死んでしまったりすることの悲しさよ。**

たきーぐち【滝口】 名詞 ❶滝の水の流れ落ちる所。❷*清涼殿(せいりょうでん)の東北にある御溝水(みかわみず)(＝殿舎の周囲の溝を流れる水)の落ちる所。❸*蔵人所(くろうどどころ)に属し、宮中の警備や雑役に当たった武士。↓滝口(たきぐち)の陣(じん) 発展 ❸は、詰め所が❷の付近にあったことから。

たきぐちに… 句

滝口に灯(ひ)を呼ぶ声や春の雨〈蕪村句集・与謝蕪村(よさぶそん)〉訳 しとしとと静かに春の雨が降る御所は夕闇(ゆうやみ)に包まれ、滝口の辺りで「灯をともせ。」という武士の声が響いている。○季語 春の雨―春。「滝口」は御所警護の武士の詰め所があった所。

発展 宮廷時代に思いをはせ、静寂と、それが破れる一瞬を表現する。

たきぐちーのーぢん【滝口の陣】 —じん 名詞 *蔵人所(くろうどどころ)に属し、宮中の警備や雑役に当たった武士の詰め所。↓ビジュアルチェック⑫(715ページ)・⑯(759ページ)

滝沢馬琴(たきざわばきん)【タキザハ】 人名 江戸時代後期の戯作者。号は曲亭・著作堂主人など。*山東京伝(さんとうきょうでん)に入門し、黄表紙を書き、後に読本(よみほん)に転じ、その第一人者となる。勧善懲悪(かんぜんちょうあく)の作品世界がその特徴。代表作『*南総里見八犬伝(なんそうさとみはっけんでん)』は江戸時代伝奇小説の最高傑作といわれる。ほかに『*椿説弓張月(ちんせつゆみはりづき)』などがある。1767—1848

たきーし・む【薫き染む】 動詞 他 マ下二段 (め・め・む・むる・むれ・めよ)(衣服に)香をたいて染み込ませる。

御衣(ぞ)どもなど、**いよいよたきしめさせたまふものから**…。〈源氏・若菜上〉訳(紫の上は、源氏の)お召し物などに、**一段と香をたいて染み込ませなさるものの**…。

たぎーたぎ・し 形容詞 シク (しく・しく・し・しき・しけれ・○／しから・しかり・○・しかる・○・しかれ) ❶(道が)でこぼこだ。

車駕(くるま)の経(へ)ける道狭(さ)く、地(つち)**たぎたぎしかりき**。〈常陸国風土記(ひたちのくにふどき)〉訳 車の通った道は狭く、地面は**でこぼこで**あった。

❷足がぎくしゃくする。

「しかるに、今わが足え歩まず、**たぎたぎしくなりぬ**。」〈古事記・景行天皇(けいこうてんのう)〉訳「それなのに、今私の足は進むことができず、**足がぎくしゃくして**きてしまった。」

たぎち【滾ち・激ち】 名詞 川の激流。急流。転じて、(急流から跳ね上がる)水しぶきをいう。類 滝(たき)・滝(たき)つ瀬(せ)

たぎ・つ【滾つ・激つ】 動詞 自 タ四段 (た・ち・つ・つ・て・て) ❶(水が)激しく流れる。(水が)激しくわき上がる。(波が)激しく打ち寄せる。

さざれ波磯越道(いそこしぢ)なる能登瀬川(のとせがは)音のさやけさたぎつ瀬ごとに 歌〈万葉集・3・314〉訳 さざ波が磯を越すではないが、越の国へ行く道筋の能登瀬川の音がすがすがしいことよ。**激しく流れる**瀬ごとに。

❷(心が)高ぶる。(心が)騒ぐ。(感情が)激する。

言(こと)に出でて言はばゆゆしみ山川(やまがは)のたぎつ心を塞(せ)かへたりけり 歌〈万葉集・11・2432〉訳 ことばに出して言っては不吉なので、谷川の流れのように**激する**心をせき止めていることよ。

たきーつーせ【滝つ瀬・滾つ瀬】 名詞 激しく勢いのある、川の流れ。急流。激流。類 滝(たき)・滾(たぎ)ち 発展「たぎつせ」とも。

逢(あ)ふことは玉の緒ばかり名の立つは吉野の川の滝つ瀬のごと 歌〈古今集・恋3・673〉訳(恋しい人に)逢う(時間)は、玉を貫き通すひもぐらい短いのに、うわさが立つのはまるで吉野川の**激流**のよう(にやかましいほど)だ。

たきつせーの【滝つ瀬の】 枕詞 (急流という意味から)「早し」に係る。

たきーどの【滝殿】 名詞 納涼のために滝のほとりに造った建物。季語 夏

たきのおとは… 百人一首

滝の音は絶えて久しくなりぬれど名こそ流れてなほ聞こえけれ〈千載集(せんざいしゅう)・1035・藤原公任(きんとう)〉訳(大覚寺(だいかくじ)に伝わる)滝の(流れる)音は、絶えてから長い年月がたってしまったが、その名高い評判は(世間に)流れて今もなお聞こえていたことだ。○「音」と「流れ」は「滝」の、「なり(鳴り)」と「聞こえ」は「音」の縁語。各句の頭が「た・た・な・な・な」の頭韻になっている。

発展『拾遺集(しゅういしゅう)』にも収録され、初句が「滝の糸は」となっている。

品詞分解・修辞

縁語		縁語				
滝	の	音	は	絶え	て	久しく
	格助		係助	ヤ下二・用	接助	形・用

縁語　成り／鳴り(掛詞)
なり　ぬれ　ど　名　こそ　流れ　て
ラ四・用　完了・已　接助　(係)係助　ラ下二・用　接助　縁語
なほ　聞こえ　けれ
副　ヤ下二・用　詠嘆・已　縁語　→(結)

たき‐もの【薫き物】 名詞 (種々の香木の粉を蜜で練り合わせて作った)練り香。
よき薫き物たきて、ひとり臥したる。〈枕草子・29・心ときめきするもの〉訳 上等の**練り香**をたいて、ひとりで横になっているのは(胸がどきどきする)。

たぎ・る【滾る】 動詞 自〔ラ四段〕〈ら・り・る・る・れ・れ〉❶(水が)激しく流れる。激しく逆巻く。
門司、赤間、壇の浦はたぎりて落つる潮なれば、源氏の舟は潮に向かうて、心ならず押し落とさる。〈平家・11・壇浦合戦〉訳 門司、赤間、壇の浦(の辺り)は**激しく逆巻いて**落ちる潮流なので、源氏の舟は(引く)潮水に向かって、不本意にも押し戻される。
❷湯が煮えたつ。沸騰する。
この水、熱湯にたぎりぬれば、湯ふてつ。〈大和・149〉訳 この水が、熱湯に(なって)**煮えたった**ので、(その)湯を捨てた。
❸(気持ちが)高ぶる。(感情が)激しく沸き上がる。

たく 希望の助動詞**たし**の未然形・連用形。

た・く【長く・闌く】

位置や勢いが高い程度に達する
- ❶(月や日が)**高く昇る。**
- ❷**円熟する。優れている。**
- ❸**盛りが過ぎる。**

未然形	連用形	終止形	連体形	已然形	命令形
た・け	た・け	た・く	た・くる	た・くれ	た・けよ

動詞 自〔カ下二段〕❶(月や日が)**高く昇る。高くなる。**
日たくる程に起きたまひて、格子手づから上げたまふ。〈源氏・夕顔〉訳 (源氏は)日が**高く昇る**時分にお起きになって、格子を自分でお上げになる。

まとめて覚えよう古語チャート20
季節の推移を表す動詞

古代の日本人は、季節の推移ということに対して、現代人には想像できないほど深い関心を抱いていました。季節の始まりは「1立つ」と表現されました。「立秋」「立春」の「立」です。続いて、やって来る意の「2さる」となります。さらに、その季節が盛りを迎えると、「たけなわ」の「たけ」でもある「3闌く」という動詞が用いられました。季節が終わりに近づいていくと、「夜がふける」の古い形「4更ふく」や、終わる意味の「5果つ」を用いました。

春や秋などの快い季節に関する表現は豊かで、逆に、夏や冬の厳しい気候のときには、あまり表現の広がりがなかったという傾向が見られます。

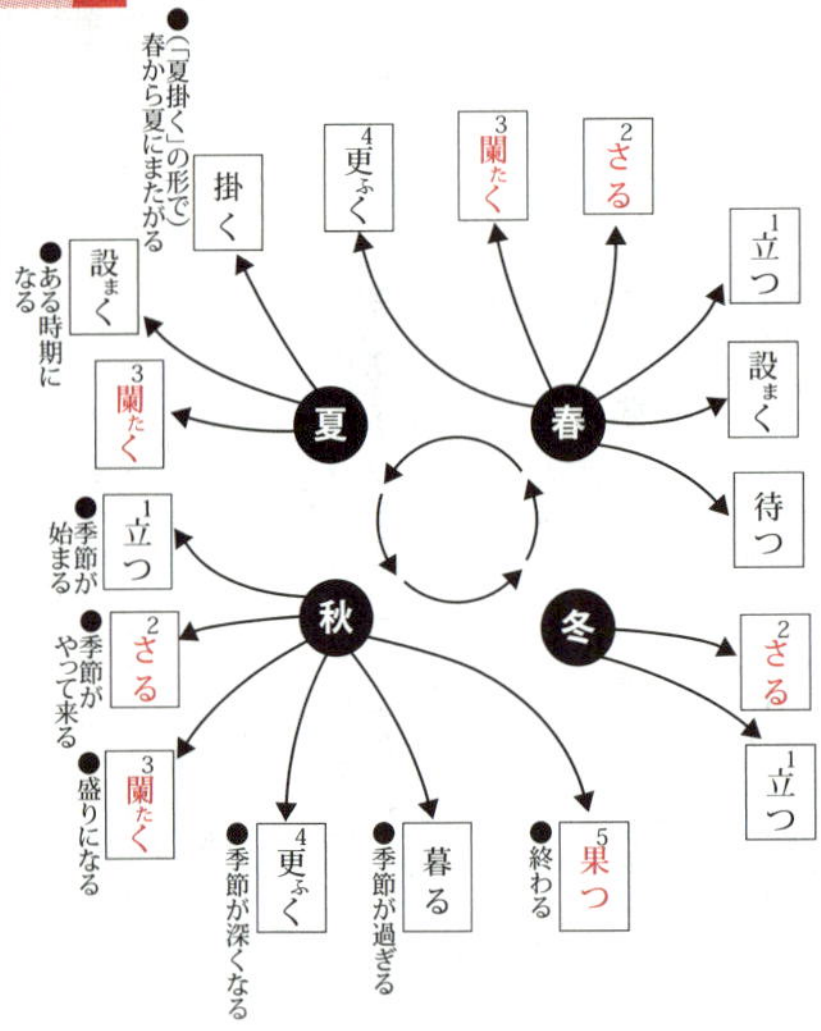

赤字は最重要語・重要語

❷**盛りになる。円熟する。優れている。十分に備わる。**
→古語チャート20(767ページ)
徳たけ、人に許されて、並びなき名を得ることなり。〈徒然草・150・能をつかんとする人〉訳 (芸道の稽古に励めば)人徳も**十分に備わり**、世間の人に認められて、比類ない名声を手に入れるものである。
❸**盛りが過ぎる。末になる。老いる。**
気の上がる病ありて、年のややたくるほどに、鼻の中ふたがりて、息も出でがたかりければ…。〈徒然草・42・唐橋中将と〉訳 (行雅僧都には)のぼせる病気があって、年がしだいに**老いる**につれて、鼻の中がふさがって、息も出にくかったので…。

発展 語の歴史 名詞や動詞に付く造語成分である「高」が動詞になったもの。高くなる・盛りになるという意味から、高さが頂点に達し切って下方へ向かい始めたところに重点が置かれて、❸の意味ともなった。

た・く 動詞 他〔カ四段〕〈か・き・く・く・け・け〉㊀**【焚く】**火を燃やす。
火焚き屋の火たく衛士に指したてまつりたりけるに…。〈更級日記・竹芝寺〉訳 (国司が男を)*火焚き屋の**火を燃やす**衛士(=宮中の警備兵)として(朝廷に)ご指名申し上げたところ…。
㊁**【薫く】**(香を)くゆらす。たく。
よき薫き物たきて、ひとり臥したる。〈枕草子・29・心ときめきするもの〉訳 上等の練り香を**たいて**、ひとりで横になっているのは(胸がどきどきする)。

た・く【綰く】 動詞 他〔カ四段〕〈か・き・く・く・け・け〉《上代語》
❶(髪などを)かき上げる。束ねる。
振り分けの髪を短み青草を髪にたくらむ妹をしぞ思ふ 歌〈万葉集・11・2540〉訳 振り分けにした髪が短いので、青草を髪に(添えて)**束ね**ていることと思われる妻を恋しく思うことよ。
❷(ウマの)手綱を操る。
秋づけば萩咲きにほふ石瀬野に馬だき行きて… 歌〈万葉集・19・4154〉訳 秋になるときまって、ハギが美しく咲く石瀬野にウマを**手綱を操って**行って…。○「馬だき」は、「馬」と「たく」とが複合語化して連濁した「馬だく」の連用

形。

❸(船の櫓や櫂を)操る。(船を)こぐ。

たぐい(現)↓(歴)**たぐひ**【比・類】

たぐう(現)↓(歴)**たぐふ**【比ふ・類ふ・副ふ】

濁音【国語・国文法】ガ・ザ・ダ・バ行と、それに対応する拗音の各音(ギャ・ジャ・ヂュ・ビョなど)のこと。本来の日本語(＝和語)では、古くは濁音が語頭に来ない。したがって、「碁(ご)」「琵琶(びは)」など、語頭濁音の語は漢語である。↓清音・漢語

たく-せん【託宣】名詞 神が人に乗り移ったり、夢などに現れたりして、その意思を告げ知らせること。また、そのお告げ。神託。

たく-づの【栲綱】名詞 コウゾの繊維で作った綱。

たくづの-の【栲綱の】枕詞 (栲綱が白いことから)「しら」「しろ」に係る。

たく-なは【栲縄】名詞 コウゾの繊維で作った縄。

たくなは-の【栲縄の】枕詞 (栲縄が長いことから)「長し」「千尋」に係る。

たく-はつ【托鉢】名詞・動詞 自〔サ変〕〈せ・し・す・する・すれ・せよ〉僧が仏道修行のために、経を唱えながら家々を巡り、鉢に食物や金銭などのお布施をもらうこと。類 乞食・頭陀

たくは・ふ【貯ふ・蓄ふ】一 動詞 他〔ハ四段〕〈は・ひ・ふ・ふ・へ・へ〉集めてしまっておく。ためる。
海神の神の命のみ櫛笥にたくはひ置きて斎くとふ玉にまさりて…〈万葉集・19・4220〉訳 海の神が櫛箱に**集めてしまっておいて**大切にするという真珠にもまして…。
二 動詞 他〔ハ下二段〕〈へ・へ・ふ・ふる・ふれ・へよ〉一の意味に同じ。

たぐひ【比・類】

同じ種類の物事や人
- ❶並ぶもの。同様な物事。類例。
- ❷一緒にいる人。仲間。同僚。
- ❸(同じ境遇・階級の)人々。連中。

名詞 ❶**並ぶもの。同様な物事**。同類。類例。
なほいみじうめでたきことは、**たぐひあらじと覚えたり**。〈枕草子・37・木の花は〉訳 やはり(ナシの花が)とてもすばらしいことでは、(これに)**並ぶものはないだろうと思われた**。

❷**一緒にいる人**。仲間。同僚。
「同じさまにものしたまふなるを、『**たぐひになさせたまへ**。』と、いと聞こえまほしきを…。」〈源氏・若紫〉訳「(紫の上が私と)同じようす(＝母親に先立たれたこと)でいらっしゃるとかいうことなので、『(私を紫の上の)**仲間**になさってください。』と、本当に申し上げたいのだが…。」

❸(同じ境遇・階級の)**人々。連中**。
この山にこもりゐて後、やむごとなき人の隠れたまへるもあまた聞こゆ。ましてその数ならぬたぐひ、尽くしてこれを知るべからず。〈方丈記・閑居の気味〉訳(私が)この(京都の奥の)山にこもり住んで以後、(京都では)高貴な方々がお亡くなりになったことも数多く耳に入る。なおさら取るに足りない**人々**(の亡くなった数)は、全部が全部これを知ることはできない。

たぐひ-な・し【比無し・類無し】形容詞〔ク〕〈く・く・し・き・けれ・○／から・かり・○・かる・○・かれ〉並ぶものがない。匹敵するものがない。
かたじけなき御心ばへのたぐひなきを頼みにて交らひたまふ。〈源氏・桐壺〉訳(桐壺の更衣は帝の)ありがたいご愛情の**並ぶものがない**ことを頼みとして宮中生活をしていらっしゃる。

たく-ひれ【栲領巾】名詞 コウゾの繊維で織った布で作った、首に掛ける飾り布。

たくひれ-の【栲領巾の】枕詞 (栲領巾を首に掛けることから)「かけ」に、また(その色が白いことから)「白」「鷺」などに係る。

たぐ・ふ【比ふ・類ふ・副ふ】

愛する男女など、互いに似つかわしい二者がそろっている
- 一 動詞 自〔ハ四段〕
  - ❶一緒にいる。連れ添う。
  - ❷一緒に行く。連れ立って行く。
  - ❸相当する。似合う。
- 二 動詞 他〔ハ下二段〕
  - ❶一緒にいさせる。
  - ❷相当するものとさせる。似せる。

動詞 自〔ハ四段〕

未然形	連用形	終止形	連体形	已然形	命令形
たぐ・は	たぐ・ひ	たぐ・ふ	たぐ・ふ	たぐ・へ	たぐ・へ

動詞 他〔ハ下二段〕

未然形	連用形	終止形	連体形	已然形	命令形
たぐ・へ	たぐ・へ	たぐ・ふ	たぐ・ふる	たぐ・ふれ	たぐ・へよ

一 動詞 自〔ハ四段〕❶**一緒にいる。寄り添って並ぶ。連れ添う**。
鴨すらも妻とたぐひてわが尾には霜な降りそと白たへの翼差し交へて…〈万葉集・15・3625〉訳 カモでさえも妻と**連れ添って**、自分たちの尾羽には霜も降るなと真っ白な翼を(互いに)交差させて…。○「白たへの」は白いもの(ここでは「翼」)に係る枕詞。

❷**一緒に行く。連れ立って行く**。
「**煙にたぐひて、慕ひ参りなむ**。」〈源氏・夕顔〉訳「(夕顔の遺体を焼く)煙と**連れ立って行って**、後を追って(天上に)参ってしまおう。」

❸**相当する。釣り合う。似合う**。
「**君達の上なき御選びには、まして、いかばかりの人かはたぐひたまはむ**。」〈源氏・帚木〉訳「(欠点のない女性というものはめったになく)若君たちの最上の(妻を得たいという)お選びには、なおさら、どれほどの女性が**お似合いになるだろうか**、いや、だれもお似合いにはならない。」

二 動詞 他〔ハ下二段〕❶**一緒にいさせる。寄り添わせる。伴わせる**。
花の香を風の便りにたぐへてぞ鶯誘ふしるべには遣る〈古今集・春上・13〉訳 ウメの花の香りを、風が吹いて伝えるのに**伴わせて**、(まだ姿を見せない)ウグイスを誘い出す案内として送ることだ。

❷**相当するものとさせる。釣り合わせる。似せる。まねる**。
鳥類、畜類の、人に**たぐへて**歌を詠む例は多く…。〈謡曲・白楽天〉訳 鳥や、動物が、人間を**まねて**歌を詠む例は多く…。

たく-ぶすま【栲衾】一 名詞 コウゾの繊維で織った布で作った夜具。
二 枕詞 (「栲衾」は色が白いところから)「新羅」「白山

しら」などのような「しら」の音を含むことばなどに係る。

たくみ【工・匠・巧み】

手先の器用さが必要な職人 ─ ❶職人。細工師。特に、大工。 ❷工夫。企て。たくらみ。

名詞 ❶**職人**。**細工師**。**特に**、**大工**。
多くの工の、心を尽くして磨き立て、唐の、大和の、めづらしく、えならぬ調度ども並べ置き…。〈徒然草・10・家居のつきづきしく〉訳 大勢の**職人**が、心を込めて特に磨いて、中国(製)の、日本(製)の、目新しく、言いようもなくすばらしい道具類を並べ置いて…。
❷**工夫**。**企て**。**たくらみ**。
「この事かなはぬことの無念さよ。」とて、またいろいろのたくみどもせられけり。〈御伽草子・熊野の本地〉訳 (后たちは)「この事(＝国王の子を宿した女御を殺すこと)ができないことが残念なことよ。」と思って、またいろいろな**たくらみ**をなさったのだった。

たくみ-づかさ【内匠寮】名詞 ↓たくみれう

たくみ-どり【巧み鳥】名詞《動物》ミソサザイの別の呼び名。発展 巣を作るのが巧みであるところから。

たくみ-なり【工なり・匠なり・巧みなり】形容動詞〔ナリ〕〈なら・なり(に)・なり・なる・なれ・なれ〉器用だ。上手だ。
巧みにしてほしきままなるは、失の本なり。〈徒然草・187・万の道の人〉訳 **器用で**あって勝手気ままなのは、失敗のもとである。

たくみ-の-かみ【内匠頭】名詞 ★内匠寮の長官。
発展「うちのたくみのかみ」とも。

たくみ-れう【内匠寮】名詞 ★中務省に属し、宮中の造営・修理、調度・器物の製作・補修、殿舎の装飾などを取り扱った役所。↓ビジュアルチェック⑮(757ページ)

たく・む【工む・巧む】動詞 他〔マ四段〕〈ま・み・む・む・め・め〉企てる。計画する。たくらむ。
御室に、いみじき児のありけるを、いかで出だして遊ばんとたくむ法師どもありて…。〈徒然草・54・御室に〉訳 御室(＝仁和寺)に、すばらしい少年がいたのを、なんとかして誘い出して遊ぼうと**たくらむ**僧たちがいて…。

たく-ら・ぶ【た比ぶ・た較ぶ】動詞 他〔バ下二段〕〈べ・べ・ぶ・ぶる・ぶれ・べよ〉比べる。比較する。
その国のあまたの后をたくらぶるに…。〈今昔〉訳 その国の多くの后を**比較すると**…。
発展「た」は接頭語。

たけ【丈・長】一 名詞 ❶物の高さ。長さ。また、身長。
「菜種の大きさおはせしを、わが丈立ち並ぶまで養ひたてまつりたる我が子を、なにびとか迎へきこえむ。」〈竹取・かぐや姫の昇天〉訳「菜種ほどの大きさでいらっしゃったのを、わたしの**身長**に立ち並ぶほどまで養い申し上げた我が子を、だれが迎え申し上げられようか。」
❷勢い。
国王、軍をもって支ふといへども、軍の長劣りたるに依りて支へえがたし。〈今昔〉訳 国王は、(敵の攻撃を)軍隊によって持ちこたえるというが、軍隊の**勢い**が(こちらの方は)劣っているので持ちこたえるのは難しい。
二 形式名詞 程度。限度。深さ。
発展 二は、「～のたけ」という形が一般的。

たけ【竹】名詞 ❶《植物》タケ。❷《女房詞》タケノコ。❸竹を用いた管楽器。笙・笛・尺八などの類。発展 竹は、春に葉が黄ばみ、秋に葉が盛んになるため、「竹の春」が陰暦八月の別の呼び名で、「竹の秋」が陰暦三月の別の呼び名となる。季語も、「竹の春」が秋、「竹の秋」が春となる。

たけ【岳・嶽】名詞 高く大きな山。また、その山頂。発展 中世以降は「だけ」とも。

だけ 副助詞《近世以降》接続 体言、活用語の連体形に付く。❶(限度を表し)…かぎり。
❷(多く「これ」「それ」「あれ」などの代名詞に付いて、程度を表し)…ぐらい。…ほど。
❸(身分・事情などに相応することを表し)…だけに。…だけあって。
❹(あることにさらに加わることを表し)…だけ余分に。
「栗は皮をむくだけ世話でございます。」〈滑稽本・浮世風呂〉訳「クリは皮をむく**だけ余分に**面倒でございます。」

たけ-うゑ-ひ【竹植うる日】陰暦五月十三日。中国の伝説で、この日に竹を植えると必ず根付くといわれた。季語 夏 類 竹酔日

たけ・し【猛し】

心身ともに力強く勇ましいようす ─ ❶勇ましい。荒々しい。力強い。 ❷勢いが盛んだ。勢いが激しい。 ❸強気である。気丈だ。 ❹立派だ。優れている。 ❺(「たけきこと」の形で)精いっぱいであること。せいぜいできること。

未然形	連用形	終止形	連体形	已然形	命令形
たけ・く	たけ・く	たけ・し	たけ・き	たけ・けれ	○
たけ・から	たけ・かり	○	たけ・かる	○	たけ・かれ

形容詞〔ク〕❶**勇ましい**。**荒々しい**。**力強い**。
たけき武士の心をも慰むるは歌なり。〈古今集・仮名序〉訳 **荒々しい**武士の心をもなごやかにさせるものは和歌である。
心たけく思量賢き者どもなれども、いまだ車に一度も乗らざりける者どもにて、かく悲しくして酔ひ死にたりける…。〈今昔〉訳 (源頼光の家来たちは)心が**勇ましく**考えも才知に富む者たちであるが、まだ牛車に一度も乗ったことのなかった者たちで、このように気の毒な状態で(牛車に)死にそうになるほど酔っていたのは…。
❷**勢いが盛んだ**。**勢いが激しい**。
たけき者もつひには滅びぬ。ひとへに風の前の塵に同じ。〈平家・1・祇園精舎〉訳 **勢いが盛んな**者も結局は滅びてしまう。まったく風の前の塵と同じである。
生住異滅の移り変はる、まことの大事は、たけき川のみなぎり流るるがごとし。〈徒然草・155・世に従はん人は〉訳 物が生じとどまり変化し滅びるという(四つの相の)移り変わっていく、真実の重大な事柄は、**勢いの激しい**川が満ちあふれて流れるようなものだ。
❸**強気である**。**気丈だ**。**意地っ張りだ**。
人は、たけく思ふらむかし、空寝して知らぬ顔なるさまよ。〈枕草子・125・無徳なるもの〉訳 相手は、**強気に**考えているのだろうよ、たぬき寝入りをして気づかない振りをしているようすだよ。
❹**立派だ**。**優れている**。**たいしたものだ**。
わが宿世はいとたけくぞ覚えたまひける。〈源氏・若菜上〉訳 (明石の君は)自分の運命はまったく**たいしたもの**だと自然と思われなさるのであった。

●成立…平安時代初期
●作者…未詳
●分野…物語

必修古典ビッグ30 ⑰

竹取物語

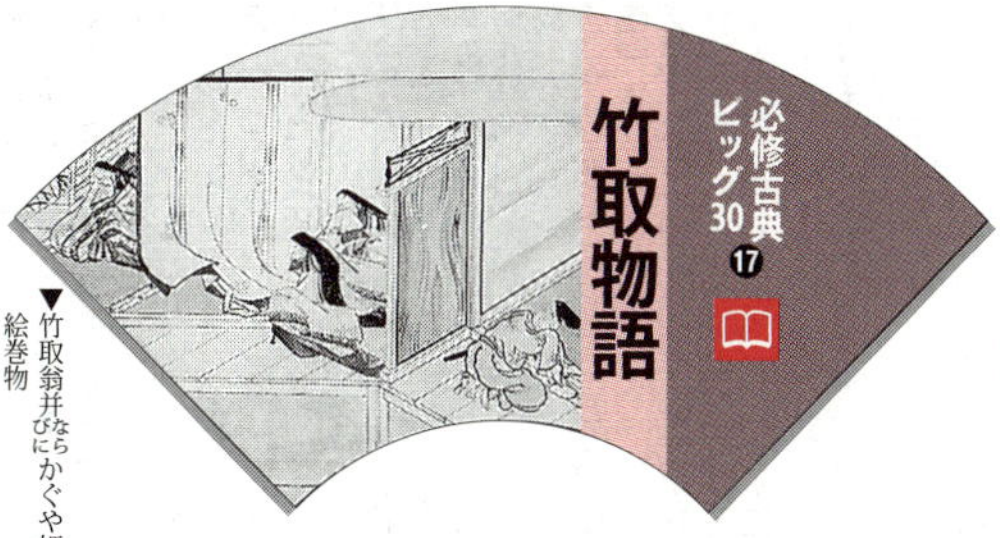
▼竹取翁并びにかぐや姫絵巻物

【冒頭の一文】
今は昔、竹取の翁といふ者ありけり。野山に交じりて竹を取りつつ、よろづのことに使ひけり。訳 今から見ると昔のことだが、竹取の翁という者がいたということだ。野山に分け入ってタケを採取しては、さまざまなことに用立てたのだった。

【書名の由来】
『源氏物語』「絵合」の巻に「物語の出で来はじめの親なる竹取の翁」と書かれているように、『竹取の翁の物語』という呼び方が古くから一般的であった。また通称としては、同じ『源氏物語』「蓬生」の巻に、「かぐや姫のものがたり」という呼び方も見られる。

【成立と作者】
成立時期も作者も未詳であるが、九〇〇(昌泰三)年ごろまでに成立し、作者は、漢籍の教養のある男性であろうと推定されている。

【概要】
●全体は次の三段落に分けられる。
かぐや姫の生い立ち…竹取の翁が竹の中からかぐや姫を得て養育し、姫はたちまち成長して絶世の美女となる。
五人の貴公子の求婚と失敗…「色好み」の五人の貴公子がかぐや姫に求婚する。姫は、難題を課して求婚を失敗させる。
帝の求婚とかぐや姫の昇天…帝が求婚するが、姫はこれも承諾せず、八月十五夜、地上に別れを告げて月の世界に帰っていく。
●冒頭の文が「今は昔」で始まっていることや、『風土記』や『万葉集』に見られる古い伝承や説話を多く取り入れ、さらには中国やインドの説話の要素も含まれていることなどの点から、伝奇性の強い物語といえる。
一方、求婚の場面などには、当時の貴族社会の現実や、人間の欲望や心理などが写実的に描かれている。

【主な登場人物】
●**かぐや姫**…「三寸ばかりなる人」が「三月ばかりになるほどに、よきほどなる人」に成長したということや、天皇の求婚を退けることなど、超人間的で神秘的な存在として設定されている。
●**石作の皇子**…姫から「天竺の仏の御石の鉢」を求められた人物。江戸時代には、天武天皇のころ活躍した丹比島真人と考えられていた。皇子と書かれながら、五人の求婚者の中でこの人物だけ、本文中に敬語が使われていない。
●**くらもちの皇子**…姫から「蓬莱の玉の枝」を求められる人物。藤原氏の祖ともいうべき藤原不比等と考えられていた。五人の求婚者のうち、話が最も長編である。敬語の使用もこの段から多くなる。
●**右大臣阿倍御主人**…姫から「火鼠の皮衣」を求められる人物。天武天皇に仕え、壬申の乱で功績のあった人物であるが、物語の中では「財豊かに家広き人」と書かれ、世間知らずで万事鷹揚な人物として描かれている。他の求婚者と違って自分自身では計画を立てず、金銭で解決できるものと思い、唐船の商人に注文したりしている。
●**大納言大伴御行**…姫に「竜の頸の五色の玉」を求められる人物である。大納言大伴御行は、奈良時代の実在の人物で、七〇一(大宝元)年正月に没している。大伴氏は、代々武将として朝廷に仕えた名門であり、御行は大伴氏としても中興の一人であるのに、作者の描き方は、ばかにしている面もある。
●**中納言石上麿足**…姫から「燕の子安貝」を要求される人物。この中納言は、最初から人々の進言を入れて家来を頼りにし切るほど消極的な人間で、前段の大伴の大納言が剛健で向こう見ずであるのとは対照的に描かれている。

【ことばと表現】
●対句表現がしばしば用いられる。前半の段では同じような語句を繰り返すだけのいかにも漢文訓読体的な形式的技巧であるが、後半になると、表現が軟らかくなり、和文脈の流れによく溶け込むようになる。
〔五人の貴公子〕
この世の人は、男は女に逢ふことをす。女は男に逢ふことをす。訳 この世界の人は、男は女と結婚する。女は男と結婚する。
浪は船に打ちかけつつ巻き入れ、神は落ちかかるやうにひらめきかかるに…。訳 波は船に強くかかっては(海中に)巻き込み、雷は(船上に)まるで落ちてくるように閃光を放ち始めるので…。〔竜の頸の玉〕
●「少しも容貌よしと聞きては、見まほしうする人どもなりければ、かぐや姫を見まほしうて…。」〔五人の貴公子〕のように、同じ語句を繰り返すやや稚拙な文体も、後半に至ると減少し、洗練されていく。
●会話文は、基本的に「『…』と言ふ」や「『…』と申す」という型が多い。
また、「女、答へていはく、『これは、蓬莱の山なり。』と答ふ。」、「翁いふやう、『我朝ごと夕ごとに見る竹の中におはするにて知りぬ。…』」のように、「…いはく」、「…いふやう」という、漢文訓読的文体がみられる。
●漢文訓読の影響は、用語にもみられる。たとえば、「しかれども」「そもそも」「たがひに」「しむ」「ごとし」などの語が随所に用いられ、作者が男性であることを示している。
●全十段のうち、第三段「仏の御石の鉢」までは主要な登場人物に対する敬語表現がほとんどないが、第四段「蓬莱の玉の枝」以降急激に増加する。このような断層は、文の長短や対句表現、あるいは語彙など、敬語の使用状況以外のいずれの面でも認められない。そのため、作品の下敷きになったと思われる口承による竹取説話の持っていた無敬語の特徴が痕跡として残ったものと考えられている。

❺（「たけきこと」の形で）**精いっぱいであること。せいぜいできること。**
ただ硯に向かひて、思ひ余る折は、手習ひをのみ**たけきこと**にて書き付けたまふ。〈源氏・手習〉訳（出家した浮舟は話し相手もなく）ただもう硯に向かって、思案に余るときには、思いの向くままに書く歌だけを**せいぜいできること**として書き付けていらっしゃる。

類語比較「たけし」と「つよし」
共通点＝心身ともに力強い意味を表す。
たけし＝①「たけなは」と同じ語源といわれ、物事が盛んになる意味から、荒々しく相手を威圧するような外見・振る舞いを表すのが基本的な意味である。
②「たけぶ」「たける」も①の意味から派生した動詞で、『古事記』に出てくる「倭建命」も、もともとは「大和の勇猛な貴人」という意味で、固有名詞ではなかった。
③中世以降、語幹がエ段音で終わるク活用の形容詞がなくなるとともに、「たけし」も消滅したが、「たけ」を重ねた「たけだけし」というシク活用の形容詞は残った。現代語の「たけだけしい」は「ぬすっとたけだけしい」のように、ずうずうしいという意味で使われることが多い。
つよし＝①芯がしっかりしているという内面の実質的な強さを表すことばといわれる。
②「たけし」は現在人名に残るだけだが、「強し」は現代語の「強い」にまで及んでいる。
関連語 荒まし

竹田出雲【—】人名 江戸時代の浄瑠璃作者。大坂竹本座の座本。三世まで。
〔初世〕★竹本義太夫（初世）を助けて竹本座の座本となり、経営手腕を振るう一方、★近松門左衛門に学び浄瑠璃も書いた。代表作に、単独作『蘆屋道満大内鑑』、文耕堂らとの合作『ひらかな盛衰記』、並木宗輔らとの合作『★菅原伝授手習鑑』などがある。生年不明—1747
〔二世〕名は清定。初世の子で親方出雲と呼ばれ、竹本座の全盛をもたらした。代表作に並木宗輔らとの合作『★義経千本桜』『★仮名手本忠臣蔵』などがある。1691—1756

長高し【たけたかし】文芸用語 和歌用語。『★毎月抄』中の★十体の一つ。「長高体」とも。「たけ」とは歌柄や格調のことで、格調が高く壮大で流麗感のある歌を評していう。↓とほしろし

たけ-だち【丈立ち】名詞 身長。背丈。

高市黒人【たけちのくろひと】人名 飛鳥時代の廷臣で、歌人。持統・文武朝のころ、その宮廷に仕えた。『万葉集』に十八首の短歌を残す。いずれも旅の歌で、孤愁をにじませた叙景歌に特徴を見せる。生没年不明。

竹取物語【たけとりものがたり】作品名 ↓必修古典ビッグ30 ⑰（770ページ）

たけ-なは・なり【酣なり・闌なり】形容動詞〔ナリ〕〈なら・なり（に）・なり・なる・なれ・なれ〉❶（物事が）最も盛んだ。❷（物事が）盛りを過ぎて衰えかけている。

たけ-の-その【竹の園】皇族の別の呼び名。発展 中国で、梁の孝王が宮殿の庭に竹を植え、修竹苑と呼んだことから。「たけのそのふ」とも。

たけ-の-そのふ【竹の園生】↓たけのその

たけ・ぶ【猛ぶ】動詞 自〔バ四段〕〈ば・び・ぶ・ぶ・べ・べ〉勇ましく振る舞う。荒々しく振る舞う。
天仰ぎ叫びおらび地を踏みきかみ**たけびて**…歌〈万葉集・9・1809〉訳 天を仰ぎ、叫びわめいて地を蹴って、歯ぎしりし**荒々しく振る舞って**…。

竹本義太夫【たけもとぎだゆう】人名 江戸時代前期の大坂の浄瑠璃太夫。★義太夫節の祖。大坂道頓堀に竹本座を創設し、近松門左衛門（↓必修古典ビッグ30 ⑲ 814ページ）の作品を多く上演した。1651—1714

たける（現）↓（古）たく【長く・闌く】

たけれ 希望の助動詞たしの已然形。

たけ-を【猛男・猛夫】名詞 強くて勇ましい男。類 益荒猛男・益荒男

た-ご【田子】名詞 田を耕作する人。農夫。
いかばかり**田子の裳裾もそぼつらむ雲間も見えぬころの五月雨** 歌〈新古今集・夏・227〉訳 どれぐらい**農夫**の着物の裾はぬれていることだろう。雲の晴れ間も見えない季節の五月雨の中で。

たごう（現）↓（歴）たがふ【違ふ】最重要語（765ページ）

た-ごし【手輿】名詞 輿のひとつ。前後二人で、両腕で腰の高さに持ち上げて運ぶ。発展「てごし」とも。平安以前は主に天皇の乗り物であったが、後に皇族・摂政・関白にも使用が許可された。

たこつぼや…句
蛸壺やはかなき夢を夏の月
松尾芭蕉〈笈の小文〉訳 短い夏の夜の月が海を照らす。海の底の蛸壺の中で、タコが一夜のはかない夢を見ているのだろうか。（朝になれば捕らえられるとも知らずに。）〇季語 夏の月—夏。「蛸壺」はタコを捕るために沈めておく壺。
発展 前書きに「明石夜泊」とある。明石は月の名所で、しばしば和歌に詠まれる。タコというどことなくおかしな素材を使いながら、この世のはかなさを描き出している。

［たごし］
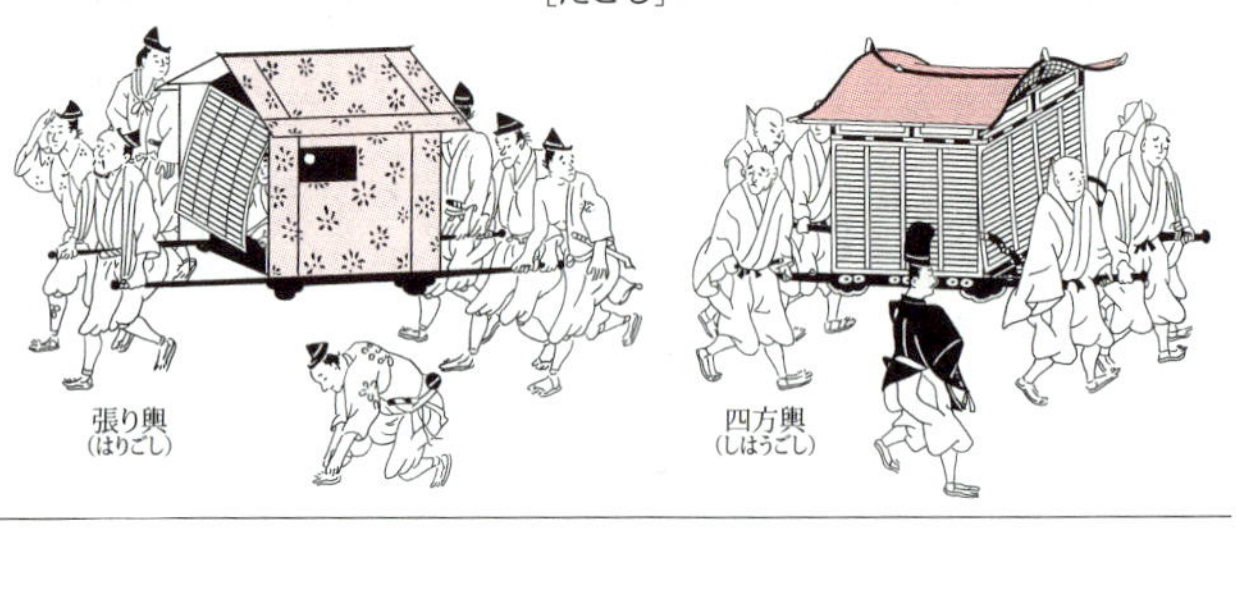

田子の浦【たごのうら】歌枕 静岡県富士市富士川河口付近。「田児の浦」とも書く。古くは駿河湾の北西部（由比・西倉沢の辺り）という。東路の途中で富士山を望む地。「波」「藻塩」「富士」などとともに詠まれた。↓ビジュアルチェック❶（194ページ）

たごのうらに…百人一首
田子の浦にうち出でて見れば白妙の富士の高嶺に雪は降りつつ〈新古今集・冬・675・山部赤人〉

訳 田子の浦に出て(眺めて)見ると、真っ白な富士山の高い峰に雪が降り続いていることだ。○「田子の浦」は駿河湾の海岸。「白妙の」は「富士」に係る枕詞とする説もある。「つつ」は動作の反復・継続を表す接続助詞で、和歌の文末に用いられて余情を残す効果がある。

発展『万葉集』中の歌(↓たごのうらゆ…)が原歌。

品詞分解・修辞

田子の浦	に	うち出で	て	見れ	ば	白妙	の
	格助	ダ下二・用	接助	マ上一・已	接助		格助

富士	の	高嶺	に	雪	は	降り	つつ〈つつ止め〉
	格助		格助		係助	ラ四・用	接助

◆**たごのうらゆ…** 歌

田子の浦ゆうち出でて見れば真白にそ富士の高嶺に雪は降りける〈万葉集・3・318・山部赤人〉

訳 田子の浦を通って(視界の開けた所へ)出て(眺めて)見ると、真っ白に、富士山の高い峰に雪は降り積もっていたのだった。○「ゆ」は上代の格助詞で、「…を通って」の意味。

発展『新古今和歌集』中の歌(↓たごのうらに…)の原歌。荘厳な情景と、それを発見した瞬間の感動を写実的に描く。

だざい-の-ごんのそち【大宰の権の帥】 名詞 大宰府の次官。大宰の帥に代わって実務を執った。ただし、大臣などが左遷されて「大宰の権の帥」となった場合は、定員以外の官として実務は執らなかった。発展 近世、「ださい」は「だざい」とも。また「そち」は「そつ」とも。「権」は「仮の」もしくは、「次位」の意味。有名な菅原道真は右大臣から「大宰の権の帥」に左遷されたが、やはり実務には関与しなかった。

だざい-の-そち【大宰の帥】 名詞 大宰府の長官。平安以後、親王が多く任じられた(＝「帥の宮」)が、実際に現地には赴かず、次官である「大宰の権の帥」や「大弐」が実務を執った。発展 近世、「ださい」は「だざい」とも。また「そち」は「そつ」とも。

だざい-ふ【大宰府】 名詞 筑前の国(＝今の福岡県)に置かれた役所。九州および壱岐・対馬の二島を管理し、中国・朝鮮に対する国防・外交を取り扱い、中世に鎮西探題が設置されるまで存続した。略して「大宰」と呼ばれることもあり、「鎮西府」ともいわれた。発展 近世「だざいふ」とも。

たし

助動詞 ク型 接続 動詞・動詞型活用の助動詞の連用形に付く。

その動作や状態を実現したい気持ちを表す
- ❶(自分および自分以外の人の希望を表し)…たい。
- ❷(他への希望を表し)…てほしい。

未然形	連用形	終止形	連体形	已然形	命令形
たく	たく	たし	たき	たけれ	○
たから	たかり	○	(たかる)	○	○

❶(自分および自分以外の人の希望を表し)…たい。**常に聞きたきは琵琶、和琴。**〈徒然草・16・神楽こそ〉訳 いつも聞きたいのは琵琶や、和琴である。○この「たし」は、自分の希望を表す。

「**屋島へ帰りたくは、一門の内へ言ひ送って、三種の神器を都へ返し入れたてまつれ。**」〈平家・10・内裏女房〉訳「(平氏のおまえが)屋島へ帰りたいならば、(平氏)一門の内へ伝えて、★三種の神器を都へ返し納め申し上げよ。」○この「たし」は、自分以外の人(聞き手である平重衡)の希望を表す。

❷(他への希望を表し)…てほしい。**家にありたき木は、松、桜。**〈徒然草・139・家にありたき木は〉訳 家にあってほしい木は、マツと、サクラだ。

発展 **現代語とのつながり** 中古末期に成立したことばと考えられ、同じ意味・用法の助動詞「まほし」に対する俗語として用いられた。中世以降、「たし」が「まほし」に代わり多用されるようになり、現代語「たい」につながっていく。

類語比較「まほし」と「たし」↓まほし
↓古語チャート㊽(1313ページ)

たしか-なり【確かなり】 形容動詞 ナリ 〈なら・なり(に)・なり・なる・なれ・なれ〉 ❶しっかりしている。動揺しない。**仕うまつる人の中に、心確かなるを選びて…。**〈竹取・火鼠の皮衣〉訳 お仕え申し上げる人の中で、(右大臣は)考えが**しっかりしている**者を選んで…。

❷はっきりしている。明確だ。「**かくのたまへど、誰とこそ知らね。確かにのたまへ。**」〈源氏・葵〉訳「そのようにおっしゃるが、だれなのか分からない。**はっきりと**おっしゃい。」

❸信用できる。信頼できる。間違いない。「**僧都の御しるべは、確かなるを、かくおぼつかなくはべるこそ。**」〈源氏・夢浮橋〉訳「僧都のご教示は、**間違いない**ことだが、このようにはっきりしませんのは。」

た-じつ【他日】 名詞 ほかの日。後日。

たじ-な・し【他事無し】 連語 ❶ほかのことを顧みない。余念がない。**ただ囲碁を打つほかは他事なし。**〈宇治拾遺〉訳 もっぱら囲碁をする以外**ほかのことを顧みない**。

❷親しい。よそよそしくない。「**この五人は我らが仲間、他事なう話し明かす仲、近づきになってお話しなされ。**」〈近松・博多小女郎波枕〉訳「この五人は我々の仲間(である)、**親しく**話し明かす仲(である)、お近づきになってお話しなさい。」○「他事なう」は連用形「他事なく」のウ音便。

たしなみ【嗜み】 名詞 ❶(芸能・教養を)好んで精を出して励むこと。日ごろの稽古。研究。修行。**およそ、女がかり、若き為手の嗜みに似合ふことなり。**〈風姿花伝〉訳 一般的に、女性の姿(をまねるの)は、若い役者の**日ごろの稽古**に適当なことである。

❷日ごろの心掛け。心構え。用意。**時の貫主にておはせしかども、今は行学共に捨て果てさせたまひて、朝暮ただ武勇の御嗜みの外は他事なし。**〈太平記〉訳 (護良親王は)時の天台座主でいらっしゃったのだが、今では僧としての修行、勉強いずれもすっかりお捨てになってしまって、毎日ひたすら強く勇敢にという**心構え**以外のほかのことを顧みない。

たしな・む【窘む・困む】《上代語》㊀動詞 自 マ四段 〈ま・み・む・む・め・め〉苦しむ。悩む。困る。苦しみ嘆く。**老いたる身に病を重ね、年を経てたしなみ、また子らを思ふ歌。**〈万葉集・5・897・題詞〉訳 年老いた身に病気を加え、長い月日にわたって**苦しみ**、さらに子供のことを思う歌。

㊁動詞 他 マ下二段 〈め・め・む・むる・むれ・めよ〉苦しめる。「**いかにぞわれを陸にたしなめ、またわれを海にたしなむや。**」〈日本書紀〉訳「どうして私を陸で**苦しめ**、また私を海で**苦しめる**のか。」

たしな・む【嗜む】 動詞 他〔マ四段〕〈ま・み・む・む・め・め〉❶好む。好んで精を出す。一心に励む。
堪能の嗜まざるよりは、終に上手の位にいたり…〈徒然草・150・能をつかんとする人〉訳（練習に励む人は）芸が達者な人で**好んで精を出さ**ない人よりは、しまいに名人の地位に達し…。
❷見苦しくないように、心掛けて用心する。用意しておく。慎む。
総じて女、たしなむべきは言葉なり。〈西鶴織留〉訳大体女性が、**慎ま**なければならないのはことばである。

但馬［タヂ］旧国名 但州。★山陰道八か国の一つ。今の兵庫県北部。→ビジュアルチェック❼（450ページ）

たーしゃう【他生】 名詞《仏教語》今生（＝現世）以外の、他の世。前世または来世。

たーしゃう【多生】 名詞《仏教語》何度も死んでは生まれ変わることを繰り返すこと。

たしゃうーくゎうごふ【多生曠劫】 名詞《仏教語》何度も生死を繰り返して輪廻する間に経過する、限りなく長い年月。

だじゃうーくゎん【太政官】 名詞 →だいじゃうくゎん

だじゃうーだいじん【太政大臣】 名詞 →だいじゃうだいじん

だじゃうーてんわう【太上天皇】 名詞 →だいじゃうてんわう

だじゃうーにふだう【太政入道】 名詞 太政大臣で出家した人。発展「だいじゃうにふだう」とも。

たしゃうーのーえん【多生の縁】 名詞 何度も生まれ変わる間に結ばれた因縁。
同じ流れを掬ぶも、多生の縁なほ深し。〈平家・7・福原落〉訳同じ流れ（の水）を手ですくって飲むのも、**何度も生まれ変わる間に結ばれた因縁**がやはり深い（からだ）。
発展「他生の縁」と書くこともあるが、本来は誤り。

だじゃうーほふわう【太上法皇】 名詞 →だいじゃうほふわう

たーしょ【他所】 一 名詞 ほかの場所。よそ。二 名詞 動詞 自〔サ変〕〈せ・し・す・する・すれ・せよ〉よそへ移ること。
「中納言のものしたまへば、その扱ひにて、同じやうなる心地して過ぐしはべれば…それさへ**他所せられなば**、まいていかにいかに…。」〈栄花〉訳「中納言（＝故姫宮の娘婿）がいらっしゃるので、その世話によって、（姫宮の生前と）同じような気持ちで過ごしておりますので…その方までも**よそへ移り**なさるなら、ましてどんなにどんなに…。」

たしょう（現）→（歴）**たしゃう【他生】【多生】**

たず（現）→（歴）**たづ【鶴・田鶴】**

たーすき【手繦・襷】 名詞 ❶古代、神を祭る際、袖を束ねておくために肩に掛けたひも。供物に袖が触れないように配慮したもの。❷手の動きを自由にするために、袖をたばねてとめておくひも。❸（ひもなどを）斜めに交差させること。また、その模様。たすきがけ。

［たすき❸（勝見襷）］

たずき（現）→（歴）**たづき【方便】**

たーすーく【助く】 動詞 他〔カ下二段〕〈け・け・く・くる・くれ・けよ〉最重要語（784ページ）
❶（手伝い・補佐・後見などをして）力を貸す。かばう。
身を助けて憂へなく、人の煩ひなからんことを思ふ。〈徒然草・172・若き時は〉訳（年を取った人はわが）身を**かばって**心配ごとがなく、他人に迷惑がないようなことを考える。
❷（危険や困難から）逃れさせる。救う。
「池に泳ぐ魚、山に鳴く鹿をだに、人に捕らへられて**死なむとするを見つつ助けざらむは、いと悲しかるべし。**」〈源氏・手習〉訳「池に泳ぐ魚や、山に鳴くシカでさえ、人に捕らえられて死のうとしているのを見ていながら**救わ**ないとしたら、（それは）とてもかわいそうなことに違いない。」

たすける（現）→（古）**たすく【助く】**

たずさう（現）→（歴）**たづさふ【携ふ】**

たずさえる（現）→（古）**たづさふ【携ふ】**

たずさわる（現）→（歴）**たづさはる【携はる】**

たずぬ（現）→（歴）**たづぬ【尋ぬ・訪ぬ】**

たずねる（現）→（古）**たづぬ【尋ぬ・訪ぬ】**

たーぜり【田芹】 名詞《植物》セリの別の呼び名。季語 春
発展 多く、田に生えることから。

たーそ【誰そ】 連語 だれだ。
「**たそ。**」と見向きたれば、狐、人のやうについ居て、さし覗きたるを…。〈徒然草・230・五条の内裏には〉訳「**だれだ。**」と振り向くと、キツネが、人のようにひざまずいて、のぞいているのを…。
発展 代名詞「た」＋終助詞「そ」。

たーそーかれ【黄昏】 名詞（「黄昏時」の略で）夕暮れ時。夕方。
寄りてこそそれかとも見め**黄昏**にほのぼの見つる花の夕顔 歌〈源氏・夕顔〉訳→よりてこそ…
発展 ①近世以降は「たそがれ」。②「誰そ彼（＝だれだあの人は）」の意味で、夕やみが迫り、道行く人がだれであるかすぐには判別しにくい薄暗い時分をいう。→古語チャート❶（47ページ）
関連語 彼は誰時

たそかれーどき【黄昏時】 名詞 →たそかれ

ただ

たた十口 「たつ【立つ】一 二（タ行四段）」の未然形。

遮るものがなく、物事と物事とが直接結び付くようす。また、順当に事態が進むようす
- 一【直】❶まっすぐに。直接。❷（空間的・時間的に）すぐ。ちょうど。❸（比喩に用いて）ちょうど（…のようだ）。まるで（…のようだ）。
- 二【唯・只】❶ひたすら。いちずに。❷わずかに。たった。単に。❸構わないから。ともかく。

副詞 一【直】❶まっすぐに。直接。じかに。
紅の御衣三つばかりを、**ただ**御直衣に引き重ねてぞ奉りたる。〈枕草子・278・関白殿、二月二十一日に〉訳（藤原道隆は）紅色のお召し物三枚ほどを、**直接**★直衣に重ねてお召しになっている。
❷（空間的・時間的に）すぐ。ちょうど。まさに。ほんの近く。
ただこのつづら折りの下に…。〈源氏・若紫〉訳**ちょう**

どこの曲がりくねった坂道の下の方に…。

あらたまのとしの三年を待ちわびてただ今宵こそ新枕すれ 歌〈続古今集・1210〉訳↓あらたまの…

❸（比喩に用いて）ちょうど（…のようだ）。まるで（…のようだ）。そのまま。

神無月時雨にぬるる紅葉はただわび人の袂なりけり 歌〈古今集・哀傷・840〉訳十月の時雨にぬれる赤く色づいた葉は、まるで悲嘆に暮れている人（＝母を亡くした私）の（血の涙でぬれた）袂（のよう）であったことよ。

二【唯・只】❶ひたすら。いちずに。ただもう。むやみに。

立て込めたる所の戸、すなはち、ただ開きに開きぬ。…えとどむまじければ、ただ差し仰ぎて泣きをり。〈竹取・かぐや姫の昇天〉訳（かぐや姫を入れて）閉め切ってある場所の戸が、すぐに、ただもうすっかり開いてしまった。…（かぐや姫を）引きとめることができそうにないので、（嫗は）ひたすら仰ぎ見て泣いている。○「ただ開きに開きぬ」のように、「ただ」の下に同じ動詞を重ねて強調する用法も多い。

❷わずかに。たった。ほんの。単に。ただ単に。

蛍の多く飛び違ひたる。また、ただ一つ二つなど、ほのかに打ち光りてゆくもをかし。〈枕草子・1・春は曙〉訳ホタルが多く飛び交っているのは（おもしろい）。また、ほんの一匹二匹などが、ぼんやりと光って（飛んで）行くのも風情がある。

❸（「ただ～命令・禁止・意志」の形で）構わないから。ともかく。

「とがむべからず。ただみな掘り捨つべし」〈徒然草・207・亀山殿〉訳「（ヘビは地の神だからといって）気にかけなくてもよい。構わないから全部掘って（ヘビを）捨てよ。」○推量（適当・命令）の助動詞「べし」と呼応して用いられている例。

「ただ、幼き人々を、いつしか思ふさまに仕立ててみむ」〈更級日記・初瀬〉訳「ともかく、幼い子供たちを、早く希望どおりに立派に育て上げてみたい。」○意志・希望の助動詞「む」と呼応して用いられている例。

ただ-あり・なり 形容動詞〔ナリ〕〈なら・なり（に）・なり・なる・なれ・なれ〉❶つくろわない自然のままだ。ありのままだ。

いみじう見えきこえて、をかしき筋など立てたることはなう、ただありなるやうなるを…。〈枕草子・49・職の御曹司の〉訳（藤原行成は）ひどく目立ち申し上げて、風流な方面などを押し立てることはなく、ありのままであるような人だが…。

❷情趣がない。平凡だ。

さはいへど、田舎びたまへりし名残こそ、ただありにおほどかなる方にのみは見えたまひけれ…。〈源氏・胡蝶〉訳そうはいっても、田舎じみていなさったときの名残で、平凡でおっとりしているように（玉鬘は）お見えになったが…。

ただ-いま【只今】一名詞今。現在。このため。

ただいまの関白殿、三位の中将と聞こえける時…。〈枕草子・23・清涼殿の丑寅の〉訳現在の関白殿（＝藤原道隆。中宮定子の父）が、（まだ）三位の中将と申し上げていた時分…。

二副詞たった今。今すぐ。すぐさま。

これほどの歌ただいま詠み出だすべしとは知られざりけるにや。〈十訓抄〉訳（定頼中納言は、）小式部内侍がこれほどの秀歌をすぐさま詠み出すだろうとはお分かりにならなかったのだろうか。

❷**たたう**（現）↓（歴）たたふ【湛ふ】【称ふ】

たたう-がみ【畳紙】名詞折り畳んで懐中に入れておき、鼻紙にしたり、歌などを書いたりする際に用いた紙。懐紙。発展四段動詞「たたむ」の連用形に名詞「かみ」が付いて一語になったことば「たたみがみ」から変化したもの。

❷**ただう-ど**【徒人・直人】名詞↓ただびと

❷**たたえる**（現）↓（古）たたふ【湛ふ】【称ふ】

ただ-か【直処・直香】名詞その人自身。また、（その人の）ようす。

聞かずして黙もあらましをなにしかも君が直処を人の告げつる 歌〈万葉集・13・3304〉訳聞かないで何もしないでいられればよかったのに、どうしてあなたのようすを人は（わたしに）知らせたのだろうか。

たたか・ふ【戦ふ】動詞自〔八四段〕〈は・ひ・ふ・ふ・へ・へ〉争う。戦う。戦闘する。

「守り戦ふべき下組みをしたりとも、あの国の人をえ戦はぬなり。」〈竹取・かぐや姫の昇天〉訳「（私を）守り（天人と）争うような準備をしても、あの国（＝月の都）の人とはとても争えないのだ。」

たた・く【叩く・敲く】一動詞他〔カ四段〕〈か・き・く・く・け・け〉❶繰り返し打つ。門戸をたたいて来訪を告げる。

「われ人を起こさむ。手たたけば、山彦の答ふる、いとうるさし。」〈源氏・夕顔〉訳「私（＝源氏）が人を起こそう。手を繰り返し打つと、（必ず）こだまの返ってくるのが、ひどく煩わしい。」

❷（「目をうちたたく」の形で用いて）ぱちぱちさせる。しばたく。

❸打撃を加える。強く打つ。ぶつ。

二動詞自〔カ四段〕〈か・き・く・く・け・け〉（クイナが）鳴く。

五月、菖蒲葺くころ、早苗取るころ、水鶏のたたくなど、心細からぬかは。〈徒然草・19・折節の〉訳（陰暦）五月、（端午の節句に）ショウブを軒端に差して飾るころ、早苗を取る（＝田植えをする）ころ、クイナが（戸をたたくような声で）鳴くころなどは、しみじみと寂しくないことがあろうか、いや、しみじみと寂しいものだ。

発展二は、鳴き声が戸などをたたく音に似ていることから。

ただ-こと【直言・徒言】名詞普通のことば。日常的な表現。

これは直言に言ひて、ものにたとへなどもせぬものなり。〈古今集・仮名序〉訳この種の歌は普通のことばで言い、何かにたとえたりなどもしないものである。

発展「ただごと」とも。比喩などの技巧を使ったり、歌語を用いたりせずに、平凡なことばで表現したり、直接口で言ったりすることをいう。

ただ-こと【直事・徒事】名詞普通のこと。世の常のこと。

「直事にはあらざりけり。雀のしたるにこそ。」〈宇治拾遺〉訳「世の常のことではなかった。スズメがしたのだろう。」

ただこと-うた【直言歌・徒言歌】名詞『古今和歌集』の仮名序で説く、和歌の★六義の一つ。比喩などの技巧を使わないで、日常語でありのままに詠んだ歌。

たたざま・なり【縦様なり】形容動詞〔ナリ〕〈なら・なり（に）・なり・なる・なれ・なれ〉❶縦になっている。対横様なり

琵琶の御琴をたたざまに持たせたまへり。〈枕草子・94・上の御局の〉訳（中宮様は）琵琶のお琴を縦に（して）持っていらっしゃる。

❷まっすぐだ。上はつれなくて草生ひ茂りたるを、ながながとたたざまに行けば…。〈枕草子・223・五月ばかりなどに〉訳表面は何事もなくて草が生い茂っている所を、ずっとまっすぐに行くと…。

ただ・し【正し】 形容詞〔シク〕〈しく・しく・し・しき・しけれ・○／しから・しかり・○・しかる・○・しかれ〉❶規範とするものに合っている。間違いがない。**その人、道の掟正しく、これを重くして放埓せざれば**…。〈徒然草・150・能をつかんとする人〉訳(芸の道に励む)その人が、芸道の規律を**間違いがなく**(守り)、これを重んじて勝手気ままに振る舞わなければ(必ず)…。❷乱れていない。きちんとしている。**束帯正しき老者が、髻放って、ねり出でたりければ**…。〈平家・3・公卿揃〉訳礼服が**きちんとしている**老人が、(冠を落とされて)髻をあらわに出して(不格好な姿で)、ゆっくりと歩み出したので…。

ただし【但し】 接続詞 ❶(前文を受け、条件や例外などを付け加えて)しかしながら。とはいうものの。ただ。**実に吉き馬にてありければ、「然は賜はりなむ。」とて、取りてけり。ただし、宵には然も云はざりけるに**…。〈今昔〉訳本当に見事なウマだったので、「それでは頂こう。」と言って、もらってしまった。**ただ**、(昨日の)宵にはそのように言っていなかったのに…。❷(前文に対し、疑問や推量などの気持ちを付け加えて)もしかして。あるいは。**十月を神無月と言ひて、神事にはばかるべき由は、記したる物なし。…ただし、当月、諸社の祭なき故に、この名あるか。**〈徒然草・202・十月を〉訳十月を神無月といって、神事を慎むべき理由は、書き記してある物がない。…**もしかして**、この月には、諸神社の祭りがないがために、この名があるのか。

発展 副詞「ただ」＋副助詞「し」が一語になったもの。

たた-す【立たす】《上代語》お立ちになる。お出かけになる。**朝狩りに今立たすらし夕狩りに今立たすらし**… 歌〈万葉集・1・3〉訳(天皇が)朝の狩りに今**お出かけになる**らしい。夕方の狩りに今**お出かけになる**らしい…。

発展 四段動詞「たつ」の未然形＋上代の尊敬の助動詞「す」。

ただ・す【正す】 動詞 他〔サ四段〕〈さ・し・す・す・せ・せ〉一【正す】正しくする。整える。**古人冠を正し、衣装を改めしことなど、清輔の筆にもとどめ置かれしとぞ。**〈奥の細道・白河の関〉訳昔の人が(この白河の関を越えるとき)冠を**整え**(かぶり直し)、衣服を整えて(通った)ことなどが、藤原清輔の著(＝『袋草子』)にも書きとめられているということだ。

二【糺す】(よくないことを)摘発する。問いただす。「**かかることは、かへすがへすよく糺して、まこと、空事顕して、行はせたまふべきなり。**」〈宇治拾遺〉訳「こういうことは、何度もよく**問いただして**、事実と、嘘とをはっきりさせて、対処なさらなければならないことである。」

糺の森 歌枕 京都市左京区にある下鴨神社の境内の森。鴨川と高野川の合流点の北側に位置する。歌には、「質す」を掛けて詠まれたものが多い。↓賀茂神社(1093ページ)

たたずまひ【佇まひ】 名詞 ビジュアルチェック㉓ ようす。ありさま。**人々の語りきこえし海山のありさまを、はるかに思しやりしを、御目に近くては、げに及ばぬ磯の佇まひ、二なく書きたまへり。**〈源氏・須磨〉訳人々がお話し申し上げた海や山のようすを、(都にいたころは)遠く離れて想像していらっしゃ(るだけだ)ったが、(それを)目前にされて、(源氏は)実に思いも及ばなかった磯の**ようす**を、比べるものがないほど(見事)に(絵に)お書きになっている。

たたずま・ふ【佇まふ】 動詞 自〔ハ四段〕〈は・ひ・ふ・ふ・へ・へ〉じっと立ち止まっている。**奥の方にたたずまふを**…。〈枕草子・3・正月一日は〉訳(女房が)奥の方に**じっと立ち止まっている**のを…。

発展 四段動詞「たたずむ」の未然形＋接尾語「ふ」。

たたずみ-あり・く【佇み歩く】 動詞 自〔カ四段〕〈か・き・く・く・け・け〉あちらこちらで立ち止まっては歩く。うろつく。さまよい歩く。**男の童の、ことなることなき、草木どもにたたずみありきて**…。〈堤中納言・虫めづる姫君〉訳男の子供で、これといったところもない子が、植え込み(の間)を**あちらこちらで立ち止まっては歩いて**…。

たたず・む【佇む・イむ】 動詞 自〔マ四段〕〈ま・み・む・む・め・め〉同じ所にしばらくとどまる。立ち止まる。また、同じ所を行き戻りつする。**海見やらるる廊に出でたまひて、たたずみたまふさまの**…。〈源氏・須磨〉訳海を望むことのできる渡り廊下に(源氏が)お出ましになり、**立ち止まって**いらっしゃるお姿が…。

ただ-ち【直路】 名詞 まっすぐに行ける道。また、近道。**恋ひわびてうち寝るなかに行き通ふ夢の直路はうつつならなむ** 歌〈古今集・恋2・558〉訳恋に苦しみ悩んで寝たとき夢の中で(あの人のところへ)行き来した、その夢の**まっすぐに行ける道**が現実であってほしい。

発展 後世「ただぢ」とも。

ただち-に【直ちに】 副詞 ❶直接に。じかに。**土器より、直ちに移すべし。**〈徒然草・213・御前の火炉に〉訳(火鉢に火種をいれるときは)土器から、**直接**にあけなくてはならない。❷すぐに。**なんぞ、ただ今の一念において、直ちにすることのはなはだ難き。**〈徒然草・92・ある人、弓射ることを〉訳どうして、現在の一瞬に、**すぐに**実行することがとても難しいのか。

たたなづ・く【畳なづく】 一 動詞 自〔カ四段〕〈か・き・く・く・け・け〉《上代語》幾重にもたたみ重なる。重なり合っている。**倭は国のまほろばたたなづく青垣山隠れる倭し美し**〈古事記・景行天皇〉訳大和は国々の中で(最も)優れたよい所だ。**重なり合っている**青々とした垣根のような山々、その山々に囲まれている大和は美しい。

発展「柔肌」「青垣(山)」に係る枕詞とする説もある。

たたな-は・る【畳なはる】 一 動詞 自〔ラ四段〕〈ら・り・る・る・れ・れ〉❶(山などが)幾重にも重なり合う。❷(長いものが)重なる。**紅梅の織物の御衣に、たたなはりたる御髪のすそばかり見えたるに**…。〈堤中納言・このついで〉訳紅梅色のお召し物(の上)に、(中宮の豊かに)**重なった**髪の端だけが(つい立ての陰から)見えたときに…。

二 動詞 自〔ラ下二段〕〈れ・れ・る・るる・るれ・れよ〉一❷の意味に同じ。

ただ-なら-ず 連語 ❶普通でない。わけありげである。**松吹く風物を倒すがごとく、雨さへ降りてただならぬ夜のさまに**…。〈雨月・吉備津の釜〉訳マツに吹きつける風が物を吹き倒すように(激しく)、雨まで降って**普通でない**夜のようすで…。
❷心が穏やかでない。
春宮の女御、かくめでたきにつけても、ただならずおぼして…。〈源氏・紅葉賀〉訳東宮の女御(=弘徽殿の女御)は、(源氏が)このように立派であるにつけても、**心が穏やかでなく**お思いになって…。
❸並々でない。優れている。
ものふりたる森の気色もただならぬに…。〈徒然草・24・斎宮の野宮に〉訳長い年月を経た森のようすも**並々でない**のに…。
❹(多く動詞「なる」を伴って)妊娠している。
男夜な夜な通ふほどに、年月も重なるほどに、**身もただならずなりぬ**。〈平家・8・緒環〉訳男が毎晩通ううちに、年月も積み重なるうちに、(女の)身も**妊娠して**しまった。
発展 形容動詞「ただなり」の未然形＋打消の助動詞「ず」。

ただ・なり

物事の関係が直接的で、飾り気がないようす。また、何もないようす

- 一【直なり】❶**まっすぐである。直接である。じかだ。** ❷**加工していない。** ◉主に上代の用法。
- 二【徒なり】**何もしない。むなしい。むだだ。**
- 三【常なり】**変わったところがない。普通だ。平気だ。** ◉多く「ただならず」「ただにはあらず」などの形で用いる。
- 四【只なり】**代償や報償がない。**

未然形	連用形	終止形	連体形	已然形	命令形
ただ・なら	ただ・なり ただ・に	ただ・なり	ただ・なる	ただ・なれ	ただ・なれ

形容動詞(ナリ) 一【直なり】❶(多く、連用形を副詞的に用いて)**まっすぐである。直接である。じかだ。**

天皇、女鳥王の坐す所にただに幸でまして…。〈古事記・仁徳天皇〉訳(仁徳)天皇は、女鳥王のいらっしゃる所に**直接に**お出かけになって…。

背の山にただに向かへる妹の山事許せやも打ち橋渡す 歌〈万葉集・7・1193〉訳(紀の川を挟んで)背山に**まっすぐに**向き合っている妹山は、(背山が通ってくる)ことを許したのかなあ。(紀の川に)板の橋が架け渡してある。○恋人同士・夫婦を表す「背」と「妹」の名が付いた二つの山のことを、擬人法によって詠んでいる。
❷**加工していない。生地のままである。**
細長ども、ただなる絹綾など取り具したまふ。〈源氏・宿木〉訳(薫は中の君に贈るために)細長(=女子の普段着)の数々も、ただ単にあるものに任せて(=あり合わせのものを用意し)、(そのほかに)**生地のままである**いろいろな模様を織り出した絹織物などをおそろえになる。○「ただある」の「ただ」は副詞。
二【徒なり】**何もしない。むなしい。むだだ。**
「後をおぼさば、今宵はただに伏したまへれ。」〈落窪〉訳「後々のことをお思いになるなら、今夜は**何もしないで**お休みになっていてください。」
三【常なり】**変わったところがない。普通だ。平気だ。**
「かやうなる人の、験現さぬとき、はしたなかるべきも、**ただなるよりはいとほしう思ひたまへつつみてなむ、いたう忍びはべりつる。**」〈源氏・若紫〉訳「これほどの人(=有名な高僧)が、(もしも祈禱の)効果を現さないときは、きまりが悪いに違いないことも(考え合わせ)、**普通の**僧(に祈禱を頼む)よりは(いっそう)気の毒だと遠慮させていただいて、(あなたには)ごく内密にしたのですよ。」
四【只なり】**代償や報償がない。**
「**我泣く泣く引きとどめて、ただにあらむは、むげにあるまじきことなり。**」〈狭衣〉訳「自分が泣く泣く(あなたを)引き留めたのに、(あなたへの)**報償がない**としたらそれは、まったくあってはならないことである。」
発展 **用法の特徴** ①一❶は主に上代の用法で、特に『万葉集』では「ただに会ふ」という形での用例が多い。
②三は「ただならず」「ただにはあらず」などの打消の語を伴った連語として用いられることが多い。

たた・ぬ【畳ぬ】動詞 ↓たたむ

たたは・し 形容詞(シク)〈しく・しく・し・しき・しけれ・○／しから・しかり・○・しかる・○・しかれ〉❶**満ち足りている。豊富だ。完全無欠だ。**
いつしかも日足らしまして望月のたたはしけむと… 歌〈万葉集・13・3324〉訳いつになったら、(皇子が)成長なさって満月のように**完全無欠である**のだろうと…。○「たたはしけ」は、上代の未然形。
❷**おごそかでいかめしい。威厳がある。**
これぞ、たたはしきやうにて、馬のはなむけしたる。〈土佐日記・十二月二十三日〉訳この人が、**威厳がある**ようすで、餞別をしてくれた。

ただ-びと【徒人・直人】

特別な存在でない、ただの人

- ❶(神仏やその化身に対して)**普通の人間。常人。**
- ❷(天皇・皇后・皇族に対して)**臣下。**
- ❸(摂政・関白・公卿に対して)**一般の貴族。官位の低い人。**

名詞 ❶(神仏やその化身に対して)**普通の人間。常人。**
このかぐや姫、きと影になりぬ。「はかなく口惜し。」とおぼして、「**げに徒人にはあらざりけり。**」とおぼして…。〈竹取・かぐや姫の昇天〉訳このかぐや姫は、さっと実体のないものになって(=姿を消して)しまった。(帝は)「むなしく残念だ。」とお思いになって、「なるほど**普通の人間**ではなかったのだなあ。」とお思いになって…。
❷(天皇・皇后・皇族に対して)**臣下。臣下の身分。**
この帝の、徒人になりたまふほどなど、おぼつかなし。〈大鏡・宇多天皇〉訳この帝(=宇多天皇)が、(まだ十八歳だったころに陽成天皇の)**臣下**になりになったようすなどは、はっきりしない。
❸(摂政・関白・公卿に対して)**一般の貴族。官位の低い人。**
徒人の、上達部の北の方になり、上達部の御娘、后にゐたまふこそは、めでたきことなめれ。〈枕草子・186・位こそ〉訳**官位の低い人**が、公卿の正妻となり、(その)公卿の令嬢が、后の地位にお就きになることは、すばらしいこ

とだと思われる。

発展「ただうど」とも。

たた・ふ【湛ふ】 一 動詞 自 〔ハ四段〕〈は・ひ・ふ・ふ・へ・へ〉いっぱいに満ちる。充満する。

海ならずたたへる水の底までに清き心は月ぞ照らさむ 歌〈新古今集・雑下・1699〉訳 ↓うみならず…

二 動詞 他 〔ハ下二段〕〈へ・へ・ふ・ふる・ふれ・へよ〉いっぱいに満たす。充満させる。

比叡山より千手井の水を汲み、くだし、石の船にたたへて…〈平家・6・入道死去〉訳 比叡山から千手堂の井戸の水をくみ下ろし、石の浴槽に**いっぱいに満たして**…。

たた・ふ【称ふ】 動詞 他 〔ハ下二段〕〈へ・へ・ふ・ふる・ふれ・へよ〉褒めたたえる。称揚する。

その御名をたたへて、建沼河耳命といふ。〈古事記・神武天皇〉訳 そのお名前を**褒めたたえて**、建沼河耳命という。

発展「湛ふ」と同じ語源。ことばで満たすという意味。

たたみ【畳】 名詞 上代は、★筵・★薦・毛皮の類などの敷物の総称。平安時代になると、主として、薄縁(=ござの縁に彩色された絹布を付けた敷物)。発展 薄縁は、身分によって、その彩色にも決まりがあったという。平安時代の床は板張りで、必要に応じてこれを敷いた。現在のような畳が使用されるようになるのは室町時代以降である。

たたみ-こも【畳薦】 一 名詞 コモ(=イネ科の多年草)を編んで作った敷物。また、敷物として編むためのコモ。

二 枕詞 (幾重にも重ねる意味から「重へ」の音を含む)「平群(=地名)」などに係る。

命の全けむ人はたたみこも平群の山のくまかしが葉を髻華に挿せその子〈古事記・景行天皇〉訳 ↓いのちの…

たたみ-な・す【畳みなす】 動詞 他 〔サ四段〕〈さ・し・す・す・せ・せ〉畳んで作り上げる。幾重にも重ねる。

「すくよかならぬ山の気色、**木深く、世離れてたたみなし**…」〈源氏・帚木〉訳「(本当の名人は)険しくない山の風景を、木が奥深く茂り、世間から遠ざかって(いるような感じに)**幾重にも重ね**(て描き)…。」

発展「なす」は補助動詞。

たた・む【畳む】 一 動詞 他 〔マ四段〕〈ま・み・む・む・め・め〉❶ 折り畳む。積み重ねる。

着たる装束をみな解きて、片端よりみな畳みて、車の畳の下にうるはしく置きて…〈今昔〉訳 (車の中で)着ていた衣装を全部脱ぎ、片っ端からみな**折り畳んで**、車の敷物の下にきちんと置いて…。

❷まとめて取り払う。片付ける。(身辺を)整理する。

赤裸に身代畳みて…〈鶉衣〉訳 すっかり財産を**整理して**…。

❸いじめる。責める。やっつける。

この男、次第にたたまれて…〈西鶴・好色一代女〉訳 この男は、徐々に**いじめられて**…。

二 動詞 自 〔マ四段〕〈ま・み・む・む・め・め〉重なる。積み重なる。

あるは二重に重なり、三重に畳みて…〈奥の細道・松島〉訳 ある(島)は二重に重なり、(また、ある島は)三重に**重なって**…。

ただ-むか・ふ【直向かふ】 動詞 自 〔ハ四段〕〈は・ひ・ふ・ふ・へ・へ〉《上代語》まっすぐに向かう。真正面に向く。直接に向き合う。

ただ向かひ見む時までは松柏の栄えいまさね… 歌〈万葉集・19・4169〉訳 **直接に向き合って**会うときまでは、マツやカシワの木のように(変わらずに)栄えていらっしゃってください…。

ただむき【腕】 名詞《上代語》うで。発展「ただむぎ」とも。

たた-む-つき【立たむ月】 次に来る月。来月。発展「む」は推量の助動詞。

ただ-め【直目・正目】 名詞 直接に向かって見ること。目前にすること。まのあたり。

語り継ぐからにもここだ恋しきを直目に見けむ古壮士 歌〈万葉集・9・1803〉訳 (菟原処女が二人の若者に求婚されて自殺したという伝説を)語り継ぐだけでもこんなに恋しいのに、**まのあたり**にしたという昔の若者は(どんなに恋しく思っただろうか)。

ただ-もの【唯物・唯者】 名詞 (多く、打消のことばを伴って)普通の人。凡人。並みの者。

ただよう(現) ↓(歴) **ただよふ**【漂ふ】

ただよは・し【漂はし】 形容詞 〔シク〕〈しく・しく・し・しき・しけれ・○/しから・しかり・○・しかる・○・しかれ〉不安定だ。落ち着かない。

さまざまにつけて、みな思ふさまに定まり、漂はしからで、あらまほしくて過ぐしたまふ。〈源氏・蛍〉訳 (六条院の女性たちは)それぞれにつけて、みな思うとおりの状態に(身の上も)定まって、(気持ちも)**不安定で**なく、理想的なありさまでお過ごしになる。

ただよは・す【漂はす】 動詞 他 〔サ四段〕〈さ・し・す・す・せ・せ〉漂う状態にする。不安定な状態に置く。

「**無品親王の、外戚の寄せなきにては、漂はさじ。**」〈源氏・桐壺〉訳「無位の親王で、母方の親戚の後見のない者として、**不安定な状態に置か**ないようにしよう。」

ただよ・ふ【漂ふ】 動詞 自 〔ハ四段〕〈は・ひ・ふ・ふ・へ・へ〉❶(空中や水上に)浮かんで揺れ動く。ただよう。

はかなくてうはの空にぞ消えぬべき風に漂ふ春の淡雪 歌〈源氏・若菜上〉訳 (源氏のおいでがないので、私は)頼るものもなくて、空の途中で消えてしまいそうだ。風に**ただよう**春の淡雪のように。

❷より所がなく不安定な状態で暮らす。ふらふらする。さまよう。

功徳も作らずなどして漂ふ。〈更級日記・夫の死〉訳 功徳(=仏から報いられるような善行)も積んでいないことなどから**より所がなく不安定な状態で暮らす**。

たたら【踏鞴】 名詞 大型のふいご。発展 金属の精錬や加工に用いる。数人が足で踏み空気を送って火を起こす。

たたり【祟り】 名詞 神仏・怨霊などのもたらす災い。

たたり【絡垜】 名詞 糸繰りの道具。糸巻き。発展 台の上に棒を立てたもので、複数のそれに糸を引っ掛けながら巻き付ける。

[たたり(絡垜)]

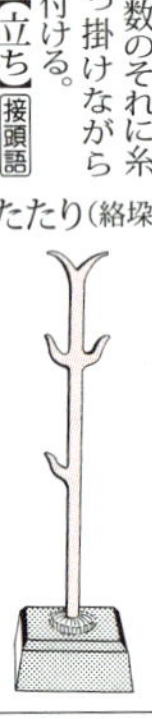

たち-【立ち】 接頭語 (動詞に付いて)意味を強める。語例 **立ち**入る・**立ち**別る

-たち【達・等】 接尾語 (神や人を表す名詞に付いて)尊敬の意味を含んで複数であることを表す。語例 神**たち**・更衣**たち** 発展「だち」とも。同じ複数を表す「ども」に比べ、尊敬の意味を含むという点で異なる。↓ども(接尾語)

たち【太刀】 名詞 ❶上代、刀剣の総称。多くは、反りのない直刀。❷平安時代以後、反りのある、儀礼用または戦闘用の大きな刀を指していう。↓図(次ページ)・礼服(図)

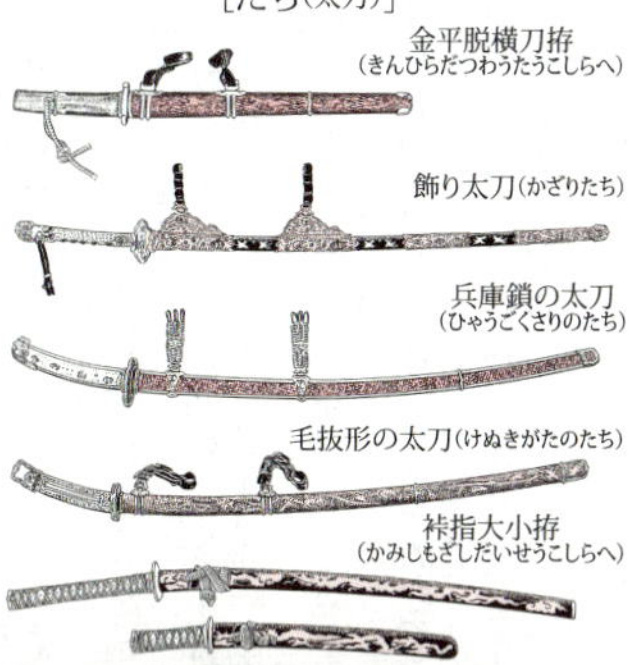

たち【館】名詞 ❶貴族や役人などが居住する官舎。❷貴族・豪族の邸宅。❸防備の施設がある武士の屋敷。小規模の城。武家屋敷。発展 ❸は「たて」とも。

❷たち＋□「たつ〔立つ〕一二（タ行四段）」の連用形。

たち-あかし【立ち明かし】名詞 ➜たてあかし

たち-あか・す【立ち明かす】動詞 自〔サ四段〕〈さ・し・す・す・せ・せ〉立ったままで夜を明かす。居るべきやうもなくて**立ち明かす**も、なほをかしげなるに…。〈枕草子・76・内裏の局〉訳（人が多すぎて）座るわけにもいかなくて**立ったままで夜を明かす**のも、やはりおもしろい感じがするが…。

たち-い・づ【立ち出づ】動詞 自〔ダ下二段〕〈で・で・づ・づる・づれ・でよ〉❶立って出ていく。（その場を）立ち去る。「ただ、『うけたまはりぬ。』とて、**立ち出で**はべるに…。」〈源氏・帚木〉訳「ただ、『承知いたした。』と言って、**立ち去り**ますと…。」
❷立ってやって来る。（その場に）出て来る。**御簾の際に立ち出でたまひて**…。〈更級日記・竹芝寺〉訳（姫宮が）御殿のすだれのそばに**出て来**なさって…。
❸表面に出る。現れ出る。**にはかに立ち出づるむら雲の気色いとあやにくにて**…。〈源氏・幻〉訳急に**現れ出る**一群の雲のようすがまったくあいにくなことであって…。

たち-い・る【立ち入る】動詞 自〔ラ四段〕〈ら・り・る・る・れ・れ〉❶中に入る。入り込む。**建礼門院は、東山のふもと、吉田の辺なる所にぞ立ち入らせたまひける**。〈平家・灌頂・女院出家〉訳建礼門院は、東山のふもとの、吉田の辺りにある所にお**入り**になった。
❷立ち寄る。**まづ使ひを遣はして、立ち入られたりけるに**…。〈徒然草・216・最明寺入道〉訳まず使いをやった上で、お**立ち寄り**になったときに…。

たち-え【立ち枝】名詞 高く伸びた枝。**なほ頼め梅の立ち枝は契りおかぬ思ひのほかの人も訪ふなり** 歌〈更級日記・梅の立ち枝〉訳（今までと）同様に（私の訪問を）当てにして（待っていて）ください。（外からよく見えるからか）ウメの**高く伸びた枝**には、（誘われて）約束しておいたのでもない思いがけない人も訪れるということだ（から）。

たち-おく・る【立ち後る・立ち遅る】動詞 自〔ラ下二段〕〈れ・れ・る・るる・るれ・れよ〉❶遅くなる。遅れる。「**この花のひとり立ち後れて夏に咲きかかるほどなむ、あやしう心にくくあはれにおぼえはべる**。」〈源氏・藤裏葉〉訳「この花（＝フジの花）だけが（ウメやサクラなどの春の花に）**遅れて**夏まで咲き続く風情が、妙に奥ゆかしくしみじみとしたものだと思われます。」
❷死に遅れる。先立たれる。「**時移り、さるべき人に立ち遅れて**…。」〈源氏・少女〉訳「時勢も移り、しかるべき人（＝後ろだてとなってくれる親族）にも**先立たれて**…。」
❸劣る。ひけをとる。**夜昼、学問をも遊びをももろともにして、をさをさ立ちおくれず**…。〈源氏・帚木〉訳（頭中将は源氏と）昼も夜も、学問でも遊びでも一緒にして、少しも（源氏に）**ひけをとら**ないで…。

たち-かく・す【立ち隠す】動詞 他〔サ四段〕〈さ・し・す・す・せ・せ〉（霧や霞が）立ち込めて隠す。**誰しかも尋めて折りつる春霞立ち隠すらむ山の桜を** 歌〈古今集・春上・58〉訳いったいだれが捜し求めて折ってきたのか。春霞が**立ち込めて隠し**ているはずの山のサクラを。

たち-かく・る【立ち隠る】一 動詞 自〔ラ四段〕〈ら・り・る・る・れ・れ〉《上代語》（物陰に）身を隠す。隠れる。**佐保川の岸のつかさの柴な刈りそねありつつも春し来たらばたち隠るがね** 歌〈万葉集・4・529〉訳佐保川の岸の小高い所の柴は刈らないでくれ。このままにしておいて春が来たら（あの人と会うときにそれに）**隠れる**ために。○五七七・五七七の旋頭歌。
二 動詞 自〔ラ下二段〕〈れ・れ・る・るる・るれ・れよ〉一の意味に同じ。**雨いたう降りければ、荒れたる門にたち隠れて見入るれば**…。〈大和・173〉訳雨がひどく降ってきたので、荒れ果てた門の所に**身を隠して**（中のようすを）見ると…。
発展「たち」は接頭語。

たち-かは・る【立ち替はる・立ち代はる】動詞 自〔ハ四段〕〈は・ひ・ふ・ふ・へ・へ〉入れ替わる。交替する。**たちかはりて参りたまふ夜、御対面あり**。〈源氏・藤裏葉〉訳**入れ替わって**（明石の君が宮中へ）参上なさる夜、（紫の上と明石の君は）ご対面になる。
発展「たち」は接頭語。

たち-かへり【立ち返り】一 名詞 ❶行ってすぐに帰ること。「**立ち返りにもと思へども、おのづから日ごろ経る事もはべりなむ**。」〈浜松中納言〉訳「**行ってすぐに帰ること**に（なるかも知れない）と思うけれども、自然と幾日か経過することもきっとございましょう。」
❷返事。返歌。
二 副詞 ❶繰り返し。再び。ひっきりなしに。**わたつみのわが身越す波立ち返り海人の住みてふうらみつるかな** 歌〈古今集・恋5・816〉訳海の私の背丈を越すような波は（末の松山を越して）返ってくる。（私は）**繰り返し**漁師が住んでいるという浦を見るように（心変わりしたあの人を）恨んだことだな。○「うらみ」は「恨み」と「浦見」との掛詞。「波」と「浦見」は縁語。絶対に起こり得ないことのたとえとして、「末の松山を波が越える」ことが引かれ、和歌では、男女が別の相手に心変わりすることのたとえに使われる。
❷（多く、手紙の返事などを出す場合に用いて）折り返し。すぐに。**立ち返り、返りごと**…。〈蜻蛉日記〉訳**折り返し**、返事（には）…。

たち-かへ・る【立ち返る】— かえる 動詞 自〔ラ四段〕〈ら・り・る・る・れ・れ〉❶（もとの場所に）引き返す。（昔に）立ち戻る。

そのたび、笛を吹きやみて、たち返りて…。〈宇治拾遺〉訳今度は、笛を吹きやめて、**引き返して**…。
❷繰り返す。
親の折よりたち返りつつ見しあづまぢよりは、近きやうに聞こゆれば…。〈更級日記・夫の死〉訳父親のときから**繰り返し繰り返し**経験した東国地方よりは、近いように思われるので…。
❸（「年たちかへる」の形で）（年が）改まる。（新年を）迎える。
年たち返る朝の空の気色…。〈源氏・初音〉訳年が**改まる**（元日の）朝の空のようすは…。

たー-ぢから【手力】名詞 手の力。腕力。

発展「た」は接頭語。

春の花今は盛りに匂ふらむ折りてかざさむ手力もがも 歌〈万葉集・17・3965〉訳春の花は今を盛りと咲き誇っているであろう。（それを）折って髪にさすような**手の力**が欲しいものだ。

たち-き・く【立ち聞く】動詞 他〔カ四段〕〈か・き・く・く・け・け〉❶立ったままで聞く。（通りがかりなどに）小耳にはさむ。
軽の市に我が立ち聞けば玉だすき畝傍の山に鳴く鳥の声も聞こえず… 歌〈万葉集・2・207〉訳（生前、妻がいつも見に行っていた）軽の市に（出かけて）私が**立ったままで聞いて**いると、畝傍山に鳴く鳥の（ようにいとしい妻の）声も聞こえない…。〇「玉だすき」は「うね」に係る枕詞。
❷盗み聞きをする。立ち聞きをする。
立ち聞き、かいまむ人のけはひして、いといみじくものつつまし。〈更級日記・宮仕え〉訳（宮仕えの生活は）**立ち聞きをし**、のぞき見をしたりする人の気配がして、とてもひどく気が引け（遠慮される）。

たち・く【立ち来】動詞 自〔カ変〕〈こ・き・く・くる・くれ・こ（こよ）〉❶立ってくる。沸き上がってくる。
磯隠れかきはやれども藻塩草立ち来る波にあらはれやせむ 歌〈千載集・748〉訳海辺の岩陰にこっそり隠れて藻塩草をかき集めるように、恋人の所に手紙を書いてはやるけれども、海藻が**立ってくる**波に洗われるように、（秘密の恋が）知られてしまうのではないだろうか。
❷やってくる。
吹く風や春立ち来ぬと告げつらむ枝にこもれる花咲きにけり 歌〈後撰集・12〉訳吹く風が春が**やってきた**と告げているのであろうか。（風が吹くとともに、今までは）枝にこもっていた花が咲きはじめてしまったことよ。


たち-くだ・る【立ち下る】動詞 自〔ラ四段〕〈ら・り・る・る・れ・れ〉（程度・身分が）劣る。低い。

御輦車にも、たち下りうち歩みなど、人悪かるべきを…。〈源氏・藤裏葉〉訳（明石の君が后である娘の）お車にも（同乗できず）、**劣って**（いる者として）歩いて（ついて）行くなど、体裁が悪いはずのことを…。

発展「たち」は接頭語。


たち-こ・む【立ち込む・立ち籠む】一 動詞 自〔マ四段〕〈ま・み・む・む・め・め〉（人や車・ウマなどが）込み合う。立て込む。混雑する。

埒の際に寄りたれど、ことに人多くたち込みて…。〈徒然草・41・五月五日〉訳馬場の柵のそばに近寄ったけれど、特に人が多く**混雑していて**…。

二 動詞 自〔マ下二段〕〈め・め・む・むる・むれ・めよ〉（煙・霧などが）立ち込める。

夜はすでにほのぼのと明けゆけど、川霧深く立ち込めて…。〈平家・9・宇治川先陣〉訳夜はすでにほんのりと明けていくが、川霧が深く**立ち込めて**…。

三 動詞 他〔マ下二段〕〈め・め・む・むる・むれ・めよ〉立ちふさぎ、閉じ込める。

京童部、手ごとに刀を抜きて、忠明を立ち込めて、殺さんとしければ…。〈宇治拾遺〉訳京の若者たちは、手に手に刀を抜いて、忠明を**立ちふさぎ、閉じ込め**て、殺そうとしたので…。

発展一の「たち」は接頭語。


たち-さか・ゆ【立ち栄ゆ】動詞 自〔ヤ下二段〕〈え・え・ゆ・ゆる・ゆれ・えよ〉栄える。また、草木などが繁茂する。発展「たち」は接頭語。


たち-さ・ふ【立ち塞ふ・立ち障ふ】— さ（そ）う 動詞 他〔ハ下二段〕〈へ・へ・ふ・ふる・ふれ・へよ〉行く手を遮る。立ちふさぐ。

「**波立ちさへて入れずもあらなむ。**」〈土佐日記・一月八日〉訳「波が**立ちふさいで**（月を海に）入れないでほしい。」


たち-さまよ・ふ【立ち彷徨ふ】— さまよう 動詞 自〔ハ四段〕〈は・ひ・ふ・ふ・へ・へ〉立ってあちこちとうろつく。うろつき回る。

六位など、立ちさまよへば…。〈枕草子・99・五月の御精進のほど〉訳六位の役人などが、**うろつき回る**ので…。


たち-さわ・ぐ【立ち騒ぐ】動詞 自〔ガ四段〕〈が・ぎ・ぐ・ぐ・げ・げ〉大騒ぎをする。

暮るるまでかくたち騒ぎて…。〈徒然草・50・応長のころ〉訳日が暮れるまでこのように**大騒ぎをして**…。

発展「たち」は接頭語。

たち-し・く【立ち頻く】動詞 自〔カ四段〕〈か・き・く・く・け・け〉（波などが）繰り返し立ち起こる。しきりに立つ。
英遠の浦に寄する白波いや増しに立ちしき寄せ来東風をいたみかも 歌〈万葉集・18・4093〉訳英遠の浦に寄せる白波はますます**しきりに立って**は寄せて来る。東風が激しいからなのか。

たち-すく・む【立ち竦む】動詞 自〔マ四段〕〈ま・み・む・む・め・め〉長く立ち続ける。また、身動きができなくなる。

やうやう腰痛きまで立ちすくみたまへど…。〈源氏・宿木〉訳（薫は）だんだんと腰が痛くなるまで**長く立ち続けなさる**けれど…。

たち-そ・ふ【立ち添ふ】— そう 動詞 自〔ハ四段〕〈は・ひ・ふ・ふ・へ・へ〉❶加わる。
いとどしき御匂ひのたち添ひたれば…。〈源氏・蛍〉訳（追い風に源氏の衣服の）ますます強い香りが**加わって**いるので…。
❷付き添う。寄り添う。
馬に乗せむとすれど、さらに聞かねば、衣の裾をとりて、たち添ひて行く。〈源氏・浮舟〉訳（暗いので女を）ウマに乗せようとするけれども、どうしても承知しないので、着物の裾を（手に）持って、**付き添って**行く。

発展「たち」は接頭語。


たち-つけ【裁ち着け・裁ち著け】名詞 はかまのひとつ。膝から下の部分を細くすねに密着するように仕立てたはかま。

発展「たっつけ」とも。動きやすいので、主に旅行用とした。

［たちつけ］

たち-つら・ぬ【立ち連ぬ】動詞 自〔ナ下二段〕〈ね・ね・ぬ・ぬる・ぬれ・ねよ〉立ち並ぶ。並んで立つ。並ぶ。
大空より、人、雲に乗りて下り来て、土より五尺ばかり

上がりたるほどに**立ち連ねたり**。〈竹取・かぐや姫の昇天〉訳大空から、人(=天人)が、雲に乗って下りて来て、地面から五尺ほど上がった高さの所に**立ち並んだ**。

たち-ど【立ち処】名詞 立っている場所。立っている足もと。
道行く馬は、足の立ち処を惑はす。〈方丈記・大地震〉訳道を歩いているウマは、足の**立っている足もと**を危なっかしくさせる。

たち-なら・す【立ち均す】動詞 他〔サ四段〕〈さ・し・す・す・せ・せ〉地を踏んで平らにする。(その地を平らにするほど)行き来する。
勝鹿の真間の井見れば立ちならし水汲ましけむ手児名し思ほゆ 歌〈万葉集・9・1808〉訳葛飾(=東京都・千葉県にまたがる地名)の真間の井戸を見ると、(昔いつも)**行き来して**水をくんだという手児名(という少女)が思われる。

たち-なら・す【立ち馴らす】動詞 他〔サ四段〕〈さ・し・す・す・せ・せ〉慣れ親しませる。たびたびやって来て、(そこを)なじみ(の場所)とする。
「**など今までたちならさざりつらむ**。」と、**過ぎぬる方悔しう思さる**。〈源氏・賢木〉訳「(六条御息所のいる野宮に)どうして今まで**たびたびやって来て、なじみとし**なかったのであろう。」と、(空しく)過ぎた月日を(源氏は)悔しくお思いにならないではいられない。

たち-なら・ぶ【立ち並ぶ】一 動詞 自〔バ四段〕〈ば・び・ぶ・ぶ・べ・べ〉❶立って並ぶ。一緒に並ぶ。
立ち並びては、なほ、花のかたはらの深山木なり。〈源氏・紅葉賀〉訳(頭中将は源氏と)**一緒に並んで**は、やはり、(美しい)サクラの花のそばの(見ばえのしない)奥深い山に生える木(のよう)である。
❷同じほどである。肩を並べる。匹敵する。
「**我が丈立ち並ぶまで養ひたてまつりたる我が子を**…。」〈竹取・かぐや姫の昇天〉訳「わたしの背丈と**同じほどであるまで**に育てて差し上げたわが子(=かぐや姫)を…。」
二 動詞 他〔バ下二段〕〈べ・べ・ぶ・ぶる・ぶれ・べよ〉同じ程度のものと考える。同等に扱う。
「**さりとも明石の列には、立ち並べたまはざらまし。**」〈源氏・玉鬘〉訳「そうであったとしても明石の君と同列には、(夕顔を)**同等に扱い**なさらないだろうに。」

たち-な・る【立ち馴る】動詞 自〔ラ下二段〕〈れ・れ・る・るる・るれ・れよ〉慣れ親しむ。なじむ。
さても宮仕へのかたにもたちなれ…。〈更級日記・宮仕へ〉訳そうして宮仕えの生活にも**なじみ**…。
発展「たち」は接頭語。

たち-ぬ・ふ【裁ち縫ふ】ぬう 動詞 他〔ハ四段〕〈は・ひ・ふ・ふ・へ・へ〉(布地を裁断して衣服に)仕立てる。裁縫する。
弓袋の料に贈られたりける布どもをば、直垂、帷子に裁ち縫はせて…。〈平家・2・西光被斬〉訳弓袋の材料として贈られた布を、★直垂や、★帷子に**仕立てさせて**…。

たち-ぬ・る【立ち濡る】動詞 自〔ラ下二段〕〈れ・れ・る・るる・るれ・れよ〉(雨や露に)立ったまま濡れる。
東屋の真屋のあまりのその雨そそき我立ち濡れぬ殿戸開かせ〈催馬楽〉訳東屋の、真屋の軒先のその雨だれで、(戸口で待っていた)私は**立ったまま濡れて**しまった。(さあ)家の戸を開けておくれ。

たち-はき【帯刀】名詞 (「帯刀舎人」の略で)東宮坊(=皇太子の御所)を護衛する役人。★舎人の中から武芸に優れた者を選び、太刀を持たせて皇太子の警護に当たらせた。発展「たてはき」とも。もともとは「太刀佩」で、太刀を「佩く」(=携帯する)ことを許されたという意味から。

たちはき-の-ぢん【帯刀の陣】じん 名詞 ★帯刀の詰め所。

たち-はし・る【立ち走る】動詞 自〔ラ四段〕〈ら・り・る・る・れ・れ〉立ち上がって走る。走り回る。
立ち走りて、散りかひたるものども、ただ取りて…。〈蜻蛉日記〉訳(道綱は)**立ち上がって走って**、散らかっているもの(=衣類など)を、ひたすら取って(集めて)…。

たちばな【橘】名詞《植物》コウジミカンの古い呼び名。初夏に香りの高い白い花を付ける。季語 秋
五月待つ花橘の香をかげば昔の人の袖の香ぞする 歌〈古今集・夏・139〉訳↓さつきまつ…

橘曙覧〔たちばなあけみ〕人名 江戸時代末期の歌人。古代精神を重んじ、万葉調を基調とした単純率直な歌を詠んだ。歌集に『志濃夫廼舎歌集』がある。1812—1868

◆**たちばなの…** 歌
橘のにほふあたりのうたた寝は夢も昔の袖の香ぞする〈新古今集・夏・245・藤原俊成女〉訳タチバナ(の花)が薫る辺りでのうたた寝は、夢の中でも昔(親しかった人)の袖の香りがすることだ。○タチバナは香りが強く、昔を思い出させるものとされた。
発展『古今和歌集』中の歌(↓さつきまつ…)を本歌とする。タチバナの香りと夢によって、昔の恋が思い出された瞬間を詠む。

橘成季〔たちばなのなりすゑ〕〔―ナリスエ〕人名 鎌倉時代中期の学者。『★古今著聞集』の編者として知られる。生没年不明。

たち-はな・る【立ち離る】動詞 自〔ラ下二段〕〈れ・れ・る・るる・るれ・れよ〉離れる。離れて行く。遠ざかる。
草むらの虫の声々もよほし顔なるも、いと立ち離れにくき草のもとなり。〈源氏・桐壺〉訳草むらに鳴く虫の声々が(涙を)誘うかのような気配がするのも、非常に**離れがたい**草深の家である。

たち-ばら【立ち腹】名詞 怒りっぽいこと。すぐに腹を立てる性格。短気。

たぢま【但馬】旧国名 ↓但馬(たじま)

たち-まさ・る【立ち勝る】動詞 自〔ラ四段〕〈ら・り・る・る・れ・れ〉(人柄や心、程度などが)勝る。優れる。
「**まかり通ひし所は、人もたち勝り、心ばせまことにゆゑありと見えぬべく**…。」〈源氏・帚木〉訳「(私、左馬頭が)通いました所は、(女の)人柄も**優れて**、心遣いも本当に風情があると思われるに違いなく…。」

たち-まじ・る【立ち交じる】動詞 自〔ラ四段〕〈ら・り・る・る・れ・れ〉中に入り交じる。仲間に入る。
発展「たち」は接頭語。
品くだり、顔にくさげなる人にもたち交じりて…。〈徒然草・1・いでや〉訳(容姿や気立てのよい人も、教養がないと)身分が低く、顔つきの憎らしい人の**中にも入り交じって**(圧倒され)…。

たちまち【忽ち】副詞 そのまま。すぐ。すぐさま。
すぐに湯をかへ、めぐりの庭を掃除し…。〈今昔〉訳すぐに湯をかえ、周りの場所を掃除して…。
発展多く「たちまちに」の形で用いる。漢文訓読文では「たちまちに」を、和文では「にはかに」を多く用いる。

たちまち-づき【立ち待ち月】名詞 陰暦十七日の夜の月。季語 秋 ↓望月・十六夜の月・居待ち月

づき・寝待ちの月・ビジュアルチェック⑰(833ページ)
発展「たちまちのつき」とも。およそ十九時ごろ出る月で、立ったまま待つ間に、程なく出て来るという意味から付いた呼び名。

たち-ま・つ【立ち待つ】 動詞 他〔タ四段〕〈た・ち・つ・つ・て・て〉 立って待つ。**来こめやとは思ふものから蜩の鳴く夕暮れは立ち待たれつつ** 歌〈古今集・恋5・772〉訳 来はしまいと思いながらも、ヒグラシの鳴く夕暮れは、自然に(外に)**立って待って**しまうことだ。

たち-ま・ふ【立ち舞ふ】まう 動詞 自〔ハ四段〕〈は・ひ・ふ・ふ・へ・へ〉❶立って舞を舞う。**もの思ふに立ち舞ふべくもあらぬ身の袖うち振りし心知りきや** 歌〈源氏・紅葉賀〉訳 あなた(=藤壺)のことを思う(恋の悩みの)ために、**立って舞を舞う**こともできそうにないこの私(=源氏)が、袖を振って舞った心中を分かってくれたのか。
❷(雲が)舞うようにあちこちと動く。立ち動く。**昨日今日雲の立ち舞ひ隠ろふは花の林を憂しとなりけり** 歌〈伊勢・67〉訳 昨日今日と雲が**舞うようにあちこちと動いて**、(山が)隠れているのは、(梢に積もった雪を)花かと見あやまる林を(人に見られるのが)嫌だと思ってのことだった。

たち-むか・ふ【立ち向かふ】むかう 動詞 自〔ハ四段〕〈は・ひ・ふ・ふ・へ・へ〉❶立って向かう。面と向かう。❷敵対して戦う。手向かいする。たち向かう。奈良法師の、兵士あまた具して会ひたるに、この男**たち向かひて**…〈徒然草・87・下部に酒飲ますることは〉訳 奈良の寺の僧で、警護の武士をたくさん連れた者に出会ったところ、この男が(酒の勢いで)**たち向かって**きて…。
発展❷「たち」は接頭語。

たち-めぐ・る【立ち廻る・立ち回る】 動詞 自〔ラ四段〕〈ら・り・る・る・れ・れ〉あちこち立ち回る。歩き回る。ことことしくにはかに**立ちめぐりし**宿直人どもも見とがめず。〈源氏・蜻蛉〉訳(以前は)ものものしく突然に**歩き回って**いた夜間警備の人たちも(今は)とがめだてをしない。

たち-もとほ・る【立ち徘徊る】もとおる 動詞 自〔ラ四段〕〈ら・り・る・る・れ・れ〉あちこち歩き回る。ぶらつく。**木の間より移ろふ月の影を惜しみ立ちもとほるにさ夜ふけにけり** 歌〈万葉集・11・2821〉訳 木の間を移り行く月の光が惜しいので、**あちこち歩き回る**うちに、夜が更けてしまったことよ。

たち-やく【立ち役】 名詞 歌舞伎で、男役の総称。また、特に善人の男の役をいう場合も多い。対 敵役 発展 重要な役柄なので、一座の主立った役者が務めることが多い。

たち-やすら・ふ【立ち休らふ】やすらう 動詞 自〔ハ四段〕〈は・ひ・ふ・ふ・へ・へ〉立ち止まって進むのをためらう。たたずむ。**雪降りたりし暁に立ち休らひて、わが身も冷え入るやうに覚えて**…。〈源氏・幻〉訳 雪の降っていた明け方に(外に)**たたずんで**、(源氏は)自分の体も寒さが身に染みるように感じられて…。

たち-ゆ・く【立ち行く】 動詞 自〔カ四段〕〈か・き・く・く・け・け〉旅立って行く。出発する。**大君の引きのまにまに春花の移ろひ変はり群鳥の朝立ち行けば**… 歌〈万葉集・6・1047〉訳(都は)天皇のお指図どおり、春の花のように移り変わり、(人々は)群れをなす鳥のように朝(新都へ)**出発すると**…。

たち-よそ・ふ【立ち装ふ】よそう 動詞 自〔ハ四段〕〈は・ひ・ふ・ふ・へ・へ〉辺りを美しく飾る。装飾する。**山吹の立ちよそひたる山清水汲みに行かめど道の知らなく** 歌〈万葉集・2・158〉訳 ヤマブキが**辺りを美しく飾っている**山の清水をくみに行こうとするが、道が分からないことだ。
発展「たち」は接頭語。

たち-よ・る【立ち寄る】 動詞 自〔ラ四段〕〈ら・り・る・る・れ・れ〉❶波が立って寄せる。打ち寄せる。**ありし世の名残だになき浦島に立ち寄る浪の珍しきかな** 歌〈源氏・賢木〉訳 過ぎた昔の名残さえない(この)浦島に、**打ち寄せる**波が珍しい(ように、お立ち寄りくださる方がいらっしゃるとは感心なことだ)。
❷そば近くに来る。近寄る。「**門を開かれずとも、この際まで立ち寄らせたまへ。**」〈平家・7・忠度都落〉訳「門をお開けにならないまでも、(せめて)このそばまでお**近寄り**ください。」
❸訪れる。「かく数まへたまひて、**立ち寄らせたまへること。**」〈源氏・須磨〉訳「このように(私を)一人前にお扱いくださって、**訪れて**くださったことだ。」

たぢろき たじろき 名詞(思わぬ障害や抵抗などにあって)気持ちが揺れ動くこと。心の動揺。ためらい。「さやうならむ**たぢろき**に、絶えぬべきわざなり。」〈源氏・帚木〉訳「その(夫の浮気にむきになる)ようであったりする**心の動揺**のために、(夫婦の仲も)きっと切れてしまうに違いないものなのだ。」
発展「たぢろぎ」とも。もともとは、障害や抵抗などにあって、なかなか進めないという意味から。

たぢろ・く たじろく 動詞 自〔カ四段〕〈か・き・く・く・け・け〉❶しり込みする。ひるむ。❷劣る。後れをとる。「**文の道は、少したぢろくとも、その筋は多かり。**」〈宇津保〉訳「学問の道では、(俊蔭に)少し**劣って**も、その方面(の学者)はたくさんいる。」
発展 近世以降「たぢろぐ」とも。

たち-わか・る【立ち別る】 動詞 自〔ラ下二段〕〈れ・れ・る・るる・るれ・れよ〉別れる。別れて行く。**たち別れなむことを…同じ心に嘆かしがりけり。**〈竹取・かぐや姫の昇天〉訳(使用人たちもかぐや姫と)**別れて**しまうことを…(翁と)同じ気持ちで悲しがるのだった。
発展「たち」は接頭語。

たちわかれ…百人一首
立ち別れいなばの山の峰に生ふるまつとし聞かば今帰り来む〈古今集・離別・365・在原行平〉訳(あなたと)別れて去っていくが、(その行き先の)因幡の山の峰に生えるマツではないが、(あなたが私を)待つと聞いたら、すぐにでも帰って来よう。
○「いなばの山の峰に生ふる」は「まつ」を導く序詞。「いなば」は「因幡」と「往なば」の、「まつ」は「松」と「待つ」の掛詞。「まつとし」の「し」は強調の副助詞。
発展 作者が国守となって因幡に赴任するとき、京の人との別れを惜しんで詠んだ歌。

品詞分解・修辞

立ち別れ	いな	ば	の	山	の	峰	に	生ふる
ラ下二・用	ナ変・未	接助	格助		格助		格助	ハ上二・体

往なば／因幡(掛詞)　〈序詞〉→まつ

松／待つ(掛詞)							
まつ	と	し	聞か	ば	今	帰り来	む
夕四・終	格助	副助	カ四・未	接助	副	カ変・未	意志・終

たち-わた・る【立ち渡る】 動詞 自 〔ラ四段〕〈ら・り・る・る・れ・れ〉❶(霧などが)一面に立ち込める。一面にわき上がる。あしひきの**山川の瀬の鳴るなへに弓月が岳に雲立ち渡る** 歌〈万葉集・7・1088〉訳→あしひきの…
❷(車などが)一面に立ち並ぶ。
発展「わたる」は「一面に…する」意の補助動詞。

たち-わづら・ふ【立ち煩ふ】 動詞 自 〔ハ四段〕〈は・ひ・ふ・ふ・へ・へ〉❶立っていることに苦しむ。立ちくたびれる。**御使ひの立ち煩はむもいとほしう**…。〈源氏・蓬生〉訳(末摘花の返歌が遅れて)使者が**立ちくたびれる**ことになったりするのも気の毒で…。
❷立ち去りにくく思う。出かけにくく思う。**立ち煩ひたまふも軽々しう**…。〈源氏・夕霧〉訳(夕霧が縁者でもない人の葬儀の場を)**立ち去りにくく思い**なさるのも軽々しいし…。
❸(車などを)置くことができなくて困る。

たち-ゐ【立ち居・起ち居】 名詞 立ったり座ったりすること。日常の動作。身のこなし。

たち-ゐ・る【立ち居る・起ち居る】 動詞 自 〔ワ上一段〕〈ゐ・ゐ・ゐる・ゐる・ゐれ・ゐよ〉❶立ったり座ったりする。忙しく動き回る。**寿詞を放ちてたちゐ、泣く泣くよばひたまふこと、千度ばかり申したまふ験にやあらむ**…。〈竹取・竜の頸の玉〉訳祈りのことばを高く唱えて**立ったり座ったりし**、泣きながら(大声で)叫び続けることを、千回ほども申し上げなさったその効果があったのだろうか…。
❷(雲などが)浮かんでいる。**曇りみ晴れみ、立ちゐる雲やまず**。〈伊勢・67〉訳曇ったり晴れたりして、**浮かんでいる**雲は(動きが)止まらない。

たつ【辰】 名詞 ❶十二支の第五番目。❷時刻のひとつ。午前八時ごろ。また、それを中心とする前後二時間。❸方角のひとつ。東南東。
→ビジュアルチェック ❹(349ページ)・❺(393ページ)・⑲(881ページ)

たつ【竜】 名詞 中国の想像上の動物。日本では胴はヘビに、角はシカに、目は鬼に、耳はウシに似た姿に描かれ、足は四本、体には硬いうろこを持つ。水や雨に深い関係を持つ神秘的な動物で、時に空中を飛行し、雲や雨を起こし、稲妻を放つといわれている。発展「りゅう」とも。

た・つ【立つ】 一 動詞 自 〔タ四段〕〈た・ち・つ・つ・て・て〉❶(人や動植物や物などが)立っている。足で立つ。→古語チャート ㊲(1075ページ)
肝心も失せて、防がんとするに、力もなく足も立たず、小川へ転び入りて…。〈徒然草・89・奥山に、猫股といふもの〉訳(法師は)正気を失って、防ごうとしたが、力も抜け足も**立たない**で、小川(=川の名)へ転がり落ちて…。
❷雲・霧・霞・煙・風・波などが生じる。→古語チャート ㉑(783ページ)
春がすみ立つを見すててゆく雁は花なき里に住みやならへる 歌〈古今集・春上・31〉訳→はるがすみ…
❸その場を離れる。(鳥・虫などが)飛び立つ。「**さるもののあるを見る見る、みな立ちぬらむことこそ、あやしきや。**」〈堤中納言・虫めづる姫君〉訳「そんな物(=ヘビの作り物)がいるのを見ていながら、みな(姫君を置いて)**その場を離れ**てしまっているようなことは、(実に)けしからんことだなあ。」
❹出発する。旅に出る。「**後日には、いかなる御勘当もあらばあれと存じて、暁立たんとての夜**…。」〈平家・9・生ずきの沙汰〉訳「後になってからは、どのようなおとがめがあってもかまわないと思いまして、明け方には**出発し**ようというその前夜に…。」
❺(音などが)高く響く。**堀江こぐ伊豆手の舟の楫つくめ音しば立ちぬ水脈早みかも** 歌〈万葉集・20・4460〉訳堀江をこぐ伊豆手の船(=伊豆地方で造られる型の船)のかじを強く握って(こぐので)、(かじの)音がしばしば**高く響いた**。水の流れが速いからであろうか。
❻年月や季節などが始まる。時間が過ぎる。時間が到来する。→古語チャート ⑳(767ページ)
つれなくて立ちぬ。〈源氏・紅葉賀〉訳その(=藤壺の宮の出産の)気配もなく(この月も)**過ぎ**てしまった。
❼(うわさや評判が)立つ。広く知れ渡る。**恋すてふわが名はまだき立ちにけり人知れずこそ思ひ初めしか** 百人一首〈拾遺集・621〉訳→こひすてふ…
❽位置を占める。(地位に)いる。**人麻呂は赤人が上に立たむことかたく**…。〈古今集・仮名序〉訳(柿本)人麻呂は(山部)赤人の上(の地位)に**いる**ようなことは難しく…。
❾地位・役職などに就く。「**道長が家より帝、后立ちたまふべきものならば、この矢当たれ。**」〈大鏡・道長上〉訳「(この私)道長の家から天皇や、皇后の**位にお就き**になる(人物が出る)はずのものであるならば、この矢が命中しろ。」
❿(刃物や手腕などが)よくさえる。よく切れる。**妙観が刀はいたく立たず**。〈徒然草・229・よき細工は〉訳妙観(=彫刻の名人)の(使った)小刀はそれほど**よくは切れ**ない。

二 動詞 他 〔タ四段〕〈た・ち・つ・つ・て・て〉(人に)知られるようにする。評判を高める。**女郎花多かる野辺に宿りせばあやなくあだの名をや立ちなむ** 歌〈古今集・秋上・229〉訳(女という名を持つ)オミナエシがたくさんある野辺で泊まったりしようものなら、(我々は)いわれなく浮気者という**評判を高め**てしまうだろう。

三 動詞 他 〔タ下二段〕〈て・て・つ・つる・つれ・てよ〉❶(人や動物を)立たせる。
❷霞・煙・風・波などを生じさせる。起こす。**海をさへ驚かして、波立てつべし**。〈土佐日記・一月七日〉訳海(の神)をまで驚かせて、波を**起こし**てしまうに違いない。
❸出発させる。派遣する。**近き宿々より飛脚を立てて**…。〈平家・7・火打合戦〉訳(平家の勝利のようすを知らせるために)近くの泊まった所々から飛脚を**出発させて**…。
❹(音などを)高く響かせる。**楽器を取れば音を立てんと思ふ**。〈徒然草・157・筆を執れば物書かれ〉訳楽器を手にすると音を**高く響かせよう**と思う。
❺(車・駕籠・ウマなどを)止めておく。**馬は率て上せにければ、頼信朝臣の厩に立てつ**。〈今昔〉訳ウマは(無事に)連れ上ったので、頼信朝臣の馬小屋に**止めておいた**。
❻時間を経過させる。(時を)過ごす。「**上方へ上りて、年浪の日数を立て、憂き世**

帯もふたり住みならば。」と思ひ立ち…。〈西鶴・好色五人女〉訳（清十郎は）「京や大坂へ行って、年月を過ごし、暮らしを立てにくい世帯（＝貧乏な暮らし）も（お夏と）二人でならば（なんとかしていけるだろう）。」と決心して…。〇「立て」には「年浪の日数を立て」と「立て憂き世帯」とを掛けてある。

❼名や評判などを世に表す。広く知らせる。

❽（地位や位置に）就かせる。（ある立場に）身を置かせる。配置する。「**やがて具して宮に返りて、后に立てむ。**」〈今昔〉訳（天皇は）「（女を）このまま内裏に連れ帰って、后に**就かせ**よう。」

❾（目や耳を）とめる。注意を払う。集中する。**耳を立ててよく聞けば**…。〈今昔〉訳耳を**とめ**てよく聞くと…。

❿（誓いや願いを）立てる。**御社の方に向きて、さまざまの願を立てたまふ。**〈源氏・明石〉訳（住吉の）お社の方に向かって、（源氏は）いろいろの祈願をお**立て**になる。

⓫精いっぱい…する。押し通す。成し遂げる。「**ただ力を立てて引きたまへ。**」〈徒然草・53・これも仁和寺の法師〉訳「ひたすら力を**精いっぱい**（入れて）引っ張りなさい。」

⓬（刀・針などを）刺す。**いづくに刀を立つべしとも覚えず**…。〈平家・9・敦盛最期〉訳（熊谷直実は平敦盛がかわいそうに思われ）どこに刀を**刺し**たらよいかも分からず…。

⓭専門とする。職業とする。「**この道を立てて世にあらんには**…。」〈宇治拾遺〉訳「この（仏画の）道を**職業として**生きていくには…。」

⓮（門や戸などを）閉める。**開けて出で入る所たてぬ人、いと憎し。**〈枕草子・28・憎きもの〉訳開けて出入りする所を（通って、そのあとを）**閉め**ない人は、まことに憎らしい。

まとめて覚えよう古語チャート㉑

気象に関係する三つの動詞

この図は、「1降る」「2置く」「3立つ」という三つの動詞と日常生活で見慣れた気象現象との結び付きを示したものです。

「（雨が）降る」「（雪が）降る」は、今でもそう言いますが、「霜」や「露」は今では「降りる」というのが普通です。しかし、古語では「2置く」と表現することが多かったようです。

「雲」や「霞」「霧」も「かかる」ではなく「3立つ」と言い、「霞立つ」という枕詞もあります。「風」は、現在と同じように「吹く」とも言いましたが、「3立つ」という表現も普通に使われていました。

動詞「4霞む」「5霧る」の連用形の名詞化したことばが「霞」「霧」で、一方、「雲」を動詞に活用させたことばが「6曇る」です。なお、上代には、「霞」と「霧」の区別ははっきりとはしていませんでしたが、中古以降、春のものを「霞」、秋のものを「霧」と呼ぶようになりました。

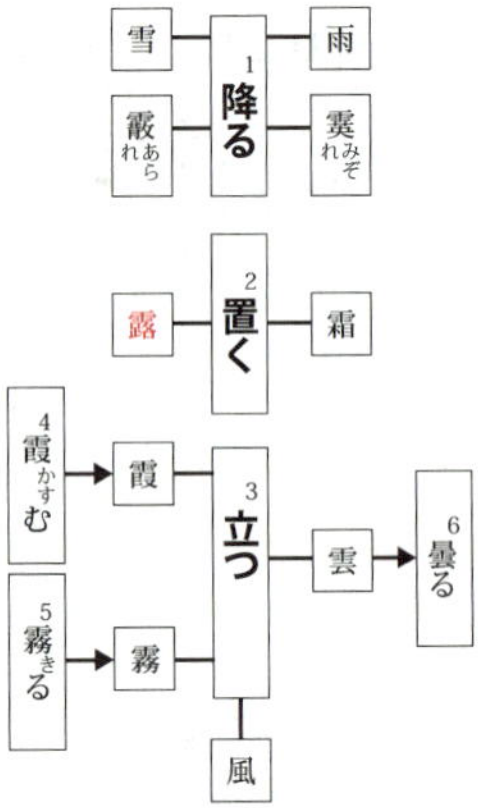

赤字は最重要語・重要語

四 補助動詞〈タ下二段〉〈て・て・つ・つる・つれ・てよ〉（動詞について、その意味を強め）しきりに…する。ひどく…する。特に…する。**多くの工の、心をつくして磨き立て**…。〈徒然草・10・家居のつきづきしく〉訳大ぜいの職人が、心を込めて**特に**磨いて…。

た・つ【裁つ・断つ・絶つ】 動詞 他〈タ四段〉〈た・ち・つ・つ・て・て〉❶切り離す。断ち切る。また、（布を）裁断する。**人間の望みを断ちて、貧を憂ふべからずと聞こえたり。**〈徒然草・217・ある大福長者〉訳人間の（世俗的な）願いを**断ち切って**、貧乏を悲しんではいけないと理解できた。

❷（習慣などを）やめる。特に、（願かけのために物事を）やめる。「**五穀を断ちて、千余日に力を尽くしたること、少なからず。**」〈竹取・蓬莱の玉の枝〉訳「五穀（を食べるの）を**やめて**、千余日の間努力したことは、並たいていではない。」〇「五穀断ち」とは、祈願の成就のためにコメ・ムギ・アワ・キビ・マメの五穀を断食すること。

たつ＋ロ 「たつ【立つ】一二（タ行四段）」の終止形・連体形。または、「たつ【立つ】三四（タ行下二段）」の終止形。

たづ【鶴・田鶴】 名詞《動物》ツルの別の呼び名。ツルの歌ことば。発展 上代から、「たづ」「つる」ともに用いられたが、歌にはもっぱら「たづ」が用いられた。

-だ・つ 接尾語（名詞、形容詞・形容動詞の語幹などに付いて）…の状態になる、…らしくなる、という意味を表す。語例 紫だつ・気色だつ・女房だつ↓古語チャート❷（61ページ）

たづか-な・し【方便無し】 形容詞 ↓たづきなし

たづき【方便】 名詞 ↓最重要語（784ページ）

たづき-な・し【方便無し】 形容詞 ク〈く・く・し・き・けれ・○／から・かり・○・かる・○・かれ〉頼りない。よりどころがない。「**いとどたづきなきことさへとり添へ、いみじくおぼゆべきこと。**」〈源氏・薄雲〉訳「（乳母と別れては）いっそう**頼りな**いことまでも付け加えて、非常に悲しいと思われるに違いないことだよ。」
発展「たづかなし」とも。

たづさは・る【携はる】 動詞 自〈ラ四段〉〈ら・り・る・る・れ・れ〉❶互いに手を取る。連れ立つ。

もみち葉の過ぎにし児らと携はり遊びし磯を見れば悲しも 歌〈万葉集・9・1796〉訳死んでしまった妻と互いに手を取って遊んだ磯を見ると、悲しいことだ。○「もみち葉の」は「過ぐ」に係る枕詞。

❷関係する。かかわる。

世俗の事に携はりて、生涯を暮らすは、下愚の人なり。〈徒然草・151・ある人の言はく〉訳俗世間のことにかかわって、一生を暮らすのは、きわめて愚かな人だ。

たづさ・ふ【携ふ】 ■一 動詞 自〔八四段〕〈は・ひ・ふ・ふ・へ・へ〉❶互いに手を取り合う。連れ立つ。

人もなき国もあらぬか我妹子と携ひ行きてたぐひて居らむ 歌〈万葉集・4・728〉訳他人のいない国はないものか。（もしそのような国があったら）あなたと連れ立って行って一緒にいよう。

❷かかわる。関係する。

■二 動詞 他〔八下二段〕〈へ・へ・ふ・ふる・ふれ・へよ〉手に持つ。携帯する。提げる。

樫の杖を携へて、我々が先に立ちて行く。〈奥の細道・最上川〉訳（道案内人は）カシの杖を手に持って、我々の前に立って（道案内して）行く。

たっ-しゃ【達者】 名詞 ❶学問や技芸などに優れていること。また、その人。類達人。❷体が丈夫であること。

たっしゃ-な【達者な】 形容動詞〔口語化〕体が丈夫な。健康な。

かねて達者な者でござったによって、なかなか今など空しうならうとは存ぜなんだが…。〈狂言・塗師〉訳昔から健康な人でいらっしゃったので、まさか今にも亡くなろうとは思いもいたしませんでしたが…。

たつ-じん【達人】 名詞 学問や技芸などを深く極めた人。また、道理に広く通じた人。類達者。

竜田 歌枕 奈良県生駒郡斑鳩町。「立田」とも書く。もみじの名所で、歌には、「竜田山」「竜田川」の形で多く詠まれた。竜田山は、*神奈備山・*三室山ともいわれ、重要な交通路であった。また、竜田川は生駒山地に発して南流し、大和川に合流する川。

竜田川「ガハ」 歌枕 ↓竜田

たづ-たづ・し 形容詞 ↓たどたどし

竜田山 歌枕 ↓竜田

❷たっとい（現）↓（古）**たふとし【貴し・尊し】**

たーづき【方便】

物事のやり方や状態を知る手段

❶手段。方法。手掛かり。
❷ようす。状態。見当。

名詞 ❶**手段。方法。手掛かり。**

向かひゐて見れども飽かぬ我妹子に立ち離れ行かむ方便知らずも 歌〈万葉集・4・665〉訳向き合っていて見ても飽きない、（そんな）あなたから離れて（出て）行こうとする方法も知らないことだなあ。

「学問して因果の理をも知り、説経などして世渡る方便ともせよ。」〈徒然草・188・ある者、子を法師に〉訳「学問をして因果応報の道理をも知り、説法などをして生活していく手段ともせよ。」

❷**ようす。状態。見当。**

暁のかはたれ時に島陰を漕ぎにし舟の方便知らずも 歌〈万葉集・20・4384〉訳夜明け前の薄暗い時分に、島の陰を漕いで（行って）しまった舟のようすが見分けられないことだなあ。

をちこちの方便も知らぬ山中におぼつかなくも呼子鳥かな 歌〈古今集・春上・29〉訳あちこちの（辺りの）ようすも分からない（夕暮れの奥深い）山の中で、心細くも（人を）呼ぶ（ように鳴く）呼子鳥（＝カッコウの別の呼び名か）だなあ。○「呼子鳥」は「呼ぶ」との掛詞。

発展 ①**用法の広がり**　「手＋付っき」で、物事への手掛かりを表す❶がもともとの意味かといわれる。古くは、下に「知らず」「なし」などの打消表現を伴って用いられることが多かったが、後には、単独でも用いられるようになった。

②「たつき」「たつぎ」とも。また、上代は「たどき」とも。

たっと・し【尊し・貴し】 形容詞「たふとし」の転。

❷たっとぶ（現）↓（古）**たふとむ【尊む・貴む】**

たーづな【手綱】 名詞 馬具のひとつ。ウマの轡の左右に結び付け、乗る者が手に取ってウマをあやつるための綱。↓古語チャート㉕（861ページ）・大和鞍（図）

たづ・ぬ【尋ぬ・訪ぬ】

はっきりしないものを追って、探し求める
❶（跡・物などを）たどる。
❷（人・物・場所などを）探し求める。
❸（物事の根本・理由などを）探求する。追究する。
❹質問する。
❺訪問する。

未然形	連用形	終止形	連体形	已然形	命令形
たづね	たづね	たづぬ	たづぬる	たづぬれ	たづねよ

動詞 他〔ナ下二段〕❶（跡・物などを）**たどる。追う。**

❷（人・物・場所などを）**探し求める。捜す。**

京の御すみか尋ねて、時々の御消息などあり。〈源氏・若紫〉訳（北山の尼君の）京のお住まいを探し求めてからは、（源氏から）その時節ごとのお手紙などがある。

❸（物事の根本・理由などを）**探求する。追究する。**

「人は、誠あり、本地尋ねたるこそ、心ばへをかしけれ。」〈堤中納言・虫めづる姫君〉訳「人は、誠実さがあって、ものの本体を追究しているのこそが、心のようすも趣深い（というものだ）。」

❹**質問する。問いただす。聞く。**

「今朝、ここに大将殿のものしたまひて、御ありさま尋ね問ひたまふに…。」〈源氏・夢浮橋〉訳「今朝、ここに大将殿（＝薫）がおいでになって、（あなたの）ごようすをお聞きになるので…。」

❺**訪問する。**

三輪の山いかに待ち見む年経とも尋ぬる人もあらじと思へば 歌〈古今集・恋5・780〉訳（奈良の）三輪山（の神）は、（私と同じように、あなたが来るのを）どれほど待って見ていることだろう。年月がたっても、訪問する人もいないだろうと思うと（実に悲しい）。

発展 **意味の広がり**　動詞「たどる」や、不確かなようすを表す形容詞「たづたづし（たどたどし）」と同じ語源といわれる。はっきりしない物事の跡などをたどることを表す❶がもともとの意味とみられ、そこから、❷❸の、探し求めるという意味になり、はっきりしないことを明らかにすることから、❹の質問する、❺の訪問するという意味をも生じた。↓古語チャート㉗(895ページ)

類語比較 「とふ」と「たづぬ」→問ふ
「とむ」「たづぬ」「もとむ」→尋む

たづね-あ・ふ【尋ね会ふ・尋ね逢ふ】 動詞 自〔八四段〕〈は・ひ・ふ・ふ・へ・へ〉捜し当てる。捜し求める。**やがて尋ね逢ひて、その家に二夜泊まりて**…。〈奥の細道・等栽〉訳 間もなく(等栽という隠者の友人を)**捜し当てて**、その家に二晩泊まって…。

たづね-い・づ【尋ね出づ】 動詞 他〔ダ下二段〕〈で・で・づ・づる・づれ・でよ〉捜し求めて見つける。捜し出す。「**亡き人の住み処尋ね出でたりけむ、証の釵ならましかば。**」と思ほすも…。〈源氏・桐壺〉訳「(玄宗皇帝の命により楊貴妃の魂を探しに行った方士が持ち帰った金の釵のように、これが亡き人(=桐壺の更衣)の(魂の)すみかを**捜し出して**きたという、証拠のかんざしであったなら(どんなによかったか)。」と(帝が)お思いになるのも…。

たづね-い・る【尋ね入る】 動詞 自〔ラ四段〕〈ら・り・る・る・れ・れ〉(人などを)捜し求めて(山などに)分け入る。**ある山里に尋ね入ることはべりしに**…。〈徒然草・11・神無月のころ〉訳 ある山里に(人を)**捜し求めて分け入ることがありましたが**…。

たづね-と・る【尋ね取る】 動詞 他〔ラ四段〕〈ら・り・る・る・れ・れ〉捜し出して手に入れる。捜し出して引き取る。**かの紫のゆかり尋ね取りたまひて**…。〈源氏・末摘花〉訳(源氏は)あの(藤壺の女御の)縁続きの人(である紫の上)を**捜し出してお引き取りに**なってから…。

たづねゆく…歌 **尋ねゆく幻もがなつてにても魂のありかをそこと知るべく**〈源氏・桐壺〉訳(亡くなった桐壺の更衣を)尋ねてゆく幻術使いでもいてほしい。人づてにでもその魂のありかをそこだと知ることができるように。〇「幻」は幻術を行う人。「もがな」は、不可能なことに対する願望を詠嘆を込めて表す終助詞。三句目からが二句目までの理由を表す倒置法。

発展 唐の皇帝玄宗が、亡き楊貴妃の魂を幻術使いに捜させたという「長恨歌」の故事にならって桐壺の帝が詠んだ歌。

たづね-わ・ぶ【尋ね侘ぶ】 動詞 他〔バ上二段〕〈び・び・ぶ・ぶる・ぶれ・びよ〉捜し出せないで困る。捜しあぐねる。**山彦の答へありとはききながらあとなき空を尋ねわびぬる** 歌〈蜻蛉日記〉訳 山びこの(ようにすぐ)返事があったとは伺ったが、(そのお手紙を拝見したいと思っても、使いがよそに届けてしまい)跡形もなく消えてしまったので、**捜しあぐねて**しまった。

たつ-み【辰巳・巽】 名詞 ❶方角の名。十二支の辰と巳との間。東南。↓ビジュアルチェック❹(349ページ) **わが庵は都のたつみしかぞ住む世をうぢ山と人はいふなり** 百人一首〈古今集・雑下・983〉訳↓わがいほは… ❷江戸深川にあった遊里。また、そこの芸妓。江戸城から見て❶の方角にあったことからいう。

たつみ-あがり【辰巳上がり】 名詞 江戸深川の遊女、また芸者出身の女性。

たつみ-あがり・なり【辰巳上がりなり】 形容動詞〔ナリ〕〈なら・なり(に)・なり・なる・なれ・なれ〉語調や動作が荒々しい。(声が)かん高く調子はずれだ。**大工、屋根葺き、おのが一連に二百、三百人、たつみ上がりなる高咄し**…。〈西鶴・日本永代蔵〉訳 大工や、屋根ふきが、それぞれの仲間二百人、三百人と、**かん高く調子はずれの**声で話しながら…。

た-づら【田面】 名詞 田。田の表面。類 田の面。

たつる＋□ 「たつ【立つ】目四(タ行下二段)」の連体形。

たつれ＋□ 「たつ【立つ】目四(タ行下二段)」の已然形。

たて【楯・盾】 名詞 ❶敵の矢・槍・弾丸などを防ぐための武具。戦闘だけでなく、儀式にも用いた。多くは厚板で作られた。❷防ぎ守ること。また、そのもの。

[たて❶(楯)]

たて【縦・経】 名詞 機を織るのに用いる縦糸。対 緯

たて＋□ 「たつ【立つ】一一(タ行四段)」の已然形・命令形。または、「たつ【立つ】目四(タ行下二段)」の未然形・連用形。

だて【伊達】 名詞 ❶はでに振る舞うこと。粋なさま。また、その姿。❷見えを張ること。

たて-あかし【立て明かし】 名詞 立てておいて火を灯す明かり。松明の類。発展「立ち明かし」とも。

たて-えぼし【立て烏帽子】 名詞 中央が高く立っている、一般的な烏帽子。折り烏帽子に対していう。対 折り烏帽子 ↓烏帽子(図)・狩衣(図)

[たてえぼし]
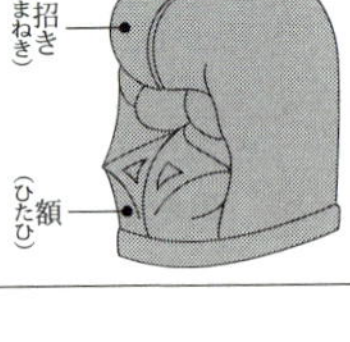

たて-こ・む【立て籠む・閉て込む】 動詞 他〔マ下二段〕〈め・め・む・むる・むれ・めよ〉戸や障子を閉めて閉ざす。閉め切る。**立てこめたる所の戸、すなはち、ただ開きに開きぬ。**〈竹取・かぐや姫の昇天〉訳(かぐや姫を中に入れて)**閉め切って**ある場所の戸が、すぐに、ただもうすっかり開いてしまった。

たて-さま【縦様】 名詞 縦。縦向き。対 横様 発展「たてざま」とも。

たて-じとみ【立て蔀】 名詞 細い木を縦横に格子に組み、裏に板を張ったもの。庭に立てて室内の目隠しにしたり、室内の仕切りとして用いる。

[たてじとみ]

たて-て【立てて】 副詞 もっぱら。特に。主に。取り立てて。**学問を立ててしたまひければ**…。〈源氏・少女〉訳(内大臣は)学問を**もっぱらに**なさったので…。

発展 下二段動詞「立つ」の連用形＋接続助詞「て」が一語になったもの。

だて・なり【伊達なり】 形容動詞〔ナリ〕〈なら・なり(に)・なり・なる・なれ・なれ〉❶はでに振る舞う。粋(いき)だ。❷見えを張る。
鎧(よろひ)を着たは何のため、**だてに着たか**…。〈近松・聖徳太子絵伝記(しょうとくたいしえでんき)〉訳よろいを着たのは何のためか、**見えを張って着た**のか…。

たて-ぬき【経緯】 名詞 機の縦糸と横糸。

たて-はき【帯刀】 名詞 →たちはき

たて-ぶみ【立て文】 名詞 書状の正式な包み方。手紙を礼紙(らいし)という白紙で巻き包み、さらにそれを表巻きという白紙で包んで、その上下を折り返したもの。折り返したところにより を掛けることもある。類捻(ひね)り文(ぶみ)。対包(つつ)み文(ぶみ)

[たてぶみ]
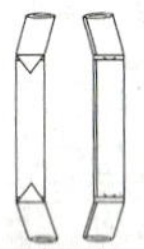

たてまつら・す【奉らす】 一 動詞 他〔サ下二段〕〈せ・せ・す・する・すれ・せよ〉献上する。差し上げる。
白き木に立て文(ぶみ)をつけて、「**これ奉らせむ**。」と言ひければ…。〈枕草子・138・円融院(えんゆうゐん)の御果ての年〉訳白く削った木に立て文を添えて、「これを**差し上げ**よう。」と言ったので…。

二 補助動詞〔サ下二段〕〈せ・せ・す・する・すれ・せよ〉お…申し上げる。…(て)差し上げる。

発展 四段動詞または補助動詞「たてまつる」の未然形＋助動詞「す」が一語になったもの。助動詞「す」が、使役の意味から転じて、謙譲の意味を強めるのに用いられたもの。

たてまつら-せ-たま・ふ【奉らせ給ふ】 連語
一(「たてまつる」は動詞で)❶(「す」は使役で)差し上げさせなさる。献上させなさる。
宮帰りたまふ。御贈り物に…**薫(た)き物二壺(ふたつぼ)添へて、御車に奉らせたまふ**。〈源氏・梅枝(うめがえ)〉訳宮(=蛍兵部卿宮(ほたるひょうぶきょうのみや))はお帰りになる。(宮への)お贈り物として…練り香二壺を添えて、お車へ**差し上げさせなさる**。
❷(「す」は尊敬で)お差し上げあそばす。御献上になる。
梅壺(うめつぼ)に御絵ども奉らせたまへり。〈源氏・絵合(えあわせ)〉訳(朱雀院(すざくいん)は)梅壺にいろいろな絵を**お差し上げあそばした**。
二(「たてまつる」は補助動詞で)お…申し上げあそばす。
一の宮を見**たてまつらせたまふ**にも、若宮の御恋しさの

基本敬語25 たてまつ・る【奉る】

- 一 動詞 他
  - 一【謙譲語】
    - ❶**差し上げる。献上する。**［通常語］与ふ・贈る
    - ❷**参上させる。伺わせる。**［通常語］(人を)遣(や)る
  - 二【尊敬語】—**お召しになる。**［通常語］着る
- 二 動詞 自 —【尊敬語】—**お乗りになる。**［通常語］乗る
- 三 補助動詞 —【謙譲語】—**お…申し上げる。お…する。…(て)差し上げる。**

接続 三は動詞の連用形に付く。

	未然形	連用形	終止形	連体形	已然形	命令形
動詞 他〔ラ四段〕 動詞 自〔ラ四段〕 補助動詞〔ラ四段〕	たてまつ・ら	たてまつ・り	たてまつ・る	たてまつ・る	たてまつ・れ	たてまつ・れ

一 動詞 他〔ラ四段〕 一❶(「与ふ」「贈る」の謙譲語で)**差し上げる。献上する。**→古語チャート㉒(789ページ)
簾(すだれ)**少し上げて、花奉るめり**。〈源氏・若紫〉訳(尼は)簾を少し(巻き)上げて、(仏前に)花を**差し上げる**(=お供えする)ように見える。
○作者が、尼の「与える」動作の及ぶ仏への敬意を表している。

❷(「遣(や)る(=行かせる)」の謙譲語で)**参上させる。伺わせる。**
ある人々、「なほ怪し。いざ、人して見せに**奉らむ**。」など言ひて、**見せにやりたる人、帰りきて**…。〈蜻蛉日記(かげろうにっき)〉訳その場に居合わせる人々(=侍女たち)が、「(来ると言っていた藤原兼家(かねいえ)がまだ来ないのは)やはりおかしい。どれ、(だれか)人を使って(ようすを)見せに**伺わせ**よう。」などと言って、見せに行かせた人が、帰ってきて…。
○話し手(=侍女たち)が、自分たちの「行かせる」動作の及ぶ藤原兼家への敬意を表している。❶が物を差し上げる場合であるのに対し、❷は、人を差し上げる場合である。

二(「着る」の尊敬語で)**お召しになる。**
御装束(さうぞく)をもやつれたる狩りの御衣(おほんぞ)を奉り、さまを変へ、顔をもほの見せたまはず…。〈源氏・夕顔〉訳(源氏は)お着物も(お忍びのために)人目につかない狩りの時のお召し物を**お召しになり**、姿を変えて、顔でさえかすかにもお見せにならず…。
○作者が、「着る」動作をする源氏への敬意を表している。

二 動詞 自〔ラ四段〕(「乗る」の尊敬語で)**お乗りになる。**
帝(みかど)、かぐや姫をとどめて帰りたまはむことを、飽かず口惜しくおぼしけれど、魂をとどめたる心地してなむ、帰らせたまひける。御輿(おほんこし)**に奉りて後に**…。〈竹取・かぐや姫の昇天〉訳帝は、かぐや姫を後に残してお帰りになったりすることを、不満足で残念だとお思いになったけれども、魂を後に残したような気持ちがして、お帰りになった。お車に**お乗りになって**から後に…。
○作者が、「乗る」動作をする帝への敬意を表している。

三 補助動詞〔ラ四段〕**お…申し上げる。**お…する。…(て)差し上げる。
宮司(みやづかさ)、さぶらふ人々、皆手を分かちて求め**たてまつれ**ども、御死にもやしたまひけむ、え見つけ**たてまつら**ずなりぬ。〈竹取・蓬萊(ほうらい)の玉の枝〉訳(くらもちの皇子(みこ)の屋敷で)諸事をつかさどる職員や、お仕え申し上げる人々が、みんなで手分けして(皇子を)**お探し申し上げる**けれども、(皇子は)お亡くなりにでもなったのだろうか、**お見つけ申し上げる**ことができないままに終わってしまった。
○どちらの「たてまつる」も、作者が、諸事をつかさどる職員や、お仕え申し上げる人々の「探す」また「見つける」動作の及ぶくらもちの皇子への敬意を表している。
右大弁の子のやうに思はせて、率(ゐ)て**たてまつる**に、相人(さうにん)驚きて、あまたたび傾(かたぶ)き怪しぶ。〈源氏・桐壺(きりつぼ)〉訳(若宮(=後の源氏)を)右大弁の子供のように見せかけて、(人相見の所へ)**お連れ申し上げる**と、人相見は驚いて、何度も首をかしげて不思議がる。
○作者が、右大弁の「連れていく」動作の及ぶ若宮への敬意を表している。動詞の連用形に直接「たてまつる」が付かない特例。上一段動詞「ゐる(率る)」に付くときだけは、そ

み思ほし出ぃでつつ…。〈源氏・桐壺〉訳（帝は）一の宮をお見申し上げあそばすにつけても、若宮（＝源氏）にお心引かれる気持ちを何度もお思い出しになるばかりで…。

発展 四段動詞または補助動詞「たてまつる」の未然形＋尊敬・使役の助動詞「す」の連用形＋四段補助動詞「たまふ」。

たてまつらせ‐たま・ふ【奉らせ給ふ】—たま(も)う 連語 ❶（「たてまつらす」は動詞で）お差し上げになる。**中納言参りたまひて、御扇奉らせたまふに**…。〈枕草子・102・中納言参りたまひて〉訳 中納言が参上なさって、扇を（中宮様に）**お差し上げになる**のに…。

❷（「たてまつらす」は補助動詞で）お…申し上げなさる。**六条院も、「少し御心地よろしく。」と聞きたてまつらせたまひて、参りたまふ。**〈源氏・若菜上〉訳 六条院（＝源氏）も、「（朱雀院が）少しご気分がよくて（いらっしゃる）。」と**お聞き申し上げなさって**、参上なさる。

発展 下二段動詞または補助動詞「たてまつらす」の連用形＋四段補助動詞「たまふ」。

たてまつり‐たま・ふ【奉り給ふ】—たま(も)う 連語 ❶（「たてまつる」は動詞で）お差し上げになる。差し上げなさる。**かぐや姫、「物知らぬこと、なのたまひそ。」とて、いみじく静かに、朝廷に御文奉りたまふ。**〈竹取・かぐや姫の昇天〉訳 かぐや姫は、（天人たちに向かい）「ものの（道理の）分からないことを、おっしゃるな。」と言って、たいへん落ち着いて、帝にお手紙を（書いて）**差し上げなさる**。○作者が、「与える」動作の及ぶ帝と、その動作をするかぐや姫への敬意を同時に表している。

❷（「たてまつる」は補助動詞で）お…申し上げなさる。**弘徽殿などにも渡らせたまふ御供には、やがて御簾の内に入れたてまつりたまふ。**〈源氏・桐壺〉訳（帝は）弘徽殿などにおいでになるお供には（源氏をお連れになり）、そのまま（お部屋の）御簾の中に**お入れ申し上げなさる**。○作者が、「入れる」動作の及ぶ源氏と、その動作をする帝への敬意を同時に表している。

発展 四段動詞または補助動詞「たてまつる」の連用形＋四段補助動詞「たまふ」。「謙譲語（たてまつる）＋尊敬語（たまふ）」で、*二方向に対する敬語。

たてまつり‐もの【奉り物】 名詞 ❶貴人などに献上する品物。貢ぎ物。❷貴人の衣服。お召し物。発展 四段動詞「奉る」の連用形が名詞になったもの。「物」が付いて一語になったもの。「奉る」の、「与ふ」「贈る」の謙譲語という意味を反映したのが❶である。また、「着る」の尊敬語としての意味を反映したのが❷である。

たてまつ・る【奉る】↓基本敬語25（786ページ）

たてまつ・る【奉る】 動詞 他（ラ下二段）〈れ・れ・る・るる・るれ・れよ〉❶差し上げる。また、（人を介して）差し上げさせる。**御文は、たびたび奉れたまふ。**〈源氏・若紫〉訳（源氏は使いの者に命じて）お手紙を、（紫の上の邸へ）たびたび**差し上げさせなさる**。

❷（使いとして人を）伺わせる。参上させる。**君の御もとよりは、惟光を奉れたまへり。**〈源氏・若紫〉訳 君（＝源氏）のお住まいからは、（使いとして）惟光を（紫の上の邸へ）**参上させなさった**。

発展「たてまつる」の連用形に、「いる（入る）」が付いた「たてまつりいる」が変化したものとも、「たてまつる」に、特に使役の意味を含ませて下二段に活用させたものともいわれる。『宇津保物語』『源氏物語』などに見られるが、用例は未然形・連用形に限られ、「たてまつれたまふ」が多い。意味のうえでは四段の「奉る」一❶とほとんど区別はない。

関連語 奉る（基本敬語25）

たてり‐あきなひ【たてり商ひ】—あきない 名詞 米市場で、売買契約をしても実際に米の受け渡しはせずに、契約の期限日に相場の上下によって生じた差額で利益を上げる商売。空米相場。

たてる（現）↓（古）**たつ【立つ】**

たて‐わた・す【立て渡す】 動詞 他（サ変）〈せ・し・す・する・すれ・せよ〉一面に立てる。立て並べる。**大路のさま、松立てわたして、花やかにうれしげなるこそ、またあはれなれ。**〈徒然草・19・折節の〉訳 大通りのようすは、（門ごとに）門松を**立て並べて**、にぎやかで喜ばしい感じであるのは、また趣深いものである。

たとい（現）↓（歴）**たとひ【縦ひ・仮令】**

の連用形に接続助詞「て」を介して付く。

発展 ①**「まつる」と「たてまつる」** 「たてまつる」は類義の上代語「まつる（奉る）」をもとにして、下二段動詞「立つ」の連用形＋「まつる」としてできたと考えられている。上代では「まつる」が優勢で、「たてまつる」はその使用が限られていた。中古になると、「たてまつる」が広く用いられるようになり、補助動詞としての用法も生じた。

②**補助動詞の「たてまつる」** 「思ふ」などの精神的活動を表す動詞には「きこゆ」が付くのに対し、「たてまつる」は「見る」などの身体的活動を表す動詞に付くことが多い。複合動詞「見送る」などには、間に割り込んで、「見たてまつり送る」のようにいうことがある。

③**「たてまつる」の尊敬語の用法** 一❶、二のほかに、飲食する意味の「**召し上がる**」が訳語として当てはまる例もある。しかし、中古ではその例と考えられるのは次の用例ぐらいであり、特殊である。「壺なる御薬奉れ」（＝壺にあるお薬を召し上がれ）。〈竹取・かぐや姫の昇天〉この「奉る」は、天人から見た、「飲む」動作をするかぐや姫に対する尊敬語と見るのである。ただ、これを天人がかぐや姫に直接言ったことばと解釈しないならば、「お薬を差し上げよ。」という意味になり、薬を「与える」動作の及ぶ人物であるかぐや姫に対する謙譲語と考えることもできる。

④**下二段の語形の「奉れたまふ」** 「たてまつる」には、下二段活用と推定される語形がある。ただし未然形・連用形のみで、特に「奉れたまふ」という例が多い。『宇津保物語』『源氏物語』などに謙譲語としての用例が見られるが、一般的ではなく、特殊な語形である。

敬語のしくみ 謙譲語から誕生した尊敬語の用法

本書の「基本敬語25」の中で、「**たてまつる**」「**たまはる**」「**まゐる**」の三語は、尊敬語・謙譲語の両方の用法を持っている。これらはいずれも、もともと謙譲語であったものが、尊敬語としても用いられるようになったものである。ただし、「たまはる」の尊敬語の用法は中世以降に生じたものなので、ここでは別に考えたい。高貴な身分の人は、周囲の人々から、「奉る」「参る」といった動作を受けることが多く、高貴な人の動作「着る」「乗る」「食ふ」などは、周囲の人々から差し上げられるものであった。そこから、高貴な人自身の動作をも「奉る」「参る」でいうようになり、これらが尊敬語になったと考えられている。↓基本敬語動詞一覧表（26ページ）

関連語 聞こゆ（基本敬語25）・奉る（下二段）・奉る・参る

たとうがみ（現）↓（歴）**たたうがみ【畳紙】**

他動詞 国語・国文法 動詞の分類のひとつ。動作・作用が他に働きを及ぼす動詞。★自動詞に対する。自動詞「流る（ラ行下二段）」「焼く（カ行下二段）」「見ゆ（ヤ行下二段）」はそれぞれ、他動詞「流す（サ行四段）」「焼く（カ行四段）」「見る（マ行上一段）」に対応する。また、自動詞「水増す（=水がふえる）」、他動詞「水を増す（=水をふやす）」のように意味上は区別されるが、活用には変わりないものもある。

たとえ（現）↓（歴）**たとへ【譬へ・喩へ】**

たとえば（現）↓（歴）**たとへば【例へば・譬へば】**

たとえる（現）↓（古）**たとふ【譬ふ・喩ふ】**

た-どき【方便】 名詞 ↓たづき最重要語（784ページ）

たとしへ-な・し【譬しへ無し】 形容詞［ク］〈く・く・し・き・けれ・○／から・かり・○・かる・○・かれ〉❶比較しようがない。**たとしへなきもの。夏と冬と。夜と昼と。**〈枕草子・71・たとしへなきもの〉訳（正反対で）**比較しようがない**もの。夏と冬と。夜と昼と。

❷はなはだしい。他にたとえようがない。**たとしへなく静かなる夕べの空を眺めたまひて…。**〈源氏・夕顔〉訳（源氏は）**他にたとえようがなく**静かな夕暮れの空をお眺めになって…。

たど-たど・し 形容詞［シク］〈しく・しく・し・しき・しけれ・○／しから・しかり・○・しかる・○・しかれ〉❶不確かだ。未熟だ。**かやうの方さへたどたどしからず…。**〈源氏・紅葉賀〉訳（藤壺の宮は）このような（異国の文化の）方面までも**不確かでなく**（=よくご存じで）…。

❷辺りのようすや物音などがはっきりしない。ぼんやりしている。「**さらば、道たどたどしからぬほどに。**」〈源氏・若菜下〉訳「それでは、道が（暗くて）**ぼんやりし**ない間に。」

❸はかどらない。**夕飯したためて出づるに、たそかれの路たどたどし。**〈奥の細道・等栽〉訳夕飯をすませて（福井へ）出かけたところ、夕暮れの道は（薄暗くて）、**はかどらない**（=なかなか先へ進めない）。

たとひ【譬ひ・喩ひ】 名詞 ↓たとへ

たとひ【縦ひ・仮令】 副詞 ❶（下に接続助詞「ば」を伴って、順接の仮定条件を表し）もし…ならば。「**たとひ、汝この国を治らば、必ず残ひ傷るところ多けむ。**」〈日本書紀〉訳「**もし**、おまえがこの国を治める**ならば**、きっと（国を）だめにし傷つけてしまうことが多いだろう。」

❷（下に接続助詞「とも」「ども」などを伴って、逆接の仮定条件を表し）仮に…しても。たとえ…しても。「**たとひ耳鼻こそ切れ失すとも、命ばかりはなどか生きざらん。**」〈徒然草・53・これも仁和寺の法師〉訳「**たとえ**耳や鼻は切れてなくなる**としても**、命だけはどうして助からないことがあろうか、いや、助かるだろう。」

たと・ふ【譬ふ・喩ふ】 動詞 他［ハ下二段］〈へ・へ・ふ・ふる・ふれ・へよ〉（あるものを他のものに）なぞらえる。たとえる。**その山は、ここにたとへば、比叡の山を二十ばかり重ね上げたらむほどして…。**〈伊勢・9〉訳その山（=富士山）は、ここ（=京）に**たとえる**ならば、比叡山を二十ほども積み上げたような程度（の高さ）で…。

たとへ【譬へ・喩へ】 名詞 他の事物にたとえること。例。たとえ話。発展「たとひ」とも。

たとへ-うた【譬へ歌】 名詞 和歌の★六義のひとつ。自分の心に感じたことを物にたとえて詠んだ歌。

たとへ-ば【例へば・譬へば】 副詞 ❶物にたとえて言えば。例を挙げるなら。**たとへば、絵に描ける女を見て、いたづらに心を動かすがごとし。**〈古今集・仮名序〉訳（僧正遍昭の歌は）**物にたとえて言うなら**、絵に描いてある女性を見て、無益に心をときめかすようなものである。

❷仮に。たとえ。**ただ頼めたとへば人の偽りを重ねてこそはまたも恨みめ** 歌〈新古今集・恋3・1223〉訳ひたすら信頼しなさい。**仮に**人が偽りを重ねたら（=あなたを裏切るようなことが重ねてあったら）、その時改めて恨むのがよかろう。

発展 下二段動詞「たとふ」の未然形＋接続助詞「ば」。

た-どほ・し【た遠し】 形容詞［ク］〈く・く・し・き・けれ・○／から・かり・○・かる・○・かれ〉遠い。**遠妻のここにしあらねば玉桙の道をた遠み…** 歌〈万葉集・4・534〉訳遠くにいる妻がここにいないので道も**遠い**から…。○「玉桙の」は「道」に係る枕詞。

発展「た」は接頭語。

たどり【辿り】 名詞 物事の筋道を探り知ること。気をまわすこと。探究。思慮。分別。「**古へより本意深き道にも、辿り薄かるべき女方にだにみな思ひ後れつつ、いとぬるきこと多かるを…。**」〈源氏・若菜下〉訳「昔から強く望んでいた（仏の）道（=出家）についても、**思慮**の浅いはずの女君方にすら、すっかりそれぞれに後れをとってしまい、たいへんふがいない点が多いのだが…。」

たどり-な・し【辿り無し】 形容詞［ク］〈く・く・し・き・けれ・○／から・かり・○・かる・○・かれ〉❶迷いやためらいなどの余地がない。❷迷い歩く。当てどない。**一たびは仏籬祖室の扉に入らむとせしも、たどりなき風雲に身をせめ…。**〈幻住庵記〉訳一度は仏門の扉をたたいて修行しようとしたが、**当てどない**漂泊の旅に身を苦しめ…。

たど・る【辿る】 ■動詞 自［ラ四段］〈ら・り・る・る・れ・れ〉思い悩む。思い迷う。途方に暮れる。「**しばしは夢かとのみたどられしを。**」〈源氏・桐壺〉訳「しばらくの間は（桐壺の更衣の死を）夢なのか（そうでないのか）とただひたすら**思い迷わ**ないではいられなかったが。」

■動詞 他［ラ四段］〈ら・り・る・る・れ・れ〉❶迷いながら行く。道を探りながら行く。**その日、やうやう草加といふ宿にたどり着きにけり。**〈奥の細道・草加〉訳その日、ようやく草加という宿場に**迷いながら行き着い**たのだった。

❷あれこれと考える。詮索する。気づく。**花のにほひ、月の光にたとへても、ひとかたにはあかざりし御面影、あらぬかとのみたどらるるに…。**〈建礼門院右京大夫集・242・詞書〉訳花の美しい色つや、月の光にたとえても、一方だけでは不十分な（お美しさだった建礼門院の）ご容姿も、別人かとばかり（変わり果て、昔が）**あれこれと考えられる**が…。

たな- 接頭語（動詞に付いて）すっかり、十分に、一面に、という意味を表す。語例 **たな**曇る・**たな**知る

たな【店・棚】 名詞 ❶（「見世棚」の略で）店。商店。❷借家。貸し家。

たな【棚】 名詞 ❶物を載せるために、水平に渡してある板。❷（「船棚」の略で）船べりの両側に渡した踏み板。

た-な-うら【掌】 名詞 手のひら。類 たなごころ・手末 発展 手の裏という意味。「た」は「て」の変化したもの。「な」は

上代の格助詞で「の」に相当する。

たな-ぎら-ふ【棚霧らふ】—ぎら(ろ)う 一面に霧がかかる。一面に曇る。

たなぎらひ雪も降らぬか梅の花咲かぬが代に添へてだに見む 歌〈万葉集・8・1642〉訳 **一面に曇り**雪でも降らないかなあ。ウメの花が咲かない代わりに、（雪をウメの花だと）なぞらえて見たいものだ。

発展「一面に」の意の「たな」に「きらふ」がついたもの。

た-な-ごころ【掌】名詞 手のひら。類 たなうら・手末
発展 手の心という意味。「た」は「て」の変化したもの。「な」は上代の格助詞で「の」に相当する。→**古語チャート㉕**（861ページ）

たなごころ-の-うち【掌の中】（自分の手の中にある物のように）自分の思い通りになること。また、そのもの。

たな-し-る【たな知る】動詞 自〈ラ四段〉〈ら・り・る・る・れ・れ〉すっかり知る。十分わきまえる。

金戸にし人の来立てば夜中にも身はたな知らず出でてそあひける 歌〈万葉集・9・1739〉訳 門口に人が来て立つと、夜中でも自身は（おのれを）**十分にわきまえず**出て会ったとかいうことだ。

発展「たな」は接頭語。

た-な-すゑ【手末】—すえ 名詞 手の先。指先。類 掌・たなうら・たなごころ
発展 手の末という意味。「た」は「て」の変化したもの。「な」は上代の格助詞で「の」に相当する。

たな-づし【棚厨子・棚廚子】—ずし 名詞 棚の付いている*厨子。

たな-つ-もの【穀】名詞《植物》❶イネ。田に植える物。対 畑つ物。❷*五穀の総称。類 五種の穀
発展「たな」は種、「つ」は格助詞「の」に相当する上代の格助詞。「種のもの」の意味。

たななし-をぶね【棚無し小舟】—おぶね 名詞 船棚のない小さな舟。

たな-はし【棚橋】名詞 欄干がなく、棚のように板を渡してあるだけの橋。

まとめて覚えよう古語チャート㉒
「与える」意味を表す敬語

この図は、物を与える、という意味の敬語をまとめたものです。

上位の者から下位の者へ、下位の者から上位の者へ、というように、与える方向によって使用することばが違うのは、今でも「（上から下へ）下さる」「（下から上へ）差し上げる」と使い分けるのと同じです。「与える」という動作が、上位の者の動作である場合は*尊敬語、下位の者の動作である場合は*謙譲語となります。

「¹たまはす」は、「²たまふ」の未然形に尊敬の助動詞「す」が付いて一語化したもので、「²たまふ」より敬意が高くなります。「³まつる」は上代に用いられ、その補助動詞化したものが動詞「たつ」の連用形に付いてできたのが「⁴たてまつる」です。「⁵まゐらす」は「まゐる」の未然形に助動詞「す」が付いて一語化し、「⁴たてまつる」に代わって用いられるようになります。

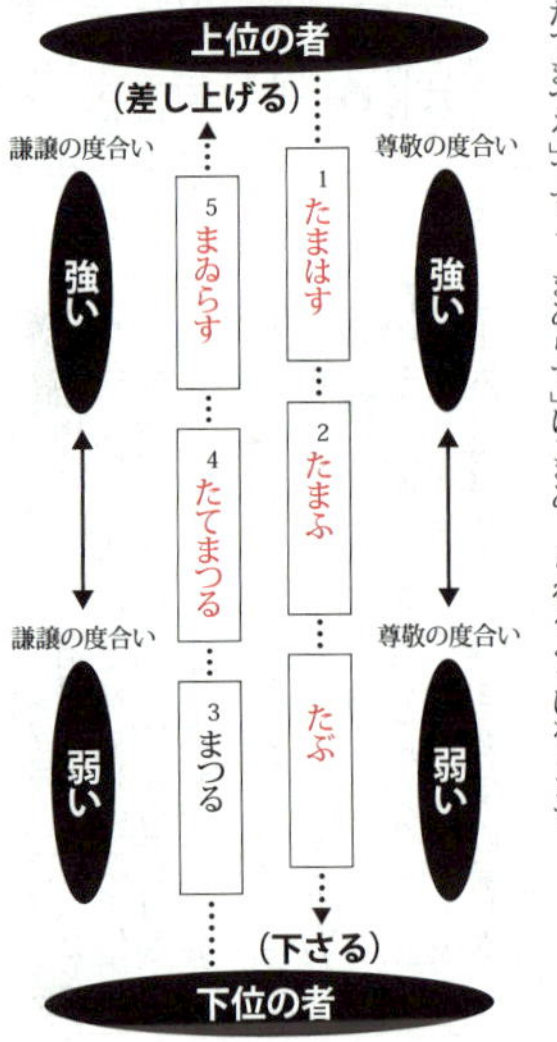

赤字は最重要語・重要語

たな-ばた【棚機・七夕】名詞 ❶はた。織機。❷「*棚機つ女」の略。季語 秋 ❸「*棚機祭り」の略。季語 秋

たなばた-つ-め【棚機つ女】名詞 七夕伝説で有名な「織女星」の別の呼び名。琴座の首星ベガの漢名。季語 秋 ↓棚機祭り
発展「つ」は、格助詞「の」に相当する上代の格助詞。もともとは「機を織る女」という意味。

たなばた-まつり【棚機祭り・七夕祭り】名詞 *五節句の一つ。中国の伝説で、陰暦七月七日の夜、一年に一度会えるという牽牛・織女の二星を祭る行事。季語 秋 類 乞巧奠

たな-び-く【棚引く】一 動詞 自〈カ四段〉〈か・き・く・く・け・け〉雲・霞・霧・煙などが横に長く引く。横になびく。

紫だちたる雲の細くたなびきたる。〈枕草子・1・春は曙〉訳 紫がかっている雲が細く**横になびいている**のは（趣深い）。

ほのぼのと春こそ空に来にけらし天の香具山霞たなびく 歌〈新古今集・春上・2〉訳 ↓ほのぼのと…

二 動詞 他〈カ四段〉〈か・き・く・く・け・け〉たなびかせる。引き連れる。

数千騎の軍兵をたなびいて、都へ入りたまふ由聞こえしかば…〈平家・3・法印問答〉訳 数千騎の軍隊を**引き連れて**、都へ入りなさるうわさが聞こえてきたので…。〇「たなびい」は連用形「たなびき」のイ音便。

た-なり ❶（「なり」は推定で）…ているらしい。…たようだ。

守の館より、呼びに文もて来たなり。〈土佐日記・十二月二十五日〉訳（新任の）国司の官舎から、招待に（使いの者が）手紙を持ってき**たようだ**。

❷（「なり」は伝聞で）…ているそうだ。…たという。

「この寺にありし源氏の君こそ、おはしたなれ。」〈源氏・若紫〉訳「私たちの寺にいた源氏の君が、おいでになっ**ているそうだ**。」

発展「たるなり」（完了・存続の助動詞「たり」の連体形＋推定・伝聞の助動詞「なり」）の撥音便「たんなり」の「ん」を表記しない形。読むときはふつう「たんなり」と読む。

た-なれ【手慣れ】名詞 ❶（手に扱い慣れていることの意味で）持ち慣れたこと。愛用品。❷（動物を）飼いならしていること。手飼い。発展「た」は「て」の変化したもの。

だに↓基本助詞25（791ページ）

だに-あ・り 連語 …でさえ…だ。…だって…だ。
一事の優る**だにあるに**、かくいづれの道も抜け出でたまひけむは、いにしへもはべらぬことなり。〈大鏡・頼忠〉 訳 一つの事に優れているということ**でさえまれなのに**、（藤原公任が）このようにどの方面にも優れていらっしゃったとかいうことは、昔にもないことであります。
発展 副助詞「だに」＋補助動詞「あり」。多くは接続助詞「に」「を」を伴って用いられる。「あり」の上には、文脈上適当な形容詞・形容動詞を補って解する。右の用例では形容動詞「まれだ」を補って解している。

たに-ぐく【谷蟇】 名詞《動物》ヒキガエルの古い呼び名。季語 夏

谷口蕪村 人名 ↓必修古典ビッグ30 ㉖（1146ページ）

他に対する願望 国語・国文法 自分自身があることをしたいという「自己の願望」とは異なり、自分ではできないようなことを他に対してあつらえ望む願望。「あつらえ」ともいう。現代語に訳すなら、「…てほしい」「…てくれればいいなあ」となる。これを示す代表的な語は、動詞型活用語の未然形に接続する、終助詞の「なむ」である。「いつしか梅咲か**なむ**。（＝早くウメが咲い**てほしい**。）」

だに-も 連語 ❶せめて…だけでも。
三輪山をしかも隠すか雲**だにも**情あらなも隠さふべしや 歌〈万葉集・1・18〉訳 ↓みわやまを…
❷…でさえ。…さえも。
春や疾き花や遅きと聞き分かむ鶯**だにも**鳴かずもあるかな 歌〈古今集・春上・10〉訳（春になったのにまだウメの花が咲かないのは）春（の来るの）が早いのか、それとも（ウメの）花（の咲くの）が遅いのかと、聞いて判断したいウグイス**さえも**鳴かないでいることよ。
発展 副助詞「だに」＋係助詞「も」。

たね【種】 名詞 ❶植物の種子。❷血統。血筋。子孫。❸物事が起こるもと。よりどころ。根源。

たね-まき【種蒔き】 名詞 植物の種子を田や畑にまくこと。特に、イネの種もみを苗代にまくこと。季語 春

た-ねん【他念】 名詞 ほかのことを考える心。余念。発展 形容詞「なし」を伴って「他念なし」の形で用いられることが多い。

たのう-だ-ひと【頼うだ人】 主人として信じ、頼みにする人。主人。発展「たのみたるひと」の変化したもの。「たのうだもの」とも。

たの・し【楽し】 形容詞〈シク〉〈しく・しく・し・しき・しけれ・○／しから・しかり・○・しかる・○・しかれ〉❶（精神的に満ち足りて）愉快だ。楽しい。
❷（物理的に満ち足りて）裕福だ。何不自由しない。
堀川相国は、美男の**楽しき人にて**、そのこととなく過差を好みたまひけり。〈徒然草・99〉 訳 堀川の太政大臣は、美男で**裕福な人で**あって、何事につけても身分不相応のぜいたくをお好みになった。
発展 平安女流文学には用例が見られない。中世では物質的に豊かである意味で用いられ、「貧し」に対応する。

たのしび【楽しび】 名詞 楽しみ。

たのし・ぶ【楽しぶ】 動詞 自〈バ四段〉〈ば・び・ぶ・ぶ・べ・べ〉楽しむ。楽しくなる。
「山沢に遊びて、魚鳥を見れば、心**楽しぶ**。」〈徒然草・21・万のことは〉訳「山や沢に遊んで、魚や鳥を見ると、心が**楽しくなる**。」

たのし・む【楽しむ】 一 動詞 自〈マ四段〉〈ま・み・む・む・め・め〉
❶楽しむ。愉快に思う。
権門のかたはらに居る者は、深く喜ぶことあれども、大きに**楽しむ**にあたはず。〈方丈記・世に従えば〉訳 官位高く威勢のよい家の隣に住む者は、たいへんうれしいことがあっても、（気がねして）大いに**楽しむ**ことができない。
❷富む。豊かになる。
仏御前が所縁の者どもぞ、初めて**楽しみ**栄えける。〈平家・1・祇王〉訳 仏御前（という名の白拍子の女）の縁故の者たちが、以前と変わって**富み**栄えた。
二 動詞 他〈マ四段〉〈ま・み・む・む・め・め〉楽しむ。
「人皆、生を**楽しまざる**は、死を恐れざる故なり。」〈徒然草・93・牛を売る者あり〉訳「人が皆、生を**楽しまない**のは、死を恐れないからである。」

➋たのま＋□「たのむ【頼む】一（マ行四段）」の未然形。↓最重要語（792ページ）

た-の-み【田の実】 名詞《和歌用語》イネの実。米。発展「頼み」との掛詞として用いられることが多い。

たのみ【頼み】 名詞 ❶当てにすること。頼り。期待。信頼。また、頼りとするものや人。↓頼め ❷結婚の結納。また、

読解の手引き⑮

呼応する「だに」と「まして」

「私で**さえ**できるのに、**まして**あなたにできないはずはない。」という文は、次のように図式化できます。

［Aさえ〜］、まして［B—］

AとBとは比較対照する項目（冒頭の例では「私」と「あなた」）で、「さえ」は、Aが「〜」である最低限の例であることを示します（「私」は「できる」最低限の例）。したがって、AはBより劣る関係にあります。「—」は「〜」の強調表現。以上をまとめると、この構文は次のように分析できます。「Aは〜である最低限の例であるから、Aより勝るBはもっと—である。」

古文にもこれと同じような構文があります。

書けりともえ読み据ゑがたかるべし。今日だに言ひがたし。まして後にはいかならむ。〈土佐日記・一月十八日〉訳（聞いたことを）字に書いたとしてもちゃんと読み下すことは難しいに違いない。（聞いたばっかりの）今日で**さえ**言うのは難しい。**なおさら**後日となったらどんなだろう（さらに言うのは難しいだろう）。

「今日」と「後」とが対比され、「いかならむ」は「言ひがたし」の強調表現。これは、次のように図式化できます。

［Aだに〜］、（。）まして［B—］

この**「だに」と「まして」の呼応**は、「まして」以下が省略される場合もあります。その場合は、図式にしたがって省略を補って解釈する必要があります。

姉なる人、子産みて亡くなりぬ。よそのことだに幼くよりいみじくあはれと思ひわたるに、まして言はむ方なくあはれ悲しと思ひ嘆かる。〈更級日記・野辺の笹原〉

この例では「まして」の後の主語が省略されています。この主語はA（「よそのこと」）と対比されるBに相当し、「姉のこと」すなわち「姉の死」と推測することができます。したがって、「無関係の（人の）死は悲しい最低限の例であるから、姉の死はもっと悲しい」と分析することができます。

結納品。

発展 四段動詞「頼む」の連用形が名詞になったもの。四段動詞「頼む」は、当てにする、期待するという意味で、下二段動詞「頼む」とは意味が異なる。❷は、結婚が互いに頼り合うものというところからいう。

❓**たのみ**+□「**たのむ**【頼む】㊀(マ行四段)」の連用形。↓**最重要語**(792ページ)

たのみ-どころ【頼み所】名詞 頼みとするところ。また、頼みとする人。寄る辺べ。

た-の-む【田の面】名詞《和歌用語》田。田の表面。類 田面づら・田たの面も 発展「たのも」の変化したことば。「頼む」との掛詞として用いられることが多い。

たの・む【頼む】動詞 ↓**最重要語**(792ページ)

た-の・む【手飲む】動詞 他〔マ四段〕〈ま・み・む・む・め・め〉手ですくって飲む。

山城やましろの井手ゐでの玉水たまみづ手にむすびたのみしかひもなき世なりけり 歌〈伊勢・122〉訳 山城の＊井手の玉のような水を手に結びすくって飲んだ、その頼んだかいもない二人の仲だったなあ。

発展 和歌では、多く「頼む」に掛ける。

❓**たのむ**+□「**たのむ**【頼む】㊀(マ行四段)」の終止形・連体形。または、「**たのむ**【頼む】㊁(マ行下二段)」の終止形。↓**最重要語**(792ページ)

❓**たのむる**+□「**たのむ**【頼む】㊁(マ行下二段)」の連体形。↓**最重要語**(792ページ)

❓**たのむれ**+□「**たのむ**【頼む】㊁(マ行下二段)」の已然形。↓**最重要語**(792ページ)

たのめ【頼め】名詞 当てにさせること。期待させること。

❓**たのめ**+□「**たのむ**【頼む】㊀(マ行四段)」の已然形・命令形。または、「**たのむ**【頼む】㊁(マ行下二段)」の未然形・連用形。↓**最重要語**(792ページ)

たのめ・く【頼め来】動詞 自〔カ変〕〈こ・き・く・くる・くれ・こ(こよ)〉ずっと頼みにさせてくる。

頼めこし言の葉いまは返してむわが身ふるれば置き所なし 歌〈古今集・恋4・736〉訳 **ずっと頼みにさせてきた**手紙を今は返してしまおう。私は年老いたので、身の置き所がなくなり、手紙の置き場所もない(から)。

🪭**たのめしを**…歌

頼めしをなほや待つべき霜枯れし梅をも春は忘れざりけり〈更級日記・梅の立ち枝え〉訳 (ウメの花が咲いたら帰ると、あなたが)頼みに思わせたことを、まだ待たないといけないのだろうか。霜枯れしたウメにも春は忘れない(で花を咲かせた)よ。(あなたは約束をお忘れか。)○「なほ」は副詞。「や」は係助詞で、「べき」という連体形が結びとなる。

発展 ウメの花が咲くころの再会を約束した継母を待ちかねて、菅原孝標女すがわらのたかすえのむすめがウメの枝とともに送った歌。

た-の-も【田の面】名詞 田。田の表面。類 田面たづら 発展「たのむ」とも。

たのも・し【頼もし】

だに

基本助詞 25

❶(最小限の希望を表し)**せめて…だけでも。**…なりとも。
◉命令・願望・仮定などの表現とともに用いられる。
❷(程度の軽いものを挙げ、言外にもっと重いもののあることを類推させ)…**さえ。**◉多く、下に打消の語を伴う。

接続 体言、活用語の連体形、助詞などに付く。

副助詞 ❶(命令・願望・仮定などの表現とともに用いて、最小限の希望を表し)**せめて…だけでも。…なりとも。…でも。**

散りぬとも香かをだに残せ梅の花恋しき時の思ひ出にせむ 歌〈古今集・春上・48〉訳 散ってしまっても**せめて**香り**だけでも**残してくれ。ウメの花よ。(そのウメの花が)恋しい時の思い出(の手掛かりになるもの)にしよう(と思うから)。

○四段動詞「残す」の命令形「残せ」で終わる文に用いられている例。

君は、「夢をだに見ばや。」とおぼしわたるに…。〈源氏・夕顔〉訳 君(=源氏)は、「**せめて**(夕顔の)夢**だけでも**見たいものだ。」とお思い続けになっているうちに…。

○願望を表す終助詞「ばや」を伴っている例。

「かしこうぞなかりける。子だにあらましかば、いかに心苦しからん。」〈平家・10・海道下かいどうくだり〉訳「ちょうどよいことにも(私には子供が)なかったことだなあ。(不運続きの私に)もし子供**でも**あったなら、どんなにかつらいだろう。」

○仮定条件を表す句の中に用いられている例。

❷(多く、下に打消の語を伴い、程度の軽いものを挙げ、言外にもっと重いもののあることを類推させ)…**さえ。…さえも。…でさえ。…だって。**

一文字いちもんじをだに知らぬ者しが、足は十文字じふもんじに踏みてぞ遊ぶ。〈土佐日記・十二月二十四日〉訳 それこそ一という文字を**さえ**知らない者が、(酔っ払って、その)足は十という文字に(なるように)調子をつけて足踏みをして(踊って)楽しむ。

○「知らぬ」の「ぬ」は打消の助動詞「ず」の連体形。このように下に打消の語を伴う「だに」は、(せめて…だけでもと思うのに、その)…さえも…ない」という意味であったのが、しだいに「…さえ」という意味に変わっていった。

「なでふ女が真名書まんなは読む。昔は経読むをだに、人は制しき。」〈紫式部日記〉訳「どうして女が漢字で書かれた書物を読むのか。昔は(女が)経典を読むことを**さえ**、人はやめさせた。」

○下に打消表現を伴ってはいないが、「制す」という禁止を表す動詞が用いられている。当時、漢字を読んだり書いたりするのは男性で、経文も漢字で書かれているので、女性は読んではいけないとされていたのである。「なでふ」を、どのような、という意の連体詞とみて解する考え方もある。

発展 ①**「すら」「さへ」と「だに」** 上代では、「だに」には❶の「せめて…だけでも」という意味しかなく、❷の「…さえ」という意味では「すら」が用いられていた。中古になると❷の意味でも「だに」が用いられるようになり、和文では「すら」はあまり用いられなくなる。さらに、中世末期以降は「さへ」に取って代わられる。なお、中古の作品においては、「さへ」は「…までも」という添加の意味を表す副助詞であり、「だに」と同じ意味では用いられなかった。

②**だに…まして/いはんや** ❷の用法では、「だに」を含む句を程度の軽いものの例として挙げた後、もっと重いものの例を「まして」や「いはんや」で始まる句で続けて、対比的に示す場合もある。↓**読解の手引き⑮**(790ページ)

類語比較「さへ」「だに」「すら」↓さへ

頼みになるようす ❶頼りになる。心強い。❷期待が持てる。楽しみだ。❸裕福だ。豊かだ。

未然形	連用形	終止形	連体形	已然形	命令形
たのもし・く	たのもし・く	たのもし・し	たのもし・き	たのもし・けれ	○
たのもし・から	たのもし・かり	○	たのもし・かる	○	たのもし・かれ

形容詞［シク］❶頼りになる。心強い。
宮、「いとうれしう頼もし。」と待ち受けたまひて…。〈源氏・野分〉訳（台風見舞いに来た夕霧を）大宮（＝夕霧の祖母）は、「とてもうれしく心強い。」と思ってお迎えになって…。

❷期待が持てる。楽しみだ。
かかれど、ただいまは、一の宮のおはしますを頼もしきものにおぼし…。〈大鏡・道隆〉訳（伊周は）このようであるけれど（＝失意の日々を送ってはいるが）、当面は、（妹の中宮定子と天皇の間に）一の宮が（誕生して）いらっしゃることを期待が持てることとお思いになり…。

❸裕福だ。豊かだ。
さてまことに頼もしき人にぞなりにける。〈宇治拾遺〉訳（スズメを助けた老婆はスズメの恩返しを受け）そうして本当に裕福な人になったのだった。

たのもしげ-な・し【頼もしげ無し】 形容詞［ク］〈く・くし・き・けれ・○／から・かり・○・かる・○・かれ〉心細い。不安だ。頼りにならない。
「船に乗りては、楫取りの申すことをこそ、高き山と頼め、など、かく頼もしげなく申すぞ。」〈竹取・竜の頸の玉〉訳「船に乗ったら、船頭の申しますことを、高い山のように（不動のものと）頼りにするものなのに、どうして、こう頼りなく申すのか。」

たのもしげ-なり【頼もしげなり】 形容動詞［ナリ］〈なら・なり(に)・なり・なる・なれ・なれ〉❶信頼できそうだ。頼りになりそうだ。頼もしそうだ。
四位、五位、わかやかに心地よげなるは、いと頼もしげなり。〈枕草子・3・正月一日は〉訳四位、五位の人たちが、若々しく楽しそうなのは、たいそう頼もしそうだ。
❷いかにも楽しみだ。期待できそうだ。
「この方の営みは、この世もつれづれならず、後の世はた頼もしげなり。」〈源氏・賢木〉訳「仏道の営みは、現世でも退屈することなく、来世もまた期待できそうだ。」

たのもし-びと【頼もし人】 名詞 頼みに思う人。頼りにする人。

た-ばかり【謀り】 名詞 ❶思案。工夫。計画。❷謀略。計略。策略。→古語チャート㉟（995ページ）

たばかり-ごと【謀り事】 名詞 はかりごと。

たの・む【頼む】

疑いを持たず、ひたすら自分の未来を任せる

一 動詞 他［マ四段］ ❶信頼する。当てにする。❷主人として仕える。❸お願いする。◉「引用文＋と＋たのむ」の形をとる。

二 動詞 他［マ下二段］ 頼みに思わせる。約束して期待させる。

	未然形	連用形	終止形	連体形	已然形	命令形
動詞 他［マ四段］	たの・ま	たの・み	たの・む	たの・む	たの・め	たの・め
動詞 他［マ下二段］	たの・め	たの・め	たの・む	たの・むる	たの・むれ	たの・めよ

一 動詞 他［マ四段］ ❶信頼する。当てにする。期待する。
畏き御陰をば頼みきこえながら…。〈源氏・桐壺〉訳（桐壺の更衣は）恐れ多い（帝の）ご庇護をご信頼申し上げているものの…。
人を頼めば、身、他の有なり。〈方丈記・世に従えば〉訳他人を当てにすると必ず、自分の身は、他人の所有物である。

❷主人として仕える。
「東国の方へ落ちくだり、伊豆の国の流人、前右兵衛佐頼朝を頼まばやとは思へども…。」〈平家・3・行隆之沙汰〉訳「関東の方へ落ち延びて、伊豆の国へ流罪になった者、前右兵衛佐（源）頼朝を主人として仕えたいとは思うが…。」

❸（「引用文＋と＋たのむ」の形で）お願いする。
「右の賭け物をば御赦免あれ。」と頼むによって…。〈イソポ〉訳「例の（約束として）賭けた品物を（取り上げることを）お許しください。」とお願いするので…。

二 動詞 他［マ下二段］ 頼みに思わせる。約束して期待させる。
我を頼めて来ぬ男角三つ生ひたる鬼になれ…。〈梁塵秘抄〉訳（会いに来てくれると）私を頼みに思わせて、来ない男よ、角が三本生えた鬼になれ…。

発展 ①四段から下二段へ　二は、四段活用の一に使役の意味が加わって下二段活用になったもので、主に、男が女に会うことを約束して期待させる意味に用いられる。「頼む」と同じように、四段・下二段の両方の活用がある動詞で、それぞれが「…する」（四段）「…させる」（下二段）という関係になっているものに「被く」「弛む」「違ふ」「立つ」「付く」などがある。

②語の歴史　一❶は具体的に世話になることにもいい、『万葉集』では主君・恋人・母に対していうことが多い。この意味で「君と頼む」（＝主君として信頼する）などと言ったところから、❷のように、「〜を頼む」の形で「主人として仕える」という意味を表すようになり、慣用化していった。❸は、現代語と同じ意味・用法であるが、「（人）に頼む」という言い方は近世以降に生じたもの。

た-ばか・る【謀る】

考えを巡らす。また、人に相談する ❶計画を立てる。工夫する。❷相談する。❸欺く。

未然形	連用形	終止形	連体形	已然形	命令形
たばか・ら	たばか・り	たばか・る	たばか・る	たばか・れ	たばか・れ

動詞 他〔ラ四段〕❶**計画を立てる。方策を考える。工夫する。取り繕う。**
「子安貝取らむとおぼしめさば、**たばかりまうさむ**。」〈竹取・燕の子安貝〉訳「(ツバメが持っているという)子安貝を取ろうとお思いになるならば、**方策を考えて**差し上げよう。」
❷**相談する。**
「かかることなむあるを、いかがすべき。」と**たばかりたまひけり**。〈大和・171〉訳「このようなこと(=昔知り合った女がしつこく取り次ぎを頼んでくること)があるのを、どうしたらよいだろうか。」と(少将は中納言に)ご**相談**になったのだった。
❸**欺く。だます。**
梶原「**たばかられぬ**。」とや思ひけん、やがて続いて打ち入れたり。〈平家・9・宇治川先陣〉訳梶原は「**だまされた**。」と思ったのだろうか、すぐに続いて(ウマを)入れた。
発展 **意味の展開** 「た」は接頭語。考えを巡らすことを自分の心の中で行う場合は❶の意味になり、他者に向けて行う場合は❷の意味となる。❸は、❷の意味が悪意と結び付いた用法。
↓**古語チャート**35(995ページ)

たは・く【戯く】 動詞 自〔カ下二段〕〈け・け・く・くる・くれ・けよ〉
❶みだらな行為をする。
そのいろ妹**軽大郎女**に**たはけて**…。〈古事記・允恭天皇〉訳(軽皇子が)その妹の軽大郎女に**みだらな行為をして**…。
❷愚かな行為をする。ふざける。
おのがままの**たはけたる性**はいかにせん。〈雨月・吉備津の釜〉訳生来の**ふざけ**ている本性はどうしようか、どうしようもない。

たは-こと【戯言】 名詞 でたらめ。根拠のないことば。うわごと。発展「たはごと」とも。

た-ばさ・む【手挟む】 動詞 他〔マ四段〕〈ま・み・む・む・め・め〉手に挟んで持つ。脇に抱えて持つ。
もろ矢を**たばさみて**的に向かふ。〈徒然草・92・ある人、弓射ることを〉訳対になった二本の矢を**手に挟んで持って**的に向かう。

たは・し【戯し】 形容詞〔シク〕〈しく・しく・し・しき・しけれ・○/しから・しかり・○・しかる・○・しかれ〉ふしだらだ。好色だ。
典薬助にて身貧しきが、六十ばかりなる、さすがに**たはしき**に…。〈落窪〉訳*典薬寮の次官で貧乏な者で、六十歳ばかりである者で、それでもやはり**好色な**男に…。

た-ばし・る【た走る】 動詞 自〔ラ四段〕〈ら・り・る・る・れ・れ〉勢いよく飛び散る。ほとばしる。
もののふの矢並つくろふ籠手の上に霰**たばしる**那須の篠原 歌〈金槐集・348〉訳武士が矢の並びを整えるこて(=手を覆う武具)の上にあられが**激しく飛び散る**那須の篠原よ。
発展「た」は接頭語。

た-ば・す【賜ばす】↓たばせたまふ

たば-せ-たま・ふ【賜ばせ給ふ】━(尊敬を表し)お…になってくださる。…してくださる。
「願はくは、あの扇の真ん中射させて**たばせたまへ**。」〈平家・11・那須与一〉訳「(神よ)どうぞ、あの扇の真ん中を射当てさせて**ください**。」
発展 四段補助動詞「たぶ」の未然形＋尊敬の助動詞「す」の連用形＋四段補助動詞「たまふ」。多く、命令形の「たばせたまへ」の形で会話に用いられる。

た-ばなれ【手放れ】 名詞 手から離れること。別れること。
発展「た」は、「て」の変化したもの。

たはぶ・る【戯る】 動詞 自〔ラ下二段〕〈れ・れ・る・るる・るれ・れよ〉❶遊び興じる。
夏のことなれば、何となう河の水に**戯れたまふ**ほどに…。〈平家・3・医師問答〉訳夏のことなので、なんとなく河の水で**遊び興じ**なさるうちに…。
❷ふざける。冗談を言う。
むつましき中に戯るるも、人をはかりあざむきて、おのれが智の勝りたる事を興とす。〈徒然草・130・物に争はず〉訳仲のよい者同士で**ふざける**のも、人をたくらみだまして、自分の知恵が優れていることをおもしろがる。
❸色事に興じる。みだらな振る舞いをする。
あさましと思ふに、うらもなくたはぶるれば、いとねたさに…。〈蜻蛉日記〉訳(夫の兼家の来訪を)あきれたことだと思っていると、遠慮もなく**色事に興じる**ので、ひどくいまいましいために…。
発展「たはむる」は中世以降。

たはぶれ【戯れ】 名詞 ❶ふざけること。また、そのようなことばや話。冗談。❷遊び興じること。遊戯。発展「たはむれ」とも。

たはぶれ-ごと━名詞 ㊀【戯れ言】ふざけて言うことば。冗談。軽口。
㊁【戯れ事】遊び興じること。遊戯。遊び。
かりそめにいひ散らされしあだなるたはぶれごとも、**あはれなるところ多し**。〈許六離別詞〉訳たまたま思うがままに言われた無益な**遊びごと**も、感慨深く感じられるところが多い。

たはぶれ-にく・し【戯れにくし】━形容詞〔ク〕〈く・く・し・き・けれ・○/から・かり・○・かる・○・かれ〉いい加減にすまされない。冗談にできない。
「いかにせまし。**たはぶれにくく**もあるかな。」〈源氏・明石〉訳「どうしたらよかろうか。(紫の上のことが)**いい加減にすまされない**(ほど恋しい)ことだなあ。」

たはむ・る【戯る】 動詞 ↓たはぶる

たは-やす・し【容易し】━形容詞〔ク〕〈く・く・し・き・けれ・○/から・かり・○・かる・○・かれ〉❶たやすい。容易だ。
たはやすく人寄り来まじき家を作りて…。〈竹取・蓬莱の玉の枝〉訳**容易には**人が近寄れないような家を作って…。
❷軽々しい。軽率だ。
たはやすく御心にまかせて、まうでたまふべき御住み処にはたあらねば…。〈源氏・賢木〉訳(六条御息所が潔斎する野宮は)**軽々しく**(源氏の)お気の向くのにまかせて、お伺いなさるのにふさわしいお住まいでは絶対にないので…。

たはら-むかへ【俵迎へ】 名詞 江戸時代、奈良地方などで正月三日間に売られた、大黒天を印刷した札。また、それを買い求め、福の神である大黒天にあやかって、その年がよい一年となるように祈ること。

たは・る【戯る】 動詞 自〔ラ下二段〕〈れ・れ・る・るる・るれ・れよ〉❶戯れる。ふざける。くだけた態度をとる。
「公ざまは、少し**たはれて**、あざれたる方**なりし、ことわりぞかし**。」〈源氏・藤裏葉〉訳「(源氏が)公的な方面では、少し**くだけた態度をとって**、うち解けた方であったのは、道理であるよ。」
❷みだらな行為をする。色恋におぼれる。

ひたすらたはれたる方にはあらで、女にたやすからず思はれんこそ、あらまほしかるべきわざなれ。〈徒然草・3・万づにいみじくとも〉訳 すっかり色恋におぼれているふうではなく、女に軽々しくないと思われるようなことこそ、(男にとっては)理想的であるに違いないことだ。

たば・る【賜ばる・給ばる】 動詞 他〔ラ四段〕〈ら・り・る・る・れ・れ〉(「受く」「もらふ」の謙譲語で)頂く。ちょうだいする。

我が君にわけは恋ふらしたばりたる茅花を食めどいややせにやす 歌〈万葉集・8・1462〉訳 我が主君に私は恋しているらしい。頂いたツバナを食べるのだが、いよいよやせるばかりだ。

たはれ-ごと【戯れ言】 — 名詞 ↓たはぶれごと❶

たび【度】 一 名詞 ❶時。折。際。❷度数。回数。
二 助数詞 (数を表すことばに付いて)…度。…回。語例 二度・千度

たび【旅】 名詞 自分の家を離れて、一時、他の場所にいること。また、その途中。発展 現代語の「旅行」よりも意味が広く、必ずしも遠方の土地に行くことだけをいうのではなく、近くの場所へ出かける場合にもいう。

だび【茶毘・茶毗】 名詞《仏教語》火葬。

たび-ごろも【旅衣】 名詞 旅行中に着る衣服。旅装。転じて、旅。類 旅行き衣

たびし-かはら【礫瓦】 — 名詞 小石や瓦のように取るに足りない卑しい者。身分の低い者。発展「たびしがはら」とも。「礫」は小石という意味。

たび-だ・つ【旅立つ】 動詞 自〔タ四段〕〈た・ち・つ・つ・て・て〉❶外泊する。よそに泊まる。旅先にある。

「主上かやうにいつとなく旅立たせたまひたる御事の御心苦しさ…。」〈平家・10・請文〉訳「帝がこのようにいつまでということなく旅先にあらせられることがお気の毒(でならないし)…。」

❷旅に出発する。

名月は敦賀の港にと旅立つ。〈奥の細道・等栽〉訳 名月は敦賀の港で(眺めよう)と(福井を)旅立つ。

たび-たま・へ【賜び給へ】 — 連語 ❶(「たぶ」は動詞で)お与えください。

「男子にてましませば、わらはにたびたまへ。」〈曾我物語〉訳「(生まれた子が)男子でいらっしゃったら、私にお与えください。」

二(「たぶ」は補助動詞で)…してください。

さりとては乗せてたびたまへ。〈謡曲・隅田川〉訳 ぜひとも(舟に)乗せてください。

発展 四段動詞または補助動詞「たぶ」の連用形＋補助動詞「たまふ」の命令形。

たび-と【旅人】 名詞 旅をしている人。旅びと。発展「たびびと」の変化したことば。

たび-どころ【旅所】 名詞 仮の住まい、また、旅の宿。

◆たびにして… 歌

旅にしてもの恋しきに山下の赤のそほ船沖を漕ぐ見ゆ〈万葉集・3・270・高市黒人〉訳 旅にあってなんとなく恋しいとき、山の裾にいた赤土で塗った船が沖(の辺り)を漕いでゆくのが見える。○「そほ」は赤土で、これを塗って朱色にするのは、官船の印とも、魔よけともいわれる。

発展 ふと目に留まった船が遠くなってゆくので、旅の寂しさが深まったと詠んだ歌。「こひしき」を「こほしき」、「やまもと」を「やました」、「沖を」を「沖へ」「沖に」とする説もある。

たびにやんで… 句

旅に病んで夢は枯れ野をかけめぐる〈笈日記・松尾芭蕉〉訳 旅の途中で病に倒れたが、それでもなお見る夢は、草も枯れ果てた野をあちらからこちらへとかけめぐって旅をしている夢だ。○季語 枯れ野—冬

発展 実際に病床で作られ、芭蕉の最後の句といわれる。

たび-ね【旅寝】 名詞 自分の家を離れて、よそで寝ること。外泊。類 旅枕

たび-の-そら【旅の空】 ❶旅先で眺める空。❷旅先の土地。また、旅の途中の頼りなく心細いようす。

たびびとと… 句

旅人とわが名呼ばれん初時雨〈笈の小文・松尾芭蕉〉訳 ただ旅人と私は呼ばれてみよう。この初しぐれの季節の中、旅に出て。○季語 初時雨—冬

発展 前書に「神無月の初め、空定めなきけしき、身は風葉の行く末なき心地して」とある『笈の小文』の最初の句。

◆たびびとの… 歌

旅人の袖吹きかへす秋風に夕日寂しき山のかけはし〈新古今集・羇旅・953・藤原定家〉訳 旅人の(着物の)袖を翻す秋風の中で、夕日が寂しく照らす山の懸け橋よ。

発展「長恨歌」の一節を踏まえた歌。「秋風」「夕日」「かけはし」が、旅人の孤独と不安を描き出す。

旅人の宿りせむ野に霜降らば我が子はぐくめ天の鶴群〈万葉集・9・1791〉訳 旅人が野宿をしたりするその野に霜が降ったら、私の子をその羽でくるんで(寒さから)守って(やって)おくれ、大空のツルの群れよ。

発展 遣唐使として出航する息子に向けて詠んだ母の歌。

◆たびびとは… 歌

旅人は袂涼しくなりにけり関吹き越ゆる須磨の浦風〈続古今集・876・在原行平〉訳 旅人は袂もひときわ涼しくなっていることだ。関所のあたりを吹き越えてくる須磨の海辺の風によって。

発展 上の句と下の句は倒置の関係になっている。

たび-まくら【旅枕】 名詞 ↓たびね

たび-まね・し【度遍し】 形容詞〔ク〕〈く・く・し・き・けれ・○／から・かり・○・かる・○・かれ〉回数が多い。頻繁だ。絶え間ない。

ますらをの思ひわびつつ度まねく嘆く嘆きを負はぬものかも 歌〈万葉集・4・646〉訳 男子たるものが、わびしく思いこがれて、絶え間なく嘆く、その嘆きの報いを、(あなたは)受けないものだろうか。

たびゆき-ごろも【旅行き衣】 名詞 ↓たびごろも

たひら-か・なり【平らかなり】 — 形容動詞〔ナリ〕〈なら・なり(に)・なり・なる・なれ・なれ〉❶平坦だ。

王、平らかなる道を示して…。〈今昔〉訳 王は、平坦な道を示して…。

❷無事だ。平穏だ。

和泉の国までと、平らかに願立つ。〈土佐日記・十二月二十二日〉訳 和泉の国(=今の大阪府南部)まではと、(旅が)無事(であるよう)にと神仏に祈る。

❸穏やかだ。

「昔は人の心平らかにて…。」〈源氏・若菜上〉訳「昔の人は心が穏やかで…。」

たひら・ぐ【平らぐ】 一 動詞 自〔ガ四段〕〈が・ぎ・ぐ・ぐ・げ・げ〉❶平らになる。

山の頂の少し平らぎたるより、煙は立ち上る。〈更級日記・足柄山〉訳 山(=富士山)の頂上の少し平らになっている所から、煙は立ち上る。

❷治まる。鎮まる。

世の過差は平らぎたりしか。〈大鏡・時平〉訳 世のぜ

いたくな傾向は**鎮まっ**ていた。
❸病気が治る。
朱雀院の御薬のこと、なほ平らぎはてたまはぬにより、楽人などは召さず。〈源氏・若菜上〉訳朱雀院のお薬のこと(=ご病気)が、まだ**治り**きっていらっしゃらないので、(賀宴とはいえ)音楽を演奏する人などはお呼びにならない。

二 動詞 他〔ガ下二段〕(げ・げ・ぐ・ぐる・ぐれ・げよ) ❶平らにする。ならす。
朝庭に出で立ちならし夕庭に踏み平らげず… 歌〈万葉集・17・3957〉訳朝の庭に出て立ちならすことも、夕べの庭に踏んで**ならす**こともせず…。
❷治める。鎮める。平定する。
家高くおはします故に、いみじかりしこと、平らげたまへる殿ぞかし。〈大鏡・道隆〉訳(隆家は)家柄がよくていらっしゃるために、並々でなかった(重大な)事件を、**治め**なさったお方であるよ。

たひら-け・し【平らけし】形容詞〔ク〕(く・く・し・き・けれ・○／から・かり・○・かる・○・かれ) 無事だ。平穏だ。
たまきはるうちの限りは平らけく安くもあらむを… 歌〈万葉集・5・897〉訳この世に生きている限りは、**平穏で**も安楽でもありたいものだが…。○「たまきはる」は「うち」に係る枕詞。

たひら・なり【平らなり】形容動詞〔ナリ〕(なら・なり／に・なり・なる・なれ・なれ) ❶高低がない。平たい。
おしなべて峰も平らになりななむ山の端はなくは月も隠れじ 歌〈後撰集・1249〉訳→おしなべて…
❷あぐらをかいている。

たび-ゐ【旅居】名詞 自宅を離れての生活。旅住まい。

たふ【塔】名詞《仏教語》(「卒塔婆」の略で)仏舎利(=釈迦の遺骨)を安置するため、または死者の供養のために建立した高層建築物。仏塔。類塔婆

たふ【答】名詞 返事。返答。返礼。また、仕返し。

た・ふ【耐ふ・堪ふ】

苦痛や困難などに対抗する
- ❶我慢できる。こらえられる。
  - ◉多く、下に打消の語を伴う。
- ❷能力を持つ。優れる。
- ❸持続する。

未然形	連用形	終止形	連体形	已然形	命令形
た・へ	た・へ	た・ふ	た・ふる	た・ふれ	た・へよ

動詞 自〔ハ下二段〕❶(多く、下に打消の語を伴って)**我慢できる。こらえられる。**
なほ悲しきに耐へずして、ひそかに心知れる人と言へりける歌…。〈土佐日記・二月十六日〉訳いっそうの悲しさに**我慢できなく**て、こっそりと(互いの)気持ちを知っている人と詠んだという歌は…。
❷(ある方面の)**能力を持つ。やりこなす力がある。優れる。**
作文の船、管絃の船、和歌の船と分かたせたまひて、その道に耐へたる人々を乗せさせたまひしに…。〈大鏡・頼忠〉訳(藤原道長が船遊びを催し)漢詩の船、音楽の船、和歌の船とお分けになって、その専門の方面に**優れた**人々を(それぞれの船に)お乗せになったときに…。
❸**持続する。持ちこたえる。**
「**箏の琴は、中の細緒の耐へがたきこそ所狭けれ。**」〈源氏・紅葉賀〉訳「箏の琴は、十二番目の弦が**持ちこたえ**にくいのが実に煩わしい。」

発展 **意味の広がり** 「手＋合ふ」から変化してできたことばといわれる。苦痛や困難などに対抗する❶がもともとの意味。そこから、❷の、ある物事に対抗できる能力や、❸の、対抗できる能力が続くことをも表すようになった。

類語比較 「あふ」と「たふ」→敢ふ

た・ぶ【食ぶ】

動詞 他〔バ下二段〕(べ・べ・ぶ・ぶる・ぶれ・べよ)
❶(「飲む」「食ふ」の謙譲語で)いただく。
「**などか、異物も食べざらむ。**」〈枕草子・87・職の御曹司におはしますころ、西の廂にて〉訳「どうして、ほかの物も**いただか**ないことがあろうか、いや、そんなことはない。」
❷(「飲む」「食ふ」の謙譲語Ⅱ—話し手や書き手が聞き手や読み手に対して自身をへりくだる敬語—で)飲ませていただく。食べさせていただく。または、(「飲む」「食ふ」の丁寧語で)飲みます。食べます。
「**人に酒勧むるとて、おのれまづたべて、人に強ひたてまつらんとするは…。**」〈徒然草・125・人に後れて〉訳「人に酒を差し上げるということで、自分がまず**飲ませていただい**て、(それから)人に無理じいをし申し上げようとするのは…。」○酒を飲もうとする人が、「飲む」動作を低めて、同席している人にかしこまりの気持ちを表している。

発展 「たうぶ」とも。→**古語チャート⑬**(453ページ)

た・ぶ【賜ぶ・給ぶ】

「与ふ」の尊敬語
- 一 動詞 他 (そちらに)**お与えになる。**(こちらに)**下さる。**［通常語］与ふ
- 二 補助動詞 **お…になる。…なさる。…(て)くださる。**

接続 二は動詞の連用形(＋て)に付く。

未然形	連用形	終止形	連体形	已然形	命令形
た・ば	た・び	た・ぶ	た・ぶ	た・べ	た・べ

一 動詞 他〔バ四段〕(「与ふ」の尊敬語で)(そちらに)**お与えになる。**(こちらに)**下さる。**→**古語チャート㉒**(789ページ)
上下の僧ども、その辺りの山賤まで物たび…。〈源氏・賢木〉訳身分の高い僧や低い僧たち、(また)その近辺の山里に住む身分の低い者にまで(源氏は)物を**お与えになり**…。

二 補助動詞〔バ四段〕**お…になる。…なさる。…(て)くださる。**
「**もし、金賜はぬものならば、かの衣の質、返したべ。**」〈竹取・火鼠の皮衣〉訳「もし、(不足分の)お金を下さらないのであるならば、あの衣(=皮衣)の担保を、返して**ください。**」
「**殿下の寿命を助けてたべ。**」〈平家・1・願立〉訳「殿下の命を助けて**ください。**」○下二段動詞「助く」の連用形に、接続助詞「て」を介して付いている例。

発展 ①「たまふ」が変化したものといわれるが、逆に「たぶ」から「たまふ」ができたと見る説もある。
②「**たまふ」と「たぶ**」 「たぶ」は四段活用の「たまふ」とほぼ同じ意味を表し、上代から用例が見られるが、中古においては「たまふ」の方が圧倒的に用例が多い。また、「たまふ」に比べると、「たぶ」の方は、身分の低い者に「くれてやる」という気持ちが強く、やや敬意が低いとみられる。

③「～てたべ」の形 二で接続助詞「て」が間に挟み込まれるのは中世以降で、第二例にあるように、多く「～てたべ」という命令形で、恩恵をこいねがう場合に用いられた。
関連語 賜ぶ・賜ふ(四段)

たふ-か【踏歌】 名詞 平安時代、宮中で行われた年始の行事のひとつ。都の男女を召して、新年の祝詞を歌い、足を踏み鳴らして集団で舞を舞わせたもの。

[たふか]

た-ぶさ【髻】 名詞 髪の毛を頭上で束ねて結んだ所。発展「たきふさ」「もとどり」とも。

たぶて【礫】 名詞 ↓つぶて

たふと・し【尊し・貴し】 形容詞 ク 〈く・く・し・き・けれ・○／から・かり・○・かる・○・かれ〉 ❶あがめるべきだ。気高い。高貴だ。**「聞きしにも過ぎて、尊くこそおはしけれ。」**〈徒然草・52・仁和寺にある法師〉訳「聞いていたのにもまさって、**気高く**ていらっしゃった。」
❷立派だ。優れている。すばらしい。**尊き聖の言ひ置きけることを書きつけて、『一言芳談』とかや名付けたる草子を見はべりしに**…。〈徒然草・98・尊き聖の〉訳 **立派な**高僧たちの言い残しておいたことを書きとどめて、『一言芳談』とか名付けてある草子を読みましたときに…。
❸ありがたい。価値が高い。**かかる道の果て塵土の境まで、神霊あらたにましますこそ、吾が国の風俗なれと、いと貴けれ。**〈奥の細道・塩釜〉訳 このような遠い田舎まで、神の霊験あらたかでいらっしゃるのが、我が国の風俗なのだと(思うと)、まことに**ありがたい**。

たふと・ぶ【尊ぶ・貴ぶ】 動詞 ↓たふとむ

たふと・む【尊む・貴む】 動詞 他 マ四段 〈ま・み・む・む・め・め〉あがめ重んじる。敬い大切にする。**仰ぎてこれを尊むべし。**〈徒然草・157・筆を執れば物書かれ〉訳 敬ってこれを**あがめ重んじる**のがよい。
発展「たっとむ」とも。

たふ-の-はい【答の拝】 名詞 相手の拝礼に対して返す拝礼。発展「答拝」とも。

たふのみね【多武の峰】 地名 ↓多武の峰(とうのみね)

たふ-の-や【答の矢】 名詞 敵に射返す矢。

たふば【塔婆】 名詞 ↓そとば

たふ-はい【答拝】 名詞 ↓たふのはい

たぶらか・す【誑かす】 動詞 他 サ四段 〈さ・し・す・す・せ・せ〉だまし惑わす。狂わせる。**天魔波旬の、我が心をたぶらかさんとて言ふやらん。**〈平家・3・足摺〉訳 天の魔王が、私の心を**狂わせ**ようとして言うのであろうか。
発展「かす」は接尾語。「たぶろかす」とも。

たふ・る【倒る】 動詞 自 ラ下二段 〈れ・れ・る・るる・るれ・れよ〉 ❶横になる。伏す。**大きなる木どもも倒れ、枝など吹き折られたるが**…。〈枕草子・200・野分のまたの日こそ〉訳 大きな木々も**横倒しになり**、枝などが吹き折られたのが…。
❷転ぶ。倒れる。
❸折れる。頭を下げる。**倒るる方に許したまひもしつべかめれど**…。〈源氏・蛍〉訳(内大臣が)**折れる**かっこうで(雲居の雁との結婚を)きっとお許しになるにちがいないようだけれども…。
❹滅びる。

たぶ・る【狂る】 動詞 自 ラ下二段 〈れ・れ・る・るる・るれ・れよ〉正気を失う。心が狂う。**たぶれたる醜つ翁の言だにも我には告げず**… 歌〈万葉集・17・4011〉訳 **狂った**醜いじじいが、一言さえも私にはあいさつせず…。

たふれ【倒れ】 名詞 ❶倒れること。転ぶこと。❷貸した金などが取り戻せなくなること。貸し倒れ。

たへ【栲】 名詞 コウゾの樹皮の繊維で織った布。また、布類の総称。

たへ-がた・し【堪へ難し】 形容詞 ク 〈く・く・し・き・けれ・○／から・かり・○・かる・○・かれ〉我慢できない。苦しい。つらい。**恋しからむことの堪へ難く、湯水飲まれず、同じ心に嘆かしがりけり。**〈竹取・かぐや姫の昇天〉訳(使用人たちは、かぐや姫と別れてしまったら)恋しいだろうというような気持ちが**我慢できなく**、湯水も飲むことができなく、(翁や媼と)同じ気持ちで情けなさそうにしていた。
発展「がたし」は補助形容詞。

●たへず【絶へず】(誤)↓(正)**たえず【絶えず】** 発展 ヤ行下二段動詞「たゆ」の未然形＋打消の助動詞「ず」。

たへ・なり【妙なり】 形容動詞 ナリ 〈なら・なり(に)・なり・なる・なれ・なれ〉 ❶(この世のものとは思えないほど)すばらしい。不思議だ。**風雲の中に旅寝するこそ、あやしきまでたへなる心地はせらるれ。**〈奥の細道・松島〉訳 大自然の中で旅寝をすることは、不思議なほど**すばらしい**気持ちが自然とするものだ。
❷優れている。上手だ。**詩歌に巧みに、糸竹にたへなるは、幽玄の道**…。〈徒然草・122・人の才能は〉訳 詩歌(を作るの)に巧みで、音楽に**優れている**のは、深い味わいがあることの(=芸術への)道(であって)…。

●たべる(現)↓(古)**たぶ【食ぶ】**

たま【玉・珠】

宝石など、美しく、丸いもの
- 一 名詞
  - ❶美しい石。宝石。また、真珠。
  - ❷美しいもののたとえ。◉「玉の十体言」の形で用いる。
  - ❸(涙・露など)丸いもののたとえ。
- 二 接頭語
  - 美しい、という意味を表す。

一 名詞 ❶**美しい石。宝石。また、真珠。**「竜の頸に、五色に光る玉あなり。」〈竹取・竜の頸の玉〉訳「竜の首に、五色に光る**宝石**があるという。」
❷(「玉の十体言」の形で)**美しいもののたとえ。玉**(のような)。**前の世にも御契りや深かりけむ、世になく清らなる玉の男御子さへ生まれたまひぬ。**〈源氏・桐壺〉訳(帝と桐壺の更衣とは)前世においてもご宿縁が深かったのではなかろうか、世にまたとなく清らかで美しい**玉**のような皇子までもがお生まれになった。
❸(涙・露など)**丸いもののたとえ。しずく。玉。**

「阿弥陀仏、阿弥陀仏。」と引きたまふ数珠の数に紛らはしてぞ、涙の玉をばもて消ちたまひける。〈源氏・御法〉訳（夕霧は）「（南無）阿弥陀仏、阿弥陀仏。」と言って手もとにお引き寄せになる数珠（の玉）の数に交じらせて、涙の玉をお払いになった。

■ 接頭語（多く、名詞に付いて）美しい、という意味を表す。語例 玉垣・玉鬘・玉藻・玉裳

たま【魂・霊】 名詞 人間その他の動植物などに宿って、精神活動を営むもの。たましい。霊魂。精霊。発展 体から抜け出して自由に動き回り、他人と会ったり、他人の夢に現れたりし、さらに死後も存続すると信じられていた。

たま-あ・ふ【魂合ふ】 自動詞 四段〈は・ひ・ふ・ふ・へ・へ〉魂が結ばれる。相思う心が添い合う。気が合う。

たま合はば君来ますやと我が嘆く八尺の嘆き…歌〈万葉集・13・3276〉訳 **相思う心が添い合え**ばあなたもいらっしゃるかと（思い）、私がつく長いため息を…。

たまう（現）↓（歴）**たまふ【賜ふ・給ふ】基本敬語25**（802・803ページ）

たま-がき【玉垣】 名詞 神社の周囲に巡らした垣根。類 斎垣・瑞垣 発展「たまかき」とも。

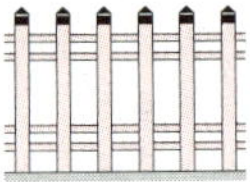
［たまがき］

たまがき-の【玉垣の】 枕詞（垣の内という意味から）「うち」に、また（玉垣の別の呼び名「瑞垣」から）「みつ」に係る。

たま-かぎる【玉かぎる】 枕詞（玉がほのかに光ることから）「夕」「ほのか」「日」「はろか」「ただ一目」に、また「磐垣淵」などに係る。発展「かぎる」は輝くという意味。

玉鬘【―カヅラ】 登場人物『源氏物語』中の人物。*頭中将の娘。母は*夕顔。光源氏に引き取られて六条院に入り、多くの求婚者に囲まれるが、意外にも鬚黒の大将と結ばれる。

たま-かつま【玉勝間・玉籠】 ■ 名詞 目の細かい竹かごを褒めたたえた言い方。すばらしい勝間（=竹かご）。■ 枕詞（竹かごはふたと身とが合うことから）「あふ」、それに似た音の地名「安倍」へ、また（編み目が締まっていることから）「しま」に係る。発展 ■で、「たま」は接頭語。

玉勝間 作品名 ↓**必修古典ビッグ30** ⑱（798ページ）

たま-かづら【玉葛】― ■ 名詞 つる草類を褒めたたえた言い方。すばらしい葛（=つる草の総称）。■ 枕詞（つる草のつるが長く伸びることから）「長し」「延ふ」「いや遠長く」「絶ゆ」に、また（つる草の花・実ということから）「花」「実」に係る。発展 ■で、「たま」は接頭語。

たま-かづら【玉鬘】― ■ 名詞 古代の装身具の一種。多くの玉をひもでつないで輪にした髪飾り。■ 枕詞（髪飾りを頭に掛けることから）「かく」「かげ」に係る。

たまがはに…歌 **多摩川にさらす手作りさらさらになにそこの児のここだ愛しき**〈万葉集・14・3373〉訳 多摩川にさらす（=洗い乾かす）手織りの布ではないが、（「さらす」の「さら」と同じ音が重なる「さらにさらに」、つまり）ますます、いっそう、どうしてこの娘が（こんなにも）ひどくいとしいのか。○二句までは「さらさらに」を導く序詞。「多摩川」は関東西部を流れる川で、麻布の特産地であった。発展 東歌（=上代東国地方の和歌）で、武蔵の国（=関東平野西部の地域）の歌。作者は未詳。同じ音を重ねて調子を作りながら、日常の生活と恋心を合わせて詠む。

玉川【―ガハ】 歌枕 川の名。六か所にあり、「六玉川」と総称される。特に、④の「調布の玉川」を指すこともある。①「井手の玉川」は、京都府綴喜郡井手町を流れ、木津川に注ぐ川。多く「山吹」や「蛙」などとともに詠まれる。②「三島の玉川」は、大阪府北部の川。また、大阪府摂津市・高槻市・茨木市一帯。「玉川の里」とも。「卯の花」とともに詠まれることが多い。③「高野の玉川」は、和歌山県の高野山を流れる小川。④「調布の玉川」は、東京都と神奈川県の境を流れる玉川。古くは渡来人による布晒しが行われたという。「多摩川」とも書く。⑤「野田の玉川」は、宮城県塩竈市を流れる川。多く「千鳥」や「潮風」などとともに詠まれた。⑥「野路の玉川」は、滋賀県草津市の小川。多く「萩」が詠み込まれた。

たま-きはる【―きわる】 枕詞「うち」「命」「世」「吾」などに係る。

たま-ぐし【玉串】 名詞 ❶サカキの小枝に*木綿を付けて、神前に供えるもの。幣帛（=神前にささげる供物）のひとつ。❷（❶が変化して）*榊。古くは「たまくし」。発展 ❶は、後に、木綿の代わりに紙を付けるようになった。

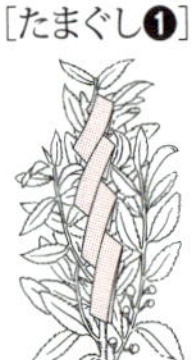
［たまぐし❶］

たま-くしげ【玉櫛笥・玉匣】 ■ 名詞 櫛などの化粧道具を入れる箱を褒めたたえた言い方。すばらしい櫛笥。■ 枕詞「ふた」「箱」「あく」「ひらく」「おほふ」「奥」「み」などに係る。発展 ■で、「たま」は接頭語。

たまくしげ…歌 **玉くしげふたとせあはぬ君が身をあけながらやはあらむと思ひし**〈後撰集・1123・源公忠〉訳 二年も逢っていないあなたを、「あけ」（五位の人の着用する緋色の袍）のままでいるだろうと思っただろうか、いや、思いはしなかった。○「玉くしげ」は、美しい櫛入れ箱で、「ふた（蓋）」に係る枕詞。発展『大和物語』四段にも収録されている。

たま-くしろ【玉釧】 ■ 名詞 古代の装身具の一種。玉で飾った腕輪。■ 枕詞（■を手に取ったり、腕に巻いたりすることから）「手に取り持つ」「纏く」に係る。発展 ■で、「たま」は接頭語。

た-まくら【手枕】 名詞 ひじを曲げて腕をまくらにすること。てまくら。

たま-さか・なり【偶なり・邂逅なり】 形容動詞 ナリ〈なら・なり（に）・なり・なる・なれ・なれ〉❶思いがけない。偶然だ。「**たまさかに**立ち出づるだに、かく思ひの外なることを見るよ。」〈源氏・若紫〉訳「**偶然に**出かけただけでも、この（美少女を見出だす）ように思いがけないことに出会うことよ。」❷まれだ。めったにない。時たまだ。↓**古語チャート**㊾（1327ページ）「一二日**たまさかに**隔つるをりだに、あやしういぶせき心地するものを。」〈源氏・須磨〉訳「（あなたと）一日か二日**時たまに**離れているときでさえも、へんに気がふさいでしまう気持ちがするのだから。」

◉成立…江戸時代後期
◉作者…本居宣長（もとおりのりなが）
◉分野…随筆

必修古典ビッグ30 ⑱

玉勝間

▼本居宣長画像

【冒頭歌】

言草のすずろにたまる玉籠摘みて心をのべの遊びに

訳 話の種がなんということもなく集まるすばらしい竹かごよ。(言草という草を)摘み集めて、思いを述べる(「のべ」ではないが、野辺の)慰めに(しよう)。

【書名の由来】

冒頭歌によっている。「玉」は物を褒めていうときに使うことば。「かつま」とは、竹の籠のことで、種々雑多なものを中に入れるように、多くの文章を入れようという意図であろう。

【作者と『玉勝間』の成立】

◉作者…本居宣長は、一七三〇(享保十五)年～一八〇一(享和元)年の人で国学者であり歌人でもある。伊勢国松坂の商人の子として生まれた。号は、鈴屋。

二十三歳のころ、医学修行のため京都に留学するが、そのかたわら漢学や和歌も学んだ。契沖の著書を読み古典研究を志し、『源氏物語』などを研究する。帰郷して医師を開業するが、一方では、私塾の鈴屋を開いた。

三十五歳で賀茂真淵に入門するとともに、『古事記』の注釈を始め、三十余年の歳月をかけて、一七九八(寛政一〇)年『古事記伝』を完成させた。この『古事記伝』は、古語の研究を基礎とし、古代の神話を実証的に研究しようとしたもので、彼の思想の集大成であり、同時に国学の根本を確立した書ともいわれている。

また『源氏物語玉の小櫛』の中で、『源氏物語』の本質は、「もののあはれ」であると述べ、新しい文学観を打ち立てた。

◉『玉勝間』の成立…本居宣長が一七九三(寛政五)年正月に書き始め、一八〇一(享和元)年に亡くなるまで、書き続けた。

【概要】

◉本文十四巻に目録一巻が付き、一〇〇五段からなる。各巻は、「初若菜」、「桜の落葉」、など、巻頭の和歌に詠み込まれた植物の名にちなんだ名が付けられている。

◉内容は、いろいろな本の抜き書きや語の注釈、地名の考察から学問論や自分の門人たちについてなど、さまざまな事柄に及んでいる。一般的な随筆と異なり、作者の学問や思想などの覚え書きといえるもので、宣長の学問の集約といわれている。また、江戸時代を代表する学問的な随筆とも評価されている。

◉文章は、分かりやすい擬古文で書かれているが、入念な推敲の結果によるものである。

【『玉勝間』に関係する人物】

◉契沖…一六四〇(寛永十七)年～一七〇一(元禄十四)年。江戸時代前期の国学者。真言宗の僧で、仏典や漢籍の知識を基礎として、実証的に古典作品を研究した。多くの段に登場するが、特に二の巻「おのが物まなびの有りしやう(=ありかた)」の中では、次の賀茂真淵とともに、たいへん影響を受けたようすが詳しく述べられている。

◉賀茂真淵…一六九七(元禄十)年～一七六九(明和六)年。江戸時代中期の国学者・歌人。遠江(=今の静岡県)の人。号は、県居。

宣長は、六の巻「県居大人の伝」をはじめとする多くの段で、自分の師について述べている。特に「県居の大人の御さとし言」には、真淵に古事記研究の志を述べたことに対する真淵の激励の言葉を記している。しかし、同時に真淵の古事記研究がまだ精細ではないことも述べているのは、師の説にとらわれない宣長の立場をよく示している。

◉藤原定家…経歴については、「**必修古典ビッグ30 ⑮**新古今和歌集」(682ページ)参照。

中世の歌人について、本作品では多く取り上げている。特に、藤原定家については、「あしもとへもよることあたはじをや。」と述べて激賞している。

【ことばと表現】

◉『玉勝間』には、流麗な和文が多い。それは筆者本居宣長自身に、古典研究を通して得た明確な文章観があったからである。宣長は言う。「文章ヲカク手本ニスヘキモノハ、マヅ伊勢物語、古今序、源氏物語、枕艸子コレラ也、ソノ外ハ、空穂、竹取、住吉、大和等ノ物語、サノミ文章ニメヅラシゲハナシ、狭衣、栄花モ、文章ハ源氏ニ似テオトレリ、蜻蛉日記、古雅ナル文章也、ソノ外、土左日記、紫式部日記ナトモ面白キモノ也、此外多カレド、コトコトク記サス」(『古言指南』)とし、「スベテ倭文ハ、ナダラカニハカナク書クガナラヒ也、サテヨキ文章ハ、ハカナクナダラカナル内ニ筆勢ハソナハリテ、力ハアクマデアル事也」(同前)。

◉江戸時代の国学者の文章には、自分の研究の成果である古代語をその中に使うことが多い。その傾向は『玉勝間』だけに限らない。それは漢字の振り仮名に特徴的に表れる。たとえば「宮殿」を「ミアラカ」、「神事」を「カムワザ」と読ませ、その他、「漢字」を「カラモジ」、「学者」を「モノマナブヒト」など、多少無理をした滑稽なものもある。

◉一般に本居宣長の文章は、江戸時代の他の文章に比べて、係り結びなど古典の文法に忠実である。それは、宣長が活用や係り結びの研究を行ったことと深い関わりがある。

もの学ぶ者は、道を考へ尋ぬるぞつとめなりける。

おのれいときなかりしほどより、書を読むことをなん、よろづよりもおもしろく思ひて、読みける。

古言をえんことは、万葉をよく明らむるにこそあれ。

(いずれも二の巻)

❸〈仮定表現の中に連用形で用いて〉もしも。万が一。**もし天竺にたまさかに持て渡りなば**…。〈竹取・火鼠の皮衣〉訳（火鼠の皮衣をだれかが）もしインドに**万が一にも持って渡っていたなら**…。

たま-さか・る【魂離る】 動詞 自〔ラ四段〕〈ら・り・る・る・れ・れ〉魂が抜けてぼんやりした状態になっている。**これをなむ、たまさかるとは言ひ始めける**。〈竹取・蓬莱の玉の枝〉訳 これを、**魂が抜けてぼんやりした状態になっている**（＝たまさかる）と言い始めたのである。

発展 終止形の用例しか現存しない。

たま-しき【玉敷き】 名詞 宝石を敷き詰めたように美しいこと。また、その場所。

たましひ【魂】 名詞 ❶霊魂。❷思慮。精神。気力。❸素質。天分。↓魂

たまずさ（現）↓（歴）**たまづさ【玉梓・玉章】**

たま-すだれ【玉簾】 名詞 美しい石で飾った簾。また、簾を褒めたたえた言い方。すばらしい簾。季語 夏 類 玉垂

たま-だすき【玉襷】 一 名詞 襷を褒めたたえた言い方。すばらしい襷。

二 枕詞（襷は「掛く」ものであることから）「かく」に、また、（「采女」と縁が深いことから）「うね」に係る。

発展 一で、「たま」は接頭語。襷は、古くは神事の際に用いたが、後には、着物の袖を束ねたりするために用いた。

たま-だな【魂棚・霊棚】 名詞 ★盂蘭盆に先祖の霊を迎えて安置し、供物などをお供えする棚。季語 秋 類 精霊棚

たま-たま【偶・適】 副詞 ❶まれに。たまに。**たまたま換ふる者は、金を軽くし、粟を重くす**。〈方丈記・飢渇〉訳 **たまに**交換する者は、黄金を軽視し、穀物を重視する。❷偶然に。ふと。たまたま。**たまたま人界に生まれて**…。〈今昔〉訳 **偶然に**人間界に生まれて…。

たま-だれ【玉垂れ】 名詞 ↓たますだれ

たまだれ-の【玉垂れの】 枕詞（玉を「緒」（＝ひも）に通して垂らしたことから、同音の）「を」に係る。

たま-づさ【玉梓・玉章】 名詞 ❶便りを運んでくる人。使者。使い。❷手紙。たより。発展「たまあづさ」の変化したことば。「たま」は接頭語。古くは手紙をアズサの枝に結び付けて使者に届けさせたところから。

たまづさ-の【玉梓の】 枕詞（手紙を運ぶ使者がその印としてアズサのつえを持っていたことから）「使ひ」「妹」「人」などに係る。

玉津島 歌枕 和歌山市和歌浦。所在についてはいくつか説があり、旧和歌浦の入り江にある妹背山という小島の古い呼び名とも、玉津島神社背後の奠供山の古い呼び名ともいう。↓和歌の浦

たま-の-うてな【玉の台】 名詞 美しく立派な建物。**葎はふ下にも年は経ぬる身の何かは玉の台をも見む** 歌〈竹取・かぐや姫の昇天〉訳 雑草の茂る家で年月を過ごしてきたこの身が、どうして**美しく立派な建物**（＝御殿）を見たいと思うだろうか、いや、見たいとは思わない。

たま-の-こし【玉の輿】 名詞 ❶身分の高い人が乗る立派な輿。❷女性が結婚によって得る富貴な身分。

たま-の-を【玉の緒】

玉（または魂）をつなぎ留める細いひも
- ❶玉を貫くひも。
- ❷短いことのたとえ。少しの間。しばらく。◉「玉の緒ばかり」の形で用いる。
- ❸命。生命。

名詞 ❶**玉を貫くひも**。**葦の根のねもころ思ひて結びてし玉の緒と言はば人解かめやも** 歌〈万葉集・7・1324〉訳 心を込めて結んでおいた**玉を貫くひも**（のようにしっかり結び付いた二人の仲）だと言ったなら、人は（そのひもを）ほどくだろうか、いや、ほどきはしないに違いない（＝二人の仲を裂きはしまい）。○「葦の根の」は「ねもころ」に係る枕詞。

❷（「玉の緒ばかり」の形で）**短いことのたとえ。少しの間。しばらく**。**死ぬる命生きもやすると試みに玉の緒ばかり逢はむと言はなむ** 歌〈古今集・恋2・568〉訳（あなたに恋して今にも）死ぬ（私の）命が保たれもするかと、試しに**少しの間**だけ逢ってみようと（あなたに）言ってもらいたい。

❸（「魂」を肉体につなぎ留めておくひもの意味で）**命。生命**。**玉の緒よ絶えなば絶えね長らへば忍ぶることの弱りもぞする** 百人一首〈新古今集・恋1・1034〉訳 ↓たまのをよ…

たま-の-をぐし【玉の小櫛】 名詞 玉で飾ったくし。また、美しいくし。

たま-の-をごと【玉の小琴】 名詞 玉で飾った琴。また、美しい琴。

たまのを-の【玉の緒の】 枕詞（玉を通す緒（＝ひも）に長短あることから）「長し」「短し」に、（緒が切れたり玉が乱れたりすることから）「絶ゆ」「乱る」「継ぐ」に、（緒にすき間なく玉を結ぶことから）「間もおかず」に、また（「命」という意味から）「現し」などに係る。

たまのをよ… 百人一首 **玉の緒よ絶えなば絶えね長らへば忍ぶることの弱りもぞする**〈新古今集・恋1・1034・式子内親王〉訳 私の命よ。絶えてしまうのならば絶えてしまえ。（このまま）生き長らえるならば、耐え忍ぶ気力が弱って（秘めた恋心が現れて）しまったら困る（ので）。○「絶え」「長らへ」「弱り」は「緒」の縁語。

発展 相手にも世間にも知られまいとする秘めた恋心の苦しさを詠む。

品詞分解・修辞

玉の緒（縁語）	よ。〈初句切れ〉	絶え（縁語）	な	ば	絶え（縁語）	ね。〈二句切れ〉
	間助	ヤ下二・用	完了・未	接助	ヤ下二・用	完了・命

長らへ（縁語）	ば	忍ぶる	こと	の
ハ下二・未	接助	バ上二・体		格助

弱り（縁語）	も	ぞ（係）──→（結）	する
ラ四・用	係助	係助	補動サ変・体

たまは＋口「**たまふ**【賜ふ・給ふ】」（ハ行四段）の未然形。↓**基本敬語25**（802ページ）

たまは・す【賜はす】

語 「与ふ」の尊敬 ―（そちらに）**お与えになる**。（こちらに）**下さる**。［通常語］与ふ

未然形	連用形	終止形	連体形	已然形	命令形
たまは・せ	たまは・せ	たまは・す	たまは・する	たまは・すれ	たまは・せよ

動詞 他 (サ下二段)(「与ふ」の尊敬語で)(そちらに)**お与えになる。**(こちらに)**下さる。**

後涼殿にもとよりさぶらひたまふ更衣の曹司を、他に移させたまひて、上局に賜はす。〈源氏・桐壺〉訳(桐壺の帝は)後涼殿に以前からお仕え申し上げなさっている更衣の部屋を、他の場所にお移しになって、天皇の近くに特別に与えられる部屋として(桐壺の更衣に)**お与えになる。**

発展 **高い敬意を表す** 尊敬語の四段動詞「たまふ」の未然形＋助動詞「す」が一語になったもの。「たまふ」よりも高い敬意を表し、天皇など最高階級の人を敬うために用いられることが多い。→**古語チャート** 敬語のしくみ ㉒(789ページ)

関連語 賜ふ(四段)・聞こえさす

たまは・る【賜はる・給はる】→**基本敬語25**(800ページ)

たまひ＋□「**たまふ**【賜ふ・給ふ】(ハ行四段)」の連用形。→**基本敬語25**(802ページ)

たま・ふ【賜ふ・給ふ】→**基本敬語25**(802・803ページ)

たまふ＋□「**たまふ**【賜ふ・給ふ】(ハ行四段)」の終止形・連体形。または、「**たまふ**【賜ふ・給ふ】(ハ行下二段)」の終止形。→**基本敬語25**(802・803ページ)

たまふる＋□「**たまふ**【賜ふ・給ふ】(ハ行下二段)」の連体形。→**基本敬語25**(803ページ)

たまふれ＋□「**たまふ**【賜ふ・給ふ】(ハ行下二段)」の已然形。→**基本敬語25**(803ページ)

たまへ＋□「**たまふ**【賜ふ・給ふ】(ハ行四段)」の已然形・命令形。または、「**たまふ**【賜ふ・給ふ】(ハ行下二段)」の未然形・連用形。→**基本敬語25**(802・803ページ)

たま-ほこ【玉桙・玉矛】名詞 道。道中。**このほどは知るも知らぬも玉桙の行き交ふ袖は花の香ぞする** 歌〈新古今集・春下・113〉訳このごろは知っている人も知らない人も**道**を往来するすべての人の袖はサクラの花の香りがする。

発展「たまぼこ」とも。もともとは「玉で飾った美しい矛(＝古代の剣の一種)」だったと推定されるが、何かの関係から枕詞「たまほこの」として「道」「里」に係るようになり、そこから「道」の意味を表すようになったと考えられる。

たまほこ-の【玉桙の】枕詞「道」「里」に係る。発展「たまぼこの」とも。

たま-まつり【魂祭り・霊祭り】名詞 祖先など死者の霊

基本敬語25 たま・はる【賜はる・給はる】たまわる

- 一 動詞 他
  - 一 [謙譲語] ― **いただく。頂戴する。**(人をお遣わし)**いただく。** [通常語]受く・もらふ
  - 二 [尊敬語] ― (そちらに)**お与えになる。**(こちらに)**下さる。** [通常語]与ふ ●中世以降の用法。
- 二 補助動詞 ― [尊敬語] ― …(て)**くださる。** ●中世以降の用法。

	未然形	連用形	終止形	連体形	已然形	命令形
動詞 他(ラ四段) / 補助動詞(ラ四段)	たまはら	たまはり	たまはる	たまはる	たまはれ	たまはれ

接続 二は動詞の連用形(＋て)に付く。

一 動詞 他 (ラ四段) 一(「受く」「もらふ」の謙譲語で)**いただく。頂戴する。**また、(人をお遣わし)**いただく。**

「**この十五日は、人々賜はりて、月の都の人まうで来ば、捕らへさせむ。」と申す。**〈竹取・かぐや姫の昇天〉訳(竹取の翁は)「この十五日には、(朝廷から警護の)人々を(お遣わし)**いただいて**、(かぐや姫を連れ去ろうとする)月の都の人がやって参りましたら、つかまえさせたい。」と(帝の使者に)申し上げる。

○話し手(＝竹取の翁)が、自分の「(派遣して)もらう」動作の及ぶ帝への敬意を表している。下位者が上位者からもらう関係で、「賜はる」を用いる。この例は、人をもらう場合。文脈上、「お遣わし」を補うとよい。

二《中世以降》(「与ふ」の尊敬語で)(そちらに)**お与えになる。**(こちらに)**下さる。**

備前の児島を佐々木に賜はりける。〈平家・10・藤戸〉訳(源頼朝は)備前(＝今の岡山県)の児島を佐々木(盛綱)に(ウマで海を渡った褒美として)**お与えになった。**

○作者が、「与える」動作をする源頼朝への敬意を表している。

二 補助動詞 (ラ四段)《中世以降》…(て)**くださる。**

「**蓋を開けてたべ。申したきことがある。まづ火を消してたまはれ。**」〈きのふはけふの物語〉訳(火葬にするため棺おけに火をかけたところ、棺おけの中から)「蓋を開けて**ください**。申し上げたいことがある。まず火を消して**ください**。」

○話し手(＝念者)が、「(火を)消す」動作をする親類たちへの敬意を表している。病気で死んだ若衆の後を追って自分も死のうと棺おけに入った念者のことば。この用例のように、主に接続助詞「て」を介して付き、相手にこいねがう意味を込めて命令形で用いられることが多い。「開けてたべ」の「たべ」も同じ意味・用法の補助動詞である。

発展 **語の歴史** 上代から見られ、中古から中世にかけて謙譲語として広く用いられたが、中世以降、尊敬語の用法も生じた。謙譲語「うけたまはる」は、下二段動詞「うく(受く)」の連用形に、この「たまはる」が付いてできたことば。

敬語のしくみ ①「たまふ」からできた授受関係を表す敬語

授受の関係を表す敬語には、「**たまふ**」をもとにしてできたことばが多い。「たまふ」と、それが直接変化してできたといわれることばを、活用の種類の違いによって二つの系列に分類すると、次のようになる。

a 四段活用→**たまふ(賜ふ・給ふ)・たぶ(賜ぶ・給ぶ)・たうぶ(賜ぶ・給ぶ)**

b 下二段活用→**たまふ(賜ふ・給ふ)・たぶ(食ぶ)・たうぶ(食ぶ)**

aは尊敬語、bは謙譲語(あるいは、話し手や書き手が自身をへりくだる用法の謙譲語Ⅱ)である。ただし、「たぶ(食ぶ)」「たうぶ(食ぶ)」は、その漢字表記で明らかなように、「(飲食物を)いただく」、つまり「飲む」「食ふ」の謙譲語として、さらに謙譲語Ⅱまたは丁寧語として用いられた。

なお、現代語の「食べる」のもとのことばが、「たぶ(食ぶ)」である。「食べる」はもはや謙譲語ではないが、その名残があるので「お食べになる」という尊敬表現はふつう使わず、「召し上がる」という尊敬語を用いる。

② 四段「たまふ」からできた「たまはる」

「**たまはる**」は、aの「たまふ」をもとにしてできたと考えられる。もともとは謙譲語で、尊敬語の「たまふ」が、上位者から

を祭る行事。[季語]秋 [類]精霊会 [発展]古くは、十二月末と七月中旬の行事だったが、仏教の影響から、盂蘭盆が代表的なものとなった。

たま-みづ【玉水】[名詞] ❶水を褒めたたえた言い方。すばらしい水。清らかな水。❷(しずくを玉にたとえて)雨垂れ。しずく。[発展] ❶の「たま」は接頭語。

たま-むすび【魂結び】[名詞] 肉体から遊離しようとする魂を鎮めとどめること。→魂

たま-も【玉裳】[名詞] *裳を褒めたたえた言い方。すばらしい裳。[発展]「たま」は接頭語。

たま-も【玉藻】[名詞] *藻を褒めたたえた言い方。すばらしい藻。[発展]「たま」は接頭語。

たまも-かる【玉藻刈る】[枕詞] (玉藻は沖にあることから)「沖」に、また(藻を刈るということから)「処女」や地名「敏馬」「辛荷」などに係る。

たまも-なす【玉藻なす】[枕詞] (藻のようすから)「浮かぶ」「寄る」「なびく」に係る。

たま-もの【賜・賜物】[名詞] ❶頂戴した品物。特に、褒美としていただいた物。❷俸禄。

たま-もひ【玉盌】[名詞] *盌を褒めたたえた言い方。すばらしい容器。美しい椀。[発展]「たま」は接頭語。

たまも-よし【玉藻よし】[枕詞] (藻の産地であることから)地名「讃岐」に係る。

たま-ゆら【玉響】[副詞] 少しの間。ほんのわずかな間。

たまゆらの… [歌] **たまゆらの露も涙もとどまらずなき人恋ふる宿の秋風**〈新古今集・哀傷・788・藤原定家〉[訳](草や葉の)玉のような露も(私の)涙も、わずかな間もとどまらない。亡き母を恋い慕い(この)家に吹きつける秋風のために。〇三句切れ。「たまゆら」は副詞で「とどまらず」に係る。「玉」は「露」「涙」の縁語。[発展] 母を亡くした秋の風が激しい日に、母の住んでいた家を訪れて詠んだ歌。

たま・る【溜まる】[動詞] [自]〔ラ四段〕〈ら・り・る・る・れ・れ〉❶(水などが一か所に)集まる。❷積もる。寄り集まる。

「たまれ、粉雪」と言ふべきを、誤りて、「たんばの」とは言ふなり。〈徒然草・181・降れ降れ粉雪〉[訳]「**積もれ**、粉雪」と言うべきところを、誤って、「(「たまれ」を)たんばの」とは言うのである。

❸とどまる。落ち着く。静止する。

男合はせけれども、男もたまらざりければ…。〈宇治拾遺〉[訳] 男と結婚させたけれども、男も**落ち着か**なかったので…。

❹(打消の語や反語表現を伴って)こらえきる。支え保つ。

簾絶え、閨あらはにて、雨風たまるべうもなし。〈平家・灌頂・女院出家〉[訳] すだれは(切れて)なくなり、寝室は丸見えで、雨風を**こらえ**(=防ぎ)ようもない。

たまわす(現)↓(歴)**たまはす【賜はす】**

たまわる(現)↓(歴)**たまはる【賜はる・給はる】**基本 敬語25(800ページ)

たみ【民】[名詞] 君主以外のすべての人々。庶民。人民。[類]民草

たみ-くさ【民草】[名詞] 君主以外のすべての人々。庶民。人民。[類]民 [発展] 人民が増えるのを、雑草が盛んに生えるようすにたとえたことば。

た・む【廻む・回む】[動詞] [自]〔マ上二段〕〈み・み・む・むる・むれ・みよ〉巡る。回る。

沖つ鳥鴨といふ舟は也良の崎たみて漕ぎ来と聞こえ来ぬかも [歌]〈万葉集・16・3867〉[訳] 鴨という舟は也良の崎を**回って**こいできたとうわさが伝わってこないかなあ。〇「沖つ鳥」は「鴨」に係る枕詞。

た・む【訛む】[動詞] [自]〔マ四段〕〈ま・み・む・む・め・め〉なまる。

言葉こはごはしく、言葉たみて…。〈源氏・常夏〉[訳] ことばがごつごつし、ことばが**なまっていて**…。

た・む【溜む・留む】[動詞] [他]〔マ下二段〕〈め・め・む・むる・むれ・めよ〉❶一か所に集める。ためる。

朝ごとに置く露袖に受けためて世のうき時の涙にぞ借る [歌]〈後撰集・315〉[訳] 朝ごとに置く露を袖に受け**ためて**、私とあなたとの仲がつらいときの涙として借りておこう。

❷とどめる。とめる。つける。

明日香の川の水脈速み生しためかたき石枕… [歌]〈万葉集・13・3227〉[訳] 明日香の川の水流が速いので(コケが)生え**つき**にくい石枕に…。

た・む【矯む・揉む】[動詞] [他]〔マ下二段〕〈め・め・む・むる・むれ・めよ〉❶曲がったものをまっすぐに伸ばす。また、まっすぐなものを曲げる。曲げ整える。

松の緑こまやかに、枝葉汐風に吹きたわめて、屈曲おのづからためたるがごとし。〈奥の細道・松島〉[訳](島々は)マツの緑は濃く、枝葉は潮風に吹き曲げ(られ)ていて、(その)曲がり方は、ひとりでに**曲げ整え**たかのようである。

❷弓を引き絞ってねらいをつける。

みちのくの安達の真弓君にこそ思ひためたることも語らめ [歌]〈後拾遺集・1137〉[訳] 陸奥の安達の真弓をあなたに向けるように、私があなたを思い**ねらいをつけ**ていることも語りたい。

❸改め正す。❹偽る。こじつける。

た-む・く【手向く】[動詞] [他]〔カ下二段〕〈け・け・く・くる・くれ・けよ〉❶(供え物を)神仏にささげる。

常に百首の歌を詠みて、かの二つの社の御前の水にて書きて手向けられけり。〈徒然草・67・賀茂の岩本橋本〉[訳](今出川院近衛という歌人は)常に百首の歌を詠んで、あの二つの神社の御前にある水で(墨をすり、それで)書いて**神仏にささげ**なさったそうだ。

❷旅立つ人に餞別を贈る。

老いぬともまたも逢はむとゆく年に涙の玉を手向けつるかな [歌]〈新古今集・雑上・1586〉[訳] 老いてしまってもまたも逢おうと、暮れゆく年に涙の玉を(餞別として)**贈った**ことだなあ。

た-むけ [名詞] ㊀【手向け】❶神仏に、幣・花・香などを供えること。また、その供え物。❷餞別。

㊁【峠】山路を登りつめて、これから下りになる境目辺りの地点。とうげ。

[発展] 下二段動詞「たむく」の連用形が名詞になったもの。㊁は、㊀❶を行う場所そのものが「手向け」と呼ばれるようになったもの。中世以降、「たむけ」が変化して「たうげ」となり、本来の「たむけ」と区別して用いられ、「たうげ」は「峠」という国字を作って当てた。

> 下位者に与える関係であるのに対応して、「たまはる」は、下位者が上位者からもらう関係である。「たまはる」が変化したといわれることばに「**たばる(賜ばる)**」「**たうばる(賜ばる)**」があるが、用例は少ない。
> [関連語] 賜ぶ・賜ぶ・賜ふ
> →基本敬語動詞一覧表(26ページ)

基本敬語25

たま・ふ

【賜ふ・給ふ】たま(も)う

㊀動詞 他 ――【尊敬語】―― ❶（そちらに）お与えになる。（こちらに）下さる。【通常語】与ふ・授く
　　　　　　　　　　　　　 ❷おやこしになる。【通常語】（人を）遣す
㊁補助動詞 ――【尊敬語】―― お…になる。…なさる。…（て）くださる。

	未然形	連用形	終止形	連体形	已然形	命令形
動詞 他〔ハ四段〕 補助動詞〔ハ四段〕	たま・は	たま・ひ	たま・ふ	たま・ふ	たま・へ	たま・へ

接続 ㊁は動詞の連用形などに付く。↓発展②

㊀動詞 他〔ハ四段〕❶（「与ふ」「授く」の尊敬語で）（そちらに）**お与えになる**。（こちらに）**下さる**。↓古語チャート㉒（789ページ）

いとかしこくめでたまうて、かづけ物賜ふ。〈大和・145〉訳（帝は）本当にとても（遊女の歌の出来栄えを）お褒めになって、褒美の品を**お与えになる**。

○作者が、「与える」動作をする帝への敬意を表している。上位者（帝）が下位者（遊女）に授与する関係。「めでたまうて」の「たまう」は連用形「たまひ」のウ音便で、㊁の補助動詞の用法。

❷（「（人を）遣す」の尊敬語で）**およこしになる**。**およこしくださる**。

夜さり、「このありつる人賜へ。」と主に言ひければ、おこせたりけり。〈伊勢・62〉訳夜になって、（もとの夫が）「この先程の女を（こちらへ）**およこしください**。」と（その家の）主人に言ったところ、（その女を）よこしたのだった。

○話し手（＝もとの夫）が、「よこす」動作をする主人への敬意を表している。

㊁補助動詞〔ハ四段〕**お…になる。…なさる。…（て）くださる。お…あそばす。ご…あそばす**。↓発展②

八月十五日ばかりの月に出でゐて、かぐや姫、いといたく泣きたまふ。〈竹取・かぐや姫の昇天〉訳八月十五日ごろの月の（出ている）ときに（縁側に）出て座って、かぐや姫は、とてもひどく**お泣きになる**。

○作者が、「泣く」動作をするかぐや姫への敬意を表している。四段動詞「泣く」の連用形に付いている例。

交野の少将には、笑はれたまひけむかし。〈源氏・帚木〉訳（源氏はまじめに振る舞っていたので、古い物語の主人公で有名な色好みの）交野の少将には、笑われ**なさっ**ただろうよ。

○作者が、「笑われる」源氏への敬意を表している。受身の助動詞「る」の連用形に付いている例。

「**草子を広げさせたまひて、『その月、何の折、その人の詠みたる歌はいかに。』と問ひきこえさせたまふを…。**」〈枕草子・23・清涼殿の丑寅の〉訳「（村上天皇は『古今集』の）とじ本を**お広げあそばして**、『何々の月、何の時に、何々の人が詠んだ歌はどのよう（なもの）であるか。』と（宣耀殿の女御に）**ご質問申し上げあそばす**と…。」

○どちらの「たまふ」も、話し手（＝中宮）が、「広げる」また「質問する」動作をする村上天皇への敬意を表している。どちらも天皇の動作に「させたまふ」の形で付いている例。尊敬の助動詞「さす」の連用形に尊敬の補助動詞「たまふ」が付いて、「尊敬＋尊敬」（**二重敬語**）の形で用いられている。この形は、中古の文章の地の文においては、天皇など最高位の人の動作にしか用いなかったところから、**最高敬語**とも呼ぶ。なお、「**きこえさせたまふ**」は、この用例のような「きこゆ」＋「尊敬＋尊敬」の二重敬語の場合のほか、謙譲の意味を強めた「きこえさす」に「たまふ」の付いた形もある。↓聞こえさす

敬語のしくみ

発展 ①**命令形「たまへ」**　次のような特別な用法がある。

a「あなかまたまへ。夜声はささめくしもぞかしかましき（＝お静かになさい。夜の声はひそひそ話すのでも本当にやかましいのだ）。」〈源氏・浮舟〉

b「このごろの山の紅葉はいかにをかしからむ。いざたまへ（＝あおいでなさい）。」〈和泉式部日記〉

これらを、「たまへ」の上にあるはずの動詞が省略された言い方と見れば、aの例は「静まりたまへ」、bの例は「来たまへ」などの略かと考えられる。また、動詞「たまふ」が他の動詞の代わりとして用いられたとする考え方もある。

②**補助動詞の** 接続 次の四つの型がある。

a動詞の連用形＋「たまふ」

b助動詞の連用形＋「たまふ」↓この場合の助動詞は、受身・自発・可能の「る」「らる」、使役の「す」「さす」「しむ」。

c「せたまふ」「させたまふ」「しめたまふ」の形↓「せ」「させ」「しめ」は、尊敬の助動詞「す」「さす」「しむ」の連用形。より高い敬意を表す（最高敬語）。

ただし、「せたまふ」「させたまふ」などの形は、bの場合もある。「せ」「させ」「しめ」が尊敬か使役か、を文脈などにより判断しなければならない。また、最高敬語の「しめたまふ」は、『源氏物語』などの女流文学にはほとんど見られない。男性の作と思われる『大鏡』には用例が多い。

d接続助詞「て」＋「たまふ」↓主に「てたまへ」の形で、中世以降用いられた。

敬語のしくみ ①**動詞を用いた敬語表現**

主に次の二つの型が目安となる。

a交替形式↓普通の動詞（通常語）を敬語動詞に置き換える。

b添加形式↓動詞に敬語の補助動詞（あるいは助動詞）を付ける。

たとえば「たまふ」の㊀はaの例で、㊁はbの例である。

②**交替形式と添加形式**

ごく基本的な動詞にはabの両型がある。

たとえば「思ふ」↓aおぼす・おぼしめす　b思ひたまふ」「見る」↓a御覧ず　b見たまふ」「聞く」↓a聞こしめす　b聞きたまふ」など。

ただし、あらゆる動詞（通常語）の敬語表現にこの二つの型が見られるわけではない。「言ふ」↓aのたまふ」「あり」↓aおはす・おはします」などはaの型のみ。「言ひたまふ」とはふついわない。「ありたまふ」の例も見られないが、これは代わりに「ものしたまふ」という形が用いられる。↓物す

関連語 賜はす・賜はる・賜ふ（下二段）

↓基本敬語動詞一覧表（26ページ）・**読解の手引き⑯**（804ページ）

基本敬語25 たま・ふ

【賜ふ・給ふ】たま(も)う

動詞 他〔八下二段〕
補助動詞〔八下二段〕

未然形	連用形	終止形	連体形	已然形	命令形
たま・へ	たま・へ	たま・ふ	たま・ふる	たま・ふれ	○

一 動詞 他 ―【謙譲語】―(物を)頂く。〔通常語〕受く・もらふ・飲む・食ふ ◉主に上代の用法だが、用例は少ない。

二 補助動詞 ―【謙譲語Ⅱ】―…せていただく。…させていただく。◉主に中古の用法。特に中期に盛んに用いられる。

接続 二は特定の動詞の連用形に付く。→発展

一 動詞 他〔八下二段〕《主に上代の用法》(「受く」「もらふ」「飲む」「食ふ」の謙譲語で)(物を)**頂く**。(特に、上位者から飲食物を)**頂く**。

魂は朝夕べに賜ふれど吾が胸痛し恋の繁きに 歌〈万葉集・15・3767〉訳(あなたの)魂は常々**頂く**(=感じる)が、(それでも)私の胸は苦しい。恋の激しさのために。

○作者(=狭野茅上娘子)が、自分の「(魂を)もらう」動作の及ぶ(=自分に魂をくれる)中臣朝臣宅守への敬意を表している。

二 補助動詞〔八下二段〕**…せていただく。…させていただく。**→発展 敬語のしくみ

「**申さむと思ひたまふるやうは、この川に浮きてはべる水鳥を射たまへ。**」〈大和・147〉訳「申し上げようと思わ**せていただく**(=存じます)ことは、この川に浮いております水鳥を射てください(ということです)。」

○話し手(=娘の親)が、自分の「思う」動作を低めて、聞き手(=二人の男)にかしこまりの気持ちを表している。娘に言い寄る二人の男に、親が結婚の条件を言う場面。「思ひたまふ」「知りたまふ」の場合は「存じます」と訳してもよい。「射たまへ」の「たまへ」は尊敬の補助動詞。→賜ふ(四段)

二 「**ここにものしたまふは、たれにか。尋ねきこえまほしき夢を見たまへしかな。**」〈源氏・若紫〉訳「ここにいらっしゃる方は、だれなのか。(その人の素性をあなたに)お尋ね申し上げたい(と思う)夢を見**させていただいた**ことだなあ。」

○話し手(=源氏)が、自分の「見る」動作を低めて、聞き手(=僧都)にかしこまりの気持ちを表している。源氏が僧都に、女の子(=紫の上)のことを聞き出す場面。「ものしたまふ」の「たまふ」は尊敬の補助動詞で、全体で「あり」の尊敬表現となる。

「**さらば、今宵は御宿直つかまつりて、朝見たまへむ。**」〈今昔〉訳「それでは、今夜は(父上のお宅に)ご宿泊させていただいて、明日の朝(ウマを)見**させていただこう**。」

○話し手(=源頼義)が、自分の「見る」動作を低めて、聞き手(=父)にかしこまりの気持ちを表している。源頼義が、東国から来た名馬について、父から、気に入ったら持って行けと言われて、返事をしている場面。

「**人に謀られて、頼もしげ見えむとて雇はれてまかりてさぶらひしに、盗人仕まつりけるをも知りたまへず…。**」〈今昔〉訳「(私は)人にだまされて、頼りがいのあるところを見せようと思って(その人に)雇われて(都に)行っておりましたが、(その人が実は)盗人を致しておりましたことも知ら**せていただかな**くて(=存じませんで)…。」

○手紙の書き手(=父)が、自分の「知る」動作を低めて、読み手(=娘の夫)にかしこまりの気持ちを表している。父が娘の夫に、自分の身の上を打ち明けた手紙文中のことば。この用例は手紙文で、「知る」に付いた、まれな例。

識別 尊敬語「たまふ」と、謙譲語Ⅱ「たまふ」の識別

品詞と用法	見分け方	例文と訳
尊敬語の補助動詞「たまふ」	四段型に活用する。話し手や作者が相手の動作に敬意を表す場合に用いる。	中納言参りたまひて、御扇奉らせたまふに…。〈枕草子・102・中納言参りたまひて〉訳中納言が参上なさって、扇を(中宮様に)お差し上げになるのに…。
謙譲語Ⅱの補助動詞「たまふ」	下二段型に活用する。また、終止形で用いられることはほとんどなく、命令形はない。話し手や作者が自分、または自分の側の動作をへりくだっていう場合に用いる。	「心ゆかぬやうになむ聞きたまふる。」〈源氏・帚木〉訳「(結婚に)満足しないようだと聞かせていただいている。」○源氏に小君が姉の空蟬について話している場面。

発展 補助動詞の「たまふ」 次のような特徴がある。

a 特定の動詞、特に「思ふ」「見る」「聞く」の連用形に付く。まれに「知る」などにも付く。

b 会話文・手紙文に用いられ、地の文には用いられない。

c 終止形はまれで、命令形はない。そのため、四段の「たまふ」と区別するために、連体形を代表させて「下二段の『たまふる』」と呼ぶことがある。

d 「思ひ出づ」のような複合動詞に付く場合には、間に割り込んで「思ひたまへ出づ」となる。

e 中古末期から衰え、中世には擬古文(中古の和文体をまねて表現した文章)に残る。

敬語のしくみ 聞き手にかしこまりの気持ちを表す謙譲語

ふつう謙譲語とされることばには二通りある。**下二段の補助動詞「たまふ」**は、謙譲語の「聞こゆ」などとは異質である。そこで、これを本書では謙譲語Ⅱとする。

この「たまふ」は、話し手が自分または自分の側に属する者(家族・召使・家来など)の動作(「思ふ・見る・聞く」などに限られる)をへりくだっていうときに用いられる。会話文や手紙文などで、改まった場面に用いられ、聞き手または読み手に対してかしこまる気持ちが強い。自らを低めるので**自己卑下の敬語**ともいう。また、聞き手(読み手)を意識して用いる敬語である点に注目して、丁寧語とみる説もある。しかし丁寧語として扱っても、広く種々の動詞に付くわけでもないことなど、「はべり」などとはやはり異質な面がある。

→聞こゆ(基本敬語25)・謙譲語

関連語 賜ふ(四段)

→**読解の手引き**⑯(804ページ)

たむけ-やま【手向山】 名詞 旅の安全を祈るための手向けの神が祭られている所。峠や山。
このたびは幣も取りあへず手向山もみぢの錦神のまにまに 百人一首〈古今集・羇旅・420〉訳→このたびは…
発展 用例中の「手向山」については、近江や京都から大和に入るときに越える、奈良山(=平城京の北方の丘陵)かともされているが、明らかでない。

❷たむける (現)→(古)**たむく【手向く】**

ため【為】 形式名詞 ❶(利益になることを表し)…のため。**君がため春の野に出でて若菜摘むわが衣手に雪は降りつつ** 百人一首〈古今集・春上・21〉訳→きみがため…
❷(目的・手段を表し)…のために。
❸(格助詞「に」を伴って、関係を表し)…にとって。三位殿**のためには養子にてさうらふ**。〈義経記〉訳三位殿**にとって**は養子でございます。
❹(格助詞「に」を伴って、原因・理由を表し)…によって。…のせいで。
その閼伽波のために乱れ破るることなくして…。〈今昔〉訳その閼伽(=仏に供える水の容器)は波**によって**乱れ壊れることはなくて…。
発展 「の」「が」または活用語の連体形に付いてもっぱら形式名詞として用いられ、実質名詞としての用例は見当たらない。また、本来は❶❷の意味であったが、後に「故」と混同されて❸❹の意味が生じた。

ためし【例・試し】

以前にあった事柄 ─┬─ ❶**前例。先例。例。**
　　　　　　　　└─ ❷**手本。模範。**

名詞 ❶**前例。先例。例。** **やうやう天の下にも、あぢきなう人のもて悩みぐさになりて、楊貴妃の例も引き出でつべくなりゆくに**…。〈源氏・桐壺〉訳(帝が桐壺の更衣を寵愛し過ぎることについて)だんだん世間でも、まともでないことだと人々の扱いに困るものとなって、(中国で昔)楊貴妃(が皇帝に寵愛され過ぎて国が滅んだこと)の**先例**をも引き合いに出してしまいそうになっていくので…。
❷**手本。模範。** 「**今思ひ合はするには、かの御教へこそ長き例にはありけれ。**」〈源氏・梅枝〉訳「今となって考え合わせると、あの(=父桐壺の帝の)ご教訓こそは後々までの**手本**(とすべきこと)であったのだった。」

関連語 世の例

為永春水 人名 江戸時代後期の戯作者。本屋青林堂を営むかたわら、★式亭三馬の門弟などを経て人情本作者となる。天保の改革で処罰された。『★春色梅児誉美』など。1790—1843

ためらい 国語・国文法 助動詞「まし」が、疑問語を伴って用いられたときの「…しようかしら」という気持ち。「**しやせまし、せずやあらまし**と思ふことは、大様はせぬはよきなり。(=してみ**ようかしら**、しないでおこ**うかしら**と思うことは、たいていはしない方がよいのである。)」

ためら・ふ【躊躇ふ】

高ぶる感情や募る病勢を抑える ─┬─ 一 動詞 他 ─┬─ ❶**感情を抑える。**
　　　　　　　　　　　　　│　　　　　　└─ ❷**病勢を抑える。静養する。**
　　　　　　　　　　　　　└─ 二 動詞 自 ─── **迷ってぐずぐずする。**

未然形	連用形	終止形	連体形	已然形	命令形
ためらは	ためらひ	ためらふ	ためらふ	ためらへ	ためらへ

一 動詞 他 八四段 ❶**感情を抑える。心を静める。** **悲しく止め難くおぼさるれば、とみにもえためらひたまはず。**〈源氏・若菜上〉訳(朱雀院の出家後の姿を見た源氏は)悲しく(涙も)とどめられないとお思いになるので、すぐにはとても**感情を抑え**なさることもできない。
❷**病勢を抑える。静養する。** 「**風邪起こりて、ためらひはべる程にて。**」〈源氏・真木柱〉訳「風邪をひいて、**静養し**ております間で(あなたに会えない)。」
二 動詞 自 八四段 **迷ってぐずぐずする。心が決まらない。** **たやすく打ち出でんもいかが、とためらひけるを**…。〈徒然草・231・園の別当入道は〉訳(料理の名人の技が見たいと思っても)軽々しく口に出すようなのもどうか、と**迷ってぐずぐずし**ていたのを…。
発展 **現代語とのつながり** 曲がったものをまっすぐに伸ばすという意味の動詞「矯む」と同じ語源で、もともとは一

読解の手引き 16

「たまふ」は尊敬か謙譲か

「たまふ」には、四段活用と下二段活用とがあります。

四段活用「たまふ」＝**尊敬語**─┬─独立動詞「お与えになる」
　　　　　　　　　　　　　└─補助動詞「お…になる」
下二段活用「たまふ」＝**謙譲語**─┬─独立動詞「頂く」
　　　　　　　　　　　　　└─**謙譲語Ⅱ**─補助動詞「…させていただく」

そこで、「たまふ」を見たら、尊敬語か謙譲語かを識別する必要が生じます。もっとも独立動詞の多くは尊敬語ですので、ここでは、補助動詞の識別方法を述べましょう。

① 四段と下二段の活用形に目を向けよう

	未然形	連用形	終止形	連体形	已然形	命令形
四段	たまは	たまひ	たまふ	たまふ	たまへ	たまへ
下二段	たまへ	たまへ	たまふ	たまふる	たまふれ	○

終止形「たまふ」以外は同じ活用形が同じ語形になることはありません。しかも、**下二段の「たまふ」が終止形で用いられることはほとんどなく、命令形もありません**。つまり、「たまふる」「たまふれ」なら謙譲で、「たまは」「たまひ」「たまふ」なら尊敬だと一目で分かるのです。このため謙譲の方は「下二段の『たまふる』」とも呼ばれます。

「たまへ」という語形の場合だけ注意が必要で、「見たまへず」「見たまへき」のように、活用語の未然形や連用形に付く助動詞の前に「たまへ」があるときは下二段。これが四段なら「見たまはず」「見たまひき」となるはずです。

② だれが、だれの動作に「たまふ」を使っているか?

話し手や書き手自身が自分の動作について用いていれば謙譲で、**相手の動作に用いていれば尊敬**です。
さらに、**謙譲の「たまふ」は、特定の動詞にしか付かず、**「思ふ」「見る」「聞く」など**に付く場合は**「思ひたまへ知る」のように、**間に割って入る**という特徴を持っています。

の、高ぶった感情や病勢などを抑えるという意味の他動詞であった。そこから、二の、行動に突き進みたい気持ちを抑えて迷う意味の自動詞が生じたもので、現代ではこの意味でしか用いられない。

たーめり …ているようだ。…たようだ。**一筋を陸奥紙に置きたるに、いかにもすき見えずぞと申し伝へためる。**〈大鏡・師尹〉訳（長い髪の）一本を陸奥紙の上に置いたところ、まったく透き間が見えないと申し伝え**ているようだ**。

発展「ためり」（完了・存続の助動詞「たり」の連体形＋推定の助動詞「めり」）の撥音便「たんめり」の「ん」を表記しない形。読むときはふつう「たんめり」と読む。

ためる（現）↓（古）**たむ**【溜む・留む】【矯む・揉む】

だーも 副助詞（軽いものを示し、重要なものを類推させて）…でさえも。せめて…だけでも。**夢にだも逢ふと見るこそうれしけれ残りの頼み少なけれども** 歌〈和泉式部集〉訳**せめて**夢に**だけでも**逢うことを夢見るのはうれしいことだ。覚めて後の頼みは少ないけれども。

発展 副助詞「だに」に係助詞「も」が付いた「だにも」が「だんも」となり、「ん」を表記しない形となったもの。主として漢文訓読文体に用いられた。

たもう（現）↓（歴）**たまふ**【賜ふ・給ふ】基本敬語25（802・803ページ）

たも・つ【保つ】一 動詞 自〔タ四段〕（た・ち・つ・つ・て・て）持ちこたえる。永続する。「**これなむ、え保つまじく頼もしげなき方なりける。**」〈源氏・帚木〉訳「これこそ、**持ちこたえる**こともできず頼りにできそうもない方面（の女性）であったのだった。」

二 動詞 他〔タ四段〕（た・ち・つ・つ・て・て）❶守り続ける。保持する。維持する。**聖は年ごろ経をも保ち、読みたまへばこそ、その目ばかりに見えたまはめ。**〈宇治拾遺〉訳高僧は数年来経をも**守り続け**、お読みになるからこそ、その目だけにはお見えになるのであろう。

❷治める。**道を知れる教へ、身を治め、国を保たん道も、またしかなり。**〈徒然草・110・双六の上手〉訳（これは）道を知っている（人の）教え（であり）、身を修め、国を**治める**ような道も、またその（教えの）とおりである。

たーもと【袂】名詞 ❶腕の、ひじから肩までの部分。二の腕。❷袖。また、袖口の下の袋状の垂れ下がった部分。発展「手の本」という意味から。

たーもとほ・る【た廻る・た回る】— 動詞 自〔ラ四段〕（ら・り・る・る・れ・れ）行ったり来たりする。うろつく。さまよう。迂回する。遠回りする。**春霞井の上ゆ直に道はあれど君に逢はむとたもとほり来も** 歌〈万葉集・7・1256〉訳井戸のそばにまっすぐに道はあるけれど、あなたに逢おうと（人目をさけて）**遠回りして来る**ことよ。○「春霞」は「井」に係る枕詞。

発展「た」は接頭語。

たもん-てん【多聞天】名詞《仏教語》四天王の一つ。須弥山の中腹の北面に住み、北方を守護するという善神。わが国では、七福神の一つである毘沙門天と同一視され、古くから信仰された。

[たもんてん]

たーやす・し【容易し】形容詞〔ク〕（く・く・し・き・けれ・○／から・かり・○・かる・○・かれ）❶容易だ。「**皆を張りかへさうらはんは、はるかにたやすくさうらふべし。**」〈徒然草・184・相模守時頼の母は〉訳「（障子は）全部を（一度に）張り替えます方が、はるかに**容易であり**ましょう。」❷軽々しい。軽率だ。**女にたやすからず思はれんこそ、あらまほしかるべきわざなれ。**〈徒然草・3・万にいみじくとも〉訳女に**軽々しく**ないと思われるようなことこそ、（男にとっては）理想的であるに違いないことだ。

発展「た」は接頭語。

田安宗武 人名 江戸時代中期の国学者・歌人。八代将軍吉宗の二男。松平定信の父。★荷田在満に国学を学び、★賀茂真淵を臣下として迎え、和歌や古典学を修めた。歌集に『天降言』がある。1715—1771

た・ゆ【絶ゆ】動詞 自〔ヤ下二段〕（え・え・ゆ・ゆる・ゆれ・えよ）❶（途中で）切れる。とだえる。なくなる。**竜田川紅葉乱れて流るめり渡らば錦中や絶えなむ** 歌〈古今集・秋下・283〉訳竜田川に紅葉が散り乱れて流れているようだ。（この川を）渡ったならば、（紅葉で色とりどりに美しく映えている）錦（のような川の流れ）は、きっと中ほどで**とだえ**てしまうのではないだろうか。❷（音・煙・血筋などが）消える。死ぬ。↓**古語チャート** ⑱（647ページ）**玉の緒よ絶えなば絶えね長らへば忍ぶることの弱りもぞする** 百人一首〈新古今集・恋1・1034〉訳↓たまのをよ……。❸縁や愛が切れる。交際がやむ。「**大臣、宮なども、深き契りある仲は、巡りても絶えざなれば…。**」〈源氏・葵〉訳「（葵の上の父と母である）大臣、大宮なども、深い前世からの縁のある間柄は、生まれ変わっても**切れない**ということなので…。」

たゆう（現）↓（歴）**たいふ**【大夫・太夫】

たゆーげ・なり【弛げなり】形容動詞〔ナリ〕（なら・なり（に）・なり・なる・なれ・なれ）だるそうだ。**目見などもいとたゆげにて…。**〈源氏・桐壺〉訳（更衣は）ものを見る目つきなどもひどく**だるそうな**ようすで…。

たゆ・し【弛し・懈し】

気力などがなくなり、動きが遅いようす
- ❶気力がない。力が入らない。だるい。
- ❷（心の働きが）鈍い。のろまである。
- ❸静かで動きが少ない。ゆったりとしている。

未然形	連用形	終止形	連体形	已然形	命令形
たゆく	たゆく	たゆし	たゆき	たゆけれ	○
たゆから	たゆかり	○	たゆかる	○	たゆかれ

形容詞〔ク〕❶（疲れ・眠気・寒さなどで）**気力がない**。**力が入らない**。だるい。**舞など日暮らし見るに、目もたゆく苦し。**〈枕草子・278・関白殿、二月二十一日に〉訳舞などを一日中見

ると、目もだるくつらい。

❷（心の働きが）鈍い。**のろまである。**

「怪しく**たゆく**愚かなる本性（ほんじゃう）にて、事に触れておろかにおぼさるることもありつらむこそ、悔しくはべれ。」〈源氏・若菜下〉訳「変に**のろまで**愚鈍な性分で、何かにつけていい加減だとお思いにならないではいられないこともきっとあっただろうということが、しゃくでございます。」

❸**静かで動きが少ない。ゆっくりしている。ゆったりとしている。**

「しばし格子はな参りそ。**たゆく**構へてせむ。」〈蜻蛉日記（かげろうにっき）〉訳「しばらく格子はお上げ申し上げるな。**ゆっくり**と工夫して（ショウブを軒に飾ることを）しよう。」

たゆた・ふ【揺蕩ふ・猶予ふ】（たゆた（と）う）動詞 自〔ハ四段〕〈は・ひ・ふ・ふ・へ・へ〉❶揺らぎ漂う。揺れ動く。

大き海に島もあらなくに海原（うなはら）の**たゆたふ**波に立てる白雲 歌〈万葉集・7・1089〉訳大海に島もないのに、海原の**揺れ動く**波の上に立っている白雲よ。

❷心が動いて決心がつかない。ためらう。

殊（こと）なる勢ひなき人は、**たゆたひつつ**、すがすがしくも出で立たぬ程に…。〈源氏・玉鬘（たまかずら）〉訳（上京したいのだが）格別な財力のない人（＝少弐（しょうに））は、**ためらい**ながら、さっさと出立しないでいるうちに…。

◑**たゆま**＋□ 「たゆむ」【弛む】㊀㊁（マ行四段）の未然形。↓最重要語（806ページ）

◑**たゆみ**＋□ 「たゆむ」【弛む】㊀㊁（マ行四段）の連用形。↓最重要語（806ページ）

たゆみ-な・し【弛み無し】形容詞〔ク〕〈く・から／く・かり／し／き・かる／けれ／○／かれ〉❶怠りない。油断がない。

たゆみなく慎みて軽々しくせぬと、ひとへに自由なるとの等しからぬなり。〈徒然草・187・万（よろづ）の道の人〉訳（未熟な専門家が巧みな素人に比べて必ず勝るのは）**怠りなく**用心して軽々しくやらないのと、ただひたすら気ままであるのとが同じでないからだ。

❷絶え間ない。始終だ。

「さらむ世を見はてぬさきに、心と背きにしがな。」と**たゆみなく**おぼしわたれど…。〈源氏・若菜下〉訳「（源氏の愛情が衰えるような）そんな目に合わないうちに、自分の意志で世に背いて出家したいものだなあ。」と（紫の上は）**絶え間なく**思い続けていらっしゃるけれど…。

たゆ・む【弛む】

緊張が緩み、力が抜ける

- ㊀ 動詞 自〔マ四段〕
  - ❶気が緩む。油断する。
  - ❷勢いがなくなる。弱まる。
- ㊁ 動詞 他〔マ四段〕― 怠ける。手を抜く。
- ㊂ 動詞 他〔マ下二段〕― 油断させる。

	未然形	連用形	終止形	連体形	已然形	命令形
動詞 自〔マ四段〕・動詞 他〔マ四段〕	たゆ・ま	たゆ・み	たゆ・む	たゆ・む	たゆ・め	たゆ・め
動詞 他〔マ下二段〕	たゆ・め	たゆ・め	たゆ・む	たゆ・むる	たゆ・むれ	たゆ・めよ

㊀動詞 自〔マ四段〕❶**気が緩む。油断する。**

この馬に付きて上る兵（つはもの）どもの**たゆむ**ことのなかりければ…。〈今昔〉訳この（名馬として名高い）ウマに付き従って都へ行く武士たちは**油断する**ことがなかったので…。

❷**勢いがなくなる。弱まる。**

折節（をりふし）風**たゆみ**、潮向かうて御舟さらに進まず。〈太平記（たいへいき）〉訳ちょうどその時、風が**弱まり**、潮流が（舟の進む方向と逆に）向かって（きて）お舟は一向に進まない。

㊁動詞 他〔マ四段〕**怠ける。手を抜く。**

入道も、え堪へで供養法（くやうぼふ）**たゆみて**、急ぎ参れり。〈源氏・明石（あかし）〉訳（明石の）入道も、（源氏の弾く琴がすばらしい音色で聞こえてくるので）我慢できず供養の方法を修行することを**怠けて**、急いで（源氏のもとに）参上した。

㊂動詞 他〔マ下二段〕**油断させる。気を緩めさせる。**

いとつれなく、何とも思ひたらぬさまにて、**たゆめ**過ぐすもまたをかし。〈枕草子・276・うれしきもの〉訳まったく知らん顔で、（だまされたことなど）なんとも思っていないようすで、**油断させ**たままにしておくのもまたおもしろい。

発展 **四段・下二段両方がある動詞** ㊂は、四段活用の㊀に使役の意味が加わって下二段活用になったもの。このように、四段・下二段の両方の活用がある動詞には、それぞれが「…する」（四段）「…させる」（下二段）という関係になっているものが多い。↓頼（たの）む 発展❶

類語比較 **「たゆむ」「うむ」「ゆるふ」**

共通点＝張りつめた状態から解かれるという意味を表す。

たゆむ＝①持続する物事に対して否定的な感情を持つことを表す。②もともと、持続してきた状態や気持ちが停滞する意味を表す。そこから、気が緩んだり、怠けたりする意味が生じた。

うむ＝①「たゆむ①」に同じ。②長い間同じ作業を繰り返すことに飽きるという意味を表す。

ゆるふ＝①寒さや緊張などから解かれる意味を表し、「たゆむ」と同様に、気が緩む意味も表す。②ただし、「たゆむ」と異なり、否定的な意味で用いられるとは限らない。たとえば、寒さが「ゆるふ」といえば喜ばしいことになり、精神が「ゆるふ」といえば悪い意味になる。

たゆ・む【弛む】動詞↓最重要語（806ページ）

◑**たゆむ**＋□ 「たゆむ」【弛む】㊀㊁（マ行四段）の終止形・連体形。または、「たゆむ」【弛む】㊂（マ行下二段）の終止形。↓最重要語（806ページ）

◑**たゆむる**＋□ 「たゆむ」【弛む】㊂（マ行下二段）の連体形。↓最重要語（806ページ）

◑**たゆむれ**＋□ 「たゆむ」【弛む】㊂（マ行下二段）の已然形。↓最重要語（806ページ）

◑**たゆめ**＋□ 「たゆむ」【弛む】㊀㊁（マ行四段）の已然形・命令形。または、「たゆむ」【弛む】㊂（マ行下二段）の未然形・連用形。↓最重要語（806ページ）

たゆら・なり 形容動詞〔ナリ〕〈なら・なり（に）・なり・なる・なれ・なれ〉ゆらゆら揺れている。

筑波嶺（つくはね）の岩もとどろに落つる水よにも**たゆらに**わが思はなくに 歌〈万葉集・14・3392〉訳筑波山の岩も鳴り響くほどに落ちる水のように、決して、（私たちの仲も）**ゆらゆら揺れている**とは私は思っていないのに。

たより【頼り・便り】名詞↓最重要語（807ページ）

たよりあらば… 歌 **たよりあらばいかで都へ告げやらむ今日**（けふ）**白河**（しらかは）**の関は越えぬと**〈拾遺集（しゅうい）・339・平兼盛（かねもり）〉訳 手段があったら、何とかして、（遠く離れてしまった）都の人に告げ知らせてやりたい。今日、陸奥（むつ）の白河の関を越えた、ということを。

発展「白河の関」は、歌枕の地として有名である。

たより-なし【便り無し】 名詞 貧乏人。

たーよわ-し【た弱し】 形容詞〔ク〕〈く・く・し・き・けれ・○／から・かり・○・かる・○・かれ〉弱い。か弱い。
岩戸割る手力（たぢから）**もがもた弱き女**（をみな）**にしあればすべの知らなく** 歌〈万葉集・3・419〉訳 岩の戸を壊す（ほどの）腕力があったらいいなあ。**か弱い**女であるので、どうしたらよいか分からなくて。

発展「た」は接頭語。

たら 一 タリ活用形容動詞の未然形の活用語尾。
二 完了の助動詞**たり**（ラ変型）の未然形。↓**基本助動詞20**（808ページ） また、断定の助動詞**たり**（タリ型）の未然形。

たらい（現）↓（歴）**たらひ【盥】**

た-らう【太郎】（ろう） 名詞 ❶長男。↓**古語チャート36**（1057ページ） ❷物事の初めや優れたもの、大きなものなどをいうことば。語例 **太郎冠者**（たらうくわじゃ）・坂東**太郎**（ばんどうたらう）

たらう-くわじゃ【太郎冠者】（たろうかじゃ） 名詞 召し使いのうちで、筆頭格の者。発展「冠者」は若い従者の意味。狂言で、シテ役（＝主役）として登場することが多い。

たら-じ …ていないだろう。…てはおくまい。
「**我が言はざらむ人の事をだにしたらば、ここにも置きたらじ。**」〈落窪（おちくぼ）〉訳「私が言わないような人のことをしたら、この家にも置い**てはおくまい**。」

発展 存続の助動詞「たり」の未然形＋打消推量の助動詞「じ」。

たら・す【誑す】 動詞 他〔サ四段〕〈さ・し・す・す・せ・せ〉（甘言で人を）だます。たぶらかす。あざむく。
「**たらされたは憎けれど、囃子物**（はやしもの）**がおもしろい。**」〈狂言・末広がり〉訳 **だまされ**たのは憎いけれども、囃子物がおもしろい。

たら-ず 一（「たら」は存続の助動詞で）…ていない。
まこともおぼしめしたらぬさまに人々も告げ…。〈更級日記・宮仕え〉訳（宮家では）本当ともお思いになっ**ていない**ようすだと人々（＝女房たち）も（私に）告げ…。
二（「たら」は断定の助動詞で）…でない。
父、父たらずといふとも、子もって子たらずんばあるべからず。〈平家・2・烽火之沙汰（ほうかのさた）〉訳 父が、父**でない**（＝父親としてふさわしくない）といっても、その子は子**でない**ということがあってはならない（＝子として忠義を尽くさなければならない）。

発展 一は、存続の助動詞「たり」の未然形＋打消の助動詞「ず」。二は、断定の助動詞「たり」の未然形＋打消の助動詞「ず」。

たらち-ね【垂乳根】 名詞 ❶母親。類 垂乳女（たらちめ） 対 垂乳男（たらちを） ❷親。発展 枕詞「たらちねの」から転じて、もともとそれが係ることばだった「母」「親」そのものを意味するようになった。女性の意味を強調する「たらちめ」が母を指すのに対して父を「たらちね」ということもある。

たより【頼り・便り】

頼みにできる物事や方法、機会

- ❶**頼みとする物事。より所。**
- ❷**便宜。方法。手段。**
- ❸**機会。都合のよい時。**
- ❹**縁故。つて。ゆかり。**
- ❺**手紙。消息。知らせ。また、その使者。**
- ❻**配置。また、最適の取り合わせ。**

名詞 ❶**頼みとする物事。より所。**
年ごろ経（ふ）**るほどに、女、親なく、頼りなくなるままに、もろともに言ふかひなくてあらむやはとて…。**〈伊勢・23〉訳 数年が過ぎるうちに、女は、親が亡くなり、（生活の）**より所**がなくなるにつれ、（男は女と）一緒にふがいない（＝貧しい）ままでいてよいものだろうか、いや、よくないと思って…。

❷**便宜。方法。手段。**
手書くこと、宗（むね）**とすることはなくとも、これを習ふべし。学問に頼りあらんためなり。**〈徒然草・122・人の才能は〉訳 文字を書くこと（＝書道）、（それを）主とすること（＝専門とすること）はなくても、これを習うのがよい。学問に**便宜**があるようにとのためである。

❸**機会。都合のよい時。**
中垣こそあれ、一つ家のやうなれば、望みて預かれるなり。さるは、頼りごとに物も絶えず得させたり。〈土佐日記・二月十六日〉訳 隣家との境に作った垣根はあるけれども、（私の家とは）一軒の家のような（ものな）ので、（隣家の人が）希望して（私の家を）管理したのである。そうではあるが、**機会**がある度に（お礼の）品物も絶えず与えてある。

❹**縁故。つて。ゆかり。**
心もとなき日数（ひかず）**重ぬるままに、白河の関にかかりて、旅心定まりぬ。「いかで都へ」と便り求めしも理**（ことわり）**なり。**〈奥の細道・白河の関〉訳 不安な日数を重ねていくうちに、白河の関に差しかかって、（ようやく）旅（に徹する）心が定まった。（昔、平兼盛（かねもり）がここまで来て）「なんとかして都に（知らせたい）」と（この関越えの思いを伝える）**つて**を求めたのももっともなことである。

❺**手紙。消息。知らせ。また、その使者。**↓**古語チャート46**（1305ページ）
語らひ付きにける女房の便りに、御ありさまなども聞き伝ふるを慰めに思ふぞはかなかりける。〈源氏・若菜上〉訳（柏木（かしわぎ）が）言い寄って親しくなっていた女房からの**手紙**で、（女三の宮の）ごようすなどをも伝え聞くのを（心の）慰めにと思うようすは頼りないことであったのだった。

❻**配置。また、最適の取り合わせ。**
簀（す）**の子、透垣**（すいがい）**の頼りをかしく、うちある調度**（てうど）**も昔覚えて安らかなるこそ、心憎しと見ゆれ。**〈徒然草・10・家居（いへゐ）のつきづきしく〉訳 濡れ縁や、透かし張りの垣根の**配置**もおもしろく、さりげなく置いてある道具類も古風な感じがして落ち着いているのが、奥ゆかしいと感じられる。
「**湖水朦朧として春を惜しむに便りあるべし。**」〈去来抄（きょらいしょう）・先師評〉訳「（琵琶湖の）湖面がぼんやりとかすんでいて（近江（おうみ）の風景は）惜春の情に**最適の取り合わせ**であるにちがいない。」

たらちね-の【垂乳根の】枕詞「母」「親」に係る。発展「親」に係るのは中古以降の用法。

たらち-め【垂乳女】名詞 母親。類垂乳根 対垂乳男 発展「たらちね」を基に、女性の意味を表す「め」を「ね」に当てて作ったことば。

たらち-を【垂乳男】名詞 父親。対垂乳女 発展 母をいう「たらちめ」に対して、男性の意味を表す「を」を「め」に変えて作ったことば。

だらに【陀羅尼】名詞《仏教語》翻訳せず★梵語のままで読む経文。類真言・呪 発展 梵語に漢字の音を当てはめたことば。梵語で唱えることで無限の功徳があるとされた。

たらひ【盥】名詞 水や湯を入れて、手や顔を洗うための平たい器。発展「手洗ひ」の変化したことば。

たら・ふ【足らふ】動詞 自〔八四段〕〈は・ひ・ふ・ふ・へ・へ〉 ❶十分である。不足がない。満足できる。**月見ても物足らはずや須磨の夏** 句〈笈の小文・芭蕉〉訳 月を見てもなんとなく**満足でき**ないなあ、須磨（＝今の神戸市須磨区）の夏の景色は。❷その資格がある。条件がそろっている。ぴったりだ。**大臣といはむに足らひたまへり。**〈源氏・行幸〉訳 大臣というのに**ぴったりで**いらっしゃる。発展 四段動詞「足る」の未然形＋接尾語「ふ」。

たら-まし ❶（「たらましかば…まし」の形で）もし…ていたならば（…ただろうに）。「竜を捕らへ**たらましかば**、また、事もなく我は害せられなまし。」〈竹取・竜の頸の玉〉訳「**もし**竜をつかま**えていたならば**、（玉を取ろうとした人々と）同様に、わけもなく私はきっと殺されただろうに。」❷（疑問のことばとともに用いて、ためらう気持ちを表し）…ておいたものだろうか。…ていようかしら。「いと口惜しうなどはあらぬ者にこそあれ。呼びてや置き**たらまし**。」〈和泉式部日記〉訳「（和泉式部という女は）まったくつまらないという者ではない。呼び寄せて（ここに）置い**ておいたものだろうか**。」発展 存続の助動詞「たり」の未然形＋反実仮想・ためらいの助動詞「まし」。

たら-む ❶（「む」は推量で）…ているだろう。「いづくに這ひ紛れて、『かたくなし。』と思ひゐ**たらむ**…。」〈源氏・空蟬〉訳「どこかにこっそり隠れて、（私のことを）『しつこい人だ。』と思っ**ているだろう**…。」❷（「む」は意志で）…ていよう。「この障子口にまろは寝**たらむ**。」〈源氏・空蟬〉訳「この障子を立てた入り口に私は寝**ていよう**。」❸（「む」は婉曲で）…たような。…たとしたら。**比叡の山を二十ばかり重ねあげたらむほどして**…。〈伊勢・9〉訳（富士山は）比叡山を二十ほども積み上げ**たような**程度（の高さ）で…。発展 完了・存続の助動詞「たり」の未然形＋推量・意志・婉曲の助動詞「む」。

❷たり 一 タリ活用形容動詞の連用形・終止形の活用語尾。二 完了の助動詞**たり**（ラ変型）の連用形。↓基本助動詞20（808ページ） また、断定の助動詞**たり**（タリ型）の連用形。

たり↓基本助動詞20（808ページ）

たり

その動作や状態をはっきり強く指し示す――（断定を表し）…だ。…である。

助動詞（タリ型） 接続 体言に付く。

未然形	連用形	終止形	連体形	已然形	命令形
たら	たり と	たり	たる	たれ	たれ

（断定を表し）…だ。…である。**清盛嫡男たるによって、その跡を継ぐ。**〈平家・1・鱸〉訳 清盛は、（平忠盛の）長男**である**から、その跡目

たり 基本助動詞20

動作や状態が存在し継続していること（存続）を表す

- ❶（動作・作用が継続・進行している意味を表し）…**ている**。…てある。
- ❷（動作・作用が完了して、その結果が状態として存続している意味を表し）…**ている**。…てある。…た。
- ❸（動作・作用が完了した意味を表し）…**た**。…てしまった。
- ❹（並列を表し）…たり…たり。◉中世以降の用法。

助動詞（ラ変型） 接続 ラ変動詞以外の動詞・動詞型活用の助動詞の連用形に付く。

未然形	連用形	終止形	連体形	已然形	命令形
たら	たり	たり	たる	たれ	たれ

❶（動作・作用が継続・進行している意味を表し）…**ている**。…てある。**竹の中に、もと光る竹なむ一筋ありける。怪しがりて、寄りて見るに、筒の中光りたり。**〈竹取・かぐや姫の生い立ち〉訳 タケの中に、根もとが光るタケが一本あった。（竹取の翁が）不思議に思って、近づいて見ると、（タケの）筒の中が光を放って**いる**。**春は曙。やうやう白くなりゆく山際、少し明かりて、紫だちたる雲の細くたなびきたる。**〈枕草子・1・春は曙〉訳 春は夜がほのぼのと明けようとするころ（がよい）。しだいに白くなっていく山際の空が、少し明るくなって、紫がかっ**ている**雲が細く横になびい**ている**のは（趣深い）。〇「紫だちたる」の「たる」は❷の意味ともとれる。「たなびきたる」の「たる」は★準体言になる。『枕草子』ではこの例のように、ある性質を持つものを列挙する場合において、述語に当たる部分を省略して、体言や準体言で一文を終える用法が多い。

❷（動作・作用が完了して、その結果が状態として存続している意味を表し）…**ている**。…てある。…た。**さま異なる山の姿の、紺青を塗りたるやうなるに、雪の消ゆる世もなく積もりたれば**…。〈更級日記・足柄山〉訳（富士山は）ようすが普通と違っている（なだらかな）山の姿が、まるで鮮やかな藍色を塗ったよう（な色）であるところに、雪が消える時節もなく積もって**いる**ので…。**金堂はその後倒れ伏したるままにて、取り立つるわざもなし。**〈徒然草・25・飛鳥川の淵瀬〉訳 金堂（＝寺の本尊を安置するお堂）はその後倒れ伏し**た**ままで、（再び）建立することもない。

❸（動作・作用が完了した意味を表し）…**た**。…**てしまった**。

を継ぐ。**それ三井寺は、近江の擬大領が私の寺たりしを**…〈平家・4・三井寺炎上〉訳そもそも三井寺は、近江（＝今の滋賀県）の郡司の候補者の個人的な寺**であった**のを…。

発展 **①語の成り立ち** 「とあり」（格助詞「と」＋ラ変動詞「あり」）が変化したものといわれる。中古初期に漢文訓読語として生まれ、中世の軍記物語や説話などの★和漢混交文に多く用いられた。↓**読解の手引き❶**（98ページ）

②「なり」と「たり」 「たり」は断定の助動詞「なり」とほぼ同様の意味であるが、体言以外に付くことはなく、その体言は資格を表すものであることが多いため、指定の助動詞ともいう。また、主として漢語に付くが、純粋な漢語だけではなく、第二例のように、漢字で書かれた和語にも付く。

③連用形の「と」は、「とあり」「とて」「として」などの形で用いられる。

類語比較 **「なり（断定）」と「たり（断定）」**↓なり（基本助動詞20・ナリ型）

タリ活用 国語・国文法 形容動詞の活用の種類のひとつ。本来は、「漫々と」など、漢語に「と」を添えた語句に、ラ変動詞「あり」が付いた「―とあり」が変化して成立したもの。そのため連用形の「と」のほかは、ラ変と同じ活用である。上代には存在せず、中古の漢文訓読資料の中に「泰然と」のように読むものが現れ、それがやがて活用語化したのである。したがって、タリ活用形容動詞の語幹は、漢語であるものがほとんどである。↓ナリ活用

たり-き ㊀（「たり」は完了・存続の助動詞で）…ていた。…た。

「**はかなきついで作り出でて、消息などつかはしたりき。**」〈源氏・夕顔〉訳「ちょっとした機会を作り出して、（あの夕顔の宿に）手紙などをやって**いた**。」

㊁（「たり」は断定の助動詞で）…であった。

六代は諸国の受領たりしかども、殿上の仙籍をばいまだ許されず。〈平家・1・祇園精舎〉訳（平家の）六代（まで）は諸国の国司**であった**けれども、（清涼殿の）★殿上の間への昇殿をまだ許されない。

発展 ㊀は、完了・存続の助動詞「たり」の連用形＋過去の助動詞「き」。㊁は、断定の助動詞「たり」の連用形＋過去の助動詞「き」。

ある人、あざらかなる物持て来たり。米して返り事す。〈土佐日記・二月八日〉訳ある人が、新鮮な物（＝魚）を持って来**た**。（その人には）米で返礼をする。

例の車にておはしたり。差し寄せて、「はや、はや。」とあれば…〈和泉式部日記〉訳（敦道親王は）いつものように車でいらっしゃっ**た**。（車を私のそばへ）近づけて、「早く、早く。」とおっしゃるので…。

❹《中世以降》（並列を表し）…たり…たり。

艫舳に走りまはり、掃いたり拭うたり、塵拾ひ、手づから掃除せられけり。〈平家・11・先帝身投〉訳（敗戦を悟った平知盛は）船の後部から前部まで走りまわり、掃い**たり**ぬぐっ**たり**、ごみを拾い、自分の手で掃除なさったのだった。

発展 **①語の成り立ち** 完了の助動詞「つ」の連用形（または接続助詞「て」）にラ変動詞「あり」の付いた「てあり」が変化したもの。上代には「かくのみにありけるものを萩の花咲きてありやと問ひし君はも（＝このように（あなたはすぐにも死んでしまう）しかなかったのに、ハギの花は咲いているのかと尋ねたあなたであるよ。）」〈万葉集・3・455〉のように、もともとの「てあり」の形での用例も見られる。↓**読解の手引き❶**（98ページ）

②ラ変型活用語に接続しない 動詞および動詞型活用の助動詞の連用形に接続するが、もともとラ変動詞「あり」を含むため、❶❷の意味ではラ変型の活用語には付かない。❸ではまれに、「よろしくなりはべりたり（＝かなりよくなりました）。」〈夜の寝覚〉のような例もある。

③存続の助動詞 「たり」「り」「つ」「ぬ」は一括して完了の助動詞と呼ばれるが、「たり」「り」は存続の意味に重点が置かれる。「つ」「ぬ」にはその意味がない。そこで、❷の第一例で、「雪の…積もりたり」といえば、雪が積もったという結果がそのまま残っている存続の意味が加わるが、「雪の…積もりぬ」といえば、雪が積もるという作用が完了したことを表すだけで、それが今も残っているかどうかには関係ない。

④「り」と「たり」 「たり」と類義の助動詞「り」が四段・サ変の動詞にしか付かないのに比べて、「たり」の方が接続上の制約が少ないため広く用いられ、「り」の衰退を招いた。中世以降は、完了の助動詞「つ」「ぬ」や過去の助動詞「き」「けり」などの用法も、「たり」（さらに変化した「た」）で表されるようになっていった。

⑤現代語「た」へ 中世以降、連体形「たる」は、特に連体修飾用法の場合、現代語と同じ「た」の形に変化したものとしても用いられた。

⑥命令形「たれ」 中古には「近くゐたれ（＝そばに座っていろ）。」〈落窪〉や、「これしばし持ちたまひたれ（＝これをちょっとの間持っていなさい）。」〈大鏡・兼家〉のように命令形が用いられたが、中世以降はあまり使われなくなり、もともとの形である「てあり」の命令形「てあれ」が復活した。

⑦現代語「たり」へ ❹の並列の用法は、接続助詞になった用法ともいえ、現代語にも接続助詞「たり」としてそのまま残っている。

類語比較 **「り」と「たり」**↓り（基本助動詞20）

関連語 ぬ（基本助動詞20）・つ（基本助動詞20）

識別 **「たる」の識別**

品詞と用法	見分け方	例文と訳
完了（存続）の助動詞「たり」の連体形	上に動詞および一部の助動詞の連用形がきて、「…てある。…ている。…た。」の意味を表す。	瓜に書きたる児の顔。〈枕草子・151・うつくしきもの〉訳ウリに描いてある幼児の顔（はかわいらしい）。
断定の助動詞「たり」の連体形	上は体言（身分・資格などを表す語）で「…である」の意味。★和漢混交文に例が多い。	人の奴たるものは、賞罰はなはだしく恩顧あつきを先とす。〈方丈記・閑居の気味〉訳人の召し使いである者は、恩賞の程度が普通以上で引き立てが強い方（＝主人）を重んじる（ものだ）。
タリ活用の形容動詞の連体形活用語尾	「たる」の上は状態を表す漢語で、独立させても主語にならないので名詞ではない。	漫々たる海上なれば、いづちを西とは知らねども…。〈平家・9・小宰相身投〉訳見渡すかぎり果てしない海上なので、どちらが西であるかは分からないけれども…。

たりき【他力】 名詞《仏教語》人々を救おうとする仏や菩薩の力。また、その力に頼って成仏すること。特に、そのような阿弥陀仏の力。対自力

たりき-ほんぐゎん【他力本願】 名詞《仏教語》人々が自己の修行によってではなく、阿弥陀仏の★大願を頼って成仏を願うこと。

たり-けむ ❶…ていただろう。…たのだろう。**薩摩守忠度は、いづくよりや帰られたりけん**…。〈平家・7・忠度都落〉訳薩摩守忠度は、どこからお戻りになったのだろうか…。〇中世以降は「けむ」を「けん」と表記する。「いづくよりや」は、平安時代までの原則的な表現では、「いづくよりか」といった。

❷…たとかいう。**かぐや姫を見つけたりけむ竹取の翁よりもめづらしき心地するに**…。〈源氏・手習〉訳かぐや姫を見つけたとかいう竹取の翁(の気持ち)よりもめったにない気持ちがするにつけて…。

発展 完了・存続の助動詞「たり」の連用形＋過去推量・伝聞の助動詞「けむ」。

たり-けり ㊀(「たり」は完了・存続の助動詞で)❶(「けり」は過去で)…ていた。…てあった。**「はや夜も明けなむ。」と思ひつつゐたりけるに**…。〈伊勢・6〉訳「早く夜も明けてほしい。」と思いながら座っていた間に…。

❷(「けり」は気づきや詠嘆で)…たのであった。**父母、炭櫃に火などおこして待ちゐたりけり。**〈更級日記・宮仕え〉訳父母が、いろりに火などをおこして(私の帰りを)待っていたのであった。

㊁(「たり」は断定の助動詞で)…であった。…だった。**具平親王家の作文の序者たりけるに**…。〈古今著聞集〉訳(橘正通が)具平親王家の漢詩(の会)の序詩の作者であったときに…。

発展 ㊀は、完了・存続の助動詞「たり」の連用形＋過去・詠嘆の助動詞「けり」。㊁は、断定の助動詞「たり」の連用形＋過去の助動詞「けり」。

たり-し→たりき(助動詞＋助動詞)

たりず【足りず】(現)→(古)**たらず【足らず】** 発展 ラ行四段動詞「たる」の未然形＋打消の助動詞「ず」。

たり-つ …ていた。…てあった。**「雀の子を犬君が逃がしつる。伏せ籠のうちにこめたりつるものを。」**〈源氏・若紫〉訳「スズメの子を(召し使いの)犬君が逃がしてしまったのだ。★伏せ籠の中に閉じ込めてあったのになあ。」

発展 完了・存続の助動詞「たり」の連用形＋完了の助動詞「つ」。

たりる【足りる】(現)→(古)**たる【足る】**

たる ㊀タリ活用形容動詞の連体形の活用語尾。

㊁完了の助動詞**たり**(ラ変型)の連体形。→基本助動詞20(808ページ) また、断定の助動詞**たり**(タリ型)の連体形。

た・る【足る】 動詞 自 ラ四段〈ら・り・る・る・れ・れ〉❶十分である。不足がない。**在原業平は、その心余りて、詞足らず。**〈古今集・仮名序〉訳在原業平(の歌)は、その感情(のほう)が多すぎて残って、言語表現が十分でない。

❷その資格がある。ふさわしい。**皇女たちと言はむにも足りぬべし。**〈源氏・松風〉訳(明石の君のしとやかなようすは)内親王と言ったりするのにもきっとふさわしいに違いない。

❸満足する。**足らぬ顔してかぶり振る。**〈西鶴・好色一代男〉訳満足しない顔をして頭を振る。

た・る【垂る】 ㊀動詞 自 ラ四段〈ら・り・る・る・れ・れ〉❶垂れ下がる。ぶら下がる。**あさましう高う伸びらかに、先の方少し垂りて色づきたること**…。〈源氏・末摘花〉訳(末摘花の鼻が)あきれるほど高く長く伸びていて、先の方が少し垂れ下がって(赤く)色づいていることが…。

❷したたる。**頸の周り欠けて血垂り**…。〈徒然草・53・これも仁和寺の法師〉訳首の周りが欠けて(=切れて)血がしたたり…。

㊁動詞 自 ラ下二段〈れ・れ・る・るる・るれ・れよ〉㊀の意味に同じ。

㊂動詞 他 ラ下二段〈れ・れ・る・るる・るれ・れよ〉❶垂らす。**馬上に鞭を垂れて、数里いまだ鶏鳴ならず。**〈野ざらし紀行〉訳ウマの上にむちを垂らして、数里(歩いたが)まだ夜明けにならない。

❷流す。**深く恨みたる気色にて、涙を垂れて泣く。**〈宇治拾遺〉訳深く恨んでいるようすで、涙を流して泣く。

❸(「跡を垂る」の形で)仏が衆生を救うために、姿を現し示す。→跡

「まことに跡を垂れたまふ神ならば、助けたまへ。」〈源氏・明石〉訳「もし本当に仏が衆生を救うために姿を現し示してくださる神ならば、お助けください。」

発展 ㊂❸は、「垂迹」を訓読したもの。→古語チャート38(1105ページ)

たる-ひ【垂氷】 名詞 つらら。季語 冬 発展 垂れ下がった氷という意味。平安時代には、「つらら」は平らに張った板状の氷のことをいい、垂れ下がった柱状の氷を「たるひ」といった。しかし、「つらら」が柱状の氷をも表すようになると、しだいに「たるひ」は使われなくなった。

たる-み【垂水】 名詞 高いがけから流れ落ちる水。滝。

たれ ㊀タリ活用形容動詞の已然形・命令形の活用語尾。

㊁完了の助動詞**たり**(ラ変型)の已然形・命令形。→基本助動詞20(808ページ) また、断定の助動詞**たり**(タリ型)の已然形・命令形。

たれ【誰】 代名詞 どの人。だれ。**蓬生ひて荒れたる宿を鶯の人来と鳴くや誰とか待たむ** 歌〈大和・173〉訳→よもぎおひて…

発展 中世末期から、「どれ」「どこ」に引かれて「だれ」という形になった。

たれ-がし【誰某】 代名詞(はっきり名を挙げずに人を指して)だれそれ。**「たれがしが婿になりぬ。」**〈徒然草・190・妻といふものこそ〉訳「だれそれの婿になった。」

たれ-こ・む【垂れ籠む】 動詞 自 マ下二段〈め・め・む・むる・むれ・めよ〉すだれなどを垂らして中にこもる。**雨に向かひて月を恋ひ、垂れこめて春の行方知らぬも**…〈徒然草・137・花は盛りに〉訳雨(空)に向かって(見えない)月を思い慕い、すだれを垂らして中にこもって春の移り行くのを知らない(でいる)のも…。

たれこめて… 歌 **たれこめて春のゆくへも知らぬまに待ちし桜も移ろひにけり**〈古今集・春下・80・藤原因香〉訳簾を下ろして部屋にこもり、春が移り行くようすも知らないでいるうちに、

（あんなに）待っていたサクラも散ってしまったのだなあ。発展 病床の作者が、花瓶のサクラによって春が過ぎたことを知り、見ることができなかった野のサクラに思いをはせる。

たれず【垂れず】（現）↓（古）**たらず【垂らず】** 発展 ラ行四段動詞「たる」の未然形＋打消の助動詞「ず」。

たれ-たれ【誰誰】 代名詞（不特定の複数の人を指して）だれとだれ。だれでも。**かしこに何といふ川流れたりなどいふこと、たれたれも言ふべく覚えはべれども…。**〈笈の小文〉訳（紀行文では）あそこに何という川が流れているなどということを、**だれでも**言うことができると思われますが…。

たれる【垂れる】（現）↓（古）**たる【垂る】**
発展 近世以降、「だれだれ」とも。

たれをかも… 百人一首
たれをかも知る人にせむ高砂の松も昔の友ならなくに
〈古今集・雑上・909・藤原興風〉訳（年老いて取り残された私は）いったいだれを親しい知り合いとしたらいいだろうか。（長寿で知られる）高砂のマツも昔からの友というわけではないのだから。○「高砂」は兵庫県高砂市付近で、マツの名所。
発展 マツを擬人化して用いて、老人の孤独を詠む。
品詞分解・修辞

たれ	を	かも	知る	人	に	せ	む。
代	格助	係助	ラ四・体		格助	サ変・未	意志・体

（係）――→（結）〈二句切れ〉

高砂	の	松	も	昔	の	友	なら	な	く	に
	格助		係助		格助		断定・未	打消・未	接尾	接助

たわ【撓】 名詞 ❶山の尾根のくぼんで低くなった所。❷寝癖の付いた髪の形。

たわく（現）↓（歴）**たはく【戯く】**

たわ-なり【撓なり】 形容動詞［ナリ］〈なら・なり（に）・なり・なる・なれ・なれ〉しなうほどだ。たわむほどだ。類 撓なり
深山には嵐やいたく吹きぬらむ網代もたわに紅葉積もれり 歌〈詞花集・151〉訳 奥山では強い風がひどく吹いたのだろうか。谷川の網代も**たわむほど**紅葉の落ち葉が（流れてきて）積もっている。

たわぶる（現）↓（歴）**たはぶる【戯る】**
発展「たわたわなり」の変化したことば。

たわ・む【撓む】 一 動詞 自［マ四段］〈ま・み・む・む・め・め〉
❶押されて曲がる。ゆがむ。しなう。↓古語チャート❹（103ページ）
枝もたわむばかり咲き乱れたり。〈源氏・若菜下〉訳（ウメの花が）枝も**しなう**ほど咲き乱れている。
❷心弱くなる。飽きて疲れる。
「この御心にも、さりとも、少したわみたまひなむ。」など…〈源氏・総角〉訳「（大君の）このお心にも、そうはいっても、少しはきっと心弱くなって（自分になびいて）くださるだろう。」などと…。
二 動詞 他［マ下二段］〈め・め・む・むる・むれ・めよ〉押して曲げる。しなわせる。
この衆は、目をかけて、背をたわめて、ちがひければ…。〈宇治拾遺〉訳 この人々は、目をつけて、背中を**しなわせて**、（体を）かわしたので…。

たわむる（現）↓（歴）**たはむる【戯る】**

たわむれる（現）↓（古）**たはぶる【戯る】・たはる【戯る】**

たわやすし（現）↓（歴）**たはやすし【容易し】**

たわや-め【手弱女】 名詞 かよわい女。しとやかで優しい女性。対 益荒男 発展「たをやめ」とも。

たわる（現）↓（歴）**たはる【戯る】**

たわ-わ・なり【撓なり】 形容動詞［ナリ］〈なら・なり（に）・なり・なる・なれ・なれ〉たわむほどだ。しなうほどだ。
大きなる柑子の木の、枝もたわわになりたるがまはりを厳しく囲ひたりしこそ、少しことさめて…。〈徒然草・11・神無月のころ〉訳 大きなミカンの木で、枝も**たわむほどに**実がなっている（その）木の周囲を厳重に囲ってあったのは、少々興がさめて…。

た-ゐ【田居】 名詞 田。たんぼ。

た-をさ【田長】 名詞 農夫の頭。農夫たちに指図したり、監督したりする長。

たをさ-どり【田長鳥】 名詞 ↓しでのたをさ

たを-たを 副詞（柔らかなようすを表し）なよなよ。**児めき、おほどかに、たをたをと見ゆれど…。**〈源氏・浮舟〉訳（浮舟は）あどけなく見え、おおらかで、**なよなよ**と見えるけれども…。

たを-やか・なり【嫋やかなり】 形容動詞［ナリ］〈なら・なり（に）・なり・なる・なれ・なれ〉❶（物の形などが）しなやかだ。
萩、いと色深う、枝たをやかに咲きたるが、朝露にぬれてなよなよと広ごりふしたる。〈枕草子・67・草の花は〉訳 ハギの花は、とても色が濃く、枝も**しなやかに**咲いているのが、朝露にぬれてなよなよと広がって地上に伏しているのが（よい）。
❷しとやかだ。もの柔らかだ。
『あなうたて。この人のたをやかならましかば。』と見えたり。〈源氏・帚木〉訳『（学をひけらかすような女を見ると）ああ嘆かわしい。この人が（女らしく）**もの柔らか**だったらなあ。』と思われた。

たを-や・ぐ【嫋やぐ】 動詞 自［ガ四段］〈が・ぎ・ぐ・ぐ・げ・げ〉しとやかである。穏やかである。
君も少したをやぎたまへる気色持てつけたまへり。〈源氏・末摘花〉訳 姫君も少し**しとやかで**いらっしゃるようすを身に付けていらっしゃる。

たをや-め【手弱女】 名詞 ↓たわやめ

たをやめぶり【手弱女ぶり】 文芸用語 ↓手弱めぶり（たおやめぶり）

た-を・る【手折る】 動詞 他［ラ四段］〈ら・り・る・る・れ・れ〉手で折る。↓古語チャート㉕（861ページ）
水門の葦の末葉を誰か手折りしわが背子が振る手を見むと我ぞ手折りし 歌〈万葉集・7・1288〉訳 河口に生えているアシの先端の葉をだれが手で折ったのか。私の夫の振る手を見ようと、私が**手で折った**のだ。

たん【段・反】 名詞 ❶距離の単位。一段は六間。約一〇・八メートル。❷田畑の面積の単位。古くは一段が三六〇歩。太閤検地以降は一段が三〇〇歩。約一二〇〇平方メートル（＝約一二アール）。

だん【段】 一 名詞 ❶階段。また、その一つ一つ。❷等級。格。❸語り物や文章の一区切り。また、楽曲の構成単位。
二 形式名詞 ❶（前に述べたことを指して）…のこと。件。条項。
❷…のとき。場合。
「手付て取って、手形して、渡す段に変改して、職人が立ちますか。」〈近松・心中刃は氷の朔日〉訳「手付けを取って、証文を書いて、（品物を）渡す**とき**に変更して、職人の面目が立ちますか。」
❸（「段か」「段ではない」の形で）「…どころではない」の気持ちを表して）…場合。…どころ。
**「軽口の段かいの。それほどにない事さへ、わしにはなぜ言

はんせぬ。」〈近松・曾根崎心中〉訳「(今は)冗談を言っている場合か。それほどでもないことまで、私にはどうして話してくださらないのか。」

だん【壇】 名詞 土を盛り上げて一段高く平らに作った所。護摩壇。発展 祭場として加持祈禱などを行う。

❷だんおち(現)↓(歴)**だんをち【檀越】**

短歌 文芸用語 和歌の歌体のひとつ。長歌に対し、五・七・五・七・七の、五句三十一音からなる歌体。「みじかうた」「三十一文字」とも。前半の五・七・五を「上の句」、後半の七・七を「下の句」という。

だん-か【檀家】 名詞《仏教語》その寺に先祖以来の墓を持ち、過去帳などを預け、固定的にその寺の施主となって支援していく家。類 檀那 発展「檀家」の「檀」は「檀那(=施主)」の意味。江戸時代には、すべての家が寺に属することが制度化された。檀那寺の側からその関係にある家をいうことば。

だん-ぎ【談義】 名詞 動詞 自〔サ変〕〈せ・し・す・する・すれ・せよ〉❶《仏教語》仏教の教義を説き聞かせること。説法。**談義の座にても、大きなる鉢にうづ高く盛りて…食ひながら文をも読みけり。**〈徒然草・60・真乗院〉訳（盛親僧都は）**説法**の席でも、大きな鉢に（サトイモを）山盛りに盛って…食べながら経文をも読んだ。❷物の道理や意義を説くこと。講義。❸人に意見をすること。こごとを言うこと。❹相談すること。打ち合わせ。

たん-ぎん【断金】 名詞 音階の呼び名。★十二律の一つ。類 壱越・平調

だん-きん【断金】 名詞 固く結ばれた、非常に厚い友情。発展 二人が心を合わせると、その鋭さは硬い金属をも切断するほどだという『易経』の語句から出たことば。

たん-ご【端午】 名詞 ★五節句の一つ。陰暦五月五日の男子の節句。邪気を払うためにショウブやヨモギを軒に差し、ちまきや柏餅を食べる。江戸時代からは、鎧・兜・刀剣などを飾り、鯉のぼりを立てて、子の成長を祈るようになった。季語 夏

丹後 旧国名 丹州。★山陰道八か国の一つ。今の京都府北部。七一三(和銅六)年に★丹波より分かれた。日本海に接し、古くから大陸との交通の要地。↓ビジュアルチェック❼(450ページ)

単語 国語・国文法 ★文節を、さらに細かく分けた言語単位。意味をとるうえで、それ以上に分割しえない、最小の単位である。単語にはそれ一つだけで文節を構成できるもの(★自立語)と、それ一つだけでは文節を構成しえず、常に他の単語の下に付いて、文節の一部分となるもの(★付属語)とがある。

たん-ざく【短冊・短尺】 名詞 ❶字を書いたり、物の印に付けたりする細長い紙。❷和歌などを書く細長い厚手の料紙。発展「たんじゃく」とも。

たん-し【短紙】 名詞 自分の手紙のことをへりくだっていうことば。

だん-し【檀紙】 名詞 和紙のひとつ。厚手で白く、表面に細かいしわのある、最も上質の和紙。もともとはマユミの樹皮を原料として、多くは陸奥の国で作られた。文書用・包装用・贈答用などとして用いられた。類 陸奥国紙 発展「まゆみのかみ」とも。

だん-し【弾指】 名詞 動詞 自〔サ変〕〈せ・し・す・する・すれ・せよ〉《仏教語》❶(不満・不快・嫌悪・非難などを表し)爪を親指の腹に当ててはじくこと。あるいは、中指と親指の腹の部分をはじいて音を立てることとも。つまはじき。❷きわめて短い時間の単位。発展「たんじ」「だんじ」とも。

だんじゃう-だい【弾正台】―だんじょう― 名詞 律令制で、警察機関。都の内外を巡察し、犯罪を取り締まり、風俗の粛正を執り行った役所。その権限は大きく、一般的な犯罪の取り締まりだけでなく、親王や大臣以下の上級貴族の犯罪についても、天皇に直接奏上する権限を持っていた。九世紀初め、★検非違使ができてからは、権限の多くはそれに移り、都内の巡検だけが主な任務となった。発展「ただすのつかさ」とも。↓ビジュアルチェック⓯(757ページ)

たん-じゃく【短冊・短尺】 名詞 ↓たんざく

丹州〔シウ〕 旧国名 ↓丹後・丹波

但州〔シウ〕 旧国名 ↓但馬

淡州〔シウ〕 旧国名 ↓淡路

たん-ず【弾ず】 動詞 他〔サ変〕〈ぜ・じ・ず・ずる・ずれ・ぜよ〉弦楽器をかき鳴らす。弾く。**菊亭大臣、牧馬を弾じたまひけるに…。**〈徒然草・70・元応の清暑堂の〉訳 菊亭大臣が、牧馬(=琵琶の名器)を**弾き**なさったときに…。発展「だんず」とも。

だん-だん【段段】 一 名詞 ❶ひとつひとつ。次第。❷いろいろ。数々。二 副詞 ❶順を追って。しだいに。❷あれこれと。いろいろと。❸折れたり、切れたりして、いくつかに分かれているようす。

断定の助動詞 国語・国文法 話し手(書き手)がある事柄を「…である」と判断し、言い切る意味を表す助動詞。「指定の助動詞」とも。「なり」「たり」にこの用法がある。これらは原則として体言または体言相当の語を受けるので、助動詞の中にあっては特異な存在である。「なり」は、格助詞「に」と存在詞「あり」(ラ変動詞)との融合によって成立した語であるため、一方では存在の用法(特に連体形)もある。「たり」は「と」と「あり」の融合したもので、漢文訓読文や★和漢混交文で用いられる。漢語などを、それと指示強調するが、特に身分や資格を定める用法が多い。

だん-な【檀那・旦那】 名詞 ❶《仏教語》(寺・僧に金品を寄付する信者を僧の側から見ていうことばで)施主。類 檀越 ❷奉公人などがその主を敬っていうことば。❸商人が得意客を、また、役者や芸者などがひいき客を敬っていうことば。❹妻が夫を呼ぶことば。発展 ❶は、もともとは★梵語に漢字の音を当てはめたことばで布施の意味だったが、後に「施主」の意味の★檀越と混用されて、「檀那」も「施主」の意味で用いられるようになった。❸と❹は、近世以降の用法。

だんな-でら【檀那寺】 名詞《仏教語》その家が帰依して、★檀家となっている寺。その家の先祖以来の墓や過去帳などのある寺。類 菩提寺 発展 江戸時代には、すべての家が寺に属することが制度化された。檀家の側からその関係にある寺をいうことば。

❷たん-なり 「たるなり」の撥音便。↓たなり

歎異抄〔タンイセウ〕 作品名 鎌倉時代中期の法語(=仏教についての説話)集。唯円が、師の★親鸞没後に教義の異義を唱える者があるのを嘆き、師の法語を引用して他力本願の真意を説いたもの。「悪人正機」など他の親鸞の著作に見られない思想もあり、親鸞の最晩年の思想を知るうえで重要な意義を持つ。親鸞没後三十年間の成

立といわれる。

たん-のう【堪能】 名詞 動詞 自〈サ変〉〈せ・し・す・する・すれ・せよ〉❶満足すること。十分にすること。❷気を晴らすこと。❸(「堪能」との混同による誤用から)技芸などが優れていること。 発展 「足りぬ」の撥音便「足んぬ」の変化したもの。「堪能」は当て字。

壇の浦 地名 山口県下関市、関門海峡東端の早鞆瀬戸に臨む海岸で、一一八五(文治元)年、源平最後の合戦が行われた。

丹波 旧国名 丹州。★山陰道八か国の一つ。今の京都府中部と兵庫県東部に当たる。七一三(和銅六)年にその一部が★丹後として分立した。↓ビジュアルチェック❼(450ページ)

たん-りつ【単律】 名詞 音楽で、★呂と★律の二つの音階のうち、「律」の音階のみがあること。

たんめり「たるめり」の撥音便。↓ためり

たん-りょ【短慮】 名詞 ❶思慮が足りないこと。浅慮。また、(謙遜して)自分の考え。❷気が短いこと。短気。

談林 文芸用語 江戸時代前期の俳諧の一流派。「檀林」とも書く。★貞門から★蕉風への過渡期である延宝年間(一六七三〜一六八一)を中心に、約十年間俳壇の主流を占めた。新しい素材を、形式にとらわれず自由な手法で軽妙に表現した。代表的俳書に、『宗因千句』『★談林十百韻』『誹諧中庸姿』など。

談林十百韻 作品名 江戸時代前期の俳諧撰集。松意編。江戸★談林派の代表的な撰集。一六七五(延宝三)年刊。

談林俳諧 文芸用語 ↓談林

談林風 文芸用語 ↓談林

短連歌 文芸用語 連歌の形式のひとつ。一句連歌とも呼ばれた。連歌発生期の形で、和歌の上の句(五・七・五)と下の句(七・七)を二人で詠むものをいう。

たん-ゐん【探韻】 名詞 文字の遊びのひとつ。韻字の書いてある紙を、くじ引きのようにしてみなで引き、当たったその漢字の韻で漢詩を作ること。

だん-をち【檀越】 名詞 《仏教語》寺・僧に金品を寄付する信者。施主。↓檀家 発展 「だんをつ」「だにをち」とも。

ち

-ち【方】 造語 (指示代名詞に付いて)場所や方角を表す。語例 何方・此方

-ち【箇・個】 助数詞 物を数えるときに、数詞に付けることば。語例 はたち(二十) 発展 「やそぢ(八十)」のように濁音になって「ぢ」になることもある。

ち【千】 一 名詞 千。百の十倍。二 造語 非常に数の多いこと。語例 千種・千重

ち【血】 名詞 ❶血液。❷血筋。血統。

ち【乳】 名詞 乳房。乳首。また、母乳。

ち【茅】 名詞 《植物》道端や山野に自生するイネ科の多年草。丈の低いものを★浅茅、大きくなったものをチガヤという。また、晩春に出る花穂を「つばな」または「ちばな」といい、茎は屋根をふくのに用いた。

ち【知・智】 名詞 知識。知能。知恵。

-ぢ【路】 造語 ❶(地名などに付いて)その場所に通じる、その場所を通る、という意味を表す。語例 家路・東路・信濃路 ❷(日数に付いて)それだけかかる道のりであることを表す。語例 六日路 ❸(心に関することばに付いて)…の状態である、という意味を表す。語例 恋路・夢路 発展 もとは、「道」を意味する名詞「ち」があったものと考えられる。

-ぢ【箇・個】 助数詞 ↓-ち(箇・個)

ぢ【地】 名詞 ❶地面。陸地。大地。❷その地方。その土地。❸生まれつき持っている性質や体質。本性。❹布や紙の生地。また、模様のない部分。❺飾らない、もとのままの状態。実際。事実。❻地の文。文章中で会話以外の文。❼《連歌・俳諧用語》特別な技巧を凝らさない素直な句。❽「★地謡」の略。

ぢ【持】 名詞 歌合わせや囲碁などの勝負事で、双方に優劣がないこと。引き分け。 発展 「もち」とも。

ちいさし(現)↓(歴)**ちひさし【小さし】**

ちいほ-あき【千五百秋】 名詞 限りなく長い年月。永遠。

ち-いん【知音】 名詞 無二の親友。心の友。また、知り合い。知人。 発展 中国の春秋時代に、琴の名手伯牙の弾く曲をよく理解していた(=音を知る)友人の鍾子期が死んだ後、伯牙は琴の弦を断ち切り、二度と弾くことがなかったという『列子』の故事に由来することば。

ちう【宙】 ❶空。大空。宇宙。虚空。空中。❷そらで覚えること。暗記。

ちうせい 小さい。「ちうせい折敷にちうせい高坏などこそよくはべらめ。」〈枕草子・8・大進生昌が家に〉訳「(姫君の食器は)小さい折敷(=おぜん)に小さい高坏(=食器を載せる台)などがようございましょう。」 発展 形容詞「ちひさし」の連体形が変化したものとする説、少し背が低いという意味の漢語「中勢」とする説がある。

ぢ-うたひ【地謡】 名詞 能楽で、謡曲の地の部分をうたうこと。また、その人。

ちえ(現)↓(歴)**ちへ【千重】**

ちかい(現)↓(歴)**ちかひ【誓ひ】**

ぢ-かい【持戒】 名詞 《仏教語》★六波羅蜜の一つ。仏教の戒律を堅く守ること。

ちかう(現)↓(歴)**ちかふ【誓ふ】**

ちがう(現)↓(古)**たがふ【違ふ】最重要語**(765ページ)

ちがう(現)↓(歴)**ちがふ【違ふ・交ふ】**

ちがえる(現)↓(古)**ちがふ【違ふ・交ふ】・たがふ【違ふ】最重要語**(765ページ)

ちか-おとり【近劣り】 名詞 近くで見ると、遠くで見たり推測していたより劣って見えること。対 近勝り 「『心ばせの、近劣りするやうもや。』などぞ、危ふく思ひわたりしを…。」〈源氏・総角〉訳「『(中の君の)気立てが、近くで見ると、遠くで見たり推測していたより劣って見えることもあるのでは(なかろうか)。』などと、心配にずっと思ってきたのだが…。」

ちかき-まもり【近衛】 名詞 ↓このゑ

ちか-ごと【誓言】 名詞 誓いのことば。神仏にかけてもよいほどの確かな約束。

近松門左衛門

必修古典ビック30 ⑲

▼近松門左衛門肖像

【人物】

◉一六五三(承応二)年～一七二四(享保九)年。江戸時代前期の浄瑠璃・歌舞伎作者。本名、杉森信盛。通称、平馬。福井の越前藩士杉森信義の子として生まれ、一条家などの公家に仕えるとともに、山岡元隣について俳諧を学び、同時に古典的教養を深めた。

　一六八五(貞享二)年、竹本義太夫のために書いた浄瑠璃『出世景清』が大好評を博し、作者としての地位を固めた。

　また一六九三(元禄六)年からの約一〇年間は、歌舞伎作者として活躍したが、その時期に書かれたものは、名優坂田藤十郎のために書かれた作品である。

　竹本義太夫は、一六八四(貞享元)年、大坂道頓堀に竹本座を興して以来、芸の評判は高かったが、座の経営は苦しかった。それを救ったのが、一七〇三(元禄一六)年に発表した『曾根崎心中』の大当たりであった。またこれを転機に近松は歌舞伎界を離れ、竹本座の座付作者(＝専属作者)として浄瑠璃に専念した。

　その後『冥途の飛脚』『夕霧阿波鳴渡』などの名作を次々に発表し、一七一四(正徳四)年竹本義太夫が亡くなった後も、二世義太夫を助けて、『国性爺合戦』や『心中天の網島』などの傑作を数多く書いた。近松の書いた浄瑠璃は、現在まで九四編が知られている。

◉近松の演劇観は、『難波土産』(一七三八(元文三)年刊行)巻頭の「虚実皮膜論」としてまとめられている。それは、虚と実、虚構と真実との微妙な境目に、人を感動させる芸術の不思議な力があると説く論である。

【主な作品】

◉出世景清…浄瑠璃。時代物。一六八五(貞享二)年二月初演。平家滅亡後も源頼朝をつけねらう平景清の姿を描く。浄瑠璃史上の画期的な作品で、これ以降の作品を、古浄瑠璃に対して新(当流)浄瑠璃と呼ぶようになった。

◉曾根崎心中…浄瑠璃。世話物。一七〇三(元禄一六)年五月初演。醤油屋平野屋の手代徳兵衛は、天満屋の遊女お初と愛し合うが、主人のすすめる結婚話を断ったことから、すでに継母が受け取っていた持参金を返さなければならなくなる。しかしやっと用意した金を悪友の九平次にだまし取られ、どうしようもなく徳兵衛とお初は曾根崎天神の森で心中する。実際に起こった事件を脚色した作品で、この作品以降、世話物浄瑠璃・心中物が流行したといわれている。

◉国性爺合戦…浄瑠璃。時代物。一七一五(正徳五)年十一月初演。中国の明の鄭芝竜と日本の女性との間に生まれた和藤内が、大陸に渡って明朝再興のために大活躍するという話。雄大な構想と奇抜な舞台技巧によって描かれ、三年連続の興行という記録を残し、解散寸前の竹本座をよみがえらせた作品。

◉女殺油地獄…浄瑠璃。世話物。一七二一(享保六)年七月初演。油屋河内屋の息子与兵衛は金づかいが荒く、同業の豊島屋の妻お吉を殺して金を奪ってしまう。しかし、ひょんなことから悪事が発覚して捕らえられる。与兵衛が、近松の作品としては珍しく悪役として描かれ、リアルな殺しの場面が評判を呼んだ。

◉冥途の飛脚…浄瑠璃。世話物。一七一一(正徳元)年三月初演。遊女梅川を身請けするために公金に手をつけてしまった忠兵衛は、梅川を連れて親元へ逃げるが、結局つかまって引き立てられる。

◉心中天の網島…浄瑠璃。世話物。一七二〇(享保五)年十二月初演。大坂の紙屋治兵衛は妻子ある身ながら遊女小春と深い仲になり、心中の約束までする。兄たちは必死に止めるが、結局網島で心中してしまう。

【ことばと表現】

◉特に世話物の会話部分を中心に、当時の口語表現が出てくる。『冥途の飛脚』に次の例がある。

「どなたやら有難い、お陰で怪我もいたさぬ。若い上臈のおやさしい、年寄と思し召し、嫁子もならぬ介抱…。…こなたが本の後生願ひ、もう手を洗うてくだされ。幸ひここに薬もある。鼻緒はわしがすげましょ。」

◉世話物などの文章は、連鎖法的に語句を連ねていくために、ワンセンテンスが長い文が多い。(『冥途の飛脚』冒頭部)

みをづくし難波に咲くやこの花の、里は三筋に町の名も佐渡と越後の合の手を、通ふ千鳥の淡路町、亀屋の世継忠兵衛、今年二十の上はまだ四年以前に大和より、敷銀持って養子分…。訳難波に咲く花のような花街、色里は三筋の通りがありその町名すなわち佐渡屋町と越後町を、行き交う千鳥のような男は淡路町の、亀屋の忠兵衛、今年二十と四歳、四年以前に大和の国から、持参金を持って養子となり…。

◉世話物などに、七五調の語句がしばしば現れる。先の『冥途の飛脚』冒頭部の例文もその例である。

◉浄瑠璃の劇の構成要素として、「道行」の場面がある。「道行き文」は、もともと能や『平家物語』に現れた文章の特徴で、通過する地名や名所を縁語や掛詞などの修辞法で連ねてゆく文章である。特に、『曾根崎心中』の、曾根崎天神に向かう場面(次の例文はその冒頭部)は有名。

此の世の名残り、夜も名残り、死にに行く身をたとふれば、あだしが原の道の霜、一足づつに消えてゆく、夢の夢こそあはれなれ。

(注)「夜」は「世」と同音の韻。「あだしが原」は墓地で有名な地名「化野」をイメージさせるための語か。「露」と「消え」は縁語。

ちか-ごろ【近頃】一 名詞 このごろ。最近。**近頃、鴨の社の氏人に菊大夫長明といふ者ありけり。**〈十訓抄〉訳 **最近**、賀茂神社の氏人（＝神社の祭りに奉仕する人）に菊大夫長明（＝鴨長明）という者がいた。

二 副詞 はなはだ。たいへん。「しかし、御馳走になっては、**ちかごろ**気の毒だ。」〈滑稽本・東海道中膝栗毛〉訳「しかし、（ただで）ご馳走になっては、**たいへん**心苦しいことだ。」

ちか-ごろ・なり【近頃なり】形容動詞〔ナリ〕〈なら・なり（に）・なり・なる・なれ・なれ〉❶たいへんよい。**それはちかごろにてござさうらふ。**〈謡曲・葵上〉訳 それは**たいへんよく**てございます。

❷はなはだ悪い。はなはだひどい。「**ちかごろなる雑言、ただ今その方が生き肝をくり抜いても…。**」〈近松・本朝用文章〉訳「**はなはだひどい**悪口、たった今お前の生き肝をくり抜いても…。」

ちか・し【近し】一 形容詞〔ク〕〈く・く・し・き・けれ・○／から・かり・○・かる・○・かれ〉❶（空間的に）隔たりが少ない。身近だ。**さばかりの者に、近う召し寄せて、勅禄たまはすべきことならねど…。**〈大鏡・道長下〉訳 その程度の（身分の低い）者に、（階段の下という）**身近に**お呼び寄せになって、帝からのご褒美を下賜なさってよいことではないけれど…。○「近う」は連用形「近く」のウ音便。

❷（時間的に）隔たりが少ない。近い。**年月多く積もりぬれど、心には近きもかへすがへすむつかし。**〈建礼門院右京大夫集〉訳 年月は多くたったけれど、（あのときのことは）心の中では（昨日のように）**近く**思われるのもつくづく気味の悪いことだ。

❸（心理的に）隔たりが少ない。隔てない。親しい。

❹（血縁関係が）深い。（血縁関係が）近い。「**これなむ、その人の近き縁なるを…。**」〈源氏・夢浮橋〉訳「これ（＝小君）は、その女（＝浮舟）の**近い**縁続きの者であるから…。」

❺（形状や内容が）似ている。**人倫に遠く、禽獣に近き振る舞ひ、その家にあらずは、好みて益なきことなり。**〈徒然草・80・人ごとに〉訳（武道は）人間の道に遠くはずれ、鳥や獣に**似た**行為で、武家でないなら、好んで（稽古をして）も無益なことだ。

二 形容詞〔シク〕〈しく・しく・し・しき・しけれ・○／しから・しかり・○・しかる・○・しかれ〉《近世以降》親しい。仲がよい。**烏丸のほとりへ、近しき人ありて見舞ひしうちに…。**〈西鶴・好色五人女〉訳 烏丸の近くに、**親しい**人がいて訪問した間に…。

発展 二は「親し」への類推からシク活用になったとする説もある。

ちか-つ-あふみ【近つ淡海】名詞 琵琶湖。また、琵琶湖がある国の意味から、近江の国の古い呼び名。対 遠つ淡海

発展 形容詞「ちかし」の語幹＋上代の格助詞「つ」＋名詞「あふみ」。「あふみ」は「あはうみ」の変化したことば。「近い淡海（＝湖）」の意味で、京都から見て「遠つ淡海（＝浜名湖）」に対する。

ちか-づ・く【近付く】一 動詞 自〔カ四段〕〈か・き・く・く・け・け〉❶そばまで寄る。

❷時間的に隔たりがなくなる。（期日が）迫る。**桐壺の御方、近づきたまひぬるにより…。**〈源氏・若菜上〉訳 桐壺のお方（＝明石の女御）が、（ご出産の日が）**迫って**いらっしゃったことによって…。

❸親しくなる。**近づかまほしき人の、上戸にて、ひしひしと馴れぬる、またうれし。**〈徒然草・175・世には心得ぬことの〉訳（こちらから）**親しくなり**たい（と思う）人が、酒好きで、すっかり打ち解けてしまったのは、またうれしい。

二 動詞 他〔カ下二段〕〈け・け・く・くる・くれ・けよ〉自分の近くに寄せる。「**帝の、とりわきせちに近づけて、むつびたまふべきにもあらじものを…。**」〈源氏・宿木〉訳「（みっともない人を）帝が、とりわけいちずに**自分の近くに寄せて**、親しくなさるはずのものでもないだろうのに…。」

ちかひ【誓ひ】名詞 ❶誓うこと。神仏にかけて堅く約束すること。❷衆生を救おうとする、仏の誓願。

ちか・ふ【誓ふ】動詞 他〔八四段〕〈は・ひ・ふ・ふ・へ・へ〉神仏にかけて固く約束する。また、人と固く約束する。**忘らるる身をば思はず誓ひてし人の命の惜しくもあるかな** 百人一首〈拾遺集・870〉訳 →わすらるる…

類語比較「うけふ」と「ちかふ」→誓ふ

ちが・ふ【違ふ・交ふ】一 動詞 自〔八四段〕〈は・ひ・ふ・ふ・へ・へ〉❶交錯する。入り混ざる。**蛍の多く飛び違ひたる。**〈枕草子・1・春は曙〉訳 ホタルが多く飛び**交錯して**いるのは（おもしろい）。

❷交差する。行き交う。行き違いになる。「**やりつる人は違ひぬらむ。**」と思ふに、いとめやすし。〈蜻蛉日記〉訳「出した使いは**行き違いになって**しまっているのだろうか。」と思うと、ほんとうにほっとする。

❸食い違う。外れる。反する。

二 動詞 他〔八下二段〕〈へ・へ・ふ・ふる・ふれ・へよ〉❶交差させる。互い違いにする。**経文などの紐を結ふに、上下よりたすきにちがへて…。**〈徒然草・208・経文などの〉訳 お経などの（巻物の）ひもを結ぶのに、上下からたすきがけに**交差させて**…。

❷（約束・予定・方向などを）変える。**平治の乱れ以後、引き違へられ…。**〈平家・1・吾身栄花〉訳 平治の乱以後、（約束を）引き**変えられて**…。

❸悪夢を夢占いで吉夢に変え、災いを避ける。夢違えをする。**しばしば夢の論しありければ、「違ふるわざもがな。」とて…。**〈蜻蛉日記〉訳 しばしば（悪い）夢のお告げがあったので、「**災いを避ける**方法があったらなあ。」と言って…。

類語比較「たがふ」と「ちがふ」→違ふ

ちか-まさり【近勝り】名詞 近くで見ると、遠くから見たり推測していたよりもずっと優れて見えること。対 近劣り

主の大臣、いとどしき近勝りを、うつくしきものにおぼして、いみじうもてかしづききこえたまふ。〈源氏・藤裏葉〉訳 主の（内）大臣は、いちだんと**近くで見たほうが優れて見えること**を、かわいい婿君だとお思いになって、（夕霧を）とても大切にお世話申し上げなさる。

近松半二 人名 江戸時代中期の浄瑠璃作者。竹本座の作者として活躍。構想の雄大さ、複雑さに特色がある。三好松洛らとの合作が多いが、半二が中心となった作品に『妹背山婦女庭訓』『傾城阿波の鳴門』『伊賀越道中双六』などがあり、単独作に『新版歌祭文』がある。*1725―1783*

近松門左衛門 人名 **→必修古典ビッグ30** ⑲（814ページ）

ぢ-がみ【地紙】 名詞 扇や傘などに張る厚紙。

ち-がや【茅・白茅・茅萱】 名詞 →ち(茅)

ちか-やか・なり【近やかなり】 形容動詞〔ナリ〕〈なら・なり(に)・なり・なる・なれ・なれ〉❶すぐそばだ。**近やかに臥したまへば…。**〈源氏・胡蝶〉訳(源氏は玉鬘の)**すぐそばに**横におなりになるので…。❷親密だ。今は、あながちに**近やかなる御ありさまももてなしきこえたまはざりけり。**〈源氏・初音〉訳もう今は、強いて**親密な人として**(源氏は花散里を)お世話申し上げなさらないのだった。

ちから【力】 名詞 ❶体力。腕力。❷気力。意気込み。❸頼みとなるもの。よりどころ。❹効き目。効力。おかげ。

ちから【税】 名詞 租税。国家に納める租・庸・★調などの税の総称。発展 人民の労力という意味からできたことば。

ちから-あし【力足】 名詞 ❶力を込めて踏みしめた足。❷相撲の四股。

ちから-がは【力革】 名詞 馬具のひとつ。鞍から垂れて鐙をつっている帯の皮。

ちから-ぜめ【力攻め】 名詞 計略を用いずに、武力だけを頼りに攻め立てること。

ちから-な・し【力無し】 連語 どうしようもない。仕方がない。横笛情けなう恨めしけれども、**力なう涙を押さへて帰りけり。**〈平家・10・横笛〉訳横笛は情けなく恨めしく思うが、**仕方がなく**涙を押さえて帰った。発展「なし」は形容詞。「なう」は連用形「なく」のウ音便。

ちから-れう【主税寮】 名詞 ★民部省に属し、田租や米倉の管理などを執り行った役所。発展「しゅぜいれう」「ちからのつかさ」とも。→ビジュアルチェック⑮(757ページ)

ちから-を-た・つ【力を立つ】 力を入れる。「たとひ耳鼻こそ切れ失すとも、命ばかりはなどか生きざらん。ただ、**力を立てて引きたまへ。**」〈徒然草・53・これも仁和寺の法師〉訳「たとえ耳や鼻は切れてなくなるとしても、命だけはどうして助からないことがあろうか、いや、助かるだろう。ひたすら、**力を入れて**お引きなさい。」

ち-ぎ【千木】 名詞 古代の建築で、屋根の両端の二本の材木が棟の上で交差して、空中に突き出た部分。現在でも神社建築に見られる。類 氷木

［ちぎ(千木)］

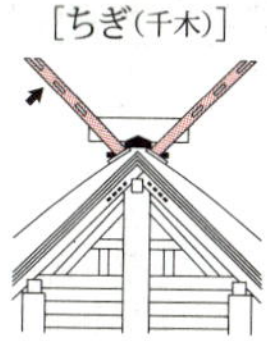

ちぎ【杠秤・扛秤】 名詞 一貫目(=三・七五キログラム)以上の重いものを量る竿秤。「ちぎり」「ちきり」とも。発展「ちき」は、目盛りのある竿の一端に、量りたいものを載せるかつるすかして、もう一方の端にかけた分銅を動かし、その釣り合い具合で重さを決める秤。

ぢき・なり【直なり】 形容動詞〔ナリ〕〈なら・なり(に)・なり・なる・なれ・なれ〉❶直接だ。じかだ。「まったく人しては参らせじ。**直に奉らん。**」〈平家・5・咸陽宮〉訳「決して他人を介しては差し上げないようにしよう。**直接に差し上げよう。**」❷すぐだ。即座だ。

ち-ぎゃう【知行・智行】 名詞《仏教語》知恵と徳行。

ち-ぎゃう【知行】 名詞 動詞 他〔サ変〕〈せ・し・す・する・すれ・せよ〉❶支配すること。職務を執行すること。❷土地を支配すること。また、その土地。❸江戸時代、一万石以下の武士が領した土地をいう。知行所。❹扶持。俸禄。

ぢ-きゃう【持経】 名詞 動詞 自〔サ変〕〈せ・し・す・する・すれ・せよ〉《仏教語》ある経典を常に身から離さないで大切に読誦すること。また、その経典。多くは、法華経を指す。

ぢ-ぎゃう【地形】 名詞 土地のようす。土地の形。地形。

ちぎょう (現)→(歴)**ちぎゃう【知行】**

ちぎり【契り】

約束を交わすこと
- ❶言い交わすこと。約束。
- ❷(仏教思想でいう)前世からの約束。宿縁。また、男女・親子などの縁。因縁。
- ❸(男女が)会うこと。夫婦の交わり。

名詞 ❶**言い交わすこと。約束。**女どちも、**契り**深くて語らふ人の、末まで仲よき人難し。〈枕草子・75・ありがたきもの〉訳女同士でも、**約束**が確かで(=信頼関係が強くて)親しく付き合っている人で、最後まで仲のよい人はめったにいない。❷(仏教思想でいう)**前世からの約束。宿縁。また、男女・親子などの縁。因縁。**前の世にも御**契り**や深かりけむ、世になく清らなる玉の男御子さへ生まれたまひぬ。〈源氏・桐壺〉訳(帝と桐壺の更衣とは)前世においてもご**宿縁**が深かったのではなかろうか、世にまたとなく清らかで美しい玉のような皇子までもがお生まれになった。❸(男女が)**会うこと。逢瀬。夫婦の交わり。**月に二度ばかりの御**契り**なめり。〈源氏・松風〉訳(源氏と明石の君とは)月に二度ほどの**逢瀬**のようである。

ちぎりおきし… 百人一首

契りおきしさせもが露を命にてあはれ今年の秋も往ぬめり〈千載集・1026・藤原基俊〉訳約束してくださった、させも草の露(のようにはかないあなたのことば)を命(のように大切)にして、ああ、今年の秋も(空しく)過ぎていってしまうようだ。

発展 わが子を仏教行事の講師に選んでほしいと藤原忠通に頼んだところ、忠通は「なほ頼めしめぢが原のさせも草わが世の中にあらむかぎりは」という古歌を示して承知するが、選にもれていたため、恨んで詠んだ歌。

〇「おき」「命」「秋」は「露」の縁語。

品詞分解・修辞

契りおき	し	させも	が	露	を	命	にて
カ四・用	過去・体	縁語	格助	縁語	格助	縁語	格助

あはれ	今年	の	秋	も	往ぬ	めり
感		格助	縁語	係助	ナ変・終	推定・終

ちぎり-お・く【契り置く】 動詞 他〔カ四段〕〈か・き・く・く・け・け〉約束しておく。**なほ頼め梅の立ち枝は契りおかぬ思ひのほかの人も訪ふなり** 歌〈更級日記・梅の立ち枝〉訳(今までと)同様に(私の訪問を)当てにして(待っていて)ください。(外からよく見えるからか)ウメの高く伸びた枝には、(誘われて)**約束しておい**たのでもない思いがけない人も訪れるということだ(から)。

ちぎりきな…【百人一首】

契りきなかたみに袖をしぼりつつ末の松山波越さじとは〈後拾遺集・770・清原元輔〉訳 固く約束したね。お互いに(愛を誓い合った感激の)涙をひどく流しては、末の松山を(決して)波が越えないだろう(そのように私たちも心変わりをするまい)と。○「契りきな」の「な」は詠嘆の終助詞だが、ここでは念をおす意味を表す。「末の松山」は、今の宮城県付近にあるとされる山で、波が越えることがないといわれたため、現実には起こりえないことのたとえとして和歌に詠まれた。

発展『古今集』中の歌(↓きみをおきて…)を本歌とする。心変わりした女にある人の代作をして贈った歌。

品詞分解・修辞
〈初句切れ〉

契り	き	な。	かたみに	袖	を	しぼり	つつ
ラ四・用	過去・終	終助	副		格助	ラ四・用	接助

末の松山	波	越さ	じ	と	は
		サ四・未	打消推量・終	格助	係助

ちぎ・る【千切る・捩る】 一 動詞 他〔ラ四段〕〈ら・り・る・る・れ・れ〉❶手で細かく切る。**海松の引き干しの短くちぎりたるを結び集めて…。**〈蜻蛉日記〉訳 ミルの引き干しの短く**ちぎった**のを結び集めて…。❷(無理に)引き切る。もぎ取る。❸(動詞の連用形に付いてその動作を強調し)ひどく…(する)。**歯を食ひ合はせて、念珠をもみちぎる。**〈宇治拾遺〉訳 歯を食いしばって、数珠を**ひどく**力を込めてもむ。

二 動詞 自〔ラ下二段〕〈れ・れ・る・るる・るれ・れよ〉破れたり切れたりして、離れ離れになる。もぎとれる。**頸もちぎるばかり引きたるに…。**〈徒然草・53・これも仁和寺の法師〉訳 首も**もぎとれる**ほど引っ張ったところ…。

ちぎ・る【契る】

決めたことを変えないと約束する
❶固く約束する。
❷(男女が)変わらぬ愛を誓う。

未然形	連用形	終止形	連体形	已然形	命令形
ちぎ・ら	ちぎ・り	ちぎ・る	ちぎ・る	ちぎ・れ	ちぎ・れ

動詞 他〔ラ四段〕❶**固く約束する。** **日ごろ、よく「御弟子にてさぶらはむ。」と契りて、すかしまうしたまひけむが恐ろしさよ。**〈大鏡・花山院〉訳 ふだん、(道兼は)しばしば「(出家して)お弟子としてお仕え申し上げよう。」と(花山天皇に)**固く約束して**いて、おだまし申し上げなさったとかいうことが恐ろしいことだよ。❷(男女が)**変わらぬ愛を誓う。夫婦の約束をする。** **「千年万年と契れども、やがて離るる仲もあり。」**〈平家・1・祇王〉訳「千年も万年も(添い遂げよう)と**変わらぬ愛を誓って**も、間もなく別れる男女の仲もある。」

ぢく【軸】 名詞 ❶巻物・掛け物などの芯にする棒。❷巻物。掛け物。掛け軸。

筑後 旧国名 筑州。★西海道十一か国の一つ。今の福岡県南西部。古くは★筑前とともに筑紫国と呼ばれたが、後に分かれた。↓ビジュアルチェック❼(450ページ)

筑後川〔ガハ〕地名 熊本・大分・福岡・佐賀の四県を流れる九州第一の川。熊本県阿蘇外輪山と大分県九重山を水源とし、日田盆地・筑紫平野を流れ有明海に注ぐ。筑紫次郎の呼び名がある。

ち-くさ【千草】 名詞 ❶さまざまな草。多くの草。季語 秋 ❷(「千草色」の略で)青緑色。萌葱色。発展 ❶で、「ち」は接頭語。「ちぐさ」とも。

ち-くさ【千種】 名詞 種類が多いこと。さまざま。いろいろ。発展「ち」は接頭語。「ちぐさ」とも。

ちく-しゃう【畜生】 名詞 ❶鳥・獣・虫・魚の総称。❷「★畜生道」の略。❸人をののしっていうことば。

ちくしゃう-ざんがい【畜生残害】 ― けだものが互いにかみ合って傷つけ合うこと。また、そのけだもの。**生ける物を殺し、傷め、闘はしめて遊び楽しまん人は、畜生残害の類なり。**〈徒然草・128・雅房大納言は〉訳 生き物を殺し、傷つけ、戦わせて遊び楽しむような人は、**互いにかみ合って傷つけ合うけだもの**と同類である。

ちくしゃう-だう【畜生道】 名詞《仏教語》六道の一つ。死者が生前の悪業の報いで、鳥・獣・虫・魚に生まれ変わって、苦しみを受けるという世界。畜生界。

筑州〔シウ〕旧国名 ↓筑後・筑前

筑前 旧国名 筑州。★西海道十一か国の一つ。今の福岡県北部。古くは★筑後とともに筑紫国と呼ばれたが、後に分かれた。大陸との交通また国防上の要地で、★大宰府が置かれ西海道の中心となった。↓ビジュアルチェック❼(450ページ)

ちく-てん【逐電】 名詞 動詞 自〔サ変〕〈せ・し・す・する・すれ・せよ〉❶きわめて速いこと。敏速なこと。❷跡をくらまして逃げること。逃亡。発展 電を逐うという意味。

竹生島 地名 琵琶湖北端部に突き出た葛籠尾崎の南に浮かぶ小島。都久夫須麻神社があり、竹生島観音と呼ばれる宝厳寺の弁天堂は日本三弁天の一つ。謡曲「竹生島」の舞台でもある。

ぢ-くゎろ【地下炉】 名詞 いろり。地炉。発展「ちくゎろ」とも。

ぢ-げ【地下】

位の低い役人
❶昇殿を許されない役人。
❷庶民。

名詞 ❶(清涼殿の殿上の間に)**昇殿を許されない役人。また、その家柄。** 対 堂上・殿上・殿上人
殿上人、地下なるも、陣に立ち添ひて見るも、いとねたし。〈枕草子・8・大進生昌が家に〉訳 昇殿を許された人や、**昇殿を許されない役人**である者も、警固の門衛の詰め所に寄り添って(髪などを整えていなかった私たちを)見るのも、ひどくいまいましい。
❷(宮中に仕える者から見て)**庶民。また、**(ある方面を専門とする集団から見て)**在野の人。民間の人。** **去来いはく「湖春は地下の歌道者なり。いかでかくは難じられけん、おぼつかなし。」**〈去来抄・同門評〉訳 去来が言うには「(北村)湖春は**在野の人**である歌学者だ。(それなのに)どうしてこのように(芭蕉の句を)非難できたのだろう、(私にはその理由が)よく分からない。」
発展「地下人」とも。

ぢげ-にん【地下人】 ― 名詞 ❶↓ぢげ❶ ❷↓ぢげ❷ ❸支配下の住民。領民。その土地の百姓。

ち-ご【児・稚児】 名詞 ❶乳児。幼児。子供。❷学問の習得や行儀作法見習いのために、寺院に預けられた少年。ま

た、寺院で召し使われる、僧の姿をしていない少年。発展もともとは「乳子」の意味。

ちご-おひ【児生ひ・稚児生ひ】 名詞 幼児の成長していくようす。また、幼児のときの容姿。

ぢ-ごく【地獄】 名詞《仏教語》生前に悪業を重ねた者が、死後に落ちて、さまざまな責め苦を受けるといわれる所。閻魔大王がいて、生前の罪を裁き、それによってさまざまな刑罰が与えられるという。また、ここに八大地獄があるという。対 極楽 →六道

ぢこく-てん【持国天】 名詞《仏教語》四天王の一つ。須弥山の中腹の東面に住み、東方を守護するという善神。甲冑を着け、手に武器を持つ。発展「持国」とも。

［ぢこくてん］

ぢごく-へん【地獄変】 名詞《仏教語》(「地獄変相」の略で)地獄のさまざまな恐ろしい責め苦のようす。また、それを描いた絵。類 地獄絵

ぢごく-ゑ【地獄絵】 名詞 地獄変を描いた絵。類 地獄変

ぢ-ざう【地蔵】 名詞《仏教語》(「地蔵菩薩」の略で)釈迦如来の入滅から弥勒菩薩の出現までの間、仏のいない世界で★六道の生き物すべてを救うという菩薩。

［ぢざう］

ち-さと【千里】 名詞 ❶多くの村里。❷長い道のり。はるか遠い距離。発展 ❶で、「ち」は接頭語。❷は漢語「千里」を訓読したもの。

ち-さん【遅参】 一 名詞 動詞 自 サ変〈せ・し・す・する・すれ・せよ〉定刻になっても参上しないこと。また、定刻に遅れて参上すること。遅刻。

二 名詞 動詞 他 サ変〈せ・し・す・する・すれ・せよ〉ためらって参上しないこと。また、ためらって参上するのが遅れること。

発展 もともとは、定刻になっても参上しないという意味の「遅く参る」に当てた漢字「遅参」を音読したもので、「参上しない」というところに要点があったが、後に「遅れても参上する」というように「遅れる」というところに要点が移った。

ぢ-さん【地算】 名詞 足し算・引き算など、初歩の算術のこと。

ち-じ【致仕】 名詞 動詞 自 サ変〈せ・し・す・する・すれ・せよ〉❶官職をやめること。辞職。退官。❷七十歳の別の呼び名。発展 ❷は、古代中国で、七十歳になると官職を辞して引退することが許されたことから。

ぢ-し【地子】 名詞 租税のひとつ。農民に貸し与えた耕作地の賃貸料。小作料。発展 土地にかかる利子の意味。

ち-しき【知識・智識】 名詞《仏教語》❶知恵と見識。また、それらを兼ね備えた高僧。類 善知識 ❷(「知識物」の略で)仏像や堂塔の建立などに私財を寄進すること。また、その私財のこと。

ち-しほ【千入】 名詞 何度も染料につけて染めること。発展「ち」は接頭語。「しほ」は染める度数を数えることば。

ち-しゃ【知者・智者】 名詞 ❶物事の道理をよくわきまえた人。賢人。❷《仏教語》知恵と見識を兼ね備えた高僧。類 知識・善知識 発展「ちさ」とも。

ぢ-しゅ【地主】 名詞 土地の守護神。特に、寺院の建立以前からその地にあり、建立後もその地を守護するとされて祭られる神。比叡山の日枝神社など。類 鎮守

ち-す【帙簀】 名詞 経典などを包む帙。竹で編んだ簀の子の縁を錦の絹織物などで縁取り、書物を覆い包んでひもで縛るもの。発展「ぢす」とも。

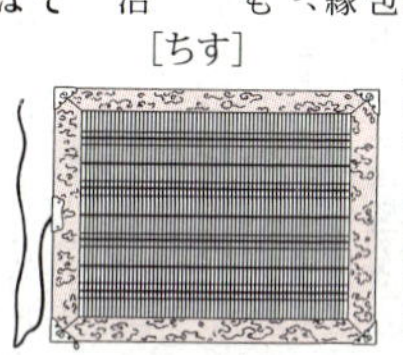

［ちす］

ぢ・す【治す】 動詞 他 サ変〈せ・し・す・する・すれ・せよ〉❶病気を治す。治療する。
わが腹のうちなる蛇ありきて肝を食む、これを治せむやうは…。〈蜻蛉日記〉訳 私の腹の中のヘビが動き回って内臓を食う、これを治すような方法は…。
❷平定する。治める。
かたきを滅ぼして、天下を治することを得たりき。〈平家・9・樋口被討罰〉訳 敵を滅ぼして、天下を平定することができた。
❸処置する。

ち-ぢ【千ぢ・千千】 名詞 千。また、数の多いこと。
「阿倍のおほしが千々の金を棄て、火鼠の思ひ片時に消えたるも、いとあへなし。」〈源氏・絵合〉訳「阿倍のおおしが多くの黄金を投じて、火鼠の皮衣が火に燃えたように姫への思いが一瞬にして消えてしまったのも、たいへんあっけないことだ。」

ち-ぢ【千ぢ・千千】 形容動詞 〈三〉いろいろある。さまざまである。
「いかばかり千々に砕けはべる思ひに堪へぬぞや。」〈源氏・夕霧〉訳「どんなにかさまざまに砕けます思い(を味わったか、その苦しさ)に耐えられないのですよ。」

ちち-おとど【父大臣】 名詞 自分にとっては、父親であり大臣でもある人。

ちちの-み-の【乳の実の】 枕詞 (同音の繰り返しから)「父」に係る。

ちちはは が… 歌
父母が頭かき撫で幸くあれて言ひしけとばぜ忘れかねつる〈万葉集・20・4346・丈部稲麻呂〉訳 父母が(私の)頭をなでて、「無事でいるんだよ。」と言ったことばが忘れられなかった。○「幸く」は「幸く」、「あれて」は「あれと」、「けとばぜ」は「ことばぞ」の東国方言。
発展 作者は駿河の国(=今の静岡県)の防人。頭をなでるのは、単なる愛情表現ではなく、無事を祈るまじないでもあった。

ちち-みかど【父帝】 名詞 自分にとって、父親であり天皇でもある人。

ちち-みこ【父御子・父皇子】 名詞 自分にとって、父親であり皇子でもある人。

ぢ-ぢゃう【治定】 一 名詞 動詞 自 サ変〈せ・し・す・する・すれ・せよ〉定まること。決定すること。落ち着くこと。
連歌は、なほ上手になりて後も、善悪をひしと治定することはかたし。〈連理秘抄〉訳 連歌は、やはり名人

になった後も、よい悪いをぴたりと**決定する**ことは難しい。

二 副詞 必ず。きっと。「**今日の軍には治定勝つべきいはれさうらふ。**」〈太平記〉訳「今日の合戦には**必ず**勝つべき理由があります。」

ぢゃう・なり【治定なり】 形容動詞〔ナリ〕〈なら・なり(に)・なり・なる・なれ・なれ〉決定している。確実だ。必定だ。「**この恋叶はぬものならば、このまま御堂に転び伏し、露と消えんは治定なり。**」〈恨の介〉訳「この恋が思いどおりにならないのならば、このままこの薬師堂に倒れ伏して、死んでしまうだろうことは**確実だ**。」

ちちよ-ちちよ 副詞 （ミノムシが鳴くと信じられていた当時、その鳴き声を表し）ちちよ、ちちよ。「**八月ばかりになれば、「ちちよ、ちちよ」とはかなげに鳴く、いみじうあはれなり。**」〈枕草子・43・虫は〉訳（ミノムシが）八月ごろになると、（親に捨てられたとも知らず）「**ちちよ、ちちよ**（＝父よ父よ、または乳よ乳よ）」と心細そうに鳴くのは、たいへんしみじみと心打たれる。

ちちわく-に【千千分くに】 副詞 あれやこれやと。**ちちわくに人は言ふとも織りて着む我が機物に白き麻衣** 歌〈拾遺集・475〉訳**あれやこれやと**人は言っても織って着よう。私の機で織った白い麻の衣を。

ちつ【帙】 名詞 書物の損傷を防ぐために覆い包むもの。発展 古くは*帙簀で、竹で編んだ簀の子の縁を錦などの絹織物で縁取り、書物を覆い包んだが、後には厚紙に布を張ったものが作られ、「帙」と呼ぶようになった。

ち-と【些と】 副詞 少しばかり。ちょっと。「**この御社の獅子の立てられやう、定めて慣らひあることにはべらん。ちと承はらばや。**」〈徒然草・236・丹波に出雲〉訳「この神社の獅子の（珍しい）立てられ方は、きっと由緒があることでございましょう。**少しばかり**うかがいたい。」

ぢ-とう【地頭】 名詞 ❶平安時代、荘園の領主との契約で、現地の実質的な管理に当たった職名。対上頭 ❷鎌倉時代、源頼朝が全国の公領・荘園に配置してそれらの管理に当たらせた職名。租税の徴収、さらに警察権・司法権などを持ち、非常の場合には軍役にも従った。室町以降は、一区域の土地の領主をいう。

ちと-すうぜう【雉兎芻蕘】 名詞 猟師と草刈りと木こり。山野を往来して生活する人を並べ挙げたことば。発展「雉兎」は、キジとウサギから転じて猟師の意味。「芻」は草刈り、「蕘」は木こりのこと。

ち-とせ【千歳・千年】 名詞 千年。また、限りなく長い年月。

ち-どり【千鳥】 名詞 ❶《動物》チドリ科の鳥の総称。海浜や湖沼、川などの水辺に群がってすむ鳥。季語 冬「**月や霰その夜の更けて川千鳥**」句〈去年の枝折・上田秋成〉訳→つきやあられ… ❷数多くの鳥。

ちなみ【因み】 名詞 ❶関連すること。因縁。ゆかり。❷婚約。契りを結ぶこと。❸恋人や夫婦の結び付き。

ちな・む【因む】 動詞 自〔マ四段〕〈ま・み・む・む・め・め〉縁に頼る。因縁づける。縁組みをする。「**君が家にちなみたまふは、果吉き祥なるべし。**」〈雨月・吉備津の釜〉訳「あなたの家にとって（あちらさまと）**縁組みをし**なさるのは、きっとよい前触れとなるに違いない。」

ち-の-なみだ【血の涙】 ひどく悲しみ嘆いて流す涙。その後、翁・嫗、**血の涙を流して惑へど、かひなし。**〈竹取・かぐや姫の昇天〉訳その後、翁と嫗は、**ひどく悲しみ嘆いて流す涙**をこぼして心が乱れるが、どうしようもない。発展「血涙」を訓読したことば。

ち-ばな【茅花】 名詞 →つばな

ち-は・ふ【幸ふ】 動詞 自〔八四段〕〈は・ひ・ふ・ふ・へ・へ〉霊力を発揮して守る。霊力で加護する。発展「ち」は霊力の意。

ちはや【襅・襷】 名詞 ❶神に仕える女性である巫女が用いたたすき。後に一般化した。❷巫女が神事の際に着る衣服。水草やチョウ、鳥などの模様を山藍で染め付けた、白地の単衣（＝裏のない衣服）。袖は糸で縫わずに、こよりでくくる。

ちはや-ぶる【千早振る】 一 連体詞 勢いがすさまじい。荒々しい。**東の国の御軍士を召したまひてちはやぶる人を和せと…** 歌〈万葉集・2・199〉訳東国の兵隊を召集なさって、**荒々しい**者どもを鎮めよと…。二 枕詞「神」「うぢ」に係る。発展 一は動詞「ちはやぶ」の連体形が連体詞になったもの。「ちはやふる」とも。

ちはやぶる… 百人一首 **ちはやぶる神代も聞かず竜田川からくれなゐに水くくるとは**〈古今集・秋下・294・在原業平〉訳大昔の神々の時代でも聞いたことがない。竜田川が、（その）水を深紅色に括り染めにするとは。○「ちはやぶる」は「神」に係る枕詞。「竜田川」は今の奈良県にある川で、紅葉の名所。「からくれなゐ」は「韓紅」で、韓から渡来した濃い紅色。「くくる」は糸で布を括って白い部分を残す染め方をすること。発展 紅葉を染め模様に見立てて詠んだ歌。『伊勢物語』百六段にも見える。

品詞分解・修辞

ちはやぶる	神代	も	聞か	ず。	竜田川
〈枕詞〉→神		係助	カ四・未	打消・終〈二句切れ〉	

からくれなゐ	に	水	くくる	と	は
	格助		ラ四・終	格助	係助

ちひさ・し【小さし】 形容詞〔ク〕〈く・く・し・き・けれ・○／から・かり・○・かる・○・かれ〉❶面積や体積が少ない。小さい。**まいて雁などの連ねたるが、いと小さく見ゆるは、いとをかし。**〈枕草子・1・春は曙〉訳まして雁などが（一列に）並んで（飛んで）いるのが、たいへん**小さく**見えるのは、とても趣がある。❷幼い。**故中務の宮の北の方、失せたまひて後、小さき君たちを引き具して、三条右大臣殿に住みたまひけり。**〈大和・94〉訳故中務の宮の北の方が、お亡くなりになって後、（宮は）**幼い**子供たちを連れて、三条右大臣邸にお住まいになった。

ちひさ-やか・なり【小さやかなり】 形容動詞〔ナリ〕〈なら・なり(に)・なり・なる・なれ・なれ〉小さい感じだ。**いと小さやかなれば、かき抱きて障子のもとに出でたまふにぞ…**〈源氏・帚木〉訳（空蟬は）たいへん**小さな感じな**ので、抱き上げて襖のそばにお出になるところで…。

ち-ひろ【千尋】 名詞 非常に長いこと。また、非常に深いこと。発展「ひろ」は、長さや深さの単位で、両手を左右に広げた長さ。

ちーふ 連語 …という。類 とふ・てふ

いとのきて痛き傷には辛塩を注くちふがごとく…老いにてある我が身の上に病をと加へてあれば… 歌〈万葉集・5・897〉訳 とりわけ痛い傷口には塩水を流しかけるというように…年老いている私の身に病気までを加えているので…。

発展「といふ」(格助詞「と」+四段動詞「いふ」)の変化したことば。「とふ」とともに、多く上代で用いられた。中古以降は「てふ」が用いられた。

ぢぶーしゃう【治部省】 名詞 律令制で、太政官の八省の一つ。家々の姓氏を正し、五位以上の家の継嗣(=跡継ぎ)や婚姻を取り扱い、雅楽・吉兆・国忌・喪葬・陵墓・僧尼などを管理し、また外国使節の接待などを執り行った役所。↓**ビジュアルチェック⑮**(757ページ)

ぢーぶつ【持仏】 名詞 いつも身近に置くか、または身に付けて深く信仰する仏像。

ぢぶつーだう【持仏堂】 名詞 *持仏を安置したり、先祖の位牌を供養したりするお堂。

ちぶりーのーかみ【道触りの神】 名詞 旅人を守護し、陸路や海路の安全を守る神。

わたつみの**道触りの神に手向けする幣の追風やまず吹かなむ** 歌〈土佐日記・一月二十六日〉訳 大海の**海路の安全を守る神**に供えるささげ物に吹く追い風よ、(どうか)やまずに吹いてほしい。

発展「ちふりのかみ」とも。

ちーへ【千重】 名詞 同じものが幾重にも重なっていること。

ちへーしくしくーに【千重頻く頻くに】 幾度も幾度も。頻繁に。

一日には**千重しくしくに**我が恋ふる妹があたりに時雨降れ見む 歌〈万葉集・10・2234〉訳 一日のうちに**幾度も幾度も**私が恋い慕うあの娘の(家の)辺りに時雨よ降れ。見(て慰めにし)よう。

ちへーにーももへーに【千重に百重に】 幾重にも幾重にも。

心には**千重に百重に**思へれど人目を多み妹に逢はぬかも 歌〈万葉集・12・2910〉訳 心の中では**幾重にも幾重にも**思っているが、人目が多いので、(あの)娘に逢わないでいるのだよ。

ちーまき【粽・茅巻】 名詞 もち米や米の粉を水でこねて、ササの葉などで巻いて蒸したもの。端午の節句に食べる。季語 夏 発展 古くは、チガヤの葉で巻いたことから。

[ちまき]

ちーまた【巷・岐・衢】 名詞 ❶道の分かれる所。辻。❷街路。町なか。そこから、世間。この世。現世。

千住といふ所にて船を上がれば、**前途三千里の思ひ胸にふさがりて、幻の巷に離別の涙を注く。**〈奥の細道・旅立ち〉訳 千住という所で船から降りて上陸すると、これから先の道のりが三千里だという感慨が胸にいっぱいになって、はかない**この世**(の分かれ道)に向けて別離の涙を流す。○「巷」には「この世」の意味と「分かれ道」の意味とが掛けられている。

❸(戦場などのように)ある物事が行われている場所。

発展「道股」という意味。

ぢーもく【除目】 名詞 大臣以外の諸官職を任命する儀式。地方官を任命する春の*県召しの除目と、宮中の官吏を任命する秋の*司召しの除目とがあり、また、臨時の除目もあった。発展「除」は前任の者を除く、「目」は新任の者を目録に載せる、という意味。

ぢゃ 助動詞(特殊型)〈ぢゃら・ぢゃっ・ぢゃ・ぢゃ・○・○〉接続 体言、活用語の連体形、接続助詞「て」などに付く。❶(断定を表し)…だ。…である。

「**たちまち滅却するほどの大の毒ぢゃほどに、さう心得てよう番をせい。**」〈狂言・附子〉訳「たちまち命を落とすほどの大変な毒であるから、そう心得てよく番をしろ。」

❷(親族間の関係を表す名詞に付いて、続き柄を表し)…である。…にあたる。

「**この間、伯父ぢゃ人の方より、何やら用のことがあると言うて、人をおこされた。**」〈狂言・悪太郎〉訳「最近、伯父**にあたる**人の方から、何やら用があると言って、人をよこされた。」

❸(疑問を表す語を受けて、疑問を表し)…か。…なのか。

「**酒の風味は何とぢゃ。**」〈狂言・素袍落〉訳「酒の味わいはどのよう**か**。」

❹(疑問を表す語を受けて、反語を表し)…だろうか、いや…ない。

「**こなたの舞を誰が誉むるものぢゃ。**」〈狂言・素袍落〉訳「あなたの(下手な)舞をだれが褒める**だろうか、いや**、だれも褒めは**しない**。」

❺(「〜て」「〜に」を受けて、軽い敬意を表し)…(て)おいでだ。

「**そなたもおれに惚れてぢゃげな。**」〈近松・曾根崎心中〉訳「おまえさんもおれに惚れて**おいでだ**とみえるね。」

発展 中世において、断定の助動詞「なり」の連用形「に」に、接続助詞「て」、さらに補助動詞「あり」が付いた「にてあり」が生まれた。この「にてあり」の「にて」が転じて「で」に、「あり」が終止・連体同形化して「ある」に変化して「である」となり、「ぢゃる」を経て、「ぢゃ」が成立。中世中期以降の口頭語に用いられる。

-ちゃう【張】 助数詞 ❶琴や弓など、弦を張ってあるものを数えることば。❷幕や蚊帳など、ひもでつるものを数えることば。

ちゃう【庁】 名詞 ❶官庁。役所。❷「*検非違使」の役所。

ちゃう【町】 名詞 ❶長さの単位。一町は六十間(=約一〇九メートル)。❷土地の面積の単位。一町は十反(=約九九アール)。

ちゃう【帳】 名詞 ❶室内を区切ったり、人目をさえぎったりするために垂らす布。とばり。垂れ絹。

帳の内よりも出いださず、いつき養ふ。〈竹取・かぐや姫の出生〉訳 **とばり**の中からも出さないで、大切に養い育てる。

❷「*帳台」の略。❸帳面。帳簿。

ぢゃう【丈】 一 名詞 長さの単位。一丈は十尺(=約三メートル)。

二 接尾語 役者などの名に添えて、敬意を表す言い方。

ぢゃう【定】 一 名詞 ❶定まったこと。真実。本当。

「**佐渡には、狐はあるが定か、ないが定か。**」〈狂言・佐渡狐〉訳「佐渡には、キツネはいるのが**本当**か、いないのが**本当**か。」

❷《仏教語》「*禅定」の略。

二 形式名詞 ❶(…の)とおり。

酒参らせ、遊ぶありさま、この世の人のする定なり。〈宇治

拾遺〉訳（鬼が首領に）酒を差し上げ、（音楽を）楽しむようすは、この世の人間のするとおりである。

❷（…の）ようす。（…の）程度。（…の）範囲。「わごぜは今様は上手でありけるよ。この定では、舞も定めて良かるらん。一番見ばや。」〈平家・1・祇王〉訳「お前は今様歌は上手であったぞ。このようすでは、舞もきっと上手であろう。一曲見たい。」

❸（接続助詞的に用いて）…とはいっても。…ではあるものの。小兵といふ定、十二束三伏、弓は強し…。〈平家・11・那須与一〉訳（那須与一は）小柄な武士であるとはいっても、（射る矢の長さは）十二束三伏せで（普通のものよりも長く）、弓は強いし…。

ぢやう【諚】 名詞 主君の命令。仰せ。「はづれんは知りさうらはず、御諚でさうらへば、つかまつてこそみさうらはめ。」〈平家・11・那須与一〉訳「（矢が）外れたりするか（どうか）はわかりませんが、主君のご命令でございますので、致してみましょう。」

ぢやう-き【定器】 名詞 ❶日常用いる食器。❷仏前に供える食物を盛る容器。

ちやう-ぎん【丁銀・挺銀】 名詞 江戸時代の銀貨のひとつ。ナマコのような形をしていて、「宝」「常是」「大黒」の文字、大黒天像などの極印がある。一枚一六〇匁前後で、重さをはかって用いられた。慶長丁銀、元禄丁銀など種類は多い。なまこ。

［ちゃうぎん］

ぢやうぐゎん-でん【貞観殿】 名詞 内裏の建物のひとつで、皇后宮の正殿。後宮管理の事務局があった。類御匣殿 →ビジュアルチェック⑯（759ページ）

ちやう-けん【長絹】 名詞 ❶絹織物のひとつ。硬くて張りと光沢がある。狩衣・水干・直衣・直垂などに用いる。❷長絹で作られた衣服。

ぢやう-ごふ【定業】 名詞《仏教語》（「決定業」の略で）来世で苦楽の報いを受けるように決まっている善悪の行為。転じて、前世から決まっている報い。類宿業 対非業

ちやう-ざ【長座】 名詞 動詞 自 サ変〈せ・し・す・する・すれ・せよ〉訪問した家に長時間いること。長居。「よい年忘れ、ことに長座。」と、千秋楽を謡ひ出だし…。〈西鶴諸国ばなし〉訳「よい年忘れ（の会だった）、とりわけ長居（をした）。」と、千秋楽（の曲）をうたい出し…。

ぢやう-ざ【定者】 名詞 →ぢやうじや

ちやう-じ【丁子・丁字】 名詞 ❶《植物》フトモモ科の常緑高木。淡紅色の香りのよい花を付ける。つぼみを乾燥させて香料・染料・薬剤とし、実からは油を採った。❷（「丁字香」の略で）丁字のつぼみを乾燥させて作った香。

ちやう-じ【停止】 名詞 動詞 他 サ変〈せ・し・す・する・すれ・せよ〉差し止めること。やめさせること。禁止。

ちやう-じや【長者】 名詞 ❶年長者。長老。❷一族の長。指導者。❸福徳に恵まれた人。大金持ち。富豪。❹宿駅の長。特に、宿駅で、旅人に遊女の世話をする女主人。

ぢやう-じや【定者】 名詞《仏教語》大法会のとき、香炉を持って僧の行列の先頭に立つ役の僧。発展「ぢやうざ」「ぢやうしや」とも。

ちやう-じゆ【聴衆】 名詞《仏教語》説法などを聞く人々。聞き手。発展「ちやうしゅ」とも。

ちやう-ず【長ず】 動詞 自 サ変〈ぜ・じ・ず・ずる・ずれ・ぜよ〉

❶成長する。育つ。父母、手にささげ養ひかしづく間、やうやく勢ひ、長じぬ。〈今昔〉訳 父母が、手にささげ（持って）大切に養育するうちに、しだいに体つきが、成長した。

❷年が勝る。年長である。赤穴は五歳年長じたれば…。〈雨月・菊花の約〉訳 赤穴は五歳年長であったので…。

❸優れる。熟達する。道に長じぬる一言、神のごとしと、人思へり。〈徒然草・145・御随身秦重躬〉訳 道に熟達した一言は、神のようだと、だれもが思った。

ちやう-ず【打ず】 動詞 他 サ変〈ぜ・じ・ず・ずる・ずれ・ぜよ〉打ちたたく。殴る。ちやうぜんこといとほしく覚えければ…。〈宇治拾遺〉訳 打ちたたくようなことがかわいそうに思われたので…。

ちやう-せい【長生】 名詞 長生きすること。長命。

ちやうせい-でん【長生殿】 名詞 中国の唐の時代、驪山にあった離宮。発展 白楽天の「長恨歌」では、玄宗皇帝と楊貴妃が、ここで変わらぬ愛を誓ったという。

ちやう-せん【庁宣】 名詞 ❶検非違使庁の別当（＝長官）から発せられた公文書。勅宣に準じて重視された。類別当宣 ❷国司が自国内に下す公文書。❸院の庁が下す公文書。

ちやう-だい【帳台】 名詞 ❶寝殿造りの母屋に一段高い床を設けて、天井を張り、四方には帳を垂らして囲んだもの。身分の高い人が居間や寝室として用いた。❷（「帳台の試み」の略で）内裏の常寧殿に設けられた帳台で、天皇が*五節の舞姫の練習をご覧になること。また、その練習。❸江戸時代、町家の主人の居間。

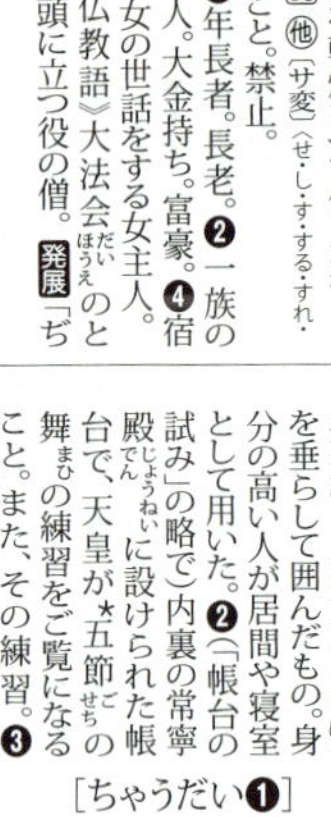
［ちゃうだい❶］

ちやう-ちやう【丁丁・打打】 副詞（物を続けて打つ音を表し）かあんかあん。ちんちん。こんこん。かねをあまたたびちやうちやうともの騒がしげに打ちて…。〈古今著聞集〉訳 鉦を何度もかあんかあんとやかましそうに打って…。

ちやう-ちやく【打擲】 名詞 動詞 他 サ変〈せ・し・す・する・すれ・せよ〉棒や鞭で打ちたたくこと。殴ること。

ちやう-ど【丁ど・打ど】 副詞 ❶（物と物とが打ち合う音を表し）ばちんと。ばたんと。ばんと。障子をちやうど立ててぞ出でられける。〈平家・2・小教訓〉訳 部屋の仕切り戸をばたんと閉めてお出になった。

❷（目を大きく見開き、にらみつけるようすを表し）はたと。入道相国ちつとも騒がず、ちやうどにらまへておはしければ…。〈平家・5・物怪之沙汰〉訳 入道相国（＝平清盛）は少しも慌てることなく、はたとにらんでいらっしゃったところ…。

❸（ゆるみがないようすを表し）きりっと。きちんと。発展「ちやうと」とも。

ちゃう-にん【町人】ー 名詞 町に住んだ職人や商人などをいう。士農工商のうちの工と商がこれに当たる。特に、商人を指すことが多い。

ちゃう-にん【停任】ー 名詞 動詞 他〔サ変〕〈せ・し・す・する・すれ・せよ〉処罰として、ある期間、官職をやめさせること。停職。

ちゃう-はん【丁半】ー 名詞 ❶賽の目の偶数と奇数。丁が偶数、半が奇数。❷二個の賽を振り、その目の合計が丁か半かを賭けて勝負するばくち。

ちゃう-ぼん【張本】ー 名詞 ❶悪事をたくらむ者のかしら。首謀者。❷事件の原因。伏線。❸前もって素地を作ること。

ぢゃう-みゃう【定命】 名詞《仏教語》前世の業によって定まっているその人の運命、または寿命。

ちゃう-む【庁務】ー 名詞 検非違使庁の事務・仕事。

ちゃう-もん【聴聞】ー 名詞 動詞 他〔サ変〕〈せ・し・す・する・すれ・せよ〉《仏教語》説経・説法・法話などの催しに参加して、それを聞くこと。

ぢゃう-もん【定紋】ー 名詞 それぞれの家で定まっている紋所。家紋。

ぢゃう-や【長夜】ー 名詞 ❶長い夜。秋または冬の夜のことを指す。❷(いつまでも夜が明けないことから)死後の世界。あの世。❸迷いの世界。人間が煩悩に惑わされて、悟りが開けないで生死の世界を輪廻して、苦しみを受けている状態を、暗闇が続く長い夜にたとえていうことば。 発展「ちゃうや」とも。

ちゃう-や-の-やみ【長夜の闇】ー 煩悩のために悟りが開けなくて、いつまでも迷いの世界から抜け出せないこと。 発展 迷いの中にいるようすを長い夜の闇にたとえたことば。

ちゃう-らい【頂礼】ー 名詞 動詞 他〔サ変〕〈せ・し・す・する・すれ・せよ〉《仏教語》(「頂戴礼拝」の略で)仏教における最高の敬意を表す礼拝。尊者の前にひれ伏して、頭を地につけて相手の足もとを礼拝すること。

ちゃう-らう【長老】 名詞 ❶老人。また、老人を敬った言い方。❷《仏教語》仏道に通達した年長の僧。高僧を敬った言い方。❸《仏教語》禅宗で、一寺の住職。また、先輩の僧を敬った言い方。

ちゃう-り【長吏】ー 名詞 ❶地方役人の長。❷《仏教語》勧修寺・園城寺・延暦寺などの長老で、寺務を取り扱う地位にある僧。

ぢゃう-ろく【丈六】ー 名詞《仏教語》❶(「一丈六尺」の略で)仏像の標準的な大きさ。約四・八メートル。また、「★丈六の仏」の略。❷あぐらをかくこと。

ぢゃうろく-の-ほとけ【丈六の仏】ー 立てば一丈六尺(=約四・八メートル)になる仏の座像。座高は八尺(=約二・四メートル)ほど。

ちゃく-し【嫡子】 名詞 正妻の生んだ子で、家を継ぐ男子。跡取り。世継ぎ。類 嫡男

ちゃく-す【着す・著す】一 動詞 自〔サ変〕〈せ・し・す・する・すれ・せよ〉到着する。着く。届く。

舟を担ひて岸に着しけり。〈古今著聞集〉訳 舟を担いで岸に着いた。

二 動詞 他〔サ変〕〈せ・し・す・する・すれ・せよ〉着る。着用する。

後日に布衣着して、入道相国の西八条亭へ向かはれけるとぞ聞こえし。〈平家・3・公卿揃〉訳 後日に狩衣を着て、入道相国(=平清盛)の西八条邸へ向かわれたということだった。

ぢゃく-す【着す・著す】 動詞 自〔サ変〕〈せ・し・す・する・すれ・せよ〉執着する。執心する。深くそのことに心をかける。

誰か実有の相に著せざる。〈徒然草・129・顔回は〉訳 だれが実在のものに**深く心をかけ**ない人があろうか、いや、ない。

今、草庵を愛するも、閑寂に著するも…。〈方丈記・みずから心に問う〉訳 今、粗末な仮小屋を愛するのも、もの静かでひっそりとしていることに**執心するのも**…。

ちゃく-たう【着到】ー 名詞 ❶到着。❷官庁に出勤した者の氏名を記入する帳簿。出勤簿。❸出陣のとき、集まった軍勢の到着を記録すること。また、その帳簿。❹(「着到和歌」の略で)あらかじめ定められた題により、幾人かの歌人が一定期間決まった場所で、毎日一首ずつ和歌を詠み進めること。

ちゃく-なん【嫡男】 名詞 正妻の生んだ子で、長男。類 嫡子

ぢゃに-よって 連語 …であるから。

「**あれはつっと執心の深い恐ろしいものぢゃによって**…。」〈狂言・釣狐〉訳「あれ(=キツネ)はとても執念深い恐ろしいもの**であるから**…。」

ちゃ-の-ゆ【茶の湯】 名詞 ❶客を招き、茶をたててもてなすこと。また、その会合やそこでの作法。江戸時代からは「茶道」と呼ばれることが多い。茶会。❷茶をたてるために沸かす湯。

ちゃ-ぶね【茶船】 名詞 ❶運送用の小型の川船。❷川遊びの船に、食べ物を売る小船。

ちゃ-や【茶屋】 名詞 ❶製茶を販売する店。❷街道や寺社の境内などで客に茶を出して休ませる店。茶店。水茶屋。❸遊里の内外にあって、飲食や遊興をさせることを業とする店。❹芝居の観客の案内、食事の世話などをした店。芝居茶屋。❺(多く茶色に染めたことから)染め物屋。

➡ちゅう(現)↓(歴)**ちう**【宙：抽：昼：酎：鋳：疇：稠：躊】

ちゅう【中】 名詞 ❶内部。内側。また、中央。❷中くらい。よくも悪くもないこと。❸空中。虚空。❹中間。中途。❺中間で私利をむさぼること。口銭。

ちゅう【忠】 名詞 ❶真心をもって相手に尽くすこと。❷臣下が真心を尽くして国や主君に仕えること。忠義。

ちゅう【誅】 名詞 罪を犯した者を討伐すること。死刑にすること。

ぢゅう【住】 名詞 ❶すみか。住人。❷とどまること。

ちゅう-いん【中陰】 名詞 ↓ちゅうう

ちゅう-う【中有】 名詞《仏教語》人の死後四十九日間。人の死の瞬間(死有)から次の生を受ける(生有)までの期間。類 中陰

ちゅう-ぎ【中儀】 名詞(大儀・小儀に対して)宮中の儀式のうち、重要度が中程度のもの。元日・白馬・端午・豊の明かりの節会など。

ちゅう-ぐう【中宮】 名詞 ❶皇居。内裏。❷(平安初期まで)三宮(=皇后・皇太后・太皇太后)の総称。特に、天皇の生母である皇太后を指す。❸皇后の御所。秋の宮。長秋宮。❹(醍醐天皇の時代から)皇后の別の呼び名。❺(一条天皇の時代、藤原定子を皇后、彰子を中宮としてから)皇后と同格の后の呼び名。

↓**古語チャート** ⑮(463ページ)

ちゅうぐう-しき【中宮職】 名詞 中務省に属し、皇后・皇太后・太皇太后の三宮の事務を取り扱った役所。後には「中宮❺」の事務を担当した。

ぢゅう-くゎ【重科】 名詞 重い罪。重罪。

ちゅう-げん【中間】 名詞 ❶二つのものの間。中間。「二月涅槃会より聖霊会までの中間を指南とす。」〈徒然草・220・何事も辺土は〉訳「二月の★涅槃会から★聖霊会までのあいだ（の鐘の音）を標準とする。」❷（「中間男」の略で）侍と小者の間に位置する武家の召し使い。❸《仏教語》釈迦の後、弥勒がこの世に現れるまでの救われ難い時期。

ちゅうげん-なり【中間なり】 形容動詞〔ナリ〕〈なら・なり(に)・なり・なる・なれ・なれ〉どっちつかずだ。中途半端だ。**中間なる折に、「大進、まづ物聞こえむとあり。」と言ふを聞こしめして**…。〈枕草子・8・大進生昌が家に〉訳**中途半端な**ときに、「大進（生昌）が、とりあえず（清少納言に）お話ししたいということである。」と（取り次ぎの女房が）言うのを（中宮が）お聞きになって…。

ちゅうげん-ほふし【中間法師】―ほうし 名詞 雑用などをする地位の低い僧。

ちゅう-ごく【中国】 名詞 ❶国の中央部。畿内。❷律令制で、都からの遠近によって全国を「遠国・中国・近国」の三つに分けた、その真ん中。延喜式によれば、東の方の遠江・駿河・伊豆・甲斐・飛騨・信濃・越前・越中・加賀・能登の各国と、西の方の伯耆・出雲・備中・備後・阿波・讃岐の各国で、合計十六国。❸律令制で、人口・面積などの等級によって全国を「大国・上国・中国・下国」の四つに分けた、その第三位。安房・若狭・能登・佐渡・丹後・石見・長門・土佐・日向・大隅・薩摩の十一か国。❹山陽道の呼び名。後には山陰道も含めて、中国地方十六か国の総称。

中古三十六歌仙［サンジフロクカセン］ 文芸用語 ★三十六歌仙に倣って、藤原範兼が撰したといわれる『後六々撰』に収録された三十六人の優れた歌人。発展 和泉式部・相模・赤染衛門・紫式部・藤原道綱母・清少納言などの三十六人。

ちゅう-しう【仲秋・中秋】―しゅう 名詞 ❶陰暦八月の別の呼び名。中の秋。↓ビジュアルチェック⑳（958ページ）❷陰暦八月十五日。発展 ❶は、陰暦の秋は七月・八月・九月で、その真ん中の月という意味。

中止法 国語・国文法 ★連用形の用法のひとつ。連用形で文を一度切って（中止し）、さらに続ける用法。文節相互の関係でみると、後の文節には対等の関係で続くことになる。たとえば、「神楽こそ、**なまめかしく**、おもしろけれ（＝神楽は、優雅で、趣深いものだ）。」「山吹の**清げに**、藤のおぼつかなきさましたる（＝ヤマブキがすっきりと美しく、フジがぼんやりしたようすをしている）」などの類。↓読解の手引き⑭（750ページ）

ちゅう-じゃう【中将】―じょう 名詞 近衛府の次官。大将に次ぐ位。左右に分かれ、正と権がある。少将と合わせて次将または介とも呼ばれる。発展 本来、従四位下相当の官職であるが、三位でこの職にある者を特に「三位の中将」という。また、蔵人頭を兼職する者を「頭の中将」、参議を兼職する者を「宰相の中将」という。

ちゅうしょ-わう【中書王】―おう 名詞 ★中務卿に任じられた親王。発展「中書」は「中務省」の中国風の呼び名。

ちゅう-しん【注進】 名詞・動詞 他〔サ変〕〈せ・し・す・する・すれ・せよ〉朝廷や主君などに、事件の内容を詳しく報告すること。事件を急いで報告すること。

ちゅう-・す【誅す】 動詞 他〔サ変〕〈せ・し・す・する・すれ・せよ〉罪のある者を殺す。死刑にする。成敗する。**獄より引きいだされ、六条河原にて誅せらる。**〈平家・2・西光被斬〉訳（師経は）獄から引き出され、六条河原で**死刑にされる**。

ぢゅう-・す【住す】じゅうす 動詞 自〔サ変〕〈せ・し・す・する・すれ・せよ〉❶住む。**太郎の大臣は祖の御家よりは南に住したまひければ**…。〈今昔〉訳 太郎の大臣は親のお家よりは南に**住みなさっていた**ので…。❷安定する。安住する。心を定める。**何事かしばらくも住する。**〈徒然草・91・赤舌日〉訳（いったい）どのようなことが、しばらくの間でも**安定する**というのか、いや、安定するものはない。❸とらわれる。執着する。

ちゅう-ぞん【中尊】 名詞《仏教語》左右に脇侍を従えた、中央に位置する仏像。発展 阿弥陀三尊の阿弥陀如来、釈迦三尊の釈迦如来など。

ぢゅう-だい【重代】じゅう― 名詞 ❶代を重ねること。類 累代 ❷先祖代々伝わること。また、先祖伝来の宝物。家宝。

ちゅう-たう【偸盗】―とう 名詞 ❶《仏教語》五悪（＝仏の教えに反する五つの悪事）の一つで、他人の財物を盗むこと。❷盗人。どろぼう。

ちゅう-だう【中堂】―どう 名詞《仏教語》本尊を安置する堂。本堂。金堂。特に、比叡山延暦寺の根本中堂をいう。

ぢゅう-ぢ【住持】じゅうじ 名詞・動詞 他〔サ変〕〈せ・し・す・する・すれ・せよ〉《仏教語》❶寺を管理すること。また、その僧。住職。**多かる中に寺をも住持せらるるは、かくやはらぎたるところありて、その益もあるにこそとおぼえはべりし。**〈徒然草・141・悲田院の尭蓮上人は〉訳（僧が）大勢いる中で（尭蓮上人が）寺をも**管理**なさっているのは、このように（人柄の）柔和になっているところがあって、その効果もあるからだと思われました。❷とどめ持つこと。保持すること。発展 世に安住して仏法を保持するという意味。

ぢゅう-ぢゅう【重重】じゅうじゅう 一 名詞 ❶幾重にも重なっていること。各層各層。❷いくつかの段階。二 副詞 重ね重ね。ますます。なおその上。**拙者が重々の誤り、申し開かん詞もなし。**〈仮名手本忠臣蔵〉訳 私の**重ね重ね**のしくじり、弁解のことばもない。

ちゅう-なごん【中納言】 名詞 太政官の次官。大納言に次ぐ位。令外の官で、従三位に相当し、正と権とがある。定員は三名、後に十名となった。職務は大納言と同じく、行政事務を担当した。発展 中国風の呼び名で「黄門」とも。

ちゅう-・なり【忠なり】 形容動詞〔ナリ〕〈なら・なり(に)・なり・なる・なれ・なれ〉忠実だ。忠義だ。

ちゅう-ぶん【中分】 名詞 ❶両者の中間を取ること。半分。五分五分。平等。❷仲裁。❸中流。中位の身分。

ちゅう-べん【中弁】 名詞 律令制で、太政官の判官。大弁の下位、少弁の上位で、左右に分かれる。

ちゅう-ぼん【中品】 名詞《仏教語》❶極楽往生のときの九つの階級を示す★九品のうちの中位にある、中品上生・中品中生・中品下生という三つの品の総称。対 下品・上品 ❷中ぐらいのこと。

ちゅう-もん【中門】 名詞 ❶★寝殿造りで、表門と寝殿との間に設けられた門。東の対と泉殿、または西の対と釣り殿とをつなぐ長い廊下の中央にあった。屋根はあるが、牛車が通れるようになっている。↓寝殿造り（図）❷寺院や神社で、楼門と拝殿との間にある門。

ちゅうもん-の-らう【中門の廊】―ろう ★寝殿造りで、★対の屋から★釣り殿に通じる長い廊下。中ほどに★中門が設けてある。

ちゅう-や【中夜】 名詞 夜半。よなか。今の午後九時ごろから午前三時ごろまでをいう。発展 夜を初・中・後の三つに分け、その真ん中の夜という意味。↓後夜・初夜・六時

ちゅう-らふ【中臈】―ろう 名詞 ❶★後宮などに仕える中級の女官で、★内侍以外の者。❷江戸時代、大奥または大名の女中で、上臈や年寄などの下にあった者。

ち-よ【千代・千世】 名詞 千年。非常に長い年月。永久。

我が君は千代に八千代にさざれ石の巌となりて苔の生すまで 歌〈古今集・賀・343〉訳 私の主君は（その生命が）千年にも八千年にも（わたって）、小石が大きな岩となって（その岩に）コケが生えるまで（長生きをしてくださいませ）。

ち-よ【千夜】 名詞 千の夜。数多くの夜。

ちょう（現）↓（歴）**ちゃう**【打：丁：帳：庁：張：暢：町：聴：脹：腸：長：頂：停：挺：提：疔】

ちょう（現）↓（歴）**てう**【兆：凋：喋：弔：彫：挑：朝：潮：眺：調：超：跳：銚：鳥：貼：嘲】

ちょう（現）↓（歴）**てふ**【帖：牒：蝶】

ちょう【寵】 名詞 特別にかわいがること。情けをかけること。寵愛。

長歌 ちょうか［―］文芸用語 和歌の歌体のひとつ。「ながうた」とも。★短歌・★旋頭歌などの短い歌体に対し、五・七音の句を三度以上繰り返し、最後に七音の句を添える、比較的長い歌体。短歌形式の★反歌を伴うことが多い。『万葉集』において完成された。

聴覚による推定 国語・国文法 推定の助動詞「なり」の語源は、「音あり」だとされる。その「なり」は、「音が聞こえる」という意味を基本に次のように分岐する。

①（音響を表す動詞に付いて）「（目には見えないが）物音が聞こえてくる」

②「聞こえてくる物音によって判断すると…らしい」

右のうち①は聴覚によって音響を受けとめているだけで、推定という観念的操作を行っていないので、厳密な意味での聴覚による推定のはたらきは②に限られる。

なお、中古の和文においては、この聴覚による推定と視覚による推定とが、対応する関係にあった。↓めり（基本助動詞20）

長恨歌 ちょうごんか［チャウゴン］作品名 漢詩。七言古詩。白楽天（白居易）作。玄宗皇帝と愛妃楊貴妃の悲劇的運命をうたった一二〇句からなる長編叙事詩。『源氏物語』など日本文学に多くの影響を与えた。

ちょうず（現）↓（歴）**てうづ【手水】**

ちょう・ず【懲ず】 動詞 他（サ変）〈せ・じ・ず・ずる・ずれ・ぜよ〉こらしめる。こらす。罰を加えてこりさせる。

中納言殿に、吹く風につけて侮り、懲じたまふことも多かれど…。〈落窪〉訳 中納言殿に対して、風が吹くにつけても（何につけても）軽蔑したり、罰を加えたりなさることも多いけれども…。

ちょう-でふ【重畳】じょう 名詞 動詞 自（サ変）〈せ・し・す・する・すれ・せよ〉幾重にも重なること。

「**事すでに重畳せり。罪科もっとも逃れがたし。**」〈平家・1・殿上闇討〉訳 「（平忠盛は）事件（の罪科）が早くも**幾重にも重なっている**（＝何重も罪に該当している）。（その）罪は絶対に免れることはできない。」

ちょう-でふ・たり【重畳たり】じょうたり 形容動詞（タリ）〈たら・たり（と）・たり・たる・たれ・たれ〉❶幾重にも重なっている。❷この上もなく満足だ。非常に好都合だ。

ちょう-ばみ【重食】 名詞 ↓てうばみ

ちょう-ほう【重宝】 ━ 名詞 大切な宝。貴重な宝物。

商人重宝を包みもちて、嶮路を過ぐるに…。〈沙石集〉訳 商人が**貴重な宝物**を包み持って、険しい道を行ったところが…。

━ 名詞 動詞 他（サ変）〈せ・し・す・する・すれ・せよ〉珍重すること。

「**粟田口を御重宝なさるるは、いかやうな子細でおりやるぞ。**」〈狂言・粟田口〉訳 「粟田口（というもの）をご**珍重なさる**のは、どういうわけでございますか。」

ちょう-ほう・なり【重宝なり】 形容動詞（ナリ）〈なら・なり（に）・なり・なる・なれ・なれ〉❶貴重だ。❷便利だ。好都合だ。

それこそ何より重宝なれ。〈浮世物語〉訳 それは何より**好都合だ**。

ちょう-やう【重陽】―よう 名詞 ★五節句の一つで、陰暦九月九日。天皇は臣下と詩を作り、菊酒を飲んで宴を開いた。季語 秋 発展 易の陽の数である九が重なることから。「菊の節句」とも。

ちょく【勅】 名詞 天皇の命令。天皇の仰せ。詔。

ぢょく-あく【濁悪】じょく― 名詞《仏教語》「★五濁」と「★十悪」。さまざまなけがれや罪悪。

直音 ちょくおん 国語・国文法 拗音（＝キャ、キュ、キョなど小さいヤ、ユ、ヨを添えて表す音節）に対して、子音＋母音、または母音だけの構造を持つ★音節。仮名一字で表記される。また、たとえば「障子」の読み方で、「さうじ」は拗音「しやうじ」の直音表記という。

ちょく-かん【勅勘】ちょっ― 名詞 天皇の命令によって勘当されること。天皇のおとがめ。

ちょく-し【勅使】 名詞 天皇の命令を伝える使者。天皇の使者。

ちょく-しょ【勅書】 名詞 ❶天皇の命令を記した公文書。❷上皇の書状。

ぢょく-せ【濁世】じょく― 名詞《仏教語》「★五濁悪世」の略。

ちょく-せん【勅撰】 名詞 天皇みずから、または天皇の命令によって詩歌や文章を選ぶこと。また、そうしてできた書物。

勅撰集 ちょくせんしゅう［シ―］文芸用語 勅命（＝天皇の命令）によって編集された和歌・漢詩文などの集。狭い意味では勅撰和歌集のことをいう。勅撰和歌集は、天皇あるいは上皇・法皇の命令、また親撰により作られた公的な歌集で、『古今和歌集』以下の二十一代集をいう。

ちょく-ぢゃう【勅諚】―じょう 名詞 天皇の仰せ。詔。類 勅命

ちょくなれば… 歌

勅なればいともかしこしうぐひすの宿はと問はばいかが答へむ〈拾遺集・雑・531〉訳 天皇のご命令なので非常に恐れ多い。（だからこのウメの木は差し上げるが）ウグイスが（私の）宿は（どこへいったの）と尋ねたら、どのように答えようか。

発展 詞書によると、内裏から人が来て、ある家のウメの木

を掘ろうとしたが、木にウグイスの巣があったため、その家の女主人がこの歌を詠んだという。『大鏡』にもこの話が収められていて、歌の作者は紀貫之の娘となっている。

ちょく-めい【勅命】 名詞 天皇の命令。みことのり。類 勅諚。

ちょく-もん【勅問】 名詞 天皇、または上皇からのおたずね。天皇の質問。

ぢょ-ちゅう【女中】 名詞 ❶婦人を敬った呼び方。ご婦人。❷宮仕えする女性。将軍・大名家などに奉公する女性。御殿女中。奥女中。❸商家などで雑用をする女性。下女。

ち-よろづ【千万】 名詞 数が多いこと。数限りないこと。無数。

ちら・す【散らす】 一 動詞 他〔サ四段〕〈さ・し・す・す・せ・せ〉 ❶散り散りに離す。散らばせる。
花散らす風のやどりは誰か知る我に教へよ行きてうらみむ 歌〈古今集・春上・76〉訳→はなちらす…
❷発散させる。外部に振りまく。「**若う盛りに、匂ひを散らしたまへり。**」〈源氏・夕霧〉訳「(夕霧は)若く今を盛りに、美しさを**発散させて**いらっしゃる。」
❸落とす。紛失する。「**散らすまじきふみどもを、一合、判官に取られてあるぞとよ。**」〈平家・11・文之沙汰〉訳「**紛失して**はならない手紙などを、一箱、判官に取られたそうだぞ。」
❹分散させる。分配する。「**勢ども散らさで、用心せさせたまへ。**」〈平家・11・勝浦〉訳「軍勢を**分散させ**ないで、ご用心なさってください。」
❺言い触らす。言い広める。「**さること見えずは、かう申したりとな散らしたまひそ。**」〈枕草子・277・御前にて人々とも〉訳「そのような気配が見えないなら、このように申したと**言い触らし**なさるな。」
二 補助動詞〔サ四段〕〈さ・し・す・す・せ・せ〉 し放題に…する。…しまくる。やたらに…する。
大方は知りたりとも、すずろに言ひ散らすは、「さばかりの才にはあらぬにや。」と聞こえ…。〈徒然草・168・年老いたる人の〉訳たいていの場合にはたとえ知っていても、(それを)むやみにしゃべり**まくる**のは、「それほどの才能ではないのではないだろうか。」と思われ…。

ちら-ふ【散らふ】 《上代語》散り続ける。しきりに散る。
もみち葉の散らふ山辺ゆこぐ舟のにほひにめでて出でて来にけり 歌〈万葉集・15・3704〉訳色づいた葉の**しきりに散る**山の辺りを通ってこぐ舟の美しい色に心引かれて(私は)出て来た。
発展 四段動詞「ちる」の未然形＋反復・継続の助動詞「ふ」。

ちり【散り】 名詞 散ること。また、散るもの。

ちり【塵】 名詞 ❶小さなごみ。ほこり。❷ほんの少しの汚れ。小さな欠点。❸ほんの少しのこと。ほんのわずかなことのたとえ。価値のないもののたとえ。❹(仏教の立場から俗人の社会を低いものと見て)俗世間。俗人。

ちり-あか・る【散り別る】 動詞 自〔ラ下二段〕〈れ・れ・る・るる・るれ・れよ〉 離れ離れになる。離散する。ちりぢりになる。
さまざまに競ひ散りあかれし上下の人々…。〈源氏・蓬生〉訳(以前、末摘花の許から)思い思いに(先を)争って**離れ離れになった**上下の召し使いたち(の中には)…。

ちり-がた【散り方】 名詞 まさに散ろうとするころ。散り始め。散りぎわ。

ちりかひ-くも・る【散り交ひ曇る】 動詞 自〔ラ四段〕〈ら・り・る・る・れ・れ〉 花などが散り乱れるために、辺りが曇るほどになる。
桜花散り交ひ曇れ老いらくの来むといふなる道まがふがに 歌〈古今集・賀・349〉訳→さくらばな…
発展 「ちりかふ」の連用形に「くもる」が付いた複合動詞。

ちり-か・ふ【散り交ふ】 動詞 自〔ハ四段〕〈は・ひ・ふ・ふ・へ・へ〉 あちこちに散り乱れる。交じり合って散る。
春の野に若菜摘まむと来しものを散り交ふ花に道はまどひぬ 歌〈古今集・春下・116〉訳春の野辺に若菜を摘もうと思って来たのに、**あちこちに散り乱れる**花で道に迷ってしまった。
発展 「かふ」は補助動詞。

ちり-し・く【散り敷く】 動詞 自〔カ四段〕〈か・き・く・く・け・け〉 (花や葉が)一面に散る。
池水にみぎはのさくら散り敷きて波の花こそ盛りなりけれ 歌〈平家・灌頂・大原御幸〉訳池の水に水際の桜が**一面に散って**波の(上の)花は今が盛りであったよ。

ちり-しを・る【散り萎る】 動詞 自〔ラ下二段〕〈れ・れ・る・るる・るれ・れよ〉 花が散ってしおれる。
散りしをれたる庭などこそ見所多けれ。〈徒然草・137・花は盛りに〉訳**花が散ってしおれて**いる庭などは見るだけの価値ある点が多い。

ちり-す・ぐ【散り過ぐ】 動詞 自〔ガ上二段〕〈ぎ・ぎ・ぐ・ぐる・ぐれ・ぎよ〉 すっかり散る。散りはてる。
折しも雨風打ち続きて、心あわたたしく散り過ぎぬ。〈徒然草・19・折節の〉訳(サクラの花が咲き出しそうなころなのに)ちょうどそのころ雨や風がずっと続いて、気ぜわしく**散りはててしまう**。

ちり-づか【塵塚】 名詞 ごみ捨て場。はきだめ。

ちり-とどま・る【散り留まる】 動詞 自〔ラ四段〕〈ら・り・る・る・れ・れ〉 葉などが散る途中で、物に引っ掛かって止まる。
汀の草に紅葉の散り留まりて…。〈徒然草・19・折節の〉訳池の水際の草に紅葉した葉が**引っ掛かって**…。

ちり-の-よ【塵の世】 俗世間。この世。発展 ちりのように汚れているということから。

ちり-ばかり【塵ばかり】 連語 ほんの少しばかり。わずか。
「**ただ塵ばかり、この花びらに。**」と聞こゆるを…。〈源氏・紅葉賀〉訳「(源氏への返事を)わずか**ほんの少しばかり**、この花びらに。」と(命婦が藤壺の宮に)申し上げると…。
発展 「ばかり」は副助詞。

ちり-ば・む【塵ばむ】 動詞 自〔マ四段〕〈ま・み・む・む・め・め〉 ちりにまみれる。ほこりに汚れる。
台盤などもかたへはちりばみて…。〈源氏・須磨〉訳食卓なども部分的に**ちりにまみれて**…。
発展 「ばむ」は接尾語。

ちり-ひぢ【塵泥】 名詞 ❶ちりとどろ。❷つまらないもの、価値のないもののたとえ。

ちり-ぼ・ふ【散りぼふ】 動詞 自〔ハ四段〕〈は・ひ・ふ・ふ・へ・へ〉 ❶散らばる。散乱する。
「**かかる所にはおのづから食物散りぼふものぞかし。**」〈今昔〉訳「こういう所には自然と食べ物が**散らばってい**るものだよ。」
❷落ちぶれさまよう。離散する。

「思はずなるさまに散りぼひはべらむが悲しさに…。」〈源氏・東屋〉訳「(娘の浮舟が)思いがけない状態で落ちぶれさまよったりいたしますことの悲しさによって…。」

ちり‐まが・ふ【散り紛ふ】―まが(こ)う 動詞 自〔八四段〕〈は・ひ・ふ・ふ・へ・へ〉散り乱れる。

散りまがふ花のよそめは吉野山嵐に騒ぐ峰の白雲 歌〈新古今集・春下・132〉訳**散り乱れる**サクラの花のよそからの眺め(のすばらしさ)は(さすが)吉野山だ。(花が)嵐でざわざわしている峰の白雲(となって)。

ちり‐みだ・る【散り乱る】 動詞 自〔ラ下二段〕〈れ・れ・る・るる・るれ・れよ〉(花や葉などが)盛んに散る。乱れ散る。

花はみな散り乱れ、霞たどたどしきに…。〈源氏・藤裏葉〉訳サクラの花はみな**乱れ散り、**かすみもぼんやりかかる風情に…。

ち・る【散る】 動詞 自〔ラ四段〕〈ら・り・る・る・れ・れ〉❶離れ離れになって落ちたり飛んだりする。散乱する。

ひさかたの光のどけき春の日にしづ心なく花の散るらむ 百人一首〈古今集・春下・84〉訳→ひさかたの…

❷別れ別れになる。離散する。

打ち捲きの米を…**打ち投げたりければ、この渡る者どもさと散りてうせにけり。**〈今昔〉訳魔よけの米を…投げつけたので、この通る者たちはさっと**散って**消えてしまった。

❸世間に広まる。外部へ漏れ伝わる。

心よりほかに散りもせば、軽々しき名さへ取り添へむ身の覚えを…。〈源氏・帚木〉訳(源氏から空蟬への手紙を幼い小君が取り次いで)思いがけず**外部へ漏れ伝わり**でもしたら、軽薄(な女)だという評判までも身に負うことになったりする自身の境遇を…。

❹落ち着かない。集中できない。

「**花の露もいろいろ目移ろひ心散りて**…。」〈源氏・若菜下〉訳「花(の上)の露もさまざまで目移りし(て心が)**落ち着かなくて**…。」

ちればこそ…歌

散ればこそいとど桜はめでたけれ憂き世になにか久しかるべき〈伊勢・82〉訳散るからこそいっそうサクラはすばらしいのだ。つらいこの世の中で(いったい)何が永久に変わらずにいることができるのか。○「めでたけれ」は形容詞「めでたし」の已然形で、「こそ」の結び。「べき」は推量の助動詞「べし」の連体形で、「か」の結び。

発展 在原業平の歌(→よのなかに…)に対する反論として詠まれた。作者は未詳。

ち‐ゑ【知恵・智慧】―え 名詞 ❶《仏教語》*六波羅蜜の一つで、迷いを絶ち、悟りを開き、真理に達する力。❷物事の道理をわきまえ、的確に判断し処理する力。

ぢん【沈】じん 名詞 「*沈香」の略。

ぢん【陣】じん 名詞 ❶戦闘用に兵士を配置すること。また、その隊形。陣形。❷戦闘に備えて兵士が集結しているところ。陣営。陣屋。兵営。❸宮中での警護の衛士の詰め所。また、そこの衛士。❹僧たちの出入り口。❺「*陣の座」の略。❻いくさ。戦い。合戦。

ぢん‐かう【沈香】じんこう 名詞 ❶《植物》ジンチョウゲ科の常緑高木。材は硬くて水に沈み、香料となるので、この名がある。❷香料。上等のものを伽羅という。

ぢん‐くわい【塵灰】じんかい 名詞 ちりとはい。特に、火事の後の灰。

ちん‐じゅ【鎮守】 名詞 ❶兵をとどめてその土地を鎮め守ること。❷村落など一定の地域で、地霊をなだめ、その土地を鎮め守る神。また、その神を祭る神社。

陳述の副詞 国語・国文法 副詞のひとつ。「叙述の副詞」「呼応の副詞」とも。述語に推量・仮定などのある決まった表現がくる。呼応する表現でまとめると次の通り。
①打消―いさ・いまだ・え・必ずしも・さらに・つゆ・をさをさ
②打消推量―よも
③推量―恐らく(は)・けだし・定めて
④禁止―ゆめ・ゆめゆめ
⑤仮定条件―たとひ・もし・よし(や)
⑥比況(たとえ)―あたかも・さながら
⑦願望―いかで・願はくは
⑧疑問・反語―あに・いかで(か)・など(か)
⑨助動詞「べし」(当然・適当・命令)―すべからく・まさに

ちんじゅ‐ふ【鎮守府】 名詞 奈良・平安時代、*蝦夷を平定し、辺境の地方を守るために*陸奥・*出羽に置かれた役所。初めは多賀城(=今の宮城県に築かれた古代の城柵)に設置され、後に胆沢城(=今の岩手県に築かれた古代の城柵)や平泉などに移った。

ちんじゅふ‐しゃうぐん【鎮守府将軍】―しょうぐん 名詞 *鎮守府の長官。

ちん・ず【陳ず】 動詞 他〔サ変〕〈ぜ・じ・ず・ずる・ずれ・ぜよ〉❶弁解する。釈明する。

陳じ申しけるは…。〈平家・1・殿上闇討〉訳**釈明申し上げたことには**…。

❷うそを言う。

ぢん‐すい【沈水】じん― 名詞 →ぢんかう

ちん‐ぜい【鎮西】 名詞 九州の別の呼び名。発展 *大宰府を七四三(天平一五)年から七四五(天平一七)年までの間、鎮西府と呼んだことから。主に中世に用いられた。

椿説弓張月 作品名 江戸時代後期の読本。*滝沢馬琴作・葛飾北斎画。源為朝を主人公とし、為朝伝説を縦横に駆使した伝奇小説で、九州から伊豆七島を経て琉球へ渡るまでを描いた波瀾万丈の武勇伝。勧善懲悪と娯楽という二つの目的をみごとに成し遂げている。一八〇七(文化四)年から一八一一(同八)年刊。

ちん‐ちょう【珍重】 名詞 動詞 他〔サ変〕〈せ・し・す・する・すれ・せよ〉❶珍しく貴重なものとして大切にすること。また、貴重なものとしてもてはやすこと。

「**この句は我も珍重して、笈の小文に書き入れける。**」〈去来抄・先師評〉訳「この句は私も**珍しく貴重なものとして大切にして、**『笈の小文』に書き入れた。」

❷めでたいこと。結構なこと。祝うべきこと。

❸(和歌・連歌での褒めことばで)優れていること。上手なこと。

ぢん‐ど【塵土】じん― 名詞 ❶ちりとつち。❷《仏教語》煩悩に汚れたこの世。俗世。❸国土。片田舎。辺境。❹取るに足りない、値打ちのないもののたとえ。

ぢん‐とう【陣頭】じん― 名詞 ❶宮中での行事の際、公卿が列座する席。類陣の座。❷宮中での衛士の詰め所の前。内裏の諸門。❸軍隊の先頭。発展「ぢんどう」とも。

ぢん‐の‐ざ【陣の座】じん― 名詞 宮中での行事の際、公卿が列座する席。類陣頭。発展略して、「陣」とも。

ぢん‐や【陣屋】じん― 名詞 ❶宮中での警護の人の詰め所。❷いくさで、軍勢が集まっている所。陣営。❸地頭・郡代・代官などの役所・居所。❹江戸時代、諸侯の居所で、城をなしていないところ。

つ

つ↓基本助動詞20（828ページ）

つ【津】 名詞 ❶船着き場。港。❷渡し場。渡船場。❸人が多く集まる所。

つ 格助詞《上代語》（所属・位置などを表し）…の。…にある。接続 場所・方向・時などを表す名詞や形容詞の語幹に付く。

「上つ瀬は瀬速し。下つ瀬は瀬弱し。」〈古事記・伊邪那岐命と伊邪那美命〉訳「川上の瀬は水の流れが速い。川下の瀬は水の流れがゆるやかだ。」

発展 格助詞の「の」「が」に比べて、用法が狭く、上代においてすでに接続する体言が限定されている。中古以降は、「天つ風」「海つ霊」「沖つ白波」のように、複合語の中で慣用的に用いられるだけになる。↓古語チャート41（1179ページ）・43（1211ページ）

づ【図】 名詞 ❶絵図。地図。図面。❷ようす。光景。❸はかりごと。思うつぼ。❹標準音律。また、音の調子の標準となる笛など。

づ【出】 動詞 自〔ダ下二段〕〈で・で・づ・づる・づれ・でよ〉出る。

恋しければ袖も振らむを武蔵野のうけらが花の色に出づなゆめ 歌〈万葉集・14・3376〉訳 恋しいときには袖でも振るだろうが、武蔵野のオケラの花のように顔色に出てしまわないように。決して。

発展「いづ」の「い」が落ちたもの。

つい-【突い】 接頭語（動詞に付いて）ちょっと、そのまま、ふと、突然、という意味を表す。語例 突っい立つ・突っい居る

●ついえ（現）↓（歴）**つひえ【費え・弊え・潰え】**

●ついえる（現）↓（古）**つひゆ【費ゆ・弊ゆ・潰ゆ】**

つい-がき【築垣・築墻】 名詞↓ついぢ❶

つい-がさね【衝重ね】 名詞 ヒノキの白木で作った四角形の*折敷の下に台を付けたもの。食器や神への供え物を載せるのに用いた。台の三方に穴をあけたものを三方、台の四方に穴をあけたものを四方という。発展「つきがさね」の変化したことば。

［ついがさね］

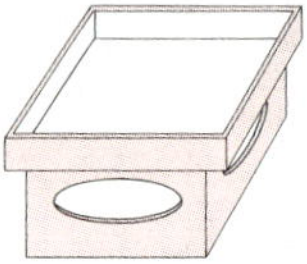

対句 国語・国文法 修辞法のひとつ。文章中に、形式が同じで相対する内容をもつ二つ以上の句を並べて用いること。また、それらの句。漢詩文に由来し、古くは歌謡・長歌などに、また*和漢混交文にも用いられた。「春花の咲ける盛りに／秋の葉のにほへる時に」〈万葉集・17・3985〉など。

つい-くぐ・る【突い潜る】 動詞 自〔ラ四段〕〈ら・り・る・る・れ・れ〉ひょいとくぐる。

上がる矢をばついくぐり、下がる矢をば躍り越え…。〈平家・4・橋合戦〉訳 上がる矢をひょいとくぐり、下がる矢を躍り越え…。

発展「つきくぐる」の変化したことば。

つい-さ・す【突い挿す】 動詞 他〔サ四段〕〈さ・し・す・す・せ・せ〉ちょっとさす。軽く挟む。

上についさして置きたるを…。〈枕草子・138・円融院の御果ての年〉訳（*長押の）上に（手紙を）ちょっとさしておいたのを…。

発展「つきさす」の変化したことば。

●ついじ（現）↓（歴）**ついぢ【築地】**

つい-しょう【追従】 名詞 動詞 自〔サ変〕〈せ・し・す・する・すれ・せよ〉❶人のあとに付き従うこと。付きまとうこと。❷ご機嫌を取ること。こびへつらうこと。

世の人も、さはいへど、下には追従し、怖ぢ申したりし程に…。〈大鏡・道隆〉訳 世間の人々も、そうはいっても、心の中ではご機嫌を取り、（伊周を）お恐れ申し上げている間に…。

つい-す・う【突い据う】 動詞 他〔ワ下二段〕〈ゑ・ゑ・う・うる・うれ・ゑよ〉座らせる。下に置く。ちょこんと据える。

おとどの御前に引き出でて来て、はくりとつい据ゑられて…。〈落窪〉訳 大臣のご座所の前に引き出されてきて、どたんと座らせられて…。

発展「つきすう」の変化したことば。

つい-ぜん【追善】 名詞《仏教語》死者の冥福を祈り、法事などを営むこと。類 追福

ついたち【朔日】

月の初めごろ ― ❶月初め。（月の）上旬。／❷（月の）第一日。

名詞 ❶**月初め**。（月の）**上旬**。対 晦。

四月の晦、五月の朔日のころほひ、橘の葉の濃く青きに、花のいと白う咲きたるが…。〈枕草子・37・木の花は〉訳（陰暦）四月の下旬や、五月の上旬の時分、タチバナの葉が濃く青いときに、花がとても白く咲いているのが…。

❷（月の）**第一日**。いちにち。対 晦。

乳母も、三月朔日に亡くなりぬ。〈更級日記・梅の立ち枝〉訳 乳母も、三月一日に亡くなってしまった。

発展「月立ち」が変化したことば。

ついたち-さうじ【衝立ち障子】 名詞↓ついたてさうじ

つい-た・つ【突い立つ】 動詞 自〔タ四段〕〈た・ち・つ・つ・て・て〉さっと立つ。

ついたって中門に出でて…。〈平家・2・烽火之沙汰〉訳 さっと立って中門に出て…。

ついたて-さうじ【衝立て障子】 名詞 襖障子の下に木の台を付けたようなもので、室内の仕切りなどに用いる家具。多く、書画が書かれた。類 衝立ち障子 発展「つきたてさうじ」の変化したことば。

［ついたてさうじ］

つい-ぢ【築地】 名詞 ❶泥を塗り固めて作った塀。土塀。古くは土手のように土をつき固めただけだったが、後には、柱を建てて板を芯にした。また、その上にかわら屋根を載せたものも作られるようになった。❷（❶は、四位以上の貴族の家だけに用いられたことから）*公卿・*堂上の別の呼び名。発展「築泥」のイ音便「ついひぢ」の変化したことば。❶は、「ついがき」とも。↓古語チャート24（839ページ）

［ついぢ❶］

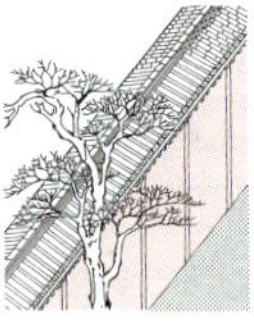

つい・づ【序づ】 動詞 他〔ダ下二段〕〈で・で・づ・づる・づれ・でよ〉順序を立てて並べる。

その心、これを定家卿の左についづ。〈国歌八論〉

こっかはちろん〉訳 その心の中で、これ(=良経の歌)を定家卿(の歌)の下に順序を立て並べている。

ついで【序】 名詞 ↓最重要語(829ページ)

つい-で【次いで・尋いで】 接続詞 次に。引き続いて。それから間もなく。
発展「つぎて」の変化したことば。漢文訓読体の文章で用いられる。

ついで-な・し【序無し】 連語 なんのきっかけもない。突然だ。
人に物を取らせたるも、**ついでなくて**、「これを奉らん。」と言ひたる、誠の志なり。〈徒然草・231・園の別当入道〉訳 人に物を与えた場合も、(これといった)**なんのきっかけもなくて**、「これを差し上げよう。」と言ったのが、本当の誠意である。

ついで-に【序に】 副詞 この機会に。その折に。
「有房、**ついでに**物習ひはべらん。」とて…。〈徒然草・136・医師篤成〉訳「(この)有房も、**この機会に**学問いたしましょう。」と言って…。

つい-な【追儺】 名詞 ↓おにやらひ

ついに(現)↓(歴)**つひに【終に・遂に】**

つい-ひぢ【築泥・築土】 名詞 ↓ついぢ❶

つい-ぶ【追捕】 名詞 動詞 他(サ変)〈せ・し・す・する・すれ・せよ〉❶悪人を追いかけて捕らえること。逮捕。❷(土地や財産などを)奪い取ること。取り上げること。略奪。没収。
発展「ついふ」「ついほ」「ついふく」「ついぶく」とも。

つい-ふく【追福】 名詞 ↓ついぜん

つい-ふく【追捕】 名詞 動詞 ↓ついぶ

つい-ぶ-し【追捕使】 名詞「★令外の官」のひとつ。国司・郡司の中から選ばれて、盗賊の逮捕や暴徒の鎮圧をする役人。
発展「ついふし」「ついぶくし」「ついふくし」とも。

つい-まつ【続松】 名詞 ❶松明。❷歌がるた、また歌貝の別の呼び名。
発展「継っぎ松」の変化したことば。❷は、『伊勢物語』の中で、在原業平が❶の消し炭で斎宮の上の句に下の句を書き継いだという話から。

ついやす(現)↓(歴)**つひやす【費やす・弊やす・潰やす】**

つい・ゐる【突い居る】 ついいる

つ　基本助動詞20　確信を持ってはっきり述べようという気持ちを表す

❶(動作・作用が完了した意味を表し)…てしまう。…た。
❷(確述を表し)きっと…。確かに…だ。◉まだ確定していない未来の事柄について用いられる。
❸(並列を表し)…たり…たり。◉中世以降の用法。

助動詞〔下二段型〕接続 活用語の連用形に付く。

未然形	連用形	終止形	連体形	已然形	命令形
て	て	つ	つる	つれ	てよ

❶(動作・作用が完了した意味を表し)…てしまう。…た。…てしまった。
藤侍従の一条の大路走りつる語るにぞ、皆笑ひぬる。〈枕草子・99・五月の御精進のほど〉訳 藤侍従(=女房の名)が一条の大通りを走っ**た**ことを(私たちが)語ると、(聞いている人々は)皆笑ってしまったことだ。
○この「つる」は連体形の★準体法になっているので、下に「こと」などの体言を補って解釈する。
「**はや夜も明けなむ**。」と**思ひつつゐたりけるに、鬼、はや一口に食ひてけり**。〈伊勢・6〉訳(鬼の住む所とも知らず、男は)「早く夜も明けてほしい。」と思いながら座っていた間に、鬼が、(女を)たちまち一口に食ってしまった。
○「て」の下に続いている過去の助動詞「けり」は活用語の連用形に付くので、この「て」は完了の助動詞「つ」の連用形。

❷(まだ確定していない未来の事柄について、確かに起こることとして確述を表し)きっと…。**きっと…だろう。確かに…だ。…てしまう。…た。**
「**国王の仰せ言を背かば、はや、殺したまひてよかし**。」と言ふ。〈竹取・かぐや姫の昇天〉訳「(宮仕えをせよという)国王のご命令に背くというのならば、早く(この私を)殺し**てしまい**なさいよ。」と(かぐや姫は竹取の翁に)言う。
○命令表現の中に用いて意味を強めている。これから行うべきことを命令するのであるから、❶の完了の意味とは異なる。
雨風、岩も動くばかり降りふぶきて、神さへ鳴りてとどろくに…「命限りつ。」と思ひ惑はる。〈更級日記・初瀬〉訳 雨風が、岩も揺れ動くほどに激しく吹き降り、そのうえ雷まで鳴って響きわたるときに…(船に乗っている人々は)「きっと命も尽き**てしまう**。」と当惑しないではいられない。
○「つ」が単独で用いられている例であるが、死んでしまった人々が「命限りつ」と思っている状況はありえないので、この例も完了ではなく、未来のことをいう確述の用法である。
かなしからん親のため、妻子のためには、恥をも忘れ、盗みもしつべきことなり。〈徒然草・142・心なしと見ゆる者も〉訳(生活に困ると)いとおしいと思うような親のため、妻子のためには、恥をも忘れ、盗みもし**てしまう**に違いないことである。
○推量(当然)の助動詞「べし」を伴っている例。このように推量の助動詞「べし」や、「む」「らむ」などを伴って、未来に確かに起こるという気持ちを表すことが多い。

❸《中世以降》(並列を表し)…たり…たり。
すでに船出いだすべしとて、ひしめき合へば、僧都乗っては降りつ、降りては乗っつ、あらまし事をぞしたまひける。〈平家・3・足摺〉訳 いよいよ船を出そうと言って、(人々が)押し合って騒いでいるので、(俊寛)僧都は(船に)乗っては降り**たり**、降りては乗っ**たり**、こうあってほしいと願っているということ(=自分も一緒に都へ連れていってほしいというしぐさ)をなさったことだ。

発展 ①**「つ」の語源** 捨てる・去らせるという意味の下二段動詞「棄うつ」の「う」が脱落してできたことばかといわれる。
②**❶と❷の違い** ❶の完了の用法は、動作・作用が完了したことが確定した場合に用いられ、❷の確述の用法は、まだ確定していない未来のことをいう場合に用いられる。どちらも「…てしまう・…た」と訳すことができるので、日本語では古語でも現代語でも、英語でいう完了の表現のように明確な時制が区切られるものではない。
③**存続の意味はない** 「つ」「ぬ」「たり」「り」は一括して完了の助動詞と呼ばれるが、「たり」「り」の方が存続の意味に重点が置かれるのに対して、「つ」「ぬ」にはその意味がない。したがって、「家を移したり」といえば、家を移す(=引っ越す)

膝を突いてきちんと座る
- ❶膝を突いて座る。
- ❷ちょこんと座る。そのままいる。

❶**膝を突いて座る。** かしこまって座る。

未然形	連用形	終止形	連体形	已然形	命令形
つい・ゐ	つい・ゐ	つい・ゐる	つい・ゐる	つい・ゐれ	つい・ゐよ

動詞 自〔ワ上一段〕❶**膝を突いて座る。かしこまって座る。**「こちや。」と言へば、**ついゐたり。**〈源氏・若紫〉訳（尼君が）「こちらに（おいでなさい）。」と言うと、（紫の上はそこに）**膝を突いて座った。** **阿弥陀堂の中尊の御前についゐさせたまひて、拝みまうさせたまひしに**…。〈大鏡・道長上〉訳（天皇が）阿弥陀堂の三尊仏の中央の尊像の御前に**かしこまって座り**なさって、お祈り申し上げなさったことで…。

❷**ちょこんと座る。そのままいる。** **法師の、登りて、木のまたについゐて物見るあり。**〈徒然草・41・五月五日〉訳 僧で、（木に）登って、（その）木のまたに**ちょこんと座って**見物する者がいる。

発展 **「つきゐる」のイ音便**　❶の意味では、「つい」が動詞「突く」の意味を保っているが、❷では単なる接頭語になったものとみられる。

つう【通】 名詞 ❶神通力。通力。**久米の仙人の、物洗ふ女の脛の白きを見て、通を失ひけんは**…。〈徒然草・8・世の人の〉訳 久米の仙人が、洗濯をしている女のすねの白いのを見て、**神通力**を失ったということは…。

❷《近世語》物事や、その道に通じていること。特に人情の機微などによく通じていて、洗練されていること。また、その人。

つう・なり【通なり】 形容動詞〔ナリ〕〈なら・なり（に）・なり・なる・なれ・なれ〉❶その道の微妙な部分まで知り尽くしている。❷遊里の事情に精通し、遊里での態度が洗練されている。

つう-りき【通力】 名詞 何事も自由自在になる不可思議な力。神通力。発展 略して「通」とも。

つえ（現）↓（歴）**つゑ【杖】**

-つか【束】 助数詞 ❶束ねたものを数えることば。❷上代の長さを表す単位。親指を除く四本の指を握った幅くらい

という動作が完了して、結果としてそのまま存続している意味を表すが、「家を移しつ」といえば、家を移すという動作が完了したことを表すのみで、その結果が今も続いているかどうかは関係ない。ただし、「ぬ」には結果の存続の意味が含まれるという説もある。

④❸の並列の用法　中古末期から用例を見るが、おおむね中世以降に定着したもので、接続助詞とする説もある。この用法の「つ」は、「組んづ転んづ」のように、撥音便の後では濁音になる。

⑤「てしか」「てしがな」　「つ」の連用形に願望を表す助詞「しか」が付いた「てしか」（「てしが」）、「てしか」にさらに詠嘆を表す終助詞「な」が付いた「てしかな」（「てしがな」）は、共に一語の終助詞として扱われる。

識別 「て」の識別→て（接続助詞）

類語比較 「つ」と「ぬ」

共通点＝完了（確述）の助動詞。

つ＝①人の意志が加わった動作を表す動詞に付く場合に多く用いられる。たとえば❶の第一例では、「走る」という意志的な動作に使われている。

②他動詞に接続する例が多いともいわれる。たとえば、花を散らせる場合には「花散らしつ」という。

ぬ＝①意志を伴わない動作や自然発生的な作用を表す動詞に付く場合に多く用いられる。たとえば❶の第一例では、「笑ふ」という無意志的な動作に使われている。

②自動詞に接続する例が多いともいわれる。たとえば、花が散る場合には「花散りぬ」という。これは、「散る」「降る」「積もる」「咲く」など、自然発生的な作用を表す動詞に自動詞が多いことと関係する。

③それらの動詞の作用の結果が状態として後に残っている場合が多いとみて、「ぬ」にも「たり」「り」と同じような、結果の存続の意味が含まれるという説もある。

関連語 たり（基本助動詞20）・てしか・てしがな（基本助動詞25）・り（基本助動詞20）

ついで【序】

物事の順序。また、あることを行うのに適した機会
- ❶順序。順番。次第。
- ❷機会。時。場合。折。◉多く「ついでに」の形で用いられる。

名詞 ❶**順序。** 順番。次第。「**女は三つに従ふものにこそあなれど、ついでをたがへて、おのが心に任せむことは、あるまじきことなり。**」〈源氏・藤袴〉訳「女は三つ（の道）に従うもの（＝父、夫、子に従うべきだという当時の道徳観）であるそうだが、**順序**を間違って、（父親である内大臣を無視して玉鬘を）私（＝源氏）の思うままにするようなことは、あってはならないことだ。」**四季はなほ定まれるついであり。死期はついでを待たず。**〈徒然草・155・世に従はん人は〉訳 四季はそれでもやはり（推移に）一定の**順序**がある。（しかし）死ぬ時期は**順序**を待たない（でやって来る）。

❷（多く「ついでに」の形で）**機会。** 時。場合。折。**かく投げつとも、帝はえ知ろしめさざりけるを、事のついでありて、人の奏しければ、聞こしめしてけり。**〈大和・150〉訳（帝を慕う女官が）このように身投げをしたことも、帝はお知りになることはできなかったけれど、何かの**機会**があって、ある人が（帝に）申し上げたので、お聞きになってしまった。「**この世にののしりたまふ光源氏、かかるついでに見たてまつりたまはむや。**」〈源氏・若紫〉訳「世間で評判となっていらっしゃる光源氏を、このような**機会**に見申し上げなさったらどうか。」**小松殿、参内のついでに、中宮の御方へ参らせたまひたりけるに**…。〈平家・4・競〉訳 小松殿（＝平重盛）は、参内の**折**に、（妹の）中宮のお部屋に参上なさっていたときに…。

発展 物事の順番を表す❶がもともとの意味。そこから、次の順番にあたることが起きる時、という意味を表すようになり、❷の機会の意を表すようになった。

の長さ。

つか【柄】 名詞 ❶刀剣・弓などの、手で握る部分。↓腰刀(こしがたな)(図) ❷筆の軸。

つか【塚】 名詞 ❶土を盛りあげて築いた墓。また、一般に墓。❷土を小高く盛り上げた所。また、そこに樹木を植え、道標などにした所。

つか+口 「つく【付く・着く・即く・就く・憑く】一二(カ行四段)」の未然形。

つかい(現)↓(歴)**つかひ【使ひ】**

つかう(現)↓(歴)**つかふ【仕ふ】【使ふ・遣ふ】**

つかう-まつ・る【仕うまつる】↓基本敬語25(830ページ)

つがう(現)↓(歴)**つがふ【番ふ】**

つかえる(現)↓(古)**つかふ【仕ふ】・つかまつる【仕まつる】**

つかさ【官・司・寮】

役所。また、そこに勤める役人や、その官職	❶役所。官庁。 ❷官職。官位。 ❸役人。官吏。

名詞 ❶**役所**。官庁。 日暮れぬれば、かの**寮**におはして見たまふに、まことに燕巣作れり。〈竹取・燕の子安貝〉訳日が暮れたので、(中納言は)例の**役所**にお出かけになってご覧になると、本当にツバメが巣を作っている。

❷**官職**。官位。 除目に官得ぬ人の家。〈枕草子・25・すさまじきもの〉訳官職の任命式のときに**官職**を手に入れ(ることので)きない人の家(はがっかりである)。

❸**役人**。官吏。 **公も国の司もこれを追捕せらるることもえなかりけるに**…。〈今昔〉訳朝廷も(伊勢の)国の**役人**(=国司)もこれ(=鈴鹿山に出没する盗賊)を逮捕なさることもできなかったが…。

つかさ-かうぶり【官冠】—こうぶり ❶官職と爵位。官位。❷平安時代、官職に任じる人や従五位下に叙する人を皇族や公卿が推薦し、その任命料・叙位料を自分の所得にした制度。*年官と*年爵。

つかさ-くらゐ【官位】—くらい 官職と位階。

つかさ-ど・る【司る】 動詞 他〔ラ四段〕〈ら・り・る・る・れ・れ〉職務として取り扱う。取り仕切る。支配する。担当する。 八十余か所の庄務をつかさどられしかば…。〈平家・3・有王〉訳八十余か所の荘園の事務を**取り仕切ら**れたので…。

発展「官取る」という意味。

つかさ-びと【官人】 名詞 役人。官吏。

つかさ-めし【司召し】 名詞 (「司召しの除目」の略)京都の役人を新たに任命する朝廷の年中行事。秋の除目。また、除目の総称。対県召し

秋の司召しに、冠得て、侍従になりたまひぬ。〈源氏・少女〉訳秋の**除目**で、(夕霧は)五位に昇進して、侍従におなりになった。

発展 古くは春に行われたが、後には秋に定着した。

つかさめし-の-ぢもく【司召しの除目】—じもく 名詞 ↓つかさめし

関連語 除目

つか・ぬ【束ぬ】 動詞 他〔ナ下二段〕〈ね・ね・ぬ・ぬる・ぬれ・ねよ〉❶たばねる。まとめてくくる。 **か黒し髪をま櫛持ちここにかき垂れ取り**つか**ね上げても巻きみ**…。歌〈万葉集・16・3791〉訳まっ黒い髪を櫛でときここまで垂らし、取り**たばね**て上げて髻を結いもしたり…。

❷一か所に集める。

つかね-を【束ね緒】—お 名詞 物を束ねるのに用いるひも。物を縛るひも。結びひも。

つがのき-の【栂の木の】 枕詞 (マツ科の木、ツガとの音の類似から)「つぎつぎ」に係る。

つか-の-ま【束の間】 ほんのちょっとの間。 **人はただ、無常の身に迫りぬることを心にひしと懸けて、つかの間も忘るまじきなり。**〈徒然草・49・老い来たりて〉訳人はただ、死が(わが)身に近づいていることを心にしっかりと留めておいて、**ほんのちょっとの間**も(それを)忘れてはならないのである。

つかは・す【使はす・遣はす】 連語 動詞 ↓最重要語(831ページ)

発展「つかのあひだ」とも。

つかひ【使ひ】—つかい 名詞 ❶使いの者。使者。❷そばに置いて召し使う者。召し使い。また、側室。❸神仏の使いとされる動物。稲荷のキツネ、春日のシカ、比叡のサル、熊野のカラスなど。❹(「使ひ金」「使ひ銀」の略で)費用。旅費。

つかひ-ざね【使ひ実】—つかい 名詞 使者の中の主立った人。正使。

つか・ふ【仕ふ】—つかう 動詞 自〔ハ下二段〕〈へ・へ・ふ・ふる・ふれ・へよ〉❶目上の人のそばにいて奉仕する。仕える。 「詮ずる所、身をまったうして君に**仕ふ**といふ本文あり。」〈平家・1・殿上闇討〉訳「結局、わが身を万全にして主君に**仕える**という(典拠となる)文句がある。」

基本敬語25

つかう-まつ・る【仕うまつる】—つこう

動詞 自〔ラ四段〕
動詞 他〔ラ四段〕
補助動詞〔ラ四段〕

未然形	連用形	終止形	連体形	已然形	命令形
つかうまつ・ら	つかうまつ・り	つかうまつ・る	つかうまつ・る	つかうまつ・れ	つかうまつ・れ

一 動詞 自 —〔謙譲語〕— **お仕え申し上げる。お仕えする。**〔通常語〕仕ふ

二 動詞 他 —〔謙譲語〕—(何かを)**して差し上げる。**(何かを)**し申し上げる。致す。**〔通常語〕為す

三 補助動詞 —〔謙譲語〕— **お…申し上げる。お…いたす。**

接続 三は動詞の連用形に付く。

一 動詞 自〔ラ四段〕(「仕ふ」の謙譲語で)**お仕え申し上げる。お仕えする。**

童より仕うまつりける君、御髪下ろしたまうてけり。〈伊勢・85〉訳子供(の時)から**お仕え申し上げ**ていた主君が、髪をそって出家しておしまいになった。○作者が、男の「仕える」動作の及ぶ主君への敬意を表している。男が仕えていた主君が、出家した場面。

亭子の帝の御ともに、太政大臣、大堰に仕うまつりたまへるに…。〈大和・99〉訳亭子の帝(=宇多法皇)の

お供として、太政大臣が、大堰川に**お仕え申し上げ**なさっているときに…。

○作者が、太政大臣の「仕える」動作の及ぶ亭子の帝への敬意を表している。

二 動詞 他〔ラ四段〕(「為す」の謙譲語で)(何かを)**して差し上げる**。(何かを)**し申し上げる**。**致す**。

「この女の童は、絶えて宮仕へ**仕うまつる**べくもあらずはんべるを、もてわづらひはべり。…」と奏す。〈竹取・かぐや姫の昇天〉訳「この女の子(=かぐや姫)は、まったく宮仕えを**致し**そうにもございませんので、(私は)もてあましております。…」と(竹取の翁は帝に)申し上げる。

○話し手(=竹取の翁)が、かぐや姫の「(宮仕え)する」動作の及ぶ帝への敬意を表している。「仕うまつる」は、尊敬の対象となる人のために、何かを「する」ことを表す謙譲語である。この例で尊敬の対象となるのは帝である。「何」を「する」かというと、究極的には「仕うまつる」の上にある名詞にかかわる動作をすると考えればよい。ここでは「宮仕え」を「する」ので、そのまま「致す」と訳せるが、次の用例のように訳しにくい場合も多い。個々の用例に応じて適切な訳語を工夫する必要がある。

笛**仕うまつり**たまふ、いとおもしろし。〈源氏・藤裏葉〉訳(夕霧が)笛をお吹き**申し上げ**なさるようすは、たいへん趣が深い。

○作者が、夕霧の「笛を吹く」動作の及ぶ帝・上皇らへの敬意を表している。帝や上皇らとの宴会で夕霧が笛を吹く場面。**二**の「つかうまつる」の表す「(何かを)して差し上げる」、その具体的な内容は、「(笛を)吹く」「(歌を)詠む」場合が多い。ここは前者の例。「仕うまつる」は、文脈によって「お吹き申し上げる」「吹いて差し上げる」などと訳すと理解しやすい。

三 補助動詞〔ラ四段〕**お…申し上げる**。**お…いたす**。

「仏のいさめ守りたまふ真言の深き道をだに、隠しとどむることなく広め**つかうまつり**はべり。」〈源氏・薄雲〉訳「仏が(秘密のこととして)戒めてお守りになる(仏教の)真実のことばの奥深い道をだって、(私は)隠しとどめることなく(その教えを)**お**広め**申し上げ**ております。」

○話し手(=僧都)が、自分の「広める」動作の及ぶ帝への敬意を表している。僧都が、帝に出生の秘密を申し上げる場面。

発展 ①**語の成り立ち** 下二段動詞「つかふ」の連用形に、上代の謙譲の補助動詞「まつる」が付いて、まず「つかへまつる」ということばができた。それがウ音便化したものが「つかうまつる」であり、さらに変化して「つかまつる」となる。

②**語の歴史** 「つかへまつる」は主に上代に用いられ、「つかうまつる」は主に中古に用いられ、「つかまつる」は主に中古後期から中世にかけて用いられた。「つかへまつる」「つかうまつる」は、一般の謙譲語であるが、「つかまつる」へと移り変わるにつれて、話し手や書き手が自身をへりくだる用法の謙譲語Ⅱ(「致します」の意味)が生じた。

関連語 仕へまつる・仕まつる

→基本敬語動詞一覧表(26ページ)

つかは・す

【使はす・遣はす】つかわす

尊敬語 人・物を「使ふ」「遣る」という意味の

- **一** 連語 — **お使いになる**。[通常語]使ふ◉上代の用法。
- **二** 動詞 他
  - ❶(人を)**おやりになる**。
  - ❷**行くように命じる**。[通常語]遣る
  - ❸**お与えになる**。
  - ❹**与える**。[通常語]与ふ

動詞 他〔サ四段〕	未然形	連用形	終止形	連体形	已然形	命令形
	つかは・さ	つかは・し	つかは・す	つかは・す	つかは・せ	つかは・せ

一 連語《上代の用法》(「使ふ」の尊敬語で)**お使いになる**。

うべしかも蘇我の子らを大君の**使はす**らしき〈日本書紀〉訳もっともなことだなあ。蘇我の人たちを天皇が**お使いになる**らしいのは。

二 動詞 他〔サ四段〕❶(「遣る」などの尊敬語で)(人を)**おやりになる**。**派遣なさる**。

「北山になむ、なにがし寺といふ所に、かしこき行ひ人はべる。…」など聞こゆれば、召しに**遣はし**たるに…。〈源氏・若紫〉訳「北山に、何々寺という所に、尊い修行者がおります。…」などと(ある人が)申し上げるので、(源氏は修行者を)お招きになるために(使者を)**おやりになっ**たところ…。

○作者が、「派遣する」動作をする源氏への敬意を表している。

「丹後へ**遣はし**ける人は、参りたりや。」〈十訓抄〉訳「丹後の国(=今の京都府北部)に(使者として)**派遣なさっ**た人は、(もう)帰ってきたか。」○話し手(=定頼中納言)が、「派遣する」動作をする小式部内侍への敬意を表している。定頼中納言の小式部内侍へのことば。

❷**行くように命じる**。**行かせる**。**やる**。

「この翁丸打ち調じて、犬島へ**遣はせ**。」〈枕草子・9・上にさぶらふ御猫は〉訳「この翁丸(=イヌの名)を打ってこらしめて、犬島へ(追い)**やれ**。」

❸(「与ふ」などの尊敬語で)**お与えになる**。**おやりになる**。

木草に付けても御歌を詠みて**遣はす**。〈竹取・かぐや姫の昇天〉訳(季節ごとの)草木に添えても(帝はかぐや姫に)お歌を詠んで**おやりになる**。○作者が、「与える」動作をする帝への敬意を表している。

❹**与える**。**贈る**。

東の方へまかりける人に詠みて**遣はしける**。〈古今集・離別・373・詞書〉訳東国の方へ(下って)まいりました人に詠んで**贈った**歌。

発展 ①**語の成り立ち** **一**は、四段動詞「つかふ」の未然形＋上代の尊敬の助動詞「す」。**二**はそれが一語になったもの。

②**語の歴史** 目上の者が目下の者を使うという行為を表す尊敬語の**一**がもともとの意味。そこから、**二**の❶❸のように、目上の者から目下の者への行為であることが多い「遣る」「与ふ」などの尊敬語となった。❷❹は、それぞれ❶❸の敬意がなくなった用法で、中古では主に、和歌の詞書や改まった手紙などに用いられた。

③室町時代以降は「〜てつかはす」の形で、「…(し)てやる」という意味の補助動詞としても用いられた。

❷官職に就いてその職務をする。勤務する。
「この人々も、かからん世には朝に仕へ身を立て…。」〈平家・3・城南之離宮〉訳この人々も、このような世には朝廷に勤務し身を立て…。

つか・ふ【使ふ・遣ふ】 動詞 他〔八四段〕〈は・ひ・ふ・ふ・へ・へ〉
❶用立てる。
「野山に交じりて竹を取りつつ、よろづのことに使ひけり。」〈竹取・かぐや姫の出生〉訳（竹取の翁は）野山に分け入ってタケを採取しては、さまざまなことに用立てたのだった。
❷身辺の世話をさせる。
「昔、おほやけ思して使うたまふ女の…。」〈伊勢・65〉訳昔、天皇が目をおかけになって身辺の世話をおさせになる女で…。
○「使う」は連用形「使ひ」のウ音便。
❸（ことば・知恵・術などを）操る。
「男も女もことばの文字いやしう遣ひたるこそ…。」〈枕草子・195・ふと心劣りとか〉訳男も女もことば遣いを品なく操っているのは…。
❹（心や頭を）働かせる。
「かくけしからぬ心ばへは使ふものか。」〈源氏・帚木〉訳「このような（源氏の取り次ぎをする）不届きな考えなどは働かせてよいものではない。」
❺手段をとる。
「その手を使はずして、一目なりとも遅く負くべき手につくべし。」〈徒然草・110・双六の上手〉訳「（双六では）その手をとらずに、一目でも遅く負けそうな方法に従うのがよい。」


つが・ふ【番ふ】 一 動詞 自〔八四段〕〈は・ひ・ふ・ふ・へ・へ〉

二つのものが一組になる。対になる。

「打ち払ふ友なきころの寝覚めにはつがひし鴛鴦ぞよはに恋しき」歌〈紫式部日記〉訳（オシドリが霜を）払い合う（ような）友のいないこのごろの夜中の寝覚めには、いつも対になっていたオシドリ（のあなた）が夜になると恋しいことだ。

二 動詞 他〔八四段〕〈は・ひ・ふ・ふ・へ・へ〉❶組み合わせる。

「表着、裳、唐衣など、やがてその色々にて、つがひつつ…。」〈狭衣〉訳表着、裳、唐衣など、そのまま四季の色（の衣装）で、組み合わせながら…。
❷矢を弦に当てる。つがえる。
「矢とってつがひ…よっぴいてひゃうど射る。」〈平家・4・鵺〉訳矢を取って弦に当て…よく引き絞ってひゅうっと射る。
❸固く約束する。
「親仁さまにつがひし言葉違へぬ武士の性根を見せる…。」〈近松・心中宵庚申〉訳おやじさまに固く約束したことばに背かない武士の心構えを見せよう…。

つ‐がふ【都合】 一 副詞 ひっくるめて。全部で。合計。
「都合その勢二万八千余騎…。」〈平家・4・橋合戦〉訳全部でその（＝平家の）軍勢は二万八千余騎…。
二 名詞 動詞 他〔サ変〕〈せ・し・す・する・すれ・せよ〉❶やりくりすること。工面すること。
「来ぬ人を入れ百人に都合する」句〈誹風柳多留〉訳来ない人を含めて、百人としてやりくりする。
○『小倉百人一首』を編んだ★藤原定家は、自分の「来ぬ人を」という歌を入れて、ちょうど百人になるようやりくりしたというのである。
❷事情。具合。情況。形勢。
「今日、結ぃっちゃあ都合が悪いけれども…。」〈傾城買四十八手〉訳今日、髪を結ったら具合が悪いけれども…。


つかへ‐まつ・る【仕へまつる】 一 動詞 自〔ラ四段〕〈ら・り・る・る・れ・れ〉（「仕ふ」の謙譲語で）お仕え申し上げる。お仕えする。

「降る雪の白髪までに大君に仕へまつれば貴くもあるか」歌〈万葉集・17・3922〉訳白髪になるまで大君にお仕え申し上げているので貴いことだなあ。○「降る雪の」は「白」に係る枕詞。

二 動詞 他〔ラ四段〕〈ら・り・る・る・れ・れ〉（「為す」「行ふ」「作る」の謙譲語で）申し上げる。お作り申し上げる。差し上げる。奉仕する。

「城上の宮に大殿を仕へまつりて…」歌〈万葉集・13・3326〉訳城上の宮に宮殿をお作り申し上げて…。

❸**つかまえる**（現）↓（古）**とらふ【捕らふ・捉らふ・執らふ】**

つか‐まつ・る【仕まつる】

「仕ふ」の謙譲語、また、「為す」の謙譲語・謙譲語Ⅱ

一 動詞 自　**お仕え申し上げる。お仕えする。**［通常語］仕ふ
二 動詞 他　為
　❶**して差し上げる。**［通常語］為
　❷**致します。**［通常語］為

未然形	連用形	終止形	連体形	已然形	命令形
つかまつ・ら	つかまつ・り	つかまつ・る	つかまつ・る	つかまつ・れ	つかまつ・れ

一 動詞 自〔ラ四段〕（「仕ふ」の謙譲語で）**お仕え申し上げる。お仕えする。**

「堀河の左大臣殿は、御社まで仕まつらせたまひて…。」〈大鏡・道長下〉訳堀河の左大臣殿（＝藤原顕光）は、（大原野）神社まで（中宮のお供として）お仕え申し上げなさって…。○『大鏡』の語り手が、左大臣殿の「仕える」動作の及ぶ中宮への敬意を表している。

二 動詞 他〔ラ四段〕❶（「為す」の謙譲語で）（何かを）**して差し上げる。致す。**

「大臣殿の最後の御車を仕まつりさうらはばや。」〈平家・11・一門大路渡〉訳「大臣殿（＝平宗盛）の最後のお車を引いて差し上げとうございます。」○この「仕まつる」は、尊敬の対象となる人のために、何かを「する」ことを表す謙譲語である。「する」動作の具体的な内容は、「仕まつる」の上にある名詞にかかわる動作である。個々の用例に応じて適切な訳語を工夫する必要がある。

「近うさうらひて守護仕まつれ。」と仰せければ…。」〈平家・8・法住寺合戦〉訳（藤原基通が武士に）「（私の）そばにお仕え申し上げて警護を致せ。」とおっしゃったので…。○この例では、話し手（藤原基通）が、下位者である相手の動作に謙譲語を用いている。尊敬の対象が話し手自身となるこのような用法を★尊大表現といい、用例のように謙譲語の命令形に集中して見られる。
❷（「為」の謙譲語Ⅱ―話し手や書き手が聞き手や読み手に対して自身をへりくだる敬語―で）**致します。**
「過ちは、やすきところになりて、必ず仕まつることにさうらふ。」〈徒然草・109・高名の木登り〉訳「けがは、簡単なところになって（＝安心したところに）、必ず致しますもので

ビジュアルチェック⑰
月の名称と姿

太陰暦	月の名称と月の出時刻	
1日ころ	新　月（しんげつ）	6:00ころ
2日ころ	二日の月（ふつかのつき）	7:30ころ
3日ころ	三日月（みかづき）	8:30ころ
7日ころ	七日の月（なぬかのつき）	11:30ころ
8日ころ	八日の月（やかのつき）	12:30ころ
9日ころ	九日の月（ここぬかのつき）	13:00ころ
10日ころ	十日余りの月（とをかあまりのつき）	14:30ころ
13日ころ	十三夜の月*1（じふさんやのつき）	16:30ころ
15日ころ	望　月（もちづき）	18:00ころ
16日ころ	十六夜の月（いさよひのつき）	18:30ころ
17日ころ	立ち待ち月（たちまちづき）	19:00ころ
18日ころ	居待ち月（ゐまちづき）	20:00ころ
19日ころ	寝待ちの月*2（ねまちのつき）	21:00ころ
20日ころ	更け待ちの月（ふけまちのつき）	22:00ころ
22日ころ	二十日余りの月（はつかあまりのつき）	22:30ころ
23日ころ	二十三夜の月（にじふさんやのつき）	0:30ころ

夕月夜（ゆふづくよ）（宵月夜（よひづくよ））→ 1日ころ〜15日ころ
有（あ）り明（あ）けの月（朝月夜（あさづくよ））→ 16日ころ〜23日ころ

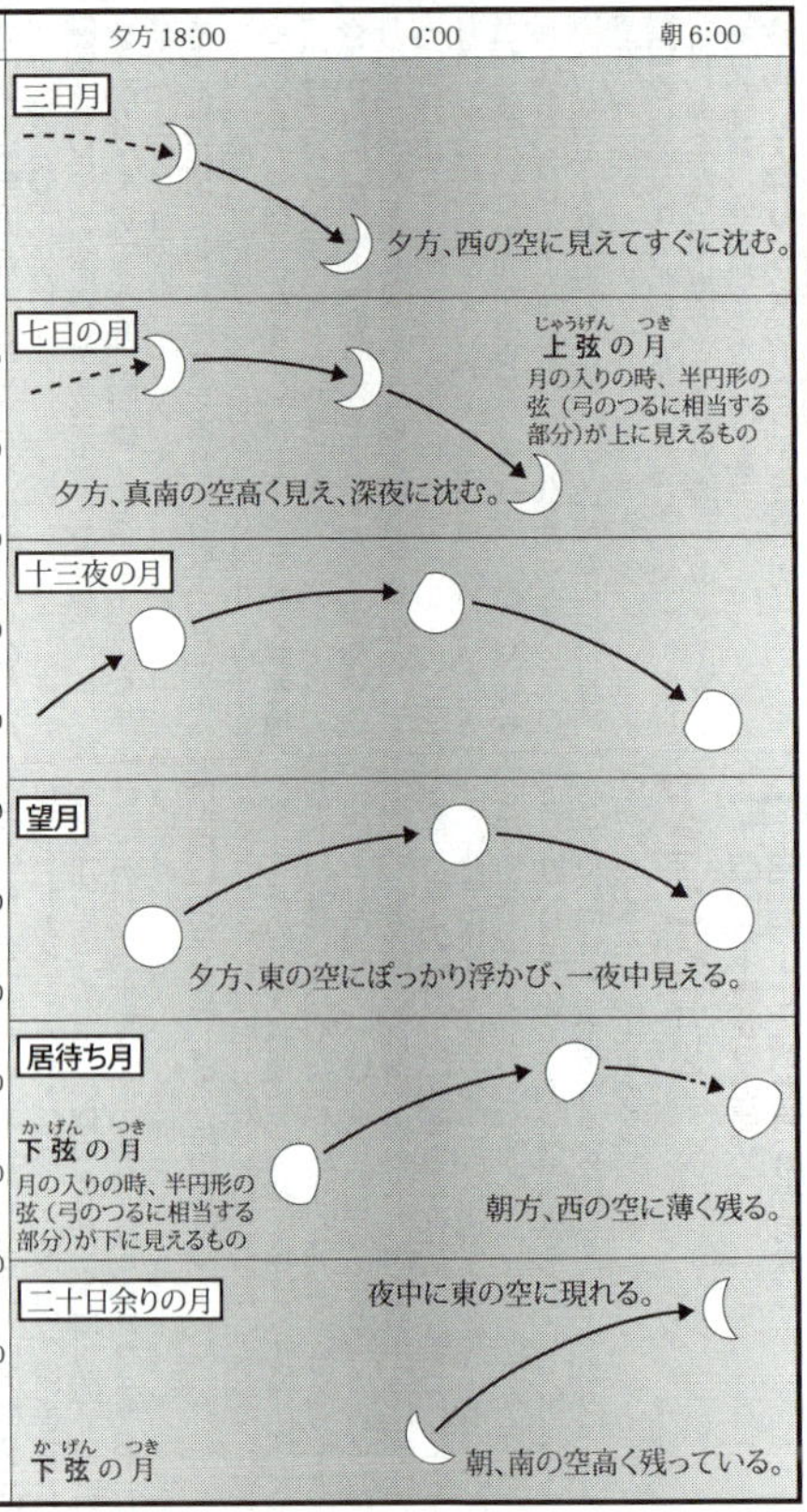
夕方 18:00
0:00
朝 6:00
三日月
夕方、西の空に見えてすぐに沈む。
七日の月
上弦（じょうげん）の月（つき）
月の入りの時、半円形の弦（弓のつるに相当する部分）が上に見えるもの
夕方、真南の空高く見え、深夜に沈む。
十三夜の月
望月
夕方、東の空にぽっかり浮かび、一夜中見える。
居待ち月
下弦（かげん）の月（つき）
月の入りの時、半円形の弦（弓のつるに相当する部分）が下に見えるもの
朝方、西の空に薄く残る。
二十日余りの月
夜中に東の空に現れる。
下弦（かげん）の月（つき）
朝、南の空高く残っている。

ゴシック文字は見出し語になっています。
*1小望月（こもちづき）とも。*2臥し待ちの月（ふしまちのつき）とも。

ございます。」○話し手が自分のする動作を、聞き手に対してへりくだって表現している。この用法を単なる丁寧語とする考え方もある。

発展 **語の歴史**　「つかへまつる→つかうまつる→つかまつる」と変化してできたことば。主に中古後期から中世にかけて盛んに用いられるようになり、「つかへまつる」「つかうまつる」よりも後世まで残る。「つかまつる」へと語形が移り変わるにつれて、謙譲語Ⅱの用法が生じた。

関連語 仕（つか）へまつる・仕（つか）うまつる

つかもうごけ…〔句〕
塚も動けわが泣く声は秋の風〈奥の細道・金沢・松尾芭蕉〉〔訳〕この声に感じて塚も動け。私が泣く声は秋の風となって塚の上を吹いているのだ。○〔季語〕秋の風—秋

発展 金沢で長年芭蕉の来訪を待ちながら前年に没した、小杉一笑（こすぎいっしょう）の塚（＝墓）に詣でたときの追悼の句。

-づから〔接尾語〕❶（名詞に付いて）…のまま、…で、という意味を表す。〔語例〕手（て）**づから**・自（おの）**づから**　❷（人を表す名詞に付いて）…の関係にある、という意味を表す。〔語例〕従弟（いとこ）**づから**　**発展** 上代の格助詞「づ」＋名詞「から」が一語になったもの。

つか・る【疲る】〔動詞〕〔自〕〔ラ下二段〕（れ・れ・る・るる・るれ・れよ）❶疲労する。疲れる。くたびれる。
「**御身もいまだ疲れさせたまはず**。」〈平家・9・木曾最期（きそのさいご）〉〔訳〕「お体もまだおくたびれなさってはいらっしゃらない。」
❷飢える。空腹になる。

つかれる（現）→（古）**つかる【疲る】**
つかわす（現）→（歴）**つかはす【使はす・遣はす】**〔最重要語〕（831ページ）

つき【月】〔名詞〕❶（空の）月。古来、詩歌に歌われることが多く、俳句では、特に秋のよく澄んだ月を指す。〔季語〕秋
一つ家（や）に遊女（いうぢょ）も寝たり萩（はぎ）と月〔句〕〈奥の細道・市振（いちぶり）・芭蕉〉〔訳〕→ひとつやに…
❷月の光。月影。
❸時間の単位で、一日と一年の間に位置するもの。陰暦では、月のまったく見えない夜から、次の月のまったく見えない夜までの期間。大の月は三十日、小の月は二十九日。
→ビジュアルチェック⑰（833ページ）・古語チャート㊶（1179ページ）

つき【坏・杯】 一 名詞 飲食物を盛る器。古代には土器だったが、後には陶器・木器・金属器なども使われた。足の高いのを「高坏」、酒を注ぐのを「酒坏」、蓋のあるのを「蓋坏」、蓋のないのを「片坏」という。

二 助数詞 器に盛った飲食物を数えることば。

つき【槻】 名詞《植物》ケヤキの古い呼び名。弓の材料に用いた。発展 ツキで作った弓を槻弓という。

つき＋口 「つく【付く・着く・即く・就く・憑く】一 二（カ行四段）」の連用形。

つぎ【次】 名詞 ❶あとに続くこと。また、そのもの。❷あるものより一段低い地位。次位。❸劣ること。また、劣ったもの。❹次の間。控えの間。❺江戸時代、街道筋でウマや駕籠の継ぎ立てを行う中継所。宿場。

つぎ【継ぎ】 一 名詞 ❶あとに続くこと。続き具合。❷跡継ぎ。世継ぎ。❸子。子供。

二 助数詞 位や家業を継いだ回数を数えることば。代。世。

つき-あり・く【突き歩く】 動詞 自〔カ四段〕〈か・き・く・く・け・け〉 額を地につけて拝み回る。

さる**心地に道心起こして突きありくらむよ**。〈枕草子・43・虫は〉訳（コメツキムシのような）そんな（小さな虫の）心にも仏教を深く信仰する気持ちを生じさせて**額を地につけて拝み回っている**とかいうことだよ。

つき-かげ【月影】 名詞 ❶月の光。月明かり。季語 秋 ❷月の光に照らし出された人や物の姿。❸月の姿。月。

つききよし…句

月清し遊行のもてる砂の上〈奥の細道・敦賀・松尾芭蕉〉訳 秋の月の光が清らかだ。遊行上人が持ち運んだという砂の上を、澄みきった光が照らしている。○季語 月清し―秋。「遊行」は時宗の総本山遊行寺の歴代の住職。

発展 敦賀の気比明神に参詣したときの句。二世遊行が自ら砂を運び、泥道であった参道を直して以来、代々の遊行が神前に砂を運ぶことを踏まえる。

つき-きり・なり【突き切りなり】 形容動詞〔ナリ〕〈なら・なり（に）・なり・なる・なれ・なれ〉 突き放して言うようである。

「一際に**思ひ定めて、はしたなく突き切りなること**なのたまひそよ。」〈源氏・若菜下〉訳「一概に思い込んで、無愛想に**突き放して言うような**ことはなさらないでね。」

つき-くさ【月草】 名詞 ❶《植物》ツユクサの古い呼び名。夏、チョウの形をした薄青色の花を付ける。花の汁は染料にした。また、人の心の変わりやすくはかないことのたとえに用いられた。季語 秋 ❷★襲の色目のひとつ。表裏とも縹色。あるいは裏は薄い縹色とも。秋に着用する。

つきづき・し

その場の状況やようすにぴったり適合・調和しているようす ― 似つかわしい。ふさわしい。調和している。

形容詞〔シク〕	未然形	連用形	終止形	連体形	已然形	命令形
	つきづき・しく つきづき・しから	つきづき・しく つきづき・しかり	つきづき・し ○	つきづき・しき つきづき・しかる	つきづき・しけれ ○	○ つきづき・しかれ

似つかわしい。ふさわしい。調和している。

いと寒きに、**火など急ぎ起こして、炭持て渡るもいとつきづきし**。〈枕草子・1・春は曙〉訳 ひどく寒い早朝に、火などを急いでおこして、（廊下などを）炭火を持って移動するのも（冬の朝に）とても**似つかわしい**。

家居の**つきづきしく**、あらまほしきこそ、**仮の宿りとは思へど、興あるものなれ**。〈徒然草・10・家居のつきづきし〉訳 住居が（その人に）**似つかわしく**、理想的であるのは、（この無常の世では）仮の住居とは思うけれども、おもしろいものだ。

類語比較「つきづきし」と「につかはし」

共通点＝似合っていることを表す。

つきづきし＝①「付き無し（＝頼りない・都合が悪い・ふさわしくない）」に対応することばとしてできたものと考えられ、似合うという意味の四段動詞「付く」の連用形「付き」を重ねて形容詞にしたことばかといわれる。②人の手が加わった結果として、よく適合・調和している状態を表す。

につかはし＝①四段動詞「似付く」からできた形容詞。②「いかにも似合っている・ふさわしい」の意味で、なんの作意もなく、初めからぴったりと調和している状態を表すといわれる。

→古語チャート㉓（835ページ）

つきくさ-の【月草の】 枕詞（ツキクサの花はしおれやすく、その汁で染めた色はあせやすいことから）「移る」「消ぬ」などに係る。

つき-げ【月毛・鴾毛】 名詞 ウマの毛色のひとつ。鴾（＝トキの古い呼び名）の羽の裏の色のように、やや赤みがかった白い色。また、その毛色のウマ。

つき-ごろ【月頃】

一 名詞 ― 数か月の間。

二 副詞 ― ここ数か月。数か月来。

一 名詞 **数か月の間。ここ数か月の間。**

この月ごろは、ありしにまさる物思ひに、異事なくて過ぎゆく。〈源氏・若紫〉訳（源氏は藤壺の女御に会って以来）この**数か月の間**は、以前にも勝る物思いのために、他のこと（を考える余裕）もなくて時がたっていく。

二 副詞 **ここ数か月。数か月この方。数か月来。**

日ごろ、**月ごろ**、しるきことありて、**悩みわたるが怠りぬる**もうれし。〈枕草子・276・うれしきもの〉訳 ここ数日、（また）**ここ数か月**、（病状が）ひどくなることがあって、患い続けてきたのが快方に向かったのもうれしい。○「日ごろ、月ごろ」は「悩みわたる」にかかる。

関連語 年来・日頃

つぎ-ざま【次様】 名詞（教養や品位において）一段劣ること。二流。また、下層の身分。

つき-しろ・ふ【突きしろふ】 動詞 自〔八四段〕〈は・ひ・ふ・ふ・へ・へ〉（互いに肩や膝などを）つつき合う。

「**みづからひそみ御覧ぜられたまふ**。」と、**つきしろひ**、目くはす。〈源氏・夕顔〉訳「（乳母の尼君は）自分からべそをかいているところを（源氏に）お目にかけていらっしゃる。」と、（乳母の子供たちは）**つつき合い**、目くばせする。

発展「しろふ」は接尾語。

つき・す【尽きす】 動詞 自〔サ変〕〈せ・し・す・する・すれ・せよ〉（多く下に打消の語を伴って）尽きる。なくなる。

高き賤しき人の住まひは、世々を経て尽きせぬものなれど…。〈方丈記・ゆく河〉訳 身分の高い人や身分の低い人の住居は、長年にわたって**なくなら**ないものであるけれど…。

発展 上二段動詞「尽(つ)く」の連用形＋サ変動詞「為(す)」が一語になったもの。

つきせ-ず【尽きせず】連語 限りなく。いつまでも。「**尽きせず**隔てたまへるつらさに、『あらはさじ。』と思ひつるものを。」〈源氏・夕顔〉訳「**いつまでも**打ち解けないでいらっしゃるのが心苦しくて、『顔を見せないようにしよう。』と思っていたのだがね。」

発展 サ変動詞「つきす」の未然形＋打消の助動詞「ず」。

つき-た・つ【月立つ】❶月が改まる。「この月、日悪(あ)しかりけり。**月立ちて**。」となむ、暦御覧じて…。〈蜻蛉日記(かげろうにっき)〉訳「今月は、日が悪かったのだ。**月が改まって**(から)。」と、暦をご覧になって…。❷月が出る。月が昇る。朝づく日向かひの山に月立てり見ゆ遠妻(とほづま)を持てらむ人し見つつしのはむ 歌〈万葉集・7・1294〉訳 向こうの山に**月が出て**いるのが見える。遠くにいてなかなか会えない妻を持っている人は、その月を見て恋しく思っていることだろう。○「朝づく日」は「向かひ」に係る枕詞。

発展「たつ」は四段動詞。

つぎ-つぎ【次次・継ぎ継ぎ】㊀名詞 ❶第二番目以下のもの。その次に位置すること。❷子孫。❸その度。そのつど。㊁副詞 順次。次から次へと。すべらぎの跡もつぎつぎ隠れなく新たに見ゆる古鏡(ふるかがみ)かも 歌〈大鏡・後一条院〉訳(歴代の)天皇のなさったことも**次から次へと**隠れているところがなく、新しく映って見ることのできる古い鏡であるよ。

つきづき・し 形容詞 ↓最重要語（834ページ）

つきてんしん…句 月天心貧しき町を通りけり〈蕪村句集・与謝蕪村(よさぶそん)〉訳 月は空のまん中にあり、その清らかな光は地上を照らしている。そんな夜更けに、静まりかえった貧しい町を通ったことだ。

発展 なんでもない町が、月によって、ひとつの美しい夜景として表現されている。○季語 月―秋

まとめて覚えよう古語チャート㉓
畳語タイプのシク活用形容詞の成り立ち

同じ語を重ねて一語にしたものを畳語といいます。「人」を重ねた名詞「人々」、「ゆめ」を重ねた副詞「ゆめゆめ」、「いで」を重ねた感動詞「いでいで」などです。

下の図は、畳語によってできた形容詞を集めたものです。「1忌む」という動詞の未然形を重ねてできたのが、「2いまいまし」という形容詞です。「3荒し」という形容詞の★語幹を重ねてできたのが、「4あらあらし」という形容詞です。「5実(まめ)なり」という形容動詞の語幹を重ねてできたのが、「6まめまめし」という形容詞です。そのようにしてできた形容詞は、いずれもシク活用に活用します。

動詞起源

- 1忌(い)む（●不吉だとして避ける）→ 2いまいまし（●忌み慎むべきだ）
- 痴(し)る（●愚かになる）→ しれじれし（●いかにも愚かしい）
- 付く（●似合う）→ つきづきし（●似つかわしい）
- 晴(は)る（●(空が)晴れる）→ はればれし（●よく晴れ渡っている）

形容詞起源

- 3荒(あら)し（●荒れている）→ 4あらあらし（●いかにも荒っぽい）
- 重(おも)し（●重い）→ おもおもし（●威厳がある）

形容動詞起源

- 5実(まめ)なり（●まじめだ）→ 6まめまめし（●いかにもまじめである）
- 棘(おどろ)なり（●髪などが乱れている）→ おどろおどろし（●目を見張るほどだ）

赤字は最重要語・重要語

つき-な・し【付き無し】

物事がうまく調和していないようす
- ❶ふさわしくない。
- ❷近づく方法がない。都合が悪い。
- ❸頼りない。はっきりしない。

未然形	連用形	終止形	連体形	已然形	命令形
つきな・く	つきな・く	つきな・し	つきな・き	つきな・けれ	○
つきな・から	つきな・かり	○	つきな・かる	○	つきな・かれ

形容詞〔ク〕❶**ふさわしくない**。**似つかわしくない**。**不調和だ**。**適切でない**。対 つきづきし
「これ破(や)り隠したまへ。むつかしや。かかる物の散らむも、今は**つきなき**程になりにけり。」〈源氏・松風〉訳「これ(=女性からの手紙)を破って隠して(=始末して)ください。うっとうしいことよ。こんな物が散らかっていたりするのも、今では**似つかわしくない**年齢になってしまったのだった。」
❷**近づく方法がない**。**手掛かりがない**。**都合が悪い**。逢(あ)ふことの今ははつかになりぬれば夜深からでは**つきなかりけり** 歌〈古今集・雑体・1048〉訳(あの人と)逢うことが今はわずかになり、二十日にもなってしまったので、夜が更けてからでなくては、月が出ないように(あの人に)**近づく方法がない**ことだなあ。○「はつかに」に「二十日に」、「つきなかり」に「月なかり」を掛けている。
❸**頼りない**。**はっきりしない**。**不案内だ**。「何事もいと**つきなからむ**は、口惜しからむ。」〈源氏・玉鬘(たまかづら)〉訳「どんなことにつけてもまったく**不案内だと**したら、それは残念なことだろう。」

つき-なみ【月並み・月次】名詞 ❶月ごと。毎月。❷(「月次(つきなみ)の祭り」の略で)本来は毎月行うべきものを、陰暦の六月・十二月の十一日に略して行った行事。★神祇官(じんぎかん)から全国三百四の神社に捧げ物を送り、天皇の健康・国家安泰を祈った。

つき-な・む【着き並む】動詞 自〔マ四段〕〈ま・み・む・む・め・め〉

並んで座る。居並ぶ。「いかでか、さ女官などのやうに、着き並みてはあらむ。」〈枕草子・99・五月の御精進のほど〉訳「どうして、そのように女官などのように、(お膳に)並んで座ってはいられようか。」

つき-に-けに【月に異に】月ごとに。毎月。

辺へつ波のいやしくしくに**月にけに**日に日に見とも…歌〈万葉集・6・931〉訳岸辺の波のようにますますしきりに、**月ごとに**日ごとに見ても…。

つき-に-ひ-に-けに【月に日に異に】月ごと日ごとに。毎月毎日に。

慰もる心はなしにかくのみし恋ひやわたらむ**月に日にけに**歌〈万葉集・11・2596〉訳慰められる心がないままに、こんなふうに恋しく思い続けるばかりなのだろうか。**月ごと日ごとに。**

つぎねふ 枕詞 地名「山城」に係る。意味は不明。

つき-の-かつら【月の桂】中国の伝説で、月に生えているという高さ五百丈(=約一五〇〇メートル)のカツラの木。

つき-の-かほ【月の顔】―かお 月の表面。また、月の光。

つき-の-ころ【月の頃】月の眺めのよいころ。陰暦で、満月になる毎月十五日前後の数日間。

夏は夜。**月のころは更なり**…。〈枕草子・1・春は曙〉訳夏は夜(がよい)。**月の眺めのよいころはもちろん**であるし…。

つき-の-みやこ【月の都】❶月にあるという想像上の宮殿。月宮殿。

「おのが身は、この国の人にもあらず。**月の都の人なり。**」〈竹取・かぐや姫の昇天〉訳「私の身は、この国(=人間界)の人間ではない。**月にある宮殿**の人間である。」

❷都を褒めたたえた言い方。

見るほどぞしばしなぐさむめぐりあはむ**月の都**ははるかなれども 歌〈源氏・須磨〉訳↓みるほどぞ…

つぎ-はし【継ぎ橋】名詞 川の中に柱を立てて、その上に橋板を何枚か継いで渡した橋。

つき-ひ【月日】名詞 ❶月と太陽。❷年月。歳月。

つきひと-をとこ【月人男】―おとこ 名詞 ❶月を天の川を渡る船に見立てて、それをこぐ男。❷月のこと。発展 ❷は、月を擬人化したもの。

つぎ-びは【継ぎ琵琶】―びわ 名詞 柄を取り外せる琵琶。弾くときに継ぎ合わせる。

◆つきみれば… 百人一首

月見れば千々にものこそ悲しけれわが身ひとつの秋にはあらねど〈古今集・秋上・193・大江千里〉訳月を見ると、あれこれともの悲しいことだ。自分一人(だけ)の秋ではないけれども。

発展『白氏文集』にある詩句を踏まえた歌で、「月」に「わが身」、「千々」に「ひとつ」を対照させるなど、漢詩的な技巧が見られる。

品詞分解・修辞

月	見れ	ば	千々に	もの	こそ	悲しけれ。
	マ上一・已	接助	形動・用		係助	形・已

(係)――→(結)〈三句切れ〉

わ	が	身	ひとつ	の
代	格助			格助

秋	に	は	あら	ね	ど
	断定・用	係助	補動ラ変・未	打消・已	接助

◆つきもいでで… 歌

月も出でで闇に暮れたる姨捨に何とて今宵たづね来つらむ〈更級日記・後の頼み〉訳月も出ないで暗闇に閉ざされている姨捨山(のように夫を亡くして悲しみにくれている私のところ)に、どうして今夜は訪ねて来(てくれ)たのだろう。○「出でで」は下二段動詞「いづ」の未然形＋上の事実を打ち消して下に続ける接続助詞「で」。「姨捨」は「姨捨山」で、今の長野県にある冠着山のこと。

発展 作者が甥の来訪を喜んで詠んだ歌。上の句は実際の景色と作者の心情を重ねた表現。『更級日記』という題名はこの歌に由来するものと考えられる。

つき-もの【付き物・憑き物】名詞 人間に乗り移ってたたりをする霊。物の怪。

◆つきやあらぬ… 歌

月やあらぬ春や昔の春ならぬわが身ひとつはもとの身にして〈古今集・恋5・747・在原業平〉訳(この月はあのときと同じ)月ではないのか。春はあのときの春と同じではないのか。私ひとりがあのときのままでいて。○「月やあらぬ」は「月や昔の月ならぬ」の意味。「や」は疑問を表す係助詞だが、反語と考えて「月も春も昔と変わっていない」と解釈する説もある。

発展 ひそかに通っていた女が姿を隠してしまった翌春、荒れた家を訪ねてひとり横たわって詠んだ歌。愛する人を失って、すべてが変わってしまい、自分だけが取り残された気持ちがすると詠む。『伊勢物語』四段にも見え、また、『近代秀歌』にも引かれる。

◆つきやあられ… 句

月や霰その夜の更けて川千鳥〈去年の枝折・上田秋成〉訳美しい月が出ていると思うと急に曇って霰が降る、そんな夜も更けて、寒々とした川原で鳴く千鳥の声が聞こえてくる。○季語 霰・千鳥―冬

発展「月や霰」に表されるあわただしさが、「千鳥」の声だけが響く静けさへと移ってゆくところに、夜の深まりが感じられる。作者の俳号は無腸。

つき-ゆみ【槻弓】名詞 ケヤキで作った丸木の弓。発展「つくゆみ」とも。「槻」は、ケヤキの古い呼び名。

つき-よ【月夜】名詞 ❶月。また、月の光。❷月の明るい夜。❸特に、中秋(=陰暦八月十五夜)の月の出ている夜。季語 秋 発展 上代は「つくよ」。

つき-よみ【月夜見・月読み】名詞 ↓つくよみ

つきる(現)↓(古)**つく【尽く】**

◆つきをえに… 句

月を柄にさしたらばよき団扇かな〈俳諧初学抄・山崎宗鑑〉訳(夜空にかかる、あのまん丸な)月に柄を付けたなら、さぞかし、すてきな団扇になるであろうなあ。○季語 団扇―夏

発展 月を扇や団扇に見立てることは多く、「夏の夜は光すずしくすむ月を我が物がほにうちはとぞ見る」〈夫木抄〉という和歌もある。

つ・く【付く・着く・即く・就く・憑く】 一 動詞 自 カ四段〈か・き・く・く・け・け〉❶付着する。付く。❷身に付く。備わる。

「才なども**付き**はべりぬべく、けしうははべらぬを…。」〈源氏・帚木〉訳「(小君は)学問などもきっと**身に付き**そうですし、(人柄も)悪くはございませんので…。」

❸(感情や考えなどを)起こす。

深き心も知らで、あだ**心つき**なば…。〈竹取・五人の貴公子〉訳(相手の)深い心も理解しないで(結婚して)、浮気心を**起こし**たならば…。

❹(神霊や物の怪などが)取り付く。

「恐ろしき神ぞ**憑き**たてまつりたらむ。」〈源氏・総角〉

訳「(姫君に)恐ろしい神がお**取り付き**申し上げているのであろう。」
❺付き従う。付属する。
「**まめに思はむ。」と言ふ人に付きて**…。〈伊勢・60〉訳「誠実に愛そう。」と言う人に**付き従って**…。
❻到着する。
三条の宮の西なる所に着きぬ。〈更級日記・富士川〉訳三条の宮の西にあるわが家に**到着した**。
❼着席する。
上達部のつきたまふ倚子などに…。〈枕草子・161・故殿の御服のころ〉訳★上達部の**着席**なさる腰かけなどに…。
❽ある地位に至る。即位する。
内裏の帝御位につかせたまひて…。〈源氏・若菜下〉訳現在の帝がお位に**即位**なさって…。
二 動詞 他〔カ四段〕〈か・き・く・く・け・け〉❶備える。身に付ける。
能をつかんとする人…。〈徒然草・150・能をつかんとする人〉訳芸能を**身に付け**ようとする人は…。
❷名付ける。
「**祇といふ文字を名について**…。」〈平家・1・祇王〉訳「祇という文字を名に**付けて**…。」○「つい」は連用形「つき」のイ音便。

三 動詞 自〔カ下二段〕〈け・け・く・くる・くれ・けよ〉❶(「つけて」の形で)関して。ちなんで。おいても。

よろづにつけて涙もろく覚ゆ。〈蜻蛉日記〉訳なにごとに**おいても**涙がこぼれやすく感じる。
❷取り掛かる。し始める。着手する。
四 動詞 他〔カ下二段〕〈け・け・く・くる・くれ・けよ〉❶付着させる。張り付ける。
物語、集など書き写すに、本に墨つけぬ。〈枕草子・75・ありがたきもの〉訳物語や、歌集などを書き写すときに、もとになる本に墨を**付着させ**ないことは(めったにない)。
❷添える。加える。
梅の造り枝に雉をつけて奉るとて…。〈伊勢・98〉訳ウメの造花の枝にキジを**添えて**差し上げると言って…。
❸和歌などで、句を詠み添える。
詠みがたかるべき末をつけさせむとて…。〈大和・128〉訳詠みにくそうな下の句を**詠み添え**させようと言って…。
❹名付ける。
名をば磐手となむつけたまへりける。〈大和・152〉訳名を磐手と**名付け**ていらっしゃった。
❺後を追わせる。尾行させる。
心得で、人をつけて見すれば…。〈蜻蛉日記〉訳納得できず、人を**尾行させ**て見せると…。
❻(心を)向ける。関心を持つ。
女も、心つけてもの言ふありけり。〈平中〉訳女の中でも、(男に)心を**向け**てものを言う人があったのだった。
❼言付ける。託する。
京に、その人の御もとにとて、文書きてつく。〈伊勢・9〉訳京に、あの人のもとにと言って、手紙を書いて**託する**。
❽身に着ける。
薬玉して姫宮、若宮につけたてまつらせたまふ。〈枕草子・239・三条の宮におはしますころ〉訳薬玉を作り姫宮、若宮に**身に着け**申し上げなさる。
❾到着させる。
「**この舟に乗せて、九国の地へ着けてたべ**。」〈平家・3・足摺〉訳「この舟に乗せて、九州の地へ**到着させ**てください。」
❿ある地位にのぼらせる。就任させる。就ける。
いかにもしてこの宮を位に就けたてまつらんとはからひけれども…。〈平家・12・六代被斬〉訳どのようにでもしてこの宮を位に**就け**てさし上げようと画策したけれども…。

⓫(火を)つける。点火する。着火する。

火をつけて燃やすべきよし仰せたまふ。〈竹取・かぐや姫の昇天〉訳火を**つけ**て燃やせとのご命令を下しなさる。

五 補助動詞〔カ下二段〕〈け・け・く・くる・くれ・けよ〉常に…する。…慣れる。

親のおはしける時より使ひつけたる童の…。〈落窪〉訳母親の存命中から使い**慣れ**ていた少女で…。

↓古語チャート㉓(835ページ)

つ・く【尽く】 動詞 自〔カ上二段〕〈き・き・く・くる・くれ・きよ〉❶終わる。果てる。尽きる。
「**一門の運命はや尽きさうらひぬ**。」〈平家・7・忠度都落〉訳「一門の運命はもはや**尽き**てしまいました。」
❷なくなる。消えうせる。
「**参りてはいとど心苦しう、心肝も尽くるやうになむ**。」〈源氏・桐壺〉訳「(娘の更衣を亡くした母の邸に)参上してみるといっそういたわしく、心魂も**消えうせる**ようで。」

つ・く【漬く】 **一** 動詞 自〔カ四段〕〈か・き・く・く・け・け〉水にぬれる。水に浸る。
広瀬川袖漬くばかり浅きをや心深めて我が思へるらむ 歌〈万葉集・7・1381〉訳広瀬川は袖が**水に浸る**ほど浅い(ようにあの人は薄情な)のに(どうしてこんなに)心を深めて私は思っていることか。
二 動詞 他〔カ下二段〕〈け・け・く・くる・くれ・けよ〉水に浸す。水にぬらす。

つ・く【吐く】 動詞 他〔カ四段〕〈か・き・く・く・け・け〉❶息を吐く。呼吸する。
大息ついて申しけるは…。〈平家・5・咸陽宮〉訳大きな息を**吐いて**申し上げたことには…。○「つい」は連用形「つき」のイ音便。
❷(食べ物を)吐く。戻す。また、排泄する。
青反吐をつきてのたまふ。〈竹取・竜の頸の玉〉訳(大納言は)激しいへどを**吐い**ておっしゃる。
❸うそを言う。

つ・く【突く・衝く・撞く】 動詞 他〔カ四段〕〈か・き・く・く・け・け〉❶刀や棒で刺す。

馬の尾で柄巻いたる刀の、氷のやうなるを抜きいだいて、寄り来ん者を突かうどこそ待ちかけたれ。〈平家・5・文覚被流〉訳ウマの尾で柄を巻いた刀の、氷のように光るのを抜き出して、寄ってくる者を**刺そ**うと待ち構えていた。
❷(鐘などを)打ち鳴らす。
この老い法師鐘をつく。〈今昔〉訳この老いた法師が鐘を打ち鳴らす。
❸(杖などを地面に当てて)支えとする。
手を引き杖を突かせて、京なる医師のがり、率て行きける道すがら…。〈徒然草・53・これも仁和寺の法師〉訳手を引き杖を**支えとさせ**て、都にいる医師のもとに、連れて行った(その)道中…。
❹頭や額を地面や床に付けて拝む。ぬかずく。
身を捨てて額を突き、祈りまうすほどに…。〈更級日記・門出〉訳一心不乱になって**額を床に付けて拝み**、お祈り申し上げるうちに…。

つ・く【搗く・舂く】 動詞 他〔カ四段〕〈か・き・く・く・け・け〉穀物をつ

く。

米つきふるひたるに似たれば、粉雪といふ。〈徒然草・181・降れ降れ粉雪〉訳米をつき(ふるいで)ふるったのに似ているので、粉雪という。

つ・く【築く】動詞 他〔カ四段〕(か・き・く・く・け・け) 土石を突き固めて積み上げる。築く。→古語チャート㉔(839ページ)

松の一むらある中に、かひがひしう壇をついたることもなし。〈平家・3・少将都帰〉訳マツが一むらある中に、それと分かるように壇(=墓)を築いたこともない。○「つい」は連用形「つき」のイ音便。

つく＋口 「つく【付く・着く・即く・就く・憑く】㊀㊁(カ行四段)」の終止形・連体形。または、「つく【付く・着く・即く・就く・憑く】㊂㊃㊄(カ行下二段)」の終止形。

つ・ぐ【告ぐ】動詞 他〔ガ下二段〕(げ・げ・ぐ・ぐる・ぐれ・げよ) 知らせる。伝える。

わたの原八十島かけて漕ぎ出でぬと人には告げよ海人の釣り舟 百人一首〈古今集・羇旅・407〉訳→わたのはら…

つ・ぐ【継ぐ・接ぐ・注ぐ】動詞 他〔ガ四段〕(が・ぎ・ぐ・ぐ・げ・げ)

❶長く保つ。継続する。維持する。

海の貝を取りて命を継ぐ。〈竹取・蓬莱の玉の枝〉訳海の貝を取って命を**維持する**。

❷つなぎ合わせる。繕う。

つれづれなるままに、いろいろの紙を継ぎつつ、手習ひをしたまひ…。〈源氏・須磨〉訳(源氏は)ひまにまかせ、種々の色の紙を**つなぎ合わせ**ながら、(それに)字をお書きになり…。

❸受け継ぐ。相続する。継承する。跡を継ぐ。

禅師が娘、静と言ひける、この芸を継げり。〈徒然草・225・多久助が申しけるは〉訳禅師の娘で、静と呼んだ人が、この芸を**継承した**。

-づ・く 接尾語 (名詞に付いて)…のようになる、…のような状態が表れる、という意味を表す。語例 秋づく・夕づく・病づく 発展 動詞(四段)化する。

つくえ【机・案】名詞 飲食物や書物などを載せる台。発展 仮名遣いは長い間「つくゑ」とされてきたが、近年、中古初頭の訓点資料によって、「つくえ」(ヤ行)が古い形であることが明らかになった。

筑紫 地名 古くは九州地方の総称。九州全体を指す場合、肥国(=今の佐賀・長崎・熊本の三県)と豊国(=今の大分県と福岡県の一部)を合わせた九州の北半分を指す場合、筑前・筑後(=今の福岡県全域)を指す場合、筑前のみ(=今の福岡県北部)を指す場合などがある。

つく・す【尽くす】動詞 他〔サ四段〕(さ・し・す・す・せ・せ) ❶終わりにする。なくす。

❷全部出す。ある限り出す。

忘れがたく、口惜しきこと多かれど、え尽くさず。〈土佐日記・二月十六日〉訳忘れるのが困難で、残念なことがたくさんあるが、(書きたいことを)**全部出す**ことはできない。

❸極める。その極みに達する。

三日がほど、かの院よりも、主の院方よりも、いかめしくめづらしきみやびを尽くしたまふ。〈源氏・若菜上〉訳(婚儀の)三日間、例の院(=朱雀院)からも、主人の院(=源氏)の方からも、盛大ですばらしい優美さを**極め**なさる。

つく-だ【佃】名詞 ❶耕作に用いる土地。❷平安以降の、領主直営の荘園。

つく-づく 副詞 ❶(深く物思いにふけるようすを表し)しんみり。しみじみ。

つくづくと一年を暮らすほどだにも、こよなうのどけしや。〈徒然草・7・化野の露〉訳**しみじみ**と一年という月日を送る間でさえも、この上もなくゆったりしていることよ。

❷(もの寂しく、時間を持て余しているようすを表し)ぼんやり。ぽつん。

つくづくと思ひ続くることは…。〈蜻蛉日記〉訳**ぼんやり**と思い続けることは…。

❸(心を凝らすようすや、精神を集中するようすを表し)じっと。よくよく。類つらつら

仲国つくづくと物を案ずるに…。〈平家・6・小督〉訳仲国が**よくよく**ものを考えるに…。

発展 多く「と」を伴って用いる。

筑波 地名 今の茨城県西部、★筑波山を中心とする一帯。古くは「つくは」。

つくばう(現)→(歴)**つくばふ【蹲ふ・踞ふ】**

筑波山 歌枕 →筑波山

菟玖波集［シ二］作品名 南北朝時代、最初の連歌撰集。★二条良基・救済共撰。二十巻。仮名・真名両序をそなえ、四季・恋・雑などの部立てに、付け句・発句など計二一九〇句を収録。連歌発生期からの多種多様な作品を広く集めた。連歌の地位を向上させ、『★新撰菟玖波集』とともに後世の規範とされた。一三五六(延文元)年成立。

筑波嶺 歌枕 →筑波山

つくはねに… 歌

筑波嶺に雪かも降らるいなをかもかなしき児ろが布乾さるかも〈万葉集・14・3351〉訳筑波山の峰に雪が降っているのかな、(いやいや)違うのかな、いとしいあの娘が布を干しているのかな。○「降らる」は「降れる」、「児ろ」は「児ら」、「布」は「布ぬ」、「乾さる」は「乾せる」の東国方言。

発展 常陸の国(=今の茨城県)の歌。山に雪が降っているのかと思うほど、一面に白い布を干して並べた情景を詠む。

つくばねの… 百人一首

筑波嶺の峰より落つる男女川恋ぞ積もりて淵となりぬる〈後撰集・776・陽成院〉訳筑波山の峰から(流れ)落ちる男女川の(水量が増して淵になる)ように、(私の)恋心も積もって淵のように(深く)なったことだ。○「淵」は「川」の縁語。上の句を「積もりて淵となりける」を導く序詞とみることもできる。

発展 光孝天皇の皇女綏子内親王に贈った歌。『後撰集』では、第五句が「淵となりける」となっている。

品詞分解・修辞

筑波嶺	の	峰	より	落つる	男女川
	格助		格助	タ上二・体	縁語

恋	ぞ	積もり	て	淵	と	なり	ぬる
	係助	ラ四・用	接助	縁語	格助	ラ四・用	完了・体
	(係)→						→(結)

つくば-の-みち【筑波の道】 ★連歌の別の呼び名。発展 筑波からの帰り、日本武尊が「新治筑波を過ぎて幾夜か寝つる(=新治や筑波を過ぎて幾夜寝たのだろうか。)」と詠んだ歌に対して「かがなべて夜には九夜日には十日を(=日々を重ねて、夜では九夜、日では十日です。)」と、御火焼の翁が答えたという歌を連歌の

始まりとしたことから。

つくば・ふ【蹲ふ・踞ふ】つくば(ぼ)う 動詞 自〈八四段〉〈は・ひ・ふ・ふ・へ・へ〉❶腹ばいになる。よつんばいになる。❷うずくまる。しゃがむ。

筑波山つくばやま 歌枕 今の茨城県西部にある、筑波山地の主峰。古くは「つくはやま」。山頂は男体なんたい山と女体にょたい山の二峰に分かれる。上代には★嬥歌かがひの場であった。和歌には、「筑波嶺つくばね」の形でも詠まれる。↓ビジュアルチェック❶(194ページ)

つくも-がみ【江浦草髪・九十九髪】 名詞 老女の白髪。転じて、老女。発展 老女の乱れた髪が「つくも」という海藻に似ていることから。また「白」という文字が「百」に一画足りないところから、「白髪」のことを「九十九髪」という。

つくも-どころ【作物所・造物所】 名詞 蔵人所くろうどどころに属し、宮中の調度品などを製作する役所。↓ビジュアルチェック⑯(759ページ) 発展「つくりものどころ」が変化したもの。「つくもんどころ」とも。

つく-よ【月夜】 名詞《上代語》❶月。また、月の光。❷月の出ている夜。月の明るい夜。発展 中古以降は「つきよ」とも。

つく-よみ【月夜見・月読み】 名詞 ❶月。❷月の神。発展「つきよみ」とも。「よみ」は「数える」という意味。

つくり-あは・す【作り合はす】あわす 動詞 他〈サ下二段〉〈せ・せ・す・する・すれ・せよ〉二つの物を作って一つにする。また、いくつかのものが調和するように作る。

ことさらに作り合はせたるやうなる空の気色けしき**、花の露も**…。〈源氏・若菜下〉訳 わざわざ**調和するように作った**ような空のようすや、花に降りている露も…。

つくり-いだ・す【作り出だす】 動詞 他〈サ四段〉〈さ・し・す・す・せ・せ〉新しく作り出す。作り上げる。

「**木の道の匠**たくみ**の、よろづの物を心に任せて作りいだすも**…。」〈源氏・帚木ははきぎ〉訳「木の職人が、いろいろな物を心のままに**作り上げるのも**…。」

つくり-い・づ【作り出づ】いず 動詞 他〈ダ下二段〉〈で・で・づ・づる・づれ・でよ〉新しく作り出す。作り上げる。

やうやう明けゆく空のけしき、ことさらに作りいでたらむやうなり。〈源氏・賢木さかき〉訳 だんだんと明けていく空のようすは、特別に**作り上げた**かのようである。

つくり-えだ【作り枝】 名詞 ❶金銀などで作った草木の枝。献上品や贈り物、歌などを贈るときに用いる造花の枝。❷手入れをしていろいろな形に作った枝。

つくり-ごと 名詞 ━【作り事】人工的に作ったもの。作り物。

━【作り言】作り話。うそ。

つくり-す・う【作り据う】 動詞 他〈ワ下二段〉〈ゑ・ゑ・う・うる・うれ・ゑよ〉作って、ある場所に置く。

「**わが国に七つ三つ作り据ゑたる酒壺**さかつぼ**に**…。」〈更級日記・竹芝寺〉訳「私の故郷で(あちらこちらに)七つ三つと**作って置いて**ある酒壺に…。」

つくり-た・つ【作り立つ】 動詞 他〈タ下二段〉〈て・て・つ・つる・つれ・てよ〉❶作り上げる。

ただ筆の飾り、人の心に作り立てられて…。〈源氏・絵合えあわせ〉訳 ただ筆の技や、絵師の趣向に**作り上げ**られて…。

❷飾り立てる。

さぶらふ女房を作り立てて出ぃ**だしたまひて**…。〈徒然草・238・御随身みずいじん近友ちかともが〉訳 お仕えしている女房を**飾り立ててお出しになって**…。

つくり-な・す【作り成す】 動詞 他〈サ四段〉〈さ・し・す・す・せ・せ〉(…のように)作り上げる。

古う作りなせる前水せんずい**、木立**こだち**、よしあるさまの所なり。**〈平家・灌頂かんじょう・大原御幸おおはらごこう〉訳 古めかしく**作り上げ**てある庭の前の池、木立など、一応の風情あるようすの所である。

発展「なす」は補助動詞。

つくり-ばな【作り花】 名詞 紙や布などで作った花。造花。発展 平安時代、人に物を贈るとき、枝などに付けて贈った。

つくり-みが・く【作り磨く】 動詞 他〈カ四段〉〈か・き・く・く・け・け〉立派に作る。美しく作る。

御堂殿みだうどの**の作り磨かせたまひて、庄園**しゃうえん**多く寄せられ**…。〈徒然草・25・飛鳥川あすかがはの淵瀬ふちせ〉訳 御堂殿(=道長)が(寺などを)**立派にお作り**になって、私有地をたくさん寄進なさり…。

まとめて覚えよう古語チャート㉔

「築地ついぢ」「築垣ついがき」の成り立ち

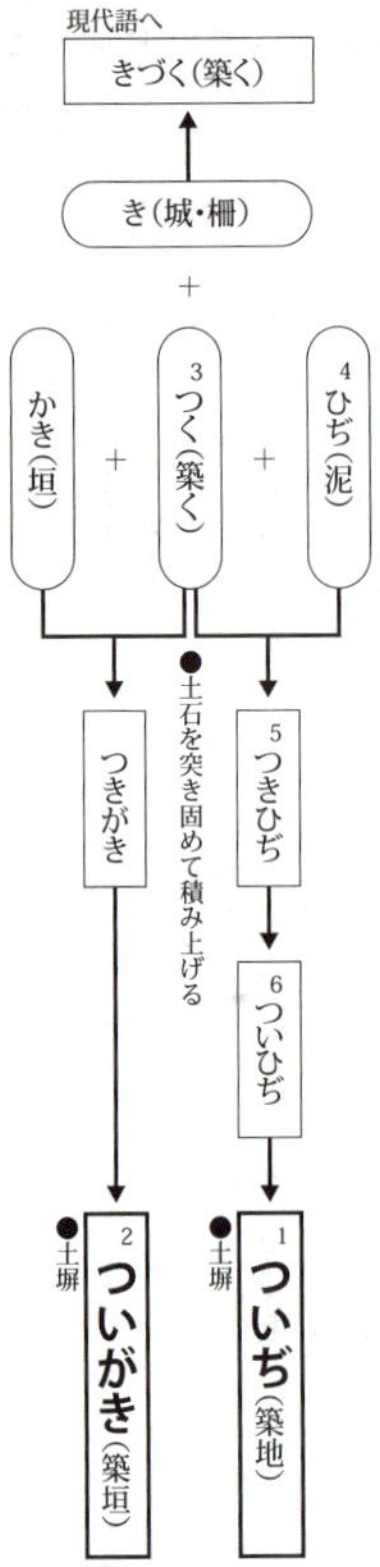

「築地」「築垣」というのは、土手のように土を突き固めて塀にしたものです。「築地の崩れ」から、その家の姫君を垣間かいま見たなどという場面が、古典にはよく出てきますが、この図はその「1ついぢ(築地)」「2ついがき(築垣)」ということばの成り立ちを示したものです。

「1ついぢ」の「つい」は、動詞「3つく(築く)」の連用形「つき」がイ音便化したもので、「ぢ」は「4ひぢ(泥)」の「ひ」が脱落したものです。ですから、「ついぢ」の前段階として「5つきひぢ」「6ついひぢ」という語形があったと考えられます。

「2ついがき(築垣)」も、「つきがき」の「つき」がイ音便化したものです。

つくり-もの【作り物】 名詞 ❶ある物に似せて作った飾り物。❷農作物。❸偽物。まがいもの。❹能や歌舞伎などの舞台で用いる大道具。船・家などの舞台装置。

つくり-ゑ【作り絵】 名詞 墨で書いた下絵に彩色すること。またその絵。彩色画。対 墨絵。

つく・る【作る・造る】 動詞 他〔ラ四段〕〈ら・り・る・る・れ・れ〉❶こしらえる。造作する。細工する。
「**造らする所、やうやうよろしうなしてけり。**」〈源氏・浮舟〉訳「（あなたを迎えるために）**造作させ**ている所は、だんだん見られるようになってきた。」
❷耕作する。
「**常陸には田をこそ作れ。**」〈源氏・若紫〉訳「常陸では田を**耕作する。**」
❸調理する。醸造する。
「**いざ、この雉子、生けながら作りて食はん。**」〈宇治拾遺〉訳「さあ、このキジを、生かしたまま**調理し**て食べよう。」
❹作文する。（詩や歌を）詠む。
皇子もいとあはれなる句を作りたまへるを…。〈源氏・桐壺〉訳 皇子もまことに趣深い句をお**詠み**なさったのを…。
❺本物らしい振りをする。よそおう。見せかける。
泣き顔作り、気色異になせど、いとかひなし。〈枕草子・127・はしたなきもの〉訳（気の毒な話に同情する気持ちを見せようとして）泣き顔を**よそおい**、ようすも普通ではなく変え（てみ）るが、まったく効き目がない。
❻飾る。飾り立てる。化粧する。
まれまれかの高安に来て見れば、始めこそ心憎くも作りけれ…。〈伊勢・23〉訳 ときたま例の高安（の女の家）に来て見ると、通い始めのころこそ奥ゆかしくも**化粧してい**たが…。
❼（功徳や罪などを）行う。する。なす。
「**かぐや姫は罪を作りたまへりければ…。**」〈竹取・かぐや姫の昇天〉訳「かぐや姫は（天上界で）罪（なこと）を**行い**なさっていたので…。」
❽軍勢整える。陣を敷く。
平家は千余艘を三手に作る。〈平家・11・壇浦合戦〉訳 平家は千艘余りを三方に分けて**陣を敷く。**

つくる＋□「つく【付く・着く・即く・就く・憑く】㊁㊃㊄（カ行下二段）」の連体形。

つくれ＋□「つく【付く・着く・即く・就く・憑く】㊁㊃㊄（カ行下二段）」の已然形。

つくろう（現）→（歴）**つくろふ**【繕ふ】

つくろひ-た・つ【繕ひ立つ】 動詞 他〔タ下二段〕〈て・て・つ・つる・つれ・てよ〉美しく装う。飾り付ける。
姫君のいとうつくしげに繕ひ立てておはするを…。〈源氏・葵〉訳 姫君がまことにかわいらしげに**美しく装って**いらっしゃるのを…。

つくろ・ふ【繕ふ】 動詞 他〔ハ四段〕〈は・ひ・ふ・ふ・へ・へ〉
❶悪いところを直す。修理する。
「**御処分に、広くおもしろき宮賜はりたまへるを、繕ひて住ませたてまつらむ。**」〈源氏・柏木〉訳「（桐壺の帝の）ご遺産として、広くて趣のある屋敷を頂いていらっしゃる所を、**修理して**（女三の宮を）住まわせて差し上げよう。」
❷飾る。化粧する。装いを正す。おしゃれする。
世にありとある人は、みな姿かたち心ことに繕ひ…。〈枕草子・3・正月一日は〉訳 世の中にいるすべての人は、皆身なりや顔だちを特に気を遣って**おしゃれして**…。
❸（表面を）取り繕う。紛らす。
若き人々は、ただ言ひに見苦しきことどもなど、繕はず言ふに…。〈枕草子・49・職の御曹司の〉訳 若い人々は、ただいちずに見苦しいことなどを、**取り繕わ**ず言うので…。
❹治療する。
よろづに繕はせたまひしかど、えやませたまはで…。〈大鏡・道隆〉訳（隆家は眼病を）いろいろ**治療**なさったが、治るようにおさせになることもできなくて…。

つけ【付け・附け】 名詞《近世語》❶書き付け。勘定書き。❷手紙。❸運。具合。

つけ＋□「つく【付く・着く・即く・就く・憑く】㊀㊁（カ行四段）」の已然形・命令形。または、「つく【付く・着く・即く・就く・憑く】㊁㊃㊄（カ行下二段）」の未然形・連用形。

つけ-あひ【付け合ひ】 名詞《連歌・俳諧用語》句を付けること。また、交互に付けて連ねていくこと。発展 先に出された句を前句、後に付ける句を付け句という。前句が五七五なら付け句は七七、また前句が七七なら付け句は五七五。

つけ-うた【付け歌】 名詞 芸能で、音頭（＝先に声を出して調子をとる人）が第一句を歌い、それに付けて二句目から唱和すること。

つけ-く【付け句】 名詞《連歌・俳諧用語》付け合いで、前句に付けて詠む句。

つけ-もの【付け物】 名詞 ❶★水干や★直垂の縫い目に付ける花鳥などの作り物の飾り。特に賀茂の祭りに、鉾を持つ役人が水干に付ける飾り。❷《連歌・俳諧用語》付け合いで、前句の物、またはことばの縁によって、付け句をすること。

つげ-や・る【告げ遣る】 動詞 他〔ラ四段〕〈ら・り・る・る・れ・れ〉知らせてやる。
里遠きは、え告げやらず。〈枕草子・87・職の御曹司におはしますころ、西の廂にて〉訳 里の遠い者には、**知らせてやることができない。**

つける（現）→（古）**つく**【付く・着く・即く・就く・憑く】【漬く】

つげる（現）→（古）**つぐ**【告ぐ】

つこうまつる（現）→（歴）**つかうまつる**【仕うまつる】
基本敬語25（830ページ）

つ-ごもり【晦・晦日】

月の終わりごろ ─ ❶（月の）下旬。月末。
　　　　　　　 ─ ❷（月の）末日。みそか。

名詞 ❶（月の）**下旬**。月末。対 朔日。
三月の晦なれば、京の花、盛りはみな過ぎにけり。〈源氏・若紫〉訳（陰暦）三月の**下旬**なので、京のサクラは、盛りはすべて過ぎてしまったのだった。
❷（月の）**末日**。みそか。対 朔日。
晦の夜、いたう暗きに、松どもともして、夜中過ぐるまで人の門たたき、走りありきて…。〈徒然草・19・折節の〉訳（十二月の）**末日**の夜、たいへん暗い時分に、（人々が）いくつもの松明をともして、夜中を過ぎるまで人の（家の）門をたたき、あちこち走りまわって…。
発展「月隠り」が変化したことば。十二月の末日については、特に「大晦日」ともいう。

つごもり-がた【晦方】 名詞 月末のころ。下旬。

つじ【辻】 名詞 ❶十字路。四つ辻。道が十文字に交差している所。交差点。❷道端。道筋。❸染め模様の、縦横の筋が交わる部分。発展「つむじ」が略されたもの。

づ-し【厨子・廚子】 名詞 ❶調度や書画などを載せておく置き戸棚。ふつうは二段で、下の段には扉の付いているものが多い。❷両開きの扉が付いた仏像・経巻などを安置する入れ物。舎利厨子・春日厨子など。発展 ❶は、もともとは、御厨子所（＝調理場）で、食べ物を入れておく棚であったが、器物・菓子などを入れるのに都合がいいので、形を美しく作って部屋に置くようになった。

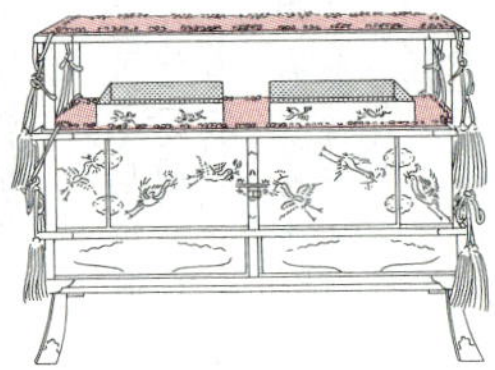
［づし❶］

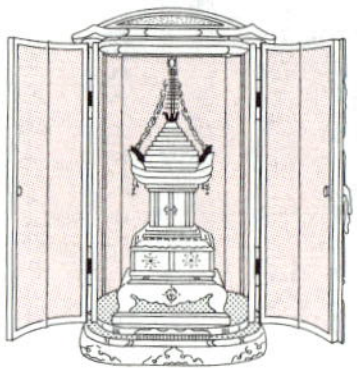
［づし❷］

つじ-かぜ【辻風】 名詞 つむじ風。旋風。

対馬 旧国名 ＊西海道十一か国の一つ。今の長崎県北部の島。九州と朝鮮半島の間に位置し、古くから＊壱岐とともに大陸との海上交通の要地で、『魏志倭人伝』にもその名が記される。↓ビジュアルチェック❼（450ページ）

づし-やか・なり 形容動詞［ナリ］〈なら・なり（に）・なり・なる・なれ・なれ〉重々しい。どっしりと落ち着いている。**御心本性の、強くづしやかなるにはあらねど**…。〈源氏・柏木〉訳（女三の宮の）ご意志やご気性が、重々しく**どっしりと落ち着いている**わけではないが…。

づしょ-れう【図書寮】 名詞 ＊中務省に属し、宮中の書籍の管理、国史の編纂、仏典の書写、また紙・筆・墨の支給などを取り扱う役所。内裏の北西、武徳殿の北にあった。↓ビジュアルチェック⑮（757ページ）発展「ふみのつかさ」とも。

つた【蔦】 名詞 ❶《植物》ブドウ科のつる草。秋の紅葉が美しい。季語 秋 ❷紋所のひとつ。❶を図案化したもの。

つたな・し【拙し】

何事によらず、十分でないようす
❶（才能や技術が）**未熟だ**。まずい。
❷（性格が）**不徳だ**。**愚かだ**。
❸運が悪い。**不遇である**。
❹**みすぼらしい**。**見苦しい**。

形容詞［ク］	未然形	連用形	終止形	連体形	已然形	命令形
	つたな・く	つたな・く	つたな・し	つたな・き	つたな・けれ	○
	つたな・から	つたな・かり	○	つたな・かる	○	つたな・かれ

❶（才能や技術が）**未熟だ**。まずい。**下手である**。

「**我御許はうるさき兵の妻とこそ思ひつるに、目をぞいみじくつたなく見けれ**。」〈今昔〉訳「おまえさんは優れた武士の妻だと思っていたが、（その）目で（武士を盗人と間違えるとは）ずいぶん**まずく**見たものだ（＝見間違ったものだ）。」○文末の「けれ」は已然形であるので、「目をぞ」の「ぞ」は本来なら「こそ」とあるべきところを誤ったものか。

手などつたなからず走り書き、声をかしくて拍子とり、いたましうするものから、下戸ならぬこそ男はよけれ。〈徒然草・1・いでや〉訳筆跡なども**下手で**なくすらすらと文字を書き、（宴席では）声に風情があって拍子をとり、（酒を勧められて）迷惑そうにするものの、酒が飲めない人ではないのが男としてはよいのである。

❷（性格が）**不徳だ**。**愚かだ**。**至らない**。

「**これは知りたることぞかし。などかうつたなうはあるぞ**。」〈枕草子・23・清涼殿の丑寅の〉訳「これ（＝中宮様がおたずねになった歌）は知っていたものだよ。（すぐ思いつかないなんて）どうしてこう**愚かで**あることなのか。」○「つたなう」は連用形「つたなく」のウ音便。

愚かにつたなき人も、家に生まれ、時に合へば高き位に昇り、奢りを極むるもあり。〈徒然草・38・名利に使はれて〉訳愚かで**不徳な**人でも、立派な家に生まれ、時勢に乗って栄えれば高い官位に昇り、ぜいたくを極める人もいる。○「愚かにつたなき人」が、この文の直後に出てくる「いみじかりし賢人、聖人」と対比的に用いられている。

❸**運が悪い**。**不遇である**。

「**かかる君に仕うまつらで、宿世つたなく、悲しきこと、この男にほだされて**。」〈伊勢・65〉訳「このような（立派な）天皇にお仕え申し上げないで、前世からの因縁も**不遇で**、悲しいことよ、この男に情愛で縛られて。」

ただこれ天にして、汝が性のつたなきを泣け。〈野ざらし紀行〉訳ひとえにこれ（＝幼くして捨てられたこと）は天の定めであって、お前の運命の**悪いこと**を泣け。○この連体形「つたなき」は＊準体法。「悪いこと」と訳す。

❹**みすぼらしい**。**見苦しい**。

よからぬ物蓄へ置きたるもつたなく、よき物は、心を留めけんとはかなし。〈徒然草・140・身死して〉訳つまらない物を蓄えて（死後に残して）置いてあるのも**見苦しく**、立派な物は、（それに）執着したのだろうとあさはかに思われる。

発展 ①**語の成り立ち**　「つたなし」の「つた」は「伝つ」「伝ふ」などと関係があり、伝えるべきことが何もないことから、何事によらず不十分で劣っている、という意味を表すようになったといわれる。

②**現代語とのつながり**　現代語でも「つたない作品」「つたない話」などと用いられるが、これはむしろ漢語「拙者」「拙論」「拙稿」「拙宅」などの「拙」の字を「つたない」と訓読みして使われるようになったもので、自分に属する物事に対してへりくだった気持ちを表している。

づだ【頭陀】 名詞 ❶《仏教語》衣食住の執着を捨てるための修行。特に、行く先々で、食べ物を乞いながら諸国を巡り歩くこと。また、その僧。❷「＊頭陀袋」の略。

つたう（現）↓（歴）**つたふ【伝ふ】**

つたえる（現）↓（古）**つたふ【伝ふ】**

つたな・し【拙し】 形容詞 ↓**最重要語**（841ページ）

つたは・る【伝はる】 動詞 自（ラ四段）〈ら・り・る・る・れ・れ〉❶（昔から）受け継いでくる。「三代の宮仕へに**伝はりぬるに、え見たてまつりつけぬを**…。」〈源氏・桐壺〉訳「三代の宮仕えを**受け継いでき**

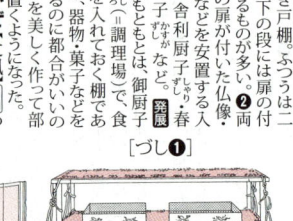

た間に、(亡き更衣に似た人を)お見かけ申し上げることもできないでいたが…。」
❷(物に沿って)移動する。伝う。
その御涙経より伝はりて、院の御顔に冷たくかかりけるに…。〈古今著聞集〉訳その(=性信親王の)お涙が経典を伝って、(母の)三条院のお顔に冷たくかかったので…。
❸広く世に知れ渡る。流布する。
「伝はらむ名こそ惜しけれ。」〈源氏・若菜下〉訳「広く世に知れ渡ると思われる評判こそが悔しい。」

つた・ふ【伝ふ】(つた(と)う) ━動詞 自 [八四段]〈は・ひ・ふ・ふ・へ・へ〉(物に沿って)移動する。伝う。
春されば妻を求むとうぐひすの木末を伝ひ鳴きつつもとな 歌〈万葉集・10・1826〉訳春が来ると、妻を求めてウグイスが梢を伝ってやたらに鳴くことだ。
━動詞 他 [八下二段]〈へ・へ・ふ・ふる・ふれ・へよ〉❶受け継ぐ。継承する。伝授される。
「かかることは文にも見えず、伝へたる教へもなし。」〈徒然草・53・これも仁和寺の法師〉訳「このようなことは書物にも見えないし、受け継いでいる教えにもない。」
❷語り伝える。伝承する。
これをいみじと思へばこそ、記しとどめて世にも伝へけめ…〈徒然草・18・人はおのれを〉訳これを立派なことと思うからこそ、書きとどめて後の世にも語り伝えたのであろうけれども…。
❸物を受け継ぐ。譲り受ける。
わがかみ、父方の祖母の家を伝へて、久しくかの所に住む。〈方丈記・我が過去〉訳わが過去(を語るならば)、父方の祖母の屋敷を受け継いで、長くその屋敷に住んでいた。

づだ-ぶくろ【頭陀袋】(ずだ) 名詞《仏教語》❶*頭陀の修行をする僧が諸国を巡り歩くとき、首に掛けている袋。経巻・布施・食品・手回り品などを入れる。❷死人を葬るとき、その首に掛ける袋。発展略して「づだ」とも。

つたへ【伝へ】(つたえ) 名詞❶残し伝えること。伝授。❷言づて。伝言。便り。❸言い伝え。伝説。

つたへ-し・る【伝へ知る】(つたえ) 動詞 他 [ラ四段]〈ら・り・る・る・れ・れ〉人から聞いて知る。
「かやうに忍びたらむことをば、いかでか伝へ知るやうのあらむとする。」〈源氏・薄雲〉訳「このように隠していたりすることを、どうして人から聞いて知る方法があろうか、そんな方法はない。」

つたへ-もの・す【伝へ物す】(つたえ) 動詞 他 [サ変]〈せ・し・す・する・すれ・せよ〉取り次ぐ。
「大臣に聞こゆべきことのあるを、伝へものすべき人のなきに…。」〈大鏡・師尹〉訳「大臣(=道長)に申し上げなければならないことがあるのに、取り次ぐのに適当な人がいないので…。」
発展「ものす」は補助動詞。

つたわる(現)→(歴)**つたはる【伝はる】**

つち【土・地】 名詞❶大地。地上。地面。土の上。対天 ❷土くれ。泥。土壌。❸清涼殿の殿上の間に昇殿を許されない官人。類地下

つち-いみ【土忌み】 名詞*陰陽道で、土地をつかさどる神、土公神のいる方角を避け、その方角で土木・建築の工事などをしないこと。

つち-おほね【土大根】(おおね) 名詞《植物》ダイコンの別の呼び名。季語冬 発展「おほね」とも。

つち-か・ふ【培ふ】(かう) 動詞 他 [八四段]〈は・ひ・ふ・ふ・へ・へ〉根に土をかけて植物を育てる。栽培する。また、育成する。
人なき日藤につちかふ法師かな 句〈蕪村句集〉訳人のいない日にフジに土をかけて育てている法師だよ。
発展「土養ふ」という意味。

つち-の-え【戊】 名詞*十干の五番目。→ビジュアルチェック❺(393ページ) 発展「土の兄」という意味。「ぼ」とも。

つち-の-と【己】 名詞*十干の六番目。→ビジュアルチェック❺(393ページ) 発展「土の弟」という意味。「き」とも。

つち-ゐ【土居】(い) 名詞❶泥を築きめぐらせた所。*築地・土塀の類。❷家の柱を立てる土台。❸*帳台や*几帳などの柱の下を安定させるための土台。

つ・つ【伝つ】 動詞 他 [タ下二段]〈て・て・つ・つる・つれ・てよ〉伝える。言付ける。
春来れば雁帰るなり白雲の道行きぶりに言やつてまし 歌〈古今集・春上・30〉訳春が来たのでガンが北へ帰っていく。白雲の中の道を飛んで帰るついでに(北陸にいる友に)便りを言付けようか。

つつ

❶(動作・作用の反復・継続を表し)何度も…(し)て。…(し)続けて。
❷(複数の動作・作用が並行して行われることを表し)…ながら。
❸(複数の人が同じ動作をすることを表し)それぞれに…(し)て。

接続 動詞・動詞型活用の助動詞の連用形に付く。

接続助詞❶(動作・作用の反復・継続を表し)何度も…(し)て。…(し)ては(また…して)。…(し)続けて。
女は、「この男を。」と思ひつつ、親の合はすれども、聞かでなむありける。〈伊勢・23〉訳女は、「この男を(夫にしたい)。」と思い続け、親が(他の男と)結婚させ(ようとす)るけれども、聞き入れないでいたのだった。〇この「つつ」は、「思ふ」という心の働きの継続を表す。
人間には参りつつ額を突きし薬師仏の立ちたまへるを、見捨てたてまつる悲しくて、人知れず打ち泣かれぬ。〈更級日記・門出〉訳(かつて)人のいないときには(私が)何度もお参りして額を床に付けて拝んだ*薬師仏が(仏間に)立っていらっしゃるのを、お見捨て申し上げ(て旅に出)ることが悲しくて、ひそかに泣かないではいられなかった。〇この「つつ」は、「参る」という動作の反復を表す。
❷(複数の動作・作用が並行して行われることを表し)…ながら。…(する)一方で。…(する)とともに。
上人…墨染めの袖を絞りつつ、泣く泣くまかり出でられけり。〈平家・灌頂・女院出家〉訳(印西)上人は…黒い僧衣の袖を涙でぬらしながら、泣く泣く退出なさったのだった。
❸(複数の人が同じ動作をすることを表し)それぞれに…(し)て。めいめい…(し)て。
年ごろ、よく比べつる人々なむ、別れがたく思ひて、日しきりに、とかくしつつののしるうちに、夜更けぬ。〈土佐日記・十二月二十一日〉訳ここ数年、とても親しく付き合ってきた人々は、(私と)別れにくく思って、一日中、めいめいあれこれして声高に騒いでいる間に、夜が更けてしまった。
発展①**語の成り立ち**　一般には完了の助動詞「つ」を重ねたものかといわれるが、サ変動詞「す」の終止形を重ねた「すす」が変化したものとする説もある。
②**「つつ」止めの余情表現**　❶の意味では、「田子の浦

にうち出でて見れば白妙の富士の高嶺に雪は降りつつ」〈新古今集・冬・675〉のように、和歌の末尾に用いられた場合は、動作・作用の継続を詠嘆的に表す余情表現となる。

-づつ【宛】 接尾語 （数量を表すことばに付いて）同じ数量を割り当てるという意味を表す。語例 二づつ・少しづつ

つつ-おーごめ【筒落米】 名詞 ★米刺しの筒からこぼれ落ちた米。

つつが【恙】 名詞 病気。災い。災難。患い。

つつが-な・し【恙無し】 形容詞〔ク〕〈く・く・し・き・けれ・○／から・かり・○・かる・○・かれ〉無事だ。差し障りがない。類 恙み無し

親、はたまして、あたらしく惜しければ、「つつがなくて思ふごと見なさむ。」と思ひ…。〈源氏・東屋〉訳 親（＝浮舟の母）は、（この縁談は）またなおさら、もったいなく残念なので、「無事に願い通りに世話をしたい。」と思い…。

つづき【続き】 名詞 ❶形や位置にとぎれがないこと。❷（ことばの）つながりかた。俳諧では、句から句への展開のしかた。

言の葉の続きもなう、あやしき鳥の跡のやうにて…。〈源氏・柏木〉訳 言葉のつながりもとぎれ、（筆跡も）奇妙な鳥の足跡のようで…。

つづ・く【続く】 動詞 自〔カ四段〕〈か・き・く・く・け・け〉連続する。後に従う。

「**続く勢ひはさうらはず。**」〈平家・9・木曾最期〉訳「後に従う軍勢はございません。」

つづけ-がら【続け柄】 名詞 続け具合。続け方。発展 和歌のことばや話の筋の運び方に用いる。

つつじ【躑躅】 名詞 ❶《植物》ツツジ科の低木の総称。ツツジ。春から初夏にかけて、赤や白などの花が咲く。季語 春 ❷★襲の色目のひとつ。表は★蘇芳、裏は青または紅。冬から春にかけて用いる。

つつじ-ばな【躑躅花】 枕詞 （ツツジの花が美しいという意味から）「にほふ」に係る。

つつしみ【慎み・謹み】 名詞 ❶心身を清めること。物忌みの祈禱をすること。物忌み。❷用心。遠慮。❸江戸時代、公家・武家の刑罰のひとつ。自宅に閉じ込めて外出を禁じること。謹慎。

つつし・む【慎む・謹む】 動詞 他〔マ四段〕〈ま・み・む・む・め・め〉❶気持ちを引き締める。用心する。慎重にする。

「**慎ませたまふべき御年なるに…。**」〈源氏・薄雲〉訳「（藤壺の宮は）慎重になさらなければならないお年であるのに…。」

❷物忌みする。心身を清める。

「**伊予守の朝臣の家に慎むことはべりて…。**」〈源氏・帚木〉訳「伊予守の朝臣の家に物忌みすることがございまして…。」

つづし・る【噉る】 動詞 他〔ラ四段〕〈ら・り・る・る・れ・れ〉❶少しずつ言う。

「**懐なりける笛取り出でて吹き鳴らし、『影もよし。』など、つづしり歌ふ程に…。**」〈源氏・帚木〉訳「懐にあった笛を取り出して吹き鳴らし、『影もよし。』など、少しずつ言い歌う間に…。」

❷少しずつ食べる。

塩辛き物どもをつづしるに…。〈今昔〉訳 塩辛い物などを少しずつ食べると…。

つづしろ・ふ【噉ろふ】 動詞 他〔ハ四段〕〈は・ひ・ふ・ふ・へ・へ〉《上代語》少しずつ食べ続ける。

堅塩を取りつづしろひ糟湯酒うちすすろひて…

歌〈万葉集・5・892〉訳 堅塩を取り少しずつ食べ続け糟湯酒をすすりすすり飲みながら…。

つっ-と 副詞 （速やかに行われるようすを表し）さっと。類 つと（副詞）

後ろへつっと出でたれば、五十騎ばかりになりにけり。〈平家・9・木曾最期〉訳 後ろへさっと出たところ、五十騎程度になってしまっていた。

つつま・し【慎まし】

出来事や感情を人に知られないように、包み隠しておきたい感じ
- ❶身が縮む思いである。気後れする。
- ❷遠慮される。恥ずかしい。
- ❸控えめである。遠慮深い。

未然形	連用形	終止形	連体形	已然形	命令形
つつま・しく	つつま・しく	つつま・し	つつま・しき	つつま・しけれ	○
つつま・しから	つつま・しかり	○	つつま・しかる	○	つつま・しかれ

形容詞〔シク〕❶**身が縮む思いである。気後れする。**

「**夢にや見ゆらむ。」と空恐ろしくつつまし。**〈源氏・帚木〉訳（空蟬は）「（源氏との密通が夫に）夢で見られているのではないだろうか。」と空恐ろしく身が縮む思いである。

❷**遠慮される。恥ずかしい。気兼ねする。**

「**参り来まほしけれど、つつましうてなむ。確かに来とあらば、おづおづも。**」〈蜻蛉日記〉訳「（あなたのもとに）参上したいけれど、遠慮されてねえ。（あなたが）はっきりと来いと言うなら、恐る恐るでも（参上するのだが）。」〇「つつましう」は連用形「つつましく」のウ音便。

❸**控えめである。遠慮深い。**

御身のやむごとなさも添ふにや、軽々しき御忍び歩きもつつましうて…。〈源氏・葵〉訳（源氏は昇進して）ご身分の高貴さも加わったからであろうか、軽率なお忍び歩きも控えめであって…。

発展 **語の成り立ち** 「包む」と同じ語源の四段動詞「慎む」が形容詞になったもの。↓**古語チャート**㊺（1275ページ）

つつまし-げ・なり【慎ましげなり】 形容動詞〔ナリ〕〈なら・なり（に）・なり・なる・なれ・なれ〉❶遠慮がちだ。慎み深い。

御文とりつぎ、立ち居、行き違ふさまなどのつつましげならず、もの言ひ、ゑ笑ふ。〈枕草子・184・宮に初めて参りたるころ〉訳（中宮への）お手紙を取り次ぎ、立ったり座ったり、（また）行き交う（女房たちの）ようすなどが遠慮がちでもなく、（平気で）物を言ったり、声を出して笑う。

❷恥ずかしそうだ。きまり悪そうだ。

いとつつましげにおぼしたれど、かやうの人にもの言ふらむ心ばへなども、ゆめに知りたまはざりければ…。〈源氏・末摘花〉訳（姫君は）とてもきまり悪そうにお思いになっているけれど、このような方（＝源氏）と話をしたりする際の心構えなども、まるでお知りにならなかったので…。

つつま-ふ【障まふ・恙まふ】 《上代語》災害を受ける。病気になる。

事し終はらばつつまはず帰り来ませと… 歌〈万葉集・20・4331〉訳「仕事が終わったら、病気にならずに帰って来てください。」と…。

発展 四段動詞「つつむ」の未然形＋上代の反復・継続の助動詞「ふ」。

●成立…平安時代末期
●作者…未詳
●分野…物語
●物語数…十編

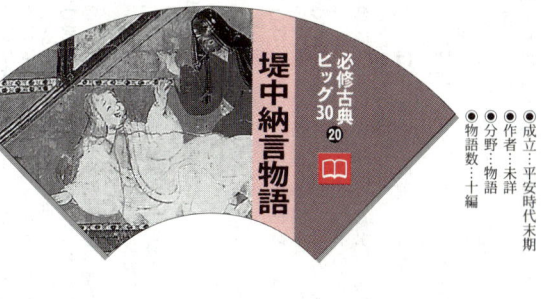

必修古典ビッグ30 ⑳

堤中納言物語

▼掃墨物語絵巻

【「花桜折る少将」の冒頭の一文】

月にはかられて、夜深く起きにけるも、思ふらむところいとほしけれど、たち帰らむも遠きほどなれば、やうやう行くに、小家などに例おとなふものも聞こえず。訳 月の光にだまされて、夜深いころ、(もう暁かと)起きてしまったのも、(常に似ない早帰りを)どう思っているかと、(いま別れてきた女性の心中が)不憫に思われるけれども、戻るとしたら、それも遠い道のりであるので、(このまま戻ろうと心を決めて)徐々に歩みを進めていくと、(道わきの)小家などにいつもの(生業のために)立てている物音も聞こえない。


【書名の由来】

十の物語のうち「花桜折る少将」ほか五編の物語の名は、一二七一(文永八)年ごろの本に見えるが、その他の物語の名や『堤中納言物語』という書名は、江戸時代になってからしか現れない。また書名の由来についても多くの説があるが、不明である。


【成立と作者・編者】

十編の物語のうち、成立時期と作者が推定できるのは「逢坂越えぬ権中納言」だけで、一〇五五(天喜三)年ごろといわれている。作者は「小式部」という名の女房で、後朱雀天皇の第四皇女である六条斎院に仕えていた。経歴や生没年は不明。その他の物語も、この前後に成立したと考えられている。また全体がまとめられた時期・編者も不明である。


【概要】

別々に成立した十の物語を集めた短編集である。各物語の配列や全体を統一する編集意図などは、あまり感じられない。

●花桜折る少将…少将は、美貌で和歌や音楽にも優れている典型的な物語の主人公。その少将が姫君に恋をし、強引に連れ出したが、祖母の尼君と間違えてしまったという話。

●このついで…子まで作った姫君のところに久しぶりに訪れた男が、本妻のことが気になって落ち着いていられない。後を慕う子を連れて出ようとすると、姫君が寂しさをふと漏らしたのでそのまま泊まってしまった、というような三つの話が語られる。

●虫めづる姫君…按察使の大納言の娘は、人々が忌み嫌う毛虫を愛し、世間の風俗に反抗して眉を抜いたり歯を染めたりせず、親たちが世間体を気にして忠告しても、理屈を言って、親たちを困らせる。しかしこの常識外れの姫君が、かえって世間の常識を揺るがすという話。

●ほどほどの懸想…小舎人童・若い男・頭の中将の主従の、各自の身分に応じた恋を描く。

●逢坂越えぬ権中納言…美男だが気の弱い中納言が、思い詰めてやっと会った姫君に手も出せない話。

●貝あはせ…侍女たちの貝合わせを、覗き見た蔵人の少将が、ひそかに継子の姫を応援する話。

●思はぬ方にとまりする少将…少将と権少将とは、それぞれ姉と妹と結ばれたが、ある夜間違えて自分の相手でない逆の女と契ってしまう話。

●はなだの女御…宮仕えから里下りした姉妹が、自分の女主人の話をするのを、覗き見する好き者の話。

●はいずみ…下京辺りに住む、身分はあるが経済的には恵まれない男は権勢のある人の娘を新しい妻として迎え、前妻であった女は自分から身を引く。しかし、男は前の女の愛情の深さに気付きもとのように暮らす。一方新しい妻は、おしろいと間違えて、はい墨(=まゆずみ)を塗るという、とんだ失敗をしてしまう話。

●よしなしごと…物欲の深い僧の手紙の面白さを描く。

【キーワード・垣間見る】

「貝あはせ」や「はなだの女御」などのように、「垣間見る」(=覗き見る)という行為が、作品のキーワードになっている。この行為が、物語の展開上で重要な役割を果たす作品が、文学史上には多い。


【ことばと表現】
●「御かたちは限りなかりけれど」、「少将の君も隠れにけりとぞ」、「思しけるとかや」、「いとをかしくて見居たまへりとや」のように、物語を中断して終わる作品がある。
また、「二の巻にあるべし」と結んで、いかにも続編があるように見せかけたり、「～とぞ本にはべる」と、典拠の存在を思わせて信憑性を得ようとしたり、さまざまな手法を駆使して読者を飽きさせない。

●「花桜折る少将」には、主人公への敬語があったりなかったりなど、敬語の不統一が見られる。
敬語がない場合
「はやくここに、物言ひし人あり。」と思ひ出でて、立ちやすらふに…。
敬語がある場合
夕方、殿にまうでたまひて…。

●物語の冒頭に、「昔男ありけり」といった昔物語風の導入句を用いない。「春のものとてながめさせたまふ昼つかた…。」、「蝶めづる姫君の住みたまふかたはらに…。」のように、読者をいきなり物語世界に連れ込む手法をとる。常套句は新鮮味を欠く、という意識が作者にあった。それは、「『そのころのこと』と、あまた見ゆる人まねのやうに、かたはらいたけれど…。」(はなだの女御)と断っているところからも窺われる。

●「よしなしごと」には、「丸盥にまれ、うち盥にもあれ、貸したまへ。(=柄のない盥でもいいし、金属を打ち出した盥でもかまわない、お貸しください。)」のような放任表現がふんだんに用いられている。「～にもあれ」「～にてもあれ」、また、その融合した形である「～にまれ」「～にてまれ」が見られる。

つづまーやか・なり【約まやかなり】形容動詞〔ナリ〕〈なら・なり(に)・なり・なる・なれ・なれ〉❶簡略だ。手短だ。**色道奥義**の説法**つづまやかに**述べたまへば…。〈傾城禁短気〉訳 色道の極意の説法を**簡略に**お述べになると…。❷倹約するようす。質素だ。控えめだ。**人はおのれをつづまやかにし、奢りを退けて**…。〈徒然草・18〉訳 人はわが身を**質素に**し、贅沢を遠ざけて…。

つづま・る【約まる】動詞 自〔ラ四段〕〈ら・り・る・る・れ・れ〉❶小さくなる。うずくまる。**虎のつづまり居てものをうかがふ様にてありければ**…。〈今昔〉訳 トラが**うずくまって**いてものをうかがっているようすだったので…。❷短くなる。縮まる。詰まる。**嘆きながら月日を過ぐすほどに、やうやう命つづまるを**…〈宇治拾遺〉訳 嘆きながら月日を過ごすうちに、だんだん命が**縮まる**のを…。

つつみ【堤】名詞 ❶土手。堤防。❷貯水池。ため池。❸土俵。

つつみ【慎み】名詞 ❶物忌み。心身を清めること。❷はばかり慎むこと。用心。遠慮。❸隠すこと。

つづみ【鼓】名詞 ❶中が空っぽの胴に皮を張って打ち鳴らす打楽器の総称。太鼓・小鼓など。❷中世以降、比較的小型で胴の中央がくびれている鼓。❸紋所のひとつ。❷を図案化したもの。

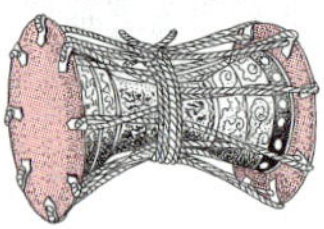
[つづみ❷]

堤中納言物語 作品名 ↓必修古典ビッグ30 ⑳(844ページ)

つつみ-な・し【恙無し】形容詞〔ク〕〈く・く・し・き・けれ・○／から・かり・○・かる・○・かれ〉無事だ。類 恙無し

つつみなく幸くいましてはや帰りませ 歌〈万葉集・5・894〉訳 **無事で**変わりなくおいでになって、早く帰っていらっしゃい。

つつみ-ぶみ【包み文】名詞 薄くすいた和紙などで包んだ手紙。恋文などに用いられた。対 立て文

つつ・む【障む・恙む】動詞 自〔マ四段〕〈ま・み・む・む・め・め〉❶差し障る。障害が生じる。**大舟を荒海に出だしいます君つつむことなくはや帰りませ** 歌〈万葉集・15・3582〉訳 大舟を荒海に出し(出発)なさるあなた、**差し障る**こともなく(=ご無事で)すぐお帰りなさい。❷病気になる。患う。

つつ・む【包む・裹む】動詞 他〔マ四段〕〈ま・み・む・む・め・め〉❶全体を覆う。くるむ。**白い布で包まれたり**。〈平家・2・座主流〉訳 白い布で**くるまれている**。❷隠す。秘める。**たらちねの母にも告らず包めりし心はよしゑ君がまにまに** 歌〈万葉集・13・3285〉訳 母にも告げず**隠して**いた心はどうせ君が思うままであるよ。○「たらちねの」は「母」に係る枕詞。

つつ・む【慎む】

気持ちを外に出さないようにする
- ㊀ 動詞 他 ― 気兼ねする。遠慮する。
- ㊁ 動詞 自 ― 気後れする。

未然形	連用形	終止形	連体形	已然形	命令形
つつま	つつみ	つつむ	つつむ	つつめ	つつめ

㊀ 動詞 他〔マ四段〕**気兼ねする**。はばかる。**遠慮する**。**人目もつつまず相見まほしくさへおぼさる**。〈源氏・澪標〉訳 (明石の君と)人目も**はばからず**に会いたいとまで(源氏は)お思いにならないではいられない。

㊁ 動詞 自〔マ四段〕**気後れする**。気が引ける。**大人大人しう、恥づかしげなるにつつまれて、とみにもえうち出でたまはず**。〈源氏・若紫〉訳 (紫の上の祖母である尼君の)落ち着いていて、こちらが気後れするほど立派なようすに(源氏は)**気が引けて**、すぐにはとても(紫の上を引き取りたいと)口に出しておっしゃることができない。

発展 **「包む」と同じ語源** 包み隠すようすを心の状態にたとえていったもの。

↓**古語チャート**㊺(1275ページ)

つづ・む【約む】動詞 他〔マ下二段〕〈め・め・む・むる・むれ・めよ〉縮める。短くする。**「重盛が運命をつづめて、来世の苦輪を助けたまへ。」**〈平家・3・医師問答〉訳「重盛の(現世の)寿命を**縮めて**、来世の苦しみをお助けください。」

つつ-め・く【囁く】動詞 自〔カ四段〕〈か・き・く・く・け・け〉ささやく。ひそひそ言う。**「船君の、辛くひねり出だして、よしと思へる言を。怨じもこそしたべ。」とて、つつめきて止みぬ**。〈土佐日記・二月一日〉訳「船の主人が、やっと工夫して作り出して、うまいと思っている歌なのになあ。(悪口が耳に入り)恨み言をおっしゃったら困る。」ということで、**ひそひそ言って**(悪口は)終わりになった。

つつ-やみ【つつ闇】名詞 真のやみ。真っ暗やみ。まったくのやみ。

つづら【葛・葛籠】名詞 ❶《植物》太めで丈夫なつる草の総称。弓や太刀に巻いたり、かごを作ったりするのに用いる。季語 夏 ❷《植物》クズの別の呼び名。季語 秋 ❸襲の色目のひとつ。表は青黒色、裏は淡青色。❹衣服を入れるかご。ツヅラのつるや竹などを編んで作る。発展 ❹は「つづらこ」とも。

つづら-か・なり【円らかなり】形容動詞〔ナリ〕〈なら・なり(に)・なり・なる・なれ・なれ〉目を丸く見開いている。**堀河殿の、目をつづらかにさし出でたまへるに**…。〈大鏡・兼通〉訳 (危篤状態の)堀河殿(=藤原兼通)が、(怒って)目を**見開いて**出ていらっしゃったので…。

発展「つぶらかなり」とも。

つづら-をり【葛折り・九十九折り】名詞 くねくねと曲がりくねった坂道。

つづり【綴り】名詞 ❶つづること。また、つづった物。❷布を継ぎ合わせること。また、継ぎ合わせた粗末な衣服。多くは僧衣をいう。

つづり-させ【綴り刺せ】コオロギの鳴き声を表すことば。発展 鳴き声を、冬に備えて衣服を「つづりさせ(=継ぎ目を縫い合わせなさい)」と聞き取ったことから。

つづ・る【綴る】動詞 他〔ラ四段〕〈ら・り・る・る・れ・れ〉❶縫い合わせる。つなぎ合わせる。**ももひきの破れをつづり、笠の緒付け替へて**…。〈奥の細道・発端〉訳 ももひきの破れを**縫い合わせ**、笠のひもを付け替えて…。❷詩歌や文章を作る。

つづれ【綴れ】名詞 ↓つづり

つつ-ゐ【筒井】名詞 筒の形に掘った井戸。あるいは円筒

形の枠の井戸とも。

つつゐ-づつ【筒井筒】|つつゐ| 名詞 井戸の枠で、地上に出た部分が円筒形のもの。円筒形の井戸の井桁。

★つつゐつの… 歌 **筒井つの井筒にかけしまろがたけ過ぎにけらしな妹見ざるまに**〈伊勢・23〉訳 筒井戸の井戸枠の井筒と比べ合った私の背丈も、（今ではそれより）高くなってしまったようだなあ。あなたに会わないでいるうちに。〇「筒井つ」の「筒井」は筒形の井戸、「つ」の意味は不明。「けらしな」は、過去の助動詞「けり」の連体形に推定の助動詞「らし」の付いた「けるらし」が変化したものに、詠嘆を表す終助詞「な」が付いたもの。下の句は倒置法。↓倒置のある文

発展 井戸のそばで遊んでいた幼なじみの男女が成人して愛し合うようになり、男から贈った求婚の歌。この歌から「筒井筒」は幼なじみの男女を意味するようになった。女からの返歌（↓くらべこし…）参照。

つて【伝て】 名詞 ❶人づて。人づてに聞くこと。言づて。❷ものついで。便り。手がかり。

つて-ごと【伝て言】 名詞 ❶言い伝えることば。言づて。伝言。❷言いふらすことば。うわさ。発展「つてこと」とも。

つと【苞】 名詞 ❶物をわらなどで包んで、持ち運びしやすくしたもの。わらづと。❷土地の産物。旅の土産。贈り物。また、土産話。

つ-と 副詞 ❶（動かずに、ある状態が持続するようすを表し）じっと。そのまま。**かくてほかへもさらに行かで、つとゐにけり。**〈大和・149〉訳 こうしてよそへも全然行かず、**そのまま**（その女のところに）いた。❷（速やかに行われるようすを表し）急に。すぐに。**涙のつと出で来ぬ、いとはしたなし。**〈枕草子・127・はしたなきもの〉訳（気の毒なことを話題にしているときに）涙が**急に**出てこないのは、ひどくきまりが悪い。

つどう（現）↓（歴）**つどふ【集ふ】**

つと-に【夙に】

夜も明け切らないほど早い時間であるようす	朝早く。早朝に。

副詞 **朝早く。早朝に。**
つとに行く雁の鳴く音は我がごとくもの思へかも声の悲しき 歌〈万葉集・10・2137〉訳 **朝早く**（飛んで）行くガンの鳴く声は、私と同様に物思いをするからなのかなあ、（なんとも）鳴き声の切ないことよ。

発展 **語の歴史** 早朝・翌朝の意味を表す「つとめて」の「つと」と同じ語源。中古・中世の代表的な作品中には見られないことばであるが、主に漢文訓読文などに用いられるうちに、「早くから・とっくに」という意味に変化して、現代語にも古い言い回しとして残っている。

つどは+□「つどふ【集ふ】㊀（ハ行四段）」の未然形。

つどひ+□「つどふ【集ふ】㊀（ハ行四段）」の連用形。

つど-ふ【集ふ】 ㊀動詞 自〔ハ四段〕〈は・ひ・ふ・ふ・へ・へ〉集まる。寄り合う。**守よりはじめて、子ども、類親どもみな屏風の後ろに集ひゐたり。**〈今昔〉訳（尾張の）守を第一として、子ども、一族の者たちは皆屏風の後ろに**集まっていた**。

㊁動詞 他〔ハ下二段〕〈へ・へ・ふ・ふる・ふれ・へよ〉集める。寄せる。**こともなき手本多く集へたりし中に…。**〈源氏・梅枝〉訳 非難のしようのない手本を多く**集めて**あった中に…。

つどふ+□「つどふ【集ふ】㊀（ハ行四段）」の終止形・連体形。または、「つどふ【集ふ】㊁（ハ行下二段）」の終止形。

つどふる+□「つどふ【集ふ】㊁（ハ行下二段）」の連体形。

つどふれ+□「つどふ【集ふ】㊁（ハ行下二段）」の已然形。

つどへ+□「つどふ【集ふ】㊀（ハ行四段）」の已然形・命令形。または、「つどふ【集ふ】㊁（ハ行下二段）」の未然形・連用形。

つと-む【勤む・務む・努む】 動詞 自〔マ下二段〕〈め・め・む・むる・むれ・めよ〉❶努力して行う。精を出して物事に当たる。**「人よく道を勤め、義を守るべし。名もまたこれにしたがふ。」と言へり。**〈奥の細道・塩釜〉訳「人はよく（その）道を**努力して行い**、義を守らなければならない。（その結果）名誉もまたこれに付いてくる。」と（古人も）言っている。❷仏道に励む。仏道修行する。**後の世を勤むるさまかき崩しきこえて…。**〈源氏・明石〉訳 後の世のために**仏道に励む**ようすをぽつりぽつりお話し申し上げて…。

つとめ【勤め・務め・努め】 名詞 ❶《仏教語》毎日、仏前で読経や念仏などをして仏道に励むこと。仏道の修行。勤行。❷励むこと。精を出すこと。職務。勤務。仕事。任務。役目。

つとめ-て 名詞 ↓最重要語（847ページ）

つとめる（現）↓（古）**つとむ【勤む・務む・努む】**

つな-ぐ【繋ぐ・踵ぐ】 動詞 他〔ガ四段〕〈が・ぎ・ぐ・ぐ・げ・げ〉❶結んで離れないようにする。**水の底には乱杭打って大綱張り、逆茂木つないで流しかけたり。**〈平家・9・宇治川先陣〉訳 水の底には乱杭を打ち大綱を張り、逆茂木を**結んで離れないようにして**水に流しかけていた。〇「つない」は連用形「つなぎ」のイ音便。❷後をつける。**「行かん方をつないで見よ。」**〈平家・8・緒環〉訳「行こうとする方を**後をつけて**みよ。」❸長く続くようにする。絶えないようにする。

つな-で【綱手】 名詞 陸から舟を引く引き綱。綱手縄。

つな-ひ-く【綱引く】 動詞 自〔カ四段〕〈か・き・く・く・け・け〉❶（つながれた）綱を引っ張る。**御簾のつまを猫の綱引きたりし夕べのことも…。**〈源氏・若菜下〉訳 すだれの端をネコが**引っ張って**いた夕方のことも…。❷（動物などが、引かれた方に行くまいと）綱に逆らう。**綱引く駒もおもなれにけり。**〈蜻蛉日記〉訳 **綱に逆らう**ウマもなついてしまったよ。❸意地を張る。**いたく綱引きて見せし間に…。**〈源氏・帚木〉訳（女の言い分に対抗して）ひどく**意地を張って**見せた間に…。

つね【常】 ㊀副詞 ふだん。いつも。**常風雅にゐるものは…取り物自然にして、子細なし。**〈三冊子〉訳 **ふだん**俳諧に心をひたしている者は…対象はありのままとらえられ、問題はない。

㊁名詞 ❶普段。平生。いつも。**常よりも、思し出づること多くて、靫負の命婦といふを遣はす。**〈源氏・桐壺〉訳（帝は）**普段**にもま

して、(亡き桐壺の更衣を)お思い出しになられることが多くて、靫負の命婦という女官を(更衣の里に)お遣わしになる。
❷普通。当たり前。習い。
国人の心の常として、「今は。」とて見えざなるを、心ある者は、恥ぢずになむ来ける。〈土佐日記・十二月二十三日〉訳(国守が帰京するときの)土地の人の心の習いとして、「今は(離任するのだから用はない)」ということで(見送りに)やって来ないということだが、ものの道理をわきまえた人は、(世間体など)はばからないで来てくれたのだった。

つね-な・し【常無し】形容詞〘ク〙〈く・く・し・き・けれ・○／から・かり・○・かる・○・かれ〉変わりやすい。無常だ。はかない。
うつせみの世は常なしと知るものを秋風寒みしのびつるかも 歌〈万葉集・3・465〉訳この世は**はかない**(ものだ)と知ってはいるものの、秋風が寒いので(亡き人を)恋しく思ったことよ。〇「うつせみの」は「世」に係る枕詞。
発展「無常」を訓読してできたことば。

つね-なら-ず【常ならず】連語 変わりやすい。無常だ。はかない。
飛鳥川の淵瀬常ならぬ世にしあれば…。〈徒然草・25・飛鳥川の淵瀬〉訳(深い淵と浅い瀬が定まらない)飛鳥川の淵と瀬のように**無常な**世の中なので…。
発展 形容動詞「つねなり」の未然形＋打消の助動詞「ず」。

つね・なり【常なり】形容動詞〘ナリ・ノ〙〈なら・なり(に)・なり・なる・なれ・なれ〉変わらず続いている。不変である。
世の中は何か常なる飛鳥川昨日の淵ぞ今日は瀬になる 歌〈古今集・雑下・933〉訳→よのなかは…
→古語チャート㊾(1327ページ)

つね-に【常に】副詞 ❶いつも。よく。❷永久に。
我が命も常にあらぬか昔見し象の小河を行きて見むため 歌〈万葉集・3・332〉訳我が命も**永久に**あってくれないものか。昔見た象の小川(＝吉野川の支流)に行って見ようとするために。
→古語チャート㊾(1327ページ)

つね-の-さん【恒の産】安定した収入をもたらす職業や資産。

つね-は【常は】いつも。
常は岩の間にて花を見、秋は木々の梢にては月を眺め…。〈御伽草子・のせ猿草子〉訳**いつも**岩の間で花を見、秋は木々の梢で月を眺め…。

津の国 歌枕 今の大阪府北西部から兵庫県東南部にかけての一帯。摂津国の古い呼び名。和歌には、「津の国の難波」「津の国の生田森」「津の国の昆陽」「津の国の長柄の橋」のように、「つのくにの」の形で枕詞として用いたり、地名とともに詠むことが多かった。

つのくに-の【津の国の】枕詞(津の国の地名「難波」「長柄」「昆陽」「御津」などと音の類似する)「名には」「ながらふ」「来や」「見つ」などに係る。

つのくにの… 歌 **津の国の難波の春は夢なれや蘆の枯れ葉に風渡るなり**〈新古今集・冬・625・西行〉訳津の国の難波の(あの美しい)春(の景色)は夢なのだろうか。(今はそのときの面影もなく)アシの枯れ葉に風が渡ってゆく音が聞こえる。
発展 ★能因の「心あらむ人に見せばや津の国の難波わたりの春の景色を」〈後拾遺集・43〉を本歌とする。

つの-ぐ・む【角ぐむ】動詞 自〘マ四段〙〈ま・み・む・む・め・め〉(草木の)新芽が角のように出始める。
粟津野のすぐろのすすき角ぐめば冬たちなづむ駒ぞいばゆる 歌〈後拾遺集・45〉訳粟津野の野焼き後の黒ずんだススキの**新芽が角のように出始める**と、冬には立ち渋っていたウマが元気にいななくことだ。
発展「ぐむ」は接尾語。

つの-さはふ【―さわ(おう)】枕詞「いは」に係る。
発展「つの」は若芽で「つの障はふ」の意味とも、つる草で「つのさ這ふ」の意味ともいう。

つば【鍔】名詞 刀剣の柄と刀身の境にはめ込んで、手を防御する金具。

海柘榴市 地名 今の奈良県桜井市、★三輪と★初瀬の中間にあった古代の市。「椿市」とも。古代より水陸交通の要地で、『日本書紀』によると、★歌垣の場であったという。平安時代以降は長谷寺参拝の宿泊地として栄えた。

つばい-もちひ【椿餅】―名詞 甘葛をかけて丸く固め、ツバキの葉二枚で包んだ餅菓子。つばきもち。季語 春
発展 蹴鞠の後のごちそうとして出された。

つばき【椿】名詞 ❶《植物》ツバキ科の常緑高木。季語 春 ❷★襲の色目のひとつ。表は★蘇芳、裏は赤。冬に用いる。

つ-は・く【唾吐く】動詞 自〘カ四段〙〈か・き・く・く・け・け〉つばを吐く。ぺっと吐く。
赤土を含みてつはき出だしたまへば…。〈古事記・大国主神〉訳(大穴牟遅神が)粘土を含ん

つと-めて

早朝。また、前夜に何か出来事があったその翌朝
❶早朝。
❷(前夜に何か出来事があった)その翌朝。

名詞 ❶**早朝。**
冬はつとめて。雪の降りたるは言ふべきにもあらず、霜のいと白きも、またさらでもいと寒きに…。〈枕草子・1・春は曙〉訳冬は**早朝**(がよい)。雪が降(り積も)っている早朝は言いようもなく(すばらしいし)、霜が(降りて一面が)とても白いのも、またそうでなくてもひどく寒い早朝に…。
❷(前夜に何か出来事があった)**その翌朝。**
男いと悲しくて、寝ずなりにけり。つとめて、いぶかしけれど…いと心もとなくて待ちをれば…。〈伊勢・69〉訳男はとても悲しくて、寝ないままになってしまった。**その翌朝、**(斎宮のことが)気がかりだが…たいへんじれったい気持ちで待っていると…。
発展 ①**語の成り立ち** 朝早く、という意味の副詞「つとに」の「つと」と関係することばで、暁を過ぎて夜が明け、日が出たころを指す。古語の「朝」「朝」などで表される時間帯とほぼ一致する。また、❷の意味では、「つとめて」の前に、前夜の出来事の記述があることで❶と区別できる。
②中古の和文に多く用いられたが、中世以降は用いられなくなった。
関連語 暁・曙・朝・朝・朝
→古語チャート❶(47ページ)

でぺっと吐き出しなさると…。

発展 現代語の「つばき」は、この「つはく」が後に「つばく」となり、その連用形が名詞になったものである。

つばくら-め【燕】 名詞《動物》鳥の名。ツバメ。季語 春

発展「つばくら」とも。

つ-ばな【茅花】 名詞《植物》チガヤ。また、その花。白色の穂をつける。季語 春

つは-もの【兵】 名詞 ❶兵器。武器。武具。❷兵士。武士。❸頼りになる人。勇者。豪傑。

つばら-か・なり【委曲かなり】 形容動詞〔ナリ〕〈なら・なり(に)・なり・なる・なれ・なれ〉❶細かくて詳しい。詳細だ。**いふかりし国のまほらをつばらかに示したまへば…** 歌〈万葉集・9・1753〉訳(筑波の神も)知りたいと思った国の優れたよい所を**詳細に**お見せくださるので…。

❷思い残すことがない。存分だ。**奥山の八つ峰の椿つばらかに今日は暮らさねますらをの伴** 歌〈万葉集・19・4152〉訳奥山の峰々のツバキではないが、**思い残すことなく**今日は過ごしなさい。(会に来た)官人たちよ。

つばら-つばら【委曲委曲】 副詞 つくづく。しみじみ。**浅茅原つばらつばらに物思へば古りにし里し思ほゆるかも** 歌〈万葉集・3・333〉訳**しみじみと**もの思いに沈んでいると、古い都(の明日香)の里が思い出されることだ。〇「浅茅原」は「つばらつばら」に係る枕詞。

つばら・なり【委曲なり】 形容動詞〔ナリ〕〈なら・なり(に)・なり・なる・なれ・なれ〉詳細だ。存分だ。類 委曲かなり

道の隈い積もるまでにつばらにも見つつ行かむを… 歌〈万葉集・1・17〉訳道の曲がり角が幾重にも積み重なる(ところ)まで、**存分に**(三輪山を)見続けて行きたいのに…。

つは・る 動詞 自〔ラ四段〕〈ら・り・る・る・れ・れ〉❶芽が出る。芽ぐむ。**下より兆しつはるに堪へずして落つるなり。**〈徒然草・155〉訳下から芽ぐみ**芽が出る**のに持ちこたえないで(古い葉が)落ちるのである。

❷つわりになる。**いつしかとつはりたまへば…。**〈落窪〉訳いつの間にか**つわりにおなりに**なるので…。

発展 生物の内部に新しい生命が兆すという意味。現代語の「つわり」は、この「つはる」の連用形が名詞になったものである。

つひ【終】 名詞 ❶終わり。最後。究極。❷死ぬこと。

つひえ 名詞 ━【費え】❶費用がかかること。むだな出費。また、むだ。❷損害。損失。
━【弊え・潰え】❶悪くなること。❷弱ること。疲れること。疲労。❸崩れ破れること。決壊すること。消耗。

つひ-に【終に・遂に】 副詞 ❶とうとう。結局。**言ひ言ひて、つひに本意のごとく会ひにけり。**〈伊勢・23〉訳(男と女は)互いにあれこれ言い合って、**とうとう**かねてからの希望のとおり結婚したのだった。

❷いつまでも。最後まで。**「名乗れ名乗れと責めさうらひつれども、つひに名乗りさうらはず。」**〈平家・7・実盛〉訳「名乗れ名乗れと責めましたが、**最後まで**名乗りません。」

❸(打消の語を伴って)まだ一度も。決して。**つひに大道を走り歩きしことなし。**〈西鶴・日本永代蔵〉訳**まだ一度も**大道を走り回ったことがない。

◆つひにゆく… 歌 つひにゆく道とはかねて聞きしかど昨日今日とは思はざりしを〈古今集・哀傷・861・在原業平〉訳(死出の旅路は)最後には(だれでも)行く道だとは以前から聞いていたが、昨日今日と(いうさし迫ったことだ)とは思わなかったのになあ。〇「しかど」は、過去の助動詞「き」の已然形＋逆接の確定条件を表す接続助詞「ど」。「ざりしを」は、打消の助動詞「ず」の連用形＋過去の助動詞「き」の連体形＋感動・強調を表す間投助詞「を」。

発展 避けられないものと理解していたはずの死だが、いざ直面してみると、思いもよらない感慨があることを淡々と詠む。『伊勢物語』百二十五段には「昔男」の辞世の歌として、また『大和物語』百六十五段にも見える。

つひ-の-こと【終の事】 結局そうなること。

つひ-の-すみか【終の住み処】 最後に住む所。

つひ-の-わかれ【終の別れ】 最後の別れ。死別。

つひや・す【費やす・弊やす・潰やす】 動詞 他〔サ四段〕〈さ・し・す・す・せ・せ〉❶使い減らす。むだに使う。**さしも危ふき京中の家を作るとて、宝を費やし、心を悩ますことは、すぐれてあぢきなくぞはべる。**〈方丈記・安元の大火〉訳(大火に見舞われた)こんなにも危険な都の街中の家を建てるといって、金を**むだに使い**、心を悩ますことは、(愚かなことのうちでも)特にするかいのないことでございます。

❷崩れさせる。破る。

つひ・ゆ【費ゆ・弊ゆ・潰ゆ】 動詞 自〔ヤ下二段〕〈え・え・ゆ・ゆる・ゆれ・えよ〉❶(使って)だんだん減る。

❷疲れ衰える。やつれる。**年ごろいたうつひえたれど…。**〈源氏・蓬生〉訳(侍従は)ここ数年ひどく**やつれて**いるけれど…。

❸崩れる。壊れる。

つぶさ・なり【具さなり・備さなり・審さなり】 形容動詞〔ナリ〕〈なら・なり(に)・なり・なる・なれ・なれ〉❶欠けることなく完全に備わっている。**人は中央に生じて、つぶさに五行の徳を備へ…。**〈浮世物語〉訳人は(天地の)中央に生を受け、**完全に**五行の徳を備え…。

❷細かく詳しい。詳細だ。**僧、進み入りて、つぶさに事の有り様を語る。**〈今昔〉訳僧は、(その寺の僧たちの中に)進んで入っていって、**詳細に**事の次第を語る。

つぶつぶ-と 副詞 ❶こまごまと。詳しく。**かくつぶつぶと書きたまへるさまの…。**〈源氏・夢浮橋〉訳(薫が手紙に)このように**詳しく**書きなさっているようすが…。

❷(胸が騒いだり、高鳴ったりするようすを表し)どきどきと。**胸つぶつぶと走るに…。**〈蜻蛉日記〉訳胸が**どきどきと**胸騒ぎがするのに…。

❸(太っているようすを表し)ふっくらと。**つぶつぶと肥えて白ううつくし。**〈源氏・柏木〉訳(若君は)**ふっくらと**太って色が白くかわいらしい。

❹(涙・血・水などが粒のようになって流れ出るようすを表し)ぽたぽたと。**つぶつぶと涙ぞ落つる。**〈蜻蛉日記〉訳**ぽたぽたと**涙が落ちる。

❺(勢いよく物を刺す音、水に入る音を表し)ずぶずぶと。**いたくも走らせずして、水をつぶつぶと歩ばして行けるに…。**〈今昔〉訳(ウマを)それほど走らせもしないで、水(の中)を**ずぶずぶと**歩かせて行ったところ…。

❻(物が煮えている音を表し)ぐつぐつと。豆を煮ける音の、**つぶつぶとなるを聞きたまひければ**…〈徒然草・69・書写の上人〉訳 豆を煮た音が、ぐつぐつとなるのをお聞きになったところ…。
❼(不平を言うようすを表し)ぶつぶつと。

つぶ-て【飛礫・礫】名詞 小石を投げつけること。また、その小石。発展「たぶて」とも。

つぶ-と 副詞 ❶透き間もなく。ぴったりと。すっかり。**陸奥紙をつぶと押させたまへりけるが**…。〈大鏡・伊尹〉訳(伊尹は寝殿の天井や壁に)陸奥紙を**透き間もなく**張らせなさっていたが…。
❷(打消の語を伴って)全然。まったく。**顔をつぶと見せぬが怪しきに**…。〈今昔〉訳 顔を**全然**見せないのが怪しいので…。
❸(針で刺す音や、物が水中に沈む音を表し)ずぶっと。

づぶぬれの… 句
づぶ濡れの大名を見る炬燵かな〈八番日記・小林一茶〉訳 冬の冷たい雨に打たれ、ずぶ濡れになって通ってゆく大名行列を見ながら、私はぬくぬくとこたつにあたっているよ。◯季語 炬燵―冬
発展 身分の高い武士たちが雨の中で震えているのに、庶民の自分は暖かい家の中にいるという皮肉を詠む。なお、「づぶぬれ」は、「ず」「づ」の音の別がなくなってからできた語なので、「づぶぬれ」としなければならない必然性はない。

つぶね【奴】名詞 ❶召し使い。しもべ。❷人に仕えること。奉公。奉仕。つとめ。

つぶら-か・なり【円らかなり】形容動詞〔ナリ〕〈なら・なり(に)・なり・なる・なれ・なれ〉小さくて丸々としている。**まだ五十日にも足りたまはず、いとつぶらかに白く肥えたまへり。**〈宇津保〉訳(皇子はお生まれになって)まだ五十日にもなっていらっしゃらないが、とても**小さくて丸々と白く太って**いらっしゃる。

つぶ・る【潰る】動詞 自〔ラ下二段〕〈れ・れ・る・るる・るれ・れよ〉❶つぶれる。**各の肝つぶるるやうに争ひ走りのぼりて**…〈徒然草・137・花は盛りに〉訳(葵祭を見ようと)それぞれ肝が**つぶれる**かのように争って(桟敷に)走りのぼって…。
❷(胸が)どきどきする。心が痛む。**忍びやかに門たたけば、胸少しつぶれて**…。〈枕草子・25・すさまじきもの〉訳 ひそやかに門をたたく(者がいる)ので、(恋人がやって来たのかと)胸が少し**どきどきして**…。

つ-べし 連語 ❶(「べし」は推量で)きっと…に違いない。…てしまうに違いない。**うち臥したまへる御さま、おほどきうつくしげなれば、「いみじきあやまちありとも、心弱く許しつべき御ありさまかな。」と見たてまつりたまふ。**〈源氏・柏木〉訳(女三の宮の)横になっていらっしゃるお姿は、おっとりしていてかわいらしく見えるので、「たいへんな罪があるとしても、情にもろくなって許**してしまうに違いない**ごようすだなあ。」と(源氏は)見申し上げなさる。
❷(「べし」は意志で)きっと…つもりだ。…てしまおう。「**いと好きたる者なれば、かの入道の遺言破りつべき心はあらむかし。**」〈源氏・若紫〉訳「(播磨守の子は)とても色好みな人なので、あの(明石の)入道の遺言をやぶっ**てしまおう**という気持ちがあるのだろうよ。」
❸(「べし」は可能で)きっと…できる。…できそうだ。**あなづりやすき人ならば、「後に。」とてもやりつべけれど、さすがに心恥づかしき人、いと憎くむつかし。**〈枕草子・28・憎きもの〉訳 容易に見下げることができる人であるならば、「後で。」と言ってでも帰してしまうことが**できそうだ**が、やはり(相手が立派で)気がひける人は、(追い帰すわけにもいかず)ひどくしゃくに障り不快だ。
❹(「べし」は適当で)…てしまうのがよい。「**ただいまの気づかひ、一夜白髪と言ひつべくさうらふ。**」〈伊曾保〉訳「今の(私の)気遣いは、一夜にして白髪頭になってしまうほどだと言っ**てしまうのがよい**ほどでございます。」
❺(「べし」は当然で)当然…そうだ。…てしまいそうだ。**楊貴妃の例も引き出でつべくなりゆくに**…。〈源氏・桐壺〉訳 楊貴妃の先例をも引き合いに出し**てしまいそうに**なっていくので…。
発展 確述の助動詞「つ」の終止形＋推量の助動詞「べし」。

つべた-ま・し【冷たまし】形容詞〔シク〕〈しく・しく・し・しき・しけれ・○／しから・しかり・○・しかる・○・しかれ〉気味が悪い。冷酷だ。**いみじう心憂しと思ひてあるに、三、四日ばかりありて、文あり。あさましうつべたましと思ふ思ふ見れば**…。〈蜻蛉日記〉訳(他の女の出産で自分の家の前を通って行く夫に対して)とてもつらいと思っていたところ、三、四日くらいして、手紙があった。あきれるほどに**冷酷だ**と思いつつ読んでみると…。

つぼ【坪】名詞 ❶周囲を垣根や建物で囲まれた土地。庭。中庭。❷格子のます目のひとつひとつ。❸古代条里制の土地の面積の単位。一町四方の広さ。一一九アール。❹近世以降の土地の面積の単位。一間四方の広さ。約三・三平方メートル。

つぼ【壺】名詞 ❶口がつぼんでいて、胴が膨らんでいる容器。❷岩のくぼみや滝つぼなどの深くくぼんだ所。❸戸の掛け金を受け止める方の金具。❹あらかじめ見当をつける所。ねらい所。急所。要点。❺椀形の深くて小さな器。つぼざら。

つぼ-さうぞく【壺装束】名詞 平安から鎌倉にかけて、中流以上の身分の女性が徒歩で外出するときの服装。後ろに垂らした髪を★小袖の中に入れ、★袿などをかぶり、両方のつまを折って腰帯に挟み、★市女笠をかぶった。

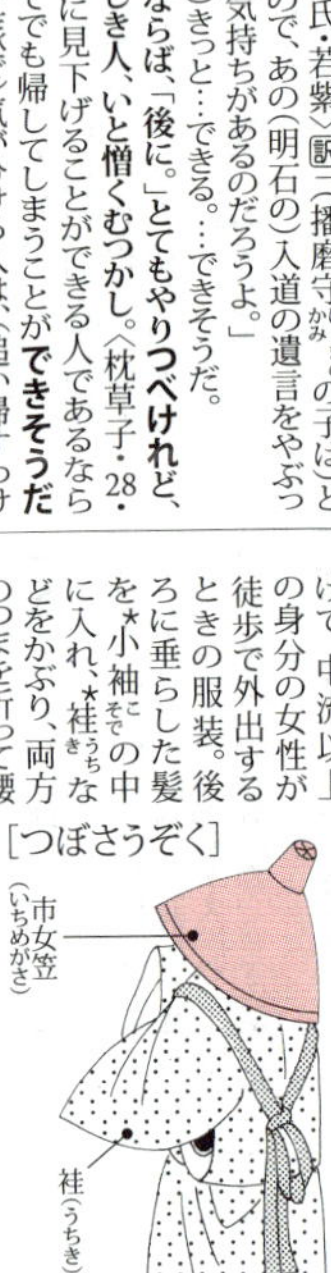

[つぼさうぞく]

つぼ-すみれ【壺菫】名詞《植物》スミレ科の多年草。春に紫色の花を付ける。季語 春 発展 名前の由来は、くぼ地に自生するからとも、花の形が壺に似ているからともいわれる。上代は「つほすみれ」。

つぼ-せんざい【坪前栽・壺前栽】名詞 ❶中庭に植え込まれた草木。中庭の植え込み。❷庭。中庭。

つぼね【局】

仕切られた部屋
❶(宮中や貴族の邸宅などで、仕切られて独立した上級女官・女房の)**私室**。また、(寺社などで、仏堂内に仕切られた)**部屋**。
❷(❶を持つ)**女官・女房**。
❸(局女郎(下級の女郎)のいる)**部屋**。また、「**局女郎**」の略。◉近世語。

名詞❶(宮中や貴族の邸宅などで、仕切られて独立した上級女官・女房の)私室。部屋。また、(寺社などで、仏堂内に仕切られた)部屋。
かの右近を召し寄せて、局など近く賜ひてさぶらはせたまふ。〈源氏・夕顔〉訳(源氏は)あの(夕顔の侍女の)右近を(自分の屋敷に)お呼び寄せになって、私室などを近くにお与えになってお仕え申し上げさせなさる。
「丹後へ遣はしける人は、参りたりや。いかに心もとなくおぼすらん。」と言ひて、局の前を過ぎられけるを…。〈十訓抄〉訳(定頼中納言は)「丹後の国(=今の京都府北部)に(使者として)派遣なさった人は、(もう)帰ってきたか。(あなたは)さぞかし待ち遠しくお思いになっているだろう。」とことばをかけて、(小式部内侍の)部屋の前を通り過ぎなさったところ…。
❷(❶を持つ)女官・女房。(…の)方。
日本紀の御局とぞ付けたりける、いとをかしくぞはべる。〈紫式部日記〉訳(私に『日本書紀』を読むほどの学識があると聞いた人が、私のあだ名を)日本紀のお方と付けていたのは、本当に滑稽でございます。
❸《近世語》《局女郎のいる》部屋。また、「局女郎」の略。

つぼ-む【窄む】動詞自〔マ四段〕〈ま・み・む・む・め・め〉小さく固まる。小さくなる。引きこもる。発展名詞「壺」が動詞になったもの。

つぼ-やなぐひ【壺胡簶】名詞 七本の矢を入れて背負った筒形の道具。主に譲位・★節会・★賀茂の祭りなどの儀式で、警護に当たる近衛の武官がこれを用いた。また、戦陣でも用いた。

[つぼやなぐひ]

つま【夫・妻】
夫婦が互いに相手を呼ぶときのことば
❶妻から夫を呼ぶことば。また、いとしく思う男性を呼ぶことば。
❷夫から妻を呼ぶことば。また、いとしく思う女性を呼ぶことば。
❸動物のつがいの一方。

名詞❶妻から夫を呼ぶことば。おっと。また、いとしく思う男性を呼ぶことば。あの人。類兄
武蔵野は今日はな焼きそ若草のつまもこもれり我もこもれり 歌〈伊勢・12〉訳武蔵野は今日は焼いてくれるな。(私の)夫も(この草むらに)隠れているし、私も隠れているのだから。○「若草の」は「つま」に係る枕詞。
❷夫から妻を呼ぶことば。つま。また、いとしく思う女性を呼ぶことば。あの人。類妹
わが妻はいたく恋ひらし飲む水に影さへ見えてよに忘られず 歌〈万葉集・20・4322〉訳私の妻は(私のことを)たいそう思い慕っているらしい。飲もうとする水にその面影までが見えて、どうしても忘れることができない。○第三・四・五句で第一・二句の理由を示す。「恋ひらし」は「恋ふらし」、「影」は「影」の東国方言。
❸動物のつがいの一方。つがいの相手。
湊風寒く吹くらし奈呉の江につま呼び交はし鶴さはに鳴く 歌〈万葉集・17・4018〉訳河口の風が寒く吹くらしい。★奈呉の海の入り江で、つがいの相手を互いに呼び合い、ツルがたくさん鳴いている。
発展①夫婦どちらも「つま」 現代語では、結婚した相手の女性の呼び名に限られるが、古語では、夫婦のどちらをもいい、また、恋人同士が互いを呼び合うのにも用いられた。
②「せ」「いも」と「つま」 ❶❷それぞれの類義語である「兄」「妹」は主に上代に用いられたが、「つま」の方が配偶者に限定されることが多い。中古以降には、夫を「男人」ともいい、これが「をうと→をっと」と変化して現代語につながっている。一方、妻は「女」ともいった。

つま【端】
物のへりに当たる部分
❶はし。縁。へり。
❷軒先。軒端。
❸端緒。きっかけ。糸口。

名詞❶はし。縁。へり。
御几帳より琴のつまばかり差し出でて…。〈狭衣〉訳★几帳から琴の端だけを差し出して…。
忠明も太刀を抜いて、御堂の東のつまにも、あまた立ちて、向かひあひたれば、内へ逃げて…。〈宇治拾遺〉訳忠明も太刀を抜いて、本堂の方向に上ると、本堂の東のはしにも、(若者たちが)大勢立って、向かい合ったので、(本堂の)中に逃げて…。
❷軒先。軒端。
梅の木の、つま近くて、いと大きなるを、「これが花の咲かむ折は来むよ。」と…。〈更級日記・梅の立ち枝〉訳ウメの木で、軒先近く(にあって)、たいへん大きい木を、「これ(=ウメの木)の花が咲いたならば、その時には来ようよ。」と…。
❸端緒。きっかけ。糸口。
「なかなか物思ひのつまなるべきを。」などおぼし返すを…。〈源氏・須磨〉訳「(紫の上を須磨に連れて行くと)かえって心配事の(起こる)きっかけになるに違いないから。」などと(源氏は)お考え直しになるのを…。

つま-おと【爪音】名詞 琴を弾く音。発展「琴を弾くときの爪の音」という意味。

つま-ぎ【爪木】名詞 薪にする小枝。まき。発展「つまき」とも。爪で折り取った木、または「つま(端)」の木という意味とも。

つま-ぐ・る【爪繰る】動詞他〔ラ四段〕〈ら・り・る・る・れ・れ〉爪の先や指先で操る。

つま-ごひ【夫恋・妻恋】名詞 夫婦が互いに相手を恋い慕うこと。また、動物の雌雄が互いに慕うこと。動物の場合はシカ・キジ・ホトトギスにいうことが多い。→妻問ひ

つま-ごみ【妻籠み】名詞 妻を住まわせること。発展「つまごめ」とも。

つま-づま【端端】名詞❶着物のはしばし。多くの着物の端。❷物事のはしばし。すみずみ。

つま-ど【妻戸】名詞❶寝殿造りの建物の四隅にある両開きの扉。出入り口として用いる。開くときは外側に開き、閉じるときは内側の掛けで閉める。→遣り戸・蔀 ❷家の端の方にある開き戸。発展「端の戸」という意味といわれる。

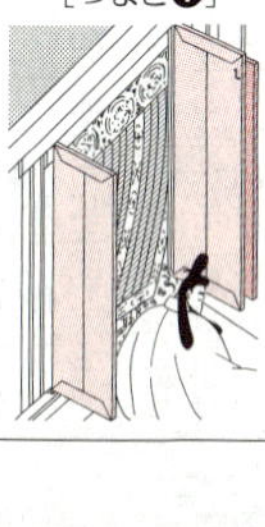
[つまど❶]

つま-どひ【妻問ひ】名詞 恋い慕って言い寄ること。女性に求婚すること。妻や恋人のもとへ通うこと。夫婦の語

らいをすること。↓絵で見る古典生活史⑳（851ページ）

つま-ど-ふ【妻問ふ】 動詞 自〔八四段〕〈は・ひ・ふ・ふ・へ・へ〉言い寄る。求婚する。（相手を）求める。**さ雄鹿の妻問ふ時に月を良み雁が音聞こゆ今し来らしも** 歌〈万葉集・10・2131〉訳 雄ジカが**求婚する**ときに月がきれいなので、ガンの声が聞こえる。今やって来るらしいな。

つま-はじき【爪弾き】 名詞 人差し指の爪先を親指の腹にかけて強くはじくこと。気にいらないときや他人を非難するときなどにするしぐさ。発展 もともとは仏家で災いを除くために行ったまじない。

つまびら-か・なり【詳らかなり・審らかなり】 形容動詞〔ナリ〕〈なら・なり(に)・なり・なる・なれ・なれ〉こと細かだ。詳しい。はっきりとしている。「**これは何に見えたるぞ…。」と御尋ねあるに、大納言つまびらかに申す旨なし。**〈古今著聞集〉訳「これは何に書いてあるのか…。」と（院が）お尋ねになるが、大納言は**こと細かに**申し上げるところがない。

つま-や【妻屋】 名詞 夫婦の寝室。ねや。また、夫婦のために設けた家。

つまり【詰まり】 一 名詞 行き止まり。果て。隅。**ここの詰まりに追っつめては、ちゃうど斬る。**〈平家・4・信連〉訳 ここの**行き止まり**に追い詰めては、がちんと切る。

二 副詞 ついに。結局。

つま・る【詰まる】 動詞 自〔ラ四段〕〈ら・り・る・る・れ・れ〉❶ふさがる。つかえる。**傍らなる足鼎を取りて、頭に被きたれば、詰まるやうにするを…。**〈徒然草・53〉訳 そばにある足鼎（＝三本足の付いた釜）を取って、頭にかぶったところ、**つかえる**ように感じたのに…。❷困る。窮屈になる。生活が苦しくなる。**大納言入道、はたと詰まりて…。**〈徒然草・135〉訳 資季大納言入道は、（返答に）まったく**困って**…。❸筋が通る。納得できる。おもしろい。

つみ【罪】 名詞 ❶道徳・法律・習慣に背く行為。けがれ。過失。悪行。また、その結果として受ける責め。罰。❷仏法で禁じたことを破る行為。また、そのために受ける仏罰。仏のばち。罪業。❸非難すべき点。欠点。短所。

つみ-さ・る【罪去る・罪避る】 動詞 自〔ラ四段〕〈ら・り・る・る・れ・れ〉罪を逃れる。罪をわびる。謝罪する。「**それは後にも罪さり申したまひてむ。**」〈源氏・東屋〉訳「それ（＝中の君に挨拶もしないこと）については後日にでも**罪をおわび**申し上げなさるのがよい。」

つみ・す【罪す】 動詞 他〔サ変〕〈せ・し・す・する・すれ・せよ〉（罪を）とがめて罰する。罰を与える。**盗人を戒め、僻事をのみ罪せんよりは…。**〈徒然草・142・心なしと見ゆる者も〉訳 盗人を縛って、悪事ばかりを**とがめて罰する**ようなことよりは…。

つみ-な・ふ【罪なふ】 動詞 他〔八四段〕〈は・ひ・ふ・ふ・へ・へ〉罰する。処刑する。**人を苦しめ、法を犯さしめて、それを罪なはんこと、不便のわざなり。**〈徒然草・142・心なしと見ゆる者も〉訳 人々を苦しめ、（そのために）法律を破らせて（おいて）、それを**罰する**ようなことは、かわいそうな行いである。発展「なふ」は接尾語。

つ・む【詰む】 一 動詞 自〔マ下二段〕〈め・め・む・むる・むれ・めよ〉❶（定まった場所に）控えている。出仕する。詰める。「**これのは今朝から庄屋殿へ詰められ、今は留守でござる。**」〈近松・冥途の飛脚〉訳「うちの（主人）は今朝から庄屋様（のお屋敷）へ**詰めて**おられ、今は留守でございます。」❷行き詰まる。窮する。

二 動詞 他〔マ下二段〕〈め・め・む・むる・むれ・めよ〉❶満たす。ふさぐ。（透き間に）物を差し込む。**打ち叩き押し引けど、内外に詰めてければ、揺るぎだにせず。**〈落窪〉訳（戸を）たたき押したり引いたりするが、（戸の）内と外に（棒を）**差し込んで**しまったので、揺らぎさえしない。❷追い込む。追いつめる。❸縮める。短くする。倹約する。

つ・む【積む】 一 動詞 自〔マ四段〕〈ま・み・む・む・め・め〉（雪などが）積もる。**下京や雪積む上の夜の雨** 句〈猿蓑・凡兆〉訳 ↓しもぎょうや…

二 動詞 他〔マ四段〕〈ま・み・む・む・め・め〉❶重ねる。積み重ねる。**ころび落ちぬやうに心得て炭を積むべきなり。**〈徒然草・213・御前の火炉に〉訳 転がって落ちないように用心して炭を**積み重ね**なければならないのである。❷（船や車などに）物を載せる。❸（苦しみや嘆きなどの感情を）深める。増す。

つ・む【抓む】 動詞 他〔マ四段〕〈ま・み・む・む・め・め〉❶指先で挟む。つまむ。**母の命は御裳の裾つみ上げかきなで…** 歌〈万葉集・20・4408〉訳 母上はお着物の裾を**つまみ上げ**、（私を優しく）なでて…。

絵で見る古典生活史⑳

夫婦の別居・同居

『★万葉集』に「妻問ひ」ということばが見られます。これは、夫が妻の家に通う「結婚」の形式を意味します。妻は「★妻屋」という建物で、通ってくる夫を待ちました。

それが定期的になると、通い婚とはいえ夫婦は同居同様となります。夫が女性の家へ迎えられるので「婿取り」という語が用いられ、『★大和物語』『★落窪物語』など平安中期の物語から目立ちはじめます。

『★源氏物語』においても、元服の儀式の夜、「大臣の御里に源氏の君まかでさせたまふ。」とあり、源氏が左大臣邸に婿入りした記事が見えます。源氏はそこには住まず、本邸の二条院から左大臣邸である三条殿へ通いました。

『★宇治拾遺物語』には、博打うちの子で、顔の醜い男がまんまと長者の婿になる話があります。婿は新しい家をもらって妻と生活しますから、こうなると通い婚ではありません。これは、夫が妻の家に居付いて一緒に住むようになった例です。

（絵…妻と幸福な生活を過ごす中納言〈豊明絵草子〉より）

❷つねる。

つ・む【集む】 動詞 他 [マ下二段]〈め・め・む・むる・むれ・めよ〉集める。ためる。

潮干なば玉藻刈りつめ家の妹が浜づと乞はば何を示さむ 歌〈万葉集・3・360〉訳 干き潮になったら玉藻を刈り集めろ。家にいる妻が浜からのみやげをねだったら(これ以外に)何を見せるのか。

つ・む【摘む】 動詞 他 [マ四段]〈ま・み・む・む・め・め〉指先で挟み取る。つまんで取る。摘み取る。

春日野の飛ぶ火の野守出でて見よ今幾日ありて若菜摘みてむ 歌〈古今集・春上・19〉訳 ↓かすがのの…

つむじ【旋風】 名詞 (「つむじかぜ」の略で)渦を巻くように吹く風。類 辻風 発展 頭の「つむじ」と同じ語源。古くは「猛風」の訓として用いた。近世以降、大きなものを特に「竜巻」という。

つめ【爪】 名詞 ❶手や足のつめ。❷手や足のつめに似たもの。琴を弾くとき指にはめるもの。琴爪。

つめ 名詞 一【頭・詰め】橋のたもと。橋のきわ。二【詰め】❶すきまに詰め込むもの。詰め物。❷(能で)重要な部分。見せ場。急所。やま。❸《近世語》(「詰袖」の略で)脇を縫って袋状にした短い袖。また、それを着る年配の女性。対 振り袖

発展 一は、端の変化した形。

◆**つめどなほ…** 歌

つめどなほ耳無草こそあはれなれあまたしあれば菊もありけり〈枕草子・131・七日の日の若菜を〉訳 (いくら)摘んでもやはりミミナグサはかわいそうなものだ。(それでも)たくさんあるのでキクもあったことよ。(=いくらつねっても聞く耳を持たない子は困ったものだ。それでもたくさんいるので聞く子もいたことよ。)○「つめ」に「摘め」と「抓め(=つねる)」を、「菊」に「聞く」を掛ける。「耳無草」はナデシコ科の多年草。

発展 清少納言が、草を持って来た子供たちに、その草の名を聞くと、しばらく答えずにいた後にようやく「耳無草」と答え、次には菊を持って来たので詠んだ歌。

つ-めり …てしまったようだ。…たように見える。

人はみな春に心を寄せつめり我のみや見む秋の夜の月 歌〈更級日記・春秋の定め〉訳 人はみな、春に心を傾けてしまったようだ。私(ひとり)だけが眺めるのではないだろうか、秋の夜の月を。

発展 完了の助動詞「つ」の終止形＋推定の助動詞「めり」。

◆**つめる**(現)↓(古)**つむ【詰む】**

つ-もごり【晦・晦日】 名詞 ↓つごもり

つもり【積もり】 名詞 ❶積もること。積み重なること。積もった結果。蓄積。❷推測。予想。❸見積もり。計算。予算。❹金額の程度。限度。

つも・る【積もる】 一 動詞 自 [ラ四段]〈ら・り・る・る・れ・れ〉❶たまる。重なる。多くなる。(年月などが)積み重なる。経つ。

藻塩草かき謬れる言の葉も数積もり…。〈十訓抄〉訳 藻塩草を掻き集めるように書き間違えた言葉もたくさん**たまり**…。

❷(感情などが)深まる。増す。募る。

「**人のそねみ深く積もり、やすからぬこと多くなり添ひはべりつるに**…。」〈源氏・桐壺〉訳 「(桐壺の更衣は)人々(=ほかの女御・更衣たち)からのねたみがさらに**深まり**、心を痛めることがしだいに多くなっていきましたために…。」

二 動詞 他 [ラ四段]〈ら・り・る・る・れ・れ〉《近世語》❶見積もる。推測する。

年中入り帳の銀高積もりて世帯まかなふことなり。〈西鶴・世間胸算用〉訳 一年中の収入帳簿の金額を**見積もって**世帯を処理することである。

❷だます。見くびる。

つ-や【通夜】 名詞 動詞 自 [サ変]〈せ・し・す・する・すれ・せよ〉❶寺社にこもって、夜通し祈願すること。おこもり。❷葬式の前夜、死者の棺のそばに付き添って、寝ないで夜を明かすこと。

発展 「つうや」とも。

つや-つや 副詞 ❶(打消の語を伴って)まったく。少しも。

静憲法印、あまりのあさましさに、つやつやものも申されず。〈平家・1・鹿谷〉訳 静憲法印は、あまりの驚きあきれた態度に、**まったく**何も申し上げることができない。

❷つくづく。よくよく。

源氏物語をとり聞き、つやつやこれを見て…。〈謡曲・源氏供養〉訳 源氏物語を聞き、**つくづく**これを見て…。

❸すっかり。完全に。

つやつやと世の失せはべりぬるぞとよ。〈愚管抄〉訳 **すっかり**世が滅んでしまうというのだよ。

つやつや-と【艶艶と】 副詞 (光沢があって美しいようすを表し)つややかに。

こぼれかかりたる髪、つやつやとめでたう見ゆ。〈源氏・若紫〉訳 (少女の顔の前の方に)垂れかかっている髪が、**つややかに**見事に(美しく)見える。

つや-め・く【艶めく】 動詞 自 [カ四段]〈か・き・く・く・け・け〉つやつやと美しく見える。つやつやと光る。

御顔は赤み濡れつやめかせたまひながら、御口は快く笑ませたまひて…。〈大鏡・道長上〉訳 (女院の)お顔は赤らみ(涙に)濡れて**つやつやと光って**いらっしゃるけれども、お口もとは気分よくほほえみなさって…。

発展 「めく」は接尾語。

つや-やか・なり【艶やかなり】 形容動詞 [ナリ]〈なら・なり(に)・なり・なる・なれ・なれ〉光沢がある。つやつやと光り輝いている。

目つややかに泣き腫れたる気色の、あやしく昔思ひ出でたるさまなれば…。〈源氏・若菜上〉訳 (明石の君の母尼君の)目が(涙で)**つやつやと光り輝き**泣き腫らした面持ちが、妙に昔を思い出しているようすであるから…。

つゆ【露】 名詞 副詞 ↓**最重要語**(853ページ)

つゆ-くさ【露草】 名詞 ❶《植物》ツユクサ科の一年草。夏の朝、藍色の花を咲かせて、夕方にはしぼむ。また、その花は摺り染めの染料に用いた。「つきくさ」は古い呼び名。❷(「露草色」の略で)ツユクサで染めた色。縹色。

季語 秋

つゆ-け・し【露けし】 形容詞 [ク]〈く・く・し・き・けれ・○／から・かり・○・かる・○・かれ〉❶露がちだ。湿っぽい。

霧も深く露けきに、簾をさへ上げたまへれば、御袖もいたく濡れにけり。〈源氏・夕顔〉訳 霧も深く(立ち込めて)**湿っぽい**のに加えて、(車の)簾までお上げになっているので、(源氏の)お袖もひどく濡れてしまったのだった。

❷涙がちだ。

身にしむばかり思さるべき秋風ならねど、露けき折がちにて過ぐしたまふ。〈源氏・御法〉訳 身にしみて感じられるほどの秋風ではないが、(紫の上は)**涙がちの**時が多くてお過ごしになる。

つゆ-しも【露霜】 名詞 ❶露や霜。あるいは霜。

❷晩秋、露が凍ってなかば霜のようになったもの。秋の薄霜。水霜。季語 秋 ❸歳月。年月。星霜。
発展 中世以降「つゆじも」とも。❸は、秋の露が冬には霜に変わることから、時の移り変わりを意味するようになった。

つゆしも-の【露霜の】 枕詞 (露や霜との関連から)「消ゆ」「過ぐ」「置く」「秋」に係る。

つゆ-ちり【露塵】 一 名詞 ほんの少し。ごくわずか。**身の上嘆き、人の上言ひ、露塵のこともゆかしがり**…。〈枕草子・28・憎きもの〉訳 自分自身のことを嘆き、他人についてのうわさをし、**ごくわずか**のことでも知りたがり…。
二 副詞 (打消の語を伴って)少しも。まったく。**つゆちり、物取らせむ心なく**…。〈宇津保〉訳 **まったく**、物を与えようとする気持ちがなく…。
発展 非常にわずかなことを、露と塵にたとえたことば。

つゆ【露】

草の葉などに付いた小さな水滴。転じて、わずかなようす

- 一 名詞
  - ❶露。
  - ❷(露のような)涙。
  - ❸(露のように)わずかなもの・こと。少しばかりのもの・こと。
  - ❹(露のように)はかないもの。わずかなもの。◉多く「露の」の形で用いる。
  - ❺袖くくりのひもの先の垂れ下がった部分。◉中世以降の用法。
- 二 副詞
  - ❶わずかに。ほんの少し。◉直接、動詞を修飾し、「つゆ～仮定・命令」の形をとる。
  - ❷少しも(…ない)。まったく(…ない)。◉直接、動詞を修飾し、「つゆ～打消」の形をとる。

一 名詞 ❶(朝晩、草の葉などに付く)**小さな水滴。露。** 季語 秋 →古語チャート㉑(783ページ) **草の上に置きたりける露を、「かれは何ぞ。」となむ男に問ひける。**〈伊勢・6〉訳 草の上に降りていた**露**を(見て)、(女は)「あれは何か。」と男に尋ねた。

❷(露のような)**涙。**

❸(露のように)**わずかなもの・こと。少しばかりのもの・こと。** 歌 **いとどしく虫の音しげき浅茅生に露おき添ふる雲の上人**〈源氏・桐壺〉訳 →いとどしく…
「とにかくにつけて、ものまめやかに後ろ見、『**露にても心に違ふことはなくもがな。**』と思へりし程に…。」〈源氏・帚木〉訳 「(女は)何かにつけて、実直に(夫の)世話をし、『**わずかなこと**でも(夫の)気持ちに背くことはないようにしたいなあ。』と考えていた間に…。」

❹(多く「露の」の形で)(露のように)**はかないもの。わずかなもの。** **思へども、なほ飽かざりし夕顔の露に後れし心地を、年月経れどおぼし忘れず**…。〈源氏・末摘花〉訳 (源氏は)恋しく思っても、依然として満ち足りなかった夕顔の**はかないもの**(=短かった命)に取り残された気持ちを、年月がたってもお忘れになることができず…。○❹は、多く「露の＋体言」の形で用いる。この「の」は「…のような」の意味を表す格助詞である。ここでは単独で「はかない命」のたとえに用いている。↓露の命・露の世

❺《中世以降》(*狩衣・*水干・*直垂などの)**袖くくりのひもの先の垂れ下がった部分。** ↓狩衣(図) **山伏大きに腹を立て、柿の衣の露を結んで肩に掛け**…。〈曾我物語〉訳 (一向に気づかない沖の船に)山伏は大いに腹を立て、柿染めの法衣の**袖くくりのひもの先**を(左右)結んで肩に引っ掛け…。

二 副詞 ❶(直接、動詞を修飾し、「つゆ～仮定・命令」の形で)**わずかに。ほんの少し。ちょっと。** **屋の上に居る人々にいはく、「つゆも、物、空に駆けらば、ふと射殺したまへ。」**〈竹取・かぐや姫の昇天〉訳 (かぐや姫を守るために)屋根の上にいる人々に(竹取の翁が)言うことには、「**ちょっと**でも、(何か)物が、空に高く飛んだら、ぱっと射殺してください。」
「**つゆあしうもせば、沈みやせむ。**」〈枕草子・306・日のいとうららかなるに〉訳 「(人夫たちが)**ほんの少し**間違いでもすれば、(船が)沈んだりするのではなかろうか。」

❷(直接、動詞を修飾し、「つゆ～打消」の形で)**少しも**(…ない)。**まったく**(…ない)。→古語チャート㊾(1327ページ) **上には時々、夜々も上りて、知らぬ人の中に打ち伏して、つゆまどろまれず。**〈更級日記・宮仕え〉訳 (祐子内親王の)御前には時に応じて、何度も夜分に参上して、見知らぬ人(=女房たち)の間に横になって、**少しも**眠ることができない。
木の葉にうづもるる懸け樋のしづくならでは、つゆおとなふものなし。〈徒然草・11・神無月のころ〉訳 木の葉に埋まっている樋のしずく以外には、**まったく**音を立てるものがない。○「しづく」の縁語として「つゆ」を用いた例である。

発展 ①一❷は涙が露の形に似ていることから、❹は露が消えやすいことから、❸は露が小さいことからいう。②二は、一❸の「わずかなもの」の意味から副詞になったものである。

識別 一名詞「つゆ」と、二副詞「つゆ」の識別

品詞と用法	見分け方	例文と訳
名詞「つゆ(露)」	「つゆ＋は・を・に」「～の(連体修飾語)＋つゆ」「つゆ＋の＋体言」の形。	化野の露きゆる時なく…。〈徒然草・7・化野の露〉訳 化野の露が消えるときがなく…。
副詞「つゆ」	「つゆ」が直接、動詞を修飾する。または、「つゆ＋も～動詞」の形。	御胸つとふたがりて、つゆまどろまれず…。〈源氏・桐壺〉訳 (帝は更衣の症状を思うと心配で)お胸がそのままふさがって、まったく少しの間浅く眠ることもできず…。

つゆとくとく…句

露とくとくこころみに浮き世すすがばや〈野ざらし紀行・松尾芭蕉〉訳清水の露がとくとくと滴り落ちている。試しにこの露で俗世間の汚れをすすぎ清めてみたいものだ。

○季語 露―秋。「ばや」は希望を表す終助詞。

発展 西行の草庵の跡を訪れたときの句。西行の作とされる歌「とくとくと落つる岩間の苔清水くみほすほどもなき住まひかな」を踏まえる。

つゆ-の-いのち【露の命】はかない命。

「**今は露の命も消えうせなんと思ふこの身を助け**…。」〈御伽草子・のせ猿草子〉訳「今は**はかない命**も消えうせてしまいそうに思うこのわが身を助け…。」

発展 露のようにすぐ消えてしまうことから。

つゆ-の-ま【露の間】少しの間。わずかの間。

つゆ-の-み【露の身】はかない身。発展 露のようにすぐ消えてしまうことから。

つゆ-の-やどり【露の宿り】露の置く所。また、涙のたまる所。

わが袖は**草の庵にあらねども暮るれば露の宿りなりけり** 歌〈伊勢・56〉訳私の袖は草ぶきの小屋ではないが、日が暮れると、**露の置く所**(=涙のたまる所)になるのだ。

つゆ-の-よ【露の世】はかないこの世。無常の世。発展 露のようにすぐ消えてしまうことから。

つゆ-ばかり【露ばかり】副詞 ❶ほんの少し。ほんのわずか。❷(打消の語を伴って)少しも。まったく。

つゆばかり「うれし。」と思ふべき気色もなければ…。〈源氏・竹河〉訳**少しも**「うれしい。」と思うようすも見えないので…。

発展 副詞「つゆ」+副助詞「ばかり」が一語になったもの。

つゆばかり-の-いのち【露ばかりの命】はかない命。

つゆ-も【露も】連語 ❶(打消の語を伴って)少しも。まったく。

多くの兵どもの中に、**ただ三人ばかりぞ、この道は知りたりける。残りはつゆも知らざりけり。**〈宇治拾遺〉訳多くの武士たちの中で、わずかに三人だけが、この道を知っていたのだった。残り(の者)は**まったく**知らなかった。

❷(仮定表現に用いて)少しでも。ちょっとでも。

「**つゆも、物、空に駆けらば、ふと射殺したまへ。**」〈竹取・かぐや姫の昇天〉訳「**ちょっとでも**、(何か)物が、空に高く飛んだら、ぱっと射殺してください。」

発展 副詞「つゆ」+係助詞「も」が一語になったもの。

つよ・し【強し】形容詞 〔ク〕〈く・く・し・き・けれ・○/から・かり・○・かる・○・かれ〉勇猛だ。丈夫だ。気丈だ。堅固だ。厳しい。はっきりとしている。しっかりとしている。強い。

さすがに、**人の言ふことは強うも否びぬ御心にて**…。〈源氏・末摘花〉訳(姫君は、源氏に会いたくはないが)それでも、人の言うことは**はっきりと**拒めないご性格で…。

○「強う」は連用形「強く」のウ音便。

類語比較 「たけし」と「つよし」↓猛し

つよめる(現)↓(古)**つよる【強る】**

つよ-ゆみ【強弓】名詞 弦の張りの強い弓。強弓。また、それを射る人。

つよ・る【強る】一 動詞 他 〔ラ四段〕〈ら・り・る・る・れ・れ〉強くする。奮い立たせる。

苦しき御心地を思しつよりて御対面あり。〈源氏・若菜上〉訳(朱雀院は)つらいご気分を**奮い立たせて**(源氏と)ご対面になる。

二 動詞 自 〔ラ四段〕〈ら・り・る・る・れ・れ〉強くなる。奮起する。気強く思い立つ。

つら【列・連】名詞 ❶連なること。並ぶこと。列。行列。❷同列のもの。同類。連中。仲間。

つら【面】名詞 ❶顔。ほお。❷物の表面。おもて。❸そば。わき。❹通りに面した側。ある物や場所に面した所。

-つ-らう 連語 …ているだろう。…ただろう。

あの志賀の**山越えをはるばると妬う馴れつらう**かへすがへす〈閑吟集〉訳あの志賀(=今の滋賀県大津市付近)の山越えをはるばると、しゃくにさわるほど打ち解け**ただろう**。重ね重ね。

発展 完了(確述)の助動詞「つ」の終止形に現在推量の助動詞「らむ」が付いた「つらむ」の変化したもの。中世末期から近世初期にかけての口語。

つら・し【辛し】形容詞 ↓最重要語(855ページ)

つら-だましひ【面魂】名詞 気性の激しさが表れている顔つき。勇気が満ちあふれた不敵な顔つき。面構え。

つら-つき【面付き・頰付き】名詞 顔つき。顔立ち。また、ほおの辺りのようす。

つら-つら 副詞 (念入りに見たり、考えたりするようすを表し)よくよく。つくづく。

河上のつらつら椿**つらつらに見れども飽かず**巨勢の春野は 歌〈万葉集・1・56〉訳↓かはのへの…

つら-づゑ【頰杖】名詞 ほおづえ。

つら-な・る【連なる・列なる】動詞 自 〔ラ四段〕〈ら・り・る・る・れ・れ〉❶列を作る。並ぶ。つながる。

あるは二重に重なり、三重に畳みて、左に別れ右に**連なる**。〈奥の細道・松島〉訳ある(島)は二重に重なり、(また、ある島は)三重に重なって、左(の方の島)は離ればなれ(かと思うと)、右(の方の島)は**つながっている**(ように見える)。

❷連れ立つ。

同じ郷の者三人と**連なりて**、水銀掘る所に行きぬ。〈今昔〉訳同郷の者三人と**連れ立って**、水銀を掘る場所に行った。

つら・ぬ【連ぬ・列ぬ】一 動詞 自 〔ナ下二段〕〈ね・ね・ぬ・ぬる・ぬれ・ねよ〉❶連なる。並ぶ。

まいて雁などの**連ねたるが、いと小さく見ゆるは、いとをかし。**〈枕草子・1・春は曙〉訳まして雁などが(一列に)**並んで**(飛んで)いるのが、たいへん小さく見えるのは、とても趣がある。

❷連れ立つ。一緒に行く。

かかるほどに、**男ども六人連ねて、庭に出で来たり。**〈竹取・蓬萊の玉の枝〉訳こうしているうちに、男たちが六人**連れ立って**、庭にやってきた。

二 動詞 他 〔ナ下二段〕〈ね・ね・ぬ・ぬる・ぬれ・ねよ〉❶並べる。つなぐ。

皆歩みて袖を連ねたり。〈今昔〉訳みんなが歩いてきて袖を**並べて**いる。

❷伴う。連れる。

老い人、「これを連ねて歩きける。」と思ひて…。〈源氏・空蟬〉訳年取った女房は、「(小君が)これ(=民部)を**連れて**歩いていたのだな。」と思って…。

つら-ぬき【頰貫・貫】名詞 縁に緒を通して甲の上で結ぶようにした毛皮の沓。狩猟や乗馬のときに履く。

［つらぬき］

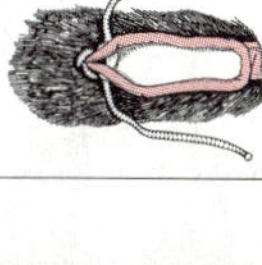

つらぬき-と・む【貫き止む】動詞 他 〔マ下二段〕〈め・め・む・むる・むれ・めよ〉(ひもや緒を)貫き通してとめる。

白露に風の吹きしく秋の野は**貫きとめぬ玉ぞ散りける** 百人一首〈後撰集

・308〉訳↓しらつゆに…

つら-ぬ・く【貫く】動詞 他〈カ四段〉〈か・き・く・く・け・け〉通す。突き通す。
白き玉を**貫き**たるやうなるこそ、いみじうあはれにをかしけれ。〈枕草子・130・九月ばかり〉訳白い玉を（糸で）**通し**たようであるのは、とても情趣があっておもしろい。

つら-ねる（現）↓（古）**つらぬ【連ぬ・列ぬ】**

つ-らむ（きっと）…ているだろう。…ただろう。
思ひつつ寝ればや人の見え**つらむ**夢と知りせば覚めざらましを 歌〈古今集・恋2・552〉訳↓おもひつつ…
発展 完了（確述）の助動詞「つ」の終止形＋現在推量の助動詞「らむ」。ある動作・作用の実現を強く推量したり、その原因・理由を確かめたりする気持ちを表す。

つらら【氷・氷柱】名詞 ❶川や池などに平らに張った氷。こおり。季語 冬 ❷水滴が凍って柱状に下がったもの。つらら。季語 冬 類 垂氷。
発展 ❷は中世末期以降の用法。

つり-どの【釣り殿】名詞 寝殿造りの建物のひとつ。西の対から★廊を通って南に進んだ所にあって、池に臨む。↓寝殿造り（図） 発展「釣りをする殿」という意味。

つり-なは【釣り縄】名詞 ❶魚を釣るときの縄。釣り針をたくさん付けて、川や海などに長く伸ばして張る。❷物をつり下げておく縄。

つら・し【辛し】

他人からの自分への仕打ちを切なく思う気持ち
❶**薄情だ。**つれない。冷淡だ。思いやりがない。
❷**心苦しい。**耐え難い。恨めしい。

形容詞〈ク〉

未然形	連用形	終止形	連体形	已然形	命令形
つら・く	つら・く	つら・し	つら・き	つら・けれ	○
つら・から	つら・かり	○	つら・かる	○	つら・かれ

❶**薄情だ。つれない。冷淡だ。思いやりがない。**
今宵「かかること。」と、声高にものもいはせず。いとは**つらく**見ゆれど、志はせむとす。〈土佐日記・二月十六日〉訳（隣家に管理を託していた自分の屋敷は荒れ果てていたが、帰京した早々の）今夜は「こんなひどいこと。」と、（私は、供人たちに）大声で不満を言うようなこともさせない。本当にまあ**薄情だ**と思われるけれども、（その隣人に、お礼の）贈り物はしようと思う。
「事なりぬ。」と言へば、さすがに、**つらき**人の御前渡りの待たるるも心弱しや。〈源氏・葵〉訳「行事が始まった。」と言うので、そうはいっても、（自分に）**薄情な**人（＝源氏）のお通りが待たれるのも（六条御息所の自身の）心の弱さであるよ。

❷**心苦しい。耐え難い。恨めしい。**
「命長さの、いと**つらう**思ひたまへ知らるるに…。」〈源氏・桐壺〉訳「（夫と娘に先立たれた私は、自分だけ）命の長いことが、実に**耐え難い**と思い知らせていただかないでは（＝感じないでは）いられないので…。」○「つらう」は連用形「つらく」のウ音便。
のどかに、**つらき**も憂きも、かたはらいたきことも、思ひ入れたるさまならで…。〈源氏・夕顔〉訳（夕顔は）おっとりしていて、**心苦しい**こともつらいことも、きまりの悪いことも、気にかけているようすでなくて…。
時鳥鶯に劣ると言ふ人こそ、いと**つらう**憎けれ。〈枕草子・226・賀茂へ参る道に〉訳ホトトギス（の鳴き声）が、ウグイス（の鳴き声）に劣ると言う人は、実に**恨めしく**憎らしい。

発展「うし」と「つらし」 「つらし」は、他人の自分に対する仕打ちがつらくて、相手を「薄情だ・冷淡だ」と思うのがもともとの意味。一方、類義語の「憂し」は、「嫌になる・飽きる」という意味の動詞「倦む」と同じ語源といわれ、自分自身について「情けない・つらい・嫌だ」と思う用法が一般的である。ただし、中世以降はその区別も薄れて、「憂し」は「つらし」に取り込まれていくことになる。
類語比較「うし」と「つらし」↓憂し

つる 助動詞「つ」の連体形。↓基本助動詞20（828ページ）

つる【弦】名詞 ❶弓に張る強い糸。ゆみづる。ゆづる。↓弓（図） ❷琴や三味線などに張る糸。

つる【鶴】名詞 ❶《動物》ツル科の鳥の総称。また、ツルによく似た鳥の総称。❷紋所のひとつ。❶を図案化したもの。
発展 ❶は、和歌では「たづ」という。コウノトリ・アオサギ・ハクチョウなどはツルと混同されることが多かったので、これも和歌では「たづ」とされた。

つ・る【連る】動詞 自〈ラ下二段〉〈れ・れ・る・るる・るれ・れよ〉❶列を作る。連なる。並んで続く。**朝ぼらけの空に雁連れて渡る。**〈源氏・須磨〉訳明け方の空にガンが**連なって**渡っていく。❷連れ立つ。同行する。**人あまた連れて花見ありきしに…。**〈徒然草・238・御随身近友が〉訳人がたくさん**連れ立って**花を見て歩いたときに…。❸（「～につれて」の形で）…に従う。…に応じる。

つる-うち【弦打ち】名詞 魔よけのまじないのひとつ。弓の弦を指ではじいて、ぶんぶんと鳴らし、物の怪などを退散させること。また、儀式などでそれをする人。類 鳴弦。
発展 弓には魔性のものを退散させる霊力があると信じられていた。

鶴岡八幡宮〔ツルガオカ―〕寺社名 神奈川県鎌倉市にある神社。祭神は、応神天皇・比売神・神功皇后。源頼義が京都の★石清水八幡宮を勧請し、源頼朝が今の場所に移す。源氏の氏神として崇敬された。

つる-かめ【鶴亀】❶名詞 ツルとカメ。共に長寿の象徴とされ、祝いごとに用いる。❷感動詞 不吉なことを聞いたり言ったりした後の、縁起直しのまじないのことば。
発展 ❷は、ツルとカメは長寿で、共にめでたいものであることから。

つるぎ【剣】名詞 刀剣類の総称。また、特に、（片刃の刀に対して）もろ刃の剣。発展 上代

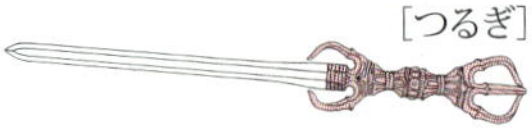
［つるぎ］

は「つるき」とも。

つるぎ-たち【剣太刀】 一 名詞 鋭利な刀。刀剣。剣の太刀。
二 枕詞 〈剣は身に付けたり、命名したり、研いだりするものであることから〉「身」「名」「研ぐ」などに係る。

つる-の-けごろも【鶴の毛衣】 ツルの羽毛。また、それで作ったという衣服。発展 羽毛をツルの衣服に見立てたことば。

つる-の-はやし【鶴の林】 釈迦が入滅したとき、その周辺にあった★沙羅双樹の林。発展「鶴林」とも。入滅のとき、林全体がツルの羽毛のように白くなったということから。

つる-はぎ【鶴脛】 名詞 ❶ツルまたはツルに似た鳥の脚。❷〈ツルの脚のように〉脚を長く露出すること。着物の裾を上げて、すねを出すこと。また、そのすね。

つるばみ【橡】 名詞 ❶《植物》クヌギの木の実、ドングリの古い呼び名。
❷染め色のひとつ。ドングリのかさを煮た汁で染めた色。濃いねずみ色。また、その色の服。奈良時代は、身分の低い者の衣服の色。平安以降は、四位以上の者の★袍の色。または、喪服の色。類 鈍色 発展 古くは「つるはみ」とも。

つる-ぶくろ【弦袋】 名詞 予備の★弓弦を入れる袋。発展 皮のひもで太刀や★箙に付けた。

つるべ-おとし【釣瓶落とし】 名詞 つるべを井戸の中に落とすときのように、急速に下に落ちてゆくこと。転じて、秋の日が暮れやすいこと。

つる-まき【弦巻】 名詞 予備の★弓弦を巻いておく道具。発展 皮で輪のように作り、太刀や★箙に付けた。

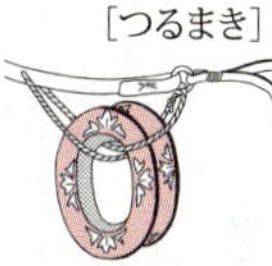
［つるまき］

鶴屋南北 人名（四世）江戸時代後期の歌舞伎作者。役者名では五代を数えるが、作者名としては四世が初世に当たる。巧みに世相をとらえ、民衆の生活や風俗を描写する生世話を創始。奇抜で複雑な脚色を得意とし、特に怪談物に傑作を生んだ。代表作に『天竺徳兵衛韓噺』『★東海道四谷怪談』など。1755—1829

つれ-づれ・なり【徒然なり】

形容動詞〔ナリ〕

未然形	連用形	終止形	連体形	已然形	命令形
つれづれ・なら	つれづれ・なり つれづれ・に	つれづれ・なり	つれづれ・なる	つれづれ・なれ	つれづれ・なれ

単調で変化に乏しく退屈であるようす
❶することがなく手持ちぶさたである。所在なく退屈である。
❷〈ひとり物思いに沈み〉しんみりともの寂しい。

❶**することがなく手持ちぶさたである。所在なく退屈である。身動きがとれず時間を持て余す。**
「つれづれなるままに、日暮らし、硯に向かひて、心にうつりゆくよしなしごとを、そこはかとなく書き付くれば、怪しうこそものぐるほしけれ。」〈徒然草・序・つれづれなるままに〉訳 **所在なく退屈であるの**に任せて、一日中、硯と向き合って、意識に次々に浮かぶつまらないことを、とりとめもなく書き付けていると、不思議に気がおかしくなってくることだ。
「世の中に物語といふもののあんなるを、いかで見ばやと思ひつつ、**つれづれなる**昼間、宵居などに…。」〈更級日記・門出〉訳 世の中に物語というものがあるとかいうのを、なんとかして見たいと（ずっと）願い続けて、**所在なく退屈な**昼間とか、夜遅くまで起きているときなどに…。
❷〈ひとり物思いに沈み〉**しんみりともの寂しい。孤独で寂しい。ひとり寂しい。**
「そこはかとなく、**つれづれに**心細うのみ覚ゆるを、同じ心に答へたまはむは、願ひかなふ心地なむすべき。」〈源氏・末摘花〉訳「なんとなく、**しんみりともの寂しく**心細いとばかり思われるので、（姫君が私と）同じ（＝寂しく心細い）気持ちでご返事くださったら、願いがかなう気持ちがするに違いない。」
「また来やすると見ん。」など、**つれづれに思ひて言ひければ**、人に笑はれけり。〈宇治拾遺〉訳「（元気になったスズメが）また帰ってくるかどうかと見ていよう。」などと、**ひとり寂しく**思って言ったので、人（＝家の者）に笑われた。

発展 **語の成り立ち** 下二段動詞「連る」の連用形「つれ」を重ねたことば。「連る」の語源が「蔓草」の「蔓」であるといわれるように、変化もなく単調にどこまでも続いていくところから、所在なく退屈な感じを表す。そういう状態が長く続くことの倦怠感、さらには❷の孤独感をも表すようになったといわれる。

類語比較「さうざうし」「さびし」「つれづれなり」→さうざうし

つれ 助動詞 つの已然形。→基本助動詞20（828ページ）

つれ【連れ】 一 名詞 ❶連れ立って行く人。同行者。道づれ。❷能・狂言の役柄のひとつ。ツレ。主人公シテや相手役ワキに連れ添って演技を助ける役。→シテ・ワキ
二 形式名詞 種類。程度。たぐい。

つれ-づれ【徒然】 名詞 ❶することがなく手持ちぶさたなこと。退屈なこと。
「つれづれわぶる人は、いかなる心ならん。」〈徒然草・75・つれづれわぶる人は〉訳 **することがなく手持ちぶさたなこと**をつらいと思う人は、どんな気持ちなのだろうか。
❷しんみりと物思いに沈むこと。しんみりした寂しい気持ち。
「昔を忘れざらむ人は、**つれづれ**を忍びても、幼き人を見棄てずものしたまへ。」〈源氏・葵〉訳「故人（＝葵の上）を忘れなかったりする人は、**しんみりした寂しい気持ち**を我慢してでも、幼い人（＝若君）を見捨てないで、（この屋敷に）仕えていてください。」

徒然草 作品名 →必修古典ビッグ30 ㉑（858ページ）

つれづれ-と【徒然と】 副詞 ❶長々と。また、所在なく。
「つれづれと降り暮らして、しめやかなる宵の雨に…。」〈源氏・帚木〉訳 **長々と**降って日が暮れ、しっとりとした宵の雨のせいで…。
❷しみじみと。しんみりと。
「つれづれといともの悲しくておはしましければ…。」〈伊勢・

83〉訳 **しんみりと**たいへん悲しげなようすでいらっしゃったので…。

つれ-づれ・なり【徒然なり】形容動詞 ↓最重要語（856ページ）

つれ-な・し 形容詞 ↓最重要語（857ページ）

つれなし-がほ・なり【つれなし顔なり】〔ナリ〕〈なら・なり（に）・なり・なる・なれ・なれ〉そ知らぬようすだ。平気なようすだ。
「うちつけにも言ひかけたまはず、**つれなしがほなる**しもこそいたけれ。」〈源氏・東屋〉訳「（薫は）軽率にも話しかけなさらず、**そ知らぬようすで**いることは（本当に）立派だ。」

つれなし-づく・る【つれなし作る】動詞 自〔ラ四段〕〈ら・り・る・る・れ・れ〉平気な振りをする。素知らぬようすをする。
つれなしづくりたまへど、ものおぼし乱るるさまの著ければ…。〈源氏・若菜下〉訳（源氏は）**平気な振りをして**いらっしゃるけれども、思い悩んでおいでになるようすがはっきり分かるので…。

つれ-も-な・し 形容詞〔ク〕〈く・く・し・き・けれ・○／から・かり・○・かる・○・かれ〉❶何の関係もない。縁もない。
いかさまに思ひけめかも**つれもなき**佐保の山辺に泣く子なす慕ひ来まして…　歌〈万葉集・3・460〉訳どのように思われたのか、**何の関係もない**佐保の山辺に、（親を慕って）泣く子のように慕って後を追っておいでになって…。
❷冷淡だ。冷たい。薄情だ。
つれもなき人を恋ふとて山びこのこたへするまで嘆きつるかな　歌〈古今集・恋1・521〉訳（私に対して）**冷淡な**人を恋い慕うといって、山びこが反響するほど大きな声でため息をついたことだなあ。
発展 ❷は「つれなし」を強めた表現と考えられる。

つれる（現）↓（古）**つる**【連る】

つわもの（現）↓（歴）**つはもの**【兵】

つゑ【杖】名詞 ❶歩くときの助けにする棒。竹や木で作る。❷古代の長さの単位のひとつ。後世の★丈。一杖は約三メートル。

つれ-な・し

周囲のものと関連がないようす

❶**平然としている。**さりげない。
❷**冷ややかだ。すげない。薄情だ。**
❸**思いのままにならない。情けない。**◉多く、下に「命」「齢」を伴って用いられる。
❹**何事もない。なんの変化もない。**◉多く自然現象について用いられる。

形容詞〔ク〕

未然形	連用形	終止形	連体形	已然形	命令形
つれな・く	つれな・く	つれな・し	つれな・き	つれな・けれ	○
つれな・から	つれな・かり	○	つれな・かる	○	つれな・かれ

❶**平然としている。平気だ。**さりげない。**素知らぬようすである。**
「**つれなき**顔なれど、女の思ふこと、いといみじきことなりけるを、かく行かぬをいかに思ふらむ。」〈大和・149〉訳「**さりげない**ようすであるが、女が（私を）恋い慕うことは、本当に並々でないものであったので、こうして（私が）行かないのをどう思っていることだろうか。」
下には思ひ砕くべかめれど、誇りかにもてなして、**つれなき**さまにしありく。〈源氏・須磨〉訳（伊予介の子は、源氏に伴って須磨へ下ることを）心の中では思い悩んでいるに違いないようであるけれど、得意そうに振る舞って、**平然としたようす**をしながら時を過ごす。
そしり笑はるるにも恥ぢず、**つれなく**過ぎて嗜む人、天性その骨なけれども、道になづまず…。〈徒然草・150・能をつかんとする人〉訳（周りの人たちに）けなされ笑われても恥ずかしいと思わず、**平然として**（その態度を）押し通して（稽古に）一心に励む人は、生まれついて芸道の奥義を会得する才能がなくても、（稽古の）道に停滞しないで…。

❷**冷ややかだ。すげない。薄情だ。**
昔、男、**つれなかりける**女に言ひやりける。〈伊勢・54〉訳昔、男が、（自分に）**薄情だった**女に詠んで送った歌。
夕されば蛍よりけに燃ゆれども光見ねばや人の**つれなき**　歌〈古今集・恋2・562〉訳夕方になると（私の思いは）ホタルよりいっそう（明るく）燃えるけれども、（その胸に秘められた）光を見ないから、あの人が（私に）**冷ややかである**のか。

❸（多く、下に「命」「齢」を伴って）**思いのままにならない。情けない。**
「かかる御消息にて見たてまつる、返す返す**つれなき**命にもはべるかな。」〈源氏・桐壺〉訳「このような（=娘を亡くしたお見舞いという）お便り（の使者）として（あなたに）お会い申し上げることは、（死に後れた）私の）寿命でもございますことよ。」
とどめあへずむべもとしとはいはれけりしかも**つれなく**過ぐる齢か　歌〈古今集・雑上・898〉訳（年を取ることは）止められない。なるほど、年とは（うまく）名付けられたことだ。そんなにもまあ、**思いのままにならず**過ぎていく年齢であることよ。○「とし」は「年」と「疾し（=早い）」の掛詞。

❹（多く自然現象について）**何事もない。なんの変化もない。**
草葉も水もいと青く見えわたりたるに、上は**つれなくて**草生ひ茂りたるを…。〈枕草子・223・五月ばかりなどに〉訳草の葉も水もとても青く一面に見えている所で、表面は**何事もなくて**草が生い茂っている所を（ずっとまっすぐに行くと）…。
雪の山、**つれなくて**年も返りぬ。〈枕草子・87・職の御曹司におはしますころ、西の廂にて〉訳（十二月に降った雪で作った）雪山は、**なんの変化もない**まま年も改まった。

発展 **語の歴史**　「連れ＋無し」で、周囲のものと関連がないようすを表すのがもともとの意味。古く『万葉集』などには、「連れ」と「無し」の二語の意識が残る「つれもなし」の例があり、「関連がない・無縁だ」の意味で用いられている。中古以降は、他者からの働きかけに対して無反応である意味を表すようになった。なお、❹のように自然現象についても用いられる。↓**古語チャート㉙**（923ページ）

徒然草

必修古典ビッグ30 ㉑

◉成立…鎌倉時代末期
◉作者…吉田兼好(けんこう)
◉分野…随筆
◉段数…二四四段

▼兼好法師画像

【冒頭の一文】

つれづれなるままに、日暮らし、硯に向かひて、心にうつりゆくよしなしごとを、そこはかとなく書き付くれば、怪しうこそものぐるほしけれ。訳所在なく退屈であるのに任せて、一日中、硯と向き合って、意識に次々に浮かぶつまらないことを、とりとめもなく書き付けていると、不思議に気がおかしくなってくることだ。

【書名の由来】

冒頭の文による。

【成立と作者】

◉成立…一三三〇(元徳二)年から一三三一(元弘元)年にかけて、大部分の段が書かれたという説が一般的である。

◉作者…兼好法師。一二八三(弘安六)年ごろ～一三五二(文和元)年以後没といわれる。俗名は卜部兼好。京都の吉田神社の神官の家に生まれたので、吉田兼好とも呼ばれた。十九歳のころ宮中に出仕し、六位の蔵人として後二条天皇に仕えたが、一三〇八(延慶元)年、天皇没後まもなく、三十歳ごろ出家して「兼好」と号したらしい。出家後も武家や貴族との交流を続け、晩年は京都の西の双ケ岡に草庵を結んだといわれている。歌人としても優れ、『続千載集』以降の勅撰集に、九首の歌が収められている。自撰家集に『兼好法師集』がある。

【概要】

◉序段と二四三段からなる。全段を通しての構成意識はなく、内容は、自然、人事、説話、教訓など作者の随想や見聞など多岐にわたっているが、どの章段にも、作者の幅広い興味と深い教養、鋭く冷静な観察眼が感じられる。

◉作品の基調は、仏教的無常観と、優雅な貴族社会を中心とした古代への憧れである。しかし一方では、たいへん現実的で、世間的な人生観や処世観がうかがわれる段も多い。そのため、前後の段で、矛盾が多いといわれている。たとえば、「子供はない方がいい」(六段)と言ったかと思うと、「子供のいない人は人の情けが分からない」といった話に感心する(一四二段)。

◉本作品は、中世以降の歌人に愛読され、近世に入っても数多く出版されたり、多くの模倣作を生んだ。

【関連する人物】

◉良覚僧正…天台宗の大僧正。歌人。たいへん怒りっぽい人物で、世間に惑わされて、自分を見失い、かえって滑稽に見られている人物である。

◉仁和寺の法師たち…仁和寺は、京都市右京区御室にある真言宗御室派の本山。そこの法師の失敗談が語られる。

◉是法法師…勅撰集に入集するほどの歌人。『徒然草』の中には、作者に非難される僧が多いが、この人については「いとあらまほし(=まことに理想的)」と書かれている。そのようすは、「学者ぶった態度をせず、ただ念仏をとなえ、心やすらかに暮らしている。」という。世間に惑わされることなく、自然な態度で悠々と生きている人物である。

◉日野資朝…公卿。鎌倉幕府討幕計画が漏れ、佐渡に流され、その地で斬られた。先の仁和寺の法師たちと同じように、『徒然草』の中で、例外的に三話続いて登場する。

【ことばと表現】

◉漢文訓読体と和文体とを章段ごとに使い分けている。漢文訓読体では、対句と短文を多用して畳みかけ、体験談や見聞談を紹介する段に見られる「さて」「されども」といった冗漫な接続語は用いない。次はその典型的な例である。

蟻のごとくに集まりて、東西にいそぎ、南北にわしる(=走る)。**高きあり、賤しきあり。老いたるあり、若きあり。行く所あり、帰る家あり。夕べにいねて、朝に起く。営むところ何事ぞや。生をむさぼり、利を求めて、やむ時なし。**[七四段]

また、「ごとし」「すべからく～べし」「べからず」など、漢文訓読に特徴的な語句は、七七段・一二二段・一八八段・二一七段等に集中するが、これらは漢文脈で叙された章段であり、議論を展開する文章である。

◉常体に「はべり」「さうらふ」「さぶらふ」を混ぜた文体が見られる。「さぶらふ」と地の文にある「さうらふ」とは、伺候する意を表す謙譲語と見てよい。

また、会話文中に用いられている「さうらふ」は当代の口頭語で丁寧を表す。

しかし、会話文にも地の文にも用いられる「はべり」の用法はわかりにくい。読者を意識して丁重な言葉づかいをしたものばかりではない。

たとえば、「『…』とぞ、論語といふ書にもはべるなる。」(一八八段)のように、権威のある書物『論語』の内容を紹介する際に、「はべり」を用いている。

◉作者自身の考えを断定的でなく、控えめに主張したい場合に、「自然にそう思われる」意を表す「覚ゆ」を多く用いている。また、推定の助動詞「めり」を婉曲の意を表すものとして起用している。

かなたの庭に、大きなる柑子の木の、枝もたわわになりたるがまはりをきびしく囲ひたりしこそ、少しことさめて、「この木なからましかば。」と覚えしか。(=あちらの庭に、大きなミカンの木で、枝もたわむほどに実がなっている(その)木の周囲を厳重に囲ってあったのは、少々興がさめて、「この木がなかったならば(よかったのに)。」と思われた。)[一一段]

月、花はさらなり。風のみこそ人に心は付くめれ。(=秋の名月、春の桜花、これらの情趣はいまさらいうまでもない。風ばかりがひたすら人に懐旧の情を催すように思われる。)[二一段]

て

❷て 助動詞つの未然形・連用形。↓基本助動詞20(828ページ)

て【手】名詞 助数詞 接頭語 接尾語 ↓最重要語(860ページ)

て

接続 活用語の連用形に付く。

❶(状態を表すことばに付いて)…(の)状態で。…(の)ようすで。…ままで。
❷(単純な接続を表し)…て。
❸(順接の確定条件を表し)…ので。
❹(逆接の確定条件を表し)…のに。
❺(順接の仮定条件を表し)…たら。
❻(上の用言と下の補助動詞の間に挟み込まれて)…て。

接続助詞 ❶(状態を表すことばに付いて)…(の)状態で。…(の)ようすで。…ままで。
「三寸ばかりなる人、いとうつくしうてゐたり。」〈竹取・かぐや姫の生出〉訳(タケの中に、身長が)三寸(=約九センチメートル)ほどである人が、とてもかわいらしいようすで座っている。○形容詞「うつくし」の連用形(ウ音便)に付き、「ゐたり」に連用修飾の形で係っている。
「猫の経上がりて、猫股になりて、人とることはあなるものを。」〈徒然草・89・奥山に、猫股と〉訳「ネコが年を取って変化して、猫股(=ネコの化け物)になった状態で、人(の命)を取ることがあるとかいうのになあ。」

❷(単純な接続を表し)…て。
「君がため春の野に出でて若菜摘むわが衣手に雪は降りつつ」百人一首〈古今集・春上・21〉訳あなたのために(これを差し上げようと)春の野原に出て若菜を摘む私の袖に、雪が(しきりに)降り続いているよ。

❸(順接の確定条件を表し)…ので。
「障ることありて、なほ同じ所なり。」〈土佐日記・一月八日〉訳差し支えることがあるので、依然として同じ所にいる。

❹(逆接の確定条件を表し)…のに。
「かの白く咲けるをなむ、夕顔と申しはべる。花の名は人めきて、かうあやしき垣根になむ咲きはべりける。」〈源氏・夕顔〉訳「あの白く咲いている花を、ユウガオと申しております。花の名前は人間のようであるのに、このようにみすぼらしい(家の)垣根に咲くのでございました。」

❺(順接の仮定条件を表し)…たら。
「なまじひなること申し出だして、証人にや引かれんずらん。」〈平家・2・西光被斬〉訳「余計なことを口に出して申し上げたら、証人として引っ張られるのではないだろうか。」

❻(上の用言と下の補助動詞の間に挟み込まれて)…て。
「男もすなる日記といふものを、女もしてみむとて、するなり。」〈土佐日記・十二月二十一日〉訳男も書くという日記というものを、女(である私)も書いてみようと思って、(この日記を)書くのである。○「してみむ」の「み」は「試しに…する」という意味の上一段補助動詞「みる」の未然形。サ変動詞「す」の連用形「し」に補助動詞「みる」を続けるために、「て」が挟み込まれている。

発展 ①識別 完了の助動詞「つ」の連用形「て」が接続助詞になったもので、「つ」の連用形との見分けが難しいが、形容詞の連用形語尾「く」、形容動詞の連用形語尾「に」などに付く「て」は接続助詞である。↓識別
②単純な接続を表す 「…の状態で」という意味を基本として、単純な接続を表すのが本来の用法。従って、❸❹❺は結果的に、前後の文脈からそのような用法になっているということである。
③活用語の連用形以外に付く場合 副詞「かく」「さ」「など」や、格助詞「と」「に」などに付く場合があるが、これらは全体で一語として扱われることが多い。↓斯くて・然て・などて・とて・にて

関連語 して(接続助詞)・つ(基本助動詞20)

識別「て」の識別

品詞と用法	見分け方	例文と訳
接続助詞「て」	下に助動詞がこない。上下の動作を単純につなぐ。	よしなしごと言ひてうち笑ひぬ。〈徒然草・30・人の亡き後ばかり〉訳つまらないことを言って笑い出したりしてしまう。
完了の助動詞「つ」の連用形	下に過去の助動詞「けり・き」や過去推量の助動詞「けむ」がくる。	この男、かいま見てけり。〈伊勢・1〉訳この男は、(美しい姉妹の姿を)物の透き間からこっそりとのぞき見てしまった。
完了(確述)の助動詞「つ」の未然形	下に推量の助動詞「む・まし」、または接続助詞「ば」がくる。	…いま幾日ありて若菜摘みてむ 歌〈古今集・春上・18〉訳…あと何日たったら若菜をきっと摘むことができるだろうか。

で↓基本助詞25(861ページ)

で 格助詞 接続 体言に付く。❶(場所・時を表し)…で。…において。…のとき。
「今生でこそあらめ、後生でだに、悪道へ赴かんずることの悲しさよ。」〈平家・1・祇王〉訳「この世においてはともかくとして、来世においてさえ、悪道(=悪事を犯した者が死後に行く世界)へ行くに違いないことが悲しいことよ。」
❷(手段・材料・原因・理由などを表し)…で。…によって。…のために。
「臆病でこそ、さはおぼしめしさうらへ。」〈平家・9・木曾最期〉訳「(あなたは)臆病な気持ちによってこそ、そのように(=よろいが重いと)はお思いになるのでございます。」

発展 格助詞「にて」が変化して中古末期にできたことばで、現代まで続いている。
関連語 にて(格助詞)

て-あはせ【手合はせ】名詞 ❶初めて相手と勝負すること。最初の勝負。❷相手と勝負を決すること。❸自分で薬を調合すること。❹契約を結ぶこと。

てい【体】一 名詞 ❶姿。形。ありさま。ようす。❷和歌・連歌・歌論などの表現の様式。歌体。風体。風姿。
二 接尾語 ❶(体言に付いて、相手を見下したり、自分を卑下したりする気持ちを添えて)…の類のもの。…のようなもの。…のような風情のもの。…ふう。…程度。❷(見かけや種類が似ているという意味を表し)…の類。…ふう。
発展「たい」とも。

て【手】

体の一部としての手。また、手の働きによって生じるものや、手のような働きをするもの

- 一 名詞
  - [手] ❶肩から指までの総称。腕。手首。手のひら。手の指。
  - [手の働き]
    - ❷筆跡。文字。
    - ❸調べ。調子。曲。演奏の仕方。芸風。
    - ❹技量。腕前。
    - ❺負傷。手傷。◉「手(を)負ふ」という場合はこの意味。
    - ❻手段。方法。
    - ❼手数。世話。
    - ❽交際。関係。特に、男女の情交。
    - ❾方向。方角。方面。
  - [手に似た働き]
    - ❿(器具の)取っ手。柄。(*几帳の)横木。
    - ⓫働き手。人手。
    - ⓬部下。配下。軍勢。
- 二 助数詞
  - ❶矢二本を一組として数えることば。
  - ❷碁や将棋などで、打つ回数を数えることば。
- 三 接頭語
  - ❶人間の手で行われるもの、手で扱うもの、という意味を表す。◉名詞に付く。
  - ❷程度を強調する。◉形容詞に付く。
- 四 接尾語
  - その動作をする人、という意味を表す。◉動詞の連用形に付く。

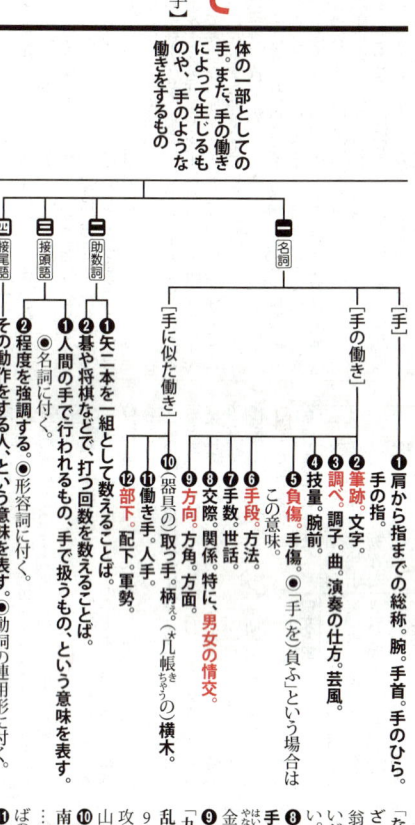

一 名詞 ❶体の一部としての手。肩から指までの総称。腕。手首。手のひら。手の指。
妹が手をわれに纏かしめわが手をば妹に纏かしめ…〈日本書紀〉訳妻の腕を私に巻きつかせ、私の腕を妻に巻きつかせて…。

❷筆跡。文字。
箸には梅の盛りなるを折りて、その花びらに、いとをかしげなる女の手にて、かく書けり。〈大和・173〉訳箸にはウメ(の枝)で花盛りであるウメ(の枝)を折って、その花びらに、たいへん趣のある女の筆跡で、このように書いてある。

❸調べ。調子。曲。演奏の仕方。芸の型。芸風。
人にも聞かせぬ和琴の手引き鳴らしけるを聞きて。〈山家集・922・詞書〉訳(小侍従が)人にも(めったに)聞かせない和琴(=六弦の琴)の曲を引き鳴らしたのを(私が)聞いて(作った歌)。

❹技量。腕前。
「棚機の手にも劣るまじく…。」〈源氏・帚木〉訳「(その女の裁縫は)七夕の織女の腕前にも劣らないに違いないほど…。」

❺負傷。手傷。
雨の降るやうに射けれども、鎧よければ裏かかず、空き間を射ねば手も負はず。〈平家・9・木曾最期〉訳(敵軍が矢を)雨が降るように射たけれど、鎧が立派なので(矢が)裏まで貫通せず、(また、鎧の)透き間を射当てないので手傷も負わない。○「手(を)負ふ」という場合はこの意味。

❻手段。方法。
「いづれの手かとく負けぬべきと案じて…一目なりとも遅く負くべき手に付くべし。」〈徒然草・110・双六の上手〉訳「(双六は)どの方法が早く負けてしまいそうかとあれこれ考えて…一目でも遅く負けそうな方法に従うのがよい。」

❼手数。世話。
「などか、翁の手に生ほし立てたらむものを、心に任せざらむ。」〈竹取・かぐや姫の昇天〉訳「どうして、(竹取の)翁が世話をして育て上げただろうに、(かぐや姫が翁の)思いどおりにならないことがあろうか、いや、そんなはずはない。」

❽交際。関係。特に、男女の情交。
手を付けるときも手を切るときも金句〈誹風柳多留〉訳(女性と)関係を持つときも関係を絶つときも金(が要る)。

❾方向。方角。方面。
「九郎義経こそ、三草の手を攻め落といて、すでに乱れ入りさうらふなれ。山の手は大事にさうらふ。」〈平家・9・老馬〉訳「九郎義経は、(我が平家の)三草山の軍勢を攻め落として、すでに(一の谷に)乱れ入っているそうです。山の方面は大変な事態です。」○初めの「手」は⓬の意味。

❿(器具の)取っ手。柄。(几帳の)横木。
南の遣り戸のそばの、几帳の手の差し出でたるに障りて…。〈枕草子・49・職の御曹司の〉訳南の引き戸のそばの、几帳の横木の突き出ているのに引っ掛かって…。

⓫働き手。人手。
さぶらふ人々、皆手を分かちて求めたてまつれども…。〈竹取・蓬萊の玉の枝〉訳(くらもちの皇子に)お仕え申し上げる人々が、みんなで人手を分けて(=手分けして)(皇子を)お探し申し上げるけれども…。

⓬部下。配下。軍勢。
「平治の合戦の時、故左馬頭義朝が手にさうらひて…。」〈平家・4・大衆揃〉訳「平治の合戦の時、亡き左馬頭(源)義朝の配下におりまして…。」

二 助数詞 ❶矢二本を一組として数えることば。❷碁や将棋などで、打つ回数を数えることば。

三 接頭語 ❶(名詞に付いて)人間の手で行われるもの、手で扱うもの、という意味を表す。語例 手車・手遊び ❷(形容詞に付いて)程度を強調する。語例 手強し

四 接尾語 (動詞の連用形に付いて)その動作をする人、という意味を表す。語例 射手・書き手・為手

→古語チャート㉕(861ページ)

で

基本助詞25

(上の事実を打ち消して下に続け)…ないで。…なくて。

接続 活用語の未然形に付く。

接続助詞 (上の事実を打ち消して下に続け)…ないで。…なくて。…ずに。

相取り、もののあはれも知らで、おのれし酒を食らひつれば、早く去なむとて…。〈土佐日記・十二月二十七日〉訳(人々が別れを惜しんでいるときに)船頭は、物事のしみじみとした趣も分からないで、自分自身は酒を(たっぷり)飲んでしまったので、早く去ってしまおうと思って…。

国の司、詣でとぶらふにも、え起き上がりたまはで、船底に伏したまへり。〈竹取・竜の頸の玉〉訳(大納言を見舞いに)国司が訪問申し上げるときにも、(大納言は)起き上がりなさることもできないで、船底で横になっていらっしゃる。

○この「で」は、副詞「え」と呼応する形で用いられている。「え」は、下に打消の語を伴って不可能の意味を表す。

「何しにかは、かかることをばしつる。常に制することを聞かで。」〈狭衣〉訳「(あなたたちは)どうして、こんなことをしてしまったのか。いつも制止することを聞かないで。」

○「で」の後に「勝手なことをするからこんなことになったのだ」などのように非難することばが省略されている。また、前後の文を逆にした倒置の用法ととることもできる。↓倒置のある文

発展 ①**語の歴史** 打消の助動詞「ず」の連用形＋接続助詞「て」＝「ずて」が変化したものか。しかし、「ずて」から「で」という音の変化は不自然で、打消の助動詞「ず」の古い連用形「に」＋接続助詞「て」＝「にて」が変化したものという説もある。この「ず」の連用形「に」は主に上代に用いられ、中古でも「知らに」などの形で、和歌などに見られる。このように、語源には二説があるが、どちらをとっても、打消の意味を表して下に続くという用法になることは変わらない。

②**「ずて」「ずして」と「で」** 「で」は中古以降に用いられたことばであり、上代では「ずて」「ずして」が同じ意味・用法で使われていた。中古以降、「ずて」は主に和歌で、「ずして」は主に漢文訓読文で用いられた。

関連語 ずして・ずて

まとめて覚えよう古語チャート25

「て」と「た」は同じことば(「手」の変化形)

赤字は最重要語・重要語

「手」には「1て」の他に「2た」という変化形があります。

「て」という形は、別のことばの上にも下にも付きますが、図に示したように、「た」は別のことばの上にしか付きません。「ふね(船)」の変化形「ふな」や「さけ(酒)」の変化形「さか」が別のことばの上にしか付かないのと同じです。

また、「3ゆんで」の場合に見られるように、「1て」は下に来るとき「で」と濁音に変化することがあります。下に来ることばが、このように清音から濁音に変化することを、「★連濁」といいます。

手 → 1て
- てならふ(手習ふ)　●文字を書くことを習う
- てうづ(手水)　●手や顔を洗う水
- てづから　●自ら(「づから」＝「…で」の意味の接尾語)
- めて(右手・馬手)　●手綱を取る手のことで、右手
- 3ゆんで(弓手)　●弓を持つ手のことで、左手

手 → 2た
- たづな(手綱)
- たなごころ(掌)　●手のひら(「な」＝「の」の意味の格助詞)
- たをる(手折る)　●手で折る
- おほて(大手)　●城の表門
- からめて(搦め手)　●城の裏門

てい【亭】一名詞 ❶屋敷。住居。❷庭園の中の休憩所。四阿。❸「★亭主」の略。❹駅舎。宿駅。
二接尾語 文人の家や寄席の屋号、また、文人や芸人などの号に用いることば。

でい【泥】名詞 ❶どろ。泥水。❷絵の具のひとつ。金粉や銀粉を膠の液で溶かして、泥状にしたもの。
発展 一❷は、「ちん」とも。

てい-きん【庭訓】名詞 父が子に授ける教訓。家庭の教訓。家庭教育。類 庭の訓へ 発展 孔子が庭を小走りに過ぎようとする我が子を呼び止めて、詩を学べ、礼を学べと教えたという『論語』にある故事からできたことば。

てい-け【天気】名詞 ↓てんき❶

てい-ご【亭午】名詞 正午。真昼。発展「亭」は至る、「午」は昼の十二時の「午の刻」という意味。

てい-しゅ【亭主】名詞 ❶一家の主人。あるじ。❷夫。対 妻 ❸茶の湯で、客を招き、茶をたてて接待する人。

て-いた・し【手痛し】形容詞〔ク〕〈く・く・し・き・けれ・○／から・かり・○・かる・○・かれ〉やり方が激しい。手ひどい。手厳しい。

手痛うせめられたてまつて、かなはじとや思ひけん…。〈平家・9・六ヶ度軍〉訳 手ひどく攻められ申し上げて、かなうまいと思ったのだろうか…。○「手痛う」は連用

形「手痛く」のウ音便。

ていたらく【為体】 名詞 ようす。姿。ありさま。体裁。
発展 名詞「てい」＋断定の助動詞「たり」の未然形＋接尾語「く」が一語になったもの。もともとは、「そのような体(=ようす)であること」を意味する。近世以降、よくないようすや、そのようすを見下していうようになった。

丁重語 国語・国文法 ふつう★丁寧語の一部として取り扱われる。話題となるものごとの表現を通して、話し手が聞き手への敬意を表すことばで、改まった言い方である。★かしこまりの語法を丁重語とすることもあるが、多くは、丁寧語の「侍り」に見られる用法。↓かしこまりの語法・侍り 敬語のしくみ

ていど 副詞 確かに。間違いなく。きっと。発展「ていと」とも。

貞徳 人名 ↓松永貞徳

程度の副詞 国語・国文法 副詞のひとつ。他の性質や状態を表す語の上にあってその程度を示す。これに属する副詞には、「いささか」「いと」「いとど」「うたた」「すこし」「ただ」「なほ」「はなはだ」「ひたすら」「やや」などがある。「山際、**すこし**明かりて(=山際の空が、**いくらか**明るくなって)」「**やや**深う入る所なりけり(=**少し**山深く入る所であったのだった)」のように用言を修飾するほか、「**いとど**なえなえと(=**ますます**ぐったりと)」「**なほ**奥つ方に(=**もっと**奥の方で)」のように、★状態の副詞や数量・時・方角などを表す体言を修飾する場合がある。

丁寧語 国語・国文法 ★敬語のひとつ。話し手(作者)が丁寧な言い方をして聞き手(読者)に敬意を表すために用いることば。中古以降、見られるようになった。「はべり」をはじめとして、「さぶらふ」「さうらふ」などを、独立動詞、また補助動詞として用いる。室町時代には「ござる」「おりゃる」「おぢゃる」なども現れる。↓丁重語・侍り

丁寧語の補助動詞 国語・国文法 ★敬語の補助動詞のうち、★丁寧語として用いられるもので、次の①②の形式がある。
①単独では使用されず、他の動詞の連用形に付いて、丁寧の意味を添える(添加形式)。助動詞「る」「らる」「す」「さす」「しむ」の連用形に付くこともある。②補助動詞「あり」を丁寧表現に転換させる(転換形式)。
主な語として「さうらふ」「さぶらふ」「はべり」の三語があり、どちらの形式でも使用される。丁寧語自体が他の敬語よりも遅れて発達してきたために、丁寧語の補助動詞も、中古・中世前期までは右の三語くらいしかない。↓敬語の補助動詞・侍り 敬語のしくみ

ていばう【亭坊】 名詞 寺の住職。

ていはつ【剃髪】 名詞 ❶髪をそり落として仏門に入ること。❷(「剃髪の祝ひ」の略で)誕生した幼児の産毛をそる祝い。うぶぞり。

貞門 文芸用語 江戸前期の俳諧の一流派。★松永貞徳を中心とする一派と、その同時代の俳諧。談林・蕉風に対し、「古風」「貞徳風」とも呼ばれる。一六二四(寛永元)年から、約五十年間に盛んに行われた。縁語や掛詞を用い、知的な言語遊戯によるおかしみを主とする。代表的俳諧の撰集に、『犬子集』『鷹筑波集』『新増犬筑波集』『毛吹草』などがある。

てう【朝】 名詞 ❶朝廷。天子が政務を執る所。❷治世。天子の統治下。御代。類 御宇。❸国。国家。❹(「市朝」の略で)市中。町中。

てう【調】 名詞 ❶律令制の税制のひとつ。絹・綿・糸・布など、穀物以外のその土地の物産を納めるもの。類 貢物。❷音楽の調子。音律。しらべ。❸↓てうばみ 発展 ❷は、「でう」とも。

でう【条】 一 名詞 ❶平城京・平安京での行政区画のひとつ。左京・右京をそれぞれ北から南へ九つに分けたもの。一つの条は四つの★坊が、朱雀大路をはさんで東西に並ぶ。❷(活用語の連体形に付いて接続助詞的に用いて、原因・理由を表し)…によって。…ゆえに。…ので。
二 形式名詞 (連体修飾語を受けて)…の件。…のくだり。…のこと。…の段。

てうおん【朝恩】 名詞 朝廷から受ける恩恵。朝廷のご恩。天子の恵み。

てうか【朝家】 名詞 天皇の一家。天皇。また、朝廷。

てうがく【調楽】 名詞 ❶公の行事などで行われる舞楽を前もって練習すること。試楽。❷賀茂神社・石清水八幡宮などの臨時祭で行う舞楽を、前もって清涼殿の東庭で練習すること。発展 ❶は、「でうがく」とも。「楽を調べる」という意味で、❷は天皇もご覧になった。

てうぎ【調義・調儀】 名詞 ❶たくらむこと。策略。工夫。❷だまし取ること。詐取。

てうきん【朝覲】 名詞 動詞 自〔サ変〕(せ・し・す・する・すれ・せよ) 天皇が、上皇または皇太后の御所に行幸して、あいさつを申し上げる儀式。年始に行われる恒例のものと、即位・元服の際に行われる臨時のものとがあった。発展「覲」は謁見するという意味。

てうし【銚子】 名詞 ❶酒を入れて杯に注ぐ、長い柄の付いた器。❷酒の燗をする器。徳利。

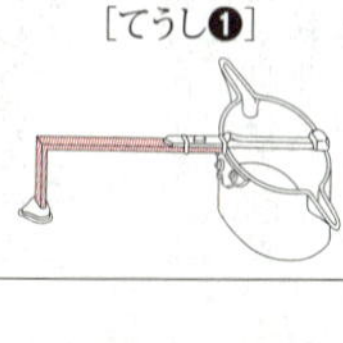
［てうし❶］

てう・す【朝す】 動詞 自〔サ変〕(せ・し・す・する・すれ・せよ) ❶宮中に参内する。朝廷に仕える。
天下の士を朝せしめんずるところを…。〈太平記〉訳 国じゅうの男を**朝廷に仕え**させようとするのを…。
❷朝廷に貢ぎ物を献上する。

てう・ず【調ず】

思うとおりの形にする
❶調達する。準備する。
❷調理する。
❸調伏する。
❹懲らしめる。痛めつける。

未然形	連用形	終止形	連体形	已然形	命令形
てう・ぜ	てう・じ	てう・ず	てう・ずる	てう・ずれ	てう・ぜよ

動詞 他〔サ変〕❶**調達する。準備する。**
扇調じて、歌、絵に書かせはべりける。〈後撰集・1324・詞書〉訳 扇を**調達して**、歌を、絵に書かせました(ときの)歌。
❷**調理する。**
近き川の石斑魚やうのもの、御前にて調じて参らす。〈源氏・常夏〉訳 近くの川のカジカ(=淡水魚の一種)のようなものを、(源氏の)御前で**調理して**献上する。
❸(加持祈禱によって悪霊などを)**退散させる。調伏する。**
験者の、物の怪調ずとて、いみじうしたり顔に…。〈枕草子・25・すさまじきもの〉訳 修験者が、物の怪を**調伏する**ということで、たいへん得意顔で…。
❹**懲らしめる。痛めつける。**

くらもちの皇子、血の流るるまで調ぜさせたまふ。〈竹取・蓬莱の玉の枝〉訳くらもちの皇子は、(職人たちを)血の流れるまで痛めつけさせなさる。○この例の「調ず」は、「懲ず」あるいは「打ず」と混同したものかともいわれるが、現存の本文には「調せさせたまふ」とある。

てう-せき【朝夕】—名詞 ❶朝と晩。または、一日。❷朝と晩の食事。

てうせき-に-せま・る【朝夕に迫る】— 目の前に差し迫る。

「今、火急の事ありて、すでに**朝夕に迫れり**。」〈徒然草・49・老い来たりて〉訳「たった今、きわめて急な事態が生じて、もう**目の前に差し迫っている**。」

て-うち【手討ち・手打ち】名詞 ❶直接自分の手で相手を討って殺すこと。❷身分のある武士が、自分の手で家来や町人など目下の者を切り殺すこと。

て-うづ【手水】名詞 手や顔などを洗い清めること。また、それに使う水。発展「てみづ」の変化したことば。↓古語チャート㉕(861ページ)

でう-でう【条条】名詞 ひとつひとつの箇条。

てう-てき【朝敵】—名詞 朝廷や天皇に背く敵。

てう-ど【調度】—名詞 ❶日常使う、身のまわりの道具。❷弓矢。❸「*調度懸け」の略。発展「でうど」とも。❷は、武家の場合、身のまわりの重要な道具であることから。

てうど-がけ【調度懸け】—名詞 ❶朝廷の儀式で、弓矢を持って参列する役。❷武家で、主君が外出するとき、弓矢などを持って供をする役。調度持ち。❸江戸時代、弓矢を立てて飾っておいた台。

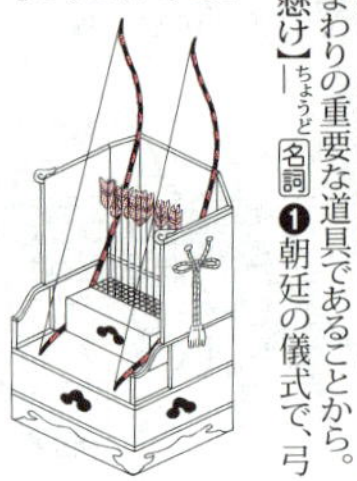
[てうどがけ❸]

てう-はい【朝拝】—名詞 元日の朝、辰の刻に、大極殿で、臣下が天皇に年賀を申し上げる儀式。季語春

てう-ばみ【調食】—名詞 双六で、二つの賽を同時に振って、同じ目が出ることを競う遊び。類調

てう-ぶく【調伏】—名詞 動詞 他(サ変)〈せ・し・す・する・すれ・せよ〉❶《仏教語》身・口・意の三業を調和し統一して、すべての悪行を征服すること。❷《仏教語》真言宗や天台宗などの密教で、心身を統一して、仏・菩薩・明王などに祈り、物の怪や怨敵などを降伏させること。❸人をのろい殺すこと。呪詛。発展「でうぶく」とも。

てう-もく【鳥目】—名詞 貨幣の別の呼び名。*銭に。発展中央の穴の形が鳥の目に似ているところから。

て-うら【手占】名詞 手相による占い。

でう-り【条里】—名詞 ❶古代の平野部の耕地の区画。条里制。❷市街の区画。町割り。

て-おひ【手負ひ】—名詞 合戦などで傷を受けること。負傷。また、負傷者。

て-おほ・す【手負ほす】— 手傷を負わせる。負傷させる。

あまたして**手負ほせ**、打ち伏せて縛りけり。〈徒然草・87・下部に酒飲ますることは〉訳大勢で**手傷を負わせ**、押さえつけて縛りあげた。

て-かき【手書き】名詞 ❶文字を上手に書くこと。能筆。また、その人。能書家。❷物を書く役目の人。書記。発展「手」は文字という意味。

て-か・く【手掻く】(多く、制止のために)手を振って合図する。

御供の人の前駆追ふをも、**手かき**制したまうて…。〈源氏・常夏〉訳お供の人が先払いの声を出すのも、**手を振って合図して**お止めになって…。

て-か・く【手書く】連語 文字を書く。特に、美しく立派な文字を書く。

手書くこと、宗とすることはなくとも、これを習ふべし。〈徒然草・122・人の才能は〉訳**文字を書くこと**(=書道)、(それを)主とすること(=専門とすること)はなくても、これを習うのがよい。

でか・す【出来す】動詞 他(サ四段)〈さ・し・す・す・せ・せ〉❶作り出す。こしらえる。❷成し遂げる。うまくやる。

て-がた【手形】名詞 ❶牛車の入り口や馬の鞍の前輪の左右のくぼみ。乗り降りのとき、手を掛けるところ。↓鞍(図)❷後日の証拠のために、墨などを塗って押し付けた手の形。類手判 ❸印判を押した証文や書類・証券の類。❹手で書いたもの。手跡。筆跡。❺関所の通行許可証。

で-がはり【出替はり・出代はり】—名詞 江戸時代、下男・女中・乳母などの奉公人が半年間、または一年間の契約期限を終えて入れ替わること。また、その日。季語春 発展陰暦の二月と八月だったが、幕府の命により三月と九月に改められた。

て-き …てしまった。…た。

うたた寝に恋しき人を見てしより夢てふものは頼みそめてき 歌〈古今集・恋2・553〉訳↓うたたねに…
発展完了の助動詞「つ」の連用形＋過去の助動詞「き」。

て-きき【手利き】名詞 武術や技術の腕前が優れていること。また、その人。腕利き。

て-き・く【手利く】連語 器用である。技術が優れている。心が行き届く。

いと**手利きたる**御心ばへなりな。〈大鏡・道長下〉訳とても**行き届いている**お心がけであるね。

適当 国語・国文法 助動詞「べし」の意味のひとつ。「…(する)のがよい」という意味。「今は明けぬるに、かう大殿ごもる**べき**かは。(=今はもう夜が明けてしまったのに、こんなにお休みになられて**よい**ものだろうか。)」

てぐすね-ひ・く【手薬練引く】❶手に薬練(=松やにに油を混ぜて煮たもの)を引く。弓を持つとき、力を入れるために手のひらに薬練やつばを付ける。

手薬練引き、そぞろ引いてぞ向かひたる。〈保元〉訳(源為朝は)**手のひらにつばを付けて**(弓を持ち、)ただなんとなく弓を引いて(兄の義朝の方に)向き合っている。

❷十分に準備をして機会を待つ。

「そりゃそりゃ来たぞ。」と、三人が**手薬練引いたる**顔色…。〈近松・女殺油地獄〉訳「そらそら来たぞ。」と、三人が**十分に準備をして機会を待っている**顔つき…。○「手薬練引い」は連用形「手薬練引き」のイ音便。

て-ぐり【手繰り】名詞 ❶糸などをたぐりよせること。❷手から手へ物を受け渡して運ぶこと。手送り。❸(「手繰船」の略で)浮きを付けた手繰り網を使用して漁をする、小型の漁船。

て-ぐるま【手車・輦車】名詞 ❶人の手で引く車。牛車に対していう。東宮・親王・内親王・女御・大臣・大僧正などのうち、特に天皇から許された者だけが乗る。類腰車↓図(次ページ)❷子供の遊び。二人が両手を井の字形に組んで、その上に別の子供を乗せて、「これはたれが手車」とはやして遊ぶもの。❸おもちゃのひとつ。菊花形の小さな車に糸をつけたもの。今のヨーヨー。

てぐるま-の-せんじ【手車の宣旨】★手車に乗ることを許可するという宣旨。

[てぐるま❶]

て-け【天気】名詞 ↓てんき❶

て-けむ きっと…ただろう。…てしまっただろう。

我がために織女のその屋戸に織る白栲は織りてけむかも 歌〈万葉集・10・2027〉訳 私のためにと機織る女がその家で織っていた白い布は**きっと**織り上がっ**ただろう**なあ。

発展 完了(確述)の助動詞「つ」の連用形＋過去推量の助動詞「けむ」。

て-けり …てしまった。…たのだった。

家主**なれば、案内を知りてあけてけり。**〈枕草子・8・大進生昌が家に〉訳 (生昌は)家の主人なので、事情を知っていて(ふすまを)開け**てしまった。**

発展 完了の助動詞「つ」の連用形＋過去の助動詞「けり」。

て-こ【手児】名詞《上代東国方言》❶手に抱かれている赤子。幼児。子供。❷少女。乙女。発展 ❶は、「てご」とも。

てこ-な【手児名】名詞《上代東国方言》かわいい少女。美しい乙女。発展「てごな」とも。「な」は人を表す接尾語。

て-さき【手先】名詞 ❶手の先。指の先。❷部隊の先頭。先鋒。❸★雁股の★矢尻の先端。❹かぶとの部分の名称で、吹き返しの前方の部分。❺配下として使われる者。召し捕り役人の配下。発展 もともとは「手の先端」で、それが「物の先端」という意味に広がった。

て-しか 終助詞 (自己の願望を表し)…(し)たいなあ。…(し)たいものだ。… 接続 活用語の連用形に付く。

ほととぎすなかる国にも行きてしかその鳴く声を聞けば苦しも 歌〈万葉集・8・1467〉訳 ホトトギスのいない国があったらぜひ行って住み**たいものだ**。あの鳴き声を聞くと苦しくてならないことだ。

発展 完了の助動詞「つ」の連用形＋終助詞「しか」が、一語になったもの。平安以降は「てしが」と濁音化し、さらに詠嘆の終助詞「な」が付いた「てしがな」が広く用いられるようになる。

て-しが 終助詞 ↓てしか

て-しか-な 助詞 ↓てしがな基本助詞25(864ページ)

てしが-な ↓基本助詞25(864ページ)

て-しか-も 終助詞《上代語》(希望を詠嘆を込めて表し)…(し)たいものだ。…(し)たいなあ。接続 活用語の連用形に付く。

なかなかに人とあらずは酒壺になりにてしかも酒に染みなむ 歌〈万葉集・3・343〉訳 ↓なかなかに…

発展 終助詞「てしか」に詠嘆を表す終助詞「も」が付いて一語になったもの。

です 助動詞 特殊型 (でせ・でし・です・です・○・○) 接続 体言や、体言と同じ働きをする句に付く。❶(改まった気持ちでの断定を表し)…である。…であります。

「**遠国に隠れもない大名です。**」〈狂言・蚊相撲〉訳「(都から)遠い国で名高い大名**であります。**」

❷(断定に丁寧の意を添えて)…でございます。…です。

「**そこで我らはなにも持たぬです。**」〈鹿の子餅〉訳「それで我々はなにも持たないの**です。**」

発展 成立については諸説あるが、❶は一般に「にて候ふ」からの転といわれる。❷は、「でござります」あるいは「でありまする」の約といわれ、近世後半から現れた。この助動詞「です」が江戸末期から明治初期に最も一般的な丁寧語として広がり、現代語の「です」となっていく。

てずから(現)↓(歴)**てづから【手づから】**

て-すさび【手遊び】名詞 気晴らしでやる手の遊び。手慰み。手遊び。発展「てすさみ」「てずさび」とも。

てずつなり(現)↓(歴)**てづつなり【手づつなり】**

て-ぜい【手勢】名詞 手下の軍勢。手もとの軍勢。部下の兵士。

て-だい【手代】名詞 ❶江戸時代、郡代・代官・奉行に属して、雑務を処理した下級役人。❷商家で、番頭の下で店の雑務をこなし、丁稚より上の奉公人。

て-だて【手立て】名詞 何かをするときのやり方。手段。

て-だま【手玉】名詞 ❶手首に着ける飾りの玉。❷曲芸師が、空中に投げ上げて曲技を演ずるときの小さな玉。また、少女が遊ぶお手玉。

基本助詞25

てしがーな

(自己の願望を詠嘆を込めて表し)…たいものだ。…たいなあ。

接続 活用語の連用形に付く。

終助詞 (自己の願望を詠嘆を込めて表し)…**たいものだ。**…**たいなあ。**

世界の男、あてなるも卑しきも、「いかでこのかぐや姫を得てしがな、見てしがな。」と、音に聞きめでて惑ふ。〈竹取・かぐや姫の出生〉訳 世の中の男は、身分が高い者も身分が低い者も、「なんとかしてこのかぐや姫を手に入れ**たいものだ**、妻とし**たいものだ**。」と、うわさに聞いて心を引かれて(また)心が乱れる。

○「いかで」は★陳述の副詞で、「てしがな」のような願望表現を下に伴って、願望を強調する。↓如何で

「**今宵のうちに身を失ふわざをしてしがな。**」〈栄花〉

訳「今夜のうちに身を隠すことを**したいものだ。**」

発展 **語の成り立ち** 自己の願望を表す終助詞「てしが」に、詠嘆を表す終助詞「な」が付いてできたことば。「てしが」と同様、実現するのが困難なことや、実現不可能なことを望む場合に多く用いられる。「てしが」は、古くは「てしか」と清音であった。その「てしか」は、完了の助動詞「つ」の連用形に、自己の願望を表す終助詞「しか」が付いたものとみられている。完了の助動詞「つ」は活用語の連用形に付くので、「てしがな」も当然連用形に付くことになる。

関連語 しか(終助詞)・てしか・にしか・にしがな・ばや(基本助詞25)

て-だり【手足り・手垂り】 名詞 腕前や技量が優れていること。また、その人。腕利き。達人。発展「てだれ」とも。「たり」は十分という意味。

で-ちが・ふ【出違ふ】 動詞 自〔八四段〕〈は・ひ・ふ・ふ・へ・へ〉入れ違いに出かける。（借金取りなどを避けて）外出する。

数年負ひつけたる者は大晦日にも出違はず。〈西鶴・世間胸算用〉訳何年も借金になれている者は大晦日でも（借金取りを避けて）**外出し**たりしない。

て-つがひ【手番ひ・手結ひ】 名詞 ❶平安時代、近衛府の官人による騎射・射礼・賭弓の儀式。また、その予行演習。❷手はず。段取り。発展 ❶は、射手をひとりずつ組み合わせ、左右に分かれて競射を行うことから、射手の一組という意味。予行演習を荒手番といい、当日の儀式を真手番という。

て-づかひ【手遣ひ・手使ひ】 名詞 手や指の使い方。手の運び方。手さばき。手並み。

て-づから【手づから】 副詞 自分で。自分の手で。自ら。

日たくる程に起きたまひて、格子手づから上げたまふ。〈源氏・夕顔〉訳（源氏は）日が高く昇る時分にお起きになって、格子を**自分で**お上げになる。

発展「づから」は接尾語。↓古語チャート㉕（861ページ）

てづから-みづから【手づから自ら】 副詞 わざわざ自分自身で。

聖武皇帝手づから自ら磨きたてたまひし金銅十六丈の盧遮那仏…。〈平家・5・奈良炎上〉訳聖武天皇が**わざわざ自分自身で**磨きたてなさった金銅作り（高さ）十六丈の盧遮那仏が…。

て-づくり【手作り】 名詞 ❶自分の手で作ること。手製。また、作られたもの。❷手織りの布。

でっ-ち【丁稚】 名詞《近世語》❶商家や職人の家などに年季奉公して雑用をする少年。小僧。❷（子供を卑しめていうことばで）小僧。

て-づつ・なり【手づつなり】 形容動詞〔ナリ〕〈なら・なり（に）・なり・なる・なれ・なれ〉下手だ。不器用だ。不調法だ。

一といふ文字をだに書きわたしはべらず、いと手づつに、あさましくはべり。〈紫式部日記〉訳（私は）一という漢字さえずっと書いていませんし、非常に（漢字には）**不調法で**、あきれるほどでございます。

てっ-に-い・る【徹に入る】 微に入る。物事の深奥の域に達する。

師が画は、精神徹に入り、筆端妙をふるふ。〈許六離別詞〉訳師（＝許六）の画は、心が**深奥の域に達し**、筆づかいは巧妙である。

てて【父】 名詞 ちち。お父さん。類とと 発展「ちち」の母音が交替したことば。子供の会話や女性の会話・文章に多く見られ、「ちち」よりも親しみがこもる表現。

てて-はは【父母】 名詞 父と母。両親。

て-と-み-に-な・る【手と身になる】 無一文になる。全財産を失う。すっからかんになる。

手と身になりての思案…。〈西鶴・日本永代蔵〉訳**無一文になって**の考え…。

て-なが【手長】 名詞 ❶手長島に住み、腕が非常に長いという想像上の人。❷宮中や貴族の家で、宴会やもてなしのときに配膳を取り次ぐ役。発展 ❶は、長股国に住み、足が非常に長いという「★足長」と並べて用いる。古代中国の山海経にある。

て-なら・す【手慣らす】 動詞 他〔サ四段〉〈さ・し・す・す・せ・せ〉❶使い慣らす。手になじませる。

かの手慣らしたまへりし螺鈿の箱なりけり。〈源氏・夕霧〉訳あの（六条御息所が）**使い慣らし**ていらっしゃった螺鈿の箱であったのだった。

❷手なずける。飼いならす。

て-ならひ【手習ひ】 名詞 ❶文字を書く練習。習字。また、その紙。❷思いの向くままに書くこと。また、それを書いたもの。❸学問。けいこ。修行。

て-なら・ふ【手習ふ】 動詞 自〔八四段〕〈は・ひ・ふ・ふ・へ・へ〉❶文字を習う。↓古語チャート㉕（861ページ）

この二歌は、歌の父母のやうにてぞ、手習ふ人の初めにもしける。〈古今集・仮名序〉訳この二首の歌は、歌の父と母のように（言い伝えられ）、**文字を習う**人が最初に習ったものでもあった。

❷思い浮かぶままに、何気なく文字を書く。

て-な・る【手慣る】 動詞 自〔ラ下二段〕〈れ・れ・る・るる・るれ・れよ〉使い慣れる。扱いつける。熟練する。

鈍色は手慣れにしことなれば…。〈源氏・手習〉訳鈍色（＝法衣の色）は**使い慣れ**てしまったことだから…。

て-に-か・く【手に掛く】 ❶自分の思うようにする。また、自分で世話をする。手塩に掛ける。

手に掛くるものにしあらば藤の花松よりまさる色を見ましや 歌〈源氏・竹河〉訳**自分の思うようにする**（ことができる）ものであるなら、フジの花の、マツよりも優れた美しい色を見ているだけで済ましたりしようか、いや、済ましたりはしない。

❷自分の手で殺す。

てにとらば きえん… 句

手にとらば消えん涙ぞあつき秋の霜〈野ざらし紀行・松尾芭蕉〉訳霜のような白い母の遺髪は、手に取ったら消えてしまいそうだ。私の涙はそれほどにも熱いのだ。秋の霜を消すほどに。○季語 秋の霜—秋。初句は字余り。「ぞ」は強調を表す係助詞、結びの「あつき」は言い切り。

発展 十二年ぶりに故郷へ帰った作者が、前年に亡くなった母の遺髪を見て詠んだ句。

て-に-を-は【手爾乎葉・弖爾乎波】 名詞 ❶助詞の古い呼び方。また、その使い方。転じて、ことば遣い。❷漢文訓読で、漢字に補う送り仮名として使われる助詞・助動詞・用言の活用語尾・接尾語など。また、その使い方。

発展「てには」とも。現在の漢文訓読は、返り点と送り仮名を施す方法によるが、それ以前は、漢字の周囲に「点」を打ち、その点の位置で読み方が決まっていた。その代表的な博士家点と呼ばれる漢学者たちが用いた方法では、左下隅の点を「テ」、左上隅の点を「ニ」、右上隅の点を「ヲ」、右下隅の点を「ハ」と読ませた。これを順に拾って「テニヲハ」という。↓ヲコト点

て-の-うら【手の裏】 名詞 手の内側。手のひら。類掌

発展「裏」は本来「服の裏」という意味である。服を着ると、「裏」は自然に「内」の意味になることから、「手の裏」は手を握って、その内側、すなわち「手のひら」の意味になる。

て-の-きは【手の際】 手の限り。力のありったけ。

て-の-べ【手延べ】 名詞 手遅れ。適当な手立てを講じるのが遅れて、機会を失うこと。発展「てのび」とも。

て-の-やっこ-あし-の-のりもの【手の奴足の乗り物】 何事も自分自身で処理して、他人の力を借りないことのたとえ。発展 手を召し使いにし、足を乗り物にするという意味。

て-は 連語 ❶(状態を表し)…ては。**虫のごと声にたてて**はなかねども**涙のみこそしたに流るれ** 歌〈古今集・恋2・581〉訳虫のように声を上げて**は**泣かないけれども、涙だけが下に流れている。❷(順接の仮定条件を表し)…たら。…たならば。「**わるしと言はれては**、なかなかねたかるべし。」〈枕草子・82・頭の中将の〉訳「つまらないと言われ**たら**、かえってしゃくにさわるに違いない。」❸(ある事実の実現を表し)…てからは。❹(動作・作用の反復を表し)…たかと思うと。**いたづらに行きては来ぬるものゆゑに見まくほしさのいざなはれつつ** 歌〈古今集・恋3・620〉訳むなしく、訪ねて行っ**たかと思うと**引き返すだけなのに、(やはり)会いたいと思う心に誘い出されることだよ。❺…たからには。…たうえは。「**その詞を、ただまかせて残したまへ。さ申しては、よくちをしくはあらじ。**」〈枕草子・143・殿などの〉訳「その文句を、全部(私に)お任せください。そう申しまし**たからには**、まさか不本意なことはしないつもりだ。」❻(ある条件のもとではいつも同じ結果になることを表し)…と必ず。**月満ちては欠け、物盛りにしては衰ふ。**〈徒然草・83・竹林院入道左大臣殿の〉訳月は満ちる**と必ず**欠け、物事は盛りになる**と必ず**衰える。

て-ば 発展 接続助詞「て」＋係助詞「は」。…たならば。…てしまったら。「**つひにうち捨てたまひてば、世にしばしもとまるべきにもあらず。**」〈源氏・総角〉訳「結局(私を)見捨て(てあの世に行き)なさって**しまったら**、(私は)この世にちょっとの間もとどまっていられそうにもない。」

で-は 連語 (多く、下に打消の表現を伴って)…ないでは。…なくては。…ずには。発展 完了の助動詞「つ」の未然形＋接続助詞「ば」。「**深き志を知らでは会ひがたしとなむ思ふ。**」〈竹取・五人の貴公子〉訳「(私への)深い愛情を感じ**ないでは**結婚しにくいと思う。」

では【出羽】 旧国名 ➡出羽(でわ)

て-ばこ【手箱】 名詞 身のまわりの小物などを入れておく箱。

［てばこ］

て-はなち・なり【手放ちなり】 形容動詞〔ナリ〕〈なら・なり(に)・なり・なる・なれ・なれ〉手が回らない。手を抜いて不十分だ。**これは、をとこなども添はねば、いと手放ちに、あらあらしげにて**…。〈更級日記・太井川〉訳ここ(＝乳母の仮屋)は、夫なども付き添っていないので、ひどく**手を抜いて不十分で**、粗末なようすで…。

て-はん【手判】 名詞 江戸時代の関所の通行許可証。居住地の名主や五人組などの証印がある。類手形

て-びき【手引き】 名詞 ❶手で引くこと。❷導くこと。案内をすること。また、その人。発展「てひき」とも。

て-ふ【牒】 名詞 ❶文書で通告すること。また、その文書。❷直属関係にはない役所や寺社などに、★主典以上の役人が文書を送ること。また、その公文書。

て-ふ【蝶】 名詞 ❶《動物》昆虫のひとつ。チョウ。季語春 ❷紋所のひとつ。❶を図案化したもの。

て-ふ 連語 …という。類ちふ・とふ **春過ぎて夏来にけらし白妙の衣干すてふ天の香具山** 百人一首〈新古今集・夏・175〉訳↓はるすぎて…

発展「といふ」(格助詞「と」＋四段動詞「いふ」)の変化したことば。中古以降の用法。

でふ【帖】 ━ 名詞 ❶折り本。❷(「法帖」の略で)古人の筆跡を紙に写し取って、折り本としたもの。
━ 助数詞 ❶折り本・屏風・幕などを数えることば。❷雅楽の楽章の単位。

てふ-じゃう【牒状】 名詞 ❶順に回覧する文書。回文。類回状 ❷訴えの文書。❸国から国へと送られる国書。

て-ぶり【手風・手振り】 名詞 ❶習わし。風俗。風習。❷《近世の用法》考え方。

て-ぶり【手振り】 名詞 ❶手を振ること。手の動かし方。手つき。❷従者。供の人。❸手ぶら。手に何も持たないこと。❹元手のないこと。無一文。

てへれ-ば【者】 ━ 接続詞 というわけで。であるから。一方闕けんにおいては、いかでかその嘆きなからんや。**てへれば**ことに合力をいたして…。〈平家・4・山門牒状〉訳一方が欠けるようなことになっては、どうして嘆かずにいられようか。**というわけで**特に協力して…。発展「といへれば」が変化したもの。詔勅・上奏文・記録文などで文章の最後に形式的に添えられ、慣習的に「者」という漢字が当てられた。

て-へん【天辺・頂辺】 名詞 ❶かぶとの鉢の頂上の部分。❷頭頂部。いただき。てっぺん。

て-まさぐり【手弄り】 名詞 手先でもてあそぶこと。

て-まし ❶(「てましかば…まし」の形で)もし…てしまったならば(…ただろうに)。『**ありし年ごろを見たてまつりさしてましかば、口惜しからまし。**』**とおぼえはべり。**〈源氏・朝顔〉訳『**もし**これまでの(不遇の)幾年かをお見届け申し上げないままで死ん**でしまったならば**、残念なことであっただろうに。』と思われます。」❷(上に仮定の表現を伴って)…てしまうだろう。きっと…(た)だろうに。「**昼ならましかば、覗きて見たてまつりてまし。**」〈源氏・帚木〉訳「昼間であったなら、**きっと**覗いて(源氏の姿を)見申し上げ**ただろうに**。」❸(上に疑問の表現を伴って「まし」がためらいの意志を表し)…てしまおうか、どうしようか。…たものだろうか。「**宇治にいと渡らまほしげにおぼいためるを、さもや渡しきこえてまし。**」〈源氏・宿木〉訳「(中の君が)宇治にたいそう行きたそうにお思いになっているようなので、そのようにお連れ申し上げ**てしまおうか、どうしようか**。」発展 確述の助動詞「つ」の未然形＋反実仮想・ためらいの意志の助動詞「まし」。

て-まへ【手前】 ━ 名詞 ❶自分の目の前。❷人の見る前。他人の前。面目。体面。体裁。❸その場所からこちら側。❹腕前。技量。手並み。❺茶の湯で、茶をたてる所作・作法。❻暮らし向き。生活。生計。
━ 代名詞 ❶(自分を謙遜して)私。自分。❷(同等あるいは目下の相手に対して)おまえ。
発展 ━❺は「点前」とも書く。━❷は、「てめへ」とも。

で-まれ 連語 …であるにもせよ。…であれ。「**なんでまれ、敵の方より出で来たらんものを、のがす**

べきやうなし。」〈平家・9・坂落〉訳「なんであれ、敵の方から出て来るものを、のがしてよいということはない。」
発展「にてもあれ」が変化した「でもあれ」が、さらに変化したもの。この場合の命令形は、放任の意味を表す。

て-む ❶(強い推量を表し)きっと…だろう。「**さはれ、いづれもいづれも、用はてなば、賜びてむ。**」〈落窪〉訳「どうでもよい、どの品もどの品も、用が済んでしまったら、**きっと**下さる**だろう**。」
❷(強い意志を表し)…てしまおう。ぜひとも…よう。「**この酒を飲みてむ。**」とて、**よき所を求めゆくに、天の河といふ所に至りぬ。**〈伊勢・82〉訳「この酒を飲んで**しまおう**。」と言って、(酒宴に)格好の場所を探し求めて行くうちに、天の河という所に到着した。
❸(可能の推量を表し)きっと…できるだろう。「**春日野の飛ぶ火の野守出でて見よいま幾日ありて若菜摘みてむ** 歌〈古今集・春上・18〉訳→かすがのの…
❹(当然・適当を表し)(当然)…がよいだろう。…べきだ。「**心づきなきことあらん折は、なかなかその由をも言ひてん。**」〈徒然草・170・さしたることなくて〉訳気に食わないことがあるようなときは、かえってその理由をも言ってしまう**のがよいだろう**。
発展 確述の助動詞「つ」の未然形＋推量の助動詞「む」。中世以降、「てん」と表記される。→てむや

て-む-や 連語 ❶(動作を促したり、軽い命令で)…たらどうか。…てくれないか。「**翁の中さむことは聞きたまひてむや。**」〈竹取・五人の貴公子〉訳「(この)翁(=私)が申し上げることをお聞きになっ**てくれないか**。」
❷(反語を表し)…だろうか、いや…(では)ないだろう。「**かくも騒がれたまふなる人は、まさにかくあやしき山賤を、心留めたまひてむや。**」〈源氏・須磨〉訳「このようにも騒がれなさるとかいう人(=源氏)は、どうしてこのように卑しい身分の低い人(=明石の入道の娘)を、心におとどめになる**だろうか、いや**、おとどめにならない**だろう**。」
発展 確述の助動詞「つ」の未然形＋推量の助動詞「む(ん)」の終止形＋終助詞「や」。中世以降、「てんや」と表記する。

て-も 連語 ❶(「て」で受けた事柄に軽く感動を添えて)…ても。…て。「**あやしく、歌めきても言ひつるかな。**」〈土佐日記・二月五日〉訳「(船頭はことばを)奇妙に、和歌みたいにし**て**言ったものだなあ。」
❷(逆接の確定条件を表し)…にもかかわらず。…けれども。「**川の水に手を洗ひて、清水の観音を念じたてまつりても、すべなく思ひ惑ふ。**」〈源氏・夕顔〉訳(惟光は)川(=賀茂川)の水で手を洗い清めて、清水の観音をお祈り申し上げる**けれども**、どうしようもなく当惑している。
❸(逆接の仮定条件を表し)たとえ…としても。たとえ…ても。「**瀬を早み岩にせかるる滝川のわれても末にあはむとぞ思ふ** 百人一首〈詞花集・229〉訳→せをはやみ…
発展 接続助詞「て」＋係助詞「も」。❷❸は、一語の接続助詞に相当するはたらきをもっている。

て-もと【手許・手元】 名詞 ❶手の届く辺り。手近な所。❷道具などで、手で握る部分。❸腕前。技量。手並み。❹《女房詞》箸。

て-や 連語 一(「や」は係助詞で)…て…か。「**今はとて君が離れなばわが宿の花をば一人見てやしのばむ** 歌〈古今集・恋5・800〉訳もはや(これまで)と言って、あなたが(私から)去ってしまったら、(私は)我が家の花を一人で見**て**(あなたを)思い出すことにしよう**か**。
二(「や」は終助詞で)❶《近世語》(やや丁寧な命令や依頼を表し)…てください。「**駕籠の衆早う連れましてや。**」〈近松・博多小女郎波枕〉訳「駕籠の人たちよ(私は先に行きますがあの人も)早く連れ申し**てください**。」
❷(感動を表し)…だよ。…よ。「**まだその上に確かなことがあるてや。**」〈仮名手本忠臣蔵〉訳「まだその上に確かなことがある**よ**。」
発展 一は、接続助詞「て」＋係助詞「や」。二❶は、接続助詞「て」＋終助詞「や」。二❷は、終助詞「て」＋終助詞「や」。

てよ 助動詞**つ**の命令形。→**基本助動詞20**(828ページ)

てら【寺】 名詞 ❶寺。寺院。❷特に、滋賀県大津市にある三井寺(=園城寺)。❸住職。発展 ❷は、比叡山延暦寺のことを「山」というのに対していう。

てらう(現)→(歴)**てらふ【衒ふ】**

てら-こ-や【寺子屋】 名詞 中世末期から始まり、特に近世中期以降普及した、明治初年までの庶民の子弟の初等教育機関。教育内容は、実用的な「読み・書き・算盤」が中心で行われ、その子供たちを「寺子」といったところから「寺子屋」となる。発展「寺」「寺子」「寺屋」とも。

てら-さ-ふ【衒さふ】 動詞 他 ハ四段〈は・ひ・ふ・ふ・へ・へ〉《上代語》「てらふ」の意味に同じ。

てら-ふ【衒ふ】 動詞 他 ハ四段〈は・ひ・ふ・ふ・へ・へ〉自慢する。誇示する。見せびらかす。類 衒さふ「**この言は、自らてらふに似たり。**」〈去来抄・同門評〉訳「このことばは、自分で**自慢しているよう**なものだ。」

てら-ほふし【寺法師】 名詞 三井寺(=園城寺)の僧。発展 比叡山延暦寺の僧を「山法師」、奈良の東大寺や興福寺の僧を「奈良法師」といい、ともに「僧兵」として恐れられた。

てら-ゐ【寺井】 名詞 寺の境内にある井戸。

てり-はたた-く【照り霹靂く】 動詞 自 カ四段〈か・き・く・く・け・け〉(日光が)照りつけ(雷鳴が)とどろく。「**六月の照りはたたくにも、障らず来たり。**」〈竹取・五人の貴公子〉訳六月の(日光が)**照りつけ**(雷鳴が)**とどろく**ときにも、(それに)妨げられないで来ている。

て・る【照る】 動詞 自 ラ四段〈ら・り・る・る・れ・れ〉❶太陽や月が光る。
❷(容姿などが)美しく輝く。「**新室を踏み鎮む児し手玉鳴らすも玉のごと照らせる君を内にと申せ** 歌〈万葉集・11・2352〉訳新しい室を踏み(神霊を)鎮める(ために舞う)娘が手につけた玉を鳴らすよ、(その)玉のように**美しく輝い**ていらっしゃるお方に、中へどうぞと申し上げよ。

でる(現)→(古)**いづ【出づ】**

てるつきを… 歌「**照る月を弓張りとしもいふことは山辺をさしていればなりけり**」〈大鏡・道長下〉訳照る月を弓張りというのは、山の辺りをさして矢を射るように入ってゆくからであったのだった。〇「いれ」は「射れ」と「入れ」の掛詞。
発展 醍醐天皇の、月を弓張りという理由を述べよと

いう問いに、機転を利かせて凡河内躬恒が答えた歌。『大和物語』百三十二段にも見える。

出羽【でわ】「デハ」旧国名 羽州。★東山道八か国の一つ。今の山形・秋田両県。七一二(和銅五)年、越後国から分立。一八六八(明治元)年に★羽前・★羽後に分割された。↓ビジュアルチェック❼(450ページ)

で-ゐ【出居】― 名詞 ↓いでゐ

て-を-か・く【手を書く】↓てかく(手書く)

て-を-す・る【手を擦る】(謝罪や依頼のときのしぐさで)両手をもみ合わせる。「娘を我に賜べ。」と、伏し拝み、**手を擦りのたまへど**…。〈竹取・五人の貴公子〉訳「娘さんを私に下さい。」と、伏し拝み、**両手をもみ合わせて**おっしゃるけれども…。

て-を-つか・ぬ【手を束ぬ】❶腕を組み合わせて敬礼する。この行ひ人に会ひて、**手をつかねて泣くこと限りなし**。〈宇治拾遺〉訳(鬼は)この行者に出会って、**腕を組み合わせて敬礼して**泣くことがこの上もない。❷手を出さず、傍観する。手をこまねく。

て-を-つく・る【手を作る】手を合わせて拝む。合掌する。**手を作りて額に当てつつ、見たてまつり上げたるも、をこがましげなる**。〈源氏・葵〉訳(老女たちまでが)**手を合わせて拝んで**額に当てては、(源氏を)仰ぎ見申し上げているのも、お笑いぐさというものである。

てをひてて… 歌

手をひてて寒さも知らぬ泉にぞ汲むとはなしに日ごろ経にける〈土佐日記・二月四日〉訳 手をぬらしても冷たさも感じない泉、その和泉の国で、(水を)くむでもなく(ただ)数日を過ごしてしまったなあ。○「泉」は地名の「和泉(=今の大阪府)」との掛詞。「ひて」「汲む」は「泉」の縁語。

発展 和泉から船が出ないので、同じ所で日を過ごすことを嘆いて、居合わせた女性が詠んだ歌。

て-を-わか・つ【手を分かつ】❶手分けする。宮司さぶらふ人々、**皆手を分かちて求めたてまつれども**…。〈竹取・蓬萊の玉の枝〉訳 諸事をつかさどる職員や、お仕え申し上げる人々が、みんなで**手分けして**(くらもちの皇子を)お探し申し上げるけれども…。❷人と別れる。別れを告げる。**手を分かちて、十日余りを経て故郷に帰り着きぬ**。〈雨月・浅茅が宿〉訳 **別れを告げて**、十日余りを経て故郷に戻り着いた。

て-を-わか・る【手を別る】手を切る。関係を断つ。**憂きふしを心一つに数へ来てこや君が手を別るべき折** 歌〈源氏・帚木〉訳(あなたの)つらい仕打ちを(私の)胸一つに数えながら(我慢して)きたが、これこそ、あなたと**関係を断た**なければならない機会なのだ。

て-を-を・る【手を折る】― 指を折って物を数える。**手を折りてあひ見しことを数ふれば十といひつつ四つは経にけり** 歌〈伊勢・16〉訳 **指を折って**ともに暮らした年月を数えると、四十年はたってしまったのだ。

て-ん 「てむ」(確述の助動詞「つ」の未然形+推量の助動詞「む」)の「む」が「ん」と書かれたもの。↓てむ 発展 中世以降の表記。

てん【天】名詞 ❶空。対 国・地 ❷(儒教で)万物を創造し支配する最高の神。天帝。❸天命。運命。自然の理。自然の法則。❹《仏教語》六道の一つ。天上界。人間界の上にあって、優れた果報を受ける者が住む、最も清浄で理想的な世界。また、そこに住む仏法を守護する神。

てん【点】名詞 ❶目印に付けられた小さな円形(。)や点(、)の形をしたもの。❷漢字の字画の点と線。特に、点(、)の形のもの。❸漢文訓読で用いられた目印で、訓点・★ヲコト点・返り点など。❹和歌・連歌・俳諧などで、師匠や撰者らが批評や添削をすること。また、それに用いる印。❺時刻。刻限。

でん【殿】名詞 貴人の邸宅や寺社などの建物。大きくて立派な建物。発展「てん」とも。

てん-が【殿下】名詞 皇族・摂政・関白・将軍などを敬った言い方。発展 近世以降は「でんか」とも。「宮殿の下」という意味。

田楽【でんがく】文芸用語 平安時代から室町時代にかけて行われた神事芸能のひとつ。広い意味では稲作に関する芸能とそこから発生した諸芸能を総称するが、狭い意味では田楽法師によって演じられた芸能をいう。田楽法師たちは、笛・腰鼓・編木・銅拍子などの楽器を演奏しながら踊り、踊りの合間にさまざまな曲芸も演じた。鎌倉・室町時代にかけて田楽能を生み、座を形成。★猿楽と影響し合って中世の芸能形成に重要な働きをしたが、猿楽に押されて衰微した。

[田楽]

てんが-に【天下に】連語 世の中に比べるものがないほど。この上もなく。『**天下にいみじきこと**。』とおぼしたりしかど…。〈源氏・宿木〉訳「(奥方は)『**世の中に比べるものがないほど**すばらしい(薫物の上手である)ことだ。』とお思いになっていたけれど…。」

発展「てんかに」とも。

てんが-の【天下の】連語 世に比べるものがない。最高の。**天下のものの上手といへども**…。〈徒然草・150・能をつかんとする人〉訳 **世に比べるものがない**一芸の達人といっても…。

発展「てんかの」とも。

てん-き【天気】名詞 ❶天候。空模様。❷天皇のご機嫌。天皇のお気持ち。天皇のおぼしめし。発展 ❶は「ていけ」「てけ」「てんけ」とも。❷は「天機」とも書く。

てん-ぐ【天狗】名詞 ❶自由に空を飛び、人に取り付いたりする魔物。怨霊や変化のたぐい。❷深山に住み、自由に空中を飛んでさまざまな怪異現象を起こすと考えられた想像上の妖怪。顔は赤く、鼻は高く、★山伏のような服装で羽団扇を持つ。❸修験道の行者・山伏の別の呼び名。❹高慢なこと。また、その人。❺(「天狗星」の略で)流星のひとつ。発展 ❹は、鼻が高いということから。❺は、仏教の悪魔のひとつ「憂流迦」を中国で「天狗」と名付けて、彗星と飛天夜叉の意味を持たせた。日本では土着の「山の神」などにも用いられ、❷の意味になった。

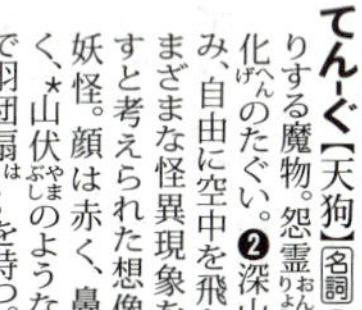
[てんぐ❷]

てん-け【天気】名詞 ↓てんき❶

てん-げり 連語 …てしまった。…たのだった。朝ぎよめすとて、これをことごとくはき捨て**てんげり**。〈平家・6・紅葉〉訳朝の掃除をするので、これ(=落ち葉)をすっかり掃き捨ててしまった。
発展「てけり」(完了の助動詞「つ」の連用形＋過去の助動詞「けり」)が変化したもの。中世、軍記物語や説話に多く用いられた。↓てけり

てん-こつ【天骨】 名詞 ❶天性。生まれつき。❷天才。生まれつき持っている才能。発展「てんこち」とも。

てん-じ【典侍】 名詞 ↓ないしのすけ

てんじく(現)↓(歴)**てんぢく【天竺】**

天智天皇 「テンヂ」人名 飛鳥時代、第三十八代の天皇。舒明天皇の第一皇子。母は皇極天皇(斉明天皇)。即位前の名を中大兄皇子といい、中臣鎌足(藤原鎌足)とともに大化の改新を行った。近江令制定など、律令政治の基礎を築いた。『万葉集』に長歌一首、短歌三首を残す。626―671

てん-じゃ【点者】 名詞 和歌・連歌・俳諧などで、作品の優劣を判定し、評点を付ける人。類判者。

でん-じゃ【田舎】 名詞 いなか。いなかの家。

てん-じゃう【殿上】 一 名詞 ❶「★殿上の間」の略。❷「★殿上人」の略。類上人・雲の上人 対地下 ❸★蔵人所の別の呼び名。
二 名詞 動詞 自〈サ変〉〈せ・し・す・する・すれ・せよ〉清涼殿の★殿上の間、★紫宸殿、院・女院・東宮の御所に昇殿を許されること。昇殿。

てんじゃう-の-ま【殿上の間】 名詞 清涼殿の南廂にある殿上人の詰め所。天皇のいる昼の御座に隣接している。↓ビジュアルチェック⑫(715ページ)

てんじゃう-の-みふだ【殿上の御簡】 名詞 昇殿を許された者の官職・姓名を記して、★殿上の間に掛けた札。類日給の簡

てんじゃう-びと【殿上人】 名詞 清涼殿の殿上の間に昇殿を許された者の総称。通常、四位・五位の人、および六位の蔵人で、昇殿を許された人。類上人・雲の上人 対地下
上達部も、殿上人も、上の衣の濃き薄きばかりのけぢめにて、白襲ども同じさまに、涼しげにをかし。〈枕草子・5・四月、祭りのころ〉訳(三位以上の)公卿や、(四位以下の)**昇殿を許された人**も、正装の上着の(身分の違いによる色の)濃淡だけの区別があって、(どちらも)正装の時に下に着る白い衣服などは同じようすで、涼しそうで風情がある。

てんじゃう-ほふし【殿上法師】 名詞 ❶法皇の御所への昇殿を許された法師。❷★門跡家で、僧坊の事務を執り行う★家司。剃髪してはいるが、肉食妻帯で、腰刀を身に付けた。類坊官

てんじゃう-わらは【殿上童】 名詞 ❶公卿の子弟で、元服する前に清涼殿の★殿上の間に出仕して、宮中の儀式や礼儀作法を見習う少年。類上童 ↓童殿上 ❷清涼殿にいて、公卿などのために雑役をする十歳くらいの子供。類小舎人童

てん-しゅ【天守・天主】 名詞 天守閣。城の本丸に築かれた最も高い物見やぐら。

てん-じゅ【転手・伝手・点手】 名詞 琵琶や三味線などの棹の頭部にあって、弦を巻き付けるための短い棒。

てん-しん【天心】 名詞 ❶空の真ん中。中天。なかぞら。❷天帝(=儒教で、創造神)の心。また、天皇の心。

てん-じん【天神】 名詞 ❶天の神。あまつかみ。対地神 ❷菅原道真を祭った神社。天満宮。また、その祭神の菅原道真。❸江戸時代、上方の遊女の階級のひとつ。大夫に次ぐもの。発展❷は、菅原道真の怨霊を鎮めたもの。古来からの❶の信仰と混同されて、道真は天神として北野天満宮に祭られた。❸は、揚げ代が二十五匁だったので、北野天満宮の縁日の二十五日と掛けていった。後に、「転進」とも表記した。

てん-ず【点ず】 動詞 他〈サ変〉〈ぜ・じ・ず・ずる・ずれ・ぜよ〉❶漢文に訓点を付ける。
❷日時・場所などを選定する。割り当てる。
亀山殿の旧跡を点じ、安芸、周防を料国に寄せられ、天竜寺をぞ造られける。〈太平記〉訳亀山殿の旧跡を**割り当て**、安芸(=今の広島県西部)・周防(=今の山口県西部)を料国(=費用をまかなうための国)に寄付なさり、天竜寺をお造りになった。
❸点検する。
大船百余艘点じて奉る。〈平家・8・太宰府落〉訳大きな船百艘余りを**点検し**て献上する。
❹取り上げる。没収する。
「**知らん所点ぜよ。**」〈宇治拾遺〉訳「支配している領地を**没収せよ。**」

でん-そう【伝奏】 名詞 動詞 自〈サ変〉〈せ・し・す・する・すれ・せよ〉宮中において、親王家・摂家・寺社・武家などからの願い出を、天皇や上皇に取り次いで伝えること。また、そのことを取り扱う職。発展「てんそう」とも。

てん-だい【天台】 名詞「天台宗」の略。仏教の一宗派。六世紀に唐の智顗が開いた。「法華経」が教義の中心。日本へは八〇五(延暦二十四)年に最澄が伝え、比叡山延暦寺を開山した。

てんだい-ざす【天台座主】 名詞 天台宗比叡山延暦寺の最高位の僧職。類貫首

てん-たう【天道】 名詞 ❶天地を支配する神。天帝。❷天地自然の摂理。❸天の日。太陽。発展「てんだう」とも。

てん-ぢく【天竺】 名詞 ❶(日本・中国で)インドの古い呼び名。❷非常に高い所。天空。

てん-つか-る【点付かる】 連語 欠点をつかれる。非難される。
「この姫君の、**点付かれたまふまじく。**」と、よろづにおぼしのたまふ。〈源氏・蛍〉訳「この(明石の)姫君が、**非難されなさってはいけない。**」と、(源氏は)万事につけてお思いになりおっしゃる。
発展 名詞「てん」＋四段動詞「つく」の未然形＋受身の助動詞「る」。

てんで-に【手ん手に】 副詞 各自。めいめい。それぞれ。
内裏に乱れ入り、てんでに火を放って片時の煙と焼き払ふ。〈平家・11・嗣信最期〉訳宮中に乱入し、**それぞれ**が火を放って一瞬の煙として焼き払う。
発展「手に手に」の音が変化したことば。

てん-どく【転読】 名詞 動詞 他〈サ変〉〈せ・し・す・する・すれ・せよ〉経典を広げて、声を上げて読むこと。また、経典の題目など、一部だけ読んで、全文を読むことに代えること。対真読

てん-なが・なり【点長なり】 形容動詞〈ナリ〉〈なら・なり(に)・なり・なる・なれ・なれ〉(達筆を気取って)やたらに字の点や線を長く引いてある。
「手を書きたるにも、**深きことはなくて、ここかしこの、点長に走り書き**…。」〈源氏・帚木〉訳「文字を書く場合にも、深い素養はなくて、(文字の)あちらこちらを、**やたらに字の点や線を長く引いて走り書きをし**…。」

ビジュアルチェック⑱

系図［天皇］

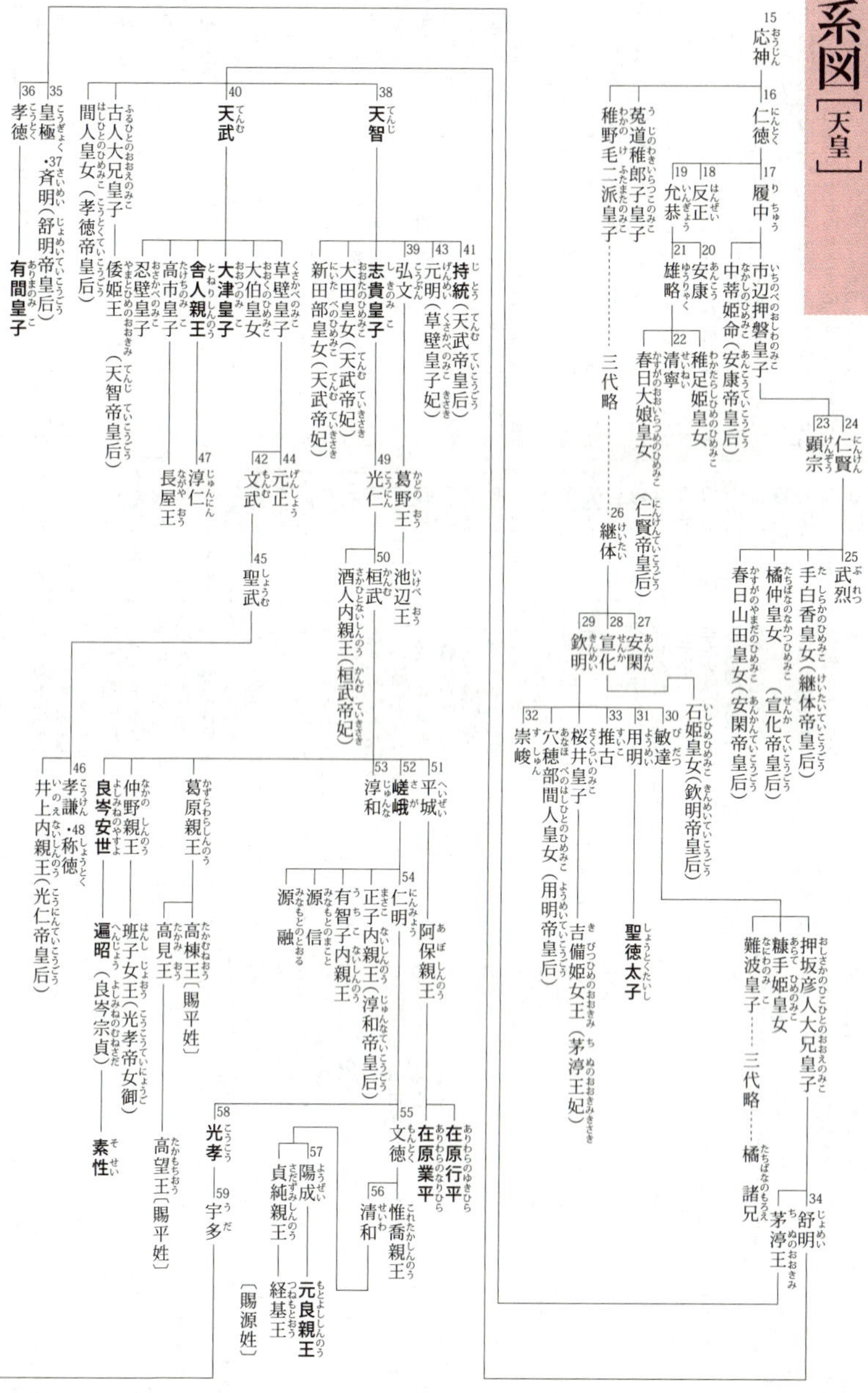

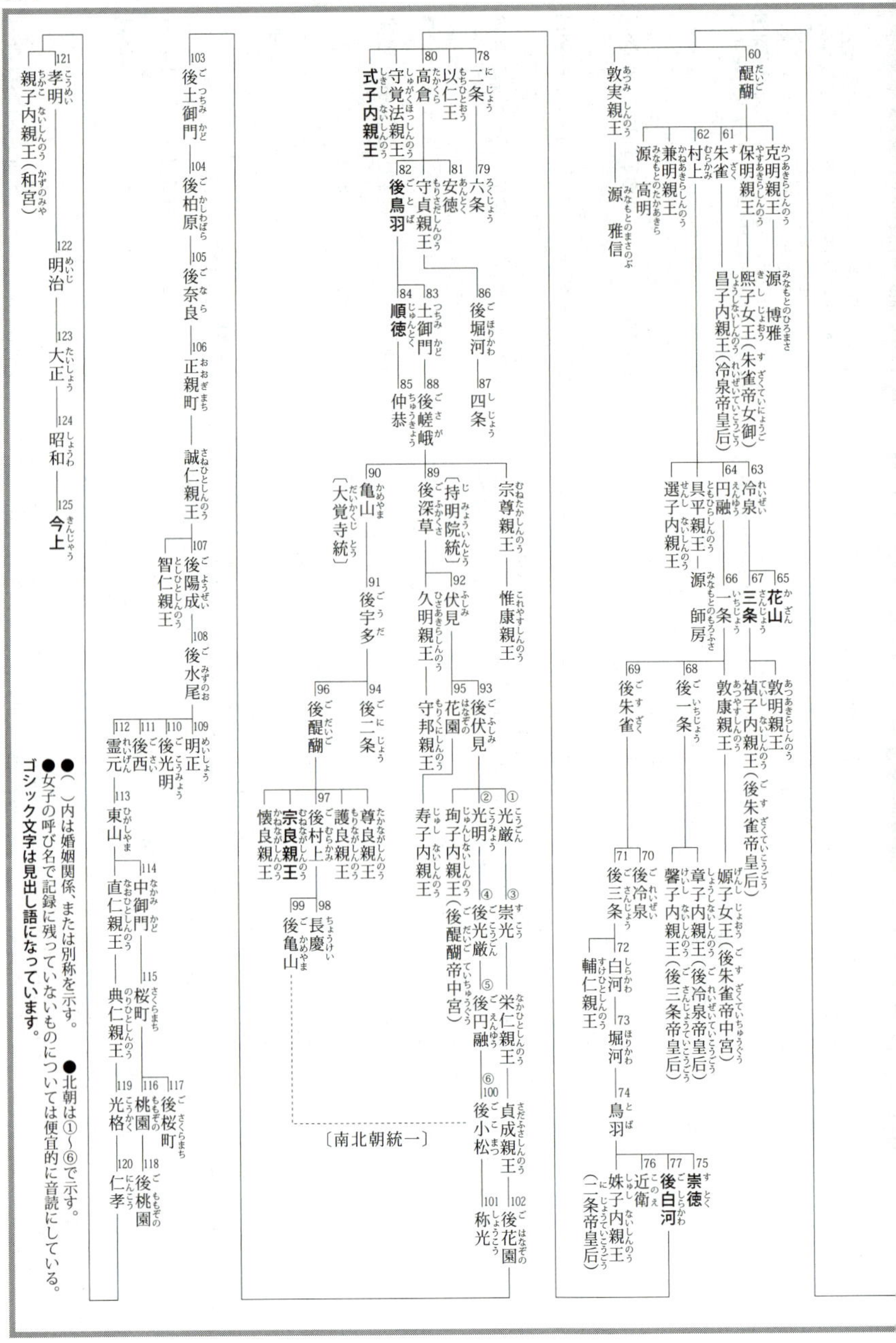

●（　）内は婚姻関係、または別称を示す。　●北朝は①～⑥で示す。
●女子の呼び名で記録に残っていないものについては便宜的に音読にしている。
ゴシック文字は見出し語になっています。

てん-にん【天人】 名詞《仏教語》天上界に住むという想像上の人で、多く、女性を指す。歌舞に巧みで、頭に髪飾りを付け、羽衣を着て天上を飛ぶという。類 天つ少女

[てんにん]

てん-ぱい【天杯】 名詞 天皇から頂く杯。

てん-びん【天秤】 名詞 ❶はかりのひとつ。竿の中央に支点を置き、両端につるした皿の片方に分銅を、もう片方に量りたいものを載せて、その釣り合いで物の重さを量る計量器。主に銀貨を量るのに用いられた。❷(「天秤棒」の略で)中央を肩に担いで、両端につるした荷を運ぶ棒。

でん-ぶ【田夫】 名詞 ❶農夫。百姓。❷田舎者。粗野な人。無骨な人。発展 近世以降「でんぷ」とも。

伝聞・推定の助動詞 国語・国文法 ↓ 推定・伝聞の助動詞

てん-ぺん【天変】 名詞 天の異変。大風・大雨・雷鳴・日食・月食・彗星などの異常な現象のたぐいで、凶兆と考えられた。

てん-ぼふりん【転法輪】 —ぽうりん 名詞《仏教語》仏法を説くこと。説法。仏の教えを輪にたとえて、仏法が衆生界を回転して煩悩を打ち砕くことをいう。

てん-ま【天魔】 名詞《仏教語》天の魔王。人間の知恵や善根を失わせて、仏法を妨害するという悪魔。欲界の最高、第六天の魔王で、名を波旬という。

てん-ま【伝馬】 名詞 ❶駅馬のほかに各郡に常置して官人が公用に用いたウマ。❷鎌倉以降、伝令や飛脚、あるいは軍事物資を運ぶために主要幹線道に配置した公用のウマ。❸(「伝馬船」の略で)はしけ。大きな船と陸地とをつなぐ、物資運搬用の小舟。

てんま-はじゅん【天魔波旬】 名詞 ↓てんま(天魔)

天武天皇 【—テンワウ】 人名 飛鳥時代、第四十代の天皇。天智天皇の同母弟。即位前の名を大海人皇子という。壬申の乱の後、六七三(天武二)年飛鳥浄御原宮で即位。八色の姓を制定し、国史編纂に着手するなど、律令体制を強化した。『万葉集』に長歌一首、短歌三首を残す。生年不明—686

てん-めい【天命】 名詞 ❶天から授かった運命。天帝の命令。天運。天理。❷天から定められた寿命。天寿。

そのしるしにや、宿病たちどころにいえて、天命をまっとうす。〈平家・1・禿髪〉訳 (仏門に入った)その効果であろうか、(平清盛は)持病はたちまちに治って、**天寿**をまっとうする。

天明調 【—テウ】 文芸用語 天明年間(一七八一〜一七八九)ごろ、芭蕉没後の俳壇の俗化を嘆き、蕉風復興ないしは当時の俳風の革新を唱えた俳人たちの作風をいう。唱導者である蕪村・暁台らの俳風は、清新にして叙情に富み、格調高いものであった。

てん-もく【天目】 名詞 (「天目茶碗」の略で)茶道で用いる抹茶茶わんのひとつ。浅いすり鉢のような形のもの。発展 中国浙江省天目山で作られたところから。

てんもん-はかせ【天文博士】 名詞 ★陰陽寮に属し、天文・暦数に関することを執り行う職員。

てん-や 連語 ↓てむや

てん-やく【典薬】 名詞 宮中や国府、または幕府で医薬のことを執り行う職。官医。

てんやく-れう【典薬寮】 —りょう 名詞 律令制で宮内省に属し、宮中の医薬・薬草園の管理などを担当した役所。発展「くすりのつかさ」とも。↓ビジュアルチェック⑮(757ページ)

てん-り【天理】 名詞 天地自然の道理。天の正しい道理。天の道。

てん-わう【天王】 —のう 名詞 ❶《仏教語》欲界六天の最下天である四王天に住む神の名。持国天・増長天・広目天・多聞天(=毘沙門天)の四天王。↓四天王 ❷《仏教語》(「牛頭天王」の略で)インドの祇園精舎の守護神。❸中国で、天子の呼び名。

てん-わう【天皇】 —のう 名詞 てんのう。天子。発展 現在の「日本国憲法」では日本の象徴とされているが、歴史的にみると、日本の政治上・宗教上の最高権力者であった。「すめらみこと」「すめらぎ」「すめろぎ」「すべらぎ」とも。もともとは中国の三皇「天皇・地皇・人皇」の一つ。↓ビジュアルチェック⑱(870ページ)・古語チャート㉖(873ページ)

と

と 一 タリ活用形容動詞の連用形の活用語尾。
二 断定の助動詞**たり**の連用形。

と↓基本助詞25(874ページ)

-と【処・所】 造語 …する所、…の場所、という意味を表す。語例 限**所**(=曲がった所)・さ寝**所** 発展「ど」と濁ることが多い。

と【斗】 名詞 容積の単位。一斗は一石の十分の一。約十八リットル。

と【外】 名詞 そと。外部。外側。ほか。対 内 発展 室町以降「そと」。

と【門・戸】 名詞 ❶家の出入り口。戸口。かど。もん。❷出入り口や窓に立てて、家の内側と外側を隔てるもの。❸両方の岸辺が狭くなって、水の流れが出入りする所。海峡。瀬戸。また、狭い道路。↓古語チャート㊶(1179ページ)

と【音】 名詞 おと。声。響き。発展「音」が楽器の音、虫や鳥の鳴き声など、快い響きであるのに対して、「音」は単なる物音など、音響一般を指す場合が多い。

と 形式名詞 (時間の限度を表し)…うち。…前。…まで。

我が背子を莫越の山の呼子鳥君呼びかへせ夜の更けぬとに 歌〈万葉集・10・1822〉訳 私の夫を越えさせないでという莫越の山の呼子鳥よ。あの人を呼び返しておくれ。夜の更けないうちに。

発展 多く「に」を伴って用いる。

と

話し手が心に描いた内容を指示する —(多く「かく(かう)」と対になって) **あのように。**

副詞 (多く「かく(かう)」と対になって)**あのように**。**そのように。そう。ああ。**

かくまめやかなる御気色に差し向かひきこえては、かねて、「と言はむ、かく言はむ。」と設けしことばをも忘れ…。〈源氏・蜻蛉〉訳 (右近は薫の)こうしたまじめなお顔に面と向かい申し上げてからは、あらかじめ、「**ああ**言お

う、こう言おう。」と用意していたことばをも忘れ…。

発展 ①**「かく（かう）」と共に用いる**　単独で用いられることはほとんどなく、より近いものを指す指示語の「かく（かう）」と対になった形で慣用的に用いられる。具体的な内容を指示するというよりも、話し手が心に描いた内容を示すことが多い。

②**「と」からできたことば**　連体詞「とある」、副詞「とかく」「とても」や、「ともあれ」「ともすれば」などの連語は、この副詞「と」をもとにしてできたことばである。

関連語 斯かく・とありかかり・とにかくに・とまれかくまれ・と見かう見

ど↓基本助詞25（875ページ）

と-あ・り 連語 一（「と」は断定の助動詞「たり」の連用形で）…である。…という職にある。**坂上の田村麻呂といふ人、近衛の将監とありけるとき**…。〈今昔〉訳 坂上田村麻呂という人が、近衛の将監（＝近衛府の三等官）**であった**とき…。

二（「と」は格助詞で）…としてある。…となっている。**一部とある草子などの、同じやうにもあらぬをみにくしと言へど**…。〈徒然草・82・薄物の表紙は〉訳（何冊かで）一部**となって**（まとまって）**いる**書物などで、（各冊が）同じ体裁でもない書物を見苦しいと言うけれども…。

発展 一は、断定の助動詞「たり」の連用形＋ラ変補助動詞「あり」。二は、格助詞「と」＋ラ変動詞「あり」。

と-あり-かかり　ああだこうだ。あんなだこんなだ。**一事も見もらさじとまぼりて、「とありかかり。」と、ものごとに言ひて**…。〈徒然草・137・花は盛りに〉訳（賀茂の祭りの行列を）ひとつも見落とすまいとじっと見つめて、「**ああだこうだ**。」と、（見る）ものごとに言って…。

発展 副詞「と」＋ラ変動詞「あり」の終止形＋ラ変動詞「かかり」の終止形。

と-ある 連体詞 ちょっとした。たまたまそこにある。ある。**宮をば、とある辻堂の内に置きたてまつりて**…。〈太平記〉訳 宮様を、**たまたまそこにある**辻堂（＝道ばたにある仏堂）の中にお置き申し上げて…。

まとめて覚えよう古語チャート 26
皇位を表すことば

赤字は最重要語・重要語

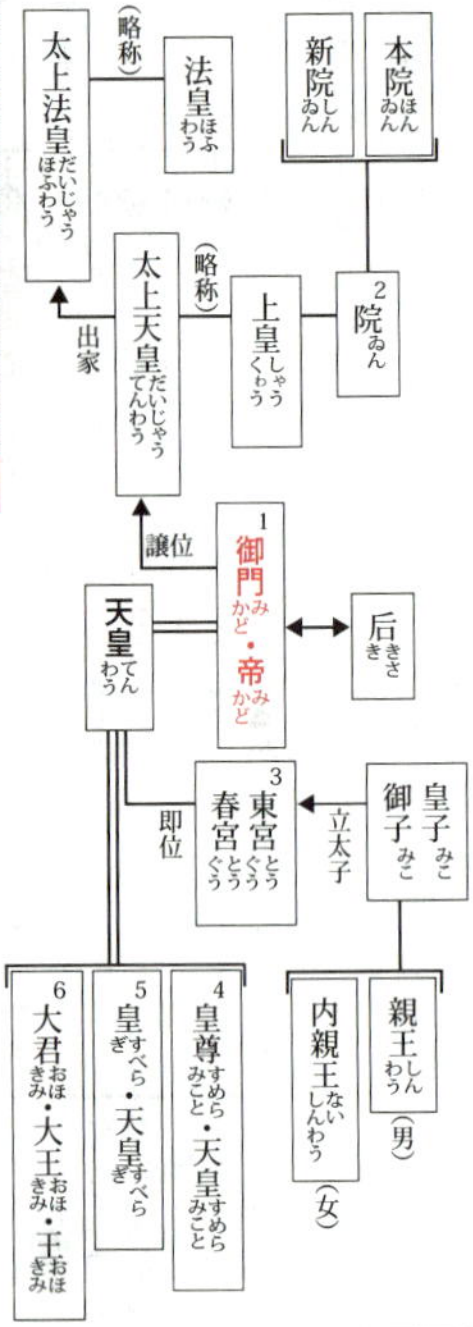

「1みかど」という語は、敬意を示す接頭語「み」が「かど」に付いたもので、もともとは「ご門」を意味しました。このように高貴な方を表現する時には、周辺の建物などの名で呼び、直接には指しませんでした。「2院」や「3東宮」も同様に、もとは上皇や皇太子の居所をいう語です。

天皇は、上代においては「4すめらみこと」「5すべらぎ」などと呼ばれました。「6おほきみ」はもとは当代の天皇をいいましたが、徐々に意味が広がり、皇族の男女を指す敬称として使われるようになっていきました。

と-いへ-ども【と雖も】— …だけれども。…であっても。**いみじき絵師といへども、筆限りありければ、いと匂ひ少なし**。〈源氏・桐壺〉訳（絵に描かれた楊貴妃の容貌は）優れた絵かき**であっても**、筆力に限度があったので、まったく生き生きとした美しさが少ない。

とう【疾う】（現）↓（歴）**とう【疾う】**「と（疾）く」のウ音便。

とう（現）↓（歴）**たう【稲・倒・党・刀・唐・宕・島・桃・盗・淘・湯・当・糖・到・討・逃・蹈】**

とう（現）↓（歴）**たふ【塔・答・踏・納】**

とう（現）↓（歴）**とふ【問ふ・訪ふ】**

-とう【等】 接尾語 ❶あるものの中から代表的なものを挙げ、全体は省略するという意味を表す。など。語例 学問等・役人等 ❷段階や階級などを表す。語例 三等

とう【頭】 名詞 ❶中心となる人物。頭領。かしら。❷「★蔵人の頭」の略。❸集会・祭礼などの世話役の当番。

とう【疾う】 副詞 はやく。「**車に装束とうせよ**。」〈大鏡・花山院〉訳「牛車に支度を**はやく**しろ。」

発展「疾く」のウ音便。

どう（現）↓（歴）**だう【堂・導・道・獰】**

どう【筒】 名詞 ❶車輪の中央にある円形の部分で、車軸が貫いている部分。類 轂 ❷すごろく・ばくちなどで、さいころを入れて振る筒。❸ばくちの場所を貸して、賭け金の歩合を取る人。筒親。筒元。筒取り。

唐音 国語・国文法 ↓字音

とうか（現）↓（歴）**たふか【踏歌】**

東海道［ダウ］一 旧国名 ★五畿七道の一つ。★伊賀・★伊勢・★志摩・★尾張・★三河・★遠江・★駿河・★甲斐・★伊豆・★相模・★安房・★上総・★下総・★常陸の十四か国に★東山道から移された★武蔵を加えた十五か国。↓**ビジュアルチェック**❼（450ページ）

二 地名 江戸時代の★五街道の一つ。江戸日本橋から京の三条大橋まで五十三の宿駅（東海道五十三次）が置かれた。↓**ビジュアルチェック**❿（502ページ）

と

基本助詞25

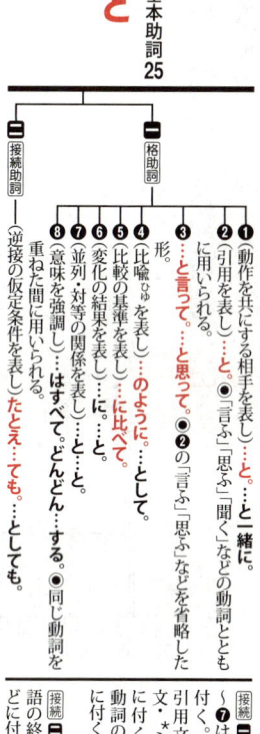

一 格助詞
- ❶(動作を共にする相手を表し)…と。…と一緒に。
- ❷(引用を表し)…と。◉「言ふ」「思ふ」「聞く」などの動詞とともに用いられる。
- ❸…と言って。…と思って。◉❷の「言ふ」「思ふ」などを省略した形。
- ❹(比喩を表し)…のように。…として。
- ❺(比較の基準を表し)…に比べて。
- ❻(変化の結果を表し)…に。…と。
- ❼(並列・対等の関係を表し)…と…と。
- ❽(意味を強調し)…はすべて。どんどん…する。◉同じ動詞を重ねた間に用いられる。

二 接続助詞 ―(逆接の仮定条件を表し)たとえ…ても。…としても。

接続 一❶、❹〜❼は体言に付く。❷❸は引用文(会話文・*心内文)に付く。❽は動詞の連用形に付く。

接続 二は活用語の終止形などに付く。

一 格助詞 ❶(動作を共にする相手を表し)…と。…と共に。…と一緒に。

冴えわたりたる夜の限り、殿の御方にさぶらふ人々と物語し明かしつつ…〈更級日記・宮仕え〉訳(空が)澄みきっている夜の間、殿(＝藤原頼通)にお仕え申し上げる方々**と共に**話をして夜を明かしては…。

❷(「言ふ」「思ふ」「聞く」などの動詞とともに用いて、引用を表し)…と。→読解の手引き❷(318ページ)

草の上に置きたりける露を、「かれは何ぞ。」となむ男に問ひける。〈伊勢・6〉訳草の上に降りていた露を(見て)、(女は)「あれは何か。」**と**男に尋ねた。

○会話文を受けて「と」が付き、下に「問ふ」という動詞を伴っている。

❸(❷の「言ふ」「思ふ」などを省略した形で)…と言って。…と思って。→読解の手引き❷(318ページ)

「この戸開けたまへ。」とたたきけれど、開けで、歌をなむ詠みて出だしたりける。〈伊勢・24〉訳(音信不通であった男が帰ってきて)「この戸をお開けください。」**と言って**たたいたけれど、(女は)開けないで、和歌を詠んで出したのだった。

○❷の用法であれば「〜と言ひて」などの形になるところを、「と」だけで表している。

『勝たん。』と打つべからず、『負けじ。』と打つべきなり。〈徒然草・110・双六の上手〉訳「(双六は)『勝とう。』**と思って**打つのはよくない、『負けまい。』**と思って**打つ方がよいのだ。」

○❷の用法であれば「〜と思ひて」などになるところを、「と」だけで表している。「勝たん」「負けじ」は心内文である。

❹(比喩を表し)…のように。…として。

駒並めていざ見にゆかむふるさとは雪とのみこそ花は散るらめ 歌〈古今集・春下・111〉訳ウマを並べて、さあ(花を)見に行こう。昔の都(＝奈良)では(今ごろ、舞い散る)雪**のように**(見える)ばかりに花が散っていることだろう。

○「散る」の主語は「花」であり、「雪とのみこそ」は「散る」に係る連用修飾語になっている。❶の「…と一緒に」という用法と誤りやすいので注意が必要である。

花に咲き実になり変はる世を捨てて浮き葉の露と我ぞ消ぬべき 歌〈蜻蛉日記〉訳花として咲き、実として結び変わる(ようにしだいに繁栄する)あの人(＝夫の兼家)との仲を捨てて、水面に浮く(ハスの)葉の露**のように**(はかなく)私は消えてしまうに違いない。

○「消ぬ」の主語は「我」であり、「露と」は「消ぬ」に係る連用修飾語になっている。

❺(比較の基準を表し)…に比べて。…に。

「容貌などは、かの昔の夕顔と劣らじや。」〈源氏・玉鬘〉訳「(玉鬘の)容貌などは、あの昔の夕顔(＝玉鬘の母)**に比べて**劣らないだろうか。」

我と等しからざらん人は、大方のよしなしごと言はん程こそあらめ…〈徒然草・12・同じ心ならん人と〉訳自分**に比べて**(気持ちが)同じでないような人は、普通のつまらないことを言うような程度ならよいだろうが…。

❻(変化の結果を表し)…に。…と。

七珍万宝さながら灰燼となりにき。〈方丈記・安元の大火〉訳(大火事によって)さまざまの金銀財宝が全部灰と燃えかす**に**なってしまった。

❼(並列・対等の関係を表し)…と…と。

白き鳥の、嘴と脚と赤き、鴫の大きさなる、水の上に遊びつつ魚を食ふ。〈伊勢・9〉訳白い鳥で、くちばし**と**脚**と**が赤い鳥で、シギぐらいの大きさの鳥が、水の表面で自由に動きまわりながら魚を食う。

たとしへなきもの。夏と冬と。夜と昼と。雨降る日と照る日と。〈枕草子・71・たとしへなきもの〉訳(正反対で)比較しようがないもの。夏**と**冬**と**。夜**と**昼**と**。雨が降る日**と**(太陽が)照る日**と**。

❽(同じ動詞を重ねた間に用いて、意味を強調し)…はすべて。…するすべて(のもの)。どんどん…する。

花に鳴く鶯、水に住む蛙の声を聞けば、生きとし生けるもの、いづれか歌を詠まざりける。〈古今集・仮名序〉訳(春、ウメの)花に(止まって)鳴くウグイスや、(秋、川の)水にすむカジカガエルの鳴き声を聞くと、この世に生きている**すべてのもの**は、どれが歌を詠まない(といえる)か、いや、歌を詠まないことはなかったことだなあ。

○四段動詞「生く」の連用形に付き、強意の副助詞「し」で、さらに意味を強めている。

来と来ては川上り路の水を浅み船も我が身もなづむ今日かな 歌〈土佐日記・二月七日〉訳**どんどん**やって来ると、川を上る水路の水が浅いので、船も行き悩み、自分も(病に)悩み苦しむ今日だなあ。

○カ変動詞「来」の連用形に付き、「来」という動作の進行を強調する。

二 接続助詞 (逆接の仮定条件を表し)たとえ…ても。…ても。…としても。→読解の手引き⑪(669ページ)

「つつむことさぶらはずは、千の歌なりと、これよりなむ出でまうで来まし。」〈枕草子・99・五月の御精進のほど〉訳「(有名な歌人である父の名に傷をつけるといった)はばかられることがございませんでしたならば、**たとえ**千首の歌であっ**ても**、私から(進んで)詠みなどいたしましょう。」

○断定の助動詞「なり」の終止形に付いている例。一❷❸の引用の用法と違って、「と」の前の句と後の句は相反する事柄を表している。また、前の句は引用文(会話文や心内文)にはなっていない。

発展 **①㊀の格助詞の用法**　現代語の「と」とあまり違いはない。❷❸は引用文(会話文・心内文)に付くが、それ以外はほとんどが体言に付く。❽は動詞の連用形に付くが、連用形の名詞的な用法である。なお、❼の並列を表す用法の「と」を並立助詞とする考え方もある。

②引用を表す❸の用法　下に接続助詞「て」が付いた「とて」の形で多く用いられる。また、下に係助詞や詠嘆を表す終助詞を伴って文末に用いられることもある。↓とて・とか・とかや・とや・とこそ・とぞ・とな・とよ

③「に」と「と」との比較　❹❺❻❽の意味は、格助詞「に」との共通点が少なくなく、これらの用法では「に」と「と」の言い換えが可能な場合も多い。ただし、「に」には他に、「と」にはないさまざまな用法があり、時・場所・帰着点・手段・原因・目的などをも表す。逆に「と」の❶❷❸など、「と」の基本となる意味は「に」には含まれない。↓に(基本助詞25)

④「とも」と「と」との比較　㊁の接続助詞の「と」は、接続助詞「とも」とほぼ同じ意味・用法で、中古以降に用いられた。ただし、「とも」に比べて用例は少なく、和歌や会話文などに限られる。活用語の終止形に付くが、形容詞および形容詞型活用の助動詞などには未然形に付く。現代語でも「どうしようと自分の勝手だ。」などのように用いられる。↓とも(接続助詞)

⑤現代語とのつながり　現代語の接続助詞「と」は、主として、「人に知られるとうるさい。」「彼は酒を飲むと暴れる。」などのように、「…たら」という順接の仮定条件や、「…(する)ときはいつも」という順接の*恒常的条件を表す。この用法が生まれたのは中世後期以降である。

識別 **「と」の識別**

品詞と用法	見分け方	例文と訳
格助詞「と」	上に体言または引用文(会話文・心内文)がある。	渡し守に問ひければ、「これなむ都鳥。」と言ふを聞きて…。〈伊勢・9〉訳船頭に(鳥の名を)たずねると、「これはミヤコドリ(ですよ)。」と言うのを聞いて…。
接続助詞「と」	上に活用語の終止形が付く。「と」の前の句と後の句とでは相反する事柄を述べている。	…穂に出でたりとかひやなからむ 歌〈蜻蛉日記〉訳…(花すすきが)穂に出たとしても、(かいない人が来ないのと同じで)むだではないだろうか。
タリ活用の形容動詞の連用形活用語尾	上の漢語は、独立させても主語にはならない。物事の性質や状態を表す。	北には青山峨々として…。〈平家・10・海道下〉訳北には青山が高くそびえ立っていて…。
断定の助動詞「たり」の連用形	上に体言があり「である」と言い換えられる。	「重盛長子として、頻りに諫めをいたすといへども…。」〈平家・3・医師問答〉訳「(私)平重盛は長男として、(父清盛を)しきりに説得し申したが…。」
副詞の一部	「と」の上は体言ではなく、また、「と」の部分は活用しない。	物の、足音ひしひしと踏みならしつつ…。〈源氏・夕顔〉訳怪しいものが、足音をみしみしと踏んで鳴り響かせながら…。

ど　基本助詞25

❶(逆接の確定条件を表し)…が。…けれども。…のに。
❷(逆接の*恒常的条件を表し)(たとえ)…ても。…ても、必ず。

接続 活用語の已然形に付く。

接続助詞 ❶(逆接の確定条件を表し)…**が**。…**けれども**。…**のに**。

「いつしか梅咲かなむ。…」と、目をかけて待ちわたるに、**花もみな咲きぬれど、音もせず**。〈更級日記・梅の立ち枝〉訳(恋しい継母がウメの咲くころには来ようと言っていたので)「早くウメが咲いてほしい。…」と、(ウメの木を)見守ってずっと待ち続けるが、花も残らず咲いてしまった**のに**、(継母からは)便りも来ない。

家居のつきづきしく、あらまほしきこそ、仮の宿りとは思へど、興あるものなれ。〈徒然草・10・家居のつきづきしく〉訳住居が(その人に)似つかわしく、理想的であるのは、(この無常の世では)仮の住居とは思う**けれども**、おもしろいものだ。

❷(逆接の恒常的条件を表し)(たとえ)…**ても**。…**ても**、(そのときは)**いつも**。…**ても、必ず**。

物語、集など書き写すに、本に墨付けぬ。よき草子などは、いみじう心して書けど、必ずこそ汚げになるめれ。〈枕草子・75・ありがたきもの〉訳物語や、歌集などを書き写すときに、もとになる本に墨を付着させないことは(めったにない)。立派な綴じ本などは、たいへん注意して書い**ても、必ず**汚らしくなるようだ。

○ある条件のもとではいつも決まって、それに反する結果になることを表す用法。

徒人も、舎人など賜はる際は、ゆゆしと見ゆ。その子、孫までは、はふれにたれど、なほなまめかし。〈徒然草・1・いでや〉訳普通の貴族でも、(朝廷から)*舎人などをいただく身分(の人)は、立派に見える。その子や、孫までは、(たとえ)落ちぶれてしまってい**ても**、やはり優雅である。

発展 **「ども」と「ど」**　接続助詞「ど」と「ども」とはほぼ同じ意味であるが、中古までは「ど」の方が多く用いられた。特に和歌や和文には主として「ど」が用いられ、漢文訓読文には「ども」が用いられた。中世に入ると「ども」の方が一般的になり、「ど」はしだいに見られなくなる。

関連語 ども(接続助詞)・ば

↓**読解の手引き⑪**(669ページ)

東海道中膝栗毛【トウカイダウチュウ】作品名 江戸末期の滑稽本。★十返舎一九作。江戸神田に住む弥次郎兵衛が喜多八を連れて伊勢神宮に参拝したり、京都・大坂を見物したりするため東海道を旅行する。道中、さまざまの滑稽な事件や失敗を繰り返し、笑いを巻き起こす。一八〇二(享和二)年から一八二二(文政五)年刊。

東海道四谷怪談【トウカイダウヨツヤクワイダン】作品名 江戸時代末期の歌舞伎脚本。世話物。五幕。四世★鶴屋南北作。浪人民谷伊右衛門が私欲のため妻お岩を毒殺。その亡霊に悩まされ、自滅する。通称「四谷怪談」。一八二五(文政八)年初演。

同格 国語・国文法 一つの文の中で、ある語や語句と、他の語や語句とが、文を構成する上で同じ資格(＝文中の他の語句とどんな関係に立つのか、というそのあり方)を持っている関係。たとえば、「**父の大納言**はなくなりて(＝父である大納言は亡くなって)」は、「父」と「大納言」とが同格である。また、「**白き鳥**の、**嘴と脚と赤き、鴫の大きさなる**…(＝白い鳥で、くちばしと脚とが赤い鳥で、シギぐらいの大きさの鳥が…)」「継母なりし人は、**宮仕へせし**が、**下りし**なれば(＝継母であった人は、宮仕えをした人で、(東国へ)下った人であるので)」などのように「の」「が」で示されたり、「**故八の宮の御女**、**右大将殿の通ひたまひし**が…にはかに隠れたまへり(＝亡き八の宮のご息女で、右大将殿がお通いになったご息女が…急にお亡くなりになった)」などのように、同格の関係の語句を並べるだけで示す場合もある。↓**読解の手引き⑰**(876ページ)

東関紀行【トウクヮンキカウ】作品名 鎌倉前期の紀行文。著者不明。ある京都の隠者が鎌倉に向かった道中や鎌倉での見聞を流麗な和漢混交文で記す。後世の道行文や芭蕉の紀行文に影響を与えた。一二四二(仁治三)年ごろ成立。

どう-ぎやう【同行】ぎやう 名詞 ❶仏と道連れ。❷志を同じくして仏道修行に励む者。浄土真宗では、信者仲間。❸寺社に参詣するときの道連れ。また、単に、道連れ。

どう-ぎやう【童形】ぎやう 名詞 ❶まだ結髪していない、おかっぱ頭の子供の姿。稚児姿。❷貴人の元服以前の呼び名。発展「とうぎやう」とも。

とう-ぐう【東宮・春宮】名詞 ❶皇太子の宮殿。❷皇太子を敬った言い方。類日嗣の御子 ↓**古語チャート㉖**(873ページ) 発展 皇太子の宮殿が、皇居の東にあったことからいう。また、東の方角は、中国伝来の五行説では春に当たることから、「はるのみや」とも。

とうぐう-の-だいぶ【東宮大夫・春宮大夫】名詞 ★東宮坊の長官。

とうぐう-ばう【東宮坊・春宮坊】ばう 名詞 ★東宮に関する事務一切を担当する役所。発展「みこのみやのつかさ」とも。

とうくゎ-でん【登華殿・登花殿】とうか 名詞 内裏の建物のひとつ。皇后・中宮・女御・更衣などの部屋のある後宮に属する。弘徽殿の北、梅壺の東にある。↓**ビジュアルチェック⑯**(759ページ)

●**とうげ**(現)↓(歴)**たうげ**【峠】

道元【ダウゲン】人名 鎌倉中期の僧。日本の曹洞宗の開祖。十三歳で比叡山に入り天台宗を、次いで栄西について臨済宗を学んだ。一二二三(貞応二)年宋に渡った。帰国後、永平寺を創建して曹洞宗を開いた。著書に『★正法眼蔵』などがある。1200―1253

とう-ごく【東国】名詞 京都から見て、東の方の国々。類東 対西国 発展「あづまのくに」とも。範囲は時代によって多少揺れがあった。古くは遠江(＝今の静岡県西部)・信濃(＝今の長野県)以東を指したが、後には足柄峠・碓氷峠以東、東北地方までを指す。

とう-ざい【東西】一 名詞 ❶東と西。❷方角。方向。また、あちらこちら。周囲。❸身動き。身体を自由に動かすこと。
二 感動詞 (「東西東西」と重ねて用いて)芝居・相撲などの興行で、客のざわめきを静めたり、口上を述べたりするときに冒頭に言うことば。

動作の反復・継続 国語・国文法 一つの動作が繰り返されるのが「反復」、一つの動作が引き続くのが「継続」で、どちらも接続助詞「つつ」が示す。現代語の「つつ」は、二つの動作の並行(「ながら」とほぼ同義)を表すのに用いられる。古語の「つつ」も並行を表すことがないわけではないが、「反復」「継続」が本来の意味用法なので注意を要する。
①「人間には参り**つつ**額を突きし薬師仏の立ちたまへるを…(＝人のいないときには**何度も**お参りし**て**額を

読解の手引き⑰

古語ならではの同格

「もらったネコのえさを父が食べた。」という文は、「もらった」が「ネコ」に係る場合、「えさ」に係る場合の、両方が考えられます。「もらったえさ」と解釈する場合、古文では次のように表現します。

「ネコの**えさの**もらひたる――を父食ひけり。」

「**えさの**」の「の」は、「ネコのえさ」と「もらひたる(えさ)」が同じものであること、つまり「同格」であることを表しています。**このような「の」を同格の「の」と言います。**この例文では、「もらひたる」の後の空白部分に「えさ」を補うと分かりやすくなります。

このような同格の「の」の例は、古い時代には、しばしば見られます。

① 1**風交じり雨降る夜の**2**雨交じり雪降る夜はすべもなく**…〈万葉集・5・892〉訳↓し(基本助詞25)

右の例では、同格の「の」をはさんで1も2も「すべもなく」に係っています。この時代には2の「夜」は省略されていませんでしたが、しだいに洗練されて、次のようになります。

② 1**いと清げなる僧の、**2**黄なる地の袈裟着たる――が来て**…〈更級日記・物語〉

この例のように、空白に入るべき「僧」は省略されるようになりました。「たいへんこざっぱりして美しい僧で、黄色の地の袈裟を着ている僧が来て…」のように解釈します。

③ 1**短き――が、**2**袖がちなる――着てありくも、みなうつくし。**〈枕草子・151・うつくしきもの〉

この例に見えるように、**「が」にも同格の用法があります。同格の「が」の場合、1・2ともに体言が省略されます。**

この場合、「袖がちなり(＝袖ばかり目立っている)」「着る」という表現から空白部分に「衣」という語を類推して補って「短い衣で袖ばかり目立っているもの…」というように解釈します。同格の構文は、原文の語順を変えずに現代語訳するのが約束事ですから、「袖ばかり目立っている衣で短いもの」とは訳さないようにしましょう。

床に付けて拝んだ薬師仏が立っていらっしゃるのを…」。の「つつ」のように、動作の反復を示すのが最も一般的な用法である。②「上達部、上人なども、あいなく目をそばめつつ…（＝公卿や昇殿を許された人なども、感心しないこととそれぞれに目を背けて…）」①の例では、ひとりの人間（作者）が「参る」という動作を繰り返しているわけだが、②の例では、上達部・上人という複数の人間がそれぞれに「目を背ける」という動作をしている。状況としては異なるが、同じ動作が複数回実施されているものと見ることができることから、②のような例もまた広い意味の「反復」と見なすわけである。

動作の並行 国語・国文法 ↓二つの動作の並行

東山道【ダウ】旧国名 ★五畿七道の一つ。★近江・★美濃・★飛驒・★信濃・★上野・★下野・★陸奥・★出羽の八か国からなる。また、畿内より東国へ達する道路をも指す。近世以前までの★中山道に当たる。↓ビジュアルチェック❼（450ページ）

とう-し【藤氏】 名詞 藤原氏一族。藤原の姓を持っている氏族。

とう-じ【刀自】 名詞 ↓とじ

動詞 国語・国文法 品詞のひとつ。自立語で活用があり、それだけで述語となることができ、物事の動作・作用や存在を述べる語。形容詞・形容動詞とともに★用言と呼ばれ、終止形活用語尾がウ段（ラ変だけはイ段）で終わる。活用は九種類ある。
①★四段活用
②★上一段活用・★下一段活用
③★上二段活用・★下二段活用
④★カ行変格活用（カ変）・★サ行変格活用（サ変）・★ナ行変格活用（ナ変）・★ラ行変格活用（ラ変）
また、機能上から★自動詞・★他動詞に、用法上から★独立動詞・★補助動詞に、意味上から★敬語動詞・★可能動詞などに、それぞれ分けられる。↓動詞活用表（12ページ）

どう-じ【童子】 名詞 ❶子供。わらべ。❷寺院で、僧になる前、勉強しながら雑用に従う少年。年齢により、大童子・中童子などの別がある。❸《仏教語》仏・★菩薩・★明王などに付き従う★眷属。❹能面のひとつ。童顔の神仏を表す。

とう-しみ【灯心】 名詞 ↓とうしん

とう-じゃう【闘諍】 名詞 けんか。いさかい。闘争。戦い争うこと。

どう-しゅく【同宿】 名詞 動詞 自〔サ変〕〈せ・し・す・する・すれ・せよ〉❶ともに同じ宿に泊まること。また、その人。❷同じ寺に住み、同じ師のもとで修行すること。また、その僧。転じて、仲間。発展「どうじゅく」とも。

とう-しん【灯心】 名詞 灯油に浸して灯をともす細いひも状のもの。ホソイ（＝イグサ科の草）の白い髄や綿糸を用いる。発展「とうじみ」「とうしみ」「とうすみ」とも。

とう-じん【等身】 名詞 等身大。高さが人の身長と等しいこと。主に仏像についていい、立像で五尺、または六尺。

どう-しん【同心】 一 名詞 動詞 自〔サ変〕〈せ・し・す・する・すれ・せよ〉❶同じ心を持つこと。心を一つにすること。❷味方すること。協力すること。❸納得すること。賛成すること。同意すること。**なかなか同心いたされず。**〈西鶴・世間胸算用〉訳とても納得いたしますことができ（ませ）ん。

二 名詞 ❶鎌倉・室町時代、武家に仕えた兵卒。後には、騎馬の者を与力、徒歩の者を同心といった。❷江戸時代、諸奉行などの配下にあって、与力の下で、雑務や警備などを担当した下級の役人。

どう-ず【同ず】 動詞 自〔サ変〕〈ぜ・じ・ず・ずる・ずれ・ぜよ〉同意する。賛成する。**皆、「もっとももっとも。」とぞ同じける。**〈平家・1・御輿振〉訳皆、「もっともだもっともだ。」と賛成した。

どう-ず【動ず】 動詞 自〔サ変〕〈ぜ・じ・ず・ずる・ずれ・ぜよ〉心が動く。動揺する。驚き慌てる。**おほかたおぼろけのいくさに、動ずべうもなくなりゆくを…。**〈大鏡・道隆〉訳（純友どもの調えた態勢が）およそいかげんな軍勢では、**驚き慌て**そうもなくなっていくのを…。

当然 国語・国文法 「そうなるのが当然だろう」「そうなるはずだ」と客観的に判断するのを表す助動詞「べし」の基本の意味。助動詞「べし」の種々の意味、「義務（…しなければならない）」「適当（…するのがよい）」などはみな、この「当然」の意味が発展・分化して生じたものである。

とう-そ【屠蘇】 名詞 ↓とそ

とう-たい【凍餒】 名詞 寒さに凍え、食べ物がなくて飢えること。また、生活に苦しむこと。

とう-だい【灯台】 名詞 室内の照明器具のひとつ。脚の付いた木製の台で、上に油皿を載せて灯心を立て、明かりをともす灯明台。

［とうだい］

絵で見る古典生活史㉑

灯台下暗し

身近なことはかえってわかりにくい、という意味のことわざに「灯台下暗し」があります。この「灯台」は、沖行く船を導く灯台ではなく、昔の室内照明器具のことです。高さは四尺（約1・2メートル）ぐらいで、木製でともし火をともす油皿を支える台です。『★枕草子』の「短くてありぬべきもの」の中には、「灯台」が挙がっています。背の低い灯台の方が手もとが明るくて倒れにくい利点を考慮したのでしょうが、同じ『枕草子』には「灯台の打敷を踏」んで「差し歩みて帰れば、やがて灯台は倒れぬ（訳↓さしあゆむ）」と、実際に灯台が倒れた例も書かれています。

この他、携帯用の照明器具として「★紙燭（脂燭とも書く）」がありました。これは、松の木を一尺五寸ほどの長さに切り、直径三寸ほどの太さに削って、先の方を焦がし、その上に油を引き、火をともしやすくしたものです。また、紙や布を細く巻いて、よった上に蠟を塗ったものもあります。

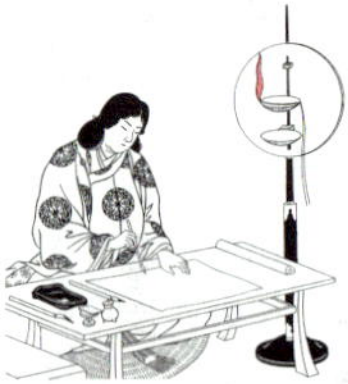

（絵…眠り灯台での貴公子然とした聖徳太子〈太子絵伝像〉より）

発展「灯台もと暗し」の灯台はこれを指す。↓絵で見る古典生活史㉑(877ページ)

東大寺【寺社名】奈良市にある寺。華厳宗総本山。南都七大寺の一つ。聖武天皇の発願により、鎮護国家を願い、総国分寺として建立された。七五二(天平勝宝四)年、大仏開眼供養が行われ、翌々年唐の僧鑑真により戒壇院が設立。薬師寺、観世音寺とともに日本三戒壇の一つ。平安時代には、興福寺とともに南都の代表寺院となった。↓ビジュアルチェック㉕(1097ページ)

倒置のある文【国語・国文法】倒置とは、ふつうの語句の順序を上下に置き換えた関係をいう。韻文や会話文に多く用いられる。感動を表す場合は、強調したい内容が、本来の語順でなく前に置かれるのが原則である。「いざたまへ、出雲拝みに。」を例に取ると、本来なら「出雲拝みに、いざたまへ。」という語順となるはずであるが、「出雲拝みに」という行動の目的を表す内容よりも、「いざたまへ(=さあ、いらっしゃい)」と行動を促すことばが先に出て、結果として倒置のある文となったものである。

とう・づ【取う出】動詞 他 [ダ下二段]〈で・で・づ・づる・づれ・でよ〉取り出す。「いささかものもとうではべらず。」〈枕草子・314・僧都の御乳母のままなど〉訳「少しも物を取り出していません。」

発展 下二段動詞「取り出づ」が変化したことば。未然形、連用形の用例をしか見ない。

どう-ど 副詞 ❶(物が激しく倒れたり、落ちたりするようすを表し)どしんと。どうと。「馬より逆さまにどうど落つ。」〈平家・11・嗣信最期〉訳ウマから逆さまにどしんと落ちる。❷(重量や数量のあるものを一度に置くようすを表し)でんと。どっさりと。

❾とう-とい(現)↓(古)**たふとし**【尊し・貴し】

とう-とう【疾う疾う】副詞 早く早く。すぐに。「おのれは、とうとう、女なれば、いづちへも行け。」〈平家・9・木曾最期〉訳「お前は、早く早く、女の身だから、どこへでも行ってかまわない。」

発展「とう」は「疾く」のウ音便。

❾とう-とし(現)↓(歴)**たふとし**【尊し・貴し】

❾とう-とぶ(現)↓(歴)**たふとぶ**【尊ぶ・貴ぶ】

どう-な・し【動無し】形容詞 [ク]〈く・から・く・かり・し・かる・けれ・かれ〉動じるようすがない。さらに、例の、動なきを、せめて言はれて…。〈源氏・明石〉訳(明石の入道の娘は)あらためて、これまでと同様、(源氏に言い寄られても)動じるようすがないのに、(父に)強いて言われて…。

とう-の-ちゅうじゃう【頭の中将】名詞 ★蔵人の頭で、近衛府の中将(=次官)を兼任している人。

発展 蔵人の頭は定員二名。もう一人は弁官が兼任し、★頭の弁といった。

頭中将[チュウジョウ]登場人物『源氏物語』中の人物。左大臣の長男で、葵の上の兄。光源氏の親友であり、よきライバルでもある。長女を入内させるころから源氏と政治的に対立し、圧倒される。太政大臣に至る。

とう-の-べん【頭の弁】名詞 ★蔵人の頭で、弁官を兼任している人。↓頭の中将(名詞)

多武の峰[タノ]地名 奈良県桜井市、破裂山南斜面中腹の地。藤原鎌足を祭る談山神社がある。この山で、鎌足と中大兄皇子(=天智天皇)が蘇我氏を倒す計画を練ったという伝説がある。↓ビジュアルチェック㉕(1097ページ)

❾とう-ぶ(現)↓(歴)**たうぶ**【食ぶ】【賜ぶ・給ぶ】

どう-ぼう【同朋】名詞 ❶仲間。友達。特に、仏道修行をする仲間。類 同行 ❷室町から江戸時代、将軍や大名のそばに仕えて雑事に従事した僧形の者。

どう-まる【胴丸・筒丸】名詞 鎧の一種。胴体を丸い筒状のもので包み、背中で合わせるようにした略式のもの。

発展「どうまろ」とも。鉄砲伝来以来、当世具足(=槍や鉄砲などに対処するため工夫改良された堅固な鎧)が流行し、用語にも混乱が生じて、江戸時代以来誤って腹巻と呼ばれた。↓図(下段)

どう-よく・な【胴欲な・胴慾な】形容動詞 [口語化] ❶欲深い。胴欲なくだ巻き舌に同じ事を幾度か…。〈風流志道軒伝〉訳 欲深なくだを巻いた言い方で同じことを何度か…。❷残酷だ。薄情だ。これ程に思ひ想うて来る男を、さりとは胴欲なと…。〈傾城禁短気〉訳 これほど熱烈に思ってやってくる男を、そう(=たぶらかして破産させると)いうのは残酷だと(考えて)…。

とう-より【疾うより】連語 早くから。若い時から。「さるべき人は、とうより御心魂の猛く…。」〈大鏡・道長上〉訳「(道長のように)立派な方は、若い時から度胸があって…。」

発展「とう」は副詞「とく」のウ音便。

とう-りう【逗留】名詞 一 名詞 動詞 自 [サ変]〈せ・し・す・する・すれ・せよ〉❶とどまって、進まないこと。ためらうこと。❷旅先でしばらく滞在すること。二 名詞 暇。猶予。

とう-りやう【棟梁】名詞 ❶建物の棟と梁。❷一国を支えて重要な任務に当たる人。また、一門・一族などを統轄して中心的な地位にある人。統率者。類 頭・長 ❸大工の頭。

とう-ろ【灯籠】名詞 ↓とうろう

とう-ろう【灯籠】名詞 屋外で灯火をともす照明具の一種。石・金属・竹・木などの枠に紙または紗を張ったもの。置き灯籠、釣り灯籠などの種類がある。

発展 もともとは僧坊の照明具であった

[どうまる]

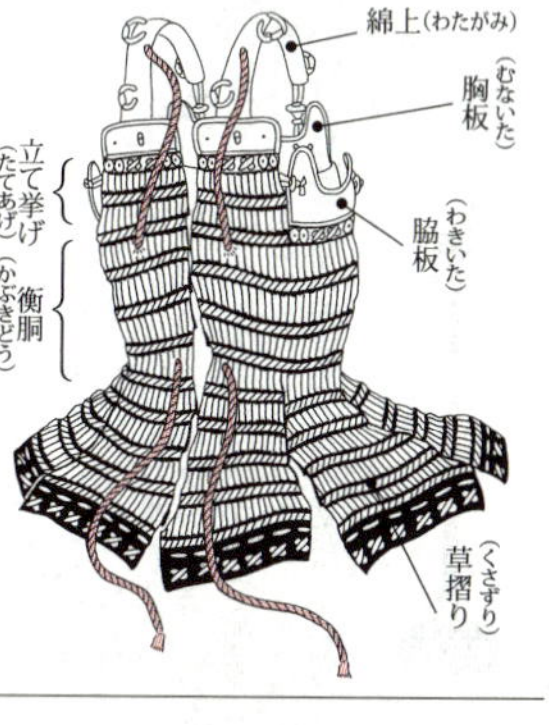

[とうろう]

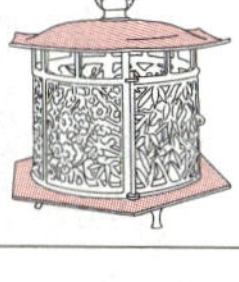

が、寺社や庭園の装飾として使われるようになった。「とうろ」とも。

とお（現）→（歴）**とを**【十】

とおい（現）→（古）**とほし**【遠し】

とおおに（現）→（歴）**とををに**【撓に】

とおし（現）→（歴）**とほし**【遠し】

とおす（現）→（歴）**とほす**【通す・徹す】

遠江【トホタフミ】旧国名 遠州。★東海道十五か国の一つ。今の静岡県西半部。大井川を東限とする。国名は、琵琶湖をいう「近淡海」（★近江）に対し、浜名湖を「遠淡海（遠江）」と称したことによるという。→ビジュアルチェック⑦（450ページ）

とおる（現）→（歴）**とほる**【通る・徹る・透る】

と-か ❶（文中に用いて）…ということで、…か。**海原の沖行く舟を帰れとか領巾振らしけむ松浦佐用姫** 歌〈万葉集・5・874〉訳 海原の沖を遠ざかって行く舟よ、帰れ**ということで**、★領巾を振ったのだろう**か**。松浦佐用姫は。

❷（文末に用いて伝聞を表し）…というのか。…とかいうことだ。「琴、**はた、まして、さらに学ぶ人なくなりにたりとか**。」〈源氏・若菜下〉訳「琴は、やはり、いっそう、これ以上習う人がいなくなってしまった**とかいうことだ**。」

発展 格助詞「と」＋係助詞「か」。❷は、下に「いふ」などが省略されているものと見られる。また一語の終助詞と見ることもできる。

とが【咎・科】名詞 ❶欠点。短所。❷人から非難されるような行為。過失。失策。❸罪悪。罪となる行為。

と-かう 副詞 ❶あれこれと。いろいろと。「**わが身のことは、とかう申しがたし**。」〈西鶴・世間胸算用〉訳「私のことは、**あれこれと**申し上げにくい。」

❷とにかく。なんとかかんとか。**春、夏、悩み暮らして、八月つごもりに、とかうものしつ**。〈蜻蛉日記〉訳 春、夏、ずっと苦しみつづけて、八月の末に、**とにかく**（道綱を）産んだ。

❸（下に打消のことばを伴って）とやかく。

発展 副詞「とかく」のウ音便。

と-かく

話し手が想定するいくつかの事態を指し示す
- ❶**あれこれと。何やかやと。**
- ❷**とにかく。なんにせよ。**
- ❸**どうにも（…ない）。まったく（…ない）。**
  ◉「とかく〜打消」の形で用いる。
- ❹**ともすれば。ややもすれば。**

◉中世以降の用法。

副詞 ❶**あれこれと。何やかやと。**
心の内に仏を念じたまひて、またとかく助けられたまひてなむ、二条院へ帰りたまひける。〈源氏・夕顔〉訳（源氏は夕顔の遺体と対面して）心の中で仏にお祈りになって、また（従者の惟光に）**あれこれと**助けられなさって、二条院へお帰りになったのだった。

❷《中世以降》**とにかく。なんにせよ。どうにか。**
さすがに頼朝は、果報いみじき大将軍にてましましければ、とかく逃れたまふぞめでたけれ。〈御伽草子・唐糸草紙〉訳（唐糸は源頼朝の暗殺を企てていたが）そうはいってもやはり頼朝は、幸運にたいへん恵まれた大将軍でいらっしゃったので、**どうにか**（暗殺を）逃れていらっしゃるのは喜ばしいことだ。

❸《中世以降》（「とかく〜打消」の形で）**どうにも**（…ない）。**まったく**（…ない）。
「**さてもさても命は惜しいものかな。とかく投げられぬ**。」〈謡曲・丹後物狂〉訳「それにしても命は惜しいものだなあ。**どうにも**（身を）投げることができない。」

❹《中世以降》**ともすれば。ややもすれば。**
「**とかく人といふものは、このやうなことをば、得て例にしたがるものぢや**。」〈狂言・抜殻〉訳「**ともすれば**人間というものは、このような事実を、得てして前例としたがるものだ。」

発展 ①**語の歴史** 副詞「と」＋副詞「かく」が一語になったもの。❶がもともとの意味で、中古から中世初期にかけては、ほとんどの例が❶の用法である。❷以下の用法は主に室町時代以降に見られる。「とかう」というウ音便の形で用いられることもある。

②中世以降、「とかくの＋名詞」「とかくして」などの形でも広く用いられるようになる。

とかく-す 連語 あれこれする。ああしたり、こうしたりする。「**直垂のなくて、とかくせしほどに、また使ひ来たりて**…。」〈徒然草・215・平宣時朝臣〉訳「（着る）直垂がなくて、**あれこれしていた**うちに、また使いがやって来て…。」

発展 副詞「とかく」＋サ変動詞「す」。

とかく-の-こと【とかくの事】❶あれやこれやのこと。❷人の死や葬式を婉曲にいうことば。

栂尾【トガノヲ】地名 京都市右京区梅ケ畑栂尾町。高尾（高雄）・槙尾とともに三尾の一つ。槙尾の北。清滝川上流に臨む地。高山寺があり、もみじの名所として知られる。→ビジュアルチェック㉓（1093ページ）

とが-む【咎む】動詞 他 ［マ下二段］（め・め・む・むる・むれ・めよ）❶非難する。責める。**心曲がれるは、冥とがめて、財を失ふ**。〈沙石集〉訳 邪悪な心を持つ者は、神仏が**責めて**、財産を失う。

❷注意を向ける。怪しむ。気にかける。心にとめる。**人のほどに合はねばとがむるなり**。〈土佐日記・一月二十一日〉訳 身分に似合わないので**気にかける**のである。

❸問いただす。尋ね問う。

とがめ【咎め】名詞 過ちや欠点を取り上げて責めること。非難。とがめだて。

とがめる（現）→（古）**とがむ**【咎む】

と-か-や 連語 ❶（文中に用いて）…とかいう。**何阿弥陀仏とかや、連歌しける法師の、行願寺の辺にありけるが聞きて**…。〈徒然草・89・奥山に、猫股と〉訳 何阿弥陀仏**とかいう**、連歌を職業としていた僧で、行願寺の付近にいた僧が聞いて…。〇「何阿弥陀仏とかや」は、挿入文と見ることもできる。

❷（文中に用いて、下に所・人・物などの名詞を補って）…とかいう所・人・物。**このほど聞けば有木の別所とかやにおはすなり**。〈平家・2・大納言死去〉訳 近ごろ聞くと有木の別所**とかいう所**にいらっしゃるそうだ。

❸（文末に用いて、伝聞を表し）…とかいうことだ。**火元は樋口富の小路とかや**。〈方丈記・安元の大火〉訳 出火元は樋口富の小路**とかいうことだ**。

発展 格助詞「と」＋係助詞「か」＋間投助詞「や」。❸は、全体を終助詞と見ることもできる。

とーがり【鳥狩り】名詞 鷹狩り。タカやハヤブサを使って鳥を捕らえること。発展「とかり」とも。

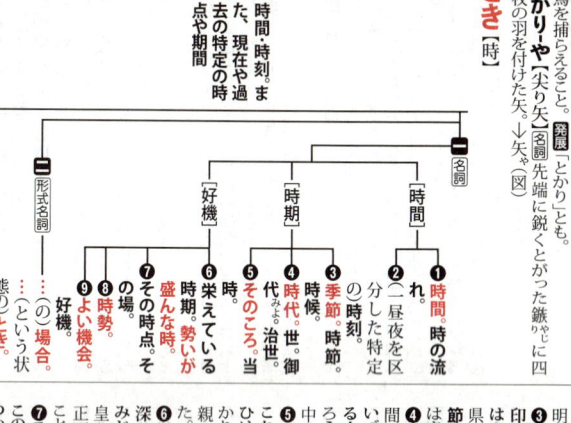

とがりーや【尖り矢】名詞 先端に鋭くとがった鏃に四枚の羽を付けた矢。↓矢(図)

とき【時】

時間・時刻。また、現在や過去の特定の時点や期間

- 一 名詞
  - [時間]
    - ❶時間。時の流れ。
    - ❷(一昼夜を区分した特定の)時刻。
  - [時期]
    - ❸季節。時節。時候。
    - ❹時代。世。御代。治世。
    - ❺そのころ。当時。
  - [好機]
    - ❻栄えている時期。勢いが盛んな時。
    - ❼その時点。その場。
    - ❽時勢。
    - ❾よい機会。好機。
- 二 形式名詞 …(の)場合。…(という状態の)とき。

一 名詞 ❶(経過していく)時間。月日。時の流れ。**妹が見し宿に花咲き時は経ぬ我が泣く涙いまだ干なくに** 歌〈万葉集・3・469〉訳(生前に)妻が見た庭先に(早くも)花が咲き、**月日**は過ぎてしまった。私の流す涙はまだ乾かないのに。

❷(一昼夜を区分した特定の)**時刻**。**時間帯**。↓ビジュアルチェック⑲(881ページ)

宵打ち過ぎて、子の時ばかりに、家の辺り、昼の明かさにも過ぎて光りたり。〈竹取・かぐや姫の昇天〉訳宵も過ぎて、子の**時刻**(=今の午前零時)ごろに(なると)、(かぐや姫を迎えに来た天人たちの光によって)家の周辺が、昼の明るさにも増して光を放っている。

❸**季節**。**時節**。**時候**。**印南野の赤ら柏は時はあれど君を吾が思ふ時はさねなし** 歌〈万葉集・20・4301〉訳印南野(=今の兵庫県にあった地名)のアカメガシワは(若葉の赤く色づく)**季節**はあるけれども、あなたを私が恋しく思う(特定の)**時節**はまったくない(=いつでも恋い焦がれている)。

❹**時代**。**世**。(特に「御時」の形で、天皇の統治する期間を表し)**御代**。**治世**。**いづれの御時にか、女御、更衣あまたさぶらひたまひける中に**…。〈源氏・桐壺〉訳どの帝の**御代**であっただろうか、女御、更衣が大勢お仕え申し上げていらっしゃった中に…。

❺**そのころ**。**当時**。**これは貞数の親王、時の人、中将の子となむ言ひける**。〈伊勢・79〉訳これ(=在原氏の家に誕生したばかりの親王)は貞数親王で、**そのころ**の世間の人は、(この親王を)中将(=在原業平)の子だとうわさしたのだった。

❻**栄えている時期**。**勢いが盛んな時**。**深草の帝と申しける御時、良少将といふ人、いみじき時にてありける**。〈大和・168〉訳深草の帝(=仁明天皇)とお呼び申し上げた御代は、良少将(=後の僧正遍昭)という人が、たいへん**勢いが盛んな時**であったことだ。○「御時」の「時」は❹の意味。

❼**その時点**。**その場**。**この折に、ある人々、折節につけて、唐詩ども、時に似つかはしき言ふ**。〈土佐日記・十二月二十七日〉訳この(=前任の国司が帰京する)時に、(そこに)い合わせた人々が、季節に即して、いくつかの漢詩で、**その場**にふさわしい漢詩を吟じる。

❽**時勢**。**世の成り行き**。**時流**。**いつかまた春の都の花を見む時失へる山賤にして** 歌〈源氏・須磨〉訳いつになったら、再び春の都の花を見ることができるだろうか。(私は)**時流**に合わず勢力を失った身分の低い者であって(いつ帰京できるかも分からない)。

❾**よい機会**。**好機**。**天の川八十瀬霧らへり彦星の時待つ船は今し漕ぐらし** 歌〈万葉集・10・2053〉訳天の川の多くの浅瀬に霧が立ち込めている。彦星が(織り姫に会いに出かけるのに)**よい機会**を待つ(その)船は、今まさに漕いでいるに違いない。

二 形式名詞 …(の)**場合**。…(の)**折**。…(という状態の)**とき**。**人、常の産なきときは、常の心なし。人、窮まりて盗みす**。〈徒然草・142・心なしと見ゆる者も〉訳人は、安定した財産がない**とき**には、安定した心を持てない。(つまり)人は、困り果てたあげくに盗みをする(ものである)。

とき【斎】名詞《仏教語》❶僧の食事。特に、僧が午前中に取る食事。対非時 ❷仏事のとき、僧や信者に出す食事。❸法事。法要。発展❶は、食事をすべき「時」という意味。

とき【鬨・鯨波】名詞 合戦の初めに全軍で発する叫び声。全軍の士気を高め、開戦の合図となる。ときの声。発展大将が「えい、えい」と二声発すると、全軍が「おう」と応じて、これを三度繰り返した。敵もこれに応じて叫ぶのを「鬨を合はす」という。

とぎ【伽】名詞 ❶話の相手をして退屈を慰めること。また、その人。❷寝室の相手を務めること。また、その人。❸看病をすること。また、その人。

とき-うつ-る【時移る】時がたつ。世が移り変わる。**時移り事去り、楽しび悲しび行き交ひて**…。〈徒然草・25・飛鳥川の淵瀬〉訳**世が移り変わり**出来事が過ぎ去り、楽しみや悲しみが去っては、またやって来て…。

ときぎぬ-の【解き衣の】枕詞(縫い糸を解いた衣服は乱れやすいことから)「乱る」に係る。

とき-さ-く【解き放く】動詞 他 カ下二段〈け・け・く・くる・くれ・けよ〉解きほどく。

とき・じ【時じ】形容詞 シク〈じく・じく・じ・じき・じけれ・○/じから・じかり・○・じかる・○・じかれ〉❶時期はずれだ。その時期でない。**我がやどの時じき藤のめづらしく今も見てしか妹が笑まひを** 歌〈万葉集・8・1627〉訳私の家の**季節はずれ**のフジのように、珍しいものとして今も見たいものだ。あなたの笑顔を。

❷時節に関係がない。いつもある。**白雲もい行きはばかり時じくぞ雪は降りける**… 歌〈万葉集・3・317〉訳↓あめつちの…

ビジュアルチェック⑲

定時法・不定時法による時刻表

▼定時法

定時法は、奈良・平安時代の宮廷を中心に行われた時刻の決め方である。季節や昼夜を問わず、一日を等分するのでこの呼び名がある。

現在の一昼夜(二十四時間)を十二等分して一辰刻とし、それぞれに十二支を当てた。一辰刻は現在の二時間で、たとえば「子の刻」は夜の十一時から午前一時、「丑の刻」は午前一時から午前三時というように、順に十二支が振り当てられている。

さらに一辰刻は一刻から四刻までに分けられ、一刻は現在の三十分となる。「丑三つ」といえば、丑の第三刻となるため、現在の午前二時ごろを指す。

天智天皇の時代から使われ始めた方法で、宮中では★漏刻(=水時計)により時刻を計り、鼓や鐘を打って時報としていた。しかし、平安時代ごろからは、役人が宮中を歩き回り、口で時刻を告げる時奏という方法に変わっていった。

宮中の漏刻を管理するのは★陰陽寮に置かれた二名の役人で、漏刻博士と呼ばれた。その下に守辰丁(時守とも)という役人がおり、この人々が漏刻の番をし、漏刻博士が読み取った時刻を、実際に鐘・鼓を打って宮中に知らせたのである。

なお、子の刻を十二時から二時までとして割り当てる説もある。

一辰刻

内円は一刻から四刻を表す

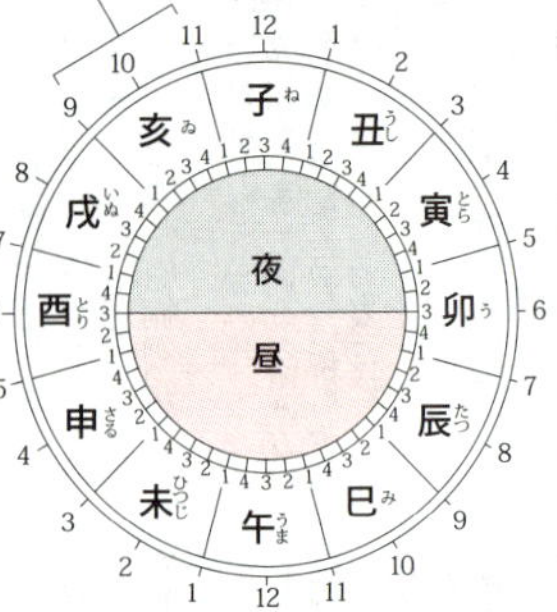

▼不定時法

不定時法は、古代から、漏刻のない民間で行われた時刻の決め方である。一日を昼と夜との二つに分けて、それぞれをさらに六等分し、各分割を「一時」とした。季節により昼と夜の長さが異なるため、一時の時間が一定でなかったのでこの呼び名がある。昼の始まりを「明け六つ」、夜の始まりを「暮れ六つ」とし、これを起点に昼も夜も「四つ」から「九つ」まで数えた。

昼夜の分け方は時代によって異なる。中世までは、日の出を昼の始まり、日の入りを夜の始まりと考えていたが、江戸時代になると、日の出前のうっすらと明るくなるころを昼の始まり、日の入り後のぼんやりと暗くなるころを夜の始まりと考えるようになった。

一時はだいたい現在の二時間で、その半分は半時で約一時間、さらにその半分は小半時で約三十分間である。ただし季節によって一時の長さに差が生じる。夏は日照時間が長いので、昼の一時は長く、夜の一時は短い。逆に、冬は昼の一時は短く、夜の一時が長くなる。

江戸では、鐘を打って時刻を知らせた。昼夜のそれぞれを四つから九つまで呼ぶのは、鐘を打つ数による。

また、不定時法には、夜だけに用いられる「★更」を用いた時刻の決め方もある。日暮れから翌日の夜明けまでを五等分したものを、それぞれ「更」、そして五つを合わせて「★五更」という。やはり、季節によって「更」の時間の長さに差が生じる。

なお、これらの不定時法によると、当然地方によっても違いが生じた。江戸を基準とすると、上方(=京都・大阪地方)ではそれより十五分くらい遅い時刻を指すと考えられる。

▶定時法と現代時刻

午前												午後												
12	1	2	3	4	5	6	7	8	9	10	11	12	1	2	3	4	5	6	7	8	9	10	11	12

子	丑	寅	卯	辰	巳	午	未	申	酉	戌	亥	子

▶不定時法

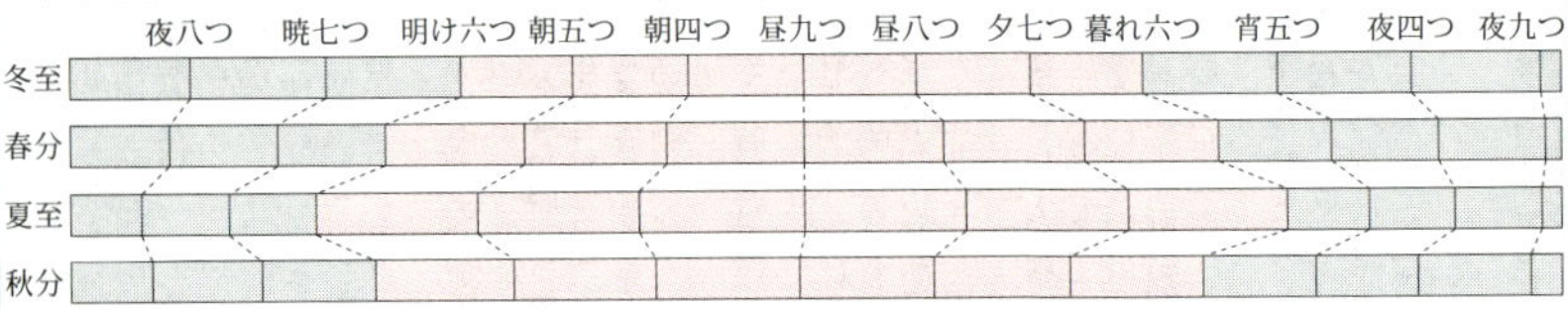

▶更(かう)

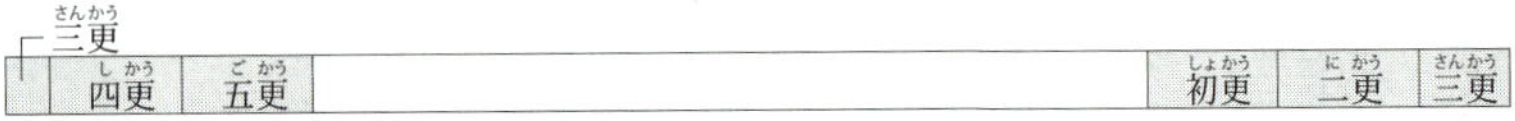

とき-じく-に【時じくに】連語 時期にかかわらず。いつでも。**橘は花にも実にも見つれどもいや時じくになほし見がほし**歌〈万葉集・18・4112〉訳タチバナは花でも実でも見たけれども、ますます**いつでも**もっと見たいものだ。発展形容詞「ときじ」の連用形「ときじく」に副詞の性質をもたせる「に」が付いたもの。

とき-しも【時しも】連語 折も折。ちょうどその時。**哀れなる時しも秋の寝覚めかなつまどふ鹿の明け方の空**歌〈玉葉集・566〉訳しみじみと寂しい**折も折**秋の(明け方に)眠りから覚めてしまったなあ。妻を探し求めるシカの(声が響く)明け方の空。発展「しも」は副助詞。

とき-しも-あれ【時しもあれ】折も折なのに。ほかに時もあろうに。**時しもあれ秋やは人の別るべきあるを見るだに恋しきものを**歌〈古今集・哀傷・839〉訳**ほかに時もあろうに**(よりによって)秋に人が死に別れていいのだろうか。(秋という季節は)生きている人を見ていてさえも恋しいものなのに。発展名詞「とき」＋副助詞「しも」＋ラ変動詞「あり」の已然形。

とき-しら-ず【時知らず】連語 季節を知らない。時節をわきまえない。↓ときしらぬ… 発展名詞「とき」＋四段動詞「しる」の未然形＋打消の助動詞「ず」。

ときしらぬ…歌
時知らぬ山は富士の嶺いつとてか鹿の子まだらに雪の降るらむ〈新古今集・雑中・1616・在原業平〉訳季節を知らない山は富士の山だよ。今をいつと思って鹿の子まだらに雪が降るのだろう。○二句切れ。「鹿の子まだら」は、シカの毛のように茶色の地に白いまだらのある模様。発展旧暦五月の末に富士山に雪が降ったのを見て詠んだ歌。『伊勢物語』九段にも見える。

ときしり-がほ-なり【時知り顔なり】形容動詞〔ナリ〕〈なら・なり(に)・なり・なる・なれ・なれ〉時節をわきまえたという顔つきだ。得意げな顔だ。訳「**心やりて時知り顔なる**もあはれにこそ。」〈源氏・薄雲〉訳「(藤壺の宮の他界などで、人間は墨染め一色で春秋も知らないのに、花だけは)得意になって**時節をわきまえたという顔つきなの**も心にしみて(思われる)。」

とき-す・ぐ【時過ぐ】動詞自〔ガ上二段〕〈ぎ・ぎ・ぐ・ぐる・ぐれ・ぎよ〉ふさわしい時期が過ぎる。時節はずれである。

とき-ぞ-と-も-な・し【時ぞとも無し】連語 いつと決まった時もない。常である。いつもである。**春日野の浅茅が原に後れゐて時ぞともなしあが恋ふらくは**歌〈万葉集・12・3196〉訳春日野(=今の奈良市)の、丈の低いチガヤの生えている野原に残されて、**いつものことである**。私が(あなたを)恋い慕うのは。発展名詞「とき」＋終助詞「ぞ」＋格助詞「と」＋係助詞「も」＋補助形容詞「なし」。

とき-たが・ふ【時違ふ】動詞自〔ハ四段〕〈は・ひ・ふ・ふ・へ・へ〉予定の時刻が過ぎる。

とき-づかさ【時司】名詞 ★陰陽寮に属し、時刻を知らせるのを任務とする役人。また、その役所。

とき-つ-かぜ【時つ風】一名詞 潮が満ちるときなど、時を定めて吹く風。また、そのときうまい具合に吹く風。順風。二枕詞(「時を定めて吹く」という意味から)「吹く」と同じ音を含む地名「吹飯」に係る。発展「つ」は「の」の意味の上代の格助詞。

とき-と-し-て【時として】連語 ❶(下に打消のことばを伴って)ひとときも。ちょっとの間も。**心念々に動きて、時として安からず。**〈方丈記・世に従えば〉訳(金満家の隣に貧乏人が住めば)心が一瞬一瞬に動いて、**ちょっとの間も**安らかでない。❷時には。たまには。発展名詞「とき」＋格助詞「と」＋サ変動詞「す」の連用形「し」＋接続助詞「て」。

とき-と-な・く【時と無く】連語 いつと決めずに。いつも。**忘れ草我が紐に付く時となく思ひわたれば生けりともなし**歌〈万葉集・12・3060〉訳(身に付けると悩みや苦しみを忘れられるという)ワスレグサを私の下紐につける。**いつも**思い続けていると、生きた気もしないから。発展名詞「とき」＋格助詞「と」＋補助形容詞「なし」の連用形。

とき-なか【時半・時中】名詞 ★一時の半分。今の約一時間。半時。

とき-な・し【時無し】形容詞〔ク〕〈く・く・し・き・けれ・○／から・かり・○・かる・○・かれ〉❶いつと定めた時がない。**とまるべき道にかぎりなく、立つべき朝に時なし。**〈笈の小文〉訳(あてもない旅だから、どこで)泊まらなければならないという道程の制限もないし、出立しなければならない朝に**いつと定めた時がない**。❷いつも。絶え間なく。❸時めき栄えることがない。**そこらの女御、御息所参り集まりたまへるを、時あるも時なきも…。**〈栄花〉訳多くの女御や、御息所が参内なさっているが、ご寵愛を得ている人も**時めき栄えることがない**人も…。

とき-なら-ず【時ならず】連語 その時節ではない。季節はずれである。思いがけず。**いづれも紙子の袖を連ね、時ならぬ一重羽織…。**〈西鶴諸国ばなし〉訳(年の暮れに)みなで紙で作った着物を着て、**季節はずれである**(夏用の)一重羽織…。発展名詞「とき」＋断定の助動詞「なり」の未然形＋打消の助動詞「ず」。

とき-に-あ・ふ【時に会ふ・時に合ふ】❶ちょうどよい時期に出会う。**折ならで色づきにける紅葉葉は時に合ひてぞ色まさりける**歌〈蜻蛉日記〉訳時節でもないのに色づいた紅葉は、(秋を迎えて)**ちょうどよい時期に出会って**(ますます)美しくなった(あなたもますます美しい)。❷時勢に乗って栄える。**ある人の、いみじう時に合ひたる人の婿になりて…。**〈枕草子・266・いみじうしたてて婿とりたるに〉訳ある人が、たいへん**時勢に乗って栄えて**いる人の婿となって…。発展名詞「とき」＋格助詞「に」＋四段動詞「あふ」。

とき-に-したが・ふ【時に従ふ】❶時勢に従う。世の風習に従う。「**時に従ふ世人の、下には鼻まじろきをしつつ、追従し、気色取りつつ従ふ程は…。**」〈源氏・少女〉訳「**時勢に従う**世間の人が、内心では鼻先でふふんと冷笑しながら、(表面では)お世辞を言ったり、機嫌を取ったりして従う間は…。」❷時節時節による。「**時に従ひ見ることには、春霞おもしろく…。**」〈更級日記・春秋の定め〉訳「**時節時節により**見る景色では、春に立つ霞が趣深く…。」

発展 名詞「とき」＋格助詞「に」＋四段動詞「したがふ」。

とき-に-つ-く【時につく】 ❶その時その時に応じる。「**時につけつつさまを変へて、今めかしきに目移りて、をかしきもあり。**」〈源氏・帚木〉訳「（指物師が遊び道具を作るのに）**その時その時に応じて**形を変えては、目新しいものに目が止まって、気がきいていると思うこともある。」

❷その時の権勢に従う。「よろづの事、**時につけたるをこそ、世人も許すめれ。**」〈源氏・竹河〉訳「すべての物事は、**その時の権勢に従っている**のを、世間の人も許すようだ。」

発展 名詞「とき」＋格助詞「に」＋下二段動詞「つく」。

とき-に-とり-て【時にとりて】 場合によって。折に触れて。人、木石にあらねば、**時にとりて**ものに感ずることなきにあらず。〈徒然草・41・五月五日〉訳人は、木や石のように非情のものではないので、**折に触れて**物事に感動することがないわけではない。

発展 名詞「とき」＋格助詞「に」＋四段動詞「とる」の連用形＋接続助詞「て」。

とき-の-きら【時の綺羅】 好機に巡り会って、羽振りがよいこと。

とき-の-くひ【時の杭】―くい　清涼殿の★殿上の間の小庭にあって、時刻を示す札を立てるくい。

とき-の-こゑ【関の声】―こえ 名詞 ↓とき（関・鯨波）

とき-の-てうし【時の調子】―ちょうし　その季節に最もふさわしい音楽の調子。春は双調、夏は黄鐘調、秋は平調、冬は盤渉調など。

とき-の-ひと【時の人】 ❶その時代の人。当時の人。❷時勢に合って栄えている人。

とき-の-ふだ【時の簡】 清涼殿の★殿上の間の小庭に立てて、時刻を示した札。

とき-の-ま【時の間】 しばらくの間。少しの間。宝多しとて頼むべからず。**時の間に失ひやすし。**〈徒然草・211・万のことは〉訳財産が多いといって頼りにはできない。（そんなものは）**少しの間に失いやすい。**

ときは【常磐・常盤】 ときわ 名詞 永遠に変わらないこと。永久不変。発展「常磐」の変化したことば。

ときは-なり【常磐なり・常盤なり】 ときわなり 形容動詞（ナリ）〈なら・なり（に）・なり・なる・なれ・なれ〉❶（永遠に変わらない大岩のように）永久不変だ。常に変わらない。**春草の後はうつろふ巌なすときはにいませ尊き我が君** 歌〈万葉集・6・988〉訳春の草は後には色あせ散っていくものだが、**常に変わらずに**いらしてください。尊き我が父君よ。◯「巌なす」は「ときは」に係る枕詞。

❷（樹木の葉が）一年中、緑である。

とき-めか-し【時めかし】 形容詞〔シク〕〈しく・しく・し・しき・しけれ・◯／しから・しかり・◯・しかる・◯・しかれ〉時流に乗って栄えている。「さわがしう**時めかしきところに、うち古めきたる人の**…昔おぼえてことなることなき歌よみしておこせたる。」〈能因本枕草子・22・すさまじきもの〉訳（人の出入りも）にぎやかで**時流に乗って栄えている人**のもとに、時勢に取り残された人が…古くさくて特にどうということもない歌を詠んで寄こしたのは（興ざめだ）。

発展 四段動詞「ときめく」が形容詞になったもの。

とき-めか-す【時めかす】 動詞 他〔サ四段〕〈さ・し・す・す・せ・せ〉寵愛する。特別にかわいがる。「故宮の、いとやむごとなく思し、**時めかしたまひしものを**…。」〈源氏・葵〉訳「（六条御息所は）亡き東宮が、実に大切にお思いになり、**寵愛**なさったのに…。」

発展「めかす」は接尾語。

とき-め-く【時めく】

ある時代の中で、よい境遇に恵まれ、栄える
- ❶時流に乗って栄える。地位・権力に恵まれる。
- ❷寵愛を受ける。目をかけられる。

未然形	連用形	終止形	連体形	已然形	命令形
ときめ・か	ときめ・き	ときめ・く	ときめ・く	ときめ・け	ときめ・け

動詞 自〔カ四段〕❶**時流に乗って栄える。地位・権力に恵まれる。**「かく怪しき人の、いかで**時めきたまふらむ**。」〈宇津保〉訳「このように礼儀を知らない人が、どうして**時流に乗って栄えて**いらっしゃるのだろう。」

❷**寵愛を受ける。目をかけられる。**いとやむごとなき際にはあらぬが、優れて**時めきたまふ、ありけり**。〈源氏・桐壺〉訳それほど高貴な家柄ではない方で、際立って（帝の）**寵愛を受けて**いらっしゃる方が、あったのだった。

発展 **現代語「ときめく」との違い**　名詞「とき」に接尾語「めく」が付いて、中古にできたことば。胸がどきどきする意の、現代語の「ときめく」は一般には別語とされる。古典語の名詞「心ときめき」を経て生まれたものか。

関連語 心ときめき

ど-きやう【読経】―きょう 名詞 動詞 自〔サ変〕〈せ・し・す・する・すれ・せよ〉声を上げて経文を読むこと。類 読誦

とき-よ【時世】 名詞 ❶時代。年月。時世。❷世の成り行き。時代の風潮。時勢。❸時流。いま流行のもの。

と-ぎよ【渡御】 名詞 動詞 自〔サ変〕〈せ・し・す・する・すれ・せよ〉天皇・皇后・皇族などの貴人や御輿がお出かけになること。おいでになること。お出まし。

どきよう（現）↓（歴）**どきやう【読経】**

ときわ（現）↓（歴）**ときは【常磐・常盤】**

ときわなり（現）↓（歴）**ときはなり【常磐なり・常盤なり】**

とき-を-うしな-ふ【時を失ふ】―うしなう ❶時流に合わず勢力がなくなる。落ちぶれる。昨日は栄えおごりて、**時を失ひ、世にわび**…。〈古今集・仮名序〉訳昨日（まで）は栄え誇って（いた人が）、**時流に合わず勢力がなくなり**、境遇も落ちぶれ…。

❷好機を逃す。**時を失ひ、世に余されて**、期するところなき者は…。〈方丈記・都遷り〉訳**好機を逃し**、世間から余計者扱いされて、将来に希望を抱くことがない者は…。

発展 名詞「とき」＋格助詞「を」＋四段動詞「うしなふ」。

とき-を-うつ-す【時を移す】 時間・日・月・年を過ごす。人と向かひたれば…よろづのこと障りて**時を移す**、互ひのため益なし。〈徒然草・170・さしたることなくて〉訳人と向き合っていると…万事に差し障りがあって**時間を過ごす**のは、お互いのためにむだだ。

発展 名詞「とき」＋格助詞「を」＋四段動詞「うつす」。

と-きん【兜巾・頭巾】 名詞 ★山伏が前頭部に付ける布製の頭巾。十二因縁にちなんで十二のひだを寄せ、ひもをあごに掛けて結ぶ。発展「とうきん」の変化した

ことば。

とく【徳・得】 名詞 ❶人として行うべき道を立派に行うこと。道徳。人に感化を及ぼす高い人格。人徳。❷能力。天性。生まれつきの恵まれた性質。❸(神仏や帝王などから与えられる)恵み。恩恵。慈悲。❹(他人から与えられるものという意味で)おかげ。❺名望。権威。❻富。財産。❼利益。

［ときん］

と・く【解く】

ひも・髪など、締まっているものがほどける
- 一 動詞 自 〔カ下二段〕
  - ❶(結び目などが)ほどける。
  - ❷(わだかまりが)消える。
  - ❸打ち解ける。安らぐ。
  - ❹(職を)離れる。
- 二 動詞 他 〔カ四段〕
  - ❶(結び目などを)ほどく。
  - ❷(髪を)とかす。
  - ❸取り除く。
  - ❹解決する。解答する。

動詞 自 〔カ下二段〕

未然形	連用形	終止形	連体形	已然形	命令形
と・け	と・け	と・く	と・くる	と・くれ	と・けよ

動詞 他 〔カ四段〕

未然形	連用形	終止形	連体形	已然形	命令形
と・か	と・き	と・く	と・く	と・け	と・け

一 動詞 自 〔カ下二段〕 ❶(結び目などが)**ほどける**。**真玉付くをちこち兼ねて結びつる我が下紐の解くる日あらめや** 歌〈万葉集・12・2973〉訳 将来と現在とを兼ね合わせて(愛を誓うために二人で互いに)結んでおいた私の(着物の)下ひもが**ほどける**日があるだろうか、いや、あるはずがない。○「真玉付く」は「をちこち」に係る枕詞。

❷(わだかまりが)**消える**。「『さりとも今宵、日ごろの恨みは**解けなむ**。』と思ひたまへしに…。」〈源氏・帚木〉訳「『いくらなんでも今夜は、普段の(女が私を)恨む気持ちはきっと**消えるだろう**。』と思わせていただいておりましたところ…。」

❸**打ち解ける**。**心の隔てがなくなる**。**安らぐ**。**くつろぐ**。**春立てば消ゆる氷の残りなく君が心は我に解けなむ** 歌〈古今集・恋1・542〉訳 春になると消える氷のように、残るところなく(=全面的に)あの人の心が私に**打ち解けて**ほしい。○「春立てば消ゆる氷の」は「残りなく」を導く序詞。

❹(職を)**離れる**。**免職される**。**官解けてはべりけるとき詠める**。〈古今集・雑下・964・詞書〉訳 官職を**離れて**おりましたときに詠んだ歌。

二 動詞 他 〔カ四段〕 ❶(結び目などを)**ほどく**。「**これを形見にしたまへ**。」とて、**帯を解きて取らせけり**。〈大和・169〉訳「これを(私の)思い出の品になさい。」と言って、(男は少女に)帯を**ほどいて**与えた。

❷(髪を)**とかす**。**くしで整える**。**あさましう引き結ひてうちやりたりつれど、いたうも乱れず、とき果てたれば、つやつやとけうらなり**。〈源氏・手習〉訳(病気で寝ていた浮舟の髪は)見苦しく引き結んでそのままにしてあったけれども、それほどにも乱れずに、(くしで)**とかし**終わったところ、つやつやとして美しい。

❸**取り除く**。**外す**。**脱ぐ**。**いまだ装束も解かで、丸寝にてありければ**…。〈今昔〉訳 まだ衣服も**脱が**ないで、そのまま寝ていたので…。

❹**解決する**。**解答する**。**大覚寺殿にて、近習の人ども、なぞなぞを作りて解かれけるところへ**…。〈徒然草・103・大覚寺殿にて〉訳 後宇多院の御所で、(院の)そば近くに仕える人たちが、なぞなぞを作って**解答して**いらっしゃったところへ…。

と・く【説く】 動詞 他 〔カ四段〕〈か・き・く・く・け・け〉説明する。解説する。言い聞かせる。

とく【疾く】 副詞 早く。速やかに。早速。急いで。**少し遠き柱もとなどに居たるを、とく御覧じ付けて**…。〈枕草子・276・うれしきもの〉訳 少し遠い柱のそばなどに座っているのを、(中宮は)**早速**お気付きになって…。
発展 形容詞「疾し」の連用形「とく」が副詞になったもの。

と・ぐ【遂ぐ】 動詞 他 〔カ下二段〕〈げ・げ・ぐ・ぐる・ぐれ・げよ〉成し遂げる。果たす。**志は遂げず、望みは絶えず**。〈徒然草・91・赤舌日といふこと〉訳 思うことは**果たせ**ず、欲望はなくならない。

とく-い【得意】 名詞 ❶親しい友達。心の友。❷ひいきにすること。また、その人。❸望み通りになること。わが意を得て満足すること。❹得手。十八番。よく熟練して自信がもてること。優れていて自慢できること。また、そのもの。❺常に商取引のある相手。常に買ってくれる客。得意先。発展 もともとは「わが意を得ること」という意味。

どく-ぎん【独吟】 名詞 動詞 他 〔サ変〕〈せ・し・す・する・すれ・せよ〉❶ひとりで詩歌を作ったり、吟じたりすること。❷連歌や俳諧で、発句から挙句までを、ひとりだけで作ること。また、その作品。

とく-くゎ【徳化】 名詞 動詞 他 〔サ変〕〈せ・し・す・する・すれ・せよ〉高徳の僧が、人徳によって人々を仏の道に導くこと。
発展「とくげ」とも。

とく-こ【独鈷】 名詞《仏教語》(「独鈷杵」の略で)仏具のひとつ。鉄製または銅製で、柄の両端が分かれずにとがっている金剛杵。真言宗などの密教で、煩悩をくだく菩提心の象徴として用いる。もとは古代インドの武器。発展「とこ」「どくこ」「どっこ」とも。

［とくこ］

とく-ごふ【得業】 名詞《仏教語》僧の学問上の階級のひとつ。奈良の三会(=興福寺の維摩会、薬師寺の最勝会、法華会)の修行を勤めた者。または、比叡山横川で、四季講、定心房の三講の課程を終えた者。

とくさ【木賊】 名詞 ❶《植物》トクサ科の多年草。「砥石になる草」という意味で、秋、茎を刈って、塩湯で煮て干し、木材・角・骨・鏡などを磨くのに用いられる。季語 秋 ❷(「木賊色」の略で)くすんだ青緑色。❸★襲の色目のひとつ。表は黒ずんだ青、裏は白。一説に表は萌葱、裏は白または萌葱。老人が着用する。

とく-しつ【得失】 名詞 ❶得ることと失うこと。損得。利害。是非。❷成功と失敗。当たり外れ。❸長所と欠点。
発展「とくしち」とも。

どく-じゅ【読誦】 名詞 動詞 他 〔サ変〕〈せ・し・す・する・すれ・せよ〉声を上げて経文を読むこと。類 読経 発展「読」は文字を見て読む、「誦」は文字を離れてそらで唱える、という意味。

とく-ど【得度】名詞 動詞 自〔サ変〕〈せ・し・す・する・すれ・せよ〉《仏教語》❶悟りの境地に達するために、出家して修行を積むこと。❷剃髪して出家すること。俗人が官許（＝政府の許可）を得て僧や尼となること。

とく-とく【疾く疾く】副詞 早く早く。すぐに。早速。「ただ、**とくとく首を取れ**。」〈平家・9・敦盛最期〉訳「ただ、早く早く首を取れ。」

とく-にん【徳人】名詞 ❶徳のある人。❷金持ち。発展「とくじん」とも。

とく-ぶん【得分・徳分】名詞 〔「自分の分け前」の意から〕独自のもの。独自性。

さすが、おのれおのれとある所あれば、作者の得分となるなり。〈和歌秘伝抄〉訳 なんといってもやはり、人それぞれ感じる所が違うので、作者（の表現）の**独自性**となるのである。

と-ぐら【鳥座・塒】名詞 鳥の止まり木。鳥の巣。鳥のねぐら。発展「くら」は「居る場所」という意味。

独立語・独立部（どくりつご・どくりつぶ）国語・国文法 文の成分としての、文節の役割のひとつ。主語・述語、修飾語・被修飾語などとは異なり、他の文節と係り受けの関係を持たないもので、比較的独立の関係にあるものをいう。応答・呼びかけ・感動・提示などを表し、独立語は名詞・感動詞などによって作られる。「**あはれ**、いと寒しや（＝ああ、ひどく寒いよ）。」は感動詞の例。なお、「独立語」が★連文節からなる場合、「独立部」ということもある。

独立動詞（どくりつどうし）国語・国文法 動詞の分類のひとつ。本来の具体的な意味をもっている用法の動詞を指していう。動詞本来の意味を失って抽象的な意味しか表さない★補助動詞に対してこのように呼ばれる。したがって、独立動詞・補助動詞というのは、特定の動詞における用法であって、★品詞名ではない。たとえば動詞「あり」において、「雪の降りたるは言ふべきにも**あらず**（＝雪が降（り積も）っている早朝は言いようもなく（すばらしい））」の「あり」は特に実質的な意味を持たないので補助動詞。「竹取の翁といふ者**あり**けり（＝竹取の翁という者がいたということだ）」の「あり」は、存在という本来の実質的な意味をもっているので、独立動詞である。ほかに、「侍り」「給ふ」「奉る」「聞こゆ」などの敬語動詞の多くが、独立動詞・補助動詞の用法をもつ。なお、★補助・被補助の関係をいう場合、補助動詞に対して**本動詞**とよぶことがある。↓補助動詞・独立語・独立部

独立の関係（どくりつのかんけい）国語・国文法 ↓独立語・独立部

とげる〈現〉↓〈古〉**とぐ【遂ぐ】**

とこ-【常】造語 いつまでも変わらない、永遠に、という意味を表す。語例 **常夏**・**常世**

とこ【床】名詞 ❶寝床。寝所。❷牛車の車体の屋根、または屋形。❸〔「床の間」の略で〕客間などで、上座として床を一段高く作ってある所。❹〔「髪結ひ床」の略で〕床屋。❺〔「涼み床」の略で〕納涼のために川の上などに設けた桟敷。発展 今の床の間は❸の変形。

と-こ【独鈷】名詞 ↓とくこ

とこ-し【常し】形容詞〔シク〕〈しく・しく・し・しき・しけれ・○／しから・しかり・○・しかる・○・しかれ〉《上代語》永久に変わらない。

皇祖の神の宮人ところづらいやとこしくに我かへり見む 歌〈万葉集・7・1133〉訳 歴代の天皇にお仕えする宮人が永久に続いていくように、いよいよ**永久に変わらなく**私は（吉野へ）また来てみよう。○「ところづら」は「トコロ」（ヤマイモ科の多年草）の古い呼び名で、「とこしく」の枕詞。

とこしえなり〈現〉↓〈歴〉**とこしへなり【常しへなり】**

とこしなへ-なり【常しなへなり】形容動詞〔ナリ〕〈なら・なり（に）・なり・なる・なれ・なれ〉いつまでも変わらない。永久である。

とこしなへに違順に使はるることは、ひとへに苦楽のためなり。〈徒然草・242・とこしなへに〉訳 **永久に**逆境と順境に心身を使われることは、ひたすら苦を避け楽を求めるためである。

とこしへ-なり【常しへなり】形容動詞〔ナリ〕〈なら・なり（に）・なり・なる・なれ・なれ〉「とこしなへなり」の意味に同じ。

とこしへに夏冬行けや裘扇放たぬ山に住む人 歌〈万葉集・9・1682〉訳 **いつまでも変わらずに**夏と冬とがともに過ぎて行くからか、（冬の）皮衣と（夏の）扇を放さない、（この）仙人は。

と-こそ 連語 ❶〔「と」の受ける内容を強めて〕…と。「『**それはそれ**。』**とこそ覚ゆるわざなりけれ**。」〈源氏・若菜下〉訳「『それはそれだ（＝別だ）。』と考えられることであったのだった。」
❷〔動詞の命令形に付いて、命令を強めて〕…よ。…というのに。「いかに、罪人、急げ**とこそ**。」〈狂言・瓜盗人〉訳「おい、罪人よ、急げ**というのに**。」
発展 格助詞「と」＋係助詞「こそ」。❷は、下に「いへ」などが省略されているものと見られる。

とこ-なつ【常夏】名詞 ❶《植物》ナデシコの別の呼び名。季語 夏 ❷★襲の色目のひとつ。表は紅梅、裏は青色。発展 ❶は、花の盛りが春から秋まで続くことからいう。

とこ-なめ【常滑】名詞 川の中で、水苔が付いて、いつも滑らかな岩。一説に、岩に付いている水苔。多く「永久」という意味を掛けて用いる。

とこ-は【常葉】名詞 一年中、植物の葉が緑色をしていること。また、そのようす。常緑樹の葉。発展「ときは」とも。

とこ-はな【常花】名詞 いつまでも変わらないで咲き続けている花。

とこ-はな・る【床離る】夫婦関係がなくなる。

とこ-ふ・る【床旧る】夫婦が長い年月を一緒に住む。長く連れ添う。

年ふれどいかなる人か床ふりて相思ふ人に別れざるらむ 歌〈拾遺集・1296〉訳 長い年月を経て（一緒に暮らして）も、いったいどのような人が、**長く連れ添って**愛し合っている人と死別しないことがあるのだろうか。

とこ-みや【常宮】名詞 永遠に変わらずに栄えている宮殿。永久不変の宮殿。

とこ-やみ【常闇】名詞 永久に暗やみであること。類 常夜

とこ-よ【常世】名詞 ❶永久。永久不変。永遠に変わらないこと。❷「★常世の国」の略。❸〔「常世の神」の略で〕❷からやって来て、人間に富と長寿を授けるという神。発展 ❷は、「妣の国」とも。

とこ-よ【常夜】名詞 昼がなくて、永久に夜ばかり続くこと。類 常闇

とこよいでて… 歌
常世出でて旅の空なる雁がねも列に遅れぬ程ぞ慰む〈源氏・須磨〉訳 常世の国を出て旅の空にあるガンも、仲間に遅れないでいる間は（心が）慰められる。○「常世」は不老不死の国、「雁」はそこに住むといわれた。
発展 源氏のお供として須磨に来た前の右近将監の歌。自分たちの境遇の不安をガンに託して詠む。

とこよ-の-くに【常世の国】古代、海のかなたにあると考えられた不老不死の理想郷。また、祖先の霊が集まるという永久不変の国。

ところ【所・処】

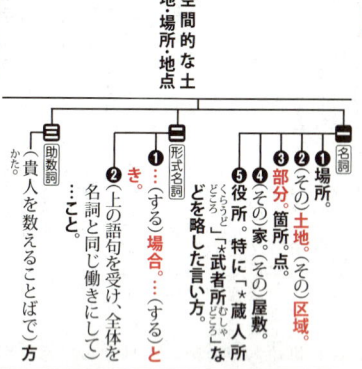

空間的な土地・場所・地点
- 一 名詞 ❶場所。❷(その)土地。(その)区域。❸部分。箇所。点。❹(その)家。(その)屋敷。❺役所。特に「*蔵人所」「*武者所」などを略した言い方。
- 二 形式名詞 ❶…(する)場合。…(する)とき。❷(上の語句を受け、全体を名詞と同じ働きにして)…こと。
- 三 助数詞 (貴人を数えることばで)方。

一 名詞 ❶場所。屋の内は暗き所なく光満ちたり。〈竹取・かぐや姫の出生〉訳家屋の中は暗い場所がなく光がいっぱいになっている。

❷(その)土地。(その)区域。水無瀬といふ所に、宮ありけり。〈伊勢・82〉訳水無瀬という土地に、(惟喬親王の)離宮があった。

❸部分。箇所。点。白き物行き着かぬ所は、雪のむらむら消え残りたる心地して、いと見苦しく…。〈枕草子・3・正月一日は〉訳おしろいが行きわたらない(=付かない)部分は、雪がまだらに消え残っている(ような)感じがして、ひどくみっともなく…。

❹(その)家。(その)屋敷。方違へに行きたるに、饗せぬ所。〈枕草子・25・すさまじきもの〉訳(興ざめなものとして)方違えのために(他家に)行ったのに、もてなしをしない家。

❺役所。特に「蔵人所」「武者所」などを略した言い方。「あれは先年、所にありし時も、大番衆がとどめかねたりし強盗六人、ただひとり追っかかって、四人切り伏せ…。」〈平家・4・信連〉訳「あの人(=長谷部信連)は先年、(院の)武者所にいた時にも、皇居を警備する武士が押さえかねていた強盗六人を、たったひとりで追っかけて、四人を切り伏せ…。」

二 形式名詞 ❶…(する)場合。…(する)とき。…(する)折。つとめて、出でたまふところに、さし覗きたまひて…。〈源氏・紅葉賀〉訳翌朝、(源氏が宮中に)お出かけになるときに、(左大臣が)顔をお出しになって…。

❷(上の語句を受け、全体を名詞と同じ働きにして)…こと。上の奢り費やすところをやめ、民を撫で、農を勧めば、下に利あらんこと、疑ひあるべからず。〈徒然草・142・心なしと見ゆる者も〉訳上に立つ為政者がぜいたくをして浪費することをやめ、人民をかわいがり、農業を奨励するならば、人民に利益があるようなことは、疑いもないに違いない。

三 助数詞 (貴人を数えることばで)方。

発展 **現代語とのつながり** 二❷の用法では、「殺すところの鳥を頸に掛けさせて、禁獄せられにけり(=殺した鳥を首に掛けさせて、牢獄に閉じ込めておしまいになった)。」〈徒然草・162・遍照寺の承仕法師〉のように、「～ところの」の形で、連体修飾を表す用法もある。これは漢文訓読文から生じた言い方で、現代でも書きことば的に用いられる。

ところ【野老】名詞《植物》ヤマイモ科のつる草のひとつ。根はヤマイモより小さく、苦みを抜いて食用とする。コンブ・エビなどとともに新年を祝う食べ物。季語 春

ところ-あらはし【所顕し】名詞 平安時代、結婚を公表して宴を開くこと。普通は、結婚後三日目の夜に女の家で、婿と舅たちが対面して行う。発展 男が通う女の家を明らかにするという意味。

ところ-う【所得】❶よい地位を占める。「京にてこそ、ところえぬやうなりけれ…。」〈源氏・若紫〉訳「(明石の入道は)京では、よい地位を占めていなかったようであったが…。」

❷得意になる。幅をきかす。万の咎は、なれたるさまに上手めき、ところえたるけしきして、人をないがしろにするにあり。〈徒然草・233・万の咎あらじと〉訳すべての過失は、慣れたようすで巧者らしく振る舞い、得意になったようすをして、人を軽蔑しているところにある。

発展 名詞「ところ」＋下二段動詞「う」。

ところえ-がほ・なり【所得顔なり】形容動詞〔ナリ〕〈なら・なり(に)・なり・なる・なれ・なれ〉(よい場所や地位を得て)満足している。得意顔だ。このおはします遣り戸を隔てて、所得顔にゐたり。〈源氏・浮舟〉訳(時方は)この(匂宮が)いらっしゃる引き戸の向こうに、得意顔で控えている。

ところ-お・く【所置く】遠慮する。はばかる。「この世には、我にところおきたまふべし。」〈大鏡・時平〉訳「この世の中では、私に遠慮なさるのが当然である。」

ところ-から【所柄】名詞 ❶所が所であるから。その場所の性質。❷場所がら。発展「ところがら」とも。

ところ-さ・る【所去る】その場所を避ける。つれづれなるもの。所去りたる物忌み。〈枕草子・139・つれづれなるもの〉訳所在ないもの。(それは、いつも住んでいる)場所を避けて(よそで)する物忌み。

ところ-せが・る【所狭がる】動詞 他〔ラ四段〕〈ら・り・る・る・れ・れ〉窮屈に思う。やっかいに思う。煩わしく思う。このをば、いといたう老いて、ふたへにてゐたり。これをなほ、この嫁、ところせがりて…。〈大和・156〉訳この伯母は、ひどく年老いて、(腰が)折れ重なるぐらい曲がっている。このことをやはり、この嫁は、やっかいに思って…。

ところせき-な・し【所狭きなし】形容詞 ↓ところせし

最重要語(887ページ)

ところ-せ・し【所狭し】形容詞 ↓最重要語(887ページ)

ところ-たがへ【所違へ】名詞 行く先など、場所を間違えること。

ところ-どころ【所所・処処】名詞 ❶あちらこちら。あちこち。❷別々の所。❸(複数の貴人を敬って婉曲に指し)かたがた。貴い人々。

ところ-な・し【所無し】形容詞〔ク〕〈く・く・し・き・けれ・○／から・かり・○・かる・○・かれ〉(人や車などが密集していて)透き間がない。暮るるほどには、立て並べつる車ども、所なく並みゐつる人も、いづかたへか行きつらん…。〈徒然草・137・花は盛り

に〉訳日の暮れるころには、立て並べてあった車なども、（密集して）透き間なく並んで座っていた人々も、どこへ行ってしまったのだろうか…。

ところ-に-つ・く【所に付く】❶その場所にふさわしい。**むすめども男子**(をのこ)**ども**も、**所に付けたるよすがども出**(い)**で来て、住みつきにたり。**〈源氏・玉鬘(たまかずら)〉訳（玉鬘の乳母の）娘たちも息子たちも、**その場所に**（住むのに）**ふさわしい**縁が次々とできて、住みついてしまった。❷その場所に関連する。**所に付けて我はと思ひたる女房**の…。〈枕草子・3・正月一日は〉訳**その場所に関連し**て自分（こそ）は（いちばんである）と思っている女房が…。

ところ-せ・し【所狭し】

狭苦しい感じがして、息が詰まるようす

❶場所が狭い。余地がない。
❷（心理的に）**窮屈だ**。気詰まりである。
❸堂々としている。重々しい。
❹やっかいだ。煩わしい。

形容詞［ク］

未然形	連用形	終止形	連体形	已然形	命令形
ところせ・く	ところせ・く	ところせ・し	ところせ・き	ところせ・けれ	○
ところせ・から	ところせ・かり	○	ところせ・かる	○	ところせ・かれ

❶**場所が狭い。余地がない。手狭である。** 御勢(いきほ)ひ増さりて、かかる御住まひも**所せけれ**ば、三条殿に渡りたまひぬ。〈源氏・藤裏葉(ふじのうらば)〉訳（夕霧も中納言に昇進して）ご威勢が加わって、このような（＝今住んでいる）お住まいも**手狭な**ので、三条殿にお移りになった。

❷（心理的に）**窮屈だ。気詰まりである。** かかるありさまも慣らひたまはず、**所せき**御身にて、めづらしうおぼされけり。〈源氏・若紫〉訳（源氏は）この（＝北山の）ような景色も見慣れていらっしゃらず、（思いのままに外出もできない）**窮屈な**ご身分なので、（北山を）新鮮だとお思いにならないではいられなかったのだった。「大納言に。」などののしれど、我がためは、まして**所せき**にこそあらめと思へば…。〈蜻蛉日記(かげろうにっき)〉訳「（夫の兼家(かねいえ)が）大納言に（昇進した）。」などと大騒ぎしているが、私にとっては、今まで以上に（自由が利かなくなって）**気詰まり**なことであろうと思うと…。

❸**堂々としている。重々しい。仰々しい。** いとものものしく、清げに、よそほしげに、下襲(したがさね)の尻(しり)長く引き、**所せくて**さぶらひたまふ。〈枕草子・129・関白殿、黒戸より〉訳（藤原伊周(これちか)は）たいへん重々しく、きれいで、威儀を正したようすで、*下襲の裾(すそ)を長く引き、**堂々として**お仕え申し上げていらっしゃる。「車は、牛たがひて。馬なむ侍る。」と言へば、「ただ近き所なれば、車は**所せし**。さらば、その馬にても。夜の更けぬさきに。」と急げば…。〈堤中納言(つつみちゅうなごん)・はいずみ〉訳「車は、ウシがいつもと違って（都合がつかない）。ウマがあります。」と（男が）言うと、（女は）「ほんの近い所であるから、車は**仰々しい**。それならば、そのウマででも。夜が更けない前に。」と急ぐので…。

❹**やっかいだ。煩わしい。面倒だ。扱いにくい。** この生絹(すずし)だにいと**所せく**暑かはしく、取り捨てまほしかりしに…。〈枕草子・198・八、九月ばかりに〉訳この生絹（＝絹の薄くて軽い夏服）でさえひどく**煩わしく**暑苦しく（思えて）、取って捨てたかったのに…。雨降り出(い)でて、**所せく**もあるに、「笠宿(かさやど)りせむ。」と、はたおぼされずやありけむ。〈源氏・末摘花(すえつむはな)〉訳雨が降り出して、**やっかいで**もあるので、（源氏は末摘花の家で）「雨宿りしよう（＝泊まろう）。」と、まったくお思いになれなかったのではないだろうか。

発展 ❶～❹の意味の展開　空間的な狭さを表すことばとして「狭(せば)し」と共通する意味で用いられるが、「狭(せ)し」が単独で用いられた例はない。空間的に狭いという❶の意味から変化して、周囲に威圧感を与える人や物についていうときは❸の意味となり、威圧感を覚える周囲の立場からいうときには❷❹の意味となる。

発展 名詞「ところ」＋格助詞「に」＋下二段動詞「つく」。

とこ-をとめ【常少女】(おとめ) 名詞 いつまでも若い少女。永遠の乙女。

土佐(とさ) 旧国名 土州(どしゅう)。*南海道六か国の一つ。今の高知県。↓ビジュアルチェック ❼（450ページ）

ど-ざ【土座】名詞 土間(どま)。

と-ざし【鎖し・扃し】名詞 ❶戸を閉めるもの。錠。掛け金。また、戸を閉めること。❷門。関。

土佐日記(とさにっき) 作品名 ↓必修古典ビッグ30 ㉒（888ページ）

と-ざま【外方・外様】名詞 ❶外の方。よその方。❷表立った所。世間。表向き。公の場。❸鎌倉以降、将軍の一族や譜代(ふだい)の家臣ではない家臣、または大名。

とざま-かうざま(こうざま) 副詞 あれやこれや。ああしたり、こうしたり。さまざま。とやかく。かやうにあまたたび、**とざまかうざま**にするに…。〈宇治拾遺(うじしゅうい)〉訳こうして何度も、**あれやこれや**やってみるが…。

発展 「とさまかくさま」の音が変化したことば。

とし【年・歳】名詞 ❶一年。年月。その年。❷時代。時期。多くの歳月。世。❸新年。新春。❹年齢。❺季節。時候。❻穀物。特に、イネ。また、それが実ること。

と・し【利し】形容詞［ク］（く・く・し・き・けれ・○／から・かり・○・かる・○・かれ）鋭利だ。切れ味が鋭い。剣太刀(つるぎたち) 諸刃(もろは)の**利き**に足踏みて死なば死なむよ君によりては 歌〈万葉集・11・2498〉訳剣太刀の両刃の**鋭利なの**に足を踏み抜いて、死ねとあらば死にもしよう。あなたのためなら。

と・し【疾し】

速度・時期などがはやいようす

❶（速度が）速い。
❷（時期や時間が）**早い**。
❸（風などが）激しい。強い。

形容詞［ク］

未然形	連用形	終止形	連体形	已然形	命令形
と・く	と・く	と・し	と・き	と・けれ	○
と・から	と・かり	○	と・かる	○	と・かれ

❶（速度が）**速い**。「船**とく**漕(こ)げ。日のよきに。」〈土佐日記・二月五日〉訳「船を**速く**漕げ。天気がよいから。」

◉成立…平安時代前期
◉作者…紀貫之（きのつらゆき）
◉分野…日記文学

土佐日記

必修古典ビッグ30 22

▼紀貫之画像

【冒頭の一文】

男もすなる日記といふものを、女もしてみむとて、するなり。訳男も書くという日記というものを、女（である私）も書いてみようと思って、（この日記を）書くのである。

【書名の由来】

古くは、「土左日記」と書かれ、「とさの日記」という呼び方もあった。書名は「土佐の国から京都に帰るまでの間の出来事や感想などを記した日記」という意味である。

【成立と作者】

◉成立…本文の記事の内容から、作者が京都に戻った九三五（承平五）年か、その翌年の成立と考えられている。

◉作者…紀貫之。生没年については諸説あるが、八七〇（貞観十二）年前後〜九四五（天慶八）年か九四六（同九）年。紀望行の子。美濃介、土佐守などを経て、従五位下木工権頭に昇進する。『古今和歌集』の撰者の中心的存在で、仮名序の執筆者とされている。後に歌聖として絶大な信仰を集める。和歌、歌論、仮名文学など、多方面にわたり文学史上での功績は大きい。

【概要】

◉土佐守の任期を終えた国司が、承平四年十二月二十一日に土佐の館を出発してから、翌年二月十六日に京都の自邸に帰り着くまでの約五十五日間の旅の記録である。

内容は、出発の見送りや別離のようすに始まり、旅の途中での人々の言動や周りの景色、海上での風波や海賊への恐怖、そして帰京の喜びなどであるが、繰り返されるテーマは、女児を失った悲しみや船旅で引き起こされた人情の悲喜劇である。また作品中に五十七首の和歌が含まれ、それについての批評は作者の歌論にもなっている。

◉冒頭で、女性が書いた日記であることを記し、紀貫之が女性に仮託して書いた形式をとっている。それが、本書の大きな特徴である。つまり、官人としての男性の漢文日記のように、公的で記録的な内容ではなく、女性の仮名の日記として、自己の心情を素直に書くことができ、そこから文学性や虚構性も生まれ、後の『蜻蛉日記』などの女流仮名日記文学の発生に大きな影響を与えた。

【主な出来事】

十二月二十三日…出発前、作者一行を見送るため、多くの友人が訪れる。中でも八木のやすのりが作者の心に残った。国司の庁で召し使われていた人ではないが、誠意ある態度で作者との別れを惜しんでくれた人として記されている。

一月七日…大湊（どこを指すかは不明）で風のため何日か停泊したとき、料理の差し入れをしてくれた人がいる。和歌を詠んで、その返歌を期待していたが、だれも歌を詠まず、料理ばかりを食べている。そのうち、夜が更けてしまって、この歌の作者は気まずくなって座をはずし、そのまま帰ってしまう。地方の和歌自慢の男に対する、作者の痛烈な皮肉が込められた記事である。

二月十六日…作者たちは、二か月の旅を終え、五年ぶりに故郷にたどり着いた。しかし、その喜びと安堵の気持ちも束の間、自宅に着いてみると、家は荒れ果て、庭も池のようにくぼんで水がたまっている。作者は、「預けておいた人の心も荒んでいるのだった。」と書き、「何かのついでには、お礼の品物を絶えずやっていたのに。」と愚痴をこぼしている。

亡くなった女の子…京都で生まれた作者の娘が、土佐の国で急に亡くなった。作者は悲しんでいて、周りの人も気の毒がっている。旅の途中でも、絶えず恋しがっている。文中に、乗り合わせた子供のようすを書いた部分が多いのも、そのせいだといわれている。京都の自宅にたどり着き、荒れ果てた庭の松の新しく生えた若木を見るにつけ、亡くなった女の子のようすが偲ばれるという悲しい気持ちが語られている。

【ことばと表現】

◉男と女とを対照的に扱う場面が多く、さらに、漢詩と和歌とを対照させる箇所も少なくない。（男＝中国の漢詩文）と（女＝日本の和歌）を対比している。冒頭の一文は日本固有の文芸である和歌が漢詩に十分対抗できることを宣言したのだと解される。

◉漢字を六十二字しか用いないほど仮名書きを徹底しながら、漢文訓読語が頻用されている。たとえば、「食らふ（くふ）」「たがひに（かたみに）」「すみやかに（やがて）」「そもそも（そも）」「はなはだ（いみじく）」「ごとし（やうなり）」「しむ（す・さす）」「〜に似たり（やうなり）」（カッコ内の語は女性の用語）などである。

この漢文訓読語を意図的に用いたと見られる箇所がある。かじとりは、「まぼる（守る）」「よむべ（夜）」「ぜに（銭）」などの口語や俗語を使う野卑な者として描かれているが、ときに、「この幣の散る方に、み船すみやかに漕がしめたまへ。（＝この幣帛の飛び散る方向に、（神よ）お船を速く漕ぐようしむけてください。）」（一月二十六日）のように、男性のしかも教養人しか用いない、いかにも厳かな物言いをさせている。これは、粗野と厳粛とが同時に現れる不均衡のもたらす笑いを意図した創作であろう。

◉日次日記の体裁をとりながら、平叙文による単なる事実の記録だけにとどまらず、「〜よめる」「〜よめるうた」などとして、随所に和歌を載せている。

◉口語的な要素を含む和歌が見られる。たとえば、「海にぞありける」の「ぞ」と「あ」を融合して「ざ」とする、「たづ」という鳥を「つる」と言う、「うれしぶ」の口語「うれしがる」を用いる、などである。「ある人」「舟人」「淡路の専女」などの詠んだ歌に用いられ、平凡で卑俗な和歌という印象を与える。

❷（時期や時間が）**早い**。

上の御ありさまなど思ひ出できこゆれば、とく参りたまはむことをそのかしきこゆれど…。〈源氏・桐壺〉訳（若い女房たちは）帝のごようすなどを思い出し申し上げるので、（若君が）**早く**（帝のもとへ）参内なさるようにということを（祖母君に）お勧め申し上げるけれども…。

❸（風などが）**激しい**。**強い**。

ぬばたまの夜さり来れば巻向の川音高しも嵐かも疾き 歌〈万葉集・7・1101〉訳夜になってくると、巻向（＝今の奈良県桜井市）にある川の音が高いことよ。嵐でも**激しい**のか。〇「ぬばたまの」は「夜」に係る枕詞。

と・し【敏し】 形容詞〔ク〕〈く・く・し・き・けれ・〇／から・かり・〇・かる・〇・かれ〉❶敏速である。

「**ときときは則ち功あり。**」〈徒然草・188・ある者、子を法師に〉訳「**敏速である**ときは必ず成功する。」

❷（感覚が）鋭敏である。

大蔵卿ばかり耳とき人はなし。〈枕草子・275・大蔵卿ばかり〉訳大蔵卿（＝藤原正光）ほど耳が**鋭敏**な人はいない。

と-じ【刀自】 名詞 ❶女主人。主婦。家事を執り行う主立った婦人。❷女性を敬った言い方。特に、老女や身分の高い婦人に用いることが多い。❸貴人の家に仕えて家事をする女性の呼び名。❹平安時代、宮中の*御厨子所・*台盤所・*内侍所などで雑役をつとめた下級の女官。

発展「とうじ」とも。❶は、「戸主」という意味。

とし-かへ・る【年返る】―　年が改まる。新年になる。

季語 春

あらたまの年返るまで相見ねば心もしのに思ほゆるかも 歌〈万葉集・17・3979〉訳**年が改まる**まで（長い間）、互いに会うことがないのでしみじみと（妻のことが）思われることだなあ。〇「あらたまの」は「年」に係る枕詞。

と-じき【屯食】 名詞 ↓とんじき

と-じきみ【戸閾】 名詞 ❶内外を仕切るものとして、門や部屋の引き戸や障子の下の部分に敷き渡した横木。敷居。類 閾 ❷牛車の前後の出入り口に敷き渡した、低い仕切りの横木。発展 ❷は、「軾」とも書く。

としごひ-の-まつり【祈年祭】― 名詞 陰暦二月四日に、神祇官と国司の庁で行われる祭り。その年の豊作などを祈る。発展「きねんさい」とも。「年」は「穀物」という意味。

とし-ごろ【年来・年比・年頃】（889ページ）

とし-ごろ-ひごろ【年頃日頃】 名詞 副詞 ↓**最重要語** いつでも。常日ごろ。

「**弓矢取りは年ごろ日ごろいかなる高名さうらへども、最後の時不覚しつれば、長き疵にてさうらふなり。**」〈平家・9・木曾最期〉訳「武士たる者は**常日ごろ**どれほどの名声がございましょうと、死に際に失敗してしまうと、後の世までの不名誉（となるの）でございます。」

とし-ごろ【年来・年比・年頃】

現在に至るまでのおおよその年・期間

一 名詞 ❶（おおよその期間を表し）**長年**。**ここ数年**。
　　　❷（おおよその年齢を表し）**年格好**。**年配**。
二 副詞 ― **ここ数年**。**数年来**。◉直接、動詞を修飾する。

一 名詞 ❶（おおよその期間を表し）**長年**。**長年の間**。**何年かの間**。**ここ数年**。

「**かばかり年ごろになりぬる得意の、疎くてやむはなし。**」〈枕草子・135・故殿の御ために〉訳「これほど**長年の間**（の付き合い）になってしまった親しい友達が、疎遠なままで終わることはない。」

御息所は、ものをおぼし乱るること、年ごろよりも多く添ひにけり。〈源氏・葵〉訳（六条）御息所は、物思いでお悩みになることが、**ここ数年**よりも数多く加わってしまったのだった。

❷（おおよその年齢を表し）**年格好**。**年配**。

その中に年ごろ四十二、三ばかりなる僧の、難行苦行に身はやせて、衰へたれども…。〈御伽草子・三人法師〉訳その中に**年格好**が四十二、三ほどである僧で、難行苦行に体はやせ細って、衰えているけれども…。

二 副詞（直接、動詞を修飾して）**ここ数年**。**数年来**。**長年の間**。**長年**。

年ごろ、よく比べつる人々なむ、別れがたく思ひて、日しきりに、とかくしつつののしるうちに、夜更けぬ。〈土佐日記・十二月二十一日〉訳**ここ数年**、とても親しく付き合ってきた人々は、（私と）別れにくく思って、一日中、めいめいあれこれして声高に騒いでいる間に、夜が更けてしまった。〇「年ごろ」は「比べつる」に係る。

「**年ごろ思ひつること、果たしはべりぬ。聞きしにも過ぎて、尊くこそおはしけれ。**」〈徒然草・52・仁和寺にある法師〉訳「（*石清水八幡宮を参詣したいと）**長年**願っていたことを、成し遂げました。聞いていたのにもまさって、気高くていらっしゃった。」

発展 ① 二は 一が副詞になったもの。
② **「ふだん」の意も**　二は「長年」の意味から、次の例のように、「平素」「ふだん」の意味となることもある。「年ごろ人も通はぬ（＝ふだんは人も通らない）田井の畑といふ古道を経て、一の谷の波打ち際へぞ出でたりける。」〈平家・9・二之懸〉

関連語 月頃・日頃

識別 一名詞「としごろ」と、二副詞「としごろ」の識別

品詞と用法	見分け方	例文と訳
名詞「としごろ」	「としごろ＋の・に・より・も」の形。または、「〜の（連体修飾語）＋としごろ」の形。	朝日照る佐田の岡辺に鳴く鳥の夜鳴きかへらふこの年ごろを 歌〈万葉集・2・192〉訳朝日の照る佐田の岡に鳴く鳥のように、毎夜鳴き続けている、この何年かの間を。
副詞「としごろ」	「としごろ」が直接、動詞を修飾する。	年ごろ遊び慣れつる所を、あらはにこほち散らして…。〈更級日記・門出〉訳（帰京の準備のため）長年の間遊びなじんだ部屋を、（外から）丸見えに（家具などを）乱雑に取りはずして…。

とし‐たか・し【年高し】連語 年を取っている。高齢である。

身は卑しくて年高きことの苦しさ…歌〈古今集・雑体・1003〉訳 身分は低くて**高齢であること**の苦しさ(は耐えがたい)よ…。

発展「たかし」は形容詞。

とし‐た・く【年長く】年を取る。↓としたけて…

☆としたけて…歌

年たけてまた越ゆべしと思ひきや命なりけり小夜の中山〈新古今集・羇旅・987・西行〉訳 年老いて再び越えることができると思ったか(、いや、思わなかった)。命があったからなのだなあ。(今こうして越えている)小夜の中山よ。○「思ひきや」の「や」は反語の終助詞。「小夜の中山」は今の静岡県掛川市の難所。発展 作者六十九歳のときの歌。若いころに通った峠を再び越えて、長生きしたことの感慨を詠む。

とし‐たちかへ・る【年立ち返る】―　年が改まる。新年になる。

年立ち返る朝の空の気色…〈源氏・初音〉訳 **年が改まる**(元日の)朝の空のようすは…。

とし‐た・つ【年立つ】年が改まる。新年になる。季語 春

年立てば花こふべくもあらなくに春今さらに雪の降るらむ 歌〈貫之集・351〉訳 **新年になる**から(といって)花に(すぐに咲いてくれと)願い求めていいはずのものでもないのに、春に、事新しく(まるで花のように、どうして)雪が降っているのだろうか。

とし‐つき【年月】名詞 ❶年月。歳月。月日。時間。❷長い年月。歳月の流れ。❸(副詞的に用いて)何年も前から。数年来。

☆としつきを…歌

年月をまつに引かれて経る人に今日鶯の初音聞かせよ〈源氏・初音〉訳 (長い)年月をマツ(の成長を待つこと)に引かれて過ごしている人(=母である私)に、今日はウグイスの初鳴きの声(=娘のあなたの声)を聞かせてください。○「まつ」は「松」と「待つ」の掛詞。「初音」には「初子の日(=正月最初の子の日)」を掛ける。「引く」は「松」の縁語。

発展 初子の日に、離れて暮らす娘を思い、明石の君が贈った歌。

と‐して 連語 ❶(身分・資格などを表し)…として。…であって。

晋の王倹、大臣として、家に蓮を植ゑて愛せし時の楽なり。〈徒然草・214・想夫恋〉訳 (想夫恋という曲は)晋の王倹が、大臣(の地位)**であって**、家にハスを植えて大事にしたときの楽曲である。

❷(下に打消の表現を伴い、例外のないことを表し)…も…(ない)。…だって…(ない)。…として…(ない)。

すべて目に見え、耳に触るること、一つとして、あはれを催し、心をいたましめずといふ事なし。〈平家・7・福原落〉訳 すべての目に見え、耳に入ることで、**一つとして**感慨を起こさせず、悲しい思いをさせないことはない。

発展 ❶は、断定の助動詞「たり」の連用形＋接続助詞「して」。❷は、格助詞「と」＋サ変動詞「す」の連用形「し」＋接続助詞「て」。

としとく‐じん【歳徳神】名詞 ★陰陽道で、一年の福徳をつかさどる神。年によって神のいる方角が異なる。神のいる方角を明きの方、または吉方といい、すべてに吉とする。正月、この神を迎え入れるために、その方角に向けて棚を作り、酒と料理をささげる。季語 春

☆としのうちに…歌

年のうちに春は来にけりひととせを去年とやいはむ今年とやいはむ〈古今集・春上・1・在原元方〉訳 まだ年が改まらないうちに立春が来てしまったことだなあ。この一年を去年と言おうか、今年と言おうか。○「来にけり」の「に」は完了の助動詞「ぬ」の連用形。「けり」は過去の助動詞で、ここでは気付いたことに対する詠嘆を表す。「や」は疑問を表す係助詞。

発展 陰暦では暦と二十四節気がずれるため、新年が来ないうちに立春になることがあった。『近代秀歌』にも引かれる歌。

とし‐の‐は【年の端】❶毎年。

あり通ひいや年の端に外のみも振り放け見つつ…歌〈万葉集・17・4000〉訳 いつも通い続け、ずっと**毎年**、ほかの所からでも(この山を)遠く仰ぎ見ては…。

❷年齢。年端。❸年の初め。季語 春

とし‐の‐よはひ【年の齢】―　年齢。

とし‐の‐わたり【年の渡り】一年に一度、七夕の夜に牽牛星が天の川を渡ること。

とし‐の‐を【年の緒】―　年。発展 年が長く続くことを緒にたとえたことば。

☆としふれば…歌

年経ればよはひは老いぬしかはあれど花をし見ればもの思ひもなし〈古今集・春上・52・藤原良房〉訳 (長い)年月を過ごしてきたので年は取ってしまった。そうではあるけれど、(このサクラの)花を見ると思い煩うこともない。○二句切れで、以下は逆接で展開する。「花」はわが娘をたとえたもの。

発展『枕草子』二十三段に、清少納言がこの歌の「花」を「君(=中宮定子)」に換えて差し出した話が見える。

とし‐み【落忌】名詞 一定期間の精進の後、肉食が許されること。また、賀の祝いの法要の後、饗宴に移ること。類 精進落ち 発展「落とし忌み」の変化したもの、または「年満ち」の略という説がある。

とし‐よはひ【年齢】―　名詞 年齢。年配。

とし‐より【年寄り】名詞 ❶年を取った者。老人。年配者。❷武家時代の重臣の呼び名。室町幕府の評定衆・引き付け衆、江戸幕府の老中・大名の家老など。❸江戸幕府の大奥の女中頭。❹江戸時代、町村の指導者の呼び名。町年寄・総年寄・組頭など。発展 ❷～❹は「年寄」と書くこともある。

☆とじる(現)↓(古)**とづ**【閉づ】

☆としをへて…歌

年を経て住みこし里を出でていなばいとど深草野とやなりなむ〈古今集・雑下・971・在原業平〉訳 長い年月、通って暮らし続けた(この)里を、私が出て行ってしまったら、(今でも深草という地名なのに)ますます深く草の茂った野になってしまうだろうか。○「住む」には、男性が女性のもとに通い暮らすという意味がある。「いなば」はナ変動詞「いぬ」の未然形＋順接の仮定条件を表す接続助詞「ば」。「深草」は今の京都市伏見区付近で、「草深い」という意味を掛ける。

発展 都に移り住もうと思い、深草の里に住む恋人に贈った歌。女からの返歌(↓のとならば…)参照。『伊勢物語』百二十三段にも見える。

☆とず(現)↓(歴)**とづ**【閉づ】

‐とせ【年】助数詞 年を数えるときに使うことば。語例 千年

・百年

と-せい【渡世】 名詞 世渡り。暮らしを立てること。生活。生業なり。

と-そ【屠蘇】 名詞 中国伝来の散薬。肉桂・山椒・白朮・桔梗・防風・赤小豆などを調合したもの。紅絹の三角袋に入れて酒やみりんに浸して飲む。元日に飲めば、一年の邪気を払い、長寿を得るという。

と-ぞ 連語 ❶(文中に用いて、「と」を強めて)…と。**立ちかへりあはれとぞ思ふよそにても人に心をおきつしらなみ** 歌〈古今集・恋1・474〉訳 沖の白い波のように、(何度も)繰り返し恋しいと思う。どこに離れていてもあなたに心を置いたままなのだから。○「おき」は「置き」と「沖」との掛詞。

❷(文末に用いて、伝聞を表し)…ということだ。**二条の后に忍びて参りけるを、世の聞こえありければ、兄人たちの守らせたまひけるとぞ。**〈伊勢・5〉訳 (男が)二条の后のもとに忍んで参上したのを、世間のうわさがあったので、(后の)兄たちが(家来たちに命じて)守らせなさったのだということだ。

発展 格助詞「と」+係助詞「ぞ」。❷は、下に「いふ」などが省略されているもので、一語の終助詞とも見られる。

とそつ【兜率・都率】 名詞 ↓とそつてん

とそつ-てん【兜率天・都率天】 名詞《仏教語》欲界六天の第四天。★須弥山の頂上にあって、内院と外院がある。内院は成仏前の★菩薩の住む所で、★如来になる前の★弥勒菩薩が常に説法をし、外院は★天人の遊楽の場といわれる。

と-だえ【跡絶え】 名詞 とぎれること。往来が絶えること。また、特に男女の仲が切れること。

とだえる(現)↓(古)**とだゆ【跡絶ゆ】**

と-だ・ゆ【跡絶ゆ】 動詞 自 〔ヤ下二段〕〈え・え・ゆ・ゆる・ゆれ・えよ〉とだえる。とぎれる。往来が絶える。男女の仲が切れる。**久しくとだえたまはむことは、いとも恐ろしかるべく覚えたまへば**…〈源氏・宿木〉訳 (匂宮の)の訪問が長らくとだえなさったりすることは、ひどく恐ろしいにちがいないと(中の君は)お感じになるので…。

親しい仲間同士		
	一 名詞	親しい人。**仲間**。
	二 接尾語	(同類の意味を表し)…**同士**。

どち 一 名詞 親しい人。**仲間**。**友達**。**見渡せば松の末ごとに住む鶴は千代のどちとぞ思ふべらなる** 歌〈土佐日記・一月九日〉訳 (松原を)見渡すと、マツのこずえの一本一本をすみかにしているツルは、(マツを)永遠の**友達**と思っているようだ。

二 接尾語 (名詞に付いて、同類の意味を表し)…**同士**。**男、女をば言はじ。女どちも、契り深くて語らふ人の、末まで仲よき人難し。**〈枕草子・75・ありがたきもの〉訳 男と、女(の間)については(いまさら)言うまい。女**同士**でも、約束が確かで(=信頼関係が強くて)親しく付き合っている人で、最後まで仲のよい人はめったにいない。

発展 **「思ふどち」が多い** 一は、用例に挙げたように格助詞「の」のほか、活用語の連体形などに付いて用いられる。特に、「思ふどち(=気の合った者同士)」の形が多い。

とぢ・む【閉ぢむ】 動詞 他 〔マ下二段〕〈め・め・む・むる・むれ・めよ〉成し遂げる。終わらせる。済ます。**「よき程に、かくて閉ぢめてむ」と思ふものから**…〈源氏・空蟬〉訳 (空蟬は源氏との関係を)「適当なところで、このまま**終わらせて**しまおう。」と思うものの…。

とぢめ【閉ぢめ】 名詞 ❶物事の終わり。最後。❷死に際。臨終。最期。

と・づ【閉づ】 一 動詞 自 〔ダ上二段〕〈ぢ・ぢ・づ・づる・づれ・ぢよ〉❶しまる。ふさがる。閉じこもる。遮られる。**「すべて道閉ぢて、政も絶えてなむはべる。」**〈源氏・明石〉訳 「(都では暴風雨のためにすべての道が**ふさがって**(参内できず)、政治も行われていないのでございます。」

❷凍る。張る。

二 動詞 他 〔ダ上二段〕〈ぢ・ぢ・づ・づる・づれ・ぢよ〉❶閉める。ふさぐ。閉ざす。閉じこめる。遮る。**まだ夕暮れの、霧に閉ぢられて内は暗くなりにたるほどなり。**〈源氏・夕霧〉訳 まだ夕暮れ時で、霧に**閉ざされて**(部屋の)中は暗くなってしまっているころである。

❷口を閉じる。つぐむ。

とつか-の-つるぎ【十拳の剣・十握の剣】 名詞 刀身の長さが十握りほどある、長い剣。発展「つか」は親指を除く四本の指を握った長さ。

ど-きやう【読経】 名詞 動詞 ↓どきやう

とづ・く【届く】 一 動詞 自 〔カ四段〕〈か・き・く・く・け・け〉届く。及ぶ。限界に達する。**内にては、声のとづかんずる調子にて、宵、暁の声を使ひ**…〈風姿花伝〉訳 自分の家では、声の**届き**そうな範囲の調子で、宵稽古や、朝稽古の声を出し…。

二 動詞 他 〔カ下二段〕〈け・け・く・くる・くれ・けよ〉届ける。

と-つ-くに【外つ国】 名詞 ❶畿内(=今の京都府・大阪府・奈良県と兵庫県の一部)以外の国。対 内つ国 ❷日本以外の国。対 内つ国 発展「つ」は、「の」の意味の上代の格助詞。

とっ-こ【独鈷】 名詞 ↓とくこ

どっ-と 副詞 多くの人が一度に押し寄せたり、いっせいに声を上げたりするようす。

と-つ-みや【外つ宮】 名詞 ❶離宮。❷★伊勢神宮の外宮。発展「つ」は、「の」の意味の上代の格助詞。

と-て 連語 ❶(会話や心理などを引用して下に続けて)…と言って。…と思って。↓**読解の手引き❷**(318ページ)**「我こそ死なめ。」とて、泣きののしること、いと堪へがたげなり。**〈竹取・かぐや姫の昇天〉訳 「(かぐや姫を失うなら)私(の方)こそ死のう。」**と言って**、(竹取の翁が)泣き騒ぐようすは、本当に我慢できない感じである。**「京にはあらじ、東の方に住むべき国求めに。」とて**…〈伊勢・9〉訳 (男は)「都にはいないようにしよう、東国の方に住むことのできる国を探しに(行こう)。」**と思って**…。

❷(下に述べることの動機や目的を表し)…と思って。…ということで。

今はとて天の羽衣着る折ぞ君をあはれと思ひ出でける 歌〈竹取・かぐや姫の昇天〉訳 ↓いまはとて…

❸(人や事物の名を表し)…という名で。**その子にこけまる殿とて、世に越えて智恵才覚、芸能優れける方あり。**〈御伽草子・のせ猿草子〉訳 その(サルの)子にこけまる殿**という名で**、普通よりも知恵や学識や、芸能の優れている方がいる。

❹(原因・理由を表し)…からといって。…からということで。**夕暮れは雲のはたてに物ぞ思ふ天つ空なる人を恋ふとて**

歌〈古今集・恋1・484〉訳↓ゆふぐれは…
❺（逆接の仮定条件を表し）…としても。
わが難儀出来するとて、あわててことばを言ふべからず。〈伊曾保〉訳自分に困ったことが起こるとしても、あわててことばを口にしてはならない。
発展 格助詞「と」＋接続助詞「て」。❶〜❹は、「と言ひて」「と思ひて」「として」などと考えて読解する。なお、❺は、一語の接続助詞に相当するはたらきをもっている。

とて-も 副詞 ❶どちらにしても。どうせ。結局。どのようにしても。
「われは**とても**手負うたれば、ここにて討ち死にせんずるぞ。」〈太平記〉訳「自分は**どうせ**負傷したので、ここで討ち死にしよう（と思う）。」
❷（下に打消のことばを伴って）どうしても。とうてい。
とても逃れざらんものゆゑに…。〈平家・3・行隆之沙汰〉訳**とうてい**逃げられないので…。
発展「とてもかくても」の「かくても」が省略されたもの。

と-て-も 連語 ❶…といっても。…でも。…であっても。
「京**とても**、頼もしう迎へ取りてむと思ふ類、親族もなし。」〈更級日記・子忍びの森〉訳「都**といっても**（=都にあなたを残しても）、心強くきっと迎えて引き取ろうと思う仲間や、親類もいない。」
❷（逆接の仮定条件を表し、接続助詞的に用いて）…としても。
たとひ新しく出で来たり**とても**、必ずしも悪かるべからず。〈無名抄・近代歌体事〉訳たとえ新しくできた（ものである）**としても**、必ずしもよくないわけではないはずだ。
発展 格助詞「と」＋接続助詞「て」＋係助詞「も」。

と-て-も-かく-て-も 連語 どのようにしても。いずれにしても。
「おのれは、**とてもかくても**経なむ。」〈大和・148〉訳「私は、**どのようにしても**（なんとか）過ごせるだろう。」
発展 副詞「と」＋接続助詞「て」＋係助詞「も」＋副詞「かく」＋接続助詞「て」＋係助詞「も」。「とてもかうても」とも。

とて-も-の-こと-に 連語 どうせ同じことなら。いっそのこと。
「最前よりはいかう減ってはござれども、**とてものことに**まちっと減らさせられい。」〈狂言・鼻取相撲〉訳「さっきよりはたいへん減ってはおりますが、**いっそのこと**もう少しお減らしください。」
発展 副詞「とても」＋格助詞「の」＋名詞「こと」＋格助詞「に」。

とと【父】 名詞 ❶（子供が父親をいうことばで）とうちゃん。対母 ❷（❶が転じて）夫。亭主。対母

ど-ど【度度】 副詞 たびたび。
度度の高名肩を並ぶる者なし。〈平家・9・木曾最期〉訳**たびたび**の手柄は肩を並べる者がいない。
発展「たびたび」に「度度」の漢字を当て、音読したことば。

と-とく【都督】 名詞 ★大宰の帥の中国風の呼び名。

とどこおる（現）↓（歴）**とどこほる【滞る】**

とどこほり【滞り】 名詞 差し障り。障害。

とどこほ・る【滞る】 動詞 自 ラ四段〈ら・り・る・る・れ・れ〉すらすら進まない。停滞する。躊躇する。ぐずぐずする。
思ふほどにも過ぎて**とどこほらず**聞きよう申したる。〈枕草子・31・心ゆくもの〉訳予想以上に**ぐずぐずせず**聞きやすく（願いを）申し上げたのは（気持ちがよい）。

ととのう（現）↓（歴）**ととのふ【調ふ・整ふ】**
ととのう（現）↓（古）**ととのほる【調ほる・整ほる】**
ととのえる（現）↓（古）**ととのふ【調ふ・整ふ】**

とと-の・ふ【調ふ・整ふ】 一 動詞 自 ハ四段〈は・ひ・ふ・ふ・へ・へ〉❶不足なく備わる。きちんとそろう。よくおさまる。（婚姻などが）まとまる。
よろづに**ととのひ**たまへるに、和歌の方や少し遅れたまへりけむ。〈大鏡・伊尹〉訳（大納言行成は）万事につけて**不足なく備わって**いらっしゃるなかで、和歌の方は少し劣っていらっしゃったのではないだろうか。
❷（音楽などの）調子が合う。（文章・和歌などが）推敲されている。
「いと賢く**ととのひ**てこそはべりつれ。」〈源氏・若菜下〉訳「（今夜の紫の上の演奏は）たいへん見事に**調子が合って**おりました。」
❸出来上がる。成就する。
みな御方々**ととのひ**て住みたまふ。〈宇津保〉訳（婿君夫婦は）それぞれ（御殿が）**出来上がって**お住みになる。

二 動詞 他 ハ下二段〈へ・へ・ふ・ふる・ふれ・へよ〉❶きちんとそろえる。整える。準備する。（結婚などを）まとめる。
御笛など、太政大臣の、その方は**ととのへ**たまひて…。〈源氏・若菜上〉訳お笛などは、太政大臣が、そちらの方は**きちんとそろえ**なさって…。
❷（音楽などの）調子を合わせる。
よろづの物の音**ととのへられたる**は、妙におもしろく、あやしきまで響く。〈源氏・若菜上〉訳いろいろな楽器の音色が（ひとつの調子に）**合わせられている**のは、妙に心のはずむ思いがし、不思議なほど響く。

ととのへ-し・る【調へ知る】 一 動詞 他 ラ四段〈ら・り・る・る・れ・れ〉（いろいろなものを）よく調和させる。ととのえる。
よく味を**調へ知れる**人、大きなる徳とすべし。〈徒然草・122・人の才能は〉訳十分に食べ物を**よく調和させて**いる人は、大きな長所（がある）としてよいものである。

ととのほ・る【調ほる・整ほる】 動詞 自 ラ四段〈ら・り・る・る・れ・れ〉❶調子が合う。調和がとれる。
「物の音のめでたく**ととのほり**はべること、外よりも優れたり。」〈徒然草・220・何事も辺土は〉訳「楽器の音が見事に**調和がとれて**いますのは、よそよりも優れている。」
❷そろう。完備する。
❸安定する。落ち着く。

とどま・る【止まる・留まる・停まる】 動詞 自 ラ四段〈ら・り・る・る・れ・れ〉❶とまる。後に残る。
まさきの葛長く伝はり、鳥の跡、久しく**とどまれらば**…。〈古今集・仮名序〉訳マサキノカズラ（=つる草の一種）が長く伝い、鳥の足跡が残るように（この和歌集の）文字が、長い時間がたっても**後に残って**いるならば…。
❷中止になる。絶える。
「今日の御遊び**とどまりぬ**。」〈大鏡・時平〉訳「今日の（管絃の）お遊びは**中止になって**しまう。」
❸宿泊する。滞在する。
とどまりなむと思ふ夜も、なほ「いね。」と言ひければ…。〈大和・149〉訳（男が女のもとに）**宿泊し**ようと思う夜も、やはり「行きなさい。」と言ったので…。
❹心が引かれる。関心が持たれる。
「いづれにか御心**とどまる**。」〈更級日記・宮仕え〉訳「（あなた方は）どれ（=どの季節）に**心が引かれる**のか。」

とど・む【止む・留む・停む】 ㊀動詞 他〔マ上二段〕〈み・み・む・むる・むれ・みよ〉とどめる。引きとめる。
㊁動詞 他〔マ下二段〕〈め・め・む・むる・むれ・めよ〉❶とどめる。引きとめる。押さえる。
えとどむまじければ、ただ差し仰ぎて泣きをり。〈竹取・かぐや姫の昇天〉訳（かぐや姫を）**引きとめる**ことができそうにないので、（嫗は）ひたすら仰ぎ見て泣いている。
❷中止する。やめる。
それより長く猿を射ることをばとどめてけり。〈古今著聞集〉訳それから長くサルを射ることを**やめた**のだった。
❸（心・目・耳に）とめる。注意を向ける。
常よりは目とどめて見出だして臥したまへり。〈源氏・葵〉訳（葵の上は源氏を）いつもよりは目に**とめて**見送りながら体を横たえていらっしゃる。
❹（後に）残す。
皇子をばとどめたてまつりて、忍びてぞ出でたまふ。〈源氏・桐壺〉訳（桐壺の更衣は）皇子を（宮中に）**お残し申し上げ**て、（人目を）避けてご退出になる。
発展 ㊁の「とどむ」は連用形だけが用いられ、「とどみかぬ」の形で多く使われた。

どどめ・く【轟めく】 動詞 自〔カ四段〕〈か・き・く・く・け・け〉（わいわい、がやがやと）騒ぐ。大声を上げる。
二郎君、三郎君どどめきておはして…。〈栄花〉訳ご二男、ご三男が**大声を上げ**ていらっしゃって…。
発展 擬声語「どど」に、接尾語「めく」が付いたことば。

とどめる（現）↓（古）**とどむ【止む・留む・停む】**

とどろ【轟】 副詞（音が響きわたるようすを表し）どうどう。ごうごう。
伊勢の海の磯もとどろに寄する波かしこき人に恋ひわたるかも 歌〈万葉集・4・600〉訳伊勢の海の磯も（とどろくばかりに）**ごうごう**と打ち寄せる波。（そのように、私は）畏敬するお方を恋い慕い続けていることだなあ。
大海の磯もとどろに寄する波割れて砕けて裂けて散るかも 歌〈金槐集・697〉訳↓おほうみの…
発展 多く「に」「と」を伴って用いる。

とどろか・す【轟かす】 動詞 他〔サ四段〕〈さ・し・す・す・せ・せ〉鳴り響かせる。音を大きく響かせる。
黒白の鬼、車をとどろかし…。〈西鶴・世間胸算用〉訳黒白の鬼が、（火の）車を**鳴り響かせ**…。

とどろ・く【轟く】 動詞 自〔カ四段〕〈か・き・く・く・け・け〉❶（大きな音が）鳴り響く。響きわたる。
いよいよ鳴りとどろきて、おはしますにつづきたる廊に落ちかかりぬ。〈源氏・明石〉訳（雷は）いっそう**鳴り響きわたって**、（源氏の）いらっしゃるところ（＝寝殿）に続いている渡り廊下に落ちかかった。
❷（胸が）どきどきする。（胸が）高鳴る。

とどろ-め・く【轟めく】 動詞 自〔カ四段〕〈か・き・く・く・け・け〉鳴り響く。大きな音が響く。
谷へとどろめきて、逃げ行く音す。〈宇治拾遺〉訳谷へ**大きな音が響いて**、逃げて行く音がする。
発展 擬声語「とどろ」に、接尾語「めく」がついたことば。

と-な 連語（聞いたことを問い返したり、確かめたりして）…というのだな。
「阿倍の大臣、火ねずみの皮衣もていまして、かぐや姫に住みたまふとな。」〈竹取・火鼠の皮衣〉訳「阿倍の大臣は、火ねずみの皮衣を持っていらっしゃって、かぐや姫（のところ）に夫として通いなさる**というのだな**。」
発展 格助詞「と」＋終助詞「な」。

となう（現）↓（歴）**となふ【唱ふ】【調ふ】**

となえる（現）↓（古）**となふ【唱ふ】**

とな・ふ【唱ふ】 動詞 他〔ハ下二段〕〈へ・へ・ふ・ふる・ふれ・へよ〉（呪文や経典などを）声を上げて読む。声高く言う。唱える。

とな・ふ【調ふ】 動詞 他〔ハ下二段〕〈へ・へ・ふ・ふる・ふれ・へよ〉ひとつに整える。落ち着かせる。集中する。
「たれも、心をとなへて聞こし召せ。」〈大鏡・後一条院〉訳「皆さんも、心を**落ち着かせ**てお聞きください。」

となぶら【殿油】 名詞↓おほとなぶら

と-なり 連語…ということだ。…というわけである。
「まづ。」と召したれば、参りたるに、このこと仰せられむとなりけり。〈枕草子・82・頭の中将の〉訳「すぐに（来るように）。」と（中宮が）お呼びになったので、参上したところ、このことについておっしゃろう**というわけだった**のだ。
発展 格助詞「と」＋断定の助動詞「なり」。

と-に 連語↓と（形式名詞）

と-に-かく-に 連語❶あれこれと。何やかやと。
世の中に、とにかくに心のみ尽くすに…。〈更級日記・夫の死〉訳浮き世（の生活）で、**あれこれと**気苦労ばかり重ねてきたが…。
❷いずれにせよ。何はともあれ。
もとすけは、とにかくに守護神なりとて…。〈御伽草子・唐糸草紙〉訳もとすけは、**何はともあれ**守護神だということで…。
発展 副詞「と」＋格助詞「に」＋副詞「かく」＋格助詞「に」。

と-に-も-かく-に-も 連語❶あのようにもこのようにも。どのようにも。
世の中にいとものはかなく、とにもかくにもつかで世に経る人ありけり。〈蜻蛉日記〉訳世間にまことに頼りなく、**どのようにも**つかず暮らしている女（＝作者）がいた。
❷いずれにしても。ともかく。
とにもかくにも虚言多き世なり。〈徒然草・73・世に語り伝ふること〉訳**いずれにしても**うその多い世の中である。
発展 副詞「と」＋格助詞「に」＋係助詞「も」＋副詞「かく」＋格助詞「に」＋係助詞「も」。

と-ね【刀禰】 名詞❶★主典以上の役人の総称。❷村や里の長。❸★伊勢神宮、★賀茂神社に置かれた神職のひとつ。

とねり【舎人】

❶天皇や皇族などのそば近くに仕えて、雑務や警護をする★近衛府の下級役人。
❷牛車の牛飼い。ウマの口取り。

名詞❶天皇や皇族などのそば近くに仕えて、雑務や警護をする★近衛府の下級役人。類舎人男
左衛門の陣のもとに…舎人の弓ども取りて馬ども驚かし笑ふを、はつかに見入れたれば…。〈枕草子・3・正月一日は〉訳（宮中の東にある）左衛門の陣のそばで…**近衛府の下級役人**が弓などを取ってウマどもを驚かしては笑うようすを、ちょっと眺めやっていると…。
❷牛車の牛飼い。ウマの口取り。
忍びやかなれど、かの御前、随身、車添ひ、舎人まで禄賜はす。〈源氏・宿木〉訳（女二の宮が成人した祝いとして帝は）内々ではあるが、（薫の牛車の）先払いをする人や、警護役の近衛府の舎人、牛車の左右に付

き添う従者、**牛車の牛飼い**にまで祝儀をお与えになる。

発展 上代の律令制では、天皇・皇子などだけに付いたが、中古以降は摂政・関白以下、特定の貴族にも許された。

関連語 内舎人・大舎人・小舎人

舎人親王［—シンワウ］人名 天武天皇の第五皇子。勅命により『*日本書紀』の編纂を主宰し、太安万侶らと本編三十巻、系図一巻を完成させて七二〇（養老四）年に奏上。『万葉集』に短歌三首を残す。676ごろ—735

とねり-をとこ【舎人男・舎人壮士】— 名詞 ↓とねり

との【殿】

❶（貴人の）**邸宅。御殿。**
❷**貴人**（特に、摂政・関白）**や主人・主君を敬って呼ぶ言い方。**
❸**妻が夫を、また女性が男性を指していうことば。**

名詞 ❶（貴人の）**邸宅。御殿。屋敷。** **橘の下照る庭に殿建てて酒水漬きいます我が大君かも** 歌〈万葉集・18・4059〉訳 タチバナの（花の）美しい色が映える（この）庭に**御殿**を建てて、酒宴を開いていらっしゃる今の御代の天皇であることよ。

❷**貴人**（特に、摂政・関白）**や主人・主君を敬って呼ぶ言い方。** **殿などのおはしまさで後、世の中に事出で来、騒がしうなりて…。**〈枕草子・143・殿などの〉訳 **殿**（＝関白藤原道隆）がいらっしゃらなくなって（＝亡くなられて）後、世の中に変事が起こり、不穏になって…。

❸**妻が夫を、また女性が男性を指していうことば。あなた。あなた様。殿方。** **「帰りたまひて後、あまりに恋しく悲しく覚えて。殿は同じ心にもおぼさぬにや。」**〈宇治拾遺〉訳「（あなたが）お帰りになってからは、あまりに恋しく悲しく思われて（後を追って来たのだ）。**あなた**は（私と）同じ気持ちにもお思いにならないのか。」

発展 **意味の広がり** 高貴な人の邸宅を表す❶がもともとの意味。そこから、そこに住む貴人をも表すようになり、一般に夫や男性を指すことばともなった。

-どの【殿】接尾語（人名・身分などを表す語に付いて）そのものに対する敬称。さま。語例 大将殿・大納言殿

発展 名詞「との（殿）」が接尾語化して、濁音化したもの。

との-うつり【殿移り】名詞 身分の高い人の引っ越し。家移り。

とのい（現）↓（歴）**とのゐ**【宿直】

との-ごも・る【殿隠る・殿籠る】動詞 自 ラ四段〈ら・り・る・る・れ・れ〉❶（「死ぬ」の尊敬語で）お隠れになる。崩御する。❷（「寝」「寝ぬ」の尊敬語で）おやすみになる。「夜はこなたに**とのごもれ**。」〈宇津保〉訳「夜は私と（一緒に）**おやすみなさい**。」

との-づくり【殿造り】名詞 ❶御殿を造ること。❷造った御殿のようす。

との-の-うへ【殿の上】— 名詞 身分の高い人の妻を敬った言い方。奥方。

との-ばら【殿ばら】名詞 身分の高い方々。殿たち。発展「ばら」は複数を表す接尾語。

との-びと【殿人】名詞 身分の高い人に仕える人。貴族の*家人。

との-も【主殿】名詞 ↓とのもづかさ㊀

とのも-づかさ 名詞 ㊀【主殿司・殿司】後宮十二司の一つ。後宮の清掃、湯浴み、灯火などを取り扱う女子の役所。また、そこの女官。㊁【主殿寮】↓とのもれう

発展「とのもりづかさ」の変化した「とのもんづかさ」の「ん」を表記しない形。略して「とのも」「とのもり」（主殿）ともいう。

とのも-の-かみ 名詞 ㊀【主殿頭】*主殿寮の長官。従五位下に相当する官。㊁【尚殿】*主殿司の長官。

との-もり【主殿】名詞 ❶↓とのもれう ❷（「主殿の官人」の略で）*主殿寮の役人。

発展「とのもりのかみ」とも。

とのもり-づかさ【主殿司・殿司】名詞 ↓とのもづかさ㊀・とのもれう

とのも-れう【主殿寮】— 名詞 *宮内省に属し、天皇の乗り物、調度、清掃、湯浴み、灯火などを取り扱う役所。また、そこの役人。発展「とのもづかさ」「とのもりう」、略して「とのもり」「とのも」とも。

との-ゐ【宿直】—

御殿や貴人のそばに夜通し仕えること
❶**夜間に宮中・役所・貴人の邸宅などに宿泊して、勤務や警護などをすること。**宿直。
❷**夜間に天皇や貴人のそばに仕えて、話し相手などをして奉仕すること。**

名詞 ❶**夜間に宮中・役所・貴人の邸宅などに宿泊して、勤務や警護などをすること。宿直。** **よそに見し真弓の岡も君ませば常つ御門ととのゐするかも** 歌〈万葉集・2・174〉訳（今まで自分には）無関係なものとして見ていた真弓の岡（＝今の奈良県明日香村にある丘）も（亡き）主人（である草壁皇子）が（葬られて）おいでになるので、（私は）永久の御殿として（ここで）**宿直**を（して皇子をお守り）することだ。

❷**夜間に天皇や貴人のそばに仕えて、話し相手などをして奉仕すること。夜のお相手。** **夜は御帳の内にひとり伏したまふに、とのゐの人々は近う巡りてさぶらへど…。**〈源氏・葵〉訳（源氏が）夜は*御帳の中にひとりで休んでいらっしゃると、**夜のお相手**である女房たちは（御帳の）そば近くを取り囲んでお控え申し上げているけれど…。

発展「殿居（＝御殿にいること）」の意味でできたことば。

とのゐ-ぎぬ【宿直衣】— 名詞 宮中で宿泊するときの正装ではない衣服。また、その寝具。

とのゐ-すがた【宿直姿】— 名詞 *宿直衣を身に着けた姿。

とのゐ-どころ【宿直所】— 名詞 宮中で、大臣、納言、*蔵人の頭、近衛大将などが宿直する所。

とのゐ-びと【宿直人】— 名詞 ❶宿直する人。❷主人のいない屋敷を預かり守る人。

とのゐ-まうし【宿直奏し】— 名詞 宮中で宿直している者が、夜、定められた時刻に、点呼に応じて自分の姓名を名乗ること。類 名対面

とのゐ-もの【宿直物】— 名詞 宿直するとき用いる衣服や夜具。また、寝巻き。

と-ばかり しばらく（の間）。少しの間。

いと久しく出でさせたまはねば、御胸つぶれさせたまひける程に、**とばかりありて、戸を押し開けて出でさせたまひける、御顔は**…。〈大鏡・道長上〉訳（東三条院が帝の部屋から）たいへん長い間お出にならないので、（道長が）お胸をどきどきさせていらっしゃると、**しばらく**して、戸を押し開けてお出になった、その（女院の）お顔は…。

発展 副詞「と」＋副助詞「ばかり」。

と-ばかり …とだけ。

今はただ思ひ絶えなむとばかりを人づてならで言ふよしもがな 百人一首〈後拾遺集・750〉訳→いまはただ…

発展 格助詞「と」＋副助詞「ばかり」。

と-ばし・る【迸る】 動詞 自〔ラ四段〕〈ら・り・る・る・れ・れ〉ほとばしる。飛び散る。

とはず-がたり【問はず語り】 名詞 人に尋ねられないのに、自分から話すこと。また、その話。

とはずがたり 作品名 →とはずがたり

とばどのへ… 句

鳥羽殿へ五六騎いそぐ野分かな〈蕪村句集・与謝蕪村〉訳鳥羽殿へ五、六騎の武者たちがただならぬ雰囲気であわただしくウマを走らせてゆく。折から吹き荒れている野分の風の中を。○季語 野分―秋。「鳥羽殿」は今の京都市伏見区に白河・鳥羽上皇が造営した離宮。

発展「鳥羽殿」は保元の乱のときの崇徳上皇の挙兵地であり、そのときのようすを思い描いた句。

とは・なり【永久なり・常なり】 形容動詞〔ナリ〕〈なら・なり(に)・なり・なる・なれ・なれ〉永久である。常である。

風吹けばとはに浪こす岩なれやわが衣手のかはくときなき 歌〈伊勢・108〉訳風が吹くと**常に**波が越して（濡れる）岩であるからか、私の袖は（あなたを思う涙で濡れて）乾く時がない。

と-ばり【帳・帷】 名詞 室内や寝所、★帳台、また、外部との仕切りに垂らす布。垂れぎぬ。発展「とはり」とも。

とび-うめ【飛び梅】 名詞 菅原道真が大宰府に左遷されるとき、日ごろ愛していた梅との別れを惜しみ、「東風吹かばにほひおこせよ梅の花あるじなしとて春を忘るな（訳→こちふかば…）」〈拾遺集・1006〉と詠んだところ、そのウメが後に大宰府まで飛んでいったという伝説。また、そのウメ。季語 春

とび-かけ・る【飛び翔る】 動詞 自〔ラ四段〕〈ら・り・る・る・れ・れ〉空を高く飛ぶ。

とび-か・ふ【飛び交ふ】 動詞 自〔ハ四段〕〈は・ひ・ふ・ふ・へ・へ〉あちこちに飛び回る。入り交じって飛ぶ。

雲近く飛び交ふ鶴も空に見よわれは春日の曇りなき身ぞ 歌〈源氏・須磨〉訳雲（＝宮中）近くを**入り交じって飛ぶ**ツル（＝あなた）も、空で私を見てくれ。私は春の日のように曇りのない潔白の身の上である。

とひ-き・く【問ひ聞く】 動詞 自〔カ四段〕〈か・き・く・く・け・け〉尋ね聞く。問いただす。

とび-ちが・ふ【飛び違ふ】 動詞 自〔ハ四段〕〈は・ひ・ふ・ふ・へ・へ〉入り乱れて飛ぶ。飛び交う。

闇もなほ、**蛍の多く飛び違ひたる**。〈枕草子・1・春は曙〉訳闇夜でもやはり、ホタルが多く**飛び交って**いるのは（おもしろい）。

とひ-まる【問丸】 名詞 船商人の宿屋、貨物の水上輸送や販売の仲介をした業者。発展 江戸時代には「問屋」と呼ばれた。

とひ-や【問屋】 名詞 ❶商品を買い集め、卸し売りをする商家。❷（「問屋場」の略で）街道の宿場で、人足やウマ、駕籠などを継ぎ替える所。

と・ふ【問ふ・訪ふ】

ことばに出して尋ねる
- ❶返答を求める。特に、安否を尋ねる。
- ❷詰問する。問いただす。
- ❸訪問する。見舞う。
- ❹弔問する。弔う。

未然形	連用形	終止形	連体形	已然形	命令形
と・は	と・ひ	と・ふ	と・ふ	と・へ	と・へ

動詞 他〔ハ四段〕❶**返答を求める**。**問いかける**。**尋ねる**。**特に**、**安否を尋ねる**。**消息を尋ねる**。恥づかしき人の、歌の本末問ひたるに、ふと覚えたる、

まとめて覚えよう古語チャート27 「訪問する」意味を表すことば

この図では、「訪問する」意味を表す動詞には、「1とふ（訪ふ）」「2たづぬ（訪ぬ）」「3おとなふ（訪なふ）」「4おとづる（訪る）」があることを示しています。

「1とふ（訪ふ）」の意味には、お見舞いやお悔やみのために訪問するという意味もあります。この意味を持つ他のことばとして「5とぶらふ」もありますが、これは「1とふ（訪ふ）」から生まれたことばです。「6とむらふ」ともなって、現代語の「とむらう（弔う）」が生まれました。

また、「とふ」「たづぬ」には「訪問する」意味の他に、それぞれ「質問する」という意味（「7とふ（問ふ）」「8たづぬ（尋ぬ）」）もあります。「とふ」の二つの意味は「9こととふ（言問ふ）」にもみられます。

赤字は最重要語・重要語

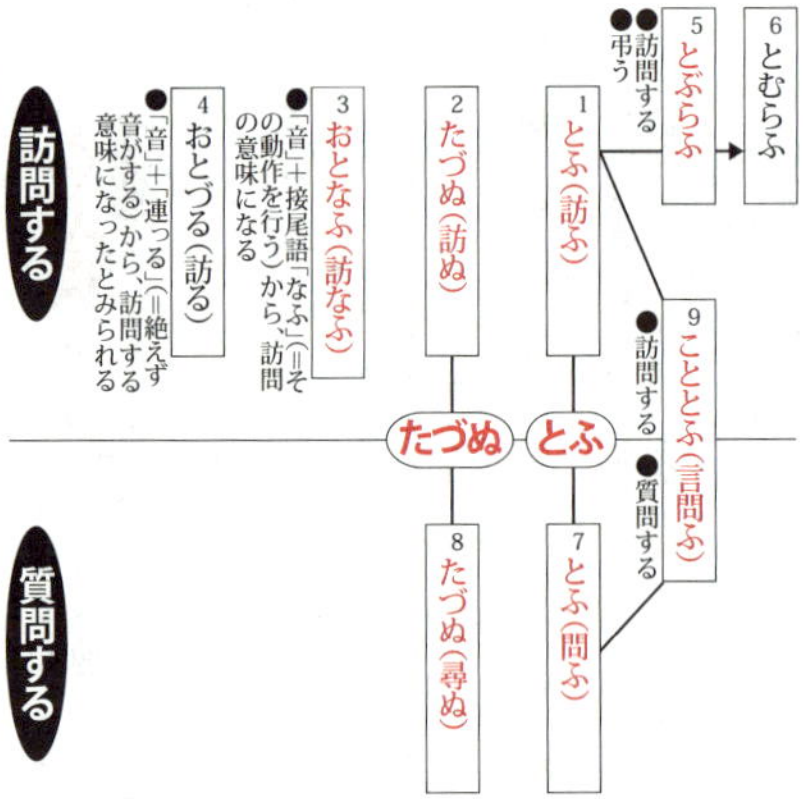

我ながらうれし。〈枕草子・276・うれしきもの〉訳（こちらが気後れするほど）優れている人が、和歌の上の句や下の句を問いかけたときに、さっと思い出したのは、自分でもうれしい。

わくらばに問ふ人あらば須磨の浦に藻塩たれつつわぶと答へよ 歌〈古今集・雑下・962〉訳→わくらばに…

❷詰問する。（罪などを責めて）問いただす。

「我ら、すべからく賊衆にゆき向かって、その罪を問ふべしといへども…。」〈平家・4・南都牒状〉訳「我々は、当然のこととして（平清盛ら）反逆者たち（のもと）に出向いて行って、その罪を問いたださなければならないところだが…。」

❸訪問する。訪れる。見舞う。

なほ頼め梅の立ち枝は契りおかぬ思ひのほかの人もとふなり 歌〈更級日記・梅の立ち枝〉訳（今までと）同様に（私の訪問を）当てにして（待っていて）ください。（外からよく見えるからか）ウメの高く伸びた枝には、（誘われて）約束しておいたのでもない思いがけない人も訪れるということだ（から）。

❹弔問する。弔う。

跡とふわざも絶えぬれば、いづれの人と名をだに知らず…〈徒然草・30・人の亡き後ばかり〉訳（亡くなった人の）死後を弔う法事もとだえてしまうと、どこの人と（いう）名前をさえ分からなくなり…。

類語比較「とふ」と「たづぬ」

共通点＝質問する・訪問するなどの意味。

とふ＝①もともと、人や物事の状態を面と向かって尋ねることを表す。そこから、人を見舞いに行ったり弔問したりする意味にもなった。②現代語では、「問う」には質問・詰問する意味しかない。→古語チャート㉗（895ページ）

たづぬ＝①はっきりしない物事の跡などをたどって行く、探し求める、というのがもともとの意味。はっきりしないことを明らかにするということから、質問する・訪問するという意味も生じた。②現代語「たずねる」には、「母をたずねて三千里」など、古語の意味がそのまま残っていて、用法も幅広い。

関連語 訪ふ

と-ふ 連語 →ちふ

と・ぶ【飛ぶ】 動詞 自〔バ四段〕（ば・び・ぶ・ぶ・べ・べ）❶空をかける。空中に舞う。
❷速く走る。駆ける。はねる。

簾のもとに止まりて見たる心地こそ、飛びも出でぬべき心地すれ。〈枕草子・95・ねたきもの〉訳すだれのもとで立ちどまって見ている気持ちは、（今にも）駆け出していきたい気持ちがする。

とぶとり-の【飛ぶ鳥の】 枕詞（「飛鳥浄御原の宮」という宮殿が明日香にあったことから）地名「明日香」に係る。発展 後には、明日香の地名にも「飛鳥」の文字を当てるようになった。

とぶ-ひ【飛ぶ火・烽】 名詞 古代、外敵の侵入に備えて設けた施設。昼は煙を上げ、夜は火をたいて非常を知らせる、その合図。また、その任に当たる月。

とぶひ-の-のもり【飛ぶ火の野守】 のろしの設備があった飛ぶ火野（＝今の奈良市春日野）の番人。

❸**とぶらう**（現）→（歴）**とぶらふ【訪ふ・弔ふ】** 最重要語（896ページ）

とぶらひ【訪ひ】 名詞 訪れること。訪問。また、見舞い。

とぶら・ふ【訪ふ・弔ふ】 動詞 →最重要語（896ページ）

❸**とぶろう**（現）→（歴）**とぶらふ【訪ふ・弔ふ】** 最重要語（896ページ）

とぶら・ふ【訪ふ・弔ふ】

問い詰めて聞く意味から、訪問する。また、心を込めて見舞い、慰める。

一【訪ふ】❶質問する。❷訪問する。❸見舞う。安否を尋ねる。❹探す。
二【弔ふ】❶弔問する。❷供養する。

動詞 他〔ハ四段〕	未然形	連用形	終止形	連体形	已然形	命令形
	とぶら・は	とぶら・ひ	とぶら・ふ	とぶら・ふ	とぶら・へ	とぶら・へ

一【訪ふ】❶質問する。尋ねる。

何しかももとなとぶらふ聞けば音のみし泣かゆ語れば心そ痛き 歌〈万葉集・2・230〉訳（志貴皇子の葬送の送り火を見て、あれは何かと）どうしてわけもなく尋ねるのか。（それを）聞くと、声に出して泣かないではいられず、話をすれば心が痛む。

❷訪問する。訪れる。訪ねる。

我が庵は三輪の山もと恋しくはとぶらひ来ませ杉立てる門 歌〈古今集・雑下・982〉訳私の仮住まいは（奈良の）三輪山のふもと（にある）。（私が）恋しいならば訪ねてきてください。スギの立っている門（を目印にして）。

❸見舞う。安否を尋ねる。

「大弐の乳母の、いたくわづらひて尼になりにける、とぶらはむ。」とて…〈源氏・夕顔〉訳「大弐の乳母で、ひどく病気を患って尼になってしまった者を、見舞おう。」と（源氏は）思って…。

❹探す。尋ね求める。

遠く異朝をとぶらへば…。〈平家・1・祇園精舎〉訳遠く外国（の例）を探すと…。

二【弔ふ】❶（死者の遺族を）見舞う。弔問する。（人の死を）悼む。

やむごとなき女のもとに、亡くなりにけるをとぶらふやうにて言ひやりける。〈伊勢・111〉訳（男が）高貴な女のもとに、亡くなってしまった人を悼むようすで詠んでやった歌。

❷供養する。（死者の）冥福を祈る。

父母の後世をとぶらひたまふぞ哀れなる。〈平家・3・僧都死去〉訳（俊寛僧都の娘が）父母の死後の冥福を祈りなさる姿は気の毒なことである。

発展 現代語とのつながり 二は、一❸の見舞う意味から、死んだ人の遺族を見舞う場合に限られた用法で、さらに、死者を悼む・供養するという意味になった。「とむらふ」という語形は、中世に生じて現代につながる。→古語チャート㉗（895ページ）

とほ-【遠】 造語 遠く離れているという意味を表す。語例 **遠妻**・**遠長し** 発展 形容詞「遠し」の語幹。格助詞「の」や「つ」を伴って、「遠の国」「遠つ国」のように用いられることもある。

とほき-まもり【遠き守り】 名 遠い所、特にあの世から人を守ること。

とほ-さぶらひ【遠侍】 名詞 武家屋敷で、主殿から離れた場所に設けられた、当番の武士の詰め所。対 内侍 発展「外侍」とも。

とほ・し【遠し】 形容詞 〔ク〕〈く・く・し・き・けれ・○／から・かり・○・かる・○・かれ〉 ❶（距離や時間が）非常に離れている。遠い。「**草の陰にても、うれしと存じさうらはば、遠き御まもりでこそさうらはんずれ。**」〈平家・7・忠度都落〉訳「（勅撰集の中に私、平忠度の歌を一首なりとも選んでいただけて）草葉の陰でも、うれしいと存じますならば、**遠い**（あの世からの）あなた様（＝藤原俊成）のお守り役であろうと存じます。」〇俊成は後に「千載集」を選ぶ際に、忠度の歌をよみ人しらずとして一首、入集した。

❷（心理的に）離れている。親しくない。**近うて遠きもの。…はらから、親族の中。**〈枕草子・166〉訳 近くて（実は）**離れている**もの。…兄弟や、親族の仲。

❸関心がない。気が進まない。「**学問などに身を苦しめむことは、いと遠くなむおぼゆべかめる。**」〈源氏・少女〉訳「（身分高く生まれ、出世すると）学問などで自身を苦しめたりすることは、まったく**気が進まない**と思われるにちがいないようだ。」

❹関係がない。縁遠い。「**世の常の女しく、なよびたる方は遠くや。**」〈源氏・橋姫〉訳「（娘たちは）世間の普通の女らしく、しとやかなところには**縁遠い**のではないか。」

とほ-しろ・し 形容詞〔ク〕〈く・く・し・き・けれ・○／から・かり・○・かる・○・かれ〉 ❶雄大だ。偉大だ。明日香の古き都は山高み川とほしろし…歌〈万葉集・3・324〉訳 明日香の古い都は、山高く（囲まれ、近くを流れる）飛鳥川も**雄大だ**…。

❷《歌論用語》崇高雄大だ。もの静かで奥深い。「**飾れる詞もなけれど、姿うるはしく清げに言ひ下して、長高くとほしろきなり。**」〈無名抄・俊恵歌体定事〉訳「（大江匡房の歌は）飾り立てたことばもないけれども、表現の仕方が端正で美しく詠み下して、格調が高く**もの静かで奥深い**ものである。」

とほ・す【通す・徹す】 一 動詞 他〔サ四段〕〈さ・し・す・す・せ・せ〉 ❶突き通す。貫く。とどかせる。通じさせる。

❷経過する。越す。**夏通したる綿衣のかかりたるを…。**〈枕草子・198・八、九月ばかりに〉訳 夏中を**越し**（て着）た綿入れのこのようである（＝汗のにおいがした）のを…。

❸通行させる。往来させる。**立ちふたがりて通さざりければ…。**〈宇治拾遺〉訳 立ちはだかって**通行させ**なかったので…。

❹透かす。**白き生絹にくれなゐの通すにこそはあらめ…。**〈枕草子・36・七月ばかりいみじう暑ければ〉訳 白い生絹に紅の色を**透かす**のであろうか…。

二 補助動詞〔サ四段〕〈さ・し・す・す・せ・せ〉 …通す。…遂げる。…尽くす。「**たれも見つれど、いとかう、縫ひたる糸、針目までやは見通しつる。**」〈枕草子・83・返る年の二月二十日余日〉訳「だれもが見たけれど、これほどまでに、縫ってある糸や、針目までも見**尽くし**たか。」

↓古語チャート❾（375ページ）

とほたふみ【遠江】 旧国名 ↓遠江（とおとうみ）

とほ-つ【遠つ】 連体詞 遠くの。はるかな。**霰降り遠つ大浦に寄する波よしも寄すとも憎くあらなくに** 歌〈万葉集・11・2729〉訳 **はるかな**大浦に寄せる波。たとえ（人に）言い寄せられ（＝うわさされ）ても（かまわない）。（あなたが）憎くないのだから。〇「霰降り」は「遠」に係る枕詞。

発展 形容詞「とほし」の語幹に上代の格助詞「つ」が付いて一語になったもの。

とほつ-おや【遠つ祖】 名詞 先祖。祖先。

とほつ-かみ【遠つ神】 枕詞「大君」に係る。

とほつ-かむおや【遠つ神祖】 名詞 神である先祖。

とほつ-くに【遠つ国】 名詞 ❶遠く隔たった国。❷死者の行く国。あの世。↓黄泉

とほつ-ひと【遠つ人】 一 名詞 遠くにいる人。二 枕詞（遠方の人を待つという意味から）「松」に、また、（ガンを遠方の人にたとえて）「雁」に係る。

とほ-づま【遠妻・遠夫】 名詞 ❶遠方にいてなかなか会えない妻、または夫。❷七夕の織女星や牽牛星。

発展「つま」は男女にかかわらず、配偶者のこと。「とほつま」とも。

とほ-どほ・し【遠遠し】 形容詞〔シク〕〈しく・しく・し・しき・しけれ・○／しから・しかり・○・しかる・○・しかれ〉 ❶非常に遠い。**遠々し高志国に賢し女をありと聞かして…**〈古事記・大国主神〉訳（大国主神は）**非常に遠い**越の国に、賢い女がいるとお聞きになって…。

❷きわめて疎遠だ。よそよそしい。「**うたて、遠々しくのみもてなさせたまへば…。**」〈源氏・総角〉訳「（大君は私を）ますますひどく、**よそよそしく**お扱いになるばかりなので…。」

発展「とほとほし」とも。

とほ-なが・し【遠長し】 形容詞 ↓いやとほながし

とほ-の-みかど【遠の朝廷】 都から遠く離れた地にある役所。諸国の国府、大宰府、また、古代朝鮮半島の任那に置かれた日本府を指す。

とほ-や【遠矢】 名詞 矢で遠くの物を射ること。また、その矢。

とほ・る【通る・徹る・透る】 動詞 自〔ラ四段〕〈ら・り・る・る・れ・れ〉 ❶通行する。往来する。

❷うまくいく。成し遂げられる。到達する。「**この日あること、末とほらず。**」と言ひて…。〈徒然草・91・赤舌日といふこと〉訳「この日に起こることは、終わりまで**うまくいか**ない。」と言って…。

❸貫く。突き抜ける。**七曲にわだかまりたる玉の、中とほりて左右に口あきたるが小さきを奉りて…。**〈枕草子・244・蟻通の明神〉訳 七曲がりにくねく曲がった玉で、中が（穴で）**突き抜けて**いて左右に口があいた小さいのを差し上げて…。

❹透き通る。**夜に入りぬれば、御前の松の光にとほりて見ゆるに…。**〈大鏡・道隆〉訳 夜になってしまったので、先導の者が持ったいまつの光で（車の中が）**透き通って**見えるのに…。

❺学問などに通じる。

❻理解する。察する。
→古語チャート❾(375ページ)

とま【苫】 名詞 スゲ、チガヤなどを★薦のように編んだもの。小屋の屋根や周囲を覆うのに用いる。

とま-や【苫屋】 名詞 ★苫で屋根をふいた小屋。粗末な小屋。発展「とまのや」とも。

とまり【泊まり】 名詞 船着き場。港。

とまり【留まり・止まり】 名詞 ❶最後。果て。終わり。❷最後に落ち着くところ。死ぬまで連れ添う人。本妻。

とま・る 動詞 自(ラ四段)〈ら・り・る・る・れ・れ〉 ━【止まる・留まる・停まる】❶動かなくなる。止まる。立ち止まる。たたずむ。

「日暮れにたる山中に、あやしきぞ。**とまりさうらへ。**」〈徒然草・87・下部に酒飲ますることは〉訳「日が暮れてしまっている山の中で、怪しいぞ。**立ち止まり**なさい。」

❷とりやめになる。中止になる。

いとなみ、いつしかと待つことの、障りあり、にはかにとまりぬる。〈枕草子・98・口惜しきもの〉訳準備をして、いつのことかと待っていることが、支障ができ、突然**中止になって**しまうことは(残念だ)。

❸後に残る。生き残る。

行き別るるほど、行くもとまるもみな泣きなどす。〈更級日記・太井川〉訳(いざ)別れるとなると、帰る人々も**後に残る**私たちもみんな泣いたりなどする。

❹(目や心などが)引き付けられる。注意が向く。

車の見ゆるも、都よりは目とまる心地して…。〈徒然草・44・あやしの竹の編み戸〉訳(★轅を★榻に立てた)牛車が見えるのも、都よりは目が**引き付けられる**感じがして…。

❺落ち着く。決定する。

「**まして、ことわりも何も。いづこにとまるべきにか。**」〈源氏・若菜上〉訳「(私には)なおさら、慣例だとも何とも(わかりません)。どこに**落ち着く**ことになるのでしょうか。」

━【泊まる】❶船が停泊する。

風波やまねば、なほ同じ所に泊まれり。〈土佐日記・一月十六日〉訳風波がやまないので、やはり同じ所に**船が停泊し**ている。

❷宿泊する。宿直する。

境を出でて、下総の国のいかだといふ所に泊まりぬ。〈更級日記・門出〉訳国境を越えて、下総(=今の千葉県北部と茨城県南西部)の国のいかだという所に**泊まった。**

類語比較「やむ」と「とまる」→止む

と-まれ-かく-まれ 何はともあれ。ともかく。

「**とまれかくまれ、まづ請じ入れたてまつらむ。**」〈竹取・火鼠の皮衣〉訳「**ともかく**、まず(右大臣を)お招き入れ申し上げよう。」

発展「ともあれかくもあれ」(副詞「と」+係助詞「も」+ラ変動詞「あり」の命令形+副詞「かく」+係助詞「も」+ラ変補助動詞「あり」の命令形)の変化したもの。その命令形は放任の意味を表す。「とまれかうまれ」とも。

とみ【富】 名詞 ❶金持ち。豊かな財産。❷「富くじ」の略。

と-み-かう-み【と見かう見・左見右見】━ あちらを見たりこちらを見たりすること。

いづ方に求め行かむと門に出でて、とみかうみ見けれど…。〈伊勢・21〉訳どちらに探しに行こうかと門の所に出て、**あちらを見たりこちらを見たり**したけれども…。

とみ-くさ【富草】 名詞《植物》イネの別の呼び名。季語秋

とみ・なり【頓なり】

物事が急に行われるようす ━**突然である。急である。**

未然形	連用形	終止形	連体形	已然形	命令形
とみ・なら	とみ・なり とみ・に	とみ・なり	とみ・なる	とみ・なれ	とみ・なれ

形容動詞〔ナリ・ノ〕**突然である。急である。急な用事がある。**

「**明くるまで試みむとしつれど、とみなる召し使ひの来合ひたりつればなむ。**」〈蜻蛉日記〉訳「夜が明けるまでようすを見ようと思ったけれども、**急な用事がある**召し使いが来合わせたので(あなたのもとへ行かなかった)。」

とみにて求むる物見出でたる。〈枕草子・276・うれしきもの〉訳**急な用事があって**探し求める物を見つけたときは(うれしい)。

発展 **①語の成り立ち** 「頓」の字音「とん」を「とに」と表記したものが、「とみ」に変化して形容動詞になったものかといわれる。

②副詞「とみに」との違い 第二例のように、下に打消の語を伴わず、接続助詞「て」に付いている場合は、副詞「とみに」ではなく、形容動詞「とみなり」の連用形である。

とみ-に【頓に】

間を置かずに急に行われるようす ━**すぐには(…ない)。急には(…ない)。**

副詞(多く「とみに〜打消」の形で)**すぐには(…ない)。急には(…ない)。**●多く「とみに〜打消」の形で用いる。

もろともにあるべき人を乗せに行きたるに、車を差し寄せて、とみにも乗らで待たするもいと心もとなく…。〈枕草子・160・心もとなきもの〉訳(祭り見物などに)一緒に行くはずの人を(自分たちの車に)乗せに行ったときに、車を(その家に)近づけるのに、**すぐには**乗らないで待たせるのもひどくじれったく…。○打消を表す接続助詞「で」と呼応して用いられている例。

舟を待つ人の数も知らぬに…とみに舟も寄せず、うそぶいて見回し、いといみじう澄みたるさまなり。〈更級日記・初瀬〉訳(宇治川で)舟を待つ人が数えられないほど多いのに…(渡し舟の船頭たちは)**すぐには**(岸に)舟も寄せず、知らない振りをして(辺りを)見回し、まったくひどく気取ったようすである。○打消の助動詞「ず」と呼応して用いられている例。

発展 **語の歴史** 形容動詞「とみなり」の連用形が副詞になったもの。中古では「とみに」が副詞ではなく形容動詞の連用形として用いられた例もあるので注意が必要である。中世以降は打消の語を伴う文にしか用いられず、完全に副詞となる。

とみに-も-いは-ず【頓にも言はず】━ すぐには言わない。

「**何とかこれをば言ふ。**」と問へば、**とみにも言はず**、「**いさ。**」など、これかれ見合はせて…。〈枕草子・131・七日の日の若菜を〉訳(珍しい草を持ってきた子供らに)「なんとこれ(=この草)を言うのか。」と尋ねると、**すぐには言わないで**、「さあ。」などと、めいめい(顔を)見合わせて…。

◆**とみひとの…** 歌

富人の家の子どもの着る身なみ腐し捨つらむ絁綿らはも〈万葉集・5・900・山上憶良〉訳金持ち

の家の子供の、(着物が多過ぎて)着る人もいないので腐らせ捨てていると思われる、絹や綿の着物はなあ。○「なみ」は形容詞「なし」の語幹＋接尾語「み」で、いないのでという意味。「絁」は、太い絹糸で織った布。「はも」は、眼前にないものを思って詠嘆する気持ちを表す終助詞。
発展「老いた身に病を得て苦しみ、子を思って詠んだ歌」と題詞のある長歌に続く反歌六首のうちの一首。自分の境遇への嘆きが、そのまま世の中の矛盾への嘆きになっている。

と・む【止む・留む・停む】動詞 ㊀〔マ下二段〕〈め・め・む・むる・むれ・めよ〉❶止める。行かせないようにする。引き止める。「**かぐや姫を、え戦ひとめずなりぬること、こまごまと奏す。**」〈竹取・かぐや姫の昇天〉訳かぐや姫を、(天人と)戦い**引き止める**ことができなくなってしまったこと(の次第)を、詳しく(帝に)申し上げる。
❷後に残す。とどめる。受け止める。「**ただとめてなむ食ひはべる。**」〈枕草子・133・頭の弁の御もとより〉訳「ただ(贈り物を)**受け止めて**食べるだけです。」
❸(「心をとむ」「目をとむ」の形で)注意を向ける。気を付ける。関心を持つ。**勝四郎が妻宮木なる者は、人の目とむるばかりの容貌に**…。〈雨月・浅茅が宿〉訳勝四郎の妻の宮木という者は、人が**注意を向ける**ほどの美貌で…。
❹取りやめる。中止する。制止する。
㊁【泊む】宿泊させる。(船を)停泊させる。足どめする。

と・む【尋む・覓む・求む】

目的のものを探し、確かめに行く ― **探し求める。尋ね求める。**

未然形	連用形	終止形	連体形	已然形	命令形
と・め	と・め	と・む	と・むる	と・むれ	と・めよ

動詞 ㊀〔マ下二段〕**探し求める。尋ね求める。**
香をとめて来つるかひなく大方の花の便りと言ひやなすべき 歌〈源氏・幻〉訳(ウメの)香り(にもたとえるべきあなた)を**尋ね求めて**来たかいもなく、通り一遍の花見のついで(に私が訪れたもの)と、(あなたは)言うつもりではないか。

類語比較「とむ」「たづぬ」「もとむ」
共通点＝探し求めるという意味。
とむ＝①目的とする対象に思いを向けて、その姿やありさまを確かめに行くことを表す。②探す行為そのものに重点が置かれるので、下に「行く・来く」などの移動を表す動詞が付いた複合動詞として用いられることが多い。
たづぬ＝①はっきりしない物事の跡などをたどって行くことを表すのがもともとの意味といわれる。②「とむ」②に同じ。
もとむ＝探し求めた結果として目的のものを手に入れることまでを含む意味を表す。

とむら・ふ【訪ふ・弔ふ】動詞 →とぶらふ 最重要語(896ページ)

とめ・く【尋め来】動詞 ㊂〔カ変〕〈こ・き・く・くる・くれ・こ(こよ)〉たずね来る。**花散れる水のまにまにとめ来れば山には春もなくなりにけり** 歌〈古今集・春下・129〉訳花が散っている川の流れに従って(春を)**たずね来る**と、(せっかく登った)山には春もなくなっていた。

とめ-ゆ・く【尋め行く】動詞 ㊂〔カ四段〕〈か・き・く・く・け・け〉たずねて行く。さがしに行く。**花の香を匂はす宿にとめゆかば色にめづとや人のとがめむ** 歌〈源氏・紅梅〉訳花の香りを匂わせる家を**さがしに行った**なら、色好みであると世の人が(私を)非難するのではないだろうか。

とめる(現)→(古)**とむ**【止む・留む・停む・泊む】

とも【友・供】名詞 ❶友人。仲間。❷一団の人びと。

とも【供・伴】名詞 付き従って行くこと。また、その者。従者。お供。→**古語チャート**㉚(935ページ)

とも【鞆】名詞 弓を射るとき、左の手首に付ける弦受けのための革製の袋。★弓弦が手首に当たるのを防ぎ、★釧に当たって切れるのを防ぐ。

[とも(鞆)]

また、弦が触れるときに出る高い音で敵をおどすためともいう。

とも【艫】名詞 船の後部。船尾。対舳へ

とも 接続助詞 接続 動詞型・形容動詞型活用語の終止形、形容詞型活用語および打消の助動詞「ず」の未然形に付く。中世以降、動詞型・形容動詞型活用語の連体形にも付く。❶(逆接の仮定条件を表し)たとえ…ても。**いまだ誠の道を知らずとも、縁を離れて身を静かにし**…。〈徒然草・75・つれづれわぶる人は〉訳まだ真の(仏の)道を(**たとえ**)知らなく**ても**、俗世との縁を切ってわが身を静か(な境地)に置き…。
❷(現在の事実を逆接の仮定条件として示して、以下に述べる意志・推量などを強調し)確かに…ているが、そうであっても。「**かく鎖しこめてありとも、かの国の人来ば、みなあきなむとす。**」〈竹取・かぐや姫の昇天〉訳「**確かに**このように鍵をしめて(私を)閉じこめて**いるが、そうであっても**、あの(月の)国の人が来たら、みな開いてしまうだろう。」
発展①接続助詞「と」に係助詞「も」が付いて一語になったもの。ただし「と」を格助詞とする説もある。
②上代において上一段動詞「見る」に接続する場合、「見とも」となる。その「見」は未然形とも連用形ともとれるが、いずれにしても、動詞「見る」の活用が十分に発達する以前の古い形である。

とも 終助詞 (相手のことばに対する強い同意を表し)…とも。…よ。接続 活用語の終止形に付く。「**泣けば言ひ訳になるか。**」「**おお、なるとも、なるとも。**」〈狂言・附子〉訳「泣けば言い訳になるのか。」「おお、なる**とも**、なる**とも**。」
発展接続助詞「とも」の「うれしともうれし」のような用法から中世後期に生じ、現代語の「とも」にまで通じる。

と-も 連語 ❶(格助詞「と」を強調して)…とも。**鬼ある所とも知らで**…。〈伊勢・6〉訳鬼のいる所**とも**知らないで…。
❷(同じ動詞や形容詞を重ねた間に置いて、強調して)まったく…だ。本当に…だ。「**あな、うれしともうれし。**」〈源氏・玉鬘〉訳「ああ、**本当に**うれしいこと**だ**。」
発展格助詞「と」＋係助詞「も」。

-ども 接尾語 ❶同じような物が複数あることを表す。語例 調度ども・子ども ❷(人を表すことばに付いて)相手を軽く見る気持ちや親しみを表す。多く、呼びかけのことばとして用いられる。語例 嫗ども(=ばあさんや) ❸(自分や自分側の人を表すことばに付いて)へり下る意味を表す。語例 身ども 発展「たち」と異なり、尊敬の気持ちが含まれず、人以外のことばにも付く。↓達

ども

❶(逆接の確定条件を表し)…けれども。…のに。
❷(逆接の*恒常的条件を表し)(たとえ)…ても。…ても、必ず。
❸(逆接の仮定条件を表し)…ても。

接続 活用語の已然形に付く。

接続助詞 ❶(逆接の確定条件を表し)…**けれども**。…**でも**。…**のに**。**風はいみじう吹けども、木陰なければ、いと暑し。**〈蜻蛉日記〉訳 風は激しく吹く**けれども**、木陰がないので、とても暑い。

❷(逆接の恒常的条件を表し)(たとえ)…**ても**。…**ても**、(そのときは)**いつも**。…**ても、必ず**。**いかなる大事あれども、人の言ふこと聞き入れず**…。〈徒然草・60・真乗院に盛親僧都とて〉訳(盛親僧都は)どんな重大な事柄があっ**ても**、**いつも**、人の言うことを聞いて耳に入れないで…。〇ある条件のもとではいつも決まって、それに反する結果になることを表す用法。

❸(逆接の仮定条件を表し)…**ても**。…(し)**たとしても**。**人に勝れりと思へる人は、たとひことばに出でてこそ言はねども、内心にそこばくの咎あり。**〈徒然草・167・一道に携はる人〉訳 他人より優れていると思っている人は、たとえことばに出しては言わなく**ても**、心の奥に多くの欠点がある。

発展 ①**「ど」と「ども」** 「ども」は接続助詞「ど」に係助詞「も」が付いてできたことば。「ど」とほとんど同じ意味であるが、中古までは和文で「ど」が多く用いられ、「ども」は主として漢文訓読文に用いられた。中世以降は「ども」の方が優勢になる。

②**❸の「たとひ〜ども」の形** ❸は、❷の用法から派生したもので、主に中世以降に見られる。用例にあるように、ふつう「たとひ〜とも」で用いられる形式が、「ども」を用いるようになり、多く「たとひ〜ども」の形で仮定条件を表すようになったもの。この用法を❷に含める考え方もある。

③**単純な接続の用法** 「風吹き波激しけれども、神さへ頂に落ちかかるやうなるは…(=風が吹き波が激しくて、そのうえ、雷まで頭の上に落ちそうになるようなのは…)。」〈竹取・竜の頸の玉〉などの例に見られる「ども」は、単純な接続を表す特殊な用法といえる。

関連語 ど(接続助詞)

↓**読解の手引き**⑪(669ページ)

と-も-ある 連語 何か事のある。ちょっとした。**朝夕隔てなく馴れたる人の、ともある時、我に心置き**…。〈徒然草・37・朝夕隔てなく〉訳 ふだん心の隔たりなく打ち解けている人が、**ちょっとした**時に、私に遠慮し…。

発展 副詞「と」＋係助詞「も」＋ラ変動詞「あり」の連体形。

と-も-あれ 連語 どのようであっても。ともかく。「**身どもはともあれ、大坂のお客に少しのうちもさびしき事のをかしからず。**」〈西鶴・好色一代男〉訳「私は**ともかく**、大阪(から)のお客様に少しの間もさびしい思いをさせたのでは趣がない。」

発展 副詞「と」＋係助詞「も」＋ラ変動詞「あり」の命令形。その命令形は放任の意味を表す。「とまれ」とも。

と-も-あれ-かく-も-あれ 何はさておき。ともかく。「**ともあれかくもあれ、夜の明けはてぬ先に御舟に奉れ。**」〈源氏・明石〉訳「**ともかく**、夜がすっかり明けてしまわないうちに船にお乗りください。」

発展 副詞「と」＋係助詞「も」＋ラ変動詞「あり」の命令形＋副詞「かく」＋係助詞「も」＋ラ変動詞「あり」の命令形。命令形で放任の意味を表す。「とまれかくまれ」とも。

ともえ(現)↓(歴)**ともゑ【鞆絵・巴】**

とも-かうも 副詞 ❶どのようであっても。なんとでも。とにかく。「**ともかうも、宮、下におはします、まづ参りて見たてまつらむ。**」〈紫式部日記〉訳「**とにかく**、中宮様は、下(の部屋)にいらっしゃる、ともあれ参上して見申し上げよう。」

❷(下に打消のことばを伴って)なんとも。どうとも。**ともかうも言はず、見も入れで過ぐすに**…。〈枕草子・82・頭の中将の〉訳(私は)**なんとも**言わず、(そちらの方には)目も向けないで過ごすうちに…。

発展「ともかくも」の変化したことば。

とも-がき【友垣】 名詞 友達。友人たち。発展 交わりを結ぶことを、垣を結ぶことにたとえたことば。

とも-かくも 副詞 ❶どのようにでも。とにかく。↓ともかくも…

❷(下に打消のことばを伴って)なんとも。どうとも。**まだ初々しければ、ともかくもえ啓し返さで**…。〈枕草子・184・宮に初めて参りたるころ〉訳 まだ(宮仕えの初めで)物慣れないので、(中宮に)**どうとも**弁解申し上げることができないで…。

ともかくも…句 **ともかくもあなたまかせの年の暮れ**〈おらが春・小林一茶〉

訳 どのようにでもと阿弥陀様にすべてをお任せして、この年の暮れを送ろう。〇季語 年の暮れ―冬

発展『おらが春』巻末の句。「あなたまかせ」は、一茶がしばしば句に用いたことばで、一茶の境地を表すものといえる。

とも-かく-も-な-る 連語 ❶(どうなるかは分からないが)どのようにかなる。「**かくながら、ともかくもならむを御覧じはてむ。**」と思し召すに…。〈源氏・桐壺〉訳「このままで、(更衣が死ぬのか生きるのか)**どのようにかなる**と思われるようすをぜひともお見届けになろう。」と(帝が)お思いになっているところに…。

❷死ぬことを婉曲に言うことば。「**ともかくもなりぬと聞こしめされば、後を弔はせたまへ。**」〈義経記〉訳「(私が)**どうにかなった**(=死んだ)とお聞きになったならば、後世をお弔いください。」

発展 副詞「ともかくも」＋四段動詞「なる」。

と-もがな (あることの実現を願って)…であってほしいなあ。…としたいものだなあ。**忘れじのゆく末までは難ければけふを限りの命ともがな** 百人一首〈新古今集・恋3・1149〉訳↓わすれじの…

発展 格助詞「と」＋終助詞「もがな」。

とも-がら【輩】 名詞(ある一定の種類に属する人々を、集団として表し)同じような人。同類。

ともし 名詞 一【灯し】ともしび。明かり。

㊁【照射】夏山の夜のシカ狩りで、★松明をともして鹿を寄せて射ること。また、その明かり。

とも・し【羨し・乏し】

求めているのに実現しないことを不満に思う気持ち
- ❶うらやましい。
- ❷珍しい。恋しい。慕わしい。
- ❸少ない。不足している。
- ❹貧しい。貧乏だ。

未然形	連用形	終止形	連体形	已然形	命令形
とも・しく	とも・しく	とも・し	とも・しき	とも・しけれ	○
とも・しから	とも・しかり	○	とも・しかる	○	とも・しかれ

形容詞〔シク〕❶**うらやましい。**吾妹子に吾が恋ひゆけば**ともしくも**並びをるかも妹と背の山 歌〈万葉集・7・1210〉訳 いとしいあの子のもとへ私が慕いつつ行くと、**うらやましく**も並んでいることだなあ、妹山と背山は。○「妹」と「背」は恋人同士・夫婦が互いを呼ぶことば。

❷(めったにないものに)**心引かれる。珍しい。恋しい。慕わしい。**心なき雨にもあるか人目守り**ともしき**妹に今日だに逢はむを 歌〈万葉集・12・3122〉訳 無情な雨であることよ。人目をはばかりめったに逢えない**恋しい**あなたに、せめて今日だけでも逢いたいと思うのに。○単に恋しいというだけではなく、逢えることがめったにないという意味が含まれている。

❸**少ない。不足している。乏しい。**あやしき賤、山賤も、力尽きて、薪さへ**ともしく**なりゆけば…。〈方丈記・飢渇〉訳 (大飢饉のため)身分の低く卑しい者や木こりも、力が尽きて、薪までもが**乏しく**なっていくので…。

❹**貧しい。貧乏だ。**「偽りせんとは思はねど、**ともしく**、かなはぬ人のみあれば、おのづから本意通らぬこと多かるべし。」〈徒然草・141・悲田院の尭蓮上人は〉訳 「(都の人は)うそをつこうとは思わないが、**貧乏で**、思いどおりにならない人ばかりいるので、自然と本来の志を貫かないことが多いに違いない。」

発展 ①**語の成り立ち** 下二段動詞「とむ(尋む・求む)」と関係のあることばといわれ、もともと、求めているのに手に入らない、会えないという意味を表すと考えられる。

②**語の展開** 中世以降、「とぼし」という語形に変わっていき、意味も❸❹に限られるようになった。

類語比較「ともし」と「うらやまし」

共通点＝うらやましいという意味を表す。

ともし＝求めているのに手に入らないようすを表す。

うらやまし＝「心＋病む」という意味でできた四段動詞「うらやむ」が形容詞になったもので、優れた相手に対する劣等感の交じった不快感やねたましさを表す。

→古語チャート❹(103ページ)

とも-しさ【羨しさ】名詞 うらやましい気持ち。うらやましさ。

とも-し-び【灯し火】名詞 明かり。灯火。

とも-しび-の【灯し火の】枕詞 (灯し火が明るいことから)地名「明石」に係る。

とも-し・ぶ【羨しぶ・乏しぶ】動詞 自〔バ上二段〕〈び・び・ぶ・ぶる・ぶれ・びよ〉うらやましく思う。音のみも名のみも聞きて**ともしぶる**がね 歌〈万葉集・17・4000〉訳 話にだけでも、(山の)名だけでも聞いて、(人々が)**うらやましく思う**だろうから。

発展「ともしむ」とも。

とも-し・む【羨しむ・乏しむ】㊀動詞 自〔マ四段〕〈ま・み・む・む・め・め〉うらやましく思う。慕わしく思う。㊁動詞 他〔マ下二段〕〈め・め・む・むる・むれ・めよ〉もの足りなく思わせる。

とも・す【点す】動詞 他〔サ四段〕〈さ・し・す・す・せ・せ〉火をつける。明かりをつける。

夜は目の覚めたる限り、灯を近く**ともして**…。〈更級日記・物語〉訳 夜は目が覚めている間(ずっと)、灯火をそば近くに**つけて**…。

とも-すぎ【共過ぎ】名詞 ❶夫婦の共働き。❷持ちつ持たれつして世渡りをすること。

とも-すれ-ば 連語 ややもすると。なにかというと。興あるものにおぼして、**ともすれば**、御酒入れて召す。〈大鏡・道隆〉訳 (道隆はカラスの止まった形の酒器を)趣が深いものとお思いになって、**何かというと**、(それに)お酒を入れて召し上がる。

発展 副詞「と」＋係助詞「も」＋サ変動詞「す」の已然形＋接続助詞「ば」。

とも-ちどり【友千鳥】名詞 群れをなしているチドリ。

発展「むらちどり」「むれちどり」とも。

とも-づな【纜・艫綱】名詞 船尾に付けてある、船をつなぎ止める綱。

とも-な・ふ【伴ふ】㊀動詞 自〔ハ四段〕〈は・ひ・ふ・ふ・へ・へ〉連れ立つ。連れ添う。一緒に行動する。…賢助僧正に**伴ひて**、加持香水を見はべりしに…。〈徒然草・238・御随身近友が〉訳 賢助僧正に**連れ添って**、加持香水(＝供物などの浄化に用いる香水を清める儀式)を見ましたときに…。

㊁動詞 他〔ハ四段〕〈は・ひ・ふ・ふ・へ・へ〉引き連れる。連れて行く。みづからの家にも**伴ひて**、親族の方にも招かれ…。〈奥の細道・黒羽〉訳 (私たちを)自分の家にも**連れて行き**、親戚の家にも招かれ…。

㊂動詞 他〔ハ下二段〕〈へ・へ・ふ・ふる・ふれ・へよ〉㊁に同じ。

→古語チャート㉚(935ページ)

とも-に【共に】連語 (「の」「と」または名詞に付いて)…と一緒に。

露と**ともに**起きて、げにぞひまなかりける。〈枕草子・35・小白河といふ所は〉訳 朝露の置くの**と一緒に**(早く)起きて(行くと)、本当に(車を置く)透き間がなかった。

とも-の-みやつこ【伴造】名詞 ㊀【伴造】上代、専門の職業で朝廷に仕える品部を統率した長。また、その家柄。㊁【伴の御奴】★主殿寮の下役人。

発展 ㊀は、中臣部を率いて祭祀を執り行った中臣氏、物部・大伴部をそれぞれ率いて軍事を執り行った物部氏・大伴氏などがある。㊁は、庭掃除や節会の灯火などを担当した。

とも-の-を【伴の緒】名詞《上代語》上代、専門の職業に従事して朝廷に仕えた部族。

ともへ(誤)→(正)**ともゑ**【鞆柄・巴】

とも-ゑ【鞆絵・巴】名詞 ❶模様のひとつ。弓具の★鞆を図案化したもの。尾の曲線の方向によって、左巴、右巴があり、数によって二つ巴、三つ巴などがある。❷紋所のひとつ。❶を図案化したもの。

と-や ❶(文中に用いて、「と」の受ける内容に対する疑問を表し)…と…(ではないだろう)か。…というのか。

歌さへぞひなびたりける。さすがにあはれとや思ひけむ、行きて寝にけり。〈伊勢・14〉訳(田舎住まいの女は、男に贈る)歌までが田舎風になっていたことだった。(男は)それでもやはりいとしいと思ったのではないだろう**か**、(女のもとに)行って(ともに)寝たのだった。

❷(文末に用いて、不確かな伝聞を表し)…と(か)いうことだ。

兵の心ばへはかくありけるとなむ、語り伝へたるとや。〈今昔〉訳武士の心構えは(まさしく)このようであった(=苦労して盗まれたウマを取り返しても、一言も自慢しなかった)と、語り伝えている**ということだ**。

❸(文末に用いて、反問・疑問を表し)…というのか。

「なにと、勧進帳を読めとや、心得申してさうらふ。」〈謡曲・安宅〉訳「なんだと、★勧進帳を読め**というのか**、分かりましてございます。」

発展 格助詞「と」＋係助詞「や」。

とやかくや-と 副詞 あれやこれやと。何やかやと。

と-やま【外山】 名詞 人里に近い山。連山のはずれにある山。類 端山 対 奥山・深山

とよ-【豊】 造語 (名詞や動詞に付いて)豊かで満ち足りている、美しいことを褒めたたえる、という意味を表す。語例 豊御酒・豊旗雲・豊寿ぐ

と-よ 連語 ❶(「と」で引用したことに念を押して)…ということだよ。…と思うよ。

「思はぬほかの不思議もあるぞとよ。」〈平家・9・小宰相身投〉訳「思いもかけない別の理解できない出来事もある**ということだよ**。」

❷(疑問の係助詞「か」とともに用いて、不確かな事柄を確認して)…だろうか。…だったろうか。

また、同じころかとよ、おびたたしく大地震ふることはべりき。〈方丈記・大地震〉訳また、同じころ**だったろうか**、激しく大きな地震が揺れ動くことがありました。○「同じころかとよ」は、挿入文と見ることもできる。

❸(強い感動を表し)…だよ。…だなあ。

「明日のいくさには、一定討たれなんずとおぼゆるはとよ。」〈平家・9・小宰相身投〉訳「明日の戦いでは、(私は)きっと討たれてしまうだろうと思われるの**だよ**。」

❹《近世語》(伝聞したことを人に伝えて)…とさ。

「あれは鶴賀新内の元祖の家元だとよ。」〈滑稽本・浮世風呂〉訳「あれは鶴賀新内の元祖の家元だ**とさ**。」

発展 格助詞「と」＋終助詞「よ」。

とよ-あきつしま【豊秋津島】 名詞 日本国を褒めたたえた呼び名。↓秋津島 発展「とよあきづしま」とも。「とよ」は造語成分。

とよ-あしはら【豊葦原】 名詞 日本国を褒めたたえた呼び名。発展「とよあしわら」とも。豊かにアシの茂った土地という意味。「とよ」は造語成分。

とよあしはら-の-なかつくに【豊葦原の中つ国】 日本国の別の呼び名。発展 天上にある高天原と、地下にある黄泉の国の中間にある国という意味。

とよあしはら-の-みづほ-の-くに【豊葦原の瑞穂の国】 ― 日本国の別の呼び名。発展 みずみずしいイネが豊かに実る国という意味。

ど-よう【土用】 名詞 陰暦で、立春、立夏、立秋、立冬の前の、それぞれ十八日間。また、特に立秋の前十八日間の夏の土用。季語 夏 ↓ビジュアルチェック⑳(958ページ)

とよ-の-あかり【豊の明かり】 名詞 ❶酒を飲んで顔が赤くなること。また、その顔。❷宴会。饗宴。特に、宮中での宴会。❸「★豊の明かりの節会」の略。

とよのあかり-の-せちゑ【豊の明かりの節会】 ― 名詞 ★大嘗会、★新嘗の祭りの翌日、豊楽殿で行われた宴会。

とよ-はたくも【豊旗雲】 名詞 旗がなびいているような美しい雲。

とよみ【響み】 名詞 鳴り響くこと。大騒ぎ。

とよ-みき【豊御酒】 名詞 酒を褒めたたえていうことば。発展 接頭語「み」が酒を意味する「き」に付いた「みき」に造語成分「とよ」が付いたもの。

とよ・む【響む】

人間や動物の声、また広く自然の物音が、辺り一面に響く
- 一 動詞 自〔マ四段〕 ❶鳴り響く。❷大声で騒ぐ。大声で叫ぶ。
- 二 動詞 他〔マ下二段〕 鳴り響かせる。

動詞 自〔マ四段〕

未然形	連用形	終止形	連体形	已然形	命令形
とよ・ま	とよ・み	とよ・む	とよ・む	とよ・め	とよ・め

動詞 他〔マ下二段〕

未然形	連用形	終止形	連体形	已然形	命令形
とよ・め	とよ・め	とよ・む	とよ・むる	とよ・むれ	とよ・めよ

一 動詞 自〔マ四段〕 ❶**鳴り響く**。響き渡る。

大き海の水底とよみ立つ波の寄せむと思へる磯のさやけさ 歌〈万葉集・7・1201〉訳大海の水の底が**鳴り響いて**立つ波が、打ち寄せようと思っている磯の清く澄んでいることよ。

❷**大声で騒ぐ。大声で叫ぶ。**

「あれ、狐よ。」ととよまれて、惑ひ逃げにけり。〈徒然草・230・五条の内裏には〉訳「おや、キツネだ。」と**大声で叫ばれて**、(そのキツネは)慌てて逃げてしまったのだった。

二 動詞 他〔マ下二段〕 **鳴り響かせる。響き渡らせる。**

恋ひ死なば恋ひも死ねとやほととぎす物思ふ時に来鳴きとよむる 歌〈万葉集・15・3780〉訳恋い焦がれて死ぬなら焦がれ死ねとでもいうのか。ホトトギスが(私の)物思いをするときに来て鳴き(声を)**響き渡らせる**のは。

発展 **語の由来** 擬声語「とよ」が動詞になったことばといわれ、人や動物の声、自然の音などが辺り一面に響くようすを表す。中古末期以降、「どよむ」と濁音になった形でも用いられた。

どよ-め・く【響めく】 動詞 自〔カ四段〕〈か・き・く・く・け・け〉 大声を上げて騒ぐ。鳴り響く。

陸には源氏、箙をたたいてどよめきけり。〈平家・11・那須与一〉訳陸では源氏(の軍勢)が、えびら(=矢を差し入れて背に負う武具)をたたいて褒めたたえ**大声を上げて騒いだ**。

発展「めく」は接尾語。

とよも・す【響もす】 動詞 他〔サ四段〕〈さ・し・す・す・せ・せ〉 鳴り響かせる。騒がせる。

とら【寅】 名詞 ❶十二支の三番目。❷時刻のひとつ。今の午前四時ごろ。また、その前後二時間。❸方角のひとつ。東北東。↓ビジュアルチェック❹(349ページ)・❺(393ページ)・⑲(881ページ)

とらえる〔現〕→〔古〕**とらふ【捕らふ・捉らふ・執らふ】**

とら・す【取らす】 一 動詞 他 〔サ下二段〕〈せ・せ・す・する・すれ・せよ〉与える。やる。**人に物を取らせたるも、ついでなくて、「これを奉らん。」と言ひたる、まことの志なり。**〈徒然草・231・園の別当入道は〉訳 人に物を与えた場合も、（これといった）なんのきっかけもなくて、「これを差し上げよう。」と言ったのが、本当の誠意である。

二 補助動詞 〔サ下二段〕〈せ・せ・す・する・すれ・せよ〉…（て）やる。接続 接続助詞「て」に付く。**「そのおりに、わけてとらせう。」**〈狂言記・内沙汰〉訳「そのときに、分けてやろう。」

発展 一は、四段動詞「とる」の未然形＋使役の助動詞「す」が一語になったもの。

とら・ふ【捕らふ・捉らふ・執らふ】〔とら（ろ）う〕動詞 他 〔ハ下二段〕〈へ・へ・ふ・ふる・ふれ・へよ〉❶しっかりと握る。つかむ。つまむ。**いとをかしげなる指にとらへて、大人などに見せたる**…〈枕草子・151・うつくしきもの〉訳（幼児が小さなちりを）とても愛らしい感じの指でつまんで、大人などに見せ（たりし）ているのは…。

❷取り押さえる。自由にさせない。つかまえる。**「ただ、袖をとらへて、東西せさせず乞ひ取りて、持て来。」**〈枕草子・82・頭の中将の〉訳「ただもう、袖をつかまえて、有無を言わさず返事をもらって、持って来い。」

❸自分の意見を通す。取り上げる。**ただ我が心の立てつる筋をとらへて、人をばなきになすめり。**〈紫式部日記〉訳 むやみに自分の得意とする方面を取り上げて、他人をないがしろにするのであるようだ。

とり-【取り】 接頭語 （動詞に付いて）意味を強めたり、ことばの調子を整えたりする。語例 **取り繕ふ・取り上ぐ**

とり【酉】 名詞 ❶十二支の十番目。❷時刻のひとつ。今の午後六時ごろ。また、その前後二時間。❸方角のひとつ。西。

→ビジュアルチェック❹（349ページ）・❺（393ページ）・⓳（881ページ）

とり【鳥】 名詞《動物》❶鳥類の総称。❷ニワトリ。❸キジ。

とり-あつ・む【取り集む】 動詞 他 〔マ下二段〕〈め・め・む・むる・むれ・めよ〉（いろいろなものをひとつに）集める。**早稲田刈り干すなど、取り集めたることは秋のみぞ多かる。**〈徒然草・19・折節の〉訳 早く実るイネを作る田を刈り上げるなど、（いろいろなことをひと時に）集めているのは秋が特に多い。

とり-あ・ふ【取り合ふ】〔あ（お）う〕一 動詞 自 〔ハ四段〕〈は・ひ・ふ・ふ・へ・へ〉❶相手になる。かかわり合う。争う。❷調和する。釣り合う。

二 動詞 他 〔ハ四段〕〈は・ひ・ふ・ふ・へ・へ〉（先を争って）奪い合う。**倉どもみな開けて、かく宝どもみな人の取り合ひたる**…。〈宇治拾遺〉訳 倉をすべて開けて、このようにたくさんの宝を人々がみな奪い合ったのは…。

三 動詞 他 〔ハ下二段〕〈へ・へ・ふ・ふる・ふれ・へよ〉調和させる。折り合わせる。**青摺りの紙よく取り合へて**…。〈源氏・少女〉訳 ★青摺りの紙をよく調和させて…。

とり-あ・ふ【取り敢ふ】〔あ（お）う〕動詞 他 〔ハ下二段〕〈へ・へ・ふ・ふる・ふれ・へよ〉❶取ることができる。用意する。**このたびは幣も取りあへず手向山もみぢの錦神のまにまに** 百人一首〈古今集・羇旅・420〉訳 →このたびは…

❷耐える。こらえる。**心ありて風の避くめる花の木にとりあへぬまで吹きや寄るべき** 歌〈源氏・梅枝〉訳（風に）気づかいがあって、風がよけて吹いているような（ウメの）花の木に、（鳥も）耐えられないほど（不用意に笛を）吹きながら（＝鳴きながら）寄っていってよいのか。

とりあへ-ず【取り敢へず】〔とりあえ〕副詞 ❶すぐに。たちどころに。急に。**女の物言ひかけたる返り事、とりあへずよきほどにする男は、ありがたきものぞとて**…。〈徒然草・107・女の物言ひかけたる〉訳 女が何か言いかけた（その）返事を、すぐにうまい具合にする男は、めったにいないものだということで…。

❷何はさておき。まず。

とり-い・づ【取り出づ】〔いず〕動詞 他 〔ダ下二段〕〈で・で・づ・づる・づれ・でよ〉取り出す。選び出す。抜き出す。**頭中将、懐なりける笛取り出でて、吹きすましたり。**〈源氏・若紫〉訳 頭中将は、懐に入れていた笛を取り出して、（その笛を）澄んだ音色で吹いている。

とり-い・る【取り入る】 動詞 他 〔ラ下二段〕〈れ・れ・る・るる・るれ・れよ〉❶内へ入れる。受け取る。納める。**竹取出で来て、取り入れて、かぐや姫に見す。**〈竹取・火鼠の皮衣〉訳 竹取（の翁）が出てきて、（皮衣を）受け取って、かぐや姫に見せる。

❷（悪霊が人の心を支配下において）悩ませる。

とり-お・く【取り置く】 動詞 他 〔カ四段〕〈か・き・く・く・け・け〉❶保存する。しまっておく。**米、稲など取り置きて、ただひとりなりければ、食ひ物ありければ**…〈宇治拾遺〉訳 米、イネなどをしまっておき、ただひとりであったが、食べ物も（十分）あったので…。

❷とどめておく。引き止める。

❸始末する。片付ける。葬る。

とり-おこな・ふ【執り行ふ・取り行ふ】〔おこな（の）う〕一 動詞 他 〔ハ四段〕〈は・ひ・ふ・ふ・へ・へ〉（行事や事務などを）行う。する。**殿の事とり行ふべき、上下定め置かせたまふ。**〈源氏・須磨〉訳（源氏は）殿（＝二条院）の（留守中の）事務を行うのに適当な、上役下役を決めて配置させなさる。

二 動詞 自 〔ハ四段〕〈は・ひ・ふ・ふ・へ・へ〉酒を飲む。**つれづれなる日、思ひの外に友の入り来て、とり行ひたるも、心慰む。**〈徒然草・175・世には心得ぬことの〉訳 何もすることがなく退屈な日に、思いがけなく友がやってきて、（一杯）酒を飲んでいるのも、気が紛れる。

とり-おひ【鳥追ひ】〔おい〕名詞 ❶正月十五日の夜明けに、その年の豊作を祈って、田畑の害鳥や害虫を追うために、若者が棒を打ち、歌を歌って家々を回ること。農家の年中行事のひとつ。季語 春

［とりおひ❷］

❷江戸時代に、女太夫が三味線を弾いて鳥追い歌を歌い、門に立って金銭を請い求めた芸能。季語 春

とりかへばや物語【とりかへばや物語】 作品名 平安末期の物語。作者・成立年不明。権大納言兼大将の子の兄妹はうり二つで、兄は女性的、妹は男性的であったため、性を逆にして

育てられるが、その結果として生まれた珍奇な事態が描かれる。構想の特異・奇抜な点が特徴。

とり-かか・る【取り掛かる】 動詞 他〔ラ四段〕〈ら・り・る・る・れ・れ〉❶気にかける。心をとめる。また、宮の上に**取り掛かりて**、恋しうもつらくも、わりなきことぞ、をこがましきまで悔しき。〈源氏・蜻蛉〉訳（薫は）また、宮の上（＝匂宮の北の方である中の君）のことを**気にかけて**、恋しくもせつなくもあり、どうしようもないのが、（いかにも）愚かしいと思うほど悔やまれる。
❷取りすがる。取り付く。
❸立ち向かう。襲いかかる。笛を吹きながら見返りたるけしき、**取り掛かる**べくもおぼえざりければ、走りのきぬ。〈宇治拾遺〉訳笛を吹きながら振り返ったようすは、（とても）**襲いかかる**ことなどできそうにも思われなかったので、逃げ去ってしまった。
❹…し始める。着手する。

とり-かさ・ぬ【取り重ぬ】 動詞 他〔ナ下二段〕〈ね・ね・ぬ・ぬる・ぬれ・ねよ〉（あれこれと）重ねる。加える。合わせる。去年今年は障ることありて、怠りけるかしこまり**取り重ねて**、思ひ立ちけり。〈源氏・澪標〉訳去年と今年は差し障りがあって、実行しなかった（ことに対する）おわびを**合わせて**、（明石の君は住吉詣でを）決心したのだった。

とり-が-なく【鶏が鳴く】 枕詞 地名「東」に係る。発展 東国のことばが鳥のさえずりのように分からないからとも、ニワトリが鳴くと東から夜が明けるからともいう。

とり-かぶと【鳥兜】 名詞 雅楽の伶人がかぶる冠。鳳凰をかたどり、錦で作ったもの。

[とりかぶと]

とり-かへし【取り返し】 副詞 初めに返って。改めて。おぼし紛るる折もありつる昔のこと、**取り返し**悲しくおぼさる。〈源氏・桐壺〉訳（更衣に）心を奪われてすべてをお忘れになるときもあった昔のことを、（帝は）**改めて**悲しくお思いになる。

とりかへばや物語 作品名 ↓とりかへばやものがたり

とり-ぐ・す【取り具す】 動詞 他〔サ変〕〈せ・し・す・する・すれ・せよ〉取りそろえる。もれなく準備する。備える。御刀に、削られたる物を**取り具して**奉らせたまふに…。〈大鏡・道長上〉訳（道長が）お刀に、削られた物を**取りそろえて**（花山天皇に）差し上げなさると…。

とり-こ【取り子】 名詞 養子。もらい子。

とり-こ・む【取り込む】 ■動詞 他〔マ四段〕〈ま・み・む・む・め・め〉❶取って中に入れる。取り入れる。「をかしき古事をも、はじめより**取り込み**つつ…。」〈源氏・帚木〉訳「おもしろい故事をも、初句から（歌の中に）**取り入れて**は…。」
❷手に入れる。自分のものにする。
❸まるめこんで従わせる。
■動詞 自〔マ四段〕〈ま・み・む・む・め・め〉用事が重なってごたごたする。忙殺される。

とり-こ・む【取り籠む】 動詞 他〔マ下二段〕〈め・め・む・むる・むれ・めよ〉取り囲む。閉じこめる。大勢の中に**取りこめて**、われ討っ取らんとぞ進みける。〈平家・9・木曾最期〉訳大軍の中に（義仲を）**取り囲んで**、自分が討ち取ろうと思って進んだ。

とり-さた【取り沙汰】 名詞 ❶取りさばくこと。処理。調達。❷世間のうわさ。発展「とりざた」とも。

とり-さ・ふ【取り支ふ】 動詞 他〔ハ下二段〕〈へ・へ・ふ・ふる・ふれ・へよ〉仲裁する。とりなす。和解させる。出納ののしれば、出でて、**取りさへん**とするに…。〈宇治拾遺〉訳出納係（の子供）が騒ぎまわるので、（舎人が）出て行って、**和解させよう**としたところ…。

とり-したた・む【取り認む】 動詞 他〔マ下二段〕〈め・め・む・むる・むれ・めよ〉片付ける。きちんと整える。処理する。「**取りしたため**たまふ御心長さなりければ…。」〈源氏・玉鬘〉訳「（女性たちのために生活を）**きちんと整え**なさる（源氏の君の）ご愛情の深さであったので…。」

とり-じもの【鳥じもの】 枕詞（鳥のようなものという意味から）「浮く」「朝立つ」「なづさふ」などに係る。発展「じもの」は接尾語。

とり-す【執りす】 動詞 他〔サ変〕〈せ・し・す・する・すれ・せよ〉（ひとつのことに）心を傾ける。（芸などに）打ち込む。「あやしく、人の才、はかなく**執りする**ことどもも、ものの栄えありてまさる所なる。」〈源氏・若菜下〉訳「（この邸は）不思議なことに、人の学問でも、ちょっと**打ち込む**芸事などでも、よく上達して（他より）優れている所だよ。」

とり-す・う【取り据う】 動詞 他〔ワ下二段〕〈ゑ・ゑ・う・うる・うれ・ゑよ〉（物を動かないように）置く。（人を）住まわせる。主人寄りて**取り据う**。〈今昔〉訳主人が（そばに）寄って（ごちそうを）**置いた**。

とり-そ・ふ【取り添ふ】 動詞 他〔ハ下二段〕〈へ・へ・ふ・ふる・ふれ・へよ〉添える。加える。「銚子に土器**取り添へて**持て出でて…。」〈徒然草・215・平宣時朝臣〉訳「銚子に素焼きの杯を**添えて**持って出て…。」

とり-たが・ふ【取り違ふ】 動詞 他〔ハ下二段〕〈へ・へ・ふ・ふる・ふれ・へよ〉取り違える。間違える。「人のもとに、さる物包みて贈るやうやはある。**取り違へ**たるか。」〈枕草子・84・里にまかでたるに〉訳「人の所に、そんな物を包んで贈るわけがあるか、いや、ありはしない。（何かと）**取り違え**たのか。」

とり-た・つ【取り立つ】 動詞 他〔タ下二段〕〈て・て・つ・つる・つれ・てよ〉❶取り上げる。特に取り上げる。特に取り立てる。わざと**取り立てて**、人めかすべくもあらぬさまなれど…。〈枕草子・67・草の花は〉訳わざわざ**取り上げて**、一人前（の花）として待遇することができそうもない姿であるが…。
❷仕立てる。準備する。調える。小車二つづつ、銀、黄金の馬、様々、色々、**取り立てて**…。〈宇津保〉訳小さい牛車（＝雛の牛車）を二つずつ、銀作りや、黄金作りのウマ、その他、いろいろ、**仕立てて**…。
❸建てる。築く。
❹高い地位に登用する。抜擢する。

とり-つ・く【取り付く】 ■動詞 自〔カ四段〕〈か・き・く・く・け・け〉❶すがり付く。しがみ付く。くっつく。韓衣裾に**取り付き**泣く子らを置きてそ来ぬや母なしにして 歌〈万葉集・20・4401〉訳↓からころむ…
❷（霊などが）乗り移る。いたう日ごろ弱らせたまへるに、御物の怪の**取り付き**たてまつりにければ…。〈栄花〉訳とても日ごろ弱っていらっしゃるのに、物の怪が**乗り移り**申し上げてしまったので…。
❸手がかりを得る。
❹着手する。取りかかる。

□二 動詞 他〔カ下二段〕〈け・け・く・くる・くれ・けよ〉❶作り付ける。取り付ける。❷乗り移らせる。寄り付かせる。

とり-つくろ・ふ【取り繕ふ】― つくろう 動詞 他〔八四段〕〈は・ひ・ふ・ふ・へ・へ〉❶手入れをする。修理する。

かかるところをも、取り繕ひかかはる人もなければ…。〈蜻蛉日記〉訳このような家を、**修理して**世話をしてくれる人もいないので…。

❷体裁、服装を整える。着飾る。

御方をも、頭洗はせ、取り繕ひて見るに…。〈源氏・東屋〉訳お方（＝浮舟）も、髪を洗わせ、**服装を整えて**見ると…。

とり-て 名詞 □一【捕り手】罪人を捕まえる者。また、役人。□二【取り手】相撲、柔術などの技。

とり-どころ【取り所】名詞 ❶取り柄。長所。❷取っ手。つまみ。

とり-と・む【取り留む】動詞 他〔マ下二段〕〈め・め・む・むる・むれ・めよ〉引き止める。押さえ止める。

取りとむるものにしあらねば年月をあはれあな憂と過ぐしつるかな 歌〈古今集・雑上・897〉訳（年月を）**引き止められる**ものでもないのに、年月をうれしいとかつらいとか言って過ごしてしまったなあ。

とり-どり・なり 形容動詞〔ナリ〕〈なら・なり(に)・なり・なる・なれ・なれ〉それぞれにようすが異なる。さまざまだ。

とりどりにいとめでたけれど、うち大人びたまへるに、いと若ううつくしげにて…。〈源氏・桐壺〉訳（後宮の女性たちは）**さまざまで**たいへんすばらしいけれども、少し年配でいらっしゃるところに、（藤壺は）本当に若くかわいらしいようすであって…。

とり-な・す【取り成す・執り成す】

違った物や状態にしたり、扱ったりする
- ❶手に取って（ようすの違う物に）する。手に持って（別の物のように）扱う。
- ❷（違ったものに）解釈する。見なす。
- ❸そのような振りをする。（違ったように）見せかける。
- ❹うまく扱う。うまくその場を収める。

未然形	連用形	終止形	連体形	已然形	命令形
とりなさ	とりなし	とりなす	とりなす	とりなせ	とりなせ

動詞 他〔サ四段〕❶**手に取って**（ようすの違う物に）**する**。**手に持って**（別の物のように）**扱う**。

ありつる文、立て文をも結びたるをも、いと汚げにとりなしふくだめて…。〈枕草子・25・すさまじきもの〉訳先程の（こちらから送った）手紙で、正式な包み方の手紙も略式に結んでいる手紙も、（使いの者が）**手に取って**とても汚い感じにして毛羽立たせて…。

❷（違ったものに）**解釈する**。**見なす**。**とりざたする**。

「**引き違へたらむ、ひがひがしくねぢけたるやうにとりなす人もあらむ。**」〈源氏・東屋〉訳「（最初からの）約束に背いたりするようなことは、まともでなくひねくれているように（私のことを）**とりざたする**人もいるだろう。」

❸**そのような振りをする**。（違ったように）**見せかける**。

「**男といふものは、空言をこそいとよくすなれ。思はぬ人を思ふ顔にとりなす言の葉多かるもの。**」〈源氏・総角〉訳「男というものは、うそをとても上手に言うそうだ。恋しくも思わない女を恋しく思うようすに**見せかける**（巧みな）ことばが多いものだ。」

❹**うまく扱う**。**うまくその場を収める**。**取り繕う**。**仲裁する**。

「**何とも知らではべりしを、行成の朝臣のとりなしたるにやはべらむ。**」〈枕草子・137・五月ばかり〉訳「（私は）どういうこととも知らないでおりましたが、（藤原）行成朝臣が**うまくその場を収め**たのでございましょうか。」

とり-な・づ【取り撫づ】― なず 動詞 他〔ダ下二段〕〈で・で・づ・づる・づれ・でよ〉手に取ってなでる。大切にする。

とり-なほ・す【取り直す】― なおす 動詞 他〔サ四段〕〈さ・し・す・す・せ・せ〉❶持ち直す。持ち改める。つけ直す。

「**そそや。**」**など言ひて、灯取り直し、格子放ちて入れたてまつる。**〈源氏・末摘花〉訳（女房は）「それそれ。」などと言って、灯を**つけ直し**、格子を上げて（源氏を中に）お入れ申し上げる。

❷直す。変える。

たくさんに取り直し、捨たれる米を塵塚まじりに掃き集めけるに…。〈西鶴・日本永代蔵〉訳あちこちと（運び）**変え**（るごとに）、落ちている米を（老女は）塵と一緒に掃き集めたが…。

とり-の-あと【鳥の跡】❶文字。筆跡。

鳥の跡、久しくとどまれらば…。〈古今集・仮名序〉訳鳥の足跡が残るように（この和歌集の）**文字**が、長い時間がたって（も）後に残っているならば…。

❷乱れた文字や下手な文字をたとえて言うことば。

心憎き所へ遣はす仰せ書きなどを、たれもいと鳥の跡にしもなどかはあらむ…。〈枕草子・158・うらやましげなるもの〉訳奥ゆかしい（人の）所へおやりになる（貴人の）手紙の代筆などを、だれもひどく**下手な字**などでどうして（書くことが）あるだろうか、いや、下手な字であるはずがない…。

発展 ❶は、古代、蒼頡という人が、鳥の足跡を見て文字を作ったという中国の故事から。

とり-の-こ【鳥の子】名詞 ❶鳥の卵。特に、ニワトリの卵。❷和紙のひとつ。書簡用の良質紙。

とり-の-そらね【鳥の空音】ニワトリの鳴きまね。

夜をこめて鳥のそら音ははかるともよに逢坂の関は許さじ 百人一首〈後拾遺集・939〉訳→よをこめて…

発展 中国の斉の孟嘗君が秦を脱出するとき、ニワトリの鳴きまねをして番人をだまし、夜中に函谷関を開門させたという故事から。

とり-ばかま【取り袴】名詞（急ぐときにする動作で）はかまの股立ち（＝左右、腰の側面の縫い止めの部分）を上げて帯に挟み込むこと。

とり-は・く【取り佩く】動詞 他〔カ四段〕〈か・き・く・く・け・け〉（刀を）腰に着ける。帯びる。

とり-はづ・す【取り外す】― はずす 動詞 他〔サ四段〕〈さ・し・す・す・せ・せ〉❶うっかり取り落とす。取りそこなう。

細長を心なかりける御前の、取り外して、遣り水に落とし入れたりけるを…。〈宇治拾遺〉訳細長（＝女子の衣服）をうっかり者の従者が、**取りそこなって**、遣り水（＝庭の人工の川）の流れに落とし入れてしまったが…。

❷失敗する。誤る。

取り外して落窪と言ひたらむ、何かひがみたらむ。〈落窪〉訳**誤って**落窪と言ったとしたら、なんの悪いことがあろうか、いや、悪いはずはない。

とり-ばみ【鳥食み・取り食み】名詞 宴会の料理の残り物を投げ与えて、食べさせること。また、それを食べる者。

とり-はや-す【取り囃す】 動詞 他〔サ四段〕〈さ・し・す・す・せ・せ〉座を取り持つ。座をにぎやかにする。**御くだ物まゐりなど取りはやして、御前にもまゐらせたまふ。**〈枕草子・184・宮に初めて参りたるころ〉訳（大納言は）お菓子を召し上がりなどして**座を取り持って**、中宮にも差し上げなさる。

鳥部野 地名 ↓鳥辺山

鳥辺山 歌枕 京都市東山区にある阿弥陀ヶ峰をいう。「鳥部山」とも書く。古くは、山の北方東山区の中央部辺りから、山の南方泉涌寺や今熊野の辺りまでの広い範囲を「鳥辺（鳥部）野」といい、蓮台野・化野とともに平安京の代表的な葬送の地であった。→絵で見る古典生活史㉒（907ページ）

とり-まう-す【取り申す・執り申す】 動詞 他〔サ四段〕〈さ・し・す・す・せ・せ〉❶取り次いで申し上げる。とりなして申し上げる。「いともやすきことなり。いとよく**取り申さむ**。」〈宇津保〉訳「とても簡単なことだ。たいへんよく**とりなして申し上げよう**。」❷取り立てて申し上げる。「いと**取り申し**がたきことなれど…。」〈源氏・明石〉訳「まったく**取り立てて申し上げ**にくいことであるけれど…。」

とり-まかな-ふ【取り賄ふ】 動詞 他〔ハ四段〕〈は・ひ・ふ・ふ・へ・へ〉世話をする。用意する。御硯**取りまかなひ**、書かせたてまつらせたまふ。〈源氏・初音〉訳お硯を**用意し**、（源氏は明石の姫君に）母への返事をお書かせ申し上げなさる。

とり-まはし【取り回し・取り廻し】 名詞 ❶とりなし。処置。やりくり。万事の**取りまはし**、人の鑑にもなりぬべき願ひ。〈西鶴・日本永代蔵〉訳処世上のすべての**処置**について、人の模範にもなってやろうとの願望（をもっている）。❷《近世語》なりふり。身なり。

とり-み-る【取り見る・執り見る】 動詞 他〔マ上一段〕〈み・み・みる・みる・みれ・みよ〉❶手に取って見る。❷世話をする。介抱する。

とり-も-あへ-ず【取りも敢へず】 連語「とりあへず」の意味に同じ。

とりもうす〔現〕↓〔歴〕**とりまうす**【取り申す・執り申す】

とり-も-つ【取り持つ・執り持つ】 動詞 他〔タ四段〕〈た・ち・つ・つ・て・て〉❶手に持つ。❷責任を持って行う。引き受けて行う。世話をする。大将の君なむ、**とりもちて**仕うまつりたまひける。〈源氏・御法〉訳大将の君が、（法事のことを）**引き受けて行って**お仕え申し上げなさったのだった。❸執着する。（心が）とらわれる。**何方をも捨てじと心にとりもちては、一事も成るべからず。**〈徒然草・188・ある者、子を法師に〉訳どちらをも捨てまいと心に**執着する**なら、ひとつのことも成し遂げられるはずがない。❹（「とりもちて」の変化した「とりもて」の形で用いて）奪い取る。連れて行く。

とり-もの【採り物】 名詞 祭事で神官が、また、神楽で舞人が手に持つ道具。★榊・★幣・弓・剣・★矛など。

とり-やり【取り遣り】 名詞 ❶物のやりとり。贈答。❷収支の勘定。精算。

とり-や-る【取り遣る】 動詞 他〔ラ四段〕〈ら・り・る・る・れ・れ〉取り除く。取りのける。片付ける。**御前なる苦しきもの取りやり、大殿籠りたる所ひきつくろひなどして…。**〈大鏡・兼通〉訳（兼通は）おそばにある見苦しい物を**片付け**、おやすみになっている所をきちんと整えなどして…。

とり-よ-す【取り寄す】 動詞 他〔サ下二段〕〈せ・せ・す・する・すれ・せよ〉（手もとに）引き寄せる。持って来させる。

とり-よそ-ふ【取り装ふ】 動詞 他〔ハ四段〕〈は・ひ・ふ・ふ・へ・へ〉装う。支度する。

とり-わき【取り分き】 副詞 特別に。とりわけ。**とりわき仰せ言ありて、きよらを尽くして仕うまつれり。**〈源氏・桐壺〉訳（源氏の元服の儀の祝宴は）**特別に**（帝の）お指図があって、華美の限りを尽くしてご奉仕申し上げた。

とり-わき-て【取り分きて】 副詞 ↓とりわき

とり-わ-く【取り分く】 一 動詞 自〔カ四段〕〈か・き・く・く・け・け〉特別である。目立つ。「つゆ**とりわき**たる方もなく、さすがに歌がましう、我はと思へるさまに…。」〈枕草子・99・五月の御精進のほど〉訳「少しも（人より）**目立っ**た方面もなく、（そうはいうものの）やはりいかにもすばらしい歌らしく、自分こそはと思っているようすで…。」

二 動詞 他〔カ四段〕〈か・き・く・く・け・け〉（他と）区別する。特別に扱う。

三 動詞 他〔カ下二段〕〈け・け・く・くる・くれ・けよ〉（他と）区別する。特別なものにする。**女院は、入道殿をとりわきたてまつらせたまひて…。**〈大鏡・道長上〉訳女院（＝東三条院詮子）は、入道殿（＝道長）を**特別に扱い**申し上げなさって…。

とり-わた-す【取り渡す】 動詞 他〔サ四段〕〈さ・し・す・す・せ・せ〉持って来る。持って行く。運ぶ。**地獄絵の屏風とりわたして…。**〈枕草子・81・御仏名のまたの日〉訳地獄絵の屏風を**持って来て**…。

とり-ゐ-る【取り率る】 動詞 他〔ワ上一段〕〈ゐ・ゐ・ゐる・ゐる・ゐれ・ゐよ〉（強制的に）連れて行く。召し連れる。「**許さぬ迎へまうで来て、取りゐてまかりぬれば…。**」〈竹取・かぐや姫の昇天〉訳「（地上にとどまることを）許さない迎えがやって参りまして、**召し連れて**おいとましてしまうので…。」

と-る【照る】 動詞 自〔ラ四段〕〈ら・り・る・る・れ・れ〉《上代東国方言》てる。

と-る【取る・執る・捕る・採る】 動詞 他〔ラ四段〕〈ら・り・る・る・れ・れ〉❶持つ。つかむ。握る。**筆を執れば物書かれ、楽器を取れば音を立てんと思ふ。**〈徒然草・157・筆を執れば物書かれ〉訳筆を**持つ**と自然とものが書け、楽器を**持つ**と音を高く響かせようと思う。❷手で扱う。操る。**白波の寄する磯廻をこぐ船の楫取る間なく思ほえし君** 歌〈万葉集・17・3961〉訳白波の寄せる入り江をこぐ船の櫓を**操る**ことが絶え間のないように（いつも絶え間なく）思われていたあなたよ。❸捕まえる。捕らえる。**虎に乗り古屋を越えて青淵に蛟竜捕り来む剣大刀もが** 歌〈万葉集・16・3833〉訳トラに乗り古屋を越えて行って、青々とした水をたたえた淵で竜を**捕らえ**てこよう。その剣がほしいものだ。❹支配する。自分のものにする。

「天下取る相おはします。」〈大鏡・道長上〉訳「(道隆殿は)天下を**自分のものにする**相がおありでいらっしゃる。」

❺取り上げる。奪う。盗む。**物の具もみな取られはてて、いといみじうなりにけり。**〈大和・126〉訳道具類もみな**奪われて**しまって、とてもひどい状態になってしまった。

❻採集する。採取する。収穫する。**野山に交じりて竹をとりつつ、よろづのことに使ひけり。**〈竹取・かぐや姫の生出〉訳(竹取の翁は)野山に分け入ってタケを**採取して**は、さまざまなことに用立てたのだった。

❼選ぶ。選び出す。採用する。**小式部内侍、歌よみにとられて詠みけるを…。**〈十訓抄〉訳小式部内侍は、歌人に**選ばれて**歌を詠んだが…。

❽(ようすを)うかがう。推量する。**声作り、気色とりて、御消息聞こゆ。**〈源氏・花散里〉訳せきばらいをして、ようすを**うかがって**から、(源氏の)ご伝言を申し上げる。

❾(「…にとりて」の形で)…に関して。…について。…によって。**人、木石にあらねば、時にとりて、物に感ずることなきにあらず。**〈徒然草・41・五月五日〉訳人は、木や石のように非情のものではないので、時**によって**(=折に触れて)、物事に感動することがないわけではない。

とろ-め・く【蕩めく・盪めく】動詞 自〔カ四段〕〈か・き・く・く・け・け〉眠気がさす。うとうとする。**かく心とろめきて寝をも寝たまふなりけり。**〈今昔〉訳このように気分に**眠気がさして**寝ていらっしゃるのであった。

発展「めく」は接尾語。

とはずがたり【とはずがたり】作品名 鎌倉後期の日記文学。後深草院二条作。五巻。前三巻は後深草院の御所を中心とし、作者が十四歳で院の寵愛を受けて以後の、さまざまな恋愛遍歴と感想を記す。後二巻は、著者の出家以後、西行の跡を慕った諸国行脚において懺悔修行の生活を送るようすとその心境などを記している。

と-わた・る【門渡る】動詞 自〔ラ四段〕〈ら・り・る・る・れ・れ〉(海や川、空などを)渡る。**山の端のささらえをとこ天の原門渡る光見らくし良くしも** 歌〈万葉集・6・983〉訳山の端のささらえ男(=月の別の呼び名)が大空を**渡る**光を見るのはよいものだ。

とわなり(現)↓(歴)**とはなり**【永久なり・常なり】

とゑ-ら・ふ【撓らふ】動詞 自〔ハ四段〕〈は・ひ・ふ・ふ・へ・へ〉波がうねる。発展「とをらふ」の上代東国方言。

とを【十】名詞(数の)十。

とを-だんご【十団子】名詞 ★駿河の国、宇津谷峠のふもとの茶屋で売った名物の団子。黄、白、赤など十個が一つの串にさしてある小さな団子。発展「とをだご」「とだんご」とも。

とを-ら・ふ【撓らふ】動詞 自〔ハ四段〕〈は・ひ・ふ・ふ・へ・へ〉揺れ動く。波がうねる。**墨吉の岸に出でゐて釣り舟のとをらふ見れば…** 歌〈万葉集・9・1740〉訳住吉の岸に出ていて、釣り舟が**揺れ動いている**のを見ると…。

とををに【撓に】副詞 しなうほど。たわむまで。発展「とをを」は「たわわ」の変化したもの。

とん-じき【屯食】名詞 ★強飯を握り固めて卵形にしたもの。平安時代、宮中や貴族の饗宴のとき、★下人などに弁当として与えた。発展「とじき」とも。

とん-せい【遁世】名詞 動詞 自〔サ変〕〈せ・し・す・する・すれ・せよ〉俗世間を逃れること。仏門に入ること。発展「とんぜい」「とんせ」とも。

とんせい-しゃ【遁世者】名詞 俗世間を離れた人。遁世した人。世捨て人。

とん-と 副詞 ❶きっぱりと。まったく。しかと。❷(打消のことばを伴って)少しも。全然。

とん-ばう【蜻蛉】ー名詞《動物》虫のひとつ。トンボ。発展「とうばう」とも。季語 秋 類 蜻蛉

とんばう-がへり【蜻蛉返り】名詞 ❶軽く身を翻すこと。❷身を翻して刀を使うこと。

とん-よく【貪欲】名詞《仏教語》仏教でいう★十悪の一つ。非常に欲が深いこと。強欲なこと。**人我の相深く、貪欲はなはだしく、ものの理を知らず…。**〈徒然草・107・女の物言ひかけたる〉訳(女の本性は)自我に執着する状態が強く、**強欲さ**が並々でなく、ものの道理を知らないで…。発展「瞋恚(=怒り)」・「愚痴(=愚かさ)」と共に人間の善心を害する「三毒」といわれる。後に「どんよく」とも。

とん-よく・なり【貪欲なり】形容動詞〔ナリ〕〈なら・なり(に)・なり・なる・なれ・なれ〉非常に欲が深い。「**汝がごとき心貪欲にして、かたちを墨に染めたる…。**」〈烏之賦〉訳「お前のように心は**非常に欲が深くて**、形だけ墨染めにしている者を…。」

絵で見る古典生活史㉒

葬送の地

平安以降、日本で仏教による葬儀が一般化すると火葬、埋葬の代表的な地が古典に記されるようになりました。中でも有名なのが★鳥辺(部)山、★化野です。

『★更級日記』では、父に「手本とせよ」と与えられた大納言の姫君の御手跡は、自らの死を予言したような、「とりべ山たにに煙の燃えたたばはかなく見えしわれと知らなむ」という不吉な歌であった、とあります。

『★徒然草』七段では「あだし野の露消ゆる時なく鳥部山の煙立ち去らでのみ住み果つるならひならば」と、化野における露や鳥辺山の火葬の煙を、途絶えることなく永遠に続くもののたとえとして用いています。

『★源氏物語』「桐壺」では「愛宕といふ所に、いといかめしうその作法したる」桐壺の更衣のお葬式の場面があります。「灰になりたまはむを見たてまつりて」、娘はこの世にいないものとあきらめようと言いながら、いざその時となるとお倒れになり悲嘆にくれる母の姿が描かれています。

(写真…現在の化野念仏寺)

な

な↓**基本助詞25**（908ページ）

な ㊀助動詞**ず**の古い未然形。↓**基本助動詞20**（687ページ）

㊁助動詞**ぬ**の未然形。↓**基本助動詞20**（968ページ）

な【名】 名詞 ❶名前。呼び名。↓**古語チャート㉘**（911ページ）❷名声。評判。うわさ。❸名ばかりで実質のないこと。虚名。名目。

な【肴】 名詞 魚・野菜・鳥肉など、副食物の総称。おかず。

な【魚】 名詞 食用にする魚の総称。魚な。

な【菜】 名詞 食用にする草の総称。野菜。山菜。

な【儺】 名詞 ❶↓おにやらひ ❷鬼遣おにやらいのとき、追い払う疫病神やくびょうがみ。

な【汝】 代名詞（目下の者や、親しい人に対して）おまえ。きみ。類 汝なれ

近江あふみの海夕波千鳥汝が鳴けば情こころもしのに古いにしへ思ほゆ 歌〈万葉集・3・266〉訳↓あふみのうみ…

な 副詞 ↓**最重要語**（909ページ）

な 格助詞 接続 体言に付く。❶《上代語》（連体修飾語を作って）…の。❷《上代東国方言》（方向・帰着点などを表し）…に。…へ。

草陰くさかげの安努あのなゆかむと墾はりし道安努はゆかずて荒草立あらくさだちぬ 歌〈万葉集・14・3447〉訳安努（＝地名）へ行こうと思って新しく開いた道に、安努へは行かないうちに雑草が生えてきた。〇「草陰の」は「安努」に係る枕詞。

発展 ①❶は、格助詞「の」「が」の連体格を示す用法と同じ。類義の上代語である格助詞「つ」と同様に、上代においてすでに用いられることばが限定されており、「つ」よりもその範囲は狭い。「ぬなと（瓊音＝玉のすれ合う音）」「たなごころ（掌）」「みなそこ（水底）」「みなもと（源）」「まなかひ（眼間）」などの用例があるが、これらはふつう、一語の名詞として扱われ、現代まで残っていることばも少なくない。↓**古語チャート㊶**（1179ページ）・**㊸**（1211ページ）

②❷は、格助詞「に」に相当する。

関連語 の（基本助詞25）・に（基本助詞25）

な-あ・り【名有り】 連語 よく知られている。評判が高い。**秋の日すでに斜めになれば、名ある所々見残して…。**〈野ざらし紀行〉訳秋の太陽がもう斜めに傾いたので、**よく知られている**名所の数々を見残したままで…。

発展「あり」はラ変動詞。

ない 感動詞《近世語》（返事をして）はい。

ない-い【内意】 名詞 心に思うこと。公表していない考え。

ない-えん【内宴】 名詞 平安時代、陰暦正月二十日ごろの子ねの日に、宮中で行われた内輪の宴会。

ない-が-しろ・なり【蔑なり】 形容動詞（ナリ）〈なら・なり（に）・なり・なる・なれ・なれ〉❶軽蔑けいべつしている。軽くあしらう態度である。

万よろづの咎とがは、馴なれたるさまに上手めき、所得たるけしきして、人をないがしろにするにあり。〈徒然草・233・万よろづの咎とがあらじと〉訳すべての過失は、慣れたようすで巧者らしく振る舞い、得意になったようすをして、人を**軽蔑している**ところにある。

❷うち解けている。無造作だ。

あやしき馬に、狩衣かりぎぬ姿のないがしろにて来ければ…。〈源氏・末摘花すゑつむはな〉訳（頭中将とうのちゅうじょうが）粗末なウマに（乗り）、平服姿の**無造作な**ようすでやって来たので…。

発展「無きが代しろ（＝ないに等しいもの）」が変化したことば。

ない-き【内記】 名詞 ＊中務省なかつかさしゃうに属し、詔勅、宣命せんみゃうの起草や宮中の記録を取り扱う職。また、その役人。対外記げき 発展「うちのしるすつかさ」とも。

ない-ぎ 名詞 ㊀【内議・内義】内々の相談。内々の評議。㊁【内儀】他人の妻の敬った言い方。

ない-ぐ【内供】 名詞（「内供奉僧ないぐぶそう」の略で）宮中の内道場に奉仕する僧職。

ない-くう【内宮】 名詞 伊勢の皇大神宮。

ない-くゎん【内官】 名詞 中央諸官庁の役人。対外官

ない-げ【内外】 名詞 ❶物事の内と外。また、すべてのこと。❷内部に出入りすること。❸内典ないてん（＝仏教書）と外典げでん（＝仏教以外の教えの書）。

ない-けう【内教】 名詞《仏教語》仏教。また、仏教に関する書物。対外道げだう

ない-けうばう【内教坊】 名詞 宮中の建造物のひとつ。舞姫に女楽がくと踏歌とうかを教えた所。↓**ビジュアルチェック⑮**（757ページ）

な　基本助詞25

❶（禁止を表し）…（する）**な**。
❷（詠嘆や、念を押す意味を表し）…**なあ**。…よ。
❸（意志・願望・勧誘を表し）…**う**。…**よう**。…たい。…（し）**てほしい**。◉上代語。

接続 ❶は動詞・動詞型活用の助動詞の終止形、ラ変型には連体形に付く。❷は体言、文末などに付く。❸は動詞・動詞型活用の助動詞の未然形に付く。

終助詞 ❶（禁止を表し）…（する）**な**。

吾妹子わぎもこをはや見浜風大和なる我われまつ椿つばき吹かざるなゆめ 歌〈万葉集・1・73〉訳妻を早く見たいから、（吹くのが）速いので浜風よ、大和にある、私を待つマツやツバキを吹かないでいてくれる**な**、決して（＝風に乗せて自分の便りを運んでくれ）。〇打消の助動詞「ず」の＊補助活用（ラ変型）の連体形に付いている例。「はやみ」には「早見（早く見たい）」と「速いので」という意味が掛けてあり、「まつ」は「待つ」と「松」の掛詞。「ゆめ」は＊陳述の副詞で、「な」のような禁止表現を伴って、禁止を強める。↓努ゆめ

「竜たつの頸くびの玉取りえずは、帰り来くな。」〈竹取・竜たつの頸くびの玉〉訳「竜の首の玉を取ることができないならば、帰って来る**な**。」〇カ変動詞「来く」の終止形に付いた例。

「ここは気色けしきある所なめり。ゆめ寝いぬな。」〈更級日記・初瀬はつせ〉訳「ここは怪しげな所であるようだ。決して眠る**な**。」〇下二段動詞「寝ぬ」の終止形に付いて、陳述の副詞「ゆめ」とともに用いられている例。

❷（詠嘆や、念を押す意味を表し）…**なあ**。…よ。…ね。

『これを見るはうれしな。』とのたまふとなむ見えし。〈更級日記・鏡の影〉訳「（夢の中に現れた女性が、優雅な生活が映し出された鏡を私に見せ）『これを見るのはうれしい**なあ**。』とおっしゃると（夢に）見えた。」〇形容詞「うれし」の終止形に付いている例。ここでは、詠嘆の意味で解釈してあ

るが、「うれしいね」と、念を押す意味にもとれる。

「**彼ぞ、この常陸守の婿の少将な**。」〈源氏・東屋〉訳「あの人が、この常陸守の娘婿の少将だ**ね**。」○「少将」という体言に付いている例。この「な」は念を押す意味を表す。

❸《上代語》《意志・願望・勧誘を表し》…**う**。…**よう**。…**たい**。…(し)**てほしい**。

天の川相向き立ちて我が恋ひし君来ますなり紐解き設けな 歌〈万葉集・8・1518〉訳天の川に向き合って立って、私が恋い慕ったあなたがおいでになるようだ。着物の下紐をほどいて(寝る)準備をし**よう**。○下二段動詞「設く」の未然形に付いている例。このように、主語が自分である場合の「な」は、自分の意志や願望を表す。

道の中国つ御神は旅ゆきも為知らぬ君を恵みたまはな 歌〈万葉集・17・3930〉訳越中の国の神様よ。旅行の経験もない君をお哀れみになって**ほしい**。○四段の補助動詞「たまふ」の未然形に付いた例。このように、主語が自分以外の場合、「な」は、他に対する願望や勧誘を表す。

発展 ①**❶〜❸の違い** ❶❷❸とも、同じ終助詞ではあるが、それぞれ別のことばと考えた方がよい。❸の意志・願望・勧誘を表す「な」は、上代のみに用いられ、活用語の未然形に付くので区別しやすいが、動詞および動詞型の助動詞の終止形に付いた「な」については、❶か❷かを文脈から判断するしかない場合もある。ただ、❷の詠嘆や念を押す意味を表す用法では、「な」を取り除いても文の意味は変わらない。

②**禁止を表す「な」** ❶は、「な(副詞)〜そ(終助詞)」の形で用いられる禁止表現よりも、強い禁止を表す。

③**詠嘆を表す「な」** ❷は、主に文末や体言に付き、願望を表す終助詞「もが」「しか」などに付いた「もがな」「しかな」の形で用いられることも多い。また、「汝は歌詠みとな(=おまえは歌人だってなあ)。」〈十訓抄〉などのように、格助詞「と」に付くこともある。

識別 **「な」の識別**

品詞と用法	見分け方	例文と訳
禁止を表す終助詞「な」	動詞および動詞型の助動詞の終止形に付いている。	「過ちすな。心して下りよ。」〈徒然草・109・高名の木登り〉訳「けがをするな。注意して(木から)下りよ。」
詠嘆を表す終助詞「な」	なくても文の意味が変わらない。上に言い切りの形か体言がくる。	「この影を見れば、いみじう悲しな。」〈更級日記・鏡の影〉訳「この(鏡に映る)姿を見ると、ひどく悲しいなあ。」
意志・願望を表す終助詞「な」	上代に限られる。上は活用語の未然形。	…わたつみの沖つ白玉拾ひて行かな 歌〈万葉集・15・3614〉訳…大海の沖の白い玉を拾っていこう。
副詞「な」	中古以降の作品では、下に禁止の終助詞「そ」がくる。	「いといみじき目な見せたまひそ。」〈源氏・夕顔〉訳「ひどくつらい目にどうかあわせないでください。」
完了(確述)の助動詞「ぬ」の未然形	上は活用語の連用形。下に接続助詞「ば」、助動詞「む・まし」などが付く。	用ありて行きたりとも、その事果てなば、とく帰るべし。〈徒然草・170・さしたることなくて〉訳用事があって(人の所へ)行ったとしても、その用事が終わってしまったならば、早く帰るのがよい。

な

穏やかな制止・禁止
- ❶(動作を穏やかに制止・禁止して)…(し)**てくれるな**。
  - ◉上代の用法。「な+動詞の連用形(カ変・サ変は未然形)」の形をとる。
- ❷(動作の制止・禁止を懇願して)…(し)**てくれるな**。…(し)**ないでくれ**。
  - ◉「な+動詞の連用形(カ変・サ変は未然形)+そ(終助詞)」の形をとる。

副詞 ❶《上代の用法》(「な+動詞の連用形(カ変・サ変は未然形)」の形で、動作を穏やかに制止・禁止して)…(し)**てくれるな**。…(し)**ないでくれ**。…(する)**な**。

我が背子が振り放け見つつ嘆くらむ清き月夜に雲なたなびき 歌〈万葉集・11・2669〉訳私の夫が(旅先で今ごろ)振り仰いで見ては嘆いていると思われる清らかな月夜に、雲よ、たなびい**てくれるな**。

はなはだも夜更けてな行き道の辺の斎笹の上に霜の降る夜を 歌〈万葉集・10・2336〉訳ひどく夜が更けてから出かけ**ないでくれ**。道のほとりの神聖なササの葉の上に霜が降りる(寒い)夜なのに。

❷(「な+動詞の連用形(カ変・サ変は未然形)+そ(終助詞)」の形で、動作の制止・禁止を懇願して)…(し)**てくれるな**。…(し)**ないでくれ**。…(し)**ないでほしい**。

「**声高になのたまひそ**。**屋の上に居る人どもの聞くに、いとまさなし**。」〈竹取・かぐや姫の昇天〉訳「大声で(天人をののしるようなことを)おっしゃら**ないでくれ**。屋根の上にいる人々が聞くと、ひどく好ましくない。」

かやうのことこそは、かたはらいたきことの内に入れつべけれど、「一つな落としそ。」と言へば、いかがはせむ。〈枕草子・102・中納言参りたまひて〉訳このような話(=中納言隆家の自慢話に、作者が秀逸なしゃれで応酬したこと)こそは、気恥ずかしいことの中に入れてしまうのが適当であるけれど(=この『枕草子』に載せるべきではないが)、「一つも漏らさ**ないでほしい**。」と(皆が)言うので、どうしようか、いや、どうしようもない。

発展 ①**穏やかな禁止表現** 「動詞の終止形+な(終助詞)」の形式による禁止表現に比べて、動作の制止をやや穏やかに懇願する意味を表す。

②**「な〜そ」に挟まる語** 「な」の下に付いたり、「な〜そ」の間に入る語は、動詞(複合動詞を含む)および「動詞+敬語補助動詞」の形が普通だが、「な寝しめ」〈万葉集・19・4179〉や「な頼まれそ」〈枕草子・143・殿などの〉のように、「動詞+使役・受身の助動詞」の形もある。しかし、使役・受身以外の助動詞が用いられることはない。

③**語の展開** ❶❷ともに上代から見られるが、❶は中古以降用いられない。また、中古末期以降、「な」を省略して「〜そ」だけで禁止表現となることもある。↓そ(終助詞)

ない-し【内侍】名詞 ❶＊内侍司の女官の総称。特に、＊掌侍。❷伊勢の斎宮、賀茂の斎院に仕える女官。❸厳島神社に仕える巫女。

ない-し-どころ【内侍所】名詞 ❶宮中の温明殿の別の呼び名。❷神鏡である八咫の鏡を安置した所。また、八咫の鏡の別の呼び名。

ない-し-の-かみ【尚侍】名詞 ＊内侍司の長官。天皇の近くに仕え、取り次ぎなどをしたが、のち女御・更衣に準ずる地位となった。発展「しやうじ」「かんのきみ」とも。

ない-し-の-じょう【掌侍】名詞 ＊内侍司の三等官。発展「しやうじ」「ないし」とも。

ない-し-の-すけ【典侍】名詞 ＊内侍司の次官。発展「てんじ」「すけ」とも。

ない-し-の-つかさ【内侍司】名詞 天皇の近くに仕え、取り次ぎ、後宮の礼式、雑事などを取り扱う役所。職員はすべて女性。

ない-しょう【内證】名詞 ❶《仏教語》仏教の真理を心の内で悟ること。内心の悟り。

外相もし背かざれば、内證必ず熟す。〈徒然草・157・筆を執れば物書かれ〉訳 外に現れた姿がもしも（道理に）背かないならば、**内心の悟り**は必ず成熟する。

❷内輪の事情。また、内密。

❸奥の部屋。また、奥様。主婦。

❹暮らし向き。家計。

❺遊廓の主人の居室。また、帳場。

発展「證」は、常用漢字としては「証」に書き換えられるが、「證」の字音が「しょう」であるのに対して、「証」の字音は「しやう」であったので、「證」のままとした。

ない-しんわう【内親王】名詞 天皇の姉妹および皇女。後には、親王宣下を受けた者の呼び名。類 姫御子 対 親王

→古語チャート㉖（873ページ）

ない-ぜん【内膳】名詞 ↓ないぜんし

ない-ぜん-し【内膳司】名詞 宮内省に属す、天皇の食事を調理する役所。↓ビジュアルチェック⑮（757ページ）

発展「うちのかしはでのつかさ」とも。

ない-だいじん【内大臣】名詞 ＊太政官の官名。発展「うちのおほいどの」「うちのおとど」とも。もと、左右両大臣の上位であったが、後に下位となり、左大臣または右大臣不在のとき、その職務を代行するようになった。

ない-だん【内談】名詞 動詞 自〔サ変〕〈せ・し・す・する・すれ・せよ〉内密に話し合うこと。関係者だけの相談。密談。

ない-ぢん【内陣】名詞 社寺で、神体、本尊を安置する所。本殿や本堂の奥にある。対 外陣

ない-でん【内典】名詞《仏教語》経典などを、仏教の側からいうことば。対 外典 発展「ないてん」とも。

ない-ない【内内】副詞 ひそかに。こっそりと。

人目には何とも見えざりけれども、内々は先に心をかけたりければ…。〈平家・9・宇治川先陣〉訳 人目には何とも見えなかったけれども、**ひそかには**先陣を心に期していたので…。

ないばら-を-た・つ【ない腹を立つ】なんでもないことに腹を立てる。一説に、負け惜しみをして腹を立てる。発展「ない腹」は「無き腹」または「泣き腹」の変化したものか。

ない-べん【内弁】名詞 即位や＊節会のとき、承明門の内で諸事を取り仕切る公卿。対 外弁

ない-らん【内覧】名詞 動詞 他〔サ変〕〈せ・し・す・する・すれ・せよ〉天皇に奏上される文書を、事前に読むこと。また、それを行う者。

なう 感動詞 ❶（相手に呼びかけて）もしもし。ねえ。

「**なう、いかに修行者。熊野へ参ったるしるしには、何をせうぞの。**」〈小栗〉訳「**もしもし**、ちょっと修行者殿。熊野に参詣した証拠には、何をするのか。」

❷（感動したときに発して）ああ。おお。まあ。

なう 終助詞《中世以降》接続 活用語の終止形や終助詞など、文が終止した形に付く。❶（感動・詠嘆を表し）…なあ。…よ。

まづ放さいなう放してものを言はさいなう〈閑吟集〉訳 まあちょっと（手を）放してよ。放してものを言わせてよ。

❷（同意を求めて呼びかけて）…ねえ。…よね。

「**富士の山を火打ち袋に入れたと言ふが、これは入れられまいことぢゃなう。**」〈狂言・謀盛〉訳「富士山を火打ち石を入れる袋に入れたと言うが、それは入れられないだろうことだよね。」

なえ-かか・る【萎え掛かる】動詞 自〔ラ四段〕〈ら・り・る・る・れ・れ〉（体から力が抜け）ぐったりして物に寄り掛かる。

手に力もなくなりて、なえ掛かりたり。〈竹取・かぐや姫の昇天〉訳 手に力もなくなって、**ぐったりして物に寄り掛かっている**。

なえ-ば・む【萎えばむ】動詞 自〔マ四段〕〈ま・み・む・む・め・め〉（衣服が）着なれて柔らかくなる。よれよれになる。

御衣どもなどなえばみて、御前にまた人もなく…。〈源氏・橋姫〉訳（姫君たちの）お着物なども**よれよれに**なって、おそばにはお仕えする人もなく…。

発展「ばむ」は接尾語。

❷**なお**（現）↓（歴）**なほ**【猶・尚】最重要語（937ページ）・【直】

❷**なおざりなり**（現）↓（歴）**なほざりなり**【等閑なり】最重要語（937ページ）

❷**なおし**（現）↓（歴）**なほし**【直衣】【直し】

❷**なおす**（現）↓（歴）**なほす**【直す】

❷**なおる**（現）↓（歴）**なほる**【直る】

なか【中・仲】

物事の中間や内側。また、人の仲

- ［物事］
  - ❶（両端の）中央。中ほど。
  - ❷内部。内側。範囲内。
- ［人間］
  - ❸中位。中流。
  - ❹間柄。特に、男女の関係。
- ❺江戸の吉原・大坂の新町などの遊廓の通称。◉近世語。

名詞 ❶（両端の）**中央**。**中ほど**。

竜田川紅葉乱れて流るめり渡らば錦中や絶えなむ 歌〈古今集・秋下・283〉訳 竜田川に紅葉が散り乱れて流れているようだ。（この川を）渡ったならば、（紅葉で色とりどりに美しく映えている）錦（のような川の流れ）は、きっと**中ほど**でとだえてしまうのではないだろうか。

❷**内部**。**内側**。**範囲内**。**うち**。

所も変はらず、人も多かれど、古見し人は、二、三十人が中にわづかに一人二人なり。〈方丈記・ゆく河〉訳 場所も変わらないし、人も多いけれど、以前会った人（で、今も生きている人）は、二、三十人の**うち**でわずかに一人か二人である。

❸(「上・下」に対して)**中位**。**中ぐらい**。**中流**。「**中の品のけしうはあらぬ、選り出でつべきころほひなり**。」〈源氏・帚木〉訳「(今は)**中流**の階級でそれほど悪くはない女を、きっと選び出すことができそうな時期である。」
❹**間柄**。**関係**。**特に**、**男女の関係**。**男女の仲をも和らげ、猛き武士の心をも慰むるは歌なり**。〈古今集・仮名序〉訳男女の**関係**をも親しくさせ、荒々しい武士の心をもなごやかにさせるものは和歌である。
❺《近世語》**江戸の吉原・大坂の新町などの遊廓の通称**。
発展 **語の成り立ち**　古くは「な」だけで中の意味を表し、その「な」に場所を表す接尾語「か」が付いたものといわれる。空間的・時間的、また、抽象的な意味でも、上・下、左・右、前・後、始・終などの中間に当たる位置を表す。❹の意味では、ふつう「仲」と表記される。

なが-あめ【長雨】名詞 類語比較「うち」と「なか」↓内
なか-いり【中入り】名詞 ↓ながめ(長雨)
❶《能楽用語》シテがいったん楽屋に退場すること。❷芝居、見世物などの、途中の休憩。
ながう【長う】「なが(長)く」のウ音便。
なが-うた【長唄】名詞 江戸初期、上方で行われた三味線を伴奏とする歌曲。
なが-え 名詞 ❶【轅・長柄】牛車の前方に付いている二本の長い柄。↓牛車(図)
❷【長柄】長い柄。また、柄の長いものの総称。
なが-えぼし【長烏帽子】名詞 ★立て烏帽子の丈の長いもの。発展「ながえぼうし」とも。
なか-がき【中垣】名詞 隣家との境に作った垣根。
なか-がみ【天一神】名詞 ★陰陽道で、吉凶禍福をつかさどる神。発展 天地、八方を六十日周期で運行し、この神のいる方角を「★塞がり」といって忌み、その方角へ向かう場合は「★方違へ」をした。

まとめて覚えよう古語チャート 28
「な(名)」の二つの意味

この図は、「な(名)」の二つの意味から生まれたことばを集めたものです。
「な(名)」といえば、今では「名前」という意味でしか使われていませんが、「名前」の意味のほかに「文字」という意味もありました。文字のなかった日本に中国から文字が伝来した段階で、「な」という単語に「文字」の意味をも担わせたと思われます。「かたか**な**」とか「ひらが**な**」というときの「な」は、「文字」を意味しています。
「かな」は、もともと漢字から生まれたものなので、漢字に対して「仮(=間に合わせ)」の意識がありました。そこで、初めは「1かりな(仮名)」と呼ばれ、それが変化して「2かな」ということばが生まれたのです。「かりな」に対し、漢字は本来の真正な文字という意味で「3まな(真名)」と呼ばれました。

- な
  - 名前
    - いみな(諱) ●死後に呼ばれる人の名
    - あざな(字) ●呼び名。あだ名
    - つかさな(官名) ●官職で呼ばれる人の名
  - 文字
    - 3 まな(真名) ●漢字
    - 1 かりな(仮名) → 2 かな(仮名)

赤字は最重要語・重要語

ながからむ…百人一首
長からむ心もしらず黒髪の乱れて今朝はものをこそ思へ〈千載集・802・待賢門院堀河〉訳 末長く続くような(あなたの)心かどうかもわからず、今朝は心も乱れて、物思いに沈むことだ。〇「黒髪の」は「乱れ」に係る枕詞。「乱れ」は、「髪が乱れる」と「心が乱れる」の掛詞。
発展 恋しい男と一夜を過ごした女の、翌朝の思い。

品詞分解・修辞

長から	む	心	も	しら	ず。	黒髪	の
形・未（縁語）	婉曲・体		係助	ラ四・未	打消・終〈二句切れ〉	縁語〈枕詞〉→乱れ	格助

乱れ	て	今朝	は	もの	を	こそ	思へ
ラ下二・用（縁語）	接助		係助		格助	係助（係）	八四・已（結）

なか-ぐろ【中黒】名詞 ❶矢羽の模様のひとつ。上下が白で、中央が黒いもの。❷紋所のひとつ。丸の中に横に太く「一」を引いたもの。

[なかぐろ❶]
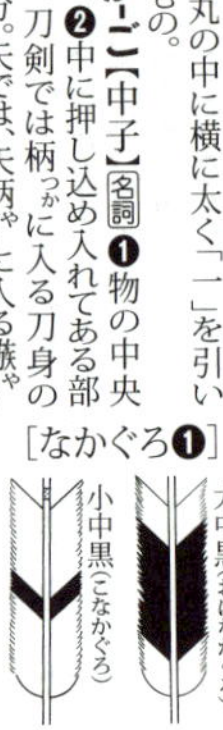

なか-ご【中子】名詞 ❶物の中央部。❷中に押し込め入れてある部分。刀剣では柄に入る刀身の部分。矢では、矢柄に入る鏃の根の部分。❸斎宮の忌み詞で、仏のこと。神道なので仏教語を避ける。
なが-ごと【長言】名詞 長話。長口上。
なか-ごろ【中頃】名詞 昔と今の中間の時代。そう遠くない昔。
なか-さうじ【中障子】名詞 部屋と部屋を仕切るふすま障子。
なか-ざし【中差し・中指し】名詞 ❶箙(=矢を入れる道具)の内に差し入れてある矢。❷女性が髪を頭の上で束ねたところに差す装身具。
なが-ざま・なり【長様なり】形容動詞〔ナリ〕〈なら・なり(に)・なり・なる・なれ・なれ〉見た目が長い。横長だ。
畳一ひらを長様に縁を端にして、長押の上に敷きて…。〈枕草子・278・関白殿、二月二十一日に〉訳 畳一枚を**横長に**(畳の)へりを端に合わせて、★長押の上に敷いて…。
なが・し【長し・永し】形容詞〔ク〕〈く・く・し・き・けれ・○／から・かり・

○・かる・○・かれ〉❶（空間的に）長い。「その御髪の長に余りて長ければ、それを抜き取りて鬘にせむとて抜くなり。」〈今昔〉訳「その髪が背丈を超えて長いので、それを抜き取って鬘にしようと思って抜いているのだ。」
❷（時間的に）長い。「人目驚くばかり思されしも、長かるまじきなりけり。」〈源氏・桐壺〉訳「人が見て驚くほどに（更衣を）いとしくお思いにならないではいられなかったのも、（今から思えば）長くない仲であったのだった。」

なか-じま【中島】 名詞 寝殿造りの庭園で、池の中に作った島。

なが・す【流す】 動詞 他〈サ四段〉〈さ・し・す・す・せ・せ〉❶水にまかせて移動させる。流れに乗せる。「年ごとにもみぢ葉流す竜田川水門や秋のとまりなるらむ」歌〈古今集・秋下・311〉訳 毎年紅葉した葉を流れに乗せる竜田川は、（その）河口が（紅葉の流れ行く）秋の行き着く所であるのではなかろうか。
❷（汗や涙などを）滴らす。こぼす。垂らす。「翁・媼、血の涙を流して惑へど、かひなし。」〈竹取・かぐや姫の昇天〉訳 翁と、媼は、（ひどく悲しんで）血のにじむような涙をこぼして心が乱れるが、どうしようもない。
❸（評判やうわさなどを）世間に広める。「かろびたる名をや流さむ。」〈源氏・帚木〉訳「軽々しく見えるという評判を世間に広めるのではなかろうか。」
❹流罪にする。島流しにする。また、左遷する。「隠岐の国に流されけるときに、舟に乗りて出で立つとて…。」〈古今集・羇旅・407・詞書〉訳 隠岐の国に流罪にされたときに、舟に乗って出発すると言って…。
❺やり過ごす。構わずにおく。受け流す。聞き流す。
↓古語チャート❾（375ページ）

中山道（なかせんどう）【ダウ】地名 ★五街道の一つ。江戸と京都を結ぶ街道。江戸日本橋から板橋・高崎を経て碓氷峠・和田峠を越え、下諏訪で★甲州街道と合流。塩尻峠を越え木曾に入り、美濃・近江を経て、草津で、★東海道と合流する。「中仙道」とも書く。↓ビジュアルチェック❿（502ページ）

なが-そで【長袖】 名詞 ❶長い袖。また、長い袖の衣服。❷（長い袖の衣服を着たことから）公家・医者・僧。

なか-ぞら【中空】 名詞 ❶空の中ほど。中天。「降り乱れみぎはにこほる雪よりも中空にてぞわれは消ぬべき」歌〈源氏・浮舟〉訳 降り乱れて水のほとりに凍る雪よりも（はかなく）、空の中ほどで私は消えてしまうに違いない。
❷道程の途中。旅の途中。「京まではまだ中空や雪の雲」句〈笈の小文・芭蕉〉訳 京までの旅は、まだ道程の途中だ。空には雪を含んだ雲が重く垂れこめている。

なか-ぞら・なり【中空なり】 形容動詞〈ナリ〉〈なら・なり（に）・なり・なる・なれ・なれ〉❶落ち着かない。上の空だ。「初雁のはつかに声を聞きしより中空にのみ物を思ふかな」歌〈古今集・恋1・481〉訳 かすかに（あの人の）声を聞いてから、上の空で物思いばかりすることだよ。
❷中途半端だ。どっちつかずだ。「行くべき方も惑はれて、帰り入らむも中空にて…。」〈源氏・手習〉訳「どちらに行ったらよいかもわからないし、帰って行ったりすることもどっちつかずであって…。」

なか-たえ【中絶え】 名詞 中断すること。

なか-だち【仲立ち】 名詞 間に立って取り持つこと。特に、男女の間を取り持つこと。また、その人。仲介。

なか-ち【仲子】 名詞《上代語》長子、末子以外の男の子。特に、次男。発展「なかちこ」「なかつこ」とも。

なが-ぢ【長道】 名詞 長い道のり。遠路。類 長手 発展「ながち」とも。

なか-つ-え【中つ枝】 名詞 幹の中ほどの枝。

中務（なかつかさ） 人名 平安中期の女性歌人。★三十六歌仙の一人。母は★伊勢。恋多き生涯で、源信明との間に多くの贈答歌がある。生没年不明。

なか-づかさ【中務】 名詞「★中務卿」「★中務省」の略。

なかづかさ-きゃう【中務卿】 名詞 ★中務省の長官。正四位に相当する。

なかづかさ-しゃう【中務省】 名詞 ★八省の一つ。天皇のそばに仕え、詔勅文の審査、国史の監修、女官の選考など、宮中の事務を取り扱う役所。↓ビジュアルチェック⓯（757ページ）

なが-つき【長月】 名詞 陰暦九月。発展「ながづき」とも。

なが-て【長手】 名詞 ↓ながぢ

長門（ながと） 旧国名 長州。★山陽道八か国の一つ。今の山口県西半部。戦国時代には毛利氏が支配。江戸時代には長州藩が置かれた。↓ビジュアルチェック❼（450ページ）

なか-なか

中途半端で不十分なので、いっそない方がよいという気持ち
- 一 副詞
  - ❶なまじっか。
  - ❷かえって。むしろ。
  - ❸かなり。ずいぶん。
  - ❹とても（…ない）。容易には（…ない）。
- 二 感動詞 （相手のことばを肯定して）いかにも。そのとおり。

◉中世以降。

一 副詞 ❶なまじっか。なまじ。「なかなか返事して、門立てられ、鎖さされてはあしかりなん。」〈平家・6・小督〉訳「（やっと捜し当てたのに）なまじっか返事をして、門を閉められ、掛け金を差し込まれてしまったらきっと具合が悪いだろう。」
❷かえって。むしろ。「髪の筋なども、なかなか昼よりも顕証に見えてまばゆけれど、念じて見などす。」〈枕草子・184・宮に初めて参りたるころ〉訳（灯火が明るいので、私の）髪の毛の筋なども、かえって昼間よりもあらわに見えてきまりが悪いけれど、我慢して（中宮の取り出した絵を）見たりなどする。
❸《中世以降》かなり。ずいぶん。「なかなか彼が縁を尋ねて、母の尼公が家を暁夕暮れごとにうかがひけり。」〈古今著聞集〉訳（男を追う役人は）ずいぶんその男の縁者を捜し求めて、（男の）母である尼君の家を毎朝毎晩こっそりのぞいていた。
❹《中世以降》（「なかなか～打消」の形で）とても（…ない）。容易には（…ない）。どうにも（…ない）。「我ら二人にさへ住みかねたる体にてさうらふほどに、なかなか思ひも寄らずさうらふ。」〈謡曲・鉢木〉訳「私ども二人だけでもなかなか暮らしていけない状態でございますので、（宿を貸すことなど）とても思いも寄らないことでございます。」

二 感動詞《中世以降》《相手のことばを肯定して》いかにも。そのとおり。「ははあ、御用と仰せらるるは、そのことでござるか。」「なかなか。」〈狂言・靫猿〉訳「おやまあ、ご用事とおっしゃるのは、そのことでございますか。」「そのとおり。」

発展 ①語の成り立ち　中途・中間の意味を表す「中」を重ねたことばで、どっちつかずで中途半端な状態を表すのがもともとの意味。その状態を不十分・不満足に思い、むしろそうでない方がよいという気持ちから、一❶❷の意味になった。

②語の歴史　上代には副詞「なかなかに」しかなく、形容動詞「なかなかなり」は、この「なかなかに」がラ変動詞「あり」と結び付いてできたものである。一方で、「に」を伴わない「なかなか」だけでも副詞として用いられるようになった。

③現代語とのつながり　一❸❹は中世以降の用法で、現代語にも残る。ただし、❸の場合、現代では「なかなかよい」「なかなかきれいだ」のように、形容詞・形容動詞を修飾する以外には用いられないが、中世には『古今著聞集』の用例のように、動詞に係る例も見られた。

④二の感動詞としての用法　室町時代以降、狂言などを中心に発達したものである。

関連語 なかなかなり

なが-なが・し【長長し】形容詞[シク]〈しく・しく・し・しき・しけれ・○／しから・しかり・○・しかる・○・しかれ〉非常に長い。「常に**長々しう**はえ添ひさぶらひたまはじ。」〈源氏・藤裏葉〉訳「いつまでも**非常に長く**はお付き添い申し上げることはできまい。」○「長々しう」は連用形「長々しく」のウ音便。

なか-なか・なり 形容動詞 →最重要語(913ページ)

なかなか-に 副詞 ❶なまじっか。中途半端に。

なかなかに人とあらずは酒壺になりにてしかも酒に染みなむ 歌〈万葉集・3・343〉訳→なかなかに…

❷かえって。むしろ。

なかなかに絶ゆとし言はばかくばかり息の緒にして吾恋ひめやも 歌〈万葉集・4・681〉訳**かえって**愛情が絶えたと(あなたが)はっきり言うならば、これほどまで命をかけて、私は恋したりしないのになあ。

なかなかに… 歌

なかなかに人とあらずは酒壺になりにてしかも酒に染みなむ〈万葉集・3・343・大伴旅人〉訳なまじっか人間として生きていないで、酒壺になってしまいたいものだ。(そして)存分に酒に浸ってしまおう。○「なりにてしかも」の「てしか」は願望を表す終助詞、「も」は詠嘆を表す終助詞。

発展 鄭泉という酒好きの男が、土になって酒壺に作られたいので、死んだらかまどのそばに埋めてほしいと遺言したという中国の故事に基づく。

なか-に-つい-て【中に就いて】連語 とりわけ。その中で特に。「**中に就いても**、女の宿世はいと浮かびたるなむ、あはれにはべる。」〈源氏・帚木〉訳「**とりわけ**、女の運命は、まったく(水に)浮かんでいるものであるのが、気の毒でございます。」

発展 名詞「なか」＋格助詞「に」＋四段動詞「つく」の連用形のイ音便＋接続助詞「て」。

中大兄皇子(なかのおおえのおうじ)[ナカノオホエノワウジ] 人名 →天智天皇

なか-の-きみ【中の君】二番目の姫君。次女。→古語チャート㊱(1057ページ)

なか-の-ころも【中の衣】＊直衣の下に着る衣。

なか-の-と【中の戸】❶部屋と部屋を仕切る戸。❷清涼殿の北廂を、萩の戸と藤壺の上の御局の境で分ける戸。→ビジュアルチェック⑫(715ページ)

なか-の-はしら【中の柱】壁から離れて、部屋の中に立つ柱。中柱。

なか-のぼり【中上り】名詞 ❶平安時代、国司が任期中に一度上京すること。❷江戸時代、上方から江戸へ来て奉公や修行をしている者が、一時帰郷すること。

なか-の-みかど【中の御門】名詞 ❶皇居外郭の中央の門。中門。❷＊待賢門の別の呼び名。

なか-ば【半ば】一 名詞 ❶半分。❷真ん中。中ほど。途中。最中。たけなわ。

二 副詞 おおかた。かなり。よほど。

睦言を語り合はせむ人もがな憂き世の夢もなかば醒むやと 歌〈源氏・明石〉訳むつまじく語り合うような人がいてくれたらなあ。(そうすれば)このつらいこの世の中の悪夢も**おおかた**覚めるのではないかと(思うのだが)。

なが-ばかま【長袴】名詞 裾の長い袴。また、足を包んで後ろに裾を引くはかま。→汗衫(図)

なが-はし【長橋】名詞 ❶長い橋。❷宮中の＊清涼殿

なか-なか・なり

起点でも終点でもない、中途半端でどっちつかずのようす

❶中途半端である。どっちつかずだ。
❷かえってしない方がましだ。

形容動詞[ナリ]	未然形	連用形	終止形	連体形	已然形	命令形
	なかなか・なら	なかなか・なり なかなか・に	なかなか・なり	なかなか・なる	なかなか・なれ	なかなか・なれ

❶**中途半端である。どっちつかずだ。**「琴の端を知らせむかしと思ひしかど、**なかなかなること**とは知らせじとて…。」〈宇津保〉訳「(私の娘に)琴の(技術の)一部でも分からせようと思ったが、(覚えが悪いから)**中途半端な**ことは教えまいと思って…。」

❷**かえってしない方がましだ。**『はかばかしう後ろ見思ふ人もなき交じらひは、**なかなかなるべきこと**。』と思ひたまへながら…。」〈源氏・桐壺〉訳『しっかりと後ろ盾になってくれる人もいない宮仕えは、**かえってしない方がましであるに違いない**。』と思わせていただきながらも…。」

発展 **語の歴史** 中途・中間の意味を表す「中」を重ねたことばで、上代には副詞「なかなかに」の形しか見られなかった。中古以降、形容動詞「なかなかなり」が生じるとともに、「に」を伴わない副詞「なかなか」の形でも用いられるようになった。

類語比較 「なのめなり」「おろかなり」「なかなかなり」→斜めなり

（清涼殿）から★紫宸殿へ通じる廊下。

なか-ばしら【中柱】名詞 ↓なかのはしら

なが-びつ【長櫃】名詞 ふたの付いた、木製の長方形の大きな箱。

なか-へだて【中隔て】名詞 二つの間を仕切ること。また、その仕切り。

なかま-あきなひ【仲間商ひ】—あきない 名詞 同業者間での取り引き。

なか-みかど【中御門】名詞 ↓たいけんもん

なか-みち【中道】名詞 男と女の間にある道。また、その道を通うこと。
中道を隔つるほどはなけれども心乱るるけさの淡雪 歌〈源氏・若菜上〉訳 **男と女の間にある道**を隔てるほどではないけれども、(なんだか)心が乱れる今朝の乱れ降る淡雪よ。

なが・む【詠む】動詞 ↓最重要語(914ページ)

なが・む【眺む】

長時間、物を見る
- ❶物思いにふけりながらぼんやり見やる。
- ❷物思いにふける。
- ❸眺望する。見渡す。

未然形	連用形	終止形	連体形	已然形	命令形
ながめ	ながめ	ながむ	ながむる	ながむれ	ながめよ

動詞 他〔マ下二段〕❶**物思いにふけりながらぼんやり見やる。思いを込めてじっと見つめる。**この山の上より、月もいと限りなく明かく出でたる**をながめて**、夜一夜寝も寝られず…。〈大和・156〉訳(老いた伯母を山へ捨てた男は)この山の上から、月も本当にこの上もなく明るく出ているのを**物思いにふけりながらぼんやり見やって**、一晩中寝ることもできなくて…。❷**物思いにふける。物思いをして過ごす。**「明け暮れ**眺め**はべる所に渡したてまつらむ。」〈源氏・若紫〉訳「(私が)朝晩**物思いをして過ごし**ております家に(紫の上を)お移し申し上げよう。」❸**眺望する。見渡す。**なごの海の霞の間より**眺むれ**ば入る日をあらふ沖つ白波 歌〈新古今集・春上・35〉訳 ↓なごのうみの…

なが・む【詠む】

声を長く引き、節を付けて読む
- ❶口ずさむ。
- ❷歌を詠む。

未然形	連用形	終止形	連体形	已然形	命令形
ながめ	ながめ	ながむ	ながむる	ながむれ	ながめよ

動詞 他〔マ下二段〕❶**口ずさむ。**(声を長く引いて詩歌を)**吟じる。**「こぼれてにほふ花桜かな。」と**ながめけれ**ば、この声を院聞かせたまひて…。〈今昔〉訳「咲きこぼれて美しいサクラの花よ。」と(古い歌の下の句をだれかが)**吟じ**たところ、この声を院がお聞きになって…。❷**歌を詠む。詩歌を作る。**かの在原のなにがしの「唐衣着つつなれにし」と**ながめけん**三河の国八橋にもなりぬれば…。〈平家・10・海道下〉訳 あの在原のだれそれ(=業平)が「唐衣を何度も繰り返し着て(肌に)なじんでしまった」と**歌を詠ん**だとかいう三河の国(=今の愛知県東部)の八橋にも着いたので…。

発展 **語の由来** 長く見る行為を表す動詞「眺む」の意味が変化して、長く声を引く行為についても用いられるようになったものか、あるいは、「長し」の語幹「なが」から直接「詠む」ができたものか、はっきりしない。

発展 ①**語の成り立ち** 「長し」と同じ語根(=語構成上の最小の意味的単位)で、「長見る」が変化したものとも、「長目」が動詞になったものともいわれる。
②**意味の広がり** 長時間、物を見るという意味から、もともとは❶の、物思いにふけりながらぼんやり見やるという意味で用いられ、❷のように、単に物思いにふける意味ともなった。

なか-むかし【中昔】名詞 ↓なかごろ

なが-め【長雨】名詞 長く降り続く雨。
花の色は移りにけりないたづらにわが身世にふるながめせしまに 百人一首〈古今集・春下・113〉訳 ↓はなのいろは…
発展 「ながあめ」とも。和歌では、多く「眺め」に掛ける。

ながめ【眺め】名詞 ❶物思いにふけりながらぼんやり見ること。また、物思いにふけること。❷見渡すこと。眺望。
発展 ❶は、和歌では多く「長雨」に掛ける。

ながめ【詠め】名詞 詩歌を作ること。声を長く引いて詩歌を詠むこと。また、詩歌。

ながめ-あか・す【眺め明かす】動詞 他〔サ四段〕〈さ・し・す・す・せ・せ〉物思いにふけって夜を明かす。
明くるまで眺め明かいて、夜明けてぞみな人寝ぬる。〈更級日記・大納言殿の姫君〉訳 夜が明けるまで**物思いにふけって夜を明かして**、夜が明けてから皆寝てしまった。〇「眺め明かい」は連用形「眺め明かし」のイ音便。

ながめ-がち・なり【眺め勝ちなり】形容動詞〔ナリ〕〈なら・なり(に)・なり・なる・なれ・なれ〉物思いにふけって時を過ごすことが多い。
「よき程に、かくて閉ぢめてむ。」と思ふものから、ただならず、**眺めがちなり。**〈源氏・空蝉〉訳(空蝉は源氏との関係を)「適当なところで、このままで終わらせてしまおう。」と思うものの、平静でいられず、**物思いにふけって時を過ごすことが多い。**

ながめ-くら・す【眺め暮らす】動詞 他〔サ四段〕〈さ・し・す・す・せ・せ〉物思いにふけって時を送る。
起きもせず寝もせで夜をあかしては春のものとてながめ暮らしつ 歌〈古今集・恋3・616〉訳 ↓おきもせず…

ながめ-ふ【眺め経】動詞 他〔ハ下二段〕〈へ・へ・ふ・ふる・ふれ・へよ〉物思いにふけって月日を過ごす。
ひとりのみ眺めふるやのつまなれば人を忍ぶの草ぞ生ひける 歌〈古今集・恋5・769〉訳 ひとり**物思いにふけって月日を過ごし**、時勢遅れになった(=飽きられた)女が相手をしのぶようすは、長雨の降る古家のつま(=軒先)にしのぶ草が生い茂っているようなものである。〇「眺め」「ふる」「つま」「忍ぶ」は掛詞。

発展 和歌では多く「長雨降(ながめふ)る」に掛ける。

ながめ-や・る【眺め遣る】 動詞 他 〔ラ四段〕〈ら・り・る・る・れ・れ〉 物思いにふけって遠くを見やる。ぼんやりと遠くを見る。**山の端に入り日の影は入り果てて心細くぞ眺めやられし** 歌〈更級日記・東山なる所〉訳（西の）山の尾根に夕日の光がすっかり入って（＝沈んで）、（東山のあなたの住まいが気にかかり）心細く**ぼんやりと遠くを見**ないではいられなかった。

なか-めり【無かめり】 ないように見える。ないようだ。「家の中に足らぬことなど、はた**なかめる**ままに…。」〈源氏・帚木〉訳「家の中には不足ということなど、まったく**ないようである**ことにまかせて…。」
発展 形容詞「なし」の連体形に推定の助動詞「めり」が付いた「なかるめり」の撥音便「なかんめり」の「ん」を表記しない形。

ながめる（現）↓（古）**ながむ【眺む】**

なが-もち【長持】 名詞 衣類・夜具・調度などを入れておく、長方形のふたのある大きな箱。類 長櫃

なが-や【長屋】 名詞 ❶細長い家。❷一棟を仕切って、複数の家族が住めるようにした家。

なが-やか・なり【長やかなり】 形容動詞〔ナリ〕〈なら・なり(に)・なり・なる・なれ・なれ〉 長く感じられる。長目だ。単衣の袖**長やかに**、扇さしかくして、歌うたひたる、いとあはれに見ゆ。〈更級日記・初瀬〉訳 単衣の袖は**長目で**、扇で顔を隠して、歌をうたっているようすは、非常に優雅にみえる。

なか-やどり【中宿り】 名詞 外出の途中で休憩すること。旅の途中で宿泊すること。また、その場所。

なか-ら【半ら・中ら】 名詞 ❶半分。半ば。中ほど。❷真ん中。中心。

-ながら ↓基本助詞25（915ページ） 接尾語 ❶（名詞に付いて、その本質のままに存在するという意味を表し）…のままに。…のとおりに。…なりに。語例 神**ながら**・山**ながら** ❷（名詞や副詞に付いて、その状態やようすがそのまま存在していることを表し）…のままで。…とおり。語例 露**ながら**・昔**ながら**・かく**ながら**・さ**ながら** ❸（名詞や形容詞・形容動詞の語幹などに付いて、逆接の確定条件を表し）…だけれども。…ではあるが。…なのに。語例 冬**ながら**・卑しながら・清げ**ながら** ❹（数量を表す名詞に付いて、すべてという意味を表し）…全部。…ぐるみ。…とも。…中。語例 三人**ながら**・一年**ながら**

基本助詞25 ながら

❶（複数の動作や状態が並行している意味を表し）…つつ。…ながら。…まま。
❷（逆接の確定条件を表し）…けれども。…ながらも。

接続 動詞・動詞型活用の助動詞の連用形、また、一部の名詞に付く。

接続助詞 ❶（複数の動作や状態が並行している意味を表し）…**つつ**。…**ながら**。…**まま**。…(し)**たまま**。**針袋帯び続けながら里ごとにてらさひ歩けど人も咎めず** 歌〈万葉集・18・4130〉訳 針や糸を入れる袋を腰にさげ続け**たまま**、里々を見せびらかして歩くが、世間の人々も非難しない。〇「帯び続く」という状態を保ったままで、「てらさひ歩く」という動作を並行して行っている。
験者求むるに…からうじて待ちつけて、喜びながら加持せさするに…。〈枕草子・28・憎きもの〉訳（祈禱を行って病気を治す）修験者を探すが…やっとのことで（見つかり、その修験者を）待ち受けて、うれしく思い**つつ**密教の祈禱をさせると…。〇「喜ぶ」という心の状態と「加持させす」という動作が並行している。
❷（逆接の確定条件を表し）…**けれども**。…**ながらも**。…**のに**。「**もとの品高く生まれながら、身は沈み**…。」〈源氏・帚木〉訳「もともと身分の高い家に生まれている**のに**、その身は落ちぶれて…。」〇「ながら」の前の句と後の句が相反する内容を表している。
広々ともの深き、深山のやうにはありながら、花紅葉の折は、四方の山辺も何ならぬを見ならひたるに…〈更級日記・野辺の笹原〉訳（今までの家は）広々として奥深い、（人里離れた）山奥のようではあり**ながらも**、春の花や秋の紅葉のころは、あちらこちらの山の辺りも物の数ではない（と思えるほどすばらしい）のを見慣れてきたのに…。

発展 **①語の成り立ち** 格助詞「の」（あるいは上代の格助詞「な」）＋性質や状態などを表す名詞「から（柄・故）」が変化したものか。
格助詞「の」「な」は体言に付くのが基本であるため、体言などに付く接尾語の「ながら」が初めにあったとみたい。よって「ながら」はもともとは、上に付く体言などの性質や状態が、その本質のままに存在することを表す接尾語であって、そこから、接続助詞の❶の用法が生まれたとみられる。❷は、❶から派生した用法である。

②助詞か接尾語か 「ながら」を接尾語と見るか接続助詞と見るかは説が分かれ、体言などに付く場合もすべて接続助詞とする考え方もある。本書は、体言や副詞に付くものを接尾語とし、活用語に付くものは接続助詞と見ることにしているが、動詞の連用形に付くものでも、本質のままに存在する状態を意味するものは接尾語とし、名詞に付くものでも逆接性の認められるものは接続助詞とする見方もある。

③接尾語で逆接を表す用法 ①で前述したように接尾語から接続助詞「ながら」が派生したため、接続助詞❷と同様、本書において接尾語とする「ながら」にも逆接の確定条件の用法がある。たとえば、「冬ながら空より花の散りくるは雲のあなたは春にやあるらむ（訳↓ふゆながら…）」〈古今集・冬・330〉や、「昔、男ありけり。身は卑しながら、母なむ宮なりける（＝昔、ある男がいた。身分は低いけれども、母は皇女であったのだった）。」〈伊勢・84〉など。後の用例は、形容詞「卑し」の語幹（シク活用の場合は終止形が語幹に相当する）に付いている例で、接尾語の「ながら」は、このように形容詞や形容動詞の語幹、*準体言（活用語の連体形）などにも付くが、その用例はあまり多くはない。

④「つつ」と「ながら」 中古までは接続助詞「ながら」と同じ用法としては、「つつ」の方が多く用いられた。中世以降、しだいに「ながら」に取って代わられ、「つつ」は古い感じのことばとなっていった。

❷ながらえる（現）↓（古）**ながらふ**【存らふ・永らふ・長らふ】

長柄の橋 ながらのはし 歌枕 今の大阪市にあったとされる橋。損壊と再建を繰り返したため、和歌には、古いもの、壊れたもののたとえとして用いられた。

なか-らひ【仲らひ】ーらい 名詞 人と人との間柄。人間関係。類 仲なからへ

なが-ら・ふ【存らふ・永らふ・長らふ】ながら(ろ)ーう 動詞 自〔ハ下二段〕〈へ・へ・ふ・ふる・ふれ・へよ〉❶長く続く。長くとどまる。「**長らふべきものとしも思うたまへざりしかど**…。」〈源氏・帚木ははき〉訳「（内緒で逢い始めた女と）**長く続く**はずの仲とも思わせていただかなかったが…。」❷生き長らえる。長生きする。

長らへばまたこのごろやしのばれむ憂しと見し世ぞ今は恋しき 百人一首〈新古今集・雑下・1843〉訳↓ながらへば…

なか-らへ【仲らへ】ーらえ 名詞 ↓なからひ

🔔ながらへば…百人一首 長らへばまたこのごろやしのばれむ憂しと見し世ぞ今は恋しき〈新古今集・雑下・1843・藤原清輔きよすけ〉訳もし（この先も）生き長らえるならば、また（つらいと思っている）今ごろ（のこと）も懐かしく思い出されるのだろうか。（あれほど）つらいと思っていた昔のことが今は恋しく思われる（のだから）。

発展 時の流れが救いになるという感慨をしみじみと詠む。

品詞分解・修辞

長らへ（ハ下二・未）ば（接助）また（副）このごろ や（係助）（係）— しのば（バ四・未）れ（自発・未）む（推量・体）（結）。〈三句切れ〉

憂し（形・終）と（格助）見（マ上一・用）し（過去・体）世 ぞ（係助）（係）— 今 は（係助）恋しき（形・体）（結）

ながら-へ-は・つ【存らへ果つ】ながらえー 動詞 自〔タ下二段〕〈て・て・つ・つる・つれ・てよ〉天命を終える。「**ながらへはつべき身にもあらず**。」〈平家・8・太宰府落だざいふおち〉訳「**天命を終える**ことのできる身でもない。」

なかり-せ-ば【無かりせば】（仮定条件を表し）もしなかったならば。**世の中にたえて桜のなかりせば春の心はのどけからまし** 歌〈古今集・春上・53〉訳**もし**世の中にまったくサクラが**なかったならば**、春（を過ごす人）の心はのどかであるだろうに。○「せば…まし」で反実仮想を表す。

発展 形容詞「なし」の連用形＋過去の助動詞「き」の未然形＋接続助詞「ば」。

なが・る【流る】動詞 自〔ラ下二段〕〈れ・れ・る・るる・るれ・れよ〉❶液体が低い方へ移動する。また、水とともに動いて行く。流れる。**道のべに清水しみづ流るる柳かげしばしとてこそ立ちどまりつれ** 歌〈新古今集・夏・262〉訳↓みちのべに…

❷（汗や涙などが）滴る。伝い落ちる。（雪や雨などが）降る。**上も御涙の隙ひまなく流れおはしますを**…。〈源氏・桐壺きりつぼ〉訳帝みかどもお涙がとめどなく**伝い落ち**ていらっしゃるのを…。

❸時が移り過ぎる。「**流れての物語ともなりぬべきことなり**。」〈更級日記・初瀬はつせ〉訳「**時が移り過ぎ**て（後々）の語りぐさにもきっとなるに違いないということだ。」

❹順々に移る。次々に回って行く。巡る。**土器かはらけあまたたび流れ、みな酔ゑひになりて**…。〈源氏・行幸みゆき〉訳杯が何度も**次々に回って行き**、全員酔ってしまい…。

❺流罪になる。左遷される。**流れゆく我はみくづとなりはてぬ君しがらみとなりてとどめよ** 歌〈大鏡・時平ときひら〉訳↓ながれゆく…

❻しだいに広まる。広く伝わる。**その化くゎ遠く流れんことを知らざるなり**。〈徒然草・171・貝かひをおほふ人の〉訳その影響は遠方まで**しだいに広まる**であろうということを知らないのである。

↓**古語チャート❾**（375ページ）

なかれ【無かれ・勿れ・莫れ・毋れ】…するな。…してはならない。「**かりにも古人の涎よだをなむる事なかれ**。」〈三冊子さんぞうし〉訳「かりそめにも古人の模倣に終わっ**てはならない**。」

発展 形容詞「なし」の命令形。

ながれ【流れ】名詞 ❶流れること。流れるもの。❷杯に残る酒のしずく。❸血統。子孫。❹流派。系統。

🔔ながれゆく…歌 **流れゆく我はみくづとなりはてぬ君しがらみとなりてとどめよ**〈大鏡・時平ときひら〉訳（配所である大宰府へ）流れて行く私は水に浮かぶくずになり果ててしまった。わが君よ、しがらみとなって（そんな私を）とどめてください。○「しがらみ」は水流をせきとめる仕掛け。

発展 謀略により大宰府へ流されてゆく菅原道真すがわらのみちざねが、宇多法皇に救いを求めた歌。同趣旨の内容を語る『北野天神縁起』は、第三句が「なりぬとも」となっている。

❷ながれる（現）↓（古）**ながる**【流る】

なが-ゐ【長居】ーい 名詞 一か所に長くとどまっていること。

なかん-づく【就中】ーずく 副詞 中でも特に。とりわけ。「**なかんづくこの輩ともがらは先帝の御時、戚里せきりの臣として久しく朝家てうかに仕うまつる**。」〈平家・10・首渡くびわたし〉訳「**とりわけ**この人は先帝のご治世の時、外戚の臣下として長い間朝廷にお仕え申し上げ（てい）る。」

発展「中なかに就つく」が変化したことば。

なぎ【水葱】名詞《植物》ミズアオイの古い呼び名。葉は食用とする。

なき-あ・ぐ【鳴き上ぐ】動詞 自〔ガ下二段〕〈げ・げ・ぐ・ぐる・ぐれ・げよ〉声高く鳴く。ほえ立てる。**犬の諸声もろごゑに長々と鳴き上げたる、まがまがしくさへ憎し**。〈枕草子・28・憎きもの〉訳イヌが何匹も同時に発する声で長々と**ほえ立てて**いるのは、不吉にさえ（感じられて）嫌だ。

なき-い・る【泣き入る】動詞 自〔ラ四段〕〈ら・り・る・る・れ・れ〉むやみに泣く。ひどく泣く。**もの言はぬちごの泣き入りて、乳ちも飲まず**…。〈枕草子・150・胸つぶるるもの〉訳話がまだできない乳児が**ひどく泣い**て、乳も飲まないで…。

なき-がら【亡き骸】名詞 死んで魂の抜けた肉体。死体。

なき-こと【無き事】身に覚えのないこと。無実の罪。

なぎ-さ【渚・汀】名詞（海・湖・川などの）波打ち際。

なき-しづ・む【泣き沈む】ーしずむ 動詞 自〔マ四段〕〈ま・み・む・む・め・め〉ひどく泣く。泣き崩れる。泣き伏す。

なき-たま【亡き霊】死者の霊魂。

なき-とよ・む ━ 動詞 自〔マ四段〕〈ま・み・む・む・め・め〉━【泣

き響む】泣き叫ぶ。泣き騒ぐ。

いとらうがはしく泣きとよむ声、雷にも劣らず。〈源氏・明石〉訳（人々が）ひどく騒がしく泣き叫ぶ声は、雷にも劣らない。

二【鳴き響む】（鳥や虫などが）大きな声を出す。やかましく鳴く。

三【鳴き響む】動詞 他〔マ下二段〕〈め・め・む・むる・むれ・めよ〉（鳥や虫などが）鳴き声を響かせる。類 鳴き響もす

暁の月に向かひて行き帰り鳴きとよむれどなにか飽き足らむ 歌〈万葉集・19・4166〉訳（ホトトギスが）夜明け前の月に向かって行き来しては、**鳴き声を響かせる**けれどもなんでいやになるだろう。

発展「なきどよむ」とも。

なき-とよ-も・す【鳴き響もす】動詞 他〔サ四段〕〈さ・し・す・す・せ・せ〉「鳴き響む三」の意味に同じ。

なき-な【無き名】身に覚えのない評判。根も葉もないうわさ。

なぎ-なた【薙刀・長刀】名詞 長い柄に反り返った幅広の刀を付けた武器。

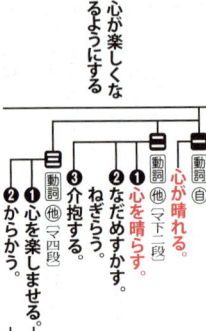

［なぎなた］

なき-に-な・す【無きになす】連語 ないものとする。死んだとする。殺す。

「**惜しげなき身はなきになしても**…。」〈源氏・須磨〉訳「惜しいと思わないこの身は**ないものとしても**…。」

発展 形容詞「なし」の連体形＋格助詞「に」＋四段動詞「なす」。

なき-ののし・る【泣き罵る】動詞 自〔ラ四段〕〈ら・り・る・る・れ・れ〉一【泣き罵る】大声で泣く。泣き騒ぐ。泣きわめく。

泣きののしること、いと堪へがたげなり。〈竹取・かぐや姫の昇天〉訳（竹取の翁が）**泣き騒ぐ**ようすは、本当に我慢できない感じである。

二【鳴き罵る】（鳥や獣などが）鳴き騒ぐ。

廊のままに逃げ入りて、恐ろしう鳴きののしるに…。〈枕草子・313・大納言殿参りたまひて〉訳（ニワトリが）渡り廊下の棚に逃げていって、恐ろしく**鳴き騒ぐ**ので…。

なぎのはな-の-みこし【葱の花の御輿】名詞 →そうくわれん

なき-ひと【亡き人】亡くなった人。故人。

なき-ふ・る【鳴き旧る】動詞 自〔ラ上二段〕〈り・り・る・るる・るれ・りよ〉（ホトトギスなどの）鳴き声が耳慣れて珍しくなくなる。

なき-ふる・す【鳴き旧るす】動詞 他〔サ四段〕〈さ・し・す・す・せ・せ〉（ホトトギスなどが）何度も鳴いて珍しく思わなくさせる。いやになるほど鳴き声を聞かせる。

去年の夏鳴きふるしてし郭公それかあらぬか声の変はらぬ 歌〈古今集・夏・159〉訳 去年の夏に、（聞き飽きて）**いやになるほど鳴き声を聞かせた**ホトトギスよ、それなのか、それともそれではないのか、（今年のホトトギスも）声が変わらないでいることよ。

なき-まど・ふ【泣き惑ふ】動詞 自〔ハ四段〕〈は・ひ・ふ・ふ・へ・へ〉激しく泣いて取り乱す。無分別にひどく泣く。

聖、「これは、いかにしたまへるぞ。」と言ひて、泣き惑ふこと限りなし。〈宇治拾遺〉訳 聖人は、「これは、どうなさったのか。」と言って、**激しく泣いて取り乱す**ことはこの上もない。

なき-よ【無き世】死後。

ナ行変格活用 国語・国文法 動詞の活用の種類のひとつ。略して「ナ変」とも。語尾が「な・に・ぬ・ぬる・ぬれ・ね」と活用するもの。活用形がすべて異なる唯一の活用である。所属語は「往ぬ」「死ぬ」の二語。↓動詞活用表（12ページ）／往ぬ

なき-わた・る【鳴き渡る】動詞 自〔ラ四段〕〈ら・り・る・る・れ・れ〉鳴きながら飛んで行く。

桜田へ鶴鳴き渡る年魚市潟潮干にけらし鶴鳴き渡る 歌〈万葉集・3・271〉訳 →さくらだへ…

な-く ❶…ないこと。

君が聞きつつ告げなくも憂し 歌〈万葉集・19・4207〉訳 君が、（ホトトギスの声を）聞いているのに知らせ**ないこと**は憎らしい。

❷（文末に用いて詠嘆を表し）…ないことよ。↓なくに

草枕旅去にし君が帰り来む月日を知らむすべの知らなく 歌〈万葉集・17・3937〉訳 旅に出ていってしまったあなたが帰ってくる月日を知ろうにも、その手立てがわから**ないことよ**。○「草枕」は「旅」に係る枕詞。

発展 打消の助動詞「ず」の古い未然形＋接尾語「く」。

な・ぐ【和ぐ・凪ぐ】動詞 自〔ガ上二段〕〈ぎ・ぎ・ぐ・ぐる・ぐれ・ぎよ〉❶（風や波が）静まる。（天候が）穏やかになる。

海の面うらうらとなぎわたりて…。〈源氏・須磨〉訳 海面はうららかに一面**穏やかになって**…。

❷（心が）落ち着く。平穏になる。

海は荒るれども、心は少しなぎぬ。〈土佐日記・一月九日〉訳 海は荒れているが、気持ちは少し**落ち着いた**。

な・ぐ【投ぐ】動詞 他〔ガ下二段〕〈げ・げ・ぐ・ぐる・ぐれ・げよ〉❶投げる。ほうる。

❷ほうり出す。投げ捨てる。

「**昔は、懸想する人のありさまのいづれとなきに思ひ煩ひてだにこそ、身を投ぐる例もありけれ。**」〈源氏・浮舟〉訳「昔は、思いをかける男のようすのどちらがどうということもない（＝優劣がつけられない）ことに思い悩んで、それだけで身を**投げ捨てる**例もあったのだった。」

な・ぐ【薙ぐ】動詞 他〔ガ四段〕〈が・ぎ・ぐ・ぐ・げ・げ〉横に切り払う。

太刀、長刀でながせけり。〈平家・9・坂落〉訳 太刀や、長刀で**横に切り払わせた**。

なぐさ【慰】名詞 心を慰めるもの。慰め。

なぐさま＋□「**なぐさむ**【慰む】一三（マ行四段）」の未然形。

なぐさみ【慰み】名詞 ❶慰めること。気晴らし。❷楽しみ。遊び。

なぐさみ＋□「**なぐさむ**【慰む】一三（マ行四段）」の連用形。

なぐさ・む【慰む】

一 動詞 自 心が晴れる。

二 動詞 他〔マ下二段〕❶心を晴らす。❷なだめすかす。ねぎらう。❸介抱する。

三 動詞 他〔マ四段〕❶心を楽しませる。❷からかう。

心が楽しくなるようにする

◉中世以降。

動詞 自〔マ四段〕 動詞 他〔マ四段〕

未然形	連用形	終止形	連体形	已然形	命令形
なぐさま	なぐさみ	なぐさむ	なぐさむ	なぐさめ	なぐさめ

動詞 他〔マ下二段〕

未然形	連用形	終止形	連体形	已然形	命令形
なぐさめ	なぐさめ	なぐさむ	なぐさむる	なぐさむれ	なぐさめよ

一 動詞 自〔マ四段〕**心が晴れる。**気が紛れる。

この子を見れば、苦しきこともやみぬ。腹立たしきことも慰みけり。〈竹取・かぐや姫の出生〉訳（竹取の翁は）この子（＝かぐや姫）を見ると、つらいこともなくなってしまう。むしゃくしゃすることも**気が紛れた**のだった。

二 動詞 他〔マ下二段〕❶**心を晴らす。**気を紛らわす。なごやかにさせる。

「むげに背くさまにはあらずとも、しばし心をも慰めばや。」〈源氏・宿木〉訳「すっかり（匂宮の気持ちに）背く心持ちではなくても、しばらく（山里へ帰って）**気を紛らわし**たいものだ。」

❷**なだめすかす。機嫌をとる。また、ねぎらう。慰労する。**

児の乳母の、「ただあからさまに。」とて出でぬるほど、とかく慰めて…。〈枕草子・25・すさまじきもの〉訳赤ん坊の乳母が、「ほんのちょっとの間（外出する）。」と言って出かけてしまった間、（その赤ん坊が乳母を探すので）どうにかこうにか**なだめすかして**…。

❸**介抱する。**

ただ消えに消え入りてものも覚えねば…よろづに慰め、湯飲ませなどすれど…。〈栄花〉訳（乳母が）ただもう気を失って何も分からない状態なので…あれこれと**介抱し**、薬湯を飲ませたりするけれども…。

三 動詞 他〔マ四段〕《中世以降》❶**心を楽しませる。気を紛らわす。**

人に本意なく思はせて、わが心を慰まんこと、徳に背けり。〈徒然草・130・物に争はず〉訳（勝負事に勝って）相手を残念に思わせて、自分の**心を楽しませる**ようなことは、人の道に反している。

❷**からかう。もてあそぶ。**

「たんと買ふ面をして、慰んでやらう。」〈滑稽本・東海道中膝栗毛〉訳「たくさん買う振りをして、（店の人を）**からかってやろう。**」〇「慰ん」は連用形「慰み」の撥音便。

発展 **自動詞と他動詞** 一の四段の自動詞と二の下二段の他動詞とが、「…する」と「…させる」の関係であったが、中世以降、一の語形と二の意味を混同して、三の用法も生じた。なお、上代には、心を慰めるものをいう名詞「なぐさ」もあった。

なぐさむ＋□「**なぐさむ【慰む】**一二（マ行四段）」の終止形・連体形。または、「**なぐさむ【慰む】**二（マ行下二段）」の終止形。

なぐさむる＋□「**なぐさむ【慰む】**二（マ行下二段）」の連体形。

なぐさむれ＋□「**なぐさむ【慰む】**二（マ行下二段）」の已然形。

なぐさめ＋□「**なぐさむ【慰む】**一二（マ行四段）」の已然形・命令形。または、「**なぐさむ【慰む】**二（マ行下二段）」の未然形・連用形。

なぐさめる（現）→（古）**なぐさむ【慰む】**

なく-な・す【無くなす・亡くなす】動詞 他〔サ四段〕〈さ・し・す・す・せ・せ〉❶**死なせる。**亡くす。

乳母なる人は、男なども亡くなして…。〈更級日記・太井川〉訳（私の）乳母である人は、夫なども**亡くして**…。

❷権力や勢力を失わせる。失脚させる。

「いかでこの大将をなくなしてばや。」〈栄花〉訳「なんとかしてこの大将を**失脚させて**しまいたい。」

なくなみだ… 歌

泣く涙雨と降らなむ渡り川水まさりなば帰り来るがに〈古今集・哀傷・829・小野篁〉訳（私が嘆いて）泣く涙が雨となって降ってほしいものだ。（あの世へ）渡る（三途の）川の水かさが増えてしまったなら（あの人は渡れなくて）帰ってくるだろうから。〇「がに」は、この場合、終助詞で、上の句で述べた希望の理由を表す。

発展 親しい女性が死んだときに詠んだ歌。

な-く-に 連語 ❶…ないのに。

苦しくも降り来る雨か三輪の崎狭野の渡りに家もあらなくに 歌〈万葉集・3・265〉訳困ったほどに降ってくる雨だなあ。（この）三輪の崎の狭野（＝佐野）の渡し場に家も**ないのに**。

❷…ないのだから。

たれをかも知る人にせむ高砂の松も昔の友ならなくに 百人一首〈古今集・雑上・909〉訳→たれをかも…

❸（文末に用いて詠嘆を表し）…ないのだなあ。

いかにして忘れむものぞ吾妹子に恋はまされど忘らえなくに 歌〈万葉集・11・2597〉訳どうやって忘れるものなのか。あの娘に恋心は強くなるばかりで忘れられ**ないのだなあ。**

発展 打消の助動詞「ず」の古い未然形＋接尾語「く」＋助詞「に」。

な-くは・し【名細し・名美し】―くはし 形容詞〔シク〕〈しく・しく・し・しき・しけれ・○／しから・しかり・○・しかる・○・しかれ〉名までも美しい。

名ぐはしき印南の海の沖つ波千重に隠りぬ大和島根は 歌〈万葉集・3・303〉訳**名までも美しい**印南の海の沖の波、その幾重もの波に隠れてしまった。大和の山々は。〇「印南の海」は今の兵庫県明石市から加古川市にかけての海。

発展「なぐはし」とも。

なく-もがな【無くもがな】なければいい。あってほしくない。

世の中にさらぬ別れのなくもがな千代もとなげく人の子のため 歌〈古今集・雑上・901〉訳→よのなかに…

発展 形容詞「なし」の連用形＋終助詞「もがな」。

なげか・し【嘆かし】形容詞〔シク〕〈しく・しく・し・しき・しけれ・○／しから・しかり・○・しかる・○・しかれ〉嘆かわしい。嘆かずにはいられない。

「かかる所に、思ふやうならむ人を据ゑて住まばや。」とのみ、**嘆かしう思しわたる。**〈源氏・桐壺〉訳「この（＝亡き母の実家の）ような（立派な）家に、（たとえば）理想通りの人をそばに置いて住みたいものだ。」とばかり、**嘆かずにはいられなく**思い続けていらっしゃる。〇「嘆かしう」は連用形「嘆かしく」のウ音便。

なげき【嘆き・歎き】名詞 ❶ため息。ため息をつくこと。❷悲しみ。悲嘆。

発展「長息」の変化したことば。

なげき-ぐさ【嘆きぐさ】名詞 嘆きの原因となるもの。

なげきつつ… 百人一首

嘆きつつひとり寝る夜の明くる間はいかに久しきものと

かは知る〈拾遺集・912・藤原道綱の母〉訳（あなたを待ちかねて）嘆きながらひとり寂しく寝る夜の、明けるまでの時間がどれほど長いものであるかを（あなたは）知っているか、いや、知らないだろう。○「つつ」は反復・継続を表す接続助詞。「かは」は係助詞で反語を表す。

発展『蜻蛉日記』にも見え、夫の兼家の不実を恨んで、訪れた兼家を中に入れずに詠みかけた歌とある。返歌（↓げにやげに…）参照。また『大鏡』にも見える。

品詞分解・修辞
嘆き（カ四・用）　つつ（接助）　ひとり　寝る（ナ下二・体）　夜　の（格助）
明くる（カ下二・体）　間　は（係助）　いかに（副）　久しき（形・体）
もの　と（格助）　かは（係助）（係）→（結）　知る（ラ四・体）

なげき-わた・る【嘆き渡る】動詞 自 ラ四段〈ら・り・る・る・れ・れ〉嘆いて年月を過ごす。嘆き続ける。「**晴れ晴れしからで月ごろ過ぎさせたまふことをだに嘆きわたりはべりつるに**…。」〈源氏・薄雲〉訳「（母藤壺の宮が）気分がすぐれないでいく月も過ごしていらっしゃることだけでも（私、冷泉帝は）**嘆き続け**てきましたのに…。」

なげきわび…歌
嘆きわび空に乱るるわが魂を結びとどめよ下交ひの褄〈源氏・葵〉訳 嘆き悲しんで（身から抜け出て）空にさまよっている私の魂を、着物の下前の褄（＝裾の下の部分）を結びあわせてつなぎとめてください。

発展 浮かれ出た魂は、着物の褄を結ぶと元に戻るという俗信があった。

なげきわび身をば捨つとも亡き影にうき名流さむことをこそ思へ〈源氏・浮舟〉訳 泣き続けることに疲れて（この）身を（川に）捨ててしまうとしても、死んだ魂に悪いうわさが立ったりすることを心配するのだ。○「をば」は格助詞＋係助詞で、強調を表す。「とも」は仮定条件を表す接続助詞。

発展 薫と匂宮の間で悩み、死を決意した浮舟が詠んだ歌。

なげ・く【嘆く・歎く】

ため息が出る気分になる
❶ため息をつく。嘆息する。
❷悲しんで泣く。悲しむ。
❸こいねがう。

未然形	連用形	終止形	連体形	已然形	命令形
なげ・か	なげ・き	なげ・く	なげ・く	なげ・け	なげ・け

動詞 自 カ四段 ❶**ため息をつく。嘆息する。** **大野山霧立ち渡るわが嘆くおきその風に霧立ち渡る** 歌〈万葉集・5・799〉訳 大野山に霧が一面に立ち込めている。私が**ため息をつく**（その）ため息の風のように霧が一面に立ち込めている。

❷**悲しんで泣く。悲しむ。** **このことを嘆くに、ひげも白く、腰もかがまり、目もただれにけり。**〈竹取・かぐや姫の昇天〉訳（竹取の翁は）この（＝かぐや姫が月に帰る時が近づいている）ことを**悲しんで泣く**ので、ひげも白く（なり）、腰も曲がり、目も（涙で）ただれてしまったのだった。

❸**こいねがう。嘆願する。** **天地を嘆き乞ひ祈み幸くあらばまた帰り見む志賀の唐崎** 歌〈万葉集・13・3241〉訳 天地の神に**嘆願し**、祈願して、もし無事であったなら、再び戻って来て眺めよう。この志賀の★唐崎を。

類語比較「なげく」と「うれふ」
共通点＝嘆き悲しむという意味。
なげく＝「長息」が変化した「なげき」が動詞になったものかといわれ、もともとは、ため息をつくことを表す。上代では、その「息」に重点が置かれた用法が多い。
うれふ＝悩みなどを人に嘆き訴えるというのがもともとの意味。そこから、単に自分の中で思い嘆くこと、さらに病気を患うことなどをも表すようになった。

なげけとて…百人一首
嘆けとて月やはものを思はするかこちがほなるわが涙かな〈千載集・929・西行〉訳「嘆き悲しめ。」といって月が（私に）物思いをさせるのか、いや、そんなはずはない。（恋のせいなのに、月のせいだというように）恨めしそうな私の涙だなあ。○「やは」は反語の係助詞。結びは「する」。

発展 月を見ていると切なくて涙が出るが、その切なさは、恋をしているせいである。

品詞分解・修辞
嘆け（カ四・命）　と（格助）　て（接助）　月　やは（係助）（係）　もの　を（格助）
思は（ハ四・未）　する（使役・体）（結）〈三句切れ〉
かこちがほなる（形動・体）　わ（代）　が（格助）　涙　かな（終助）

なげし【長押】名詞 柱と柱をつなぐ横に渡した材木。寝殿造りの家屋では、母屋と廂の境とした。

［なげし］
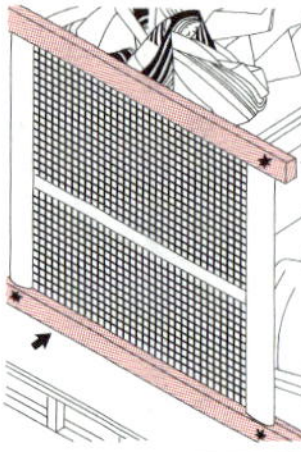

なけ-な-く-に【無けなくに】ないことではないのに。あるのに。いるのに。**我が大君ものな思ほし皇神の継ぎてたまへる我がなけなくに** 歌〈万葉集・1・77〉訳 わが大君よ、ご心配なさるな。先祖の神々から後継ぎをいただいている私が**いるのに**。

発展 形容詞「なし」の古い未然形＋助動詞「ず」の古い未然形＋接尾語「く」＋格助詞「に」。

な-げ・なり【無げなり】形容動詞 ナリ・ノ〈なら・なり（に）・なり・なる・なれ・なれ〉なさそうだ。**思ふ事なげにて歩みありく人見るこそ、いみじううらやましけれ。**〈枕草子・158・うらやましげなるもの〉訳 心配事も**なさそうに**して歩き回る人を見るのは、実にうらやましいものだ。

なげ-の-あはれ【無げのあはれ】― うわべだけの同情や愛情。

なげ-の-ことのは【無げの言の葉】心のこもらない、形式的なことば。

なけやなけ…歌
鳴けや鳴け蓬が杣のきりぎりす過ぎゆく秋はげにぞかなしき〈後拾遺集・273・曾禰好忠〉訳 鳴けよ鳴け。ヨモギが生い茂っている中にいるコオロギよ。過ぎ去ってゆく秋は本当に悲しいのだから。○下の句で上の句の理由を述べる倒置法。

発展 ヨモギが生い茂るのを「蓬が杣」と表現するなど、表現の目新しさにより、好忠は後代に評価されるようになる。

なげる（現）→（古）**なぐ【投ぐ】**

なご・し【和し】 形容詞［ク］〈く・くし・き・けれ・○／から・かり・○・かる・○・かれ〉❶静かだ。穏やかだ。
顔を打ち守りつつ和う鳴くも、心のなし…。〈更級日記・大納言殿の姫君〉訳（ネコが私の）顔をじっと見つめながら**穏やかに鳴くのも、**気のせいか…。〇「和う」は連用形「和く」のウ音便。
❷柔らかだ。
高麗の紙の、膚こまかに和うなつかしきが…。〈源氏・梅枝〉訳高麗の紙で、きめが細かく**柔らかく**好ましい感じで…。

なごし-の-はらへ【夏越しの祓へ】 名詞 陰暦六月晦日、半年間の汚れを取り除くために行った行事。川原や海辺で、チガヤで作った輪をくぐったり、人形を流したりしてお祓いをする。類水無月祓へ・夏祓へ

勿来の関 歌枕 今の福島県いわき市勿来にあった関。蝦夷防備のために設置され、★白河の関・★念珠が関とともに古代の奥羽三関の一つ。「なこそ」に「な来そ」を掛け、男女の会うことを隔てるものとして詠まれた。→ビジュアルチェック❶（194ページ）

奈呉の海 歌枕 今の富山県射水市付近の海とする説と、大阪市住吉区付近にあった海という説がある。和歌には、「奈呉の浦」という形でも詠まれた。

なごのうみの… 歌
なごの海の霞の間より眺むれば入る日をあらふ沖つ白波〈新古今集・春上・35・藤原実定〉訳なごの海の霞の間から見渡すと、沈もうとする夕日を洗っている（ような）沖の白波よ。〇「なごの海」の場所は不明。
発展『無名抄』には、下の句は優れているが、上の句が適応せず劣っているという、この歌に対する★俊恵の批評が記されている。

奈呉の浦 歌枕 →奈呉の海

なご・む【和む】 ━ 動詞 自［マ四段］〈ま・み・む・む・め・め〉和やかになる。和らぐ。穏やかになる。
なほざりごととは見たまひながら、おのづから和みつつものしたまふを…。〈源氏・夕霧〉訳（夕霧のなだめすかす口ぶりを）出まかせのことばとはお思いになりながらも、（雲居の

なごり【余波・名残】

波風や物事の過ぎ去った後に残るもの

━【余波】
- ❶（波の引いた後）浜辺に残る海水や海藻など。
- ❷（風が治まった後）しばらく残るさざ波。

━【名残】
- ❶（物事の過ぎ去った後に）雰囲気やようすが残ること。余韻。余情。
- ❷（人と別れた後に、心にその人の）面影などが残って忘れられないこと。心残り。別れを惜しむ気持ち。
- ❸別れ。最後。
- ❹（故人の形見として残される）遺品。遺産。遺児。子孫。
- ❺（「名残の折」の略で）連句を書き記す懐紙のうち、最後の一枚。◉連歌・俳諧用語。

名詞 ━【余波】❶（波の引いた後）**浜辺に残る海水や海藻など。**
難波潟潮干の余波よく見てむ家なる妹が待ち問はむため 歌〈万葉集・6・976〉訳難波潟（=今の大阪湾）の引き潮の（後）**浜辺に残る海水や海藻など**（のようす）をよく見ておこう。家にいる妻が（私の帰りを）待っていて尋ねるだろうから。
❷（風が治まった後）**しばらく残るさざ波。**
風しも吹けば余波しも立てれば…〈催馬楽〉訳風が吹くと（決まって）**しばらく残るさざ波**が立っているので…。

━【名残】❶（物事の過ぎ去った後に）**雰囲気やようすが残ること。余韻。余情。**
夕されば君来まさむと待ちし夜の名残そ今も寝ねかてにする 歌〈万葉集・11・2588〉訳夕方になるとあなたがおいでになるだろうと、（ずっと）待っていた夜の**雰囲気が残っている**（から）だ。今も寝られないでいるのは。
夕立して、名残涼しき宵の紛れに、温明殿の辺りをたたずみ歩きたまへば…。〈源氏・紅葉賀〉訳夕立があって、（その）**余韻**で涼しい宵の口（の暗がり）に紛れて、（源氏が）温明殿の辺りをさまよい歩きなさると…。
❷（人と別れた後に、心にその人の）**面影などが残って忘れられないこと。心残り。別れを惜しむ気持ち。**面影。
をかしかりつる人の名残恋しく、ひとり笑みしつつ伏したまへり。〈源氏・若紫〉訳愛らしかった人（=紫の上）の**面影**が恋しく、（源氏は）何度もひとりほほえみながらお休みになっている。
❸**別れ。最後。**
これも仁和寺の法師、童の法師にならんとする名残とて、おのおの遊ぶことありけるに…。〈徒然草・53〉訳これ（=この話）も仁和寺の法師が、子供（=寺仕えの少年）が法師になろうとする（その）**お別れ**だといって、それぞれ歌舞などを楽しむことがあったときに…。
❹（故人の形見として残される）**遺品。遺産。遺児。子孫。**
寡なれども…なほその名残ゆるるかにてある人なれば…。〈浜松中納言〉訳（中納言の乳母は）未亡人であるけれど…それでもやはりその（=夫の）**遺産**が豊富である人なので…。
❺《連歌・俳諧用語》（「名残の折」の略で）**連句を書き記す懐紙のうち、最後の一枚。その表・裏を、それぞれ「名残の表」「名残の裏」という。**
先師いはく「一巻表より名残まで一体ならんは見苦しかるべし。」〈去来抄・修行〉訳先師（=芭蕉）が言うには「（連句）一巻が表（=最初の一枚）から**最後の一枚**まですべて同じ調子（の句）であるようなのは見苦しいに違いない。」
発展 **現代語とのつながり** 「波残り」の変化したことばといわれ、━❶❷がもともとの意味である。現代では、━だけが残って「名残」と漢字表記するが、これは中世以降の当て字である。

雁が）自然と**和やかにならされて**いくのを…。
二 動詞 他〔マ下二段〕〈め・め・む・むる・むれ・めよ〉和やかにする。穏やかにする。やわらげる。
「**さて腹立ちなむ。なほ和めさせおはしませ。**」〈落窪〉訳「それではきっと腹を立てるだろう。やはり（この翁の）心を**やわらげていらっしゃい。**」

なご-や【和や】 名詞《上代語》和やかなこと。また、柔らかなもの。発展「や」は接尾語。

なご-やか・なり【和やかなり】 形容動詞〔ナリ〕〈なら・なり（に）・なり・なる・なれ・なれ〉穏やかだ。もの静かだ。

驚き顔にはあらず、和やかにもてなして…。〈源氏・橋姫〉訳（姫君たちが）あわてたようすではなく、**穏やかに**振る舞って…。

なごり【余波・名残】 名詞 ↓最重要語（920ページ）

🪭**なごりなく…** 歌
名残なく燃ゆと知りせば皮衣思ひのほかにおきて見ましを〈竹取・火鼠の皮衣〉訳 跡形もなく燃えると知っていたなら、（この）皮衣を気にも懸けないで火の外にほうっておいて見ただろうのになあ。○「せば～まし」で反実仮想を表す。「思ひ」の「ひ」に「火」の意味も掛ける。
発展 右大臣が持って来た、燃えないという皮衣が、あっけなく燃えてしまったので、かぐや姫が詠んだ歌。

なごり-な・し【名残無し】 形容詞〔ク〕〈く・く・し・き・けれ・○／から・かり・○・かる・○・かれ〉❶あとに残るものがない。跡形もない。

名残なく燃ゆと知りせば皮衣思ひのほかにおきて見ましを 歌〈竹取・火鼠の皮衣〉訳↓なごりなく…
❷心残りがない。未練がない。
「**いとあさましく、名残なき御心かな。**」〈堤中納言・はいずみ〉訳「まったく呆れるほど、**未練がない**（冷淡な）お心であることよ。」

なごり-の-つき【名残の月】 名詞 ❶夜明けの空に残っている月。有り明けの月。❷陰暦九月十三夜の月。季語 秋

なさけ【情け】 名詞 ↓最重要語（921ページ）

なさけ-おく・る【情け後る】 動詞 自〔ラ下二段〕〈れ・れ・る・るる・るれ・れよ〉情愛が薄い。人情味に欠ける。思いやりがない。

「**なほ、あたら、重りかにおはする人の、ものに情け後れ…。**」〈源氏・葵〉訳「（葵の上は）やはり、惜しいことに、重々しく落ち着いていらっしゃる方でありながら、何かにつけて**人情味に欠け**…。」

なさけ【情け】

思いやりや情愛など、人に対する優しい感情

- ❶思いやり。人情。情愛。
- ❷男女の情愛。恋。情事。色事。
- ❸趣を理解する心。風流心。
- ❹風情。趣。

名詞 ❶**思いやり。人情。情愛。**

万のことよりも情けあるこそ、男はさらなり、女もめでたく覚ゆれ。〈枕草子・269・万のことよりも〉訳（他の）すべてのことよりも**情愛**があるのが、男は言うまでもなく、女もすばらしいと思われる。

「**なべて心柔らかに、情けあるゆゑに、人の言ふほどのこと、けやけく否び難くて…。**」〈徒然草・141・悲田院の尭蓮上人は〉訳「（都の人は）総じて心が柔和で、**思いやり**があるために、他人が言う（＝頼む）ぐらいのことは、はっきりと断りにくくて…。」
❷**男女の情愛。恋。情事。色事。**
よろづのことも、始め終はりこそをかしけれ。男女の情けも、ひとへに相見るをば言ふものかは。〈徒然草・137・花は盛りに〉訳（世の中のことは）何事でも、始めと終わりがおもしろいものだ。男女の**恋**（について）も、ただ契りを結ぶことだけを（情趣があると）いうものだろうか、いや、そうではない。
❸**趣を理解する心。風流心。**
情けある人にて、瓶に花を差せり。〈伊勢・101〉訳（在原行平は）**風流心**のある人で、（饗宴の席の飾りとして）花瓶に花を差した。

「**さてもただ今の御渡りこそ、情けもすぐれて深う…。**」〈平家・7・忠度都落〉訳「それにしてもただ今の（忠度様の）お越しは、**趣を理解する心**も非常に深く…。」
❹**風情。趣。**
雨に向かひて月を恋ひ、垂れこめて春の行方知らぬも、なほあはれに情け深し。〈徒然草・137・花は盛りに〉訳 雨（空）に向かって（見えない）月を思い慕い、すだれを垂らして中にこもって春の移り行くのを知らない（でいる）のも、やはりしみじみとして**趣**が深い。

発展「なさけおくる」の「なさけ」は、「なさけ❶」の意味に限られる。


なさけ-だ・つ【情け立つ】 動詞 自〔タ四段〕〈た・ち・つ・つ・て・て〉❶好意がありそうにする。

わざとならねど、情け立ちたまふ若人は…。〈源氏・藤裏葉〉訳 わざとするわけではないが、**好意がありそうに**なさる若い女房は…。
❷風流ぶる。風流めく。
「**よしばみ情け立たざらむなむ、目安かるべき。**」〈源氏・帚木〉訳「（男でも女でも）気取ったり**風流ぶったり**しないようなのが、無難であるに違いない。」

発展「だつ」は接尾語。


なさけ-なさけ・し【情け情けし】 形容詞〔シク〕〈しく・しく・し・しき・しけれ・○／しから・しかり・○・しかる・○・しかれ〉いかにも情愛や思いやりが深い。

あはれ知るばかり、情け情けしく宣ひ尽くすべかめれど…。〈源氏・帚木〉訳（空蟬が）しみじみとした愛情をわかるくらい、（源氏は）**いかにも情愛が深く**ことばの限りをお尽くしになるつもりであるようだが…。


なさけ-な・し【情け無し】 形容詞〔ク〕〈く・く・し・き・けれ・○／から・かり・○・かる・○・かれ〉❶情愛や思いやりがない。薄情だ。

「**などか情けなくはもてなすなるらむ。**」〈源氏・紅葉賀〉訳「どうして（葵の上を）**薄情に**扱うというのだろう。」
❷情趣に乏しい。風流でない。興ざめだ。
うたふ声の情けなきもあはれに聞こゆ。〈源氏・玉鬘〉訳（船子たちの）歌う声が**風流でない**のも心にしみて聞こえる。
❸あきれるほどだ。嘆かわしい。
このごろの人は、うたて情けなきまで着重ねても…。〈栄花〉訳 近ごろの人は、異様に**あきれるほど**まで重ね着をしても…。

類語比較「こころなし」と「なさけなし」↓心無し

なさ・る【為さる】 **一** 動詞 他〔ラ下二段〕〈れ・れ・る・るる・るれ・れよ〉

(「為す」「為す」の尊敬語で)なさる。「今日は、帝王の、この殿へ行幸なされてある。」〈狂言・唐相撲〉訳「今日は、帝王が、この御殿へお出かけをなさっている。」

□二 補助動詞〔ラ下二段〕〈れ・れ・る・るる・るれ・れよ〉(お)…になる。(お)…なさる。「歌をお見せなされよかし。」〈戴恩記〉訳「歌を(詠んで)お見せなさいよ。」

発展 動詞「為す」の未然形に尊敬の助動詞「る」が付いて一語になったもの。後に四段活用になり一般化する。

-な・し 接尾語 (形容詞の語幹などに付いて)程度がはなはだしい、そのような状態である、という意味を表す。語例 幼けなし・後ろめたなし・覚束なし 発展 形容詞(ク活用)化する。→古語チャート㉙(923ページ)

なし 名詞 □一【為し】すること。作用。せい。□二【生し】生むこと。

な・し【無し・亡し】 □一 形容詞〔ク〕〈く・く・し・き・けれ・○/から・かり・○・かる・○・かれ〉❶存在しない。ない。いない。「道知れる人もなくて、惑ひ行きけり。」〈伊勢・9〉訳道を知っている人もいなくて、迷いながら行った。

❷不在だ。留守だ。「老いらくの来むと知りせば門鎖してなしと答へて会はざらましを」歌〈古今集・雑上・895〉訳老いというものが来るだろうと知っていたならば、門を閉ざして、不在だと答えて会わなかっただろうになあ。

❸この世にいない。死んでいる。「『むげになき人。』と思ひきこえし御ありさまを思し出づれば…。」〈源氏・葵〉訳「すっかりこの世にいない人だ。」と思い申し上げた(葵の上のそのときの)ごようすを(源氏は)お思い出しになると…。

❹ないも同然だ。世に見捨てられている。「中ごろなきになりて、沈みたりし愁へにかはりて…。」〈源氏・絵合〉訳「少し昔(世に)ないも同然になって、落ちぶれてしまった悲哀の代わりに…。」

❺またとない。比類ない。「この児のかたちのきよらなること世になく…。」〈竹取・かぐや姫の出生〉訳この女の子の容貌が上品で美しいことは世に比類なく…。

□二 補助形容詞〔ク〕〈く・く・し・き・けれ・○/から・かり・○・かる・○・かれ〉(打消を表して)…ない。…でない。接続 形容詞型活用語の連用形、断定の助動詞「なり」の連用形、副詞「さ」「かく」、および、これらに係助詞「も」の付いた形などに付く。「ねたさに、内に参りて申させたまひし程、異人すべうもなかりしことぞかし。」〈大鏡・兼通〉訳(兼通は危篤の状態だったのに)憎しみのあまりに、参内して(除目のことを)申し上げなさった強さは、他の人には(まねも)できなかったことだよ。

発展 形容詞などに付いて、その状態が存在しないという意味を表す用法は、上の文節を打ち消す働きをし、補助形容詞と呼ばれる。→古語チャート❹(103ページ)・㉙(923ページ)

なじ-か 副詞 (疑問や反語を表し)なぜ。どうして。発展「★なにしか」の変化したもの。

なじか-は 副詞 ❶(疑問を表し)どうして…か。なぜ…か。どういうわけで…か。「さばかりならばなじかは捨てし。」〈徒然草・58・道心あらば〉訳「それほどならどうして(世を)捨てたのか。」

❷(反語を表し)どうして…か、いや…ない。「なじかは臆しさうらふべき。」〈平家・11・壇浦合戦〉訳「どうしておじけづくことがありましょうか、いや、そんなことはありません。」

発展 副詞「なじか」に係助詞「は」が付いて一語になったもの。

なし-た・つ【成し立つ】 動詞 他〔タ下二段〕〈て・て・つ・つる・つれ・てよ〉一人前に育て上げる。立派に成長させる。「心に任せたるやうなる覚え、勢ひにて、みな成し立てたまふ。」〈源氏・蛍〉訳(内大臣は)思いどおりになる名声や、勢力によって、(子供たちを)皆立派に成長させなさる。

なし-ぢ【梨子地】 名詞 ★蒔絵の技法のひとつ。金粉、銀粉をまき散らして、透明な漆で上塗りして、ナシの皮の模様のように磨き出したもの。

なし-つぼ【梨壺】 名詞「★昭陽舎」の別の呼び名。→ビジュアルチェック⑯(759ページ)

梨壺の五人 文芸用語『★後撰和歌集』の五人の撰者のこと。★大中臣能宣・★清原元輔・★源順・紀時文・坂上望城をいう。九五一(天暦五)年、村上天皇の勅命により、宮中の梨壺(昭陽舎の別の呼び名)に設けられた和歌所で、『万葉集』の訓読、勅撰集の編纂を行った。

なじょう(現)→(歴)**なでふ【何でふ】** 最重要語(926ページ)

なし-ゑ【梨子絵】 名詞 梨子地に描いた★蒔絵。

-なす 接尾語《上代語》(主に名詞、まれに動詞の連体形に付いて)…のような、…のように、という意味を表す。類 のす 語例 くらげなす・雲の行くなす

な・す【寝す】《上代語》□一 動詞 自〔サ四段〕〈さ・し・す・す・せ・せ〉(「寝」の尊敬語で)お休みになる。「真玉手玉手さし枕き股長に寝をしなせ」〈古事記・大国主神〉訳玉のように美しい(私の)手、その美しい手をまくらにして足を伸ばして(さあ)お休みになってください。

□二 動詞 他〔サ四段〕〈さ・し・す・す・せ・せ〉寝かせる。眠らせる。「まなかひにもとなかかりて安眠しなさぬ」歌〈万葉集・5・802〉訳→うりはめば…

発展 □一は、下二段動詞「寝」の未然形に、上代の尊敬の助動詞「す」が付いた「ねす」の変化したもの。□二は、「寝」の他動詞形。

な・す【生す】 動詞 他〔サ四段〕〈さ・し・す・す・せ・せ〉(子供を)産む。作る。「おのが生さぬ子なれば、心にも従はずなむある。」〈竹取・五人の貴公子〉訳「私が産まない子であるので、(私の)意向にも従わないでいる(のだ)。」

な・す【為す・成す】 □一 動詞 他〔サ四段〕〈さ・し・す・す・せ・せ〉❶する。行う。「吉日を選びてなしたるわざの、末とほらぬを数へてみんも…。」〈徒然草・91・赤舌日といふこと〉訳吉日を選んで行ったことで、最後までやり遂げられないことを数えてみても…。

❷用いる。代用する。「高山を隔てになして沖つ藻を枕になし…」歌〈万葉集・13・3336〉訳高い山を壁に用いて、沖の藻を枕に用いて…。

❸(別のものに)変える。…(に)ならせる。…(に)する。「思はむ子を法師になしたらむこそ心苦しけれ。」〈枕草子・7・思はむ子を〉訳愛する子がいるとして、その子を僧にしているとしたら、(それは)気の毒だ。

❹作る。こしらえる。

ひんがしの門は四つ足になして…。〈枕草子・8・大進生昌が家に〉訳東の門は四足の門にこしらえて…。

二 補助動詞 〔サ四段〕〈さ・し・す・す・せ・せ〉わざわざ…する。特に…する。

はるかなる苔の細道を踏み分けて、心細く住みなしたる庵あり。〈徒然草・11・神無月のころ〉訳遠く続いているコケむした細道を踏んで分け入って、もの寂しい状態にしてわざわざ住んでいる庵がある。

→古語チャート⑨(375ページ)

な・す【鳴す】 動詞 他 〔サ四段〕〈さ・し・す・す・せ・せ〉《上代語》鳴らす。

なずらひ【準ひ・擬ひ】 名詞 同じようであること。同じくらい。また、そのようなもの。

なずら・ふ【準ふ・擬ふ】 一 動詞 自 〔ハ四段〕〈は・ひ・ふ・ふ・へ・へ〉準じる。類する。肩を並べる。

女御子たち二所、この御腹におはしませど、なずらひたまふべきだにぞなかりける。〈源氏・桐壺〉訳皇女たちお二方が、この(弘徽殿の女御の)お腹から生まれていらっしゃるけれども、(若宮(＝後の源氏)の美貌に)肩をお並べになることのできる方さえいないのであった。

二 動詞 他 〔ハ下二段〕〈へ・へ・ふ・ふる・ふれ・へよ〉同じものと見なす。なぞらえる。

かの監がゆゆしさを思しなずらへたまふ。〈源氏・玉鬘〉訳(玉鬘は)あの大夫監の忌まわしさをお思いになり(物語中の男に)なぞらえていらっしゃる。

発展「なぞらふ」とも。

なずらへ-うた【準へ歌】 名詞 和歌の★六義の一つ。他のものになぞらえて詠む歌。

な-せ【汝兄】 名詞《上代語》(女性から男性を親しみを込めて)あなた。対汝妹

な-せ-そ …するな。しないでくれ。

いざ子ども狂わざなせそ天地の固めし国そ大和島根は 歌〈万葉集・20・4487〉訳さあ、諸君よ、ふざけたことをしないでくれ。天地の神々が(造り)固めた国だぞ。日本の国は。

発展 副詞「な」＋サ変動詞「す」の未然形＋終助詞「そ」。

な-ぞ【何ぞ】 一 連語 文末に用いて強い疑問や非難の気持ちを表す。❶何か。何事か。何者か。

「あれはなぞ、あれはなぞ。」と、安からず言ひ驚き…。〈更級日記・初瀬〉訳「あれは何か、あれは何か。」と、穏やかでなく驚いて言い…。

❷なぜか。どうしてか。

月もなく花も見ざりし冬の夜の心に染みて恋しきやなぞ 歌〈更級日記・宮仕え〉訳月もなく花も見なかった、(あの)冬の夜が心に染み付いて恋しいのはどうしてか。

二 副詞 ❶(疑問を表し)どうして…(か)。

いく世しもあらじ我が身をなぞもかく海人の刈る藻に思ひ乱るる 歌〈古今集・雑下・934〉訳どれほどの年月も生きられない我が身なのに、どうしてこのように漁師が採ってくる海藻と同じように思い乱れるのか。

❷(反語を表し)どうして…か、いや…ない。

「なぞ越えざらん。」と、うち誦じたまへるを…。〈源氏・若紫〉訳「どうして越えないだろうか(＝どうして逢ってくれないだろうか)、いやそんなことはない。」と、(源氏が古歌をもじって)お口ずさみなさっているのを…。

発展「なにぞ」が変化した「なんぞ」の「ん」を表記しない形。

なぞ-なぞ【謎謎】 名詞 ことばや文章の中に隠した意味を、相手に答えさせる遊び。発展「何ぞ何ぞ」が変化したことば。

なぞなぞ-あはせ【謎謎合はせ】 名詞「★物合はせ」のひとつ。左右の組に分かれ、なぞなぞを掛け合い、解き合って勝負を決める遊び。

なぞ-の【何ぞの】 連語 (怪しんで)いったいどんな。なんという。

「なぞの犬の、かく久しう鳴くにかあらむ。」〈枕草子・9・上にさぶらふ御猫は〉訳「いったいどんなイヌが、こんなに長い間鳴いているのであろうか。」

発展 代名詞「なに」＋終助詞「ぞ」が変化した「なぞ」に格助詞「の」が付いたもの。

なぞ・ふ【準ふ】 動詞 他 〔ハ下二段〕〈へ・へ・ふ・ふる・ふれ・へよ〉なぞらえる。他のものに見立てる。

まとめて覚えよう古語チャート㉙

形容詞「なし」と接尾語「なし」

赤字は最重要語・重要語

この図は、形容詞の「¹なし(無し)」と接尾語の「²なし」が、それぞれ他のことばの下に付いて生まれたことばを集めたものです。

図にあるように、形容詞の「¹なし」は、上に来ることばを打ち消す意味を表しますが、接尾語の「²なし」は上に来ることばのような状態であることや、その程度が極端な状態であることを表します。

「なし」といえば、「無し」という打ち消しの意味であると考えがちなので、特に接尾語の「なし」が付いたことばは、その意味を取り違えないように十分注意する必要があります。

たとえば「³はしたなし」は、「はした(＝中途半端)」な状態であるという意味で、「はした」が「無い」という意味ではありません。

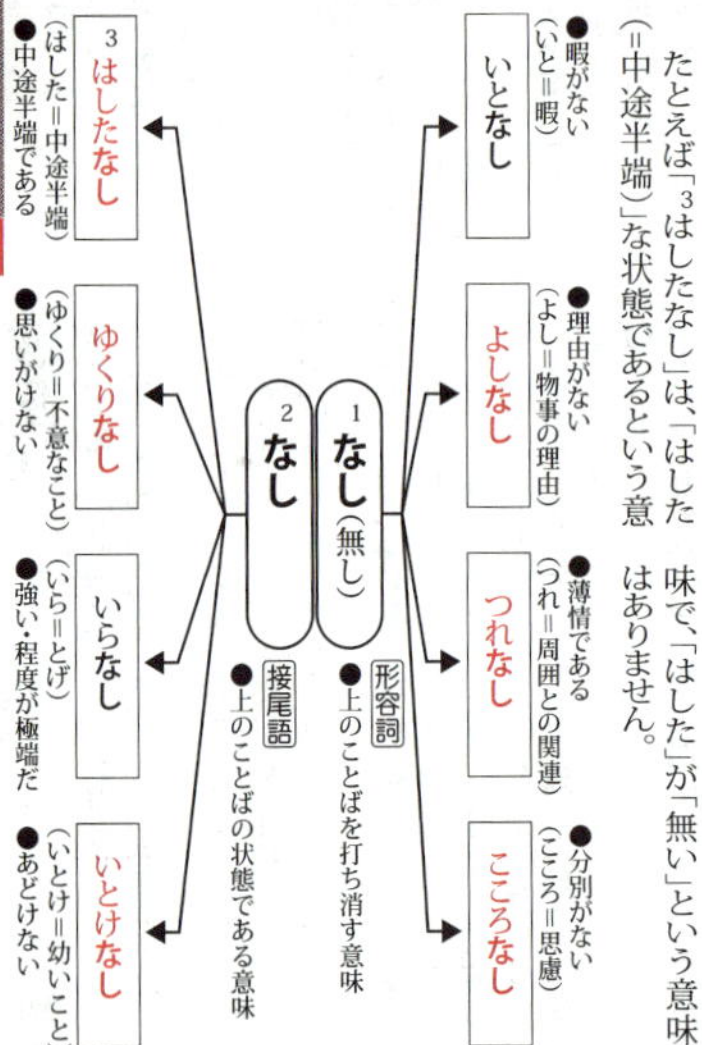

わが宿に蒔きしなでしこいつしかも花に咲きなむなぞへつつ見む 歌〈万葉集・8・1448〉訳私の家の庭にまいたナデシコは、いつ花として咲いてしまうのだろうか。(咲いたらあなたに)見立てては何度も眺めよう。

発展 上代は「なそふ」。

なぞ-や【何ぞや】❶(疑問を表し)どうして(…か)。なぜ(…か)。「なぞや。かくかたみにそばそばしからでおはせかし。」〈源氏・葵〉訳「どうして(こうなのか)。(葵の上も六条御息所も)このようにお互いにとげとげしくしないでいらっしゃいよ。」

❷(反語を表し)どうして…か、いや…ない。大方はなぞや我が名の惜しからむ昔の妻と人に語らむ 歌〈後撰集・633〉訳たいていの場合にはどうして私の名誉など惜しいことがあろうか、いや惜しくない。昔の妻だと人には語ろう。

発展 副詞「なぞ」＋係助詞「や」。

なぞらえる【準える・擬える】(現)↓(古)**なずらふ**【準ふ・擬ふ】

なぞら-ふ【準ふ・擬ふ】動詞 ↓なずらふ

なだ【灘】名詞 潮の流れが強く、波が荒い、航海に困難な海域。

な-だい【名題・名代】名詞 ❶歌舞伎・浄瑠璃などの題名。類外題。❷名高いこと。有名なこと。また、その人。❸名義。名目。

な-だいめん【名対面】名詞 ❶宮中で宿直している人が、夜の亥の刻(=午後十時ごろ)の点呼で姓名を名乗ること。類宿直奏し ❷戦場などで、互いに名乗ること。

な-たか-し【名高し】形容詞〔ク〕〈く・く・し・き・けれ・○/から・かり・○・かる・○・かれ〉名が知られている。有名だ。名高うおはする宮の御容貌にも…。〈源氏・桐壺〉訳名が知られていらっしゃる東宮のお顔だちに比べても…。○「名高う」は連用形「名高く」のウ音便。

な-たぐひ【名類ひ】名詞 名が似ていること。

な-だた-し【名立たし】形容詞〔シク〕〈しく・しく・し・しき・しけれ・○/しから・しかり・○・しかる・○・しかれ〉うわさになりそうだ。評判になりそうだ。「ましてこれは、いとよう言ひなしつべき頼りなり。」と思すに、いと名立たしう…。〈源氏・葵〉訳「なおさらこれ(=自分の魂が浮遊すること)は、たいへん十分に話をこしらえてきっと言うことができそうなよい機会だ。」と(六条御息所は)お思いになるにつけても、たいへんうわさになりそうで…。○「名立たしう」は連用形「名立たしく」のウ音便。

な-だた-り【名立たり】動詞 自〔ラ変〕〈ら・り・り・る・れ・れ〉評判が高い。名高い。名立たる春の御前の花園に心寄せし人々…。〈源氏・野分〉訳評判が高い(紫の上方の)春の御前の花園に心を引き付けられた人々が…。

発展「なだてあり」(名詞「なだて(名立て)」＋ラ変動詞「あり」)が変化したものか。用例の多くは連体形である。

な-だて【名立て】名詞 評判が立つようにすること。不名誉となること。

なだ-む【宥む】動詞 他〔マ下二段〕〈め・め・む・むる・むれ・めよ〉❶許す。寛大に扱う。「はばかるところなく、例あらむに任せて、なだむることなく、厳しう行へ。」〈源氏・少女〉訳「遠慮することなく、普通の決まりのとおりにして、寛大に扱うことなく、厳しく執り行え。」

❷とりなす。静め和らげる。やうやうになだめたまへば、山門の大衆鎮まりぬ。〈平家・4・厳島御幸〉訳いろいろととりなしなさったので、寺の僧兵たちは静かになった。

なだめる(現)↓(古)**なだむ**【宥む】

なだらか-なり 形容動詞〔ナリ〕〈なら・なり(に)・なり・なる・なれ・なれ〉❶角だっていない。滑らかだ。なだらかなる石、角ある岩など拾ひたてたる中より…。〈宇津保〉訳(表面の)滑らかな石や、ごつごつとした岩などを拾い集めて据えてある中から…。

❷(心が)穏やかだ。温和だ。心ばせのなだらかにめやすく、憎みがたかりしことなど、今ぞ思し出づる。〈源氏・桐壺〉訳(桐壺の更衣の)気立てが穏やかで感じがよく、(憎もうにも)なかなか憎めなかったことなどを、(亡くなった)今となってお思い出しになる。

❸平穏だ。無事だ。「片去りはばかるさまにて過ぐしたまへばこそ、事なくなだらかにもあれ…。」〈源氏・若菜上〉訳「(どなたも紫の上には)遠慮し気がねするようすでお過ごしになるからこそ、何事もなく平穏でもあるのに…。」

❹程よい。無難だ。体裁よい。ものかしこげに、なだらかに修理して、門いたく固め…。〈枕草子・178・女のひとり住む所は〉訳(女のひとり住まいなのに)なんとなく気が利いたふうに、体裁よく手入れして、門(の守り)を並々でなく固め…。

❺とどこおりない。滑らかだ。流暢だ。歌や詩などをいとなだらかに、ゆゑゆゑしう言ひ続けまねぶに…。〈大鏡・時平〉訳(世継が)和歌や漢詩などをたいへん流暢に、風格ある感じに(そっくり)まねして語り続けるので…。

↓古語チャート❹(103ページ)

なだら-む 動詞 他〔マ下二段〕〈め・め・む・むる・むれ・めよ〉偏りをなくす。むらなくする。なだらかにする。よろづのことに通はしなだらめて…。〈源氏・常夏〉訳すべてのことに通じむらなくして…。

なだれ【雪崩】名詞 ❶斜めに傾いていること。また、傾いている場所。傾斜。❷傾斜地の雪が大量に崩れ落ちる現象。❸崩れ落ちること。また、そのもの。

那智 地名 今の和歌山県東牟婁郡那智勝浦町付近。★熊野三社の一つである熊野那智大社の鳥居前町として発達。

なつ【夏】名詞 陰暦の四月・五月・六月のころの季節。↓古語チャート⑳(767ページ)

な-づ【撫づ】動詞 他〔ダ下二段〕〈で・で・づ・づる・づれ・でよ〉❶なでる。口を探り、ひげある者はそれをなで…。〈枕草子・28・憎きもの〉訳口の辺りをまさぐり、ひげのある人はそれをなで…。

❷慈しむ。かわいがる。民をなで、農を勧めば…。〈徒然草・142・心なしと見ゆる者も〉訳(為政者が)人民をかわいがり、農業を奨励するならば…。

なつか-し【懐かし】形容詞 ↓最重要語(925ページ)

な-づき【名付き】名詞 ↓みやうぶ(名簿・名符)

なづき【脳・髄】名詞 脳・脳髄などのこと。転じて、頭。

なつ-く【懐く】一 動詞 自〔カ四段〕〈か・き・く・く・け・け〉なれ親しむ。なじむ。↓古語チャート㊺(1275ページ)猫は、まだ人にも懐かぬにや…。〈源氏・若菜上〉訳ネコは、まだよく人になれ親しまないのではなかろうか…。

二 動詞 他〔カ下二段〕〈け・け・く・くる・くれ・けよ〉なれ親しませる。なじませる。手なずける。懐かせる。 **この人を懐け語らひきこえたまふ。**〈源氏・若紫〉訳 この人(=紫の上)を**なれ親しませよう**と(源氏は)話をお交わし申し上げなさる。

なーづ・く【名付く】 動詞 他〔カ下二段〕〈け・け・く・くる・くれ・けよ〉名前を付ける。命名する。名付ける。 **すべて千歌二十巻、名付けて『古今和歌集』といふ。**〈古今集・仮名序〉訳 全部で千首の歌二十巻(を収めて)、**名付けて**『古今和歌集』という。

なつ-くさ【夏草】 名詞 夏に生い茂る草。季語 夏

なつくさ-の【夏草の】 枕詞 (夏草が生い茂る野という意味から、「野」を含む)地名「野島」に、(夏草のようすから)「思ひ萎ゆ」「茂し」「深し」に、(夏草を刈るという意味から、「刈る」と同音を含む)「かりそめ」などに係る。

なつくさや… 句 **夏草や兵どもが夢の跡**〈奥の細道・平泉・松尾芭蕉〉訳 盛んに生い茂っている夏草よ。かつてこの野で武者たちが奮戦したことも今でははかない出来事で、その跡にはただ一面の夏草だ。○季語 夏草―夏

発展 平泉は奥州藤原氏が栄えた場所で、その栄華と滅亡に思いを馳せたものか。杜甫の『春望』の一節「国破れて山河あり、城春にして草木深し」を受けて、人間のはかなさと悠久の自然を対比する。

なつ-げ【夏毛】 名詞 夏のシカの毛。白い斑点がはっきりする。その毛皮は*行縢に、毛は筆の穂先に用いる。

な-づけ【名付け】 名詞 ❶名を付けること。❷婚約者。いいなずけ。

なつ-ごろも【夏衣】 **一** 名詞 夏に着る衣服。**二** 枕詞 (夏の衣はひとえで薄いことから)「ひとへ」「うすし」「かとり」に、また(「衣」の縁語である)「裁つ」「着る」「ひも」「裾」「張る」などに係る。

なづさ・ふ 動詞 自〔八四段〕〈は・ひ・ふ・ふ・へ・へ〉❶水に浮かび漂う。水に浸る。 **夕されば葦辺に騒き明けくれば沖になづさふ鴨すらも…** 歌〈万葉集・15・3625〉訳 夕方になるとアシの生えている辺りで騒ぎ、夜が明けると沖の**水に浸る**カモでさえも…。

なつか・し【懐かし】

形容詞〔シク〕

相手の魅力に引かれ、寄り添っていたいという気持ち

❶そばから離したくない。近寄っていたい。
❷心引かれる。魅力的だ。親しみやすい。
❸(過去の記憶に心引かれて)慕わしい。◉中世以降の用法。

未然形	連用形	終止形	連体形	已然形	命令形
なつか・しく なつか・しから	なつか・しく なつか・しかり	なつか・し ○	なつか・しき なつか・しかる	なつか・しけれ ○	○ なつか・しかれ

❶**そばから離したくない。近寄っていたい。** **ほととぎす夜声懐かし網ささば花は過ぐとも離れずか鳴かむ** 歌〈万葉集・17・3917〉訳 ホトトギスの夜の声を**そばから離したくない**(=ずっと聞いていたい)。網を張って(逃げられなくし)たら、(タチバナの)花(が咲く夏)は過ぎても(その枝を)離れずに鳴くだろうか。 歌〈万葉集・17・3978〉訳 **妹も我も心は同じ比へれどいやなつかしく…** 妻も私も気持ちは同じである。一緒に並んでいても、ますます**近寄っていたく**…。

❷**心引かれる。魅力的だ。親しみやすい。** **春雨ににほへる色も飽かなくに香さへ懐かし山吹の花** 歌〈古今集・春下・122〉訳 春雨に(ぬれて)つややかになった色も(見)飽きないことなのに、(その)香りまでも**心引かれる**。(この)ヤマブキの花は。 **御心ばへいと懐かしう、おいらかにおはしまして…。**〈大鏡・三条院〉訳 (三条院は)お気立てがとても**親しみやすく**、おっとりとしていらっしゃって…。○「懐かしう」は連用形「懐かしく」のウ音便。

❸《中世以降》(過去の記憶に心引かれて)**慕わしい。** **昔懐かしい。** **花橘の軒近く風懐かしう薫りけるに、山ほととぎす二声三声訪れければ…。**〈平家・灌頂・女院出家〉訳 タチバナの花が軒近くに(咲き)風に(吹かれて)**昔懐かしく**薫りを放っていたときに、山にいるホトトギスが二声三声鳴いたので…。

発展 ①**語の成り立ち** なれ親しむ、という意味の四段動詞「懐く」が形容詞になったもの。↓**古語チャート**㊺(1275ページ)
②**語の歴史** 近寄ってそばにいたい気持ちを表す❶がもともとの意味で、さらに、なれ親しんでいたいほど心引かれる、魅力的だということで❷の意味が生まれた。現代語の「懐かしい」、つまり昔のことを思い出して慕わしい気持ちを表すようになるのは中世以降のことである。↓**古語チャート**⑪(427ページ)

❷なれ親しむ。まつわりつく。 **「なづさひ見たてまつらばや。」と覚えたまふ。**〈源氏・桐壺〉訳「**なれ親しみ**(藤壺の女御の姿を)見申し上げたいものだ。」と(源氏は)お思いになる。

なっ-しょ【納所】 名詞 ❶年貢を保管する所。また、その役人。❷禅寺で、施された物を納めておく所。また、そこを管理する僧。転じて、下級の僧。

なつ-そ【夏麻】 名詞 夏に収穫するアサ。

なつそ-びく【夏麻引く】 枕詞 (夏麻を畝から根引くという意味から、また引いた夏麻を績む(=つむぐ)という意味から、「う」と同音を含む)「うなかみ」「うなひ(=海辺)」などに、また(アサの糸という意味から、「い」と同音を含む)「命」に係る。

なづな【薺】 名詞《植物》春の七草の一つ。ペンペングサ。シャミセングサ。季語 春

なつのの… 歌 **夏の野の繁みに咲ける姫百合の知らえぬ恋は苦しきものぞ**〈万葉集・8・1500・大伴坂上郎女〉訳 夏の野の茂みに(人知れず)咲いているヒメユリのように、(いとしい相手に)知られない(=知ってもらえない)恋は苦しいものだ。○第三句までは「知らえぬ」を導く序詞。「え」は可能を表す上代の助動詞「ゆ」の未然形。

発展 人目につかない所に咲く花に自分を重ねて、片思いの恋のつらさを詠む。

なつのよは…百人一首

夏の夜はまだ宵(よひ)ながら明けぬるを雲のいづこに月宿るらむ〈古今集・夏・166・清原深養父(きよはらのふかやぶ)〉訳夏の(短い)夜は、まだ宵のままで明けてしまったが、(西の山に沈む間もなかっただろうに)いったい雲のどの辺りに月は宿をとっているのだろう。○「宵ながら」は現実ではなく、作者の気持ち。「明けぬるを」の「を」は接続助詞で、逆接の確定条件を表す。

品詞分解・修辞

夏	の	夜	は	まだ	宵	ながら	明け	ぬる
	格助		係助	副		接尾	カ下二・用	完了・体

を	雲	の	いづこ	に	月	宿る	らむ
接助		格助	代	格助		ラ四・終	現在推量・体

発展 月を擬人化し、夏の夜の短さを誇張して表現する。『古今集』では、第四句が「雲のいづくに」となっている。

なつ-はぎ【夏萩】 名詞 ❶夏に花が咲くハギ。❷★襲(かさね)の色目のひとつ。表は青、裏は紫。

なつ-ばらへ【夏祓へ】 —ばらえ 名詞 ↓なごしのはらへ

なつ-びき【夏引き】 名詞 夏に糸を紡ぐこと。また、その糸。季語 夏

なつびき-の【夏引きの】 枕詞 (夏引きの糸という意味から)「いと」「いとほし」「いとま」などに係る。

なづ・む【泥む】なずむ

雪・水・草などに足腰を取られて進行に苦しむ
- ❶行き悩む。進めずに苦しむ。
- ❷悩み苦しむ。
- ❸こだわる。
- ❹思い焦がれる。打ち込む。◉近世語。

未然形	連用形	終止形	連体形	已然形	命令形
なづ・ま	なづ・み	なづ・む	なづ・む	なづ・め	なづ・め

動詞 自 マ四段 ❶**行き悩む。進めずに苦しむ。**
白栲(しろたへ)ににほふ真土(まつち)の山川(やまがは)に吾(あ)が馬**なづむ**家恋ふらしも 歌〈万葉集・7・1192〉訳白い布のように明るく映える真土の山川(=今の奈良県と和歌山県の境にある山の西側を流れる川)で、私のウマが**行き悩む**。家の者が恋しがっているらしいなあ。

❷**悩み苦しむ。煩う。**

なで-ふ【何でふ】—じょう

不審なことの内容を問いただすようす
- 一 連体詞
  - ❶(疑問表現を作って)なんという。どのような。◉「なでふ＋こと・人～ぞ・む」の形をとる。
  - ❷(反語表現を作って)どういう(…だろうか、いや…ではない)。どれほどの(…ではない)。◉「なでふことかあらむ」の形が多い。
  - ❸それほどの(…ではない)。たいした(…ではない)。◉「なでふことなし」の形が多い。
  - ❹これこれという。何々という。◉「なでふ＋名詞」の形が多い。
- 二 副詞 どうして。なんだって。◉「なでふ＋疑問・反語表現」の形をとる。

一 連体詞 ❶(「なでふ＋こと・人～ぞ・む」の形で、疑問表現を作って)**なんという。どのような。どんな。**
「こは**なでふ**ことのたまふぞ。」〈竹取・かぐや姫の昇天〉訳「これは(=月に帰らなければならないとは)**なんという**ことをおっしゃるのだ。」

❷(多く「なでふことかあらむ」の形で、反語表現を作って)**どういう**(…だろうか、いや…ではない)。**どのような**(…だろうか、いや…ではない)。**どれほどの**(…だろうか、いや…ではない)。↓何でふことかあらむ
「また**なでふ**こと言ひて笑はれむとならむ。」〈枕草子・8・大進生昌(だいじんなりまさ)が家(いへ)に〉訳「(生昌は)また**どのような**ことを言って(あなたに)笑われようというのだろう。」
「下(しも)が下の中には、**なでふ**ことか聞こしめしどころはべらむ。」〈源氏・帚木(ははきぎ)〉訳「下の下(の身分である私など)のことでは、**どのような**ことがお聞きになる(価値のある)ものがございましょうか、いや、とてもございません。」

❸(多く「なでふことなし」の形で)**それほどの**(…ではない)。**たいした**(…ではない)。**これといった**(…ではない)。↓何(なに)でふこと無(な)し
なでふことなき人の、笑がちに物いたう言ひたる。〈枕草子・28・憎きもの〉訳**たいした**ことのない人が、にこやかによくしゃべっているのは(気にくわない)。

❹(多く「なでふ＋名詞」の形で、明らかにしたくない、また明らかにする必要のない内容を表し)**これこれという。何々という。**
なでふことと知る人はなけれど、いみじう笑ふ。〈枕草子・108・方弘(まさひろ)は〉訳(源方弘の言った滑稽(こっけい)なへりくつに対して)**これこれという**意味だと分かる人はいないけれど、(皆)ひどく笑う。
「今日は世の中に**なでふ**ことはべりつ。何やかやと聞くことをば、まづ聞かせたてまつらむと思ひて…。」〈栄花(えいぐゎ)〉訳「今日は世間で**これこれの**ことがありました。(などと)あれやこれやと耳にすることを、(娘に)最初にお聞かせ申し上げようと思って…。」

二 副詞 (「なでふ＋疑問・反語表現」の形で)**どうして。なんだって。**
「**なでふ**女が真名書(まんなぶみ)は読む。昔は経読むをだに、人は制しき。」〈紫式部日記〉訳「**どうして**女が漢字で書かれた書物を読むのか。昔は(女が)経典を読むことをさえ、人はやめさせた。」○「なでふ」を、一❶の連体詞とみて解する考え方もある。
「**なでふ**百日の鯉(こひ)を切らんぞ。」〈徒然草・231・園(その)の別当入道(べったうにふだう)は〉訳「(有名な料理人の別当入道が、百日間連続でコイを切っているのを今日だけ欠かすわけにはいかない、と言って切ったという話だが)**なんだって**百日のコイを切ろうというのだ、いや、そうする必要はないだろう。」

発展 ①**語の成り立ち** 「なにといふ↓なにてふ↓なんでふ」と変化した「なんでふ」の「ん」を表記しない形。
②**連体詞↓副詞へ** 二の副詞用法は、一の連体詞が係る被修飾語(特に「こと・人」などの名詞)を伴わずに、独立して疑問や反語の表現を作るようになったものである。

まことに、この君なづみて、泣きむつかり明かしたまひつ。〈源氏・横笛〉訳本当に、この（夕霧の幼い子である）若君は（柏木の亡霊に）悩み苦しんで、泣きむずかりながら夜をお明かしになった。

❸**こだわる。執着する。とらわれる。** 死を軽くして、少しもなづまざる方の潔く覚えて…〈徒然草・115・宿河原といふ所にて〉訳（乞食僧は）死を重大に扱わないで、ちっとも（生死に）**執着しない**ところが（かえって）小気味よく思われて…。

❹《近世語》**思い焦がれる。打ち込む。ほれ込む。** いつとなく女郎なづみて、我が黒髪も惜しからず切るほどの首尾になりて…〈西鶴・日本永代蔵〉訳いつのまにか遊女も（男に）**思い焦がれて**、自分の黒髪も惜しげなく切るほどの仲になって…。

発展 **現代語とのつながり**　水に浸るという意味の動詞「なづさふ」と同じ語源で、湿地などに足を取られて進行が妨げられ、停滞するようすを表す❶がもともとの意味。現代語には、「暮れなずむ」という複合動詞の中に残っている。

なつ-むし【夏虫】 名詞 夏に出てくる虫の総称。ホタル、セミ、カ、ガなど。季語 夏

なつやまに… 句 **夏山に足駄を拝む首途かな**〈奥の細道・黒羽・松尾芭蕉〉訳 行く手に遠く夏の山々が見える。その山に向かうにあたって、かつて歩きぬいた役の行者の高げたをはいた行者像を拝むことだ。〇季語 夏山─夏。「役の行者」は修験道の祖で、健脚。発展 これから始まる旅の困難さを思い、無事を祈る気持ちを込めた句。

夏山繁樹 登場人物『大鏡』中の人物。一八〇歳ほどの老人。もと藤原忠平に仕えた小舎人童で、忠平を宝の君と仰ぎ敬う。★雲林院の菩提講で、★大宅世継らと昔語りをする。

な-で …てしまわないで。「潮に濡れたる衣だに脱ぎ換へなでなむ、こちまうで来つる。」〈竹取・蓬莱の玉の枝〉訳「海水でぬれた着物さえも着替え**てしまわないで**、こちらへやって参りました（のです）。」発展 完了の助動詞「ぬ」の未然形＋接続助詞「で」。

なでしこ【撫子・瞿麦】 名詞 ❶《植物》秋の七草の一つ。ナデシコ。トコナツ。季語 秋 ❷★襲の色目のひとつ。表は紅梅、裏は青。または、表は紅、裏は紫。❸（「撫でし子」という意味を掛けて）愛する子。かわいい子。❹紋所のひとつ。❶の花や葉を図案化したもの。

識別 ㊀連体詞「なでふ」と、㊁副詞「なでふ」の識別

品詞と用法	見分け方	例文と訳
連体詞「なでふ」	「なでふ＋名詞」の形。	年かへりて、なでふこともなし。〈蜻蛉日記〉訳年が改まって、なんという事態（の変化）もない。
副詞「なでふ」	「なでふ〜（か）〜推量」「なでふ〜か〜べき」「なでふ〜ぞ」の形。	「いまさらに、なでふさることかはべるべき。」〈源氏・椎本〉訳「いまさら、どうしてそんなことがあってよいでしょうか、いや、あってはなりません。」

なで-つくろ-ふ【撫で繕ふ】 動詞 他 ハ四段 身繕いをしてやる。かわいがって手入れをする。身なりを整えてあげる。常よりも、この君をなで繕ひつつ見ゐたり。〈源氏・薄雲〉訳（明石の君は）いつもよりも、この姫君を**身なりを整えてあげて**は世話をしている。

な-でふ【何でふ】 連体詞 副詞 ↓最重要語（926ページ）

なでふ-こと-か-あら-む【何でふことかあらむ】（反語を表し）どれほどのことがあろうか、いや、どれほどのこともなかろう。少しもかまわない。なんの差し支えもなかろう。ただきよき衣を着て詣でむに、なでふことかあらむ。〈枕草子・119・あはれなるもの〉訳ただきれいな着物を着てお参りしたとしても、**どれほどのことがあろうか、いや、どうということもない**。発展 連体詞「なでふ」＋名詞「こと」＋係助詞「か」＋ラ変動詞「あり」の未然形＋推量の助動詞「む」の連体形。

なでふ-こと-な-し【何でふこと無し】 連語 たいしたことない。取るに足りない。昔、みちの国にて、なでふことなき人の妻に通ひけるに…。〈伊勢・15〉訳昔、★陸奥で、**たいしたことない人**の妻のもとに（男が）通っていたところ…。発展 連体詞「なでふ」＋名詞「こと」＋形容詞「なし」。

なでる（現）↓（古）**なづ【撫づ】**

なでん【南殿】 名詞 ★紫宸殿の別の呼び名。発展「なんでん」とも。

など

明らかでない理由を問う
- ❶（疑問表現を作って）**どうして**（…のか）。**なぜ**（…のか）。
- ❷（反語表現を作って）**どうして…のか**（いや…ない）。

副詞 ❶（「など〜連体形（＋ぞ）」の形で、疑問表現を作って）**どうして**（…のか）。**なぜ**（…のか）。**など、かく忘れつるならむ。**〈枕草子・143・殿などの〉訳（有名な古歌の一節を私は）**どうして**、このように忘れてしまったのだろう。〇「など〜推量の助動詞「む」」で疑いを表す。この「む」は連体形。「**など答へもせぬ。**」と言へば、「**涙のこぼるるに、目も見えず、ものも言はれず。**」と言ふ。〈伊勢・62〉訳（以前夫だった男が）「**どうして**返事もしないのか。」と言うと、（女は）「涙がこぼれるので、目も見えないし、ものも言うことができない。」と言う。〇「など〜打消の助動詞「ぬ」」の形で問いを表す。この「ぬ」は「ず」の連体形。「**いづら、猫は。こちゐて来。**」とあるを、「**など。**」と問へば…〈更級日記・大納言殿の姫君〉訳（私の姉が）「どこにいるの、ネコは。こちらへ連れて来て。」と言うので、（私が）尋ねると…。〇「など」を受ける語句が省略されている例。下に「さ言ふ（＝そのように言うのか）」などを補って解釈するとよい。

❷（「など〜連体形（＋ぞ）」の形で、反語表現を作って）**どうして…のか**（いや…ない）。「**などかく疎ましきものにしもおぼすべき。**」〈源氏・帚木〉訳「（あなたは）**どうして**こんなに（私を）いとわしいものとお思いにならなければいけない**のか**（いや、そんなふうに思ってほしくない）。」〇推量の助動詞「べし」の連体形を伴

って反問を表し、反語の意を含む。
発展 **語の成り立ち**　代名詞「なに」＋格助詞「と」が変化したものかといわれる。副助詞「など」も、同じ成り立ちと考えられる。

など【等】

❶(例示を表し)…**など**。たとえば…など。
❷(婉曲を表し)…**など**。
❸(引用文を受けて)…**などと**。
→ 接続 種々の語に付く。↓発展②

副助詞 ❶(例示を表し)…**など**。たとえば…など。**その山科の宮に、滝落とし、水走らせなどして、おもしろく造られたるに…**。〈伊勢・78〉訳 その山科の離宮に、滝を落としたり、水を流したり**など**して、趣深く(庭が)造られている、その離宮に…。○下二段他動詞「走らす」の連用形に付いている例。「滝落とし、水走らせ」の他にもいろいろな趣向があることを「など」で示している。
❷(婉曲を表し)…**など**。**新しき所造るとて、通ふ頼りにぞ、立ちながらなどものして…**。〈蜻蛉日記〉訳 (夫は)新しい家を造るということで、(そこへ)行き来するついでに、(病気の私のもとに立ち寄り)立ったまま**など**でいて…。○接続助詞「ながら」に付いている例。婉曲を表す用法では、「など」を取り除いても文意は変わらない。
❸(引用文を受けて、会話の大体の内容を取りまとめて表し)…**などと**。↓読解の手引き❷(318ページ)**「西国の遊び女は、えかからじ。」など言ふを…**。〈更級日記・足柄山〉訳 (ある人が)「西国の歌や舞などを演じる遊女は、とてもこのように(すばらしく歌うことは)できないだろう。」**などと**言うのを…。
発展 ①**語の成り立ち**　「なにと」(代名詞「なに」＋格助詞「と」)が「なんど」→「など」と変化したもの。「これかれ、酒なにと持て追ひ来て…。(=この人あの人が、酒などを持って追ってきて…。)」〈土佐日記・十二月二十七日〉のような例から変化してきた。
②**接続**　❶❷は、体言、活用語の連体形・連用形、助詞などに付く。
③**❷で「など」を訳さない場合**　❷の婉曲を表す用法では、特に「など」を訳さない方がよい場合もある。たとえば、「殿などのおはしまさで後…。」〈枕草子・143・殿などの〉という例の「殿など」は、亡くなった関白の藤原道隆一人のことを婉曲に指しているので、「殿がいらっしゃらなくなって後…。」と、「など」を省いて訳した方が誤解を招かない。また、「いかに、事に触れて、我などをばかくなめげにもてなすぞ(=どうして、何かにつけて、私などをこのように無礼に扱うのか)。」〈大鏡・伊尹〉のような例は、反問の意味を強める用法といえる。
④**❸の「などと」の形**　❸の用法では、「など」のもともとの語形である「なにと」の中に、すでに引用の格助詞「と」が含まれているため、中古末ごろまでは「などと」の形で用いられることはめったになかった。「などと」の例を見るのは、中世以降である。
⑤**「など」は複数を表さない**　「女どもなどを具して…(=女たちなどを引き連れて…)。」〈今昔〉のように、複数を表す接尾語「ども」とともに用いられることもあるため、「など」それ自体では複数を表さないと考えられる。

など-か 連語 ↓最重要語(929ページ)

など-かう-は【など斯うは】どうしてこのように(…なのか)。「**そよ、などかうは**。」とて、かい探りたまふに、**息もせず**。〈源氏・夕顔〉訳 「そうそう、**どうしてこのように**(こわがるのか)。」と言って、(源氏が夕顔を)手でお探りになると、息もしていない。
発展 副詞「など」＋副詞「かく」のウ音便「かう」＋係助詞「は」。

など-か-なから-む【などか無からむ】(反語を表し)どうしてないことがあろうか、いや、あるはずだ。どうしていないことがあろうか、いや、いるはずだ。女は、「**またかかる容貌の類ひもなどかなからむ**。」と見えたまへり。〈源氏・藤裏葉〉訳 女(=雲居の雁)は、「ほかにもこのような顔かたちに並ぶ人も**どうしていないことがあろうか、いや、いるはずだ**。」と(人には)見られていらっしゃる。
発展 副詞「など」＋係助詞「か」＋形容詞「なし」の未然形＋推量の助動詞「む」の連体形。

など-か-は 連語 ❶(疑問を表し)どうして…か。「ここにても、**人は見るまじうやは。などかはさしもうち解けつる**。」〈枕草子・8・大進生昌が家に〉訳 「ここでも、人が見ないはずがあるのか、いや、そんなことはない。**どうしてそんなにも油断してしまったのか**。」
❷(反語を表し)どうして…か、いや…ない。**心憎き所へ遣はす仰せ書きなどを、たれもいと鳥の跡にしもなどかはあらむ…**。〈枕草子・158・うらやましげなるもの〉訳 奥ゆかしい(人の)所へおやりになる(貴人の)手紙の代筆などを、だれもひどく下手な字などで**どうして**(書くことが)あるだろう**か、いや**、下手な字であるはずが**ない**…。
発展 副詞「など」＋係助詞「か」＋係助詞「は」。打消の表現を伴うことが多く、文末は連体形で結ぶ。

な-どころ【名所】名詞 ❶有名な所。名所。❷器物の部分の名前。

など-て 副詞 (疑問を表し)どうして。なぜ。「**かかる容貌、ありさまを、などて身をいとはしく思ひ始めたまひけむ**。」〈源氏・手習〉訳 「このようなお顔立ちであり、お姿であるのに、**どうして**ご自身をいとわしいとお思い始めなさったのだろう。」
発展 副詞「など」に接続助詞「て」が付いて一語になったもの。

など-て 連語 などと言って。**雨やみにためれば、「さらば暮れに。」などて帰りぬ**。〈蜻蛉日記〉訳 雨がやんでしまったようなので、「それでは夕方に。」**などと言って**帰ってしまった。

など-て-か 連語 ❶(反語を表し)どうして…か、いや…ない。「**などてかさらにものすべき**。」と言ひ果てつれば…。〈蜻蛉日記〉訳 「**どうして**再び行くことができよう**か、いや、できない**。」と言い切ったので…。
❷(疑問を表し)どうして…か。「**いとうたて、ゆゆしき御事なり。などてかさまでは思す**。」〈源氏・柏木〉訳 「なんて嫌な、縁起でもないことだ。**どうして**そんな(出家や死などという)ことまでお考えになるの**か**。」
発展 副詞「などて」＋係助詞「か」。

など-や 連語 ↓など-か 最重要語(929ページ)

など-やう【等様】連語 (例として示して)…などのよう。…などというような。

姉、継母**などやう**の人々の…。〈更級日記・門出〉訳 姉、継母**などのよう**な人々が…。
発展 副助詞「など」＋接尾語「やう」。

名取川【なとりがわ】［ガハ］歌枕 宮城県中部を流れて仙台湾に注ぐ川。「逢瀬」「波」「渡る」などとともに詠まれた。

な-な ㊀(活用語の連用形に付いて)…てしまいたい。**秋の田の穂向きの寄れる片寄りに君に寄りなな言痛くありとも** 歌〈万葉集・2・114〉訳 秋の田のイネの穂がたなびいている。そのようにひたむきにあなたに寄り添って**しまいたい**。人のうわさはうるさいとしても。
㊁《上代東国方言》(活用語の未然形に付いて)…ないで。…ずに。**我が門の片山椿まこと汝我が手触れなな土に落ちもかも** 歌〈万葉集・20・4418〉訳 私の家の門の(方に見える)山の斜面のツバキよ。本当におまえは私の手が触れ**ないで**、地面に落ちないだろうか。
発展 ㊀は、完了の助動詞「ぬ」の未然形＋終助詞「な」。㊁は、打消の助動詞「ず」の古い未然形＋上代東国方言の助詞「な」。

なな-くさ【七種・七草】名詞 ❶七種類。転じて、いろいろ。❷春の七草および秋の七草のこと。❸(「七種の節供」の略で)陰暦正月七日の節句。類 人日 ❹「★七種の粥」の略。

ななくさ-の-かゆ【七種の粥・七草の粥】❶陰暦正月七日に春の七草を入れて炊いたかゆ。その年の邪気を払い、万病を除くという。季語 春 ❷陰暦正月十五日に米・アワ・ダイズ・アズキなど七種類の穀類を入れて炊いたかゆ。季語 春

なな-せ【七瀬】名詞 ❶七つの瀬。また、多くの瀬。❷朝廷行事の「七瀬の祓へ(＝厄を祓うために、七か所の瀬で人形を流す行事)」を行う七つの瀬。

なな-そ【七十】名詞 七十。

ななそ-ぢ【七十路】［ジ］名詞 七十。七十年。七十歳。

なな-つ【七つ】名詞 ❶しち。なな。❷(「七つ時」の略で)午前および午後の四時ごろ。❸七歳。

なな-なぬか【七七日】名詞《仏教語》人の死後四十九日目。また、その日に行う法事。類 四十九日 発展「しちしちにち」とも。

〔和歌〕**ななへやへ**… 歌
七重八重花は咲けども山吹のみの一つだになきぞあやしき〔なきぞ悲しき〕〈後拾遺集・1154・兼明親王〉訳 七重八重に花は咲くのに、ヤマブキには実がひとつもならないのは不思議だが、(同じように我が家には)蓑ひとつさえないのだよ。○「みの」は「実の」と「蓑」の掛詞。
発展 作者は醍醐天皇の第十六皇子。蓑を借りにきた人に、ヤマブキの枝を折って与えたが、その意味が通じなかったため贈った歌。時代が下って、『常山紀談』には、鷹狩りに出た太田道灌が雨にあい、小屋の女に蓑の借用を申し出ると、女がヤマブキの花を差し出した、というエピソードの中で、末句を「なきぞ悲しき」に換えて引用されている。

な-なむ (他に対する願望を表し)…てほしい。…てしまってほしい。**おしなべて峰も平らになりななむ山の端なくは月も隠れじ** 歌〈後撰集・1249〉訳 ↓おしなべて…
発展 完了の助動詞「ぬ」の未然形＋終助詞「なむ」。

ななめなら-ず【斜めならず】連語 ↓なのめならず

ななめ・なり【斜めなり】形容動詞 ↓なのめなり 最重要語(934ページ)

な-なり ❶(「なり」は推定を表し)…であるようだ。…であるように聞こえる。「**さては、扇のにはあらで、海月のななり。**」〈枕草子・102・中納言参りたまひて〉訳「それでは、扇のもの(＝

など-か

あることが起きた理由を問いかける
❶(疑問表現を作って)どうして…か。なぜ…か。
◉「などか〜らむ・けむ」(疑い)、「などか〜活用語の連体形」(問い)の形をとる。
❷(反語表現を作って)どうして…か(いや…ではない)。
◉多く「などか〜む」の形をとる。

連語 ❶(「などか〜らむ・けむ」の形で疑いを、また「などか〜活用語の連体形」の形で問いを表し)どうして…か。なぜ…か。
「**などかいと夜深うは出でさせたまへる**。」〈源氏・若紫〉訳「(源氏は)**どうして**ひどく夜遅くお出ましになったの**か**。」○「などか〜る(連体形)」は問いの表現。
かうて、つれづれと眺むるに、などか物詣でもせざりけむ。〈更級日記・鏡の影〉訳 こうして、所在なくぼんやりと物思いにふけっているときに、(私は)**どうして**お参りもしなかったのであろう**か**。○「などか〜けむ」は疑いの表現。
ものかはと君がいひけむ鳥の音の今朝しもなどか悲しかるらむ 歌〈十訓抄〉訳 (恋人を待つ宵に聞く鐘の音の空しさに比べれば、名残尽きない別れの朝聞く鳥の声など)問題にもならないとあなたが歌に詠んだとかいう鳥の声が、今朝に限って**どうして**こんなに悲しいのであろう**か**。○「などか〜らむ」は疑いの表現。
❷(多く「などか〜む」の形で、反語表現を作って)どうして…か(いや…ではない)。
「**などか、異物も食べざらむ。それがさぶらはねばこそ、取りまうしつれ。**」〈枕草子・87・職の御曹司におはしますころ、西の廂にて〉訳「**どうして**、ほかの物もいただかないことがあろう**か**、いや、そんなことはない。それ(＝ほかの食べ物)がございませんので、(仏に供えた食べ物のお下がりを)お取り申し上げてしまった。」
されども、おのづから正直の人、などかなからん。〈徒然草・85・人の心すなほならねば〉訳 そう(＝人の心は素直でないの)ではあるが、たまたま正直な人が、**どうして**いないことがあろう**か**、いや、いないはずはない。

発展 ①「か」は問いかけ　副詞「など」＋係助詞「か」。「か」は自分自身や相手に問いかける意味を表す。したがって、たとえば「など〜む」は「どうして…だろう」でよいが、「などか〜む」は「どうして…だろうか」と訳される。
②強い肯定となる反語　「などか」が用いられる文は、打消の語を伴って、「どうして…ない(だろう)か」という文を構成することが多い。そのため、❷は強い肯定判断を表す反語表現となることが多い。↓読解の手引き ⑲(1028ページ)

骨)ではなくて、クラゲのもの(=骨)であるようだ。」

❷(「なり」は伝聞を表し)…だということだ。

「神代より世にある事を記し置きけるななり。」〈源氏・蛍〉訳「(物語は)神々の時代から世の中にある事柄を書き残したものだということだ。」

発展 断定の助動詞「なり」の連体形に推定・伝聞の助動詞「なり」の付いた「なるなり」の撥音便「なんなり」の「ん」を表記しない形。読むときは、「なんなり」と読む立場もある。

なに【何】 一 代名詞 ❶(格助詞を伴い、疑問文中に用いて、不明の名や不定の物を指し示し)なに。どんなもの。

「あはれ、昨日翁丸をいみじうも打ちしかな。死にけむこそあはれなれ。何の身にこの度はなりぬらむ。」〈枕草子・9・上にさぶらふ御猫は〉訳「ああ、昨日は翁丸(=イヌの名)をひどくも殴ったものだなあ。死んだとかいうのはふびんだ。どんなものに今度は(生まれ)変わってしまうことだろう。」

❷(人の名や物事の内容を漠然と指し示し)これこれ。何々。

「今の世にまことしう伝へたる人、をさをさはべらずなりにたり。何の親王、くれの源氏。」〈源氏・少女〉訳「(琵琶の弾き方を)今の時代に本格的に受け継いでいる人は、ほとんどいなくなってしまいました。何々の親王と、だれだれの源氏(くらいでしょうか)。」

二 副詞 (疑問・反語表現を作って)どうして。なぜ。

春霞何隠すらむ桜花散る間をだにも見るべきものを 歌〈古今集・春下・79〉訳 春霞よ、どうして(サクラを)隠しているのだろう。サクラの花はせめて散るまでの間だけでも見るつもりなのに。〇二句切れで、「らむ」は疑問語「何」を受けて連体形。

三 感動詞 (相手の発言を確かめるために聞き返して)えっ、なんだって。なんだと。

「あれは鬼瓦でござる。」「なに、鬼瓦。」〈狂言・鬼瓦〉訳「あれは鬼瓦でございます。」「なんだと、鬼瓦(だというのか)。」

なに-あみだぶつ【何阿弥陀仏】 名詞 なんとか阿弥陀仏。発展 中世、阿弥陀仏の上に一字をのせて名前にするのが流行した。「世阿弥」「頓阿」などは、その省略形。その、上の一字が不明またはわざとぼかすときの言い方。

な-に-お・ふ【名に負ふ】 一 連語 ❶名として持つ。

神無月時雨降りおける楢の葉の名に負ふ宮の古言ぞこれ 歌〈古今集・雑下・997〉訳 陰暦十月の時雨が降り注いで色づいたナラの葉だが、それと同じ名を持つ奈良の都の古歌を集めたものがこれ(=万葉集)である。

❷有名である。名高い。評判である。

花橘は名にこそ負へれ、なほ梅のにほひにぞ、古のことも立ち返り恋しう思ひ出でらるる。〈徒然草・19・折節の〉訳 タチバナの花は(昔を思い出させる手がかりとして)有名であるが、それでもやはりウメの花の香りによって、昔のことも(当時に)立ち返って恋しく思い出される。〇「花橘は…負へれ」は、逆接の意味で下へ続く挿入文。

発展 名詞「な」+格助詞「に」+四段動詞「おふ」。「名にし負ふ」とも。

なに-か【何か】 一 何が…か。何を…か。

世の中は何か常なる飛鳥川昨日の淵ぞ今日は瀬になる 歌〈古今集・雑下・933〉訳→よのなかは…

二 副詞 ❶(疑問を表し)どうして…か。なぜ…か。

❷(反語を表し)どうして…か、いや…ない。

散る花を何か恨みむ世の中に我が身も共にあらむものかは 歌〈古今集・春下・112〉訳 花が散るからといって、どうして恨みを言う必要があろうか、いや、ない。(どうせ短い)この世に、自分が(花と)一緒に生き長らえることができようか、いや、できない。

三 感動詞 (上のことばや相手のことばを軽く否定して)なあに。いやいや。どうしてどうして。

「何か。かく口惜しき身の程ならずだに、もてなしたまはば…。」〈源氏・薄雲〉訳「どうしてどうして。せめてこのように取るに足りない身の程でなく、(姫君を)扱ってさえくださるなら…。」

発展 一は、代名詞「なに」+係助詞「か」。

なに-が-さて【何がさて】 連語 ❶(他のことはさしおいて、とにかくこれだけはと強調して)何としても。とにかく。

「何がさて、御暇乞ひをなされいでかなはぬことでござる。」〈狂言・墨塗〉訳「とにかく、お別れをなさらなくてはならないことでございます。」

❷(強調して)いかにも。もちろん。

「何がさて、御坊のことならば、なんとやうな御用なりとも承らう。」〈狂言記・腹不立〉訳「もちろん、あなた様のことならば、どんなご用であっても引き受けましょう。」

❸(強い打消を表し)とんでもない。

「何がさて。広い都のことでござるによって、都にないと申すことがござらうか。」〈狂言・粟田口〉訳「とんでもない。広い都のことでありますから、都にないということがありましょうか。」

発展 代名詞「なに」+格助詞「が」+副詞「さて」。

なに-がし【何某・某】 代名詞 ❶(名を知らない、また、明らかにする必要がない人や物・場所を指して)だれそれ。何とかいう。どこそこ。

「ものなど言ふに、『なにがしさぶらふ。』と、いとはなやかに言ふ。」〈枕草子・82・頭の中将の〉訳(女房たちが)話などしていると、「だれそれが伺候いたしております。」と、たいへんはっきりした声で言う。

❷(男性が自分のことを謙譲の気持ちを込めて)私。小生。

「なにがしは、いと詳しく承ること侍るものを。」〈大鏡・師尹〉訳「私は、たいへん詳細にお聞きしていることがございますのになあ。」

発展 ❶において、名詞を伴う場合、「朝臣・大臣・御子・院・律師」などは、「なにがしの～」といい、「阿闍梨・僧都・寺」などは、直接「なにがし～」といった。また、❷は中世以降「それがし」に取って代わられた。

類語比較 「それがし」と「なにがし」↓某

なにがし-かがし【某彼某】(人の名がわからないときや、特に言う必要のないときにぼかして)だれそれ。

なにがしかがしといふいみじき源氏の武者たちをこそ、御送りに添へられたりけれ。〈大鏡・花山院〉訳(兼家は)だれそれという立派な源氏の武士たちを、(道兼の)お見送りに付けなさっていたのであった。

なにがし-くれがし【何某某】↓なにがしかがし

なに-か-せ-む【何かせむ】 連語 (反語を表し)なんになろうか、いや、なんにもならない。どうしようか、いや、どうにもならない。

よし古に返り得たりとも、今の大御代に背きて何かせむ。〈歌学提要〉訳 たとえ昔に返ることができても、今の世の中に反してなんになろうか、いや、なんにもならない。

発展 代名詞「なに」+係助詞「か」+サ変動詞「す」の未然形+推量の助動詞「む」の連体形。

なに-がな【何がな】 連語 何か。何かしら。何事かでも。
極月はじめごろより、何がなと渡世思案するうちに…。〈西鶴・世間胸算用〉訳 十二月初めごろから、(仕事を)**何かしら**と世渡りの(方法を)思案をしているうちに…。
発展 代名詞「なに」＋副助詞「がな」。「を」を入れて「なにをがな」とも。

なに-かは【何かは】 連語 一 (「なに」は代名詞で、反語を表し)何が…か、いや…ない。何を…か、いや…ない。
折にふれば、何かはあはれならざらん。〈徒然草・21・万のことは〉訳 その時機にあたるなら、**何が**趣がないだろう**か、いや**ないわけは**ない**。
二 (「なに」は副詞で) ❶ (疑問を表し)どうして。
はちす葉の濁りにしまぬ心もてなにかは露を玉とあざむく 歌〈古今集・夏・165〉訳 →はちすばの…
❷ (反語を表し)どうして…か、いや…ない。
「**世をいとふならひ、何かは苦しうさぶらふべき。**」〈平家・灌頂・六道之沙汰〉訳 「出家の常で、(そんな姿でも)**どうして**差し障りがございましょう**か、いや**ございません。」
❸ (感動詞的に用いて)いやなに。どうしてどうして。
「**いとかしこうなりたまへり。**」など言ふいらへに、「**何かは**…。」など言ふも…。〈枕草子・185・したり顔なるもの〉訳 「本当にちょうどよく(国司に)おなりになった。」などと言う返事に、「**いやなに**…。」などと言うのも…。
発展 代名詞または副詞「なに」＋係助詞「かは」。

なに-かは-せ-む【何かはせむ】 連語 (反語を表し)いったいなんになろうか、いや、なんにもならない。いったいどうしようか、いや、どうにもならない。
住み果てぬ世に、みにくき姿を待ちえて何かはせん。〈徒然草・7・化野の露〉訳 (永久に)住み通すことができない(この)世に、(生き長らえて)醜い容姿となるのを待ち迎えて**いったいなんになろうか、いや、なんにもならない**。
発展 代名詞「なに」＋係助詞「かは」＋サ変動詞「す」の未然形＋推量の助動詞「む(ん)」の連体形。

なに-くれ【何くれ】 代名詞 (いろいろな事物や人をひとまとめに指して、またその中のひとつを特定せずに指して)何やかや。あれこれ。だれそれ。だれかれ。
山の座主、何くれやむごとなき僧ども、したり顔に汗おしのごひつつ急ぎまかでぬ。〈源氏・葵〉訳 (葵の上の安産を見届けて)延暦寺の座主、**だれかれ**地位の高い僧たちが、得意顔で汗をふきながら急いで(左大臣邸から)退出した。

なにくれ-と【何くれと】 副詞 何やかやと。あれやこれやと。なんだかんだと。
物合はせ、何くれと挑むことに勝ちたる、いかでかうれしからざらむ。〈枕草子・276・うれしきもの〉訳 何かを比べて競い合うこと、**何やかやと**勝負することで勝ったのは、どうしてうれしくないだろうか、いや、うれしいだろう。

なに-ごこち【何心地】 名詞 ❶ どのような気持ち。❷ どんな病気。

なに-ごころ【何心】 名詞 どのような心。どのような考え。

なにごころ-な・し【何心無し】 連語 何気ない。なんの考えもない。無意識だ。無心だ。無邪気だ。
何心なき空の気色も、ただ見る人から、艶にもすごくも見ゆるなりけり。〈源氏・帚木〉訳 **何気ない**空のようすも、もっぱら見る人しだいで、はなやかに美しくもぞっとするようにも見えるのであった。
発展「なし」は形容詞。

なに-ごと【何事】 名詞 ❶ どのようなこと。❷ なになに。なんとか。❸ あらゆること。万事。

🪭**なにしおはば…** 百人一首
名にし負はば逢坂山のさねかづら人に知られで来るよしもがな〈後撰集・700・藤原定方〉訳 (逢って寝るという)名を持っているなら、逢坂山のサネカズラ(のつる)を手繰るように、人に知られないで(あなたのもとへ)来る方法があればなあ。○「逢坂山」は「逢ふ」、「さねかづら」は「さ寝(＝男女が共寝すること)」、「来る」は「繰る」との掛詞。第三句までは「来る」を導く序詞。
発展 サネカズラとともに女性に贈った歌。

品詞分解・修辞

名	に	し	負は	ば	逢坂山	の	さねかづら	人	に	知ら	れ	で	来る	よし	もがな
	格助	副助	八四・未	接助	逢ふ／逢坂山(掛詞)	格助	さねかづら／さ寝(掛詞)		格助	ラ四・未	受身・未	接助	来る／繰る(掛詞) カ変／ラ四・体		終助

〈序詞〉→くる

🪭**なにしおはば…** 歌
名にし負はばいざ言問はむ都鳥わが思ふ人はありやなしやと〈古今集・羈旅・411・在原業平〉訳 (都という)名を持っているなら、さあ質問しよう、ミヤコドリよ。私の思い慕っている人は(都で)無事でいるのか、そうではないのかと。○「言問はむ」の内容が下の句に示される倒置法。
発展『伊勢物語』九段にも見える。東国を旅して隅田川に来たとき、見知らぬ鳥の名を舟の渡し守に聞いて詠む。

な-に-し-お・ふ【名にし負ふ】 連語 →なにおふ

なに-し-か【何しか】 どうして…か。どういうわけで…か。
朝づく日向かふ黄楊櫛旧りぬれどなにしか君が見れど飽かざらむ 歌〈万葉集・11・2500〉訳 向き合う黄楊櫛が古くなる(ほど二人の仲は古い)のに、**どうして**あなたは(いくら)見ても飽きないのだろう**か**。○「朝づく日」は「向かふ」に係る枕詞。
発展 副詞「なに」＋副助詞「し」＋係助詞「か」。

なに-し-に【何為に】 副詞 ❶ (疑問を表し)なんのために。どうして。なぜ。
「**なにしに人とほめけむ。**」〈枕草子・82・頭の中将の〉訳 「**どうして**一人前の人としてほめたのだろう。」
❷ (反語を表し)どうして…か(いや…ない)。
「**なにしに、悲しきに、見送りたてまつらむ。**」〈竹取・かぐや姫の昇天〉訳 「**どうして**、(こんな)悲しいときに、(かぐや姫を)お見送り申し上げることができよう**か**、いや、できはしない。」

なに-せ-む-に【何為むに】 連語 ❶ (疑問を表し)なんのためにどうして。
何せむに命継ぎけむ我妹子に恋ひざる先に死なましものを 歌〈万葉集・11・2377〉訳 **なんのために**生き続けてきたのだろうか、あの娘に恋をしないうちに死ねばよかったのに。
❷ (反語を表し)どうして…か、いや…ない。
銀も金も玉も何せむに優れる宝子にしかめやも 歌〈万葉集・5・803〉訳 →しろかねも…
発展 代名詞「なに」＋サ変動詞「す」の未然形＋推量の助動詞「む」の連体形＋格助詞「に」。

なに-ぞ【何ぞ】 一 なんであるか。何か。
草の上に置きたりける露を、「かれは何ぞ。」となむ男に問ひける。〈伊勢・6〉訳 草の上に降りていた露を(見て)、「(女は)「あれは何か。」と男に尋ねた。
二 副詞 どうして。なぜ。
多摩川にさらす手作りさらさらになにそこの児のここだ愛しき 歌〈万葉集・14・3373〉訳→たまがはに…
発展 ①上代は、「なにそ」。
②**一**は、代名詞「なに」＋終助詞「ぞ」。**二**は、副詞「なに」＋係助詞「ぞ」が一語になったもの。

なに-と【何と】 **一** 連語 何であると。どういうものかと。
何と分くまじき山伏などまで…〈源氏・薄雲〉訳 **何であると分かりそうにもない山伏などまで**が…。
二 副詞 どのように。どう。
まづ、童形なれば、**何としたるも幽玄なり。**〈風姿花伝〉訳(十二、三歳のころは)まず、元服前の愛らしい垂れ髪姿なので、(能を)**どのように**演じた場合も幽玄の心をよく表している。
三 感動詞 ❶(問い返して)なに。なんだって。
「**なにと**…いかにも見苦しき武者に参れとさうらふや。」〈謡曲・鉢木〉訳「**なんだって**…見るからに見苦しい武士に来いとおっしゃるのか。」
❷(相手に持ちかけて)どうだ。
「**なにと**、内へ入って一杯飲むまいか。」〈狂言・武悪〉訳「**どうだ**、中へ入って(酒を)一杯飲まないか。」
発展 **一**は、代名詞「なに」＋格助詞「と」。

なに-と-かは【何とかは】 連語 ❶(疑問を表し)どのように…か。

君なくて岩のかけ道絶えしより松の雪をも何とかは見る 歌〈源氏・椎本〉訳 父宮が亡くなって、(お寺へ通う)岩の崖道の行き来も途絶えてしまった時から、(あなたは)このマツにかかる雪をさえも**どのように**ご覧になる**か**。
❷(反語を表し)どうして…か、いや…ない。
つれなき人の御心をば、何とかは見たてまつりとがめむ。〈源氏・初音〉訳 薄情な人(＝源氏)のお心を、**どうして**おとがめ申し上げられよう**か**、**いや**、そんなことはでき**ない**。
発展 代名詞「なに」＋格助詞「と」＋係助詞「かは」。

なに-と-し-て【何として】 連語 ❶(疑問を表し)どのようにして…か。

「**人は何として仏には成りさうらふやらん。**」〈徒然草・243・八つになりし年〉訳「人は**どのようにして**仏にはなるのでしょう**か**。」
❷(反語を表し)どうして…か、いや…ない。
「**身どもがためにも継子ぢゃものを、何として食ふものぢゃ。**」〈狂言・鬼の継子〉訳「私にとっても義理の子であるものを、**どうして**食うもの**か**、**いや**、食いはし**ない**。」
発展 代名詞「なに」＋格助詞「と」＋サ変動詞「す」の連用形＋接続助詞「て」。

なに-と-て【何とて】 連語 なぜ。どうして。
月も出でで闇に暮れたる姨捨に何とて今宵たづね来つらむ 歌〈更級日記・後の頼み〉訳→つきもいでで…
発展 代名詞「なに」＋格助詞「と」＋接続助詞「て」。

なに-と-な・し【何と無し】 連語 ❶特別に取り立てていうほどのことはない。どうということはない。
かやうに**何となけれど、さまざまなる人々の御わびごとも多かり。**〈源氏・藤袴〉訳(玉鬘に来る恋文は)このように**どうということはない**のだが、いろいろな人たちのお恨みごとも多い。
❷特に何と決まっていない。すべてに渡っている。何でもよい。どこでもかまわない。
何となく葵かけわたしてなまめかしきに…。〈徒然草・137・花は盛りに〉訳(賀茂の祭りのころは)**すべてに渡ってアオイを一面に掛けて**優雅な(情景の)中に…。
発展 代名詞「なに」＋格助詞「と」＋補助形容詞「なし」。

なに-と-に-は-な・し【何とには無し】 連語 なんということはない。たいしたことではない。

この言葉、**何とにはなけれども、物言ふやうにぞ聞こえたる。**〈土佐日記・一月二十一日〉訳 この(船頭の)ことばは、別に**なんということはないが**、気の利いたことばを言うように聞こえている。

発展 代名詞「なに」＋格助詞「と」＋断定の助動詞「なり」の連用形＋係助詞「は」＋補助形容詞「なし」。


なに-と-は-な・し【何とは無し】 連語 ↓なにとにはなし

なに-と-も-おぼえ-ず【何とも覚えず】 連語 なんとも思わない。どうということもない。 発展 代名詞「なに」＋格助詞「と」＋係助詞「も」＋下二段動詞「おぼゆ」の未然形＋打消の助動詞「ず」。


なに-と-も-な-や【何ともなや】 連語 どうしようもない。なんともしようがない。

「**頼みても頼みなきは人の心なり。あら、何ともなやざうらふ。**」〈謡曲・舟弁慶〉訳「頼りにしても頼りにならないのは人の心である。ああ、**どうしようもない**ことでございます。」

発展 代名詞「なに」＋格助詞「と」＋係助詞「も」＋補助形容詞「なし」の語幹＋間投助詞「や」。


なに-と-やら-ん【何とやらん】 連語 ❶いったいなんであろうか。

漫々たる海上に何とやらんはたらく物あり。〈延慶本平家〉訳 広々とした海上に**いったいなんであろうか**動く物がある。
❷なんとなく。どことなく。
「**何とやらん似合はぬやうにさうらへば**…。」〈謡曲・舟弁慶〉訳「**どことなく**似合わないようでございますので…。」

発展「なにとにやあらん」(代名詞「なに」＋格助詞「と」＋断定の助動詞「なり」の連用形＋係助詞「や」＋ラ変補助動詞「あり」の未然形＋推量の助動詞「ん」)の変化した形。


なに-なら-ず【何ならず】 連語 取るに足りない。ものの数ではない。なんでもない。

日ごろの情けも今は何ならず。〈平家・3・足摺〉訳 ふだんの情けも今は**ものの数ではない**。

発展 代名詞「なに」＋断定の助動詞「なり」の未然形＋打消の助動詞「ず」。


なに-に-か-あら-む【何にか有らむ】 何であろうか。なんであるかわからない。

濃き綾の単襲なめり、何にかあらむ上に着て…。〈源氏・空蟬〉訳(下着は)濃い紫の綾の★単襲であるように見えるが、**なんであるかわからない**ものを上に着て…。

発展 代名詞「なに」＋断定の助動詞「なり」の連用形＋係助詞「か」＋ラ変補助動詞「あり」の未然形＋推量の助動詞「む」の連体形。


なに-に-か-は-せ-む【何にかはせむ】 連語 ❶(反語を表し)いったいなんになろうか、いや、なんにもならない。いったいどうしようか、いや、どうにもならない。

引き出でつつ見る心地、后の位も何にかはせむ。〈更級日記・物語〉訳(源氏物語を)何度も取り出しては読む(うれしい)気持ちは、后の位も**いったいなんになろうか、いや、なんにもならない。**

発展 代名詞「なに」＋格助詞「に」＋係助詞「かは」＋サ変動詞「す」の未然形＋推量の助動詞「む」の連体形。

なにーの【何の】 ❶何が。だれが。❷何々の。何事の。なにがしの。❸どんな。どういう。なんという。「**何の至り深き隈はなけれど**…。」〈源氏・若紫〉訳「(明石の浦は)**なんという**趣がある所はないけれど…。」❹(打消の語を伴って)なにほどの。どれほどの。少しの。「**聞こえさせ知らせたまふとも、さらに何の証もはべらじものを**…。」〈源氏・若紫〉訳「(幼い紫の上に何を)言い聞かせ申し上げくださったとしても、まったく**どれほどの**かいもございませんでしょうのに…。」

発展 代名詞「なに」＋格助詞「の」。

なにーは【難波】 歌枕 → 難波(なにわ)

なにはえの… 百人一首

難波江のあしのかりねのひとよゆゑみをつくしてや恋ひわたるべき〈千載集・807・皇嘉門院別当〉訳 難波の入り江に生えたアシの刈り根の一節のように(短い旅で)かりそめに寝た一夜のために、(この)一身を捧げてずっと(あなたを)恋い続けなければならないのではないか。○「かりね」は「刈り根」と「仮寝」の、「ひとよ」は「一節」と「一夜」の、「みをつくし」は「身を尽くし」と「澪標」の掛詞。「あし」「刈り根」「一節」「みをつくし」「わたる」は「難波江」の縁語。

発展 旅先でのはかない契りによる、末長い恋の嘆きを予測する女心を詠む。

品詞分解・修辞
難波江(縁語) の(格助) あし(縁語)〈序詞〉→かりねのひとよ の(格助) かりね(縁語 刈り根／仮寝(掛詞)) の(格助)
ひとよ(縁語 一節／一夜(掛詞)) ゆゑ
み(縁語 身を尽くし／澪標(掛詞)) を(格助) つくし(サ四・用) て(接助) や(係助)(係)──縁語──(結) 恋ひわたる(ラ四・終) べき(推量・体)

なにはがた… 百人一首

難波潟短き蘆の節の間も逢はでこの世を過ぐしてよとや〈新古今集・恋1・1049・伊勢〉訳 難波の海岸の短いアシの節と節の間のようにほんのわずかの間さえも、逢わないでこの人生を過ごしてしまえというのか。○「節」は「蘆」の縁語。節の間を「よ」ということから、「この世」の「よ」も「蘆」の縁語。「過ぐしてよとや」の「てよ」は完了の助動詞「つ」の命令形。「や」は疑問を表す係助詞で、結びの「言ふ」が省略されている。

発展 少しでも逢いたいのに逢ってくれない恨みを、強い調子で詠む。

品詞分解・修辞
難波潟〈序詞〉→節の間 短き(形・体) 蘆(縁語) の(格助) 節(縁語) の(格助) 間 も(係助)
逢は(ハ四・未) で(接助) こ(代) の(格助) 世(縁語) を(格助) 過ぐし(サ四・用) てよ(完了・命) と(格助) や(係助)

なにーばかり【何ばかり】 連語 ❶どれほど。どのくらい。「**何ばかりの深きをか見むと言はむ。**」〈竹取・五人の貴公子〉訳「**どれほどの**深い愛情を見たいと言おうか。」❷(打消の語を伴って)たいした。それほど。**それは、何ばかりの人ならねど**…。〈枕草子・96・かたはらいたきもの〉訳 それは、**それほどの**(身分の)人でないけれども…。

発展 代名詞「なに」＋副助詞「ばかり」。

なにはーづ【難波津】 名詞 ❶難波潟(=今の大阪市の淀川河口付近の海)の港。❷『古今集』の序にある「難波津に咲くやこの花冬ごもり今は春べと咲くやこの花」の歌のこと。習字の初歩の手本にされた。

なにーひと【何人】 名詞 どういう人。何者。

なにーほど【何程】 副詞 どれくらい。どれほど。どんなに。「**なんでふ、汝が何ほどの恩を見せけるぞや。**」〈伊曾保〉訳「何を言うか、おまえが**どれほどの**情けある行いを見せたのか。」

なーにも【汝妹】 名詞《上代語》(男性から女性を親しみを込めて)あなた。対 汝兄

なにーや【何や】 連語 (「～やなにや」の形で)なにか。なんだ。…など。破子**や何や**とふさにあり。〈蜻蛉日記〉訳 弁当だ**なんだ**とたくさんある。

発展 代名詞「なに」＋間投助詞「や」。

なにーやーかーや【何や彼や】 なんだかんだ。あれやこれや。**何やかや**と言へど、耳にも入らず。〈源氏・浮舟〉訳 **あれやこれや**と言っているが、耳にも入らない。

発展 代名詞「なに」＋間投助詞「や」＋代名詞「か」＋間投助詞「や」。

難波[ハ] 歌枕 今の大阪市付近。淀川の河口に当たり、葦が茂って荒涼としていたらしく、「葦」を詠んだ歌が多い。「名には」「何は」を掛けて、また「難波江」「難波潟」「難波の浦」などの形でも詠まれた。

難波江[ナニハ] 歌枕 「★難波」の入り江。

難波潟[ナニハ] 歌枕 「★難波」の海岸。

難波土産[ナニハ] 作品名 江戸中期の浄瑠璃の注釈書。三木貞成著。一七三八(元文三)年刊。浄瑠璃九編を選んで字句の注釈を行い、趣向や文章に評を加えたもの。穂積以貫の筆録とされる巻頭の近松門左衛門の聞き書きは「★虚実皮膜論」と呼ばれる演劇論として名高い。

なぬーか【七日】 名詞 ❶七日間。仏事などでの一区切りの日数。❷月の第七日。特に陰暦正月七日、または七月七日をいう。❸子供が生まれて七日目の夜。また、その祝い。
類 七夜

なぬかーなぬか【七日七日】 死後四十九日までの、七日目ごとの日。また、その日に行う供養。

なーぬし【名主】 名詞 江戸時代、村方三役の一つ。村の長で、行政・治安・徴税などに当たった。類 庄屋・肝煎

なーね【汝ね】 代名詞《上代語》(相手を親しんで)あなた。おまえ。

なのはなや… 句

菜の花や月は東に日は西に〈蕪村句集・与謝蕪村〉訳 春の夕刻、一面に菜の花畑が広がっている。あたかも、いま、白い月が東からのぼりはじめ、赤い日は西に没しようとしている。○季語 菜の花─春

発展 春の夕ぐれどきの情調を絵画的に表現した句。

なのめならーず【斜めならず】
━ **程度が普通ではないようす** ━ **並々でない。格別だ。**

連語（よくも悪くも）**並々でない。格別だ。** 類 おぼろけならず・疎かならず

「**昔より多くの白拍子ありしが、かかる舞はいまだ見ず。**」とて、**京中の上下、もてなすことなのめならず。**〈平家・1・祇王〉訳「昔から多くの★白拍子がいたけれども、こんな（すばらしい）舞はまだ見たことがない。」と言って、都中の身分の高い者も低い者も、（仏御前の舞を）もてはやすことは**並々でない**。

発展 ①形容動詞「なのめなり」の未然形＋打消の助動詞「ず」。

②「**なのめなり」の打消表現にとどまらない** 物事の程度が普通ではない、という単なる「なのめなり」の打消表現というよりも、非常に優れている、あるいは、非常にひどいようすを、より積極的な意味合いを込めて表し、一語の形容詞に相当するような意味・用法を持っている。類義語の「おぼろけならず」「おろかならず」なども単なる打消ではなく、程度が並々でないようすを積極的な評価を含めて表すことばである。

③「**なのめに」も同じ意味** 「なのめなり」が「なのめならず」という打消の形の連語としての用法が多くなるにつれて、中世以降、「なのめに」の形でも「なのめならず」と同じ意味で用いられるようになった。これは、「おぼろけなり」がやがて「おぼろけならず」と同じ意味でも用いられるようになったのと同じである。

なのめ・なり【斜めなり】形容動詞 ↓**最重要語**（934ページ）

な-のり【名告り・名乗り】名詞 ❶自分の姓名を言うこと。❷公家・武家の男子が元服の時、幼名に代えて付ける名。❸物を売る者が、売り物の名を言いながら歩くこと。また、その声。

なのりそ 名詞《植物》ホンダワラの古い呼び名。食用、肥料にした。和歌では、多く「名告りそ」に掛ける。

な-の・る【名告る・名乗る】動詞 自〔ラ四段〕〈ら・り・る・る・れ・れ〉❶自分の名前を言う。❷名前としてつける。名づける。❸宣言する。

な-ば …てしまったら。…たならば。

「**行方なく飛び失せなば、いかが思ふべき。**」〈更級日記・大納言殿の姫君〉訳「（私が）行く先も知れず飛んでいなくな**ってしまったら**、（あなたは）どう思うだろうか。」

発展 完了の助動詞「ぬ」の未然形＋接続助詞「ば」。

なは-しろ【苗代】名詞 田植えの前に、イネの苗を育てる水田。季語 春

なは-て【縄手・畷】名詞 ❶縄。縄の筋。❷田の間の道。あぜ道。❸まっすぐで長い道。

なび-か・す【靡かす】動詞 他〔サ四段〕〈さ・し・す・す・せ・せ〉なびかせる。

人の従ひ付くこと、吹く風の草木をなびかすがごとし。〈平家・1・禿髪〉訳 人が従い付くことは、（まるで）吹く風が草木を**なびかせる**ようなものだ。

なびき【靡き】名詞 ❶なびくこと。なびく形やようす。❷武士の★差し物のひとつ。幟が風に吹かれて、たわんだような形のもの。発展 四段動詞「なびく」の連用形が名詞になったもの。

なびき-やす・なり【靡き易なり】形容動詞〔ナリ〕〈なら・なり（に）・なり・なる・なれ・なれ〉ほれっぽい。口説かれやすい。

なびきやすなるなどは、過ちもしつべめできこゆれど…。〈源氏・朝顔〉訳 **ほれっぽい**女房などは、（源氏のことを）間違いもしでかしてしまいそうだとお褒め申し上げるけれど…。

なび・く【靡く】━ 動詞 自〔カ四段〕〈か・き・く・く・け・け〉❶（風や水などによって）横に倒れ伏す。（煙や髪などが）横に流れる。

妹が門見むなびけこの山 歌〈万葉集・2・131〉訳 ↓いはみのうみ…

❷心を寄せる。気持ちが傾く。また、寄り添う。

沖つ藻のなびきし妹はもみち葉の過ぎて去にきと… 歌〈万葉集・2・207〉訳 **心を寄せた**妻は亡くなってしまったと…。〇「沖つ藻の」は「なびき」に、「もみち葉の」は「過ぎ」に係る枕詞。

━ 動詞 他〔カ下二段〕〈け・け・く・くる・くれ・けよ〉❶（横に）倒す。なびかせる。

ぬばたまの妹が黒髪今夜もか我がなき床になび

なのめ・なり【斜めなり】

「斜め」は水平でも垂直でもないところから、どっちつかずであるようす

❶いい加減だ。不十分だ。
❷まあまあ無難だ。たいしたことがない。
❸ありふれている。平凡だ。
❹（程度が）並々でない。◉連用形「なのめに」の形で、中世以降「なのめならず」と同じ意味で用いられたもの。

形容動詞〔ナリ〕	未然形	連用形	終止形	連体形	已然形	命令形
	なのめ・なら	なのめ・なり なのめ・に	なのめ・なり	なのめ・なる	なのめ・なれ	（なのめ・なれ）

❶**いい加減だ。不十分だ。おざなりだ。**

文ことばなめき人こそいと憎けれ。世をなのめに書き流したることばの憎きこそ。〈枕草子・262・文ことばなめき人こそ〉訳 手紙のことば遣いの無礼な人はひどく気に食わない。世の中を**いい加減に**（見て）書き流している文句がしゃくに障る（のである）。

六条わたりにも、解け難かりし御気色を、おもむけきこえたまひて後、引き返しなのめならむはいとほしかし。〈源氏・夕顔〉訳 六条のお方（＝六条御息所）に関しても、なかなか打ち解けなかったお気持ちを、（源氏がやっと自分に）なびかせ申し上げなさってからは、（源氏の態度が）うって変わって**おざなりになっ**たりするのはお気の毒なことであるよ。

❷**まあまあ無難だ。たいしたことがない。**

「**よろづのことなのめに目安くなれば、いとなむ思ひなくうれしき。**」〈源氏・若菜上〉訳「（あなたが謙虚でいてくれるから）万事**まあまあ無難で**見苦しくなくなる（＝うまくいく）ので、とても安心でうれしい。」

❸**ありふれている。平凡だ。一通りだ。**

「**などかなのめなることだに打ち交じりたまはざりけむ。**」と、つらうさへぞおぼさるる。〈源氏・若紫〉訳（藤壺の女御は）すべてに立派であり）「どうして**平凡な**ところすらお交じりにならなかったのだろうか。」と、（そんなことまでつい）恨めしいとまでも（源氏は）お思いにならないではいられない。

❹《中世以降》《連用形「なのめに」の形で、「なのめならず」

と同じ意味で）（程度が）**並々でない。格別だ。この上もない。**万寿(まんじゅ)**なのめに喜びて、母にひしと抱(いだ)きつき、うれし泣きに泣きければ、母もろともに涙を流す。**〈御伽草子(おとぎぞうし)・唐糸草紙(からいとぞうし)〉訳万寿は**この上もなく**喜んで、母にぎゅっと抱きついて、うれし泣きに泣いたので、母も一緒に涙を流す。

発展 ①**「斜め」→「中途半端」へ**　語幹に「斜め」の字を当てているように、もともとは山や丘などがなだらかに傾いているようすを表すことばであったが、「斜め」は水平でも垂直でもないところから「中途半端・いい加減」、さらに「平凡だ」などの意味を表すようになったと考えられる。中古の和文では「なのめ」だが、漢文訓読文では「ななめ」が用いられる。

②**「なのめならず」と「なのめに」は同じ**　中古ですでに、「なのめならず」など、打消表現を伴って程度の並々でない意味を表すことが多かった。そこから誤解されて、中世になると❹のように、「なのめならず」と同じ意味で連用形「なのめに」が用いられるようになる。これは、やはり程度の並々でない意味を表す「おぼろけならず」を、単に「おぼろけなり」というようになったのと同じである。現在でも、特に若者の間では「なにげなく」を「なにげに」といったりするようである。

類語比較 **「なのめなり」「おろかなり」「なかなかなり」**

共通点＝いい加減なようすを表す。

なのめなり＝斜めであるようすから発展したことば。

おろかなり＝物事が密でなく雑で疎略な感じ、不完全・不十分なようすをいうのがもともとの意味。

なかなかなり＝①中途・中間を表す「中」を重ねたことばで、どっちつかずで中途半端なようすを不満に思う気持ちを表す。

②「なかなか」「なかなかに」の形で副詞として用いられるときは、予想した事態よりもかえってよい、という肯定的な判断にも用いられる。

まとめて覚えよう古語チャート㉚

接尾語「なふ」の働き

接尾語に「¹なふ」ということばがあります。名詞や副詞などに付いて、その動作や行為をする意味の動詞を作ります。

この図では、その動作や行為の内容を表すことばを上部に示し、下部に「なふ」が付いた形の動詞を示しました。上部のことばは、それぞれの品詞で一つの単語としても使われます。

また、図の左側に引いた、「あきなふ(商ふ)」「おこなふ(行ふ)」「まじなふ(呪ふ)」「まひなふ(賄ふ)」などの「なふ」も、もともとはこの接尾語「なふ」です。ただし、接尾語「なふ」と切り離して示したことばと異なり「あき」「おこ」「まじ」「まひ」などは、一単語として使われることがありません。これらは、「なふ」が付いて動詞として成立した時期が、図中に示したことばよりも古いものであることをうかがわせます。

上部のことば		¹なふ	動詞	
いざ 感動詞	●さあ	→	いざなふ（誘ふ）	●誘さそう
うべ（諾）副詞	●なるほど	→	うべなふ（諾ふ）	●同意する
うら（占）名詞	●占い	→	うらなふ（占ふ）	●占って吉凶を決める
おと（音）名詞	●訪れ	→	おとなふ（訪ふ）	●訪問する
とも（伴）名詞	●連れ	→	ともなふ（伴ふ）	●連れ添う
に（荷）名詞		→	になふ（担ふ）	●荷を担ぐ

あきなふ（商ふ）　まじなふ（呪ふ）
おこなふ（行ふ）　まひなふ（賄ふ）

赤字は最重要語・重要語

けて寝(ぬ)らむ 歌〈万葉集・11・2564〉訳妻は（その）黒髪を今夜も私のいない床に**なびかせて**寝ているだろう。〇「ぬばたまの」は「髪」に係る枕詞。

❷服従させる。従える。**七百余騎にて和泉(いづみ)・河内(かはち)の両国をなびけて大勢になりければ**…。〈太平記(たいへいき)〉訳七百余騎で和泉・河内の両国を**服従させて**多勢になったので…。

なびなび-と 副詞（自由でゆったりとしているようすを表し）のびのびと。**節がかり美しく下(くだ)りて、なびなびと聞こえたらんは**…。〈花鏡(かきょう)〉訳旋律が美しく下って、**のびのびと**聞こえたならば…。

-な・ふ なふ(なう) 接尾語（名詞、副詞、形容詞の語幹などについて）その動作を行うという意味を表す。発展 動詞（ハ行四段・下二段）化する。→**古語チャート㉚**（935ページ）

な・ふ【萎ふ】 なふ(なう) 動詞 自（ハ下二段）〈へ・へ・ふ・ふる・ふれ・へよ〉力や張りがなくなる。柔らかくなる。ぐったりする。類萎(な)ゆ **目くれ足も萎へて**…。〈太平記(たいへいき)〉訳目がくらみ足も**ぐったりして**…。

なふ なふ(なう) 助動詞〔特殊型〕〈なは・〇・なふ・なへ(のへ)・なへ・〇〉《上代東国方言》（打消を表し）…ない。接続 動詞の未然形に付く。**伎波都久(きはつく)の岡(をか)のくくみら我(われ)摘めど籠(こ)にも満たなふ背なと摘まさね** 歌〈万葉集・14・3444〉訳伎波都久の岡のニラは私が摘んでも籠にさえいっぱいに**ならない**。（それならば）あの人と摘みなさいな。〇「伎波都久」は地名と思われるが、不明。

発展 ①打消の助動詞「ず」の古い未然形「な」に、上代の反復・継続の助動詞「ふ」が付いて一語になったものか。

②その「ふ」と同様、元は四段型と思われるが、東国方言では連体形が「なへ(のへ)」となっているため、特殊型と判断した。

な・ぶ【並ぶ】 動詞 他（バ下二段）〈べ・べ・ぶ・ぶる・ぶれ・べよ〉「並(な)む㊁」の意味に同じ。

な・ぶ【靡ぶ】 動詞 他（バ下二段）〈べ・べ・ぶ・ぶる・ぶれ・べよ〉「靡(なび)く㊁」の意味に同じ。↓押(お)し並(な)ぶ

なふ-え【納衣】 のう 名詞 ぼろ布を縫い集めて作った法衣(ほうえ)。転じて、法衣。袈裟(けさ)。発展「なふ」とも。

なへ なへ 接続助詞《上代語》…とともに。…につれて。…と同時に。接続 活用語の連体形に付く。

秋風の寒く吹くなへわがやどの浅茅が本にこほろぎ鳴くも 歌〈万葉集・10・2158〉訳 秋風が寒々と吹くとともに、わが家の庭先にある丈の低いチガヤの根もとでコオロギが鳴くなあ。○「こほろぎ」は秋に鳴く虫を広くさしたともいわれる。

発展 語源については、上代の格助詞「な」に「辺へ」「上へ」「合へ」が付いたもの、格助詞「に」に「合へ」が付いたものなど諸説がある。

なへ・ぐ【蹇ぐ】 動詞 自〔ガ四段〕〈が・ぎ・ぐ・ぐ・げ・げ〉足が悪くて自由に歩けなくなる。「**足なへぎて百歩を難しとすれば**…。」〈雨月・浅茅が宿〉訳「足が**悪くて自由に歩けなくなって**百歩も歩めない状態なので…。」

なべ-て【並べて】 副詞 ↓最重要語(936ページ)

なべて-なら-ず【並べてならず】 連語 並でない。格別だ。際立っている。

舞の師どもなど、**世になべてならぬを採りつつ**…。〈源氏・紅葉賀〉訳 舞の師なども、世間で**際立っている**者を迎えては…。

発展 副詞「なべて」＋断定の助動詞「なり」の未然形＋打消の助動詞「ず」。

なへ-に 接続助詞 ↓なへ

ナ変 国語・国文法 ↓ナ行変格活用

なほ【直】 一 名詞 ❶平凡。普通。❷何もしないこと。無為。

二 造語 ❶まっすぐで純粋なという意味を表す。語例 素直 ❷普通であるという意味を表す。語例 直人

なほ【猶・尚】 副詞 ↓最重要語(937ページ)

なほ-あら-じ【猶有らじ】 連語 このままでは済まされない。

うち嘆きて、**なほあらじに、弘徽殿の細殿に立ち寄りたまへれば**…。〈源氏・花宴〉訳(源氏は)ため息をついて、**このままでは済まされなくて**、弘徽殿の細長い部屋にお立ち寄りになったところ…。

発展 副詞「なほ」＋ラ変動詞「あり」の未然形＋打消推量の助動詞「じ」。

なほざり-ごと【等閑言】 名詞 一【等閑言】いい加減な気持ちでいうことば。真実味のないことば。

二【等閑事】いい加減にすること。その場限りのこと。

なべ-て
【並べて】

一列に並ぶようす

❶(空間的に)一面に。
❷(物事をひとまとめにして)すべて。総じて。
❸(評価が)並。普通。◉「なべての＋名詞」の形をとる。

副詞 ❶(空間的に用いて)**一面に。**

梅の花それとも見えず久方の天霧る雪のなべて降れれば 歌〈古今集・冬・334〉訳 ウメの花を、(どれが)それであるとも見分けることができない。大空を曇らせる雪が**一面に降っている**ので。○「久方の」は「天」に係る枕詞。

❷(物事をひとまとめにして)**すべて。総じて。一般に。**

この法師のみにもあらず、世間の人なべてこのことあり。〈徒然草・188・ある者、子を法師に〉訳 この僧ばかりではなく、世の中の人は**すべて**このこと(＝本来の目的を忘れること)がある。

「**なべて心柔らかに、情けあるゆゑに、人の言ふほどのこと、けやけく否び難くて**…。」〈徒然草・141・悲田院の尭蓮上人は〉訳「(都の人は)**総じて**心が柔和で、思いやりがあるために、他人が言う(＝頼む)ぐらいのことは、はっきりと断りにくくて…。」

❸(「なべての＋名詞」の形で、通常の評価であることを表し)**並。普通。**

秋になるままに、いみじく多く生ひ広ごりて、なべての瓢にも似ず、大きに多く生りたり。〈宇治拾遺〉訳 秋になるにつれて、たいへん多く生え広がって、**普通の**ヒサゴとは違って、大きく数多く(実が)なった。

発展 ①**語の成り立ち** 下二段動詞「なぶ」の連用形＋接続助詞「て」が、一語になったもの。「なめて」とも。このように成立した副詞には、「あへて」「すべて」「しひて」などがある。

②「**なべてならず」の形** 「なべて」の打消表現「なべてならず」は、評価を表すことばとして中古によく用いられた。

関連語 並べてならず

なほ-ざり・なり【等閑なり】 形容動詞 ↓最重要語(937ページ)

なほし【直衣】 名詞 天皇や貴人の平服。★袍に似るが、やや短く、位階による色の制限がない。烏帽子または冠を着け、指貫とともに着用する。勅許を得ると参内のときにも着用することができた。

[なほし(冠直衣姿)]　[なほし(烏帽子直衣姿)]

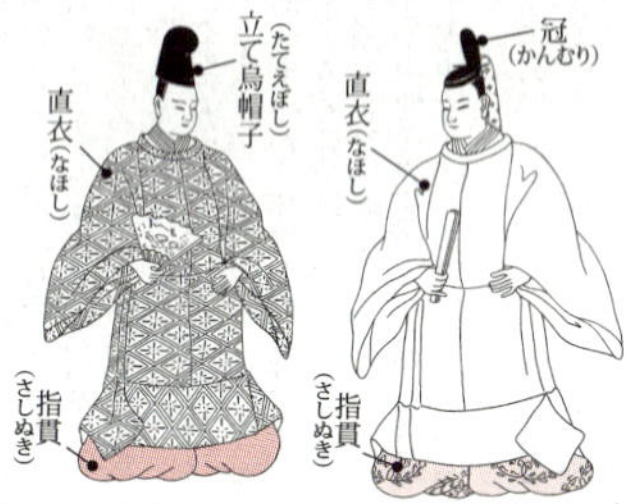

なほ・し【直し】 形容詞〔ク〕〈く・く・し・き・けれ・○／から・かり・○・かる・○・かれ〉❶まっすぐだ。

「**いと直き木をなむ、押し折りためる。**」〈枕草子・35・小白河といふ所は〉訳「とても**まっすぐな**木を、わざと押し折ってあるようだ。」

❷平らだ。

荒畠といふものの、土うるはしうも直からぬ…。〈枕草子・144・正月十余日のほど〉訳 荒畑というもので、土もきちんと**平らで**ないところに…。

❸普通だ。

「**目も鼻も直しと覚ゆるは、心のなしにやあらむ。**」〈源氏・総角〉訳「目も鼻も**普通だ**と思われるのは、(親王の娘だという)気のせいなのではないだろうか。」

❹正しい。

「**世の静かならぬことは、かならず政の直くゆがめるにもよりはべらず。**」〈源氏・薄雲〉訳「世の中が静かでないことは、必ずしも政治が**正しい**とか公正でなくなっているとかによるわけではありません。」

なほ【猶・尚】なほ

障害があっても、依然として成立し続けるようす

❶**依然として。それでもやはり。**◉「〜逆接の句、なほ〜」の形をとる。
❷**なんといっても。やはり。**◉「なほ＋判断を表す句」の形をとる。
❸**同じく。なんということなく。**
❹**もっと。さらに。**

副詞 ❶（「〜逆接の句、なほ〜」の形で、障害があってもある事態の継続に影響がないようすを表し）**依然として。それでもやはり。**

貧しく経ても、なほ、昔よかりし時の心ながら、世の常のことも知らず。〈伊勢・16〉訳貧しく暮らしていても、**依然として**、昔裕福だったときと同じ気持ちのままで、世間並みの暮らし方も知らない。

「夜更けはべりぬ。」と聞こゆれど、なほ入りたまはず。〈源氏・須磨〉訳「夜が更けてしまいます。」と申し上げるけれど、（源氏は）**それでもやはり**お入りにならない。

❷（「なほ＋判断を表す句」の形で、別の可能性があるが、ある判断に落ち着くことを確認して）**なんといっても。やはり。**

世の中になほいと心憂きものは、人に憎まれむことこそあるべけれ。〈枕草子・267・世の中になほ〉訳この世で**なんといっても**ひどくつらいものは、人に嫌われるようなことであるに違いない。

人よりは異なりしけはひ、容貌の、面影につと添ひておぼさるるにも、闇のうつつにはなほ劣りけり。〈源氏・桐壺〉訳（亡き桐壺の更衣の）他の女よりは特に優れていたようすや、顔形が、幻としてぴったり付き添っていると（帝が）お感じにならないではいられない状態でも、（おぼつかない）闇の中での現実（＝更衣に会うこと）には、**やはり**及ばなかったのだった。

❸（それまでの状態や他の物事と同じであるようすを表し）**同じく。同様に。なんということなく。**

なほ頼め梅の立ち枝は契りおかぬ思ひのほかの人も訪ふなり 歌〈更級日記・梅の立ち枝〉訳（今までと）**同様に**（私の訪問を）当てにして（待っていて）ください。（外からよく見えるからか）ウメの高く伸びた枝には、（誘われて）約束しておいたのでもない思いがけない人も訪れるということだ（から）。

❹（それまでと同じ事態がいっそう進むようすを表し）**もっと。さらに。**

なほ行き行きて、武蔵の国と下つ総の国との中に、いと大きなる河あり。〈伊勢・9〉訳**さらに**ずんずん進んで行って、武蔵の国と下総の国との境に、たいへん大きな川がある。

「我らが生死の到来、ただ今にもやあらん。それを忘れて物見て日を暮らす、愚かなることはなほ勝りたるものを。」〈徒然草・41・五月五日〉訳「私たちの死の到来が、今すぐなのではなかろうか。それをつい忘れて（競馬などを）見物して日を過ごすのが、愚かなことは（木の上で眠りこけるよりも）**もっと**ひどいのに。」

発展 ①**❶〜❹の意味の展開** ❶は、事態を変える障害があっても変わらない状況に目を向けたのに対して、❸は、状況が変わらないため同一であるという結果に目を向けたもの。また、❹は、同一の状態の継続に着目している。❷は、❶のような障害をいくつか想定したうえで、結局、常識的で穏やかな判断を導く意を表す。あれこれ考えてもあらかじめ持っている判断と同様になるという点で、❶と共通する。

②**名詞を修飾する用法** ❹の「さらに」は、「なほしばし試みよ。」〈源氏・桐壺〉や「東路の道の果てよりも、なほ奥つ方に…。」〈更級日記・門出〉のように時間や空間を表す名詞や名詞性のある副詞を修飾することもある。

関連語 猶有らじ

なほざり・なり【等閑なり】なほ—

事態に特別の変化がないようす

❶**特に気にも留めない。なんでもない。**
❷**本気でない。いい加減だ。**
❸**平常のままだ。適度だ。あっさりしている。**

形容動詞〔ナリ・ノ〕

未然形	連用形	終止形	連体形	已然形	命令形
なほざり・なら	なほざり・なり なほざり・に	なほざり・なり	なほざり・なる	なほざり・なれ	なほざり・なれ

❶**特に気にも留めない。なんでもない。ほんの軽い気持ちである。**

なほざりに折りつるものを梅の花濃き香に我や衣染めてむ 歌〈後撰集・16〉訳**特に気にも留めないで**折り取ったのに、（こんなによい香りを放つものなら）ウメの花の濃い香りで私は着物を染めてしまおうか。

なほざりにても、ほのかに見たてまつり通ひたまひし所々、人知れぬ心を砕きたまふ人ぞ多かりける。〈源氏・須磨〉訳（源氏が初めは）**ほんの軽い気持ちであった**としても、ほんの少し（でも）情を通じて通い申し上げなさった方々には、（源氏との別れに）人知れず心を痛めていらっしゃる方が多かったのだった。

❷**本気でない。いい加減だ。**

「行く手の御ことは、なほざりにも思ひたまへなされしを…。」〈源氏・若紫〉訳「通りすがりの仰せ言（＝紫の上を引き取りたいという源氏のご所望）は、**本気でない**とでも思い込ませていただかないではいられませんでしたが…。」

❸**平常のままだ。適度だ。あっさりしている。**

よき人は、ひとへに好けるさまにも見えず、興ずるさまもなほざりなり。〈徒然草・137・花は盛りに〉訳身分が高く教養のある人は、むやみに風流がっているようにも見えず、おもしろがるようすも**あっさりしている**。

発展 **語の歴史** 「猶あり」の変化したものとも、「直さる」の変化したものともいわれる。❷は、相手の❶の態度に不満を覚えたときの意味である。また、❸は中世以降に生じたものかともいわれる。

❺(心や性格が)純粋である。素直である。**上つ代には、人の心ひたぶるに、直くなんありける。**〈歌意考〉訳上代では、人の心はいちずで、**純粋で**あった。
→古語チャート❹(103ページ)

なほし-た・つ【直し立つ】―動詞 他〔タ下二段〕(て・て・つ・つる・つれ・てよ)もとの状態に戻す。正しく改める。**物の報いありぬべく思しけるを、直し立てたまひて…。**〈源氏・澪標〉訳何かの報いがあるに違いないと(帝は)お思いになったので、(源氏を)**もとの位に戻し**なさって…。

なほし-どころ【直し所】―名詞 ❶直すべき点。欠点。❷直しがい。「**心許なくとも、直し所ある心地すべし。**」〈源氏・帚木〉訳「(子供っぽい女性は確かに)もの足りないけれども、**直しがいが**ある気持ちがするに違いない。」

なほ・す【直す】動詞 他〔サ四段〕(さ・し・す・す・せ・せ)❶正しくする。修正する。「**のどやかに、尼君たちして直させたまへ。**」〈源氏・手習〉訳「ゆっくりと、尼君たちの手で**修正して**もらってください。」❷改める。変える。**舟を直すに及ばず、舟底に倒れ伏しにけり。**〈平家・11・先帝身投〉訳船を(正しい方向に)**改める**ことができず、船底に倒れ伏してしまった。❸とりなす。調停する。**この人の直しなだめられつればこそ、世も穏しかりつれ…。**〈平家・3・医師問答〉訳この人が**とりなし**なだめなさったからこそ、世の中も穏やかであったが…。❹修繕する。修理する。治療する。

なほ-なほ【直直】副詞 まっすぐ。そのまま。**ひさかたの天路は遠しなほなほに家に帰りて業をしまさに** 歌〈万葉集・5・801〉訳(すべてが意のままになるという)天への道は遠い。**まっすぐに**家に帰って家業にお励みになってほしい。〇「ひさかたの」は「天」に係る枕詞。

なほ-なほ【猶猶・尚尚】 一 副詞 ❶なおやはり。それでもまだ。**なほなほ同じことのやうに覚えはべれど…。**〈大鏡・伊尹〉訳**なおやはり**同じことのように思われますけれど…。❷ますます。なおいっそう。
二 感動詞 (相手を強く促して)ぜひぜひ。さあさあ。

なほ-なほ・し【直直し】形容詞〔シク〕(しく・しく・し・しき・しけれ・〇/しから・しかり・〇・しかる・〇・しかれ)普通だ。平凡だ。また、つまらない。劣っている。「**直々しき身のほどは、かかる御ためこそいとほしくはべれ。**」〈源氏・浮舟〉訳「(私のような)**劣っている**身分では、このような(薫によって京に迎えられる)あなたのために(何もできず)かわいそうでございます。」

なほ-びと【直人】―名詞 普通の家柄の人。類 徒人

なほらひ【直会】―名詞 忌みを解いて平常に戻ること。神事が終わった後、神への供え物を下げて飲食すること。また、その供え物。

なほ・る【直る】動詞 自〔ラ四段〕(ら・り・る・る・れ・れ)❶正しくなる。もとに戻る。回復する。改まる。**こと殿たちの御気色は、いかにもなほ直らで…。**〈大鏡・道長上〉訳ほかの殿たちのお顔色は、どうしてもやはり**もとに戻らず**…。❷罪を許される。(怒りや罪が)解ける。「**長らふれば直るやうもあるを…。**」〈源氏・宿木〉訳「長い時間がたつうちには**罪を許される**こともあるのに…。」❸座る。正座する。**敷き皮にぞ直られける。**〈義経記〉訳毛皮の敷物にお**座りになった**。

なま【生】接頭語 ❶(名詞の上に付いて)不完全な、未熟な、若い、という意味を表す。語例 **生癒え**(=完治していないこと)・**生覚え**(=うろ覚え)・**生学生**(=若く未熟な学生) ❷(用言の上に付いて)なんとなく、少し、中途半端に、という意味を表す。語例 **生暗し**(=薄暗い)・**生ひがひがし**(=なんとなくひがみっぽい)・**生惚く**(=薄ぼんやりしている)

なま-あらあら・し【生荒荒し】形容詞〔シク〕(しく・しく・し・しき・しけれ・〇/しから・しかり・〇・しかる・〇・しかれ)なんとなく荒々しい。少し荒っぽい。ぶっきらぼうだ。「**何ごと言ひにかあらむ。**」と、**生荒々しき気色なれど**…。〈源氏・東屋〉訳「どんなことを言おうというのだろうか。」と、**ぶっきらぼうな**面持ちであるけれども…。

なま-うかび【生浮かび】名詞 中途半端な仏道修行をすること。

なま-おそろ・し【生恐ろし】形容詞〔シク〕(しく・しく・し・しき・しけれ・〇/しから・しかり・〇・しかる・〇・しかれ)なんとなく恐ろしい。なんだか不気味だ。薄気味悪い。「**行方なく飛び失せなば、いかが思ふべき。**」と問ふに、**生恐ろしと思へるけしきを見て**…。〈更級日記・大納言殿の姫君〉訳「(私が)行く先も知れず飛んでいなくなってしまったら、(あなたは)どう思うだろうか。」と尋ねるので、**薄気味悪い**と思っている(私の)ようすを(姉が)見て…。

なま-おぼえ【生覚え】名詞 ❶あまり覚えていないこと。うろ覚え。❷あまり信用のないこと。

なま-がくしやう【生学生】―名詞 学問の未熟な学生。若い学生。

なま-かたほ・なり【生片ほなり】形容動詞〔ナリ〕(なら・なり(に)・なり・なる・なれ・なれ)なんとなく中途半端だ。少し未熟だ。「**生片ほなること見えたまはば、かうまでことこともてなしおぼさじ。**」など…。〈源氏・行幸〉訳「**少し未熟な**点がお見えになったら、こうまで大げさにお世話しようとお思いになるまい。」などと…。

なま-きんだち【生公達・生君達】名詞 それほど位の高くない貴族の子弟。若くて未熟な貴族の子弟。

なま-ぐら・し【生暗し】形容詞〔ク〕(く・く・し・き・けれ・〇/から・かり・〇・かる・〇・かれ)ほの暗い。薄暗い。**とみの物縫ふに、生暗うて針に糸すぐる。**〈枕草子・160・心もとなきもの〉訳急ぎの(仕立)物を縫うのに、**薄暗い**状態で針(の穴)に糸を差し通すのは(じれったい)。〇「生暗う」は連用形「生暗く」のウ音便。

なま-ごころ【生心】名詞 生はんかな気持ち。中途半端な風流心。また、淡い恋心。

なま-さか・し【生賢し】形容詞〔シク〕(しく・しく・し・しき・しけれ・〇/しから・しかり・〇・しかる・〇・しかれ)こざかしい。「**かく思すことある人は、禊したまふべき。**」と、**生さかしき人の聞こゆれば**…。〈源氏・須磨〉訳「このようにお悩みになる事がある方は、禊をなさるのがよい。」と、**こざかしい**者が申し上げるので…。

なま-さぶらひ【生侍】―名詞 若くて未熟な侍。官位の低い侍。類 青侍

な-まし ❶(「なましかば…まし」の形で)…てしまったならば(…ただろう)。

「世を背きなましかば、今は深き山に住みはてて、かく心乱らましやは。」〈源氏・蜻蛉〉訳「もし出家をしてしまったならば、今は深い山に住みついてしまって、このように心が乱れただろうか、いや乱れることはなかっただろう。」

❷（上に仮定条件を伴って）…てしまうだろう。きっと…ただろうに。
「まして、竜を捕らへたらましかば、また、事もなく我は害せられなまし。」〈竹取・竜の頸の玉〉訳「まして、もし竜をつかまえていたならば、（玉を取ろうとした人々と）同様に、わけもなく私はきっと殺されただろうに。」

❸（上に疑問表現を伴って）…てしまったものだろうか。
「いかさまにせむ、法師にやなりなまし、死にやしなまし。」〈宇津保〉訳「どうしようか、法師になってしまったものだろうか、死んでしまったものだろうか。」

❹…てしまえばよかったろうに。
白玉かなにぞと人の問ひしとき露と答へて消えなましものを 歌〈新古今集・哀傷・851〉訳→しらたまか…

発展 確述の助動詞「ぬ」の未然形＋反実仮想・ためらいの助動詞「まし」。

なま・し【生し】 形容詞［シク］〈しく・しく・し・しき・しけれ・○／しから・しかり・○・しかる・○・しかれ〉 ❶生の状態である。生きている。新鮮だ。
死骨白骨、生しき人、あるいは人を鮨にして…。〈御伽草子・酒呑童子〉訳 死骸や白骨、（まだ息のある）生きている人、あるいは人間を酢漬けにして…。

❷未熟だ。不十分だ。
信心うすく、智解の発らざること、これ生しき姿なり。〈沙石集〉訳 信仰心が薄く、思慮分別が生じないこと、これが未熟な姿である。

なま-じひ・なり【生強ひなり・憖なり】

中途半端に無理をするようす
- ❶（できそうもないのに）強いて（…する）。無理やり（…する）。◉連用形「なまじひに」で用いる。
- ❷（気が進まず）しぶしぶ（…する）。◉連用形「なまじひに」で用いる。
- ❸（しなくてもよいのに）なまじっかする。余計だ。
- ❹中途半端だ。

未然形	連用形	終止形	連体形	已然形	命令形
なまじひ・なら	なまじひ・なり なまじひ・に	なまじひ・なり	なまじひ・なる	なまじひ・なれ	なまじひ・なれ

形容動詞［ナリ］❶（連用形「なまじひに」の形で）（できそうもないのに）強いて（…する）。無理やり（…する）。
もの思ふと人に見えじとなまじひに常に思へりありそかねつる 歌〈万葉集・4・613〉訳 物思いをしていると人に見せまいと、無理やり普段どおりの顔をしていた。（実際は）生きていられそうにないほどだった。

❷（連用形「なまじひに」の形で）（気が進まず）しぶしぶ（…する）。
女、「よも御為に悪しきことはあらじ。」とあながちに言へば、なまじひに池のほとりに具して行きぬ。〈今昔〉訳 女が、「決してあなたにとって悪いことはないだろう。」と強いて言うので、（男は）しぶしぶ池のほとりに（女を）連れて行った。

❸（しなくてもよいのに）なまじっかする。余計だ。
「なまじひなること申し出だして、証人にや引かれんずらん。」〈平家・2・西光被斬〉訳「余計なことを口に出して申し上げたら、証人として引っ張られるのではないだろうか。」

❹中途半端だ。
「よくせざらんほどは、なまじひに人に知られじ。内々よく習ひ得て差し出でたらんこそ、いと心憎からめ。」〈徒然草・150・能をつかんとする人〉訳「（芸能を）うまくできないようなころは、中途半端に人に知られないつもりだ。内緒で十分に習得してから人前に出たとしたならば、たいへん奥ゆかしいだろう。」

発展 ①語の成り立ち 不完全・中途半端などの意味を添える接頭語「なま」に、無理強いするという意味の上二段動詞「しふ（強ふ）」が付いて形容動詞になったもの。近世初期までは「なましひなり」とも発音された。
②現代語とのつながり ❸から、近世以降「なまじ」の形で、現代語にも残る副詞としても用いられるようになった。

なます【膾・鱠】 名詞 魚介や鳥獣などの生肉を細かく切ったもの。また、それを酢に浸した料理。さらに、ダイコンやニンジンを加えたものや、野菜だけを酢に浸したものをもいう。

なま-ずりゃう【生受領】 名詞 たいしたことのない受領。未熟で実力のない受領。

なま-そんわう【生孫王】 名詞 名ばかりの皇族。皇族ではあるが、皇統から遠い一族。

なま-なま・なり【生生なり】 形容動詞［ナリ・ノ］〈なら・なり（に）・なり・なる・なれ・なれ〉中途半端だ。未熟だ。
「才の際、生々の博士恥づかしく…。」〈源氏・帚木〉訳「（その博士の娘の）学才の程度は、未熟な博士が気後れし…。」

なま-にょうばう【生女房】 名詞 宮仕えにまだ慣れていない若い女房。

なま-はしたな・し【生端なし】 形容詞［ク］〈く・く・し・き・けれ・○／から・かり・○・かる・○・かれ〉なんとなくきまりが悪い。
あなづりにくけはひにて移ろひたまへるに、生はしたなく思さるれど…。〈源氏・若菜上〉訳（女三の宮が）侮りがたいようすで移り住まわれたので、（紫の上は）なんとなくきまりが悪いとお思いにならないではいられないけれど…。

なま-ふがふ・なり【生不合なり】 形容動詞［ナリ］〈なら・なり（に）・なり・なる・なれ・なれ〉暮らしがあまり豊かでない。
大学の衆どもの、生不合にいましかりしを、訪ひたづね語らひとりて…。〈大鏡・時平〉訳 学生たちで、暮らしがあまり豊かでなくておられた人を、訪問してうまく話をつけて仲間となり…。

なま-ふせがしげ・なり【生防がしげなり】 形容動詞［ナリ］〈なら・なり（に）・なり・なる・なれ・なれ〉なんとなく邪魔そうだ。少しかばっているようだ。
「まだ人のおはすれば。」など言ふものの、生防がしげに思ひていらふるにも…。〈枕草子・179・宮仕へ人の里なども〉訳「まだ人がいらっしゃるので。」などと言うものの、なんとなく邪魔そうに思って答えるのにも…。

な-まほし （強い希望を表し）…てしまいたい。なんとかして…たい。
つれづれも紛るれば、参らなまほしきに…。〈和泉式部日記〉訳 寂しさも紛れるので、参上してしまいたいが…。

発展 完了の助動詞「ぬ」の未然形＋希望の助動詞「まほ

し」。

なま-みやづかへ【生宮仕へ】(みやづかえ) 名詞 宮中に仕えてはいるが、たいしたことはしていないこと。

なま-むつか・し【生難し】 形容詞〔シク〕〈しく・しく・し・しき・しけれ・○／しから・しかり・○・しかる・○・しかれ〉なんとなく面倒くさい。なんとなく気味が悪い。

誰(たれ)ともえ思ひたどられず、**生難しき**に…。〈源氏・少女(おとめ)〉訳(声の主が)誰であると見当をつけられずに、**なんとなく気味が悪い**ところに…。

なま-めか・し【生めかし・艶めかし】 形容詞 ↓最重要語(940ページ)

なま-め・く【生めく・艶めく】 動詞 自〔カ四段〕〈か・き・く・く・け・け〉❶若々しくて美しい。

その里に、いと**なまめいたる**女はらから住みけり。〈伊勢・1〉訳その里に、とても**若々しくて美しい**姉妹が住んでいた。〇「なまめい」は連用形「なまめき」のイ音便。

❷上品である。優美である。

いたくよしめき、**なまめきたれ**ば…。〈源氏・若菜下〉訳(柏木(かしわぎ)は)たいへん風情があるように見せて、**優美であるので**…。

❸もの静かでしっとりしている。落ち着いている。

閼伽(あか)の棚などして、その方(かた)にしなさせたまへる御しつらひなど、いと**なまめきたり**。〈源氏・鈴虫〉訳(源氏が女三の宮のために)閼伽棚(=仏前の棚)を設けて、仏道修行向きにお作り直しになったお部屋の設備なども、とても**落ち着いている**。

❹色っぽく振る舞う。

なま-もの【生者】 名詞 身分の低い者。また、一人前になっていない未熟な者。

なまよみ-の 枕詞 地名「甲斐(かひ)」に係る。意味は不明。

な-み【無み】…がないので。…がないために。

若の浦に潮(しほ)満ち来れば潟(かた)を**無み**葦辺(あしへ)をさして鶴(たづ)鳴き渡る 歌〈万葉集・6・919〉訳↓わかのうらに…

発展 形容詞「なし」の語幹＋原因・理由を表す接尾語「み」。

なみ【並み】 名詞 ❶並び。列。続き。❷同類。同等。同程度。❸共通する性質。

なみ【波・浪】 名詞 ❶水面に生じる起伏。❷起伏のあるものをたとえていうことば。❸年老いて肌に生じるしわをたとえていうことば。

なま-めか・し

【生めかし・艶めかし】 形容詞〔シク〕

若さやみずみずしさが感じられ、新鮮で美しいようす

❶みずみずしく美しい。若くてすがすがしい。
❷なよやかで優美である。柔和で親しみがある。
❸しっとりとして上品である。優雅である。
❹あでやかで美しい。色っぽい。

未然形	連用形	終止形	連体形	已然形	命令形
なまめか・しく	なまめか・しく	なまめか・し	なまめか・しき	なまめか・しけれ	○
なまめか・しから	なまめか・しかり	○	なまめか・しかる	○	なまめか・しかれ

❶みずみずしく美しい。若くてすがすがしい。

今より**なまめかしう**恥づかしげにおはすれば、いとをかしう打ち解けぬ遊び種(ぐさ)に…。〈源氏・桐壺(きりつぼ)〉訳(若宮が幼少の)今から**みずみずしく美しく**(こちらが気恥ずかしくなるほど)すばらしいようすでいらっしゃるので、実におもしろく(また)気が抜けない遊び相手であると…。〇「なまめかしう」は連用形「なまめかしく」のウ音便。

❷なよやかで優美である。柔和で親しみがある。親しみを込めている。

木どもなどのはかばかしからぬ中に、柳といひて、例のやうに**なまめかしう**はあらず、広く見えて憎げなるを…。〈枕草子・301・三月ばかり〉訳木々などがあまりぱっとしていない中で、ヤナギといっても、普通の(ヤナギの葉の)ように**なよやかで優美で**はなく、(葉が)広く見えて不格好なのを…。

いと柔らかに**なまめかしく**もてなさせたまひて、あながちに和めて…。〈夜の寝覚(よるのねざめ)〉訳(帝(みかど)は)たいへん柔和に**親しみを込めて**(寝覚の君を)おもてなしなさって、強いて(心を)静めて…。

❸しっとりとして上品である。優雅である。

御かたち異(こと)にても、**なまめかしう**懐かしきさまに、うち忍びやつれたまひて、うるはしき御法服(ほふく)ならず…。〈源氏・柏木(かしわぎ)〉訳(僧の姿をした朱雀院(すざくいん)の)お姿は(普通と)異なっていても、**しっとりとして上品で**親しみあるごようすで、人目につかないように(装束も)目立たない身なりになっていらっしゃって、きちんとしたご法衣でなく…。

なにとなく葵(あふひ)掛け渡して**なまめかしき**に、明け放れぬ程…。〈徒然草・137・花は盛りに〉訳(葵祭(あおいまつり)で)すべてに渡ってアオイを一面に掛けて**優雅な**(情景の)中に、(まだ)夜が明け切らないころ…。

❹あでやかで美しい。色っぽい。

怠り果てたまひて、いといたく面痩(おもや)せたまへれど、なかなかいみじく**なまめかしくて**…。〈源氏・夕顔〉訳(源氏は熱病も)完全にお治りになって、たいへんひどくお顔がやつれなさっているけれども、かえってたいへん**色っぽくて**…。

発展 **①語の成り立ち** 四段動詞「生(なま)めく」が形容詞になったもの。「生」は「生覚え(=うろ覚え)」「生心(=いい加減な気持ち)」などの「生」と同じで、不十分・未熟の意味を表し、「めかし」は、それらしく見える、という意味を表す。いかにも未熟であるが、外面に現れた美はみずみずしく新鮮、つややかである、というのがもともとの意味である。

②王朝の美を表す語 上代には見られず、中古の和文に多い。「あてになまめかしう」「なまめかしう清らなり」など、第一級の美を表すことばと並べて用いられ、王朝の上品で優雅な美を表す代表的なことばであった。↓**古語チャート⑫**(429ページ)

類語比較 「やさし」「えんなり」「なまめかし」↓優(やさ)し

えていうことば。

並木正三(なみきしょうぞう)〔シャウザウ〕 人名 江戸中期の歌舞伎(かぶき)作者。「しょうざ」とも。雄大な構想により、複雑な筋を展開する作品を著し、時代物狂言完成の糸口を作った。回り舞台・せり出しを考案するなど、舞台装置にも新しい手法を打ち立て、歌舞伎中興の祖といわれる。代表作『三十石艠始(さんじっこくよふねのはじまり)』。1730—1773

並木宗輔(なみきそうすけ) 人名 江戸中期の浄瑠璃(じょうるり)作者。*竹田出雲(いずも)らとの合作で、三大名作といわれる『*菅原伝授手習鑑(すがわらでんじゅてならいかがみ)』『*義経千本桜(よしつねせんぼんざくら)』『*仮名手本忠臣蔵(かなでほんちゅうしんぐら)』などを著し、浄瑠璃全盛時代を生む。雄大で変化に富む構想、繊細な心理描写を得意とし、そ

の作品の多くが歌舞伎にもなった。並木千柳とも呼ばれる。1695—1751

なみこえぬ… 句
波こえぬ契りありてやみさごの巣〈奥の細道・象潟・河合曾良〉訳歌に詠まれたように、心変わりはしないという約束があるのだろうか、波は越さないという約束があるからだろうか、波にさらわれもしないで岸壁にかかっているミサゴの巣よ。◯季語 みさごの巣—夏。「みさご」はタカ科の鳥で、雌雄の仲がよいとされる。
発展『後拾遺集』中の歌(↓ちぎりきな…)を踏まえた句。

なみ・す【無みす・蔑す】 動詞 他〔サ変〕〈せ・し・す・する・すれ・せよ〉ないものと見なす。軽んじる。ないがしろにする。
この道にて定家をなみせんともがらは…〈正徹物語〉訳この(=和歌の)道で(藤原)定家を**軽んじる**ような連中は…。

なみだ-がは【涙川】 名詞 涙が多く流れることを、川にたとえていうことば。涙の川。

なみだ-に-く・る【涙に暗る】 涙で目の前が暗くなる。涙で目が見えなくなる。涙に暮れる。
雲の上も涙にくるる秋の月いかですむらむ浅茅生の宿歌〈源氏・桐壺〉訳↓くものうへも…
発展 名詞「なみだ」＋格助詞「に」＋下二段動詞「くる」。

なみだ-に-しづ・む【涙に沈む】 泣き沈む。涙に暮れる。
中宮は**涙に沈みたまへるを**…。〈源氏・賢木〉訳(藤壺の)中宮が**泣き沈み**なさっているのを…。
発展 名詞「なみだ」＋格助詞「に」＋四段動詞「しづむ」。

なみだ-の-いろ【涙の色】 ❶ひどく悲しみ嘆いたときに流すという血の涙の色。紅色。❷泣くようす。

なみ-ぢ【波路・浪路】 名詞 船の通る所。海上の道。航路。類潮路

なみ-なみ【並み並み】 名詞 ❶同じであること。同様。同等。同列。
何すと違ひは居らむ否も諾も友の並み並み我も寄りなむ歌〈万葉集・16・3798〉訳なんで(私だけ)違ったことをしようか。「いいえ」も「はい」も友と**同様**私もきっとなびき寄ろう。
❷普通。平凡。

かやうの**並み並みまでは思ほしかからざりつるを**…〈源氏・夕顔〉訳(源氏は)このような**普通**(の身分の女)にまでは心におとめにならないできたのに…。

なみ-なみ・なり【並み並みなり】 形容動詞〔ナリ〕〈なら・なり(に)・なり・なる・なれ・なれ〉世間並みだ。普通だ。平凡だ。
女も並み並みならず、「かたはらいたし。」と思ふに、御消息も絶えてなし。〈源氏・空蟬〉訳女(=空蟬)も**普通でなく**(気がかりで)、「(源氏に対して)気の毒である。」と思っているのに、(源氏からの)お便りもまったくない。
発展 多く「なみなみならず」の形で用いられる。

なみ-の-はな【波の花】 ❶波の白い泡。波のしぶき。波のようすを花にたとえたことば。
鳰の海や月の光のうつろへば波の花にも秋は見えけり歌〈新古今集・秋上・389〉訳↓にほのうみや…
❷《女房詞》食塩。

なみのまや… 句
波の間や小貝にまじる萩の塵〈奥の細道・種の浜・松尾芭蕉〉訳寄せては返す波の間に、薄紅色の小貝に混じって、散り落ちて塵のようにしおれたハギの花びらが見えることだ。◯季語 萩—秋
発展 敦賀湾北西部にある寂しい海岸の秋の夕暮れの景色を詠む。

なみ-ま【波間】 名詞 ❶波の絶え間。
浦風やいかに吹くらむ思ひやる袖うち濡らし波間なきころ歌〈源氏・明石〉訳(須磨の)浦風はどれほど吹いているだろうか。(遠く離れて)思いやる(私の)袖を濡らして**波の絶え間**もない(ように涙の絶え間もない)このごろは。
❷波と波との間。
春といへばかすみにけりな昨日まで波間に見えし淡路島山歌〈新古今集・春上・6〉訳(今日から)春というので、(春霞に)かすんでしまったなあ。昨日まで**波と波との間**に見えていた淡路島の山が。
発展 ❶の「間」は、「…がない間」の意の造語成分。

なみ-まくら【波枕】 名詞 船中で寝ること。また、波の音が聞こえる所で寝ること。

なみ-よ・る【並み寄る】 動詞 自〔ラ四段〕〈ら・り・る・る・れ・れ〉(髪などが)片方に寄り集まる。
鶉鳴く真野の入り江の浜風に尾花なみよる秋の夕暮れ歌〈金葉集・239〉訳↓うづらなく…

なみ・ゐる【並み居る】 動詞 自〔ワ上一段〕〈ゐ・ゐ・ゐる・ゐる・ゐれ・ゐよ〉並んで座る。
若き男も、ほどさし離れて並み居て…。〈蜻蛉日記〉訳若い男たちも、少し離れて**並んで座って**…。

な-む
なむ↓基本助詞25(942ページ)
❶(推量を表し)きっと…だろう。
『源氏』にまさりたらむことを作り出だす人もありなむ。〈無名草子〉訳『源氏物語』よりも優れている作品を創作する人も**きっとあるだろう**。
❷(意志を表し)きっと…よう。…てしまおう。
この世にし楽しくあらば来む世には虫に鳥にも我はなりなむ歌〈万葉集・3・348〉訳↓このよにし…
❸(可能の推量を表し)…ことができるだろう。…ことができそうだ。
「かばかりになりては、飛び降るとも降りなん。」〈徒然草・109・高名の木登り〉訳「(高さが)この程度になれば、飛び降りても降りる**ことができるだろう**。」◯「飛び降るるとも」は「飛び降るとも」が正しい言い方。
❹(容認を表し)…てかまわないだろう。
さるべき故ありとも、法師は人にうとくてありなん。〈徒然草・76・世の覚え〉訳しかるべき理由があるとしても、法師は(俗世間の)人と疎遠で**てかまわないだろう**。
❺(仮定を表し)…てしまったなら。…としたら。
「さばかりになりなむには、物の恥も知らでありなむ。」〈大鏡・師尹〉訳「(落ちぶれて)それほどになって**てしまったなら**、恥も外聞もわきまえないでかまわないだろう。」◯「知らでありなむ」の「なむ」は❹の用法。
発展 確述の助動詞「ぬ」の未然形＋推量の助動詞「む(ん)」。

なむ【南無】 名詞《仏教語》(信仰する仏・菩薩などの上に付けて)心から帰依するという意味を表すことば。

な・む【並む】 一 動詞 自〔マ四段〕〈ま・み・む・む・め・め〉並ぶ。連なる。
御前どももえ驚かし申さで、ただざぶらひなめるに…。〈大鏡・道隆〉訳先払いをする者も(酔って寝てしまった道隆を)お起こし申し上げることができず、そのまま控えて**並んでいるので**…。
二 動詞 他〔マ四段〕〈ま・み・む・む・め・め〉並べる。

なむ 基本助詞25

一 係助詞 ― 強意・強調を表す。訳語は特定できない。◉文中に置かれ、文末の活用語は連体形で結ぶ。
二 終助詞 ― (他に対する願望を表し)…てくれればいいなあ。…てほしい。◉文末に置かれる。

接続 一は主語・連用修飾語・接続語などに付く。また、補助語・被補助語の間に介在する。二は動詞・動詞型活用の助動詞の未然形に付く。

一 係助詞 (文中に用いて) 強意・強調を表す。**訳語は特定できない。**

水無瀬といふ所に、宮ありけり。年ごとの桜の花盛りには、その宮へなむおはしましける。〈伊勢・82〉訳 水無瀬という土地に、(惟喬親王の)離宮があった。毎年のサクラの花盛りには、(親王は)その離宮へお出かけになったのだった。

○係り結びの法則により、文末の活用語は連体形で結ぶ。ここでは、結びが過去の助動詞「けり」の連体形になっている。「その宮へ」という連用修飾語に付いた例。

「さやうの方に、さらにえさぶらふまじき身になむ。」〈枕草子・82・頭の中将の〉訳「そのような(=文学の)方面には、まったくお相手させていただけそうにない我が身で(ございます)。」

○断定の助動詞「なり」の連用形「に」に付いている例。「なむ」が係るはずの部分は省略されている。これを「結びの省略」といい、余情を表す用法である。後に補助動詞「あり」「はべり」の連体形「ある」「はべる」などが補われる。

白き犬を愛してなん飼はせたまひければ、いつも御身を離れず御供しけり。〈宇治拾遺〉訳(藤原道長は)白いイヌをかわいがってお飼いになっていたので、(そのイヌは)いつでも(道長の)お体から離れないでお供をした。

○サ変動詞「愛す」の連用形に接続助詞「て」を介して付いている例。「なん」を受ける部分に接続助詞「ば」が付いて後に続いているので、「飼はせたまひける」という連体形の結びにはなっていない。これを、「結びの消滅」などという。

二 終助詞 (文末に用いて、他に対する願望を表し)**…てくれればいいなあ。…てくれたらなあ。…てくれよ。…てほしい。**

「いつしか梅咲かなむ。…」と、目をかけて待ちわたるに、花もみな咲きぬれど、音もせず。〈更級日記・梅の立ち枝〉訳(恋しい継母がウメの咲くころには来ようと言っていたので)「早くウメが咲いて**ほしい**。…」と、(ウメの木を)見守ってずっと待ち続けるが、花も残らず咲いてしまったのに、(継母からは)便りも来ない。

○四段動詞「咲く」の未然形に付いている例。

訪ね来る人にも見せむ梅の花散るとも水に流れざらなむ 歌〈後拾遺集・64〉訳 訪ねて来る人にも(ウメの花を)見せよう。(だから)ウメの花よ、散ったとしても水に流れないでい**てくれよ**。

○打消の助動詞「ず」の未然形「ざら」に付いている例。

発展 ①上代の係助詞・終助詞「なも」が変化したものといわれる。

②**結びは連体形** 一の係助詞は、主語、連用修飾語、接続語などに付く。係り結びの法則により、「なむ」を受ける部分が文末の活用語であるときは連体形で結ぶ。

③**会話文に多い** 会話文・手紙文や作者の個人的意見を述べる箇所などに用いられることが多い。一の第一例が地の文に用いられているのは、『伊勢物語』や『大和物語』などの歌物語は地の文が口語的な性質を持っていたからである。「なむ」は中古末期以降、しだいに衰退していった。

④**「ばや」と「なむ」** 二の終助詞の「なむ」は他に対する願望を表すもので、話し手自身の動作には付かない。やはり願望を表す終助詞である「ばや」は、「…したいものだ」という自分の動作による実現を願う点で「なむ」と区別される。

⑤**「なん」とも表記** 「なむ」の「む」は中古中期から発音に変化が生じて、その後、「ん」とも表記されるようになる。

類語比較 **「なむ」「ぞ」「こそ」**

共通点＝強意・強調を表す係助詞。「なむ」→「ぞ」→「こそ」の順に、強意・強調の程度が強くなるといわれる。

なむ＝①「ぞ」「こそ」に比べて、柔らかい感じがあり、話しことば的な性格が強い。そのため、中古の女流文学の会話文や手紙文に多く用いられ、和歌や漢文訓読文などにはほとんど見られない。中古末期以降は、しだいに話しことばの中からも消えていく。②「なむ」の結びは連体形になる。③疑問語を受けない。

ぞ＝①「ぞ」の結びは連体形になる。②「なにぞ」「いかにぞ」など、疑問語を受けることがある。

こそ＝①「こそ」の結びは已然形になる。②疑問語を受けない。

関連語 ばや(基本助詞25)

識別 **「なむ」の識別**

品詞と用法	見分け方	例文と訳
係助詞「なむ」	なくても文の意味が通じる。文末は係り結びにより連体形。	かたちよりは心なむ勝りたりける。〈伊勢・2〉訳(その人は)容貌よりも気立ての方が優れていたのだった。
終助詞「なむ」	活用語の未然形に付く。	寄する波うちも寄せなむ…歌〈土佐日記・二月四日〉訳(浜辺に)寄せる波よ、(忘れ貝を)打ち寄せてほしい…。
確述の助動詞「ぬ」の未然形「な」＋推量・意志の助動詞「む」	活用語の連用形に付く。	「盛りにならば、かたちも限りなくよく、髪もいみじく長くなりなむ。」〈更級日記・物語〉訳(私も)年ごろになったら、容貌もこの上なく美しく、髪もきっとたいへん長くなるだろう。
ナ変動詞の未然形語尾「な」＋推量・意志の助動詞「む」	「な」の上がナ変動詞「往ぬ」「死ぬ」の語幹、すなわち「い」か「し」。	願はくは花の下にて春死なむ…歌〈続古今集・1527〉訳願うことには、(サクラの)花の下で春(のさなか)に死にたい…。

三 動詞 他 [マ下二段]〈め・め・む・むる・むれ・めよ〉並べる。連ねる。**日並の皇子の尊の馬なめてみ狩り立たしし時は来向かふ** 歌〈万葉集・1・49〉訳 日並の皇子の尊(＝草壁皇子)がウマを**並べて**狩りにお出かけになった(そのときと同じ)時刻が、(今)やって来る。

なむ 助動詞 [特殊型]〈○・○・なむ・なむ(なめ)・なめ・○〉《上代東国方言》(現在推量を表し)…ているだろう。接続 活用語の終止形、ラ変型には連体形に付く。**国々の社の神に幣奉り我が恋すなむ妹がかなしさ** 歌〈万葉集・20・4391〉訳 諸国の神社の神に供え物をささげて、私を恋い慕っ**ているだろう**妻のいとしさよ。
発展 現在推量の助動詞「らむ」と同語と見られ、したがって、もとは四段型と思われるが、東国方言では連体形の一部に「なめ」とあるので、特殊型と判断した。

なむ-あみだぶつ【南無阿弥陀仏】《仏教語》阿弥陀仏に心から帰依する。発展 阿弥陀仏に救済を求めて唱えることば。特に、浄土宗・浄土真宗では、このことばを唱えて、極楽往生を願う。

なむ-きみゃう【南無帰命】《仏教語》「★南無帰命頂礼」の略。

なむ-きみゃうちゃうらい【南無帰命頂礼】《仏教語》仏神に心から帰依する。発展 仏・菩薩に加護を求めるときに唱えることば。略して、「南無帰命」「★帰命頂礼」とも。

なむ-さんぼう【南無三宝】一《仏教語》三宝(＝仏・法・僧)に心から帰依する。二 感動詞 (驚いたり、失敗したときに発して)しまった。
発展「南無三」とも。一は、三宝に呼びかけ、救いを求めるときに唱えることば。

な-むず ❶(推量・婉曲を表し)…てしまうだろう。きっと…するだろう。…てしまったりする。「**まかりなむずることの口惜しうはべりけり。**」〈竹取・かぐや姫の昇天〉訳「去って**しまったりする**ことが残念でございました。」
❷(意志を表し)…てしまおう。「**強ひて仕うまつらせたまはば、消え失せなむず。**」〈竹取・かぐや姫の昇天〉訳「(宮仕えをしたくないのに)無理にお仕え申し上げさせなさるのならば、(私は)消えてなくなっ**てしまおう**。」
発展 確述の助動詞「ぬ」の未然形＋推量の助動詞「むず」。

なむち【汝】代名詞 (目下の者に対して)おまえ。「**なむちが持ちてはべるかぐや姫奉れ。**」〈竹取・かぐや姫の昇天〉訳「**おまえ**が持っているかぐや姫を(天皇に)差し上げろ。」
発展「なむぢ」とも。おもに男性が用いることば。上代には尊敬の気持ちを含んでいたが、中古では同等か目下の者に対して、中世では目下の者に対して用いられ、近世以降、話しことばとしてはほとんど用いられなくなる。

な-む-や 連語 ❶(勧誘・丁寧な命令を表し)…てはどうだろうか。…てくれないだろうか。「**忍びては参りたまひなむや。**」〈源氏・桐壺〉訳「こっそりと参内なさっ**てはどうだろうか**。」
❷(反語を表し)…だろうか、いや、…はずがない。**恩愛の道ならでは、かかる者の心に慈悲ありなんや。**〈徒然草・142・心なしと見ゆる者も〉訳 親子の情愛の道でなくては、このような者の心にいつくしみ(の心)がある**だろうか、いや、あるはずがない**。
発展 確述の助動詞「ぬ」の未然形＋推量の助動詞「む(ん)」の終止形＋終助詞「や」。

なめ-げ・なり 形容動詞 [ナリ]〈なら・なり(に)・なり・なる・なれ・なれ〉無礼だ。失礼だ。「**なめげなる者に思しとどめられぬるなむ、心にとまりはべりぬる。**」〈竹取・かぐや姫の昇天〉訳「(私が帝に)**無礼な**者として(その)心におとどめになられてしまうことが、心残りになってしまうのです。」

なめ・し 形容詞 ↓最重要語(943ページ)

なめ-て【並めて】副詞 ↓なべて 最重要語(936ページ)

な-めり …であるようだ。…であると見える。「**子になりたまふべき人なめり。**」〈竹取・かぐや姫の生い立ち〉訳「(私の)子になりになるはずの人**であるようだ**。」
発展「なるめり」(断定の助動詞「なり」の連体形＋推定の助動詞「めり」)の撥音便「なんめり」の「ん」を表記しない形。読むときは、「なんめり」と読む立場もある。

なも【南無・南謨】名詞 ↓なむ(南無)

なも 係助詞《上代語》上の語を取り立てて強調することば。接続 多く、助詞に付く。**何時はなも恋ひずありとはあらねどもうたてこのころ恋し繁しも** 歌〈万葉集・12・2877〉訳 い**つだって**恋しくないことはないけれども、なんだかこのごろしきりに恋しい。

なめ・し

形容詞[ク]

他人の無礼な振る舞いをとがめる気持ち ― **無礼である。無作法だ。**

未然形	連用形	終止形	連体形	已然形	命令形
なめ・く	なめ・く	なめ・し	なめ・き	なめ・けれ	○
なめ・から	なめ・かり	○	なめ・かる	○	なめ・かれ

無礼である。無作法だ。ばかにしている。 **文ことばなめき人こそいと憎けれ。…男、主などなめく言ふ、いと悪し。**〈枕草子・262・文ことばなめき人こそ〉訳 手紙のことば遣いの**無礼な**人はひどく気に食わない。…(自分の)夫や、主人などを**無礼に**言うのは、ひどく感心しない。

をかしと見ゆるほどに、ほととぎすをいとなめう歌ふ、聞くにぞ心憂き。〈枕草子・226・賀茂へ参る道に〉訳 (田植え姿が)おもしろいと思われて(見て)いるうちに、(田植え歌で)ホトトギスのことをたいへん**ばかにして**歌うのを、聞くことによってすっかり嫌になる。○「なめう」は、連用形「なめく」のウ音便。

発展 **語の成り立ち** 「滑し」で、なれなれしいという意味から派生したことばとも、未熟・不十分という意味の「生」と関係のあることばともいわれる。身分の上下にかかわりなく相手の振る舞いを「無礼だ・無作法だ」と、とがめる場合に用いられる。

類語比較「めざまし」と「なめし」↓目覚まし

発展 係助詞「なむ」の古い形。

なも【終助詞】《上代語》(他に対する願望を表し)…てほしい。接続 活用語の未然形に付く。**三輪山をしかも隠すか雲だにも情あらなも隠さふべしや** 歌〈万葉集・1・18〉訳→みわやまを…

発展 終助詞「なむ」の古い形。

なも 助動詞〔特殊型〕《○・○・なも・なも・○・○》《上代東国方言》(推量を表し)…ているだろう。接続 活用語の終止形、ラ変型には連体形に付く。

比多潟の磯のわかめの立ち乱え我をか待つなも昨夜も今夜も 歌〈万葉集・14・3563〉訳 比多潟の磯のワカメのように思い乱れて私を待っているだろうか。ゆうべも今夜も。○「比多潟」は地名と思われるが、不明。

なやま・し【悩まし】

心身ともに具合が悪いようす ―(病気や疲れなどで)具合が悪い。

未然形	連用形	終止形	連体形	已然形	命令形
なやま・しく	なやま・しく	なやま・し	なやま・しき	なやま・しけれ	○
なやま・しから	なやま・しかり	○	なやま・しかる	○	なやま・しかれ

形容詞〔シク〕(病気や疲れなどで)**具合が悪い**。**気分が悪い。苦しい。つらい。**

上る送りなどに、悩ましと言ひて行かぬ人をも、のたまはせしかば…。〈枕草子・90・宮の五節出ださせたまふに〉訳(朝廷の行事のために、中宮のもとから舞姫が)参内する見送りなどに、**気分が悪い**と言って行かない(つもりでいた)人をも、(中宮が行くように)おっしゃったので…。

発展 四段動詞「なやむ」が形容詞になったもの。

なやまし-げ・なり【悩ましげなり】形容動詞〔ナリ〕〈なら・なり(に)・なり・なる・なれ・なれ〉気分が悪そうだ。苦しそうだ。

「**はかなき物も聞こし召さず、悩ましげにせさせたまふ。**」〈源氏・浮舟〉訳(浮舟は)ちょっとした物も召し上がらないで、**気分が悪そうに**していらっしゃる。

なやま・す【悩ます】動詞 他〔サ四段〕〈さ・し・す・す・せ・せ〉苦しめる。悩ませる。

誰がためにか心を悩まし、何によりてか目を喜ばしむる。〈方丈記・ゆく河〉訳だれのために心を**苦しめ**、何のために(豪邸を建てて)目をうれしがらせるのか。

なやみ【悩み】名詞 苦しみ。病気。

なや・む【悩む】

苦しい思いをする
- ❶苦労する。困る。
- ❷病気になる。
- ❸心を痛める。思い悩む。
- ❹非難する。

未然形	連用形	終止形	連体形	已然形	命令形
なや・ま	なや・み	なや・む	なや・む	なや・め	なや・め

動詞 自〔マ四段〕❶**苦労する。困る。難儀する。**

漕ぎ上るに、川の水干て、悩み煩ふ。〈土佐日記・二月七日〉訳(川を船で)こぎ上るが、川の水が引いて(少なくなり)、**苦労し**難儀する。○「悩む」と「煩ふ」が並列され、同じ意味で用いられている。

❷**病気になる。病に苦しむ。**(出産で)**苦しむ。**

いはば、よき女の悩めるところあるに似たり。〈古今集・仮名序〉訳(小野小町の歌は)いうならば、高貴な女性が**病に苦しんで**いることがあるのに似ている。

❸**心を痛める。思い悩む。**

いぶせくも心にものを悩むかなやよいかにと問ふ人もなみ 歌〈源氏・明石〉訳 気の晴れないことにも、心にあれこれと**思い悩む**ことだなあ。「ねえどうかしたの。」と尋ねてくれる人もいないので。

❹**非難する。とやかく言う。煩わしく言う。**

御子もおはせぬ女御の、后にゐたまひぬること、安からぬことに世の人悩みまうして…。〈栄花〉訳 お子様もおありでない女御が、后の位にお就きになったことを、心外なこととして世間の人が**非難し**申し上げて…。

発展 **語の歴史** 中世末ごろから近世にかけて、「工面する・あしらう」などの意味の他動詞としても用いられるようになり、また、「悩ませる」という意味の下二段活用の用法も生じたが、用例は少ない。

類語比較 「わづらふ」「なやむ」「やむ」→煩ふ

な-やらひ【儺遣らひ】名詞 疫病を追い払う行事。類 鬼遣らひ

な・ゆ【萎ゆ】動詞 自〔ヤ下二段〕〈え・え・ゆ・ゆる・ゆれ・えよ〉❶(力や張りがなくなって)ぐったりする。

手に力もなくなりて、なえ掛かりたり。〈竹取・かぐや姫の昇天〉訳 手に力もなくなって、**ぐったりして**物に寄り掛かっている。

❷(衣服などが着なれて)柔らかくなる。

白き衣、山吹などのなえたる着て…。〈源氏・若紫〉訳 白い下着に、山吹襲(=童女の上着)などの**柔らかくなっている**ものを着て…。

なゆ-たけ【萎竹・弱竹】名詞 →なよたけ

な-よし【名吉・鯔】名詞《動物》ボラの別の呼び名。発展 成長につれて名前が変わる出世魚であることから、「名よし」の意味で呼ばれる。

なよ-たけ【弱竹】名詞 細くしなやかな竹。若竹。発展「なよだけ」「なゆたけ」とも。

なよたけ-の【弱竹の】枕詞 (弱竹がよくしなうことから)「とをよる」「起き伏し」に、また(竹の節という意味から、それと同音の)「夜」「世」に係る。

なよび-か・なり 形容動詞〔ナリ〕〈なら・なり(に)・なり・なる・なれ・なれ〉❶しなやかだ。柔らかだ。

白う美しげになよなよとして、白き御衣どものなよびかなるに…。〈源氏・総角〉訳(臨終の大君は)色が白くきれいでなよなよとして、白いお召し物などが**しなやかな**ようすに加えて…。

❷上品でもの柔らかだ。優しい。優美だ。

「**なよびかに女しと見れば、あまり情けにひきこめられて**…。」〈源氏・帚木〉訳「**優しくて**女らしいと思うと、(きまってそういう女は)とかく情愛にこだわりすぎて…。」

❸艶っぽい。色っぽい。

まめだちたまひける程、なよびかにをかしきことはなくて…。〈源氏・帚木〉訳(源氏は)まじめにお振る舞いになっていたその間、**艶っぽく**おもしろい出来事はなくて…。

なよ・ぶ 動詞 自〔バ上二段〕〈び・び・ぶ・ぶる・ぶれ・びよ〉なよなよする。しなやかになる。柔らかくなる。

いといたうなよびたる薄様に、いとうつくしげに書きたまへり。〈源氏・明石〉訳(源氏からの手紙は)本当にとても**柔らかくなって**いる薄手の紙に、実に美しい風情にお書きになってある。

発展 連用形しか用例がないので、四段活用とする説もある。

なよ-よか・なり【形容動詞】（ナリ）〈なら・なり（に）・なり・なる・なれ・なれ〉柔らかそうだ。【類】なよらかなり

衣の狩衣めきて**なよよかなる**を着て…。〈今昔〉【訳】着物で狩衣のように見えて**柔らかそうな**のを着て…。

なよ-らか・なり【形容動詞】（ナリ）〈なら・なり（に）・なり・なる・なれ・なれ〉柔らかそうだ。【類】なよよかなり

衣の音もせず、いと**なよらかに**心苦しくて…。〈源氏・橋姫〉【訳】（姫君たちが）衣ずれの音もせず、たいへん**柔らかそうで**いたわしい感じで…。

なら 一 ナリ活用形容動詞の未然形の活用語尾。
二 断定の助動詞**なり**（ナリ型）の未然形。→**基本助動詞20**（949ページ）

なら【副助詞】《近世語》（いくつかの事柄を列挙するときに用いて）…といい…といい。…やら…やら。…でも…でも。【接続】体言に付く。

姿**なら**面体**なら**、京のどなたの奥様にも…。〈近松・堀川波鼓〉【訳】姿**といい**顔**といい**、京のどなたの奥様としても…。

奈良【地名】今の奈良県奈良市。古く「寧楽」「平城」とも書かれ、「南都」ともいわれた。七一〇（和銅三）年から、七八四（延暦三）年の長岡京遷都まで都が置かれた。→ビジュアルチェック㉕（1097ページ）

ならい（現）→（歴）**ならひ**【慣らひ・習ひ】

ならう（現）→（歴）**ならふ**【慣らふ・習ふ】**最重要語**（946ページ）

なら-く 一（「なら」は伝聞を表し、「言ふならく」「聞くならく」の形で）（言う）ところによると。（聞く）ところによると。

言ふ**ならく**、奈落の底に落ちぬれば、刹利も須陀も変はらざりけり。〈十訓抄〉【訳】言う**ところによると**、地獄の底に落ちてしまうと、王族も奴隷も変わらなかったそうだ。

二（「なら」は断定を表し、「ならくのみ」の形で、文末に用いて）…であること。

支麦は則ち俳魔**ならくのみ**。〈春泥句集〉【訳】支考と麦林はつまり俳諧の魔物**であること**にすぎない。

【発展】一は、推定・伝聞の助動詞「なり」の未然形＋接尾語「く」。二は、断定の助動詞「なり」の未然形＋接尾語「く」。

ならく【奈落】【名詞】❶《仏教語》地獄。❷歌舞伎の劇場で、舞台や花道の下にある地下室。

奈良坂【地名】奈良から木津へ通じる坂道と、その一帯。古くは、平城京大内裏の北に当たる歌姫を越え木津へ至る道を、後には、般若寺を経由し、木津へ至る道を指した。「平城坂」とも書く。

ならし【助動詞】（特殊型）〈○・○・ならし・○・○・○〉【接続】体言、活用語の連体形、一部の副詞・助詞に付く。❶（断定して推量する気持ちを表し）…であるらしい。…のようだ。

恋ひ死ねとする業**ならし**うばたまの夜はすがらに夢に見えつつ【歌】〈古今集・恋1・526〉【訳】恋い慕って死ねということ**であるらしい**。夜を通して（あの人が繰り返し）夢に見えるのは。○「うばたまの」は「夜」に係る枕詞。

❷《中世以降》（断定を婉曲的に余情をもたせて表し）…であるよ。

志のゆくところ、ただにはいかでかやまんとて**ならし**。〈十訓抄〉【訳】志のあるところは、何もしないでどうして止められようかということ**であるよ**。

【発展】断定の助動詞「なり」の連体形に推量の助動詞「らし」が付いて一語になった「なるらし」が変化したことば。一説に、助動詞「なり」の形容詞形ともいわれる。

なら・す【慣らす・馴らす】【動詞】他（サ四段）〈さ・し・す・す・せ・せ〉
❶なれ親しませる。なれさせる。

いと懐しき人香に染しめるを、身近く**ならして**…。〈源氏・空蟬〉【訳】（衣には）とても心引かれる人の香りが染み付いているので、（いつも）身近で**なれ親しませて**…。

❷習わせる。練習させる。

十余日と定めて、舞ども**ならし**…。〈源氏・若菜下〉【訳】（朱雀院の賀宴を）十数日と決めて、舞などを**練習させ**…。

なら-ず …ではない。…どころではない。

担籠の藤波は、春**ならず**とも、初秋のあはれとふべきものをと…。〈奥の細道・那古の浦〉【訳】担籠（＝今の富山県）のフジは、春**ではなくても**、初秋の趣も一見の価値はあるはずだと…。

【発展】断定の助動詞「なり」の未然形＋打消の助動詞「ず」。

なら-で【連語】…ではなくて。…以外に。

君**ならで**誰にか見せむ梅の花色をも香をも知る人ぞ知る【歌】〈古今集・春上・38〉【訳】→きみならで…

【発展】断定の助動詞「なり」の未然形＋接続助詞「で」。

なら-で-は【連語】…でなくては。…以外には。

木の葉に埋もるる懸樋のしづく**ならでは**つゆ音なふものなし。〈徒然草・11・神無月のころ〉【訳】木の葉に埋まっている樋から落ちるしずく**以外には**まったく音を立てるものがない。

【発展】断定の助動詞「なり」の未然形＋接続助詞「で」＋係助詞「は」。

なら-な-く-に …ではないのに。…ではないのだから。…ではないのだなあ。→なくに

たれをかも知る人にせむ高砂の松も昔の友**ならなくに**【百人一首】〈古今集・雑上・909〉【訳】→たれをかも…

【発展】断定の助動詞「なり」の未然形＋打消の助動詞「ず」の古い未然形＋接尾語「く」＋助詞「に」。

ならななへ…【句】

奈良七重七堂伽藍八重桜〈泊船集・松尾芭蕉〉【訳】古都奈良は七代にわたって（都が続いて）おり、七種の建造物を備えた大寺院も多く、（和歌に詠まれた）八重桜も咲いていて、実にすばらしい。○【季語】八重桜—春。「なら」「ななへ」と頭韻を踏み、さらに「七重」「八重」と承けた表現となっている。

楢の小川【歌枕】京都の上賀茂神社を流れる川。「夏越しの祓へ」が行われ、和歌には、多く「禊」とともに詠まれた。

ならば＋口 「**ならぶ**【並ぶ】」一（バ行四段）の未然形。

ならはし【慣らはし・習はし】【名詞】❶習慣。風習。❷習わせること。教育。しつけ。

なら・は・す【慣らはす・習はす】【動詞】他（サ四段）〈さ・し・す・す・せ・せ〉❶慣れさせる。習慣を付ける。

世のありさまも見せ**習はさ**まほしう…。〈枕草子・24・生ひ先なく〉【訳】世の中のようすも見せて**慣れさせ**たく…。

❷学ばせる。学習させる。習わせる。

いよいよ道々の才を**習はさせ**たまふ。〈源氏・桐壺〉【訳】ますますさまざまな学問を（若宮（＝源氏）に）お**習わせ**なさる。

なら-ば-なれ【成らば成れ】なるならなれ。なってもよい。

「何の物にも**成らば成れ**。我が命を助けたらんものを。」

〈平家・9・知章最期〉訳「(そのウマは)だれの物にでもなるならなれ。私の命を助けたというのに(敵の物になることを恐れて殺してはいけない)。」発展 四段動詞「なる」の未然形＋接続助詞「ば」＋四段動詞「なる」の命令形。

ならひ【慣らひ・習ひ】(ならい)

何度も繰り返して習慣や決まりになること
- ❶慣れること。習慣。癖。
- ❷世の決まり。世の常。定め。風習。
- ❸古くからの言い伝え。由緒。

名詞 ❶**慣れること。習慣。癖。習得したこと。また、学習。稽古。**
古体の親どもの陰ばかりにて、月をも花をも見るよりほかのことはなき**慣らひ**に、立ち出づるほどの心地、あれかにもあらず…。〈更級日記・宮仕え〉訳(今までは)昔かたぎの親たちの陰に隠れるだけで、月でも花でも(閉じこもって)見る以外のことはない**習慣**なのに、(今こうして)宮仕えに出る気持ちは、自分を見失うほどぼうっとして…。
❷**世の決まり。世の常。定め。風習。しきたり。**
朝に死に、夕べに生まるる**慣らひ**、ただ水の泡にぞ似たりける。〈方丈記・ゆく河〉訳朝に(人が)死に、(一方で)夕方に(新たに子が)生まれるという(この世の)**定め**は、ちょうど(よどみに浮かぶ)水の泡に似ていたのだった。
❸**古くからの言い伝え。由緒。**
「この御社の獅子の立てられやう、定めて**慣らひ**あることにはべらん。」〈徒然草・236・丹波に出雲と〉訳「この神社の獅子の(珍しい)立てられ方は、きっと**由緒**があることでございましょう。」

●**ならび**＋□「ならぶ【並ぶ】㊀(バ行四段)」の連用形。

ならひ-う【習ひ得】(ならいう) 動詞 他〔ア下二段〕(え・え・う・うる・うれ・えよ) 習得する。
「うちうちよく**習ひ得**てさし出でたらんこそ、いと心憎からめ。」〈徒然草・150・能をつかんとする人〉訳「(芸を身に付けようとする人は)内緒で十分に**習得し**てから人前に出たとしたならば、たいへん奥ゆかしいだろう。」

ならび-な-し【並び無し・双び無し】 形容詞〔ク〕(く・く・し・き・けれ・○/から・かり・○・かる・○・かれ) 比べるものがない。たぐいない。比類ない。類 双無し・又無し
足速く、手利き、おもばかり賢く、世に**並びなき**者になむありける。〈今昔〉訳足も速くて、腕力もあり、思慮深くて、世間で**比類ない**者であった。

なら・ふ【慣らふ・習ふ】(なら(ろ)う)

未然形	連用形	終止形	連体形	已然形	命令形
なら・は	なら・ひ	なら・ふ	なら・ふ	なら・へ	なら・へ

動詞 自〔ハ四段〕
動詞 他〔ハ四段〕

物事に繰り返し接して慣れる
- ㊀動詞 自 ❶習慣となる。(経験を重ねて)慣れる。❷なれ親しむ。なじむ。
- ㊁動詞 他 学習する。

㊀動詞 自〔ハ四段〕❶**習慣となる。**(経験を重ねて)**慣れる。**
いつもかやうに気近くならしまつはしたまふに**慣らひ**にたれば…。〈源氏・宿木〉訳(薫は帝が)常々こんなふうに(自分を)おそば近くに引き付けていらっしゃるのに**慣れ**てしまっているので…。
❷**なれ親しむ。なじむ。また、従う。準じる。**
「ここには、かく久しく遊びきこえて、**慣らひ**たてまつれり。」〈竹取・かぐや姫の昇天〉訳「(私は)こちら(=地上の世界)では、このように長い間楽しく過ごし申し上げて、(育ててくれた竹取の翁と嫗にも)**なれ親しみ**申し上げた。」
㊁動詞 他〔ハ四段〕**学習する。学ぶ。**
「法華経五の巻をとく**習へ**。」〈更級日記・物語〉訳「法華経の第五巻を早く**学べ**。」
発展「慣る」や、平らにする意味の「平す」と同じ語源といわれ、物事に繰り返し接するというのがもともとの意味。

なら・ふ【慣らふ・習ふ】 動詞 ↓最重要語(946ページ)

なら・ぶ【並ぶ】 ㊀動詞 自〔バ四段〕(ば・び・ぶ・ぶ・べ・べ) ❶**一列に連なる。そろう。**
雪の頭を頂きて、盛りなる人に**並び**…。〈徒然草・134・高倉院の法華堂の〉訳雪の(ように白い)髪を(頭に)のせて、元気いっぱいの若い人と**一列に連なり**…。
❷**匹敵する。**肩を並べる。
うるはしきこと**並ぶ**べき物なし。〈竹取・火鼠の皮衣〉訳立派さは**肩を並べる**ことのできそうな物がない。
㊁動詞 他〔バ下二段〕(べ・べ・ぶ・ぶる・ぶれ・べよ) ❶**並べる。そろえる。**
「羽を**並べ**、枝を交はさむ」と、契らせたまひしに…。〈源氏・桐壺〉訳「羽を**並べ**、枝を交えよう(=比翼の鳥、連理の枝のように深い契りの夫婦でいよう)」と、(帝が)お約束くださったのに…。
❷**比べる。匹敵させる。**
これを中ごろの住みかに**並ぶれ**ば、また百分が一に及ばず。〈方丈記・方丈〉訳これを三十歳までの住みかと**比べる**と、なお百分の一にもならない。

●**ならぶ**＋□「ならぶ【並ぶ】㊀(バ行四段)」の終止形・連体形。または、「ならぶ【並ぶ】㊁(バ行下二段)」の終止形。
●**ならぶる**＋□「ならぶ【並ぶ】㊁(バ行下二段)」の連体形。
●**ならぶれ**＋□「ならぶ【並ぶ】㊁(バ行下二段)」の已然形。
●**ならべ**＋□「ならぶ【並ぶ】㊀(バ行四段)」の已然形・命令形。または、「ならぶ【並ぶ】㊁(バ行下二段)」の未然形・連用形。
●**ならべる**(現)↓(古)**ならぶ**【並ぶ】・**なむ**【並む】

なら-ほふし【奈良法師】(ならほうし) 名詞 奈良の東大寺・興福寺の僧。発展 延暦寺の「山法師」、三井寺の「寺法師」とともに僧兵として知られた。

[ならほふし]

なら-む …であるのだろう。…なのだろう。
「犬**ならむ**、ねずみ**ならむ**ぞ。な驚きたまひそ。」〈落窪〉訳「(物音を立

ているのは)イヌであるのだろう、ねずみであるのだろうよ。驚きなさるな。」

発展 断定の助動詞「なり」の未然形＋推量の助動詞「む」。

奈良山(ならやま) 地名 平城京の北方の佐保山から佐紀山にかけての丘陵。

なり 一 ナリ活用形容動詞の連用形・終止形の活用語尾。

二 断定の助動詞**なり**(ナリ型)の連用形。↓基本助動詞20(949ページ) また、推定・伝聞の助動詞**なり**(ラ変型)の連用形。↓基本助動詞20(948ページ)

なり↓ 推定・伝聞のなり(ラ変型)基本助動詞20(948ページ)

なり↓ 断定のなり(ナリ型)基本助動詞20(949ページ)

なり【形・態】 一 名詞 ❶物の形。形状。❷身なり。服装。❸ありさま。ようす。状態。

二 造語 ❶(名詞＋「なり」の形で)…型。語例 三日月**なり**(＝三日月型) ❷(動詞の連用形＋「なり」の形で)…(た)まま。語例 (髭(ひげ)は)生え**なり**(＝生えたまま)

なり【業】 名詞 職業。仕事。稼業。類 生業(なりはひ)

なり【鳴り】 名詞 騒がしい音をたてること。また、その音。

なり-あが・る【成り上がる】 動詞 自 ラ四段 〈ら・り・る・る・れ・れ〉 身分が上がる。金持ちになる。出世する。昇進する。

「**必ず大臣まで成り上がりたまふべきなり。**」〈宇治拾遺(うじしゅうい)〉訳「必ず大臣にまで**出世**なさるはずだ。」

なり-あ・ふ【成り合ふ】あ(お)う 動詞 自 ハ四段 〈は・ひ・ふ・ふ・へ・へ〉 仕上がる。完成する。成熟する。一人前になる。

「**まだ、成り合はぬ仏の御飾りなど見たまへおきて…。**」〈源氏・東屋(あずまや)〉訳「まだ、**仕上がってい**ない仏のご装飾などそのままにさせていただいて…。」

なり-い・づ【生り出づ・成り出づ】いず 動詞 自 ダ下二段 〈で・で・づ・づる・づれ・でよ〉 ❶生まれ出る。生まれつく。❷成長する。出世する。

そのさまのなり出づるを、取り出でて見せたまへり。〈堤中納言(つつみちゅうなごん)・虫めづる姫君〉訳その(虫の)姿が**成長するところを**、取り出してお見せになっている。

ナリ活用(なりかつよう) 国語・国文法 形容動詞の活用の種類のひとつ。もともとは「ただに」「なかなかに」など、「―に」という形の副詞であったことばに、ラ変補助動詞「あり」が付いた「―にあり」が変化して成立したもの。よって、基本的な活用の仕方は「あり」と同じラ変型であり、連用形にだけもとの副詞と同じ「―に」という活用形がある。中古の和文において発達した。↓タリ活用／形容動詞活用表(15ページ)

なり-かは・るかわる 動詞 自 ラ四段 〈ら・り・る・る・れ・れ〉

一 【成り変はる】別の物に変わってしまう。変化する。

淵(ふち)は瀬に成り変はるてふ飛鳥川(あすかがは)渡りみてこそ知るべかりけれ 歌〈後撰集(ごせんしゅう)・750〉訳深い淵は浅い瀬に**変化する**という飛鳥川であるが、(それは)渡ってみて(初めて)わかるものだなあ。

二 【成り代はる】代理になる。その人の代わりとなる。

なり-かぶら【鳴り鏑】 名詞 ↓かぶらや

なり-かへ・る【成り返る・成り反る】かえる 動詞 自 ラ四段 〈ら・り・る・る・れ・れ〉 ❶もとの状態に戻る。もとの関係に戻る。

「**今めかしくも成り返る御ありさまかな。**」〈源氏・若菜上〉訳「華やかに(若々しさが)**もとに戻る**お振る舞いであるなあ。」

❷変化する。なり切る。一変する。

「**大将殿の造り磨きたまはむにこそは、ひきかへ玉の台(うてな)にも成りかへらめ…。**」〈源氏・蓬生(よもぎう)〉訳「(源氏の)大将殿が(この邸を)修理し美しく飾りなさったなら、うって変わって玉の(＝美しい)御殿に**一変する**であろう…。」

なり-き …であった。…にあった。

継母(ままはは)なりし人は、宮仕へせしが、下(くだ)りしなれば…。〈更級日記・梅の立ち枝(え)〉訳(私の)継母**であった**人は、宮仕えをした人で、(東国へ)下った人であるので…。○「宮仕へせし(人)が、下りし(人)なれば」となる同格の構文。

発展 断定の助動詞「なり」の連用形＋過去の助動詞「き」。

なり-けむ …であっただろう。(「や」と呼応して)…であったのではなかろうか。

「**これや、げに人の言ふめる逃れがたき御契りなりけむ。**」〈源氏・総角(あげまき)〉訳「これが、なるほど世間でいうような逃れることのできないご宿縁**であったのではなかろうか**。」

発展 断定の助動詞「なり」の連用形＋過去推量の助動詞「けむ」。

なり-けり 連語 ❶(「けり」は伝聞を表し)…であった。…であったということだ。

良覚僧正(りょうがくそうじょう)と聞こえしは、極めて腹あしき人なりけり。〈徒然草・45・公世(きんよ)の二位(にゐ)の〉訳良覚僧正と申し上げた方は、非常に怒りっぽい人**であったということだ**。

❷(「けり」は詠嘆を表し)…であったのだなあ。

限りとて別るる道の悲しきにいかまほしきは命なりけり 歌〈源氏・桐壺(きりつぼ)〉訳↓かぎりとて…

発展 断定の助動詞「なり」の連用形＋過去(詠嘆)の助動詞「けり」。

なり-たかし【鳴り高し】 (騒がしいのを静めるときに)うるさい。やかましい。

「**鳴り高し。鳴りやまむ。はなはだ非常(ひざう)なり。**」〈源氏・少女(おとめ)〉訳「**うるさい**。静かにしたらどうだ。とても無作法である。」

なり-た・つ【成り立つ】 動詞 自 タ四段 〈た・ち・つ・つ・て・て〉 ❶一人前になる。成長する。

「**おのづから宿世(すくせ)に人と成り立ちぬれば…。**」〈源氏・少女(おとめ)〉訳「(母に先立たれた者でも)自然とその宿命や因縁に応じて**一人前になって**しまうと…。」

❷出来上がる。成立する。

なり-どころ【業所・田荘】 名詞 ❶生産のための田地と、そこに設けた家。❷別宅。別荘。

なり-とよ・む【鳴り響む】 動詞 自 マ四段 〈ま・み・む・む・め・め〉 鳴り響く。

おびたたしく鳴りとよむほどに、もの言ふ声も聞こえず。〈方丈記・辻風(つじかぜ)〉訳(つむじ風の立てる大きな音が)騒がしく**鳴り響く**ので、人の話す声も聞き取れない。

なり-な・る【成り成る】 動詞 自 ラ四段 〈ら・り・る・る・れ・れ〉 ❶だんだんと出来上がる。

「**我(あ)が身は成り成りて成り余れる処(ところ)一処あり。**」〈古事記・伊邪那岐命(いざなきのみこと)と伊邪那美命(いざなみのみこと)〉訳「私の身体は**だんだんと出来上がって**余分に出来たところが一か所ある。」

❷順々になる。

男子(をのこ)、女子(をんな)あまた産み続けて、またそれが妻男(めをとこ)に成り成りしつつ…。〈宇治拾遺(うじしゅうい)〉訳男の子、女の子をたくさん産み続けて、またそれらが夫婦に**順々になって**いっては…。

なり-は・つ【成り果つ】 動詞 自 タ下二段 〈て・て・つ・つる・つれ・てよ〉 ❶(すっかり)…になってしまう。

流れゆく我はみくづとなりはてぬ君しがらみとなりてとどめよ 歌〈大鏡・時平(ときひら)〉訳↓ながれゆく…

なり 基本助動詞20

直接目に見えないものに対し、聴覚に基づいて推定する

❶声・音が聞こえる。聞こえてくる。
❷(聴覚による推定を表し)…ようだ。…らしい。
❸(伝聞を表し)…という。…そうだ。

未然形	連用形	終止形	連体形	已然形	命令形
○	(なり)	なり	なる	なれ	○

助動詞〔ラ変型〕接続 活用語の終止形、ラ変型には連体形に付く。

❶声・音が聞こえる。聞こえてくる。
我のみや夜船は漕ぐと思へれば沖辺の方に楫の音すなり 歌〈万葉集・15・3624〉訳 私だけが夜に舟を漕いでいると思っていると、沖の方でも楫の音がするのが**聞こえてくる**。
○サ変動詞「す」の終止形に付いている例。

❷(聴覚による推定を表し)…ように聞こえる。…ようだ。…らしい。
ただひとり、ねぶたきを念じてさぶらふに、「丑四つ。」と奏すなり。「明けはべりぬなり。」とひとりごつを…〈枕草子・313・大納言殿参りたまひて〉訳 たったひとりで、眠たいのを我慢して(おそばに)お控え申し上げていると、「丑四つ(=今の午前二時半ごろ)。」と(時刻を)申し上げる声が聞こえる。「夜が明けました**ようだ**(=夜が明けてしまったようです)。」とひとり言を言うと…。
○完了の助動詞「ぬ」の終止形に付いている例。時刻を奏上する役人の声に基づく推定であり、辺りのようすを見て判断したものではない。「奏すなり」の「なり」は❶の意味で、役人の声が聞こえてくることを表している。

❸(伝聞を表し)…という。…ということだ。…とか聞いている。…そうだ。
男もすなる日記といふものを、女もしてみむとて、するなり。〈土佐日記・十二月二十一日〉訳 男も書く**という**日記というものを、女(である私)も書いてみようと思って、(この日記を)書くのである。
○サ変動詞「す」の終止形に付いて、人から伝え聞いたことを表している。文末にある「するなり」の「する」は、サ変動詞「す」の連体形なので、この「なり」は活用語の連体形に付く断定の助動詞である。↓発展③
「なほ思ほし立ちね。世の憂き時は、見えぬ山路をこそは尋ぬなれ。」〈源氏・蓬生〉訳「やはり(田舎の方へ下っていくことを)ご決心になってしまいなさい。世の中が(思いどおりにいかなくて)つらい時には、(つらいことが)見えない山道をこそたどっていく(のがよい)**ということだ**。」
○下二段動詞「尋ぬ」の終止形に付いている例。上に係助詞「こそ」があるので、★係り結びの法則により、結びの「なり」は已然形になっている。この「なれ」が断定の助動詞である場合はない。↓発展⑥

発展 ①語の成り立ち 「音＋あり」が変化したものかといわれる。もともとは、❶の、直接目にすることができない物事について、音声などが耳に入るという意味を表す。❷は聞こえてくる音や声に基づいて事態を推定する用法であり、❸は人から伝え聞いたことを表す用法である。↓**読解の手引き❶**(98ページ)

②「めり」と「なり」 類義の助動詞である「めり」が視覚による推定を表すのに対して、「なり」は聴覚による推定を表す点が異なる。「めり」と同様、話し手自身が主語になることはなく、他の推量の助動詞には付かない。

③二つの「なり」の接続 「にあり」から生まれた断定の「なり」は体言・★準体言(活用語の連体形)などに付くのに対して、推定・伝聞の「なり」はラ変型以外の活用語の終止形に付く。ラ変型活用語には連体形に付くが、上代ではラ変でも終止形に付いた。

④撥音便化した活用語との接続 推定・伝聞の「なり」のような、活用語の終止形に接続する助動詞が、ラ変型の活用語に付く場合に限り連体形に付くのは、ウ段音に付くという共通の性質があるためである。したがって「なり」の上がウ段音になっていない場合は、ラ変型活用語の連体形語尾などの「る」が撥音便となっているか、その撥音が表記されなかったものと見ることができる。たとえば「人ななり」は、「人なるなり」の撥音便「人なんなり」の撥音無表記である。この場合、初めの「な(なる)」は体言に付く断定の「なり」の連体形であり、後の「なり」は推定・伝聞の「なり」の終止形である。このように、撥音便を起こした活用語の下に付く「なり」は、推定・伝聞の「なり」に限られ、断定の「なり」ではない。「あんなり(あなり)」「ざんなり(ざなり)」「たんなり(たなり)」などの「なり」も、すべて推定・伝聞の「なり」である。

⑤形容詞や形容詞型の助動詞に付く場合 断定の「なり」は「よきなり」「べきなり」のように本活用の連体形に付く。一方、推定・伝聞の「なり」は「よかるなり」「べかるなり」のように★補助活用の連体形に付き、たいていは撥音便「よかんなり(よかなり)」「べかんなり(べかなり)」の形になる。

⑥限られた活用形 推定・伝聞の「なり」には、未然形・命令形はない。連用形の用例も少なく、下に過去の助動詞「き」か完了の助動詞「つ」が付いた「なりき」「なりつ」などの例がわずかに存在する。したがって、「ならむ」「なりけり」などの「なり」は断定であると判別できる。また、上に係助詞「ぞ」「なむ」などがあり、係り結びの結びとなっている連体形の「なる」や、係助詞「こそ」の結びの已然形「なれ」は、推定・伝聞の「なり」である。

識別 「なり」の識別

品詞と用法	見分け方	例文と訳
推定・伝聞の助動詞「なり」の終止形	活用語の終止形に付いている。	「明けはてぬなり。帰りなむ。」〈枕草子・161・故殿の御服のころ〉訳「すっかり夜が明けてしまったようだ。帰ってしまおう。」
断定の助動詞「なり」の終止形	上に体言か、活用語の連体形がくる。	「宮の御心のいとつらきなり。」〈源氏・少女〉訳「大宮(=夕霧の祖母)のお気持ちがひどく恨めしく思われるのだ。」

は、⑦**詠嘆の用法**　近世には誤用からか、「神道者、歌学者は、偽りをぞ教ふなる(=神道の学者や、歌学者は、うそを教えることだなあ)。」〈玉勝間〉のように、詠嘆を表す用法も生じた。

類語比較 **「めり」と「なり(推定・伝聞)」**↓めり(基本助動詞20)

関連語 あなり・ざなり・たなり・ななり・べかなり

四段動詞「なる」の連用形	上に活用語の連用形、助動詞「と・に」、助動詞「ず」がある。	「子になりたまふべき人なめり。」〈竹取・かぐや姫の出生〉訳「(私の)子におなりになるはずの人であるようだ。」
ナリ活用の形容動詞の終止形活用語尾	「なり」の上にある「稀」は独立させても主語にはならないので、名詞ではなく、物事の性質や状態を表す形容動詞の語幹である。	昔より、賢き人の富めるは稀なり。〈徒然草・18・人はおのれを〉訳昔から、利口な人で富裕な人はめったにいない。

なり

基本助動詞20

その動作や状態をはっきりと指し示し、断定する気持ちを表す

❶(断定を表し)…**だ。…である。**

❷(所在を表し)…**にある。**…**にいる。**◉多く、連体形で用いる。

未然形	連用形	終止形	連体形	已然形	命令形
なら	なり に	なり	なる	なれ	(なれ)

助動詞〔ナリ型〕接続 体言、活用語の連体形、いくつかの副詞・助詞に付く。↓発展③

❶(断定を表し)…**だ。…である。**…**のだ。**…**なのだ。**

「**おのが身は、この国の人にもあらず。月の都の人なり。**」〈竹取・かぐや姫の昇天〉訳「私の身は、この国(=人間界)の人間ではない。月の都の人間である。」

○共に名詞「人」に付いた例。「に」は、下に係助詞「も」を介して補助動詞「あり」に続いている。この「に(+助詞)+あり」は、「なり」の連用形「に」の基本形式のひとつ。↓発展②

継母なりし人は、宮仕へせしが、下りしなれば…。〈更級日記・梅の立ち枝〉訳(私の)継母であった人は、宮仕えをした人で、(東国へ)下った人であるので…。

○「継母なりし」は「人」と同格になっているので、この「なり」は、「…にあたる」という意味の続き柄や資格を表す用法ともいえる。「下りしなれば」の「なり」は、過去の助動詞「き」の連体形に付いた例。

❷(所在を表し)…**にある。**…**にいる。**

「**壺なる御薬奉れ。**」〈竹取・かぐや姫の昇天〉訳「壺に**ある**お薬を召し上がれ。」○この用例の「奉る」は、「飲む」の尊敬語。なお、「与ふ」の謙譲語と見る考えもある。↓奉る 発展③

ただ昔の人をのみ恋ひつつ、船なる人の詠める…。〈土佐日記・二月四日〉訳ただもう亡くなった人(=自分の娘)ばかりを恋しく思っては、船**にいる**人が詠んだ歌は…。

御厨子のもとなりけるを取りて、さし賜はせたれば…。〈枕草子・138・円融院の御果ての年〉訳(和歌の草稿で)調度などを載せる置き戸棚の辺り**にあった**のを(天皇は手に)取って、お与えくださったので…。

発展 ①**❶❷は連体形が多い**　格助詞「に」にラ変動詞「あり」が付いた「にあり」が変化したものといわれる。❶の断定の用法の方が多く用いられ、❷の所在を表す用法は連体形で用いられることが多い。また、❷には、もともとの「にあり」の意味がそのまま残っているので、「なり」を「にあり」と言い換えることができる。

②**連用形「に」**　次のような用法が一般的である。

a「に」(+助詞)+補助動詞「あり」(あるいは「あり」の敬語)↓「…ものにこそあれ(=…ものである)。」「…人にぞおはします(=…人でいらっしゃる)。」などの例。助詞が付く場合には、「あり」が省略されることもある。

b「に」+接続助詞「て」↓「月の都の人にて、父母あり(=月の都の人であって、父母がいる)。」〈竹取・かぐや姫の昇天〉などの例。

c「に」が★中止法になる場合↓「庭の草も心あるさまに、簀の子、透垣の頼りをかしく…(=庭の草も趣があるようすで、濡れ縁や、透かし張りの垣根の配置もおもしろく…)。」〈徒然草・10・家居のつきづきしく〉などの例。

これに対し、もう一つの連用形「なり」の方は、原則として下に連用形に接続する助動詞が付く。

③**接続**　上代では体言にしか付かなかったが、中古以降は活用語の連体形にも付く。さらに、副詞「かく」「さ」「しか」「なべて」「わざと」などや、格助詞「と」、接続助詞「ば」、副助詞「のみ」「ばかり」などにも付くようになった。これらの場合は、副詞やその助詞を含む句が、全体として体言に準じる働きをしていると考えられる。↓さなり・しかなり・となり・なべてならず・わざとならず

④命令形の例はほとんどない。

⑤近世以降、漢文訓読文の影響を受けて「一茶なる者」のように、「…という」の意味で用いられることもある。

識別 **「なり」の識別**↓なり(基本助動詞20・ラ変型)

類語比較 **「なり(断定)」と「たり(断定)」**

共通点＝断定の助動詞として、ほぼ同様の意味を表す。「なり」は「に＋あり」、「たり」は「と＋あり」が変化したもので、活用の仕方も似ている。

なり(断定)＝①「に＋あり」が変化したもの。②体言以外にも活用語の連体形や一部の副詞・助詞などにも付く。③和文による物語や和歌などに多く用いられる。これは、形容動詞のナリ活用についても共通していえる。

たり(断定)＝①「と＋あり」が変化したもの。②体言にしか付かない。③漢文訓読文や中世の★和漢混交文による説話、軍記物語などに多く用いられる。これは、形容動詞のタリ活用についても共通していえる。

↓**読解の手引き**❶(98ページ)

❷終わる。完了する。**平らかに事成り果てぬれば**…。〈源氏・葵〉訳無事にそれ(=出産)が**終わった**ので…。

なり-はひ【生業】 名詞 ❶農業。農耕。また、その作物。❷生活のための仕事。職業。稼業。類業

なり-ひさこ【生り瓢】 名詞《植物》ヒョウタンの別の呼び名。発展「なりひさご」「なりひさこ」とも。

なり-まさ・る【成り増さる】 動詞 自〔ラ四段〕〈ら・り・る・る・れ・れ〉(その状態に)ますますなる。しだいになる。**この児、養ふほどに、すくすくと大きに成り増さる。**〈竹取・かぐや姫の出生〉訳この幼児は、育てるうちに、すくすくと大きく**しだいになっていく**。

なり-もてゆ・く【成りもて行く】 だんだんとそうなる。しだいに…となる。**ただ言ふことばも、口惜しうこそ成りもて行くなれ。**〈徒然草・22・何事も、古き世のみぞ〉訳普通に言うことばも、**しだいに**感心しないもの**となる**ようだ。発展四段動詞「なる」の連用形＋四段動詞「もてゆく」。

なり-もの【生り物】 名詞 実のなるもの。また、その実。果実。

なり-や【鳴り矢・響矢】 名詞 ↓かぶらや

[3]**なる** 一ナリ活用形容動詞の連体形の活用語尾。二断定の助動詞**なり**(ナリ型)の連体形。↓**基本助動詞20**(949ページ) また、推定・伝聞の助動詞**なり**(ラ変型)の連体形。↓**基本助動詞20**(948ページ)

な・る【生る】

新たな生命が生じる → ❶**生まれる。**(この世に)**現れる。** ❷(実が)**できる。**(実が)**なる。**

未然形	連用形	終止形	連体形	已然形	命令形
なら	なり	なる	なる	なれ	なれ

動詞 自〔ラ四段〕❶**生まれる。**(この世に)**現れる。** **左の御目を洗ひたまふとき、なれる神の名は、天照大御神。**〈古事記・伊邪那岐命が〉訳(伊邪那岐命が)左のお目をお洗いになるときに、**生まれた**神の名は、天照大御神。❷(実が)**できる。**(実が)**なる。** **玉葛実ならぬ木にはちはやぶる神そつくといふならぬ木ごとに** 歌〈万葉集・2・101〉訳実が**でき**ない木には神が取り付くという。(その、実が)**でき**ない木それぞれに。○「玉葛」は「実」に、「ちはやぶる」は「神」に係る枕詞。発展「変化してそのようになる」という意味の動詞「成る」と同じ語源。❷の「(実が)なる」の意味は現代語にも残る。

な・る【成る】

一 動詞 自〔ラ四段〕〈ら・り・る・る・れ・れ〉❶変化する。変わる。**大和歌は、人の心を種として、万の言の葉とぞ成れりける。**〈古今集・仮名序〉訳日本の歌(というもの)は、人の心を種(=根源)として、多くの歌に**変化して**いたのだった。❷かなう。実現する。思いどおりになる。**奏したまふことの成らぬはなかりしかば**…。〈源氏・須磨〉訳(源氏が帝に)申し上げなさることで**かなわない**ことはなかったので…。❸(その時に)達する。至る。**七日になりぬ。同じ港にあり。**〈土佐日記・一月七日〉訳(先月の二十九日から大湊に泊まっていて、とうとう)七日に**至った**。(風波がやまないので、まだ)同じ港にいる。❹(身分の高い人の存在・動作を尊敬して)いらっしゃる。おあそばす。おなりになる。**御所になりぬるとてあれば**…。〈中務内侍日記〉訳御所に**いらっしゃった**というので…。

二 補助動詞〔ラ四段〕〈ら・り・る・る・れ・れ〉❶(そのような状態に)なる。「**内裏住みせさせたまひて、御心も慰むべく**」など**思しなりて**…。〈源氏・桐壺〉訳「(帝が宮(=藤壺)に)宮中での生活をおさせくださって、お心も晴れるように(なさるのがよい)」などとお考えに**なって**…。❷(敬意を含む漢語に付いて、その動作をする人への尊敬を表し)…なさる。「**女院はいづくへ御幸なりぬるぞ**」。〈平家・灌頂・大原御幸〉訳「女院はどこへお出かけ**なさった**のか」。↓**古語チャート❾**(375ページ)

な・る【業る】 動詞 自〔ラ四段〕〈ら・り・る・る・れ・れ〉生活を営む。暮らしを立てる。**防人に立たむ騒きに家の妹がなるべきことを言はず来ぬかも** 歌〈万葉集・20・4364〉訳↓さきむりに…

な・る

繰り返し経験することによって、特別なことと感じなくなる → 一【慣る・馴る】❶**習慣になる。**習熟する。❷**打ち解ける。** 二【萎る】(衣服が)しなやかになる。 三【熟る】(酒・すしなどが)熟成する。◉近世以降の用法。

未然形	連用形	終止形	連体形	已然形	命令形
なれ	なれ	なる	なるる	なるれ	なれよ

動詞 自〔ラ下二段〕一【慣る・馴る】❶**繰り返し経験してよく通じている。習慣になる。習熟する。珍しくなくなる。** **たれもいまだ都慣れぬほどにて、え見つけず。**〈更級日記・物語〉訳(家の者は)だれもがまだ都(の事情)に**よく通じていない**ようすなので、(私が読みたい『源氏物語』の続きを)とても見つけることができない。❷**打ち解ける。親しむ。なじむ。** **隔てなくなれぬる人も、程経て見るは、恥づかしからぬかは。**〈徒然草・56・久しく隔たりて〉訳心の隔たりなく**打ち解けた**人も、時がたって(から)会う場合は、気詰まりでないだろうか、いや、気詰まりでないものではない。

二【萎る】(衣服が)**しなやかになる。体になじむ。** **懐かしき程になれたる御衣どもを、いよいよたきしめたまひて**…。〈源氏・朝顔〉訳(源氏は)なじみ具合もほどよく**しなやかになった**お召し物などを、いっそう(すばらしい感じに)香をたいて染み込むようになさって…。

三【熟る】《近世以降》(酒・すしなどが)**熟成する。** **鮎のすし押さへて、締めてなれさする旨い盛りの振り袖が**…。〈義経千本桜〉訳アユのすしを押さえて、(酢で)引き締まらせて**熟成させる**(その)最もおいしい時のような振り袖姿の娘が…。

なる-かみ【鳴る神】 名詞 雷。雷鳴。季語 夏 類雷

なるかみ-の【鳴る神の】 枕詞 (雷の音という意味から)「音」に係る。

鳴滝 地名 今の京都市右京区、*仁和寺の西、御室

川の上流の鳴滝川に沿う谷間の地。

なる-と【鳴門】名詞 狭い海峡で、潮の干満によって潮流が音をたてて鳴り響く所。

鳴門（なると）歌枕 徳島県鳴門市と淡路島の間の海峡。和歌には、「鳴門の浦」という形でも詠まれ、「波」「立つ」などの縁語を用いたり、「鳴門」に「成る」、「浦」に「恨み」を掛けて詠まれた。

なる-べし …であるに違いない。…であるはずだ。
人々は途中に立ち並びて、後ろ影の見ゆるまではと見送るなるべし。〈奥の細道・旅立ち〉訳 人々は途中に立ち並んで、（私たちの）後ろ姿が見える限りはと見送っている**に違いない**。
発展 断定の助動詞「なり」の連体形＋推量の助動詞「べし」。

なる-ほど【成る程】副詞 ❶できたら。できるだけ。なるべく。❷十分。確かに。いかにも。

鳴海（なるみ）歌枕 今の名古屋市緑区付近。鎌倉時代には、鎌倉街道により、後には東海道の宿場町として栄えた。古くは海に近く、和歌には「鳴海潟（なるみがた）」「鳴海の浦」という形でも詠まれた。「成る身」を掛けたり、「浦」に「恨み」を掛け、多く「月」「霞（かすみ）」「千鳥」「波」などが景物として詠み込まれた。↓ビジュアルチェック⑩（502ページ）

鳴海潟（なるみがた）歌枕 ↓鳴海（なるみ）

なる-や【鳴る矢・響矢】名詞 ↓かぶらや

なる-らむ …であるだろう。…であるのだろう。
かこつべきゆゑを知らねばおぼつかないかなる草のゆかりなるらむ 歌〈源氏・若紫〉訳 ↓かこつべき…
発展 断定の助動詞「なり」の連体形＋推量（現在の原因）の助動詞「らむ」。

なれ ㊀ナリ活用形容動詞の已然形・命令形の活用語尾。
㊁断定の助動詞**なり**（ナリ型）の已然形・命令形。↓基本助動詞20（949ページ）また、推定・伝聞の助動詞**なり**（ラ変型）の已然形。↓基本助動詞20（948ページ）

なれ【汝】代名詞（目下の者や、親しい人に対して）おまえ。類 汝（な） 対 吾（あれ）・我（われ）
ちはやぶる宇治の橋守（はしもり）なれをしぞあはれとは思ふ年の経ぬれば 歌〈古今集・雑上・904〉訳 宇治の橋の番人よ。（私は）**おまえ**のことをいとしいと思う。（おまえと会ってから）年月がたったので。〇「ちはやぶる」は「宇治」に係る枕詞。

なれ-がほ・なり【馴れ顔なり】形容動詞（ナリ）〈なら・なり（に）・なり・なる・なれ・なれ〉なれ親しんだ顔つきだ。打ち解けたようすだ。ものなれたようすだ。
近う寄りて御衣（おほんぞ）ども脱ぎ、なれ顔にうち臥（ふ）したまへれば…。〈源氏・浮舟〉訳（匂宮（におうのみや）が浮舟の）近くに寄ってお召し物を脱ぎ、**ものなれたようすで**横になっていらっしゃるので…。

なれ-ごろも【馴れ衣】名詞 着なれた衣服。

なれ-ども 接続詞 だけれど。ではあるが。しかし。発展 断定の助動詞「なり」の已然形に接続助詞「ども」が付いて一語になったもの。

なれ-なれ・し【馴れ馴れし】形容詞〔シク〕〈しく・しく・し・しき・しけれ・〇／しから・しかり・〇・しかる・〇・しかれ〉❶たいへんなれ親しんでいる。
遊び戯（たはぶ）れをも、人よりは心安くなれなれしく振る舞ひたり。〈源氏・帚木（ははきぎ）〉訳（頭中将（とうのちゅうじょう）は源氏に対して）遊びや冗談においても、他人よりは気安く**たいへんなれ親しんで**振る舞っている。
❷ぶしつけだ。
「**そのこととさぶらはでは、なれなれしきさまにやと…。**」〈和泉式部日記（いずみしきぶにっき）〉訳「そのこと（という決まった用事）がございませんのでは、（訪ねるのは）**ぶしつけな**感じではなかろうかと…。」

なれ-ば 接続詞 ❶だから。それゆえ。したがって。❷（相手の疑問を受けて）すなわち。それは。発展 断定の助動詞「なり」の已然形に接続助詞「ば」が付いて一語になったもの。

なれ-ば・む 動詞 自〔マ四段〕〈ま・み・む・む・め・め〉（衣服が）着古してくたくたになる。発展「ばむ」は接尾語。

なれ-むつ・ぶ【馴れ睦ぶ】動詞 自〔バ上二段〕〈び・び・ぶ・ぶる・ぶれ・びよ〉なれ親しむ。
年ごろなれむつびきこえたまひつるを…。〈源氏・桐壺（きりつぼ）〉訳 長年**なれ親しみ**申し上げなさってきた方（＝若宮）を…。

なれ-や 連語 ❶（疑問を表し）…なのだろうか。
誰（た）がために引きてさらせる布なれや世を経て見れど取る人もなき 歌〈古今集・雑上・924〉訳 だれのために張ってさらしてある布**なのだろうか**。（私は）年を経て（再び）見ているけれど、取り込もうという人さえいないことだ。
❷（反語を表し）…なのだろうか、いや、…ではない。
思ふとも恋ふとも逢（あ）はむものなれや結ふ手もたゆく解くる下紐（したひも） 歌〈古今集・恋1・507〉訳（どんなに）思っても恋い慕っても逢えるもの**ではない**。（しかし）結ぶ手がくたびれるほど何度もほどける下着のひもよ。〇下紐が解けるのは人に思われているためだと信じられていた。
❸（詠嘆を表し）…なのだなあ。…であるなあ。
「**昔のあるじはなけれども、春を忘れぬ花なれや。**」〈平家・3・少将都帰（しょうしょうみやこがえり）〉訳「昔の（屋敷の）主人はいないけれども、春を忘れない（で咲く）花**であるなあ**。」
発展 断定の助動詞「なり」の已然形＋助詞「や」。

なれ・る（現）↓（古）**なる【慣る・馴る・萎る・熟る】**

なろ・う（現）↓（歴）**ならふ【慣らふ・習ふ】**最重要語（946ページ）

なゐ【地震】名詞 地震。発展「なゐ」とも。「なゐ振る」「なゐ揺（よ）る」で地震が起こることを表した例が多く、のち「なゐ」だけで地震を意味するようになったといわれる。

なをし（誤）↓（正）**なほし【直衣】**

な-を-た・つ【名を立つ】❶名声をあげる。
「**大きなる利を得んがために、少しきの利を受けず、偽り飾りて名を立てんとす。**」〈徒然草・85・人の心すなほならねば〉訳「大きな利益を得ようとするために、わずかな利益を受けず、偽って外観を取り繕って**名声をあげよう**とする。」
❷評判を立てられる。うわさになる。
「**後ろ見なき人なむ、なかなかさるさまにてあるまじき名を立ち…。**」〈源氏・夕霧〉訳「世話をしてくれる者のいない人が、なまじっかそのように（＝尼に）なってあってはいけない**評判を立てられ**…。」

な-を-と・る【名を取る】名声を得る。評判をとる。
「**世の中の痴（し）れがましき名を取りしかど…。**」〈源氏・夕霧〉訳「世間でばかげた（男だという）**評判をとった**けれど…。」

な-を-なが・す【名を流す】名を世間に広める。評判を立てられる。
あはあはしう心憂（こころう）き名をのみ流して、あさましき身のありさまを…。〈源氏・賢木（さかき）〉訳 軽々しく情けない**名を**

ばかり世間に広めて、嘆かわしいわが身のようすを…。」

なん【難】 名詞 ❶欠点。難点。❷災難。災い。❸非難。批判。❹困難。苦労。

な-ん ↓なむ（助動詞＋助動詞）

なん【何】 代名詞「なに」に同じ。

なん 助詞 ↓なむ基本助詞25（942ページ）

なん-かい【南階】 名詞 ❶南向きの階段。❷★紫宸殿の南面（＝正面）中央の階段。

南海道 なんかいどう【―】旧国名 ★五畿七道の一つ。今の四国と紀伊半島西南部・淡路島を含む。★讃岐・★阿波・★伊予・★土佐・★紀伊・★淡路の六か国からなる。また、その諸国の幹線道路。↓ビジュアルチェック❼（450ページ）

なん-ぎ 名詞 ㊀【難義】わかりにくい事柄。難しい意味のことば。㊁【難儀】困難。難しいこと。苦しみ。面倒。迷惑。

なん-ぎ・なり【難儀なり】 形容動詞〔ナリ〕〈なら・なり（に）・なり・なる・なれ・なれ〉❶困難だ。難しい。面倒だ。迷惑だ。**宮は、このことといづれも難儀なりと思し召して…。**〈太平記〉訳 大塔宮は、このこと（＝二つの案）はどちらも**困難だ**とお思いになって…。

❷病気や傷などが重い。重体だ。危篤だ。死にそうだ。「**都大崩れにて膝の口を射させ、既に難儀にさぶらひしを…。**」〈謡曲・朝長〉訳「都の大崩れで（敵に）膝頭を射られ、すでに**危篤で**ございましたが…。」

なん-きゃう【南京】 ―きょう 名詞（京都を「北京」というのに対して）奈良。類 南都

なん-くわ【南華】 ―か 名詞 ❶（『南華真経』の略で）荘子の著した書物『荘子』の別の呼び名。❷（❶に奇抜な話が多いことから）うそつき。ほら吹き。変人。❸《遊里語》（❷が転じて）愚か者。間抜け。野暮天。

なん-し【男子】 名詞 男。男の子。

なんじ（現）↓（歴）**なんぢ【汝】**

なん-じょ【難所】 名詞 険しい所。山道や海岸の、通行に困難な所。発展「なんしょ」とも。

な-んず ↓なむず

なん-ず【難ず】 動詞 他〔サ変〕〈ぜ・じ・ず・ずる・ずれ・ぜよ〉非難する。とがめる。「**さまざまのよき限りを取り具し、難ずべきくさはひ混ぜぬ人は、いづこにかはあらむ…。**」〈源氏・帚木〉訳「さまざまなよい点だけを取りそろえ、**非難する**ことのできそうな点を含まない（完璧な）女性は、どこにいるであろうか、いや、どこにもいない…。」

なん-ぞ【何ぞ】 ㊀連語 ❶（不明のことを問いかけて）なんだ。何なのか。「**なんぞ。司召しなども聞こえぬを、何になりたまへるぞ。**」〈枕草子・82・頭の中将の〉訳「**何なのか**。任命式など（行われたという）うわさもないのに、何におなりになったのか。」

❷（不定のものを例として示し）何か。何かしら。「**身どもは丸腰ぢゃ。なんぞあらばお貸しやれ。**」〈狂言・磁石〉訳「私は（刀を持たない）丸腰だ。**何か**あったら（刀を）お貸しください。」

㊁副詞（疑問・反語を表し）どうして…か。どうして…か、いや…ない。

なんぞ、ただいまの一念において、直ちにすることのはなはだ難き。〈徒然草・92・ある人、弓射ることを〉訳 **どうして**、現在の一瞬に、すぐに実行することがとても難しいのか。

発展 ①代名詞「なに」に終助詞「ぞ」が付いた「なにぞ」が変化したもの。②㊁の副詞は、㊀の連語の用法のうち、「～はなんぞ。」というように述語の位置にあったものが「なんぞ～は。」のように倒置して成立したものと考えられる。

関連語 何ぞ

南総里見八犬伝 なんそうさとみはっけんでん 作品名 江戸末期の読本。★滝沢馬琴作。一八一四（文化十一）年から一八四二（天保十三）年刊。室町末期、下総国の豪族里見家の興亡を背景に、江戸近辺を舞台として八犬士が活躍する長編伝奇小説。勧善懲悪を基調とし、『水滸伝』の構想を借り、流麗な和漢混交文でつづる。

なん-ぞ-の【何ぞの】 連語 どういう（…か）。どんな（…か）。**なんぞの音楽ならむと思ひて…。**〈今昔〉訳 **どんな**音楽なのだろうかと思って…。

発展「なんぞ」（代名詞「なに」の変化した形＋係助詞「ぞ」）＋格助詞「の」。

なん-だいもん【南大門】 名詞 寺、都城などの南に位置する正門。

なん-ぢ【難治】 ―じ 名詞 ❶難しいこと。困難。❷病気が治りにくいこと。❸治めにくいこと。治まりにくいこと。

なんぢ【汝】 なんじ 代名詞 ↓なむち

なん-つ・く【難付く】 ㊀（「つく」は他動詞下二段活用で）欠点を指摘する。非難をする。

そのほかはつゆ難付くべうもあらず。〈源氏・野分〉訳 そのほかはまったく**非難をする**ことができそうもない。

㊁（「つく」は自動詞四段活用で）難が付く。けちが付く。

なん-てい【南庭】 名詞 南側にある庭。特に、★紫宸殿の正面の庭。

なん-でふ【何でふ】 ―じょう

不審な物事の内容を問いただすよう
- ㊀連体詞（疑問・反語表現を作って）なんという。どういう。
- ㊁副詞（「なんでふ＋反語表現」の形で）どうして（…か、いや…ではない）。
- ㊂感動詞（相手の発言を否定して）何を言うか。とんでもない。

㊀連体詞（疑問・反語表現を作って）なんという。どういう。どれほどの。

「**まして大学の衆はなんでふことかあらん。**」〈宇治拾遺〉訳「（相撲のうまい者は、役人でも相撲取りになるのに）まして大学で学ぶ者（が相撲取りになることに）は**どれほどの**問題があるだろうか、いや、何も問題はない。」

○「なんでふことかあらむ（ん）」の形の場合は反語となる。

㊁副詞（「なんでふ＋反語表現」の形で）どうして（…か、いや…ではない）。

かぐや姫のいはく、「**なんでふ、さることかしはべらむ。**」と言へば…。〈竹取・五人の貴公子〉訳 かぐや姫が言うことには、「**どうして**、（私が）そのようなこと（＝結婚）などしましょうか、いや、するつもりはありません。」と言うので…。○「～か～む」の形で、疑問・反語を表すが、副詞「なんでふ」とともに用いられる場合は反語となる。

㊂感動詞（相手の発言を否定するときに用いて）**何を言うか。とんでもない。**

「なんでふ、さやうの遊び者は、人の召しに従うてこそ参れ。左右なう推参するやうやある。」〈平家・1・祇王〉訳「とんでもない、その(=仏御前の)ような遊女は、人のお呼びに従って参上するものだ。安易に押しかけるということがあるか、いや、あるはずのものではない。」

発展 ①語の成り立ち 「なにといふ」(代名詞「なに」＋格助詞「と」＋四段動詞「いふ」の連体形)が、「なにといふ→なにてふ→なんでふ」と変化してできたことば。「ん」を表記しない「なでふ」の形でも用いられる。
②一→二→三へ 「なにといふ」の「いふ」が連体形であることからも分かるとおり、一の連体詞がもともとの用法で、そこから二の副詞、三の感動詞が派生した。

関連語 何でふ

なん-でん【南殿】 名詞 ❶南向きの御殿。南側にある御殿。❷紫宸殿の別の呼び名。

なん-と【南都】 名詞 ❶(京都を北都というのに対して)奈良。類 南京 ❷(比叡山の延暦寺を「北嶺」というのに対して)奈良の興福寺。

なん-と【何と】 一 副詞 ❶(疑問を表し)どのように。どう。❷(反語を表し)どうして…か、いや…でない。
二 感動詞 (呼びかけて)どうだい。

なん-ど 副助詞 ↓など(副助詞)

なん-と-して【何として】 連語 ❶(疑問を表し)どうして。どのようにして。
「かたさまはなんとしてここにござります。」〈西鶴・好色一代男〉訳「あなた様はどうしてここにいらっしゃるのですか。」
❷(反語を表し)どうして…か、いや…ない。
「討たうとは思うたれど、なんとして身が討たうぞ。」〈狂言・武悪〉訳「討とうとは思ったが、どうしてこの私が討つことができようか、いや、できはしない。」
発展 副詞「なんと」＋サ変動詞「す」の連用形＋接続助詞「て」。

なんと-ほくれい【南都北嶺】 名詞 南都と北嶺。また、奈良の興福寺と比叡山の延暦寺。発展 このふたつは、長い間、紛争を続けた。

なんと-やら【何とやら】 連語 なんとか(だ)。
女賢しくして牛をなんとやらで…〈滑稽本・浮世風呂〉訳(ことわざにあるように)女が利口でウシをなんとかで…。○ここでいうことわざは、「女賢しくして牛売り損ない(=女は利口そうに見えても大局に通じないため、事をし損じがちである)」。

なん-な・し【難無し】 連語 欠点がない。文句の付けようがない。
「行く末難なくしたため設けて。」〈徒然草・59・大事を思ひ立たん人は〉訳「将来文句の付けようがないように前もって処理してから(出家しよう)。」

なん-なり 「なるなり」の撥音便。↓ななり

なん-にょ【男女】 名詞 男と女。男女。また、人々。

なん-の【何の】 一 連体詞 なんという。どういう。どんな。
「思ひのほか、何の造作もなう、一刀にて仕留めてござる。」〈狂言・武悪〉訳「意外にも、どうという面倒もなく、一刀で仕留めました。」
二 副詞 ❶どうして…か。❷たった。ただ。❸なんとかの。

なん-ばん【南蛮】 名詞 ❶南方の異民族。❷《中世以降》東南アジア諸国や、そこに植民地を持つ国。また、そこの人々や、渡来してきた人。

南部 地名 今の青森県から岩手県にかけての地域。江戸時代の南部藩の領地をいい、特に盛岡を指すこともある。

なん-ぼう【何ぼう】 副詞 ❶どれほど。どれくらい。❷(程度のはなはだしさに対する詠嘆を表し)なんという。いやもう。本当に。
なんぼう、世には情けなき者のさうらふぞ…。〈謡曲・隅田川〉訳なんという、世間には不人情な者がおりますことか…。
❸(譲歩した仮定を表し)どんなに(…でも)。いかに(…でも)。
発展 「なにほど」の変化したことば。

なん-めり 「なるめり」の撥音便。↓なめり

なん-めん【南面】 名詞 ❶南向き。南側。南おもて。❷君主となって国を治めること。また、その位。

なん-や 連語 ↓なむや

なん-れう【南鐐】 名詞 ❶美しい銀。質のよい銀。また、銀。❷江戸時代の貨幣で、二朱銀の別の呼び名。

[なんれう❷]

に

に 一 ナリ活用形容動詞の連用形の活用語尾。
二 断定の助動詞「なり」(ナリ型)の連用形。↓基本助動詞20(949ページ)
三 助動詞「ぬ」の連用形。↓基本助動詞20(968ページ)
四 助動詞「ず」の連用形。↓基本助動詞20(687ページ)

に ↓基本助詞25(954ページ)

に【丹】 名詞 赤土。また、赤い色。赤い色の顔料。

に-あ・ふ【似合ふ】 自動詞 八四段(は・ひ・ふ・ふ・へ・へ) よく調和する。釣り合う。適合する。
御容貌ども、いと清らに似合ひたり。〈源氏・東屋〉訳(匂宮とその妻、中の君の)ご容貌は、たいへん気品高く釣り合っている。

に-あ-り 一(「に」は格助詞で、存在を表し)…にある。…にいる。
風波止まねば、なほ同じ所にあり。〈土佐日記・一月五日〉訳風や波がやまないので、依然として同じ所(=大湊)にいる。
何阿弥陀仏とかや、連歌しける法師の、行願寺のほとりにありけるが聞きて…。〈徒然草・89・奥山に、猫股〉訳何阿弥陀仏とかいう、連歌を職業としていた僧で、行願寺の付近にいた僧が聞いて…。
二(「に」は断定の助動詞で、断定を表し)…だ。…である。
なりは塩尻のやうになむありける。〈伊勢・9〉訳(富士山の)格好は(円錐形の)塩尻のようであったのだった。○「になむありける」は、「にありけり」を強調するために係助詞「なむ」を間に置いたもの。
発展 一は、格助詞「に」＋ラ変動詞「あり」。二は、断定の助動詞「なり」の連用形＋ラ変補助動詞「あり」。「にはあれど」「にやあらむ」などのように、間に係助詞や副助詞を介する場合や、「にあらず」「にあらで」などのように、下に打消の語を伴う場合が多い。

にい (現)↓(歴)**にひ【新】**
にえ (現)↓(歴)**にへ【贄】**
にお (現)↓(歴)**にほ【鳰】**

に 基本助詞25

- 一 格助詞
  - ❶(時・場所・方向・帰着点・対象・結果・比較などを表し)…に。…で。…の方へ。
  - ❷(動作・作用の手段・原因・理由を表し)…によって。…のために。
  - ❸(動作・作用の目的を表し)…(する)ために。
  - ❹(比喩・資格・地位を表し)…のように。…として。
  - ❺(場合・状況を表し)…において。…(する)場合に。
  - ❻(婉曲に主体を示して敬意を表し)…におかれて(は)。◉多く「には」「にも」「にこそ」などの形で用いられる。
  - ❼(強調を表し)ひたすらに…する。
- 二 接続助詞
  - ❶(単純な接続を表し)…と。…ところ。
  - ❷(順接の確定条件を表し)…ので。…ために。
  - ❸(逆接の確定条件を表し)…のに。…けれども。
- 三 終助詞
  - (他に対する願望を表し)…(し)てほしい。◉上代語。

接続 一は主に体言、活用語の連体形に付く。→発展①
接続 二は活用語の連体形に付く。
接続 三は活用語の未然形に付く。

一 格助詞 ❶(時・場所・方向・帰着点・対象・結果・比較などを表し)…に。…ときに。…で。…の方へ。…へ。…と。

七日になりぬ。同じ港にあり。〈土佐日記・一月七日〉訳七日になった。(風波がやまないので、まだ)同じ港にいる。

○初めの「に」は時を表し、後の「に」は場所を表す。

空の打ち曇りて、風冷ややかなるに、いといたく眺めたまひて…。〈源氏・夕顔〉訳空がすっかり曇って、風が冷え冷えとしているときに、(源氏は)本当にひどく物思いに沈みなさって…。

○この「に」は時を表す。

「作り据ゑたる酒壺に、差し渡したる直柄のひさごの、南風吹けば北になびき、北風吹けば南になびき…。」〈更級日記・竹芝寺〉訳「(あちらこちらに)作って置いてある酒壺に、(浮かべて)さしかけてある直柄のひさご(=ヒョウタンを縦に二つ割りして作った器)が、南風が吹くときは決まって北の方へなびき、北風が吹くときは決まって南の方へなびき…。」

○「酒壺に」の「に」は動作・作用の対象を表し、「北に」「南に」の「に」は方向を表す。

「灰になりたまはむを見たてまつりて、今は亡き人と、ひたぶるに思ひなりなむ。」〈源氏・桐壺〉訳「(娘の更衣が火葬されて)灰におなりになるところを見申し上げてから、もはやこの世にない人だと、すっかりその気持ちになってしまおう。」

○この「に」は動作・作用の結果を表す。「ひたぶるに」の「に」は形容動詞「ひたぶるなり」の連用形活用語尾。

例の、声出ださせて、随身に歌はせたまふ。〈堤中納言・貝あはせ〉訳(蔵人の少将は)いつものように、声を出させて、従者に歌わせなさる。

○この「に」は使役の対象を表す。

愚かなる人といふとも、賢き犬の心に劣らんや。〈徒然草・174・小鷹によき犬〉訳(どんなに)愚かな人といっても、賢いイヌの心に劣るだろうか、いや、劣るはずがない。

○この「に」は比較を表す。

❷(動作・作用の手段・原因・理由を表し)…によって。…で。…のために。

「この皮衣は、火に焼かむに、焼けずはこそまことならめ。」〈竹取・火鼠の皮衣〉訳「この皮衣は、火で焼いたならば、その場合に、焼けないならば本物(の皮衣)であろう。」

○この「に」は手段を表す。「焼かむに」の「に」は一❺の、場合・状況を表す用法。

入道相国、あまりのうれしさに、声を上げてぞ泣かれける。〈平家・3・御産〉訳出家している太政大臣(=平清盛)は、この上ないうれしさのために、声を上げてお泣きになった。

○この「に」は原因・理由を表す。

❸(動作・作用の目的を表し)…(する)ために。…(し)に。

竜の頸の玉取りにとて、出だし立てたまふ。〈竹取・竜の頸の玉〉訳(大納言は)竜の首にある(といわれる)玉を取るためにということで、(家来たちを)出発させなさる。

❹(比喩・資格・地位を表し)…のように。…として。

逢坂を打ち出でて見れば近江の海白木綿花に波立ち渡る 歌〈万葉集・13・3238〉訳逢坂(=今の滋賀県大津市と京都府との境の地名)から出て見ると、近江の海(=琵琶湖)には白いワタの花のように波が辺り一面に立っている。

○この「に」は比喩を表す。

鶯は文などにもめでたきものに作り…。〈枕草子・41・鳥は〉訳ウグイスは漢詩文などにもすばらしいものとして詠み…。

○この「に」は資格を表す。「文などにも」の「に」は一❶の対象を表す用法である。

❺(場合・状況を表し)…において。…(する)場合に。…の状況で。

「一人して打たむには、はべりなむや。」〈枕草子・9・上にさぶらふ御猫は〉訳「(イヌの翁丸を)一人で打ったとしたらその場合には、(翁丸は)生きていられましょうか、いや、生きていられません。」

❻(多く「には」「にも」「にこそ」などの形で、婉曲に主体を示して敬意を表し)…におかれて(は)。

宮の御前にも、笑ひきこえさせたまふも、知らせたまはぬほどに…。〈枕草子・313・大納言殿参りたまひて〉訳中宮様におかれても、(天皇に向かって)お笑い申し上げなさることも、(眠っている天皇は)お気づきにならないでいるうちに…。

○一❶の場所を表す用法から発展したものとみられる。高貴な人を主語として示すとき、その人を直接指さずに、その人のいる場所として紹介することによって敬意を表す用法である。

❼(同じ動詞の連用形を重ねた間に用いて、強調を表し)ひたすらに…する。ひどく…する。

立て籠(こ)めたる所の戸、すなはちただ開きに開きぬ。〈竹取・かぐや姫の昇天〉訳(かぐや姫を)閉じ込めてあった所(=塗籠(ぬりごめ))の戸は、即座に一途にひたすら開いてしまう。

二 接続助詞 ❶(単純な接続を表し)…と。…ところ。

もと光る竹なむ一筋ありける。怪しがりて、寄りて見るに、筒の中光りたり。〈竹取・かぐや姫の出生〉訳根もとが光るタケが一本あった。(竹取の翁(おきな)が)不思議に思って、近づいて見ると、(タケの)筒の中が光を放っている。

○この例は、一❶の「…ときに」の意味を表す格助詞ともみられるが、先行の事実を受けて、次の事実へつなげる接続助詞とみる方がよい。→発展②

❷(順接の確定条件を表し)…ので。…から。…ために。

「など答(いら)へもせぬ。」と言へば、「涙のこぼるるに、目も見えず、ものも言はれず。」と言ふ。〈伊勢・62〉訳(以前夫だった男が)「どうして返事もしないのか。」と言うと、(女は)「涙がこぼれるので、目も見えないし、ものも言うことができない。」と言う。

○前に述べた事実(「涙のこぼるる」)が、次に述べる事実の原因・理由となっている。一❷が接続助詞となったもの。

久しう見たまはざりつるに、山の紅葉もめづらしうおぼゆ。〈源氏・東屋(あずまや)〉訳(薫は宇治の山を)長い間ご覧にならなかったので、(宇治の)山の紅葉も新鮮に感じられる。

❸(逆接の確定条件を表し)…のに。…けれども。

十月晦日(つごもり)なるに、紅葉散らで盛りなり。〈更級日記・富士川〉訳十月も月末であるのに、紅葉が散らないで盛り(=見ごろの状態)である。

○次に述べる事実が、前に述べた事実から予想される結果と相反したことになっている。陰暦では十月は冬の初めであるから、その月末だと、紅葉は散っていて当然であった。

「さばかり我も我もと男女の仕うまつりしに、かくはるかなる山のふもとに、馴(な)れ仕うまつりし人一人だになく…。」〈讃岐典侍日記(さぬきのすけにっき)〉訳「(堀河天皇の生前には)あれほど我も我もと男も女もお仕え申し上げたのに、(今は)こんなにも遠く離れた山のふもとで(墓の下にいて)、親しんでお仕え申し上げた人がただの一人もいなくて…。」

○「山のふもとに」の「に」は、一❶の場所を表す格助詞。

三 終助詞《上代語》(他に対する願望を表し)…(し)てほしい。

ひさかたの天路(あまぢ)は遠しなほなほに家に帰りて業(なり)をしまさに 歌〈万葉集・5・801〉訳(すべてが意のままになるという)天への道は遠い。まっすぐに家に帰って家業にお励みになってほしい。

○四段活用の補助動詞「ます」の未然形に付いている例。「ひさかたの」は「天」に係る枕詞。

発展 ①一の格助詞

主に体言および活用語の連体形に付く。この場合の連体形は★準体言の用法で下に「もの・こと」などの体言を補って解釈する。❸❼の用法に限っては、動作を表す動詞の連用形に付く。連用形も名詞に変化することが多い活用形なので、格助詞の「に」はすべて、体言か体言に準じる語に付くと考えると分かりやすい。

②二の接続助詞

一の格助詞から派生したものである。活用語の連体形に付くので、格助詞との識別が難しいが、目安としては、連体形が準体言になっていれば格助詞、そうでない場合は接続助詞、といえる。また、「に」が下にある動詞と結びついて「～にどうする」という関係をつくっている場合は、格助詞である。

③三の終助詞

活用語の未然形に付き、文末に置かれる。時に、感動を表す終助詞「も」が、さらに下に付くこともある。用例は、ほぼ上代に限られる。

類語比較「に」と「へ」

共通点=動作や作用の方向・帰着点を表す格助詞。

に=もともとは場所や帰着点を表す。そのため、中古には、目的の場所に到着した後の場合に、多く用いられた。

へ=もともとは進行方向を表す。そのため、中古には、目的の場所に到着していない場合に、多く用いられた。

識別「に」の識別

品詞と用法	見分け方	例文と訳
格助詞「に」	主に、上に体言か活用語の連体形がくる。その活用語の連体形は★準体言の用法で、下に「もの・こと」などの体言を補って解釈できる。目的と強調を表すとき(=一❸❼)だけ、動作を表す動詞の連用形に付く。	万(よろづ)のことは、月見るにこそ慰むものなれ。〈徒然草・21・万(よろづ)のことは〉訳すべてのことは、月を見ることによって心が晴れるものである。
接続助詞「に」	活用語の連体形に付いている。文脈から見て、連体形の後に体言が補えない。	母、物語など求めて見せたまふに、げにおのづから慰みゆく。〈更級日記・物語〉訳母が、物語などを探し求めて見せてくださるので、(それを読むうちに)本当に自然に心が晴れてくる。
断定の助動詞「なり」の連用形	上は体言か活用語の連体形。下に「(助詞+)あり」がくる。	いかなる折にかあらむ、文(ふみ)ぞある。〈蜻蛉日記(かげろうにっき)〉訳どんなときであろうか、手紙がある(=来た)。
完了の助動詞「ぬ」の連用形	上は活用語の連用形、下には助動詞がくる。	その人の名忘れにけり。〈伊勢・82〉訳その人の名前は忘れてしまった。
ナリ活用の形容動詞の連用形活用語尾	「に」の上は状態を表し、独立させても主語にはならない(「しめやかが…」とはいわない)。「に」を「な」に言い換えても理解できる。	同じ心ならん人としめやかに物語して…。〈徒然草・12〉訳同じ心であるような人としんみりと世間話などをして…。
副詞の一部	活用がなく、上と分けられない。「な」に言い換えられない。	今すでに五年(いつとせ)を経たり。〈方丈記・閑居の気味(きび)〉訳(この場所に住み始め)もうすでに五年を経過している。

におい（現）→（歴）**にほひ**【匂ひ】最重要語（964ページ）

に-おい-て【に於て】連語 （物事の状態・時・場所などを表し）…では。…で。…に。

この事天下**においてことなる勝事**なれば、**公卿僉議**ありて…。〈平家・1・二代后〉訳 この事は天下で特別な大事件であるので、公卿の会議が開かれ…。

発展 格助詞「に」＋四段動詞「おく」の連用形「おき」のイ音便＋接続助詞「て」。主に漢文訓読の文章で用いられる。和文の「に」「にて」に当たる。

におう（現）→（歴）**にほふ**【匂ふ】最重要語（965ページ）

匂宮【ニホフノミヤ】登場人物『源氏物語』中の人物。光源氏の孫。今上帝の第三皇子。★薫とともに★宇治十帖の主人公のひとり。宇治の中の君と結婚するが、夕霧の六の君を正妻に迎え、また薫の愛人★浮舟にも懸想する。情熱的な好色人。

に-か-あら-む （疑問のことばを伴って）…であろうか。

「あやし、いかにする**にかあらむ**。」〈大和・149〉訳「変だ、どうするの**であろうか**。」

発展 断定の助動詞「なり」の連用形＋係助詞「か」＋ラ変補助動詞「あり」の未然形＋推量の助動詞「む」の連体形。原則として、上に疑問語がある場合には「にかあらむ」を用い、ない場合には「にやあらむ」を用いる。

に-かい【二階】名詞 ❶「★二階厨子」・「★二階棚」の略。❷二階建て。

にかい-だな【二階棚】名詞 二段になった棚。

にかい-づし【二階厨子】名詞 二段になった★厨子で、棚の下部に両開きの戸を付けたもの。

［にかいだな］

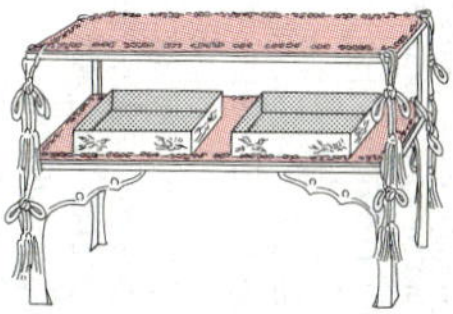

に-かう【二更】名詞 時刻のひとつ。五更の第二。今の午後十時ごろ。また、その前後二時間。→ビジュアルチェック⑲（881ページ）

にが・し【苦し】形容詞（ク）〈く・く・し・き・けれ・○／から・かり・○・かる・○・かれ〉❶舌に不快を感じるようす。苦い。苦味がある。❷不快だ。不愉快だ。気まずい。

饗応し、もてはやしきこえさせたまひつる興もさめて、**事苦うなりぬ**。〈大鏡・道長上〉訳（道隆が道長の）機嫌をとり、丁重にもてなし申し上げなさった興もさめて、（雰囲気が）**気まずく**なってしまった。○「苦う」は連用形「苦く」のウ音便。

にが-にが・し【苦苦し】形容詞（シク）〈しく・しく・し・しき・しけれ・○／しから・しかり・○・しかる・○・しかれ〉きわめて不愉快だ。おもしろくない。ひどく気まずい。

大納言**苦々しう恥づかしう思ひたまひて**…。〈平家・10・三日平氏〉訳 大納言は**ひどく気まずく**きまり悪くお思いになって…。○「苦々しう」は連用形「苦々しく」のウ音便。

にが・む【苦む】一 動詞（自）〔マ四段〕〈ま・み・む・む・め・め〉苦々しい顔をする。いやな顔をする。しわが寄る。

涙も落ちざるに、そら泣きしてにがみゐたり。〈住吉物語〉訳（継母は）涙もこぼれないのに、うそ泣きをして**苦々しい顔をしていた**。

二 動詞（他）〔マ下二段〕〈め・め・む・むる・むれ・めよ〉しかめる。ひそめる。しわを寄せる。

にが・る【苦る】動詞（自）〔ラ四段〕〈ら・り・る・る・れ・れ〉不愉快な顔をする。顔をしかめる。

に-き …てしまった。…た。

一夜のうちに**塵灰となりにき**。〈方丈記・安元の大火〉訳（都の主要な建物が）一晩で灰になって**しまった**。

発展 完了の助動詞「ぬ」の連用形＋過去の助動詞「き」。

にき-【和】接頭語 （名詞に付いて）柔らかい、穏やかな、整った、細かい、という意味を表す。類 和 対 荒 語例 和栲・和膚

発展 中古以降は「にぎ」の形が多い。

熟田津【にきたつ】地名 愛媛県松山市にあった港といわれるが、その所在地には諸説があり不明。

にきたつに… 歌

熟田津に**船乗りせむと月待てば潮もかなひぬ今は漕ぎ出でな**〈万葉集・1・8・額田王〉訳 熟田津で船に乗ろうと月（の出）を待っていると、（月も出て）潮も条件に合った（＝満ちてきた）。さあ、今こそこいで沖へ出よう。○「な」は上代の終助詞で意志や願望を表す。

発展 六六一（斉明七）年、百済を援護するために斉明天皇が遠征したときの歌と考えられる。なお、出発の宣言を天皇の立場で詠んだとする説もある。

にき-たへ【和栲・和妙】名詞 柔らかい布。また、織り目の細かい布。対 荒栲

にき-は・し【賑はし】形容詞 →にぎはし

にき-はだ【柔膚・和膚】名詞 柔らかな肌。やわはだ。

にぎはは・し【賑はし】形容詞（シク）〈しく・しく・し・しき・しけれ・○／しから・しかり・○・しかる・○・しかれ〉❶富み栄えている。豊かだ。裕福だ。

かく**にぎははしき所にならひて**…。〈大和・149〉訳 このように**裕福な**（女の）所に通いなれて…。

❷華やかだ。活気がある。にぎやかだ。

右はおもしろく**にぎははしく**…。〈源氏・絵合〉訳 右方（の差し出した絵）は興味深く**華やかで**…。

❸物が多い。豊富だ。

硯のあたり**にぎははしく**、草子どもとり散らしけるを取りつつ見たまふ。〈源氏・初音〉訳 硯の近くは（書き散らした紙などの）**物が多く**、本などが散らかしてあったのを（源氏は）手に取ってはご覧になる。

にぎは・ふ【賑はふ】動詞（自）〔ハ四段〕〈は・ひ・ふ・ふ・へ・へ〉❶富み栄える。豊かである。

「**にぎはひ、豊かなれば、人には頼まるるぞかし**。」〈徒然草・141・悲田院の尭蓮上人〉訳「（東国の人は）**富み栄えて**、裕福であるから、人からは信頼されるのだよ。」

❷にぎわう。盛んになる。

寺の内に**僧坊ひまなく住み、にぎはひけり**。〈今昔〉訳 寺の中には僧坊が透き間なく建ち並び、（僧たちが）住んで**にぎわっていた**。

にき-ぶ【和ぶ】動詞（自）〔バ上二段〕〈び・び・ぶ・ぶる・ぶれ・びよ〉なれ親しむ。和む。対 荒ぶ

にき-みたま【和御魂】名詞 温和な徳を持っている神の霊。対 荒御魂

にき-め【和布・和海藻】名詞 柔らかな海藻。

にぎわう（現）→（歴）**にぎはふ**【賑はふ】

にく【憎】（多く、「あなにく」の形で）憎らしい。嫌だ。

倒れまろびつつ物見に出でたるも、例は、「**あながちなりや。あな憎**。」と見ゆるに…。〈源氏・葵〉訳 倒れたり転んだりしながら見物に出て来ているさまも、普通なら、「度を超しているよ。ああ**嫌だ**。」と思われるのに対して…。

発展 形容詞「にくし」の語幹。

に・ぐ【逃ぐ】 動詞 自〔ガ下二段〕(げ・げ・ぐ・ぐる・ぐれ・げよ) 逃れる。逃げる。

抜き取りてある髪を奪ひ取りて、下り走りて逃げて去りにけり。〈今昔〉訳(盗人は)抜き取ってあった髪(の毛)まで奪い取って、(二階から)駆け下り**逃げ**去った。

にくから-ず【憎からず】 連語 ❶好感が持てる。感じがよい。また、いとしい。

男君も憎からず打ち笑みたるに…。〈枕草子・3・正月一日は〉訳婿も**感じよく**にっこりと笑っているが…。

❷情愛がこまやかだ。情愛が深い。

御返り、さすがに憎からず聞こえ交はしたまひて…。〈竹取・かぐや姫の昇天〉訳(姫からの)ご返事は、(帝の)ご要望に応じないものであったが)そうはいうもののやはり**情愛深く**互いに手紙を交わし申し上げなさって…。

発展 形容詞「にくし」の未然形＋打消の助動詞「ず」。

にく-げ・なり【憎げなり】 形容動詞〔ナリ〕(なら・なり(に)・なり・なる・なれ・なれ) ❶相手から憎まれるようすだ。憎らしげだ。憎らしい。

鏡をうち見れば、いと憎げにはあり。〈蜻蛉日記〉訳鏡をちょっと見ると、ひどく**憎らしげ**な顔**で**はある。

❷醜い。不格好だ。見苦しい。不調和だ。

いと清げなる人を捨てて、憎げなる人を持たるもあやし。〈枕草子・268・男こそ〉訳たいへん美しい女を捨てて、**醜い**女を(妻に)持っているのも妙なことだ。

❸感じが悪い。愛想がない。不愉快だ。

家の人の出で入り、憎げならずゐややかなり。〈土佐日記・二月十五日〉訳家の人の立ち居振る舞いは、**感じが悪く**なくて礼儀正しい。

→古語チャート⑪(427ページ)

にくさ-げ・なり【憎さげなり】 形容動詞〔ナリ〕(なら・なり(に)・なり・なる・なれ・なれ) (見た目に)憎らしい。無愛想だ。醜悪だ。

品くだり、顔にくさげなる人にもたち交じりて…。〈徒然草・1・いでや〉訳(容姿や気立てのよい人も、教養がないと)身分が低く、顔つきの**憎らしい**人の中にも入り交じって(圧倒され)…。

発展 形容詞「にくし」の語幹＋接尾語「さ」に、接尾語「げなり」が付いたもの。

にく・し【憎し】 形容詞 補助形容詞 →**最重要語**(957ページ)

にくみ-す・つ【憎み捨つ】 動詞 他〔タ下二段〕(て・て・つ・つる・つれ・てよ) 嫌って顧みない。

日ごろは古めかし、かたくなりと憎み捨てたるほどの人も…。〈笈の小文〉訳ふだんは古くさく、頑迷であると**嫌って顧みなかった**ような人も…。

にく・む【憎む】 動詞 他〔マ四段〕(ま・み・む・む・め・め) ❶不快に思う。嫌う。憎らしく思う。

「今はたれもたれもえ憎みたまはじ。」〈源氏・桐壺〉訳「今となってはだれもかれも(若宮を)**憎らしくお思い**になることができないだろう。」

❷ねたむ。非難する。反対する。怒る。

「この石を試みはべるを憎みて、この谷に突き落とせば…。」〈奥の細道・忍ぶの里〉訳「(往来の人が)この石の上に(畑のムギを)摺ってみたりしますのを(村人たちが)**怒って**、この谷に(石を)突き落としたので…。」

にく・し【憎し】

気持ちにそぐわない、不快なようす

一 形容詞 ─ ❶しゃくに障る。嫌いだ。煩わしい。気に食わない。❷体裁が悪い。醜い。不格好だ。❸無愛想だ。つれない。かわいげがない。❹難しい。奇妙だ。❺感心だ。あっぱれだ。

二 補助形容詞 ─ …(する)のがつらい。…(し)にくい。

接続 二は動詞の連用形に付く。

	未然形	連用形	終止形	連体形	已然形	命令形
形容詞〔ク〕	にく・く	にく・く	にく・し	にく・き	にく・けれ	○
補助形容詞〔ク〕	にく・から	にく・かり	○	にく・かる	○	にく・かれ

一 形容詞〔ク〕 ❶**しゃくに障る。**嫌いだ。**気に食わない。**嫌だ。煩わしい。→古語チャート⑥(215ページ)

憎きもの。急ぐことある折に来て、長言する客人。〈枕草子・28・憎きもの〉訳**しゃくに障る**もの。急用のあるときにやって来て、長話をする客。

❷**体裁が悪い。**醜い。不格好だ。

「桜の花は、優なるに枝差しのこはごはしく、幹のやうなども憎し。」〈大鏡・伊尹〉訳「サクラの花は、優美であるのに枝ぶりがごつごつしていて、幹のようすなども**体裁が悪い**。」

❸**無愛想だ。つれない。**かわいげがない。

「げに憎くも書きてけるかな。」と、恥づかしくて引き破りつ。〈源氏・浮舟〉訳「なるほど(匂宮の言うとおり)**無愛想に**も(歌を)書いてしまったことよ。」と、(浮舟は)恥ずかしくなって(歌を書いた紙を)引き裂いてしまった。

❹難しい。奇妙だ。

賀茂の奥に、何崎とかや、棚機の渡る橋にはあらで、憎き名ぞ聞こえし。〈枕草子・99・五月の御精進のほど〉訳賀茂の奥の方で、何々崎とかいう、七夕の織女が渡る(鵲の)橋ではなくて、**奇妙な**名前が評判になった。

❺感心だ。**あっぱれだ。**

「憎い剛の者かな。」〈古活字本保元〉訳「**あっぱれ**な勇者であることよ。」

○「憎い」は連体形「憎き」のイ音便。こちらがしゃくに障るほど敵が優れているという評価で、軍記物語に多い。

二 補助形容詞〔ク〕…(する)**のがつらい。**…(し)**にくい。**

うたて聞きにくく覚ゆれば、顔も引き入れて伏したまへり。〈源氏・夢浮橋〉訳(浮舟は尼君に非難されて)不快で聞く**のがつらい**と思われるので、顔も(衣に)引き入れて横になっていらっしゃる。

発展 **現代語との違い** もともとは、対象への愛情や関心を前提として、それが裏切られたり、事態が思うように進行しないことに対する不快感や嫌悪感を表す。現代語に比べて憎悪感の意味は薄く、しばしば「憎くあらず」や「憎からず」という打消の表現を伴った形で、「好ましい」状態や性質を表す意味でも用いられる。

関連語 憎からず・憎む

→古語チャート⑪(427ページ)

↓古語チャート❻（215ページ）

にげ-な・し【似げ無し】
━似たところのないようす ━ふさわしくない。似つかわしくない。

未然形	連用形	終止形	連体形	已然形	命令形
にげな・く	にげな・く	にげな・し	にげな・き	にげな・けれ	○
にげな・から	にげな・かり	○	にげな・かる	○	にげな・かれ

形容詞〔ク〕ふさわしくない。似つかわしくない。不似合いである。釣り合わない。
「いと似げなきことを、さも知らでのたまふ。」とおぼして、心解けたる御答(いら)へもなし。〈源氏・若紫〉訳「（まだ幼い紫の上は源氏とは）ひどく不似合いであることを、そのようにも理解しないで（引き取りたいと）おっしゃることだ。」と（尼君は）お思いになって、気を許したご返事もない。

にげ-まうけ【逃げ設(もう)け】━名詞 逃げる準備。逃げ支度。

にげ-みづ【逃げ水(みず)】━名詞 陸上の蜃気楼(しんきろう)のひとつ。春や夏の晴れた日、遠くからは水があるように見えるが、近づくとその水が逃げるように遠のいていく現象。

に-けむ …てしまっただろう。きっと…ただろう。
五年(いつとせ)六年(むとせ)のうちに、千年(ちとせ)や過ぎにけむ…。〈土佐日記・二月十六日〉訳（留守にしていた）五年か六年の間に、千年もたってしまった（のではない）だろうか…。
発展 完了（確述）の助動詞「ぬ」の連用形＋過去推量の助動詞「けむ」。

にげめ-を-つか・ふ【逃げ目を使ふ(つかう)】━ 逃げる機会をうかがう目つきをする。逃げ腰になる。
「げに、そのにほひさへ花やかに立ち添へるも、すべなくて、逃げ目を使ひて…。」〈源氏・帚木(ははきぎ)〉訳「なるほど、（口がニンニクで臭いばかりでなく、薬草の）そのにおいまでが際立っていて（女の周囲に）漂っているのも、（私は）どうしようもなくて、逃げる機会をうかがう目つきをして…。」

に-けらし …てしまったらしい。…たらしい。
春過ぎて夏来(き)にけらし白妙(しろたへ)の衣(ころも)干すてふ天(あま)の香具山(かぐやま) 百人一首〈新古今集・夏・175〉訳↓はるすぎて…
発展 完了の助動詞「ぬ」の連用形＋過去の事実を推定する助動詞「けらし」。

に-けり …てしまった。…てしまったということだ。…てしまったことだなあ。
年久しくありて、なほわづらはしくなりて死ににけり。〈徒然草・42・唐橋中将(からはしのちゅうじょう)〉訳長年たって、いっそう病気がひどくなって死んでしまったということだ。
発展 完了の助動詞「ぬ」の連用形＋過去の助動詞「けり」。

にげる（現）↓（古）**にぐ【逃ぐ】**

に-ける-かも …たことだなあ。
石(いは)ばしる垂水(たるみ)の上のさわらびの萌(も)え出(い)づる春になりにけるかも 歌〈万葉集・8・1418〉訳↓いはばしる…
発展 完了の助動詞「ぬ」の連用形＋過去の助動詞「けり」の連体形＋終助詞「かも」。

にこ-【和】造語（名詞に付いて）柔らかい、という意味を表す。類 和(にき) 対 荒(あら) 語例 和草(にこぐさ)・和毛(にこげ)

に-こそ-あら-め 連語 ❶（文末にあって「め」が推量を表し）…であろう。…であるだろう。
「浮舟の女君のやうにこそあらめ。」〈更級日記・物語〉訳「（年ごろになった自分は源氏物語に出てくる）浮舟の女君のようであるだろう（＝ようになるだろう）。」
❷（文末にあって「め」が適当・勧誘を表し）…でよかろう。
「いかにもいかにも、心にこそあらめ。」〈更級日記・初瀬(はつせ)〉訳「どうであってもよい、（あなたの）考えのとおりでよかろう（＝にしてよかろう）。」
発展 断定の助動詞「なり」の連用形「に」、あるいは比況の助動詞「やうなり」の連用形の一部「に」＋係助詞「こそ」＋補助動詞「あり」の未然形「あら」＋助動詞「む」（❶は推量、❷は適当・勧誘）の已然形。

にこ-やか・なり【和やかなり】形容動詞〔ナリ〕〈なら・なり（に）・なり・なる・なれ・なれ〉（手触り、人の表情、性格や筆跡などが）もの柔らかだ。しとやかだ。温和で柔軟だ。
「にこやかなる方(かた)のなつかしさは、殊(こと)なるものを。」〈源氏・梅枝(うめがえ)〉訳「（紫の上が書く字の）もの柔らかな面での好ましさは、格別なのになあ。」
発展「にこよかなり」とも。「にこにこしている」意味の「にこやかだ」は近世以降に現れる。

ビジュアルチェック20 二十四気

●古典作品においては、暦は月の満ち欠けをもとにした太陰暦(たいいんれき)が使われている。現代の太陽暦に比べると、およそ一か月の遅れがあるため、解釈の際には注意する。
●二十四（節）気は、太陽が黄道(こうどう)のどの位置にあるかによって、一年を二十四に分けたもの。一気は約十五日。
●二十四気のほかに雑節として、★土用(どよう)、★彼岸(ひがん)、★節分(せつぶん)、★二百十日(にひゃくとおか)などがある。

四季	月	二十四気	太陽暦
初春	一月	立春（りっしゅん）	二月　四日ごろ
		雨水（うすい）	二月　二十日ごろ
仲春	二月	啓蟄（けいちつ）	三月　五日ごろ
		春分（しゅんぶん）	三月二十一日ごろ
晩春	三月	清明（せいめい）	四月　五日ごろ
		穀雨（こくう）	四月　二十日ごろ
初夏	四月	立夏（りっか）	五月　五日ごろ
		小満（しょうまん）	五月二十一日ごろ
仲夏	五月	芒種（ぼうしゅ）	六月　六日ごろ
		夏至（げし）	六月二十二日ごろ
晩夏	六月	小暑（しょうしょ）	七月　七日ごろ
		大暑（たいしょ）	七月二十三日ごろ
初秋	七月	立秋（りっしゅう）	八月　七日ごろ
		処暑（しょしょ）	八月二十三日ごろ
仲秋	八月	白露（はくろ）	九月　八日ごろ
		秋分（しゅうぶん）	九月二十三日ごろ
晩秋	九月	寒露（かんろ）	十月　八日ごろ
		霜降（そうこう）	十月二十四日ごろ
初冬	十月	立冬（りっとう）	十一月　七日ごろ
		小雪（しょうせつ）	十一月二十二日ごろ
仲冬	十一月	大雪（たいせつ）	十二月　七日ごろ
		冬至（とうじ）	十二月二十二日ごろ
晩冬	十二月	小寒（しょうかん）	一月　六日ごろ
		大寒（だいかん）	一月二十一日ごろ

にごり【濁り】 名詞 ❶汚れ。けがれ。不正。❷煩悩。邪念。

にごり-え【濁り江】 名詞 水の濁っている入り江。

にご-る【濁る】 動詞 自(ラ四段)〈ら・り・る・る・れ・れ〉❶(水などが)汚れる。汚れて透明でなくなる。対澄む

むすぶ手のしづくににごる山の井のあかでも人に別れぬるかな 歌〈古今集・離別・404〉訳↓むすぶての…

❷煩悩にとらわれる。邪念を抱く。けがれる。対澄む

「**澄み果てたりし方の心も濁りそめにしかば**…。」〈源氏・宿木〉訳「すっかり澄み切っていた心も邪念を抱き始めてしまったので…。」

に-ざり-ける …であったのだなあ。

照る月の流るる見れば天の川出づる水門は海にざりける 歌〈土佐日記・一月八日〉訳照っている月が(空を)流れて(海に沈んで)いくのを見ると、天の川の流れ出る河口は(地上の川と同じように)海であったのだなあ。

発展「にぞありける」(断定の助動詞「なり」の連用形＋係助詞「ぞ」＋ラ変補助動詞「あり」の連用形＋過去の助動詞「けり」の連体形)の変化した形。

に-し ㊀(「に」は格助詞で、「し」が強調を表し)…に。…によって。

㊁(「に」は断定の助動詞で、「し」が強調を表し)…で。

白たへの袖折り返し恋ふればか妹が姿の夢にし見ゆる 歌〈万葉集・12・2937〉訳袖を折り返して恋い慕うからか、あの人の姿が夢に見える。〇「白たへの」は「袖」に係る枕詞。当時、袖を折り返して寝ると恋しい人に会えるといわれていた。

つとめて、いぶかしけれど、わが人をやるべきにしあらねば…。〈伊勢・69〉訳(男は伊勢の斎宮と過ごした)翌朝、(斎宮のことが)気がかりだが、自分の方が使いの者をやることができるものでもないので…。

㊂(「に」は完了の助動詞で)…てしまった。…た。

「**御門さして、さらに入らざりしかば、わびしくてなむ帰りまうで来にしなり。**」〈落窪〉訳「お屋敷の門が閉ざしてあって、まったく(中へ)入ることができなかったので、つらくて帰参してしまったのである。」

発展 ㊀は、格助詞「に」＋副助詞「し」。㊁は、断定の助動詞「なり」の連用形＋副助詞「し」。㊂は、完了の助動詞「ぬ」の連用形＋過去の助動詞「き」の連体形。

にし【西】 名詞 ❶方角のひとつ。太陽の沈む方角。❷西から吹く風。❸西方にあるという極楽浄土。

に-じ【二字】 名詞 ❶二つの文字。❷(人名には多く二字の漢字を用いることから)実名。名乗り。❸(実名を名乗ることから)武士。

にし-おもて【西面】 名詞 ❶西の方角。西側。❷建物の西向きの方。西に面した部屋。❸(「西面の武士」の略で)院の御所の西面に仕える武士。

に-しか 終助詞 (自己の願望を表し)…たいものだ。…たいなあ。接続 活用語の連用形に付く。

伊勢の海に遊ぶ海人ともなりにしか波かき分けてみるめかづかむ 歌〈後撰集・891〉訳伊勢の海に気楽に過ごす漁師にでもなりたいものだ。(そうなれば)ミルメを採りに潜るだろうから、あなたを見る機会も得られるだろう。〇「みるめ」は、海藻の「ミルメ」と見る機会という意味の「見る目」との掛詞。

発展 完了の助動詞「ぬ」の連用形に、終助詞「しか」が付いて一語になったもの。「にしが」とも。

に-しが 終助詞 ↓にしか

にしが-な 終助詞 (自己の願望を表し)…たいなあ。…たいものだ。接続 活用語の連用形に付く。

いかで、心として死にもしにしがな。〈蜻蛉日記〉訳どうにかして、思いどおりに死んでしまいたいものだ。

発展 終助詞「にしが」に終助詞「な」が付いて一語になったもの。

にしき【錦】 名詞 ❶さまざまな色の糸で模様を織り出した、美しい厚地の絹織物。❷色とりどりで美しいものをたとえていうことば。

に-し-て (場所・時・場合を表し)…において。…で。

旅にしてもの恋しきに山下の赤のそほ船沖を漕ぐ見ゆ 歌〈万葉集・3・270〉訳↓たびにして…

発展 格助詞「に」＋サ変動詞「す」の連用形＋接続助詞「て」。

に-して 連語 …であって。…で。…でありながら。

月日は百代の過客にして、行き交ふ年もまた旅人なり。〈奥の細道・発端〉訳月日は永遠の旅人(のようなもの)であって、去っては、またやって来る年も同様に旅人(のようなもの)である。

にし-の-きゃう【西の京】 ― 名詞 平城京・平安京で、朱雀大路を中心に東西に分けた西半分の区域。類右京 対東の京

にし-の-たい【西の対】 名詞 寝殿造りで、寝殿の西にある★対の屋。二の対。対東の対 ↓寝殿造り(図)

にじふご-ぼさつ【二十五菩薩】 ― 名詞《仏教語》念仏を唱え、極楽往生を願う者を守護し、その臨終のとき阿弥陀如来とともに人間世界に迎えに来る二十五体の菩薩。

にじふし-き【二十四気】 ― 名詞 陰暦で、五日を一候とし、さらに三候を一気として、一年を二十四に分けた季節区分。発展「二十四節気」「節気」とも。↓ビジュアルチェック⑳(958ページ)

にじふし-せっき【二十四節気】 ― 名詞 ↓にじふしき

に-し-も-あら-ず 必ずしも…ではない。

京に思ふ人なきにしもあらず。〈伊勢・9〉訳都に恋しく思う人が必ずしもいないわけではない。

発展 断定の助動詞「なり」の連用形＋副助詞「しも」＋ラ変補助動詞「あり」の未然形＋打消の助動詞「ず」。

西山 地名 今の京都市右京区、衣笠山・★御室付近の山をいう。また、その西方の山々をも西山と呼ぶことがあり、★東山に対する。

西山宗因 人名 江戸前期の連歌師・俳人。宗因は主として連歌を詠むときに使った号。俳諧では一幽・西翁・梅翁などと号した。その俳諧の軽妙・清新な作風は、★貞門の保守的な俳諧に飽きた人々を引き付け、宗因を指導者と仰ぐ★談林派が成立し急速に広まった。門下に、井原西鶴らがおり、作品には『宗因千句』『宗因五百句』などがある。1605―1682

二重敬語 国語・国文法 同じ種類の敬語が二つ重なったもの。敬意を強めた表現となる。次のようなものがある。

①～せたまふ・～させたまふ・～しめたまふ(尊敬の助動詞「す」「さす」「しむ」＋尊敬の補助動詞「たまふ」)

②～せおはします・～させおはします(尊敬の助動詞「す」「さす」＋尊敬の補助動詞「おはします」)など

ほかに「思し召す(思す＋めす)」「賜はす(賜ふ＋す)」「聞こえさす(聞こゆ＋さす)」なども、敬意の程度が強められているので、これらも含める説があるが、ふつうはそれぞれ

一語として扱い、二重敬語とはしない。
↓最高敬語・給ふ(四段)

二条院讃岐【にじょういんのさぬき】[ニデウヰンノ] 人名 平安末期から鎌倉初期の歌人。源頼政の女。二条天皇に仕え、後に宜秋門院に仕えたが、出家。家集に『二条院讃岐集』がある。*1141ごろ—1217ごろ*

二条家【にじょうけ】[ニデウ] 文芸用語 歌道の家。★藤原為家の子孫はそれぞれ一家を立て三家に分裂するが、京極家・★冷泉家に対し、長子為氏とその子為世の系統を二条家という。名称は定家の二条邸を相続したことによる。伝統を重んじた平明優美で穏やかな歌風を理想とし、中世和歌の主流となった。その門流は「古今伝授」などの秘儀を生みながら、江戸時代まで歌壇の支配的存在として栄えた。

二条良基【にじょうよしもと】[ニデウ] 人名 南北朝時代の連歌作者・歌人・有職故実家。連歌では、救済に師事し、その協力のもとに『★菟玖波集』を編纂。また、救済とともに『応安新式』を制定して連歌の基礎を固め、『筑波問答』を著した。和歌では、二条派の復興を図り、『愚問賢注』や、『近来風体抄』などの歌論書を著した。*1320—1388*

にじ・る【躙る】 ㊀ 動詞 自 ラ四段 〈ら・り・る・る・れ・れ〉 (膝を地や床などに擦るようにして)じりじりと動く。
㊁ 動詞 他 ラ四段 〈ら・り・る・る・れ・れ〉 (押し当てて)ひねり回す。ねじ回す。 **手ずさみに、節の本を、指にて板敷きに押し当ててにじれば**…。〈宇治拾遺〉 訳 手なぐさみに、(姫君がタケの)節のもとを、指で板敷きに押し当てて**ひねり回す**と…。

に・す【似す】 動詞 他 サ下二段 〈せ・せ・す・する・すれ・せよ〉 似せる。本物のように見せかける。 **楊貴妃の、帝の御使ひに会ひて泣きける顔に似せて**…。〈枕草子・37・木の花は〉 訳 楊貴妃が、(玄宗)皇帝の使者に会って泣いた顔に**似せて**…。

に-せ【二世】 名詞 《仏教語》現世と来世。この世とあの世(=死後の世)。

にせ-の-えん【二世の縁】 夫婦の縁。 発展 来世にまで続くという意味。親子は一世、夫婦は二世、主従は三世の縁があるという。

にせ-の-ちぎり【二世の契り】 ↓にせのえん

修紫田舎源氏【にせむらさきいなかげんじ】[ーヰナカゲンジ] 作品名 江戸末期の合巻。★柳亭種彦作・歌川国貞画。一八二九(文政十二)年から一八四二(天保十三)年刊。『源氏物語』の世界を室町時代に移して翻案した長編草双紙。足利家の御家騒動の形で、家宝の紛失と探索、宝物奪還の際の混乱、思いがけぬ解決を描く。

に-ぞ ㊀(「に」は断定の助動詞で)…で。 **心なき鳥にぞありけるほととぎすもの思ふときに鳴くべきものか** 歌〈万葉集・15・3784〉 訳 つれない鳥**であるよ**、ホトトギスは。物思いをしているときに鳴いてよいものか、いや鳴いてはいけない(ますます悲しくなるので)。
㊁(「に」は格助詞で)…に。 **ただ眉のほどにぞおよすけのあしげさも少し出でゐたりと見ゆ**。〈落窪〉 訳 ただ眉のあたり**に**年を取ったことの欠点も少し出ていると見える。
発展 ㊀は、断定の助動詞「なり」の連用形＋係助詞「ぞ」。㊁は、格助詞「に」＋係助詞「ぞ」。

に-たり …てしまっている。…てしまってある。 **「倒れて土つきにたり。」**〈落窪〉 訳 「倒れて土がついて**しまっている**。」
発展 完了の助動詞「ぬ」の連用形＋存続の助動詞「たり」。

日蓮【にちれん】人名 鎌倉中期の僧。日蓮宗の開祖。十二歳で清澄山に入って天台宗を修学して以来各地で修学、仏法の根本が「★法華経」にあると悟って法華(日蓮)宗を開く。他宗を激しく批判し、伊豆や佐渡に配流されるなどの迫害を受けた。著書に『★立正安国論』『開目鈔』などがある。*1222—1282*

につか-は・し【似付かはし】 [ーワシ] 形容詞 シク 〈しく・しく・し・しき・しけれ・○／しから・しかり・○・しかる・○・しかれ〉 似合っている。ふさわしい。相応だ。釣り合っている。 **似つかはしからぬ袖の香を人ごとに咎められ、めでらるるなむ**…。〈源氏・橋姫〉 訳 (宿直役の男は薫から与えられた衣服の)**釣り合っていない**袖の香りを(会う)人ごとに咎められたり、褒められたりするのは…。
類語比較 「つきづきし」と「につかはし」↓つきづきし

日記体【にっきたい】文芸用語 文学の分野のひとつ。深い内面性と優れた文学性を持つ日記をいう。主に平安時代から鎌倉時代にかけて書かれた仮名日記がこれに当たる。日々の記録としてより、自分の心を照らし出すことに目的があるため、『★蜻蛉日記』『★更級日記』のように、ある時点から自己の生涯を回想して書かれたもの、あるいは『★紫式部日記』のように、過去の一時期を中心につづられた作品が多い。また、『★土佐日記』のように紀行の性質を持つもの、『★和泉式部日記』のように物語的手法を用いたものもある。

にっ-きふ【日給】 [ーキュウ] 名詞 ★殿上人が当直として宮中に出仕すること。また、その日。

にっきふ-の-ふだ【日給の簡】 [ニッキュウ] 出仕の確認に用いた木簡。長さ五尺三寸(=約一・六メートル)の板に官位・姓名を記し、その下に当直の日を書いた紙を張ったもので、★殿上人のものは清涼殿の西北の壁、女官のものは台盤所、その他は諸官司ごとに置かれた。

にっくゎう【日光】 地名 ↓日光(にっこう)

にっくゎう-ぼさつ【日光菩薩】 [ニッコウ] 名詞 《仏教語》★薬師如来の左に付き添って立つ菩薩。 発展 薬師如来の右には、月光菩薩が立つ。

にっくゎ-もん【日華門】 [ニッカ] 名詞 内裏の門のひとつ。紫宸殿の南庭の東側にあり、月華門と相対する。 発展 「じっくゎもん」とも。↓ビジュアルチェック⑯(759ページ)

日光【にっこう】[ークヮウ] 地名 今の栃木県日光市付近。二荒山(男体山)を中心とする日光山は、平安時代より山岳信仰の霊地となった。江戸時代には、東照宮の門前町として栄えた。二荒神社・輪王寺がある。

日光街道【にっこうかいどう】[ニックヮウカイダウ] 地名 江戸時代の★五街道のひとつ。「日光道中」とも。江戸日本橋を起点として、千住から宇都宮までの十七宿は★奥州街道と同じ道を通り、宇都宮から分かれて日光に至る街道。全宿駅二十一。↓ビジュアルチェック⑩(502ページ)

にっ-しふ【入集】 [ーシュウ] 名詞 動詞 他 サ変 〈せ・し・す・する・すれ・せよ〉 歌集や句集などに、作品を選び入れること。また、その選の中に入れられること。

日州【にっしゅう】[ーシウ] 旧国名 ↓日向

にっ-そう【入宋】 名詞 留学生や使節などが、日本から宋に渡ること。

にっ-たう【入唐】 [ートウ] 名詞 留学生や使節などが、日本から唐に渡ること。 発展 「にふたう」とも。

にっ-ちゅう【日中】 名詞 六時(＝一日を六つに分けた時刻)の一つ。正午。真昼。また、そのときに行う勤行。

日本永代蔵 作品名 江戸前期の＊浮世草子一六八八(元禄元)年刊。＊井原西鶴の町人物の第一作。才知と倹約によって富を獲得する者、遊びや驕りによって没落する者など、経済生活のさまざまな様相を町人の金銭心理に絡ませて描く三十話の短編集。

に-つら・ふ【丹つらふ】 (つら(ろ)う) 動詞 自 〔八四段〕(は・ひ・ふ・ふ・へ・へ)《上代語》赤く照り映える。美しい色をしている。

あれのみやかく恋すらむかきつはたにつらふ妹はいかにかあるらむ 歌〈万葉集・10・1986〉訳 私だけこうも恋をするのだろうか、カキツバタのように**美しい色をしている**(ほおの赤い)あの娘はどうなのだろう。

に-て

格助詞
- ❶(場所・時間・年齢を表し)…で。…に。
- ❷(資格を表し)…として。
- ❸(手段・方法・材料を表し)…で。…によって。
- ❹(原因・理由を表し)…によって。

接続 体言、活用語の連体形に付く。

格助詞 ❶(場所・時間・年齢を表し)…で。…において。…に。

かくあるうちに、京にて生まれたりし女子、国にてにはかに失せにしかば…。〈土佐日記・十二月二十七日〉訳 このように(多くの帰京の人々が)いる中に、(ある人は)都**で**生まれていた女の子が、任国**で**急に亡くなってしまったので…。○「かくあるうちに」は、「そうこうするうちに」という解釈もある。「京」と「国」とを対比させて述べている。

御母、二十三にて、この帝を産みたてまつりたまへり。〈大鏡・清和天皇〉訳 (清和天皇の)母君は、二十三歳**で**、この帝(＝清和天皇)をお産み申し上げなさった。

❷(資格を表し)…として。

この男、宇佐の使ひにて行きけるに…。〈伊勢・60〉訳 この男が、(今の大分県にある)宇佐神宮への勅使**として**(都から出向いて)行ったときに…。

❸(手段・方法・材料を表し)…で。…によって。

松里の渡りの津に泊まりて、夜一夜、舟にてかつがつ物など渡す。〈更級日記・太井川〉訳 (帰京する私たちは)松里(＝今の千葉県松戸市)の(川の)渡し場の船着き場に泊まって、一晩中、舟**で**どうにかこうにか(対岸に)荷物などを渡す。

❹(原因・理由を表し)…によって。…のために。

「我朝ごと夕ごとに見る竹の中におはするにて知りぬ。子になりたまふべき人なめり。」〈竹取・かぐや姫の生立〉訳 「私が毎朝毎晩見るタケの中に(あなたが)いらっしゃること**によって**分かった。(タケから「籠(＝かご。「子」と掛けたしゃれ)」ができるように、あなたは私の)子におなりになるはずの人であるようだ。」○タケから籠ができるから、タケからできた(生まれた)あなたも子になって当然だ、という趣旨。

発展 **語の成り立ち** 格助詞「に」＋接続助詞「て」が一語になったものかといわれる。

識別 **「にて」の識別**

品詞と用法	見分け方	例文と訳
格助詞「にて」	上に体言か活用語の連体形がきて、手段・方法などの意味。	御手にて書かせたまへる…。〈枕草子・240・御乳母の大輔の命婦〉訳 ご自筆で(歌を)お書きになったもの(＝扇)は…。
ナリ活用の形容動詞の連用形活用語尾＋接続助詞「て」	「にて」の上は状態を表し、独立させても主語にならない(「らうたげが…」とはいわない)。「にて」の上の部分は形容動詞語幹で、品詞分解できない。	つらつきいとらうたげにて、眉のわたりうちけぶり…。〈源氏・若紫〉訳 (少女は)ほおのあたりが本当にいかにもかわいらしくて、眉のあたりがほんのりと美しく見え…。
断定の助動詞「なり」の連用形＋接続助詞「て」	体言(あるいは活用語の連体形)に付き、「…であって」という意味を表している。	古き人にて、かやうのこと知れる人になんはべりける。〈徒然草・208・経文などの〉訳 (僧正は)年をとっている人であって、このようなことをよく知っている人でございました。
完了の助動詞「ぬ」の連用形＋接続助詞「て」	上に活用語の連用形がくる。	「行ひがちになりにてはべれば…。」〈源氏・柏木〉訳 「(私は今)仏前のお勤めばかりするようになってしまっておりますので…。」

に-て 連語 ㊀❶…であって。

不定と心得ぬるのみ、まことにて違はず。〈徒然草・189・今日は、そのことを〉訳 定め難く確かでないことと承知してしまうことだけが、真実**であって**狂わない。

❷(補助動詞「あり」「はべり」などを伴って)…で。

抜きて見すれば、まことにめでたき大刀にてあり。〈今昔〉訳 抜いて見せると、実にすばらしい大刀**である**。

㊁❶…てしまって。

去年の春逢へりし君に恋ひにてし桜の花は迎へけらしも 歌〈万葉集・8・1430〉訳 去年の春逢ったあなたに恋**してしまって**、サクラの花は(私を)迎えにやって来たらしいよ。

❷(その状態にある意を表す「あり」「はべり」を伴って)…てしまって(いる)。…てしまって(おります)。

「悩ましきに、いといたう強ひられて、わびにてはべり。」〈源氏・花宴〉訳 「気分が悪いところに、とてもひどく(飲酒を)無理強いされて、困っ**てしまって**おります。」

発展 ㊀の「に」は、❶も❷も、断定の助動詞「なり」の連用形。㊁の「に」は、完了の助動詞「ぬ」の連用形。なお、❷の「はべり」を伴う用例は中古の物語に見られる。

に-な・し【二無し】

二つとないようす ― この上もない。比類ない。

未然形	連用形	終止形	連体形	已然形	命令形
になく になから	になく になかり	になし ○	になき になかる	になけれ ○	○ になかれ

形容詞 〔ク〕 この上もない。比類ない。比べるものがない。すばらしい。

昔、男、身は卑しくて、いと二なき人を思ひかけたりけり。〈伊勢・93〉訳 昔、男が、身分は低いのに、とても**比べるものがない**(ほど身分の高い)人を恋しく思っていたのだった。

になひ-いだ・す【担ひ出だす】ニナイ｜動詞 他〔サ四段〕〈さ・し・す・す・せ・せ〉やっと持ち出す。やっと作り出す。
かの人々の、口網も諸持ちにて、この海辺にて**担ひ出だせる歌**…。〈土佐日記・十二月二十七日〉訳その人々が、声を合わせて漁師が総がかりで網を担ぎ出すように、この海辺で**やっと作り出した**歌…。

にな・ふ【担ふ・荷ふ】ニナ（ノ）ウ 動詞 他〔八四段〕〈は・ひ・ふ・ふ・へ・へ〉肩に荷物を載せて運ぶ。担ぐ。→古語チャート㉚（935ページ）
青き草多くいとうるはしく切りて、左右**になひて**…。〈枕草子・225・五月四日の夕つ方〉訳青い草をたくさんとてもきちんと切って、左右（の肩）に**担い**で…。

二人比丘尼にににん 作品名 江戸前期の★仮名草子。万治年間（一六五八〜一六六一）ごろ刊。★鈴木正三作。須田弥兵衛の妻が、知人の女性の死体が腐乱し白骨化していくのを見て、悟りを得て出家する話。

にの【布】名詞《上代東国方言》布。

に-の-ひと【二の人】名詞 宮中での席次が、一の人（＝摂政・関白）に次ぐ人。

に-の-まち【二の町】名詞 二流。二級。発展「町」は区画の意味。転じて、等級を意味するようになった。

に-の-まひ【二の舞】ーマイ 名詞 ❶舞楽で、案摩の舞の次に演じる、こっけいな舞。老人と老婆の奇怪な面を付け、案摩の舞の動作をまねて舞う。また、それに使う面。❷人のまねをすること。特に、前の人と同じ失敗を繰り返すこと。

［にのまひ❶］

に-の-みや【二の宮】名詞 ❶第二皇子。また、第二皇女。❷「一の宮」に次いで格式の高い神社。発展 ❶の意味で、皇女の場合は「女二の宮」とも。

に-は 一（「に」は断定の助動詞で）…では。
いとやむごとなき際にはあらぬが、優れて時めきたまふ、ありけり。〈源氏・桐壺〉訳それほど高貴な家柄ではない方で、際立って（帝の）寵愛を受けていらっしゃる方が、あったのだった。

二（「に」は格助詞で）…には。
えならぬ匂ひには、必ず心ときめきするものなり。〈徒然草・8・世の人の〉訳何とも言えないよい匂いには、必ず心がどきどきするものである。
発展 一は、断定の助動詞「なり」の連用形＋係助詞「は」。下に補助動詞の「あり」「はべり」などを伴う。また、逆接表現や打消の語と呼応することが多い。二は、格助詞「に」＋係助詞「は」。

には【庭】ニワ 名詞 ❶家屋の周囲にある空き地。また、庭園。❷物事が行われる場所。❸海面。水面。

にはか【俄】ニワカ 名詞（「俄狂言」の略で）街頭などで行われた、洒落・滑稽を主とする即興的演芸。

にはか・なり【俄なり】ニワカナリ 形容動詞〔ナリ・ノ〕〈なら・なり（に）・なり・なる・なれ・なれ〉急だ。突然だ。だしぬけだ。
女の兄、にはかに迎へに来たり。〈伊勢・96〉訳女の兄が、突然迎えに来た。

には-かまど【庭竈】ニワ｜名詞 正月の三が日、入り口の土間に新しいかまどを築き、家族がその周りに集まって、飲食する行事。また、そのかまど。季語 春

には-くら【庭蔵】ニワ 名詞 庭に造った蔵。

には-たづみ【行潦・庭潦】ニワタズミ 一 名詞 地上にたまったり流れたりしている雨水。
二 枕詞（一のようすから）「流る」「川」「行く」に係る。

には-つ-とり【庭つ鳥】ニワ｜一 名詞《動物》ニワトリ。
二 枕詞 「鶏（＝ニワトリの古い呼び方）」に係る。
発展「つ」は、「の」という意味の上代の格助詞。

には-のり【庭乗り】ニワ 名詞 庭でウマを乗りならすこと。

には-の-をしへ【庭の訓へ】ニワノオシエ 名詞 親の教え。家庭教育。
発展「庭訓」を訓読したことば。

にははいて…句
庭掃いて出でばや寺に散る柳〈奥の細道・全昌寺・松尾芭蕉〉訳せめて庭を掃き清めてから出発したいものだ。一夜の宿を借りた寺に散るこのヤナギの葉を。○季語 散る柳―秋
発展 宿泊した寺を出発しようとした際に、若い僧たちに請われて詠んだ句。

には-び【庭火】ニワ｜名詞 庭でたいて照明にする火。特に、宮中で神楽などのときにたくかがり火。

にば・む【鈍む】動詞 自〔マ四段〕〈ま・み・む・む・め・め〉にび色（＝濃

読解の手引き⑱
二方向への敬語とは？

「AさんがBさんに手紙を差し上げなさいました。」という文の敬語の構造は次のように図示できます。

動作をする人物	動作の及ぶ人物		1	2	3
Aさんが	Bさんに	手紙を	差し上げ	なさい	ました。

2の敬語は、（会話文であれば）話し手、（地の文であれば）作者の、Aさんに対する敬意を表します。Aさんは（会話文であれば）話題、（地の文であれば）物語のなかで**動作をする人物**（＝（動作）主体）です。**動作をする人物に対する話し手（作者）の敬意は尊敬語**で表されます。

また、1の敬語は、話し手（作者）のBさんに対する敬意を表しています。Bさんは話題のなかで**動作の及ぶ人物**（＝客体）にあたります。**話し手（作者）の動作の及ぶ人物に対する敬意は謙譲語**で表されます。

3の敬語は、**話し手（作者）の聞き手（読み手）に対する敬意**を表しています。これを**丁寧語**といいます。

これらを古文の①②の例で見てみましょう。

	動作をする人物	動作の及ぶ人物		謙譲語	尊敬語
①		朝廷に	御文	奉り	たまふ。
②	大納言殿の			参り	たまへるなりけり。

①は**動作をする人物**、②は**動作の及ぶ人物**が省略されていますが、敬語が省略されていないので、前後関係を特定できます。①は出典が『竹取物語』なので、敬意を表すべき「動作をする人物」は「かぐや姫」、②は『枕草子』なので、敬意を表すべき「動作の及ぶ人物」は「中宮様」と見当をつけて補うと次のように解釈できます。

①＝（かぐや姫は）帝にお手紙を差し上げなさる。

②＝大納言が、（中宮様の所に）参上なさったのであった。

このように、話題のなかの、**動作をする人物への敬意**と、**動作の及ぶ人物への敬意**とを**同時に表す敬語**を、**二方向に対する敬語**といいます。

いねずみ色で、昔の喪服の色)になる。よき童の、こまやかににばめる汗衫のつま、頭つきなどほの見えたる…。〈源氏・柏木〉訳 きれいな女の子で、濃いにび色になっている★汗衫の端や、髪型などがかすかに見えているのは…。
発展「にぶむ」とも。多く、喪服を着る意味で用いられる。

にひ-【新】 造語 (名詞に付いて)新しい、初めて、という意味を表す。語例 **新枕**・**新治**

にび-いろ【鈍色】 名詞 染め色のひとつ。濃いねずみ色。喪服の色として用いられ、死者との関係の深さによって色の濃淡がある。発展「★鈍色」の略。

にひ-さきもり【新防人】 名詞 新しく派遣された★防人。新任の防人。

にひ-たまくら【新手枕】 名詞 男女が初めて一緒に寝ること。初夜。類 新枕

にひ-なへ【新嘗】 名詞 ↓にひなめ

にひ-なめ【新嘗】 名詞 宮中の年中行事のひとつ。陰暦十一月の中の卯の日に宮中で、天皇がその年収穫した新米を神々に供え、自らも食べた儀式。発展「にひなへ」「にひなめのまつり」「新嘗会」とも。

にひ-ばり【新治・新墾】 名詞 新しく、野や山を切り開いて、田を作ったり道を開くこと。また、その田や道。

にひ-まくら【新枕】 名詞 ↓にひたまくら

にひ-むろ【新室】 名詞 新築の家。また、その部屋。

にひ-も【新喪】 名詞 最近、近親者を亡くして喪に服すること。新たに服する喪。

にひゃくとを-か【二百十日】 名詞 立春から数えて二百十日目に当たる日。九月一日ごろ。季語 秋 ↓ビジュアルチェック⑳(958ページ)

に・ぶ【鈍ぶ】 動詞 自〔バ四段〕〈ば・び・ぶ・ぶ・べ・べ〉にび色になる。類 鈍む 発展 一説に、上二段活用とも。

にぶ-いろ【鈍色】 名詞 ↓にびいろ

にふ-じ【入寺】 名詞 動詞 自〔サ変〕〈せ・し・す・する・すれ・せよ〉《仏教語》寺に入って僧・住職になること。

にぶ・し【鈍し】 形容詞〔ク〕〈く・く・し・き・けれ・○／から・かり・○・かる・○・かれ〉❶鈍い。鋭利ではない。切れ味が悪い。**紙をあまた押し重ねて、いと鈍き刀して切るさまは**…。〈枕草子・259・さかしきもの〉訳 紙をたくさん押し重ねて、ひどく**切れ味の悪い**刀で切るようすは…。❷鈍感だ。感覚が鋭敏でない。のろい。勘が悪い。「**これは鈍くして、過ちあるべし。**」〈徒然草・185・城陸奥守泰盛〉訳「これ(=ウマ)は**鈍感で**あって、間違いがあるに違いない。」

にふ-じゃく【入寂】 名詞 動詞 自〔サ変〕〈せ・し・す・する・すれ・せよ〉《仏教語》高僧が死ぬこと。類 入滅・入定・遷化 発展 寂滅に入るという意味。

にふ-だう【入道】 名詞 動詞 自〔サ変〕〈せ・し・す・する・すれ・せよ〉《仏教語》❶仏道に入って修行すること。僧や尼になること。また、その人。❷頭をそって僧衣を身に着けてはいるが、寺には入らないで在俗のまま仏道修行をしている人。特に、皇族や三位以上の貴族が仏門に入ること。また、その人。その人を敬った言い方。

にふ-ぢゃう【入定】 名詞 動詞 自〔サ変〕〈せ・し・す・する・すれ・せよ〉《仏教語》❶座禅をして心を統一し、無我の境地に入ること。★禅定の境地に入ること。対 出定 ❷高僧が死ぬこと。類 入寂・入滅・遷化

にふ-ぶ【入部】 名詞 動詞 自〔サ変〕〈せ・し・す・する・すれ・せよ〉❶自分の所有地や領地に入ること。❷国守や領主が初めて領地に入ること。

にふ-めつ【入滅】 名詞 動詞 自〔サ変〕〈せ・し・す・する・すれ・せよ〉《仏教語》迷いを離れて悟りの境地に入ること。また、釈迦や高僧が死ぬこと。類 入寂・入定・遷化

にへ【贄】 名詞 ❶その年に収穫した穀物を神に供え、豊穣を感謝する行事。また、その供え物。❷朝廷に奉納したり、神に供える神聖な食物。特に、穀物・野菜・魚・鳥など。❸贈り物。進物。

にへ・す【贄す】 動詞 他〔サ変〕〈せ・し・す・する・すれ・せよ〉(その年に収穫した穀物を)神に供え、籠もって感謝する。**鳰鳥の葛飾早稲をにへすともその愛しきを外に立てめやも** 歌〈万葉集・14・3386〉訳 ★葛飾産の早稲を**神に供え**、(新嘗の祭りを行い)**籠って感謝する**としても、あのいとしい人を戸外に立たせておけようか、いや、おけはしない。○「鳰鳥の」は「葛飾」に係る枕詞。

にへ-どの【贄殿】 名詞 ❶宮中の★内膳司にあり、諸国から奉納される魚や鳥などを納めておく所。❷貴族の家などで、食物の保存や調理などに使った所。

にほ【鳰】 名詞 ↓にほどり

二方向に対する敬語 国語・国文法

敬語使用の場で、話題の中の、動作をする人物への敬意と、動作の及ぶ人物への敬意とを同時に表す用法。「謙譲語＋尊敬語」という順に、二種類の敬語を重ねるもので、古語に顕著な用法として注意したい。

たとえば、「(AがBに)聞こえたまふ(=申し上げなさる)」は、「(AがBに)言う」の敬語表現であるが、異なる種類の敬語が二つ重ねて用いられ、AとBとの両者に対しての敬意が配慮されている。謙譲語「聞こゆ」は、「言う」動作の及ぶBへの敬意を表すのに用いられ、同時に尊敬語「たまふ」は「言う」動作をするAへの敬意も表しているのである。

なお、敬語使用の場が、物語などの地の文であれば作者からの敬意、会話文であれば話し手からの敬意となる。

↓読解の手引き⑱(962ページ)

にほ-どり【鳰鳥】 名詞《動物》カイツブリ(=水鳥の名)の古い呼び名。季語 冬

にほどり-の【鳰鳥の】 枕詞 (鳰鳥は水中に長く潜り、また雌雄の仲がよいとされることから)「なづさふ(=水に浸る)」「息長」「二人並び居」「かづく」に、また「かづく」との音の類似から)地名「葛飾」に係る。

にほ-の-うきす【鳰の浮き巣】 名詞 鳰鳥が、アシの茂みなどに作った巣。頼りない状態のたとえ。

にほ-の-うみ【鳰の海】 名詞 琵琶湖の別の呼び名。

にほのうみや… 歌
鳰の海や月の光のうつろへば波の花にも秋は見えけり
〈新古今集・秋上・389・藤原家隆〉訳 鳰の海(=琵琶湖)よ。月の光が(秋の色に)変わり(湖面に)映るので、(季節のない)波の花にも秋(の色)が見えたことだなあ。○初句切れ。「や」は呼びかけを表す間投助詞。「うつろへば」は、四段動詞「うつろふ」の已然形＋順接の確定条件を表す接続助詞「ば」で、「映ろふ」と「移ろふ」の意味を掛ける。
発展 本歌の「草も木も色かはれどもわたつうみの浪の花にぞ秋なかりける」〈古今集・秋下・250〉に対して、月の光が秋の色に変わるので、波の花も秋の色になると詠んだ。

にほは・し【匂はし】 形容詞〔シク〕〈しく・しく・し・しき・しけれ・○／しから・しかり・○・しかる・○・しかれ〉生気があって美しい。つやつやとして美しい。色濃い感じだ。**鼻なども鮮やかなる所なうねびれて、にほはしき所も見えず。**〈源氏・空蟬〉訳 (空蟬は)鼻筋などもすっきり通

ったところもなく老けて見えて、つやつやとして美しいところも見えない。

にほは・す【匂はす】(におわす) 動詞 他 サ四段〈さ・し・す・す・せ・せ〉
❶染める。彩る。美しく輝かせる。
秋の野をにほはす萩は咲けれども見るしるしなし旅にしあれば 歌〈万葉集・15・3677〉訳 秋の野を彩るハギは咲いているが、見るかいもない。旅先なので。
❷薫らせる。香りを漂わせる。
空薫き物、心憎きほどににほはして…。〈源氏・蛍〉訳 室内を香らせるためにたく薫き物を、奥ゆかしいと感じるくらいに**薫らせて**…。
❸ほのめかす。それとなく示す。
まほにはあらねど、うちにほはしおきて出でたまふ。〈源氏・横笛〉訳 あからさまにではないが、(夕霧は落葉の宮に対する心中を)**ほのめかして**おいてご出立になる。

にほひ【匂ひ】 名詞 ↓最重要語(964ページ)

にほひ-あ・ふ【匂ひ合ふ】(におい あ(お)う) 動詞 自 ハ四段〈は・ひ・ふ・ふ・へ・へ〉(二つ以上のにおいが)調和して香りよくにおう。
一つ香りににほひ合ひて、いとなつかし。〈源氏・鈴虫〉訳 (衣香と白檀とが)一つの香りに**調和して香りよくにおって**、とても好ましい。

にほひ-やか・なり【匂ひやかなり】(におい) 形容動詞 ナリ〈なら・なり(に)・なり・なる・なれ・なれ〉つやつやと色づいている。艶があって美しい。輝くように美しい。華やかだ。
いとにほひやかにほほゑみて賜へり。〈源氏・藤裏葉〉訳 (夕霧は)たいへん**艶があって美しく**ほほえみながら(歌を乳母に)お与えになっている。

にほひ-わた・る【匂ひ渡る】(におい) 動詞 自 ラ四段〈ら・り・る・る・れ・れ〉香りが辺り一面に広がる。美しい気配が一面に漂う。(花などが)辺り一面に美しく咲く。

にほ・ふ【匂ふ】 動詞 ↓最重要語(965ページ)

日本永代蔵(にほんえいたいぐら) 作品名 ↓日本永代蔵(にっぽんえいたいぐら)

日本紀(にほんぎ) 作品名 ↓日本書紀

日本後紀(にほんこうき) 作品名 平安前期の歴史書。八四〇(承和七)年に成立。藤原緒嗣ら編。★六国史の第三。四十巻(現存十巻)。『★続日本紀』の後を受け七九二(延暦十一)年正月から八三三(天長十)年二月までの歴史を収める。

日本三代実録(にほんさんだいじつろく) 作品名 平安前期の歴史書。九〇一(延喜元)年に奏上。藤原時平ら編。五十巻。「三代実録」とも。★六国史の第六。『★日本文徳天皇実録』の後を受け、八五八(天安二)年から八八七(仁和三)年までの歴史を収める。

日本書紀(にほんしょき) 作品名 日本最初の官撰の歴史書。七二〇(養老四)年に成立。★舎人親王を総裁として編纂された。三十巻。同時に系図一巻が作られたらしいが、伝わっていない。「日本紀」とも。★六国史の第一。第一・二巻は神代の物語を、第三巻以下は神武天皇から持統天皇までの歴史を、漢文による★編年体で記述したもの。『★古事記』と同じく皇室の尊厳を証明することを目的とするが、同じ内容を扱いながらも話が大きく異なる。

日本橋(にほんばし) 地名 今の東京都中央区日本橋。江戸初期の埋め立て地で、橋は一六〇三(慶長八)年に架けられた。東海道など★五街道の起点となる。江戸の商業の中心地区として発展した。

日本文徳天皇実録(にほんもんとくてんのうじつろく)[ニホンモントクテンノウ] 作品名 平安前期の歴史書。八七九(元慶三)年に奏上。

にほひ【匂ひ】(におい)

目に映える色や美しさ。また、香り

- [視覚]
  - ❶美しく映える色。色つや。
  - ❷生き生きとした美しさ。あふれるような美しさ。
  - ❸染め色や★襲の色目で、濃い色から徐々に薄い色になっていくこと。ぼかし。
  - ❹華やかなようす。栄華。威光。
- [嗅覚]
  - ❺香り。香気。
- ❻前句から続く余情。余韻。◉俳諧用語。

名詞 ❶**美しく映える色。**色つや。
せめて見れば、花びらの端に、をかしき匂ひこそ、心もとなう付きためれ。〈枕草子・37・木の花は〉訳 (ナシの花はおもしろみのない花だが)よくよく見ると、花びらの端に、趣深い**色つや**が、ほんのりと付いているようだ。
❷**生き生きとした美しさ。**あふれるような美しさ。
絵に書ける楊貴妃のかたちは、いみじき絵師といへども、筆に限りありければ、いと匂ひ少なし。〈源氏・桐壺〉訳 絵に書いてある楊貴妃の容貌は、優れた絵かきであっても、筆力に限度があったので、まったく**生き生きとした美しさ**が少ない。
❸**染め色や襲の色目で、濃い色から徐々に薄い色になっていくこと。ぼかし。**
檳榔毛の車の白く清げなるに、蘇芳の下簾、匂ひいと清らにて、榻に打ち掛けたるこそめでたけれ。〈枕草子・60・よき家の〉訳 ★檳榔毛の車で白く美しい車に、暗紅色の車外に垂らした布が、**ぼかし**がとても上品で美しくて、★榻にちょっと掛けてあるのはすばらしい。
❹**華やかなようす。栄華。威光。**
明けたてば、殿も上も参りたまひつつ、もてかしづきたまふ。匂ひいと心異なり。〈紫式部日記〉訳 夜が明けると、殿(=藤原道長)も(殿の)奥方も(孫である若宮の所に)参上なさっては、(若宮を)大切にお世話なさる。(その)**華やかなようす**は本当に格別である。
「人となりゆく齢に添へて、官位、世の中の匂ひも何とも覚えずなむ。」〈源氏・椎本〉訳 「(だんだん)成人していく年齢(を重ねる)につれて、官位や、世俗の**栄華**もなんとも思われなく(なってしまった)。」
❺**香り。**香気。
荒れたる庭の露繁きに、わざとならぬ匂ひ、しめやかにうち薫りて…。〈徒然草・32・九月二十日のころ〉訳 荒れている庭で露がたくさんある(その)庭に、(わざわざ薫いたのではない)さりげない(香の)**香り**が、しっとりと漂って…。
❻《俳諧用語》(特に、★蕉風の俳諧で)**前句から続く余情。余韻。**
先師いはく「昔は付け物をもっぱらとす。…今は、うつり、ひびき、にほひ、位をもって作るをよしとす。」〈去来抄・修行〉訳 先師(=芭蕉)が言うには「昔は★付け物に専心する。…今は、前句の余情との照応、緊張感のある呼応、**余韻**、品格によって(句を)付けるのをよいとする。」

藤原基経ら編。十巻。略称「文徳実録」とも。★六国史の第五。『★続日本後紀』の後を受け、八五〇(嘉祥三)年から八五八(天安二)年までの文徳天皇一代の歴史を収める。

日本霊異記【にほんりょういき〔リャウイキ〕】作品名 平安前期の仏教説話集。八二三(弘仁十四)年までに成立。景戒編。三巻。正式名称は「日本国現報善悪霊異記」。「にほんれいいき」とも読み、また「霊異記」とも略す。日本最古の仏教説話集で、雄略天皇から嵯峨天皇の時代までの因果応報説話一一六話を漢文体によりほぼ年代順に集成。『今昔物語集』など、後世の説話集の先駆となる。

に-も ㊀(「に」は格助詞で)❶…においても。…でも。…につけても。…(する)ときにも。**前の世にも御契りや深かりけむ**…。〈源氏・桐壺〉訳(帝と桐壺の更衣とは)前世に**おいても**ご宿縁が深かったのではなかろうか…。

❷(婉曲に主体を示して敬意を表し)…におかれても。**宮の御前にも、笑ひきこえさせたまふも、知らせたまはぬほどに**…〈枕草子・313・大納言殿参りたまひて〉訳中宮様**におかれても**、(天皇に向かって)お笑い申し上げなさることも、(眠っている天皇は)お気づきにならないでいるうちに…。

❸…に比べても。…よりも。**この人々の深き志は、この海にも劣らざるべし**。〈土佐日記・一月九日〉訳この人々の深い誠意は、この(深い)海**に比べても**劣らないに違いない。

❹…にさえも。…にまでも。**なかなか危ふくおぼし憚りて、色にも出ださせたまはずなりぬるを**…。〈源氏・桐壺〉訳(第一皇子をとび越えて若宮を東宮に立てることは)かえって不安でご遠慮なさって、(帝が)顔色**にさえも**お出しにならないままになってしまったことを…。

㊁(「に」は断定の助動詞で)…でも。…では。「**おのが身は、この国の人にもあらず**。」〈竹取・かぐや姫の昇天〉訳「私の身は、この国(=人間界)の人間**では**ない。」

発展 ㊀は、格助詞「に」+係助詞「も」。「に」と「も」の意味によって、いろいろな意味になる。㊁は、断定の助動詞「なり」の連用形+係助詞「も」。下に補助動詞「あり」「はべり」などを伴って用いられる。また、多く打消の語を伴う。

にほ・ふ 【匂ふ】にほう

目に美しく映える

- ㊀動詞 自
  - ❶美しく色づく。
  - ❷明るく照り映える。
  - ❸よいにおいがする。薫る。
  - ❹生き生きとした美しさに満ちている。
  - ❺恩恵を受けて栄える。
- ㊁動詞 他〔八四段〕— 薫らせる。
- ㊂動詞 他〔八下二段〕— 美しく色づける。

	未然形	連用形	終止形	連体形	已然形	命令形
動詞 自〔八四段〕 動詞 他〔八四段〕	にほ・は	にほ・ひ	にほ・ふ	にほ・ふ	にほ・へ	にほ・へ
動詞 他〔八下二段〕	にほ・へ	にほ・へ	にほ・ふ	にほ・ふる	にほ・ふれ	にほ・へよ

㊀動詞 自〔八四段〕❶**美しく色づく**。**染まる**。**春されば花咲きををり秋されば黄葉にほひ**…歌〈万葉集・17・3907〉訳春になると花が咲き乱れ、秋になると黄葉が**美しく色づき**…。

❷**明るく照り映える**。**色美しく映える**。**多祜の浦の底さへにほふ藤波をかざして行かむ見ぬ人のため**歌〈万葉集・19・4200〉訳多祜の浦(=今の富山県にあった湖の一部)の底まで**明るく照り映える**フジの花を髪に差して(帰って)行こう。(まだ)見ない人のために。

❸**よいにおいがする**。**薫る**。**橘のにほへる香かも時鳥鳴く夜の雨に移ろひぬらむ**歌〈万葉集・17・3916〉訳タチバナが**薫っ**ている香りは、ホトトギスが鳴く夜の雨で消えてしまっているのだろうか。

❹**生き生きとした美しさに満ちている**。**麗しく見える**。**かたちも盛りににほひて、いみじく清らなるを**…。〈源氏・若菜上〉訳(夕霧は)顔立ちも最もよい時期で**生き生きとした美しさに満ちていて**、たいへん気品があるのを…。

❺**恩恵を受けて栄える**。**引き立てられる**。「**人ひとりを思ひかしづきたまはむゆゑは、辺までもにほふ例こそあれ**…。」〈源氏・真木柱〉訳「あの方(=紫の上)ひとりを(源氏が)大切に扱っていらっしゃったりするからには、縁につながる人までも**恩恵を受けて栄える**(という)例があるものだが…。」

㊁動詞 他〔八四段〕**薫らせる**。**花の色は雪に交じりて見えずとも香をだににほへ人の知るべく**歌〈古今集・冬・335〉訳(ウメの白い)花の色は雪(の色)に交じって見えなくても、せめて香りだけでも**薫らせよ**。(どこに咲いているか)人が知ることができるように。

㊂動詞 他〔八下二段〕**美しく色づける**。**染める**。**住吉の岸野の榛ににほふれどにほはぬ我やにほひて居らむ**歌〈万葉集・16・3801〉訳住吉の岸野(=今の大阪市住吉区の地名)のハンノキで**染めて**も染まらない私が、(どうして友達の気持ちに)染まっているのだろうか。〇「にほはぬ」「にほひて」の「にほふ」は、共に㊀❶の四段動詞。

類語比較 **「にほふ」と「かをる」**

共通点=よい香りがする。また、美しく見える。

にほふ=①「にほふ」の「に」は「丹」で赤い色、「ほ」は「秀・穂」で抜きんでて現れること、これに「ふ」を添えて動詞にしたものといわれる。②赤い色が美しく目立つ、という意味で、もともと、視覚的な美しさを表すのに用いられた。

かをる=よい香りが漂う、という嗅覚についていうのがもともとの意味。

※ただし、「にほふ」は上代からすでに、薫る意味でも用いられており、中古以降は、両語とも視覚・嗅覚の両方の意味を持つようになった。中世以降には、むしろ「にほふ」の方が嗅覚を表す代表的なことばになっていった。

にーもーこそーあれ …であると困る。
「うたてわが男聞きて、うたてあるさま**にもこそあれ**。」〈大和・148〉訳「あいにく私の(今の)夫が(私が前の夫を捜していることを)聞いて、(二人の間が)具合の悪い状態(になるよう)**であると困る**。」
発展 断定の助動詞「なり」の連用形＋係助詞「も」＋係助詞「こそ」＋ラ変補助動詞「あり」の已然形。↓もこそ

にーや 連語 ㊀(「に」が断定の助動詞で) ❶(文中に用いて、疑問を表し)…ではないだろうか。…ではないか。
冬ながら空より花の散りくるは雲のあなたは春にやあるらむ 歌〈古今集・冬・330〉訳↓ふゆながら…
❷(文末に用いて、疑問を表し)…ではないだろうか。…ではないか。
「ありつる鉢を忘れて、取り出でずなりぬる、それが仕業**にや**。」〈宇治拾遺〉訳「さっきの鉢を(倉へしまい込んだまま)忘れて、取り出さないままになってしまった(鉢の)、それの仕業**ではないだろうか**。」
㊁(「に」が格助詞で、疑問を表し)…に…のではないだろうか。…に…のではないか。
「十九**にや**なりたまひけむ。」〈源氏・夕顔〉訳「(夕顔は)十九歳**に**おなりになった**のではないだろうか**。」
発展 ①㊀は、断定の助動詞「なり」の連用形＋係助詞「や」。文中に用いられる場合は、下に「あらむ・あるらむ・ありけむ」などの表現を伴う。また、「にや」が文末に来る場合は、それらの語句を補って解する。↓にやあらむ
②㊁は、格助詞「に」＋係助詞「や」。

にーやーあらーむ (疑問を表し)…ではないだろうか。
「おぼろけの願によりて**にやあらむ**、風も吹かず…。」〈土佐日記・一月二十一日〉訳 並々でない祈願によって**ではないだろうか**、風も吹かないで…。
発展 断定の助動詞「なり」の連用形＋係助詞「や」＋ラ変補助動詞「あり」の未然形＋推量の助動詞「む」の連体形。以上の単語を現代語に置き換えると、「であろうか」となるが、「にやあらむ」の疑いの表現は確信の度合いの強いものなので、現代日本語としては「ではないだろうか」に相当する。そこで、現代語訳は、「ではないだろうか」としたが、もちろん、逐語訳「であろうか」を否定するものではない。

にーやーらーむ …ではないだろうか。
「出家入道まで申したれば**にやらん**…。」〈平家・2・少将乞請〉訳「(私が)出家し仏門に入るとまで申し上げたから**ではないだろうか**…。」
発展「にやあらむ」の変化したもの。

にゅう(現)↓(歴)**にふ**【入】

にょいーほうじゅ【如意宝珠】名詞《仏教語》これに祈れば一切の願いがかなうという不思議な宝玉。発展「にょいほうしゅ」とも。

にょいりんーくゎんおん【如意輪観音】名詞 人々の願いを成就させるという観音。腕が六本あり、左に如意宝珠、右に宝輪と呼ばれる仏具を持つ。発展「如意輪」とも。

[にょいりんくゎんおん]

にょうーくゎん【女官】名詞 宮中に仕える女性の役人の総称。発展「にょくわん」とも。一説に、下級の女官を「にょうくわん」、上級の女官を「にょくわん」と呼んだという。

にょうーご【女御】名詞 后のひとつ。天皇の寝所に仕えた高位の女官。位は★更衣の上で★中宮の下。↓古語チャート⑮(463ページ)

にょうーばう【女房】

宮中などで一室を与えられた高位の女官や、貴人の家に仕える女性
- ❶宮中や院の御所などに仕え、一室を与えられた高位の女官の呼び名。
- ❷貴人の邸宅に仕える女性の呼び名。
- ❸妻。
- ❹女性。◉中世以降の用法。

名詞 ❶**宮中や院の御所などに仕え、一室を与えられた高位の女官の呼び名。**
母北の方、「同じ煙に昇りなむ。」と泣き焦がれたまひて、御送りの**女房**の車に、慕ひ乗りたまひて…。〈源氏・桐壺〉訳(亡き桐壺の更衣の)母である北の方は、「(火葬される娘と)同じ煙になって空へ昇ってしまいたい。」と泣きながら思い焦がれなさって、ご葬送をする**女官**の車に、後を追ってお乗りになって…。
❷**貴人の邸宅に仕える女性の呼び名。**
家の御達、**女房**などのうかがふを、打たれじと用意して…。〈枕草子・3・正月一日は〉訳(貴人の)家の主立った女房や、(その他の)**女房**などが(節句の風習に従って、子のいない女性の腰を打とうと)機会をねらっているのを、打たれまいと用心して…。
❸**妻**。
故関白殿の**女房**、わづらふことありて、まかでたまふべきを…。〈夜の寝覚〉訳 亡き関白殿の**妻**(である寝覚の君)が、病気で苦しむことがあって、退出なさることになっているが…。
❹《中世以降》(一般に)**女性**。
「先の旦那殿が、きれいなる**女房**を使ふことが好きぢや。ことに、この中お果てなされた奥様に似たところがある。」〈西鶴・世間胸算用〉訳「先方のご主人は、きれいな**女性**に身辺の世話をさせることが好きだ。特に、(あなたの奥さんは)この間お亡くなりになった奥様に似たところがある(ので、働きたいならうってつけだ)。」
発展 ①**語の歴史** 「房」は「部屋」の意味を表す。そこから❶の、「房」を与えられた高位の女官をいうようになったもの。出身の家柄などにより、上臈・中臈・下臈の区別があり、貴人のもとで、身辺の世話やその子の教育などに携わった。同様の身分の男性は「男房」と呼ばれた。
②**現代語とのつながり** 現代語では❸の意味に限られるが、これは、貴人の妻を呼ぶのに❶❷の意味を持つ「女房」ということばを婉曲的に用いたところから生まれた用法である。

にょうばうーいはらじ【女房家主】名詞 ↓にょうばういへぬし

にょうばうーいへぬし【女房家主】名詞 主婦。女主人。発展「にょうばういはらじ」とも。

にょうばうーぐるま【女房車】名詞 ★女房が乗る★牛車。

にょうばうーのーさぶらひ【女房の侍ひ】名詞 宮中での女房の詰め所。台盤所。

女房詞［ニョウボウ］国語・国文法 宮中や院の御所に仕えた女房が身近な事物に対して使うようになった特殊な

ことば。食事・服飾・身体などに関するものが主。女房の間で*婉曲（えんきょく）表現として用いられ、後に公家（くげ）社会に移り、また、足利・徳川将軍家に仕えた女性から町家の女性に広がり、さらに男性にも及び、現代語にも至るものもある。語頭に「お」を付けて下位要素を略した「おこは（強飯）」「おでん（田楽）」、語頭を残して「文字（もじ）」を添える「かもじ（髪）」「しゃもじ（杓子）」など。「御所詞」とも。

にょう-ゐん【女院】 名詞 天皇の生母や后（きさき）、内親王などで、特に院号を贈られた女性。また、その称号。上皇に準ずる待遇を受けた。
発展「にょゐん」とも。一条天皇の生母藤原詮子（せんし）を東三条院と呼んだのが最初。

にょ-くらうど【女蔵人】 名詞 宮中で雑務を担当する女官。内侍（ないし）・命婦（みょうぶ）の下の位。

にょ-くゎん【女官】 名詞 ↓にょうくゎん

にょ-ご【女御】 名詞 ↓にょうご

にょ-し【女子】 名詞 女性。また、女の子。

にょ-しゃう【女性】 名詞 女の人。女性（じょせい）。

にょ-じゅ【女嬬・女孺】 名詞 *内侍司（ないしのつかさ）や*掃部寮（かもんれう）などに属し、宮中の掃除、点灯などの雑務を担当する下級の女官。発展「にょうじゅ」とも。

にょぜ-がもん【如是我聞】 名詞《仏教語》釈迦（しゃか）の死後、弟子の阿難（あなん）が、教えを経典にまとめるにあたり、師の教えを直接聞いたという意味で、経文の冒頭に付けたことば。発展「このように私は聞いた」という意味。

にょでい-にん【如泥人】 名詞 だらしない人。締まりのない人。発展「如泥」とは「泥のような」という意味。

によ・ふ【呻吟ふ】 動詞 自 八四段〈は・ひ・ふ・ふ・へ・へ〉うめく。うなる。

によふによふ担はれたまひて家に入りたまひぬるを…。〈竹取・竜の頸の玉〉訳（大納言は）**うめきうめき**担がれなさって家にお入りになったのを…。

にょ-べったう【女別当】 名詞 *斎宮（さいぐう）や*斎院（さいいん）に仕えた女官。

にょ-ほふ【如法】 副詞 文字どおり。もとより。

如法夜半のことなれば、内侍も女官も参り合はずして…。〈平家・11・鏡〉訳（出火は）**文字どおり**夜中のことなので、*内侍も女官も参上して顔を合わせなくて…。

にょ-ほふ・なり【如法なり】 形容動詞 ナリ〈なら・なり（に）・なり・なる・なれ・なれ〉❶《仏教語》仏の教えどおりだ。法式どおりだ。

功徳も御祈りも、如法に行はせたまひし。〈大鏡・頼忠〉訳（四条の宮は）現世・来世に幸福をもたらす善行やご祈禱も、**法式どおりに**行いなさったのである。

❷穏やかだ。柔和だ。温厚だ。

菱屋介五郎は如法なる、気もまる額ににこやかに…。〈近松・今宮の心中〉訳 菱屋介五郎は**温厚で**、気持ちも優しく丸額の顔をにこにこして…。

にょ-ぼん【女犯】 名詞《仏教語》僧が戒律を破って女性と交わること。

にょ-らい【如来】 名詞《仏教語》仏を尊んだ言い方。釈迦如来・薬師如来など。発展 *真如より現れてきた者、という意味。

にょらい-かけ-て【如来掛けて】 仏に誓って。絶対に。

「**微塵も愛着残らぬと、如来かけての母が言ひ分からは**…。」〈近松・女殺油地獄〉訳「これっぽっちも執着心は残らないと、**仏に誓って**の母のことばもあるのだから…。」

発展 名詞「にょらい」＋下二段動詞「かく」の連用形＋接続助詞「て」。

如儡子（にょらいし） 人名 江戸前期の仮名草子作者。当時の武士の生活を批判した『*可笑記』を著すなど、江戸初期の政治や世相を作品に描いた。生年不明―1674

にょ-ゐん【女院】 名詞 ↓にょうゐん

にら・ぐ【焠ぐ】 動詞 他 ガ四段〈が・ぎ・ぐ・ぐ・げ・げ〉（熱した鉄を水につけて）鍛える。焼きを入れる。

かの竜泉に剣をにらぐとかや。〈奥の細道・羽黒山〉訳 あの（中国の）竜泉の水で剣を**鍛える**とかいうことである。

にらま・ふ【睨まふ】 動詞 他 ハ下二段〈へ・へ・ふ・ふる・ふれ・へよ〉にらみ付ける。にらみ続ける。

滋藤の弓の真ん中取って、船の方をにらまへ…。〈平家・11・嗣信最期〉訳（義経は）*滋藤の弓の真ん中を握って、船の方を**にらみ付け**…。

に・る【似る】 動詞 自 ナ上一段〈に・に・にる・にる・にれ・によ〉（物の形や性質などが）同じように見える。調和する。

にれ-か・む【齝む】 動詞 他 マ四段〈ま・み・む・む・め・め〉ウシやヒツジなどが、飲みこんだものを再び口の中に戻してかむ。

にろく-じ【二六時】 名詞 一昼夜。一日中。

にわ（現）↓（歴）**には【庭】**

に-わう【仁王・二王】 名詞《仏教語》金剛力士（こんごうりきし）の別の呼び名。仏法の守護神として、寺の門の両側に置かれる。

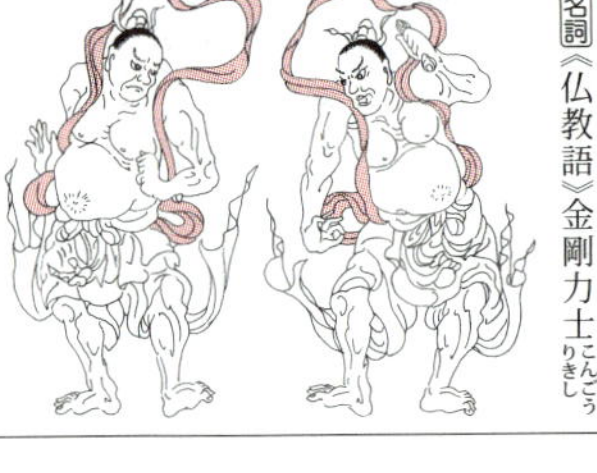
［にわう］

にわか（現）↓（歴）**にはか【俄】**

にん-がい【人界】 名詞《仏教語》十界の一つで、人間の住む世界。類 人間界

にんが-の-さう【人我の相】 名詞《仏教語》自分本位な考え。我執（がしゅう）。

にんげん-かい【人間界】 名詞 ↓にんがい

にん-こく【任国】 名詞 *国司として任じられた国。発展「にんごく」とも。

にん-じ【人事】 名詞 ❶人間のすること。人としての行い。❷人との付き合い。交際。

にん-じゅ【人数】 名詞 人の数。人員。また、大勢の人。発展「にんず」とも。

にんじゅ-だて【人数立て】 名詞 人員の配列。軍勢の手分け。

人情本（にんじょうぼん） 文芸用語 江戸時代の小説の一分野。一八一九（文政二）年ごろから、明治初年に及んだ写実的な恋愛小説。寛政の改革（一七八七〜一七九三）後、うがちと滑稽から感傷的な恋の描写へと変化した*洒落本の流れを受けて、天保年間（一八三〇〜一八四四）に最も人気を得た。*為永春水の『*春色梅児誉美』などが代表作品。その内容から、「泣本」ともいわれた。

にん-じん【人身】 名詞 人として生まれた身。人間の体。人間。発展「じんしん」とも。

にん-だう【人道】 名詞 ❶《仏教語》人間の住む世界。

人間界。[類]人界。❷人として行うべき道。人倫。

にん-ぢゃう【人長】[名詞] 宮中の神楽の舞人の長。雅楽・御神楽の進行の責任者。★近衛の★舎人が務めた。

にん-てい【人体】[名詞] 体つき。容姿。また、風格。

仁和寺 [寺社名] 京都市右京区にある寺。真言宗御室派総本山。寺名は仁和年間の造立による。宇多天皇が寺内に御室(=僧坊)を造営して移り住んだことから、「御室」の名でも呼ばれた。その後、代々の法親王が入住して門跡寺院の筆頭となった。境内の桜は「御室の桜」として有名。八八六(仁和二)年に光孝天皇の勅願によって着工されたが、翌三年に天皇は崩御。宇多天皇がその遺志を継いだ。↓ビジュアルチェック㉓(1093ページ)

にん-にく【忍辱】[名詞]《仏教語》★六波羅蜜の一つで、どんな侮辱や迫害にも耐え、心を動かさない行。

にんにく-の-ころも【忍辱の衣】《仏教語》耐え忍ぶ心が害悪を防ぐこと。また、袈裟の別の呼び名。[発展] 害悪を防ぐ心を、身を覆って守る衣服にたとえたことば。「忍辱の袈裟」とも。

にん-ぴにん【人非人】[名詞] ❶《仏教語》八部衆(=仏法を守護する八種の鬼神)の一つ、緊那羅の別の呼び名。また、八部衆の総称。❷《仏教語》人と人でないものを合わせた呼び名。❸人の道に外れた者。人でなし。

にん-わう【人皇】[名詞](神代に世を治めたという神に対して)人間として世を治めた、神武天皇以後の歴代の天皇。

にんわう-ゑ【仁王会】[名詞] 国の平和・安全を祈願して、宮中の大極殿・紫宸殿・清涼殿などで「仁王護国般若経」を講義する法会。三月と七月に行われたが、臨時、または天皇即位直後に行われることもあった。

ぬ

ぬ ↓基本助動詞20(968ページ)

ぬ 助動詞ずの連体形。↓基本助動詞20(687ページ)

ぬ【野】[名詞] 野原。**千葉の野の児手柏の含まれど…**[歌]〈万葉集・20・4387〉[訳]千葉の**野原**にあるコノテガシワのように(あの娘は)まだつぼみであるけれど…。

[発展]「の」を表す万葉仮名を、近世の学者が「ぬ」を表すと誤ったものといわれる。『万葉集』の中で「ぬ」と読まれるのは、上代東国方言に限られると考えてよい。

ぬ【寝・寐】

体を横たえる
❶横になる。眠る。
❷(男女が)共寝する。

未然形	連用形	終止形	連体形	已然形	命令形
ね	ね	ぬ	ぬる	ぬれ	ねよ

[動詞][自](ナ下二段) ❶**横になる。眠る。**[対]起く ↓古語チャート㉛(971ページ)

「ここにぞ伏したる。客人は**ねたまひぬるか**。」〈源氏・帚木〉[訳]「(私は)ここで横になっている。客人はお**眠りに**なったか。」

❷(男女が)**共寝する。**

まかなしみぬれば言に出さなへば心の緒ろに乗りてかなしも[歌]〈万葉集・14・3466〉[訳](あの人が)いとしいので**共寝する**と、うわさに上る。(そうかといって)**共寝し**ないでいると、ずっと心から離れなくて切ないなあ。

[発展]**「ねぶる」と「ぬ」**「ぬ」は眠っているか否かに関わらず、寝床で横になること。睡眠の意味を表す動詞は「ねぶる」で、座ったままの姿勢で眠る場合にも用いられる。

[関連語] 寝・寝を寝ぬ・寝の寝らえぬに・眠る

ぬえ【鵺・鵼】[名詞] ❶《動物》トラツグミの別の呼び名。[類]鵺鳥・鵺子鳥 ❷想像上の化け物。頭はサル、体はタヌキ、手足はトラ、尾はヘビに似ているという。『平家物語』の中に出てくる源頼政がこれを退治した話が有名。

ぬえこ-どり【鵺子鳥】[一][名詞]↓ぬえ❶ [二][枕詞](悲しげな声で鳴くことから)「うらなく」に係る。

ぬえ-どり【鵺鳥】[名詞]↓ぬえ❶

ぬえどり-の【鵺鳥の】[枕詞](鵺の悲しげな鳴き声から)「うらなく」「のどよふ」「片恋」に係る。

ぬか【額】[名詞] ❶ひたい。❷礼拝。ぬかずくこと。

ぬ-か [連語](他に対する願望を表し)…てくれないかなあ。…てほしい。

二上の山に隠れるほととぎす今も鳴かぬか君に聞かせむ[歌]〈万葉集・18・4067〉[訳]二上の山にひそんでいるホトトギスよ、今すぐ鳴い**てほしい**。殿に聞かせよう。

[発展] 打消の助動詞「ず」の連体形＋終助詞「か」。一語の助詞とする説もある。

ぬか-ご【零余子】[名詞] ヤマイモのつるになる小さなイモ。[季語]秋 [発展]「むかご」とも。

ぬか-す【吐かす】[動詞][他](サ四段)〈さ・し・す・せ・せ〉言いやがる。[発展]「言ふ」を卑しめて言うことば。

額田王 [人名] 飛鳥時代の女性歌人。大海人皇子(★天武天皇)の妻となり、後に★天智天皇の寵愛を受けたというが、確証はない。『万葉集』に十二首の歌を残すが、そのうちの何首かは天皇の代作と考えられている。優艶な歌のある一方、雄渾な歌もあり、作風は多彩。生没年不明。

ぬ 基本助動詞20

確信をもって、はっきり述べようという気持ちを表す

❶(動作・作用が完了した意味を表し)…てしまう。…た。
❷(確述を表し)きっと…。確かに…だ。◉まだ確定していない未来の事柄について用いられる。
❸(並列を表し)…たり…たり。◉中世以降の用法。

[助動詞](ナ変型)[接続]活用語の連用形に付く。

未然形	連用形	終止形	連体形	已然形	命令形
な	に	ぬ	ぬる	ぬれ	ね

❶(動作・作用が完了した意味を表し)…**てしまう**。…**た**。…**てしまった**。

女をば草むらの中に置きて、逃げにけり。〈伊勢・12〉[訳](男は)女を草むらの中に置いて、逃げ**てしまった**のだった。

○過去の助動詞「けり」は活用語の連用形に付くので、この「に」は完了の助動詞「ぬ」の連用形である。

❷(まだ確定していない未来の事柄について、確かに起こる

こととして確述を表し）きっと…。確かに…だ。…てしまう。…た。

「潮満ちぬ。風も吹きぬべし。」〈土佐日記・十二月二十七日〉訳「潮は満ちた。風もきっと吹くに違いない。」○推量の助動詞「べし」があるので、「風も吹く」という作用は将来起こることである。「ぬ」はその作用が確実に行われるという意味を表し、❶の完了の意味とは異なる。前にある「潮満ちぬ」の「ぬ」は完了の意味。

「はや船に乗れ。日も暮れぬ。」〈伊勢・9〉訳「早く船に乗れ。日も暮れてしまう。」○まだ日暮れになっていないときに、「日も暮れぬ」と言っているので、未来のことでも確かに起こることを表す確述の用法である。

用ありて行きたりとも、その事果てなば、とく帰るべし。〈徒然草・170・さしたることなくて〉訳用事があって（人の所へ）行ったとしても、その用事が終わってしまったならば、早く帰るのがよい。○未然形＋接続助詞「ば」で仮定条件を表す。「ぬ」は仮定のなかでもその作用が確かに起こることを表す。

❸《中世以降》（並列を表し）…たり…たり。

あさましう慌たたしかりしことどものたまひ出ぃだして、泣きぬ笑ひぬぞしたまひける。〈平家・10・藤戸〉訳（逃げ延びていく平家方の人々は）嘆かわしく慌ただしかったことなどを言い出しなさって、泣いたり笑ったりなさったことだ。

発展 ①語の成り立ち　行ってしまう意味を表すナ変動詞「往ぃぬ」の「い」が脱落してできたことばかといわれる。したがって、もともとはナ変動詞には接続しなかった。しかし中古末期には、「死にぬ」などの例も現れる。

②❶と❷の違い　❶の完了の用法は、動作・作用が完了したことが確定した場合に用いられ、❷の確述の用法は、まだ確定していない未来の事柄について確かに起こることをいう場合に用いられる。どちらも「…てしまう・…た」と訳すことができるので、日本語では古語でも現代語でも、英語でいう完了の表現のように明確な時制の区別が見られない。

③存続の意味はない　「ぬ」「つ」「たり」「り」は一括して完了の助動詞と呼ばれるが、「たり」「り」の方が存続の意味に重点が置かれるのに対して、「ぬ」「つ」にはふつうその意味がないとする。したがって、「雪積もりたり」といえば、雪が積もった結果が存続している意味を表すが、「雪積もりぬ」といえば、雪が積もっていく状態が完了したことを表すのみで、その結果が今も続いているかどうかに関係なく用いられる。

④「つ」と「ぬ」の違い　主に、「つ」が人の意志が加わった動作を表す動詞に付くことが多いのに対して、「ぬ」は自発的で意志とは関係がない動作や自然発生的な作用を表す動詞に付く場合が多いという点にある。たとえば、「つ」は「物を投げつ」「花を散らしつ」などのように作為的な動作について用いられ、「ぬ」は先に挙げた「雪積もりぬ」や「花咲きぬ」などのように自然に起こる作用について用いられる。ただし、これらの例では、その動詞の作用が状態として後に残るともみられるので、結局、「ぬ」にも「たり」「り」と同じような、結果の存続の意味が含まれるという説もある。

⑤❸の並列の意味は、接続助詞になった用法ともいえる。中古末には用例を見るが、中世以降定着する。

⑥「にしか」「にしかな」　「ぬ」の連用形に願望を表す終助詞「しか」が付いた「にしか」（「にしが」）、「にしか」にさらに詠嘆を表す終助詞「な」が付いた「にしかな」（「にしがな」）は、共に一語の終助詞として扱われる。↓にしか・にしがな

⑦「ずなりぬ」　打消の助動詞「ず」＋四段動詞「なる」の連用形に付いた「ずなりぬ」の形で、「…しないまで終わってしまう」という意味を表す慣用的な言い方もある。一方、「ずなりつ」とはいわなかった。↓ずなりぬ

識別「な」の識別↓な（基本助詞25）
「に」の識別↓に（基本助詞25）
類語比較「つ」と「ぬ」↓つ（基本助動詞20）
関連語 たり（基本助動詞20）・り（基本助動詞20）

識別「ぬ」の識別

品詞と用法	見分け方	例文と訳
完了の助動詞「ぬ」の終止形	活用語の連用形に付く。上に係り結びに関係する助詞（ぞ・なむ・や・か）がない。	暮れぬれば参りぬ。〈枕草子・83・返かへる年の二月二十日余日よ〉訳日が暮れてしまったので（中宮様のところに）参上した。
打消の助動詞「ず」の連体形	活用語の未然形に付く。下に体言が接続している。	京には見えぬ鳥なれば…。〈伊勢・9〉訳京都では見ることができない鳥であるので…。
下二段動詞「ぬ（寝）」の一部	上に活用語が接続していない。「眠る・寝る」の意味。	嘆きつつひとりぬる夜の明くる間は…百人一首〈拾遺集しゅうい・912〉訳（あなたを待ちかねて）嘆きながらひとり寂しく寝る夜の、明けるまでの時間が…。
ナ変動詞の終止形語尾	ナ変動詞は「死ぬ」「往ぃぬ」の二語。下に終止形に接続する助動詞（らむ・べし・めり等）がある。	…あはれ今年の秋もいぬめり百人一首〈千載集せんざい・1026〉訳…ああ、今年の秋も（空しく）過ぎていってしまうようだ。

識別「ね」の識別

品詞と用法	見分け方	例文と訳
完了の助動詞「ぬ」の命令形	上は活用語の連用形で、言い切りの形で文末に置かれる。	「とく帰りたまひね。」〈枕草子・34・菩提ぼだいといふ寺に〉訳「早くお帰りになってしまえ（＝帰ってしまって下さい）。」
打消の助動詞「ず」の已然形	上は活用語の未然形で、下に「ど・ども・ば」がくる。また、「こそ」の結びとなる。	…わが身ひとつの秋にはあらねど百人一首〈古今集・秋上・193〉訳…自分一人（だけ）の秋ではないけれども。
下二段動詞「ぬ（寝）」の未然形・連用形	「眠る・寝る」という意味で使われる。	夜は風の騒ぎにねられざりければ…。〈枕草子・200・野分のわきのまたの日こそ〉訳夜は風（の音）のやかましさのために眠ることができなかったので…。
願望を表す上代の終助詞「ね」	禁止を表す終助詞「そ」に付く。上代語で、用例は少ない。	…わが見る小野の草な刈りそね歌〈万葉集・20・4457〉訳…私が見る野の草を刈り取らないでほしい。

ぬか-づき【酸漿】― 名詞《植物》ホオズキ。

ぬかづき-むし【額突き虫】― 名詞《動物》コメツキムシ。発展「ぬかつきむし」とも。

ぬか-づ・く【額突く】― 動詞 自〔カ四段〕〈か・き・く・く・け・け〉額を地に付けて拝む。丁寧に拝む。「いみじう**ぬかづき**行ひて、寝たりしかば…。」〈更級日記・鏡の影〉訳「非常に**丁寧に拝んで**勤行して、寝たところ…。」

ぬ-かも ❶〈詠嘆を表し〉…ないことだなあ。あをによし奈良の都にたなびける天の白雲見れど飽か**ぬかも** 歌〈万葉集・15・3602〉訳奈良の都にたなびいている天の白雲は見ても飽き**ないことだなあ**。○「あをによし」は「奈良」に係る枕詞。

❷〈他に対する願望を表し〉…てくれないかなあ。…でないものかなあ。…てほしい。春日なる三笠の山に月も出で**ぬかも**佐紀山に咲ける桜の花の見ゆべく 歌〈万葉集・10・1887〉訳春日にある三笠山に月が出て**くれないかなあ**。佐紀山に咲いているサクラの花が見えるように。

発展 打消の助動詞「ず」の連体形＋終助詞「かも」。一語の終助詞とする説もある。

ぬか・る【抜かる】動詞 自〔ラ四段〕〈ら・り・る・る・れ・れ〉油断して失敗する。しくじる。

ぬかをつ・く【額を突く】→ぬかづく

ぬき 名詞 ❶【緯】織物の横糸。対縦 ❷【貫】家屋の柱と柱の間をつなぐ横木。

ぬぎ-か・く【脱ぎ掛く】動詞 他〔カ下二段〕〈け・け・く・くる・くれ・けよ〉❶〈衣服を〉脱いで掛ける。主知らぬ香こそにほへれ秋の野にたが**脱ぎ掛けし**藤袴ぞも 歌〈古今集・秋上・241〉訳だれであるか分からない香りがしている。秋の野に咲くフジバカマはだれが**脱いでかけた**はかまなのかなあ。

❷〈衣服を〉肩の辺りまで脱ぎ滑らして着る。

ぬぎ-か・ふ【脱ぎ換ふ】― 動詞 他〔ハ下二段〕〈へ・へ・ふ・ふる・ふれ・へよ〉着替える。「さらに、潮に濡れたる衣だに**脱ぎ換へ**なでなむ、こちまうで来つる。」〈竹取・蓬莱の玉の枝〉訳「まったく、海水でぬれた着物さえも**着替え**てしまわないで、こちらへやって参りました(のです)。」

ぬき-す【貫き簀】名詞 細く削った竹で編んだすだれ。手を洗うとき、水が飛ばないようにたらいの上にかける。

ぬぎ-すべ・す【脱ぎ滑す】動詞 他〔サ四段〕〈さ・し・す・す・せ・せ〉(衣服を)滑らすように脱ぐ。するっと脱ぐ。

ぬき-た・る【貫き垂る】動詞 他〔ラ四段〕〈ら・り・る・る・れ・れ〉(玉などを)貫いて垂らす。

ぬぎ-た・る【脱ぎ垂る】動詞 他〔ラ下二段〕〈れ・れ・る・るる・るれ・れよ〉(衣服の)片袖を脱いで垂らす。女房、桜の唐衣どもくつろかに**脱ぎ垂れ**て…。〈枕草子・23・清涼殿の丑寅の〉訳女房たちは、桜襲の唐衣(＝女官の礼服)を、ゆったりと**片袖を脱いで垂らし**て…。

ぬき-みだ・る【抜き乱る】一 動詞 自〔ラ下二段〕〈れ・れ・る・るる・るれ・れよ〉糸が抜けて玉が乱れ散る。
二 動詞 他〔ラ四段〕〈ら・り・る・る・れ・れ〉糸を抜いて玉を散らす。**抜き乱る**人こそあるらし白玉の間なくも散るか袖のせばきに 歌〈古今集・雑上・924〉訳**糸を抜いて玉を散らす**人がいるらしい。白玉が絶え間なく散ることだなあ。袖が狭い(くて拾えない)のに。

ぬ・く【抜く】一 動詞 自〔カ下二段〕〈け・け・く・くる・くれ・けよ〉❶抜ける。
❷秀でる。抜きんでる。毛のよく**抜くる**しろかねの毛抜き。〈枕草子・75・ありがたきもの〉訳毛がよく**抜ける**銀の毛抜き(は、めったにない)。「世に**抜けぬる**人の、長くえ保たぬわざなりけり。」〈源氏・絵合〉訳「世に**抜きんでて**しまった人が、長寿を保つことはできないものであったのだった。」
❸逃げる。逃れる。
二 動詞 他〔カ四段〕〈か・き・く・く・け・け〉❶抜く。引き抜く。
❷だます。ごまかす。「いよいよ**抜かれ**をった。」〈狂言・末広がり〉訳「やっぱり**だまされていた**。」
❸攻め落とす。

ぬ・く【貫く】動詞 他〔カ四段〕〈か・き・く・く・け・け〉刺し通す。つらぬく。浅緑糸よりかけて白露を玉にも**ぬける**春の柳か 歌〈古今集・春上・27〉訳→あさみどり…

ぬぐ・ふ【拭ふ】動詞 他〔ハ四段〕〈は・ひ・ふ・ふ・へ・へ〉こすって取る。ふき取る。若葉して御目の雫**ぬぐはばや** 句〈笈の小文・芭蕉〉訳→わかばして…
発展「拭ごふ」とも。

ぬけ-い・づ【抜け出づ】― 動詞 自〔ダ下二段〕〈で・で・づ・づる・づれ・でよ〉抜け出る。(ほかと比べて)優れている。かくいづれの道も**抜け出でたまひけむ**は…。〈大鏡・頼忠〉訳(藤原公任が)このようにどの方面にも**優れて**いらっしゃったとかいうことは…。

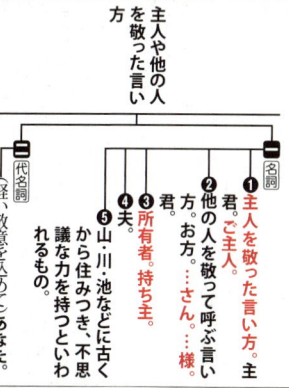

ぬける(現)→(古)**ぬく**【抜く】

ぬさ【幣】名詞 ❶神に祈るときのささげ物。上代は★木綿や麻、後に布や紙を用いた。旅の安全を祈るときには細かく切ったものを袋に入れて持参し、★道祖神の前にまいた。類幣 ❷贈り物。餞別。
発展 ❶は、時代が下ると、細長く切った布や紙を棒に付けて用いるようになった。

［ぬさ❶］
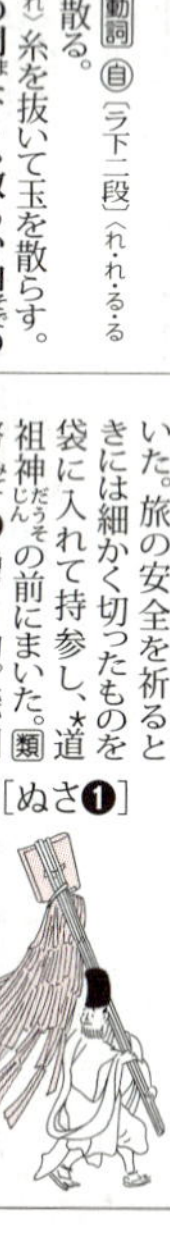

ぬさ-ぶくろ【幣袋】名詞 ★幣を入れておく袋。旅の安全を祈るために携帯した。

ぬし【主】

主人や他の人を敬った言い方
- 一 名詞
  - ❶主人を敬った言い方。主君。ご主人。
  - ❷他の人を敬って呼ぶ言い方。お方。…さん。…様。
  - ❸所有者。持ち主。
  - ❹夫。
  - ❺山・川・池などに古くから住みつき、不思議な力を持つといわれるもの。
- 二 代名詞 (軽い敬意を込めて)あなた。

一 名詞 ❶**主人を敬った言い方**。**主君**。**ご主人**。「うたてある**主**の御許に仕うまつりて、すずろなる死にをすべかめるかな。」と楫取り泣く。〈竹取・竜の頸の玉〉訳「情けない主君のおそばにお仕え申し上げて、思いがけない死に方をするに違いないようだなあ。」と言って船頭は泣く。

❷（多く「〜のぬし」の形で）**他の人を敬って呼ぶ言い方。お方。…さん。…様。君。**

仲麻呂の主…とて、詠めりける歌。〈土佐日記・一月二十日〉訳（阿倍の）仲麻呂の**君**が…と言って、詠んだ歌。

❸**所有者。持ち主。**

きしめく車に乗りて歩く者。…わが乗りたるは、その車の主さへ憎し。〈枕草子・28・憎きもの〉訳きしきしと音を立てる牛車に乗って歩きまわる者（はしゃくに障る）。…（他人の牛車に）自分が乗っている場合は、（牛車だけでなく）その牛車の**持ち主**までもがしゃくに障る。

❹**夫。**

いま一方は、主強くなるとも、変はらず打ち解けぬべく見えしさまなるを頼みて…。〈源氏・夕顔〉訳（空蟬は）都を去るがもう一人の方（＝軒端の荻）は、**夫**がしっかりとできても、（これまでと）変わらずきっと心を許してくれそうだと見えたようすであるのを（源氏は）頼みとして…。

❺**山・川・池などに古くから住みつき、不思議な力を持つといわれるもの。**

㊁代名詞（軽い敬意を込めて）**あなた。**

「**主の御年は、おのれにはこよなく増さりたまへらむかし。**」〈大鏡・序〉訳「**あなた**のお年は、私よりはずっと上でいらっしゃるでしょうね。」

類語比較「あるじ」と「ぬし」→主

ぬし【塗師】名詞 漆工芸の職人。漆工。発展「ぬりし」の変化したもの。

ぬし-づ・く【主付く】動詞 他〔カ四段〕〈か・き・く・く・け・け〉《近世語》所有する。領有する。

田畑あまた主付きて家豊かに暮らしけるが…。〈雨月・浅茅が宿〉訳田畑をたくさん**所有し**て裕福に暮らしていたが…。

まとめて覚えよう古語チャート 31
「眠る」意味を表すことば

「眠る」ことを今では「ねむる」と言います。名詞は「ねむり」となります。この古い形が「1ねぶる」「2ねぶり」です。

さらにさかのぼると、「ねぶる」は下二段活用の動詞「3ぬ（寝）」から生まれたことばだと考えられています。「3ぬ」の連用形から生まれた名詞が「4ね」で、「4ね」は「5**ねど**（寝所）」「6**ねや**（寝屋）」のように他のことばと結び付いて使われました。「ね」とは別に、「7い（寝）」という名詞もありましたが、これも「8うま**い**（熟睡）」「9**い**め（夢）」のように他のことばと結び付いた形が多く、単独では「10**い**（寝）を**ぬ**（寝）」の形で使われることがほとんどでした。

なお、古語においては、「1ねぶる（眠る）」は睡眠状態に入った場合に限らず、単にまぶたを閉じて眠ったようにしている場合にも使われます。

- 7 い（寝）名詞 → 8 うまい（熟睡）／9 いめ（夢）／10 い（寝）をぬ（寝）《上代語》
- 3 ぬ（寝）動詞 → 10 い（寝）をぬ（寝）《上代語》／1 ねぶる（眠る）動詞 ― 2 ねぶり（眠り）名詞
- 10 い（寝）をぬ（寝）《上代語》→ いぬ（寝ぬ）
- 3 ぬ（寝）連用形 → 4 ね（寝）→ 5 ねど（寝所）●寝床／6 ねや（寝屋→閨）●寝室

赤字は最重要語・重要語

ぬし-どの【主殿】代名詞（同等かそれ以下の者に対して）あなた。おまえさん。

「いかに、**主殿は拝みたてまつるや。**」〈宇治拾遺〉訳「これこれ、**おまえさん**は拝み申し上げるのか。」

ぬす-びと【盗人】名詞 ❶どろぼう。❷人をののしっていうことば。悪党。くせ者。

ぬすま-ふ【盗まふ】ぬすま（も）う ❶盗み続ける。こっそりと…（し）続ける。

せちにおぼす所ばかりにこそ、盗まはれたまへ、かのわたりには、いとおぼつかなくて…。〈源氏・末摘花〉訳（源氏は）ぜひにとお思いになる所だけには、**こっそりと通い続け**なさるが、あの方の所（＝姫君のいる常陸宮の邸）には、すっかりごぶさたで…。

❷ごまかす。偽る。

心さへ奉れる君に何をかも言はずて言ひしと我が盗まはむ 歌〈万葉集・11・2573〉訳心までささげたあなたにどうして、言わないのに言ったなどと私が**ごまかそ**うか。

発展 四段動詞「ぬすむ」の未然形＋上代の反復・継続の助動詞「ふ」。

ぬすみ-い・づ【盗み出づ】動詞 他〔ダ下二段〕〈で・で・づ・づる・づれ・でよ〉盗み出す。こっそり連れ出す。

年を経てよばひわたりけるを、からうじて盗み出でて…。〈伊勢・6〉訳（男は）何年も求婚し続けてきたのだが、やっとのことで（女を）**盗み出して**…。

ぬす・む【盗む】動詞 他〔マ四段〕〈ま・み・む・む・め・め〉❶ひそかに自分のものとする。こっそり奪い取る。

人の娘を盗みて、武蔵野へ率て行くほどに…。〈伊勢・12〉訳人の娘を**ひそかに自分のものにし**て、武蔵野に連れて行くと…。

❷こっそりと行う。潜ませる。

「かやうに間々に、みな一律を**盗める**に…。」〈徒然草・219・四条黄門〉訳「このように（笛の）穴と穴の間に、すべて一律の音階を**潜ませ**ているのに…。」

❸こっそり学ぶ。ひそかにまねる。

岡の屋に行き交ふ船を眺めて、満沙弥が風情を盗み…。〈方丈記・境涯〉訳岡の屋（＝地名）に行き来する船を眺めて、満誓沙弥（＝万葉集の歌人）の風情を**ひそかにまねて**…。

ぬた‐め【沙目】 名詞 シカの角で、波紋のような模様のあるもの。

ぬ‐な‐と【瓊音】 名詞 玉の擦れ合う音。発展「ぬなおと」の変化したもの。「ぬ」は玉、「な」は上代の格助詞。

ぬ‐なは【蓴】 なわ 名詞《植物》水草のひとつ。ジュンサイ。池や沼に生え、若芽を食用にする。季語 夏

ぬ‐なり ㊀（「ぬ」は完了の助動詞で）…てしまったようだ。…てしまったそうだ。…てしまったということだ。**また聞けば、侍従の大納言の御娘亡くなりたまひぬなり。**〈更級日記・梅の立ち枝〉訳 また（うわさに）聞くところ、侍従の大納言の姫君がお亡くなりになって**しまったそうだ。**

㊁（「ぬ」は打消の助動詞で）…ないのである。「**御本を御覧ずれども、御覧じ出だされぬなり。**」〈徒然草・238・御随身近友が〉訳「ご本をご覧になるけれども、見つけだすことがおできにな**らないのである。**」

発展 ㊀は、完了の助動詞「ぬ」の終止形＋推定・伝聞の助動詞「なり」。活用語の連用形に付く。㊁は、打消の助動詞「ず」の連体形＋断定の助動詞「なり」。活用語の未然形に付く。

ぬなわ（現）→（歴）**ぬなは【蓴】**

ぬの【布】 名詞（絹に対して）アサ・クズなどで織った、目の粗い織物。

ぬの‐かたぎぬ【布肩衣】 名詞 ＊布で作った＊肩衣。身分の低い人々が着用した。

ぬの‐こ【布子】 名詞 麻布の袷（＝裏付きの着物）や綿入れの着物。近世では、木綿の綿入れ。季語 冬 対 小袖

ぬの‐さうじ【布障子】 ‐そうじ 名詞 白い布を張った襖障子。墨絵などを描いた。

布引の滝 歌枕 今の神戸市中央区、生田川中流にある滝。歌には、高さを表現したものが多く、また、「さらす」「白糸」「衣」などの語とともに詠まれた。

ぬば‐たま【射干玉】 名詞 ヒオウギ（＝草のひとつ）の実。また、黒真珠。黒い玉。発展「うばたま」「むばたま」とも。

ぬばたま‐の【射干玉の】 枕詞（「ぬばたま」が黒い実であることから）「黒」「夜」「夕」「宵」「闇」「髪」に、また（「夜」に関係するところから）「夢」「月」などに係る。発展 中古以降「うばたまの」「むばたまの」とも。

ぬばたまの… 歌

ぬばたまの夜のふけゆけば久木生ふる清き川原に千鳥しば鳴く〈万葉集・6・925・山部赤人〉訳 夜がしだいに更けてゆくと、久木の生い茂る清らかな川原でチドリがしきりに鳴いている。○「ぬばたまの」は「夜」に係る枕詞。「久木」は不明。

発展 吉野の離宮で作った長歌に続けられた反歌二首のうちの一首。別の一首（→みよしの…）が「春」「朝」「山」と詠むのに対し、「秋」「夜」「川」を詠む。チドリの鳴き声により、逆に夜の山中の静けさを表現した。

ぬ‐ひ【奴婢】 名詞 下男と下女。

ぬひ‐どの【縫殿】 ぬい‐ 名詞 →ぬひどのれう

ぬひどの‐の‐つかさ【縫殿の寮】 ぬいどの‐ 名詞 →ぬひどのれう

ぬひどの‐れう【縫殿寮】 ぬいどのりょう 名詞 ＊中務省に属し、裁縫にかかわることや、女官の人事などを取り扱った役所。類「ぬひどののつかさ」とも。→ビジュアルチェック⑮（757ジ）

ぬひ‐もの【縫ひ物】 ぬい‐ 名詞 ❶裁縫。また、その材料。❷縫い取り。刺繍。

ぬ・ふ【縫ふ】 ぬう 動詞 自 ハ四段〈は・ひ・ふ・ふ・へ・へ〉（布などを）糸を通した針で刺してつづる。刺繍する。縫う。**青柳を片糸によりてうぐひすの縫ふてふ笠は梅の花笠** 歌〈古今集・神遊び・1081〉訳 青柳（の枝）を片糸としてより合わせて（糸で）ウグイスが（笠を）**縫う**というが、その笠とはウメの花のことである。

ぬ‐べき 連語 →ぬべし

ぬ‐べし 連語 ❶（推量を表し）…てしまうに違いない。きっと…に違いない。「**御船海の底に入らずは、雷落ちかかりぬべし。**」〈竹取・竜の頸の玉〉訳「お船が海底に沈まないなら、**きっと**雷が落ちてくる**に違いない。**」

❷（意志を表し）きっと…つもりだ。…てしまおう。**思ふこと言はでぞただにやみぬべき我と等しき人しなければ** 歌〈伊勢・124〉訳 思うことを言わないで、そのままに**してしまおう。**私と気持ちが同じ人なんていないのだから。

❸（可能を表し）きっと…できる。…できそうだ。**各降りて、埒の際に寄りたれど、ことに人多く立ち込みて、分け入りぬべきやうもなし。**〈徒然草・41・五月五日〉訳 それぞれ（牛車から）降りて、馬場の周囲の柵のそばに近寄ったけれど、特に人が多く混雑していて、かき分けて入ることが**できそうな**状態でもない。

❹（義務を表し）…なければならない。「**ほどなくまかりぬべきなめりと思ひ、悲しくはべるなり。**」〈竹取・かぐや姫の昇天〉訳「まもなく出て行か**なければならない**ようだと思い、悲しゅうございます。」

発展 確述の助動詞「ぬ」の終止形＋推量の助動詞「べし」。

ぬ‐めり …てしまったようだ。…てしまったと見える。→つべし

あひ思はで離れぬる人をとどめかねわが身は今ぞ消えはてぬめる 歌〈伊勢・24〉訳 →あひおもはで…

うたてげなる翁二人、嫗と行きあひて、同じ所にゐぬめり。〈大鏡・序〉訳 異様な感じのする老人二人が、老女と偶然に出会い、同じ所に居合わせて**しまったようだ。**

発展 完了の助動詞「ぬ」の終止形＋推定の助動詞「めり」。

ぬめ・る【滑る】 動詞 自 ラ四段〈ら・り・る・る・れ・れ〉❶ぬるぬるする。すべる。❷なまめく。めかす。❸浮かれ歩く。のらくらする。《近世語》

ぬ‐らし …てしまっているらしい。…たらしい。**ぬばたまの夜は更けぬらし玉くしげ二上山に月傾きぬ** 歌〈万葉集・17・3955〉訳 夜は更け**たらしい。**二上山に月も傾いた。○「ぬばたまの」は「夜」に、「玉くしげ」は「二上山」の「ふた」に係る枕詞。

発展 完了の助動詞「ぬ」の終止形＋推定の助動詞「らし」。

ぬ‐らむ きっと…ているだろう。…てしまったのだろう。**いざ子ども早く大和へ大伴の三津の浜松待ち恋ひぬらむ** 歌〈万葉集・1・63〉訳 →いざこども…

人のもとにわざと清げに書きてやりつる文の返り事、「今は持て来ぬらむかし。怪しう遅き。」と待つ程に…。〈枕草子・25・すさまじきもの〉訳（ある）人の所にわざわざきれいに書いて送った手紙の返事を、「もはや**きっと**持って来**ているだろう**よ。（それなのに）不審に（思えるほど）遅いことだ。」と待つ間に…。

発展 完了（確述）の助動詞「ぬ」の終止形＋現在推量の助動詞「らむ」。

ぬり‐ごめ【塗籠】 名詞 ❶寝殿造りで、周囲を壁で塗り

込め、明かり窓を設け、*妻戸から出入りする部屋。衣服や調度類を入れておく納戸や寝室にする。↓ビジュアルチェック⑫（715ページ）❷「*塗籠籐」の略。

ぬりごめ-どう【塗籠籐】名詞 幹を籐で巻き、その上を漆で塗り固めた弓。

ぬり-つ・く【塗り付く】動詞 他〔カ下二段〕〈け・け・く・くる・くれ・けよ〉❶（粘りのあるものを）塗り付ける。❷（責任などを）なすり付ける。負わせる。

ぬり-の【塗り箆】名詞 漆を塗った箆（=矢の竹の部分）。

ぬる【寝る】動詞ぬ（寝）の連体形。

ぬる 助動詞ぬの連体形。↓基本助動詞20（968ページ）

ぬ・る【濡る】動詞 自〔ラ下二段〕〈れ・れ・る・るる・るれ・れよ〉水などが付く。ぬれる。

鶯の ぬれたる声の 聞こゆるは 梅の花笠 漏るや春雨
歌〈御伽草子・ものくさ太郎〉訳ウグイスのぬれた（ような）声が聞こえるのは、春雨がウメの花笠（=ウメの花が満開のようす）から漏れるからであろうか。

ぬ・る 動詞 自〔ラ下二段〕〈れ・れ・る・るる・るれ・れよ〉ゆるんで解ける。ほどける。

たけば ぬれ たかねば長き 妹が髪 このころ見ぬに かき入れつらむか 歌〈万葉集・2・123〉訳結えばゆるんで解け、結わなければ長いあなたの髪は、このごろ見ない間に（櫛で）すき入れてしまっただろうか。

ぬる・し【温し】形容詞〔ク〕〈く・く・し・き・けれ・○／から・かり・○・かる・○・かれ〉❶生暖かい。

昼になりて、ぬるくゆるびもていけば…。〈枕草子・1・春は曙〉訳昼になって、生暖かく（寒さが）だんだん和らいでいくと…。

❷鈍い。機敏でない。鋭さに欠ける。

御本性も、父帝よりは少しぬるくおはしましけれど…〈増鏡〉訳ご性格も、父である帝よりは少し鈍くていらっしゃったけれども…。

❸情が薄い。いい加減だ。冷淡だ。淡泊だ。

「**内々の御志ぬるきやうにはありけれ。**」〈源氏・若菜上〉訳「（源氏の）内々のお気持ちは冷淡なようであったのだった。」

ぬる・む【温む】動詞 自〔マ四段〕〈ま・み・む・む・め・め〉❶生暖かくなる。

❷体温が上がる。熱が出る。

御身もぬるみて、御心地もいとあしけれど…。〈源氏・若菜下〉訳（紫の上は）お体も熱が出て、ご気分もまことにすぐれないけれど…。

ぬるる-がほ・なり【濡るる顔なり】形容動詞〔ナリ〕〈なら・なり（に）・なり・なる・なれ・なれ〉涙に濡れている感じがする。

逢ふに逢ひて 物思ふころの わが袖に 宿る月さへ 濡るる顔なる 歌〈古今集・恋5・756〉訳たびたび逢っていても、物思いに苦しんで送る長い間にわたって、私の（袖は涙に濡れているが、その）袖の涙に映っている月までが涙に濡れている感じがする。

ぬれ【寝れ】動詞ぬ（寝）の已然形。

ぬれ 助動詞ぬの已然形。↓基本助動詞20（968ページ）

ぬれ-がほ【濡れ顔】名詞 涙にぬれたような顔つき。発展「ぬるる顔」とも。

ぬれ-ぎぬ【濡れ衣】名詞 ❶ぬれた衣服。

あめのした 乾ける程の なければや 着てし濡れ衣 ひるよしもなき 歌〈大鏡・時平〉訳雨の降りそそぐ天の下は、乾いている間がないので、着てしまったぬれた衣服が乾く（=受けてしまった無実の罪をはらす）すべもないのか。○「あめ」に「雨」と「天」を掛ける。また、「濡れ衣」は「ぬれた衣服」という意味に、「無実の罪」という意味を重ねたもの。

❷無実の罪。根拠のないうわさ。

ぬれ-ごと【濡れ事】名詞 ❶色事。情事。❷歌舞伎で、男女の情事を演じること。また、その場面。

ぬれぬれも…歌

濡れ濡れも なほ狩り行かむ はし鷹の 上羽の雪を 打ち払ひつつ〈金葉集・281・源道済〉訳（雪に）濡れても濡れても、さらに狩猟を進めて行こう。（鷹狩りに用いる）ハイタカというタカの上のほうの羽に付いた雪を払い払いしながら。

発展『俊頼髄脳』では、第四句を「上毛の雪を」として取り上げている。

ぬれ-ば・む【濡ればむ】動詞 自〔マ四段〕〈ま・み・む・む・め・め〉ぬれたようすである。ぬれているように見える。発展「ばむ」は接尾語。

ぬれる（現）↓（古）ぬる【濡る】

ね

ね【寝】動詞ぬ（寝）の未然形・連用形。↓古語チャート㉛（971ページ）

ね□一 助動詞ずの已然形。↓基本助動詞20（687ページ）
□二 助動詞ぬの命令形。↓基本助動詞20（968ページ）

ね【子】名詞 ❶*十二支の一番目。❷方角のひとつ。北。❸時刻のひとつ。今の午前零時ごろ。また、その前後二時間。↓ビジュアルチェック❹（349ページ）・❺（393ページ）・⑲（881ページ）

ね【音】

かすかな響きで人の心に訴えかけるような声や音
├ ❶（人の）声。特に、泣き声。また、（動物や虫などの）鳴き声。
└ ❷（楽器を奏でる）音。

名詞 ❶（人の）声。特に、泣き声。また、（動物や虫などの）鳴き声。

今のみの わざにはあらず 古の 人そまさりて 音にさへ泣きし 歌〈万葉集・4・498〉訳（妻を恋い慕って泣くのは）現代だけの行為ではない。昔の人は（今にも）まして声を上げてまでも泣いたことだ。

❷（楽器を奏でる）音。

筆を執れば物書かれ、楽器を取れば音を立てんと思ふ。〈徒然草・157・筆を執れば物書かれ〉訳筆を持つと自然とものが書け、楽器を持つと音を高く響かせようと思う。

発展 語の成り立ち 動詞「泣く」「鳴く」「鳴る」や、推定・伝聞の助動詞「なり」などの「な」と同じ語源。

類語比較「おと」と「ね」↓音

関連語 音泣く・音に泣く・音を泣く

ね【根】名詞 ❶植物の根。❷物事の根源。

ね【嶺】名詞 山の頂上。峰。↓古語チャート㊵（1167ページ）

ね 終助詞《上代語》（他に対する願望を表し）…てほしい。…てくれ。接続 動詞および動詞型活用助動詞の未然形に付く。また、「な」と呼応して禁止を表す終助詞「そ」にも付く。

我が背子が古き垣内の桜花いまだ含めり一目見に来ね 歌〈万葉集・18・4077〉訳あなたの以前の屋敷の中のサクラの花はまだつぼみのままでいる。一目見に来てほしい。

高円の野辺の秋萩な散りそね君が形見に見つつ偲はむ 歌〈万葉集・2・233〉訳高円山の野辺の美しいハギの花よ、散らないでほしい。皇子の形見として(おまえを)見ながら(皇子を)懐かしもう。

ね-あはせ【根合はせ】―あわせ 名詞「*物合はせ」のひとつ。陰暦五月五日の端午の節句に、左右に分かれて、ショウブの根の長短や、詠み添えた和歌の優劣を競ったもの。

ね-お・く【寝起く】 動詞 自〔カ上二段〕〈き・き・く・くる・くれ・きよ〉眠りから覚めて起き上がる。寝て起きる。

寝起きて浴ぶる湯は、腹立たしうさへぞ覚ゆる。〈枕草子・25・すさまじきもの〉訳**寝て起き**て浴びる湯は、腹立たしいとまで感じられる。

ね-おどろ・く【寝驚く】 動詞 自〔カ四段〕〈か・き・く・く・け・け〉ふと目覚める。はっと目を覚ます。

月のころは、**寝驚きて見出だすに、いとをかし。**〈枕草子・36・七月ばかりいみじう暑ければ〉訳月のあるころは、**ふと目覚めて**外を見ると、とても風情がある。

ね-おび・る【寝おびる】 動詞 自〔ラ下二段〕〈れ・れ・る・るる・るれ・れよ〉寝ぼける。一説に、恐ろしい夢を見ておびえる。

三つばかりなる児の、**寝おびれてうちしはぶきたるも、いとうつくし。**〈枕草子・120・正月に寺に〉訳三歳ぐらいの幼児が、**寝ぼけて**ちょっとせきをしているのも、とてもかわいらしい。

ねがは-く-は【願はくは】ねがわく― 連語 願うことには。どうか。
発展 四段動詞「ねがふ」の未然形＋接尾語「く」＋係助詞「は」。願望や命令の表現と呼応して用いられる。

ねがはくは… 歌
願はくは花の下にて春死なむそのきさらぎの望月のころ〈続古今集・1527・西行〉訳願うことには、(サクラの)花の下で春(のさなか)に死にたい。(釈迦が入滅した)その二月(十五日)の満月のころに。○「死なむ」の「む」は、意志の助動詞「む」の終止形。
発展「きさらぎの望月」は、具体的には陰暦の二月十五日で、釈迦が入滅した日に当たる。したがって、第四句の「その」を「春」と考える説と「釈迦入滅の日」と考える説がある。西行はその願いどおり、一一九〇(文治六)年二月十六日に世を去った。『山家集』にも収められている。

ねがは・し【願はし】ねがわし 形容詞〔シク〕〈しく・しく・し・しき・しけれ・○／しから・しかり・○・しかる・○・しかれ〉望ましい。好ましい。そうあってほしいと願う。

この世に生まれては、願はしかるべきことこそ多かめれ。〈徒然草・1・いでや〉訳この世に生まれたからには、**そうあってほしいと願う**はずのことが多いようだ。
発展 四段動詞「願ふ」が形容詞になったもの。

ねが・ふ【願ふ】ねがう 動詞 他〔ハ四段〕〈は・ひ・ふ・ふ・へ・へ〉❶(心の中で)望む。求める。心に念じる。

強ひて智を求め、賢を願ふ人のために言はば…。〈徒然草・38・名利に使はれて〉訳強いて知恵を求め、賢さを**望む**人のために言うとすれば…。

❷神仏に祈願する。願をかける。

「**願ひはべる道のほだしに、思ひたまへられぬべき。**」〈源氏・若紫〉訳「(紫の上を残したまま死ぬことは)**神仏に祈願しております**往生の妨げだと、思わせていただかないではいられないに違いない。」
発展 四段動詞「祈ぐ」の未然形＋接尾語「ふ」。

ねぎ【禰宜】 名詞 神官のひとつ。宮司や神主の下で、祝の上の位の神官。

ねぎ-ごと【祈ぎ事】 名詞 神仏に対する願い事。類 願。

[ねぎ]

ね・ぐ【労ぐ】 動詞 他〔ガ上二段〕〈ぎ・ぎ・ぐ・ぐる・ぐれ・ぎよ〉❶神の心を慰め、加護を願う。❷ねぎらう。慰労する。

東男は出で向かひ顧みせずて勇みたる猛き軍士とねぎたまひ… 歌〈万葉集・20・4331〉訳(帝は)「東国の男は、(戦いに)出たら後ろを振り返ることなく、血気盛んで勇猛な兵士だ。」と**ねぎらい**なさって…。

ね・ぐ【祈ぐ】 動詞 他〔ガ四段〕〈が・ぎ・ぐ・ぐ・げ・げ〉祈る。祈願する。

小山田の水絶えせしより天にます岩戸の神をねがぬ日ぞなき 歌〈好忠集〉訳山あいの田に水がなくなってから、天にいらっしゃる岩戸の神を**祈ら**ない日がない。

ね-くた・る【寝腐る】 動詞 自〔ラ下二段〕〈れ・れ・る・るる・るれ・れよ〉寝乱れてだらしなくなる。寝て姿が乱れる。

二十日ばかりに人**寝くたれたる**ほど見え…。〈蜻蛉日記〉訳二十日ぐらいに(夫が)みな**寝て姿が乱れて**いるころにやって来て…。

ね-くたれ【寝腐れ】 名詞 寝て姿が乱れること。

ねくたれ-がみ【寝腐れ髪】 名詞 寝て乱れた髪。

ね-ぐら【塒】 名詞 鳥が寝る所。巣。

ねこ-おろし【猫下ろし】 名詞 ネコが物を食べ残すこと。また、その残した食べ物。

ね-こじ【根掘じ】 名詞 根が付いたまま掘り取ること。根こそぎ。

ねこ-また【猫股】 名詞 想像上の化け物。ネコが年老いて、尾が二つに分かれ、化けて人を害するといわれるもの。

「奥山に、**猫股といふものありて、人を食らふなる。**」〈徒然草・89・奥山に、猫股と〉訳「山の奥に、**猫股**というものがいて、人を食うそうだ。」

ね-ごめ【根込め】 名詞 根の付いたまま。根こそぎ。

ね-さし【根差し】 名詞 ❶地中に根を伸ばすこと。根の伸び具合。❷家筋。素性。❸根源。由来。原因。

ね-さ・む【寝覚む】 動詞 自〔マ下二段〕〈め・め・む・むる・むれ・めよ〉眠りから覚める。寝覚める。

さ夜更けて寝覚めざりせばほととぎす人づてにこそ聞くべかりけれ 歌〈拾遺集・104〉訳もし、夜が更けて**眠りから覚め**なかったら、ホトトギスの鳴き声は、人を通じて噂で聞くだけになってしまうにちがいなかった。

ね-ざめ【寝覚め】 名詞 眠りから覚めること。眠りの途中で目が覚めること。

ねじく(現)↓(歴)**ねぢく【拗く】**

ねず(現)↓(歴)**ねづ【捩づ・捻づ】**

念珠が関 ねずがせき 地名 今の山形県にあった古代の関。*白河の関・*勿来の関とともに奥州の三関の一つ。一帯は日本海に面した景勝地。

ねず-なき【鼠鳴き】 名詞 ネズミの鳴き声のまねをすること。また、その声。

雀の子の、**ねず鳴きするに踊り来る。**〈枕草子・151・

うつくしきもの〉訳スズメの子が、ネズミの鳴きまねをすると飛び跳ねて来るのは(かわいらしい)。

ねずみ【鼠】名詞《動物》ネズミ科の小動物の総称。発展古来、害獣として嫌われているが、一方で多産であるため子孫繁栄、富の蓄積の象徴としても扱われた。

ねた-が・る【妬がる】動詞 自〔ラ四段〕〈ら・り・る・る・れ・れ〉ねたましく思う。憎らしく思う。悔しがる。

「いかに心もとなくおぼすらむと。**ねたがらせむ**。」〈俊頼髄脳(としよりずいのう)〉訳「どんなに心細くお思いになっているだろうとね。(あなたに)**悔しがらせよう**(としてね)。」

発展「がる」は接尾語。


ねた-げ・なり【妬げなり】形容動詞〔ナリ〕〈なら・なり(に)・なり・なる・なれ・なれ〉❶憎らしがっているようである。残念がっているようである。

かくほかに歩(あり)けど、さらに**ねたげにも見えず**などあれば…。〈大和・149〉訳(男が)このように他(の女の所)に通うけれども、(この元の妻は)少しも**憎らしがっているようにも**見えない感じであるので…。
❷奥ゆかしく優れている。憎らしいほどすばらしい。しゃくなほどに気が利いている。
卯(う)の花、花橘(はなたちばな)などに宿りをして、はた隠れたるも、**ねたげなる心ばへなり**。〈枕草子・41・鳥は〉訳(ホトトギスが)ウツギの花や、タチバナの花などにとまって、(姿が)半分隠れているのも、**憎らしいほどすばらしい**風情だ。

↓古語チャート㉜(977ページ)

ねた・し【妬し】形容詞↓最重要語(975ページ)

ねた-ま・し【妬まし】形容詞〔シク〕〈しく・しく・し・しき・しけれ・○/しから・しかり・○・しかる・○・しかれ〉憎らしい。いまいましい。

「東八か国打ち勝(すぐ)りたるよし自称つかうまつる、**ねたましう**おぼえさうらへば…。」〈古今著聞集(ここんちょもんじゅう)〉訳「(ある相撲取りが)東国中で自分に打ち勝つ者がいないと自称いたしているのが、**いまいましく**思われますので…。」○「ねたましう」は連用形「ねたましく」のウ音便。

発展四段動詞「ねたむ」が形容詞になったことば。中世以降に用いられた。↓古語チャート㉜(977ページ)

ねたま・す【妬ます】動詞 他〔サ四段〕〈さ・し・す・す・せ・せ〉憎らしがらせる。悔しがらせる。からかう。
「なべてやは。」など、**ねたましきこゆれば**…。〈源氏・総角(あげまき)〉訳「並み(の愛情)では(難しい)。」などと、(薫が匂宮(にほふのみや)に)**悔しがらせ**申し上げるので…。

ねた・し【妬し】形容詞〔ク〕

自分の力が及ばず、不満足なようす
❶しゃくに障る。憎らしい。いまいましい。腹立たしい。
❷残念だ。悔しい。
❸ねたましいほどすばらしい。

未然形	連用形	終止形	連体形	已然形	命令形
ねた・く	ねた・く	ねた・し	ねた・き	ねた・けれ	○
ねた・から	ねた・かり	○	ねた・かる	○	ねた・かれ

❶(他人のことが)**しゃくに障る。憎らしい。**いまいましい。腹立たしい。
おほかた、差し向かひてもなめきは、「などかく言ふらむ。」と、かたはらいたし。まいて、よき人などをさ申す者は、いみじう**ねたう**さへあり。〈枕草子・262・文(ふみ)ことばなめき人こそ〉訳一般に、面と向かっても(ことば遣いが)無礼な人(というの)は、「どうしてこう言うのだろう。」と、(はたから見て)見苦しい。まして、高貴な方(のこと)などをそのように申し上げる者は、たいへん**いまいましく**さえある。○「ねたう」は連用形「ねたく」のウ音便。
❷(自分のしたことに対して)**残念だ。**悔しい。
「淡路(あはぢ)の御(ご)の歌に劣れり。**ねたき**。言はざらましものを。」〈土佐日記・二月七日〉訳「(この歌は)淡路のご老女の歌に劣っている。**残念だ**なあ。(こんな歌など)詠まなければよかったのに。」
ねたきもの。人のもとにこれよりやるも、人の返り事も、書きてやりつる後、文字一つ二つ思ひ直したる。〈枕草子・95・ねたきもの〉訳**悔しい**もの。人の所にこちらから(手紙を)送るのも、人(から送ってきた手紙)の返事でも、書いて送ってしまった後で、文字の一つ二つなどを(違うように書けばよかったと)考え直しているとき。
❸**ねたましいほどすばらしい。**
これは、あくまで弾き澄まし、心憎く**ねたき**音(ね)ぞ勝れる。〈源氏・明石(あかし)〉訳この人(=明石の入道の娘)は、どこまでも見事に(琴を)弾いて、奥ゆかしく**ねたましいほどすばらしい**音色が抜きんでている。○「ねたし」とともに「心憎し」「勝る」も賛美の表現として用いられている。
発展①❶~❸の意味の展開　「ねたし」は自分の力の及ばない事柄に対する心のいらだちを表現することばで、そうした感情が他者に向けられた場合には❶の意味となり、反対に自分に向けられた場合には❷の意味となる。また、自分の到達できないような高みにある対象に向けられた場合、賛美の気持ちに変化して❸の意味となる。
②この「ねたし」から動詞「ねたむ」が生まれたものと思われる。
↓古語チャート㉜(977ページ)

ねた・む【妬む・嫉む】動詞 他〔マ四段〕〈ま・み・む・む・め・め〉うらやむ。嫉妬(しっと)する。憎む。悔しがる。いまいましく思う。
ねたみ、怒り、欲多く、身を愛し、命を惜しめること…。〈徒然草・128・雅房大納言(まさふさのだいなごん)は〉訳**嫉妬し**、怒り、欲望が多く、(自分の)身を愛し、命を惜しんでいることは…。
↓古語チャート㉜(977ページ)

ねぢ・く【拗く】(ねじく)動詞 自〔カ下二段〕〈け・け・く・くる・くれ・けよ〉
❶曲がりくねる。よじれる。
八重桜(やへざくら)は異様(ことやう)の物なり。いとこちたく**ねぢけたり**。〈徒然草・139・家(いへ)にありたき木は〉訳ヤエザクラは風変わりなものだ。たいへん仰々しく**曲がりくねっている**。
❷ひねくれる。素直でない。ひがむ。
すべて、**ねぢけたるところなく**、をかしげなる人と見えたり。〈源氏・空蟬(うつせみ)〉訳(軒端荻(のきばのおぎ)は)まったく、**ひねくれているところがなく**、かわいらしい感じの人だと見えた。
❸道理に外れる。間違っている。
「わが心ながら、うちつけに**ねぢけたることは好まず**かし。」と…。〈源氏・真木柱(まきばしら)〉訳「自分の心の中でも、場当たりで**道理に外れていることは好まない**のだよ。」と…。

ねぢけ-がま・し【拗けがまし】(ねじけ)形容詞〔シク〕〈しく・しく・し・しき・しけれ・○/しから・しかり・○・しかる・○・しかれ〉❶ひねくれてい

る。素直でない。「いと口惜しく**ねぢけがましき覚えだになくは**…。」〈源氏・帚木〉訳「(女は素性や容姿でなく)ひどく情けないと思うほど**ひねくれている感じさえなかったら**…。」
❷変わっている。異常だ。正しくない。「ゆかりむつび、**ねぢけがましきさまにて**…。」〈源氏・少女〉訳「血縁(の男女)があまりに親しくするのは、**正しくないようすであって**…。」
発展「がまし」は接尾語。

ねぢけ-ひと【拗け人】 名詞 心のひねくれた人。

ねぢ-よ・る【捩ぢ寄る】 動詞 自〔ラ四段〕〈ら・り・る・る・れ・れ〉じわじわと近寄る。にじり寄る。
花のもとには、**ねぢ寄り立ち寄り**…。〈徒然草・137・花は盛りに〉訳(片田舎の人は、花見のとき)花のもとには、**にじり寄って近寄って**…。

ね・づ【捩づ・捻づ】 動詞 他〔ダ上二段〕〈ぢ・ぢ・づ・づる・づれ・ぢよ〉ひねり曲げる。ねじる。
肩の骨は上様へ出でて、**ねぢられなまし**。〈宇治拾遺〉訳肩の骨は上の方へ飛び出して、**ねじられてしまうだろう**。

ねっ-た・い【妬い】 形容詞〔口語化〕残念だ。悔しい。
「**ねったい**、さらば景季も盗むべかりけるものを。」〈平家・9・生ずきの沙汰〉訳「**残念だ**、それならば(私)景季も(ウマを)盗めばよかったのに。」
発展 形容詞「ねたし」の口語化「ねたい」を強めたことば。

ね-と・る【音取る】 動詞 他〔ラ四段〕〈ら・り・る・る・れ・れ〉(楽器の)音の調子を合わせる。音を整える。

ね-な・く【音泣く・音鳴く】 動詞 自〔カ四段〕〈か・き・く・く・け・け〉声を出して泣く。(鳥獣が)声を上げて鳴く。

ね-に-な・く【音に泣く】 連語 ↓ねをなく

ね-ぬなは【根蓴】 名詞 ↓ぬなは

ねぬなは-の【根蓴の】 枕詞 (根蓴の根が長いことから)「長き」「繰る」に、また(「ねぬなは」の「ね」の音を繰り返して)「寝」、(根蓴を「繰る」の「くる」の音から)「来る」「苦し」などに係る。

ね-の-くに【根の国】 名詞 上代に、死者の霊が行くと考えられた地下国。類 黄泉の国 発展「根の堅州国」とも。

ね-の-ひ【子の日】 名詞 ❶★十二支の子に当たる日。
❷「★子の日の遊び」の略。
❸「★子の日の松」の略。
発展「ねのび」とも。

ねのひ-の-あそび【子の日の遊び】 その年の最初の★子の日に、人々が野に出て遊宴を開くこと。若菜を摘んだり、長寿を祈って小さなマツを引き抜いたりした。

ねのひ-の-まつ【子の日の松】 「★子の日の遊び」のとき、千年の寿命を祈って引き抜く小さなマツ。

ね-ば 連語 ❶(順接の確定条件を表し)…ないので。…ないから。
この家にて生まれし女子の、もろともに帰らねば、いかがは悲しき。〈土佐日記・二月十六日〉訳この家で生まれた女の子が、(任地の土佐で亡くなり)一緒に帰ら**ないので**、どんなに悲しいか。
❷(順接の★恒常的条件を表し)…ないときはいつも。…ないときは必ず。
「**鼻ひたる時、かくまじなはねば、死ぬるなりと申せば**…。」〈徒然草・47・ある人、清水へ〉訳「くしゃみをしたとき、このようにおまじないをし**ないときは必ず**、死んでしまうと(世間で)申しますので…。」
❸(逆接の確定条件を表し)…ないのに。
わが宿の萩の下葉は秋風もいまだ吹かねばかくぞ黄葉てる 歌〈万葉集・8・1628〉訳家の庭のハギの下葉は秋風もまだ吹か**ないのに**こんなに色づいている。
発展 打消の助動詞「ず」の已然形＋接続助詞「ば」。

ね-ば・ふ【根延ふ】 動詞 自〔ハ四段〕〈は・ひ・ふ・ふ・へ・へ〉根が長く伸びる。根が張る。発展「ねはふ」とも。

(扇)**ねはみねど…** 歌
ねは見ねどあはれとぞ思ふ武蔵野の露わけわぶる草のゆかりを〈源氏・若紫〉訳(まだ)根は見ていない(ように共寝はしていない)けれど、いとしいと思う。武蔵野の露を分けかねる(ようにあなたとあの人を分けかねている)紫草に縁のあるあなたを。○「ね」は「根」と「寝」の掛詞。「わぶる」は「…しかねる」「…できにくい」という意味。「草」は藤壺。
発展 源氏が、習字の手本として幼い紫の上に与えた歌。「草のゆかり」は藤壺の姪である紫の上を指す。『古今集』中の歌(↓むらさきの…)を踏まえている。

ね-は・る【寝腫る】 動詞 自〔ラ下二段〕〈れ・れ・る・るる・るれ・れよ〉寝た後、顔がはれぼったくなる。
えせかたちは、つやめき、**寝はれて**…。〈枕草子・109・見苦しきもの〉訳つまらない容貌の人は、顔がてかてか光り、**寝た後、顔がはれぼったくなって**…。

ね-はん【涅槃】 名詞《仏教語》❶一切の煩悩から解脱して悟りの境地に入ること。また、その境地。❷釈迦の入滅。また、人の死。❸「★涅槃会」の略。

ねはん-ゑ【涅槃会】 名詞《仏教語》陰暦二月十五日、釈迦の入滅を追悼する法会。季語 春 発展「涅槃講」「涅槃忌」「常楽会」とも。

ね-ひとつ【子一つ】 名詞 子の刻を四つに分けた一番目の時刻。今の午後十一時ごろ。一説に、午前零時とも。

ねび-ととの・ふ【ねび整ふ】 動詞 自〔ハ四段〕〈は・ひ・ふ・ふ・へ・へ〉成長して容姿が整う。成熟する。大人びる。
女も**ねび整ひ**、飽かぬことなき御さまどもなるを…。〈源氏・野分〉訳女(=紫の上)も**成熟し**、申し分のない(源氏と紫の上の)ごようすなどであるのを…。

ねび-びと【ねび人】 名詞 年寄り。老人。特に、年取った経験豊かな人。

ねび-まさ・る【ねび勝る】 動詞 自〔ラ四段〕〈ら・り・る・る・れ・れ〉❶年よりも大人びて見える。大人らしくなる。
「月ごろに、こよなう、ものの心知り**ねび勝りにけり**…。」〈源氏・浮舟〉訳「(浮舟は)何か月かの間に、前とは格段に、人の情が分かってきて**大人らしくなったのだった**…。」
❷成長とともにますます立派になる。成長するにつれてますます美しくなる。(以前と比べて)ずっと美しくなる。
乳母の、下りし程は衰へたりし容貌、ねび勝りて…。〈源氏・松風〉訳乳母の、(明石へ)下ったころはやつれていた容貌が、**ずっと美しくなって**…。

ねび-ゆ・く【ねび行く】 動詞 自〔カ四段〕〈か・き・く・く・け・け〉成長していく。大人になっていく。
「**ねびゆかむさまゆかしき人かな。**」〈源氏・若紫〉訳「(少女は)**成長していく**(、その)ようなようすを見たい人だなあ。」

ねび・る 動詞 自〔ラ下二段〕〈れ・れ・る・るる・るれ・れよ〉若さがなくなる。年寄りくさくなる。老けて見える。
鼻なども鮮やかなる所なう**ねびれて**…。〈源氏・空蟬〉訳(空蟬は)鼻筋などもすっきり通ったところもなく**老けて見えて**…。

ねぶ【合歓】名詞《植物》ネムノキ。マメ科の落葉高木。季語 夏

ね・ぶ

年を取って、大人っぽく振る舞う → ❶**年を取る。老ける。** ❷**成長する。大人っぽくなる。**

未然形	連用形	終止形	連体形	已然形	命令形
ね・び	ね・び	ね・ぶ	ね・ぶる	ね・ぶれ	ね・びよ

動詞 自〔バ上二段〕❶**年を取る。老ける。** 容貌などねびたれど、清げにて、ただならず気色由付きてなどぞありける。〈源氏・夕顔〉訳（空蟬の夫の伊予介は）容貌などは**老け**ていたが、こぎれいで、並々でなく態度が由緒ありげでなどあったのだった。

❷**成長する。大人っぽくなる。ませる。**「ねびたまふままに、ゆゆしきまでなりまさりたまふ御ありさまかな。」〈源氏・紅葉賀〉訳「（源氏は）**成長**なさるにつれて、恐ろしいほど立派になっていらっしゃるようだなあ。」

主上、今年は八歳にならせたまへども、御年の程よりはるかに**ねび**させたまひて…。〈平家・11・先帝身投〉訳（安徳天皇は、今年は八歳におなりになるが、お年のころに比べてずっと**大人っぽくなって**いらっしゃって…。

発展「**老ゆ」との違い** ❶の意味では「老ゆ」とほぼ同じ意味を表すが、「ねぶ」には❷の、年を取ったのにふさわしい行動をとる意味もあり、「ねびゆく」「ねびまさる」など、複合語としての用例が見られる。

ねーぶか【根深】名詞《植物》ネギの別の呼び名。季語 冬

ねぶたーげ・なり【眠たげなり・睡たげなり】形容動詞〔ナリ〕〈なら・なり(に)・なり・なる・なれ・なれ〉眠そうだ。少し**眠たげなる**読経の絶え絶えすごく聞こゆるなど…。〈源氏・若紫〉訳少し**眠そうな**読経（の声）が途切れ途切れにぞっとするほど身に染みて聞こえてくるようなどは…。

立腹・後悔を表すことば

まとめて覚えよう古語チャート㉜

他人に比べて自分の不甲斐なさに腹を立てたり、過ぎてしまったことを後悔したりしたとき、「1ねたし」とか「2くやし」という形容詞を用いて、その感情を表します。ここには、それらに関連する語を集めてみました。

「1ねたし」はもともと「ないた（名痛）し」で、相手の名声が高すぎて自分に痛みを感じることから、負けるのが悔しいという意味になり、後には相手がいなくても自分の不甲斐なさに腹を立てる気持ちを表しました。「2くやし」は過去に対する後悔というニュアンスが強いようです。後世、区別がつけにくくなる「3くちをし」は、他者が自分の期待を裏切ったという落胆の気持ちを表しました。

「くやし」は、「4くゆ」という動詞から生まれました。しかし、「5ねたむ」という動詞は、「ねたし」から生まれたようです。その「ねたむ」から、新しい形容詞の「6ねたまし」が生まれました。

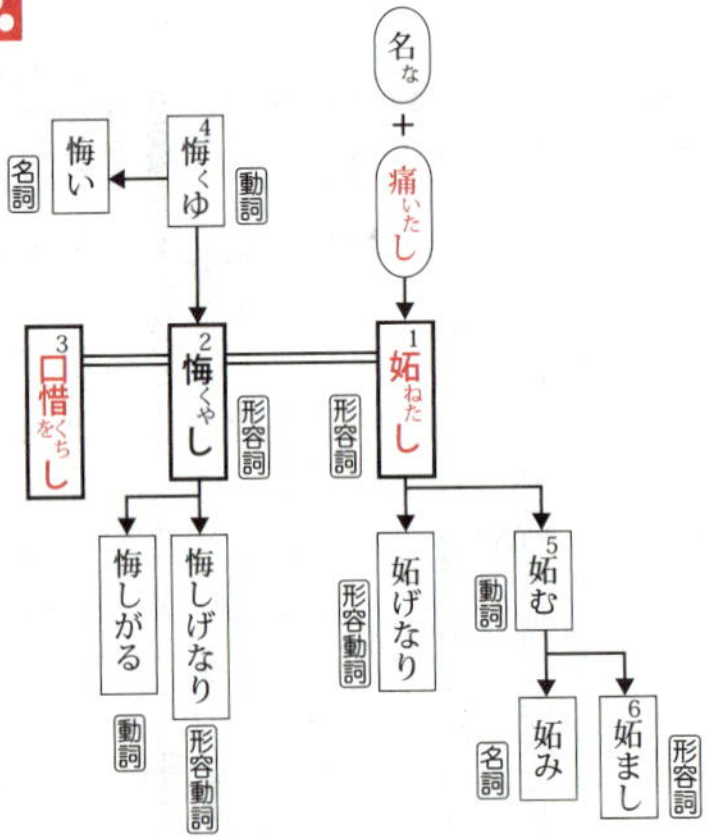

赤字は最重要語・重要語

ねぶーた・し【眠たし・睡たし】形容詞〔ク〕〈く・く・し・き・けれ・○／から・かり・○・かる・○・かれ〉ひどく眠い。眠たい。**ねぶたし**と思ひて臥したるに…。〈枕草子・28・憎きもの〉訳**眠たい**と思って横になっているのに…。↓古語チャート㊽（1313ページ）

ねぶり【眠り・睡り】名詞 ねむること。睡眠。↓古語チャート㉛（971ページ）

ねぶりーごゑ【眠り声】名詞 ねむそうな声。寝ぼけ声。

ねぶ・る【眠る・睡る】動詞 自〔ラ四段〕〈ら・り・る・る・れ・れ〉目をつぶる。ねむる。↓寝ぬ 日の差し入りたるに、**ねぶりて**ゐたるを…。〈枕草子・9・上にさぶらふ御猫は〉訳日が当たっている所で、（ネコが）**眠って**じっとしているのを…。

ねーほ・る【寝惚る】動詞 自〔ラ下二段〕〈れ・れ・る・るる・るれ・れよ〉寝ぼける。↓古語チャート㉛（971ページ）・㊽（1313ページ）

ねまちーのーつき【寝待ちの月】陰暦十九日の夜の月。↓ビジュアルチェック⑰（833ページ）季語 秋 類 臥し待ちの月 発展 月の出が遅いので寝て待つという意味。

ねーまど・ふ【寝惑ふ】動詞 自〔ハ四段〕〈は・ひ・ふ・ふ・へ・へ〉寝ぼける。寝ぼけてうろたえる。老いたる男の**寝惑ひたる**。〈枕草子・45・にげなきもの〉訳年老いた男が**寝ぼけて**いるのは（似つかわしくない）。

ねま・る 動詞 自〔ラ四段〕〈ら・り・る・る・れ・れ〉❶うずくまる。座る。❷ひれ伏す。平伏する。❸寝る。寝そべる。くつろぐ。涼しさを我が宿にして**ねまるなり** 句〈奥の細道・尾花沢・芭蕉〉訳涼しさを我が宿のものとし、**くつろいで**いることである。

ね・む【睨む】動詞 他〔マ下二段〕〈め・め・む・むる・むれ・めよ〉にらむ。

ねむごろ・なり【懇ろなり】形容動詞 ↓ねんごろなり

ねめーか・く【睨め掛く】動詞 他〔カ下二段〕〈け・け・く・くる・くれ・けよ〉にらみ付ける。

ねもころ【懇ろ】副詞 心から。こまやかに。徹底的に。見渡しの三室の山の巌菅**ねもころ**我は片思ひぞする 歌〈万葉集・11・2472〉訳向こうに見渡せる三室の

山の岩に生えたスゲの根の絡み付くように、**心から**私は片思いをしている。〇「見渡し…巌菅」は「ね」を導く序詞。「ねもころ」の「ね」は「根」と通じる。
発展 草や木の根がこまやかに絡み合っているようすから生まれたことば。

ねもころ-ごろ-に【懇ろごろに】副詞 ↓ねもころ

ねもころ・なり【懇ろなり】形容動詞 ↓ねんごろなり

ね-や【閨】名詞 ❶寝室。寝所。❷家の奥の部屋。特に女性の部屋。**発展**「寝屋ねや」の意味。
↓**古語チャート**㉛（971ページ）

ね-や-ど【寝屋処】名詞 寝る場所。寝室。**発展**「ど」は「所」の意味の接尾語。

ね-よ【寝よ】動詞ぬ（寝）の命令形。

ねよ-げ・なり【根好げなり・根良げなり】形容動詞〔ナリ〕〈なら・なり(に)・なり・なる・なれ・なれ〉 根がよさそうだ。
うら若みねよげに見ゆる若草を人の結ばむことをしぞ思ふ 歌〈伊勢・49〉訳 若々しいので**根がよさそうに**見える若草を、(寝心地がよさそうだからといって)他人が結んで旅寝することが(惜しく)思われるよ。
発展 和歌では「寝」を「根」に掛けて詠むので、「寝良げなり」(寝心地がよさそうだ)とも表記する。

ね-ら【嶺ら】名詞 峰。**発展**「ら」は接尾語。

ねり【練り・煉り】名詞 ❶「★練ねり絹ぎぬ」の略。❷「★練ねり貫ぬき」の略。❸巧みなこと。一筋縄ではいかないこと。

ねり-い・づ【練り出づ】いず 動詞 自〔ダ下二段〕〈で・で・づ・づる・づれ・でよ〉 ゆっくりと歩み出る。
ことことしく儀式官の練りいでたる肘持ひぢもち覚えて…。〈源氏・末摘花すゑつむはな〉訳 仰々しく儀式官が**ゆっくりと歩み出た**(ときの)肘を張った姿が想像されて…。

ねり-いろ【練り色】名詞 染め色のひとつ。薄い黄色を帯びた白色。

ねり-かう【練り香】こう 名詞 数種の香を蜜で練り合わせた香。類 合あはせ薫たき物もの

ねり-ぎぬ【練り絹】名詞 練ってしなやかにした絹糸。また、それで織った絹布。対 生絹すずし

ねり-さまよ・ふ【練り徘徊ふ】さまよう 動詞 自〔ハ四段〕〈は・ひ・ふ・ふ・へ・へ〉 あちこちをゆっくり歩く。
定者ぢやうざなどいふ法師のやうに練りさまよふ。〈枕草子・5・四月、祭りのころ〉訳 道を先導する役の僧のように**あちこちをゆっくり歩く**。

ねり-ぬき【練り貫き】名詞 縦糸を生糸、横糸を練り糸で織った絹布。

ねり-ばかま【練り袴】名詞 ★練り絹ぎぬで作ったはかま。

ねる（現）↓（古）**ぬ**【寝・寐】・**いぬ**【寝ぬ】

ね・る【練る・煉る・錬る】━動詞 他〔ラ四段〕〈ら・り・る・る・れ・れ〉
❶(絹や生糸をあくで煮て)柔らかくする。
うるはしき糸の練りたる、合はせ繰くりたる。〈枕草子・31・心ゆくもの〉訳 きちんと美しく整った糸の**柔らかくした**のを、より合わせて引き出したのは(気が晴れるものだ)。
❷こねる。こね混ぜる。こね混ぜて、粘り気を出す。
泥に練られたる魚のごとくにて…。〈太平記たいへいき〉訳 泥に**こね混ぜられた**魚のようであって…。
❸(柔らかく)ねじ曲げて作る。
かの丘に萩はぎ刈る男をのこ縄を無なみ練るや練り麻その砕けて思ふ 歌〈拾遺集しゅうい・813〉訳 あの丘にハギを刈る男は、縄がないので(木の枝を)**ねじ曲げて作って**縄の代わりにするように、心をあれこれと砕いて恋の物思いをすることだ。
❹精製する。精錬する。
━動詞 自〔ラ四段〕〈ら・り・る・る・れ・れ〉 ゆっくりと歩く。静かに歩く。
ただひとり、笛吹きて、行ゆきもやらず練り行けば…。〈宇治拾遺じゅうい〉訳 ただひとり、笛を吹いて、進むともなく**ゆっくりと歩いて**いくと…。

ね-ろ【嶺ろ】名詞《上代東国方言》峰。**発展**「ろ」は接尾語。

ね-わたし【嶺渡し】名詞 高い峰から吹き下ろす風。また、峰から峰へ吹き渡る風。

ね-を-な・く【音を泣く・音を鳴く】連語 声を出して泣く。(鳥などが)声を上げて鳴く。類 音泣ねなく
音を泣きたまふさまの、心深くいとほしければ…。〈源氏・夕霧〉訳 (落葉の宮の)**声を出して泣き**なさる姿が、慎み深くいじらしいので…。

ねん【念】名詞 ❶思い。考え。❷気を付けること。注意すること。❸念願。執念。❹《仏教語》一瞬間。

ねん-き【年季・年期】名詞 ❶一年を単位とする期間。❷契約として定めた奉公の期間。

ねん-ぐ【年貢】名詞 ❶農民が、租税として領主などに毎年納める生産物。多く、米についていう。❷小作料。

ねん-くゎん【年官】かん 名詞 皇族・公卿くぎょうなどに与えられた、官職を与えるべき者を推薦する権利。その任命料を収入とすることができた。↓年爵ねんじゃく

ねん-ごろ【懇ろ】名詞 動詞 自〔サ変〕〈せ・し・す・する・すれ・せよ〉《近世以降》親しい関係になること。深く契ること。特に、男女が肉体関係を持つこと。
「**兄弟はらからの契約のねんごろしたは、何事ぞ**。」〈近松・心中万年草しんじゅうまんねんそう〉訳「兄弟の約束をして**深く契った**のは、いったい何なのか。」

ねんごろ-が・る【懇ろがる】動詞 自〔ラ四段〕〈ら・り・る・る・れ・れ〉 親密なようすをする。しきりに親しそうにする。
「**この宮に心かけきこえたまひて、かくねんごろがりきこえたまふぞ**。」〈源氏・横笛〉訳「(大将の君は)あの宮(=落葉の宮)にご執心申し上げなさって、このように**しきりに親しそうにして**差し上げなさるのだ。」
発展「がる」は接尾語。

ねんごろ・なり【懇ろなり】

人や事物に対し、心を込めて丁寧に接するようす
→ ❶(心底から)**熱心に**(…する)。(念を入れて)**丁寧に**(…する)。◉連用形「ねんごろに」の形で用いられる。
→ ❷**互いに懇意である。親しみ合っている。**

未然形	連用形	終止形	連体形	已然形	命令形
ねんごろ・なら	ねんごろ・なり ねんごろ・に	ねんごろ・なり	ねんごろ・なる	ねんごろ・なれ	ねんごろ・なれ

形容動詞〔ナリ〕❶(連用形「ねんごろに」の形で)(心底から)**熱心に**(…する)。(念を入れて)**丁寧に**(…する)。
狩りは懇ろにもせで、酒をのみ飲みつつ、やまと歌にかかれりけり。〈伊勢・82〉訳 狩りは心底から**熱心に**もしないで、酒ばかり飲んでは、和歌を詠むのに熱中していたのだった。
道を学がくする人、夕べには朝あしたあらんことを思ひ、朝には夕べあらんことを思ひて、重ねて懇ろに修しゅせんことを期ごす。〈徒然草・92・ある人、弓射ることを〉訳 学問や芸能

などの専門の方面を学ぶ人は、夕方には翌朝があるだろうということを思い、朝には夕方があるだろうということを思って、(後になってから)もう一度念を入れて丁寧に修行しようということを心積もりする。

❷**互いに懇意である。親しみ合っている。**

思ひわびて、懇ろに相語らひける友だちのもとに…。〈伊勢・16〉訳(貧しくて妻に去られた紀有常は)つらく思って、**互いに懇意に**交際していた友人の所に…。

関連語 懇ろ

ねんじ-い・る【念じ入る】 動詞 自 〔ラ四段〕〈ら・り・る・る・れ・れ〉
心をこめて祈る。一心に祈る。

所々に誦経などし、**念じ入りてぞおはしける。**〈大鏡・師尹〉訳(師尹は)あちこちの寺に読経などを行い、**一心に祈っていらっしゃったのだった。**

ねんじ-かへ・す【念じ返す】―かえす 動詞 他 〔サ四段〕〈さ・し・す・す・せ・せ〉思い直して我慢する。じっとこらえる。

耐へがたきを、**心強く念じ返させたまふ。**〈源氏・桐壺〉訳(源氏の元服に感極まって)耐えがたい気持ちになるのを、(帝は)強く**思い直して我慢して**いらっしゃる。

ねんじ-すぐ・す【念じ過ぐす】 動詞 他 〔サ四段〕〈さ・し・す・す・せ・せ〉我慢して過ごす。耐え忍んで暮らす。

すべて、あられぬ世を念じ過ぐしつつ、心を悩ませること、三十余年なり。〈方丈記・我が過去〉訳まったく、生きていられないほどの世の中を**耐え忍んで暮らし**ながら、苦しんでいるのは、三十年余りである。

ねん-しゃく【年爵】 名詞 皇族・公卿などに与えられた、従五位下に一定数の者を推薦する権利。その叙位料を収入とすることができた。↓年官

ねん-じゅ【念珠】 名詞 仏に祈るときに手に巻く仏具。数珠。発展「ねんず」とも。

ねん-じゅ【念誦】 名詞《仏教語》心に仏を念じ、口で経文や仏名を唱えること。発展「ねんず」とも。

ねんじ-わ・ぶ【念じ侘ぶ】 動詞 自 〔バ上二段〕〈び・び・ぶ・ぶる・ぶれ・びよ〉こらえ切れなくなる。耐えかねる。

念じわびつつ、さまざまの財物、片端より捨つるがごとくすれども…。〈方丈記・飢渇〉訳(食糧のない窮状に)**耐えかねて**は、いろいろな財宝や調度品を、手当たりしだいに捨てるように処分するけれども…。

ねん・ず【念ず】 動詞 ↓最重要語(979ページ)

ねん・ず【念ず】

心を込めて祈り、つらいことに耐える

❶(神仏に)**祈る**。祈願する。
❷**我慢する**。耐える。

動詞 他 〔サ変〕

未然形	連用形	終止形	連体形	已然形	命令形
ねん・ぜ	ねん・じ	ねん・ず	ねん・ずる	ねん・ずれ	ねん・ぜよ

❶(神仏に)**祈る**。**祈願する。**

諸声に仏、神を念じたてまつる。〈源氏・明石〉訳声をそろえて仏、神に**お祈り申し上げる。**

❷**我慢する**。**耐える**。**こらえる。**

ねぶたきを念じてさぶらふに…。〈枕草子・313・大納言殿〉訳眠たいのを**我慢して**(おそばに)お控え申し上げているときに…。

大臣、憎きものの、をかしさをばえ念じたまはで…。〈源氏・行幸〉訳大臣(=源氏)は、(末摘花の手紙が)気に食わないとはいうものの、おかしさを**こらえる**ことがおできにならないで…。

発展 ①漢語「念」に、サ変動詞「す」が付いてできたことば。
②漢字にはない意味　「念」という漢字には、「祈る」意味も「我慢する」意味もない。したがって、「念ず」の❶も❷も、日本語としてだけの意味ということになるが、それぞれの意味がどうして生まれてきたか、明らかでない。なかには、どちらとも解せる例もある。「物忌みし果てむと念じ暮らして…。」〈枕草子・138・円融院の御果ての年〉は、★物忌みをし終えようということで「我慢して過ごして」(=❷)と解するのが一般だろうが、「祈って過ごして」(=❶)とみられなくもない。

ねんぢゅう-ぎゃうじ【年中行事】ねんじゅうぎょうじ 名詞 一年間の特定の日に宮中で行われる儀式や行事。後には、民間の行事や祭礼をもいうようになった。発展「ねんちゅうぎゃうじ」とも。

ねんぢゅうぎゃうじ-の-さうじ【年中行事の障子】ねんじゅうぎょうじのそうじ ★年中行事の名目を両面に書いた、つい立て障子。清涼殿の★殿上の間の東側の入り口に立てられていた。↓ビジュアルチェック⑫(715ページ)

ねん-な・し【念無し】 形容詞〔ク〕〈く・く・し・き・けれ・○/から・かり・○・かる・○・かれ〉
❶悔しい。残念だ。

都にありながら、この歌を出ださんこと念なしと思ひて…。〈古今著聞集〉訳都にいたままで、この歌を披露するようなことは**残念だ**と思って…。

❷たやすい。容易だ。安易だ。

「**他郷の者と口論し、念なう敵をば討ってさうらふ。**」〈謡曲・籠太鼓〉訳「よその者と口論をして、**安易に**相手を殺してしまったのです。」〇「念なう」は連用形「念なく」のウ音便。

❸思いがけない。意外だ。

「**これは念なう覚えてさうらふ。**」〈謡曲・丹後物狂〉訳「これは**思いがけなく**(さまざまな書物を)覚えました。」

ねん-ねん【念念】 名詞 ❶《仏教語》一瞬一瞬。時々刻々。❷いろいろな思い。

ねん-ぶつ【念仏】 名詞 動詞 自 〔サ変〕〈せ・し・す・する・すれ・せよ〉《仏教語》❶信仰する仏の姿や功徳などを念頭に浮かべること。観想念仏。実相念仏。❷(浄土教で)「南無阿弥陀仏」の六字の★名号を唱えること。口称念仏。類称名

ねんぶつ-かう【念仏講】―こう 名詞 信者が集まって、★念仏や修行をする会。

ねんぶつ-わうじゃう【念仏往生】―おうじょう 名詞《仏教語》一心に★念仏して、★極楽浄土に往生すること。

ねん-よ【年預】 名詞 ❶平安中期以降の★令外の官の職員。院・女院・摂関家などで、執事の下で雑務を担当した。❷その年の祭礼の当番。発展★連声で、「ねんにょ」とも。一年間の職務を他の官職の者が預かり行うという意味からきたことば。

の

の↓基本助詞25（980ページ）

の-【野】接頭語 荒っぽい、田舎っぽい、などの意味を表す。語例 **野**葬間（だいこ）

の【箆】名詞 矢の竹の部分。矢柄（やがら）。

のい-ふ-す【偃す】動詞 自（サ四段）〈さ・し・す・せ・せ〉倒れ伏す。あおむけになって寝る。発展「仰（の）き伏す」のイ音便。

のう（現）↓（歴）**なう**【嚢・悩・脳】

のう（現）↓（歴）**なふ**【納・衲】

のう【能】名詞 ❶能力。実力。才能。「わ党たちこそ、させる**能**もおはせねば、物をも惜しみたまへ。」〈宇治拾遺（うじしゅうい）〉訳「おまえたちは、これというほどの**才能**もおありにならないので、物を惜しみなさるのだ。」

❷技芸。芸能。**法師の無下（むげ）に能なきは、檀那（だんな）すさまじく思ふべしとて**…〈徒然草・188・ある者、子を法師（ほふし）に〉訳僧でまったく**芸能**がないのは、（法事の後の酒宴で）施主が興ざめに思うだろうと思って…。

能（のう） 文芸用語 謡と囃子（はやし）と所作（しょさ）を主な要素とする楽劇。平安時代以来の諸芸能が影響し合って生まれた猿楽能（さるがくのう）を、室町初期に★観阿弥（かんあみ）・★世阿弥（ぜあみ）父子が芸術的に大成させたもの。舞台の上で、★シテ（主役）・★ワキ（脇役（わきやく））、それらの補佐役である★連（つれ）などの能役者が、囃子方と地謡（じうたい）に合わせて詞章をうたい演ずる。独自の様式を持ち、★狂言とともに演じられる。↓大和猿楽（やまとさるがく）

［能（大永の能舞台）］

能因（のういん） 人名 平安中期の僧・歌人。肥後進士・古曾部（こそべ）入道とも。★中古三十六歌仙の一人。二十六、七歳で出家。平明で叙情的な歌を残す。旅の歌が多く、後代の西行などに影響を与えた。私撰集（しせんしゅう）に『玄々集（げんげんしゅう）』、家集に『能因法師集』がある。988―没年不明

のうし（現）↓（歴）**なほし**【直衣】

の 基本助詞25

格助詞
- ❶（連体修飾語を作って、対象となる場所や時間、所有・所属・限定などの関係を表し）…**の**。…**にある**。…**のときの**。
- ❷（比喩（ひゆ）・例示を表し）…**のような**。…**のように**。
- ❸（下に続く体言を省略した形で）…**のもの**。
- ❹（主語であることを示し）…**が**。
- ❺（同格を表し）…**で**。
- ❻（逆接的に下に続けて）…**であるが**。
- ❼（動作・感情・能力などの対象を表し）…**を**。

接続 体言、活用語の連体形などに付く。↓発展①

格助詞 ❶（連体修飾語を作って、対象となる場所や時間、所有・所属・限定などの関係を表し）…**の**。…**での**。…**へ**の。…**にある**。…**のときの**。…**である**。…**で作った**。↓古語チャート㉝（983ページ）

黒崎の松原を経てゆく。所の名は黒く、松の色は青く…。〈土佐日記・二月一日〉訳黒崎**にある**松原を通過していく。土地の名は黒く、松の色は青く…。○「黒崎の」の「の」は場所、「所の」「松の」の「の」は「名」「色」の限定を表す。

「**おのが身は、この国の人にもあらず。月の都の人なり。**」〈竹取・かぐや姫の昇天〉訳「私の身は、この国（=人間界）の人間ではない。月の都の人間である。」○「この」「月の」は場所を表し、「国の」「都の」の「の」は所属を表す。「おの」は代名詞。

胸をいみじう病めば、友達の女房など、数々来つつとぶらひ…〈枕草子・190・八月ばかりに〉訳（私が）胸をひどく病むと、友達**である**女房たちが、何人もやって来ては見舞い…。○この「の」は人物関係の限定を表す。

黒貂（ふるき）の皮衣（かはぎぬ）、いと清らに香ばしきを着たまへり。〈源氏・末摘花（すえつむはな）〉訳（末摘花は）クロテン（の皮）**で作った**皮の服で、とても上品で美しく香りのよい服をお召しになっている。○この「の」は材質の限定を表す。

新院の降（お）りさせたまひての春、詠ませたまひけるとかや。〈徒然草・27・御国（みくに）ゆづりの節会（せちゑ）〉訳新院（=花園上皇）が（天皇の）位をお退きになって（その年）**の**春、お詠みになった歌とかいうことだ。○この「の」は時を表す。接続助詞「て」に付いている例で、「新院の降りさせたまひて」という句が、全体で一つの体言に相当するものとして扱われているとみた方がよい。なお、「新院の」の「の」は「降りさせたまひて」に係り、主語を示す❹の用法である。

❷（比喩・例示を表し）…**のような**。…**のように**。

前（さき）の世にも御契りや深かりけむ、世になく清らなる玉の男御子（をのこみこ）さへ生まれたまひぬ。〈源氏・桐壺（きりつぼ）〉訳（帝（みかど）と桐壺の更衣とは）前世においてもご宿縁が深かったのではなかろうか、世にまたとなく清らかで美しい玉**のような**皇子までもがお生まれになった。○「玉の」が「男御子」に係る連体修飾語となって、比喩を表している。

夏の野の繁（しげ）みに咲ける姫百合（ひめゆり）の知らえぬ恋は苦しきものぞ 歌〈万葉集・8・1500〉訳夏の野の茂みに（人知れず）咲いているヒメユリ**のように**、（いとしい相手に）知られない（=知ってもらえない）恋は苦しいものだ。○「夏の野の…姫百合の」は「知らえぬ」を導く序詞で、序詞全体が連用修飾語になっている。「姫百合の」の「の」によって、人知れず咲くヒメユリの姿を片思いの恋にたとえている。「夏の野の」の「の」は共に❶の用法。

大納言殿（だいなごんどの）参（まゐ）りたまひて、文（ふみ）のことなど奏したまふに、例の夜いたく更けぬれば…〈枕草子・313・大納言殿（だいなごんどの）参（まゐ）りたまひて〉訳大納言殿（=藤原伊周（これちか））が参内なさって、漢籍のことなどを（一条天皇に）ご講義申し

上げなさるうちに、いつものように夜がひどく更けてしまったので…。
○「例の」は、「更けぬれば」に係る連用修飾語で、例示を表す慣用的な言い方。↓例の

❸(下に続く体言を省略した形で)…のもの。…のこと。
草の花はなでしこ。唐のはさらなり、大和のもいとめでたし。〈枕草子・67・草の花は〉訳草の花はナデシコ(がよい)。中国のものはいうまでもなく、日本のものもたいへんすばらしい。
○「唐のなでしこ」「大和のなでしこ」というところだが、初めに「なでしこ」を示してあるので、二度目以降は「なでしこ」を省略して述べる用法。「草の」の「の」は❶の用法。

❹(主語であることを示し)…が。…の。
山の頂の少し平らぎたるより、煙は立ち上る。夕暮れは火の燃え立つも見ゆ。〈更級日記・足柄山〉訳山(=富士山)の頂上の少し平らになっている所から、煙は立ち上る。夕暮れには火が燃え立つようすも見える。
○「火」が「燃え立つ」の主語になっている。述語に当たる四段動詞「燃え立つ」は連体形の*準体法なので、下に「ようす」などを補って解釈する。「の」が主語を示す用法では、この例のように、述語はふつう連体形になる。「山の」「頂の」の「の」は❶の用法。
童べの踏み開けたる築泥の崩れより通ひけり。〈伊勢・5〉訳子供たちが踏んで道をつけた土塀の崩れた所から通っていたのだった。
○「童べ」の述語に当たる「踏み開けたる」の「たる」は完了の助動詞「たり」の連体形で、「築泥」という名詞に係っている。「築泥の」の「の」は❶の用法。

❺(同格を表し)…で。…であって、しかも。↓読解の手引き⑰(876ページ)
精進物の、いと悪しきを打ち食ひ…。〈枕草子・7・思はむ子を〉訳(僧は)肉類を使わない食事で、たいへん粗末なものを食べ…。
○「悪しき」は形容詞「悪し」の連体形の準体法で、下に「もの」などを補って解釈する。ここでは、「精進物」と「悪しき(もの)」は同一の物を指している。
年いみじく老いたる嫗の白髪白きが、その死人の枕上にゐて…。〈今昔〉訳年をひどくとった老婆であって、しかも白髪の白い女が、その死人のまくらもとに座って…。
○「白髪白き」の「白き」は形容詞「白し」の連体形の準体法で、下に「人・女」などを補って解釈する。ここでは「嫗」と「白髪白き(女)」は同一人物を表す。

❻(逆接的に下に続けて)…であるが。…でありながら。
「国の親となりて、帝王の上なき位にのぼるべき相おはします人の、そなたにて見れば、乱れ憂ふることやあらむ。」〈源氏・桐壺〉訳「(この子は)天皇となって、帝王というこの上ない位に就くはずの人相がおありになる方であるが、その(=天皇になるという)方面で占うと、(世の中が)乱れて(人々が)嘆くことがあるのではないだろうか。」

❼(動作・感情・能力などの対象を表し)…を。…が。
草の手に、仮名のところどころに書き交ぜて…あはれなる歌なども交じれる、たぐひゆかし。〈源氏・絵合〉訳(漢字の)草書の文字に、仮名をところどころに交ぜて書いてあって…感慨深い歌なども入り交じっている(源氏の日記)は、同様(に書かれた日記の続き)のものが見たくなる。
○「仮名」が「書き交ず」という動作の対象になっている。「草の」の「の」は❶の用法。
速やかにすべきことを緩くし、緩くすべきことを急ぎて、過ぎにしことの悔しきなり。〈徒然草・49・老い来たりて〉訳すぐにしなければならない行為(=仏道修行)をゆっくりし、ゆっくりしてもいい行為(=俗世間の雑事)を急いで、(一生が)過ぎてしまったことが後悔されるのである。
○「の」が受ける句全体が「悔し」という感情の対象になっている。この「の」は主語を表すものではなく、ここでの主語は、明記されていない「世間一般の人」である。

発展
①接続　主として体言に付く格助詞である。活用語の連体形(*準体言)や形容詞・形容動詞の語幹、一部の助詞などにも付くが、❶の『徒然草』の用例のように、体言以外に付いている場合でも、そのことばや句全体が体言に準ずる働きを持っている。
②連体修飾語を作る❶が基本的な用法　これらはほとんど、現代語でも「の」で表せる。この用法では、「音のさやけさ」「行く末のおぼつかなさ」などのように、形容詞の語幹に接尾語「さ」が付いて名詞になったことばが「の」の下に付く例もよく見られる。この形をとる場合、意味のうえでは、「音」が「清く澄んでいる」、「将来」が「不確かである」という主述の関係になっているので、❹の主語を表す用法に近い。
③❹の派生　❶から派生した❹の用法でも、用例に挙げたように、述語に当たる部分は連体形で、準体法になっているか、下の体言に係る例が普通である。「の」に応じる述語が終止形で言い切りとなる文はない。現在でも「雨の降るのは…。」とはいえても、「雨の降る。」といえないのはその名残である。また、述語が下に続かず切れる場合でも、連体形を用い、断定・強調・疑問・反語・感動などを表す文のなかに限られた。たとえば、「世の聞こえありければ、兄人たちの守らせたまひけるとぞ(=世間のうわさがあったので、兄たちが(番人に)守らせなさったのだということだ)。」〈伊勢・5〉では「ける」は連体形で断定を表す文脈で用いられている。
④「の」+「ごとし」　「山のごとく」のように、下に助動詞「ごとし」(あるいはその語幹「ごと」)が来る場合もある。ただし、この「ごとし」の語幹に当たる「ごと」は、もともとは形式名詞であったため、助動詞となっても名詞の性質が含まれているために、格助詞の「の」や「が」の下に付く用法が残ったと考えられる。「ごと」のほかにも、名詞・形式名詞などとして分類されることばのうち、「が」や「の」の下に付いて連用修飾語となるものには、次のようなことばがある。「…(の)ため」という意味の「から」「ため」、「…と共に」という意味の「むた」、「…ままに」という意味の「まにま」などで、現代まで広く使われる「ため」のほかは、特に上代の用例が多い。↓故・如・如し・随に・共
⑤❸は準体助詞とも　❸は、❶の用法の、下に続く体言を省略した形である。「…のもの」「…のこと」という体言の意味まで含み込んだこの用法は格助詞「が」にもあり、体言に準じた助詞ということで、*準体助詞ということもある。
⑥並列を表す用法も　中世後期以降、「着物がきたねえの、貧乏人だのと…。」〈滑稽本・浮世風呂〉のように、並列を表す用法も生じた。この「の」は、間投助詞あるいは並立助詞とする説もある。
⑦終助詞としての用法も　感動や確かめ・強調の意味を表す終助詞としての用法も、中世後期以降に生まれた。たとえば、「いや、さうは言ふまいがの(=いや、そうは言うはずがないがね)。」〈狂言・文相撲〉のような例である。

類語比較「が(格助詞)」と「の(格助詞)」↓が(基本助詞25)

のう-しゃ【能者】名詞 ❶（「のうじゃ」とも）才能のある人。学問や技術に優れている人。❷能を演ずる人。能役者。

能州［シウ］旧国名 ↓能登

濃州［シウ］旧国名 ↓美濃

のう-しょ【能書】名詞 文字を書くのが上手なこと。また、その人。発展「のうじょ」とも。

のう-ぶたい【能舞台】名詞 ★能や★狂言を演じる舞台。奥行きが四間半（＝約八・一メートル）、間口が三間（＝約五・四メートル）の板張りで、舞台の後方に囃子方、右側に地謡が座り、左側に★橋懸かり（＝廊下）がある。

の-おくり【野送り】名詞 埋葬したり火葬したりすること。また、葬送。発展「野辺の送り」とも。

のか＋口 「のく【退く】㊀（カ行四段）」の未然形。

の-かぜ【野風】名詞 野原を吹く風。

の-がひ【野飼ひ】名詞 家畜を野に放して飼うこと。放し飼い。

のが・る【逃る・遁る】動詞 自（ラ下二段）〈れ・れ・る・るる・るれ・れよ〉
❶逃げる。避ける。免れる。
「事すでに重畳せり。罪科もっとも**逃れ難し**。」〈平家・1・殿上闇討〉訳「（平忠盛には）事件（の罪科）が早くも幾重にも重なっている（＝何重も罪に該当している）。（その）罪は絶対に**免れる**ことはできない。」
❷言い逃れる。辞退する。断る。
切に責めのたまはするに、**逃れ難くて**…。〈源氏・花宴〉訳（東宮が、舞を舞うようにと）ひたすら無理に求めておっしゃるので、（源氏も）**辞退し**にくくて…。
❸（俗世を）離れる。出家する。
「世を**のがれて**山林に交はるは、心を修めて道を行はんとなり。」〈方丈記・みずから心に問う〉訳「俗世を**離れて**山林に（住まいが草木鳥獣と）まざり合っているのは、心を修養して仏道を修行しよう、と思うからである。」

のがれる（現）↓（古）**のがる**【逃る・遁る】

のき【軒】名詞 屋根の先端の、建物から張り出した部分。

のき＋口 「のく【退く】㊀（カ行四段）」の連用形。

のき-の-たまみづ【軒の玉水】名詞 軒先から落ちる雨垂れ。

のき-も・る【軒漏る】（月の光などが）軒の透き間から漏れてくる。
梅の花にほひを移す袖の上に**軒漏る**月の影ぞ争ふ 歌〈新古今集・春上・44〉訳ウメの花がにおいを移している袖の上に、**軒の透き間から漏れてくる**月の光が（ウメのにおいと）争う（ように差してくる）ことだ。

のき-を-あらそ・ふ【軒を争ふ】❶人家が密集している。ぎっしりと並ぶ。類 軒を並ぶ
軒を争ひし人の住まひ、日を経つつ荒れゆく。〈方丈記・都遷り〉訳**密集してい**た住居は、日がたつにつれ荒れていく。
❷（草などが）軒ほどの高さまで伸びる。
繁き蓬は、**軒を争ひて**生ひのぼる。〈源氏・蓬生〉訳茂ったヨモギは、**軒ほどの高さまで伸びて**生える。

のき-を-なら・ぶ【軒を並ぶ】↓のきをあらそふ❶

の・く【退く】

その場所や地位・関係などを離れる。また、離れさせる。

- ㊀動詞 自（カ四段）
  - ❶しりぞく。立ち去る。離れる。間隔をおく。
  - ❷地位を離れる。辞退する。
  - ❸手を引く。（男女の）縁が切れる。
- ㊁動詞 他（カ下二段）取り除く。離す。
- ㊂補助動詞（カ下二段）…（して）しまう。◉中世末期以降。

接続 ㊂は動詞の連用形（＋て）に付く。

動詞 自（カ四段）

未然形	連用形	終止形	連体形	已然形	命令形
の・か	の・き	の・く	の・く	の・け	の・け

動詞 他（カ下二段）補助動詞（カ下二段）

未然形	連用形	終止形	連体形	已然形	命令形
の・け	の・け	の・く	の・くる	の・くれ	の・けよ

㊀動詞 自（カ四段）❶しりぞく。**立ち去る**。**離れる**。間隔をおく。
もの狂ほしきまで、けはひも聞こえぬべければ、**のきぬ**。〈源氏・手習〉訳（浮舟が尼になったのを見た中将は）気がおかしくなるほどで、（嘆き悲しむ）ようすも（浮舟に）聞こえてしまいそうなので、（その場を）**立ち去った**。
❷**地位を離れる**。辞任する。辞退する。
小一条院、わが御心と、かく**のかせたまへる**ことは、これを初めとす。〈大鏡・師尹〉訳小一条院（＝敦明親王）は、自分のお考えで、このように（皇太子の）**地位を離れなさった**ことは、これを最初とする。
❸**手を引く**。（男女の）**縁が切れる**。
思ひも譲りつべく、**のく**心地したまへど…。〈源氏・浮舟〉訳（薫は浮舟を匂宮に）任せてしまうのがよいと、（自分は）**手を引く**気持ちにおなりになるけれど…。○「思ひも譲り」は複合動詞「思ひ譲る」（＝他の人に任せる）の間に係助詞「も」が割りこんだ表現。

㊁動詞 他（カ下二段）**取り除く**。どける。離す。
御前ども、ただ下りに下りて、立てる車どもをただ**のけにのけさせて**…。〈枕草子・237・方違のことよりも〉訳先払いの人たちが、（ウマから）どんどん下りて、（その場所に先に）止めてある多くの車をどんどん**どけさせて**…。
「この穴を吹くときは、必ず**のく**。**のけあへぬ**ときは、物に合はず。」〈徒然草・219・四条黄門〉訳「（横笛の）この穴を吹くときは、必ず（口を少し）**離す**。**離し**切らないときは、（正しい）調子に合わない。」

㊂補助動詞（カ下二段）《中世末期以降》…（して）**しまう**。…（し）**果たす**。…（し）**おおせる**。
「もちがのどに詰まって、つひ死んで**のけました**。」〈近松・丹波与作待夜の小室節〉訳「もちがのどに詰まって、そのまま死んで**しまいました**。」○「死んで」は、「死にて」（ナ変動詞「死ぬ」の連用形＋接続助詞「て」）が撥音便となったため、「て」が「で」と濁ったもの。このように、多く、動詞の連用形に接続助詞「て」を介して付く。
関連語 退ぞく・退く

のく＋口 「のく【退く】㊀（カ行四段）」の終止形・連体形。または、「のく【退く】㊁㊂（カ行下二段）」の終止形。

のくる＋口 「のく【退く】㊁㊂（カ行下二段）」の連体形。

のくれ＋口 「のく【退く】㊁㊂（カ行下二段）」の已然形。

➡**のけ＋□**「**のく**【退く】一（カ行四段）」の已然形・命令形。または、「**のく**【退く】二三（カ行下二段）」の未然形・連用形。

のけざま‐に【仰け様に】副詞 顔を上に向けた状態で。あおむけに。

八島の鼎の上に**のけざまに落ちたまへり**。〈竹取・燕の子安貝〉訳（中納言は）八島の鼎（＝かまどの神を祭る八個の神器）の上に**あおむけに**お落ちになった。

のけ‐に【仰けに】副詞 ↓のけざまに

のご・ふ【拭ふ】動詞 他〔八四段〕〈は・ひ・ふ・ふ・へ・へ〉ふき取る。ぬぐう。

乳母と、**紙押しもみてのごへば、例の肌になりたり**。〈堤中納言・はいずみ〉訳 乳母が、紙を押しもんで**ふき取る**と、（姫君の顔は）ふだんの肌になった。

のこり‐おほ・し【残り多し】形容詞〔ク〕〈く・く・し・き・けれ・○／から・かり・○・かる・○・かれ〉心残りだ。残念だ。

「**今日は残りおほかる心地なむする**。」〈枕草子・136・頭の弁の、職に参りたまひて〉訳「今日は**心残りな**感じがする。」

のこり‐な・し【残り無し】形容詞〔ク〕〈く・く・し・き・けれ・○／から・かり・○・かる・○・かれ〉余すところがない。残り少ない。

「**よろづに心乱れはべりて、世にはべらむことも残りなき心地なむしはべる**。」〈源氏・薄雲〉訳「万事につけて心乱れまして、（私が）この世に過ごしたりしますことも**残り少ない**気持ちがするのです。」

のこん‐の‐ゆき【残んの雪】消え残った雪。残雪。発展「のこんの」は「のこりの」が変化したことば。

の‐さき【荷前】名詞 諸国からの貢ぎ物の初物を、年末に伊勢神宮などに奉納すること。また、その貢ぎ物。

のさき‐の‐つかひ【荷前の使ひ】—つかい ★荷前を奉納するため、陰暦十二月に朝廷から伊勢神宮や諸陵墓に派遣される勅使。季語 冬

の‐ざらし【野晒し】名詞 ❶野外で風雨にさらされること。また、そのもの。❷風雨にさらされて白骨になった、人間の頭の骨。されこうべ。どくろ。

野ざらし紀行【のざらしきこう】—キカウ 作品名 江戸前期の俳諧紀行。★松尾芭蕉著。一巻。題名は、冒頭の句（↓のざらしを…）による。「芭蕉翁道の紀」「草枕」「甲子吟行」などとも。一六八四（貞享元）年八月、門人千里と江戸を出発し、伊勢から郷里伊賀、大和と巡った後、ひとりで吉野・美濃・尾張・奈良・京都・熱田などに遊び、翌年四月、江戸に帰るまでの紀行文。句が中心で、文は前書的である。芭蕉初の紀行文であり、旅中に成立した撰集『★冬の日』とともに、★蕉風確立に果たした意義は大きい。

のざらしを… 句 **野ざらしを心に風の染む身かな**〈野ざらし紀行・松尾芭蕉〉訳 行き倒れて野に曝された白骨になることも覚悟して旅に出る今、冷たい秋の風がひときわ染みるこの身であるよ。○季語 身に染む—秋

発展『野ざらし紀行』の旅に出発するときの句で、書名はこの句による。初めての本格的な旅に臨む作者の心構えと気負いが示される。

野沢凡兆【のざわぼんちょう】—ボンテウ 人名 江戸前期の俳人。京都で医師を開業。芭蕉に師事し、★向井去来とともに『★猿蓑』を編集。蕉門の代表的俳人となる。格調高く鮮明な描写を特色とする。生年不明—1714

のし【熨斗】名詞 ❶布のしわを伸ばす道具。今の、アイロン。❷アワビの肉を薄くそぎ、日に干したもの。儀式に用いたり、贈り物に添えたりする。❸❷を図案化した紋所。

のし‐め【熨斗目】名詞 練り糸を縦に、生糸を横にして織った絹布。また、その布地で作る、腰の部分だけに縞を織り出した衣服。↓裃（図）発展 江戸時代、武家の礼服に用い、長裃（＝武家の礼服）などの下に着た。

［のしめ］

の・す【乗す・載す】動詞 他〔サ下二段〕〈せ・せ・す・する・すれ・せよ〉❶乗せる。積む。

輿を持て来て、この女を乗せて空に昇りけり。〈今昔〉訳 ★輿を持って来て、この女を**乗せ**て空に昇った。

❷記載する。記録する。

格助詞「の」の働き

まとめて覚えよう古語チャート 33

所有・所属を表す格助詞「1の」は、今でもそのまま使われるので、直ちにその意味の理解できることばのひとつですが、この図に見られるように、中には「の」の意識がなくなり、一つの単語の中に埋もれてしまったものがあります。

「2ゐのしし（猪）」は、漢字も一字で書かれるところから一単語のように思われがちですが、実は「3ゐ」と「1の」と「4しし」の三単語からできています。「4しし」は、「肉」という意味から、肉が食用になる「獣」を意味したことばです。

「5かのしし（鹿）」も同様な成り立ちからできたことばです。

「6ほのほ（炎）」の場合、上の「7ほ」は「ひ（火）」の変化したもの、下の「8ほ（秀）」は「稲穂」の「穂」と同じで、高く飛び出た部分を表します。つまり「火の飛び出た部分」が「6ほのほ（炎）」ということです。

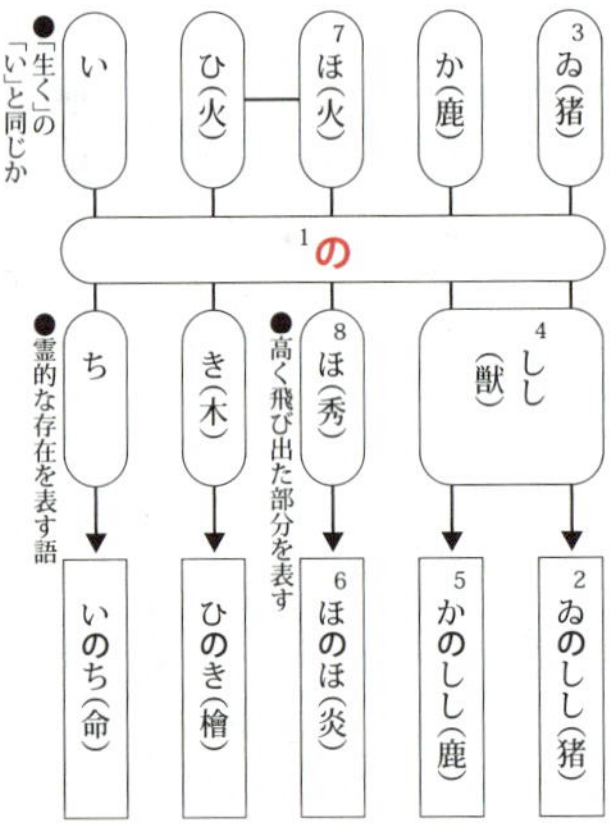

赤字は最重要語・重要語

くはしく知りて書きのせたり。〈徒然草・226・後鳥羽院の御時〉訳詳しく知っているので書いて記録している。

❸おだてる。

◆**のせる**（現）→（古）**のす**【乗す・載す】

のぞ-く【臨く】動詞 自〔カ四段〕〈か・き・く・く・け・け〉臨む。さしかかる。向かい合う。

この平張りは川にのぞきてしたりければ、つぶりと落ち入りぬ。〈大和・147〉訳この★平張りは川に臨んで作ってあったので、ずぶりと（川に）落ちてしまった。

のぞ-く【覗く】動詞 他〔カ四段〕〈か・き・く・く・け・け〉❶透き間や穴などを通して見る。❷ちょっとようすを見る。ちょっと立ち寄る。

のぞみ【望み】名詞 ❶眺め。眺望。❷願い。希望。

のぞ-む【臨む】動詞 自〔マ四段〕〈ま・み・む・む・め・め〉❶対する。面する。

仙人堂、岸に臨んで立つ。〈奥の細道・最上川〉訳仙人堂（＝神社の名）は、川岸に面して建っている。〇「臨ん」は連用形「臨み」の撥音便。

❷出席する。臨席する。

一道に携はる人、あらぬ道の筵に臨みて…。〈徒然草・167・一道に携はる人〉訳一つの専門の道にかかわっている人が、専門外の場に出席して…。

のぞ-む【望む・臨む】動詞 他〔マ四段〕〈ま・み・む・む・め・め〉❶遠く見やる。眺める。

❷希望する。願う。

君たちも労り望みたまふことどもありて…。〈源氏・葵〉訳（左大臣の）ご子息方も昇進を希望していらっしゃることがそれぞれあって…。

↓古語チャート㊺（1275ページ）

のたう-ぶ【宣ぶ】動詞 他〔バ四段〕〈ば・び・ぶ・ぶ・べ・べ〉（「言ふ」の尊敬語で）おっしゃる。↓宣ふ

のた-ぶ【宣ぶ】動詞 他〔バ四段〕〈ば・び・ぶ・ぶ・べ・べ〉（「言ふ」の尊敬語で）おっしゃる。↓宣ふ

のたまは-く【宣はく】― おっしゃること。おっしゃるには。

大納言起きゐて、のたまはく…。〈竹取・竜の頸の玉〉訳大納言が起き直って、おっしゃるには…。

発展 四段動詞「のたまふ」の未然形＋接尾語「く」。

のたまは-す【宣はす】

語 「言ふ」の尊敬 ― おっしゃる。〔通常語〕言ふ

未然形	連用形	終止形	連体形	已然形	命令形
のたまはせ	のたまはせ	のたまはす	のたまはする	のたまはすれ	のたまはせよ

動詞 他〔サ下二段〕（「言ふ」の尊敬語で）おっしゃる。

よろづのことを、泣く泣く契りのたまはすれど、御答へもえ聞こえたまはず。〈源氏・桐壺〉訳（帝は桐壺の更衣に）さまざまなことを、泣きながら約束しておっしゃるけれども、（病気で衰弱した更衣は）ご返事もとても申し上げなされない。

〇作者が、「言う」動作をする桐壺の帝への敬意を表している。

発展 **高い敬意を表す** 尊敬語の四段動詞「のたまふ」の未然形に、さらに、尊敬の助動詞「す」が付いてできたことば。したがって、「のたまふ」よりも高い敬意を表す。天皇・上皇・皇后などの言う動作に多く用いられた。

のたま-ふ【宣ふ】↓基本敬語25（985ページ）

関連語 宣ふ・仰せらる・聞こえさす

の-ため【箆撓め】名詞 箆（＝矢の竹の部分）の反りを直すこと。また、そのための道具。発展「のだめ」とも。

のち【後】名詞 ❶（時間的に）あと。以後。将来。未来。❷子孫。末裔。❸死後。来世。後の世。

のち-せ【後瀬】名詞 ❶下流の浅瀬。❷後に会う機会。

◆**のちにまた…** 歌

のちにまたあひ見むことを思はなむこの世のゆめに心惑はで〈源氏・浮舟〉訳来世でまたお会いしたりすることを思ってほしい。この現世の夢のようなはかなさに思い悩まないで。〇「なむ」は他に対する願望を表す終助詞。「惑はで」の「で」は、上の事実を打ち消して下に続ける接続助詞。上の句と下の句は倒置。

発展 悪い夢を見たために手紙をよこした母に、浮舟が答えた歌。

のち-の-あした【後の朝】男女が共に一夜を過ごした翌朝。類 衣衣

のち-の-こと【後の事】❶将来のこと。自分の死後のこと。❷死後に営まれる仏事。葬儀や法事。類 後の業

のち-の-たのみ【後の頼み】死後、極楽に迎えられるという頼み。来世の頼り。

この夢ばかりぞ、後の頼みとしける。〈更級日記・後の頼み〉訳（仏が迎えに来るとお告げになった）この夢だけを、来世の頼りとしたのだった。

のち-の-のち【後後】名詞 ❶ある事柄のあった後。それより後。❷将来。これから先。❸死後の葬儀や法要を営む七日目ごとの日。また、その仏事。

のち-の-つき【後の月】❶陰暦九月十三夜の月。十三夜。季語 秋 類 栗名月・豆名月 ❷陰暦で、十二か月のほかに加えた月。類 閏月 発展 ❶は、陰暦八月十五夜の月に対していう。

のち-の-よ【後の世】❶将来。後世。

大夫は名をし立つべし後の世に聞き継ぐ人も語り継ぐがね 歌〈万葉集・19・4165〉訳立派な男子は名を立てなければならない。後世に（その名声を）聞き継ぐ人も、（さらにまた）語り継ぐように。

❷死後の世。来世。

「**それを限りとだに思はましかば、など後の世と契らざりけんと…。**」〈平家・9・小宰相身投〉訳「それを最後（の別れ）とさえ思っていたなら、どうして来世（も一緒に）と誓わなかっただろうか、いや、誓っていたはずだと…。」

のち-の-わざ【後の業】死後に営まれる仏事。葬儀や法事。類 後の事

便あしく狭き所にあまたあひゐて、後の業ども営み合へる、心あわたたし。〈徒然草・30・人の亡き後ばかり〉訳条件がよくない狭い所に数多く（の人が）一緒にいて、法事などを一緒に行っているのは、気ぜわしい。

の-づかさ【野阜・野司】名詞 野原の中の小高い所。

のっ-と【祝詞】名詞 ↓祝詞

のっ-と 副詞（急に出てくるようすを表し）ぬっと。

梅が香にのっと日の出る山路かな 句〈炭俵・芭蕉〉訳↓むめがかに…

能登 旧国名 能州。★北陸道七か国の一つ。今の石川県北部、能登半島の大半に当たる。↓ビジュアルチェック❼（450ページ）

のど-か・なり【長閑かなり】

天候や人の動作・状態などが、ゆったりと落ち着いているようす
- ❶静かである。穏やかである。
- ❷ゆったりしている。くつろいでいる。
- ❸気にかけない。平然としている。おっとりしている。

未然形	連用形	終止形	連体形	已然形	命令形
のどかなら	のどかなり／のどかに	のどかなり	のどかなる	のどかなれ	のどかなれ

形容動詞［ナリ］❶（天候などが）**静かである。穏やかである。**

三月三日は、うらうらと**のどかに**照りたる。〈枕草子・4・三月三日は〉訳（節句の日である）三月三日は、うららかに**穏やかに**（日が）照っているのが（よい）。

❷**ゆったりしている。くつろいでいる。のんびりしている。**

そのこととなきに人の来たりて、**のどかに**物語して帰りぬる、いとよし。〈徒然草・170・さしたることなくて〉訳特にこれといった用事もないのに人がやって来て、**のんびりと**話をして帰っていったのは、たいへんよい。

❸**気にかけない。平然としている。おっとりしている。**

のどかに、つらきも憂きも、かたはらいたきことも、思ひ入れたるさまならで…〈源氏・夕顔〉訳（夕顔は）**おっとりしていて**、心苦しいこともつらいことも、きまりの悪いことも、気にかけているようすでなくて…。

発展 **語の成り立ち**　平穏であるようすを表す上代の形容動詞「のどなり」を基にしてできた形容詞「のどけし」が、接尾語「かなり」を伴う形容動詞へと変わったもの。中古以降に用いられた。

類語比較 **「のどかなり」と「のどけし」**

共通点＝①天候や心理状態などが穏やかでゆったりしているようすを表し、意味・用法のうえではほぼ共通する。②中古以降に用いられた。

のどかなり＝どちらかといえば口語的な性格が強いことばだったといわれる。

のどけし＝①和歌に使われる例が多いことから、文語的な性格を持つことばといわれる。②「のどかなり」よりいくぶん早く現れる。「静けし」↓「静かなり」、「はるけし」↓「はるかな

基本敬語25

のたま・ふ

【宣ふ】のたま（も）う ―［尊敬語］― **おっしゃる。**［通常語］言ふ

動詞 他［ハ四段］

未然形	連用形	終止形	連体形	已然形	命令形
のたま・は	のたま・ひ	のたま・ふ	のたま・ふ	のたま・へ	のたま・へ

（「言ふ」の尊敬語で）**おっしゃる。**

「何の用にかあらむ。」と申す。答へて**のたまふ**やう、「燕の持たる子安貝を取らむ料なり。」と**のたまふ**。〈竹取・燕の子安貝〉訳「（ツバメの巣のことは）何の（ために）必要であるのだろうか。」と（家来たちが）申し上げる。（中納言が）答えて**おっしゃる**ことには、「ツバメが持っている（という）子安貝を取ったりするためである。」と**おっしゃる**。

○「のたまふ」は、どちらも、作者が、「言う」動作をする中納言への敬意を表している。

中関白殿、粟田殿などは、「げにさもとやおぼすらむ。」と、恥づかしげなる御気色にて、ものも**のたまはぬ**に…〈大鏡・道長上〉訳中関白殿（＝道隆）、粟田殿（＝道兼）などは、「（父の兼家が）本当にそのようにも（＝息子たちの諸芸の才能がまだ足りないと）お思いになっているのではないだろうか。」と、恥ずかしそうなごようすで、何も**おっしゃら**ないのに対して…。

○語り手（＝大宅世継）が、「言う」動作をする藤原道隆、藤原道兼などへの敬意を表している。『大鏡』は、二人の老人が語ったという設定になっている。ここは、大宅世継が語っているところ。

発展 ①**語の成り立ち**　重要な意味を持つ発言をするという意味の四段動詞「のる（告る）」の連用形に、尊敬の補助動詞「たまふ」が付いた「のりたまふ」が変化してできたことば。↓**古語チャート**㉞（989ページ）

②**広く用いられた「のたまふ」**　中古には、「言ふ」の尊敬語として、「のたまはす」「仰せらる」も用いられた。ただし、それらは「のたまふ」に比べて敬意が高く、天皇などの動作に用いられる最高敬語なので、一般には「のたまふ」が広く用いられた。なお、用例は少ないが、「のたうぶ」「のたぶ」ということばもあり、これらは比較的敬意が軽く、また、男性の用語であったかと考えられている。

敬語のしくみ ①**尊敬語から下位者を低める表現へ**

敬語の用法は複雑で、必ずしも一面的にはとらえられない。高貴な人の動作に使用される尊敬語には、視点を変えてみると別な面が出てくる。

たとえば、「たまふ」は、もともと上位者から下位者へ物が移動することをいう。それを下位者の立場から見れば「下さる」となり、上位者の立場から見れば「くれてやる」となる。これは下位者（与えられる人物）を低める表現になる。このようにして生じる用法は特別なもので、使用の場面は限られる。

②**尊敬語「のたまふ」の特別な用法**

①に準じると、「のたまふ」では、下位者にことばを「言ってやる」「申し聞かせる」という意味が生じることがある。上位者を聞き手とする会話などで、自分の側に属する者を対象とするときに用いる。

たとえば、「いとかしこき仰せ言にはべるなり。姉なる人にのたまひみむ（＝たいへん恐れ多いおことばでございます。姉に当たる人に申し聞かせてみよう）。」〈源氏・帚木〉の例では、源氏（＝上位者）を聞き手とする会話であり、話し手である紀伊守（＝下位者）が、空蟬（義理の母で、自分の側の者）に「申し聞かせる」のである。この場合の「のたまふ」は尊敬語ではなく、聞き手に対するへりくだった表現と考えられる。

関連語 仰せらる・宣ふ（のたうぶ）・宣ぶ（のたぶ）・宣はす
↓基本敬語動詞一覧表（26ページ）

り」、「あきらけし↓あきらかなり」などのような一般的な語形変化の流れと同じで、「のどけし」から「のどかなり」ができたものと考えられる。

のど-け・し【長閑けし】

天候や心理状態がのどかでゆったりしているようす
- ❶のどかだ。うららかだ。
- ❷ゆったりしている。のんびりしている。

未然形	連用形	終止形	連体形	已然形	命令形
のどけ・く	のどけ・く	のどけ・し	のどけ・き	のどけ・けれ	○
のどけ・から	のどけ・かり	○	のどけ・かる	○	のどけ・かれ

形容詞〔ク〕❶(天候などが)**のどかだ。うららかだ。穏やかだ。**「良の方より吹きはべれば、この御前は**のどけきなり**。」〈源氏・野分〉訳「(風は)北東の方から吹いておりますので、こちらの(紫の上の)御座所は**穏やかなのだ**。」
❷**ゆったりしている。のんびりしている。**つくづくと一年を暮らすほどだにも、こよなう**のどけし**や。〈徒然草・7・化野の露〉訳(カゲロウやセミに比べて人間は寿命が長いので)しみじみと一年という月日を送る間でさえも、この上もなく**ゆったりしている**ことよ。
発展 **語の成り立ち** 平穏であるようすを表す上代の形容動詞「のどなり」が形容詞になったもので、上代には見られない。
類語比較「のどかなり」と「のどけし」↓長閑かなり

◆のとならば… 歌
野とならば鶉と鳴きて年は経む〔なりて鳴きをらむ〕かりにだにやは君は来ざらむ〈古今集・雑下・972〉訳(ここが草深い)野となったなら、(私は)ウズラになって鳴いて年月を過ごそう。せめてかりそめにでも狩りにあなたは来ないだろうか、いや、きっと来るだろう。○「かり」は「仮」と「狩り」の掛詞。「だに」は最小限の希望を表す副助詞。「やは」は反語を表す係助詞。
発展『伊勢物語』百二十三段にも見え、第二・第三句が「鶉となりて鳴きをらむ」となっている。去ろうとする男の歌(↓としをへて…)に対する、女からの返歌。

のど-ま・る【和まる】動詞 自〔ラ四段〕〈ら・り・る・る・れ・れ〉のどかになる。のんびりする。静かになる。落ち着く。なんとなく心**のどまる**世なくこそありけれ。〈源氏・須磨〉訳なんとなく心の**のんびりする**時もなく過ごしてきたのであった。

のど・む【和む】動詞 他〔マ下二段〕〈め・め・む・むる・むれ・めよ〉❶落ち着かせる。静める。大将殿は、心地少し**のどめ**たまひて…。〈源氏・葵〉訳大将殿は、気持ちをいくらかお**静め**なさって…。
❷ゆったりさせる。のんびりさせる。寛大にする。緩める。「もののたまふ声を少し**のどめ**て聞かせたまへ。」〈源氏・常夏〉訳「ものをおっしゃる声を少し**緩め**てお聞かせください。」
❸(時間などを)延ばす。猶予する。「限りある御命にて、この世尽きたまひぬとも、ただ今しばし**のどめ**たまへ。」〈源氏・若菜下〉訳「(紫の上が)限りあるお命で、この世で命が尽きてお亡くなりになってしまうとしても、ただもうしばらくの間ご**猶予**ください。」

のど-やか・なり【長閑やかなり】形容動詞〔ナリ〕〈なら・なり(に)・なり・なる・なれ・なれ〉「長閑かなり」の意味と同じ。

のど-よ・ふ動詞 自〔ハ四段〕〈は・ひ・ふ・ふ・へ・へ〉細く弱々しい声を出す。ぬえ鳥の**のどよひ**をるに…歌〈万葉集・5・892〉訳トラツグミのように**細く弱々しい声を出し**ているときに…。

野中の清水 〔ーシミヅ〕歌枕 今の兵庫県南西部、印南野にあったという清水。古くからあったもの、古くから知っている人などのたとえとして用いられた。↓印南野

ののし・る【罵る・喧る】動詞 補助動詞 ↓最重要語(987ページ)

の-の-みや【野の宮】名詞 皇女が★斎宮・★斎院に立つ前、心身を清めて、けがれに触れるのを慎むために、一年間こもる仮の宮殿。発展 黒木の鳥居を設け、柴垣を巡らしたもので、斎宮のものは嵯峨(＝今の京都市の西の郊外)、斎院のものは紫野(＝今の京都市の北の郊外)にあった。

のば・す【伸ばす・延ばす】動詞 他〔サ四段〕〈さ・し・す・す・せ・せ〉❶長びかせる。延期する。
❷逃がす。いみじき逸物にてありければ、いくばくも**伸ばさ**ずして捕らへたるところに…。〈宇治拾遺〉訳とても優れたウマであったので、それほど(キツネを遠くへ)**逃がさ**ないで捕まえたところに…。
❸(財産を)増やす。もうける。盛んにする。はや年中に七石、五斗**伸ばし**てひそかに売り…。〈西鶴・日本永代蔵〉訳早くも年内に七石五斗に**増やし**てこっそり売り…。

のば・ふ【延ばふ】動詞 他〔ハ下二段〕〈へ・へ・ふ・ふる・ふれ・へよ〉延ばす。長くする。

のば・ふ【述ばふ】動詞 他〔ハ下二段〕〈へ・へ・ふ・ふる・ふれ・へよ〉述べる。語る。

の-び【野火】名詞 早春、新しい草がよく生えるように、野原の枯れ草を焼き払う火。季語 春

のび-らか・なり【伸びらかなり】形容動詞〔ナリ〕〈なら・なり(に)・なり・なる・なれ・なれ〉❶長く伸びている。あさましう高う**伸びらかに**、先の方少し垂りて色づきたること、ことのほかにうたてあり。〈源氏・末摘花〉訳(末摘花の鼻が)あきれるほど高く**長く伸びていて**、先の方が少し垂れて(赤く)色づいていることが、特に不快だ。
❷ゆったりとくつろいでいる。のびのびしている。おのづから人の心も**伸びらかに**ぞ見ゆるかし。〈源氏・初音〉訳(元旦は)自然と人の心も**のびのびして**見えることだよ。
❸落ち着いている。穏やかだ。おっとりしている。まみ**伸びらかに**恥づかしう薫りたるなどは…。〈源氏・横笛〉訳(若君の)目もとが**穏やかで**こちらが気後れするほどに美しさが漂っているようすなどは…。

の・ぶ【伸ぶ・延ぶ】━動詞 自〔バ上二段〕〈び・び・ぶ・ぶる・ぶれ・びよ〉❶長くなる。広がる。伸びる。延びる。
❷のびのびとする。ゆったりとする。くつろぐ。弥生の十日ほどなれば、空もうららかにて、人の心も**のび**…。〈源氏・絵合〉訳三月の十日ごろなので、空も(明るく)晴れて、人々の気分も**のびのびとし**…。
❸逃げ延びる。逃れる。
「今は宮もはるかに**延び**させたまひぬらん。」〈平家・4・宮御最期〉訳「今はもう(高倉の)宮もはるか遠くに**逃げ延び**なさっただろう。」
❹(財産などが)増える。増す。

親方に渡されし二百貫目、今に伸びず。〈西鶴織留〉訳主人にもらった二百貫目は、いまだに増えない。

[二] 動詞 他 [バ下二段]〈べ・べ・ぶ・ぶる・ぶれ・べよ〉❶長くする。広げる。伸ばす。(期日を)延ばす。

「いま二度**延べさせたまへ**。」〈大鏡・道長上〉訳「(弓の競射を)もう二回お**延ばしく**ださいませ。」

❷のびのびさせる。ゆったりとさせる。くつろがせる。

「**位をも返したてまつりてはべるに、『私ざまには腰延べてなむ。』と**…。」〈源氏・須磨〉訳「位もお返し申し上げておりますことで、『私事では腰を**のびのびさせて**(=気ままに出歩いて)。』と…。」

の-ぶか・なり【篦深なり】形容動詞 [ナリ]〈なら・なり(に)・なり・なる・なれ・なれ〉矢が深くまで刺さっている。

馬の額をのぶかに射させて…。〈平家・9・宇治川先陣〉訳ウマの額を**深くまで**射られて…。

のへ《上代東国方言》(打消を表し)…ない。

遠しとふ故奈の白嶺に逢ほしだも逢はのへしだも汝にこそ寄され 歌〈万葉集・14・3478〉訳遠いという故奈の白い峰で逢うときも逢わ**ない**ときも、どうせおまえとうわさを立てられるよ。○「故奈」の意味は不明。「しだ」は「時」という意味。

発展 打消の助動詞「なふ」の連体形が変化したもの。

の-べ【野辺】名詞 ❶野のあたり。野原。❷埋葬地。火葬場。

のべ-の-けぶり【野辺の煙】火葬の煙。

のぼ・す【上す・登す】[一] 動詞 他 [サ下二段]〈せ・せ・す・する・すれ・せよ〉❶川をさかのぼらせる。上流へ行かせる。

❷高い所へ移動させる。上がらせる。登らせる。

高き木に登せて梢を切らせしに…。〈徒然草・109・高名の木登り〉訳高い木に**登らせて**梢を切らせたときに…。

❸(都または高貴な人の所へ)呼び寄せる。上京させる。

その初め言ひ初めてし人をたづね、下なるをも呼び上せ…。〈枕草子・49・職の御曹司の〉訳最初にそれを言い始めた人を探し、私室にいる女房をも**呼び寄せて**…。

❹(地方から都へ)やる。送る。

侍一人仕立てて都へ上せられけり。〈平家・10・首渡〉訳侍ひとりを使者として都へお**やり**になった。

ののし・る【罵る・喧る】

大きな声や音を立てる

- [一] 動詞(自)
  - ❶(人が)声高に騒ぐ。
  - ❷(動物などが)やかましく音を立てる。声高に鳴く。
  - ❸評判となる。
  - ❹勢力が盛んである。羽振りを利かせる。
- [二] 動詞(他) — 大声で非難する。◉主に中世以降の用法。
- [三] 補助動詞 — 大げさに…する。大いに…する。

接続 [三]は動詞の連用形に付く。

	未然形	連用形	終止形	連体形	已然形	命令形
動詞 自 [ラ四段] 動詞 他 [ラ四段] 補助動詞 [ラ四段]	ののしら	ののしり	ののしる	ののしる	ののしれ	ののしれ

[一] 動詞 自 [ラ四段] ❶(人が)**声高に騒ぐ**。**騒ぎ立てる**。

「**御車掛けよ、掛けよ。」とののしれば、困じて、いとわびしきに、いと苦しうて来ぬ**。〈蜻蛉日記〉訳「お車に(ウシを)つなげ、つなげ。」と**声高に騒ぐ**ので、(私は)疲れて、ひどく苦しいけれども、とてもつらい思いで帰ってきた。

❷(動物などが)**やかましく音を立てる**。**声高に鳴く**。**ほえる**。

犬どもの出で来てののしるもいと恐ろしく…。〈源氏・浮舟〉訳イヌどもが現れて**ほえる**のもひどく恐ろしく…。

❸**評判となる**。**世の中で騒がしく言い立てる**。

「**この世にののしりたまふ光源氏、かかるついでに見たてまつりたまはむや**。」〈源氏・若紫〉訳「世間で**評判となって**いらっしゃる光源氏を、このような機会に見申し上げなさったらどうか。」

❹**勢力が盛んである**。**羽振りを利かせる**。**時めく**。

左の大臣の北の方にて、ののしりたまひける時…。〈大和・124〉訳左大臣の正妻として、**勢力が盛んで**いらっしゃった時に…。

[二] 動詞 他 [ラ四段]《主に中世以降》**大声で非難する**。**罵倒する**。**どなり散らす**。

童部などの手ずさみに取り失ひければ、さすがに腹あしき癖にて、ののしりけり。〈発心集〉訳(音楽を愛好する高僧が大切にしていた楽器を)寺で召し使われている子供たちがおもちゃにしてなくしてしまったので、(その僧は)そういうもののやはり腹を立てやすい性質で、(子供たちを)**どなり散らし**たのだった。

[三] 補助動詞 [ラ四段] **大げさに…する**。**大いに…する**。

例の世の中いよいよ栄えののしる。〈蜻蛉日記〉訳いつものように(藤原兼家の)権勢がますます**大いに**盛んになる。○動詞の連用形に付いて、その動作の程度が並々でないようすを表す。

発展 ①**語の成り立ち** [一]❶❷がもともとの意味。

②**語の歴史** 人が多く集まったり宴会を行ったりする場面などで、よい意味でも悪い意味でも「ののしる」が用いられた。人が大声で騒ぐのは、ある対象に人々の関心が集まっている場合が多いことから、❸の「世の中で騒がしく言い立てる・評判となる」という意味、さらに、❹の「勢力が盛んである」という意味もできた。中世以降、[二]の「大声で非難する」という意味が優勢となり、現代語に通じる[二]の悪い意味でしか用いられない。

③[三]を補助動詞と認めない考え方もある。

類語比較「ののしる」と「さわぐ」

共通点=騒がしい音を立てる、という意味。

ののしる=①大声や大きな音を立てる、声高に騒ぐ、というのが、もともとの意味。②人や動物などについてしか用いられない。

さわぐ=①音・声と、動きとが同時に起こるという意味で、多数のものが入り乱れて、やかましく音を立てたり、ざわざわと動きまわったりする場合に用いられる。②人や動物などのほか、風や水など自然現象についても用いられる。

二 動詞 他〔サ四段〕〈さ・し・す・す・せ・せ〉おだてる。「男と見込んで頼む。」と上せば、こいつが上されて…。〈近松・丹波与作待夜の小室節〉訳「男と見込んで頼む。」とおだてると、こいつがおだてられて…。

発展 一も、近世には四段活用化する。

能褒野 地名 今の三重県鈴鹿市より亀山市にかけての台地。「能煩野」とも書く。日本武尊が東征の帰途、ここで死去したといわれる。

のぼり【上り・登り・昇り】 名詞 ❶高い所へのぼること。❷地方から都へ行くこと。上京。❸京都で、内裏の方向（＝北）に向かって行くこと。

のぼ・る【上る・登る・昇る】

位置が下から上へ順を追って移動する
- ❶（低い所から高い所へ）行く。上昇する。
- ❷川上へ向かう。
- ❸都へ行く。
- ❹（宮中や貴人のもとに）参上する。
- ❺（高い位に）就く。
- ❻（時代を）さかのぼる。

未然形	連用形	終止形	連体形	已然形	命令形
のぼ・ら	のぼ・り	のぼ・る	のぼ・る	のぼ・れ	のぼ・れ

動詞 自〔ラ四段〕❶（低い所から高い所へ）**行く。上昇する。**「この池より竜上らんずるなり。」〈宇治拾遺〉訳「この池から竜が（現れて、天へと）**上昇する**はずだ。」

❷**川上へ向かう。**（川を）**さかのぼる。**「船の上ること、いと難し。」〈土佐日記・二月七日〉訳（水位が低いので）船が**川上へ向かう**ことが、非常に困難である。

❸**都へ行く。上京する。**「十三になる年、上らむとて、九月三日門出して…。」〈更級日記・門出〉訳（私が）十三歳になる年に、**都へ行こ**うということで、九月三日に（ひとまず）門出をして…。

❹（宮中や貴人のもとに）**参上する。**→古語チャート 39（1129ページ）「今上りたるは、少し遠き柱もとなどに居たるを…。」〈枕草子・276・うれしきもの〉訳今（中宮のもとに）**参上した**（ばかりの）人は、少し遠い柱のそばなどに座っているのを…。

❺（高い位に）**就く。**「帝王の上なき位にのぼるべき相おはします人の…。」〈源氏・桐壺〉訳「（この若君は）帝王というこの上ない位に**就く**はずの人相がおありになる方であるが…。」

❻（時代を）**さかのぼる。**「上りての世を聞き合はせはべらねばにや、衛門督の和琴、兵部卿宮の御琵琶などをこそ、このごろめづらかなる例に引き出ではべめれ。」〈源氏・若菜下〉訳「（古くまで）**さかのぼった**時代（の名人の演奏）と聞き比べられないからではないでしょうか、衛門督の和琴、兵部卿宮のお弾きになる琵琶などを、まさに近ごろのすばらしい手本として挙げるようでございます。」

類語比較「のぼる」と「あがる」
共通点＝位置の低い方から高い方への移動を表す。
のぼる＝上方へ移る動き・過程に重点がある。対義語は「くだる」。
あがる＝結果として上方にある状態・位置への変化に重点がある。対義語は「おる」「さがる」。

のみ

- ❶（限定を表し）…だけ。…ばかり。
- ❷（強調を表し）特に。ひどく。

接続 ★主語・★連用修飾語などに付く。

副助詞 ❶（限定を表し）**…だけ。…ばかり。**「上下、ただ鬼のことのみ言ひやまず。」〈徒然草・50・応長のころ〉訳身分の高い人も低い人も、ひたすら鬼の**ことばかり**うわさしてやまない。

❷（強調を表し）**特に。ひどく。ただもう。それこそ。**「春の朝、吉野の山の桜は人麻呂が心には雲かとのみなむ覚えける。」〈古今集・仮名序〉訳春の朝、吉野山のサクラは（柿本）人麻呂の心には**それこそ**雲かと思われたのである。〇強調を表す用法では、「のみ」を取り除いても文の意味は変わらない。

発展 ①**語の成り立ち** 語源は「～の身」で、「それ自身」を表したものかといわれる。
②**和漢混交文における用法** 漢文訓読文や、軍記物語などの★和漢混交文では、「…だけである」「…ばかりだ」という意味の終助詞として、文末に用いられることもある。

類語比較「ばかり」と「のみ」→ばかり

のみしらみ… 句 **蚤虱馬の尿する枕もと**〈奥の細道・尿前の関・松尾芭蕉〉訳ノミやシラミに食われ、おまけに（枕もとで）ウマの小便する音までが聞こえてくる山中で宿りをすることだ。〇季語 蚤—夏。「尿」は「尿前の関」に掛ける。

発展 今の宮城県北西部の山中の民家に宿泊したときの句。仮の宿のわびしさを表現したものだが、その中にしみじみとしたおかしさが感じられる。

の・む【祈む】 動詞 他〔マ四段〕〈ま・み・む・む・め・め〉《上代語》懇願する。祈願する。

の-も-せ 一【野も狭】野も狭いと思われるほどいっぱい。野原一面。→狭・狭に 二【野面】名詞 野原。野外。
発展 二は一に掛けて用いたものかと思われる。

の-もり【野守】 名詞 禁猟の野の見張りをする番人。

の-や【野矢】 名詞 矢のひとつ。矢羽の端を切りそろえない簡略な矢。狩猟用だが、行幸のとき武官が着用した。

の-やき【野焼き】 名詞 早春、新しい草がよく生えるように、野原の枯れ草を焼き払うこと。季語 春

の-ら【野ら】 名詞 ❶野原。❷田。畑。また、田畑の仕事。
発展「ら」は接尾語。

の-ら-す【告らす・宣らす】《上代語》おっしゃる。「この岡に菜摘ます児家聞かな名告らさね…」歌〈万葉集・1・1〉訳→こもよ…
発展 四段動詞「のる」の未然形＋上代の尊敬の助動詞「す」。

のら-やぶ【野ら藪】 名詞 野原にあるやぶ。また、荒れ果てた庭のたとえ。

のり【法・則】 名詞 ❶模範。手本。❷法律。規則。❸仏法。仏教。

のり-あ・ふ【罵り合ふ】 動詞 自〔ハ四段〕〈は・ひ・ふ・ふ・へ・へ〉ののしり合う。悪口を言い合う。「下ざまの人は、のり合ひ、いさかひて、あさましく恐ろし。」〈徒然草・175・世には心得ぬことの〉訳身分の低い人は、**ののしり合い、けんかをして**、ひどく恐ろしい。

のり-かけ【乗り掛け・乗り懸け】 名詞 江戸時代、宿駅のウマに荷物二十貫（＝約七五キログラム）を左右に振り分けて付け、その上に布団を敷いてひとりの人を乗せて運ぶこと。ま

た、そのウマ。

のり-がへ【乗り換へ・乗り替へ】名詞 ❶乗り継ぎのための予備の乗り物。特に、そのためのウマ。❷軍陣で、大将の乗り換え用のウマを預かる役の武士。

のり-くち【乗り口】名詞 ウマの口に付けた縄でウマを引くこと。また、手綱を引くことも。

のり-ごつ【告りごつ】動詞 自〈タ四段〉〈た・ち・つ・つ・て・て〉言い聞かせる。仰せになる。ご命令になる。

のり-こぼ・る【乗り溢る】動詞 自〈ラ下二段〉〈れ・れ・る・るる・るれ・れよ〉❶多くの人が牛車に乗って、衣服が外にはみ出る。❷(牛車などに)あふれるほど人が多く乗る。**車に乗りこぼれて、やり寄せて見ると…**。〈宇治拾遺〉訳 牛車に**あふれるほど人が多く乗って**、近づけて見てみると…。

のり-じり【乗り尻・騎尻】名詞 ❶*競べ馬の騎手。また、乗馬の上手な人。❷ウマに乗り行列の最後尾でお供をする人。

祝詞 文芸用語 神を祭るとき神に奏上することば。祝賀の意味の多いものを「寿詞」として区別することもある。↓古語チャート34(989ページ)

のり-の-し【法の師】仏法の師。僧。発展「法師」の訓読。

のりのしと… 歌
法の師と尋ぬる道をしるべにて思はぬ山に踏みまどふかな〈源氏・夢浮橋〉訳 仏法の師と(思って僧都を)訪ねた道を手引きとして、思いがけない(恋の)山路に踏み迷うことだなあ。○「しるべ」は「道」の縁語。「にて」は手段を表す格助詞。
発展 僧都を訪ねて、尼になった浮舟の話を聞いた薫が浮舟に贈った歌。

のり-の-ともしび【法の灯】❶仏法。❷仏前にともす灯明。発展 ❶は、灯火のように現世の闇を照らすということから。

まとめて覚えよう古語チャート34

「のる(告る)」から生まれたことば

赤字は最重要語・重要語

〈話す〉という意味を表す代表的な動詞に、「1いふ(言ふ)」「2かたる(語る)」「3のる(告る)」の三つがあります。

「いう」と「かたる」は今でも使われていますが、「のる」はほとんど使われなくなりました。「なのる」は、今でも残る「のる」の貴重な例です。「名乗る」と当て字で書かれていますが、本来は「名告る」と書くべきで、この場合には「のる」が〈話す〉という意味で使われています。

なお、「4のろふ(呪ふ)」が「のる」を語源とすることからもわかるように、「のる」はただの発言ではなく、何か特別な発言、また神霊的なことに関連する発言を意味したようです。

また「話す」は、中古末期から現れます。しかし、現代のようにしきりに用いられるようになったのは、きわめて新しいことなのです。

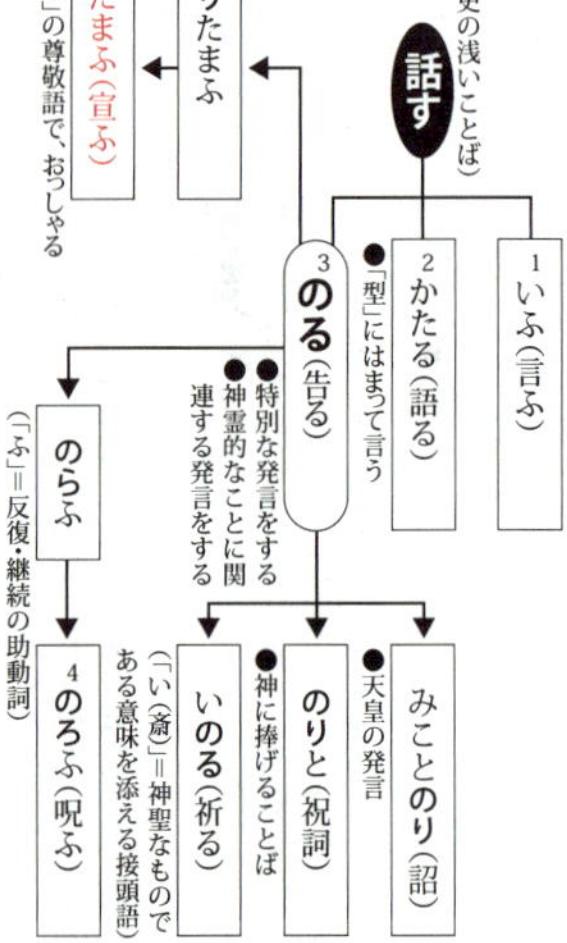

のり-の-ふね【法の舟】仏法。発展 衆生を救って彼岸へ運ぶということから。

のり-もの【賭物】名詞 勝負ごとにかける賞品。

のり-ゆみ【賭弓】名詞 ❶品物をかけて弓の技を競うこと。❷(「賭弓の節」の略で)陰暦正月十八日に、近衛府・兵衛府の*舎人が左右に分かれ、天皇の前で弓を競射する儀式。季語 春

のりゆみ-の-かへりあるじ【賭弓の還り饗】—「賭弓❷」の後で、勝った方の大将が味方の射手を招いて催す宴会。

の・る

乗り物などの上に上がる
- 一【乗る】
  - ❶(ウマ・車・船などに)乗る。
  - ❷(霊魂などが)取り付く。乗り移る。
  - ❸調子づく。勢いづく。
  - ❹誘いに乗る。
- 二【載る】
  - 記載される。

動詞 自〈ラ四段〉

未然形	連用形	終止形	連体形	已然形	命令形
の・ら	の・り	の・る	の・る	の・れ	の・れ

一【乗る】❶(ウマ・車・船などに)**乗る**。**上がる**。(道に)**出る**。❷(霊魂などが)**取り付く**。**乗り移る**。また、(「心にのる」の形で)**心から離れない**。「我、十禅師権現**乗り**ゐさせたまへり。」〈平家・2・一行阿闍梨之沙汰〉訳「私は、(いま)十禅師権現(=日吉神社の神)が**乗り移って**いらっしゃる。」❸**調子づく**。**勢いづく**。酒あまたたびの後、酔ひに**乗りて**。〈後撰集・1103・詞書〉訳 酒を何度も(飲んで)の後、酒の酔いに**勢いづいて**(詠んだ歌)。❹**誘いに乗る**。**だまされる**。

二【載る】**記載される**。

の・る【告る・宣る】動詞 他〈ラ四段〉〈ら・り・る・る・れ・れ〉言う。告げる。宣言する。

われこそば**告ら**め家をも名をも 歌〈万葉集・1・1〉訳 私

こそが告げよう。家をも名をも。

下野の安蘇の河原よ石踏まず空ゆと来ぬよ汝が心告れ 歌〈万葉集・14・3425〉訳 下野(=今の栃木県)の安蘇の河原を石を踏まずに空を飛んできたよ。おまえの本心を言ってくれ。

↓古語チャート㉞(989ページ)

の・る【罵る】 動詞 他 ラ四段〈ら・り・る・る・れ・れ〉悪口を言う。ののしる。

「**まだしくは、血あゆばかりいみじくのらむ。**」〈落窪〉訳「(縫い物が)まだ整わないならば、血が流れ落ちるくらいひどくののしろう。」

のろ・し【鈍し】 形容詞 ク〈く・く・し・き・けれ・○／から・かり・○・かる・○・かれ〉❶遅い。はかどらない。鈍い。愚かだ。❷《近世語》女性に甘い。色情におぼれやすい。ほれる。

のろ・ふ【呪ふ】 動詞 他 ハ四段〈は・ひ・ふ・ふ・へ・へ〉(恨み憎む人に)災いが降りかかるよう、神仏に祈る。↓古語チャート㉞(989ページ)

の-わき【野分】 名詞 秋に吹く激しい風。台風。季語 秋

野分のまたの日こそ、いみじうあはれにをかしけれ。〈枕草子・200・野分のまたの日こそ〉訳 台風の(吹き荒れた)翌日は、たいへんしみじみとして風情がある。

発展「のわけ」とも。野の草を吹き分ける風、という意味。

のわき-だ・つ【野分だつ】 動詞 自 タ四段〈た・ち・つ・つ・て・て〉野分のような激しい風が吹く。野分のようである。

野分だちて、にはかに肌寒き夕暮れのほど…。〈源氏・桐壺〉訳 **野分のような激しい風が吹いて**、急に肌寒く感じられる夕暮れのころに…。

発展「だつ」は接尾語。

のをよこに… 句

野を横に馬牽きむけよほととぎす〈奥の細道・殺生石・松尾芭蕉〉訳 野を横切ってホトトギスが鳴きながら飛んでいった。手綱を引く人よ、ホトトギスの声のする方へウマを引いて向けてくれ。

○季語 ほととぎす―夏

発展 作者の乗るウマの手綱を引く男に頼まれて詠んだ句。意外な風流心を見せた男への感心を込めた表現。

は

は ↓基本助詞25(990ページ)

は 反復・継続の助動詞・接尾語**ふ**の未然形。↓最重要語(1063ページ)

は【羽】 名詞 ❶鳥の羽毛。❷鳥の翼。❸虫の羽。❹矢羽。

は【端】 名詞 はし。へり。ふち。↓山の端

はい(現)↓(歴)**はひ【灰】**

ば ↓基本助詞25(991ページ)

はい【拝】 名詞 拝むこと。拝礼。

はい【俳】 名詞「★俳諧」の略。

はい-い【俳意】 名詞 俳諧らしい要素。和歌や連歌に比べて、庶民的で、しかも精神的に高められた滑稽さをいう。

は 基本助詞25

- 一 係助詞 ―(ある事柄を特に取り出して強調し)…は。 ◉文中に置かれる。
- 二 接続助詞 ―(順接の仮定条件を表し)…ならば。
- 三 終助詞 ―(詠嘆を表し)…よ。…ことよ。 ◉文末に置かれる。

接続 一 は種々の語に付く。
接続 二 は形容詞・形容詞型活用の助動詞・打消の助動詞「ず」の未然形に付く。
接続 三 は体言、活用語の連体形、助詞「ぞ」「や」などに付く。

一 係助詞(ある事柄を特に取り出して強調し)…は。…については。…には。特に…は。

なほ頼め梅の立ち枝は契りおかぬ思ひのほかの人も訪ふなり 歌〈更級日記・梅の立ち枝〉訳(今までと)同様に(私の訪問を)当てにして(待っていて)ください。(外からよく見えるからか)ウメの高く伸びた枝**には**、(誘われて)約束しておいたのでもない思いがけない人も訪れるということだ(から)。

得たるはいとよし、得ずなりぬるこそ、いとあはれなれ。〈枕草子・3・正月一日は〉訳 (官位を)手に入れた人**は**たいへんめでたく、手に入れないままで終わってしまった人は、とても気の毒だ。

○「たる」「ぬる」は、共に完了の助動詞「たり」「ぬ」の連体形で、★準体言になっていて、下に名詞「人」などを補って解するところである。この「得たる」は述語「よし」に対する主語になっているが、「は」は上に付く準体言を話題として強調するだけで、主語を提示しているわけではない。「ぬる」に付いている係助詞「こそ」も同様である。↓発展①

神奈備の山を過ぎゆく秋なれば竜田川にぞ幣は手向くる 歌〈古今集・秋下・300〉訳 神奈備山(=今の奈良県にある竜田山)を(秋の神が)通り過ぎていく秋であるので、(その山のそばの)竜田川に幣(=布や紙で作った神への捧げ物)を捧げているのだなあ。

○この例のように、下の動詞に係る目的格に付いている「は」は、決定的な訳語が当てはめられない。あえていえば、「をば」となるが、ここの現代語訳のように「を」だけのほうが穏やかな場合もある。

経を高うは聞こえぬほどに読みたるも、尊げなり。〈枕草子・120・正月に寺に〉訳 (僧が)お経を声高に**は**聞こえない程度に読んでいるのも、尊い感じである。

○形容詞「高し」の連用形(ウ音便)に付いている例。

二 接続助詞(順接の仮定条件を表し)…ならば。

形見こそ今は仇なれこれなくは忘るる時もあらましものを 歌〈古今集・恋4・746〉訳 (恋する人を)思い出させる品(が残っていること)が今となっては(かえって)自分を苦しめる恨みの種である。これ(=思い出の品)がなかった**ならば**(あの人のことを)忘れる時もあるだろうになあ。

○形容詞「なし」の未然形に付いている例。「今は」の「は」は一の係助詞。

「**かかる折だにも、その恩を報じ申さずは、何をもてか報いまうさん。**」〈宇治拾遺〉訳「せめてこのような(=隣人の葬儀の)ときだけでも、その(=隣人の)恩にお報い申し上げない**ならば**、何をもってお報い申し上げようか、いや、(今を逃せば)お報い申し上げられ(る機会は二度と)ない。」

○打消の助動詞「ず」の未然形に付いている例。

三 終助詞(文末に置かれて詠嘆を表し)…よ。…ことよ。

…だなあ。「その文は、殿上人、皆見てしは。」〈枕草子・136・頭の弁の、職に参りたまひて〉訳「その（＝私が藤原行成あてに書いた）手紙は、昇殿を許された者は、全員見てしまったよ。」
○過去の助動詞「き」の連体形に付いている例。「その文は」の「は」は㊀の係助詞。

発展 ①主語を示す助詞ではない　㊀の係助詞の「は」には、他の強調を表す係助詞「ぞ」「なむ」「こそ」にあるような係り結びの法則はない。第二例に挙げた「得たるはいとよし。」のように、取り立てて強調するものが主体である場合も多い。そのため、格助詞「が」などと同じように「は」も主語を示す助詞と誤解されやすいが、「は」は上に付く体言（準体言）を話題として強調するもので、主語を表す格助詞「が」とは、明確に区別することができる。古語では、体言や準体言だけで助詞を伴わなくても主語になるので、上の例でいえば、「得たる、いとよし。」として、「は」は取り除いても文は成り立つ。
②「は」→「ば」「な」「ぱ」「た」　格助詞「を」に付くときは「をば」と濁る。また、中世には、撥音「ん」の下に付く場合は「な」、促音「っ」に付く場合は、「ぱ」「た」というように★連声現象を見せることがあった。「人間な」「言っぱ」「今日た」などの例である。↓をば・言っぱ・今日た
③㊁の接続　形容詞および形容詞型助動詞・打消の助動詞「ず」の未然形に付く。ただし、これらはすべて連用形も同形なので、連用形に付いていると見て、接続助詞を認めない説もある。いずれにしても、「〜くは」「〜ずは」という形で仮定条件を表す用法であることに変わりはない。なお、「〜くは」「〜ずは」は、近世になると「〜くば」「〜ずば」という濁音になった。

ば　基本助詞25

❶（順接の仮定条件を表し）…ならば。
❷（単純な接続を表し）…と。…（し）たところ。
❸（順接の確定条件を表し）…ので。…から。
❹（順接の★恒常的条件を表し）…（する）といつも。
❺（逆接の確定条件を表し）…のに。◉主に上代、「〜ねば」の形で用いられる。

接続 ❶は活用語の未然形に付く。❷〜❺は活用語の已然形に付く。

接続助詞 ❶（順接の仮定条件を表し）…ならば。（もし）…たら。
「ただ今、行方なく飛び失せなば、いかが思ふべき。」〈更級日記・大納言殿の姫君〉訳「たった今、（私が）行く先も知れず飛んでいなくなってしまったら、（あなたは）どう思うつもりなのか。」
○完了の助動詞「ぬ」の未然形に付いている例。
「道長が家より帝・后立ちたまふべきものならば、この矢当たれ。」〈大鏡・道長上〉訳「（この私）道長の家から天皇や、皇后の位にお就きになる（人物が出る）はずのものであるならば、この矢が命中しろ。」
○断定の助動詞「なり」の未然形に付いている例。
❷（単純な接続を表し）…と。…（し）たところ。それを見れば、三寸ばかりなる人、いとうつくしうてゐたり。〈竹取・かぐや姫の生出〉訳それ（＝タケの中）を見ると、（身長が）三寸（＝約九センチメートル）ほどである人が、とてもかわいらしいようすで座っている。
○上一段動詞「見る」の已然形に付いている例。そこを見たらたまたま人が座っていた、という意味で、「ば」の前の句と後の句には因果関係はない。このような接続の条件を★偶然的条件ともいう。
❸（順接の確定条件を表し）…ので。…から。京には見えぬ鳥なれば、みな人見知らず。〈伊勢・9〉訳京都では見ることができない鳥であるので、その場にいる人全員が（なんという鳥であるのか）見ても分からない。
○断定の助動詞「なり」の已然形に付いている例。「京には見えぬ鳥」ということが、「見知らず」の原因・理由となっている。
❹（順接の恒常的条件を表し）…（する）といつも。…（する）ときは決まって。
「作り据ゑたる酒壺に、差し渡したる直柄のひさごの、南風吹けば北になびき、北風吹けば南になびき…。」〈更級日記・竹芝寺〉訳「（あちらこちらに）作って置いてある酒壺に、（浮かべて）さしかけてある直柄の★ひさごが、南風が吹くときは決まって北の方へなびき、北風が吹くときは決まって南の方へなびき…。」
○四段動詞「吹く」の已然形に付いている例。ある条件のもとではいつも決まって、後に述べる結果になることを表す用法。
❺（主に上代、「〜ねば」の形で、逆接の確定条件を表し）…のに。…（し）ないうちに。
秋立ちて幾日もあらねばこの寝ぬる朝明の風は手本寒しも 歌〈万葉集・8・1555〉訳立秋になってから幾日もたたないのに、この寝て起きた夜明けの風は手首に冷たいなあ。
○打消の助動詞「ず」の已然形に付いている例。「ば」の前の句と後の句が相反する内容になっている。

発展 ①未然形に付くか？已然形に付くか？　活用語の未然形に付く場合は❶の順接の仮定条件だけであるが、已然形に付く場合は❷〜❺のように用法が分かれるので、「ば」の前の句と後の句との関係に注目して判断する。
②❷〜❺の概略　❷は、前後になんの因果関係もなく、何かをしたら、たまたま何かが起こった（あった）という関係、❸は、前の句が後の句の原因・理由となっている関係、❹は、ある条件のもとではいつも決まって、後に述べる結果になる関係、❺は、前の句と後の句が相反する内容になっている関係で、主に打消の助動詞「ず」の已然形に付いた「〜ねば」の形で現れる。なお、❷の用法を❸の順接確定条件に含めて説くこともある。
③対照的な事柄を示す用法　中世以降、「ば」の前後で二つの対照的な事柄を示す用法が生じる。たとえば、「古き都は荒れゆけば、今の都は繁盛す（＝昔の都が荒れ果ててゆくのと対照的に、今の都は繁盛していく）。」〈平家・5・月見〉のように「〜は〜ば、〜は〜」となる例である。
④格助詞「を」に付く「ば」　「我をばいかがせむ（＝自分をどうしようか、いや、どうしようもない）。」〈枕草子・95・ねたきもの〉のように格助詞「を」に付く「ば」は、接続助詞ではなく、係助詞「は」が濁音化したものである。
↓読解の手引き ⑪（669ページ）

俳諧 文芸用語《和歌・連歌・俳諧用語》「誹諧」とも書く。本来は、滑稽・おどけの意味で、『古今和歌集』の雑体の部立に収められた「誹諧歌」は滑稽な歌の意だが、後に連歌の一体として「★俳諧の連歌」が生まれた。さらに自由な文芸形式としての俳諧が完成していく。一般的に俳諧というと、発句とそれに続く付け句のことであるが、広くは俳文・俳論などを含めた俳文学の意味にも用いられる。江戸初期には、★松永貞徳を中心とする★貞門、さらに★西山宗因を中心とする★談林の俳諧があり、元禄期には★松尾芭蕉の★蕉風俳諧が確立され、以後、中興期の★与謝蕪村、後期の★小林一茶などが知られる。なお、今日いう「俳句」は、付け句の部分を省略し、発句だけを独立させたもので、明治以降の形式を指す。

はい-がい【沛艾】 名詞 性質の荒いウマが、勇み暴れること。また、そのような性質のウマ。

俳諧歌 文芸用語 和歌の分類上の呼び名のひとつ。「誹諧歌」とも書く。用語や内容に滑稽味を持たせて詠んだ歌をいう。『万葉集』巻十六の戯咲歌の系統を引き、『古今和歌集』の雑体の部立に収められて以降、勅撰集にしばしば見られた。

俳諧七部集 作品名 江戸時代中期の俳諧撰集。佐久間柳居編。七部十二冊。★蕉風の俳諧を学ぶ規範として撰定されたもの。『★冬の日』『春の日』『★阿羅野』『ひさご』『★猿蓑』『★炭俵』『★続猿蓑』の七部の蕉門俳書を収め、後代に与えた影響は大きい。一七三二(享保十七)年ごろ成立したといわれる。

俳諧の連歌 文芸用語 連歌の内容上の分類のひとつ。洒落・俗語を用いた滑稽・趣味の強い連歌。室町末期、★山崎宗鑑・★荒木田守武のころから流行し、後に独立した名称として俳諧と呼称された。江戸初期には、松永貞徳が式目を定めて古風を確立(★貞門)、西山宗因が軽妙で自由斬新な俳諧を唱えたが(★談林)、芭蕉がさび・しをり・ほそみなどを理念とするに至り(★蕉風)、文学的に高められた。↓俳諧

はい-くゎい【徘徊】 名詞 動詞 自 サ変〈せ・し・す・する・すれ・せよ〉❶目的もなく、ぶらぶらと歩き回ること。ぶらつくこと。❷立ち寄ること。

はい-しょ【配所】 名詞 刑罰として流された所。流罪の地。

はい-す【拝す】 一 動詞 他 サ変〈せ・し・す・する・すれ・せよ〉拝む。頭を深く下げて礼をする。**修験光明寺といふあり。そこに招かれて、行者堂を拝す**〈奥の細道・黒羽〉訳 修験道(の寺である)光明寺という寺がある。そこに招かれて、行者堂を拝む。

二 動詞 自 サ変〈せ・し・す・する・すれ・せよ〉拝舞する。**御衣奉り替へて、下りて拝したてまつりたまふさまに、みな人涙落としたまふ。**〈源氏・桐壺〉訳 (元服の儀式で源氏が)お召し物をお召し替えになって、(庭に)下りて拝舞申し上げなさるようす(のすばらしさ)に、その場にいた人は全員涙をお流しになる。

はい-ずみ【掃墨】 名詞 ごま油や菜種油などの油煙を掃き落として集めたすす。まゆ墨や薬としたり、にかわを混ぜて墨とした。また、漆や渋などに入れて塗料とした。発展「はきずみ」の変化したことば。

はい-ぜん【陪膳】 名詞 動詞 自 サ変〈せ・し・す・する・すれ・せよ〉貴人の食事の給仕をすること。また、その人。発展「ばいぜん」とも。「陪」は「付き従う」という意味。

誹風柳多留 作品名 江戸時代後期の雑俳撰集。呉陵軒可有ら編。一六七冊。初編から二十四編までが初代★柄井川柳の選評。前句をまったく省いた前句付け集で、川柳の独立性を立証した、記念すべき句集。一七六五(明和二)年から一八三八(天保九)年にかけて刊。単に「柳多留」とも。

はい-らい【拝礼】 名詞 ❶頭を垂れて、礼をすること。❷宮中などで行う、元日の年賀の儀式。

はう(現)↓(歴)**はふ【這ふ・延ふ】**

はう【方】 名詞 ❶方角。方向。方位。❷一方の面。がわ。❸正方形。また、正方形の一辺。…四方。❹方法。❺香や薬などの調合の仕方。処方。

はう【袍】 名詞 朝服(=宮中で男性が着る略装の★衣冠や正装の★束帯)に着る上着。身分に応じて色や布地が異なり、また、文官用の★縫腋の袍や武官用の★闕腋の袍、また、好みの色が使用できる雑袍などがある。↓衣冠(図)

ばう【坊】

一 名詞
- ❶平城京・平安京の行政区画の名。
- ❷「★東宮坊」の略。また、東宮御所。転じて、東宮。
- ❸僧坊。また、寺の宿泊所。宿坊。
- ❹僧。法師。

二 接尾語
- ❶(人名・地名などに付いて)僧であることを表す。
- ❷(…の)人、(…する)人、という意味を表す。◉多く、からかいの気持ちを伴う。

一 名詞 ❶**平城京・平安京の行政区画の名。四方を大路で囲まれた一画を指す。**❷「東宮坊」の略。また、東宮御所。転じて、東宮。皇太子。**「坊にも、ようせずは、この皇子のゐたまふべきなめり。」**〈源氏・桐壺〉訳「東宮(の地位)にも、悪くしたら、この皇子(=源氏)がお就きになるに違いないようだ。」❸**僧の住む所。**僧坊。**また、寺の宿泊所。**宿坊。類 房 **昔、愛宕の山に久しく行ふ聖ありけり。年ごろ行ひて、坊を出づることなし。**〈宇治拾遺〉訳 昔、(京都の)愛宕山に長い間修行する修行僧がいた。(この僧は)長年修行を積んで、僧坊を出ることがない。❹**僧。法師。特に、**(「御坊」の形で)**お坊様。**類 房 **「僧都の御坊に御覧ぜさせたてまつらばや。」**〈源氏・手習〉訳「僧都であるお坊様にご覧に入れて差し上げたいものだ。」

二 接尾語 ❶(人名・地名などに付いて)**僧であることを表す。**類 房 語例 法然坊・武蔵坊 ❷(…の)**人、**(…する)**人、という意味を表す。多く、からかいの気持ちを伴う。**語例 朝寝坊・吝ん坊(=けち)・見え坊

ばう【房】 一 名詞 ❶部屋。**この三月に、御房の前の桜のいとおもしろう盛りなりければ…。**〈栄花〉訳 この三月に、お部屋の前のサクラがとても趣深く(花)盛りであったので…。❷↓ばう(坊)一❸ ❸↓ばう(坊)一❹
二 接尾語 ↓ばう(坊)二❶

はうか-し【放下師】ー 名詞 鎌倉末期から江戸時代にかけて見られた、滑稽な歌舞や雑芸を見せた大道芸人。発展「放下僧」とも。

[はうかし]

はうき【伯耆】 旧国名 ↓伯耆(ほうき)

はう-くわ【半靴】 名詞 靴のひとつ。★深沓の頭部の短いもの。略儀に用いた。発展「はんくわ」の変化したことば。

[はうくわ]

はう-ぐわん【判官】 名詞 ❶各官庁の三等官。役所内を監査し、書類審査などを執り行った。類 判官。❷★検非違使庁・★兵衛府・★衛門府の三等官。類 尉。❸源義経の呼び名。発展「はんぐわん」の変化したことば。❸は、義経が検非違使の尉であったことから。

はうぐわん-だい【判官代】ー 名詞 ❶院の庁(=上皇や女院が政務を執る役所)に仕えた事務官。多く、五位、六位の蔵人が兼ねた。❷地方の国府や荘園に置かれ、農政事務を執り行った事務官。発展「はんぐわんだい」とも。

はうぐわん-びいき【判官贔屓】ー 名詞 弱者に同情して肩を持つこと。発展「はんぐわんびいき」とも。不幸な一生を終えた判官源義経をひいきする、味方するという意味からいわれるようになったもの。

はう-げ【放下】ー 名詞 動詞 他〔サ変〕〈せ・し・す・する・すれ・せよ〉《仏教語》禅宗で、あらゆる執着やかかわりを捨て去ること。発展「はうか」とも。

はう-ごん【放言】ー 名詞 動詞 自〔サ変〕〈せ・し・す・する・すれ・せよ〉言いたいことを言うこと。勝手気ままに言い散らすこと。発展「はうげん」とも。

ばう-ざ【病者】ー 名詞 病人。発展「びゃうざ」「びゃうじゃ」とも。

はう-さう【疱瘡】 名詞 天然痘。発展「いもかさ」「もがさ」とも。疱瘡の神に祈ると、軽く済んだという。

はう-し【拍子】ー 名詞 ↓ひゃうし

ばう-しゃ【茅舎】ー 名詞 茅でふいた屋根の粗末な家。あばらや。類 茅屋。

はう-じゃう【放生】 名詞 動詞 他〔サ変〕〈せ・し・す・する・すれ・せよ〉《仏教語》功徳を積むため、捕らえた生き物を放してやること。対 殺生。

はうじゃう-ゑ【放生会】 名詞 《仏教語》捕らえられた生き物を解き放ち供養する法会。多く、陰暦八月十五日に行う。宇佐神宮や石清水八幡宮の放生会が有名。季語 秋

はう-じん【芳心】ー 名詞 動詞 自〔サ変〕〈せ・し・す・する・すれ・せよ〉親切を尽くすこと。また、その気持ち。親切心。発展「はうしん」とも。

ばう-ず【坊主・房主】ー 名詞 ❶僧坊の主人。一坊・一寺の主である僧。住職。❷室町時代以降、一般の僧。

ばう・ず【亡ず】 動詞 自〔サ変〕〈ぜ・じ・ず・ずる・ずれ・ぜよ〉滅びる。死ぬ。
久しからずして、**亡じにし者どもなり**。〈平家・1・祇園精舎〉訳 長い年月を経ないで、**滅びて**しまった者たちである。

はう-すん【方寸】ー 名詞 心。胸中。発展 心は、一寸四方の胸の中にあるということから。

はうすん-を-せ・む【方寸を責む】ー 心がかりたてられる。気持ちがせきたてられる。
江山、**水陸の風光、数を尽くして**、今、象潟に**方寸を責む**。〈奥の細道・象潟〉訳 川や山、海や陸のすばらしい風景を、たくさん見てきて、今や、象潟へと**心がかりたてられる**。

ばう-ぞく・なりー 形容動詞〔ナリ〕〈なら・なり(に)・なり・なる・なれ・なれ〉品性が下劣だ。また、不作法だ。
「けしからず、**ばうぞくなり**」とて、いと眉黒にてなむにらみたまひけるに…。〈堤中納言・虫めづる姫君〉訳 (虫をこわがる人に)「とんでもない、**不作法だ**。」と(姫は)言って、とても眉が黒い顔でにらみなさったので…。
発展「はうぞくなり」とも。

はう-ちゃう【庖丁】 名詞 ❶料理人。❷料理すること。❸(「庖丁刀」の略で)料理用の刃物。発展「庖」(=調理場)の丁(=召し使い)という意味。

はう-ぢゃう【方丈】 名詞 ↓ほうぢゃう

はうちゃう-じゃ【庖丁者】ー 名詞 料理人。料理の名人。

[はうちゃうじゃ]

ばう-に-た・つ【坊に立つ】ー 皇太子として立てる。
かなたこなたなだめ申して、東の**御方の若君を坊に立てまつり**ぬ。〈増鏡〉訳 あちらこちらをなだめ申し上げて、東のお方の若君を**皇太子としてお立て**申し上げた。

はう-べん【方便】ー 名詞 ❶《仏教語》仏が、衆生を仏道に導くために用いる便宜上の手段。❷目的のための手段や手立て。策略。

はう-めん【放免】ー 名詞 検非違使庁の下級役人で、罪人の逮捕や護送をした者。発展「はうべん」とも。許し放たれた罪人を役人として取り立てて使ったことから。

ばう-もん【坊門】ー 名詞 平安京の、二条大路以南を東西に走る小路の呼び名。三条から九条まで七つの坊門があった。発展「坊」は市街地の意味。

はう-らつ【放埒】ー 名詞 動詞 自〔サ変〕〈せ・し・す・する・すれ・せよ〉勝手気ままに振る舞うこと。身持ちの悪いこと。
その人、道の掟正しく、これを重くして放埒せざれば…。〈徒然草・150・能をつかんとする人〉訳 (芸の道に励む)その人が、芸道の規律を間違いがなく(守り)、これを重んじて**勝手気ままに振る舞わ**なければ(必ず)…。
発展 埒(=馬場の柵)からウマを外に放つことから。

はう-らつ【放埒】ー 形容動詞〔ニ・ノ〕勝手気ままに振る舞う。身持ちが悪い。
上手と言はれんほどの人は、**地連歌にも放埒の悪き句をばせぬことなり**。〈筑波問答〉訳 名人といわれるほどの人は、気軽に詠んだ連歌の句にも**勝手気ままな**よくない句を(詠んだり)しないものである。

ばう-をく【茅屋】 名詞 茅でふいた粗末な家。転じて、自宅をへりくだっていうことば。類 茅舎。

はえ【映え・栄え】 名詞 ❶引き立って美しいこと。見栄えがすること。❷名誉。面目。

はえ-な・し【映え無し】 形容詞〔ク〕〈(く)・く・し・き・けれ・○/から・かり・○・かる・○・かれ〉見栄えがしない。引き立たない。
「さやは気憎く仰せ言を**映えなう**もてなすべき。」〈枕

草子・23・清涼殿の丑寅の〉訳「そのように(=覚えていませんなどと)そっけなく(中宮の)おっしゃったことばを見栄えがしなく(無意味なものとして)取り扱ってよいものだろうか、いや、よくない。」○「映えなう」は連用形「映えなく」のウ音便。

はえ-ばえ・し【映え映えし】形容詞〔シク〕〈しく・しく・し・しき・しけれ・○／しから・しかり・○・しかる・○・しかれ〉❶華やかで見栄えがする。照り輝いている。
うちあてたるは、いみじう興ありてうちわらひたるはいと映え映えし。〈枕草子・3・正月一日は〉訳(木の枝でだれかの尻を)打ち当てたときは、とてもおもしろくて(みんなで)笑っているのはとても**華やかで見栄えがする**。
❷名誉である。光栄だ。
講師も、映え映えしくおぼゆるなるべし…。〈枕草子・33・説経の講師は〉訳(高貴な方が座にいると)説教をする僧も、**光栄に感じる**だろう…。

はえる(現)→(古)**はゆ**【映ゆ・栄ゆ】

はか【計・果】名詞❶見当。目当て。❷(多く「はかゆく」の形で)仕事の進行程度。はかどり。
→古語チャート㉟(995ページ)

は-かう【八講】名詞→ほっけはっかう

は-がき【羽掻き】名詞→はねがき

はかし【佩刀】名詞 貴人の太刀を敬った言い方。類御佩刀 発展「はかせ」とも。多く、「みはかし」の形で用いる。

はか-せ【博士】名詞❶広く学問に通じた人。学識者。❷官職のひとつ。★学生への教授や試験を執り行い、専門の学芸に従事した。★大学寮に属する明経・紀伝(後に★文章)・明法・算・音の各博士、★陰陽寮に属する陰陽・暦・天文・漏刻の各博士などのほか、大宰府や諸国にもそれぞれ置かれた。❸「節博士」の略。

は-がため【歯固め】名詞 長寿を祈り、正月三が日に鏡餅・ダイコン・ウリ・アユ・イノシシ・シカなどを食べた行事。また、その食べ物。季語 春 発展「歯」(=年齢)を固める(=延ばす)という意味から。

はかなう【果無う】「はかな(果無)く」のウ音便。→はかなし最重要語(994ページ)

はかなく-な・る【果無くなる・果敢無くなる】

はか-な・し【果無し・果敢無し】

安心して頼れる基盤がなくて心細い気持ち

❶頼るものがない。心細い。弱々しい。
❷頼りにならない。あっけない。もろい。
❸無常である。むなしい。
❹たいしたこともない。取るに足りない。
❺しっかりしていない。幼い。
❻あさはかだ。愚かだ。
❼粗末である。卑しい。

形容詞〔ク〕	未然形	連用形	終止形	連体形	已然形	命令形
	はかな・く	はかな・く	はかな・し	はかな・き	はかな・けれ	○
	はかな・から	はかな・かり	○	はかな・かる	○	はかな・かれ

❶**頼るものがない。心細い。弱々しい。当てがない。**
大空も雲の懸け橋なくはこそ通ふはかなき嘆きをもせめ 歌〈蜻蛉日記〉訳大空も雲の懸け渡した橋がなかったとしたら、通う**当てがない**(ために)嘆くこともするだろう(が、雲の懸け橋があるから大丈夫です)。○この例では、動詞「通ふ」が連体修飾の形で「はかなし」の上に付いているので、この「はか」には名詞性が強く残っている。→発展①
鳥辺山谷に煙の燃え立たばはかなく見えし我と知らなむ 歌〈拾遺集・1324〉訳鳥辺山(=京都東山にあった火葬場)の谷間に煙が燃え立ったならば**弱々しく**見えていた私(が火葬されているの)だと知ってほしい。

❷**頼りにならない。あっけない。もろい。**
「**桜ははかなきものにて、かく程なく移ろひさぶらふなり。**」〈宇治拾遺〉訳「サクラ(の花)は**あっけない**もので、(咲いたかと思うと)こうして間もなく散っていくのです。」
夢よりもはかなき世の中を、嘆きわびつつ明かし暮らすほどに…。〈和泉式部日記〉訳夢よりも**頼りにならない**(亡き為尊親王との)仲を(追憶し)、憂いに沈み続けて日々を過ごしているうちに…。

❸**無常である。むなしい。**
はかなく日ごろ過ぎて、後の業などにも、細かにとぶらはせたまふ。〈源氏・桐壺〉訳(桐壺の更衣が亡くなってからも)**むなしく**幾日かが過ぎて、(帝は)法事などにも、心を込めてご弔問なさる。

❹**たいしたこともない。取るに足りない。ちょっとした。**
その年の夏、御息所はかなき心地にわづらひて、まかでなむとしたまふを、暇さらに許させたまはず。〈源氏・桐壺〉訳その年の夏、御息所(=桐壺の更衣)は、**ちょっとした**病気を患って、(養生のため自分の実家に)退出しようとなさるが、(帝は)休暇をまったくお許しにならない。

❺**しっかりしていない。幼い。未熟でたわいがない。**
「**いとはかなうものしたまふこそ、あはれに後ろめたけれ。**」〈源氏・若紫〉訳「(紫の上が)本当に**未熟でたわいがなく**ていらっしゃるのが、ふびんでもあり気がかりなことだ。」○「はかなう」は連用形「はかなく」のウ音便。「ものしたまふ」は補助動詞「あり」の尊敬表現。

❻**あさはかだ。愚かだ。**
「**人々の、花、蝶やと愛づるこそ、はかなく怪しけれ。**」〈堤中納言・虫めづる姫君〉訳「世間の人々が、花(よ)、チョウよとかわいがるのは、(まったく)**あさはかで**よくないことだ。」

❼**粗末である。卑しい。**
九月二十日余りのほど、長谷に詣でて、いとはかなき家に泊まりたりしに、いと苦しくて、ただ寝に寝入りぬ。〈枕草子・228・九月二十日余りのほど〉訳九月二十日過ぎのころ、長谷寺にお参りして、たいへん**粗末な**家に泊まっていたところ、(疲れて)ひどく(体が)痛んでつらくて、ひたすら寝込んでしまった。

発展①**語の成り立ち**　名詞「はか」は、古くは、全体を計測するときに基準となる一定の分量や区分を表すことばといわれ、そこから、目当て・見当・確実性のあるものの意味を表すようになったもの。「はかなし」は、その「はか」に形容詞「なし」が付き、「はか」と「なし」とが主述の関係で一語になっ

人の命があっけなく消えるようす―**死ぬ。**

[連語] **死ぬ。亡くなる。**↓古語チャート⑱（647ページ）
「『三条の宮にはべりし小侍従**はかなくなり**はべりにける。』と、ほの聞きはべりし。」〈源氏・橋姫〉[訳]「『三条の宮（＝女三の宮の住む屋敷）にお仕え申し上げた小侍従は**亡くなってしまった**のでした。』と、ちらっと耳にしました。」

はかな-げ・なり【果無げなり・果敢無げなり】[形容動詞]〔ナリ〕〈なら・なり（に）・なり・なる・なれ・なれ〉❶いかにも頼りなさそうだ。心細そうだ。
八月ばかりになれば、「ちちよ、ちちよ。」と**はかなげに鳴く、いみじうあはれなり**。〈枕草子・43・虫は〉[訳]（ミノムシが）八月ごろになると、（親に捨てられたとも知らず）「ちちよ、ちちよ（＝父よ父よ、または乳よ乳よ）。」と**心細そうに**鳴くのは、たいへんしみじみと心打たれる。
❷ほんの一時的なようすだ。たいしたことのないようすだ。
「**はかなげに言ひなして**、まめまめしく恨みたるさまも見えず…。」〈源氏・帚木〉[訳]「（女が）**たいしたことのないようすに**言い繕って、（私を）本気で恨んでいるようすも見えず…。」

はか-な・し【果無し・果敢無し】[形容詞]↓**最重要語**（994ページ）
↓古語チャート⑪（427ページ）・㉟（995ページ）

たもの。↓古語チャート㉟（995ページ）
②**無常観を反映した❷❸**　時代が下るにつれて、❷❸などの悲哀観・無常観を表す用例が多くなるのは、老少不定（＝年齢とは無関係に人の死が訪れること）という仏教的観念と、安心して頼れる当てがないという「はかなし」のもともとの意味とが結び付いたからであろう。
[類語比較]「**はかなし**」「**かひなし**」「**むなし**」
共通点＝①むなしい状態を表す。②「はかなくなる」「かひなくなる」「むなしくなる」の形で、いずれも「死ぬ」という意味を表す。
はかなし＝しっかりと当てにできるものがなくて、心細いようすを表すのがもともとの意味。↓古語チャート⑱（647ページ）
かひなし＝努力をするにもかかわらず、効果がなく成果が上がらない意味を表し、そこからむだだというあきらめの心情が生まれる。
むなし＝外側だけで中身・実体のない状態をいうところから、はかなく、かいがないという意味を表すようになった。↓古語チャート⑪（427ページ）

まとめて覚えよう古語チャート㉟
「はか」〈計・果〉から生まれたことば

「[1]はか」という名詞から「[2]はかる」という動詞ができたのか、「はかる」という動詞の「はか」が名詞になったのか、よくわかりません。ここでは、その「はか」が、どんなことばを生んでいるかを整理してみました。

「はか」が、目当てや、仕事の進行程度を意味するところから、プラス方向のことばを生む一方で、マイナス方向のことばも生んでいきました。「[3]はかどる」「[4]はかばかし」「[5]はか（が）ゆく」の一方に、「[6]はかなし」「[7]はかなげなり」「[8]はかなぶ」「[9]はかなむ」もあるからです。

「はか」と「はかる」の先行関係は不明だといいましたが、「はか」が「はかる」を生んだとする説のほうが有力です。その「はかる」についても、どんなことばを生んでいったかを、併せて集めてみました。

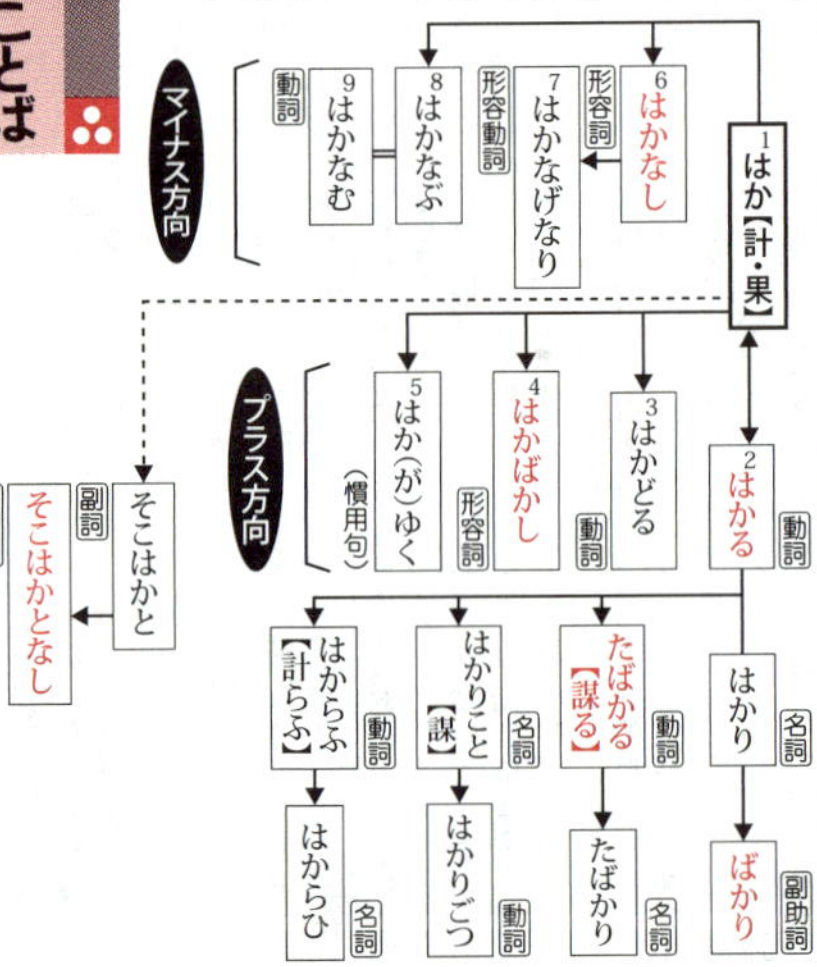

赤字は最重要語・重要語

はかなし-ごと【果無し事・果無し言】[名詞] 取るに足りないこと。とりとめのないこと。ちょっと口にしたことば。
さもありぬべき辺りには、はかなしごともものたまひ触るるはあまたあれど…。〈源氏・蛍〉[訳]（恋の相手とするのに）ふさわしいような人の中には、（夕霧が）**とりとめのないことも**話しかけなさる人は大勢いるけれど…。

はかな-だ・つ【果無だつ】[動詞]㊀〔タ四段〕〈た・ち・つ・つ・て・て〉
[発展]「はかなごと」とも。
心細そうに見える。頼りなげに見える。簡素である。
屋のさまも**はかなだち**、廊めきて、端近にあさはかなれど、をかしきに…。〈枕草子・99・五月の御精進のほど〉[訳]建物のようすも**簡素で**、（細長くて）渡り廊下のようで、外に近く奥深くないが、趣がある建物で…。

はかな・ぶ【果無ぶ】[動詞]㊀〔バ上二段〕〈び・び・ぶ・ぶる・ぶれ・びよ〉
[発展]「だつ」は接尾語。
頼りなさそうに見える。
「**はかなびたるこそはらうたけれ**。賢く人になびかぬ、いと心づきなきわざなり。」〈源氏・夕顔〉[訳]「**頼りなさそうに見えて**いる人こそ（女は）かわいらしい。利口で人（のことば）に従わない女は、まったく気に食わないものである。」

はかな・む【果無む】[動詞]㊉〔マ四段〕〈ま・み・む・む・め・め〉頼りなく思う。
↓古語チャート㉟（995ページ）
げにはこの世を**はかなみ**、必ず生死を出でんと思はんに…。〈徒然草・58・道心あらば〉[訳]本当に現世を**頼りなく思い**、必ず生死（の迷いの世界）を抜け出したいと思うようであるのに…。

-はか・なり [接尾語]（名詞や形容詞の語幹に付いて）…の
↓古語チャート㉟（995ページ）

状態、…の感じ、という意味を表す。語例 あさはかなり・貴はかなり 発展 形容動詞(ナリ活用)化する。

はか-ばか・し 形容詞 ↓最重要語(996ページ)

は-がひ【羽交ひ】 名詞 鳥の両方の翼が交差するところ。また、そのこと。転じて、鳥の翼。

は-がへ【葉替へ】 名詞 草木の葉が落ちて、新しい葉に変わること。

はかま【袴】 名詞 下半身に着ける衣類の総称。肌着としての下袴、表に着ける上の袴などさまざまな種類がある。↓肩衣(図) 発展 もともとは男子の着衣だが、平安以降は女子も着用した。

はかま-ぎ【袴着】 名詞 皇族や貴族などの幼児が初めて袴を身に着ける儀式。古くは三歳、後には五歳または七歳で行った。季語 冬 発展 男女とも行われた。「裳着」は、女子が初めて裳を身に着ける成人の儀式で、十二、三歳ごろに行われた。

●はからう(現)↓(歴)**はからふ【計らふ】**

はから-ざる-に【計らざるに】 連語 思いがけず。突然。「**計らざるに**牛は死し、**計らざるに**主は存ぜり。」〈徒然草・93・牛を売る者あり〉訳「**思いがけず**ウシは死に、**思いがけず**(ウシの)持ち主は生き長らえている。」 発展 四段動詞「はかる」の未然形＋打消の助動詞「ず」の連体形＋接続助詞「に」。漢文訓読系の表現。

はから-ひ【計らひ】 名詞 適当に処置すること。取り計らうこと。
↓古語チャート㉟(995ページ)

はから・ふ【計らふ】 動詞 他 (八四段)〈は・ひ・ふ・ふ・へ・へ〉❶相談する。打ち合わせる。「かの二人の大将軍**はからひ**掟てつつ…。」〈増鏡〉訳 例の二人の大将軍が**相談し**指図して…。
❷思いはかる。考慮する。「『日を**はからひて**、いつしか。』と思ほすほどに…。」〈源氏・東屋〉訳「『(縁組みは)吉日を**思いはかって**、一日も早く。』と(左近少将殿が)お思いになっている間に…。」
❸取り決める。うまく処理する。「三百貫の物を貧しき身にまうけて、かく**はからひける**、まことにありがたき道心者なり。」〈徒然草・60・真乗院に盛親僧都とて〉訳「三百貫の物(=お

はか-ばか・し

物事が期待どおりに進み、目に見えて成果が現れるようす

❶思いどおりにいく。てきぱきとはかどる。
❷はっきりしている。際立っている。
❸しっかりしている。頼もしい。
❹公式だ。表立っている。
❺満足だ。十分だ。

形容詞〔シク〕	未然形	連用形	終止形	連体形	已然形	命令形
	はかばか・しく	はかばか・しく	はかばか・し	はかばか・しき	はかばか・しけれ	○
	はかばか・しから	はかばか・しかり	○	はかばか・しかる	○	はかばか・しかれ

❶**思いどおりにいく。てきぱきとはかどる。はきはきしている。**「**はかばかしう**も、宣はせやらず、むせかへらせたまひつつ…。」〈源氏・桐壺〉訳「(帝は)**はきはきと**も、最後までおっしゃらず、何度もひどくむせび泣きなさり…。」○「はかばかしう」は連用形「はかばかしく」のウ音便。

❷**はっきりしている。際立っている。明確だ。**「やうやう入り立つ麓のほどだに、空の気色、**はかばかしくも**見えず、えも言はず茂りわたりて、いと恐ろしげなり。」〈更級日記・足柄山〉訳(足柄山は)ようやく入り込む麓の辺りさえも、(こずえに遮られて)空のようすが、**はっきりとも**見えず、言うに言えないほど(木が)一面に茂っていて、ひどく怖そうに見える。

❸**しっかりしている。頼もしい。確かである。**「取り立てて、**はかばかしき**後ろ見しなければ、事あるときは、なほ拠り所なく心細げなり。」〈源氏・桐壺〉訳(桐壺の更衣は)格別に、**しっかりとした**後ろ盾がないのであるから、特別な行事があるときには、やはり頼るあてもなく心細そうである。

❹**公式だ。公的だ。表立っている。**「居屋ばかりを構へて、**はかばかしく**屋を造るに及ばず。」〈方丈記・我が過去〉訳(日常生活に必要な)住居だけを造って、**しっかりと**屋敷(全体)を建造するまでもない。
「昔の賢き人だに、**はかばかしう**世にまたまじらふこと難くはべりければ…。」〈源氏・須磨〉訳「昔の才知に富む人でさえ、**表立って**世の中で再び交際することは難しゅうございましたので…。」
「**はかばかしき方**の望みはさるものにて、年のうち行き変はる時々の花、紅葉、空の気色につけても…。」〈源氏・薄雲〉訳「(家門繁栄という)**公式な**面での願いはそれはそれとして、一年のうちに移り変わる四季折々の花、紅葉、(あるいは)空の風情につけても…。」

❺**満足だ。十分だ。**「この四、五日は湯水をだに**はかばかしう**御覧じ入れたまはぬ人の、かやうに仰せらるるは…。」〈平家・9・小宰相身投〉訳この四、五日は湯水をさえ**満足に**お飲みにならない人が、このようにおっしゃるのは…。

発展 ①**語の成り立ち** 「はかる」「はかなし」などと同じ語源で、名詞「はか」は、古くは、全体を計測するときに基準となる一定の分量や区分を表すことばといわれ、そこから、目当て・見当・仕事の進み具合などの意味を表すようになった。「はかばかし」は、その「はか」が重なって形容詞になったもの。↓古語チャート㉟(995ページ)

②**現代語とのつながり** 物事が思いどおりに進むという意味では、現代語の「はかばかしい」「はかどる」「はかがいく」などのことばにそのまま残る。また、打消の語とともに用いられることが多いという特徴も、現代語の「はかばかしい」と同じである。

③**現代語との違い** 現代語に比べ、古語の「はかばかし」はより広い対象に用いられている。たとえば、期待を満足させるのに十分なようすを表すことから、❸の「頼もしい」、❺の「満足だ」という気持ちを表すのにも用いられるようになった。また、期待する能力を発揮し、基準に十分達しているという意味から、❷の視覚的に「際立っている」、❹の社会的に「表立っている」などの意味になるものと考えられる。

金)を貧しい身に得て、このように**うまく処理し**たのは、まことにめったにない信仰心の厚い人である。」
❹手加減する。
→**古語チャート**㉟(995ページ)

はかり【計り・量り】 名詞 ❶目当て。目標。
❷計画。企て。
❸(「〜をはかりに」「はかりなし」の形で)際限。限り。
声をはかりにぞをめき叫びたまひける。〈平家・7・維盛都落(これもりのみやこおち)〉訳声を**限り**にわめき叫びなさった。
→**古語チャート**㉟(995ページ)

ばかり

❶(程度・範囲を表し)…ほど。…ぐらい。…ごろ。
❷(限定を表し)…だけ。…のみ。
接続 種々の語に付く。→発展②

副助詞 ❶(程度・範囲を表し)…ほど。…ぐらい。…ごろ。…辺り。

髪、丈に三尺ばかり余りて…。〈落窪(おちくぼ)〉訳(女君の)髪は、居丈(いたけ)(＝座ったときの身長)に三尺(＝約九〇センチメートル)**ぐらい**余って…。○この「ばかり」は長さの大体の程度を表す。

正月十日ばかりのほどに、ほかに隠れにけり。〈伊勢・4〉訳正月十日**ごろ**の時に、(女は)よそに隠れてしまった。○この「ばかり」は漠然とした範囲の時を表す。

金(かね)を隔てて、頸(くび)もちぎるばかり引きたるに…。〈徒然草・53・これも仁和寺(にんなじ)の法師(ほふし)〉訳(僧の頭から取れなくなった釜(かま)の)金属(の部分)を(藁(わら)で頭と)隔てて(おいて)、首もちぎれる**ほど**(釜を)引っ張ったところ…。○下二段活用動詞「ちぎる」の終止形に付いた例で、作用の程度を表す。

人の亡き後ばかり悲しきはなし。〈徒然草・30・人の亡き後〉訳人が亡くなった後**ほど**悲しいものはない。○この「ばかり」は程度が最高であることを表す。この意味では、必ず下に打消の語(ここでは形容詞「なし」)を伴う。
❷(限定を表し)…だけ。…のみ。…**に過ぎない**。
月影ばかりぞ、八重葎(やへむぐら)にも障らず、差し入りたる。〈源氏・桐壺(きりつぼ)〉訳(訪れる者もなく)月の光**だけ**が、幾重にも茂ったつる草にも妨げられないで、(更衣の母君の邸内に)差し込んでいる。

ただ我が身ひとつにとりて、昔今とをなぞらふるばかりなり。〈方丈記・閑居の気味(きび)〉訳単に私ひとりの立場として、昔(の俗世間の煩わしさ)と今(の閑居の楽しみ)とを比べている**に過ぎない**のである。○下二段活用動詞「なぞらふ」の連体形に付いている例。

発展 ①**語の歴史** 四段動詞「計(はか)る」の連用形「はかり」が名詞化する一方で、他の語に付いて濁音化して成立したものとみられる。程度・範囲を表す❶がもともとの意味。❷は中古以降の用法。→**古語チャート**㉟(995ページ)
②**接続** 体言、活用語の終止形・連体形、副詞、助詞などに付く。
③**終止形は❶、連体形は❷** 中古では、活用語に「ばかり」が付く場合、終止形に付くと❶の程度を表し、連体形に付くと❷の限定を表すのが本来の用法であったが、中古中期以降、終止形に付いて限定を表す用法も生まれた。

類語比較 **「ばかり」と「のみ」**
共通点＝一つの物事に限定する意味を表す。
ばかり＝①もともと、大体の程度・範囲を表すことばである。そのため、限定の意味で用いられる場合にも、その事物と類似する多くのものの中の一つを挙げて、他よりその程度・範囲が勝っているという意味で用いられることが多い。②中古以降、限定の意味で、「のみ」に代わって多く用いられるようになった。
のみ＝①他とはっきり区別して、ただそれだけだと強く限定する意味を表す。②中古以降、しだいに口頭語では用いられなくなった。

はかり-ご・つ【謀りごつ】 動詞 他〔タ四段〕〈た・ち・つ・つ・て・て〉
❶はかりごとをめぐらす。計画する。
舎利弗(しゃりほつ)に会ひて秘術を相比べむことを謀りごつ。〈今昔〉訳舎利弗(＝釈迦(しゃか)の十大弟子の一人)に会って秘術を競い合うことを**計画する**。
❷だます。欺く。計略にかける。
「人を謀りごちて、西の海の果てまでとりもてまかりにしかば…。」〈源氏・橋姫〉訳「人(＝私)を**だまして**、西海の果て(＝九州)まで連れて下ってまいりましたので…。」
発展 名詞「はかりこと」が動詞になったもの。
→**古語チャート**㉟(995ページ)

はかり-こと【謀・策】 名詞 ❶計画。策略。
❷仕事。
つひに生涯のはかりごととなす。〈笈の小文(おいのこぶみ)〉訳(俳諧を)ついに生涯を通じての**仕事**とする。
発展 近世以降、「はかりごと」とも。
→**古語チャート**㉟(995ページ)

はかり-な・し【計り無し・量り無し】 形容詞〔ク〕〈く・く・し・き・けれ・○／から・かり・○・かる・○・かれ〉 ❶目当てがない。

かく、この世は限りにしなしたてまつりて、会ふ計りなき嘆かしさに…。〈狭衣(さごろも)〉訳(女二の宮を)このように、あえてこの俗世を最後にし申し上げ(＝尼にしてさし上げ)て、結婚する**目当てがない**悲しさに…。
❷計り知れない。並々でない。
「『一日の出家(すけ)の功徳(くどく)は、計りなきものなれば、なほ頼ませたまへ。』となむ。」〈源氏・夢浮橋(ゆめのうきはし)〉訳「『一日でも出家したことの(仏の)御利益は、**計り知れない**ものなので、今までどおり(仏縁を)頼りになさい。』と(思います)。」

ばかり-に ❶(程度や範囲を表し)…ほどに。…くらいに。
この時、日ははや西に沈みて、雨雲は落ちかかるばかりに暗けれど…。〈雨月・浅茅(あさぢ)が宿〉訳この時、日は早くも西に沈んで、雨雲は落ちてきそうになる**くらいに**暗いけれども…。
❷(限定を表し)ただ…だけで。…したばっかりに。
今来むと言ひしばかりに長月の有り明けの月を待ち出でつるかな 百人一首〈古今集・恋4・691〉訳→いまこむと…
発展 副助詞「ばかり」＋格助詞「に」。

はか・る

仕事の進み具合について見当をつける
一【計る・測る・量る】
❶(広さ・長さ・重さなどを)測定する。
❷推量する。推し量る。
❸予測する。予想する。
二【図る・企る・謀る】
❶相談する。
❷機会をねらう。企てる。
❸欺く。だます。

未然形	連用形	終止形	連体形	已然形	命令形
はから	はかり	はかる	はかる	はかれ	はかれ

動詞 他〔ラ四段〕 一【計る・測る・量る】❶（広さ・長さ・重さなどを）測定する。
❷推量する。推し量る。
「なまけやけし。」とおぼすべかめる心の内量られたまひて…。〈源氏・初音〉訳（自分の行動を）「なんとなく変だ。」とお思いになるに違いないようである（紫の上の）心の中を（源氏は）推し量りなさらないではいられなくて…。
❸予測する。予想する。
この楫取りは、日もえ計らぬ乞丐なりけり。〈土佐日記・二月四日〉訳この船頭は、天候も予測できないばか者であったのだなあ。
二【図る・企る・謀る】❶相談する。
市人はかりていはく、「その篋を開くべし。」と言ふ。〈日本霊異記〉訳（何か動くものが入っているらしいかごが人々の間で騒ぎになって）市で物を売る人たちが相談して言うことには、「そのかごを開けるのがよい。」と言う。
❷機会をねらう。ようすをうかがう。また、企てる。たくらむ。↓人目を謀る
「あは、これらが内々謀りしことの漏れにけるよ。」〈平家・2・西光被斬〉訳「ああ、この者どもがひそかに企てたことが知られてしまったのだなあ。」
❸欺く。だます。
唐土の帝、「この国の帝をいかで謀りて、この国討ち取らむ。」とて…。〈枕草子・244・蟻通の明神〉訳中国の帝が、「この国（=日本）の帝をなんとかしてだまして、この国を奪い取ろう。」と思って…。〇「いかで」は「討ち取らむ」と呼応する副詞。
↓古語チャート㉟（995ページ）

はぎ【脛】 名詞 膝から下、くるぶしから上の部分。すね。

はぎ【萩】 名詞 ❶《植物》秋の七草の一つ。マメ科の落葉低木。山野に自生し、秋の初め、紅紫色または白色の花を付ける。季語 秋 ❷*襲の色目のひとつ。表は*蘇芳、裏は青で、秋に用いる。❸紋所のひとつ。❶を図案化したもの。発展『万葉集』で最も多く詠まれている植物で、以来、和歌の題材として愛好された。もともと「萩」の字はカワラヨモギを表したが、秋の草の意味を表すことから、中古以降、「ハギ」に当てて用いられるようになった。

はぎ-に-あ・ぐ【脛に挙ぐ】 衣服の裾を向こうずねの上までまくり上げる。
心にもあらぬ、脛にあげて見せける。〈土佐日記・一月十三日〉訳思いもかけない、衣服の裾を向こうずねの上までまくり上げて見せたのだった。〇「思いもかけない（=心にもあらぬ）」は「向こうずねの上まで」にかかっていると見られる。

はぎ-ま・ず【矧ぎ交ず】 動詞 他〔ザ下二段〕〈ぜ・ぜ・ず・ずる・ずれ・ぜよ〉（矢を作るときに数種類の羽を）交ぜて矢竹に付ける。
薄切り斑に鷹の羽はぎ交ぜたるぬた目の鏑をぞ差し添へたる。〈平家・11・那須与一〉訳薄い切り斑にタカの羽を交ぜて矢竹に付けたぬた目の鏑矢を添えて差していた。

ハ行転呼音 国語・国文法 語頭以外のハ行の子音がワ行の子音に変化する現象。中古から特定の語に限って現れていたが、十一世紀になってほぼ一般化した。ただし、すべての場合にワ行子音に変化するわけでなく、複合語（「春花」「言ひはなつ」など）や漢語の熟語（「詩編」「下北面」など）の場合は、後にくることばの初めがハ行音であってもワ行音に変化しないのが原則である。

はく【箔】 名詞 金や銀などの金属を紙のように薄く延ばしたもの。張り付けて装飾とする。

は・く【佩く・帯く】 一 動詞 他〔カ四段〕〈か・き・く・く・け・け〉腰に着ける。
太刀うちはきて、かひがひしげなれば…。〈徒然草・87・下部に酒飲まする事〉訳刀を腰に着けて、てきぱきしているようすなので…。
二 動詞 他〔カ下二段〕〈け・け・く・くる・くれ・けよ〉腰に着けさせる。

は・く【着く・著く】 一 動詞 他〔カ四段〕〈か・き・く・く・け・け〉❶（衣類や履き物を）身に着ける。
信濃道は今の墾り道刈りばねに足踏ましむな沓はけわが背 歌〈万葉集・14・3399〉訳↓しなぬぢは…
❷（弓に弦を）張る。
陸奥の安太多良真弓はじき置きてせらしめ来なば弦はかめかも 歌〈万葉集・14・3437〉訳陸奥の安太多良で作られた真弓（の弦）を外して置いてそり返らせたままなら（弓に）弦を張ることができるだろうか。
二 動詞 他〔カ下二段〕〈け・け・く・くる・くれ・けよ〉（弓に弦を）張る。
梓弓弦緒取りはけ引く人は後の心を知る人そ引く 歌〈万葉集・2・99〉訳梓弓に弦を取って張り（弓を）引く人は、後の心を知る人こそ引く（=将来も愛し続ける自信があるからこそ求婚するのである）。

は・ぐ【矧ぐ】 一 動詞 他〔ガ四段〕〈が・ぎ・ぐ・ぐ・げ・げ〉（羽や矢じりを竹に付けて矢を）作る。
鴻の羽をわり合はせてはいだる矢の…。〈平家・11・遠矢〉訳（ツルの羽に）コウノトリの羽を交ぜ合わせて作ってある矢で…。〇「はい」は連用形「はぎ」のイ音便。
二 動詞 他〔ガ下二段〕〈げ・げ・ぐ・ぐる・ぐれ・げよ〉（矢を）つがえる。
たとひ弓を持ったりとも、矢をはげずは、かなひ難し。〈平家・9・老馬〉訳たとえ弓を持ったとしても、矢をつがえないなら、どうしようもない。
発展 古くは「はく」。

は・ぐ 一【剥ぐ】動詞 他〔ガ四段〕〈が・ぎ・ぐ・ぐ・げ・げ〉❶（表面を）むき取る。はがす。
❷（身に着けた物を）脱がせる。
走りかかりて、衣をはがんと思ふに…。〈宇治拾遺〉訳走りかかって、着物を脱がせようと思うが…。
二【剥ぐ・禿ぐ】動詞 自〔ガ下二段〕〈げ・げ・ぐ・ぐる・ぐれ・げよ〉❶表面がむける。はがれる。
黒塗りの箱の…古めきまどひて、ところどころはがれたるを…。〈落窪〉訳黒塗りの箱で…ずいぶん古びて、ところどころはがれているのを…。
❷毛が抜け落ちる。はげる。
むく犬のあさましく老いさらぼひて、毛はげたるを引かせて…。〈徒然草・152・西大寺の静念上人〉訳（日野資朝卿は）むく犬でみっともなく年老いてやせ衰えて、毛のはげているのを（使用人に）引かせて…。

ばく-えき【博奕】 名詞 金品をかける勝負事の総称。
発展「ばくち」「ばくやう」とも。

はぐく・む【育む】

親鳥がひなを羽の下にかばうように、大切に守り育てる
→ ❶羽の下で育てる。
→ ❷養育する。大切に世話する。

未然形	連用形	終止形	連体形	已然形	命令形
はぐくま	はぐくみ	はぐくむ	はぐくむ	はぐくめ	はぐくめ

動詞 他〔マ四段〕❶(親鳥がひなを)羽の下で育てる。羽に包み込んで守る。
旅人の宿りせむ野に霜降らば我が子はぐくめ天の鶴群 歌〈万葉集・9・1791〉訳↓たびとの…
❷(子を)養育する。(人を)大切に世話する。慈しむ。
「いはけなき人を、いかにと思ひやりつつ、もろともにはぐくまぬおぼつかなさを。」〈源氏・桐壺〉訳「幼い宮(=後の源氏)を、どうしているかといつも気遣っては、(源氏の祖母であるあなたと)一緒に養育しない気がかりといったら(ない)。」
「一切衆生の父として、よろづの人をはぐくみ、正法をもて国を治め…。」〈栄花〉訳「(藤原道長は)すべての人々の父として、万民を慈しみ、仏法をもって国を治め…。」
発展「羽含む」の意味でできたことばで、❶がもともとの意味。中世には「はごくむ」とも。

ばく-げき【莫逆】 形容動詞〔ナリ〕間柄が非常に親密である。
常に莫逆の交はり深く、朋友に信有るかな、この人。〈野ざらし紀行〉訳ふだんから間柄が親密である交際が深く、友人に(対して)信用のある人だな、この人は。
発展「心に逆らうことが莫い」という意味。「ばくぎゃく」とも。

はく-じゃう【白状】―じょう 一名詞 罪人の自白した内容を書き記した文書。供述書。口述書。
二名詞 動詞 他〔サ変〕〈せ・し・す・する・すれ・せよ〉罪人が自分の犯した罪を話すこと。自白。
発展「白」は「申す」という意味。

はく-たい【百代】 名詞 長い年月。永遠。
月日は百代の過客にして、行き交ふ年もまた旅人なり。〈奥の細道・発端〉訳月日は永遠の旅人(のようなもの)であって、去っては、またやって来る年も同様に旅人(のようなもの)である。
発展「はく」「たい」は漢音。

ばく-ち【博打・博奕】 名詞 ❶金品をかけて勝負すること。❷❶を専門にしている人。ばくち打ち。博徒。
発展「ばくうち」の変化したことば。「ばくえき」とも。

はく-ちゃう【白張・白丁】―ちょう 名詞 ❶のりを強く張った白布の狩衣。❷❶を着た仕丁。傘や靴などを持ち、ウマの口取りなどをした者。
発展「しらはり」とも。

[はくちゃう]

ばく-ふ【幕府】 名詞 ❶将軍の居所。また、本営。❷近衛府の中国風の呼び名。❸鎌倉・室町・江戸時代の武家政府。❹征夷大将軍の別の呼び名。
発展 ❶は、将軍が陣中にあって幕を張り、その中で事務を処理したことから。源頼朝が右近の大将に任じられ、その居館を指していった。❸❹は、頼朝が後に征夷大将軍になり、武家政権を興したことからいう。

は-ぐろめ【歯黒め】 名詞 鉄を酒や酢に浸して酸化させた液。また、その液で歯を黒く染めること。類御歯黒
発展 平安時代、貴族階級の成人した女性は、引き眉とともに歯黒めをする慣習があり、中世にはそれが男性にも広まった。近世では既婚女性の印とされた。

はく-をく【白屋】―おく 名詞 白い茅で屋根をふいた家。粗末な家。転じて、貧しい人。

はげ・し【激し・烈し】 形容詞〔シク〕〈しく・しく・し・しき・しけれ・○/しから・しかり・○・しかる・○・しかれ〉❶(勢いが)強く荒々しい。
空の気色激しかりしに、いとなつかしうおいらかなるものから…。〈源氏・幻〉訳(吹雪の)空模様が強く荒々しかったときに、(紫の上が)まったくやさしくおっとりと応待しながらも…。
❷険しい。
道の程はるけく、激しき山道のありさまを見たまふにぞ…。〈源氏・早蕨〉訳(京までの)道のりが遠く、険しい山道のようすをご覧になるにつけても…。

はげ・む【励む】 動詞 自〔マ四段〕〈ま・み・む・む・め・め〉奮い立つ。一事に集中して打ち込む。
分を知らずして強ひて励むは、おのれが誤りなり。〈徒然草・131・貧しき者は〉訳身の程をわきまえずに無理に一事に集中して打ち込むのは、自分の誤りである。

はこ【筥・糞器】 名詞 ❶大便をする器。便器。❷大便。

は-ごく・む【育む】 動詞 ↓はぐくむ

ば-こそ 連語 一(活用語の未然形に付いて)❶(順接の仮定条件を強調して表し)…ならばきっと。
玉釧まき寝る妹もあらばこそ夜の長けくも嬉しかるべき 歌〈万葉集・12・2865〉訳互いに腕を枕にして寝る妻でもいるならばきっと、夜の長いのも嬉しいに違いない。○「たまくしろ」は「まく」に係る枕詞。係り結びの法則により、「こそ」の結びは已然形で結ぶのが原則だが、上代では、形容詞型の活用語(ここでは推量の助動詞「べし」)の場合は連体形で結ぶことがあった。
❷(多く、推量の助動詞「む」の已然形と呼応して、反実仮想を表し)もし…ならば(…だが)。
「『さはいへど、それが子なれば。』など言はればこそ、かひある心地もしはべらめ…。」〈枕草子・99・五月の御精進のほど〉訳「『なんといっても、あの人の子なのだから。』などともし評判になるのならば、(歌を詠む)かいのある気持ちもするでしょうが…。」
❸(中世以降、文末に用いて)…はずがない。
「さんざうらふ。二人ともさうらはばこそ。これがことにてさうらふ。」〈御伽草子・ものくさ太郎〉訳「さようでございます。(ものくさ太郎という者が)二人もおります(ならばともかく、そんな)はずがない。この私のことでございます。」
二(活用語の已然形に付いて、順接の確定条件を表し)…からこそ。
散ればこそいとど桜はめでたけれ憂き世になにか久しかるべき 歌〈伊勢・82〉訳↓ちればこそ…
発展 接続助詞「ば」+係助詞「こそ」。

ば-こそ-あら-め (活用語の未然形に付いて、逆接を表し)❶…(なら)ばいいだろうが。
みづからも、「平らかにあらむ。」とも仏をも念じたまはばこそあらめ、「なほかかるついでに、いかで亡せなむ…。」と思ひしみたまひて…。〈源氏・総角〉訳(大君)本人自身も、「回復しますように。」とでも仏にもお祈りになるならばいいだろうが、(それどころか)「やはりこの(病気を)機会に、なんとかして死んでしまおう…。」としみじみとお思いになって…。
❷…(なら)ば具合が悪いだろうが。…(なら)ばまずいだろうが。
「何かは、今始めたることならばこそあらめ、ありそめにけることなれば…。」〈源氏・賢木〉訳「いやなに、(源氏と朧月夜の君との関係は)今始めたことならば具合が悪いだろうが、以前からあったことなので…。」
発展 接続助詞「ば」+係助詞「こそ」+ラ変動詞「あり」の

未然形＋推量の助動詞「む」の已然形。文脈によって、よい場合にも悪い場合にも用いられる。

◆**はこねぢを**…【歌】
箱根路をわが越えくれば伊豆の海や沖の小島に波の寄る見ゆ〈金槐集・593・源実朝〉訳箱根の(険しい)山道を私が越えてくると、(すぐそこが)伊豆の海だなあ。沖の小島に(白い)波が打ち寄せているのが見える。○「伊豆の海」は今の相模湾。「や」は、感動を表す間投助詞。

発展 険しい山道を歩いてきて、突然目の前に景色が開けたときの感動を詠む。

箱根山 歌枕 神奈川県南西部と静岡県との境にある山。歌では、実景を詠むことよりも、「箱」と掛詞にして「ふた(蓋・二)」「み(身・三)」「あく(開・明)」などの縁語を伴い、「箱」に係る枕詞「玉匣」とともに詠まれることが多かった。

はこ-ぶ【運ぶ】 動詞 他〔バ四段〕〈ば・び・ぶ・ぶ・べ・べ〉❶持って行く。移し送る。❷(「歩みを運ぶ」の形で)歩く。歩いてゆく。**三年が間歩みを運び**…〈平家・10・海道下〉訳三年の間**歩いてゆき**…。❸推し進める。運用する。**刹那覚えずといへども、これを運びてやまざれば、命を終ふる期、たちまちに至る。**〈徒然草・108・寸陰惜しむ人なし〉訳瞬間的な時間は気づかないでいるとしても、これをつぎつぎに**推し進めて**いけば、一生を終える時は、すぐにやって来る。

はこや-の-やま【藐姑射の山】 名詞 ❶中国で、仙人が住むといわれる想像上の山。❷上皇の御所を敬った言い方。類仙洞

はこ・ゆ 動詞 ↓ひきはこゆ

は-ごろも【羽衣】 名詞 ❶↓あまのはごろも ❷鳥や虫の羽をたとえていうことば。

はさ-ま【狭間・迫間】 名詞 ❶物と物との間の狭い所。透き間。**やをら歩み出でて、簾の狭間に入りたまひぬ。**〈源氏・空蟬〉訳(源氏は)静かに歩み出て、(格子と)すだれの**透き間**にお入りになった。❷谷。谷間。❸事と事との間。ある物事を行う間。

発展 室町時代以降は「はざま」。

類語比較 「ひま」「いとま」「はさま」↓暇

はさみ-こみ 国語・国文法 ↓挿入句

はさみ-ばこ【挟み箱】 名詞 外出のとき、衣服などを入れ、棒を通して従者に担がせた箱。

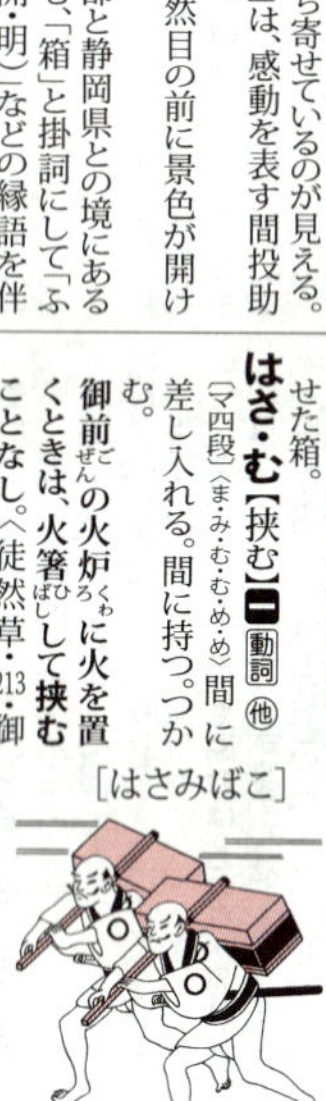
[はさみばこ]

はさ・む【挟む】 ■動詞 他〔マ四段〕〈ま・み・む・む・め・め〉間に差し入れる。間に持つ。つかむ。**御前の火炉に火を置くときは、火箸して挟むことなし。**〈徒然草・213・御前の火炉に〉訳(高貴な方の)御前の炉に火を置くときは、火箸で**つかむ**ことはしない。
■動詞 他〔マ下二段〕〈め・め・む・むる・むれ・めよ〉間に差し入れる。間に持つ。間に置く。**左右の殿上人、階を挟めて欄干にさぶらひて**…。〈古今著聞集〉訳左右の昇殿を許された人は、階段を**間に置いて**欄干にお控え申し上げて…。

発展 ■の下二段の用法は、中古末期から中世にかけて用いられた。

ばさら【婆娑羅】 名詞 ❶はでに見えを張ること。服飾を華美にすること。また、贅を尽くすこと。❷遠慮なく振る舞うこと。したい放題にすること。乱脈なようす。発展「ばしゃら」「ばしゃれ」とも。

はし【階・梯】 名詞 ❶階段。**竹編める垣しわたして、石の階、松の柱、おろそかなるものから、めづらかにをかし。**〈源氏・須磨〉訳(須磨の源氏の住まいは)タケで編んだ垣根を一面に巡らせて、石の**階段**や、マツの柱は、簡素ではあるけれども、(かえって)珍しく風情がある。❷はしご。**敵の続くをのぼせじと、階をば引いてげり。**〈平家・5・奈良炎上〉訳敵が続いて来るのを登らせまいとして、**はしごを**外してしまっていた。❸位階。

発展 ❶は、「きざはし」とも。

はし【端】 名詞 ❶(物の)先端。❷(物事の)始め。起こり。きっかけ。**奥より端へ読み、端より奥へ読みけれども**…。〈平家・3・足摺〉訳(俊寛は赦免状に自分の名前があるはずだと)終わりから**始め**へと読み、**始め**から終わりへと(繰り返して)読んだけれども…。❸(家の中の)外側に近い所。縁側。❹(ある物事の)間。一部分。断片。切れ端。**ただ、木の端などのやうに思ひたるこそ、いといとほしけれ。**〈枕草子・7・思はむ子を〉訳(僧にした子のことを世間の人が)ただ単に、木の**切れ端**などのように思っているのは、たいへんかわいそうだ。❺どっちつかず。中途半端。**木にもあらず草にもあらぬ竹の節の端に我が身はなりぬべらなり** 歌〈古今集・雑下・959〉訳木でもなく草でもない竹の節と節の間のように**中途半端**(なもの)に私はなってしまうようだ。

はし【嘴】 名詞 くちばし。

は・し【愛し】 形容詞〔シク〕〈しく・しく・し・しき・しけれ・○／しから・しかり・○・しかる・○・しかれ〉いとおしい。かわいい。**雪の上に照れる月夜に梅の花折りて贈らむはしき児もがも** 歌〈万葉集・18・4134〉訳雪の上に月が照っている明るい夜にウメの花を折って贈りたい。(そんな)**かわいい**人がいたらなあ。○宴席で風雅の代表である「雪・月・花」を詠み入れた歌。

◆**はじ**(現)↓(歴)**はぢ【恥・辱】**

はじ【土師】 名詞 上代、埴輪などの土器製作や、陵墓の管理や葬礼の奉仕をした氏族。発展「はにし」の変化したことば。

ば-し 副助詞 (多く、疑問・推量・禁止・仮定などの表現を伴って、ある事柄を取り立てて強調し)…など。…なんか。…でも。接続 主として体言に付くほか、格助詞「に」「を」「と」、接続助詞「て」に付く。**「いかにあやつは、水船に尿をばし入るるぞ。不思議なり。」**〈沙石集〉訳「どうしておまえは、水槽に尿**なんか**を入れるんだ。ふとどきである。」

発展 係助詞「は」に副助詞「し」が付いた「はし」が変化して一語になったもの。中古末期に成立し、中世の会話文に多く用いられた。

はし‐がかり【橋懸かり・橋掛かり】名詞 能舞台で、楽屋である鏡の間から舞台へ渡した通路。屋根や欄干を設けて橋のような形に作る。

はし‐がき【端書き】名詞 手紙などの端に、本文とは別に書き添えること。また、そのことば。追って書き。追伸。

はし‐がくし【階隠し】名詞 寝殿の正面中央の階段の前に、柱を二本立てて屋根を出した部分。階段の雨よけや、輿寄せのための設備。

[はしがくし]

はじ‐かみ 名詞《植物》❶【椒】サンショウの古い呼び名。❷【薑】ショウガの別の呼び名。

はしき‐やし【愛しきやし】連語《上代語》いとおしいなあ。なつかしいなあ。

はしきやしわが妻の児が夏草の思ひしなえて嘆くらむ角の里見むなびけこの山 歌〈万葉集・2・138〉訳 **いとおしいなあ**、私の妻がすっかり元気がなくなって嘆いていると思われる角の里が見たい。横に倒れ伏せ、この山よ。○「夏草の」は「思ひしなゆ」に係る枕詞。「妻の児」は妻の愛称。

発展 形容詞「はし」の連体形＋間投助詞「やし」。「はしけやし」「はしきよし」とも。「はしけやし」が古く、「はしきよし」は新しい形とみられる。

はしき‐よし【愛しきよし】連語 ↓はしきやし

はしけ‐やし【愛しけやし】連語 ↓はしきやし

はし‐ことば【端言葉・端詞】名詞 詩歌などの前にその由来などを書き記したもの。類 詞書・端書き

はした【端・半】名詞 ❶数に過不足があること。半端な数。端数。

「小女郎殿とも七人の身請け代金、千四百五十両な。**はしたがあってやかましい。五十両は亭主にやる。**」〈近松・博多小女郎波枕〉訳「小女郎殿を含む七人の（遊女の）引き取りの代金は、千四百五十両だな。**端数**があって煩わしい。五十両は亭主にやる。」

❷一人前でない下人・下女。はした者。

「さて、今度はお**はした**を釣らねばなりますまい。」〈狂言・釣針〉訳「さて、今度は（主人がお使いになる）**一人前でない下女**を釣らなければならないでしょう。」

はしたて‐の【梯立ての】枕詞（床の高い倉にはしごを立てかけるという意味から）「くら」「峻し（=けわしい）」、地名「倉梯」に、また（「くら」の音の変化から）「くま」、地名「熊来」に係る。

はしたな‐げ・なり【端なげなり】形容動詞〔ナリ〕〈なら・なり（に）・なり・なる・なれ・なれ〉（相手を）きまりが悪いような気持ちにさせる。軽率なことと見えそうで、見苦しい。

「文ものすれど、返り事もなく、**はしたなげに**のみあめれば、慎ましくてなむ。」〈蜻蛉日記〉訳「（私兼家の方から）手紙を書くけれども、返事もなく、**軽率なことと見えそうで、見苦しい**ばかりであるようなので、遠慮されて（あなたのもとへ行けなくて）ね。」

はした‐な・し【端なし】形容詞 ↓最重要語（1003ページ）

はしたな・む【端なむ】動詞 他〔マ下二段〕〈め・め・む・むる・むれ・めよ〉❶困らせる。恥をかかせる。

こなたかなた、心を合はせて、はしたなめ煩はせたまふ時も多かり。〈源氏・桐壺〉訳（ほかの女御や更衣たちが中廊下の扉を閉ざし）こちら側とあちら側とで、示し合わせて、（桐壺の更衣に）**恥をかかせ**たり困らせたりなさるときも多い。

❷厳しくたしなめる。とがめる。

「ひとへに知らぬ人ならば、『あなもの狂ほし。』と**はしたなめ**差し放たむにも安かるべきを…。」〈源氏・宿木〉訳「全然知らない人なら、『ああ異常なことだ。』と**厳しくたしなめて**、遠ざけたりすることでも簡単であるに違いないのだが…。」

はした・なり【端なり】

中途半端で落ち着かないようす ─ 中途半端だ。間が悪い。

未然形	連用形	終止形	連体形	已然形	命令形
はした・なら	はした・なり はした・に	はした・なり	はした・なる	はした・なれ	はした・なれ

形容動詞〔ナリ〕中途半端だ。落ち着かない。間が悪い。きまりが悪い。

皇子は、立つも**はした**、ゐるも**はしたに**て、ゐたまへり。〈竹取・蓬莱の玉の枝〉訳（くらもちの）皇子は（うそがばれて）、立つのも**間が悪く**、座っているのも**きまりが悪い**というようすで、座っていらっしゃった。○初めの「はした」は形容動詞の語幹用法で、後の「はしたに」と並列の関係で用いられている。

娘にや、孫にや、**はしたなる**大きさの女の、衣は雪に遭ひてすすけ惑ひ…。〈源氏・末摘花〉訳（末摘花の屋敷から出てきた門番の）娘なのか、孫なのか、（どちらとも見える）**中途半端な**大きさの女が、着物は雪に見舞われてひどく汚れて…。

はした‐め【端女・婢女】名詞 身分の低い召し使いの女性。下女。発展「はしたもの」「はした」とも。

はした‐もの【端者】名詞 ↓はしため

はした‐わらは【端童】名詞 召し使いの子供。

はし‐ぢか・し【端近し】形容詞〔ク〕〈く・から・く・かり・し・き・かる・けれ・かれ〉（家の中で）外に近い所である。寝殿造りでは、廂の間にいる状態をいう。

端近き御座所なりければ、遣り戸を引きあけて…。〈源氏・夕顔〉訳 **外に近い**御座所だったので、引き戸を引いて開けて…。

はし‐ぢか・なり【端近なり】形容動詞〔ナリ〕〈なら・なり（に）・なり・なる・なれ・なれ〉❶（家の中で）外に近い所にいる。

いと端近なりつるありさまを、かつは軽々し。と思ふらむかし。〈源氏・若菜上〉訳 非常に**外に近い所にいた**（女三の宮の）ようすを、（夕霧は）一方では「軽はずみなことだ。」と思っているのだろうよ。

❷奥ゆかしくない。あさはかだ。

古体ならず今めかしう、さりとて**端近にや**はおはします。〈栄花〉訳 古風でなく現代風で、かといって（どうして）**あさはかで**いらっしゃるであろうか、いや、いらっしゃりはしない。

はし‐つ‐かた【端つ方】名詞 端の方。発展「つ」は、「の」の意味の上代の格助詞。

はじ‐とみ【半蔀】名詞 戸のひとつ。下半分を格子などにして固定し、上半分を＊蔀として外側につり上げられるにして…

[はじとみ]

ようにしたもの。

はじとみ-ぐるま【半蔀車】名詞 ★網代車のひとつ。物見の窓に★半蔀を付けたもの。摂政・関白・大臣・大将・高僧などが用いた。

［はじとみぐるま］

はし-ばし【端端】名詞 ❶あちらこちらの端。あちこち。あれこれ。また、（物事の）末端。一端。「おぼさるらむ端々をも、明らめきこえまほしくなむ。」〈源氏・椎本〉訳「思い悩んでいらっしゃったりすることの**一端**だけでも、お晴らし申し上げたいと（存じます）。」❷つまらないもの。はしくれ。

はし-ひめ【橋姫】名詞 橋を守る女神。特に、京都の宇治橋にいるという神。そこから、宇治に住む女性のことも指す。

はし-ぶね【端舟】名詞 小舟。はしけ。

はじ-む【始む】動詞 他〔マ下二段〕〈め・め・む・むる・むれ・めよ〉❶新しく事を起こす。開始する。「今日**始むべき祈り**ども、さるべき人々承れる、今宵より。」〈源氏・桐壺〉訳「今日**開始する**ことになっている祈禱などで、しかるべき（行者の）人々がお受けしている祈禱は、今日の夕方から（始まる）。」❷（多く「～をはじめ（て）」「～よりはじめ（て）」の形で）事の最初とする。第一とする。「主上をはじめたてまつりて、人々みな御舟に召す。」〈平家・7・福原落〉訳天皇を**第一とし**申し上げて、人々はみなお舟にお乗りになる。

はじめ【初め・始め】一 名詞 ❶最初。物事の始まり。❷事のいきさつ。一部始終。次第。❸第一。主要なもの。❹以前。先。
二 副詞 はじめに。皮切りに。以前に。泉川、**はじめ見しにはたがはであるを見るも**…。〈蜻蛉日記〉訳泉川が、**以前に見たときと変わっていないのを見るにつけても**…。

はじめ-たる【初めたる・始めたる】連体詞 初めての。**初めたる御幸**なれば、**御覧じ慣れたる方**もなし。〈平家・灌頂・大原御幸〉訳**初めての外出**なので、見慣れていらっしゃる所もない。
発展 下二段動詞「はじむ」の連用形＋完了の助動詞「たり」の連体形が一語になったもの。

はじめ-つ-かた【初めつ方】名詞 初めのころ。当初。発展「つ」は、「の」の意味の上代の格助詞。

はじめ-て【初めて・始めて】副詞 ❶最初に。初めて。事の始まりとして。宮に**はじめて参りたるころ**、**物の恥づかしきことの数知らず**…。〈枕草子・184・宮に初めて参りたるころ〉訳（中宮の）御所に**初めて**出仕申し上げたころは、なんとなく恥ずかしいことが数えきれないほど多く（あって）…。❷以前と変わって。今度は。**仏御前が所縁の者どもぞ、はじめて楽しみ栄えける**。〈平家・1・祇王〉訳仏御前（という名の白拍子の女）の縁故の者たちが、**以前と変わって**富み栄えた。❸改めて。今さら。「近ごろ源氏の運傾きたりしことは、ことあたらしう**はじめて申すべきにあらず**。」〈平家・10・千手前〉訳「最近源氏の運が傾いてきたことは、ことばを改めて**今さら申すべきではない**。」

➲**はじ-める**（現）↓（古）**はじむ**【始む】

はじ-もみぢ【櫨紅葉】名詞 ❶秋になって紅葉したハゼの木の葉。季語 秋 ❷★襲の色目のひとつ。表は★蘇芳で、裏は黄色。秋に用いた。

はし-もり【橋守】名詞 橋の番人。

ば-しゃく【馬借】名詞 中世、ウマを使った運送業者。近世は、宿駅で馬方にウマを貸して賃料を取る業者。

芭蕉七部集【ばしょうしちぶしゅう】〔バセウシチブシウ〕作品名 ↓俳諧七部集

芭蕉〔一セウ〕人名 ↓必修古典ビッグ30 ㉖（1146ページ）

はしら【柱】一 名詞 ❶（家屋・建物などの）柱。❷頼りとする人や物事。
二 助数詞 神仏や高貴な人を敬って数えることば。語例 二柱の神・十柱の賢者

➲**はしら-か-す**（現）↓（歴）**はぢらふ**【恥ぢらふ】

はしら-か-す【走らかす】動詞 他〔サ四段〕〈さ・し・す・す・せ・せ〉❶走らせる。駆けつけさせる。をのこどもあまた**走らかしたれば**…。〈徒然草・87・下部に酒飲まする事は〉訳下男たちを大勢**駆けつけさせ**たところ…。❷屏風や幕などを張る。❸煮立たせる。発展「かす」は接尾語。

はしら-もと【柱下・柱許】名詞 柱の近く。

はしり【走り】名詞 ❶走ること。❷高所から木を滑り落とすこと。また、その木。走り木。橋げたを渡る者あらば、**走りをもって押し落とすやうに**ぞ構へたる。〈太平記〉訳橋げたを渡って来る者があったなら、**走り木**でもって突き落とすように準備している。❸台所の流し。❹（野菜や果物や魚などの）季節の初物。走り物。

はしり-あり-く【走り歩く】動詞 自〔カ四段〕〈か・き・く・く・け・け〉あちらこちら走りまわる。松どもともして、夜中過ぐるまで、**人の門たたき、走りありきて**…。〈徒然草・19・折節の〉訳（人々が）いくつもの松明をともして、夜中を過ぎるまで、人の（家の）門をたたき、**あちらこちら走りまわって**…。

はしり-か-く【走り書く】動詞 他〔カ四段〕〈か・き・く・く・け・け〉すらすらと文字を書く。手などつたなからず**走り書き**…。〈徒然草・1・いでや〉訳筆跡なども下手でなく**すらすらと文字を書き**…。

はしり-で【走り出】名詞 家から走り出た所。家の門の近く。また、低い山が続いているようす。発展「わしりで」とも。

はしり-び【走り火】名詞 ぱちぱちと飛びはねる火。はね火。

はしり-ゐ【走り井】〔一ヰ〕名詞 水が勢いよくわき出ている泉。

はし-る【走る・奔る】動詞 自〔ラ四段〕〈ら・り・る・る・れ・れ〉❶駆ける。❷素速く移動する。人の喜びして**走らする車の音**…。〈枕草子・3・正月一日は〉訳（任官した）人がお礼をして（まわるために）**素速く移動させる**車の音は…。

❸飛び散る。**足を見ければ、血走りてとどまるべくもなし**。〈宇治拾遺〉訳足を見たところ、血が**飛び散って**止まりそうにもない。
❹どきどきする。わくわくする。胸騒ぎがする。**胸つぶつぶと走るに**…。〈蜻蛉日記〉訳胸がどきどきと**胸騒ぎがする**のに…。
❺逃げ出す。**奴従へりとて頼むべからず。背き走ることあり**。〈徒然草・211・万のことは〉訳家来が(自分に)従っているといって頼みに思ってはいけない。背いて**逃げ出す**ことがある。

はじる(現)↓(古)**はづ**【恥づ・羞づ】

はし-ゐ【端居】―い 名詞 涼しさを求めて、家の縁先に出てくつろぐこと。季語 夏

は・す【馳す】一 動詞 自〔サ下二段〕〈せ・せ・す・する・すれ・せよ〉❶走る。**その間に佐々木はつとはせ抜いて、川へざっとぞ打ち入れたる**。〈平家・9・宇治川先陣〉訳その間に佐々木はさっと**走り**抜いて、川へざぶりと(ウマを)入れた。
❷あくせくする。あちこち走りまわる。**他の俗塵にはすることをあはれむ**。〈方丈記・閑居の気味〉訳他人が世間の煩わしさに**あくせくする**ようすを気の毒に思う。
二 動詞 他〔サ下二段〕〈せ・せ・す・する・すれ・せよ〉走らせる。「**その馬をはすべからず**。」〈徒然草・186・吉田と申す馬乗りの〉訳「そのウマを**走らせ**てはいけない。」

はず(現)↓(歴)**はづ**【恥づ・羞づ】

はず【筈・弭】名詞 ❶弓の両端の、弦を掛けるところ。類 弓弭
❷矢の末端の弦を掛けるくぼみ。類 矢筈
❸道理。当然なこと。約束。「**かう言うてからは、はずを違はす男ではないぞ**。」〈傾城禁短気〉訳「(いったん)こう言ったからには、**約束**を違える男ではないぞ。」
発展 ❸は、矢筈と弦がよく合うことから生じた意味。

はずかし(現)↓(歴)**はづかし**【恥づかし】最重要語

はずかしめる(現)↓(古)**はづかしむ**【辱む】(1009ページ)

はずす(現)↓(歴)**はづす**【外す】

はした-な・し【端なし】

中途半端な状態に困惑する気持ち

❶中途半端だ。どっちつかずだ。
❷きまりが悪い。ぶざまだ。見苦しい。
❸つれない。無愛想だ。
❹失礼である。不当だ。
❺(程度が)激しい。並々でない。

形容詞〔ク〕

未然形	連用形	終止形	連体形	已然形	命令形
はしたな・く	はしたな・く	はしたな・し	はしたな・き	はしたな・けれ	○
はしたな・から	はしたな・かり	○	はしたな・かる	○	はしたな・かれ

❶中途半端だ。どっちつかずだ。不似合いだ。不釣り合いだ。**思ほえず、ふるさとにいとはしたなくてありければ、心地惑ひにけり**。〈伊勢・1〉訳意外にも、(寂れた)旧都にひどく**不釣り合いな**ようすで(美しい姉妹が)暮らしていたので、(男は)気持ちが動揺してしまった。○寂れた奈良の旧都と、姉妹の美しさとの不調和を「はしたなし」で表している。

❷きまりが悪い。ぶざまだ。見苦しい。**いたう恥ぢらひて…さすがに打ち笑みたまへる気色、はしたなうすずろびたり**。〈源氏・末摘花の〉訳たいへん恥ずかしがって…そうはいうもののやはりちょっとお笑いになっている(末摘花の)ようすは、**どっちつかずで**(=ちぐはぐなようすで)落ち着かない感じであった。○「はしたなう」は連用形「はしたなく」のウ音便。

あはれなることなど、人の言ひ出で、打ち泣きなどするに、げにいとあはれなり、など聞きながら、涙のつと出で来ぬ、**いとはしたなし**。〈枕草子・127・はしたなきもの〉訳しみじみと心打たれることなどを、人が口に出し、泣いたりなどするときに、なるほどとても気の毒だ、などと聞くものの、涙が急に出てこないのは、ひどく**きまりが悪い**。

❸つれない。そっけない。無愛想だ。無情だ。手ひどい。「**いと恥づかしき御けはひに、何事をかは答へきこえむ**。」**とのたまへば、「はしたなうもこそおぼせ**。」と人々聞こゆ。〈源氏・若紫〉訳「(源氏は)本当にこちらが気後れするほど優れたごようすなので、どういうことをご返事申し上げたらよいだろうか、いや、返事のしようもない。」と(尼君が)おっしゃるので、「(源氏が)**そっけない**とお思いになってもいけないから。」と女房たちが申し上げる。

❹失礼である。不当だ。「いと怪しき手をば。いかでか。」とて、さらに聞きたまはねば、「**はしたなきことなり**。」とて…。〈源氏・手習〉訳(浮舟は)「本当に見苦しい字なのに。どうして(返事を差し上げることができよう)か、いや、とてもできない。」と言って、まるでお聞きにならないので、(妹の尼は)「(返事をしないのは)**失礼な**ことだ。」と言って…。

❺(程度が)激しい。並々でない。ひどい。**雨風はしたなくて、帰るに及ばで、山の中に心にもあらず泊まりぬ**。〈宇治拾遺〉訳雨風が**激しく**て、帰ることができず、山の中にやむをえず泊まった。

発展 ①**語の成り立ち**　中途半端なようすを表す形容動詞「はしたなり」の語幹に、形容詞を作る接尾語「なし」が付いたもの。この「なし」は、無いという意味ではなく、その状態にあることや、その程度が極端なようすを表す。↓**古語チャート**㉙(923ページ)
②**❶〜❹の意味の展開**　中途半端でどっちつかずな状態を表す❶がもともとの意味で、❷はそこから生じる困惑の気持ちを表す。さらに、自分にきまり悪い思いをさせるような他人の態度についてもいうようになり、❸の「つれない」、❹の「失礼である」の意味ができた。

類語比較 「**はづかし**」「**やさし**」「**おもなし**」「**ひとわろし**」「**はしたなし**」↓恥づかし

はずむ（現）↓（歴）**はづむ**【弾む】

はずれる（現）↓（古）**はづる**【外る】

ばせうのわきして…句

芭蕉野分して盥に雨を聞く夜かな〈武蔵曲・松尾芭蕉〉訳 家の外ではバショウが激しい風雨にさらされて、家の中では雨漏りの滴が盥に落ちている。そんな音を聞いているわびしい夜であるよ。○季語 野分—秋

発展「茅舎の感」の前書きがある。茅舎は、茅ぶきの粗末な家のことで、ここでは江戸深川（＝今の東京都江東区）の芭蕉庵。

はせ-おく・る【馳せ後る】動詞 自 ラ下二段〈れ・れ・る・るる・るれ・れよ〉駆けつけるのが遅れる。取り残される。

はせ後れてとどまったりけるを…。〈平家・4・競〉訳 **駆けつけるのが遅れて**後に残っていたが…。

はせ-さん・ず【馳せ参ず】動詞 自 サ変〈ぜ・じ・ず・ずる・ずれ・ぜよ〉急いで参上する。はせ参じる。

「まづ、この御所守護のために**はせ参じて**さうらふ。」〈平家・9・河原合戦〉訳「何はともあれ、この御所の警護のために**急いで参上しました**。」

はせ-ちが・ふ【馳せ違ふ】動詞 自 ハ四段〈は・ひ・ふ・ふ・へ・へ〉互いに走って行き違う。入り乱れてあちこち行き違う。

馬の**はせ違ふ**音はいかづちのごとし。〈平家・9・坂落〉訳 ウマが**互いに走って行き違う**音は雷のようである。

長谷寺 寺社名 奈良県桜井市にある寺。「泊瀬寺」「初瀬寺」とも。真言宗豊山派総本山。平安時代以後観音信仰の霊場として厚く信仰され、長谷詣では、『蜻蛉日記』『源氏物語』『更級日記』など多くの文学作品に描かれた。↓ビジュアルチェック㉕（1097ページ）

はせる（現）↓（古）**はす**【馳す】

はた【二十】名詞 二十。

はた【端】名詞 ❶（物の）へり。縁。❷（物の）周り。わき。ほとり。

小川の**はた**にて、音に聞きし猫股、あやまたず足もとへふと寄り来て…。〈徒然草・89・奥山に、猫股といふもの〉訳 小川（という名の川）の**ほとり**で、うわさに聞いた猫股（＝ネコの化け物）が、ねらいどおり（僧の）足もとへさっと寄ってきて…。

はた【幡】名詞 ❶《仏教語》仏・菩薩の徳を示すために飾る道具。三角形の上部に、長方形の幡身と長く垂れ下がるあしを付ける。法要や説法のときに、境内や堂内に立てる。幡。❷朝廷の儀式の装飾として、また、軍陣の標識として用いる旗。

はた【機】名詞 布を織る機械。また、それで織った布。

はた【鰭】名詞 魚のひれ。

はた【将】

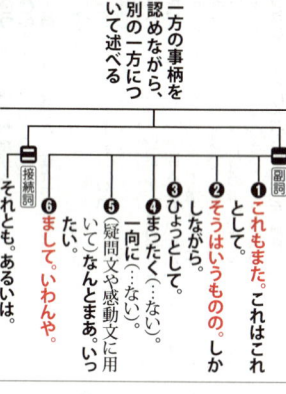

一方の事柄を認めながら、別の一方について述べる

- 一 副詞
  - ❶これもまた。これはこれとして。
  - ❷そうはいうものの。しかしながら。
  - ❸ひょっとして。
  - ❹まったく（…ない）。一向に（…ない）。
  - ❺（疑問文や感動文に用いて）なんとまあ。いったい。
  - ❻まして。いわんや。
- 二 接続詞
  - それとも。あるいは。

一 副詞 ❶（前に述べた事柄と並列・対等の関係で次に続けて）**これもまた**。**また**。**これはこれとして**。

闇もまたをかし。有り明け、**はた**言ふもおろかなり。〈枕草子・36・七月ばかりいみじう暑ければ〉訳（残暑の折、夜の月は風情があるが）闇（の夜）もまた趣がある。夜明けまで出ている月（の趣深さ）は、**これもまた**言うまでもない。

❷（前に述べた事柄と対立する事柄を次に続けて）**そうはいうものの**。**そうはいっても**。**しかしながら**。

『この香失せなむ時に立ち寄りたまへ。』と高やかに言ふを、聞き過ぐさむもいとほし。しばし休らふべきには**はた**はべらねば…。〈源氏・帚木〉訳「（薬としてニンニクを食べていた女が）『このにおいがなくなってしまったりする時に（また）お立ち寄りください。』と声高く言うのを、聞き捨てて（て帰）るようなこともかわいそうだ。**そうはいうものの**少しの間もとどまっていられるものではありませんので…。」

❸（「はた～推量」の形で）**ひょっとして**。**もしかしたら**。

「もし**はた**、この度ばかりにやあらむ。」〈蜻蛉日記〉訳「（夫の訪問は）あるいは**ひょっとして**、今回限りではないだろうか。」

❹（「はた～打消」の形で）**まったく**（…ない）。**一向に**（…ない）。**きっと**（…ない）。

「この浅き道、**はた**え知られじ。我のみこそ知りたれ。」〈今昔〉訳「（敵軍の源頼信は）この浅瀬の道は、**まったく**ご存じないだろう。私だけが知っているのだ。」○打消推量の助動詞「じ」を伴っている例。

❺（疑問文や感動文に用いて）**なんとまあ**。**いったい**。

などさ**はた**生ひ出でけむ。〈枕草子・67・草の花は〉訳（ユウガオは）どうしてそのように（＝不格好に）**なんとまあ**生まれ出たのだろう。○疑いを表す副詞「など」とともに用いられている例。

「いであな悲し。かく**はた**おぼしなりにけるよ。」〈源氏・帚木〉訳「いやはやまあ気の毒なことだ。（あなたは）このように（＝夫を恨んで尼になろうと）**なんとまあ**決心なさってしまったのだったよ。」○感動を表す間投助詞「よ」で終わる文に用いられている例。

❻（前に述べた事柄よりもさらに程度の激しい事柄を次に続けて）**まして**。**いわんや**。**言うまでもなく**。

皆人涙落としたまふ。帝、**はた**ましてえ忍びあへたまはず…。〈源氏・桐壺〉訳（元服した源氏の姿に）その場にいる人は全員涙をお流しになる。（父の）帝は、**まして**いっそう（涙を）こらえることがおできにならず…。

二 接続詞（二つの事柄のうち一方を選ぶ意味を表し）**それとも**。**あるいは**。**あるいはまた**。類 将又

「いかに、老いさらぼひてあるにや、**はた**死にけるにや。」と、人に尋ねはべれば…。〈奥の細道・等栽〉訳「（俳人の等栽は）どうなったか、老い衰えているのではないか、**それとも**死んだのではないか。」と、人に聞きましたところ…。

発展 ①**副詞❶❷の区別** 名詞「端」と同じ語源で、片端で・片一方で、という意味を抽象的に用いるようになったものといわれる。一の副詞では、一方の事柄を認めつつ、また一方で他方の事柄も認める、という場合には❶の意味になる。また、「はた」の前と後との二つの事柄が、相反する関係になった場合、❷の意味になる。どちらであるかは、文脈から判断するしかなく、解釈が定まらない用例も少なくない。中世以降、副詞としてはほとんど用いられなくな

る。

❷㊁の接続詞の用法　漢文訓読文から生じたもので、『日本書紀』などからすでに用例が見られる。

関連語 将又(はたまた)・将(はた)や・又(また)

はだ【肌・膚】 名詞 ❶表面。表皮。(人などの)皮膚。❷表面のきめ。❸気前。気性。気質。

はた-あら-ず【将あらず】 …(では)絶対にない。決して…(では)ない。

たはやすく御心にまかせて、まうでたまふべき御住み処(か)にはたあらねば…。〈源氏・賢木(さかき)〉訳(神域である野宮(ののみや)は)軽々しく(源氏の)お気の向くのにまかせて、お伺いなさるのにふさわしいお住まいでは絶対にないので…。

発展 副詞「はた」＋ラ変補助動詞「あり」の未然形＋打消の助動詞「ず」。

はた-いふ-べき-に-あら-ず【将言ふべきにあらず】 また、言いようもない。

日入り果てて、風の音(おと)、虫の音(ね)など、はた言ふべきにあらず。〈枕草子・1・春は曙(あけぼの)〉訳日がすっかり沈んで、風の音や、虫の声など(が聞こえるのも)、**また、言いようもない**(ほどすばらしい)。

発展 副詞「はた」＋四段動詞「いふ」の終止形＋適当の助動詞「べし」の連体形＋断定の助動詞「なり」の連用形＋ラ変補助動詞「あり」の未然形＋打消の助動詞「ず」。

◐**はだえ**(現)→(歴)**はだへ【肌・膚】**

はた-おり【機織り】 名詞 ❶機で布を織ること。また、その人。❷《動物》キリギリスの古い呼び名。季語 秋

はた-かく-る【半隠る】 動詞 自〔ラ下二段〕〈れ・れ・る・るる・るれ・れよ〉 半ば隠れる。少し隠れる。

御几帳(みきちゃう)にはた隠れてさぶらふを…。〈枕草子・143・殿などの〉訳★几帳(の陰)に**少し隠れて**お控え申し上げているのを…。

はだか-る【開かる】 動詞 自〔ラ四段〕〈ら・り・る・る・れ・れ〉 ❶広がる。開く。

目も口もはだかりぬ。〈落窪(おちくぼ)〉訳(驚いて)目も口も**開いてしまった**。

❷手足を広げて踏ん張る。

発展「はたかる」とも。

はだ-く 動詞 他〔カ下二段〕〈け・け・く・くる・くれ・けよ〉 ㊀【開く】広げる。開ける。

㊁【刷く】髪などをかき上げる。なでる。

発展「はたく」「はたぐ」とも。

はたけ-つ-もの【畑つ物】 名詞 →はたつもの

はた-ご【旅籠】 名詞 ❶(旅行の)持ち運ぶ竹で編んだかご。❷(旅行などで)ウマの飼料を入れて持ち運ぶ竹で編んだかご。❷(旅行者が)食べ物や日用品を入れる器やかご。また、それに入れた食べ物。❸「★旅籠屋(はたごや)」の略。❹宿屋に泊まる代金。

はたご-うま【旅籠馬】 名詞 旅行用の荷物を運搬するウマ。

はたご-ところ【旅籠所】 名詞 旅人が食事や休憩をする施設。発展「はたごどころ」とも。

はたご-や【旅籠屋】 名詞 食事付きの宿。宿屋。

はた-さし【旗差し・旗指し】 名詞 戦場で、ウマに乗り、大将の旗を持つ武士。旗持ち。旗手。

はたし-と-ぐ【果たし遂ぐ】 動詞 他〔ガ下二段〕〈げ・げ・ぐ・ぐる・ぐれ・げよ〉 最後までやり遂げる。成し遂げる。

必ず果たし遂げんと思はんことは、機嫌を言ふべからず。〈徒然草・155・世に従はん人は〉訳必ず**最後までやり遂げよう**と思うようなことは、時機を(あれこれ)言ってはならない。

はた-す【果たす】 動詞 他〔サ四段〕〈さ・し・す・す・せ・せ〉 ❶成し遂げる。完遂する。

「年ごろ思ひつること、果たしはべりぬ。」〈徒然草・52・仁和寺(にんなじ)にある法師(ほふし)〉訳「長年願っていたことを、**成し遂げました**。」

❷(神仏への)願い事がかない、願ほどきのお礼参りをする。

願(ぐゎん)ども果たしたまふべければ…。〈源氏・澪標(みをつくし)〉訳(神仏への)祈願などの**願い事がかない**、(源氏は)**願ほどきのお礼参りを**なさるつもりであるから…。

❸仕留める。殺す。

「その根性で人にあなづらるる。急いで果たさしめ。」〈狂言・千切木(ちぎりき)〉訳「その(弱気な)根性では人にばかにされる。すぐに**殺させよ**。」

はた-すすき【旗薄】 ㊀名詞 穂が長く伸び、旗のようになびいているススキ。季語 秋

㊁枕詞 (ススキの穂や末(うら)から、同音の)「ほ」や「うら」に係る。

発展「はだすすき」とも。

はた-そで【端袖・鰭袖】 名詞 ★袍(はう)・★直衣(なほし)・★直垂(ひたたれ)などで、袖(そで)を広くするため、袖の端にさらに一幅または半幅付け足した袖。

はたた-がみ【霹靂神】 名詞 激しく鳴りとどろく雷。季語 夏 発展「はたた」は、雷の鳴る音を表す擬声語。

はたた・く【霹靂く】 動詞 自〔カ四段〕〈か・き・く・く・け・け〉 (雷鳴が)とどろく。

六月(みなづき)の照りはたたくにも、障(さは)らず来たり。〈竹取・五人の貴公子〉訳六月の(日光が)照りつけ(雷鳴が)**とどろくときにも**、(それに)妨げられないで来ている。

はた-ち【二十】 名詞 数の二十(にじゅう)。二十歳。二十年。

はた-つ-もの【畑つ物】 名詞 畑でとれる穀物。★五穀(ごこく)のうち、イネを除いたアワ・ヒエ・ムギ・マメの総称。対 穀(たなつもの)

粟(あは)、稗(ひえ)、麦、豆をもちては畑つ物とす。稲をもちては穀(たなつもの)とす。〈日本書紀〉訳アワ、ヒエ、ムギ、マメをもって**畑でとれる穀物**とする。イネをもって田でとれる穀物とする。

はた-て【果たて】 名詞 果て。限り。

発展「つ」は、「の」の意味の上代の格助詞。

はた-と 副詞 →はったと

はた-の-さもの【鰭の狭物】 名詞 ひれの狭い魚。小さい魚。対 鰭(はた)の広物(ひろもの)

はた-の-ひろもの【鰭の広物】 名詞 ひれの広い魚。大きい魚。対 鰭(はた)の狭物(さもの)

はだ-へ【肌・膚(え)】 名詞 はだ。皮膚。

はた-また【将又】 接続詞 あるいはまた。それともまた。

「もしこれ、貧賤(ひんせん)の報いの、みづから悩ますか、**はたまた、妄心(まうしん)の至りて狂(きゃう)せるか**。」〈方丈記・みづから心に問ふ〉訳「ひょっとしてこれは、貧しくて身分が低いことの報いが、自らの心を病ませてでもいるのか、**あるいはまた**、迷いの心がやってきて自分を狂わせているのか。」

はた-もと【旗本】 名詞 ❶(戦場で)大将のいる陣。本陣。本営。❷大将に直属して本陣を守る家臣。❸江戸時代、将軍直属の家臣の階級のひとつ。知行高一万石未満で、将軍にお目通りを許されていた者。

はた-もの 名詞 ㊀【機物・機】布を織る道具。はた。また、それで織ったもの。織物。布地。

㊁【幡物・機物】はりつけのための台木。

発展 ㊁は、もともと㊀の道具を用いたことから。

はた-や【将や】 副詞 (疑いや心配の気持ちを含んで)もしかすると。あるいは。

み吉野の山のあらしの寒けくにはたや今夜も我がひとり寝む 歌〈万葉集・1・74〉訳み吉野の山おろしの風が寒いのに、**もしかすると**今夜も私は一人で寝るのだろうか。

発展 副詞「はた」＋係助詞「や」が一語になったもの。

はたや-はた【将や将】 連語 ひょっとして。もしかして。もしや万が一。

痩す痩すも生けらばあらむをはたやはた鰻を捕ると川に流るな 歌〈万葉集・16・3854〉訳やせながらも生きていたら(それで)結構だろうに、**もしや万が一**ウナギを捕ろうとして川に流されるな。

発展 副詞「はたや」＋副詞「はた」。「はたや」をさらに強めたことば。

はたらか・す【働かす】 動詞 他〔サ四段〕〈さ・し・す・す・せ・せ〉身動きさせる。動かす。

わが乗ったる鞍の前輪に押し付けて、ちっとも働かさず…。〈平家・9・木曾最期〉訳(巴は御田八郎を)自分が乗っている鞍の前輪に押さえ付けて、少しも**身動きさせず**…。

はたらき【働き】 名詞 ❶行動すること。振る舞い。❷仕事に精を出すこと。労働。❸活躍。努力。手柄。尽力。❹効果。機能。

はたら・く【働く】 動詞 自〔カ四段〕〈か・き・く・く・け・け〉❶動く。行動する。

あふれどもあふれども、**打てども打てども働かず**。〈平家・9・木曾最期〉訳ウマの両わき腹を鐙でけってもけっても、(鞭で)打っても打っても**動か**ない。

❷仕事をする。

❸活動する。動揺する。

神慮も動き、太政入道の心も働きぬらんとぞ見えし。〈平家・4・還御〉訳神のお心も動き、太政入道の心もきっと**動揺し**ているだろうと思われた。

❹役に立つ。機能する。

その金働かずして…。〈西鶴・好色一代女〉訳そのお金が**役に立た**ないで…。

はだら・なり【斑なり】 形容動詞〔ナリ〕〈なら・なり(に)・なり・なる・なれ・なれ〉(雪や霜が)まだらに降り積もるようす。まだらだ。まばらだ。類 斑なり

夜を寒み朝戸を開き出でてみれば庭もはだらにみ雪降りたり 歌〈万葉集・10・2318〉訳(昨日の)夜は寒かったので、朝、戸を開けて出て(外を)見ると、庭には**まだらに**雪が降り積もっている。

はた・る【徴る】 動詞 他〔ラ四段〕〈ら・り・る・る・れ・れ〉(税や夫役などを)取り立てる。催促する。

里長が課役はたらば汝も泣かむ 歌〈万葉集・16・3847〉訳里長が課役を**催促し**たら、あなたも泣くだろう。

はだれ【斑】 名詞 (「斑雪」の略で)はらはらとまだらに降る雪。また、薄くまだらに降り積もった雪。

わが園の李の花か庭に散る**斑のいまだ残りたるかも** 歌〈万葉集・19・4140〉訳↓わがそのの…

はだれ・なり【斑なり】 形容動詞〔ナリ〕〈なら・なり(に)・なり・なる・なれ・なれ〉(乱れ散るさまが)はらはらとしている。

沫雪か**はだれに降ると見るまでに流らへ散るは何の花そも** 歌〈万葉集・8・1420〉訳淡雪が**はらはらと**降るのかと見えるほど(しきりに空に)流れ散るのは何の花かなあ。

はち【鉢】 名詞 ❶僧が施しを受ける容器。また、僧の用いる食器。皿より深く、椀より浅い器。❷*托鉢すること。また、托鉢して受ける施し物。❸頭の骨。頭蓋骨。❹兜の頭頂を覆う部分。革や鉄で作る。

はぢ【恥・辱】 名詞 ❶恥ずべきこと。面目を失うこと。不名誉。侮辱されること。

「これより大きなる恥に臨まぬ先に、この世を逃れなむ」〈源氏・須磨〉訳「これより大きな**不名誉**を受けない前に、この世間から身を引いてしまおう。」

❷名誉を重んじる心。恥ずべきことを知ること。

恥をも思ひ、名をも惜しむほどの者は、奈良坂にて討ち死にし…。〈平家・5・奈良炎上〉訳**恥ずべきことを知ること**も考え、名誉を失うことを惜しむほどの者は、奈良坂で討ち死にし…。

ばち【撥】 名詞 琵琶や三味線などを弾き鳴らす道具。手で握る部分は狭く、先が平らに開いてイチョウの葉のような形になっている。

はちえふ-の-くるま【八葉の車】 網代車のひとつ。青地の車に、黄色で八葉の紋(=八枚の花弁を放射状に並べたハスの花の紋)を散らしたもので、紋の大小によって大八葉の車・小八葉の車がある。

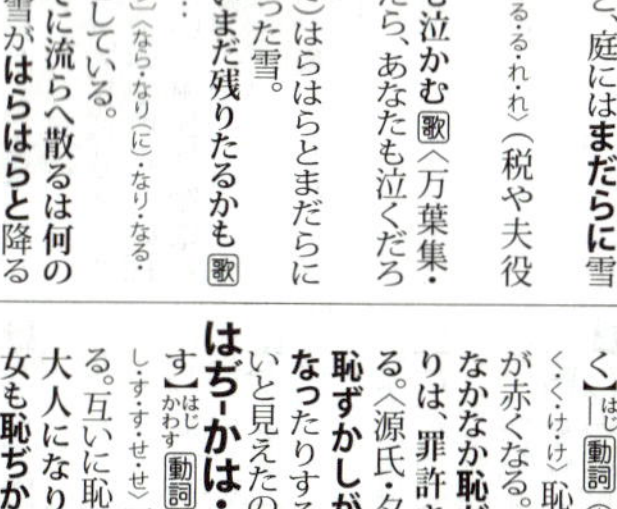

［はちえふのくるま］

はぢ-かかや・く【恥ぢ赫く】 動詞 自〔カ四段〕〈か・き・く・く・け・け〉恥ずかしがって顔が赤くなる。赤面する。

なかなか**恥ぢかかやかむよりは、罪許されてぞ見えける**。〈源氏・夕顔〉訳かえって**恥ずかしがって顔が赤くなっ**たりするよりは、罪がないと見えたのだった。

はぢ-かは・す【恥ぢ交はす】 動詞 自〔サ四段〕〈さ・し・す・す・せ・せ〉互いに気兼ねする。互いに恥ずかしがる。

大人になりにければ、男も**女も恥ぢかはしてありけれど**…。〈伊勢・23〉訳成人してしまったので、男も女も**互いに恥ずかしがって**いたけれど…。

はぢ-がま・し【恥ぢがまし】 形容詞〔シク〕〈しく・しく・し・しき・しけれ・○／しから・しかり・○・しかる・○・しかれ〉恥ずかしい。外聞が悪い。

「女はさやうのとき、**十に九つは必ず死ぬるなれば、恥ぢがましきめを見て、むなしうならんも心憂し**。」〈平家・9・小宰相身投〉訳「女はそのような(=出産の)とき、十のうち九つは必ず死ぬものだから、(お産のために)**恥ずかしい**目にあって、死んでしまうようなのもいやなものだ。」

発展「がまし」は接尾語。

はち-ぎゃく【八逆・八虐】 名詞 最も重い八種の罪。謀反・謀大逆・謀叛・悪逆・不道・大不敬・不孝・不義を指す。

はぢ-し・む【恥ぢしむ】 動詞 他〔マ下二段〕〈め・め・む・むる・むれ・めよ〉❶辱める。

「自らを『ほけたり。ひがひがし。』とのたまひ**恥ぢしむるは**…。」〈源氏・真木柱〉訳「私を『ぼけている。ひねくれている。』とおっしゃって**辱めるの**は…。」

❷戒める。

はぢ-しら・ふ【恥ぢしらふ】 動詞 自〔ハ四段〕〈は・ひ・

ふ・ふ・へ・へ〉恥ずかしく思う。はにかむ。女すべてものを言はねば、しばしは、「恥ぢしらひたるか。」と思ふに…。〈今昔〉訳女が全然ものを言わないので、しばらくは、「はにかんでいるのか。」と思うが…。

はちす【蓮】名詞《植物》ハス(＝スイレン科の多年草)。極楽浄土に生えているといわれる。発展 実の形が「蜂巣」に似ていることから。

はちす-の-うてな【蓮の台】極楽浄土に往生した者が座る蓮華の台座。

はちす-の-うへ【蓮の上】━ 極楽浄土。「みづからの蓮の上の願ひをばさるものにて、ただこの人を、『高き本意かなへたまへ。』となむ念じはべる。」〈源氏・明石〉訳「自分自身(＝明石の入道)の極楽浄土(への往生)の願いはそれはそれとして、ひたすらこの人(＝娘)について、『高い志をかなえてください。』と祈っております。」

はちす-ば【蓮葉】名詞 ハスの葉。季語 夏

はちすばの… 歌
はちす葉の濁りにしまぬ心もてなにかは露を玉とあざむく〈古今集・夏・165・遍昭〉訳ハスの葉は、(泥水の中に生えていながらも)濁りに染まらない(清らかな)心を持って、(それなのに)どうして(葉の上に置く)露を玉だと(見せて人を)だますのか。
発展 上の句は法華経の経文による。ハスの葉の上の露の美しさを、経文と結び付けて詠む。

はちだい-しふ【八代集】━ 名詞 平安中期から鎌倉時代にかけて作られた八つの勅撰和歌集の総称。『★古今和歌集』『★後撰和歌集』『★拾遺和歌集』『★後拾遺和歌集』『★金葉和歌集』『★詞花和歌集』『★千載和歌集』『★新古今和歌集』の八集。最初の三集を三代集という。

はちだい-ぢごく【八大地獄】━ 名詞《仏教語》熱・炎の責め苦を受けるという八種の地獄の総称。等活・黒縄・衆合・叫喚・大叫喚・焦熱・大焦熱・無間(阿鼻)の八つの地獄。発展「八熱地獄」とも。「八大地獄」に対し、厳寒の責め苦を受ける地獄として「八寒地獄」もある。

はちだい-りゅうわう【八大竜王】━ 名詞《仏教語》仏法を守護するものとして★法華経に現れる八体の竜王。雨を降らす力を持つといわれる。難陀・跋難陀・沙羯羅・和修吉・徳叉迦・阿那婆達多・摩那斯・優鉢羅の総称。発展「八大竜神」とも。

はち-たたき【鉢叩き】名詞 陰暦十一月十三日の空也忌から四十八日間、ヒョウタンや鉢をたたき鉦を鳴らし、念仏しながら家々を回り、施し物を請い歩く★托鉢の修行。また、その修行僧。季語 冬

[はちたたき]

はぢ-な・し【恥無し】━ 形容詞ク〈く・く・し・き・けれ・○/から・かり・○・かる・○・かれ〉❶(他と比較して)恥ずかしくない。ひけをとらない。**恥なき程の女房十人、童二人、下仕へ二人して、あるべき程にめやすくしたてておはしそめさせたまふ。**〈栄花〉訳(容貌などが)**恥ずかしくない**ような女房十人、子供の召し使い二人、下仕えの女房二人と一緒に、できるだけ立派につくろいたてて(公任を)通わせ始めなさる。
❷恥ずかしがらない。あつかましい。**家より外にもとめたる装束どもの、うちあはずかたくなしき姿などをも恥なく…。**〈源氏・少女〉訳よそから借りてきた衣服が、(それぞれ)身に合わなくて不細工で見苦しい姿であるのも**恥ずかしがらず**…。

はち-なん【八難】名詞❶《仏教語》仏を見、法を聞くことを妨げる八つの障害。地獄・餓鬼・畜生・長寿天・辺地・盲聾瘖瘂・世智弁聡(＝邪見)・仏前仏後の総称。❷八つの災難。飢・渇・寒・暑・水・火・刀・兵の総称。

はち-の-こ【鉢の子】名詞 ★托鉢の僧が施し物を受けるために持つ鉢。

はち-ぶ・く【蜂吹く】動詞 自 カ四段〈か・き・く・く・け・け〉ふくれっ面をしてぶつぶつ言う。**鼻などうち赤めつつはちぶき言へば**…。〈源氏・松風〉訳(管理人が)鼻などを赤らめながら**ふくれっ面をしてぶつぶつ言う**ので…。

はち-ぼく【八木】名詞 米の別の呼び名。発展「米」の字を分解すると、「八」と「木」になることから。

はち-まん【八幡】一 名詞 応神天皇を主神とする神社。八幡宮。また、その祭神。応神天皇・神功皇后・比売神の三神で、弓矢の神として武士を中心に信仰を集めた。
二 副詞❶(八幡の神に誓うという意味から)まったく。非常に。必ず。「**八幡旦那の御了簡至極至極**…。」〈傾城禁短気〉訳「**まったく**旦那のお考えはごもっともごもっとも…。」
❷(打消の語を伴って)決して。断じて。「**八幡、我らも心底変はらぬ。**」〈近松・鑓の権三重帷子〉訳「**決して**、(あなたを思う気持ちは)私どもも心底変わらない。」

はちまん-だいぼさつ【八幡大菩薩】一 名詞 八幡の神を敬った言い方。★本地垂迹の説により、本来の姿を菩薩であるとすることからいう。
二 副詞 ↓はちまん 二❷

八文字屋本 文芸用語 ★浮世草子の分類のひとつ。京都の八文字屋から刊行された★江島其磧の作品を中心とする浮世草子、および同時代の同傾向の作をいう。『けいせい色三味線』刊行の一七〇一(元禄十四)年から、一七六六(明和三)年ごろまで発刊された。

はぢら・ふ【恥ぢらふ】動詞 自 八四段〈は・ひ・ふ・ふ・へ・へ〉恥ずかしがる。はにかむ。

はぢ-を-きよ・む【恥を雪む】━ 不名誉や恥をぬぐいさる。恥をぬぐう。**古来より俗の諺に曰く、「会稽の恥をきよむる。」とはこのことを言ふなるべし。**〈太平記〉訳古くより世俗の諺に言う、「以前に受けた**恥をぬぐいさる**。」とはこのことをいうのであろう。

はぢ-を-す・つ【恥を捨つ】━ 恥を恥とも思わない。**面なきことをば、恥を捨つとは言ひける。**〈竹取・仏の御石の鉢〉訳(偽物の鉢を捨てても求婚したので)厚かましいことを、(鉢に掛けて)恥を捨てる、(つまり)**恥を恥とも思わない**と言ったのだった。

はぢ-を-み・す【恥を見す】━ 恥をかかせる。「**さが尻をかき出でて、ここらの朝廷人に見せて、恥を見せむ。**」〈竹取・かぐや姫の昇天〉訳「そいつ(＝天からの迎えの人)の尻をむき出して、たくさんの役人に見せて、**恥をかかせよう**。」

は・つ【果つ】 動詞 補助動詞 ↓**最重要語**(1008ページ)

はつ【初】 一 名詞 ❶最初。初めて。❷その季節の最初のもの。はしり。「初物」の略。
二 造語 (名詞や動詞の連用形の上に付いて)最初の、新しい、という意味を表す。語例 **初雪・初午・初時雨**

は・つ【泊つ】 動詞 自 〔タ下二段〕〈て・て・つ・つる・つれ・てよ〉(船が)港に行き着いて泊まる。停泊する。
磯ごとに海人の釣船泊てにけりわが船泊てむ磯の知らなく 歌〈万葉集・17・3892〉 訳 どの磯にも漁師の釣り船が**停泊し**てしまったのだった。私の船が**停泊する**ような磯が分からないことだ。

は・づ【恥づ・羞づ】

失敗・欠点・罪などを恥ずかしく思う
- ❶人目をはばかる。恥ずかしがる。**遠慮する。**
- ❷**引けをとる。劣る。** ◉多く、下に打消の語を伴う。

未然形	連用形	終止形	連体形	已然形	命令形
は・ぢ	は・ぢ	は・づ	は・づる	は・づれ	は・ぢよ

動詞 自 〔ダ上二段〕 ❶**人目をはばかる。遠慮する。恥ずかしがる。はにかむ。**

さまたぐる人もなく、また、恥づべき人もなし。〈方丈記・境涯〉 訳 (山中だから、仏道修行も気ままで)邪魔をする人もなく、また、**遠慮し**なければならない人もいない。

そのほど過ぎぬれば、かたちを恥づる心もなく、人に出で交じらはんことを思ひ…。〈徒然草・7・化野の露〉 訳 その年(=四十歳)のころを過ぎてしまうと、(衰えた)容貌を**恥ずかしがる**気持ちもなく、人と世間付き合いしたりするようなことを願い…。
❷(多く、下に打消の語を伴って)**引けをとる。劣る。**
「**何事も辺土は賤しく、かたくななれども、天王寺の舞楽のみ、都に恥ぢず**」。〈徒然草・220・何事も辺土は〉 訳 「何事につけても都から離れた土地は下品であり、粗野であるけれども、天王寺(=今の大阪市にある四天王寺)の舞楽だけは、都に**引けをとら**ない。」
発展 「**～を恥づ」で自動詞** ❶の第二例のように「～を恥づ」の形が多いが、この場合の「を」は、「…について」「…に対して」という意味を表し、目的格を示すものではない。したがって、「恥づ」は他動詞ではなく、自動詞に分類される。

はつ-うま【初午】 名詞 陰暦二月の最初の午の日。京都の伏見稲荷をはじめとして、各地の稲荷で祭礼が行われる。発展 「はつむま」とも。季語 春

撥音便 国語・国文法 「はねる音」ともいわれる、語中・語尾に現れる鼻音を、**撥音**という。平安時代に生まれた国語音韻のひとつで、漢字音の[n][m]などの定着とともに意識され、やがて、音便のひとつである**撥音便**を発生させるに至った。撥音便とは、発音しやすいように、語中語尾のニ・ビ・ミ・ルなどが「ン」音に転じる現象で、具体的には、
- ナ変の連用形が助詞「て」や過去の助動詞「き」の連体形「し」などに続く場合。(例)「死**にて**↓死**んで**」「往**にし**↓往**んじ**」
- バ行・マ行四段活用動詞の連用形が助詞「て」などに続く場合。(例)「飛**びて**↓飛**んで**」「摘**みて**↓摘**んで**」
- ラ変型活用語の連体形が助動詞「なり」(推定・伝聞)などに続く場合。(例)「**あるなり**↓**あんなり**・あなり」(★撥音無表記)

である。また、「ね**も**ころ↓ね**ん**ごろ」「盛**り**↓盛**ん**」など、無活用語の音変化も撥音便として扱う考え方もある。さて、それら撥音の表記は、十一世紀に至るまで、多様で、

は・つ【果つ】

物事や期間が終わりになる
- 一 動詞 自 ❶(期限・期間が)**終わる。尽きる。**(物事が)**終わる。なくなる。**
  ❷(寿命が)**尽きる。亡くなる。**
- 二 補助動詞 ―(動作が完了する意味を表し)…(し)**終わる。すっかり…する。**

	未然形	連用形	終止形	連体形	已然形	命令形
動詞 自 〔タ下二段〕	は・て	は・て	は・つ	は・つる	は・つれ	は・てよ
補助動詞 〔タ下二段〕						

接続 二は動詞の連用形に付く。

一 動詞 自 〔タ下二段〕 ❶(期限・期間が)**終わる。尽きる。**(物事が)**終わる。済む。なくなる。消える。**↓古語チャート⑳(767ページ)
ある人、県の四年五年果てて、例の事どもみなし終へて、解由など取りて…。〈土佐日記・十二月二十一日〉 訳 ある人が、任国での四年か五年(の任期)が**終わっ**て、お決まりの事務などをすべてやり終えて、解由状などを受け取って…。
いとはかなくて、煙は果てぬ。〈源氏・蜻蛉〉 訳 とてもあっけなくて、(火葬の)煙は**消え**てしまった。
❷(寿命が)**尽きる。亡くなる。死ぬ。**↓古語チャート⑱(647ページ)
灯し火などの消え入るやうにて果てたまひぬれば、言ふかひなく悲しきことをおぼし嘆く。〈源氏・薄雲〉 訳 (藤壺の宮は)灯火などがしだいに消えるようにしてお**亡くなり**になってしまったので、(何を)言っても仕方のない悲しいことを(源氏は)お嘆きになる。

二 補助動詞 〔タ下二段〕 (動作が完了する意味を表し)…(し)**終わる。すっかり…する。**…(し)**切る。**

花の木ども散り果てて、おしなべて緑になりたる中に、時も分かず濃き紅葉のつやめきて…。〈枕草子・40・花の木ならぬは〉 訳 (ソバの)花の(咲く)木々(の花)が**すっかり散っ**て、すべて新芽になっている中に、四季の区別もなく濃く色づいた葉がつやつやと美しく見えて…。

にはかに風吹き出でて、空もかきくれぬ。御祓へもし果てず、立ち騒ぎたり。〈源氏・須磨〉 訳 急に風が吹き出して、空も暗くなってしまった。(それで)お祓いもし**終わら**ない(まま)で、(人々は皆)大騒ぎをしている。

類語比較 「**はつ」と「をはる」**
共通点＝終わるという意味を表す。
はつ＝①「端」と同じ語源といわれ、ある物事が限界に至る、また、決められていた期限になるという意味を表す。②中古の和文で多く用いられた。
をはる＝①仕事などが完了する、目的を達成するという意味を表す。②中古の和文ではほとんど見られない。主として漢文訓読文に使われたようである。

無表記、「う」表記、また、「に」「い」表記（[n]の場合）、「む」表記（[m]の場合）があった。やがて、「无」から生まれた「ん」が、それを担って、現代に至っている。
↓音便／活用語音便表（25ページ）

撥音無表記【国語・国文法】撥音が国語音韻として定着したのが平安時代になってからであったため、★仮名の発達に乗り遅れ、その仮名文字がないままの時代があった。「ほい（本意）」と書いて、「ほんい」と発音する時代があったのである。殊に、ラ変型活用語の連体形が「なり（推定・伝聞）」などに連なる際に発生した★撥音便は用例数も多く注目される。ラ変型活用語は形容詞や助動詞にも及んで、「よかるなり」が「よかんなり」と撥音便化しても、「よかなり」と表記され、同様に「なる（断定）めり」が「なんめり」となっても、「なめり」と表記されていた。
↓撥音便・音便／活用語音便表（25ページ）

はっ-かう【八講】名詞《仏教語》「★法華八講」の略。発展「はかう」とも。

はっ-かう【発向】名詞 動詞 自 サ変〈せ・し・す・する・すれ・せよ〉❶目的地に向かって出発すること。特に、軍勢を差し向けること。❷はやること。流行。

はづか・し【恥づかし】形容詞 ↓**最重要語**（1009ページ）

はづかし-げ-な・し【恥づかしげ無し】形容詞 ク〈く・く・し・き・けれ・○／から・かり・○・かる・○・かれ〉遠慮するようすがない。気がおけない。
「宮などの、**恥づかしげなく**聞こえたまふめるを…。」〈源氏・総角〉訳「匂宮などが、**遠慮するようすがなく**（手紙を大君に）差し上げなさるようであるが…。」

はづかし-げ・なり【恥づかしげなり】形容動詞 ナリ〈なら・なり（に）・なり・なる・なれ・なれ〉❶恥ずかしそうだ。
恥づかしげなる御気色にて、ものものたまはぬに…。〈大鏡・道長上〉訳（道隆と道兼は）**恥ずかしそう**なごようすで、何もおっしゃらないのに対して…。
❷こちらが恥ずかしくなるくらい優れている。
うちとけてはたあらぬ御用意など、いと**恥づかしげに**をかし。〈源氏・若菜上〉訳（すっかり）うちとけてもおしまいにならない（紫の上の）お心づかいなど、まったく**こちらが恥ずかしくなるくらい優れていて**見事である。

はづかし・む【辱む】動詞 他 マ下二段〈め・め・む・むる・むれ・めよ〉恥をかかせる。面目をつぶす。
いときなき子をすかし、おどし、言ひ**辱めて**興ずることあり。〈徒然草・129・顔回は〉訳 幼い子供をだまし、怖がらせ、言って**恥をかかせて**おもしろがることがある。

はつ-かぜ【初風】名詞 季節の初めに吹く風。季節の訪れを告げる風。特に、秋の初めに吹く風。季語 秋

はつ-がつを【初鰹】名詞 陰暦四月ごろ、いちばん早く捕れたカツオ。珍重され、江戸では高値で買い争われた。季語 夏

はつか・なり

物事の一端が少し現れるようす ― **ほのかだ**。かすかだ。ほんの少しだ。

未然形	連用形	終止形	連体形	已然形	命令形
はつかなら	はつかなり はつかに	はつかなり	はつかなる	はつかなれ	はつかなれ

はづか・し【恥づかし】

形容詞〔シク〕

他人と比較して自分が劣っていると感じる気持ち
― ❶**気後れする**。きまりが悪い。気詰まりだ。
― ❷（こちらが気後れするほど）**優れている**。立派だ。

未然形	連用形	終止形	連体形	已然形	命令形
はづかしく はづかしから	はづかしく はづかしかり	はづかし ○	はづかしき はづかしかる	はづかしけれ ○	○ はづかしかれ

❶**気後れする**。きまりが悪い。気が引ける。気詰まりだ。
「かかる御使ひの、蓬生の露分け入りたまふにつけても、いと**恥づかしうなむ**。」〈源氏・桐壺〉訳「このような（恐れ多い帝の）使者の方が、草深い家の（草の）露を踏み分けてお入りくださるにつけても、まことに**気が引けるこ**とで（ございます）。」○「恥づかしう」は連用形「恥づかしく」のウ音便。
「深く、さ、いらへたまへば、いとぞかしこきや。」と、これをもいと**恥づかしとおぼしたり**。〈堤中納言・虫めづる姫君〉訳「（親の私たちの言うことに対して、姫は）深く、そのように（＝悟り切った者のように）、返答なさるので、たいへん恐ろしいことよ。」と、（親たちは）これ（＝姫の返答の仕方）についてもとても**きまりが悪い**と思っていらっしゃる。
隔てなく馴れぬる人も、程経て見るは、恥づかしからぬかは。〈徒然草・56・久しく隔たりて〉訳 心の隔たりなく打ち解けた人も、時がたって（から）会う場合は、**気詰まりで**ないだろうか、いや、気詰まりでないものではない。
❷（こちらが気後れするほど）**優れている**。立派だ。
恥づかしき人の、歌の本末問ひたるに、ふと覚えたる、我ながらうれし。〈枕草子・276・うれしきもの〉訳（こちらが気後れするほど）**優れている**人が、和歌の上の句や下の句を問いかけたときに、さっと思い出したのは、自分でもうれしい。

発展 ❶→❷**への展開** ❷は、❶の、気後れするという意味から派生した用法で、相手の身分や態度・才能・容姿などが自分より優れているという意味で用いられることが多い。

類語比較 「**はづかし**」「**やさし**」「**おもなし**」「**ひとわろし**」「**はしたなし**」
共通点＝恥ずかしく気が引ける気持ちを表す。
はづかし＝他人と比較して自分が劣っているという劣等感から来る消極的な気持ちを表す。
やさし＝他人の目を気にして身もやせ衰えるような苦悩の感情を表す。
おもなし＝面目が立たないことから来る恥じらいの感情を表す。
ひとわろし＝他人の評価を問題にしたときの体裁の悪さを表す。
はしたなし＝中途半端な状態で、その場にふさわしくないと思うきまり悪さを表す。

形容動詞（ナリ）**ほのかだ。かすかだ。ほんの少しだ。**

いと冷たきころなれば、差し出でさせたまへる御手の**はつかに**見ゆるが、いみじうにほひたる薄紅梅なるは、限りなくめでたしと…〈枕草子・184・宮に初めて参りたるころ〉訳 非常に冷えるころなので、（中宮が袖口から）差し出していらっしゃるお手で**ほんの少し**（だけ）見えるのが、たいへん美しく映える薄い紅梅色であるのは、この上なくすばらしいと思って…。

類語比較 「はつかなり」と「わづかなり」
共通点＝ほんの少しである・かすかだという意味を表す。
はつかなり＝主に上代に用いられた副詞「はつはつ（＝かすかに・ちらりと）」と同じ語源で、もともとは、物事の一端がほんの少しだけ目に入る（耳に入る）ようすを表す。
わづかなり＝数量・程度などが少ないようすを表すのがもともとの意味。
※両語は中古までは区別して用いられていたが、しだいに意味が混同され、中世以降「はつかなり」は消滅した。

はつ-かり【初雁】 名詞 その年の秋、初めて北方から渡って来たガン。季語 秋

はつかり-が-ね【初雁が音】 名詞 ★初雁の声。また、初雁。季語 秋

◆はつかりの… 歌
初雁のはつかに声を聞きしより中空にのみ物を思ふかな〈古今集・恋1・481・凡河内躬恒〉訳 かすかに（あの人の）声を聞いてから、上の空で物思いばかりすることだよ。○「初雁の」は「はつかに」に係る枕詞。「中空」は「雁」の縁語。
発展 相手の声をガンの声にたとえて恋焦がれる気持ちを詠んだ歌。

◆はつかりは… 歌
初雁は恋しき人の列なれや旅の空とぶ声の悲しき〈源氏・須磨〉訳 初雁は恋しい人と同類であるからか、旅の空を飛ぶ（その）声が悲しいことだよ。○「恋しき人」は、都に残してきた人たち。「列なれや」の「や」は係助詞で、連体形の「悲しき」が結び。
発展 須磨に流された源氏が、ガンの声を聞き、京の人たちに思いをはせて詠む。

は-づき【葉月・八月】 名詞 陰暦八月。発展 古くは「はつき」。

はっ-く【八苦】 名詞《仏教語》人間が生涯に受ける八つの苦しみ。生・老・病・死・愛別離苦（＝愛する者と別れる苦しみ）・怨憎会苦（＝恨み憎む人や物に会う苦しみ）・求不得苦（＝求めても得られない苦しみ）・五陰盛苦（＝心身から欲望が生じる苦しみ）の八つ。

はつ-くさ【初草】 名詞 ❶春の初めに生え出た草。若草。季語 春 ❷（❶を比喩として用いて）幼い子供。

◆はつくさの… 歌
初草の生ひ行く末も知らぬまにいかでか露の消えむとすらむ〈源氏・若紫〉訳 まだ出たばかりの若草（のようなこの子）の成長していく将来も分からないうちに、どうして（尼君が）露のように消えようとするのだろうか。○「消え」は「露」の縁語。「初草」に子（＝後の紫の上）を、「露」に尼君をたとえる。
発展 尼君の歌（↓おひたたむ…）に対して女房が詠んだ歌。

はつ-くに【初国・肇国】 名詞 最初に作った国。初めて統治した国。

はつくに-しら-す-すめらみこと【肇国知らす天皇】 初代の神武天皇、および十代の崇神天皇を敬った言い方。発展 初めて国を治めた天皇、という意味。

はっ-くゎう【八荒】 名詞 八方。国の隅々。

はつ-こゑ【初声】 名詞 ↓はつね（初音）

はっ-さい【八災】 名詞《仏教語》（「八災患」の略で）禅定の修行の妨げとなる八つの災い。憂・苦・喜・楽・尋（＝尋ねること）・伺（＝伺い案じること）・出息（＝息を吐くこと）・入息の総称。発展「はちさい」とも。

はっ-さく【八朔】 名詞 ❶陰暦八月一日。また、その日に行われる祝い事。この日を、農家では「田の実の節句」といい、その年の穀物を主家などに贈って祝った。季語 秋 ❷武士の祝日。徳川家康が一五九〇（天正十八）年八月一日に江戸城に初めて入城したとして、大・小名、直参の旗本などが白帷子で登城し、将軍に祝辞を述べた。季語 秋 発展「朔」は、ついたちの意味。❶の風習が、中世に武家にも取り入れられ、主従や知人の間で進物の贈答が行われた。現在の「中元」のもと。

はつ-しぐれ【初時雨】 名詞 その冬、初めて降る時雨。季語 冬

はつしぐれ… 句
初しぐれ猿も小蓑をほしげなり〈猿蓑・松尾芭蕉〉訳 初時雨の降る山道を歩いていくと、（道端に）サルがいる。小さな蓑を着て、その初時雨のなかを歩きたそうなしぐさをしている。○季語 初しぐれ―冬
発展 俳諧七部集の一つ『猿蓑』は、この句によって名付けられることとなる。

はつ-しも【初霜】 名詞 その年、初めて降りた霜。季語 冬

はっ-しゃう【八姓】 名詞 六八四（天武十三）年に定められた八種の★姓。真人・朝臣・宿禰・忌寸・道師・臣・連・稲置の八つの総称。発展「八色の姓」とも。

はっ-しゃう【八省】 名詞 ★太政官の中に置かれた八つの行政官庁。中務・式部・治部・民部・兵部・刑部・大蔵・宮内の各省の総称。

はっ-しゅう【八宗】 名詞 日本の仏教の八つの宗派。南都六宗の倶舎・成実・律・法相・三論・華厳と平安二宗の天台・真言の総称。

はづ-す【外す】 ■動詞 他 サ四段〈さ・し・す・せ・せ〉❶取り外す。取り去る。
錠を外し門を細めに開け、いたいけしたる小女房、顔ばかり差し出だいて…。〈平家・6・小督〉訳 掛け金を**取り外し**門を細めに開け、あどけなくかわいらしいようすをしている若い侍女が、顔だけ差し出して…。
❷取り逃がす。捕まえそこなう。
さて外してむは、いと口惜しかべければ…。〈源氏・若紫〉訳 そうしたことで（紫の上を迎え入れる機会を）**取り逃がし**てしまったりするのは、ひどく残念に違いないので…。
❸そらす。ねらいをはずす。
季武は第一の手利きにて、下げ針をも外さず射ける者なりけり。〈古今著聞集〉訳 季武は一番の（弓の）達人であって、（糸で）つり下げた針も**そらさず**（弓で）射た者であった。
■補助動詞 サ四段〈さ・し・す・せ・せ〉…そこなう。…そこねる。
「**先つころ、渡し守が孫の童、棹差しはづして落ち入りはべりにける。**」〈源氏・浮舟〉訳「先日、渡し守の孫である子供が、棹をさし**そこなって**（川へ）落ちてはまってしまったのでした。」

初瀬 歌枕 奈良県桜井市初瀬。「泊瀬」とも書き、「長

谷」また「小初瀬」ともいう。初瀬山・巻向山・三輪山など三方を山に囲まれた峡谷で、初瀬川が流れる。伊勢に向かう交通の要所であるとともに、*長谷寺の観音信仰により平安文学に多く扱われた。初瀬山は「桜」「紅葉」「いりあひの鐘」などとともに詠まれた。

はった-と 副詞 ❶(物を打ったり、蹴ったりするときの音を表し)ばんと。ばしっと。「教への槌を、**はったと**打てば、ちゃうど打つ。」〈謡曲・小鍛冶〉訳 相槌を導く刀匠の槌を、**ばしっと**打つと、(鉄を)ばちんと打つ。
❷(にらみつけるようすを表し)きっと。ぐっと。「**はったと**にらむ顔つきは…。」〈近松・曾根崎心中〉訳 **きっと**にらむ顔つきは…。
❸(物事が急にうまくいかなくなるようすを表し)すっかり。まったく。とんと。「長々の在京なれば、**はったと**忘れた。」〈狂言・入間川〉訳「長らく京都にいたので、(この川の名前を)**すっかり**忘れた。」
❹(下に打消の表現を伴って)決して。絶対。「**はったと**信濃へ帰るまじと泣きければ…。」〈御伽草子・唐糸草紙〉訳 **決して**信濃(=今の長野県)の国には帰らないつもりだと泣いたので…。
❺しっかりと。確かに。「気を**はったと**持たせられい。」〈狂言・蚊相撲〉訳「気を**しっかりと**お持ちなさい。」
発展「はたと」とも。

はっ-と【法度】 名詞 ❶掟。定め。法律。❷禁制。刑。
「父の王義、不慮の事によりて、帝王より**法度**に行はれ、死にけるを恨みて…。」〈御伽草子・二十四孝〉訳 父の王義が、思いがけない事件によって、帝王のために**刑**に処せられ、死んだのを恨んで…。

服部土芳 人名 江戸時代前期の俳人。伊賀国上野藩士を三十歳で辞職し、俳諧を芭蕉に学ぶ。俳論書に『*三冊子』がある。*1657―1730*

はつ-ね【初子】 名詞 正月最初の子の日。類 子の日
発展 年の初めと十二支の初めが重なることから、この日、朝廷では宴や行幸が行われ、民間では小松を引いたり若葉を摘んだりした。

はつ-ね【初音】 名詞 ウグイス・ホトトギスなどの、その年初めて鳴く声。

はっ-ぱう【八方】― 名詞 東西南北と、北東・北西・南東・南西を合わせた八つの方角。すべての方角。周囲全体。四方八方。

はつはつ-に 副詞 わずかに。かすかに。いささか。「この山の黄葉の下の花を我**はつはつに**見てなほ恋ひにけり」歌〈万葉集・7・1306〉訳 この山の紅葉の陰の花を私は**かすかに**見て、かえって恋しくなってしまった。
発展「はつはつ」の形でも用いることもある。

はつ-はな【初花】 名詞 ❶その年やその季節、特に、春に初めて咲いた花。また、その木や草に初めて咲いた花。❷(❶にたとえて初々しいことを表し)若い女性。

はつはな-ぞめ【初花染め】 名詞 その年に初めて咲いたベニバナなどの花で染めること。また、それで染めたもの。

はつ-はる【初春】 名詞 暦の上での春の初め。新春。新年。季語 春

はっぴゃくや-ちゃう【八百八町】― 名詞 江戸市中の数多くある町々。発展「八百八」は、数が多いという意味。

はつ-ほ【初穂】 名詞 ❶その年の初めに実ったイネの穂。また、穀物・野菜・果物などの初物。❷❶を神や朝廷などにささげること。また、その初物。❸神仏にささげる金銭や米など。賽銭。❹その年に初めて食べるもの。初物。発展 中世以降、「はつを」と発音されるようになったため、「初尾」と表記されたこともあった。

はづ-む【弾む】 一 動詞 自〔マ四段〕〈ま・み・む・む・め・め〉跳ね上がる。勢いづく。「**弾まば**かいくって泳がせよ。」〈平家・4・橋合戦〉訳「(ウマが)**跳ね上がる**ならば(手綱を)手もとにたぐり寄せて(川を)泳がせろ。」
二 動詞 他〔マ四段〕〈ま・み・む・む・め・め〉気前よくおごる。「江戸にない珍しい物ぢや。」と、亭主に一包み**はづむ**。〈西鶴・好色一代男〉訳「江戸にはない珍しい物だ。」と言って、亭主に一包み**気前よくおごる**。

はつ-めい【発明】 名詞 動詞 他〔サ変〕〈せ・し・す・する・すれ・せよ〉❶道理や意味を明らかにすること。「ほしいままにして、学問に従ふといへども、**発明する**所あるべからず。」〈都鄙問答〉訳(仁義や礼に従わず)勝手気ままに、学問をしたとしても、**道理や意味を明らかにする**ことはできないに違いない。
❷工夫。創案。知恵。

はつめい-な【発明な】 形容動詞〔口語化〕知恵が優れている。賢い。「日頃から**発明な**そなた、無法なけんくわはせまい。」〈助六所縁江戸桜〉訳「日ごろから**賢い**あなた(のことだから)、むちゃなけんかはしないだろう。」

はつ-もとゆひ【初元結ひ】― 名詞 公卿が元服のときに、初めて髪を結ぶ紫色の組みひも。転じて、元服すること。

はつ・る 動詞 自〔ラ下二段〕〈れ・れ・る・るる・るれ・れよ〉(織った物・編んだ物などが)端からほつれる。ほどける。「**薄物は上下はつれ**…。」〈徒然草・82・薄物の表紙は〉訳「薄い織物(の表紙)は上下の部分が**端からほつれ**…。」

はづ・る【外る】 動詞 自〔ラ下二段〕〈れ・れ・る・るる・るれ・れよ〉❶外へ抜け出る。はみ出る。「御衣の、わざとならず**はつかに外れて出でたる**ほどのにほひ、ありさまども…。」〈栄花〉訳 お召し物の、意識してではなくわずかに**はみ出て**いるようすの美しさや、姿などが…。
❷離れる。「急ぎてとらへて折らむとするほどに、ふと過ぎて**外れたる**こそ、いと口惜しけれ。」〈枕草子・223・五月ばかりなどに〉訳(牛車で進む道の木の枝を)急いでつかんで折ろうとするうちに、ひょいと(牛車が)行き過ぎて(手から)**離れた**のは、とても残念だ。
❸(ある範囲に)及ばない。達しない。「髪の、まだ丈には**外れたる**末の、引き広げたるやうにて…。」〈源氏・野分〉訳 髪の、まだ身長には**及ばない**でいるその末端が、(扇を)広げたようであって…。
❹除外される。選に漏れる。「元輔が後といはるる君しもや今宵の歌に**外れて**はをる」歌〈枕草子・99・五月の御精進のほど〉訳 元輔の子といわれるあなたほどの人が、(どうして)今夜の歌会に**除外されて**いるのか、いや、そんなことはあってはならない。

はづれ【外れ】 名詞 ❶端。果て。

「たとへ化け物にてもあれ、手足の外れの美しさよ。」〈御伽草子・鉢かづき〉訳「たとえ化け物であるにしても、手足の端(=指)の美しいことよ。」
❷(「褄外」の略で)ようす。態度。振る舞い。

はつれ-はつれ 副詞 はしばしに。ところどころ。
けはひなど、はつれはつれ聞こえたるもゆかし。〈徒然草・105・北の家陰に〉訳(男女が話している声の)ようすなどが、ところどころ聞こえてくるのも心が引かれる。
発展「はづれはづれ」とも。

はて【果て】 名詞 ❶(物事の)最後。終わり。結末。結果。❷(空間的な)末端。(山野や道の)果てる所。ひどく遠い所。❸(人の死後、四十九日間の)喪の終わり。また、一周忌。❹人の落ちぶれ変わりきった姿。なれの果て。

はて-の-つき【果ての月】 ❶十二月。❷四十九日、また一周忌の法要がある月。

はて-の-とし【果ての年】 忌み・喪の明けた年。

はて-は【果ては】 副詞 しまいには。ついには。
酒飲み連歌して、はては大きなる枝、心なく折り取りぬ。〈徒然草・137・花は盛りに〉訳(サクラの花の下で)酒を飲み連歌をして、しまいには大きな枝を、分別もなく折り取ってしまう。

はて-はて【果て果て】 名詞 いちばん終わり。最後の最後。あげくの果て。発展「果て」を重ねて意味を強めたことば。

❶**はてる** (現)→(古)**はつ【果つ】** 最重要語(1008ページ)

ばとう【抜頭・撥頭】 名詞 雅楽のひとつ。歯をむき出した恐ろしい形相の面を着け、髪を振り乱して一人で舞う、急調子の舞。また、それに使う面。

[ばとう]

はな【花・華・英】 名詞 ❶草や木の花。上代には特に、ウメの花。中古以降は特に、サクラの花。季語 春
❷ツユクサの花びらから搾り取った薄い藍色の絵の具。また、その色。縹色。
❸栄えること。名誉。名声。
時の花をかざす心ばへにや…。〈栄花〉訳 時勢による名声をかざす(=得ようという)趣意なのだろうか…。
❹見栄えのすること。はで。
今の世の中、色につき、人の心、花になりにけるより、あだなる歌、はかなき言のみ出で来れば…。〈古今集・仮名序〉訳 現在の世の中が、(表面的な)華美に流れ、人の心が、はでになってしまった(時)から、(内容に)実のない歌や、取るに足りない歌ばかりが出てくるので…。
❺(実に対して、花の移ろいやすさから)うわべだけで、中身の誠実さがないこと。(人の心や風俗の)変わりやすさ。
色見えで移ろふものは世の中の人の心の花にぞありける 歌〈古今集・恋5・797〉訳→いろみえで…
❻歌論などで、意味・内容を実にたとえるのに対し、詞をたとえていうことば。
古の歌は、みな実を存して花を忘れ、近代の歌は、花をのみ心にかけて、実には目もかけぬから…。〈毎月抄〉訳 昔の歌は、みな内容はあっても詞を忘れ、近代の歌は、詞ばかりを気にして、内容には注意もしないことによって…。
❼《能楽用語》世阿弥の能楽論における美的理念のひとつ。観客を引き付ける芸の美しさやおもしろさ。また、華やかさ。芸術美。
❽芸人などに与える金品。祝儀の金や品物。また、遊女などの揚げ代。

はな【鼻】 名詞 ❶人間や動物などの器官としての鼻。❷鼻水。❸鼻歌。❹《近世語》(「この鼻」の形で、男性が自分自身を指して)おれ。私。自分。

はな-あはせ【花合はせ】 名詞 物合わせのひとつ。左右に分かれ、花(主にサクラ)を出し合い、その優劣を競ったり、その花を詠んだ和歌を比べたりする遊び。季語 春

はな-いろ【花色】 名詞 ❶花の色。❷薄い藍色。青色。縹色。古くはツユクサの花を用いて染めた。

はないろ-ごろも【花色衣】 名詞 花を衣に見立てていうことば。また、*花色に染めた衣。

はな-がさ【花笠】 名詞 花飾りを付けた笠。また、花で作った笠。

はな-がたみ【花筐】 ㊀名詞 花や若菜などを摘んで入れるかご。花かご。
㊁枕詞(かごなどの編み目が細かく並ぶことから)「目並ぶ」に係る。

はな-かつみ【花かつみ】 名詞 水辺に生える草花のひとつ。野生のハナショウブ、また、マコモの古い呼び名を指すなどの諸説がある。発展「はながつみ」とも。和歌では、多く「かつ」「かつて」を導く序詞として用いられる。

はな-ぐはし【花細し】 枕詞 (花が美しいという意味から)「桜」「葦」などに係る。

はな-ごころ【花心】 名詞 (人の心の移ろいやすさを、散りやすい花にたとえていうことばで)変わりやすい心。浮気心。

はな-ごろも【花衣】 名詞 ❶*桜襲の衣。表は白、裏は葡萄染めで、春に着た。❷華やかな着物。また、花見の衣装。季語 春

はな-ざくら【花桜】 名詞 ❶サクラの花。季語 春 ❷*襲の色目のひとつ。表は白、裏は青または紅。

❖はなさそふ… 百人一首
花誘ふあらしの庭の雪ならでふりゆくものはわが身なりけり〈新勅撰集・1052・藤原公経〉訳 (サクラの)花を誘う(=散らす)嵐の(吹く)庭の雪(=花びら)ではなくて、降っているのは(=古くなっていくのは)私の身であったのだなあ。○「ふりゆく」は「降りゆく」と「旧りゆく」の掛詞。
発展 嵐を擬人化し、花びらに埋まった庭の情景のあと、一転して老いた自分に目を移している。

品詞分解・修辞

花誘ふ	あらし	の	庭	の	雪	なら	で
ハ四・体		格助		格助		断定・未	接助

ふりゆく	もの	は	わ	が	身	なり	けり
カ四・体（降りゆく／旧りゆく〈掛詞〉）		係助	代	格助		断定・用	詠嘆・終

❖はなさそふ… 歌
花さそふ比良の山風吹きにけり漕ぎゆく舟の跡見ゆるまで〈新古今集・春下・128・宮内卿〉訳 (サクラの)花を誘う(=散らす)比良の山風が吹いたのだなあ。(湖を)漕いでゆく舟の(通った)跡が(はっきり)見えるほどに(散った花びらが湖面に浮かんでいる)。○「比良の山」は、琵琶湖西岸の連山。「山風」を擬人化している。
発展「世の中を何にたとへむ朝ぼらけ漕ぎ行く舟の跡の白波」〈拾遺集・1327〉を本歌とする。

はなしづめ-の-まつり【花鎮めの祭り】 名詞 陰暦三月のサクラの花の散るころ、*神祇官で疫病を払うために行った祭り。鎮花祭。季語 春

はな-じろ・む【鼻白む】動詞 自〔マ四段〕〈ま・み・む・む・め・め〉気後れした顔つきをする。気後れする。
さての人々は、みな臆しがちに**鼻白める多かり**。〈源氏・花宴〉訳その他の人々は、皆おどおどした感じで**気後れした顔つきをし**ている者が多い。

はな-すすき【花薄】一 名詞 ❶穂の出ているススキ。季語 秋 ❷*襲の色目のひとつ。表は白、裏は薄縹色。
二 枕詞（ススキの穂から）「ほ」に係る。

はな-ぞめ【花染め】名詞 ツユクサの花で染めること。また、染めたもの。（色があせやすいことから）移ろいやすいもののたとえ。

はなだ【縹】名詞 ❶薄い藍色。青色。類 花色 ❷*襲の色目のひとつ。表・裏とも薄い藍色。

はな-たちばな【花橘】名詞 ❶花の咲いているタチバナ。五月待つ花橘の香をかげば昔の人の袖の香ぞする
歌〈古今集・夏・139〉訳→さつきまつ…
❷*襲の色目のひとつ。表は朽ち葉色、裏は青。

はなち-いで【放ち出で】名詞 寝殿や母屋に続けて、外に張り出した形で建てられた建物。一説に、来客のために廂の間にしつらえた応接用の場所とも。

はなち-がき【放ち書き】名詞 文字を一字一字離して書くこと。稚拙な字の書き方。

はなちらす…歌
花散らす風のやどりは誰か知る我に教へよ行きて恨みむ〈古今集・春下・76・素性〉訳（美しく咲いたサクラの）花を（吹き）散らす風の宿（がどこにあるか）はだれか知っているだろうか。私に教えてくれ。（そこへ）行って恨み言を言ってやろう。

花散里 発展 風を旅人にたとえ、花の散るのを惜しんで詠んだ歌。
登場人物『源氏物語』中の人物。麗景殿の女御の妹。家庭的で温順な性格を源氏から好まれる。*夕霧や*玉鬘の世話をする。

はな・つ【放つ】動詞 他〔タ四段〕〈た・ち・つ・つ・て・て〉❶手放す。
御衣はまことに身を放たず、傍らに置きたまへり。〈源氏・須磨〉訳（恩賜の）お召し物はまったく体から**手放さないで**、（源氏は）そばにお置きになっている。
❷解き放す。逃がす。
この野に虫ども放たせたまひて…。〈源氏・鈴虫〉訳（源氏は）この野原に虫たちを（自由に）**解き放し**なさって…。
❸外す。はがす。
ほどど継ぎ目も放ちつべし。〈枕草子・23・清涼殿の丑寅の〉訳（緊張して）ほとんど（墨を挟む道具の）継ぎ目も**外し**てしまいそうだ。
❹戸や格子などを開け放す。取り払う。
皆人も起きて、格子放ちなどすれば…。〈蜻蛉日記〉訳すべての人（＝女房たち）も起きて、格子を**開け放し**たりすると…。
❺（音や光などを）発する。出す。
弥陀如来、雲に乗りて光を放ちて…。〈栄花〉訳阿弥陀如来は、雲に乗って光を**発して**…。
❻（矢を）射る。
よっぴいてひゃうど放つ。〈平家・11・那須与一〉訳（弓を）十分に引きしぼって（鏑矢を）ひゅっと**射る**。
❼追放する。流罪にする。
「遠く放ち遣はすべき定めなどもはべるなるは…。」〈源氏・須磨〉訳「遠方へ**流罪にして**行くように命じるという決定などもあるように聞いていますのは…。」
❽解任する。免職する。
北面を放たれにけり。〈徒然草・94・常盤井相国〉訳（太政大臣は）*北面の武士を**解任**なさった。

はな-つき・なり【鼻突きなり】形容動詞〔ナリ〕〈なら・なり（に）・なり・なる・なれ・なれ〉❶突然だ。
潮の満ちければ、舟は浮きたりけるを、鼻突きに少し吹き出だされたりけるほどに…。〈宇治拾遺〉訳潮が満ちたので、船は浮かび上がったが、**突然に**少し風に流されたので…。
❷（「はなつきに」の形で）出会いがしらに。
資盛朝臣、大炊御門猪熊にて、殿下の御出に鼻突きに参りあふ。〈平家・1・殿下乗合〉訳資盛朝臣は、大炊御門大路と猪熊大路（の交差する所）で、殿下（＝藤原基房）のお出まし（の行列）と**出会いがしらに**行き合わせ申し上げた。
発展 鼻と鼻とを突き合わせる意味から。

はな-づくえ【花机】名詞 仏前に据え、花や経典、仏具などを載せる机。脚に花形の彫刻がある。

はな-どり【花鳥】名詞 花と鳥。

はなのいろは…百人一首
花の色は移りにけりないたづらにわが身世にふるながめせしまに〈古今集・春下・113・小野小町〉訳（サクラの）花の色はあせてしまったことだなあ、長雨が降り続いた間に。むなしく私もこの世で月日を過ごしてしまった、物思いにふけっていた間に。

発展 花の色があせてゆくことに、自分の容色が衰えてゆくことを重ねて、嘆き悲しむ気持ちを詠む。

品詞分解・修辞

花	の	色	は	移り	に	けり	な。	〈二句切れ〉	
	格助		係助	ラ四・用	完了・用	過去・終	終助		
いたづらに	わ	が	身	世	に	ふる			
形動・用	代	格助			格助	経る／降る（掛詞）八下二／ラ四・体			
ながめ	せ	し	ま	に					
長雨／眺め（掛詞）	サ変・未	過去・体		格助					

はな-の-えん【花の宴】季節の花を観賞しながら催す酒宴。特に、サクラの花を見ながらの酒宴。花見の宴。

はな-の-が【花の賀】花の咲くころ行われる、長寿の祝い。季語 春 発展「はなのかんばせ」とも。

はな-の-かほ【花の顔】― 花のように美しい顔。

はな-の-ころも【花の衣】❶美しく華やかな衣服。また、花染めの衣服。
みな人は花の衣になりぬなり苔の袂よ乾きだにせよ
歌〈古今集・哀傷・847〉訳→みなひとは…
❷（花を美しい衣服に見立てて）咲いている花。多く、ウメ・サクラをいう。
春風の今朝早ければ鶯の花の衣もほころびにけり 歌〈拾遺集・414〉訳春風が今朝早くから吹いたのでウグイスの（着る）**ウメの花**もほころんだことだよ。

はな-の-みやこ【花の都】都を褒めたたえた言い方。華やかな美しい都。また、サクラの花が美しく咲いている都。

はなはだ【甚だ】副詞 非常に。とても。たいへん。
「風、雲の気色はなはだ悪し。」〈土佐日記・二月四日〉訳「風や、雲のようすが**たいへん**悪い。」
発展 中古においては、多く「いと」「いたく」が用いられ、和文では「いと」「いたく」が用いられ、「はなはだ」は漢文訓読文に用いられた。

はなはだ・し【甚し】形容詞〔シク〕〈しく・しく・し・しき・しけれ・○／

〈しから・しかり・○・しかる・○・しかれ〉程度が普通以上である。度を越している。**人の奴たるものは、賞罰はなはだしく恩顧あつきを先とす。**〈方丈記・閑居の気味〉訳 人の召し使いである者は、恩賞（の程度）が普通以上で引き立てが強い方（＝主人）を重んじる（ものだ）。
発展 副詞「はなはだ」が形容詞になったもの。

はなばな-と【花花と・華華と】副詞 はなやかに。はでやかに。きらびやかに。**朝日のはなばなとさしあがるほどに…。**〈枕草子・278・関白殿、二月二十一日に〉訳 朝日が**はなやかに**差して上がるころに…。

はな-ひる【嚔ひる】動詞 自〔ハ上一段〕〈ひ・ひ・ひる・ひる・ひれ・ひよ〉くしゃみをする。**はなひて誦文する。**〈枕草子・28・憎きもの〉訳 **くしゃみをして**まじないの文句を唱えるのは（しゃくに障る）。

はな-まじろき【鼻瞬き】名詞（うわべとは反対に内心で逆らったり、冷笑したりするようすを表し）鼻をぴくつかせること。鼻をふふんと動かすこと。
発展 上代では「はなふ」で、上二段活用であった。

はな-むけ【餞】名詞（「餞（うまのはなむけ）」の略で）旅立つ人の前途を祝って、酒食をもてなしたり、金品を贈ったりすること。餞別。

はな-め・く【花めく・華めく】動詞 自〔カ四段〕〈か・き・く・く・け・け〉華やかに見える。にぎやかになる。**悪きことは隠れ、よきことは、いよいよ花めけり。**〈風姿花伝〉訳 よくない点は隠れ、よい点は、いっそう**華やかに見え**ている。
発展「めく」は接尾語。

はな-もみぢ【花紅葉】名詞 花と紅葉。特に、春のサクラと秋の紅葉。
発展 自然の美しさを象徴的にいうことば。また、華やかなものや美しく愛らしいものをたとえていう。

はなもりや… 句
花守や白き頭を突き合はせ〈鷹獅子集・向井去来〉訳 花の番人の老人がふたり、満開のサクラの花の下で白髪の頭を突き合わせて何か話をしているよ。○
季語 花守―春
発展 サクラの花の華麗さと白髪の老人の寂しさが、対照と調和をもって描かれた句。『去来抄』、『炭俵』にも引かれる。

はなやか-なり【花やかなり・華やかなり】形容動詞〔ナリ〕〈なら・なり（に）・なり・なる・なれ・なれ〉❶明るく美しい。**月のいと花やかにさし出でたるに、「今宵は十五夜なりけり。」と思し出でて…。**〈源氏・須磨〉訳 月がとても**明るく美しく**出てきたので、「今夜は十五夜であったのだった。」と（源氏は）お思い出しになって…。
❷華麗だ。きらびやかだ。派手だ。**夜は、きららかに、華やかなる装束、いとよし。**〈徒然草・191・夜に入りて〉訳 夜は、きらびやかで、**華麗な**衣装が、たいへんよい。
❸栄えている。時めいている。**親うち具し、さしあたりて世のおぼえ花やかなる御方々にもいたう劣らず…。**〈源氏・桐壺〉訳 両親がそろっていて、今のところ世間の評判が**時めいている**お方々（＝他の女御や更衣）にも（娘が）ひどく引けをとることなく…。
❹陽気だ。快活だ。**「さるべきこともなきを、ほとほり出でたまふ、やうこそはあらめ。」とて、花やかに笑ふに…。**〈枕草子・162・弘徽殿とは〉訳「そんなはずのこともないのに、怒り出しなさるのは、（何か）わけがあるのだろう。」と言って、**陽気に**笑うので…。
❺にぎやかだ。**松立てわたして、花やかにうれしげなるこそ、またあはれなれ。**〈徒然草・19・折節の〉訳（正月に）門松を立て並べて、**にぎやかで**喜ばしい感じであるのは、また趣深いものである。
❻（声・香などが）際立っている。**「げに、そのにほひさへ花やかに立ち添へるも、すべなくて…。」**〈源氏・帚木〉訳「なるほど、（口がニンニクで臭いばかりでなく、薬草の）そのにおいまでが**際立っていて**（女の周囲に漂っているのも、（私は）どうしようもなくて…。」

はな-や・ぐ【花やぐ・華やぐ】動詞 自〔ガ四段〕〈が・ぎ・ぐ・ぐ・げ・げ〉❶華やかになる。陽気になる。**はなやぎ、みやびやかなり。**〈枕草子・87・職の御曹司におはしますころ、西の廂にて〉訳 **華やかになり、**優雅である。
❷時めく。時流に乗って栄える。**この前の帥殿は、時の一の人の御孫にて、えも言はずはなやぎたまひしに…。**〈大鏡・頼忠〉訳 この前の帥殿（＝藤原隆家）は、当時の摂政（＝兼家）のお孫であって、言いようもなく**時流に乗って栄え**ていらっしゃったことに加えて…。
発展「やぐ」は接尾語。

はなよりも… 句
花よりも団子やありて帰る雁〈犬子集・松永貞徳〉訳 暖かな春となり美しい花の季節となったというのに、ガンは北をさして帰ってゆく。ガンはおいしい団子があるから、美しい花を見捨てて帰ってゆくのであろうか。○
季語 帰る雁―春
発展「花より団子」ということわざを使い、古歌「春がすみ立つを見すててゆく雁は花なき里に住みやならへる」〈古今集・春上・31〉をもじったもの。

はな・る【離る・放る】一 動詞 自〔ラ四段〕〈ら・り・る・る・れ・れ〉離れる。遠ざかる。遠く隔たる。
二 動詞 自〔ラ下二段〕〈れ・れ・る・るる・るれ・れよ〉❶ 一 の意味に同じ。**殿も、こなたかなたにかかる物どもの散りつつ、御目に離れねば…。**〈源氏・蛍〉訳 殿（＝源氏）も、あちこちにこのような物（＝絵や物語）などが散乱していて、お目から**離れ**ないので…。
❷縁が切れる。（男女が）離別する。離縁する。**これを聞きて、離れたまひしもとの上は、腹を切りて笑ひたまふ。**〈竹取・竜の頸の玉〉訳 これ（＝大納言の不手際）を聞いて、（大納言が）**離縁**なさった前の奥方は、腹をかかえてお笑いになる。
❸（つないでおいた動物などが）逃げる。**官人章兼が牛離れて、庁の内へ入りて…。**〈徒然草・206・徳大寺右大臣殿〉訳 役人の章兼のウシが**逃げ**て、役所の中へ入って…。
❹（官位が）解ける。（官職を）辞任する。**兵衛の尉離れてのち、臨時の祭の舞人にさされて行きけり。**〈大和・113〉訳（庶正は）兵衛の尉を**辞任し**たのち、（賀茂の）臨時の祭りの舞人に指名されて行ったのだった。
❺開く。**格子を探りたまへば、離れたる所もありけり。**〈狭衣

訳格子をお探りになると、開いている所もあった。

発展 一 は、上代に限られる。

はなれる(現)↓(古)**はなる【離る・放る】・かる【離る】**

塙保己一 〔ハナハ〕人名 江戸時代中期の国学者。五歳で失明。江戸に出て★賀茂真淵らに国学を学ぶ。幕府の保護を受けて和学講談所を開き、膨大な量の叢書『群書類従』を編纂するなど、古典文献学を樹立した。*1746—1821*

はな-を-なら-ぶ【鼻を並ぶ】(ウマなどの)鼻先を並べる。一線に並ぶ。隣接する。

「一所でこそ討ち死にをもせめ」とて、馬の**鼻を並べ**てかけんとしたまへば…。〈平家・9・木曾最期〉訳「同じ場所で討ち死にしよう。」と言って、ウマの**鼻先を並べ**て駆けようとなさると…。

はな-を-を-る【花を折る】 華やかな姿にする。華やかに振る舞う。

前少将挙賢、後少将義孝とて、**花を折りたまひし**君達の…。〈大鏡・伊尹〉訳前少将の挙賢、後少将の義孝といって、**華やかに振る舞って**いらっしゃった(伊尹の)ご子息方でありながら…。

はに【埴】名詞 赤黄色の粘土。衣類の染料や、焼き物の器の原料にした。

はに-ふ【埴生】名詞 ❶★埴のある土地。また、赤土。❷「★埴生の小屋」の略。

はにふ-の-をや【埴生の小屋】 みすぼらしい小屋。また、★埴を塗り込めた小屋という説もある。

はにゅう(現)↓(歴)**はにふ【埴生】**

はに-わ【埴輪】名詞 古墳時代の遺物のひとつ。★埴で作った素焼きの土器。人やウマ、鳥獣などをかたどり、身分の高い人の墓の周囲に立てた。

[はにわ]

は・ぬ【跳ぬ・撥ぬ・刎ぬ】 一 動詞 自〔ナ下二段〕〈ね・ね・ぬ・ぬる・ぬれ・ねよ〉飛び上がる。躍り上がる。

辺りを払ひて**跳ねまはりけり**。〈古今著聞集〉訳(ウマは)人を寄せ付けずに**躍り上がりまわった**。

二 動詞 他〔ナ下二段〕〈ね・ね・ぬ・ぬる・ぬれ・ねよ〉(首を)切る。

同じく首を**はねられけり**。〈平家・2・西光被斬〉訳同じように首を**切られた**。

は-ね【羽・羽根】名詞 (鳥や虫などの)羽。翼。羽毛。

はねうま-の-しゃうじ【跳ね馬の障子】名詞 ウマが飛び跳ねている絵を描いたつい立て障子。清涼殿の西の★渡殿に立ててあった。

は-ね-がき【羽掻き】名詞 鳥がくちばしで羽をしごくこと。

発展「はがき」とも。

はねる(現)↓(古)**はぬ【跳ぬ・撥ぬ・刎ぬ】**

はね-を-かは-す【羽を交はす・羽根を交はす】 (男女の愛情が深いことを、鳥が羽を互いに重ねて離れずにいることにたとえて)親しい男女が寄り添う。

長生殿の古き例はゆゆしくて、「**羽を交はさむ**」とは引き替へて、弥勒の世を兼ねたまふ。〈源氏・夕顔〉訳(唐の玄宗皇帝と楊貴妃が「★比翼の鳥」になろうと誓い合ったという)長生殿の古い例は(楊貴妃が死んで)不吉なので、(源氏は)「(比翼の鳥のように)**寄り添おう**。」とは趣向を変えて、弥勒菩薩(が出現する遠い未来まで)の世を(一緒にと夕顔に)約束なさる。

はね-を-なら-ぶ【羽を並ぶ・羽根を並ぶ】 ❶「羽を交はす」の意味に同じ。

朝夕の言ぐさに、「**羽を並べ、枝を交はさむ**」と、契らせたまひしに…。〈源氏・桐壺〉訳(帝は、桐壺の更衣に)朝夕の口ぐせに、「(★比翼の鳥のように)**寄り添い**、(★連理の枝のように)深い契りを交わそう。」と、お約束なさったのに…。

❷臣下が協力して主君や朝廷を補佐する。

「朝廷に仕うまつりし際は、**羽を並べたる**数にも思ひはべらで…。」〈源氏・行幸〉訳「朝廷にお仕え申し上げた場合は、(自分が)**協力して主君を補佐している**人々のうちの一人とも思っておりませんで…。」

はばかり【憚り】名詞 ❶恐れ慎むこと。恐縮。遠慮。

「百敷に行き交ひはべらむことは、ましていと**憚り**多くなむ。」〈源氏・桐壺〉訳「宮中に親しく出入りいたしますようなことは、いっそうひどく**恐れ慎むこと**が多く(ございます)。」

❷差し障り。差し支え。支障。

世を保たせたまはむに**はばかり**あるまじく、かしこく見えさせたまふ。〈源氏・明石〉訳(東宮は)世の中をお治めになるようなことに(なんの)**差し支え**もないに違いなく、立派だとお見えになる。

❸(「憚り様」の略で)(他人の手を煩わしたとき、相手に感謝し)恐縮です。ご迷惑さま。

はばか・る【憚る】

相手に直面して恐れ、距離を置く
- 一 動詞 自 ❶悩む。ためらう。❷いっぱいになる。はびこる。
- 二 動詞 他 恐れ慎む。遠慮する。

未然形	連用形	終止形	連体形	已然形	命令形
はばから	はばかり	はばかる	はばかる	はばかれ	はばかれ

一 動詞 自〔ラ四段〕❶(「行き」「立ち」に付いて)悩む。ためらう。

白雲もい行き**はばかり**時じくそ雪は降りける…。〈万葉集・3・317〉訳(富士山の峰には)白雲も行き**悩み**(=とどまり続け)、時節に関係なく雪は降ったのだった…。歌

❷いっぱいになる。はびこる。つかえる。

入道の伏したまへる所に、一間に**はばかる**ほどの物の面も出で来て、のぞきたてまつる。〈平家・5・物怪之沙汰〉訳入道(=平清盛)が横になっていらっしゃった所に、一間に**いっぱいになる**くらいの(巨大な)物の怪の顔が現れて、(清盛を)のぞき申し上げる。

二 動詞 他〔ラ四段〕恐れ慎む。遠慮する。気兼ねする。

人の誹りをもえ**はばからせたまはず**、世の例にもなりぬべき御もてなしなり。〈源氏・桐壺〉訳(帝は)世間の人の非難をさえも**気兼ねする**ことがおできにならないで、語りぐさにもなってしまいそうな(桐壺の更衣への)ご待遇である。

ははき【帚・箒】名詞 ほうき。

はばき【脛巾・行纏・脛衣】名詞 (「脛巾裳」の略で)旅行のときなどに、すねに巻き付ける布。すねを守り、また歩きやすくする。

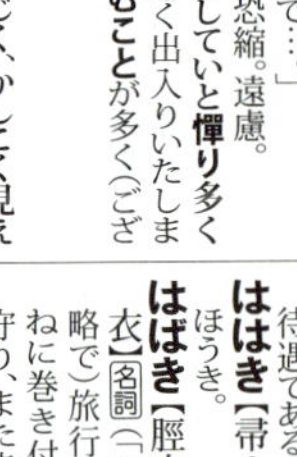
[はばき]

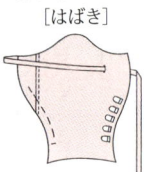

後の、脚絆。

ははきぎ【帚木】名詞 ❶《植物》アカザ、ホウキグサの古い呼び名。葉を落として乾燥させ、草ぼうきを作る。季語夏 ❷信濃(=今の長野県)の園原にあったという伝説上の木。遠くからは見えるが、近付くと見えなくなるという。情があるように見えて実がないこと、また、会えるようで会えないことなどにたとえる。❸「母」に掛けていう語。

ははきさき【母后】名詞 母親である皇后。発展「ははぎさき」「ははきさい」「ぼこう」とも。

ははきたのかた【母北の方】名詞 母親であり、父親の正妻である人。

ははご【母御】名詞（母親を敬った言い方で）母上。

ははそ【柞】名詞《植物》ブナ科の落葉樹の総称。ナラやクヌギなど。季語秋

ははそばの【柞葉の】枕詞（同音の繰り返しから）「母」に係る。

ははとじ【母刀自】名詞（母を敬った言い方で）母上。

ははのみこと【母の命】名詞（母を敬った言い方で）母上。

はひ【灰】名詞 物が燃えた後に残る粉末状のもの。はい。

はひありく【這ひ歩く】動詞 自カ四段〈か・き・く・く・け・け〉はいまわる。**孫などもはひありきぬべき人の親どち昼寝したる。**〈枕草子・25・すさまじきもの〉訳（もしかすると）孫などもはいまわっていそうな（年の）人の親同士が昼寝をしているのは（興ざめだ）。

はひおくる【灰後る】（紫色を十分に染めつけるために加えるツバキの灰の効力がなくなり）紫の色がさめる。**紫の紙の、年経にければ、灰後れ古めいたるに…。**〈源氏・末摘花〉訳 紫色の紙で、年がたったので、**紫の色がさめ**古ぼけた紙に…。

はひかくる【這ひ隠る】動詞 自ラ下二段〈れ・れ・る・るる・れ・れよ〉はうようにして逃げ隠れる。ひそかに隠れる。「**御乳母の住みはべる所になむ、はひ隠れたまへりし。**」〈源氏・夕顔〉訳「（夕顔の）乳母の方が住んでおります所に、**ひそかに隠れ**なさっていたのです。」

はひかへる【灰返る】 ↓はひおくる

はひさす【灰注す】（紫色を十分に染めつけるために、染料のムラサキソウの汁に）ツバキの灰を加える。**紫は灰さすものぞ海石榴市の八十のちまたに逢へる児や誰** 歌〈万葉集・12・3101〉訳 紫染めには**ツバキの灰を加える**ものだ。（その灰にするツバキの名を持った）椿市(=今の奈良県桜井市)の別れ道で（今）逢っているあなたは、だれなのか。

はひたもとほる【這ひた廻る】動詞 自ラ四段〈ら・り・る・る・れ・れ〉はいまわる。**嬰児のはひたもとほり朝夕に音のみそ吾が泣く君なしにして** 歌〈万葉集・3・458〉訳 赤子のように**はいまわり**、朝も晩も声を上げて私は泣く。あなたがいないので。

はひぶし【這ひ伏し・這ひ臥し】名詞 腹ばいになって伏すこと。

はひまぎる【這ひ紛る】動詞 自ラ下二段〈れ・れ・る・るる・れ・れよ〉はいまわるようにして隠れる。こっそり隠れる。「**いづくにはひ紛れて、『かたくなし。』と思ひゐたらむ…。**」〈源氏・空蝉〉訳「どこに**こっそり隠れて**、（私のことを）『しつこい人だ。』と思っているだろう…。」

はひまつはる【這ひ纏はる】動詞 自ラ下二段〈れ・れ・る・るる・れ・れよ〉（つる草などが）はって絡み付く。**むねむねしからぬ軒のつまなどにはひまつはれたるを…。**〈源氏・夕顔〉訳 しっかりしていない軒先などに（ユウガオのつるが）**はって絡み付いている**のを…。

はひもとほる【這ひ廻る】動詞 ↓はひたもとほる

はひもとほろふ【這ひ廻ろふ】動詞 ↓はひたもとほる

はひわたる【這ひ渡る】動詞 自ラ四段〈ら・り・る・る・れ・れ〉❶はうようにそっと歩き回る。こっそり出歩く。「**この主とおぼしきも、はひ渡る時侍べかめる。**」〈源氏・夕顔〉訳「この（夕顔の宿の）主人と思われる女も、**こっそり出歩く**ときもあるはずのようでございます。」❷（近い距離なので）気軽に歩いて行く。**明石の浦は、ただはひ渡るほどなれば…。**〈源氏・須磨〉訳 明石の海岸は、ちょっと**気軽に歩いて行く**程度（の距離）であるので…。❸はい伸びる。**下にのみはひ渡りつる葦の根の…** 歌〈後撰集1234〉訳 地下にばかり**はい伸びた**アシの根のように…。

はふ【法】名詞 法律。決まり。方法。↓法

はふ【這ふ・延ふ】動詞 自ハ四段〈は・ひ・ふ・ふ・へ・へ〉❶（床の上などを）腹ばいになって進む。はうようにして進む。**二つ三つばかりなるちごの、急ぎてはひ来る道に…。**〈枕草子・151・うつくしきもの〉訳 二つか三つぐらいの幼児が、急いで**腹ばいになって進ん**で来る途中に…。❷（つる草などが壁面や地面に）伸び広がる。はびこる。

はふ【延ふ】動詞 他ハ下二段〈へ・へ・ふ・ふる・ふれ・へよ〉❶引き延ばす。張り渡す。**石上布留の早稲田を秀でずとも縄だにはへよ守りつつをらむ** 歌〈万葉集・7・1353〉訳（奈良の）石上の布留(=地名)の早く熟すイネの田に、穂が出ていなくても、せめてしめ縄だけでも**張り渡せ**。（私が）見張りをし続けていようから。❷心を寄せる。思い続ける。**谷狭み峰辺にはへる玉かづらはへてしあらば年に来ずとも** 歌〈万葉集・12・3067〉訳 谷が狭いので山の峰の辺りに伸び広がっているつる草のように（恋人を）**思い続け**ていたならば一年に（一度も）来ないとしても（案じることはない）。○初めの「はへ」は四段動詞「はふ」の已然形。第三句までが、同音の下二段動詞「はふ」を導く序詞である。

ばふ【奪ふ】動詞 他ハ四段〈は・ひ・ふ・ふ・へ・へ〉うばう。取り上げる。「**いと心づきなし。**」**とおぼせど、ありしやうにもばひたまはず。**〈源氏・夕霧〉訳（雲居の雁は）「たいへん気に食わない。」とお思いになるけれど、以前のようにも（夫の夕霧が落葉の宮に書く手紙を）**取り上げ**なさらない。発展「うばふ」の「う」が脱落したもの。

はぶく【羽振く】動詞 自カ四段〈か・き・く・く・け・け〉羽をばたばたさせる。はばたく。**春まけてもの悲しきにさ夜更けてはぶき鳴く鴫誰が田にか住む** 歌〈万葉集・19・4141〉訳 春になってなんとなく悲しいときに、夜が更けて**羽をばたばたさせ**て鳴くシギはだれの田に住むのだろうか。

はぶく【省く】動詞 他カ四段〈か・き・く・く・け・け〉❶排除する。減らす。「**いかで人の誹りも恨みをも省きて…。**」〈源氏・総角

〉訳「なんとかして人の悪口も恨みをも排除して…。」
❷簡略にする。節約する。
「世のそしりもや。」と省きたまへれば…。〈源氏・少女〉訳（源氏は）「世間の非難でもあるのではないか。」と思って（新邸への引っ越しを）簡略になさったので…。
❸分け与える。
かの荘園を没取してみだりがはしく子孫にはぶく。〈平家・7・木曾山門牒状〉訳あの荘園を没収して乱暴にも子孫に分け与える。

はふくず-の【這ふ葛の】|枕詞（クズの蔓が長く這うことから）「遠長し」「行く」「絶えず」「後」「下」「たづぬ」などに係る。

はふつた-の【這ふ蔦の】|枕詞（ツタの蔓が分かれて這い伸びることから）「別る」「おのが向き向き」に係る。

はふ-はふ【這ふ這ふ】副詞 ❶はうようにして。やっとのことで。
希有にして助かりたるさまにて、はふはふ家に入りにけり。〈徒然草・89・奥山に、猫股と〉訳やっとのことで助かったというようすで、はうようにして家の中に入ってしまった。
❷あわてふためいて。ほうほうのていで。
資盛朝臣、はふはふ六波羅へおはして…。〈平家・1・殿下乗合〉訳（恥をかかされた）資盛朝臣は、ほうほうのていで六波羅（の清盛の屋敷）にいらっしゃって…。

はふら-か・す【放らかす】動詞 他〔サ四段〕〈さ・し・す・す・せ・せ〉ほうり出す。打ち捨てる。放浪させる。
野山の末にはふらかさむに、殊なる障りあるまじくなむ思ひなりしを…。〈源氏・幻〉訳野山の果てに（自分の死体を）打ち捨てたりすることに、特別な支障はないはずだと思うようになったが…。

はふら・す【放らす】動詞 ↓はふらかす
発展「かす」は接尾語。

はふり【祝】名詞 神へ奉仕することを職業とする人の総称。神官。神職者。類祝子 発展 多くは、神主や禰宜より下の位の神官をいう。

はぶり【葬り】名詞 死者をほうむること。葬送。弔い。

はふり-こ【祝子】名詞 ↓はふり

は-ふ・る【羽振る】動詞 自〔ラ四段〕〈ら・り・る・る・れ・れ〉（鳥がはばたくように風が吹く。また、（波が）立つ。
朝はふる風こそ寄せめ夕はふる波こそ来寄れ… 歌〈万葉集・2・131〉訳↓いはみのうみ…

はふ・る【放る】一動詞 自〔ラ下二段〕〈れ・れ・る・るる・るれ・れよ〉❶さすらう。さまよう。放浪する。
「いかなるさまにはふれたまはむとすらむ。」〈源氏・玉鬘〉訳「（姫君は私が先に死んで）どのような姿で放浪なさろうとするのだろう。」
❷落ちぶれる。
その子、孫までは、はふれにたれど、なほなまめかし。〈徒然草・1・いでや〉訳その子や、孫までは（まだ）、落ちぶれてしまってはいても、やはり優雅である。
二動詞 他〔ラ四段〕〈ら・り・る・る・れ・れ〉❶散り散りにする。ばらばらにする。❷追放する。ほうり出す。❸打ち捨てる。見捨てる。

はふ・る【溢る】動詞 自〔ラ四段〕〈ら・り・る・る・れ・れ〉あふれる。
射水川雪消はふりて…。歌〈万葉集・18・4116〉訳射水川の雪解け水があふれて…。

はぶ・る【葬る】動詞 他〔ラ四段〕〈ら・り・る・る・れ・れ〉死体をほうむる。埋葬する。火葬する。
薪を積みて、はぶりて、上に石の卒塔婆を立てけり。〈古今著聞集〉訳薪を積んで、火葬して、上に石の卒塔婆を立てた。
発展「はふる」とも。「放る」が変化したことばかといわれる。

はべ-めり【侍めり】一（「はべり」は動詞で）ございますようです。
その削り跡は、いとけざやかにてはべめり。〈大鏡・道長上〉訳（小刀でつけた）その削り跡は、たいそうはっきりとして（今に残って）ございますようです。
二（「はべり」は補助動詞で）…ようでございます。
「かく騒がしげにはべめるを、この朝臣さぶらへば…。」〈源氏・野分〉訳「このように不安なようでございますが、この朝臣（＝夕霧）がお控え申し上げているので…。」
発展「はべるめり」（ラ変動詞またはラ変補助動詞「はべり」の連体形＋推定の助動詞「めり」）の撥音便「はべんめり」の「ん」を表記しない形。「はべんめり」と読む立場もある。

はべら【侍ら】動詞・補助動詞**はべり**の未然形。↓最重要語

重要語（1018ページ） **はべ・り【侍り】**↓基本敬語25（1018ページ）

はべり-たう・ぶ【侍り給ぶ】|とうぶ 一（「はべり」は動詞で）お仕え申し上げなさる。控えておいでになる。
「そこになむ、花見たまへむとて、日頃はべりたうぶなり。」〈宇津保〉訳「そこで、花を見させていただこうと思って、数日来控えておいでになるそうです。」
二（「はべり」は補助動詞で）…なさいます。お…になります。
「みづから会ひはべりたうびて、いみじく泣く泣くよろづのことのたまひて…。」〈源氏・蜻蛉〉訳「（中将の君が）自分から（私に）お会いになりまして、ひどく泣きながらいろいろなことをおっしゃって…。」
発展 ラ変動詞またはラ変補助動詞「はべり」の連用形＋尊敬の補助動詞「たうぶ」。「はべりたまふ」とも。平安時代、男性の会話に用いられる。

はべり-たま・ふ【侍り給ふ】|たま(も)う ↓はべりたうぶ

はべる【侍る】動詞・補助動詞**はべり**の連体形。↓最重要語（1018ページ）

はべれ【侍れ】動詞・補助動詞**はべり**の已然形・命令形。↓最重要語（1018ページ）

はほ【這ほ】《上代東国方言》四段動詞「はふ」の連体形が変化したもの。はう。
我が行きの息づくしかば足柄の峰はほ雲を見とと偲はね 歌〈万葉集・20・4421〉訳私が行ってしまうことがため息が出るほどつらければ、足柄山の峰にはう雲を何度も見ては（私を）懐かしんでほしい。

はま【浜】名詞 ❶海や湖に沿った平らな土地。浜辺。❷《近世語》（上方の方言で、磯に対して）河岸。川端。

はま-ぐり【蛤】名詞 ❶二枚貝のひとつ。ハマグリ。季語 春 ❷ハマグリの貝殻。絵を描いて貝合わせに用いたり、あめや薬などの小物を入れるのに用いた。

はまぐりの…句
蛤のふたみにわかれ行く秋ぞ〈奥の細道・大垣・松尾芭蕉〉訳ハマグリがふたと身に分かれるように、親しい人と別れて伊勢の二見へと行くのだ。秋も終わろうとしているこの時、寂しさが身にしみるよ。○季語「行く秋」—秋。「蛤」は伊勢の二見の名産。「ふたみ」は「ふた（と）身」と地名「二見」を掛け、「行く」は「別れ行く」と「行く秋（＝晩

秋）」を掛けた。発展「行く秋ぞ」は『奥の細道』の旅に出発するときの句（→ゆくはるや…）と呼応している。

はま-ちどり【浜千鳥】 名詞 浜辺に群れているチドリ。季語 冬。発展 和歌では、「跡（あと）」を導く序詞に用いられることが多い。

はま-の-まさご【浜の真砂】 浜辺の砂。数が多いことのたとえ。発展「はまのまなご」とも。浜辺の砂は数え切れないほど多いことから。

はま-ひさぎ【浜楸・浜久木】 名詞 浜辺に生えているヒサギ。発展 和歌では、多く「久し」を導く序詞として用いられる。

はま-びさし【浜びさし】 名詞 浜辺の漁夫の家。また、浜辺にある家の軒。発展 和歌では、多く「久（ひさ）し」を導く序詞として用いられる。『万葉集』にある「浜楸（はまひさぎ）」が『伊勢物語』で誤読されてできたことばといわれる。

はま-まつ【浜松】 名詞 浜辺に生えているマツ。

浜松中納言物語（はままつちゅうなごんものがたり） 作品名 平安時代の物語。作者は★菅原孝標女（すがわらのたかすえのむすめ）説が有力。主人公の中納言と、唐后（とうのきさき）・吉野姫君ら四人の女性とのかなわぬ恋を描く物語。夢のお告げを軸に展開し、舞台を唐にまで広げるなど、浪漫的色彩が濃い。十一世紀後半の成立。

はま-ゆか【浜床】 名詞 ❶★帳台（ちょうだい）の台座として置く方形の黒塗りの台。上に畳を敷いて身分の高い人の御座所として用いた。❷（神社などで）階段の下にある板敷きの部分。❸角の丸い床几（しょうぎ）。

はま-ゆふ【浜木綿】（ゆう） 名詞《植物》浜辺の植物のひとつ。ハマオモトの別の呼び名。関東以西の海岸に生え、夏に白い花を付ける。季語 夏 発展 葉が幾重にも重なることから、和歌では「百重（ももへ）」「幾重（いくへ）」などを導く序詞として用いられる。また、葉が重なり茎を隔てていることから、隔たっていることにたとえる。

はま-ゆみ【破魔弓】 名詞 正月の子供の遊びのひとつ。破魔（＝ワラを編んで作った円形の的）を射る小弓。後にはいろいろに飾り付けて、正月の男の子への贈り物とし、贈られた家では室内に飾った。季語 春

［はまゆみ］

はま・る【塡まる・嵌まる】 動詞 自 ラ四段〈ら・り・る・る・れ・れ〉❶《近世語》計略に引っ掛かる。だまされる。❷落ち込む。陥る。❸ぴったりと入る。条件に合う。

はみ-かへ・る【食み返る】（かえる）― 一 動詞 他 ラ四段〈ら・り・る・る・れ・れ〉飽きるほど食べる。 二 動詞 自 ラ四段〈ら・り・る・る・れ・れ〉❶（魚などが）水面で呼吸して水中へ戻る。「このいるか、**はみ返り**さうらはば、源氏滅びさうらふべし。」〈平家・11・遠矢（とおや）〉訳「このイルカが、**水面で呼吸して水中へ戻り**ましたら、源氏は滅びるでしょう。」❷病気がぶり返す。

は・む【食む】 動詞 他 マ四段〈ま・み・む・む・め・め〉❶食べる。飲む。→古語チャート⑬（453ページ）「瓜（うり）**はめ**ば子ども思ほゆ…」歌〈万葉集・5・802〉訳→うりはめば… ❷損なう。害する。「小さき虫ありて、鼻より入りて脳を**はむ**といへり。」〈徒然草・149・鹿茸（ろくじょう）を鼻に〉訳 小さい虫がいて、鼻から入って脳を**害する**といっている。❸（魚などが）水面に出て呼吸する。❹（俸禄（ほうろく）・知行（ちぎょう）などを）受ける。

は・む【塡む・嵌む】 動詞 他 マ下二段〈め・め・む・むる・むれ・めよ〉❶投げ入れる。（海などに）沈める。「眼（まなこ）もこそ二つあれ、ただ一つある鏡を奉（たいまつ）る。」とて、海にうち**はめ**つれば、口惜し。〈土佐日記・二月五日〉訳「（大切な）眼でさえも二つあるのに、たった一つある（だけの）鏡を（海神に）奉納する。」と言って、海に**投げ入れ**てしまったので、残念だ。❷計略にはめる。だます。

-ば・む 接尾語（名詞、動詞の連用形、形容詞の語幹に付いて）…の状態になる、…のようになる、という意味を表す。語例 気色（けしき）**ばむ**・萎（な）え**ばむ**・黄（き）**ばむ** 発展 動詞（マ四段）化する。

は-むしゃ【葉武者・端武者】 名詞 取るに足りない武者。雑兵（ぞうひょう）。

はめる（現）→（古）**はむ【塡む・嵌む】**

は-も 一 連語（文中に用いて、「は」の上のことばを特に取り出して強調し）…は。…には。「昼**はも**日のことごと夜（よる）**はも**夜（よ）のことごと臥（ふ）しゐ嘆けど飽き足（だ）らぬかも」歌〈万葉集・2・204〉訳 昼**は**一日中、夜**は**夜通し、寝たり起きたりしてため息をつくが、心は満ち足りないことだ。
二 終助詞（強い感動・詠嘆を表し）…よ。…よなあ。「春日野（かすがの）の雪間を分けて生（お）ひ出（い）で来る草のはつかに見えし君**はも**」歌〈古今集・恋1・478〉訳→かすがのの… 発展 一 は、係助詞「は」＋係助詞「も」。二 は、終助詞「は」＋終助詞「も」が一語になったもの。

基本敬語25 はべ・り【侍り】

- 一 動詞 自
  - 一［謙譲語］―（神仏や貴人のそばに）**お控え申し上げる。**［通常語］あり ◉中古では用例が少ない。
  - 二［丁寧語］
    - ❶**おります。**［通常語］あり ◉自分および自分の側の者の存在の丁重な表現。
    - ❷**あります。ございます。**［通常語］あり ◉広く物事の存在の丁寧な表現。
- 二 補助動詞 ―［丁寧語］
  - ❶…**おります。**…**ます。**
  - ❷…（で）**あります。**…（で）**ございます。**
  - ❸…（て）**おります。**…（て）**います。**

接続 二 は活用語の連用形などに付く。→発展③

発展 ①上代は 一 の 一 に限られる。一 の 一 は中古にも残るが、用例は少ない。②「**さぶらふ**」「**さうらふ**」と「**はべり**」 中古の「はべり」は、用例のように、会話文・手紙文や、帝を聞き手とする勅撰集の詞書、また、読み手を意識した地の文に用いられる。しかし中古末期からは「さぶらふ」「さうらふ」がこれに代わり、「はべり」の方は中世には書きことばの用語となって、擬古的な（＝中古の和文体をまねた）表現の中にしか見られなくなる。 ⊕

動詞 自 ラ変 / 補助動詞 ラ変	未然形	連用形	終止形	連体形	已然形	命令形
	はべ・ら	はべ・り	はべ・り	はべ・る	はべ・れ	はべ・れ

㊀動詞 自 ラ変 ❶(「あり」の謙譲語で)(神仏・天皇や貴人のそばに)**お控え申し上げる。**

「たれたれかはべる。」と問ふこそをかしけれ。〈枕草子・56・殿上の名対面こそ〉訳「(宮中の役人が)「(天皇のそばには)だれだれが**お控え申し上げ**ているか。」と尋ねるのも趣深い。

○宮中の役人が、天皇のそばにいるだれかの「控える」動作の及ぶ天皇への敬意を表している。この用例は㊁の用法と見る説もある。

㊁(「あり」の丁寧語で)❶(自分および自分の側の者の存在を丁重に表し)**おります。**

親王…返しえせずなりにければ、供にはべりて詠める。〈古今集・羇旅・419・詞書〉訳親王は…返歌がとてもできないままになってしまったので、お供として(私が)**おりまし**て詠んだ歌。

○作者が、丁寧な言い方をして読者(=天皇)への敬意を表している。勅撰集の詞書では、天皇を読者と想定して丁重なことばづかいが用いられる。

「北山になむ、なにがし寺といふ所に、かしこき行ひ人はべる。」〈源氏・若紫〉訳「北山に、何々寺という所に、尊い修行者が**おります。**」

○話し手(=ある人)が、丁寧な言い方をして聞き手(=源氏)への敬意を表している。*瘧病にかかった源氏に、ある人が、北山にいる修行者に会うことをすすめる場面。

❷(広く物事の存在を丁寧に表し)**あります。ございます。**

「睦月の十余日まではべりなむ。」〈枕草子・87・職の御曹司におはしますころ、西の廂にて〉訳「(この雪は)正月の十日過ぎまでは(解けないで)きっと**ございましょう。**」

○話し手(=清少納言)が、丁寧な言い方をして聞き手(=中宮)への敬意を表している。清少納言が中宮の問いかけに答える場面。

㊁補助動詞 ラ変 ❶…**おります。…ます。** 接続 動詞の連用形に付く。

桜の花の散りはべりけるを見て詠みける。〈古今集・春下・76・詞書〉訳サクラの花が散り**まし**たのを見て詠んだ歌。

○作者が、丁寧な言い方をして読者(=天皇)への敬意を表している。四段動詞「散る」の連用形に付いている例。勅撰集の詞書では、天皇を読者と想定する。

❷…(で)**あります。**…(で)**ございます。** 接続 形容詞・形容動詞・助動詞の連用形に付く。

「仕うまつらまほしうはべれど、世の中のうたて煩はしうはべれば、つつましうてなむ。」〈落窪〉訳「(あなたに)お仕え申し上げとう**ございます**が、世間(のうわさ)が嫌なことにうるそう**ございます**ので、遠慮されて(お仕えしないでいるのです)。」

○話し手(=少納言という女房)が、丁寧な言い方をして聞き手(=姫君)への敬意を表している。縫い物をしながら、姫君と少納言が会話している場面。希望の助動詞「まほし」の連用形(ウ音便)と、形容詞「わづらはし」の連用形(ウ音便)に付いている例。

❸…(て)**おります。**…(て)**います。** 接続 接続助詞「て」に付く。

「忘れやしたまひにけむと、いたく思ひわびてなむはべる。」〈伊勢・46〉訳「(私のことを)お忘れになってしまったのではないだろうかと、ひどく思い悩んで**おります。**」

○手紙の書き手(=男の友人)が、丁寧な言い方をして読み手(=男)への敬意を表している。地方へ行った友人から男への手紙文中のことば。接続助詞「て」に係助詞「なむ」を介して付いている。このように係助詞や副助詞が間に割り込むこともある。「なむ」↓はべる(連体形)で係り結び。

「あなかま。みな聞きてはべり。」〈源氏・行幸〉訳「ああうるさい。(私は)残らず聞いて**おります。**」

○話し手(=近江の君)が、丁寧な言い方をして聞き手(=中将)への敬意を表している。近江の君が中将に言ったことば。

③**補助動詞の** 接続 次の三つの型がある。

a動詞の連用形+「はべり」↓自分および自分の側の者の動作を丁重な表現にし、自分の側以外の者の動作を丁寧な表現にする。

b形容詞・形容動詞・助動詞の連用形+「はべり」↓丁寧な表現にする。

c接続助詞「て」+「はべり」↓その状態を丁重・丁寧な表現にする。

敬語のしくみ

①**「はべり」を用いた丁寧語の表現** 次の三つの型がある。

a交替形式↓動詞「あり」を動詞「はべり」に置き換える。

b添加形式↓動詞の連用形に補助動詞「はべり」を付ける。

c転換形式↓形容詞型の活用をもつ語の*補助活用部分「あり」の位置に、補助動詞「はべり」を置く。

たとえば、㊀㊁はaの例、㊁❶はbの例、㊁❷はcの例である。形容詞「わづらはし」の補助活用の連用形「わづらはしかり」は、もともとは「わづらはしく+あり」で、この補助活用部分「あり」を「はべり」に転換したのが用例に挙げた「煩はしうはべり」である。形容詞型の活用をする助動詞「まほし」に付いた「仕うまつらまほしうはべり」も同様の例。なお、㊁❸の「てはべり」は、完了の助動詞「たり」(もともとは「て+あり」)の丁寧表現である。

②**現代の丁寧語より用法が狭い「はべり」** 丁寧語は、他の敬語よりも遅れて発達してきた。そのため、主に中古に丁寧語として用いられる「はべり」も、まだ現代の丁寧語に比べると用法が狭い。たとえば現代語で「いらっしゃいます」(尊敬語+丁寧語)というが、中古の「はべり」はふつう尊敬語に付かない。また、二人称の動作に用いることもない。

③**丁重な表現「はべり」** 「あり」は基本的に存在を表し、一般の動詞が動作・作用を表すのと異なる。そこで、「あり」の敬語「はべり」も他の敬語と異なる性質を持つのである。もともとは謙譲語であるが、丁寧語として用いられる場合にも、かしこまり、へりくだる気持ちに基づいた表現になっている。丁寧語「はべり」において、このような気持ちを伴うものを、特に「丁重な表現」として受けとめていきたい。

関連語 候ふ・候ふ

↓基本敬語動詞一覧表(26ページ)

はもり-の-かみ【葉守の神】 名詞 樹木を守り、葉を茂らせる神。特に、カシワの木に宿るという。

は-や【甲矢】 名詞 弓術で、二本一組の一手のうち、先に射る矢。対 乙矢。

はや【早】 副詞 ❶早く。急いで。すぐに。「**はや船に乗れ、日も暮れぬ。**」〈伊勢・9〉訳「**早く**船に乗れ、日も暮れてしまう。」
❷早くも。すでに。もう。
秋の夜ははや長月になりにけりことわりなりや寝覚めせらるる 歌〈新古今集・秋下・490〉訳 秋の夜は**早くも**（夜の長い）九月になってしまったことだ。道理であるよ。夜中に自然と寝覚めがされるのは。
❸もともと。実は。
変化のものにてはなかりけり。はや人にてぞありける。〈平家・6・祇園女御〉訳 化け物ではなかった。**もともと**人であったのだ。

は-や 一（詠嘆的な疑問を表し）…かなあ。
後れゐて吾はや恋ひむ春霞たなびく山を君が越え去なば 歌〈万葉集・9・1771〉訳 後に残って、私は恋しく思うことだろう**かなあ**。春霞が立ち込める山をあなたが越えて行ってしまったら。
二 終助詞（深い感動・詠嘆を表し）…よ。…よなあ。
「**いみじく、わが身さへ限りと覚ゆる折々のありしはや。**」〈源氏・若菜下〉訳「ひどいことに、（あなただけではなく）私自身までも（命の）終わりだと思われる時々があった**よ**。」
発展 一は、係助詞「は」＋係助詞「や」。二は、終助詞「は」＋間投助詞「や」が一語になったもの。

ば-や → 基本助詞25（1020ページ）

ば-や ❶（活用語の未然形に付いて、仮定条件についての疑いを表し）…ならば…か。
心あてに折らばや折らむ初霜の置きまどはせる白菊の花 百人一首〈古今集・秋下・277〉訳 →こころあてに…
❷（活用語の已然形に付いて、確定条件についての疑いを表し）…だから…か。
思ひつつ寝ればや人の見えつらむ夢と知りせば覚めざらましを 歌〈古今集・恋2・552〉訳 →おもひつつ…
発展 接続助詞「ば」＋係助詞「や」。

はやう【早う】

ばや 基本助詞25

❶（自分の行為の実現を控えめに希望する意味を表し）…**たいなあ**。
❷（他に対する願望を表し）…**てほしい**。◉「あり」「はべり」などに付いて用いられる。
❸（意志を表し）…（し）**よう**。◉中世以降の用法。
❹（強い打消を表し）…**どころか、まったく…ない**。◉中世以降の用法。多く「あらばや」の形で用いられる。

接続 動詞・動詞型活用の助動詞の未然形に付く。

終助詞 ❶（自分の行為の実現を控えめに希望する意味を表し）…**たいなあ**。…**たいものだ**。…**たい**。
「**かかる所に、思ふやうならむ人を据ゑて住まばや。**」〈源氏・桐壺〉訳「このような（立派な）家に、（たとえば）望んでいるような人をそばに置いて住み**たいものだ**。」
❷（「あり」「はべり」などに付いて、他に対する願望を表し）…**てほしい**。…（であれ）**ばよいなあ**。
蔵人思ひ染めたる人の、ふとしもえならぬが、この日青色着たるこそ、やがて脱がせでもあらばや、と覚ゆれ。〈枕草子・5・四月、祭りのころ〉訳 蔵人（になる願い）を心に深く染み込ませている人で、すぐにはなれそうもない人が、この（祭りの）日に、青色の袍を着ているのは、そのまま脱がせないでおい**てもほしい**、と思われることだ。〇補助動詞「あり」に付いている例。
❸《中世以降》（意志を表し）…（し）**よう**。…**う**。
「**『道すがらの名所をも一見せばや。』と存じさうらふ。**」〈謡曲・高砂〉訳『道中の名所も一通り見**よう**。』と存じます。」〇❶から、実現の困難さがなくなった用法。
❹《中世以降》（多く「あらばや」の形で、強い打消を表し）…**どころか、まったく…ない**。
酒は飲ませたし銭はあらばや〈中華若木詩抄〉訳 酒は飲ませたいが、銭はある**どころか、まったくない**。

発展 ①**語の成り立ち** 接続助詞「ば」に係助詞「や」が付いてできたことばかといわれる。中古に成立した。
②**「なむ」と「ばや」** 自分の行為の実現を希望する❶が、もともとの用法。「なむ」（確述の助動詞「ぬ」の未然形＋推量の助動詞「む」）が実現を強く望むことを表すのに対して、「ばや」は控えめな希望を表す。
③**❷〜❹への派生** 「あり」「はべり」など存在を表す動詞に付く場合は、自分の行為の希望とはなりえないので、❷になる。中世以降に生じた❸❹は特殊な用法で、❸は❶の意味から実現の困難さが薄れて、意志の助動詞「む」と同じ意味で用いられるようになったもの。❹は逆に、実現の困難さが不可能へと強調されてしまったものと考えられる。

識別 **「ばや」の識別**

品詞と用法	見分け方	例文と訳
終助詞「ばや」	上に動詞か動詞型活用の語の未然形がくる。文末に置かれる。	「ほととぎすの声尋ねに行かばや。」〈枕草子・99・五月の御精進のほど〉訳「ホトトギスの声を求めに行きたい。」
接続助詞「ば」（仮定条件）＋係助詞「や」	上に活用語の未然形がくる。「や」は疑問を表し、係り結びにより、文末は連体形。	心あてに折らばや折らむ初霜の置きまどはせる白菊の花 百人一首〈古今集・秋下・277〉訳もし折るとするならば、当て推量で折りもしようか。初霜が降りて（その白さで霜か花か）見分けにくくしている白菊の花よ。
接続助詞「ば」（確定条件）＋係助詞「や」	上に活用語の已然形がくる。「や」は疑問を表し、係り結びにより、文末は連体形。	ひさかたの月の桂も秋はなほもみぢすればや照りまさるらむ 歌〈古今集・秋上・194〉訳 月にあるカツラの木も秋にはやはり色づくので、（秋の月は）いちだんと明るく照り輝いているのであろうか。

今気づくと、すでにその物事が行われていたようす
- ❶以前。昔。
- ❷すでに。もはや。
- ❸なんと。実は。

副詞 ❶(「はやう～過去」の形で)**以前。昔。かつて。** **我が知る人にてある人の、はやう見し女のこと褒め言ひ出でなどするも**…なほ憎し。〈枕草子・28・憎きもの〉訳 自分の交際する人である男が、**以前**関係を持った女のことを褒めて口に出したりするのも…やはり憎らしい。○「はやう」を受ける「し」は、過去の助動詞「き」の連体形。

❷(「はやう～完了＋過去」の形で)**すでに。もはや。** 「**はやう御髪(みぐし)下ろしたまうてき**」。〈大和・103〉訳「(女は)**すでに**お髪を切り落として尼におなりになってしまった。」○「はやう」を受ける「てき」は、完了の助動詞「つ」の連用形＋過去の助動詞「き」。

❸(「はやう～なりけり」の形で)**なんと。実は。驚いたことに。** **はやう、この雲と見つるは、多くの蜂(はち)の群れて来たるが見ゆるなりけり。**〈今昔〉訳 **なんと**、この雲だと見ていたものは、数多くのハチが群れをなして(飛んで)来たのが見えるのであったのだった。○「はやう」を受ける「なりけり」は、断定の助動詞「なり」の連用形＋過去の助動詞「けり」。

発展 同じ意味・用法の副詞「はやく」のウ音便。特に❸は、「はやく」とともに、説話に集中して見られる用法である。

はや-うた【早歌】 名詞 ❶*神楽歌(かぐらうた)のひとつ。「*早歌(さうか)」のこと。❷中世の歌謡のひとつ。歌う調子の早い歌。

はや-うま【早馬】 名詞 急ぎの使者が乗るウマ。また、その使者。発展「はやむま」とも。

はやく【早く】

今気づくと、すでにその物事が行われていたようす
- ❶以前。昔。◉「はやく～過去」の形で用いる。
- ❷すでに。もはや。◉「はやく～完了＋過去」の形で用いる。
- ❸もともと。元来。◉「はやく～断定・推定」の形で用いる。
- ❹なんと。実は。◉「はやく～(なり)けり」の形で用いる。

副詞 ❶(「はやく～過去」の形で)**以前。昔。かつて。** **吉野川よしや人こそつらからめはやく言ひてし言(こと)は忘れじ** 歌〈古今集・恋5・794〉訳 たとえあの人は(自分に)冷淡であろうとも、(私は)**かつて**(自分があの人に)言ったことばを忘れないようにし(て愛し続け)よう。○「吉野川」は「よしや」に係る枕詞。「はやく」は水の流れを連想させる縁語。また、「はやく」を受ける「し」は、過去の助動詞「き」の連体形。

❷(「はやく～完了＋過去」の形で)**すでに。もはや。とっくに。** 「**はやく失(う)せはべりにけり**」と言ふに、いとあさましく…〈枕草子・87・職(しき)の御曹司(みざうし)におはしますころ、西の廂(ひさし)にて〉訳(残った雪を持って来るよう使いの者に頼んだが)「(雪は)**すでに**なくなってしまいました。」と言うので、ひどくあきれて…。○「はやく」を受ける「にけり」は、完了の助動詞「ぬ」の連用形＋過去の助動詞「けり」。

❸(「はやく～断定・推定」の形で)**もともと。元来。** 「**行基菩薩(ぎやうきぼさつ)は、はやく文殊(もんじゅ)の化身なり**」。〈今昔〉訳「行基菩薩(という高僧)は、**もともと**文殊菩薩の化身である。」○断定の助動詞「なり」を伴っている例。**はやく跡なきことにはあらざめりとて**…。〈徒然草・50・応長(おうちょう)のころ〉訳(鬼がいるといううわさは)**もともと**根拠がないことではないようだと思って…。○推定の助動詞「めり」を伴っている例。

❹(「はやく～(なり)けり」の形で)**なんと。実は。はたして。** **とみの物縫ふに、かしこう縫ひつと思ふに、針を引き抜きつれば、はやく尻(しり)を結ばざりけり。**〈枕草子・95・ねたきもの〉訳 急ぎの物を縫うときに、巧みに縫ったと思うのに、針を引き抜いたところ、**なんと**(糸の)端を結ばなかったのだった。○「けり」は気づきを表す。

発展 ①**語の成り立ち** 形容詞「はやし」の連用形が副詞になったもの。もともとの形容詞「はやし」が表す速度の速さや時間の早さの意味からは離れて、完了＋過去だけでなく、断定・推定などの助動詞とも呼応して用いられる。②❷～❹は説話に多く見られる用法であり、「はやく」のウ音便である「はやう」の方が用例の数は多い。

はやし【囃子】 名詞 能・長唄(ながうた)・歌舞伎(かぶき)などの芸能で、拍子をとったり気分を添えたりするために演奏する音楽。また、その楽器。おはやし。能では太鼓・*大鼓(おほつづみ)・*小鼓(こつづみ)・*横笛(よこぶえ)を用い、長唄や歌舞伎では他に三味線なども用いる。

はや・し【早し・速し】 形容詞 〔ク〕〈く・く・し・き・けれ・○/から・かり・○・かる・○・かれ〉 ❶(速度が)**速い。**(動作が)**素早い。** **都の空よりは雲の往来(ゆきき)も速き心地して**…。〈徒然草・44・あやしの竹の編み戸〉訳(山里では)都の空よりは雲の行き来も**速い**感じがして…。

❷(時間・時期が)**早い。**

❸**激しい。急である。** いかがしけむ、**速き風吹きて、世界暗がりて、船を吹きもて歩(あり)く。**〈竹取・竜(たつ)の頸(くび)の玉〉訳 どうしたのだろうか、**激しい**風が起こって、その辺りが暗くなって、船を(あちこちへ)吹き動かして行く。

❹**香りが強い。** **今めかしう、少し早き心しらひを添へて、珍しき薫り加はれり。**〈源氏・梅枝(うめがえ)〉訳(紫の上が出した梅花という薫(た)き物は)現代風で、少し**香りが強い**工夫が加えてあって、すばらしい香りが混ざっている。

はや・す【映やす・栄やす】 動詞 他 (サ四段)〈さ・し・す・す・せ・せ〉 ❶**引き立てる。** **何事も、差し答(いら)へしたまふ御光にはやされて**…。〈源氏・初音(はつね)〉訳 何事につけても、受け答えなさる(源氏の)すばらしさに**引き立て**られて…。

❷(動詞の連用形に付いて)…**たたえる。**…**褒める。** 「**いま一声、聞きはやすべき人のあるとき、手な残いたまひそ。**」〈源氏・帚木(ははきぎ)〉訳「(琴を)もう一曲、聞いて**褒める**に違いない人がいるときに、演奏を惜しみなさるな。」

はや-せ【早瀬】 名詞 流れの速い瀬。川の流れの急な所。

はや-ち【疾風】 名詞 急に強く吹く風。暴風。発展「はやて」とも。

はや-て【疾風】 名詞 ↓はやち

はや-はや【早早】 副詞 (人を促しせき立てて)早く早く。「**はやはや。**」と引き出(い)でて開けて出だすを…。〈枕草子・35・小白河(こしらかは)といふ所は〉訳「**早く早く。**」と(自分の車を)引き出して(場所を)開けて(私の車を)出してくれるのを…。

はや-やま【端山】 名詞 (一続きの山々の)端の山。人里に近い山。類 外山(とやま) 対 奥山(おくやま)・深山(みやま)

はや-み【早み・速み】 はやいので。

瀬を早み岩にせかるる滝川のわれても末にあはむとぞ思ふ〈百人一首〉〈詞花集・229〉訳↓せをはやみ…
発展 形容詞「はやし」の語幹＋接尾語「み」。

はや・む【早む】 動詞 他〔マ下二段〕〈め・め・む・むる・むれ・めよ〉速度を速くする。急がせる。
駒を早めてゆくほどに…。〈平家・6・小督〉訳ウマを**急がせて**行くうちに…。

はやめる（現）↓（古）**はやむ【早む】**

はや-らか・なり【早らかなり・速らかなり】 形容動詞〔ナリ〕〈なら・なり（に）・なり・なる・なれ・なれ〉いかにも早い。
家へ**早らかに**やりて…。〈宇治拾遺〉訳（牛車を）家へ**いかにも早く**帰して…。

はやり-か・なり【逸りかなり】 形容動詞〔ナリ〕〈なら・なり（に）・なり・なる・なれ・なれ〉❶（調子などが）軽快だ。
はやりかに弾きたる、言葉ども、わりなく古めきたり。〈源氏・手習〉訳（老尼が和琴を、調子を）**軽快に**弾いているが、（歌った）歌詞のどれもが、とても古くさい。
❷はしゃいでいる。勢いづいている。
はやりかにうちさざめきたるも、また恥づかしげにのどかなるも…。〈堤中納言・はなだの女御〉訳（女の私邸を覗くと）**はしゃいで**騒がしく話している者も、一方また気恥ずかしそうにおとなしくしている者も…。
❸軽率だ。せっかちだ。
侍従とて、**はやりかなる**若人、「いと心もとなう、かたはらいたし。」と思ひて、さし寄りて聞こゆ。〈源氏・末摘花〉訳（その名を）侍従といって、**せっかちな**若い女房が、（源氏に返歌をしない姫君を）「ひどくじれったく、いたたまれない。」と思って、（姫君のそばに）近寄って行って（代わりに返事を）申し上げる。
❹勇ましいようす。勇敢だ。
弓ひく道にもたけく、おほかた御本性**はやりかに**おはして…。〈増鏡〉訳弓の道にも優れていて、だいたいご気性が**勇敢で**いらっしゃって…。

はやり-を【逸り雄・逸り男】 名詞 血気盛んな若者。

はや・る【流行る】 動詞 自〔ラ四段〕〈ら・り・る・る・れ・れ〉❶時流に乗って栄える。時めく。
堀河の摂政の**はやり**たまひし時に…。〈大鏡・兼家〉訳堀河の摂政（＝藤原兼通）が**時流に乗って栄え**なさっていたときに…。
❷世間でもてはやされる。流行する。
❸商売などが繁盛する。

はや・る【逸る・早る】 動詞 自〔ラ四段〕〈ら・り・る・る・れ・れ〉
❶しきりに心が向かう。夢中になる。
「化粧**ばやり**たりとは見ゆや。」〈落窪〉訳「化粧に**夢中になって**いると見えるよ。」〇「化粧」と複合して、「ば」と濁音になる。
❷勇み立つ。
いみじう**はやる**馬にて…。〈大鏡・頼忠〉訳ひどく**勇み立つ**ウマで…。
❸焦る。
「足柄をうち越えて、坂東にていくさをせん。」と**はやられける**を…。〈平家・5・富士川〉訳「足柄山を越えて、関東で合戦をしよう。」と（維盛は）**焦り**なさったが…。

は・ゆ【映ゆ・栄ゆ】 動詞 自〔ヤ下二段〕〈え・え・ゆ・ゆる・ゆれ・えよ〉
❶いっそう鮮やかに見える。引き立つ。
涙のこぼるるをかき払ひたまへる御手つき、黒き御数珠**に映えたまへる**…。〈源氏・須磨〉訳涙のこぼれるのを払いのけていらっしゃる（源氏の）お手つきが、黒い数珠に**いっそう鮮やかに見えて**いらっしゃるようすに…。
❷いっそう盛んになる。興に乗る。
いよいよ**映えて**、ものを繰り出だすやうに言ひ続くる程ぞ、まことに希有なるや。〈大鏡・時平〉訳（世継が）ますます**興に乗って**、（次々と）糸を繰り出すように話し続けるようすは、本当に（世の中に）めったにないことであるよ。

は・ゆ・し【映ゆし】 形容詞〔ク〕〈く・く・し・き・けれ・〇／から・かり・〇・かる・〇・かれ〉まばゆい。転じて、きまりが悪い。
むげに知らせたまはざらむ御中よりも、**はゆく恥づかし**うおぼしめさるべし。〈栄花〉訳まったくご存じのないようなご関係に比べて、**きまり悪く**恥ずかしく自然とお思いになるに違いない。

はゆま【駅・駅馬】 名詞《上代語》諸街道の宿駅ごとに置かれた公用のウマ。類 伝馬・駅馬 発展「早馬」が変化したことば。「はいま」とも。

はゆま-づかひ【駅使ひ】 名詞 ★駅を使う、急ぎの公用の使者。急使。

はら【腹】 名詞 ❶人間や動物などの腹。腹部。
❷（その女性の）腹から生まれた子。また、その子。
一の皇子は、右大臣の女御の**御腹**にて…。〈源氏・桐壺〉訳第一の皇子は、右大臣の（娘である）女御の**お子様**で…。
❸心。考え。度量。心の底。内心。
この歌は、あるが中におもしろければ、心とどめて詠まず、**腹に味はひて**。〈伊勢・44〉訳この歌は、多く詠まれた中で特に趣があるので、念入りに吟じたりしないで、**心の底で味わって**（詠むのがよい）。
❹物の中央部。また、膨らんだ部分。

-ばら 接尾語（人を表すことばに付いて）複数を表す。語例 殿ばら・女ばら・法師ばら 発展 古くは、身分の高い人にも付いて広く用いられたが、しだいにやや卑しめていう場合に限られるようになった。「たち」と同じく、人を表すときにのみ用いるが、意味としては「ども」に近い働きを持つ。

はら-あ・し【腹悪し】 形容詞〔シク〕〈しく・しく・し・しき・しけれ・〇／しから・しかり・〇・しかる・〇・しかれ〉❶根性が悪い。腹黒い。
「幼少の時よりして、**腹あしく**、えせ者の名を得て…。」〈義経記〉訳「（私は）幼少の時から、**根性が悪く**、したたか者という評判をとって…。」
❷怒りっぽい。
良覚僧正と聞こえしは、極めて**腹あしき**人なりけり。〈徒然草・45・公世の二位の〉訳良覚僧正と申し上げた方は、非常に**怒りっぽい**人であったということだ。

はら-いた・し【腹痛し】 形容詞〔ク〕〈く・く・し・き・けれ・〇／から・かり・〇・かる・〇・かれ〉おかしくてたまらない。笑止千万だ。
「このこと、他門の人聞きはべらば、**腹いたく**、いくつも冠置かるべし。」〈去来抄・先師評〉訳「このこと（＝芭蕉の評）を、他門の人が聞きましたなら、私どもには**笑止千万**（でも）、（他門の人は）いくつも（この句の）上の五文字を置くことができるにちがいない。」

はらう（現）↓（歴）**はらふ【払ふ・掃ふ】【祓ふ】**

はら-から【同胞】 名詞 ↓最重要語（1023ページ）

はら-が-ゐる【腹が居る】— 怒りがおさまる。気が晴れる。
梶原この言葉に**腹がゐて**…。〈平家・9・生ずきの沙汰〉訳梶原はこの言葉に**怒りがおさまって**…。
発展「腹が立つ」に対して言うことば。

はら-ぎたな・し【腹汚し・腹穢し】 形容詞〔ク〕〈く・く・し・き・

けれ・○／から・かり・○・かる・○・かれ〉意地が悪い。
「参らで、今朝参らむ、げにまろが知りたることとこそ思はさめ。**腹汚く人にうとませたてまつること。**」〈落窪〉訳「(昨夜は)参上しないで、今朝参上したら、本当に私が(少将が姫君の所へ忍んで通っていることを)知っていたことと(姫君はきっと)お思いになるだろう。(あなたは)**意地が悪く**(わざと)人(=姫君)に(私を)お嫌わせ申し上げることよ。」

はら-ぐろ・し【腹黒し】 形容詞〔ク〕〈く・く・し・き・けれ・○／から・かり・○・かる・○・かれ〉意地が悪い。心が汚い。
「**腹黒う**、消えぬとものたまはせで。」〈蜻蛉日記〉訳「**意地悪く**、(明かりが)消えたともおっしゃらないで。」○「腹黒う」は連用形「腹黒く」のウ音便。

はら-だた・し【腹立たし】 形容詞〔シク〕〈しく・しく・し・しき・しけれ・○／しから・しかり・○・しかる・○・しかれ〉しゃくにさわる。気がむしゃくしゃする。
この子を見れば、苦しきこともやみぬ。腹立たしきことも慰みけり。〈竹取・かぐや姫の出生〉訳(竹取の翁は)この子(=かぐや姫)を見ると、つらいこともなくなってしまう。**気がむしゃくしゃする**ことも紛れたのだった。
発展 四段動詞「腹立つ」が形容詞になったもの。

はら-だ・つ【腹立つ】 一 動詞 自〔タ四段〕〈た・ち・つ・つ・て・て〉❶怒る。
いよいよ**腹立ちて**、**切りくひを掘り捨てたりければ**…。〈徒然草・45・公世の二位の〉訳ますます**怒って**、切り株を掘って捨ててしまったので…。
❷けんかする。
「何事ぞや。童部と**腹立ちたまへるか**。」〈源氏・若紫〉訳「いったい何事か。子供たちと**けんか**なさったのか。」
二 動詞 他〔タ下二段〕〈て・て・つ・つる・つれ・てよ〉腹を立てさせる。怒らせる。
言ひ**腹立てける折は**、腹立ちてかくしつれど…。〈大和・156〉訳(妻が伯母の悪口を)言って**腹を立てさせた**ときには、(夫の自分も)腹を立ててこのようにしたが…。○後の「腹立ち」は一の四段動詞。

はら-つづみ【腹鼓】 名詞 満腹になって、腹を鼓のように打ち鳴らすこと。また、その腹。

はら-はら 副詞 ❶(葉・雨・涙などが落ちるようすを表し)ぱらぱら。はらはら。
突き落とせばはらはらと落つ。〈堤中納言・虫めづる姫君〉訳(男の子が枝から)突き落とすと(毛虫は)**ぱらぱらと**落ちる。
❷(髪の垂れ下がっているようすを表し)はらはら。
御髪のかかり、はらはらと清らにて…。〈源氏・若菜下〉訳髪のかかりぐあいが、**はらはらと**気品高い美しさで…。
❸(物が軽く触れ合う音を表し)さらさら。
衣の音なひはらはらとして…。〈源氏・帚木〉訳衣擦れの音が**さらさらと**して…。
❹(物が激しくぶつかったり壊れたりする音を表し)どんどん。がたがた。がらがら。
あなひを一度にはらはらとこぼたしめつ。〈今昔〉訳足場のやぐらを一度に**がらがらと**壊させた。
❺(物の焼けてはじける音を表し)ぱちぱち。
焚かるる豆殻のはらはらと鳴る音は…。〈徒然草・69・書写の上人は〉訳焼かれるダイズの殻が**ぱちぱち**と鳴る音は…。
発展 多く「と」を伴って用いる。近世以降、成り行きを心配して気をもむようすを表すようにもなった。

はら-ばら【腹腹】 名詞 (一夫多妻のもとで、父を同じくする子供の)それぞれの母親たち。

はらひ【祓ひ】 名詞 ↓はらへ

はら・ふ【払ふ・掃ふ】 動詞 他〔ハ四段〕〈は・ひ・ふ・ふ・へ・へ〉❶取り除く。取り去る。
夜を寒み置く初霜を払ひつつ草の枕にあまたたび寝ぬ 歌〈古今集・羇旅・416〉訳夜が寒いので、降りる初霜を繰り返し**取り除いて**は、道端の草を枕にして何度も(つらい気持ちで)寝たことだ。
❷(ちりやごみを)掃き清める。払いのける。
去年の秋、江上の破屋に蜘蛛の古巣を払ひて…。〈奥の細道・発端〉訳去年の秋、(旅先からもどって)川(=隅田川)のほとりのあばら家でクモの古巣を**払いのけて**(再びここに住み)…。
❸追いのける。追い払う。
とりばみといふ者を払ひて入れずして…。〈宇治拾遺〉訳とりばみ(=残飯をあさる者)という者を**追い払って**中に入れないで…。

はら・ふ【祓ふ】 一 動詞 他〔ハ四段〕〈は・ひ・ふ・ふ・へ・へ〉神に祈って、災難やけがれなどを除き清める。おはらいをする。
二 動詞 他〔ハ下二段〕〈へ・へ・ふ・ふる・ふれ・へよ〉一の意味に同じ。
はらへけるままに、いとど悲しきこと数まさりて…。〈伊勢・65〉訳(恋はするまいと)**おはらいをした**のにつれて、ますます恋しさが募ってきて…。
発展「払ふ」と同じ語源。

はら-ふく・る【腹膨る】 ❶(言いたいことを言わずにいて)気持ちがすっきりしない。不満がたまる。不愉快だ。
「おぼしきこと言はぬは、げにぞ**腹膨るる心地しける**。」〈大鏡・序〉訳「心に思っていることを言わないのは、本当に**不愉快な**気持ちがしたのだった。」
❷腹が膨らむ。太る。
腹膨れて、脛は細くありけるが…。〈宇治拾遺〉訳**腹が膨らんでいて**、すねは細い姿であったもの(=鬼)が…。

はら-から【同胞】

同じ腹(=母親)から生まれた者たち ―(母親が同じ)兄弟姉妹。また、(一般に)兄弟姉妹。

名詞 (母親が同じ)兄弟姉妹。また、(一般に)兄弟姉妹。
守の**同胞**、また、異人これかれ、酒なにと持て追ひ来て…。〈土佐日記・十二月二十七日〉訳(新任の)国司の**兄弟**や、また、他人であるこの人あの人が、酒などを持って追ってきて…。
その里に、いとなまめいたる女同胞住みけり。〈伊勢・1〉訳その里に、とても若々しくて美しい**姉妹**が住んでいた。
発展「はら(腹)」に、血のつながりの意味を表す「から」が付いたことば。上代には「はらがら」とも。

はらへ【祓へ】 名詞 ❶神に祈って罪やけがれを清め、災いを除くこと。おはらい。❷（罪のある者に）刑を科したり物を出させたりして、その罪を清めること。また、罪を清めさせるために出させる物。発展「はらひ」とも。

はら-まき【腹巻】 名詞 鎧のひとつ。歩兵用の略式の鎧。腹に巻いて背中で合わせて締める。

［はらまき］

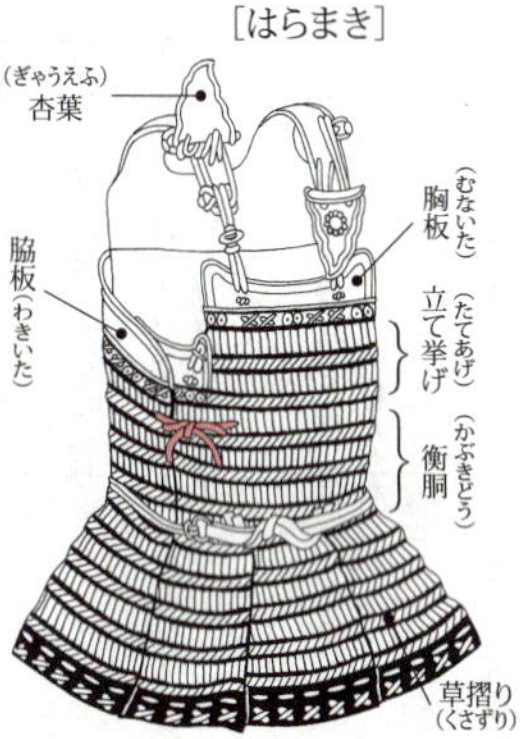

はらみつ【波羅蜜】 名詞《仏教語》仏になるために、菩薩が実践すべき徳目。また、この徳目の実践によって、彼岸（＝生死を超越した悟りの境地）に達すること。「波羅蜜多」とも。発展 ★梵語に漢字の音を当てはめたことば。

はら・む【孕む】 一 動詞 自 ［マ四段］〈ま・み・む・む・め・め〉❶身ごもる。妊娠する。かかるほどにはらみにけり。〈大和・155〉訳こうしているうちに（女は）妊娠してしまった。❷穂が出ようとして膨らむ。あまた若苗の生ひたりしを取り集めさせて、屋の軒に当てて植ゑさせしが、いとをかしうはらみて…。〈蜻蛉日記〉訳たくさん若い苗が生えたのを取り集めさせて、家の軒にあてがって植えさせた苗が、とても趣深く穂が出ようとして膨らんで…。

二 動詞 他 ［マ四段］〈ま・み・む・む・め・め〉胎内に宿す。「わが君はらまれおはしましたりし時より…。」〈源氏・薄雲〉訳「今の帝が（藤壺の女御の）胎内に宿されなさったときから…。」

はら-め・く 動詞 自 ［カ四段］〈か・き・く・く・け・け〉ばらばらと音を立てる。音を立てて乱れ飛ぶ。雨の脚、当たる所通りぬべく、はらめき落つ。〈源氏・須磨〉訳雨足が、当たる所を突き通してしまいそうに、ばらばらと音を立てて落ちる。

ばらもん【婆羅門・波羅門】 名詞 古代インド社会の四階級の最高位。僧の階級。発展「めく」は接尾語。

はら-わた【腸】 名詞 大腸。また、大腸と小腸の総称。内臓。発展 特に大腸を指す場合には、「大腸」とも。

はらわた-を-き・る【腸を切る】（あまりのおかしさに）大笑いする。類 腸を断つ・腹を切る 満座興に入りて腸を切りけるとぞ。〈古今著聞集〉訳その場にいる人々はみなおもしろがって大笑いしたということだ。

はらわた-を-た・つ【腸を断つ】 ❶（悲しさで）胸が詰まる。断腸の思いに迫られる。「懐旧にはらわたを断ちて、はかばかしう思ひめぐらさず。」〈奥の細道・須賀川〉訳「昔のこと（＝故事）を思い出すことに断腸の思いに迫られて、思うように十分に（句を）考えられない。」❷（あまりのおかしさに）大笑いする。類 腸を切る 発展「断腸」を訓読したことば。

はら-を-き・る【腹を切る】 ❶切腹する。自害する。物の具脱ぎ捨て、腹を切らんとしたまふところに…。〈平家・9・重衡生捕〉訳鎧を脱ぎ捨て、切腹しようとなさるところへ…。❷腹をかかえて大笑いする。類 腸を切る これを聞きて、離れたまひしもとの上は、腹を切りて笑ひたまふ。〈竹取・竜の頸の玉〉訳これ（＝大納言の不手際）を聞いて、（大納言が）離縁なさった前の奥方は、腹をかかえてお笑いになる。

はら-を-す・う【腹を据う】 ❶我慢する。怒りを静める。入道なほ腹を据ゑかねて、「経遠、兼康。」と召せば…。〈平家・2・小教訓〉訳入道（＝平清盛）はなお怒りを静めることができなくて、「経遠、兼康。」とお呼びになると…。❷決意を固める。覚悟を決める。『炭俵』は、門しめての一句に腹を据ゑたり。〈三冊子〉訳『炭俵』（の風調）は、（この）門しめての一句によって（今後の作風に対する）決意を固めた。」

はり【針・鍼】 名詞 ❶縫い針。また、釣り針。❷鍼術（＝はり治療）に用いる医療器具。また、鍼術。❸人の心を傷つける陰険な考え。悪意。

はり【梁】 名詞（「うつはり」の略で）屋根を支えるため、柱の上に横に渡した材木。また、柱を連結するために、柱の上に渡す横木。桁。

はり-い・づ【張り出づ】 一 動詞 他 ［ダ下二段］〈で・で・づ・づる・づれ・でよ〉押し出す。引き出す。各の肝もつぶるるやうに争ひ走りのぼりて、落ちぬべきまで簾張り出でて…。〈徒然草・137・花は盛りに〉訳（葵祭を見ようと）それぞれ肝がつぶれるかのように争って（桟敷に）走りのぼって、（今にも）落ちてしまいそうなほどに簾を押し出して…。

はり-はら【榛原】 名詞 ハンノキの生えている野原。

播磨 旧国名 播州。★山陽道八か国の一つ。今の兵庫県西南部。↓ビジュアルチェック ❼（450ページ）

はり-みち【墾り道】 名詞 新たに切り開いて作った道。新道。信濃道は今の墾り道刈りばねに足踏ましむな沓はけわが背 歌〈万葉集・14・3399〉訳↓しなぬぢは…

はり-むしろ【張り筵】 名詞 雨を防ぐために牛車を覆い包んだむしろ。

はり-や・る【張り破る】 動詞 他 ［ラ四段］〈ら・り・る・る・れ・れ〉（布を）張り板に強く張り過ぎて破る。上の衣の肩を張りやりてけり。〈伊勢・41〉訳上着の肩を張り板に強く張り過ぎて破ってしまった。

はり-ゆみ【張り弓】 名詞 ❶弦をかけて張った弓。また、その形をしたもの。❷弓の形に竹を張ったわな。「天に張り弓。」と言ひたり。〈枕草子・143・殿などの〉訳（なぞなぞ遊びで）「天に張り弓。」と言った。

はる【春】 名詞 ❶四季の一つ。陰暦で立春から立夏の前日まで。正月から三月のころの季節。❷新年。目出度さも中位なりおらが春 句〈おらが春・一茶〉訳↓めでたさも…

↓古語チャート ⑳（767ページ）

は・る【張る】 一 動詞 自 〔ラ四段〕〈ら・り・る・る・れ・れ〉❶一面に広がる。膨らむ。**薄氷は張ったりけり。**〈平家・9・木曾最期〉訳薄氷は**一面に広がって**いた。○「張っ」は連用形「張り」の促音便。❷芽ぐむ。草木が芽を出す。**山背の久世の鷺坂神代より春は張りつつ秋は散りけり** 歌〈万葉集・9・1707〉訳山城(＝今の京都府南部)の久世の鷺坂では、神々の時代から春には**草木が芽を出し**ては、また秋には散ってきたことだ。❸強く盛んになる。二 動詞 他 〔ラ四段〕〈ら・り・る・る・れ・れ〉❶延べ広げる。❷(紙や布などに)のりを付けて広げ延ばす。張る。❸見張る。**いとさがなげに睨みて張りゐたれば**…。〈源氏・真木柱〉訳(近江の君が女房たちを)たいへん意地悪そうににらんで**見張って**いるので…。❹平手で殴る。「**仲綱め乗れ。仲綱め打て。張れ。**」〈平家・4・競〉訳「仲綱めに乗りかぶされ。仲綱めを打て。**平手で殴れ。**」❺勝負事をする。賭けをする。

は・る【晴る】 動詞 自 〔ラ下二段〕〈れ・れ・る・るる・るれ・れよ〉❶(雲や霧が)消える。(雨が)上がる。(空が)晴れる。❷(心が)晴れ晴れとする。**思ひむせべる心の闇も晴るるやうなり。**〈源氏・松風〉訳ふさぎ込んでいた憂鬱な心も**晴れ晴れとする**ようである。❸見晴らしがよく開けている。**谷しげけれど、西晴れたり。**〈方丈記・境涯〉訳谷は多いが、西の方は**見晴らしがよく開け**ている。↓古語チャート㉓(835ページ)

は・る【墾る】 動詞 他 〔ラ四段〕〈ら・り・る・る・れ・れ〉開墾する。新しく土地を開く。**住吉の岸を田にはり蒔きし稲かくて刈るまで逢はぬ君かも** 歌〈万葉集・10・2244〉訳住吉の岸辺を田として**開墾して**蒔いた稲を、こうして刈り取るまでも逢わないあなたよ。

はる【遥】 形容動詞 〔二〕(多く「目もはるに」の形で)はるかである。和歌では、多く「芽も張る」を掛ける。**むらさきの色こき時はめもはるに野なる草木ぞわかれざりける** 歌〈伊勢・41〉訳↓むらさきの…

はる-あき【春秋】 名詞 ❶春と秋。**夏の蟬の春秋を知らぬもあるぞかし。**〈徒然草・7〉訳夏のセミが**春と秋**を経験しない(で死ぬ)というものもあるのだよ。❷年月。歳月。**四十あまりの春秋を送れる間に**…。〈方丈記・安元の大火〉訳四十年以上の**歳月**を過ごしてきた間に…。

はるか・す【晴るかす】 動詞 他 〔サ四段〕〈さ・し・す・す・せ・せ〉思いを晴らす。「**おぼつかなく思ひ詰めたること、少し晴るかさむ。**」〈伊勢・95〉訳「心配だと深く思い込んでいることを、少し**思いを晴らそう。**」

はる-がすみ【春霞】 一 名詞 春に立つ霞。季語 春 二 枕詞 (春霞のようすから)「立つ」「井」「よそに」地名「竜田」に、また(同音の繰り返しから)地名「春日」などに係る。

（和歌）**はるがすみ…** 歌 **春霞かすみていにしかりがねは今ぞ鳴くなる秋霧のうへに**〈古今集・秋上・210〉訳春の霞にかすんで(消え)去っていった(あの)ガンが、今(再び)鳴く声がする、秋霧の中で。○「ぞ」は強調を表す係助詞。「なる」は聴覚推定の助動詞「なり」の連体形で、声などが聞こえてくるという意。発展 秋になりガンが戻ってきたことを喜んで詠んだ、作者未詳の歌。

春がすみ立つを見すててゆく雁は花なき里に住みやならへる〈古今集・春上・31・伊勢〉訳春霞が立つのを見捨てて(北へ去って)行くガンは、花のない里に住み慣れているのか。○「や」は疑問の係助詞で、存続の助動詞「り」の連体形「る」が結びとなっている。発展 ガンを擬人化し、去るのを惜しむ気持ちと、春を迎える心の弾みを詠んだ歌。『古今著聞集』にも見える。

はる-かたま・く【春片設く】 春を待ち受ける。春になる。**梅の花散り紛ひたる岡辺にはうぐひす鳴くも春かたまけて** 歌〈万葉集・5・838〉訳ウメの花の散り乱れている丘の辺りには、ウグイスが鳴いているなあ。**春になって。**

はる-か・なり【遥かなり】 形容動詞 〔ナリ〕〈なら・なり(に)・なり・なる・なれ・なれ〉❶(距離が)遠く離れている。**人々の語りきこえし海山のありさまを、はるかに思しやりしを**…。〈源氏・須磨〉訳人々がお話し申し上げた海や山のようすを、(源氏が都にいたころは)**遠く離れて**想像していらっしゃ(るだけだ)ったが…。❷(時間が)ずいぶんたっている。**はるかにあって、老い衰へたる尼一人参りたり。**〈平家・灌頂・大原御幸〉訳**ずいぶん**たってから、老い衰えた尼が一人参上した。❸(心理的に)遠く隔たっている。気が進まない。いやだ。**大床子の御膳などは、いとはるかにおぼしめしたれば**…。〈源氏・桐壺〉訳(帝は)大床子のお膳などは、まったく(召し上がる)**気が進まない**と思っていらっしゃるので…。❹程度がひどい。非常に。**浅くてながれたる、はるかにすずし。**〈徒然草・55・家居の作りやうは〉訳浅くて流れている水は、**非常に**涼しい(感じがする)。

↓古語チャート⑰(605ページ)

はる・く【晴るく】 動詞 他 〔カ下二段〕〈け・け・く・くる・くれ・けよ〉❶晴らす。晴れ晴れとさせる。「**くれ惑ふ心の闇も耐へがたき片端をだに、晴るくばかりに聞こえまほしうはべるを**…。」〈源氏・桐壺〉訳「(娘を亡くした悲しみで)途方に暮れる親心の分別を失った悩みも耐え難い(その)一端だけでも、**晴れ晴れとさせる**ほどに申し上げとうございますので…。」❷払い除く。掃除する。**岩隠れに積もれる紅葉の朽ち葉、少し晴るけ**…。〈源氏・総角〉訳岩陰に積もっている紅葉の朽ちた葉を、少し**払い除き**…。

はる-け・し【遥けし】 形容詞 〔ク〕〈(く)・く・し・き・けれ・○／から・かり・○・かる・○・かれ〉❶(距離的に)遠く離れている。**少弐、任果てて上りなむとするに、はるけきほどに**…。〈源氏・玉鬘〉訳少弐は、任期が終わって上京しようとするときに、**遠く離れている**のに加えて…。❷(時間的に)遠く離れている。久しい。**人目ゆゑのちに逢ふ日のはるけくはわがつらきにや思ひなされむ** 歌〈古今集・物名・434〉訳人目をはばかるために、(また)会う日が**久しく**なったら、(それは)私の薄情のためだと思いこまれるのであろうか。○「逢ふ日」に「葵」、「わがつらきに」に「かつら」が隠されている。「はるけくは」の「は」は接続助詞で、未然形に付き順接の仮定条件を表す。近世になると濁音化する。

❸(心理的に)遠く離れている。**唐土も夢に見しかば近かりき思はぬなかぞはるけかりける** 歌〈古今集・恋5・768〉訳 中国だって、夢に見たので近かった。(それに比べて)愛し合わない男女の仲は**遠く離れている**ものであることよ。○冷えた男女の仲を中国よりも遠いものとして、それゆえ、夢にも見ないと詠んだ。

はるけ-どころ【晴るけ所】 名詞 気の晴れる所。気晴らしができる所。はけ口。

少し物思ひの晴るけ所ある心地したまふ。〈源氏・賢木〉訳(源氏は紫の上に会うと)少し(藤壺の中宮を恋しく)思い悩む心の**気の晴れる所**がある気持ちがなさる。

↓古語チャート⑰(605ページ)

春雨物語 作品名 江戸時代後期の読本。★上田秋成作。薬子の変を題材とした「血かたびら」など歴史的なもの、実話によった「死首の咲顔」など十編を収める。秋成最晩年の個性的な文学精神を示す異色作。一八〇八(文化五)年ごろ成立。

はるさめや…句

はるさめや暮れなんとしてけふも有り〈蕪村句集・与謝蕪村〉訳 降り続く春の雨よ。そのひっそりとした中で暮れようとしている今日という一日だ。○季語 はるさめ―春。「けふも暮れなんとして有り」を倒置して「けふも有り」を強調した表現。

発展 春の日の暮れの感傷を詠んだ句。

春雨や小磯の小貝ぬるるほど〈蕪村句集・与謝蕪村〉訳 絹糸のような春雨が降ることだ。人気のない小さな磯辺に散らばる小貝がしっとりと濡れるほどに。○季語 春雨―春

発展 雨に濡れる小貝のつつましくもつややかなさまを表す。

はる-さ・る【春さる】 春になる。春が来る。

君がため手力疲れ織りたる衣ぞ春さらばいかなる色に摺りてば良けむ 歌〈万葉集・7・1281〉訳 あなたのために手が疲れるばかりに織った着物だよ。**春になっ**たらどんな色に摺ったらよいだろう。

はるすぎて…百人一首

春過ぎて夏来にけらし白妙の衣干すてふ天の香具山〈新古今集・夏・175・持統天皇〉訳 春が過ぎて夏がやって来たらしい。(夏には)真っ白な衣を干すという天の香具山に(衣が干されていることだ)。○「けらし」は、過去の事実を根拠をもって推定する助動詞。「てふ」は「といふ」が変化したことばで、主に和歌に用いられる。

発展 原歌は次項の『万葉集』の歌で、『新古今集』では「来にけらし」「ほすてふ」という柔らかい表現になっている。

品詞分解・修辞

春	過ぎ	て	夏	来	に	けらし。
	ガ上二・用	接助		カ変・用	完了・用	過去推定・終

〈二句切れ〉

白妙	の	衣	干す	てふ	天の香具山
〈枕詞〉→衣	格助		サ四・終	連語	

はるすぎて…歌

春過ぎて夏来るらし白たへの衣干したり天の香具山〈万葉集・1・28・持統天皇〉訳 春が過ぎて夏がやって来るらしい。白い布の衣が干してある。天の香具山に。○「らし」は推量(推定)の助動詞で、白い布の衣が干してあるという事実に基づいて推定している。

発展 新緑と白い衣の対比の中に、初夏のすがすがしい季節感を詠んだ歌。

はる-た・つ【春立つ】 春になる。立春になる。

袖ひちてむすびし水のこほれるを春立つけふの風やとくらむ 歌〈古今集・春上・2〉訳 →そでひちて…

はる-つ-かた【春つ方】 春のころ。春の時分。発展「つ」は「の」の意味の上代の格助詞。

はるつげ-どり【春告げ鳥】 名詞《動物》ウグイスの別の呼び名。季語 春 発展「春知らせ鳥」とも。

はるなれや…句

春なれや名もなき山の薄霞〈野ざらし紀行・松尾芭蕉〉訳 春になったのだなあ。こんな名もない山々にも薄く霞がたなびいている。○季語 薄霞―春

発展 奈良へ向かう道で感じた春の訪れを詠んだ句。

はる-の【春野】 名詞 春の野原。季語 春

はる-の-いそぎ【春の急ぎ】 新年を迎える用意。正月の準備。

公事どもしげく、春の急ぎにとりかさねて催し行はるるさまぞ、いみじきや。〈徒然草・19・折節の〉訳(十二月には)朝廷の儀式が頻繁で、**正月の準備**にさらに重ねて執り行われるようすは、すばらしいことだなあ。

はるのうみ…句

春の海終日のたりのたりかな〈蕪村句集・与謝蕪村〉訳 春ののどかな海。うららかな日差しを受けて一日中も憂げにのたりのたりとうねっているよ。○季語 春の海―春。「のたりのたり」は擬態語。

発展 春の海のようすを「のたりのたり」という表現により鮮やかに描き出した句。

はる-の-こころ【春の心】(春を人に見立てて)春の持っている心。また、春のころの、のどかな人の心。

はるのその…歌

春の園紅にほふ桃の花下照る道に出で立つ娘子〈万葉集・19・4139・大伴家持〉訳 春の園が紅色に美しく輝くモモの花が(木の)下まで照り映えている道に出てたたずむ少女は(ああ、美しい)。○「下照る」は、花の色などで辺りが美しく照り映えること。

発展「桃の花」と「娘子」という漢詩的取り合わせにより、幻想的な情景を描き出した歌。

はる-の-となり【春の隣】 春に近いころ。年の暮れ。季語 冬

はる-の-ななくさ【春の七草】 陰暦正月七日に摘んで、七草がゆに入れる若菜。セリ・ナズナ・ゴギョウ・ハコベラ・ホトケノザ・スズナ・スズシロの総称。季語 春 対 秋の七草

はるののに…歌

春の野に霞たなびきうら悲しこの夕影にうぐひす鳴くも〈万葉集・19・4290・大伴家持〉訳 春の野に霞がたなびいて(なんとなく)もの悲しい。この夕暮れの(わびしい)光の中でウグイスが鳴いているなあ。○「夕影」は夕日の光。「鳴くも」の「も」は詠嘆の意味を表す終助詞。

発展 春の夕暮れの景色の中に、思い沈む気持ちを表現した歌。

春の野にすみれ摘みにと来し我ぞ野をなつかしみ一夜寝にける〈万葉集・8・1424・山部赤人〉訳 春の

野にスミレを摘みに来た私は、野を離れたくないので、一晩寝てしまったのだった。○「なつかしみ」の「み」は理由を表す接尾語。

発展「野」を女性にたとえて解釈することもできる。赤人の代表作として『古今集』の仮名序にも引用されている。

はる-の-みなと【春の湊】春の果て。発展 春の行き着く所を、船の泊まる港にたとえたことば。

はる-の-みや【春の宮】皇太子の住む御殿。また、皇太子。東宮。発展「春宮」を訓読したことば。

🪭**はるのよの…** 百人一首

春の夜の夢ばかりなる手枕にかひなく立たむ名こそ惜しけれ〈千載集・964・周防内侍〉訳（短い）春の夜の夢ほどの（はかない戯れとして、あなたに腕を借りて）手枕をしたら、かいもなく（＝いわれなく）立つであろう浮き名が惜しいことだ。○「かひなく」は、「腕」と「甲斐無く」の掛詞。「かひな」は「手枕」の縁語。

発展 作者が「枕があればいいなあ」と言うのを聞いた藤原俊忠が、御簾の下から腕を差し入れて「これを枕に」と言ったことに対して応じた歌。

品詞分解・修辞

春	の	夜	の	夢	ばかり	なる	手枕	に
	格助		格助		副助	断定・体	縁語	格助
かひなく	立た	む	名	こそ	惜しけれ			
縁語 甲斐無く／腕（掛詞） 形・用	タ四・未	婉曲・体		係助 （係）→（結）	形・已			

🪭**はるのよの…** 歌

春の夜の闇はあやなし梅の花色こそ見えね香やはかくるる〈古今集・春上・41・凡河内躬恒〉訳 春の夜の闇はわけが分からない（ことをする）。（闇で覆っても）ウメの花は色だけは見えないけれど、香りは隠れるというのか、いや、隠れはしない。○「こそ」は上の語を指して強調する係助詞。「ね」は打消の助動詞「ず」の已然形。「〜こそ〜ね」で、逆接の関係で下に続いていく。「やは」は反語を表す係助詞。

発展「闇」を擬人化して機知的に詠む。

春の夜の夢の浮き橋とだえして峰に別るる横雲の空〈新古今集・春上・38・藤原定家〉訳 春の夜の、浮き橋のようにはかない夢がとぎれて、（目に見えるのは）山の峰から横にたなびく雲が離れてゆく（明け方の）空だよ。○「夢の浮き橋」は、浮き橋の不安定さをはかない夢にたとえたことば。

発展『源氏物語』の巻名に着想を得て、「風吹けば峰にわかるる白雲のたえてつれなき君が心か」〈古今集・恋2・601〉を参考にした歌。夢の内容を暗示するような、明け方の空のようすが描写されている。

はる-の-よ-の-ゆめ【春の夜の夢】春の夜に見る夢。また、はかないもののたとえ。

おごれる人も久しからず、ただ春の夜の夢のごとし。〈平家・1・祇園精舎〉訳 権勢を誇っている人も、（その権勢は）長くは続かなく、まったく**春の夜に見る夢**のよう（にはかないもの）だ。

はる-ばる【遥遥】副詞（時間・空間が）遠く隔たっている。はるかに遠く。広々。

唐衣きつつなれにしつましあればはるばるきぬる旅をしぞ思ふ 歌〈古今集・羇旅・410〉訳 →からころも…

はる-ばる・なり【遥遥なり】形容動詞［ナリ］〈なら・なり（に）・なり・なる・なれ・なれ〉遠くまで続いている。

松原、目もはるばるなり。〈土佐日記・二月五日〉訳 松原が、見渡す限り**遠くまで続いている**。

はる-ひ【春日】名詞 春の日。春の一日。季語 春 発展 秋の夜長に対して、春の長い昼間をいうことが多い。

はる-び【腹帯】名詞 鞍を固定するため、ウマの腹にかける帯。→大和鞍（図）発展「はらおび」の変化したことば。

はるひ-の【春日の】枕詞（春の日がかすむことから、同音を含む）地名「春日」に係る。

はるひ-を【春日を】枕詞 ↓はるひの

はる-へ【春方】名詞 春のころ。春。春先。季語 春

難波津に咲くや木の花冬ごもり今は春方と咲くや木の花 歌〈古今集・仮名序〉訳 難波津に咲くウメの花よ。今はもう春と咲くウメの花よ。○「冬ごもり」は「春」の枕詞。

発展「はるべ」とも。

はれ【晴れ】名詞 ❶晴れること。晴天。

❷広々として、心も晴れやかになるような場所。

ゐたまへる御さま、さる晴れに出でて、言ふよしなく見えたまふ。〈源氏・須磨〉訳（席に）座っていらっしゃる（源氏の）ごようすは、そのような（海辺の）**広々とした心も晴れやかになるような場所**に出て、言いようもなく（美しく）お見えになる。

❸晴れがましいこと。正式。おおやけ。また、晴れ着。対 褻

はれ 感動詞 ❶（歌謡のはやしことばで）やれ。それ。❷（驚きや感嘆から発することばで）あれ。まあ。

はれ-がま・し【晴れがまし】形容詞［シク］〈しく・しく・し・しき・しけれ・○／しから・しかり・○・しかる・○・しかれ〉❶晴れ晴れとしている。華やかだ。

鎌倉は、諸国の付き合ひ晴れがましく…。〈浮世物語〉訳 鎌倉（という所）は、多くの国々（の人）との交際が**華やかで**…。

❷改まった。公だ。

晴れがましき会合の時は、あまりに歌数多くよむこと然るべからずさうらふか。〈毎月抄〉訳（宮廷などの）**改まった**（歌の）会合のときは、あまり歌を多く詠むのは不適当ではございませんか。

❸きまりが悪い。

「**聟入りといふものは晴れがましいものでござるによって**…。」〈狂言・庖丁聟〉訳「むこ入りというものは**きまりが悪い**ものでございますので…。」○「晴れがましい」は連体形「晴れがましき」のイ音便。

発展「がまし」は接尾語。

はれ-ばれ・し【晴れ晴れし】形容詞［シク］〈しく・しく・し・しき・しけれ・○／しから・しかり・○・しかる・○・しかれ〉❶よく晴れ渡っている。

雨のふる時に、ただむつかしう、今朝まで晴れ晴れしかりつる空ともおぼえず…。〈枕草子・292・成信の中将は〉訳 雨が降るときは、（私は）ただ気がむしゃくしゃして、今朝まで**よく晴れ渡っていた**（同じ）空とも思われなくて…。

❷気分が晴れやかである。性格が明朗である。

この本意のことしたまひて後より、すこし晴れ晴れしうなりて…。〈源氏・手習〉訳（浮舟は）この念願のこと（＝出家）をお果たしになってからは、少し**気分が晴れやかになって**…。○「晴れ晴れしう」は連用形「晴れ晴れしく」のウ音便。

❸（態度が）大っぴらである。華やかである。

「**御心もて晴れ晴れしくもて出でさせたまはばこそ**、罪

もはべらめ…。」〈源氏・椎本〉訳「ご自分の心から**大っぴらに**お出になられたなら、非難すべき点もありましょうが…。」

❹広々として明るい。**道は繁かりつれど、このありさまはいと晴れ晴れし。**〈源氏・東屋〉訳道中は木がうっそうとしていたが、ここ(＝宇治の屋敷)のようすはまことに**広々として明るい。**

❺(「晴れ」は公・正式の意味で)改まった場合である。表立っている。**堀河院をば、さるべきことの折、晴れ晴れしき料にせさせたまふ。**〈大鏡・基経〉訳(堀河院と閑院にお住まいであったが)堀河院の方は、しかるべき行事のとき、**表立ったご用のために**お使いになる。
↓古語チャート㉓(835ページ)

はれ-らか【晴れらか】形容動詞〔ナリ〕晴れやかだ。さっぱりした感じだ。
女は額髪晴れらかにかきやり…。〈徒然草・175・世には心得ぬことの〉訳(酒に酔った)女は垂らした髪を(額もあらわに)**さっぱりした感じにかき上げ**…。

❶はれる(現)↓(古)**はる【晴る】**

はろ-ばろ【遥遥】形容動詞〔ナリ〕《上代語》遠く隔たっている。はるばるとした距離感がある。
鶴がねの悲しく鳴けばはろばろに家を思ひ出負ひ征箭のそよと鳴るまで嘆きつるかも 歌〈万葉集・20・4398〉訳ツルが悲しく鳴くと、**遠く隔たった**(東国の)家を思い出し、背負った矢がそよと音を立てるほど、悲しんで泣いたことだなあ。○身を震わせて泣くので、背負った矢の羽根が触れ合って音を立てるのである。
発展「はろはろ」とも。

は-をく【破屋】名詞 壊れかけた家。あばら家。

はん【判】名詞 ❶判断。判定。❷歌合わせの判定。また、その根拠を記したもの。判詞。❸裁判すること。判決。**かの主不実のこと確かなりければ、国の守の判にいはく**…。〈沙石集〉訳あの持ち主は不誠実であることが間違いなかったので、国司の長官の**判決**では…。❹印鑑や署名に代えて用いる記号。書き判。花押。

ばん【番】一 名詞 ❶順番。順ぐり。❷当番。宿直。❸見張りをする人。警護。番人。❹物合わせなどで勝負を争うそれぞれの組。組み合わせ。
二 助数詞 勝負の組み合わせや対になっているものを数えることば。

ばん【盤】名詞 ❶皿などの食器類。❷食器などを載せる台。❸双六・碁・将棋などに使う表面の平らな台。

反歌 文芸用語 長歌の後に詠み添える短い歌。一首または数首で、大部分は短歌形式だが、★旋頭歌の形式のものもある。長歌とは角度を変えて詠まれ、長歌の内容を要約・反復したり、補足したり、新しく展開したりする。

ばん-か【挽歌】名詞 人の死を悲しむ歌。★雑歌・★相聞とともに『万葉集』三大部立ての一つ。発展 死者を葬るとき、ひつぎを挽く者が歌う歌という意味から。

ばん-がしら【番頭】名詞 ★番衆の長。江戸幕府の大番頭・小姓番頭・書院番頭など。ばんとう。

はん-き【半季】名詞 半年。六か月。特に、江戸時代の三月と九月を基準とする奉公人の半年の契約期間。
「**雲つくやうな食炊きが、布まで織りまして、半季が三十二匁**…。」〈西鶴・世間胸算用〉訳「雲をつくような(大柄の)飯炊き女が、布まで織って、**半年**(の給金)が(銀貨で)三十二匁…。」

はん-ぎ【版木・板木】名詞 木版印刷のために、文字や絵などを彫った木の板。

ばん-き【万機】名詞 天下の政治。帝王の政務。また、種々の重要な事項。

はん-ぐゎん【判官】名詞 ↓はうぐゎん

反語 国語・国文法 話し手(書き手)が、答えとして肯定あるいは否定の確信を持ちながら、相手に対して疑問形で問いかける表現。相手に自分と同じ判断を下すことを期待する意図を持って表現される。「いかで」「いかでか」「いかにか」「いかが」などの副詞や、「や」「か」「やは」「かは」「やも」「かも」などの助詞で表すことができる。たとえば「かかる所には、**いかでか**しばしも幼き人の過ぐしたまはむ(＝こんな所では、しばらくの間でも、幼い人が、**どうして**お暮らしになることができよう**か**、**いや**、できない)。」「近き火などに逃ぐる人は、『しばし。』と**や**言ふ(＝近所の火事などで逃げる人は、『ちょっと(待ってくれ)。』と言う**か**、**いや**、言わ**ない**)。」など。↓**読解の手引き⑲**(1028ページ)

はん-ごん-かう【反魂香】名詞 たくと死者の魂を呼

読解の手引き⑲

反語はNOを要求する

疑問文は、何かを述べるだけの平叙文とは違って、相手に答えを要求するパワーを持った文です。**「反語」は疑問文のこのような性質を利用して、相手にNOと分かりきった答えを要求する強調表現の技法**です。たとえば、白と分かりきっているような場合での、「これは黒といえるでしょうか。」という疑問文は、明らかに「いえない」という答えを引き出します。したがって、**疑問と反語の違いは、答えが分からないから発する問いであるか、NOと分かりきっているのに発するのかという内容的な差異**ということになり、文脈から判断しなければなりません。

古文では、係り結びの形式のひとつである「…**や**〜**連体形**」「**疑問の語**(…)**か**〜**連体形**」で表される疑問文は、基本的には反語にも用いられます。

さやうの遊び者は、人の召しに従うてこそ参れ。左右なう推参するやうやある。〈平家・1・祇王〉訳↓や(基本助詞25)一❸

特に反語となることの多い表現形式を挙げてみます。

①疑問の「や」「か」に係助詞の「は」をつけて連体形で結んだ形式

さる導師のほめやうやはあるべき。〈徒然草・125・人に後れて〉訳そんな導師のほめ方があるだろうか、いや、ないだろう。

そののち久しう見えねど、たれかは思ひ出でむ。〈枕草子・87・職の御曹司におはしますころ、西の廂に〉訳その後長いこと(姿を)見せないが、だれが思い出すだろうか、いや、だれも思い出さないだろう。

②「やは」「かは」が文末に用いられるとき

命は人を待つものかは。〈徒然草・59・大事を思ひ立たん人は〉訳寿命は人を待つものだろうか、いや、待つものではない。

③「など」「いかで」などの疑問の語が、「か」を伴って「**疑問の語(か)…推量の助動詞連体形」の形式**となる場合は、高い確率で反語になります。↓如何で❸・など❷

び戻し、その面影が煙の中に現れるという想像上の香。発展 漢の武帝が夫人の死後、恋しさのあまり香をたき、夫人の面影を見たという故事による。

はん-ざ【判者】名詞 ↓はんじゃ

ばんざい-らく【万歳楽】名詞 雅楽の曲名。中国伝来の曲で、即位式などの祝宴に用いられた。発展「まんざいらく」「まざいらく」とも。

はん-ざふ【半挿】名詞 湯や水をつぐのに用いる器。発展 土瓶の形をしており、柄が半分器の中に差し込まれているところからいう。「はざふ」とも。

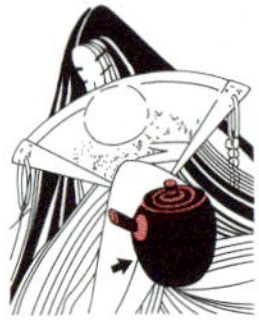
［はんざふ］

はん-し【判詞】名詞 歌合わせ、句合わせなどで、判者が歌や句の優劣の根拠を書き付けたことば。発展「はんことば」とも。

ばん-しき【盤渉】名詞 音名。十二律の一つ。

ばんしき-てう【盤渉調】名詞 雅楽の六調子（＝基本的な旋法）の一つ。十二律の盤渉を基音とした調子。

反実仮想の助動詞 国語・国文法 既定の事実に反することを仮に想像して述べる助動詞。原則として「まし」がこれに当たる。↓仮定・まし（基本助動詞20）／読解の手引き⑳（1029ページ）

はん-じゃ【判者】名詞 物事や作品の優劣を判定する人。特に、歌合わせ・詩合わせ・句合わせでの判定者。発展「はんざ」とも。

ばん-じゃう【番匠】名詞 大和や飛騨から派遣され、宮廷や寺の建築に従事した大工。後、一般に大工の呼び名。

ばん-じゃく【磐石】名詞 ❶大きな石。大きな岩。いわお。❷きわめて固いこと。動かないこと。堅固。

ばん-しゅう【番衆】名詞 ❶番に当たる人。殿中または本陣に宿直し、主君の護衛などに当たった武士。❷番人。番方。発展「ばんしゅ」とも。

播州【ばんしゅう】旧国名 ↓播磨

ばん-じょう【万乗】名詞 天皇。天子の位。発展 中国の周で、天子は一万の乗（＝兵車）を出すといわれたことからいう。

ばん-ぜい【万歳】㊀名詞 ❶めでたいこと。❷万年。また、（天皇や国家が）いつまでも栄えること。❸天皇や貴人の死。㊁感動詞 めでたいことを祝って叫ぶことば。ばんざい。

ばん-そう【伴僧】名詞 法会・葬式・修法などで導師の供をする僧。お供の僧。発展「ばんぞう」とも。

半濁音 国語・国文法 パ・ピ・プ・ペ・ポおよびその*拗音ピャ・ピュ・ピョの音をいう。半濁音符「゜」は、室町末期ごろから使われるようになったが、その使用が一般化するのは江戸後期になってからである。

はん-てん【半天】名詞 ❶天の半分。❷なかぞら。空の中ほど。

ばん-とう【番頭】名詞 ❶「*番頭」の意味に同じ。❷厳重に警護すること。❸商家の奉公人の長で、店の一切を店主に代わり任された者。

ばん-どう【坂東】名詞 足柄・碓氷の両峠より東の国。関東。

ばんどう-ごゑ【坂東声】名詞 関東人特有の発音やなまり。

ばんどう-むしゃ【坂東武者】名詞 坂東生まれの武士。関東の武士。勇猛なことで知られた。

はん-とき【半時】名詞 ❶一時（＝今の約二時間）の半分。約一時間。❷少しの時間。少しの間。↓時

はんにゃ【般若】名詞 ❶《仏教語》一切の事物や道理を洞察的に認識する最高の知恵。❷恐ろしい顔つきをした鬼女。また、その能面。❸紋所のひとつ。❷の面を図案化したもの。

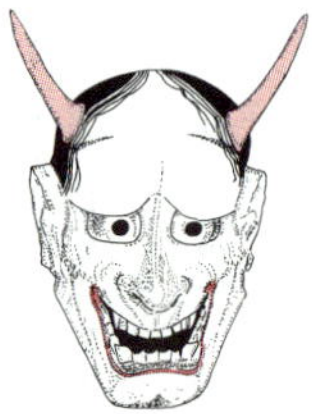
［はんにゃ❷］

はん-ぴ【半臂】名詞 束帯のとき、袍と下襲の間に着た袖のない衣服。↓束帯（図）

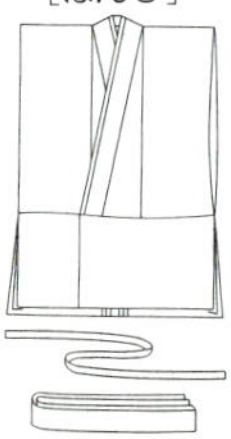
［はんぴ］

はん-べ・り【侍り】動詞 補助動詞 ↓はべり 基本敬語25（1018ページ）

読解の手引き⑳
反実仮想が表す内容

「晴れたら、遊びに行こうね。」の「晴れたら」は、まだ実現していないことを仮定した仮定条件です。この先は雨かもしれないし、もちろん晴れることだってあり得るという立場です。一方、「晴れていたら、遊びに行ったのにね。」の「晴れていたら」は現在「晴れていない」という事実が前提にあります。そのうえで、事実に反することを想像しています。

このように**事実に反する仮定を「反実仮想」**といいます。反実仮想は、古文では特殊な構文を使ってさまざまに表現されます。例を見てみましょう。

① **世の中にたえて桜のなかりせば春の心はのどけからまし** 歌〈古今集・春上・53〉

「せ」は過去の助動詞「き」の未然形、「ば」は未然形に接続する接続助詞で、仮定条件を表します。この歌は、「**〜せば…まし」という構文**で、「もし世の中にまったくサクラがなかったの**だったら**春（を過ごす人）の心はのどか**だろうに**。」のように解釈します。

② **鏡に色、形あらましかば、映らざらまし**。〈徒然草・235・主ある家には〉

「ましか」は「まし」の未然形です。これは、「**〜ましかば…まし」という構文**で、「もし鏡に色や、形があったの**だったら**、（物は）映らない**だろうに**。」と解釈します。

③ **わが背子と二人見ませばいくばくかこの降る雪のうれしからまし** 歌〈万葉集・8・1658〉

「ませ」は「まし」の未然形の古い形です。「うれしから」は「うれし」の補助活用未然形です。これは、「**〜ませば…まし」という構文**で、「わが夫と二人して見たの**だったら**、この降る雪がどんなにかうれしい**だろうに**。」と解釈します。

④ **世の中にあらましかばと思ふ人なきが多くもなりにけるかな** 歌〈拾遺集・1299〉

この場合は、②の「ましかば…まし」の構文の後半の「まし」が省略された例で、「あら**ましかば**」の後に「よからまし」などを補って「生きていたら（よかっただろうに）」と解釈する必要があります。

ひ

◑ひ 反復・継続の助動詞・接尾語ふの連用形。↓最重要語(1063ページ)

ひ【日】名詞 ❶太陽。また、その光や熱。❷昼間。昼。日中。対夜。❸一日。一昼夜。❹…(の)折。…(の)とき。

その日より精進して、三日といひける日…。〈宇治拾遺〉訳 その**とき**から身を清め心を慎んで、(約束の)三日(が過ぎた)といった**とき**に…。

❺天候。天気。

日悪しければ、船出ださず。〈土佐日記・一月十九日〉訳 **天候**が悪いので、船を出さない。

❻日柄。その日の吉凶。

日などとらせたまひて…。〈源氏・薄雲〉訳 (姫君の袴着の)**日柄**などを(源氏は占い師に)選ばせなさって…。

❼太陽の神である天照大御神。また、その子孫とされた天皇や皇子。

↓古語チャート㊶(1179ページ)

ひ【火】名詞 ❶燃える火。炎。❷ともしび。明かり。灯火。❸炭火。❹火事。火災。❺のろし。❻燃え立つような思い。激しい感情。

↓古語チャート㉝(983ページ)・㊳(1105ページ)

ひ【氷】名詞 ❶こおり。❷雹。氷雨。

ひ【非】名詞 ❶正しくないこと。道理に反すること。❷欠点。短所。

みづから明らかにその非を知るゆゑに…。〈徒然草・167・一道に携はる人〉訳 (ひとつのことに秀でた人は)自分自身ではっきりと自分の**欠点**を知っているので…。

❸仮のもの。実在しないもの。価値のないもの。

万事は、皆非なり。〈徒然草・38・名利に使はれて〉訳 (欲を追求するといった)すべてのことは、みな**実在しない仮のもの**なのである。

❹不利な立場にあること。

ひ【緋】名詞 アカネ(=草の名)で染めた色。濃く明るい朱色。四位、五位の人の装束に用いられた。

ひ【檜】名詞《植物》ヒノキの古い呼び名。

-び【廻】造語 …の回り、…のめぐり、という意味を表す。語例 浜び・山び 発展 造語成分「み」の変化したものといわれる。

ひ-あい・なり【非愛なり】形容動詞〔ナリ〕〈なら・なり(に)・なり・なる・なれ・なれ〉❶たしなみがないようすだ。無愛想だ。無遠慮だ。

これも公任卿の非愛なるにてぞありける。〈十訓抄〉訳 これも公任卿の**たしなみがないようすで**あったことよ。

❷危険だ。

加賀房はわが馬の非愛なりとて、主の馬に乗りかへたれども、そこにてつひに討たれにけり。〈平家・8・法住寺合戦〉訳 加賀房は自分のウマが**危険だ**と言って、主人のウマに乗り換えたけれども、そこで結局は討たれてしまった。

ひ-あふぎ【檜扇】名詞 ヒノキの薄板を重ね、要のところを糸や金物で留め、上端を白い絹糸でとじた扇。束帯・衣冠・直衣を着けたときに持った。婦人用の袙扇を指す場合もある。

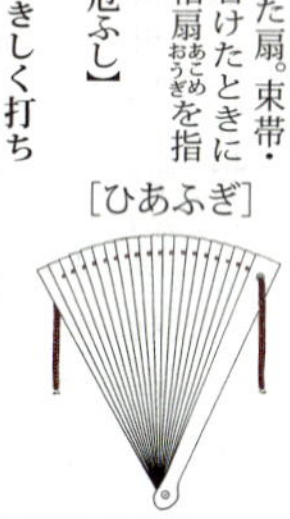
[ひあふぎ]

ひ-あやふし【火危ふし】 火の用心。

弓弦いとつきづきしく打ち鳴らして、「火危ふし。」と言ふ言ふ…。〈源氏・夕顔〉訳 (滝口の武士は魔よけのために)弓の弦をたいそう(その場に)ふさわしく打ち鳴らして、「**火の用心**。」と言い言い…。

発展 宮中や貴族の家で、夜回りの番人が見回りのときに、火の始末を呼びかけることば。

◑ひいな(現)↓(歴)ひひな【雛】

◑ひい-ふっと 副詞 (矢が風を切って飛び、勢いよく命中する音を表し)ひゅうずばっと。

あやまたず扇の要際一寸ばかりおいて、ひいふっとぞ射切ったる。〈平家・11・那須与一〉訳 (矢は)あやまりなく扇の要の一寸ぐらい上を、**ひゅうずばっと**射切った。

発展「ひふっと」「ひやうづばと」「ひやうふっと」とも。

◑ひいらぎ(現)↓(歴)ひひらぎ【柊】

ひうが【日向】旧国名 ↓日向(ひゅうが)

ひ-うち【火打ち・燧】名詞 火打ち石と火打ち金とを打ち合わせて火を出すこと。また、その道具。

ひうち-げ【火打ち笥】名詞 火打ち石や火打ち金など、火打ち道具を入れておく小箱。

ひうひうと…句

ひうひうと風は空ゆく冬ぼたん〈荒小田・上島鬼貫〉訳 ひゅうひゅうと風は空を吹いてゆく。冷たい空気に花びらを震わせながらも毅然として咲いている見事なカンボタンの花よ。○季語 冬ぼたん―冬

発展 空の冷たさと地のほのかな温かさが対比されている。作者は、一六六一(寛文元)年生まれ、一七三八(元文三)年没。★摂津の国伊丹の生まれ。

比叡山 地名 京都市左京区と滋賀県大津市の境に位置する山。「叡山」「北嶺」「日枝ノ山」とも。古くから山岳信仰の対象となった。山上に、★最澄の開いた天台宗総本山延暦寺がある。↓延暦寺・ビジュアルチェック㉓(1093ページ)

ひえ-い・る【冷え入る】動詞 自〔ラ四段〕〈ら・り・る・る・れ・れ〉❶寒さが身に染みる。

雪降りたりし暁に立ち休らひて、わが身も冷え入るやうに覚えて…。〈源氏・幻〉訳 雪の降っていた明け方に(外に)たたずんで、(源氏は)自分の体も**寒さが身に染みる**ように感じられて…。

❷すっかり冷たくなる。

ただ冷えに冷え入りて、息はとく絶え果てにけり。〈源氏・夕顔〉訳 ただもう(夕顔の身体は)**すっかり冷たくなっ**て、息は早くも絶え果ててしまったのだった。

日吉神社 寺社名 滋賀県大津市にある神社。★比叡山を中心とする地主神。★延暦寺の守護神として尊崇された。天皇・上皇や貴族の参詣も多かった一方、延暦寺の僧兵がこの神社の神輿を奉じてしばしば強訴を行い朝廷を恐れさせた。現在は「日吉大社」という。↓ビジュアルチェック㉓(1093ページ)

稗田阿礼 人名 奈良初期の舎人。二十八歳のとき、★天武天皇の命で「帝紀」「旧辞」を暗誦した。これを★太安万侶が筆録し編纂したものが『古事記』(↓必修古典ビッグ30 ⑫ 526ページ)である。性別については男女両説がある。生没年不明。

◑ひえる(現)↓(古)ひゆ【冷ゆ】

ひお（現）→（歴）**ひを**【氷魚】

ひおどし（現）→（歴）**ひをどし**【緋縅】

ひおむし（現）→（歴）**ひをむし**【蜉蝣】

ひ‐か【非家】名詞 そのことの専門でない人。素人。

ひが‐【僻】造語（名詞に付いて）正しくない、間違った、ひねくれた、という意味を表す。語例 **僻**事・**僻**心

ひかえる（現）→（古）**ひかふ**【控ふ】

ひが‐おぼえ【僻覚え】名詞 いい加減な記憶。記憶違い。「『**僻覚えをもし、忘れたる所もあらばいみじかるべきこと。**』と、わりなうおぼし乱れぬべし。」〈枕草子・23・清涼殿の丑寅の〉訳「『（和歌の）**記憶違い**をしたり、忘れている箇所でもあったらたいへんなことになるだろうな。』と、（女御は）きっとひどくお心がお乱れになってしまうに違いない。」

ひ‐がき【檜垣】名詞 ❶ヒノキの薄板を*網代のように斜めに編んで作った垣根。主に、身分の低い人の家で用いた。❷囲いに❶を用いた大型の荷船。江戸・大坂間の貨物輸送に用いられた。檜垣廻船。

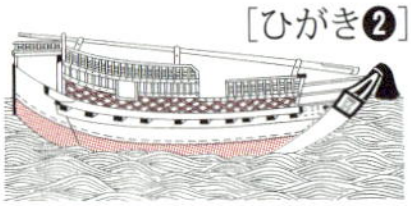

［ひがき❷］

ひが‐ぎき【僻聞き】名詞 聞き誤り。聞き違い。類 僻耳 「もし**僻聞きかと、人を替へて聞かするに**…。」〈古今著聞集〉訳 もしかしたら**聞き違い**かと、人を替えて聞かせると…。

ひ‐がく【非学】名詞《仏教語》仏道を学ばないこと。無学なこと。「何と言ふぞ、**非修非学の男**。」〈徒然草・106・高野証空上人〉訳「何を言うか、仏道修行もしない**無学な男め**。」

比較の基準 国語・国文法 連用修飾格を示す格助詞の「に」「と」「より」には、いずれもいろいろな用法があるが、その一つに「…に比べて」と比較の基準を表す用法がある。次のような例の場合である。

①「家の辺り、昼の明かさ**にも**過ぎて光りたり。」（＝家の周辺が、昼の明るさ**にも増して**光を放っている。）

②「かたちなどは、かの昔の夕顔**と**劣らじや。」（＝容貌などは、あの昔の夕顔**に比べて**劣らないだろうか。）

③「その人、かたち**より**は心なむ勝りたりける。」（＝その人は、容貌**より**も気立ての方が優れていたのだった。）」

ひが‐こと【僻事】

正しくないこと。また、その行為

❶道理に外れたこと。**悪事**。
❷**間違い**。誤り。

名詞 ❶**道理に外れたこと**。**悪事**。類 僻業 「衣食世の常なるうへに、**僻事せん人**をぞ、誠の盗人とはいふべき。」〈徒然草・142・心なしと見ゆる者も〉訳 衣食が人並みであるうえに、**悪事**をするような人を、本当の盗人というのに違いない。

❷**間違い**。**誤り**。「いかでなほ少し**僻事**見つけてをやまむ、とねたきまでにおぼしめしけるに、十巻にもなりぬ。」〈枕草子・23・清涼殿の丑寅の〉訳「（『古今集』の和歌の暗唱試験があったとき、村上天皇が）なんとかしてやはり少しでも（宣耀殿の女御の）**間違い**を見つけて（そこで）終わりにしよう、と憎らしいほどにお思いになったけれども、（暗唱し終わった『古今集』は）十巻にもなってしまった。」

発展 近世以降「ひがごと」とも。

ひ‐かげ【日陰・日蔭】名詞 ❶日の当たらない所。❷世に埋もれ、世間から見捨てられていること。恵まれない境遇にいること。「**頼まれぬ憂き世の中を嘆きつつ日陰に生ふる身をいかにせむ**」歌〈後撰集・1125〉訳 期待のできないつらい境遇を嘆いては、日陰に生える草のように**世間から見捨てられている境遇**の我が身をどうしたらよいのだろう。❸「*日陰の蔓」の略。

ひ‐かげ【日影】名詞 ❶日光。日差し。「のどやかなる**日影**に、垣根の草もえいづるころより…。」〈徒然草・19・折節の〉訳 のどかな**日差し**によって、垣根の草が芽を出しはじめるころから…。❷太陽。「**日影ややかたぶくころ**…。」〈奥の細道・象潟〉訳 **太陽が**ようやく（西に）傾く頃…。

発展「かげ」は姿・光という意味。

ひかげ‐の‐かづら【日陰の蔓・日陰の葛】名詞 ❶《植物》シダ類ヒカゲノカズラ科の多年草。各地の山地に生え、茎はつる状で地をはい、スギの葉状の葉が密生している。❷*大嘗祭や*新嘗の祭りなどの神事に、奉仕者の冠の左右に垂らし装飾としたもの。もともとは❶を用いたが、後には青または白の組み糸で作るようになった。季語 冬 発展 ❶は「ひかげ」「ひかげぐさ」とも。❷は「日陰」「ひかげのいと」とも。

［ひかげのかづら❷］

ひが‐ごころ【僻心】名詞 ❶ひねくれた心。ねじけた心。「さらば、**僻心にてわが身をさしもあるまじきさまに**…。」〈源氏・若菜上〉訳「それならば、（明石の入道が）**ねじけた心**で私（＝明石の君）の身を（源氏に嫁がせるという）そんなにもあってはならない（身分不相応な）状態に（して）…。」

❷考え違い。思い違い。誤解。「ひとやうなる**僻心にやあらん**。」〈玉勝間〉訳 同様の**考え違い**なのであろうか。

ひが‐こと【僻事】名詞 ↓最重要語（1031ページ）

ひ‐がさ【檜笠】名詞 ヒノキを薄くはいで編んだ笠。

ひが‐ざま【僻様】形容動詞〔ニ〕事実と違っている。道理に背いている。「年ごろかくてはぐくみきこえたまひける御心ざしを、**ひがざまにこそ人は申すなれ**。」〈源氏・藤袴〉訳「幾年もこうして（玉鬘を）実の娘のように）ご養育申し上げなさった（源氏の）お情けを、**道理に背いている**ように世間の人は申し上げているようだ。」

ひかさ・る【引かさる】動詞 自〔ラ下二段〕〈れ・れ・る・るる・るれ・れよ〉引かれる。ほだされる。

「この好き者どもの尋ね来て、いといたう強ひ留めしに引かされて。」〈源氏・松風〉訳「この風流な人たちが(私を)探してやって来て、とてもひどく無理強いに引き止めたのにほだされて(なかなか帰れなかった)。」

ひがし【東】 名詞 ↓ひんがし

ひがし-の-たい【東の対】 名詞 寝殿造りで、寝殿の東側にある対の屋。主に、子女が住んでいた。対 西の対
発展「ひんがしのたい」とも。↓寝殿造り(図)

東山(ひがしやま) 地名 京都の東側で南北に連なる山地。ふつう、比叡山から稲荷山までの山地とされる。平安時代以降、ふもとには貴族の別荘や社寺が多く建てられた。近世以降、東山三十六峰の名でも知られる。

ひ-かた【日方】 名詞 太陽のある方向から吹く風。西南の風とも東南の風ともいう。

ひが-ひが・し【僻僻し】 形容詞 ↓最重要語(1032ページ)

ひか・ふ【控ふ】 一 動詞 自 八下二段(へ・へ・ふ・ふる・ふれ・へよ) ❶進まないでとどまる。待機する。
「あっぱれ、よからう敵がな。最期の軍して見せたてまつらん。」とて、控へたるところに…。〈平家・9・木曾最期〉訳「ああ、(相手として)ふさわしいような敵がいたらなあ。最期の戦いをしてお見せ申し上げよう。」と言って、待機していたところに…。
❷そばにいる。しがみつく。
上がらんとすれば、後ろに者こそむずと控へたれ。〈平家・9・宇治川先陣〉訳(岸に)上がろうとすると、後ろにだれかがぐっと力を込めてしがみついている。
二 動詞 他 八下二段(へ・へ・ふ・ふる・ふれ・へよ) ❶引き止める。止める。
直衣の袖を控へて…。〈古今著聞集〉訳(小式部内侍が定頼中納言の)★直衣の袖を引き止めて…。
❷内輪にする。遠慮する。見合わせる。
異事どもをば、よく教へたりけれども、その一事をば控へて教へざりけり。〈宇治拾遺〉訳ほかのことなどは、十分に教えていたけれども、その一事は見合わせて教えなかった。
❸握る。手に持つ。
袖を控へて、「倒るな。」と言ひて…。〈枕草子・313・大納言殿参りたまひて〉訳袖を手に持って、「倒れる

ひが-ひが・し【僻僻し】

形容詞〔シク〕

物事を見たり感じたりする態度に偏りがあり、好ましくないようす

❶(心が)ひねくれている。趣を理解しない。ひがんでいる。
❷(体の)調子がおかしい。

未然形	連用形	終止形	連体形	已然形	命令形
ひがひが・しく	ひがひが・しく	ひがひが・し	ひがひが・しき	ひがひが・しけれ	○
ひがひが・しから	ひがひが・しかり	○	ひがひが・しかる	○	ひがひが・しかれ

❶(心が)ひねくれている。趣を理解しない。ひがんでいる。
「少し奥まりたる山住みもせで、さる海面に出でゐたる、ひがひがしきやうなれど…。」〈源氏・若紫〉訳「(明石の入道は出家後も)少しでも奥に引きこもった山里住まいもしないで、そうした(広々とした眺望のよい)海辺に出て暮らしているのは、ひねくれているようであるが…。」
「この雪いかが見ると一筆のたまはせぬほどの、ひがひがしからん人の仰せらるること、聞き入るべきかは。」〈徒然草・31・雪のおもしろう〉訳「この(趣深く降った)雪をどのように見ているかと(手紙の中で)一筆もおっしゃらないほどの、趣を理解しないような人(=作者のこと)のおっしゃることを、聞き入れることができようか、いや、できない。」
❷(体の)調子がおかしい。
「年ごろかく埋もれて過ぐすに、耳なども少しひがひがしくなりにたるにやあらむ…。」〈源氏・若菜下〉訳「長い年月こうして世間から離れて過ごしているうちに、耳なども多少調子がおかしくなってしまっているのではないだろうか…。」
発展 **語の成り立ち** 動詞「ひがむ」などと同じ語源で、正しくない、間違っているなどの意味を表す「ひが」を重ねて形容詞にしたことば。

な。」と言って…。

ひが-みみ【僻耳】 名詞 聞き誤り。聞き違い。類 僻聞き
「あやし。僻耳にや。」とたどるを聞きたまひて…。〈源氏・若紫〉訳「変だわ。聞き違いなのかしら。」と(女房が不審に)思い迷うのを(源氏は)お聞きになって…。

ひが・む【僻む】 一 動詞 自 マ四段(ま・み・む・む・め・め) 偏る。ゆがむ。ひねくれる。
女の性は皆ひがめり。〈徒然草・107・女の物言ひかけたる〉訳女の本性は皆ひねくれている。
二 動詞 他 マ下二段(め・め・む・むる・むれ・めよ) ゆがめる。事実を曲げる。
「ほけほけしき人の、神かけて聞こえひがめたまふなめりや。」〈源氏・玉鬘〉訳「老いてぼけている人が、神を引き合いに出して事実を曲げて申し上げなさるようだよ。」

ひが-め【僻目】 名詞 ❶わき目。よそ見。
僻目しつればふと忘るるに…。〈枕草子・33・説経の講師は〉訳(説経をする僧が美男でないと)よそ見をしてしまうために(聞いたことも)つい忘れるので…。
❷見間違い。見誤り。
「もし僻目か。」と思ひて守り立てるに…。〈今昔〉訳「もしかしたら見間違いか。」と思ってじっと見つめて立っていると…。

ひが-もの【僻者】 名詞 ひねくれ者。変わり者。変人。
「世の僻者にて、交らひもせず…。」〈源氏・若紫〉訳「(明石の入道は)天下にまれな変わり者で、人付き合いもせず…。」

ひかり【光】 名詞 ❶光ること。輝き。明かり。
❷美しいこと。美しさ。
この御光を見たてまつるあたりは…。〈源氏・夕顔〉訳この(源氏の)お美しさを見申し上げる人々は…。
❸威光。威勢。盛んな勢い。また、神仏の威徳。
「今なむ、阿弥陀仏の御光も…。」〈源氏・夕顔〉訳「今こそ、阿弥陀仏の(来迎の)ご威徳も…。」
❹栄光。栄え。誉れ。
照る月も雲のよそにぞゆきめぐる花ぞこの世の光なりける 歌〈新古今集・雑上・1468〉訳(美しく)照る月も雲

かなたを巡り行く(=雲に隠れてしまう)。(サクラの)花こそがこの世の**栄光**であることよ。

ひかり-あ・ふ【光り合ふ】―あ(おう) 動詞 自 〔八四段〕〈は・ひ・ふ・ふ・へ・へ〉照り合う。反映する。照り映える。
雪の降り積もり**光り合ひたるに**…。〈更級日記・野辺の笹原〉訳 雪が降り積もり(月光に)**照り映え**ているところに…。

ひかり-だう【光堂】―どう 名詞 金で飾った阿弥陀堂。金色堂。特に、奥州平泉の中尊寺のもの。

ひか・る【光る】 動詞 自 〔ラ四段〕〈ら・り・る・る・れ・れ〉❶光を放つ。輝く。
怪しがりて、寄りて見るに、**筒の中光りたり**。〈竹取・かぐや姫の出生〉訳 不思議に思って、近づいて見ると、(タケの)筒の中が**光を放っ**ている。
❷容姿・才能などが特に優れる。
顔の色合ひまさりて、**常よりも光ると見えたまふ**。〈源氏・紅葉賀〉訳 (源氏の)顔色がよくなって、普段よりも**容姿が特に優れている**ようにお見えになる。

光源氏 登場人物 『源氏物語』の主人公。★桐壺の帝の第二皇子。臣籍に下り源氏を名乗る。亡き生母に似た義母★藤壺の女御を慕い、不義の子冷泉帝が誕生する。一時、須磨・明石に退いたが帰京し、権勢を極めて准太上天皇に至る。その色好み、女性遍歴を含め、たぐいまれな美質を備えた理想的な男性として描かれている。

ひが-わざ【僻業】 名詞 道理に外れた行い。筋違い。類 僻事

ひ-がん【彼岸】 名詞 ❶《仏教語》迷いのない理想の境地。悟りの境地。涅槃。❷春分・秋分を中日とした前後七日間。この間に、祖先の霊を供養する。↓ビジュアルチェック 20 (958ページ) 発展 ❶は、この世を此岸とするとき、煩悩を中間の川や海にたとえて、それを越えた向こう岸という意味から。

-ひき【疋・匹】 助数詞 ❶動物を数えることば。❷布を数えることば。❸銭を数えることば。発展 ❷は、古くは四丈を一疋、後に二反を一疋とした。江戸時代には、鯨尺五丈六尺を一疋といった。❸は、古くは十文を一疋、後に二十五文を一疋といった。

ひき【引き】 一 名詞 ❶引くこと。導くこと。❷引き立てること。また、縁故。❸(多く、「お引き」の形で)「★引き出物」の略。
二 接頭語 (動詞に付いて)その動作を強調することを表す。語例 引き忍ぶ・引き違ふ

ひき【蟇】 名詞 《動物》ヒキガエル。ガマガエル。季語 夏

ひき-あ・く【引き開く】 動詞 他 〔カ下二段〕〈け・け・く・くる・くれ・けよ〉引いて開ける。
遣り戸を**引き開けて**、もろともに見出だしたまふ。〈源氏・夕顔〉訳 (源氏は)引き戸を**引いて開けて**、(夕顔と)一緒に外の方を見やりなさる。

ひき-あ・ぐ【引き上ぐ】 動詞 他 〔ガ下二段〕〈げ・げ・ぐ・ぐる・ぐれ・げよ〉❶引いて上に上げる。
人々も空寝をしつつ、やや待たせたてまつりて**引き上げたり**。〈源氏・若菜上〉訳 人々も寝た振りをしながら、(源氏を)少しお待たせ申し上げてから(格子を)**引いて上に上げた**。
❷予定を繰り上げる。
一日**引き上げて**、二日になりにけり。〈平家・5・都遷〉訳 一日**予定を繰り上げて**、二日になってしまった。
❸目をかけて登用する。

ひき-あはせ【引き合はせ】―あわせ 名詞 ❶鎧の右脇で、胴の前と後ろとを合わせる部分。ここから懐中のものを出し入れする。
❷紹介。手引き。導き。
「八幡大菩薩の御**引き合はせ**とこそ存じさうらへ。」〈義経記〉訳 「八幡大菩薩のお**導き**と存じます。」

ひき-あ・ふ【引き合ふ】―あ(おう) 動詞 自 〔八四段〕〈は・ひ・ふ・ふ・へ・へ〉❶出会う。
「さもぞある。**引き合ひては悪しからむ**。」〈蜻蛉日記〉訳 「そのようである(=夫の兼家が訪ねて来る)かもしれない。(まだ内緒で迎えた養女と)**出会って**はよくないだろう。」
❷助け合う。❸取り引きをする。約束する。

ひき-いた【引き板】 名詞 ↓ひきた

ひき-い・づ【引き出づ】―いず 動詞 他 〔ダ下二段〕〈で・で・づ・づる・づれ・でよ〉❶引き出す。取り出す。
人も交じらず、几帳の内に打ち伏して、**引き出でつつ見る心地、后の位も何にかはせむ**。〈更級日記・物語〉訳 人もまざらないで(=じゃまされず)、★几帳の内側で横になって、(源氏物語を)何度も**取り出して**は読む(うれしい)気持ちは、后の位もいったいなんになろうか、いや、なんにもならない。
❷例として挙げる。引き合いに出す。
やうやう天の下にも、あぢきなう人のもて悩みぐさになりて、楊貴妃の例も**引き出でつべくなりゆくに**…。〈源氏・桐壺〉訳 (帝が桐壺の更衣を寵愛し過ぎることについて)だんだん世間でも、まともでないことだと人々の扱いに困るものとなって、(中国で昔)楊貴妃(が皇帝に寵愛され過ぎて国が滅んだこと)の先例をも**引き合いに出して**しまいそうになっていくので…。
❸(事を)引き起こす。
「さてもおほけなき心ありて、さるまじき過ちを**引き出でて**…。」〈源氏・柏木〉訳 「それにしても身の程知らずの考えがあって、(私柏木が女三の宮と密通するという)とんでもない過失を**引き起こして**…。」

ひきいで-もの【引き出で物】 名詞 祝宴などの際に、主人が客へ贈る品物。類 引き物・引き出物 発展 もとは、ウマを庭に引き出して贈ったことからいう。

ひきいる (現) ↓ (歴) **ひきゐる【率ゐる】**

ひき-い・る【引き入る】 一 動詞 自 〔ラ四段〕〈ら・り・る・る・れ・れ〉❶引き退く。引き下がる。
引き入られてよくも見えず。〈枕草子・3・正月一日は〉訳 自然に(体が車の中に)**引き下がって**(外が)よくも見えない。
❷遠慮がちにする。
などか必ずしも、面憎く**引き入りたらむが賢からむ**。〈紫式部日記〉訳 どうして必ずしも、見るのも憎いまでに**遠慮がちにし**ているようなのが賢いといえようか。
❸引きこもる。隠遁する。❹息が絶える。
二 動詞 他 〔ラ下二段〕〈れ・れ・る・るる・るれ・れよ〉❶中に引き入れる。引き込む。
命婦かしこに詣で着きて、門**引き入るるより**、けはひあはれなり。〈源氏・桐壺〉訳 命婦が例の所(=亡き桐壺の更衣の、母の家)に参り着いて、(車を)門の**中に引き入れる**やいなや、辺りのようすがしみじみと胸を打つ。
❷人の心を引き込む。誘い込む。
『例の、御物の怪の**引き入れたてまつる**。』となむ見たまへし。」〈源氏・夕霧〉訳 『いつものように、物の怪が(御息

所を死の世界へ）**誘い込み**申し上げるのだ。』と思わせていただきました。」

❸かぶる。

烏帽子を引き入れたりければ…。〈徒然草・225・多久助が申しけるは〉訳★烏帽子を**かぶって**いたので…。

ひき-いれ【引き入れ】 名詞 ❶元服のときに、冠をかぶらせること。また、その役の人。類烏帽子親

ひきいれ-えぼし【引き入れ烏帽子】 名詞 ★烏帽子を、紐を掛けずに頭に深くかぶること。また、そのようにかぶる烏帽子。

引き歌 文芸用語 散文の表現技巧の一つ。物語や日記の散文部分に有名な古歌などの一部、もしくは一首全体を引用することにより情趣を高めること。また、引用された古歌そのものもいう。引き歌の代表例は、「人の親の心は闇にあらねども子を思ふ道に惑ひぬるかな」〈後撰集・1102〉（訳→ひとのおやの…）

ひき-か・く【引き掛く】 動詞 他 〔カ下二段〕〈け・け・く・くる・くれ・けよ〉❶（物を他の物に）掛けてぶら下げる。また、（物を他の物に）絡み付かせる。

❷覆う。かぶる。

衾引き掛けて伏したまへり。〈源氏・柏木〉訳（病床の柏木は）夜具を**かぶって**横になっていらっしゃる。

❸引き合いに出す。

才ある人は、そのことなど定め合へるに、おのが身を引き掛けて言ひ出でたる、いとわびし。〈徒然草・56・久しく隔たりて〉訳学問のある人は、そのこと（＝学問）などを（人々が）判定し合っているときに、自分自身を**引き合いに出して**話し始めたのは、たいへん困ったことだ。

ひき-かく・す【引き隠す】 動詞 他 〔サ四段〕〈さ・し・す・す・せ・せ〉（物を）引っ込めて見えなくする。

「**袖こそ匂へ**。」と、**花を引き隠して**、**御簾押し上げて眺めたまへるさま**…。〈源氏・若菜上〉訳「袖こそ匂へ。」と（和歌の一節をことばに出して）、花を**引っ込めて見えなくして**、すだれを押し上げてご覧になっている（源氏の）姿は…。

ひき-かた・む【引き固む・引き堅む】 動詞 他 〔マ下二段〕〈め・め・む・むる・むれ・めよ〉弓などを引き絞る。

騒がずして、引き固めて、とろとろと放ちて…。〈宇治拾遺〉訳（男は少しも）騒がないで、**弓を引き絞って**、ゆっくりと放って…。

ひき-かづ・く【引き被く】 ―かずく 動詞 他 〔カ四段〕〈か・き・く・く・け・け〉頭からかぶる。

この聖目うちたたきて、鹿の皮を引きかづきて…。〈宇治拾遺〉訳この修行僧は目をぱちぱちさせて、シカの皮を**頭からかぶって**…。

ひき-かなぐ・る【引きかなぐる】 動詞 他 〔ラ四段〕〈ら・り・る・る・れ・れ〉荒々しく引きのける。荒々しく引きむしる。

障子つづくり、葎引きかなぐり…。〈嵯峨日記〉訳障子の破れを補修し、つる草を**荒々しく引きむしり**…。

ひき-か・ふ【引き替ふ・引き換ふ】 ―かこう 動詞 他 〔ハ下二段〕〈へ・へ・ふ・ふる・ふれ・へよ〉❶取り替える。交換する。

牛など引き替ふべき心まうけしたまへりけり。〈源氏・東屋〉訳（薫は）ウシなどを**交換し**ようという心づもりをしていらっしゃったのだった。

❷すっかり変える。反対にする。

車かけて、その崎に差し至り、車引き替へて、祓へしに行くままに見れば…。〈蜻蛉日記〉訳車にウシをつないで、その崎（＝唐崎）に至り、車（の方向）を**反対にして**、お祓いをしに行きながら見ると…。

ひき-かへ【引き替へ】 ―かえ 副詞 うって変わって。すっかり変わって。

かくて明けゆく空の気色、昨日に変はりたりとは見えねど、ひきかへめづらしき心地ぞする。〈徒然草・19・折節の〉訳こうして年が明けてゆく（元旦の）空のようすは、（大晦日の）昨日と変わっているとは見えないが、**うって変わって**新鮮な気持ちがする。

ひき-かへし【引き返し】 ―かえし 一 名詞 女性の着物で袖口や裾回しに表の布地を裏返して用いること。また、そのもの。

二 副詞 うって変わって。

引き返しつぶつぶとのたまひしことども、おぼし出づるに、心憂ければ…。〈源氏・葵〉訳（物の怪に取り付かれた葵の上が普段と）**うって変わって**こまごまとものをおっしゃったことなどを、お思い出しになると、（源氏は）嫌な気分になるので…。

ひき-かへ・す【引き返す】 ―かえす 一 動詞 他 〔サ四段〕〈さ・し・す・す・せ・せ〉❶もと来た方向に向きを変える。もとの状態に戻す。

馬引き返して逃げられにけり。〈徒然草・106・高野証空上人〉訳ウマを**もと来た方向に向きを変えて**お逃げになってしまったということだ。

❷反対にする。裏返す。ひっくり返す。

舟引き返されて慌てふためく者もあり。〈平家・10・藤戸〉訳舟を**ひっくり返されて**慌てふためく者もいる。

❸繰り返す。

御文を、うちも置かず引き返し引き返し見ゐたまへり。〈源氏・宿木〉訳（薫は中の君からの）お手紙を、下にも置かずに**繰り返し繰り返し**見続けていらっしゃっている。

二 動詞 自 〔サ四段〕〈さ・し・す・す・せ・せ〉もとの位置や状態に戻る。

ひき-きり・なり【引き切りなり】 形容動詞 〔ナリ〕〈なら・なり（に）・なり・なる・なれ・なれ〉いらだつ。せっかちだ。

この男、いと引き切りなりける心にて、「あからさまに。」と、今の人のもとに、昼間に入り来るを…。〈堤中納言・はいずみ〉訳この男は、ひどく**せっかちだった**気性で、「ちょっと（来てみた）。」と言って、新しい女の所へ、昼間に入ってくるのを…。

ひき-ぐ・す【引き具す】 動詞 他 〔サ変〕〈せ・し・す・する・すれ・せよ〉❶引き連れる。伴う。

中将、人々引き具して帰り参りて…。〈竹取・かぐや姫の昇天〉訳中将は、人々を**引き連れて**（宮中に）帰って来て…。

❷才能や条件を備える。具備する。身に付ける。

「**いかでかうのみ引き具しけむ**。」〈源氏・薄雲〉訳「（明石の君は）どのようにしてこんなにまで（琵琶の才能を）**身に付けた**のだろう。」

ひき-こ・す【引き越す】 動詞 他 〔サ四段〕〈さ・し・す・す・せ・せ〉上位の者を追い越させる。先んじさせる。

明くる年の春、坊定まりたまふにも、いと引き越さまほしうおぼせど…。〈源氏・桐壺〉訳翌年の春、皇太子がお決まりになるときにも、本当に（若宮を第一皇子に）**先んじさせ**たいとお思いになるけれども…。

ひき-こ・む【引き込む・引き籠む】 一 動詞 自 〔マ四段〕〈ま・み・む・む・め・め〉家にこもる。隠退する。隠居する。

二 動詞 他 〔マ下二段〕〈め・め・む・むる・むれ・めよ〉家にこもらせる。隠しておく。

「そこらの警策の姫君たち引きこめられなば…。」〈源氏・梅枝〉訳「多くのとびぬけた姫君たちが家にこもらせられてしまうならば…。」

ひき-さ・ぐ【引き提ぐ・引き下ぐ】動詞 他〔ガ下二段〕〈げ・げ・ぐ・ぐる・ぐれ・げよ〉❶手にさげて持つ。**女も数珠引きさげ、経引きさげぬなし。**〈蜻蛉日記〉訳女も数珠を**手にさげたり**、経本を**手にさげたりしない**者はない。
❷引き連れる。伴う。「**子引きさげてゐたらむ、いと見苦しからむ。**」〈落窪〉訳「子供を**引き連れて**いたりしたとしたら、とても見苦しいことだろう。」

ひき-さ・す【弾きさす】動詞 他〔サ四段〕〈さ・し・す・す・せ・せ〉(弦楽器を)中途で弾きやめる。**琴を少しかき鳴らしたまへるが、我ながらいとすごう聞こゆれば、弾きさしたまひて…。**〈源氏・須磨〉訳(源氏は)琴を少し弾き鳴らしなさった音が、自分でも実に荒涼としてもの寂しく聞こえるので、**中途で弾きやめ**なさって…。
発展「さす」は接尾語。

ひき・し【低し】形容詞〔ク〕〈く・く・し・き・けれ・○/から・かり・○・かる・○・かれ〉(位置・身長・身分・声などが)低い。「**年は二百八十歳、丈ひきく色黒くして、世の人には似ざれども…。**」〈義経記〉訳「(武内の大臣は)年齢は二百八十歳で、背丈が**低く**色が黒くて、普通の人とは似ていないが…。」
発展 中世初期から多用され、中世後期になると、転じた「ひくし」が用いられるようになる。中古には「ひきなり」があったが、あまり用いられず、(身分・地位・身長などには)「短し」「浅し」、(声などには)「細し」、(身長・声などには)「小さし」、(身分などには)「いやし」を用いた。

ひき-したた・む【引き認む】動詞 他〔マ下二段〕〈め・め・む・むる・むれ・めよ〉取りまとめる。片付ける。**我かしこげに物引きしたため、散り散りに行きあかれぬ。**〈徒然草・30・人の亡き後ばかり〉訳自分こそが賢いのだといったふうに荷物を**片付け**、ばらばらに別れて行ってしまう。

ひき-しの・ぶ【引き忍ぶ】一 動詞 自〔バ上二段〕〈び・び・ぶ・ぶる・ぶれ・びよ〉人目を避ける。隠れる。「**ここにてさへひき忍ぶるもあまりなり。**」〈枕草子・143・殿などの〉訳「ここでさえ**人目を避ける**のもあんまりである。」
二 動詞 自〔バ四段〕〈ば・び・ぶ・ぶ・べ・べ〉一の意味に同じ。「**おのがどちひき忍びて見はべらむこそ、映えなかるべけれ。**」〈源氏・葵〉訳「私たち同士で**人目を避けて**(斎院の御禊を)見物しますようなことは、おもしろくないに違いないことだなあ。」
発展「ひき」は接頭語。

ひき-しろ・ふ【引きしろふ】動詞 他〔ハ四段〕〈は・ひ・ふ・ふ・へ・へ〉❶引っ張り合う。引っ張る。**小さき児はひかかり引きしろへば…。**〈源氏・夕霧〉訳小さい子供がはって来て(雲居の雁の着物を)**引っ張る**ので…。
❷引きずる。**物も着あへず抱き持ち、引きしろひて逃ぐる…。**〈徒然草・175・世には心得ぬことの〉訳(酔って寝込んだ人が、朝になって)着物も着る間もなく抱え持ち、**引きずって**逃げるようすは…。
❸引き連れる。

ひき-す・う【引き据う】動詞 他〔ワ下二段〕〈ゑ・ゑ・う・うる・うれ・ゑよ〉据える。座らせる。**この童の手をとらへて引き据ゑて…。**〈源氏・若菜下〉訳この子供の手をつかんで**座らせて**…。

ひき-す・ぐ【引き過ぐ】動詞 自〔ガ上二段〕〈ぎ・ぎ・ぐ・ぐる・ぐれ・ぎよ〉引いて通り過ぎる。**中御門の戸閾引き過ぐるほど…。**〈枕草子・3・正月一日は〉訳中御門(=待賢門)の敷居を(車を)**引いて通り過ぎる**とき…。

ひき-すさ・ぶ【弾き遊ぶ】動詞 他〔バ四段〕〈ば・び・ぶ・ぶ・べ・べ〉(弦楽器を)気の向くままに弾く。**琴を弾きすさびたまひて…。**〈源氏・須磨〉訳(源氏は)琴を**気の向くままに弾き**なさって…。

ひき-す・つ【引き捨つ】動詞 他〔タ下二段〕〈て・て・つ・つる・つれ・てよ〉引いて行って捨てる。「**死にければ、陣の外に引き捨てつ。**」〈枕草子・9・上にさぶらふ御猫は〉訳「(イヌは)死んだので、陣屋の外に**引いて行って捨て**てしまった。」

ひき-すま・す【弾き澄ます】動詞 他〔サ四段〕〈さ・し・す・す・せ・せ〉音色を澄ませて弾く。見事に弾く。**片折り戸したる内に琴をぞ弾き澄まされたる。**〈平家・6・小督〉訳一方だけ開くように戸が作ってある屋内で琴を**音色を澄ませて弾き**なさっている。

ひき-そば・む【引き側む】一 動詞 他〔マ四段〕〈ま・み・む・む・め・め〉そばへ引き寄せて隠すようにする。手もとへ引き寄せる。
二 動詞 他〔マ下二段〕〈め・め・む・むる・むれ・めよ〉一の意味に同じ。**引きそばめて急ぎ書きたまふは、かしこへなめり。**〈源氏・松風〉訳(源氏が紙を)**そばへ引き寄せて隠すようにし**て急いでお書きになるのは、あそこ(=明石の君のもと)へ(手紙をやる)のであるようだ。〇この「引きそばむ」を、「横を向く」という意味に解釈する説もある。

ひき-そ・ふ【引き添ふ】一 動詞 他〔ハ下二段〕〈へ・へ・ふ・ふる・ふれ・へよ〉❶添え加える。引いてそばに寄せる。**大舟に小舟引き添へ潜くとも志賀の荒雄に潜き逢はめやも** 歌〈万葉集・16・3869〉訳大舟に小舟を**引いてそばに寄せて**(海に)もぐっても、志賀の荒雄(=人名)を探しあてて逢うことができるだろうか、いや、できはしないだろう。
❷引き合いに出す。**異人を問ひたてまつる度には、この入道殿を必ず引き添へたてまつりて申す。**〈大鏡・道長上〉訳ほかの人(のこと)をお尋ね申し上げる度に、この入道殿(=藤原道長)をきっと**引き合いにお出し**申し上げてお話し申し上げる。

ひき-た【引き板】名詞 板に竹筒をぶら下げて音を出すようにした、田畑の鳥や獣を追い払う仕掛け。鳴子。
発展「ひきいた」の変化したことば。「ひた」とも。

ひき-たが・ふ【引き違ふ】一 動詞 他〔ハ下二段〕〈へ・へ・ふ・ふる・ふれ・へよ〉❶方向を変える。**方塞げて引きたがへ、ほかざまへと…。**〈源氏・帚木〉訳(陰陽道で)災いに遭う方角だということで**方向を変えて**、ほかの女性の所へと…。
❷予想を覆す。約束に背く。「**引きたがへはべらば、思はれむを…。**」〈源氏・玉鬘〉訳「(あなたとの結婚の)**約束に背き**ますなら、思い悩まないではいられないだろうに…。」
❸すっかり変える。**うつし心をば引きたがへ…。**〈紫式部日記〉訳平常の心を**すっかり変えて**…。

ひき-た・つ【引き立つ】 一 動詞 自 〔タ下二段〕〈て・て・つ・つる・つれ・てよ〉逃げ腰になる。浮き足立つ。大勢の**引き立てたることなれば**…。〈太平記〉訳大勢の兵士が**逃げ腰になっている**ことなので…。

二 動詞 他 〔タ下二段〕〈て・て・つ・つる・つれ・てよ〉❶引っ張って立たせる。引き起こす。御手を取りて**引き立てたまふ**。〈源氏・明石〉訳〈夢の中の桐壺院が源氏の〉お手を取って**引っ張って立たせなさる**。

❷〈障子などを〉仕切りとして立てる。〈戸を〉閉める。「若き人おはしけり。」とて、**引き立てて**往ぬる、のちに…。〈枕草子・8・大進生昌が家に〉訳〈生昌が〉「若い人がいらっしゃったのだった。」と言って、〈ふすまを〉**閉めて**出て行ってしまう、〈その〉後で…。

❸無理に連れて行く。「さらんからに、けしうはあらじ。**引き立ててゆかん**。」〈古今著聞集〉訳「そうであったとしても、おかしくはないだろう。**無理に連れて行こう**。」

❹取り立てる。登用する。重代の稽古の者なりけれども、**引き立つる**人もなかりけるに…。〈古今著聞集〉訳代々学問をしてきた者ではあるが、**取り立てる**人もなかったので…。

ひき-た・る【ひき垂る】 動詞 他 〔ラ下二段〕〈れ・れ・る・るる・るれ・れよ〉垂れ下げる。御下簾うるはしく**ひき垂れて**…。〈大鏡・師輔〉訳お車のすだれの内側にかける幕をきちんと**垂れ下げて**…。

ひき-つくろ・ふ【引き繕ふ】 動詞 他 〔ハ四段〕〈は・ひ・ふ・ふ・へ・へ〉❶身なりや体裁を整える。雑色・牛飼ひに至るまで、常よりも**ひき繕はれたり**。〈平家・2・西光被斬〉訳雑色や牛飼い〈という低い身分の者〉に至るまで、普段よりも**身なりを整え**〈させ〉なさっていた。

❷特に気を配る。取り繕う。我に心置き、**ひきつくろへる**さまに見ゆるこそ…なほげにげにしく、「よき人かな。」とぞ覚ゆる。〈徒然草・37・朝夕隔てなく〉訳〈親しい人が〉私に遠慮し、**特に気を配っている**ように見えるのは…やはり誠実味があって、「よい人だなあ。」と思われる。

発展「ひき」は接頭語。

ひきつけ-しゅう【引き付け衆】 名詞 鎌倉・室町幕府の職名のひとつ。★評定衆を補佐して、訴訟の審理や事務を担当した。

ひき-つ・む【引き詰む】 動詞 他 〔マ下二段〕〈め・め・む・むる・むれ・めよ〉手早くつぎつぎに弓を引いて射る。八すぢの矢を、差し詰め**引き詰め**、さんざんに射る。〈平家・9・木曾最期〉訳八本の矢を、つぎつぎに弦につがえて**手早くつぎつぎに弓を引いて**、存分に射る。〇この例のように「差し詰め引き詰め」の形で用いられることが多い。

ひきで-もの【引き出物】 名詞 ➡ひきいでもの

ひき-と・る【弾き取る】 動詞 他 〔ラ四段〕〈ら・り・る・る・れ・れ〉弾き方を習得する。弾いて覚える。親としつべき御手より**弾き取りたまへらむは**…。〈源氏・常夏〉訳第一人者ともいうべき方の奏法から**弾き方を習得**なさっていたりするのは…。

ひき-なほ・す【引き直す】 一 動詞 他 〔サ四段〕〈さ・し・す・す・せ・せ〉もとのように直す。整える。顔隠したまへる御袖を少し**引き直して**…。〈源氏・総角〉訳〈大君は〉顔をお隠しになっているお袖を少し**もとのように直して**…。

ひき-なら・す【引き鳴らす】 動詞 他 〔サ四段〕〈さ・し・す・す・せ・せ〉引いて音を立てる。引いて鳴らす。引板**ひき鳴らす**音もをかしく…。〈源氏・手習〉訳鳴子を**引いて音を立てる**音もおもしろく…。

ひき-の・く【引き退く】 一 動詞 自 〔カ四段〕〈か・き・く・く・け・け〉しりぞく。後退する。あさましく思ひて、**引きのかんとすれば**…。〈宇治拾遺〉訳驚きあきれたことと思って、**しりぞこう**とすると…。

二 動詞 他 〔カ下二段〕〈け・け・く・くる・くれ・けよ〉引き離す。どける。取り付きたまへる手を**引きのけて**…。〈平家・3・足摺〉訳〈舟に〉しがみつきなさっている手を**引き離して**…。

ひき-はぎ【引き剝ぎ】 名詞 追いはぎ。発展「ひっぱぎ」「ひはぎ」とも。

ひき-はこ・ゆ【引きはこゆ】 動詞 他 〔ヤ下二段〕〈え・え・ゆ・ゆる・ゆれ・えよ〉衣服の裾をたくし上げる。壺装束などにはあらで、ただ**引きはこえたるが**…。〈枕草子・158・うらやましげなるもの〉訳壺装束〈＝女性の旅行姿〉などではなく、ただ単に**衣服の裾をたくし上げ**ている女が…。

ひき-はな・つ【引き放つ】 動詞 他 〔タ四段〕〈た・ち・つ・つ・て・て〉❶弓を引いて矢を射る。**引き放つ**矢の繁けく… 歌〈万葉集・2・199〉訳**弓を引いて矢を射る**〈その〉矢の数の多いことは…。

❷引っ張って離す。袖を**引き放ちて**逃げられけり。〈十訓抄〉訳袖を**引っ張って離して**逃げられた。

❸間隔を置く。また、文字を一字一字離して書く。歌は、わざとがましく**引き放ちてぞ書きたる**。〈源氏・早蕨〉訳〈阿闍梨は字が下手で〉歌は、わざとらしく**文字を一字一字離して書いて**ある。

ひき-は・る【引き張る】 動詞 他 〔ラ四段〕〈ら・り・る・る・れ・れ〉引っ張る。

ひき-ひき【引き引き】 形容動詞 〔ナリ〕 ❶それぞれひいきしている。これかれにつきつつ、**引き引きに**参れば、二十余人ばかりさぶらふ。〈落窪〉訳この人あの人に付き従っては、〈縁故によって〉**それぞれひいきして**〈女房たちが〉参上するので、二十人あまりもお仕えしている。

❷各自が自分のしたいようにしている。思い思いである。**引き引きに**わがめでつると思ひける人のこころやせばまくの衣 歌〈山家集・1534〉訳〈釈迦の〉衣をてんでに引っぱって、**思い思いに**、私〈こそ〉が〈釈迦を〉愛し敬ったと思った人の心のなんと狭いことよ。〇「引き引きに」は「思い思いに」と「それぞれが引っぱる」意味を掛ける。

発展「ひきびき」とも。

ひき-へだ・つ【引き隔つ】 動詞 他 〔タ下二段〕〈て・て・つ・つる・つれ・てよ〉〈屏風や★几帳などを〉立てて仕切りとする。軟障など**引き隔てて**おはします。〈源氏・玉鬘〉訳軟障〈＝間仕切りの幕〉などを**立てて仕切りとして**いらっしゃる。

ひき-むす・ぶ【引き結ぶ】 動詞 他 〔バ四段〕〈ば・び・ぶ・ぶ・べ・べ〉引き寄せて結ぶ。結ぶ。枕とて草**引き結ぶ**こともせじ秋の夜とだに頼まれなくに 歌〈伊勢・83〉訳枕として草を**引き寄せて結ぶ**こと〈＝旅寝〉もするまい。〈今は春なので〉秋の夜のように〈長い夜を〉頼みとすることさえできないので。

ひき-め【蟇目・引き目】 名詞（「響目」の略で）キリまたはホオの木で作った大形の★鏑。↓矢（図）発展 ★犬追物や★笠懸などで、射るものを傷つけないために用いた。中をくりぬき、数個の穴を空けてあるために、射ると空気が穴に触れて高い音が鳴るので、魔よけにも用いた。

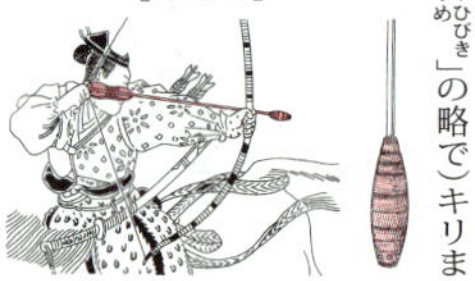

［ひきめ］

ひきめ-かぎはな【引き目鉤鼻】 大和絵の人物の顔を描く技法のひとつ。ふっくらした顔に、目は細い線を一本長く引き、鼻は細い線で小さいかぎのようにくの字形に描く。発展『源氏物語絵巻』などに見られる。

ひき-もの【引き物】 名詞 ❶↓ひきいでもの ❷布を垂らして、屋内の仕切りとするもの。★壁代・★几帳・帳など。

ひき-もの【弾き物】 名詞 琴・琵琶などの弦楽器。対吹き物

ひぎゃう-しゃ【飛香舎】 ひぎょうしゃ 名詞 内裏の後宮五舎の一つ。中宮や女御などが住んだ。清涼殿の北、弘徽殿の西に位置し、庭にフジがあったことから藤壺ともいう。↓ビジュアルチェック⑯（759ページ）

ひき-やか・なり【低やかなり】 形容動詞〔ナリ〕〈なら・なり（に）・なり・なる・なれ・なれ〉（身分・身長・声などが）低い。「長**ひきやかにて**、中にすぐれて『**鳴り制せん。**』といひて、通さじと立ち塞がる男、**憎きやつなり。**」〈宇治拾遺〉訳「背が**低くて**、あの中でもひときわ『うるさい。』と言って、通すまいと立ちふさがった男は、憎いやつだ。」

ひ-きゃく【飛脚】 名詞 ❶急用を遠い所へ知らせる使者。❷江戸時代、手紙・金銭・物品の運送を仕事とした者。発展 鎌倉時代、京都・鎌倉間は早馬で七日間を要した。江戸時代には飛脚制度が整備され、幕府公用の「継ぎ飛脚」、諸大名が設けた「大名飛脚」、民間の「町飛脚」などがあった。

ひき-や・る【引き破る】 動詞 他〔ラ四段〕〈ら・り・る・る・れ・れ〉引き裂く。引きやぶる。「この紙の端を**引きやらせたまひて**…。」〈枕草子・239・三条の宮におはしますころ〉訳「この紙の端を**引き裂き**なさって…。」

ひき-や・る【引き遣る】 動詞 他〔ラ四段〕〈ら・り・る・る・れ・れ〉押しのける。引きのける。「御衣**引きやり**などしたまふに…。」〈源氏・若菜上〉訳お召し物を**押しのけ**たりなさると…。

ひき-ゆ・ふ【引き結ふ】 ひきゆう 動詞 他〔ハ四段〕〈は・ひ・ふ・ふ・へ・へ〉引き結ぶ。「御髪のいと長うこちたきを**引き結ひて**うち添へたるも…。」〈源氏・葵〉訳（葵の上の）お髪のたいそう長く（量が）多いのを**引き結ん**でちょっと添えてあるのも…。

ひき-ゆるが・す【引き揺るがす】 動詞 他〔サ四段〕〈さ・し・す・す・せ・せ〉引っ張って揺り動かす。「いぎたなしと思ひ顔に**引き揺るがしたる**、いと憎し。」〈枕草子・28・憎きもの〉訳（眠ったふりをしているのを、人が）寝坊だと思っているような顔つきで（私を）**引っ張って揺り動かした**のは、ひどくしゃくに障る。

ひ-きょう・なり【比興なり】 形容動詞〔ナリ・ノ〕〈なら・なり（に）・なり・なる・なれ・なれ〉❶おもしろい。「不幸の物の十列か。」といはれたりける、**比興のことなりけり**。〈古今著聞集〉訳（競馬で十番負けたのを源経信がご覧になって）「不幸の十番か。」とおっしゃったのは、**おもしろいこと**（＝言い方）であった。
❷不合理だ。不都合だ。ふとどきだ。「あまりに供米、不法にさうらひて…糟糠のみ入りて…。」と申されければ、**比興のことなりとて**…。〈古今著聞集〉訳「あまりにも寺に納める米がひどい状態でございまして…（俵の中には）米かすと糠だけが入っていて…。」と申し上げなさったところ、**ふとどきなこと**であると言って…。

比況の助動詞 国語・国文法 ある物事を他の物事に比べ、たとえて表現する助動詞。「比喩の助動詞」ともいう。「ごとし」「ごとくなり」「やうなり」がこれに当たる。「ごとし」「ごとくなり」は、多く「の」を介した体言や「が」を介した活用語の連体形を受ける。また、「ごとし」の語幹相当部分の「ごと」も同じように用いられる。

ひき-よ・く【引き避く】 動詞 他〔カ上二段〕〈き・き・く・くる・くれ・きよ〉身を引いて避ける。人をよける。「物の心知りげもなきあやしの童部まで、**引きよきて**ゆき過ぐるを、車を驚きあさみたること限りなし。」〈更級日記・初瀬〉訳物事の道理を知っていそうもない身分の低い子供までもが、（私たちが混雑した通りを車で）**人をよけて**通り過ぎるので、（その）車を（見て）驚きあきれることはこの上もない。

ひき-わか・る【引き別る】 動詞 自〔ラ下二段〕〈れ・れ・る・るる・るれ・れよ〉別れる。離れ離れになる。↓ひきわかれ…
発展「ひき」は接頭語。

ひきわかれ… 歌
ひきわかれ年は経れども鶯の巣だちし松の根をわすれめや〈源氏・初音〉訳離れ離れになって年月は過ぎるけれども、ウグイスが、巣立ちをしたマツの根（＝私を産んでくれた母）を忘れるものだろうか、いや、決して忘れはしない。〇「ひき」は「松」の縁語。「や」は反語を表す係助詞。
発展 母である明石の君の歌（↓としつきを…）に対する、明石の姫君（＝後の明石の中宮）からの返歌。自分をウグイスに、母をマツにたとえて詠む。

ひき-わた・す【引き渡す】 動詞 他〔サ四段〕〈さ・し・す・す・せ・せ〉❶長く引く。一方から他方へ届かせる。張り渡す。「浅緑打ちたるを**引き渡したるやうにて**…。」〈枕草子・306・日のいとうららかなるに〉訳（海面は）薄緑色の正装の上着を（砧で）打って（つや出しして）あるのを**張り渡して**あるようで…。
❷引き回す。「一度ならず両三度まで鎌倉を**引き渡さるる**。」〈狂言・朝比奈〉訳「一度だけでなく二度も三度も鎌倉を引き回される。」

ひき・ゐる【率ゐる】 ひきいる 動詞 他〔ワ上一段〕〈ゐ・ゐ・ゐる・ゐる・ゐれ・ゐよ〉引き連れる。引率する。「そのわたりの家の娘など**率ゐて来て**…。」〈枕草子・99・五月の御精進のほど〉訳その辺りの家の娘などを**引き連れて来て**…。

ひき-を・る【引き折る】 ひきおる 動詞 他〔ラ四段〕〈ら・り・る・る・れ・れ〉（櫂などが）折れるほど強く漕ぐ。「夕潮に楫**引き折り**…」歌〈万葉集・20・4331〉訳夕潮のときに櫂が**折れるほど強く漕ぎ**…。

ひ・く 一【退く】動詞 自〔カ四段〕〈か・き・く・く・け・け〉❶後ろへ下がる。しりぞく。逃げる。退却する。「わづかに五十騎ばかりに討ちなされ、さっと**退いて**ぞ出い

でたりける。〈平家・9・二度之懸〉訳（梶原軍は）わずかに五十騎ほどに討ちとられ、ざっとしりぞいて（敵の陣から）逃げたのだった。○「退い」は連用形「退き」のイ音便。
❷（地位・役職などから）離れる。身を引く。
□【引く・惹く・曳く】動詞 他〔カ四段〕〈か・き・く・く・け・け〉
❶引っ張る。引き抜く。
「**ただ力を立てて引きたまへ**。」〈徒然草・53・これも仁和寺の法師〉訳「ひたすら力を精いっぱい（入れて）**引っ張りなさい**。」
❷（弓の弦を）引いて矢を射る。
君に向かって弓を引き、主に対して太刀を抜く。〈平家・11・遠矢〉訳主君に向かって弓を**引いて矢を射**、（自分の）主人に対して刀を抜く。
❸（草木などを）抜き取る。
御前の山の小松引き遊ぶ。〈源氏・初音〉訳御前の築山の小さなマツを**抜き取って遊ぶ**。
❹誘う。
騒がしきに引かれて出でたまふ。〈源氏・松風〉訳騒がしいのに**誘われて**（源氏は）外出なさる。
❺引用する。例を引く。
史書の文を引きたりし…。〈徒然草・232・すべて人は〉訳中国の歴史書の文章を**引用した**のは…。
❻（多くの中から）選び出す。選んで取る。
「**まづ、引け**。」と仰せられしかば、**引きしに**…。〈讃岐典侍日記〉訳（堀河天皇が私に）「（このたくさんの扇の）どれかをあなたが）最初に、**選んで取れ**。」とおっしゃったので、**選び取った**ところ…。
❼贈り物や引き出物として与える。贈る。
諸国の土民結縁のために、あるいは針、あるいは餅四、五枚などを引きけり。〈古今著聞集〉訳諸国の民は未来に成仏できるような因縁を結ぶために、ある者は針、ある者は餅四、五枚を（僧への）**引き出物として贈った**。
❽（湯を）浴びる。
御湯引かせたてまつる。〈平家・10・千手前〉訳お湯を**浴びさせ**申し上げる。
❾（幕や巻物などを）繰り広げる。張り渡す。
車差し回して、幕など引きて…。〈蜻蛉日記〉訳車の向きを変えて、垂れ幕などを**張り渡して**…。
❿（杖を）つく。
雲巌寺に杖を引けば…。〈奥の細道・雲巌寺〉訳雲巌寺に杖を**つい**て（出かけ）たところ…。
⓫（木や杭を）立てる。
二つの川の落ち合ひに、**大木を切って逆茂木に引き**…。〈平家・7・火打合戦〉訳二つの川が落ち合う所に、大木を切って敵の侵入を防ぐ垣根として**立て**…。

ひ・く【弾く】動詞 他〔カ四段〕〈か・き・く・く・け・け〉（弦楽器を）演奏する。弾き鳴らす。
尼君ぞ、月など明き夜は、琴など弾きたまふ。〈源氏・手習〉訳尼君は、月などが明るい夜には、琴などをお**弾き鳴らし**になる。

びく【比丘】名詞《仏教語》出家して、定められた戒を受けて僧となった男性。僧。対比丘尼

びくに【比丘尼】名詞❶《仏教語》出家して、定められた戒を受けて僧となった女性。尼僧。尼。対比丘 ❷尼僧の姿をして諸国を巡った芸人。

ひ-くらし【日暮らし】

夜明けから日暮れまでの時間帯
一 名詞 ― 朝から晩まで。一日中。終日。
二 副詞 ― 一の意味に同じ。

一 名詞 **朝から晩まで。一日中。終日。**
暮れがたき夏の日暮らしながむればそのこととなくものぞ悲しき 歌〈伊勢・45〉訳なかなか日が暮れない夏の**一日中**、ぼんやり物思いにふけっていると、どこがどういうこともなくもの悲しい。○この例の、「日暮らし」を一語の名詞と見ない考え方もある。その解釈によれば、名詞「ひ」+四段動詞「くらす」の連用形であり、「一日を過ごして」という意味になる。
二 副詞 **一の意味に同じ**。類終日
昼は日暮らし、夜は目の覚めたる限り、灯を近くともして、これを見るより外のことなければ…。〈更級日記・物語〉訳昼は**朝から晩まで**、夜は目が覚めている間（ずっと）、灯火をそば近くにつけて、これ（=源氏物語）を読む以外の（する）ことがないので…。
発展「**ひくらし**」か「**ひぐらし**」か 「ひぐらし」とも。「く」「ぐ」のうちどちらが多かったかははっきりしていないが、一の用例のように、「日」と「暮らし」という二語の意識が残っていたと見るならば、名詞・副詞となっても清音で発音された可能性が高い。

ひ-ぐらし【蜩】名詞《動物》セミ科の昆虫。鳴き声から「カナカナ」ともいう。季語秋

ひ-ぐゎん【悲願】名詞 動詞 自〔サ変〕〈せ・し・す・する・すれ・せよ〉《仏教語》仏や菩薩が慈悲の心から、すべての生き物を救おうとして誓いを立てること。また、その誓い。阿弥陀如来の四十八願、薬師如来の十二願、普賢菩薩の十願などがある。発展「悲」は「慈悲」という意味。

ひ-け【非家】名詞 ↓ひか

ひ-げ【卑下】名詞 動詞 自〔サ変〕〈せ・し・す・する・すれ・せよ〉❶謙遜すること。へりくだること。❷相手をさげすむこと。

ひげ-がち【鬚勝ち】形容動詞〔ナリ〕ひげが多い。
色黒くひげがちに見えて、いと心づきなし。〈源氏・行幸〉訳（玉鬘には、鬚黒大将は）色が黒く**ひげが多く感じられて、まことに気に入らない**。

ひげ-こ【鬚籠】名詞 編み残した端をひげのように出したかご。果実や花などを入れた。どじょうかご。

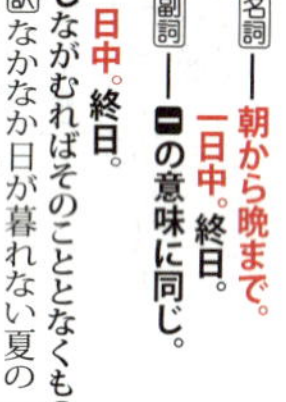
[ひげこ]

ひこ【彦】名詞 男子を褒めたたえた言い方。多く男子の名前に付けて用いる。対姫

↓古語チャート㊱（1057ジ）

肥後 旧国名 肥州。★西海道十一か国の一つ。今の熊本県。七世紀末、肥国（火国）が★肥前・肥後に分かれた。↓ビジュアルチェック❼（450ジ）

ひこ-しろ・ふ【引こしろふ】動詞 他〔ハ四段〕〈は・ひ・ふ・ふ・へ・へ〉しきりに引っ張る。
物に引き掛けまつはれけるを、逃げむとひこしろふほどに…。〈源氏・若菜上〉訳（ネコは首に付けられた綱が）物に引っ掛けて絡み付いてしまったのを、逃れようとして**しきりに引っ張る**間に…。

ひこ-ぢ【夫】名詞《上代語》夫。
発展「ひこしらふ」とも。「しろふ」は接尾語。

ひこ-づら・ふ【引こづらふ】一 動詞 他〔ハ四段〕

〈は・ひ・ふ・ふ・へ・へ〉強く引っ張る。
引き上る赤のそほ舟そほ舟に綱取り掛けひこづらひ…〔歌〕〈万葉集・13・3300〉〔訳〕櫂を引いて川上へ行く赤土を塗った舟、その舟に綱を取って掛け強く引っ張り…。

□二〔動詞〕〔自〕〔八四段〕〈は・ひ・ふ・ふ・へ・へ〉つかむように絡み付く。

ひこばえ【蘖】〔名詞〕草木の切り株から生え出た芽。〔季語〕春

ひこ-ば・ゆ【蘖ゆ】〔動詞〕〔自〕〔ヤ下二段〕〈え・え・ゆ・ゆる・ゆれ・えよ〉(切った草木の根や株から)新しく芽が出る。
荒小田の去年の古跡の古蓬今は春べとひこばえにけり〔歌〕〈新古今集・春上・77〉〔訳〕荒れた田の去年の古い切り株に(生え出て)ある古いヨモギは、今は春のころ(になった)と**新しく芽が出た**ことだ。

ひ-ごふ【非業】〔名詞〕《仏教語》前世からの定まった業の報いではないこと。宿命でないこと。思いがけない災難によって死ぬこと。〔対〕定業
「また**非業**たらば、療治を加へずとも助かることを得べし。」〈平家・3・医師問答〉〔訳〕「(病気が前世からの業報であれば治らないだろうし)また**前世からの定まった業の報いではないこと**であるならば、治療を加えなくても助かることはできるだろう。」

ひこ-ぼし【彦星】〔名詞〕七夕伝説で、織女星の夫といわれる牽牛星。〔季語〕秋〔発展〕上代は「ひこほし」。「彦」は男性を表す。

ひ-ごろ【日頃】

一〔名詞〕―❶数日の間。❷普段。平生。
二〔副詞〕―ここ数日。このごろ。

□一〔名詞〕❶**数日の間**。何日か。この数日間。
水無瀬に通ひたまひし惟喬の親王…**日ごろ**経て、宮に帰りたまうけり。〈伊勢・83〉〔訳〕水無瀬に(鷹狩りをしに)お通いになっていた惟喬親王が…**何日か**たって、(京都の)御殿にお帰りになった。
❷**普段**。**平生**。
疎ましく、憎くおぼしめして、**日ごろの御気色もたがひ、昇進もしたまはざりけり**。〈徒然草・128・雅房大納言は〉〔訳〕(上皇は雅房大納言を)嫌で、憎いとお思いになって、**普段**のご機嫌も損じて、(そのため雅房は)昇進もなさらなかった。

□二〔副詞〕**ここ数日**。数日来。**このごろ**。
日ごろ降りつる雪の今日はやみて、風などいたう吹きつれば、垂氷いみじうしだり…。〈枕草子・302・十二月二十四日〉〔訳〕**ここ数日**降った雪が今日はやんで、風などがひどく吹いたので、つららが並々でなく垂れ下がり…。
〔関連語〕月頃・年来・夜来

ひ-さう【秘蔵】〔名詞〕〔動詞〕〔他〕〔サ変〕〈せ・し・す・する・すれ・せよ〉❶大切にしまっておくこと。また、そのもの。❷他人に教えない重要な事項。秘訣。秘伝。
「**この用意を忘れざるを馬乗りとは申すなり。これ秘蔵のことなり。**」と申しき。〈徒然草・186・吉田と申す馬乗り〉〔訳〕「この注意を忘れないのを馬乗り(の名人)と申すのです。これが**秘訣**ということである。」と申した。
〔発展〕近世中期以降「ひぞう」。

ひ-ざう【非常】〔名詞〕↓ひじゃう(非常)

び-さう【美相】〔名詞〕美しい顔立ち。美しい姿。

ひ-ざう・なり【非常なり】〔形容動詞〕↓ひじゃうなり

ひさかた-の【久方の】〔枕詞〕(天に関係のある)「天」「空」「雨」「月」「星」「日」「光」「雲」「夜」などに、(月にカツラの木があるという伝説から)「かつら」に、また「都」に係る。

ひさかたの…〔百人一首〕
ひさかたの光のどけき春の日にしづ心なく花の散るらむ〈古今集・春下・84・紀友則〉〔訳〕日の光がのどかな春の日に、(どうして)落ち着いた心もなく(サクラの)花が散っているのだろう。
〔発展〕のどかな春の日に慌ただしく散るサクラの花を惜しむ気持ちを詠んだ歌。
〔品詞分解・修辞〕

ひさかた〈枕詞〉↓光	の 格助	光	のどけき 形・体	春	の 格助	日	に 格助
しづ心	なく 形・用	花	の 格助	散る ラ四・終	らむ 現在推量・体		

ひさかたの…〔歌〕
ひさかたの月に生ひたる桂川底なる影も変はらざりけり〈土佐日記・二月十六日〉〔訳〕月に生えている(といわれる)カツラを名に持つ桂川だから、(その流れはもちろんのこと)水底に映る(月の)影も変わらなかったことだよ。○「ひさかたの」は「月」に係る枕詞。第一・二句は「桂川」を導く序詞。
〔発展〕紀貫之の一行が、京都に入るため桂川を渡るときに、ある人が詠んだ歌。
ひさかたの月の桂も秋はなほもみぢすればや照りまさるらむ〈古今集・秋上・194・壬生忠岑〉〔訳〕月にあるカツラの木も秋にはやはり色づくので、(秋の月は)いちだんと明るく照り輝いているのではなかろうか。○「ひさかたの」は「月」に係る枕詞。「らむ」は推量の助動詞で、ここでは原因を推量する意味を表す。
〔発展〕月にはカツラの木が生えているという中国の伝説を踏まえ、秋の月が美しいことを詠んだ歌。

ひさ-ぎ【楸・久木】〔名詞〕《植物》ノウゼンカズラ科の落葉高木、キササゲの別の呼び名。また、アカメガシワとする説もある。

ひさく【杓】〔名詞〕水をくみ取る道具。ひしゃく。〔類〕瓢
〔発展〕「ひさこ」の変化したことば。

ひさ・ぐ【販ぐ・鬻ぐ】〔動詞〕〔他〕〔ガ四段〕〈が・ぎ・ぐ・ぐ・げ・げ〉売る。商う。販売する。
柩をひさぐ者、作りて打ち置くほどなし。〈徒然草・137・花は盛りに〉〔訳〕(毎日人が死ぬので)棺おけを**売る**者は、作って放置する暇もない。
〔発展〕古くは「ひさく」。

ひさ・ぐ【提ぐ】〔動詞〕〔他〕〔ガ下二段〕〈げ・げ・ぐ・ぐる・ぐれ・げよ〉手にさげて持つ。ぶらさげる。
念珠をひさげて念じ入りたるさま…〈今昔〉〔訳〕数珠を**手にさげて持って**一心に祈っているようすは…。

ひざ-くりげ【膝栗毛】〔名詞〕(膝を栗毛のウマの代用とする意味から)徒歩で旅行すること。

ひさげ【提・提子】〔名詞〕弦と注ぎ口のある金属製の容器。酒や水などを温めたり、杯につぎたりする。

ひさご【瓢・瓠・匏】〔名詞〕❶《植物》ユウガオ、ヒョウタンなどの総称。また、その果実。〔季語〕秋〔類〕生り瓢 ❷ヒョウタンの実をくり抜いて作った器。❸水をくむ道具。ひしゃく。❶を縦に割ったもので、後には木をくり抜いて柄を付けた。〔発展〕古

[ひさげ]

くは「ひさご」。

ひさし【廂・庇】名詞 ❶寝殿造りで、母屋(もや)の外、簀(す)の子の内にある細長い部屋。❷出入り口や窓に作った小さな屋根。

ひさ・し【久し】形容詞〈シク〉〈しく・しく・し・しき・しけれ・○／しから・しかり・○・しかる・○・しかれ〉❶長い時間がたっている。**また、養和のころとか、久しくなりて覚えず。**〈方丈記・飢渇(けかつ)〉訳 また、養和年間のことだったか、**長い時間がたって**(はっきり)思い出せない。
❷長い時間がかかる。**とみにていり炭おこすも、いと久し。**〈枕草子・160・心もとなきもの〉訳 急の入用で炒(い)り炭をおこすのも、とても**長い時間がかかる。**
❸久しぶりである。「**なんと亭主、久しいの。**」〈近松・曾根崎心中(そねざきしんじゅう)〉訳「なんと亭主、**久しぶりだのう。**」○「久しい」は連体形「久しき」のイ音便。
❹なじみ深い。**亭主は久しい客のこと、善し悪しの返答なく…。**〈近松・曾根崎心中〉訳 亭主は**なじみ深い**客に対すること、いいとも悪いとも返答しないで…。
❺相変わらずだ。**河辺の娘が半四郎をまねるも、久しもんだ。**〈辰巳之園(たつみのその)〉訳（置屋の）河辺の娘分が（岩井）半四郎のまねをするのも、**相変わらずだ**なあ。
→**古語チャート**⑰(605ページ)

ひざ-つき【膝突き・膝衝き】名詞 宮中の儀式などで、ひざまずくときに衣服が汚れないように、膝の下に敷く半畳ほどの敷物。

ひさ・なり【久なり】形容動詞〈ナリ〉〈なら・なり（に）・なり・なる・なれ・なれ〉長い時間がたっている。**なかなかに死なば安けむ君が目を見ず久ならばすべなかるべし** 歌〈万葉集・17・3934〉訳 いっそのこと死んだら心安らかであるだろう。あなたのお顔を見ずに**長い時間がたつ**とどうにもならなくなりそうだ。
→**古語チャート**⑰(605ページ)

ひざ-ま・く【膝枕く】動詞 自〈カ四段〉〈か・き・く・く・け・け〉（人の）ひざを枕(まくら)にして寝る。**うちひさす宮の我が背は大和女(やまとめ)のひざまくごとに吾を忘らすな** 歌〈万葉集・14・3457〉訳 宮仕えをするあなたは、大和女(=今の奈良県に住む女)の**ひざを枕にして寝る**ときはいつも、私(という妻があること)をお忘れになるな。○「うちひさす」は「宮」に係る枕詞。

ひ-さめ【氷雨】名詞 霰(あられ)。雹(ひょう)。季語 夏

ひざ-もと【膝元】名詞 ❶膝のそば。人のそば。❷親・身分の高い人・権力者などの保護の及ぶところ。手もと。おひざもと。

ひ-さんぎ【非参議】名詞 ❶三位以上で、まだ★参議にならない者。❷参議以上の職を退いた人。❸四位ではあるが、功績などにより参議になる資格を有する者。

ひし【菱】名詞 ❶《植物》ヒシ科の水生多年草。葉がひし形で、夏に白い花が咲く。実は食用となる。❷武器のひとつ。鉄製でひし形あるいは★刺(さ)す股(また)の形に作り、先をとがらせ、柄を付けたもの。地上に刺して敵を防いだ。❸武器のひとつ。鉄製でヒシの実の形に作り、先をとがらせたもの。地上や川中に置いて敵の進入を防いだ。

ひじ（現）→（歴）**ひぢ【泥】**

ひ-じ【非時】名詞《仏教語》❶僧が食事をとってはならない時間。正午過ぎから翌朝の四時ごろまでの間。対 斎(とき)
❷(「非時食(ひじじき)」の略で)僧が❶の時間に食事をすること。また、その食事。

ひしお（現）→（歴）**ひしほ【醤・醢】**

ひじき-も【ひじき藻】名詞 海藻のひとつ。ヒジキ。

ひしき-もの【引敷き物】名詞 敷物。夜具。和歌では、多く海藻の「ひじき藻」に掛ける。**思ひあらばむぐらの宿に寝もしなむ引敷き物には袖(そで)をしつつも** 歌〈伊勢・3〉訳（あなたに私を）思う心があるならば、雑草の生い茂った粗末な家で(あなたと)共寝もしよう。**夜具**には袖を使ってでも。

ひ-しきりに【日しきりに】一日中。**日しきりに、とかくしつつのしるうちに、夜更けぬ。**〈土佐日記・十二月二十一日〉訳 **一日中**、めいめいあれこれして声高に騒いでいる間に、夜が更けてしまった。

ひし・ぐ【拉ぐ】一 動詞 自〈ガ下二段〉〈げ・げ・ぐ・ぐる・ぐれ・げよ〉押しつぶされる。ひしゃげる。**家の内にをれば、たちまちにひしげなんとす。**〈方丈記・辻風(つじかぜ)〉訳（大風が吹いて）家の中にいると、そのまま**押しつぶされ**てしまいそうである。
二 動詞 他〈ガ四段〉〈が・ぎ・ぐ・ぐ・げ・げ〉押しつぶす。**蓬(よもぎ)の、車に押しひしがれたりけるが…。**〈枕草子・223・五月ばかりなどに〉訳 ヨモギで、車輪に**押しつぶされ**てあったのが…。

ひし-と 副詞 ❶（物がきしむ音を表し）みしっと。ぎしっと。**この床(とこ)のひしと鳴るまで嘆きつるかも** 歌〈万葉集・13・3270〉訳 この床が**みしっと**鳴るくらいため息をついたことだ。
❷透き間なく。ぴったりと。びっしりと。**馬車ひしと立てたるを分けて参るに…。**〈古今著聞集(ここんちょもんじゅう)〉訳 馬車が**びっしりと**立ててあるのをかき分けて参内(さんだい)しようとすると…。
❸確かに。しっかりと。**無常の身に迫りぬることを心にひしとかけて、つかの間も忘るまじきなり。**〈徒然草・49・老い来たりて〉訳 死が(わが)身に近づいていることを心に**しっかりと**留めておいて、ほんのちょっとの間も(それを)忘れてはならないのである。

びし-びし 副詞（鼻水をすする音を表し）ぐすぐす。**しはぶかひ鼻びしびしにしかとあらぬ髭(ひげ)かきなでて…** 歌〈万葉集・5・892〉訳 しきりにせき込んで、鼻を**ぐすぐすと**(鳴らし)、きちんと生えていない髭をなでて…。
発展 上代の和語には、濁音で始まる語はほとんどなく、この語は擬声語のための例外と考えられる。

ひしひし-と 副詞 ❶（物が強くきしむ音を表し）みしみしと。ぎしぎしと。**物の、足音ひしひしと踏みならしつつ…。**〈源氏・夕顔〉訳 怪しいものが、足音を**みしみしと**踏んで鳴り響かせながら…。
❷（少しも透き間のないようすを表し）びっしりと。ぴったりと。**五百余騎ひしひしとくつばみを並ぶる所に…。**〈平家・9・宇治川先陣(うじがわのせんじん)〉訳 五百騎余りが**びっしりと**ウマの轡(くつわ)を並べている所に…。
❸（ゆるみなく事を行うようすを表し）てきぱきと。びしびしと。**ひしひしとおぼしめしたたせたまひけり。**〈平家・4・源氏揃(げんじぞろえ)〉訳 **てきぱきと**計画をお立てになった。
❹（心の隔てがなくなるようすを表し）しっくりと。すっかり。

近づかまほしき人の、上戸にて、**ひしひしと**馴れぬる、またうれし。〈徒然草・175・世には心得ぬことの〉訳（こちらから）親しくなりたい（と思う）人が、酒好きで、**すっかり**打ち解けてしまったのは、またうれしい。

❺（盛んに物を食べる音を表し）むしゃむしゃと。**ひしひしと**ただ食ひに食ふ音のしければ…。〈宇治拾遺〉訳**むしゃむしゃと**ただもう盛んに食べる音がしたので…。

ひしほ【醤】名詞 ❶みそのひとつ。ムギとダイズを混ぜてこうじにしたものに塩水を加え、数十日間蓄えて作る。調味料としたり、野菜を漬け込んで食べる。
❷【醢】塩漬けにした肉や魚。類肉醤

ひしめ・く【犇めく】動詞 自〔カ四段〕〈か・き・く・く・け・け〉❶押し合って騒ぎ立てる。「髻切れ。」と大衆**ひしめきければ**、取るものも取りあへず逃げ上る。〈平家・5・奈良炎上〉訳「（都からの使いの者の）髻を切れ。」と（興福寺の）多くの僧が**押し合って騒ぎ立て**たので、とにかく大急ぎで逃げて都に帰る。
❷ぎしぎし音を立てる。ぎしぎし鳴る。きしる。奥の方より、ものの**ひしめき**鳴るもいと恐ろしくて…。〈枕草子・125・無徳なるもの〉訳奥の方から、何かが**ぎしぎし音を立て**て鳴るのもひどく恐ろしくて…。
発展「めく」は接尾語。

ひ-じゃう【非常】名詞 普通では考えられないこと。緊急事態。関所は、国の大禁を知らしめ、時の**非常**を誡めんがためなり。〈太平記〉訳関所は、国の重大な禁止事項を（他国から入る者に）知らせ、時の**緊急事態**に備えようというため（のもの）である。
発展「常」は不断・平常・通念の意味。

ひ-じゃう【非情】名詞《仏教語》心の働きを持たないもの。喜怒哀楽の感情を持たないもの。草木・土石の類。

ひ-じゃう・なり【非常なり】形容動詞〔ナリ〕〈なら・なり（に）・なり・なる・なれ・なれ〉❶通常とは異なる。特別だ。「中宮御産の御祈りによって、**非常の**赦おこなはる。」〈平家・3・足摺〉訳「中宮のご出産に際してのお祈りのために、**特別な**赦免（＝特赦）を実施なさる。」
❷思いがけない。「なほこのことのたまへ。**非常に**おなじこともこそあれ。」〈枕草子・143・殿などの〉訳「やはりこのことをおっしゃい。**思いがけなく**同じことが（二つ出ることでも）あると困るから。」
○「もこそ」は悪い事態を予測して心配する意味を表す。

びしゃもん【毘沙門】名詞「毘沙門天」の略。

びしゃもん-てん【毘沙門天】名詞 ↓たもんてん

肥州【シウ】旧国名 ↓肥後・肥前

飛州【シウ】旧国名 ↓飛驒

尾州【シウ】旧国名 ↓尾張

備州【シウ】旧国名 ↓備前・備中・備後

被修飾語・被修飾部 国語・国文法 ★修飾語によってそのことばの意味が修飾されたり限定されたりする文節をいう。「暗き所なく」「久しく聞こえさせねば」では、それぞれ「所」「聞こえさせねば」が被修飾語となる。ことばの順序としては、被修飾語は修飾語の後に来る。なお、「被修飾語」が★連文節からなる場合、「被修飾部」ということもある。

ひしゅ-ひがく【非修非学】《仏教語》仏道の修行も学問もしないこと。

ひじり【聖】

徳の高い理想的人物
- ❶徳の高い人。聖人。
- ❷天皇を敬った言い方。
- ❸（その道に）優れた人。達人。名人。
- ❹徳の高い僧。
- ❺修行僧。遊行僧。

名詞 ❶徳の高い人。聖人。人の才能は、文明らかにして、**聖**の教へを知れるを第一とす。〈徒然草・122・人の才能は〉訳人間の才能は、書物によく通じていて、**聖人**の教えを知っているのを第一（に優れたこと）とする。
❷天皇を敬った言い方。玉だすき畝傍の山の橿原の**ひじり**の御代ゆ生れまし神のことごと…歌〈万葉集・1・29〉訳★畝傍山の橿原の**天皇**（＝神武天皇）のご治世以来、お生まれになった神（である天皇）のすべてが…。○「玉だすき」は「うね」に係る枕詞。
❸（その道に）優れた人。達人。名人。柿本人麻呂なむ歌の**聖**なりける。〈古今集・仮名序〉訳柿本人麻呂こそは和歌の**達人**であった。
❹徳の高い僧。高僧。「昔、かしこき天竺の**聖**、この国に持て渡りてはべりける、西の山寺にありと聞き及びて…。」〈竹取・火鼠の皮衣〉訳「昔、尊いインドの**高僧**が、（火鼠の皮衣というものを）この国（＝中国）に持って来ておりましたものが、西の山寺にあると伝え聞いて…。」
❺修行僧。遊行僧。昔、愛宕の山に久しく行ふ**聖**ありけり。〈宇治拾遺〉訳昔、（京都の）愛宕山に長い間修行する**修行僧**がいた。
発展 **語の成り立ち**「日＋知り」で、日柄・吉凶などを知る人という意味でできたことば。

ひじり-ごころ【聖心】名詞 聖らしい心。聖になろうとする心。道心。

ひじり-だ・つ【聖だつ】動詞 自〔タ四段〕〈た・ち・つ・つ・て・て〉高僧らしくなる。高僧らしく見える。「**聖だち**この世離れ顔にもあらぬものから…。」〈源氏・若菜上〉訳「（明石の入道は）**高僧らしくなって**俗世間から遠ざかったような顔つきではないけれども…。」
発展「だつ」は接尾語。

ひじり-ほふし【聖法師】名詞 寺院に所属しないで諸国を巡って修行する僧。修行僧。

ひず（現）↓（歴）ひづ【秀づ】

ひ-すがら【日すがら】❶名詞 終日。対夜すがら
❷副詞 朝から晩まで。一日中。類終日。かく**日すがら**、をじかの角のつかの間も手足を動かさずといふことなくて…。〈おらが春〉訳このように**一日中**、シカの（短い）角のような短い間も手足を動かさないということがなくて…。

ひ-すまし【樋洗まし】名詞 宮中などで、便所の清掃などをした身分の低い女性。類御厠人 発展 樋箱（＝便器）を洗す（＝洗う）という意味から。

肥前 旧国名 肥州。★西海道十一か国の一つ。今の佐賀県全域と壱岐・対馬を除く長崎県。七世紀末、肥国（火国）が肥前・★肥後に分かれた。↓ビジュアルチェック❼（450ページ）

備前 旧国名 備州。★山陽道八か国の一つ。今の岡山

県東南部。七世紀末、*吉備が分割されて備前・*備中・*備後となった。七一三(和銅六)年には、北部が*美作として分かれた。↓ビジュアルチェック ❼(450ページ)

ひそ-か【密か・窃か・私か】 形容動詞 ナリ ❶(他人に知られないように)こっそりと…している。**なほ悲しきに心知れる人と言へりける歌**…。〈土佐日記・二月十六日〉訳いっそうの悲しさに我慢できなくて、**こっそりと**(互いの)気持ちを知っている人と詠んだという歌は…。

❷私的なものである。**ほしいままに国威をひそかにし、朝政を乱り**…。〈平家・4・南都牒状〉訳(平清盛は)勝手に国の権威を**私的なものにし**、朝廷の政治を乱し…。

ひ-そく【秘色】 名詞 ❶中国の越の国に産出した青磁器。唐代に宮廷専用となって、民間で用いることを禁じたため、この名があるという。❷染め色のひとつ。薄い藍色。秘色色。❸*襲の色目のひとつ。表は縦糸が紫、横糸が青、裏は薄紫。

ひそま-る【潜まる】 動詞 自 ラ四段〈ら・り・る・る・れ・れ〉❶ひっそりとなる。**恐れをなして潜まる気色なりけるに**…。〈源平盛衰記〉訳恐れをなして**ひっそりとなる**ようすであったが…。

❷床に就く。眠る。**物もものしたばで、潜まりぬ**。〈土佐日記・一月九日〉訳食べ物も召し上がらないで、**床に就いて**しまった。

ひそ-む【顰む】

激しい感情などが表情に出ないように抑える
- 一 動詞 自 マ四段
  - ❶**しかめっ面になる。泣き顔になる。**
  - ❷(口もとが)**ゆがむ。**
- 二 動詞 他 マ下二段
  - **しかめっ面をする。**

動詞 自 マ四段

未然形	連用形	終止形	連体形	已然形	命令形
ひそ・ま	ひそ・み	ひそ・む	ひそ・む	ひそ・め	ひそ・め

動詞 他 マ下二段

未然形	連用形	終止形	連体形	已然形	命令形
ひそ・め	ひそ・め	ひそ・む	ひそ・むる	ひそ・むれ	ひそ・めよ

一 動詞 自 マ四段 ❶**しかめっ面になる。泣き顔になる。べそをかく。**「**背きぬる世の、去りがたきやうに、自らひそみ御覧ぜられたまふ。**」〈源氏・夕顔〉訳「(母は尼になって)捨てた(はずの)この世が、離れにくいかのように、自分から**泣き顔になり**(源氏に)ご覧になっていただいていらっしゃる。」

❷(口もとが)**ゆがむ**。**怪しくひがひがしくもてなしたまふを、もどき、口ひそみ聞こゆ。**〈源氏・総角〉訳(大君が薫に対して)妙にひねくれたようすで待遇なさるのを、(老女房たちは)非難し、口が**ゆがんで**(=不快な顔で)申し上げる。

二 動詞 他 マ下二段 (「まゆをひそむ」の形で)**しかめっ面をする**。(まゆに)**しわを寄せる**。**飲む人の顔、いと堪へがたげに眉をひそめ、人目を謀りて捨てんとし**…。〈徒然草・175・世には心得ぬことの〉訳(酒を無理強いされて)飲む人の顔は、とても我慢できそうにないようすで眉に**しわを寄せ**、人の見ていないときを見はからって(酒を)捨てようとし…。

発展 **表情に出てしまうようす** 形容動詞「ひそか」や動詞「潜む」などと同じ語源。激しい感情などを心の内に潜めても、表情に出てしまうようすとして、まゆや口もとなど、顔の一部がゆがむ、また、ゆがめる意味で用いられる。

ひそ-む【潜む】 動詞 他 マ下二段〈め・め・む・むる・むれ・めよ〉隠す。忍ばせる。**岩窟に身を潜め入りて、滝の裏より見れば**…。〈奥の細道・日光〉訳岩屋に身を**忍ばせ**(るようにかがめて)入って、滝の裏側から見るので…。

ひそめる(現)→(古)**ひそむ【顰む】**

ひた-【直】 造語 ❶まっすぐな、という意味を表す。語例 **直路**。❷ひたすら、いちずに、という意味を表す。語例 **直心・直趣**。❸まったく、一面、という意味を表す。語例 **直照り・直黒**。❹純粋な、そのままの、という意味を表す。語例 **直さ麻**。❺直接、じかに、という意味を表す。語例 **直面・直土**。

ひた【引板】 名詞 →ひきた

ひた+口 「ひつ【漬つ・沾つ】一」(タ行四段)の未然形。

飛驒 旧国名 飛州。*東山道八か国の一つ。今の岐阜県北部に当たる。↓ビジュアルチェック ❼(450ページ)

ひたい(現)→(歴)**ひたひ【額】**

ひ-だう【非道】 名詞 ❶専門外の道。**まづ、この道に至らんと思はん者は、非道を行ずべからず。**〈風姿花伝〉訳なにはともあれ、この(猿楽の)道で大成しようと志す者は、**専門外の道**に手を出してはならない。

❷道理に外れた道。**天竺にては非道といふもをかし。**〈西鶴・男色大鑑〉訳(男色を)古代インドでは**道理に外れた道**というのも滑稽なことだ。

発展「ひどい」は、この語が形容詞になり、口語化したもの。

ひ-だう・なり【非道なり】 形容動詞 ナリ・ノ〈なら・なり(に)・なり・なる・なれ・なれ〉道理や人道にはずれている。「**我より他に領ずべき人なき家を、かくすることは、いと非道なること。**」〈落窪〉訳「私より他に領有することのできる人のない家を、(衛門督が)こうするのは、非常に**人道にはずれていることだ**。」

ひたうら-ごろも【純裏衣】 名詞 表と裏が同じ色の衣服。一説に、総裏の衣服。発展「ひたうらのころも」「ひつらのころも」とも。

ひた-おもて・なり【直面なり】 形容動詞 ナリ〈なら・なり(に)・なり・なる・なれ・なれ〉(顔を隠すことなく)直接向かい合っている。面と向かい合っている。**ひたおもてにはあらねど、這ひ寄りつつ見たてまつりたまへば**…。〈源氏・総角〉訳**直接向かい合っている**わけではないが、いざり寄って見申し上げなさるので…。

発展「ひた」は接頭語。

ひた-おもむき【直趣】 形容動詞 ナリ ひたすらそれに向かっている。いちずだ。ひたすら…ている。「さまあしき人なれど、**ひたおもむきに二心なきを見れば、心やすくて**…。」〈源氏・東屋〉訳「(私の夫は)ぶざまな人だけれど、**いちずで**私以外の女性に心を移すことのないのを見ると、何の心配もなく…。」

発展「ひた」は接頭語。

ひた-かぶと【直兜】 名詞 全員そろって鎧やかぶとで身を固めること。また、そのように武装した人々。

発展「ひた」は接頭語。

ひ-たき【火焚き・火焼き】 名詞 家の内外の照明のため、また警護のために、かがり火をたくこと。また、その役目。

ひたき-や【火焚き屋】 名詞 宮中などで、警備の武士が、かがり火をたいて詰めている小屋。

ひた-ぎり【直斬り・直切り】 形容動詞〔ニ〕むやみに切ってくる。めった切りにしてくる。
怒りて、ひた切りに切り落としつ。〈徒然草・87・下部に酒飲ますることは〉訳（泥酔した男は）怒って、（僧を）**めった切りに切り**下ろした。○「切りに切り」について、同じ動詞の間に格助詞「に」を用いて強調した表現と見る説もある。
発展「ひた」は接頭語。

ひ-た-く【日闌く】 動詞 自〔カ下二段〕（け・け・くる・くる・くれ・けよ）日が高く昇る。
日たくる程に起きたまひて…。〈源氏・夕顔〉訳（源氏は）**日が高く昇る**時分にお起きになって…。

ひた-ぐろ・なり【直黒なり】 形容動詞〔ナリ〕（なら・なり（に）・なり・なる・なれ・なれ）一面に黒い。まっ黒だ。
ひた黒なる田楽を腹に結ひ付けて…。〈今昔〉訳**まっ黒な**田楽用の太鼓を腹に結び付けて…。
発展「ひた」は接頭語。

ひた-さを【直さ麻】 名詞 ほかの糸を混ぜない純粋なアサ。

ひた-すら【一向・只管】 副詞 ❶いちずに。もっぱら。
ひたすら世をむさぼる心のみ深く…。〈徒然草・7・化野の露〉訳（四十歳を過ぎると）**いちずに**俗世の利益にばかり執着する心ばかり強くなって…。
❷まったく。すっかり。
「**この盛りに挑みたまひし女御更衣、あるはひたすら亡くなりたまひ、あるはかひなくて…。**」〈源氏・朝顔〉訳「この（女の）盛りのころに（帝のご寵愛を）張り合っていらっしゃった女御や更衣は、ある方は**まったく**故人となりになり、ある方は生きがいもない身の上で…。」

ひた-すら・なり【一向なり・只管なり】 形容動詞〔ナリ〕（なら・なり（に）・なり・なる・なれ・なれ）いちずだ。ひたむきだ。もっぱら。
ひたすらに家ごとに乞ひありく。〈方丈記・飢渇〉訳（かなりの身分らしい者が）**もっぱら**（食物を求めて）一軒一軒もの乞いをしてまわる。

ひたた・く【滄く・混く】 動詞 自〔カ下二段〕（け・け・くる・くる・くれ・けよ）雑然とする。節度がなくなる。
「**人繁く、ひたたけたらむ住まひは、いと本意なかるべし。**」〈源氏・須磨〉訳「人の出入りが多くて、**雑然として**いたりする住居は、まったく気に入らないに違いない。」

ひだ-たくみ【飛騨匠】 名詞 ↓ひだのたくみ

ひた-たれ【直垂】 名詞 ❶衣服のひとつ。袖口にくくりひもがあり、菊綴じを付けた。平安時代には庶民の衣服であったが、鎌倉以降は武家の平服となり、後に武家の式服として用いられ、室町時代には公家も私服とした。

［ひたたれ❶］

❷襟と袖がある、綿を入れた夜具。

常陸 旧国名 常州。★東海道十五か国の一つ。今の茨城県の大部分を占める。↓ビジュアルチェック❼（450ページ）

ひた-つち【直土】 名詞 直接地面についていること。
伏せ廬の曲げ廬の内に直土に藁解き敷きて… 歌〈万葉集・5・892〉訳屋根を地面に伏せたような低い小さな家で、倒れかかった小さな家の中に、**直接地面**にワラをほどき敷いて…。
発展「ひた」は接頭語。

ひた-と【直と・専と】 副詞 ❶（密着するようすを表し）ぴったりと。じかに。
ひたと抱きつきて、音を高く挙げて、「得たり、をう。」と言ひて…。〈今昔〉訳**ぴったりと**抱き付いて、声を大きく張り上げて、「やった、おう。」と言って…。
❷（一つの物事に集中・反復するようすを表し）ひたすら。ひたむきに。いちずに。
先にも待ちは待ちながら、こちからひたと行き通ふ。〈近松・女殺油地獄〉訳先方でも待っていることは待っているけれども、こちらから**ひたすら**行き通う。
❸（思いがけず突然なようすを表し）ばったりと。
両国橋の上でひたと出っくわしたところ…。〈鹿の子餅〉訳両国橋の上で**ばったりと**出くわしたところ…。

ひだ-の-たくみ【飛騨の匠】 名詞 ❶飛騨（＝今の岐阜県）から毎年交替で上京し、公役に従事した大工。❷一般に、大工。工匠。発展「ひだたくみ」とも。

ひたひ【額】 名詞 ❶顔の上部。おでこ。ひたい。
❷「*額髪」の略。
❸貴族の女性が正装のときに用いた髪飾り。金属製で、表面に宝石などをちりばめたもの。
❹冠・烏帽子などで、額に当たる部分。↓冠（図）
❺物の突き出た部分。
あやふ草は、岸の額に生ふらむも、げに頼もしからず。〈枕草子・66・草は〉訳あやふ草は、崖の**突き出た所**に生えているとかいうのも、なるほど頼りなさそうだ。○「あやふ草」は「根無草」の類ともいわれるが不明。

ひたひ-がみ【額髪】 名詞 ❶額の上の髪。前髪。❷女性が、額から左右のほおの辺りへ垂らした髪。

ひた-ひた 副詞 ❶（すみやかなようすを表し）さっさ。
「**ひたひたと乗って駆けよ、者ども。**」〈平家・11・勝浦〉訳「**さっさと**（ウマに）乗って走らせろ、者ども。」
❷（風や水などが、物に当たる音を表し）ひたひた。ぴちゃぴちゃ。
発展多く「と」を伴って用いる。

ひたひ-つき【額付き】 名詞 額のようす。額の格好。
いはけなくかいやりたる額付き、髪ざし、いみじううつくし。〈源氏・若紫〉訳（少女の）あどけなくかき上げた**額**のようすや、髪の生え具合が、非常にかわいらしい。

ひたひ-を-あは・す【額を合はす】 額と額がつくほど近くに寄る。
中納言、額を合はせて向かひたまへり。〈竹取・燕の子安貝〉訳中納言は、**額と額がつくほど近くに寄**って対面なさった。

ひたぶる-ごころ【一向心】 名詞 ひたむきな心。向こう見ずな心。いちずな気持ち。また、情け容赦のない心。
現にも似ず、猛く厳き一向心出で来て…。〈源氏・葵〉訳（六条御息所の生霊は）気が確かな（ときの）状態とは違って、荒々しく恐ろしい**いちずな気持ち**（＝葵の上への恨み心）が生じて…。

ひた-ぶる・なり【一向なり・頓なり】形容動詞 ↓最重要語(1044ページ)

ひだまひ-の-ふだ【日給ひの簡】― ↓にっきふのふだ

ひた-みち【直路】形容動詞 (二) いちずだ。ひたすら。…している。
「後の世を。」と、**ひたみちに思ひ立つことたゆみなし。**〈源氏・御法〉訳(極楽往生して紫の上と一つの蓮台に座れることに専念して)「来世をば(安楽に)。」と、(源氏は)**いちずに**決心なさることに怠りない。
発展 まっすぐな道という意味から。

ひた-めん【直面】名詞 能で、登場人物が面を着けず素顔のままのこと。

ひた-もの【直物】副詞 むやみに。ひたすら。やたらに。
この金子**ひたもの数多くなること、めでたし。**〈西鶴諸国ばなし〉訳この金が、**ひたすら**増えることは、喜ばしい。

ひた-やごもり・なり【直屋隠りなり】形容動詞(ナリ)〈なら・なり(に)・なり・なる・なれ・なれ〉ひたすら家に引きこもる。
「**かく世を離るる際には、心苦しきことのおのづから多かりけるを、ひたやごもりにてやは。**」〈源氏・須磨〉訳「こうして世間を離れる際には、気がかりなことが自然と多かったのだが、**ひたすら家に引きこもって**いられようか、いや、いられはしない。」
発展「ひた」は接頭語。

ひだり【左】名詞 ❶南に向かったとき、東に当たる方向。また、東西に分けたときの東方。対右。❷左右に分かれた官職の左方。右よりも左を上位とする。対右。❸歌合わせ・絵合わせなど左右に分かれて競う場合の片方。対右。❹酒が好きなこと。また、その人。左党。

ひだり-の-うまづかさ【左の馬寮】名詞 ↓さまれう

ひだり-の-うまのかみ【左の馬頭】名詞 ↓さまのかみ

ひだり-の-おとど【左の大臣】名詞 ↓さだいじん

ひだり-の-おほいまうちぎみ【左の大臣】― ↓さだいじん

ひだり-みぎ-に【左右に】副詞 あれこれ。とやかく。
ひだりみぎに苦しう思へど…。〈源氏・空蟬〉訳(小君は源氏に責められ、姉に叱られて)**あれこれ**苦しいと思うけれども…。

ひた-ぶる・なり【一向なり・頓なり】

行為や態度がいちずで、何事にも構わず押し通すようす

❶ **いちずである。**ひたすらである。◉よい面にも悪い面にも用いられる。
❷ **強引だ。**乱暴だ。向こう見ずだ。
❸ **すっかり。**まったく。◉連用形「ひたぶるに」の副詞的用法。

形容動詞(ナリ・ノ)	未然形	連用形	終止形	連体形	已然形	命令形
	ひたぶる・なら	ひたぶる・なり / ひたぶる・に	ひたぶる・なり	ひたぶる・なる	ひたぶる・なれ	ひたぶる・なれ

❶(よくも悪くも)**いちずである。**ひたすらである。
よき悪しきを言はず、ひたぶるに古きを守るは、学問の道には、言ふかひなきわざなり。〈玉勝間〉訳よいか悪いかを論じることなく、**いちずに**古いことを守るのは、学問の道では、言う価値のない行為である。

❷**強引だ。**乱暴だ。向こう見ずだ。
「海賊の**ひたぶるならむ**よりも、かの恐ろしき人の追ひ来るにや。」と思ふに、せむ方なし。〈源氏・玉鬘〉訳「海賊で**向こう見ずであったり**する者よりも、あの恐ろしい人(＝大夫監)が追いかけてくるのではないか。」と思うと、(恐ろしくて)どうしようもない。

❸(連用形を副詞的に用いて)**すっかり。**まったく。
ひとへに語らひの甘き味はひにおぼれ、**ひたぶるに夜の明けむことを忘る。**〈常陸国風土記〉訳ひたすら(男女の)語らいの甘い味わいに夢中になり、**すっかり**夜が明けたりすることを忘れている。

「**ひたぶるの賤・山賤は皆、**見ゆる、**聞こゆる、冴ゆる、絶ゆる、などやうに言ふを…。**」〈玉勝間〉訳「(肥後の国の)**まったくの**身分の低い人や山里に住む身分の低い人は皆、(見える、聞こえる、冴える、絶える、ではなく)見ゆる、聞こゆる、冴ゆる、絶ゆる、などのように言うが…。」○「ひたぶるの」は「ひたぶるなり」の語幹に格助詞「の」が付いた形で、形容動詞の語幹用法のひとつ。

発展 **語の成り立ち** 「ひたぶる」の「ひた」は「ひたすら」「ひたむき」などの「ひた」と同じく、「一」の変化したものといわれる。また、「ぶる」は「…の状態になる」「…のように振る舞う」などの意味を表す、上二段型の接尾語「ぶ」の連体形かといわれている。一つのことに執着・専心するようすや物事の完全・純粋なようすを表すことばで、❷は「悪い方向に専心するようす」の意味から生まれたと考えられる。

ひ-だる・し 形容詞(ク)〈(く)・く・し・き・けれ・○/から・かり・○・かる・○・かれ〉空腹である。ひもじい。
「この一両日食物絶えて、術なく**ひだるくさうらふままに**…。」〈古今著聞集〉訳「この一日二日食物がなくなって、どうにもならないほど**空腹でございます**ので…。」
発展「ひだるし」の「ひ」に「文字」を添えて「ひもじ」とした*女房詞が現代語の「ひもじい」になった。

ひち 「ひつ【漬つ・沾つ】㊀(タ行四段)」の連用形。または、「**ひつ**【漬つ・沾つ】㊁(タ行上二段)」の未然形・連用形。

ひぢ【泥】名詞 どろ。ぬかるみ。
高き山も、**麓の塵泥より成りて**…。〈古今集・仮名序〉訳高い山も、麓の塵や**泥**からできて…。
発展 多く、「ちりひぢ」の形で用いられる。
↓**古語チャート**㉔(839ページ)

ひぢかさ-あめ【肘笠雨】― 名詞 笠をかぶる間もなく、肘で防がなければならないほど急に降り出す雨。にわか雨。

ひぢ-もち【肘持ち】― 名詞 扇や笏などを持って、肘を横に張った姿。ひじつき。
こととこしく儀式官の練り出でたる肘持ちおぼえて…。〈源氏・末摘花〉訳(末摘花が口もとを隠す姿は)仰々しく儀式官がゆっくりと歩み出た(ときの)**肘を張った姿**が想像されて…。

ひち-りき【篳篥】名詞 雅楽に使う管楽器のひとつ。竹製

の縦笛で、長さ約一八センチ(メートル)。表に七つ、裏に二つの穴があり、音は鋭く、哀調を帯びる。↓笛(ふえ)(図)

ひつ【櫃】 名詞 かぶさる形のふたが付いた大型の木箱。

ひ・つ【漬つ・沾つ】

水にびっしょりとつかる
- 一 動詞 自 〔タ四段〕 水につかる。浸る。ぬれる。
- 二 動詞 自 〔タ上二段〕 一の意味に同じ。
- 三 動詞 他 〔タ下二段〕 水につける。浸す。ぬらす。

動詞 自 〔タ四段〕

未然形	連用形	終止形	連体形	已然形	命令形
ひ・た	ひ・ち	ひ・つ	ひ・つ	ひ・て	ひ・て

動詞 自 〔タ上二段〕

未然形	連用形	終止形	連体形	已然形	命令形
ひ・ち	ひ・ち	ひ・つ	ひ・つる	ひ・つれ	ひ・ちよ

動詞 他 〔タ下二段〕

未然形	連用形	終止形	連体形	已然形	命令形
ひ・て	ひ・て	ひ・つ	ひ・つる	ひ・つれ	ひ・てよ

一 動詞 自 〔タ四段〕 **水につかる。浸る。ぬれる。** 涙でぐっしょりぬれる。**声はして涙は見えぬほととぎす我が衣手のひつを借らなむ** 歌〈古今集・夏・149〉 訳 (悲しそうに鳴く)声はするのに涙は見えないホトトギスよ、私の袖(そで)が**涙でぐっしょりぬれる**(この)袖を借りてほしい。○この「ひつ」は*準体言になっているので連体形であり、したがって、三の上二段活用でなく四段活用の例である。

二 動詞 自 〔タ上二段〕 一の意味に同じ。**袖ひつる時をだにこそ嘆きしか身さへ時雨のふりもゆくかな** 歌〈蜻蛉日記(かげろうにっき)〉 訳 袖が**涙でぐっしょりぬれる**時でさえ悲しみに暮れたものだが、(今は)自分の体にまで時雨が降り(=泣きぬれて)、年老いてもゆくことだなあ。○「ふり」は「降り」と「古り(=年老いて)」との掛詞。

三 動詞 他 〔タ下二段〕 **水につける。浸す。ぬらす。**

天雲(あまぐも)のはるかなりつる桂川(かつらがは)袖(そで)をひててても渡りぬるかな 歌〈土佐日記・二月十六日〉 訳 ↓あまぐもの…

発展 **語の歴史** 中古初期までは一の四段活用で、中古半ばごろから、一に取って代わられた。三は、一に「…させる」という使役の意味を含ませて他動詞になった用法である。どの活用においても散文にはめったに見られないことばで、「ひたる」「ひたす」に対する歌語であったといわれる。近世以降は「ひづ」とも。

ひつ+□ 「ひつ【漬つ・沾つ】一(タ行四段)」の終止形・連体形。または、「ひつ【漬つ・沾つ】二(タ行上二段)」の終止形。または、「ひつ【漬つ・沾つ】三(タ行下二段)」の終止形。

ひ・づ【秀づ】(ひず) 動詞 自 〔ダ下二段〕〈で・で・づ・づる・づれ・でよ〉 イネの穂が出る。**あしひきの山田作る児(こ)ひでずとも縄だに延(は)へよ守(も)ると知るがね** 歌〈万葉集・10・2219〉 訳 山の田を作る人よ、(まだ)**イネの穂は出**ないとしても、せめて縄だけでも張れよ。(田を)見張っていると分かるように。○「あしひきの」は「山」に係る枕詞。

発展 「ほ(穂)」+「いづ(出づ)」が「ほいづ↓ひいづ↓ひづ」と変化してできたことば。

ひ-ついで【日次いで】 名詞 暦のうえでの、その日の吉凶。日柄。日取り。「**今日より後、日次いで悪しかりけり。**」〈源氏・夕霧〉 訳 「今日から後は、(弔問するには)**日柄**が悪かったのだった。」

ひっ-かづ・く【引っ被く】(かずく)|動詞 他 〔カ四段〕〈か・き・く・く・け・け〉 ひっかぶる。「**馬の頭(かしら)沈まば、引き上げよ。いたう引いてひっかづくな。**」〈平家・4・橋合戦(はしがっせん)〉 訳 「ウマの頭が(川の中に)沈んだなら、(おぼれないようにすぐ)引き上げろ。(そのとき手綱を)ひどく引いて(自分がウマの頭を)**ひっかぶるな**。」

発展 「ひきかづく」の促音便。

ひ-つき【日月】 名詞 ❶太陽と月。❷日数。月数。歳月。

ひ-つぎ【日次ぎ】 名詞 ❶日々続くこと。毎日。日ごと。❷毎日の貢ぎ物。❸「ひついで」の意味に同じ。

ひ-つぎ【日嗣ぎ】 名詞 天皇の位。皇位。また、皇位を継承すること。

ひつ-ぎ【柩】 名詞 死体を入れて葬る木の箱。お棺。棺おけ。発展 古くは「ひつき」。

ひつぎ-の-みこ【日嗣ぎの御子】 名詞 皇位を継承する皇子。皇太子。

ひつじ【未】 名詞 ❶十二支の八番目。羊。❷時刻のひとつ。今の午後二時ごろ。また、その前後二時間。❸方角のひとつ。南南西。

ひつじ-さる【未申・坤】 名詞 方角のひとつ。未(=南南西)と申(=西南西)の間。南西の方角。↓ビジュアルチェック❹(349ページ)・❺(393ページ)・⑲(881ページ)

ひつ-ぢゃう・なり【必定なり】(じょうなり)|形容動詞 〔ナリ〕〈なら・なり(に)・なり・なる・なれ・なれ〉 必ずそうなる。確かだ。「**入道相国(しゃうこく)、朝家を恨みたてまつるべきこと必定。**」と**聞こえしかば…**。〈平家・3・法印問答(ほういんもんどう)〉 訳 「入道相国(=平清盛(きよもり))が、朝廷をお恨み申し上げるのは**確かだ**。」とうわさがたったので…。

備中(びっちゅう) 旧国名 備州(びしゅう)。*山陽道八か国の一つ。今の岡山県西部。七世紀末、*吉備(きび)が分割されて*備前(びぜん)・備中・*備後(びんご)となった。↓ビジュアルチェック❼(450ページ)

ひづ・つ【漬つ】(ひずつ) 動詞 自 〔タ四段〕〈た・ち・つ・つ・て・て〉 水にぬれる。**朝露に裳(も)の裾(すそ)ひづち…** 歌〈万葉集・15・3691〉 訳 朝露に衣服の裾が**水にぬれて**…。

発展 一説に、「泥打(ひぢう)つ」が変化したものとして、「泥で汚れる」意味かともいわれる。

びづら【角髪】(びずら) 名詞 ↓みづら

ひつる+□ 「ひつ【漬つ・沾つ】二(タ行上二段)」の連体形。または、「ひつ【漬つ・沾つ】三(タ行下二段)」の連体形。

ひつれ+□ 「ひつ【漬つ・沾つ】二(タ行上二段)」の已然形。または、「ひつ【漬つ・沾つ】三(タ行下二段)」の已然形。

ひて+□ 「ひつ【漬つ・沾つ】一(タ行四段)」の已然形・命令形。または、「ひつ【漬つ・沾つ】三(タ行下二段)」の未然形・連用形。

否定の助動詞(ひていのじょどうし) 国語・国文法 ↓打消(うちけし)の助動詞(じょどうし)

ひと-【一】 造語 ❶一つの、一度の、一回の、という意味を表す。語例 一(ひと)たび・一目(ひとめ) ❷ある、某、という意味を表す。語例 一年(ひととせ)・一日(ひとひ) ❸全体、…じゅう、という意味を表す。語例 一京・一庭 ❹少しの、しばらくの、という意味を表す。語例 一時・一連 ❺同じ、一緒の、という意味を表す。語例 一所

ひと【人】

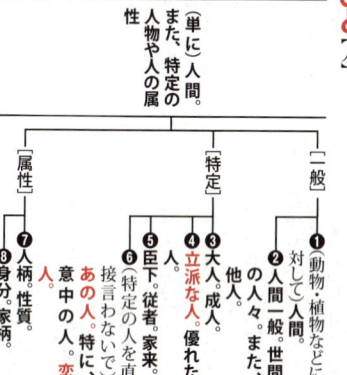

(単に)人間。また、特定の人物や人の属性
- [一般]
  - ❶(動物・植物などに対して)人間。
  - ❷人間一般。世間の人々。また、他人。
- [特定]
  - ❸大人。成人。
  - ❹立派な人。優れた人。
  - ❺臣下。従者。家来。
  - ❻(特定の人を直接言わないで)あの人。特に、意中の人。恋人。
- [属性]
  - ❼人柄。性質。
  - ❽身分。家柄。

名詞 ❶(動物・植物などに対して)**人間**。**鶚は荒磯にゐる。すなはち人を恐るるがゆゑなり。**〈方丈記・閑居の気味〉訳ミサゴは波の荒い磯に住む。それはつまり**人間**を恐れるからである。

❷**人間一般。世間の人々。また、他人。**「**おのれは都に久しく住みて、なれて見はべるに、人の心劣れりとは思ひはべらず。**」〈徒然草・141・悲田院の尭蓮上人は〉訳「私は都に長い間住んでいて、(都の事情は)よく通じて知っておりますので、(都の)**世間の人々**の心が(東国の人に比べて)劣っているとは思いません。」

❸**大人。成人。**↓人と成る

❹**立派な人。優れた人。**我を置きて人はあらじと誇ろへど… 歌〈万葉集・5・892〉訳私を除いて(他に)**立派な人**はいないだろう、と得意になっているけれど…。

❺**臣下。従者。家来。****御車入るべき門は鎖したりければ、人して惟光召させて…。**〈源氏・夕顔〉訳お車を入れるはずの門は錠がかけてあったので、(源氏は)**従者**を使って惟光をお呼びになるようにしむけて…。

❻(特定の人を直接言わないで)**あの人。特に、意中の人。恋人。****人に逢はむつきのなき夜は思ひおきて胸走り火に心焼けをり** 歌〈古今集・雑体・1030〉訳**あの人**に逢うような手立てのない、月のない夜には、未練が残って起きていて、胸の中でぱちぱち跳ねる火で心が焦がれている。○「つき」は「付き(=手立て)」と「月」の、「おき」は「置き」と「起き」の掛詞。また、「思ひ」の「ひ」が「火」、「おきて」の「おき」が「熾」に通じ、「走り火」「焼け」と縁語になっている。

❼**人柄。性質。**「**人も立ち勝り、心ばせまことに故ありと見えぬべく…。**」〈源氏・帚木〉訳「(私が付き合っていた女は)**人柄**も優れ、気立ても本当に趣があると(だれからも)きっと見られるに違いなく…。」

❽**身分。家柄。****人も卑しからぬ筋に、容貌などねびたれど、清げにて…。**〈源氏・夕顔〉訳(空蟬の夫の伊予介は)**家柄**も劣ってはいない血筋で、容貌などは老けていたが、こぎれいで…。

発展 **代名詞の用法** 夫婦の間柄などで、婉曲に相手を指していう代名詞としての用法もある。たとえば、「まことに人は十三、我は十五より見初めたてまつり…(=本当にあなたは十三歳、私は十五歳のときから初めてお会い申し上げ…)」〈平家・7・維盛都落〉のような例がある。

ひと-あきびと【人商人】 名詞 人身売買を仕事とする商人。女子供を誘拐して売る者。人買い。

ひと-うと・し【人疎し】 形容詞 〔ク〕〈く・から/く・かり/し/き・かる/けれ/かれ〉人付き合いをしない。人見知りをする。**この姫君は、かく人疎き御癖なれば、睦ましくも言ひ通ひたまはず。**〈源氏・蓬生〉訳この姫君(=末摘花)は、このように**人見知りをする**ご性分なので、(この叔母君と)親しくもお付き合いなさらない。

ひとえ(現)→(歴)**ひとへ【一重・単・単衣】**

ひとえに(現)→(歴)**ひとへに【偏に】**

ひと-おき【人置き】 名詞 江戸時代、奉公人・遊女などの周旋屋。求職者の一時宿泊や身元保証人なども引き受けた。口入れ屋。

ひと-おと【人音】 名詞 人のいる気配。人のいる音。

ひと-が【人香】 名詞 人の移り香。恋人の衣服にたきしめた香のにおい。

ひと-かず【人数】 名詞 ❶人の数。人数。**人数を知らんとて、四、五両月を数へたりければ…。**〈方丈記・飢渇〉訳(飢饉で死んだ)**人の数**を知ろうとして、四月、五月と二か月数えたところ…。

❷一人前の人間として数えられること。**世にあるべき人数とは思はずながら…。**〈紫式部日記〉訳(自分など)世の中にあって当然の(=存在価値のある)**一人前の人間**とは思わないものの…。

ひと-かた【一方】 名詞 片一方。一つの方。

ひと-がた【人形】 名詞 ❶人の姿をかたどったもの。特に、禊や祓いのとき、陰陽師などが用いる人の形に切った紙片。災いやけがれを移して川に流す。なで物。類形代。❷身代わりの人。代理。

ひとかたなら-ず【一方ならず】 連語 ひととおりでない。並々でない。「**娘をばさるべき人に預けて、北の方をば率て下りぬべし。**」と聞きたまふに、**一方ならず心あわたたしくて…。**〈源氏・夕顔〉訳「娘をふさわしい人と結婚させて、奥方(=空蟬)を連れて(任国へ)下ってしまうつもりだ。」とお聞きになると、(源氏は)**ひととおりでなく気がせいて…。**

ひと-かた・なり【一方なり】 形容動詞 〔ナリ〕〈なら/なり・に/なり/なる/なれ/なれ〉普通だ。ひととおりだ。並みだ。**知らざりし大海の原に流れ来てひとかたにやはものは悲しき** 歌〈源氏・須磨〉訳思いもしなかった大海原に、人形のように流れてきて、**並みひととおりに**もの悲しいというのか、いや、悲しみは並みではない。○三月上巳の祓えの日、人形を流すのを見て、同じく須磨に流された自分を重ね合わせて見ている源氏の歌。「ひとかたに」に「人形」を掛ける。

ひと-かたらひ【人語らひ】 名詞 人と相談すること。人に話すこと。**紫のゆかりを見て、続きの見まほしく覚ゆれど、人語らひなどもえせず。**〈更級日記・物語〉訳(源氏物語の)若紫の巻を見て、(その)続きが見たいと思われるけれども、**人と相談すること**などもできない。

ひと-がち・なり【人勝ちなり】 形容動詞〔ナリ〕（なら・なり（に）・なり・なる・なれ・なれ）人が多い。「かく人がちなるだに、気色覚ゆ。まして、もの離れたる所などいかならむ。」〈大鏡・道長上〉訳「こんなに人が多いことだって、不気味に感じられる。まして、遠く離れた（人気のない）所などはどんなものだろう。」

ひと-かへり【一返り】 副詞 一度。一回。「言ひつること、今ひとかへり我に言ひて聞かせよ。」〈更級日記・竹芝寺〉訳「言ったことを、今一度私に言って聞かせろ。」

ひと-がま・し【人がまし】 形容詞〔シク〕（しく・しく・し・しき・しけれ・○／しから・しかり・○・しかる・○・しかれ）❶人並みである。十人並みに人がましう、当世女房に生まれ付くと思へば…。〈西鶴・世間胸算用〉訳（自分の娘が）普通に人並みで、現代風の女に生まれついていると思うと…。○「人がましう」は連用形「人がましく」のウ音便。❷相当の人物である。世の中に少し人に知られ、人がましき名僧などは…。〈栄花〉訳 世間に少し人々に（名を）知られ、相当の人物である名高い僧などは…。
発展「がまし」は接尾語。

ひと-がら【人柄】 名詞 ❶人の性質。性格。品格。❷よい性質を持った人。優れた品格の人。この人、形、ありさまより始めて、人柄なむありける。〈今昔〉訳 この人は、顔、姿をはじめとして、優れた品格の人であった。

ひと-ぎき【人聞き】 名詞 世間の評判。外聞。「かくいまいましき身の添ひたてまつらむも、いと人聞き憂かるべし…。」〈源氏・桐壺〉訳「このような（娘に先立たれた）不吉な身の上の者が（養育のために若君に）お付き添い申し上げたりするのも、非常に外聞が悪いだろう…。」

ひと-きざみ【一刻み】 名詞 ❶一階級。ひと位。今一刻みの位をだにと贈らせたまふなりけり。〈源氏・桐壺〉訳（帝は）せめてもう一階級（上）の位だけでもと（桐壺の更衣に）贈りなさるのであった。❷第一級。第一の列。一流。「その御前の御遊びなどに、一刻みに選ばるる人々、それかれといかにぞ。」〈源氏・若菜下〉訳「その（主上の）御前の管絃のお遊びなどに、一流として選ばれる人々は、だれかれと比べて（優劣が）どうなのだ。」

ひと-きは【一際】 ㊀名詞 ❶（地位や身分などの）一階級。❷一度。いっとき。㊁副詞 ❶さらに。いちだんと。いっそう。今ひときは心も浮き立つものは、春の気色にこそあめれ。〈徒然草・19・折節の〉訳 なおいっそう心も浮き浮きするものは、春のようすであるようだ。❷ひたすら。切に。いちずに。「世の中はいと常なきものを、ひときはに思ひ定めて…。」〈源氏・若菜下〉訳「世の中はまったく定めもないものなのに、（女三の宮は、こういうものだと）いちずに思い決めて…。」

ひと-きゃう【一京】 名詞 都中。都全体。ひとつ車にはひ乗りて、一京響き続けて、いと聞きにくきまでののしりて、この門の前よりしも渡るものか。〈蜻蛉日記〉訳 一台の牛車に乗り込んで、都中に（行列の音を）響かせ続けて、とても聞くに耐えないまでに大騒ぎして、（なんと）この門の前を通って行くではないか。

ひと-ぎれ-な・し【人切れ無し】 連語 人の気配がない。だれもいない。いづかたの道場にもひとぎれなく…。〈西鶴・世間胸算用〉訳 どこのお寺にも人の気配がなく…。

ひと-く 副詞 ウグイスの鳴き声を表すことば。梅の花見にこそ来つれうぐひすのひとくひとくと厭ひしもをる 歌〈古今集・雑体・1011〉訳 ウメの花を見にやって来たのに、ウグイスがヒトク（＝人が来る）ヒトクと（鳴いて）嫌がっている。
発展 和歌においては多く「人来」の意味を掛けて用いる。古くはウグイス以外の小鳥の鳴き声にも用いられた。

ひと-くさ【一種】 名詞 一種類。一品。ただ荷葉を一種合はせたまへり。〈源氏・梅枝〉訳（花散里は）ただ荷葉（＝香の名）を一種類調合なさっている。

ひと-くだり 名詞 ㊀【一行】文章の一行。また、非常に短い文章や手紙。一筆。㊁【一領】衣類などのひとそろい。

ひと-くち【一口】 名詞 ❶一度に口に入れること。また、少しだけ口に入れること。❷まとめて手短に言うこと。ひっくるめて言うこと。

ひと-け【人気】 名詞 人の気配。人のいるようす。程の狭う、人気の少しあるなどに慰めたれど…。〈源氏・末摘花〉訳 屋敷の部屋は狭く、人の気配が少しはあることで気持ちを晴らしているけれど…。

ひと-げ-な・し【人気無し】 形容詞〔ク〕（く・く・し・き・けれ・○／から・かり・○・かる・○・かれ）人並みでない。人間らしくない。人をも、人気なう、世の覚えあなづらはしうなりそめにたるをば謗りやはする。〈枕草子・41・鳥は〉訳 人間（の場合）でも、人並みでなく、世間の評判も見くびりたくなる感じになり始めてしまっている人を（それ以上）けなしたりするか、いや、しない（ものだ）。○「人気なう」は連用形「人気なく」のウ音便。

ひと-ごこち【人心地】 名詞 生き返ったような気持ち。救われたような気持ち。ほっとする気持ち。正気。類 人心 死人やうやく人心地になりて…。〈今昔〉訳 死人はしだいに生き返ったような気持ちになって…。

ひと-ごころ【人心】 名詞 ❶人の心。情け。人情。人心たとへてみれば白露の消ゆる間もなほ久しかりけり 歌〈後撰集・1263〉訳 人の心は（すぐに変わるもので）、たとえてみると、白露が消える（ような短い）間でもやはり長いぐらいだったなあ。❷「ひとごこち」の意味に同じ。

ひと-ごと【人言】 名詞 他人の言うこと。世間の評判。かばかり憂き、世の人言なれど…。〈源氏・須磨〉訳 これほどつらい、世間の評判であるが…。

ひと-ごと【人事】 名詞 他人のこと。よそごと。人の国にかかる習ひありと、これらになき人事にて伝へ聞きたらんは…。〈徒然草・175・世には心得ぬことの〉訳 外国にこのような習慣があるそうだと、わが国にはないよそごととして伝え聞いたとしたら…。

ひと-さかり【一盛り】 名詞 一時の盛り。一時盛んなこと。ひとしきり。

ひと-ざま【人状・人様】 名詞 人のようす。人品。

ひと・し【等し・斉し・均し】 形容詞〔シク〕（しく・しく・し・しき・しけれ・○／しから・しかり・○・しかる・○・しかれ）❶（性質・程度・形状・数量などが）同じである。「わが身、ただ今、人と等しくてもがな。報いせむ。」〈落窪〉訳「自分の身分が、ちょうど今、北の方と（身分が）同じであったらいいなあ。（そうしたら、北の方に）復讐してやろう。」
❷（「〜とひとしく」の形で）…と同時に。
暮るると等しく参りたまひて、うち見まゐらせて…。〈讃岐典侍日記〉訳（外出していた大弐の三位が）日が暮れると**同時に**参上なさって、（堀河天皇のごようすを）一目見申し上げて…。

ひとし-なみ【等し並み】形容動詞〔ナリ〕同等だ。同列だ。
「**さりとも、すやつばらを、等し並みにはしはべりなむや。**」〈源氏・玉鬘〉訳「そうであった（＝愛人が多い）としても、そいつらを、（玉鬘と）**同等に**取り扱いましょうか、いえ、そんなことは致しません。」

ひと-しほ【一入】― ㊀名詞 染め物を染め汁に一度浸すこと。
㊁副詞 いっそう。いちだんと。もっと。
聞く人ひとしほに痛まはしく、その姿を見送りけるに…。〈西鶴・好色五人女〉訳（処刑されるお七の歌を）聞く人は**いっそう**哀れに感じて、その姿を見送ったのだったが…。

ひと-しれ-ず【人知れず】連語 人に知られない。秘密である。
恋すてふわが名はまだき立ちにけり人知れずこそ思ひ初めしか 百人一首〈拾遺集・621〉訳↓こひすてふ…
発展 名詞「ひと」＋下二段動詞「しる」の未然形＋打消の助動詞「ず」。

ひとしれぬ… 歌
人知れぬわが通ひ路の関守はよひよひごとにうちも寝ななむ〈古今集・恋3・632・在原業平〉訳 人に知られていない私が通う（恋の）道の番人は、毎夜毎夜ちょっとぐらい眠ってしまってほしい。〇「寝ななむ」の「ななむ」は、完了の助動詞「ぬ」の未然形＋他に対する願望を表す終助詞「なむ」。
発展 内密の仲であった女性のところへ通う道に、見張りを置かれてしまったため、逢えずに帰って詠んだ歌。『伊勢物語』五段にも見える。

ひと-ずくな・なり【人少なり】形容動詞〔ナリ〕〈なら・なり（に）・なり・なる・なれ・なれ〉人が少ない。
「**さて、これより人少なる所はいかでかあらむ。**」〈源氏・夕顔〉訳「といっても、ここより**人が少ない**ところがどうしてあろうか、いや、あるはずがない。」

ひと-すぢ【一筋】― 名詞 ❶細長いもの一本。一条。
❷一族。一門。
多くは、ただこの九条殿の御一筋なり。〈大鏡・師輔〉訳 多くは、ただこの九条殿（＝藤原師輔）のご**一族**である。

ひと-すぢ【一筋】― 形容動詞〔ナリ〕❶一つに打ち込んでいる。ひたすら…ている。いちずだ。
姫君は一筋に世を憂きことに思し入りて…。〈住吉物語〉訳 姫君は**いちずに**世の中をつらいことと思い詰めなさって…。
❷一様だ。普通だ。平凡だ。
「**古き跡は、定まれるやうにはあれど、広き心豊かならず、一筋に通ひてなむありける。**」〈源氏・梅枝〉訳「昔の人の筆跡は、決まった書法にかなっているようではあるけれど、ゆったりした気持ちが十分出ていなくて、**一様に**似通っていたのだった。」

ひとすまぬ… 歌
人住まぬ不破の関屋の板びさし荒れにしのちはただ秋の風〈新古今集・雑中・1601・藤原良経〉訳（もう）番人の住んでいない不破の関の番小屋の板びさしよ。荒れ果ててしまった後には、ただ秋の風（が吹き抜ける）ばかりだ。〇「不破の関」は今の岐阜県不破郡にあった関所で、平安初期に廃止された。
発展 荒れ果てたようすを風に鳴る板びさしで象徴し、人の世の移り変わりを表現する。

ひと-ぞう【一族】名詞 一族。一家。発展「ぞう」は「ぞく」の変化したもの。

ひと-たがへ【人違へ】― 名詞 他人と間違えること。人違い。
「**人違へにやはべらむ。**」〈源氏・玉鬘〉訳「**人違い**ではございませんでしょうか。」

ひと-だ・つ【人立つ】動詞 自〔タ四段〕〈た・ち・つ・つ・て・て〉大人らしくなる。成人する。
「**さて人だちたまひなば…。**」〈源氏・玉鬘〉訳「（姫君が）そのようにして**成人**なさってしまったならば…。」

ひと-だのめ・なり【人頼めなり】形容動詞〔ナリ〕〈なら・なり（に）・なり・なる・なれ・なれ〉人にあてにさせる。歌などでは、期待させるだけでその期待にこたえない意味に用いられることが多い。
わびぬればしひて忘れむと思へども夢といふものぞ人頼めなる 歌〈古今集・恋2・569〉訳（恋しくて）つらいので、無理にでも忘れようと思うけれども、（ときどき、あの人を夢に見てしまう。だから）夢というものは、**人に**（むなしい）**期待をさせるものである**ことよ。〇夢にその人が現れるのは、その人がこちらを思っているからだと考えられていた。
発展「たのめ」は下二段動詞「頼む」の連用形。

ひと-だま【人魂】名詞 夜間、空中を飛ぶ青白い火。人の魂が抜け出したものと信じられていた。鬼火。

ひと-だまひ【人賜ひ・人給ひ】― 名詞 ❶人々に与えられること。また、そのもの。❷従者に貸し与える牛車。随行者の乗る車。副車。

ひと-つ【一つ】㊀名詞 ❶数の一。一個。また、一歳。❷（順序の）第一番。❸同じ所。一緒。また、同時。❹（名詞に接尾語的に付いて）そのものだけの意味を表す。語例 身**ひとつ**・心**ひとつ** ❺（名詞に接頭語的に付いて）同じ、同一の意味を表す。語例 **ひとつ**草・**ひとつ**心 ❻（「ひとつは」「ひとつには」の形で）一方。他方。❼（時刻の数え方で）一刻を四分した、その第一の時。
㊁副詞 ❶（打消の語を伴って）少しも。
「**この文に書かれたりし、ひとつたがはず…。**」〈更級日記・富士川〉訳「この文書に書かれていたことは、**少しも**違っていなくて…。」
❷ちょっと。試みに。
「**ひとつ振る舞うて帰さう。**」〈狂言・察化〉訳「**ちょっと**もてなして帰そう。」

ひと-つ-ご【一つ子】名詞 ❶ひとりっ子。
一つ子にさへありければ、いとかなしうしたまひけり。〈伊勢・84〉訳 **ひとりっ子**でもあったので、（母宮は）とてもいとしいと思っていらっしゃった。
❷一歳の子供。
一つ子、二つ子を残さず…尋ねとって失ひてき。〈平家・12・六代被斬〉訳（平氏の子供は）**一歳の子供**、二歳の子供まで残さず…捜し捕らえて殺してしまった。

ひと-づて【人伝て】名詞 他人に依頼してことばを伝えること。言づて。また、間接に聞き知ること。
今はただ思ひ絶えなむとばかりを人づてならで言ふよしもがな 百人一首〈後拾遺集・750〉訳↓いまはただ…

ひとつ-はら【一つ腹】名詞 同じ母親から生まれたこと。また、その兄弟姉妹。

ひと-づま【人妻・他妻・他夫】 名詞 他人の妻。他人の夫。

紫のにほへる妹を憎くあらば人妻ゆゑに我恋ひめやも 歌〈万葉集・1・21〉訳→むらさきの…

発展「つま」は配偶者という意味。

ひと-つ-や【一つ家】 名詞 ❶山や野などに、ただ一軒ある家。一軒家。❷同じ家。ひとつ屋根の下。

ひとつやに… 句

一つ家に遊女も寝たり萩と月〈奥の細道・市振・松尾芭蕉〉訳ひとつ屋根の下に遊女も泊まり合わせることになった。外にはしおらしいハギの花が咲き、月が寂しく照っている、その取り合わせに似て、うら若い遊女と世捨て人の私との同宿は、実に妙味あるものだ。○季語 萩・月―秋

発展 たまたま泊まり合わせることになったなまめかしい遊女と世捨て人の作者の取り合わせを、ハギと月に重ねて詠んだ句。初句を「ひとついへに」と読む説もある。

ひと-て【一手】 名詞 ❶片手。一方の手。❷一組。一隊。❸舞・音曲や勝負事などの一回。一番。一手。

たとへば、碁を打つ人、一手もいたづらにせず…。〈徒然草・188・ある者、子を法師に〉訳たとえていうなら、碁を打つ人が、**一手**も無駄にしないで…。

❹矢羽が内向きの矢と外向きの矢との二本。一手矢。

鷹の羽にて矧いだりける的矢一手ぞ差し添へたる。〈平家・4・競〉訳タカの羽で作った的矢を**二本**（箙に）添えて差した。

ひと-とき【一時】 名詞 ❶ほんの短い間。しばらくの間。

「**一時が目を肥やして何にかはせむ。**」〈更級日記・初瀬〉訳「（みそぎの儀式見物などをして）**ほんの短い間**目を楽しませて何になろう（そんなことをしても仕方のないことだ）。」

❷同時。いちどき。

❸一日を十二分したうちの一つ。今の約二時間。

ひと-ところ【一所】 名詞 ❶おひとかた。おひとり。

ただ一所、深き山へ入りたまひぬ。〈竹取・蓬萊の玉の枝〉訳（皇子は）たった**おひとり**で、奥深い山へお入りになってしまった。

❷ひとつの場所。同じ場所。

「所々で討たれんよりも、**一所**でこそ打ち死にをもせめ。」〈平家・9・木曾最期〉訳「あちらこちらで討たれるよりも、**同じ場所**で討ち死にをしよう。」

発展 ❶の「ところ」は助数詞。

ひと-とせ【一年】 名詞 一年。一年間。

ひととせに… 歌

ひととせにひとたび来ます君待てば宿かす人もあらじとぞ思ふ〈古今集・羇旅・419・紀有常〉訳（織り姫は）一年に一度いらっしゃる男性（=彦星）を待っているのだから、（その人以外に）宿を貸す人はいないだろうと思う。

発展 在原業平の歌（→かりくらし…）に対して詠んだ歌。『伊勢物語』八十二段にも見える。

ひと-と-なり【為人】 名詞 ❶生まれつきの性質。性分。天性。❷身長。体格。体つき。

ひと-と-な・る【人と成る】 連語 ❶一人前になる。大人になる。成人する。

「**人と成りて後は、限りあれば、朝夕にしもえ見たてまつらず**…。」〈源氏・夕顔〉訳「**大人になって**からは、制約があるので、（あなたに）朝に晩にとお目にかかることもできなくて…。」

❷正気に戻る。生き返る。

「**護身など仕まつりしに、やうやう生き出でて人と成りたまへりけれど**…。」〈源氏・夢浮橋〉訳「護身（の加持祈禱）などをして差し上げたところ、（浮舟は）だんだん息を吹き返し**正気に戻り**なさったけれども…。」

ひと-どほ・し【人遠し】 形容詞［ク］〈から・かり・○・かる・○・かれ〉人気がない。人里離れている。

御前の人遠くのどやかなる折は…。〈源氏・蛍〉訳玉鬘のお側が**人気がなく**静かなときは…。

ひと-なみなみ・なり【人並み並みなり】 形容動詞 ↓ひとなみなり

ひと-なみ・なり【人並みなり】 形容動詞［ナリ・ノ］〈なら・なり（に）・なり・なる・なれ・なれ〉普通の人と同じだ。世間並みだ。

みなかみにかざしつるかな桂川今日人並みの心地のみして 歌〈宇津保〉訳桂川（から折り取って頂戴した）、そのかんざしを、どれもみな、髪にかざしたよ。今日初めて**普通の人と同じである**という気持ちばかりして。○「桂川」の縁語の「水上」に「皆髪」を、「波」に「並み」を掛ける。

ひと-な・る【人馴る】 動詞 自［ラ下二段］〈れ・れ・る・るる・るれ・れよ〉❶人との交際になれる。人ずれする。

「**男の御教へなれば、少し人なれたることや交じらむ。**」〈源氏・花宴〉訳「（紫の上は）男のご教育（を受けただけ）であるので、少し**人ずれし**ている点が交じっているのではないだろうか。」

❷（動物が）人になれる。

いみじう人なれつつ、傍らに打ち伏したり。〈更級日記・大納言殿の姫君〉訳（ネコは）たいへん**人になれて**いて、（私の）そばに寝た。

ひと-にく・し【人憎し】 形容詞［ク］〈から・かり・○・かる・○・かれ〉憎らしい。無愛想である。

人憎く、け遠くはもて離れぬものから、障子の固めもいと強し。〈源氏・総角〉訳（大君は薫に対して）**無愛想**で、遠ざけて逃げてしまうわけではないけれども、（境の）襖の固めも非常に厳重である。

ひとににぬ… 歌

人に似ぬ心のうちは烏毛虫の名を問ひてこそ言はまほしけれ〈堤中納言・虫めづる姫君〉訳（普通の）人に似ていない（=人とは違う）心の中は、毛虫の名を（聞くようにあなたの名前を）聞いてから言いたいと思います。○「まほしけれ」は希望の助動詞「まほし」の已然形で、「こそ」の結び。

発展 右馬の佐の歌（→かはむしの…）に対して、姫君に代わって女房が詠んだ歌。

ひと-には【一庭】 名詞 庭中。庭全体。

一庭に敷かれて泥土のわづらひなかりけり。〈徒然草・177・鎌倉中書王にて〉訳（雨が降った後におがくずを）**庭全体**にお敷きになってぬかるみの心配はなかった。

ひと-の-うへ【人の上】― 他人の身の上。他人についてのうわさ。また、人間一般の身の上。

ひとのおやの… 歌

人の親の心は闇にあらねども子を思ふ道に惑ひぬるかな〈後撰集・1102・藤原兼輔〉訳親である者の心は闇ではないのに、（自分の）子を思うという道に迷ってしまう（=道理が分からなくなってしまう）のだなあ。

発展 作者の娘が内裏に入るとき、娘を思いやって醍醐天皇に献上した歌。親心を率直に詠んだ歌として広く知られている。『大和物語』四十五段にも見える。★引

き歌として、しばしば引かれている。

ひと-の-がり【人のがり】人のもとへ。人のいる所へ。発展「がり」は接尾語。

ひと-の-くに【人の国】❶日本以外の国。外国。多く、中国を指す。❷都以外の地方。田舎。**人の国よりおこせたる文の物なき。**〈枕草子・25・すさまじきもの〉訳**田舎**からよこした手紙で贈り物が添えていないのは（がっかりだ）。

ひと-の-ほど【人の程】人の品格。人柄。身分。**かくてその男ども、年齢、顔形、人の程、ただ同じばかりなむありける。**〈大和・147〉訳こうしてその男たちは、年齢、容貌、**人柄**が、ちょうど同じぐらいであったのだった。

ひと-の-やう【人の様】―よう 連語 人並み。**おのづから人の様にも思しもてなさせたまふやうもあらまし。**〈更級日記・宮仕え〉訳（不始末がなければ）自然と**人並み**にもお思いになりお引き立てくださるようなこともあっただろうに。

ひとはいさ…【百人一首】
人はいさ心も知らずふるさとは花ぞ昔の香ににほひける〈古今集・春上・42・紀貫之〉訳人（のほう）はさあどうだか、気持ちは分からない。（けれども）なじみのこの土地は（今でも、ウメの）花があのころの香りになって匂っていたことだ。〇「いさ」は副詞で、「知らず」を伴って「さあどうだか分からない」という意味を表す。発展長谷寺に参詣するたびに宿としていた家を久しぶりに訪れたところ、そこの主人が「昔どおりに家はありますよ」と声を掛けたので、そこにあったウメの枝を折って答えた歌。

品詞分解・修辞

人	は	いさ	心	も	知ら	ず。	ふるさと	は
	係助	副		係助	ラ四・未	打消・終		係助

〈二句切れ〉

花	ぞ	昔	の	香	に	にほひ	ける
	係助（係）		格助		格助	ハ四・用	詠嘆・体（結）

ひと-ばしら【人柱】名詞 城・橋・堤防などの困難な工事に当たって、水の神や地の神の心を和らげるために、生けにえとして生きている人を水底や地中に埋めること。また、その埋められる人。

ひと-はた【一坏・一杯】副詞（容器に満ちているようすを表し）いっぱいに。たっぷり。**切り開けて見れば、物ひとはた入りたり。**〈宇治拾遺〉訳（ヒサゴの実を）切り開いて見てみると、（中には）何か**いっぱいに**入っている。

ひと-ばな・る【人離る】動詞 自 ラ下二段〈れ・れ・る・るる・るれ・れよ〉人里から遠く離れる。人の気配がない。「**深き里は人離れ、心すごく…。**」〈源氏・若紫〉訳「奥深い山里は**人の気配がなく**、もの寂しく…。」

ひと-ばへ【人ばへ】―ばえ 名詞 人前で調子づくこと。また、人前に出ると映えることとも。**人ばへするもの。ことなることなき人の子の、さすがにかなしうしならはしたる。**〈枕草子・152・人ばへするもの〉訳**人前で調子づく**もの。格別なこともない子供で、それでもやはり（親に）甘やかされなれている子供（の態度）。

ひと-ひ【一日】名詞 ❶いちにち。❷一日中。終日。❸ある日。先日。❹月の最初の日。ついたち。「**一日の仰せを悦びて、左右なく参りてはべる。**」〈発心集〉訳「**先日**の仰せ言を喜んで、あれこれ考えずに参上しております。」

ひと-びと【人人】㊀名詞 ❶多くの人。大勢。❷たくさんの召し使う人。特に、女房たち。㊁代名詞 みなさん。あなた方。

ひと-びと・し【人人し】形容詞〔シク〕〈しく・しく・し・しき・しけれ・〇／しから・しかり・〇・しかる・〇・しかれ〉❶人間並みだ。人並みだ。**人々しう、敵などにすべきものの大きさにはあらねど…。**〈枕草子・43・虫は〉訳（ハエは）**人間並みに**（扱って）、相手になどするほどの大きさではないが…。〇「人々しう」は連用形「人々しく」のウ音便。❷身分や家柄などが優れている。**人々しき人の、青鈍の指貫に綿入りたる、しろき衣どもあまた着て…。**〈枕草子・120・正月に寺に〉訳**身分が優れている**人が、青鈍色の指貫に綿が入ったもので、白い着物を何枚も着て…。

ひと-ひ-まぜ【一日交ぜ】名詞 一日おき。隔日。類日交ぜ。**やうやう間遠になりて、あるいは四、五度、二、三度、もしは一日交ぜ…。**〈方丈記・大地震〉訳（大地震は）しだいに間隔が長くなって、あるいは（一日に）四、五回、二、三回、または**隔日**…。

ひと-ふし【一節】名詞 ❶ひとつの特別な出来事。一件。「**かの一節の別れより、あなたこなた、物思ひとて…。**」〈源氏・若菜下〉訳「（須磨への退去の）あの**一件**の別れより（ほかに）、あちらこちらに、心配といっても…。」❷ひとつの特徴ある点。なにか一点。**折につけても一節あはれともをかしとも聞きおきつるものは…。**〈枕草子・40・花の木ならぬは〉訳（ちょっとした）折につけても**なにか一点**しみじみと情趣があるとも風情があるとも心に聞きとめておいたものは…。❸音楽・舞踊が一段落するまでの一区切り。また、一曲。

ひと-ふで【一筆】名詞 ❶簡単に書き付けること。一筆。「**この雪いかが見ると一筆のたまはせぬほどの…。**」〈徒然草・31・雪のおもしろう〉訳「この（趣深く降った）雪をどのように見ているかと（手紙の中で）**簡単に書き付けること**で（でも）おっしゃらない（＝一筆もおっしゃらない）ほどの…。」❷筆を休めたり、墨を付け加えたりせず、一気に書くこと。

ひと-へ【一重】―え ㊀名詞 ㊀【一重】一枚だけで他に重ならないこと。一枚。また、花びらが重なっていないもの。単弁。㊁【単・単衣】「★単衣」の略。対袷 ↓汗衫（図）㊁副詞【一重】（「いまひとへ」の形で）いちだんと。いっそう。**昨夜、一言をだに聞こえずなりにしは、なほ、いまひとへまさりて「いみじ。」と思ふ。**〈源氏・浮舟〉訳（浮舟は）昨晩はほんの一言をだって（匂宮に）申し上げないままになってしまったことは、やはり、より**いっそう**強く「ひどく悲しい。」と思う。

ひとへ-がさね【単襲】ひとえ― 名詞 女房の夏の装束。単衣を二枚重ねて袖口や裾をのりでひねり重ねて一枚のように見せたもの。

ひとへ-ぎぬ【単衣】ひとえ― 名詞 裏地のない一枚仕立ての衣服。特に、束帯などの礼装のとき、装束の一番下に着た裏地の付かない肌着。夏に、上着として用いるものもあった。発展「ひとへ」「ひとへごろも」とも。

ひとへ-ごころ【偏心】― 名詞 いちずに思い込んだ心。
ひとへ-に【偏に】― 副詞 ❶ひたすら。いちずに。今は**ひとへに**豊かなるいきほひになりて…。〈更級日記・初瀬〉訳 今は**ひたすら**豊かな財力をもつ人となって…。
❷まったく。まるで。たけき者もつひには滅びぬ。**ひとへに風の前の塵に同じ**。〈平家・1・祇園精舎〉訳 勢いが盛んな者も結局は滅びてしまう。**まったく**風の前の塵と同じである。

ひと-ま【一間】 名詞 ❶柱と柱の間ひとつ。また、その長さ。勢多の橋を**一間ばかりこほちて**…。〈更級日記・竹芝寺〉訳（男は）勢多の橋を**柱と柱の間ひとつ**ほど壊して…。
❷縦横とも柱の間が一つの狭い部屋。また、一部屋。今、寂しき住まひ、**一間の庵、みづからこれを愛す**。〈方丈記・閑居の気味〉訳 今、（私は）寂しい住まい、**一部屋の庵**（にいるが）、自分自身これを愛している。
❸障子やふすまなどの一区切り。なほ**一間づつ張られけるを**…。〈徒然草・184・相模守時頼の母は〉訳（障子の破れを）やはり**一区切りずつ**お張りになったのを…。

ひと-ま【人間】 名詞 ❶人のいない時。人目のない時。等身に薬師仏を造りて、**手洗ひなどして、人間にみそかに入りつつ**…。〈更級日記・門出〉訳（作者の）等身大に薬師如来像を作って（もらい）、手洗いなどして（身を清め）、**人目のない時**にこっそりと（仏間に）入っては…。
❷交わりが絶えること。疎遠になること。

ひとま-どころ【一間所】 名詞 ↓ひとま（一間）
ひと-みな【人皆】 名詞 すべての人。みんな。全員。
ひと-むら【一叢】 名詞 群生している草木の一まとまり。一群れ。また、一か所に群がっている同類のもの。一群。

ひと-め【人目】

一他人の目や、それがある所 ─┬─ ❶**他人の見る目。世間の目。**
　　　　　　　　　　　　　　　└─ ❷**人の往来。人の出入り。**

名詞 ❶**他人の見る目。世間の目。**女もはた、いと会はじとも思へらず。されど、**人目繁ければ**、え会はず。〈伊勢・69〉訳（男に会いたいと言われた）女もまた、それほど（固くは男に）会うまいとも思っていない。しかし、**他人の見る目**が多くてうるさいので、（思うようには）会うことができない。
❷**人の往来。人の出入り。**時々ありいみじく寂しげなりし御住みかに、**やうやう人目見る時々あり**。〈源氏・橋姫〉訳 ひどく寂しそうなようすであった（宇治の山奥にある八の宮の）お住まいに、しだいに**人の出入りを見る時も何度かある**（ようになった）。

ひと-めか・し【人めかし】 形容詞〔シク〕〈しく・しく・し・しき・しけれ・○／しから・しかり・○・しかる・○・しかれ〉❶一人前である。立派である。「中の宮をなむ、**いかで人めかしくも扱ひなしたてまつらむ**。」〈源氏・総角〉訳「中の宮を、どうにかして**一人前に**（＝相応の人と結婚するように）お世話申し上げたい。」
❷俗世間の人らしく見える。人間臭い。入道の宮も、**この世の人めかしき方はかけ離れたまひぬれば**…。〈源氏・横笛〉訳 出家した女三の宮も、この世の**俗世間の人らしく見える暮らし**とは縁を切っておしまいになられたので…。
発展 四段動詞「ひとめく」が形容詞になったことば。

ひと-めか・す【人めかす】 動詞 他〔サ四段〕〈さ・し・す・す・せ・せ〉人並みに扱う。一人前として待遇する。わざと取り立てて、**人めかすべくもあらぬさまなれど**…。〈枕草子・67・草の花は〉訳 わざわざ取り上げて、**一人前**（の花）**として待遇する**ことができそうもない姿であるが…。
発展「めかす」は接尾語。

ひと-め・く【人めく】 動詞 自〔カ四段〕〈か・き・く・く・け・け〉❶（人間ではないものが）人間らしく見える。人間のようである。「**花の名は人めきて**…。」〈源氏・夕顔〉訳「（ユウガオは）花の名前は**人間のようであるのに**…。」
❷一人前に見える。「**こよなうも人めきたるかな**。」〈源氏・明石〉訳「（明石の入道の娘は）この上もなく**一人前に見えて**いることだなあ。」
発展「めく」は接尾語。

ひとめ-な・し【人目無し】 連語 だれもいない。また、人の訪れがない。**人目なく荒れたる宿はたちばなの花こそ軒のつまとなりけれ** 歌〈源氏・花散里〉訳 **人の訪れがなく**荒れはてている（この）宿は、タチバナの花こそが、軒の端に咲いて（あなたを呼ぶ）手がかりとなったのだった。○「つま」に「端」の意味と「手がかり」の意味とを掛ける。

ひとめ-を-はか・る【人目を謀る】 人の見ていないときを見はからう。人の目を盗む。飲む人の顔、**いと堪へがたげに眉をひそめ、人目を謀りて捨てんとし**…。〈徒然草・175・世には心得ぬことの〉訳（酒を無理強いされて）飲む人の顔は、とても我慢できそうにないようすで眉にしわを寄せ、**人の見ていないときを見はからって**（酒を）捨てようとし…。

ひと-もじ【一文字】 名詞 ❶文字ひとつ。一字。❷《女房詞》ネギ。「ねぎ」を「き」と一字で言ったことからいう。

ひともなき … 歌
人もなきむなしき家は草枕旅にまさりて苦しかりけり〈万葉集・3・451・大伴旅人〉訳（妻が死んで）人もいない空っぽの家は、旅（にいるとき）にもまして つらいものであったのだった。○「むなしき」は、中になにもないようすを表す形容詞「むなし」の連体形。「草枕」は「旅」に係る枕詞。
発展 九州赴任中に妻を亡くし帰宅したときに詠んだ歌。

ひと-もの【一物】 副詞 いっぱい。一面に。大きなる壺のありけるに、**水をひともの入れて**…。〈今昔〉訳 大きな壺があったので、水を**いっぱい**入れて…。

ひともをし … 百人一首
人も愛し人も恨めしあぢきなく世を思ふゆゑにもの思ふ身は〈続後撰集・1202・後鳥羽院〉訳 人がいとしくもあり、人が恨めしくもある。（この）世をつまらないと思うがために、あれこれと物思いにふけっているこの私は。○「身は」の「は」は、取り立てて述べる意味を表す係助詞。
発展 鎌倉幕府との争いのなかで、思うようにいかない苦しい心中を詠んだ歌。

品詞分解・修辞〈二句切れ〉

人	も	をし	人	も	恨めし。	あぢきなく
	係助	形・終		係助	形・終	形・用

世	を	思ふ	ゆゑ	に	もの思ふ	身	は
	格助	八四・体		格助	八四・体		係助

ひと-や【人屋・獄】 名詞 牢屋。牢獄。
ひと-やう・なり【一様なり】― 形容動詞〔ナリ〉〈なら・な

り〈に・なり・なる・なれ・なれ〉同様である。同じ調子である。
「すくよかに言ひ出でたるしわざも、女しきところなかめるぞ、一様なめる。」〈源氏・蛍〉訳「(『宇津保物語』の)貴宮が)無愛想にことばに出している物腰も、女らしいところがないようなところが、(さきほどの、あさはかな人まねする女と)同様であるようだ。」〇「一様なめる」は、「一様なるめる」が★撥音便化した「一様なんめる」の★撥音無表記の形。

ひと-やり【人遣り】 名詞 自分の心からするのではなく、ほかから強いられてすること。
人遣りにもあらねば、念じ返せど、え堪へず。〈蜻蛉日記〉訳 **他人から強いられたもの**でもない(自分からした山ごもりである)ので、(泣くまいと)我慢するが、こらえることができない。

ひとやり-なら-ず【人遣りならず】

他人から強制されてするのではなく、自分の意志でするようす ― 自分の意志ですることだ。自分のせいだ。

連語 自分の意志ですることだ。自分のせいだ。
人やりならぬわざなれば、訪ひとぶらはぬ人ありとも、ゆめにつらくなど思ふべきならねば…。〈蜻蛉日記〉訳 (山寺にこもって祈願することは)**自分の意志ですること**であるから、(山寺を)訪ねて来てくれない人(=夫である藤原兼家)がいるとしても、決して薄情だなどと思うことはできないので…。
発展 **語の成り立ち** 名詞「ひとやり」+断定の助動詞「なり」の未然形+打消の助動詞「ず」。

ひと-よ【一夜】 名詞 ❶一晩。一夜。
春の野にすみれ摘みにと来こし我そ野をなつかしみ一夜寝にける 歌〈万葉集・8・1424〉訳 →はるののに…
❷終夜。一晩中。
❸ある晩。先夜。
「**一夜の門のこと、中納言に語りはべりしかば**…。」〈枕草子・8・大進生昌が家に〉訳「**先夜**の門の一件(=生昌の家の門の小ささに関係して故事を引いたこと)を、中納言に話しましたところ…。」

ひとり【一人・独り】 一 名詞 単身。一名。単独。また、独身。
二 副詞 ❶ひとりでに。自然に。
「むつかしくもぢれたるもの、**ひとり**さばくる。」〈三冊子〉訳「複雑に絡み合ったものは、**ひとりでに**ほどけてくる。」
❷単独で。一つだけ。
あはれてふことをあまたにやらじとや春におくれてひとり咲くらむ 歌〈古今集・夏・136〉訳 すばらしいということばを数多く(の他のサクラ)にやるまいと思って、(このサクラは)春が過ぎ去った後に**一つだけ**咲いているのであろうか。

ひ-とり【火取り】 名詞 ❶香炉のひとつ。漆器または木製の器の内部に、銀・銅または陶器の炉を入れ、銀・銅製のかごで覆ったもの。香をかいだり、伏せ籠の中に入れ、衣類に香をたきしめるのに用いた。❷「★火取りの童」の略。

[ひとり❶(火取り)]

ひとり-ご・つ【独りごつ】 動詞 自 タ四段〈た・ち・つ・つ・て・て〉ひとりごとを言う。つぶやく。
「風の前なる」など**ひとりごちて**…。〈和泉式部日記〉訳「風の前なる」などと(和歌の一節を引いて)**ひとりごとを言って**…。
発展 名詞「ひとりごと」を動詞として活用させたもの。

ひとり-ずみ【独り住み】 名詞 ひとり住まい。ひとり暮らし。

ひとり-の-わらは【火取りの童】 ― ★五節の舞姫が内裏に参入するとき、舞姫の衣装に香の香りを染み込ませるために、★火取りを持って前を歩く童女。

ひとり-びとり【一人一人】 名詞 どちらかひとり。だれかひとり。

ひ-ど・る【日取る】 動詞 自 ラ四段〈ら・り・る・る・れ・れ〉日を選んで決める。
四月二十日のほどに日取りて来むとするほどに…。〈源氏・玉鬘〉訳 四月二十日のころに(結婚の)**日を選んで決めて**(迎えに)来ようとするその間に…。

ひと-わたり【一渡り・一渉り】 一 名詞 一度。一回。
二 副詞 全体を通して一度。一通り。

ひと-わろ・し【人悪し】

体裁や外聞を気にしてみっともないと思う気持ち ― 体裁が悪い。みっともない。恥ずかしい。見苦しい。

形容詞〔ク〕

未然形	連用形	終止形	連体形	已然形	命令形
ひとわろく	ひとわろく	ひとわろし	ひとわろき	ひとわろけれ	○
ひとわろから	ひとわろかり	○	ひとわろかる	○	ひとわろかれ

体裁が悪い。みっともない。恥ずかしい。見苦しい。
榻などもみな押し折られて、すずろなる車の筒にうち掛けたれば、またなう人わろく、悔しう「何に来つらむ。」と思ふに、かひなし。〈源氏・葵〉訳 (牛車の)★榻などもすっかりへし折られて、(轅を)無関係な車の轂に引っ掛けてあるので、またとなく**体裁が悪く**、(六条御息所は)後悔されて「なんのために出て来たのだろう。」と思うが、(今となっては)むだである。
思ひ鎮めむ方もなき心地して、涙のこぼるるも人わろければ、よろづに思ひ乱るれど…。〈源氏・宿木〉訳 (薫は、中の君への)思いを抑えようにもその方法がない感じがして、涙がこぼれるのも**みっともない**ので、何かにつけて心は乱れるけれど…。
発展 **現代語との違い** 現代語の「人(=人柄)が悪い」とは違って、「人に見られたとき、よくない」という意味で、体裁が悪いようすを表す。「ひとわるし」とも。
類語比較 「はづかし」「やさし」「おもなし」「ひとわろし」「はしたなし」→恥づかし

ひと-わらはれ・なり【人笑はれなり】（わらわれなり）形容動詞〔ナリ〕〈なら・なり(に)・なり・なる・なれ・なれ〉人に笑われるほどみっともない。

「かかりとて都に帰らむことも、まだ世に許されもなくては、**人笑はれなることこそまさらめ。**」〈源氏・明石〉訳「こんなこと（=暴風雨や雷鳴が続くこと）があったからといって都に帰ったりすることも、まだ世間で許されることもない状態では、**人に笑われるほどみっともない**ことが強まるであろう。」

ひと-わらへ・なり【人笑へなり】（わらえなり）形容動詞 ↓ひとわらはれなり

ひと-わろ・し【人悪し】形容詞 ↓最重要語（1052ページ）

ひな【鄙】名詞 田舎。都から離れた所。

天離る鄙の長道ゆ恋ひ来れば明石の門より大和島見ゆ 歌〈万葉集・3・255〉訳 ↓あまざかる…

ひな【雛】名詞 ❶ヒヨコ。ヒナドリ。❷ひな人形。季語 春

ひな-あそび【雛遊び】名詞 ↓ひひなあそび

ひ-な-くもり【日な曇り】枕詞（日の曇り、すなわち薄日という意味から同音の）地名「碓氷」に係る。発展「な」は上代の格助詞。

ひな-さか・る【鄙離る】連語 都から遠く離れている。田舎にある。

大君の遣けのまにまにひなさかる国治めにと… 歌〈万葉集・13・3291〉訳 天皇のお指図通りに**都から遠く離れている国**を治めにと…。

発展「ひなざかる」とも。

びな・し【便無し】形容詞 ↓びんなし最重要語（1061ページ）

ひな-の-わかれ【鄙の別れ】都から遠い田舎へ行くために別れること。

ひな・ぶ【鄙ぶ】動詞 ↓最重要語（1053ページ）

ひな-ぶり【鄙振り・夷振り・夷曲】名詞 ❶古代歌謡のひとつ。❷狂歌の別の呼び名。優雅な短歌に対していう。

発展 ❶は『日本書紀』の「天離る鄙つ女の」の「ひな」に由来する名ともいわれる。また、田舎風の内容や節回しであったためとも。

ひ-なみ【日次み・日並み】名詞 ❶毎日すること。日ごと。連日。❷日のよしあし。日柄。日和。

日次みよろしからざるによりて、弟子らこれを忌みて七日葬せず。〈今昔〉訳 **日柄**がよくないということで、弟子たちはそれを避けて七日間（この僧の）葬式をしなかった。

ひ-なら・ぶ【日並ぶ】動詞 自〔バ下二段〕〈べ・べ・ぶ・ぶる・ぶれ・べよ〉日数を重ねる。

あかねさす日並べなくに吾が恋は吉野の川の霧に立ちつつ 歌〈万葉集・6・916〉訳 **日数を重ね**ないのに（=まだあなたに会ったばかりなのに）私の恋心は吉野川の霧となって現れていることだ。○「あかねさす」は「日」に係る枕詞。

ひ-にく【皮肉】名詞 ❶皮と肉。転じて、体の中。❷上辺。表面。❸いやみ。当てこすり。

ひに-けに【日に異に】連語 日増しに。日ごとに。

あしひきの山辺に居りて秋風の日にけに吹けば妹をしそ思ふ 歌〈万葉集・8・1632〉訳 山辺にいて秋風が**日増しに**（強く）吹くと妻を恋しく思う。○「あしひきの」は「山」に係る枕詞。

ひに-そへ-て【日に添へて】（そえて）連語 日がたつに従って。日増しに。日に日に。

ただ日に添へて弱りたまふさまにのみ見ゆれば…〈源氏・若菜下〉訳（紫の上は）ただ**日がたつに従って**衰弱なさるようすにばかり見えるので…。

ひ-にん【非人】名詞 ❶《仏教語》人間でないもの。天竜・夜叉・悪鬼の類。❷罪人。❸俗世間を捨てた人。世捨て人。また、非常に貧しい人。❹江戸時代、四民の下に置かれた階級のひとつ。

ひ-ねずみ【火鼠】名詞 中国の想像上の動物。白いネズミで、南海の火山の中に住み、その毛皮から作った火浣布という布は火に燃えないといわれる。

ひねもす【終日・尽日】副詞 ↓最重要語（1053ページ）

ひな・ぶ【鄙ぶ】

ことばや動作が「ひな（=田舎）」のようになる ─ **田舎風になる。**

動詞 自〔バ上二段〕

未然形	連用形	終止形	連体形	已然形	命令形
ひな・び	ひな・び	ひな・ぶ	ひな・ぶる	ひな・ぶれ	ひな・びよ

田舎風になる。田舎めく。野暮ったくなる。対 雅ぶ

歌さへぞひなびたりける。〈伊勢・14〉訳（田舎住まいの女は、男に贈る）歌までが**田舎風になって**いたことだった。

発展 **語の成り立ち** 田舎という意味の名詞「ひな」に、そのような状態になる意味を表す接尾語「ぶ」が付いてできたことば。「雅ぶ（=宮廷風・都会風になる）」に対応して生まれたものと考えられる。↓古語チャート❸（67ページ）

ひねもす【終日・尽日】

夜明けから日暮れまでずっと ─ **朝から晩まで。一日中。**

副詞（多く「ひねもすに」の形で）**朝から晩まで。一日中。**対 夜もすがら ↓古語チャート❶（47ページ）

雪こぼすがごと降りて、ひねもすにやまず。〈伊勢・85〉訳 雪が（容器から）こぼすように降って、**朝から晩まで**やまない。

ひねもすに入りもみつる雷の騒ぎに、さこそいへ、いたう困じたまひにければ…〈源氏・明石〉訳 **一日中**激しく吹き荒れた雷のやかましさのために、そう（=気強い）とはいうものの、（源氏は）ひどく疲れきっておしまいになったので…。

◉多く「ひねもすに」の形で用いられる。

発展 中世以降「ひめもす」「ひめむす」「ひねむす」などの形も生じた。

ひねもす‐に【終日に】副詞 ↓ひねもす 最重要語（1053ページ）
ひねり【捻り・撚り】名詞 ❶ねじること。ひねること。❷賽銭や祝儀を紙に包み、その端をひねったもの。おひねり。❸相撲の手のひとつ。相手の体をねじるようにして倒すもの。❹（「捻り文」の略で）書状を包み紙で縦に包む、正式の書状の形式。
ひねり‐いだ・す【捻り出だす】動詞 他 〔サ四段〕〈さ・し・す・す・せ・せ〉工夫して作り出す。**からくして、あやしき歌ひねり出だせり。**〈土佐日記・二月七日〉訳やっとのことで、妙な歌を**工夫して作り出した。**
ひね・る【捻る・撚る】一 動詞 自 〔ラ四段〕〈ら・り・る・る・れ・れ〉一風変わったことをする。しゃれたことをする。
二 動詞 他 〔ラ四段〕〈ら・り・る・る・れ・れ〉❶ねじる。よじる。（縫い物などを）よい手つきでする。**いとをかしげにひねり縫ひたまひければ…。**〈落窪〉訳とても趣あるように**よい手つきで**お縫いになったので…。❷考え出す。考案する。
ひ‐の‐え【丙】名詞 ★十干の三番目。へい。↓ビジュアルチェック❺（393ページ）発展「火の兄」という意味。
ひのえ‐うま【丙午】名詞 干支の四十三番目。十干の丙と十二支の午に当たる年。この年は火災が多いといわれ、また、この年に生まれた者は、女性は夫を殺し、男性は妻を殺す（後には女性にだけいわれた）という俗信があった。↓ビジュアルチェック❺（393ページ）
ひ‐の‐おまし【昼の御座】天皇が昼間いる御座所で、清涼殿の中心部。↓ビジュアルチェック⓬（715ページ）発展「ひのござ」「ひるのおまし」とも。
ひのき‐がさ【檜笠】名詞 ヒノキの薄板を編んで作った笠。発展「ひがさ」とも。
ひ‐の‐ござ【昼の御座】名詞 ↓ひのおまし
ひ‐の‐さうぞく【昼の装束】― 昼間に着用する正装。束帯。発展「ひのよそひ」とも。
ひ‐の‐たて【日の経】東方。また、東西。対日の緯
ひ‐の‐と【丁】名詞 ★十干の四番目。てい。↓ビジュアルチェック❺（393ページ）発展「火の弟」という意味。
ひ‐の‐みこ【日の御子】天皇、また、皇子を敬って言うことば。

ひ‐の‐もと【日の本】名詞 ↓ひのもとのくに
ひのもと‐の【日の本の】枕詞 （日の本の国から）「大和」に係る。
ひのもと‐の‐くに【日の本の国】日本国の別の呼び名。発展日の出るところにある国、という意味。
ひ‐の‐よこ【日の緯】西方。また、南北。対日の経
ひ‐の‐よそひ【昼の装ひ】― 名詞 ↓ひのさうぞく
び‐は【琵琶】― 名詞 弦楽器のひとつ。楕円形の木製の胴に、四本または五本の絹糸製の弦を張り、ばちで弾いて音を出す。奈良時代に中国から伝来し、雅楽や平曲などに用いられた。
ひ‐はぎ【引剝ぎ】名詞 ↓ひきはぎ
びは‐こ【琵琶湖】地名 ↓琵琶湖（びわこ）
ひ‐はだ【檜皮】― 名詞 ❶ヒノキの皮。細かく裂いて屋根をふくのに用いる。❷「★檜皮色」の略。❸「★檜皮葺」の略。❹「★檜皮屋」の略。
ひはだ‐いろ【檜皮色】― 名詞 染め色のひとつ。蘇芳（＝暗紅色）に黒みを帯びた色。
ひはだ‐ぶき【檜皮葺き】― 名詞 ❶ヒノキの皮で屋根をふくこと。また、その屋根。❷ヒノキの皮で屋根をふく職人。
ひはだ‐や【檜皮屋】― 名詞 ヒノキの皮で屋根をふいた家。
ひは‐づ・なり【繊弱なり】形容動詞 〔ナリ〕〈なら・なり（に）・なり・なる・なれ・なれ〉弱々しくて、ほっそりしている。ひ弱だ。きゃしゃだ。**いとささやかなる人の、常の御悩みに痩せ衰へ、ひはづにて…。**〈源氏・真木柱〉訳（鬚黒の大将の北の方は）まことに小柄な人が、日ごろのお病気からすっかり痩せ衰え、**弱々しく、ほっそりしていて…。**
びは‐ほふし【琵琶法師】名詞 琵琶を弾いて物語を語る盲目の僧。初めは説教や物語を語ったが、鎌倉時代に入ると平曲（＝『平家物語』に節回しを付けたもの）を語る者が特に知られるようになった。

［びはほふし］

ひは‐やか【繊弱】― 形容動詞 〔二〕弱々しくて、ほっそりしている。ひ弱だ。**宮もいみじうひはやかに、うつくしうおはします。**〈栄花〉訳東宮もたいそう**ひ弱で**、かわいらしくていらっしゃる。
ひびか・す【響かす】動詞 他 〔サ四段〕〈さ・し・す・す・せ・せ〉❶響くようにさせる。**楽の声、鼓の音、世を響かす。**〈源氏・紅葉賀〉訳管絃の音や、鼓の音が、世間を**響くようにさせる。**❷評判を立てさせる。**琴、笛の音にも雲居を響かし…。**〈源氏・桐壺〉訳琴や、笛の音色につけても宮中に**評判を立てさせ…。**
ひびき【響き】名詞 ❶響くこと。音響。**鐘の音の絶ゆるひびきに音をそへてわが世つきぬと君に伝へよ** 歌〈源氏・浮舟〉訳↓かねのおとの…
❷評判。反響。**一年の春宮の御元服、南殿にてありし儀式、よそほしかりし御響きにおとさせたまはず。**〈源氏・桐壺〉訳（若宮の元服の儀について）先年の東宮のご元服で、南殿で行われた儀式が、立派で美しかったというご**評判**に劣らないようになさる。
ひび・く【響く】動詞 自 〔カ四段〕〈か・き・く・く・け・け〉❶（音・声が）とどろく。（音・声が）響く。鳴り渡る。❷音に聞こえる。評判になる。**「軽々しき御名さへ響きてやみにしよ。」**〈源氏・若菜上〉訳「軽はずみだというおうわさまで**評判になって**（二人の関係が）終わってしまったよ。」❸取りざたする。騒ぎ立てる。**収めたてまつるにも、世の中響きて「悲し。」と思はぬ人なし。**〈源氏・薄雲〉訳（藤壺の宮の）葬儀を行い申し上げるにつけても、世の中が（こぞって）**取りざたして**「悲しい。」と思わない人はいない。
びび・し【美美し】形容詞 〔シク〕〈しく・しく・し・しき・しけれ・○／しから・しかり・○・しかる・○・しかれ〉美しい。華やかだ。立派だ。**いみじう美々しうてをかしき君たちも、随身なきはいとしらじらし。**〈枕草子・48・男こそ〉訳（服装や振る舞いが）たいへん**華やかで**魅力的な貴公子たちでも、（お供に

随身という警護役の下級役人がいない(=従えていない)のはひどく興ざめだ。○「美々しう」は連用形「美々しく」のウ音便。

ひ-ひとひ【日一日】 副詞 朝から晩まで。一日中。終日。**双六をひひとひ打ちて、なほ飽かぬにや**…。〈枕草子・145・清げなる男の〉訳 双六を**一日中**して、それでもやはり満足しないのだろうか…。

ひひな【雛】 名詞 紙や木などで作った小さな人形。季語 春 発展「ひな」とも。

ひひな-あそび【雛遊び】 名詞 ひな人形に供え物をしたり、着物を着せたりする女の子の遊び。季語 春 発展「ひなあそび」とも。平安時代のころから、貴族の子女の遊びとして季節を問わずに行われ、江戸時代以降に、ひな祭りとして三月三日に定着した。

ひひらぎ【柊】 名詞《植物》モクセイ科の常緑小高木。葉にとげがある。節分の夜、イワシの頭とともに門口に差して邪気を払う。

ひひら-く 動詞 自 カ四段〈か・き・く・く・け・け〉❶ウマがいななく。❷べらべらしゃべりまくる。**馬頭の、物定めの博士になりて、ひひらきゐたり**。〈源氏・帚木〉訳 *馬の頭は、品定めの専門家になって、**べらべらしゃべりまくっていた**。

びふく-もん【美福門】 名詞 大内裏外郭十二門の一つ。大内裏の南側、朱雀門の東にある門。↓ビジュアルチェック⑮(757ページ)

ひ-ほふ【秘法】 名詞《仏教語》密教で行う秘密の修法。

ひま【隙・暇】 名詞 ↓最重要語(1055ページ)

ひ-まぜ【日交ぜ】 名詞 一日おき。隔日。類 一日交。**わざときらぎらしくて、日交ぜなどにうち通ひたれば**…。〈蜻蛉日記〉訳 わざときらびやかに行列を整えて、**一日おきに通ってきたので**…。

ひま-な・し【隙無し】 形容詞 ク〈く・く・し・き・けれ・○/から・かり・○・かる・○・かれ〉❶(空間的に)透き間がない。**次の間に、長炭櫃にひまなく居たる人々**…。〈枕草子・184・宮に初めて参りたるころ〉訳 次の間で、長火鉢の所に**透き間がなく**座っている女房たちが…。❷(時間的に)絶え間がない。ひっきりなしだ。

ひま【隙・暇】

空間的・時間的・心理的な透き間・絶え間

- 一【隙】
  - ❶(物と物の)透き間。
  - ❷(物事の)行われない時。絶え間。
  - ❸(人と人との)心の透き間。不和。仲たがい。
  - ❹よい機会。きっかけ。
  - ❺(「ひまなし」の形で)手抜かり。油断。
- 二【暇】
  - ❶時間。時間のゆとり。
  - ❷主従や夫婦の縁を断つこと。離縁。免職。

名詞 一【隙】❶(物と物の)透き間。裂け目。**谷風に解くる氷の隙ごとに打ち出づる波や春の初花**〈古今集・春上・12〉訳 (早春の)谷風に(吹かれて)解ける(川の)氷の**裂け目**ごとにほとばしり出る波が、春の最初に咲く花か(と見える)。

❷(物事の)行われない時。絶え間。合間。**僧ども念仏の隙に物語するを聞けば**…。〈蜻蛉日記〉訳 僧たちが念仏の**合間**に話をするのを聞くと…。

❸(人と人との)心の透き間。不和。不仲。仲たがい。**大臣の隙ある仲にて、「いかがもてなしたまはむ。」と心苦しくおぼす**。〈源氏・澪標〉訳 (藤壺入道の宮は)大臣(=源氏)が(宮の兄の式部卿宮と)**不仲**なので、「(源氏は)どのように処遇なさるのだろうか。」と気がかりにお思いになる。

❹よい機会。きっかけ。**例の、「隙もや。」と、うかがひ歩きたまふを事にて、大殿には騒がれたまふ**。〈源氏・紅葉賀〉訳 (源氏は)いつものように、「(藤壺の宮に会う)**よい機会**もあるのではないか。」と、透きをねらってお歩きになることに没頭して、(足が遠のいていることを)大殿(=左大臣家)には騒ぎ立てられていらっしゃる。

❺(「ひまなし」の形で用い)手抜かり。油断。**同じ所に住む人の、互ひに恥ぢ交はし、いささかの隙なく用意したりと思ふが、つひに見えぬこそ難けれ**。〈枕草子・75・ありがたきもの〉訳 同じ所に住む(=宮仕えする)人で、互いに気兼ねをし合い、ほんの少しの**油断**もなく気遣いをしていると思う人が、最後まで(相手に欠点を)見られないのは(それこそ)めったにない。

二【暇】❶時間。時間のゆとり。**二つのわざやうやう境に入りければ、いよいよよくしたく覚えてたしなみけるほどに、説経習ふべき暇なくて、年寄りにけり**。〈徒然草・188・ある者、子を法師に〉訳 (乗馬と宴会の余興と)二つの技術がどうにか(熟達の)境地に入ったので、いっそう立派にやりたいと思われて励んでいた間に、(肝心の)説法を学ぶはずの**時間**がなくて、年を取ってしまったそうだ。

❷主従や夫婦の縁を断つこと。いとま。離縁。免職。**「私は三筋町に住みし吉野と申す遊女…今日お暇を下され里へ帰るお名残に。」**〈西鶴・好色一代男〉訳「私は三筋町に住んでいた吉野と申す遊女で…今日お**いとま**を頂き実家に帰るお名残に(一曲歌います)。」

発展 **意味の広がり** 空間的な透き間をいう一❶がもともとの意味。そこから、❷の時間的な透き間・絶え間や、❸の心理的な透き間・不和などの意味も表すようになった。現代語の「ひま」は、二❶の意味のように、時間的な意味で使われることが多い。

類語比較 **「ひま」「いとま」「はさま」**

共通点＝間が空いていることを表す。

ひま＝物事の透き間という意味から、空間的・時間的・心理的にさまざまな意味を表す。

いとま＝「ひま」より狭い意味に限られ、時間のゆとり・職を離れること・休暇・離縁など、「ひま二」の意味で用いられることが多く、現代語にもそのまま残っている。

はさま＝「ひま」より狭い意味に限られ、「ひま一❶」と同じ、空間的な透き間の意味を表す。中世以降は「はざま」という形に濁って、現代語に残っている。

あまたの御方々を過ぎさせたまひて、ひまなき御前渡りに…。〈源氏・桐壺〉訳（桐壺の帝が）多くの女御や更衣といった方々のお部屋の前を素通りなさって、（桐壺の更衣のお部屋への）お出かけに…。

絶え間ない

ひま-ひま【隙隙】 名詞 ❶物と物との透き間。
隙々より見ゆる灯の光、蛍よりけにほのかにあはれなり。〈源氏・夕顔〉訳（★半蔀のあちらこちらの）**透き間**から見える灯火の光は、ホタルよりいっそうかすかでしみじみとした趣がある。
❷合間合間。
物語の隙隙に、音もたてず、爪弾きにかき鳴らしたるこそをかしけれ。〈枕草子・193・南ならずは東の〉訳おしゃべりの**合間合間**に、音を立てるでもなく、（琵琶を）つま先でかき鳴らしているのはよいものだ。

ひ-みづ【氷水】 名詞 氷を入れて冷やした水。氷水。季語 夏

ひ・む【秘む】 動詞 他〔マ下二段〕〈め・め・む・むる・むれ・めよ〉 奥深くしまい込む。秘密にする。
いといたう**秘めさせたまふ。**〈源氏・絵合〉訳（藤壺の中宮は）絵合わせの催しを）とても並々でなく**秘密になさる。**

ひむかし【東】 名詞 →ひんがし

ひむかしの… 歌
東の野にかぎろひの立つ見えてかへり見すれば月かたぶきぬ〈万葉集・1・48・柿本人麻呂〉訳東の野に日の出前の光が出るのが見えて、振り返って見ると、月は西に傾いていた。
○「かへり見」は名詞で、多く「かへり見す」の形で用いられる。「かぎろひ」を「陽炎」とする説もある。
発展 軽皇子（=後の文武天皇）にお供して狩り場に野営し、今は亡き草壁皇子を思いながら迎えた夜明けを詠んだ歌。

ひ-むろ【氷室】 名詞 冬にできた氷を蓄えておく小屋や穴。季語 夏

ひめ【姫・媛】 一 名詞 ❶女性を褒めたたえた言い方。対 彦 →古語チャート㊱（1057ページ） ❷貴人の娘の呼び名。
❸（「姫飯」の略で）釜で炊いた飯。ごはん。
二 接頭語（名詞に付いて）小さくかわいらしい、という意味を表す。語例 **姫**小松・**姫**百合

ひめ-ぎみ【姫君】 名詞 身分の高い人の娘を敬っていうことば。お姫様。

ひめ-ごぜ【姫御前】 名詞 ❶身分の高い人の娘を敬った言い方。お姫様。類 姫君
❷若い女性を敬った言い方。
発展「ひめごぜん」の変化したことば。

ひめ-こまつ【姫小松】 名詞 小さなマツ。類 姫松

ひめ-まつ【姫松】 名詞 →ひめこまつ

ひめ-みこ【姫御子】 名詞 皇女。内親王。類 姫宮

ひめ-みや【姫宮】 名詞 →ひめみこ

ひめもす【終日】 副詞 →ひねもす 最重要語（1053ページ）

ひめる（現）→（古）ひむ【秘む】

ひ-も【氷面】 名詞 氷の張った水面。和歌では、多く「紐」に掛けて用いられる。

ひ-もすがら【日もすがら・終日】 副詞 朝から晩まで。一日中。
古庭に鶯鳴きぬひもすがら 句〈蕪村句集〉訳古庭にウグイスが鳴いているよ、**一日中**。

ひも-と・く【紐解く】 一（衣服の）下ひもをほどく。男女が親しみ合う。また、くつろぐ。
雨も降る夜も更けにけりいまさらに君去なめやもひも解き設けな 歌〈万葉集・12・3124〉訳雨も降る。夜も更けてしまった。いまさらあなたは帰って来るだろうか、いや、帰って来ない。（私は着物の）**下ひもをほどき**（寝る）準備をしよう。
二 動詞 自〔カ四段〕〈か・き・く・く・け・け〉 つぼみが開く。つぼみがほころびる。
色々ひも解きわたる花の木ども…。〈源氏・若菜上〉訳色とりどりに一面に**つぼみがほころんでいる**花の木々や…。
発展 一は、名詞「ひも」＋四段動詞「とく」。二は、一を抽象的な意味に用いて、一語の動詞になったもの。

ひも-と・く【繙く】 動詞 他〔カ四段〕〈か・き・く・く・け・け〉（書物を）開く。

ひも-の-を【紐の緒】 名詞 衣に付けたひも。下ひも。

ひもろき 名詞 一【神籬】神霊が宿ると信じられた土地の周りに常緑樹を植え、神座とした所。後には、神霊を迎えるため、室内や庭などにしめなわを張り、中央にサカキを立てたもの。
二【胙】神などに供える米・肉・もちなどの供え物。
発展「ひもろぎ」「ひぼろぎ」とも。

［ひもろき一］
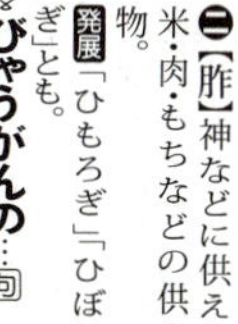

びゃうがんの… 句
病雁の夜寒に落ちて旅寝かな〈猿蓑・松尾芭蕉〉訳病んだガンが夜の寒さに耐えられずに群れから離れ落ち、湖畔でひっそりと夜を明かしている。私もまた旅先で病気になり、ひとり夜を過ごしていることだ。○季語 夜寒―秋
発展 ガンの飛来地として知られる堅田（=今の滋賀県大津市）で詠む。群れから離れたガンの孤独に、ひとり旅寝をする自分を重ねる。『去来抄』にも引かれる句。「病雁」は、「やむかり」と読む説もある。

ひゃう-ぐ【兵具】 名詞 戦いのための道具。武器。武具。

ひゃうご-れう【兵庫寮】 名詞 ★兵部省に属し、武器を収めておく倉庫を管理する役所。兵器・儀杖（=儀式に用いる、装飾の付いた武器）の出納・修理・検閲などを行った。↓ビジュアルチェック⑮（757ページ）

びゃう-ざ【病者】 名詞 病人。
「ほとほとしき病者をなむ持てはべりて、かしこく心労しはべるなり。」〈宇津保〉訳「今にも死にそうな**病人**を抱えておりまして、ひどく心労しているのです。」
発展「びゃうじゃ」「ばうざ」とも。

ひゃう-し【拍子】 名詞 ❶音楽・歌舞に合わせて取る調子。リズム。❷↓しゃくびゃうし ❸太鼓や拍子木などで打ち鳴らす合図。❹もののはずみ。
発展「はうし」とも。

ひゃう-じ【兵士】 名詞 武士。兵隊。

ひゃう-ぢゃう【兵仗】 名詞 ❶武器。また、護衛の武官が持つ弓矢や太刀など、儀式に用いる装飾としての武器。
❷護衛の武官。★随身・★内舎人など。

ひゃう-ぢゃう【評定】 名詞 動詞 自〔サ変〕〈せ・し・す・する・すれ・せよ〉 人が集まって、相談して決めること。会議。

ひゃうぢゃう-しゅう【評定衆】 名詞 鎌倉・室

町幕府の役職のひとつ。★政所に出仕して、執権とともに裁判・政務などに当たった。

ひやうぢやう‐しよ【評定所】｜名詞 ❶★評定衆の役所。❷江戸幕府の最上級の裁判所。

ひやう‐でう【平調】｜名詞 ❶音名のひとつ。★十二律の第三音。❷雅楽の六調子のひとつ。❶の音を基調とする。

ひやう‐ど｜副詞（矢が飛んでいく音を表し）ひゅっと。
与一鏑を取ってつがひ、よっぴいてひやうど放つ。〈平家・11・那須与一〉訳 那須与一は鏑矢を取ってつがえ、弓を十分に引きしぼって**ひゅっと**射る。

ひやう‐はふ【兵法】｜名詞 ❶戦争の仕方。戦術。兵学。❷剣術。武芸。
発展「へいはふ」とも。

ひやう‐ぶ【兵部】｜名詞 →ひやうぶしやう

びやう‐ぶ【屏風】｜名詞 室内に立て、風よけや仕切りにしたり、装飾として用いたりする家具。二・四・六枚などにつなぎ合わせ、折り畳めるようにしたもの。季語 冬

ひやうぶ‐きやう【兵部卿】｜名詞 ★兵部省の長官。

ひやうぶ‐しやう【兵部省】｜名詞 ★八省の一つ。兵士・軍馬・兵器などにかかわる軍事を執り行った。↓ビジュアルチェック⑮（757ページ） 発展「つわもののつかさ」とも。

ひやうらう‐まい【兵糧米】｜名詞 戦地での兵士の食糧に充てる米。また、そのために諸国に割り当てて取り立てた米穀。

ひやう‐ゑ【兵衛】｜名詞 ❶「★兵衛府」の略。❷★兵衛府の★衛士。

ひやうゑ‐の‐かみ【兵衛の督】｜名詞 ★兵衛府の長官。

ひやうゑ‐の‐すけ【兵衛の佐】｜名詞 ★兵衛府の次官。

ひやうゑ‐ふ【兵衛府】｜名詞 ★六衛府の一つ。内裏の外側の門の警固、行幸の★供奉を担当した。発展 左右に分かれ、それぞれに督（＝長官）・佐（＝次官）・尉（＝三等官）・志（＝四等官）のほか、番長・衛士などの職員がいた。「つわもののとねりのつかさ」とも。

親族内の男女関係を表すことば

まとめて覚えよう古語チャート㊱

上代から現代にいたるまで多様な体系を見せる男女を表す語のうち、親族内の立場を意識したものを集めてみました。

上代、男性が女性に親しみをこめて呼ぶときは「¹いも」といい、女性が男性に親しみをこめて呼ぶときは「²せ」といいました。ただ、中古に入ると、そのように呼ぶことはなくなり、その意味での普遍性のあることばを見せなくなります。

上代によく用いられた「³ひめ」「⁴ひこ」は、単独で使われるというよりは接尾語的要素として、人名を構成していました。また、貴族・武士の子女の場合、本名よりもこの図の左側に示したような、長幼の順の通称でいうのが一般的でした。

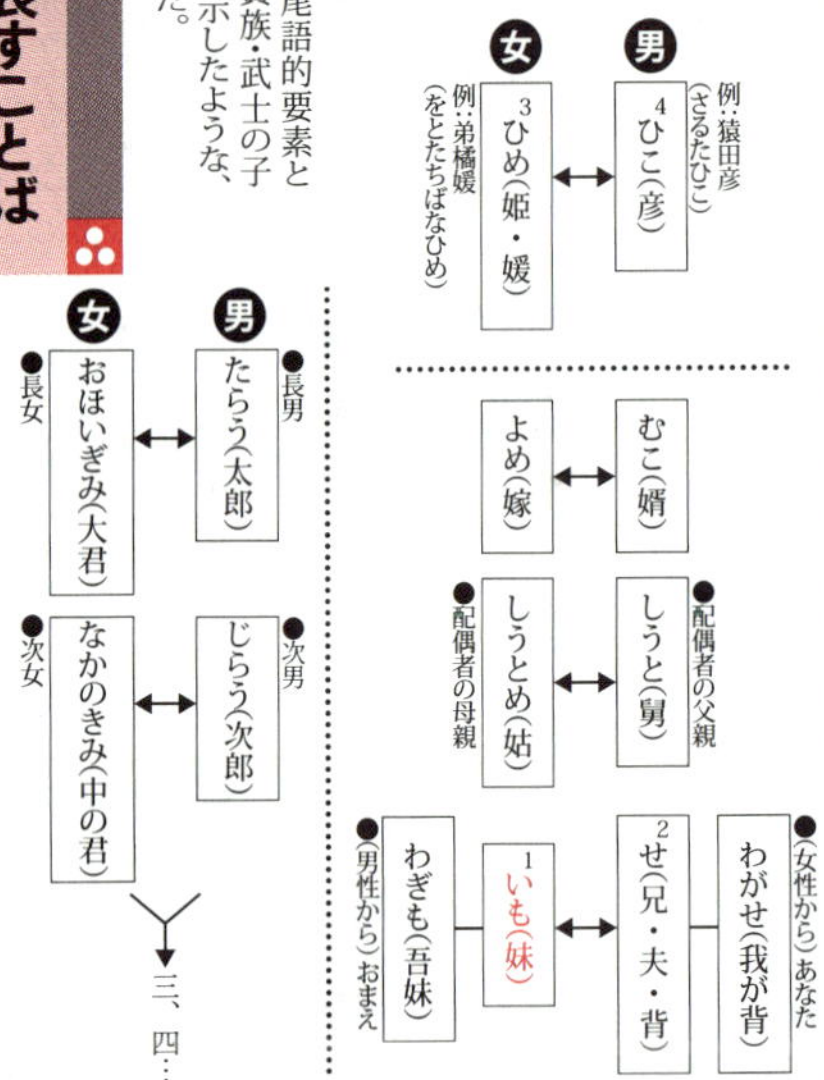

赤字は最重要語・重要語

ひやくがい‐きうけう【百骸九竅】｜名詞 人の体を作っている数多くの骨と九つの穴（両眼・両耳・両鼻孔・口・両便孔）。体全体。人体。肉体。
百骸九竅の中に物あり。仮に名付けて風羅坊といふ。〈笈の小文〉訳（体に）**数多くの骨と九つの穴**を持つ人間に霊魂が宿る。仮に名付けて風羅坊（＝松尾芭蕉の別号）と呼ぶ。

ひやくき‐やぎやう【百鬼夜行】｜名詞 さまざまな妖怪が、夜中に列を作って歩き回ること。
「**この九条殿は、百鬼夜行に会はせたまへるは。**」〈大鏡・師輔〉訳「この九条殿（＝師輔）は、**さまざまな妖怪たちの夜の行列**にお会いになっているのだよ。」

ひやく‐くわん【百官】｜名詞 数多くの役人。
たちまちに大臣百官を引きゐて、かの翁の家に行幸ありけり。〈今昔〉訳（天皇は）すぐに大臣や**数多くの役人**を引き連れて、例の翁の家にお出ましになった。

びやく‐さん【白散】｜名詞 正月に、屠蘇散（＝漢方薬のひとつ）とともに酒に入れて飲む粉薬。一年中の病気を払い、延命の効果があるという。季語 春

ひやくしゆ‐の‐うた【百首の歌】｜名詞 定数歌（＝歌数を定めておいて作る歌）のひとつ。いくつかの題を決めておき、合計で百首の和歌を詠むこと。また、その作品。一人で詠む場合と数人で詠む場合とがある。

びやく‐ぢ【躄地】｜名詞 動詞 自〔サ変〕〈せ・し・す・する・すれ・せよ〉地面に倒れて、のたうちまわって苦しがること。
発展「びやくち」とも。多く、「悶絶躄地」の形で用いられる。

百人一首 作品名 →小倉百人一首

ひやくはち‐ぼんなう【百八煩悩】｜名詞《仏教語》百八種の煩悩。また、たくさんの煩悩。煩悩のすべて。

ひやくやく‐の‐ちやう【百薬の長】｜ 酒を褒めたたえた言い方。発展 あらゆる薬の中で最高のものという意味。

ひやく‐ゐん【百韻】｜名詞 連歌・連句の形式のひとつ。発句から挙げ句まで百句を連ねて一巻とする。

ひや-やか・なり【冷ややかなり】形容動詞〔ナリ〕〈なら・なり（に）・なり・なる・なれ・なれ〉いかにも冷たい。**風いと冷ややかに吹きて、松虫の鳴きからしたる声も、**折知り顔なるを…。〈源氏・賢木〉訳 風がとても**冷たく**吹いて、マツムシの鳴きからした声も、折からの風情を心得ているようなのを…。

ひ・ゆ【冷ゆ】動詞 自〔ヤ下二段〕〈え・え・ゆ・ゆる・ゆれ・えよ〉冷たくなる。季語 秋

「こよなく久しかりつるに、**身も冷えにけるは。**」〈源氏・若菜上〉訳「ずいぶんと（外で待つ時間が）長かったので、体も**冷たくなってしまったよ。**」

びゅう（現）↓（歴）**びう**【謬】

ひょう（現）↓（歴）**ひゃう**【拍：評：兵：平】

ひょう（現）↓（歴）**へう**【俵：標：漂：瓢：票：表：豹：剽】

びょう（現）↓（歴）**びゃう**【病：鋲：瓶：平：屛】

びょう（現）↓（歴）**べう**【猫：廟：描：秒：苗：錨：渺：眇】

日向【ヒウ】旧国名 日州。★西海道十一か国の一つ。今の宮崎県と鹿児島県の一部を含む。↓ビジュアルチェック❼（450ジー）

ひよう-はたらき【日傭働き】名詞《近世以降》日雇いの仕事。日雇い稼ぎ。

ひょう-りん【氷輪】名詞 凍りついたように、冷たく輝く月。

ひよく-の-とり【比翼の鳥】中国での想像上の鳥。雌雄がそれぞれ一目一翼で、一体になって飛ぶという。男女の契りが深いことのたとえ。↓連理

ひよく-れんり【比翼連理】名詞 雌雄がそれぞれ一目一翼で一体になって飛ぶという比翼の鳥と、二本の木の枝が連なった連理の枝。男女の契りが深いことのたとえ。

発展 白楽天の『長恨歌』の一節、「天に在りては願はくは比翼の鳥となり地に在りては願はくは連理の枝とならむ」からのことば。

ひ-より【日和】名詞 ❶よい天気。晴天。好天。特に、船出によい天気。

最上川乗らんと大石田といふ所に日和を待つ。〈奥の細道・最上川〉訳 最上川を（船に）乗って下ろうと大石田という所で（船出に）**よい天気**を待つ。

❷空模様。天気。天候。

夕べの嵐、朝の雨、日和を見合はせ、雲の立所を考へ…。〈西鶴・日本永代蔵〉訳（商人たちは）夕方の嵐、朝の雨、**天候**を見合わせ、雲の立つ所を考え…。

❸事の成り行き。状況。情勢。

日和を見ても、どれを一人出て行けと言ふものなし。〈西鶴・日本永代蔵〉訳 **事の成り行き**を見ても、だれ一人出て行けと言う者はいない。

ひら【平】㊀接頭語 ❶平らな、という意味を表す。語例 **平**下駄・**平**城・**平**門 ❷並みの、という意味を表す。語例 **平**殿上人 ❸ひたすら、一気に、という意味を表す。語例 **平**討ち・**平**攻め・**平**押し ㊁名詞（「平椀」の略で）浅く平たい椀。

ひら【枚・片】㊀名詞 紙や木の葉など、薄く平らなもの。㊁助数詞 薄く平らなものを数えることば。語例 屛風の一ひら

比良　歌枕 滋賀県比叡山の北に連なる比良山地の高峰群。歌には、「比良の山」「比良の高嶺」という形でも詠まれた。「比良の暮雪」は★近江八景の一つ。

ひら-あしだ【平足駄】名詞 歯の低い下駄。

発展 雨の日にはく「★足駄」に対していう。日和下駄とも。

平泉【イツミ】地名 岩手県西磐井郡平泉町。北上川西岸の地。十一世紀末より十二世紀末にかけて奥州藤原氏三代（清衡・基衡・秀衡）の館が置かれ、独自の文化が栄えた。中尊寺・毛越寺などの史跡がある。

びらう-げ【檳榔毛】名詞 ❶ビンロウジュ（=ヤシ科の常緑高木）の葉を白くさらして毛のように細く裂いたもの。

❷「★檳榔毛の車」の略。

びらうげ-の-くるま【檳榔毛の車】名詞 牛車の一つ。★檳榔毛で屋根と左右の側面を覆ったもの。上皇・親王や大臣・公卿、女房、高位の僧などが用いた。

平賀源内　人名 江戸時代中期の本草学者・戯作者。本名、国倫。号は風来山人など。多才の人で、物産会の開催、エレキテル（=摩擦発電器）の発明、また鉱山事業を営むなど幅広く活躍。幕府に仕えようとしたが成らず、晩年は狂文戯作・浄瑠璃に没頭した。代表作に『根南志具佐』『風流志道軒伝』『神霊矢口渡』などがある。1728—1779

ひら-かど【平門】名詞 柱を二本立て、屋根を平らに造った門。発展「ひらもん」とも。

平仮名　国語・国文法 日本独特の表音文字。「★万葉仮名」を草書体に崩した「草仮名」を、さらに簡略化してできた文字を、平仮名という。古くは「かな」「かんな」といわれ、「平仮名」という名称は江戸初期以降。男文字としての漢字に対して女性専用の文字としての意識があり、平安時代には「女手」「女文字」とも呼ばれた。なお、一般の平仮名とは異なる字体のものがある。「い(=い)」「ね(=こ)」の類である。それら、標準以外の仮名を**変体仮名**という。

[びらうげのくるま]

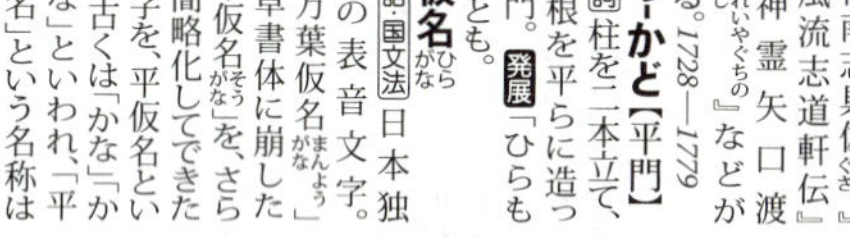

ひら・く【開く】㊀動詞 他〔カ四段〕〈か・き・く・く・け・け〉❶（門や戸などを）あける。

夜を寒み朝戸を開き出でみれば庭もはだらにみ雪降りたり 歌〈万葉集・10・2318〉訳（昨日の）夜は寒かったので、朝、戸を**あけて**出て（外を）見ると、庭にはまだらに雪が降り積もっている。

❷（文書や扇などを）広げる。

扇を開いて招きけり。〈宇治拾遺〉訳 扇を**広げて**呼び寄せた。

❸盛んにする。繁栄させる。

❹（宗派・事業などを）始める。開始する。

❺（疑念などを）晴らす。

㊁動詞 自〔カ下二段〕〈け・け・く・くる・くれ・けよ〉❶自然にあく。

（花が）咲く。白き花ぞ、おのれひとり笑みの眉開けたる。〈源氏・夕顔〉訳白い花が、自分ひとりだけいかにも楽しげに咲いている。
❷始まる。形成される。この歌、天地の開け始まりける時より出で来にけり。〈古今集・仮名序〉訳この歌は、天地が形成され始まったときから（世の中に）現れた。
❸盛んになる。発達する。文華の遅く開けたるゆゑに、文字も西土の文字を用ゐたために、…。〈国歌八論〉訳（日本では）文芸が遅れて発達したために、文字も中国の文字を使い…。
三 動詞 自〔カ四段〕〈か・き・く・く・け・け〉❶（合戦や婚礼などの忌み詞で）退散する。逃げる。閉会にする。「ただまづ筑紫へ御開きさうらへかし。」〈太平記〉訳「いちずにともかく筑紫へご退散なさいませよ。」
❷ひらける。漢天すでに開きて、雲東嶺にたなびき…。〈平家・7・主上都落〉訳天の川がかかる空はすでにひらけて、雲は東の山の峰にたなびき…。

ひらける（現）↓（古）**ひらく【開く】**

平田篤胤 人名 江戸時代後期の国学者。*本居宣長没後の門人として、復古主義・国粋主義を唱え、復古神道を大成。後の尊王攘夷運動に大きな影響を及ぼした。著書に『古史徴』『霊能真柱』など。1776—1843

ひら・なり【平なり】 形容動詞〔ナリ〕〈なら・なり（に）・なり・なる・なれ・なれ〉平らだ。さながら平に倒れたるもあり、桁、柱ばかり残れるもあり…。〈方丈記・辻風〉訳（つむじ風に巻き込まれた家々で、一つとして壊れなかったものはなく）そのまま平らにつぶれたのもあり、桁、柱だけ残ったのもあり…。

ひら-に【平に】 副詞 ❶無事に。やすやすと。直実だにもひらに渡りつくこと難かるべし。〈源平盛衰記〉訳（熊谷）直実でさえも（対岸に）無事にたどり着くことは難しいに違いない。
❷切に。しきりに。ひたすら。新大納言成親卿もひらに申されけり。〈平家・1・鹿谷〉訳新しく大納言になった成親卿も切に（所望する旨）申し上げなさった。
❸ぜひとも。なにとぞ。「ひらに一夜を明かさせて賜はりさうらへ。」〈謡曲・松風〉訳「ぜひとも一夜を過ごさせてくださいませ。」

ひら-ばり【平張り】 名詞 幕で仮小屋を作るときの、幕の張り方のひとつ。天井の部分を平らに張ったもの。

ひら・む【平む】 一 動詞 自〔マ四段〕〈ま・み・む・む・め・め〉❶平たくなる。手に平める物さはるときに…。〈竹取・燕の子安貝〉訳手に平たくなっている物が触れるときに…。
❷ひれ伏す。はいつくばる。近衛の御門の内に、蝦蟇平みてゐけり。〈今昔〉訳近衛府のご門の内側に、ヒキガエルがはいつくばっていた。
二 動詞 他〔マ下二段〕〈め・め・む・むる・むれ・めよ〉平らにする。平たくする。鼻を押し平めて、顔を差し入れて舞ひ出でたるに…。〈徒然草・53・これも仁和寺の法師〉訳（僧が）鼻を押して平らにして、（釜の中に）顔を差し入れて踊りながら現れ出たところ…。

ひら-め・く【閃く】 動詞 自〔カ四段〕〈か・き・く・く・け・け〉❶きらめく。閃光を放つ。ぴかっと光る。神は落ちかかるやうにひらめきかかるに…。〈竹取・竜の頸の玉〉訳雷は（船上に）まるで落ちてくるように閃光を放ち始めるので…。
❷翻る。はためく。扇も串に定まらずひらめいたり。〈平家・11・那須与一〉訳（矢の的として掲げた）扇も竿に固定されなくてはためいている。〇「ひらめい」は連用形「ひらめき」のイ音便。

ひら-を【平緒】 名詞 糸を組んで作った平たい組みひも。儀礼用の太刀に着け、束帯のとき使用した。後に、腰で結んで余りを袴の前に垂らし、飾りにした。↓束帯（図）

[ひらを]

ひり・ふ【拾ふ】 動詞 他〔ハ四段〕〈は・ひ・ふ・ふ・へ・へ〉《上代語》ひろう。妹がため貝をひりふと千沼の海にぬれにし袖は干せど乾かず 歌〈万葉集・7・1145〉訳妻のために貝をひろうと、千沼（＝今の大阪府南西部）の海でぬれてしまった袖は干しても乾かない。

ひる【蒜・葫】 名詞《植物》ユリ科の多年草。ノビル・ニンニクなどの類。においは強く、食用・薬用とされる。

ひる【干る・乾る】 動詞 自〔ハ上一段〕〈ひ・ひ・ひる・ひる・ひれ・ひよ〉❶乾く。あめのした乾ける程のなければや着てし濡れ衣ひるよしもなき 歌〈大鏡・時平〉訳雨の降りそそぐ天の下は、乾いている間がないので、着てしまったぬれた衣服が乾く（＝受けてしまった無実の罪をはらす）すべもないのか。〇「あめ」に「雨」と「天」を掛ける。また、「濡れ衣」は「ぬれた衣服」という意味に、「無実の罪」という意味を重ねたもの。
❷潮が引く。（水位が）低くなる。この河は近江の水海の末なれば、待つとも待つとも水ひまじ。〈平家・9・宇治川先陣〉訳この川は近江の湖（＝琵琶湖）から流れ出た川の下流なので、待っても待っても水が引くはずがない。

ひ・る【放る・痢る】 動詞 他〔ラ四段〕〈ら・り・る・る・れ・れ〉（体内から外へ物を）出す。排泄する。鼠の糞ひり散らしたる中に…。〈雨月・蛇性の婬〉訳ネズミのふんがやたらに排泄してある中に…。

ひる【嚔る】 動詞 他〔ハ上一段〕〈ひ・ひ・ひる・ひる・ひれ・ひよ〉（多く「はなをひる」の形で）くしゃみをする。台盤所の方に、はなをいと高うひたれば、「あな、心憂。そら言を言ふなりけり。よし、よし。」とて、奥へ入らせたまひぬ。〈枕草子・184・宮に初めて参りたるころ〉訳女房の詰め所の方で、（だれかが）たいへん大きくくしゃみをしたので、（中宮は）「まあ、情けない。うそを言うのであったなあ。いいよ、いいよ。」と言って、奥へお入りになってしまう。
発展 上代の上二段動詞「嚔ふ」が上一段活用に変化したもの。「はなひる」とも。

ひる【簸る】 動詞 他〔ハ上一段〕〈ひ・ひ・ひる・ひる・ひれ・ひよ〉箕で穀物などをふるって、くずを取り除く。

ひる-がへ・す【翻す】 動詞 他〔サ四段〕〈さ・し・す・す・せ・せ〉

裏返す。(心を)変える。改める。また、(衣服のたもとなどを)ひらひらさせる。たちまちに妄念を翻して…。〈平家・10・維盛入水〉訳すぐに迷いの心を改めて…。

ひる-げ【昼食・昼餉】名詞 ❶昼の食事。昼飯。❷【昼笥】昼食を入れる器。

びるしゃな-ぶつ【毘盧遮那仏】名詞《仏教語》全宇宙を残すところなく照らす仏の叡知の象徴で、華厳宗の本尊。密教では大日如来のこと。

ひる-つ-かた【昼つ方】名詞 昼の時分。昼ごろ。「今日はなほ参れ。雪にくもりてあらはにもあるまじ。」など、たびたび召せば…。〈枕草子・184・宮に初めて参りたるころ〉訳昼ごろ、「今日はやはり参上せよ。雪によって空が曇って丸見えでもないだろう。」などと、(中宮が私を)たびたびお呼び寄せになるので…。
発展「つ」は「の」を意味する上代の格助詞。

ひる-の-おまし【昼の御座】名詞 ↓ひのおまし

ひる・む【怯む】動詞 自〔マ四段〕〈ま・み・む・む・め・め〉気力がなくなる。おじけづく。景経内甲を射させてひるむところに…。〈平家・11・能登殿最期〉訳景経がかぶとの内側を射られて気力がなくなるところに…。

ひれ【領巾・肩巾】名詞 ❶古代、首から肩に掛けて左右に垂らした細長く白い布。男女ともに用いた。これを振ると魔よけになると信じられ、特に、女性が別れを惜しむときなどに振った。❷奈良・平安時代、女性が正装のときに肩に掛けた薄く白い布。

ひろ【尋】名詞 長さを表す単位。一尋は、両手を左右に広げた長さ。語例 千尋

ひろう(現)↓(古)ひりふ【拾ふ】

ひろう(現)↓(歴)ひろふ【拾ふ】

ひ-ろう【披露】名詞 動詞 他〔サ変〕〈せ・し・す・する・すれ・せよ〉❶文書などを開いて見せること。❷人々に知らせること。言い広めること。公表すること。「皆、物の具して馳せ参れ。」と披露せよ。〈平家・2・烽火之沙汰〉訳「全員、武具を備えて急いで参上しろ。」と人々に知らせよ。

び-ろう【尾籠】名詞 ❶無礼。失礼。不作法。「かやうに尾籠を現じて、入道の悪名をたつ。」〈平家・1・殿下乗合〉訳「このように無礼をはたらいて、入道(=平清盛)の悪い評判を立てる。」
❷汚いこと。汚らわしいこと。「とかく食物が納まりかねまして、食べると尾籠ながら、吐きまする。」〈滑稽本・浮世風呂〉訳「どうにもこうにも食べ物が(胃に)納まりかねまして、食べると汚いことですが、吐いてしまいます。」
発展「をこ」の当て字「尾籠」を音読したことば。

び-ろう【尾籠】形容動詞〔ナリ〕❶不作法だ。無礼だ。「殿の御出に参りあひて、乗り物よりおりさうらはぬこそ、尾籠にさうらへ。」〈平家・1・殿下乗合〉訳「殿(=藤原基房)のお出ましにお会い申し上げて、乗り物から降りませんのは、無礼でございます。」
❷ばかげている。「申さば、尾籠にてさうらへども、馬ねぶりを仕まつりてうち遅れ…。」〈平治〉訳「申し上げたら、ばかげておりますけれども、ウマの上で居眠りを致して遅れ…。」

ひろ・ぐ【広ぐ】■動詞 他〔ガ下二段〕〈げ・げ・ぐ・ぐる・ぐれ・げよ〉❶広げる。❷繁栄させる。「なほ、この門広げさせたまひて…。」〈源氏・薄雲〉訳「やはり、この一族(=源氏の一門)を繁栄させてくださって…。」
■動詞 他〔ガ四段〕〈が・ぎ・ぐ・ぐ・げ・げ〉(相手の行為をののしって)しやがる。ほざく。「うぢうぢひろがば、町中寄せて追ひ出す。」〈近松・女殺油地獄〉訳「ぐずぐずしやがるならば、町内の者たちを呼び寄せて追い出すぞ。」

ひろげる(現)↓(古)ひろぐ【広ぐ】

ひろ-ご・る【広ごる】動詞 自〔ラ四段〕〈ら・り・る・る・れ・れ〉広がる。広くなる。おのづから事広ごりて、漏らさせたまはねど…。〈源氏・桐壺〉訳自然と情報が(世間に)広がって、(帝は)お漏らしにならないのだが…。

ひろ・し【広し】形容詞〔ク〕〈く・く・し・き・けれ・○/から・かり・○・かる・○・かれ〉❶(面積・幅などが)大きい。広い。天地は広しといへど我がためは狭くやなりぬる…歌〈万葉集・5・892〉訳天地は広いというけれども、私のためには狭くなってしまったのか…。
❷広範囲である。(数が)多い。「他事よりは、遊びの方の才は、なほ、広う合はせ、かれこれに通はしはべるこそかしこけれ。」〈源氏・少女〉訳「他の芸事と違って、音楽の方面の才能は、やはり、多く(の人と)合奏し、どんな人の相手でもつとまりますのがすばらしいというものだ。」〇「広う」は連用形「広く」のウ音便。
❸心が広い。寛大だ。おうようだ。御心はいと広く、人のためなどにも思ひやりおはしまし…。〈大鏡・師輔〉訳(女御の安子の)お気立てはまことに寛大で、人々に対しても思いやりがおありになり…。
❹(「類・族・家・門」などのことばに付いて)栄えている。多い。大夫監とて、肥後の国に族広くて、かしこにつけてはおぼえあり、勢ひいかめしき兵ありけり。〈源氏・玉鬘〉訳大夫監といって、肥後の国に一族が多くて、その地方では名声もあり、勢力も強大な武士がいたのであった。

ひろ-びさし【広廂】名詞 ★寝殿造りで、★母屋の外、★簀の子の内にある部屋。廂の間。↓ビジュアルチェック⑫(715ページ) 発展「ひろひさし」とも。

ひろ・ふ【拾ふ】動詞 他〔ハ四段〕〈は・ひ・ふ・ふ・へ・へ〉❶(落ちている物を)取り上げる。拾う。寄する波うちも寄せなむわが恋ふる人忘れ貝下りて拾はむ 歌〈土佐日記・二月四日〉訳↓よするなみ…
❷(歩きやすい所を拾う意味で)徒歩で歩く。
発展 上代は、多く「ひりふ」が用いられた。

ひろ-まへ【広前】名詞 神仏の前を敬った言い方。類 大前。

ひろ・む【広む・弘む】動詞 他〔マ下二段〕〈め・め・む・むる・むれ・めよ〉広める。行き渡らせる。『かげろふの日記』と名づけて、世に広めたまへり。〈大鏡・兼家〉訳(道綱の母君は)『蜻蛉日記』と名づけて、世間に広めなさった。

ひろ-め・く【閃く】動詞 自〔カ四段〕〈か・き・く・く・け・け〉❶ぴかっと光る。↓閃く ❷ふらふらと動きまわる。ゐも定まらずひろめきて…。〈枕草子・28・憎きもの〉訳

座るのもきちんとせずにふらふらと動きまわって…。
❸くねってのたうつ。
発展「めく」は接尾語。

◐ひろめる〈現〉→〈古〉ひろむ【広む・弘む】

ひろ-らか・なり【広らかなり】形容動詞〈ナリ〉〈なら・なり(に)・なり・なる・なれ・なれ〉広々としている。
酢鮎の、おせぐくに広らかなるが…。〈宇治拾遺〉訳鮨にしたアユで、おおぶりで広々としているのが…。

◐びわ〈現〉→〈歴〉びは【琵琶】

琵琶湖[ビハ]地名滋賀県中央部を占める日本最大の湖。古くは「淡海」「近淡海」「近江の海」「鳰の海」などと呼ばれた。琵琶湖の名は、湖の形状が琵琶に似ているためともいわれる。室町末期ごろ、沿岸の景勝地より★近江八景が選ばれた。↓ビジュアルチェック㉓(1093ページ)

◐ひわだ〈現〉→〈歴〉ひはだ【檜皮】

ひ-わりご【檜破子】名詞ヒノキで作った、上等な破子(=食べ物を入れる器)。

ひ-わ・る【干割る】動詞自〈ラ下二段〉〈れ・れ・る・るる・るれ・れよ〉(乾燥したりして)ひびが入る。
柱の干割れたるはさまに…。〈源氏・真木柱〉訳柱がひびが入っている(その)透き間に…。

ひ-ゐ【非違】名詞→けびゐし

ひ-を【氷魚】名詞アユの稚魚。季語冬 発展「ひうを」が変化したことば。氷のように透き通っていることから。晩秋から冬にかけて捕れ、琵琶湖・宇治川産は特に有名。

ひ-をけ【火桶】名詞木製の丸火鉢。キリの木などをくり抜いた内側に真鍮を張り、外側には彩色を施したりする。季語冬

[ひをけ]

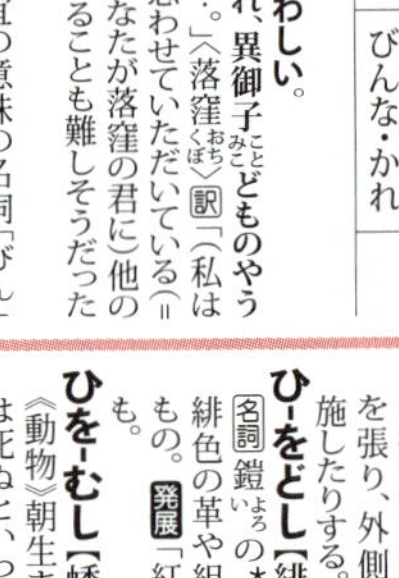

ひ-をどし【緋縅】名詞鎧の★縅のひとつ。緋色の革や組糸でとじたもの。発展「紅縅」とも。

ひ-をむし【蜉蝣】名詞《動物》朝生まれて夕方には死ぬといわれる虫。カゲロウの類か。はかないもののたとえとして用いられる。

ひ-をり【引折・日折】名詞宮中の馬場で競べ馬・騎射をする儀式。陰暦五月五日に左近衛府の舎人が、六日に右近衛府の舎人が行った。

びん【便】名詞❶都合のよい機会。便宜。↓便悪し・便無し・便良し ❷手紙。便り。

びん【鬢】名詞頭の両側の、耳の上あたりの髪。

びん-あ・し【便悪し】形容詞〈シク〉〈しく・しく・し・しき・しけれ・〇／しから・しかり・〇・しかる・〇・しかれ〉都合が悪い。条件がよくない。
中陰のほど、山里などに移ろひて、びんあしく狭き所にあまたあひゐて…。〈徒然草・30〉訳人の死後四十九日の間、(縁者たちが)山里などに移り住んで、条件がよくない狭い所に(人が)数多く一緒

びん-な・し【便無し】

形容詞〈ク〉

条件が整わず不便・不当に感じるようす
❶不便だ。具合が悪い。不都合だ。
❷不当だ。感心しない。
❸気の毒だ。かわいそうだ。

未然形	連用形	終止形	連体形	已然形	命令形
びんな・く	びんな・く	びんな・し	びんな・き	びんな・けれ	〇
びんな・から	びんな・かり	〇	びんな・かる	〇	びんな・かれ

❶不便だ。具合が悪い。不都合だ。
「今日はいと便なくなむはべるべき。宮の渡らせたまはむには、いかさまにか聞こえやらむ。」〈源氏・若紫〉訳「(紫の上を連れ出すには)今日は本当に具合が悪いに違いないことです。宮(=紫の上の父、式部卿宮)がおいでなさったりするときには、どのように十分ご説明申し上げようか。」
よその君達は、「便なきことをも奏してけるかな。」と思ふ。〈大鏡・道長上〉訳(道長の帝へのご返答とは)無関係な君達は、「(道長は)不都合なことを申し上げてしまったことだなあ。」と思う。

❷不当だ。感心しない。ふとどきだ。
「便なしと思ふべけれど、今一度、かの亡き骸を見ざらむがいといぶせかるべきを、馬にてものせむ。」〈源氏・夕顔〉訳「感心しないことと思うに違いないが、もう一度、あの(=夕顔の)遺体を見なかったりすることがひどく気が休まらないに違いないので、(最後の別れをしに)ウマで(東山へ)行こう。」
そのとき美濃の狐、このことばを便なしと思ひて、尾張の女を討たむとして立ち寄るに…。〈今昔〉訳そのとき美濃(=今の岐阜県南部)のキツネ(といわれる体が大きく力の強い女)は、この(=自分をばかにした)ことばをふとどきだと思って、尾張(=今の愛知県西部)の女を討とうとして近寄ると…。

❸気の毒だ。かわいそうだ。いたわしい。
「便なく思うたまふれど、明け暮れ、異御子どものやうに見たまふことも難げなりしを…。」〈落窪〉訳「(私は落窪の君を)気の毒な(人だ)と思わせていただいている(=存じている)が、いつも、(父であるあなたが落窪の君に)他のお子様方と同じようにお会いになることも難しそうだったので…。」

発展 ①語の成り立ち　都合・便宜の意味の名詞「びん」に、形容詞「なし」が付いてできたことば。
②「便あし」と「便なし」　「便なし」と対応する形で、中世以降「便あし」「便よし」という言い方も生じたが、「便あし」は単に条件・都合の悪いことであるのに対し、「便なし」はもう少し意味の広がりがあり、都合の悪いことなどに対する「まずい」という感情を含んで用いられる。そこから、❷のように、不都合な状況を引き起こしたものをとがめたり、❸のように、そういう状況にある人を哀れんだりする意味ができた。
③類義語「不便なり」　「不便なり」も、「便なし」と同じように、もともとは条件・都合が悪いという意味で使われたが、現代語の「ふびんだ」と同じ「気の毒だ」という意味も派生した。

にいて…。

ひんがし【東】名詞 ❶太陽の出る方角。ひがし。❷東から吹いてくる風。こち。東風。❸(京都に対して)鎌倉幕府。発展「ひむかし」の変化したことば。「ひむがし」とも。

ひんがし-おもて【東面】名詞 東に向いた方。東に面している所。東側。東側の部屋。発展「ひむがしおもて」とも。

ひんがし-の-たい【東の対】名詞 →ひがしのたい

びん-ぎ【便宜】名詞 ❶よい機会。好機。「**なほ便宜あらば告げられよ。**」〈落窪〉訳「やはりよい機会があるならば告げてください。」

❷好都合。便利がよいこと。「**そのこと、かのこと、便宜に、忘るな。**」〈徒然草・15・いづくにもあれ〉訳「そのことや、あのことを、好都合のときに(やっておけ)、忘れるな。」

❸手紙。便り。音信。

かうしたわけの銀がいると、ひそかに便宜もするならば…。〈近松・冥途の飛脚〉訳これこれした事情の金が必要だと、こっそりと便りでもしているなら…。

備後【びんご】旧国名 備州。山陽道八か国の一つ。今の広島県東部。七世紀末、★吉備が分割されて★備前・★備中・備後となった。→ビジュアルチェック❼(450ページ)

品詞【ひんし】国語・国文法 すべての単語を文法上の性質や働きに基づいて分類したもの。

a ★自立語か、★付属語か。
b 活用するか、しないか。
c どんな種類の★文節となるか。
d どんな形で言い切るか。

以上のa〜dの基準によって、ふつう、十品詞に分類する。

①動詞 ②形容詞 ③形容動詞 ④名詞 ⑤副詞
⑥連体詞 ⑦接続詞 ⑧感動詞 ⑨助動詞 ⑩助詞

びん-づら【鬢頬】名詞 ❶「★角髪」の意味に同じ。❷髪の毛。

びん-な・し【便無し】形容詞(ク)〈く・く・し・き・けれ・○/から・かり・○・かる・○・かれ〉→**最重要語**(1061ページ)

びん-よ・し【便良し】形容詞(ク) 都合がよい。条件がよい。「**便よくは、言葉などかけんものぞ。**」〈徒然草・238・御随身近友が〉訳「**都合がよかっ**たら、ことばなどかけるがよいぞ。」

ふ

ふ 助動詞 接尾語 →**最重要語**(1063ページ)

ふ【生】名詞 草や木の生い茂っている所。発展「浅茅生」「蓬生」などのように、名詞に付いて複合語を作ることが多い。

ふ【府】名詞 ❶役所。「近衛府」「大宰府」「鎮守府」など。❷江戸時代、藩庁のあった所。また、江戸。

ふ【封】名詞 →ふこ

ふ【符】名詞 ❶太政官などから所属の役所に下した公文書。❷お守り札。お札。護符。❸巡り合わせ。運。

ふ【傅】名詞 皇太子の教育に当たった東宮の職員。多く、公卿が兼任した。発展「かしづく」という意味。

ふ【干・乾】動詞 →ひ(干・乾)る

ふ【経・歴】動詞 自 下二段〈へ・へ・ふ・ふる・ふれ・へよ〉❶(時が)たつ。経過する。(月日を)送る。過ごす。

日ごろへて、宮に帰りたまうけり。〈伊勢・83〉訳(惟喬親王が)何日か**たっ**てから、(京都の)御殿にお帰りになった。

❷(場所・段階を)通る。通って行く。通過する。経験する。

黒崎の松原をへてゆく。〈土佐日記・二月一日〉訳黒崎にある松原を**通過し**ていく。

ふ【綜】動詞 他 下二段〈へ・へ・ふ・ふる・ふれ・へよ〉縦糸を引き伸ばして機にかける。(糸を)かける。

白露を玉にぬくとやささがにの花にも葉にも糸をみなへし

歌〈古今集・物名・437〉訳白露を玉として(糸に)貫き通すというのであろうか。クモが花にも葉にも糸を一面に**かけ**た。

-ぶ 接尾語 (名詞や形容詞・形容動詞の語幹に付いて)…のようになる、…の状態になる、…と思う、という意味を表す。語例 鄙ぶ・かなしぶ・ことさらぶ 発展 動詞(バ上二段)化する。→-がる・-む(接尾語)

ぶ【夫】名詞 ❶公共の土木工事などの労役に、強制的に民衆を集めて働かせること。また、その人夫。❷雑兵。

ぶ【分・歩】名詞 ❶長さの単位のひとつ。一寸の十分の一。一尺の百分の一。約三ミリメートル。❷重さの単位のひとつ。一匁の十分の一。約〇・三七五グラム。❸貨幣の単位のひとつ。一両の四分の一。❹土地の長さの単位のひとつ。六尺。約一・八メートル。一間。❺等分に分けること。また、そのもの。❻もうけの割合。歩合。利率。利回り。❼有利・不利の度合い。また、強さや力などの程度。

ぶ【武】名詞 ❶勇ましいこと。勇敢な行為。武勇。

生けらんほどは、武に誇るべからず。〈徒然草・80・人ごとに〉訳生きているような間は、**武勇**を誇ってはならない。

❷武力。兵力。いくさ。また、兵法。武術。武芸。

おしなべて武を好む人多かり。〈徒然草・80・人ごとに〉訳(世間では)一様に**武術**を好む人が多い。

ぶ-あい・なり【不愛なり・無愛なり】形容動詞(ナリ)〈なら・なり(に)・なり・なる・なれ・なれ〉不都合だ。無愛想だ。

「**此の殿の人にも非ぬ者の、宵暁に殿内より出で入りする、極めて無愛なり。**」〈今昔〉訳「この屋敷の人間でもない者が、朝晩(我がもの顔に)屋敷の中に出入りするとは、まことに**不都合だ**。」

発展「ふあいなり」「むあいなり」とも。

ぶ-あんない・なり【不案内なり・無案内なり】形容動詞(ナリ)〈なら・なり(に)・なり・なる・なれ・なれ〉ようすや事情が分からない。

かたきは無案内なり、信連は案内者なり。〈平家・4・信連〉訳敵は(屋敷の中の)**ようすが分からない**し、(一方)信連はよく知っている者である。

ふう【風】名詞 ❶風。

四大種のなかに、水火風は常に害をなせど、大地に至りては、異なる変をなさず。〈方丈記・大地震〉訳万物を構成する四つの元素のうち、水と火と**風**はいつも災いを生むが、大地にいたっては、特に異変をもたらさない。

❷習慣。風習。

風を移し、俗をかふるには楽よりよきはなし。〈神皇正統記〉訳(民間の悪い)**風習**を改め、世の人(の卑しい心)を変えるには音楽よりよいものはない。

❸姿。体裁。

すべて時にしたがひて風の移り変はれば、あらぬ物になりゆきはべるなり。〈筑波問答〉訳(師に教えは受けたが)すべて時(の流れ)に従って(連歌の)**姿**が移りかわるので、(師の句風とは)別のものになって行くのでございます。

❹漢詩の★六義の一つ。世俗を風刺した民謡風の詩。

ふう-うん【風雲】 名詞 ❶風と雲。また、大自然。❷(風や雲のように)当てもなくさまようこと。漂泊の旅。放浪。❸(竜が風や雲に乗って天に昇るように)功名を立てて世に出る機会。

ふううん-の-おもひ【風雲の思ひ】― 偉大な業績を遂げようとする望み。大志。野望。

ふううん-の-たより【風雲の便り】 大自然に親しむための手立て。自然の美に触れる機会。

ふう-が【風雅】 名詞 ❶漢詩の★六義の中の「風」(=諸国の民謡)と「雅」(=宮廷の雅楽)。転じて、詩歌や高尚な文芸など。❷(蕉門で)俳諧。「**なんぢは、去来、ともに風雅を語るべき者なり。**」〈去来抄・先師評〉訳「お前は、去来よ、ともに**俳諧**を語るにふさわしい者である。」❸風流。みやびやかなこと。

風雅の誠 文芸用語 「風雅」とは『★詩経』に基づくことばで、早くから詩文一般の意味となり、芸術全般をも意味した。★松尾芭蕉は積極的にこのことばを用い、「詩、歌、連、俳は共に風雅なり」〈三冊子〉と、俳諧を伝統的文芸と同列に位置づけ、自己の探究する俗を離れた孤高の俳諧を示すことばとし、俳諧の根本を「風雅の誠」を究めることにあるとした。

風雅和歌集 「ワカシュウ」 作品名 南北朝時代、第十七番目の勅撰和歌集。花園法皇の企画・監修により、光厳上皇が親撰。二十巻。流布本は総歌数二二一一首。持明院統の皇族や京極派歌人の歌が多い。一三四九(貞和五)年ごろ成立。

ふう-き【富貴】 名詞 動詞 自 サ変〈せ・し・す・する・すれ・せよ〉富裕で地位が高いこと。富み栄えること。**かやうの先蹤を思ふにも、富貴といひ栄花といひ、朝恩といひ重職といひ…**〈平家・2・烽火之沙汰〉訳このような先例を思うにつけても、**富み栄えること**といい栄華といい、天皇の恩といい重い官職といい…。
発展「ふっき」とも。

ふう-き【富貴】 形容動詞〈ニ・ノ〉富裕だ。金持ちである。**下人、下女を置き添へ富貴に見せかけ…**。〈西鶴・日本永代蔵〉訳下男、下女を増やして(あたかも)**富裕に**見せかけ…。

ふ 動作などが反復・継続することを表す

一 助動詞 ❶(動作が反復することを表し)**繰り返し…する。しきりに…する。** ❷(動作・作用・状態が継続することを表し)**…(し)続ける。いつも…する。** ◉上代語。
二 接尾語 (反復・継続を表し)**繰り返し…する。…(し)続ける。**

	未然形	連用形	終止形	連体形	已然形	命令形
助動詞〔四段型〕 接尾語〔四段型〕	は	ひ	ふ	ふ	へ	(へ)

接続 四段動詞の未然形に付く。

一 助動詞〔四段型〕《上代語》❶(動作が反復することを表し)**繰り返し…する。しきりに…する。** **すべもなく寒くしあれば…糟湯酒打ち啜ろひてしはぶかひ鼻びしびしに…** 歌〈万葉集・5・892〉訳どうしようもなく寒いので…糟湯酒をすすり飲み続けながら**しきりにせき込んで**、鼻をぐすぐすと(鳴らし)…。
○初めにある「打ち啜ろふ」の「ふ」は、❷の用法が二の接尾語化したもので、何度も啜る動作をするというよりは、ずっと啜っているという意味合いが強い。「打ち啜ろふ」全体で、上代においてすでに一語になっていた。
❷(動作・作用・状態が継続することを表し)**…(し)続ける。いつも…する。** **三輪山をしかも隠すか雲だにも情あらなも隠さふべしや** 歌〈万葉集・1・18〉訳★三輪山をそんなにも隠すのか。せめて雲だけでも思いやりがあってほしい。(そんなに)隠し**続けて**よいものか。

二 接尾語(反復・継続を表し)**繰り返し…する。…(し)続ける。** **明石には、例の、秋は浜風の異なるに、ひとり寝もまめやかにものわびしうて、入道にも折々語らはせたまふ。**〈源氏・明石〉訳明石では、いつものように、秋は海辺に吹く風が格別なので、(源氏は)ひとり寝も一時的なものでなくもの寂しくて、(娘に訪ねて来てほしいから)入道にも機会あるごとに**繰り返し**(娘に話を)もちかけさせなさる。

発展 **①ア段からオ段へ** 一❶の用例にある「打ち啜ろふ」は、「打ち啜らふ」(接頭語「うち」+四段動詞「すする」の未然形+助動詞「ふ」)が変化したもの。この例のほかにも、「うつらふ→うつろふ」「まつらふ→まつろふ」のように、特にラ行四段動詞に付く場合、未然形の活用語尾がア段からオ段の音に変化することがある。
②助動詞から接尾語へ 助動詞としての「ふ」は上代だけで、中古以降は「語らふ」「住まふ」「慣らふ」「計らふ」「交じらふ」「呼ばふ」など、特定の動詞にしか付かない接尾語になったと考えられる。このような特定のことばはみな、接尾語を伴った一語のハ行四段動詞として扱われることが多い。
③意味の見分け方 一の❶と❷とは、はっきり区別できない例も少なくないが、基本的には次のとおりに考えるとよい。❶は、用例に挙げた「しはぶかふ」のように、回数を数えられる動作、短時間で一回ごとに完結する動作について、その動作が何度も繰り返されることを表す。❷は、用例に挙げた「隠さふ」のように、回数を数えられない動作や状態などについて、ずっとそのままの状態であることを表す。二の用例にある「語らふ」などはどちらともとれるが、この場合は「折々」ということばが前に置かれているので、語り続けるのではなく、その度ごとに繰り返し語るという意味になる。

ふう-ぎ【風儀】 名詞 ❶ようす。姿。特に、能で、演技。芸風。類風体。❷習わし。しきたり。風習。❸作法。仕方。

ふう-くわう【風光】―こう 名詞 美しい景色。すばらしい風景。「**風光の人を感動せしむること、まことなるかな。**」〈去来抄・先師評〉訳「**すばらしい風景**が人を感動させるということは、本当なのだなあ。」

ふう-げつ【風月】 名詞 ❶清らかな風と明るい月。自然の美しい風物。また、それをめでること。風雅。❷詩や文章を作ること。発展「ふげつ」とも。

ふう-さう【風騒】―そう 名詞 詩歌や文章を作って、楽しむ風流。風雅。

中にもこの関は、三関の一にして、**風騒**の人、**心をとどむ**。〈奥の細道・白河の関〉訳（多くの関所の）うちでもこの関は、「三関」といわれている関の一つで、**風雅**の人が、関心を寄せてきている。
発展「風」は『詩経』の「国風」（＝部立の名）、「騒」は『楚辞』の「離騒」（＝編の名）で、共に詩文の模範とされたことから。

ふう-し【風姿】 名詞 表現された姿。特に、趣のある姿。また、表現によって生まれる趣。

風姿花伝 ［―クヮデン］ 作品名 室町前期の能芸論書。世阿弥（→必修古典ビッグ30 ⑯712ページ）著。「花伝書」とも。父*観阿弥の遺訓をもとに書かれた、世阿弥最初の体系的な能芸論書。一生の稽古の段階、演出の要点、能の歴史や「幽玄」「花」などについて記す。一四〇〇（応永七）年の成立で、現存本には改訂がある。

ふう・ず【封ず】 動詞 他〔サ変〕〈ぜ・じ・ずる・ずれ・ぜよ〉❶封をする。封じる。
歌を書きて封じておきて退出せられにけり。〈古今著聞集〉訳和歌を書いて**封をして**おいて退出なさった。
❷（神仏などの力によって物の怪などを）閉じ込める。封じ込める。
❸禁止する。
発展「ふんず」とも。

ふう-ぞく【風俗】 名詞 ❶風習。しきたり。習慣。❷身なり。身のこなし。容姿。❸「*風俗歌」の略。

ふうぞく-うた【風俗歌】 名詞 →ふぞくうた

風俗文選 作品名 江戸中期の俳文集。*森川許六編。芭蕉以下、其角・去来ら蕉門俳人二十八人の俳文約一二〇編を収め、文章史上において重要な意味を持つ。一七〇六（宝永三）年刊。

ふう-てい【風体】 名詞 ❶和歌や能などの表現様式。歌風。芸風。類風儀。❷なり振り。姿形。外見。

ふう-てう【風調】 ［―チョウ］ 名詞 趣。味わい。特に、詩歌などの趣や調子。

ふう・なり【風なり】 形容動詞〔ナリ〕〈なら・なり（に）・なり・なる・なれ・なれ〉趣のある。風流だ。
必ず女郎に風なる仕出しして見せて、思ひつかさうとする。〈傾城禁短気〉訳（客が）必ず女郎に**風流**な格好をさせて見せて、（自分に）ほれさせようとする。

ふう-りう【風流】 ［―リュウ］ 名詞 ❶先人の遺風。伝統。
古きを学び、新しきを賞する中にも、まったく風流を邪にすることなかれ。〈風姿花伝〉訳古風に習って行う（にしても）、新風をもてはやすにしても、決して**伝統**を邪道に落とし入れてはならない。
❷みやびやかなこと。俗っぽくないこと。
❸美しく飾ること。しゃれた装飾。
金、銀など心を尽くして…風流をし出でて、持てまゐりあひたるに…。〈大鏡・伊尹〉訳金、銀などで工夫をこらし…**しゃれた装飾**をこらしてこしらえて、それぞれ持って参上した中に…。
❹中世における歌舞のひとつ。意匠をこらした派手な装束を着け、お囃子や歌を伴って踊る。風流舞。
「ここに風流の面がござるによって、これをかけておどいて、思うままに酒をたびょうと存ずる。」〈狂言・伯母酒〉訳「ここに**風流舞**のお面がございますので、これを着けておどして、思う存分酒を飲もうと思います。」
発展❸❹は、「ふりう」とも。

ふうりう・なり【風流なり】 ［―リュウナリ］ 形容動詞〔ナリ・ノ〕〈なら・なり（に）・なり・なる・なれ・なれ〉❶みやびやかだ。俗でない。
その妻年若くしてかたち有り様宜しくて、心風流なりければ、この貧しき夫に随ひてありける程に…。〈今昔〉訳その妻は年若く姿形も美しく、心が**俗でなかっ**たので、この貧しい夫に従っていたところ…。
❷美しく飾ってある。しゃれている。
風流の破子やうのもの、ねんごろに営み出でて…。〈徒然草・54・御室に、いみじき児の〉訳**しゃれた**弁当箱ふうのものを、念を入れて丁寧に作り整えて…。

ふうりうの… 句
風流の初めや奥の田植うた〈奥の細道・須賀川・松尾芭蕉〉訳旅に出ていろいろな風流を味わうが、これが最初に出会った風流だよ。奥州のひなびた田植え歌が。○季語 田植うた―夏
発展 芭蕉が白河の関（＝今の福島県白河市にあった）で「旅心定まりぬ」と感じ、ここからいよいよ本格的に旅が始まるという気持ちで詠んだ句。

ふ-うん【浮雲】 名詞 ❶浮き雲。❷当てにならないこと。はかないこと。また、不安定な気持ち。発展「うきぐも」とも。

ふえ【笛】 名詞 管楽器の総称。特に、横笛。発展 弦楽器の総称「琴」に対していう。

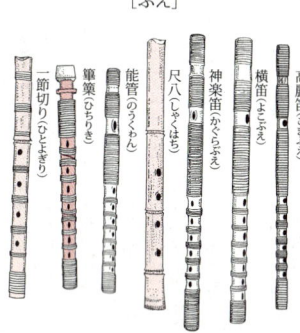

［ふえ］
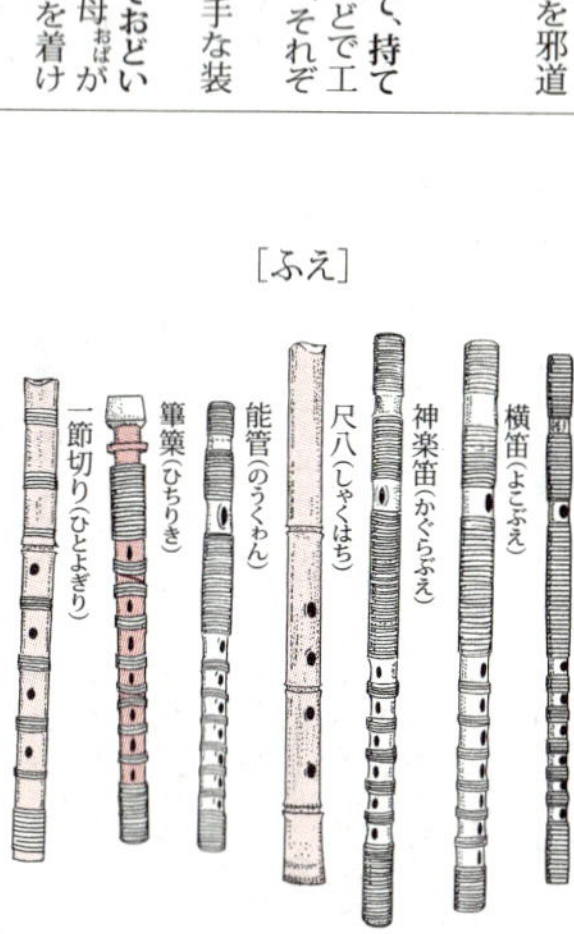

ふ-えき【不易】 名詞 ❶変わらないこと。不変。❷*蕉風の俳諧で、時代や人の変化にかかわらず、永遠に価値を失わない優れた表現や芸術精神。対流行 →不易流行

不易流行 ［―リュウコウ］ 文芸用語 *蕉風の俳諧における理念のひとつ。「不易」とは、俳諧における永遠不変の価値、「流行」とは、常に変化して新しくなることをいう。この両者を一体のものとし、新しみを求めて変化することが俳諧の不易の本質であり、また、その永遠の価値は、常に新しい境地を求める努力の中で実現されるという考え方である。

ふえのねの… 歌
笛の音のただ秋風と聞こゆるになど荻の葉のそよと答へぬ〈更級日記・大納言殿の姫君〉訳笛の音がまるで秋風（のよう）に聞こえるのに、どうしてオギの葉は（そよそよと音を立てて）そうよと答えないのだろう。○「荻」「そよ」は「秋風」の縁語。「そよ」は、葉が風にそよぐ音と返事の声「そうよ」の意味を掛ける。
発展 隣の家の女を訪ねてきた男が、従者に「荻の葉」と呼びかけさせるが、女は返事をせず、男は笛を吹いただけであきらめて帰ってしまう。そのようすを聞いて菅原孝標女

が詠んだ歌。これに答えて姉が詠んだ歌(↓をぎのは…)参照。

ぶ-えん【無塩】名詞 ❶(魚介類などで)塩漬けしていないもの。転じて、新鮮なこと。
何も新しき物を無塩といふと心得て、「**ここに無塩の平茸あり。疾う疾う。**」と急がす。〈平家・8・猫間〉訳(木曾義仲は)なんでも新しい物を無塩というのだと理解して(=誤解して)、「ここに**新鮮**なヒラタケ(=キノコの一種)がある。早く早く(料理しろ)。」と急がせる。
❷人ずれしていないこと。うぶなこと。

ふかう-でう【風香調】名詞 琵琶の調子のひとつ。*黄鐘調の一種で、華やかな調子といわれる。

ふかがはや…句
深川や芭蕉を富士に預け行く〈野ざらし紀行・苗村千里〉訳深川の芭蕉庵よ。留守中気がかりなバショウの草を守ってくれるように、いつも眺めていた富士山に預けて旅に出よう。〇季語芭蕉—秋
発展 作者が芭蕉とともに『野ざらし紀行』の旅に出かけるときの句。

ふ-かく【不覚】名詞 動詞 自〈サ変〉〈せ・し・す・する・すれ・せよ〉
❶意識不明のこと。意識を失うこと。
❷失敗すること。油断すること。
「**弓矢とりは年ごろ日ごろいかなる高名さうらへども、最後の時不覚しつれば、長き疵にてさうらふなり。**」〈平家・9・木曾最期〉訳「武士たる者は常日ごろどれほどの名声がございましょうと、死に際に**失敗して**しまうと、後の世までの不名誉(となるの)でございます。」
❸思慮が足りないこと。愚かなこと。

ぶ-がく【舞楽】名詞 雅楽の演奏形式のひとつ。舞を伴い、成立の起源が外来の楽舞に由来するもの。発展 中国経由の楽舞を唐楽と呼んで左方に、朝鮮経由の楽舞を高麗楽と呼んで右方に、大きく二つに分けて催された。

深草 歌枕 今の京都市伏見区北部一帯。皇室などの陵墓が多い。平安時代には貴族の別荘地となった。和歌には、「草深い里」の意味で「鶉」とともに詠まれることが多い。↓ビジュアルチェック❶(194ページ)・㉓(1093ページ)

ふか-ぐつ【深沓・深履】名詞 長いくつ。革製で黒の漆を塗ってあった。政始めや雨天のときなどに、公卿や殿上人が用いた。対浅沓

[ふかぐつ]

ふ-かく・なり【不覚なり】形容動詞〈ナリ〉〈なら・なり(に)・なり・なる・なれ・なれ〉❶意識を失っている。正体をなくしている。
「**尻の方を御枕にて、不覚に大殿籠りぬ。**」〈大鏡・道隆〉訳(道隆はたくさん酒を飲んで、車の)後の方をお枕にして、**正体をなくしてい**ておやすみになってしまった。
❷不注意だ。思慮が足りない。
「**汝不覚なればこそ、二度まで敵は門より内へは入らめ。あれ遠やかに追ひ出ださせ。**」〈平治・下〉訳「おまえが**不注意だ**から、二度までも敵が門から中へ入るのだろう。あいつらを遠くに追い払え。」
❸卑怯だ。臆病だ。
「**さては降人に出でたる不覚の人どもが**…。」〈太平記〉訳さては降参した**卑怯な**者どもが…。
❹無意識だ。思わずしてしまう。
「**あまり哀れで不覚の涙のこぼれさうらうぞや。**」〈平家・7・実盛〉訳「あまりに哀れで**思わず出てしまう**涙がこぼれます。」

ふか・し【深し】形容詞〈ク〉〈く・く・し・き・けれ・○/から・かり・○・かる・○・かれ〉❶奥の方にある。奥行きがある。奥深い。
ただ一所、深き山へ入りたまひぬ。〈竹取・蓬莱の玉の枝〉訳(皇子は)たったおひとりで、**奥深い**山へお入りになってしまった。
❷密生している。濃い。多い。
「**霧の深ければ、さやかに見ゆべくもあらず。**「**また月さし出でなむ。**」**とおぼすほどに**…。」〈源氏・橋姫〉訳霧が**濃い**ので、(薫は姫君たちのお姿を)はっきりと見ることもできない。「もう一度月が出てほしい。」と思っていらっしゃるうちに…。
❸色が濃い。香りが強い。
「**かの人の御移り香のいと深くしみたまへるが**…。」〈源氏・宿木〉訳あの方(=薫)の移り香が(中の君の衣服に)まことに**強く**しみついていらっしゃるのが…。
❹年月や時間が経過している。更けている。
「**まだいと深き朝に御文あり。**」〈源氏・宿木〉訳まだ本当に(夜が)**更けている**明け方にお手紙が届く。
❺関係が緊密である。考え方が確かである。
「**女どちも、契り深くて語らふ人の、末まで仲よき人難し。**」〈枕草子・75・ありがたきもの〉訳女同士でも、約束が**確かで**(=信頼関係が強くて)親しく付き合っている人で、最後まで仲のよい人はめったにいない。
❻物事に詳しい。知識や教養が豊かだ。
「**才深き師に預けきこえたまひてぞ、学問せさせたてまつりたまひける。**」〈源氏・少女〉訳(源氏は)学識が**豊かな**師に(夕霧を)お預け申し上げなさって、(本格的に)学問をおさせ申し上げなさったのだった。
❼程度がひどい。強い。
「**いみじう憂き水の契りかな。**」と、この川のうとましうおぼさるることいと深し。〈源氏・蜻蛉〉訳「ひどくつらい水との因縁だなあ。」と、(薫は)この川がいとわしいとお思いにならないではいられない気持ちがとても**強い**。

ふか・す【更かす】動詞 他〈サ四段〉〈さ・し・す・す・せ・せ〉夜が更けるまで起きている。夜更けを待つ。
「**秋の夜更かしはべらむも昔の咎めや。**」〈源氏・横笛〉訳「秋の夜を**夜が更けるまで起きて待ってい**たりいたしますようなのも亡き人(=柏木)の非難があるのではなかろうか。」〇「や」の下に「あらむ」が省略されている。

ふか-だ【深田】名詞 泥の深い田。深くぬかるんでいる田。
発展「ふかた」「ふけだ」とも。

ふ-がふ【不合】— 形容動詞〔ナリ〕 貧乏だ。
「**不合におはす。**」とて、**かかる今北の方をまうけて**…。〈大鏡・兼通〉訳(前夫人は美しく身分も高かったが)「**貧乏で**いらっしゃる。」ということで、(朝光は)このような新しい夫人をこしらえて…。

ふか・む【深む】動詞 他〈マ下二段〉〈め・め・む・むる・むれ・めよ〉深くする。深く思う。
わたつみの沖を深めて思ひてし思ひは今はいたづらに… 歌〈古今集・雑体・1001〉訳(私の心を)海の沖のように**深くして**(あなたに)恋い焦がれてしまった(その)思いは今となってはむなしく…。〇「わたつみの沖を」は「深め」を導く序詞。

ふかめる(現)↓(古)**ふかむ**【深む】

ふ-かん【不堪】名詞 技・芸が未熟なこと。下手なこと。不器用なこと。対堪能
会者、ことに**堪能**を選ぶべし。**不堪両三に過ぎば**、まこ

とに難治といふべし。〈連理秘抄〉訳（連歌の）会に参加する者は、特に上手な者を選ぶべきである。下手な者が二三人いると、（座の空気を治めていくことが）実に難しくなるといってよい。

発展「堪」は優れているという意味。

ふ-かん【不堪】形容動詞〔ナリ〕下手だ。不器用だ。**天下のものの上手といへども、はじめは不堪の聞こえもあり、無下の瑕瑾もありき。**〈徒然草・150・能をつかんとする人〉訳世に比べるものがない一芸の達人といっても、初めは**下手だ**といううわさもあり、まったくひどい欠点もあった。

ふ-ぎ【不義】名詞❶人としての守るべき道義に外れた行い。❷男女が道義に反した関係を結ぶこと。姦通。密通。❸★八逆の一つ。上位の者を殺す罪。

ふき-あは・す【吹き合はす】他動詞〔サ下二段〕〈せ・せ・す・する・すれ・せよ〉❶（管楽器を他の音に）合わせて吹く。合奏する。**笛など吹き合はせたる…。**〈紫式部日記〉訳笛などを（歌に）**合わせて吹いている**のは…。❷（風が他の音に）合わせるように音を立てて吹く。**山風の響きおもしろく吹き合はせたるに…。**〈源氏・少女〉訳山から吹く風の響きが趣深く（楽器の音に）**合わせるように音を立てて吹いている**ところに…。

ふき-いた【葺き板】名詞屋根を葺くための薄い板。屋根板。

ふき-がたり【吹き語り】名詞自分のことを得意げに話すこと。自慢話。**かかることなどぞ自ら言ふは吹き語りなどにもあり…。**〈枕草子・278・関白殿、二月二十一日に〉訳このようなことなどを自分から言うのは**自慢話**など（のようなもの）でもあるし…。

ふき-かへ・す【吹き返す】他動詞〔サ四段〕〈さ・し・す・す・せ・せ〉❶吹き戻す。**さ夜更けて半ば長けゆくひさかたの月吹き返せ秋の山風** 歌〈古今集・物名・452〉訳夜が更けて半ば西に傾きかけた月を**吹き戻せ**、秋の山風よ。〇「ひさかたの」は「月」に係る枕詞。❷（袖や裾などを）翻す。**わが背子が衣の裾を吹き返しうらめづらしき秋の初風** 歌〈古今集・秋上・171〉訳私の夫の着物の裾を（風が）**翻して**、（着物の）裏地が美しいように、心にも新鮮な、秋に初めて吹く風よ。〇「うら」は「（着物の）裏」と「心」の掛詞。

ふき-き・る【吹き切る】他動詞〔ラ四段〕〈ら・り・る・る・れ・れ〉（激しい風が物を）吹きちぎる。**風に耐へず吹き切られたる焔、飛ぶがごとくして、一、二町を越えつつ移りゆく。**〈方丈記・安元の大火〉訳風に耐えきれずに**吹きちぎられた**炎が、飛ぶようにして、一、二町を越えてはまた移動する（＝燃え移る）。

ふき-こ・す【吹き越す】自動詞〔サ四段〕〈さ・し・す・す・せ・せ〉（風が物の上を）吹いて過ぎる。**秋の夜は宿借る月も露ながら袖に吹き越す荻の上風** 歌〈新古今集・秋上・424〉訳秋の夜は（オギの葉の露に）宿を借りる（＝映る）月までも、露とともに（私の）袖を**吹いて過ぎる**オギの上を吹く風よ。

ふき-し・く【吹き頻く】自動詞〔カ四段〕〈か・き・く・く・け・け〉しきりに吹く。**白露に風の吹きしく秋の野はつらぬきとめぬ玉ぞ散りける** 百人一首〈後撰集・308〉訳→しらつゆに…

ふき-すさ・ぶ 一【吹き荒ぶ】自動詞〔バ四段〕〈ば・び・ぶ・ぶ・べ・べ〉（風が）吹き荒れる。**海人小舟今や出づらむ大島のなだの潮風吹きすさぶなり** 歌〈続千載集・1636〉訳漁師の小舟は今（海に）出ているのではないだろうか。大島の難所に吹く潮風が**吹き荒れる**ように聞こえる。
二【吹き遊ぶ】他動詞〔バ四段〕〈ば・び・ぶ・ぶ・べ・べ〉（笛などを）慰みに吹く。無心に吹く。**笛をえならず吹きすさびたる…。**〈徒然草・44・あやしの竹の編み戸〉訳笛をなんともいえないほど趣深く**無心に吹いている**のを…。

ふき-すま・す【吹き澄ます】他動詞〔サ四段〕〈さ・し・す・す・せ・せ〉（笛などを）澄んだ音色で吹く。**笛をいとをかしく吹き澄まして、過ぎぬなり。**〈更級日記・大納言殿の姫君〉訳（隣の家に来た人が）笛をとても趣深く**澄んだ音色で吹いて**、通り過ぎてしまったようだ。

ふき-そ・ふ【吹き添ふ】自動詞〔ハ四段〕〈は・ひ・ふ・ふ・へ・へ〉（風などが）吹き加わる。吹き募る。**「いかなる風の吹き添ひて、かくは響きはべるぞとよ。」**〈源氏・常夏〉訳「どのような風が**吹き加わって**、このように響くというのかねえ。」

ふき-た・つ【吹き立つ】一自動詞〔タ四段〕〈た・ち・つ・つ・て・て〉（風が）吹き始める。吹き出す。**「少し秋風吹き立ちなむ時、必ず会はむ。」**〈伊勢・96〉訳「少し秋風が**吹き始めた**ようなときに、きっと会おう。」
二他動詞〔タ下二段〕〈て・て・つ・つる・つれ・てよ〉❶（風が）吹いて（物を）空中に舞い上がらせる。**空には灰を吹き立てたれば…。**〈方丈記・安元の大火〉訳空には火の粉を**吹いて舞い上がらせた**ので…。❷（笛などを）吹き鳴らす。**四十人の垣代、言ひ知らず吹き立てたる物の音どもに合ひたる松風…。**〈源氏・紅葉賀〉訳四十人の舞楽を演じる人が、言いようもなく（すばらしく）**吹き鳴らしている**楽器の音などに溶け合っている松風（の音）は…。

ふき-つ・く【吹き付く】他動詞〔カ下二段〕〈け・け・く・くる・くれ・けよ〉❶（風が）吹いて押しつける。吹き寄せる。吹きつける。**近き辺りは、ひたすら焔を地に吹きつけたり。**〈方丈記・安元の大火〉訳火の近くでは、（大風が）ひたすら炎を地面に**吹き付けている**。❷風が吹いて火を燃やし続ける。**果ては大内に吹き付けて…。**〈平家・1・内裏炎上〉訳ついには内裏に（火が移り）**風が吹いて火を燃やし続けて**…。

ふき-と・づ【吹き閉づ】他動詞〔ダ上二段〕〈ぢ・ぢ・づ・づる・づれ・ぢよ〉吹き寄せてふさぐ。**天つ風雲の通ひ路吹き閉ぢよ少女の姿しばしとどめむ** 百人一首〈古今集・雑上・872〉訳→あまつかぜ…

ふき-まが・ふ【吹き紛ふ】自動詞〔ハ四段〕〈は・ひ・ふ・ふ・へ・へ〉風に吹かれて交じり合う。吹き乱れる。**時雨いと心あわたたしう吹きまがひ…。**〈源氏・夕霧〉訳時雨がたいへん気ぜわしく**風に吹かれて交じり合い**…。

ふき-ま・く【吹き捲く】他動詞〔カ四段〕〈か・き・く・く・け・け〉（風が）ひどく吹く。吹きまくる。**山風に桜吹きまき乱れなむ花の紛れに君とまるべく** 歌〈古今集・離別・394〉訳山風によってサクラ（の花）を**吹きまくって**、（そのサクラの花が）乱れ散ってほしい。（散り落ちた）花で（道の）見分けがつかなくなって、親王が（ここ比叡山に）とどまるように。

ふき-まど・ふ【吹き惑ふ】―まどう 動詞 自〔ハ四段〕〈は・ひ・ふ・ふ・へ・へ〉(風が)吹き荒れる。**風の吹き惑ひたるさま、恐ろしげなること、「命限りつ。」と思ひ惑はる。**〈更級日記・初瀬〉訳(海に)風が**吹き荒れ**ているようすは、いかにも恐ろしいことで、(船に乗っている人々は)「きっと命も尽きてしまう。」と当惑しないではいられない。

ふき-まよ・ふ【吹き迷ふ】―まよう 動詞 自〔ハ四段〕〈は・ひ・ふ・ふ・へ・へ〉(風が)方向を定めずに吹く。吹き乱れる。**吹き迷ふ風に、とかく移りゆくほどに、扇を広げたるがごとく末広になりぬ。**〈方丈記・安元の大火〉訳**吹き乱れる**風によって、あちこち(火が燃え)移って行くうちに、扇を広げたように(火は)末広がりの形になってしまう。

ふき-むす・ぶ【吹き結ぶ】 動詞 他〔バ四段〕〈ば・び・ぶ・ぶ・べ・べ〉(風が)吹いて露の玉を作る。風が露を結ぶ。**宮城野の露吹き結ぶ風の音に**…。〈源氏・桐壺〉訳宮城野(=宮中)の庭の露を**吹いて露の玉を作る**風の音に…。

ふき-め【葺き目】 名詞 屋根の板・かわら・かやなどの合わせ目。

ふき-もの【吹き物】 名詞 管楽器の総称。笛・尺八・★笙など。対 弾き物

ぶ-ぎやう【奉行】―ぎょう 名詞 動詞 他〔サ変〕〈せ・し・す・する・すれ・せよ〉❶主君の命令を受けて、仕事を行うこと。また、その人。❷鎌倉以降の武家の職名のひとつ。部局の長官。発展 鎌倉・室町時代は★評定衆や★引き付け衆のことを「公事奉行人」といい、桃山時代は大老の下に「五奉行」が置かれ、江戸時代は勘定奉行・寺社奉行・書物奉行が置かれ、地方官として★町奉行・伏見奉行・長崎奉行などが置かれた。

ふきょう(現)↓(歴)**ふけう【不孝】**

ぶ-きょう【不興・無興】 名詞 動詞 自〔サ変〕〈せ・し・す・する・すれ・せよ〉❶おもしろくないこと。興がさめること。**旨酒高会も無興して、その日の御遊はさて止みにけりとぞ**…。〈太平記〉訳うまい酒を酌み交わす盛大な宴会も**興ざめして**、その日のご宴会はそのまま終わってしまったとか…。❷機嫌を損なうこと。とがめられること。「久しく、**父為義が不興を得て豊後のかたに身を寓せし、八郎為朝といふものなり。**」〈椿説弓張月〉訳「(私は)長い間、父である源為義の**とがめ**をこうむって豊後(=今の大分県)の方に身を寄せていた、八郎為朝という者である。」発展 近世後期以降「ふきよう」とも。

ぶぎょう(現)↓(歴)**ぶぎやう【奉行】**

ぶ-きょう・なり【不興・無興】 形容動詞〔ナリ・ノ〕〈なら・なり(に)・なり・なる・なれ・なれ〉❶興ざめだ。不愉快だ。**法成寺造り建てて供養せられけるには、あまりに何もかも一つ御事にて、無興なる程なれば**…。〈愚管抄〉訳(藤原道長が)法成寺を建造して供養なさったことには、あまりに何もかもひとつひとつが盛大で、(かえって)**興ざめな**くらいであるが…。❷不機嫌だ。

ぶ-きりやう【無器量・不器量】―きりょう 形容動詞〔ノ〕無能な。力量がない。「**この身こそ無器量の者でさうらへば、自害をも仕りさうらふべきに**…。」〈平家・8・瀬尾最期〉訳「私こそ**無能な**者でございますので、自害をも致さねばなりませんのに…。」

ふく【福】 名詞 ❶神仏などが恵み与える幸福。幸運。❷神仏に供えた物のお下がり。

ふ・く【更く】 動詞 自〔カ下二段〕〈け・け・く・くる・くれ・けよ〉❶(時・季節が)たけなわになる。深くなる。更ける。↓古語チャート⑳(767ページ)**夜更くるまで酒飲み、物語して**…。〈伊勢・82〉訳夜が**更けるまで**酒を飲み、話をして…。❷年を取る。老いる。**ふけにける我が世の影を思ふ間にはるかに月のかたぶきにける** 歌〈新古今集・雑上・1536〉訳**老いて**しまった我が身の姿を思っているうちに、はるか遠くに月が傾いてしまったことだ。発展 形容詞「深し」と同じ語源で、時間的に深まるという意味を表す。

ふ・く【吹く】 ㊀ 動詞 自〔カ四段〕〈か・き・く・く・け・け〉風が起こる。風が流れる。吹く。㊁ 動詞 他〔カ四段〕〈か・き・く・く・け・け〉❶(息などを)口から出す。また、(笛などを)吹き鳴らす。**笙の笛吹きなどするを**…。〈源氏・賢木〉訳★笙の笛**を吹き鳴らし**たりするのを…。❷(金属を)精錬する。

ふ・く【葺く】 動詞 他〔カ四段〕〈か・き・く・く・け・け〉❶(草木を)軒端に差して飾る。**五月、菖蒲ふくころ、早苗取るころ**…。〈徒然草・19・折節の〉訳(陰暦)五月、(端午の節句に)ショウブを**軒端に差して飾る**ころ、早苗を取る(=田植えをする)ころ…。❷屋根を覆う。**殿に茅ふきても、軒をだに整へず**…。〈方丈記・都遷り〉訳(昔の賢王は)宮殿にカヤで**屋根を覆って**も、軒先さえ(切り)そろえないで…。

ぶ-く【仏供】 名詞 ❶仏に物を供えること。また、供えた物。供え物。❷供え物を盛る器。発展「ぶっく」の「っ」を表記しない形。

ぶく【服】 名詞 ❶喪服。❷喪に服すること。また、その期間。喪中。発展 大宝令では、喪に服する期間を、天皇・父母・夫が亡くなった場合は一年、祖父母・養父母が亡くなった場合は五か月、妻・兄弟・姉妹などが亡くなった場合は三か月と規定する。

ふくかぜは… 歌 **吹く風は涼しくもあるかおのづから山の蟬鳴きて秋は来にけり**〈金槐集・189・源実朝〉訳吹いてくる風は(なんと)涼しいことか。いつの間にか山にはセミが鳴いて、(いよいよ)秋はやって来たのだなあ。〇「涼しくもあるか」の「も」は係助詞、「か」は終助詞。「…も…か」で詠嘆の意味を表す。発展 秋の訪れの描写の中に、季節が巡ることへの感動を感じさせる。

ふくからに… 百人一首 **吹くからに秋の草木の**〔野辺の草木の〕**しをるればむべ山風をあらしといふらむ**〈古今集・秋下・249・文屋康秀〉訳吹くと同時に秋の草木がしおれるので、なるほど(それで)山(から吹き下ろす)風を荒し(すなわち嵐)と言っているのだろう。〇「からに」は「…と同時に」「…するやいなや」という意味。「ば」は順接の確定条件を表す接続助詞。「むべ」は副詞で、「うべ」が変化したもの。発展「嵐」という文字を「山」と「風」に分解してみせた文字遊戯を用いた歌。『古今集仮名序』では、第二句が「野辺

の草木の」となっている。

品詞分解・修辞

吹く	からに	秋	の	草木	の	しをるれ	ば
カ四・体	接助		格助		格助	ラ下二・已	接助

むべ	山風	を	あらし	と	いふ	らむ
副	嵐／荒し(掛詞)	格助	形・終	格助	ハ四・終	現在推量・終

複合語 国語・国文法 本来、単独で意味や用法を持つ単語が、二つ以上結合して、意味や機能が一単語と同じようになったもの。

これに属する語は、「草-木(名詞)」「思ひ-明かす(動詞)」「心-深し(形容詞)」「と-かく(副詞)」「さら-ば(接続詞)」のように様々の品詞にわたる。複合語の品詞は、多くの場合、構成する後項の語の品詞によって決まる。また、複合語の中には「みなと(港←水な(=「の」の意)門)」「たそかれ(黄昏←誰そ彼)」「さかな(肴←酒菜)」のように一語として定着して複合語としての意識が薄らいでしまったものもある。

なお、複合語と「派生語」(=★接頭語・★接尾語が付いてできた語)とをまとめて「合成語」ということがある。

複合動詞 国語・国文法 複合語のひとつ。本来独立した意味や用法を持つ、二つ以上の単語(下の語は必ず動詞)が結び付き、意味や働きのうえで新しい一単語と認められる動詞をいう。「春めく」のように、独立した用法を持つ単語に接尾語「めく」が付いたものは、派生語といって区別する。語の構成から、以下のように分けられる。

①動詞(連用形)＋動詞(「思ひ出づ」「出で立つ」など)
②名詞＋動詞(「名づく」「旅立つ」など)
③形容詞語幹＋動詞(「近寄る」「遠ざく」など)
④名詞その他＋サ変動詞「為す」

④はサ変複合動詞と呼ばれることもあり、例が多い。一見、①のように見えて、実は二動詞が連続するだけのものもあるので注意する。また、「思ひ　たまふ」「見　たてまつる」などは、★補助動詞が付いたもので、複合動詞とはしない。

ふく-さ【袱紗・服紗】 名詞 ❶のりを引いていない柔らかい絹。略装などに用いた。❷絹や縮緬で小さな正方形に作った布。進物の上にかけたり、物を包んだりするのに用いる。❸茶の湯で、茶器をふいたり茶わんを受けるのに用いる、赤や紫の小さな正方形の絹布。

ふくさ-なり【福さなり】 形容動詞〔ナリ〕〈なら・なり(に)・なり・なる・なれ・なれ〉ゆったりとくつろいでいる。ふっくらと柔らかい。福々しく豊かだ。
丸餅を庭火にて焼き食ふも、いやしからず福さなり。〈西鶴・世間胸算用〉訳 丸餅を(正月用に設けた)土間のいろりの火で焼いて食べる(光景)も、卑しくなく**福々しく豊かだ**。

ふくし【掘串】 名詞 竹や木で作った、先が鋭い土を掘る道具。発展「掘串」の変化したことばか。「ふぐし」「ふぐせ」とも。

副詞 国語・国文法 品詞のひとつ。自立語で活用がなく、また主語となれず、主として用言を修飾(限定・強調)する語。意味・用法から、「うらうらに」「つれづれと」などの「★状態の副詞」、「いと」「やや」などの「★程度の副詞」、「いまだ」「たとひ」などの「★陳述の副詞」の三種に分けられる。
なお、用言以外に「いとどなよなよと」「ただ一人」のように、程度の副詞が状態の副詞、数詞、時・方位を表す名詞を修飾したり、さらに、助詞「の」を伴って連体修飾語になったり、助動詞「なり」を伴って述語となるものもある。

副助詞 国語・国文法 いろいろな語に付いて、その語にある意味を添え、下の用言を中心とする語句を修飾することを主な機能とする助詞。「だに」「すら」「さへ」「のみ」「ばかり」「まで」「など」などがこれに属する。「花**だに**咲く」「花**のみ**咲く」などのように、上の語「花」に、ある意味を添え、後に続く「咲く」に係っていくという副詞に似た機能を持つ。

ふくしん-の-やまひ【腹心の病】 救いようのない重病。発展 腹部の奥深くや心にある病気という意味から。

ふく・す【伏す】 動詞 自〔サ変〕〈せ・し・す・する・すれ・せよ〉屈服する。服従する。
その夷、漢に伏して後に来たりて、おのれが国の楽を奏せしなり。〈徒然草・214・想夫恋〉訳 その蛮族が、中国に**屈伏した**後にやって来て、自分の国の音楽を奏したの(が「想夫恋」という曲)である。

ぶく・す【服す】 一 動詞 自〔サ変〕〈せ・し・す・する・すれ・せよ〉喪に服する。
二 動詞 他〔サ変〕〈せ・し・す・する・すれ・せよ〉(薬などを)飲む。服用する。食べる。
「**極熱の草薬を服して**…。」〈源氏・帚木〉訳「高熱のための薬草(=解熱剤)を**服用して**…。」
発展 近世以降「ふくす」とも。

ふく-だ・む【脹だむ】 一 動詞 自〔マ四段〕〈ま・み・む・む・め・め〉(髪や紙などが)膨らんだ感じになる。
髪は風に吹き迷はされて少しふくだみたるが…。〈枕草子・200・野分のまたの日こそ〉訳 髪は風に吹き乱されて少し**膨らんだ感じになっている**のが…。
二 動詞 他〔マ下二段〕〈め・め・む・むる・むれ・めよ〉毛羽立たせる。
ありつる文、立て文をも結びたるをも、いと汚げに取りなしふくだめて…。〈枕草子・25・すさまじきもの〉訳 先程の(こちらから送った)手紙で、正式な包み方の手紙も略式に結んでいる手紙も、(使いの者が)手に取ってとても汚い感じにして**毛羽立たせて**…。

ふくち-の-その【福地の園】 名詞 幸福や利益を生じる所。極楽。

ふくつけ-が・る 動詞 自〔ラ四段〕〈ら・り・る・る・れ・れ〉欲張る。むさぼる。
いと多う転ばさむとふくつけがれど…。〈源氏・朝顔〉訳 (雪を)非常にたくさん転がそうと思って**欲張るけれど**も…。

ふく-つけ・し 形容詞〔ク〕〈く・く・し・き・けれ・○／から・かり・○・かる・○・かれ〉欲が深い。
「**いと多かめる列に離れたらむ後るる雁を、しひて尋ねたまふが、ふくつけきぞ。**」〈源氏・常夏〉訳「ずいぶん多いように見える列から離れて遅れたガンを、無理にお探しになるのは、**欲が深いよ**。」

ぶく-なほし【服直し】 名詞 喪が明けて、喪服から普段の着物に着替えること。

福原 地名 今の神戸市兵庫区の一地域。大輪田の泊に接する、瀬戸内海交通の要地であった。平家一門の別荘地となり、一一八〇(治承四)年に平清盛が安徳天皇らを奉じて遷都したが、半年ほどで京都に還都した。

ふく・む【含む】 一 動詞 自〔マ四段〕〈ま・み・む・む・め・め〉(物が)膨らむ。(花の)つぼみが膨らむ。つぼみができる。類 含ふむ
指貫の裾つ方少し含みて…。〈源氏・若菜上〉訳 ★指貫の裾の方が少し**膨らんで**…。
二 動詞 他〔マ四段〕〈ま・み・む・む・め・め〉❶(口の)中に入れる。類 含ふむ

太刀の先を口に含み、馬より逆さまに飛び落ち…。〈平家・9・木曾最期〉訳刀の先を口の中に入れ、ウマから逆さまに飛んで落ちて…。

❷心に留める。心に持つ。根に持つ。興福・園城両寺は鬱憤を含める折節なれば…〈平家・7・平家山門連署〉訳興福寺と園城寺の両寺は不満を心に持っている時なので…。

三 動詞 他〔マ下二段〕〈め・め・む・むる・むれ・めよ〉言い聞かせる。理解させる。言い含める。

「今より後は、かかることなせそ。」と言ひ含めて許しつ。〈宇治拾遺〉訳「今後は、こういうことはするな。」と言い聞かせて許した。

ふくめる(現)→(古)**ふくむ**【含む】

ふく-よか・なり【脹よかなり】形容動詞〔ナリ〕〈なら・なり(に)・なり・なる・なれ・なれ〉ふっくらとしている。いと若けれど、生ひ先見えて、ふくよかに書いたまへり。〈源氏・若紫〉訳(紫の上はまだ)たいそう幼いけれど、将来(上達すること)が(目に)見えて、ふっくらとお書きになっている。

ふく-らか・なり【脹らかなり】形容動詞〔ナリ〕〈なら・なり(に)・なり・なる・なれ・なれ〉ふっくらとしている。すこしふくらかになりたまひて、うちなやみ面痩せたまへる、はた、げに似るものなくめでたし。〈源氏・若紫〉訳(藤壺は)少しふっくらとおなりになって、お元気がなく面やつれなさっていらっしゃるごようすは、それもまた、本当にこの上なく美しい。

ふく-りふ【腹立】─名詞 動詞 自〔サ変〕〈せ・し・す・する・すれ・せよ〉腹を立てること。立腹。発展「腹立ち」を音読みしたもの。

ふく-りん【覆輪】名詞❶金や銀で、鎧・鞍・刀の鞘や鍔・楽器などを縁取りしたもの。→鞍(図)❷女性の着物の袖口や裾などに別の布で細く縁取りしたもの。袖覆輪。発展保護と装飾を兼ねて用いられた。

ふく・る【膨る・脹る】動詞 自〔ラ下二段〕〈れ・れ・る・るる・るれ・れよ〉膨れる。おぼしきこと言はぬは、腹ふくるるわざなれば…。〈徒然草・19・折節の〉訳こうあってほしいと思っていることを言わないのは、腹の膨れる(ような嫌な)ことなので…。

ふ-ぐるま【文車】名詞屋内で書物を運ぶために用いる板張りの小さな屋形車。発展「ふみぐるま」の変化したことば。

ふくれる(現)→(古)**ふくる**【膨る・脹る】

ふくろ【袋・嚢】名詞❶布・紙・革などで作った入れ物。❷巾着。財布。また、その中身の金銭。

[ふぐるま]

ぶ-け【武家】名詞❶武士の家筋。また、侍。❷将軍・大名・小名、および、それに仕える者の総称。対公家

ふ-けう【不孝】─名詞 動詞 他〔サ変〕〈せ・し・す・する・すれ・せよ〉親が子と縁を切ること。勘当すること。「かばかりの瓜一菓に依りて、子を不孝したまふべきにあらず。」〈今昔〉訳「この程度のウリ一つ(盗んだぐらいのこと)によって、子供を勘当なさるべきではない。」

ふ-けう・なり【不孝なり】形容動詞〔ナリ・ノ〕〈なら・なり(に)・なり・なる・なれ・なれ〉親不孝だ。「不孝なるは、仏の道にもいみじくこそ言ひたれ。」〈源氏・蛍〉訳「親不孝であることは、仏の道でも厳しく戒めている。」

武家義理物語 作品名 江戸前期の浮世草子。井原西鶴(→必修古典ビッグ30❷158ページ)作。武家の規範としての義理を取り上げた二十七章二十六話の短編集。義理のために命を投げ出す武家の悲壮な姿を描く。一六八八(元禄元)年刊。

ふ-げつ【風月】名詞→ふうげつ

ふける(現)→(古)**ふく**【更く】

ふけ・る【耽る】動詞 自〔ラ四段〕〈ら・り・る・る・れ・れ〉心を奪われる。没頭する。色にふけり情けにめで…。〈徒然草・172・若き時は〉訳色事に心を奪われ男女の情愛に心を引かれ…。

ふ-げん【普賢】名詞「★普賢菩薩」の略。

ぶ-げん【分限】名詞❶分際。身分。身の程。❷金持ち。富豪。発展「ぶんげん」の変化したことば。

ぶげん-しゃ【分限者】名詞富裕な人。金持ち。資産家。

ふげん-ぼさつ【普賢菩薩】名詞《仏教語》仏の真理や修行の徳をつかさどる菩薩。特に、延命の徳を備えるとされる。文殊菩薩とともに釈迦の脇侍として配され、白いゾウに乗った姿で表されることが多い。

[ふげんぼさつ]

ふ-こ【封戸】名詞親王以下の諸臣や特別な社寺などが、その位官や勲功に応じて朝廷から与えられた領地の人民の家。それらが負担する租の半額、庸・調の全額を支給された。位階による位封、官職による職封、勲功による功封がある。

ぶ-こう【無功】名詞功績がないこと。また、その人。発展「ふ」「ぶご」とも。

ぶ-こう・なり【無功なり】形容動詞〔ナリ〕〈なら・なり(に)・なり・なる・なれ・なれ〉未熟だ。不器用だ。無功なる作者は、文句をかならず和歌あるいは誹諧などのごとく心得て…。〈難波土産〉訳未熟な作者は、文句を常に和歌または俳諧などのように理解して…。

ぶ-こつ・なり【無骨なり】形容動詞〔ナリ〕〈なら・なり(に)・なり・なる・なれ・なれ〉❶不作法だ。風流でない。たちゐの振る舞ひの無骨さ、物いふ詞つづきのかたくなること限りなし。〈平家・8・猫間〉訳立ち居振る舞いの不作法なこと、ものを言うことば遣いが無教養なことこの上ない。○この例は、「無骨なり」の語幹が接尾語「さ」を伴って名詞になったもの。

❷不都合だ。「すでに二、三千人の客人を一人にあづくること、無骨なり。」〈曾我物語〉訳「まさに二、三千人ものお客を一人にまかせることは、不都合である。」

❸役に立たない。無能だ。「我、無骨なりといへども、呉王をあざむきて、君王の死を救ひ…。」〈曾我物語〉訳「自分は、役に立たないといっても、呉王をだまして、主君の死ぬところを助け…。」

ふさ 副詞みんな。全部。多く。秋の田の穂向き見がてりわが背子がふさ手折り来るをみなへしかも 歌〈万葉集・17・3943〉訳秋の田の稲穂の出来具合を見ながら、あなたが多く手で折って来たオミナエシなのだなあ。

ふ-さう【扶桑】 名詞 ❶中国で、東の海上の太陽の出る島にあるといわれた神木。また、その地。
❷日本の別の呼び名。**松島は扶桑第一の好風にして**…。〈奥の細道・松島〉訳 松島は**日本第一**のよい風景であり…。

ぶ-さう【無双】 形容動詞〔ノ〕二つとない。並ぶものがない。比べるものがない。「家にその例なき正二位の大納言にあがって、当時、君**無双の御いとほしみなり**。」〈平家・2・小教訓〉訳（藤原成親は）家に前例のない正二位の大納言に昇進して、現在、法皇の**並ぶものがない**お気に入りである。」

ふさがり【塞がり】 名詞 陰陽道で、★大将軍・★天一神などのいる方角。この方角に向かって事を行うのは凶と考えられた。↓方違へ
発展「ふたがり」とも。

ふさが・る【塞がる】 動詞 自〔ラ四段〕〈ら・り・る・る・れ・れ〉 ❶さえぎられる。妨げられる。また、閉じる。閉まる。左右**広ければ障らず**。**前後遠ければふさがらず**。〈徒然草・211・万のことは〉訳（人の心は）左右に広いと障害にならない。前後が離れて隔たっていると**妨げられ**ない。
❷（胸に）いっぱいになる。込み上げる。**前途三千里の思ひ胸にふさがりて**、幻のちまたに離別の**涙を注ぐ**。〈奥の細道・旅立ち〉訳 これから先の道のりが三千里だという感慨が胸に**いっぱいになって**、はかないこの世に向けて別離の涙を流す。
❸立ちふさがる。立ちはだかる。**馬の頭を立て並べて、大将軍の矢面にふさがりければ**…。〈平家・11・嗣信最期〉訳（乗っている）ウマの頭を立て並べて、（敵の狙う）大将軍（＝義経）の真正面に**立ちふさがった**ので…。
❹陰陽道で、★塞がりの方角に当たる。

ぶ-さた【無沙汰・不沙汰】 名詞 訪問や便りをしないこと。不義理。失礼。「**この間は田舎へ参って、それゆゑ御無沙汰を申してござる**。」〈狂言・居杭〉訳「この間は田舎へ参りまして、それで**失礼**をいたしましてございます。」

ぶ-さた・なり【無沙汰なり・不沙汰なり】 形容動詞〔ナリ〕〈なら・なり（に）・なり・なる・なれ・なれ〉 ❶放っておく。関心がない。**これを無沙汰にて閣かば**…菊池いかさま都へ責め上**りぬと覚ゆる**。〈太平記〉訳 これ（＝天皇方の勢力拡大）を**関心がない**と放置しておくと…菊池（肥前の守）はどう見ても都へ攻め上ってしまうと思われる。
❷事情にうとい。知識がない。**世間のことは、無下に無沙汰なり**。〈沙石集〉訳（修学僧は）俗世間のことに関しては、きわめて**事情にうとい**。
❸おろそかにする。怠る。**不堪の者にのみ会合して稽古せんは、なかなか一向無沙汰なるにも劣るべし**。〈連理秘抄〉訳（連歌の）下手な者ばかりと一緒に稽古するようなのは、かえってまったく（連歌の修業を）**おろそかにする**のにも劣るに違いない。
❹便りや訪問をしない。「**我も尋ねたく思ひつれども、公私の忩劇に思ひ忘れ、今も無沙汰なり**。」〈平治〉訳「私（＝源頼朝）も（平清盛を）訪ねたく思ってきたけれど、公私にわたる忙しさに取り紛れ、今もって**便りも出さず、訪問もしていない**。」

ふさ・なり 形容動詞〔ナリ〕〈なら・なり（に）・なり・なる・なれ・なれ〉 たくさんだ。多い。**わたつうみと人や見るらむあふことのなみだをふさに泣きつめつれば** 歌〈大和・144〉訳 人は海と見ているだろうか。恋人に会えないため涙を**たくさん**（流して）泣きつめているので。〇「涙」と「無み」を掛ける。

ふさ-に【多に】 副詞 多く。たくさん。**馬どもなど、ふさにひき散らして騒ぐ**。〈蜻蛉日記〉訳 ウマなどを、**たくさん**あちこちに引きとどめて騒いでいる。

ふさは・し【相応し】 形容詞〔シク〕〈しく・しく・し・しき・しけれ・〇／しから・しかり・〇・しかる・〇・しかれ〉 似つかわしい。適当だ。「**対の御方の、かの御ありさまをば、ふさはしからぬものに思ひきこえて**…。」〈源氏・蜻蛉〉訳「対の御方（＝中の君）が、匂宮のお振る舞いを、**似つかわしくない**ものだとお思い申し上げて…。」
発展 四段動詞「ふさふ」が形容詞になったもの。

ふさ・ふ【相応ふ】 動詞 自〔八四段〕〈は・ひ・ふ・ふ・へ・へ〉 釣り合う。似合う。ふさわしい。

ふさ-やか・なり 形容動詞〔ナリ〕〈なら・なり（に）・なり・なる・なれ・なれ〉 たっぷりとしている。ふさふさしている。**裾のふさやかにそがれたる**、いとうつくしげにて…。〈源氏・若菜上〉訳（女三の宮の髪の）裾が**ふさふさして**切りそろえてあるのは、とてもかわいらしい感じで…。

ふし【節】

茎や骨のつなぎ目。また、物事の区切りとなるところ
- ❶（タケ・アシなどの）茎のつなぎ目。骨と骨のつなぎ目。関節。
- ❷事柄。点。箇所。また、理由。根拠。
- ❸機会。折。きっかけ。
- ❹歌の調子の高低。節回し。また、（歌などの）一区切り。段落。

名詞 ❶（タケ・アシなどの）**茎のつなぎ目。骨と骨のつなぎ目。関節**。**節を隔てて、節ごとに、黄金ある竹を見付くること重なりぬ**。〈竹取・かぐや姫の出生〉訳（かぐや姫を見つけてから後は）**茎のつなぎ目**を間に置いて、節と節との間ごとに、黄金が（中に）あるタケを見つけることが度重なった。
❷**事柄。点。箇所。また、理由。根拠**。**何くれとむつかしき筋になりぬれば**、「**わが心地も少したがふ節も出で来や**。」と**心置かれ、人も恨みがちに**…。〈源氏・若紫〉訳（女が男に嫉妬して）何かと面倒な関係になってしまうと、（男は）「自分の気持ちとも少し食い違う**点**も出てくるのではないか。」と（女に会うのを）遠慮しないではいられず、女（の方）も（男を）恨みがちになって…。
❸**機会。折。きっかけ**。「『ふすぶるにや。』と、をこがましくも、またよき節なりとも思ひたまふるに…。」〈源氏・帚木〉訳「（久しぶりに訪ねたところ、女が冷たいので）『すねているのではないだろうか。』と思って、ばかばかしくも（あるが）、また（縁を切るのに）いい**機会**だとも思わせていただいたところ…。」
❹**歌の調子の高低。節回し。また、**（歌などの）**一区切り。段落**。**声よく節も上手でありければ**、なじかは舞も損ずべき。〈平家・1・祇王〉訳（仏御前は歌を歌う）声がよく**節回し**も上手だったので、どうして舞も失敗することがある

だろうか、いや、失敗するはずがない。

発展 意味の広がり　茎のつなぎ目などを表す❶がもともとの意味で、そこから、❷以下のように、時間的・心理的に区切りとなる時・事柄などの意味をも表すようになった。和歌などでは、多く❶と❷❸の意味を掛けて用いる。

ふじ（現）→（歴）**ふぢ**【藤】

ふし-おき【臥し起き】名詞 寝たり起きたりすること。日常生活。朝夕。

ふし-ぎ【不思議】名詞 理解を超えていること。思いもよらないこと。

四十あまりの春秋を送れる間に、**世の不思議を見ること**、ややたびたびになりぬ。〈方丈記・安元の大火〉訳 四十年以上の歳月を過ごしてきた間に、世の中の**思いもよらないこと**を見ることが、しだいに度重なった。

発展「不可思議」（＝思議すべからず）の略。

ふし-ぎ・なり【不思議なり】形容動詞〔ナリ・ノ〕（なら・なり（に）・なり・なる・なれ・なれ）❶思いもよらない。意外だ。

この帥殿は、花山院とあらがひごと申させたまへりしはとよ。いと不思議なりしことぞかし。〈大鏡・道隆〉訳 この帥殿（＝隆家）は、花山院と争いごとをし申し上げなさったということだよ。まったく**思いもよらなかった**ことだなあ。

❷けしからん。非常識だ。

世のそしりをもはばからず、人の嘲りをもかへりみず、不思議のことをのみしたまへり。〈平家・1・祇王〉訳（平清盛は）世間の非難も気にかけず、人が嘲るのもかまわずに、**非常識な**ことばかりなさった。

富士山 地名 今の静岡県と山梨県の境に位置する火山。古くは「不二山」「不尽山」などとも書かれた。平安末期には修験道の道場となり、江戸時代には信仰登山が盛んに行われた。和歌には「富士の嶺」「富士の高嶺」「富士の山」などの形で、「雪」「煙」などとともに詠まれる。

ふし-しづ・む【伏し沈む】―しずむ 動詞 自〔マ四段〕（ま・み・む・む・め・め）物思いに沈む。嘆く。

闇に暮れて伏し沈みたまへるほどに…。〈源氏・桐壺〉訳（娘を失った悲しみで）途方に暮れて**物思いに沈んで**いらっしゃるうちに…。

ふじつ-に【不日に】副詞 近いうちに。ほどなく。

忽ちに大仏師康成が家に行きて、相語らひて、ふじつに地蔵の半金色の像造りて…。〈今昔〉訳 すぐさま大仏師康成の家を訪れて、相談し、**ほどなく**地蔵の半金色の像を造り上げ…。

藤壺の女御［フヂツボノ］登場人物『源氏物語』中の人物。先帝の第四皇女。★桐壺の帝の女御。後に中宮となる。光源氏との過ちにより冷泉帝を産む。桐壺の帝の崩御後出家する。源氏の理想の女性。

ふし-ど【臥し所】名詞 夜寝る所。ねや。寝所。

むかし、臥し所にてありし所の簀子を払ひ…。〈雨月・浅茅が宿〉訳 以前、**寝所**であった所の床板を取り去って…。

ふし-はかせ【節博士】名詞 声明・平曲・謡曲・浄瑠璃など、古い声楽の音曲で音符に用いる符号。文の傍らに点や線を付けて、音の高低・長短を表したもの。発展 単に「はかせ」とも。

ふし-ぶし【節節】名詞 ❶いろいろな点。ところどころ。❷折々。その時々。

ふしまち-の-つき【臥し待ちの月】陰暦の毎月十九日の月。また、十九日以降の月。季語 秋 類 寝待ちの月 →**ビジュアルチェック⑰**（833ページ）発展 月の出が遅く、寝て待っているとやっと出てくることから。また、月の出が遅く、日常生活にはさほどのかかわりがないことから、十九日以降の月を総称していう。特に十九日の月と限定して、俳諧では秋の季語として用いる。

ぶしまちや…句

武士町や四角四面に水をまく〈文政句帖・小林一茶〉訳 堅苦しい武士町だなあ。通りに水をまくのまで生真面目に真四角にまいているよ。○季語 水をまく―夏

発展 武士町の風情を皮肉なおかしさを込めて描写する。

ふし-まろ・ぶ【臥し転ぶ】動詞 自〔バ四段〕（ば・び・ぶ・ぶ・べ・べ）極度の悲しみや喜びのために転げ回る。

北の方は…ふしまろびてぞ泣かれける。〈平家・7・維盛都落〉訳 北の方は…**転げ回って**お泣きになった。

伏見 歌枕 ①今の奈良市菅原町付近。②京都市伏見一帯。発展 和歌では、共に、荒れ果てて寂しいようすが詠まれたり、「伏し身」を掛けたりした。↓**ビジュアルチェック㉓**（1093ページ）

ふ-しゃう【不祥】―しょう 名詞 ❶不運。不幸。

兼好が不祥、公義が高運、栄枯一時に地を易へたり。〈太平記〉訳 兼好の**不運**、公義の好運、（というように）栄枯はあっという間に逆転した。

❷欠点。

上つ方にさへ不祥はあるもの…。〈西鶴・日本永代蔵〉訳（公家や武家といった）高貴な方にさえ**欠点**はあるもの（なのだから）…。

ふ-しゃう【不請】―しょう 名詞 ❶《仏教語》衆生が求めないでも、仏・菩薩が大慈悲をもって救済すること。❷心からの望みでないこと。いやいやながらすること。発展 ❷は、今では「不承」の字を当てる。

ふ-しゃう【府生】―しょう 名詞 ★六衛府で、四等官の下の位の職員。

ふ-じゃう【不浄】―じょう 名詞 ❶汚れていること。❷月経。❸大小便。

ふ-しゃう・なり【不祥なり】―しょうなり 形容動詞〔ナリ〕（なら・なり（に）・なり・なる・なれ・なれ）不運だ。不幸だ。

「**世の不祥なればとて、あたりの衆に思はぬやっかいかくること、これ大きなる罪。**」〈西鶴・世間胸算用〉訳「浮き世の（避けられない）**不運だ**からといって、周りの人に思わぬ迷惑をかけることは、大きな罪だ。」

武州［シウ］旧国名 ↓武蔵

ふ-しょう【鳧鐘】名詞 ❶音のひとつ。★十二律の第七音。❷釣り鐘。また、鉦。★鉦鼓。発展 中国の伝説で、鳧氏が鐘を造ったということから。

ふじょうなり（現）↓（歴）**ふぢゃうなり**【不定なり】

藤原氏［フヂハラ］文芸用語 「藤原」姓を持つ氏族。中臣鎌足が天智天皇より藤原姓を与えられて祖となる。その四人の孫は北家・南家・式家・京家に分かれ藤原四家の祖となった。北家は最も栄え、歴代天皇の外戚として摂関政治に権力を振るった。平安中期の道長のときに、その最盛期を迎える。鎌倉時代に近衛・一条・二条・九条・鷹司の五摂家に分かれたが、その後も朝廷での主流を占め続けた。↓**ビジュアルチェック㉑**（1073ページ）

藤原顕季［フヂハラノアキスヱ］人名 平安後期の廷臣・歌人。六条烏丸に住み、六条修理大夫と呼ばれる。歌壇に重きをなし、六条藤家の祖となる。一一一八（元永元）年、人麻呂影供を主催。家集に『六条修理大夫集』がある。1055―1123 ↓系図（次ページ）

中世歌人「六条藤家」の流れ

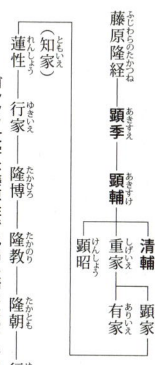

藤原隆経 ― 顕季 ― 顕輔 ― 清輔
　　　　　　　　　　　├ 重家 ― 顕家 ― 蓮性（知家）― 行家 ― 隆博 ― 隆教 ― 隆朝 ― 行輔
　　　　　　　　　　　│　　　└ 有家
　　　　　　　　　　　└ 顕昭

ゴシック文字は藤原姓で見出し語になっています。

藤原顕輔（ふじわらのあきすけ）【フヂハラノ】人名 平安後期の歌人。六条藤家の始祖である顕季の三男。源俊頼・藤原基俊没後の歌壇の指導者で、『★詞花和歌集』の撰者。家集に『顕輔集』がある。子の清輔・顕昭に歌学の知識を伝えて、六条家を確立した。1090—1155

藤原明衡（ふじわらのあきひら）【フヂハラノ】人名 平安中期の漢学者・歌人。文章博士・大学頭などを歴任。漢詩文集『★本朝文粋』を編集。『新猿楽記』『明衡往来』などの著作がある。989—1066

藤原朝忠（ふじわらのあさただ）【フヂハラノ】人名 平安中期の廷臣・歌人。定方の子。土御門中納言とも。★三十六歌仙の一人。笙の名手でもあった。家集に『朝忠集』がある。910—966

藤原敦忠（ふじわらのあつただ）【フヂハラノ】人名 平安中期の廷臣・歌人。枇杷中納言とも。★三十六歌仙の一人。和歌・管絃に長じ、後に歌語りや説話の主人公となった。家集に『敦忠集』がある。906—943

藤原敦頼（ふじわらのあつより）【フヂハラノ】人名 平安後期の歌人。法名は道因。「右大臣兼実歌合」などに出詠。「住吉社歌合」など大規模な社頭歌合わせを主催した。1090—1182

藤原家隆（ふじわらのいえたか）【フヂハラノ／イヘタカ】人名 鎌倉初期の歌人。名は「かりゅう」とも。壬生二品と呼ばれた。後鳥羽院歌壇の中心的存在で、『★新古今和歌集』の撰者の一人。家集に『壬二集（玉吟集）』がある。1158—1237

藤原興風（ふじわらのおきかぜ）【フヂハラノ】人名 平安前期の歌人。★三十六歌仙の一人。琴の名手としても知られた。家集に『興風集』がある。生没年不明。

藤原兼家（ふじわらのかねいえ）【フヂハラノ／カネイヘ】人名 平安中期の廷臣。東三条殿とも。一条天皇の外祖父として摂政および関白となり、息子道長への栄華の道を開いた。『蜻蛉日記』の作者道綱母の夫。929—990

藤原兼輔（ふじわらのかねすけ）【フヂハラノ】人名 平安前期の廷臣・歌人。堤中納言とも呼ばれた。★三十六歌仙の一人。紀貫之・凡河内躬恒などの歌人たちと交流があり、庇護者としての役割を果たした。家集に『兼輔集』がある。877—933

藤原家隆（ふじわらのかりゅう）【フヂハラノ】人名 ↓藤原家隆（ふじわらのいえたか）

藤原清輔（ふじわらのきよすけ）【フヂハラノ】人名 平安後期の歌人・歌学者。それまでの歌学を大成し、生存中は★藤原俊成をしのぎ、歌壇の第一人者であった。私撰集に『続詞花和歌集』、歌論書に『袋草紙』『奥儀抄』などがある。1104—1177

藤原公任（ふじわらのきんとう）【フヂハラノ／キンタフ】人名 平安中期の廷臣・歌人。四条大納言とも。花山天皇の時代から藤原道長の時代にかけての歌壇の指導者で、★中古三十六歌仙の一人。また、諸芸に秀でて「★三船の才」の逸話で知られた。歌論書に『★新撰髄脳』『和歌九品』があり、撰集に『★和漢朗詠集』『拾遺抄』などがあり、家集に『前大納言公任卿集』がある。966—1041

藤原伊尹（ふじわらのこれただ）【フヂハラノ】人名 平安中期の廷臣・歌人。名は「これまさ」とも、一条摂政とも呼ばれた。九五一（天暦五）年、撰和歌所の別当に任じられ、「★梨壺の五人」を指揮して『万葉集』の訓読、『後撰和歌集』の撰に当たった。家集に『一条摂政御集』がある。924—972

藤原定方（ふじわらのさだかた）【フヂハラノ】人名 平安前期の廷臣・歌人。三条右大臣とも。管絃の道にも長じ、従弟の兼輔とともに歌人たちの庇護者としての役割を果たした。家集に『三条右大臣集』がある。873—932

藤原定長（ふじわらのさだなが）【フヂハラノ】人名 ↓寂蓮

藤原定頼（ふじわらのさだより）【フヂハラノ】人名 平安中期の廷臣・歌人。公任の長男。★中古三十六歌仙の一人。能書家でもあった。小式部内侍・大弐三位・相模らと交流を持った。家集に『定頼集』がある。995—1045

藤原実方（ふじわらのさねかた）【フヂハラノ】人名 平安中期の歌人。★中古三十六歌仙の一人。藤原公任・大江匡衡らとの贈答歌があり、藤原道綱・藤原道信とも親交があった。家集に『実方朝臣集』がある。生年不明—998

藤原実定（ふじわらのさねさだ）【フヂハラノ】人名 平安後期の歌人。俊成の甥。後徳大寺左大臣とも。詩歌や管絃に優れた。『平家物語』『徒然草』に逸話を残す。家集に『林下集』がある。1139—1191

藤原俊成（ふじわらのしゅんぜい）【フヂハラノ】人名 平安末期の廷臣・歌人・歌学者。定家の父。名は「としなり」とも。五条三位とも呼ばれた。法号、釈阿。数多くの歌合わせ・歌会などに出て活躍し、しだいに歌壇の指導者となった。特に晩年は、『★新古今和歌集』の歌風の形成に大きな役割を果たす。『★千載和歌集』の撰者。家集に『長秋詠藻』、歌論書に『★古来風躰抄』などがある。なだらかな韻律による、優艶で余情豊かな歌を理想とした。1114—1204

藤原俊成女（ふじわらのしゅんぜいのむすめ）【フヂハラノ】人名 鎌倉初期の女性歌人。俊成卿女とも。出家後は、嵯峨禅尼・中院尼・越部禅尼とも呼ばれた。幼少より祖父俊成に養育され、後鳥羽院歌壇で活躍。家集に『俊成卿女集』、歌論書に『越部禅尼消息』がある。1171ごろ—1252以後

→ビジュアルチェック㉒（1074ページ）

藤原彰子（ふじわらのしょうし）【フヂハラノ／シヤウシ】人名 平安後期、一条天皇の中宮。道長の娘。後一条天皇・後朱雀天皇の母。十二歳で里内裏の一条院に入内。側近として★紫式部・★和泉式部・★赤染衛門らの才女が仕え、藤原氏全盛期の宮廷生活の中で王朝女流文芸サロンを形成した。上東門院の女院号を受けた。988—1074

藤原忠通（ふじわらのただみち）【フヂハラノ】人名 平安後期の廷臣。摂政・関白に至る。晩年、法性寺で出家し、法性寺関白とも呼ばれた。弟頼長との対立が保元の乱の一因となった。漢詩集に『法性寺関白集』、家集に『田多民治集』、日記に『法性寺関白記』がある。また、能書家としても知られ、法性寺流の祖とされる。1097—1164

藤原為家（ふじわらのためいえ）【フヂハラノ／タメイヘ】人名 鎌倉中期の廷臣・歌人。父、定家の没後は歌壇に重きをなし、『★続後撰和歌集』を単独で撰進、『★続古今和歌集』の撰者の一人ともなった。千首歌に、『為家卿千首』、家集に『大納言為家集』『中院詠草』、歌論書に『詠歌一体』などがある。1198—1275

ビジュアルチェック 21

系図［藤原氏］

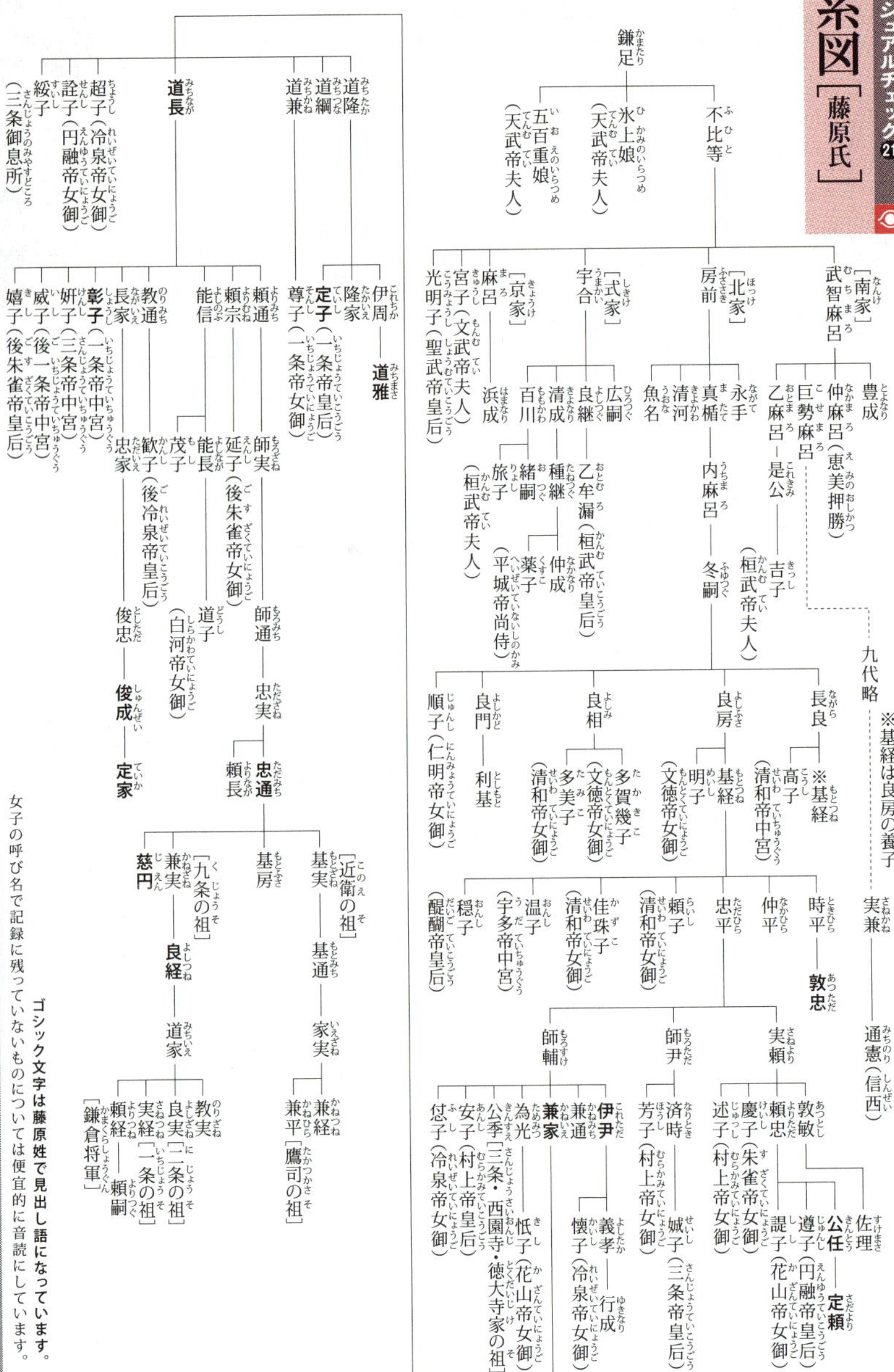

ゴシック文字は藤原姓で見出し語になっています。
女子の呼び名で記録に残っていないものについては便宜的に音読にしています。

藤原為兼 ふじわらのためかね [フヂハラノ] [人名] ↓京極為兼きょうごくためかね

藤原為相 ふじわらのためすけ [フヂハラノ] [人名] 鎌倉後期の廷臣・歌人。為家の子。母は阿仏尼。★冷泉家の祖。京都と鎌倉をたびたび往復して関東の武士・僧を指導し、和歌・連歌を普及させた。家集に『藤谷和歌集』がある。1263—1328

藤原為教 ふじわらのためのり [フヂハラノ] [人名] ↓京極為教きょうごくためのり

藤原定家 ふじわらのていか [フヂハラノ] [人名] 鎌倉初期の廷臣・歌人・歌学者。俊成の子。名は「さだいえ」とも。京極中納言とも呼ばれる。後鳥羽院歌壇・順徳院歌壇で活躍し、『★新古今和歌集』『★新勅撰和歌集』の撰者になった。★本歌取りを中心とする創作技法論や「★有心」の語でとらえた創作態度論は中世和歌の規範とされ、大きな影響を与えた。家集に『拾遺愚草』、歌論書に『近代秀歌』『★毎月抄』、秀歌撰に『小倉百人一首』、物語に『松浦宮物語』、日記に『明月記』などがある。また、その特異な書風は、後世、定家流として愛好された。1162—1241

藤原定子 ふじわらのていし [フヂハラノ] [人名] 平安中期、一条天皇の皇后。道長の兄の道隆の娘。十四歳で入内。父の死後、兄伊周が失脚し定子も出家するが、再度入内し、一男一女をもうけた。しかし、道長の娘の彰子が中宮となったため定子は皇后となり、まもなく世を去った。定子に仕えていた★清少納言により、その才色が伝えられる。977—1000

藤原敏行 ふじわらのとしゆき [フヂハラノ] [人名] 平安前期の歌人。★三十六歌仙の一人。宇多天皇期の宮廷歌人として活躍し、また、書に優れたことでも知られた。家集に『敏行朝臣集』がある。生年不明—901あるいは907

藤原雅経 ふじわらのまさつね [フヂハラノ] [人名] ↓飛鳥井雅経あすかいまさつね

藤原道綱母 ふじわらのみちつなのはは [フヂハラノ] [人名] 平安中期の女性歌人・日記文学作者。★藤原兼家と結婚し、道綱を生んだ。その結婚生活をつづった『蜻蛉日記』(↓**必修古典ビッグ30** ❼ 338ページ)の作者として有名だが、和歌にも秀で、★中古三十六歌仙に数えられる。家集に『道綱母集』がある。936ごろ—995ごろ

藤原道長 ふじわらのみちなが [フヂハラノ] [人名] 平安中期の廷臣。法成寺殿・御堂関白とも。兼家の五男。東三条院詮子の後援によって兄道隆の子伊周を退けて政権を掌握し、左大臣へと進んだ。一方、妻倫子との間に、「后がね」(后妃の候補者)としての多くの娘に恵まれた。九九九(長保元)年、すでに中宮であった定子を皇后として、長女彰子を強引に中宮に立て、二人の正妻が併立する新例をつくった。三条天皇の眼病を機に道長が譲位を強要した結果、一〇一六(長和五)年、彰子

ビジュアルチェック22

系図［中世歌人「御子左家」の流れ］

太線は親子関係を示す

ゴシック文字は見出し語になっています。

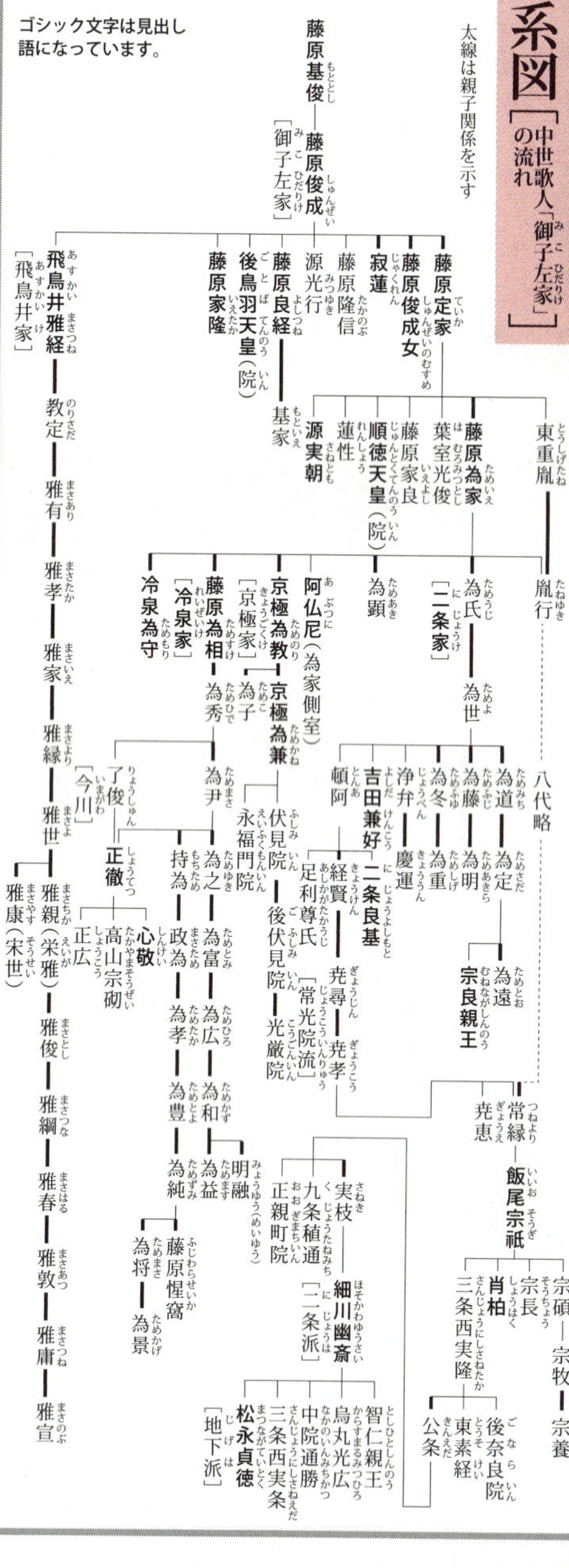

の生んだ後一条天皇が即位し、道長は外祖父として摂政の地位を得た。一〇一八(寛仁二)年、三女威子が中宮となって道長の娘が三后をすべて占め、ここに絶対的な外戚の地位を確立し、藤原氏全盛期を現出させた。その生涯は、『栄花物語』『大鏡』に詳しい。日記『御堂関白記』、家集『御堂関白集』を残した。*966—1027*

藤原道雅【ふじわらのみちまさ】〔フヂハラノ〕人名 平安中期の廷臣・歌人。伊周の子。★中古三十六歌仙の一人。荒三位・悪三位などと呼ばれ、波乱に富んだ前半生であったが、後半生は風雅な生活を送り、八条山荘で歌合わせなどを催した。*992—1054*

藤原基俊【ふじわらのもととし】〔フヂハラノ〕人名 平安後期の歌人・漢詩人。★源俊頼とともに院政期歌壇の中心的人物であった。藤原俊成は晩年の弟子。詩歌撰集に『新撰朗詠集』、家集に『基俊集』がある。生年不明—*1142*

藤原良経【ふじわらのよしつね】〔フヂハラノ〕人名 鎌倉初期の歌人。関白九条兼実の二男。九条良経・後京極殿とも。叔父の★慈円の協力を得て『★六百番歌合』などを主催。★藤原定家らと新風和歌を育成し、『★新古今和歌集』に結実した。家集に『★秋篠月清集』がある。能書家としても知られ、後京極流の祖となる。*1169—1206*

ふし-をが・む【伏し拝む】〔おがむ〕動詞 他〔マ四段〕〈ま・み・む・む・め・め〉頭を深く下げて拝む。また、遠くから拝む。

ふ-しん【不審】名詞 動詞 他〔サ変〕〈せ・し・す・する・すれ・せよ〉❶疑念を起こすこと。安芸国までの御幸はいかにと、人不審をなす。〈平家・4・厳島御幸〉訳 安芸の国(=今の広島県)まで高倉上皇がおいでになるのはどんなものかと、人々は疑念を抱く。❷嫌疑をかけること。内々御不審を蒙りたまふよし聞こえしかば…。〈平家・12・土佐房被斬〉訳 (源義経は、兄頼朝から)ひそかに嫌疑を受けていらっしゃるとかいうことが耳に入ったので…。

起居や歩行の動作を表すことば

まとめて覚えよう古語チャート 37

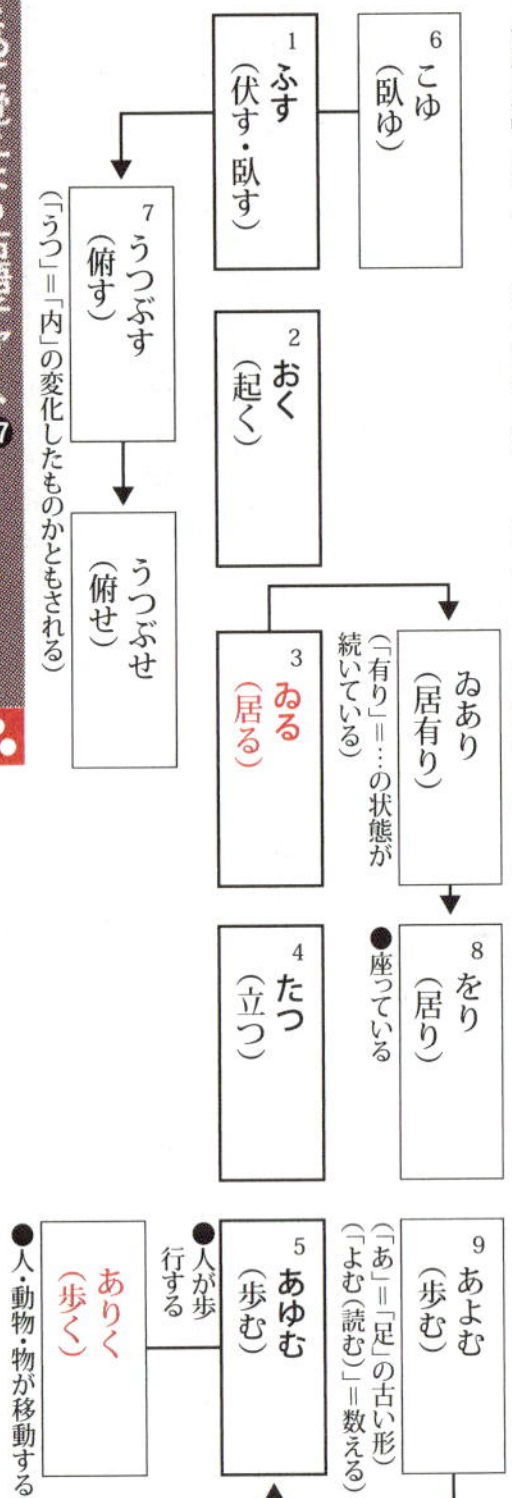

赤字は最重要語・重要語

この図は、「人の起居や歩行」に関する基本的な動詞を集めたものです。

上から順に、腹ばいになっている「1ふす(伏す)」ところから、起き上がって「2おく(起く)」、座って「3ゐる(居る)」、立って「4たつ(立つ)」、歩いていく「5あゆむ(歩む)」ところまでを示しました。

「6こゆ(臥ゆ)」は、「1ふす」の意味で、上代に使われたことばです。「7うつぶす」は「1ふす」から生まれたことばです。

「8をり(居り)」は「3ゐる」から、「5あゆむ」は「9あよむ」から生まれたことばですが、「うつ」の意味はよくわかっていません。

ふ-しん【普請】名詞 動詞 他〔サ変〕〈せ・し・す・する・すれ・せよ〉❶《仏教語》禅宗の寺院で、多くの人々を請い集めて、労役に従事してもらうこと。❷《仏教語》寺院などで、多くの人から寄付をもらって、塔やお堂を建築・修理すること。❸建物を造ること。また、そのための工事。

ふ-しん【不審】形容動詞〔ニ・ノ〕疑わしい。怪しい。不安だ。巫女を召されて、「御不審のことあり。占ひまうせ。」と仰せらるる。〈保元〉訳 (鳥羽上皇は)巫女をお呼びになって、「疑わしいことがある。(そのことを)占い申し上げよ。」とおっしゃる。

ふ-しんちゅう【不心中】〔しんじゅう〕名詞《近世語》義理や愛情のないこと。不誠実なこと。薄情。

ふ・す【伏す・臥す】一 動詞 自〔サ四段〕〈さ・し・す・す・せ・せ〉❶うつぶせになる。腹ばいになる。→古語チャート37(1075ページ)物に酔ひたる心地して、うつぶしに伏せり。〈竹取・かぐや姫の昇天〉訳 (何か)物に心を奪われた(ような)気分がして、うつぶせに腹ばいになっている。❷体を横たえる。横になる。寝る。対 起く 八島へ着かんずる宵うち過ぐるまで伏したまひたりけるが…。〈平家・9・小宰相身投〉訳 八島へ到着するであろう夜が過ぎるまで横になりなさっていたが…。❸潜む。隠れる。「草の深いに伏さうどて、播磨の鹿は丹波へ越ゆ…。」〈平家・9・老馬〉訳 「草の深い所に隠れようと思って、播磨(=今の兵庫県西南部)にいるシカは丹波(=今の兵庫県東部と京都府の一部)へ越えて行き…。」

二 動詞 他〔サ下二段〕〈せ・せ・す・する・すれ・せよ〉❶寝かせる。横にする。倒す。御傍らに伏せたまへり。〈源氏・帚木〉訳 (小君を)源氏自身の)おそばに寝かせなさった。❷潜ませる。隠す。かの道に夜ごとに人を伏せて守らすれば…。〈古今集・恋3・632・詞書〉訳 例の道に毎夜人を潜ませて見張らせるので…。

ふ・す【賦す】動詞 他〔サ変〕〈せ・し・す・する・すれ・せよ〉❶割り当てる。配る。❷題を割り当てられて詩を作る。また、単に詩を作る。

ぶ-す【附子】名詞 毒薬のひとつ。トリカブトの根の汁を日にさらして作ったもの。

い。

発展「ぶし」とも。

ふす・ぶ【燻ぶ】 動詞 自〔バ下二段〕〈べ・べ・ぶ・ぶる・ぶれ・べよ〉❶煙を立てる。くすぶる。

蚊遣り火ふすぶるもあはれなり。〈徒然草・19・折節〉訳 蚊を追い払うための火が**煙を立てる**のも趣深い。

❷嫉妬する。すねる。

思ふ人二人持ちて、こなたかなたふすべらるる男。〈枕草子・157・苦しげなるもの〉訳 恋する人を二人持って、こちらからもあちらからも**嫉妬される**男(はつらそうだ)。

ふすぼ・る【燻ぼる】 動詞 自〔ラ四段〕〈ら・り・る・る・れ・れ〉くすぶる。すすける。

ふすぼったる持仏堂に立てごもって…。〈平家・3・頼豪〉訳 **すすけ**ている持仏堂に立てこもって…。◯「ふすぼっ」は連用形「ふすぼり」の促音便。

ふすま【衾・被】

名詞(掛け布団などの)**夜具**。**布などで長方形に作ったもので、ふつう綿を入れる。**

夜寝るときに体に掛ける夜具 ―(掛け布団などの)**夜具**。

白き衣どもの、懐かしうなよよかなるをあまた重ねて、衾引き掛けて伏したまへり。〈源氏・柏木〉訳(病床の柏木は)白い衣(=下着類)などで、着慣れてしなやかになっているのをたくさん重ねて、(その上に)**夜具**をかぶって横になっていらっしゃる。

ふすゐ-の-とこ【臥す猪の床】 ― イノシシが枯れ草などを敷いて作った寝床。また、寝床で寝込んでいるイノシシ。

おそろしき猪も、「ふすゐの床」と言へば、やさしくなりぬ。〈徒然草・14・和歌こそ〉訳 恐ろしいイノシシも、「**イノシシが寝込んでいる寝床**」と表現すれば、優雅なものとなってしまう。

発展 恐ろしいイノシシも、枯れ草を敷いてすやすやと寝込んでいる姿を思えば、恐怖心を抱かずに歌に詠み込めるという考えから来たことば。

-ふせ【伏せ】 助数詞 矢の長さを表す単位。一伏せは、指一本分の幅をいう。↓束

発展「ぶせ」とも。

ふ-せ【布施】 名詞《仏教語》他人に施し与えること。金品を与えることのほか、真理を教え、安心を与えることなど。また、その与えるもの。

ふ-ぜい【風情】 ■一 名詞 ❶趣。風流。風雅。趣向。❷しぐさ。身振り。❸ようす。気配。態度。❹(和歌の)美的趣向。美的発想。

■二 接尾語 ❶(名詞に付いて)…のようなもの、…に似たものという意味を表す。語例 箱風情 ❷(人名や代名詞などに付いて、相手を卑しめる、また、自分がへりくだる意味を表し)…ごとき、…程度の者、という意味を表す。語例 うぬら風情・私風情

ふせ-いほ【伏せ庵】 ― 名詞 ↓ふせや

ふ-せう・なり【不肖なり】 ― 形容動詞〔ナリ・ノ〕〈なら・なり(に)・なり・なる・なれ・なれ〉❶親に似ないで愚かだ。

舜の子、商均また不肖にして、夏の禹に譲られしがごとし。〈神皇正統記〉訳 舜帝の子、商均はまた**親に似ないで愚かで**あって、夏の禹に(帝位を)譲られたのと同じである。

❷未熟だ。劣っている。

「重盛長子として、頻りに諫めをいたすといへども、身不肖の間、かれもって服膺せず。」〈平家・3・医師問答〉訳「(私)平重盛は長男として、(父清盛を)しきりに説得し申したが、私が**未熟な**ので、あの人(=父)は私(の説得)に従わない。」

❸恵まれていない。不幸だ。

頓阿、慶運とて並べる歌人あり。慶運は、身の程や不肖なりけん、毎々述懐のみせしとなり。〈ささめごと〉訳 頓阿、慶運といって並び称される歌人がいた。慶運は、境遇が**不幸だっ**たのだろうか、いつも、不平ばかりこぼしていたということである。

ふせき-や【防き矢】 名詞 敵の攻撃を防ぐために矢を射ること。また、その矢。

発展 中世以降「ふせぎや」とも。

ふせ・く【防く】 動詞 他〔カ四段〕〈か・き・く・く・け・け〉(攻撃・苦難などを)さえぎる。防御する。防ぐ。

山林に入りても、飢ゑを助け、嵐を防くよすがなくてはあられぬわざなれば…。〈徒然草・58・道心あらば〉訳(出家して)山林に入っても、飢えをしのぎ、風雨を**防ぐ**手段がなくては生きていけないことなので…。

ふせ-ご【伏せ籠】 名詞 伏せておいて、その上に衣服をかける竹または金属製のかご。中に香炉や火鉢を置き、衣服に香をたきしめたり暖めるために用いる。

発展 中世以降は「ふせぐ」。

ふ-せつ【浮説】 名詞 根拠のない話。うわさ。流言。

ふせ-や【伏せ屋】 名詞 地面に伏せたように屋根の低い、小さな家。みすぼらしい家。類 伏せ庵

ふせる(現)↓(古)**ふす【伏す・臥す】**

ふせ・る【臥せる】 動詞 自〔ラ四段〕〈ら・り・る・る・れ・れ〉横になっている。

皆もの覚えず、吐き散らしてふせり合ひたり。〈宇治拾遺〉訳 みんな意識もはっきりしないで、(食べた物を)吐き散らして各々あちこちに**横になって**いた。

豊前 旧国名 豊州。★西海道十一か国の一つ。今の福岡県東半部と大分県北部に当たる。七世紀末、豊国が分割され豊前・★豊後となったという。↓ビジュアルチェック❼(450ページ)

ふ-そく【不足】 名詞 動詞 自〔サ変〕〈せ・し・す・する・すれ・せよ〉❶足りないこと。十分でないこと。❷不平に思うこと。満足でないこと。

ふ-ぞく【風俗】 名詞「★風俗歌」の略。

ふ-ぞく【付属】 名詞 動詞 他〔サ変〕〈せ・し・す・する・すれ・せよ〉❶《仏教語》師が弟子に教えを伝授すること。❷(財産などを)譲り渡すこと。預けること。任せること。発展 ❶は、「ふしょく」とも。

ふぞく-うた【風俗歌】 名詞 古代歌謡のひとつ。もともとは地方民謡であったが、宮廷・貴族社会に採用され、宴会などで歌われた。類 国風 発展 ほとんどが東国のもので、『古今集』巻二十には十三首が東歌として収められている。

付属語 国語・国文法 単独では文節を構成することができず、常に★自立語に付属して文節を構成する単語。助詞・助動詞がこれに属する。

蕪村 人名 ↓必修古典ビッグ30 ㉖(1146ページ)

ふだ【札・簡】 名詞 ❶文字や符号を書き記した小さい木片・金属片・紙片。❷立て札。❸守り札。お札。❹(「日給の簡」の略で)宮中で、出仕した者の氏名を確認し、勤務日数を知るために用いた札。❺手形。鑑札。❻木戸

札。入場券。

ふた-あゐ【二藍】ー名詞 ❶染め色のひとつ。ベニバナで染めた上に藍を重ねて染めた色。紅色がかった紫色。❷★襲の色目のひとつ。表は濃い縹の赤みがかった色、裏は縹色。

ふ-たい【不退】名詞《仏教語》❶仏道修行の過程で、すでに得た功徳や善根が退いたり失われたりしないこと。類不退転。❷極楽浄土。発展 ❷は、再び迷界に退転することがないということから。「不退の土」「不退の地」「不退の所」とも。

ふ-だい【譜第・譜代】名詞 ❶家系。また、その記録。系図。❷鎌倉以降、代々、臣下として、ある家に仕えること。また、その臣下。❸（「譜代大名」の略で）江戸時代、関ヶ原の戦い以前から徳川家に仕えていた大名。対外様大名。❹代々、同じ地位や職業、技芸などを継ぐこと。また、その者。世襲。

ふたい-てん【不退転】名詞 ↓ふたい

ふたい-の-ど【不退の土】極楽浄土。↓不退

ぶ-たう【無道】ー名詞 人の道に背くこと。非道。無法。**非礼を行はず、無道をふるまはぬ、これ賢者なり。**〈沙石集〉訳 礼に背くことをせず、**非道**をしない、これが賢者である。

発展「むだう」とも。

ぶ-たう【無道】ー形容動詞〔ニ・ノ〕人の道に背いている。道理にはずれている。**色をも香をも知らぬ無道の女と思ひ知り、遂にこれをば訪はざりけり。**〈義経記〉訳（佐藤忠信は、この女を）物の情趣を解さない**道理にはずれている**女だと悟って、（その後）決してこの女のもとを訪れなかった。

ふたが・る【塞がる】動詞 自〔ラ四段〕〈ら・り・る・る・れ・れ〉❶ふさがる。詰まる。**鼻の中ふたがりて、息も出でがたかりければ**…。〈徒然草・42・唐橋中将〉訳 鼻の中が**ふさがって**、息も出にくかったので…。❷（胸が）いっぱいになる。沈んだ気分になる。**胸もふたがりながら、御舟に乗りたまひぬ。**〈源氏・須磨〉訳（別れの悲しさで）胸も**いっぱいになった**まま、（源氏は）お船にお乗りになった。❸陰陽道で、悪い方角に当たる。★方塞がりになる。

ふた・ぐ【塞ぐ】一動詞 他〔ガ四段〕〈が・ぎ・ぐ・ぐ・げ・げ〉❶ふたをする。覆う。ふさぐ。閉じる。「**耳をふたぎて念仏して、つひに往生を遂げけり。**」〈徒然草・49・老い来たりて〉訳「耳を**ふさいで**念仏して、ついに往生を遂げた。」❷韻塞ぎ（＝古人の詩の韻字を隠して、それが何かを当てる遊び）をする。また、（その遊びで）韻字を隠す。**ふたぎもてゆくままに、難き韻の文字どもいと多くて**…。〈源氏・賢木〉訳 **韻字を隠し**ていくうちに、難しい韻の文字などがたいへん多くて…。二動詞 他〔ガ下二段〕〈げ・げ・ぐ・ぐる・ぐれ・げよ〉ふさぐ。妨げる。通れなくする。また、いっぱいにする。「**今参う上りける道に、ふたげられて滞りゐたるなるべし。**」〈源氏・蜻蛉〉訳「ただいま参上していた道の途中で、**通れなくされて**とどまっていたのであるに違いない。」

ふた-ごころ【二心・弐心】名詞 ❶同時に二通りの相反する心を持つこと。浮気心。❷主君に背く心。裏切ろうとする心。

ふだ-さし【札差】名詞 江戸時代、★旗本や★御家人の代理として預かった★扶持米を売りさばいて現金に換え、その手数料を取った商人。また、後には、それを抵当にして武士相手の金貸しもした金融機関のひとつ。発展「札」は蔵米の受け取り手形のことで、これを割り竹に挟んで米俵に差したことから。

ふた-つ【二つ】一名詞 ❶数の名。二。❷（順序の）二番目。❸（年齢の）二歳。二副詞 二度。再び。重ねて。

ふたつ-ぎぬ【二つ衣】名詞 ★袿や★衵などの室内服を二枚重ねて着たもの。二枚重ね。**練貫の二つ衣に白き袴を着たまへり。**〈平家・9・小宰相身投〉訳（小宰相は）練貫（＝生糸と練り糸による絹織物）の**二枚重ね**（の室内服）に白いはかまをお召しになっていた。

ふたつ-な・し【二つ無し】連語 ふたつとない。たぐいない。この上ない。**皆人々、嫗、翁、額に手を当てて喜ぶこと、二つなし。**〈土佐日記・二月六日〉訳 人々はみな、おばあさんも、おじいさんも、額に手を当てて喜ぶことといったら、**この上ない。**

二つの動作の並行 国語・国文法 二つの動作が同時に進行していくこと、すなわち二つの動作の並行を表すことを基本の用法とする語が、接続助詞の「ながら」である。動詞の連用形の下に付いて、次の例のように別の動作との並行を表す。「食ひ**ながら**、文をも読みけり。」（＝食べ**ながら**、経文をも読んだ。）同じく接続助詞「つつ」も動作の並行を示す場合もあるが、「つつ」は、ひとつの動作の反復・継続を表す方が基本の用法である。

ふたつ-もじ【二つ文字】名詞 平仮名の「こ」の字。

ふたつもじ…歌 **二つ文字牛の角文字直な文字ゆがみ文字とぞ君は覚ゆる**〈徒然草・62・延政門院〉訳 二つに分かれた文字（＝こ）形がウシの角に似ている文字（＝い、または、ひ）真っすぐな文字（＝し）ゆがんだ文字（＝く）と、父君のことは思われます。〇「とぞ」は格助詞＋係助詞で、「と」の示す内容を強調する。発展 まだ幼かった延政門院が父の後嵯峨院に贈った歌。文字を、その形から表現し、「恋しく」という思いを伝える。

部立 文芸用語 歌集で、歌を主題によって分類し、それぞれの部にまとめること。また、その部および部類名をいう。『万葉集』には、★雑歌・★相聞・★挽歌の三大部立があり、『古今集』では、春夏秋冬の四季の歌のほか、恋歌・雑歌などに細かく分類されている。『古今集』の分類方法は、以降、歌集の部立の基本となった。

ふた-ば【二葉】名詞 ❶草木が芽を出したばかりのときの、二枚の葉。❷（❶の意味から）幼いころ。幼時。また、物事の始め。

ふた-ふた 副詞 ぱたぱた。ばたばた。**扇ふたふたと使ひ、懐紙さし入れて**…。〈枕草子・63・暁に〉訳 扇を**ぱたぱた**と使い、懐紙も（懐中に）入れて…。発展 多く「と」を伴って用いる。

ふた-へ【二重】ー名詞 ❶二つ重なること。また、そのもの。❷年老いて腰が曲がること。

ふた-ま【二間】名詞 ❶柱と柱との間が二つあること。柱三本の間。また、柱の間が二つある部屋。❷清涼殿の東廂にある部屋のひとつ。天皇守護の祈禱をする僧が

夜間詰める部屋。↓ビジュアルチェック⑫（715ページ）
発展 ❷は、南北の柱の間が二つあることから。

二見の浦（ふたみのうら） 歌枕 ①今の三重県伊勢市二見町の海岸。②今の兵庫県豊岡市城崎町、円山川の河口付近。③今の兵庫県明石市二見町の海岸。
発展 このうちのどれに当たるか不明な歌も多い。

ふため・か・す 動詞 他〈サ四段〉〈さ・し・す・す・せ・せ〉ばたばたさせる。**羽をふためかして惑ふほどに**…。〈宇治拾遺〉訳 羽を**ばたばたさせて**うろたえていたときに…。

ふため・く 動詞 自〈カ四段〉〈か・き・く・く・け・け〉❶ばたばたと騒ぐ。**慌てふためき、走るともなく、倒るるともなく**…。〈平家・3・足摺〉訳 慌てて**ばたばたと騒ぎ**、走るのでもなく、倒れるのでもなく…。
❷ばたばたと音を立てる。**大雁どもふためき合へる中に法師交じりて**…。〈徒然草・162・遍照寺〉訳 大きなガンどもが**ばたばたと音を立て**合っている中に僧が交じって…。
発展「めく」は接尾語。

ふた-ゆ・く【二行く】 動詞 自〈カ四段〉〈か・き・く・く・け・け〉❶二度通う。二度繰り返す。**うつせみの世やもふたゆく何すとか妹に逢はずて吾がひとり寝む** 歌〈万葉集・4・733〉訳 人生は**二度繰り返す**だろうか、いや、決してそんなことはない。（それなのに）どうしてあなたに逢わないで、私はひとりで寝ていようか、いや、寝ていられない。〇「うつせみの」は「世」に係る枕詞。
❷（心が）両方に通う。ふたまたをかける。**沼二つ通は鳥が巣吾が心ふたゆくなもとなよ思はりそね** 歌〈万葉集・14・3526〉訳 沼二つに通う鳥の巣（の ように）私の心が**両方に通う**ようだなどと思わないでいてくれ。

ふだらく【補陀落】 名詞《仏教語》インドの南海岸にある、観音が住むという山。補陀落山。発展 日本では観音信仰の広まりとともに、各地で観音の霊地にこの名が付けられ信仰された。特に、熊野（＝和歌山県）の那智では、補陀落を目指して海に小舟をこぎ出す「補陀落渡海」が行われた。

◆**ふたりゆけど**… 歌
二人行けど行き過ぎかたき秋山をいかにか君がひとり越ゆらむ〈万葉集・2・106・大伯皇女〉訳 二人で行っても、いつも（寂しくて）越えにくい秋山を、どのようにしてあの人が一人で越えているのだろうか。〇「らむ」は現在推量を表す助動詞の連体形で、「か」の結び。
発展 弟の大津皇子の身の上を心配して詠んだ歌。

ふ-だん【不断】 形容動詞〔ナリ・ノ〕絶え間がない。**不断の御読経の声々、あはれ増さりけり**。〈紫式部日記〉訳（中宮の安産を祈るための）**絶え間がない**読経の（僧たちの）声も、（いっそう）しみじみとした趣が増す（ように感じられる）ことだった。

ふ-だん【不断】 副詞 いつも。日ごろ。**美女美景なればとて、不断見るには必ずあくこと身に覚えて**…。〈西鶴・好色一代女〉訳 きれいな女や美しい景色だからといって、**いつも**見ていては必ず飽きることが実際に分かってきて…。

ふだん-かう【不断香】 ー 名詞（仏前などで）絶え間なくたき続ける香。

ふだん-ぎゃう【不断経】 ー 名詞《仏教語》昼夜絶え間なく読経すること。特に、死者の冥福や安産などを祈って一定の期間、大般若経・最勝王経・★法華経などを唱えること。また、その経。

ふち【淵】 名詞 水がよどんで深くなっている所。対 瀬

ふ-ち【扶持】 ㊀ 名詞 動詞 他〈サ変〉〈せ・し・す・する・すれ・せよ〉❶助けること。世話すること。助力。❷米などの俸禄を与えて、臣下として召し抱えること。主従関係を結ぶこと。
㊁ 名詞「★扶持米」の略。
発展「扶」は助ける、「持」は保つという意味。

ふぢ【藤】 名詞 ❶《植物》マメ科のつる性落葉木。フジ。季語 春 ❷染め色のひとつ。藤色。❸「★藤襲」の略。❹「★藤衣❷」の略。

ふぢ-がさね【藤襲】 ー 名詞 ★襲の色目のひとつ。表は薄紫、裏は青。また、裏は萌葱という説、あるいは、表は紫で裏は薄紫という説もある。季語 春

ふぢ-ごろも【藤衣】 ー 名詞 ❶フジのつるやクズの繊維で織った衣服。丈夫だが織り目が粗く粗末な、庶民用の衣服。転じて、粗末な衣服。季語 春 ❷喪服。アサで作った喪服。発展 和歌では、織り目の粗いことから「間遠」を、衣が馴れるという意味から「馴れる」を、衣を織ることから「折れる」を導く序詞になることがある。

ふち-せ【淵瀬】 名詞 ❶淵（＝川の深い所）と瀬（＝川の浅い所）。❷世の中や人事が変わりやすいことのたとえ。❸（多く「淵瀬も知らず」の形で）物事のよしあし。分別。また、物事の機微。
「**幼き子に文を取らせて、淵瀬も知らせず責めさするは、かしこきわざかな**。」〈宇津保〉訳「幼い子供に恋文を持たせて、**物事のよしあし**も教えず（返事をもらってこいと）強要させることは、（強引で）ひどいことだね。」

ふぢ-つぼ【藤壺】 ー 名詞 宮中の殿舎のうち、後宮五舎の一つ。★飛香舎の別の呼び名。清涼殿の北、弘徽殿の西にあり、后や女御が住む。↓ビジュアルチェック⑫（715ページ）・⑯（759ページ）発展 壺（＝中庭）にフジが植えてあることから。

ふぢ-なみ【藤波・藤浪】 ー 名詞 ❶フジの花が風になびくようすを波に見立てたことば。転じて、フジの花。季語 春 ❷藤原氏。また、その一門の呼び名。

ふぢ-の-おんぞ【藤の御衣】 ー「★藤衣❷」を敬った言い方。

ふぢ-の-ころも【藤の衣】 ー ↓ふぢごろも

ふぢ-ばかま【藤袴】 ー 名詞 ❶《植物》キク科の多年草。芳香があり、秋に薄紫の花を付ける。秋の七草の一つ。フジバカマ。香草。季語 秋 ❷★襲の色目のひとつ。表裏とも紫。

ふち-まい【扶持米】 名詞 主君から臣下に給与として支給される米。米で支給される給与。

ふ-ぢゃう・なり【不定なり】 ー 形容動詞〔ナリ・ノ〕〈なら・なり（に）・なり・なる・なれ・なれ〉❶定まらない。不確かだ。**人の心不定なり。物皆幻化なり**。〈徒然草・91・赤舌日〉訳 人の心は**定まらない**。すべての物は幻で仮の姿である。
❷意外だ。**何にかあらんと見るに、「をのこどもまうで来たり。」といへば、「不定のことかな。」といふ程に**…。〈宇治拾遺〉訳 何であろうかと見ていると、「家来たちが（お迎えに）やって参りました。」と言うので、「**意外な**ことだね。」と言ううちに…。

ふ・つ【捨つ・棄つ】 動詞 他〔タ下二段〕〈て・て・つ・つる・つれ・てよ〉捨てる。**この水、熱湯にたぎりぬれば、湯ふてつ。**〈大和・149〉訳 この水が、熱湯に(なって)煮えたったので、(その)湯を**捨てた**。

ぶっ-かく【仏閣】 名詞 寺の建物。寺。

ふっ-き【富貴】 名詞 動詞 形容動詞 ↓ふうき

ふ-づき【文月・七月】 名詞 ↓ふみづき

ふ-づくえ【文机】 名詞 ↓ふみづくえ

ふつく・む【憤む・恚む】 動詞 自〔マ四段〕〈ま・み・む・む・め・め〉怒る。腹を立てる。憤慨する。

ぶっ-くわ【仏果】 名詞《仏教語》仏道修行をして、悟りや成仏という結果を得ること。また、その悟りや成仏。

ぶつ-じ【仏事】 名詞 仏教の儀式。法事。法要。法会。

ぶっ-し【仏師】 名詞 仏像を作る職人。仏工。発展「ぶし」とも。

ぶっ-しゃう【仏性】 名詞《仏教語》すべての生き物が本来持っているとされる、仏になることができる性質。

ぶっ-しゃう-ゑ【仏生会】 名詞 ↓くわんぶつゑ

ぶっ-しゃり【仏舎利】 名詞《仏教語》釈迦の遺骨。仏の骨。

ぶっ-さう・なり【物忩なり】 形容動詞〔ナリ〕〈なら・なり(に)・なり・なる・なれ・なれ〉❶騒がしい。落ち着かない。**また、人多くなりぬれば物忩になり、すべて一座の思ふやうならざるなり。**〈筑波問答〉訳 (連歌の会は、人数が少なくてもよくないし)また、人数が多くなると**騒がしく**なって、何かにつけて皆の思うようにならないものである。❷そそっかしい。軽率だ。**余りに物忩なりければ、「ひた騒ぎの智運房」とぞ人申しける。**〈沙石集〉訳 あまりにも**そそっかしかった**ので、「大あわて者の智運房」と人がうわさ申し上げた。❸危険だ。

仏足石歌 文芸用語 上代の歌謡。仏足石(=釈迦の足跡の形を刻んだ、礼拝の対象とされた石)のわきに置く石碑に刻んだ、仏を賛美する歌。奈良薬師寺の仏足石歌碑に刻まれた二十一首が現存する。五・七・五・七・七・七音の六句からなり「仏足石歌体」と呼ばれる。

ぶつ-だ【仏陀】 名詞 正しい悟りを得た者。仏。特に、釈迦。発展「ぶっだ」とも。

ふつつか・なり【不束なり】

太くて丈夫なようす。転じて、情緒や思慮に欠けるようす

❶**太くて丈夫だ。どっしりしている。** ◉もっぱら中古に用いられた基本となる意味。
❷**不格好である。ぶしつけだ。下品だ。** ◉中世以降、中心となる意味。
❸**軽はずみだ。思慮が浅い。**
❹**気が利かない。不調法だ。** ◉近世以降の用法。

形容動詞〔ナリ〕	未然形	連用形	終止形	連体形	已然形	命令形
	ふつつか・なら	ふつつか・なり ふつつか・に	ふつつか・なり	ふつつか・なる	ふつつか・なれ	(ふつつか・なれ)

❶**太くて丈夫だ。どっしりしている。しっかりしている。**「**されど、頼もしげなく、頸細しとて、ふつつかなる後ろ見まうけて、かくあなづりたまふなめり。**」〈源氏・帚木〉訳「けれど、(私は)頼りになりそうもなく、首が細い(青二才)ということで、(空蟬は)**太くて丈夫な**世話役(=伊予介)を置いて、こうして(私を)ばかになさるのであるようだ。」〇源氏は自分に体力や生活力がないことを「頸細し」という比喩で表し、対照的に頑丈そうな体で生活力のある伊予介のようすを「ふつつかなり」と嫌みに表現している。このような意味はもっぱら中古に用いられた。

❷**不格好である。ぶしつけだ。下品だ。不器用だ。** 竹の中に家鳩といふ鳥の**ふつつかに鳴くを聞きたまひて…。**〈源氏・夕顔〉訳 タケ(の林)の中でイエバトという鳥が(野太く)**不器用に**鳴くのを(源氏は)お聞きになって…。

❸**軽はずみだ。軽率だ。思慮が浅い。** 不幸に愁へに沈める人の、頭下ろしなど、**ふつつかに思ひ取りたるにはあらで…**。〈徒然草・5・不幸に〉訳 不幸に(あって)深い悲しみに沈んでいる人が、頭髪をそって出家するなど、**軽率に**決意したのではなくて…。

❹《近世以降》**気が利かない。不調法だ。** 田舎にもあれほど**ふつつかなるはまたあるまじ。**〈西鶴・好色一代女〉訳 田舎でもあれぐらい**不調法な**のはほかにいないだろう。

発展 ①**どっしりしたようすを表す語**　「太束」の変化したものといわれ、もともとは❶の太くて丈夫であり、どっしりしたようすを表す。何も手を加えていない自然のままの、野性的なようすで、初めは素朴で頼りがいのある感じを表すことばであった。

②**美意識に反する語へ**　平安時代の優美・繊細を基調とする美意識から見ると、太くて強いものは趣に欠ける、美しくない、と受け止められた。そこから、❷の不格好なようすや、❸の軽はずみなようすを表すようになり、その後は、近世から現代に至るまで否定的な意味合いで用いられるようになった。↓古語チャート❸(67ページ)

ぶつ-だう【仏道】 名詞 仏の説いた、悟りへの道。成仏のための教え。仏教。

ふつつか・なり【不束なり】 形容動詞 ↓最重要語(1079ページ)

ふっつ-と 副詞 ❶(物を断つ音を表し)ぷっつりと。❷(打消の語を伴って)決して。「**執心の深い恐ろしいものぢやによって、この後はふっつと釣っらしますな。**」〈狂言・釣狐〉訳「(キツネは)執念深い恐ろしいものなのだから、今後は**決して**捕まえますな。」

ふっつり 副詞 ❶(物が切れる音を表し)ぷっつり。❷(断ち切ったり、途絶えたりするようすを表し)ぷっつり。さっぱり。きっぱり。発展 多く「と」を伴って用いる。

ふっ-と 副詞 ↓ふと(副詞)

ふっ-と 副詞 ❶(物を勢いよく断ち切ったり、貫いたりするようすを表し)ぷつりと。すっぱりと。**打ち刀を抜き、薩摩の守の右の腕を肘の本よりふっと斬り落とす。**〈平家・9・忠度最期〉訳 つばを付けた長い刀を抜き、薩摩の守の右の腕を肘の付け根から**すっぱりと**切り落とす。

❷（急に笑ったり、吹いたりするようすを表し）ぷっと。**ふっと吹き出すばかりなり。**〈近松・蟬丸〉訳（おかしくてたまらず）**ぷっと**吹き出すほどである。

ぶつ-ど【仏土】名詞 仏の住む国。浄土。発展「ぶつど」とも。

ふつ-に 副詞（打消の語を伴って）まったく。少しも。決して。**人の声あり。すなはち驚きて求むるに、ふつに見ゆる所なし。**〈日本書紀〉訳（海上に）人の声がする。そこで驚いて捜し求めるけれど、**まったく**（人の姿が）見える所はない。

ふつ-ふつ 副詞 ❶（勢いよく、またいくつにも物を断ち切る音やようすを表し）ぶつぶつ。ぷつぷつ。**馬の足にかかりたる大綱どもをばふつふつと打ち切り打ち切り…。**〈平家・9・宇治川先陣〉訳ウマの足にひっかかったたくさんの大綱を**ぷつぷつ**と切ってはまた切って…。

❷（鳥の羽ばたく音を表し）ばたばた。ぱたぱた。**ふつふつと飛びて帰るを見れば、鴛の雌なりけり。**〈沙石集〉訳**ばたばた**と飛んで帰るのを見ると、オシドリの雌であった。

❸（思い切るようすを表し）きっぱり。すっかり。「**御自分には似合はずかるたわざ、ふつふつとやめたまへ。**」〈鹿の巻筆〉訳「あなたには似合わないカルタ遊びは、**きっぱり**とおやめなさい。」

発展 多く「と」を伴って用いる。

ぶっ-ぽふ【仏法】名詞 仏の説いた教え。仏が人を教え導く教法。仏道。対王法

ぶっ-ぽふ-そう【仏法僧】名詞 ❶仏教で三つの宝とするもの。仏と経典と僧。類三宝 ❷《動物》ブッポウソウ科の鳥。コノハズク。鳴き声が「ブッポウソウ」と聞こえることから名付けられた。季語夏

ぶつ-みゃう【仏名】名詞《仏教語》❶仏の名。↓名号 ❷（「仏名会」の略で）陰暦十二月十九日から三日間、清涼殿や諸国の寺院で行われた法会。僧が三世（＝過去・現在・未来）の諸仏の名号を唱え、一年の罪を懺悔してその消滅を願った。季語冬

ぶつ-めつ【仏滅】名詞 ❶釈迦が死ぬこと。類入滅・涅槃 ❷「★仏滅日」の略。

ぶつめつ-にち【仏滅日】名詞 陰暦の六曜日の一つ。何事にも凶とされる日。婚礼などの祝い事はこの日を避けて行われる。

ぶつり-そしつ【仏籬祖室】名詞《仏教語》仏門。仏道。特に、禅門。発展「仏陀の籬（＝垣根）」の内の「祖師（＝禅宗の開祖、達磨大師）の室（＝部屋）」という意味から。

ふで【筆】名詞 ❶字や絵を書く道具。❷書くこと。また、書いたもの。筆跡。文字。**言ひたきままに語りなして、筆にも書きとどめぬれば…。**〈徒然草・73・世に語り伝ふること〉訳言いたいままにそれらしく話して、**文字**にも書きとどめてしまうと…。

発展「文手」の変化したことば。

ふ-でう・なり【不調なり】形容動詞［ナリ］〈なら・なり（に）・なり・なる・なれ・なれ〉❶整わない。不出来だ。「**いとふでうなる娘まうけはべりて、もてわづらひはべりぬ。**」〈源氏・野分〉訳「まったく**不出来な**娘（＝近江の君）をつくりまして、ほとほともてあましてしまいました。」

❷思わしくない。**鎮西に、ある国の地頭、世間ふでうにして、所領をわかち売りけるを…。**〈沙石集〉訳鎮西（＝今の九州地方）で、ある国の地頭が、暮らし向きが**思わしくなく**て、領地を切り売りしたところ…。

ふ-てうはふ【不調法】名詞 間違い。「**幾重にも私の不調法でござる。**」〈狂言・鐘の音〉訳「かえすがえすも私の**間違い**でございます。」

ぶ-てうはふ・な【不調法な】形容動詞［口語化］行き届かない。下手だ。「**いや、私は舞はつうと不調法でござるによって、許させられてくだされい。**」〈狂言・二人袴〉訳「いや、私は舞はまったく**下手で**ございますので、どうかお許しになってください。」

ふで-すさみ【筆荒み】名詞 ↓ふでのすさび

ふで-づかひ【筆遣ひ】名詞 筆の遣い方。筆の運び方。また、書いたものの趣。書風。

ふで-の-あと【筆の跡】書いた文字。筆跡。

ふで-の-しり-と・る【筆の尻取る】（字・詩歌・文章などを）手を取って指導する。「**侍従こそ取り直すべかめれ、また筆の尻取る博士ぞなかべき。**」〈源氏・末摘花〉訳「（いつもなら姫君の歌を）侍従が直すはずのようだが、（今回は）ほかに**手を取って指導する**先生がいないに違いない。」

ふで-の-すさび【筆の荒び】くつろいで気の向くままに書くこと。また、その書いたもの。発展「ふでのすさみ」とも。

ふで-やう【筆様】名詞 筆遣い。書風。書き方。

ふ-てん【普天】名詞 天が残すところなく覆っている所。天下。全世界。発展「普」は、広く行き渡るという意味。

ふと【太】造語 大きい、立派な、尊い、などの意味を表す。語例 太祝詞・太敷く

ふ-と【浮屠・浮図】名詞《仏教語》❶仏陀。仏。❷僧。僧侶。❸塔。仏塔。卒塔婆。

ふ-と 副詞 ❶たやすく。簡単に。無造作に。**すずろに「歌詠め。」とのたまひければ、ふと詠みたりける。**〈大和・86〉訳なにげなしに「歌を詠め。」とおっしゃったので、**たやすく**詠んでしまった。

❷（動作の素早いようすを表し）さっと。ぱっと。**ふと天の羽衣うち着せたてまつりつれば…。**〈竹取・かぐや姫の昇天〉訳（天人が）**さっと**天の羽衣を（かぐや姫に）着せて差し上げたところ…。

❸（思いがけないようすを表し）不意に。急に。ひょいと。**急ぎてとらへて折らむとするほどに、ふと過ぎて外れたるこそ…。**〈枕草子・223・五月ばかりなどに〉訳（牛車で進む道の木の枝を）急いでつかんで折ろうとするうちに、**ひょいと**（牛車が）行き過ぎて（手から）離れたのは…。

ふ-どう【不動】名詞 ↓ふどうみゃうわう

ふどう-そん【不動尊】名詞 ↓ふどうみゃうわう

武道伝来記［ブダウ］作品名 江戸前期の浮世草子。井原西鶴（↓必修古典ビッグ30 ❷158ジペ）作。副題「諸国敵討」。武家社会における多様な敵討ちを描いた三十二話の短編集。一六八七（貞享四）年刊。

ふどう-みゃうわう【不動明王】名詞《仏教語》五大明王の一つで、その主

［ふどうみゃうわう］

尊。一般に憤怒の相を表し、右手に降魔の剣、左手に衆生を救う羂索(=縄)を持ち、炎を背にして座っている。一切の悪魔や煩悩を取り除くと考えられた。平安時代以降、密教や修験道などであがめられ、民間でも厚い信仰を集めた。発展「不動」「不動尊」とも。

風土記【風土記】作品名 奈良前期の地誌。国々の産物、農地の状態、地名の由来、古老の伝える古伝承や珍しい話などを報告したもの。播磨・常陸・出雲・肥前・豊後の五か国のものが現存する。七一三(和銅六)年に、元明天皇が諸国に命じて撰進させた。

ふところ【懐】名詞 ❶着物の胸の辺りの内側。胸と着物の間。❷(山などに)周囲を囲まれた所。

ふところ-がみ【懐紙】名詞 懐中に入れておく紙。ちり紙にしたり、和歌などを書きとめたりする。類 畳紙

ふところ-で【懐手】名詞 ❶手を自分の懐に入れていること。季語 冬 ❷働かないでいること。また、手を出さないで見ていること。傍観。

ふと-し【太し】形容詞〔ク〕〈く・し・き・けれ・○／から・かり・○・かる・○・かれ〉❶太い。太っている。❷(心や気持ちが)落ち着いてどっしりしている。(悪い意味で)ずうずうしい。

真木柱太き心はありしかどこの我が心鎮めかねつも 歌〈万葉集・2・190〉訳(以前は)**落ち着いてどっしりした**心はあったのに、(今は)この自分の悲しみを押さえきれないことだ。〇「真木柱」は「太」に係る枕詞。

❸《歌論用語》(作風がたくましくて)堂々としている。「**春、夏は太く大きに、秋、冬は細くからび、恋、旅は艶に優しく仕うまつれ。**」〈無名抄・会歌姿分事〉訳「春、夏の歌は**堂々として**雄大に、秋、冬の歌は繊細微妙で枯れた感じに、恋、旅の歌は優美で風情あるようにお詠みいたせ。」

ふと-し・く【太敷く】動詞 他〔カ四段〕〈か・き・く・く・け・け〉❶(宮殿などの柱を)しっかり立てる。

山背の鹿脊山のまに宮柱太敷きまつり… 歌〈万葉集・6・1050〉訳 山城(=今の京都府南部)の鹿背山のほとりに宮殿の柱を**しっかりお立て**申し上げ…。

❷立派に統括する。

かむながら神さびせすと太敷かす都を置きて… 歌〈万葉集・1・45〉訳 神として厳かになさろうということで**立派に統治**なさる都を置いて…。

発展「ふと」は造語成分。

ふと-しも 連語(打消の語を伴って)すぐには。急には。簡単には。

蔵人思ひ染めたる人の、ふとしもえならぬが…。〈枕草子・5・四月、祭りのころ〉訳 蔵人(になる願い)を心に深く染み込ませている人で、**すぐには**なれそうもない人が…。

発展 副詞「ふと」+副助詞「しも」。

ふと-し・る【太知る】動詞 →ふとしく

ふと-たかし・く【太高敷く】動詞 →ふとしく

ふ-どの【文殿】名詞 ❶書籍などを納めておく所。書庫。❷院の庁(=上皇・女院が政務を執る役所)などで、文書類を保管した所。後には、そこで所領関係の訴訟を決裁した。→**ビジュアルチェック**⑮(757ページ) 発展「ふみどの」が変化したことば。

ふと-ばし【太箸】名詞 ヤナギで作った太い箸。正月、雑煮を食べるときに用いる。季語 春

ふと-り【太織】名詞 太い粗末な絹糸で織った丈夫な絹織物。発展「ふとおり」が変化したことば。

ふな-いくさ【船軍】名詞 ❶軍船に乗った軍勢。水軍。海軍。❷船に乗り、水上で戦うこと。海戦。

ふな-がく【船楽】名詞 船中で音楽を演奏すること。また、その音楽。

ふな-ぎほ・ふ【船競ふ】動詞 自〔ハ四段〕〈は・ひ・ふ・ふ・へ・へ〉船をこぐ競争をする。

船ぎほふ堀江の川の水際に来居つつ鳴くは都鳥かも 歌〈万葉集・20・4462〉訳 **船をこぐ競争をする**堀江の川の水際に、あちこちに来て止まって鳴くのは都鳥(=ユリカモメあるいはミヤコドリか)だろうか。

ふな-ぎみ【船君】名詞 船客のうちの長である人。

ふな-こ【船子・舟子】名詞 かじ取りの指示に従って船をこぐ人。水夫。船員。

ふな-ぞろへ【船揃へ】名詞 多くの船、特に、軍船がそろって出航の準備をすること。

ふな-ぢ【船路】名詞 船の通る道。航路。また、船旅。対 徒歩路

ふな-つ【船津】名詞 船が停泊する所。港。船着き場。

ふな-はし【船橋】名詞 船を横につなぎ並べ、その上に板を渡して橋にしたもの。浮き橋。

ふな-ばた【船端・舷】名詞 船の縁。船べり。

ふな-はて【船泊て】名詞 船が、港に停泊すること。

ふな-びと【船人】名詞 ❶船頭。船員。❷船に乗り合わせている人。船客。

ふな-みち【船路】名詞 →ふなぢ

ふな-やかた【船屋形】名詞 船の上に造り付けた屋根のある部屋。

ふな-よそひ【船装ひ】名詞 船出の準備。

ふな-ゑひ【船酔ひ】名詞 ふなよい。

ふ-にん【補任】名詞 動詞 自〔サ変〕〈せ・し・す・する・すれ・せよ〉官職に任命すること。発展「ぶにん」とも。

ぶ-にん【夫人】名詞 天皇に仕える女性で、皇后・妃に次ぐ位の人。発展「ふにん」とも。→**古語チャート**⑮(463ページ)

ふね【船・舟・槽】名詞 ❶水上用の乗り物。❷箱形の入れ物。液体を入れる桶や水槽。また、ウマの飼い葉桶・棺桶など。

ふ-ばこ【文箱】名詞 →ふみばこ

ふ-ばさみ【文挟み】名詞 →ふみばさみ

ふはのせき【不破の関】地名 →不破の関(ふわのせき)

ふ-びと【史】名詞 ❶古代、朝廷で文書を読み、記録することを職とした人。書記官。★主典の古い呼び名。❷古代の★姓のひとつ。発展「ふみひと」が変化したことば。❷は、❶を役職としたことから。その多くは阿直岐・王仁などの渡来人の子孫であった。

ふ-びやう【風病】名詞 風邪。

ふ-びん・なり【不便なり・不憫なり】

具合が悪いという意味からその状態の人を哀れに思ったり、いとしく思ったりする気持ち

❶**具合が悪い。困る。**
❷**かわいそうである。気の毒である。**
❸**かわいい。いとおしい。**

未然形	連用形	終止形	連体形	已然形	命令形
ふびん・なら	ふびん・なり ふびん・に	ふびん・なり	ふびん・なる	ふびん・なれ	ふびん・なれ

形容動詞〔ナリ・ノ〕❶**具合が悪い。不都合だ。困る。** 類便無し 「男は、上戸、一つの興のことにすれど、過ぎぬるはいと**ふびんなる折はべりや**。」〈大鏡・道隆〉訳「男というものは、酒がたくさん飲めることを、ひとつの趣あることとするけれども、度を超してしまうのはたいへん**具合が悪い**場合もございますよ。」

❷**かわいそうである。気の毒である。** 類便無し 「言ひ置くべきことあらんかし。**ふびんのことなり**。」〈宇治拾遺〉訳「（業遠朝臣は死ぬ前に）言い残しておかなければならないこともあっただろうなあ。**気の毒なこと**である。」○「ふびんの」は「ふびんなり」の語幹に格助詞「の」が付いた形で、形容動詞の語幹用法のひとつ。

❸**かわいい。いとおしい。可憐だ。** 「いと**ふびんなる人柄**、仲忠の朝臣と等しくなむ、かたち、心、身の才はべる。」〈宇津保〉訳「（涼は）たいへん**可憐な人柄**で、仲忠朝臣と同じぐらいに、顔形、気立て、才能がございます。」

発展 ①**❶〜❸の意味の展開** 「便（＝都合・便宜）」がないという意味でできたことば。❶の不都合であるというのがもともとの意味で、そういう状態にある人を哀れに思うことから❷の意味、その人をいとおしく思うことから❸の意味も生じた。

②**類型の広がり** ❸は、多く「ふびんにす」の形で、かわいがるという意味で用いられることが多い。また、中世末期ごろからは、「ふびんにす」と同じ意味で「ふびんを加ふ・ふびんを掛く」という言い方も現れた。この場合の「ふびん」は名詞になったものと考えられる。

ふびんに-す【不便にす】かわいがる。めんどうを見る。「**慈鎮和尚、一芸ある者をば下部までも召し置きて、ふびんにせさせたまひければ**…。」〈徒然草・226・後鳥羽院の御時〉訳慈鎮和尚は、一芸に秀でた者は下層階級の者までも召しかかえて、**かわいがって**おいでになっていたので…。

ふ-ぶ・く【吹雪く】動詞 自〔カ四段〕〈か・き・く・く・け・け〉（雨や雪を伴った風が）激しく吹く。「**雨風いみじく降りふぶく**。」〈蜻蛉日記〉訳雨と風がひどく**激しく降ったり吹いたり**する。

ふ-ぶくろ【文袋・布袋】名詞 手紙や書類などを入れ、運ぶのに使った袋。アサなどで作った。発展「ふみぶくろ」の変化したことば。

ふ-ふ・む【含む】一 動詞 自〔マ四段〕〈ま・み・む・む・め・め〉内部に潜む。（花や葉が）まだつぼんだままである。類含む 「**梅の花咲けるが中にふふめるは恋ひやこもれる雪を待つとか**」歌〈万葉集・19・4283〉訳ウメの花が咲いている中に（つぼみが）**内部に潜んで**いるのは、恋い焦がれて引っ込んでいるのか、（それとも）雪を待っているのか。

二 動詞 他〔マ四段〕〈ま・み・む・む・め・め〉内部に含み持つ。（口の）中に入れる。含む。類含む

ぶ-ほうこう【不奉公】名詞 動詞 自〔サ変〕〈せ・し・す・する・すれ・せよ〉まじめに主人に仕えないこと。「**あすは出勤をするかと思へども、日に増し不奉公がたび重なる**。」〈狂言・武悪〉訳「明日は勤めに出てくるかと思うけれど、日に日に**まじめに主人に仕えないこと**が多くなってくる。」

ふみ【文・書】

書物や手紙など、広く文字で書かれたもの

- ❶文書。書物。
- ❷手紙。消息。書状。
- ❸漢詩。
- ❹学問。特に、漢学。

名詞 ❶**文書。書物。** 「かかることは**文**にも見えず、伝へたる教へもなし。」〈徒然草・53・これも仁和寺の法師〉訳「このようなこと（＝頭にかぶった釜が取れなくなったこと）は（医学の）**書物**にも見えないし、受け継いでいる教えにもない。」

❷**手紙。消息。書状。** 「菊の気色ばめる枝に、濃き青鈍の紙なる**文**付けて、差し置きて往にけり。」〈源氏・葵〉訳キクの（開花の）兆しが見えている枝に、濃い★青鈍の紙である**手紙**を付けて、（どこからの使者が黙って）置いて行ってしまった。

❸**漢詩。** 「唐土には限りなきものにて、**文**にも作る、なほさりともやうあらむ…。」〈枕草子・37・木の花は〉訳（ナシの花を）中国ではこの上ないものとして、**漢詩**にも詠むのは、やはり（日本では）そうである（＝評判が悪い）としても理由があるのだろう…。

❹（「文の道」などの形で）**学問。特に、漢学。** ◉「文の道」という場合はこの意味。「御**文**の師にてむつましくおぼす文章博士召して、願文作らせたまふ。」〈源氏・夕顔〉訳ご**学問**の先生で親しくお思いになっている★文章博士を（源氏は）お呼びになって、（亡き夕顔のために阿弥陀仏への）願いを記す文をお作らせになる。

発展 ①**語の歴史** 「文」の字音「ふん」が「ふみ」と変化したことばといわれ、文字で書かれたものを広く指す。上代では❶❷の意味で用いられ、中古以降は、文字といえば主に「漢字」を指したことから、❸❹をも表すようになった。

②**意味の区別** 『枕草子』や『源氏物語』などに見られる「**文作る**」（名詞形は「★文作り」）という表現は「漢詩を作る」という意味である。近世では「**文（を）付ける**」（名詞形は「文付け」「付け文」）という表現で「恋文を送る」という意味で用いられることが多かった。なお、「**文の道**」といえば、「学問の道」または「文学の道」を指す。

❷**ふまえる**（現）↓（古）**ふまふ**【踏まふ】

ふま・ふ【踏まふ】動詞 他〔ハ下二段〕〈へ・へ・ふ・ふる・ふれ・へよ〉❶踏みつける。❷根拠として押さえる。支配する。❸思案する。

ふみ【文・書】名詞 ↓最重要語（1082ページ）

ふみ-あ・く【踏み開く】動詞 他〔カ下二段〕〈け・け・く・くる・くれ・けよ〉踏んで道をつける。歩いて道を作る。「童べの**踏み開けたる**築泥の崩れより通ひけり。」〈伊勢・5〉訳子供たちが**踏んで道をつけた**土塀の崩れた所から通っていたのだった。

ふみ-がき【文書き】名詞 手紙などの書きぶり。

ふみ-がら【文殻】名詞 読み終えて、用の済んだ手紙。古手紙。

ふみ-くく・む【踏み含む】動詞 他〔マ四段〕〈ま・み・む・む・め・め〉（袴などを）裾長にはいて足を包む。足を中へ押し込む。足を隠してはく。

白き大口踏みくくみ…〈平家・2・小教訓〉訳 白い裾口の広い下袴を**足を隠してはき**…。

ふみ-ことば【文言葉・文詞】名詞 手紙や文章などに用いることば。書きことば。文章用語。

ふみ-しだ・く【踏みしだく】動詞 他〔カ四段〕〈か・き・く・く・け・け〉踏みにじる。踏み散らす。踏み荒らす。そこはかとなき水の流れどもを**踏みしだく**駒の足音も…。〈源氏・橋姫〉訳 そこにあるとも気づきにくい水の流れを何本も**踏み散らす**ウマの足音も…。

ふみ-すか・す【踏み透かす】動詞 他〔サ四段〕〈さ・し・す・す・せ・せ〉鐙に置いた足を踏ん張って開き、鐙とウマの腹との間を離す。

ふみ-たが・ふ【踏み違ふ】動詞 他〔ハ下二段〕〈へ・へ・ふ・ふる・ふれ・へよ〉❶(道を)間違える。終に路**踏みたがへて**、石の巻といふ湊に出づ。〈奥の細道・石巻〉訳 とうとう道を**間違えて**、石の巻という港に出る。❷足の踏み場所を誤る。踏み間違える。

ふみ-た・つ【踏み立つ】動詞 他〔タ下二段〕〈て・て・つ・つる・つれ・てよ〉❶地面を踏み鳴らして追い立てる。狩り立てる。夕狩りに千鳥**踏み立て追ふごとに**…歌〈万葉集・17・4011〉訳 夕方の狩りで数多くの鳥を**狩り立てて**追うごとに…。❷足を踏みしめて立つ。「わづらひはべりて、はかばかしく**踏み立つることもはべらず**…。」〈源氏・若菜下〉訳「(足の)病気になりまして、しっかりと**足を踏みしめて立つ**こともございませんで…。」

ふみ-ちら・す【踏み散らす】動詞 他〔サ四段〕〈さ・し・す・す・せ・せ〉❶踏み荒らす。「この雪の山いみじうまぼりて、童部などに**踏み散らさせず**…。」〈枕草子・87・職の御曹司におはしますころ、西の廂にて〉訳「この雪で作った山をしっかり見張って、子供たちなどに**踏み荒らさせないで**…。」❷(＊指貫や袴などの)裾を左右に蹴り広げる。薄二藍、青鈍の指貫など、**踏み散らしてゐためり**。〈枕草子・33・説経の講師は〉訳 薄い紅がかった紫色や、青みを帯びた薄墨色の指貫などを、**裾を左右に蹴り広げて**座っているようだ。

ふみ-づき【文月・七月】名詞 陰暦七月の別の呼び名。季語 秋 発展「ふづき」「ふんづき」とも。

ふみづきや… 句 文月や六日も常の夜には似ず〈奥の細道・越後路・松尾芭蕉〉訳 陰暦七月だなあ。今日六日は七夕の前夜だと思うと、なんだかいつもの夜とは違って感じられるよ。〇季語 文月―秋

発展 七夕を明日に控えて華やいだ気配の中の秋の到来を詠む。同時期に作った句(↓あらうみや…)参照。

ふみ-づくえ【文机】名詞 書物を置き、読書や書き物をするための机。発展「ふづくえ」とも。

[ふみづくえ]

ふみ-つくり【文作り】名詞 漢詩を作ること。また、その人。

ふみ-とど・む【踏み留む】動詞 他〔マ下二段〕〈め・め・む・むる・むれ・めよ〉歩みを止める。踏み留める。

ふみ-とどろか・す【踏み轟かす】動詞 他〔サ四段〕〈さ・し・す・す・せ・せ〉踏みしめて大きな音を立てる。大きな音で踏み鳴らす。**踏みとどろかす**唐臼の音も、枕上とおぼゆる…。〈源氏・夕顔〉訳 **大きな音で踏み鳴らす**(隣家の)唐臼の音も、枕もと(でしているもの)と思われるのだが…。

ふみ-なら・す【踏み均す】動詞 他〔サ四段〕〈さ・し・す・す・せ・せ〉足で踏んで平らにする。大宮人の**踏みならし**通ひし道は馬も行かず人も行かねば荒れにけるかも 歌〈万葉集・6・1047〉訳 宮中に仕える人が**足で踏んで平らにして**行き来した道は、(遷都された今では)ウマも通らず人も通らないので、荒れてしまったことだなあ。

発展 道が平らになるほど足で踏むことから、結果として、その道に人の行き来が多いという意味を含んで用いられる。

ふみ-なら・す【踏み鳴らす】動詞 他〔サ四段〕〈さ・し・す・す・せ・せ〉踏んで鳴り響かせる。足音を立てる。物の、足音ひしひしと**踏み鳴らしつつ**…。〈源氏・夕顔〉訳 怪しいものが、足音をみしみしと**踏んで鳴り響かせ**ながら…。

ふみ-ぬ・く【踏み抜く】動詞 他〔カ四段〕〈か・き・く・く・け・け〉❶踏んで穴をあける。直土に足**踏み抜き**…歌〈万葉集・13・3295〉訳 地面にじかに足を**踏んで穴をあけて**…。❷(踏んで足に)突き通す。よく見れば足に大きなるくひを**踏み抜きたり**。〈今昔〉訳 よく見ると足に大きな切り株を**突き通して**いた。

ふみ-ぬ・く【踏み脱く】動詞 他〔カ四段〕〈か・き・く・く・け・け〉足で踏んで脱ぐ。足げにして脱ぎ捨てる。穿沓を脱き棄つるごとく**踏み脱きて**…歌〈万葉集・5・800〉訳 穴があいた靴を脱ぎ捨てるように**足で踏んで脱いで**…。発展 後世には「ふみぬぐ」。

ふみ-の-つかさ 名詞 ↓づしょれう・ふんのつかさ

ふみ-ばこ【文箱】名詞 ❶手紙を入れてやり取りしたり、しまっておいたりする箱。❷書物を入れて背負う箱。発展「ふばこ」「ふんばこ」とも。

[ふみばこ❶]

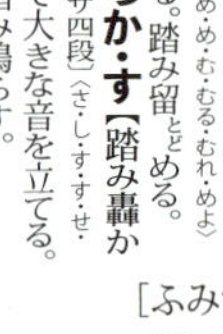

ふみ-ばさみ【文挟み】名詞 文書を挟んで身分の高い人に差し出すための白木の杖。長さは約一・五メートルで、先端に文書を挟むためのくちばしのような形の金具が付いている。発展「ふばさみ」「ふんばさみ」とも。

ふみ-はじめ【書始め】名詞 天皇・皇太子・親王などが、七、八歳のころ、初めて書物(＝漢籍)の講義を受ける儀式。発展「読書始め」とも。

ふみ-ひと【史】名詞 ↓ふびと

ふみ-まど・ふ【踏み惑ふ】動詞 自〔ハ四段〕〈は・ひ・ふ・ふ・へ・へ〉行き迷う。道に迷う。さまよう。法の師と尋ぬる道をしるべにて思はぬ山に**踏みまどふ**かな 歌〈源氏・夢浮橋〉訳 ↓のりのしと…

ふみ-まよ・ふ【踏み迷ふ】動詞 ↓ふみまどふ

ふみ-わ・く【踏み分く】動詞 他〔カ下二段〕〈け・け・く・くる・くれ・けよ〉踏んで分け入る。み吉野の山の白雪**踏み分けて**入りにし人のおとづれもせぬ 歌〈古今集・冬・327〉訳 吉野山の白雪を**踏んで分け**入って仏門に入ってしまったあの人が、便りもしてこないことだ。

ふ・む【踏む・践む】動詞 他〔マ四段〕〈ま・み・む・む・め・め〉❶足の

下にする。足を乗せる。
❷踏み歩く。行く。進む。通る。**気力いささか取り直し、道縦横に踏んで伊達の大木戸を越す。**〈奥の細道・飯塚〉訳気力を少し持ち直し、道を勝手気ままに**踏み歩いて**伊達の大木戸(＝今の福島県の地名)を越える。
❸(地位に)就く。昇進する。**天子位をふむ先蹤、和漢かくのごとし。**〈平家・4・厳島御幸〉訳天皇が位に**就く**先例は、日本も中国もこのとおりである。
❹調子をつけて足踏みする。また、舞う。**一文字をだに知らぬ者しが、足は十文字に踏みてぞ遊ぶ。**〈土佐日記・十二月二十四日〉訳それこそ一という文字をさえ知らない者が、(酔っ払って、その)足は十という文字に(なるように)**調子をつけて足踏みをして**(踊って)楽しむ。
❺足で探す。足で探って取る。
❻評価する。値段を見積もる。

ぶ-め・く 動詞 自〔カ四段〕〈か・き・く・く・け・け〉(アブやハチなどが)ぶんぶんと羽音を立てる。**虻一つぶめきて、顔のめぐりにあるを…。**〈宇治拾遺〉訳アブが一匹**ぶんぶん音を立てて**、顔の周囲に(飛んで)いるのを…。
発展「ぶ」は擬声語。「めく」は接尾語。

ぶ-も【父母】 名詞 父と母。ふぼ。

ぶ-やう【無恙】 名詞 つつがないこと。無事。発展「むやう」とも。

ふゆ【冬】 名詞 四季の一つ。陰暦では十月から十二月。二十四節気では立冬から立春の前日まで。→古語チャート⑳(767ページ)

ふゆ-がれ【冬枯れ】 名詞 冬に、草や木の葉が枯れること。冬の寒々しいようす。季語 冬
冬枯れの野辺と我が身を思ひせばもえてもはるを待たましものを 歌〈古今集・恋5・791〉訳**冬枯れ**の野と自分のことを思ったとしたら、野火が燃え上がるように情熱を燃やしてでも、草がもえて芽を張る季節を待つように、春の訪れを待つであろうのに。

ふゆくさ-の【冬草の】 枕詞 (冬草は「枯る(＝枯れる)」ことから、同音の)「離る」に係る。

ふゆこだち…句
冬木立月骨髄に入る夜かな〈井華集・高井几董〉訳すっかり葉を落とした冬の木立は寒々としている。鋭くさえわたった月の冷たい光が骨髄に染み入るような夜であるよ。○季語 冬木立―冬
発展 骨身に染みるようすを「骨髄に入る」と表現したところに、冬の冷え切った空気に対する実感がこもる。

ふゆ-ごもり【冬籠り】 一 名詞 冬の寒い時期、家にこもっていること。また、動植物が活動をやめること。季語 冬
二 枕詞「春」「張る」などに係る。発展 上代には「ふゆこもり」とも。

ふゆ-ざれ【冬ざれ】 名詞 冬の、荒れ果てても寂しい情景や風物。季語 冬

ふゆ-た・つ【冬立つ】 冬になる。立冬になる。**今日ぞ冬立つ日なりけるもしるく、うちしぐれて、空の気色いとあはれなり。**〈源氏・夕顔〉訳今日は**冬になる**日であったことが(空に)はっきりと現れ、時雨が降って、空のようすがとてもしみじみとしている。

ふゆながら…歌
冬ながら空より花の散りくるは雲のあなたは春にやあるらむ〈古今集・冬・330・清原深養父〉訳(まだ)冬なのに空から花が散ってくるのは、雲の向こう側は(もう)春であるからではなかろうか。○「ながら」は接尾語。「にや」は断定の助動詞「なり」の連用形＋係助詞で、疑問を表す。
発展 降る雪を散る花に見立て、雲の上に思いをはせて、冬と春のふたつの世界を描き出す。

冬の日 作品名 江戸前期の俳諧撰集。山本荷兮編。『★俳諧七部集』の第一集。芭蕉の指導のもとに尾張蕉門が催した歌仙五巻を収める。★蕉風の成立を告げる画期的な作品とされる。一六八四(貞享元)年成立。

ふ-よう【芙蓉】 名詞《植物》❶ハスの花の中国風の呼び名。❷アオイ科の落葉低木。夏から秋にかけて、薄桃色、または白色の花を付ける。季語 秋

ぶ-よう【武勇】 名詞 強く勇ましいこと。ぶゆう。

ふ-よう・なり【不用なり】 形容動詞〔ナリ〕〈なら・なり(に)・なり・なる・なれ・なれ〉❶無駄だ。不要だ。**『さらに不用なりけり。』とて、御草子に夾算さしておほとのごもりぬるも、まためでたしかし。**」〈枕草子・23・清涼殿の丑寅の〉訳「『まったく**無駄であった**のだなあ。』ということで、(帝は)ご本にしおりをはさんでお休みになってしまわれたのも、また(仲むつまじくて)すばらしいよ。」
❷乱暴で手に負えない。「**余りに不用にさうらひしかば、幼少より西国の方へ追ひ下してさうらふが…。**」〈保元〉訳「(源為朝は)あまりにも**乱暴で手に負えなく**てございましたので、幼少のころから西国の方へ追いやってございますが…。」
❸不用心だ。危険だ。「**この路必ず不用のこと有り。恙なう送りまゐらせて、仕合したり。**」と、喜びて別れぬ。〈奥の細道・尿前の関〉訳「この道では必ず**危険な**ことがある。(今日は)無事にお送り申し上げ(ることができ)て、幸運に感じた。」と、(道案内の男が)喜んで別れ(て行っ)た。
発展 ❷は、「ぶよう」とも。

ぶらく-ゐん【豊楽院】 名詞 ★大内裏のうち、八省院の西にある一区画。主に宴会場として用いられ、★節会や★大嘗祭などが行われた。正殿を豊楽殿という。→ビジュアルチェック⑮(757ページ)

ふり【振り・風】 一 名詞 ❶動作。身振り。❷容姿。なりふり。❸それらしいようすをすること。素振り。❹(歌舞伎や舞踊などの)しぐさ。所作。❺ゆがみ。ずれ。❻(「振り袖」の略で)丈を長くし、わきの下を縫わない袖。また、その袖を付けた着物。転じて、振り袖を着る年ごろの若い女性。
二 助数詞 刀剣を数えることば。

-ぶり 接尾語 ❶(名詞に付いて)…のようす、…のような、という意味を表す。語例 手ぶり ❷(名詞に付いて)民謡などの歌や曲の性質を表す。語例 ますらをぶり・鄙ぶり(＝田舎風)

ふり-あか・す【降り明かす】 動詞 自〔サ四段〕〈さ・し・す・す・せ・せ〉明け方まで降り続く。**九月ばかり、夜一夜降り明かしつる雨の、今朝はやみて…。**〈枕草子・130・九月ばかり〉訳九月ごろ、一晩中明け方まで**降り続いた**雨が、今朝はやんで…。

ふり-い・づ【振り出づ】 動詞 自〔ダ下二段〕〈で・で・づ・づる・づれ・でよ〉❶振り捨てて出て行く。**振り出でて行かむこともあはれにて…。**〈源氏・末摘花〉訳(姫君を)**振り捨てて出て行ったり**することもか

わいそうなので…。
❷声高く鳴き出す。
鈴虫の**振り出でたる程**、はなやかにをかし。〈源氏・鈴虫〉訳スズムシが**声高く鳴き出し**たようすは、華やかで趣深い。
❸紅を水に振り出して染める。
鹿の音はいくらばかりの紅ぞ**振り出づる**からに山の染むらむ 歌〈大和・127〉訳シカの鳴き声にはどれくらいの紅が(溶かして)あるのだ。**紅を水に振り出して染める**ように、(シカが)声高く鳴き出すと同時に山が紅葉するようだ。○この例のように、和歌では多く❷の意味と掛けて用いられる。

ふーりう【風流】名詞 →ふうりう

ふりーうづ・む【降り埋む】動詞 他〔マ四段〕〈ま・み・む・む・め・め〉(雪や木の葉などが)降り積もって埋め隠す。
卒塔婆も苔むし、木の葉**降りうづみて**…。〈徒然草・30・人の亡き後ばかり〉訳*卒塔婆もコケが生え、木の葉が**降り積もって物を埋め隠して**…。

ふりーお・く【降り置く】動詞 自〔カ四段〕〈か・き・く・く・け・け〉(雪などが)降り積もる。
梅が枝に**降り置ける**雪を春近み目の打ち付けに花かとぞ見る 歌〈後撰集・497〉訳ウメの枝に**降り積もって**いる雪を、春が近いので目の錯覚で花ではないかと見ることだ。

ふりーおこ・す【振り起こす】動詞 他〔サ四段〕〈さ・し・す・す・せ・せ〉❶振り動かして引き起こす。振り立てる。
ますらをの弓末**振り起こし**射つる矢を後見む人は語り継ぐがね 歌〈万葉集・3・364〉訳勇ましい男が弓の端を**振り動かして引き起こして**射た矢を後で見たりする人は語り継いでほしい。
❷奮い起こす。奮起させる。奮い立てる。
ますらをの心**振り起こし**取り装ひ門出をすれば… 歌〈万葉集・20・4398〉訳(防人として派遣される)兵士が心を**奮い起こし**、支度をして出発するので…。

ふりーか・く【振り掛く】動詞 他〔カ下二段〕〈け・け・く・くる・くれ・けよ〉(髪を)顔に覆いかける。
振りかくべき髪の覚えさへあやしからむと思ふに…。〈枕草子・184・宮に初めて参りたるころ〉訳(初めての宮仕えで恥ずかしいので)**顔に覆いかける**はずの髪の感じまで見苦しいだろうと思うにつけ…。

ふりーがた・し【旧り難し】形容詞〔ク〉〈く・く・し・き・けれ・○／から・かり・○・かる・○・かれ〉❶昔のままで変わらない。
いとはなやかに好ましげに見ゆるを、「さも**ふりがたう**も。」と、心づきなく見たまふものから…。〈源氏・紅葉賀〉訳(源典侍が)まことに華やかで色気たっぷりに見えるのを、(源氏は)「いかにも**昔のままで変わらない**ことだ。」と、いやらしいとご覧になるものの…。○「ふりがたう」は連用形「ふりがたく」のウ音便。
❷いつまでも心に残って忘れがたい。
里におはしまさまほしくおぼしめせど、帝も后も**ふりがたき**ものに思しきこえさせたまふものから…。〈栄花〉訳(為平親王は)里にいらっしゃりたいとお思いになるけれど、天皇も皇后も**いつまでも心に残って忘れがたい**ものにお思い申し上げなさるために…。

ふりーくら・す【降り暮らす】動詞 自〔サ四段〕〈さ・し・す・す・せ・せ〉(雨や雪が)日暮れまで降り続く。
冬になりて、日暮らし雨**降り暮らい**たる夜…。〈更級日記・子忍びの森〉訳冬になって、一日中雨が**日暮れまで降り続い**た夜…。○「降り暮らい」は連用形「降り暮らし」のイ音便。

ふりーこ・む【降り籠む】動詞 他〔マ下二段〕〈め・め・む・むる・むれ・めよ〉(雨や雪が人を)屋内に閉じ込める。
「雪に**降りこめられたり**。」といふを題にて、歌ありけり。〈伊勢・85〉訳「雪のために**屋内に閉じ込められた**。」ということを題として、歌を詠んだ。

ふりーさ・く【振り放く】動詞 他〔カ下二段〕〈け・け・く・くる・くれ・けよ〉はるか遠くを仰ぎ見る。振り仰ぐ。
振りさけて三日月見れば一目見し人の眉引き思ほゆるかも 歌〈万葉集・6・994〉訳→ふりさけて…
発展「さく」は視線を遠くに放つことを表す。

ふりさけて… 歌
振り放けて三日月見れば一目見し人の眉引き思ほゆるかも〈万葉集・6・994・大伴家持〉訳振り仰いで三日月を見ると、一目見た(あの)人の(美しい)眉の形が思い出されることだなあ。○「見れば」の「ば」は順接の確定条件を表す接続助詞。「眉引き」は、まゆ墨で描いた眉。
発展三日月と女性の細い眉を重ね合わせて詠む。

ふりさけ・みる【振り放け見る】動詞 他〔マ上一段〕〈み・み・み・みる・みれ・みよ〉はるかに遠くを仰ぎ見る。
天の原**ふりさけ見れ**ば春日なる三笠の山に出でし月かも 百人一首〈古今集・羇旅・406〉訳→あまのはら…

ふりーしき・る【降り頻る】動詞 自〔ラ四段〕〈ら・り・る・る・れ・れ〉絶え間なく降る。
梅の花咲き散り過ぎぬしかすがに白雪庭に**降りしきり**つつ 歌〈万葉集・10・1834〉訳ウメの花は咲いて(すっかり)散り終わってしまった。しかしながら、白雪は庭に**絶え間なく降っている**ことよ。

ふりーしーく【降り頻く】動詞 →ふりしきる

ふりーし・く【降り敷く】動詞 自〔カ四段〕〈か・き・く・く・け・け〉一面に降る。
沫雪のほどろほどろに**降り敷け**ば奈良の都し思ほゆるかも 歌〈万葉集・8・1639〉訳→あわゆきの…

ふり・す【旧りす】動詞 自〔サ変〕〈せ・し・す・する・すれ・せよ〉古くなる。古びる。
「いで、その**ふりせ**ぬあだけこそは、いとうしろめたけれ。」〈源氏・若菜上〉訳「さて、その**古び**ない(源氏の)好色な心だけは、非常に気がかりである。」
発展上二段動詞「ふる」の連用形＋サ変動詞「す」が一語になったもの。多く、打消の語を伴って用いる。

ふりーす・つ【振り捨つ】動詞 他〔タ下二段〕〈て・て・つ・つる・つれ・てよ〉冷たく見捨てる。置き去りにする。
「などか、いくばくもはべるまじき身を**振り捨てて**、かうはおぼしなりにける。」〈源氏・柏木〉訳「どうして、(これから先の命が)あまりありそうにもございません私を**冷たく見捨てて**、(あなたは)このように(=出家しようと)お思いになってしまったのか。」

ふりーそぼ・つ【降り濡つ】動詞 自〔タ四段〕〈た・ち・つ・つ・て・て〉びしょぬれになるほどに降る。
初時雨曇りもあへず**降りそほち**… 歌〈蜻蛉日記〉訳初時雨が、曇るか曇らないかのうちに**びしょぬれになるほどに降り**…。

ふりーた・つ【振り立つ】動詞 他〔タ下二段〕〈て・て・つ・つる・つれ・てよ〉❶勢いよく立てる。
大舟にかし**振り立て**て浜清き麻里布の浦に宿りかせまし 歌〈万葉集・15・3632〉訳大舟に舟をつなぐための杭を(海中の砂地に)**勢いよく立てて**、浜の清らかな麻里布の海辺に宿泊したらよいだろうか。

❷声を張り上げる。大きな音を立てる。夏山に恋しき人や入りにけむ声振り立てて鳴くほととぎす 歌〈古今集・夏・158〉訳夏山に恋しい人は入って行ってしまったのだろうか。声を張り上げて鳴くホトトギスよ。
❸大きく振る。

ふり・づ【振り出】ふりず 動詞 ➡ふりいづ

ふり-つ・む【降り積む】動詞 自〔マ四段〕〈ま・み・む・む・め・め〉(雪などが)降り積もる。
火たき屋の上に降り積みたるもめづらしうをかし。〈枕草子・184・宮に初めて参りたるころ〉訳かがり火などをたいて見張っている小屋の(屋根の)上に(雪が)降り積もっているのもすばらしく趣がある。

ふり-のこ・す【降り残す】動詞 他〔サ四段〕〈さ・し・す・す・せ・せ〉(雨などが)その場所だけ降らないでいる。
五月雨の降りのこしてや光堂 句〈奥の細道・平泉・芭蕉〉訳➡さみだれの…

ふり-は・つ【旧り果つ・古り果つ】動詞 自〔タ下二段〕〈て・て・つ・つる・つれ・てよ〉すっかり年を取る。すっかり古びてしまう。
晴れ曇り時雨は定めなきものをふり果てぬるは我が身なりけり 歌〈新古今集・冬・586〉訳晴れたり曇ったりして、時雨は(降ったりやんだり)定まらないのに、(まだ降り終わっていない時雨と違って)すっかり年を取ってしまったのは、私自身であることだ。〇「ふり」は「降り」と「古り」との掛詞。

ふり-はな・る【振り離る】動詞 自〔ラ下二段〕〈れ・れ・る・るる・るれ・れよ〉きっぱりと離れる。
「**思へど、怪しう、人に似ぬ心強さにても振り離れぬるかな。**」〈源氏・夕顔〉訳「(どう)考えてみても、不思議なことには、(普通の女の)人とは似ていない強情さで(空蝉がこの私から)きっぱりと離れてしまったものだなあ。」

ふり-は・ふ【振り延ふ】は(ほ)う 動詞 自〔ハ下二段〕〈へ・へ・ふ・ふる・ふれ・へよ〉わざわざ…する。ことさら…する。せっかく…する。
「**振りはへさせたまへるに、聞こえさせむ方なくなむ。**」〈源氏・若紫〉訳「(手紙を)わざわざお書きくださったのに、(返事を)申し上げたりする方法もなくて(失礼しました)。」

ふり-はへ【振り延へ】はえ ―

困難を顧みずわざわざ移動するようす ― わざわざ。

副詞 (移動を表す動詞を伴って)わざわざ。ことさらに。
かかる心ばへにて、ふりはへ来たれど、我がむつましき従者もなし。〈大和・148〉訳(女は)このような(=別れた夫を見つけたいという)心積もりで、わざわざ(都から難波まで)やって来たけれど、自分が親しく使う従者もいない。
かく籠りゐたまへれば、聞き継ぎつつ、御訪ひにふりはへものしたまふ人もあり。〈源氏・総角〉訳(薫が)こうして(宇治に)引きこもっていらっしゃるので、それぞれに人から人へと伝え聞いては、お見舞いにわざわざ(都から)お越しになる方もある。〇「ものす」は「訪れる」という動作を婉曲に示す。

発展 ①語の成り立ち
下二段動詞「ふりはふ」の連用形が副詞になったもの。「ふりはへて」とも。
②「さしはへ」と「ふりはへ」
「ふりはへ」を修飾語として受ける動詞は、往来したり人を遣わしたりなど、ある距離を移動する、あるいは移動させる意味を表す動詞に限られる。類義の「さしはへ(て)」は、移動を伴わない動詞にも用いられる。また、「さしはへ」が単に、他の用事のついでとしてでなくわざわざその用事のために、という意味を表すのに対して、「ふりはへ」には、困難や遠路をも顧みないで、という意味が含まれる。
関連語 指し延ふ

ふりはへ-て【振り延へて】ふりはえ 副詞 ➡ふりはへ

ふり-ふ・ぶ・く【降り吹雪く】動詞 自〔カ四段〕〈か・き・く・く・け・け〉(風を伴って雨や雪が)激しく降ったり吹いたりする。横なぐりに降る。
それより立つほどに、雨風いみじく降りふぶく。〈蜻蛉日記〉訳そこから出発して行くうちに、雨と風がひどく激しく降ったり吹いたりする。

ふりふ-もんじ【不立文字】ふりゅう 名詞《仏教語》禅宗の教えで、悟りの境地は文字やことばでは表現できないもので、心から心へ直接伝えられるものであるということ。以心伝心。

ふり-まが・ふ【降り紛ふ】まが(ご)う ― 一 動詞 自〔ハ四段〕〈は・ひ・ふ・ふ・へ・へ〉入り交じって降る。また、激しく降る。
矢釣山木立も見えず降りまがふ雪に騒ける朝楽しも 歌〈万葉集・3・262〉訳矢釣山(=明日香に近い山)の木立も見えないほどに激しく降る雪に(人々が)はしゃいでいる朝は、楽しいことだ。
二 動詞 他〔ハ下二段〕〈へ・へ・ふ・ふる・ふれ・へよ〉激しく降って、他の物と見分けにくくする。
草も木も降りまがへたる雪もよに春待つ梅の花の香ぞする 歌〈新古今集・冬・684〉訳草も木も、激しく降って、他の物と見分けにくくしている雪の中に、春(が来るの)を待って咲くウメの花の香りがすることだ。

ふり-まさ・る【旧り増さる・古り増さる】動詞 自〔ラ四段〕〈ら・り・る・る・れ・れ〉ますます古くなる。ますます老いていく。
あらたまの年の終はりになるごとに雪も我が身もふり増さりつつ 歌〈古今集・冬・339〉訳年の終わりになるにつれて雪もますます降るが、私もますます老いていくことだ。〇「あらたまの」は「年」に係る枕詞。「ふり増さる」は「降り増さる」と「旧り増さる」の掛詞。

ふり-まさ・る【降り増さる】動詞 自〔ラ四段〕〈ら・り・る・る・れ・れ〉ますます降る。
まづ、いとせきがたき涙の雨のみ降り増されば…。〈源氏・幻〉訳(源氏が他の女性方を訪れるにつけ、亡き紫の上を思い出して)まず、とてもせき止めがたい涙の雨ばかりがますます降るので…。

ふり-みだ・る【降り乱る】動詞 自〔ラ下二段〕〈れ・れ・る・るる・るれ・れよ〉激しく降る。
雪にはかに降り乱れ、風など激しければ、御遊びとくやみぬ。〈源氏・浮舟〉訳雪が急に激しく降り、風なども強く吹くので、管絃のお遊びは早くに終わった。

ふり-み-ふらず-み【降りみ降らずみ】降ったり、降らなかったり。降ったり、やんだり。
今日しも時雨降りみ降らずみ、ひねもすに、この山いみじうおもしろきほどなり。〈蜻蛉日記〉訳今日はときおり(冷たい)雨が降ったり、やんだり、一日中、(紅葉の見ごろで)この山はたいへん趣深いようすである。
発展「み」は交互に繰り返されることを表す接尾語。

ぶ-りゃく【武略】名詞 戦略。戦術。

ふり-ゆ・く【旧り行く・古り行く】動詞 自〔カ四段〕〈か・き・く・く・け・け〉古くなっていく。年老いていく。
花誘ふあらしの庭の雪ならでふりゆくものはわが身なり

けり 百人一首〈新勅撰集・1052〉訳→はなさそふ…

ふ-りょ【不慮】 形容動詞〔ニ・ノ〕思いがけない。「武勇の家に生まれて、今**不慮**の恥にあはむこと、家のため身のため、心うかるべし。」〈平家・1・殿上闇討〉訳「武士の家系に生まれて、今**思いがけない**恥(＝闇討ちにあって殺されること)を受けることは、一族のため我が身のため、不本意なことに違いない。」

ふり-わけ【振り分け】 名詞 ❶物を二つに分けること。❷「振り分け髪」の略。

ふりわけ-がみ【振り分け髪】 名詞 八歳ごろまでの子供の髪型のひとつ。頭の中央から髪を左右に分けて垂らし、肩の辺りで切りそろえたもの。

[ふりわけがみ]

ふる【経る】 動詞ふ(経)の連体形。

ふ・る【旧る・古る】 動詞 →最重要語(1087ページ)

ふ・る【降る】 動詞 自〔ラ四段〕〈ら・り・る・る・れ・れ〉(雨や雪などが)空から落ちてくる。細かいものが上の方からたくさん落ちてくる。
朝ぼらけ有り明けの月と見るまでに吉野の里に降れる白雪 百人一首〈古今集・冬・332〉訳→あさぼらけ…
→古語チャート㉑(783ページ)

ふ・る【触る】

瞬間的に接触する
- 一 動詞 自〔ラ四段〕ちょっとさわる。触れる。
- 二 動詞 自〔ラ下二段〕
  - ❶ちょっとさわる。触れる。
  - ❷(男女が)なれ親しむ。
  - ❸箸をつける。
  - ❹関係する。(物事に)出会う。
- 三 動詞 他〔ラ下二段〕広く告げ知らせる。言い触らす。

ふ・る【旧る・古る】

長い年月がたつ
- ❶古くなる。
- ❷老いる。年を取る。
- ❸古くから縁がある。
- ❹(印象などが)薄れていく。

動詞 自〔ラ上二段〕

未然形	連用形	終止形	連体形	已然形	命令形
ふ・り	ふ・り	ふ・る	ふ・るる	ふ・るれ	ふ・りよ

❶**古くなる。年月がたつ。寂れる。**
青丹よし奈良の都はふりぬれどもと時鳥鳴かずあらなくに 歌〈万葉集・17・3919〉訳 奈良の都は**寂れて**しまったが、昔なじみのホトトギスは鳴いていないわけではないよ。〇「青丹よし」は「奈良」に係る枕詞。
「**垣などもみなふりて、苔生ひてなむ。**」〈枕草子・83・返る年の二月二十日余日〉訳「垣根などもすべて**古くなって**、コケが生えて(います)。」

❷**老いる。年を取る。**
「**今はかくふりぬる齢に、よろづのこと忘られはべりにけるを**…。」〈源氏・少女〉訳「(私は)今はこのように**年を取って**しまった年齢で、すべてのことを自然と忘れてしまいましたのに…。」

❸**古くから縁がある。昔なじみである。**
うつつにも夢にも我は思はずきふりたる君にここに会はむとは 歌〈万葉集・11・2601〉訳 現実にも夢にも私は思わなかった。**昔なじみであった**あなたにここで会おうとは。

❹(印象などが)**薄れていく。過去のものとなっていく。昔と変わる。**
二人の人の御心の内、ふりず悲しく…。〈源氏・蜻蛉〉訳(薫と匂宮の)二人のお心の中では、(浮舟の思い出が)**昔と変わらず**に悲しく…。〇「ふりず悲し」で、悲しみが消えないことをいっている。

発展 **語の歴史** 時がたつ意味を表す動詞「経」と関係あることばかともいわれるが、はっきりしない。古くなる・年月がたつ、という❶の意味から、時を経た結果としての❷以下の意味ができた。和歌では、多く「降る」に掛けて用いられる。

動詞 自〔ラ四段〕

未然形	連用形	終止形	連体形	已然形	命令形
ふ・ら	ふ・り	ふ・る	ふ・る	ふ・れ	ふ・れ

動詞 自〔ラ下二段〕 動詞 他〔ラ下二段〕

未然形	連用形	終止形	連体形	已然形	命令形
ふ・れ	ふ・れ	ふ・る	ふ・るる	ふ・るれ	ふ・れよ

一 動詞 自〔ラ四段〕《上代語》**ちょっとさわる。触れる。**
吾妹子に触るとはなしに荒磯廻に我が衣手はぬれにけるかも 歌〈万葉集・12・3163〉訳(旅に出ている私は)いとしい妻に**触れる**こともなくて、波の荒い海辺で私の袖ではぬれてしまったことだなあ。

二 動詞 自〔ラ下二段〕❶**ちょっとさわる。触れる。**
久しう手触れたまはぬ琴を、袋より取り出でたまひて…〈源氏・明石〉訳(源氏は)長い間手をお**触れ**にならない七弦の琴を、袋から取り出しなさって…。
❷(多く「肌ふる」の形で)(男女が)**なれ親しむ。契る。共寝する。**
馬柵ごし麦食む駒のはつはつに新肌触れし子ろしかなしも 歌〈万葉集・14・3537・ある本の歌〉訳 柵ごしにムギを食べるウマのように、ほんのわずかに、初めて**共寝し**たあの人がいとしいなあ。〇「馬柵ごし麦食む駒の」は「はつはつに」を導く序詞。
❸**箸をつける。少し食べる。**
朝餉の、気色ばかり触れさせたまひて…。〈源氏・桐壺〉訳(桐壺の更衣を亡くした悲しみで帝は)日常の食事を、ほんのちょっと**箸をつけ**なさるだけで…。
❹**関係する。かかわる。**(物事に)**出会う。**
「**そこらの人の誹り、恨みをも憚らせたまはず、この御ことに触れたることをば、道理をも失はせたまひ**…。」〈源氏・桐壺〉訳「(帝は)多くの人々の非難や、

恨みさえも気兼ねなさらないで、このお方(=桐壺の更衣)のことに**関係した**こととなると、物事の筋道をも見失いなさり…。」

三 動詞 他 〔ラ下二段〕 **広く告げ知らせる。言い触らす。伝えてまわる。**「**侍どもにその用意せよと触るべし。**」〈平家・2・教訓状〉訳「武士たちにその(=戦闘に備える)用意をしろと**伝えてまわる**がよい。」

ふ・る【震る】 動詞 自 〔ラ四段〕〈ら・り・る・る・れ・れ〉揺れ動く。震動する。**また、同じころかとよ、おびたたしく大地震ふることはべりき。**〈方丈記・大地震〉訳また、同じころだったろうか、激しく大きな地震が**揺れ動く**ことがありました。

ふ・る【振る】 動詞 他 〔ラ四段〕〈ら・り・る・る・れ・れ〉❶振り動かす。揺り動かす。振るう。

あかねさす紫野行き標野行き野守は見ずや君が袖振る 歌〈万葉集・1・20〉訳→あかねさす…

❷神体・神霊などを移す。

帝、この京に移らしめたまひては、また近く振りたてまつりて、大原野と申す。〈大鏡・道長上〉訳天皇が、この都(=平安京)に遷都なさってからは、また近くに**神体をお移し申し上げて**、大原野(神社)と申し上げる。

❸(多く、男女関係において)相手にしない。嫌う。

この男嫌うて振るにはあらず。〈西鶴・好色一代女〉訳この男を嫌って**相手にしない**のではない。

布留 歌枕 今の奈良県天理市石上町・布留町付近。布留川の上流を布留野という。和歌には「古」を掛け、古いものの象徴として用いられるほか、「降る」を掛けたものも多い。布留社(=石上神宮)がある。↓**ビジュアルチェック**㉕(1097ページ)

ふるいけや… 句

古池や蛙飛びこむ水の音〈春の日・松尾芭蕉〉訳手入れも何もしてない、見るからに古い池がある。そこにカエルが一匹飛び込んだ。その音が、ひっそりとしたあたりの静寂を破った。それほどに、静まりかえっている。○季語 蛙―春

発展 和歌では「蛙鳴く」と詠むところを「蛙飛ぶ」としたところが俳諧である。

ふるう (現)↓(歴)**ふるふ【震ふ】【振るふ】**

ふる-うた【古歌】 名詞 昔の人の詠んだ歌。古い時代の歌。古歌。

ふる-さと【古里・故郷】

過去の出来事や体験とつながる土地

❶**旧都。荒れてしまった土地。旧跡。**
❷**以前に住んでいた土地。なじみの土地。**
❸**生まれた土地。故郷。**
❹**自宅。我が家。**

名詞 ❶**旧都。荒れてしまった土地。旧跡。**

古里となりにし奈良の都にも色は変はらず花は咲きけり 歌〈古今集・春下・90〉訳**旧都**となって(荒れ果てて)しまった平城京にも、色(だけ)は変わらずに花が咲いたことだ。

❷**以前に住んでいた土地。なじみの土地。**

古里は散る紅葉にうづもれて軒のしのぶに秋風ぞ吹く 歌〈新古今集・秋下・533〉訳**以前に住んでいた土地**は散る紅葉の葉に埋もれて、昔を懐かしく思い出す手掛かりとなるノキシノブ(=シダ植物の一種)に秋風が吹くことだ。○「しのぶ」は、植物の「ノキシノブ」と「偲ぶ種(=昔を懐かしく思い出す手掛かりとなるもの)」の意味を掛けている。

❸**生まれた土地。故郷。**

古里の人の来たりて物語すとて…。〈徒然草・141・悲田院の尭蓮上人は〉訳(尭蓮上人の)**生まれた土地**の人がやって来て話をすると言って…。

❹**自宅。我が家。**

おのおの、古里に、心細げなる言伝てすべかめり。〈源氏・明石〉訳(都を離れた源氏のお供の者たちは)各自が、(都の)**自宅**に、いかにも頼りなく不安だといったようすの伝言をする(=頼んでいる)に違いないようである。

発展 **現代語との違い** 現代語ではもっぱら❸の生まれた土地の意味で用いられるが、上代には❶の旧都・旧跡の意味で用いられることが多かった。また、和歌では❶や❷の用例のように、衰えていくものに対する愛惜の気持ちを込めて使われることが多い。

歌。古歌。

ふるえる (現)↓(古)**ふるふ【震ふ】**

ふる-ごたち【古御達】 名詞 年配の女房たち。老女官。

ふる-こと【古言】 名詞 ❶昔のことば。古語。❷古い言い伝え。古い伝承。昔話。❸古い詩歌。発展「ふるごと」とも。

ふる-ごと【故事】 名詞 昔あった出来事。故事。「**笛の音にも故事は伝はるものなり。**」〈源氏・少女〉訳「(学問以外に)笛の音にも**昔のこと**は伝わっているものだ。」

ふる-ごゑ【古声】 名詞 昔のままの声。

ふる-さと【古里・故郷】 名詞 ↓**最重要語**(1088ページ)

ふるさとに… 歌

ふるさとに見し世の伴を恋ひわびてさへづることをたれか分くらむ〈源氏・松風〉訳ふるさとで付き合った親しい人々が懐かしくてたまらなくなって、(海女のおしゃべりのように)田舎びた琴を弾いているのをだれが(それと)分かってくれるだろうか。○「さへづる」は、聞きにくいことばでしゃべるという意味で、自分の弾く琴の音をたとえた。

発展 明石を出て京で暮らし始めた明石の君が、物思いに沈んで琴を弾きながら詠んだ歌。これに先立つ母の歌(↓みをかへて…)参照。

ふるさと-びと【故郷人】 名詞 故郷の人。昔なじみの人。

ふる・し【古し・旧し・故し】 形容詞 〔ク〕〈く・から・く・かり・し・き・かる・けれ・○・かれ〉❶遠い昔のことである。古い。

❷年を経ている。長く続いている。

古き者どもの、さもえ行き離るまじきは…。〈枕草子・25・すさまじきもの〉訳**年を経ている**者たちで、そうも(この家から)離れて(他家へ)行けそうもない者は…。

❸古くさい。珍しくない。

鶉鳴く古しと人は思へれど花橘のにほふこの宿 歌〈万葉集・17・3920〉訳ウズラが鳴いて**古くさい**と人は思っているけれど、タチバナの花が薫るこの宿であることよ。

ふる・す【旧す・古す】 動詞 他 〔サ四段〕〈さ・し・す・す・せ・せ〉使い古す。古くする。また、(古いものとして)見捨てる。飽きる。

語らはむ人なき里にほととぎすかひなかるべき声なふるしそ 歌〈蜻蛉日記〉訳話し相手になるような人もいない里に、ホトトギスよ、(鳴いても)むだに違いない声を

使い古すな。

ふる-つはもの【古兵】つわもの 名詞 実戦の経験が豊富で老練な武士。

ふるて-かひ【古手買ひ】かい 名詞 古着や古道具を売買すること。また、古物商。

ふる-とし【旧年】 名詞 ❶（新年から見て）過ぎた年。去年。季語 春 ❷（年内に立春があった場合）まだ改まらない年の内。年内。暮れの内。

🪭**ふるはたの…** 歌

古畑のそばの立つ木にゐる鳩の友呼ぶ声のすごき夕暮れ〈新古今集・雑中・1676・西行〉訳 荒れ果てた畑のがけに生えている立ち木に止まっているハトの仲間を呼ぶ声が、不気味に寂しい夕暮れだよ。○「そば」は切り立った斜面。「すごし」は、ぞっとするほど強い感じがするようす。

発展 荒涼とした山道にハトの声だけが響く夕暮れ時は、寂しいうえに、不気味でさえある。『山家集』にも見える。

ふる-ひと【古人・旧人】 名詞 ❶昔の人。亡くなった人。故人。

妹らがりいまきの嶺に茂り立つ夫まつの木は古人見けむ 歌〈万葉集・9・1795〉訳 妻のもとへ今来たという今木山の峰に、茂り立って待っているマツの木を**昔の人**も見たことだろう。○「いまき」は「今来」と地名「今木」の、「まつ」は「待つ」と「松」の掛詞。

❷老人。古老。

古人は、涙も留めあへず…。〈源氏・明石〉訳 **老人**（=明石の入道）は、涙も抑え切れないで…。

❸古参の人。以前からいる人。

❹昔なじみの人。

陽炎のそれかあらぬか春雨のふる人なれば袖ぞぬれぬる 歌〈古今集・恋4・731〉訳 陽炎のように、あるかないかのような（はかない逢瀬のあの人は）**昔なじみの人**なので、春雨がそぼ降るように袖は（涙で）ぬれてしまった。○「ふる人」の「ふる」は「（春雨が）降る」と「古」の掛詞。

❺古風な人。昔かたぎの人。

「**あやしき古人にこそあれ。**」〈源氏・行幸〉訳「珍しいほど**古風な人**であることよ。」

発展「ふるびと」とも。

ふる-ふ【震ふ】ふるう 動詞 自〔八四段〕〈は・ひ・ふ・ふ・へ・へ〉震える。わななく。揺れ動く。

「**わが出でたりつるを見て、持ちたりつる太刀をも落としつばかりこそ震ひつれ。**」〈今昔〉訳「私が出て来たのを見て、持っていた刀も落としてしまいそうなほど**震えていた**ことだ。」

ふる-ふ【振るふ】ふるう 動詞 他〔八四段〕〈は・ひ・ふ・ふ・へ・へ〉❶振る。揺り動かす。

座中居直り、袖など振るひ、前後を見れども、いよいよないに極まりける。〈西鶴諸国ばなし〉訳 一同姿勢を正し、（小判はどこへいったかと）袖などを**振り**、前後を探すけれども、確かに（どこにも）ないものとして決まった。

❷発揮する。（力・才能・物を）出し尽くす。

さしも日本一州に名を上げ、威を振るっし人なれども…。〈平家・6・入道死去〉訳（生前は）あれほど日本国中に名を高め、威勢を**発揮した**人であるけれども…。○「ふるっ」は連用形「ふるひ」の促音便。

ふる-ぶ【旧ぶ・古ぶ】 動詞 自〔バ上二段〕〈び・び・ぶ・ぶる・ぶれ・びよ〉古くさくなる。古風になる。

「**心ばせなどの古びたる方こそあれ、いと後ろ安き後ろ見ならむ。**」〈源氏・蓬生〉訳「（末摘花は）気立てなどが**古風になって**いるところはあるけれども、（娘たちの）たいそう安心できる世話役であろう。」

発展「ぶ」は接尾語。

ふる-ぶる・し【旧旧し・古古し】 形容詞〔シク〕〈しく・しく・し・しき・しけれ・○／しから・しかり・○・しかる・○・しかれ〉たいへん古い。ひどく年取っている。

いとさだ過ぎ、古々しき人の、髪などもわがにはあらねにや、所々わななきちりぼひて…。〈枕草子・83・返る年の二月二十日余日〉訳（私のように）とうに盛りを過ぎて、**ひどく年取っている**人が、髪が自分のものではないからであろうか、所々ちぢれてばらばらになって…。

ふる-へ【古家】え 名詞 古い家。また、もと住んでいた家。

発展「ふるいへ」の変化したことば。

ふるまう（現）→（歴）**ふるまふ【振る舞ふ】**

ふる-まひ【振る舞ひ】まい 名詞 ❶行動。動作。挙動。❷もてなし。接待。ごちそう。

ふる-ま・ふ【振る舞ふ】ま(も)う 一 動詞 自〔八四段〕〈は・ひ・ふ・ふ・へ・へ〉❶行動する。動作をする。

かけても、人の辺りに近う振る舞ふ者とも知りたまはざりけり。〈源氏・末摘花〉訳（古風な女房たちが）まったく、人（=姫君）のおそば近くで**行動する**者だとも（源氏は）ご存じなかった。

❷わざとらしく趣向を凝らす。気取る。

大方、振る舞ひて興あるよりも、興なくて安らかなるが勝りたることなり。〈徒然草・231・園の別当入道は〉訳 たいてい、**わざとらしく趣向を凝らして**おもしろみがあるのよりも、おもしろみがなくてもあっさりしているのが優れているのだ。

二 動詞 他〔八四段〕〈は・ひ・ふ・ふ・へ・へ〉もてなす。ごちそうする。

「**魚が橋の蕎麦ふるまひをさんに。**」〈雨月・菊花の約〉訳「魚が橋（=地名）の蕎麦を**ごちそうして**差し上げようと思うので。」

ふる-みや【古宮】 名詞 ❶古い宮殿。❷世間から忘れられた皇族。年老いた皇族。

ふる-めか・し【古めかし】 形容詞〔シク〕〈しく・しく・し・しき・しけれ・○／しから・しかり・○・しかる・○・しかれ〉❶古くさい。古風である。

「**所のさま、神さび古めかしかりつるほどよりはめやすきさまなめるかな。**」と見る。〈無名草子〉訳「その場のようすが、厳かで**古風であった**ようすよりは見た目に感じがよいようだなあ。」と見る。

❷年寄りくさい。

ふる-め・く【古めく】 動詞 自〔カ四段〕〈か・き・く・く・け・け〉❶古風に見える。古く見える。

「**幼くよりさる所に生ひ出でて、古めいたる親にのみ従ひたらむは。**」〈源氏・若紫〉訳「幼いころからそのような所（=明石の浦のような田舎）で育って、**古風に見えて**いる親にだけ従っているような娘は（やはり田舎じみているだろう）。」○「古めい」は連用形「古めき」のイ音便。

❷年寄りくさく見える。

いと古めきたる御けはひ、咳がちにおはす。〈源氏・朝顔〉訳（女五の宮は）とても**年寄りくさく見えて**いるごようすで、咳をしがちでいらっしゃる。

発展「めく」は接尾語。

ふる-ものがたり【古物語】 名詞 昔、作られた物語。昔話。また、思い出話。古典文学。

ふる-や【古屋】 名詞 古びた家。古い家。

ふるゆき-の【降る雪の】 枕詞（雪の白さや消えるという性質から）「白」、「消ゆ」や同音の「日」に、また（同音の繰り返しから)「行き」などに係る。

❷**ふれ【経れ】**動詞「ふ(経)」の已然形。

ふれ‐ば・ふ【触ればふ】｜ばう｜動詞 自〔八四段〕〈は・ひ・ふ・ふ・へ・へ〉触れる。親しく接する。関係を結ぶ。

「ことさらにも、**かの御辺りに触ればはせむに、などか覚えの劣らむ**。」〈源氏・行幸〉訳「わざわざ、あの方(=源氏)のおそばで**親しく接し**させようと思うのに、どうして評判が悪くなるだろうか、いや、そんなはずはない。」

❷**ふれる**(現)→(古)**ふる【触る】**

ふろ‐や【風呂屋】名詞 銭湯。湯屋。特に、湯女(=入浴客を接待する遊女)のいる湯屋。発展 もともとは蒸し風呂だったが、江戸初期に浴槽で湯につかるようになった。

不破の関【フワノ】歌枕 今の岐阜県不破郡関ヶ原町にあった関所。愛発の関・鈴鹿の関と並ぶ古代三関の一つ。★東山道の重要な関所であったが、七八九(延暦八)年に廃止された。和歌には「霞」「紅葉」などのほか、荒涼とした情景が多く詠まれた。↓**ビジュアルチェック**❶(194ページ)

ぶ‐ゐ【無為】｜い｜名詞 自然にまかせて何もしないこと。

ただ道士の術を学んで、**無為を業とし**、無事を事とす。〈太平記〉訳 ひたすら道教の術を学んで、**自然にまかせて何もしないこと**を常とし、人間が手を加えないことに没頭する。

ぶ‐ゐ・なり【無為なり】｜いなり｜形容動詞〔ナリ・ノ〕〈なら・なり(に)・なり・なる・なれ・なれ〉❶自然にまかせて何もしないままである。

無為に事出で来ば、我が親たちいかにおはせんと…。〈宇治拾遺〉訳 **自然にまかせて何もしないままで**事が起こったならば、私の親たちはどうなさることだろうと…。

❷何事もなく平穏だ。

「**無為なる人の家より出ださんこと、あるべきにあらず**。」〈宇治拾遺〉訳「**何事もなく平穏な**人の家から(葬儀を)出すようなことは、とんでもないことだ。」

ふん【分】名詞 江戸時代の銀貨の単位。一分は一匁の十分の一。発展「ぷん」「ぶん」とも。

ぶん【分】一 名詞 ❶分け前。割り当て。

おのれが分とて作りたるは、殊の外多く出で来たりければ…。〈宇治拾遺〉訳 自分の**分け前**として作ったもの(=田)は、意外に多く(米の)収穫があったので…。

❷身の程。分際。身分。

おのが分を知りて、及ばざる時は速やかに止むを智といふべし。〈徒然草・131・貧しき者は〉訳 自分自身の**身の程**を知って、達しないときはすぐさまやめるのを知恵(のある生き方)といってよい。

二 形式名詞 ❶仮にそれとすること。ふり。

「**なんと、親子の分にしようぢやあねえか**。」〈滑稽本・東海道中膝栗毛〉訳「どうだ、親子の**ふり**をしようじゃねえか。」

❷程度。くらい。ほど。

口食うて一杯に、雑煮祝うた分なり。〈西鶴・世間胸算用〉訳 食べるのに精一杯で、(元日の)雑煮を祝った**程度**である。

❸状態。状況。

三 接尾語 仮にそう決めた関係を表す。語例 母親**分**・子**分**

ぶん【文】名詞 ❶文章。詩文。また、それらを集めた書物。❷文学。学問。

文 国語・国文法 言語単位のひとつ。あるまとまった思考や感情を表した、ひと続きのことばで、文章を組み立てている単位。「文」には、次のような性質や規則が認められる。

①述べようとする内容に、疑問・詠嘆・命令・推量・断定などという話し手(書き手)の立場が加わってひとまとまりとなる(これを「陳述」という)。

②二つ以上の単語または文節から構成される。

③音の連続であり、その前後には必ず音の切れ目があり、終わりには特殊の音調が加わる。

④現代の表記法では、古典文についても、文の終わりに句点「。」を付ける。

文華秀麗集【ブンクヮシウレイシフ】作品名 平安前期、第二番目の勅撰漢詩集。三巻。嵯峨天皇の命を受けた仲雄王らの撰。『★凌雲集』以後の詩やそれに漏れた詩一四八首(現存一四三首)を、分類・配列して収める。八一八(弘仁九)年成立。

文鏡秘府論【ブンキャウヒフロン】作品名 平安前期の詩論書。★空海編著。中国の六朝・唐代の詩論書を抜粋してひとつにまとめ、詩文の作法を説いたもの。原典には中国ですでに散逸したものが多く、資料的価値が高い。八二〇(弘仁十一)年ごろ成立。

ぶん‐きん【文金】名詞 ❶(「文金島田」「文金高島田」の略で)女性の髪の結い方のひとつ。まげの結い根を最も高くした、はでな島田髷。

❷(「文金風」の略)男性の髪の結い方のひとつ。もとどりの根に元結いを多く巻いて腰を高くし、前に長く突き出したもの。豊後節の祖とされる宮古路豊後掾が始めたという。

[ぶんきん❷]

ぶん‐げん【分限】名詞 ❶能力。経済力。

国の風俗、人の分限をうかがひ見られける。〈太平記〉訳(藤原俊基は挙兵の用意に)諸国の風習や、豪族の**経済力**をお探りになった。

❷分際。身の程。身分。

泰時は三、四番目の末子の分限、程少なく取られけれども…。〈太平記〉訳 北条泰時は三、四番目の末っ子の**身分**で、(遺産をほかの兄弟より)少なくお取りになったが…。

❸財産家。金持ち。

一足とびに分限になることを思ひ…。〈西鶴・世間胸算用〉訳(ある貧乏人が)一足飛びに**金持ち**になることを考え…。

発展「ぶげん」とも。

ぶん‐こ【文庫】名詞 書籍・文書などを収めておく箱や倉。書庫。また、図書館。

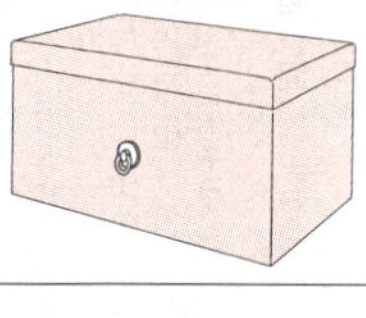
[ぶんこ]

豊後 旧国名 豊州。★西海道十一か国の一つ。今の大分県の大部分を占める。七世紀末、豊国が分割され★豊前・豊後となったという。↓**ビジュアルチェック**❼(450ページ)

ぶん‐ざい【分際】名詞 ❶限度。程度。❷身の程。身分。類 分・分限

ぶん‐さん【分散】一 名詞 動詞 他〔サ変〕〈せ・し・す・する・すれ・せよ〉ばらばらに分け散らすこと。

二 名詞 動詞 自〔サ変〕〈せ・し・す・する・すれ・せよ〉❶散り散りになること。分かれ散ること。❷《近世語》破産すること。倒産すること。

文章〔国語・国文法〕言語単位のひとつ。全体としてひとつのまとまった感情や思考を表したもので、最も大きな言語の単位。「文章」は、文法上の文や段落などの連接によって認められる文脈が一貫し、かつ完結しているものをいう。ふつういくつかの文から構成されるが、和歌・俳句などには、一つの文で構成される文章もある。

ふん-ず【封ず】〔動詞〕〔他〕〔サ変〕〈ぜ・じ・ず・ずる・ずれ・ぜよ〉（手紙などの）封をする。
遠き所より、思ふ人の文を得て、固くふんじたる続飯など開くるほど、いと心もとなし。〈枕草子・160・心もとなきもの〉〔訳〕遠い所から、愛する人の手紙を受け取って、固く**封をして**ある糊づけなどを開ける間は、とてもじれったい。
〔発展〕「ふうず」が変化したもの。

文節〔国語・国文法〕言語単位のひとつ。文を実際のことばとして不自然でない範囲内で最小に区切った場合の区切りのこと。「いづれ｜の｜山｜か｜天｜に｜近き。」（傍線＝単語、二重横罫＝文節の区切り）のように、一つの★自立語、またはそれに★付属語が付いたものからなる。

文節相互の関係〔国語・国文法〕文節どうしが、互いに意味の上でつながっているとき、その文節と文節の関係をいう。この関係は、以下のように分類される。
①主語・述語の関係―「男ありけり。」
②修飾・被修飾の関係―「黒き雲、にはかに出で来ぬ。」（「黒き→雲」のように修飾される語が体言の場合を「連体修飾・被修飾の関係」、「にはかに→出で来ぬ」のように修飾される語が用言の場合を「連用修飾・被修飾の関係」という。）
③接続・被接続の関係―「呼べども答へず。」
④対等の関係―「わが思ふ人は、ありやなしや。」
⑤★補助・被補助の関係―「去年こそに、似るべくもあらず。」（「あらず」が「似るべくも」を補助する関係にあるので、下に来る文節を「補助語」、上に来る文節を「被補助語」という。）
⑥独立の関係―「あはれ、いと寒しや。」（「あはれ」という文節は、他の文節とは直接の関係を持たず、切り離されて独立している。このような文節を「独立語」といい、他の文節とは独立の関係にあるという。）

文体〔国語・国文法〕㊀文章は、類似した内容であっても、表現の様相により違った印象を与える。その印象の違いによっていくつかの類型に分けたものを文体という。
①記載形式による―漢文体・宣命体・東鑑体・文語体・口語体など。
②語彙・語法による―候文体・和文体・漢文訓読文体・文語体・口語体など。
③修辞による―散文体・韻文体・四六駢儷体など。
④分野による―日記体・書簡体、また、論説の文体・随筆の文体・小説の文体など。
これらの類型および文体は、代表的なもので、これらがいくつか交じり合っていることも多い。
㊁表現者や作品に特有の、文章における表現の独自性。「紫式部」の文体、『枕草子』の文体というように用いる。

ぶん-だい【文台】〔名詞〕書籍・短冊などを載せる小さい机。特に、歌合わせや連歌・俳諧の席で、短冊や懐紙を載せるのに用いた。

ぶん-だん【分段】〔名詞〕《仏教語》❶（「分段生死」の略で）限りある寿命と種々の身体の形を与えられて輪廻すること。人間の生死のあり方。❷（「分段身」の略で）凡人の身。

ふん-づき【文月・七月】〔名詞〕→ふみづき

ぶん-どり【分捕り】〔名詞〕戦場で敵の首や武器・軍用品などを奪うこと。奪取。
分捕りあまたしたりけり。〈平家・9・木曾最期〉〔訳〕（今井四郎は）**奪取**をたくさんしたのだった。

ぶん-な【分な】〔形容動詞〕〔口語化〕格別な。
勘当が赦されたいとおぼし召す男の心は分な物ぢや。〈ひらがな盛衰記〉〔訳〕勘当を許されたいとお思いになる男の心は**格別な**ものだ。

文の種類〔国語・国文法〕文の種類は、構造上から分類すると、①単文②重文③複文に分類することができる。
①単文―文において、主語・述語の関係が一回だけ現れる文。「今は昔、比叡の山に児ありけり。」
②重文―文において、主語・述語の関係が対等に二回以上表れる文。「**古京は**すでに荒れて、**新都は**いまだ成らず。」
③複文―文中に主語・述語の関係があり、それが連文節としてさらに主語・述語の関係が別に成り立っている文。「**折節の移りかはるこそ**、ものごとにあはれなれ。」

文の成分〔国語・国文法〕文の構造を理解するためには、「だれが」「どこで」「何を」「どのように」「どうする」のような、意味上のまとまりに注目する必要がある。それらが文を直接構成している単位であると考えるとき、その一つひとつのまとまりを「文の成分」という。

ふん-の-つかさ〔名詞〕㊀【図書の寮】→づしょれう
㊁【書の司】❶後宮十二司の一つ。後宮の書籍や楽器に関することを取り扱った。❷（女官が和琴を取り扱ったことから）和琴の別の呼び名。
〔発展〕「ふみのつかさ」が変化したことば。

ぶん-ぶ【文武】〔名詞〕学問と武道。文化面と軍事面。
〔発展〕「ぶんぷ」とも。

ふん-べつ【分別】〔名詞〕〔動詞〕〔他〕〔サ変〕〈せ・し・す・する・すれ・せよ〉❶物事のよしあしが分かること。筋道をわきまえること。判断。思慮。また、その能力。
あるじ即座の分別、座なれたる客のしこなし、かれこれ武士のつきあひ、格別ぞかし。〈西鶴諸国ばなし〉〔訳〕亭主のすぐその場の**判断**、場慣れした客の対応、あれもこれも武士の交際は、格別（立派）なものである。
❷うまく立ち回ること。計画すること。また、その才覚。
「**某が存ずるには、太鼓をそのまま当寺の物になせる分別あり。**」〈西鶴諸国ばなし〉〔訳〕「私が思いますには、太鼓をそのままこの寺の物にする**計画**がある。」

ふん-みゃう・なり【分明なり】〔形容動詞〕〔ナリ・ノ〕〈なら・なり(に)・なり・なる・なれ・なれ〉はっきりしている。明らかだ。明瞭だ。
「**海上はるかに隔たって、その仮名、実名分明ならず。**」〈平家・11・嗣信最期〉〔訳〕「海上はるかに隔たっていて、その（＝源氏の大将軍の）通称、本名が**はっきりしない**。」
〔発展〕「ぶんみょうなり」とも。

文屋朝康〔人名〕平安前期の歌人。康秀の子。『古今和歌集』に初出。『是貞親王家歌合』に出詠。『小倉百人一首』にも入首する。生没年不明。

文屋康秀〔人名〕平安前期の歌人。文琳とも。★六歌仙・★中古三十六歌仙の一人。官位は低く、八七九（元慶三）年縫殿助に任じられた。『是貞親王家歌合』に参加。『古今和歌集』『後撰和歌集』に入集。生没年不明。

へ

へ【経】動詞ふ(経)の未然形・連用形。

へ 反復・継続の助動詞・接尾語ふの已然形・命令形。
→**最重要語**(1063ページ)

-へ【重】え 助数詞 重なったものを数えることば。語例 七重八重

へ【上】え 名詞 (「～のへ」の形で)うえ。上部。表面。

へ【戸】 名詞 戸籍上の家。民家。また、それを数えることば。〈日本書紀〉**秦人の戸の数、総べて七千五十三戸**。訳 秦氏の配下の帰化人の戸数、全部で七千五十三戸。

発展「かまど」を意味する「竈(へっつい)」の「へ」と同じ語根で、それが戸数をも表したものかといわれる。

へ【辺】一 名詞 ❶辺り。そば。ほとり。❷(沖に対して)海辺。対 沖

二 接尾語 (名詞に付いて)…の辺り。…の方。また、…のころ。語例 沖辺・岡辺・春辺

発展 二は、「べ」とも。

へ【家】 名詞 いえ。

梅の花今咲けるごと散り過ぎず我が家の園にありこせぬかも 歌〈万葉集・5・816〉訳 ウメの花は今咲いているように(いつまでも)散らずに私の家の庭にあってほしいものだなあ。

発展「いへ」の変化したことば。

へ【舳】 名詞 船の前部。舳先。対 艫

へ
❶(動作・作用の方向を表し)…の方に。…に向かって。
❷(動作・作用の帰着点を表し)…に。
❸(動作・作用の対象を表し)…に対して。
接続 体言に付く。

格助詞 ❶(動作・作用の方向を表し)…の方に。…に向かって。…へ。…に。

前栽の中に隠れゐて、河内へ往ぬる顔にて見れば…〈伊勢・23〉訳 (女の浮気を疑った男が)庭の植え込みの中に隠れて座って、河内へ行ってしまう振りをして見ていると…。

❷(動作・作用の帰着点を表し)…に。

また仁和寺へ帰りて、親しき者、老いたる母など枕上に寄りゐて泣き悲しめども、聞くらんとも覚えず。〈徒然草・53・これも仁和寺の法師〉訳 (僧は医者にも見放されて)再び仁和寺に帰って(来たが)、親しい者や、年老いた母などが(僧の)枕もとに集まり座って泣き悲しむけれども、(僧はその声を)聞いているようにも思えない。

❸(動作・作用の対象を表し)…に対して。…に。

平家の余党の都にあるを国々へ遣はさるべき由、鎌倉殿より公家へ申されたりければ…〈平家・12・平大納言被流〉訳 平家の残党で都にいる者を諸国(の流刑地)へ行かせるのがよいとの趣旨を、鎌倉殿(=源頼朝)から朝廷に対して申し上げなさったので…。〇「国々へ」の「へ」は❶の用法。

発展 ①**語の歴史** ほとり・辺りの意味を表す名詞「辺へ」が語源かといわれ、❶がもともとの用法である。❷❸は、もともとは類義の格助詞「に」の用法で、中古から少数の例は見られるが、主に中世以降に盛んに用いられるようになった。

②**「に」「さ」と「へ」** 移動の方向や帰着点を表す「へ」と「に」および東国方言の「さ」は、ほぼ同じ意味で用いられることも多く、室町時代には、「京へ筑紫に坂東さ」ということばが流行した。つまり、移動の方向を示す場合、京都では「へ」、九州では「に」、関東では「さ」が使われたというのである。

類語比較「に」と「へ」→に(基本助詞25)

-べ【辺】 接尾語 →へ(辺)(接尾語)

べ【部】 名詞 ❶大化の改新以前、朝廷や豪族に代々隷属して、農業・漁業や特定の技能職に従事した人民の集団。「卜部」「伴部」など。❷群れ。組。

へ-あが・る【経上がる・歴上がる】 動詞 自 ラ四段 〈ら・り・る・る・れ・れ〉❶昇進する。成り上がる。

打ち続き、宰相、衛府の督、検非違使の別当、中納言、大納言に経上がって…〈平家・1・鱸〉訳 (平清盛は)順々に、宰相、*衛府の督、*検非違使の別当、中納言、大納言に**昇進し**て…。〇「経上がっ」は連用形「経上がり」の促音便。

❷年を取って変化する。

「**猫の経上がりて、猫股になりて、人とることはあなるものを。**」〈徒然草・89・奥山に、猫股〉訳「ネコが**年を取って変化して**、猫股(=ネコの化け物)になって、人(の命)を取ることがあるとかいうのになあ。」

べい ❶(推量・当然を表し)…に違いない。…なければならない。接続 主に形容詞の連体形語尾「かる」「しかる」の語末「る」が落ちた形に付く。

例の癖は、まことしかべいことも思ひまうされず…〈更級日記・鏡の影〉訳 いつもの(うわずった)性分では、もっともだと考えられる**に違いない**こともお願い申し上げる気になれず…。

❷《近世語》推量・意志・勧誘・適当・当然など、助動詞「べし」に相当する意味を表す。接続 主として活用語の終止形・連体形に付くが、未然形・連用形に付くこともある。

「**安くば、乗るべい。**」〈滑稽本・東海道中膝栗毛〉訳「安いなら、(ウマに)乗ろう。」

発展 推量の助動詞「べし」の連体形「べき」のイ音便。中古には連体形として用いられたが、中世中期には終止用法も生じ、近世に入ると東国方言として終止用法が主となった。

平安京〔−キョウ〕地名 七九四(延暦十三)年に桓武天皇によって京都に作られ、一八六九(明治二)年の東京遷都に至るまで、およそ一一〇〇年にわたって続いた都。平安京の規模は、南北約五・二キロメートル、東西約四・五キロメートル。京域北部中央に平安宮(大内裏)があり、その南正面中央の朱雀門から京域南端中央の羅城門まで朱雀大路が通じていた。平城京に倣って、この大路を中心に左京(東)と右京(西)に分けられ、南北は九条、東西は左右各四坊の大路によって街区が整然と区画された。右京は早く衰退し左京を中心に発展したため、左京を指していた「洛陽」がやがて平安京を表すようになった。平安末期には鴨川の東へと市街地化が進み、白川の地を中心として開発されて「京・白川」と併称された。また、本来は「みやこ」「帝都」の意味の「京」が、地名として用いられるようになった。→ビジュアルチェック㉓(1093ページ)

和歌　俳句　ヘルプ見出し（11ページの凡例参照）

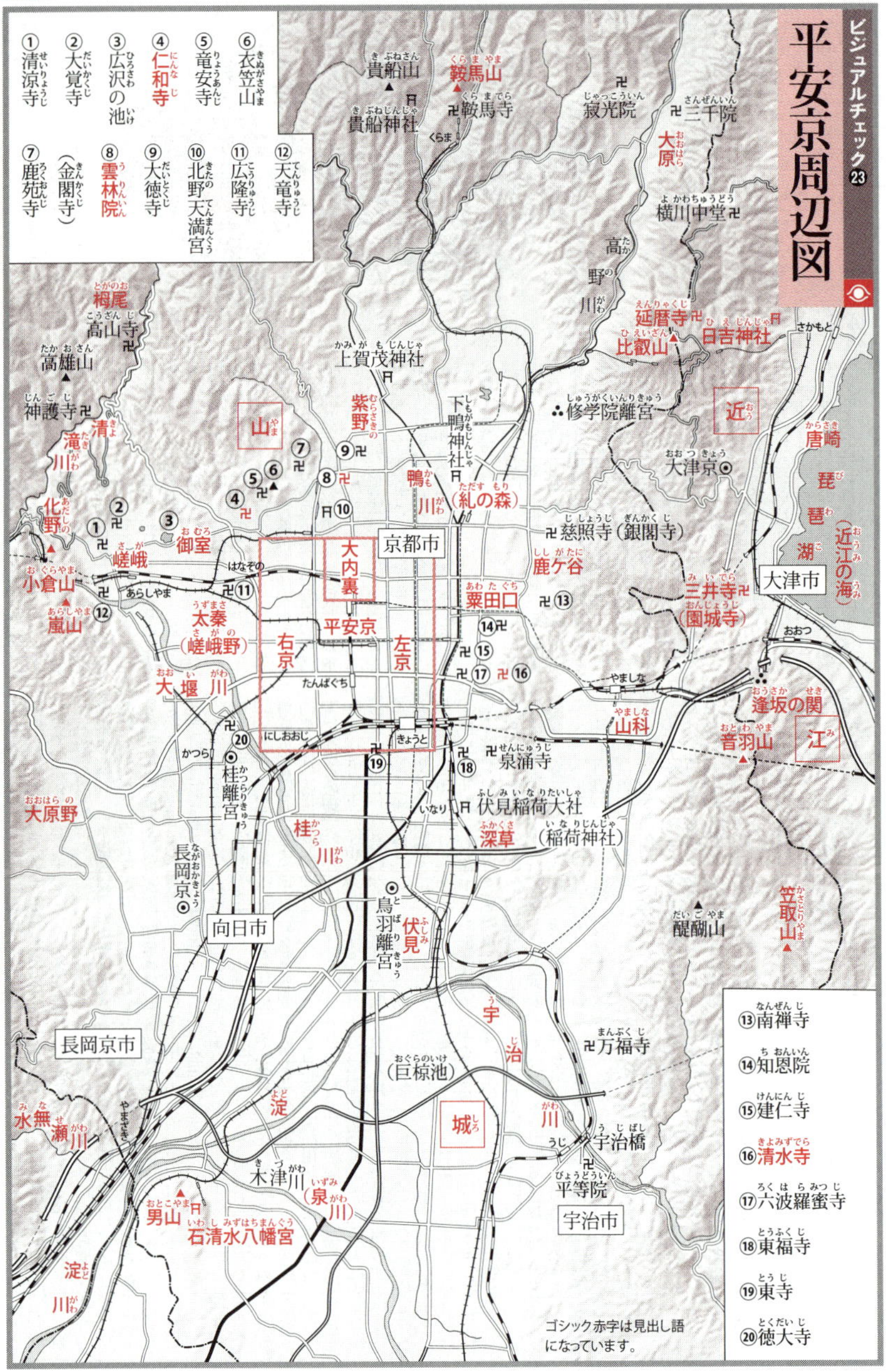

平家物語

必修古典ビッグ30 ㉓

◉成立…鎌倉時代
◉作者…未詳
◉分野…軍記物語

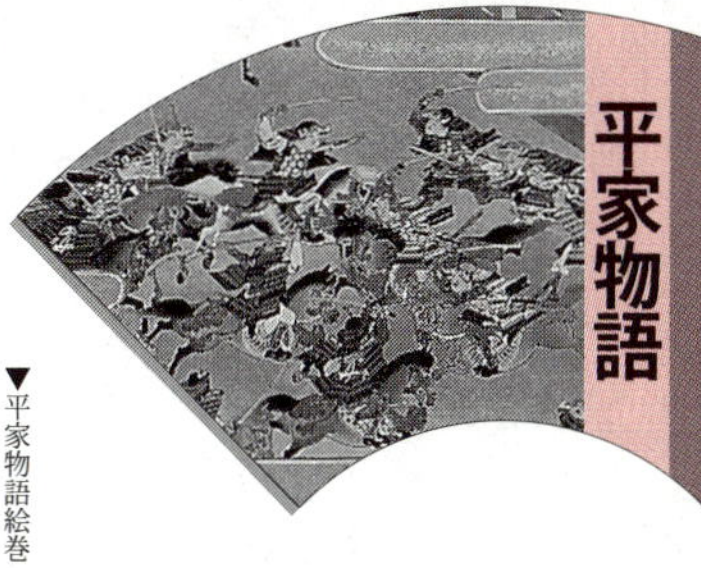

▼平家物語絵巻

【冒頭の一文】

祇園精舎《ぎをんしやうじや》の鐘の声、諸行無常《しよぎやうむじやう》の響きあり。娑羅双樹《しやらさうじゆ》の花の色、盛者必衰《じやうしやひつすい》の理《ことわり》をあらはす。 訳 祇園精舎《ぎおんしょうじゃ》(という釈迦《しゃか》が説教した寺)で鳴る鐘の音には、万物は生滅流転して常にとどまることがないという響きがある。(釈迦入滅のときに白く変わったという)沙羅双樹の花の色は、勢いの盛んな者もいつかは必ず衰えるという道理を表している。


【成立と作者】

◉成立…諸説あるが、一二〇一(建仁元)年から一二二一(承久三)年の間に、現在の形に近いものが成立したと考えられている。本書は、平曲として独特の節回しで琵琶法師《びわほうし》によって語られ、伝えられる過程で、改訂増補されていった。

◉作者…信濃前司行長《しなののぜんじゆきなが》が、改訂増補の過程における代表的人物の一人であったという説が有力である。


【概要】

◉構成…十二巻に「灌頂《くわんぢやう》」の巻が加わる形が一般的である。内容は、巻六の平清盛《たいらのきよもり》の死まで、平家一門の台頭と栄華が記され、巻七以降は、平家一門が都落ちし、壇《だん》の浦《うら》で滅亡するまでを描く。

◉思想…全編にわたって無常観や因果応報の仏教思想を基調とする。特に【冒頭の一文】は、作品の思想をよく表している。


【主な登場人物】

◉平清盛《きよもり》…『平家物語』では、晩年の清盛に焦点が合わせられていて、後白河院《ごしらかわいん》の鳥羽殿《とばどの》拘禁《こうきん》(巻三)や南都(=奈良)焼き討ち事件(巻五)などのような、法皇や仏教に対して反抗的な姿勢をとったことが強調されている。

◉源義仲《みなもとのよしなか》…「木曾冠者《きそくわんじや》」「木曾義仲」の名で知られる。平氏を追って入京するが、後白河院と対立し、源義経《よしつね》・範頼《のりより》によって殺される。愛妾《あいしょう》であった巴御前《ともえごぜん》も武勇で知られる(巻九)。

◉源義経《よしつね》…『平家物語』では、一の谷(巻九)や屋島(巻十一)などの合戦の場面で勇猛な武士として描かれている。

◉建礼門院…平徳子《とくし》。平家の人々とともに都落ちし、壇の浦で入水《じゅすい》するが、敵の手によって救われる。帰京後、出家し、大原の寂光院《じゃっこういん》で余生を送った。亡くなるまでの建礼門院の生涯については、「灌頂」の巻に詳しい。

◉平忠度《ただのり》…『平家物語』の中では、「武芸にも歌道にも達者な人」として描かれている。特に、一門の都落ちの際、和歌の師匠である藤原俊成《しゅんぜい》に自分の詠んだ歌一巻を託した話は有名である(巻七)。

　その他、清盛の気まぐれに振り回されて出家する白拍子《しらびょうし》の祇王《ぎおう》、仏御前《ほとけごぜん》、高倉天皇の寵愛《ちょうあい》を受けたために清盛に追放されてしまう小督《こごう》など、悲劇的な女性が特に有名である。


【ことばと表現】

◉文章は基本的に和漢混交文体である。漢文脈の文体は、合戦などの場面では緊迫感を増す(①参照)。一方、情緒的な場面には和文体や和歌を用いるなどの工夫をしている(②参照)。
①**伊豆守仲綱《なかつな》も、痛手《いたで》あまた負ひ、平等院の釣殿にて自害す。その頸《くび》をば、下河辺《しもかうべ》の藤三郎《とうざぶらう》清親《きよちか》取って、大床の下へぞ投げ入れける。**〈4・宮御最期《みやのごさいご》〉訳 伊豆の守仲綱も、致命傷を数多く受け、平等院の釣殿で自害する。その首は、下河辺の藤三郎清親が取って、広縁の下へ投げ入れた。
②**「をしか鳴くこの山里」と詠じけん、嵯峨《さが》のあたりの秋のころ、さこそはあはれにも覚えけめ。**〈6・小督《こごう》〉訳「牡鹿が鳴くこの山里」と古歌に詠じたとかいう、この嵯峨のあたりの秋の時分は、さぞかししみじみと感じられたことだろう。
◉七五調を用いてテンポよく運ぶ文が見られる。特に、旅程での地名や景勝を盛り込んだ律文を★道行文《みちゆきぶん》という。

相坂山《あふさかやま》をうち越えて、勢田《せた》の唐橋《からはし》駒もとどろに踏み鳴らし、雲雀《ひばり》上がれる野路《のぢ》の里…。〈10・海道下《かいどうくだり》〉訳 逢坂山を越えて、勢田の唐橋をウマもひづめをどんどんと踏み鳴らして(渡り)、ヒバリが鳴きながら舞い上がっている野路の里(を過ぎ)…。「相坂山(=逢坂山)」以下、すべて歌枕として名高い地名。

◉音便形が頻出する。「解きて」を「解いて」、「取りて」を「取って」、「進みて」を「進んで」、「負ひて」を「負うて」、「乗りぬ」を「乗んぬ」など、会話文を中心に現代語に近い形を見せる。↓活用語音便表(25ページ)

　また、『保元物語』『平治物語』にも見える、軍記物語特有の表現に「人に先をせられてんげり」の「てんげり」(原形=「てけり」)や、「さてはよい敵《かたき》ござんなれ」の「ござんなれ」(原形=「にこそあるなれ」)がある。

◉「さるほどに」(=そうこうしているうちに)「さてもあるべきならねば」(=そうしているわけにもいかないので)などの慣用句を要所で用いて、話の展開をはかっている。

◉会話文の中には、当時の口語や方言なども出てくる。

「そもそも、わ殿を鼓判官といふは、よろづの人に打たれたうたか、張られたうたか。」〈8・鼓判官《つづみほうがん》〉訳「だいたい、あんたを鼓判官と呼ぶのは、だれにもかれにもぶたれなさったのか、張られなさったのか。」「たうた」は「たまひたる」の崩れた言い方で、特に「たり」を「た」と言うのは、関東の方言。

◉「馬の額《ひたひ》を篦深《のぶか》に射させて」(=ウマの額を深くまで射られて)のように、使役の助動詞「す」「さす」が受身の意味として使われることがある。↓さす❸・発展②／す(下二段型)❸・発展②

へい‐きょく【平曲】 名詞『平家物語』を琵琶に合わせて語る音曲。類 平家琵琶 発展『徒然草』に、生仏という盲目の法師が始めたとあるが、詳細は不明。

へい‐ぐわい・なり【平懐なり】 形容動詞［ナリ］〈なら・なり(に)・なり・なる・なれ・なれ〉❶無遠慮だ。不作法だ。「存ぜぬこととて、これまで**平懐に**申せし段、まっぴら御免。」〈道成寺現在蛇鱗〉訳「存じ上げないこととはいえ、これまで**無遠慮に**申し上げたこと、なにとぞお許しください。」
❷(和歌・連歌・俳諧で)趣向が凝らされておらずありきたりだ。平凡だ。発展「へいくわいなり」とも。

へいけ‐びは【平家琵琶】 名詞 ↓へいきょく

平家物語 作品名 ↓必修古典ビッグ30 ㉓(1094ページ)

へい‐こう【閉口】 名詞 動詞 自［サ変］〈せ・し・す・する・すれ・せよ〉❶口を閉じて、ものを言わないこと。❷返答に困ること。処理に困ること。屈服すること。

平氏 文芸用語「平」姓を持つ氏族。平安時代に皇族から臣籍に下り賜わった姓のひとつ。古くは「へいじ」とも。桓武平氏・仁明平氏・文徳平氏・光孝平氏があり、なかでも桓武平氏は繁栄し、後に清盛が出て藤原氏を圧倒、平氏政権を打ち立てた。↓ビジュアルチェック㉔(1095ページ)

へい‐じ【瓶子】 名詞 ❶酒を入れる器。とっくり。↓図(次ページ)
…「**瓶子を狩衣の袖にかけて、引き倒されたりける**を…。」〈平家・1・鹿谷〉訳(立ち上がるときに)**とっくり**を＊狩衣の袖に引っ掛けて、引き倒しなさったのを…。
❷紋所のひとつ。❶を図案化したもの。

ビジュアルチェック㉔

系図［平氏］

ゴシック文字は見出し語になっています。女子の呼び名で記録に残っていないものについては便宜的に音読にしています。

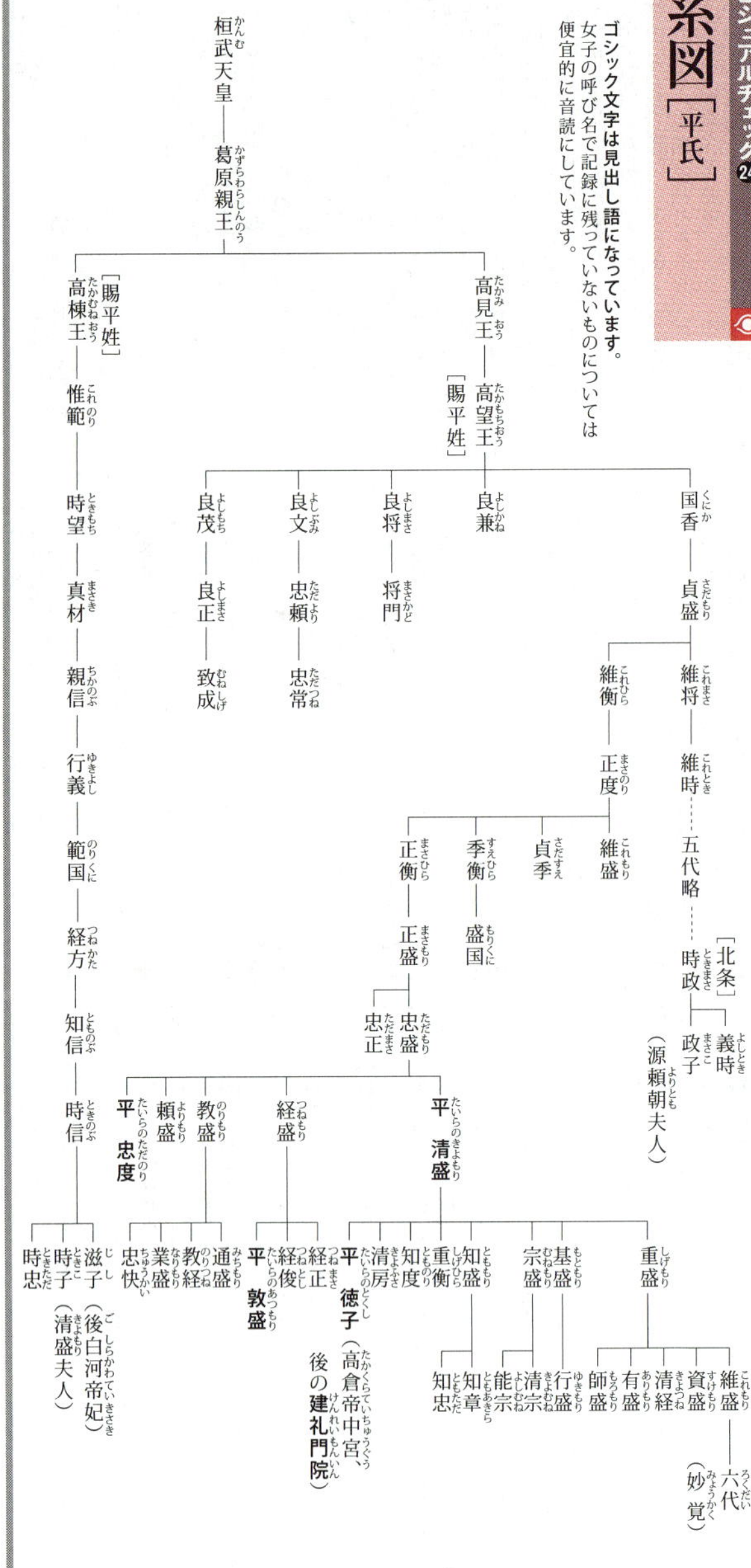

平治物語【へいじものがたり】［ヘイヂ］作品名 鎌倉初期の軍記物語。三巻。作者は不明。平治の乱を簡潔な★和漢混交文で描いた叙事物語。琵琶法師によって語られた。源義平（悪源太）の活躍を中心に、常盤御前の哀話など、敗れた源氏側の悲惨なありさまも描く。

［へいじ❶］

べいじゅう【陪従】 名詞 ❶身分の高い人に付き従うこと。また、その人。お供。❷賀茂・石清水・春日などの神社の祭りで、東遊びの舞の音楽や歌を担当した楽人。発展「べい」は呉音。「ばいじゅう」とも。

平城京【へいじょうきょう】［ヘイジャウキャウ］地名 七一〇（和銅三）年、元明天皇によって藤原京から遷都されて以来、七八四（延暦三）年に桓武天皇によって長岡京へ遷都されるまでの間の都。大和盆地の中央北端、奈良市街西方一帯の地に置かれた。平城京の規模は、南北約四・八キロメートル、東西約四・三キロメートル。北部中央に平城宮があり、その南正面中央の朱雀門から京域南端中央の羅城門まで朱雀大路が通じていた。この大路を中心に左京（東）と右京（西）に分けられ、左右京には、南北に九条、東西は左・右各四坊の八坊からなる大路が通じ、これらの大路によって区画された。長岡京への遷都後は急速に荒廃し、一帯は水田になった。↓ビジュアルチェック㉕（1097ページ）

へいしょく【秉燭】 名詞 火をともすころ。夕方。発展 燭を手に秉る時刻という意味。

へいだん【餅餤】 名詞 もちの中に、アヒルやカモの卵と野菜などを煮たものを入れ、四角に切った食べ物。

平中物語【へいちゅうものがたり】作品名 平安中期の歌物語。作者不明。平中（★平貞文）を主人公とした全三十九段からなる恋愛物語で、愛を求めて傷つく主人公を描く。九六〇（天徳四）年から九六五（康保二）年ごろの成立ともいわれる。

へい-はく【幣帛】 名詞 ↓ぬさ

へい-もん【閉門】 名詞 動詞 自（サ変）〈せ・し・す・する・すれ・せよ〉 ❶門を閉じて家にこもること。❷江戸時代、武士や僧・神官などに科した刑罰のひとつ。五十日間または百日間、門や窓を閉じて人の出入りを許さないこと。

並立語【へいりつご】国語・国文法 ↓対等語

並立の関係【へいりつのかんけい】国語・国文法 ↓対等語

へう【表】 名詞 天皇や君主に意見などを奉る文書。

❷**べう** 「べく」のウ音便。↓べし基本助動詞20（1099ページ）

べう【廟】 名詞 ❶死者の霊を敬い祭る所。みたまや。❷神社。社。ほこら。

へう-とく【表徳】 名詞 本名のほかに付ける風雅な名前。雅号。別号。

へう-びゃく【表白】 名詞 動詞 自（サ変）〈せ・し・す・する・すれ・せよ〉《仏教語》仏事や法会の初めに、その趣旨を仏や参会者に申し述べること。また、それを記した文。発展「白」は「申す」という意味。

べう-も-あら-ず …（し）そうにもない。…できそうもない。…はずもない。走り来たる女子、あまた見えつる子どもに似るべうもあらず、いみじく生ひ先見えて、うつくしげなる容貌なり。〈源氏・若紫〉訳 走って来た女の子は、大勢（姿が）見えていた子供たちとは比べることができそうもなく、並々でなく成長後のすばらしさが思われて、見るからにかわいらしい顔立ちである。

発展「べくもあらず」のウ音便。

へう-り【表裏】 名詞 ❶表と裏。外側と内側。特に、物事の表と裏。❷二心のあること。また、作りごと。

べかし 助動詞〔シク型〕〈○・べかしく・○・べかしき・○・○〉（「あるべかしく」「あるべかしう」「あるべかしき」の形で、当然・義務などを表し）当然…がよい。適当だ。接続 ラ変動詞「あり」の連体形「ある」、およびその撥音便「あん」に付く。

「今の世のやうとては、皆ほがらかに、あるべかしくて…。」〈源氏・若菜上〉訳「今の世の中の風潮としては、みんな（嫉妬に悩まず）快活で、（夫婦間が）適当で…。」

発展 推量の助動詞「べし」の連用形「べかり」の語末を形容詞シク型に活用させたことば。また、「べくあらし」を「べくあらし」↓「べからし」↓「べかし」と変化させたものという説もある。

べか-なり …はずだそうだ。…（し）そうなようすだ。「寅の時になむ渡らせたまふべかなる。」〈枕草子・278・関白殿、二月二十一日に〉訳「寅の刻（＝今の午前四時ごろ）にご出発になるはずだそうだ。」

発展「べかるなり」（推量の助動詞「べし」の連体形＋推定・伝聞の助動詞「なり」）の撥音便「べかんなり」の「ん」を表記しない形。読むときは、「べかんなり」とも読まれる。

べか-めり …に違いないようだ。…なければならないようだ。…そうにみえる。

「うたてある主の御許に仕うまつりて、すずろなる死にをすべかめるかな。」〈竹取・竜の頸の玉〉訳「情けない主君のおそばにお仕え申し上げて、思いがけない死に方をするに違いないようだなあ。」

発展「べかるめり」（推量の助動詞「べし」の連体形＋推定の助動詞「めり」）の撥音便「べかんめり」の「ん」を表記しない形。読むときは、「べかんめり」とも読まれる。

❷**べから** 助動詞べしの未然形。↓基本助動詞20（1099ページ）

べから-ず 連語 ❶（不可能を表し）…できない。…できそうもない。

羽なければ、空をも飛ぶべからず。〈方丈記・大地震〉訳（大地震が襲っても）羽がないので、空を飛ぶこともできそうもない。

❷（禁止・不適当を表し）…てはいけない。…べきではない。『勝たん。』と打つべからず、『負けじ。』と打つべきなり。」〈徒然草・110・双六の上手〉訳「（双六は）『勝とう。』と思って打ってはいけない、『負けまい。』と思って打つ方がよいのだ。」

❸（当然の打消を表し）…はずがない。

都の中に多き人、死なざる日はあるべからず。〈徒然草・137・花は盛りに〉訳 都の中に大勢いる人が、死なない日があるはずがない。

❹（意志の打消を表し）…つもりはない。

「我、他の女にとつぐべからず。」〈今昔〉訳「私は、ほかの女性と結婚するつもりはない。」

発展 推量の助動詞「べし」の未然形＋打消の助動詞「ず」。中古では主に漢文訓読文に見られる。

べから-む …するのがよいだろう。…べきだろう。…ことができるだろう。

「これが本はいかでか付くべからむ。」と思ひわづらひぬ。〈枕草子・106・二月晦ごろに〉訳「これ（＝この歌）の上の句はどのように付けるのがよいだろう。」と思い悩んでしまった。

発展 推量の助動詞「べし」の未然形＋推量の助動詞「む」。

平城京周辺図

ビジュアルチェック 25

ゴシック赤字は見出し語になっています。

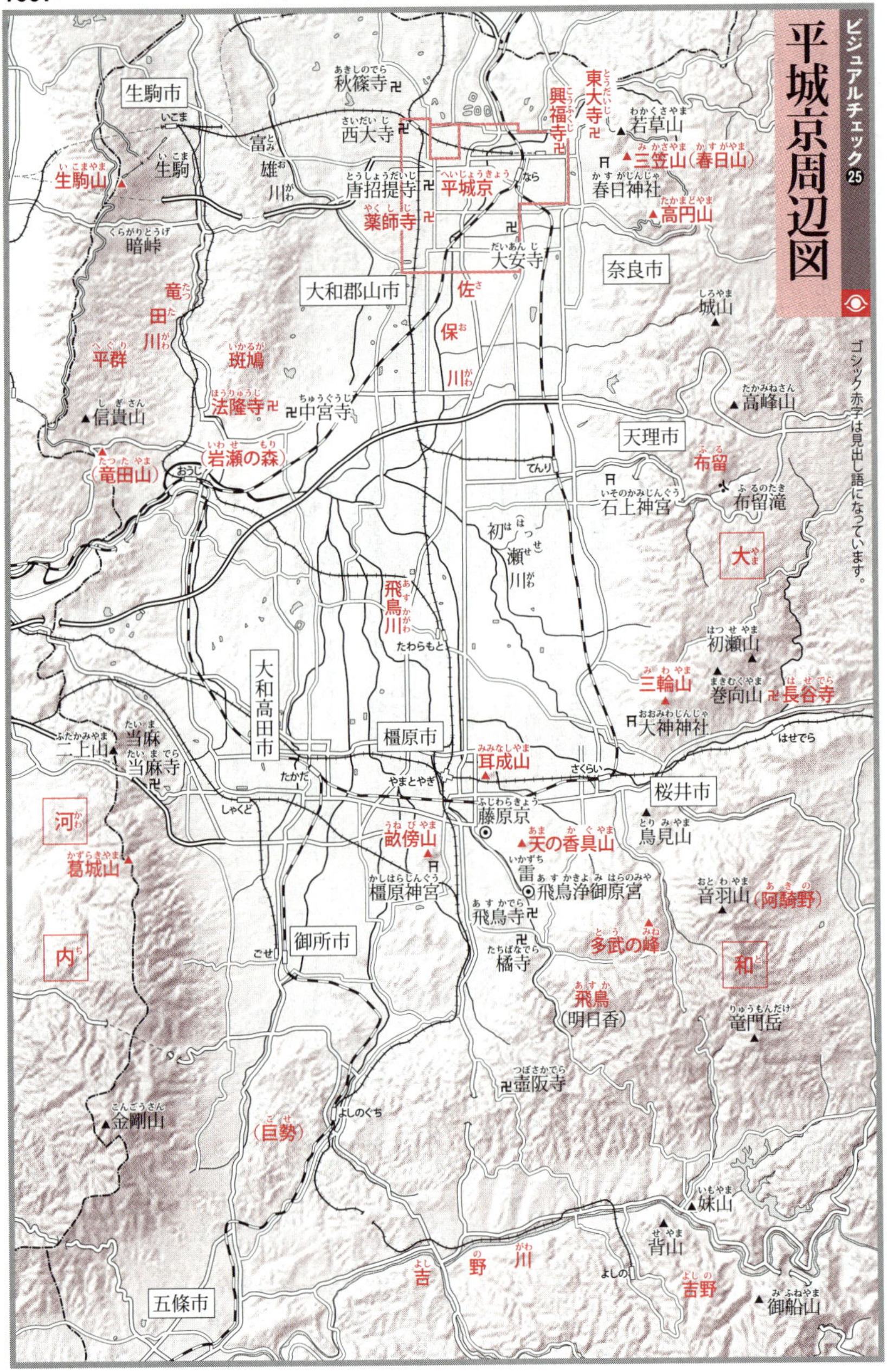

❷**べかり** 助動詞**べし**の連用形。↓**基本助動詞20**（1099ページ）

べかり‐き …はずであった。…べきであった。
斎宮は、去年内裏に入りたまふべかりしを…。〈源氏・葵〉訳斎宮は、去年宮中にお入りになる**はずであったが**…。
発展 推量の助動詞「べし」の連用形＋過去の助動詞「き」。

べかり‐けり（多く、「けり」は気づきの意味を表し）…べきであったのだ。…はずであった。…ほうがよかった。
「**まことの契りは親子の中にぞありける。子をば人の持つべかりけるものかな。**」〈平家・2・少将乞請〉訳「本当の運命的なつながりというものは親子の間にあったのだなあ。子というものは人が持つ**べきであったのだよ**。」
発展 推量の助動詞「べし」の連用形＋過去の助動詞「けり」。

へが・る【剝がる】 動詞 自〔ラ下二段〕〈れ・れ・る・るる・るれ・れよ〉少なくなる。薄くなる。はがれる。
御物思ひの程に、所狭かりし御髪の少しへがれたるしも、いみじうめでたきを…。〈源氏・明石〉訳（紫の上は）物思いをなさる間に、煩わしいほど（たくさん）であったお髪が少し**少なくなった**のも、かえってとても美しいので…。

❷**べかる** 助動詞**べし**の連体形。↓**基本助動詞20**（1099ページ）

❷**べかん‐なり** 「べかるなり」の撥音便。↓べかなり

❷**べかん‐めり** 「べかるめり」の撥音便。↓べかめり

へぎ【折ぎ・片木】 名詞 ヒノキやスギの材木を薄く削り取ること。また、その削り取った板。それで作った★折敷。

❷**べき** 助動詞**べし**の連体形。↓**基本助動詞20**（1099ページ）

へき‐しょ【壁書】 名詞 ❶一般に布告する事柄を書いて張り出した掲示。❷戦国時代の武家などの家法。壁に張り出した。発展「壁書き」を音読みしたことば。

べき‐なり 連語 …のがよいのだ。…べきである。
心にかからんことの本意を遂げずして、さながら捨つべきなり。〈徒然草・59・大事を思ひ立たん人は〉訳（出家を決意するような人は）気にかかるようなことの本来の志を果たさないで、そのまま放っておく**のがよいのだ**。
発展 推量の助動詞「べし」の連体形＋断定の助動詞「なり」。

へ・ぐ【折ぐ・剝ぐ】 動詞 他〔ガ四段〕〈が・ぎ・ぐ・ぐ・げ・げ〉はがす。薄く削り取る。また、量を少なくする。減らす。
五月雨や色紙へぎたる壁の跡 句〈嵯峨日記・芭蕉〉訳五月雨が降っていることよ。出て行くことになった家の部屋の壁に、色紙を**はがした**跡がある。この家もすっかり傷んでしまい、過ぎ去った日々がしのばれることだ。

❷**べく** 助動詞**べし**の未然形・連用形。↓**基本助動詞20**（1099ページ）

べく‐は（仮定条件を表し）…はずならば。…できるならば。…つもりならば。
「**人の御車入るべくは、引き入れて御門さしてよ。**」〈源氏・東屋〉訳「どなたかのお車を入れる**つもりならば**、（きちんと）引き入れてご門を閉めてしまえ。」
発展 推量の助動詞「べし」の未然形＋接続助詞「は」。

べく‐も‐あら‐ず …できそうもない。…はずもない。…（し）そうにもない。
夜もすがら降りつる雨に、平野とかやいふ程、道いとどわろくて、人通ふべくもあらねば、水田の面をぞさながら渡り行く。〈十六夜日記・美濃路〉訳夜どおし降り続けた雨で、平野とかいう辺りは、道がとても悪くて、人が行き来**できそうもない**ので、水田の上をそのまま渡って行く。
発展 推量の助動詞「べし」の連用形＋係助詞「も」＋ラ変補助動詞「あり」の未然形＋打消の助動詞「ず」。

平群（へぐり） 地名 奈良県生駒郡平群町。古代豪族平群氏の根拠地。↓**ビジュアルチェック**㉕（1097ページ）

べけ‐む 連語（推量、また終助詞「や」を伴って反語を表し）…だろう。…はずであろう。
なんぞたちまちに死ぬべけむや。〈今昔〉訳どうして急に死ぬ**はずであろう**か、いや、死ぬはずはない。
発展 推量の助動詞「べし」の古い未然形＋推量の助動詞「む」。多く、漢文訓読文で用いられる。

❷**べけれ** 助動詞**べし**の已然形。↓**基本助動詞20**（1099ページ）

べし↓**基本助動詞20**（1099ページ）

へ・す【圧す】 動詞 他〔サ四段〕〈さ・し・す・す・せ・せ〉❶押さえつける。
左右の腕に取り付きて、押せどもへせども少しも働かず。〈義経記〉訳左右の腕にすがりついて、押しても**押さえつけても**（弁慶は）少しも身動きしない。❷圧倒する。相手を負かす。
さて、逢坂の歌はへされて、返しもえせずなりにき。〈枕草子・136・頭の弁の、職に参りたまひて〉訳さて、（頭の弁がよこした）逢坂の歌には**圧倒されて**、（私は）返歌もできないままに終わってしまった。

へた【辺・端】 名詞 そば。へり。特に、海辺や水際。

べ‐たう【別当】 名詞 ↓べっとう

へだ・る【隔たる】 動詞 自〔ラ四段〕〈ら・り・る・る・れ・れ〉❶（時間的に）離れる。（時が）たつ。過ぎる。
年月隔たりぬれど、飽かざりし夕顔を、つゆ忘れたまはず…。〈源氏・玉鬘〉訳（夕顔が死んで）年月が**たって**しまったけれど、名残も尽きなかった夕顔を、（源氏は）一向にお忘れになることなく…。
❷（空間的に）離れる。距離がある。また、間を遮られる。
「**つひにあるべきことの、かく隔たりて過ぐしたまふを、かの人も『ものし。』と思ひ嘆かるらむ。**」〈源氏・藤裏葉〉訳「結局はそうであるのが当然のこと（＝明石の君と明石の姫君の親子が一緒に住むこと）が、このように**離れて**月日を過ごしなさるのを、あの方（＝明石の君）も『嫌なことだ。』と嘆き悲しまないではいられないでいるだろう。」
❸（精神的に）離れる。疎遠になる。
はたあはれも冷めつつ、かく御仲も隔たりぬるを…。〈源氏・賢木〉訳やはり愛情もしだいに冷めていき、このように（源氏と六条御息所との）ご関係も**疎遠になって**しまったが…。
❹（間に）割って入る。
その中の大将とおぼしき者、新中納言に組みたてまつらんと馳せ並べけるを、御子武蔵守知章、中に隔たり…。〈平家・9・知章最期〉訳その中の大将と思われる者が、新中納言と格闘申し上げようと（ウマを）走らせ（新中納言のウマに）並べたのを、（新中納言の）お子様の武蔵守知章が、間に**割って入り**…。

へだ・つ【隔つ】 一 動詞 自〔タ四段〕〈た・ち・つ・つ・て・て〉隔てとなる。また、遠く離れる。
たぶてにも投げ越しつべき天の川隔てればかもあまたすべなき 歌〈万葉集・8・1522〉訳つぶてを投げて（対岸へ）届かせてしまえそうな天の川（であるが、それ）が**隔てとなって**いるからか、（会いたいのに）まったく方法がないことだ。

べし

基本助動詞20

当然そうなるはずだと、確信を持って想像する気持ちを表す

❶(当然・推量・予定を表し)…**に違いない**。…**はずだ**。…そうだ。
❷(意志・決意を表し)…**つもりだ**。…う。…よう。
◉常に終止形で用いられ、主として話し手自身の動作に付く。
❸(適当・強い勧誘・義務・命令を表し)…**のがよい**。…**方がよい**。…(し)**なければならない**。…**せよ**。
◉主として話し手以外の人の動作に付く。
❹(可能を表し)…**できる**。…**ことができそうだ**。
◉多く、下に打消の語を伴う。

未然形	連用形	終止形	連体形	已然形	命令形
べく	べく	べし	べき	べけれ	○
べから	べかり	○	べかる	○	○

助動詞 (ク型) 接続 活用語の終止形、ラ変型には連体形に付く。

❶(当然・推量・予定を表し)…**に違いない**。…**はずだ**。**当然…だろう**。…**そうだ**。…**らしい**。…**ことになっている**。「我朝ごと夕ごとに見る竹の中におはするにて知りぬ。子になりたまふ**べき**人なめり。」〈竹取・かぐや姫の出生〉訳「私が毎朝毎晩見る竹の中にいらっしゃることによって分かった。(タケから「籠(こ)(=かご。「子」と掛けたしゃれ)」ができるように、私の)子におなりになる**はずの**人であるようだ。」「宮へ渡らせたまふ**べか**なるを、その先に聞こえ置かむとてなむ。」〈源氏・若紫〉訳「(紫の上が父親の)御殿へお移りになる**ことになっている**そうなので、その前に(一言)申し上げておこうと思って(参りました)。」
○「べかなり」は、「べし」の*補助活用の連体形「べかる」の撥音便に、推定・伝聞の助動詞「なり」が付いた「べかんなり」の撥音無表記。

❷(話し手自身の動作に付いて、常に終止形で用いて、意志・決意を表し)…**つもりだ**。…**う**。…**よう**。「毎度ただ得失なく、『この一矢(ひとや)に定む**べし**。』と思へ。」〈徒然草・92・ある人、弓射ることを〉訳「(矢を射る)そのたびごとにただ当たり外れ(を考えること)なく、『この一矢で決着をつけ**よう**。』と思え。」「重盛(しげもり)かうてさうらへば、御命にも代はりたてまつる**べし**。」〈平家・2・小教訓(こぎょうくん)〉訳「(私)重盛がこうして(おそばに)お控え申し上げているので、(今後はあなたの)お命にもお代わり申し上げる**つもりだ**。」

❸(話し手以外の人の動作に付いて、適当・強い勧誘・義務・命令を表し)…**のがよい**。…**方がよい**。…(し)**なければならない**。…**せよ**。「『勝たん。』と打つ**べから**ず、『負けじ。』と打つ**べき**なり。」〈徒然草・110・双六(すぐろく)の上手(じょうず)〉訳「(双六は)『勝とう。』と思って打つ**のはよく**ない、『負けまい。』と思って打つ**方がよい**のだ。」
○この「べし」は適当の意味で訳してあるが、「…なければならない」という強い勧誘の意味で訳してもよい。
「本意(ほい)のごとくよき死をす**べし**。人に後ろ見えなんには、親の顔また見る**べから**ず。今を限りと思へ。」〈増鏡(ますかがみ)〉訳「本来の志のとおり立派な死に方を**せよ**。人に後ろを見せて(=敵の前から逃げて)しまった場合には、親(である私)の顔を再び見ないつもりだと(覚悟)**せよ**。今が(私に会える)最後(の時)と思え。」
○父が子に対して強く諭す場面なので、この「べし」は二例とも命令と考えられる。

❹(多く、下に打消の語を伴って、可能を表し)…**できる**。…**ことができる**。…**ことができそうだ**。「道の程のをかしうあはれなること、言ひ尽くす**べう**もあらず。」〈更級日記・初瀬(はつせ)〉訳道中(の景色)が趣深くしみじみと胸を打つことは、(ことばで)言い尽くす**ことができそうに**もない。
○「べう」は連用形「べく」のウ音便。
「**花の色は雪に交じりて見えずとも香(か)をだににほへ人の知るべく**」歌〈古今集・冬・335〉訳(ウメの白い)花の色は雪(の色)に交じって見えなくても、せめて香りだけでも薫らせよ。(どこに咲いているか)人が知る**ことができる**ように。
○この例のように、下に打消の語を伴わない場合もある。

発展 **①語の成り立ち** 事情を納得し肯定する意味を表す副詞「うべ」に、強調を表す副助詞「し」が付いた「うべし」の、「う」が脱落してできたものかといわれる。

②「む」と「べし」 「べし」はもともとは❶の、当然そうなるはずだと確信を持って推量する意味を表す。単なる推量や意志を表す助動詞「む」よりも、確信の度合いが高く、必然性が強く含まれる。

③❷❸の意味展開 ❷は、主に話し手自身の動作に付いて、終止形で用いられている場合の用法で、「自分が当然そうするはずだ」という意味から、意志・決意を表すようになったものである。❸は、適当・強い勧誘・義務・命令という多様な意味を一まとめにしてあるが、話し手の確信の強さや立場によって意味が変わるだけである。たとえば、上位の者が下位の者に用いる場合は命令の意味となるが、逆の場合は提案するという形で適当の意味になることが多い。

④ウ段音に付く 「べし」のような、活用語の終止形に接続する助動詞が、ラ変型の活用語に付く場合に限り連体形に付くのは、ウ段音に付くという共通の性質があるためである。その、ラ変型活用語の連体形語尾などの「る」は撥音便化したが、撥音は表記できなかったため、たとえば、「あべし」などと表記されている。「あんべし」の撥音無表記である。なお、古くは、上一段動詞には「見べし」「似べし」などのように、未然形あるいは連用形にも付いた例がある。

⑤音便化した形 連用形「べく」はウ音便「べう」、連体形「べき」はイ音便「べい」となることがある。また、連体形「べかる」に推定の助動詞「なり」「めり」が付くと、「べかんなり」「べかんめり」という撥音便になる。中古には撥音「ん」を表記する文字がなかったので、「べかなり」「べかめり」と書かれた。

⑥「まじ」と「べからず」 「べし」の未然形に打消の助動詞「ず」が付いた「べからず」と、ほぼ同じ意味を表す助動詞に「まじ」がある。ただし、「まじ」が和文だけに用いられるのに対して、「べからず」は漢文訓読文に用いられた。

関連語 あべし・べかなり・べかめり・べからず・まじ

二 動詞 他〔タ下二段〕〈て・て・つ・つる・つれ・てよ〉❶（物を）間に置く。仕切る。離す。竹取るに、節を隔てて、節ごとに、黄金ある竹を見つくること重なりぬ。〈竹取・かぐや姫の出生〉訳（竹取の翁は）タケを取ると、節を間に置いて、節と節との間ごとに、黄金が（中に）あるタケを見つけることが度重なった。
❷時間を置く。間を置く。人目慎ましければ、二、三日隔てつつ…書き交はしたまふに、似げなからず。〈源氏・明石〉訳（源氏は頻繁に明石の入道の娘に手紙を出すのも）人目が気になるので、二、三日の間を置いては…文通なさるにつけても、（娘は源氏の相手として）不似合いでない。
❸打ち解けない。嫌って遠ざける。かねてより隔てぬ仲とならはねど別れは惜しきものにぞありける 歌〈源氏・澪標〉訳 以前から嫌って遠ざけはしない（=打ち解けた）関係としてなれ親しんではいないけれど、（やはり）別れは名残惜しいものであったのだった。
発展 一は、二の他動詞に対応する自動詞であるが、自動詞としては後に「へだたる」が使われるようになった。

へだて【隔て】 名詞 ❶間を隔てること。また、そのもの。仕切り。母屋は鬼ありとて、南へ隔ていだして…。〈枕草子・78・職の御曹司におはしますころ、木立などの〉訳 母屋には鬼がいるといって、（母屋と隔離するために）南側へ仕切りを作り出して…。
❷時間的な隔たり。一夜ばかりの隔てだに、また珍しうをかしさ勝りて…。〈源氏・真木柱〉訳 一夜だけの隔たりでさえ、（玉鬘は）さらにすばらしく美しさが勝って…。
❸打ち解けないこと。心の隔たり。よそよそしさ。「なほ心の中の隔て残したまへるなむつらき」と、恨みたまふ。〈源氏・夕顔〉訳「（余すところなく知り合った仲なのに）それでもやはり心の中の隔たりを残していらっしゃるのがつらい。」と、（源氏は夕顔を）お恨みなさる。
❹区別。差異。相違。「幸ひのなきとあるとは、隔てあるべきわざかな。」と見合はせらる。〈源氏・玉鬘〉訳「幸福のない人（=玉鬘）とある人（=紫の上）とは、差異があるはずのものだなあ。」と見比べないでいられない。

❷へだてる（現）↓（古）へだつ【隔つ】

べち‐でん【別殿】 名詞 別の御殿。発展「べつでん」とも。

べち‐なふ【別納】｜のう 名詞 母屋から離れた場所に設けた、主に物をしまう建物。

べち・なり【別なり】

同一でなく、特別であるようす ─ ❶同一でない。別個である。／❷格別である。特別である。

未然形	連用形	終止形	連体形	已然形	命令形
べち・なら	べち・なり べち・に	べち・なり	べち・なる	べち・なれ	べち・なれ

形容動詞〔ナリ・ノ〕❶同一でない。別個である。乳母なる人は、男なども亡くなして、境にて子産みたりしかば、離れてべちに上る。〈更級日記・太井川〉訳（私の）乳母である人は、夫なども亡くして、（関東の下総と武蔵の国の）境で子を産んだので、（私たちと）離れて別個に上京する。
❷格別である。特別である。「何か騒がせたまふ。おのれは狐なり。べちのことなし。」〈宇治拾遺〉訳「どうしてお騒ぎになるのか。私は（ただの）キツネである。特別なことはない。」〇「べちの」は「べちなり」の語幹に格助詞「の」が付いた形で、形容動詞の語幹用法のひとつ。
発展 漢語「別」（「べち」は呉音）が形容動詞になったもの。

へ‐つ【辺つ】 海岸近くの。岸辺の。夕凪に五百重波寄すへつ波のいやしくしくに…。歌〈万葉集・6・931〉訳 夕凪に幾重にも重なるように来る波は寄せる。（この）岸辺の波のようにますますしきりに…。
発展 名詞「へ」+上代の格助詞「つ」。

❸へつ‐い（現）↓（歴）へつひ【竈】

へ‐つ‐かい【辺つ櫂】 名詞 岸辺をこぐ船のかい。対 沖つ櫂。発展「つ」は、「の」の意味を表す上代の格助詞。

へ‐つ‐かぜ【辺つ風】 名詞 海辺近くを吹く風。対 沖つ風 発展「つ」は、「の」の意味を表す上代の格助詞。

べつ‐ぎゃう【別行】｜ぎょう 名詞 仏事や修行などを特別に行うこと。

べつ‐け【別家】 名詞 動詞 自〔サ変〕〈せ・し・す・する・すれ・せよ〉本家から独立して新たに家をおこすこと。分家すること。

べつ‐げふ【別業】｜ぎょう 名詞 別荘。別邸。類 別墅。発展「業」は屋敷という意味。

べつ‐して【別して】 副詞 特に。とりわけ。ことに。「平家をべっして私の敵と思ひたてまつること、ゆめゆめさうらはず。」〈平家・10・千手前〉訳「平家を特に私の敵とお思いしていることは、決してございません。」

べつ‐しょ【別墅】 名詞 別荘。別宅。類 別業。発展「墅」は田の中に設けた収穫用の小屋という意味。

べっ‐たう【別当】｜とう 名詞 ❶令外の官司や特殊な役所の長官。検非違使庁・蔵人所・御書所・内蔵寮などの長官。❷特に、検非違使庁の長官。❸鎌倉幕府で、政所・侍所・公文所などの長官。❹東大寺・興福寺・法隆寺など大寺の長。後には、住職もいう。❺宇佐・鶴岡・石清水などの神宮寺の僧官。検校に次ぐ位で社寺の事務を執り行った。❻院の廏の長官。転じて、馬丁の呼び名。❼荘官のひとつ。荘園の役人。発展 本官のほかに、別の職を担当するという意味。「べたう」とも。

べったう‐せん【別当宣】｜べっとう 名詞 検非違使の別当（=長官）から出す公文書。天皇の勅宣に次いで権威があった。

べったう‐だい【別当代】｜べっとう 名詞 寺社で、別当の代理をする者。

へ‐つ‐なみ【辺つ波】 名詞 岸辺に寄せる波。対 沖つ波 発展「つ」は、「の」の意味を表す上代の格助詞。「へなみ」とも。

へ‐つ‐ひ【竈】｜い 名詞 ❶かまどを守る神。❷かまど。へっつい。発展「へ」はかまど、「つ」は「の」の意味を表す上代の格助詞、「ひ」は霊という意味。

へ‐つ‐へ【辺つ方】 名詞 岸辺。海辺。発展「つ」は、「の」の意味を表す上代の格助詞。

へつら‐ふ【諂ふ】｜へつらう 動詞 自〔八四段〕〈は・ひ・ふ・ふ・へ・へ〉相手に気に入られるように振る舞う。こびる。おもねる。公界にへつらふねぢけ心もなし。〈鶉衣〉訳（うちわは扇と違って）人前で相手に気に入られるように振る舞う（というような）曲がった心もない。

へ‐なたり【甲香】 名詞 アカニシ（=巻き貝の一種）のふた。粉にして練り香の材料にする。

へ‐なみ【辺波】 名詞 ↓へつなみ

へな・る【隔る】 動詞 自〔ラ四段〕〈ら・り・る・る・れ・れ〉（間に物があって）へだてとなる。また、遠く離れる。へだたる。

月見れば国は同じぞ山へなりうつくし妹はへなりたるかも 歌〈万葉集・11・2420〉訳 月を見ると（私たち二人が住んでいる）国は同じである。（しかし）山が**隔てとなり**、いとしいあなたとは**遠く離れ**ていることだなあ。

へ-み【蛇】 名詞《動物》ヘビ。

べ-み（多く「ぬべみ」の形で）…に違いないので。…そうなので。…はずなので。

やまず行かば人目を多みまねく行かば人知りぬべみ… 歌〈万葉集・2・207〉訳（妻のいる所へ）絶えず行ったら人に見られることが多いので、何回も行ったら人が知るに**違いないので**…。

発展 推量の助動詞「べし」の語幹相当部分＋接尾語「み」。上代から中古初期にかけて、特に和歌で用いられた。

へよ【経よ】 動詞「ふ（経）」の命令形。

べらなり 助動詞〔ナリ型〕〈○・べらに・べらなり・べらなる・べらなれ・○〉（推量を表し）…ようだ。…そうに思われる。接続 ラ変型以外の活用語の終止形、ラ変型活用語の連体形に付く。

北へ行く雁ぞ鳴くなる連れて来し数は足らでぞ帰るべらなる 歌〈古今集・羇旅・412〉訳 北へ帰るガンが鳴く声が聞こえる。連れ立って来た（仲間が死んで）数は足りなくなって帰っていく**ようだ**。

立つ波を雪か花かと吹く風ぞ寄せつつ人をはかるべらなる 歌〈土佐日記・一月十八日〉訳 白く立つ波を雪か花かと（見せるように）吹く風は、（波を）吹き寄せながら（見る）人をだましている**ようだ**。

発展 推量の助動詞「べし」の語幹相当部分に、接尾語「ら」、副詞を構成する「に」、補助動詞「あり」が付いた「べらにあり」が変化したもの。

へる（現）↓（古）**ふ【経】**

へん【辺】 名詞 ❶あたり。付近。そば。❷国境。❸おおよその状況。ほど。くらい。

べん【弁】 名詞 太政官に属する官名。左右の弁官局それぞれに大・中・小の弁を置く。八省を分担し、諸省・諸官・国司からの文書を受け付けて、事務処理や上申をした。類 弁官

へん-うん【片雲】 名詞 一片の雲。ちぎれ雲。

予もいづれの年よりか、片雲の風に誘はれて…。〈奥の細道・発端〉訳 私もいつの年からか、**ちぎれ雲**を吹き漂わせる風に誘われて…。

べん-くわん【弁官】 名詞 ↓べん

へん-げ【変化】 名詞 動詞 自〔サ変〕〈せ・し・す・する・すれ・せよ〉❶神や仏が、仮に人の姿をしてこの世に現れること。また、その現れたもの。類 権化・権現

なほ変化の者、天人などの下りきたるにやとおぼえしを…〈枕草子・184・宮に初めて参りたるころ〉訳 やはり**神か仏がこの世に姿を現した**者か、天人などが（地上に）下りてきたのではないかと思われたが…。

❷動物などが姿を変えて現れること。また、その現れたもの。化け物。

❸絶えず移り変わること。絶え間なく変化すること。

常住ならんことを思ひて、変化の理を知らねばなり。〈徒然草・74・蟻のごとくに〉訳（愚かな人は）永久不変であるようなことを願って、（人の世が）**絶え間なく変化する**という道理を知らないからである。

発展「へんぐゑ」「へげ」とも。

へん-こ【偏固】 名詞 心が偏って頑固なこと。偏屈。

へん-さい【辺際】 名詞 果て。限り。

男女死ぬる者数十人、馬牛のたぐひ辺際を知らず。〈方丈記・安元の大火〉訳 男女死ぬ者数十人、ウマやウシのたぐいに至ってはその**限り**を知らない。

発展「へんざい」とも。

べんざい-てん【弁才天・弁財天】 名詞 古代インドの神。梵天の后といわれ、知恵・弁舌・音楽などの徳があるとされる。宝冠・青衣を着け琵琶を弾く姿で、日本では福徳を授ける神とされ、七福神の一つとして信仰された。

［べんざいてん］

へん-し【片時】 名詞 わずかの間。かたとき。

片時も離るべき心地せずして…。〈宇治拾遺〉訳（商人たちは美しい女たちと）**かたとき**も離れることができない気持ちがして…。

へん-しふ【偏執】 名詞 動詞 自〔サ変〕〈せ・し・す・する・すれ・せよ〉❶《仏教語》偏った考えに固執すること。狭い考えにとらわれること。❷ねたましく思うこと。不愉快に思うこと。

発展「へんじふ」「へんしゅ」とも。

遍昭（へんじょう）【ゼウ】人名 平安時代前期の歌人。「遍照」とも書き、花山僧正ともいう。桓武天皇の孫。俗名、良岑宗貞。★六歌仙・★三十六歌仙の一人。仁明天皇に仕え重用されたが、天皇崩御後出家。比叡山で円仁に学び、後僧正に至った。『古今和歌集』などに入集。家集に『遍昭集』がある。816—890

へん・ず【変ず】 一 動詞 自〔サ変〕〈ぜ・じ・ず・ずる・ずれ・ぜよ〉変化する。変わる。

時移り代変じて、その跡確かならぬことのみを…。〈奥の細道・壺の碑〉訳 時代が移り世の中が**変わって**、その（歌枕の）跡がはっきりしないものばかり（であるの）だが…。

二 動詞 他〔サ変〕〈ぜ・じ・ず・ずる・ずれ・ぜよ〉変化させる。変える。

「恩を忘れ契りを変じて、頼朝、義仲らに従ひき。」〈平家・11・逆櫓〉訳「（平家に対する）恩を忘れ約束を**変えて**、（源）頼朝、義仲たちに味方した。」

へん-ち【辺地】 名詞 ❶都から遠く離れた土地。片田舎。類 辺土

四国の辺地を通りし僧、知らぬ所に行きて…。〈今昔〉訳 四国の**片田舎**を歩いていた僧が、見知らぬ所に（迷って）行って…。

❷都の近辺。郊外。

もろもろの辺地などを加へていはば、際限もあるべからず。〈方丈記・飢渇〉訳（京都の）多くの**郊外**などを加算して言うなら、（死者の数は）数えきれるはずもない。

へん-つぎ【偏継ぎ】 名詞 文字遊戯のひとつ。漢字の旁を示して、それに合う偏を組み合わせて文字を完成させ、多くできた者を勝ちとする。

へん-ど【辺土】 名詞 ↓へんぢ

編年体 文芸用語 歴史記述の一形式。年月の順を追って記述する方法。中国では、『春秋』をはじめとして、宋の司馬光の『資治通鑑』などがある。日本でも★六国史など多くの通史にこの体裁がとられた。

へん-やく【変易】 名詞 変わること。また、変えること。発展「やく」は呉音読み。「へんえき」とも。

べん-り【便利】 名詞 大便と小便。また、便通。

ほ

ほ【火】 造語 火という意味を表す。語例 **火**群(=焔)・**火**のほ(=炎)↓古語チャート㉝(983ページ)・㊳(1105ページ)

ほ【百】 造語 百という意味を表す。語例 八**百**万・五**百** 発展 数を表すことばに付いて、「何百」という場合に用いられる。↓百

ほ【帆】 名詞 帆柱に張り上げ、風を受けて船を進ませるための布。

ほ【秀】 名詞 高く秀でているもの。ほかよりも抜きんでているもの。目立っているもの。
見渡せば明石の浦に燭す火の秀にそ出でぬる妹に恋ふらく 歌〈万葉集・3・326〉訳 見渡すと明石の浦でともすいさり火のように**目立っているもの**として（外にはっきりと）現れてしまった、妻に対する私の恋する思いは。
↓古語チャート㉝(983ページ)・㊳(1105ページ)

ほ-い【布衣】 名詞 ❶狩衣。特に、六位以下の者が着た無紋の狩衣。また、それを着る身分の者。❷（貴族が着る）平服。普段着。❸江戸時代、六位以下の武士が着た無紋の狩衣。また、それを着る身分の者。発展 「ほうい」とも。古くは麻で、後には絹で作られた。

ほ-い【本意】 名詞 ↓最重要語(1102ページ)

ほい-な・し【本意無し】 形容詞 ↓最重要語(1102ページ)

母音 国語・国文法 単音のひとつ。口腔または咽頭が、舌・歯・唇・口蓋などの調音器官で閉鎖されたり極端に狭められたりせずに発音される有声音。「★子音」に対する。日本語の標準音での母音は一応、[a][i][u][e][o]の五つ。ただし、半母音の[j][w]は母音に入れない。

ほう（現）↓（歴）**はう**【倣・包・呆・庖・抱・放・方・泡・砲・胞・芳・萌・訪・邦・飽・拋・澎・炮・焙・磅・苞・袍】

ほう（現）↓（歴）**はふ**【法】（仏教語以外）・**ほふ**【法】（仏教語）

ぼう（現）↓（歴）**ばう**【卯・呆・亡・傍・坊・妨・忘・忙・房・望・棒・紡・膨・貌・防】

ぼう（現）↓（歴）**ぼふ**【乏】

ほ-い【本意】

もともとの希望や目的 → ❶**本来の志。**かねてからの希望。目的。 ❷（歌に詠まれる事物の）**性質。情趣。**◉和歌用語。

名詞 ❶**本来の志。かねてからの希望。目的。念願。**
「**つひに本意のごとく会ひにけり。**」〈伊勢・23〉訳（男と女は）とうとう**かねてからの希望**のとおり結婚したのだった。
「『**この人の宮仕への本意、必ず遂げさせたてまつれ。…**』と、返す返すいさめ置かれはべりしかば…。」〈源氏・桐壺〉訳「（更衣の父が）『この人(=更衣)の宮仕えの**念願**を、必ず遂げさせて差し上げよ。…』と、繰り返し言い諭しておかれましたので…。」
❷《和歌用語》（歌に詠まれる事物の）**性質。情趣。**
発展 「ほんい」の「ん」を表記しない形。↓本意

ほい-な・し【本意無し】

本来の意向に反することを残念がる気持ち → ❶**残念だ。**もの足りない。期待外れである。 ❷気に入らない。不本意だ。

形容詞(ク)

未然形	連用形	終止形	連体形	已然形	命令形
ほいな・く	ほいな・く	ほいな・し	ほいな・き	ほいな・けれ	○
ほいな・から	ほいな・かり	○	ほいな・かる	○	ほいな・かれ

❶**残念だ。もの足りない。期待外れである。**
「**さなむ。**」と同じさまにのみあるを、「**ほいなし。**」とおぼす。〈源氏・若紫〉訳「そのような次第で。」と（僧都も尼君と）同じように（紫の上の世話をしたいという源氏の申し出を断る）ばかりなので、（源氏は）「**残念だ。**」とお思いになる。
❷**気に入らない。不本意だ。意に添わない。**
「**人繁く、ひたたけたらむ住まひは、いとほいなかるべし。**」〈源氏・須磨〉訳「人の出入りが多く、雑然としていたりする住居は、まったく**意に添わない**に違いない。」
「**品下り、顔憎さげなる人にもたちまじりて、かけず気圧さるるこそ、ほいなきわざなれ。**」〈徒然草・1・いでや〉訳 身分が低く、顔つきの憎らしい人の中にも入り交じって、簡単に圧倒されるのは、**不本意な**ことである。
発展 **語の成り立ち** 本来の志・かねてからの希望を表す名詞「本意」に形容詞「なし」が付いて一語になったもの。本来の志に反して残念だと思う❶の意味から、❷のように、その状態を非難する気持ちを含んでも用いられる。

ほう-い【布衣】 名詞 ↓ほい（布衣）

ほう-いう【朋友】 名詞 親しい友。友人。あるいは、親昵。**朋友のために作る。**〈方丈記・閑居の気味〉訳 ある者は、親しい人や**友人**のために（家を）作る。発展「ぼういう」とも。

ほう-えき-の-はう【縫腋の袍】 両わきが縫い付けてある上着。宮廷で、天皇・文官・高位の武官が着用した。図 闕腋の袍 発展「まとはしのうへのきぬ」とも。

ほう-おん-かう【報恩講】 名詞《仏教語》開祖の恩に報いるため、その忌日にちなんで行う法会。特に、浄土真宗の開祖、親鸞への報恩の行事をいう。お講。季語 冬

ほう-か（現）↓（歴）**はうくゎ**【半靴】

ほう-が【奉加】 名詞 動詞 自（サ変）〈せ・し・す・する・すれ・せよ〉神仏に金品を寄進すること。また、その寄進する金品。寄付。奉納。

ほうが-ぎん【奉加銀】 名詞 社寺に奉納する金。

ほうが-ちゃう【奉加帳】 名詞 神仏に寄進した金品の目録や、寄進した人の氏名などを記す帳簿。

ほうがん（現）→（歴）**はうぐゎん**【判官】

伯耆【ハウ キ】旧国名 伯州。★山陰道八か国の一つ。今の鳥取県西半部。→ビジュアルチェック ❼（450ページ）

ほう-ぎょ【崩御】名詞 動詞 自〔サ変〕〈せ・し・す・する・すれ・せよ〉天皇・皇后・上皇・皇太后などがお亡くなりになること。

ほう・く【惚く】動詞 自〔カ下二段〕〈け・け・く・くる・くれ・けよ〉《中世以降》ぼんやりする。ぼける。また、夢中になる。**唐人にのろはれて後には、いみじくほうけて、ものも覚えぬやうにてありければ…。**〈宇治拾遺〉訳 中国人にのろわれてからは、ひどくぼけて、何も分からないようすであったので…。

ほう-ぐ【反古・反故】名詞 →ほぐ

発展「ほく」が変化したもの。

ほう-くゎ【烽火】名詞 のろし。

ほう-けん【宝剣】名詞 宝として秘蔵している剣。特に、三種の神器の一つである草薙の剣を指す。

保元物語 作品名 鎌倉時代初期の軍記物語。作者不明。保元の乱の顛末を★和漢混交文で記す。琵琶法師によって語られた。源為朝の活躍を中心に、敗れた崇徳上皇方の人々の哀れさも描く。

ほう-こ【布袴】名詞 平安時代の男子の略礼装。袍に下襲・指貫を着用する。公事ではない儀式に用いた。

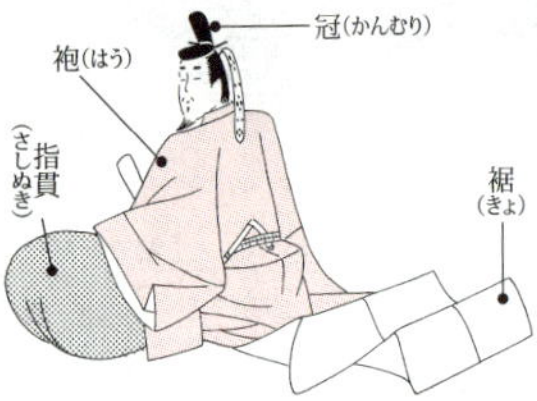

［ほうこ］

ほう-ご【反古・反故】名詞 →ほぐ

ほう-こう【奉公】名詞 動詞 自〔サ変〕〈せ・し・す・する・すれ・せよ〉❶天皇に仕えること。朝廷に仕えること。また、その者。
❷主君・主人に仕えること。また、その者。
❸主君に仕えて功績があること。職務に忠実に励むこと。また、その者。**「見えたる事もなうて、いかが頸をば斬るべき。さしも奉公の者であるものを。」**〈平家・11・壇浦合戦〉訳「はっきりした証拠もなくて、どうして首を切ってよいものか。あれほど職務に忠実に励んでいる者であるのに。」
❹《近世以降》他家で働くこと。

ほうこう-かまひ【奉公構ひ】名詞 武士に対する刑罰のひとつで、切腹に次ぐ重刑。奉公を禁じて、家禄を召し上げ追放するもの。

ほう-ざ（現）→（歴）**ばうざ**【病者】

ほう-さん【宝算】名詞 天皇の年齢を敬った言い方。お年。

ほうし（現）→（歴）**ほふし**【法師】

伯州【ハク シウ】旧国名 →伯耆

豊州【ホウ シウ】旧国名 →豊前・豊後

防州【バウ シウ】旧国名 →周防

房州【バウ シウ】旧国名 →安房

方丈記【ハウヂャウ キ】作品名 →必修古典ビッグ30 ㉔（1104ページ）

ほう-じん【封人】名詞 国境の番をする役人。また、国境近くに住む者。発展「封」は境界という意味。

ほう・ず【崩ず】動詞 自〔サ変〕〈ぜ・じ・ずる・ずれ・ぜよ〉（天皇・皇后・上皇・皇太后などが）お亡くなりになる。崩御する。**「帝すでに崩じたまひにき。」**〈今昔〉訳「帝はすでにお亡くなりになってしまった。」〇「崩ず」は尊敬語だが、この例ではさらに尊敬の補助動詞「たまふ」を伴っている。

ほう・ず【封ず】動詞 他〔サ変〕〈ぜ・じ・ずる・ずれ・ぜよ〉領地を与えて支配者とする。（領主・大名に）取り立てる。「男は候にだも封ぜられず。女は妃たり。」〈平家・6・葵前〉訳「男は領主にさえも取り立てられない。（しかし）女は（うまくすれば）皇后である。」

ほう-ぜん【宝前】名詞 神前・仏前を敬った言い方。お前。

ぼう-たん【牡丹】名詞 ❶《植物》キンポウゲ科の落葉低木。ボタン。晩春から初夏に大輪の花を付ける。季語 夏
❷★襲の色目のひとつ。表は白、裏は紅梅。
発展 ❶は、中国から渡来し、平安貴族に愛好された。和歌では「深見草」の名で詠まれる。

ほう-ぢゃう【方丈】名詞 ❶一丈（＝約三メートル）四方。
❷《仏教語》寺の長老・住職の部屋。また、住職。インドの維摩居士の居室が一丈四方であった故事による。

ほう-と 副詞（物を投げたり、突いたりするようすを表し）ぽんと。どんと。轅ほうとうち下ろすを…。〈枕草子・25・すさまじきもの〉訳 牛車の★轅をぽんと（地面に）下ろすので…。

ほう-とう【宝灯】名詞 神仏に供える灯火。神灯。みあかし。

法然【ホフ ネン】人名 平安末期・鎌倉時代初期の僧。浄土宗の開祖。黒谷上人とも。『観経疏』『★往生要集』に接して浄土教に帰依し、専修念仏による往生を説いた。著書に『選択本願念仏集』『黒谷上人語灯録』などがある。その事跡は後世絵画化され、『法然上人絵伝』が残されている。1133―1212 →浄土❷

ぼう-はん【謀判】名詞 印鑑を偽造したり、盗用したりすること。また、その印鑑。偽判。偽印。

ほう-び【褒美】名詞 動詞 他〔サ変〕〈せ・し・す・する・すれ・せよ〉❶褒めたたえること。❷褒めて物を与えること。また、その金品。

ほう-ほう 副詞（物を投げたり、たたいたりするようすを表し）ぽんぽん。

五つ、六つ、**ほうほうと投げ入れなどするこそいみじけれ。**〈枕草子・306・日のいとうららかなるに〉訳（マツの丸太を）五、六本、ぽんぽんと投げ入れたりなどするのは驚きだ。

発展 多く「と」を伴って用いる。

ほう-むる（現）→（古）**はぶる**【葬る】

ほう-もち【捧物】名詞 神仏に奉る物。ささげ物。発展「ほうもつ」とも。

ほう-らい【蓬莱】名詞 ❶「★蓬莱山」の略。❷蓬莱山をかたどった台上に、松竹梅や鶴亀などを飾った祝儀用の飾りもの。「蓬莱飾り」の略で）❸（「蓬莱飾り」の略で）三方の台に干しアワビ・コンブ・干したクリなどを盛った正月用の飾り物。季語 春

［ほうらい❸］

ほうらい-さん【蓬莱山】名詞 中国の伝説上の理想郷。東方海中にあり、不老不死の仙人が住むという山。発展「蓬莱」「蓬莱の山」とも。

法隆寺【ホフリュウ ジ】寺社名 奈良県生駒郡にある寺。「法隆学問寺」「斑鳩寺」とも。聖徳宗大本山。南都七大寺の一つ。聖徳太子と推古天皇により創建。→ビジュアルチェック ㉕（1097ページ）

◉成立…鎌倉時代初期
◉作者…鴨長明(かものちょうめい)
◉分野…随筆

方丈記
必修古典ビッグ30 24

▼長明法師画像

【冒頭の一文】

ゆく河の流れは絶えずして、しかももとの水にあらず。 訳 流れる川の流れは途絶えることがなくて、それでいて以前のままの水ではない。

【書名の由来】

本文中に「その家のありさま、世のつねにも似ず。広さはわづかに方丈(=一丈四方)、高さは七尺がうちなり。」と自分の草庵を記している文章による。

【成立と作者】

◉成立…一二一二(建暦二)年三月晦日ごろ。

◉作者…鴨長明。一一五五(久寿二)年ごろ～一二一六(建保四)年。歌人・随筆家。京都の下鴨神社の禰宜、鴨長継の次男として生まれた。本名「長明」。

父が死んでから、神社の職を継ぐことができなくなり、それ以後は歌人として活躍する。俊恵に和歌を学び、『千載和歌集』に一首、『新古今和歌集』に十首の歌が入集している。後鳥羽院のもと、宮中の和歌所の寄人(=和歌の選定などを司った役職)を命じられる。一方、琵琶の名手でもあった。元久元(一二〇四)年五十歳ごろ出家し、法名を蓮胤と名乗った。大原山で隠遁生活を送った後、日野山に草庵を作り、移り住む。

作品には、『方丈記』の他に、仏教説話集の『発心集』や歌論書の『無名抄』、家集に『鴨長明集』などがある。兼好法師とともに隠者文学の代表的作家として、後世への影響は大きい。

【概要】

◉分量は、今の文庫本にすると、十五ページにも満たない。

前半は、自分が体験した五大災厄、つまり安元の大火・治承の辻風(=大きなつむじ風)・福原への遷都による混乱・養和の大飢饉・元暦の大地震などの天変地異や社会の変動のようすを克明に記録し、人生の無常を嘆いている。

後半は、一転して、日野山の奥の草庵での隠遁生活が描かれている。

◉『枕草子』のように断片的で情趣的な随筆とは異なり、仏教的無常観を基調とし、一貫した構成を持っている。全編を通じて「人」と「栖」の無常が語られ、その無常の世の中での我が身のあり方を論じている。

【主な内容】

◉養和の大飢饉…隆暁法印は、養和の大飢饉のとき、無数の餓死者が出たのを悲しみ、行き会うごとに、死者の額に梵字の「ア」の字を書いて、往生できるようにした。すさまじい世の中での尊い僧である。

◉満沙弥の生き方にならって…作者は、『拾遺和歌集』に載っている「世の中を何にたとへむ朝ぼらけこぎ行く舟の跡の白波」(巻二〇)という満沙弥の歌を引用し、「もし、跡の白波に、この身を寄する朝には、岡の屋(=宇治川ぞいの地名)に行き交ふ船をながめて、満沙弥が風情をぬすみ…。」と書いている。

◉隠遁生活の理想…源都督は、作者の和歌の師俊恵の祖父にあたる。詩歌管絃に優れた。作品中には、先の満沙弥の引用に続いて、「もし、桂の風、葉を鳴らす夕べには、尋陽の江(=白楽天の詩)を思ひやりて、源都督の行ひを習ふ。」と書かれている。先の満沙弥と同じく、この源都督も、隠遁生活における作者の理想の人物として、名が挙げられている。

◉作者の出家遁世…父方の祖母の家に住んでいたが、下鴨神社の、父の後継者ともなりえないなど、自分の運の悪さを悟って、ついに五十歳の春に出家する。日野山の草庵の暮らしは快く、気の向くままに念仏を唱えているが、その生活に愛着を感じる自分を、作者は深く反省する。

【ことばと表現】

◉「大福光寺本」(一二四四年)では、「ユク河ノナカレハタエスシテシカモ、トノ水ニアラス」というふうに、カタカナに若干漢字を混ぜて書いてある。基本的に和漢混交文であるが、漢語は意外に少ない。

◉「対句」が多用されている。「玉敷の都のうちに棟を並べ、甍を争へる、高きいやしき人の住まひは…」という文における、「棟を並べ」と「甍を争へる」、「高き」と「いやしき」がこれに当たる。↓対句

◉漢文訓読語が多用される中で、「～といへども」の用法には注意したい。逆接の確定条件を表すばかりでなく、次のように逆接の仮定条件にもなる。

あるいは露落ちて花残れり。残るといへども、朝日に枯れぬ。(=あるときは(朝顔の)露が落ちて、花が残っている。残っていても、朝日で枯れてしまう。)

◉丁寧語の「はべり」が前半だけに見られる。「恐れの中に恐るべかりけるは、ただ地震なりけりとこそ覚えはべりしか。」のように、天変地異に接した心境を謙抑的に読者に物語ろうと意識した場面、あるいは「治承四年水無月のころ、にはかに都遷り侍りき。」のように、古風な物言いを意図した場合などに用いたようである。

◉自分が直接見聞体験した記事と、他人からの伝聞による記事を、助動詞「き」と「けり」を的確に使って記し分けている。↓けり 類語比較

去にし安元三年四月廿八日かとよ、風烈しく吹きて、静かならざりし夜、戌の時ばかり、都の東南より火出で来て、西北に至る。はてには朱雀門大極殿大学寮民部省などまで移りて、一夜のうちに塵灰となりにき。火元は樋口富の小路とかや。舞人を宿せる仮屋より出で来たりけるとなん。

例文中の「き」は、都に起こった大火事を作者自身が見聞したことを表し、「ける」は出火元に関する情報を伝聞したことを表す。

❶**ほうる**（現）↓（古）**はふる【放る】**

ほう-れん【鳳輦】名詞 屋根に金の鳳凰を付けた、天皇専用の輿。即位・大嘗祭・御禊・節会などの盛大な儀式や正式の行幸に用いた。

［ほうれん］

ほう-わう【鳳凰】名詞 ❶古代中国の想像上の鳥。頭はニワトリ、首はヘビ、あごはツバメ、背はカメ、尾は魚で、羽には五色の模様がある。聖徳の天子の兆しとして世に現れるという。❷紋所のひとつ。❶を図案化したもの。

［ほうわう❶］

❶**ほえる**（現）↓（古）**ほゆ【吠ゆ・吼ゆ】**

❶**ほお**（現）↓（歴）**ほ【朴・厚朴】**

ほか【外】名詞 ❶そと。表。
葦垣の外にも君が寄り立たし恋ひけれこそば夢に見えけれ 歌〈万葉集・17・3977〉訳 アシの垣根の**そと**にあなたが寄り立ちなさって恋い慕ってくれたので、（あなたが私の）夢に見えたの（だろう）か。
❷世間。外界。
世に従へば、心、外の塵に奪はれて惑ひやすく…。〈徒然草・75・つれづれわぶる人は〉訳 俗世間に順応すると、心は、**外界**の刺激に引きつけられて迷いやすく…。
❸よそ。ほかの所。
あらざらむこの世のほかの思ひ出にいまひとたびの逢ふこともがな 百人一首〈後拾遺集・763〉訳 ↓あらざらむ…
❹以外。そのほか。
ひぐらしの鳴く山里の夕暮れは風よりほかにとふ人もなし 歌〈古今集・秋上・205〉訳 ヒグラシが鳴く山里の夕暮れ（時に）は、風**以外**に訪ねてくれる人もいない。
❺外形。外面。上辺。

ほか-ありき【外歩き】名詞 外出。
御いとまなくて、外歩きもしたまはず。〈源氏・澪標〉訳（源氏は）お暇がなくて、（愛人たちの許への）**外出**もなさらない。

ほ-かげ【火影】名詞 ❶火の光。灯火の光。
心もとなき程の火影に、御髪いとをかしげに華やかに削ぎて…。〈源氏・澪標〉訳 ぼんやりした（ほの暗い）程度の**灯火の光**に、（六条御息所の）お髪はたいそう趣のあるようすで際立って美しく尼そぎにして…。
❷灯火に照らされた姿や影。
人の気色も、夜の火影ぞ、よきはよく…。〈徒然草・191・夜に入りて〉訳 人の容姿も、夜の**灯火に照らされた姿**は、立派な人はより立派に（見え）…。
発展「ほ」は「ひ」の母音が交替した形。
↓古語チャート㊳（1105ページ）

ほか-ざま【外方・外様】名詞 よその方。無関係な方。
心賢しき者、念じて射むとすれども、ほかざまへいきければ…。〈竹取・かぐや姫の昇天〉訳 気丈な者が、こらえて射ようとするが、（矢は）**無関係な方**に（飛んで）いったので…。

ほか-ばら【外腹】名詞 本妻以外の女性から生まれること。また、その子。

ほかひ-びと【乞児】名詞 祝福することばを唱えて、食べ物などを求め歩いた者。こじき。

ほか-ほか・なり【外外なり】形容動詞（ナリ）〈なら・なり（に）・なり・なる・なれ・なれ〉離れ離れになっている。
はやうありし者どもの、外々なりつる、田舎だちたる所に住む者どもなど、みな集まり来て…。〈枕草子・25・すさま

まとめて覚えよう古語チャート㊳
火という意味を表す「ほ」のつくことば

文献以前の時代から『万葉集』が編集された時代までの日本語には、八つの母音がありました。母音イ・エ・オには二種類のイ・エ・オがあって、いま、それらを甲類・乙類と呼び分けています。

母音が「イ」である「ひ」の音には、甲類の「日」と、乙類の「火」とがありました。その乙類は母音を変えることが容易で、複合語化するときには「ほ」となったのです。

現代語としては一語の名詞になっている「炎」ですが、古典語として歴史的仮名遣いで書くと「ほのほ」となります。「ほのほ」の下の「¹ほ」は、表面に出ているものを指しており、「稲の穂」の「穂」と同じといってもいいものです。そして、上の「²ほ」は「³ひ」の母音が交替したものだったのです。火の意の「ほ」は、複合語をつくる成分として用いられるだけですので、本書では造語成分と呼んで取り扱っています。造語成分「ほ」によって構成される複合語を、下の図でよく確認してください。

赤字は最重要語・重要語

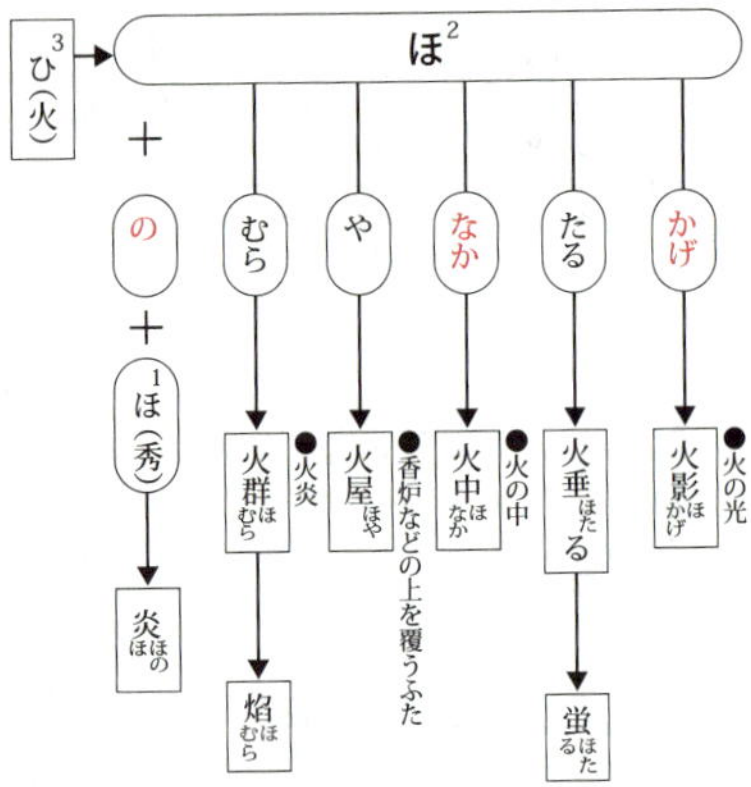

じきもの〉訳（今年こそ主人が任官すると聞いて）以前（仕えて）いた者たちで、**離れ離れになって**しまった者や、いかにも田舎だという感じがしている所に住む者たちなどが、残らず集まって来て…。

ほか-め【外目】名詞 ほかに目を移すこと。よそ見。

ほがら-か・なり【朗らかなり】形容動詞〔ナリ〕〈なら・なり（に）・なり・なる・なれ・なれ〉❶（景色などが）明るい。
大学の窓に光ほがらかなる朝は、眼もかはさず守る。〈宇津保〉訳 大学の窓に光が**明るい**朝は、わき目もふらずじっと（本を）読む。
❷（気分・性格・表情などが）明るい。
「帰る雁をなかせて。」など答へたれば、**いとほがらかにうち笑ふ。**〈蜻蛉日記〉訳「帰るガンを鳴かせて。」などと応じたところ、とても**明るく**笑う。
❸（物事に）よく通じている。
その方にまことに深くしみ、顕、密ともにほがらかなるをば…。〈栄花〉訳 その方面に本当に造詣が深く、天台、真言二宗ともに**よく通じている**者を…。

ほがら-ほがら【朗ら朗ら】副詞（朝日が昇りかけてしだいに明るくなっていくようすを表し）晴れ晴れ。しらじら。
しののめのほがらほがらと明けゆけばおのがきぬぎぬなるぞ悲しき 歌〈古今集・恋3・637〉訳 明け方が**しらじら**と明けていくと、二人がそれぞれ自分の着物を着る別れの朝が来る。それがつらいことだ。
発展 多く「と」を伴って用いる。

ほか-ゐ【外居・行器】名詞 外出のとき食物などを入れて運ぶ容器。円筒形で丈が高く、ふたと三本の脚が付いている。

[ほかゐ]

ほき-うた【祝き歌・寿き歌】名詞 ❶上代の歌曲のひとつで、天皇を祝って歌う歌。❷祝って詠む歌。祝賀の歌。

ほ-く【発句】名詞 ↓ほっく

ほ・く【惚く・呆く】一動詞 自〔カ四段〕〈か・き・く・く・け・け〉ぼける。ぼんやりする。
「**世にもほきたることと、そしりきこゆ。**」〈源氏・常夏〉訳「世間でも（内大臣が近江の君を世話するとは、内大臣も）**ぼけ**たことだと、悪口を申し上げる。」
二動詞 自〔カ下二段〕〈け・け・く・くる・くれ・けよ〉一の意味に同じ。
「**自らを『ほけたり。ひがひがし。』とのたまひ恥ぢしむるは、ことわりなることになむ。**」〈源氏・真木柱〉訳「私を『**ぼけ**ている。ひねくれている。』とおっしゃって辱めるのは、もっともなことで（ある）。」
発展 中世以降、「ほうく」とも。

ほ・く【祝く・寿く】動詞 他〔カ四段〕〈か・き・く・く・け・け〉祝う。たたえ祝う。祝い事を言う。類 言祝く
あしひきの山の木末のほよ取りてかざしつらくは千年寿くとぞ 歌〈万葉集・18・4136〉訳 山のこずえのヤドリギを取って髪に差したのは、千年（の命）を**祝う**ということだ。〇「あしひきの」は「山」に係る枕詞。

ほ-ぐ【反古・反故】名詞 ❶書き損じたりして不用になった紙。使用済みの紙。また、古手紙。❷不用のもの。むだ。
発展「ほうぐ」「ほご」「ほうご」「ほんご」とも。

ほくこく-びより【北国日和】名詞 北陸地方特有の変わりやすい天気。

ぼく-せき【木石】名詞 木や石。非情の者、また人情を理解しない人にたとえていう。
人、木石にあらねば、時にとりて、ものに感ずることなきにあらず。〈徒然草・41・五月五日〉訳 人は、**木や石のように非情のもの**ではないので、折に触れて、物事に感動することがないわけではない。

ほく-だう【北堂】名詞 母（特に他人の母親）を敬った言い方。母堂。発展 古代中国で、家の北側に主婦の居場所を設けたことから。

ほく-と【北斗】名詞 北斗星。北斗七星。

ぼく-とつ【朴訥・木訥】名詞 性格が素朴で無口なこと。口べた。

ほ-ぐみ【穂組み】名詞 刈り取った稲穂を乾燥させるために、組んで積んでおくこと。また、そのもの。

ほく-めん【北面】
名詞 ❶**院（＝上皇）の御所を警護する武士の詰め所。**
❷「★**北面の武士**」の略。
北面にさうらひける藤判官信盛を西国へ差し遣はさる。〈平家・11・内侍所都入〉訳（後白河院は）**院の御所を警護する武士の詰め所**でお仕え申し上げていた三等官の藤原信盛を西国にお遣わしになる。
❷「**北面の武士**」の略。❶**に伺候する武士。**
北面の輩多く与力したりけり。〈平家・1・鹿谷〉訳 **北面の武士**の連中が大勢（平家打倒の計画に）参画していたのだった。
発展 **語の背景** 平安時代末期、白河法皇の院政期に初めて置かれたもので、院の御所の中の北にあったことから「北面」といわれた。鎌倉時代初期の後鳥羽上皇の時代には、さらに兵力を増強するため、御所の西側に「西面の武士」も置かれたが、これは承久の乱以降、廃絶された。

ほくめん-の-ぶし【北面の武士】院の御所の北方に詰めて警護をする武士。発展 一〇九五（嘉保二）年、白河上皇の時から設けられた。

ほ-くら【神庫・宝倉】名詞 ❶神宝を納めておく倉。❷社。ほこら。神社。

ほく-れい【北嶺】名詞 比叡山★延暦寺の別の呼び名。発展 奈良の興福寺を「南都」というのに対していう。

北陸道【ほくろくだう】旧国名「ほくりくどう」とも。★五畿七道の一つ。今の中部地方の日本海沿岸地帯。古くは、「くぬがのみち」「くにがのみち」などともいわれた。愛発の関以北の★若狭・★越前・★加賀・★能登・★越中・★越後・★佐渡の七か国からなる。また、近世、これらの諸国を通じる街道をもいう。↓越・**ビジュアルチェック**❼（450ページ）

ほけ-きゃう【法華経】名詞（「妙法蓮華経」の略で）仏教の経典。二十八品（章）からなる。天台宗・日蓮宗の根本経典であるが、宗派を超えて重視されている。

ほけ-ほけ・し【惚け惚けし】形容詞〔シク〕〈しく・しく・し・しき・しけれ・○／しから・しかり・○・しかる・○・しかれ〉ひどくぼけている。呆然としている。類 惚れ惚れし
ただあやしうほけほけしうて、つくづくと臥し悩みたまふを…。〈源氏・葵〉訳（六条御息所が）ただ変に**呆然としていて**、思いに沈んだようすで臥せったまま苦しんでいらっしゃることを…。〇「ほけほけしう」は連用形

「ほけほけしく」のウ音便。
発展 下二段動詞「惚く」の連用形を重ねて、形容詞化したことば。

ほこ【矛・鉾・戈・戟・鋒】 名詞 ❶両刃の剣に長い柄を付けた武器。❷弓の幹。❸一般に、武器。❹❶をかたどったもので飾り立てた山車(だし)。特に、京都の祇園祭(ぎおんまつ)りの山鉾(やまぼこ)が有名。

ほ-こら【祠・叢祠】 名詞 小さな社(やしろ)。 発展「神庫(ほくら)」が変化したことば。

ほこら・し【誇らし】 形容詞〔シク〕〈しく・しく・し・しき・しけれ・○／しから・しかり・○・しかる・○・しかれ〉得意である。自慢したい。
千々(ちぢ)の情けも思ほえずひとつ心ぞ誇らしき… 歌〈古今集・雑体・1003〉訳 たくさんの感情も浮かんでくることなく、(この)一つの気持ちだけ**自慢したい**よ…。

ほこらし-げ・なり【誇らしげなり】 形容動詞〔ナリ〕〈なら・なり(に)・なり・なる・なれ・なれ〉得意そうだ。
発展 四段動詞「誇る」が形容詞になったことば。
漁(あさ)りする海女(あま)ども誇らしげなり。〈源氏・明石(あかし)〉訳 (降り続いていた空も晴れわたり)魚を捕る漁師たちも**得意そうだ**。

ほこり-か・なり【誇りかなり】 形容動詞〔ナリ〕〈なら・なり(に)・なり・なる・なれ・なれ〉得意そうだ。誇りに思う。
下には思ひくだくべかめれど、誇りかにもてなして、つれなきさまにしありく。〈源氏・須磨(すま)〉訳 (伊予介(いよのすけ)の子は、源氏に伴って須磨へ下ることを)心の中では思い悩んでいるに違いないようであるけれど、**得意そうに**振る舞って、平然としたようすをしながら時を過ごす。

ほこ・る【誇る】 動詞 自〔ラ四段〕〈ら・り・る・る・れ・れ〉自慢する。得意になる。
人としては善に誇らず、物と争はざるを徳とする。〈徒然草・167・一道(いちだう)に携(たづさ)はる人〉訳 人間としては(自分の)善行を**自慢せず**、他人と争わないのを美徳とする。

ほころび【綻び】 名詞 ❶縫い目がほどけること。❷衣服や几帳(きちゃう)の帷子(かたびら)(=垂れ下がった布)などでわざと縫い合わせていない部分。

ほころ・ふ【誇ろふ】 動詞 自〔ハ四段〕〈は・ひ・ふ・ふ・へ・へ〉《上代語》自慢する。得意になっている。
我(あれ)を置きて人はあらじと誇ろへど… 歌〈万葉集・5・892〉訳 私を除いて(他に)立派な人はいないだろう、と**得意になっている**けれど…。
発展「ほこらふ」(四段動詞「ほこる」の未然形＋上代の反復・継続の助動詞「ふ」)が変化したことば。

ほころ・ぶ【綻ぶ】 動詞 自〔バ上二段〕〈び・び・ぶ・ぶる・ぶれ・びよ〉❶縫い目がほどける。ほつれる。
単(ひとへ)の御衣(おほんぞ)の綻びたる、着替へなどしたまても、とみにもえ動いたまはず。〈源氏・夕霧〉訳 (落葉の宮は)裏地のない一重のお召し物で**縫い目がほどけ**ているのを、着替えなどなさっても、すぐにも動くことがおできにならない。○「たまて」は、「たまひて」のウ音便形「たまうて」の「う」を表記しない形。
❷口を開ける。口を開けて笑う。また、鳥が鳴く。さえずる。
人々、皆綻びて笑ひぬれば…。〈源氏・少女(をとめ)〉訳 人々が、みな**口を開け**て笑ったので…。
❸つぼみが開く。
青柳(あをやぎ)の糸よりかくる春しもぞ乱れて花の綻びにける 歌〈古今集・春上・26〉訳 青々としたヤナギが(風になびいて)糸をより合わせた(ようにみえる)春にかぎって、(糸となる枝が)乱れて、(着物の縫い目がほどけるように)花は**つぼみが開い**てしまったことだなあ。○この例では「糸よりかくる」と関連させて、❶の意味を掛けて用いている。
❹外に現れる。露見する。
御簾(みす)の下より、裳(も)の裾(すそ)など綻び出(い)づるほどほどに…。〈紫式部日記〉訳 すだれの下から、★裳の裾などが**外に現れ出**ている辺りなどに…。
発展『源順集(みなもとのしたがうしゅう)』に「綻ぶ花」という例があることから、中古以降、四段活用も併用されたとする説もあり、その活用の違いによって意味も微妙に区別されていたかといわれる。ただし、四段と上二段とは連用形と終止形とが同じであるため、形のうえでは区別できない例が多い。

ほこ-を-さかしまに-す【戈を倒しまにす】 味方に武器を向ける。味方を裏切る。
官軍の中にふたごころある者出(い)で来て、ほこをさかしまにすることあるべし。〈太平記(たいへいき)〉訳 天皇の軍の中にふたつの気持ちを抱く者が出てきて、**味方を裏切る**ことがあるに違いない。

ぼさつ【菩薩】 名詞 ❶《仏教語》最高の悟りを開いた修行者で、あらゆる人々を救済しようとする、仏の次に位する者。❷朝廷から徳の高い僧に賜わった称号。❸★本地垂迹(ほんぢすいじゃく)の説に基づき、神に付けた称号。❹米の別の呼び名。米を褒めたたえていうことば。❺雅楽の曲のひとつ。
発展 ★梵語(ぼんご)に漢字の音を当てはめたことばで、「菩提薩埵(ぼだいさった)」の略。「ぼさち」とも。

ほし【星】 名詞 ❶太陽・月・地球を除く天体。また、その光。❷神楽歌のひとつで、明け方に歌うもの。「明星(あかぼし)」「得選子(とくせんこ)」などの曲がある。❸かぶとの鉢に並べて打ち付けた鋲(びょう)の頭。その形状により大星・小星・角星などがある。❹★陰陽道(おんやうだう)の九星(きゅうせい)のうち、その人の生まれ年に当たっているもの。その巡り合わせを見て吉凶を判断する。また、その年々の吉凶。運勢。❺紋所のひとつ。円形を❶に見立てていろいろ組み合わせたもの。

ほ・し【欲し】 形容詞〔シク〕〈しく・しく・し・しき・しけれ・○／しから・しかり・○・しかる・○・しかれ〉❶自分のものにしたい。所有したい。
「この住吉の明神は、例の神ぞかし。欲しき物ぞおはすらむ。」とは、今めくものか。〈土佐日記・二月五日〉訳「この住吉の明神は、例の神様だよ。**自分のものにしたい**物がおありになるのだろう。」と(船頭が言うの)は、なんと(神様まで)当世風に振る舞うことではないか。
❷そうありたいと願う。
老いぬればさらぬ別れもありといへばいよいよ見まくほしき君かな 歌〈古今集・雑上・900〉訳 ↓おいぬれば…

ほし-あひ【星合ひ】 名詞 陰暦七月七日の七夕の夜、牽牛(けんぎゅう)・織女(しょくじょ)の二星が会うこと。季語 秋

ほしい(現)↓(古)**ほし【欲し】**

ほし-いひ【乾し飯・糒】 名詞 飯を乾燥させた保存食。湯や水で柔らかくして食べる。旅行やいくさのときなどに携行した。季語 夏 発展「ほしひ」とも。

ほしき-まま・なり【擅なり・恣なり・縦なり】 形容動詞〔ナリ〕〈なら・なり(に)・なり・なる・なれ・なれ〉勝手気ままだ。思いどおりに振る舞う。
愚かにして慎めるは、得の本(もと)なり。巧みにしてほしきままなるは、失の本なり。〈徒然草・187・万(よろづ)の道の人〉訳 愚かでも用心深くしているのは、成功のもとである。器用であっても**勝手気ままな**のは、失敗のもとである。

ほし-づきよ【星月夜】 名詞 ❶月がなく、星だけが明るく輝いている夜。星明かりの夜。季語 秋
❷歌謡・謡曲などで「鎌倉」「鎌倉山」を導くことば。「われ一人鎌倉山を越えゆけば星月夜こそうれしかりけれ」〈永

久百首〉の歌を踏まえて用いられる。


補助活用（ほじょかつよう） 発展 国語・国文法 形容詞が、本来、助動詞と直接結び付かず、また、命令形を持たなかった欠陥を補うために、連用形「く」（ク活用）「しく」（シク活用）と補助動詞性を有するラ変動詞「あり」とが融合して発達した活用。カリ活用ともいう。補助活用には、ふつう終止形・已然形が存在しないが、中古和文において、「多し」は例外的に、終止形「多かり」、已然形「多かれ」が用いられた。

また、形容詞についてだけでなく、形容動詞の活用もその連用形「に」「と」に「あり」が融合して発達したものであり、さらには断定の助動詞「なり」「たり」、そのほか「ず」「べし」「まじ」「まほし」などの助動詞も、ラ変型に活用する部分は、広くこの補助活用と考えることができる。

↓形容詞活用表（14ページ）・**読解の手引き❶**（98ページ）

補助形容詞（ほじょけいようし） 国語・国文法 ★補助用言のひとつ。形容詞本来の独立性を失って形式化し、他の語の下に付いて助動詞のように付属的な意味を添える形容詞。

たとえば、形容詞「無し」が「存在しない（非存在）」という本来の意味を失い、形容詞・形容動詞・断定の助動詞「なり」などの連用形の下に付いて打消の意味を添える働きとなったとき、これを補助形容詞という。

なお、本書では、「がたし」「ぐるし」を補助形容詞と認め、「うし」「ござなし」「なし」「にくし」「やすし」「よし」に補助形容詞の用法を認めるが、これらを接尾語とする説もある。


補助語（ほじょご） 国語・国文法 文節の役割の名称のひとつ。★連文節をなす文節のうち、他方に対して補助的意味を添える働きをする文節。

たとえば、「いと難きことになむ**はべれば**」において、「いと難きことに」の「に」は断定の助動詞だから、下の「はべれ」は、実質的な意味を付け加えているのではなく、断定の助動詞「なり（にあり）」の一部である「あり」の部分を丁寧にいっているにすぎない。そこで、この「はべれば」という文節は、「難きことになむ」の補助語ということになる。また、このような関係の連文節は相互に緊密なため、意味上のまとまりが強い。

↓補助・被補助の関係

補助動詞（ほじょどうし） 国語・国文法 ★補助用言のひとつ。動詞の用法上の名称で、動詞本来の持っている意味が希薄になり、独立性を失って形式化し、他の語の下に付いて助動詞のように付属的な意味を添える動詞。ただし、単独で文節を作るという点で助動詞と区別される。橋本進吉はこれを五類に分類した。古語の場合、次のように整理できる。
①形容詞・形容動詞の連用形に付く、存在を表す「あり」とその系統の動詞。以下に引く補助動詞については、本来の存在する意が消えていることに注目したい。「あり」「はべり（侍り）」「さうらふ（候ふ）」「さぶらふ（候ふ）」「おはす」など。「さぶらふ人々苦しう**はべる**べし」
②「に」「にて」とともに体言に付いて指定の意味を表す動詞。「ゆほびかなる（=ゆったりとしている）所に**はべる**」
③動詞の連用形に付いて、尊敬・謙譲・丁寧の意味を表す動詞。以下の用例についていうと、本来の授与する意や発言する意が消えていることに注目したい。「ただ責めに責め**まうし**、恨み**きこえ**て笑ひ**たまふ**に」
④動詞の連用形に助詞を介した形に付く「す」。上にある動詞の意味をそのまま受けていて、「す」そのものには意味がないことに気づきたい。「入りにし人のおとづれも**せ**ぬ」
⑤動詞の連用形に接続助詞「て」を介した形に付く「あり」の意味の動詞。「二十人の人の上りて**はべれ**ば」
さらに、次の二類が、後の研究者によって付け加えられた。
⑥接続助詞「て」に付いて、様態・授受等の表現を構築する動詞。以下の用例についていうと、注視する意や授与する意が消えていることに注目したい。「女もして**みむ**とて、するなり」「この馬の口引きて**たべ**」
⑦動詞二語連用の複合動詞の後項となって、抽象的な概念を添える動詞。以下の用例についていうと、越えて移動する意が消えていることに注目したい。「逢ぁはぬ日多く恋ひ**わたる**かな」
↓**読解の手引き㉑**（1108ページ）

補助・被補助の関係（ほじょ・ひほじょのかんけい） 国語・国文法 文節相互の関係のひとつ。上の文節に付属して、下の文節が補助的な意味を添える関係にあるとき、下の文節を「★補助語」、上の文節を「被補助語」という。

たとえば、「例の猫には あらず…（=普通の猫ではなくて…）。」において「あら（ず）」の上の文節は主要な意味を表し、下の「あら（ず）」そのものは補助的な意味を添えている。

補助語は★補助用言か、これに助動詞・助詞の付いたものからなる。

読解の手引き㉑

補助動詞――動詞のもう一つの顔

a「ただ、わが　女御子（をんなみこ）たちの　同じ　列（つら）に　思ひ　きこえむ。」〈源氏・桐壺（きりつぼ）〉

という例で、「きこえ」（終止形は「きこゆ」）は、どのように解釈したらよいでしょうか。「きこゆ」は、この辞典では次のように二つに分けて立項してあります。

①「聞こえる」系…一般語（410ページ）…❶聞こえる。❷広く伝わる。❸理解できる。

②「申し上げる」系…最重要語（矩形（くけい）記事410ページ）…【一】❶申し上げる。❷お願い申し上げる。❸差し上げる。

①の系列で解釈すると、「思って聞こえる」などとなって意味をなしません。②でも、「思って申し上げる」となって、これも変です。そこで、②の最重要語「きこゆ」の項の【二】補助動詞とある部分を見ると、「お…申し上げる。」とあります。それを適用すると、「お思い申し上げる。」と解釈することができます。始めに①②の系列の訳語をあてはめて解釈を試みてうまくいきませんでした。それは、①②は独立した動詞としての意味だったからです。さて、それでは、この補助動詞とはどのような動詞なのでしょう。

「補助動詞」とは①②のような**本来の動詞としての意味を失って、ある特定の意味**（ここでは「お…申し上げる。」という「謙譲」の意味）**を上の語に添えるはたらきを持つ動詞**を言います。一般に、この「きこゆ」のような「敬語動詞」のほとんどすべては、補助動詞としての機能を持っています。↓基本敬語動詞一覧表（26ページ）

敬語動詞以外の補助動詞の例も見ておきましょう。

b**そは　花に　あらず**。（それは花でない。）

c**花　咲きわたる**。（花が一面に咲く。）

bの「あり」は、打消の助動詞「ず」を伴って、「～（で）ない。」という打消の判断を示し、cの「わたる」は、「一面に～する。」という意味を表しています。いずれも、「存在する。」「移動する。」という実質的な意味を失って使われています。この「あり」や「わたる」も「補助動詞」の一つなのです。

補助用言 国語・国文法 用言のうち、本来の具体的な意味を表さなくなり、他の用言その他に付いて付属的な意味を添えるようになったもの。助動詞と似たような働きをするが、それ自身独立した用法もあり、単独で文節を作ることができるという点で、助動詞とは異なるものとする。補助用言には、★補助動詞と★補助形容詞とがある。

ほ・す【干す・乾す】 動詞 他 〈サ四段〉〈さ・し・す・す・せ・せ〉 ぬれたものを乾かす。

歌 **春過ぎて夏来たるらし白たへの衣干したり天の香具山**〈万葉集・1・28〉訳↓はるすぎて…

ほぞ【臍】 名詞 へそ。発展 古くは「ほそ」。

細川幽斎 人名 安土桃山時代の武将。信長・秀吉・家康に仕えた。和歌に優れ、三条西実枝より古今伝授を受け、それを集大成するなど、江戸初期歌壇の中心人物として活躍。家集『衆妙集』のほか、多くの古典注釈がある。*1534―1610*

ほそ-ごゑ【細声】―名詞 小さな声。かぼそい声。

ほそ・し【細し】 形容詞〈ク〉〈く・く・し・き・けれ・○／から・かり・○・かる・○・かれ〉❶幅が狭い。やせている。ほそい。

「戸口の前なる**細き板敷き**にゐたまひて…。」〈枕草子・23・清涼殿の丑寅の〉訳（御局の）戸口の前にある**幅の狭い**板敷きにお座りになって…。

❷量が少ない。勢いが弱い。わずかである。

「あやしき風**細う**吹きて、この浦に着きはべること、まことに神のしるべ違はずなむ。」〈源氏・明石〉訳「不思議な風が**わずかに**吹いて、この浦に着きますことは、本当に神のお導きに偽りはございませんで。」○「細う」は連用形「細く」のウ音便。

❸運勢などが盛んでない。先細りである。

「この大臣、いとやむごとなくおはしましかど、御末**細く**ぞ。」〈大鏡・為光〉訳この大臣（＝藤原為光）は、まことに貴くていらっしゃったけれど、子孫は**先細りである**。

❹《歌論用語》（作風に）繊細微妙な趣が感じられる。

「春、夏は太く大きに、秋、冬は**細く**からび、恋、旅は艶に優しく仕うまつれ。」〈無名抄・会歌姿分事〉訳「春、夏の歌は堂々と雄大に、秋、冬の歌は**繊細微妙で**枯れた感じに、恋、旅の歌は優美で風情あるようにお詠みいたせ。」

ほそ-どの【細殿】 名詞 ❶殿舎などをつなぐ渡り廊下。渡殿などに当たる。❷殿舎の廂の間まで、細長いもの。仕切って局

ほそ-なが【細長】 名詞 ❶女性の上着。袿に似ているが、大領（＝衣の前襟）がなく、小袿の上に着る。❷貴族の子供の着物。男女共に着用し、水干に似て襟から飾りひもが下げてある。

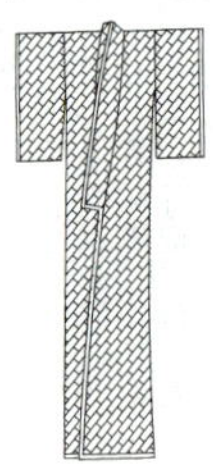
［ほそなが❶］

［ほそなが❷］

ほそ-み【細み】 名詞 蕉風俳諧における美的理念のひとつ。どんな卑小なものでもおろそかにせず、その中に深く入り込んで美を見いだそうとする心。およびそれが句に反映していること。

「物じて、さび、位、**細み**、しをりのことは、言語筆頭に言ひおほせがたし。」〈去来抄・修行〉訳だいたい、さび、位、**細み**、しおりというものは、ことばや文章では十分に言い尽くせない（ものである）。

ほそ-やか-なり【細やかなり】 形容動詞〈ナリ〉〈なら・なり（に）・なり・なる・なれ・なれ〉ほっそりとしている。

「**細やかに**いみじうなまめかしう…。」〈枕草子・129・関白殿黒戸より〉訳（関白殿は）**ほっそりとして**たいへん優雅（なお姿）で…。

ほそ-や・ぐ【細やぐ】 動詞 自〈ガ四段〉〈が・ぎ・ぐ・ぐ・げ・げ〉やせる。ほっそりする。

「昔よりは少し**細やぎて**、あてにらうたかりつるけはひなどは…。」〈源氏・宿木〉訳（中の君の）昔よりは少し**ほっそりして**、上品で愛らしかったようすなどは…。

発展「やぐ」は接尾語。

ほそ・る【細る】 動詞 自〈ラ四段〉〈ら・り・る・る・れ・れ〉❶やせる。細くなる。また、少なくなる。

「いと恥づかしうて背きたまへる、いと小さう**細りたまひ**て…。」〈源氏・柏木〉訳（女三の宮は）たいへんきまりが悪くて横を向いていらっしゃるのだが、ますます小さくお**やせになって**…。

❷人目を忍ぶ。身をすぼめて隠れる。

「やをらかい**細りて**出でたまふ道に…。」〈源氏・少女〉訳（内大臣は）そっと**人目を忍んで**お出かけになる途中で…。○「かい」は接頭語。

ほた【榾】 名詞 たきものにする木の切れ端。季語 冬

ぼだい【菩提】 名詞《仏教語》❶煩悩（＝人を悩ます欲望）を断って悟りの境地に入ること。

「今日の講師の説法は、**菩提**のためと思し…。」〈大鏡・後一条院〉訳「今日の（雲林院の菩提講の）講師の説法は、**煩悩を断って悟りの境地に入ること**のためとお考えになり…。」

❷仏道修行の結果、成仏すること。極楽往生すること。

❸死後の冥福。

「仏の御名をも唱へて、亡き人の御**菩提**をも弔らひまゐらせたまへかし。」〈平家・9・小宰相身投〉訳「仏のお名前をも唱えて、亡き人のご**冥福**もお弔い申し上げなさいませ。」

発展 ★梵語に漢字の音を当てはめたことば。道・知・覚などと漢訳される。

ぼだい-かう【菩提講】―名詞《仏教語》極楽往生を求めて、法華経を講義する法会。

ほだし【絆】

つなぎ留め、束縛するもの
- ❶**手かせ・足かせ・綱などの道具。**
- ❷**心を引き止めるもの。自由を束縛するもの。**

名詞 ❶（人の手足やウマの足に絡ませて自由を奪う）**手かせ・足かせ・綱などの道具。**

「山出し七十五人して引いたる楠にて上げ**ほだし**を打たせ…。」〈近松・出世景清〉訳山から材木を運び出す人足七十五人でもって引っ張ってきたクスノキで（平景清の）足を上げたまま動けないようにする**足かせ**を付けさせ…。

○「上げほだし」という複合名詞の形で、「足を上げたまま動けないようにする足かせ」の意味を表す。

❷**心を引き止めるもの。** **自由を束縛するもの。**（物事を行うとき）**障害となるもの。**

「この世のほだし持たらぬ身に、ただ空の名残のみぞ惜しき。」〈徒然草・20・なにがしとかや言ひし〉訳「この俗世間の(中には何も)心を引き止めるもの(=執着)を持っていない自分に(とって)、ただ(移ろいゆく)空模様の後に残る余韻だけが名残惜しいものだ。」

ほだ・す【絆す】動詞 他〔サ四段〕〈さ・し・す・す・せ・せ〉つなぎ止める。情愛で縛る。束縛する。「この男にほだされて。」とてなむ泣きける。〈伊勢・65〉訳「この男に情愛で縛られて。」と言って(女は)泣いたのだった。

ほたる【蛍】名詞《動物》昆虫のひとつ。ホタル。季語 夏
→古語チャート38(1105ページ)

ほたる-び【蛍火】名詞 ホタルの放つ火。季語 夏

ぼたん【牡丹】名詞 ↓ぼうたん

ぼたんちりて…句
牡丹散りてうちかさなりぬ二三片〈蕪村句集・与謝蕪村〉訳 盛りを過ぎたボタンの大きな花びらが散り落ちて、黒い土の上に二、三片の花びらが重なり合っている。
発展 初句を「牡丹散って」とする説もある。
○季語 牡丹—夏

ほ-つ-え【秀つ枝・上つ枝】名詞 木の上の方の枝。対 下枝
発展「ほ」は抜き出ているという意味。「つ」は、「の」の意味を表す上代の格助詞。

ほっ-き【発起・発企】名詞 動詞 自〔サ変〕〈せ・し・す・する・すれ・せよ〉❶《仏教語》悟りを得ようとする心を起こすこと。また、そのために仏道に入ること。類 発心 ❷思い立つこと。物事を新しく企てること。❸あきらめること。

ほっ-く【発句】名詞 ❶漢詩・和歌の第一句。初句。❷連歌・俳諧の第一句。最初の五・七・五の十七字で、原則的に切れ字・季語が必要。対 挙げ句 ❸❷が独立してできた五・七・五の句。俳句。発展 ❸は、「ほく」とも。独立した文芸形式としてとらえ、「俳句」と呼ぶのは明治以降。

ほっ-け【法華】名詞 ❶↓ほけきやう ❷「法華宗」の略。「*法華経」をよりどころとする宗派の意。平安時代は天台宗を指していい、鎌倉時代に日蓮宗が興ってからは、日蓮宗を指していう。

ほっ-けう【法橋】名詞 ❶《仏教語》(「法橋上人位」の略で)僧位の第三位。法眼に次ぐ。僧官の律師に相当し、五位に準じられた。❷中世以降、僧位に準じて、医師・絵師・仏師などに授けられた地位。

ほっけ-ざんまい【法華三昧】名詞《仏教語》法華経により仏法の真理を得ること。また、そのために法華経を唱えることに没頭すること。発展「ほっけさんまい」とも。

ほっけ-だう【法華堂】名詞(「法華三昧堂」の略で)*法華三昧を行う堂。

ほっけ-はっかう【法華八講】名詞《仏教語》法華経八巻を、朝夕それぞれ一座に一巻ずつ講じて、四日間で講読する法会。八講。法華八講会。発展 平安時代以降盛んに行われ、一種の社交場ともなった。

ほっ-さう【法相】名詞《仏教語》❶万物の本質はひとつであるが、その相(=現れる姿)はそれぞれ異なるという教理。❷「法相宗」の略。南都六宗の一つ。奈良時代、元興寺・興福寺を中心に隆盛を極めた。

ほっ-しん【発心】名詞 動詞 自〔サ変〕〈せ・し・す・する・すれ・せよ〉《仏教語》悟りを得ようとする心を起こすこと。また、そのために仏道に入ること。出家すること。類 発起
それよりしてこそ、熊谷が発心の思ひは進みけれ。〈平家・9・敦盛最期〉訳(平敦盛の首を切った)そのときから、熊谷(次郎直実)の出家の願いは(ますます)募ったのだった。

発心集【ほっしんしふ】作品名 鎌倉時代前期の仏教説話集。*鴨長明著。従来の霊験談や高僧伝、往生伝とは異なり、さまざまな隠遁者の生き方を描き、真の仏教者のありようを追究している。一二一六(建保四)年ごろまでに成立したと思われる。

ほっ・す【欲す】動詞 他〔サ変〕〈せ・し・す・する・すれ・せよ〉望む。欲しがる。したいと思う。しようとする。しそうになる。
風景見るがごとくなる歌を見ては、我も及ばんことを欲し…。〈国歌八論〉訳 風景を(現実に)目にするような歌を見ては、自分も(そういう歌を作れるような)境地に達したいことだと望み…。

ほっする(現)↓(古)**ほっす【欲す】**

ほっ-たい【法体】名詞《仏教語》❶万物の持っている本体。実体。❷出家すること。また、その者。僧形。

ほ-て【帆手】名詞 帆を張るための綱。帆綱。

ほてい【布袋】名詞 七福神の一つ。姿は僧形で太っていて、大きな布の袋をかついでいる。中国唐末の禅僧である布袋和尚を神格化したもの。

ほ

ほど【程】名詞 形式名詞 重要語(1111ページ)↓最

ほ-とき【缶】名詞 湯水や酒などを入れる素焼きの土器。胴が太く口が小さい。

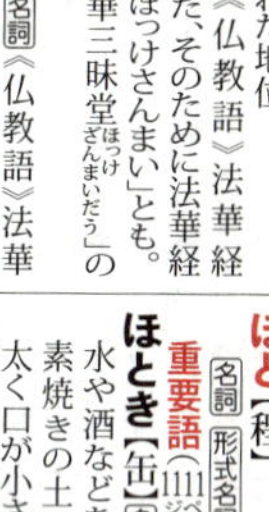
[ほてい]

ほとけ【仏】名詞 ❶仏教上の真理を悟った者。仏陀。
心の内に仏を念じたまひて…。〈源氏・夕顔〉訳(源氏は)心の中で仏にお祈りになって…。
❷釈迦牟尼仏。釈迦。
仏の生まれたまひし日より、昨日まで栄えたる栴檀の樹にはかに枯れぬ。〈三宝絵〉訳 釈迦がお生まれになった日から、昨日まで繁茂してきたセンダンの木が急に枯れてしまった。
❸仏像。
仏師にて仏をいと多く造りたてまつりし功徳によりて…。〈更級日記・宮仕え〉訳 仏師であって仏像をたいへん多くお造り申し上げた功徳によって…。
❹仏法。仏教。
「さても、うれしく対面したるかな。仏の御しるしなめり。」〈大鏡・序〉訳「それにしても、うれしいことに(あなたと)会ったことだなあ。(これも)仏法のご利益であるようだ。」
❺仏事。
「明後日仏にいとよき日なり。」〈栄花〉訳「あさっては仏事(をするの)にたいへんよい日だ。」
❻(自分にとって)大切な人。
「あが仏、何事思ひたまふぞ。」〈竹取・かぐや姫の昇天〉訳「私の大切な人(=かぐや姫)よ、どのようなことをお思い悩みになっているのか。」
❼死人。亡者。また、その霊。
❽正直で温厚な人。情け深い人。また、お人よし。
❾慈悲。慈悲の涙。

ほとけはつねに…歌謡
仏は常にいませども 現ならぬぞあはれなる 人の音せぬ暁に ほのかに夢に見えたまふ〈梁塵秘抄〉訳 仏はいつもいらっしゃるけれども、現実に(見えて)いないのが、寂しいことだ。人が寝静まった夜明け前の

暗い時分に、かすかに夢のなかにお現れになるのだよ。

ほどこ・す【施す】動詞 他〔サ四段〕〈さ・し・す・す・せ・せ〉❶広める。広く行き渡らせる。**いよいよ頼朝権を施して、さらに君の御後見をうまつる。**〈増鏡〉訳（平家滅亡後）いよいよ頼朝は権力を**広く行き渡らせて**、そのうえ後白河上皇の後見役としてお仕え申し上げる。

❷行う。用いる。「**願ふは、捨てずして兄たる教へを施したまへ。**」〈雨月・菊花の約〉訳「どうか、（この子を）見捨てずに兄としての指導を**行って**ください。」

❸（恵みなどを）与える。また、付け加える。「**人のために御情けを施させましまさば、神明三宝加護あるべし。**」〈平家・1・清水寺炎上〉訳「人のためにお情けを**与え**ていらっしゃるならば、神仏の加護があるに違いない。」

ほど【程】

時間的・空間的・社会的な、おおよその程度や間隔

一 名詞
- 〔時間〕
  - ❶時。時間。月日。
  - ❷（…の）ころ。時分。
- 〔空間〕
  - ❸距離。隔たり。道のり。
  - ❹辺り。付近。
  - ❺広さ。大きさ。
- 〔社会〕
  - ❻身分。地位。家柄。
  - ❼年齢。年のころ。
  - ❽間柄。
  - ❾ようす。ありさま。

二 形式名詞
- …（している）間。…（している）うち。◉多く「～ほどに」の形で用いられる。

一 名詞 ❶時。**時間**。月日。**程経るままに、せむ方なう悲しうおぼさるるに…。**〈源氏・桐壺〉訳**時**がたつにつれて、（帝は更衣の死を）どうしようもないほどに悲しくお思いにならないではいられないので…。

❷（…の）**ころ**。時分。時期。**九月二十日余りの程、長谷に詣でて、いとはかなき家に泊まりたりしに…。**〈枕草子・228・九月二十日余りのほど〉訳九月二十日過ぎの**ころ**、長谷寺にお参りして、たいへん粗末な家に泊まっていたところ…。

❸**距離**。隔たり。道のり。**忘るなよ程は雲居になりぬとも空行く月の巡り会ふまで**〈伊勢・11〉訳（私のことを）忘れないでくれよ。（二人の）**距離**は空に遠く隔たってしまっても、空を行く月が巡るように（二人が再び）巡り会うまで。

❹**辺り**。付近。**音に聞きし猫股、過たず足もとへふと寄り来て、やがてかき付くままに、頸の程を食はんとす。**〈徒然草・89・奥山に、猫股といふもの〉訳うわさに聞いた猫股（＝ネコの化け物）が、ねらいどおり（僧の）足もとへさっと寄ってきて、すぐさましがみつくと同時に、首の**辺り**を食いつこうとする。

❺**広さ**。大きさ。「**家の程、身の程に合はせてはべるなり。**」〈枕草子・8・大進生昌が家に〉訳「（私の家の門が小さいのは）家の**大きさ**や、自分の身分に釣り合うようにして（作って）あるのでございます。」○「身の程」の「程」は❻の意味。

❻**身分**。地位。家柄。**同じ程、それより下臈の更衣たちは、まして安からず。**〈源氏・桐壺〉訳（帝の愛情を独占している桐壺の更衣と）同じ**身分**や、それよりも低い身分の女御方より）いっそう平穏で（いられ）ない。

❼**年齢**。年のころ。**十一になりたまへど、程より大きに大人しう清らにて、ただ源氏の大納言の御顔を二つに写したらむやうに見えたまふ。**〈源氏・澪標〉訳（東宮は）十一歳におなりになるけれど、**年齢**のわりには大きく大人びていて美しくて、まるで源氏の大納言のお顔を二つに写したように（＝そっくりに）お見えになる。

❽**間柄**。「**かく親しき程ながら、おぼつかなくのみ。**」〈源氏・柏木〉訳「（私たち二人は）こんなに親しい**間柄**なのに、（あなたの病気の原因が聞けないのが）心細いばかりで（ある）。」

❾**ようす**。ありさま。**外の方に髪の打ちたたなはりてゆるらかなる程、長さ推し量られたるに…。**〈枕草子・36・七月ばかりいみじう暑ければ〉訳（女の寝ている所から）外の方に（まで伸びた）髪の毛が重なってゆったりとしている**ありさま**（を見て）、（髪の）長さが自然と推測されたが…。

二 形式名詞（多く「～ほどに」の形で）…（している）間。…（している）**うち**。↓程に

夜になして京には入らむと思へば、急ぎしもせぬほどに、月出でぬ。〈土佐日記・二月十六日〉訳夜にして（＝夜になるのを待って）から都に入ろうと思うので、特に急ぎもしない（でいる）**うち**に、月が出た。

発展 ①上代は「ほと」と清音。

②**語の歴史**　経過する時間を表す一❶がもともとの意味であるが、中古以降、用法が広がって距離・空間・身分など広く物事の程度を表すようになった。

③**現代語とのつながり**　二の形式名詞としての用法は中古から見られる。そこから、中世以降、「ほどに」の形で「…（する）ので」という意味を表す接続助詞ができた。同時に「…ぐらい」「…につれてますます」という意味の副助詞の「ほど」も生まれ、現代語にも残っている。

ほど-こそ-あら-め【程こそあらめ】…（の）程度ならよいだろうが。…（の）間ならよいだろうが。**我と等しからざらん人は、大方のよしなしごと言はんほどこそあらめ…。**〈徒然草・12・同じ心ならん人と〉訳自分に比べて（気持ちが）同じでないような人は、普通のつまらないことを言うような**程度ならよいだろうが**…。

発展 名詞「ほど」＋係助詞「こそ」＋ラ変動詞「あり」の未然形＋推量の助動詞「む」の已然形。

ほとど【殆ど】副詞 ほとんど。

ほとど継ぎ目も放ちつべし。〈枕草子・23・清涼殿の丑寅の〉訳（緊張して）**ほとんど**（墨を挟む道具の）継ぎ目も外してしまいそうだ。

発展「ほとほと」が変化したもの。

ほととぎす【時鳥・杜鵑・郭公・子規】一 名詞《動物》ホトトギス科の鳥。日本には五月ごろ飛来し、九月ごろ南方に去る。『万葉集』以来、夏の到来を告げる鳥として多く詠まれた。冥府に通う鳥ともいわれ、「死出の田長」という別の呼び名を持つ。季語 夏

二 枕詞「飛ぶ」に、また（その同音を含む）地名「飛幡」などに係る。

ほととぎす…百人一首

ほととぎす鳴きつる方をながむればただ有り明けの月ぞ残れる〈千載集・161・藤原実定〉訳 ホトトギスが鳴いた方角を眺めやると、（そこには）ただ有り明けの月（だけ）が残っていることだ。〇「有り明けの月」は、夜が明けても空に残っている月。

発展『後拾遺集』中の藤原頼通の歌「有り明けの月だにあれやほととぎすただ一声の行く方も見む」を本歌とする。

品詞分解・修辞

ほととぎす	鳴き	つる	方	を	ながむれ	ば
	カ四・用	完了・体		格助	マ下二・已	接助

ただ	有り明け	の	月	ぞ	残れ	る
副		格助		係助（係）→	ラ四・已（結）	存続・体

ほととぎす…歌

ほととぎすなくや五月のあやめ草あやめも知らぬ恋もするかな〈古今集・恋1・469〉訳 ホトトギスが鳴く五月に咲くアヤメ、（そのアヤメではないが、私は）あやめ（＝道理）をわきまえない（ような）恋をもすることだなあ。〇上の句は、第四句の「あやめ」を導く序詞。

発展 作者未詳の歌。『古今集』の恋の歌の部は、恋愛の初めから終わりまでを順にたどった歌の配列になっているが、これはその巻頭歌で、恋愛の初期の心を詠んでいる。

ほととぎす…句

ほととぎす大竹藪をもる月夜〈嵯峨日記・松尾芭蕉〉訳 静けさの中にホトトギスが鳴いた。声の方に目をやると、大きなタケがたくさん茂った透き間から月の光が漏れている夜だ。〇季語 ほととぎす―夏

発展 竹林で名高い京都の嵯峨で詠んだ句。

ほととぎす平安城を筋違に〈蕪村句集・与謝蕪村〉訳 ホトトギスが鳴きながら飛び去った。平安城のまっすぐな町並みを斜めに横切って。〇季語 ほととぎす―夏

発展 碁盤の目のような京都の町並みの静寂さを、切り裂くようにホトトギスが鳴いて飛ぶ一瞬をとらえる。

ほど-な・し【程無し】形容詞［ク］〈く・く・し・き・けれ・〇／から・かり・〇・かる・〇・かれ〉❶狭い。

程なき庭に、されたる呉竹、前栽の露は、なほ、かかる所も同じごときらめきたり。〈源氏・夕顔〉訳 **狭い**庭に、しゃれたハチク（が見え）、植え込みの草木の露は、やはり、こんな所（＝場末のあばら屋）でも（大邸宅と）同じようにきらきらと輝いている。

❷距離が近い。そばである。**起き出でてそそめき騒ぐも程なきを、女いと恥づかしく思ひたり。**〈源氏・夕顔〉訳（長屋の住民たちが）起きだしてがやがや騒いでいるのも（間近に聞こえ、すぐ）**そばである**状態を、女（＝夕顔）はひどく恥ずかしいと思っている。

❸小さい。低い。卑しい。**程なき衵、人よりは黒う染めて…。**〈源氏・葵〉訳（葵の上が亡くなったので、童女あてきは）**小さい**★衵を、人よりも黒く染めて…。

❹時間があまり経過しない。早い。**明けたてば、川の方を見やりつつ、羊の歩みよりもほどなき心地す。**〈源氏・浮舟〉訳 夜が明け始めると、（浮舟は）川の方を見やりながら、ヒツジの歩みよりも（死に近づくのが）**早い**心地がする。

❺若い。**程なき御身に、さる恐ろしきことをしたまへれば、すこし面痩せ細りて…。**〈源氏・若菜上〉訳（明石の女御は、十三歳という）**若い**お体で、あのように恐ろしいこと（＝出産）を経験なさったのであるから、少しお顔がやつれて…。

ほど-に【程に】一 連語（事態の移り変わり・時間の経過を表し）…（する）と。…（し）たところが。…（し）ているうちに。

人の娘を盗みて、武蔵野へ率てゆくほどに、盗人なりければ、国の守にからめられにけり。〈伊勢・12〉訳（男が）他人の娘を盗んで、武蔵野へ連れて行った**ところが**、（その男は）盗人であったので、国司の長官に逮捕されてしまった。

二 接続助詞（原因・理由を表し）…ので。…から。…によって。接続 活用語の連体形に付く。

人目をつつむほどに、問ひとぶらふ者一人もなし。〈平家・2・大納言死去〉訳（大納言成親が流罪に処されてから、その妻と親しくするのは）人目をはばかる**ので**、見舞いに訪れる者は一人もいない。

発展 一は、形式名詞「ほど」＋格助詞「に」。二は、中世以降、それが一語になったもの。

ほど-に-つ・く【程に付く】連語 程度に応じる。身分に応じる。

程に付けたる願どもなど、かつがつ果たしける。〈源氏・澪標〉訳（明石の君は自分の）**身分に応じた**（住吉神社への）数々の祈願などを、どうにかこうにか成し遂げた。

発展 名詞「ほど」＋格助詞「に」＋四段動詞「つく」。

ほと・ぶ【潤ぶ】動詞 自［バ上二段］〈び・び・ぶ・ぶる・ぶれ・びよ〉水分を含んで柔らかくなる。ふやける。

みな人、乾飯の上に涙落としてほとびにけり。〈伊勢・9〉訳 その場にいる人は全員、干した飯の上に涙を落として（それで飯は）**ふやけて**しまった。

ほと-ほと【殆・幾】

物事がぎりぎりのところまで進んでいるようす
- ❶もう少しで。危うく。
- ❷ほとんど。大体。

副詞 ❶**もう少しで。危うく。**

「**ただ垣を隔ててはべれば、童部も、ほとほと焼けぬべくてなむ。**」〈枕草子・314・僧都の御乳母のままなど〉訳「（隣家とは）ただ単に垣根を隔てておりますので、（近所の火事では）寝所に寝ておりました愚妻も、**危うく**焼けて（死んで）しまいそうで（あった）。」

❷**ほとんど。大体。**

傍らにゐて、法文のことを言ふに、智海ほとほと言

ひ回されけり。〈宇治拾遺〉訳（智海という高僧が重病の人の）そばに座って、仏教の教えのことを言うと、智海は（その重病人に）ほとんど論破されたのだった。

発展 ①語の成り立ち　果て・際限などの意味を表す名詞「辺」の「ほと」を重ねたことばで、物事がぎりぎりの所まで進み、ある状態にひどく近づいているようすを表す。
②現代語とのつながり　中古末期には「ほとほど」「ほとをと」などとも表記され、中世以降は現代語と同じ「ほとんど」の形になった。

ほど-ほど【程程】 名詞 それぞれの身分・分際。身分相応。
発展 多く「と」を伴って用いる。

ほと-ほと 副詞（戸をたたく音を表し）とんとん。こつこつ。**折節、妻戸をほとほとと打ちたたく。**〈平家・3・無文〉訳その時、（だれかが）妻戸を**とんとん**とたたく。

ほと-ほと・し【殆し・幾し】 形容詞〔シク〕〈しく・しく・し・しき・しけれ・○／しから・しかり・○・しかる・○・しかれ〉❶さし迫っている。ほとんど…しそうである。
主計頭が、ほとほとしかりけむなどぞ、かの監がゆゆしさを思しなずらへたまふ。〈源氏・蛍〉訳（七十歳の）主計頭が、（住吉の姫君を）**ほとんど**盗み**そうで**あったとかいう話などに、（玉鬘は）あの大夫監の忌まわしさをお思いになりなぞらえていらっしゃる。〇前後の文脈から推測する。この場合は盗む行為を指している。
❷今にも死にそうである。**小さくて病して、ほとほとしかりけるに、親、大きなる願どもを立てたりけり。**〈宇津保〉訳幼くて病気にかかって、**今にも死にそうであった**が、親が、大願を立て（て助かっ）たのである。

ほど-ほど・し【程程し】 形容詞〔シク〕〈しく・しく・し・しき・しけれ・○／しから・しかり・○・しかる・○・しかれ〉長い時間がたっている。久しい。
なげ木樵る人入る山の斧の柄のほどほどしくもなりにけるかな 歌〈拾遺集・913〉訳投げ木を切る人が入る山の斧の柄のように、嘆きが凝り固まって（時がたって）**久しく**なってしまったなあ。〇「なげき」は「嘆き」と「投げ木」、「こる」は「樵る」と「凝る」を掛ける。三句までが「ほどほどし」を導く序詞。「斧の柄の」は、山に木を切りに行き、碁を打つ仙人を見るのに夢中になり、持っていた斧の柄が朽ちるほど時間がたってしまったという、中国の故事による。

ほとほ・る【熱る】 動詞 自〔ラ四段〕〈ら・り・る・る・れ・れ〉❶ほてる。熱を出す。**この証空、頭痛み、心地あしく、身ほとほりて耐へがたく覚えければ…。**〈発心集〉訳この証空（という僧）は、頭が痛み、気分が悪く、体も**ほてって**我慢できないと思われたので…。
❷腹を立てる。怒る。「**さるべきこともなきを、ほとほり出でたまふ、やうこそはあらめ。**」〈枕草子・162・弘徽殿とは〉訳「そんなはずのこともないのに、**怒り出し**なさるのは、（何か）わけがあるのだろう。」

ほと-め・く 動詞 自〔カ四段〕〈か・き・く・く・け・け〉ことことと音を立てる。**思ひ掛けず、暗き所などに、ほとめきありきたるこそをかしけれ。**〈枕草子・43・虫は〉訳（コメツキムシが）予期しない（のに）、暗い所などで、**ことことと音を立て**て歩きまわっているのはおもしろい。
発展「ほと」は擬声語、「めく」は接尾語。

ほど-らひ【程らひ】 名詞 程合い。程度。具合。
発展「ほどあひ」が変化したことば。

ほとり【辺】 名詞 ❶付近。そば。近く。**その沢のほとりの木の陰に下りゐて、乾飯食ひけり。**〈伊勢・9〉訳その沢の**近く**の木の陰に（ウマから）下りて座って、干した飯を食べた。
❷縁につながる人。近親者。「**人ひとりを思ひかしづきたまはむゆゑは、ほとりまでも匂ふ例こそあれ…。**」〈源氏・真木柱〉訳「あの方（＝紫の上）ひとりを（源氏が）大切に扱っていらっしゃったりするからには、**縁につながる人**までも恩恵を受けて栄える（という）例があるものだが…。」
❸果て。際限。辺境。

ほとり-ば・む【辺ばむ】 動詞 自〔マ四段〕〈ま・み・む・む・め・め〉❶端近に位置する。奥まっていない。**廊など、ほとりばみたらむに住ませたてまつらむも、飽かずいとほしくおぼえて…。**〈源氏・東屋〉訳渡り廊下を兼ねた建物など、**端近に位置し**ていたりする所に（浮舟を）住まわせ申し上げたりすることも、（母親は）不満足で気の毒だと思われて…。
❷あさはかな振る舞いをする。あさはかである。「**もはら、さやうのほとりばみたらむ振る舞ひすべきにもあらず。**」〈源氏・東屋〉訳「まったく、そのような**あさはかであっ**たりする行為をしてよいものでもない。」
発展「ばむ」は接尾語。

ほどろ 名詞 ワラビの穂が伸びすぎたもの。**東の際に蕨のほどろを敷きて、夜の床とす。**〈方丈記・境涯〉訳（庵の）東の端にワラビの**穂が伸びすぎたもの**を敷いて、夜の寝床とする。

ほど-ろ 名詞 明け方のほの暗いころ。未明。**夜のほどろ我が出でて来れば我妹子が思へりしくし面影に見ゆ** 歌〈万葉集・4・754〉訳夜の**明け方のほの暗いころ**に私が別れてくると、あなたが思いつめていたようすが面影として見える。
発展「ほど」は散りほどける意味か。「ろ」は接尾語。

ほどろ 形容動詞〔ニ〕まだらだ。うっすらとしている。**我が背子を今か今かと出で見れば沫雪降れり庭もほどろに** 歌〈万葉集・10・2323〉訳わが夫が（来るのが）今か今かと出てみると、淡雪が降っている。庭も**まだらに**。
発展「はだら」「はだれ」とも。

ほどろ-ほどろ 形容動詞〔ニ〕まだらだ。うっすらとしている。
沫雪のほどろほどろに降り敷けば奈良の都し思ほゆるかも 歌〈万葉集・8・1639〉訳→あわゆきの…
発展「ほどろ」を重ねて意味を強めたことば。

ほ-なか【火中】 名詞 火の中。**さねさし相武の小野に燃ゆる火の火中に立ちて問ひし君はも**〈古事記・景行天皇〉訳→さねさし…
発展「ほ」は「ひ」の母音が交替した形。
→古語チャート㊳（1105ページ）

ぼに【盆】 名詞 →うらぼん

ほ-に-い・づ【穂に出づ】 動詞 ❶穂先に実を結ぶ。**太秦に詣づとて見れば、穂に出でたる田を人いとおほく見さわぐは、稲刈るなりけり。**〈枕草子・227・八月晦〉訳太秦（の広隆寺）にお参りするというので見てみると、（イネが）**穂先に実を結ん**でいる田を人がとても大勢見て騒いでいるのは、（実は）イネを刈っているのであった。
❷表面に出る。人目に付く。

秋の野の草のたもとか花すすき穂に出でてまねく袖と見ゆらむ〈歌〉〈古今集・秋上・243〉〈訳〉秋の野の草は(美しい着物を着ているようだが)たもとなのか、ススキの穂は(それで)人目に付くように(私を)招く袖のように見えているのだろう。〇「花すすき」はススキの穂のこと。

ほね【骨】〈名詞〉❶体のほね。特に、死者のほね。お骨。❷建物・道具などを支えるしんになるもの。骨組み。

ほの-【仄】〈造語〉ほんの少し、ちょっと、かすかに、という意味を表す。〈語例〉仄暗し・仄聞く

ほの-か・なり【仄かなり】

背後にある大きなものの存在がほんのわずかに感じられるようす

❶(音・形・光などが)かすかだ。ほんのりしている。
❷(量が)わずかだ。ほんの少しだ。

未然形	連用形	終止形	連体形	已然形	命令形
ほのかなら	ほのかなり ほのかに	ほのかなり	ほのかなる	ほのかなれ	ほのかなれ

〈形容動詞〉(ナリ)❶(音・形・光などが)**かすかだ。ほんのりしている。ぼんやりとしている。はっきりしない。**

蛍の多く飛び違ひたる。また、ただ一つ二つなど、**ほのかに**うち光りて行くもをかし。〈枕草子・1・春は曙〉〈訳〉ホタルが多く飛び交っているのは(おもしろい)。また、ほんの一匹二匹などが、**ぼんやりと**光って(飛んで)行くのも風情がある。

「容貌なむ、**ほのかなれど**、いとらうたげにはべる。」〈源氏・夕顔〉〈訳〉「(夕顔の)顔形は、(遠目なので)**はっきりしないけれども**、たいそうかわいらしいようすでございます。」

❷(量が)**わずかだ。ほんの少しだ。**

花は、**ほのかに**開けさしつつ、をかしきほどの匂ひなり。〈源氏・幻〉〈訳〉(ウメの)花は、**ほんの少し**あちこちで咲きかけたりしていて、風情のあるころの色つやである。

〈類語比較〉「ほのかなり」「おぼろなり」「かすかなり」

共通点＝はっきりしないようすを表す。

ほのかなり＝背後に大きく厚い、確かなものがあり、その存在がわずかに感じられるようすを表す。つまり、実体のあるものの光・色・音・形などが、うっすらとわずかに表面に現れるという意味で用いられる。

おぼろなり＝「おぼおぼし」「おぼつかなし」などと同じ語源で、物事の輪郭が漠然としているようすを表す。「おぼろ月夜」という名詞があるように、月の光などがぼんやりかすんで見えるという意味で用いられることが多い。

かすかなり＝「霞む」「かそけし」などと同じ語源で、物の形や音などが、わずかに認められる程度で今にも消え入りそうなようすを表す。そこから、ひっそりともの寂しい、弱々しいなどの意味でも用いられる。

ほの-き・く【仄聞く】〈動詞〉〈他〉〔カ四段〕〈か・き・く・く・け・け〉かすかに聞く。うすうす耳にする。

「親を置きて亡くなる人は、いと罪深かなるものを。」など、さすがに**ほの聞き**たることをも思ふ。〈源氏・浮舟〉〈訳〉「親を後に残して死んでしまう人は、たいへん罪深いと聞いているのに。」などと、(自殺を決意した浮舟は)そうはいってもやはり(どこかで)**かすかに聞い**ていたことをも考える。

ほの-きこ・ゆ【仄聞こゆ】〈動詞〉〈自〉〔ヤ下二段〕〈え・え・ゆ・ゆる・ゆれ・えよ〉かすかに聞こえる。

数珠の脇息に引き鳴らさるる音**ほの聞こえ**…。〈源氏・若紫〉〈訳〉数珠が★脇息に触れて鳴らされる音が**かすかに聞こえ**…。

ほの-ぐら・し【仄暗し】〈形容詞〉〔ク〕〈く・く・し・き・けれ・〇／から・かり・〇・かる・〇・かれ〉薄暗い。

まだ**ほの暗けれ**ど、雪の光に、いとどきよらに若う見えたまふを…。〈源氏・末摘花〉〈訳〉(あたりは)まだ**薄暗い**けれど、雪明かりで、(源氏のお姿は)ますます美しく若々しくお見えになるのを…。

〈発展〉「ほの」は接頭語。

ほの-ぼの【仄仄】〈副詞〉❶ほのかに。うっすら。ほんのりと。

ほのぼのと春こそ空に来にけらし天の香具山霞たなびく〈歌〉〈新古今集・春上・2〉〈訳〉↓ほのぼのと…

❷少し。わずかに。うすうす。

ほのぼの聞こゆるに、御答へも聞こえやりたまはず泣きたまふさま、いといみじ。〈源氏・薄雲〉〈訳〉(今にも死にそうな藤壺の宮の声が)**わずかに**聞こえるので、(源氏が)ご返事も残りなく申し上げることがおできにならずにお泣きになるようすは、たいへん痛々しい。

◆**ほのぼのと…**〈歌〉

ほのぼのとあかしの浦の朝霧に島隠れゆく舟をしぞ思ふ〈古今集・羇旅・409〉〈訳〉ほんのりと明るくなる明石の浦の朝霧(の中)に、島の陰に隠れて(見えなくなって)ゆく舟を(しみじみと)思う(ことだ)。〇「あかし」は「明かし」と地名「明石」の掛詞。「舟をしぞ」の、「し」は副助詞、「ぞ」は係助詞で、共に強調を表す。

〈発展〉作者は不明だが、柿本人麻呂ともいわれる。島伝いに漕いでいく小舟によって、旅の心細さを詠んでいるものとみられる。

ほのぼのと春こそ空に来にけらし天の香具山霞たなびく〈新古今集・春上・2・後鳥羽院〉〈訳〉ほんのりと春は(まず)空に(やって)来たらしい。(あの)天の香具山に霞がたなびいている。

〈発展〉たなびく霞に春の訪れを感じ、ゆったりとした調子で壮大に表現する。「ひさかたの天の香具山この夕へ霞たなびく春立つらしも」〈万葉集・10・1812〉を本歌とする。

ほの-み・ゆ【仄見ゆ】〈動詞〉〈自〉〔ヤ下二段〕〈え・え・ゆ・ゆる・ゆれ・えよ〉かすかに見える。

よき童の、こまやかに鈍ばめる汗衫のつま、頭つきなど**ほの見え**たる、をかしけれど…。〈源氏・柏木〉〈訳〉きれいな女の子で、濃いにび色になっている★汗衫の端や、髪型などが**かすかに見え**ているのは、風情があるけれど…。

ほの-・みる【仄見る】〈動詞〉〈他〉〔マ上一段〕〈み・み・みる・みる・みれ・みよ〉かすかに見る。

ほの見たてまつりたまへる月影の御容貌、なほ留まれる匂ひなど…。〈源氏・賢木〉〈訳〉**かすかに見**申し上げなさった月の光(に照らしだされた源氏)のお姿や、依然として残っている(たきしめた香の)においなどを…。

ほの-めか・す【仄めかす】〈動詞〉〈他〉〔サ四段〕〈さ・し・す・す・せ・せ〉それとなく言う。それとなく示す。

「世の中にえあり果つまじきさまを、**ほのめかして**言はむ。」などおぼすに…。〈源氏・浮舟〉〈訳〉(浮舟は)「この世にいつまでも生き長らえることができそうにない事情を、**それとなく示して**(乳母に)言おう。」などとお思いになるにつけて…。

ほの-め・く【仄めく】〈動詞〉〈自〉〔カ四段〕〈か・き・く・く・け・け〉かすかに見える。かすかに聞こえる。また、ちょっと立ち寄る。

「もしいささかの暇もや。」と、このごろは繁うほのめきたまふなりけり。〈源氏・少女〉訳「もしかしたら(雲居の雁に会える)ちょっとした機会も(あるのではないか)。」と、(夕霧は)このごろはしきりに(雲居の雁のいる屋敷へ)ちょっと立ち寄りなさるのであった。発展「めく」は接尾語。

ほふ【法】 名詞《仏教語》❶宇宙に存在しているすべてのもの。ありのままの姿。また、それらすべての事象に通じる真実の理法。❷仏の教え。仏法。仏教。また、宗派。❸修法。祈禱。❹出家の守るべき戒律。❺経典。発展「法」は、漢音では「はふ」、呉音では「ほふ」である。なお、仏教語の場合は呉音で読むことが多い。

ほふ-いん【法印】 名詞 ❶《仏教語》真理の印。仏の教えの印。❷《仏教語》(「法印大和尚位」の略で)朝廷から僧に賜わる最高の位。僧官の僧正に相当する。❸中世以降、僧位に準じて、医師・絵師・仏師などに授けられた地位。❹★山伏のくだけた呼び名。

ほふ-え【法衣】 名詞 僧の衣服。僧衣。法服。

ほふけ-づ・く【法気付く】 動詞 自〔カ四段〕〈か・き・く・く・け・け〉(人間離れして)仏くさくなる。抹香くさくなる。「吉祥天女を思ひかけむとすれば、法気づき、奇しからむこそ、またわびしかりぬべけれ。」〈源氏・帚木〉訳「吉祥天女を(理想の女性として)恋い慕おうとすると、仏くさくなり、現実離れしたりすることは、(これも)またきっと興ざめであるに違いない。」

ほふ-げん【法眼】 名詞 ❶《仏教語》五眼の一つ。一切の事物を観察し見極める仏・菩薩の力。❷《仏教語》(「法眼大和尚位」の略で)僧位の第二位。法印に次ぐもので、僧官の僧都に相当する。❸中世以降、僧位に準じて、医師・絵師・仏師・連歌師などに授けられた地位。

ほふ-ご【法語】 名詞《仏教語》仏の教えを説き示したことば。また、その文章。

ほふ-ざう【法蔵】 名詞《仏教語》仏の説く教え。また、経典。

ほふ-し【法師】 名詞 ❶《仏教語》仏法によく通じて、その教えの師となる者。僧。出家。❷男の子。坊や。

ほふ-じ【法事】 名詞《仏教語》追善供養などのために行う仏事。特に、死後四十九日目、または年忌に行う仏事。

ほふ-しき【法式】 名詞 おきて。決まり。規則。

ほふし-まさり【法師勝り】 名詞 法師になってから、以前より人柄が立派になること。

ほふ-しんわう【法親王】 名詞 出家後、宣旨によって親王となった皇子。発展「ほっしんわう」とも。

ほふ-とう【法灯】 名詞《仏教語》❶衆生を導く仏法。❷高徳の僧。最も優れた僧。一宗の中心となる僧。発展「ほっとう」とも。❶は、灯火のように、世の中や心のやみを照らすことから。

ほふ-ぶく【法服】 名詞《仏教語》僧の衣服。法衣。発展「ほふふく」とも。

ほふ-みやう【法名】 名詞《仏教語》❶出家した者に授ける名。対俗名。❷死者に授ける名。戒名。対俗名。

ほふ-もん【法文】 名詞《仏教語》仏の教えを記した文章。経・論・釈など。

ほふ-らく【法楽】 名詞 動詞 自〔サ変〕〈せ・し・す・する・すれ・せよ〉❶《仏教語》神仏の前で読経や奏楽などをして、神仏を楽しませること。また、和歌や舞踊などを神仏に奉納すること。❷よろこびを味わうこと。慰み。遊び。

ほふ-りき【法力】 名詞《仏教語》仏法の威力。また、仏法を修行して得た力。

ほふ-わう【法皇】 名詞 仏門に入った上皇を敬った言い方。発展 宇多上皇から始まった。
↓古語チャート㉖(873ページ)

ほふ-ゑ【法会】 名詞《仏教語》仏の教えを説いたり、死者の追善供養をしたりすること。また、その集まり。

ほほ【朴・厚朴】 名詞 ❶↓ほほがしは ❷❶の樹皮から作った風邪薬。

ほほえむ(現)↓(歴)**ほほゑむ【微笑む】**

ほほ-がしは【朴・厚朴】 名詞 モクレン科の落葉高木。初夏に黄白色で芳香のある花をつける。材は細工に、樹皮は薬に用いる。ホオノキ。季語 夏

ほほま・る【含まる】 動詞 自〔ラ四段〕〈ら・り・る・る・れ・れ〉つぼみである。成熟していない。

千葉の野の児手柏のほほまれどあやにかなしみ置きて高来ぬ 歌〈万葉集・20・4387〉訳 千葉の野原にあるコノテガシワのように(あの娘はまだ)つぼみであるけれど、たとえようもなくいとおしいので、そのままに残しておいて(私は)遠くまでやって来た。

ほほ-ゆが・む【頬ゆがむ】 一 動詞 自〔マ四段〕〈ま・み・む・む・め・め〉❶ほおがゆがむ。顔の形が変わる。

夏、昼寝して起きたるは…ようせずはほほゆがみもしぬべし。〈枕草子・109・見苦しきもの〉訳 夏、昼寝をして起きたときは…ひょっとすると(寝方によって)きっとほおがゆがんだりもしているに違いない。

❷事実と食い違う。

その折は罪なきことも、つきづきしくまねびなすには、ほほゆがむこともあればこそ…〈源氏・朝顔〉訳(手紙というものは体裁を取り繕って書くものなので)その(=もらった)ときには欠点がない(ように見えた)ことも、(後になって事実に)ふさわしく(つじつまを合わせて)人に話す場合には、**事実と食い違う**こともあるようなので…。

二 動詞 他〔マ下二段〕〈め・め・む・むる・むれ・めよ〉事実をゆがめる。

朝顔奉りたまひし歌などを、少しほほゆがめて語るも聞こゆ。〈源氏・帚木〉訳(源氏が式部卿宮の姫君に)アサガオを差し上げなさった歌などを、(女房たちが)少し**事実をゆがめて**(=少し歌の文句を間違えて)話すのも(源氏の)耳に入ってくる。

ほほ-ゑ・む【微笑む】 動詞 自〔マ四段〕〈ま・み・む・む・め・め〉❶にっこり笑う。微笑する。

帝、ほほゑませたまひて、事なくてやみにけり。〈宇治拾遺〉訳 帝は、**にっこりお笑い**になって、何事もなく済んでしまった。

❷花が少し開く。

梅の気色、見るかひありてほほゑみたり。〈源氏・若菜下〉訳 ウメのようすは、見るだけの価値があって**花が少し開いて**いる。

ほ・む【誉む・褒む】 動詞 他〔マ下二段〕〈め・め・む・むる・むれ・めよ〉褒める。祝いたたえる。

ありがたきもの。舅にほめらるる婿。〈枕草子・75・ありがたきもの〉訳 めったにないもの。舅に**褒められる**婿。

ほ-むら【焔】 名詞 ❶炎。火炎。❷心の中に燃え上がる、恨み・怒り・嫉妬などの激しい感情。発展「火群」という意味。↓古語チャート㊳(1105ページ)

ほめ-な・す【誉めなす】 動詞 他〔サ四段〕〈さ・し・す・す・せ・せ〉

ことさらに褒める。褒め立てる。

おのれが好む方にほめなすこそ、その人の日ごろの本意にもあらずやと覚ゆれ。〈徒然草・143・人の終焉の有り様の〉訳（他人の臨終のようすを語る人が）自分の好きなようにことさらに褒めるのは、その（＝死んだ）人の普段の本心ではないのではないかと思われる。

発展「なす」は補助動詞。

ほめ-ののし・る【誉め喧る】動詞 他［ラ四段］〈ら・り・る・る・れ・れ〉褒め立てる。褒め騒ぐ。

「まことにめでたきことなり。」と言ひてぞ、人々皆、占ひをほめののしりける。〈今昔〉訳「実に立派なものだ。」と言って、人々はみな、占いを褒め立てた。

❷ほめる（現）↓（古）**ほむ【誉む・褒む】**

ほ-もと【火元】名詞 出火した所。火元。発展「ほ」は「ひ」の母音が交替した形。

ほや【海鞘・老海鼠】名詞 ホヤ目に属する海産生物の総称。海中の岩石に付着し、食用とする。季語 夏

ほ・ゆ【吠ゆ・吼ゆ】動詞 自［ヤ下二段］〈え・え・ゆ・ゆる・ゆれ・えよ〉ほえる。大声を出す。

すさまじきもの。昼ほゆる犬。〈枕草子・25・すさまじきもの〉訳（不調和で）興ざめなもの。昼ほえるイヌ。

ほよ【寄生】名詞《植物》ヤドリギの別の呼び名。発展「ほや」とも。

洞ヶ峠 地名 京都府八幡市と大阪府枚方市の境にある峠。一五八二（天正十）年の山崎の合戦で、筒井順慶がどちらに味方するか、ここで戦況を眺めていたという故事がある。

ほら-がひ【法螺貝】名詞 ❶《動物》フジツガイ科の大形の巻き貝。❷❶の殻の先に穴を空けて、吹き鳴らすようにしたもの。戦陣で進退の合図に用いたり、修験者が山に入るときに用いた。

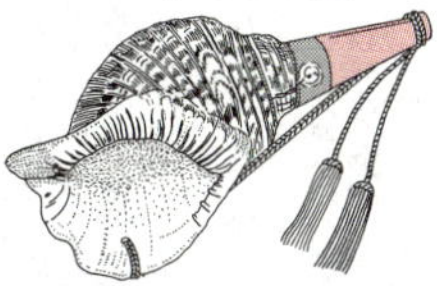
［ほらがひ❷］

ほり-う・う【掘り植う】動詞 他［ワ下二段］〈ゑ・ゑ・う・うる・うれ・ゑよ〉（草や木を）掘り取ってきて植える。移し植える。

少し遠く立てりける桜を、近く掘り植ゑたまひけるが、枯れざまに見えければ…。〈大和・74〉訳 少し遠くに立っていたサクラを、近くに移し植えなさったところ、枯れそうに見えたので…。

ほり-え【堀江】名詞 船などを通すために、地面を掘って水を通した水路。運河。

ほり・す【欲りす】動詞 他［サ変］〈せ・し・す・する・すれ・せよ〉ほしがる。願う。望む。

かくしつつあらくを良みぞたまきはる短き命を長くほりする 歌〈万葉集・6・975〉訳 このようにし続けて過ごしていることが快いので、短い寿命を長く（あってくれと）願う。〇「たまきはる」は「命」に係る枕詞。

ほ・る【惚る】動詞 自［ラ下二段］〈れ・れ・る・るる・るれ・れよ〉❶ぼんやりする。判断力を失う。また、ぼける。もうろくする。

走りていそがはしく、ほれて忘れたること、人皆かくのごとし。〈徒然草・75・つれづれわぶる人は〉訳 走りまわって忙しそうに、ぼんやりして（自分の本当の心を）忘れていることは、すべての人がこのようである。

❷心を失うまで思いをかける。恋慕する。

発展 判断力を失うという意味から、後世には、そうなるほど人を恋い慕うという意味でも使われるようになり、現代語の「ほれる」につながっている。

ほ・る【欲る】動詞 他［ラ四段］〈ら・り・る・る・れ・れ〉ほしがる。願う。望む。

わがほりし雨は降り来ぬかくしあらば言挙げせずとも年は栄えむ 歌〈万葉集・18・4124〉訳 私が望んだ雨は降ってきた。このようであったなら、とやかく言わなくても（今年の）イネの実りは豊かだろう。

ほれ-ほれ・し【惚れ惚れし】形容詞［シク］〈しく・しく・し・しき・しけれ・○／しから・しかり・○・しかる・○・しかれ〉放心している。ぼんやりしている。ぼけている。類 惚け惚けし

御いそぎのほどにも、宰相中将は眺めがちにて、ほれぼれしき心地するを…。〈源氏・藤裏葉〉訳（明石の姫君入内の）ご準備の間も、宰相の中将（＝夕霧）は物思いにふけりがちで、ぼんやりした感じがするが…。

発展 下二段動詞「ほる」の連用形が重なって形容詞になったことば。

ほれほれ-と【惚れ惚れと】副詞 ❶（放心したようすを表し）ぼんやりと。

苔路の莚に倒れ伏し、ほれほれとして明かさせたまふ。〈御伽草子・のせ猿草子〉訳 コケが莚のように生えた道に倒れ伏し、ぼんやりとして夜をお明かしになる。

❷（深く心を引かれるようすを表し）うっとりと。

❷ほれる（現）↓（古）**ほる【惚る】**

ほろ【母衣・幌】名詞 矢を防ぐため、よろいの上に背負う武具。布で大きな袋形に作った。後世には、竹を骨としてかごのような形にもした。

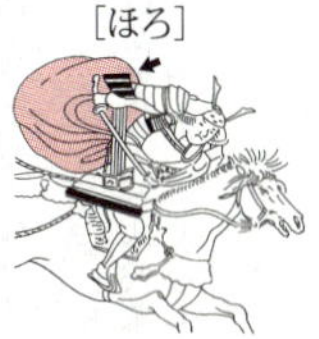
［ほろ］

ぼろ【梵論・暮露】名詞 乞食僧の一種。室町時代から江戸時代にかけて存在した修行者で、有髪で刀を差し、諸国を歩いた。後の虚無僧。発展「ぼろぼろ」「ぼろんじ」とも。

ほろ-と 副詞 ほろほろと。

山鳥のほろと鳴くを聞きても、父か母かと疑ひ…。〈方丈記・勝地は主なければ〉訳 ヤマドリがほろほろと鳴くのを聞いても、（亡き）父や母（が鳥になって鳴くの）かと疑い…。〇行基菩薩の歌「山鳥のほろほろと鳴く声聞けば父かとぞ思ふ母かとぞ思ふ」〈玉葉集・2627〉に拠っているとされ、「ほろほろと」を「ほろと」として受けとめて書いているものと見られる。

❷ほろびる（現）↓（古）**ほろぶ【滅ぶ・亡ぶ】**

ほろ・ぶ【滅ぶ・亡ぶ】動詞 自［バ上二段］〈び・び・ぶ・ぶる・ぶれ・びよ〉❶絶える。なくなる。消え去る。滅亡する。

たけき者もつひには滅びぬ。ひとへに風の前の塵に同じ。〈平家・1・祇園精舎〉訳 勢いが盛んな者も結局は滅亡してしまう。まったく風の前の塵と同じである。

❷落ちぶれる。

「何かは。いと異様に滅びてはべるなれば。」〈枕草子・185・したり顔なるもの〉訳「いやなに。（国司になったといっても）ひどく不格好に落ちぶれて（都落ちして）いるようですので。」〇この例の「滅ぶ」を、国司となって赴く国が「すたれている」という意味に解釈する説もある。

ほろぼ・す【滅ぼす・亡ぼす】動詞 他［サ四段］〈さ・し・す・す・せ・せ〉なくす。絶やす。滅亡させる。

かやうにして求めけるほどに、あるいは命を滅ぼし、あるいは帰り来たらぬ輩もありけり。〈今昔〉訳 このようにして（かぐや姫が望む物を）探し求めていた間に、あるいは命をなくし、あるいは帰って来なかった者もあった。

ほろ-ほろ 副詞 ❶(木の葉や花などが散るようすを表し)ぱらぱら。はらはら。**黄なる葉どものほろほろとこぼれ落つる、いとあはれなり。**〈枕草子・199・九月晦〉訳黄色に色づいたたくさんの葉がはらはらとこぼれ落ちるようすは、とても趣深い。❷(涙がこぼれ落ちるようすを表し)ぽろぽろ。はらはら。**宮は、いとどほろほろと泣きたまひて…。**〈源氏・少女〉訳宮(=夕霧の祖母大宮)は、ますますぽろぽろと(涙をこぼして)お泣きになって…。❸(人などが分散するようすを表し)ばらばら。ぼつぼつ。**修法の壇こぼちて、ほろほろと出づるに…。**〈源氏・夕霧〉訳加持祈禱のための壇を取り払って、(僧たちが)ばらばらと退出するにつけて…。❹(物が裂けて破れるようすを表し)ぼろぼろ。びりびり。**とかくひきしろふほどに、ほころびほろほろと絶えぬ。**〈源氏・紅葉賀〉訳あれやこれやと引っ張り合ううちに、(直衣の)縫い合わされていない部分がびりびりと裂けてしまった。❺(物を食べるようすを表し)ぼりぼり。**栗などやうの物にや、ほろほろと食ふも…。**〈源氏・宿木〉訳クリのようなものではなかろうか、ぼりぼりと食べるのも…。❻(キジやヤマドリの鳴き声を表し)ほろほろ。**ほろほろと飛びてこそ去いにしか。**〈大鏡・兼通〉訳(冷泉院の裏山にキジを放したところ)ほろほろと(鳴きながら)飛んで行ってしまった。

発展 多く「と」を伴って用いる。

ぼろ-ぼろ【梵論梵論】 名詞 ↓ぼろ

ほろほろと… 句

ほろほろと山吹散るか滝の音〈笈の小文・松尾芭蕉〉訳(風もないのに)はらはらと岸のヤマブキの花が散っているよ。ごうごうと流れ落ちる滝の音に(よってであろう)。○季語 山吹―春

発展 勇壮な滝とはかないヤマブキの花が、絶妙の対照を見せる。

ほろろ 副詞 (キジやヤマドリの鳴き声を表し)ほろほろ。**春の野のしげき草葉の妻恋ひに飛び立つ雉のほろろとぞ鳴く** 歌〈古今集・雑体・1033〉訳春の野の生い茂った草の葉のように絶え間なく妻を恋い慕うために、飛び立つキジがほろほろと鳴く(ように私も妻が恋しくて泣くことだ)。○「しげき」は、草葉が生い茂るようすと、絶え間のないようすを掛ける。

発展 多く「と」を伴って用いる。

ぼろん-じ【梵論字・梵論師】 名詞 ↓ぼろ

ほん【本】 名詞 ❶書写などのとき、もとになるもの。原本。書物。❷習字や絵などの手本。模範。規範。❸根本。基本。❹まこと。ほんとう。

ほん【品】 名詞 ❶《仏教語》仏典で、編や章に当たるもの。❷親王の位の呼び名。一品から四品まであり、無位の者を無品という。❸位階。❷が臣下に私的に用いられたもの。❹身分。分際。

ぼん【盆】 名詞 ❶「盂蘭盆」の略。季語 秋 ❷《仏教語》盂蘭盆のときの供物や布施。季語 秋 発展「ぼに」とも。

ほん-い【本意】 名詞 ❶↓ほい 最重要語(1102ページ) ❷《和歌・連歌・俳諧用語》歌に詠まれる事物が持つ性質や趣。事物に備わる一定の美や趣が伝統の中で共通の美意識となり、それがその事物の本来的な美であると考えられた。

ほん-えん【本縁】 名詞 《仏教語》起源。由来。縁起。発展 ★連声で「ほんねん」とも。

ほん-か【本歌】 名詞 ❶古い歌を取り入れて歌を作ったとき、そのより所となった古歌。❷和歌。発展 ❶は、「もとうた」とも。❷は、狂歌・俳諧歌などに対して、正統の歌であるという意味。

本歌取り 文芸用語 和歌・連歌・俳諧における表現技法のひとつ。有名な古歌の表現を取り入れて歌を詠むこと。和歌では、広い意味では特定の歌を発想源とすることや類似の発想も含む。狭い意味では、有名な古歌の語句をそのまま自歌に取り入れ、鑑賞の際にその古歌を連想させて自作の歌に重ね合わせることにより、深みのある新しい美的世界を作り出す技法をいう。平安末期から鎌倉時代にかけて、藤原俊成が提唱し、その子定家が確立して、新古今時代以降の最も重要な詠作法のひとつとなった。↓ビジュアルチェック㉖(1118ページ)

ほん-ぐゎん【本願】 名詞 ❶本来の願望。❷《仏教語》仏・菩薩が衆生を救おうとして立てた大願。阿弥陀仏の四十八願、薬師如来の十二願など。「南無西方極楽世界の教主、弥陀如来、本願誤たず浄土へ導きたまひつつ…。」〈平家・9・小宰相身投〉訳「南無、西方極楽世界の教主、弥陀如来、(仏さまが衆生を極楽世界に往生させるという)本願を間違えることなく(私を)浄土へ導きくださりながら…。」❸寺院・塔・像などの創建者。

ぼん-げ【凡下】 名詞 ❶平凡なこと。また、その人。凡人。❷(中世、貴族や武士に対して)一般庶民。

ほん-ご【反故・反古】 名詞 ↓ほぐ

ぼん-ご【梵語】 名詞 古代インドのサンスクリット語。発展 梵天(=インドの造物神)がつくったと伝わることから。

ほん-ざ【本座】 名詞 ❶鎌倉・室町時代、田楽・猿楽で古くからあった座の呼び名。❷納言・参議などを辞めた後も、相応の席や地位に就かせて手厚く待遇すること。❸もともとの席。本来の場所。

ほん-ざう【本草】 名詞 薬用にする植物・動物・鉱物の総称。また、それについての書物。

ほん-ざん【本山】 名詞 ❶一宗・一派の長として、各地の末寺を統括して管理する寺院。格式によって総本山・大本山などの別がある。類本寺 対末寺 ❷(「本山派」の略で)修験道の一派。本山は京都聖護院。

ほん-じ【本寺】 名詞 ❶↓ほんざん❶ ❷寺の本堂。

ぼん-じ【梵字】 名詞 ★梵語を書き表す文字。摩多という母音十二、体文という子音三十五の計四十七字。経文や卒塔婆などに用いる。類悉曇

ほん-しゃう【本性】 名詞 生まれつきの性質。天性。本来の性質。**めでたしと見る人の、心劣りせらるる本性見えんこそ、口惜しかるべけれ。**〈徒然草・1・いでや〉訳立派だと思う人が、期待外れと思われる本来の性質が見えたりすることは、情けないに違いない。

発展「ほんじゃう」とも。

ほん-じょ【本所】 名詞 ❶荘園領主。領家、あるいは名目上の領主である本家を指す。❷本来いる所。本国。本邸。❸蔵人所。特に、★滝口の詰め所。

ほん-ぜい【本誓】 名詞 《仏教語》仏や菩薩が衆生を救おうと願って立てた根本的な誓願。本願。

ぼん-せき【盆石】名詞 盆の上に趣のある自然石などを置いて観賞するもの。また、その石。

ほん-ぜつ【本説】名詞 ❶根拠となる確かな説。典拠。❷和歌などを作るとき、より所とした物語や漢詩文。発展「ほんせつ」「ほんぜち」とも。❷は、『新古今集』以降、和歌の重要な技法のひとつとして本説をとることが行われた。

ぼん-ぞく【凡俗】名詞 平凡であること。また、その人。凡人。俗人。

ぼん-ぞく【凡俗】形容動詞〘ナリ〙❶平凡でとりえがない。品格が卑しい。ありきたりだ。
姿の凡俗は聞こえやすく、心の俗は少し分きがたくや。〈ささめごと〉訳 外見が**平凡であること**は理解しやすいが、心が平凡であることは少し分かりにくいか。
「**余りに恐れ無く、凡俗の器物に成されぬること、如何あるべからん。**」〈太平記〉訳「(本当の三種の神器ではないが)あまりにも恐れ敬うことなく、**ありきたりな**器にされてしまうことは、いかがなものだろうか。」
❷俗だ。仏の道を悟らない。
「**生を殺し鮮を食らふ凡俗の人に、法師の養ふ魚必ずしも与へず。**」〈雨月・夢応の鯉魚〉訳「生き物を殺し鮮魚を食べる**俗な**人に、(殺生戒を守る)法師の私が飼っている魚は決して渡すことはできない。」

ほん-ぞん【本尊】名詞《仏教語》寺院や仏壇で中央に祭られ、信仰の中心となる仏。また、個人が特に信仰する仏。
発展「ほぞん」とも。

ほん-たい【本体】名詞 ❶本当の姿。実体。正体。
「**この水の本体を知りて…。**」〈今昔〉訳「この水の**実体**を知って…。」
❷事物の根本。真相。また、典型。
「**上下相兼ねて、優なる歌の本体と見ゆ。**」〈後鳥羽院御口伝〉訳「上下(の句)が共に調和して、すばらしい和歌の**典型**と見られる。」
❸(副詞的に用いて)当たり前。本来。
「**本体は参らせたまふまじきを…。**」〈大鏡・道隆〉訳「**本来**は参上なさるのが適当ではないのに…。」

ほん-だう【本堂】名詞 寺院の建物のうち、本尊を安置してある、中心となる殿堂。発展 法相宗・真言宗などでは金堂、天台宗では中堂、禅宗では仏殿という。

ほん-ぢ【本地】名詞 ❶《仏教語》仏・菩薩の本来の

ビジュアルチェック 26

本歌取り

暮れてゆく春のみなとは知らねども霞に落つる宇治の柴舟〈新古今集・春下・169・寂蓮〉訳 過ぎて行く春の行き着く所は知らないけれど、この春の終わりに霞の中に落ちるように下っていく宇治川の柴舟よ。
〔本歌〕**年ごとにもみぢ葉流す竜田川水門や秋のとまりなるらむ**〈古今集・秋下・311・紀貫之〉訳 毎年紅葉した葉を流れに乗せる竜田川は、その河口が紅葉の流れ行く秋の行き着く所であるのではなかろうか。
▽本歌の「秋」を「春」に、「竜田川」を「宇治川」に、「紅葉」を「柴舟」に変え、宇治の柴舟が去りゆく春の象徴となっている。

駒とめて袖うちはらふ陰もなし佐野のわたりの雪の夕暮れ〈新古今集・冬・671・藤原定家〉訳 ウマを止めて、袖に積もった雪を払い落とす物陰さえもない。この佐野の渡し場の、雪の降りしきる夕暮れよ。
〔本歌〕**苦しくも降り来る雨か三輪の崎狭野の渡りに家もあらなくに**〈万葉集・3・265・長忌寸意吉麻呂〉訳 困ったほどに降ってくる雨だなあ。この三輪の崎の狭野の渡し場に家人もいないのに。
▽本歌の「雨」を「雪」に変え、本歌の旅の苦しさを取り除き、白一色の「雪の夕暮れ」の世界を絵画的に組み立てている。本歌取りを新しい歌の創作方法として推し進めた定家の代表作。

橘のにほふあたりのうたた寝は夢も昔の袖の香ぞする〈新古今集・夏・245・藤原俊成女〉訳 タチバナの花が薫る辺りでのうたた寝は、夢の中でも昔親しかった人の袖の香りがすることだ。
〔本歌〕**五月待つ花橘の香をかげば昔の人の袖の香ぞする**〈古今集・夏・139・作者不詳〉訳 五月の来るのを待って咲くタチバナの花の香りをかぐと、昔の思い出と共にかつて親しかった人の袖の香りがする。
▽本歌は現実を詠んだものだが、それを夢の世界のことに変えた。タチバナの香りと夢により、昔の恋が一瞬よみがえるという情感があふれる。

花さそふ比良の山風吹きにけり漕ぎゆく舟の跡見ゆるまで〈新古今集・春下・128・宮内卿〉訳 サクラの花を散らす比良の山風が吹いたのだなあ。湖を漕いでゆく舟の通った跡がはっきり見えるほどに(散った花びらが湖面に浮かんでいる)。
〔本歌〕**世の中を何にたとへむ朝ぼらけ漕ぎ行く舟の跡の白波**〈拾遺集・1327・満誓〉訳 この無常の世の中を何にたとえようか。明け方に漕ぎ出して行った舟の跡に立った白波とでもいおうか。
▽本歌は世の無常を詠んだものだが、その詩句のみを利用して、花びらが湖面いっぱいに散り敷く大きな情景を描く。

ほのぼのと春こそ空に来にけらし天の香具山霞たなびく〈新古今集・春上・2・後鳥羽院〉訳 ほんのりと春はまず空にやって来たらしい。あの天の香具山に霞がたなびいている。
〔本歌〕**ひさかたの天の香具山この夕へ霞たなびく春立つらしも**〈万葉集・10・1812・作者不詳〉訳 天の香具山に、今宵霞がたなびいている。ああ、春になったらしい。
▽『万葉集』第十巻の巻頭にふさわしい柄の大きな歌を本歌として、新古今風の歌を作り上げた。後鳥羽院らしい帝王ぶりの歌といえる。

み吉野の山の秋風さ夜更けてふるさと寒く衣打つなり 百人一首〈新古今集・秋下・483・藤原雅経〉訳 吉野の山の秋風が吹き渡ってきて夜も更けて、かつて都があった里では寒々と衣を打つ音が聞こえてくる。
〔本歌〕**み吉野の山の白雪積もるらしふるさと寒くなりまさるなり**〈古今集・冬・325・坂上是則〉訳 吉野の山の白雪は降り積もっているらしい。だから、ここ奈良の古い都は寒さがますます募ってくるのだ。
▽季節を本歌の冬から秋に変え、衣を柔らかくしたり、光沢を出すため木槌で打つ砧の音を配して秋の夜寒を聴覚的にとらえ、調べもなめらかで美しい。本歌を超えた名作とされる。

姿。本体。本身。
「その上当山権現は本地阿弥陀如来にてまします。」〈平家・10・維盛入水〉訳「その上当山(=熊野)権現は本体が阿弥陀如来でいらっしゃる。」
❷ものの本体。本性。本質。
「人は、誠あり、本地尋ねたるこそ、心ばへをかしけれ。」〈堤中納言・虫めづる姫君〉訳「人は、誠実さがあって、ものの本体を追究しているのこそが、心のようすも趣深い(というものだ)。」

ほんぢ-すいじゃく【本地垂迹】— 名詞 神仏習合思想の教説。日本の諸神は、仏・菩薩が衆生を救うために仮の姿で現れたもので、仏(=本地)と神(=垂迹)は同一であると考える。奈良時代ころから始まり、平安中期以降盛んになったが、江戸時代には国学者の復古思想により神道から仏教が除かれた。発展「ほんぢすいしゃく」とも。

ほんちょう(現)→(歴)**ほんてう【本朝】**

凡兆 [一]人名 →野沢凡兆

本朝二十不孝 [ホンテウニジフフカウ] 作品名 江戸時代前期の浮世草子。五冊。井原西鶴(→必修古典ビッグ30 ❷158ページ)作。親不孝を正面から取り上げ、人間性の暗部を照らし出した異色作。一六八六(貞享三)年刊。

本朝文粋 [ホンテウ] 作品名 平安時代後期の漢詩文集。*藤原明衡編。九世紀初めの嵯峨天皇の時代から十一世紀初めの後一条天皇の時代までの日本の漢詩文四二七編を、中国の『文選』の分類に倣って配列したもの。集中の秀句は、後世の文学にさまざまな影響を与えた。十一世紀半ばごろ成立。

ほん-てう【本朝】— 名詞 日本の朝廷。また、日本。対 異朝。

ぼん-てん【梵天】 名詞 ❶《仏教語》人間の住む欲界の上にある、静かで清らかな天。❷❶の最高位の支配者。大梵天王。もと、インドで

[ぼんてん❷]

万物の創造主であったが、帝釈天とともに仏法の守護神とされた。❸修験道で、祈禱に使う御幣(=おはらいに用いるもの)。❹芝居小屋のやぐらの左右に立てた飾り物。発展 *梵語に漢字の音を当てはめたことば。「ぼんでん」とも。

本動詞 国語・国文法 →独立動詞

ぼん-なう【煩悩】— 名詞《仏教語》人の心身を悩ますもの。情欲・怒り・愚痴など。

ぼんなう-ぐそく【煩悩具足】—《仏教語》*煩悩を身にそなえていること。

ほん-に【本に】 副詞 本当に。まったく。
「お果てなされた奥様に似た所がある。ほんに後ろ付きのしほらしき所がそのまま。」〈西鶴・世間胸算用〉訳「亡くなられた奥様に似ているところがある。本当に後ろ姿のいじらしいところがそのまま。」

ぼん-にん【犯人】 名詞 罪を犯した者。犯罪人。

ほん-の【本の】 連体詞 ❶本当の。本物の。まことの。
「本の正月をする。」〈西鶴・世間胸算用〉訳「(気がかりなことがなくなってやっと)本当の正月をする。」
❷本当にわずかな。ちょっとした。
「本の軽子をするやうなものでございます。」〈滑稽本・浮世風呂〉訳「ちょっとした荷運び人足をするようなものでございます。」

ぼんのう(現)→(歴)**ぼんなう【煩悩】**

ほん-ばう【本坊】— 名詞 ❶(寺院で)住職の住む所。❷自分の住む坊。自坊。

ぼん-ぷ【凡夫】 名詞 ❶《仏教語》仏教の悟りに到達できないでいる人。❷ただの人。凡人。凡俗。発展「ぼんぶ」とも。

ほん-もん【本文】 名詞 古書などにあって典拠となる文句。

ほんりゃう-あんど【本領安堵】— 名詞 武家時代、幕府や有力大名が、臣下に対して代々の領地の所有権を公式に認めること。また、失っていた領地の所有を再び認めること。

ほん-ゐん【本院】— 名詞 ❶(上皇が同時に複数いる場合の)第一の法皇・上皇。一の院。対 新院 →古語チャート㉖(873ページ)
❷(分院に対して)主となる院。特に、斎院の御所。

ま

ま 助動詞 **む**の古い未然形。→基本助動詞20(1193ページ)

ま【目】 造語 目という意味を表す。語例 目なこ・目つげ・目なかひ 発展「目」が変化した形。→古語チャート㊶(1179ページ)・㊸(1211ページ)

ま-【真】 接頭語 (名詞や形容詞に付いて)本当の、真実、純粋、正確、立派、などの意味を表す。語例 真心・真弓・真愛し

ま【間】

空間的・時間的に連続して存在するものに挟まれた部分
- 一 名詞
  - [空間]
    - ❶あいだ。透き間。
    - ❷(建物の)柱と柱の間。
    - ❸部屋・家屋の中で、ふすま・屏風などで仕切られた所。部屋。
  - [時間]
    - ❹あいだ。内。暇。
- 二 造語 (空間的・時間的に)そのものがない部分、透き間、という意味を表す。

一 名詞 ❶あいだ。透き間。
「春の曙の霞の間より、おもしろき樺桜の咲き乱れたるを見る心地す。」〈源氏・野分〉訳(紫の上の美しさは)春の明け方の霞のあいだから、すばらしい樺桜が咲き乱れているのを見るような感じがする。
❷(建物の)柱と柱の間。
「内々のしつらひには、言ふべくもあらぬ綾織物に絵をかきて、間ごとに張りたり。」〈竹取・竜の頸の玉〉訳 家の中の飾り付けには、言いようもない(ほどすばらしい)綾織物に絵を描いて、柱と柱の間ごとに張ってある。
❸部屋・家屋の中で、ふすま・屏風などで仕切られた所。部屋。

細かなる物を見るに、遣り戸は蔀の間よりも明かし。〈徒然草・55・家の作りやうは〉訳細かい物を見るときには、引き戸（のある部屋）は★蔀の部屋よりも明るい。

❹あいだ。内。暇。↓間無し

筒井つの井筒にかけしまろがたけ過ぎにけらしな妹見ざる間に 歌〈伊勢・23〉訳↓つつゐつの…

二 造語（空間的・時間的に）そのものがない部分、透き間、という意味を表す。語例 雨間・板間・雲間・雪間・人間

ま【魔】 名詞 人間の生命を奪い、仏道修行などの善事を妨げるもの。悪魔。

まい（現）↓（歴）**まひ【舞】**

-まい【枚】 助数詞 ❶紙などの薄くて平たいものを数えることば。❷大判金や銀貨などを数えることば。❸田や畑の区画を数えることば。❹駕籠を担ぐ者を数えることば。

まい 助動詞〔特殊型〕〈○・○・まい・まい・まいけれ・○〉接続 四段・ナ変・ラ変型活用語の終止形または連体形に、一段・二段・カ変・サ変型活用語の未然形に付くのが一般だが、四段型活用語の未然形に付く場合もある。❶（打消の推量を表し）…ないだろう。「はるばるの所、尋ねにも戻られまい。」〈狂言・末広がり〉訳「こうしてはるばると来てしまった所では、聞きに戻ることもできないだろう。」

❷（打消の意志を表し）…ないでいよう。…ないつもりだ。「私が相果てまするを、子供に見せまいと存じまして…。」〈幼稚子敵討〉訳「私が命を落としますのを、子どもには見せないでいようと存じまして…。」

❸（打消の当然・適当を表し）…はずがない。…べきでない。…ないほうがよい。「ああ貧乏はせまいもの。」〈近松・山崎与次兵衛寿の門松〉訳「ああ貧乏はしないほうがよいものだ。」

❹（禁止を表し）…（する）な。…（し）てはいけない。「私が二階にゐることを、かならずかならず言ふまいぞ。」〈近松・冥途の飛脚〉訳「私が二階にいることを、決して決して言ってはいけないよ。」

発展 打消推量の助動詞「まじ」の連体形「まじき」のイ音便「まじい」が変化したことば。中世後期以降、口頭語として用いられ、現代語に至っている。

毎月抄 ［一ー］作品名 鎌倉時代初期の歌論書。★藤原定家著と考えられている。「定家卿消息」「和歌庭訓」とも。和歌の様式分類としての十体論、および和歌の理想としての有心体を中心として歌の詠み方を述べている。一二一九（承久元）年ごろに成立か。

まい-て【況いて】 副詞 ↓まして

まい-ど【毎度】 副詞 そのたびごとに。いつも。「毎度ただ得失なく、『この一矢に定むべし。』と思へ。」〈徒然草・92・ある人、弓射ることを〉訳「（矢を射る）そのたびごとにただ当たり外れ（を考えること）なく、『この一矢で決着をつけよう。』と思え。」

まいる（現）↓（歴）**まゐる【参る】** 基本敬語25（1162ページ）

まう（現）↓（歴）**まふ【舞ふ】**

まう-く【設く・儲く】 動詞 ↓最重要語（1121ページ）

まうけ【設け・儲け】

前もって準備しておくこと
- ❶準備。用意。備え。
- ❷ごちそうの用意。また、ごちそう。もてなし。
- ❸食物。

名詞 ❶準備。用意。備え。親王喜びたまうて、夜の御座の設けせさせたまふ。〈伊勢・78〉訳（藤原常行が訪れたので）親王はお喜びになって、ご寝室の準備をおさせになる。

❷ごちそうの用意。また、ごちそう。もてなし。また初瀬に詣づれば、初めにこよなくもの頼もし。所々に設けなどして行きもやらず。〈更級日記・初瀬〉訳再び初瀬（=長谷寺）にお参りした時と比べてこの上なく心強い。（道中の）所々で（土地の人々が私たち一行に）もてなしなどをして（くれるので）なかなか先に進まない。

❸食物。紙の衾、麻の衣、一鉢の設け、藜の羹、いくばくか人の費えをなさん。〈徒然草・58・道心あらば〉訳紙で作った夜具、麻糸で織った粗末な服、一杯だけの食物、アカザ（=草の名）の吸い物（程度で暮らすなら）、どれほど（その）人の出費となるだろうか、いや、なりはしない。

まうけ-の-きみ【儲けの君】 ［一ー］名詞 皇太子。発展「儲君」を訓読みしたもの。

まう-ご【妄語】 ［ー］名詞・動詞 自〔サ変〕〈せ・し・す・する・すれ・せよ〉❶《仏教語》うそをつくこと。また、そのうそ。仏教で禁じられている戒のひとつ。❷とりとめのないことば。でまかせ。いい加減なことば。

まう-ざう【妄想】 名詞《仏教語》むやみな思い。正しくない考え。

まう-さ-く【申さく】 ↓まをさく

まうさ-す【申さす】 連語 ❶（「す」が使役の助動詞の場合）（人を介して）申し上げさせる。「さるべき人召すべきにや。」など申さすれど…。〈源氏・夕顔〉訳「（供として）しかるべき人をお呼びした方がよいのではないでしょうか。」などと（右近を通じて源氏に）申し上げさせるが…。

❷（「す」が尊敬の助動詞の場合）申し上げなさる。お…申し上げなさる。↓まうさせたまふ一❷・二❶

❸（助動詞「す」が謙譲の意を強める用法の場合）申し上げる。お…申し上げる。津の守は、「典侍空きたるに。」と申させたれば…。〈源氏・少女〉訳摂津の守は、「典侍が欠員になっているので。」と申し上げたので…。

発展 謙譲の四段動詞または補助動詞「まうす」の未然形＋助動詞「す」。❷は、常に「申させたまふ」などとして尊敬語を伴って用いられる。❸は、❶の用法を人を介さない場合に用いたものである。

まうさ-せ-たま-ふ【申させ給ふ】 連語 一（「まうさ」が四段動詞「まうす」の未然形の場合）❶（「せ」が使役の助動詞「す」の連用形の場合）申し上げるようお仕向けになる。（人を介して）申し上げさせなさる。「せめて申させたまへば、さかしう、やがて末まではあらねども、すべて、つゆたがふことなかりけり。」〈枕草子・23・清涼殿の丑寅の〉訳「（帝が女御に答えを）無理に申し上げるようお仕向けになると、賢いことに、そのまま（歌の）下の句まではお答えにならないけれども、全部、一首も間違えることがなかったのだった。」

❷延政門院いときなくおはしましけるとき、院へ参る人に御ことづてとて申させたまひける御歌。〈徒然草・62・延政門院〉訳延政門院が幼少でいらっしゃったとき、（後嵯峨）上皇の御所へ参上する人に御伝言といって申し上げさせなさった御歌。○「申さ」は、筆者の延政門院への敬意を表し、「たまひ」は、筆者の後嵯峨上皇への敬意を

表す。「せ」は、延政門院が上皇の御所へ参上する人を使役する関係を表している。

❷(「せ」が尊敬の助動詞「す」の連用形の場合)申し上げあそばす。**殿聞かせたまひて、「いとあしきこと。はや上らせたまへ。」と申させたまふに**…。〈枕草子・104・淑景舎、東宮に〉訳殿(=道隆)がお聞きになって、「まことによくないことだ。すぐに参上なさい。」と(中宮に)**申し上げあそばす**と…。〇「せたまふ」で二重敬語となる。

❸(助動詞「す」の連用形「せ」が謙譲の意を強める用法の場合)申し上げなさる。**「今は明けぬるに、かう大殿ごもるべきかは。」と申させたまへば**…。〈枕草子・313・大納言殿参りたまひて〉訳「今はもう夜が明けてしまったのに、こんなにお休みになられてよいものだろうか。」と(伊周が帝に)**申し上げなさる**と…。〇帝のことを話題にしたので、「申す」よりさらに敬意を高めて「申さす」とした。

二(「まうさ」が四段補助動詞「まうす」の未然形の場合)❶(「せ」が尊敬の助動詞「す」の連用形の場合)お…申し上げあそばす。**いかでかは院をおろかに思ひまうさせたまはまし。**〈大鏡・道長上〉訳どうして(道長が)院(=道長の姉詮子)をおろそかに**お思い申し上げあそばそう**か、いや、そんなことはない。

❷(助動詞「す」の連用形「せ」が謙譲の意を強める用法の場合)お…申し上げなさる。**御乳母たちは笑ひまうさせたまける。**〈大鏡・三条院〉訳御乳母方は**お笑い申し上げなさった**のだった。〇「たまける」は「たまひける」の「ひ」がウ音便化して表記されなかったもの。

発展 謙譲の「まうす」の未然形＋助動詞「す」の連用形＋尊敬の補助動詞「たまふ」。「まうす」が動詞か補助動詞かで一二の区別となり、「す」の働きによって❶❷❸となる。「す」が「尊敬」か「謙譲」かは、動作をする人をより敬う場合には「尊敬」、動作の受け手をより敬う場合には「謙譲」となる。ただし、この区別は文脈から読み取るしかなく、きわめて判断しにくい場合が多い。→きこえさせたまふ

まうさ-る【申さる】 もうさる 連語 一(「まうす」が動詞の場合)❶(「申す」が「言ふ」の謙譲語、「る」が尊敬の助動詞の場合)申し上げなさる。申請なさる。ご所望申し上げなさる。**少将、待ちうけたてまつて、「さて、いかがさうらひつる。」と申されければ**…。〈平家・2・少将乞請〉訳少将(=成経)は、(舅の教盛を)待ち受け申し上げて、「それで、(父成親の処遇は)どうでございましたか。」と**申し上げなさった**ところ…。**「生食を申さばやとは思へども、梶原殿の申されけるにも、御許されないと承るあひだ**…。」〈平家・9・生ずきの沙汰〉訳「生食(=名馬の名)を(頼朝殿に)所望申し上げたいとは思うけれども、梶原(景季)殿が**ご所望申し上げなさった**場合でも、(殿の)お許しがないと伺っているので…。」

❷(「申す」が「言ふ」の謙譲語、「る」が可能の助動詞の場合)申し上げることができる。申し上げられる。**静憲法印、あまりのあさましさに、つやつやものも申されず。**〈平家・1・鹿谷〉訳静憲法印は、あまりの驚きあきれた態度に、まったく何も**申し上げることができない**。

❸(「申す」が謙譲語Ⅱ—話し手や書き手が聞き手や読み手に対し自身をへりくだる敬語—で、「る」が尊敬の助動詞の場合)申されます。

まう・く【設く・儲く】 もうく

前もって事態に備え、物事を構える

- ❶**準備する。**
- ❷**設置する。**(建物を)**造る。**
- ❸(子供や配偶者を)**得る。**
- ❹(利益を)**得る。**
- ❺(病気などに)**かかる。**

動詞 他〔カ下二段〕

未然形	連用形	終止形	連体形	已然形	命令形
まう・け	まう・け	まう・く	まう・くる	まう・くれ	まう・けよ

❶**準備する。用意する。** **乾き砂子を設くるは、故実なりとぞ。**〈徒然草・177・鎌倉中書王にて〉訳(庭の手入れをする人が)乾いた砂を**準備する**のは、昔からのしきたりであるということだ。

❷**設置する。造り構える。**(建物を)**造る。建てる。** **「男君もいと頼もしう、三つば四つばも設けたまひてむ。」**〈落窪〉訳「男君(=道頼)もたいへん頼もしく、(屋敷を)三棟四棟ときっとお**建て**になるだろう。」

❸(子供や配偶者を)**得る。**(子供が)**できる。** **年ごろ住みけるほどに、男、妻まうけて心変はり果てて**…。〈大和・157〉訳(男と女が一緒になって)何年か暮らしていた間に、男は、(別に)妻を**得て**心がすっかり変わって…。**いつくしき男子をまうけけり。**〈御伽草子・一寸法師〉訳美しい男の子を**得た**。

❹(利益を)**得る。拾い取る。** **からき命まうけて、久しく病みゐたりけり。**〈徒然草・53・これも仁和寺の法師〉訳(僧は)危うい命を**拾い取**って、長く患い続けていたのであった。

❺(病気などに)**かかる。** **この世には過ち多く、財を失ひ、病をまうく。**〈徒然草・175・世には心得ぬことの〉訳この世では(酒が原因の)失敗が多く、(最後には)財産を失い、病気に**かかる**。

発展 ①**語の成り立ち** 「間＋受く」の意味とも「真＋受く」の意味ともいわれ、将来の事態に備えて物事を準備する、というのがもとかとされる。自分のものとして備える、身に持つ、という意味から、❸以下の用法が派生したとみられる。❸以下の意味には「儲く」と書かれることが多い。②ただ、上代には「まく」という語形もあり、「まうく」の「う」が脱落したものかと見られるが、明らかではない。③**現代語とのつながり** 現代でも、❶の意味では「口実を設ける」、❷は「会場を設ける」、❸は「子供をもうける」、❹は「お金を儲ける」といった使い方でそのまま残っている。

類語比較 「したたむ」と「まうく」→認む

関連語 設く

「こなたのお庭を聞き及ばれて、頼うだ人の『見たい。』と申されたほどに…。」〈狂言・萩大名〉訳「こちら様のお庭（の評判）をお聞き及びになって、（私の）主人が『見たい。』と申されましたので…。」

❹（「申す」が謙譲語Ⅱで、「る」が受身の助動詞の場合）申してもらいます。語られます。

「『主の御命に代はりたてまつて、討たれにけり。』と末代の物語に申されんことこそ…。」〈平家・11・嗣信最期〉訳「『主人のお命にお代わり申し上げて、討たれたのだった。』と末代の物語に語られましたりすることこそが…。」

□三（「まうす」が補助動詞の場合）（「る」が尊敬の助動詞の場合）お（ご）…申し上げなさる。

「などか、返さひまうされける。ひがひがしきやうに、院にも聞こし召さむを…。」〈源氏・若菜下〉訳「どうして、（賀宴への参加を）ご辞退申し上げなさったのか。すねているように、朱雀院におかれてもお聞きになるだろうに…。」

まうし【申し】 □一名詞 申し願うこと。申し出ること。願い出。□二感動詞 人に呼びかけることば。もしもし。

まうし 助動詞〔ク型〕〈○・まうく・○・まうき・まうけれ・○〉（希望しない気持ちを表し）…たくない。…がいやだ。接続 動詞の未然形に付く。

「この君の御童姿、いと変へまうくおぼせど、十二にて御元服したまふ。」〈源氏・桐壺〉訳「（父の帝は）この若君の御童子姿を、強く変えたくないとお思いになるけれども、十二歳で成人式をなさる。」

発展 推量の助動詞「む」の古い未然形「ま」と接尾語「く」とが結び付いた「まく」に、形容詞「憂し」が続いた「まくうし」から変化したという説、希望の助動詞「まほし」の否定形として、類推によって生じたという説がある。

まうし-あは・す【申し合はす】 動詞 他〔サ下二段〕〈せ・せ・す・する・すれ・せよ〉❶（「言ひ合はす」の謙譲語で）相談申し上げる。

「申し合はすべきことあり。きっと立ち寄りたまへ。」〈平家・2・西光被斬〉訳「相談申し上げなければならないことがある。必ずお立ち寄りください。」

❷お付き合いする。

「別してねんごろに申し合はせさうらふ。」〈万の文反古〉訳「特別に親しくお付き合いしております。」

まうし-あ・ふ【申し合ふ】 動詞 他〔八四段〕〈は・ひ・ふ・ふ・へ・へ〉（「言ひ合ふ」の謙譲語で）かわるがわる申し上げる。

「いはむや、竜の頸に玉はいかが取らむ。」と申し合へり。〈竹取・竜の頸の玉〉訳「まして、竜の首に（ある玉なのだからその）玉はどうして取ることができるのだろうか、いや、取ることができないだろう。」とかわるがわる申し上げている。

まうし-い・づ【申し出づ】 動詞 自〔ダ下二段〕〈で・で・づ・づる・づれ・でよ〉（「言ひ出づ」の謙譲語で）口に出して申し上げる。

「もの馴れてえ申しいでず。」〈源氏・浮舟〉訳（随身は薫に）いい気になって（知っていることをそのまま）口に出して申し上げることができない。

まうし-う・く【申し受く】 動詞 他〔カ下二段〕〈け・け・く・くる・くれ・けよ〉（「言ひ受く」の謙譲語で）❶お願い申し上げる。

「申し受くるところ詮は、ただ重盛が首を召されさうらへ。」〈平家・2・烽火之沙汰〉訳「お願い申し上げるところの大事な点は、ただ重盛の首をお取りになってください（ということなのです）。」

❷お願いして引き受ける。また、教えを願う。

「申し受けたまへるかひありて、あそばしたりな。」〈大鏡・頼忠〉訳「（公任殿は和歌の船に乗ることを道長殿に）お願いして引き受けなさったかいはあって、（立派に）歌をお詠みになったなあ。」

まうし-おこな・ふ【申し行ふ】 動詞 他〔八四段〕〈は・ひ・ふ・ふ・へ・へ〉❶進言する。申し上げる。

「和銅三年といふ年、天皇に申し行ひて…。」〈今昔〉訳「和銅三年という年、天皇に進言して…。」

❷執り行う。処置する。

「たとひ入道非拠を申し行ふとも、一度はなどか聞こしめし入れざるべき。」〈平家・3・法印問答〉訳「たとえ入道（＝私、清盛）が無理なことを執り行っても、一度はどうしてお聞き入れにならなくてよいだろうか（いや、お聞き入れになるべきである）。」

まうし-ごと【申し言】 名詞 言い分。言うべきこと。また、願いごと。祈願。

まうし-じゃう【申し状】 名詞 ❶官庁などへ願い出る文書。申し文。❷申し入れ。言い分。

まうし-つ・ぐ【申し次ぐ】 動詞 他〔ガ四段〕〈が・ぎ・ぐ・ぐ・げ・げ〉（「言ひ次ぐ」の謙譲語で）申し伝える。お取り次ぎする。

「似げなきことに思ひて、頼もし人にも申し次がねば、口惜しうおぼす。」〈源氏・総角〉訳（大君が出家するなどというのは）似つかわしくないことだと思って、（女房は）頼りにしている人（＝薫）にも申し伝えないので、（大君は）残念だとお思いになる。

まうし-つた・ふ【申し伝ふ】 動詞 他〔八下二段〕〈へ・へ・ふ・ふる・ふれ・へよ〉（「言ひ伝ふ」の謙譲語で）取り次いでお伝えする。お伝え申し上げる。

「人の御消息そこにもえ申し伝へたまはず。」〈源氏・若菜下〉訳（式部卿宮は）人々の（お見舞いの）おことばも（源氏に）取り次いでお伝えすることがおできにならない。

まうし-ひら・く【申し開く】 動詞 他〔カ四段〕〈か・き・く・く・け・け〉（「言ひ開く」の謙譲語で）弁解申し上げる。言いわけをさせていただく。

「その身の誤らざるところを申し開き…。」〈太平記〉訳「私自身が潔白であることを弁解申し上げ…。」

まう-しふ【妄執】 名詞《仏教語》心の迷いから、俗世間の物事に執着すること。執念。

まうし-ぶみ【申し文】 名詞 ❶叙位・任官・昇進などを朝廷に申請した文書。申請書。❷希望や要求などを申し上げる文書。陳情書。上申書。

まうし-ぶん【申し分】 名詞 ❶申し立てること。また、その言い分。❷（多く「申し分なし」の形で用いて）不満に思う点。非難すべき点。欠点。

まうし-むつ・ぶ【申し睦ぶ】 動詞 自〔バ上二段〕〈び・び・ぶ・ぶる・ぶれ・びよ〉（「言ひ睦ぶ」の謙譲語で）親しくお付き合い申し上げる。

「こじうとなりければ、常に申し睦びけり。」〈徒然草・87・下部に酒飲ますることは〉訳 妻の兄弟であったので、いつも親しくお付き合い申し上げていた。

まう-じゃ【亡者】 名詞《仏教語》死者。また、成仏しない魂が冥途で迷っている者。

まう-しん【妄心】 名詞《仏教語》煩悩にけがれた心。

まう・す【申す】→基本敬語25（1123ページ）

まうち-ぎみ【公卿・卿】 名詞 天皇の御前に仕える人を敬った言い方。発展「まへつきみ」の変化したもの。

基本敬語25

まう・す【申す】

一 動詞 他 ── 一 〔謙譲語〕 ── ❶申し上げる。〔通常語〕言ふ
　　　　　　　　　　　　　　　 ❷お願い申し上げる。〔通常語〕願ふ
　　　　　　　　　　　　　　　 ❸して差し上げる。〔通常語〕為す
　　　　　 ── 二 〔謙譲語Ⅱ〕 ── 申します。
三 補助動詞 ── 〔謙譲語〕 ── お…申し上げる。

	未然形	連用形	終止形	連体形	已然形	命令形
動詞 他〔サ四段〕 補助動詞〔サ四段〕	まう・さ	まう・し	まう・す	まう・す	まう・せ	まう・せ

接続 三 は動詞および使役・受身の助動詞の連用形に付く。

一 動詞 他〔サ四段〕 一❶（「言ふ」の謙譲語で）**申し上げる。**

くらつまろの申すやうに尾浮けて巡るに、荒籠に人をのぼせて、つり上げさせて、燕の巣に手を差し入れさせて探るに…。〈竹取・燕の子安貝〉訳 くらつまろが（石上の中納言に）**申し上げる**とおりに（ツバメが）しっぽを（上方に）浮かせて周囲を回るので、編み目の粗いかごに家来を上がらせて、（綱で）つり上げさせて、ツバメの巣（の中）に手を入れさせて探（らせ）ると…。

○作者が、くらつまろの「言う」動作の及ぶ石上の中納言への敬意を表している。

今は昔、高陽親王と申す人おはしけり。〈今昔〉訳 今となっては昔のことだが、高陽親王と**申し上げる**人がいらっしゃった。

○作者が、世間の人々の「言う」動作の及ぶ高陽親王への敬意を表している。人名などを表すことば＋格助詞「と」＋「申す」で、「（世間の人々が）…と申し上げる」という意味を表す慣用的な言い方。この「申す」は、「呼ぶ」の謙譲語と見ることもできる。その呼ばれる人（高陽親王）を敬う。

❷（「願ふ」の謙譲語で）**お願い申し上げる。所望申し上げる。**

親の太秦にこもりたまへるにも、異事なく、このことを申して…。〈更級日記・物語〉訳（私は）親が太秦（の広隆寺）に泊まり込んで祈願なさるときにも、ほかのことは（願うことが）なく、このこと（＝源氏物語を全部読むこと）を（弥勒菩薩に）**お願い申し上げて**…。

○作者が、自分の「願う」動作の及ぶ弥勒菩薩への敬意を表している。

「**生食を申さばやとは思へども、梶原殿の申されけるにも、御許されないと承るあひだ**…。」〈平家・9・生ずきの沙汰〉訳「生食（＝名馬の名）を（頼朝殿に）**所望申し上げ**たいとは思うけれども、梶原（景季）殿がご**所望申し上げ**なさった場合でも、（殿の）お許しがないと伺っているので…。」

○「申さばや」の「申す」は、話し手（＝佐々木高綱）が、自分の「願う」動作の及ぶ源頼朝への敬意を表している。「申されける」の「申す」は、話し手（＝佐々木高綱）が、梶原景季の「願う」動作の及ぶ源頼朝への敬意を表している。佐々木高綱が、梶原景季が得られなかった生食を拝領したことで仲間割れを起こさないよう巧みに言い訳をする場面。

❸（「為す」の謙譲語で）**して差し上げる。致す。**

女、「言付け申さむと思ふは、聞きたまひてむや。」と言ひければ、遠助、「申しはべりなむ。」と答ふ。〈今昔〉訳 女が、「ご伝言申し上げたいと思うこと（があるが、それ）は、お聞き入れくださらないか。」と言ったので、遠助は、「きっと（伝言を）**致し**ましょう。」と答える。

○話し手（＝遠助）が、自分の「（伝言を）する」動作の及ぶ女への敬意を表している。「言付け申さむ」の「申す」は、一❶の意味。

二（「言ふ」の謙譲語Ⅱ―話し手や書き手が聞き手や読み手に対して自身をへりくだる敬語―で）**申します。**

『**さらにまだ見ぬ骨のさまなり。』となむ人々申す。**…」と、**言高くのたまへば**…。〈枕草子・102・中納言参りたまひて〉訳（中納言隆家が中宮に）「『まったくこれまでに見ない（扇の）骨のようすである。』と人々が**申します**。…」と、声高におっしゃるので…。

○話し手（＝中納言隆家）が、自分の側の人々の「言う」動作を低めて、聞き手（＝中宮）にかしこまりの気持ちを表している。人々が言う、というのを、「申す」とかしこまって表現している。聞き手（中宮）に対して、話し手（隆家）側の「言う」動作としてへりくだったのである。このような用法を本書では謙譲語Ⅱとするが、丁寧語と見る考え方もある。

御随身ついゐて、「かの白く咲けるをなむ、夕顔と申しはべる。…」**と申す。**〈源氏・夕顔〉訳（源氏の）従者はひざまずいて、「あの白く咲いている花を、ユウガオと**申して**おります。…」と（源氏に）申し上げる。

○話し手（＝従者）が、自分の「言う」動作を低めて、聞き手（＝源氏）にかしこまりの気持ちを表している。二つの「申す」が使われていて、用法が違う。後の地の文にある「申す」は謙譲語としての用法で、作者が、従者の「言う」動作の及ぶ源氏への敬意を表す。会話文中の「申す」が謙譲語Ⅱの用法。なお、この例のように、丁寧の補助動詞「はべり」を伴うことがあるので、「申す」を丁寧語とみる説はとらない。

三 補助動詞〔サ四段〕**お…申し上げる。お…する。**

「**この国に見えぬ玉の枝なり。この度は、いかでか否びまうさむ。**」〈竹取・蓬萊の玉の枝〉訳「（くらもちの皇子が持ってきた玉の枝は）この国では見ることのできない玉の枝である。今度（ばかり）は、どうして（かぐや姫への求婚を）**お断り申し上げる**ことができようか、いや、できない。」

○話し手（＝翁）が、かぐや姫の「断る」動作の及ぶくらもちの皇子への敬意を表している。上二段動詞「いなぶ」の連用形に付いている例。

「**あはれにうれしくも会ひまうしたるかな。**」〈大鏡・序〉訳「感慨深くうれしいことにも（あなたに）**お会い申し上げた**ことだなあ。」

○話し手（＝大宅世継）が、自分の「会う」動作の及ぶあなた（＝夏山繁樹）への敬意を表している。

発展 ①**語の歴史** 上代の語形「まをす」が変化して「まうす」ができた。現代でも祝詞では「まをす」を使う。

②**「聞こゆ」と「申す」** 中古では、類義の謙譲語「聞こゆ」が、特に女流文学に多く用いられるのに対し、「申す」は、男性的で硬い感じを伴う。また、公的で改まった感じのことばであるところから、自身をへりくだる場面にふさわしい敬語として、謙譲語Ⅱの用法が生じたものと考えられる。

関連語 聞こゆ（基本敬語25）・申す

↓基本敬語動詞一覧表（26ページ）

まう・づ【詣づ】もうず

高貴な所へ「行く」という意味の謙譲語
❶参上する。お伺いする。 ［通常語］行く
❷参詣する。お参りする。

未然形	連用形	終止形	連体形	已然形	命令形
まう・で	まう・で	まう・づ	まう・づる	まう・づれ	まう・でよ

動詞 自〔ダ下二段〕❶（「行く」の謙譲語で）参上する。お伺いする。伺う。↓古語チャート㊴（1129ページ）

子は京に宮仕へしければ、詣づとしけれど、しばしばえ詣でず。〈伊勢・84〉訳子は京都で宮仕えをしていたので、（母のいる長岡に）参上しようとしたけれど、たびたびはとても参上することができない。○作者が、「行く」動作の及ぶ母への敬意を表している。

❷（神社・寺などへ）参詣する。お参りする。

初瀬に詣づるごとに、宿りける人の家に久しく宿らで、程経て後に至りければ…。〈古今集・春上・42・詞書〉訳初瀬（＝長谷寺）にお参りするたびに、泊まっていた人の家に長い間泊まらないで、月日がたってから訪ねたところ…。○❶と同じく「行く」の謙譲語であるが、敬う対象となる場所が神社・寺などである場合の用法。

発展 ①語の歴史　上代では上一段活用だったかといわれる動詞「まゐる」の連用形に、下二段動詞「いづ」が付いた「まゐいづ」が、「まゐいづ→まゐづ→まうづ」と変化してできたことばかといわれる。

②現代語とのつながり　中古以降、❷の参詣するという意味で用いられることが多くなり、❶の意味ではあまり使われなくなっていくに従って、敬語という意識も薄れていった。現代でも使われる「初詣で」などの「詣で」は、「詣づ」の連用形が名詞に変化したものである。

関連語 参る・詣で来く

まうでき【詣で来】動詞まうでくの連用形。↓最重要語（1124ページ）

まうで・く【詣で来】↓基本敬語25（1124ページ）

まうでくる【詣で来る】動詞まうでくの連体形。↓最重要語（1124ページ）

まうでくれ【詣で来れ】動詞まうでくの已然形。↓最重要語（1124ページ）

基本敬語25

まうで・く【詣で来】もうでく

［謙譲語Ⅱ］—やって参ります。（ここへ）来させていただく。［通常語］来く

未然形	連用形	終止形	連体形	已然形	命令形
まうで・こ	まうで・き	まうで・く	まうで・くる	まうで・くれ	まうで・こ（よ）

動詞 自〔カ変〕

（「来」の謙譲語Ⅱ—話し手や書き手が聞き手や読み手に対して自身をへりくだる敬語—で）やって参ります。（ここへ）来させていただく。

桜の花の咲けりけるを見にまうできたりける人に、詠みて贈りける。〈古今集・春上・67・詞書〉訳サクラの花が咲いていたのを見にやって参りました人に、詠んで贈った歌。

○作者（＝凡河内躬恒）が、やって来た人の「来る」動作を低めて、読者（＝天皇）にかしこまりの気持ちを表している。勅撰集の詞書では、天皇を聞き手（読み手）と想定するため、公的な改まった表現が用いられる。この例では、「来る」という動作をする人物は第三者（やって来た人）であるが、それを自己（作者）側の動作として、へりくだって表現したのが「まうでく」である。このような用法を本書では謙譲語Ⅱとするが、丁寧語と見る説もある。

「この十五日は、人々賜はりて、月の都の人まうでこば、捕らへさせむ。」と申す。〈竹取・かぐや姫の昇天〉訳（竹取の翁は）「この十五日には、（朝廷から警護の）人々をお遣わしいただいて、（かぐや姫を連れ去ろうとする）月の都の人がやって参りましたら、つかまえさせたい。」と（帝の使者に）申し上げる。

○話し手（＝竹取の翁）が、月の都の人の「来る」動作を低めて、聞き手（＝帝の使者）にかしこまりの気持ちを表している。下位者が上位者へ伝えるかしこまった場面であるため、「来る」動作を話し手（翁）側のものとして、聞き手（帝の使者）に対してへりくだって表現している。

発展 ①語の成り立ち　下二段動詞「まうづ」の連用形に、カ変動詞「く（来）」が付いてできたことば。

②語の歴史　主に中古に、話し手が敬うべき相手を意識した場面で、第三者の動作を自分の側に属するものとして、へりくだっていうときに用いられる。会話文や勅撰集の詞書などに用いられることが多い。もともとは「来く」の謙譲語（「来る」動作の及ぶ人物への敬意を表す敬語）で、それから謙譲語Ⅱの用法が生じたものであるため、一部の用例には、もともとの謙譲語の意味も残っているようである。

③「まかる」と「まうでく」　中古では、「まかる」が「行く」動作をへりくだっていうのに対応して、「まうでく」は「来る」動作をへりくだっていう。

関連語 詣まうづ・罷まかる
↓基本敬語動詞一覧表（26ページ）

まうでこ【詣で来】動詞まうでくの未然形・命令形。↓最重要語（1124ページ）

まうでこよ【詣で来よ】動詞まうでくの命令形。↓最重要語（1124ページ）

まうで-つ・く【詣で着く】もうでつく 動詞 自〔カ四段〕（か・き・く・く・け・け）お参りする所に行き着く。

まうで-とぶら・ふ【詣で訪ふ】もうでとぶら（ろ）う 動詞 他〔ハ四段〕（は・ひ・ふ・ふ・へ・へ）お見舞い申し上げる。訪問申し上げる。

国の司詣でとぶらふにも…。〈竹取・竜の頸の玉〉訳（大納言を見舞いに）国司が訪問申し上げるときにも…。

ま-うと【真人】もうと 一 名詞（貴人の敬った言い方として）お方。お人。二 代名詞（目下の者に対して）おまえ。あなた。

発展「まひと」のウ音便。

まう・なり【猛なり】もう 形容動詞〔ナリ・ノ〕（なら・なり（に）・なり・なる・なれ・なれ）❶勢いが盛んだ。

勢ひ猛の者になりにけり。〈竹取・かぐや姫の出生〉訳

（竹取の翁は）勢いが盛んな者（＝富豪）になったのであった。❷壮大である。壮麗である。法住寺いと猛なれど…。〈大鏡・道長上〉訳法住寺もたいそう壮麗であるけれど…。❸（「猛に」の形で、副詞的に用いて）たいそう。たくさん。日ごろの中に今日なむ、いと猛に物入りたらむと見えける。〈落窪〉訳（法華八講の行われた）ここ数日の中でも今日は、格別にたくさん費用がかかっているだろうと見えた。

まう-ねん【妄念】[名詞]《仏教語》迷いの心。執着心。

まう-のぼ・る【参上る】[動詞]→まゐのぼる

まう-りゃう【罔両】[名詞]影の周囲に生じる薄い影。また、影法師。

まう-りゃう【魍魎】[名詞]山や川、木や石などの精霊や物の怪で、人を害する一種の妖怪。[発展]山林の気から生まれる魑魅と合わせて魑魅魍魎という。

➡まえ（現）→（歴）**まへ【前】**

前句付「マヘク」[文芸用語]出題された前句（七・七の部分）に合う付け句（五・七・五の部分）を付けるもの。元来、連歌や俳諧の練習のために行われたものだが、その後、滑稽さを競う遊戯的な色彩が強くなり、後世『*誹風柳多留』のように独立した庶民文芸として楽しまれた。

➡まえつきみ（現）→（歴）**まへつきみ【公卿】**

ま-えん【魔縁】[名詞]《仏教語》人の心を乱し、仏法の修行などを妨げる悪魔。

➡まおさく（現）→（歴）**まをさく【申さく・白さく】**

➡まおす（現）→（歴）**まをす【申す】**

まが【禍】[名詞]（多く「まが〜」の形で複合語を作り）曲がっていること。悪いこと。災い。邪悪。凶事。[発展]「曲ぐ」と同じ語源。

ま-かい【真櫂】[名詞]船の左右に備わった櫂。また、櫂を褒めたたえた言い方という説もある。[類]真梶

➡まがう（現）→（歴）**まがふ【紛ふ】**

ま-がき【籬】[名詞]❶柴や竹などで作った、目の粗い垣根。籬。籬垣。❷江戸時代、遊廓で店と土間とを区切る格子戸。

ま-かげ【目陰・目蔭】[名詞]❶遠くを見るとき、光をさえぎるために手のひらを目の上にかざすこと。❷疑わしく思っているような目つき。ためらっているようなまなざし。

基本敬語25

まか・づ【罷づ】

一[動詞]自—[謙譲語]—退出申し上げる。おいとまする。
二[動詞]他—[謙譲語]—（物などを）お下げする。

	未然形	連用形	終止形	連体形	已然形	命令形
[動詞]自〔ダ下二段〕 [動詞]他〔ダ下二段〕	まか・で	まか・で	まか・づ	まか・づる	まか・づれ	まか・でよ

一[動詞]自〔ダ下二段〕**退出申し上げる。おいとまする。**
「まかりいでて、明後日ばかり参り来む。よきに奏したまへ。」など言ひおきて**まかでぬ**。〈大和・101〉訳（参内した少将が）「（今日はこれで）退出して、明後日ごろ参上しましょう。（帝に）よきように申し上げてください。」などと言いおいて**退出申し上げて**しまった。○少将が、自分の「退出する」動作の及ぶ内裏にいる帝への敬意を表している。

二[動詞]他〔ダ下二段〕（物などを）**お下げする。**
つとめて、この箱を**まかで**させたまへるにぞ、親しき限りの人々、思ひ合はすることどもありける。〈源氏・葵〉訳その翌朝、（源氏が）この（結婚の儀式が終わった印としての餅が入った）箱を（紫の上の所から）**お下げさせ**になったことによって、（紫の上にお仕えする）親しい人々だけには、（紫の上の態度などに）思い当たることがいくつかあったのだった。○作者が、源氏の「（物を）下げさせる」動作の及ぶ場所にいる高貴な人（紫の上）への敬意を表している。源氏と紫の上との結婚の場面。

[発展]**①語の成り立ち**　上代からある四段動詞「まかる」の連用形に「いづ（出づ）」の付いた「まかりいづ」が、「まかりいづ→まかりづ→まかんづ→まかづ」と変化して、中古以降にできたことば。

②「まゐる」の対義語　中古では、類義の「まかる」が「まうでく」と対義語の関係にあるのに対して、「まかづ」は「まゐる」の対義語になる。→古語チャート39（1129ページ）

③謙譲語Ⅱの用法も　「まかづ」は主に謙譲語として用いられたのであるが、「出づ」のへりくだった表現（「出てまいります」の意味）として、謙譲語Ⅱ（話し手や書き手が自身をへりくだる敬語）になった用例もわずかに見られる。

[関連語]罷る・参る

まが-こと[名詞]一【禍言】不吉なことば。悪いことば。二【禍事】凶事。災難。[対]善事　[発展]「まがごと」とも。

まか・す【引す】[動詞]他〔サ下二段〕〈せ・せ・す・する・すれ・せよ〉水を引き入れる。
亀山殿の御池に、大井川の水を**まかせ**られんとて…。〈徒然草・51・亀山殿の御池に〉訳亀山殿の御池に、大井川の水を**引き入れ**なさろうとして…。

まか・す【任す】[動詞]他〔サ下二段〕〈せ・せ・す・する・すれ・せよ〉（そのもののするままに）まかせる。ゆだねる。従う。

➡まかせる（現）→（古）**まかす【任す】**

まか-たち【侍女・侍婢】[名詞]《上代語》貴人に付き添う女性。侍女。[発展]「まかだち」とも。

まが-たま【曲玉・勾玉】[名詞]古代の装身具の一種。翡翠・水晶・瑪瑙などの宝石や金・ガラス・粘土を用いて巴形に作った玉。穴をあけてひもを通し、首や襟の飾りにした。

ま-かぢ【真梶】[名詞]船の左右両方に備わった櫂。真櫂。一説に、今の櫓とも。

まか・づ【罷づ】→基本敬語25（1125ページ）

➡まかなう（現）→（歴）**まかなふ【賄ふ】**

［まがたま］

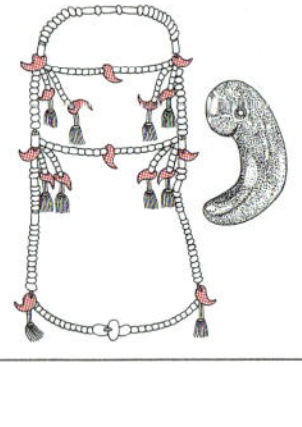

まーかな・し【真愛し】 形容詞〔シク〕〈しく・しく・し・しき・しけれ・○／しから・しかり・○・しかる・○・しかれ〉とてもかわいい。とてもいとしい。せつないほどかわいい。

うちひさす宮に行く児をまかなしみ留むれば苦しやればすべなし 歌〈万葉集・4・532〉訳 宮仕えに行く子が**せつないほどかわいい**ので行くなと引き止めれば心苦しいし、行かせてしまえばもはや会うことができなくて、なんとも仕方のないことだ。

○終止形（シク活用なので語幹と同じ形になる）に接尾語「み」が付いて、原因・理由を表す表現となっている。「うちひさす」は「宮」に係る枕詞。

発展「ま」は接頭語。

まかなひ【賄ひ】 まかない 名詞 ❶食事や宴などの用意や給仕をすること。また、その人。❷貴人の身の回りの世話をすること。また、その人。❸間に合わせること。やりくり。

まかな・ふ【賄ふ】 まかな（の）う 動詞 他〔ハ四段〕〈は・ひ・ふ・ふ・へ・へ〉用意する。整える。いろいろ世話をする。

御硯など賄ひて責めきこゆれば、しぶしぶに書いたまふ。〈源氏・柏木〉訳 お硯などを**用意して**無理にお勧め申し上げると、（女三の宮は柏木への返事を）いやいやながらにお書きになる。

まーかね【真金】 名詞 鉄。くろがね。発展「ま」は接頭語。「まがね」とも。

まかねーふく【真金吹く】 枕詞（鉄を製する赤土の意味から）「丹生」に、（鉄の産地であることから）「吉備」に係る。

まーかは【眼皮・目皮】 かわ 名詞 まぶた。

目皮らいたく黒み落ち入りて…。〈源氏・紅葉賀〉訳 **まぶたが**ひどく黒ずみくぼんで…。

まがひ【紛ひ】 まがい 名詞 ❶入り乱れること。交じり合って見分けがつかないこと。

秋萩の散りのまがひに呼び立てて鳴くなる鹿の声の遥けさ 歌〈万葉集・8・1550〉訳 秋のハギの散ることが**入り乱れているとき**に（妻を）声を張り上げて呼んで鳴いているように聞こえるシカの声がはるか遠いことよ。

❷判別できないぐらい似せてあること。偽物。

まが・ふ【紛ふ】 まが（ご）う

基本敬語25

まか・る【罷る】

❶〔謙譲語〕――**退出申し上げる。おいとまする。** ◉主に上代から中古初期にかけての用法。

❷〔謙譲語Ⅱ〕
- ❶**参ります。**〔通常語〕行く ◉中古の中心となる用法。
- ❷**「まかり＋動詞」の形で、「行き＋動詞」型の複合動詞の、かしこまりへりくだった表現として用いられる。また、その動詞をかしこまりへりくだった表現とするのにも用いられる。**

動詞 自〔ラ四段〕

未然形	連用形	終止形	連体形	已然形	命令形
まか・ら	まか・り	まか・る	まか・る	まか・れ	まか・れ

❶**退出申し上げる。おいとまする。**

憶良らは今はまからむ子泣くらむそれその母も我を待つらむそ 歌〈万葉集・3・337〉訳→おくららは…

○作者（＝憶良）が、自分の「退出する」動作の及ぶ宴席にいる貴人たちへの敬意を表している。山上憶良が宴席から中途で退出するときのあいさつの歌。

ももしきの大宮人のまかり出て遊ぶ今宵の月のさやけさ 歌〈万葉集・7・1076〉訳 宮中に仕える人が**退出申し上げ**て、管絃などの遊びをする今夜の月の清く澄んでいることよ。

○作者が、宮中に仕える人の「退出する」動作の及ぶ（天皇のいる）宮中への敬意を表している。この例では、「まかり出づ」という複合動詞の形全体で、「退出申し上げる」という意味になっている。「ももしきの」は「大宮」に係る枕詞。

❷❶（「行く」の謙譲語Ⅱ―話し手や書き手が聞き手や読み手に対し自身をへりくだる敬語―で）**参ります。**

「**さて、いと久しくまからざりしに、ものの便りに立ち寄りてはべれば**…。」〈源氏・帚木〉訳「さて、（私は）たいへん長く（その女の所に）**参りません**でしたが、何かのついでに立ち寄りましたところ…。」

○話し手（＝式部丞）が、自分の「（女の所へ）行く」動作を低めて、聞き手（＝貴族の子息たち）にかしこまりの気持ちを表している。式部丞が、貴族の子息たちを前にして自分の体験を語る雨夜の品定めの一場面で、改まりかしこまった会話に用いられた例。行く先の女の所への敬意を表すのであれば謙譲語であるが、そうは解釈できない。自分（話し手である式部丞）の「行く」動作を、聞き手に対してへりくだって表現していて、謙譲語Ⅱの用法である。

❷**「まかり＋動詞」の形で、「行き＋動詞」型の複合動詞の、かしこまりへりくだった表現として用いられる。また、その動詞をかしこまりへりくだった表現とするのにも用いられる。**

「**ある博士のもとに、学問などしはべるとて、まかり通ひし程に**…。」〈源氏・帚木〉訳「（私が）ある博士の所に、学問などをしますといって、通って**参りました**ころに…。」

○話し手（＝式部丞）が、自分の「（博士の所へ）行き通う」動作を低めて、聞き手（＝貴族の子息たち）にかしこまりの気持ちを表している。❷❶の例と同じ、雨夜の品定めの場面。自分の「行き通う」動作を、聞き手に対してへりくだって表現している。「通ふ」をへりくだった表現とするために「まかり」を付けたとする見方もある。

発展 ①**語の歴史** 任命するという意味の動詞「任く」と関係のあることばかといわれる。もともとは、命令を承って都から地方へ下る、という意味であったと考えられる。たとえば、「大君の命畏み天離る鄙辺にまかる（＝天皇のご命令が恐れ多いので、地方へ下る）」〈万葉集・6・1019〉という例がある。この段階で、すでに高貴な場所（都）から離れ去る意味の謙譲語と見る考え方もある。

②**❷の謙譲語Ⅱ** 話し手や書き手が自身をへりくだる敬語で、会話文や勅撰集の詞書などに用いられる。

③**❷❷の用法** 後世も改まった場面に用いられ、現代語にも及ぶ。その堅苦しい感じからか、「まかり間違っても」などのように、単なる強調表現として用いられることもある。なお、「まかり出づ」「まかり出づ」などは、「まかり＋動詞」の形であっても、例外的に❶と同じ意味を表す謙譲語であるので、注意が必要である。

④**「死ぬ」意の「まかる」** 近世の上田秋成の作品などには、「死ぬ」意を表す用例を見るが、それは、「みまかる（身罷

物と物が交じり合うことから、交じり合って区別がつかなくなる

一 動詞 自 八四段
❶入り乱れる。入り交じる。
❷入り交じって区別がつかなくなる。区別ができないほど似ている。

二 動詞 他 八下二段
入り交じって区別がつかなくさせる。見間違える。聞き間違える。

動詞 自 八四段

未然形	連用形	終止形	連体形	已然形	命令形
まが・は	まが・ひ	まが・ふ	まが・ふ	まが・へ	まが・へ

動詞 他 八下二段

未然形	連用形	終止形	連体形	已然形	命令形
まが・へ	まが・へ	まが・ふ	まが・ふる	まが・ふれ	まが・へよ

一 動詞 自 八四段 ❶**入り乱れる。入り交じる。** 侍従をくゆらかして、物ごとに染しめたるに、えひ香かうの香かの**まがへる**、いと艶えんなり。〈源氏・初音はつね〉訳 侍従(=香の名)をくゆらして、(部屋にある)あらゆる物にたきしめてあるのに加えて、えい香(=香の一種)の香りが**入り交じっている**のが、とても優美である。

❷(「〜にまがふ」の形で)**入り交じって区別がつかなくなる。区別ができないほど似ている。間違えられる。** 波とのみ一つに聞けど色見れば雪と花とに**まがひ**けるかな 歌〈土佐日記・一月二十二日〉訳 (聞こえてくる音は)波だけだと一つのものとして聞くけれども、(波の)色を見ると雪と花とに**区別ができないほど似ていた**ことだよ。

二 動詞 他 八下二段 **入り交じって区別がつかなくさせる。**(似ていて)**見間違える。聞き間違える。** 我が岡をかに盛りに咲ける梅の花残れる雪を**まがへ**つるかも 歌〈万葉集・8・1640〉訳 私の(この)丘に盛んに咲いている(白い)ウメの花と、(消え)残っている雪とを**見間違え**たことよ。

類語比較 「まがふ」「まぎる」「まじる」
共通点=物と物とが入り交じるという意味。
まがふ=「目ま＋交かふ」の変化したことばかといわれ、雪と花びら、白波と雲などのように、よく似た物同士が交じり合って区別がつかない状態を表す。
まぎる=「目ま＋霧きる」の変化したことばかといわれ、ある物が他の物の陰に隠れて判別がつかなくなることをいう。したがって、異なる形状・性質の物でもよく、隠れて見えないことから、他のことに心を奪われているようすや、他の用事などで取り込んでいる状態などをも表すようになった。
まじる=均一な性質を持つ物の中へ別の性質の物が入り込むことをいい、区別がつくか否かは問題ではない。

まが-まが・し【禍禍し・凶凶し】

災いを招きそうな忌まわしいようす
❶不吉だ。忌まわしい。
❷いまいましい。憎たらしい。

未然形	連用形	終止形	連体形	已然形	命令形
まがまが・しく	まがまが・しく	まがまが・し	まがまが・しき	まがまが・しけれ	○
まがまが・しから	まがまが・しかり	○	まがまが・しかる	○	まがまが・しかれ

形容詞 シク ❶**不吉だ。忌まわしい。縁起が悪い。** 犬の諸声もろごゑに長々と鳴き上げたる、**まがまがしく**さへ憎し。〈枕草子・28・憎きもの〉訳 イヌが何匹も同時に発する声で長々とほえ立てているのは、**不吉に**さえ(感じられて)嫌だ。

❷**いまいましい。憎たらしい。とんでもない。** 「おのれは、**まがまがしかり**ける心持ちたる者かな。」〈宇治拾遺しゅうい〉訳「おまえは**いまいましく**もあった心を持っている者だなあ。」

発展 **語の成り立ち** 災いや凶事の意味を表す名詞「まが(禍)」を重ねて形容詞にしたもの。

まかり【罷り】 名詞 ❶貴人のお膳を取り下げること。また、取り下げたお膳。お下がり。❷いとまごい。辞去。

まがり【鋺】 名詞 水を飲む器。

まかり-あか・る【罷り離る・罷り別る】 動詞 自 ラ下二段〈れ・れ・る・るる・るれ・れよ〉(「あかる」の謙譲語で)ばらばらに(貴人の居所から)退出する。「いみじう霙みぞれ降る夜、これかれ**まかりあかる**所にて、思ひめぐらせば…。」〈源氏・帚木ははきぎ〉訳「ひどく霙の降る夜、(祭りのための舞楽の練習に参加した)それぞれの人と**ばらばらに退出する**所で、あれこれと考えてみると…。」

まかり-あり・く【罷り歩く】 動詞 自 カ四段〈か・き・く・く・け・け〉(「ありく」の謙譲語で)出歩かせていただく。「日ごろは山寺に**まかりありき**てなむ。」〈和泉式部日記いずみしきぶにっき〉訳「このごろは山寺(へのお参り)に**出歩かせていただい**て(おりまして)。」

まかり-い・づ【罷り出づ】 動詞 自 ダ下二段〈で・で・づ・づる・づれ・でよ〉(「出づ」の謙譲語で)❶退出する。「**まかりいで**て、大臣おとどにも、かはらぬ姿、いま一度見え…。」〈大鏡・花山院かざん〉訳「**退出し**て、(父の)大臣にも、(出家前の)変わらない姿を、もう一度見せ…。」
❷参上する。常の礼儀すぎてから、亭主**まかりいで**て…。〈西鶴諸国ばなし〉訳 (客同士の)ひととおりの挨拶あいさつが済んでから、亭主が**参上し**て…。
↓古語チャート㊴(1129ページ)

まかり-な・る【罷り成る】 動詞 自 ラ四段〈ら・り・る・る・れ・れ〉(ある状態に)なる。また、望みどおりになる。「いかでか殿の御先には**まかりなり**はべらむ。」〈大鏡・為光ためみつ〉訳「どうして兄上よりお先に(私が中納言に)**なり**ましょうか。」

まかり-まうし【罷り申し】 名詞 地方官が任国へ赴任するとき、参内さんだいしてあいさつを申し上げること。後には、一般に、いとまごいすること。

まか・る【罷る】 ↓基本敬語25(1126ページ)

る)❷「の「身」を落として用いたものかと思われる。↓古語チャート⑱(647ページ)

敬語のしくみ 移動の意味を表す動詞の謙譲語と謙譲語Ⅱ
「行く↔来く」の形で対応関係をまとめると、おおよそ次のようになる。
上代「謙譲語」まかる↔まゐる(当時は上一段か)
上代「謙譲語Ⅱ」まだない。
中古「謙譲語」まかづ↔まゐる(四段)
中古「謙譲語Ⅱ」まかる↔まうでく
関連語 詣まうで来・罷まかづ・参まゐる
↓基本敬語動詞一覧表(26ページ)・古語チャート㊴(1129ページ)

まき【牧】 名詞 ウマ・ウシ・ヒツジなどを放し飼いにしておく所。牧場。発展「馬柵」という意味。

まき【巻】 一 名詞 ❶書や画・書物などの巻物。❷書物。また、その区分された一部。❸俳諧の句の付け合いを続けたもの。また、それを書いたもの。
二 助数詞 巻物や書物を数える単位。

ま-き【真木・槙】 名詞 立派な木。スギやヒノキなどの常緑樹をいう。

寂しさはその色としもなかりけり槙立つ山の秋の夕暮れ 歌〈新古今集・秋上・361〉訳→さびしさは…

ま-ぎ【間木】 名詞 長押の上などに板を渡して作った、棚のようなもの。発展「まき」とも。

まき-ぬ【枕き寝・纏き寝】 動詞 自〔ナ下二段〕〈ね・ね・ぬ・ぬる・ぬれ・ねよ〉互いに腕を枕にして寝る。一緒に寝る。

玉釧**まき寝る妹もあらばこそ夜の長けくも嬉しかるべき** 歌〈万葉集・12・2865〉訳 **互いに腕を枕にして寝る妻**でもいるならばきっと、夜の長いのも嬉しいに違いない。
○「たまくしろ」は「まく」に係る枕詞。

まき-ばしら【真木柱】 一 名詞 スギやヒノキなどの木でできた立派な柱。
二 枕詞 (真木柱が太いことから)「太し」に係る。
発展「まけはしら」とも。→古語チャート⑩(397ページ)

巻向 歌枕 今の奈良県桜井市。『万葉集』では、「まきもく」と読む。「巻向山」「巻向の弓月が岳」「巻向の穴師の山」「巻向の檜原」という形でも詠まれた。また、春は「霞」、冬は「雪」が歌の素材となった。

まきもく【巻向】 歌枕→巻向

まき-も-つ【巻き持つ・纏き持つ】 動詞 他〔タ四段〕〈た・ち・つ・つ・て・て〉巻いて持つ。

沖つ波寄せ来る玉藻片縒りに縒りに作り妹がため手に巻き持ちて… 歌〈万葉集・17・3993〉訳 沖の波が寄せて来る玉藻を一筋に縒って髪飾りを作り、妻のために**手に巻いて持って**…。

まき-もの【巻物】 名詞 ❶書画を書いた紙を表装して軸に巻いたもの。❷たまずに、軸に巻いてある反物。主に高級品。❸紙や絹を軸に巻いた書物。対 冊子

まぎらはし【紛らはし】 名詞 ❶注意をそらして人目を紛らわすこと。ごまかし。❷気持ちを紛らわすこと。気晴らし。

まぎらは・し【紛らはし】 形容詞〔シク〕〈しく・しく・し・しき・しけれ・○／しから・しかり・○・しかる・○・しかれ〉
❶まぶしい。まばゆい。
上野**まぐはしまとに朝日さしまきらはしもなありつつ見れば** 歌〈万葉集・14・3407〉訳 上野(=今の群馬県)の真桑島門に朝日が射しているときのように、**まぶしいことよ**。(あなたを)ずっと見ていると。
❷心が他のことに奪われている。雑事に取り紛れている。
「おのづからうちたゆみ**紛らはしくてなむ過ぐしくるを**…。」〈源氏・橋姫〉訳「自然と(仏道への志は)怠りがちで**雑事に取り紛れて**過ごしてきたのだが…。」
❸区別がつかない。
「わづらはしう、尋ねむほども**紛らはし**。」〈源氏・花宴〉訳「めんどうなことに、(扇を取り交わした相手が五の君なのか朧月夜の君なのか)探し求めたりしている間も**区別がつかない**。」
発展 上代は「まきらはし」。

まぎらは・す【紛らはす】 動詞 他〔サ四段〕〈さ・し・す・す・せ・せ〉❶隠す。ごまかす。うやむやにする。
柱隠れにゐ隠れて、涙を紛らはしたまへるさま…。〈源氏・須磨〉訳(紫の上が)柱の陰に隠れて座って、涙を**隠していらっしゃる**姿は…。
❷気を紛らわす。気を晴らす。
「とかう**紛らはさせたまひて**、おぼし入れぬなむよくはべる。」〈源氏・若紫〉訳「あれこれと**気を紛らわし**なさって、(病気のことを)思いつめなさらないのがよろしゅうございます。」

まぎ・る【紛る】

他の物の陰に入って区別がつかなくなる
❶入り交じって区別がつかなくなる。
❷隠れてひそかに行動する。隠れる。
❸(他のことに)心を奪われて忘れる。
❹用事が重なり忙しくなる。取り込んでいる。

未然形	連用形	終止形	連体形	已然形	命令形
まぎ・れ	まぎ・れ	まぎ・る	まぎ・るる	まぎ・るれ	まぎ・れよ

動詞 自〔ラ下二段〕❶入り交じって区別がつかなくなる。
「紙の色にさへ**紛れて**、さらにえ見たまへず。」〈蜻蛉日記〉訳「(夜で暗いうえに、手紙の文字が)紙の色にまで**入り交じって区別がつかなくなって**、まったく見させていただくことができない。」
❷(他のものに交じって)隠れてひそかに行動する。隠れる。こっそりとする。
夕暮れのいたう霞みたるに紛れて、かの小柴垣の程に立ち出でたまふ。〈源氏・若紫〉訳 夕暮れのひどく霞がかかっているのに**隠れて**、(源氏は)あの細い柴で作った低い垣の辺りにお出かけになる。
❸(他のことに)心を奪われて忘れる。
「まづそのことをこそは啓せむと思ひて参りつるに、物語のことに**紛れて**。」〈枕草子・83・返る年の二月二十日余日〉訳「真っ先にその(頭の中将の)ことをこそ(中宮に)申し上げようと思って参上したのに、物語のことに**心を奪われて忘れて**(いた)。」
❹用事が重なり忙しくなる。取り込んでいる。差し障りがある。
「参らむと思ひながら、世の中の忙しさに**紛れて**、過ぎさぶらひつるを、今日はよろづを捨てて参りつるなり。」〈今昔〉訳「(こちらに)お伺いしようと思いながらも、世間での(生活の)忙しさに**取り込んでいて**、時がたってしまいましたが、今日はすべてを捨ててお伺いしたのである。」
発展 **語の成り立ち**
「目+霧る」の変化したことばかといわれ、ある物が他の物の陰に隠れて判別がつかなくなることをいう。主に「〜にまぎる」という形で用いられる。「まぎるること(なし)」という形も多い。
類語比較「まがふ」「まぎる」「まじる」→紛ふ

まぎれ【紛れ】

交じり合って見えにくくなったり、見分けがつかなくなったりすること
❶(交じり合って)見分けがつかないこと。(他に)紛れること。
❷(他のことに)気を取られること。ごたごた。取り込み。騒ぎ。
❸気分が紛れること。気晴らし。慰み。

名詞 ❶(交じり合って)**見分けがつかないこと**。(他に)**紛れること**。**山風に桜吹きまき乱れなむ花の紛れに君とまるべく** 歌〈古今集・離別・394〉訳山風によってサクラ(の花)を吹きまくって、(そのサクラの花が)乱れ散ってほしい。(散り落ちた)花で(道の)**見分けがつかないこと**によって(=見分けがつかなくなって)、親王が(ここ比叡山に)とどまるように。❷(他のことに)**気を取られること**。**ごたごた**。**取り込み**。**騒ぎ**。**公私に忙しき紛れに**、**えおぼすままにもとぶらひたまはざりけるを**…。〈源氏・澪標〉訳(源氏は)公私の多忙な**ごたごた**のために、お思いになるとおりにも(明石の君を)お訪ねになれなかったのだが…。❸**気分が紛れること**。**気晴らし**。**慰み**。**昔物語などせさせて聞きたまふに**、**少しつれづれの紛れなり**。〈源氏・明石〉訳(源氏は明石の入道に)昔の話などをさせてお聞きになると、少しは所在なさの**気晴らし**である。

まぎれ-あり-く【紛れ歩く】 動詞 自 〔カ四段〕〈か・き・く・く・け・け〉❶人目を避けて歩く。**「心もや慰む。」と、立ち出でて紛れありきたまふ**。〈源氏・少女〉訳(夕霧は)「心も慰められるのではないか。」と、(部屋から外へ)出て行って**人目を避けて歩き**なさる。❷人々の間にまじって歩く。**若君の何心なく紛れありきて、これかれに馴れきこえたまふを、「いみじ。」と思いたり**。〈源氏・須磨〉訳若君(=夕霧)が無心に**人々の間にまじって歩いて**、この人あの人になつき申し上げなさるのを、(源氏は)「たいそういじらしい。」とお思いになる。

まぎれ-い・づ【紛れ出づ】 動詞 自 〔ダ下二段〕〈で・で・づ・づる・づれ・でよ〉人目に付かないようにそっと出る。しのび出る。**夕霧に立ち隠れて、紛れいでてぞ**…。〈堤中納言・貝あはせ〉訳夕霧に身を隠して、**人目に付かないようにそっと出て**…。

まぎれ-くら・す【紛れ暮らす】 動詞 他 〔サ四段〕〈さ・し・す・す・せ・せ〉ほかのことに気を取られて日を過ごす。**その日は後宴の事ありて、紛れ暮らしたまひつ**。〈源氏・花宴〉訳その日は後宴の行事があって、(源氏は)**そのことに気を取られて日をお過ごし**になってしまった。

まぎれる(現)→(古)**まぎる【紛る】**

まき-ゑ【蒔絵】 名詞 漆工芸の技法のひとつ。漆で模様を描き、乾かないうちに金粉や銀粉、顔料などを散りばめて、みがいてつやを出す。螺鈿・切り金などの技法と併用される。

ま-く 《上代語》…だろうこと。…ようとすること。…ようなこと。**もみち葉の過ぎまく惜しみ思ふどち遊ぶ今宵は明けずもあらぬか** 歌〈万葉集・8・1591〉訳紅葉の散ろう**とすること**が惜しいので、親しい仲間同士が宴に遊ぶこの夜は、明けないであってくれないものか。

発展 推量の助動詞「む」の古い未然形＋接尾語「く」。

ま・く【負く】 一 動詞 自 〔カ下二段〕〈け・け・く・くる・くれ・けよ〉(勝負や勢いなどに)負ける。圧倒される。また、(相手に)従う。譲る。

二 動詞 他 〔カ下二段〕〈け・け・く・くる・くれ・けよ〉値引きする。**「それは余りに高値でござる。もそっと負けてくだされ。」**〈狂言・張蛸〉訳「それはあまりに高い値段でございます。もう少し**値引きして**ください。」

ま・く【任く】 動詞 他 〔カ下二段〕〈け・け・く・くる・くれ・けよ〉官職に任命する。派遣する。**まつろはぬ国を治めと皇子ながらまけたまへば**… 歌〈万葉集・2・199〉訳(天武天皇は、自分に)従わない国を平定せよと、高市皇子の意志どおりに**派遣**なさると…。

ま・く【枕く】 動詞 他 〔カ四段〕〈か・き・く・く・け・け〉《上代語》❶枕とする。枕にして寝る。**天皇、その謀を知らし召さずて、その后の御膝をまきて御寝しましき**。〈古事記・垂仁天皇〉訳さて、(垂仁)天皇は、その陰謀をご存じなくて、その后のお膝を**枕として**おやすみになった。❷抱いて寝る。また、結婚する。**たらちねの母が目離れて若草の妻をもまかず**… 歌〈万

まとめて覚えよう古語チャート 39

参上・退出を意味する動詞

中古の和文作品には、宮廷生活を中心としている部分が多く、宮廷や貴人のもとを訪れたり引き下がったりすることが、重大な場面である場合が少なくありません。この図には、その参上・退出を表現する動詞を集めてみました。

下の図の「¹のぼる」と「²くだる」とによって、その行為そのものを、まず確認しましょう。「のぼる」は〈訪れる〉ことであり、「くだる」は〈引き下がる〉ことです。その「のぼる」「くだる」行為をいうのに行為の対象を強く意識したとき、そこに謙譲語を用いた表現が発生することになります。ここに紹介したような謙譲語動詞に注目すると、登場人物の人間関係が推測できることも少なくありません。

赤字は最重要語・重要語

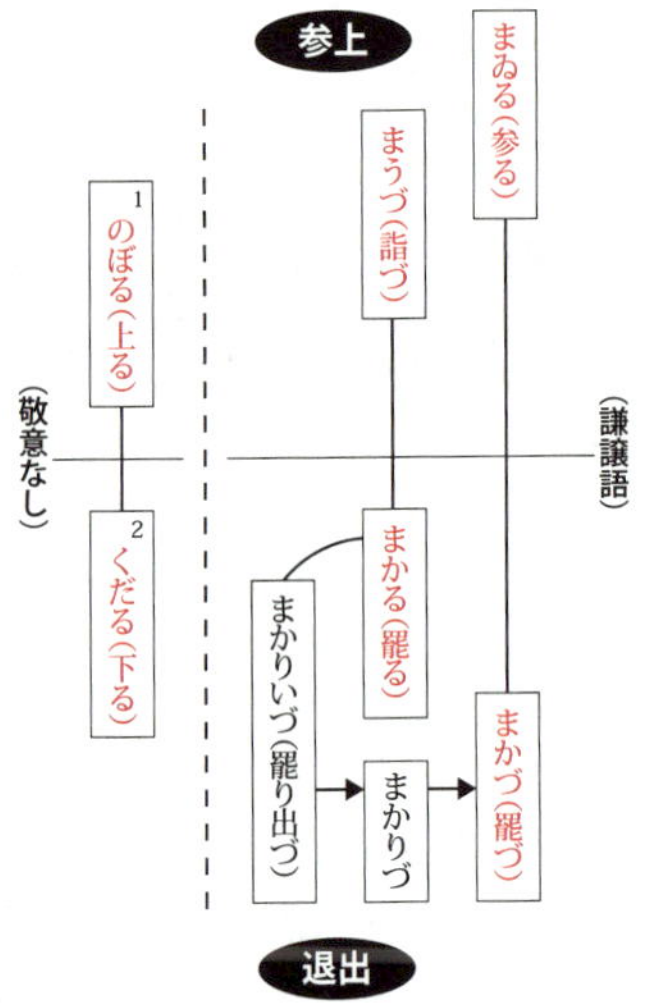

葉集・20・4331〉訳母とも会うこともなく、妻を**抱いて寝ることもなく**…。○「たらちねの」は「母」の、「若草の」は「妻」の枕詞。

ま・く【巻く・捲く・纏く】一動詞他〔カ四段〕〈か・き・く・く・け・け〉くるくると巻く。巻き付ける。

男いたうめでて、いままで、巻きて文箱に入れてありとなむいふなる。〈伊勢・107〉訳（女からの手紙を）男はとても感心して、今でも、（その手紙を）**くるくると巻いて**文箱に入れているという。

二動詞自〔カ四段〕〈か・き・く・く・け・け〉渦巻き状になる。立ち込めた霧などがおさまる。息がはずむ。

ま・く【設く】動詞他〔カ下二段〕〈け・け・く・くる・くれ・けよ〉❶用意する。準備する。

夕さらば屋戸開け設けて我待たむ夢に相見に来むといふ人を 歌〈万葉集・4・744〉訳夕方になったら、家の戸を開けて（あの人を迎える）**用意をして**私は待とう。夢で（私に）会いに来ようという人を。

❷（時期を）待ちうける。ある時期になる。

うつせみは恋を繁みと春まけて思ひ繁けば…歌〈万葉集・19・4185〉訳この世に生きている人の身は、恋がひっきりなしであるので、春と**なって**物思いが絶えないので…。

発展 中古以降は「まうく」。
→古語チャート⑳(767ページ)

ま・く【蒔く・撒く】動詞他〔カ四段〕〈か・き・く・く・け・け〉❶種をまく。まき散らす。

雨降らず日の重なれば植ゑし田もまきし畑も朝ごとにしぼみ枯れ行く…歌〈万葉集・18・4122〉訳雨が降らないまま日が重なるので、苗を植えた田も**種をまいた**畑も、朝見るたびにしぼみ枯れて行く…。

❷蒔絵をする。

ま・ぐ【曲ぐ・枉ぐ】動詞他〔ガ下二段〕〈げ・げ・ぐ・ぐる・ぐれ・げよ〉❶（まっすぐなものを）曲げる。

❷（人の心や考え、道理や事実を）ゆがめる。ねじ曲げる。

『世に、いささかも人の心をまげたることはあらじ。』と思ふを…。〈源氏・桐壺〉訳『決して、少しも人の心を**ゆがめたことはない**だろう。』と思うのだが…。

❸（自分の気持ちを）抑える。自制する。

物に争はず、己をまげて人に従ひ、我が身を後にして、人を先にするにはしかず。〈徒然草・130・物に争はず〉訳他人と争うことなく、自分を**抑えて**他人に従い、自分のことを後回しにして、他人のことを先にするのにこしたことはない。

ま・ぐ【覓ぐ】動詞他〔ガ四段〕〈が・ぎ・ぐ・ぐ・げ・げ〉求める。探す。尋ねる。

かれ、ここをもちてその速須佐之男命、宮造るべき地を出雲国にまぎたまひき。〈古事記・大蛇退治〉訳さて、こうしてその速須佐之男命は、（新婚のための）宮を作るのに適当な所を出雲国に**求め**なさった。

まーくさ【真草】名詞《植物》草。特に、屋根を葺くのに用いる草。カヤ、ススキなど。発展「ま」は接頭語。

◆**まくさかる…**歌

ま草刈る荒野にはあれど黄葉の過ぎにし君が形見とぞ来し〈万葉集・1・47・柿本人麻呂〉訳草を刈る（ような）荒れはてた野ではあるが、亡くなった君（＝草壁皇子）の形見（の土地）として（われわれは）やって来たのだ。○「ま草刈る」は枕詞とも。「黄葉の」は「過ぎ」に係る枕詞。

発展 草壁皇子をしのぶ長歌に付けられた反歌。

まーくず【真葛】名詞《植物》クズ。季語秋 発展「ま」は接頭語。

まくずーはら【真葛原】名詞クズの生えている野原。真葛が原。季語秋

まーぐは・し【目細し】形容詞〔シク〕〈しく・しく・し・しき・しけれ・○／しから・しかり・○・しかる・○・しかれ〉目に美しく感じられる。うるわしい。

下野三毳の山のこ楢のすまぐはし児ろは誰が笥か持たむ 歌〈万葉集・14・3424〉訳下野の三毳の山の小楢のように**うるわしい**あの娘はだれの食器を持つ（＝だれに嫁ぐ）のだろうか。

→古語チャート㊸(1211ページ)

まーぐはひ【目合ひ】名詞❶目と目を見合わせて愛情を通わせること。

❷男女の関係を結ぶこと。結婚。

まーく-ほし【まく欲し】…ことが望ましい。…でありたい。…たいと思う。

一昨日も昨日も今日も見つれども明日さへ見まくほしき君かも 歌〈万葉集・6・1014〉訳一昨日も昨日もそして今日も会ったけれども、さらに明日までも会い**たいと思う**あなただなあ。

発展 推量の助動詞「む」の未然形＋接尾語「く」＋形容詞「ほし」。

まくら【枕】名詞❶寝るときに頭をのせる寝具。

枕とて草引き結ぶこともせじ秋の夜とだに頼まれなくに 歌〈伊勢・83〉訳→まくらとて…

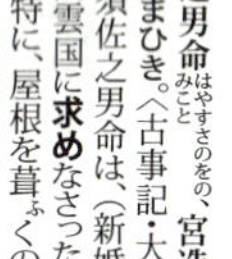
[まくら❶]

❷（「旅枕」「草枕」などの形で）寝ること。

あらたまのとしの三年を待ちわびてただ今宵こそ新枕すれ 歌〈続古今集・1210〉訳→あらたまの…

❸枕の辺り。頭の方。

枕よりあとより恋のせめくればせむかたなみぞ床中にをる 歌〈古今集・雑体・1023〉訳**頭の方**からも足の方からも恋が（私に）せまってくるので、なすべき方法もないので寝床の中に（小さくなって）いる。

まくら-がへし【枕返し】名詞❶死んだ人の枕を北向きに変えること。❷木枕を用いて行う種々の曲芸。

まくら-がみ【枕上】名詞枕もと。

御枕上にいとをかしげなる女ゐて…。〈源氏・夕顔〉訳お**枕もと**にたいそう美しそうな女が座って…。

まくら-ごと【枕言】名詞いつも言うことば。口癖。

枕詞 文芸用語 和歌の修辞のひとつ。上代に多く用いられた。あることばを導くためにその前に置かれる決まったことば。枕詞と係ることばの関係は固定している。ふつうは形式的なもので、訳す場合も省略する。→序詞・ビジュアルチェック㉗(1131ページ)

まくら-さだ・む【枕定む】❶（寝るとき）枕や頭の位置を決める。

よひよひに枕定めむ方もなしいかに寝し夜か夢に見えけむ 歌〈古今集・恋1・516〉訳宵ごとに**枕の位置を決める**ような方法も分からない。いったいどのような位置に寝た夜あなたが夢に見えたのだろうか。○枕や頭の位置によって期待する夢（この場合は恋人）を見ることができるという迷信があった。

❷ゆっくりと寝る。十分に寝る。

❸（遊里などで共に寝る女を）決定する。決める。

ビジュアルチェック 27

枕詞一覧

- 上段は枕詞、下段は係る語。
- 配列は歴史的仮名遣いによる五十音順。
- 掲載している枕詞は、すべて見出し語になっています。

枕詞	係る語
吾が心	清し・清隅・明石・筑紫
茜さす	日・月・光・照る・昼・君・紫
秋風の	吹く(吹き上げ・山吹)・千江
秋霧の	晴る・おぼつかなし・籬・立つ・立田山
秋草の	結ぶ
秋津島	大和
秋萩の	撓ふ
秋山の	したふ・色懐かし
緋衣	明け
朝霞	ほのか・春日・鹿火屋
朝髪の	乱る
朝霧の	おほに・思ひ惑ふ・乱る・八重山
朝霜の	消
浅茅原	つばらつばら
浅茅生の	野・小野
朝露の	おく・消・命・我が身
朝鳥の	通ふ・音鳴く・朝立つ
朝日なす	まぐはし
浅緑	糸・柳・野辺
麻裳よし	紀・紀伊・城上
葦垣の	旧る・(思ひ)乱る・間近・外・吉野
葦鴨の	うち群る
葦田鶴の	音泣く
葦の根の	ねもころ・夜・世・節・短し・憂き・分く
あしひきの	山・峰・尾の上
あぢさはふ	目・夜昼知らず
梓弓	い・射る・張る・ひく・よる・返る・たつ・本・末・や・音
天雲の	たゆたふ・ゆくらゆくら・別れ・行く・たどきも知らず・奥・はるか・よそ
天離る	ひな・向かふ
天伝ふ	入り日・日
天照るや	日
天飛ぶや	鳥・雁・軽・領巾
天の原	富士山
天彦の	おと
海人小舟	はつ
菖蒲草	あや・ね
粗金の	土
荒妙の	藤
新玉の	年・月・日・春・来経
沫雪の	消
青雲の	出づ・白
青丹よし	奈良・国内
青旗の	木幡・葛城山・忍坂山
青柳の	細き眉根・いと・かづら・葛城山
鯨取り	海・浜・灘
漁り火の	ほ・ほのか
石注く	垂水
石橋の	間・近し・遠し
石走る	滝・垂水・近江
射目立てて	跡見
射ゆ獣の	心を痛み・行きも死なむ
窺狙ふ	跡見
泡沫の	浮き・憂き・消ゆ
打ち靡く	春・黒髪・草
うちひさす	都・宮
打ち寄する	駿河
現せみの	世・命・人・身
烏羽玉の	黒・闇・夜・夢
旨酒	三輪・三諸山・三室の山・神
績み麻なす	なが
埋もれ木の	下・知れぬ
沖つ波	頻く・撓む・高し・荒れ
沖つ藻の	なびく・なばる
置く露の	たま・あだ
押し照る(や)	難波
大君の	三笠
大口の	真神の原
大伴の	御津・高師・見つ
大船の	(思ひ)頼む・たゆたふ・ゆくらゆくら・ゆた・津守・渡り・香取
鏡なす	見る・み・御津・思ふ
掻き数ふ	二・二上山
燕子花	丹つらふ
陽炎の	春・燃ゆ
陽炎ふの	燃ゆ・あるかなきか・それかあらぬか・ほのかに・ほのめく・春
樫の実の	一つ・一人
霞立つ	春日
片糸の	より・よる・あふ・くる・たゆ・乱る・節
神垣の	御室・御室山・三室山
神風や	伊勢・五十鈴川・御裳濯川・玉串・山田原
神風の	伊勢
唐衣	着る・裁つ・返す・袖・裾・ひも
唐錦	織る・縫ふ・裁つ
刈り菰の	乱る
狩衣	着る・裁つ・ひも・裾・立つ・日も・乱

る・おどろ

刈萱の 乱る・束・穂

君が着る 三笠

君が差す 三笠

肝向かふ 心

草枕 旅・旅寝・度・多胡・結ぶ・結ふ

葛の葉の うら・うらみ

呉竹の 世・夜・ふし・伏見

紅の 色・浅・移し・振り

呉織 あや

黒髪の 乱れ・なが・解け

今日今日と 飛鳥

言さへく 韓・百済

木の暗れの 繁き・四月

高麗錦 ひも

隠り口の 泊瀬

隠り沼の 下

小余綾の 急ぎ

衣手 常陸・葦毛

衣手の 田上・高屋・かへる・別く・名木・真若

衣手を 打廻・敷津・高屋

三枝の 三つ・なか

細小蟹の くも・いと・い・いづく・いかに・いのち

細波の(や) 志賀・大津・比良・連庫山・長等山・古き都・あやし・寄る・夜

細れ波 立つ

刺す竹の 君・大宮人・皇子・舎人男

五月闇 くら

真葛 のちも逢はむ・いや遠長し・絶えず

さ丹頬ふ 君・妹・色・もみぢ・紐

さねさし 相模

五月蠅なす 騒く・荒ぶ

小牡鹿の 入野

磯城島の 大和

敷き栲の 枕・床・袖・袂・衣・黒髪・家

鹿じもの い這ひ・膝折り・弓矢囲み・水漬く

息長鳥 猪名・安房

しなざかる 越

しなてる(や) 片・鳰の湖

潮船の 並ぶ・置く

島つ鳥 鵜

白雲の かかる・絶ゆ・立つ・竜田山

白露の おく・消・たま

白波の よる・かへる・うち・いちしろし・浜

しらぬひ 筑紫

白真弓 ひく・はる・いる・い

白栲の 衣・袖・袂・紐・帯・雲・雪・波・月・砂

菅の根の 長し・乱る・ねもころ

墨染めの 夕べ・たそがれ・暗し・鞍馬・くらぶ

住江の まつ

そら(に)みつ 大和

高知るや 天のみかげ

高照らす 日

高光る 日

滝つ瀬の 早し

栲綱の しら・しろ

栲縄の 長し・千尋

栲領巾の かけ・白・鷺

栲衾 新羅・白山

畳薦 平群へ

玉垣の うち・みつ

玉かぎる 夕・ほのか・日・はろか・ただ一目・磐垣淵

玉勝間 あふ・安倍・しま

玉葛 長し・延ふ・いや遠長く・絶ゆ・花・実

玉鬘 かく・かげ

たまきはる うち・命・世・吾

玉櫛笥 ふた・箱・あく・ひらく・おほふ・奥・み

玉釧 手に取り持つ・纏く

玉襷 かく・うね

玉垂れの を

玉梓の 使ひ・妹・人

玉の緒の 長し・短し・絶ゆ・乱る・継ぐ・間・もおかず・現し

玉桙の 道・里

玉藻刈る 沖・処女・敏馬・辛荷

玉藻なす 浮かぶ・寄る・なびく

玉藻よし 讃岐

垂乳根の 母・親

乳の実の 父

千早振る 神・うぢ

栂の木の つぎつぎ

月草の 移る・消ぬ

つぎねふ 山城

躑躅花 にほふ

津の国の 名には・ながらふ・来や・見つ

つのさはふ いは

露霜の 消・過ぐ・置く・秋

剣太刀 身・名・研ぐ

解き衣の 乱る

時つ風 吹飯

飛ぶ鳥の 明日香

遠つ神 大君

遠つ人 松・雁

灯し火の 明石

鶏が鳴く 東

鳥じもの 浮く・朝立つ・なづさふ

夏草の 野島・思ひ萎ゆ・茂し・深し・かりそめ

夏衣 ひとへ・うすし・かとり・裁つ・着る・ひも・裾・張る

夏麻引く うなかみ・うなひ・

夏引(なつびき)の　命(いのち)・いと・いとほし・いとま
なまよみの　甲斐(かひ)
弱竹(なよたけ)の　とをよる・起き伏し・夜・世
鳴(な)る神(かみ)の　音
行潦(にはたづみ)　流る・川・行く
庭(には)つ鳥(とり)　鶏(かけ)
鳰鳥(にほどり)の　なづさふ・息長(おきなが)・二人並び居・かづく・葛飾(かつしか)
鵼子鳥(ぬえこどり)　うらなく
鵼鳥(ぬえどり)の　うらなく・のどよふ・片恋
射干玉(ぬばたま)の　黒・夜・夕・宵・闇(やみ)・髪・夢・月
根蓴(ねぬなは)の　長き・繰る・寝(ね)・来る・苦し
梯立(はしたて)の　くら・峻(さが)し・倉梯(くらはし)・くま・熊来(くまき)・ほ・うら
旗薄(はたすすき)　ほ
花筐(はながたみ)　目並ぶ
花細(はなぐはし)　桜・葦(あし)
花薄(はなすすき)　ほ
柞葉(ははそば)の　母
這(は)ふ葛(くず)の　遠長し・行くへ・絶えず・後(のち)・下・たづぬ
這(は)ふ蔦(つた)の　別る・おのが向き向き
春霞(はるがすみ)　立つ・井(ゐ)・よそに・竜田(たつ)・春日(かす)

春日(はるひ)の　春日(かす)
久方(ひさかた)の　天・空・雨・月・星・日・光・雲・夜・かつら・都
日(ひ)な曇(ぐも)り　碓氷(うすひ)
日(ひ)の本(もと)の　大和(やまと)
冬草(ふゆくさ)の　離(か)る
冬籠(ふゆごも)り　春・張る
降(ふ)る雪(ゆき)の　白・消(け)・日(け)・行(ゆ)き
時鳥(ほととぎす)　飛ぶ・飛幡(とばた)
真金吹(まかねふ)く　丹生(にふ)・吉備(きび)
真木柱(まきばしら)　太し
枕付(まくらづ)く　妻屋(つまや)
真菰刈(まこもか)る　大野川原・堀江・淀(よど)
真澄鏡(ますかがみ)　見る・向かふ・うつる
益荒男(ますらを)の　たゆひ
真澄鏡(まそかがみ)　見る・清し・照る・ふた・向かふ・面影・磨(と)ぐ
松(まつ)が根(ね)の　待つ・絶ゆることなく
眉引(まよび)きの　横山
御心(みこころ)を　吉野
水薦刈(みこもか)る　信濃(しなの)
みすずかる　信濃(しなの)
瑞垣(みづかき)の　久し
水茎(みづくき)の　水城(みづき)・岡
三(み)つ栗(ぐり)の　なか
水鳥(みづとり)の　鴨(かも)・賀茂(かも)・青葉・浮き・立つ
みつみつし　久米(くめ)

水無(みな)し川(がは)　絶ゆ
水無瀬川(みなせがは)　下
群肝(むらきも)の　心
群鳥(むらとり)の　むれ・立つ・朝立つ
望月(もちづき)の　たたはし・足れる・めづらし
物部(もののふ)の　宇治(うぢ)・八十(やそ)・八十宇治川・五十(い)・石瀬(いはせ)・矢野・矢田
紅葉(もみぢ)の　移る・過ぐ・朱(あけ)
百敷(ももしき)の　大宮
百足(ももた)らず　八十(やそ)・五十(い)・筏(いかだ)・斎槻(いつき)・山田
百伝(ももづた)ふ　八十(やそ)・五十(い)・磐余(いはれ)・角鹿(つぬが)・渡会(わたらひ)・鐸(ぬて)
焼(や)き太刀(たち)の　辺着(へつ)く・利(と)し
八雲立(やくもた)つ　出雲(いづも)
安見知(やすみし)し　わがおほきみ・わごおほきみ
八隅知(やすみし)る　わがすべらぎ
やつめさす　出雲(いづも)
山川(やまがは)の　あさ・音・激(たぎ)つ・早し
山菅(やますげ)の　み・乱る・背向(そがひ)・止(や)まず
山(やま)たづの　迎(むか)へ
山鳥(やまどり)の　ひとり寝・尾上(をのへ)・おのれ・おのづから
行(ゆ)く鳥(とり)の　あらそふ・むらがる
木綿畳(ゆふだたみ)　手向(たむ)け・田上(たなかみ)
夕月夜(ゆふづくよ)　暁闇(あかときやみ)・をぐら・入る

長庚(ゆふつづ)の　夕べ・か行きかく行き
若草(わかくさ)の　夫(つま)・妻・新(にひ)・わか
若菰(わかごも)を　猟路(かりぢ)
吾妹子(わぎもこ)に　逢坂山(あふさかやま)・淡海(あふみ)・淡路(あはぢ)・あふちの花
吾妹子(わぎもこ)を　いざみの山・早見の浜
海(わた)の底(そこ)　沖
居待(ゐまち)月(づき)　明石(あかし)
鴛鴦(をしどり)の　浮き・憂き
少女等(をとめら)に　あふ・ゆきあふ

枕草子

必修古典ビック30 ㉕

◉成立…平安時代中期
◉作者…清少納言
◉分野…随筆
◉段数…約三〇〇段

▼清少納言

【冒頭の一文】

春は曙。やうやう白くなりゆく山際、少し明かりて、紫だちたる雲の細くたなびきたる。 訳 春は夜がほのぼのと明けようとするころ(がよい)。しだいに白くなっていく山際の空が、少し明るくなって、紫がかっている雲が細く横になびいているのは(趣深い)。

【書名の由来】

後書きによると、中宮定子の兄伊周から紙が献上された。そこで定子が、「これに何を書きましょうか。」とおっしゃったので、作者が「枕でございましょう。」とお答えしたところ、「それでは、あなたが書きなさい。」と言われ、書いたのが『枕草子』だという。「枕」は、手控え、身辺雑記の意味というのが一般的な説である。

【成立と作者】

◉成立…九九五(長徳元)年ごろには一部成立していて、それ以降の事件を加えて、一〇〇一(長保三)年ごろまでにまとめられたと考えられている。

◉作者…清少納言。生没年には、いろいろな説があり、未詳と言うべきである。

父親は、『後撰和歌集』の撰者である清原元輔で、清原家は、曾祖父以来の和歌の名門の家である。九八一(天元四)年ころ、橘則光と結婚し、則長を生んだ。しかし、父の死後、九九三(正暦四)年、夫と別れ、一条天皇の中宮である藤原定子の所へ仕え、約十年間の宮中生活を送った。その間、鋭い才知で定子に愛されるとともに、そこに出入りする中宮の兄の伊周や弟の隆家などとの交遊を持った。一〇〇〇(長保二)年、定子が亡くなると宮仕えを退き、藤原棟世と結婚したが、晩年は出家し孤独な生活を送ったといわれている。

【概要】

◉一条天皇の中宮藤原定子を中心とする華やかな宮廷生活の体験や人間についての感想などが記されている。そこには、作者の鋭敏な観察と鋭い美意識がみられ、宮廷生活が賛美されている。

◉次の三つの章段に分類される。

〔類聚的章段〕…作者の美意識、感性のままに、自然や人物をとらえ、鋭い観察眼と、独自の見方が表れている。「山は」「鳥は」などで始まる「ものはづけ」の章段と、「すさまじきもの」などのような「ものづくし」の章段とがある。

〔日記的章段〕…定子に仕えた宮廷生活の体験や定子の所に出入りする人々との交遊を回想したもので、定子に対する称賛を中心に描いているが、同時に作者自らの活躍も述べられている。「翁丸」(第九段)や「香炉峰の雪」(第二九九段)などの章段が有名である。

〔随想的章段〕…折々の自然や人事に関する自由な感想や回想を書きとめたもの。時折、作者の漢学に対する知識が表れる。

【作品に関係する人物】

◉藤原定子…関白藤原道隆の娘。一条天皇のとき入内し、女御から中宮にまでなるが、父道隆の死、兄伊周の失脚により、宮中での権威は衰える。叔父藤原道長の娘彰子が中宮になると皇后になるが、その年の暮れ、失意のうちに世を去った。作者にとって中宮の存在は別格で、最大限の親愛と敬意が払われている。

◉則光…橘則光。作者の夫だった人物。修理亮、左衛門尉、遠江介などの官位名で登場する。特に八四段「里にまかでたるに」の段には、則光の荒削りで率直なおかしさのあるようすが生き生きと描かれ、繊細な作者が、引かれていったようすと離れていく経緯が分かる。

◉藤原伊周…関白藤原道隆の子。藤原定子の兄。父の死後、政権を叔父の道長と争ったが、敗れて、一時大宰権帥に左遷された。服装のセンスも良く、定子や作者と交わす会話も教養があり洗練されていた。

【枕草子のキーワード・をかし】

本作品には、「をかし」の語が頻出する。「をかし」は、理知的・客観的に見て趣深いようすを表す語である。作者が、自分の主情を抑制しながら文章を書こうとしたことの一つの証左ともいえよう。ちなみに『源氏物語』は「あはれ」の文学といわれている。→あはれなり 類語比較(75ページ)

【ことばと表現】

◉「山は をぐら山。かせ山。みかさ山。このくれ山。」(一三段)のような文体は、『枕草子』を嚆矢とする。単に物を並べるばかりではなく、「陀羅尼は あかつき。経は ゆふぐれ。」(二一三段)のような対句形式、「海は 水うみ。よさの海。かはふちの海。」(一八段)のように三句を並列する形式などを取り入れ、音読したときのリズムを十分に考慮していたと思われる。

◉「春は曙」で始まる第一段は、「紫だちたる雲」から炭火をおこして立ち働く人のようすなどを「をかし」と評価しながら、一転、「火桶の火も、白き灰がちになりて、わろし」と反対の評価で結ぶ。このように正と負の評価を対照的に配置する方法は、全編にわたって散見される。

◉下層の生活に関わる語彙まで広く用いられている。たとえば、「乞食」「厠人」「猿楽」など、下賤な生活を表す名詞や、「のろふ」「はひる」「おしへす」「わらひそしる」「をめく」など、いかにも下品な動作を表す動詞が見られる。

◉作者は視覚型の人間である。細やかな心理描写よりも視覚的な表現を好む。見たようすを示す接尾語「げ」を伴う「きたなげなり」「すさまじげなり」「をかしげなり」などが多く見られる一方で、何となく得体の知れないさまを表す接頭語「もの」を冠した「ものうるはし」「ものわびし」などは少ない。

まくら・す【枕す】 動詞 自〔サ変〕〈せ・し・す・する・すれ・せよ〉頭をのせる。枕にする。

硯の箱に枕して、臥したまへる額つき、いとらうたげになまめかし。〈紫式部日記〉訳（弁の宰相の君が）硯の箱に**頭をのせて**、横になっていらっしゃる額のあたりが、たいそうかわいらしそうで美しい。

まくら-づく【枕付く】 枕詞（寝室で枕を並べる意味から）「妻屋」に係る。

まくらとて… 歌

枕とて草引き結ぶこともせじ秋の夜とだに頼まれなくに〈伊勢・83〉訳枕として草を引き寄せて結ぶこと（=旅寝）もするまい。（今は春なので）秋の夜のように（長い夜を）頼みとすることさえできないので。〇三句切れ。下の句は上の句の内容の理由を示す。「なくに」の「な」は、打消の助動詞「ず」の古い未然形。

枕草子〔サウシ〕作品名 **↓必修古典ビッグ30** ㉕（1134ページ）

まくら-を-そばた・つ【枕を欹つ】 枕を高くして耳を澄ます。枕から頭を上げて耳を澄ます。

ひとり目をさまして、枕をそばだてて四方の嵐を聞きたまふに…。〈源氏・須磨〉訳（源氏は）ひとり目を覚まして、**枕を高くして耳を澄まして**周囲一帯の嵐（の音）をお聞きになると…。

まーぐ・る【眩る】 動詞 自〔ラ下二段〕〈れ・れ・る・るる・るれ・れよ〉目がくらむ。気を失う。

あるいは煙にむせびて倒れ伏し、あるいは焔にまぐれてたちまちに死ぬ。〈方丈記・安元の大火〉訳ある者は煙にむせて倒れ伏し、ある者は炎に（まかれて）**気を失い**すぐに死んでしまう。

発展「目昏る」の意味。「まくる」とも。

◐まぐわし（現）**↓**（歴）**まぐはし【目細し】**

まけ【任け】 名詞（多く「まけのまにまに」の形で）官職に任じること。特に、地方官に任命して派遣すること。

まげ-いほ【曲げ庵】 名詞 ゆがんで、倒れそうに見える粗末な小屋。

まけ-いろ【負け色】 名詞 負けそうなようす。敗色。

まげ-て【枉げて】 副詞 無理だろうが、ぜひ。

「うつし心なく酔ひたる者にさうらふ。**まげて**許したまはらん。」〈徒然草・87・下部に酒飲ますることは〉訳「正体もなく酔っている者でございます。**無理だろうが、ぜひ**お許しいただきたい。」

まーけ-ながく【真日長く】 日数多く。長い間。

まけ長く川に向き立ちありし袖今夜まかむと思はくの良さ 歌〈万葉集・10・2073〉訳**長い間**川に向かって立っていた妻の袖を今夜枕すると思うとうれしさよ。

まけ-はしら【真木柱】 名詞 **↓**まきばしら

◐まける（現）**↓**（古）**まく【負く】**

◐まげる（現）**↓**（古）**まぐ【曲ぐ・枉ぐ】**

まけ-わざ【負け業】 名詞 歌合わせ・碁・競べ馬などの勝負事で、負けた方が勝った方に、ごちそうや贈り物をすること。

まーこ【真子】 名詞 妻や子を親しみいつくしんでいうことば。

発展「ま」は接頭語。

まご【孫】 名詞 ❶**↓**うまご ❷（「孫～」の形で）間を一つ隔てること。一つ隔てた関係。「孫弟子」など。

◐まごう（現）**↓**（歴）**まがふ【紛ふ】**

まーこと【真・実・誠】 一 名詞 ❶本当のこと。真実。真理。

世に語り伝ふること、まことはあいなきにや、多くは皆虚言なり。〈徒然草・73・世に語り伝ふること〉訳世間で語り伝えていることは、**真実**はおもしろくないのではないだろうか、たいていはみなうそである。

❷真心。誠意。誠実。

❸和歌や俳諧などで作品に現れる現実味。

二 副詞 本当に。まったく。

たらちねの母を別れてまこと我旅の仮廬に安く寝むかも 歌〈万葉集・20・4348〉訳母と別れて、**本当に**私は、旅の仮小屋で心安らかに寝ることができるのだろうか。〇「たらちねの」は「母」に係る枕詞。

三 感動詞 ふと何かを思い出したときに発することば。ああ、そうそう。そういえば。

「**まことまこと、ありつる鉢を忘れて、取り出でずなりぬる**…。」〈宇治拾遺〉訳「**ああ、そうそう**、さっきの鉢を（倉へしまい込んだまま）忘れて、取り出さないままになってしまった…。」

まこと・し【真し・実し】 形容詞〔シク〕〈しく・しく・し・しき・しけれ・〇／しから・しかり・〇・しかる・〇・しかれ〉❶本当だ。本当らしい。

大方はまことしくあひしらひて、偏に信ぜず、また疑ひ嘲るべからず。〈徒然草・73・世に語り伝ふること〉訳だいたいは**本当らしく**（=本当のこととして）応対しておいて、いちずに信じたり、また疑ってばかにしてはならないものである。

❷本格的だ。正式だ。

「**まことしき方ざまの御心おきてなどこそは、めやすくものしたまひけめ。**」〈源氏・宿木〉訳「（政治や学問といった）**本格的な**方面での（薫の君の）お心構えなどは、見苦しくなくて（=ご立派なもので）いらっしゃったのだろう。」

❸実直そうだ。まじめそうだ。

まことしう清げなる人の…。〈枕草子・200・野分のまたの日こそ〉訳**実直そうで**きれいな人が…。〇「まことしう」は連用形「まことしく」のウ音便。

まこと-に【実に・誠に】 副詞 本当に。実に。

まことに燕巣作れり。〈竹取・燕の子安貝〉訳（翁が言ったとおり）**本当に**ツバメが巣を作っている。

まことにて… 歌

まことにて名に聞くところ羽ならば飛ぶがごとくに都へもがな〈土佐日記・一月十一日〉訳本当にその名のとおり（ここが）羽であったなら、（その羽で）飛ぶように（早く）都へ帰りたいなあ。〇「はね」は、地名「羽根」と鳥の「羽」を掛ける。

発展 高知県の室津へ向かう船が、「羽根」という所を通ったときに女の子が詠んだ歌。

まこと-の-はな【真の花】《能楽用語》稽古を積み、工夫を重ねて芸を極めた演者だけが身に備え、発現できる真の魅力。対 時分の花

さりながら、この花は真の花にはあらず。〈風姿花伝〉訳しかし、この芸の魅力は**能の真の魅力**ではない。

まこと-の-みち【真の道】 人として目指すべき正しい道。仏の道。仏道。類 法の道

まこと-や【真や・実や】 感動詞 ああ、そうそう。そういえば、確か。

まことや、「烏の群れゐて池の蛙を取りければ、御覧じ悲しませたまひてなん。」と人の語りしこそ…。〈徒然草・10・家居のつきづきしく〉訳**そういえば**、**確か**、「カラスが群がっていて池のカエルを取ったので、（それを）ご覧になってかわいそうにお思いになったから。」と人が語ったのは…。

まご-びさし【孫廂】 名詞 ❶母屋の廂の外側に、さらに小さく出した廂。❷廂の間の外側に設けられた小さな部屋。→ビジュアルチェック⑫(715ページ)

ま-こも【真菰】 名詞《植物》イネ科の多年草。水辺に生え、丈は約二メートルになる。葉・茎でむしろを編み、実は食用にする。季語 夏

まこも-かる【真菰刈る】 枕詞 (マコモが多く生えることから)地名「大野川原」「堀江」「淀」などに係る。

ま-さか【目前】 名詞 目前のとき。現在。

ま-さかき【真榊】 名詞《植物》サカキ。神事に用いる常緑の高木。発展「ま」は接頭語。

ま-さきく【真幸く】 副詞 無事に。無事で。

磐代の浜松が枝を引き結びまさきくあらばまたかへりみむ 歌〈万葉集・2・141〉訳→いはしろの…

まさき-の-かづら【真拆の葛・柾木の葛】 名詞《植物》ツル草の一種。テイカカズラ、ツルマサキの古い呼び名ともいう。古代は神事に用いた。

まさぐ・る【弄る】 動詞 他 ラ四段〈ら・り・る・る・れ・れ〉(手で)もてあそぶ。いじる。

白き御衣どもを着たまひて、花をまさぐりたまひつつ…〈源氏・若菜上〉訳(源氏は)白い御衣を何枚もお召しになって、(白いウメの)花を**もてあそび**なさりながら…。

ま-さご【真砂】 名詞 細かい砂。まなご。

まさ-ざま【勝様】 形容動詞 ナリ ❶優れているぐらいだ。

「**まさざまに作らしめたまへり。**」とこそ…〈大鏡・時平〉訳「(道真公は白楽天の詩よりも)**優れているぐらいに**お作りになっていらっしゃる。」と…。

❷いっそうはなはだしい。ますますひどい。

あまりさへ、**疫癘うちそひて、まさざまに、**あとかたなし。〈方丈記・飢渇〉訳(飢饉に加えて)そのうえ、伝染病が加わって、**ますますひどく、**(災厄以前の)形跡はない。

発展「まさりざま」の変化したことば。

まさ・し【正し】

事実や道理にかなっているようす
- ❶**本当だ。**正しい。予想どおりだ。
- ❷確かである。それそのものである。

未然形	連用形	終止形	連体形	已然形	命令形
まさ・しく	まさ・しく	まさ・し	まさ・しき	まさ・しけれ	○
まさ・しから	まさ・しかり	○	まさ・しかる	○	まさ・しかれ

形容詞 シク ❶**本当だ。**正しい。予想どおりだ。

逢坂の関しまさしきものならば飽かず別るる君をとどめよ 歌〈古今集・離別・374〉訳 逢坂の関が、**本当の**もの(=物事の動きをせき止める関)であるならば、名残惜しく別れて行くあの人を(そこで)止めてくれ。

かく恋ひむものとは我も思ひにき心の占ぞまさしかりける 歌〈古今集・恋4・700〉訳 このように(切ないほど)恋したりするものだとは、私も(初めから)思ったことだ。心の中で推し量ったことは、まさに**予想どおりだった**なあ。

❷**確かである。それそのものである。**

まさしく見たりと言ふ人もなく、空言と言ふ人もなし。〈徒然草・50・応長のころ〉訳(都に出たという鬼を)**確かに**見たと言う人もなく、うそだと言う人もいない。

まさで-に【正でに】 副詞 まさしく。ほんとうに。確かに。

武蔵野に占部かた焼きまさでにも告らぬ君が名占に出にけり 歌〈万葉集・14・3374〉訳 武蔵野で占い師がシカの骨を焼いて占って**まさしく**、人に告げたことのない君の名がその占いの卦に出てしまったことだ。○「まさでに」は「占に出にけり」に係る。

まさな-ごと【正無事】 名詞 冗談。戯れ事。

まさ-な・し【正無し】 形容詞 →最重要語(1137ページ)

まさ-に【正に・当に・応に・将に】

事態が正確に、また確実に進んでいるようす
- ❶**確かに。本当に。**
- ❷**ちょうど今。さしあたって。**
- ❸**どうして**(…だろうか、いや…ない)。◉「まさに～むや」「まさに～じや」などの形で反語表現を作る。和文で用いる。
- ❹**きっと。必ず。**◉「まさに～む・べし・むとす」などの形で和漢混交文に用いる。

副詞 ❶**確かに。本当に。まさしく。**

「**まさにこれ、召す女なり。**かの鵜足の郡の女をば帰すべし。」〈今昔〉訳「**まさしく**これが、(私の)呼び立てた女だ。あの鵜足の郡の女は帰らせるがよい。」

堂を立つべき所に、まさに、生ひけむ世も知らず古き大きなる槻の木あり。〈今昔〉訳 堂を建立するはずの場所に、**本当に**、生長してきたような時代も分からない(ほど)古い大きなケヤキの木がある。

❷**ちょうど今。さしあたって。**

当寺の破滅、まさにこの時に当たれり。〈平家・4・山門牒状〉訳 この寺(=三井寺)の破滅は、**ちょうど今**この時に迫っている。

❸(「まさに～むや」「まさに～じや」などの形で、反語表現を作って)**どうして**(…だろうか、いや…ない)。

「**何人か迎へきこえむ。まさに許さむや。**」〈竹取・かぐや姫の昇天〉訳「(かぐや姫を私から引き離して)どんな人がお迎え申し上げられるだろうか、いや、お迎えできるはずがない。(私が)**どうして**許すだろうか、いや、絶対許さない。」○「何人か～む」も「まさに～むや」も反語表現。「むや」で反語を表し、「まさに」はさらにそれを強調している。

「**さらぬ顔にもてなしたれど、まさに目とどめじや。**」と、**大将はいとほしくおぼさる。**〈源氏・若菜上〉訳「(柏木は)さりげない顔に取り繕っているけれど、(女三の宮に)**どうして**注目しないことがあろうか、いや、注目しないはずがない。」と、大将(=夕霧)は(女三の宮が)気の毒だとお思いにならないではいられない。

❹(「まさに～む・べし・むとす」などの形で)**きっと。必ず。**

「**破戒無慙の者、寂静清浄の所に来たれり。まさに現罰を与へて、その命を断たむ。**」〈今昔〉訳「戒律破りの恥知らずの者が、静寂で、けがれなく清らかな場所にやって来ている。**きっと**現世での罰を与えて、その命を断ってやろう。」

「**汝まさに知るべし。我、今、涅槃に入らむとす。**」〈今昔〉訳「おまえは**必ず**知るがよい。私は、今、(悟りを得て)入滅しようとしている。」○「まさに知るべし」は『今昔物語集』などの仏教説話にしばしば見られる表現。

発展 **❶～❹の用法の違い** ❶❷は★状態の副詞、❸❹は特定の語と呼応する★陳述の副詞である。陳述の用法は、中古の和文では❸の用法に限られる。❹は、漢文訓読文で「当」「将」などを「まさに」と訓読したことから発達した用

法で、『今昔物語集』などの漢文訓読文の影響を受けた文章に用例が見られる。

まーさやか 形容動詞〔二〕《上代語》はっきりとしている。「色深く背なが衣は染めましをみ坂賜らば**まさやかに**見む」歌〈万葉集・20・4424〉訳色濃く、夫の衣は染めればよかったなあ。(足柄山の坂の神に)み坂(を通るお許し)をいただいていたら、**はっきりと**見ることだろう。

発展「ま」は接頭語。

まさりーがほ【勝り顔・優り顔】 名詞 得意げな顔つき。自慢顔。

まさりーざま【勝り様】 形容動詞〔二〕他と比べて勝っているようすだ。対劣り様「あざやかにぬけ出でおよすけたる方は、父大臣にも**まさりざまに**こそあめれ。」〈源氏・藤裏葉〉訳「(夕霧が)はっきり群を抜いて成長していくところは、父大臣(＝源氏)にも**勝っているようすに**見える。」

まさ・る【勝る・優る】 動詞 自〔ラ四段〕〈ら・り・る・る・れ・れ〉優れる。抜きんでる。上である。「おのれが芸の**勝り**たることをよろこぶ。」〈徒然草・130・物に争はず〉訳自分の腕前が(人より)**優れ**ていることを喜ぶ。

まさ・る【増さる】 動詞 自〔ラ四段〕〈ら・り・る・る・れ・れ〉多くなる。増える。強まる。「泣く涙雨と降らなむ渡り川水**まさり**なば帰り来るがに」歌〈古今集・哀傷・829〉訳↓なくなみだ…

まし↓基本助動詞20(1138ページ)

まし【猿】 名詞↓ましら

まし【汝】 代名詞(同等以下の者に対して)おまえ。「げに、いとよき所なめり。**まし**が堂建てよ。」〈大鏡・道長上〉訳「なるほど、とてもよい場所であるように見える。(ここには)**おまえ**の堂を建てなさい。」

まさーな・し【正無し】

あるべき状態・基準から外れていることを好ましくなく思う気持ち

❶思いがけない。予想もしていない。
❷好ましくない。不都合だ。よくない。
❸見苦しい。卑怯である。みっともない。

形容詞〔ク〕

未然形	連用形	終止形	連体形	已然形	命令形
まさな・く	まさな・く	まさな・し	まさな・き	まさな・けれ	○
まさな・から	まさな・かり	○	まさな・かる	○	まさな・かれ

❶**思いがけない**。**予想もしていない**。**意外だ**。「怪しきわざをしつつ、御送り迎への人の衣の裾、耐へがたく、**まさなきこともあり**。」〈源氏・桐壺〉訳(桐壺の更衣に嫉妬する女御たちが、あちこちの通り道によくないことを仕掛けては、お送り迎えの女房たちの着物の裾が(汚れ)、我慢ならないほど、**思いがけない**こともある。

「いとかう**まさなき**まで、古への、墨書きの上手ども跡を暗うなしつべかめるは…。」〈源氏・絵合〉訳「(源氏の絵が)実にこれほど**思いがけない**ほどに(上手で)、昔の、墨で絵を書く名人たちが(恥ずかしくて)行方をくらましてしまいたくなるに違いないようであるのは…。」

❷**好ましくない**。**不都合だ**。**よくない**。「声高になのたまひそ。屋の上に居る人どもの聞くに、いと**まさなし**。」〈竹取・かぐや姫の昇天〉訳「大声で(天人をののしるようなことを)おっしゃらないでくれ。屋根の上にいる人々が聞くと、ひどく**好ましくない**。」

「何をか奉らむ。まめまめしき物は、**まさなかりなむ**。」〈更級日記・物語〉訳「(お土産に)何を差し上げようか。実用的な物は、きっと**好ましくない**だろう。」

❸**見苦しい**。**卑怯である**。**みっともない**。「あれは大将軍とこそ見まゐらせさうらへ。**まさなう**も敵に後ろを見せさせたまふものかな。」〈平家・9・敦盛最期〉訳「あなたはまさに大将軍とお見受け申し上げます。**卑怯に**も敵に後ろをお見せになる(＝逃げる)ことだなあ。」

○「まさなう」は連用形「まさなく」のウ音便。『平家物語』では、「まさなし」は会話文にのみ見られ、相手の行動が正当性を欠いていると非難する場合に用いられる。

まじ

当然だという気持ちや推量の気持ち、また自分の意志を添えて打ち消す

❶(打消当然・打消推量を表し)…はずはない。…ないだろう。
❷(打消意志を表し)…ないつもりだ。
❸(不適当・禁止を表し)…ないのがよい。…てはいけない。
❹(不可能を表し)…できそうにない。…できない。

助動詞〔シク型〕接続 活用語の終止形、ラ変型には連体形に付く。

未然形	連用形	終止形	連体形	已然形	命令形
まじく	まじく	まじ	まじき	まじけれ	○
まじから	まじかり	○	まじかる	○	○

❶(打消当然・打消推量を表し)…**はずはない**。…**ないに違いない**。…**ないだろう**。…**そうもない**。「かの国人聞き知る**まじく**思ほえたれども…。」〈土佐日記・一月二十日〉訳(歌の意味を)あちらの国(＝中国)の人は聞いても分かる**はずはない**と思われたけれども…。

「亡き後まで人の胸開く**まじかりける**、人の御覚えかな。」〈源氏・桐壺〉訳「亡くなった後まで、人(＝ほかの女性たち)の心がすっきりし**そうもなかった**、(帝からの)ご寵愛を受けている対象の人だなあ。」↓おぼえ❷

❷(打消意志を表し)…**ないつもりだ**。…**ないようにしよう**。…**まい**。「我、当社に百日参籠の大願あり。今日は七十五日になる。まったく出づ**まじ**。」〈平家・1・鹿谷〉訳「私には、この神社に百日間こもって祈る大きな祈願がある。今日は七十五日目になる。決して(ここから)出**ないつもりだ**。」○この例のように、話し手自身を動作の主体とするときは、「まじ」は、打消意志を表すことが多い。

❸(不適当・禁止を表し)…**ないのがよい**。…**てはいけない**。…**てはならない**。…**ない方がよい**。「夢を人に聞かす**まじき**なり。」〈宇治拾遺〉訳「夢を人に聞かせ**てはならない**のだ。」

❹(不可能を表し)…**できそうにない**。…**できない**。「人のたはやすく通ふ**まじから**む所に、跡を絶えてこもりゐなむ。」〈堤中納言・よしなしごと〉訳「人が容易

に行き来することができそうにないような所に、姿を隠して引きこもってしまおう。」

発展 ①**「べし」を打ち消した意味のことば**　上代の打消推量の助動詞「ましじ」が変化して、中古に成立したといわれる。類義の「じ」に比べて当然性・必然性が強く、推量・意志の助動詞「べし」を打ち消した意味にほぼ相当する。
②**俗語的なことば**　「まじ」は俗語的な感じを伴うことばと意識されていたためか、主に会話文や日記・随筆などに使われ、和歌などにはほとんど用いられなかった。また、漢文訓読文では「まじ」の代わりに、「べし」の未然形に打消の助動詞「ず」の付いた「べからず」が用いられた。
③**現代語「まい」とのつながり**　連用形「まじく」のウ音便「まじう」は中古以降に、連体形「まじき」のイ音便「まじい」は中世以降に見られる。「まじい」は中世半ばごろから終止形も兼ねるようになり、その「まじい」が変化して現代語の「まい」が生まれた。
④活用語の終止形、ラ変型には連体形に付くが、中世以降は「乗せまじ」「見まじ」「せまじ」などのように、未然形に付いた例もある。

類語比較 「じ」と「まじ」→じ(助動詞)

関連語 まい(助動詞)・ましじ・べし

まじう(現)→(歴)**まじふ**【交じふ・雑じふ・混じふ】

まじえる(現)→(古)**まじふ**【交じふ・雑じふ・混じふ】

ましか　助動詞**まし**の未然形・已然形。→**基本助動詞20**(1138ページ)

ましじ 助動詞〔シク型〕〈○・○・ましじ・ましじき・○・○〉《上代語》(打消の推量を表し)…ないだろう。…まい。…ないに違いない。

接続 動詞型活用語の終止形に付く。

山越えて海渡るともおもしろき今城(いまき)のうちは忘らゆましじ〈日本書紀〉**訳**これから先、山を越え、海を渡って旅をしようとも、(あの子が生きていて)楽しく過ごした今城の御所の内の生活は、とても忘れられ**ないに違いない**。

発展 助動詞「まじ」の古い形。上代に用いられたが、その用法は狭く、「敢(あ)ふ」「得(う)」「かつ」「堪(た)ふ」や動詞「ゆ」など可能の意味を含む語の下に付く用法に限られる。

まし-て【況して】副詞 ❶いっそう。なおさら。もっと。
…**瓜(うり)食(は)めば子ども思ほゆ栗(くり)食めばまして偲(しの)はゆ**… 歌〈万葉集・5・802〉**訳**→うりはめば…
❷言うまでもなく。

まし

基本助動詞20

事実に反することを仮に想定したり、その想定に基づいて推量したりする気持ちを表す

❶(*反実仮想を表し)**(もし)…だったら、…(た)だろう(のに)**。◉「～ませば～まし」「～ましかば～まし」「～せば～まし」「仮定条件～まし」の形をとる。
❷(反実希望を表し)…**だったらよかった(のに)**。◉仮定条件を表す句は伴わない。
❸(思い迷う気持ちや、ためらいながら抱く意志を表し)…**たものだろうか。…(し)ようかしら**。◉「疑問語～まし」の形をとる。
❹(推量・意志を表し)…**だろう。…(し)よう**。◉中世以降の用法。

助動詞〔特殊型〕
接続 活用語の未然形に付く。

未然形	連用形	終止形	連体形	已然形	命令形
ましか (ませ)	○	まし	まし	ましか	○

❶(「～ませば～まし」「～ましかば～まし」「～せば～まし」「仮定条件～まし」の形で、*反実仮想を表し)**(もし)…だったら、…(た)だろう(のに)**。↓**読解の手引き⑳**(1029ページ)

「**竜(たつ)を捕らへたらましかば、また、事もなく我は害せられなまし**。」〈竹取・竜の頸(くび)の玉〉**訳**「**もし**竜をつかまえていたの**だったら**、(玉を取ろうとした人々と)同様に、わけもなく私はきっと殺されただ**ろう**。」

○「～ましかば～まし」の表現形式によって反実仮想を表す。「ましかば」の「ば」は順接の仮定条件を表す接続助詞。

世の中にたえて桜のなかりせば春の心はのどけからまし 歌〈古今集・春上・53〉**訳**もし世の中にまったくサクラがなかったなら、春(を過ごす人)の心はのどか**だろうに**。

○「～せば～まし」の表現形式によって反実仮想を表す。「せば」の「せ」は過去の助動詞「き」の未然形とする説が有力である。「ば」は順接の仮定条件を表す接続助詞。

形見こそ今は仇(あた)なれこれなくは忘るる時もあらましものを 歌〈古今集・恋4・746〉**訳**(恋する人を)思い出させる品が今となっては(かえって)恨みの種である。これ(=思い出の品)がなかったならば(あの人のことを)忘れる時もある**だろうに**なあ。

○「なくは」の「は」は、仮定条件を表す接続助詞。

周りを厳しく囲ひたりしこそ、少し事さめて、「この木なからましかば」と覚えしか。〈徒然草・11・神無月(かみなづき)のころ〉**訳**(枝もたわむほどに実をつけているミカンの木の)周囲を厳重に囲ってあったのは、少々興がさめて、「この木がなかっ**たら**(よかっただろうのに)。」と思われた。

○「ましかば」を受ける語が省略されている。これは、下に「よからまし」などを補って解釈する。

❷(仮定条件を表す句を伴わずに、反実希望を表し)…**だったらよかった(のに)。…たらよかったと悔やまれる**。

「**その聞きつらむ所にて、きとこそは詠まましか**。」〈枕草子・99・五月の御精進(さうじ)のほど〉**訳**「その(ホトトギスの声を)聞いたとかいう所で、すぐに(歌を)詠ん**だらよかったのに**。」

○上に仮定条件を表す句は付いていないが、作者たちが歌を詠まなかったことを残念に思う気持ちが前に述べられていて、事実に反したことを希望する意味(=反実希望)を表している。上に係助詞「こそ」があるので、*係り結びの法則により、結びの「まし」は已然形になっている。

白玉(しらたま)かなにぞと人の問ひしとき露と答へて消(け)なましものを 歌〈新古今集・哀傷・851〉**訳**「(あれは)真珠か、何なのか。」と(あの)人が尋ねたとき、「露だよ。」と答えて(その露がはかなく消えるように私も)死んでしまっ**たらよかったのに**。

❸(「疑問語～まし」の形で、思い迷う気持ちや、ためらいながら抱く意志を表し)…**たものだろうか。…(し)ようかしら。…たらよいだろうか**。

「**いかにせまし**。内などにおぼし定めたりしを。今はかひな身の上の非を知らねば、ましてほかの謗りを知らず。〈徒然草・134・高倉院の法華堂の〉訳自分の身の上の欠点を知らないので、言うまでもなく(自分に対する)他人の悪評を知らない。
↓読解の手引き⑮(790ページ)

まじなひ【呪ひ】 名詞 災難・病気などの不幸を避けるために神仏などに祈ること。また、その方法や儀式。おまじない。

まじな・ふ【呪ふ】 動詞 他 〔八四段〕〈は・ひ・ふ・ふ・へ・へ〉(病気や災難から逃れるために)神仏などに祈る。まじないをする。↓古語チャート㉚(935ページ)

まじは・る【交はる】 動詞 自 〔ラ四段〕〈ら・り・る・る・れ・れ〉
❶まざり合う。入りまじる。隠れる。「**世を遁れて山林に交はるは、心を修めて道を行はんとなり。**」〈方丈記・みずから心に問う〉訳「俗世間から離れて山林に(住まいが草木鳥獣と)**まざり合っているの**は、心を修養して仏道を修行しよう、と思うからである。」
❷付き合う。交際する。「**家にあり、人に交はるとも、後世を願はんに難かるべきかは。**」〈徒然草・58・道心あらば〉訳「出家しないで俗世間にいて、人と**交際していて**も、来世の極楽往生を願おうというのに難しいはずがあろうか、いや、そんなはずはない。」

まじ・ふ【交じふ・雑じふ・混じふ】 動詞 他 〔八下二段〕〈へ・へ・ふ・ふる・ふれ・へよ〉まぜ合わせる。まぜる。ただ歌のみ、わが国自然の音を用ゐて、いささかも漢語を**交じへず**。〈国歌八論〉訳わずかに和歌だけが、わが国の本来あるがままの音(をもったことば)を用いて、まったく漢語を**まぜ**ない。

まし-ま・す【坐します・座します】
語「あり」の尊敬
一 動詞 自 いらっしゃる。おありになる。[通常語]あり
二 補助動詞 …(て)いらっしゃる。…(で)いらっしゃる。
接続 二は活用語の連用形(+て)に付く。

く。」〈堤中納言・ほどほどの懸想〉訳「(姫君の今後については)どう**したものだろうか**。(亡き父宮は姫君を)宮中などに(入れよう)と決めていらっしゃったのになあ。(父宮が亡くなった)今となっては(それも)むだに(なってしまう)。」
○上に付いている副詞「いかに」が疑問を表す。「せまし」の「せ」はサ変動詞「す」の未然形である。
「**しやせまし、せずやあらまし。**」と思ふことは、大様はせぬはよきなり。〈徒然草・98・尊き聖の〉訳「**したものだろうか**、しないでい**たものだろうか**。」と思うことは、たいていはしない方がよいのである。
○上に付いている係助詞「や」が疑問を表す。
❹《中世以降》(推量・意志を表し)…**だろう**。…(し)**よう**。…**う**。
行き暮れて木の下陰を宿とせば花や今宵の主ならまし 歌〈平家・9・忠度最期〉訳行くうちに日が暮れて、(サクラの)木の下を宿とするならば、(サクラの)花が今夜の主人(となってもてなしてくれる)であろ**う**か。
わが身のこと知らぬにはあらねど、すべき方のなければ、「知らぬに似たり。」とぞ言はまし。〈徒然草・134・高倉院の法華堂の〉訳自分自身のことは知らないのではないけれど、(知っても)どうしようもないので、「知らないのと同じようなことだ。」と言お**う**。

発展 **①未然形「ませ」** 未然形「ませ」は、主に上代に、「思ひにし死にするものにあらませば千度ぞ我は死に返らまし(=物思いのために死ぬものだったら、千回でも私は死んでまた生き返っただろうのに)」〈万葉集・4・603〉などのように、❶の用法で用いられた。中古以降も和歌などでは「〜ませば〜まし」の形が残る。
②未然形と已然形の見分け 未然形と已然形は「ましか」という同じ形であるが、「ましかば」と下に接続助詞「ば」を伴うときは未然形、係助詞「こそ」の結びになるときは已然形と判断される。
③和歌に多用される 和歌では、願望や後悔など、事実に反する事態が題材となることが多いため、「まし」が多用される。
④中世以降、❹のように、推量・意志の助動詞「む」とほぼ同じ意味でも用いられるようになった。

未然形	連用形	終止形	連体形	已然形	命令形
ましま・さ	ましま・し	ましま・す	ましま・す	ましま・せ	ましま・せ

一 動詞 自 〔サ四段〕(「あり」の尊敬語で)**いらっしゃる**。**おありになる**。
福原の新都にまします人々、名所の月を見んとて…。〈平家・5・月見〉訳福原の新しい都に**いらっしゃる**人々は、名所の月を見ようとして…。
○作者が、「(新しい都に)いる」人々への敬意を表している。
天下第一の美人の聞こえましましければ、主上色にのみ染める御心にて…。〈平家・1・二代后〉訳(亡き近衛天皇の后は)天下第一の美人という評判が**おありになった**ので、(二条)天皇は好色なばかりに思いを寄せるお気持ちで…。
○作者が、「(美人という評判が)ある」后への敬意を表している。この「まします」は、所有(主体となる人や物に、ある物・性質・状態などが所属して存在する意味)を表す。

二 補助動詞 〔サ四段〕…(て)**いらっしゃる**。…(で)**いらっしゃる**。
いまだ位にもつきたまはずして姫宮にてましましける時に…。〈今昔〉訳(孝謙天皇が)まだ(天皇の)位にお就きにならず内親王で**いらっしゃった**時に…。
○断定の助動詞「なり」の連用形に、接続助詞「て」を介して付いている例。
「**いかなる人にてましますぞ。**」〈宇治拾遺〉訳「(あなたは)どういう人で**いらっしゃる**のか。」
○断定の助動詞「なり」の連用形に、接続助詞「て」を介して付いている例。

発展 **高い敬意を表す** 尊敬語の四段動詞「ます」が重なってできたことばかといわれ、「あり」の尊敬語として高い敬意を表す。中古では「おはす」「おはします」が広く用いられ、「まします」は、神仏などに対してまれに用いられる程度であった。しかし、中世になると再び「まします」の使われる対象が広くなった。
関連語 御座す・御座します・坐す

ま-しゃう【魔障】 ↓古語チャート❼(273ページ) 名詞 ❶《仏教語》仏道修行を妨げ

るもの。また、その妨害。❷妨げになるもの。じゃまもの。

まし‐ら【猿】 名詞《動物》サルの古い呼び名。発展 多く和歌に用いられる。「まし」とも。

まじらひ【交じらひ】 名詞 ❶交際。特に、宮中での交際。❷宮仕え。

ま‐しらふ【真白斑】 名詞 タカの羽に白いまだらな模様が付いていること。また、そのタカ。

まじら・ふ【交じらふ】 動詞 自〔ハ四段〕〈は・ひ・ふ・ふ・へ・へ〉❶まじる。まじり合う。
楠の木は、木立多かる所にも、ことにまじらひたてらず…。〈枕草子・40・花の木ならぬは〉訳 クスの木は、木立の多い所でも、格別(他の木に)**まじって**立っていることもなく…。
❷交際する。仲間に入る。また、宮仕えする。
いといにしへのやうに、まじらひたまふことはなかりけるに…。〈大鏡・道隆〉訳 (隆家は)あまり以前のように、(他の貴族たちと)**交際し**なさることはなかったけれど…。

ま‐じり【眦・目尻】 名詞 ❶目じり。まなじり。❷目つき。まなざし。
発展「目後(まじり)」という意味。

まじ・る【交じる・雑じる・混じる】 動詞 自〔ラ四段〕〈ら・り・る・る・れ・れ〉❶(ほかのものが)まざる。入りまじる。
今生ひたるぞまじれる。〈土佐日記・二月十六日〉訳 新たにはえたマツが(残っていたマツに)**まざって**いた。
❷(野山などに)分け入る。入り込む。
野山にまじりて竹を取りつつ、よろづのことに使ひけり。〈竹取・かぐや姫の出生〉訳 (竹取の翁は)野山に**分け入って**タケを採取しては、さまざまなことに用立てたのだった。
❸交際する。付き合う。宮仕えする。
人にまじるに及ばねば、薪を取りて世を過ぐすほどに、山へ行きぬ。〈宇治拾遺〉訳 人と**付き合う**ことがないので、薪を取って暮らしを立てているうちに、山へ行った。
類語比較「まがふ」「まぎる」「まじる」→紛ふ

まじわる(現)→(歴)**まじはる【交はる】**

ま・す【坐す・座す】

「あり」「行く・来」の尊敬語
- 一 動詞 自
  - ❶ **いらっしゃる**。[通常語] あり
  - ❷ **いらっしゃる**。[通常語] 行く・来
- 二 補助動詞 …(て)**いらっしゃる**。お…になる。

接続 二は動詞の連用形に付く。

未然形	連用形	終止形	連体形	已然形	命令形
ま・さ	ま・し	ま・す	ま・す	ま・せ	ま・せ

一 動詞 自〔サ四段〕❶(「あり」の尊敬語で)**いらっしゃる**。
大君は千歳にまさむ白雲も三船の山に絶ゆる日あらめや 歌〈万葉集・3・243〉訳 大君(=弓削皇子)は千年でも(生きて)**いらっしゃる**だろう。白雲でも三船の山(=今の奈良県吉野にある山)にとだえる日があるだろうか、いや、とだえることはない(のだから)。
○作者が、「(生きて)いる」人物(=大君)への敬意を表している。
❷(「行く」「来」の尊敬語で)**いらっしゃる**。**お出かけになる**。**おいでになる**。
葎はふ卑しき屋戸も大君のまさむと知らば玉敷かましを 歌〈万葉集・19・4270〉訳 つる草の生い茂るみすぼらしい(この私の)家も、天皇が**おいでになる**だろうと知っていたなら、美しい石を敷き並べたであろうになあ(=知らなかったので、敷き並べられなかった)。
○「来」の尊敬語として用いられている例。
二 補助動詞〔サ四段〕…(て)**いらっしゃる**。**お…になる**。…**なさる**。
いとうるはしき壮夫にます。〈古事記・火遠理命〉訳 まことに端正な男で**いらっしゃる**。
○「ます」の上の「に」は、断定の助動詞「なり」の連用形。
我が背子が帰り来まさむ時のため命残さむ忘れたまふな 歌〈万葉集・15・3774〉訳 あなたが帰って**いらっしゃる**時のために、命を保っておこう。(だから私のことを)お忘れになるな。

発展 **「ます」から「おはす」「おはします」へ** 主に上代に用いられたことばで、中古では、「おはす」「おはします」が広く用いられた。したがって、「ます」は古風な感じのことばとなり、和歌に残る以外はほとんど用いられなくなる。
関連語 坐ます・御座す・御座します・坐します
→**古語チャート❼**(273ページ)

ま・す【勝す】 一 動詞 自〔サ四段〕〈さ・し・す・す・せ・せ〉まさる。優れる。上まわっている。
筑波嶺のこのもかのもに陰はあれど君がみかげにますかげはなし 歌〈古今集・東歌・1095〉訳 筑波山のあちらこちらに木陰はあるけれど、あなたのかげ(=姿)に**まさる**かげはない。
二 動詞 他〔サ四段〕〈さ・し・す・す・せ・せ〉まさらせる。優れるようにさせる。
何ごとも、さしいらへしたまふ御光にはやされて、色をも音をもますけぢめ、ことになむ分かれける。〈源氏・初音〉訳 どんなことも、(源氏が)お声を添えなさるすばらしさに引き立てられて、(ウメの花の)色をも(管絃の)音色をも**優れるようにさせる**点が、特にほかの場合と違うのだった。

ま・す【増す】 一 動詞 自〔サ四段〕〈さ・し・す・す・せ・せ〉(数量や程度が)増加する。多くなる。増える。
二 動詞 他〔サ四段〕〈さ・し・す・す・せ・せ〉(数量や程度を)増加させる。多くする。増やす。
彗星、東方に出づ。…十八日光を増す。〈平家・3・赦文〉訳 ほうき星が、東方(の空)に出る。…十八日に光を**増加させる**。

ま・す【申す】 一 動詞 他〔サ四段〕〈さ・し・す・す・せ・せ〉(「言ふ」の謙譲語で)申し上げる。
一の御子敦仁の親王とましけるぞ…。〈栄花〉訳 第一番目のお子様で敦仁の親王と**申し上げ**た方が…。
二 補助動詞〔サ四段〕〈さ・し・す・す・せ・せ〉お…申し上げる。
「**天照御神を念じませ**。」〈更級日記・物語〉訳「天照大神を心の中で**お祈り申し上げなさい**。」
発展 四段動詞「まうす」の変化したことば。

ます 助動詞〔特殊型〕〈ませ(ましょ)・まし・ます(まする)・ます(まする)・ませ(ますれ)・ませ(ませい)〉接続 動詞、受身・使役の助動詞、敬意を表す補助動詞の連用形に付く。❶(謙譲の意味、すなわち動作の受け手に対する敬意を表し)お…する。…申し上げる。

「この吉田屋の喜左衛門が着せまする小袖…。」〈近松・夕霧阿波鳴渡〉訳「この吉田屋の喜左衛門がお着せする小袖…。」

❷(丁寧の意味、すなわち聞き手に対する敬意を表し)…ます。「それを求めたさに、呼ばはって歩きまする。」〈狂言・末広がり〉訳「それが求めたくて、ずっと叫んで歩いています。」

発展「参らす」が変化したことばといわれているが、「坐す」「申す」が変化したという説もある。中世末期以降に成立した。❷の丁寧語としての意味・用法は引き続いて現代でも用いられている。

まず (現)↓(歴)**まづ**【先づ】

ま・ず【交ず・雑ず・混ず】動詞 他〔ザ下二段〕(ぜ・ぜ・ず・ずる・ずれ・ぜよ) まぜる。加え入れる。「**四部には、いろいろの色紙に、白銀、黄金まぜて書かせたまひて**…。」〈落窪〉訳(法華経の)四部(の写経)には、さまざまな色の色紙に、銀色、金色を**まぜ**て書かせなさって…。

ます-おとし【枡落とし】名詞 ネズミを捕らえるしかけの一種。棒で支えた枡の下に餌を置き、ネズミが触れると枡がかぶさり落ちるもの。

ます-かがみ【真澄鏡】一 名詞 ↓ますみのかがみ
二 枕詞「見る」「向かふ」「うつる」などに係る。
発展 上代の「まそかがみ」が変化したもの。

増鏡 作品名 歴史物語。十七巻本および十九巻・二十巻本の二つの系統がある。作者は*二条良基という説もあるが、不明。四鏡の一つ。一一八〇(治承四)年の後鳥羽天皇の降誕から一三三三(元弘三)年後醍醐天皇の京帰還までの十五代一五〇余年間の歴史を、仮名文・編年体で記す。年老いた尼が語る形式で、宮廷を中心とした公家の優雅な生活を美しく描き、『源氏物語』『栄花物語』の影響が強い。十四世紀後半成立。

ます-かき【枡掻き】名詞 枡に盛った穀類を、枡のふちに合わせて平らにならすのに使う道具。木や竹の丸い棒を切ったもの。発展「ますかけ」とも。

ま-すほ【真赭】名詞 ↓まそほ

ま-すみ【真澄み】名詞 (多く、鏡について)きれいに澄んでいること。発展「まそみ」とも。

ますみ-の-かがみ【真澄みの鏡】曇りなく澄んで、はっきり映る鏡。発展 真澄鏡・まそ鏡・真澄み鏡とも。

丈夫ぶり 文芸用語 上代、特に万葉調の男性的でおおらかな歌風。*賀茂真淵らはこれを理想として尊重し、『古今和歌集』以後の「*手弱女ぶり」を批判した。

ますら-たけを【益荒猛男】名詞《上代語》雄々しく立派な男子。勇ましい武人。

ますら-を【益荒男・丈夫・大夫】名詞 ❶勇ましく立派な男子。対 手弱女 ❷武人。兵士。また、官人。❸猟師。

ますら-を-の【益荒男の】枕詞 地名「たゆひ」に係る。

ませ 助動詞「まし」の未然形。↓基本助動詞20(1138ページ)

ませ【籬・笆】名詞 柴や竹などで、目を粗く作った垣根。ませがき。まがき。

-まぜ 接尾語 (日時や数量を表す名詞に付いて)…おき、のように間をおくという意味を表す。語例 二、三日**まぜ**

ませ-がき【籬垣】名詞 ↓ませ(籬・笆)

ませのうちなる… 歌謡

籬のうちなる白菊も　うつろふ見るこそあはれなれ　我らが通ひて見し人も　かくしつつこそかれにしか〈古今著聞集〉

訳 垣根のなかに生えている白菊が色褪せていくのを見るのは、寂しい感じがすること(で、それと同じように、大切に囲っている女性の心が変わっていくのは、まことに悲しいこと)である。私が通って妻とした人(=北の方)も、このようにして(=白菊が見ている間に色褪せていくように、何もしないで見ているうちに)枯れるの「かれ」ではないが、離れていってしまったことだ。〇「かれ」は「枯れ」と「離れ」との掛詞。

まぜる (現)↓(古)**まず**【交ず・雑ず・混ず】

まそ-かがみ【真澄鏡】一 名詞 ↓ますみのかがみ
二 枕詞 (鏡の状態やその形から)「見る」「清し」「照る」「ふた」「向かふ」「面影」「磨ぐ」などに係る。
発展「まそみかがみ」が変化したもの。

ま-そほ【真赭】名詞 ❶赤い土。朱色の顔料にする。❷赤い色。多く「真赭の糸」「真赭の薄」の形で、ススキの穂が赤みがかったものについていう。発展「ま」は接頭語。

まそみ-かがみ【真澄み鏡】名詞 ↓ますみのかがみ

また【又・亦】

同じようなことがもう一度起きるようす

- 一 副詞
  - ❶再び。もう一度。
  - ❷ほかに。別に。
  - ❸同じく。同様に。
- 二 接続詞
  - ❶並びに。同時に。
  - ❷そのうえ。加えて。
  - ❸あるいは。一方。
  - ❹それから。

一 副詞 ❶**再び。もう一度。**「**渡り過ぎぬれば、「また渡らんまで。」と言ひて降りぬ。**」〈徒然草・137・花は盛りに〉訳(田舎から出て来た人は、賀茂の祭りの行列が)通り過ぎてしまうと、「**もう一度**通るまでは(降りていよう)。」と言って(桟敷から)降りてしまう。

❷**ほかに。別に。また別に。**「**いみじく澄みて聞こえつるを、この御手遣ひは、またさま変はりて、ゆるるかにおもしろく**…。」〈源氏・若菜下〉訳(明石の女御の琴の音は)とても冴えた音に聞こえたが、この(=紫の上の)手さばきは、**また別に**ようすが変わって、ゆったりとして風情があり…。

❸**同じく。同様に。やはり。**「**蓑虫、いとあはれなり。…額突き虫、またあはれなり。**」〈枕草子・43・虫は〉訳 ミノムシは、とてもしみじみと心打たれる。…コメツキムシも、**同じく**しみじみと心打たれる。

二 接続詞 ❶(並列を表し)**並びに。同時に。**「**ありがたきもの。舅に褒めらるる婿。また、姑に思はるる嫁の君。**」〈枕草子・75・ありがたきもの〉訳 めったにないもの。舅に褒められる婿。**並びに**、姑に愛されるお嫁さん。

❷(添加を表し)**そのうえ。加えて。さらに。**「**湯屋には湯沸かさぬ日なく、浴みののしりけり。また、その辺りには、小家ども多く出で来て、里もにぎはひけり。**」〈宇治拾遺〉訳(善珍内供が住む寺の)湯殿では湯を沸かさない日がなく、(毎日)大いに湯浴みをしたのだった。**そのうえ**、その(寺の)周辺には、小さな家などが数多くできあがって、里もにぎわっていた。

❸**あるいは。一方。一方では。**「**また、何とも思はで、心を付けぬ人あり。また、いささかおぼつかなく覚えて、頼むにもあらず、頼まずもあらで、案**

じゐたる人あり。〈徒然草・194・達人の〉訳（作り話を聞いても）**一方では**、なんとも思わないで、気に留めない人がいる。**あるいは**、ちょっと怪しいと感じて、信用するのでもなく、信用しないのでもなくて、考え続けている人がいる。

❹（話題を転換して）**それから**。

また、治承四年水無月のころ、にはかに都遷りはべりき。〈方丈記・都遷り〉訳**それから**、治承四（一一八〇）年六月のころ、急に遷都がございました。

発展 **語の歴史**　上代から現代まで、ほとんど同じ意味で用いられてきたことばで、どの用法でも「また」と訳すことができる。

類語比較「また」「さらに」「かつ」

共通点＝ある物事に別の物事が加わることを表す。

また＝①基本的に、同じような事態がもう一度繰り返して起こることを表す。②副詞と接続詞の用法がある。

さらに＝①ある状態に新しく何かが加わるようすを表す。②副詞の用法しかない。

かつ＝①別の事柄が並行して存在するようすを表し、多く「かつ～かつ～」の形で用いられる。②「また②」に同じ。

関連語 又の

まだ【未だ】 副詞 まだ。

「**まだ大殿籠らせたまはざりける。**」〈源氏・桐壺〉訳「（帝は）**まだ**お休みにならなかったのだなあ。」

発展「いまだ」が変化したもの。

また-いつ-かは　再びいつ…か。

上野谷中の花の梢、またいつかはと心細し。〈奥の細道・旅立ち〉訳上野谷中のサクラの枝を、**再びいつ**見られるかと（思うと）、心細い。

発展 副詞「また」＋代名詞「いつ」＋係助詞または終助詞「かは」。

ま-だう【魔道】 名詞 悪魔の住む世界。

まだき【夙・未だき】 副詞 ↓**最重要語**（1142ページ）

またく【全く】 副詞 まったく。完全に。

銭あれども用ゐざらんは、またく貧者と同じ。〈徒然草・217・ある大福長者の〉訳お金があるけれどもそれを使わないようならば、**まったく**貧乏人と同じである。

また-ぐ【跨ぐ】 動詞 他〔ガ下二段〕（げ・げ・ぐ・ぐる・ぐれ・げよ）両足を踏み広げる。またぐ。

西大寺と東大寺とをまたげて立ちたりと見て…。〈宇治拾遺〉訳（伴善男は）西大寺と東大寺とを**またいで**立っていると（夢に）見て…。

また-く-す【全くす】 動詞 他〔サ変〕（せ・し・す・する・すれ・せよ）まっとうする。完全に保ち続ける。成し遂げる。

もし立ち直りて命をまたくせば…。〈徒然草・241・望月の〉訳もしも回復して寿命を**まっとうする**ならば…。

またけ-む【全けむ】 完全だろう。無事だろう。

わが命のまたけむかぎり忘れめやいや日に異には思ひ増すとも 歌〈万葉集・4・595〉訳私の命が**無事であろう**限り（あなたのことを）忘れることがあろうか、いやありはしない。いよいよ日を追うにつれて思いが増すことはあっても。

発展 形容詞「またし」の古い未然形＋推量の助動詞「む」。

また・し【全し】

完全で、整っているようす ─ ❶欠けるところがない。完全である。／❷安全である。無事である。

未然形	連用形	終止形	連体形	已然形	命令形
また・く	また・く	また・し	また・き	また・けれ	○
また・から	また・かり	○	また・かる	○	また・かれ

形容詞〔ク〕❶**欠けるところがない**。**完全である**。

女のひとり住む所は、いたくあばれて、築土なども全からず…。〈枕草子・178・女のひとり住む所は〉訳女が一人で住んでいる所は、ひどく荒れ果てて、土塀なども**完全でなく**…。

❷**安全である**。**無事である**。

都のほとりには、在々所々、堂舎塔廟一つとしてまたからず、あるいは崩れ、あるいは倒れぬ。〈方丈記・大地震〉訳（大地震によって）都の付近では、あちらこちら、寺の堂塔や塔婆が一つとして**無事で**なく、あるものは崩れ、あるものは倒れてしまった。

発展 **①未然形「またけ」**　上代では、未然形に「またけ」があり、推量の助動詞「む」が直接下に付いた「またけむ」の形でも用いられた。↓全けむ

②現代語とのつながり　中古からは「また」が「まった」というように促音化した「まったし」の形も用いられ、その連用形が副詞になった「まったく」は現代語にも残っている。

まだ・し【未だし】

機が熟さず、不十分なようす ─ ❶機が熟さない。まだその時期に達しない。／❷不十分である。まだ整わない。

未然形	連用形	終止形	連体形	已然形	命令形
まだ・しく	まだ・しく	まだ・し	まだ・しき	まだ・しけれ	○
まだ・しから	まだ・しかり	○	まだ・しかる	○	まだ・しかれ

まだき【夙・未だき】

まだ時期が早過ぎるようす ─ 早くも。もう。

副詞 **早くも**。**もう**。

我が袖にまだき時雨の降りぬるは君が心に秋や来ぬらむ 歌〈古今集・恋5・763〉訳私の袖に（まだその時期ではないのに）**早くも**時雨が（降るように涙の雨が）降ってしまったのは、あなたの心に（時雨の）秋（＝飽き）が来てしまっているからではなかろうか。

飽かなくにまだきも月の隠るるか山の端逃げて入れずもあらなむ 歌〈古今集・雑上・884〉訳↓あかなくに…

我が宿の早稲田もいまだ刈りあへぬにまだき降りぬる初時雨かな 歌〈俊頼髄脳〉訳わが家の近くの早く実るイネを作る田でもまだイネ刈りが終わらないというのに、**もう**降ってきた初時雨だなあ。

発展「まだきに」「まだきも」の形でも用いられる。

形容詞〔シク〕❶**機が熟さない。まだその時期に達しない。**

「宮内はまだしかるべけれども、けしうはあらずと見ゆめればなむ。」〈増鏡〉訳「宮内（卿）は（年が若くて）**まだその時期に達しないに違いないけれども、**（歌は優れていて）差し支えないと思われるようなので（歌合わせに参加させよう）。」

❷**不十分である。まだ整わない。未熟だ。**

ただ卯の花の垣根を牛にかけたるとぞ見ゆる。供なる男どももいみじう笑ひつつ、「**ここまだし、ここまだし**」と挿し合へり。〈枕草子・99・五月の御精進のほど〉訳（牛車にウノハナをたくさん差したところ）まるでウノハナで作った垣根をウシにかぶせてあるように見える。お供である男たちもひどく笑いながら、「**ここが不十分である、ここが不十分である。**」と（ウノハナを牛車に）差し合っている。

発展 **語の成り立ち**　形容詞「いまだし」の語頭の「い」が落ちたもの。

関連語 未だし

ま-たた・く【瞬く】 動詞 自〔カ四段〕〈か・き・く・く・け・け〉❶**まばたきをする。**

目のきろきろとして、**またたきゐたり**。〈堤中納言・はいずみ〉訳（女は）目をきょろきょろとして、**まばたきをし**座っている。

❷（光が）ちらちらする。灯火が明滅する。

灯はほのかに**またたきて**…。〈源氏・夕顔〉訳灯はかすかに**ちらちらして**…。

❸どうにか生きている。

「冥途の絆に持て煩ひきこえてなむ、**またたき**はべる。」〈源氏・玉鬘〉訳「（私が）あの世へ行くことの障害として（幼い姫君の）扱いに困り申し上げて、（見捨てられないので）**どうにか生きて**おります。」

発展「目叩く」の意味。「まだだく」とも。

また-な・し【又無し】 形容詞〔ク〕〈く・く・し・き・けれ・○／から・かり・○・かる・○・かれ〉二つとない。またとない。

榻などもみな押し折られて、すずろなる車の筒にうちかけたれば、**またなう**人わろく…。〈源氏・葵〉訳（牛車の）★榻などもすっかりへし折られて、（轅を）無関係な車の轂に引っ掛けてあるので、**またとなく**体裁が悪く…。

また-の【又の・亦の】 連語 ❶次の。翌。

❷もうひとつの。別の。

次に生める神の名は、鳥之石楠船神、**またの名**は天鳥船と謂ふ。〈古事記・伊邪那岐命 伊邪那美命〉訳次に生んだ神の名前は、鳥の石楠船神、別の名を天の鳥船という。

また-の-とし【又の年】 次の年。翌年。

また-の-あした【又の朝】 次の日の朝。翌朝。

また-の-つとめて【又のつとめて】 次の日の早朝。翌朝早く。

また-の-ひ【又の日】

━ **その日とは異なる別の日** ─ 次の日。翌日。

次の日。翌日。

今日の入相ばかりに絶え入りて、**またの日**の戌の時ばかりになむ、からうじて生き出でたりける。〈伊勢・40〉訳（恋人との仲を裂かれた男は）その当日の夕方ぐらいに気絶して、**次の日**の午後八時ごろに、やっとのことで息を吹き返した。

野分の**またの日**こそ、いみじうあはれにをかしけれ。〈枕草子・200・野分のまたの日こそ〉訳台風の（吹き荒れた）**翌日**は、たいへんしみじみとして風情がある。

また-の-よ【又の夜】 次の日の夜。翌晩。

また-の-よ【又の世】 死後生まれ変わる世。類 後の世

また-は【又は】 連語（多く打消を伴って）再び。二度とは。

このたび行きては、**または**来じと思へるけしきなれば…。〈伊勢・33〉訳（男が）今度帰っていったら、**二度とは**（自分の所へ）来ないだろうと（女は）考えているようすだったので…。

また-びさし【又廂】 名詞 ↓まごびさし

また-ひと【又人】 名詞 もうひとりの人。別の人。

またやみむ… 歌

またや見む交野のみ野の桜狩り花の雪散る春のあけぼの〈新古今集・春下・114・藤原俊成〉訳再び見ることがあるだろうか、いや、（おそらく）ないだろう。交野の御料地でのサクラ狩り（＝花見）で、花が雪のように散る春のあけぼの（のこの美しさ）を。○「狩り」は冬に行うので、「雪」の縁語。初句切れで倒置法。

発展『伊勢物語』八十二段、惟喬親王が花見をした物語より詠む。「交野」は今の大阪府北東部近辺の台地で、皇室の狩り場があり、サクラの名所であった。

まだら【曼荼羅】 名詞 ↓まんだら

まだら【斑】 名詞（色や濃淡がさまざまに）まじっていること。むらになっていること。

まだら・なり【斑なり】 形容動詞〔ナリ〕〈なら・なり（に）・なり・なる・なれ・なれ〉（色や濃淡がさまざまに）まじっている。むらになっている。まだらである。

裳も、唐衣に白いもの移りて、**まだらならむかし**。〈枕草子・184・宮に初めて参りたるころ〉訳（私は恥ずかしくて袖を顔に押し当ててうつぶせになっていたので）裳、唐衣（＝共に平安時代以降の女子の正装）におしろいが染み付いて、（顔が）きっと**まだらであろうよ**。

ま-だる・し【間怠し】 形容詞〔ク〕〈く・く・し・き・けれ・○／から・かり・○・かる・○・かれ〉《近世語》まだるっこい。野暮である。

「町人の**まだるき**付き合ひ酒ならば、かうした殿こそ呑まれた物ぞ。」〈西鶴・男色大鑑〉訳「町人相手に**まだるっこい**酒を飲むんだったら、あなたのような（男らしい）殿御のお相手こそ飲めるわけだ。」

まち【町】 名詞 ❶土地の一区画で、もとは田地の区画の単位。また、市街地の一区画。❷宮殿や邸宅内の一区画。❸物を売る家。また、店の立ち並んでいる所。市場。❹等級。階級。

まち-い・づ【待ち出づ】 動詞 他〔ダ下二段〕〈で・で・づ・づる・づれ・でよ〉出て来るのを待つ。待ち受ける。

今来むと言ひしばかりに長月の有り明けの月を**待ち出でつるかな** 百人一首〈古今集・恋4・691〉訳↓いまこむと…。

まち-う【待ち得】 動詞 他〔ア下二段〕〈え・え・う・うる・うれ・えよ〉待っていて手に入れる。待ち迎える。

優曇華の花**待ち得たる**心地して深山桜に目こそ移らね 歌〈源氏・若紫〉訳（源氏の君にお目にかかったことは三千年に一度咲くという）優曇華の花（が咲くの）を**待ち迎えた**気がして、山奥のサクラを見る気はしない。

まち-か・く【待ち掛く】 動詞 他〔カ下二段〕〈け・け・く・くる・くれ・けよ〉待ち迎える。待ち受ける。

この水際に寄らんとすれば、敵矢先を揃へて**待ちか**

けたり。〈平家・11・遠矢〉訳こちらの水際に寄ろうとすると、敵は矢先を揃えて**待ち受け**ている。

まーぢか・し【間近し】形容詞〔ク〕〈く・く・し・き・けれ・○／から・かり・○・かる・○・かれ〉❶間近い。間隔が短い。「葦垣の**間近きほどにはさぶらひながら**…。」〈源氏・常夏〉訳「お住まいの**間近い**所におりますのに…。」

❷ごく最近である。**間近くは**、六波羅の入道前太政大臣平朝臣清盛公と申し人の有様…。〈平家・1・祇園精舎〉訳**ごく最近では**、六波羅の入道前太政大臣平朝臣平清盛公と申し上げた人のありさまは…。

まちーがたーに【待ち難に】待ちかねて。発展「まちかし」とも。

あらたまの月は来経往く諾な諾な君待ちがたにわが著せる襲の裾に…〈古事記・景行天皇〉訳月が来て過ぎ去って行く。もっともなことだ、もっともなことだ。あなたを**待ちかねて**私が着ている衣の裾に…。○「あらたまの」は月に係る枕詞。

まちーか・ぬ【待ちかぬ】動詞他〔ナ下二段〕〈ね・ね・ぬ・ぬる・ぬれ・ねよ〉待ちかねる。待ちきれない。

藤原の古りにし里の秋萩は咲きて散りにき君待ちかねて歌〈万葉集・10・2289〉訳藤原の古い都のハギは咲いて散ってしまった。あなたが**待ちきれなくて**。

まちーがほ・なり【待ち顔なり】形容動詞〔ナリ〕〈なら・なり(に)・なり・なる・なれ・なれ〉いかにも待っているかのようだ。

山郭公の一声も、君の御幸を**まちがほなり**。〈平家・灌頂・大原御幸〉訳ホトトギスの一声も、法皇の御幸を**いかにも待っているかのようだ**。

まちーすぐ・す【待ち過ぐす】動詞他〔サ四段〕〈さ・し・す・す・せ・せ〉待ちながら月日を過ごす。

年ごろ**待ち過ぐし**きこえたまへるも、さらに疎かには思されざりけり。〈源氏・澪標〉訳(花散里が源氏のお帰りを)数年**待ちながら月日を過ごし**申し上げなさった気持ちも、(源氏は)決しておろそかにはお思いにならなかったのだった。

まちーつ・く【待ち付く】動詞他〔カ下二段〕〈け・け・く・くる・くれ・けよ〉待ち受ける。待っていて会う。

秋**待ちつけて**、世の中少し涼しくなりては…。〈源氏・御法〉訳秋を**待ち受けて**、辺りが少し涼しくなってからは…。

まちーと・る【待ち取る】動詞他〔ラ四段〕〈ら・り・る・る・れ・れ〉待ち受ける。待ち受けてつかまえる。

迎ふる気、下に設けたるゆゑに、**待ちとるついで**、はなはだ早し。〈徒然草・155・世に従はん人は〉訳迎える(=葉の散る時機を待つ)生気を、内部に準備しているために、**待ち受け**(て交替す)**る順序**は、とても早い。

まちーなげ・く【待ち嘆く】動詞他〔カ四段〕〈か・き・く・く・け・け〉待ちわびる。望みどおりにならないのを嘆きながら待つ。

頼む人の喜びの程を、心もとなく待ち嘆かるるに…。〈更級日記・夫の死〉訳当てにする人(=夫)の任官の時を、じれったく**待ちわび**ないではいられないでいると…。

まちーぶぎゃう【町奉行】名詞江戸幕府の職名。三奉行の一つで老中の支配下にあり、行政・司法などを取り扱った。江戸・京都・大坂・駿府(=今の静岡県)などに置かれ、江戸には南北、京都・大坂には東西の各二奉行がいた。

まちーわた・る【待ち渡る】動詞他〔ラ四段〕〈ら・り・る・る・れ・れ〉長い間待つ。待ち続ける。

「来むとありしを、さやある。」と、目をかけて**待ちわたるに**…。〈更級日記・梅の立ち枝〉訳「(恋しい継母がウメの咲くころには)来ようと言っていたが、(本当に)そうであるか。」と、(ウメの木を)見守ってずっと**待ち続けるが**…。

発展「わたる」は補助動詞。

まちーわ・ぶ【待ち侘ぶ】動詞他〔バ上二段〕〈び・び・ぶ・ぶる・ぶれ・びよ〉待ちくたびれる。待ちわびる。

男、「宮仕へしに。」とて、別れ惜しみてゆきにけるままに、三年来ざりければ、**待ちわびたりけるに**…。〈伊勢・24〉訳男は、「宮仕えしに(行く)。」と言って、(女と)別れを惜しんで出かけて行ったままで、三年帰って来なかったので、(女は)**待ちくたびれ**てしまったときに…。

発展「わぶ」は補助動詞。

まつ【松】名詞❶《植物》マツ科の常緑高木。古来、長寿・不変の象徴とされた。和歌では、多く「待つ」に掛ける。

生ひそめし根も深ければ武隈の松に小松の千代を並べむ歌〈源氏・薄雲〉訳↓おひそめし…

❷「松明」の略。

❸門松。松飾り。

ま・つ【待つ】動詞他〔タ四段〕〈た・ち・つ・つ・て・て〉待つ。

五月待つ花橘の香をかげば昔の人の袖の香ぞする歌〈古今集・夏・139〉訳↓さつきまつ…

まづ【先づ】副詞❶真っ先に。初めに。→古語チャート⑳(767ページ)

春さればまづ咲く宿の梅の花ひとり見つつや春日暮らさむ歌〈万葉集・5・818〉訳春になると**真っ先に**咲くわが家のウメの花を、ひとり見ながら春の日を暮らすことだろうか。

❷なにはともあれ。とりあえず。

「いざいざ、これ**まづ殿上に行きて語らむ**。」〈枕草子・137・五月ばかり〉訳「さあさあ、このことを**なにはともあれ**殿上の間に行って話そう。」

❸実に。どうにも。

「**浮舟の女君のやうにこそあらめ**。」と思ひける心、**まづいとはかなく、あさまし**。〈更級日記・物語〉訳「(年ごろになった自分は源氏物語に出てくる)浮舟の女君のようであるだろう。」と思っていた(若いころの私の)心は、(今考えてみると)**どうにも**ひどく未熟でたわいがなく、あさはかだ。

松尾芭蕉【人名】↓**必修古典ビッグ30** ㉖(1146ページ)・**ビジュアルチェック**㉘(1147ページ)

まっ-かう【真っ向】名詞❶額の真ん中。

❷兜の鉢の前面。正面。

いた手なれば、**真っ向を馬の頭にあてて俯したまへるところに**…。〈平家・9・木曾最期〉訳(木曾義仲は)深手なので、**兜の鉢の前面**をウマの頭にあててうつぶしなさっているところに…。

まつ-かぜ【松風】名詞マツのこずえを吹く風。また、その音。多く琴の音にたとえる。

まつがね-の【松が根の】枕詞(同音の繰り返しから)「待つ」に、(マツの根が長く伸びることから)「絶ゆることなく」に係る。

ま-づかひ【間使ひ】名詞人と人との間を行き来する使い。使者。

まつ-ご【末期】名詞人の死に際。臨終。最期。

まつ-ざ【末座】名詞目下の者などが座る、末の席。また、末席にいる人。発展「ばつざ」とも。

まつ-じ【末寺】名詞本山の支配を受ける寺。また、本寺に付属する寺。対本山・本寺

松島【まつしま】歌枕 宮城県松島湾一帯。日本三景の一つ。歌には、多く「雄島」や「海人」とともに詠まれ、また「待つ」に掛けた歌も多い。

まつしまや… 句
松島や鶴に身をかれほととぎす〈奥の細道・松島・河合曾良〉訳 松島の美しい風景よ。この景色にはツルこそ似つかわしい。できるならツルの姿を借りて鳴き渡ってくれ、ホトトギスよ。○季語 ほととぎす—夏。「松島や」の「や」は、切れ字。「鶴」は「松」の縁語。発展 芭蕉とともに、松島へ立ち寄ったときの句。ホトトギスの声とツルの姿の両方を、同時に味わおうという趣向。

まっ-せ【末世】名詞《仏教語》仏法の衰えた*末法の世。末代。

まっ-た【又】接続詞「また」を強めていうことば。↓また

まつ-だい【末代】名詞 ❶↓まっせ ❷自分の死後の、この世。後世。

松平定信【まつだいらさだのぶ】[マツダヒラ]人名 江戸時代後期の大名。奥州白河藩主。田安宗武の三男。一七八七(天明七)年、老中として寛政の改革を行う。歌人・国学者としても優れ、随筆に『花月草紙』がある。1758—1829

まったう・す【全うす】まっとうす 動詞 他 サ変〈せ・し・す・する・すれ・せよ〉まっとうする。成し遂げる。完全に保ち続ける。
そのしるしにや、宿病たちどころにいえて、天命をまったうす。〈平家・1・禿髪〉訳 (仏門に入った)その効果であろうか、(平清盛は)持病はたちまちに治って、天寿をまっとうする。

まった・し【全し】形容詞 ↓またし

待乳山【まつちやま】歌枕 奈良県五條市と和歌山県橋本市の境にある山。「真土山」とも書く。歌には、「待つ」を掛け、「松」「ほととぎす」などの語とともに詠まれた。

松永貞徳【まつながていとく】人名 江戸時代前期の俳人・歌人・歌学者。*貞門俳諧の祖。和歌・歌学を細川幽斎、連歌を紹巴に学ぶ。多方面に活躍したが、俳諧を文芸として確立させた功績は大きい。編著も多く、『新増犬筑波集』『俳諧御傘』『戴恩記』などがある。1571—1653

まつ-の-うち【松の内】名詞 正月の松飾りのある間。元日から十五日まで。ただし、近世、江戸では七日までをいった。季語 春

まづ-は【まず】副詞 ❶初めに。さしあたっては。
まづは興あり、珍しき御かしづきに、皆人ゆるべり。〈源氏・葵〉訳 さしあたっては楽しみであり、また珍しい(お子さまの)お世話に(気をとられ)、だれもかれもが気をゆるめている。
❷まったく。とりわけ。

まつは・す【纏はす】まつわす 一動詞 自 サ四段〈さ・し・す・す・せ・せ〉付きまとう。まとい付く。絡み付く。
「年ごろよろづに頼みきこえて、まつはしきこえけるこそあさましき心なりけれ。」〈源氏・葵〉訳「長年の間万事につけて(源氏を)お頼り申し上げて、付きまとい申し上げたのは(我ながら)情けない心であったのだった。」
二動詞 他 サ四段〈さ・し・す・す・せ・せ〉絶えず身近にいさせる。まとい付かせる。
わりなくまつはさせたまふあまりに…。〈源氏・桐壺〉訳 (帝が桐壺の更衣を)分別なく絶えず身近にいさせなさりすぎた結果によって…。
発展 二は「まとはす」とも。

まつは・る【纏はる】まつわる 一動詞 自 ラ下二段〈れ・れ・る・るる・るれ・れよ〉❶付きまとい離れない。また、物事にとらわれる。執着する。
「歌詠むと思へる人の、やがて歌にまつはれ…。」〈源氏・帚木〉訳「(いっぱしに)歌を詠むとみずから思っている人が、そのまま歌にとらわれて…。」
❷絡み付く。巻き付く。
綱いと長くつきたりけるを、物にひきかけまつはれにけるを…。〈源氏・若菜上〉訳 (ネコの首に)綱がとても長く付いていたのを、物に引っ掛けて絡み付いてしまったのを…。
二動詞 自 ラ四段〈ら・り・る・る・れ・れ〉一の意味に同じ。
発展「まとはる」と同じ。下二段活用が主流であったが、中世以降は四段にも活用するようになった。

まつ・ふ【纏ふ】まつう 動詞 ↓まとふ

松帆の浦【まつほのうら】歌枕 兵庫県、淡路島の北端の松帆崎近くの海岸。歌では、「松帆」に「待つ」を掛けて詠むことが多い。↓ビジュアルチェック❶(194ページ)

まっ-ぽふ【末法】まっぽう 名詞《仏教語》仏の教えが衰え、社会が乱れて悪が栄える時代。釈迦の死後、正法五百年(千年という説もある)・像法千年に続く、最後の一万年をいう。
発展 日本では後冷泉天皇の一〇五二(永承七)年から末法の時代に入ったと考えられた。ちょうどこのころ、天災や戦乱が続いたことから、人々は末法思想を信じて往生思想が盛んになり、鎌倉仏教成立の有力な原因ともなった。

まつ-むし【松虫】名詞《動物》秋の虫の名。一説に、スズムシの古い呼び名とも。和歌では、多く「待つ」に掛ける。季語 秋 発展 マツムシとスズムシは、昔はその呼び名が今とは逆だったといわれているが、はっきりしない。『源氏物語』には、マツムシは命の短い虫で、人里離れた所で鳴き、一方、スズムシは華やかに鳴くかわいらしい虫であると述べられている。

まつ-よひ【待つ宵】まつよい 名詞 ❶来ることになっている恋人を待っている夜。❷十五夜の月を待つ宵。陰暦八月十四日の夜。季語 秋

まつよひに… 歌
待つ宵に更けゆく鐘の声聞けばあかぬ別れの鳥はものかは〈新古今集・恋3・1191・小侍従〉訳 (恋しい人を)待つ宵に、(その人が来ないまま)夜が更けた(ことを知らせる)鐘の音を聞く(つらさに比べる)と、満足しないで別れる夜明けの鳥(の声など)はものの数ではない。

松浦【まつら】歌枕 佐賀県東松浦郡、および唐津市の唐津湾の海岸。歌には、「松浦潟」「松浦山」などという形で詠まれた。松浦佐用姫の伝説で知られ、「待つ」を掛けたり、「振る」などの語とともに詠まれることが多かった。↓ビジュアルチェック❶(194ページ)

まつり【祭り】名詞 ❶神を祭ること。鎮魂・感謝・祈願などのために行う儀式。祭礼。❷特に、京都の賀茂神社の祭り。陰暦四月、中の酉の日(現在は五月十五日)に行われる。季語 夏 類 賀茂の祭り・北祭・葵祭
発展 賀茂の祭りは、京都第一の祭りで、中古・中世において「祭り」といえばこの祭りを指した。

まつりご・つ【政ごつ】動詞 他 タ四段〈た・ち・つ・つ・て・て〉治める。政治を行う。また、取り仕切る。世話をする。
「ただ今世をまつりごちたまふ大臣の御ため…。」〈源氏・薄雲〉訳「現在世を治めなさる大臣(=源氏)のおために…。」
発展 名詞「まつりごと」から動詞になったもの。↓ごつ

ビジュアルチェック
㉘俳人の系譜（1147ページ）参照。

必修古典ビッグ30 ㉖ 芭蕉・蕪村・一茶

▼一茶像

芭蕉（松尾芭蕉）

【人物】

経歴については、「必修古典ビッグ30 ❻奥の細道」（246ページ）の項参照。

【主な作品】

◉**野ざらし紀行**…題名は、冒頭の「野ざらしを心に風の染む身かな」による。「甲子吟行」の呼び名もある。一六八四（貞享元）年八月、門人の千里と江戸を出発し、故郷伊賀に行き、翌年江戸に帰るまでの紀行文。芭蕉初の紀行文である。

山路来て何やらゆかしすみれ草訳→やまぢきて…

◉**嵯峨日記**…一六九一（元禄四）年四月一八日から五月四日まで、門人去来の別荘である京都嵯峨の落柿舎で過ごしたときの俳文日記。

【ことばと表現】

◉芭蕉の紀行文には日本や中国の古典をふまえた表現や語が多いが、俳句（発句・俳諧とも）の表現の特徴は次のとおり。

①音に関係する語を素材にした句が多い。鳥が最も多く、次いで、風（嵐）・雨（霰）・虫などが多い。

野を横に馬牽き向けよほととぎす〈奥の細道〉訳→のをよこに…

②切れ字は「や」を多く使用している。特に、上五句に多い。

荒海や佐渡に横たふ天の川〈奥の細道〉訳→あらうみや…

③問いかけ、呼びかけの表現が多い。

猿を聞く人捨て子に秋の風いかに〈野ざらし紀行〉訳→さるをきくひと…

蕪村（与謝蕪村）

【人物】

一七一六（享保元）年～一七八三（天明三）年。俳人・画家。谷口氏。幼いころは、摂津国（＝今の大阪府）毛馬村で過ごしたが、二〇歳前後に江戸に出て、夜半亭宋阿に俳諧を学んだ。宋阿の死後、関東や東北を放浪し、画人・俳人としての基礎を築いた。三十六歳ごろ、京都に帰り、画業・俳諧に専念する。五十五歳のとき、夜半亭二世を継ぎ、「芭蕉にかえれ」という蕉風復興を唱え、古典の教養を生かした空想的で絵画的な句を作り、天明期俳壇の中心として活躍した。

【主な作品】

◉**夜半楽**…一七七七（安永六）年出版。この中の「春風馬堤曲」は、発句と漢詩を交えた斬新な形式の詩として高く評価されている。「馬堤」とは、故郷毛馬村の川堤。

やぶ入りや浪花を出でて長柄川

季語は「やぶ入り」で春。「やぶ入り」は、昔の奉公人の盆と正月の休みをいう。故郷に帰る娘に託して、蕪村自身の故郷への思いを詠んだ句である。

◉**新花摘**…一七七七（安永六）年に成立したと思われるが、出版は、没後の一七九七（寛政九）年。亡き母の冥福を祈る発句部とその他の俳文を収める。

鮒ずしや彦根の城に雲かかる　季語は「鮒ずし」で夏。「鮒ずしをつまんで茶店でゆっくり休んでいると、白雲が彦根城に一筋かかっている。」という意味で、夏のさわやかさを詠む。

【ことばと表現】

◉蕪村は芭蕉への回帰の理念から、俗を離れた句をめざした。また、著名な画家で俳諧画の完成者でもあり、その句も絵画的である。

①日本や中国の古典に素材を求めた。

菜の花や月は東に日は西に〈蕪村句集〉訳→なのはなや…

鳥羽殿へ五六騎いそぐ野分かな〈蕪村句集〉訳→とばどのへ…

「鳥羽殿」は白河・鳥羽両天皇の離宮で、『保元物語』や『平家物語』の話題の場面。

②白や、白をイメージさせる語を使用して、美・清浄感・高潔さが表現されている。

白菊や花一輪といふべかり〈夜半叟句集〉

③漢語を用いる。

学文は尻から抜ける蛍かな〈落日庵句集〉

一茶（小林一茶）

【人物】

一七六三（宝暦一三）年～一八二七（文政一〇）年。小林氏。信濃国（＝今の長野県）柏原村の農家の長男として生まれた。三歳のとき、生母に死に別れ、十五歳で江戸に奉公に出た。二十三歳ごろから俳諧を学んだらしい。以降、青壮年期のほとんどを流浪の生活に送った。父の死後、義弟や継母との財産相続の調停が成立し、郷里に定住した。定住後、結婚し、信州俳壇の指導を熱心に行った。妻との間に三男一女をもうけたが次々死なれ、妻にも先立たれ、再婚にも失敗するというように、家庭的には生涯恵まれなかった。

【主な作品】

◉**父の終焉日記**…一八〇一（享和元）年、帰郷して父の死を看取るまでの看病中の日記。

◉**おらが春**…一八一九（文政二）年の句文集。身の回りの出来事を日記形式で記した作品。書名は、次の巻頭の句にちなむ。

目出度さも中位なりおらが春訳→めでたさも…

【ことばと表現】

◉一茶は生涯で約二万句作ったといわれ、芭蕉や蕪村に比べて、けた外れに多い。

①「蚊・蛍・きりぎりす・蛙・蚤・虱・蠅」などの小動物や昆虫を題材に取り上げる。

うしろからふいと巧者な藪蚊かな〈七番日記〉

②擬人化する。

草陰にぶつくさぬかす蛙かな〈文化句帖〉

③俗語・方言を用いる。

花の月のとちんぷんかんのうき世かな〈七番日記〉

④擬態語・擬声語を用いる。

朝晴にぱちぱち炭のきげんかな〈七番日記〉

まつり‐ごと【政】 名詞 ❶神を祭ること。祭祀。❷政治。政道。行政。政務。「**御子は、遣はさえし政を遂げて、覆奏したまふべし。**」〈古事記・景行天皇〉訳「御子(=倭建命)は、派遣された(東国征伐の)**政務**を成し遂げて、命令を果たしてご報告申し上げなさるがよい。」

まつり‐の‐かへさ【祭りの帰さ】― 賀茂の祭りの翌日、斎王が上社(=上賀茂神社)から斎院に帰ること。賀茂の祭りの翌日の行列。

まつり‐の‐つかひ【祭りの使ひ】― 賀茂の祭りのときに、幣を奉るために朝廷から派遣される勅使。

まつ・る【奉る】《上代語》一 動詞 他 〔ラ四段〕〈ら・り・る・る・れ・れ〉❶(「与ふ」「贈る」の謙譲語で)差し上げる。たてまつる。「**我が衣形見に奉るしきたへの枕を放さずまきてさ寝ませ**」歌〈万葉集・4・636〉訳私の衣を形見に**差し上げる**。まくらもとから放さずに(あなたの身に)巻いておやすみなさい。〇「しきたへの」は「枕」の枕詞。❷(「食ふ」「飲む」の尊敬語で)召し上がる。お飲みになる。「**やすみしわご大君は平らけく長くいまして豊御酒奉る**」歌〈続日本紀〉訳わが主君は平穏で長寿でおられて、お酒を**召し上がる**。〇「やすみしし」は「わご大君」に係る枕詞。

二 補助動詞 〔ラ四段〕〈ら・り・る・る・れ・れ〉お…申し上げる。「**この小刀をもちて天皇の寝ねませるを刺し殺しまつれ。**」〈古事記・垂仁天皇〉訳「この小刀を使用して(垂仁)天皇が寝ていらっしゃるところを刺し殺し**申し上げよ**。」

発展 この語は、中古以降、単独で使われず、「たてまつる」や「つかへまつる」など一語になったものの中に残った。→**古語チャート㉒**(789ページ)

まつろ・ふ【服ふ・順ふ】《上代語》一 動詞 自 〔ハ四段〕〈は・ひ・ふ・ふ・へ・へ〉服従する。従う。「**ことごとに山河の荒ぶる神、また、まつろはぬ人どもを言向け和したまひき。**」〈古事記・景行天皇〉訳(倭建命は)残らず山や川の乱暴な神、また、(天皇に)**服従し**ない者どもを説得し、平定なさった。

二 動詞 他 〔ハ下二段〕〈へ・へ・ふ・ふる・ふれ・へよ〉服従させる。従わせる。「**もののふの八十伴の緒をまつろへの向けのまにまに**…」歌〈万葉集・18・4094〉訳多くの朝廷に仕える役人たちを**服従させる**ことの指図のままに…。〇「もののふの」は「八十」に係る枕詞。この「まつろへ」は連用形が名詞化している例である。

発展「奉る」の未然形に反復・継続の助動詞「ふ」の付いた「まつらふ」が変化したもの。二は、一の他動詞形で、下二段活用化したものである。

まつわす(現)↓(歴)**まつはす【纏はす】**

まつわる(現)↓(歴)**まつはる【纏はる】**

ビジュアルチェック㉘ 系図［俳人の系譜］

ゴシック文字は見出し語になっています。

- 俳諧の始祖：山崎宗鑑、荒木田守武
- 貞門：松永貞徳 ― 北村季吟 ― 松尾芭蕉(蕉門)
- 北村季吟 ― 松江重頼 ― 西山宗因(談林) ― 井原西鶴
- 松江重頼 ― 上島鬼貫
- (蕉門十哲)：榎本其角……与謝蕪村、内藤丈草、向井去来、杉山杉風、森川許六、服部嵐雪、各務支考……横井也有、志太野坡、越智越人、立花北枝
- (その他の芭蕉門下)：野沢凡兆、服部土芳、山本荷兮、河合曾良

まで

❶(動作・作用の及ぶ空間的・時間的な限度を表し)…**まで**。
❷(動作や状態の程度を表し)…**ほど**。…**くらい**。
❸(添加を表し)…**までも**。…**さえ**。

接続 体言、活用語の連体形に付く。

副助詞 ❶(動作・作用の及ぶ空間的・時間的な限度を表し)…**まで**。「**昔、男、武蔵の国まで惑ひありきけり。**」〈伊勢・10〉訳昔、ある男が、武蔵の国**まで**さまよい歩いたのだった。〇空間的な限度を表している例。「**仁和寺にある法師、年寄るまで、石清水を拝まざりければ、心憂く覚えて**…」〈徒然草・52・仁和寺にある法師〉訳仁和寺にいる僧が、年を取る**まで**、石清水八幡宮を参詣しなかったので、情けなく思われて…。〇時間的な限度を表している例。❷(動作や状態の程度を表し)…**ほど**。…**ほどに**。…**くらい**。「**まかでて聞けば、あやしき家の見所もなき梅の木などには、かしかましきまでぞ鳴く。**」〈枕草子・41・鳥は〉訳(宮中から)退出申し上げて聞くと、みすぼらしい家の見所もないウメの木などでは、(ウグイスは)うるさい**ほどに**鳴く。❸(添加を表し)…**までも**。…**さえ**。…**でさえ**。「**物の心知りげもなきあやしの童部まで、引き避きてゆき過ぐるを、車を驚きあさみたること限りなし。**」〈更級日記・初瀬〉訳物事の道理を知っていそうもない身分の低い子供**までも**が、(私たちが混雑した通りを車で)人

をよけて通り過ぎるので、(その)車を(見て)驚きあきれることはこの上もない。

発展 ①格助詞との説も　❶の用法では、「〜より〜まで」のように、動作・作用の起点を表す格助詞「より」と対応して「まで」が帰着点を表す例も多いので、この場合の「まで」を格助詞とする説もある。

②終助詞の用法も　中世以降、「今夜の人形はそのまま人ぢやまで(=今夜の人形はまるで人間だなあ)。」〈狂言・瓜盗人〉などのように、強調・感動を表す終助詞としても用いられるようになった。

関連語 までに・までも

まで・く【詣で来】 動詞 ↓まうでく 基本敬語25 (1124ページ)

まで-に ❶(限度を表す)…まで。**いつの間も神さびけるか香具山の鉾杉が末にこけ生すまでに** 歌〈万葉集・3・259〉訳 いつの間に神々しくなったのか。香具山のホコスギの梢にコケが生えるまで(ずっと)。

❷(程度を表す)…ほど。…くらいに。**朝ぼらけ有り明けの月と見るまでに吉野の里に降れる白雪** 百人一首〈古今集・冬・332〉訳 ↓あさぼらけ…

発展 副助詞「まで」＋格助詞「に」。上代に多い表現。

まで-も ❶(「まで」を「も」が強調した表現)…まで。…までも。**慈鎮和尚、一芸ある者をば下部までも召し置きて**…。〈徒然草・226・後鳥羽院の御時〉訳 慈鎮和尚は、一芸に秀でた者は下層階級の者までも召しかかえて…。

❷(「…ぬまでも」の形で)…(ない)としても。**折りよくは見に来ぬまでもわが宿の桜咲きぬと告げましものを** 歌〈和泉式部集〉訳(あなたが)ちょうどよく見にこないとしても、私の家のサクラが咲いたと(告げるだけでも)告げようと思うのに。

❸(「までもなし」の形で)…する必要もない。「**尋ねまうすまでもなし。**」〈徒然草・135・資季大納言入道〉訳「お尋ね申し上げる必要もない。」

発展 副助詞「まで」＋係助詞「も」。

➡まとい(現)↓(歴)**まとひ【纏ひ】**

➡まとい(現)↓(歴)**まとゐ【円居・団居】**

➡まどい(現)↓(歴)**まどひ【惑ひ】**

➡まとう(現)↓(歴)**まとふ【纏ふ】**

➡まどう(現)↓(歴)**まどふ【惑ふ】** 最重要語 (1149ページ)

➡まどお(現)↓(歴)**まどほ【間遠】**

まど-か・なり【円かなり】 形容動詞(ナリ)〈なら・なり(に)・なり・なる・なれ・なれ〉❶形が丸い。**望月のまどかなる事は、暫くも住せず、やがて欠けぬ。**〈徒然草・241・望月の〉訳 満月の丸い状態は、少しの間もとどまらないで、すぐに欠けてしまう。

❷人格が円満だ。

発展 古くは清音「まとかなり」。

まど・し【貧し】 形容詞(シク)〈しく・しく・し・しき・しけれ・○／しから・しかり・○・しかる・○・しかれ〉貧しい。**やうやうまどしき小家に一夜をあかして**…。〈奥の細道・石巻〉訳 やっとのことで貧しい小さな家で一夜を明かして…。

発展「まづし」の変化したことば。

まどちかき… 歌

窓近き竹の葉すさぶ風の音にいとど短きうたた寝の夢〈新古今集・夏・256・式子内親王〉訳 窓近くにある竹の葉に吹きつける風の音に(目を覚まされて)、(そうでなくても短いのに)ますます短くなってしまったうたた寝の夢よ。○「いとど」は、程度が強まったり、さらに加わるという意味を表す副詞。

発展 白楽天の詩から着想した歌。

まど-の-うち【窓の内】 まだ若い娘が、人目に触れないように家の奥で大切に育てられていること。深窓。

まとは・す【纏はす】 動詞 他(サ四段)〈さ・し・す・す・せ・せ〉絶えずそばに付き添わせる。絡ませる。**助をあけくれ呼びまとはせば、常にものす。**〈蜻蛉日記〉訳(右馬頭が)助(=道綱)をいつも呼んで**絶えずそばに付き添わせる**ので、よく出かけて行く。○「ものす」は、人の動作や存在を婉曲に表現したもので、その具体的意味内容は文脈から判断して決める。

発展「まつはす」とも。

まどは・す【惑はす】 動詞 他(サ四段)〈さ・し・す・す・せ・せ〉❶乱れさせる。迷わせる。まごつかせる。**世の人の心まどはすこと、色欲にはしかず。**〈徒然草・8・世の人の〉訳 世の中の人の心を**乱れさせる**ことでは、色欲には及ばない。

❷見失う。「**友まどはしては、いかにはべらまし。**」〈源氏・須磨〉訳「友を見失ったら、(その寂しさは)どのようでございましょう。」

まとは・る【纏はる】 動詞 ↓まつはる

まとひ【纏ひ】 名詞 ❶一軍の陣所の目印として、主将のウマのそばに立てる馬印の一種。さおの先に種々の飾りを付け、多くはその下に馬簾(=細長い紙や革)を垂らした。❷江戸時代、町火消しが組のしるしとして用いたもの。

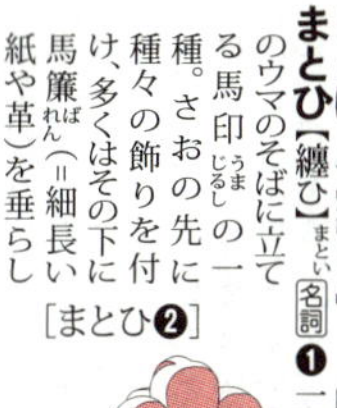

[まとひ❷]

まどひ【惑ひ】 名詞 心が乱れて分別を失うこと。まごつくこと。迷い。発展 上代は「まとひ」。

まどひ-あり・く【惑ひ歩く】 動詞 自(カ四段)〈か・き・く・く・け・け〉さまよい歩く。あてもなく歩きまわる。**昔、男、武蔵の国まで惑ひありきけり。**〈伊勢・10〉訳 昔、ある男が、武蔵の国まで**さまよい歩いた**のだった。

まどひ-い・づ【惑ひ出づ】 動詞 自(ダ下二段)〈で・で・づ・づる・づれ・でよ〉あわてて退出する。あわただしく出ていく。**もし人などや追ひて捕ふると見ゆるまで、まどひ出づるもあめり。**〈枕草子・77・まいて、臨時の祭りの〉訳 もしかして人などが追いかけて捕えるのかと見えるほど、**あわてて退出する**人もいるようだ。

まどひ-い・る【惑ひ入る】 動詞 自(ラ四段)〈ら・り・る・る・れ・れ〉あわてて中に入る。**人に見えじとまどひ入るほどに、物につき障りて、そよろといはせたる。**〈枕草子・28・憎きもの〉訳 人に見られないようにしようと思って**あわてて中に入る**ときに、(烏帽子が)物に突き当たって、がさっと音を立てているのは(嫌だ)。

まどひ・く【惑ひ来】 動詞 自(カ変)〈こ・き・く・くる・くれ・こ(こよ)〉あわててやって来る。**蓑も笠も取りあへで、しとどに濡れてまどひきにけり。**〈伊勢・107〉訳(男は)蓑も笠も用意できずに、(自分を待っている女の所へ)びっしょりと(雨に)濡れて**あわててやって**

来た。

まどひ-ふため・く【惑ひふためく】まどい ― 動詞 自〔カ四段〕〈か・き・く・く・け・け〉あわててばたばたする。

大きなる糞鳶の羽折れたる、土に落ちて惑ひふためくを、童部ども寄りて打ち殺してけり。〈宇治拾遺〉訳 大きなクソトビで羽の折れているのが、地面に落ちて**あわててばたばたしている**のを、子供たちが寄り集まって打ち殺してしまった。

まと・ふ【纏ふ】まとう 一 動詞 自〔ハ四段〕〈は・ひ・ふ・ふ・へ・へ〉巻き付く。絡まる。

その時に足まとひたる尾ひきほどきて…。〈今昔〉訳 その時に足に**巻き付いて**いる(ヘビの)尾をひきほどいて…。

二 動詞 他〔ハ四段〕〈は・ひ・ふ・ふ・へ・へ〉巻き付ける。絡み付ける。また、身に着ける。

蛇の、尾をさしおこせて恒世が足をふたかかへばかりまとひてけり。〈今昔〉訳 ヘビが、尾を恒世の方へ向けて伸ばして恒世の足を二巻きほど**巻き付けて**しまったのだった。

まど・ふ【惑ふ】動詞 ↓最重要語(1149ページ)

まど-ほ【間遠】まどお ― 形容動詞〔ナリ〕❶(時間や空間の間隔が)遠く離れている。

壁の中のきりぎりすだに、間遠に聞きならひたまへる御耳に…。〈源氏・夕顔〉訳 壁の中で鳴くコオロギ(の声)だって、**遠く離れて**いつも聞いていらっしゃる(源氏の)お耳に…。

❷織り目・編み目が粗い。

都の方のことづては、間遠に結へるませがきや…。〈平家・灌頂・大原御幸〉訳 都の方からの音信は、(まるで)間隔があいて**編み目も粗く**結った垣根だよ(=途絶えがちだ)…。〇この場合の「まどほに」は❶と❷の意味が掛けてある。

発展「まどほ」とも。

まど-ほ・し【間遠し】まどおし ― 形容詞〔ク〕〈く・く・し・き・けれ・〇/から・かり・〇・かる・〇・かれ〉(時間や空間が)離れている状態だ。

昨夜こそば兒ろとさ寝しか雲の上ゆ鳴き行く鶴の間遠く思ほゆ 歌〈万葉集・14・3522〉訳 昨夜あの娘と寝たばかりなのに雲の上を鳴き行くツルのように(遠く)**離れている状態に**思える。

発展「まとほし」とも。

まと-や【的矢】名詞 的を射るのに用いる練習用の矢。また、的と矢。

まど・ふ【惑ふ】まどう

混乱し、困惑する

- ❶道に迷う。さまよう。途方に暮れる。うろつく。
- ❷思い悩む。心が乱れる。
- ❸慌てる。うろたえる。分別を失う。
- ❹ひどく…する。ひたすら…する。◉動詞の連用形に付いて用いられる。

動詞 自〔ハ四段〕

未然形	連用形	終止形	連体形	已然形	命令形
まど・は	まど・ひ	まど・ふ	まど・ふ	まど・へ	まど・へ

❶**道に迷う。さまよう。途方に暮れる。うろつく。**

春山の霧にまとへる鶯も我に勝りてもの思はめやも 歌〈万葉集・10・1892〉訳 春山の霧で(どちらに行ったらよいか)**迷っている**ウグイスも私以上に物思いにふけることがあるだろうか、いや、決してない。

❷**思い悩む。心が乱れる。**

「いかでこのかぐや姫を得てしがな、見てしがな。」と、音に聞きめでて惑ふ。〈竹取・かぐや姫の出生〉訳 (世の中の男は皆)「なんとかしてこのかぐや姫を手に入れたいものだ、妻としたいものだ。」と、うわさに聞いて心引かれて(また)**心が乱れる**。

❸**慌てる。うろたえる。分別を失う。**

しばし奏でて後、抜かんとするに、おほかた抜かれず。酒宴ことさめて、いかがはせんと惑ひけり。〈徒然草・53・これも仁和寺の法師〉訳 (頭に釜をかぶった僧は)しばらく舞を舞った後、(釜を)抜こうとするのに、全然抜くことができない。酒宴は興がさめて、(そこにいた人々は)どうしようかと**うろたえた**。

❹(動詞の連用形に付いて)**ひどく…する。ひたすら…する。**

泣くがうへにまた泣き惑ふ人多かり。〈蜻蛉日記〉訳 (私の母の死を悲しんで)泣いているうえにまた(私までが倒れてしまったのを心配して)**ひどく**泣く人がたくさんいる。

御車寄せたる中門の、いといたうゆがみよろぼひて、いとあはれに寂しく荒れ惑へるに…。〈源氏・末摘花〉訳 お車を寄せた中門が、たいへんひどく曲がって崩れかかって…とてもしみじみとして寂しく**ひどく**荒れている所に…。

発展 ①上代では「まとふ」と清音で用いられた。

②**程度の意を加える「まどふ」** ❹は、上に付く動詞の動作などの程度が並々でないことを表したり、心が動揺する意味を添えたりするのに用いられる。その用法から、これを補助動詞と見る説もある。

類語比較 **「まどふ」と「まよふ」**

共通点=さまよう、心が乱れる、などの意味。

まどふ=①もともと、道に迷う、また、到達すべき道筋から外れる、という意味を表す。②主に混乱して判断しかねている心理状態を表すのに用いられる。③中古では、「まよふ」より多く用いられた。

まよふ=①もともと、糸が乱れて一方に偏るという意味を表す。②広く物事の混乱しているようすを客観的にいうことば。

関連語 惑はす

まど-ろ・む【微睡む】動詞 自〔マ四段〕〈ま・み・む・む・め・め〉少しの間浅く眠る。うとうとする。

御胸つとふたがりて、つゆまどろまれず、明かしかねさせたまふ。〈源氏・桐壺〉訳 (帝は更衣の病状を思うと心配で)お胸がそのままふさがって、まったく**少しの間浅く眠る**こともできず、(短い夏の夜が)明けるのを待ちきれないでいらっしゃる。

まと-ゐ【円居・団居】― い 名詞 ❶輪になって座ること。車座。だんらん。❷一か所に集まり会合すること。発展「まどゐ」とも。

ま-な【真名・真字】

一 正式(=真)な 文字(=名) → ❶漢字。 ❷(漢字の)楷書。

名詞 ❶漢字。類 男手 対 仮名。

さばかりさかしだち、**真名書き散らしてはべる程も、よく見れば、まだいと足らぬこと多かり**。〈紫式部日記〉訳（清少納言は）あれほど利口ぶり、**漢字**を書き散らしております（が、その）ようすも、よく見ると、まだそれほどは十分でない点が多い。

❷（漢字の）**楷書**。
草にも**真名**にも、さまざまめづらしきさまに書き交ぜたまへり。〈源氏・葵〉訳（源氏は漢詩などの文字を）草書でも**楷書**でも、いろいろにすばらしい書体で書き交ぜていらっしゃる。

発展 **語の歴史**「まんな」とも。中古では、漢字は「男手」とも呼ばれたように、男性が使用する文字であった。❶の用例には、女性が漢字を使うのは好ましくないという当時の認識が背景にある。↓**古語チャート**㉘（911ページ）

ま-な【真魚】 名詞 ❶食膳に供する魚。さかな。❷「＊真魚の祝ひ」の略。

まな【勿】 副詞（禁止・制止を表し）だめだ。するな。**それを「まな。」ともとり隠さで**…。〈枕草子・152・人ばへするもの〉訳それ（＝子供が勝手に引き出して見ている物）を「**だめだ**。」と言って取り上げ隠しもしないで…。

ま-な-かひ【眼間】 名詞 目と目の間。眼前。**まなかひにもとなかかりて安眠し寝さぬ** 歌〈万葉集・5・802〉訳↓うりはめば…

発展「目な交ひ」で、「な」は「の」の意の格助詞。

ま-な-こ【眼】 名詞 ❶ひとみ。黒目。また、目。❷物事を見抜く力。眼力。また、視線。❸物事の中心。眼目。要点。

発展「目な子」という意味。「な」は「の」の意味の上代の格助詞。↓**古語チャート**㊸（1211ページ）

ま-な-ご【真砂】 名詞《上代語》細かい砂。発展 中古以降「まさご」。

まな-ご【愛子】 名詞 かわいい子。いとし子。

まなこ-ゐ【眼居】 名詞 目つき。まなざし。

まな-ざし【眼差し・眼指し】 名詞 目つき。

ま-な・し【間無し】 形容詞〔ク〕〈く・く・し・き・けれ・○／から・かり・○・かる・○・かれ〉❶（空間的に）すき間がない。
竹玉を間なく貫き垂れ木綿だすきかひなにかけて… 歌〈万葉集・3・420〉訳竹玉を**すき間なく**貫き垂らし、木綿だすきを腕に掛けて…。○「竹玉」とは細い竹を輪切りにして緒を通したもので、神事に用いる。

❷（時間的に）絶え間がない。間もない。
抜き乱る人こそあるらし白玉の間なくも散るか袖の狭きに 歌〈伊勢・87〉訳（滝の上の方で緒を引き）抜いて（連ねてある白玉を）乱れ流している人がいるらしい。なんと白玉が**絶え間なく**散ることか。（それを受ける私の）袖は狭いのに。

ま-な-じり【眥・眦】 名詞 目じり。発展「目な後」という意味。「な」は「の」の意味の上代の格助詞。

まな-の-いはひ【真魚の祝ひ】 名詞 子供に、生後初めて魚肉を食べさせる儀式。古くは数えで三歳、室町時代には百一日目、江戸時代には百二十日目に行った。発展「真魚始め」とも。

まな-はじめ【真魚始め】 名詞 ↓まなのいはひ

まな・ぶ【学ぶ】 ■動詞 他〔バ四段〕〈ば・び・ぶ・ぶ・べ・べ〉❶まねる。
何事も六波羅様といひてんげれば、一天四海の人、皆これを学ぶ。〈平家・1・禿髪〉訳何でも六波羅風（がよい）といったので、天下の人は、みなこれを**まねる**。
❷学ぶ。勉強する。
この道、先達を尋ねて学ぶべきにや。〈ささめごと〉訳この（歌・連歌の）道は、先達（の説）を追い求めて**学ぶ**のがよいのだろうか。

■動詞 他〔バ上二段〕〈び・び・ぶ・ぶる・ぶれ・びよ〉■の意味に同じ。

発展 上二段活用は平安中期ごろまで、主に漢文訓読文で用いられた。

まに-ま【随】 形式名詞 他の人やなりゆきに従うようす。…ままに。…につれて。
大君の行幸のまにま物部の八十伴の雄と出で行きし愛し夫は… 歌〈万葉集・4・543〉訳天皇の行幸に**つき従い**たくさんの役人たちと出て行った頼もしい夫は…。○「物部の」は「八十」に係る枕詞。

発展「まにま」には、実質名詞としての用例はなく、副詞とする説もあるが、ことばの働きからみて形式名詞とした。

まに-ま-に【随に】 連語 ❶…に任せて。…どおりに。
告りたまひしまにまに、かく設け備へて待ちし時…。〈古事記・大蛇退治〉訳（須佐之男命が）おっしゃった**とおりに**、そのように準備して待っていたときに…。
このたびは幣も取りあへず手向山もみぢの錦神のまにまに 百人一首〈古今集・羇旅・420〉訳↓このたびは…

❷…につれて。…とともに。
かくて漕ぎ行くまにまに、海のほとりにとまれる人も遠くなりぬ。〈土佐日記・一月九日〉訳こうして（船を）漕いで行く**につれて**、海辺に残っている人も遠くなってしまった。

発展 形式名詞「まにま」＋格助詞「に」。

まぬか・る【免る】 動詞 他〔ラ下二段〕〈れ・れ・る・るる・るれ・れよ〉逃れる。まぬがれる。
「**次に、銭を奴のごとくして使ひもちゐる物と知らば、永く貧苦を免るべからず**。」〈徒然草・217・ある大福長者〉訳「次に、お金を家来のようにして使用する物と思っているならば、永久に貧苦を**逃れる**ことはできない。」

まね・く【招く】 動詞 他〔カ四段〕〈か・き・く・く・け・け〉手招きする。手で合図する。呼び寄せる。
僧都、高き所に走り上がり、沖の方をぞ招きける。〈平家・3・足摺〉訳（俊寛）僧都は、高い所に走り上がり、（自分を鬼界が島に置き去りにして、都へ出発した沖を行く舟を呼び戻そうと）沖の方を（向いて）**手招きした**。

まね・し【数多し】 形容詞〔ク〕〈く・く・し・き・けれ・○／から・かり・○・かる・○・かれ〉数が多い。たび重なる。
垣ほなす人の横言繁みかも逢はぬ日まねく月の経ぬらむ 歌〈万葉集・9・1793〉訳人垣のように仲を隔てる中傷がいっぱいなので、逢わぬ日が**多く**、時間がたっていくのであろうか。

まねび-いだ・す【学び出だす】 動詞 他〔サ四段〕〈さ・し・す・す・せ・せ〉見たり聞いたりしたことをもっともらしくまねて話す。
見る人、後れたる方をば言ひ隠し、さてありぬべき方をばつくろひてまねび出だすに…。〈源氏・帚木〉訳後見人が、（女の）劣っている方面は隠して言わず、そのままで通用しそうな方面をとりつくろって**見たり聞いたりしたことをもっともらしく話す**ときに…。

まねび-た・つ【学び立つ】 動詞 他〔タ下二段〕〈て・て・つ・つる・つれ・てよ〉詳しく語る。
磨きましたまへる御方々のありさま、まねびたてむも言の葉足るまじくなむ。〈源氏・初音〉訳いちだんと美しく飾り立てなさっている(六条院の)お方々の(お住まいの)その美しさの)ようすを、詳しく語ったりするにもことばが足りそうになく(思われる)。

まね・ぶ【学ぶ】

何かのまねをする
❶**口まねする。まねして言う。**
❷(見聞きしたことを)**そのまま話す。**
❸(学問や技能などを)**修得する。教えを受ける。**

未然形	連用形	終止形	連体形	已然形	命令形
まね・ば	まね・び	まね・ぶ	まね・ぶ	まね・べ	まね・べ

動詞 他〔バ四段〕❶**口まねする。まねして言う。**「**鸚鵡、いとあはれなり。人の言ふらむことをまねぶらむよ。**」〈枕草子・41・鳥は〉訳 オウムは、とてもしみじみと心打たれる(鳥だ)。人の言うようなことを**口まねする**とかいうことだよ。

❷(見聞きしたことを)**そのまま話す。**「**ありしやうなど、小兵衛といふ人にまねばせて聞かせさせたまへば**…。」〈枕草子・87・職の御曹司におはしますころ、西の廂にて〉訳 以前にあったようすなどを、小兵衛という人(=女房)に**そのまま話させ**て(右近の内侍に)お聞かせになったところ…。

❸(学問や技能などを)**修得する。習う。教えを受ける。**「**はかばかしきことは、片端もまねび知りはべらねば、尋ねまうすまでもなし。**」〈徒然草・135・資季大納言入道〉訳「(私は)はっきりしたことは、ほんの少しも**修得し**理解しておりませんので、(その方面のことは)お尋ね申し上げる必要もない。」

発展 **語の成り立ち** 名詞「真似」に接尾語「ぶ」が付いて動詞になったもの。中古まで多く用いられたが、中世以降は「まなぶ」の方が一般的なことばとなった。

関連語 学ぶ

まーのーあたり【目の当たり】 一 名詞 目に見える範囲。目の前。眼前。
二 副詞 ❶面と向かって。目の前で。直接に。「**我、昔、仏の前にありて、目の当たりこの経を聞きしに**…。」〈今昔〉訳「私は、昔、仏の前にいて、**直接に**この経を聞いたが…。」
❷実際に。現に。「**かかるためしありけりと聞けど…目の当たりめづらかなりしことなり。**」〈方丈記・飢渇〉訳 このような(ひどい飢饉の)前例があったと聞いているが…(今回のような大飢饉は)**実際に**めったになかったことである。

まーのーあたり・なり【目の当たりなり】 形容動詞〔ナリ〕〈なら・なり(に)・なり・なる・なれ・なれ〉❶目の前だ。「**まのあたりに見たてまつる者、さらにまなこをあてず。**」〈平家・5・奈良炎上〉訳(東大寺の大仏が炎上しているようすを)**目の前に**見申し上げる者は、とても直視できない。
❷自明だ。「**ここにあつまる事まのあたりなることわりなり。**」〈雨月・貧福論〉訳(お金が)ここ(=拝金主義者)に集まるのは**自明の**道理である。

まは・す【回す・廻す】 動詞 他〔サ四段〕〈さ・し・す・す・せ・せ〉❶円を描くように動かす。回転させる。まわす。「**次に水飯を引き寄せて、二度ばかり箸をまはしたまふと見るほどに**…。」〈宇治拾遺〉訳 次に水に浸した飯を引き寄せて、二度ほど箸を**円を描くように動かしなさる**と見るうちに…。
❷まわりに巡らす。まわりを取り囲むようにする。「**この聟の君、屏風を立てまはして寝たりける。**」〈宇治拾遺〉訳 この婿の君は、屏風を立てて**まわりに巡らして**寝ていた。
❸(必要な所に)差し向ける。手配する。「**それより車まはさせたまひて、内侍の督の殿に参でたまひぬ。**」〈宇津保〉訳(仲忠は左大臣にお礼を申し上げて)そこから車を**差し向け**なさって、(母である)内侍の督の殿の所に参上なさった。
❹順々に送りわたす。また、広く行きわたらせる。「**くだんの小判を出だせば、『さても軽口なる御事。』と見てまはせば**…。」〈西鶴諸国ばなし〉訳 あの小判を(みんなの前に)出すと、(小判を包んだ紙の上書きのことばを)「それにしても上手なしゃれだ。」と見て**順々に送りわたす**と…。
❺運用する。活用する。「**借り銀もこのごとく利を一か月も重ねぬやうにまはせば**…。」〈西鶴・日本永代蔵〉訳「借りた金もこのように利息を一か月もためないように(支払って借りた分だけの金を)**運用する**と…。」
→古語チャート ❾(375ページ)

まーばゆ・し【目映ゆし・眩し】

光が目にまぶしく、正視できないようす
❶**まぶしい。目がくらむようである。**
❷**光り輝くほど美しい。まぶしいほど立派である。**
❸**恥ずかしい。照れくさい。**
❹**度が過ぎて正視できないほどだ。**

未然形	連用形	終止形	連体形	已然形	命令形
まばゆ・く	まばゆ・く	まばゆ・し	まばゆ・き	まばゆ・けれ	○
まばゆ・から	まばゆ・かり	○	まばゆ・かる	○	まばゆ・かれ

形容詞〔ク〕❶**まぶしい。目がくらむようである。**「**さやけき影を、まばゆくおぼしめしつる程に、月の顔に群雲のかかりて、少し暗がりゆきければ**…。」〈大鏡・花山院〉訳(花山天皇が、はっきりとして)明るい月の光を、**まぶしく**お思いになっていった間に、月の表面にむら雲がかかって、少し暗くなっていったので…。〇「影」はここでは月光の意。出家を志している花山天皇には、明るい月の光もまぶしく思えるのである。
❷**光り輝くほど美しい。まぶしいほど立派である。**「**いとまばゆきまでねびゆく人の容貌かな。**」〈源氏・葵〉訳「本当に**光り輝くほど美しい**ほどに成長していく人(=源氏)の容貌だなあ。」
❸**恥ずかしい。照れくさい。きまりが悪い。**「**髪の筋なども、なかなか昼よりも顕証に見えてまばゆけれど、念じて見などす。**」〈枕草子・184・宮に初めて参りたるころ〉訳(灯火が明るいので、私の)髪の毛筋なども、かえって昼間よりもあらわに見えて**きまりが悪い**けれど、我慢して(中宮の取り出した絵を)見たりなどする。
❹**度が過ぎて正視できないほどだ。見ていられない。**「**上達部・上人なども、あいなく目をそばめつつ、いと

まばゆき、人の御覚えなり。〈源氏・桐壺〉訳（桐壺の更衣は）公卿や昇殿を許された人なども、感心しないこととそれぞれに目を背けて、本当に**度が過ぎて正視できないほどの**、（帝からの）ご寵愛を受けている対象の人である。↓おぼえ❷

発展 ①**語の成り立ち**　「ま（目）」に光り輝く意味の形容詞「はゆし」が付いてできたことばで、❶がもともとの意味。そこから、まぶしいほどであるようすを比喩的に表すようになって、❷以下の意味ができた。

②**意味の区別**　❷は肯定的な評価、❹は否定的な評価を表す。また、❷のような相手のすばらしさに対して、気後れする自分の気持ちを表す場合には❸の意味になる。

③**現代語とのつながり**　「まぶしい」は「まばゆし」の「ばゆ」の部分が「ぶ」と変化して生まれたものといわれる。

ま-は・る【回る・廻る】 動詞 自〔ラ四段〕〈ら・り・る・る・れ・れ〉❶回転する。

❷回り道をする。また、あちこち歩きまわる。

「**範頼は勢田よりまはりさうらふが、いまだ参りさうらはず。**」〈平家・9・河原合戦〉訳「範頼は勢田の方から**回り道をして**おりますが、いまだにやって参っておりません。」

❸もうかる。

「**小判貸しの利はなにほどにまはるものぞ。**」〈西鶴・好色一代男〉訳「小判貸しの利息はどれくらい**もうかるものか**。」

↓古語チャート❾（375ページ）

まひ【舞】 名詞 音楽や歌謡に合わせ、身体・手足を旋回するようにゆったり動かして演じる芸能。

まひ【幣】 名詞 ↓まひなひ❶

まひ-い・づ【舞ひ出づ】 動詞 自〔ダ下二段〕〈で・で・づ・づる・づれ・でよ〉踊りながら現れ出る。また、舞い始める。

顔をさし入れて**舞ひ出でたるに、満座興に入ること限りなし。**〈徒然草・53・これも仁和寺の法師〉訳（僧が釜の中に）顔を差し入れて**踊りながら現れ出**たところ、その場にいる人すべてがおもしろがることこの上ない。

ま-びさし【目庇・眉庇】 名詞 兜の鉢の部分の名。庇のように出て額を深く覆うもの。↓鎧（図）

ま-ひと【真人】 名詞 六八四（天武十三）年に定められた八色の姓の第一位。皇族に賜わるもの。発展「まうと」「まっと」とも。

まひ-なひ【賂ひ・幣】 名詞 ❶謝礼として神や人に物を贈ること。また、その品物。❷賄賂を贈ること。また、その品物。発展❶は「まひ」とも。

まひ-な・ふ【賄ふ】 動詞 他〔八四段〕〈は・ひ・ふ・ふ・へ・へ〉お礼の品を神や人に贈る。賄賂を贈る。

「**今は徳つきたまひなんずるに、まひなへかし。**」〈古今著聞集〉訳「（大蔵卿になられたので）今は財産をお持ちだろうから、**お礼の品を贈って**くださいよ。」

↓古語チャート㉚（935ページ）

まひ-びと【舞人】 名詞 舞を舞う人。

まひ-ひめ【舞姫】 名詞 舞を舞う少女。特に、五節の舞に出る少女。発展「まひびめ」とも。

まひ-まひ【舞舞】 名詞 ❶★幸若舞のこと。中世芸能のひとつで、舞を伴う語り物。❷江戸時代、幸若舞などを演ずる大道芸人。

ま-びろ・く【真広く】 動詞 他〔カ下二段〕〈け・け・く・くる・くれ・けよ〉衣服を締まりなく着る。はだける。

「**侍にまびろけておはしつる、いそぎ立ちて指貫さし奉りつ。**」と言ふ。〈枕草子・99・五月の御精進のほど〉訳「（主人は）侍所で**衣服を締まりなく着て**（くつろいで）いらっしゃったが、（すぐにお会いになろうとして）急いで支度にとりかかって指貫をお召しになった。」と（使いの者が）言う。

ま・ふ【舞ふ】 動詞 自〔八四段〕〈は・ひ・ふ・ふ・へ・へ〉舞う。踊る。また、回る。

源氏の中将は、青海波をぞ舞ひたまひける。〈源氏・紅葉賀〉訳源氏の中将は、青海波（＝雅楽の曲名）を**舞い**なさった。

まへ【前】 名詞 ❶前方。正面。表。

❷過ぎ去ったほう。以前。昔。

初瀬にて、**前のたび、**「**稲荷より賜ふしるしの杉よ。**」とて…。〈更級日記・夫の死〉訳初瀬で、**以前**の（参拝の）とき、「稲荷から下さるしるしのスギよ。」と言って…。

❸前庭。庭先。

「**対の前の藤、常よりおもしろう咲きてはべるなるを…。**」〈源氏・藤裏葉〉訳「対の屋の**庭先**のフジの花が、ふだんより趣深く咲いておりますそうですから…。」

❹（多く「御」を付けて）神や貴人を敬って、直接それと指さずにいうことば。

「**御前より、宰相の君して、忍びて賜はせたりつる。**」〈枕草子・143・殿などの〉訳「**中宮様**から、宰相の君を通して、こっそり（お手紙を）下されたのだ。」

❺貴人の近くに出ること。そば近くにいること。

「**あへなきまで御前許されたるは…。**」〈枕草子・184・宮に初めて参りたるころ〉訳「あっけないほど（簡単に）お**そばに仕えること**を許されたのは…。」

❻（「～の前」の形で）女性の名に付けて敬意を表すことば。

「**名をば千手の前と申しさうらふ。**」〈平家・10・千手前〉訳「名を千手の前と申します。」

❼食事。食膳。

講師の前、人にあつらへさせなどして…。〈宇治拾遺〉訳講師（＝法会の講説をする僧）の**食事**を、人に頼ませたりして…。

❽「★前句」の略。

発展「目方」という意味。

まへ-いた【前板】 名詞 ❶牛車の前の入り口に横に渡した板。類踏み板　❷鎧の前の★草摺り。

まへ-かた【前方】 一 名詞 時間的に二つに分けたときの、早い方。

前方は賀茂に参り、今一方は北野に詣づ。〈栄花〉訳**早い方**（＝先発組）は賀茂神社に参詣し、もう一方（の後発組）は北野神社に参詣する。

二 副詞 ❶以前。

「**まへかた拝見いたいたことがござる。**」〈狂言・比丘貞〉「（あなたの舞を）**以前**拝見いたしたことがございます。」

❷前もって。あらかじめ。

盗み騙りをせうよりも、なぜ前方に内証で、かうかうした傾城に、かうした訳の銀がいると、ひそかに便宜もするならば…。〈近松・冥途の飛脚〉訳盗みや騙りをしたりするよりも、なぜ**前もって**内緒で、これこれしかじかの遊女に、これこれした事情の金が必要だと、こっそりと便りでもするなら…。

まへ-かた・なり【前方なり】 形容動詞〔ナリ〕〈なら・なり（に）・なり・なる・なれ・なれ〉❶時代おくれだ。

太夫手前の全盛、すこし前方なるおかた狂ひのやうに見えて…。〈西鶴・好色一代男〉訳太夫に対する対面上見栄をはったおごりよう、少し**時代おくれの**遊女狂いのように見えて…。

❷控えめだ。また、未熟だ。「**調子に乗りても、ものは前方にいふべし。**」〈傾城禁短気〉訳「調子にのったとしても、ものは**控えめに**言うほうがよい。」

まへ-がみ【前髪】名詞 ❶少年、または女性の額の上の髪を髻とは別に束ねたもの。❷元服以前の男子。稚児・小姓などをいう。

まへ-く【前句】名詞 連歌・俳諧で、付け句の前の句。連想のもとになって、付け句を導き出す。↓付け合ひ

まへ-だれ【前垂れ】名詞 ❶前に垂れ下がっていること。前下がり。❷前掛け。

まへ-つ-きみ【公卿】名詞 天皇の御前に仕える人を敬った言い方。廷臣。発展「前つ君」という意味。「つ」は上代の格助詞。「まうちぎみ」「まちぎみ」とも。

まへまへかたつぶり… 歌謡
舞へ舞へ蝸牛　舞はぬものならば　馬の子や牛の子に　蹴ゑさせてん　踏み破らせてん　まことに愛しく舞うたらば　華の園まで遊ばせん〈梁塵秘抄〉訳舞え舞え、カタツムリよ、舞わないならば、(その場合は)ウマの子やウシの子に蹴らせてしまおう。踏み割らせてしまおう。ほんとうにかわいらしく舞ったなら、花園でだって遊ばせよう。

[まへがみ❶]
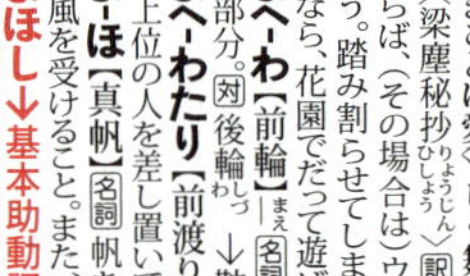

まへ-わ【前輪】名詞 鞍の前の山形に高くなっている部分。対後輪　↓鞍（図）

まへ-わたり【前渡り】名詞 ❶前を通り過ぎること。❷上位の人を差し置いて昇進すること。

ま-ほ【真帆】名詞 帆をいっぱいに広げて前に向け、全面に風を受けること。また、その帆。対片帆

まほし↓基本助動詞20（1153ページ）

まほし　基本助動詞20

その動作や状態を実現したいという気持ちを表す

❶（自己の希望を表し）…たい。
❷（自分以外の人の希望を表し）…たい。…たがっている。
❸（他への希望を表し）…てほしい。

未然形	連用形	終止形	連体形	已然形	命令形
まほしく まほしから	まほしく まほしかり	まほし ○	まほしき まほしかる	まほしけれ ○	○ ○

助動詞（シク型）
接続 動詞・動詞型活用の助動詞の未然形に付く。

❶（自己の希望を表し）…**たい**。「**我が身ひとつならば安らかならましを、所狭う引き具して、言はまほしきこともえ言はず、せまほしきこともえせずなどあるが、わびしうもあるかなと…。**」〈更級日記・子忍びの森〉訳「自分ひとりであるならば心配がなく気楽だったろうが、余地がないほど（大勢の家族を）引き連れていて、言い**たい**ことも言うことができないで、し**たい**こともできないなどというのが、つらいことだなあと…。」

❷（自分以外の人の希望を表し）…**たい**。…**たがっている**。「**あるいはおのが家にこもり居、あるいはおのが行かまほしき所へ往ぬ。**」〈竹取・竜の頸の玉〉訳ある者は自分の家に閉じこもり、（また）ある者は自分の行き**たい**所へ行ってしまう。

❸（他への希望を表し）…**てほしい**。「**花といはば、かくこそ匂はまほしけれな。**」〈源氏・若菜上〉訳「花というなら、この（ウメの花の）ようにこそ薫って**ほしい**なあ。」
「**主上この御腹に皇子御誕生あらまほしうおぼしめし…。**」〈平家・3・頼豪〉訳（白河）天皇は、この（＝中宮賢子）のご実子として皇子がご誕生なさって**ほしい**とお思いになり…。〇「まほしう」は連用形「まほしく」のウ音便。↓発展⑤

発展 ①**語の成り立ち**　上代から用いられた「まくほし」（推量の助動詞「む」の古い未然形＋名詞を作る接尾語「く」＋形容詞「ほし（欲し）」）が変化して、中古にできたことばといわれる。

②**俗語的なことば**　「むとす」（推量の助動詞「む」の強調表現）の変化した「むず」が俗語と見なされたように、「まほし」にも俗語的な印象があったためか、和歌での用例は少なく、漢文訓読文にも用いられない。

③**未然形「まほしく」**　接続助詞「は」を伴って用いられるが、この「は」を係助詞と見て未然形を認めない説もある。

④**❶と❷の違い**　❶は、話し手・書き手自身の希望を表す用法であるため、日記・随筆や、会話文・*心内文に多く用いられる。❷は、話し手・書き手以外の人の希望を表すので、物語などの地の文に用いられることが多い。

⑤**「あらまほし」**　ラ変動詞「あり」の未然形に付いた「あらまほし」は、そうありたい、そうあるのが望ましいということから、「理想的である」という意味の一語の形容詞としても用いられる。たとえば、「家居のつきづきしく、あらまほしきこそ、仮の宿りとは思へど、興あるものなれ（＝住居が（その人に）似つかわしく、理想的であるのは、（この無常の世では）仮の住居とは思うけれども、おもしろいものだ）。」〈徒然草・10・家居のつきづきしく〉の例でいえば、「あらまほし」が形容詞「つきづきし」と対等の関係で並列され、「あり」が存在する意味を表していないので、この場合の「あらまほし」は形容詞と見なされる。❸の第二例のように、「あり」に「ある・いる」などの意味が生きている場合は、「あり」の未然形＋助動詞「まほし」である。

⑥「まほし」と対義の関係にある助動詞に「まうし」がある。

類語比較 **「まほし」と「たし」**
共通点＝自分の希望や他への希望を表す助動詞。
まほし＝①中古に成立したことばといわれる。②中世以降、擬古文（中古の和文をまねした文章）などにしか用いられなくなる。
たし＝①中古末期ごろ、「まほし」とほぼ同じ意味を表す、いっそう口頭語的なものとして成立した。②中世以降、「まほし」に取って代わった。

関連語 あらまほし・まうし（助動詞）・まく欲し

↓**古語チャート⑪**（427ページ）

まほし-がる 助動詞 〔四段型〕〈まほしがら・まほしがり・まほしがる・まほしがれ・まほしがれ〉(自分以外の人の希望を表し)…たがる。…たいと思う。接続 動詞型活用語の未然形に付く。

御供に、「我も我も。」と、ものゆかしがりて、参まう上らまほしがれど…。〈源氏・若菜下〉訳(女房たちは)お供として、「私も私も。」と、無性に(琴の音を)聞きたがって、参上**したがる**けれども…。

発展 希望の助動詞「まほし」に接尾語「がる」が付いて一語の助動詞となったもの。

まほし-げ・なり …したそうである。…たいようだ。

息も絶えつつ、聞こえまほしげなることはありげなれど…〈源氏・桐壺つぼ〉訳(桐壺の更衣は帝みかどに)息も絶え絶えに、申し上げ**たいような**ことがありそうなようすだが…。

発展 希望の助動詞「まほし」に接尾語「げなり」が付いたもの。形容動詞型に活用し、一語の助動詞のようにはたらく。↓古語チャート⑪(427ページ)

ま-ほ・なり【真秀なり・真面なり】

完全無欠で、十分に整っているようす
→ ❶よく整っている。完全である。十分である。
→ ❷直接的である。まともだ。

未然形	連用形	終止形	連体形	已然形	命令形
まほ・なら	まほ・なり まほ・に	まほ・なり	まほ・なる	まほ・なれ	まほ・なれ

形容動詞 (ナリ) ❶**よく整っている。完全である。十分である。** 対 片秀かたほなり

かたほなるをだに、乳母めのとやうの思ふべき人は、あさましうまほに見なすものを…。〈源氏・夕顔〉訳(欠点があって)劣っている子でさえ、乳母というような(その子を)かわいがるのが当然の人は、あきれるほど**完全である**(=欠点がない子だ)と思い込むものではあるが…。〇「かたほなり」が「まほなり」の対義語であることがよく分かる例。

「**まほならねど、ほのかにも見たてまつり、世になきものと聞き伝へし御琴の音をも風につけて聞き**…」〈源氏・明石あかし〉訳「**十分で**はなくても、(源氏の姿を)ちらりとでも見申し上げ、この世に比べるものがないほどすばらしいと人づてに聞いた(源氏の弾く)お琴の音をも(吹く)風に任せて聞き…。」

❷**直接的である。真正面である。まともだ。**

かたはらいたきことなれば、まほにもえのたまはで…。〈源氏・紅葉賀もみじのが〉訳(源氏は藤壺ふじつぼの宮に会いたくても)きまりが悪いことなので、**まともに**はとてもおっしゃることができないで…。

「**いとほし。」とおぼせば、まほにも向かひたまはず。**〈源氏・初音はつね〉訳(源氏は末摘花すえつむはなの容貌ようぼうを)「気の毒だ。」とお思いになるので、**真正面に**も向かい合いなさらない。

発展 **語の成り立ち** 完全・正式などの意味を表す接頭語「ま(真)」に、外に現れ出たものを表す名詞「ほ(秀)」が付いて形容動詞になったもの。用例にも見られるように、下に打消の語を伴って用いられることが多い。

ま-ほ-ら 名詞 優れたよい所。発展「ま」は接頭語。「ほ」は抜きんでているという意味。「ら」は場所を表す接尾語。「まほらま」「まほろば」とも。

ま-ぼら・ふ【守らふ】ーぼら(ろ)う 動詞 ↓まもらふ

まほら-ま 名詞 ↓まほら

ま-ぼ・る【守る】動詞 ↓まもる 最重要語(1158ページ)

まぼ・る 動詞 他 〔ラ四段〕〈ら・り・る・る・れ・れ〉召し上がる。

我が薄すすきに手切る切る摘んだる菜を親やまぼるらむ姑しうとめや食ふらむかへらや 歌〈土佐日記・一月九日〉訳私がススキで、手を切りながら、(彼女のためにせっかく)摘んだ菜を、今ごろは(彼女ではなく彼女の)親が**召し上がってい**るだろうか、今ごろは姑が食べているだろうか、(わが家へ)帰ろうよ。

まぼろし【幻】名詞 ❶実在しないものの姿が実在するかのように見えるもの。幻影。はかないもののたとえにもいう。

「**人は夢幻のやうなる世に、誰たれかとまりて、悪あしきことをも見、善きをも見思ふべき。**」〈堤中納言つつみちゅうなごん・虫めづる姫君〉訳「人は夢や**幻**のような(はかない)世の中で、だれが生きながらえて、悪いことを見たり、(また)善よいことを見てあれこれ考えることができようか。」

❷幻術を使う人。

尋ねゆく幻もがなつてにても魂たまのありかをそこと知るべく 歌〈源氏・桐壺つぼ〉訳↓たづねゆく…

まぼろし-の-ちまた【幻の巷】はかないこの世。

前途三千里の思ひ胸にふさがりて、幻のちまたに離別の涙を注そそく。〈奥の細道・旅立ち〉訳これから先の道のりが三千里だという感慨が胸にいっぱいになって、**はかないこの世**(の分かれ道)に向けて別離の涙を流す。〇「ちまた」に「この世」と「分かれ道」の両方の意味を掛けている。

まほろ-ば 名詞 「まほら」に同じ。

倭やまとは国のまほろばたたなづく青垣あをかき山隠ごもれる倭し美うるはし〈古事記・景行天皇けいこうてんのう〉訳大和は国々の中で(最も)**優れたよい所**だ。重なり合っている青々とした垣根のような山々、その山々に囲まれている大和は美しい。

まま-【継・庶】接頭語 ❶実の親子ではないという意味を表す。語例 継母ままはは・継子ままこ ❷腹違いの兄弟姉妹であるという意味を表す。語例 継兄弟ままあにおと

まま【乳母】名詞 うば。めのと。↓いろ

「**ままが心ひとつには、あやしくのみぞし出いではべらむかし。**」〈源氏・浮舟うきふね〉訳「**乳母**一人の考えでは、見苦しいことばかりしでかすでしょうよ。」

まま【崖】名詞 急な斜面。がけ。

足柄あしがりのままの小菅こすげの菅枕すがまくらあぜかまかさむ児ころせ手枕たまくら 歌〈万葉集・14・3369〉訳足柄あしがらの**がけ**に生えたコスゲで作った菅枕をどうしてしなさるのだろうか。いとしい人よ、しなさい。(私の)手枕を。

ま-ま【間間】一 副詞 時々。折々。二 名詞 あいだあいだ。物の間。

「**位を退のいて後のちは、ままさるためしもあんなり。**」〈平家・6・葵前あおいのまえ〉訳「皇位を退いたあとには、**時々**そのような例(=身分の低い女性を召しかかえる例)もあるそうだ。」

まま【儘・随】形式名詞 ❶なりゆきに従うこと。…のとおり。…に従い。

時世の移り変はるままには…。〈古来風躰抄こらいふうていしょう〉訳世の中が移り変わる**に従って**(行くうちに)は…。

❷思いどおり。きまま。好き勝手。

ただ一向いっかう平家のままにてありしかば…。〈平家・1・鹿谷ししのたに〉訳(官職の任免などは)まったくすべて平家一門の**好き勝手**であったので…。

❸ある事が終わり、その状態が続いていること。…なり。…まま。

別れ惜しみてゆきにけるままに、三年みとせ来ざりければ…。

〈伊勢・24〉訳（男が女との）別れを惜しんで出かけて行ったままで、三年帰って来なかったので…。

発展「まにま」が変化したことばといわれる。近世までそのほとんどが、「ままに」の形で用いられた。

ままこ-だて【継子立て】 名詞 碁石を使った遊び。白黒の石を継子・実子に見立て、十五個ずつ合わせて三十個を円形に並べ、特定の石から数えて十に当たる石を順次取り除いて、最後に残った石を勝ちとする。

まま・し【継し】 形容詞〔シク〕〈しく・しく・し・しき・しけれ・○／しから・しかり・○・しかる・○・しかれ〉義理の関係である。血のつながりがない。

「いかに**ままましい**子なればとてあんまりに義理すぎた。」〈近松・女殺油地獄〉訳「どんなに**血のつながりがない**子だからといってもあまりにも義理立てをしすぎた。」

まま-に【儘に・随に】

あることが進むと、他のことが引き起こされるようす
- ❶…につれて。…に従って。
- ❷…に任せて。…のとおりに。…そのままに。
- ❸…と同時に。…やいなや。
- ❹（原因・理由を表し）…ので。…から。
- ❺（「道のままに」の形で）道すがら。道中。

連語 ❶（ある事態の進行に合わせて他の動作・状態が起こるようすを表し）…につれて。…に従って。

月のいと明きに、川を渡れば、牛の歩む**ままに**、水晶などの割れたるやうに水の散りたるこそをかしけれ。〈枕草子・232・月のいと明きに〉訳 月がたいへん明るいときに、（牛車で）川を渡ると、ウシが歩く**につれて**、水晶などが割れたように水が砕け散っているのは風情がある。

❷（ある事態の成り行きに任せるようすを表し）…に任せて。…のとおりに。…そのままに。

憎げなる児を、おのが心地のかなしき**ままに**、うつくしみ、かなしがり、これが声の**ままに**、言ひたることなど語りたる。〈枕草子・96・かたはらいたきもの〉訳 憎らしげな幼児を、（親が）自分の気持ちがいとおしく思う**に任せて**、慈しんだり、かわいがったりし、これ（＝幼児）の声の**とおり**に、言ったことなどを（人に）話して聞かせているのは（みっともない）。

❸（ある事態のすぐ後に別の事態が起こるようすを表し）…と同時に。…やいなや。

音に聞きし猫股、過たず足もとへふと寄りて、やがてかき付く**ままに**、頸のほどを食はんとす。〈徒然草・89・奥山に、猫股と〉訳 うわさに聞いた猫股（＝ネコの化け物）が、ねらいどおり（僧の）足もとへさっと寄ってきて、すぐさましがみつく**と同時に**、首の辺りを食いつこうとする。

❹（原因・理由を表し）…ので。…から。

「こうじて苦しき**ままに**食ふなり。」〈宇治拾遺〉訳「疲れて苦しい**ので**（水草を）食べるのだ。」

❺（「道のままに」の形で）道すがら。道中。

いつの間にか装束きつらむ、帯は道の**ままに**結ひて…。〈枕草子・99・五月の御精進のほど〉訳 いつの間に衣装を着たのであろうか、帯は**道すがら**結んで…。

発展 **語の歴史** 上代の「まにま」「まにまに」に代わって中古以降に用いられた。中世から近世にかけて、しだいに「まま」だけでも「ままに」の意味で用いられるようになった。

真間の継橋【ままのつぎはし】 歌枕 今の千葉県市川市真間。「ふみみる（踏みみる・文見る）」「渡る」を縁語として詠み込まれた。また、『万葉集』の歌で知られる*真間の手児奈の伝説を踏まえた歌も詠まれている。

真間の手児奈【ままのてごな】 登場人物 伝説上の女性。「ままのてごな」とも。上代、下総国葛飾郡真間（＝今の千葉県市川市真間）の娘で、『万葉集』によると、その美しさから多くの男性の求婚を受けて苦しんだ末、水中に身投げしたという。

ま-み【目見】 名詞 ❶ものを見る目つき。まなざし。

まみなどもいとたゆげにて、いとどなよなよと、我かの気色にて伏したれば…。〈源氏・桐壺〉訳（更衣は）**ものを見る目つき**などもひどくだるそうなようすで、いっそうなよなよと、正気でない表情で横になっているので…。

❷目もと。目の辺り。

四十余ばかりにて、いと白うあてに、やせたれど、つらつきふくらかに、**まみ**のほど、髪のうつくしげにそがれたる末も…。〈源氏・若紫〉訳（尼は）四十余歳ぐらいで、たいへん色が白く気品があり、ほっそりしているが、ほおの辺りはふくよかで、**目もと**の辺り、髪のきれいに切りそろえられた端も…。

まみえる（現）→（古）**まみゆ【見ゆ】**

ま-み・ゆ【見ゆ】 動詞 自〔ヤ下二段〕〈え・え・ゆ・ゆる・ゆれ・えよ〉お目にかかる。お会いする。

「従弟なる赤穴丹治、富田の城にあるを訪らひしに、利害を説きて吾を経久に**まみえしむ**。」〈雨月・菊花の約〉訳「（私の）従弟である赤穴丹治が、富田の城にいるのを訪ねたときに、（彼は私に）利害得失を説いて私を（城主である尼子）経久に**お目にかからせる**。」

→古語チャート㊸（1211ページ）

まめ-いた【豆板】 名詞「豆板銀」の略。江戸時代の豆粒状の銀貨。

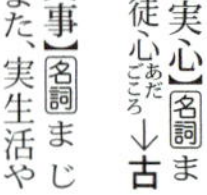

[まめいた]

まめ-ごころ【実心・忠実心】 名詞 まじめな心。誠実な心。対 徒心 →古語チャート❷（61ページ）

まめ-ごと【実事・忠実事】 名詞 まじめなこと。実直なこと。また、実生活や政治に関すること。対 徒事

「折節にし出でむわざの、徒事にも**実事**にも、わが心と思ひ得ることなく、深き至りなからむは、いと口惜しく…。」〈源氏・帚木〉訳「その時々に行うようなことが、ちょっとした戯れ事でも（現実的な）**実生活に関すること**でも、自分の考えで思いつくことがなく、しっかりした思慮がなかったりする女は、非常に情けなく…。」

→古語チャート❷（61ページ）

まめ-ざま【実様・忠実様】 名詞 まじめなようす。真実味のある態度。

「この女房たちも、『かつは、あやしき**まめざま**を、かくのたまふ。』と、ほほ笑むらむものを。」〈源氏・夕霧〉訳「この女房たちも、『一方では、不思議なほどの（私の）**まじめさ**に対して、（奥方は）このように（嫉妬めいたことを）おっしゃる。』と、（あなたのことを）笑っているだろうのに。」

まめ-だ・つ【実立つ・忠実立つ】 動詞 自〔タ四段〕〈た・ち・つ・つ・て・て〉まじめに振る舞う。親身に振る舞う。

大殿のは著しければ、**まめだちて**渡りたまふ。〈源氏・葵〉訳 左大臣方（＝葵の上）の（牛車）は明らかであるので、（源氏は）**まじめに振る舞って**（＝お辞儀をして）通りなさる。

→古語チャート❷（61ページ）

まめ・なり【実なり・忠実なり】形容動詞 ↓最重要語（1156ページ）

まめ-びと【実人・忠実人】名詞 まじめな人。実直な人。

まめ-まめ-し【実実し・忠実忠実し】形容詞 ↓最重要語（1157ページ）

まめ-めいげつ【豆名月】名詞（枝豆を供えることから）陰暦九月十三日の夜の月。季語 秋 類 名残の月・後の月・十三夜

まめ-やか・なり【実やかなり・忠実やかなり】形容動詞 ↓最重要語（1157ページ）

まめ-わざ【実業・忠実業】名詞 実用的な仕事。実務。**若くめでたき人は、多くかやうのまめわざする人や少なかりけむ**…。〈落窪〉訳 若く美しい女房たちは、多くはこのような**実用的な仕事**（＝縫い物）をする人は少なかったのだろうか…。

まめ-をとこ【実男・忠実男】名詞 ❶誠実な男。実意のある男。**それを、かの忠実男、うち物語らひて、帰り来て**…。〈伊勢・2〉訳 その女に対して、あの**誠実な男**が、言い交わし（親しくなっ）てから、（自分の家に）帰って来て…。

❷恋愛に忠実な男。好色な男。**ある人の妻の許に、忠実男の通ふ由夫聞きて**…。〈沙石集〉訳 ある人の妻の所に、**好色な男**が通っているということを夫が聞いて…。

まもら・ふ【守らふ】 ━《上代語》見張りつづける。見つめる。**木の間よもい行き守らひ戦へば吾はや飢ぬ**…〈古事記・神武天皇〉訳 木の間を通って進んでゆき**見張りつづけて**戦っていると、私はああ腹がへってしまった…。

━ 動詞 他〔ハ下二段〕〈へ・へ・ふ・ふる・ふれ・へよ〉❶↓━ **人のもとにとみの物縫ひにやりて、今々と苦しう居入りて、あなたを守らへたる心地**。〈枕草子・160・心もとなきもの〉訳 人の所に急ぎの（仕立）物を縫いにやって、（出来上がるのが）今か今かと気がかりに（思い）座り込んで、そちらの方を**見つめている**気持ち（は待ち遠しいものだ）。

❷守りつづける。守る。大切にする。「**よろしうなりぬる男の、かくまがふ方なくひとつ所を守らへて**…。」〈源氏・夕霧〉訳「そこそこの地位になった男で、こうして気をまぎらわすこともなく一人（の妻）を**守りつづけて**…。」

発展 ━は四段動詞「まもる」の未然形＋助動詞「ふ」。━は━が一語になったもの。

ま-もり【守り・護り】名詞 ❶守ること。守護。護衛。警護。**大君の御門の守り我をおきて人はあらじと**…。歌〈万葉集・18・4094〉訳「朝廷の御門の**護衛**は、我々をさしおいて他にはあるまい。」と…。

❷神仏の加護。人を守る神仏の霊。守護神。お守り。**聖、御守りに独鈷奉る**。〈源氏・若紫〉訳 高僧は、**お守り**として（源氏に）独鈷（＝祈禱に用いる仏具）を差し上げる。

まもり-ゐ・る【守り居る】 動詞 他〔ワ上一段〕〈ゐ・ゐ・ゐる・ゐる・ゐれ・ゐよ〉じっと見つめつづけている。また、大切にしている。**うち笑みてぞ守りゐたまへる**。〈源氏・手習〉訳（妹尼は浮舟を）ほほ笑んで**じっと見つめつづけて**いらっしゃった。

よき女ならば、らうたくして、あが仏と守りゐたらめ…。〈徒然草・190・妻といふものこそ〉訳 立派な女ならば、かわいがって、自分の大事なお方として**大切にしている**だろう…。

まめ・なり【実なり・忠実なり】

形容動詞〔ナリ〕

言動に浮ついたところがなく、誠意のあるようす

❶（性質が）**まじめだ**。誠実だ。実直だ。
❷（態度が）勤勉だ。忠実だ。
❸**実用的である**。実生活に向いている。
❹丈夫である。健康である。

未然形	連用形	終止形	連体形	已然形	命令形
まめ・なら	まめ・なり まめ・に	まめ・なり	まめ・なる	まめ・なれ	まめ・なれ

❶（性質が）**まじめだ**。**誠実だ**。**実直だ**。類 実用なり 対 徒なり

いとまめに実用にて、あだなる心なかりけり。〈伊勢・103〉訳（その男は）たいへん**まじめで**実直であって、軽薄な心はなかった。○「まめなり」と「実用なり」が同じ意味で並列され、その対義語が「徒なり」であることがよく分かる例。

まめなれど何ぞはよけく刈萱の乱れてあれどあしけくもなし 歌〈古今集・雑体・1052〉訳（自分は）**誠実である**けれど、何かよいことがあろうか、いや、何もよいことはない。（一方、人は）だらしなくして（＝浮気をして）いるけれども、（それで）悪いこともない。○「まめなれど」は「乱れてあれど」と対比的に用いられている。「刈萱の」は「乱れ」に係る枕詞。

❷（態度が）**勤勉だ**。**忠実だ**。**熱心だ**。対 徒なり

「**宿直所をだに賜はりたらば、いみじうまめにさぶらひなむ**。」〈枕草子・162・弘徽殿とは〉訳「せめて宮中で宿直する部屋でも頂いたなら、この上もなく**勤勉に**お仕えいたそう。」

もし念仏もの憂く、読経まめならぬときは、自ら休み、自ら怠る。〈方丈記・境涯〉訳 もし念仏することがおっくうで、読経することも**熱心でない**（＝熱心になれない）ときは、自分から休息（することに）し、自分から怠ける（ことにしている）。

❸**実用的である**。**実生活に向いている**。**生活に必要である**。

少将起きて、小舎人童を走らせて、すなはち車にてまめなる物、さまざまに持て来たり。〈大和・173〉訳 少将は起きて、召し使いの少年を走らせて、（少年は）すぐに牛車で**生活に必要な**物を、いろいろと持ってきた。

をかしき物は、日ごとに怠らず君達に、まめなる物は、北の方にと、夜中、暁にも運びたてまつりたまへば…。〈落窪〉訳（落窪の君は、趣味的な）おもしろい物は、毎日欠かさず（異母姉妹の）姫君たちに、**実用的な**物は、奥方（＝継母）にと、夜中や、夜明け前のまだ暗いころでもお運び申し上げなさるので…。○「をかし」と「まめなり」とが対照的に用いられている例である。

❹**丈夫である**。**健康である**。

身、心の苦しみを知れれば、苦しむときは休めつ、まめなれば使ふ。〈方丈記・閑居の気味〉訳 体（の方）も、心の苦

しみを知っているから、苦しい(気分の)ときは(体を)休めるし、**健康であれば**(体を)使う。○現代語でも「まめに暮らす」「まめに働く」などの言い方で残っている。

発展 **①語の成り立ち**　「まめ」は「真実(まみ)」の変化したものとも「真目(まめ)」の意味ともいわれ、❶の実のあるようすを表すのがもともとの意味。

②「まめやかなり」と「まめなり」　「まめなり」から派生した形容動詞に「まめやかなり」があり、『蜻蛉日記(かげろうにっき)』以降の中古の和文にはその婉曲(えんきょく)な感じが好まれたのか、「まめやかなり」が「まめなり」より圧倒的に多い。

関連語 実(まめ)やかなり

→**古語チャート**❷(61ページ)・㉓(835ページ)

まめ-まめ・し

【実実し・忠実忠実し】

いかにも実直・まじめであるようす

❶**いかにもまじめである。**誠実である。

❷**実用的である。日常生活向きである。**

形容詞[シク]

未然形	連用形	終止形	連体形	已然形	命令形
まめまめ・しく まめまめ・しから	まめまめ・しく まめまめ・しかり	まめまめ・し ○	まめまめ・しき まめまめ・しかる	まめまめ・しけれ ○	○ まめまめ・しかれ

❶**いかにもまじめである。誠実である。本気である。**

「**かたじけなくとも、かかるついでにまめまめしう聞こえさすべきことなむ。**」〈源氏・若紫〉訳「恐れ多いこととしても、このような(山に来た)機会に**誠実に申し上げ**なければならないことが(ございます)。」○「まめまめしう」は連用形「まめまめしく」のウ音便。

「思ふ人の、人に褒めらるるは、いみじううれしき。」など、**まめまめしうのたまふもをかし。**〈枕草子・136・頭(とう)の弁の、職(しき)に参(まゐ)りたまひて〉訳(源経房(つねふさ)が)「(私の)慕う人(＝作者)が、人に褒められるのは、とてもうれしいことだ。」などと、**いかにもまじめに**おっしゃるのもおもしろい。

❷**実用的である。日常生活向きである。**

「**何をか奉らむ。まめまめしき物は、まさなかりなむ。**」〈更級日記・物語〉訳「(お土産に)何を差し上げようか。**実用的な**物は、きっと好ましくないだろう。」

おぼしやることも、ありがたうめでたきさまにて、まめまめしき御とぶらひもあり。〈源氏・澪標(みおつくし)〉訳(源氏は)ご配慮なさることも、めったにないほど立派なすばらしいようすで、(明石(あかし)の君との間に生まれた姫君へのお祝いの品には)**日常生活向きの**贈り物もある。

→**古語チャート**❷(61ページ)・㉓(835ページ)

まめ-やか・なり

【実やかなり・忠実やかなり】

言動に浮ついたところがなく、誠実であるようす

❶**まじめである。**誠実だ。真剣だ。

❷**本格的である。一時的なものでない。**

❸**実用的だ。現実的だ。**

形容動詞[ナリ]

未然形	連用形	終止形	連体形	已然形	命令形
まめやか・なら	まめやか・なり まめやか・に	まめやか・なり	まめやか・なる	まめやか・なれ	まめやか・なれ

❶**まじめである。**誠実だ。**真剣だ。**

人々の「苦し。」と思ひたれば、聞かぬやうにて、**まめやかなる御とぶらひを聞こえ置きたまひて帰りたまひぬ。**〈源氏・若紫〉訳(紫の上のあどけない軽口を)人々が「気まずいことだ。」と思っているので、(源氏は)聞かない振りをして、(病床の尼君に対し)**誠実な**お見舞いを申し上げておきなさってお帰りになった。

まめやかなることども言ふ人々もあれど、耳にも立たず。〈和泉式部日記(いずみしきぶにっき)〉訳(作者が敦道親王(あつみちしんのう)に仕えることについて)**まじめなこと**(＝忠告)などを言ってくれる人たちもあるけれども、耳にも入らない。

❷**本格的である。一時的なものでない。**

まめやかに降れば、笠(かさ)もなき男(をのこ)ども、ただ引きに引き入れつ。〈枕草子・99・五月の御精進(おほんさうじ)のほど〉訳(雨が)**本格的に**降るので、笠を持たない供の男たちは、ただもう(牛車(ぎっしゃ)を門内に)引き入れてしまう。○すぐ前に「雨まことに降りぬ。」の一文があるので、この「まめやかに」は副詞「まこと」と同じ意味で、副詞的に用いていると考えられる。

雪いたう降りて、まめやかに積もりにけり。〈源氏・幻〉訳雪がひどく降って、**本格的に**積もってしまったのだった。

❸**実用的だ。現実的だ。日常的だ。**

をかしきやうにも、**まめやかなるさまにも、心寄せ仕うまつりたまふこと、三年(みとせ)ばかりになりぬ。**〈源氏・橋姫〉訳(薫は)風流の面でも、また**実用的な**面でも、(八の宮を)好意を持ってお世話申し上げなさることが、三年ほどになった。○宇治の八の宮邸に対する薫の心配りについて、花や紅葉の季節ごとに歌を贈ることを「をかしきやう」と表し、衣服や米などの経済的援助を行うことを「まめやかなるさま」と表している。

月ごとの用意など、**まめやかなることどもあはれみ沙汰(さた)しければ**…。〈発心集(ほっしんしゅう)〉訳(貧乏であった笛の名人に対して)毎月の備えなど、**日常的な**(生活に必要な)ことなどを(別当頼清(べっとうよりきよ)が)気の毒に思って手配したところ…。

発展 **「まめなり」と「まめやかなり」**　同義語である「まめなり」の語幹「まめ」に接尾語「やか」が付いて形容動詞になったものだが、『源氏物語』で見る限り、「まめなり」よりも「まめやかなり」の方が圧倒的に多く用いられている。接尾語「やか」で表される、より婉曲的(えんきょくてき)な表現が好まれたためかといわれる。

まも・る【守る・護る】動詞 ↓**最重要語**（1158ジペー）

まゆ【眉】名詞 ❶眉毛。❷「★眉墨（まゆずみ）」の略。❸牛車（ぎっしゃ）の屋形の前後にある庇（ひさし）。↓牛車（ぎっしゃ）（図）発展 古くは「まよ」。

まゆ-ごもり【繭籠り】名詞 カイコが繭を作って中にこもること。転じて、人、特に娘が家にこもること。
「この事のわづらはしさにこそ、**繭ごもり**も心苦しう思ひきこゆれ。」〈源氏・常夏（とこなつ）〉訳「このこと（=内大臣が夕顔の行方を詮索（せんさく）すること）のわずらわしさのために、（あなたを）**家にこもる状態**（にしているが、それ）も気の毒にお思い申し上げることだ。」

まゆ-ずみ【眉墨・黛】名詞 ❶墨で眉をかくこと。そのための墨。また、かかれた眉。❷（引かれた眉のように見えるところから）連なる山々が遠く見えるようす。

まゆ-だま【繭玉】名詞 正月の飾り物のひとつ。木の枝に、繭を型どった小餅や団子を付け、稲穂などをかたどった飾りを結んだもの。

［まゆだま］

句 **まゆはきを** … まゆはきを俤（おもかげ）にして紅粉（べに）の花〈奥の細道・尾花沢（おばなざわ）・松尾芭蕉〉訳 まゆ掃きを思わせるような形で咲いているかわいいベニバナよ。○季語 紅粉の花—夏。「まゆはき」は化粧用の小さなはけ。
発展 山形県尾花沢の紅花商、清風（せいふう）の家での句。

ま-ゆみ【檀・真弓】名詞 ❶《植物》ニシキギ科の落葉樹。弓を作るのに適している。❷❶で作った丸木の弓。

まゆ-を-ひら・く【眉を開く】心配がなくなり、ほっとする。
今はたださらに**眉を開く**時になりて、男になれらん、何のはばかりかあらんとぞ…。〈増鏡（ますかがみ）〉訳 今はもう全然**心配がなくなり、ほっとする**時がやってきて（いるのに）、在俗の男性になっているということに、何の遠慮がいろうかと…。

まよ【眉】名詞 ↓まゆ

まよう（現）↓（歴）**まよふ**【迷ふ】

まよ-ね【眉根】名詞 まゆ。また、まゆの根もと。

まよひ【迷ひ】（まよい）名詞 ❶（髪の毛や糸などが）乱れること。ほつれ。❷紛れること。はっきりと区別できないこと。紛れ。❸乱れ騒ぐこと。混乱。❹思い悩むこと。悟りを得ないこと。惑い。

まよ-びき【眉引き】名詞 まゆ墨でまゆを描くこと。また、そのまゆをいう。
振り放（さ）けて三日月見れば一目見し人の**眉引き**思ほゆるかも 歌〈万葉集・6・994〉訳 ↓ふりさけて…

まよびき-の【眉引きの】枕詞（低山の稜線（りょうせん）が眉の形に似ていることから）「横山」に係る。

まも・る【守る・護る】

広く物事を監視し、守護する

❶じっと見つめる。
❷（ようすや透きを）うかがう。
❸警戒する。
❹大切に世話する。
❺遵守する。

動詞 他 ラ四段

未然形	連用形	終止形	連体形	已然形	命令形
まも・ら	まも・り	まも・る	まも・る	まも・れ	まも・れ

❶**じっと見つめる。目をそらさず見る。**
花のもとには、ねぢ寄り立ち寄り、傍目（あからめ）もせず守りて…。〈徒然草・137・花は盛りに〉訳（片田舎の人は、花見の時）花のもとには、にじり寄って近寄って、わき見もせずに（花を）**じっと見つめて**…。

❷（ようすや透きを）**うかがう。よく見定める。**
島伝ふ足速（あ）の小舟（をぶね）風守り年はや経（へ）なむ逢（あ）ふとはなしに 歌〈万葉集・7・1400〉訳 島を伝い行く舟足の速い小舟が風向きを**うかがう**ように（ようすをうかがって）年がたってしまうのだろうかなあ。（あなたに）逢うこともなく。

❸**警戒する。見張りをする。防ぐ。**
「この雪の山いみじく守りて、童部（わらはべ）などに踏み散らせこぼたせで…。」〈能因本枕草子・91・職（しき）の御曹司（ぞうし）におはしますころ、西の廂（ひさし）にて〉訳「この雪の山をしっかり**見張りをして**、子供たちや、ほかの人などに踏み荒らさせたり壊させたりしないで…。」

❹**大切に世話する。保護する。**
今はわが姫君を…明け暮れ守りて、なでかしづくこと限りなし。〈源氏・東屋（あづまや）〉訳（常陸介（ひたちのすけ）は）今は自分の姫君を…いつも**大切に世話して**、なでるようにかわいがり大事にすることはこの上もない。

❺**遵守する。心に決める。**
これ、徳を隠し、愚（ぐ）を守るにはあらず。〈徒然草・38・名利（みやうり）に使はれて〉訳 これ（=聖人が人に知られないこと）は、（聖人が）徳を隠し、愚か（に振る舞うこと）を**遵守する**からではない。

類語比較「まもる」と「もる」
共通点＝見張る・透きをうかがう、という意味。
まもる＝①「目（ま）＋守（も）る」が一語になったもので、じっと見つめるというのがもともとの意味である。そこから、広く物事を監視し守護する意味、さらに、大切に世話する、などの意味も表すようになった。②中古では、散文中に多い。
もる＝①「まもる」より狭い意味でしか用いられず、主に、ある一地点を監視する意味を表す。②中古では、和歌などに多い。
↓古語チャート ㊸（1211ジペー）

まよ・ふ【迷ふ】（まよう）

髪の毛などが、乱れる。
人・車、また風・雲などが、乱れ動く

❶（糸が）**緩む。**
❷（髪の毛などが）**乱れる。ほつれ絡まる。**
❸**行ったり来たりする。乱れ動く。さまよう。**
❹**思い悩む。心が乱れる。**
❺**見間違える。**◉主に「おきまよふ」の形で用いる。

未然形	連用形	終止形	連体形	已然形	命令形
まよ・は	まよ・ひ	まよ・ふ	まよ・ふ	まよ・へ	まよ・へ

動詞 自〈ハ四段〉❶（布が古びて縦糸と横糸の目が）乱れる。（糸が）緩む。

風の音の遠き吾妹が着せし衣袂のくだり迷ひ来にけり 歌〈万葉集・14・3453〉訳遠く離れている妻が着せてくれた着物は、袖口の縦の筋が緩んで（薄くなって）きてしまった。○「風の音の」は「遠し」に係る枕詞。

❷（髪の毛などが）乱れる。ほつれ絡まる。

髪はけづることもしたまはで程経ぬれど、迷ふ筋なくうちやられて…〈源氏・総角〉訳（病気の大君は）髪はくしでとかすこともなさらないで日数がたってしまったが、ほつれ絡まる毛筋もなくそのままにしておかれて…。

❸行ったり来たりする。さまよう。乱れ動く。右往左往する。うろつく。

まかで参りする車、多く迷ふ。〈源氏・玉鬘〉訳（源氏の六条院では）ご退出申し上げたり参上したりする牛車が、数多く行ったり来たりする。

❹思い悩む。心が乱れる。

尋ね来て真の道に会ひぬるも迷ふ心ぞしるべなりける 歌〈続拾遺集・1395〉訳探し求めてきて（やっと）仏の道に出会ったのも、思い悩む心こそが（仏教への）道案内であったのだなあ。

❺（主に「おきまよふ」の形で）（霜などが降りたのかと）見間違える。見まがう。紛れる。↓置き迷ふ

発展 **語の歴史** もともとは❶の、糸が乱れて一方に偏り、緩むという意味を表す。そこから、広く物事の混乱しているようすを客観的にいうようになった。中古には、類義の「惑ふ」の方が多く用いられた。

類語比較 「まどふ」と「まよふ」↓惑ふ

まら-うと【客人・賓】名詞 ↓最重要語（1159ページ）

まらうと-ざね【客人実】名詞 主客。主賓。発展「ざね」は中心、実体を意味する接尾語。

まらうと-ゐ【客人居】名詞 客を通す部屋。客間。

まら・する 一 動詞 他〈サ下二段〉〈せ・せ・す（する）・する・すれ・せよ〉（「遣る」の謙譲語で）献上する。差し上げる。

これが熟したれば、天子へまらするぞ。〈毛詩抄〉訳これ（＝ウリ）が熟したので、天子へ献上するのだ。

二 補助動詞〈サ下二段・サ変〉〈せ・せ・す（する）・する・すれ・せよ〉〈せ・し・す（する）・する・すれ・せよ〉❶（謙譲の意味を表して）…申し上げる。…（て）差し上げる。

「さて法皇をば五条の内裏へ押し込めまらして、きびしう守護しまらしてござる。」〈天草本平家〉訳「（行綱は）そして後白河法皇を五条の内裏へ閉じこめ申し上げて、厳重に守り申し上げています。」

❷（丁寧の意味を表して）…ます。

「丹波の鹿は…時々この谷を通ひまらする。」〈天草本平家〉「丹波のシカは…時々この谷を通います。」

発展 ①中世後期に成立し、抄物（＝漢籍・仏典などの注釈書）・能狂言に盛んに使われたが、近世になり、急速に衰えた。下二段型が先にあり、後にサ変型になった。現代語の助動詞「ます」は、この「まらする」の後身である。
②二の補助動詞用法を助動詞として扱うものも多いが、一の動詞用法との関係から、補助動詞として扱った。

-まり【余】接尾語 ↓あまり

まり【椀・鋺】名詞 水や酒を入れる、丸い器。今の椀・飯茶碗のようなもの。木製・金属製のものがある。発展「盌」ともいう。

まり【鞠・毬】名詞 ❶蹴鞠に用いるまり。❷「蹴鞠」そのものをいう。❸紋所のひとつ。❶を図案化したもの。

丸子 地名 静岡県静岡市駿河区丸子。東海道五十三次の一つ。↓ビジュアルチェック⑩（502ページ）

まり-の-かかり【鞠の懸かり】蹴鞠をする場所。範囲を示すため、サクラ・ヤナギ・マツ・カエデを四隅に植えた。

まる【丸】一 名詞 ❶丸い形。円形。球状。❷欠けた所のないこと。完全なこと。❸城郭。または城を構成する内側の部分。❹（形が丸いことから）銭。貨幣。❺《上方語》スッポンの別の呼び名。❻綿・銅・銀などの重さに使うことば。❼和紙を数えることば。

二 接頭語（名詞や数詞に付いて）完全な状態であることや、ある数に満ちる意味を添えることば。語例 丸三年

まる【丸】一 代名詞 天皇や王などが自分に対して用いる。

二 接尾語（人・動物・刀・名作の器具などの下に付いて）親愛の気持ちを示す。語例 妻丸・牛若丸

発展 平安時代ごろまで一般的に「まろ」が用いられた。「まる」は「まろ」が変化したもの。↓麻呂

ま・る【放る】動詞 他〈ラ四段〉〈ら・り・る・る・れ・れ〉大便・小便をする。

からたちの茨刈り除け倉建てむ屎遠くまれ櫛造る刀自 歌〈万葉集・16・3832〉訳カラタチのようなとげのある低木を刈り除いて倉を建てようと思う。（だからこの辺をよごさないように）大便は遠くでしろよ。櫛を造るおかみさんよ。

まる-あんどん【丸行灯】名詞 円筒形の火覆いを付けた行灯。

[まるあんどん]

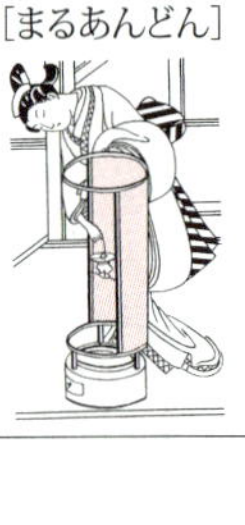

◐**まるい**（現）↓（古）まろし【丸し・円し】

まる-ね【丸寝】名詞 ↓まろね

◐**まるめる**（現）↓（古）まろむ【丸む・円む】

まる-わげ【丸髷・丸曲】名詞 女性の髪型のひとつ。近世の前期では、単にぐるぐると巻き上げた髪型をいったが、後期では既婚の女性が結う長円型で平たいまげの髪型をい

まら-うと【客人・賓】

よそからたまにやって来る人 ― 客。訪問者。

名詞 客。訪問者。

大和歌、主も客人も、異人も言ひ合へりけり。〈土佐日記・十二月二十六日〉訳和歌を、主人（＝新しい国司）も客（＝前の国司）も、その他の人々も詠み合っていたのだった。

憎きもの。急ぐことある折に来て、長言する客人。〈枕草子・28・憎きもの〉訳しゃくに障るもの。急用のあるときにやって来て、長話をする客。

発展 **語形の変化** 「稀人」が変化したもの。近世以降は「まらうど」と濁る。中世には「まれびと」とも。

う。まるまげ。

まれ …でも構わない。…でも。「**この陣の吉上まれ、滝口まれ、一人を『昭慶門まで送れ』と仰せごと賜べ**…」〈大鏡・道長上〉訳「この(近衛の)陣の吉上でも、滝口の武士でも、(だれか)一人に『昭慶門まで送れ』」という勅命をお下しください…。」

［まるわげ］

発展 係助詞「も」＋ラ変補助動詞「あり」の命令形の「もあれ」の変化した形。放任表現(=なりゆきにまかせ、相手が自由に解釈するよう突き放して言う表現)を構成する。

まれ-うと【客人】 名詞 ↓まらうと最重要語(1159ジ)

まれ・なり【稀なり】 形容動詞〔ナリ〕〈なら・なり(に)・なり・なる・なれ・なれ〉めったにない。たまにしかない。**かくばかり逢ふ日の稀になる人をいかがつらしと思はざるべき**〈古今集・物名・433〉訳こうまでお逢いする日がたまにしかないあなたを、私はどうして薄情な方だと思わないでいられようか。

↓古語チャート㊾(1327ジ)

まれ-びと【客人】 名詞 ↓まらうと最重要語(1159ジ)

まれ-まれ【稀稀】 副詞 ❶ごくまれに。ときたま。**まれまれかの高安に来て見れば**…〈伊勢・23〉訳ときたま例の高安(の女の家)に来て見ると…。

❷(数が少ないようすを表し)わずか。わずかに。**まれまれ残りてさぶらふ人々は**…〈源氏・蓬生〉訳わずかに残ってお仕えしている女房たちは…。

↓古語チャート㊾(1327ジ)

まろ【丸・円】 一 名詞 銭。

二 接頭語 そのままの状態である、という意味を表す。**ゆふさればまろねする身のわびしきになくひぐらしの声やなになる**〈宇津保〉訳夕方ともなると(訪ねる所とてなく)帯も解かずにそのまま独り寝する自分が悲しくて、ヒグラシの鳴くのも私に比べたらなんでもないと思うよ。

まろ【麻呂・麿・丸】 一 代名詞 (男女・上下を問わず自分自身に対して)わたし。

二 接尾語 男子の名の下に付けることば。また、動物の名にも付けた。語例 柿本人**麻呂**・翁**丸**(=犬の名)

まろうと(現)↓(歴)**まらうと【客人・賓】最重要語**(1159ジ)

まろ-か・す【丸かす・円かす】 動詞 他〔サ四段〕〈さ・し・す・す・せ・せ〉丸める。**大きにまろかしつつ入れたまへり。**〈源氏・梅枝〉訳(源氏は、香の壺の中に薫き物を)大きく**丸めて**はお入れになっている。

発展「まろがす」ともいう。

まろか・る【丸かる・円かる】 動詞 自〔ラ下二段〕〈れ・れ・る・るる・るれ・れよ〉丸く固まる。丸くなる。**まろかれたる御額髪ひきつくろひたまへど**…。〈源氏・朝顔〉訳(流した涙のために)**丸く固まっ**ている(紫の上の)御前髪を(源氏は)整えなさるけれど…。

まろ・ぐ【丸ぐ・円ぐ】 動詞 他〔ガ下二段〕〈げ・げ・ぐ・ぐる・ぐれ・げよ〉ひとまとめにする。また、丸める。**これをまろげて、みな買はん人もがなと思ひて**…。〈宇治拾遺〉訳これ(=打った箔)を**ひとまとめにして**、全部買うような人がいればなあと思って…。

まろ・し【丸し・円し】 形容詞〔ク〕〈く・く・し・き・けれ・○／から・かり・○・かる・○・かれ〉丸い。円形である。「**閑院殿の櫛形の穴は、まろく、ふちもなくてぞありし。**」〈徒然草・33・今の内裏〉訳「閑院の(里内裏の殿上の間と鬼の間を仕切る壁にある)櫛形の穴(=窓)は、(たしか上部が)**円形であり**、縁もなかったよ。」

まろ・なり【丸なり・円なり】 形容動詞〔ナリ〕〈なら・なり(に)・なり・なる・なれ・なれ〉❶形が丸い。**まろなる頭つきども、行きちがひ騒ぎたるも、例に変はりていと恐ろしき心地す。**〈源氏・手習〉訳**丸い**頭の人(=坊主)たちが、行ったり来たりしてざわついているのも、いつもと変わって本当に恐ろしい感じがする。

❷丸々と太っている。**まろにうつくしく肥えたりし人の、少し細やぎたるに**…。〈源氏・宿木〉訳**丸々と**かわいらしく太っていた人が、(懐妊のためか)少しほっそりとしているのに加え…。

発展「まと」「まとか」は平面的円形を、「まろ」は円筒形・球形を指す。中世以降は、「まろし」。

まろ-ね【丸寝】 名詞 衣服を着たまま寝ること。ごろ寝。**いまだ装束も解かで、丸寝にてありければ**…。〈今昔〉訳まだ衣服も脱がないで、**ごろ寝**だったので…。

発展「まるね」「まろぶし」とも。

まろば-か・す【転ばかす】 動詞 ↓まろばす

まろば・す【転ばす】 動詞 他〔サ四段〕〈さ・し・す・す・せ・せ〉ころがす。ころぶようにする。**ねずみの子の、毛もまだ生ひぬを、巣の中よりまろばし出でたる。**〈枕草子・155・むつかしげなるもの〉訳ネズミの子で、毛もまだ生えていないの(=ネズミの子)を、巣の中から**ころがし出した**ものは(うっとうしく感じる)。

まろ・ぶ【転ぶ】 動詞 自〔バ四段〕〈ば・び・ぶ・ぶ・べ・べ〉ころがる。また、ころんで倒れる。**御送りの女房は、まして夢路にまどふ心地して、車よりもまろび落ちぬべきぞ、もてあつかひける。**〈源氏・御法〉訳(紫の上の)御葬送の女房は、(源氏よりも)まして夢の中にさまよっている気持ちがして、牛車からも**ころがり落ちて**しまいそうになるのを、(牛車についている家来は)扱いかねたのであった。

まろ-ぶし【丸臥し】 名詞 ↓まろね

まろ・む【丸む・円む】 動詞 他〔マ下二段〕〈め・め・む・むる・むれ・めよ〉円形にする。また、球形にする。まるめる。**筥の蓋に広げて、日陰をまろめて**…。〈紫式部日記〉訳箱のふたに(扇を)広げて、*日陰の蔓を**円形にして**…。

まろ-や【丸屋】 名詞 アシやカヤなどで屋根を葺いた粗末な小屋。

まろ-らか【丸らか・円らか】 形容動詞〔ニ〕 ふっくらして丸い。…**腕をさし出でたるが、まろらかにをかしげなるほども**…。〈源氏・宿木〉訳(浮舟が)腕を出しているのが、**ふっくらとして丸く**美しく見えるのも…。

まわす(現)↓(歴)**まはす【回す・廻す】**

まわる(現)↓(歴)**まはる【回る・廻る】**

まゐ-【参】 造語 (移動を表す動詞に付いて)謙譲の意味を表す。語例 **参来**・**参至る** 発展 接頭語とする考え方もあるが、もともとワ行上一段動詞「まゐる」の連用形ともいわれ、複合動詞の前項となる。

まゐ・く【参来】 動詞 自〔カ変〕〈こ・き・く・くる・くれ・こ(こよ)〉(「来」の謙譲語で)参上する。「**汝は誰が老女ぞ。何の由以に参きつる。**」〈古事記・雄略天皇〉訳「おまえはだれというお婆さんだ。何のために**参上した**のか。」

発展「まうく」「まゐりく」と同じ。

まゐ・づ【参出】 動詞 自〔ダ下二段〕〈で・で・づ・づる・づれ・でよ〉(「出づ」の謙譲語で)参上する。**百取の机代の物を持たしめて、参でて奉りき。**〈古事記・雄略天皇〉訳 机の上にのせた多くの品物を(人に)持たせて、(赤猪子がみずから)**参上して**(雄略天皇に)差し上げた。

まゐで・く【参出来】 動詞 自〔カ変〕〈こ・き・く・くる・くれ・こ(こよ)〉(「出で来」の謙譲語で)参上して来る。**田道間守常世に渡り八矛持ち参でこし時…** 歌〈万葉集・18・4111〉訳 田道間守が常世の国(=不老不死の理想郷)に行き、たくさんの(タチバナの)枝を持ち**参上して来た**とき…。

まゐ-のぼ・る【参上る】 動詞 自〔ラ四段〕〈ら・り・る・る・れ・れ〉(「上る」の謙譲語で)参上する。**参上る八十氏人の手向けする恐の坂に幣奉り…** 歌〈万葉集・6・1022〉訳 (都へ)**参上する**多くの人々が(旅の無事を祈って神に)お供え物をする恐の坂にお供え物を差し上げ…。

まゐら・す【参らす】→基本敬語25(1161ページ)

まゐら-せ-たま・ふ【参らせ給ふ】 連語

一(謙譲の四段動詞「まゐる」の未然形＋助動詞「す」の連用形＋尊敬の四段補助動詞「たまふ」の場合)**二**(「す」が使役の場合)❶参上させなさる。入内させなさる。**慰むやと、さるべき人々参らせたまへど…。**〈源氏・桐壺〉訳 (帝の)気がまぎれるのではないかと、相応の女性たちを**入内させなさる**が…。

❷(何かを)おさせになる。**雑色五、六十人ばかり、声のある限り、ひまなく御先参らせたまふ。**〈大鏡・道隆〉訳 (隆家は)雑色五、六十人ほどに、声の出るかぎり、絶え間なく先払いを**おさせになる**。

三(「す」が尊敬の場合)❶ご参上あそばす。ご入内あそばす。

「**いかが。」と思し召す程にぞ、いとさりげなく、事にもあらずげにて参らせたまへる。**〈大鏡・道長上〉訳 (花山天皇が)「どうしたのか。」とお思いになっていらっしゃるそのときに、(道長は)まったく平然として、何でもないようすで**ご参上あそばし**ている。

基本敬語25

まゐら・す【参らす】

未然形	連用形	終止形	連体形	已然形	命令形
まゐら・せ	まゐら・せ	まゐら・す	まゐら・する	まゐら・すれ	まゐら・せよ

動詞 他〔サ下二段〕
補助動詞〔サ下二段〕

一 動詞 他 ―〔謙譲語〕― 差し上げる。献上する。〔通常語〕与ふ・遣る
二 補助動詞 ―〔謙譲語〕― お…申し上げる。…(て)差し上げる。
◉主に中古末期以降の用法。

接続 二は動詞の連用形(＋て)に付く。

一 動詞 他〔サ下二段〕(「与ふ」「遣る」の謙譲語で)**差し上げる。献上する。**

御返り事書きて参らせむとするに、この歌の本さらに忘れたり。〈枕草子・143・殿などの〉訳 (中宮が書いた歌の下の句に)ご返事を書いて**差し上げ**ようとするのだが、(私は)この歌の上の句をまったく忘れてしまった。

○作者(=清少納言)が、自分の「与える」動作の及ぶ中宮への敬意を表している。

「**隆家こそいみじき骨は得てはべれ。それを張らせて参らせむとするに…。**」〈枕草子・102・中納言参りたまひて〉訳 「(私、藤原)隆家はすばらしい(扇の)骨を手に入れています。それに(紙を)張らせて(中宮に)**差し上げ**ようと思うが…。」

○話し手(=藤原隆家)が、自分の「与える」動作の及ぶ中宮への敬意を表している。

この殿には…卯酒の御肴には、ただいま殺したる雉をぞ参らせける。〈大鏡・兼通〉訳 この(=兼通の)屋敷では…寝酒のお肴には、たった今殺したキジを**差し上げ**たの(が常)だった。

○語り手(=大宅世継)が、屋敷に仕える人々の「与える」動作の及ぶ藤原兼通への敬意を表している。『大鏡』の語り手である二人の老人のうち、大宅世継が語っているところ。

二 補助動詞〔サ下二段〕《主に中古末期以降》**お…申し上げる。…(て)差し上げる。**

我は、御汗をのごひまゐらせつる陸奥紙を顔に押し当ててぞ、添ひゐられたる。〈讃岐典侍日記〉訳 私は、(先程、堀河天皇の)お汗を**おぬぐい申し上げた**陸奥紙を顔に押し当てて、(亡くなった天皇のそばに)付き添っていないではいられない。

○作者(=讃岐典侍)が、自分の「ぬぐう」動作の及ぶ堀河天皇への敬意を表している。四段動詞「のごふ」の連用形に付いている例。

「**橋をば、またたれか渡いてまゐらすべき。**」〈平家・9・宇治川先陣〉訳 「(源義経のために)橋を、再びだれが架けて**差し上げる**ことができようか、いや、できない。」

○話し手(=畠山重忠)が、だれかの「(橋を)架ける」動作の及ぶ源義経への敬意を表している。「川の流れが弱まるのを待つべきか。」と言う源義経に、畠山重忠が言ったことば。四段動詞「わたす」の連用形(イ音便)に、接続助詞「て」を介して付いている例。

発展 ①**語の成り立ち**　差し上げるという意味の四段活用の他動詞「まゐる」の未然形に、使役の助動詞「す」が付いて一語になったもの。この「す」は使役の意味が失われ、謙譲の意味を強める働きをしているので、他動詞の「まゐる」よりも謙譲の意味が強い。中古以降に用いられた。→古語チャート㉒(789ページ)

②**補助動詞の用法**　中古中期ごろにも用例が見られるが、中古末期から中世に至り、他の表現より圧倒的に多く用いられるようになる。それまでは、「たてまつる」「きこゆ」などの補助動詞が主に用いられた。

③**現代語「ます」へ**　後世「まゐらす」の語形が「まゐらする→まらする→まっする→まする」と変化していき、その用法も移り変わって、現代語の丁寧語「ます」を生じた。

関連語 聞こゆ(基本敬語25)・奉る(基本敬語25)・参る(基本敬語25)
→基本敬語動詞一覧表(26ページ)

基本敬語25

まゐ・る【参る】

- 一 動詞(自)
  - 一［謙譲語］
    - ❶**参上する。**参内する。お伺いする。［通常語］行く
    - ❷**出仕申し上げる。お仕えする。**
    - ❸**入内申し上げる。**
    - ❹**参詣する。お参りする。**
  - 二［謙譲語Ⅱ］─ **参ります。**［通常語］行く・来く ◉中世以降の用法。
- 三 動詞(他)
  - 一［謙譲語］
    - ❶(何かを)**して差し上げる。**［通常語］為す
    - ❷(「御格子参る」の形で)(貴人の部屋の)**格子をお上げ申し上げる。また、お下げ申し上げる。**
    - ❸**差し上げる。**［通常語］与ふ
  - 二［尊敬語］─ **召し上がる。**［通常語］食ふ・飲む

	未然形	連用形	終止形	連体形	已然形	命令形
動詞(自)［ラ四段］ 動詞(他)［ラ四段］	まゐ・ら	まゐ・り	まゐ・る	まゐ・る	まゐ・れ	まゐ・れ

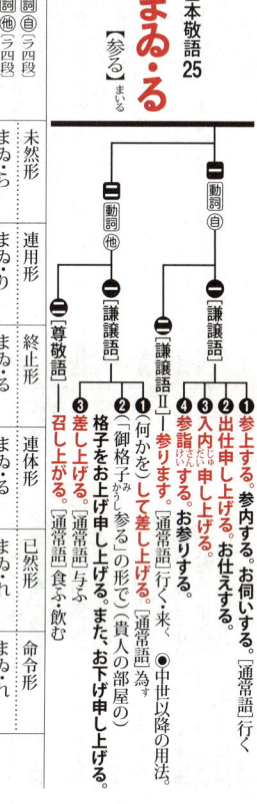

一 動詞 (自)［ラ四段］ **一** ❶(「行く」の謙譲語で)**参上する。**参内する。**お伺いする。**↓古語チャート㊴(1129ページ)

二条の后に忍びて参りけるを、世の聞こえありければ、兄人たちの守らせたまひけるとぞ。〈伊勢・5〉訳(男が)二条の后のもとに忍んで**参上し**たのを、世間のうわさがあったので、(后の)兄たちが(番人に)守らせなさったのだということだ。○作者が、男の「(忍んで)行く」動作の及ぶ場所にいる二条の后への敬意を表している。

いつしかと心もとながらせたまひて、急ぎ参らせて御覧ずるに、めづらかなる児の御かたちなり。〈源氏・桐壺〉訳(桐壺の帝は生まれたばかりの皇子(=後の源氏)を)早く(見たい)と待ち遠しくお思いになって、急いで**参内させ**てご覧になると、めったにない(ほど優れた)乳児のお顔形である。○作者が、源氏の「行く」動作の及ぶ桐壺の帝への敬意を表している。

❷**出仕申し上げる。お仕えする。**

宮に初めて参りたるころ、物の恥づかしきことの数知らず、涙も落ちぬべければ…。〈枕草子・184・宮に初めて参りたるころ〉訳(中宮の)御所に初めて**出仕申し上げ**たころは、なんとなく恥ずかしいことが数えきれないほど多く(あって)、涙も落ちてしまいそうなので…。

○作者(=清少納言)が、自分の「出仕する」動作の及ぶ中宮への敬意を表している。

❸**入内申し上げる。**

人より先に参りたまひて、やむごとなき御思ひなべてならず…。〈源氏・桐壺〉訳(弘徽殿の女御は)他の方より先に**入内申し上げ**なさって、(帝の)格別なご愛情は一通りでなく…。

○作者が、弘徽殿の女御の「入内する」動作の及ぶ桐壺の帝への敬意を表している。

❹**参詣する。お参りする。**

「**そも、参りたる人ごとに山へ登りしは、何事かありけん**……。」〈徒然草・52・仁和寺にある法師〉訳「それにしても、(石清水八幡宮に)**参詣し**ている人々が皆山へ登ったのは、どのようなことがあったのだろうか…。」

○話し手(=仁和寺の法師)が、人々の「(参詣に)行く」動作の及ぶ石清水八幡宮への敬意を表している。仁和寺の法師が仲間に、石清水八幡宮にお参りしたときのことを語る場面。尊ぶべき場所(石清水八幡宮)に対する敬意。

二《中世以降》(「行く」「来」の謙譲語Ⅱ―話し手や書き手が聞き手や読み手に対し自身をへりくだる敬語―で)**参ります。行かせていただく。**(ここへ)**来させていただく。**

「**ここにて対面したてまつらば、道場をけがしはべるべし。前の河原へ参り合はん。**」〈徒然草・115・宿河原といふ所にて〉訳「ここで(あなたと)顔を合わせ(=決闘の相手をし)申し上げたら、(念仏の)道場(の神聖さ)を傷つけるに違いないでしょう。前の河原へ**参りまして**戦おう。」

○話し手(=いろをし)が、自分の「行く」動作を低めて、聞き手(=しら梵字)にかしこまりの気持ちを表している。「いろをし」という者が、恨みをはらすためにやって来た「しら梵字」という者に言ったことば。ぼろ(=乞食僧の一種)同士の潔い決闘を前にしての、改まった物言い。この「参る」は、高貴な場所へ「行く」の謙譲語ではなく、「行く」動作を改まって表現した謙譲語Ⅱの用法である。

三 動詞 (他)［ラ四段］ **お…申し上げる。** **一** ❶(「為」の謙譲語で)(何かを)**して差し上げる。**

「**御髪参るほどをだに、もの憂くせさせたまふ。**」〈源氏・紅葉賀〉訳「お髪を**とかして差し上げる**間ですら、(紫の上は)おっくうだとお思いになる。」

○話し手(=少納言)が、自分の「とかす」動作の及ぶ紫の上への敬意を表している。乳母である少納言の、紫の上へのことば。高貴な人に奉仕する行為を表す謙譲語である。「する」動作の具体的な内容は、上にある名詞にかかわる動作である。

御文書かせたまへば、御硯の墨すり、御団扇など参り…。〈枕草子・88・めでたきもの〉訳(天皇が)お手紙をお書きになるときはいつも、すずりの墨をすり、うちわなどで**おあおぎ申し上げ**…。

○作者が、蔵人の「あおぐ」動作の及ぶ天皇への敬意を表している。

❷(「御格子参る」の形で)(貴人の部屋の)**格子をお上げ申し上げる。また、お下げ申し上げる。**

雪のいと高う降りたるを、例ならず御格子参りて、炭櫃に火おこして、物語などして集まりさぶらふに…。〈枕草子・299・雪のいと高う降りたるを〉訳雪がとても高く降り(積もっ)ているのに、いつもと違って**格子をお下げ申し上げ**て、★炭櫃に火をおこして、(私たち女房が)話などをして集まって(中宮に)お仕え申し上げていると…。

○作者(=清少納言)が、私たち女房の「(格子を)下げる」動作の及ぶ中宮への敬意を表している。「御格子参る」には、格子を上げる場合と下ろす場合がある。ここは、後者。

❸(「与ふ」の謙譲語で)**差し上げる。**

皇子に、馬の頭、大御酒参る。〈伊勢・82〉訳(惟喬親王に、ウマの飼育などをつかさどる役所の長官が、お酒を**差し上げる**(=お勧めする)。

○作者が、馬の頭の「与える」動作の及ぶ親王への敬意を表している。○❶の「為」の謙譲語と同じく、高貴な人に奉仕する行為の一つの具体例と見ることもできる。

㊁（「食ふ」「飲む」の尊敬語で）**召し上がる。**→古語チャート⑬（453ページ）

心地もまことに苦しければ、物もつゆばかり参らず…。〈源氏・総角〉訳（大君は）気分も本当につらいので、食べ物も少しも**召し上がら**ないで…。

○作者が、「食べる」動作をする大君への敬意を表している。

発展 **①語の成り立ち**　上代の動詞「まゐる」（上一段活用かといわれる）の連用形に、四段動詞「いる（入る）」が付いて「まゐいる」となり、それが変化して四段活用の「まゐる」ができたと考えられている。

②自→他へ。謙譲語→尊敬語→謙譲語Ⅱへ　㊀の自動詞がもともとの用法であるが、㊁の他動詞としても用いられた。高貴な人に奉仕する意味を表す用法から、高貴な人自身の動作をも「まゐる」で表すようになり、㊁㊁の尊敬語の用法、さらに、㊀㊁の謙譲語Ⅱの用法も生じた。

③㊁㊁以外の尊敬語の用法　「召し上がる」という意味のほかに、次の例のように「（取り寄せて）お使いになる」の意味で用いられることもある。「『大殿油参りて、夜更くるまで読ませたまひける（＝（村上天皇は）灯火を（取り寄せて）お使いになって、夜が更けるまで（古今集を）お読みになった）。』〈枕草子・23・清涼殿の丑寅の〉「夜深く、御手水参り、御念誦などしたまふも…（＝夜更けに、お手を洗い清める水をお使いになり、お経を唱えることなどなさるのも…）。」〈源氏・須磨〉

関連語 奉る・罷づ・罷かる・参らす（各々基本敬語25）

→基本敬語動詞一覧表（26ページ）

❷（何かを）差し上げあそばす。

これを聞こしめして、御堂より御装束一領して参らせたまふとて…。〈栄花〉訳これ（＝藤原公任の出家）をお聞きあそばして、御堂（＝藤原道長）様からご衣装一そろえを整えて**差し上げあそばす**といって…。

㊁（謙譲の下二段動詞「まゐらす」＋尊敬の四段補助動詞「たまふ」の場合）（何かを）お差し上げくださる。

「**これは御前に参らせたまへ。**」〈源氏・玉鬘〉訳「これ（＝★折敷を）は御前（＝玉鬘）に**お差し上げください。**」

㊂（謙譲の下二段補助動詞「まゐらす」＋尊敬の四段補助動詞「たまふ」の場合）…申し上げなさる。

「**御心ざし思ひまゐらせたまはん人々は、いそぎつづきたまへ。**」〈平家・11・先帝身投〉訳「（私どもの天皇に対する）お気持ちを抱き**申し上げなさる**ような人々は、急いで後に続きなされ。」

まゐり-あつま・る【参り集まる】―動詞 自〔ラ四段〕〈ら・り・る・る・れ・れ〉参上して集まる。

やうやう人参り集まりぬ。〈源氏・若紫〉訳（紫の上のいる二条院の西の対に）だんだん女房が**参上して集まった。**

まゐり-く【参り来】動詞 自〔カ変〕〈こ・き・く・くる・くれ・こ（よ）〉参上して来る。

「**かく、待たれたてまつる程まで、参りこざりけること。**」とて…。〈源氏・総角〉訳（重病の大君を見舞った薫は）「こんなに、待たれ申し上げるくらいまで、**参上して来**なかったことだ。」と言って…。

まゐり-す・う【参り据う】―動詞 他〔ワ下二段〕〈ゑ・ゑ・う・うる・うれ・ゑよ〉献上しお供えする。

十五日、節供参りすゑ…。〈枕草子・3・正月一日は〉訳（一月）十五日、（望粥の）節句の膳を（主人に）**献上しお供えし**…。

まゐり-たま・ふ【参り給ふ】連語 ❶参上なさる。参内なさる。

この大納言殿の参りたまへるを、入道殿「かの大納言、**いづれの船にか乗らるべき。**」**とのたまはすれば**…。〈大鏡・頼忠〉訳この大納言殿（＝藤原公任）が**参上なさった**ところ、入道殿（＝藤原道長）が、「あの大納言は、どの船にお乗りになるつもりなのか。」とおっしゃるので…。

○『大鏡』の語り手が、「来る」動作の及ぶ入道殿と、その動作をする大納言への敬意を同時に表している。

❷（后として）入内申し上げなさる。

人より先に参りたまひて、やむごとなき御思ひなべてならず、皇女たちなどもおはしませば…。〈源氏・桐壺〉訳（弘徽殿の女御は）他の方より先に**入内申し上げなさって**、（桐壺の帝の）格別なご愛情は一通りでなく、皇女たちなども（生まれて）いらっしゃるので…。

○作者が、「入内する」動作の及ぶ桐壺の帝と、その動作をする弘徽殿の女御への敬意を同時に表している。

発展 四段動詞「まゐる」の連用形＋補助動詞「たまふ」。「謙譲語（まゐる）＋尊敬語（たまふ）」で、★二方向に対する敬語。

まゐり-つかうまつ・る【参り仕うまつる】動詞 自〔ラ四段〕〈ら・り・る・る・れ・れ〉参上してお仕えする。また、参籠する。

物詣でする供に、我も我もと参りつかうまつり…。〈枕草子・25・すさまじきもの〉訳（主人が）寺社に参拝する（ときの）供に、私も私もと**参上してお仕えし**…。

まゐり-つ・く【参り着く】―動詞 自〔カ四段〕〈か・き・く・く・け・け〉（貴人のもとに）到着する。

駒引き留むる程もなく打ち早めて、片時に参り着きぬ。〈源氏・椎本〉訳（匂宮のお使いは）ウマを休ませる時間もなく急がせて、わずかな時間で（宇治から匂宮のもとに）**到着した。**

まゐり-もの【参り物】―名詞 召し上がりもの。お食事。

まゐり-よ・る【参り寄る】―動詞 自〔ラ四段〕〈ら・り・る・る・れ・れ〉お近くに寄り申し上げる。

むつまじき下家司にて、殿にも仕うまつる者なりければ、参り寄りて…。〈源氏・夕顔〉訳（この男は源氏とは）親しい下家司であって、左大臣家にもお仕え申し上げている者であったので、（源氏の）**お近くに寄り申し上げて**…。

まゐ・る【参る】→基本敬語25（1162ページ）

ま-を-くば・る【間を配る】間隔をとる。

「**しかも間をくばること等しき故に**…。」〈徒然草・219〉訳「しかも（笛の三番目の穴と次の穴との間に）**間隔をとることが**（他の部分と）同じなので…。」

まをさ-く【申さく・白さく】申し上げることには。

「**もし、人、門の外にありや。**」と言へば、**答へてまをさく**…。〈古事記・火遠理命〉訳「もしかして、人が、門の外にいるのか。」と言うので、答えて**申し上げることには**…。

発展 四段動詞「まをす」の未然形＋接尾語「く」。

まを・す【申す】《上代語》㊀動詞 他〔サ四段〕〈さ・し・す・す・せ・せ〉（「言ふ」の謙譲語で）申し上げる。

家人の斎へにかあらむ平らけく船出はしぬと親に申さね 歌〈万葉集・20・4409〉訳家族の者がつつしんで祈ってくれたからであろうか。無事に船出はしたと親に**申し上げて**ほしい。

●成立…奈良時代末期
●編者…未詳
●分野…和歌集
●歌数…約四五〇〇首

万葉集

必修古典ビッグ30 ㉗

▼柿本人麻呂肖像

【冒頭の一首】

籠もよ　み籠持ち　掘串もよ　みぶくし持ち　この岡に　菜摘ます児　家聞かな　名告らさね…訳籠も、まあ、(よい)籠を持って、掘串(=土を掘る道具)も、まあ、(よい)掘串を持って、この岡で菜をお摘みになる娘さん、(あなたの)家が聞きたい。名まえをおっしゃってほしい…。

【書名の由来】

古くから様々な解釈があるが、「万の言の葉」を集めたものとする説、「葉」を歌の比喩とする説が広く採用されている。

【成立と編者】

成立年代や、編者としてだれが参加していたかということは未詳である。何段階もの編集過程を経て成立したものと思われる。現存する形にまとめられたのは、奈良時代の末期ごろであったという説が有力である。また、編集の最終段階において、大伴家持によってまとめられたか、少なくとも彼が深く関与したと考えられている。

【概要】

●二十巻。歌数は約四千五百首。基本的には、相聞・挽歌・雑歌の三大部立が中心である。

●歌体(和歌の形態)は、短歌が全体の九割以上を占めるが、他に★長歌が約二百六十五首、★旋頭歌が六十二首、★仏足石歌が一首ある。

●表記は「★万葉仮名」と呼ばれる漢字による。これは、日本で仮名文字がまだ発明されていなかったために、漢字の音と訓を使った、当時の独特の表記法であった。

●全体的には、「丈夫ぶり」といわれる男性的で力強く、伸び伸びとした歌風であるが、作歌年代や歌風の変遷から、以下の四期に分けることができる。

〔第一期〕…舒明天皇の時代から壬申の乱(六七二年)まで。この時期の歌は、初期万葉と呼ばれている。古代歌謡から脱して、個人の感情を詠む作品が現れた。素朴ながらも明るく伸び伸びとした調べを持つ作品が多い。

熟田津に船乗りせむと月待てば潮もかなひぬ今は漕ぎ出でな訳↓にきたつに…

〔第二期〕…壬申の乱から、平城京遷都(七一〇年)までの約四十年間。題材が広がり、枕詞や序詞などの技巧も発達した。長歌・短歌などの形式が完成し、雄大で重厚な歌風が特徴である。

東の野に炎の立つ見えてかへり見すれば月傾きぬ訳↓ひむかしの…

〔第三期〕…平城京遷都から七三三(天平五)年までの約二十年間。個人の自覚が深まり、繊細で複雑な表現が現れ、歌風は多様化した。宮廷歌人は減ったが、万葉の全盛期といわれている。

春の野にすみれ摘みにと来し我ぞ野をなつかしみ一夜寝にける訳↓はるののに…

〔第四期〕…七三四(天平六)年から最後の歌が歌われた七五九(天平宝字三)年までの約二十五年間。感傷的で優雅な歌が多い。長歌は衰退し、短歌が盛んになる。

わがやどのいささ群竹吹く風の音のかそけきこの夕へかも訳↓わがやどの…

【主な歌人】

●額田王…第一期を代表する女流歌人。大海人皇子(=天武天皇)の寵愛を受けたとされる。のちに天智天皇の妻となり、力強く華麗な歌風が特徴。

●柿本人麻呂…第二期を代表する歌人。持統・文武両天皇の宮廷歌人として活躍したが、身分は低かった。特に長歌形式の完成者として有名である。後世、歌聖と呼ばれて敬われた。

●山部赤人…第三期を代表する歌人。聖武天皇のころ、宮廷歌人として活躍した。清澄な叙景歌が多く、旅の歌が有名。柿本人麻呂とともに歌聖として敬われた。

●山上憶良…第三期を代表する歌人。遣唐使として唐に渡り、帰国後、筑前守となる。人生や人間愛を主題とした思想性の強い作品が特徴。「貧窮問答歌」が有名。

●大伴家持…奈良時代の廷臣で、第四期を代表する歌人。『万葉集』に最多の四七〇首余の歌を残している。感傷的で繊細な歌風で、独自の境地を開き、『古今和歌集』への橋渡しをした。

【ことばと表現】

●リズムとしては、五七調、意味内容からは、二句切れ、あるいは四句切れの歌が多い。↓**読解の手引き**❻(436ページ)

桜田へ鶴鳴き渡る年魚市潟潮干にけらし鶴鳴き渡る訳↓さくらだへ…

●修辞法としては、★枕詞や★序詞が注目される。

ぬばたまの夜のふけゆけば久木生ふる清き川原に千鳥しば鳴く訳↓ぬばたまの…　〇「ぬばたまの」は「夜」に係る枕詞。

我妹子が家の垣内のさ百合花ゆりと言へるは否と言ふに似る　〇「我妹子が家の垣内のさ百合花」は「百合」と同音語の「ゆり(=後)」を導く序詞。

●用語の特徴としては、「山高み」「心を痛み」など、形容詞の語幹に接尾語「み」を付ける用法がみえる。↓み(接尾語)

人目多み逢はなくのみぞ心さへ妹を忘れて我が思はなくに

●末尾に「かも」や「もがも」を用いるのも特徴で、『古今和歌集』以降は、「かな」「もがな」となる。↓かも㊂・もがも

み吉野の象山のまの木末にはここだも騒く鳥の声かも訳↓みよしのの…

君が行く道のながてを繰り畳ね焼き滅ぼさむ天の火もがも訳↓きみがゆく…

二 補助動詞（サ四段）〈さ・し・す・す・せ・せ〉（謙譲の意味を表して）お…申し上げる。**天飛ぶや鳥にもがもや都まで送りまをして飛び帰るもの** 歌〈万葉集・5・876〉訳（私が）鳥ででもあったらなあ。（あなたを奈良の）都まで**お送り申し上げ**て飛んで帰って来るのになあ。
○「天飛ぶや」は「鳥」の枕詞。
発展 中古から使われた「まうす」の古い形。

まん【幔】 名詞 幕の一種。縦にだんだらの筋のあるもの。幔幕。

まん-ざ【満座】 名詞 その場にいる人全部。**顔をさし入れて舞ひ出でたるに、満座興に入ること限りなし。**〈徒然草・53・これも仁和寺の法師〉訳（僧が釜の中に）顔を差し入れて踊りながら現れ出たところ、**その場にいる人すべて**がおもしろがることこの上ない。

まん-ざい【万歳】 名詞 ❶万年。よろず世。永遠。長寿や繁栄を祝うことば。❷（「千秋万歳」の略で）正月に、その繁栄を祝うことばを述べ、踊りをして歩く芸人。

[まんざい❷]

まんざいらく【万歳楽】 名詞 舞楽の曲名。めでたい曲とされているので、祝いの語としても用いられる。

まん-しん【慢心】 名詞 おごりたかぶった心。

まんだら【曼荼羅・曼陀羅】 名詞《仏教語》❶仏を祭壇に安置し、祭ること。また、その祭壇。❷諸仏の悟りの世界を絵に描いたもの。密教では修法の本尊とする。

[まんざいらく]

まん-どころ【政所】 名詞 ❶政治を行う所。特に、検非違使庁のこと。❷平安時代以降、親王・摂政・関白家、三位以上の権勢家や寺社などの荘園の管理や家政を担当した所。❸鎌倉・室町幕府で、行政・財政などを担当した役所。❹寺社の事務所。❺「★北の政所」の略。
発展「まつりどころ」の変化したことば。

まん-な【真名・真字】 名詞 漢字。対 仮名 発展「まな」の変化したことば。

まん-まん・たり【漫漫たり】 形容動詞（タリ）〈たら・たり(と)・たり・たる・たれ・たれ〉広々としている。果てしない。**漫々たる海上なれば、いづちを西とは知らねども…。**〈平家・9・小宰相身投〉訳（見渡すかぎり）**果てしない**海上なので、どちらが西であるかは分からないけれども…。

万葉仮名 国語・国文法 上代において、日本語を書き表すために表音文字として使った漢字。『万葉集』に特に豊富に使われたために万葉仮名と呼ばれる。
　古代日本には文字がなかったため、中国から漢字を輸入して文章を書き残した。もとは、漢字の持つ固有の内容どおりに、表意文字として使われたが、それでは中国語と性格の異なる日本語を表記しきれないので、漢字の意味内容とは無関係に、表音文字として使う用法が現れる。もとの漢字の音・訓どちらを利用するかで、次の二種類に分けられる。
①字音仮名（音仮名）—漢字の持つ中国音をもとにしたもの。多くは一文字で一音節を表し、「比登（↑人）」「夜麻（↑山）」などと表記する。
②字訓仮名（訓仮名）—漢字が日本に伝来した後、訓読みとして定着した発音をもとにしたもの。「八間跡（↑大和）」「夏樫（↑懐し）」などと表記する。
　これらが後に片仮名、平仮名を生むことになる。また、『万葉集』などでは、通常の表記の方法ではあき足らなくなり、「山上復有山」を「出」の字に当てる戯書という技巧も見られる。↓片仮名・仮名・字音・上代特殊仮名遣い・平仮名

万葉集［マンエフシフ］ 作品名 ↓必修古典ビッグ30 ㉗（1164ページ）

み

み- 接頭語（名詞に付いて）一【御・美】美しい、立派だ、などの褒めたたえる意味を表したり、ことばの調子を調えたりする。語例 **御山**・**御冬** 二【御】尊敬の意味を表す。語例 **御門**・**御心**
↓古語チャート㊵（1167ページ）

-み【廻・回・曲】 接尾語 山や川や海が曲がり入っている所、という意味を表す。語例 **磯廻**・**浦廻**

-み 接尾語 一（形容詞の語幹や形容詞型に活用する助動詞の語幹に相当する部分に付いて、多く「〜を〜み」の形で）…ので、…から、という原因・理由を表す。語例 知りぬべ**み**・苫をあら**み**・瀬を早**み**
二（形容詞の語幹に付いて）❶「み」に続く「思ふ」「為す」の内容を表す。語例 恨めし**み**思へ・うるはし**み**せよ ❷中止法として対句を構成する。語例 山高**み**河雄大し（＝山が高く、川が雄大だ）❸その状態という意味の名詞を作る。語例 繁**み**・深**み**
三（動詞および打消の助動詞「ず」の連用形に付いて、繰り返し用いて）動作や状態が交互に繰り返して行われる、という意味を表す。語例 曇り**み**晴れ**み**（＝曇ったり晴れたりする）・見え**み**見えず**み**（＝見えたり見えなかったりする）

み【巳】 名詞 ❶十二支の第六番目。蛇。❷時刻のひとつ。今の午前十時ごろ。また、その前後二時間。❸方角のひとつ。南南東。
↓ビジュアルチェック❹（349ページ）・❺（393ページ）・⑲（881ページ）

み【身】 一 名詞 ❶体。身体。❷身分。身の上。❸自分。我が身。自分自身。❹命。❺（容器などの）物を入れる部分。❻物事の内容。中身。❼刀の鞘の中に入る部分。
二 代名詞 私。我。
発展 二は、中世以降、主として男性が用いた。

み-あかし【御明かし・御灯】 名詞 神仏に供えるあかり。お灯明。発展「み」は尊敬を表す接頭語。
↓古語チャート㊶（1179ページ）

みあかし-ぶみ【御明かし文】 名詞 神仏に灯明をあ

げ、願い事を書いて供える文。願文。

みーあつ・む【見集む】 動詞 他〔マ下二段〕〈め・め・む・むる・むれ・めよ〉あれこれと見る。多くの事物に接する。「**ここらよき人を見集むれど、似るべくもあらざりけり。**」〈源氏・蜻蛉〉訳「数多く美しい人を**あれこれと見る**けれど、(女一の宮に)似ていそうな人もいなかったのだった。」

みーあは・す【見合はす】 ― 動詞 他〔サ下二段〕〈せ・せ・す・する・すれ・せよ〉❶顔を見合わす。見かわす。**侍従、右近見合はせて**…。〈源氏・浮舟〉訳 侍従と、右近が**顔を見合わせて**…。❷見比べる。対照する。**繰り綿、塩、酒は江戸店の状日を見合はせ**…〈西鶴・日本永代蔵〉訳 繰り綿(=精製していない綿)、塩、酒(の相場)は江戸の出店からの報告書が到着する日を(待って本店の相場と)**見比べ**…。

みーあ・ふ【見合ふ】 ― 一 動詞 他〔ハ四段〕〈は・ひ・ふ・ふ・へ・へ〉❶見かわす。互いに見る。**いとつつましうて、うつぶしつつ見合ひたり。**〈落窪〉訳(新入りの女房たちは)とても遠慮されて、うつむきながら(顔を)**見かわしていた**。❷見つける。発見する。**官人見合ひて、からめとりて、院の御所へゐてまゐりぬ。**〈古今著聞集〉訳(法を犯した者を)役人が**見つけて**、捕らえて、院の御所へ引き連れて参上した。❸皆で見る。大勢で見る。**その時、浜に人の多く集まりて物を見合ひたるを**…。〈発心集〉訳 そのとき、浜に人が多く集まって(その)物を**皆で見ている**のを…。
二 動詞 自〔ハ四段〕〈は・ひ・ふ・ふ・へ・へ〉出会う。(敵などに)出くわす。**はからざるに、僧正に見合ひたてまつりにけり。**〈古今著聞集〉訳 思いがけずに、僧正に**出会い**申し上げてしまったのだった。

みーあへ【御饗】 ― 名詞 もてなし。ごちそう。発展「み」は接頭語。

みーあらか【御殿・御舎】 名詞 宮殿。御殿。発展「み」は接頭語。

みーあらは・す【見顕す】 ― 動詞 他〔サ四段〕〈さ・し・す・す・せ・せ〉(隠されている物事を)明らかにする。正体をあばく。**所狭き御もの恥を見あらはさむの御心も殊になうて過ぎゆくを**…。〈源氏・末摘花〉訳(源氏は)気づまりに感じるほどの(姫君の)はにかみぶり(の理由)を**明らかにしよう**というお気持ちも特になくて(月日が)過ぎていくが…。

みーあり・く【見歩く】 動詞 他〔カ四段〕〈か・き・く・く・け・け〉見て歩きまわる。**ある人に誘はれたてまつりて、明くるまで月見ありくことはべりしに**…。〈徒然草・32・九月二十日のころ〉訳 ある人に誘われ申し上げて、(夜の)明けるまで月を**見て歩きまわる**ことがございましたが…。

みーあれ【御生れ・御阿礼】 名詞 ❶陰暦四月の中の午の日に上賀茂神社で行われる、神を迎える神事。現在は五月十二日に行われる。❷上賀茂神社の別の呼び名。発展「み」は接頭語。

みーいだ・す【見出だす】

部屋などの、内から外を見る。狭い所から広い所を見る
- ❶内から外を見る。
- ❷見つける。捜し出す。◉中世以降の用法。
- ❸目をむく。◉中世以降の用法。

未然形	連用形	終止形	連体形	已然形	命令形
みいださ	みいだし	みいだす	みいだす	みいだせ	みいだせ

動詞 他〔サ四段〕❶**内から外を見る**。**外の方を見やる**。対 見入る →古語チャート㊷(1191ページ) **遣り戸を引き開けて、もろともに見出だしたまふ。**〈源氏・夕顔〉訳(源氏は)引き戸を引いて開けて、(夕顔と)一緒に**外の方を見やり**なさる。❷《中世以降》**見つける**。**捜し出す**。**奥の方をよくよく見れば、この地蔵納めて置きたてまつりたりけるを思ひ出だして、見出だしたりけり。**〈宇治拾遺〉訳(部屋の)奥の方を注意深く見ると、この(=夢に出てきた)地蔵の像を納めて置き申し上げてあったのを思い出して、**見つけた**のだった。❸《中世以降》**目をむく**。(怒りや驚きのために目を)**見開いて見る**。**十郎、怒りてみばやと思ひて、持ちたる扇をさつと開き、大きに目を見出だし**…。〈曾我物語〉訳(自分の考えに賛成してくれない母に対して、曾我)十郎は、怒ってみようと思って、持っていた扇をさっと開き、大きく目を**見開いて見て**…。
発展 中古では、❷の見つけるという意味では「見出づ」が用いられ、「見出だす」は、❶の意味でのみ使われた。

みーいつ【御厳・御稜威】 名詞(神や天皇の)ご威光。ご威勢。発展「み」は接頭語。「厳」「稜威」を敬った言い方。

みーい・づ【見出づ】 ― 動詞 他〔ダ下二段〕〈で・で・づ・づる・づれ・でよ〉見つける。発見する。**うれしきもの。まだ見ぬ物語の、一を見て、いみじうゆかしとのみ思ふが残り、見出でたる。**〈枕草子・276・うれしきもの〉訳 うれしいもの。まだ読んだことのない物語で、初め(=一の巻)を読んで、(その続きを)並々でなく読みたいとばかり思っているものの残り(の巻)を、**見つけ**たとき。

三井寺［ミヰ］ 寺社名 今の滋賀県大津市にある天台宗の寺。正式には「園城寺」。延暦寺を「山門」というのに対し、「寺門」という。→ビジュアルチェック㉓(1093ページ)

みーい・る【見入る】

外から中をのぞき見る。また、見ることに専心する
- ❶外から中を見る。のぞき込む。
- ❷気をつけて見る。目をかける。
- ❸(執念を込めて)取り付く。

未然形	連用形	終止形	連体形	已然形	命令形
みいれ	みいれ	みいる	みいるる	みいるれ	みいれよ

動詞 他〔ラ下二段〕❶**外から中を見る**。**のぞき込む**。対 見出だす →古語チャート㊷(1191ページ) **妻戸の開きたる隙を何心もなく見入れたまへるに、女房のあまた見ゆれば**…。〈源氏・野分〉訳(夕霧が)両開きの扉の開いている透き間を何気なく**のぞき込み**なさったところ、女房が大勢見えるので…。❷**気をつけて見る**。**関心を持って見る**。**目をかける**。**唐絵に書きたる懸け盤して、もの食はせたるを、見入る**

る人もなければ…。〈枕草子・99・五月の御精進のほど〉訳（家の主人は）中国風の絵に書いてある（ような）食器台でもって、食事をさせたが、（客たちは）**関心を持って見る**人もいないので…。
❸（執念を込めて）**取り付く**。「**荒れたりし所に棲みけむ物の我に見入れけむたよりに、かくなりぬること。**」〈源氏・夕顔〉訳「荒れてしまっていた所にすんでいたとかいう物の怪が私（＝源氏）に**取り付いた**ようなゆかりで、（夕顔は）このようになって（＝死んで）しまったことよ。」

み-いれ【見入れ】名詞 ❶外から中を見ること。のぞき込むこと。❷執心すること。思い入れること。

み-うち【身内】名詞 ❶体中。全身。❷親類。一族。

み-うち【御内】■名詞 ❶貴人や主君の屋敷の中。❷家臣。家来。❸貴人。殿様。また、その奥方。❹将軍に代々仕える直属の武士。譜代。■代名詞（相手を敬って）あなた。貴兄。

発展「み」は接頭語。

みえ-あり・く【見え歩く】動詞 他〔カ四段〕〈か・き・く・く・け・け〉人目に付くように歩きまわる。あちこちに見せて回る。あながちに、**心ざしを見えありく**。〈竹取・五人の貴公子〉訳（五人の貴公子は）ことさらに、（結婚したいという）意向を**あちこちに見せて回る**。

み-えい【御影】名詞 尊影。ご肖像。神仏や貴人の肖像を敬った言い方。発展「み」は接頭語。

みえ・く【見え来】動詞 自〔カ変〕〈こ・き・く・くる・くれ・こ（こよ）〉現れる。やってくる。**熟田津に舟乗りせむと聞きしなへなにかも君が見えこざるらむ** 歌〈万葉集・12・3202〉訳熟田津で舟に乗るだろうと聞いたのに、どうしてあなたが**現れ**ないのだろうか。

みえ-しらが・ふ【見えしらがふ】動詞 自〔ハ四段〕〈は・ひ・ふ・ふ・へ・へ〉❶わざと目に付くように振る舞う。**ことさらに見えしらがふ人もあり**。〈源氏・総角〉訳（女房たちの中には、薫に対して）特に**わざと目に付くように振る舞う**人もいる。❷人の目に触れる。注目される。**それがものしたる書どもも、これかれと見えしらがふめり**。〈玉勝間〉訳それ（＝富士谷御杖）が著した書物なども、あれこれと**注目されるようだ**。

まとめて覚えよう古語チャート40

接頭語「み（御）」の働き

接頭語「み（御）」は、他のことばの上に付いて、尊敬の意味を表したり、そのことばに美しい感じを添えるときに使われます。この図は、その「1み」と一★音節の名詞が結び付いたことばを集めたものです。

「2みち」の「3ち」は、それだけで「道」を表すことばでした。通路にあたる所には、それを支配する神がいると考えられていたため、敬意を示す意味で「1み」を付けたと考えられます。

「4みや」は、「5や（＝建物）」を敬った言い方ですが、今ではさらに「お」を付けて、「お宮」などと言います。

この「2みち（道）」「4みや（宮）」と「6みね（峰）」の三語は、この形がもともとの形であるかのように思われ、「み」が接頭語であったことなど、まったく意識されないようになってしまいました。

赤字は最重要語・重要語

1 み（御）
- 3 ち（道） → 2 みち（道）
- 5 や（屋） → 4 みや（宮）
- ね（嶺） → 6 みね（峰）
- よ（代） → みよ（御代）
- す（簾） → みす（御簾）
- こ（子） → みこ（御子）

みえ-にく・し【見え難し】形容詞〔ク〕〈く・く・し・き・けれ・○／から・かり・○・かる・○・かれ〉見られることがいやだ。会うのが気詰まりだ。「**この君こそうたて見えにくけれ**。」〈枕草子・49・職の御曹司の〉訳「あの方（＝藤原行成）はいやに**会うのが気詰まりだ**。」

みえ-ぬ【見えぬ】❶現れない。姿が見えない。**十月つごもりがたに、三夜しきりて見えぬ時あり**。〈蜻蛉日記〉訳十月の末ごろに、三晩続けて**姿が見えない**ときがある。❷見慣れない。見ることができない。**京には見えぬ鳥なれば、みな人見知らず**。〈伊勢・9〉訳京都では**見ることができない**鳥であるので、その場にいる人全員が（なんという鳥であるのか）見ても分からない。
発展下二段動詞「みゆ」の未然形＋打消の助動詞「ず」の連体形。

みえ-まが・ふ【見え紛ふ】動詞 自〔ハ四段〕〈は・ひ・ふ・ふ・へ・へ〉区別がつかないように見える。見まちがえる。**いと木繁き中より、篝火どもの影の、遣り水の蛍に見えまがふもをかし**。〈源氏・薄雲〉訳たくさん木が生い茂った中から、数々のかがり火の光が、遣り水の（辺りにいる）ホタルと**区別がつかないように見える**のも風情がある。

みえる（現）↓（古）**みゆ**【見ゆ】最重要語（1188ページ）

みえ-わ・く【見え分く】動詞 自〔カ四段〕〈か・き・く・く・け・け〉見分けがつく。**みな髪あげつつゐたる人、三十余人、その顔ども見え分かず**。〈紫式部日記〉訳みんなめいめい髪を上げて座っている女房は、三十人ほど、その顔などは**見分けがつかない**。

みえ-わた・る【見え渡る】動詞 自〔ラ四段〕〈ら・り・る・る・れ・れ〉一面に見える。全体に見える。また、見渡せる。**草葉も水もいと青く見えわたりたるに**…。〈枕草子・223・五月ばかりなどに〉訳草の葉も水もとても青く**一面に見**

えている所で…。

❷みお（現）↓（歴）みを【水脈・澪】

み-お・く【見置く】 動詞 他〔カ四段〕〈か・き・く・く・け・け〉❶見捨てる。置き去りにする。**さる君を見置きたてまつりてこそ行くまじけれ。**〈枕草子・240・御乳母の大輔の命婦〉訳こういう主君を見捨て申し上げて（遠くへ）行くことはできないだろう。❷取り計らっておく。方法を考えておく。「**をさなき人々を、いかにもいかにも、わがあらむ世に見置くこともがな。**」〈更級日記・夫の死〉訳「幼い子供たち（の将来）を、なんとかしてなんとかして、私が生きているうちに取り計らっておく方法があればなあ。」❸見ておく。見届ける。見定める。また、見て知る。**埋みけるを人の見置きて、御所へ参りたる間に盗めるなりけり。**〈徒然草・54・御室に、いみじき児の〉訳（弁当箱を）埋めたことを人が見ておいて、（法師たちが）御所へ参上しているうちに盗んだのであった。

み-おこ・す【見遣す】

他からこちらへ、見る動作が及ぶ ―（離れた所から）こちらの方を見る。

未然形	連用形	終止形	連体形	已然形	命令形
みおこ・せ	みおこ・せ	みおこ・す	みおこ・する	みおこ・すれ	みおこ・せよ

動詞 他〔サ下二段〕（離れた所から）こちらの方を見る。「**月の出でたらむ夜は、見おこせたまへ。**」〈竹取・かぐや姫の昇天〉訳「月が出ているような夜は、（月の都に私がいるので）こちらの方を見てください。」

発展「見やる」と「見おこす」「見おこす」が、他からこちら側を見ることを表すのに対して、「見やる」は、こちら側から他の方を見ることを表す。

関連語 見遣る

❷みおつくし（現）↓（歴）みをつくし【澪標】

み-おと・す【見貶す】 動詞 他〔サ四段〕〈さ・し・す・す・せ・せ〉見下す。さげすむ。軽蔑する。**かの人の心をさへ見おとしたまひつ。**〈源氏・若菜下〉訳その人（＝柏木）の心までも（源氏は）見下しなさった。

み-おや【御親】 名詞 親や祖先などを敬っていうことば。発展「み」は接頭語。

み-およ・ぶ【見及ぶ】 動詞 他〔バ四段〕〈ば・び・ぶ・ぶ・べ・べ〉見ることができる。「**人の見及ばぬ蓬萊の山。**」〈源氏・帚木〉訳「人の見ることができない蓬萊の山。」

みか【三日】 名詞 ❶三日間。❷月の第三日目。❸事が起こってから三日目。特に結婚・出産などの三日目。

みか【甕】 名詞 酒の醸造、貯蔵に用いる大きなかめ。

み-かうし【御格子】 名詞 貴人の部屋の格子。発展「み」は尊敬を表す接頭語。

みかうし-まゐ・る【御格子参る】（貴人の部屋の）格子をお上げ申し上げる。また、お下げ申し上げる。**掃部司参りて、御格子参る。**〈枕草子・278・関白殿、二月二十一日に〉訳★掃部寮の長官が（中宮の御殿に）参上して、**格子をお上げ申し上げる。**〇「御格子参る」には、格子を上げる場合と下ろす場合がある。ここは、前者の例。

み-かき【御垣】 名詞 神社、宮中、貴人の邸宅などの垣。発展「み」は尊敬を表す接頭語。

みかき-もり【御垣守】 名詞 皇居の門を警護する役人。衛士。

みかきもり… 百人一首 **御垣守衛士のたく火の夜は燃え昼は消えつつものをこそ思へ**〈詞花集・225・大中臣能宣〉訳皇居の御門を守る警護の者のたくかがり火が、夜は燃え昼は消えるように、（私も）夜は燃え、昼は消え入るように物思いをすることだ。〇第二句までは「燃え」を導く序詞。

発展 かがり火に、恋に身を焦がす自分を重ねて詠む。

品詞分解・修辞

〈序詞〉→燃え
御垣守 衛士 の（格助） たく（カ四・体） 火 の（格助） 夜 は（係助） 燃え（ヤ下二・用）
昼 は（係助） 消え（ヤ下二・用） つつ（接助） もの を（格助） こそ（係助） 思へ（ハ四・已）　（係）→（結）

み-が・く【磨く・研く】 動詞 他〔カ四段〕〈か・き・く・く・け・け〉❶こすって光らせる。輝かせる。❷美しく飾る。飾り立てる。**娘住ませたる方は、心殊に磨きて…。**〈源氏・明石〉訳（明石の入道が）娘を住ませている所は、格別に**美しく飾って**…。❸（人柄や技芸などに）磨きをかける。洗練させる。**対の上の御もてなしに磨かれて…。**〈源氏・若菜上〉訳（明石の女御は）対の上（＝紫の上）のご養育で**磨きをかけられて**…。

み-かく・す【見隠す】 動詞 他〔サ四段〕〈さ・し・す・す・せ・せ〉見て見ぬふりをする。知らぬふりをする。「**せめて見隠したまふ御眼尻こそわづらはしけれ。**」〈源氏・松風〉訳「無理に**見て見ぬふりをし**なさるお目じりが気詰まりだ。」

み-がく・る【水隠る】 動詞 自〔ラ下二段〕〈れ・れ・る・るる・るれ・れよ〉水中に隠れる。**隠れ沼の底の下草みがくれて知られぬ恋は苦しかりけり** 歌〈大和・138〉訳隠れ沼の底に生えている草が**水中に隠れて**（見えないように）、好きな人に知られない（片思いの）恋は苦しいものだったなあ。〇「みがくれて」は、「身隠れて」と「水隠れて」の掛詞。上の句は、「知られぬ」を導き出すための序詞。

みかげ【御陰・御蔭】 名詞 ❶頭髪に付ける飾りもの。❷恩恵。おかげ。庇護。**この御陰に隠れてものしたまへば…。**〈源氏・須磨〉訳（花散里は）この（＝源氏の）**庇護**のもとで過ごしていらっしゃるので…。

み-かさ【水嵩】 名詞（川などの）水量。水かさ。

三笠山 歌枕 今の奈良市東部、春日神社（現在は春日大社）の東にある山。「御蓋山」「御笠山」とも書き、「笠の山」ともいう。和歌には多く「月」「傘」「雨」「光」などとともに詠まれた。↓春日・ビジュアルチェック❶（194ページ）・㉕（1097ページ）

み-がてり【見がてり】 見ながら。見つつ。**秋の田の穂向き見がてりわが背子がふさ手折り来るをみなへしかも** 歌〈万葉集・17・3943〉訳秋の田の稲穂の出来具合を**見ながら**、あなたが多く手で折って来たオミナエシなのだなあ。発展 上一段動詞「みる」の連用形＋接尾語「がてり」。

み-かど【御門・帝】

門を敬っていうことば。→ ❶門を敬った言い方。皇居の門。 ❷皇居。宮殿。
天皇の住む宮の門 → ❸天皇。 ❹天皇の治める国。国家。朝廷。

名詞 ❶**門を敬った言い方。特に、皇居の門。**
東の多芸の御門にさもらへど昨日も今日も召す言もなし 歌〈万葉集・2・184〉訳東の多芸にある**皇居の門**にお仕え申し上げているけれども、昨日も今日もお召しのことばもない。

❷**皇居。宮殿。**
ひさかたの天見るごとく仰ぎ見し皇子の御門の荒れまく惜しも 歌〈万葉集・2・168〉訳天空を見るように仰ぎ見た(草壁皇子の)皇子の**宮殿**が荒れていこうとしているのがもったいないことだなあ。〇「ひさかたの」は「天」に係る枕詞。

❸**天皇。**
帝の御位はいともかしこし。〈徒然草・1・いでや〉訳**天皇**のお位は非常に恐れ多い。

❹**天皇の治める国。国家。朝廷。**
わが御門六十余国の中に、塩釜といふ所に似たる所なかりけり。〈伊勢・81〉訳我が**天皇の治める国**六十余か国の中に、塩釜(=今の宮城県塩竈市)という所と似ている(ほど風景のすばらしい)所はなかったのだった。

発展 **❶〜❹の意味の展開** 「かど(門)」に尊敬を表す接頭語「み」が付いたことば。もともとは、❶の「門」そのものを敬った言い方であり、❷のように宮殿全体をも表す。その宮殿を中心として政治が行われるところから、❹の国家全体の意味をも表すようになった。また、❸の意味は、天皇その人を直接指し示すのは恐れ多いことであるため、天皇の住まいを指すことによって遠回しに天皇を表すようになったものである。↓**古語チャート㉖**(873ページ)

みかど-もり【御門守】 名詞 皇居、貴人の屋敷の門を守ること。また、その人。

瓶原(みかのはら) 歌枕 今の京都府木津川市加茂町付近。「三日の原」「三香の原」「甕の原」などとも書かれた。聖武天皇の恭仁京(くにのみやこ)があった地。和歌には、「泉川」や「鹿背山(かせやま)」とともに詠まれた。↓**ビジュアルチェック❶**(194ページ)

みかのはら… 百人一首
みかの原わきて流るるいづみ川いつ見きとてか恋しかるらむ〈新古今集・恋1・996・藤原兼輔〉訳みかの原に湧き出して(その原を)分けて流れるいづみ川、その「いつみ」(という名)のように、(私はあの人を)いつ見た(=会った)からといって(こんなにも)恋しいのだろうか。〇上の句は「いつ見」を導く序詞。「わきて」は「湧きて」と「分きて」との掛詞で、「いづみ」の縁語。

絵で見る古典生活史㉓

結婚の儀式

平安時代の貴族の結婚は、今とは比べ物にならないほど面倒な手続きを必要としました。女の家に婿入りを伝える「消息使(せうそこづかひ)」が来て、ごあいさつとしての口上を述べることから始まり、婿の乗る*牛車(ぎっしゃ)、行列の人数、初夜に枕を置く方向など事細かに決められていました。

女の両親や親族と婿との対面式としての披露宴は「所顕(ところあらはし)」といわれ、新婚三日めに、盛大に行われました。『*落窪物語』巻之二には、その準備のようすが「三日の設け、いといかめしうしたまふ。」など描かれています。

『*源氏物語』にも、「三日に当たる夜、餅(もち)ひなむまゐる。(=結婚三日めにあたる夜は、お餅を差し上げる。)」という表現があります。披露宴当日には、男は用意された丸餅を全部食べるのが習わしでした。ただ、婿の中には餅を食べる作法を知らない者もいたようで、『落窪物語』巻之一の「少将」は「食ふやうありとか。いかがする。」と、食べ方を尋ねています。

(写真…*三日の餅の前に座る女性と灯台の火を守る女房)

発展「いつ見きとてか」の解釈として、まだ会ったことがないとするものと、わずかに会ったことがあるとする説がある。

品詞分解・修辞
みかの原〈序詞〉→いつ見 ／ わき(カ四・用) て(接助) 〔縁語 分きて／湧きて(掛詞)〕 ／ 流るる(ラ下二・体) ／ いづみ川〔縁語〕
いつ(代) 見(マ上一・用) き(過去・終) と(格助) て(接助) か(係助)〔係〕 恋しかる(形・体) らむ(現在推量・体)〔結〕

みか-の-もちひ【三日の餅】 名詞 平安時代、新婚三日目の夜、新郎新婦が一緒に食べた祝いの餅。↓**絵で見る古典生活史㉓**(1169ページ)

み-かは【三河】 旧国名 ↓三河(みかわ)

み-かは【御溝】 名詞 ↓みかはみづ

み-かは・す【見交はす】 動詞 他 (サ四段)〈さ・し・す・す・せ・せ〉顔を見合わせる。互いに見る。
これらうち笑ひ、見交はして言ふやう…。〈大鏡・序〉訳この人たちが笑い、**顔を見合わせて**言うことには…。

みかは-みづ【御溝水】 名詞 宮中の建物や塀に沿って作った溝を流れる水。特に清涼殿の東庭のものが有名。↓**ビジュアルチェック⑫**(715ページ)

みかはや-うど【御厠人】 名詞 ↓ひすまし

み-かへ・る【見返る】 動詞 他 (ラ四段)〈ら・り・る・る・れ・れ〉後ろを見る。振り向く。振り返る。
笛を吹きながら見返りたる気色、取り掛かるべくも覚えざりければ、走りのきぬ。〈今昔〉訳笛を吹きながら**振り向いた**ようすは、立ち向かって行くことができるとも思われなかったので、(盗賊は)走ってその場を離れた。

み-が-ほ・し【見が欲し】 《上代語》見たいものだ。見たく思う。
橘は花にも実にも見つれどもいや時じくになほし見がほし 歌〈万葉集・18・4112〉訳タチバナは花でも実でも見たけれども、ますますいつでももっと**見たいものだ**。
発展 上一段動詞「みる」の連用形の名詞化「み」＋格助詞「が」＋形容詞「ほし」。

み-かまぎ【御薪】 名詞 古代、役人たちが朝廷に奉った薪。また、その儀式。後に、陰暦正月十五日の武家の行事となった。季語 春 発展「み」は尊敬を表す接頭語。「御竈木(みかまぎ)」の意味。「みかまき」とも。

三河【みかわ】［カハ］［旧国名］三州・参州。「参河」とも書く。★東海道十五か国の一つ。今の愛知県東半部。↓ビジュアルチェック❼(450ページ)

み‐き【御酒】［名詞］お酒。神に供える酒。［類］大御酒(おほみき)［発展］「み」は尊敬を表す接頭語。

みぎ【右】［名詞］❶南に向かったとき、西に当たる方向。［対］左 ❷左右に分かれた官職のうち、右の位。左よりも下位とする。［対］左

みぎ‐の‐うまのかみ【右の馬の頭】［名詞］↓うまのかみ(右馬の頭)

みぎ‐の‐おとど【右の大臣】［名詞］↓うだいじん

みぎ‐の‐おほいまうちぎみ【右の大臣】［名詞］↓うだいじん

みき‐の‐つかさ【造酒の司】［名詞］宮内省に属し、酒や酢を醸造し、宮中の酒宴を担当した役所。↓ビジュアルチェック⓯(757ページ)

み‐ぎは【汀】［名詞］水のほとり。水際。海・川両方に用いる。［発展］「水(み)際(きは)」という意味。

❷みぎょうしょ(現)↓(歴)**みげうしょ**【御教書】

みぎり【右り】［名詞］右。［発展］「左り」に語形をそろえるため「みぎ」に「り」を付けたもの。

み‐ぎり【砌】一［名詞］雨だれを受けるために軒下に置いた敷石。転じて、庭。二［形式名詞］❶場所。所。❷時。時節。その時。［発展］「水限(みきり)」という意味。二は「みぎん」とも。

❷みぎわ(現)↓(歴)**みぎは**【汀】

み‐くさ【水草】［名詞］水中または水辺に生える草の総称。ミズクサ。

み‐くさ【御軍】［名詞］天皇の軍隊。皇軍。［発展］「み」は尊敬を表す接頭語。「御軍(みいくさ)」の変化したことば。

み‐ぐし［名詞］一【御髪】貴人の髪を敬った言い方。
御髪の常よりもきよらに見ゆるを掻き撫でたまひて…。〈源氏・葵〉［訳］(紫の上の)**おぐし**のいつも以上にきれいに見えるのを(源氏が)手でお撫でになって…。
二【御頭・御首】貴人などの頭や首を敬った言い方。
大地震ふりて、東大寺の仏のみぐし落ちなど、いみじきことどもはべりけれど…。〈方丈記・大地震〉［訳］(昔)大地震が揺れ動いて、東大寺の大仏の**お首**が落ちるなど、大変なことがいくつもありましたけれど…。
［発展］接頭語「み」+「櫛」。道具で髪などを間接に表現した尊敬表現。二は「みくし」とされてきている。

みぐし‐あげ【御髪上げ】［名詞］貴人の髪を結うこと。また、それをする人。

みぐし‐おろ・す【御髪下ろす】(貴人が)頭髪をそって仏門に入る。
帝、おりゐたまひて、またの年の秋、御髪下ろしたまひて…。〈大和・2〉［訳］帝は、ご譲位あそばして、次の年の秋、**頭髪をそって仏門にお入りになって**…。

み‐くしげ【御櫛笥・御匣】［名詞］貴人の化粧道具を入れる箱。［発展］「み」は尊敬を表す接頭語。

みくしげ‐どの【御匣殿】［名詞］❶宮中の貞観殿の別の呼び名。↓ビジュアルチェック⓰(759ページ) ❷貞観殿の中で、装束などの裁縫をする所。❸貴人の家で裁縫をする所。❹❷に仕える女官の長。

み‐くづ【水屑】［名詞］水中のごみ。［発展］はかない身の上のたとえとして用いられることが多い。

みくに‐ゆづり【御国譲り】［名詞］天皇が位を皇太子に譲ること。譲位。

み‐くまり【水分り】［名詞］《上代語》分水嶺。［発展］「くまり」は「配り」で、「水配り」という意味。

み‐くら【御倉】［名詞］❶貴人などの屋敷にある倉。特に、宜陽殿にある納め殿。❷★蔵人所

み‐くらゐ【御位】［名詞］❶天皇の位。皇位。❷官位や位階を敬った言い方。

み‐くり【三稜草】［名詞］《植物》ミクリ科の多年草。沼や沢に自生し、夏、白い花を付ける。茎は干して、すだれやむしろにする。

み‐ぐる・し【見苦し】

見ているのがつらいようす ─ ❶醜い。みっともない。❷見るに忍びない。見ていてつらい。

未然形	連用形	終止形	連体形	已然形	命令形
みぐる・しく	みぐる・しく	みぐる・し	みぐる・しき	みぐる・しけれ	○
みぐる・しから	みぐる・しかり	○	みぐる・しかる	○	みぐる・しかれ

［形容詞］［シク］❶**醜い。みっともない。**
人の語りしこそ、見苦しき我褒めどもをかし。〈枕草子・133・頭の弁の御もとより〉［訳］人が語ったのは、**みっともない**自慢話などで滑稽である。
❷**見るに忍びない。見ていてつらい。**
「**かく見苦しく年月を経て、人の嘆きをいたづらに負ふもいとほし。**」〈大和・147〉［訳］「(娘のおまえが二人の男に愛されて)このように**見るに忍びない**(状態で)長い年月を過ごして、(二人の)男の悲嘆をむなしく身に引き受けるのもかわいそうだ。」

み‐け【御食・御饌】［名詞］神または天皇の食べ物。お召し上がりもの。［類］供御［発展］「み」は尊敬を表す接頭語。

み‐げうしょ【御教書】［名詞］平安時代、三位以上の公卿の家司が主命を受けて出す奉書形式の書状の称。その様式から★綸旨・★院宣についてもいうことがあり、鎌倉時代以降は、将軍家が出す文書についてもいう。↓下し文

み‐けし【御衣】［名詞］お着物。お召しもの。［発展］「み」は尊敬を表す接頭語。「おほんぞ」「おんぞ」「みぞ」とも。

みけ‐つ‐くに【御食つ国】［名詞］天皇の食事の材料を献上する国。特に、海産物を献上する国。［発展］「つ」は上代の格助詞。

み‐こ【巫女・神子】［名詞］神に仕え、神楽を舞ったり、神のことばを告げたりする女性。

み‐こ【御子・皇子】［名詞］❶天皇の子。❷親王。［発展］「み」は接頭語。↓古語チャート㉖(873ページ)・㊵(1167ページ)

みこころ‐を【御心を】［枕詞］(御心を寄すという意味から、同音を含む)地名「吉野」に係る。

み‐こし【御輿】［名詞］❶貴人が乗る輿。❷祭礼のとき、神霊が乗る輿。神輿。おみこし。［発展］「み」は尊敬を表す接頭語。

みこし‐やどり【御輿宿り】［名詞］御輿を納める庫。また、祭礼のとき、御輿が仮に鎮座する所。

み‐こと【命・尊】一［名詞］神・天皇・貴人などを敬っていうことば。
二［代名詞］❶(多く、相手をばかにしたり、からかったりする気持ちを込めて)あなた様。お前さん。❷(話題になっている第三者に対し、ややさげすんだ気持ちを込めて)そのお方。

発展 ㈡は中古後期からの用法。

み-こと【御言・命】 名詞 神や天皇・貴人のことば。仰せ。おことば。
かれ、**命を受けてまかり行でますとき**…。〈古事記・景行天皇〉訳 そこで、(倭建命が景行天皇の)おことばをお受けして退出なさるとき…。
発展「み」は尊敬を表す接頭語。

み-ごと【見事】 名詞 見るべきもの。見もの。対 聞き事
「**見事、いとおそし。そのほどは桟敷不用なり。**」〈徒然草・137・花は盛りに〉訳「**見るべきもの**(=賀茂の祭りの行列)が、たいそう遅い。それまでの間は桟敷にいても何にもならない。」

み-ごと・な【見事な】 形容動詞〔口語化〕立派な。すばらしい。
「**酒を飲むならば、よい比に飲うだが見事な。**」〈浮世物語〉訳「酒を飲むなら、適当に飲んだのが**すばらしい**のに。」

み-こと-のり【勅・詔】 名詞 天皇の仰せ言。詔勅。
発展「御言宣り」の意味。→**古語チャート**㉞(989ページ)

み-こと-もち【宰・司】 名詞 任地に下り、地方の政務を行う役人。地方官。発展「御言」を「持ち」、その通りに政治を行う、という意味。

みこ-ばら【皇女腹】 名詞 皇女から生まれること。また、その子。内親王の子。類 宮腹

みこも-かる【水薦刈る】 枕詞 (ミコモが多く生えていることから)地名「信濃」に係る。

み-こもり【水籠り】 名詞 ❶水中に隠れること。❷(比喩的に)心に秘めて表に出さないこと。

み-さう【御荘】 名詞 貴人の荘園。発展「み」は尊敬を表す接頭語。

みさお(現)→(歴)**みさを【操】**

み-さき【御先】 名詞 ❶貴人を先導すること。先払い。❷神の使者といわれる動物。カラス・キツネなど。

み-さ-く【見放く】 動詞 他〔カ下二段〕〈け・け・く・くる・くれ・けよ〉望み見る。遠くを眺める。
しばしばも**見さけむ**山を心なく雲の隠さふべしや 歌〈万葉集・1・17〉訳 幾たびも**望み見**ようと思う山(=三輪山)を、無情にも雲が隠し続けてよいものか、いや、よくない。

み-さご【鶚・雎鳩】 名詞《動物》タカ科の鳥。背は暗褐色、腹は白で、水辺に住み魚を捕らえて食う。

みささぎ【陵】 名詞 天皇や皇后などの墓。御陵。山陵。
発展 中世以降「みさざぎ」。

み-さ-す【見さす】 動詞 他〔サ四段〕〈さ・し・す・す・せ・せ〉見るのを途中でやめる。
絵も**見さして**、うつぶしておはすれば…。〈源氏・紅葉賀〉訳(紫の上が)絵も**見るのを途中でやめて**、うつむいていらっしゃるので…。

み-さぶらひ【御侍】 名詞 貴人のそばに仕える従者。お付きの人。発展「み」は尊敬を表す接頭語。

みさぶらひ… 歌
みさぶらひ御傘と申せ宮城野の木の下露は雨にまされり〈古今集・東歌・1091〉訳 お付きの人、(ご主人に)お傘を(さしましょう)と申し上げよ。(この)宮城野の木々の枝から落ちる露は雨よりひどいのだから。○「宮城野」は今の仙台市東部で、ハギの名所。三句以下で二句までの理由を示す。
発展 作者不明の陸奥の歌。

み-ざま【見様】 名詞 外見。容姿。はたから見た印象。
人の見様のよしあし…定めあへるに…。〈徒然草・56・久しく隔たりて〉訳 人の**外見**のよいわるいについて…判定し合っているときに…。

み-ざま【身様】 名詞 身のありさま。身なり。体つき。姿。
古めかしき御**身様**にて…。〈源氏・若菜下〉訳(女三の宮は)ふけやつれたような(現在の)お**身のありさま**で…。

み-ざめ【見醒め・見覚め】 名詞 見ているうちにだんだん興がさめること。

みさを【操】 名詞 ❶超俗的で清らかなこと。
天年に**みさをに**行をなし、自性まさなることを心に存せり。〈日本霊異記〉訳(女は)生まれながらに**超俗的で清らかなこと**として行為をし、人柄は正しいと信じたことは堅持することを心がけていた。
❷気持ちを変えないこと。変わらない心。節操。
「御許の信ある**操**を見て、今はおのれが身の罪を悔ゆるばかりなり。」〈雨月・吉備津の釜〉訳「そなたの誠意ある**変わらない心**を知って、今は自分の悪業の愚かさを悔やむばかりだ。」

みさを-つく・る【操作る】 いつもと変わらないふりをする。我慢して平気をよそおう。
「上はつれなく**操作り**、心一つに思ひ余るときは…。」〈源氏・帚木〉訳「(ふだん恨み言も言えない女が)表面は何げなく**いつもと変わらないふりをし**、(つらい思いを自分の)胸一つに収めきれないときは…。」

みさを-なり【操なり】 形容動詞〔ナリ〕〈なら・なり(に)・なり・なる・なれ・なれ〉❶心が変わらない。
「深き山の本意は、**操に**なむはべるべきを。」〈源氏・東屋〉訳「(浮舟を出家させて)深い山に(隠そう)という最初からの考えは、**変わらない**はずでございますのに。」
❷平気だ。我慢強い。
なかなかに馴るるつらさに比ぶれば疎き恨みは**操なりけり** 歌〈山家集・681〉訳 かえって親しくなってから(会えないこと)のつらさに比べたら、(最初から)つれない(人に対して感じる)恨みの方が**平気だった**ことよ。

みじか・し【短し】 形容詞〔ク〕〈く・く・し・き・けれ・○／から・かり・○・かる・○・かれ〉❶(時間的・空間的に)短い。
❷(身分、位などが)低い。
「もとの品たかく生まれながら、身は沈み、位**短くて**人げなき…。」〈源氏・帚木〉訳「もともと身分の高い家に生まれているのに、その身は落ちぶれて、位も**低くて**人並みには見えない人と…。」
❸(思慮、愛情などが)足りない。あさはかだ。薄情だ。
「好き好きしき方に、疑ひ寄せたまふにこそあらめ。さりとも、**短き**心ばへ使はぬものを。」〈源氏・末摘花〉訳「好色な方面に、疑いをお持ちになるのであろう。そうではあっても、(姫君に対して)**薄情な**気持ちは示さないものなのに。」
❹(「みじかき心」「心みじかし」の形で)(忍耐が)足りない。せっかちだ。
「心**短く**うち棄てて散りぬるが、恨めしうおぼゆる頃ほひ…。」〈源氏・藤裏葉〉訳「(サクラの花が)心も**せっかちに**(散るのを惜しむ気持ちも)ふり捨てて散ってしまうことが、恨めしいと思われるちょうどそのころに…。」

みじか-よ【短夜】 名詞 夏の短い夜。季語 夏

みしひとの… 歌
見し人の松の千歳に見ましかば遠く悲しき別れせましや〈土佐日記・二月十六日〉訳 かつて見た人(=亡くなった子)を、マツが千年を生きるように、限りなく長い年月

(ずっと生き長らえて)見(ることができ)たとしたら、遠く悲しい(土佐での)別れをしたであろうか、いや、しなかっただろう。〇「〜ましかば〜まし」で反実仮想を表す。

発展 都へ帰った紀貫之が庭のマツを見るうちに、土佐で死んだ娘を思い出して詠んだ歌。

みーしほ【御修法】 名詞 ↓みずほふ

みーし・る【見知る】 動詞 他〔ラ四段〕〈ら・り・る・る・れ・れ〉❶見て知っている。見分けがつく。また、顔見知りである。**牛飼ひ、下部などの見知れるもあり。**〈徒然草・137・花は盛りに〉訳 牛飼い、召し使いなどで**顔見知りになっている**人もいる。

❷理解する。分かる。また、経験している。「**年ごろ、こなたかなたにつけつつ、見知ることどものはべりしかばこそ**…。」〈源氏・宿木〉訳「数年来、あれやこれやにつけて、(あなた様のご好意を)**理解する**ことがいろいろございましたので…。」

みーじろ・く【身動く】 動詞 自〔カ四段〕〈か・き・く・く・け・け〉体を少し動かす。身動きする。**ふとも寝入られたまはぬを、「近くさぶらふ人々、あやしとや聞かむ。」と、うちも身じろきたまはぬも**…。〈源氏・若菜上〉訳 すぐにも寝つくことがおできにならないのを、「近くにお控え申し上げている女房たちが、変だと思うのではないだろうか。」と、(紫の上が)ほんの少しも**身動き**なさらないのも…。

みーす【御簾】 名詞 貴人の屋敷などの簾。御殿の簾。**小式部内侍、御簾よりなかば出でて、直衣の袖を控へて**…。〈古今著聞集〉訳 小式部内侍は、**御簾**から(体が)半分(だけ)出て、(定頼中納言の)★直衣の袖を引き止めて…。

発展「み」は尊敬を表す接頭語。↓**古語チャート**㊵(1167ページ)

み・す【見す】 ■動詞 他〔サ下二段〕〈せ・せ・す・する・すれ・せよ〉❶見せる。見るようにさせる。↓**古語チャート**㊷(1191ページ)

君ならで誰にか見せむ梅の花色をも香をも知る人ぞ知る 歌〈古今集・春上・38〉訳 ↓きみならで…

❷結婚させる。**少将などいふほどの人に見せむも惜しくあたらしきさまを**…。〈源氏・東屋〉訳 少将などという身分の人と**結婚させ**たりするのも惜しくもったいない(浮舟の)姿を…。

■動詞 他〔サ四段〕〈さ・し・す・す・せ・せ〉(「見る」の尊敬語で)ご覧になる。**吹き鳴らす御諸が上に登り立ちわが見せば**…。〈日本書紀〉訳(笛を)吹き鳴らそうと三輪山の上に登ってそこに立って、私(=春日皇女)が**ご覧になる**と…。〇作者が自分の動作に尊敬語を使っている。↓自己敬語

みーずいじん【御随身】 名詞「★随身」を敬った言い方。

みず(現)↓(歴)**みづ【瑞】**

発展「み」は接頭語。

水鏡 [ミヅ] 作品名 平安末期あるいは鎌倉初期の歴史物語。作者は中山忠親といわれる。四鏡の一つ。三巻。『★大鏡』の体裁に倣い、神武天皇から仁明天皇まで五十四代、一五一〇年間の歴史を仮名文・編年体で記し、仏教的歴史観に特色がある。成立年不明。

みーすがら【身すがら】 形容動詞〔ニ・ノ〕《近世語》❶体ひとつで何も持っていない。また、連れがない。単身である。**ただ身すがらにと出で立ちはべるを**…。〈奥の細道・草加〉訳 ただ**体ひとつで何も持たずに**と旅立ちますが…。

❷身よりがない。親類縁者がいない。

発展「すがら」は接尾語。

みずから(現)↓(歴)**みづから【自ら】**

みーすぎ【身過ぎ】 名詞《近世語》生活すること。生活する手段としての職業。生計。暮らし。「**夢にも身過ぎのことを忘るな。**」〈西鶴・世間胸算用〉訳「絶対に**生計**のことを忘れてはいけない。」

みーすぐ・す【見過ぐす】 動詞 他〔サ四段〕〈さ・し・す・す・せ・せ〉見過ごす。見逃す。見ながらそのままですませる。**いと著く思ひ当てられたまへる御側目を見過ぐさで、さし驚かしけるを**…。〈源氏・夕顔〉訳 たいへんはっきりとそれと見当をつけられなさっている(源氏の)お横顔を(夕顔の宿の女房たちは)**見過ごさ**ないで、(源氏の)気を引いて(歌を詠みかけ)たけれど…。

みずし(現)↓(歴)**みづし【御厨子・御厨子】**

みすずーかる 枕詞(「すず」は篠竹で、信濃に多く産することから)「信濃」に係る。発展『万葉集』にある「みこもかる」の表記「水薦刈」を、近世に改訓して成立した語。

みーす・つ【見捨つ】 動詞 他〔タ下二段〕〈て・て・つ・つる・つれ・てよ〉見捨てる。あとに残して去る。また、死ぬ。

春がすみ立つを見捨ててゆく雁は花なき里に住みやならへる 歌〈古今集・春上・31〉訳 ↓はるがすみ…

みずのえ(現)↓(歴)**みづのえ【壬】**

みずのと(現)↓(歴)**みづのと【癸】**

みーずほふ【御修法】 名詞 ❶密教で、加持祈禱をすること。また、その法会。❷陰暦正月の八日から七日間、宮中の真言院で行われた法会。後七日の御修法。季語 春 発展「みしほ」「みすほふ」とも。「み」は接頭語。

みーすまる【御統】 名詞 多くの玉を糸で貫き、輪のようにしたもの。上代、首や腕にまいて飾りにした。発展「み」は接頭語。

みすーみす【見す見す】 副詞 見ているうちに。みるみる。**目にみすみす消え入りたまひにしことなど語る。**〈源氏・浮舟〉訳(弁の尼の)目で**見ているうちに**(大君が)息が絶えておしまいになってしまったことなどを話す。

みずら(現)↓(歴)**みづら【角髪・角子】**

みーせせり【身せせり】 名詞 体を細かく揺り動かすこと。

みせーぢょらう【見世女郎】 名詞 下級の遊女。店先の小部屋にいて、格子の中から客を招いた。発展「局女郎」「端女郎」とも。

みせばやな… 百人一首 **見せばやな雄島の海人の袖だにもぬれにぞぬれし色は変はらず**〈千載集・886・殷富門院大輔〉訳(あなたに)見せたいものだ(血の涙で紅に染まった私の袖を)。(あの)雄島の漁師の袖でさえ、(波で)ぐっしょり濡れても色(まで)は変わらない。〇「雄島」は、今の宮城県松島湾にある島。

発展「松島や雄島の磯にあさりせし海人の袖こそかくは濡れしか」〈後拾遺集・827〉が本歌。

品詞分解・修辞

見せ(サ下二・未)｜ばや(終助)｜な。(終助)〈初句切れ〉｜雄島｜の(格助)｜海人｜の(格助)｜袖
だに(副助)｜も(係助)｜ぬれ(ラ下二・用)｜に(格助)｜ぞ(係助)｜ぬれ(ラ下二・用)｜し。(過去・体)〔(係)——→(結)〕〈四句切れ〉
色｜は(係助)｜変はら(ラ四・未)｜ず(打消・終)

みせる（現）↓（古）**みす【見す】**

みーせん【味煎・蜜煎】 名詞 ↓あまづら

未然形【みぜんけい】 国語・国文法 活用形のひとつ。単独で用いられることがなく、常に助詞・助動詞を伴って用いられる。「未然」とは、まだ(=未だ)そういう状態になっていないという意味で、まだ起こっていない事態について、推量(「む」を伴う)、仮定(「ば」を伴う)、希望(「ばや」を伴う)などの表現を作る。また、打消(「ず」「で」を伴う)の表現などを作る。前者の働きを代表と考えて「未然形」と命名されている。

みーそ【三十】 名詞 数の名。さんじゅう。発展「みそぢ」とも。

みーそ【御衣】 名詞 貴人の衣服。お着物。お召し物。発展「み」は尊敬を表す接頭語。後世「みぞ」とも。また、「おほんぞ」「おんぞ」「みけし」とも。

みーぞう【御族】 名詞 貴人の一族。御一族。御一門。発展「み」は尊敬を表す接頭語。「みぞく」の変化したもの。

みーぞーう【未曾有】 形容動詞（ナリ） いまだかつてない。今までにだれも経験したことがない。
「**比丘を堀へ蹴入れさする、未曾有の悪行なり。**」〈徒然草・106・高野証空上人〉訳「僧（の乗るウマ）を堀へ蹴り落とさせるなど、**いまだかつてない**悪い行いである。」
発展「未だ曾て有らず」を音読したことば。

みそーか【三十日】 名詞 ❶【三十日】さんじゅうにち。三十日間。
「**二十日、三十日と数ふれば、およびも損なはれぬべし。**」〈土佐日記・一月二十日〉訳（出発してから）二十日間、**三十日間**と（指を折って）数えるので、指も痛められてしまいそうだ。
❷【三十日・晦日】毎月の三十日。各月の三十日目の日。転じて、月末。類晦日

みそーかけ【御衣掛け】 名詞 衣類を掛ける家具。衣桁。発展 後世「みぞかけ」とも。

みそかーごころ【密か心】 名詞 人に隠しておきたいと思う心。ひそかに恋い慕う心。

みそかーごと【密か事】 名詞 ❶内緒ごと。秘密。❷秘密の情事。密通。

みそーか・なり【密かなり】

━人目を避けるようす ―こっそりとするようす。ひそかにするようす。内緒である。

未然形	連用形	終止形	連体形	已然形	命令形
みそかなら	みそかなり / みそかに	みそかなり	みそかなる	みそかなれ	みそかなれ

形容動詞（ナリ） **こっそりとするようす。ひそかにするようす。内緒である。**
「**みそかなる所なれば、門よりもえ入らで、童べの踏み開けたる築泥の崩れより通ひけり。**」〈伊勢・5〉訳（男が愛する女の住まいは）**内緒の**場所なので、門から入ることもできなくて、子供たちが踏んで道をつけた土塀の崩れた所から通っていたのだった。
「**いとみそかに言ひ入るるを、その人だに聞きつけで、『何とか、何とか。』と耳をかたぶけ来るに…**」〈枕草子・275・大蔵卿ばかり〉訳（そばにいる人に私が）とても**こっそりと**言い聞かせるのを、（言われた）その人さえ聞き取れないで、「なんだって、なんだって。」と耳を近づけてくるのに…。
発展 ①「ひそかなり」が、主として漢文訓読文に用いられたのに対して、「みそかなり」は和文で用いられた。②語幹「みそか」は、「みそか心」「みそか事」「みそか男」などのように、さまざまな複合名詞を作る。
関連語 密かなり

みそかーぬすびと【密か盗人】 名詞 こっそり盗む者。こそどろ。

みそぎ【禊】 名詞 川や海の水などで、けがれや罪を洗い清めること。
百人一首「**風そよぐならの小川の夕暮れは禊ぞ夏のしるしなりける**」〈新勅撰集・192〉訳↓かぜそよぐ…
発展「身滌ぎ」が変化したことば。

みそぎーがは【禊川】 名詞 禊をする川。また、陰暦六月三十日の夏越しの祓えの神事で川岸に幣を立てて祭りを行う川。季語 夏

みそ・ぐ【禊ぐ】 動詞 自（ガ四段）〈が・ぎ・ぐ・ぐ・げ・げ〉禊をする。
ひさかたの天の川原に出で立ちてみそぎてましを…
歌〈万葉集・3・420〉訳 天の川原に出かけていって**禊をすればよかった**だろうに…。○「ひさかたの」は「天」に係る枕詞。

みーそこなは・す【見行はす・看行はす】 動詞 ↓みそなはす

みーそ・す【見そす】 動詞 他（サ四段）〈さ・し・す・す・せ・せ〉注意しすぎる。世話をやきすぎる。
「**あまり見そす。**」など言ふも、**人わろきなるべし。**〈枕草子・262・文ことばなめき人こそ〉訳「あまりに（あなたは人のことば遣いを）**注意しすぎる。**」などと言うのも、きまりが悪いに違いない。
発展「そす」は接尾語。

みそーぢ【三十】 名詞 ❶数の名。さんじゅう。❷三十年。三十歳。
発展「みそ」とも。

みーそなは・す【見行はす・看行はす】 動詞 他（サ四段）〈さ・し・す・す・せ・せ〉（「見る」の尊敬語で）ご覧になる。
今も見そなはし、後の世にも伝はれとて…。〈古今集・仮名序〉訳（醍醐天皇が、歌を）現在も**ご覧になり**、後の時代にも伝われと願って…。

みーそな・ふ【見行ふ】 動詞 ↓みそなはす

みーそのふ【御園生】 名詞 宮中や貴人の屋敷の庭園。お庭。

みぞーびつ【御衣櫃】 名詞 衣類を入れておく、ふた付きの大きな箱。
発展 古くは「みそびつ」。

みそひとーもじ【三十一文字】 名詞 短歌。発展 五・七・五・七・七の合計が三十一文字であることから。「みそぢひともじ」「みそもじあまりひともじ」とも。

みーそ・む【見初む】 動詞 他（マ下二段）〈め・め・む・むる・むれ・めよ〉❶初めて見る。初めて会う。
故親王の御山住みを見初めたまひしよりぞ…。〈源氏・宿木〉訳（薫は）亡き八の宮の山荘住まいの（ようす）を**初めて見**なさったときから…。
❷恋し始める。初めて夫婦の契りを結ぶ。
「**いと忍びて見初めたりし人の、さても見つべかりしけはひなりしかば…。**」〈源氏・帚木〉訳「たいそう人目に付かないようにして**恋し始めた**人が、そのままで連れそってゆけそうなようすであったので…。」
発展「そむ」は下二段補助動詞。

みぞれ【霙】 名詞 雪まじりの雨。雪の一部が溶けて、雨となって降るもの。

↓古語チャート㉑（783ページ）

◐みた＋ロ 「みつ【満つ・充つ】㊀（タ行四段）」の未然形。

みだ【弥陀】 名詞 ↓あみだ❶

みだい【御台】 名詞 ❶貴人などの食物を盛った器を載せる台。お膳。❷貴人などの食物。お食事。❸「*御台盤所」の略。

みだいどころ【御台所】 名詞 「*御台盤所」の略。

みだいばんどころ【御台盤所】 名詞 大臣・大将・将軍などの正妻を敬った言い方。奥方様。↓北の方 発展 台盤所を取り仕切ることから。略して「みだい」「みだいどころ」とも。

み-だう【御堂】 名詞 ❶寺院や仏堂。お堂。❷特に、法成寺の阿弥陀堂。また、それを建立した藤原道長。

発展 「み」は尊敬を表す接頭語。

御嶽 地名 奈良県吉野郡にある金峰山の別の呼び名。「御岳」とも書く。修験道の霊地。

みたけ-さうじ【御嶽精進】 名詞 *御嶽に参拝する人が、前もって五十日から百日の間、身を清めて精進すること。

み-たち【御館】 名詞 貴人の邸宅。特に、国司の官舎や領主の邸宅。

発展 「み」は尊敬を表す接頭語。

み-た・つ【見立つ】 動詞 他（タ下二段）〈て・て・つ・つる・つれ・てよ〉

❶（目を）留めて見る。注意して見る。「**さまざまの財物かたはしより捨つるがごとくすれども、さらに目見立つる人なし。**」〈方丈記・飢渇〉訳（食糧を得ようと）いろいろな財宝や調度品を手当たりしだいに捨てるように処分するけれども、まったく目を**留めて見る**人もいない。

❷見なす。たとえる。また、判断する。診断する。「**薬師も、病人を細かに見立つることはなりがたし。**」〈西鶴織留〉訳「医者も、病人を正確に**診断する**ことはむずかしい。」

❸選び決める。見繕う。「**また、こなたがいやなれば、京町の上にも見立ておきました。**」〈西鶴・世間胸算用〉訳「また、（この仕事を）あなたがいやならば、京の都の町の北にも（この仕事をする人を）**選び決め**ておきました。」

❹世話をする。面倒をみる。「**せめて三十二、三まで、とつくと見立て、人になして…。**」〈近松・生玉心中〉訳「せめて三十二、三歳になるまで、じっくりと**世話をして**、一人前にして…。」

❺見送る。送別する。「**赤駒が門出をしつつ出でかてにせしを見立てし家の子らはも**」歌〈万葉集・14・3534〉訳（私が）赤毛のウマに乗って門出をしながらも、出ることができずにいたのを**見送っ**ていた家の妻よ。

見立 文芸用語 あるものを別の似た物事にたとえたり、見なしたりして表現すること。江戸時代には俳諧をはじめ歌舞伎・浮世絵など広く芸術創作上の趣向のひとつとなった。

みたて-な・し【見立て無し】 形容詞（ク）〈から・かり・○・かる・○・かれ〉見栄えがしない。みすぼらしい。「**『塩焼き衣のあまり目馴れ、見立てなくおぼさるるにや。』とて、途絶え置くを…。**」〈源氏・朝顔〉訳「『塩焼きの衣ではないがあまり見慣れて、**見栄えがしない**と自然お思いになるのではないだろうか。』と思って、絶え間をおいているのに…。」

み-たま【御霊】 名詞 ❶霊魂を敬った言い方。神霊。❷おかげ。御恩。

発展 「み」は尊敬を表す接頭語。

み-たみ【御民】 名詞 天皇の民。皇民。発展 天皇が人民を所有するという考えから、天皇を敬う意味で接頭語の「み」を付けたことば。

◐みだら＋ロ 「みだる【乱る】㊀（ラ行四段）」の未然形。

み-たらし【御手洗】 名詞 神を拝む前に、手を洗い、口をすすぎ、身を清めること。また、その水。発展 「み」は尊敬を表す接頭語。

み-たらし【御執らし】 名詞 ↓みとらし

みたらし-がは【御手洗川】 名詞 神社の近くを流れ、参拝する者が手を清めたり、口をすすいだりする川。特に、京都の上賀茂神社境内の川をいう。

◐みだり＋ロ 「みだる【乱る】㊀（ラ行四段）」の連用形。

みだり-あし【乱り足・乱り脚】 名詞 歩き疲れた足。また、病気の足。

みだり-かぜ【乱り風】 名詞 風邪。感冒。

みだり-がは・し【乱りがはし・濫りがはし】 形容詞（シク）〈しく・しく・し・しき・しけれ・○／しから・しかり・○・しかる・○・しかれ〉

❶乱雑だ。秩序がない。入り乱れている。「**かやうの女言にて、乱りがはしく争ふに…。**」〈源氏・絵合〉訳 こうした女同士の議論で、**入り乱れて争う**ので…。

❷不作法だ。乱暴だ。ぶしつけだ。「**乱りがはしきを、心をさめざりけるほどと、御覧じ許すべし。**」〈源氏・桐壺〉訳（更衣の母君の手紙が）**不作法である**のを、（娘を失った母君が）心を静めていなかった間だからと、（帝は）ご覧になってお許しになるに違いない。

❸好色な感じだ。色っぽい。「**まめやかなるも、また、例の乱りがはしきことをも聞こえ出でつつ、慰めきこえたまふに…。**」〈源氏・葵〉訳（頭中将は）まじめな話も、また、いつもの**色っぽい**話なども申し上げては、（葵の上を亡くした源氏を）お慰め申し上げなさるときに…。

発展 「がはし」は接尾語。「みだれがはし」とも。

みだり-ごこち【乱り心地】 名詞 ❶取り乱した心。理性を失った心。「**かかる仰せ言につけても、かき暗す乱り心地になむ。**」〈源氏・桐壺〉訳「このような（桐壺の帝のありがたい）おことばを聞くにつけても、（亡くなった娘が思い出されて）悲しみにくれる**取り乱した心境**で（ございます）。」

❷すぐれない気分。気分が悪いこと。病気。「**いとうたて、乱り心地のあしうはべれば、うつぶし臥してはべるや。**」〈源氏・夕顔〉訳「ああいやだ、**気分が悪う**ございますので、うつぶせに伏せっているのでございますよ。」

みだり-ごと【乱り言】 名詞 「乱れ言」の意味に同じ。

発展 「みだれごと」よりも古い時代に用いられた。

みだり・なり【乱りなり・妄りなり・濫りなり・猥りなり】 形容動詞（ナリ）〈なら・なり（に）・なり・なる・なれ・なれ〉物事に秩序がない。勝手気ままだ。「**天性その骨なけれども、道になづまず、みだりにせずして年を送れば…。**」〈徒然草・150・能をつかんとする人〉訳 生まれついて芸道の奥義を会得する才能がなくても、稽古の道に停滞しないで、**勝手気ままにし**ないで年月を過ごすと…。

みだ・る【乱る】

心理的にも物理的にも秩序が衰え、失われる

一 動詞(自)〔ラ下二段〕
❶入り乱れて交じり合う。
❷騒ぎが起こる。混乱する。
❸礼儀に外れる。だらしなくなる。
❹心の平静が失われる。思い悩む。

二 動詞(他)〔ラ四段〕
❶ばらばらに散らす。
❷騒ぎを起こす。

動詞(自)〔ラ下二段〕

未然形	連用形	終止形	連体形	已然形	命令形
みだ・れ	みだ・れ	みだ・る	みだ・るる	みだ・るれ	みだ・れよ

動詞(他)〔ラ四段〕

未然形	連用形	終止形	連体形	已然形	命令形
みだ・ら	みだ・り	みだ・る	みだ・る	みだ・れ	みだ・れ

一 動詞(自)〔ラ下二段〕 ❶**入り乱れて交じり合う。散乱する。** 梅の花枝にか散ると見るまでに風に**乱れ**て雪そ降り来る 歌〈万葉集・8・1647〉訳ウメの花が枝に散(り積も)るのかと(間違って)見るほどに、風に**入り乱れて交じり合って**雪が降ってくる。

❷**騒ぎが起こる。混乱する。**「唐土(もろこし)にも、かかる事の起こりにこそ、世も**乱れ**悪(あ)しかりけれ」と…。〈源氏・桐壺(きりつぼ)〉訳「中国でも、こうしたこと(=帝(みかど)が一人の后(きさき)を寵愛(ちょうあい)し過ぎること)が原因で、世の中が**混乱し**具合が悪いことになったのだ。」と…。

❸**礼儀に外れる。だらしなくなる。打ち解ける。** 内辺(うちわたり)りなどのやむごとなきも、今日は皆**乱れ**てかしこまりなし。〈枕草子・3・正月一日は〉訳宮中などの重々しい所でも、(節句の)今日は皆**だらしなくなって**慎みの気持ちがない。

❹**心の平静が失われる。思い悩む。惑う。** 草枕(くさまくら)旅にしをれば刈り薦(こも)の**乱れ**て妹(いも)に恋ひぬ日はなし 歌〈万葉集・12・3176〉訳旅に出ているので、**心の平静が失われて**妻を恋しく思わない日はない。○「草枕」は「旅」に、「刈り薦の」は「乱る」に係る枕詞。

二 動詞(他)〔ラ四段〕 ❶**ばらばらに散らす。崩す。乱す。** いまさらに心を**乱る**も、いとほしげなり。〈源氏・明石(あかし)〉訳(出家しているはずの明石の入道が)今改めて(娘のもとへの源氏の来訪で、娘の将来が開けるかどうか)心を**乱す**のも、たいへん気の毒なようすである。

❷**騒ぎを起こす。(秩序を)混乱させる。**「天下(てんが)を**乱ら**んとする企てあり。」〈平家・2・少将乞請(しょうしょうこいうけ)〉訳「(藤原成親(なりちか)には)天下を**混乱させ**ようとするたくらみがある。」

発展 二の他動詞の用法は、中世以降、しだいに「乱す」に取って代わられた。

みだる＋□ 「**みだる**【乱る】一(ラ行下二段)」の終止形。または、「**みだる**【乱る】二(ラ行四段)」の終止形・連体形。

みだるる＋□ 「**みだる**【乱る】一(ラ行下二段)」の連体形。

みだるれ＋□ 「**みだる**【乱る】一(ラ行下二段)」の已然形。

みだれ【乱れ】名詞 ❶秩序を失うこと。入り乱れること。混乱。散乱。「風に競(きほ)へる紅葉(もみぢ)の**乱れ**など、『あはれ。』と、げに見えたり。」〈源氏・帚木(ははきぎ)〉訳「(吹く)風に争うように散っていた紅葉の**乱れ**(るようす)などは、『ああ、すばらしい。』と、いかにも思われた。」

❷思い悩むこと。悩み。「我も人もやすからぬ**乱れ**出(い)でくるやうもあらむよりは…。」〈源氏・柏木(かしわぎ)〉訳「自分(=柏木)も人(=女三の宮)も並み大抵でない**悩み**が出てくる事態でもあったりするよりも…。」

❸騒乱。騒動。騒ぎ。「かくあさましき**乱れ**にあひて…。」〈宇治拾遺(うじしゅうい)〉訳「このように意外な**騒ぎ**にあって…。」

❹雨や風の激しいこと。天候が荒れていること。荒れ模様。頭さし出(い)づべくもあらぬ空の**乱れ**に…。〈源氏・明石(あかし)〉訳頭をさし出せそうにもない空の**荒れ模様**に…。

みだれ＋□ 「**みだる**【乱る】一(ラ行下二段)」の未然形・連用形。または、「**みだる**【乱る】二(ラ行四段)」の已然形・命令形。

みだれ-がは・し【乱れがはし・濫れがはし】形容詞 → みだりがはし

みだれ-ごこち【乱れ心地】名詞 → みだりごこち

みだれ-ごと【乱れ言】名詞 いいかげんなことば。冗談。

みだれ-ごと【乱れ事】名詞 入り乱れて騒がしいこと。戯れごと。

みだれ-そ・む【乱れ初む】動詞(自)〔マ下二段〕(め・め・む・むる・むれ・めよ) (心などが)乱れはじめる。乱れるようになる。陸奥(みちのく)のしのぶもぢずりたれゆゑに**乱れそめ**にし我ならなくに 百人一首〈古今集・恋4・724〉訳 → みちのくの…

発展 「そむ」は下二段補助動詞。

みだれる (現) → (古) **みだる**【乱る】

みち【道・路】

陸または海の通路。また、物事の筋道・規範

〔通路〕
❶(人・車・船などの)通る所。通路。
❷途中。道中。道のり。旅行。

〔筋道〕
❸道理。筋道。秩序。
❹(人の行為・生き方について規範とすべき)道。人の道。
❺神仏・聖賢の教え。教義。教理。
❻ある方面のこと。特に、学問・芸能などの専門の方面。
❼手段。方法。

名詞 ❶(人・車・船などの)**通る所。通路。通り道。** 秋田に通ふ**道**はるかに、海北に構へて、浪(なみ)打ち入る所を汐越(しほごし)といふ。〈奥の細道・象潟(きさがた)〉訳(象潟から)秋田に通じる**通り道**が遠くまで続いていて、(また)海が北の方に控えていて、(その海の)波が打ち入る場所を汐越という。

❷**途中。道中。道のり。旅行。** 昔、男、東(あづま)へ行きけるに、友達どもに、**道**より言ひおこせける。〈伊勢・11〉訳昔、ある男が、東国へ行ったときに、友

人たちに、**道中**から詠んでよこした歌。

❸道理。筋道。秩序。 これをも捨てず、彼をも取らんと思ふ心に、彼をも得ず、これをも失ふべき道なり。〈徒然草・188・ある者、子を法師に〉訳（碁を打つのが下手な人は）これ（＝この碁石）をも捨てず、あれ（＝あの碁石）をも取ろうと思う考えのために、（結局）あれをも取れず、これをも失うのは当然の**道理**である。

❹（人の行為・生き方について規範とすべき）**道。人の道。** 孔子、顔回は、支那に出でて、忠孝の道を始めたまふ。〈平家・5・咸陽宮〉訳孔子と、（弟子の）顔回は、中国に現れて、忠孝の**道**を始めなさる。

❺神仏・聖賢の教え。仏道。教義。教理。 「世を遁れて山林に交はるは、心を修めて道を行はんとなり。」〈方丈記・みずから心に問う〉訳「俗世間から離れて山林に（住まいが草木鳥獣と）まざり合っているのは、心を修養して**仏道**を修行しよう、と思うからである。」

❻ある方面のこと。特に、学問・芸能などの専門の方面。 道を学する人、夕べには朝あらんことを思ひ、朝には夕べあらんことを思ひて、重ねて懇ろに修せんことを期す。〈徒然草・92・ある人、弓射ることを〉訳**学問や芸能などの専門の方面**を学ぶ人は、夕方には翌朝があるだろうということを思い、朝には夕方があるだろうということを思って、（いい加減な学び方をして、後になってから）もう一度念を入れて丁寧に修行しようということを心積もりする。

❼手段。方法。 世を治むる道、倹約を本とす。〈徒然草・184・相模守時頼の母は〉訳世の中を治める**方法**は、倹約を基本とする。

発展 **「ち」だけで「道」の意味**　「み」は尊敬を表す接頭語で、もともとは「ち」だけで、道・通路の意味を表した。「ち」は、上代においてすでに「ちまた」「やまぢ」など複合名詞としてしか用いられなくなっていた。単独で通路の意味を表す場合は「みち」といわれたため、「み」の接頭語の意識が薄れて、尊敬の意味を含まない普通の名詞となった。→**古語チャート**40（1167ページ）

みち【蜜】 名詞 みつ。蜂蜜。

❷みち【□】 「みつ【満つ・充つ】□（タ行四段）」の連用形。

みち-かひ【道交ひ】 ―かい 名詞 ❶道ですれ違うこと。すれ違い。❷道を行き来すること。往来。

みち・く【満ち来】 動詞 自（カ変）〈こ・き・く・くる・くれ・こ（こよ）〉（潮などが）満ちて来る。夕月夜潮満ち来らし難波江の蘆の若葉を越ゆる白波 歌〈新古今集・春上・26〉訳→ゆふづくよ…

みち-しば【道芝・路芝】 名詞 道端に生えている芝草。路傍の雑草。

みち-すがら【道すがら・途次】 副詞 歩きながら。道々。「いかなりけむ契りにか。」と、**みちすがら思さる**。〈源氏・夕顔〉訳「（夕顔の頓死に直面したのは）どんな状況であった前世の宿縁であったのであろうか。」と、（源氏は夕顔の亡骸を安置した東山から帰る）**道々**お思いにならないではいられない。

発展「すがら」は接尾語。

道綱母 人名 →藤原道綱母

みち-とせ【三千年】 名詞 ❶三千年。❷（「三千年の桃」の略で）仙界にあり、三千年に一度実を付けるというモモ。季語 春 発展 ❶は❷を踏まえていわれることが多い。

みち-の-き【道の記】 名詞 道中記。旅日記。紀行文。

みち-の-く【陸奥】 名詞 →陸奥

みちのく-うた【陸奥歌】 名詞 「★東歌」のひとつ。東北地方で歌われた民謡。→風俗歌

みちのく-がみ【陸奥紙】 名詞 →みちのくにがみ

みち-の-くに【陸奥国】 名詞 →陸奥

みちのくに-がみ【陸奥国紙】 名詞 東北地方で作られた、厚手の良質な紙。檀紙。発展「みちのくがみ」とも。

みちのくの… 百人一首 陸奥のしのぶもぢずりたれゆゑに乱れそめにし我ならなくに〈古今集・恋4・724・源融〉訳陸奥（＝東北地方）のしのぶもじずりの乱れ模様のように、（あなた以外の）だれかのせいで思い悩もうとする（そんな）私ではないのに。〇「しのぶもぢずり」は、シノブの草で染めた布の模様とも、「しのぶ」の地に産出する布の模様とも。第二句までは「乱れ」を導く序詞。発展『伊勢物語』一段にも見える。『古今集』では、第四句が「乱れむと思ふ」となっている。

品詞分解・修辞

陸奥	の	しのぶもぢずり	たれ	ゆゑ	に
〈序詞〉→乱れ	格助		代		格助

乱れそめ	に	し	我	なら	な	く	に
初め／染め（掛詞）マ下二・用	完了・用	過去・体	代	断定・未	打消・未	接尾	接助

みちのくは… 歌 陸奥はいづくはあれど塩釜の浦漕ぐ舟の綱手かなしも〈古今集・東歌・1088〉訳陸奥はどこでもそうだが、とりわけ塩釜の浦を漕ぐ舟を岸伝いに引いていく引き綱が、しみじみと心にしみることだなあ。〇「塩釜の浦」は、今の宮城県塩竈市付近の松島湾。発展 作者不明の陸奥の歌。

みち-の-しをり【道の枝折り】 ―しおり 道案内。道しるべ。等栽もともに送らんと、裾をかしうからげて、**道の枝折りと浮かれ立つ**。〈奥の細道・等栽〉訳等栽（＝隠者の名）も一緒に（芭蕉を）見送ろうと、着物の裾をしゃれた格好にまくり上げて、**道案内**役と心も軽く出かける。

みち-の-そら【道の空】 道の途中。途上。

みち-の-べ【道の辺】 名詞 道のわき。道端。

みちのべに… 歌 道のべに清水流るる柳かげしばしとてこそ立ちどまりつれ〈新古今集・夏・262・西行〉訳道のわきに清水が流れているヤナギの木陰よ。少しの間（そこで涼もう）と立ち止まった（だけな）のに。〇「こそ＋已然形」で、逆接の詠嘆を込める。発展 夏の暑さを少しの間だけ逃れるためのヤナギの木陰であったのに、つい長居をしてしまったという感慨を詠む。

みちのべの… 句 道のべの木槿は馬に食はれけり〈野ざらし紀行・芭蕉〉訳道端に咲いていたムクゲの花は、その清らかな愛らしさを見る間もなく、私が乗っているウマに食われたよ。〇季語 木槿―秋。「けり」には詠嘆の意味も含まれる。発展 前書きに「馬上吟」とある。目前の出来事をそのまま驚きをもって表現した。

みち-の-ほど【道の程】 ❶道のり。距離。❷道の途中。道中。途上。

みち-の-まま【道のまま】道すがら。道を行きながら。

みち-の-もの【道の者】❶その道の達人。専門家。❷遊女。
発展 ❶は「道の人」とも。

みち-び-く【導く】動詞 他〈カ四段〉〈か・き・く・く・け・け〉案内する。手引きをする。また、教え示す。指導する。
「**住吉の神の導きたまふままに、はや舟出だしてこの浦を去りね。**」〈源氏・明石〉訳「住吉の神が**案内**なさるのに従って、早く船出をしてこの浦(=須磨)を去ってしまえ。」

みち-べ【道辺】名詞 ↓みちのべ

みち-みち【道道】一 名詞 ❶あちこちの道。❷さまざまな学問や芸の道。
二 副詞 道の途中で。道すがら。
「**道々雑談を申して参らうものを。**」〈狂言・佐渡狐〉訳「**道すがら**いろいろな話を申しまして参りたいものですなあ。」

みち-みち・し【道道し】形容詞〈シク〉〈しく・しく・し・しき・しけれ・〇／しから・しかり・〇・しかる・〇・しかれ〉❶道理にかなっている。真理を含んでいる。
「**これらにこそ道々しく詳しきことはあらめ。**」〈源氏・蛍〉訳「これら(=物語)にこそ**道理にかなってい**て細かな事柄が書いてあるのだろう。」
❷理屈っぽい。学問的である。
「三史、五経**道々しき方を明らかに悟り明かさむこそ、愛敬なからめ**…。」〈源氏・帚木〉訳「三史、五経といった**理屈っぽい**方面のこと(=本格的な学問)をはっきりと理解し明らかにしたりすることは、(女としては)かわいげがないだろうが…。」〇「三史」とは「史記」「漢書」「後漢書」、「五経」とは「詩経」「礼記」「春秋」「易経」「書経」。

みち-も-せ-に【道も狭に】道も狭いほどに。道いっぱいに。
歌 **吹く風をなこその関と思へども道もせに散る山桜かな**〈千載集・103〉訳 吹いている風に向けて、「来る勿れ」という名のこの勿来の関に(花を散らす風も)吹くなかれと思うのだが、**道いっぱいに**散るヤマザクラだなあ。〇「勿来の関」と「な来そ」を掛ける。
発展 名詞「道」＋係助詞「も」＋形容詞「狭し」の語幹「せ」＋助詞「に」。

み-ちゃう【御帳】—名詞 貴人の家の帳や帳台。
御帳のそばの御座にかたはら臥させたまへり。〈堤中納言・このついで〉訳 **御帳**のそばのお席で横向きになって寝ておいでになる。
発展「み」は尊敬を表す接頭語。

みち-ゆき【道行き】名詞 ❶道の行き方。また、道を行くこと。道中。旅。❷軍記物語や謡曲などで、道中の光景や旅情を記した部分。↓道行文 ❸歌舞伎や浄瑠璃で、旅(多くは駆け落ちや心中に向かう)をする場面。また、それを演じるしぐさ。❹(❸の意味から)駆け落ちすること。また、心中すること。❺(そこに至るまでの)物事の経過。また、前置き。

みち-ゆき-うら【道行き占】名詞 道を通る人のことばによって吉凶を占うこと。辻占。

みち-ゆき-びと【道行き人】名詞 道を行く人。通行人。旅人。

みち-ゆき-ぶり【道行き触り・道行き振り】名詞 ❶道の途中で行き会うこと。行きずり。❷旅日記。旅行記。紀行。

道行文 文芸用語 軍記物語・謡曲・浄瑠璃などで、旅の道筋の地名や光景を述べた韻文体の文章。七五調の文体で、縁語・序詞・掛詞などの表現技法が多く使われる。『★平家物語』などで成立し、浄瑠璃において完成した。

みちる(現)↓(古)**みつ**【満つ・充つ】

み-つ【三つ】名詞 ❶数の名。さん。みっつ。❷年齢の三歳。

み・つ【満つ・充つ】一 動詞 自〈タ四段〉〈た・ち・つ・つ・て・て〉❶いっぱいになる。満ちる。また、全体に広まる。
❷(望みが)かなう。満足する。
「**若君、国の母となりたまひて、願ひ満ちたまはむ世に**…。」〈源氏・若菜上〉訳「(明石の)姫君が、皇后となりなさって、願いが**かない**なさったりする時代に…。」
❸終わる。ある期間に達する。また、満月・満潮になる。
「**けがらひ忌みたまひしも、一つに満ちぬる夜なれば**…。」〈源氏・夕顔〉訳(源氏自身の病気も、夕顔の死の)けがれを避けて身を慎みなさった期間も、同時に**終わった**夜であるので…。
二 動詞 他〈タ下二段〉〈て・て・つ・つる・つれ・てよ〉❶いっぱいにする。満たす。
「**われは裸なり。しかれば、大きなる桶に木の葉を入れ満てて、夜はそれに入りてあり。**」〈今昔〉訳 その人自身は裸である。だから、大きな桶に木の葉を入れ**いっぱいにし**て、夜はその中に入っている。
❷(望みを)かなえる。満足させる。
「**深き契りを破りて、人の願ひを満てたまはむこそ尊からめ。**」〈源氏・東屋〉訳「(高僧でも)深い誓いを破って、人の願いを**かなえ**てくださったりすることこそがありがたいのだろう。」
❸(ある期間を)終える。成し遂げる。
「**重き物忌みも、すでに満てぬ。**」〈雨月・吉備津の釜〉訳「重い物忌みも、もう**終え**てしまった。」
発展 自動詞「みつ」は、中世以降、上二段にも活用するようになり、一般化する。また、他動詞「みつ」は、かなり後世まで命脈を保ち、四段活用の「みたす」へと替わるのは近代以降である。

御津 歌枕 今の大阪市、淀川河口付近にあった港。和歌には、「難波の御津」「御津の浜」「御津の浦」という形でも詠まれた。↓難波

みつ＋口「みつ【満つ・充つ】一(タ行四段)」の終止形・連体形。または、「みつ【満つ・充つ】二(タ行下二段)」の終止形。

みづ【瑞】一 名詞 めでたい兆し。よい前触れ。吉兆。類 瑞相
二 造語 いきいきとした、みずみずしい、という意味を表す。語例 瑞枝・瑞穂

みづ-え【瑞枝】—名詞 みずみずしい枝。

みづ-かき【瑞垣・瑞籬】—名詞 神社の周囲の垣根。類 斎垣・玉垣

みづかき-の【瑞垣の】— 枕詞 (神社の垣根がいつまでもみずみずしいという意味から)「久し」に係る。発展 後世は「みづがき」。

みづ-かげ【水影】—名詞 水面に映った物の影。また、物の影を映している水。

みづ-かね【水銀】—名詞 水銀。

みづ-か・ふ【水飼ふ】—動詞 他〈ハ四段〉〈は・ひ・ふ・ふ・へ・へ〉(ウシやウマなどに)水を飲ませる。
歌 **駒とめてなほ水飼はむ山吹の花の露添ふ井出の玉川**〈新古今集・春下・159〉訳 ウマをとめてさらに**水を飲ませ**よう。ヤマブキの花の露がこぼれ落ちて川の流れに加わる井出の玉川で。

みーづーから【自ら】—みず

自分から進んでするようす。また、自分自身
- 一 副詞 自分から。自分自身で。
- 二 代名詞 ❶私。❷その人自身。当人。

一 副詞 **自分から。自分自身で。** 賢人、聖人、**自ら**卑しき位にをり、時に合はずしてやみぬる、また多し。〈徒然草・38・名利に使はれて〉訳 賢人や、聖人が、**自分から**低い地位にいて、時勢に乗らないで終わってしまうことも、また多い。

二 代名詞 ❶**私。**「**自らは、九重の内に生ひ出ではべりて、世の中のありさまも知りはべらず。**」〈源氏・少女〉訳「**私は**、宮中の中で成長いたしまして、世間のようすも知りません。」

❷**その人自身。当人。** 人にさらに移らず、ただ**自らの御身につと添ひたるさま**にて…〈源氏・葵〉訳（物の怪を乗り移らせるためにいる）人（＝よりまし）には一向に乗り移らないで、いちずに（葵の上）**当人**のお体にじっと付き添っている状態で…。

発展 **語の成り立ち** 「み（身）＋づ＋から」としてできたことば。「づ」は「…の」という意味を表す上代の格助詞「つ」が濁ったもので、「から」は「同胞」「手づから」などの「から」と同じで、そのものがもともと持っている性質を表すことばといわれる。↓**古語チャート** 41（1179ページ）

みつぎ-もの【貢物・調物】名詞 租税として朝廷に納める物。

みーつ・く【見付く】一 動詞 自〔カ四段〕〈か・き・く・く・け・け〉見なれる。なじむ。**幼き人は、見付いたまふままに、いとよき心ざま容貌にて、何心もなく睦れまとはしきこえたまふ。**〈源氏・紅葉賀〉訳 幼い人（＝紫の上）は、（源氏に）**なじみ**なさるにつれて、たいそうよい性格や器量であって、無邪気になついて（源氏を）いつもそばにいさせ申し上げなさる。○「見付い」は連用形「見付き」のイ音便。

二 動詞 他〔カ下二段〕〈け・け・く・くる・くれ・けよ〉見つける。**この子を見付けて後に竹取るに、節を隔てて、節ごとに、黄金ある竹を見付くること重なりぬ。**〈竹取・かぐや姫の出生〉訳（竹取の翁は）この子（＝かぐや姫）を**見つけて**から後にタケを取ると、節を間に置いて、節と節との間ごとに、黄金が（中に）あるタケを**見つける**ことが度重なった。

みーつ・ぐ【見継ぐ】動詞 他〔ガ四段〕〈が・ぎ・ぐ・ぐ・げ・げ〉❶見守りつづける。見届ける。**人さへや見継がずあらむ彦星の妻呼ぶ舟の近付き行くを** 歌〈万葉集・10・2075〉訳（織女星だけでなく）地上の人々までも**見守りつづけ**ないことがあるだろうか、いや、見守りつづけるだろう。彦星の妻のもとへ通う舟が（向こう岸に）近づいて行くのを。❷手助けする。援助する。「**あなかしこ、わきさし達、いづ方をも見継ぎたまふな。**」〈徒然草・115・宿河原といふ所にて〉訳「決して、同行のみなさん、どちらの人にも**手助け**なさるな。」

みーづ・く【水漬く】動詞 自〔カ四段〕〈か・き・く・く・け・け〉水につかる。水に浸る。**海行かばみづく屍山行かば草生す屍**… 歌〈万葉集・18・4094〉訳 海を行くなら**水につかる**死体（となっても）、山を行くなら草の生える死体（となっても）…。

みづ-くき【水茎】—みず 名詞 ❶筆。❷筆跡。また、手紙。発展 後世「みづぐき」とも。

みづくき-の【水茎の】—みずくき 枕詞（同音の繰り返しから）「水城」に、また、「岡」に係る。

みづくき-の-あと【水茎の跡】—みずぐき 筆で書いた跡。筆跡。また、手紙。発展 古くは「みづくきのあと」。

みつぐり-の【三つ栗の】枕詞（いがの中に三つある実のまん中の実という意味から）「なか」に係る。

⦿みつける（現）↓（古）**みつく**【見付く】

みーづし【御厨子・御廚子】—ずし 名詞 ❶貴人の家にある★厨子。❷宮中の★御厨子所に仕える女官。❸貴人の家の台所で働く女性。発展「み」は尊敬を表す接尾語。

みづし-どころ【御厨子所】—みずし 名詞 ❶宮中の食事を調える所。内膳司に属し、別当・預かり・所衆などの職員がいた。❷貴人の家の台所。

みつせ-がは【三瀬川】—がわ 名詞 ↓さんづのかは

みづち【蛟・虬】—みずち 名詞 水中に住むという想像上の動物。ヘビに似た体に角と四足を持ち、毒気を吐いて人を害するという。発展「み」は水、「づ」は上代の格助詞「つ」が濁ったもの、「ち」は霊という意味。古くは「みつち」とも。

みづーとり【水鳥】—みず 名詞 川や海などの水上や水辺にいる鳥の総称。

みづとり-の【水鳥の】—みずとり 枕詞（水鳥の種類・色・ようすなどから）「鴨」「賀茂」「青葉」「浮き」「立つ」などに係る。

みづーのーえ【壬】—みず 名詞 ★十干の九番目。じん。↓ビジュアルチェック 5（393ページ）発展「水の兄」という意味。

みづーのーと【癸】—みず 名詞 ★十干の十番目。き。↓ビジュアルチェック 5（393ページ）発展「水の弟」という意味。

みつーのーみち【三つの道】❶天地宇宙の三大要素である天・地・人の三つ。❷地獄・餓鬼・畜生の三悪道。❸どの家にもある三つの道。門・井戸・厠へ行く三つの道。発展 ❶は「三才」の訓読。❷は「三途」の訓読。

みづはーぐ・む【瑞歯ぐむ】—みずは(わ) 動詞 自〔マ四段〕〈ま・み・む・む・め・め〉非常に年を取る。長生きをする。「**惟光が父の朝臣の乳母にはべりし者の、みづはぐみて住みはべるなり。**」〈源氏・夕顔〉訳「私惟光の父である朝臣の乳母でございました者が、**非常に年を取って**住んでいるのです。」

みづはーさ・す【瑞歯さす】—みずは(わ) 動詞 ↓みづはぐむ

みづーほ【瑞穂】—みず 名詞 よく実ったみずみずしい稲穂。

みづほ-の-くに【瑞穂の国】—みずほ 日本の別の呼び名。

発展 みずみずしいイネが豊かに実る国という意味。

みつみつ-し 枕詞 氏族の名である「久米」に係る。

みづーや【水屋】—みず 名詞 ❶寺社で、参拝人が手や顔を洗い清めるための水を設けた所。❷茶の湯で、茶器の用意や片付けをするために茶室の隅に設けた場所。❸飲料水や氷水を売り歩く者。❹台所。

みづら【角髪・角子】—みずら 名詞 上代の成人男性の髪型。髪を頭の上の中央で左右に分けて、それぞれを両耳のあたりで束ねたもの。平安時代からは、元服以前の男子の髪型となり、総角ともいわれた。

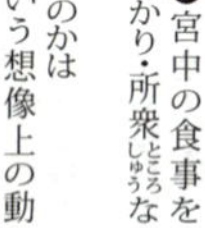
［みづら］

⦿みつる＋口「みつ【満つ・充つ】二（タ行下二段）」の連体形。

⦿みつれ＋口「みつ【満つ・充つ】二（タ行下二段）」の已然形。

みて＋口 「**みつ**【満つ・充つ】㊀（タ行四段）」の已然形・命令形。または、「**みつ**【満つ・充つ】㊁（タ行下二段）」の未然形・連用形。

みてぐら【幣】名詞 神に奉る物（多くは絹・麻などの布）の総称。類 幣帛(へいはく) 発展「ぬさ」とも。

み-と【水門】名詞 ↓みなと

み-とが・む【見咎む】動詞 他 〔マ下二段〕〈め・め・む・むる・むれ・めよ〉見て怪しいと思う。「**人に見とがめられじ。**」の**心もあれば、道の程も軽**(かろ)**らかにしなしたり。**〈源氏・松風〉訳（明石(あかし)の君の一行は）「人から**見て怪しいと思われ**ないようにしよう。」という気持ちもあるので、旅の道中も（わざわざ）手軽な支度にしている。

み-と・く【見解く】動詞 他 〔カ四段〕〈か・き・く・く・け・け〉見て理解する。見て悟る。**かく例にもあらぬ鳥の跡のやうなれば、とみにも見解きたまはで**…。〈源氏・夕霧〉訳（手紙の文字は）このように普通と違った鳥の足跡のようであるので（読みにくく）、（夕霧は）すぐにも**見て理解**なさらないで…。

み-どころ【見所】名詞 ❶見る価値のあること。見て感じるところがあること。**屏風**(びゃうぶ)**の面**(おもて)**どもなど、いとめでたく見所あり。**〈源氏・須磨(すま)〉訳 屏風の表面（にはってある絵）などは、たいへんすばらしく**見るだけの価値**がある。❷見るべきところ。要点。「**目をねぶっても聞**(き)**き所、見所は見てゐる。**」〈近松・冥途の飛脚(めいどのひきゃく)〉訳「見て見ぬ振りをしていても聞くべきところ、**見るべきところ**はおさえている。」❸将来性。将来の望み。将来の見込み。

み-ども【身共】代名詞（同等または目下に対して）おれ。私。発展「ども」はへり下る意味を表す接尾語。はじめは武士などが、後には町人や女性なども用いた。

み-とらし【御執らし】名詞 貴人が手に取るもの。特に、貴人の弓。発展「み」は尊敬を表す接頭語。「みたらし」とも。

みどり【緑】名詞 ❶色の名。緑色。青色や藍色(あゐいろ)なども含む。❷新芽。発展 もとは❷の意味で、その色から❶の意味で使われるようになったといわれる。

みどり-こ【嬰児】名詞 乳児。三歳ぐらいまでの幼児。発展 後世は「みどりご」とも。

み-と・る【見取る】動詞 他 〔ラ四段〕〈ら・り・る・る・れ・れ〉見て理解する。「**かく御心とどめておぼさるることなめり。**」と**見取りて**…。〈源氏・蓬生(よもぎふ)〉訳「（源氏の君が）このようにお心をかけて（末摘花(すゑつむはな)を）お思いにならないではいられない事情であるようだ。」と（下級の事務職は）**見て理解して**…。

みな【皆】㊀名詞 みんな。全部。㊁副詞 すべて。残らず。すっかり。**京の花、盛りはみな過ぎにけり。**〈源氏・若紫〉訳 京のサクラは、盛りは**すべて過ぎ**てしまったのだった。

みな【蜷】名詞《動物》巻き貝の一種、カワニナの古い呼び名。季語 春 発展「にな」とも。

み-なか【み中】名詞 まん中。

み-な-かみ【水上】名詞 ❶水の流れてくる方。上流。川上。❷物事の起源。始まり。発展「な」は上代の格助詞。

みな-がら【皆がら】副詞 全部。残らず。すべて。**紫のひともとゆゑに武蔵野**(むさし)**の草はみながらあはれとぞ見る** 歌〈古今集・雑上・867〉訳 ↓むらさきの…

み-ながら【身ながら】連語 ❶（そのような）状態や境遇のまま。発展「みながら」から変化したもの。**かかるわびしき身ながらに積もれる年をしるせれば五つの六つになりにけり**… 歌〈古今集・雑体・1003〉訳 こんな情けない**境遇のまま**で経過した年月を書き記したところ、五六の三十年ということになってしまった…。❷自分の身でありながら。「**身ながら、心にもえ任すまじくなむありける。**」〈源氏・空蝉(うつせみ)〉訳「**自分の身でありながら**、思うままに行動することができるはずがなかったのだった。」発展「ながら」は接尾語。

みな-ぎは【水際】名詞 水ぎわ。水のほとり。水辺。発展「な」は上代の格助詞。「みなきは」とも。

みなぎら・ふ【漲らふ】〈みなぎら(ろ)う〉《上代語》（川や海の水が）満ちあふれるようにして流れつづける。

まとめて覚えよう古語チャート41

上代の格助詞「つ」「な」「だ」の働き

「まつげ」ということばがあります。今では、一語の単語として使われていますが、実はこのことばは三つの単語からできています。「1ま」は、「め（目）」の変化した形、「2つ」は「の」の意味を表す格助詞、「3け」は「毛」の意味です。

上代には、この「2つ」のほかに「4な」「5だ」という「の」と同じ所有・所属の意味を表す格助詞がありました。

「6みなづき」は「水無月」とも書きますが、本来は「水の（多い）月」であることを表していたものとみられます。

この図では、格助詞が他のことばとことばを結び付け、（まるで一単語のような）別のことばを作っていった過程を示しました。

1ま（目）	2つ	3け（毛）	→ まつげ（睫）
み（身）	つ	から（柄）	→ みづから（自ら）
をと（彼方）	つ	ひ（日）	→ をとつひ（一昨日）
み（水）	4な	と（門）	→ みなと（湊・港）
み（水）	な	つき（月）	→ 6みなづき（六月）
け（毛）	5だ	もの（物）	→ けだもの（獣）
く（木）	だ	もの（物）	→ くだもの（果物）

赤字は最重要語・重要語

飛鳥川みなぎらひつつ行く水の間もなくも思ほゆるかも〈日本書紀〉訳飛鳥川を満ちあふれるように流れ続けていく水のとぎれる間もないように(亡き建王が)思い出されることだなあ。

発展 四段動詞「みなぎる」の未然形＋反復継続を表す上代の助動詞「ふ」。

みなぎ・る【漲る】 動詞 自〈ラ四段〉〈ら・り・る・る・れ・れ〉水の勢いが盛んになる。**白浪おびたたしうみなぎり落ち、瀬枕おほきに滝鳴って、さかまく水もはやかりけり。**〈平家・9・宇治川先陣〉訳(宇治川に)白い波が非常に多く(立って)**水の勢いが盛んになり**流れ落ち、浅瀬のために盛り上がった水は大きく滝のように音を立て、流れに逆らい激しく波立つ川水の流れも速かった。

みな-くれなゐ【皆紅】 名詞 全体が紅色であること。また、そのもの。発展「みなぐれなゐ」とも。

みなし-がは【水無し川】 一 名詞 水がない川のこと。また、天の川。銀河。
二 枕詞 (水がないという意味から)「絶ゆ」に係る。

虚栗 作品名 江戸前期の俳諧撰集。★榎本其角編。★蕉門を中心とする発句・連句を収める。漢詩文を取り入れ、破調の作品が多く見られるなど、新風を樹立しようとする芭蕉らの意欲がはっきり示されている。一六八三(天和三)年刊。

み-な・す【見做す】 動詞 他〈サ四段〉〈さ・し・す・す・せ・せ〉❶そうでないものをそれと思う。そのように見る。「**大殿腹の君を、『うつくしげなり。』と世人もて騒ぐは、なほ時世によれば、人の見なすなりけり。**」〈源氏・松風〉訳「大臣家の若君(＝夕霧)を、『かわいらしい(方だ)。』と世間の人が評判にするのは、やはり時の勢いによると、人が(初めから)**そのように見る**からであったのだ。」
❷見届ける。「**命長くて、なほ位高くなど見なしたまへ。**」〈源氏・夕顔〉訳「命が長くて(＝長生きして)、もっと(私の)位が高くなるのなどを**見届け**てください。」
❸(その方向を)見るようにする。**山中の温泉に行くほど、白根が岳、後に見なしてあゆむ。**〈奥の細道・那谷〉訳山中の温泉へ行く道では、白根が岳を、後方に**見るようにし**て歩く。

みなせ-がは【水無瀬川】 一 名詞 水のない川。また、水が表面に見えず、砂の下を流れている川。
二 枕詞 (水が砂の下を流れるという意味から)「下」に係る。

水無瀬川 歌枕 今の大阪府北部を流れ、淀川に注ぐ川。後鳥羽院が、沿岸地域に水無瀬離宮を設けた。

水無瀬三吟何人百韻 作品名 室町中期の百韻連歌。単に「水無瀬三吟」とも。★飯尾宗祇・★肖柏・宗長が三人で吟じた。一四八八(長享二)年正月、後鳥羽院の二五〇年忌に、水無瀬の御影堂法楽のため興行された。優れた句が多く、百韻連歌の規範とされた。

み-な-そこ【水底】 名詞 水の底。発展「な」は上代の格助詞。

み-な-づき【水無月・六月】 名詞 陰暦六月の呼び名。季語 夏 発展「な」は上代の格助詞。「無」は後世の当て字。「みなつき」とも。↓古語チャート41(1179ページ)

みなづき-ばらへ【水無月祓へ】 名詞 ↓なごしのはらへ

み-な-と【水門・湊・港】 名詞 ❶川や海の水の出入り口。河口、海峡など。**水門の葦の末葉を誰か手折りしわが背子が振る手を見むと我そ手折りし** 歌〈万葉集・7・1288〉訳**河口**に生えているアシの先端の葉をだれが手で折ったか。私の夫の振る手を見ようと、私が手で折ったのだ。
❷何かの行き着く所。**暮れてゆく春のみなとは知らねども霞に落つる宇治の柴舟** 歌〈新古今集・春下・169〉訳↓くれてゆく…
❸船の停泊する所。港。**七日になりぬ。同じ港にあり。**〈土佐日記・一月七日〉訳七日になった。(風波がやまないので、まだ)同じ**港**にいる。
発展「な」は上代の格助詞。↓古語チャート41(1179ページ)

みな-ながら【皆ながら】 副詞 みんな。全部。残らず。**ただ御身ばかり御車におはしますやうにて、御衣どもはみなながら出でて…。**〈大鏡・道長上〉訳ただ(中宮と尚侍の)お体だけはお車の中にいらっしゃるというぐあいで、お召し物は**みんな**(車の外に)出て…。

みな-に-な・す【皆に為す】 連語 使い果たす。全部なくす。「**道を知らぬ通ひ商ひに、少しの銭もみなになし…。**」〈西鶴・世間胸算用〉訳「方法を知らない行商のために、少しの金も**使い果たし**…。」

みな-に-な・る【皆に成る】 すっかりなくなる。尽きる。**異用に用ゐることなくて、その銭みなになりにけり。**〈徒然草・60・真乗院に盛親僧都とて〉訳別の用途に使うこともなくて、その金が**すっかりなくなって**しまった。

みな-ひと【皆人】

一 その場にいる ─ 人すべて ─ 人々。だれもかれも。

名詞 **その場にいる人全員。**すべての人々。だれもかれも。↓人皆

京には見えぬ鳥なれば、皆人見知らず。〈伊勢・9〉訳京都では見ることができない鳥であるので、**その場にいる人全員**が(なんという鳥であるのか)見ても分からない。

みなひとは… 歌 **みな人は花の衣になりぬなり苔の袂よ乾きだにせよ**〈古今集・哀傷・847・遍昭〉訳だれもかれも、(喪が明けて)美しく華やかな衣服になってしまったそうだ。(今なお涙に濡れたままの私の)粗末な僧衣の袂よ、せめて乾きだけでもしてくれ。〇「苔の袂」は僧衣のことで、「花の衣」と対句をなす。
発展 仁明天皇の死去により出家した作者が、天皇の一周忌に詠んだ歌。『大和物語』百六十八段にも見える。

みな-み【南】 名詞 ❶方角の名。南方。❷南風。季語 夏

みなみ-おもて【南面】 名詞 ❶南向き。南側。❷南向きの部屋。客間として用いる。また、正殿。発展「みんなみ」とも。

みなみ-まつり【南祭】 名詞 陰暦三月の中の午の日に行われる、京都の石清水八幡宮の臨時の祭り。また、陰暦八月十五日の放生会。季語 春 ↓北祭

み-な-もと【源】 名詞 ❶川の水の発する場所。水源。**名を阿蘇川といふ。その源は、肥後の国阿蘇の郡の少国の峰より出で…。**〈豊後国風土記

〈豊後国風土記〉訳名を阿蘇川という。その(川の)水源は、肥後国阿蘇郡小国の山から出ており…。
❷物事の起こる始めのこと。始まり。起源。根源。「まことに愛着の道、その根深く、源遠し。」〈徒然草・9・女は髪の〉訳本当に男女の愛に執着する心は、その根元は深く、(その)起源は遠い(=はるか昔にさかのぼるものだ)。
発展「な」は上代の格助詞。「水な本」という意味。

源家長〔―イヘナガ〕人名 鎌倉初期の歌人。和歌所に仕え『★新古今和歌集』の撰集に参加した。勅撰集に三十四首が入集。『源家長日記』がある。*1173ごろ—1234*

源兼昌 人名 平安後期の歌人。従五位下皇后宮少進になり、後に出家。『永久百首』の作者。『金葉集』以下に入集。生没年不明。

源実朝 人名 鎌倉幕府の第三代将軍。頼朝の二男。母は北条政子。右大臣となった翌年、鶴岡八幡宮へ参詣の帰りに、兄頼家の子公暁によって暗殺された。★藤原定家より和歌の指導を受け、『詠歌口伝』(=『★近代秀歌』)を贈られた。独自の風格を持つ万葉調歌人として高く評価されている。家集に『金槐和歌集』(→**必修古典ビッグ30** ❾434ページ)がある。*1192—1219*

源順〔―シタガフ〕人名 平安中期の歌人。★三十六歌仙の一人。★梨壺の五人の一人。屏風歌・歌合の和歌が多い。一方、官位は低く、不運を嘆く歌もある。和漢の才に優れ、『和名類聚抄』を編集。家集に『源順集』がある。*911—983*

源隆国 人名 平安中期の廷臣・歌人・文学者。晩年は宇治に隠退し宇治大納言とも呼ばれた。『★後拾遺和歌集』以下の勅撰集に入集。現代には伝わらない『宇治大納言物語』の編者と考えられている。*1004—1077*

源経信 人名 平安後期の廷臣・歌人。俊頼の父。桂大納言・源都督とも。★中古三十六歌仙の一人。詩歌管弦に優れ、「★三船の才」をうたわれた。当時の和歌の第一人者で、清新な叙景歌を詠み、中世歌人にも高く評価された。*1016—1097*

源俊頼 人名 平安後期の歌人。経信の子。革新的な歌人で多様な歌風の歌を残し、後代に大きな影響を与えた。『★金葉和歌集』の撰者。父経信とともに六条源家を形成。歌論書『俊頼髄脳』を著し、家集に『散木奇歌集』がある。*1055ごろ—1129ごろ*

源通具 人名 鎌倉初期の廷臣・歌人。藤原俊成女の夫。後鳥羽院歌壇で活躍し、和歌所寄人となる。『★新古今和歌集』撰者の一人。*1171—1227*

源義経 人名 平安末期の武将。頼朝の弟。幼名、牛若丸。通称、九郎判官。一一八〇(治承四)年、頼朝の挙兵に加わり、平氏を壇の浦に滅亡させた。その後、頼朝と反目。奥州に下ったが、藤原泰衡に襲撃され、衣川で自害した。その悲劇的な生涯は人々の同情を集め、彼を英雄視する伝説・文学を多数生み出した。*1159—1189* →義経記

源義仲 人名 平安末期の武将。頼朝の従弟。木曾義仲の名で知られる。一一八〇(治承四)年以仁王の令旨に応じて挙兵。平氏を破って入京し、「朝日将軍」と呼ばれたが、後白河院と対立、義経・範頼によって近江の粟津で討たれた。*1154—1184*

源頼朝 人名 鎌倉幕府の初代将軍で、武家政治の創始者。平治の乱に敗走中、捕らわれて伊豆に配流。一一八〇(治承四)年に以仁王の令旨を受けて挙兵し、東国政権を樹立。一一八五(元暦二)年平氏を滅ぼす。その後諸国に守護・地頭を設置し、奥州を平定して全国を統一。一一九二(建久三)年征夷大将軍となった。*1147—1199*

源頼政 人名 平安末期の武将・歌人。従三位右京権大夫になった後、出家して源三位入道と呼ばれた。平氏に対し挙兵したが敗れ、宇治の平等院で自害した。家集に『源三位頼政集』がある。*1104—1180*

み-なら・す【見馴らす】 動詞 他〔サ四段〕〈さ・し・す・す・せ・せ〉見慣れるようにする。「いとけ遠くもてなしたまひて、**くはしき御ありさまを見ならしたてまつりしことはなかりしかど**…。」〈源氏・朝顔〉訳「(藤壺の宮は私とは)あまり親しくすることなく振る舞いなさって、(だから私は藤壺の宮の)詳しいごようすを**見慣れるようにし**申し上げたことはなかったけれど…。」

み-なら・ふ【見馴らふ】〔―ならう〕動詞 他〔ハ四段〕〈は・ひ・ふ・ふ・へ・へ〉見慣れる。見てなじむ。「**見ならひたまはぬ住まひのさまもめづらしきに**…。」〈源氏・夕顔〉訳(源氏が)**見慣れ**ていらっしゃらない住まいのありさまも珍しい(と思っている)ところに…。

み-な・る【水馴る】 動詞 自〔ラ下二段〕〈れ・れ・る・るる・るれ・れよ〉水に浸ることに慣れる。水に親しむ。「よそにのみ聞かましものを音羽川**渡るとなしにみなれそめけむ**」歌〈古今集・恋5・749〉訳評判だけを聞いておけばよかったのに。なぜ私は音羽川を渡ることなく**水に浸ることに慣れ**はじめたのだろう。〇「音羽川」は女性のたとえ。「みなれ」は「水慣れ」と「見慣れ」の掛詞。

み-な・る【見馴る】 動詞 自〔ラ下二段〕〈れ・れ・る・るる・るれ・れよ〉見慣れる。また、なじむ。慣れ親しむ。「**若き者にて見なれし世を思ひ出づるに、隔て来にける年月数へられて、いとあはれなり。**」〈源氏・玉鬘〉訳(右近は三条を)若い女房として**見慣れ**た時分を思い出すにつけて、過ぎて来てしまった年月が自然と数えられて、たいへんしみじみとした気分になる。

みなれ-ごろも【身馴れ衣】 名詞 着慣れた衣服。ふだん着。

みなれ-ざを【水馴れ棹】〔―ざお〕名詞 水になじんださお。使い慣れたさお。発展 序詞として「見馴る」「さす」を導くことが多い。

み-な-わ【水泡】 名詞 水のあわ。発展「みなあわ」の変化したことば。「な」は上代の格助詞。

み-に-あま・る【身に余る】 十分すぎる。過分だ。分不相応だ。「度々の**朝敵を平らげ、勧賞身に余り**…。」〈平家・6・入道死去〉訳「たびたび天皇の敵を平定し、功労のほうびは**十分すぎ**…。」

み-に-お・ふ【身に負ふ】〔―おう〕内容に釣り合う。身分に相応する。「文屋康秀は、**詞は巧みにて、そのさま身に負はず。**」〈古今集・仮名序〉訳文屋康秀(の歌)は、ことば(の使い方)は上手であるが、その(=歌の)体裁が**内容に釣り合わない**。
発展 打消の語を伴って用いられることが多い。

み-にく・し【見難し・醜し】 形容詞〔ク〕〈く・く・し・き・けれ・〇/から・かり・〇・かる・〇・かれ〉見ていやな感じがする。見苦しい。醜い。「住み果てぬ世に、**みにくき姿を待ちえて何かはせん。**」〈徒然草・7・化野の露〉訳(永久に)住み通すことができない(この)世に、(生きながらえて)**醜い**容姿となるのを待
対 目安

ち迎えていったいなんになろうか、いや、なんにもならない。

みにし・む【身に沁む】㊀(「しむ」が自動詞の場合)身にしみて感じる。しみじみと味わう。季語 秋

荻のうは風もやうやう身にしみ、萩の下露もいよいよしげく…。〈平家・10・藤戸〉訳 オギの上を吹く風もようやく身にしみて感じ、ハギからしたたる露もいよいよ多く(なり)…。

㊁(「しむ」が他動詞の場合)しみじみと味わわされる。身にしみて感じさせる。

匂ひくる隣の風を身にしめてありし軒端の梅ぞこひしき 歌〈更級日記・野辺の笹原〉訳 (ウメの)香を漂わせてくる隣からの風をしみじみと味わわされるにつけて、(住みなれた)もとの家の軒端のウメが恋しく思われることだ。

み-ぬけ【身抜け】名詞 あることから身を逃れること。責任を逃れること。

この節季の身抜け、何とも分別あたはず。〈西鶴・世間胸算用〉訳 この大晦日の決算日(の支払い)を逃れることは、何とも思いつくことができない。

みぬよ-の-ひと【見ぬ世の人】自分が生まれる以前の人。昔の人。

み-ね【峰・嶺】名詞 ❶山の頂上。❷高くなった所。❸刀の刃のない側。発展「み」は接頭語。↓古語チャート㊵(1167ページ)

みの【蓑・簑】名詞 雨具の一種。カヤ・スゲ・わらなどを編んで、肩からはおって前でとめるようになっている。

美濃 旧国名 濃州。★東山道八か国の一つ。今の岐阜県南部。↓ビジュアルチェック❼(450ページ)

みのけ-だ・つ【身の毛立つ】↓みのけよだつ

みのけ-よだ・つ【身の毛よだつ】(寒さ・恐怖・緊張などのために)ぞっとする。

城太郎をはじめとして、これを聞く者みな身の毛よだちけり。〈平家・6・嗄声〉訳 城太郎をはじめとして、これを聞く者はみんな**ぞっとした**。

発展「身の毛もよだつ」「身の毛立つ」ともいう。「よだつ」は「弥立つ」の「い」の落ちたもの。

み-の-こく【巳の刻】↓み(巳)・みのとき

み-の-とき【巳の時】❶時刻の名。今の午前十時ごろ。また、その前後二時間。↓巳 ❷物事の盛りのとき。真っ最中。たけなわ。発展❷は、巳の時が、まだ午の時(=正午)前の時刻であるという意味から。

み-の-のち【身の後】死んだ後。死後。

みのひ-の-はらへ【巳の日の祓へ】陰暦三月最初の巳の日に行った祓えの行事。人形で体をなで、身のけがれや罪、災いを人形に移して、川や海に流した。

み-の-ほど【身の程】❶身体や身分の程度。分相応。

羽風にさへその身の程にあるこそいと憎けれ。〈枕草子・28・憎きもの〉訳 (枕元に飛んでくる力は)羽風まで**分相応**にあるというのが本当に憎らしい。

❷身の上。境遇。

身の程の思ひ知られて、悲しくて申すやう…。〈宇治拾遺〉訳 (不幸な)**身の上**が思い知られて、悲しくて(観音様に)申し上げることには…。

み-のり【御法】名詞 ❶法律。命令。❷仏法。仏の教え。

み-はかし【御佩刀・御刀】名詞 貴人の太刀。お刀。類 佩刀 発展「み」は尊敬を表す接頭語。

み-はし【御階】名詞 神社・宮中などの階段。特に、紫宸殿の南階段。発展「み」は尊敬を表す接頭語。

み-は・つ【見果つ】動詞 他〔タ下二段〕(て・て・つ・つる・つれ・てよ) 最後まで見る。見届ける。また、最後まで面倒をみる。

出でむままにこの物語見果てむと思へど、見えず。〈更級日記・物語〉訳 (広隆寺でのお籠もりが終わって)出て来たらすぐにこの物語(=源氏物語)を**最後まで見**ようと思うけれど、見ることができない。

み-はな・つ【見放つ】動詞 他〔タ四段〕(た・ち・つ・つ・て・て) 見捨てる。ほうっておく。

御答へなどをも、おぼえたまひけることは、いはけなくうちのたまひ出でて、え見放たず見えたまふ。〈源氏・若菜上〉訳 (女三の宮は)お答えなどをも、思い出しなさったことは、無邪気にそのままお話し出しなさって、(源氏が)**ほうっておく**ことができないとお見えになる。

み-はや・す【見栄す】動詞 他〔サ四段〕(さ・し・す・す・せ・せ) 見て褒めたたえる。

「これより外に見はやすべき人なくや。」と見たまへる。〈源氏・幻〉訳 「この人(=蛍兵部卿の宮)よりほかに(この紅梅のよさを)**見て褒めたたえる**ことのできる人はいないのではないか。」と(源氏は)見ていらっしゃる。

み-はるか・す【見晴るかす】動詞 他〔サ四段〕(さ・し・す・す・せ・せ) はるかに見渡す。

皇神の見晴るかします四方の国は…。〈祝詞〉訳 神々が**はるかに見渡し**なさる周囲一帯の国は…。

み-ふ【御封】名詞 朝廷から与えられた領地の人民の家。発展「み」は尊敬を表す接頭語。「ふ」は「★封戸」の略。「みぶ」とも。

み-ふ・す【見伏す】動詞 他〔サ下二段〕(せ・せ・す・する・すれ・せよ) 見極める。見届ける。

事にもあらずと、返す返す思ひ見伏せて…。〈宇治拾遺〉訳 何でもないことと、繰り返し繰り返し考え**見極めて**…。

み-ふだ【御簡】名詞 ↓にっきふのふだ

壬生忠見 人名 平安中期の歌人。★三十六歌仙の一人。忠岑の子。官位は低かったが、その優れた歌により名を知られた。生没年不明。

壬生忠岑 人名 平安前期の歌人。★三十六歌仙の一人。『古今和歌集』(↓必修古典ビッグ30 ⑪ 506ページ)の撰者の一人。家集に『忠岑集』がある。歌論書『和歌体十種』(『忠岑十体』)は、作者を忠岑に仮託した偽書とする説が有力。生没年不明。

み-へ【三重】名詞 三つ重なっていること。折れ重なって三重になっていること。また、そのもの。

みへ-がさね【三重襲】名詞 ❶衣服の縫い方で、表と裏の間に中倍という別の色の布をはさみ、三重にして縫うこと。また、そのもの。❷(「三重襲の扇」の略で)扇の板が、一重(=八枚)の三倍あるもの。計算では二十四枚になるが、実際は二十三枚か二十五枚のものが普通であった。

みへず【見へず】(誤)↓(正)**みえず【見えず】**発展 ヤ行下二段動詞「みゆ」の未然形＋打消の助動詞「ず」。

三保 歌枕 今の静岡市清水区南部、三保半島付近。駿河湾側に羽衣伝説で知られる三保の松原がある。

みほ-どり【鳰鳥】名詞 ↓にほどり

み-まうし【見まうし】見るのもいやだ。見たくない。

鼻に紅をつけて見たまふに、形に描きても見まうきさましたり。〈源氏・末摘花〉訳 (源氏が自分の)鼻に紅を付けてご覧になると、絵に描いたものでも**見るのもい**

やなようすをしている。
発展 上一段動詞「みる」の未然形＋希望しない気持ちを表す助動詞「まうし」。

み-まが・ふ【見紛ふ】 動詞 他 〔ハ下二段〕〈へ・へ・ふ・ふる・ふれ・へよ〉見間違える。
白樫といふものは…いづくともなく雪の降りおきたるに見まがへられ…。〈枕草子・40・花の木ならぬは〉訳 シラカシというものは…どこということもなく（＝辺り一面に）雪が降り積もっているのに**見間違えられ**…。

み-まか・る【身罷る】

この世から去る。また、「死ぬ」の謙譲語Ⅱ ─ ❶亡くなる。死ぬ。／❷死去いたします。
［通常語］死ぬ

未然形	連用形	終止形	連体形	已然形	命令形
みまから	みまかり	みまかる	みまかる	みまかれ	みまかれ

動詞 自 〔ラ四段〕 ❶**この世から去る。亡くなる。死ぬ。**
安芸国佐伯郡高庭の駅馬駅にして身まかりぬ。〈万葉集・5・886・題詞〉訳（大伴君熊凝は）安芸国（＝今の広島県西部）佐伯郡高庭の★駅馬★駅で**亡くなった**。

❷（「死ぬ」の謙譲語Ⅱ―話し手や書き手が聞き手や読み手に対して自分側の者をへりくだる敬語―で）**死去いたします。**
姉の身まかりにける時に詠める。〈古今集・哀傷・836・詞書〉訳 姉が**死去いたしました**時に詠んだ歌。

発展 **謙譲語Ⅱの場合**　「身＋まかる」で、体がこの世から去る、つまり、死ぬことを表す。かしこまった場面で自分の側に属する者の死をいう時には、❷の謙譲語Ⅱとなる。用例に挙げたように、帝を読者としてかしこまった表現をとる勅撰集の詞書に多く用いられた。↓**古語チャート⑱**（647ページ）

み-ま-く【見まく】 見るであろうこと。見ること。発展 上一段動詞「みる」の未然形＋推量の助動詞「む」の古い未然形＋接尾語「く」。

み-まく-ほし【見まく欲し】 見たいと思う。会いたいと思う。**老いぬればさらぬ別れもありといへばいよいよ見まくほしき君かな** 歌〈古今集・雑上・900〉訳↓おいぬれば…
発展 上一段動詞「みる」の未然形＋推量の助動詞「む」の古い未然形＋接尾語「く」＋形容詞「ほし」。

美作 旧国名 作州。★山陽道八か国の一つ。今の岡山県北東部。七一三（和銅六）年、★備前から分かれて一国となった。↓**ビジュアルチェック⑦**（450ページ）

み-まさり【見勝り】 名詞 以前より勝って見えること。予想よりも優れて見えること。対 見劣り
都馴れゆくありさまのをかしきも、こよなく見勝りしたる心地したまふに…。〈源氏・浮舟〉訳（浮舟の）都（の風情）になれていくようすのいじらしいさまも、（薫は浮舟が）ずいぶん**以前より優れて見えるように**お感じになるのだが…。

み-まし【汝】 代名詞《上代語》あなた。発展「御座」という意味。「汝」を敬った言い方で、「いまし」や「まし」よりも敬意が高いといわれる。

みまそか・り 動詞 自 〔ラ変〕〈ら・り・り・る・れ・れ〉（「あり」の尊敬語で）いらっしゃる。
その時の女御、多賀幾子と申すみまそかりけり。〈伊勢・77〉訳 そのときの女御で、多賀幾子と申し上げる方が**いらっしゃった**。
発展「いまそかり」の変化したものかといわれる。「みまそがり」とも。

み-ま・ふ【見舞ふ】 動詞 他 〔ハ四段〕〈は・ひ・ふ・ふ・へ・へ〉❶見回る。巡回する。
「**今日は、瓜畑へ見まうてようすを見うと存ずる。**」〈狂言・瓜盗人〉訳「今日は、ウリ畑を**見回って**ようすを見ようと思います。」〇「見まう」は連用形「見まひ」のウ音便。「今日は」は「コンニッタ」と発音された。
❷訪問してご機嫌を伺う。
「**某都に祖父を一人持ってござるが、久しう見まひませぬによって**…。」〈狂言・腰祈〉訳「私は都に祖父が一人いますが、長い間**訪問してご機嫌を伺って**いませんので…。」

みみ【耳】 名詞 ❶音を聞く器官。
❷聞くこと。聞こえること。うわさ。
言にいへば耳にたやすし… 歌〈万葉集・11・2581〉訳（恋というものは）ことばでいうと**聞くこと**において容易である（＝簡単に聞こえる）…。
❸針の穴。器物の取っ手。
「**いと使ひよき手作りの針の、耳いと明らかなるに**…。」〈宇津保〉訳「たいへん使いやすい手製の針で、**穴**がたいへんはっきりしている針なのに…。」

み-み【身身】 名詞 ❶その身その身。それぞれの人の身。
送りの者ども、身々の捨てがたさに、暇申して帰りけり。〈平家・2・小教訓〉訳 見送った者たちも、**それぞれの身**を捨てる（＝出家する）ことができかねて、お暇を申し上げて帰ったのだった。
❷（「身身となる」の形で）身が二つになること。出産すること。

みみ-おどろ・く【耳驚く】 動詞 自 〔カ四段〕〈か・き・く・く・け・け〉聞いて驚く。
下ざまの人の物語は、耳驚くことのみあり。〈徒然草・73・世に語り伝ふること〉訳 低い階層の人の話は、**聞いて驚く**ことばかりある。

みみ-かしがま・し【耳囂し】 形容詞〔シク〕〈しく・しく・し・しき・しけれ・〇／しから・しかり・〇・しかる・〇・しかれ〉うるさい。やかましい。
耳かしがましき川のわたりにて、静かなる思ひにかなはぬ方もあれど、いかがはせむ。〈源氏・橋姫〉訳（水音が）**やかましい**川のほとりであって、静かに（仏道修行をして暮らしたい）との願いにそぐわないところもあるけれど、しかたのないことである。

みみ-た・つ【耳立つ】 ㊀ 動詞 自 〔タ四段〕〈た・ち・つ・つ・て・て〉耳に留まる。聞いて注意が向く。
「**等しきほど、劣りざまなど思ふ人にこそ、ただならず耳立つこともおのづから出で来るわざなれ**…。」〈源氏・若菜上〉訳「（自分と）同じ身分、（あるいは）低い身分などと思う人（＝女）にこそ、普通とは違って**耳に留まる**ことも自然と起こってくるものだけれど…。」
㊁ 動詞 他 〔タ下二段〕〈て・て・つ・つる・つれ・てよ〉耳を澄ます。注意して聞く。
果つる暁まで門たたく音もせず、あやしうなど耳立てて聞けば…。〈枕草子・25・すさまじきもの〉訳（地方官を決める会議が）終わる明け方まで（結果を知らせる者の）門をたたく音もしないで、妙だなどと（思って）**耳を澄まして**聞くと…。

みみ-ぢか・し【耳近し】 形容詞〔ク〕〈く・く・し・き・けれ・〇／から・

かり・○・かる・○・かれ）❶近くに聞こえる。（音が）近い。**南は双の岡の松風、いと耳近う心ぼそく聞こえて…。**〈更級日記・鏡の影〉訳南の方は双の岡の松風の音が、すぐ**近くに**心ぼそげに聞こえて…。

❷聞き慣れて分かりやすい。身近だ。**同じ仏の御教をも、耳近きたとひにひきまぜ、いとこよなく深き御悟りにはあらねど…。**〈源氏・橋姫〉訳（八の宮は）同じ仏のお教えをも、**身近な**たとえを交えて（説き）、まったく格別に深いお悟りというわけではないけれど…。

みみ-と・し【耳疾し・耳敏し】 形容詞〔ク〕〈く・く・し・き・けれ・○／から・かり・○・かる・○・かれ〉耳がいい。耳ざとい。**大蔵卿ばかり耳とき人はなし。まことに、蚊のまつげの落つるをも聞きつけたまひつべうこそありしか。**〈枕草子・275・大蔵卿ばかり〉訳大蔵卿（＝藤原正光）ほど**耳がいい人**はいない。本当に、蚊のまつげが落ちる音をも聞き付けておしまいになりそうであった。

みみ-とどま・る【耳留まる】 動詞自〔ラ四段〕〈ら・り・る・る・れ・れ〉聞いて関心が持たれる。耳に留まる。**「大臣にならむ贖労を取らむ」などぞ、あまりおどろおどろしきことと耳とどまりける。**〈源氏・東屋〉訳「大臣になったりするための地位を買うお金を調達しよう。」などというのは、あまりにもおおげさなことだと（左近少将は）**耳に留まった**のだった。

みみ-とど・む【耳留む】 動詞他〔マ下二段〕〈め・め・む・むる・むれ・めよ〉聞き耳を立てる。聞こうとして意識を集中する。**若き女房などは「心憂し」と耳とどめけり。**〈源氏・紅葉賀〉訳若い女房などは（源氏の悪口を）「不愉快だ。」と**聞き耳を立てた**。

みみ-どほ・し【耳遠し】 形容詞〔ク〕〈く・く・し・き・けれ・○／から・かり・○・かる・○・かれ〉（古い時代のことで）聞き慣れない。**万葉集の耳遠きことば、凡俗の心を詠めるこそ、弱き歌とは思ひたまへはべれ。**〈和歌秘伝抄〉訳万葉集の（遠い時代の）**聞き慣れない**言葉、凡俗の心を詠んだ歌こそ、弱い歌と思わせていただいております。

みみな-ぐさ【耳菜草・耳無草】 名詞《植物》ナデシコ科の多年草。道端などに生え、晩春に白く小さい花を多く付ける。季語春

耳成山【みみなしやま】 歌枕今の奈良県橿原市にある山。天の香具山・畝傍山とともに★大和三山の一つ。和歌には、「耳無し」をかけ、「梔子」とともに詠まれた。↓ビジュアルチェック25（1097ページ）

みみ-な・る【耳馴る】 動詞自〔ラ下二段〕〈れ・れ・る・るる・るれ・れよ〉聞き慣れる。**をささ耳なれぬ手ども弾きたまふらむを、「ゆかし。」とおぼして…。**〈源氏・若菜下〉訳少しも**聞き慣れ**ない（琴の）曲を（源氏が）弾きなさっていたりするのを、（明石の女御は）「聞きたい。」とお思いになって…。

みみ-はさみ【耳挟み】 名詞女性が、垂れ下がっている額髪をかき上げて、左右の耳に挟むこと。発展平安時代の貴族社会では品のないこととされた。

みみ-ふ・る【耳旧る】 動詞自〔ラ上二段〕〈り・り・る・るる・るれ・りよ〉聞き飽きる。耳慣れる。**時々につけてこそ、興ある朝夕の遊びに耳ふり目馴れたまひけれ…。**〈源氏・若菜下〉訳（紫の上は）季節季節に応じ、趣が深い朝夕の管絃の遊びに対して**聞き飽き**見慣れなさったけれど…。

みみ-やす・し【耳易し】 形容詞〔ク〕〈く・く・し・き・けれ・○／から・かり・○・かる・○・かれ〉聞いて安心である。**「耳やすきものから、さすがに嫉く思ふことこそあれ。」**〈源氏・若菜上〉訳「（夕霧と雲居の雁との結婚を）**聞いて安心である**とはいうものの、やはり（私、朱雀院には）残念に思う気持ちはあるのだ。」

み-むろ【御室】 名詞貴人の住居。特に、僧坊・庵室など。発展「み」は尊敬を表す接頭語。「みもろ」とも。

三室山【みむろやま】 歌枕今の奈良県竜田川下流西岸の丘陵。和歌には、「三諸の山」の形でも詠まれた。また、紅葉の名所として知られ、「時雨」「錦」などとともに詠まれた。

み-め【見目・眉目】 名詞❶目に見えるようす。見た目。**鷺は、いと見目も見苦し。**〈枕草子・41・鳥は〉訳サギは、とても**見た目**もみっともない。

❷顔かたち。器量。容貌。**知らぬ人なれど、見目のこよなうをかしければ…。**〈源氏・手習〉訳知らない人であるが、**顔かたち**がたいへん美しいので…。

❸名誉。面目。

み-め【御妻・妃】 名詞高貴な人の妻。お后。奥方様。**「やむごとなき御妻ども、いと多く持ちたまひて…。」**〈源氏・須磨〉訳「（源氏は）身分の高い**奥方様**を、たいへんたくさんお持ちになって…。」発展「み」は尊敬を表す接頭語。

み-めう・なり【微妙なり】 形容動詞〔ナリ・ノ〕〈なら・なり（に）・なり・なる・なれ・なれ〉非常にすばらしい。**実に伝へ聞きつるよりも云はむ方無くみめうなれば、愛して…。**〈今昔〉訳（師尹家伝来の硯は）まことに伝え聞いていたのよりも言いようもなく**非常にすばらしい**ので、大事にして…。

み-め-かたち【見目形・眉目形】 名詞顔かたち。容姿。**「娘を持ちてさうらふ。見目形なだらかにさうらふ。」**〈沙石集〉訳「娘を持っております。**容姿**はまあまあでございます。」

み-め・づ【見愛づ】 動詞他〔ダ下二段〕〈で・で・づ・づる・づれ・でよ〉見て褒める。**いみじうもせさせたまふかなと、いよいよ見めでたてまつらせたまひて…。**〈大鏡・基経〉訳（親王でいらっしゃった光孝天皇が機転をきかせて）まことにすばらしくなさることだなあと、（基経公は）ますます**見てお褒め**申し上げなさって…。

み-め-よ・し【見目好し・眉目佳し】 形容詞〔ク〕〈く・く・し・き・けれ・○／から・かり・○・かる・○・かれ〉顔かたちが美しい。**都の中より見目よき女を千人そろへて、その中より…すぐり出だされける。その中にも常葉一とぞ聞こえける。**〈平治〉訳都の中から**顔かたちが美しい**女性を千人集め、その中から…えりすぐりなさった。その中でも常盤御前は一番とうわさされたのだった。

御裳濯川【みもすそがは】 歌枕今の三重県伊勢市を流れ、伊勢湾に注ぐ五十鈴川の別の呼び名。伊勢神宮の内宮の境内を流れ、御手洗（＝神を拝む前に手を洗い清めるための水）となっている。「白波」「澄む月」などとともに、賀歌や神祇歌に詠まれた。

み-もち【身持ち】 名詞❶普段の行い。品行。❷妊娠すること。

み-もの【見物】 名詞❶見てすばらしいと感じること。見る価値のあること。また、そのもの。**これに過ぎたる水練の見物やあるべき。**〈古今著聞集〉訳これ以上の水泳（の上手なこと）の**見て価値のあるもの**があろうか。

❷見物をすること。また、見物人。

みーもらす【見漏らす】 動詞 他〔サ四段〕〈さ・し・す・す・せ・せ〉見落とす。一事も**見漏らさじとまぼりて**…。〈徒然草・137・花は盛りに〉訳(賀茂の祭りの行列を)ひとつも**見落とす**まいとじっと見つめて…。

みーもろ【御室】 名詞 ↓みむろ

みーや【宮】

神や天皇・皇族が住む所
- ❶(伊勢神宮・熱田神宮など、特別の神を祭る格式の高い)**神社。神宮。**
- ❷**皇居。御所。皇族の住居。宮殿。御殿。離宮。**
- ❸**皇族を敬った言い方。**

名詞 ❶(伊勢神宮・熱田神宮など、特別の神を祭る格式の高い)**神社。神宮。**「**あれはいづれの宮と申すぞ。いかなる神をあがめたてまつるぞ。**」〈平家・7・願書〉訳「あれは何々**神社**と申し上げるのか。どのような神を尊び敬い申し上げているのか。」❷**皇居。御所。皇族の住居。宮殿。御殿。離宮。** 水無瀬に通ひたまひし惟喬の親王…日ごろ経て、**宮に帰りたまうけり。**〈伊勢・83〉訳水無瀬に(鷹狩りをしに)お通いになっていた惟喬親王が…何日かたって(京都の)**御殿**にお帰りになった。❸**皇族を敬った言い方。中宮。皇子。皇女。** 昔、男ありけり。**身は卑しながら、母なむ宮なりける。**〈伊勢・84〉訳昔、ある男がいた。身分は低いけれども、母は**皇女**であったのだった。

発展 **意味の広がり** 「み」は尊敬を表す接頭語で、「御屋」の意味。最も尊ぶべき建物という意味で、もともとは❶の格式の高い神社を表す。そこから、神と同等に扱われた天皇の住む場所(皇居)をも表すようになり、さらに皇族の御殿や、そこに住む人をもいうようになった。↓**古語チャート**40(1167ページ)

みやうーが【冥加】 名詞《仏教語》知らないうちに与えられる神仏の加護。

みやうーがう【名号】 名詞《仏教語》仏・菩薩の名。特に、阿弥陀仏の名。また、念仏として唱える「南無阿弥陀仏」の六字。

みやうーがう【名香】 名詞 仏前でたくお香。

みやうーくわ【猛火】 名詞 激しく燃える火。勢いの激しい火。もうか。

みやうーくわん【冥官】 名詞《仏教語》地獄の閻魔の庁の役人。

みやうーけん【冥顕】 名詞 冥界と顕界。死後の世界と現実の世界。あの世とこの世。発展「みょうげん」とも。

みやうーじ【名字】 名詞 ❶古代の氏の名。また、氏と姓の総称。❷同一の氏から分かれ出た家を区別する名。❸仏の名号。発展 ❷は源氏から出た新田・足利・武田などのように居所によって名付けたが、後には氏と区別がつかなくなり現在の姓に至った。

みやうーしゅ【冥衆】 名詞《仏教語》人の目には見えない神々。

みやうーじん【明神・名神】 名詞 歴史が古く由緒正しい神社。また、霊験あらたかな神を尊んだ言い方。

みやうーばつ【冥罰】 名詞《仏教語》神仏がひそかに下す罰。対冥利

みやうばふーはかせ【明法博士】 名詞★大学寮で、学生に明法道(=律令・格式などに関する学問)を教授した博士。

みやうーぶ【名簿・名符】 名詞 姓名・官位などを書いた名札。家臣や門弟になるときなどに差し出した。

みやうーぶ【命婦】 名詞 ❶律令制で、五位以上の女官、また五位以上の官人の妻の呼び名。前者を内命婦、後者を外命婦という。両者ともに朝廷の儀式などに出仕した。❷平安以降、中級の女房の呼び名。❸稲荷明神の使者といわれるキツネの別の呼び名。

みやうーもん【名聞】 名詞 世間の評判。名誉。名声。**道心深きが故に、ひとへに名聞を離れて、官職を捨てて、遂に横川に籠り居ぬ。**〈今昔〉訳(僧都の位をいただいた源信は)求道心が強いので、ひたすら**名声**を捨て、官職を捨てて、ついに横川に隠れ住んでしまった。

みやうもんーぐるーし【名聞苦し】 形容詞〔シク〕〈しく・しく・し・しき・しけれ・○/しから・しかり・○・しかる・○・しかれ〉名声を求めてあくせくしている。世間的な名誉に執着している。また、そのために苦しい。名声があるためにかえってつらい。増賀聖の言ひけんやうに、**名聞ぐるしく、仏の御教へに違ふらんとぞおぼゆる。**〈徒然草・1・いでや〉訳増賀上人が言ったとかいうように、**世間的な名誉に執着していて**、仏のお教えに背くだろうと思われる。

みやうーもんーなり【名聞なり】 形容動詞〔ナリ・ノ〕〈なら・なり(に)・なり・なる・なれ・なれ〉見え張りだ。偽善的だ。**この大将は、父大臣よりも御心ざま煩はしく、癖々しき覚えまさりて、名聞になどぞおはせし。**〈大鏡・師尹〉訳この大将(=済時)は、父大臣(=師尹)よりもご気性が気難しく、ひと癖あるという評判がいっそうひどくて、**見え張りでいらっしゃった。**

みやうーり【名利】 名詞 名誉と利益。

みやうーり【冥利】 名詞 ❶《仏教語》神仏がひそかに与える利益。対冥罰 ❷(❶の意味から)知らず知らず人から与えられる恩恵。また、ある立場や職業ならではの恩恵。❸(職業・身分を表すことばに付いて)それらにかけて誓う意志を表す。

みやうーわう【明王】 名詞《仏教語》❶大日如来の命令を受けて、教え導くことが難しい人々を、強い力で屈服させて仏の教えへと導く諸尊。怒りの相を表し、武器を持っている。❷特に、五大明王。中でも、不動明王の呼び名。

みやーき【宮木】 名詞 宮殿を造るための材木。

宮城野 歌枕 今の宮城県仙台市の東方の平野。ハギの名所。和歌には「小萩」「露」「木の下露」「鹿」「月」などとともに詠まれる。また、宮中をたとえて用いられる場合もある。↓ビジュアルチェック❶(194ページ)

みやぎのの… 歌 **宮城野の露吹き結ぶ風の音に小萩がもとを思ひこそやれ**〈源氏・桐壺〉訳宮城野(=宮中)の庭の露を吹いて露の玉を作る風の音(を聞く)に(つけて涙があふれ)、小さなハギのある場所(=若宮の身の上)を思いやることだ。○「宮城野」は、ここでは宮中のこと。「露」は涙を暗示し、「小萩」の「小」に「子」を掛けて、若宮を指している。発展 故桐壺の更衣の里に祖母と暮らす若宮(=源氏)を、宮中から思いやる桐壺の帝が、更衣の母に贈った歌。

宮城野のもとあらの小萩露を重み風を待つごと君をこそ待て〈古今集・恋4・694〉訳宮城野の根元の葉のまばらなハギが露が重いので(それを)吹き払ってくれる風を待つように、(私も)あなた(に会えるの)を待っています。

○「宮城野」は、今の宮城県仙台市の東方の平野で、ハギの名所。「もとあら」は根もとの葉がまばらなこと。「重み」の「み」は、形容詞の語幹などに付いて原因・理由を表す接尾語。
発展 ハギの枝のようすを細かく描写し、それによって会いたいという気持ちを強く表現する。作者は不明。

みーやけ【屯倉・屯家】 名詞 古代、諸国にあった皇室の御料地で収穫した穀物を納めた倉庫と官舎の総称。また、その田地。発展「御宅」という意味。

みやーこ【都・京】 名詞 ❶皇居のある所。一時的な行宮や以前あった所にもいう。❷都会。特に、京都。発展「宮処」という意味。

みやこーうつり【都移り・都遷り】 名詞 都を他の地へ移すこと。遷都。

みやこーおち【都落ち】 名詞 (戦いなどに負けて)都から地方へ逃げ延びること。

みやこーどり【都鳥】 名詞 河口近くに住む水鳥の一種。カモメ科のユリカモメともチドリ科のミヤコドリともいう。
渡し守に問ひければ、「これなむ都鳥。」と言ふを聞きて…〈伊勢・9〉訳 船頭に(鳥の名を)たずねると、「これはミヤコドリ(ですよ)。」と言うのを聞いて…。

みやこには… 歌
都にはまだ青葉にて見しかども紅葉散りしく白河の関〈千載集・365・源頼政〉訳 都ではまだ青葉の状態で見たのだけれども、(はるばるやって来て見ると)紅葉が地面に散り敷いている白河の関よ。

みやこーのーつと【都の苞】 都への土産。

都良香 人名 平安前期の漢詩人・文章博士。『日本文徳天皇実録』の撰修に加わる。漢詩文に『都氏文集』がある。834—879

みやこ・ぶ【都ぶ】 動詞 自〔バ上二段〕〈び・び・ぶ・ぶる・ぶれ・びよ〉都会らしくなる。
昔こそ難波田舎と言はれけめ今都引き都びにけり 歌〈万葉集・3・312〉訳 昔は難波田舎と(悪く)いわれたであろうが、今は都を引き移して都会らしくなってきたなあ。

みやこへと… 歌
都へと思ふをものの悲しきは帰らぬ人のあればなりけり〈土佐日記・十二月二十七日〉訳 都へ(帰れる)と思うのに、何か悲しいのは、(死んでしまって一緒に)帰らない人がいるからなのだった。○「思ふを」の「を」は逆接を表す。「帰らぬ人」は土佐で亡くなった作者の娘。
発展 高知県の大津から浦戸へ向かう船の中で、紀貫之が詠んだ歌。

みやこをば… 歌
都をば霞とともに立ちしかど秋風ぞ吹く白河の関〈後拾遺集・518・能因〉訳 都を春霞の立つころに旅立ったが、もう秋風が吹いている、この白河の関では。○「立ち」は「霞が立つ」と「旅に立つ」との掛詞。「白河の関」は、今の福島県白河市にあった関。「白」は「秋」の縁語。
発展 能因の代表作であり、後に、陸奥に行った振りをして都で作ったとの逸話を生んだ。『無名抄』にも引かれる歌。

みやすんーどころ【御息所】 名詞 ❶(天皇の御休憩所という意味から)天皇の寝所に仕える女官。女御・更衣などの女官で天皇の寵愛を得た女性の呼び名。❷皇太子および親王の妃の呼び名。発展「みやすみどころ」の変化したことば。

みやーぢ【宮路・宮道】 名詞 ❶宮殿に通じる道。❷神社に参拝する道。参道。

みやーづかさ【宮司】 名詞 ❶中宮職・東宮坊・斎宮・斎院の職員。❷宮司。神官。

みやーづか・ふ【宮仕ふ】
一 動詞 自〔ハ下二段〕〈へ・へ・ふ・ふる・ふれ・へよ〉❶宮殿の造営に奉仕する。
田跡川の滝を清みかいにしへゆ宮仕へけむ多芸の野の上に 歌〈万葉集・6・1035〉訳 田跡川の滝が清いからであるからか、昔から宮殿の造営に奉仕したのだろうか。この多芸の野の辺りに。○「田跡川の滝」は、今の岐阜県にある養老の滝。
❷(宮中や貴人の家に)仕える。奉公する。
下太友正といふ随身、幼くより宮仕へけり。〈古今著聞集〉訳 下太友正という従者が、幼いときから仕えていた。
二 動詞 自〔ハ四段〕〈は・ひ・ふ・ふ・へ・へ〉(宮中や貴人の家に)仕える。奉公する。
ある公卿の御所へ、宮仕はんとて、年たけたる俗参じたりけり。〈沙石集〉訳 ある公卿のお住まいへ、仕えようとして、年を取った俗人が参上したのであった。
三 動詞 他〔ハ四段〕〈は・ひ・ふ・ふ・へ・へ〉召し使う。
さて宮仕ふに、かひがひしくまめにて…〈古今著聞集〉訳 そこで召し使うと、(この女は)てきぱきとしてよく働いて…。

みやーづかへ【宮仕へ】 名詞 ❶宮中に仕えること。宮中への出仕。宮仕え。
「宮仕へに出で立ちて、思ひがけぬ幸ひ取り出づる例ども多かりかし。」〈源氏・帚木〉訳 「宮仕えに出て、思いがけない幸福をつかむ例なども多いのだよ。」
❷貴人・主人に仕えること。奉公。
「鞍馬の奥にしのばせたまひてさうらひしに、この童ばかりこそ、時々参って宮仕へ仕まつりさうらひしか。」〈平家・3・僧都死去〉訳 「(俊寛僧都が)鞍馬山に姿をお隠しになっていました時に、この少年(=有王)だけが、時々参上しては奉公を致しておりました。」

みやづかへーどころ【宮仕へ所】 名詞 宮仕えをする所。奉公する所。奉公先。
されど、自然に宮仕へ所にも、親、同胞のうちにても、思はるる、思はれぬがあるぞ、いとわびしきや。〈枕草子・267・世の中になほ〉訳 しかし、おのずから宮仕えをする所でも、親、兄弟の中においても、愛される人、愛されない人がいるのは、ひどくやり切れないことだ。

みやづかへーびと【宮仕へ人】 名詞 宮仕えをする人。特に、女房。

みやつこ【造】 名詞 古代の姓のひとつ。朝廷や地方において、世襲でその部民を統括する氏族の姓。

みやーのーだいぶ【宮の大夫】 名詞 ★中宮職の長官。中宮の大夫。

みやーのーめ【宮咩】 名詞 (「宮咩の祭り」の略で)不吉を避け幸福を求めるため、陰暦正月・十二月の初午の日に、高御魂命など六柱の神を祭った祭り。

みやーばしら【宮柱】 名詞 皇居・宮殿・神社などの柱。

みやーばら【宮ばら】 名詞 宮様がた。発展「ばら」は複数を表す接尾語。

みやーばら【宮腹】 名詞 皇女から生まれること。また、その子。類 皇女腹

みやび【雅び】
一 **宮廷風で洗練されていること** ―宮廷風であること。上品で優雅なこと。風雅。風流。

名詞 宮廷風であること。上品で優雅なこと。風雅。風雅な振る舞い。風流。
昔人(むかしびと)は、かくいち早き雅びをなむしける。〈伊勢・1〉訳 昔の人は、このように(=かいま見た女性へ即座に恋歌を詠んで贈るような)いちずな風雅な振る舞いをしたのだった。
発展 **美意識を表すことば** 上二段動詞「みやぶ」の連用形が名詞になったもので、平安時代の貴族社会における美的理念を表すことばのひとつ。

みやび-か・なり【雅びかなり】 形容動詞〔ナリ〕〈なら・なり(に)・なり・なる・なれ・なれ〉洗練されている。優雅だ。
いにしへ人の心直(なほ)く、詞(ことば)みやびかに、些(いさ)かなる穢(けが)らはしき塵(ちり)もゐず、高くはた雄々しき心ならひも…。〈歌意考(かいかう)〉訳 上代の人の歌の心が純粋で、ことばが優雅で、ほんの少しの汚らしい欠点もなく、気高くまた男性的な精神も…。

みや-びと【宮人】 名詞 ❶宮仕えをする人。宮中の人。類 大宮人(おほみやびと) 対 里人(さとびと) ❷神に仕える人。神主。発展 古くは「みやひと」。

みやび-やか・なり【雅びやかなり】 形容動詞〔ナリ〕〈なら・なり(に)・なり・なる・なれ・なれ〉洗練されている。優雅だ。上品で美しい。
「香央造酒(かさだみき)が女子(むすめ)は、生まれだちみやびやかにて…。」〈雨月・吉備津(きびつ)の釜(かま)〉訳「(吉備津神社の神官である)香央造酒の娘は、生まれつき上品で美しくて…。」
→古語チャート❸(67ページ)

みやび-を【雅び男・遊士】 名詞 風雅な男。風流人。

みや・ぶ【雅ぶ】

━ 宮廷風・都会風な振る舞いである ─ 上品で優美である。優雅である。

未然形	連用形	終止形	連体形	已然形	命令形
みや・び	みや・び	みや・ぶ	みや・ぶる	みや・ぶれ	みや・びよ

動詞 自〔バ上二段〕(多く完了の助動詞「たり」を伴って)上品で優美である。優雅である。対 俚(さと)ぶ・鄙(ひな)ぶ
梅の花夢(いめ)に語らくみやびたる花と我(あれ)思(も)ふ酒に浮かべこそ 歌〈万葉集・5・852〉訳 ウメの花が夢で語ることには、優雅な花だと自分では思う、(だから私を)酒に浮かべてほしい(と)。
発展 **語の成り立ち** 皇族や皇族の住居を表す名詞「みや(宮)」に、そのような状態になる意味を表す接尾語「ぶ」が付いたことば。→古語チャート❸(67ページ)

み-やま 名詞 ━【御山】❶山を敬った、または褒めたたえた言い方。
御山より落ち来る水の色見てぞ秋は限りと思ひなりぬる 歌〈古今集・秋下・310〉訳 お山から落ちて来る水の(紅葉で赤くなっている)色を見て、秋はもう終わりなんだなと思うようになったよ。
❷天皇の墓。貴人の墓。御陵(ごりょう)。山陵(さんりょう)。
御山に詣(まう)でたまひて、おはしまし御ありさま、ただ目の前のやうに思(おぼ)し出(い)でらる。〈源氏・須磨(すま)〉訳(源氏は桐壺院(きりつぼいん)の)御陵に参詣(さんけい)なさって、(帝(みかど)の)ご在世中のお姿を、すぐ目の前で見ているように思い出しにならないではいられない。
━【深山】奥深い山。また、山奥。対 外山(とやま)
深山にはあられ降るらし外山(とやま)なるまさきの葛(かづら)色づきにけり 歌〈古今集・神遊び・1077〉訳 奥深い山ではあられが降っているらしい。(その証拠に)人里近い山ではツルマサキの葉が紅葉してしまったことだよ。

みやま-おろし【深山颪】 名詞 奥深い山から吹きおろす風。

みやま-がくれ【深山隠れ】 名詞 ❶深い山に隠れていること。また、山の奥深い所。
吹く風と谷の水としなかりせば深山隠れの花を見ましや 歌〈古今集・春下・118〉訳(サクラに)吹く風と(散った花びらを)人里に流す谷の水とがもしなかったならば、山の奥深い所にあるサクラの花を見るだろうか、いや見ることはなかったろう。
❷深い山に隠れているように人目に付かないこと。また、人目に付かない場所。
「御袴着(はかまぎ)のほども、いみじき心を尽くすとも、かかる深山隠れにては、何の映(は)えかあらむ。」〈源氏・薄雲〉訳「(姫君の)お袴着の儀式の程度も、どんなに一生懸命心を配ったとしても、このような人目に付かない場所では、なんの見栄(みばえ)があろうか、いや、ないだろう。」

みやま-ぎ【深山木】 名詞 山奥に生えている木。
大きに恐ろしげなる深山木どものやうにて、都のうちとも見えぬ所のさまなり。〈更級日記・梅の立ち枝(え)〉訳 大きくて恐ろしそうな山奥の木々のようで、都の中とも思われないようすである。

みや-もり【宮守】 名詞 神社の番をすること。また、その番人。

み-や・る【見遣る】 動詞 他〔ラ四段〕〈ら・り・る・る・れ・れ〉遠くを眺める。その方向を見る。
はるばると見やらるる海の眺望、二千里の外(ほか)も残りなき心地する、いまさらめきたり。〈増鏡(ますかがみ)〉訳 はるばると

絵で見る古典生活史 24
天皇の外出

天皇の外出を、古語では「★行幸(みゆき・ぎゃうがう)」といいます。もともとは、「行くこと」を表す名詞「行き」の敬語として使われていましたが、天皇の外出に限定して用いるようになりました。
百人一首の歌「小倉山(をぐらやま)峰のもみぢ葉心あらば今ひとたびのみゆき待たなむ」(訳↓をぐらやま…)では、宇多(うだ)上皇と醍醐(だいご)天皇の両方に対して「みゆき」が使われていますが、後に、上皇・女院の場合には「ごこう」と読み、区別するようになります。
★清少納言は『★枕草子』で「見物は臨時の祭。行幸。祭の帰さ。御賀茂詣で。」と記し、行幸の時には、いつも見慣れている方々でさえ「やむごとなくめづらしくおぼゆるや(=高貴ですばらしく見える)。」と感激しています。
『★源氏物語』の第二九巻は「行幸」という巻名で、冷泉帝(れいぜい)の大原野行幸を牛車(ぎっしゃ)に乗ったご婦人たちが夢中で見物するようすが描かれています。

(絵…輿に乗る一条天皇の還幸の行列〈枕草子絵詞〉より)

自然と**遠くを眺め**られる海の見晴らしは、二千里のかなたまでもはっきり見渡せる気持ちがするのは、今さら言うまでもない（ほどすばらしい）。
発展「やる」は補助動詞。↓見遣す

みや-ゐ【宮居】 名詞 ❶神が鎮座すること。また、その場所。神社。❷天皇が住むこと。また、その場所。皇居。

み・ゆ【見ゆ】 動詞 ↓**最重要語**（1188ページ）

み-ゆき【行幸・御幸】 名詞 天皇のお出かけ。また、上皇・法皇・女院についてもいう。発展 天皇については「行幸」、上皇・法皇・女院については「御幸」の表記が当てられ、それぞれ「ぎゃうがう」「ごかう」とも読まれた。↓**絵で見る古典生活史**㉔（1187ページ）

み-ゆき 名詞 **一**【御雪】「雪」を褒めたたえた言い方。**二**【深雪】深く降り積もった雪。発展 **一**の「み」は褒めたたえる意味を表す接頭語。

み-ゆづ・る【見譲る】 動詞 他〔ラ四段〕〈ら・り・る・る・れ・れ〉世話を頼む。「幼き者どもをば、誰に**見譲り**、いかにせよとかおぼしめす。」〈平家・7・維盛都落〉訳「幼い子供たちを、だれに**世話を頼み**、どのようにしろとお思いになるのか。」

み-ゆる・す【見許す】 動詞 他〔サ四段〕〈さ・し・す・す・せ・せ〉見てもとがめない。見逃す。「鬼なども我をば**見許してむ**。」〈源氏・夕顔〉訳「鬼なども私をきっと**見てもとがめない**だろう。」

み-よ【三世】 名詞《仏教語》前世・現世・来世の総称。

み-よ【御代・御世】 名詞 天皇の在位期間。その天皇の治世。ご治世。発展「み」は尊敬を表す接頭語。↓**古語チャート**㊵（1167ページ）

みょう〈現〉↓〈歴〉**みゃう**【冥・名・命・明】

みょう〈現〉↓〈歴〉**めう**【苗・妙・茗】

明恵【ミャウヱ】人名 鎌倉前期の僧。栂尾に高山寺を創建し華厳宗を復興した。仏教書に『摧邪輪』、家集に『明恵上人歌集』などがある。1173—1232

み-よ-げ・なり【見よげなり】 形容動詞〔ナリ〕〈なら・なり（に）・なり・なる・なれ・なれ〉見栄えがよい。「**この人取りはじめて、当世の風俗、見よげに始末になりぬ**。」〈西鶴・日本永代蔵〉訳（袖の覆いというものを）この人がやり始めてから、当世の風俗が、**見栄えがよく**（また）経済的になった。

み・ゆ【見ゆ】

自然に目に入ってくる

- **一** 動詞 自
  - ❶**見える**。目に入る。
  - ❷見ることができる。
  - ❸（姿が）現れる。やって来る。◉多く、下に打消の語を伴う。
  - ❹（人に）**見られる**。
  - ❺会う。
  - ❻（女性が）結婚する。
  - ❼**感じられる**。
- **二** 動詞 他 ― 見せる。

	未然形	連用形	終止形	連体形	已然形	命令形
動詞 自〔ヤ下二段〕／動詞 他〔ヤ下二段〕	み・え	み・え	み・ゆ	み・ゆる	み・ゆれ	み・えよ

一 動詞 自〔ヤ下二段〕❶**見える**。目に入る。海の中にはつかに山**見ゆ**。〈竹取・蓬莱の玉の枝〉訳 海の中にかすかに山が**見える**。

❷（多く、下に打消の語を伴って）**見ることができる**。京には**見えぬ**鳥なれば、みな人見知らず。〈伊勢・9〉訳 京都では**見ることができない**鳥であるので、その場にいる人全員が（なんという鳥であるのか）見ても分からない。

❸（姿が）**現れる**。**やって来る**。宮人の安寝も寝ずて今日今日と待つらむものを**見えぬ君かも** 歌〈万葉集・15・3771〉訳 宮仕えをする人が安眠もしないで今日こそ今日こそと（あなたの帰りを）待っているだろうに。**現れ**ないあなただな。

❹（人に）**見られる**。**相手の目に入る**。思ひつつ寝ればや人の**見えつらむ**夢と知りせば覚めざらましを 歌〈古今集・恋2・552〉訳 ↓おもひつつ…

「人にもの思ふ気色を**見えむ**を、恥づかしきものにしたまひて…。」〈源氏・夕顔〉訳「（夕顔は）人に物思いにふけっているようすを**見られる**ようなことを、きまり悪いこととお考えになって…。」

❺**会う**。「さらに**見え**たてまつらじ。いと恥づかし。」など怨じたまひて…。〈源氏・葵〉訳（源氏は紫の上がつれない素振りを見せるので）「絶対にもう（あなたに）お**会い**申し上げないようにしよう。たいへんきまりが悪い。」などとお恨みになって…。

❻（女性が）**結婚する**。「捨てられまゐらせて後、またたれにかは**見ゆ**べきに…。」〈平家・7・維盛都落〉訳「（あなたに）見捨てられ申し上げた後は、再びだれと**結婚する**ことができるだろうか、いや、できるはずもないのに…。」〇「たれにかは見ゆべき」は、本来、これで一文となる反語表現だが、この場合は、接続助詞「に」で下に続いている。

❼**感じられる**。**思われる**。徒人も、舎人など賜はる際は、ゆゆしと**見ゆ**。〈徒然草・1・いでや〉訳 普通の貴族でも、（朝廷から）★舎人などをいただく身分（の人）は、立派だと**思われる**。

二 動詞 他〔ヤ下二段〕**見せる**。はかなき花、紅葉につけても、志を**見え**たてまつる。〈源氏・桐壺〉訳（幼い源氏は藤壺の女御に対して）ちょっとした（春の）桜花や、（秋の）紅葉にちなんでも、お慕いしている気持ちをお**見せ**申し上げる。

「まかり出でて、大臣にも、変はらぬ姿、いま一度**見え**…。」〈大鏡・花山院〉訳「退出して、（父の）大臣にも、（出家前の）変わらない姿を、もう一度**見せ**…。」

発展 **語の成り立ち** 上一段動詞「みる」の未然形に、上代の自発・可能・受身の助動詞「ゆ」が付いたものと考えられる。ただし、助動詞の「ゆ」は上一段動詞には付かず、「ゆ」の語源自体にも諸説があって、はっきりしない。いずれにしても、「ゆ」が持っている自発・可能・受身の、どの意味が強く表れるかによって意味が分かれる。**一**の❶❸❼は自発、❷は可能、❹❺❻と**二**は相手に見られるという受身の意味を含んで用いられる。↓**古語チャート**❽（291ページ）・㊷（1191ページ）

み-よしの【み吉野】名詞「*吉野」を褒めたたえた言い方。
発展「み」は接頭語。

🪭みよしのの… 百人一首
み吉野の山の秋風さ夜更けてふるさと寒く衣打つなり〈新古今集・秋下・483・藤原雅経〉訳吉野の山の秋風（が吹き渡ってきて）夜も更けて、かつて都があった里では寒々と衣を打つ音が聞こえてくる。○「ふるさと」は旧都で、ここでは吉野離宮をいう。
発展「み吉野の山の…」の歌を本歌とし、「衣を打つ」の題で詠まれた。

品詞分解・修辞

み吉野	の	山	の	秋風	さ夜	更け	て
	格助		格助			カ下二・用	接助

ふるさと	寒く	衣	打つ	なり
	形・用		タ四・終	推定・終

🪭みよしのの… 歌
み吉野の象山のまの木末にはここだも騒く鳥の声かも〈万葉集・6・924・山部赤人〉訳吉野の象山（＝今の奈良県吉野町にある山）の山あいのこずえでは、こんなにたくさん（鳴き）騒ぐ鳥の声がすることだなあ。○「ここだ」は上代の副詞で、数や量が多いことを表す。
発展吉野の離宮で作った長歌の反歌として、朝の光景を詠む。
み吉野の高嶺の桜散りにけり嵐も白き春のあけぼの〈新古今集・春下・133・後鳥羽院〉訳吉野山の高い峰のサクラは散ってしまったのだなあ。（山から吹き下ろす）山風も（散る花びらで）白い、春のあけぼのであるよ。
発展薄明かりの中に散る花吹雪を描く。
み吉野の山かき曇り雪降ればふもとの里はうちしぐれつつ〈新古今集・冬・588・俊恵〉訳吉野の山が（一面に）曇って雪が降ると、（その）ふもとの里ではしきりに時雨が降ることだ。○「つつ」は反復・継続を表す接続助詞で、和歌の文末では余情を表現する。
発展山と里、雪と雨を対照しながら広大な景色を詠む。『無名抄』にも引かれる歌。
み吉野の山の白雪積もるらしふるさと寒くなりまさるなり〈古今集・冬・325・坂上是則〉訳吉野の山の白雪は降り積もっているらしい。（だからここ奈良の）古い都は寒さがますます募ってくるのだ。○「らし」は現在の状態を推量する助動詞。「ふるさと」は、奈良の旧都を指す。
発展寒さの厳しい奈良に滞在し、さらに寒い吉野に思いをめぐらして詠む。

み-らい【未来】名詞❶将来。❷《仏教語》人が死んだ後、次に生まれる世。来世。後世。

みる【見る】動詞 補助動詞 ↓最重要語（1190ページ）

みる【海松】名詞《植物》海藻の一種。浅い海の底の岩の上に生え、緑色で、食用となる。類海松布

🪭みるひとも… 歌
見る人もなき山里の桜花ほかの散りなむのちぞ咲かまし〈古今集・春上・68・伊勢〉訳見る人もない山里に咲くサクラの花よ、他の花が散ってしまった後に咲いたらよいのになあ。○「まし」は推量の助動詞で、事実に反する希望を表す。
発展九一三（延喜十三）年の「亭子院の歌合」で詠まれた歌。

🪭みるほどぞ… 歌
見るほどぞしばしなぐさむめぐりあはむ月の都ははるかなれども〈源氏・須磨〉訳（月を）見ている間だけはしばらく（心が）慰められる。（恋しい人々と再び）巡り合うと思われる月の都（＝京都）は、はるか遠く（で、そこに帰れる日もはるか先）にあるけれども。○「月の都」は都の美しさをたとえていうことば。「めぐりあはむ」に、月が巡る意味と、再会する意味とを掛ける。
発展源氏が須磨で、八月の十五夜の月を見ながら都に思いをはせて詠んだ歌。

みる-みる【見る見る】連語見ていながら。「『いとあるまじきことかな。』と**見る見る**、おどろおどろしくとりなしけるが目驚きて…」〈源氏・蛍〉訳「『とてもありそうにないことだなあ。』と**見ていながら**（＝と思って読んでいながら）、おおげさに書いてあるのが目をみはる思いで…」
発展上一段動詞「見る」の終止形を重ねたことば。

みる-め【見る目】名詞❶（人が）見ること。他人の目。人目。はた目。
里人の見る目恥づかしさぶる児にさどはす君が宮出後風歌〈万葉集・18・4108〉訳里の人の**見ること**も恥ずかしい。さぶるこ（という遊女）にのぼせていらっしゃる、あなたの出仕する後ろ姿は。
❷容姿。見た目。外見。「などて、**見る目**により人をも思ひ飽き…」〈源氏・柏木〉訳「どうして、**容姿**によって人をいやだと思ったり…」
❸男女が相見る機会。会うこと。
潮満たぬ海と聞けばや世とともにみるめなくして年の経ぬらむ歌〈後撰集・528〉訳潮が満ちない海だと聞くから、世の中（の推移）とともに、（ミルが生えないこの磯ではないが、）私もあなたと**会う機会**もないまま年を経てしまったのだろうか。○「みるめ」は海藻の「海松布」と「見る目」の掛詞。

みる-め【海松布】名詞《植物》ミル科の海藻。類海松
発展和歌では、多く「見る目」に掛ける。

みるめ-な・し【見る目無し】形容詞ク〈く・く・し・き・けれ・○／から・かり・○・かる・○・かれ〉❶男女の会う機会がない。
あふみてふ方のしるべも得てしがなみるめなきこと行きてうらみむ歌〈後撰集・858〉訳近江という会う身を連想させる方向へ行く道しるべをも得たいものだ。**会う機会がない**ということを連想させる海布松がないことを、行って浦を見て恨みを述べたいと思うので。○「逢ふ身」と「近江」、「海布松」と「見る目（＝会う機会）」、「浦見む」と「恨みむ」を掛ける。
❷みすぼらしい。見所がない。見た目の魅力がない。
みるめなきわが身をうらとしらねばや離れなで海人の足たゆく来る歌〈伊勢・25〉訳**見た目の魅力がない**私を、（あなたは）つまらないものと知らないから、離れることなく漁師ならぬあなたが足がだるくなるほど、たびたび通ってくるのだろうか。○「見る目」に「海布松」、「憂ら（ら＝接尾語）」に「浦」を掛ける。「海人」は、通ってくる男性を暗示している。

み-れん・なり【未練なり】形容動詞ナリ〈なら・なり（に）・なり・なる・なれ・なれ〉❶未熟だ。
いかにも未練の程は、日ごろよみ馴れたる題にてよむべきにてさうらふ由申すことにてさうらふ。〈毎月抄〉訳何としても**未熟な**間は、いつも詠み慣れた題で詠むのが適当でございますという内容を（亡父が）申すことでございます。
❷あきらめきれない。思い切りが悪い。「**未練なり**。なんぢ、はや十歳にあまるぞかし。弓矢とる者

の子は、胎の内よりも、ものの心は知るぞかし。」〈曾我物語〉訳「思い切りが悪い。そなたは、もう十歳を超えているのだぞ。武士の子は、母親の胎内にいるうちから、ものの道理はわきまえているものだぞ。」

みろく【弥勒】 名詞《仏教語》兜率天に住み、釈迦入滅の五十六億七千万年後に人間界に現れ、衆生を救うという菩薩。当来仏。

［みろく］

みろく-の-よ【弥勒の世】★弥勒が人間界に現れ、衆生を救う世。理想的な未来の世。

三輪 歌枕 今の奈良県桜井市北部、三輪山の西側のふもと一帯。三輪山全体を御神体とする大神神社の門前町として、また上街道沿いの市場町・宿場町として発達した。三輪山は、三諸山ともいい、古代より信仰の対象とされ、和歌には、「三輪の山」の形でも詠まれた。↓ビジュアルチェック❶(194ページ)

み-わ-く【見分く】 動詞 他〔カ四段〕〈か・き・く・く・け・け〉見分ける。見て区別する。

多くの年隔てたる目には、ふとしも見分かぬなりけり。〈源氏・玉鬘〉訳長い年月がたった目では、(それがだれだか)すぐには**見分け**(られ)ないのであった。

みわたせば… 歌

見わたせば花も紅葉もなかりけり浦の苫屋の秋の夕暮れ〈新古今集・秋上・363・藤原定家〉訳見渡すと、花も紅葉もなかったのだなあ。(このうら寂しい)海辺の苫屋の辺りの秋の夕暮れ(の景色)よ。○「苫屋」はスゲやカヤで屋根をふいた粗末な小屋。

発展 伝統的な色彩美を消し去った静かで寂しい趣が、中世以降「わび」「さび」と結び付いて賞美された。「★三夕の歌」の一つ。

見わたせば柳桜をこき混ぜて都ぞ春の錦なりける〈古今集・春上・56・素性〉訳見渡すと、(新緑の)ヤナギ

みる【見る】

視覚で感じ取る

一 動詞 他
❶見る。目に留める。観察する。観賞する。
❷(人に)会う。対面する。
❸(男女が)結ばれる。妻とする。
❹(悪い事態に)遭う。経験する。
❺思う。見て思う。わきまえる。◉「〜とみる」の形をとる。
❻理解する。悟る。
❼占う。
❽取り扱う。世話する。

二 補助動詞 ― 試しに…する。

接続 二は動詞の連用形(+て)に付く。

	未然形	連用形	終止形	連体形	已然形	命令形
動詞 他〔マ上一段〕 補助動詞〔マ上一段〕	み	み	みる	みる	みれ	みよ

一 動詞 他〔マ上一段〕❶**見る。目に留める。見届ける。観察する。観賞する。眺める。**↓古語チャート㊷(1191ページ)

妹が門見むなびけこの山 歌〈万葉集・2・131〉訳妻の家の門口を**見**たい。(遮らないで)横に倒れ伏せ、この山よ。

❷(人に)**会う。対面する。**

若宮の御うつくしさなど奏すれば、「彼を見ばやな。…」など、あはれに語らはせたまふ。〈栄花〉訳(帝のそばに仕えている者が)若宮(=生まれたばかりの内親王)のかわいらしさなどを申し上げると、(帝は)「あの子に(早く)**会い**たいものだなあ。…」などと、感慨深く語り続けなさる。

❸(男女が)**結ばれる。妻とする。**

藤壺の御ありさまをたぐひなしと思ひきこえて、「さやうならむ人をこそ見め…。」〈源氏・桐壺〉訳(源氏は)藤壺(の女御)のお姿を並ぶものがないとお思い申し上げて、「そんな(最高)であるような人を**妻とし**たいものだ…。」

❹(悪い事態に)**遭う。被る。**(神仏の加護を)**受ける。経験する。**

「などや苦しき目を見るらむ…。」〈更級日記・竹芝寺〉訳「どうして(私は、こんな)つらい目に**遭って**いるのだろうか…。」○「目を見る」は、慣用的な言い方。↓目を見る

❺(「〜とみる」の形で)**思う。見て思う。わきまえる。**

紅葉ばは袖にこき入れて持て出でなむ秋は限りと見む人のため 歌〈古今集・秋下・309〉訳紅葉した葉は袖にしごき取って入れて、持って出てしまおう。秋は(もう)終わりだと**思う**ような人の(誤解をとく)ために。

❻**理解する。悟る。**

童なれど、ものの心ばへ、人の気色見つべく静まれるを…〈源氏・空蝉〉訳(小君は)子供であるけれども、物事の意味や、人の意向を**理解する**(=読み取る)ことがきっとできそうなほどに落ち着いているので…。

❼**占う。**

「天の下を助くる方にて見れば、またその相たがふべし。」〈源氏・桐壺〉訳「(源氏の将来を)天下の政治を補佐する方向として**占う**と、(本来、帝の位に上るべき人相なので)またその人相が食い違うに違いない。」

❽**取り扱う。世話する。**

「今より見たてまつれど、浅からぬ志は勝りぬべくなむ。」〈源氏・若紫〉訳「今から(紫の上を)お**世話**申し上げるけれども、(私の)浅くはない愛情は(父宮より)きっと勝っているに違いないと(思っています)。」

二 補助動詞〔マ上一段〕**試しに…する。…(して)みる。**

男もすなる日記といふものを、女もしてみむとて、するなり。〈土佐日記・十二月二十一日〉訳男も書くという日記というものを、女(である私)も書いて**み**ようと思って、(この日記を)書くのである。○サ変動詞「す」の連用形に接続助詞「て」を介して付いている例。

発展 ①**他になぞらえる意の「見る」**　『古今集』では、一❺の意味で多く用いられる。「春立てば花とや見らむ白雪のかかれる枝にうぐひすの鳴く(=春になると(ウグイスは雪

と(紅の)サクラとを混ぜ合わせて、都はまさに春の錦だったのだなあ。○「春の」とあるのは、ふつう錦に見立てられるのが秋の紅葉であるため。

発展 詞書に「花盛りに京を見やって詠んだ」とある。都全体を緑と紅の織り込まれた錦に見立てた歌。

見わたせば山もとかすむ水無瀬川みなせがは夕べは秋となに思ひけむ〈新古今集・春上・36・後鳥羽院ごとばいん〉**訳** 見渡すと、山のふもとはかすんで(そこを流れて)いる★水無瀬川。夕暮れ(の情趣)は秋(がよい)とどうして思っていたのだろうか(春の眺めもまたすばらしいことに、いま気づいたよ)。○「けむ」は、疑問詞「なに」を受けて、連体形。過去に思っていた原因を「どうして」と推量している。

発展 『枕草子』の「秋は夕暮れ」を意識した上で、春の夕暮れの美しさを詠む。

み-わづら・ふ【見煩ふ】わずら(ろ)う **動詞** ㊀〔八四段〕〈は・ひ・ふ・ふ・へ・へ〉見て扱いに困る。見てどうしようかと考える。**さすがにうち泣きてひれ臥ふしたまへれば、「いと世づかぬ御ありさまかな。」と見わづらひぬ。**〈源氏・夢浮橋ゆめのうきはし〉**訳** (浮舟うきふねは)それでもやはり泣いて身体をうつ伏せになられたので、(妹尼は)「まったく男女の情を解さないごようすであるなあ。」と**見て扱いに困った**。

三輪山みわやま **歌枕** ↓三輪みわ

みわやまを… **歌**
三輪山みわやまをしかも隠すか雲だにも情こころあらなも隠さふべしや〈万葉集・1・18・額田王ぬかたのおおきみ〉**訳** ★三輪山をそんなにも隠すのか。せめて雲だけでも思いやりがあってほしい。(そんなに)隠し続けてよいものか。○「なも」は、他に対する願望を表す終助詞「なむ」の古い形。

発展 奈良を離れる作者が惜別の気持ちを詠む。作者を天智てんじ天皇とする記録もある。

を)花だと見て思うのではないだろうか。白雪が降りかかっている(ウメの)枝にウグイスが鳴くことだ。)〈古今集・春上・6〉のように、何かを他になぞらえる表現が多い。

②㊁の用例については、補助動詞と認めない説もある。
関連語 見みゆ ↓**古語チャート❽**(291ページ)

まとめて覚えよう古語チャート㊷
「見る」意味を表すことば

この図では、「1見る」動作に関連したことばを集めてあります。

「人に見せる」という意味を表すことばには、「2見す」と「3見さす」がありました。前者は一語の動詞ですが、後者は「1見る」の未然形「見」＋使役の助動詞「4さす」の二単語で構成されています。

一方、「人に見られる」という意味では、「5見ゆ」と「6見らる」がありました。前者はもとは「1見る」に上代の受身の助動詞「ゆ」が付いた語であったものが、一語の動詞となっていったものです。後者は「1見る」の未然形「見」＋受身の助動詞「7らる」の二単語で構成されています。

「見」が頭に付いた複合動詞の例として「8見出ぃだす」「9見入ぃる」が挙げられます。現代語に共通する「発見する」「注意して見る」という意味は、中古には、なおまれで、中世以降に一般化します。

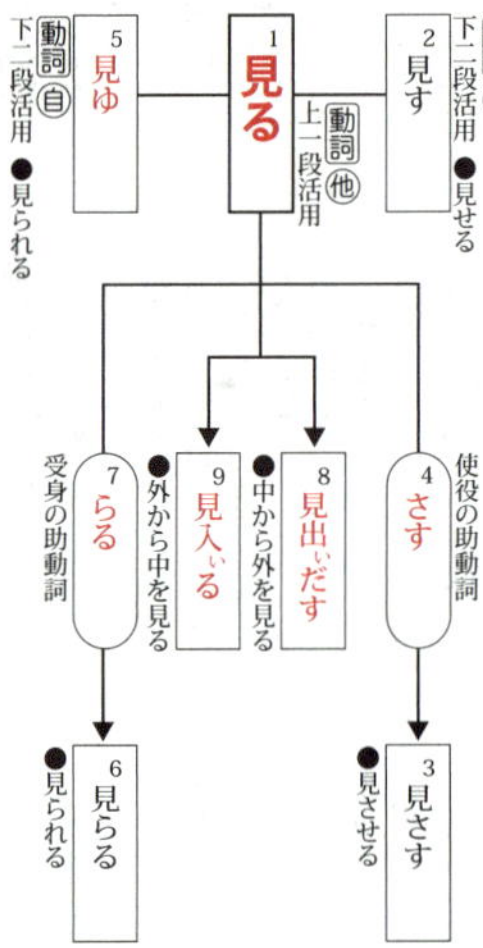

赤字は最重要語・重要語

み-を【水脈・澪】お **名詞** 川や海で、水が深く流れる筋。船が往来する水路になる。

み-を-あは・す【身を合はす】あわす 一身同体になる。心を一つにする。**君も人も身を合はせたりといふなるべし。**〈古今集・仮名序〉**訳** 天皇も臣下も**一身同体になった**ということであろう。

みをかへて… **歌**
身を変へてひとり帰れる山里に聞きしに似たる松風ぞ吹く〈源氏・松風〉**訳** (昔とは)身(のようす)を変えて(＝尼となって)ひとり帰ってきた山里に、(明石あかしで)聞いていたのに似た(音がする)松風が吹いている。○「松風ぞ」の「ぞ」は係助詞で、結びは連体形「吹く」。

発展 尼となり、娘とともに上京した明石の君の母の歌。

み-を-しづ・む【身を沈む】しずむ ❶身投げする。入水じゅすいする。**かなしくもかかるうきめをみ熊野の浦わの波に身を沈めける** **歌**〈建礼門院右京大夫集けんれいもんいんうきょうのだいぶしゅう・216〉**訳** 悲しいことに、こんなつらい目にあって熊野(＝今の三重県熊野市付近)の海岸の波に**身投げした**ことだ。
❷不幸な境遇にいる。落ちぶれる。「**なほ、かう身を沈めたる程は、行ひよりほかの事は思はじ。**」〈源氏・明石あかし〉**訳** 「やはり、こうした**不幸な境遇にいる**間は、仏道修行以外のことは考えないでいよう。」

み-を-す・つ【身を棄つ・身を捨つ】❶一心不乱になる。一生懸命に尽くす。夢中になる。**身をすてて額ぬかを突き、祈りまうすほどに…。**〈更級日記・門出〉**訳** **一心不乱になって**額を床に付けて拝み、お祈り申し上げるうちに…。
❷(心などが)肉体を離れる。**身を捨ててゆきやしにけむ思ふよりほかなるものは心なりけり** **歌**〈古今集・雑下・977〉**訳** **心が肉体を離れて**行ってしまったのだろうか。思いがけない所に行ってしまうものは心だったのだなあ。
❸出家する。

「もろともに**身をすてむも惜しかるまじき齢どもになりにたるを**…。」〈源氏・若菜下〉訳「(女君たちは私、源氏と)一緒に**出家し**たりするのも惜しくないはずの年齢になってしまっていることを…。」

みを-た・つ【身を立つ】立身出世する。一人前になる。**若き程は、諸事につけて、身を立て、大きなる道をも成じ**…。〈徒然草・188・ある者、子を法師に〉訳若いうちは、いろいろなことに関して、**立身出世し**、大きな道を成し遂げ…。

みを-たど・る【身を辿る】(自分の身の上を)あれこれと思い悩む。**天彦のおとづれじとぞ今は思ふ我か人かと身をたどる世に** 歌〈古今集・雑下・963〉訳山彦(が行って返るようにあなたを訪れたいが、そ)のように、訪れないようにしようと今は思う。(意外な出来事のために)自分なのか他人なのか分からないほど(気分がもうろうとして)**あれこれと思い悩む**(この)時に。○「おとづれ」は、「音づれ」と「訪れ」の掛詞。

みを-つくし【澪標】名詞 通行する船に水路を示す目印として、海や川に並べ立てた杭。発展「水脈つ串」という意味。「つ」は上代の格助詞。和歌では、多く「身を尽くし」に掛けられる。

[みをつくし]

みを-つく・す【身を尽くす】一身を捧げる。命を懸ける。**難波江のあしのかりねのひとよゆゑみをつくしてや恋ひわたるべき** 百人一首〈千載集・807〉訳↓なにはえの…。発展「みをつくし」は「澪標」と「身を尽くし」を掛ける。

みを-つ・む【身を抓む】自分の身と比べる。自分のつらさから考えてみる。「**われ敵に攻められて辛き目を見る。身をつみて汝が命を助けん。**」〈十訓抄〉訳「私は敵に攻められてつらい目をみている。**自分のつらさから考えてみて**おまえの命を助けることにしよう。」発展 自分の体をつねって、人の痛さを知るという意味。同情するとき、思いやるときに用いる。

みを-な・ぐ【身を投ぐ】❶身投げする。入水する。**世の中の憂きたびごとに身を投げば深き谷こそ浅くなりなめ** 歌〈古今集・雑体・1061〉訳世の中がつらいと感じるたびごとに**身投げし**ていたら、深い谷もきっと浅くなってしまうことだろう。❷夢中になる。没頭する。打ち込む。**鞠に身を投ぐる若君達の、花の散るを惜しみあへぬ気色どもを見るとて**…。〈源氏・若菜上〉訳(女房たちは)蹴鞠に**夢中になる**若い貴公子たちの、花の散るのを惜しんでいられないようすなどを見るといって…。

みを-な・す【身をなす】❶身仕度をする。**難波のやがてこなたより駕下りて、雨の薦に身をなして入りまうさるるとなり。**〈三冊子〉訳難波のすぐ手前から駕籠を下りて、雨よけのむしろで**身仕度をして**(大坂に)お入りになったということである。❷身を入れる。夢中になる。**なほ才覚の花をかざり商売に身をなし、その一代に千貫目持ちとはなりぬ。**〈西鶴・日本永代蔵〉訳さらに能力を発揮して商売に**身を入れて**、その一代のうちに千貫目持ち(の金持ち)となった。

みを-わ・く【身を分く】❶血肉を分ける。身を分ける。**身を分けたる親子の中さへ、看病にあぐみて**…。〈西鶴織留〉訳**血肉を分けた**親子の間柄でさえも、看病に嫌気がさして…。❷人の体の中に分け入る。**秋風は身を分けてしも吹かなくに人の心の空になるらむ** 歌〈古今集・恋5・787〉訳秋風というものは**人の体の中に分け入って**吹くものではないのに、どうして、あの人の心が(風に吹かれたように)空っぽに(=誠意がなく)なっているのだろう。

みん-ぶ【民部】名詞「★民部省」の略。また、民部省の役人。

みんぶ-きゃう【民部卿】名詞 民部省の長官。

みんぶ-しゃう【民部省】名詞 ★八省の一つ。戸籍・租税・土木・交通などを担当した。↓**ビジュアルチェック**⑮(757ページ)発展「たみのつかさ」とも。

む

-む↓基本助動詞20(1193ページ)

-む 接尾語(動詞や形容詞の語幹などに付いて)…のようになる(させる)、…のように思う、という意味を表す。語例 かなし**む**(四段)・赤**む**(四段・下二段)・あらた**む**(下二段) 発展 動詞(四段・下二段)化する。↓-ぶ(接尾語)

む-え【無依】名詞《仏教語》なにものにも頼らず、また執着しない悟りの境地。

む-えん【無縁】名詞 ❶《仏教語》仏と因縁を結んだことのないこと。仏と無関係であること。対 有縁。**有縁の衆生を導き、無縁の群類を救はんがために**…。〈平家・2・康頼祝言〉訳仏に救われる因縁のある人間を導き、**仏と因縁を結んだことのない**多くの生き物を救おうとするがために…。❷身寄りのないこと。また、死者を弔う縁者のないこと。❸だれのためと限られたつながりのないこと。平等で、分け隔てのないこと。

む-が【無我】名詞 ❶《仏教語》すべては無常であるとして我の存在を否定すること。また、我にとらわれないこと。無心なこと。❷熱中して我を忘れること。

向井去来【ムカキ】人名 江戸時代前期の俳人。★蕉門十哲の一人。嵯峨に落柿舎を構えた。『★猿蓑』を編み、『★去来抄』『旅寝論』を著すなど、★蕉風確立に大きく貢献した。*1651—1704*

むかい-ばら(現)↓(歴)**むかひばら**【向かひ腹・当腹】

むかう(現)↓(歴)**むかふ**【向かふ・対ふ】

むかう-ざま【向かう様】形容動詞(ナリ) 面と向かい合っている。**押し並べてや組む、むかう様にや当て落とすと思ひけるが**…。〈平家・9・生ずきの沙汰〉訳(自分のウマを敵のウマに)並べて組み付こうか、(それとも)**面と向かい合って**(ウマを)ぶつけて落とそうかと思ったが…。発展「むかう」は、「むかふ」の連用形「むかひ」のウ音便。「むかうさま」とも。

むかえる(現)↓(古)**むかふ**【迎ふ】

む 基本助動詞20

断定できないことや将来にかかわることなど、その時点ではっきり言えないことを表す

❶（推量を表し）…だろう。
❷（意志・希望を表し）…う。…よう。 ◉話し手自身の動作に付く。
❸（適当・勧誘を表し）…（する）のがよい。 ◉聞き手や不特定の人の動作に付く。
❹（仮定・婉曲を表し）…としたら、それは。…ような。 ◉連体形で用いられる。

未然形	連用形	終止形	連体形	已然形	命令形
（ま）	○	む（ん）	む（ん）	め	○

助動詞［四段型］
接続 活用語の未然形に付く。

❶（推量を表し）…**だろう**。…**う**。…**よう**。
三郎なりける子なむ、「よき御男ぞ出で来む。」と合はするに、この女、気色いとよし。〈伊勢・63〉訳（よい男に出会いたいと思った女が、自分の夢を三人の子に占わせたところ）三男であった子が、「よい殿方が現れる**だろう**。」と夢解きをすると、この女は、機嫌が非常によい。

〇上に係助詞「ぞ」があるので、*係り結びの法則により結びは連体形になる。したがって、この「む」は連体形である。

「少納言よ、香炉峰の雪いかならむ。」〈枕草子・299・雪のいと高う降りたるを〉訳「（清）少納言よ、*香炉峰の雪はどんなであろ**う**。」

❷（意志・希望を表し）…**う**。…**よう**。…（する）**つもりだ**。…（し）**たい**。
君や来む我や行かむのいさよひに真木の板戸もささず寝にけり 歌〈古今集・恋4・690〉訳あなたが来るだろうか、（それとも）私が行こ**う**か、というためらいのうちに、ヒノキの板戸も閉ざさないで寝てしまったことだ。

〇「君や来む」「我や行かむ」は共に一文に相当する形で、体言のように格助詞「の」に続いている。このように、疑問を表す係助詞「や」が上に付いて、思い迷う意味を表す用法も多い。初めの「む」は「君」が主語なので、❶の意味である。

「まろ、この歌の返しせむ。」〈土佐日記・一月七日〉訳「私が、この歌の返歌をし**よう**。」〇この例のように、話し手自身を動作の主体とした文末用法の「む」は意志を表す。

悔しくぞ後に逢はむと契りける今日を限りと言はましものを 歌〈大和・101〉訳後悔されることにも、「後日に逢お**う**。」と約束したことだなあ。（その時に）「今日が最後。」と言えばよかったのになあ。

❸（適当・勧誘を表し）…（する）**のがよい**。…（し）**た方がよい**。…**たらどうだ**。
「ししこらかしつるときはうたてはべるを、とくこそ試みさせたまはめ。」〈源氏・若紫〉訳「病気をこじらせてしまったときは大変でございますので、早く（祈禱で病気を治すことを）お試しになっ**た方がよい**。」

〇聞き手を動作の主体とした文末用法の「む」は、❶の推量よりも適当・勧誘の意味になりやすい。また、この例のように係助詞「こそ」を伴って「…（し）た方がよい」という意味を強調することが多く、その場合は係り結びの法則により、已然形「め」で結ばれる。

心づきなきことあらん折は、なかなかその由をも言ひてん。〈徒然草・170・さしたることなくて〉訳気に食わないことがあるようなときは、かえってその理由をも言ってしまう**のがよい**。〇適当・勧誘の用法では、前の例の「こそ」のほか、この例のように確述の助動詞「つ」（または「ぬ」）の未然形に付いた「てん（なん）」の形で意味を強調する場合が多い。「心づきなきことあらん折」の「ん」は、❹の用法である。なお、中世以降は、「む」を「ん」と表記する。↓発展④

❹（連体形で、仮定・婉曲を表し）…**としたら、それは**。…**たりする**。…**ような**。
「引き籠められなむは、からかりなまし。」〈源氏・末摘花〉訳「（姫からせっかく贈られた装束だから）片付けておしまいになった**としたら、それは**、きっとたまらなかっただろう。」〇仮定を表す「むは」に「まし」が応じて反実仮想を表す。このように、「むは」「むに」「むこそ」などとなって、文末が推量・意志・命令などの場合は、仮定を表すことが多い。

「心あらん友もがな。」〈徒然草・137・花は盛りに〉訳「（今ここに）趣を理解する**ような**友がいればなあ。」

〇「心あらん友」の「ん」は、「心ある」が未来において起こりうる関係にあることを表している。名詞の上にある「ん（む）」の、そのようなはたらきを、連体修飾をやわらげているものと見て、婉曲と呼んでいる。

発展 ①**「らむ」「けむ」と「む」** 「む」がまだ起こっていない未来の事柄についての推量を表すのに対して、現在の事柄についての推量には「らむ」、過去の事柄についての推量には「けむ」が用いられる。
②**限られた活用形** 「む」「らむ」「けむ」などは、話し手の主体的な気持ちを表現する助動詞であるため、他の助動詞と併せて用いられる場合、必ず最下位に付く。したがって、用法も活用形も限られ、❶❷❸は、文末か文末に相当する位置（引用文の末尾や、終助詞・接続助詞の上など）にしか付かない。その場合の活用形は、終止形・連体形・已然形のいずれかとなる（推量を表す助動詞には命令形は存在しえない）。一方、文中に用いられる「む」は❹の仮定・婉曲の用法で、連体形に限られる。
③**未然形の「ま」** 活用語を名詞にする接尾語「く」を付けるために生じた語形。「…だろうこと」などの意味を表し、上代に用いられた。中古以降は、「～まく欲し」「～まく惜し」などの形で、和歌などの表現にだけ残る。↓まく欲し
④**「む」↓「ん」↓「う」** 「む」は中古中期以降「ん」とも発音されるようになり、中世以降「ん」とも表記されるようになる。さらに、中古末期には「う」の形も生じ、これが現代語まで残っている。
⑤**「むず」** 「む」の強調表現である「むとす」（「む」＋格助詞「と」＋サ変動詞「す」）が変化した「むず」は、中古では俗語的でぞんざいなことばと見なされており、「む」より用法は狭く、会話文に用いられることが多い。中世には軍記物語などで盛んに用いられ、地の文にも例がみられる。

関連語 けむ・らむ（基本助動詞20）・むず・てむ・なむ（確述の助動詞「ぬ」の未然形＋推量の助動詞「む」）・べし

むかし【昔】 名詞 ❶過去。以前。**今は昔、竹取の翁といふ者ありけり。**〈竹取・かぐや姫の出生〉訳今から見ると昔のことだが、竹取の翁という者がいたということだ。〇「今は昔」は物語の冒頭に用いる慣用句。❷亡くなった人。故人。「**昔を忘れざらむ人は…幼き人を見捨てず、物したまへ。**」〈源氏・葵〉訳「故人(＝葵の上)を忘れなかったりする人は…幼い人(＝若君)を見捨てないで、(この屋敷に)仕えていてください。」❸前世。「**昔の契りありけるによりてなむ、この世界にはまうで来たりける。**」〈竹取・かぐや姫の昇天〉訳「(私は)前世からの約束があったことによって、この地上界には、やって参りました。」

類語比較「いにしへ」「むかし」→古

むが・し 形容詞〔シク〕〈しく・しく・し・しき・しけれ・〇／しから・しかり・〇・しかる・〇・しかれ〉喜ばしい。ありがたい。白玉の五百つ集ひを手に結びおこせむ海人はむがしくもあるか 歌〈万葉集・18・4105〉訳真珠のあまたの玉を手ですくい、(それを)くれるような海人がいれば、ありがたいだろうな。発展「うむがし」「おむがし」とも。

むかし-おぼ・ゆ【昔覚ゆ】 ❶昔のようすがしのばれる。**うちのしつらひ見入るれば、昔覚えて畳などよかりけれど、口惜しくなりにけり。**〈大和・173〉訳家の中の飾り付けをのぞいてみると、**昔のようすがしのばれて**畳など立派だった(ことが分かるのだ)が、(今や)みすぼらしくなってしまっていた。❷古風な感じがする。古風に思える。**うちある調度も昔覚えてやすらかなるこそ、心にくしと見ゆれ。**〈徒然草・10・家居のつきづきしく〉訳さりげなく置いてある道具類も**古風な感じがして**落ち着いているのが、奥ゆかしいと感じられる。

むかしおもふ… 歌
むかし思ふ草のいほりの夜の雨に涙な添へそ山ほととぎす〈新古今集・夏・201・藤原俊成〉訳(しみじみと)昔を思い出しているわび住まいに降る夜の雨に、(これ以上、鳴いて)涙を添えてくれるな、山のホトトギスよ。

むかし-がたり【昔語り】 名詞 ❶昔話。昔の物語。❷昔のことを語ること。思い出話。

むかし-ざま【昔様】 名詞 昔のありさま。故人のありさま。昔風。

むかし-の-ひと【昔の人】 ❶昔の世の人。類古人 **楽浪の志賀の大わだ淀むとも昔の人にまたも逢はめやも** 歌〈万葉集・1・31〉訳→さざなみの…
❷亡くなった人。故人。「**昔の人の『必ず求めておこせよ。』とありしかば…。**」〈更級日記・野辺の笹原〉訳「**故人が**『必ず探して送ってくれ。』と言っていたので…。」
❸かつて親しかった人。昔なじみ。**五月待つ花橘の香をかげば昔の人の袖の香ぞする** 歌〈古今集・夏・139〉訳→さつきまつ…

むかし-びと【昔人】 名詞 →むかしのひと

むかし-へ【昔へ】 名詞 昔。発展「へ」は方向を表す接尾語。

むかしへ-びと【昔へ人】 名詞 →むかしのひと

むかしみし… 歌
昔見し妹がかきねは荒れにけりつばなまじりの菫のみして〈徒然草・26・風も吹きあへず〉訳昔親しんだ彼女(の家)の垣根が(久しぶりに通りかかると)荒れてしまっていた。(庭には)チガヤに混じってスミレが咲いているだけで。〇「見し」は、この場合、たびたび見て慣れ親しむという意味。「つばな」はチガヤの花穂。

むかし-ものがたり【昔物語】 名詞 昔あったという話。昔から伝えられている話。昔を思い出して語る話。発展『堀河百首』に収められた藤原公実の歌。
昔物語を聞きても、このごろの人の家の、そこほどにてぞありけんと覚え…。〈徒然草・71・名を聞くより〉訳**昔から伝えられている話**を聞いても、最近の人の家が、そこら辺りにあったのだろうと思われて…。

むかし-わたり【昔渡り】 名詞 昔、中国などから渡来した品物。

むかし-をとこ【昔男】 名詞 在原業平のこと。発展業平をモデルにしたという『伊勢物語』の多くの段が「昔、男ありけり。」で始まることから。

むか-つ-を【向かつ丘・向かつ峰】 名詞《上代語》向かいの山。向かいの峰。発展「つ」は「の」の意味の上代の格助詞。

むか-はぎ【向か脛】 名詞 むこうずね。

むか-ばき【行縢】 名詞 騎馬・狩りのときの防御のため、シカ・クマ・トラの毛皮で作り、腰に着けて腰から下を覆うもの。

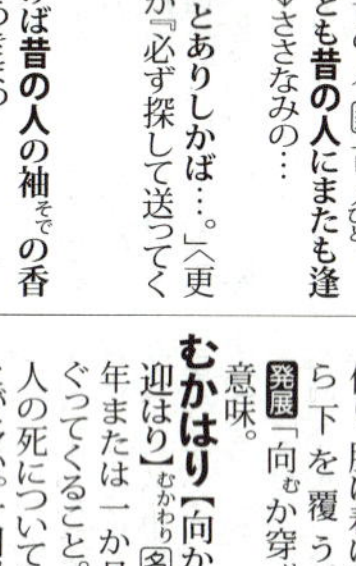
［むかばき］

発展「向か穿き」の意味。

むかはり【向かはり・迎はり】 名詞 一年または一か月がめぐってくること。特に、人の死についていうことが多い。一周忌。「**世に月日のたつは夢ぢや。明日はそのむかはりになるが、惜しいことをしました。**」〈西鶴・世間胸算用〉訳「まったく月日のたつのは夢のようだ。明日はその(お金をなくして)ちょうど**一年がめぐってくること**になるが、惜しいことをしました。」

むかは・る【向かはる・迎はる】 動詞 自〔ラ四段〕〈ら・り・る・る・れ・れ〉報いがめぐってくる。「**この世にて、かく思ひかけぬことにむかはりぬれば、後の世の罪もすこし軽みなむや。**」〈源氏・柏木〉訳「この世で、このように思いもよらないことによって**報いがめぐってきた**ので、来世での罪も少し軽くなってしまうだろうか。」

むかひ-ばら【向かひ腹・当腹】 名詞 現在の本妻から生まれること。また、その子。発展「当腹」とも。

むかひ-び【向かひ火】 名詞 ❶燃え進んで来る火の勢いを弱めるために、反対にこちらからつける火。❷(多く「向かひ火つくる」の形で)相手の感情が激しているとき、こちらも怒って相手の勢いをおさえること。❸敵陣のかがり火に対抗してたくかがり火。

むかひ-ゐ・る【向かひ居る】 動詞 自〔ワ上一段〕〈ゐ・ゐ・ゐる・ゐる・ゐれ・ゐよ〉向かい合って座る。**中将いみじく信じて、頬杖をつきて、向かひゐたまへり。**〈源氏・帚木〉訳頭中将は(左馬頭のことばを)すっかり信じて、頬づえをついて、**向かい合って座っていらっしゃる。**

むか・ふ【向かふ・対ふ】 むか(こ)う 一動詞 自〔ハ四段〕〈は・ひ・ふ・ふ・へ・へ〉❶向き合う。また、向き合って座る。**つれづれなるままに、日暮らし、硯に向かひて…。**〈徒然草・序・つれづれなるままに〉訳所在なく退屈であるのに任せて、一日中、硯と**向き合って**…。
❷はむかう。敵対する。**長刀で、向かふかたき五人なぎふせ…。**〈平家・4・橋合戦〉訳(浄妙明秀は)長刀で、**はむかう**敵を五人なぎ倒し…。
❸相当する。匹敵する。**千々の秋ひとつの春にむかはめや紅葉も花もともにこそ散れ** 歌〈伊勢・94〉訳千の秋は一つの春に**相当する**だろうか、いや、そうではない。秋の紅葉も春の桜の花も同じように散るのだ。(私としてはどちらも去っていくものだ。)
❹進む。出向く。出かける。また、時が近づく。**都合その勢一千人、手々に松明もって、如意が峰へぞ向かひける。**〈平家・4・大衆揃〉訳全部でその軍勢の千人は、それぞれの手に松明を持って、如意が峰へと**進んだ**。
二動詞 他〔ハ下二段〕〈へ・へ・ふ・ふる・ふれ・へよ〉❶向かい合わせる。向ける。**母屋の御座にむかへて、大臣の御座あり。**〈源氏・若菜上〉訳母屋の(源氏の)御座に**向かい合わせて**、太政大臣の御座がある。
❷敵対させる。はむかわせる。**北京には興福寺にむかへて、延暦寺の額をうつ。**〈平家・1・額打論〉訳京都方では(相手の奈良方の)興福寺に**敵対させて**、延暦寺の額を掛ける。
❸進ませる。出向かせる。**「入道がもとへ討手なんどやむかへんずらん。」**〈平家・2・烽火之沙汰〉訳「(私、清盛入道のところへ(内大臣は)討手などを**出向かせよう**とするのだろうか。」

むか・ふ【迎ふ】 むか(こ)う 動詞 他〔ハ下二段〕〈へ・へ・ふ・ふる・ふれ・へよ〉❶用意して相手を待つ。❷(客などを)招く。❸嫁を迎え入れる。発展 室町時代ごろからヤ行下二段に活用した用例がみられる。

むか-ぶ・す【向か伏す】 動詞 自〔サ四段〕〈さ・し・す・す・せ・せ〉はるか向こうに横たわる。**白雲のたなびく国の青雲の向か伏す国の…** 歌〈万葉集・13・3329〉訳白雲が横に長く引く国で青雲が**はるか向こうに横たわる**国の…。

むかへ-す・う【迎へ据う】 むかえ 動詞 他〔ワ下二段〕〈ゑ・ゑ・う・うる・うれ・ゑよ〉迎え入れて座らせる。迎え入れてある地位に就ける。**「例は、無期に迎へすゑて、すずろ言をさへ言はせまほしうしたまふを…。」**〈源氏・柏木〉訳「(柏木は)ふだんは、いつまでも**迎え入れて座らせて**、つまらない話までも(私に)言わせたがっていらっしゃるのに…。」

むかへ-と・る【迎へ取る】 むかえ 動詞 他〔ラ四段〕〈ら・り・る・る・れ・れ〉迎えて引き取る。**「京とても、頼もしう迎へ取りてむと思ふ類、親族もなし。」**〈更級日記・子忍びの森〉訳「都といっても(=都にあなたを残しても)、心強くきっと**迎えて引き取ろう**と思う仲間や、親類もいない。」

むかへ-び【迎へ火】 むかえ 名詞 死者の霊魂を迎えるために、陰暦七月十三日の夜に門の前でたく火。むかいび。季語 秋

むか・ゆ【迎ゆ】 動詞 ↓むかふ(迎ふ)

むぎ-あき【麦秋】 名詞 ムギを収穫する時期。陰暦五月。季語 夏 発展「麦秋」の訓読み。「むぎのあき」とも。

むぎあきや… 句
麦秋や子を負ひながらいわし売り〈おらが春・小林一茶〉訳ムギを刈り入れる初夏、ムギ畑の道を子を背負って行商の女がイワシを売り歩いていくよ。○季語 麦秋―夏
発展 前書きに「越後女、旅かけて商ひする哀れさ」とある。重い荷を持ち、子を背負って、懸命に生きる姿が、作者の心に響く。

むき-むき【向き向き】 一名詞 それぞれ好みの方へ向いていること。思い思い。めいめい。
二副詞 思い思いに。めいめいに。

む-く【無垢】 一名詞 全体が無地で同色の衣服のこと。多くは白無垢にいう。
二形容動詞〔ナリ〕❶《仏教語》俗界の汚れを超越し、清浄である。汚れがない。**無垢の浄土は疎けれど…竜女も仏に成りにけり**〈梁塵秘抄〉訳(女は)**汚れがない**浄土には近づきがたいが(=成仏できないといわれていたが)…竜女(=竜王の娘)でも成仏したのだった。❷純粋だ。❸金銀などがまじりっけなく、純粋である。

む・く【向く】 一動詞 自〔カ四段〕〈か・き・く・く・け・け〉❶向かう。向く。面する。また、その方面に進む。
❷合う。似合う。ふさわしい。**今は向かぬ縫ひ箔の、それにはあらぬ白の風…。**〈近松・ひぢりめん卯月の紅葉〉訳今の時代には**合わない**と(いうことで)縫い箔の模様の、それではない(雰囲気の変わった)素人風の着物にして…。
二動詞 他〔カ下二段〕〈け・け・く・くる・くれ・けよ〉❶向ける。向かわせる。**物もきたなげなるは、ほかざまに顔を向けて食はず。**〈更級日記・大納言殿の姫君〉訳(ネコは)食物も汚らしいものは、よその方に顔を**向けて**食べない。
❷服従させる。従わせる。**足日女神の尊の韓国を向け平らげて…** 歌〈万葉集・5・813〉訳足日女(=神功皇后)様が新羅の国を**服従させ**平定して…。
❸差し向ける。人を派遣する。**次に、蘇武を大将軍にて、五十万騎を向けらる。**〈平家・2・蘇武〉訳(漢王は胡国を攻めるために)次に、蘇武を大将軍として、五十万騎(の兵士)を**差し向け**なさる。

むくい【報い】 名詞 ❶恩返し。お礼。お返し。**「年ごろ労せる父母に琴の音を聞かせて、その報いとなさむ。」**〈宇津保〉訳「長年苦労した父母に琴の音を聞かせて、その**恩返し**としよう。」
❷仕返し。報復。返報。**「国よりはじめて、海賊報いせむと言ふなることを思ふうへに…。」**〈土佐日記・一月二十一日〉訳「(旅のはじめの)国府を第一として、(途中)海賊が**仕返し**をするだろうと(人々が)言うようなうわさを心配するうえに…。」
❸《仏教語》因果応報。果報。因縁。**「とあることもかかることも、前の世のむくいにこそはべるなれば…。」**〈源氏・須磨〉訳「ああいうこともこういうことも、前世からの**因縁**でございますそうなので…。」

むくいる (現)↓(古)**むくゆ【報ゆ・酬ゆ】**

むくげ【木槿・槿】 名詞《植物》アオイ科の落葉低木。夏から秋にかけて白・紅・紫色の花が咲き、朝開いて夜にはしぼ

む。季語 秋

むく-つけ・し 形容詞 ↓**最重要語**(1196ページ)

➋**むくひず**【報ひず】(誤)↓(正)**むくいず**【報いず】 発展 ヤ行上二段動詞「むくゆ」の未然形＋打消の助動詞「ず」。

むく・ふ【報ふ・酬ふ】むくう 動詞 ↓むくゆ

むく-むく・し 形容詞〔シク〕(しく・しく・し・しき・しけれ・○／しから・しかり・○・しかる・○・しかれ) 恐ろしい。気味が悪い。

言ひあへるも、**むくむくしく**聞きならはぬ心地したまふ。〈源氏・東屋〉訳 (薫は、夜番の者が東国なまりで)言い合っているのも、**気味が悪く**耳慣れないという感じがなさる。

むく・ゆ【報ゆ・酬ゆ】動詞 自〔ヤ上二段〕(い・い・ゆ・ゆる・ゆれ・いよ) (身に受けたことに対して)お返しをする。恩返しをする。仕返しをする。

心有らむ人は、人の恩を蒙りなば、必ず**むくゆ**べきなり。〈今昔〉訳 心あるような人は、人からの恩を受けたならば、必ず(その受けた恩に対して)**お返しをする**べきである。

むぐら【葎】名詞 つる草の総称。ヤエムグラ・カナムグラ・ヤマムグラなどがある。季語 夏

むぐら-の-かど【葎の門】ムグラが生い茂って絡み付いた門。荒れ果てた家、貧しい家をいう。

むぐら-の-やど【葎の宿】↓むぐらのかど

むぐら-ふ【葎生】むぐらう 名詞 つる草の茂っている所。季語 夏

むくろ【身・軀】名詞 ❶(手や足に対して)胴体。体。

「**むくろ**に手ばし負ひたりけるか。」と問ふに…。〈古今著聞集〉訳「**胴体**に傷を負ってしまったのか。」とたずねると…。

❷首を取られた胴体。死体。

発展「む」は「み」の変化した言い方で、身(む)幹(くろ)の意味。

むくろ-ごめ【身籠め】名詞 体全体。全身。体ごと。

「**むくろごめに寄りたまへ**。」と言ひたるを、「五体ごめ。」となむ言ひつるとて、人に笑はる。〈枕草子・108・方弘は〉訳「**体ごと**お寄りなさい。」と言ったことばを、(源方弘は)「五体全体で。」と言ったといって、人々に笑われる。

む-くゎん【無官】むかん 名詞 官職に就いていないこと。

むくゎん-の-たいふ【無官の大夫】むかんのたいふ 名詞 位階は五位で、官職のない者。公卿の子で、元服前に五位に叙せられた者が多い。

む-げ・なり【無下なり】形容動詞 ↓**最重要語**(1196ページ)

むげ-に【無下に】副詞 ↓**最重要語**(1197ページ)

➋**むける**(現)↓(古)**むく**【向く】

むく-つけ・し

形容詞〔ク〕

対象となる存在が通常の理解を超えて、異様で恐ろしいようす

❶(妖怪などが)**不気味である。薄気味悪い。**
❷(人の行動などが普通と異なって)**恐ろしい感じだ。**
❸**無骨である。風流心がない。**

未然形	連用形	終止形	連体形	已然形	命令形
むくつけ・く むくつけ・から	むくつけ・く むくつけ・かり	むくつけ・し ○	むくつけ・き むくつけ・かる	むくつけ・けれ ○	○ むくつけ・かれ

❶(妖怪などが)**不気味である。薄気味悪い。**

「昔の物語などにこそかかることは聞け。」と、いと珍らかに**むくつけけれ**ど…。〈源氏・夕顔〉訳「昔の物語などではこういうこと(=物の怪に取り殺されること)は聞くものだが。」と、まったくめったにないことで**薄気味悪い**のだが…。

❷(人の行動などが普通と異なって)**恐ろしい感じだ。恐ろしい。**

けはひ著く、さと匂ひたるに、あさましう、**むくつけう**思されて、やがてひれ伏したまへり。〈源氏・賢木〉訳 (源氏が)いると感じられるようすがはっきり分かるほど、(着物の香りが)さっとにおったので、(藤壺の中宮は)驚きあきれ、**恐ろしい**とお感じにならずにはいられなくて、そのまま うつぶしておしまいになった。

○「むくつけう」は連用形「むくつけく」のウ音便。藤壺の中宮の寝所に近づく源氏の異常な行動に対し「むくつけし」と表現している。

❸**無骨である。風流心がない。**

むくつけき心の中に、いささか好きたる心交じりて、「容貌ある女を集めて見む。」と思ひける。〈源氏・玉鬘〉訳 (大夫監は)**無骨な**気性の中に、多少色好みの心も交ざっていて、「容貌の美しい女を集めて世話しよう。」と思ったのだった。

む-げ・なり

【無下なり】

形容動詞〔ナリ・ノ〕

「それより下がない」という意味から、程度や身分が最低のようす

❶**まったくひどい。**最低だ。
❷**身分がきわめて低い。無教養である。**
❸(程度が)**極端である。**
❹**それ以外の何ものでもない。**
❺**哀れである。不運だ。悲惨だ。**

未然形	連用形	終止形	連体形	已然形	命令形
むげ・なら	むげ・なり むげ・に	むげ・なり	むげ・なる	むげ・なれ	(むげ・なれ)

「大后の、坊の初めの女御にて息巻きたまひしかど、**むげの末に参りたまへりし入道の宮**に、しばしは圧されたまひにきかし。」〈源氏・若菜上〉訳「(亡き桐壺の帝の治世に)大后(=弘徽殿の女御)が、東宮を産んだ最初の女御として勢力を振るいなさったけれど、**いちばん最後に参内なさっていた入道の宮**(=藤壺の女御)に、しばらくは圧倒されておしまいになったのだよ。」

❹**それ以外の何ものでもない。完全にそうである。まったくそうである。**

寝殿の御しつらひ、いとど輝くばかりしたまひて、今は、←む

❶**まったくひどい。最低だ。**

「いかに殿ばら、殊勝のことは御覧じとがめずや。**むげなり。**」〈徒然草・236・丹波に出雲と〉訳「ちょっと皆さん、(この狛犬の置かれ方の)おごそかなことにはご覧になって不思議にお思いにならないか。**まったくひどい。**」

天下のものの上手といへども、はじめは不堪の聞こえもあり、**むげの瑕瑾もありき。**〈徒然草・150・能をつかんとする人〉訳世に比べるものがない一芸の達人といっても、初めは下手だといううわさもあり、**最低**の欠点もあった。○「むげの」は「むげなり」の語幹に格助詞「の」が付いた形で、形容動詞の語幹用法のひとつ。

❷**身分がきわめて低い。無教養である。**

これを**むげ**の者は、手をすりて拝む。〈宇治拾遺〉訳(川へ身投げをしようとする僧の話を聞いて)これ(=この僧)を**無教養な**者は、手をこすり合わせて拝む。○「むげの者」に対応するものとして、この文のすぐ後に「少し心ある者(=分別のある者)」とある。

今のやうに、**むげ**の民と争ひて、君の滅びたまへる例、この国にはいとあまたも聞こえざんめり。〈増鏡〉訳この度(=承久の乱)のように、**身分がきわめて低い**人民(=北条義時)と戦って、国家の元首(=後鳥羽院)が滅びなさった例は、この国(=日本)ではそれほど多くも聞かれないようである。

❸(程度が)**極端である。度外れている。いちばん…だ。**

げの親ざまにもてなして扱ひきこえたまふ。〈源氏・薄雲〉訳(二条院の)寝殿のご設備は、いよいよ光り輝くばかりになさって、今では、(源氏は)**完全に**親のように頼りになる人として振る舞って(斎宮の女御を)お世話申し上げなさる。

❺**哀れである。不運だ。悲惨だ。**

「いかに江田殿、弓矢取る者の矢一つにて死なんずるは**むげなることぞ。**」〈義経記〉訳「どうしたのか江田殿、弓矢を手に持って使う者(=武士)が矢一本で死んでしまうようなことは(この上なく)**不運な**ことだ。」

発展「むげの」の形で連体修飾語になる場合と、連用形「むげに」の副詞的用法が多い。

むげ-に【無下に】

それより下がないほど極端なようす
- ❶**むやみに。やたらに。**
- ❷**非常に。ひどく。**
- ❸**まったく(…ない)。**
- ❹**まさしく。実に。**

副詞 ❶(「むげに＋動詞」の形で、それ以外のことが考えられないようすを表し)**むやみに。やたらに。**

「さらにかやうの好き好きしきわざ、ゆめにせぬものを、**我が家におはしましたりとて、むげに心に任するなめり。**」と**思ふもいとをかし。**〈枕草子・8・大進生昌が家に〉訳「(大進生昌は)一向にこのような好色めいた行為を、まったくしないものなのに、自分の家に(中宮が)いらっしゃっているというので、**むやみに**気ままなことをするのであるようだ。」と思うのも(生昌の人柄が知れて)たいへんおもしろい。○「むげに」は「任するなめり」を修飾している。

❷(「むげに＋形容詞」の形で)**非常に。ひどく。**

「**待て、しばし。**軍もいまだ終はらざるに、大将軍をただ**一矢に射落とさんこと、むげに情けなかるべし。**」〈保元〉訳「待て、しばらく。戦いもまだ終わらないうちに、大将軍(=源義朝)をたった一本の矢で射落としたりすることは、**ひどく**(武士として)情けないことに違いない。」

さんぬる文永年中のことなれば、むげに近きことなり。〈沙石集〉訳(正直者の女性の話は)去る文永年中のことなので、(現在と)**非常に**近いことである。○「さんぬる」は「さりぬる」の撥音便。

◉「むげに＋動詞」の形をとる。◉「むげに＋形容詞」の形をとる。◉「むげに〜打消」の形をとる。◉「むげに＋名詞」の形をとる。

❸(「むげに〜打消」の形で)**まったく(…ない)。全然(…ない)。**

かの夕顔の知る辺せし随身ばかり、さては、顔**むげに知るまじき童一人ばかりぞ率ておはしける。**〈源氏・夕顔〉訳あのユウガオの花の取り次ぎをした従者だけ、それ以外には、(夕顔の)顔を**まったく**知るはずがない子供の従者一人だけを連れて(源氏は夕顔の家へ)お出かけになったのだった。

❹(「むげに＋名詞」の形で)**まさしく。実に。まさに。**

九月七日ばかりなれば、**むげに**今日明日とおぼすに、女方も心慌たたしけれど…。〈源氏・賢木〉訳(六条御息所は)九月七日ごろなので、(娘が斎宮として伊勢に下る日が)**まさに**今日か明日かとお思いになるのに加えて、斎宮方でも気ぜわしいのだが…。

○「むげに」に名詞が続く場合には、断定の助動詞「なり」などを補って考えるとよい。この例での「むげに」は「今日明日(なり)」を修飾する。

むげに限りと見ゆるほどに、よろしうなりて、弟子を呼びて言ふやう…。〈宇治拾遺〉訳(薬師寺の長である僧は)**まさに**最期だと見えるときに、少しましな状態になって、弟子を呼んで言うには…。

○「むげに」は「限り(なり)」を修飾する。

発展 ①形容動詞「むげなり」の連用形が副詞になったもの。②**多様な種類にわたる副詞** ❶は★状態の副詞、❷は★程度の副詞、❸は★陳述の副詞、❹は一種の評価を表す副詞と考えられる。

関連語 無下なり

識別 **形容動詞「むげなり」の連用形と、副詞「むげに」の識別**

品詞と用法	見分け方	例文と訳
形容動詞「むげなり」の連用形	「ひどい」という意味。下に動詞「なる」や★補助語を伴う。	「いかにかくは無下にはあるぞ。」〈宇治拾遺〉訳「どうしてこんなに非情であるのだ。」
副詞「むげに」	意味が抽象化している。動詞や形容詞を修飾する。または、下に打消がくる。	法師のむげに能なきは、檀那すさまじく思ふべし…。〈徒然草・188・ある者、子を法師に〉訳僧でまったく芸能がないのは、(法事の後の酒宴で)施主が興ざめに思うだろう…。

む-けん【無間】 名詞 ↓むけんぢごく

むけん-ぢごく【無間地獄】 ―じごく 名詞《仏教語》*八大地獄の一つ。*五逆罪などの大罪を犯した者が落ち、最も重い責め苦を絶え間なく受けるという。

む-ご【無期】 名詞 長い時間。長期間。久しい間。

術なくて、無期の後に、「えい。」と答へたりければ、僧たち笑ふこと限りなし。〈宇治拾遺〉訳 どうしようもなくて、長い時間がたった後で、(寺に仕える子供が)「はい。」と答えてしまったので、僧たちが笑うことこの上ない。

むこう(現)↓(歴)**むかふ【向かふ・対ふ】**

むこ-がね【婿がね】 名詞 婿にする予定の人。婿の候補者。発展「がね」は接尾語。

武庫の浦 地名 兵庫県西宮市と尼崎市の境を流れる武庫川河口付近とその海岸一帯。

むこのうらの… 歌

武庫の浦の入り江の渚鳥 羽ぐくもる君を離れて恋に死ぬべし〈万葉集・15・3578〉訳 武庫の浦の入り江の波打ちぎわに巣を作る鳥が(親鳥の)羽根でくるまれているように(私を守ってくれた)あなたから離れて恋しくて死にそうだ。〇第二句までは「羽ぐくもる」を導く序詞。発展 新羅へ遣わされる夫を見送る妻の歌。

む-ごん【無言】 名詞 ❶なにも言わないこと。口をきかないこと。❷(「無言の行」の略で)一定期間、無言でいる修行。

ことさらに無言をせざれども、独りをれば、口業を修めつべし。〈方丈記・境涯〉訳 特別に無言の行をするわけではないが、一人だけでいるので、口でする(=ことばによる)悪い行為も犯さないですませてしまうにちがいない。

む-さ【武者】 名詞 ↓むしゃ

む-さい【無才】 名詞 学問のないこと。無学。また、才能のないこと。発展「むざえ」とも。

む-さう【夢想】 ―そう 名詞 ❶夢の中で思うこと。また、夢で見ること。❷夢の中で神仏の教えを受けること。夢のお告げ。

む-さう・なり【無双なり】 ―そうなり 形容動詞 ↓ぶさう

む-ざう・なり【無慙なり】 ―ぞうなり 形容動詞［ナリ］〈なら・なり(に)・なり・なる・なれ・なれ〉痛ましい。むごい。

あはれに無慙に覚えしかども、さ言ひていかがせんと思ひなして、海に入れつ。〈宇治拾遺〉訳 (命ごいをする者に対して)気の毒で**痛ましく**は思ったが、そう言ったからとてどうなるものかと思い切り、海に投げ込んだ。発展「むざんなり」の変化したもの。

むさ・し 形容詞［ク］〈く・く・し・き・けれ・〇／から・かり・〇・かる・〇・かれ〉汚い。むさくるしい。下品だ。

その有り様、笑しなげに髪ぐるぐる巻きて、口紅粉むさきほど塗りて…。〈西鶴・好色一代男〉訳 その(女たちの)身なりは、見るからにおかしな感じで髪をぐるぐる巻きに束ね、紅を**下品な**ほど(濃く)塗って…。

武蔵 旧国名 武州。*東海道十五か国の一つ。今の東京都・埼玉県の大半の地域に神奈川県の東部を含む。大化の改新後、初めは*東山道に属したが、七七一(宝亀二)年東海道の一国となった。↓ビジュアルチェック❼(450ページ)

むさし-あぶみ【武蔵鐙】 名詞 武蔵の国の特産である鐙。発展 刺鉄を端に付けるので、和歌では副詞「さすが」に掛ける。

武蔵野 歌枕 東京都と埼玉県にまたがる関東平野西部の、広大な野原。歌材は、「紫草」「若紫」など。「草のゆかり」という語もよく詠み込まれ、「ゆかり」のある人に愛が及ぶという歌が多い。↓ビジュアルチェック❶(194ページ)

むさ-と 副詞 ❶惜しげもなく。やたらに。

「総じて松茸などもむさと食ぶるはいらざる事ぢゃ。」〈きのふはけふの物語〉訳「総じてマツタケなども**惜しげもなく**食べてはいけないものだ。」

❷ついうっかりと。不注意に。

「やいやいむさとそばへな寄りをって。」〈狂言・蟹山伏〉訳「やいやい**うっかりと**そばへ近づくな。」

❸無分別に。いいかげんに。

むさ-ぼ・る【貪る】 動詞 他〔ラ四段〕〈ら・り・る・る・れ・れ〉欲深くほしがる。欲張る。

人はおのれをつづまやかにし、奢りを退けて、財を持たず、世をむさぼらざらんぞいみじかるべき。〈徒然草・18〉訳 人はわが身を質素にし、ぜいたくを遠ざけて、財宝を所有せず、世俗的な利益を**欲深くほしがら**ないようなのがすばらしいに違いない。

む-ざん【無慙・無慚・無惨】 名詞《仏教語》罪を犯しながらそれを恥じないこと。

む-ざん・なり【無慙なり・無慚なり・無惨なり】 形容動詞［ナリ・ノ］〈なら・なり(に)・なり・なる・なれ・なれ〉❶戒律を破って恥じない。

「我、無慚の法師にて、忌むことの中に、破る戒は多かめど…。」〈源氏・手習〉訳「私は、**戒律を破って恥じない**法師で、守るべき戒律の中に、破る戒は多かろうけれど…。」

❷ひきょうだ。乱暴だ。残酷だ。

「あなむざんの盛長や。さしも不便にしたまひしに、一所でいかにもならずして…。」〈平家・9・重衡生捕〉訳「なんと**ひきょうな**盛長であることか。あれほど(重衡殿が)かわいがっていらっしゃったのに、(重衡殿が捕らえられた)同じ場所で死にもしないで…。」

❸痛ましい。いたわしい。ふびんである。

親の命をそむかじと、泣く泣くまた出で立ちける、心のうちこそむざんなれ。〈平家・1・祇王〉訳 (祇王は)親の命令に背くまいと、泣き泣きまた(平清盛の邸へと)出かけた、その心中はまことに**痛ましい**ものである。

むざんやな… 句

むざんやな甲の下のきりぎりす〈奥の細道・太田神社・松尾芭蕉〉訳 痛ましいことだなあ。白髪を染めて老いを隠し、奮戦して討ち死にした実盛の甲の下で、コオロギが細い声で鳴いている。〇季語 きりぎりす―夏
発展 太田神社で斉藤実盛の遺品を見て、その悲壮な最期を思い浮かべての句。「むざんやな」は、謡曲『実盛』の「あなむざんやな…」と樋口次郎が嘆き悲しんだ場面からの表現。

むし-の-たれぎぬ【枲の垂れ衣・帔】 名詞 市女笠のへりに縫い付けて垂らし、頭や体を覆った薄い布。平安・鎌倉時代、外出する女性が虫よけなどに使用した。

[むしのたれぎぬ]

む-しゃ【武者】 名詞 ❶武士。軍人。❷「*武者所」の略。発展「むさ」とも。

む-じゃう【無常】 ―じょう 名詞 ❶《仏教語》世の中のすべての

ものが、絶え間なく生滅、変化を繰り返し、永久不変ではないこと。対 常住。

祇園精舎の鐘の声、諸行無常の響きあり。〈平家・1・祇園精舎〉訳 祇園精舎(という釈迦が説教した寺)で鳴る鐘の音には、**万物は生滅流転して常にとどまることがない**という響きがある。

❷人の世のはかないこと。特に、死をいう。

人はただ、無常の身に迫りぬることを心にひしとかけて、つかの間も忘るまじきなり。〈徒然草・49・老い来たりて〉訳 人はただ、**死**が(わが)身に近づいていることを心にしっかりと留めておいて、ほんのちょっとの間も(それを)忘れてはならないのである。

むじゃう-の-かたき【無常の敵】《仏教語》死。発展 死を、命を奪う敵にたとえたことば。

むしゃ-どころ【武者所】名詞 院の御所を警護する武士の詰め所。また、その武士。

無住［一一］人名 鎌倉時代後期の僧。東福寺に入り、後に尾張・伊勢の両国で仏教を広めた。説話集を作り、『*沙石集』『雑談集』などで知られる。1226—1312

むじょう(現)↓(歴)**むじゃう【無常】**

むしろ【筵・蓆・席】名詞 ❶イグサやタケ、わらなどを編んで作った敷物の総称。❷(集まりなどの)場所。席。

む-しん【無心】 一 名詞 ↓無心連歌 二 名詞 動詞 他(サ変)〈せ・し・す・する・すれ・せよ〉(人に)金品をねだること。

「**我等もすこし御無心有り。近年商売ひだりまへにて…。**」〈西鶴織留〉訳「私も少し**お金をおねだりする気持ち**がある。近年商売が思わしくなくて…。」

むしん-しょぢゃく【無心所着】名詞《和歌用語》和歌で、一句一句が別のことを言って、内容にまとまりがないもの。発展「心の着く所無き歌」の意味。

む-しん・なり【無心なり】形容動詞〔ナリ・ノ〕〈なら・なり(に)・なり・なる・なれ・なれ〉❶思慮がない。無神経だ。

「**とてもかくても、今は言ふかひなき宿世なりければ、無心に心づきなくてやみなむ。**」〈源氏・帚木〉訳「ともかく、(人妻である以上は)今は何を言ってもかいのない運命であったので、(源氏から)**無神経で**気にくわない(女と思われた)まで終わってしまおう。」

❷無風流だ。

「**まろなどに、さることいはむ人、かへりて無心ならむかし。**」〈枕草子・133・頭の弁の御もとより〉訳「私などに、そんな歌を詠みかけるような人は、かえって**無風流であろう**よ。」

❸《仏教語》意識しないでそうなる。無我である。

「**無心の位にて、わが心を我にも隠す安心にて…。**」〈花鏡・奥義〉訳 **無我**の境地になり、自分の心を自分にも隠すほどの奥義に達するための工夫によって…。

無心連歌 文芸用語 鎌倉時代初期の、言語遊戯を主とする、俳諧的・狂句的で俗な連歌。*有心連歌に対する語。その作者を無心衆という。

む・す【生す・産す】動詞 自(サ四段)〈さ・し・す・す・せ・せ〉生える。生じる。生まれる。

河上のゆつ岩群に草むさず常にもがもな常処女にて 歌〈万葉集・1・22〉訳 川のほとりの神聖な岩石群に草が**生え**ないように、(若々しく)いつまでもいられたらいいなあ。神に仕える永遠の少女として。

む・す【噎す・咽す】動詞 自(サ下二段)〈せ・せ・す・する・すれ・せよ〉むせる。物がのどにつまる。(悲しみなどで胸が)つまる。

吉平も涙にむせて何事もすがすがしうも申さで…。〈栄花〉訳 吉平も涙に**むせて**どんなこともすらすらとも(関白の頼通に)申し上げ(られ)ないで…。

むず

断定できないことや将来にかかわることなど、その時点ではっきり言えないことを表す

- ❶(推量を表し)…う。…だろう。
- ❷(意志を表し)…う。…よう。
- ❸(適当・当然を表し)…(する)**のがよいだろう。**
- ❹(仮定・婉曲を表し)…と**したら、それは。…ような。**

助動詞(サ変型) 接続 活用語の未然形に付く。

未然形	連用形	終止形	連体形	已然形	命令形
○	○	むず(んず)	むずる(んずる)	むずれ(んずれ)	○

❶(推量を表し)…う。…だろう。…うとする。

「**この月の十五日に、かのもとの国より迎へに人々まうで来むず。**」〈竹取・かぐや姫の昇天〉訳「この月の十五日に、あの(私が)昔いた(月の)国から迎えのために人々がやって参りましょ**う**。」

❷(意志を表し)…う。…よう。…(する)つもりだ。

「**我は、しかしかのことのありしかば、そこに建てむずるぞ。**」〈大鏡・道長上〉訳「私は、これこれの事情があったので、そこに(寺を)建立する**つもりな**のだ。」○この例のように、話し手自身を動作の主体として文末に相当する位置に置かれた「むず」は意志を表す。

❸(適当・当然を表し)…(する)のがよいだろう。…べきだ。

「**われはとても手負うたれば、ここにて討ち死にせんずるぞ。**」〈太平記〉訳「自分はどうせ負傷したので、ここで討ち死にし**よう**(と思う)。」

「**この御格子は参らでやあらむずる。**」〈落窪〉訳「この*格子はお上げ申し上げないでおく**のがよいだろう**か。」

❹(連体形で、仮定・婉曲を表し)…としたら、それは。…ような。…たりする。

「**さる所へまからむずるも、いみじくはべらず。**」〈竹取・かぐや姫の昇天〉訳「そのような所(=月の都)へ参ります**ような**ことも、すばらしいことではございません。」○まだ確定していない未来の事柄を、仮定的に、また、婉曲に表している。

発展 **①語の成り立ち** 推量・意志の助動詞「む」の強調表現である「むとす」(「む」+格助詞「と」+サ変動詞「す」)が変化して、中古に成立したことばといわれる。**②語の歴史** 中古では俗語的なことばと見なされ、文章には使われず、主に会話文に用いられた。中世以降には、庶民の間で「むず」が盛んに用いられるようになる。**③「んず」「うず」とも** 「む」と同様、「むず」も後に発音に変化が生じて「んず」とも表記されるようになり、中世からは「うず」の形も見られる。

むずかしい(現)↓(古)**むつかし【難し】**最重要語 1202ページ

むず-と 副詞 (動作に力を強く込めるようすを表し)むんずと。ぐいっと。勢いよく。

汀にうち上がらんとするところに、おし並べてむずと組んでどうど落ち…。〈平家・9・敦盛最期〉訳 波打ち際にさっと上がろうとするところに、(ウマを)並べて**むんずと組んで**どしんとウマから落ち…。

むすびーい・づ【結び出づ】 動詞 自 〔ダ下二段〕〈で・で・づ・づる・づれ・でよ〉(印を)作り出す。結ぶ。

数珠おしすり、印ことごとしく結び出でなどして…。〈徒然草・54・御室に、いみじき児の〉訳(僧たちが)数珠をすり合わせ、印を大げさに**結び**などして…。

むすびーこ・む【結び込む】 動詞 他 〔マ下二段〕〈め・め・む・むる・むれ・めよ〉閉じ込める。

いときなき初元結ひに長き世を契る心は結び込めつや 歌〈源氏・桐壺〉訳幼い(源氏の)初元結いに(=元服のときに)、(あなたの娘と源氏との)末長い夫婦の仲を約束する心は**閉じ込め**たのか。

結びの消滅 国語・国文法 「★係り結び」の関係にある文節で、「係り」を受ける文節が「結び」の形で文を終止せずに、中止したり、接続助詞などを伴って下に続いたりするときに、連体形や已然形で結ぶ制約がなくなり「結び」が現れなくなる現象。「結びの流れ」「結びの消失」「係り捨て」ともいう。

結びの省略 国語・国文法 「★係り結び」の関係にある文節で、結びとなるはずの文節が省略される現象。前後の文脈から容易に判断されるような語、多くは「あり」「いふ」「聞く」「思ふ」「はべり」などを含む文節が省略される。

①「や」の下に「あらむ(あらん)」が省略されている例。「我ばかりかく思ふに**や**。(=自分だけがこう考えるのではないだろうか。)」

②「なむ」の下に「はべる」が省略されている例。「かきくらす乱り心地に**なむ**。(=悲しみにくれる取り乱した心境で(ございます)。)」

むすびーまつ【結び松】 名詞 誓いや祈願のしるしにマツの小枝を結ぶこと。また、そのマツ。

磐代の野中に立てる結び松心も解けず古思ほゆ 歌〈万葉集・2・144〉訳磐代(=今の和歌山県日高郡みなべ町西岩代)の野原に立っている**結び松**よ。(その結び目のように)私の心も解けず(=気持ちがふさいで晴れ晴れしない)にその昔のことが思われることだ。

発展 マツは神が宿り霊魂を持つ木とされていた。

むす・ぶ【結ぶ】

一 動詞 自 **形をなす。**(氷や露などが)できる。

二 動詞 他 **離れ離れのものを一つにする**
- ❶(ひもや糸などを)**つなぐ**。
- ❷**結び目を作る**。
- ❸(手の指を合わせて密教の仏の手の形を)**作る**。◉「印を結ぶ」の形で用いる。
- ❹**約束する**。
- ❺(同じ志の者が)**結束する**。

未然形	連用形	終止形	連体形	已然形	命令形
むす・ば	むす・び	むす・ぶ	むす・ぶ	むす・べ	むす・べ

一 動詞 自 〔バ四段〕**形をなす。形を作る。**(氷や露などが)**できる。凝結する。**

淀みに浮かぶうたかたは、かつ消え、かつ結びて、久しくとどまりたる例なし。〈方丈記・ゆく河〉訳(流れの)よどんだ所に浮いている水の泡は、一方では形がなくなり、他方では**形を作って**、いつまでもそのままでいる例はない。

二 動詞 他 〔バ四段〕❶(ひもや糸などを)**つなぐ**。**端を結ぶ。端と端とをつなぎ合わせる。**

とみの物縫ふに、かしこう縫ひつと思ふに、針を引き抜きつれば、はやく尻を結ばざりけり。〈枕草子・95・ねたきもの〉訳急ぎの物を縫うときに、巧みに縫ったと思うのに、針を引き抜いたところ、なんと(糸の)**端を結ば**なかったのだ。

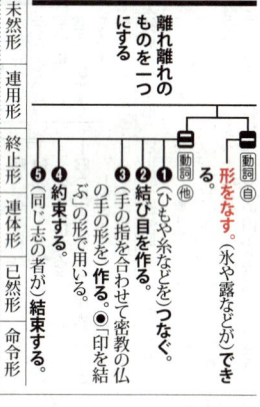

❷**結び目を作る。また、結び文**(=小さく畳んで結び目を作った手紙)**にする。**

唐の縹の紙の、いと懐かしう染み深うにほへるを、いと細く小さく結びたるあり。〈源氏・胡蝶〉訳中国渡来の薄いあい色の紙で、たいへんすばらしく(たきしめた香りが)染み込んで深く薫っているのを、とても細く小さく**結び文にし**たのがある。

❸(「印を結ぶ」の形で)(手の指を合わせて密教の仏の手の形を)**作る**。

定印を結びて、ゐながら終はりにけり。〈古今著聞集〉訳(大僧都は)定印(=心を一つに定めて現世の業を止める手の結び方)を**作って**、座ったまま亡くなってしまった。

❹**約束する。契る。**

大海の底を深めて結びてし妹が心は疑ひもなし 歌〈万葉集・12・3028〉訳大海の底のように深く**契って**おいた、あの娘の心には(なんの)疑いもない。

❺(同じ志の者が)**結束する。徒党を組む。**

義仲、行家以下、党を結んで数あり。〈平家・7・平家山門連署〉訳(源)義仲や、(源)行家などをはじめとして、**徒党を組んで**(いる者が)数多い。〇「結ん」は連用形「結び」の撥音便。

発展 **意味の広がり** 手ですくうという意味の動詞「掬ぶ」と同じ語源といわれる。二❶の、ひもや糸などをつなぎ合わせるという意味から、そうした作業工程を繰り返してまとまった物を形作ることまで広く表すようになり、「網を結ぶ」「庵を結ぶ」などのようにも使われる。❸は仏や菩薩の手の形を行者がまねて、祈念するときに使われる。❹❺などは、結ぶ意味を心の働きに当てはめたもので、「恨みを結ぶ」などの言い方もある。

類語比較 **「むすぶ」と「ゆふ」**

共通点＝ひも・糸などをつなぎ合わせたり、あるものを形作ったりするという意味。

むすぶ＝離れ離れのものを一つにするという意味が強い。その結果として、固定したものの中に閉じ込めるという意味合いが含まれる。

ゆふ＝主に形を作り整えることを表し、「髪を結ふ」などのようにも用いられる。この意味で「むすぶ」は使わない。

むす・ぶ【掬ぶ】 動詞 他 〔バ四段〕〈ば・び・ぶ・ぶ・べ・べ〉(水などを)両手ですくう。

袖ひちてむすびし水のこほれるを春立つけふの風やとくらむ 歌〈古今集・春上・2〉訳↓そでひちて…

◆むすぶての… 歌

むすぶ手のしづくににごる山の井のあかでも人に別れぬるかな〈古今集・離別・404・紀貫之〉訳すくい上げる手の(間から落ちる)しずく(のため)に濁ってしまう山の清水の(渇きを満たすのには十分でない)ように、満ち足りないまま(あの)人と別れてしまったことだなあ。〇第三句までは「あかでも」を導く序詞。

発展 旅先でことばを交わした人と別れるときに詠んだ歌。水を飲み足りない感覚と、相手との別れ難い思いを「あかでも」によって表現している。

むすぶ-の-かみ【産霊の神・結ぶの神】 名詞 ❶万物を生み出す神。❷男女の縁を結ぶという神。縁結びの神。
発展「むすひのかみ」の変化したことば。

むすぼ-ほ-る【結ぼほる】 動詞 自 ラ下二段〈れ・れ・る・るる・るれ・れよ〉❶結ばれる。結ばれて解けにくくなる。絡まる。「さて、この若やかに**結ぼほれたるは誰がぞ**。」〈源氏・胡蝶〉訳「それでは、この若々しく**結ばれた**手紙はだれのものか。」

❷気が晴れない。気がふさぐ。**心のむすぼほれて、物思はしき折などの慰めにもし**…。〈源氏物語玉の小櫛〉訳 心が**晴れない**で、物思いが多い時などの気晴らしにもし…。

❸関係を持つ。縁者となる。**かかりしかば、いかなる人も、あひかまへてそのゆかりに、結ぼほれんとぞしける**。〈平家・1・禿髪〉訳 このようであった(=平家の一門でない者は人間ではないと言われた)ので、どのような人も、なんとか工夫してその(=平家の)縁者として、**関係を持とう**とした。

❹(露や霜が)降りる。(水分が)凝り固まる。**初霜結ぼほれ、艶なる朝**に…。〈源氏・藤袴〉訳 初霜が**降り**、美しい朝に…。

むすぼ-る【結ぼる】 動詞 ↓むすぼほる

むずむず-と 副詞 ❶(動作に力を強く込めるようすを表し)むんずと。ぎゅっと。**物はきながら、しゃっつらをむずむずとぞ踏まれける**。〈平家・2・西光被斬〉訳(平清盛は)履き物を履いたままで、そいつの顔を**ぎゅっと**お踏みになった。

❷動作に遠慮がないさま。遠慮なく。無造作に。**三十筋ばかりむずむずと折り食ふ**。〈宇治拾遺〉訳(ナギという水草を)三十本ぐらい**無造作に**折って食べる。

むず-らむ 連語 …だろう。…のだろう。「**済時、朝光なむどもや極楽にはあらむずらむ**。」と**仰せられけるこそ、あはれなれ**。〈大鏡・道隆〉訳(道隆が)「済時や、朝光などでも極楽にはいる**のだろうか**。」とおっしゃったことは、(なんとも)感慨深い。

発展 推量の助動詞「むず」の終止形＋現在推量の助動詞「らむ」。「むずらむ」で単なる推量を表す。中世以降は「んずらん」。

むずる 推量・意志の助動詞**むず**の連体形。

むずれ 推量・意志の助動詞**むず**の已然形。

むせ-かへ-る【噎せ返る】 動詞 自 ラ四段〈ら・り・る・る・れ・れ〉ひどくむせび泣く。ひどくむせぶ。「はかばかしうも、宣はせやらず、**むせかへらせたまひつつ**…。」〈源氏・桐壺〉訳「(帝は)はきはきとも、最後までおっしゃらず、何度も**ひどくむせび泣き**なさり…。」

むせ-ぶ【噎ぶ・咽ぶ】 動詞 自 バ四段〈ば・び・ぶ・ぶ・べ・べ〉❶(物や煙のために)むせる。咳き込む。**あるいは煙にむせびて倒れ伏し、あるいは焔にまぐれてたちまちに死ぬ**。〈方丈記・安元の大火〉訳 ある者は煙に**むせて**倒れ伏し、ある者は炎に(まかれて)気を失いすぐに死んでしまう。

❷むせび泣く。のどにつかえるような声で泣く。**むせぶ涙におぼほれて、言も続けられず**。〈建礼門院右京大夫集〉訳 **むせび泣く**涙をとめどもなく流して、ことばも続けられない。

❸むせび泣くような音を立てる。**かつ氷りかつはくだくる山川の岩間にむせぶ暁の声** 歌〈新古今集・冬・631〉訳(寒さのために)一方では凍り一方ではそれがくだける山の中の川の水が、岩と岩との間で**むせび泣くような音を立てる**、この明け方の(悲しい)声よ。

む-そ【六十】 名詞 数の名。ろくじゅう。発展「むそぢ」とも。

むそ-ぢ【六十】 名詞 ❶数の名。ろくじゅう。❷六十年。六十歳。発展「ぢ」は数を表す接尾語「ち」の濁ったもの。「むそ」とも。

むた【共】 形式名詞(格助詞「の」「が」の下に付いて)…とともに。**波のむたか寄りかく寄る玉藻なす寄り寝し妹を**… 歌〈万葉集・2・131〉訳 ↓いはみのうみ…

む-たい・なり【無体なり・無代なり・無台なり】 形容動詞〔ナリ〕〈なら・なり(に)・なり・なる・なれ・なれ〉❶無視するようす。なおざりだ。**起請に恐れば、日ごろの本意無代なるべし**。〈源平盛衰記〉訳 起請文を恐れたら、常日ごろの本懐が**なおざりになる**に違いない。

❷無理である。無法である。「よもその者、**無台に捕らへ搦められはせじ**。」〈平家・4・競〉訳「まさかあの男(=滝口の競)は、**無法に捕ら**えられ縛られることはあるまい。」
発展 古くは「むだいなり」とも。

む-だう【無道】 名詞 形容動詞 ↓ぶたう

むだ-く【抱く】 動詞 他 カ四段〈か・き・く・く・け・け〉だきかかえる。だく。
上野安蘇の真麻群かきむだき寝れど飽かぬをあどか吾がせむ 歌〈万葉集・14・3404〉訳 上野の国の安蘇のアサの束をだきかかえるように、(恋人を)**だいて**寝ても満ち足りない気持ちを、(これ以上)私はどうしたらよいだろうか。〇「上野安蘇の真麻群」は「かきむだき」を導き出す序詞。

むち【鞭】 名詞 ウマなどを打って進ませるためのタケやヤナギで作った細くしなやかな道具。発展「ぶち」とも。

む-つ【六つ】 名詞 ❶数の名。ろく。むっつ。❷六歳。❸(「六つ時」の略で)今の午前六時ごろ(=明け六つ)、また午後六時ごろ(=暮れ六つ)。

陸奥 旧国名 奥州。★東山道八か国の一つ。今の福島・宮城・岩手・青森の四県と秋田県の一部に当たる。古代の蝦夷地で、大化の改新後は「みちのおくのくに」と呼ばれた。後に「みちのくに」と転じ、「むつのくに」と変わった。一八六八(明治元)年に★磐城・★岩代・★陸前・★陸中・陸奥に五分割された。↓ビジュアルチェック❼(450ページ)

むつか・し【難し】 形容詞 ↓最重要語(1202ページ)

むつかし-げ・なり【難しげなり】 形容動詞〔ナリ〕〈なら・なり(に)・なり・なる・なれ・なれ〉❶めんどうそうだ。扱いにくそうだ。**むつかしげにおはするほどを、絶えず抱き取りたまへば**…。〈源氏・若菜上〉訳(生まれたばかりで首がすわらず)**扱いにくそうで**いらっしゃる年のころ(の若君)を、(紫の上が)しょっちゅう取り上げてお抱きになるので…。

❷気味が悪そうだ。「今宵こそいと**むつかしげなる夜**なめれ。」〈大鏡・道長上〉訳「今夜はひどく**気味が悪そうな**晩であるようだ。」

❸むさくるしそうだ。**げにいと小家がちに、むつかしげなるわたりの**…。〈源氏・夕顔〉訳(夕顔の家は、従者のそのことばどおり)本当にた

いそう小さな家ばかりで、むさくるしそうな辺りで…。

むつか・る【憤る】 動詞 自〔ラ四段〕〈ら・り・る・る・れ・れ〉
❶不愉快に思う。腹を立てる。不平を言う。**帝おはします程にて、これぱかりはえ堪へさせたまはず、むつかりおはしまして**…。〈大鏡・師輔〉訳 帝がいらっしゃる時分で、これぱかりは我慢することがおできにならず、**不愉快に思って**いらっしゃって…。
❷むずかる。子供が機嫌を悪くして泣く。だだをこねる。**この若君の泣きたまへば、「例はかくもむつからぬに、いかなればかからむ。」**と…。〈大鏡・公季〉訳 この若君（＝資綱）が泣きなさるので、（祖父実成が）「いつもはこうも**むずから**ないのに、どうして（今日は）こうなのだろう。」と…。

発展 近世以降は「むづかる」ともいう。現代でも、京阪では「むつかる」で東京では「むずかる」の傾向があるといわれる。この語と同じ語源の形容詞が「むつかし」である。

む-つき【睦月・正月】 名詞 陰暦の一月。

むつき【襁褓】 名詞 ❶生まれたばかりの子供に着せる衣服。産衣。❷おむつ。おしめ。

むつ-ごと【睦言】 名詞 むつまじく語り合うことば。親しい間の語り合い。親しい者同士でしんみりと語ることば。**睦言を語り合はせむ人もがな憂き世の夢も半ば醒むやと** 歌〈源氏・明石〉訳 **親しい間の語り合い**を交わすような人がいてくれたらなあ。（そうすれば）このつらい世の中の悪夢もおおかた醒めるのではないかと（思うのだが）。

むつび【睦び】 名詞 親しむこと。親しい付き合い。

むつ・ぶ【睦ぶ】 動詞 自〔バ上二段〕〈び・び・ぶ・ぶる・ぶれ・びよ〉親しくする。仲よくする。「**なほ童心の失せぬにやあらむ、我もむつびきこえてあらまほしきを**…。」〈源氏・若菜上〉訳「（私は）相変わらず童心がなくならないのではないだろうか、私も（女三の宮と）**親しくし**申し上げていたいのに…。」

むつか・し【難し】

好ましくない事態に対する不快な気持ち
❶機嫌が悪い。不快だ。うっとうしい。
❷煩わしい。面倒だ。
❸むさくるしい。風情がない。
❹気味が悪い。恐ろしい。

未然形	連用形	終止形	連体形	已然形	命令形
むつか・しく	むつか・しく	むつか・し	むつか・しき	むつか・しけれ	○
むつか・しから	むつか・しかり	○	むつか・しかる	○	むつか・しかれ

形容詞〔シク〕
❶**機嫌が悪い。不快だ。うっとうしい。** **あなづりやすき人ならば、「後に。」とてもやりつべけれど、さすがに心恥づかしき人、いと憎くむつかし。**〈枕草子・28・憎きもの〉訳 容易に見下げることができる人であるならば、「後で。」と言ってでも帰してしまうことができそうだが、やはり（相手が立派で）気がひける人は、（追い帰すわけにもいかず）ひどくしゃくに障り**不快だ**。
❷**煩わしい。面倒だ。** **用ありて行きたりとも、その事果てなば、とく帰るべし。久しくゐたる、いとむつかし。**〈徒然草・170・さしたることなくて〉訳 用事があって（人の所へ）行ったとしても、その用事が終わってしまったならば、早く帰るのがよい。長居をしているのは、（その家の人たちにとって）たいへん**煩わしい**。
❸**むさくるしい。風情がない。見苦しい。** **枝差しなどもむつかしけれど…いと花やかなる色合ひにて差し出でたる、いとをかし。**〈枕草子・67・草の花は〉訳（リンドウは）枝ぶりなども**むさくるしい**が…たいへん鮮やかな色具合で（花を）出しているのは、とてもおもしろい。
❹**気味が悪い。恐ろしい。** **右近は、ただ「あなむつかし。」と思ひける心地みな冷めて、泣き惑ふさま、いといみじ。**〈源氏・夕顔〉訳（主人の夕顔が死に）右近は、ただもう「ああ**気味が悪い**。」と思っていた気持ちがすっかり消えて、泣いて取り乱すようすは、まったくひどい。○「あな＋形容詞の語幹」で感動・詠嘆の表現を作るが、シク活用の形容詞の場合には語幹に相当する部分に終止形と同じ形が来る。

発展 ①**語の成り立ち** 動詞「むつかる」と同じ語源で、うっとうしく、不快であるようすを表すのがもともとの意味。「むつかし」と対応する動詞には、「むつかる」のほかに「むつく」もあるが、「むつく」は中世以降「むつかし」から逆に類推されて生じたことばである。
②**古今異義語「むつかし」** 古語と現代語とで意味が異なる典型的なことばで、現代語の「難しい」に相当する古語は「かたし」である。「むつかし」と濁音化するのは近世以降であり、これが現代語の「難しい」に移行していく。

類語比較 **「むつかし」「うし」「うるさし」**
共通点＝煩わしく不快なようすを表す。
むつかし＝好ましくない事態に対する不快感を表す。
うし＝動詞「倦む（＝嫌になる）」と同じ語源で、思うに任せず、気持ちがふさいで嫌になる感じを表すといわれる。
うるさし＝心に圧迫を感じるようすから、おっくうだ、やっかいだという意味を表すといわれる。

むつま・し【睦まし】

親密で、心が引かれるようす
❶仲がよい。親しい。親密である。
❷慕わしい。懐かしい。心が引かれる。

未然形	連用形	終止形	連体形	已然形	命令形
むつま・しく	むつま・しく	むつま・し	むつま・しき	むつま・しけれ	○
むつま・しから	むつま・しかり	○	むつま・しかる	○	むつま・しかれ

形容詞〔シク〕❶**仲がよい。親しい。親密である。** 類 親し **この院の預かりの子、むつましく使ひたまふ若き男、また上童ひとり、例の随身ばかりぞありける。**〈源氏・夕顔〉訳（源氏が夕顔を誘って行った廃院には）この院の管理人の子で、（源氏が）**親しく**お使いになっている若い男と、ほかには★殿上童が一人、（そして）いつもの従者だけがいたのだった。
❷**慕わしい。懐かしい。心が引かれる。** **見し人の煙を雲と眺むれば夕べの空もむつましきかな** 歌〈源氏・夕顔〉訳（私と）結ばれたあの人（＝夕顔）の

（火葬をする）煙を雲と思って眺めると、（この曇った）夕方の空も心が引かれることだなあ。

「優れてはなやかなる御覚えこそなかりしかど、むつましう懐かしき方にはおぼしたりしものを。」〈源氏・花散里〉訳「（麗景殿の女御は）格別に時めいた（桐壺の帝から）ご寵愛を受けていることこそなかったものの、慕わしく心引かれる方だとは（帝が）お思いになっていたのに。」

○「むつましう」は連用形「むつましく」のウ音便。「懐かしき」と対等・並列の関係で、同じ意味に用いられている。

発展 現代語とのつながり

動詞「むつぶ」と同じ意味の四段動詞「むつむ」が形容詞になったもの。中世末期から近世にかけて「むつまじ」と濁った形でも用いられるようになり、現代語の「むつまじい」につながっている。

むつまじい（現）↓（古）**むつまし【睦まし】**

むつ・る【睦る】 動詞 自 ラ下二段〈れ・れ・る・るる・るれ・れよ〉

親しみなつく。うちとけて親しくする。

宮はいみじううつくしう大人びたまひて、「めづらしううれし。」と思して、むつれきこえたまふを…。〈源氏・賢木〉訳 東宮はたいへんかわいらしくご成長なさって、（母宮との対面を）「珍しくうれしい。」とお思いになって、（母親に）親しみなつき申し上げなさるのを…。

むーとく・なり【無徳なり】 形容動詞 ナリ〈なら・なり（に）・なり・なる・なれ・なれ〉 ❶貧乏だ。収入がない。

「かく無徳にはべれば、従ふ下人一人も侍らねば…。」〈宇津保〉訳「このように貧乏でございますので、（車の）お供をする下郎が一人もおりませんので…。」

❷みすぼらしい。体裁が悪い。

わろくなるだにくちをしきに、雨の夜降りたるつとめて、いみじく無徳なり。〈枕草子・278・関白殿、二月二十一日に〉訳（お庭の造花の花は）汚くなるだけでも惜しいのに、雨が夜（の間）に降った翌朝は、とてもみすぼらしい。

❸役に立たない。

「水の上無徳なる今日の暑かはしさかな。」〈源氏・常夏〉訳「（釣り殿の）水の上にいても（いっこう）役に立たない（＝涼しくない）今日の暑さだね。」

むーと-す 連語 …だろう。…（し）ようとする。

「されど、おのが心ならずまかりなむとする。」〈竹取・かぐや姫の昇天〉訳「しかし、自分の心からではなくおいとましようとする（のである）。」

発展 推量の助動詞「む」の終止形＋格助詞「と」＋サ変動詞「す」。中世以降は「んとす」。この「むとす」が変化して助動詞「むず」になる。

むない-た【胸板】 名詞 ❶胸の平らな部分。❷鎧の部分の名。胴の前面最上部で、胸に当たる部分。↓具足（図）

むなーがい【胸繋・鞅】 名詞 馬具の一種。ウマやウシの胸から鞍に掛け渡す組み緒。↓大和鞍（図）

発展「むなかき」の変化したことば。

［むながい］

むなぎ【鰻】 名詞《上代語》ウナギの古い呼び名。

むなーぐるま【空車】 名詞 ❶車台だけで、屋形などのない車。荷車。❷人の乗っていない車。からぐるま。

むなーこと【虚言・空言】 名詞 実のないことば。うそ。

むなーさんよう【胸算用】 名詞 心の中で計算すること。心の中で見積もること。心積もり。発展 近世中期ごろまで「むねさんよう」「むねざんよう」が多く、後、「むなざんよう」となる。

むな・し【空し・虚し】

外側だけあって中身や実体・実質のないようす
- ❶中に何もない。空である。
- ❷はかない。無常である。
- ❸無益である。かいがない。
- ❹死んでいる。体だけで魂がない。
- ❺事実無根である。

未然形	連用形	終止形	連体形	已然形	命令形
むな・しく	むな・しく	むな・し	むな・しき	むな・しけれ	○
むな・しから	むな・しかり	○	むな・しかる	○	むな・しかれ

形容詞 シク ❶**中に何もない。空である。**空っぽだ。

人もなきむなしき家は草枕旅にまさりて苦しかりけり 歌〈万葉集・3・451〉訳（妻が死んで）人もいない空っぽの家は、旅（にいるとき）にもましてつらいものであったのだった。○「草枕」は「旅」に係る枕詞。

❷**はかない。**無常である。

世の中はむなしきものと知る時しいよよますます悲しかりけり 歌〈万葉集・5・793〉訳（親しい人の死が相次ぎ）この世の中ははかないものだと理解する時こそ、いっそうますます悲しく思われるのだった。

❸無益である。かいがない。

「なほ、あなたに渡りて、ただ一声も催しきこえよ。むなしくて帰らむが、ねたかるべきを。」〈源氏・末摘花〉訳「やはり、あちら（＝姫君のもと）へ行って、たった一音でも（よいから琴を弾くように）促し申し上げてくれ。（訪れた）かいもなくて帰ったりすることが、残念に思えるに違いない（から）なあ。」

❹死んでいる。体だけで魂がない。

「むなしき御骸を見る見る、なほおはするものと思ふが、いとかひなければ…。」〈源氏・桐壺〉訳「（娘の桐壺の更衣の）体だけで魂がないご遺体を（目の前に）見ていながら、依然として生きていらっしゃるもののように感じることが、本当にどうしようもないので…。」

❺事実無根である。

「あらはに人の知ることならねど、相人の言空しからず。」〈源氏・澪標〉訳「（冷泉帝が私の実子であることは）明白に人々が知ることではないけれども、（私には帝位に就く相があると占った）人相見の予言は（必ずしも）事実無根ではない。」

発展 ①語の成り立ち 「身」と同じ意味を表す「む（身）」に形容詞「なし」が付いたことばといわれる。外側だけあって中身がないようすから、さまざまな意味ができた。

②「むなしくなる」とその類語 ❹の意味では「むなしくなる」の形で、死ぬという意味の慣用表現を作る。類義語の「いたづらなり」「はかなし」「かなし」も同様に、「いたづらになる」「はかなくなる」「かひなくなる」の形で死ぬことを表す。↓古語チャート⑱（647ページ）

類語比較「いたづらなり」と「むなし」↓徒らなり
「はかなし」「かひなし」「むなし」↓果無し

むなしき-そら【虚しき空】 大空。発展「虚空」の訓読み。

●成立…鎌倉時代前期
●作者…鴨長明(かものちょうめい)
●分野…歌論書
●段数…約八十段

必修古典ビッグ30 ㉘

無名抄

▼俊恵法師像

【冒頭の一文】

歌は、題の心をよく心得べきなり。俊頼髄脳といふ物にぞ記してはべるめる。

訳 歌というものは、歌題の意味を十分に理解しなければならないのである。『俊頼髄脳』という書物に書いてあるようです。

【成立と作者】

●成立…いろいろな説があるが、一二一一(建暦元)年から、作者である鴨長明が亡くなる一二一六(建保四)年以前と考えるのが妥当であろう。

●作者…鴨長明については、「**必修古典ビッグ30 ㉔方丈記**」(1104ページ)参照。

【概要】

●全体は、長短とりまぜて約八十の章段からなっているが、歌論書として、全体の構成や一貫した編集意図はなく、筆の趣くまま連想によって書き進められた随筆的歌論である。

●内容は、和歌を作るうえでの心得、作者の和歌の師である俊恵の教訓、同時代の歌人の批評、昔の歌人の逸話などに分かれている。たとえば、和歌を作るうえでの心得では、和歌を作るときの題や言葉の続き方などの問題が述べられている。その後、実際の歌合わせや歌会での批評を展開している。

●作者の和歌の師俊恵の教訓は、多くの段に記されていて、この作品の中心である。俊恵の和歌観が理解できる重要な記録である。

●同時代の歌人の批評では、大輔、小侍従、藤原俊成女、宮内卿などのように、当時活躍していて、現在では経歴などがはっきりしない歌人のエピソードが記され、文学史的に貴重である。特に、源俊頼と藤原基俊の対立を描いた段は、登場人物のようすが生き生きと描かれているといわれている。この二人は実に仲が悪く、悪口を言いあうことも多かったが、温和な俊頼に対して人の非難をする癖のある基俊は、評判も悪かったようである。

●昔の歌人の逸話として、猿丸大夫や喜撰などの旧跡や墓などを記している。平安時代末期から新古今集の時代にかけて活躍した歌人たちを、きわめて生彩に富んだ筆致で描き出していて、説話文学としての評価も高い。また作者の鴨長明自身の伝記的事実を補う話も多い。

●歌論として注目されるのは「幽玄論」で、幽玄を「言葉に現れない余情、現実には見えない情景であろう。」と述べ、多くの比喩によって説明している。

●歌を詠むうえで重要な事柄が示されているため、「必ず読まなければならない歌論書」として重視された。また、中古の末期から中世初期の、和歌の世界を鮮やかにとらえることができるため、和歌の歴史を語るときに欠かせない書の一つである。

【主な人物】

●俊恵…東大寺の僧。京都の白川の自分の住まいを歌林苑と呼び、多数の歌人が自由な雰囲気で出入りしていた。

多くの章段で、和歌についての批評を述べている。作者が、初めて師弟の契りを結んだころ、「人に褒められる歌人になっても、思い上がったそぶりを見せるな。」という教訓を述べている。

●源頼政…武将であるが、歌人としても有名である。治承四年に以仁王を立てて平家討伐を図り、挙兵したが敗れ、宇治の平等院で自害した。

『無名抄』には、「頼政卿はいみじかりし(=すばらしい)歌仙なり。心の底まで歌になりかへりて(=すっかり歌になりきって)、常にこれを忘れず心にかけつつ」暮らしている、という俊恵のことばがある。

●藤原清輔…それまでの歌学を大成した人物として、当時は藤原俊成をしのぎ、第一人者であった。

特に『万葉集』に対する関心が深かったといわれているが、『無名抄』でも、「清輔朝臣、歌の方の弘才は肩を並ぶる人なし。」とまで評されている。

●源俊頼…俊恵の父。革新的な歌人で多様な歌風の和歌を残し、後世に大きな影響を与えた。勅撰集『金葉和歌集』の撰者であり、歌論書『俊頼髄脳』の作者として有名。

『無名抄』の中にも、『俊頼髄脳』の説が引用されているが、俊頼自身についても、「俊頼は、思ひ至らぬくまなく、一方ならずよめる(=多方面に歌の素材を求め、一傾向に偏することなく詠んでいる)」と藤原俊成によって述べられている。また俊頼が自分の名を歌の最後に詠み込んで、名前を書く代わりにした話は有名であり、彼の多才ぶりを示している。

【ことばと表現】

●同じ筆者の『方丈記』には、序や跋があって、明確に記述する姿勢を見せているのに対して、本作品は、漠然と逸話を紹介し、伝聞の形式をもって閉じられることが多い。したがって文末も「〜とぞ。」とか「〜にこそ。」など、結びが省略された表現がしばしば見られる。

「これをなん、かのたぐひにせんと思うたまふる。もし世の末におぼつかなくいふ人もあらば、『かくこそ言ひしか。』と語りたまへ。」とぞ。

●歌論専門用語が多く見られる。たとえば、「★腰の句(=第三句)」「★おもて歌(=代表歌)」などである。

●会話文が多い関係上、丁寧語の「はべり」が頻出する。ただしこの「はべり」は、会話文中だけでなく、地の文にもしばしば見られる。次の例がそれである。

ある所にて歌合しはべりし時、海路を隔つる恋といふ題に…。

むなーづはら・し【胸づはらし】 ずわらし 形容詞〔シク〕〈しく・しく・し・しき・しけれ・○／しから・しかり・○・しかる・○・しかれ〉喜びや悲しみなどで、胸が詰まる。

顔をつれづれながむれば梅川いとど胸づはらしく…。〈近松・冥途の飛脚〉訳（孫右衛門が）顔をつくづく眺めると梅川はいよいよ**胸が詰まり**…。

発展「胸詰まらし」の変化したもの。

むなーで【空手・徒手】 名詞 ❶手になにも持たないこと。素手。❷なにもしないでいること。

むね【旨】 名詞 事柄の意味。内容。趣旨。

このしろといふ魚を禁ず。縁起の旨、世に伝ふこともはべりし。〈奥の細道・室の八島〉訳（室の八島神社では）コノシロという魚を（焼いて食べることを）禁じている。（この八島神社の）由来の**趣旨**が、世間に伝承されていることもございました。

むね【宗】 名詞 主とすること。中心とすること。

手書くこと、むねとすることはなくとも、これを習ふべし。〈徒然草・122・人の才能は〉訳 文字を書くこと（＝書道）、（それを）**主とすること**（＝専門とすること）はなくても、これを習うのがよい。

むね【胸】 名詞 ❶胸部。また、心。思い。❷胸の病気。

むね【棟】 名詞 屋根の最も高い部分。

たましきの都のうちに棟を並べ、甍を争へる、高き賤しき人の住まひは…。〈方丈記・ゆく河〉訳 美しい都の中に（ぎっしりと）**棟**を並べ、屋根の高さを競っている、身分の高い人や身分の低い人の住居は…。

むねーあ・く【胸開く】

悩みなどの胸のつかえから解放されて、晴れ晴れとした気持ちになる	気が晴れる。心がすっきりする。

気が晴れる。心がすっきりする。気が晴れ晴れとなる。

対 胸塞がる

「**亡き後まで人の胸開くまじかりける、人の御覚えかな。**」〈源氏・桐壺〉訳「亡くなった後まで、人（＝ほかの女性たち）の**心がすっきりし**そうもなかった、（帝からの）ご寵愛を受けている対象の人だなあ。」↓おぼえ❷

「年ごろは、いつしか思ふやうに近き所になりたらば、まづ**胸開くばかりかしづき立てて**…。」〈更級日記・子忍びの森〉訳「長い年月の間、早く希望するとおりに（都から）近い土地（の国司）となったら、何はともあれ（私の）**気が晴れ晴れとなる**ほど（しっかりと娘のおまえを）大切に養い育てて…。」

むねーいた・し【胸痛し】 心が痛い感じである。苦しくつらい。悲しい。

「**疎まれたてまつりし節々を思ひ出づるさへ胸痛きに**…。」〈源氏・明石〉訳「あなたに憎まれ申し上げた折々のことを思い出すことでさえ**心が痛い感じである**ところに…。」

むねーかど【棟門】 名詞 門の形式のひとつ。二本の柱を立てて冠木長押でつなぎ、切り妻造りの屋根を載せた門。公卿などの邸宅に多く用いられた。発展「むなもん」「むねもん」とも。

むねーさ・く【胸裂く】（苦しさ・悲しみのあまり）胸が張り裂けそうになる。

明け暮れひざまづきありく者、ののしりてゆくにこそはあめれと思ふにも、胸さくる心地す。〈蜻蛉日記〉訳 明け暮れぺこぺこ頭を下げて歩いていた者が、（都の外に出ると）威張って行くようだと思うと、**胸が張り裂けそうになる**思いがする。

むねーさわ・ぐ【胸騒ぐ】 心が落ち着かない。心が動揺する。

頭中将を見たまふにも、あいなく胸騒ぎて、かの撫子の生ひ立つありさま聞かせまほしけれど…。〈源氏・夕顔〉訳（源氏は）頭中将をご覧になるにつけても、むやみに**心が落ち着かない**で、あの撫子（＝夕顔の遺児）が成長しているようすを聞かせたいと思うけれども…。

むねーざんよう【胸算用】 名詞 ↓むなざんよう

むねーつぶらは・し【胸潰らはし】 つぶらわし 心配や驚きで、胸がどきどきしている。

御帳のめぐりにも、人々しげく並み居たれば、いと胸つぶらはしくおぼさる。〈源氏・賢木〉訳（朧月夜の君のご寝所の周囲にも、女房たちが大勢並んでいるので、（源氏は）とても**胸がどきどきしている**ようにお感じにならないではいられない。

むねーつぶ・る【胸潰る】（恐怖・驚き・悲しみ・不安などで）心がひどく乱れる。どきどきする。ひやひやする。

「**いかならむ。」と思ふ夢を見て、恐ろしと胸つぶるるに、事にもあらず合はせなしたる、いとうれし。**〈枕草子・276・うれしきもの〉訳「どういうことなのだろう。」と（気がかりに）思う夢を見て、恐ろしいと**ひやひやしている**ときに、たいしたことでもないように（その夢の）吉凶を判断し（てくれ）たのは、本当にうれしい。

むねーと【宗徒】 名詞 中心となって頼りがいのある人。主だった者。

「**宗徒の兵者三十余人、その勢六万余騎を参らせさうらふ。**」〈平家・9・河原合戦〉訳「**中心となって頼りがいのある人**である武者を三十人余り、総勢六万騎以上の武士を（院の御所に）参上させております。」

発展 副詞の「むねと」から派生したことば。「むねとある者」の意味。

むねーと【宗と】

それが第一だ、主なものだという意味	主として。第一に。

副詞 **主として。主に。第一に。主立って。大将として。**

家の作りやうは、夏をむねとすべし。冬はいかなる所にも住まる。〈徒然草・55・家の作りやうは〉訳 家の作り方は、夏（に快適に暮らせること）を**主とする**のがよい。冬はどんな所にでも住むことができる。

むねとあると見ゆる鬼、横座にゐたり。〈宇治拾遺〉訳 **大将として**（そこに）いると見受けられる鬼が、上座に座っている。

発展 **「むねとす」「むねとあり」の形** 用例にあるように、下にサ変動詞「す」やラ変動詞「あり」を伴った「むねとす」「むねとあり」の形で用いられることが多い。特に、「主立って・大将として」という意味では、主に「むねとある（者）」の形をとることから、『平家物語』などでは「むねと」が「主立った者」の意味を表す名詞となって「宗徒」という漢字が当てられた。

宗良親王 むねながしんのう〔シンワウ〕人名 南北朝時代の歌人。後醍醐天皇の皇子。南朝のために東国を転戦。吉野帰山後は南朝歌壇を指導し、一三八一（弘和元）年には『新葉集』を編集した。家集に『李花集』がある。*1311—1385ごろ*

◉成立…鎌倉時代初期
◉作者…未詳
◉分野…評論

無名草子

必修古典ビッグ30 ㉙

▼清少納言（右下）
紫式部（左上）

【書名の由来】

この作品は成立後、ほとんど人々に知られることがなかった。江戸時代になって、国学者が古い物語を研究しているときに、この作品に注目したため、このような名がつけられた。

【成立と作者】

どちらも多くの説がある。一二〇〇(正治二)年から一二〇二(建仁二)年の間ごろに藤原俊成女によって書かれたという説が有力だが、未詳。

【概要】

◉八十三歳の老いた尼僧が、京都東山の最勝光院に参詣した後で、ある家に泊まったとき、そこの三、四人の若い女房たちと語り合ったという物語的構成をとっている。現存する文芸評論としては最古の作品だが、形式は『大鏡』の会話形式にならったものといわれている。

◉内容は大きく分けて、「一、序」「二、物語の批評」「三、歌集の批評」「四、女性の批評」の四部からなっている。

物語の批評…大部分は『源氏物語』についてのもので、巻々の論、登場人物論、場面論に分かれている。

巻々の論では、たとえば「桐壺」の巻を「あはれに悲しき(=しんみりとして悲しい気分)」、「夕顔」の巻を「心苦しき(=同情心をそそる)」などと評している。その他、「えんある巻」「見どころある巻」「おもしろくめでたき巻」などを挙げ、「宇治十帖」についても短い批評をしている。

登場人物論は、作品中の女性を「めでたき(=すばらしい)人」「好もしき人」「いみじき(=魅惑的な)人」「いとほしき人」などに分類している。

また場面論は、「あはれなること」「いみじきこと」「いとほしきこと」に当てはまる場面をそれぞれ取り上げて論じている。これらの中で、作品の成立論や各場面についての批評は、現在の鑑賞においても参考になる意見が多い。

その他の物語論では、『狭衣物語』以下二十五の物語を取り上げている。その中では、『隠れ蓑』や『朝倉』といった現在すでに失われており、全体の内容が分からない物語も取り上げて論じているため、文学史的に貴重な資料となっている。

歌集の批評…八代集から多くの私撰集にまで及んでいる。

女性の批評…小野小町、清少納言、紫式部、和泉式部、小式部内侍など、十二名の実在の女性が取り上げられているが、その批評の内容には、作者の好みが表れている。

【主な人物】

◉藤原定子…藤原道隆の娘。一条天皇の皇后。

定子の評価は、きわめて高い。作者は、まず一条天皇にたいへん愛された女性としての幸福を指摘し、さらに逆境にもめげず優雅な生活を送る気高さや強さを評価している。

◉大斎院…村上天皇の皇女、選子内親王。賀茂の斎院に選ばれ、以降円融・花山・一条・三条・後一条の五代五十七年にわたり勤めた。多くの女房たちと一種の文学サロンを形成した。

この作品では、晩年のすばらしい生活ぶりが述べられている。作者は、訪れる人もいないのに、優雅な生活を崩さないことに、老年の静けさと安らぎを評価している。

◉伊勢の御息所…藤原継蔭の娘。宇多天皇の中宮温子のもとに出仕し、後に宇多天皇の寵愛を受けて皇子を生み、歌人としても活躍する。

作者が、この人物を評価しているのは、静かな日常生活と和歌の風雅とが結び付いている点である。隠棲し、時の権勢と無縁になった生活の中で、和歌を作ることこそが、本当の優美な生活ではないのか、と述べている。

◉小野の皇太后宮…藤原教通の三女歓子。後冷泉天皇のもとに出仕し、皇后にまでなる。五十八歳で出家し、小野(比叡山の西の麓一帯)に隠棲する。

作者は、この人物を心くばりのある人と評価する。不意の訪問者にも慌てることのない日常生活の優雅なたしなみは、人の生き方の理想だと述べる。前の大斎院・伊勢の御息所と並んで、理想的な人物と評価している。

【『無名草子』のキーワード・めでたし・いみじ・あはれなり】

これらの語は、作品中で批評される物語や人物に対する評価の言葉としてしばしば使われる。

この若き人、「めでたき女は誰々かはべる。」と言へば、「桐壺の更衣、藤壺の宮。…」

「いみじき女は、朧月夜の尚侍。源氏流されたまふもこの人のゆゑと思へばいみじきなり。」

「大弐の娘こそ、何となくいとほしくあはれなれ。」

【ことばと表現】

◉文体は和文体を基調とする。『大鏡』等に倣った「座談」形式で構成されている。和文体であるということと、作中に設定された発言者も聞き手も記録者も全員が女性ということとは無関係ではないと思われる。

◉簡潔な文を基本とする。

「いとほしき人、紫の上。限りなくかたひかしく、いとほしく、あたりの人の心ばへぞ、いと憎き。父宮をはじめ、おほぢの僧に至るまで、思はしからぬ人々なり。」(登場人物論のうち「いとほしき人」より)

むね-に-あた・る【胸に当たる】心に響く。思いあたる。

折からの、思ひかけぬ心地して、胸にあたりけるにや。〈徒然草・41・五月五日〉訳ちょうどよい時の、思いもかけない気持ちがして、**心に響いた**のではなかろうか。

むねはしり-び【胸走り火】名詞 胸騒ぎがすること。胸がどきどきすること。発展「胸走り」を「走り火」にたとえていうことば。

むね-はし・る【胸走る】（心配・愛情・恐怖・楽しみなどで）胸がどきどきする。気が気でない。興奮する。

つれなく大殿籠りぬれば、胸走りて…。〈源氏・夕霧〉訳（夕霧は手紙を捜せないまま）なさけなくおやすみになってしまったので、**気が気でなくて**…。

むね-ひし・ぐ【胸拉ぐ】↓むねつぶる

むね-ふたが・る【胸塞がる】（悲しさ・痛ましさ・不安などで）胸がつまる。胸がいっぱいになる。

もの宣ふやうなれど、胸ふたがりて、この人を空しくしなしてむことのいみじく思さるるに添へて…。〈源氏・夕顔〉訳（源氏は）何かおっしゃるようであるが、**胸がつまって**、この人（＝夕顔）をこのまま死なせてしまったりすることが大変（つらい）とお思いにならないではいられないことに加えて…。

むね-むね・し【宗宗し】形容詞［シク］〈しく・しく・し・しき・しけれ・○／しから・しかり・○・しかる・○・しかれ〉❶中心となっている。主だっている。

家司なども、むねむねしき人もなかりければ…軒のしのぶぞ所え顔に青みわたれる。〈源氏・橋姫〉訳（八の宮邸には）家政を取り仕切る役人なども、**中心となっている**人間もいなかったので…軒のシノブグサがわがもの顔に一面に青く生えている。

❷しっかりしている。堂々としている。

あやしくうちよろぼひて、むねむねしからぬ軒のつまなどに這ひまつはれたるを…。〈源氏・夕顔〉訳みすぼらしく倒れかかって、**しっかりしていない**（家の）軒先などに（ユウガオのつるが）はって絡み付いているのを…。

むね-を-つぶ・す【胸を潰す】胸を潰すほどに、ひどく悩ませる。びっくりさせる。

定かなることに胸を潰されし、そのほどのことをねんごろに聞こえたまひて…。〈しら露〉訳間違いないことと思って**びっくりさせ**られた、その間の経緯を丁寧に申し上げなさって…。

むばたま-の 枕詞 ↓ぬばたまの

むべ【宜・諾】副詞 ↓うべ

むべ-むべ・し【宜宜し】形容詞［シク］〈しく・しく・し・しき・しけれ・○／しから・しかり・○・しかる・○・しかれ〉もっともらしい。格式ばっている。ふさわしい。

「消息文にも仮名といふもの書きまぜず、むべむべしく言ひ回しはべるに…。」〈源氏・帚木〉訳「手紙にも仮名というものを使わずに、**格式ばって**（漢文調に）ことば巧みに言いますので…。」

発展「うべうべし」とも。

むへん-せかい【無辺世界】名詞 ❶《仏教語》無限の世界。虚空。❷（❶の意味から）でたらめの方向。あてのない方向。

む-ほん【謀反・謀叛】名詞 国家・天皇に背いてその存在をおびやかすこと。また、為政者や主君に背いて挙兵すること。反乱。発展 律の規定では「謀反」と「謀叛」は区別された。前者は積極的であるため、★八逆の中でも第一に重い罪、後者は消極的で第三に重い罪とされた。平安末期以降は混同され、いずれも「むほん」といった。

むほん-しんわう【無品親王】名詞 叙位を受けていない親王。位のない親王。発展「品」は親王の位で一品から四品までの四段階。「無品」はこの位階を持たないことで、弱い立場にある。

むま【馬】名詞 ↓うま

むま-ご【孫】名詞 ↓うまご

むま-の-はなむけ【餞】名詞 ↓うまのはなむけ

むま-や【駅・廐・馬屋】名詞 ↓うまや

むま・る【生まる】動詞 ↓うまる

むまれしも…歌

生まれしも帰らぬものをわが宿に小松のあるを見るが悲しさ〈土佐日記・二月十六日〉訳（この家で）生まれた者（＝わが子）でさえも帰って来ないのに、（久しぶりに帰った）私の家に小さいマツが（新しく生えて育って）あるのを見るのが悲しいことよ。

発展 久しぶりに都に帰った作者が、荒れた庭に新しく生えたマツを見つけ、土佐で死んだ子のことを思い詠んだ歌。

無名抄［ムミャウセウ］作品名 ↓**必修古典ビッグ30** ㉘（1204ページ）

無名草子［ムミャウザウシ］作品名 ↓**必修古典ビッグ30** ㉙（1206ページ）

むむ 感動詞 ❶含み笑いの声。くふふ。❷感服したり承知したときなどに発することば。うむ。

むめ【梅】名詞 ↓うめ

むめがかに…句

梅が香にのっと日の出る山路かな〈炭俵・松尾芭蕉〉訳早朝の山路を歩いていると寒気の中にウメの香りが漂ってふと立ち止まると、ぬうっと赤く淡い光の朝日が現れ出たことだ。○季語 梅が香―春

発展「のっと」や「日の出る」などの平易なことばを使った「★軽み」の代表的な句。

むもれ-いた・し【埋もれ甚し】形容詞 ↓うもれいたし

むもれ-ぎ【埋れ木】名詞 ↓うもれぎ

む-もん【無文・無紋】名詞 ❶（布などに）紋や模様のないこと。無地。対有文。❷（和歌・連歌で）技巧や飾りのない平淡な表現。また、その歌や句。対有文。

む-やう【無恙】名詞 つつがないこと。無事であること。

む-やく・し【無益し】形容詞［シク］〈しく・しく・し・しき・しけれ・○／しから・しかり・○・しかる・○・しかれ〉口惜しい。いまいましい。

大形な機嫌とりて無益しきことも程すぎて…。〈西鶴・好色一代男〉訳どうにか機嫌を取って**口惜しい**ことも（感じる）時期が終わって…。

む-やく・なり【無益なり】形容動詞［ナリ］〈なら・なり（に）・なり・なる・なれ・なれ〉利益がない。無駄だ。つまらない。

「無益のことをも言ひてけるかな。いみじき辱号取りつる。」〈大鏡・道隆〉訳「**つまらない**ことを言い出してしまったものだなあ。（おかげで）ひどい恥辱の名をとってしまった。」

む-よう【無用】形容動詞［ニ・ノ］❶役に立たない。不必要だ。

唐土舟のたやすからぬ道に、無用の物どものみ取り積みて、所狭く渡しもて来る、いと愚かなり。〈徒然草・120・唐の物は〉訳唐土（＝中国）からの船が困難な航路なのに、**不必要な**物ばかり積み込んで、船いっぱいにどんどん運んで来るのは、たいそうばかげたことである。

❷してはいけないことになっている。禁止されている。

「この銭済むべき事とも思はれず。自今は大分にかすこと無用。」〈西鶴・日本永代蔵〉訳「この金が返

済できるとは思えない。今後は多く貸すことはいけないことだ。」

むら【群・叢】 造語 同じ種類のものが群がり集まっているという意味を表す。語例 岩群・群雲

→古語チャート㊳(1105ページ)

-むら【匹・疋】 助数詞 巻いてある布を数えることば。

む-らい【無礼】 名詞 不作法。無礼。

む-らい・なり【無礼なり】 形容動詞〔ナリ〕〈なら・なり(に)・なり・なる・なれ・なれ〉不作法なようすだ。無礼なようすだ。

「頭いと痛くて苦しくはべれば、いと無礼にて聞こゆること。」〈源氏・夕顔〉訳「ひどく頭痛がして気分が悪うございますので、まことに**失礼なようす**で(簾越しに)申し上げる次第(でございます)。」

むら-ぎえ【斑消え】 名詞 (雪などが)ところどころ消えること。まだらに消え残ること。

むらきも-の【群肝の】 枕詞 (五臓六腑に心が宿ると考えられたことから)「心」に係る。

むら-ぎ・ゆ【斑消ゆ】 動詞 自〔ヤ下二段〕〈え・え・ゆ・ゆる・ゆれ・えよ〉(雪などが)まだらに消える。

垣のもとに雪**むら消え**つつ、今もかき曇りて降る。〈源氏・浮舟〉訳 垣根の所で雪が**まだらに消え**ながら、今も(空は)曇って(雪が)降る。

むら-くも【群雲・叢雲】 名詞 群がっている雲。一群の雲。

むら-ご【斑濃・村濃】 名詞 染め色のひとつ。同じ色で濃く、薄く染め分けたもの。

裾濃、**斑濃**なども、常よりはをかしく見ゆ。〈枕草子・5・四月、祭りのころ〉訳 (四月の賀茂の祭りのころになると)裾に近づくほど濃く染めたもの、**濃淡を染め分けたもの**なども、いつもよりは趣があるように思われる。

むらさき【紫】 名詞 ❶《植物》ムラサキ科の多年草。夏、白い花を咲かせる。武蔵野の有名な花として知られ、その根から紫色の染料を取った。ムラサキソウ。❷❶の根で染めた色。赤紫色。

紫式部 人名 平安時代中期の歌人・物語作者。★中古三十六歌仙の一人。藤原宣孝と結婚し一人娘(大弐三位)を生むが、まもなく夫に死別。その後『源氏物語』(→**必修古典ビッグ30** ⑩ 494ページ)を書き始め、道長に認められて一条天皇の中宮★藤原彰子に仕えた。和漢の才に秀で、また『★紫式部日記』『紫式部集』などにはその内省的な性格がうかがえる。973ごろ—1014ごろ

紫式部日記 作品名 平安時代中期の日記文学。★紫式部作。作者の宮仕え中の一〇〇八(寛弘五)年秋から一年半ほどの記事があり、中に書簡体の文章が挿入されている。作者が仕えた一条天皇中宮★藤原彰子の、土御門殿での出産を中心に、藤原摂関家の繁栄の中で外界を客観的に観察し、また、他の女房への批評や自己の回想・感慨を述べている。成立年不明。

むらさき-すそご【紫裾濃】 名詞 上は薄く、裾の方ほど紫がかった色に染めたもの。

むらさき-だ・つ【紫立つ】 動詞 自〔タ四段〕〈た・ち・つ・つ・て・て〉だんだん濃い紫色になる。

春は曙。やうやう白くなりゆく山際、少し明かりて、**紫だちたる**雲の細くたなびきたる。〈枕草子・1・春は曙〉訳 春は夜がほのぼのと明けようとするころ(がよい)。しだいに白くなっていく山際の空が、少し明るくなって、**紫がかった色になっている**雲が細く横になびいているのは(趣深い)。

発展「だつ」は接尾語。

むらさき-の【紫野・紫草野】 名詞 ムラサキソウを栽培している野原。ムラサキソウが多く生えている野原。

あかねさす**紫野**行き標野行き野守は見ずや君が袖振る 歌〈万葉集・1・20〉訳→あかねさす…

紫野 歌枕 京都市北区紫野区域一帯の地。平安時代には、朝廷の狩猟地となり、また★斎院が置かれ、紫野斎院と呼ばれた。今宮神社・大徳寺があり、古くは★雲林院もここにあった。→**ビジュアルチェック**㉓(1093ページ)

むらさきの… 歌

紫の色こき時はめもはるに野なる草木ぞわかれざりける〈古今集・雑上・868・在原業平〉訳 ムラサキソウの色が濃いときには、はるか遠くの芽を張る野の草木が(いとしいムラサキソウと)区別がつかなかったことだ。〇「めもはるに」は「目も遥に」と「芽も張るに」とを掛けており、「草木」の縁語。

発展『伊勢物語』四十一段にも見える。次々項の『古今集』の歌を踏まえて詠んだもの。妻への愛が深いときは、妻につながるすべての人がいとしく思われるという意味。

紫のにほへる妹を憎くあらば人妻ゆゑに我恋ひめやも〈万葉集・1・21・大海人皇子〉訳 ムラサキソウのように美しいあなたをいやだと思うなら、人妻なのに、(どうして)私は恋したりしようか、いや、恋したりはしない。

発展 額田王の歌(→あかねさす…)への返歌。

紫のひともとゆゑに武蔵野の草はみながらあはれとぞ見る〈古今集・雑上・867〉訳 ムラサキソウのただ一本のために、武蔵野の草はすべて愛着を感じることだと見る(のである)。〇「みながら」は全部という意味を表す副詞。

発展「紫のひともと」を愛する人に、「武蔵野の草」をそのゆかりの人々にたとえ、愛する一人のために、周りのすべての人々を大切に思うという心を詠む。

紫の上 〔ウヘ〕登場人物『源氏物語』の女主人公。式部卿の宮の女。★藤壺の女御の姪。藤壺に似た少女として、光源氏に北山で見いだされ、養育された後、妻となるが、★女三の宮の降嫁にあうなどの苦労に悩み四十三歳で没する。すべてに理想的な女性として描かれている。

むらさき-の-くもぢ【紫の雲路】— 極楽浄土の空。発展 極楽には紫の雲がたなびいているということから。

むらさき-の-ゆかり【紫の縁】 ❶愛する人に関係するもの。また、愛する人の縁者。縁続きの人。類 草の縁

かの**紫の縁**尋ね取りたまひて…〈源氏・末摘花〉訳 あの(藤壺の女御の)**縁続きの人**(である紫の上)を捜し出してお引き取りになってからは…。

❷『源氏物語』の登場人物、紫の上の別の呼び名。また、「若紫」の巻の別の呼び名。

発展 ❶は、「紫のひともとゆゑに武蔵野の草はみながらあはれとぞ見る」〈古今集・雑上・867〉(→むらさきの…)から出たことば。

むら-さめ【叢雨・村雨】 名詞 急に激しく降ったりやんだりする雨。にわか雨。

いかにせむ来ぬ夜あまたの郭公待たじと思へば**村雨**の空 歌〈新古今集・夏・214〉訳 どうしたらよいだろうか。(待っていても)来ない夜の多いホトトギスよ。(今夜はもう)待つまいと思うと、(かえってホトトギスの来そうな)**にわか**雨の空(になったこと)だ。

むらさめの… 百人一首

村雨の露もまだ干ぬ槙の葉に霧立ちのぼる秋の夕暮れ〈新古今集・秋下・491・寂蓮〉訳 (ひとしきり降った)にわか雨の露もまだ乾かないスギやヒノキの葉に(もう)霧が立ち上っている秋の夕暮れよ。

発展 雨・露・霧と変化してゆくようすに視点を置いて、深山の光景を詠んだ歌。

品詞分解・修辞
村雨 の(格助) 露 も(係助) まだ(副) 干(ハ上一・未) ぬ(打消・体)
槙 の(格助) 葉 に(格助) 霧 立ちのぼる(ラ四・体) 秋 の(格助) 夕暮れ〈体言止め〉

むらじ【連】 名詞 古代の姓のひとつ。もと、臣と並んで最高の家柄で朝政に参与した。後、「★八姓」では第七位となった。

むら-しぐれ【村時雨・叢時雨】 名詞 初冬のころ、ひとしきり激しく降ってはやみ、やんでは降る時雨。季語 冬

むら-たけ【群竹・叢竹】 名詞 群がり生えている竹。

むら-だ・つ【群立つ】 動詞 自〔タ四段〕〈たち・つ・つ・て・て〉群れをなして立つ。所々に**群立ちたる御方の勢**を相招き、また敵の中へ懸け入って、時移るまでぞ戦ひける。〈太平記〉訳(左馬助は)あちらこちらに**群れをなして立っ**ている味方の軍勢を呼び寄せ、また敵の中へ駆け入って、時が過ぎるまで戦った。

村田春海 人名 江戸時代中期の国学者・歌人。★賀茂真淵門下。加藤千蔭とともに江戸派と呼ばれ、真淵門下の双璧といわれる。著作は『琴後集』など。1746―1811

むら-とり【群鳥】 名詞 群がっている鳥。一群の鳥。

むらとり-の【群鳥の】 枕詞 (群鳥の習性から)「むれ」「立つ」「朝立つ」に係る。

むら-むら【叢叢・斑斑】 副詞 (あちこちに群がっているようす、まだらなようすを表し)まだらに。白き物行き着かぬ所は、雪の**むらむら消え残りたる心地して、いと見苦しく**…。〈枕草子・3・正月一日は〉訳(色黒の顔に)おしろいが行きわたらない部分は、雪が**まだらに消え残っている感じがして、ひどくみっともなく**…。

むら-やま【群山】 名詞 群がっている山。多く点在している山。多くの山。
大和には**群山あれどとりよろふ天の香具山**…歌〈万葉集・1・2〉訳大和には**多くの山**があるけれど、とりわけ姿の美しい天の香具山よ…。

む-りゃう・なり【無量なり】 形容動詞〔ナリ〕〈なら・なり(に)・なり・なる・なれ・なれ〉はかり知れない。際限なく多い。「人の世にある、自他につけて所願**無量なり**。」〈徒然草・217・ある大福長者の〉訳「人がこの世に生きている間は、自分に対しても他人に対しても願望は**際限なく多い**。」

む・る【群る】 動詞 自〔ラ下二段〕〈れ・れ・る・るる・るれ・れよ〉群れる。群がる。一か所に多く集まる。
田舎人の家の前の浜づらに松原あり、鶴**群れて遊ぶ**。〈蜻蛉日記〉訳田舎の人の家の前の浜辺に松原があり、ツルが**群れて**遊んでいる。

むれ-た・つ【群れ立つ】 動詞 自〔タ四段〕〈たち・つ・つ・て・て〉群がって立つ。
留まるものとは花薄君なき庭に**群れ立ちて**…歌〈古今集・雑体・1006〉訳(御所に)残るものとしては、穂の出ているスキが主人のいない庭に**群がって立って**…。

むれる(現)↓(古)**むる【群る】**

むれ-ゐる【群れ居る】 動詞 自〔ワ上一段〕〈ゐ・ゐ・ゐる・ゐる・ゐれ・ゐよ〉群がって座る。群がっている。
その河のほとりに**群れゐて**、思ひやれば、限りなく遠くも来にけるかな。」とわびあへるに…。〈伊勢・9〉訳(男たちの一行は)その川のほとりに**群がって座って**、(都からの長い旅路に)思いをはせると、「果てしなく遠くまでもやって来たものだなあ。」と互いに嘆き合っていると…。

むろ【杜松】 名詞 ↓むろのき

むろ【室】 名詞 ❶洞窟。また、山腹などを掘って造った岩屋。❷壁を土などで塗り込めた家や部屋。上代、家の奥に造って寝室や産室にした。❸家。特に、僧の住居。僧房。❹外気を遮断して、特別に物を保存する穴や部屋・建物。「氷室」や「麹室」など。

む-ろ【無漏】 名詞《仏教語》煩悩を断ち切り、迷いの心を去っていること。また、その者。対 有漏 発展「漏」は煩悩という意味。

むろ-の-き【室の木・杜松】 名詞《植物》ヒノキ科の常緑樹、ネズの古い呼び名。

む-ゐ【無為】 名詞《仏教語》因縁によって生じたものではなく、滅んだり変化したりしないもの。現象を超越した絶対的なもの。真理。対 有為

むんず-と 副詞 ↓むずと

め

-め 助動詞**む**の已然形。↓**基本助動詞20**(1193ページ)

-め【奴】 接尾語 ❶(名詞や代名詞に付いて)人を軽く見る意味を表す。語例 あのやつ**め** ❷(自分や自分側の人を表すことばに付いて)へりくだる意味を表す。語例 私**め**・それがし**め**

め【女・妻】 名詞 ❶(男に対する)おんな。女性。
吾はもよ**女にしあれば汝を除きて男はなし**…〈古事記・大国主神〉訳私は、**女**だから、あなたのほかに男はない…。
❷(夫に対する)妻。夫人。
妻の嫗に預けて養はす。〈竹取・かぐや姫の出生〉訳(かぐや姫を)**妻**である老女に任せて養育させる。
❸牝。雌。
「尾はたらかさむを**女**と知れ。」〈枕草子・244・蟻通の明神〉訳「(へびは)尻尾を動かすようなのを**雌**と判断せよ。」〇「はたらかさむを」を「はたらかざらむを」とする伝本もあり、「動かさないようなのを」と解する説もある。

め【海布・海藻】 名詞 食用の海藻の総称。ワカメなど。

め【目・眼】 名詞 形式名詞 助数詞 ↓**最重要語**(1210ページ)
↓**古語チャート 50**(1357ページ)

め-あは・す【妻はす・妻合はす】 動詞 他〔サ下二段〕〈せ・せ・す・する・すれ・せよ〉結婚させる。嫁入りさせる。
「こなたと**めあはせ**まするによって、千年も万年も仲よう添うてくだされい。」〈狂言・賽の目〉訳「(私の娘を)あなたと**結婚させ**ますので、千年も万年も仲よく連れ添ってください。」
発展「女合はす」という意味。

めい【命】 名詞 ❶いのち。生命。
「**勅命を重うして、私の命を軽うす。**」〈平家・10・請文〉訳「(故平清盛は)天皇のご命令を重んじて、自分一個の**生命**を軽んじてきている。」〇「軽うす」は、「軽くす」のウ音便。
❷言いつけること。仰せ。命令。
「親の**命**を背かじと、つらき道に赴いて、二度憂きめを

見つることの心憂さよ。」〈平家・1・祇王〉訳「親の命令に背くまいと、つらい所にでかけていって、再び悲しい目にあったことのつらさよ。」

❸運命。めぐりあわせ。**道路に死なん、これ天の命なりと、気力いささかとり直し**…〈奥の細道・飯塚〉訳旅の道中で死ぬようなことがあっても、これが天の(与えた)**運命**であると、気力を少し持ち直して…。

めい【銘】 名詞 金属や石の板などに刻む文章。一句四字で韻をふむ漢文体の文章で、人物の功績を称賛したり、物事の由来などを述べたりしたもの。銘文。

めい-げつ【名月】 名詞 陰暦八月十五夜の月。また、陰暦九月十三夜の月をいうこともある。季語 秋

めい-げつ【明月】 名詞 ❶明るく澄み渡った月。❷↓めいげつ(名月)

明月記 作品名 平安時代末期から鎌倉時代初期の記録。★藤原定家記。「照光記」とも。定家十代後半から没する八十歳ごろまでの漢文体の日記で、一一八〇(治承四)年より一二三五(嘉禎元)年のうち、三十六年間分が現存する。定家の生涯のほか、当時の宮廷・公家社会のようすを知るうえで貴重な史料。

めい-げん【鳴弦】 名詞 動詞 自〔サ変〕〈せ・し・す・する・すれ・せよ〉物の怪を追い払うために、弓の弦を指ではじいて鳴らす儀式。類 弦打ち 発展 弓に神秘的な威力があるという信仰に基づいて、宮中で入浴や病気、出産のときなどに行う。後には貴族や武家の間でも行われた。

［めいげん］

名詞 国語・国文法 品詞のひとつ。自立語で活用がなく、単独で主語になれる単語。事物の名を表し、次の二種類に分けられる。①普通名詞…同じ種類の事物に共通する名を表す。山、

め【目・眼】

体の一部としての目。また、目の働きや見る対象となるもの

- 一 名詞
  - [目] ❶目。まなこ。
  - [目の働き] ❷見ること。会うこと。 ❸目つき。視線。 ❹ものを見抜く能力。
  - [見る対象] ❺(対象となる)顔。姿。 ❻(さいころの)目の数。 ❼(物と物との)透き間。合わせ目。
- 二 形式名詞 …(という)境遇。…(という)体験。◉多く、悪い事態に直面する場合に用いる。
- 三 助数詞 ❶順序を数えることば。 ❷★匁の別の言い方。

一 名詞 ❶**目。まなこ。音に聞き目にはいまだ見ず佐用姫が領巾振りきとふ君松浦山** 歌〈万葉集・5・883〉訳うわさに聞いてはいるが、私のこの**目**ではまだ見ない。佐用姫が領巾(=肩に掛けた白い薄布)を振ったという、君を待つ松浦山は。〇「松浦山」は「(君を)待つ」と掛けて用いている。

❷**見ること。会うこと。人目多み目こそ忍ぶれ少なくも心の内に我が思はなくに** 歌〈万葉集・12・2911〉訳人目が多いので(あなたに)**会うこと**は我慢しているが、少しだけ、心の中で私が思うのではないことだよ(=あなたへの思いは並々でない)。

❸**目つき。視線。これらにおもしろさの尽きにければ、異事に目も移らず、かへりては事醒めましにやありけむ。**〈源氏・紅葉賀〉訳(人々は)これら(=源氏と皇子の舞)に興が尽きて(=満足し切って)しまったので、ほかのことには**視線**も移らず、(宴会のその後の催しなどは)かえって興ざめだったのではないだろうか。

❹**ものを見抜く能力。正しく認識し、評価する力。**「早う、知らぬにこそありけれ。目ある者ぞ見つくる。我、この石取りてむ。」〈今昔〉訳「やはり、(私がたまたま腰を下ろした石が銀であることを、持ち主の老婆は)知らなかったのだな。**ものを見抜く能力**がある者が見つける(と大変だ)。自分が、(先に)この石を手に入れてしまおう。」

❺(対象となる)**顔。姿。道遠み来じとは知れるものからにしかぞ待つらむ君が目を欲り** 歌〈万葉集・4・766〉訳道が遠いので(あなたは)来ないだろうとは分かっているけれども、(私は)そのようにして(=家の前に出て)待っているでしょう。あなたの**顔**を(見たいと)願って。〇「目を欲る」は、「顔を(見たいと)願う」↓会いたいと願う」という意味の慣用表現。

❻(さいころの)**目の数。一二の目のみにはあらず五六三四さへありけり双六の賽** 歌〈万葉集・16・3827〉訳一と二の**目の数**だけでなく、五、六、三、四(の目)まであったのだなあ。双六のさいころは。

❼(物と物との)**透き間。合わせ目。いと多うも降らぬが、瓦の目ごとに入りて、黒う丸に見えたる、いとをかし。**〈枕草子・251・雪は、檜皮葺〉訳それほど多くは降っていない雪が、瓦の**合わせ目**ごとに入り込んで、(瓦が)黒く丸形に見えているのは、たいへん趣がある。

二 形式名詞 (多く、悪い事態に直面する場合に用いて)…(という)**境遇**。…(という)**体験**。…(という)**目**。もの心細く、すずろなる目を見ることと思ふに…。〈伊勢・9〉訳(宇津の山道は)なんとなく心細く、思いがけない目に遭うことだと思っているうちに…。

三 助数詞 ❶**順序を数えることば。** ❷**江戸時代以降の、重さを量る単位。匁の別の言い方。**

↓古語チャート㊸(1211ページ)

川、空、才(ざえ)、さやけさ、など。
②固有名詞…特定のひとつの事物に限って用いられる。竜田山(たつたやま)、大井川、かぐや姫、など。
また、ふつう次の二種類を加えるが、それらを名詞とは別の品詞と考える説もある。
③数詞…事物の数量、順序を表す。一つ(ひとつ)、二年(ふたとせ)、五人(いつたり)、など。
④代名詞…人や事物の名を示さずにそれらを表す。あれ、かれ、いづく、など。
さらにまた、①の普通名詞は、*実質名詞と*形式名詞とに分けることができる。
文法上の働きとしては、主語となるほか、付属語を伴って述語・連体修飾語・連用修飾語などにもなる。*用言に対する場合、*体言とも呼ばれる。なお、形容動詞の語幹の部分を名詞とする学説もある。

めい・ず【銘ず】 動詞 他 (サ変)〈ぜ・じ・ず・ずる・ずれ・ぜよ〉❶(金石また、心などに)刻みつける。❷(「肝に銘ず」「心に銘ず」の形で)心に刻みつける。「**諫(いさ)めまゐらせし御詞(おんことば)も肝に銘じて、片時も忘れまゐらせさうらはず。**」〈平家・2・大納言死去(だいなごんのしきょ)〉訳「叱責(しっせき)され申し上げたおことばも心に**刻みつけ**て、ほんのわずかな時間もお忘れ申し上げません。」

めい-ど【冥途・冥土】 名詞《仏教語》死後、霊魂が行く所。あの世。黄泉(よみ)。

冥途の飛脚(めいどのひきゃく) 作品名 江戸時代中期の浄瑠璃(じょうるり)。世話物。三巻。近松門左衛門(ちかまつもんざえもん)作。遊女梅川(うめがわ)の身請けのために公金に手をつけた忠兵衛は、梅川とともに親里の新口(にのくち)村へと落ちていく。一七一一(正徳元)年初演。↓**必修古典ビッグ30** ⑲(814ページ)

めい-ぼく【面目】 名詞 ↓めんぼく

伽羅先代萩(めいぼくせんだいはぎ) 作品名 ❶江戸時代中期の歌舞伎脚本。時代物。五幕。奈河亀輔(ながわかめすけ)ら作。仙台の伊達(だて)騒動に取材したもの。傾城(けいせい)高尾の惨殺、乳母政岡(まさおか)の忠義などを描く。通称「先代萩」。一七七七(安永六)年初演。❷江戸時代中期の浄瑠璃(じょうるり)。時代物。九段。松貫四(まつかんし)らの合作。一七八五(天明五)年初演。

まとめて覚えよう古語チャート 43

「め」と「ま」は同じことば(「目」の変化形)

「1め(目)」には、「2ま」という変化形があり、それぞれ別のことばと結び付いて、いろいろなことばを作ります。この図は、「1め」と「2ま」が動詞と形容詞に結び付いた例を示したものです。

図では、動詞・形容詞の例を挙げているため、「1め」も「2ま」も上に付く例ばかりですが、「1め」はこれだけでも一つの単語であり、「しり**め**(後目)」(=流し目)のように、下に付くこともできます。しかし、「2ま」は単独で使われることはなく、常に他の語の上に付く例しかありません。

また、この「2ま(目)」は「**ま**(目)なこ(子)」(=眼(まなこ))、「**ま**つげ(毛)」(=睫(まつげ))のように、名詞の頭に付く例も見られます。「な」「つ」は上代に使われた「の」の意味の格助詞で、二つの単語を結び付ける働きをしています。↓**古語チャート** ㊶上代の格助詞「つ」「な」「だ」の働き(1179ページ)

	結び付く語	変化後	意味
1め(目)	やすし(安し)	めやすし(目安し)	見て感じがよい
1め(目)	さむ(覚む)	めさむ(目覚む)	目が覚める
1め(目)	かる(離る)	めかる(目離る)	会うことが少なくなる
2ま	くはし(細し)	まぐはし(目細し)	目に美しく感じられる
2ま	みゆ(見ゆ)	まみゆ(見ゆ)	お目にかかる
2ま	もる(守る)	まもる(守る)	じっと見つめる

赤字は最重要語・重要語

めい-めい【銘銘】 一 名詞 おのおの。各自。それぞれ。二 接頭語 一人一人が同じことをする意味を添える。語例 銘々書(めいめいが)き・銘々買(めいめいが)ひ
発展「面面(めんめん)」が変化したもの。

めい-よ【名誉】 一 名詞 動詞 自 (サ変)〈せ・し・す・する・すれ・せよ〉評判になること。有名になること。「**後(のち)の千金(せんがね)更に益なし。**」とぞいひける。**それより、後の千金といふこと名誉せり。**〈宇治拾遺(うじしゅうい)〉訳「後になって千両の金を得てもいっこうに役に立たない。」と言った。それから、後の千金ということが**有名になっ**たのである。
二 副詞 奇妙に。不思議に。「**十三里隔てて彼方(あなた)にある、足の親指がびりびりとして名誉反(そ)るげな。**」〈傾城禁短気(けいせいきんたんき)〉訳「十三里隔ててあちらにある、足の親指がびりびりとして**奇妙に**反りかえるようだ。」

めい-よ【名誉】 形容動詞 (ニ・ノ)❶技能などが優れている。「**堂上(たうしやう)にも少々名誉の人々はべれども、いかにも当時は地下(ぢげ)のなかに達者はあるなり。**」〈連理秘抄(れんりひしょう)〉訳 貴族の中にも少しは(連歌の)**技能が優れた**人々がいますが、なんとしても現在は庶民の中に達人がいるのである。
❷評判だ。有名だ。「**このほど、都に隠れなき、村岡のまさときとて、名誉の博士のありと聞く。**」〈御伽草子(おとぎぞうし)・酒呑童子(しゅてんどうじ)〉訳「このごろ、都で知られた、村岡のまさときといって、**有名な**博士がいると聞いている。」
❸不思議だ。奇妙だ。「**古(いにし)へ篠田(しのだ)の杜(もり)には名誉の狐ありて、往来(ゆきき)の人を化かすと言へり。**」〈浮世物語(うきよものがたり)〉訳 昔篠田の森には**不思議な**キツネがいて、行き来する人を化かすという話だ。
発展 ❸は、後に「めいよう」「めんよう」とも。

命令形(めいれいけい) 国語・国文法 活用形のひとつ。命令の意味を表して終止する。その命令形には次のような用法もある。「今は西海の浪(なみ)の底に沈まば沈め…。」の傍線部は「沈むのなら沈んでしまえ(=沈んでもかまわない)」という突き放した表現で、命令形「沈め」は放任の意味である。なお、可能動詞や助動詞の可能・自発・推量・希望・過去・比況などを表す語には、命令形がない。

めい-わく【迷惑】名詞 動詞 自〔サ変〕〈せ・し・す・する・すれ・せよ〉迷いとまどうこと。動転すること。
「ただ田舎のいやしきにのみならって、皇居になれざるが故に、心迷惑す。」〈平家・5・咸陽宮〉訳「ただ田舎の卑しい所にばかり慣れ親しんでいて、皇居(のような場所)に慣れていないために、気が動転している。」

めい-わく・なり【迷惑なり】形容動詞〔ナリ〕〈なら・なり(に)・なり・なる・なれ・なれ〉❶困惑した状態だ。途方に暮れている。
もはや日も暮れに及うでござるによって、わらはひとり参るは迷惑にはござれども…。〈狂言・御茶の水〉訳もはや日も暮れかかっておりますから、(女の)私ひとりで参るのは困惑した状態でございますが…。
❷気の毒だ。申し訳ないようすだ。
夜はねよとの鐘鳴りて次第にふけ行く程に、戸を扣くも迷惑ながら…。〈西鶴織留〉訳夜は寝ろと告げる(亥の刻、二十二時の)鐘が鳴ってしだいに(夜も)更けていくころに、戸を叩くのも気の毒であると思いつつも…。

めう【妙】名詞❶非常に優れていること。絶妙。
その後より道風筆を執れば、手戦ひて文字正しからざれども、草書に妙を得たる人なれば…。〈太平記〉訳それ以後小野道風は筆を執ると、手が震えて字が正しくないけれども、草書に絶妙を得た能書家なので…。
❷深遠な真理。
妙を見ることありと思ふならん。〈都鄙問答〉訳深遠な真理を見ることがあると思うのであろう。
❸不思議なこと。奇妙なこと。

め-うつし【目移し】名詞 あるものを見慣れた目を他のものに移して見ること。

めう・な【妙な】形容動詞〔口語化〕❶不思議だ。奇妙だ。
起きもせず寝もせで夜も又昼も妙な顔とて眺め暮らしつ 歌〈仁勢物語〉訳起きるでもなく、寝るでもなく、夜も昼も奇妙な顔だと思ってじっと眺めて物思いにふけって暮らしてしまった。
❷《近世語》(喜んだり、褒めたり、はやしたてたりするときなどに用いて)すてきだ。すばらしい。
「お菓子が来た来た、こりゃあいい、妙だ、妙だ。」〈滑稽本・浮世床〉訳「お菓子が来た来た、こりゃあいい、すてきだ、すてきだ。」

めう-もん【妙文】名詞 優れた文章。また、優れて尊い経典。特に「★法華経」を指す。

❷めおと〔現〕↓〔歴〕**めをと【妻夫・夫婦】**

-めか・し 接尾語 (名詞や形容詞・形容動詞の語幹に付いて)…のようだ、…らしい、という意味を表す。語例 今めかし・なまめかし・古めかし 発展 形容詞(シク活用)化する。

-めか・す 接尾語 (名詞などに付いて)…のようにする、…らしくする、という意味を表す。語例 時めかす・人めかす 発展 動詞(四段)化する。

め-かり【和布刈り】名詞 ワカメを刈ること。季語 春 発展「め」は食用になる海藻の総称。

め-か・る【目離る】動詞 自〔ラ下二段〕〈れ・れ・る・るる・るれ・れよ〉目が離れる。目を離す。また、会うことが少なくなる。
さし並び、目かれず見たてまつりたまへる年ごろよりも…。〈源氏・若菜上〉訳(源氏が一緒に)並び、目が離れず(紫の上を)見申し上げなさっている長い年月よりも…。
↓古語チャート 43 (1211ページ)

め-かれ【目離れ】名詞 目が離れること。また、会うことが少なくなること。特に、男女間が疎遠になること。

め-きき【目利き】名詞 もののよしあしを判定する能力を持っている人。判断力の優れた人。

-め・く 接尾語 ❶(名詞や形容詞・形容動詞の語幹、副詞などに付いて)…のようになる、…らしくなる、という意味を表す。語例 なまめく・いまめく・上衆めく
❷(擬声語や擬態語に付いて)…のようになる、…のような音をたてる、という意味を表す。語例 さざめく・ひしめく
発展 動詞(四段)化する。中古には❶の用例が多かったが、その末期(=院政期)以降は❷の用例が多くなる。

めぐ・し【愛し】形容詞〔ク〕〈く・く・し・き・けれ・○/から・かり・○・かる・○・かれ〉《上代語》❶いとしい。かわいらしい。
父母を見れば尊し妻子見ればめぐし愛し世の中はかくぞことわり…。 歌〈万葉集・5・800〉訳父母を見るときまって尊い。妻子を見ると必ずかわいらしくいとしい。世の中はこれが道理というものだ…。
❷かわいそうである。痛々しい。
この山をうしはく神の昔より禁めぬ行事ぞ今日のみはめぐしもな見そ事も咎むな 歌〈万葉集・9・1759〉訳この山(=筑波山)を治めていらっしゃる神が昔から禁じていない行事だ。今日だけはかわいそうに思わないでください。とがめてくれるな。

め-くは・す【目くはす】動詞 自〔サ下二段〕〈せ・せ・す・する・すれ・せよ〉目くばせする。目つきで気持ちを表す。
子どもは、「いと見苦し。」と思ひて…つきしろひ、目くはす。〈源氏・夕顔〉訳(乳母の)子供たちは、(母親が源氏に見せる態度は)「とても見苦しい。」と思って…つつき合い、目くばせする。

めぐみ【恵み】名詞 情けをかけること。いつくしみ。また、哀れみ。

め-ぐ・む【芽ぐむ・萌む】動詞 自〔マ四段〕〈ま・み・む・む・め・め〉(草や木が)芽を出しはじめる。
木の葉の落つるも、まづ落ちて芽ぐむにはあらず。〈徒然草・155・世に従はん人は〉訳木の葉が落ちるのも、まず(付いている葉が)落ちて(それから新しい)芽を出しはじめるのではない。
発展「ぐむ」は接尾語。

めぐ・む【恵む・恤む】動詞 他〔マ四段〕〈ま・み・む・む・め・め〉いたわる。いつくしむ。また、あわれんで金品を与える。
さて、いかがして人を恵むべきとならば…。〈徒然草・142・心なしと見ゆる者も〉訳さて、どのようにして民をいたわるのがよいかというなら…。

めぐらし-ぶみ【廻らし文・回らし文】名詞 あて名を連記し、順次に回して事を知らせる書状。回状。

めぐら・す【廻らす・回らす・巡らす】動詞 他〔サ四段〕〈さ・し・す・す・せ・せ〉❶くるくる回す。回す。
その渡りの神、波を興し船をめぐらして、え進み渡りたまはざりき。〈古事記・景行天皇〉訳その海峡を支配する神が、波を起こし船をくるくる回して、(そのために倭建命は)進み渡ることがおできにならなかった。
❷囲むように置く。周りに立てる。
かれ、その軍をめぐらして、急けくは攻めたまはざりき。〈古事記・垂仁天皇〉訳そこで、(垂仁天皇は)その軍隊を(稲城を)囲むように置いて、急には攻めなさらなかった。
❸(手紙や文書または口頭で)順に知らせる。ふれまわす。
それの月それの日を定めて、花の逍遥あるべしとめぐ

らす。〈今昔〉訳某月某日を(その日と)決めて、花見の宴を催すであろうと(文書で)順に知らせる。

❹企てる。工夫する。思いめぐらす。**かれに常は寄り合ひ寄り合ひ、平家滅ぼさんずる謀(はかりこと)をぞめぐらしける。**〈平家・1・鹿谷(ししのたに)〉訳あれ(=俊寛僧都(しゅんかんそうづ)の山荘)にいつも寄り集まり寄り集まり、平家を滅ぼそうとする計画を**企てた**。

めぐら・ふ【廻らふ・回らふ・巡らふ】めぐら(ろ)う 動詞 自〔八四段〕〈は・ひ・ふ・ふ・へ・へ〉生きてゆく。生活する。「**これにあしくせられては、この近き世界にはめぐらひなむや。**」〈源氏・玉鬘(たまかづら)〉訳「この人(=大夫監(たいふのげん))に(意地)悪くされたら、この(肥後国に)近い地方では**生きてゆく**ことができるだろうか、いや、できはしない。」

めぐり【廻り・回り・巡り】名詞 ❶周り。周囲。❷囲い。塀や垣根のようなもの。**門出したる所は、めぐりなどもなくて、かりそめのかや屋の、蔀(しとみ)などもなし。**〈更級日記・門出〉訳引き移った所は、**囲い**などもなくて、簡単に作ったかや葺(ぶ)きの家で、蔀戸(しとみど)などもない。

めぐりあひて… 百人一首 **めぐり逢(あ)ひて見しやそれとも分かぬ間に雲隠れにし夜半(よは)の月かな**〔月影〕〈新古今集・雑上・1499・紫式部〉訳(久しぶりに)再び出会って、(今)見たのは月だったのかどうかも見分けがつかないうちに雲に隠れてしまった夜半の月よ(その月のようにあなたもあわただしく帰ってしまった)。○「めぐり」「雲隠れ」は「月」の縁語。疑問の係助詞「や」の結びとなる、「それなる」の「なる」は省略されている。

発展 幼なじみとのつかの間の再会を、雲に隠れた月に託して詠んだ歌。

品詞分解・修辞

めぐり逢ひ(縁語・八四・用) て(接助) 見(マ上一・用) し(過去・体) や(係助) それ(代) と(格助) も(係助)

分か(カ四・未) ぬ(打消・体) 間 に(格助) 雲隠れ(縁語・ラ下二・用) に(完了・用) し(過去・体)

夜半 の(格助) 月(縁語) かな(終助)

めぐり-あ・ふ【廻り合ふ・巡り合ふ】あ(お)う 動詞 自〔八四段〕〈は・ひ・ふ・ふ・へ・へ〉再び出会う。やっとのことで出会う。**めぐりあひて見しやそれとも分かぬ間に雲隠れにし夜半(よは)の月かな** 百人一首〈新古今集・雑上・1499〉訳↓めぐりあひて…

め-く・る【目眩る・目昏る】動詞 自〔ラ下二段〕〈れ・れ・る・るる・るれ・れよ〉目がくらむ。目の前がまっ暗になる。**端(はた)にて立てる者こそ目くるる心地すれ。**〈枕草子・306・日のいとうららかなるに〉訳(櫓(ろ)を漕(こ)ぐために)船の端で立っている者は(こわくて)**目がくらむ**感じがする。

めぐ・る【廻る・回る・巡る】動詞 自〔ラ四段〕〈ら・り・る・る・れ・れ〉❶(物が)回る。回転する。**数日(すじつ)に営み出だしてかけたりけるに、大方(おほかた)めぐらざりければ…。**〈徒然草・51・亀山殿(かめやまどの)の御池(みいけ)に〉訳(水車を)数日(の間)にこしらえあげて設置したところ、一向に**回ら**なかったので…。

❷(物の周囲に沿って)歩く。歩き回る。**岸をめぐり、岩を這(は)ひて、仏閣を拝し…。**〈奥の細道・立石寺(りゅうしゃくじ)〉訳(立石寺(りっしゃくじ)は)がけに沿って**歩き**、岩をはうようにして進み、仏閣を参拝し…。

❸周りを囲む。取り囲む。**衣川(ころもがは)は和泉(いづみ)が城をめぐりて、高館(たかだち)の下(もと)にて大河に落ち入る。**〈奥の細道・平泉〉訳衣川は和泉が城を**取り囲んで**(流れて)、高館の下で大河(=北上川)に流れ込んでいる。

❹遠回りして戻る。行ってもとへ戻る。帰る。「**今一日(ひとひ)など行きてこそは、浅き方よりめぐりも尋ねめ…。**」〈今昔〉訳「もう一日ほど(先に)進んで、(それで、谷の)浅い方から**遠回りして戻って**でも(陳忠(のぶただ)殿を)探そう(と思っているのに)…。」

❺(何度もこの世に)生まれ変わる。輪廻(りんね)する。「**大臣(おとど)、宮なども、深き契りある仲は、めぐりても絶えざなれば…。**」〈源氏・葵(あおい)〉訳「(葵の上の父と母である)大臣や、大宮なども、深い前世からの縁のある間柄は、**生まれ変わって**も切れないということなので…。」

❻生き続ける。世の中に生きる。**われかくてうき世の中にめぐるとも誰(たれ)かは知らむ月の都に** 歌〈源氏・手習(てならい)〉訳私(=浮舟(うきふね))がこのようにつらいこの世に**生き続けている**とも、だれが知っていようか、いや、知るはずもない。月の照らしているあの京の都で。

め-くるめ・く【目眩く】目がくらむ。目がまわる。目がくらくらする。↓目眩(めぐ)る

「**目くるめき、枝危ふきほどは、おのれが恐れはべれば申さず。**」〈徒然草・109・高名(かうみゃう)の木登り〉訳「**目がくらみ**、枝が危ないうちは、自分が恐れておりますので(気をつけろとは)申しません。」

めくわす(現)↓(歴)**めくはす【目くはす】**

め-こ【女子】名詞 女の子。少女。娘。「**さべき人の女子みな宮仕へに出(い)ではてぬ。**」〈栄花(えいが)〉訳「しかるべき(=ある程度の身分の)人の**娘**はみな宮仕えに出てしまった。」

め-こ【妻子】名詞 ❶妻と子。**我よりも貧しき人の父母は飢(う)ゑ寒(こ)ゆらむ妻子どもは乞(こ)ひて泣くらむ…** 歌〈万葉集・5・892〉訳私より貧しい人の父や母は飢えてこごえているだろう。**妻や子供**たちは食べものをほしがって泣いているだろう…。○「飢(う)ゑ寒(こ)ゆらむ」は、「うゑこゆらむ」とも訓まれる。

❷妻。「**天の下には、わが妻子にすべき人なし。**」〈宇津保(うつほ)〉訳「この世間には、私の**妻**とするにふさわしい人はいない。」

め-ざし【目刺し】名詞 ❶子供の額髪を前に垂らし、目に届くほどの長さで切りそろえた髪型。❷❶の髪型をする年ごろの子供。

め-ざと・し【目敏し】

目の働きが素早いようす ─ 見つけるのが早い。

未然形	連用形	終止形	連体形	已然形	命令形
めざと・く	めざと・く	めざと・し	めざと・き	めざと・けれ	○
めざと・から	めざと・かり	○	めざと・かる	○	めざと・かれ

形容詞〔ク〕**見つけるのが早い。**(見つけるのが)**素早い。目ざとい。**

引き隠したまふを、例の目ざとく見てけり。〈狭衣(さごろも)〉訳(狭衣が手紙を)引っ込めてお隠しになるのを、(権大納言(ごんだいなごん))はいつものように**素早く**見てしまったのだった。

めーざと・なり【目敏なり】 形容動詞〔ナリ〕〈なら・なり(に)・なり・なる・なれ・なれ〉見つけるのが早い。目ざとい。いとちひさき塵のありけるを目ざとに見つけて…。〈枕草子・151・うつくしきもの〉訳たいへん小さな塵があったのを**目ざとく見つけて**…。

めーざま・し【目覚まし】 形容詞 ↓最重要語（1214ページ）

めーさ・む【目覚む】 動詞 自〔マ下二段〕〈め・め・む・むる・むれ・めよ〉目が覚める。また、目が覚めるような新鮮さを感じる。いづくにもあれ、しばし旅立ちたるこそ、目さむる心地すれ。〈徒然草・15・いづくにもあれ〉訳どこであろうと、しばらくの間旅に出ているときは、**目が覚めるような新鮮さを感じる**気持ちがする。

めさ・る【召さる】 →古語チャート㊸（1211ページ）❶（尊敬の四段動詞「めす」の未然形＋受身の助動詞「る」）お呼びを受ける。貫之はさらなり、忠岑や躬恒などは、御書所に召されてさぶらひける程に…。〈大鏡・道長下〉訳貫之はもちろん、忠岑や躬恒などは、御書所に**お呼びを受け**て控えていたころで…。

❷（尊敬の四段動詞「めす」の未然形＋尊敬の助動詞「る」）お呼びになる。召し上がる。お召しになる。お乗りになる。なさる。「この渡りは大事の渡りにてさうらふ。かまへて静かに召されさうらへ。」〈謡曲・隅田川〉訳「この渡し場は危険な渡し場でございます。気をつけて静かに**お乗りなさいま**せ。」

❸（尊敬の補助動詞「めす」の未然形＋尊敬の助動詞「る」）（敬意を表し）…なさる。接続 動詞の連用形や名詞に付く。

発展 中古では「召す」の受け身として❶による例が多いが、しだいに「召す」と同義となった。❸は、室町時代から江戸時代初期の中でも、特に狂言において多用されている。

めし【召し】 名詞 貴人が呼び招くこと。お呼び。

めしーあ・ぐ【召し上ぐ】 動詞 他〔ガ下二段〕〈げ・げ・ぐ・ぐる・ぐれ・げよ〉❶お呼び出しになる。大江玉淵が女の、声よくかたちをかしげなれば、あはれがらせたまひて、上に召し上げて…。〈大鏡・道長下〉訳大江玉淵の娘が、声がよく姿が美しいので、いとしくお思いになって、（宇多法皇は）離宮に**お呼び出しになって**…。

❷（領地や官位などを）取り上げる。没収する。武家被官の者ども、ことごとく所領を召し上げられ…。〈太平記〉訳幕府に仕えていた武士たちは、すべて領地を**取り上げられ**…。

めーざま・し【目覚まし】

形容詞〔シク〕

目が覚めるほど意外であるようす
❶**心外である。気に食わない。**
❷**意外とすばらしい。思いのほか立派だ。**

未然形	連用形	終止形	連体形	已然形	命令形
めざま・しく	めざま・しく	めざま・し	めざま・しき	めざま・しけれ	○
めざま・しから	めざま・しかり	○	めざま・しかる	○	めざま・しかれ

❶**心外である。気に食わない。目に余ることだ。あきれるほどだ。**初めより「我は。」と思ひ上がりたまへる御方々、めざましき者におとしめ嫉みたまふ。〈源氏・桐壺〉訳（入内の）当初から「自分こそは。」と自負していらっしゃるお后方は、（帝の寵愛を独占する桐壺の更衣を）**気に食わない**者として軽蔑したりねたんだりなさる。何の響きとも聞き入れたまはず、「いと怪しうめざましき音なひ。」とのみ聞きたまふ。〈源氏・夕顔〉訳（源氏は隣家の物音を）どんな物の響きとも聞き分けなさらず、「ひどく変で**気に食わない**物音だ。」とお聞きになるばかりである。○耳障りな唐臼の音が気に入らないというのであるが、「目を覚まされる」という意味も掛けている。

❷**意外とすばらしい。思いのほか立派だ。**さやかにもまだ見たまはぬ容貌など、いと由々しうけ高きさまして、「めざましうもありけるかな。」と、見捨てがたく、口惜しうおぼさる。〈源氏・明石〉訳（源氏は）はっきりとはまだご覧になっていない（明石の入道の娘の）顔形などが、とても優雅で高貴なようすをしていて、「（田舎住まいの人なのに）**意外とすばらしく**もあったのだなあ。」と、（このまま）後に残して去りにくく、（帰京することを）残念だとお思いになる。○「めざましう」は連用形「めざましく」のウ音便。

発展 **プラスマイナス両方の評価** 動詞「目覚む」が形容詞になったもので、目が覚めるほど意外であるという意味から、意外さに驚きあきれる気持ちを表す。特に、中古の用例では、貴族社会の階級意識から上位の者が下位の者の言動に対して用いることが多い。身の程を知らないという感じで否定的に用いられる場合は❶の意味、また、身の程のわりに大したものだと評価できる場合は❷の意味となる。

類語比較 **「めざまし」と「なめし」**
共通点＝相手の言動に対する、気に食わない気持ちを表す。
めざまし＝主に上位の者が下位の者の言動に対して、驚きあきれる気持ちを表し、肯定的に評価する場合にも用いられる。
なめし＝身分の上下にかかわりなく相手の振る舞いを「無礼だ・無作法だ」と、とがめる場合に用いられる。

めしーあつ・む【召し集む】 動詞 他〔マ下二段〕〈め・め・む・むる・むれ・めよ〉お呼び集めになる。すぐれたる験者どもの限り召し集めて…。〈源氏・若菜下〉訳（源氏は紫の上のために）優れている験者たちのいる限りを**お呼び集めになって**…。

めしーあは・す【召し合はす】 動詞 他〔サ下二段〕〈せ・せ・す・する・すれ・せよ〉お呼び出しになって対決させる。御前にて召し合はせられたりけるに…。〈徒然草・135・資季大納言入道〉訳（院の）お前で（資季と具氏の二人を）**お呼び出しになって対決させ**なさったところ…。

めしーいだ・す【召し出だす】 動詞 他 ↓めしいづ

めしーい・づ【召し出づ】 動詞 他〔ダ下二段〕〈で・で・づ・づる・づ

れ・でよ〉お呼び寄せになる。また、お取り寄せになる。
右近を召しいでて、随身を召させたまひて、御車引き入れさせたまふ。〈源氏・夕顔〉訳（源氏は）右近を**お呼び寄せになって**、従者をお呼びになるようにおさせになって、お車を（お屋敷の中へ）引き入れさせなさる。

めし-い・る【召し入る】動詞 他〔ラ下二段〕〈れ・れ・る・るる・るれ・れよ〉お呼び入れになる。
左大弁など召し入れて、大臣殿、氷取りておのおのに賜ぶ。〈讃岐典侍日記〉訳 左大弁などを**お呼び入れになって**、大臣殿が、氷を取ってめいめいにお与えになる。

めし-うど【召人】名詞 ❶舞楽などに奉仕するために召し出された人。❷和歌所の職員で、和歌の撰定などを取り扱った寄人の別の呼び名。❸平安時代、貴族のそば近く仕え、寝所も共にした女房。侍妾。側女。❹捕らわれ人。捕虜。罪人。発展「めしひと」の変化したことば。近世以降「めしうど」。❹は「囚人」とも書く。

めし-ぐ・す【召し具す】動詞 他〔サ変〕〈せ・し・す・する・すれ・せよ〉お連れになる。
大将にあらねども、兵仗を賜はって随身を召し具す。〈平家・1・鱸〉訳 大将ではないけれども、（平清盛は）護衛兵をいただいて従者を**お連れになる**。

めし-つか・ふ【召し使ふ】動詞 他〔ハ四段〕〈は・ひ・ふ・ふ・へ・へ〉（貴人が身近に人を）お呼び寄せになって雑用などをさせる。
北の方うせたまひて、これかれ、ある人を召し使ひたまひなどする中に、この人を思うたまひけり。〈大和・148〉訳 夫人がお亡くなりになって、この人あの人、（そこに）いる人を**お呼び寄せになって雑用などをさせ**なさったりする中で、この女をお愛しになったのだった。

めし-つぎ【召し次ぎ】名詞 ❶取り次ぐこと。また、その人。❷院の庁・東宮などで、時刻を知らせたり、取り次ぎなどの雑用をしたりした下級の役人。

めし-つど・ふ【召し集ふ】動詞 他〔ハ下二段〕〈へ・へ・ふ・ふる・ふれ・へよ〉（貴人が身近に人を）召集なさる。お呼び集めになる。
わが大君皇子の尊もののふの八十伴の男を召し集へ率ひたまひ朝狩りに…。歌〈万葉集・3・478〉訳 わが大君、安積皇子様が、多くの部族の長を**召集なさって**、率いなさり、朝の狩りに…。

めし-と・る【召し取る・召し捕る】動詞 他〔ラ四段〕〈ら・り・る・る・れ・れ〉❶（貴人が身近に人を）お呼び寄せになる。
その時、一の宝なりける鍛冶工匠六人を召し取りて…玉の枝を作りたまふ。〈竹取・蓬萊の玉の枝〉訳 その当時、国宝級であった鍛冶工匠六人を**お呼び寄せになって**…（偽物の蓬萊の）玉の枝をお作りになる。
❷官命によって罪人を捕らえる。
為兼大納言入道召し捕られて、武士どもうち囲みて、六波羅へ率て行けば…。〈徒然草・153・為兼大納言入道〉訳 為兼大納言入道が**官命によって捕らえられて**、武士たちが周りを取り囲んで、六波羅探題に連行して行くと…。

めし-はな・つ【召し放つ】動詞 他〔タ四段〕〈た・ち・つ・つ・て・て〉（貴人が）大勢の人の中から、その人だけをお呼び寄せになる。
この君召し放ちて語らひたまへば、人々は近うも参らず、まかで散りなどして…。〈源氏・紅梅〉訳（匂宮が）この（大夫の）君を**大勢の人の中からお呼び寄せになって**お話しになるので、他の人々は近寄り申し上げず、別れ別れに退出したりなどして…。

めし-よ・す【召し寄す】動詞 他〔サ下二段〕〈せ・せ・す・する・すれ・せよ〉❶（貴人が身近に人を）お呼び寄せになる。
さばかりの者に、近う召し寄せて、勅禄たまはすべきことならねど、譏りまうす人のなきも…。〈大鏡・道長下〉訳 その程度の（身分の低い）者に、（階段の下という）身近に**お呼び寄せになって**、帝からのご褒美を下賜なさってよいことではないけれど、（だれもそのことを）非難申し上げる人がないのも…。
❷（貴人が）お取り寄せになる。
「むげに物参らざなるこそ、いと悪しけれ。」とて、由ある御果物召し寄せ…。〈源氏・宿木〉訳「まったく何も召し上がらないというのは、実に悪いことだ。」と言って、（匂宮は中の君のために）結構な果物を**お取り寄**

賞賛と嫌悪を表すことば

まとめて覚えよう古語チャート 44

〈賞賛すること〉と〈嫌悪すること〉とは、相反する関係にありますので、賞賛する意の動詞「[1]めづ」と嫌悪する意の動詞「[2]いとふ」も、相反する関係にあります。そこで、その「めづ」と「いとふ」の、それぞれの派生語を集めてみました。

それぞれに、名詞形も形容詞形もあります。ただ、その形容詞化の過程には、違いがあります。「めづ」は連用形「めで」に「いたし」を添えて、形容詞「[3]めでたし」となりました。また、終止形「めづ」に「らし」を添えただけで、いま一つの形容詞「[4]めづらし」も生まれました。その後、「めづらし」からは、形容動詞「[5]めづらかなり」が派生しました。一方、「いとふ」は、未然形「いとは」に「し」を添えて形容詞「[6]いとはし」となりました。

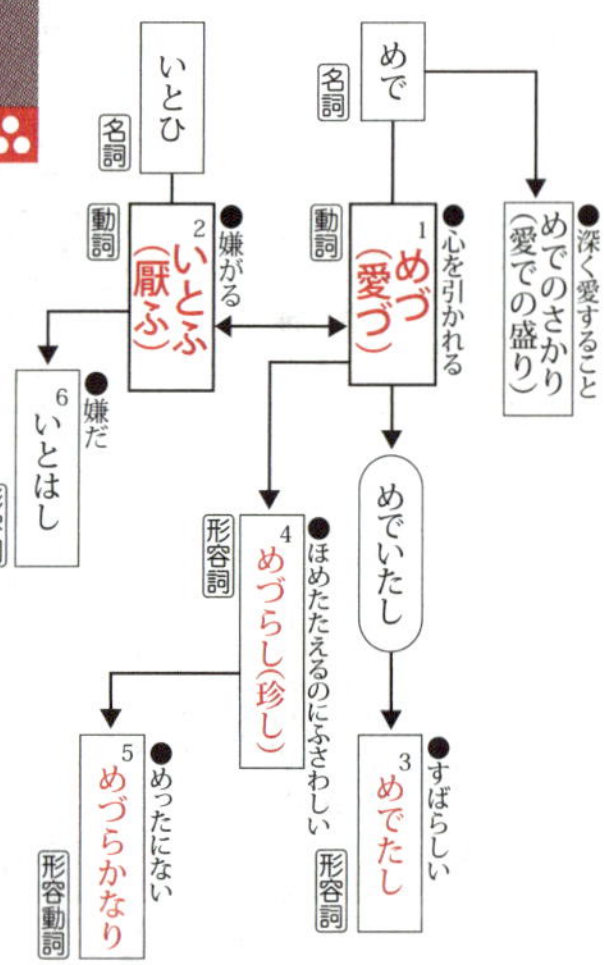

赤字は最重要語・重要語

せになり…。

め・す【召す】↓**基本敬語25**（1216ページ）

め・す【見す・看す】 動詞 他〔サ四段〕〈さ・し・す・す・せ・せ〉《上代語》❶（「見る」の尊敬語で）**ご覧になる。** **延ふ葛の絶えず偲はむ大君の見しし野辺には標結ふべしも** 歌〈万葉集・20・4509〉訳 絶えずおしのびしよう。天皇が以前**ご覧になった**野辺には標を張るべきだ。○「延ふ葛の」は「絶えず」に係る枕詞。
❷（「治む」の尊敬語で）**お治めになる。** **やすみしし わが大君の見したまふ吉野の宮は…** 歌〈万葉集・6・1005〉訳 わが天皇が**お治めになる**吉野の宮は…。○「やすみしし」は「わが大君」に係る枕詞。
発展 上一段動詞「みる」の未然形「み」に上代の尊敬の助動詞「す」（四段型活用）が付いてできた「みす」が変化したもの。

めず（現）↓（歴）**めづ【愛づ】最重要語**（1217ページ）

めずらし（現）↓（歴）**めづらし【珍し】最重要語**（1218ページ）

め-だう【馬道】 名詞 ❶殿舎と殿舎の間に渡した厚板。その上を通路にし、中庭にウマなどを引き入れるときは板を取り外した。❷殿舎内を貫いている板敷の長い廊下。両側に部屋が並び、前後に妻戸がある。発展「めんだう」「めど」とも。

め-ちか・し【目近し】 形容詞〔ク〕〈く・く・し・き・けれ・○／から・かり・○・かる・○・かれ〉**間近に見慣れている。** **例はさしもさるもの目近からぬ所に、もて騒ぎたるこそをかしけれ。**〈枕草子・3・正月一日は〉訳 ふだんはそれほどそのようなもの（＝若菜）は**間近に見慣れていない**所（＝宮中）で、大騒ぎして（もてはやして）いるのがおもしろい。○正月七日、野に出て十二種の薬草を摘み、白馬の節会などに、羹にして食し、邪気を払う習慣があった。

めつ【滅】 名詞 死ぬこと。滅びること。

め・づ【愛づ】 動詞 ↓**最重要語**（1217ページ）

めっ-きゃく【滅却】 ━ 名詞 動詞 他〔サ変〕〈せ・し・す・する・すれ・せよ〉滅ぼし尽くすこと。なくすこと。つぶすこと。
━ 名詞 動詞 自〔サ変〕〈せ・し・す・する・すれ・せよ〉滅びること。なくなること。死ぬこと。

めづらーか・なり【珍かなり】―めづら

基本敬語25

め・す【召す】

━ 動詞 他 ―【尊敬語】―
- ❶**お呼びになる。お呼び寄せになる。お招きになる。**［通常語］呼ぶ・呼び寄す
- ❷**任命なさる。**
- ❸**お取り寄せになる。**［通常語］取り寄す
- ❹**召し上がる。お召しになる。**［通常語］食ふ・飲む・着る

━ 動詞 自 ―【尊敬語】―**お乗りになる。**［通常語］乗る ◉中世以降の用法。

	未然形	連用形	終止形	連体形	已然形	命令形
動詞 他〔サ四段〕 動詞 自〔サ四段〕	め・さ	め・し	め・す	め・す	め・せ	め・せ

━ 動詞 他〔サ四段〕❶（「呼ぶ」「呼び寄す」の尊敬語で）**お呼びになる。お呼び寄せになる。お招きになる。**
「右近ぞ見知りたる。呼べ。」とて召せば、参りたり。〈枕草子・9・上にさぶらふ御猫は〉訳（中宮が）「右近は（イヌの翁丸を）見て知っている。呼べ。」と言って**お呼び寄せになる**と、（右近が）参上した。
○作者が、「呼び寄せる」動作をする中宮への敬意を表している。

❷**任命なさる。**
寛平の御時に、唐土の判官に召されてはべりけるときに…。〈古今集・雑下・993・詞書〉訳 寛平の（宇多天皇の）御代に、（私が）遣唐使の三等官に**任命なさって**いただいておりましたときに…。
○作者（＝藤原忠房）が、「任命する」動作をする宇多天皇への敬意を表している。藤原忠房が壮行会の席で詠んだ歌の詞書。「召され」の「れ」は受身の助動詞「る」の連用形。「尊敬語＋受身」の表現は現代語にはないので、訳文で示したように、受身の部分を謙譲語的に訳すとよい。

❸（「取り寄す」の尊敬語で）**お取り寄せになる。**
紙燭召して、御返り見たまへば、御手もなほいとはかなげに…。〈源氏・柏木〉訳（柏木は）紙燭を**お取り寄せになって**、（女三の宮からの）ご返事をご覧になると、ご筆跡もやはりひどく頼りなさそうで…。
○作者が、「取り寄せる」動作をする柏木への敬意を表している。

❹（「食ふ」「飲む」「着る」の尊敬語で）**召し上がる。お召しになる。**↓**古語チャート⑬**（453ページ）
❶の用法が変化した、物を「召す」場合といえる。
烏のついゐたる形を瓶に作らせたまひて…ともすれば、御酒入れて召す。〈大鏡・道隆〉訳（道隆は）カラスのちょっと止まっている形を瓶（＝酒器）にお作らせになって…何かというと、（それに）お酒を入れて**召し上がる。**
○語り手（＝大宅世継）が、「飲む」動作をする藤原道隆への敬意を表している。『大鏡』は、二人の老人が語ったという設定になっている。ここは、大宅世継が語っているところ。
帝ばかりは御衣を召す。残りは皆、裸なり。〈沙石集〉訳 帝だけはお召し物を**お召しになる。**残り（の臣下たち）は皆、裸である。
○作者が、「着る」動作をする帝への敬意を表している。

━ 動詞 自〔サ四段〕《中世以降》（「乗る」の尊敬語で）**お乗りになる。**
それより御輿に召して、福原へ入らせおはします。〈平家・4・還御〉訳（高倉上皇は）そこ（＝山田の浦）からお車に**お乗りになって**、＊福原へお入りになる。
○作者が、「乗る」動作をする高倉上皇への敬意を表している。

発展 ①**語の成り立ち** 上一段動詞「みる」の未然形に、上代の尊敬の助動詞「す」の付いた「みす」が変化してできた「めす（見す・看す）」と同じ語源。もともとは━の他動詞であり、中世には━の自動詞の用法も生じた。
②**「～めす」の形の語** 他の尊敬語の動詞に付いて、「おぼしめす（←思ほしめす）」「聞こしめす」「しろしめす（←しらしめす）」などのことばができた。中古では、全体で一語の動詞として扱われるが、これらの「めす」を、敬意を強める補助動詞とする説もある。
関連語 見す
↓基本敬語動詞一覧表（26ページ）

よくも悪くも普通とは異なるようす
❶(よい場合で)珍しい。めったにない。
❷(悪い場合で)珍奇である。珍妙だ。

未然形	連用形	終止形	連体形	已然形	命令形
めづらか・なら	めづらか・なり めづらか・に	めづらか・なり	めづらか・なる	めづらか・なれ	めづらか・なれ

形容動詞(ナリ) ❶(よい場合で)**珍しい**。**めったにない**。いつしかと心もとながらせたまひて、急ぎ参らせて御覧ずるに、**めづらかなる児の御かたちなり**。〈源氏・桐壺〉訳(桐壺の帝は)生まれたばかりの皇子(=後の源氏)を早く(見たい)と待ち遠しくお思いになって、急いで参内させてご覧になると、**めったにない**(ほど優れた)乳児のお顔形である。

竹編める垣しわたして、石の階、松の柱、おろそかなるものから、めづらかにをかし。〈源氏・須磨〉訳タケで編んだ垣根を一面に巡らせて、石の階段や、マツの柱は、簡素ではあるけれども、(かえって)**珍しく**風情がある。

❷(悪い場合で)**珍奇である**。**珍妙だ**。**さやうの人の祭り見しさま、いとめづらかなりき**。〈徒然草・137・花は盛りに〉訳そのような(=教養のない)人が賀茂の祭りを見物したようすは、(とにかく行列だけを見ようとしたりして)ひどく**珍妙だった**。

発展 **「めづらし」との違い** 形容詞「めづらし」は、主に賞美するにふさわしいような、よい場合に用いられるが、「めづらかなり」は❷のように悪い場合にも用いられる。

↓古語チャート44(1215ページ)

めづら・し【珍し】形容詞 ↓最重要語(1218ページ)

めづらし-が・る【珍しがる】めずらしがる 動詞 自 〔ラ四段〕〈ら・り・る・る・れ・れ〉めずらしく思う。すばらしいと思う。感嘆する。「**いとうつくしう生ひ成りにけり。**」など、**あはれがり、めづらしがりて**…。〈更級日記・物語〉訳(おばに当たる人が)「とてもかわいらしく成長したものだなあ。」などと、(私のことを)なつかしがり、**感嘆して**…。

めづらし-げ【珍しげ】めずらしげ 名詞 ❶かわいさ、清新さなどが称賛に値すること。すばらしいこと。
❷めったにないこと。

め-て【馬手・右手】名詞 馬上でウマの手綱を持つ方の手。右手。また、そこから、右の方。右側。**屏風を返すやうに馬はどうど倒るれば、主は馬手の足を越えて弓手の方へ下り立って、やがて太刀をぞ抜いたりける**。〈平家・11・弓流〉訳屏風をひっくり返すようにウマはどしんと倒れるので、乗り手は**右側**のウマの足を飛び越えて左の方へ降り立って、すぐに太刀を抜いた。

↓古語チャート25(861ページ)

めで-くつがへ・る【愛で覆る】めでくつがえる 動詞 他 〔ラ四段〕〈ら・り・る・る・れ・れ〉ひどく感嘆する。大いに褒める。類 愛で惑ふ
なごりさへとまりたるかうばしさを、人々はめでくつがへる。〈源氏・竹河〉訳(薫の立ち去った後の)余韻にまでも残っている香ばしさを、人々は**大いに褒める**。

めでたさも…句 **目出度さも中位なりおらが春**〈おらが春・小林一茶〉訳正月を迎えてめでたいとはいっても、それもあやふやなものだ、私の新春は。○季語おらが春—春。「中位」は信州方言で、いい加減、あやふや、どっちつかず、という意味。
発展 俳諧俳文集『おらが春』の巻頭の句。「中位」という表現に作者の複雑な心境が表され、それが読む者にさまざまな解釈をさせる。

め・づ【愛づ】めず

美しさ・かわいらしさなどに強く心を打たれる
❶心を引かれる。褒める。感心する。
❷かわいがる。愛する。好む。

動詞 他 〔ダ下二段〕

未然形	連用形	終止形	連体形	已然形	命令形
め・で	め・で	め・づ	め・づる	め・づれ	め・でよ

❶**心を引かれる**。**褒める**。**感心する**。**賞美する**。**世界の男、あてなるも卑しきも、「いかでこのかぐや姫を得てしがな、見てしがな。」と、音に聞きめでて惑ふ**。〈竹取・かぐや姫の出生〉訳世の中の男は、身分が高い者も身分が低い者も、「なんとかしてこのかぐや姫を手に入れたいものだ、妻としたいものだ。」と、うわさに聞いて**心を引かれて**(また)心が乱れる。

「**光る君といふ名は、高麗人のめできこえて、付けたてまつりける。**」とぞ、言ひ伝へたるとなむ。〈源氏・桐壺〉訳「光る君という名前は、高麗からの渡来人が(源氏の人相と才能に強く心を打たれ)お**褒め**申し上げて、お付け申し上げたのだ。」と、言い伝えていると(いうことである)。

歌 **月をめで花を眺めし古の優しき人はここにありはら**〈徒然草・67・賀茂の岩本・橋本は〉訳月を**賞美し**、花を眺めた昔の優美な人は、ここに(祭神として祭られて)いる在原(業平である)。○「あり」は、ここに「あり」と、「在原」の「あり」との掛詞。

❷**かわいがる**。**愛する**。**好む**。**蝶めづる姫君の住みたまふ傍らに、按察使の大納言の御娘、心憎くなべてならぬさまに、親たちかしづきたまふこと限りなし**。〈堤中納言・虫めづる姫君〉訳チョウを**かわいがる**姫君が住んでいらっしゃるそばに、*按察使の大納言の姫君(の屋敷があり)、奥ゆかしく格別なようすで、両親が大切にお育てになることはこの上もない。

さすがに物の音めづる阿闍梨にて…。〈源氏・橋姫〉訳(出家した身ではあるが)なんといってもやはり音楽を**好む***阿闍梨であって…。

発展 **「〜にめづ」の用法** ❶は、「心を引かれる・感心する」という意味で用いられる場合、格助詞「に」を受けて自動詞的に用いられることもある。たとえば、「名にめでて折れるばかりぞ女郎花我おちにきと人に語るな(=名前に心を引かれて折り取っただけなのだ。オミナエシよ。私が堕落してしまったと人に話すな。)」〈古今集・秋上・226〉などの例がある。

↓古語チャート44(1215ページ)

めでたし【愛でたし】形容詞 →最重要語（1219ページ）

めでまどふ【愛で惑ふ】一 動詞 自［ハ四段］〈は・ひ・ふ・ふ・へ・へ〉ひどく感嘆する。大いに褒める。類 愛で覆へる

かのあるじなる人、案をかきて、かかせてやりけり。**愛でまどひにけり**。〈伊勢・107〉訳 その（家の）主人である人が、（世慣れない女のために）案文を書いて、（それを下敷きにして女に恋文を）書かせてやった。（それをもらった男は何も知らずに）**ひどく感嘆し**てしまった。

❶**めでる**（現）→（古）**めづ**【愛づ】最重要語（1217ページ）

❷**めどう**（現）→（歴）**めだう**【馬道】

めとどむ【目止む】動詞 自［マ下二段］〈め・め・む・むる・むれ・めよ〉注意して見る。注目する。

「さらぬ顔にもてなしたれど、まさに**目とどめ**じや。」と、大将はいとほしくおぼさる。〈源氏・若菜上〉訳「（柏木は）さりげない顔に取り繕っているけれど、（女三の宮に）どうして**注目し**ないことがあろうか、いや、注目しないはずがない。」と、大将（＝夕霧）は（女三の宮が）気の毒だとお思いにならないではいられない。

めとまる【目止まる】動詞 自［ラ四段］〈ら・り・る・る・れ・れ〉目立つ。目につく。

榻に立てたる車の見ゆるも、都よりは**目とまる**心地して…。〈徒然草・44・あやしの竹の編み戸〉訳（轅を）榻（＝牛車の轅を載せる台）に立てた牛車が見えるのも、都よりは**目につく**感じがして…。

めとる【妻取る・娶る】動詞 他［ラ四段］〈ら・り・る・る・れ・れ〉妻として迎える。

娘子を**めとりて**親族となり…。〈雨月・菊花の約〉訳 娘を**妻として迎えて**親戚となり…。

めならぶ【目並ぶ】一 動詞 他［バ下二段］〈べ・べ・ぶ・ぶる・ぶれ・べよ〉多くの人が見て確かめる。よく見定める。

西の市にただひとり出でて**目並べず**買ひてし絹の商じこりかも 歌〈万葉集・7・1264〉訳 西の市にただひとりで出かけ**よく見て確かめ**ずに買ってしまった絹の買い損ないであることよ。

二 動詞 自［バ四段］〈ば・び・ぶ・ぶ・べ・べ〉見比べる。

花筐**目並ぶ**人のあまたあれば忘られぬらむ数ならぬ身は 歌〈古今集・恋5・754〉訳 花かごの編み目のように（あの人には）**見比べる**人が大勢いるのできっと忘れられてしまっているだろう。取るに足らない私などは。○「花筐」は

めづらし【珍し】

形容詞［シク］

ごくまれにしか見られないほど、すばらしいようす

❶褒めたたえるのにふさわしい。**すばらしい**。好ましい。
❷めったにない。同類が少ない。
❸目新しい。**新鮮である**。

未然形	連用形	終止形	連体形	已然形	命令形
めづら・しく めづら・しから	めづら・しく めづら・しかり	めづら・し ○	めづら・しき めづら・しかる	めづら・しけれ ○	○ めづら・しかれ

❶**褒めたたえるのにふさわしい。心引かれる。**→古語チャート⑫（429ページ）**すばらしい**。**好ましい**。

人の顔に、とりわきてよしと見ゆるところは、たびごとに見れども、あなをかし、**めづらし**とこそおぼゆれ。〈枕草子・271・人の顔に〉訳 人の顔で、特別によいと見えるところは、（顔を合わせる）たびごとに見ても、ああ美しく魅力的だ、**すばらしい**と思われることだ。

梢も庭も**めづらしく**青みわたりたる卯月ばかりの曙、艶にをかしかりしをおぼし出でて、桂の木の大きなるが隠るるまで、今も見送りたまふとぞ。〈徒然草・104・荒れたる宿の〉訳 梢も庭も**すばらしく**一面に青くなっている四月ごろの明け方、（その）優美で美しかったのをお思い出しになって、（そこを通りかかるときには）カツラの木で大きい木が隠れるまで、今でも（その家のある方向を）お見送りになるということだ。

❷**めったにない。同類が少ない。**

この皇子のおよすけもておはする御容貌、心ばへ、ありがたく**めづらしき**まで見えたまふを、え嫉みあへたまはず。〈源氏・桐壺〉訳 この皇子（＝幼い源氏）のだんだん成長していらっしゃるお顔形や、ご気性が、世にも珍しく**めったにない**ほどにお見えになることを、（どなたも）とてもねたみ切ることがおできにならない。

○❶の「すばらしい」がもともとの意味で、そういうものの存在はまれであることから、「めったにない」という意味が派生する。「ありがたし」と「めづらし」が並列の関係で用いられていることによって、その派生の過程がよく分かる例である。

上人いみじく感じて、「あなめでたや。この獅子の立ちやう、いと**めづらし**。深き故あらん。」と、涙ぐみて…。〈徒然草・236・丹波に出雲〉訳 上人はたいそう感心して、「ああすばらしいことだ。この（狛犬と背中合わせに立っている）獅子の立ち方は、本当に**めったにない**。（何か）深いわけがあるのだろう。」と、涙ぐんで…。

○この例の「めづらし」は、現代語の「珍しい」とほぼ同じ使われ方である。

❸**目新しい。新鮮である。**

かかるありさまも慣らひたまはず、所せき御身にて、**めづらしう**おぼされけり。〈源氏・若紫〉訳（源氏は）この（＝北山の）ような景色も見慣れていらっしゃらず、（思いのままに外出もできない）窮屈なご身分なので、（北山を）**新鮮だ**とお思いにならないではいられなかったのだった。

○「めづらしう」は連用形「めづらしく」のウ音便。

かくて明けゆく空の気色、昨日に変はりたりとは見えねど、引き替へ**めづらしき**心地ぞする。〈徒然草・19・折節の〉訳 こうして年が明けてゆく（元旦の）空のようすは、（大晦日の）昨日と変わっているとは見えないが、うって変わって**新鮮な**気持ちがする。

発展 **語の歴史** 動詞「愛づ」が形容詞に変化したもの。動詞「愛づ」は、「心を引かれる・感心する・褒める」をもともとの意味とすることから、「めづらし」も単に「希少である・まれだ」の意味を表すだけでなく、対象の持つ価値を積極的に評価する意味を含んでいる。しかし、中世以降、先例を重視し、伝統を尊重する風潮が強くなるとともに、「めづらし」は積極的評価を表すことばとしてはあまり用いられなくなる。なお、現代語の「珍しい」の意味としては多く、「ありがたし」が用いられた。

類語比較 →**古語チャート㊹**（1215ページ）「**ありがたし**」と「**めづらし**」↓有り難し

「目並ぶ」に係る枕詞。

め-な-る【目馴る】動詞 自〔ラ下二段〕〈れ・れ・る・るる・るれ・れよ〉見慣れる。また、(物事に)慣れる。「**まだいときびはなる程を、わが心にまかせたる世にて、しかゆくりなからむもなかなか目慣れたることなり。**」とおぼしとどめつ。〈源氏・少女〉訳「(夕霧は)まだたいそう年若い年齢なのに、自分の思いどおりになる世の中だからといって、そのようにだしぬけ(に夕霧を昇進させるよう)なのもかえって(だれでもしそうな)**見慣れ**た光景だ。」と(源氏は)断念なさってしまった。

め-に-か-く【目に懸く・目に掛く】❶目前にする。目の前に見る。「**目にかけたる敵を討たずして、南都へ入れまゐらせうらひなば…。**」〈平家・4・橋合戦〉訳「**目前にして**いる敵を討たないで、(高倉の宮を)奈良へお入れ申し上げてしまいましたら…。」
❷秤にかける。量をはかる。「**刻み昆布して目にかけて売り出し…**」〈西鶴・日本永代蔵〉訳刻み昆布を用意して**秤にかけ**て売り出し…。○「秤」の「目盛り」にかけることからこのように言う。
❸人に見せる。❹ひいきにする。特別に面倒を見る。

め-に-た-つ【目に立つ】一(「立つ」が四段動詞の場合)目立つ。目にとまる。「**過ぎ行く道に目に立つ社あり。**」〈十六夜日記・美濃路〉訳通り過ぎて行く道沿いに**目立つ**神社がある。
二(「立つ」が下二段動詞の場合)注目する。「**よそ目にも、「すは、上手出で来たり。」とて、人も目に立つるなり。**」〈風姿花伝〉訳はた目にも、「さあ、上手(な役者)が現れた。」といって、人々も**注目する**のである。

めにちかく…歌
目に近く移ればかはる世の中を行く末とほく頼みけるかな〈源氏・若菜上〉訳目の前で(心が)移れば変わる男女の仲なのに、(私は)行く末長く(変わらないものと)頼りにしていたものだなあ。○「世の中」は、男女の仲をいう。発展女三の宮が源氏のもとへ嫁いだことで、動揺した紫の上が詠んだ歌。↓いのちこそ…

め-に-ちか-し【目に近し】すぐ目の前にある。見慣れている。「**目に近き人の家居、有り様、げにと見え…。**」〈源氏・帚木〉訳「(名人の描いた風景画は)**見慣れた**人の住まいのようすが、いかにも(そのとおりだ)と思われ…。」

めにはあをば…句
目には青葉山ほととぎす初がつを〈素堂家集・山口素堂〉訳目には青葉がしみ入るように美しい。山にはホトトギスが美しい声で鳴いている。食卓には初がつおが出て、まことにおいしい季節である。○季語ほととぎす・初がつを―夏。当時、「青葉」は、季としては、「雑(=無季)」であった。発展前書に「かまくらにて」とある。当時、鎌倉は、「かつを」が名物であった。

め-ぬき【目貫】名詞刀身を柄に固定するためにさす目釘。また、目釘の頭を飾る金具。

め-の-こ【女の子】名詞女性。または、おんなの子。対男の子。↓古語チャート㊿(1357ページ)

め-の-と【乳母】名詞母親に代わって、貴人の子に乳を飲ませ養い育てる女性。うば。

め-の-と【傅】名詞幼い主君や貴人の子供を守り育てる男性。後見役。守り役。養育係。「**その宮の御傅、師賢大納言うけたまはりて、いみじうかしづきたてまつる。**」〈増鏡〉訳その宮様のご**養育係**を、師賢大納言がお引き受けして、たいへん大切にお育て申し上げる。

めのと-ご【乳母子】名詞「*乳母」の子。乳兄弟。「**何事の御気色をも、しるく見たてまつり知れる御乳母子の弁、命婦などぞ…。**」〈源氏・若紫〉訳何事につけてもごようすを、はっきりと存じ上げている(藤壺の女御の)**乳姉妹**である弁、命婦などが…。

めのと-ご【傅子】名詞「*傅」の子。後見役の子。「**木曾殿の御傅子、今井四郎兼平、生年三十三にまかりなる。**」〈平家・9・木曾最期〉訳「(私は)木曾義仲さまの**後見役の子**の、今井四郎兼平である。生まれ

めでた・し【愛でたし】

強く心を引かれ、褒めたたえる気持ち
- ❶すばらしい。立派だ。美しい。
- ❷祝うべきだ。喜ばしい。◉中古末期以降の用法。
- ❸愚かだ。お人よしだ。◉近世以降の用法。

形容詞〔ク〕

未然形	連用形	終止形	連体形	已然形	命令形
めでた・く めでた・から	めでた・く めでた・かり	めでた・し ○	めでた・き めでた・かる	めでた・けれ ○	○ めでた・かれ

❶**すばらしい。立派だ。見事だ。美しい。優れている。**↓古語チャート⑫(429ページ)
「**伏し目になりてうつぶしたるに、こぼれかかりたる髪、つやつやとめでたう見ゆ。**」〈源氏・若紫〉訳(少女が)伏し目になってうつむいているときに、(顔の前へ)垂れかかっている髪が、つやつやと**見事に**(美しく)見える。○「めでたう」は連用形「めでたく」のウ音便。
❷《中古末期以降》**祝うべきだ。喜ばしい。**「**古き人々心細く覚えて、めでたき祝ひの中に涙を流し、心を痛ましむ。**」〈平家・4・厳島御幸〉訳(高倉院に仕えていた)年老いた人々は心細く感じて、(次の天皇の即位という)**喜ばしい**祝いの中で涙を流し、悲しんでいる。
❸《近世以降》**愚かだ。お人よしだ。ばか正直だ。**「**めでたき御客は、それでも喜び、上がりたまふ。**」〈茶屋諸分調方記〉訳**お人よしの**お客は、それでも喜び、お上がりになる。

発展①**語の成り立ち**　下二段動詞「愛づ」の連用形が名詞性を持った「めで」に、程度が極端である意味を表す形容詞「甚し」が付いた「めでいたし」が変化したことば。対象に強く心を引かれ、褒めたたえる気持ちを表すのがもともとの意味であり、中古にはもっぱら❶の「すばらしい」という意味で用いられている。↓古語チャート㊹(1215ページ)
②**現代語とのつながり**　中古末期以降、現代語にも通じる❷の「喜ばしい」という意味が生じた。また、近世以降に生まれた❸の「お人よしだ」という意味も現代語に引き継がれ、多く「おめでたい」の形で用いられている。

てからこのかた三十三歳になる。」

め-の-わらは【女の童】ーわらわ 名詞 ❶女の子。少女。❷召し使いの少女。

め-は-そら【目は空】 形容動詞〔ニ〕あらぬ方を見ている。他の事に気を取られているようだ。「御硯の墨すれ。」と仰せらるるに、**目は空にて**、ただおはしますをのみ見たてまつれば…。〈枕草子・23・清涼殿の丑寅の〉訳（中宮が）「お硯の墨をするように。」とおっしゃるけれども、（私は帝に）**気を取られていて**、ただもういらっしゃる方ばかりを見申し上げているので…。

め-ぶ【馬部】 名詞 左右の馬寮の下役人。

め-まぜ【目交ぜ】 名詞 まばたき。また、目くばせ。目弾き。

め-みた-つ【目見立つ】 目を留めて見る。注目する。さまざまの財物かたはしより捨つるがごとくすれども、さらに**目見立つる人なし**。〈方丈記・飢渇〉訳（食糧を得ようと）いろいろな財宝や調度品を手当たりしだいに捨てるように処分するけれども、まったく**目を留めて見る人もいない**。

めめ・し【女女し】 形容詞〔シク〕〈しく・しく・し・しき・しけれ・○／しから・しかり・○・しかる・○・しかれ〉まるで女のようだ。弱々しい。いとうたて、いま一際の御心まどひも**女々しく**人わるくなりぬべければ…。〈源氏・幻〉訳まことに情けなく、またひとしお激しい惑乱も**弱々しく**（しかも）見苦しくなってしまうに違いないので…。

め-も-あは-ず【目も合はず】 眠れない。夜、**目も合はぬままに**、嘆き明かしつつ…。〈蜻蛉日記〉訳夜、**眠れないままに**、（母の死を）嘆きつつ明かして…。

め-も-あや・なり【目もあやなり】 形容動詞〔ナリ〕〈なら・なり（に）・なり・なる・なれ・なれ〉❶正視できないほどにきらきらしている。まぶしいほど立派だ。**目もあやなりし御さま容貌に**、見たまひ忍ばれずやありけむ。〈源氏・紅葉賀〉訳（源氏の）**まぶしいほどに立派であった**お姿とお顔立ちのために、（藤壺の宮は）見過ごしなさることができなかったのではないだろうか。❷見るにたえない。ひどい。**目もあやに**、あさましきまであいなう、面ぞ赤むや。〈枕草子・184・宮に初めて参りたるころ〉訳**見るにたえな**

め-やす・し【目安し】

見た目に感じがよく、好意が持てるようす ― **感じがよい。見苦しくない。**

形容詞〔ク〕	未然形	連用形	終止形	連体形	已然形	命令形
	めやす・く	めやす・く	めやす・し	めやす・き	めやす・けれ	○
	めやす・から	めやす・かり	○	めやす・かる	○	めやす・かれ

感じがよい。見苦しくない。 対見難くし
髪ゆるるかにいと長く、**目安き人なめり**。〈源氏・若紫〉訳（少納言の乳母は）髪がゆったりとしてたいそう長く、**感じがよい人**であるように（源氏には）見える。
長くとも四十に足らぬほどにて死なんこそ、**目安かるべけれ**。〈徒然草・7・化野の露〉訳長くても四十歳に足りないくらいで死ぬようなのが、**見苦しくない**に違いない。
↓古語チャート㊸（1211ページ）

くて、あきれるほどひどくて、顔が赤らむことだ。

め-も-およば-ず【目も及ばず】 連語（正視できないほど、また表現できないほど）あまりにもすばらしい。非常に立派である。**目も及ばぬ御書きざまも**、霧りふたがりて…。〈源氏・帚木〉訳**あまりにもすばらしい**（源氏の）ご筆跡も、（空蟬は涙で）目がかすんで（見えなくなって）…。

め-も-く・る【目も眩る】（恐怖・悲しみ・哀れさなどのために）目の前がまっ暗になる。目の前が分からなくなる。熊谷あまりにいとほしくて…**目もくれ**、心も消えはてて…。〈平家・9・敦盛最期〉訳熊谷（直実）は（平敦盛が）あまりにかわいそうで…**目の前がまっ暗になり**、心も消えてしまい…。

め-も-はるに【目も遥に】 目の届く限りはるかに。紫の色こき時は**めもはるに**野なる草木ぞわかれざりける 歌〈古今集・雑上・868〉訳↓むらさきの…
発展 名詞「め」＋係助詞「も」＋形容動詞「はるなり」の連用形。和歌では多く「春」「（芽も）張る」などの掛詞になる。

め-や 連語 …だろうか、いや…ない。銀も金も玉も何せむに優れる宝子にしか**めやも** 歌〈万葉集・5・803〉訳↓しろかねも…
発展 推量の助動詞「む」の已然形＋終助詞「や」。

め-やす【目安】 名詞 訴状。箇条書きにした文書。人中にて長口上も言ひかねず、**目安**も自筆に書きかねず、何にひとつ暗からねど、身過ぎの大事を知らず。〈西鶴・日本永代蔵〉訳人前で長い口上も言えないことがなく、**訴状**も自筆で書けないことがなく、何一つできないことはないのだが、渡世の業という肝心なことだけを知らない。

め-やす・し【目安し】 形容詞 ↓最重要語（1220ページ）

め-や-も …（し）ようか、いや…（し）ない。…（だろ）うか、いや…（で）ない。紫のにほへる妹を憎くあらば人妻ゆゑに我恋ひ**めやも** 歌〈万葉集・1・21〉訳↓むらさきの…
発展 推量の助動詞「む」の已然形＋終助詞「や」＋終助詞「も」。

めり↓基本助動詞20（1221ページ）

めり-き …たようだ。…たらしい。「『心やはらかなり。』とこそは、みそかにのたまふ**めりしか**。」〈落窪〉訳「『（私は）素直な気持ちでいる。』と、ひそかにおっしゃった**ようだ**。」
発展 推定の助動詞「めり」＋過去の助動詞「き」。

めり-つ …たようだ。…たらしい。「出だし車のこと、御供の人々のことなど整へ騒ぐ**めりつる**を。」〈落窪〉訳「★出だし車のことや、御供の人々のことなどを準備してさわいでい**たようだった**のに。」
発展 推定の助動詞「めり」＋完了の助動詞「つ」。

メリヤス【莫大小】 名詞 ❶絹や麻、綿などの糸を編んだ

もの。メリヤス編み。手袋・足袋などを作る。❷長唄の曲種名。一般の長唄よりは短い三味線唄の一種。歌舞伎の下座音楽に多く用いられ、物思いや愁嘆などの場で演奏された。発展 スペイン語mediasまたはポルトガル語meiasからきたことば。伸縮性に富むので、「大小莫し」と書く。

める 助動詞**めり**の連体形。↓**基本助動詞20**（1221ページ）

めれ 助動詞**めり**の已然形。↓**基本助動詞20**（1221ページ）

め-れう【馬寮】―りょう 名詞 宮中のウマの飼育や調練、また馬具などを取り扱った役所。衛府に属し、左馬寮・右馬寮に分かれて、それぞれに頭・助・允・属などの職が置かれた。発展「うまのつかさ」「うまづかさ」とも。

め-を-おどろか・す【目を驚かす】目を見はる。「**かかる人も、世に出でおはするものなりけり。**」と、**あさましきまで目を驚かしたまふ。**〈源氏・桐壺〉訳「このような（美しい）方も、この世に生まれ出ていらっしゃるものだったのだなあ。」と、驚きあきれるほど**目を見はって**いらっしゃる。

め-を-か・く【目を懸く・目を掛く】❶注意して見る。見守る。心待ちにする。「**来むとありしを、さやある。**」と、**目をかけて待ちわたるに**…。〈更級日記・梅の立ち枝〉訳「（恋しい継母がウメの咲くころには）来ようと言っていたが、（本当に）そうであるか。」と、（ウメの木を）**見守って**ずっと待ち続けるが…。❷目がける。目標とする。目ざす。狙う。**沖なる舟に目をかけて、海へざっとうち入れ**…。〈平家・9・敦盛最期〉訳沖にいる舟を**目がけて**、海にざっと（馬を）乗り入れ…。❸好意を寄せる。ひいきにする。親切に面倒をみる。**日頃言葉で目を掛けらるる門徒寺の手前よしに**…。〈西鶴織留〉訳日ごろことばで**ひいきにされ**ている真宗寺院の金まわりのよい人に…。

め-を-そば・む【目を側む】（不愉快さなどのために正視できず）横目で見る。目を背ける。白い目で見る。**上達部・上人なども、あいなく目を側めつつ**…。〈源氏・桐壺〉訳公卿や昇殿を許された人なども、感心しないこととそれぞれに**目を背け**て…。

めり 基本助動詞20

視覚に基づく推定や主観的判断を表す

❶（視覚による推定を表し）…**ように見える**。…**ようだ**。
❷（主観的な判断を婉曲に表し）…**ように思える**。…**ようだ**。

助動詞〔ラ変型〕
接続 活用語の終止形、ラ変型には連体形に付く。

未然形	連用形	終止形	連体形	已然形	命令形
○	（めり）	めり	める	めれ	○

❶（視覚による推定を表し）…**ように見える**。…**ようだ**。
山陰の暗がりたる所を見れば、蛍は驚くまで照らすめり。〈蜻蛉日記〉訳山陰の暗くなっている所を見ると、ホタルははっとするほど（辺りを明るく）照らす**ように見える**。
簾少し上げて、花奉るめり。〈源氏・若紫〉訳（尼は）簾を少し（巻き）上げて、（仏前に）花を差し上げる（＝お供えする）**ように見える**。

❷（主観的な判断を婉曲に表し）…**ように思える**。…**ようだ**。
「**世の中の人の心は、目離るれば、忘れぬべきものにこそあめれ。**」〈伊勢・46〉訳「世の中の人の心は、（親しかった相手でも）あまり会わないでいると、忘れてしまうに違いないものである**ように思える**。」○ラ変補助動詞「あり」の連体形に付いている例。「あるめり」の「る」は撥音便「ん」になり、中古には「ん」を表す文字が確定していなかったため、「あめり」と表記されたが、「あんめり」と読むのが普通である。なお、ここでは上に係助詞「こそ」があるので、係り結びの法則により文末の「めり」は已然形になっている。↓発展③
「**もののあはれは秋こそ勝れ。**」と、**人ごとに言ふめれど**…。〈徒然草・19・折節の〉訳「しみじみとした味わいは秋が（もっとも）優れている。」と、だれもが言う**ようだ**が…。

発展 ①**語の成り立ち** 「見＋あり」「見え＋あり」が変化したものといわれ、もともとは、事態が自分の目に入るという意味を表す。❶は自分が目にした事態を推定する用法であり、❷はそのように見えるという意味から、主観的な判断を遠回しに表現する用法である。どちらも「…ようだ」と訳すことができ、話し手自身が主語になることはない。↓**読解の手引き❶**（98ページ）

②**中古の和文に多い** 女流文学に多く、和歌の例はわずかである。特に会話文に多い。中世以降は擬古文（中古の和文体をまねた文章）以外にはあまり用いられなくなった。

③**ウ段音に付く** 「めり」のような、活用語の終止形に接続する助動詞が、ラ変型の活用語に付く場合に限り連体形に付くのは、ウ段音に付くという共通の性質があるためである。したがって、「めり」の上がウ段音になっていない場合は、ラ変型活用語の連体形語尾などの「る」が撥音便となってその撥音が表記されていないものと見ることができる。❷の初めの用例に挙げた「あめり」は、「あるめり」（ラ変動詞「あり」の連体形＋「めり」）の撥音便「あんめり」の撥音無表記である。

④**限られた活用形** 「めり」には未然形・命令形はない。連用形も用例が少なく、「思ひためりき」「明け果てつめりつ」のように、下に過去の助動詞「き」か完了の助動詞「つ」を付けた例が多少存在するだけである。

類語比較 **「めり」と「なり（推定・伝聞）」**
共通点＝推定の助動詞として、活用の仕方においても、「…ようだ」などの意味を表す点でも共通する。
めり＝①もともと「見あり」であったといわれるように視覚に基づく推定を表し、そのように見えるということで、婉曲の意味でも用いられた。②用例は中古の女流文学の、しかも、散文に限られる。
なり（推定・伝聞）＝①もともと「音あり」「音なあり」であったといわれるように聴覚に基づく推定を表し、耳に入るということで、伝聞の意味でも用いられた。②上代、推定の意味で、すでに用いられていた。中古では、引き続き和歌にも用いられ、伝聞の意味の用例も多くなる。

関連語 あめり・ざめり・ためり・なめり・べかめり・らし

め-を-た-つ【目を立つ】気をつけてよく見る。注目する。**若やかなる殿上人などは、目を立てて気色ばむ。**〈源氏・蛍〉訳若々しい殿上人などは、（馬場の競射を見物に出ている女童を）気をつけてよく見て気取っている。

め-を-と【妻夫・夫婦】名詞 妻と夫。ふうふ。発展「めうと」とも。

め-を-み-る【目を見る】❶（…という）目に遭う。（…ということを）味わう。**道はいと暗う細きに、蔦楓は茂り、もの心細く、すずろなる目を見ることと思ふに…。**〈伊勢・9〉訳道はひどく暗く細い上に、ツタやカエデが茂り、なんとなく心細く、思いがけない目に遭うことと思っているうちに…。

❷文字の読み書きができる。読み書きをする。「**下臈なれども、『都ほとり』といふことなれば、目を見たまへて…。**」〈大鏡・序〉訳「身分の低い者だが、『都近くの者は（見聞が広い）』ということであるので、読み書きをさせていただいて（＝文字がわかって）…。」○「都ほとり」は、「都近くに住む者は自然と一定のことを身に付ける」という内容の当時のことわざ。

発展「見る」は上一段動詞。

めん-ず【免ず】動詞 他（サ変）〈ぜ・じ・ず・ずる・ずれ・ぜよ〉罪科などを許す。「**重科は遠流に免ず。はやく帰洛の思ひをなすべし。**」〈平家・3・足摺〉訳「重い罪科は（これまでの）遠島の刑によって許す。早く帰京の準備をせよ。」

めん-ぼく【面目】名詞 名誉。世間に対する体面。**わがため面目あるやうに言はれぬる虚言は、人いたくあらがはず。**〈徒然草・73・世に語り伝ふること〉訳自分にとって名誉あるように言われた嘘は、（そのいわれた）人はそれほど反論しない。

発展「めいぼく」「めんもく」ともいう。

めん-めん【面面】一名詞 めいめい。一人一人。それぞれ。**をさなき人々も、面々に御ふみあり。**〈平家・2・大納言死去〉訳幼い人々も、めいめいお手紙をお書きになる。

二代名詞（身分が同等以下の複数の相手に対して）おまえたち。

めん-もく【面目】名詞 ❶顔。容貌。❷↓めんぼく

も

も↓基本助詞25（1222ページ）

も【面】名詞↓おも（面）

も【喪】名詞 ❶人の死後、その親族が死者を弔うため一定期間、家や指定された所にこもって慎み過ごすこと。**喪に居る者は悲しみを主とし、酒を飲む者は楽しみを主とす。**〈嵯峨日記〉訳喪に服している者は悲しみを主人とし、酒を飲む者は楽しみを主人とする。

❷わざわい。凶事。災難。**たまきはるうちの限りは平らけく安くもあらむを事もなく喪なくもあらむを…**歌〈万葉集・5・897〉訳この世に生きている限りは、平穏でも安楽でもありたいものだが、何事もなく災難もなくありたいものだが…。○「たまきはる」は「うち」に係る枕詞。

も【裳】名詞 ❶上代、女性が腰から下にまとった衣服。**松浦川川の瀬速み紅の裳の裾濡れて鮎か釣るらむ**歌〈万葉集・5・861〉訳松浦川は川の瀬の流れが速いので、（女たちは）紅色の裳の裾が濡れて（＝濡れた状態で）アユを釣っているのだろうか。

❷平安時代以降の女性の正装。袴の上に、腰から下の後方だけにまとう。↓唐衣（図）**裳も着ず、袿姿にてゐたるこそ、物ぞこなひにてくちを**

も　基本助詞25

- 一 係助詞
  - ❶（並列・列挙・添加などを表し）…も。
  - ❷（最小限の希望を表し）…だけでも。
  - ❸（程度の軽いものを挙げて言外にもっと重いもののあることを類推させる関係を表し）…でも。…でさえも。
  - ❹（強調を表し）…も。
  - ❺（詠嘆の意を表し）…ほどに（…だなあ）。◉「…も…か」の形で用いられる。
  - ◉文中に置かれる。
- 二 接続助詞
  - ❶（逆接の確定条件を表し）…けれども。
  - ❷（逆接の仮定条件を表し）…ても。
- 三 終助詞
  - （詠嘆を表し）…よ。…ことよ。◉上代、和歌の文末に置かれることが多い。

接続 一は種々の語に付く。

接続 二は動詞・動詞型活用の助動詞の連体形に付く。

接続 三は文末に付く。

一係助詞 ❶（並列・列挙・添加などを表し）…も。**いや遠に里離り来ぬいや高に山も越え来ぬ…**歌〈万葉集・2・138〉訳いよいよ遠く里を離れて来てしまった。いよいよ高く山も越えて来てしまった…。○この「も」は、里を離れて来たことに加えて、山も越えて来たという添加の意味を表す。

世界の男、あてなるも卑しきも、「いかでこのかぐや姫を得てしがな、見てしがな。」と、音に聞きめでて惑ふ。〈竹取・かぐや姫の出生〉訳世の中の男は、身分が高い者も身分が低い者も、「なんとかしてこのかぐや姫を手に入れたいものだ、妻としたいものだ。」と、うわさに聞いて心を引かれて（また）心が乱れる。○この二つの「も」は、「あてなる（者）」と「卑しき（者）」とを並列・列挙している。

❷（最小限の希望を表し）…だけでも。**家に行きて何を語らむあしひきの山ほととぎす一声も鳴**

しけれ。〈枕草子・83・返《かへ》る年の二月二十日余日《よひ》〉訳裳も着けず、袿だけのくつろいだ姿で座っているのは、興趣をそぐことで残念である。

も【藻】名詞 水中に生える植物を合わせた呼び名。

［も❷（裳）］

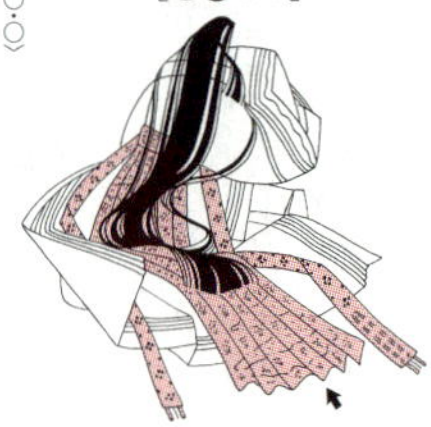

も 助動詞〔特殊型〕〈○・○・も・も・○・○〉《上代東国方言》「む」と同じ。

もう（現）↓（歴）**まう**【亡：望：妄：孟：猛：網：罔：魍】

もう（現）↓（歴）**もふ**【思ふ】

もうく（現）↓（歴）**まうく**【設く・儲く】最重要語（1121ページ）

もうけ（現）↓（歴）**まうけ**【設け・儲け】

もうける（現）↓（古）**まうく**【設く・儲く】最重要語（1121ページ）

もうす（現）↓（歴）**まうす**【申す】基本敬語25（1123ページ）

もうず（現）↓（歴）**まうづ**【詣づ】

もうちぎみ（現）↓（歴）**まうちぎみ**【公卿】

もうでる（現）↓（古）**まうづ**【詣づ】

もう-まい【蒙昧】名詞 ものの道理の暗いこと。気が滅入っていること。

蒙昧も散じて、性機もうるはしくなりて、本体によまるることにてさうらふ。〈毎月抄《まいげつしょう》〉訳（叙景歌を十種くらい詠むと）**滅入っている気分**も消えていって、精神の働きもきちんと整ってきて、本来の有心体《うしんてい》で歌が詠めるのでございます。

もう-ろう・たり【朦朧たり】形容動詞〔タリ〕〈たら・たり（と）・たり・たる・たれ・たれ〉ぼんやりかすんでいる。薄暗くてはっきりしない。

「**湖水朦朧として春を惜しむに便りあるべし。**」〈去来抄《きょらいしょう》・先師評〉訳「（琵琶湖《びわこ》の）湖面が**ぼんやりとかすんでいて**（近江《おうみ》の風景は）惜春の情に最適の取り合わせであるにちがいない。」

もえ-い・づ【萌え出づ】《いず》自動詞 ㊀〔ダ下二段〕〈で・で・づ・づる・づ

け 歌〈万葉集・19・4203〉訳家に（帰って）行って何を（土産話に）語ろう。山にいるホトトギスよ、一声**だけでも**鳴いてくれ（その鳴き声を土産話にしたいから）。

○「あしひきの」は「山」に係る枕詞。

❸（程度の軽いものを挙げて言外にもっと重いもののあることを類推させる関係を表し）…**でも**。…**でさえも**。

一目も見たてまつれる人は、かくおぼしくづほれぬる御ありさまを、嘆き惜しみきこえぬ人なし。〈源氏・須磨《すま》〉訳（源氏を）一目**でも**見申し上げている人は、このようにがっかりして気持ちが弱くなっていらっしゃるお姿を、嘆かわしく残念にお思い申し上げない人はいない。

○「一目」という程度の軽い例を挙げ、何度も見ている人はいっそう「嘆き惜しむ」ことを類推させる用法である。

❹（強調を表し）…**も**。…**さえも**。…**までも**。

暑きほどは、いとど起きも上がりたまはず。〈源氏・若紫〉訳（藤壺《ふじつぼ》の女御《にょうご》は妊娠中なので）暑いうちは、ますます起き上がり**も**なさらない。

○複合動詞「起き上がる」の間に挟み込まれて、「起き上がる」という動作全体を強調している。

唐土《もろこし》の人は、これをいみじと思へばこそ、記しとどめて世にも伝へけめ。〈徒然草・18・人はおのれを〉訳中国の人は、これ（＝簡素な生活に徹した許由《きょゆう》・孫晨《そんしん》の故事）をすばらしいと思うからこそ、書きとどめて世間に**も**伝えたのだろう。○「世に伝ふ」という句の間に「も」を挟み入れ、意味を強め、感情を込めて表現している。

❺（「…も…か」の形で、詠嘆の意を表し）…**ほどに**（…だなあ）。

苦しくも降り来る雨か三輪《みわ》の崎狭野《さの》の渡りに家もあらなくに 歌〈万葉集・3・265〉訳困った**ほどに**降ってくる雨だなあ。この三輪の崎の狭野（＝佐野）の渡し場に家人もいないのに。

㊁ 接続助詞 ❶（逆接の確定条件を表し）…**けれども**。…**のに**。

返り事もすまじと思ふも、これかれ、「いと情けなし。あまりなり。」などものすれば…。〈蜻蛉日記《かげろうにっき》〉訳（薄情な夫の兼家《かねいえ》から久しぶりに手紙が来て）返事もしないようにしようと思う**けれども**、（周囲の）あの人やこの人が、「（それでは）たいへん情がない。あんまりだ。」などと言うので…。

❷（逆接の仮定条件を表し）…**ても**。…**とも**。

来《こ》むと言ふも来ぬ時あるを来じと言ふを来むとは待たじ来じと言ふものを 歌〈万葉集・4・527〉訳（私のもとへ）「来よう。」と言っ**ても**（あの人は）来ない時があるのに、（あの人が）「来ないつもりだ。」と言うのを来るだろうと（思って）待つことはしたくない。「来ないつもりだ。」と言うのに。

㊂ 終助詞（詠嘆を表し）…**よ**。…**ことよ**。…**なあ**。

妹《いも》と来《こ》し敏馬《みぬめ》の崎を帰るさに一人し見れば涙ぐましも 歌〈万葉集・3・449〉訳妻とともに来た敏馬の崎を、（都への）帰り道に（今度は）一人で見ると、涙ぐまれることだ**よ**。

ささがにのいづこともなく吹く風はかくてあまたになりぞすらしも 歌〈蜻蛉日記《かげろうにっき》〉訳どこという当てもなく吹く風（のように、この男があちこちの女へ送る恋文）は、こうして数多くになっているらしい**よ**。

○「ささがにの」はクモ（の糸）の意から「い（糸）」と同音ではじまる「いづこ」に係る枕詞。

発展 ①㊀の係助詞の「も」には、他の係助詞「ぞ」「なむ」「や」「か」「こそ」にあるような係り結びの法則はない。

②**主語を示す働きはない**　それぞれの意味や用法は現代語とあまり変わりはないが、同じ係助詞の「は」と同様、現代語のように主語を提示する働きはない。古語では、体言や*準体言だけで主語になりうるので、「も」は取り除いても文は成り立つ。「は」が、ある事柄を他と区別して強調するのに対して、「も」は、ある事柄を他の事柄とともに取り立てて示すことを表す。

③**不安を表す「もぞ」「もこそ」**　係助詞「も」の下に、強調を表す係助詞「ぞ」「こそ」の付いた「もぞ」「もこそ」の形で用いられる場合、「…（する）と困る・…（し）たら大変だ」という近い将来に対する不安や恐れを表す。↓もこそ・もぞ／**読解の手引き**❹（325ページ）

④**「ても」「とも」と「も」**　接続助詞「て」「と」の下に付いた「ても」「とも」の形では、それぞれ独立した接続助詞となり、㊁の接続助詞の「も」と同じ逆接の意味を表すようになった。↓ても・とも（接続助詞）

⑤**㊂の終助詞**　主に上代の和歌の文末に用いられた。中古以降は、同じ詠嘆を表す終助詞「な」の方が優勢になり、「も」は古風な感じの和歌にしか見られなくなる。

れ・でよ）（草木が）芽を出す。生ずる。
石ばしる垂水の上のさわらびの萌え出づる春になりにけるかも 歌〈万葉集・8・1418〉訳→いはばしる…

もえ-ぎ【萌葱・萌黄】名詞 ❶黄色と青色との中間色。うすみどり。❷★襲の色目のひとつ。表裏ともに❶の色。表は薄青、裏は縹色という説もある。陰暦十一月ごろから二月ごろまで用いる。発展 葱の萌え出る色、または萌え木の芽の色という意味。「もよぎ」とも。

もえぎ-にほひ【萌葱匂ひ】名詞 鎧の★縅のひとつ。萌葱色の縅。

もえぎ-をどし【萌葱縅】名詞 鎧の★縅のひとつ。萌葱色の糸で縅したもの。

❸**もえる**（現）→（古）もゆ【萌ゆ】【燃ゆ】

も-が 終助詞（他への願望を表し）…があったらなあ。…があればなあ。接続 体言および体言に準ずる語、形容詞と助動詞の連用形、副詞、助詞「に」などに付く。
都辺に行かむ舟もが刈り薦の乱れて思ふこと告げ遣らむ 歌〈万葉集・15・3640〉訳 都の方へ行く船が**あればなあ**。心乱れて恋しく思っていることを(あの人に)告げ知らせるだろうに。○「刈り薦の」は「乱れ」の枕詞。

も-かう【帽額】名詞 ❶御帳・御簾の上部や上長押などに、横に長く引き渡した布。後の水引き幕の類。へりに窠（=ウリを輪切りにしたような形）の紋を染め出した。❷窠の紋。

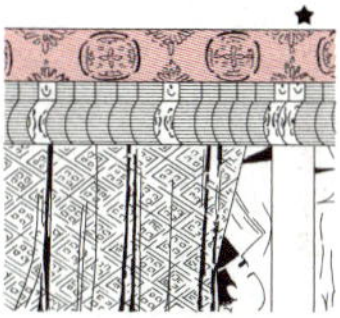
［もかう❶］

も-がさ【疱瘡】名詞 天然痘。ほうそう。

もが-な→基本助詞25（1224ページ）

最上川［ガハ］歌枕 山形県を流れる川。山形盆地・新庄盆地を北流、庄内平野に出て酒田で日本海に注ぐ。急流として知られ、古くから舟での運送が発達。歌材に「稲舟」があり、稲舟に「否」を掛けた歌が多く詠まれた。

もが-も 終助詞《上代語》（他への願望を表し）…があったらなあ。…があればいいなあ。
君が行く道の長手を繰り畳ね焼き滅ぼさむ天の火もがも 歌〈万葉集・15・3724〉訳→きみがゆく…
発展 終助詞「もが」＋終助詞「も」が一語になったもの。

もがも-な 終助詞《上代語》（他への願望を表し）…があったらいいなあ。…であったらいいなあ。
み空行く雲にもがもな今日行きて妹に言問ひ明日帰り来む 歌〈万葉集・14・3510〉訳 大空を行く雲で**あったらいいなあ**。(そうしたら)今日行ってあの娘と語りあい、明日帰って来よう。
発展 終助詞「もがも」＋終助詞「な」。

もがも-や→もがもな

もがも-よ→もがもな

もがり【虎落】名詞 竹を筋交いに組み合わせて、縄で縛って作った垣根。竹矢来。竹垣。

もがり【強請り・虎落】名詞 言いがかりをつけて、金品をおどし取ること。または、その者。ゆすり。たかり。

も-がり【殯】名詞→あらき（殯）

も-ぎ【裳着】名詞 女子の成人のしるしに、はじめて裳を着る儀式。結婚前の十二、三歳ごろ、★髪上げと同時に行った。→絵で見る古典生活史㉕（1225ページ）

もく-だい【目代】名詞 平安・鎌倉時代の地方官（多くは国司）が私的に任命して、地方での政務を代行させた代官。発展 室町時代以降は、一般に代官のこと。

も-くづ【藻屑】名詞 海中にある藻などのくず。

もく-ろく【目録】名詞 ❶書物や文書の題目を集め記したもの。❷進物の品名や金銭の額などを記したもの。進物に添えたり、進物の代わりにしたりする。❸師から弟子に、芸道の免許や伝授の品目・内容を記して渡す文書。免許状。

も-こそ 連語 ❶…（する）といけない。…（する）と困る。…（し）たら大変だ。

基本助詞25

もが-な

（実現の困難なことや不可能なことに対する願望を、詠嘆を込めて表し）…**があったらなあ**。…（であっ）**てくれたらなあ**。

接続 体言、形容詞の連用形、格助詞などに付く。

終助詞（実現の困難なことや不可能なことに対する願望を、詠嘆を込めて表し）…**があったらなあ**。…**がいればなあ**。…（であっ）**てくれたらなあ**。…（であっ）**たらなあ**。…（し）**たいなあ**。

ぬれたるやうなる葉の上にきらめきたるこそ、身にしみて、「心あらん友もがな。」と都恋しう覚ゆれ。〈徒然草・137・花は盛りに〉訳（シイやシラカシなどの木の）ぬれているような葉の上に（月の光が）きらきらと輝いているのは、身にしみて感じて、「（今ここに）趣を理解するような友**がいればなあ**。」と（友のいる）都が恋しく思われる。

○「友」という体言に付いている例。

いしはしる滝なくもがな桜花手折りてもこむ見ぬ人のため 歌〈古今集・春上・54〉訳 川の急流がなかっ**たらなあ**。（急流がなければ、向こう岸に咲いている）サクラの花（の枝）を折り取ってもこよう。（このサクラを）見ていない人のために。

○形容詞「なし」の連用形に付いている例。「いしはしる」は「石走る」に同じで、「滝」に係る枕詞。

いかでとく京へもがな。〈土佐日記・一月十一日〉訳「なんとかして早く都へ（帰り着き）**たいなあ**。」

○格助詞「へ」に付いている例。このように、助詞に「もがな」が付いた場合は、その助詞に導かれる動詞（ここでは「帰り着く」など）を補って解釈する。

発展 ①**語の成り立ち** 願望を表す終助詞「もが」に、詠嘆を表す終助詞「な」が付いてできたことば。上代の「もが」「もがも」に代わって中古以降に用いられるようになった。後に、「も＋がな」ととらえられるようになり、「がな」の形でも用いられるようになった。

②**接続** 「もがな」「もが」「もがも」は、体言、形容詞の連用形、格助詞などに付く。これらに対して、自己の願望を表す終助詞には「しか」「てしか」「てしがな」「にしか」「にしがな」などがあり、こちらは動詞の連用形に付く。

関連語 がな・もが・もがも・しか（終助詞）・てしか・てしがな・にしか・にしがな

音に聞く高師の浜のあだ波はかけじや袖のぬれもこそすれ 百人一首〈金葉集・469〉訳→おとにきく…

❷（「も」を強調した表現）…も。…でさえも。

「眼もこそ二つあれ、ただ一つある鏡を奉る。」〈土佐日記・二月五日〉訳「（大切な）眼でさえも二つあるのに、たった一つある（だけの）鏡を奉納する。」

発展 係助詞「も」＋係助詞「こそ」。まれによいことを予想する場合もあるが、原則として❶のように悪いことを予想する意味である。→読解の手引き❹（325ページ）

もころ【如・若】 形式名詞 同じ状態であることを表すこと。…のとおり（に）。…と同じよう（に）。

松の木の並みたる見れば家人の我を見送ると立たりしもころ 歌〈万葉集・20・4375〉訳マツの木の並んでいるのを見ると、家族が私を見送るといって立っていた姿と同じように。（みんな私の帰りを待っているだろうなあ。）

もし【若し】

あることを仮に想定してみる意味
- ❶もしも。仮に。◉「もし～仮定表現」の形で用いる。
- ❷もしかして。ひょっとしたら。◉「もし～疑問表現」の形で用いる。

副詞 ❶（「もし～仮定表現」の形で）もしも。仮に。万一。

もし心にかなはぬことあらば、やすく外へ移さんがためなり。〈方丈記・方丈〉訳（住居を地面に固定していないのは）もしも気に入らないことがあったら、簡単に他の場所へ引っ越そうと思うためである。〇「あらば」の「ば」は仮定条件を表す接続助詞。

「もし今日のうちに行き着きて言はずは、からき目見せんずるぞ。」〈宇治拾遺〉訳「万一今日中に到着して（事の次第を）言わなかったら、ひどい目に遭わせてやるぞ。」〇「言はずは」の「は」は仮定条件を表す接続助詞。

❷（「もし～疑問表現」の形で）もしかして。ひょっとしたら。

「もし、受領の子供の好き好きしきが、頭の君に怖ぢきこえて、やがて率て下りにけるにや。」〈源氏・夕顔〉訳「もしかして、国司の子供で好色な者が、（夕顔のもとに他の男を通わせたことを）頭中将（にとがめられること）を恐ろしいとお思い申し上げて、（夕顔を）そのまま連れて（自分の住む地方へ）下ってしまったのではないだろうか。」〇「下りにけるにや」の「にや」は、下に「あらむ」などのことばが省略された疑いの表現である。

発展 **「もし」に呼応する「已然形＋ば」** ❶で、「もし」に呼応する仮定表現のうち、接続助詞「ば」を用いる場合、「活用語の未然形＋ば」の形をとる。しかし、漢文訓読文の影響を受けた文章では、「もし～已然形＋ば」の形で仮定条件を表す場合もあった。たとえば、「外相もし背かざれば、内證必ず熟す（＝外に現れた姿がもしも道理に背かないならば、内心の悟りは必ず成熟する）。」〈徒然草・157・筆を執れば物書かれ〉の例では、打消の助動詞「ず」の已然形に「ば」が付いて仮定条件を表している。

絵で見る古典生活史㉕ 女性の成人式

『★竹取物語』のかぐや姫は、竹の中から見いだされ、翁の家に引き取られてから、わずか三か月で一人前の大きさになってしまいます。そこで成人したことを祝い、「髪上げなど左右して髪上げさせ、裳着す。」（訳→かみあげ❶）ということになります。髪上げは、それまで垂らしていた髪を結い上げること、裳とは、袴の上に腰から下の後方だけを覆う衣のことで、これを着せる★裳着も髪上げと同時に行われました。

成人女性には、さらに、「★歯黒め」「引き眉」の風習もありました。鉄を酢などに浸した液を歯に塗って黒くするのが歯黒め、眉毛を全部毛抜きで抜いて、まゆずみで眉を描くのが引き眉です。平安時代末期には男性もやっており、女性の「お歯黒」は近代まで続きました。『★堤中納言物語』「虫めづる姫君」には、主人公の姫君が歯も白く「眉さらに抜きたまはず」黒々としていたので、気味が悪かったと書かれています。

（絵…女子が成人して初めての「裳着」儀式〈古事類苑 源氏物語所載〉より）

もじ【文字】 一 名詞 ❶字。❷ことば。用語。❸字数。音節の数。❹学問。文章。

二 接尾語（名詞・形容詞の下部を省略し、「もじ」を付けて）その語を上品にしたり、婉曲にいったりするときに用いる。語例 髪文字（＝髪の毛）・す文字（＝寿司）

発展「もんじ」の「ん」を表記しない形。二は室町時代に宮中の女房が用いたことに始まり、女房詞という。

もし-は【若しは】 接続詞 または。あるいは。もしくは。

「義経が弓といはば、二人しても張り、もしは三人しても張り、叔父の為朝が弓のやうならば、わざとも落として取らすべし。」〈平家・11・弓流〉訳「義経の弓というなら、二人で弦を張り、あるいは三人で弦を張り、叔父の為朝の弓のよう（に強力な弓）だったならば、わざとでも落として敵に取らせるだろう。」

も-しほ【藻塩】 名詞 海藻から取る塩。海藻を簀の上に乗せ、何回も海水を注いで塩分を含ませて、その海藻を焼いて、灰を水で溶かし、その上澄みをすくい取り、煮つめて作る塩。

来ぬ人をまつほの浦の夕凪に焼くや藻塩の身もこがれつつ 百人一首〈新勅撰集・849〉訳→こぬひとを…

もしほ-ぐさ【藻塩草】 名詞 塩を採取するための海藻。発展 海藻をかき集めることから和歌では多く「書く」の縁語や序詞を構成し、また、書き集めたもの（＝手紙や歌稿など）のたとえにも用いられる。

もしほ-た・る【藻塩垂る】 （塩を採取するために）海藻に海水をかける。

わくらばに問ふ人あらば須磨の浦に藻塩たれつつわぶと答へよ 歌〈古今集・雑下・962〉訳→わくらばに…

発展 和歌では多く、「しほたる」（＝涙を流して泣く）との掛詞で用いられる。

もしほ-び【藻塩火】 名詞 ★藻塩を焼く火。

もし-や【若しや】 副詞 もしかしたら。ひょっとしたら。

もしやたすかりたまふと筧の水をまかせたれば…〈平家・6・入道死去〉訳 もしかしたらお楽になるだろうかと★筧の水を（熱でうなされる清盛の入った石風呂に）引いたところ…。

発展 副詞「もし」＋係助詞「や」が一語になったもの。

⁾もじる(現)↓(歴)**もぢる【捩る】**

もず【鵙・百舌】 名詞 《動物》モズ科の鳥。昆虫・カエルなどを捕食し、獲物を木の枝などに刺しておく習性がある。秋に高く鋭い声で鳴く。季語 秋

も-すそ【裳裾】 名詞 裳の裾。着物の裾。

も-ぞ 連語 ❶…(する)といけない。…(する)と困る。…(し)たら大変だ。「さかしらする親ありて、**思ひもぞつく**。」とて、この女をほかへ追ひやらむとす。〈伊勢・40〉訳 おせっかいをする親がいて、「(わが子が召し使いの女に)執着し**たら大変だ**。」と思って、この女をよそへ追い出そうとする。「遅れて来る人**もぞ**ある。また、ありつる男**もぞ**来る。」〈宇治拾遺〉訳「遅れてくる者がいる**といけない**。また、さっきの男が来る**といけない**。」

❷(「も」を強調した表現)…も。…でさえも。「**かの語らひけることのすぢもぞ、この文にある。**」〈蜻蛉日記〉訳 あの禅師が話していたことのいきさつ**も**、この手紙に記されている。

発展 係助詞「も」＋係助詞「ぞ」。↓**読解の手引き❹**(325ページ)

もだ【黙】 名詞 だまっていること。また、何もしないでいること。

⁾もだえる(現)↓(古)**もだゆ【悶ゆ】**

もた-ぐ【擡ぐ】 動詞 他 (ガ下二段)〈げ・げ・ぐ・ぐる・ぐれ・げよ〉持ち上げる。「**蚤もいと憎し。衣の下に踊りありきてもたぐるやうにする。**」〈枕草子・28・憎きもの〉訳 ノミもひどくしゃくに障る。着物の内側で跳ねまわって(着物を)**持ち上げる**ようにするのが(嫌だ)。

発展「持ち上ぐ」の変化したもの。

⁾もたげる(現)↓(古)**もたぐ【擡ぐ】**

もだ-す【黙す】 動詞 自 (サ変)〈せ・し・す・する・すれ・せよ〉❶黙る。口をつぐむ。「**世の人あひ会ふとき、暫くももだすることなし。**」〈徒然草・164・世の人あひ会ふとき〉訳 世間の人が(互いに)出会うとき、少しの間も**黙っている**ことはない。

❷黙って見過ごす。そのままにしておく。「**げにも山門の訴訟はもだしがたし。**」〈平家・1・願立〉訳「本当に山門の訴訟は**黙ってそのままにしておく**ことが難しい。」

もだ-ゆ【悶ゆ】 動詞 自 (ヤ下二段)〈え・え・ゆ・ゆる・ゆれ・えよ〉思い煩う。もがき苦しむ。「**病深きと見えて、面は黄に、肌黒く痩せ、古き衾のうへにもだえ臥す。**」〈雨月・菊花の約〉訳 病が重いと見えて、顔色は黄ばみ、肌は黒ずんで痩せ衰え、古布団の上で**もがき苦しん**で伏している。

発展 精神的苦痛にも肉体的苦痛にも用いられる。

もた-り【持たり】 動詞 他 (ラ変)〈ら・り・り・る・れ・れ〉持っている。「**東に吉き馬持たりと聞きける者の許に、この頼信朝臣乞ひに遣りたりければ**…。」〈今昔〉訳 東国で名馬を**持っている**と聞いた人のもとに、この頼信朝臣が(譲ってほしいとそのウマを)求めるために(使者を)送ったところ…。

発展 四段動詞「持つ」の連用形にラ変動詞「あり」の付いた「持ちあり」が変化したもの。一説に、「持てあり」が変化したもの、また、完了の助動詞の付いた「持ちたり」が変化した「持ったり」の促音無表記形だとする説もある。

もち【望】 名詞 ❶「★望月」の略。❷陰暦十五日の呼び名。望の日。

⁾もちいる(現)↓(歴)**もちゐる【用ゐる】**

もち-がゆ【望粥・餅粥】 名詞 陰暦正月十五日に食べる小豆粥。もとは、米・粟など七種の穀類を煮たが、後には餅を入れた。季語 春 発展 本来、正月十五日の正式な食事であった。

もち-づき【望月】 名詞 陰暦の十五日の夜の月。十五夜の月。満月。↓**ビジュアルチェック⑰**(833ページ)

願はくは花の下にて春死なむそのきさらぎの望月のころ
歌〈続古今集・1527〉訳↓ねがはくは…

もちづき-の【望月の】 枕詞 (満月に欠けた所がなく、美しいことから)「たたはし(=充実している)」「足れる」、「めづらし」に係る。

もち-て【以て】 …で。…によって。「**何をもちてとかく申すべき。**」〈竹取・蓬莱の玉の枝〉訳「どういう理由**で**あれこれ申し上げることができようか。」

発展 四段動詞「もつ」の連用形＋接続助詞「て」。

もち-ひ【餅】 名詞 もち。発展「もちいひ」の変化したことば。

もち-ふ【用ふ】 動詞 ↓もちゐる

もち-ゆ【用ゆ】 動詞 ↓もちゐる

もぢ-る【捩る】 動詞 他 (ラ四段)〈ら・り・る・る・れ・れ〉ねじる。よじる。「**舞ふべき限り、すぢりもぢり、ゑい声を出だして、一庭を走りまはり舞ふ。**」〈宇治拾遺〉訳(老人は鬼たちの前に飛び出して)舞える限り、身をくねらせて**よじり**、えいと掛け声を張り上げて、庭中を走り回って舞う。

もち-ゐる【用ゐる】 動詞 他 (ワ上一段)〈ゐ・ゐ・ゐる・ゐる・ゐれ・ゐよ〉❶人材などを登用する。取り立てる。「**御子どもは、いづれともなく、人柄めやすく世に用ゐられて**…。」〈源氏・賢木〉訳(左大臣の)御子息たちは、どなたがというわけでなく、(みな)人柄が好ましく世に**登用さ**れて…。

❷(意見などを)採り上げる。聞き入れる。また、信用する。尊重する。「**なほ、才をもととしてこそ、大和魂の世に用ゐらるる方も強うはべらめ。**」〈源氏・少女〉訳「やはり、学問を基本にしてこそ、処世の才能(=世渡りの術)が世間で**尊重される**(その)方面も確実でございましょう。」

❸使う。役立てる。「**文華の遅く開けたるゆゑに、文字も西土の文字を用ゐ**…。」〈国歌八論〉訳(日本では)文芸が遅れて発達したために、文字も中国の文字を**使い**…。

発展「持ち率る」が一語になったもので、活用は「率る」と同じくワ行上一段だったが、中古から中世にかけて「ゐ」と「ひ」と「い」との発音上の混同から「もちひる」(ハ行上一段)「もちいる」(ヤ行上一段)とも誤記され、さらに二段活用化して「もちふ」「もちゆ」の形も生じた。

も-つ【持つ】 動詞 他 (タ四段)〈た・ち・つ・つ・て・て〉❶手にする。所持する。身に付ける。「**大刀を持ちて出でて見るに、またその己が影のうつりたりけるを見て**…。」〈今昔〉訳(盗人が入ったといわれて)大刀を**手にして**出て(外のようすを)見ると、またその自分の影が映っていたのを見て…。

❷自分のものとする。所有する。「**人はおのれをつづまやかにし、奢りを退けて、財を持たず、世をむさぼらざらんぞいみじかるべき。**」〈徒然草・18・

人はおのれを〉訳 人はわが身を質素にし、ぜいたくを遠ざけて、財宝を**所有せ**ず、世俗的な利益を欲深くほしがらないようなのがすばらしいに違いない。

❸心に抱く。深く思う。**あしひきの山路越えむとする君を心に持ちて安けくもなし** 歌〈万葉集・15・3723〉訳 山道を越えようとするあなたを心に**深く思って**、安らかな気持ちにもなれない。○「あしひきの」は「山」に係る枕詞。

❹（連用形の形で）使用する。用いる。「**この小刀をもちて、天皇の寝ねませるを刺し殺しまつれ。**」〈古事記・垂仁天皇〉訳「この小刀を**使用して**、（垂仁）天皇が寝ていらっしゃるところを刺し殺し申し上げよ。」

もっ-け【物怪・勿怪】名詞 不吉なこと。異変。**様々の物怪有りければ、占卜するに**…。〈今昔〉訳 さまざまな**異変**が生じたので、それを占わせると…。

もっ-け・な【物怪な・勿怪な】形容動詞〔口語化〕意外な。予期していない。思いもかけない。**もっけな顔して受け取り、注いで飲めばぬるい茶なり。**〈滑稽本・東海道中膝栗毛〉訳 **思いもかけない**（幸いが来た）という顔つきをして（茶碗を）受け取って、ついで飲んでみると（それは酒ではなく）ぬるい茶である。

もっ-たい【物体・勿体】名詞 ものものしいこと。また、えらぶった態度。

もったい-な・し【物体無し・勿体無し】形容詞〔ク〕〈く・しき・けれ・○/から・かり・○・かる・○・かれ〉❶不都合だ。ふとどきだ。**この大童子うち見て、「あはれ、もったいなき主かな。…」といひければ**…。〈宇治拾遺〉訳（盗んでいないと主張する）この大童子は（裸にされて隠していたサケが発見されるのを）見て、「ああなんと、**ふとどきな**男よ。…」といったので…。

❷恐れ多い。ありがたい。「**これはもったいなき御諚にさうらふ。**」〈醒睡笑〉訳「これは**恐れ多い**仰せでございます。」

❸惜しい。残念だ。「**大家の一跡、この時断亡せんこともったいなくさうらふ。**」〈太平記〉訳「（たいした罪科もございませんのに）大家の血統が、この時に絶えてしまうようなことは**残念で**ございます。」

発展「もたいなし」とも。

もっ-て【以て】一 ❶（「～をもって」の形で）…で。…を使って。…によって。…のせいで。**飛脚をもって、高倉宮の御謀叛の由、都へ申したりければ**…。〈平家・4・鼬之沙汰〉訳 飛脚**によって**、高倉宮のご謀反のことを、都へ申し上げてしまったので…。

❷語調を整えたり強めたりする。「**南京・北京、共にもって如来の弟子たり。**」〈平家・4・南都牒状〉訳「興福寺・延暦寺は、共に如来の弟子である。」

二 接続詞 それによって。「**竜神はすなはち千手の二十八部衆のその一つなれば、もって御納受こそたのもしけれ。**」〈平家・2・卒都婆流〉訳「竜神はすなわち千手観音に従う二十八部衆のその一つであるから、**それによって**（我々の願いを）お聞き入れくださるのが頼もしい。」

発展 一は四段動詞「もつ」の連用形と接続助詞「て」が付いた「もちて」の変化したもの。二は一が一語になったもの。

もって-の-ほか・なり【以ての外なり】形容動詞〔ナリ〕〈なら・なり（に）・なり・なる・なれ・なれ〉常軌を逸してはなはだしいようす。とんでもない。**この幼き者、いまだ習はぬ旅の疲れにや、もっての外に違例し**…。〈謡曲・隅田川〉訳 この幼い者は、まだ慣れない旅の疲れからであろうか、**とんでもなく**（重い）病気をして…。

もっ-とも【尤も・最も】副詞 ❶本当に。いかにも。なるほど。「**誠にさにこそさうらひけれ。もっとも愚かにさうらふ。**」〈徒然草・41・五月五日〉訳「本当にそうでございました。**いかにも**愚かでございます。」

❷第一に。とりわけ。非常に。「**まづ世に四恩さうらふ…そのなかにもっとも重きは朝恩なり。**」〈平家・2・教訓状〉訳「まずこの世には四つの恩がございます。…その中で**とりわけ**重要なのは朝廷の恩である。」

❸（下に打消の語を伴って）少しも。まったく。「**をかしきことにもあるかな。もっともえ知らざりけり。**」〈竹取・燕の子安貝〉訳「おもしろいことだなあ。**少しも**知らなかったことよ。」

もっとも・なり【尤もなり・最もなり】形容動詞〔ナリ〕〈なら・なり（に）・なり・なる・なれ・なれ〉当然である。道理にかなっている。「**今夜の発向もっともなり。**」〈古活字本保元〉訳「（先んずれば人を制すというから）今夜の出兵は**当然だ**。」

もっぱら・なり【専らなり】形容動詞〔ナリ〕〈なら・なり（に）・なり・なる・なれ・なれ〉（一つのことに）専心している。**朝には朝政をすすめ、よるは夜をもっぱらにしたまへり。**〈平家・灌頂・女院出家〉訳（建礼門院徳子は）朝は朝政をなさるように勧め、夜は（帝の）夜のことに**専心して**いらっしゃった。

発展「もはら」の変化したことば。

もて- 接頭語（動詞に付いて）意味を強めたり、ことばの調子を整えたりする。語例 **もて**騒ぐ・**もて**かしづく・**もて**ゆく

発展「持ちて」が変化したことば。

もて【以て】連語 ❶…で。…を使って。…によって。…のせいで。**古今集の序に「かすみをあはれび」とあるなどをもて知るべし。**〈源氏物語・玉の小櫛〉訳『古今集』の序に「かすみをあはれび」とあることなど**によって**理解できるに違いない。

❷上のことばを強調する。…もって。「**おほやけの奉り物は、おろそかなるをもてよしとす。**」とこそはべれ。〈徒然草・2・古の〉訳「天皇のお召し物は、質素なものを**もって**よいこととする。」と記しております。

発展 四段動詞「もつ」の連用形と接続助詞「て」が結び付いた「もちて」の変化したもの。❶❷ともに「…をもて」の形で用いられることが多い。

も-て【持て】連語 持って。**家の門に持て至りて、立てり。**〈竹取・火鼠の皮衣〉訳（右大臣は、かぐや姫の）家の門に（火鼠の皮衣を）**持って**行って、立っている。

発展 四段動詞「もつ」の連用形と接続助詞「て」が結び付いた「もちて」の変化したもの。

もて-あそび【弄び・玩び】名詞 心を慰めること。心を慰めるもの。遊び相手。おもちゃ。**そのさまを、絵にも書きまじへなどして、つれづれなるほどのもてあそびにし**…。〈源氏物語・玉の小櫛〉訳 そのようすを、絵でも書き込んだりして、退屈なときの**心を慰め**

るものとし…。

もて-あそ・ぶ【弄ぶ・玩ぶ・翫ぶ】 動詞 他 〔バ四段〕〈ば・び・ぶ・ぶ・べ・べ〉❶手に持って遊ぶ。
❷(花などを)観賞して楽しむ。心の慰めとする。「花、紅葉を**もてあそび**、月、雪に戯るるにつけても、この世は捨てがたきものなり。」〈無名草子〉訳花や、紅葉を**観賞して楽しみ**、月や、雪を見て楽しむにつけても、この俗世は捨てるのが難しいものである。
❸大事に扱う。また、かわいがる。寵愛する。「三千人の中に、ただこの人なむ勝れたりける、名をば楊貴妃と云ふ。然れば、他の事無く、夜昼**もてあそびたまひ**けるほどに…。」〈今昔〉訳三千人の(後宮の女性の)中で、むやみにこの人が優れていた、名を楊貴妃という。そういうわけで、他のことはかまわず、夜も昼もご**寵愛**なさっているうちに…。

もてあつかひ-ぐさ【もて扱ひ種】 名詞 取り扱う材料。うわさの種。話題。

もて-あつか・ふ【もて扱ふ】 動詞 他 〔ハ四段〕〈は・ひ・ふ・ふ・へ・へ〉❶取り扱う。世話をする。「ことなることなき人の、子などあまた**もてあつかひたる**。」〈枕草子・155・むつかしげなるもの〉訳どうということもない人が、子供などを大勢**世話をし**ているのは(面倒くさそうな感じだ)。
❷取り扱いに困る。もてあます。「内侍、局、女嬬、曹司のたぐひ、さまざまの御調度**もてあつかひ**…。」〈笈の小文〉訳内侍、局、女嬬、曹司たちが、さまざまなお道具類について**取り扱いに困り**…。
発展「もて」は接頭語。

もて-あり・く【持て歩く】 動詞 他 〔カ四段〕〈か・き・く・く・け・け〉持って歩き回る。持って外出する。「雪降り、いみじうこほりたるに、申し文**持てありく**。」〈枕草子・3・正月一日は〉訳(官職任命の儀式のころには)雪が降り、ひどく氷が張っているときに、申し文(=任官や昇進を朝廷に上申する文書)を**持って歩き回る**。

もて-い・く 一【持て行く】動詞 他 〔カ四段〕〈か・き・く・く・け・け〉持って行く。持参する。「母の死したりければ、棺にうち入れて、ただ一人愛宕の山に**持て行きて**…。」〈宇治拾遺〉訳母が死んでしまったので、棺に入れて、たった一人で愛宕山に**持って行って**…。
二【もて行く】動詞 自 〔カ四段〕〈か・き・く・く・け・け〉(動詞の連用形に付いて)しだいに…していく。だんだん…になる。「昼になりて、ぬるくゆるび**もていけば**…。」〈枕草子・1・春は曙〉訳昼になって、生暖かく(寒さが)**だんだん和らいでいく**と…。
発展「もてゆく」とも。二の「もて」は接頭語。

もて-い・づ【持て出づ】 動詞 他 〔ダ下二段〕〈で・で・づ・づる・づれ・でよ〉❶持って出る。持ち出す。「銚子に土器とりそへて**持て出でて**、『この酒をひとりたうべんがさうざうしければ、申しつるなり。』」〈徒然草・215・平宣時朝臣〉訳「銚子に素焼きの杯を添えて**持って出て**、『この酒を一人で飲んだりしますのがもの寂しいので、(おいでなさいと)申し上げたのである。』」
❷人目に付くように表面に出す。外部に表す。「若き時の心にだに、なほさやうに**持て出でたる**ことは、いとあやしく頼もしげなくおぼえはべりき。」〈源氏・帚木〉訳「若い時分の気持ちでさえも、(どんな男にもサービス精神を発揮する女が)やはりそのように**人目に付くように表面に出し**ていることは、実にけしからぬことで頼りにできそうにないと思われました。」

もて-かく・す【もて隠す】 動詞 他 〔サ四段〕〈さ・し・す・す・せ・せ〉(人に分からないように)隠す。そっと隠す。「いと何心もなく、若やかなるさましたまひて、経読みたまふを、恥ぢらひて**もて隠したまへり**。」〈源氏・橋姫〉訳(母宮は)実に無邪気に、若々しいようすをなさって、お経をお読みになるのだが、恥じらって(お経を)**そっとお隠し**になった。
発展「もて」は接頭語。

もて-かしづ・く【もて傅く】 動詞 他 〔カ四段〕〈か・き・く・く・け・け〉大切に世話をする。大事に養育する。「若君のいとゆゆしきまで見えたまふ御ありさまを、今からいとさま殊に**もてかしづききこえたまふ**さま、おろかならず…。」〈源氏・葵〉訳若君がまことにそら恐ろしくなるほど美しくお見えになるごようすなのを、(源氏が)今から実に異様なほど**大切にお世話**申し上げなさるようすは、並みひととおりではなく…。
発展「もて」は、接頭語。

もて-きょう・ず【もて興ず】 動詞 自 〔サ変〕〈ぜ・じ・ず・ずる・ずれ・ぜよ〉おもしろがる。興味を持つ。「声すべて似るものなく、空に澄み昇りてめでたく歌を歌ふ。人々いみじうあはれがりて、けぢかくて、人々**もて興ずる**に…。」〈更級日記・足柄山〉訳(若い遊女の)声(のすばらしさ)がまったく他に比べようもなく、空へ高く冴え響いて見事に歌を歌う。人々がたいへん感心して、そば近く(呼び寄せ)て、(さらに)人々が**おもしろがっている**ときに…。
発展「もて」は接頭語。

もて-・く【持て来】 動詞 他 〔カ変〕〈こ・き・く・くる・くれ・こ(こよ)〉持って来る。「**持て来たれば**、をかしと見れど、常はとて御返し聞こえさせず。」〈和泉式部日記〉訳(敦道親王からの恋文を使者が)**持って来た**ので、(女は)趣深いと見るが、いつも(返事を差し上げるの)は(どうか)と思ってご返事を差し上げない。

もて-くだ・る【持て下る】 動詞 自 〔ラ四段〕〈ら・り・る・る・れ・れ〉(物を)持って都から地方へ行く。(物を)持って下向する。「御衣賜はりたまへりしを、筑紫に**持て下らしめたまへりければ**…。」〈大鏡・時平〉訳(醍醐天皇が)お召し物をご下賜なさったものを、(道真は)筑紫に**持って下向**なさっていたので…。

もて-さわ・ぐ【もて騒ぐ】 動詞 自 〔ガ四段〕〈が・ぎ・ぐ・ぐ・げ・げ〉あれこれと大騒ぎする。もてはやす。ちやほやする。「七日、雪間の若菜摘み、青やかに、例はさしもさるもの目近からぬ所に、**もて騒ぎたる**こそをかしけれ。」〈枕草子・3・正月一日は〉訳七日は、雪の消えた所から出ている若菜を摘み、青々としていて、ふだんはそれほどそのようなもの(=若菜)は見慣れない所(=宮中)で、**大騒ぎして**(もてはやして)いるのがおもしろい。
発展「もて」は接頭語。

もて-しづ・む【もて鎮む】 動詞 他 〔マ下二段〕〈め・め・む・むる・むれ・めよ〉(態度・振る舞いを)落ち着かせる。また、控えめにする。目立たないようにする。「いとよう**もてしづめたる**うはべは、人よりけに用意あり…。」〈源氏・柏木〉訳「(柏木の)たいそう上手に**控えめにし**ている表面は、他の人より格別に心配りがあり…。」

発展「もて」は接頭語。

もて-つ-く【もて付く】 動詞 他〔カ下二段〕〔け・け・く・くる・くれ・けよ〕❶（身だしなみや態度などを）身に付ける。身に備える。「田舎びたるされ心**もてつけ**て、品々しからず、はやりかならましかばしも、形代不用ならまし。」〈源氏・東屋〉訳「（浮舟が）田舎じみたしゃれっ気を**身に付け**て、品がなく、軽薄であったなら、（大君の）身代わりとしては役に立たなかっただろうに。」
❷（身だしなみや態度などを）取り繕う。装う。我が**もてつけ**たるをつつみなくいひたるは、あさましきわざなり。〈枕草子・195・ふと心劣りとか〉訳自分が**取り繕っ**たことを遠慮もなく言ったのは、あきれた行為である。
発展「もて」は接頭語。

もて-なし【もて成し】 名詞❶処置。取り計らい。とりなし。少納言が**もてなし**、心もとなき所なう…。〈源氏・葵〉訳（二条院での生活諸般に対する）少納言の**取り計らい**は、不十分なところもなく（＝行き届いており）…。
❷態度。振る舞い。ありさま。心深う、恥づかしげなる御**もてなし**などの…。〈源氏・若紫〉訳思慮深く、こちらが恥じ入りそうなほど立派な（藤壺の女御の）お**振る舞い**などの…。
❸取り扱い。待遇。世の例にもなりぬべき御**もてなし**なり。〈源氏・桐壺〉訳（世間の）語りぐさにでもなりそうな（帝の桐壺の更衣に対する）ご**待遇**である。
❹接待。ごちそう。

もて-な-す【もて成す】 動詞 ↓最重要語（1229ページ）

もてなやみ-ぐさ【もて悩み種】 名詞 取り扱いに困るもの。悩みの種。もてあましもの。やうやう天の下にも、あぢきなう人の**もて悩み種**になりて…。〈源氏・桐壺〉訳（帝が桐壺の更衣を寵愛し過ぎることについて）だんだん世間でも、まともでないことだと人々の**扱いに困るもの**となって…。

もて-なや-む【もて悩む】 動詞 他〔マ四段〕〔ま・み・む・む・め・め〕処置に困る。取り扱いに困る。いとどしき御祈禱の、数を尽くしてせさせたまへれど、例の執念き御物の怪一つ、さらに動かず。やむごとなき験者ども、「めづらかなり。」と**もて悩む**。〈源氏・葵〉訳いっそう強力な御祈禱を、ある限りおさせなさったけれども、例によって、しつこい物の怪一つだけが、どうしても動かない。格別な祈禱師たちも、「めったにないことだ。」と**処置に困る**。
発展「もて」は接頭語。

もて-な-す【もて成す】

いろいろ気を配って、人や物事に働きかける

- ❶**執り行う。**処理する。
- ❷**振る舞う。**振りをする。
- ❸**待遇する。**取り扱う。
- ❹**大切に世話する。**
- ❺**もてはやす。**
- ❻**歓待する。**

動詞 他〔サ四段〕

未然形	連用形	終止形	連体形	已然形	命令形
もてな・さ	もてな・し	もてな・す	もてな・す	もてな・せ	もてな・せ

❶**執り行う。処理する。処置する。**世の覚えはなやかなる御方々にもいたう劣らず、何事の儀式をも**もてなし**たまひけれど…。〈源氏・桐壺〉訳（更衣の母は）世間の評判が時めいているお方々にも（娘が）ひどく引けをとることなく、どのような公式の行事をも**執り行い**なさったけれども…。

❷**振る舞う。ある素振りを見せる。振りをする。**下には思ひ砕くべかめれど、誇りかに**もてなし**て、つれなきさまにしありく。〈源氏・須磨〉訳（伊予介の子は、源氏に伴って須磨へ下ることを）心の中では思い悩んでいるに違いないようであるけれど、得意そうに**振る舞っ**て、平然としたようすをしながら時を過ごす。

❸**待遇する。取り扱う。**限りなき御志の、年月に添ふやうに**もてなさ**せたまふに…。〈源氏・澪標〉訳（朱雀帝は）限りないご情愛が、年月とともに増す（＝深くなる）ように（朧月夜の君を）ご**待遇**なさるが…。

❹**大切に世話する。**「そもそも女人は、人に**もてなさ**れて大人にもなりたまふものなれば…。」〈源氏・若紫〉訳「そもそも女性（というもの）は、人（＝男性）に**大切に世話さ**れて一人前にもおなりになるものだから…。」

❺**もてはやす。言いそやす。**今様のことどもの珍しきを言ひ広め、**もてなす**こそ、また受けられね。〈徒然草・78・今様のことどもの〉訳当世風のことなどで（しかも）珍しいことを言いふらし、**もてはやす**のは、また認められない。

❻**歓待する。ごちそうする。**日ごろとどめて、長途のいたはり、さまざまに**もてなし**はべる。〈奥の細道・尾花沢〉訳（清風は私たちを）何日もひきとどめて、長旅の骨折り（をねぎらい）、いろいろと**歓待し**（てくれ）ます。

発展**語の成り立ち**　「なる（成る）」の他動詞形「なす（成す）」に、接頭語「もて」が付いたことば。対象となるものの状態をそのまま大切に保ちながら、意図的にその対象に働きかけて処理する意味を表す。働きかける対象が物事であれば❶、自分自身であれば❷、他人であれば❸❹❺などの意味になる。後世には❸の「待遇する・取り扱う」という意味が多く用いられるようになり、そこから、現代語に通じる❻の「歓待する」意味に移っていった。

もて-なら-す【もて馴らす】 動詞 他〔サ四段〕〔さ・し・す・す・せ・せ〕使い慣らす。ありつる扇御覧ずれば、**もてならし**たる移り香、いと染み深う懐かしくて…。〈源氏・夕顔〉訳さきほどの扇をご覧になると、**使い慣らし**た（人の）移り香が、たいそう深く染み込んでいて心引かれる気持ちがして…。
発展「もて」は接頭語。

もて-はな-る【もて離る】 一 動詞 自〔ラ下二段〕〔れ・れ・る・るる・るれ・れよ〕遠ざかる。かけ離れる。疎遠になる。冷淡になる。**もて離れ**つれなき人の御心を、かつは、「めでたし。」と思ひきこえたまふものから…。〈源氏・賢木〉訳**疎遠になり**

薄情な方（＝藤壺の中宮）のお心を、一方では、「すばらしい。」と（源氏は）お思い申し上げなさるものの…。

二 動詞 他〔ラ下二段〕〈れ・れ・る・るる・るれ・れよ〉遠ざける。関係をなくす。

「かどかどしく癖をつけ、愛敬なく、人を**もて離るる**心あるは、いとうちとけがたく、思ひ隈なきわざになむあるべき。」〈源氏・若菜上〉訳「（そうまでしなくてよいことに）とげとげしく難癖をつけ、無愛想で感じが悪く、人を**遠ざける**心があるのは、実にうちとけにくく、思いやりのないようすであるに違いない。」

発展 「もて」は接頭語。

もて-はや・す【もて映やす・もて栄やす】

照り映えるようにする → ❶盛んに褒める。❷いちだんと引き立たせる。美しく見せる。❸丁重にもてなす。歓待する。

未然形	連用形	終止形	連体形	已然形	命令形
もてはや・さ	もてはや・し	もてはや・す	もてはや・す	もてはや・せ	もてはや・せ

動詞 他〔サ四段〕❶**盛んに褒める**。褒め立てる。「わが宿は花**もてはやす**人もなし何にか春の尋ね来つらむ」歌〈源氏・幻〉訳私の家には花を**盛んに褒める**人も（もう今は）いない。（それなのに）なんのために春が（この家を）探し求めて（花を咲かせに）来てしまっているのだろうか。

❷**いちだんと引き立たせる**。**美しく見せる**。「川の気色も山の色も、**もてはやしたる**造りざまを見出だして…。」〈源氏・東屋〉訳川の景色も山の色も、**いちだんと引き立たせて**ある（宇治の屋敷の）造り方を（浮舟は）見やって…。

❸**丁重にもてなす**。**歓待する**。厚遇する。「饗応し、**もてはやし**きこえさせたまひつる興もさめて、事苦うなりぬ。」〈大鏡・道長上〉訳（道隆が道長の）機嫌をとり、**丁重にもてなし**申し上げなさった興もさめて、（雰囲気が）気まずくなってしまった。

発展 **語の成り立ち** 「もて」が付いてできたことば。引き立てる意の「はやす」に接頭語

もて-まゐ・る【持て参る】動詞 他〔ラ四段〕〈ら・り・る・る・れ・れ〉持って参上する。差し上げる。「ありつる御返り**持て参れり**。」〈源氏・松風〉訳さきほどの（お手紙の）ご返事を**持って参上した**。

もて-ゆ・く【持て行く・もて行く】動詞 ↓もていく

もて-わた・る【持て渡る】動詞 他〔ラ四段〕〈ら・り・る・る・れ・れ〉持って移動する。持って行く。持って来る。「いと寒きに、火など急ぎ起こして、炭**持てわたる**もいとつきづきし。」〈枕草子・1・春は曙〉訳ひどく寒い早朝に、火などを急いでおこして、（廊下などを）炭火を**持って移動する**のも（冬の朝に）とても似つかわしい。

もて-わづら・ふ【もて煩ふ】動詞 他〔ハ四段〕〈は・ひ・ふ・ふ・へ・へ〉処置に困る。取り扱いに困る。もてあます。「この女の童は、絶えて宮仕へ仕うまつるべくもあらずはんべるを、**もてわづらひ**はべり。」〈竹取・かぐや姫の昇天〉訳「この女の子（＝かぐや姫）は、まったく宮仕えを致しそうにもございませんので、（私は）**もてあまし**ております。」

発展 「もて」は接頭語。

もと

物事の根幹の部分
- 一 名詞
  - 一【本・元】
    - ❶（草木などの）根もと。
    - ❷（和歌の）上の句。
    - ❸根本。基本。より所。
    - ❹原因。（物事の）起こり。始まり。
    - ❺元手。元金。
  - 二【元・旧】昔。以前。
  - 三【許】居所。所。近辺。辺り。
- 二 助数詞
  - 一【本】草木などを数えることば。
  - 二【職・連・居】鷹狩りのときのタカを数えることば。

一 名詞 **一**【本・元】❶（草木などの）**根もと**。対末 「秋風の寒く吹くなへわがやどの浅茅が**本**にこほろぎ鳴くも」歌〈万葉集・10・2158〉訳秋風が寒々と吹くとともに、わが家の庭先にある丈の低いチガヤの**根もと**でコオロギが鳴くなあ。

❷（和歌の）**上の句**。対末 「歌どもの**本**を仰せられて、「これが末いかに。」と問はせたまふに…。」〈枕草子・23・清涼殿の丑寅の〉訳（中宮が『古今集』の）いくつかの歌の**上の句**をおっしゃって、「これ（＝この歌）の下の句は何か。」と（私たちに）お問いかけになるが…。

❸**根本**。**基本**。**より所**。「世を治むる道、倹約を**本**とす。」〈徒然草・184・相模守時頼の母は〉訳世の中を治める方法は、倹約を**基本**とする。

❹**原因**。（物事の）**起こり**。**始まり**。対末 「我、はかなく思ひし振る舞ひのゆくりなさに、我も人も、焦がす嘆きの**元**となりにけるも、悲しく。」〈夜の寝覚〉訳「私が、あさはかに考えていた（恋しいあの人のもとへこっそり通うという）行いの軽率さによって、私もあの人も、心を苦しめる悲しみの**原因**となってしまったことも、切なく（思われることだ）。」

❺**元手**。**元金**。「年々に利得を求めたれども、**元**少しのことなれば、金子百両になることなかなかむつかしく…。」〈西鶴・日本永代蔵〉訳（男は商売を始めてから）毎年利益を得ようと努めたけれども、**元金**がわずかだったので、金貨が百両になることはなかなか難しく…。

二【元・旧】**昔**。**以前**。「**もと**見し人の前に出で来て、物食はせなどしけり。」〈伊勢・62〉訳（よその人に使われている女が）**昔**（夫として）対面していた人の前に出てきて、食べ物を食べさせたりした。

三【許】**居所**。**所**。**近辺**。**辺り**。「まろが**許**に、いとをかしげなる笙の笛こそあれ。」〈枕草子・93・無名といふ琵琶の御琴を〉訳「私の**所**に、とても趣のある笙の笛がある。」

二 助数詞 **一**【本】**草木などを数えることば**。

二【職・連・居】**鷹狩りのときのタカを数えることば**。

もと-あら【本疎・本荒】名詞 木の根元の方が葉や枝がなくてまばらなこと。一説に、木がまばらに生えていること。

宮城野のもとあらの小萩露を重み風を待つごと君をこそ待て 歌〈古今集・恋4・694〉訳 宮城野の根元の葉のまばらなハギが露が重いので(それを)吹き払ってくれる風を待つように、(私も)あなた(に会えるの)を待っています。

本居宣長【もとおり】[モトヲリ] 人名 江戸時代中期の国学者・歌人。号は鈴屋。*賀茂真淵に入門。『古事記』の研究に着手し、三十年以上の歳月をかけて『*古事記伝』を完成させた。その学問は長男*本居春庭、養子本居大平に受け継がれた。主著は『万葉集玉の小琴』『*源氏物語玉の小櫛』『玉勝間』(↓必修古典ビッグ30 ⑱)『鈴屋集』。1730―1801

本居春庭【もとおりはるにわ】[ハルニハ] 人名 江戸時代後期の国学者・歌人。宣長の長男。三十二歳で失明するが、父の没後、鈴屋の社を組織して門弟を養成した。著書に『詞の八衢』『詞の通路』などがある。1763―1828

もとおる(現)↓(歴)**もとほる**【廻る・回る】

もどか・し 形容詞[シク]〈しく・しく・し・しき・しけれ・○/しから・しかり・○・しかる・○・しかれ〉❶非難したい気持ちである。腹立たしい。**女三の宮の御事の、さしも命を換ふばかり思ひ入りけむぞもどかしき。**〈無名草子〉訳 女三の宮の御ことについては、あれほど命と交換するぐらい思いこんだというのが**腹立たしい**。
❷思うようにならずじれったい。はがゆい。気がかりだ。**男は、うたて思ふさまならず、もどかしう、心づきなきことなどありと見れど…。**〈枕草子・124・恥づかしきもの〉訳 男というものは、(相手の女が)厭わしく理想に合わず、**はがゆく**、気に入らない点があると見ても…。○「もどかしう」は連用形「もどかしく」のウ音便。
発展 四段動詞「もどく」が形容詞化したことば。

もどき【擬き・抵牾・牴牾】名詞 ❶なにかに似せて作ること。また、そのもの。❷非難。

もど・く【擬く・抵牾く・牴牾く】

収まるべき所にきちんと収まらず、外れたり、食い違ったりする
❶**まねる。似せる。**
❷**非難する。逆らう。**

未然形	連用形	終止形	連体形	已然形	命令形
もど・か	もど・き	もど・く	もど・く	もど・け	もど・け

動詞 他 [カ四段] ❶**まねる。似せる。まがえる。** **この七歳なる子、父をもどきて、高麗人と文を作り交はしければ…。**〈宇津保〉訳 この七歳である子は、父**をまねて**、朝鮮からの渡来人と漢詩を互いに作り合ったので…。
❷**非難する。批判する。逆らう。** **人の上をばもどき、ものをいとよう言ふよ。**〈枕草子・124・恥づかしきもの〉訳(男は)他の男のことを**非難し**、たいへん口数多く言うことよ。
発展 **語の由来** 「戻す」「戻る」「捩る」などと同じ語源で、収まるべき所にきちんと収まらず、外れたり食い違ったりすることを表すのがもともとの意味と考えられる。❷は、人まねをして、あれこれ言い立てる意味からできた用法。

もと-すゑ【本末】[—すえ]

物事の根幹に当たる部分と末端に当たる部分
❶(草木の)**根もとと枝葉。上と下。**(弓などの)**下端と上端。**
❷(和歌の)**上の句と下の句。**
❸(*神楽歌で、先に歌う方の)**本方と**(後に歌う方の)**末方。**

名詞 ❶(草木の)**根もとと枝葉。上と下。**(弓などの)**下端と上端。** **梓弓引けば本末我が方によるこそ勝れ恋の心は** 歌〈古今集・恋2・610〉訳 アズサで作った弓を引くと、**下端と上端**が自分の方に寄る、(その「よる」ではないが)夜には実に激しくなる。恋心というのは。○「よる」は「寄る」と「夜」の掛詞で、第三句まではその「よる」を導く序詞。
❷(和歌の)**上の句と下の句。** **恥づかしき人の、歌の本末問ひたるに、ふと覚えたる、我ながらうれし。**〈枕草子・276・うれしきもの〉訳(こちらが気後れするほど)優れている人が、和歌の**上の句や下の句**を問いかけたときに、さっと思い出したのは、自分でもうれしい。
❸(神楽歌で、先に歌う方の)**本方と**(後に歌う方の)**末方。** **本末もたどたどしきまで、酔ひ過ぎにたる神楽面どもの、おのが顔をば知らで…。**〈源氏・若菜下〉訳(神楽歌の)**本方と末方**もはっきりしないほどに、酔い過ぎてしまった神楽を奏する人々が、(真っ赤になった)自分の顔にも気がつかないで…。

もと-だち【本立ち】名詞 草木の根元。

もと-つ-くに【本つ国】名詞 本国。故郷。発展「つ」は「の」の意味の上代の格助詞。

もと-どり【髻】名詞 髪を頭の上に集めて束ねたところ。また、束ねた髪。「**しゃ乗り物よりとって引き落とせ。もとどり切れ。**」〈平家・5・奈良炎上〉訳「あいつを乗り物から引きずりおろせ。**もとどりを切れ**。」
発展「本取り」という意味。「たぶさ」とも。

もと-な 副詞 わけもなく。むやみに。やたらに。**いづくより来たりしものそまなかひにもとなかかりて安眠し寝さぬ** 歌〈万葉集・5・802〉訳↓うりはめば…

もと-へ【本方・本辺】[—え] 名詞 元の方。下の方。ふもとの辺り。対 末方
三諸は人の守る山本辺には馬酔木花咲き末辺には椿花咲くうらぐはし山そ泣く子守る山 歌〈万葉集・13・3222〉訳 三室の山は人が見張っている山だ。**ふもとの辺り**にはアシビの花が咲き、頂上の辺りにはツバキの花が咲く。心に染みて美しい山だ。泣く子を見張るように人が見張っている(この)山は。

もとほ・す【回す・廻す】[もとおす] 動詞 他 [サ四段]〈さ・し・す・す・せ・せ〉《上代語》巡らす。回す。類 廻る
「**汝たちは、八塩折の酒を醸み、また垣を作りもとほし、その垣に八門を作り…。**」〈古事記・大蛇退治〉訳「あなた方は、何度も繰り返して(強い)酒を醸造し、また(周囲に)垣根を作り**巡らし**、その垣根に八つの入り口を作り…。」
発展「もとほる」の他動詞形。

もとほ・る【廻る・回る】[もとおる] 動詞 自 [ラ四段]〈ら・り・る・る・れ・れ〉《上代語》巡る。回る。徘徊する。類 回す・廻す
倭に坐す后たちまた御子たち、諸下り到りて御陵を作りて、すなはちその地のなづき田に匍匐ひもとほりて、哭かして歌曰ひたまはく…。〈古事記・景

行天皇(けいこう)訳大和にいらっしゃる妃方や御子方は、みな(伊勢へ)下って(倭建命(やまとたけるのみこと)の)御陵を造営し、そしてその陵に付属する田を這い回って、声を立ててお泣きになってお歌いになることには…。

発展「もとほす」の自動詞形。動詞「行く」「立つ」「這(は)ふ」などの連用形に付いて用いられることが多い。

もとほろ・ふ【廻ろふ・回ろふ】もとおろう 動詞 ↓もとほる

もと・む【求む】動詞 他〔マ下二段〕〈め・め・む・むる・むれ・めよ〉❶探す。探し求める。

秋山の黄葉(もみち)を繁み惑(まと)ひぬる妹(いも)を求めむ山道(やまぢ)知らずも 歌〈万葉集・2・208〉訳↓あきやまの…

❷欲しいと願う。望む。

「**おほふばかりの袖(そで)求めけむ人よりは、いとかしこうおぼし寄りたまへりかし。**」〈源氏・幻〉訳「(大空を)覆うほどの袖(そで)が**欲しいと願った**という人よりは、実にうまいことにお気づきになったね。」

❸自分から招く。誘い出す。

薬を飲みて汗を求むるには、験(しるし)なきことあれども…。〈徒然草・129・顔回(がんかい)は〉訳薬を飲んで汗を**誘い出す**場合には、(誘い出そうとしても)その効果のないことがあるが…。

❹買う。

「**今から都へ行って、その末広がりを求めて来い。**」〈狂言・末広がり〉訳「今から都へ行って、その末広がり(=扇)を**買って来い**。」

類語比較「とむ」「たづぬ」「もとむ」↓尋(と)む

もとめ-い・づ【求め出づ】いず 動詞 他〔ダ下二段〕〈で・で・づ・づる・づれ・でよ〉探し出す。見つけ出す。

「**わがここにさし放ち据ゑざらましかば、いみじく憂(う)き世に経(ふ)とも、いかでか必ず『深き谷』をも求め出でまし。**」〈源氏・蜻蛉(かげろう)〉訳「私がここに(浮舟(うきふね)を連れて来て)そのまま放っておかなかったとしたら、実につらいこの世で生き続けるとしても、どうして(身を投げるために)何が何でも『深い谷』を**探し出し**たりしただろうか、いや、探し出したりはしなかっただろう。」

もとめ-いとな・む【求め営む】動詞 他〔マ四段〕〈ま・み・む・む・め・め〉手に入れようとして努力する。探し出そうとやっきになる。

この四つの外(ほか)を求め営むを驕(おご)りとす。〈徒然草・123・無益(むやく)のことを〉訳この四つ(=衣・食・住・薬)以外のものを**手に入れようとしてやっきになる**ことを贅沢(ぜいたく)だとする。

もとめ-か・ふ【求め飼ふ】かこう 動詞 他〔八四段〕〈は・ひ・ふ・ふ・へ・へ〉探し出して飼う。手に入れて飼う。

犬は、守り防ぐつとめ、人にもまさりたれば、必ずあるべし。されど、家ごとにあるものなれば、殊更(ことさら)に求め飼はずともありなん。〈徒然草・121・養ひ飼ふものには〉訳イヌは、防犯の役目が、人よりも優れているので、必ず飼うべきである。けれども、どの家にもいるものであるから、特別に**探し出して飼わ**なくてもいいだろう。

もとめる(現)↓(古)**もとむ【求む】**・**とむ【尋む・覓む・求む】**

もと-も【尤も・最も】副詞 ↓もっとも

もと-ゆひ【元結ひ】もとゆい 名詞 ❶髪を束ねて結ったもの。髻(もとどり)。❷髻を結ぶ糸やひもなど。

元良親王(もとよししんのう)〔一—〕〔シンワウ〕人名 平安時代前期の歌人。陽成(ようぜい)天皇の第一皇子。風流な貴公子として知られ、女性との贈答歌が多く、『大和物語』などに多くの逸話が見える。家集に『元良親王集』がある。890—943

もと-より【元より】副詞 ❶以前から。古くから。

もとよりの憎さも立ち出(い)でて、ものしとおぼしたり。〈源氏・桐壺(きりつぼ)〉訳(弘徽殿女御(こきでんのにょうご)は藤壺(ふじつぼ)の女御とも不仲のところへ加えて)**以前からの**憎しみもよみがえってきて、(源氏を)不愉快だとお思いになっている。

❷初めから。もともと。

船君(ふなぎみ)の病者(ばうざ)、もとよりこちごちしき人にて、かうやうのこと、さらに知らざりけり。〈土佐日記・二月七日〉訳船の主人で病人(=紀貫之)は、**もともと**無風流な人であって、このような(歌を詠むという)ことを、まったく知らなかったのだ。

❸もちろん。いうまでもなく。

「**行く春丹波(たんば)にいまさば、もとよりこの情うかぶまじ。**」〈去来抄(きょらいしょう)・先師評〉訳「春が過ぎ行くころに(先師=芭蕉が)丹波にいらっしゃったなら、**いうまでもなく**この(惜春の)情は浮かばないだろう。」

もどろか・す 動詞 他〔サ四段〕〈さ・し・す・す・せ・せ〉❶まだらにする。乱れ模様を出す。

青色の襖(あを)、くれなゐの衣(きぬ)、すりもどろかしたる水干(すいかん)といふ袴(はかま)を着せて…。〈枕草子・119・あはれなるもの〉訳(息子には)青色の狩衣、紅の袿(うちぎ)、染料を刷りつけて**乱れ模様を出し**てある水干という袴を身に着けさせて…。

❷(人の気持ちなどを)惑わす。乱す。

国王より始めて民に至るまで心をもどろかし、人の物を計り取る。〈今昔〉訳国王をはじめとして民に至るまで心を**乱し**、人の物を騙(だま)し取る。

発展 四段動詞「もどろく」が他動詞化したもの。

も-なか【最中】名詞 ❶中央。真ん中。また、物事の中心。❷物事の盛りの時。たけなわ。

も-ぬ・く【蛻く】動詞 自〔カ下二段〕〈け・け・く・くる・くれ・けよ〉(セミやヘビなどが、成長の時期に)外皮から抜け出る。脱皮する。

もぬけたる虫の殻(から)などのように、まだいとただよはしげにおはす。〈源氏・若菜下〉訳(病気の紫の上は)**脱皮した**虫の殻などのように、まだとてもふわふわしたような感じでいらっしゃる。

発展「身も抜く」の意味。

もの【物・者】名詞 形式名詞 接頭語↓最重要語(1233ページ)

もの 一 終助詞 接続 種々の語に付く。❶(逆接的な詠嘆を表し)…のになあ。…のだがなあ。

天(あま)飛ぶや鳥にもがもや都まで送りまをして飛び帰るもの 歌〈万葉集・5・876〉訳(私が)鳥ででもあったらなあ。(あなたを奈良の)都までお送り申し上げて飛んで帰って来る**のになあ**。〇「天飛ぶや」は「鳥」に係る枕詞。

❷(詠嘆を表し)…だからなあ。

「**うれしや、命にかへての男ぢゃもの。**」〈西鶴・好色五人女(こうしょくごにんおんな)〉訳「うれしいわ、ほんとに命にかえて思い込んだ男**だからなあ**。」

二 接続助詞(順接の確定条件を表し)…のだから。接続 活用語の終止形・連体形に付く。

その気になったら親子ぢゃもの、何(なん)の憎かろ。〈新版歌祭文(しんぱんうたざいもん)〉訳その気(=後悔の気持ち)になったら親子**なのだから**、どうして憎いだろうか、いや、憎くはない。

発展 一❶は上代の用法で形式名詞「もの」が助詞になったもの、一❷は近世の用法で助詞「ものを」が略されたものとみられる。

もの-あつかひ【物扱ひ】あつかい 名詞 取り扱い。世話やき。

もの【物・者】

形のある物体。また、広く物事を漠然と指し示すことば

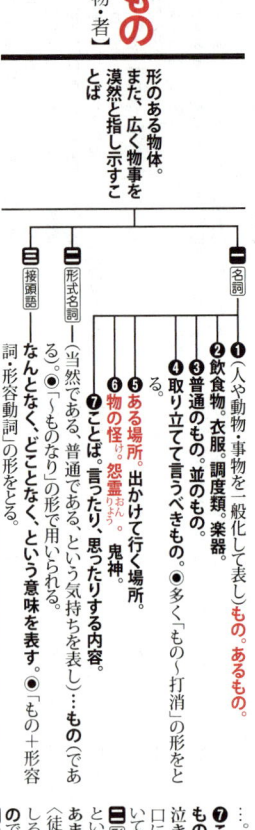

一 名詞
❶(人や動物・事物を一般化して表し)もの。あるもの。
❷飲食物。衣服。調度類。楽器。
❸普通のもの。並のもの。
❹取り立てて言うべきもの。◉多く「もの～打消」の形をとる。
❺ある場所。出かけて行く場所。
❻物の怪。怨霊。鬼神。
❼ことば。言ったり、思ったりする内容。

二 形式名詞 ―(当然である、普通である、という気持ちを表し)…もの(である)。◉「～ものなり」の形で用いられる。

三 接頭語 ―なんとなく、どことなく、という意味を表す。◉「もの＋形容詞・形容動詞」の形をとる。

一 名詞 ❶(人や動物・事物を一般化して表し)**もの。あるもの。物事。**

吾妹子が形見に置けるみどり子の乞ひ泣くごとに取り与ふる物しなければ…歌〈万葉集・2・210〉訳 私の妻が形見に残した幼子が、(何か)欲しがって泣くたびに、取って与える**物**がないので…。

去る者は日々に疎し、と言へることなれば…〈徒然草・30〉訳(世を)去った**者**は日に日に疎遠に(なる)、と(昔から)言っていることなので…。

人、木石にあらねば、時にとりて、ものに感ずることなきにあらず。〈徒然草・41・五月五日〉訳 人は、木や石のように非情のものではないので、折に触れて、**物事**に感動することがないわけではない。

❷**飲食物。衣服。調度類。楽器。**

物なども聞こし召さず。朝餉の、気色ばかり触れさせたまひて…。〈源氏・桐壺〉訳(帝は)**飲食物**なども召し上がらない。日常の食事を、ほんのちょっと箸をつけなさるだけで…。

物の色、したまへるさまなど、いと清らなり。〈源氏・須磨〉訳(紫の上が源氏に送る)**衣服**の色合いや、お仕立てのなさり方などは、たいへん上品で美しい。

❸**普通のもの。並のもの。**

「いざ、この山の上にありといふ布引の滝見に登らむ。」と言ひて、登りて見るに、その滝、**ものより異なり。**〈伊勢・87〉訳「さあ、この山の上にあるという布引の滝を見に登ろう。」と言って、登って見ると、その滝は、**普通のもの**とは異なっている。

行事の蔵人の掻練襲、ものよりことに清らに見ゆ。〈枕草子・92・内裏は、五節のころこそ〉訳 担当者の蔵人所の役人の紅の下襲が、**普通のもの**より格別に上品で美しく見える。

❹(多く「もの～打消」の形で)**取り立てて言うべきもの。物の数。**

今は、和泉の国に来ぬれば、海賊ものならず。〈土佐日記・一月三十日〉訳 今は、*和泉の国まで来てしまったので、海賊など**物の数**ではない(=心配する必要はない)。

❺**ある場所。出かけて行く場所。**

良岑の宗貞の少将、ものへ行く道に、五条わたりにて、雨いたう降りければ…〈大和・173〉訳 良岑の宗貞の少将が、**ある場所**へ行く途中に、五条あたりで、雨がひどく降ってきたので…。

「一年ごろ、**ものにまかりたりしに、いと暑かりしかば**…。」〈更級日記・富士川〉訳「先年ごろ、**ある場所**に出かけましたときに、たいへん暑かったので…。」

❻**超自然的な恐ろしい存在。物の怪。怨霊。鬼神。**

かの、ものに襲はれし折、おぼし出でられて…。〈源氏・末摘花〉訳(源氏は)あの、(夕顔と過ごした廃院で)**物の怪**に襲われたとき(のこと)を、自然と思い出しなさって…。

❼**ことば。言ったり、思ったりする内容。**

ものもまだ言はぬ児の、反り覆り、人にも抱かれず泣きたる。〈枕草子・70・おぼつかなきもの〉訳 **ことば**もまだ口に出さない乳児が、反っくり返り、人にも抱かれないで泣いているのは(気にかかる)。

二 形式名詞(「～ものなり」の形で、当然である、普通である、という気持ちを表し)…**もの**(である)。

あまりに興あらんとすることは、必ずあいなきものなり。〈徒然草・54・御室に、いみじき児の〉訳 むやみにおもしろみを添えようとすることは、決まっておもしろくない**もの**である。

三 接頭語(「もの＋形容詞・形容動詞」の形で)**なんとなく、どことなく、という意味を表す。** 語例 **もの**あはれなり・**もの**憂し・**もの**恐ろし・**もの**清げなり・**もの**狂ほし

発展 ①形のある物体に限らず、広く物事を一般化して表したり、漠然と指し示したりすることば。

② **一❷の意味は文脈から** 一❷は、対象を特にはっきりさせないで、さまざまな物をぼかして示すほか、言わなくても分かる場合などに、婉曲的に用いられるので、指示内容は前後の文脈から判断しなければならない。

③ **中古の女流文学では…** 「もの」が愛用され、特に『源氏物語』では、三の接頭語の「もの」を冠する形容詞・形容動詞などが発達している。「もの」を動詞にした「ものす」も、さまざまな動詞の代用として、このころに多く用いられた。

類語比較 **「もの」と「こと」**

共通点＝広く物事を一般化して指し示すことばで、最も基本的な形式名詞でもある。

もの＝時間に関係なく、形のある物体などを漠然と指し示す場合に用いられることが多い。

こと＝主に、時間の移り変わりとともに進行・変化する状態・作用・性質などを表す。

※ただし、ある対象をどちらととらえるかは、必ずしも一定でなく、まったく同じ事柄が「もの」と表されたり「こと」と表されたりすることもある。

→**古語チャート㊶**(1179ページ)

もの-あはせ【物合はせ】あわせ 名詞 物を比べ合わせてその優劣を競い合う遊びの総称。↓絵で見る古典生活史 ㉖(1235ページ)

うれしきもの。…物合はせ、何くれと挑むことに勝ちたる、いかでかうれしからざらむ。〈枕草子・276・うれしきもの〉訳 うれしいもの。…**何かを比べて競い合うこと**、何やかやと勝負することで勝ったのは、どうしてうれしくないだろうか、いや、うれしいだろう。

もの-あはれ・なり【もの哀れなり】あわれなり 形容動詞〔ナリ〕〈なら・なり(に)・なり・なる・なれ・なれ〉なんとなく感慨深い感じがする。

わざとならぬ匂ひ、しめやかにうち薫りて、忍びたるけはひ、いとものあはれなり。〈徒然草・32・九月二十日のころ〉訳 (わざわざ薫いたのではない)さりげない香の香りが、しっとりと漂って、人目につかない(ように住ん)でいるようすが、たいそう**なんとなく感慨深い感じがする**。

発展「もの」は接頭語。

もの-いひ【物言ひ】いい 名詞 ❶ものの言い方。口のきき方。ことばづかい。

着たまへる物どもをさへ言ひたつるも、物言ひさがなきやうなれど…。〈源氏・末摘花〉訳 お召しになっている物までもあれこれ取り立てて言うのも、**ものの言い方**が口やかましいようだが…。

❷評判。うわさ。非難をこめた言い方に用いることが多い。

人の物言ひを憚りたまひつつ、うちとけたまふべき御気色もなければ…。〈源氏・朝顔〉訳 (朝顔の姫君は)人々の**うわさ**に気がねなさっては、(源氏に)うちとけなさるごようすもないので…。

❸口の達者な人。議論好きな人。論客。

この史は極めたる物言ひにてなむありければ…。〈今昔〉訳 この史(=役人の職)はこの上ない**口の達者な人**であったので…。

もの-い・ふ【物言ふ】いう 動詞 自〔ハ四段〕〈は・ひ・ふ・ふ・へ・へ〉 ❶口に出して言う。口をきく。

物言はぬ四方のけだものすらだにも哀れなるかな親の子を思ふ 歌〈金槐集・718〉訳 **口をきか**ないあちらこちらの獣でさえも心を動かされるものであるなあ。親が子をいとおしく思うことについては。

❷気の利いたことばを言う。秀句・洒落などを言う。

楫取りの言ふやう、「黒鳥のもとに、白き波を寄す。」とぞ言ふ。この言葉、何とにはなけれども、物言ふやうにぞ聞こえたる。〈土佐日記・一月二十一日〉訳 船頭が言うのには、「黒鳥の下に、白い波を打ち寄せる。」と言うのだ。このことばは、別になんということはないが、**気の利いたことばを言う**ように聞こえている。

❸恋愛関係にある。男女が情を通わせる。

むかし、物言ひける女に、年ごろありて、「いにしへの倭文の苧環繰り返し昔を今になすよしもがな」といへりけれど、なにとも思はずやありけむ。〈伊勢・32〉訳 昔、**恋愛関係にあった**女に、数年経ってから、(男が)「昔のしず織のおだまきを繰るように、繰り返し(たぐり戻し)て、もう一度愛しあった昔の間柄を今に取り戻す手だてがあってほしいなあ。」と言ったけれども、(女は)何とも思わなかったのではなかろうか。

もの-いみ【物忌み】名詞 ❶神事などのため、一定期間家にこもって、飲食・言行を慎み沐浴をして身を清めること。❷陰陽道で、天一神や太白神が遊行する方角を犯すことを避けるため、また、けがれに触れたり夢見の悪いときに、一日あるいは数日間家にこもって慎むこと。❸物忌みの札。❷の最中であるしるしとして、ヤナギの木の札や細い紙に「物忌」と書いて冠や簾などに下げた。❹伊勢神宮などで神事に奉仕した少年少女。

もの-う-が・る【物憂がる】動詞 自〔ラ四段〕〈ら・り・る・る・れ・れ〉なんとなく気が進まないと思う。いやがる。

わざと思ひ立ちて宮仕へに出で立ちたる人の、ものうがり、うるさげに思ひたる。〈枕草子・79・あぢきなきもの〉訳 わざわざ決心して宮仕えに出仕した人でありながら、**なんとなく気が進まないと思っ**たり、わずらわしそうに思っているのは(まともでない)。

発展 形容詞「ものうし」の語幹に接尾語「がる」が付いて動詞化したもの。

もの-う-げ・なり【物憂げなり】形容動詞〔ナリ〕〈なら・なり(に)・なり・なる・なれ・なれ〉なんとなく気が進まない感じがする。なんとなく気が重そうだ。

宵よりさむがりわななきをりける下衆男、いとものうげにあゆみくるを…。〈枕草子・25・すさまじきもの〉訳 (除目の情報を得るために)前夜から(役所の側で)寒がってぶるぶる震えながら控えていた下男などが、たいそう**なんとなく気が重そうに**歩いて来るのを(見て)…。

発展 形容詞「ものうし」の語幹＋接尾語「げなり」。

もの-う・し【物憂し・懶し】

なんとなく気が重いようす
- ❶気が進まない。おっくうである。憂鬱である。
- ❷つらい。苦しい。嫌だ。

未然形	連用形	終止形	連体形	已然形	命令形
ものう・く	ものう・く	ものう・し	ものう・き	ものう・けれ	○
ものう・から	ものう・かり	○	ものう・かる	○	ものう・かれ

形容詞〔ク〕 ❶気が進まない。おっくうである。憂鬱である。

もし念仏ものうく、読経まめならぬときは、自ら休み、自ら怠る。〈方丈記・境涯〉訳 もし念仏することが**おっくうで**、読経することも熱心になれないときは、自分から休息(することに)し、自分から怠ける(ことにしている)。

❷つらい。苦しい。嫌だ。

一夜を明かすほどだにも、旅寝となれば、もの憂きに…。〈太平記〉訳 一夜を明かす間だけでも、旅の宿泊ともなると、**つらい**のに…。

もの-うと・し【物疎し】形容詞〔ク〕〈(く)・く・し・き・けれ・○／から・かり・○・かる・○・かれ〉なんとなく親しめない。なんとなくいやな感じだ。

冷え入りにたれば、けはひものうとくなりゆく。〈源氏・夕顔〉訳 (夕顔の身体は)すっかり冷たくなってしまっているので、ようすが**なんとなくいやな感じに**なっていく。

発展「もの」は接頭語。

もの-うらみ【物恨み】名詞 物事を恨むこと。不平に思うこと。

もの-うらやみ【物羨み】名詞 うらやましく思うこと。他人のことを何かにつけてうらやましく思うこと。

ものうらやみし、身の上嘆き、人の上言ひ、露塵のこともゆかしがり、聞かまほしうして、言ひ知らせぬをば怨じ…。〈枕草子・28・憎きもの〉訳 **何かにつけてうらやましく思う気持ち**を抱き、自分自身のことを嘆き、他人についてのうわさをし、ごくわずかのことでも知りたがり、聞きたいと思って、話して知らせないことについて恨み言を言い…。

もの-おそろ・し【物恐ろし】 形容詞〔シク〕〈しく・しく・し・しき・しけれ・○／しから・しかり・○・しかる・○・しかれ〉なんとなく恐ろしい。「**人げ遠き心地して、もの恐ろし。**」〈源氏・帚木〉訳「人の気配が遠い感じがして、**なんとなく恐ろしい。**」

発展「もの」は接頭語。

もの-おぢ【物怖ぢ】—名詞 物事を怖がること。おびえること。

「**物おぢをなむわりなくせさせたまふ本性にて、いかに思さるるにか。**」〈源氏・夕顔〉訳「(夕顔様は)**物事を怖がること**をむやみになさるご性格で、(今の薄気味悪さを)どのようにお感じでいらっしゃるのだろうか。」

もの-おぼ・ゆ【物覚ゆ】—動詞 自〔ヤ下二段〕〈え・え・ゆ・ゆる・ゆれ・えよ〉❶気がしっかりしている。正気である。

「**すこしものおぼえたるさまならましかば…。**」〈源氏・柏木〉訳「(柏木が)もう少し**気がしっかりしている**ようすであったなら…。」

❷物心がつく。

「**もの覚えて後、さることをこそまだ見はべらね。**」〈大鏡・道長上〉訳「**物心がつい**てから、これほどのことはまだ見たことがございません。」

もの-おもは・し【物思はし】—形容詞〔シク〕〈しく・しく・し・しき・しけれ・○／しから・しかり・○・しかる・○・しかれ〉物思いが尽きない。心配事が絶えない。**女は、今より添ひたる身のうさを嘆き加へて、かたみにもの思はし。**〈源氏・浮舟〉訳(薫が過去の悲恋を思い出す一方で)女(=浮舟)は、今まで以上に重なったわが身のつらさをさらに悲しんで、お互いに**物思いが尽きない。**

発展 四段動詞「ものおもふ」の形容詞化したことば。

もの-おもひ【物思ひ】—名詞 思い煩うこと。心配すること。心配事。悩み事。

この衣着つる人は、物思ひなくなりにければ、車に乗りて、百人ばかり天人具して、昇りぬ。〈竹取・かぐや姫の昇天〉訳この(羽)衣を着た人は、(地上の人間としての)**心配事**がなくなったので、車に乗って、百人ほどの天人を連れて、(空に)昇った。

もの-おも・ふ【物思ふ】—動詞 自〔八四段〕〈は・ひ・ふ・ふ・へ・へ〉物思いにふける。思い悩む。**人も愛し人も恨めしあぢきなく世を思ふゆゑにもの思ふ身は** 百人一首〈続後撰集・1202〉訳→ひともをし…

ものおもふと… 歌 **もの思ふと過ぐる月日も知らぬ間に年もわが世も今日や尽きぬる**〈源氏・幻〉訳(亡くなった紫の上をしのんで)物思いにふけって過ぎてゆく月日も知らないでいるうちに、(この)年も、わたしの命も今日で尽きてしまうのか。

発展「物思ふと過ぐる月日も知らぬ間に今年は今日に果てぬかと聞く」〈後撰集・506〉を本歌とする。

ものおもへば… 歌 **もの思へば沢の蛍もわが身よりあくがれ出づる魂かとぞ見る**〈後拾遺集・1162・和泉式部〉訳思い煩っていると、沢のホタルも私の体から離れてさまよい出た魂(ではない)かと感じる。

○「あくがる」は、本来の場所から離れてさまようという意味を表す。

発展 貴船神社に参詣したときの歌。深く物思いをすると、魂が肉体から離れるという俗信があった。

もの-か 終助詞 接続 活用語の連体形に付く。❶(強い驚きと感動を表し)なんと…ではないか。**世の中は数なきものか春花の散りのまがひに死ぬべき思へば** 歌〈万葉集・17・3963〉訳人の世は**なんと**はかないもの**ではないか**。春の花が散り乱れるときに死ぬにちがいないことを思うと。

❷(事柄の意外さに驚きあきれ、反問する気持ちを表し)…ことがあろうか。…とはなにごとか。

「**人離れたる所に、心解けて寝ぬるものか。**」〈源氏・夕顔〉訳「人けのない所で、気を許して寝込む**とはなにごとか。**」

もの-かず【物数】 名詞 ❶物品の数。❷多くの数。また、たくさんの物。❸ことば数。口数。

もの-がたり【物語】 名詞 ❶話をすること。会話。談話。世間話。**宵のほどは、物語などして、夜更けぬれば、親も寝所に入りて寝にけり。**〈今昔〉訳宵のころは、**世間話**などをして、夜がふけたので、親も寝室に入って寝てしまった。

❷→物語

物語 文芸用語 平安時代から室町時代にかけて作られた文学の一形式。作者の見聞・想像をもとに、人物・事件について人に語る形で叙述した散文の文学作品をいう。平安初期成立の『竹取物語』は、従来の説話・伝承に近似した伝奇物語であるが、その後、『伊勢物語』に代表される歌物語を経てしだいにリアリティを獲得し、『源氏物語』に至って写実的な物語が完成するとともに、物語文学は最高峰に達した。平安末期から鎌倉時代にかけては『源氏物語』などを模倣した擬古物語がつく

絵で見る古典生活史㉖

もの合わせ

「物合はせ」は、左右の組に分かれて物の優劣を競う遊びです。『枕草子』「うれしきもの」には「物合はせ、何くれと挑むことに勝ちたる、いかでかうれしからざらむ。(訳→ものあはせ)」と書かれていて、当時の女房たちの間で大流行しました。所有している扇の美しさを比べる扇合わせ、和歌のうまさを競った歌合わせ、採ってきた草の珍しさを競った草合わせなどの種類があります。

『堤中納言物語』「貝あはせ」には、珍しい貝を探すのに苦心し、白銀や黄金のハマグリを見て喜んでいる場面があります。単に形の美しさだけでなく、貝自体の珍しさを競ったようです。

また、同物語「逢坂越えぬ権中納言」では、五月五日に行われた菖蒲の根の長さを競う「根合はせ」も見られます。

『源氏物語』には「絵合」という巻がありますが、これは物語の絵などを出し合って優劣を競う遊びです。

(絵…貝合わせ〈うたたね草紙〉より)

られ、作り物語はしだいに衰退していった。そのころ、物語の新しい方向として『★大鏡（おおかがみ）』などの★歴史（れき し）物語や『★平家（へい け）物語』などの★軍記（ぐん き）物語が現れた。

もの-かな 終助詞（感動を表し）…ものだなあ。接続 活用語の連体形に付く。

「**いと愛敬なかりけるものかな。**」〈落窪（おちくぼ）〉訳「ほんとに思いやりがなかった**ものだなあ。**」

もの-がな・し【物悲し】 形容詞〔シク〕〈しく・しく・し・しき・しけれ・○／しから・しかり・○・しかる・○・しかれ〉なんとなく悲しい。うら悲しい。

「**昔、大将の御母上亡（う）せたまへりしも、このころのことぞかし。**」と思し出（い）づるに、**いとものの悲しく**…。〈源氏・御法（みのり）〉訳「昔、大将の君（＝夕霧）の御母上（＝葵（あおい）の上）がお亡くなりになったのも、今ごろの季節のことだよ。」と（致仕（ちじ）の大臣（おとど）は）お思い出しになると、非常に**うら悲しく**…。

発展「もの」は接頭語。

もの-かは 終助詞 接続 活用語の連体形に付く。❶（強い感嘆を表し）…ではないか。…ことよ。

「**この矢当たれ。**」**と仰せらるるに、同じものを中心（なか）には当たるものかは。**〈大鏡・道長上〉訳「この矢が命中しろ。」とおっしゃると、同じ命中するのでも（的の）真ん中には当たるではないか。

❷（反語の意を表し）…ものであろうか、いや、そうではない。

137 **花は盛りに、月はくまなきをのみ見るものかは。**〈徒然草・137・花は盛りに〉訳サクラの花は満開であるのだけを、月は陰がないの（＝満月）だけを見るものであろうか、いや、そうではない。

発展 形式名詞「もの」に終助詞「かは」が付いて一語となったもの。

もの-かは【物かは】 連語 取り立てて言うほどではない。ものの数ではない。問題にならない。

待つ宵（よひ）に更（ふ）けゆく鐘の声聞けばあかぬ別れの鳥はものかは 歌〈新古今集・恋3・1191〉訳↓まつよひに…

発展 名詞「もの」に終助詞「かは」が付いたもの。反語の意味を表す終助詞「ものかは」の上に付く活用語が省略された形。

もの-から↓基本助詞25（1236ページ）

基本助詞25

もの-から

❶（逆接の確定条件を表し）…のに。…けれども。
❷（順接の確定条件を表し）…ので。…だから。
◉中世以降の用法。

接続 活用語の連体形に付く。

接続助詞 ❶（逆接の確定条件を表し）…のに。…けれども。…ものの。

偽りと思ふものからいまさらに誰（た）が誠をか我は頼まむ 歌〈古今集・恋4・713〉訳（あの人のことばを）偽りだと思う**ものの**、今となっては、（ほかの）だれの誠意を私は頼みにしようか、いや、だれも頼みにできない。○「ものから」の前の句と後の句とが相反する内容になっている。

月は有り明けにて、光をさまれるものから、影さやかに見えて…。〈源氏・帚木（ははきぎ）〉訳月は夜明け近くの月で、光がなくなっている**けれども**、（月の）形ははっきり見えて…。

いたましうするものから、下戸（げこ）ならぬこそ男（をのこ）はよけれ。〈徒然草・1・いでや〉訳（酒を勧められて）迷惑そうにする**ものの**、酒が飲めない人ではないのが男としてはよいのである。

❷《中世以降》（順接の確定条件を表し）…ので。…だから。

さすがに辺土（へんど）の遺風忘れざるものから、殊勝に覚えらる。〈奥の細道・末の松山〉訳そうはいってもやはり（奥浄瑠璃（おくじょうるり）は）片田舎に残る古い伝統を忘れずに伝えている**ので**、感心だと思わないではいられない。○「ものから」の前の句が後の句の理由を表している。

発展 ①**語の成り立ち** 形式名詞「もの」に格助詞「から」が付いてできたことば。逆接の確定条件を表す❶がもともとの用法である。

②**語の歴史** 中古末ごろからは用例が激減した。中世以降は古い感じを伴うことばとなり、「から」を原因・理由を表す接続助詞と誤解したためか、順接の確定条件を表す❷の用法も生じた。近世になると順接の用法が主流となり、俳文を中心に用例が見られる。

③**『奥の細道』の一例**「月は有明（ありあけ）にて、光をさまれるものから、富士の峰かすかに見えて…。」〈奥の細道・旅立ち〉については、❶の用法と解釈する説もある。これは❶に挙げた『源氏物語』に拠っていることが明らかで、芭蕉は意識して引用しているのである。ただ続く部分が、『源氏物語』では「影さやかに見えて」であるのに、『奥の細道』では「富士の峰かすかに見えて」とある。したがって後者は「光がなくなっているので、富士山の山頂がかすかにしか見えない」というように、「ものから」は❷の順接となっているものとみていきたい。

関連語 ものの・ものゆゑ

もの-ぎき【物聞き】 名詞 ようすを探るために聞くこと。また、その人。

もの-きこ・ゆ【物聞こゆ】 動詞 自〔ヤ下二段〕〈え・え・ゆ・ゆる・ゆれ・えよ〉（「物言ふ」の謙譲語で）申し上げる。お話しする。

「**大進（だいじん）、まづ物聞こえむとあり。**」〈枕草子・8・大進生昌（なりまさ）が家に〉訳「大進（生昌）が、とりあえず（清少納言に）**お話ししたい**ということである。」

もの-きたな・し【物汚し】 形容詞〔ク〕〈く・く・し・き・けれ・○／から・かり・○・かる・○・かれ〉なんとなく汚い。むさくるしい感じだ。

ものきたなからず、由（よし）づきたることも混じれれば…。〈源氏・明石（あかし）〉訳（明石の入道は一癖あって）**むさくるしい感じで**なく、教養がありそうな点も混じっているので…。

発展「もの」は接頭語。

もの-きよ・げ・なり【物清げなり】 形容動詞〔ナリ〕〈なら・なり（に）・なり・なる・なれ・なれ〉なんとなくさっぱりしている。どことなくすばらしい。

ものきよげに由（よし）あるさまして、かたじけなくとも、取り替へつべく見ゆ。〈源氏・蓬生（よもぎう）〉訳（末摘花（すゑつむはな）の侍従は）**どことなくすばらしく**風情をたたえたようすをしていて、もったいないことであっても、（末摘花と）取り替えてしまえそうだと見える。

発展 形容詞「ものきよし」の語幹＋接尾語「げなり」。

もの-くさ・し 形容詞〔ク〕〈く・く・し・き・けれ・○／から・かり・○・かる・

○・かれ〉 ❶【物臭し】なんとなく臭い。

女君は、ほど経ふるままに、**もの臭き部屋**に臥ふして…。〈落窪おちくぼ〉訳 姫君は、時がたつにつれて、**なんとなく臭い**部屋に横になって…。

❷【懶し】❶おっくうである。気が進まない。

童わらんべは気を失ひて、能**ものくさく**なりたちぬれば、やがて能は止まるなり。〈風姿花伝ふうしかでん〉訳（あまり厳しく注意すると）子供はやる気をなくし、能に**気が進まなく**なってしまうので、そのまま芸の上達は止まってしまうのである。

❷気分がすぐれない。具合が悪い。

うち食はん事難くや有りけん、**ものくさく**なりて、死ぬべき時に…。〈仁勢物語にせものがたり〉訳 物を食べられなくなったのであろうか、**具合が悪く**なって、死にそうなときに…。

発展「もの」は接頭語。中世以降は「ものぐさし」。

もの-ぐるは・し【物狂はし】ぐるわし 形容詞 ↓ものぐるほし

もの-ぐるひ【物狂ひ】ぐるい 名詞 ❶狂気。乱心。また、その人。❷神や物の怪けが乗り移ること。また、その人。❸（能や狂言で）亡夫や亡妻、捜し求める子供などを思って、たちまち狂乱状態になる人。また、その芸を演じること。

もの-ぐるほ・し【物狂ほし】

普通の精神状態ではなくなってくるようす ─ **正気を失っているようだ。**（なんとなく）**気がおかしくなってくる。**（なんとなく）**異常な感じがする。**

未然形	連用形	終止形	連体形	已然形	命令形
ものぐる ほ・しく	ものぐる ほ・しく	ものぐる ほ・し	ものぐる ほ・しき	ものぐる ほ・しけれ	○
ほ・しから	ほ・しかり	○	ほ・しかる	○	ものぐる ほ・しかれ

形容詞〔シク〕**正気を失っているようだ。**（なんとなく）**気がおかしくなってくる。**（なんとなく）**異常な感じがする。**

御衣おほんの片身づつ、たれかとく縫ふと、近くも向かはず縫ふさまも、いと**ものぐるほし**。〈枕草子・95・ねたきもの〉訳 お召し物の身ごろの片方ずつを、だれが早く縫うかと（競争して）、近くで向かい合い（ことばを交わし）もしないで（一心不乱に）縫うようすも、実に**異常な感じがする**。

つれづれなるままに、日暮くらし、硯すずりに向かひて、心にうつりゆくよしなしごとを、そこはかとなく書き付くれば、怪しうこそ**ものぐるほしけれ**。〈徒然草・序・つれづれなるままに〉訳 所在なく退屈であるのに任せて、一日中、硯と向き合って、意識に次々に浮かぶつまらないことを、とりとめもなく書き付けていると、不思議に**気がおかしくなってくる**ことだ。

発展 **語の成り立ち** 四段動詞「狂ふ」が形容詞になった「くるはし」に、接頭語「もの」が付いた「ものぐるはし」の変化したもの。

もの-け【物気】名詞 それらしいようす。気配。

もの-げ-な・し【物げ無し】形容詞〔ク〕〈く・く・し・き・けれ・○／から・かり・○・かる・○・かれ〉たいしたものではない。目立たない。みすぼらしい。

「懸想人けさうびとのいと**ものげなき**足もとを見付けられてはべらむとき、辛からくもあるべきかな。」〈源氏・夕顔〉訳「色男が（ウマに乗らずに）ひどく**みすぼらしい**歩き方を（相手の女に）見つけられていたりしますときは、つらくもあるに違いないことだなあ。」

もの-こころぼそ・し【物心細し】形容詞〔ク〕〈く・く・し・き・けれ・○／から・かり・○・かる・○・かれ〉なんとなく心細い。

もの心細くおぼして、御行ひ、常よりもたゆみなくしたまふ。〈源氏・椎本しいがもと〉訳（八の宮は厄年やくどしなので）**なんとなく心細い**とお思いになって、勤行を、常日ごろよりも怠りなくなさる。

発展「もの」は接頭語。

もの-ごし【物越し】名詞 物を隔てていること。特に、几帳きちょうや簾すだれを間にして対すること。

もの-ごし【物腰】名詞 ことばつき。ものの言い方。また、態度。身のこなし。

もの-ごのみ【物好み】名詞 ❶変わった物事を好むこと。物好き。❷えり好みすること。

もの-ごり【物懲り】名詞 物事に懲りること。こりごりすること。

もの-さび・し【物寂し】形容詞〔シク〕〈しく・しく・し・しき・しけれ・○／しから・しかり・○・しかる・○・しかれ〉なんとなく寂しい感じだ。

かなはぬこと多く、年月にそへて、宮の内**ものさびしく**のみなりまさる。〈源氏・橋姫〉訳 思うままにならないことが多く、年月のたつにつれて、（八の宮の）邸内は**なんとなく寂しい感じに**なっていくばかりである。

発展「もの」は接頭語。

もの-さわが・し【物騒がし】形容詞〔シク〕〈しく・しく・し・しき・しけれ・○／しから・しかり・○・しかる・○・しかれ〉❶なんとなく騒がしい。ざわざわして落ち着かない。

人に駆かり移したまへる御物の怪けども、妬ねたがり惑ふけはひいと**もの騒がしう**て…。〈源氏・葵あおい〉訳 寄りましに追い払って移しなさった御物の怪どもが、（葵の上のお産を）ねたんで大騒ぎするようすはまことに**ざわざわして落ち着かなくて**…。○「もの騒がしう」は連用形「もの騒がしく」のウ音便。

❷あわただしい。せっかちだ。

「入道腹のたちのままに、**もの騒がしき事**したまひては、後に必ずくやしみたまふべし。」〈平家・2・小教訓こきょうくん〉訳「入道が腹立ちまかせに、**せっかちな**ことをなさっては、後で必ず後悔なさるに違いない。」

発展「もの」は接頭語。

もの-し【物し】動詞 **ものす**の連用形。↓**最重要語**（1239ページ）

もの-し【物仕・物師】名詞 物事を上手にする人。老練な人。熟練者。やり手。

「なほひかへさせたまへ。いみじき**物師**ぞ。まろは。」〈落窪おちくぼ〉訳「やはり（折り目をつけるために袍ほうを私に）持たせてください。とてもすばらしい**熟練者**だよ。私は。」

もの・し【物し】形容詞〔シク〕〈しく・しく・し・しき・しけれ・○／しから・しかり・○・しかる・○・しかれ〉不愉快だ。見苦しい。嫌だ。

月のおもしろきに、夜更くるまで遊びをぞしたまふなる。「いとすさまじう、**ものし**。」と聞こし召す。〈源氏・桐壺きりつぼ〉訳（桐壺の更衣を失った帝みかどの悲しみをよそに、弘徽殿こきでんの女御にょうごは）月の美しい夜に、夜が更けるまで管絃の遊びをなさる音がする。（帝はそれを）「まことにおもしろくなく、**不愉快だ**。」とお聞きになる。

もの-し-げ・なり【物しげなり】形容動詞〔ナリ〕〈なら・なり（に）・なり・なる・なれ・なれ〉不快そうだ。

「定めたらむさまの、やむごとなからむこそよからめ。」と、**ものしげに**おぼしめしたり。〈枕草子・278・関白殿くわんぱくどの二月二十一日に〉訳「定めてあるようなようすで、品位があるようなのがよいであろうのに。」と、（中宮様は）**不快そう**に思っていらっしゃる。

もの-す【物す】動詞 補助動詞 ↓**最重要語**（1239ページ）

もの-すさま-じ【物凄まじ】形容詞〔シク〕〈じく・じく・じ・じき・じけれ・○／じから・じかり・○・じかる・○・じかれ〉なんとなく風情がない。なんとなく興味が持てない。

「ただ素直に、公ざまの心ばへばかりにて、宮仕への程も**ものすさまじきに**…。」〈源氏・若菜下〉訳「（お后方が）ただ従順に、朝廷の儀式どおりという気持ちばかりであって、（帝のご寵愛が薄いまま）宮仕えする間も**なんとなく興味が持てない**（寂しい気がする）ので…。」

❸ものする【物する】動詞**ものす**の連体形。↓**最重要語**（1239ページ）

発展「もの」は接頭語。

❸ものすれ【物すれ】動詞**ものす**の已然形。↓**最重要語**（1239ページ）

❸ものせ【物せ】動詞**ものす**の未然形。↓**最重要語**（1239ページ）

❸ものせよ【物せよ】動詞**ものす**の命令形。↓**最重要語**（1239ページ）

もの-ぞ 連語 …ものである。…に違いない。

「先々も申さむと思ひしかども、必ず心惑はしたまはむものぞと思ひて…。」〈竹取・かぐや姫の昇天〉訳「以前も（本当のことを）申し上げようと思ったけれども、きっと途方に暮れなさったりするに**違いない**と思って…。」

もの-ぞ-かし …ものであるよ。…に違いない。

これを見るにも、貧にては死なれぬ**ものぞかし**。〈西鶴・世間胸算用〉訳これを見るにつけても、（人は）貧乏では死ぬことのできない**ものであるよ**。

発展 形式名詞「もの」＋終助詞「ぞ」＋終助詞「かし」。

もの-ぞこなひ【物損なひ】名詞 物事の風情を損なうこと。興趣をそぐこと。

もの-つつま-し【物慎まし】形容詞〔シク〕〈しく・しく・し・しき・しけれ・○／しから・しかり・○・しかる・○・しかれ〉なんとなく遠慮される。気が引ける。

立ち聞き、かいまむ人のけはひして、いといみじく**ものつつまし**。〈更級日記・宮仕え〉訳（宮仕えの生活は）立ち聞きをし、のぞき見をしたりする人の気配がして、とてもひどく**気が引ける**（遠慮される）。

発展「もの」は接頭語。

もの-づつみ【物慎み】名詞 物事を包み隠して言わないこと。遠慮すること。引っ込み思案。

もの-どほ-し【物遠し】形容詞〔ク〕〈く・く・し・き・けれ・○／から・かり・○・かる・○・かれ〉❶遠く離れている。

「かく**もの遠くては**、いかが聞こえさすべからむ。」〈源氏・藤袴〉訳「こんなに**遠く離れていては**、（父である内大臣の伝言を）どのように申し上げることができよう。」

❷よそよそしい。他人行儀である。

いと静かに、**もの遠きさまして**おはするに、頭の君もいとをかしけれど…。〈源氏・紅葉賀〉訳（源氏は）落ち着き払って、**よそよそしい**ようすでいらっしゃるので、頭中将もひどくおかしく思うが…。

発展「もの」は接頭語。

もの-ども【者共】㊀代名詞（複数の目下の者に対して）お前たち。㊁名詞 人々。皆の者。

発展「ども」は接尾語。

もの-と-も-せ-ず【物ともせず】問題にもしない。なんとも思わない。

人の物ともせぬ所に惑ひ歩けども何も験あるべくも見えず。〈竹取・五人の貴公子〉訳人々が**問題にもしない**場所にまで惑いながら行ってみるもののなんの効果があるようにも思えない。

もの-な・る【物馴る】動詞 自〔ラ下二段〕〈れ・れ・る・るる・るれ・れよ〉❶物事に慣れる。熟達する。世間の事情に通じる。

かやうの事は、**ものなれぬ人のある事なり**。〈徒然草・234〉訳このような行為（＝あたりまえのように思われることを聞かれてきちんと答えない行為）は、**世間の事情に通じていない人のする行為である**。

❷なれなれしくする。

御仲らひあらまほしううちとけゆくに、さりとてさし過ぎ**ものなれず**…。〈源氏・藤裏葉〉訳（紫の上と明石の君の女同士の）お仲も理想的と言えるほどうちとけてゆくが、だからといって（明石の君は紫の上に対して）出過ぎたり**なれなれしくし**たりはしないで…。

もの-に-かん・ず【物に感ず】物事に感動する。物事に（何かを）感じる。

人、木石にあらねば、時にとりて、**物に感ずることなきにあらず**。〈徒然草・41・五月五日〉訳人は、木や石のように非情のものではないので、折に触れて、**物事に感動することがないわけではない**。

もの-に-つ・く【物に付く・物に憑く】（神・怨霊・邪気などが）取り付く。乗り移る。

そぞろ神の**物につきて心を狂はせ**…。〈奥の細道・発端〉訳（なんとなく人をそそのかすという）そぞろ神が（わが身に）**取り付いて**正気を失わせ…。

もの-に-に-ず【物に似ず】連語 たとえようがない。並み一通りでない。

いと心細く悲しきこと、**ものに似ず**。〈蜻蛉日記〉訳本当に心細く悲しいことは、**たとえようがない**。

もの-に-も-あら-ず【物にもあらず】連語 問題にもならない。気にかけるほどのこともない。

右大臣の御勢ひは、**ものにもあらず**押されたまへり。〈源氏・桐壺〉訳右大臣のご勢力は、（左大臣方から）圧倒されていらっしゃる。**問題にもならな**いくらい（左大臣方から）圧倒されていらっしゃる。

もの-の 接続助詞（逆接の確定条件を表し）…けれども。…とはいうものの。

接続 活用語の連体形に付く。

あはれと思しぬべき人のけはひなれば、つれなくねたき**ものの**、忘れがたきに思す。〈源氏・夕顔〉訳（源氏が）愛情を感じるとお思いになってしまうに違いない人（＝空蟬）のそぶりであるので、つれなく憎い**けれども**、忘れがたい女だと（源氏は）お思いになる。

なべての月には見えぬ**ものの**、師走のつごもりのみ時めきて…。〈枕草子・40・花の木ならぬは〉訳（ユズリハは）普通の月には見えないものである**けれども**、十二月の末だけは盛りの時期らしいようすを示して…。

もの-の-あはれ【物のあはれ】名詞 ❶物事に触れて起こるしみじみとした味わい。自然や人生の機微に感じ入る心。

「**物のあはれは秋こそ勝れ**。」と、人ごとに言ふめれど…。〈徒然草・19・折節の〉訳「**しみじみとした味わい**は秋が（もっとも）優れている。」と、だれもが言うようだが…。

❷本居宣長の提唱した、平安時代の文芸における美的理念。自然や人生のさまざまな物事を深く感じ、それらと調和して一体となった心にわき起こる繊細で優美な感慨。

物語は、もののあはれを知るをむねとはしたるに…。〈源氏物語玉の小櫛〉訳物語は、**繊細で優美な感慨**を知るのをその趣旨とはしているので…。

発展 宣長は、その最高の結実が『源氏物語』であるという。

もの-の-かず【物の数】❶物や人の数。❷（多く下に打消の語を伴って）特に数え立てるほどのもの。

もの-の-きこえ【物の聞こえ】世間の評判。うわさ。

もの-の-ぐ【物の具】名詞 ❶道具。調度品。**あるいは鹿、鳥等のもろもろの獣を殺す物の具等をひまなく置き散らせり。**〈今昔〉訳あるいはシカ、トリなどいろいろの動物を殺す**道具**などを一面に置き散らしてある。❷武具。主に、鎧・兜を指す。また、弓・矢・槍などにもいう。**判官を見知りたまはねば、物の具のよき武者をば、判官かと目をかけて馳せ廻る。**〈平家・11・能登殿最期〉訳判官義経を知っていらっしゃらないので、**鎧・兜**の立派な武者を、判官かとそれを目がけて走りまわる。❸礼装の一式。特に女性の裳・唐衣・五衣などを指す。

もの-の-くま【物の隈】物に隠れて人目に付かない所。物陰。

もの-の-け【物の怪・物の気】名詞 人間に取り付いて病気にしたり、不幸にしたりする死霊・生き霊など。**このごろ、物の怪にあづかりて、困じにけるにや、居るままにすなはちねぶり声なる、いとにくし。**〈枕草子・28・憎きもの〉訳（物の怪を退散させるはずの験者は）近ごろ、**物の怪**の退散に関係して、疲れてしまったのだろうか、座るやいなやすぐに眠り声を出すのは、たいへん憎らしい。

もの・す【物す】

人の動作や存在を婉曲に表現する
- 一 動詞 自 — ❶**ある。いる。** ❷**行く。来る。** ❸**生まれる。死ぬ。**
- 二 動詞 他 — （さまざまな動作を婉曲に表し）**何かをする。**
- 三 補助動詞 —（多く「～ものしたまふ」の形で、補助動詞「あり」の尊敬表現を作り）…（で）**いらっしゃる。**

	未然形	連用形	終止形	連体形	已然形	命令形
動詞 自〔サ変〕 動詞 他〔サ変〕 補助動詞〔サ変〕	もの・せ	もの・し	もの・す	もの・する	もの・すれ	もの・せよ

一 動詞 自〔サ変〕❶**ある。いる。**
日ごろものしつる人、今日ぞ帰りぬる。〈蜻蛉日記〉訳ここ数日（私と一緒に山寺に）**いた**人（=叔母）が、今日は（都に）帰ってしまう。〇存在を表す「あり」の代わりに用いて婉曲に表現している。

❷**行く。来る。**
「**中将はいづこよりものしつるぞ。**」〈源氏・野分〉訳「中将（=夕霧）はどこから**来た**のだ。」〇「来」の代わりに用いて婉曲に表現している。

❸**生まれる。死ぬ。亡くなる。**
「**一昨年の春ぞものしたまへりし。女にていとらうたげになむ。**」〈源氏・夕顔〉訳「（夕顔の子は）一昨年の春にお**生まれ**になっていた。女の子でとてもかわいらしいようすで（いらっしゃる）。」〇「生まる」の代わりに用いて婉曲に表現している。
「**いはけなかりけるほどに、思ふべき人々の打ち捨ててものしたまひにける名残…またなくなむ思ほえし。**」〈源氏・夕顔〉訳「（私、源氏がまだ）幼かったころに、愛してくれるはずの（母の更衣などの）人々が後に残してお**亡くなり**になってしまった形見（である自分）は…（乳母のことが）この上ない（大切な人だ）と自然に思われた。」〇「死ぬ」の代わりに用いて婉曲に表現している。

二 動詞 他〔サ変〕（さまざまな動作を婉曲に表し）**何かをする。する。**（表現行為を）**する。**（作業に）**従事する。**
「**ただいまは、よにもおぼしかけたまはじ。今、かくなむと、ものしはべらむ。**」〈落窪〉訳「現在は、どんなことがあっても（落窪の姫君は結婚のことなど）ご想像にもならないだろう。近いうちに、このように（少将が会いたがっている）と、（姫君に）**話し**ましょう。」〇「話す」動作を婉曲に表現している。
「**文ものすれど、返り事もなく、はしたなげにのみあればつつましくてなむ。**」〈蜻蛉日記〉訳「（あなたに）手紙を**書く**けれども、返事もなく、軽率なことと見えそうで、見苦しいばかりであるようなので、遠慮されて（あなたのもとへ行けなくて）ね。」〇この例は「書く」動作を婉曲に表現している。
「**おひおひに内のことどもはしてむ。まづ急ぎて大方のことどもをものせよ。**」〈源氏・松風〉訳「だんだんと（古びた屋敷の）内部のこと（=設備）などはしてしまおう。（今は住めるように）何はともあれ急いで大体のことなどをあれこれ**修理せよ**。」〇「修理する」動作を婉曲に表現している。

三 補助動詞〔サ変〕（多く「～ものしたまふ」の形で、補助動詞「あり」の尊敬表現を作り）…（で）**いらっしゃる。**…（で）**おありになる。**
「**並々の人にもものしたまはねば、かたじけなう心苦しうて。**」〈源氏・東屋〉訳「（結婚相手の少将は）世間並みの方でも**いらっしゃらない**（=高貴な方な）ので、もったいなくて気がかりで（ならない）。」〇断定の助動詞「なり」の連用形に、係助詞「も」を介して付いている例。

発展 **①語の成り立ち** 対象を漠然と表現する名詞「もの」に、サ変動詞「す」が付いてできたことばで、特に、身分の高い人について、その存在や動作を露骨に表現するのを避けるときによく使われた。前後の文脈によってさまざまな意味になる。

②「ものす」が好まれる作品 「ものす」が用いられるのは、主に中古の和文に限られるが、近世擬古文では、それを受けて多様な語義をこの一語に託している。また、「ものす」は作品によって使用頻度に相当な偏りがある。たとえば、鋭い感覚で物事をはっきりと表現する『枕草子』『更級日記』などには、ほんのわずかしか用いられていない。逆に、婉曲な表現が好まれた『蜻蛉日記』や『源氏物語』には、特に用例が多い。ただし、『源氏物語』での用例は、主に「ものしたまふ」という尊敬表現で、特に会話文中に多く見られる。

③「あり」の尊敬表現「ものしたまふ」 存在を表す「あり」には尊敬の補助動詞「たまふ」が付かない。そのため「あり」の尊敬表現として「ありたまふ」という形はとれなかったので、代わりに「ものしたまふ」が用いられた。なお、「ものしたまふ」の形では、**三**の補助動詞の用法が多い。

関連語 有り

発展「もの」は超人間的な存在、「け」は気配の意味。↓絵で見る古典生活史㉗(1241ページ)

もの-の-こころ【物の心】❶物事の真実の意味。物事の道理。

予、**物の心を知れりしより、四十余りの春秋を送れる間に**…。〈方丈記・安元の大火〉訳私は、**物事の道理**を知ったときから、四十年以上の歳月を過ごしてきた間に…。

❷物事の情趣。風流心。

つゆもものの心なき人なりければ、よろづおとしめられて…。〈癇癖談〉訳(男は)少しも**風流心**のない人だったので、(諸芸に秀でた女から)万事にさげすまれて…。

もの-の-さとし【物の諭し】神仏のお告げ。何かの前兆。

おほかた世の中騒がしくて、公様に物の諭し繁く、のどかならで…。〈源氏・薄雲〉訳一般に世間が騒がしくて、朝廷の方でも**何かの前兆**がしきりに起こって、穏やかでなくて…。

もの-の-じゃうず【物の上手】―芸の達人。名人。

つひに物の上手にもならず、思ひしやうに身をも持たず…。〈徒然草・188・ある者、子を法師に〉訳とうとう**名人**にもならないで、思っていたように出世もしないで…。

もの-の-な【物の名】名詞(和歌・俳諧で)一首・一句の中に、内容とは特に関係のない事物の名を隠して詠み込むこと。『古今和歌集』以降、部立のひとつとなった。物名。

発展たとえば、「かづけども波のな**かにはさぐら**れで風吹くごとに浮き沈む玉」(=もぐっても波の中にはさぐることができず、風が吹くたびに浮いたり沈んだりする波の玉であるよ)〈古今集・物名・427〉では、第二・三句に「かにはざくら(樺桜)」が詠み込まれている。

もの-の-ね【物の音】楽器の音。音楽。

匂ひも、物の音も、ただ夜ぞ、ひときはめでたき。〈徒然草・191・夜に入りて〉訳においも、**楽器の音**も、ひとえに夜が、いちだんとすばらしい。

もの-の-ふ【物部・武士】名詞❶上代、朝廷に仕えた文官・武官の総称。❷武人。武士。つわもの。

もののふ-の【物部の・武士の】枕詞❶(もののふに多くの氏があることから)地名「宇治」「八十」「八十宇治川」に、また「五十」「石瀬」に係る。❷(もののふは弓矢を持つことから)地名「矢野」「矢田」に係る。

もののふの…歌

もののふの八十宇治川の網代木にいさよふ波の行くへ知らずも〈万葉集・3・264・柿本人麻呂〉

訳宇治川の網代木の辺りで漂っている波の行く末は(私と同じく)分からないことだなあ。○「もののふの」は「八十」に係る枕詞。「もののふの八十」は「八十氏」の「氏」にかけて「宇治」を導く序詞。「網代木」は漁具を取り付けるための、くい。

もののふの八十娘子らが汲みまがふ寺井の上の堅香子の花〈万葉集・19・4143・大伴家持〉訳大勢の娘たちが入り乱れて水を汲む、寺の井戸のほとりに咲くカタクリの花は(ああ、可憐だ)。○「もののふの」は「八十」に係る枕詞。「八十」は数の多いこと。

発展集まってにぎやかに水をくむ娘たちのようすを、可憐なカタクリの花に託して詠んだ歌。

もの-の-べ【物部】名詞❶上代の有力氏族のひとつ。軍事や刑罰を担当。六世紀末、仏教の普及を巡って蘇我氏と対立し、破れて滅亡した。❷平安時代、刑部省の囚獄司などの下級職員。罪人の刑を執行。

もの-は連語…ところが、なんとまあ。

端のかたなりし畳差し出でしものは、この草子載りて出でにけり。〈枕草子・319・この草子〉訳縁の方にあった畳を差し出した**ところが、なんとまあ**、この草子が載って(共に)出てしまったということだ。

発展形式名詞「もの」＋係助詞「は」。

もの-はかな・し【物果無し】形容詞[ク]〈く・く・し・き・けれ・○／から・かり・○・かる・○・かれ〉❶なんとなく頼りない。しっかりしていない。

わが身はか弱く、ものはかなきありさまにて、なかなかなるもの思ひをぞしたまふ。〈源氏・桐壺〉訳(桐壺の更衣)ご自身は病弱で、**なんとなく頼りない**ありさまで、(帝の寵愛を受けるばかりに)かえってしない方がましな気苦労をなさる。

❷たいしたことがない。

「**なほあさましくものはかなかりける**」と、我ながら口惜しければ…。〈源氏・手習〉訳「やはり(私の身の上は)嘆かわしく**たいしたことがなかった**のだったよ。」と、(浮舟は)我ながら情けなく思われるので…。

発展「もの」は接頭語。

もの-はかばか・し形容詞[シク]〈しく・しく・し・しき・しけれ・○／しから・しかり・○・しかる・○・しかれ〉なんとなくしっかりしている。なんとなくてきぱきとしている。

そこらの人多かりしかど、ものはかばかしく耳とどむるもあらめど…。〈大鏡・序〉訳たくさんの人が集まったけれど、(そしてその中には)**しっかりと**話を理解して聞く人もいるだろうが…。

発展「もの」は接頭語。

もの-はぢ【物恥ぢ】―名詞恥ずかしがること。はにかみ。引っ込み思案。

もの-はづか・し【物恥づかし】―形容詞[シク]〈しく・しく・し・しき・しけれ・○／しから・しかり・○・しかる・○・しかれ〉なんとなく恥ずかしい。

かたみにもの恥づかしく胸つぶれて、ものも言はで泣きたまふ。〈源氏・少女〉訳(夕霧と雲居の雁の二人は)お互いに**なんとなく恥ずかしく**胸がどきどきして、何も言わずにお泣きになる。

発展「もの」は接頭語。

もの-は-づくし【物は尽くし】歌謡の形式のひとつ。国名や事物の名を並べ挙げて詠み込むこと。山づくし、花づくしなどがある。発展「ものづくし」とも。

もの-ぶか・し【物深し】形容詞[ク]〈く・く・し・き・けれ・○／から・かり・○・かる・○・かれ〉❶奥深い。奥まっている。

広々ともの深き、深山のやうにはありながら…。〈更級日記・野辺の笹原〉訳(今までの家は)広々として**奥深い**、(人里離れた)山奥のようではありながらも…。

❷思慮深い。重々しい。

「**もの深く重き方は後れて、ひたぶるに若びたるものから、世をまだ知らぬにもあらず**…。」〈源氏・夕顔〉訳「(夕顔は)**思慮深く**落ち着いているといった面は乏しくて、ひたすら子供っぽいものの、男女のことがまだ分からないというのでもないし…。」

❸奥ゆかしい。趣が深い。品位がある。

御簾の内の匂ひ、いともの深き黒方に染みて、名香の煙もほのかなり。〈源氏・賢木〉訳(藤壺の)御簾の中の匂いは、まことに**奥ゆかしい**黒方(=薫き物の一種)の香りがしみわたって、(仏前の)名香の煙もほのかに漂っている。

発展「もの」は接頭語。「ものぶかし」とも。

もの-ふ・る【物旧る】 動詞 自〔ラ上二段〕〈り・り・る・るる・るれ・りよ〉❶どことなく古い感じになっている。古めかしくなる。**荒れたる家の、木立いとものふりて、木暗く見えたるあり。**〈源氏・若紫〉訳荒れている家で、(庭の)木立が実に**どことなく古い感じになっていて**、(その鬱蒼と茂った木立のために)薄暗く見えている家がある。
❷年を取る。**寄りて声づくれば、いとものふりたる声にて、まづ咳を先にたてて、「かれは誰ぞ。何人ぞ。」と問ふ。**〈源氏・蓬生〉訳(その屋敷に)近寄って(訪問を知らせるための)咳払いをしたところ、たいそう**年を取った**声で、まず咳をしてから、「そこにいるのはだれだ。何者だ。」と質問する。
発展「もの」は接頭語。

もの-まう【物申】— 感動詞 訪問先で案内を請うことば。ごめんください。**ものまうの声する時…。**〈西鶴・日本永代蔵〉訳**ごめんください**という声がするときに…。

もの-まう・す【物申す】— 動詞 自〔サ四段〕〈さ・し・す・す・せ・せ〉❶(「物言ふ」の謙譲語で)ものを申し上げる。申し上げる。**うち渡す遠方人にもの申すわれそのそこに白く咲けるは何の花ぞも** 歌〈古今集・雑体・1007〉訳かなたに見渡す遠くの方に**もの**(=ご質問)**を申し上げる**、私は。そのそこに白く咲いているのは何の花であるのかなあ(=何の花であるのか、教えてほしい)。
❷(❶から変化して、意志の助動詞「む(ん)」「う」を伴って)人に呼びかけたり、案内を請うときなどにいうことば。もしもし。ごめんください。**「物申しさぶらはん、驚かせたまへ。」**〈宇治拾遺〉訳「**もしもし**(=ごあいさつしたそうと思います)、目をお覚ましください。」
❸(神仏に)願い事を申し上げる。**神、寺などにまうでて物申さするに…。**〈枕草子・31・心ゆくもの〉訳神社、寺などに参詣して(神官や僧に頼んで神仏に)**願い事を申し上げ**させるときに…。
発展❷は中世以降の用法で、言い切りの形や、意志の助動詞「む」を伴った「ものまうさむ」などの形で用いられるのが一般的。

もの-まうで【物詣で】— 名詞 神社・寺院にお参りすること。参詣。参拝。↓**絵で見る古典生活史㉘**(1243ページ)

もの-まね【物真似】 名詞 ❶人や動物の声やしぐさなどをまねること。❷(能・狂言などで)登場人物に扮して、いかにもそれらしく演じること。❸近世、役者の声色や台詞まわし、しぐさなどをまねて見せる芸。

もの-まめやか・なり 形容動詞〔ナリ〕〈なら・なり(に)・なり・なる・なれ・なれ〉まじめだ。堅実だ。**「ひとへにものまめやかに、静かなる心のおもむきならむよるべをぞ、つひの頼みどころには思ひおくべかりける。」**〈源氏・帚木〉訳「(ひねくれた感じがなければ、家柄や容貌よりも)ただ一途に**まじめで**、落ち着いた気持ちのようす(=性格)であったりする妻をこそ、生涯のより所とは考えておくのがよかったのだった。」
発展「もの」は接頭語。

もの-み【物見】 一 名詞 ❶見物。**物見のかへさに、乗りこぼれて…。**〈枕草子・31・心ゆくもの〉訳(なにかの)**見物**の帰り道に、(牛車に女房たちが着物の袖口などが)はみ出るほどいっぱい乗って…。
❷城や邸宅などで、外のようすを見るために設けたもの。物見窓。また、牛車の左右の立て板にある窓。**「馬頭の、物見よりさし出でたりつるこそ、むげに出家の相近くなりにて見えつれ。」**〈大鏡・道長上〉訳「馬頭(=顕信)が、(牛車の)**物見の窓**から顔を差し出していたのは、むやみに出家する人相が差し迫ってしまった(顔だと)見えた。」
二 名詞 動詞 他〔サ変〕〈せ・し・す・する・すれ・せよ〉戦場で敵のようすを探ること。また、それをする人。偵察。**「討手の兵船、はや近つきぬとおぼしきぞ。物見せよ。」**〈椿説弓張月〉訳「敵の船は、もはや近くに来ていると思われるぞ。**偵察しろ**。」

ものみ-ぐるま【物見車】 名詞 祭礼見物などのときに乗る牛車。

もの-み・なり【物見なり】 形容動詞〔ナリ〕〈なら・なり(に)・なり・なる・なれ・なれ〉見事だ。**大名の、世にすぐれて物見なる大髭を持ちたまへるあり。**〈醒睡笑〉訳大名で、世に比類ない**見事な**髭をたくわえていらっしゃる方がいる。

もの-むつか・し【物難し】 形容詞〔シク〕〈しく・しく・し・しき・しけれ・○／しから・しかり・○・しかる・○・しかれ〉❶なんとなくいやだ。なんとなくうっとうしい。むさくるしい。**行く先おほきに、大津のいとものむつかしき屋どもの中に、引き入りにけり。**〈蜻蛉日記〉訳行く先はまだ遠いが、大津のとても**むさくるしい**家並みの中に、入っていってしまった。
❷なんとなく気味が悪い。

絵で見る古典生活史㉗ 物の怪退散

平安時代の人々は、病気になるのは恨みを抱く人の怨霊が「物の怪」となって人にとりつくためだと思っていたので、物の怪退散のために「*加持」をしました。

『*枕草子』には、「病は、胸。物の怪。脚の気。」と書かれています。また、物の怪退散のために、やっと連れて来た祈禱師があちこち回って疲れ果てていて「居るままにすなはちねぶり声なる、いとにくし。(訳↓もののけ)」とあります。『*源氏物語』「若紫」の巻の冒頭には、源氏がわらわ病みを患いなさり、「よろづにまじなひ、加持など参らせたまへど(訳↓しるし二❶)」その効果もないという文章があります。

物の怪の恨みは、個人だけでなく、国全体にも向けられました。例えば八三〇(天長七)年閏一二月二四日、宮廷でお経を五人の僧侶に読ませたという記録があります。この年は大地震や天変地異が多く疫病が流行したので、それを物の怪のしわざと判断したのでしょう。

(絵…*菅原道真の亡霊が火を吹く〈松崎天神縁起〉より)

「奥の方は暗うものむつかし。」と、女は思ひたれば…。〈源氏・夕顔〉訳「(建物の)奥の方は暗くてなんとなく気味が悪い。」と、女(=夕顔)は思っているので…。
発展「もの」は接頭語。

もの-むつかしげ・なり【物難しげなり】形容動詞(ナリ)〈なら・なり(に)・なり・なる・なれ・なれ〉なんとなく不快だ。むさくるしい。
「父の年老い、ものむつかしげに太りすぎ…。」〈源氏・帚木〉訳「父親が年を取り、むさくるしく太りすぎ…。」

もの-めか・し【物めかし】形容詞(シク)〈しく・しく・し・しき・しけれ・○／しから・しかり・○・しかる・○・しかれ〉一人前に見える。立派である。ものものしい。
「位などいますこしものめかしきほどになりなば…。」〈源氏・若菜上〉訳「(柏木の)位などがもう少し一人前に見える程度になったら…。」

もの-めか・す【物めかす】動詞他(サ四段)〈さ・し・す・す・せ・せ〉一人前に扱う。重んずる。大事にする。
「まことは、らうたげなるものを見しかば、契り浅くも見えぬを、さりとて、ものめかさむほども憚り多かるに、思ひなむわづらひぬる。」〈源氏・松風〉訳「実は、かわいらしい感じの人(=明石の姫君)を見たのだから、前世からの因縁も浅いとは思えないが、そうかといって、一人前に扱ったりする身の程も(母である明石の君の身分が低く)気がねが多いので、思案に困ってしまった。」

もの-めで【物愛で】名詞 物事に感動して褒めること。
「ほのかに見て、例のものめでのさし過ぎ人、「いとありがたくをかし。」と思ふべし。」〈源氏・夢浮橋〉訳(薫からの手紙を)ちらっと見て、いつものように(すぐに)物に感動して褒めることが出過ぎている者は、「まったくこの世にめったになく結構である。」と思っているにちがいない。

もの-も-おぼえ-ず【物も覚えず】連語 分別がつかない。無我夢中である。
物も覚えず、御装束も引き乱りて、車さし寄せつつ…。〈大鏡・道隆〉訳(道隆は酔って)分別がつかず、お召し物もとり乱して、車を寄せながら…。

もの-もの・し【物物し】形容詞(シク)〈しく・しく・し・しき・しけれ・○／しから・しかり・○・しかる・○・しかれ〉❶重々しい。立派だ。どっしりしている。
三十ばかりなる男の、丈高くものものしくふとりて…。〈源氏・玉鬘〉訳(大夫監は)三十歳ほどの男で、背丈が高くどっしりと太っていて…。
❷おおげさだ。
「あら、ものものしや、おのれらよ、先に手並みは知るらんものを。」〈謡曲・夜討曾我〉訳「ああ、おおげさだな、お前たち、先程で(私の)腕前は分かっているだろうに。」
類語比較「こちたし」「ことことし」「ものものし」「おどろおどろし」→言甚し

もの-もひ【物思ひ】名詞 →ものおもひ

もの-も・ふ【物思ふ】動詞 →ものおもふ

もの-ゆか・し【物ゆかし】形容詞(シク)〈しく・しく・し・しき・しけれ・○／しから・しかり・○・しかる・○・しかれ〉なんとなく心が引かれる。
例はものゆかしからぬ心地に、あながちに、妻戸の御簾をひき着て…。〈源氏・野分〉訳(夕霧は)ふだんは(明石の姫君に)心が引かれる(ということも)ない気持ちであるのに(今日は)、はばかりもなく、妻戸の御簾をかぶって…。

もの-ゆゑ 接続助詞 接続 活用語の連体形に付く。❶(逆接の確定条件を表し)…のに。…けれども。
誰が秋にあらぬものゆゑをみなへしなぞ色にいでてまだきうつろふ 歌〈古今集・秋上・232〉訳だれという特定のものの秋ではないのに、オミナエシよ、どうしてだね。色に出て早々と変わっていくのは。
○「秋」は「飽き」との掛詞。
❷(順接の確定条件を表し)…ので。…だから。
事行かぬものゆゑ、大納言をそしり合ひたり。〈竹取・竜の頸の玉〉訳(家来たちは)納得がいかないので、大納言を非難し合っている。
発展 形式名詞「もの」＋形式名詞「ゆゑ」が一語になったもの。

もの-ゆゑ-に 接続助詞 接続 活用語の連体形に付く。❶(逆接の確定条件を表し)…のに。…けれども。
待つ人も来ぬものゆゑに鶯の鳴きつる花を折りてけるかな 歌〈古今集・春下・100〉訳待つ人も来ないのに、ウグイスが惜しみ愛して鳴いていた花を折ってしまったのだなあ。
❷(順接の確定条件を表し)…ので。…だから。…ものだから。
「参らざらんものゆゑに、何と御返事を申すべしともおぼえず。」〈平家・1・祇王〉訳「参上しないつもりだから、なんとご返事を申し上げてよいのか分からない。」

もの-わび・し【物侘びし】形容詞(シク)〈しく・しく・し・しき・しけれ・○／しから・しかり・○・しかる・○・しかれ〉なんとなく悲しい。うら寂しい。なんとなくつらい。
乗りて渡らむとするに、みな人ものわびしくて、京に思ふ人なきにしもあらず。〈伊勢・9〉訳(船に)乗って(川を)渡ろうとするときに、その場にいる人は全員みななんとなく悲しくて、都に恋しく思う人が必ずしもいないわけではない。
発展「もの」は接頭語。

もの-ゑんじ【物怨じ】名詞 物事を恨むこと。嫉妬すること。

もの-を 一 接続助詞 接続 活用語の連体形に付く。❶(逆接の確定条件を表し)…のに。…けれども。
諸声に鳴くべきものを鶯は正月ともまだ知らずやあるらむ 歌〈蜻蛉日記〉訳私といっしょに鳴いてくれるはずなのに、ウグイスは(山から出てくる)新春になったことをまだ知らずにいるのだろうか。ウグイスが鳴かないので、私ひとりで泣いていることだ。○「むつき」は「六月」(=兼家の来訪の途絶えから六か月)との掛詞とみる説もある。
❷(順接の確定条件を表し)…ので。…だから。…ものだから。
「日がな一日ゐたり立ったりするものを、腹も減らうぢやねえか。」〈滑稽本・浮世風呂〉訳「朝から晩まで(客が来るたび)座ったり立ったりするものだから、腹も減るというものじゃないか。」
二 終助詞(強い感動・詠嘆を表し)…のになあ。…だなあ。
接続 活用語の連体形に付く。
「雀の子を犬君が逃がしつる。伏せ籠のうちに籠めたりつるものを。」〈源氏・若紫〉訳「スズメの子を(召し使いの)犬君が逃がしてしまったのだ。★伏せ籠の中に閉じ込めてあったのになあ。」
発展 形式名詞「もの」＋間投助詞「を」が一語になったもの。一❷の順接に用いるのは近世以降の用法。

もはら【専ら】

他の物事が混じらないようす
❶ひたすら。やたらに。
❷少しも(…ない)。絶対に(…ない)。◉「もはら(に)～打消・禁止」の形で用いる。

副詞 ❶**ひたすら。やたらに。まったく。**
逢ふことのもはら絶えぬる時にこそ人の恋しきことも知りけれ 歌〈古今集・恋5・812〉訳(あの人に)逢うことが**まったく**なくなってしまった時にこそ、人が恋しいということも知ったのだった。
このごろ、庭、もはらに花降り敷きて、海ともなりなむ、と見えたり。〈蜻蛉日記〉訳この時期、庭は、**やたらに**サクラの花が落ちて敷き詰められて、きっと海のようにもなってしまうだろう、と見えている。
❷(「もはら(に)～打消・禁止」の形で)**少しも**(…ない)。**全然**(…ない)。**絶対に**(…ない)。
「もはら、さやうの宮仕へ仕うまつらじ」と思ふを、強ひて仕うまつらせたまはば、消え失せなむず。」〈竹取・かぐや姫の昇天〉訳「**少しも**、そのような宮仕えを致すまい、と思うのに、無理にお仕え申し上げさせなさるのならば、(私は)消えてなくなってしまおう。」
大きならむ蜂の見えむに、もはらに打ち殺すべからず。〈今昔〉訳大きいハチが現れたりしたら、**絶対に**たたき殺してはならない。
発展 ①**「もはらに」の形** ❶の第二例、❷の第二例に見られるように、「もはらに」の形でも用いられる。
②**「もっぱら」とも読む** 中古では、促音「っ」の表記が定まっていなかったため、「もはら」と表記されていても、「もっぱら」と読んでいた可能性がある。たとえば、中古末期ごろの漢文訓読語の資料に「専」を「もっぱら」と読んだと思われる例がある。
③**漢文訓読文のことば** 「もはら」は和文には用例が少なく、『今昔物語集』など漢文訓読文の影響を受けた文章に多く用いられた。

もひ【もい】名詞 ㊀【盌】水や酒を入れる器。㊁【水】飲み水。
発展 ㊁は、㊀に入れるものという意味から。

も-びき【裳引き】名詞 裳の裾を後ろへ引きずること。
発展「もひき」とも。

も・ふ【思ふ】動詞 →おもふ

もみ-えぼし【揉み烏帽子】名詞 漆を薄く塗り、もんで柔らかくした烏帽子。兜の下にかぶる。

もみじ(現)→(歴)もみぢ

もみぢ【紅葉・黄葉】名詞 ❶秋になって、草木の葉が赤や黄に色づくこと。また、その葉。季語秋 ❷「紅葉襲」の略。❸赤面することのたとえ。❹紋所のひとつ。カエデの葉を図案化したもの。❺《近世語》シカの肉の別称。
発展 上代は「もみち」。『万葉集』では多く「黄葉」と表記。後、カエデの別の呼び名にもなった。❺は、江戸で使われたことば。絵画などで、シカには紅葉を取り合わせることから。

絵で見る古典生活史㉘ 寺社への参詣

古典では、信心のために、寺や神社に参詣するようすが描かれていますが、さらに、仏や菩薩と心で結ばれることを望み、仏の姿を見たり声を聞いたりするために寺社にこもって、そこで一夜を過ごし、夢の中で霊験を得ようとしました。

『枕草子』には、「正月に寺にこもりたるは、いみじうさむく、雪がちに氷りたるこそをかしけれ。」と参籠中のようすが細かく記されています。

『蜻蛉日記』の作者(藤原道綱母)は稲荷神社、賀茂神社、石山寺などに参詣しました。

『更級日記』の中には、作者(菅原孝標女)が晩年、頻繁に鞍馬寺や清水寺などに参詣したようすが描かれていて、平安時代の貴族の女性の寺社参りの人気のほどがうかがえます。

さらに、紫式部が石山寺での参籠中に、『源氏物語』を書いたという伝説も残っています。現在でも、石山寺には、〈『源氏物語』執筆の間〉があるくらいです。

(絵…市女笠をかぶり、掛帯を着け、寺社に詣でる〈扇面法華経冊子〉より)

もみぢ-がさね【紅葉襲】名詞 襲の色目のひとつ。表は紅、裏は青。表は赤、裏は濃い赤という説もある。秋に用いる。

もみぢ-がり【紅葉狩り】名詞 山野に出かけて紅葉を観賞すること。季語秋

もみぢ-の-が【紅葉の賀】 紅葉の美しいときに行う祝宴。季語秋

もみぢ-の-にしき【紅葉の錦】 美しい紅葉。季語秋
このたびは幣も取りあへず手向山もみぢの錦神のまにまに 百人一首〈古今集・羇旅・420〉訳→このたびは…

もみぢ-ば【紅葉葉・黄葉葉】名詞《和歌用語》紅葉した葉。
発展 色とりどりの紅葉を錦に見立てたことば。

もみぢばの… 歌
黄葉の散りゆくなへに玉梓の使ひを見れば逢ひし日思ほゆ〈万葉集・2・209・柿本人麻呂〉訳色づいた葉が散ってゆくのとともに、使い(の者)を見ると、(妻に)逢った日のことが思い出される。○「なへ」は上代の接続助詞。「玉梓の」は「使ひ」に係る枕詞。
発展 亡き妻の死を悲しんで詠んだ長歌の反歌。妻の生前、黄葉が散る時期に使いが来て妻と会ったことを思い出している。↓あきやまの…

もみぢば-の【紅葉の・黄葉の】枕詞 (紅葉は色が変わりやすく、散りやすいことから)「移る」「過ぐ」に、(紅葉の色から)「朱」に係る。

もみ・つ【紅葉つ・黄葉つ】動詞 自〔夕四段〕《上代語》「紅葉づ」の意味に同じ。
秋山にもみつ木の葉のうつりなば更にや秋を見まく欲りせむ 歌〈万葉集・8・1516〉訳秋の山で**紅葉する**木の葉が散ってしまったらさらに(来年の)秋を見ることを望むだろうか。
発展 上代では「もみつ」で夕行四段活用であったが、中古以降は「もみづ」と濁音化して、活用もダ行上二段活用が一般的となった。

もみ・づ【紅葉づ・黄葉づ】動詞 自〔ダ上二段〕 草木が紅葉する。もみじする。

雪降りて年の暮れぬる時にこそつひにもみぢぬ松も見えけれ〈古今集・冬・340〉訳雪が降って、年が暮れていくときになってはじめて、(風雪に堪えて)最後まで紅葉しないマツも見られることである(=マツの存在が知られる)。

も・む【揉む】 動詞 他 マ四段〈ま・み・む・む・め・め〉❶両手で挟んで強くこする。また、両手で挟んで強くこすったり、強くつまんだりなどして、物を柔らかくする。

❷(手を激しくすり合わせる意味から)仏に強く訴える。激しく祈禱する。

本寺本山の三宝、年来所持の本尊たち、責めふせ責めふせもまれけり。〈平家・3・御産〉訳本寺本山の仏や、長年持仏としている本尊たちに、強くせまって**激しく祈禱**なさった。

❸入り乱れて押し合う。もみ合う。

平家三万余騎が中へをめいてかけ入り、もみにもうで火出づるほどにぞ攻めたりける。〈平家・7・倶梨迦羅落〉訳(木曾義仲の軍は)平家三万余騎の中へ大声を上げて駆け入り、**もみ合いにもみ合って**火の出るほどに激しく攻めた。○「もうで」は、「もみて」のウ音便化に伴い、さらに「て」が連濁したもの。

❹(鞭などで責め立て)ウマを急がせる。

逃ぐるも追ふもここを限りと、もみにもうで馳せければ…。〈保元〉訳逃げる方も追う方もここが最後だと、**ウマを急がせに急がせて**走らせたので…。

❺鍛える。指導する。教育する。

女郎狂ひは島原の大夫高橋にもまれ…。〈西鶴・日本永代蔵〉訳女郎狂いは島原の大夫高橋に**鍛えられ**…。

もも【百】 ㊀ 名詞 百。また、数の多いこと。

㊁ 造語 (名詞に付いて)非常に数の多いことを表す。語例 百枝・百種

もも【桃】 名詞 ❶《植物》バラ科の落葉小高木。古来、邪気を払うと信じられた。❷★襲の色目のひとつ。表は紅、裏は紅梅。春に用いる。❸紋所のひとつ。モモの実または花を図案化したもの。

もも-か【百日】 名詞 ❶ひゃくにち。❷子供が生まれてから百日目。また、その祝い。餅をついて祝った。

もも-くさ【百種】 名詞 多くの種類。さまざま。

もも-くま【百隈】 名詞 多くの曲がり角。

もも-しき【百敷・百石城】 名詞 皇居。内裏。宮中。発展「ももしきの」という枕詞が「大宮」を引き出すところから変化したことば。

ももしき-の【百敷の・百石城の】 枕詞 (多くの石と木で造られている意味から)「大宮」に係る。発展「もも」は百、「し」は石、「き」は城また木の意味。

ももしきや… 百人一首

ももしきや古き軒端のしのぶにもなほあまりある昔なりけり〈続後撰集・1205・順徳院〉訳宮中の古い軒端の忍ぶ草を見るにつけ、やはり(いくら)しのんでもしのびきれない昔なのだなあ。○「ももしきや」は、「大宮」に係る枕詞だが、ここでは宮中のこと。「しのぶ」は「忍草」と「しのぶ(=懐かしむ)」の掛詞。

発展 幕府に圧迫されている現在から、朝廷の力が充実していた昔を懐かしむ歌。

品詞分解・修辞

ももしき	や	古き	軒端	の	しのぶ	に	も
	間助	形・体		格助	忍草／偲ぶ(掛詞)	格助	係助
なほ	あまり	ある	昔	なり	けり		
副		ラ変・体		断定・用	詠嘆・終		

もも-じり【桃尻】 名詞 (モモの実は座りが悪いというところから)尻がウマの鞍の上で安定しないで、ウマに乗るのがへたなこと。

馬など迎へにおこせたらんに、桃尻にて落ちなんは、心憂かるべしと思ひけり。〈徒然草・188・ある者、子を法師に〉訳ウマなどを迎えに寄こしたようなときに、**ウマに乗るのがへたで**(ウマから)落ちてしまうのは、つらいであろうと思った。

もも-たび【百度】 名詞 百回。また、回数の多いこと。

もも-たらず【百足らず】 枕詞 (百に足りない意味から)「八十」「五十」、およびそれらと同音を含む「筏」「斎槻」「山田」などに係る。

もも-ち 名詞 ㊀【百箇】ひゃく。また、数の多いこと。

㊁【百千】百千という数。また、数の多いこと。

ももち-だ・る【百千足る】 動詞 自 ラ四段〈ら・り・る・る・れ・れ〉たくさんある。豊かに満ち足りている。十分そろっている。

千葉の葛野を見れば百千足る家庭も見ゆ国の秀も見ゆ〈古事記・応神天皇〉訳千葉の葛野(=地名)を見ると、**豊かに満ち足りている**人里も見える。国土の最も優れた所も見える。

もも-ちどり【百千鳥】 名詞 ❶多くの鳥。いろいろな鳥。❷チドリの別の呼び名。❸ウグイスの別の呼び名。季語 春 類 百鳥 季語 春

もも-づたふ【百伝ふ】 枕詞 (数えて百に至る意味から)「八十」「五十」、また、これらと同音の「や」「い」の音がある「磐余」などに、(遠くへ伝わる意味から)「角鹿」「渡会」、(駅路で用いたことから)「鐸」などに係る。

ももづたふ… 歌

ももづたふ磐余の池に鳴く鴨を今日のみ見てや雲隠りなむ〈万葉集・3・416・大津皇子〉訳磐余の池に鳴いているカモを見るのも今日限りで、(この私は)死んでしまうのではなかろうか。○「ももづたふ」は「磐余」に係る枕詞。「雲隠る」は、貴人の死を間接的にいうことば。

発展 謀反の疑いにより死を命じられた作者の辞世の歌といわれる。

もも-とせ【百歳・百年】 名詞 百年。また、多くの年月。

もも-とり【百鳥】 名詞 ➡ももちどり❶

もも-の-つかさ【百の官】 多くの役人。百官。

もも-はがき【百羽掻き】 名詞 シギなどがくちばしで何度も羽をかくこと。また、回数が多いことのたとえ。

もも-へ【百重】 名詞 数多く重なること。幾重にも重なること。

もも-よ【百世・百代】 名詞 長い年月。多くの年月。

もも-よ【百夜】 名詞 多くの夜。

も-や【母屋】 名詞 寝殿造りで、廂の内にある寝殿中央の部屋。

御帳立てたる母屋の柱に、左右につけたり。〈枕草子・39・節は五月に〉訳(薬玉を)御帳を立ててある中央の部屋の柱に、左と右とに付けてある。

も-や 連語 ㊀…まあ。

我はもや安見児得たり皆人の得かてにすとふ安見児得たり〈万葉集・2・95〉訳私は**まあ**、安見児を手に入れた。みんなが得難いものとしている安見児を手に入れた。

㊁…も…か。…かもしれない。

宵もや過ぎぬらむと思ふほどに…。〈枕草子・181・雪の

いと高うはあらで〉訳宵も過ぎてしまっているのだろうかと思うところに…。

発展 ❶は、係助詞「も」＋間投助詞「や」。「もや」で一語の間投助詞とする説もある。❷は、係助詞「も」＋係助詞「や」。

も・ゆ【萌ゆ】 動詞 自〔ヤ下二段〕〈え・え・ゆ・ゆる・ゆれ・えよ〉（草木の）芽が出る。芽ぐむ。**春は萌え夏は緑に紅のまだらに見ゆる秋の山かも** 歌〈万葉集・10・2177〉訳春には（いっせいに草木の）芽が出、夏は（一面に）緑に（なり、そして次には）紅が濃淡さまざまに見える秋の山だな。

も・ゆ【燃ゆ】 動詞 自〔ヤ下二段〕〈え・え・ゆ・ゆる・ゆれ・えよ〉❶燃える。火がついて炎や煙が立つ。**さねさし相武の小野に燃ゆる火の火中に立ちて問ひし君はも**〈古事記・景行天皇・弟橘比売命〉訳→さねさし…

❷火が燃えるようすになる。光を放つ。また、陽炎が立ち上る。**今更に雪降らめやもかぎろひの燃ゆる春へとなりにしものを** 歌〈万葉集・10・1835〉訳今さら雪の降ることがあろうか。陽炎の立ち上る春となってしまったというのに。

❸情熱が高まる。心が激しく高ぶる。**心には燃えて思へどうつせみの人目を繁み妹に逢はぬかも** 歌〈万葉集・12・2932〉訳心では情熱が高まって思うけれど、世間の人の目が煩わしいので、恋しいあの女に逢っていないことだ。〇「うつせみの」は「人」に係る枕詞。

→古語チャート❽（291ページ）

もゆら-に 副詞（玉が触れ合って鳴る音を表して）ゆらゆらと。**ぬなとももゆらに天の真名井に振り滌きて…。**〈古事記・天照大御神と須佐之男命〉訳（須佐之男命は）玉の音もゆらゆらと（立てながら折った剣を）天の真名井（の聖水）で洗い清めて…。

発展「も」は接頭語。

も-よ 連語《上代語》（感動の意味を表す）…も…よ。…も、まあ。**籠もよみ籠持ちふくしもよみぶくし持ち…** 歌〈万葉集・1・1〉訳→こもよ…

もよおす（現）→（歴）**もよほす【催す】**

もよ-ぎ【萌葱・萌黄】 名詞 →もえぎ

もよひ【催ひ】 名詞 準備すること。支度。用意。一説に、ためらうことの意味であるともいう。**とかくのもよひなく、足を踏みとどむまじきなり。**〈徒然草・155・世に従はん人は〉訳（何かをなし遂げようと思ったら）あれこれ**準備すること**などせず、踏みとどまってはならないのだ。

もよほし【催し】 名詞 促すこと。勧めること。催促。勧誘。指示。指定。「**今日の受戒は延引なり。重ねたる催しに随ひて行はるべきなり。**」〈宇治拾遺〉訳「今日の受戒は延期である。次の**指示**によって行われるはずである。」

もよほし-がほ・なり【催し顔なり】 形容動詞〔ナリ〕〈なら・なり（に）・なり・なる・なれ・なれ〉促すような感じがする。誘うような気配がする。**草むらの虫の声々もよほし顔なるも、いと立ち離れにくき草のもとなり。**〈源氏・桐壺〉訳草むらに鳴く虫の声々が（涙を）**誘うかのような気配がする**のも、非常に離れがたい草深い家である。

もよほ・す【催す】 動詞 他〔サ四段〕〈さ・し・す・す・せ・せ〉❶せきたてる。促す。催促する。「**今日は残り多かる心地なむする。夜を通して、昔物語も聞こえ明かさむとせしを、にはとりの声に催されてなむ。**」〈枕草子・136・頭の弁の、職に参りたまひて〉訳「今日は心残りな感じがする。夜通し、昔の話でも申し上げて（あなたとともに）夜を明かそうとしたのに、ニワトリの声に**せきたてられて**。」

❷引き起こす。誘う。**大衆、神明の霊験あらたかなることの尊さに、みなたなごころをあはせて、随喜の感涙をもよほしける。**〈平家・2・一行阿闍梨之沙汰〉訳衆徒は、神の霊験のあらたかなことを尊んで、みな手を合わせて、感激の感涙を**誘った**。

❸（人々を）集める。召集する。「**一門の人々にも触れまうせ。侍どももよほせ。**」と宣へば、**馳せまはってもよほす。**〈平家・2・西光被斬〉訳「一門の人々にもお触れ申し上げろ。侍どもを**召集しろ**。」と（清盛が）おっしゃるので、（家来が）ウマで駆けまわって**召集する**。

❹行う。挙行する。**去年の冬早世したりとて、その兄追善を催すに…。**〈奥の細道・金沢〉訳（一笑という人は）去年の冬に早死にしたということで、その兄が追善の句会を**行う**ときに（詠んだ句）…。

❺準備する。用意する。**残る田をも売りつくして金に代へ、絹素あまた買ひ積みて、京にゆく日をもよほしける。**〈雨月・浅茅が宿〉訳残る田畑をすべて売って現金に換え、絹布を大量に買い込んで、京に行く日のために**準備した**のだった。

もらう（現）→（歴）**もらふ【貰ふ】**

もら・す【漏らす】 動詞 他〔サ四段〕〈さ・し・す・す・せ・せ〉❶（水や涙などを）こぼす。したたらせる。「**涙を漏らし落としても、いと恥づかしくつつましげに紛らはし隠して…。**」〈源氏・帚木〉訳「（内気なその女は）涙を**こぼし**落としても、ひどく恥ずかしくきまり悪そうにごまかし隠して…。」

❷（秘密などを）他に知らせる。ばらす。「**ことさらに人来まじき隠れ処求めたるなり。さらに心より外に漏らすな。**」〈源氏・夕顔〉訳「わざわざ人が来そうもない隠れ家を捜したのだ。決して不本意にも（この秘密を）**他に知らせる**な。」

❸（思っていることや感情を）うっかり外に現す。「**わが方の猛う思ひ顔に、心おごりして、好き好きしき心ばへなど漏らしたまふな。**」〈源氏・藤裏葉〉訳「自分の方が勢いが盛んだと得意顔で、思い上がって、好色めいた性格などを**うっかり外に現し**なさるな。」

❹省略する。抜かす。落とす。**この程の事くだくだしければ、例の漏らしつ。**〈源氏・夕顔〉訳この間の事情は煩雑なので、いつものように**省略し**た。

❺取り逃がす。「**只今名のるは大将軍ぞ。あますな、者ども。漏らすな、若党、討てや。**」〈平家・9・木曾最期〉訳「今名乗ったのは大将軍だぞ。残らず討ち取れ、家来どもよ。**取り逃がす**な、若者たちよ、討ってしまえ。」

発展 四段動詞「もる」が他動詞化したもの。

もら・ふ【貰ふ】 ❶ 動詞 他〔ハ四段〕〈は・ひ・ふ・ふ・へ・へ〉❶他人のくれるものを受け取る。もらう。また、他人にくれるように頼む。

❷(他人から食事などの)世話を受ける。彼のめのとは、寡ずみして、人にやとはれ、縫ひ針とりて口はもらへど…。〈春雨〉訳あの乳母は、ひとり暮らしで、(自分ひとりなら)人に雇われ、針仕事をして食べることについては世話を受けるけれど…。

❸けんかや口論などの仲裁を引き受ける。

■補助動詞〔八四段〕〈は・ひ・ふ・ふ・へ・へ〉他に依頼してそのことをさせる。(…して)もらう。「鬼に伽をしてもらうて、何とするものか。」〈狂言・節分〉訳「鬼に遊び相手をしてもらって、どうするのだ。」○「もらう」は連用形「もらひ」のウ音便。

もり【守】 名詞 ❶守ること。守る者。単独で使われることは少なく、多く「さきもり(防人)」「わたしもり(渡守)」「のもり(野守)」のように用いられる。❷子供を育て、助けること。またはそういうことをする人。おもり。子もり。

もり【森・杜】 名詞 ❶樹木のおい茂った所。**木立茂く、森のやうなるを過ぎたまふ。**〈源氏・蓬生〉訳(源氏は)木立がおい茂って、森のような家の前をお通り過ぎになる。

❷神社がある樹木の茂った所。**泣沢の杜に神酒すゑ祈れども我が大君は高日知らしぬ** 歌〈万葉集・2・202〉訳泣沢の神社がある樹木の茂った所に神酒をささげて、お祈りをしたが、わが高市皇子は(お亡くなりになり)空高く昇っておいでになった。

もりーい・づ【漏り出づ】 動詞 他〔ダ下二段〕〈で・で・づ・づる・づれ・でよ〉❶こぼれ出る。漏れて出る。**車十ばかりぞ、袖口、物の色あひなども漏り出でて見えたる…。**〈源氏・関屋〉訳牛車が十台ばかり、(その車の簾の下から女房たちの)袖口、襲の色合いなどもこぼれ出て見えているが…。

❷(隠していたことが)世間に知られる。「**すべて、かへりてよからぬことにや漏り出ではべらむ。**」〈源氏・薄雲〉訳「(このまま隠しておくと)すっかり、かえってよくないこととして**世間に知られる**のではないでしょうか。」

森川許六「モリカハ—」 人名 江戸時代前期の俳人。初め尚白・★榎本其角・服部嵐雪に学び、後に芭蕉に師事。★蕉門十哲の一人で、議論がたくみであった。著書に『韻塞』『篇突』『俳諧問答』など。*1656—1715*

もり・く【漏り来】 動詞 他〔力変〕〈こ・き・く・くる・くれ・こ(こよ)〉(月の光などが)すき間から入ってくる。漏れてくる。**木の間よりもりくる月の影見れば心尽くしの秋は来にけり** 歌〈古今集・秋上・184〉訳↓このまより…

守武 人名 ↓荒木田守武

守武千句 作品名 室町時代後期の俳諧句集。★荒木田守武作。『誹諧之連歌独吟千句』「飛梅千句」とも。俳諧の千句として最初のもの。あとがきで俳諧の式目や本質について述べ、俳諧にも本連歌に劣らない価値のあることを主張する。一五四〇(天文九)年成立。一六五二(承応元)年刊。

もりーべ【守部】 名詞 番人。特に、山野・陵墓・関所などの番人。

も・る【漏る】 ■動詞 自〔ラ四段〕〈ら・り・る・る・れ・れ〉❶すき間などを通って外へ出る。漏れる。したたる。**天飛ぶや雁の翼の覆ひ羽のいづく漏りてか霜の降りけむ** 歌〈万葉集・10・2238〉訳大空を飛ぶガンの翼の覆い羽のどこが**漏れ**てこんなに霜が降ったのだろう。

❷秘密が他に知られる。露見する。「**をこがましく思ひむすぼほるさま、世人に漏り聞こえじ。**」〈源氏・若菜上〉訳「愚かしくぼんやりもの思いに沈んでいるようすを、世間の人に**知られ**ないようにしよう。」

❸省かれる。除外される。抜け落ちる。

■動詞 自〔ラ下二段〕〈れ・れ・る・るる・るれ・れよ〉■の意味に同じ。「**何としても命は大切の事なれば、今度こそもれさせたまふとも、つひにはなどか赦免なうてさうらふべき。**」〈平家・3・足摺〉訳「なんといっても命は貴重なものだから、今度は(赦免から)**除外され**なさっても、最後にはどうして赦免のないことがありましょうか。」

発展 下二段活用は、中古中期以降に用いられるようになり、中世以降は主流となっていった。

も・る 動詞 自〔ラ四段〕〈ら・り・る・る・れ・れ〉もぐ。もぎ取る。摘み取る。**我が門の榎の実もり食む百千鳥千鳥は来れど君そ来まさぬ** 歌〈万葉集・16・3872〉訳我が家の門の辺りのエノキの実を**もぎ取っ**て食べる数多くの鳥は来るけれど、あなたはいらっしゃらない。

も・る【守る】 動詞 他〔ラ四段〕〈ら・り・る・る・れ・れ〉❶見張る。番をする。**三諸は人の守る山本辺には馬酔木花咲き末辺には椿花咲くうらぐはし山そ泣く子守る山** 歌〈万葉集・13・3222〉訳三室の山は人が**見張っている**山だ。ふもとの辺りにはアシビの花が咲き、頂上の辺りにはツバキの花が咲く。心に染みて美しい山だ。泣く子を見張るように人が**見張っている**(この)山は。

❷(人目を)はばかる。すきをうかがう。**心なき雨にもあるか人目守りともしき妹に今日だに逢はむを** 歌〈万葉集・12・3122〉訳無情な雨であることよ。人目を**はばかり**めったに逢えない恋しいあなたに、せめて今日だけでも逢いたいと思うのに。

発展 中古以後は、多く和歌で用いられた。

類語比較 「まもる」と「もる」↓守る

↓古語チャート㊸(1211ページ)

もれる(現)↓(古)**もる【漏る】**

もろー【諸・両】 造語 ❶二つの、両方の、という意味を表す。語例 諸矢・諸手 ❷多くの、おのおの、という意味を表す。語例 諸人・諸神 ❸一緒の、双方の、という意味を表す。語例 諸思ひ・諸涙

もろーかづら【諸葛】 名詞 ❶アオイをカツラの枝に付けたもの。賀茂の祭りのとき簾や柱に付けたり、髪にさしたりする。季語 夏 ❷《植物》ウマノスズクサ科の多年草、フタバアオイの別の呼び名。

もろーごころ【諸心】 名詞 共に心を合わせること。同心。

もろーこし【唐土】 名詞 日本から中国を指していう言い方。

もろこしーぶね【唐土船】 名詞 中国の船。また、中国へ行く船。からふね。

もろーごひ【諸恋】 名詞 互いに恋すること。相思相愛。対 片恋

もろーごゑ【諸声】 名詞 (多く「もろごゑに」の形で)❶おおぜいで同時に発する声。**犬のもろ声に長々と鳴き上げたる、まがまがしくさへ憎し。**〈枕草子・28・憎きもの〉訳イヌが**何匹も同時に発する声**で長々とほえ立てているのは、不吉にさえ(感じられて)嫌だ。

❷互いに声を合わせて発すること。

ほととぎすも忍ばぬにやあらむ、鳴くに、いとようまねび似せて、木高き木どもの中に、もろごゑに鳴きたるこそ、さすがにをかしけれ。〈枕草子・41・鳥は〉訳ホトトギスも（時節柄の情趣に）我慢できないのではなかろうか、鳴くと、（ウグイスがそれに）たいへん上手に習い似せて、高い木々の中で、（両者が）**声を合わせて**鳴いているのは、当然とはいえやはり風情がある。

もろ-し【脆し】 形容詞［ク］〈く・く・し・き・けれ・○／から・かり・○・かる・○・かれ〉❶壊れやすい。破れやすい。あっけない。あまりに平家の**もろく滅びてましましさうらふあひだ**…。〈平家・12・六代被斬〉訳あまりに平家が**あっけなく滅んでおしまいになりましたので**…。❷心が傷つきやすい。（涙が）こぼれやすい。山おろしに耐へぬ木の葉の露よりもあやなく**もろき**わが涙かな 歌〈源氏・橋姫〉訳山から吹き下ろす風に耐えきれないで散り落ちる木の葉のその露よりも、わけもなく**こぼれやすい**私の涙だなあ。

もろ-て【諸手】 名詞 ❶左右の手。両手。対片手。❷いろいろな軍隊。各部隊。

もろとも-に【諸共に】 副詞 一緒に。そろって。「いはけなき人を、いかにと思ひやりつつ、**もろともに育**まぬおぼつかなさを。」〈源氏・桐壺〉訳「幼い宮（＝後の源氏）を、どうしているかといつも気遣っては、（祖母である あなたと）**一緒に**養育しない気がかりといったら（ない）。」

もろともにあはれと思へやまざくら花よりほかに知る人もなし…百人一首〈金葉集・521・行尊〉訳（私がおまえを思う心と）一緒に（おまえも私を）しみじみと懐かしく思ってくれ、ヤマザクラよ。（この山奥で孤独な私は）花のほかに知り合いもいないのだ。○第一・二句と第三句が倒置になっている。「やまざくら」に擬人法を用いている。

発展 作者が山伏修行をしていたときの歌。「やまざくら」を擬人化し、歌いかけている。

品詞分解・修辞

もろともに（副）　あはれ　と（格助）　思へ（ハ四・命）　やまざくら。〈三句切れ〉
花　より（格助）　ほか　に（格助）　知る（ラ四・体）　人　も（係助）　なし（形・終）

もろ-ひと【諸人】 名詞 たくさんの人々。おおぜいの人たち。敵みたる虎か吼ゆると諸人のおびゆるまでに… 歌〈万葉集・2・199〉訳敵意をあらわにしているトラが吠えるのかと、**おおぜいの人たち**が怯えるほどであって…。

もろ-もち【諸持ち】 名詞 人と力を合わせて持つこと。皆で運ぶこと。また、共同して行うこと。

もろ-もろ【諸諸】 名詞 多くのもの。すべてのもの。全部。しかる間、その時の**もろもろの**上達部、殿上人ければ…。〈今昔〉訳そうしているうちに、その当時の**すべての**公卿、殿上人は、手紙を送って求婚したが、女（＝かぐや姫）がまったく承知しなかったので…。消息をやりて懸想しけるに、女さらに聞かざりければ…。

もろ-や【諸矢】 名詞 対になった二本の矢。甲矢と乙矢。類一手矢。ある人、弓射ることを習ふに、**諸矢**をたばさみて的に向かふ。〈徒然草・92・ある人、弓射ることを〉訳ある人が、弓を射ることを習うときに、**対になった二本の矢**を手に挟んで持って的に向かう。

もろ-をりど【諸折り戸】 名詞 左右に開く折り戸。対片折り戸。

もん【文】 名詞 文。文章。特に漢詩、漢文。父の前にて、人と物言ふとて、史書の**文**を引きたりし…。〈徒然草・232・すべて人は〉訳（ある人の子が）父の前で、人と話をするというので、（中国の）歴史書の**文章**を引用していたのは…。

もん【紋・文】 名詞 ❶模様。あや。特に、布に染めたり書いたりした模様。❷家の紋章。紋所。

もん-こ【門戸】 名詞 ❶門の戸。家の出入り口。❷一家。一族。家。❸流派。

もん-ざい【文才】 名詞 学問、特に漢学。また、その才能。対本才

もんざう-はかせ【文章博士】 名詞 ↓もんじゃうはかせ

もんじ-の-ほふし【文字の法師】 経典の語句の解釈などの研究にばかり熱心で、あまり実践修行をしない僧をあざけっていうことば。対暗證の禅師 発展 禅宗の僧が用いたことば。

もん-じふ【文集】 名詞 漢詩の文集。特に「白氏文集」の略。

もん-じゃう【文章】 名詞 ❶ぶんしょう。❷（「文章道」の略で）大学寮の学科のひとつ。史書や漢詩文などを学ぶ。発展「もんざう」とも。

もんじゃう-しゃう【文章生】 名詞 ★大学寮で文章道を学ぶ学生で、式部省の試験に合格した者。

もんじゃう-はかせ【文章博士】 名詞 ★大学寮で、文章道を教授した教官。発展「もんざうはかせ」とも。

もんじゅ【文珠・文殊】 名詞《仏教語》（「文殊師利菩薩」の略で）釈迦の左にいて知恵をつかさどる菩薩。右手に知恵の剣、左手に青蓮華を持ち、獅子に乗った像が多い。

［もんじゅ］

もんじゅ-ぼさつ【文殊菩薩】 名詞 ↓もんじゅ

もん-ぜき【門跡】 名詞 ❶一つの法門の祖師の教義を受け継いでいる寺や僧。ある門派の本寺。❷皇族・貴族などが出家して居住する特定の寺院。また、その住職。

もんぢゅう-しょ【問注所】 名詞 ❶鎌倉・室町幕府の役所。政所に属し、訴訟・裁判を担当した。長官を執事といい、その下に執事代・寄人などがいた。❷（「問注所執事」の略で）❶の長官。発展「もんちゅうじょ」とも。

もん-と【門徒】 名詞 ❶その宗門の信徒。また、その宗門の本寺の下に属する寺院。❷（「門徒宗」の略で）浄土真宗のくだけた呼び名。また、その信徒。

もん-め【匁】 名詞 ❶重さの単位。貫の千分の一。約三・七五グラム。❷江戸時代の銀貨の単位。数え方は❶と同じ。発展 一七〇〇（元禄十三）年に定められた公定換算率では、銀六十匁が金一両に相当したが、時代やその時々の相場によって多少異なる。

もん-ゐん【門院】 名詞 天皇の生母や中宮、内親王などに与えられた称号。待遇は上皇に準じた。↓女院 発展 皇居の門の名を付けたことからいう。一条天皇の中宮彰子（上東門院）に始まった。

や

や↓基本助詞25（1248ページ）

や【八・弥】 名詞 ❶数の名。八つ。はち。❷数量の多いこと。なん重にも重なっていること。

発展 ❷の意味で、名詞の上に付いて、「八尺」「八十」「八重」「八雲」など、数量の多いという意味を含んだことばを作ることが多い。

や【矢・箭】 名詞 武器・狩猟の道具のひとつ。弓の弦につがえて、その弾力で射るもの。竹で作った矢柄の先端に矢じりを付け、もう一方に鳥の羽の矢羽と矢筈を付ける。

［や（矢）］

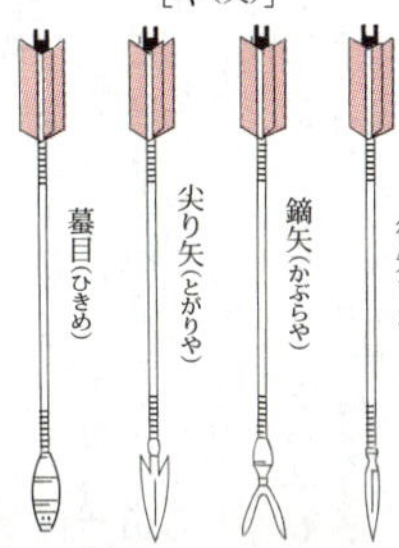

や【屋・家】 ■一 名詞 ❶家屋。部屋。建物。❷屋根。■二 接尾語 ❶その職業の家や人という意味を表す。語例 旅籠屋・米屋 ❷役者や商工業者などの屋号に付けることば。語例 紀伊国屋・成田屋 ❸書斎の名や文筆家・書家などの雅号に付けることば。語例 鈴屋 ❹人の性質や姿などを表すときに付けることば。語例 気取り屋

や【輻】 名詞 車軸と車とをつなぐ放射状の多くの棒。車輪の支え棒。↓牛車（図）

や 感動詞 ❶（呼びかけるときに発して）やあ。おい。これ。「**や、汝、何ぞこの穢き地に居る。**」〈日本霊異記〉訳「**これ**、おまえは、どうしてこの汚れた場所にいるのだ。」

❷（驚いたり、急に思いついたときなどに発して）あっ。**物に襲はるる心地して、「や」とおびゆれど…**〈源氏・帚木〉訳（空蟬は）物の怪に襲われるような心地がして、「**あっ**」とおびえるが…。

や-あはせ【矢合はせ】 名詞 （開戦の合図のために）敵味方の両方から鏑矢を射合うこと。

橋の両方のつめに打っ立って、矢合はせす。〈平家・4・橋合戦〉訳（敵味方の武士が）橋の両方のたもとにつっ立って、**鏑矢を射合うこと**をする。

やあら 感動詞 （驚いたときや呼びかけて問い詰めるときに発して）やあ。やい。

やい 感動詞 （目下の者に対して、強い態度で呼びかけて）おい。こら。これ。

や-い 終助詞 （問いや呼びかけ、また念を押す気持ちを表し）…よ。…かい。接続 文末に付く。

「やい、やい、太郎冠者居るかやい。」〈狂言・末広がり〉訳「これ、これ、太郎冠者はいる**かい**。」

発展 終助詞「や」に終助詞「い」が付いて一語になったもの。中世後期以降に成立した。

やい-ごめ【焼い米】 名詞 ↓やきごめ

やい-じるし【焼い印】 名詞 焼いて押す金属製の印。焼き印。発展「やきじるし」の変化したことば。

やい-ば【刃】 名詞 ❶焼き入れをした刀剣の刃。また、刃の表面の波状の模様。❷刀剣・刃物の総称。❸鋭いもの、威力あるもののたとえ。

発展「焼き刃」の変化したことば。

やいばに-ふ-す【刃に伏す】 刃物によって死ぬ。特に自刃する。

「**みづから刃に伏して**、陰魂百里を来たる。」〈雨月・菊花の約〉訳「自ら**刃物によって死んで**、亡霊が遠く百里を越えてきた。」

やう【陽】 名詞 易で、天・日・春・夏・南・昼・男など、積極的・活動的であることを象徴するもの。対 陰

や 基本助詞25

■一 係助詞
- ❶（疑いを表し）…か。…のか。◉多く、「む」「らむ」「けむ」などを伴う。
- ❷（問いかけを表し）…か。◉「む」「らむ」「けむ」など以外の語を伴う。
- ❸（反語を表し）…か、いや…ではない。
- ◉文中に置かれ、文末の活用語は連体形で結ぶ。

■二 終助詞
- ❶（疑いを表し）…か。◉「むや」の形で用いる。
- ❷（問いかけを表し）…か。
- ❸（反語を表し）…か、いや…ではない。◉「已然形＋や」の形で用いる。
- ❹（詠嘆や念押しなどを表し）…よ。…ねえ。
- ◉文末に置かれる。

■三 間投助詞 ―（詠嘆・強調・呼びかけなどを表し）…よ。…だなあ。

接続 ■一は、*主語・*連用修飾語・*接続語などに付く。また、*補助語・被補助語の間に介在する。接続 ■二❶は「む」、❷は活用語の終止形、❸は已然形、❹は種々の語に付く。接続 ■三は種々の語に付く。

■一 係助詞 ❶（多く、「む」「らむ」「けむ」などを伴って疑いを表し）…か。…のか。…ではない（だろう）か。

ふるさとの旅寝の夢に見えつるは恨みやすらむまたと訪はねば 歌〈大和・2〉訳（私の）故郷が、旅先で寝る夢に見えたのは、（故郷の人が今私に対して）恨み言を言っているからではないだろう**か**。（私は旅に出て以来）再び（故郷を）訪問していないので。

○「や」が推量の助動詞「む」「らむ」「けむ」などと呼応した場合、確実性の高い推量を表すことが多い。「や」が文中に置かれると、*係り結びの法則により、文末の活用語は連体形で結ばれるので、この四句切れの歌で文末に当たる「らむ」は終止形でなく連体形である。

「轡・鞍の具に、『**危ふきことやある**』と見て、**心にかかることあらば、その馬を馳すべからず。**」〈徒然草・186・吉田と申す馬乗りの〉訳「轡や、鞍（など乗馬）の道具に、『危ないところがあるの**ではないか**。』と確認して、気になることがあったならば、そのウマを走らせてはいけない。」○「や」の結

びは、ラ変動詞「あり」の連体形になっている。

❷（「む」「らむ」「けむ」など以外の語を伴って問いかけを表し）…か。…のか。

女房ども、若き男たちの参らるるごとに、「ほととぎすや聞きたまへる」と問ひて、試みられけるに…。〈徒然草・107・女の物言ひかけたる〉訳女房たちが、若い男たちが参内なさるたびに、「ホトトギスをお聞きになったか。」と問いかけて、（気の利いた答えができるか）お試しになったところ…。

〇すぐ後に「と問ひて」とあるので、この会話文が問いかけであると理解できる。係り結びの法則により、文の結びとなる完了の助動詞「り」は連体形になっている。

「『幼き人惑はしたり。』と中将の憂へしは、さる人や。」と問ひたまふ。〈源氏・夕顔〉訳「『幼い子を行方不明にしてしまった。』と頭中将が嘆き訴えていたのは、そういう子が（いたから）か。」と（源氏は右近に）お尋ねになる。

〇「や」の結びが省略されており、「や」の下に「ありし」などを補えるので、㊁の終助詞と区別できる（終助詞の場合は下に語句が補えない）。また、同じ問いかけであっても、終助詞であれば活用語の終止形にしか付かないので区別できる（ここの例では、名詞「人」に付いているので、係助詞とわかる）。

❸（反語を表し）…か、いや…ではない。…だろうか、いや…ではない。

「さやうの遊び者は、人の召しに従うてこそ参れ。左右なう推参するやうやある。」〈平家・1・祇王〉訳「そのような遊女は、人のお呼びに従って参上するものだ。安易に押しかけるということがあるか、いや、あるはずのものではない。」

〇強い疑問を表す場合は、反語の意味になりやすい。この「や」の結びはラ変動詞「あり」の連体形になっている。

㊁ 終助詞 ❶（「むや」の形で疑いを表し）…か。…ではない（だろう）か。

「このわたりならむや。」のうかがひにて、急ぎ見えし世々もありしものを。〈蜻蛉日記〉訳（昔は火事があると人々が）「この辺りであろうか。」と尋ね探すことで、急いで（見舞いに）現れた時代もあったのになあ。

〇この例のように、推量の助動詞「む」の下に付く場合は、❷の問いかけよりも、自分の心の中の疑いを表すことが多い。

❷（問いかけを表し）…か。…のか。

「父母はありや。家所はありや。洗はひ、綻びはしつべしや。…」と問ひ聞き…。〈宇津保〉訳「父母はいるか。家はあるのか。洗濯や、針仕事はできるのか。…」と尋ね聞き…。

〇ラ変動詞「あり」の終止形、推量（可能）の助動詞「べし」の終止形に付いている例。会話文の下に「と問ひ聞き」とあるので、問いかけの表現と理解できる。

❸（已然形＋「や」の形で反語を表し）…か、いや…ではない。…だろうか、いや…ではない。

妹が袖別れて久になりぬれど一日も妹を忘れて思へや 歌〈万葉集・15・3604〉訳妻の袖とは別れて長い間になってしまったけれども、一日でも妻を忘れるだろうか、いや、忘れるものではない。

〇四段動詞「思ふ」の已然形に付いている例。

❹（詠嘆や念押しの気持ちなどを表し）…よ。…ねえ。

物語ども、一袋取り入れて、得て帰る心地のうれしさぞいみじきや。〈更級日記・物語〉訳多くの物語（の本）を、一袋に取って中に入れて、自分のものにして帰る（ときの）気持ちのうれしさは大変なものだよ。

〇係助詞「ぞ」の結びは、係り結びの法則により連体形になるので、形容詞「いみじ」の連体形で文が終わる形になっている。詠嘆を表す「や」は取り除いても一文が成り立つ。

㊂ 間投助詞（詠嘆・強調・呼びかけなどを表し）…よ。…だなあ。…ねえ。…や。

近江のや鏡の山を立てたればかねてぞ見ゆる君が千年は 歌〈古今集・神遊び・1086〉訳近江（＝今の滋賀県）の鏡山（という名の山）を立てたので、あらかじめまさに（鏡に映るように）見える。天皇の千年（も続くと思われる命）は。

〇「近江の鏡の山」の間に、語調を整えるために「や」が添えられている。この例のように、文中に置かれる間投助詞の「や」は、訳語が特定できない場合も多い。

「あが君や、いづかたにかおはしましぬる。」〈源氏・蜻蛉〉訳「私のご主人様（＝浮舟）よ、どこに行っておしまいになったのか。」〇この「や」は呼びかけを表す。

「人々の、花、蝶やと愛づるこそ、はかなく怪しけれ。」〈堤中納言・虫めづる姫君〉訳「世間の人々が、花（よ）、チョウよとかわいがるのは、（まったく）あさはかでよくないことだ。」〇「花、蝶や」が「花や蝶や」と書かれた写本もある。いずれにしても詠嘆の用法であるが、「…や…や」という並列・列挙の意味ともとれる。

発展 **①結びは連体形** ㊀の係助詞の「や」は、「ぞ」「なむ」「か」と同じく、係り結びの法則により、文末の活用語は連体形で結ぶ。結びに「む」「らむ」「けむ」などがあるかないかで、疑いの文と問いの文とに分けられる。↓**読解の手引き❸**（324ページ）

②「か」と「や」の比較 同じ疑問を表す係助詞「か」に比べて、柔らかな語感を持ち、中古では「か」よりも多く用いられた。また、中古までは、「か」が疑問語の下に来るのに対し、「や」は疑問語を伴うことはなかった。

③文末の「や」は終助詞？係助詞？ ㊀❷の第二例のように、「や」が文末（あるいは文末に相当する位置）に置かれていても、結びが省略されている場合は、㊁の終助詞ではなく係助詞である。その場合の「や」は、断定の助動詞「なり」の連用形に付いて「にや（あらむ）」の形で用いられることが多い。↓にや・にやあらむ

④「やは」は反語 係助詞・終助詞の「や」の下に、強調を表す係助詞「は」が付くと疑問の意が強まり、結果的に反語になりやすい。たとえば、「さても、かばかりの家に、車入らぬ門やはある（＝それにしても、これほどの家に、車の入らない門があるのか、いや、あるわけがない）」〈枕草子・8・大進生昌が家に〉のような場合で、この「やは」は一語の係助詞、終助詞として扱われる。↓やは

⑤並列・列挙の用法 ㊂の間投助詞の「や」には、「母や妹、これを見て…。」〈平家・1・祇王〉のように明らかな並列・列挙を表す例もあり、現代語の格助詞の「や」と同じ意味になる。このような用法の「や」を並立助詞と呼ぶこともある。

⑥切れ字へ ㊂の用法が、後に「荒海や佐渡に横たふ天の川」〈奥の細道・越後路・芭蕉〉（↓あらうみや…）のような、連歌・俳諧の★切れ字へとつながっていく。

⑦「連体形＋や＋遅きと」↓**読解の手引き❹**（325ページ）

類語比較 「か」と「や」↓か（基本助詞25）

↓**読解の手引き⑲**（1028ページ）

やう【様】名詞 形式名詞 造語 ↓**最重要語**（1251ページ）

やう-がう【影向】ごう 名詞 動詞 自〔サ変〕〈せ・し・す・する・すれ・せよ〉《仏教語》神仏がこの世に姿を現すこと。

この島に御影向ありしはじめより…。〈平家・2・卒都婆流そとば〉訳この島に**神仏が姿を現すこと**があって以来…。

やう-かは・る【様かはる】かわる 風変わりである。ようすが普通と違う。もの珍しい。

なかなか様かはりて、いうなるかたもはべり。〈方丈記・都遷みやこうつり〉訳かえって**風変わりであって**、味わい深いところもございます。

発展「えいがう」とも。

やう-がま・し【様がまし】形容詞〔シク〕〈しく・しく・し・しき・しけれ・○／しから・しかり・○・しかる・○・しかれ〉❶わけがありそうだ。意味ありげだ。もったいぶっている。

様がましければ、かへりて、尊気色たうとげしきにて悪あしきなり。〈正法眼蔵随聞記しょうぼうげんぞうずいもんき〉訳（知っているのに知らないふりをするのは）**意味ありげな**ので、かえって、ありがたそうに見えてよくないものである。

❷注文が多い。条件が難しい。

「**こなたは話に様がましいお方でござる。**」〈狂言・千鳥ちどり〉訳「こちらは話に**注文が多い**お方でいらっしゃる。」○「様がましい」は連体形「様がましき」のイ音便。

やう-が・り【様がり】動詞 自〔ラ変〕〈ら・り・り・る・れ・れ〉風変わりだ。何か事情がありそうだ。

この滝は様がる滝の興がる滝の水〈梁塵秘抄りょうじんひしょう〉訳この滝は**風変わりな**滝でおもしろいと思う滝の水だ。

発展「様やうがあり」の変化したもの。

やう-き【陽気】名詞 この世のすべてのものが生まれ、動き出そうとする気。

やう-き【様器・楊器】名詞 儀式に用いる食器。ほかに、食器を載せる台など諸説ある。

やう-きゅう【楊弓】名詞 遊戯用の小弓。また、その遊び。弓の長さは二尺八寸（＝約八・五センチメートル）で、的から七間半（＝約十四メートル）離れた所から座って射た。

やう-じゃう【養生】名詞 動詞 他〔サ変〕〈せ・し・す・する・すれ・せよ〉❶生命を養うこと。❷健康であるように努めること。摂生せっせい。❸療養すること。治療。

やう-す【様子】名詞 ❶姿かたち。身なり。❷わけ。事情。❸気配。兆し。

やう-・ず【瑩ず】動詞 他〔サ変〕〈ぜ・じ・ず・ずる・ずれ・ぜよ〉瑩貝ようがい（＝貝と金属で作ったつや出しの道具）で磨いて光沢を出す。

いみじうやうじたる白き衣きぬ…。〈枕草子・90・宮の五節ごせち出いださせたまふに〉訳よく**瑩貝で磨いて光沢を出した白い衣**に…。

やう-だい【様体・様態】名詞 ❶姿かたち。容姿。

いますこしそびやかに、様体などのことさらび…。〈源氏・少女おとめ〉訳（惟光これみつの娘は）もう少しすらりと背が高く、**姿かたち**などがひときわ目立ち…。

❷ようす。状況。事情。

「**事の様体は、三条院のおはしましける限りこそあれ**…。」〈大鏡・師尹もろまさ〉訳「そのことの**事情**は、三条院がご存命でいらっしゃった間はまずまずだったのだが…。」○このような「こそあれ」の「あれ」は、文脈から「よろしくあれ」「わろくあれ」のどちらかを当てはめて解釈する。ここは「よろしくあれ」の意。

❸病状。容態。

「**おかちが様体御覧なされくだされ。**」と…。〈近松・女殺油地獄おんなころしあぶらのじごく〉訳「おかち（＝娘の名）の**病状**をご覧になってください。」と（言って）…。

❹手段。方法。形式。

「**聟むこ入りにはいろいろと仕付け、様体があるとは申せども**…。」〈狂言・鶏聟にわとりむこ〉訳「婿入りにはいろいろとしきたりや、**形式があるとは申しますが**…。」

やう-だい・なり【様体なり】形容動詞〔ナリ〕〈なら・なり（に）・なり・なる・なれ・なれ〉もったいぶっている。格好つけている。

我が家のうらなる草花見るさへかくやうだいなり。〈西鶴・好色五人女こうしょくごにんおんな〉訳自分の家の裏にある草や花を見るのにさえこのように**格好つけている**。

やうちゃう-けんそ【羊腸険岨】名詞 山道が曲がりくねって険しいこと。つづらおり。発展曲がりくねったようすをヒツジの腸にたとえていう。

やう-でう【横笛】名詞 よこぶえ。

発展「横笛」の音読「わうてき」が「王敵」に通じるのを避けて読み換えたもの。

やう-な・し【益無し】形容詞 ↓やくなし

やう-なり助動詞〔ナリ型〕〈やうなら・やうなり（やうに）・やうなり・やうなる・やうなれ・○〉接続活用語の連体形、格助詞「の」「が」に付く。❶（比況を表し）まるで…のようだ。…みたいだ。

みな人々の船出いづ。これを見れば、春の海に秋の木この葉しも散れるやうにぞありける。〈土佐日記・一月二十一日〉訳（港にいる）すべての人々の船が出る。これを見ると、春の海に**まるで秋の木の葉がこともあろうに散っているようであった**。

❷（例示を表し）…みたいだ。たとえば…のようだ。

「**鬼のやうなるもの出いで来て殺さむとしき。**」〈竹取・蓬莱ほうらいの玉の枝〉訳「鬼**みたいな**ものが現れて（私を）殺そうとした。」

❸…のように見える。…のように思われる。

片手には槌つちのやうなる物を持ち、片手には光る物をぞ持ったりける。〈平家・6・祇園女御ぎおんにょうご〉訳片手には**槌のように見える**物を持ち、もう一方の手には光る物を持っていた。

❹（婉曲えんきょくを表し）…ようだ。

筑紫つくしに、なにがしの押領使あふりゃうしなどいふやうなる者のありけるが…。〈徒然草・68・筑紫つくしに、なにがしの〉訳筑紫の国に、何とかいう★押領使などという**ような**者がいたが…。

発展漢語「様やう」に断定の助動詞「なり」が付いて一語となったもの。中古・中世に用いられ、その後「やうな」となって現代語の「ようだ」に至る。また、同じ比況の助動詞に「ごとし」があるが、中古において、主として「やうなり」は和文に、「ごとし」は漢文訓読文に用いられた。

類語比較「ごとくなり」「ごとし」「やうなり」↓如ごとし

やう-はな・る【様離る】普通でない。人並みはずれている。

恥づかしきさまも様離れて、薫かをりをかしき顔ざまなり。〈源氏・柏木かしわぎ〉訳（若君は）気が引けるほどのようすも**人並みはずれていて**、におい立つような見事な顔立ちである。

やう-めい【揚名】名詞 平安時代、名目だけで職務も俸禄ほうろくもない官職。多く、国司の次官以下についていう。

やうめい-の-すけ【揚名の介】名詞 名目だけの国司の次官。

発展「介すけ」は国司の次官のこと。

やうめい-もん【陽明門】名詞 大内裏外郭の十二

門の一つ。内裏の東正面に位置する。↓ビジュアルチェック⑮(757ページ)

やう-やう【漸う】

物事が少しずつ移り変わるようす
- **❶しだいに。だんだん。**
- **❷しずしずと。そろそろと。**
- **❸かろうじて。やっと。**

副詞 ❶(自然の推移や知覚などを表す動詞を修飾して)**しだいに。だんだん。**「春は曙。**やうやう**白くなりゆく山際、少し明かりて、紫だちたる雲の細くたなびきたる。」〈枕草子・1・春は曙〉訳 春は夜がほのぼのと明けようとするころ(がよい)。**しだいに**白くなっていく山際の空が、少し明るくなって、紫がかっている雲が細く横になびいているのは(趣深い)。

❷(動作を表す動詞を修飾して)**しずしずと。そろそろと。ゆっくりと。**「こなたにて御菓物参りなどしたまへど、**やうやう**見巡らして、母君の見えぬを求めて、らうたげにうちひそみたまへば…。」〈源氏・薄雲〉訳 (明石の姫君は)こちら(=紫の上の部屋)で果物を召し上がったりなさるけれど、**そろそろと**辺りを見回して、母君(の姿)が見えないのを探し求めて、かわいらしくべそをかいていらっしゃるので…。

❸**かろうじて。やっと。やっとのことで。どうにか。**「初めはやすく通りつる穴、身の太くなりて、せばく覚えて、**やうやう**として、穴の口までは出でたれども…。」〈宇治拾遺〉訳 初めは簡単に通った穴が、体が太くなって、狭く感じられて、**どうにか**して、穴の出口までは出てきたけれども…。

発展 **「やうやく」と「やうやう」**　「やうやう」は「やうやく」が変化したことば。中古では、「やうやく」が漢文訓読文に用いられることが多いのに対して、「やうやう」は主に和文に用いられた。

やう-やく【漸く】ー副詞 ↓やうやう

やう-らく【瓔珞】ー名詞《仏教語》金銀・珠玉などを糸で連ねた、仏像に掛ける飾り。

やう-りう【楊柳】名詞 ヤナギ。季語 春。発展「楊」はアゲヤナギ、「柳」はシダレヤナギという意味。

や-うれ 感動詞 (えらぶった態度で呼びかけて)こら、おまえ。やい、おのれ。発展「やおれ」とも。

やえ(現)↓(歴)**やへ【八重】**

やお(現)↓(歴)**やほ【八百】**

や-おもて【矢面】名詞 矢の飛んでくる正面。敵の真正面。

や-か【宅】名詞 家。発展「やけ」とも。

や-かう【夜行】ー名詞 動詞 ↓やぎゃう

やう【様】

定まった形式や物事のようす
- 一 名詞
  - **❶様式。形式。方式。**
  - **❷ようす。ありさま。**
  - **❸外見の形。状態。**
  - **❹理由。事情。わけ。**
- 二 形式名詞
  - **❶…には。…ことには。** ◉「言ふやう」「思ふやう」などの形をとる。
  - **❷…(する)手段。…(する)方法。**
- 三 造語
  - **❶…ふう。…のよう。** ◉多く「名詞＋やう」の形をとる。
  - **❷…(の)具合。…方。** ◉「動詞などの連用形＋やう」の形をとる。

一 名詞 ❶**様式。形式。方式。**「調度の飾りとする、定まれる**やう**ある物を難なくし出づることなむ、なほ、まことの物の上手は、さま異に見え分かれはべる。」〈源氏・帚木〉訳「日常生活の道具類で装飾品とする、決まった**様式**のある物を欠点もなく作り上げること(にかけて)は、なんといっても、真の名人は、(意匠が)格別だと自然に見分けられないではいられません。」

❷**ようす。ありさま。**「所に付けたる御住まひ、**やう**変はりて、「かかる折ならずは、をかしうもありなまし。」と、昔の御心のすさび思し出づ。」〈源氏・須磨〉訳 (須磨という)場所に似合った(ように建てられた源氏の)お住まいは、(都とは)**ようす**が変わっていて、「このような(都落ちの)時でなかったならば、きっと風情もあったことだろうに。」と、(源氏は)昔(=都にいたとき)の気まぐれな行動をお思い出しになる。

❸**外見の形。状態。体裁。**「一部とある草子などの、同じ**やう**にもあらぬを見にくしといへど…。」〈徒然草・82・薄物の表紙は〉訳 (何冊かで)一部となって(まとまって)いる書物などで、(各冊が)同じ**体裁**でもない書物を見苦しいというけれども…。

❹**理由。事情。わけ。**「など祇王は返事はせぬぞ。参るまじいか。参るまじくは、その**やう**を申せ。」〈平家・1・祇王〉訳「どうして祇王は返事をしないのだ。(この清盛の屋敷に)参上しないつもりか。参上しないつもりならば、その**事情**を申し上げよ。」

二 形式名詞 ❶(「言ふやう」「思ふやう」などの形で、言動や思考の内容を表し)**…には。…ことには。**「かぐや姫に言ふ**やう**、「なでふ心地すれば、かく物を思ひたるさまにて、月を見たまふぞ。」〈竹取・かぐや姫の昇天〉訳 (竹取の翁が)かぐや姫に言う**ことには**、「どんな気持ちがするので、このように物思いにふけっているようすで、月をご覧になるのだ。」「かの大将、出でてたばかりたまふ**やう**、「宮仕への初めに、ただ直**やは**あるべき。」〈伊勢・78〉訳 例の大将(=藤原常行)が、(人々の前に)出て相談なさる**ことには**、「宮仕えの初めに、まったく何もしないでいてよいものだろうか、いや、よくない。」

❷**…(する)手段。…(する)方法。**「その山、見るに、さらに登るべき**やう**なし。」〈竹取・蓬萊の玉の枝〉訳 (蓬萊山という)その山は、見ると、まったく登ることができる**方法**がない(ほど険しい)。

三 造語 ❶(多く「名詞＋やう」の形で、あるものに同じ、あるいは似ている、という意味を表し)**…ふう。…のよう。** 語例 唐様(=中国風)・少納言など**やう**・大仏**様**

❷(「動詞などの連用形＋やう」の形で、その動作の状態や仕方の意味を表し)**…(の)具合。…方。** 語例 言ひ**やう**・住み**やう**・作り**やう**・笑ひ**やう**

や-かげ【家陰・屋陰】名詞 家の陰。建物の陰になっている所。

や-かず【矢数】名詞 ❶矢の数。特に、的に当たった矢の数。❷矢を射て、その数や技を競うこと。季語 夏 ❸「★矢数俳諧」の略。発展 ❷は、陰暦四・五月ごろ、京都の三十三間堂で行われたものが有名。

矢数俳諧 文芸用語 俳諧の一形式。一日または一昼夜の間に、一人でできるだけ多くの句を詠む俳諧興行。京都の三十三間堂で行われた通し矢をまねたもので、一六七七(延宝五)年、井原西鶴が一日一六〇〇句を詠んだことに始まる。↓西鶴大矢数

や-かた【屋形・館】名詞 ❶仮に作った家。仮の家。❷貴人の邸宅。宿所。転じて、そこに住む貴人を敬った言い方。❸牛車の屋根のある部分。車箱。↓牛車(図) ❹船の上に付けた屋根のある部屋。❺「★屋形船」の略。

やかた-ぶね【屋形船】名詞 屋根のある部屋を付けた、川遊び用の船。

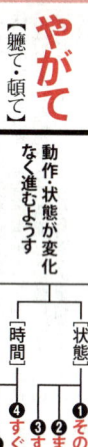

[やかたぶね]

やかた-を【矢形尾・屋形尾・八形尾】名詞 タカの尾羽の模様。羽の斑が矢形、あるいは八の字形をしているもの。

やがて【軈て・頓て】副詞 ↓最重要語(1252ページ)

-やか・なり 接尾語 (名詞や形容詞・形容動詞の語幹などに付いて)…の状態、…と感じられる、という意味を表す。語例 まめやかなり・こまやかなり・はなやかなり 発展 形容動詞(ナリ活用)化する。

やかま・し【喧し】形容詞 シク 〈しく・しく・し・しき・しけれ・○／しから・しかり・○・しかる・○・しかれ〉《近世以降》❶騒がしい。うるさい。❷わずらわしい。めんどうくさい。
諸道具の取り置きもやかましきとて…。〈西鶴・日本永代蔵〉訳 諸道具の保存も**わずらわしい**といって…。

や-から【族】名詞 ❶一家。一門。類 親族 ❷仲間。類 輩

やがて【軈て・頓て】

動作・状態が変化なく進むようす

- [状態]
  - ❶そのまま。その状態で。
  - ❷まるで。さながら。
  - ❸すなわち。ほかでもなく。
- [時間]
  - ❹すぐさま。直ちに。
  - ❺まもなく。そのうちに。◉近世以降の用法。

副詞 ❶(動作・状態が連続すること、また、ある事態と同時に他の事態が進行することを表し)**そのまま。その状態で。同時に。**
薬も食はず、やがて起きも上がらで、病み伏せり。〈竹取・かぐや姫の昇天〉訳 (竹取の翁と嫗は)薬も飲まず、**そのまま**起き上がりもしないで、病気になり横になっている。〇この「やがて」は、「薬も食はず、起きも上がらで」という状態でそのまま「病み伏せり」という意味であるので、「病み伏せり」に直接係る。
春はやがて夏の気を催し、夏よりすでに秋は通ひ…。〈徒然草・155・世に従はん人は〉訳 春は**そのまま**夏の気配を誘い、夏(のうち)からもはや秋(の気配)は入り交じり…。

❷(二つの物事を比べて、そこに連続性・共通性があることを表し)**まるで。さながら。**
衣河の尻、やがて海のごとし。〈今昔〉訳 鬼怒川の河口は、**まるで**海のようである。

❸(二つの物事が同一であることを表し)**すなわち。ほかでもなく。**
女院、淑景舎の人、やがてはらからどちなり。〈枕草子・90・宮の五節出ださせたまふに〉訳 女院(の女房)と、淑景舎の女房とは、**すなわち**姉妹の間がらである。〇この意味での「やがて」は、人物に関して説明する文に用いられることが多い。

❹(時間的な隔たりがなく、連続して別の事態に移ることを表し)**すぐさま。直ちに。時を移さず。**
御髪下ろしたまひければ、やがて御共に頭下ろしてけり。〈大和・2〉訳 (宇多天皇が)髪を切り落として出家なさったので、(橘良利も)**すぐさま**ご一緒に髪を切り落としてしまったのだった。
「去年の夏も、世に起こりて、人々まじなひ煩ひしを、やがてとどむる類あまたはべりき。」〈源氏・若紫〉訳「昨年の夏も、(熱病が)世間に流行して、人々が祈禱しかねていたのを、(北山の行者は)**直ちに**治す例が数多くございました。」

❺《近世以降》(ある程度の時間の経過を表し)**まもなく。そのうちに。少しして。**
「ここに入らせたまへ。雨もやがてぞやみなん。」〈雨月・蛇性の婬〉訳「ここへ(雨宿りしに)お入りください。雨も**そのうちに**きっとやむだろう。」

発展 ①**現代語とのつながり** ❹の意味は、❶を時間的側面からとらえたもので、そこから、現代語と同じ❺の意味が生じた。ただし、中古・中世の作品では、「そのうちに」という意味では用いられないので注意が必要である。
②**❹の類語** ❹の即時の意味を表すことばには「やがて」のほかに、「すなはち」「ただちに」「たちまちに」「ほどなく」「すみやかに」「～連体形＋より」「～もはてず」「～もあへず」「～といふほどこそありけれ」などがある。

や-かん【野干・射干】名詞 ❶中国の伝説上の悪獣。姿はキツネに似て、木に登るという。❷(❶の意味から)キツネ。❸能面のひとつ。キツネの役に用いる。

やき【八寸】名詞 ウマの背丈が四尺八寸(約一四五センチメートル)あること。大きく立派なウマをいう。発展 ウマの背丈は、四尺(約一二〇センチメートル)を標準として、それ以上は「寸」だけで表す。

やぎ【柳】造語 ヤナギという意味を表す。語例 垣つ柳・青柳

やき-あ・ぐ【焼き上ぐ】動詞 他 ガ下二段 〈げ・げ・ぐ・ぐる・ぐれ・げよ〉 焼いて燃え上がらせる。また、すっかり焼き尽くす。
三毬杖は、正月に打ちたる毬杖を、真言院より神泉苑へ出だして、焼き上ぐるなり。〈徒

然草・180・三毬杖は〉訳三毬杖とは、正月に打って遊んだ★毬杖を、真言院から神泉苑へ持ち出して、**焼いて燃え上がらせる**のである。

やき-くさ【焼き草・焼き種】名詞 ❶火をつけるための枯れ草。また、火勢を助けるためのもの。❷ヨモギ。また、もぐさ。❸身を滅ぼすもと。

やき-ごめ【焼き米】名詞 新米を籾のまま煎いってつき、籾殻を取り除いたもの。煎り米。季語 秋

やき-たち【焼き太刀】名詞 何度も焼いて鍛えた太刀。

やきたち-の【焼き太刀の】枕詞（焼き太刀を身辺に着けることから）「辺着へつく」に、（鋭いことから）「利とし」に係る。

やき-もの【焼き物】名詞 ❶魚・鳥・獣の肉などを焼いて料理したもの。❷陶磁器・土器などの総称。❸焼き入れをして作った刀剣・刃物。

や-ぎゃう【夜行】―ぎょう 名詞 動詞 自〔サ変〕〈せ・し・す・する・すれ・せよ〉❶夜、出歩くこと。❷夜、警備のために回ること。夜回り。❸「★百鬼夜行」の略。発展「やかう」とも。

や-ぎり【矢切り】名詞 ❶飛んでくる矢を切り払うこと。❷→しのびがへし

やく【厄】名詞 ❶災い。災難。❷「★厄年」の略。❸疱瘡。天然痘。

やく【役】名詞 ❶公用のために人民を徴用すること。夫役。❷役目。職務。**上の御前などにても、役とあづかりて**…。〈枕草子・135・故殿の御ために〉訳天皇の御前でも、（褒めることを）自分の**役目**と引き受けて…。
❸もっぱらそれだけをすること。仕事。務め。「**朝夕の露分け歩くを、そのころの役になむする。**」〈源氏・葵〉訳「（良家の子弟は）朝夕の露を分けて（野宮へ）通うことを、そのころの（熱心な）**仕事**にしている。」

やく【約】名詞 約束。契約。

やく【益】名詞 効き目。効果。利益。**かく和らぎたるところありて、その益もあるにこそとおぼえはべりし。**〈徒然草・141・悲田院の尭蓮上人は〉訳（上人は）このように（人柄の）柔和になっているところがあって、（多くの僧のいる中で寺を管理しているのも）その**効果**もあるからだと思われました。

や・く【焼く】一 動詞 他〔カ四段〕〈か・き・く・く・け・け〉❶火をつけて燃やす。また、加熱する。**来ぬ人をまつほの浦の夕凪に焼くや藻塩の身もこがれつつ** 百人一首〈新勅撰集・849〉訳→こぬひとを…
❷（心を）悩ます。（胸を）焦がす。**我が心焼くも我なりはしきやし君に恋ふるも我が心から** 歌〈万葉集・13・3271〉訳私の心を**悩ます**のも私だ。いとしい君に恋い焦がれるのも私の心からだ。
❸《遊里語》（相手が喜ぶように）うまく言う。おだてる。**人をよく焼くとて、野墓のるりと名によばれて**…。〈西鶴・好色一代女〉訳人をうまく焼く、（つまり）**おだてる**ということで、火葬場のるりという名で呼ばれて…。
二 動詞 自〔カ下二段〕〈け・け・く・くる・くれ・けよ〉❶火がついて燃える。焼ける。
火の中にうちくべて焼かせたまふに、めらめらと焼けぬ。〈竹取・火鼠の皮衣〉訳（右大臣は皮衣を）火の中にくべてお焼かせになると、めらめらと**燃え**てしまった。○「焼かせたまふ」の「焼く」は四段の他動詞で一❶の意味。
❷（心が）乱れる。思い焦がれる。**海人娘子らが焼く塩の思ひそ焼くる我が下心** 歌〈万葉集・1・5〉訳海人の娘たちが焼く塩のように気持ちは**思い焦がれる**。私の胸の内では。

-や・ぐ 接尾語（名詞や形容詞・形容動詞の語幹などに付いて）…のような状態になる、…らしくなる、という意味を表す。語例 はなやぐ・若やぐ・さやぐ 発展 動詞（カ四段）化する。

やく-がひ【夜久貝】―がい 名詞 ヤコウガイの別の呼び名。酒杯や螺鈿に用いられた。

やくさ-の-かばね【八色の姓・八種の姓】名詞 →はっしゃう（八姓）

やく-し【薬師】名詞《仏教語》（「薬師瑠璃光如来」の略で）東方浄瑠璃国の教主で、十二の誓願を立てて衆生の病苦を救うという如来。右手に印を結び、左手に薬壺を持つ。類 薬師如来

やくし-かう【薬師講】―こう 名詞《仏教語》薬師如来の本願を明らかにして、その世界への往生を説く「薬師経」を講説する法会。

やくし-さんぞん【薬師三尊】名詞 薬師如来と、その脇侍の日光菩薩と月光菩薩の総称。

［やくし］

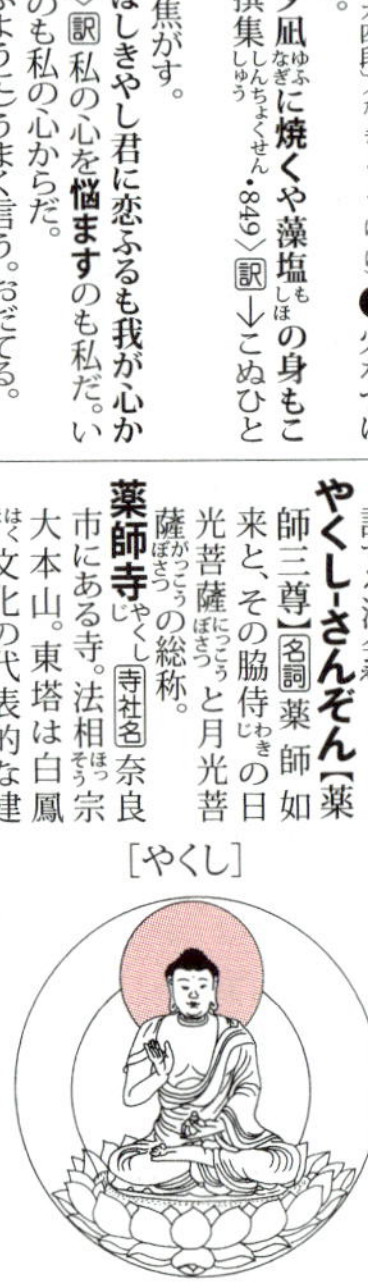

薬師寺 寺社名 奈良市にある寺。法相宗大本山。東塔は白鳳文化の代表的な建築。また、日本最古の仏足石・仏足石歌碑がある。天武天皇が皇后（＝後の持統天皇）の病気快復を祈って建立を発願した。→**ビジュアルチェック** 25（1097ページ）

やくし-にょらい【薬師如来】名詞 →やくし

やくし-ほとけ【薬師仏】名詞 →やくし

やく-しゃ【役者】名詞 ❶役目のある者。役を担当する人。役人。❷能や歌舞伎で、演技を行う人。俳優。

やく-しゅ【薬種】名詞 薬の材料。薬品。

やく-と【役と】副詞 もっぱら。ひたすら。「**水飯を役と召すとも、この定に召さば、更に御太り直るべきにあらず。**」〈宇治拾遺〉訳「水に浸した飯を**もっぱら**召し上がるとしても、こんな調子で召し上がったら、とてもご肥満が解消するはずもない。」

やく-どし【厄年】名詞 災難に遭いやすいので気をつけなければならない年齢。数え年で、男性は二十五歳・四十二歳、女性は十九歳・三十三歳。

やく-な・し【益無し】形容詞〔ク〕〈く・から・く・かり・し・き・かる・けれ・○・かれ〉❶無益だ。かいがない。むだだ。「**あはれ絶えざりしも、益なき片思ひなりけり。**」〈源氏・帚木〉訳「いとしいという気持ちが途切れなかったのも、**無益な**片思いであったのだった。」
❷困ったことだ。感心できない。**御気色変はりて、「益なし。」と思したるに**…。〈大鏡・道長上〉訳（道隆と道兼は）お顔色が変わって、「**困ったことだ。**」とお思いになっているのに対して…。

やく-にん【役人】名詞 ❶役目のある人。❷公職に就いている人。官人。官吏。❸芸能の出演者。役者。

やく-はらひ【厄払ひ】名詞 ❶神仏に参拝祈願して厄難を払い落とすこと。厄落とし。❷大晦日(おおみそか)や節分の夜などに、厄よけの文句を言いながら金品をもらい歩く者。

[やくはらひ❷]

や-くも【八雲】名詞 ❶幾重にも重なっている雲。❷和歌。須佐之男命(すさのおのみこと)の歌(↓やくもたつ…)が、和歌の初めとされることからいう。

やくも-さす【八雲さす】枕詞 ↓やくもたつ

やくもたつ… 歌謡 **八雲立つ　出雲八重垣　妻籠みに　八重垣作る　その八重垣を**〈古事記・大蛇退治〉訳 出雲の国の(わき立つ雲のように)幾重にも巡らした垣(のある宮殿)、妻を隠れ住まわせるために垣を幾重にも巡らすのだよ、(立派な)その八重垣を。〇「八雲立つ」は「出雲」に係る枕詞。

発展 須佐之男命(すさのおのみこと)が妻の櫛名田比売(くしなだひめ)の新居を作り、それをたたえた歌。『古今集』仮名序ではこの歌を和歌の始まりとする。

やくも-たつ【八雲立つ】枕詞 (多くの雲が立ち上るという意味から)地名「出雲」に係る。

やくも-の-みち【八雲の道】名詞 和歌の道。歌道。

やくやく-に【漸漸に】副詞 だんだんと。しだいに。**しましくも良けくはなしに漸漸にかたちくづほり…** 歌〈万葉集・5・904〉訳 少しの間も(病状は)よくならないでしだいに姿は変わり…。

や-ぐら【矢倉・櫓】名詞 ❶武器をしまっておく倉庫。兵器庫。❷展望や指揮、または矢・石などの発射のため、城門・城壁などの上に設けた高い建物。❸歌舞伎や人形浄瑠璃などの劇場で、正面入り口の上に作った台。❹材木を組んで作った塔や台。「こたつ矢倉」「火の見矢倉」など。

[やぐら❷]

やく-れい【薬礼】名詞 医師への謝礼。治療費。薬代。

やくわう-ぼさつ【薬王菩薩】ヤクオウ― 名詞《仏教語》医薬によって、この世に生きる者の心身の病をいやすという菩薩。

やけ-の【焼け野】名詞 ❶野火で焼けた野。❷早春、野焼きをした後の野。季語 春

やごと-な・し 形容詞 ↓やむごとなし 最重要語 (1268ページ)

や-ごろ【矢比・矢頃】名詞 矢を射当てるのに適当な距離。

や-ざ【夜座】名詞 夜、寝ないで座っていること。また、禅宗で日没のころに行う座禅。

やさか-に【八尺瓊】名詞 古代の装身具で、長い緒に多くの玉を通して輪にしたもの。また、大きな玉という説もある。発展「に」は玉という意味。

やさかにの-まがたま【八尺瓊の曲玉】名詞 ❶古代の装身具で、長い緒に多くの曲玉を通して輪にしたもの。また、大きな曲玉という説もある。❷「★三種の神器」の一つ。天照大御神(あまてらすおおみかみ)が天の岩戸に閉じこもったとき献上した曲玉。

や-さき【矢先】名詞 ❶矢の先端の部分。類 矢尻(やじり) ❷矢の飛んでくる方。矢の飛んでくる所。❸事がまさに始まろうとするとき。

や-さけび【矢叫び】名詞 ❶矢を射当てたとき、射手が歓声を上げること。また、その声。❷戦いの始めに遠矢を射合うとき、両軍が高く叫ぶ声。

やさ・し【恥し・優し】形容詞 ↓最重要語 (1255ページ)

やさ-ば・む【優ばむ】動詞 自〈マ四段〉(ま・み・む・む・め・め) 情趣ありげに見える。優美な性質を帯びる。
艶(えん)といふも、あながち句の姿、言葉の優ばみ、花めきたるにはあるべからず。〈ささめごと〉訳 艶といっても、必ずしも句の姿、ことばが**優美な性質を帯び**、華麗だということではあるはずがない。
発展「ばむ」は接尾語。

や-ざま【矢狭間】名詞 矢を射るために設けた小窓。

や-し 間投助詞《上代語》(詠嘆を表し、語調を整えて)…なあ。…よ。接続 形容詞の連体形、助詞などに付く。
愛(は)しけやし吾家(わぎへ)の方よ雲居(くもゐ)立ち来(く)も〈古事記・景行天皇〉訳 懐かしい**なあ**、わが家の方から雲がわき起こってくるよ。
発展 間投助詞「や」に副助詞「し」が付いて一語になったもの。

や-しき【屋敷】名詞 ❶家の敷地。宅地。❷邸宅。特に、武家の邸宅。

やしなひ【養ひ】ヤシナイ 名詞 ❶(子を)養い育てること。養育。❷(「養ひ子」の略で)養子。❸食事。栄養。

やしなひ-ぎみ【養ひ君】ヤシナイ― 名詞 乳母(めのと)や後見人として養育する貴人の子。

やしな・ふ【養ふ・育ふ】ヤシナ(ノ)ウ 動詞 他〈八四段〉(は・ひ・ふ・ふ・へ・へ) ❶養育する。世話をする。
初めは籠(こ)に入れて養ひけるに、三月(みつき)ばかり養はるる、例の人に成りぬ。〈今昔〉訳 初めはかごに入れて**養育して**いたが、三か月ほど**養育さ**れると、ふつうの(大きさの)人になってしまった。
❷(体力や気力が)衰えないように保つ。養生する。
身を養ひて何事をか待つ。期(ご)する処(ところ)、ただ老いと死とにあり。〈徒然草・74・蟻(あり)のごとくに〉訳 身体を**衰えないように保って**どのようなことを当てにするのか。期待する(としても、やってくる)ものは、ただ老いと死だけである。

や-しは-ご【玄孫】ヤシワ― 名詞 孫の孫。ひ孫の子。やしゃご。

や-しほ【八入】ヤシオ 名詞 何回も染め汁に浸して、よく染めること。また、その染めた物。発展「や」は多いこと、「しほ」は染料に浸す度数という意味。

や-しほぢ【八潮路】ヤシオジ 名詞 多くの潮路。また、遠い海路。

やしほ-をり【八入折り】ヤシオオリ 名詞 ❶(酒などを)何度も繰り返して醸造すること。また、その酒。❷(刀などを)何度も繰り返して鍛えること。

や-しま【八州・八洲・八島】名詞 日本国の別の呼び名。発展「多くの島」という意味。

屋島(やしま) 地名 今の香川県高松市北東部、瀬戸内海に突き出た半島。一一八五(文治元)年の屋島の合戦で知られる。

やしゃ【夜叉】名詞《仏教語》古代インドの鬼神。性質は猛悪で、人を取って食うという。後に守護神とな

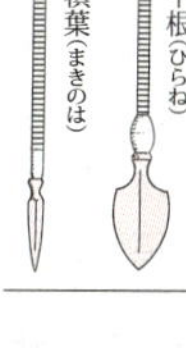

[やじり❶]

り、毘沙門天に仕えて北方を守護する。

野州［一シウ］旧国名 ↓下野

や-じり【矢尻・鏃】名詞 ❶矢の先端の突き刺さる部分。多くは鉄製。雁股・尖り矢・剣尻などの種類がある。類矢先 ↓図（前ページ） ❷矢を射当てる腕前。

やじり-きり【家尻切り】名詞 家や蔵などの裏側を破って盗みに入ること。また、その盗人。

や-しろ【社】名詞 ❶古代、地を清め、壇を設けて神を祭った所。❷神を祭った建物。神社。発展 もとは「屋代」で、「や」は建物、「しろ」は土地の一区画という意味。

や・す【痩す】動詞 自〔サ下二段〕〈せ・せ・す・する・すれ・せよ〉体が細くなる。やせる。やつれる。↓**古語チャート㊺**（1275ページ）**雑色・随身は、少しやせて細やかなるぞよき。**〈枕草子・53・雑色、随身は〉訳雑役や、警護（の役人）は、少し**やせてほっそりしている**のがよい。

やさ・し
【恥し・優し】

自分の身がやせ衰えるようなつらい気持ちや、そう感じさせるほど相手が優美なようす

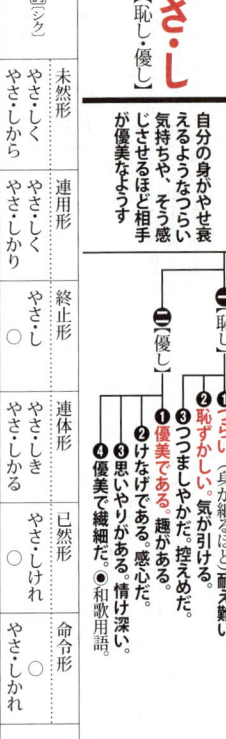

- 一【恥し】
  - ❶つらい。（身が細るほど）耐え難い。
  - ❷恥ずかしい。気が引ける。
  - ❸つつましやかだ。控えめだ。
- 二【優し】
  - ❶優美である。趣がある。
  - ❷けなげである。感心だ。
  - ❸思いやりがある。情け深い。
  - ❹優美で繊細だ。◉和歌用語。

形容詞〔シク〕	未然形	連用形	終止形	連体形	已然形	命令形
	やさ・しく	やさ・しく	やさ・し	やさ・しき	やさ・しけれ	○
	やさ・しから	やさ・しかり	○	やさ・しかる	○	やさ・しかれ

一【恥し】❶つらい。（身が細るほど）**耐え難い。肩身が狭い。やっかいだ。**

「**ある世にだに、女子はよろづのことむつかしく、やさしきものなり。**」〈宇津保〉訳「（親の私が）生きている時でさえ、娘（というもの）は万事に面倒で、**やっかいな**ものだ。」

❷恥ずかしい。気が引ける。みっともない。（外聞が）**悪い。**

「**昨日今日、帝ののたまはむことにつかむ、人聞きやさし。**」〈竹取・かぐや姫の昇天〉訳「（多くの人の求婚を断ってきたのに）昨日今日、帝がおっしゃることに従うようなことは、外聞が**悪い**。」○この意味での「やさし」は、特に「人聞きやさし」の形で用いられることが多い。

❸つつましやかだ。控えめだ。

「**繁樹は百八十に及びてこそさぶらふらめど、やさしく申すなり。**」〈大鏡・序〉訳「繁樹は百八十歳に達しておりましょうが、（きまり悪がって、何歳だか分からないと）**つつましやかに**申し上げるようだ。」

二【優し】❶優美である。上品である。趣がある。しとやかである。↓**古語チャート⑫**（429ページ）

人づてともなく言ひなしたまへる声、いと若やかに愛敬づき、優しきところ添ひたり。〈源氏・蜻蛉〉訳（宮の君が）取り次ぎにというのでもなく言い繕っていらっしゃる声は、とても若々しくかわいらしく、**上品な**ところが加わっている。

❷けなげである。感心だ。殊勝だ。

「**優しう申したるものかな。**」**とて、錦の直垂を御免ありけるとぞ聞こえし。**〈平家・7・実盛〉訳（平宗盛は）「**けなげに**申し上げたものだ。」と言って、（斎藤実盛が故郷に錦を飾るという意味で）錦織りの*直垂を（身に着けたいと申し出たことを）お許しになったのだと（世間で）評判になった。○「優しう」は連用形「優しく」のウ音便。

❸思いやりがある。情け深い。心が優しい。

「**あらやさしや、今の物語を聞きさうらひて落涙しさうらふよ。**」〈謡曲・隅田川〉訳「ああ**情け深い**ことよ、（この女は）今の（悲しい）物語を聞きまして涙を流していますよ。」

❹《和歌用語》**優美で繊細だ。風情がある。**

釈阿は、優しく艶に、心も深く、あはれなるところもありき。〈後鳥羽院御口伝〉訳釈阿（＝藤原俊成）の歌は、**優美で繊細で**上品で美しく、趣も深く、しみじみと心打たれるところもあった。○この「優し」は、中世の和歌を評価するときに用いることばで、後鳥羽院が特に多く用いている。

発展 **①語の成り立ち**　動詞「痩す」が形容詞になったもので、もともとは一❶の、身がやせ細るような耐え難い気持ちを表す。↓**古語チャート㊺**（1275ページ）

②一から客観的評価を表す二へ　他人の見る目を気にしてつらく感じることから一❷の「恥ずかしい・気が引ける」という意味となり、その恥ずかしがるようすは控えめでつつましやかなところから一❸の意味ができた。そこから、二❶や❷のような対象に対する客観的な評価を表す用法へと変化していく。その変化の時期は、ほぼ『源氏物語』のころといわれ、中古末期までは、一の❷❸の意味で多く用いられたが、中世に入ると一の❶❷の意味が完全に消滅し、一❸と二の各用法が圧倒的に多くなる。中世の軍記物語では、たけだけしいようすや武骨な振る舞いと対比される、二❷の意味で用いられることが多い。

③現代語とのつながり　「やさし」に現代のような「平易だ・分かりやすい」の意味が生じたのは評価の対象を人から物事に広げるようになった近世末期のことであり、容易という意味では、上代以来「易し」によって表されてきた。↓易し

類語比較 **「やさし」「えんなり」「なまめかし」**
共通点＝優美であるようすを表す。
やさし＝その語幹に「優」の字を当てるように、しっとりとした上品な美しさを表す。
えんなり＝洗練された華やかな美しさを表す。
なまめかし＝若さ・清らかさといったみずみずしい美しさを表す。

類語比較 **「はづかし」「やさし」「おもなし」「ひとわろし」「はしたなし」**↓恥づかし

やす-い【安寝】 名詞 落ち着いて眠ること。安眠。

やすから-ず【安からず】 連語 ❶(心が)穏やかでない。(気が)収まらない。
右大臣の御覚えことのほかにおはしましたるに、左大臣**安からず思し**たる程に…。〈大鏡・時平〉訳 (醍醐天皇の)右大臣(=菅原道真)へのご信任が思いのほかでいらっしゃったことによって、左大臣(=時平)は**穏やかでなく**お思いになっていらっしゃる間に…。
❷不安に思う。不安だ。心配だ。
これを世の人安からず憂へあへる…。〈方丈記・都遷り〉訳 この遷都を世間の人が**不安に思い**ぶつぶつと(不平を)言い合ったのは…。
❸もってのほかである。
女などのある所をも、などか、忌みたるやうにさしのぞかずもあらむ、**それをも安からず言ふ**。〈枕草子・7・思はむ子を〉訳 女などのいる所をも、どうして、忌み避けているようにのぞき見しないでいられようか、それをも**もってのほかである**と言う。
発展 形容詞「やすし」の未然形＋打消の助動詞「ず」。

やす-くに【安国】 名詞 安らかに治まっている平和な国。

やす-け-く【安けく】《上代語》心が安らかなこと。安らかな気持ち。
あしひきの**山路越えむとする君を心に持ちて安けくもなし** 歌〈万葉集・15・3723〉訳 山道を越えようとするあなたを心に深く思って、**安らかな気持ち**にもなれない。○「あしひきの」は「山」に係る枕詞。
発展 形容詞「やすし」の古い未然形＋接尾語「く」。

やす-げ-な・し【安げ無し】 形容詞 〔ク〕〈から・かり・○・かる・○・かれ〉不安だ。心配だ。落ち着かない。
さまざま**安げなき身の愁へを申す**。〈源氏・須磨〉訳 (漁師らは)いろいろと**不安な身の上のつらさを**(三位中将に)申し上げる。

やす-げ・なり 形容動詞 〔ナリ〕〈なら・なり(に)・なり・なる・なれ・なれ〉
㊀【安げなり】気楽そうだ。
人にもどき扱はれぬ際は**安げなり**。〈源氏・賢木〉訳 世間の人に非難されないし、(まともに)扱われない身分の者は**気楽そうだ**。○「もどき扱はれぬ」は「もどかれず、扱はれぬ」の意を表す★対偶中止法。
㊁【易げなり】簡単そうだ。たやすそうだ。
本を切るさまで、**易げに**、せまほしげに見ゆるや。〈枕草子・227・八月晦〉訳 (イネの)根元を切るようすは、(いかにも)**簡単そうで**、(私も)やってみたいように思われることよ。

やす・し

㊀ 形容詞〔ク〕 心安らかで落ち着いているようす。また、簡単であるようす
- ㊀【安し】
  - ❶心安らかである。穏やかだ。
  - ❷軽々しい。気軽だ。
- ㊁【易し】
  - ❶容易である。たやすい。
  - ❷無造作だ。

㊁ 補助形容詞〔ク〕 容易に…できる。…がちである。

接続 ㊁は動詞の連用形に付く。

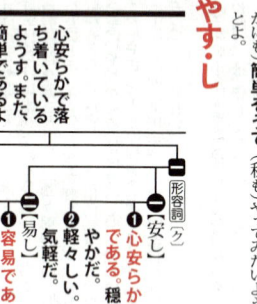

未然形	連用形	終止形	連体形	已然形	命令形
やす・く	やす・く	やす・し	やす・き	やす・けれ	○
やす・から	やす・かり	○	やす・かる	○	やす・かれ

㊀ 形容詞〔ク〕 ㊀【安し】❶**心安らかである。穏やかだ。**
たらちねの母を別れてまこと我旅の仮廬に安く寝むかも 歌〈万葉集・20・4348〉訳 母と別れて、本当に私は、旅の仮小屋で**心安らかに**寝ることができるのだろうか。○「たらちねの」は「母」に係る枕詞。
❷**軽々しい。気軽だ。気楽だ。**
「何か。この身はいと**安くはべり**。人ひとりの御身に代へたてまつりて、いづちもいづちもまかり失せなむに、咎あるまじ。」〈源氏・玉鬘〉訳 「いやいや。この私は実に**気軽でございます**。人(=玉鬘)ひとりのお身代わりとなり申し上げて、どこへなりとも姿を消させていただいたりしてしまったところで、非難されることはないはずだ。」
㊁【易し】❶**容易である。たやすい。簡単だ。** 対 難し
鞠も、難きところを蹴出だして後、**やすく思へば、必ず落つ**とはべるやらん。〈徒然草・109・高名の木登り〉訳 ★蹴鞠も、難しいところを(うまく)蹴り上げた後は、**簡単だ**と思うと、きっと(失敗して鞠が地面に)落ちるとかいうようでございます。
❷**無造作だ。凝っていない。あっさりとしている。**
名を付くること、昔の人は少しも求めず、ただありのままに、**やすく付けけるなり**。〈徒然草・116・寺院の号〉訳 (物に)名前を付けること(について)は、昔の人は決して(無理に珍しさを)求めず、ただありのままに、**無造作に**付けたものだ。
㊁ 補助形容詞〔ク〕 **容易に…できる。…がちである。**
あなづり**やすき人**ならば、「後に。」とてもやりつべけれど…。〈枕草子・28・憎きもの〉訳 **容易に**見下げることが**できる**人であるならば、「後で。」と言ってでも帰してしまうことができそうだが…。
→古語チャート㊸(1211ページ)

やす-だいじ【易大事】 名詞 簡単そうに見えて、実際は油断できない一大事。

やす-の-かは【安の河】 名詞 天上にあるという川。

やす-の-わたり【安の渡り】 名詞 天上の川の渡し場。

やすま・る【休まる】 動詞 自〔ラ四段〕〈ら・り・る・る・れ・れ〉落ち着く。治まる。静まる。
唱ふるに随ひて、苦しび漸く**休まりて**、男子を産せり。〈今昔〉訳 (仏の名を)唱えるにしたがって、苦しみがしだいに**治まって**、男子を出産した。

やすみ-しし【安見知し・八隅知し】 枕詞 「わがおほきみ」「わごおほきみ」に係る。発展 安らかに治める、または国の隅々まで治めるという意味からか。

やすみし・る【八隅知る】 ㊀ 動詞 自〔ラ四段〕〈ら・り・る・る・れ・れ〉国家を統治する。
今は、**八隅知る名を逃れて**…。〈新古今集・仮名序〉訳 今は、**国家を統治する**(天皇という)名を逃れて…。
㊁ 枕詞 「わがすべらぎ」に係る。
発展 「やすみしし」が変化してできたことば。さらに、㊀は㊁からできた用法。

やす・む【休む】 ㊀ 動詞 自〔マ四段〕〈ま・み・む・む・め・め〉❶休息する。休憩する。
足の裏動かれずわびしければ、せむ方なくて休みたま

ふ。〈源氏・玉鬘〉訳（玉鬘は）足の裏が（思うように）動けなくて切ないので、仕方なく**休息**なさる。❷（心身が）安らかになる。楽になる。休まる。**照り曇り寒き暑きも時として民に心の休む間もなし**歌〈風雅集・1797〉訳（日が）照ったり曇ったり寒かったり暑かったりと少しの間も民には心の**安らかになる**時間がない。❸横になる。寝る。**しばしうち休みたまへど、寝られたまはず。**〈源氏・空蟬〉訳（源氏は）しばらく**横になり**なさるが、お眠りになれない。

■二動詞 他〔マ下二段〕〈め・め・む・むる・むれ・めよ〉❶休ませる。休息させる。**夢路には足も休めず通へどもうつつに一目見しごとはあらず**歌〈古今集・恋3・658〉訳夢の中の通い道では足も**休ませ**ずに通って（いつも会って）いるけれど、（かつて）現実に一目見たような（楽しい）ものではない。❷（心身を）安らかにする。緩やかにする。「**神仏明らかにましまさば、この愁へ休めたまへ。**」〈源氏・明石〉訳「神仏が確かにいらっしゃるなら、この嘆きを（なくして）**安らかにして**ください。」

やすめ-どころ【休め所】名詞❶和歌の第三句。❷通行人が休む所。休憩所。

やす-らか・なり【安らかなり】形容動詞〔ナリ〕〈なら・なり（に）・なり・なる・なれ・なれ〉❶平穏無事だ。心配がなく気楽だ。**馴れ安らかなるを見るも、いとうらやまし。**〈枕草子・184・宮に初めて参りたるころ〉訳（女房たちが中宮にお仕えするようすが）もの慣れて**心配がなく気楽な**のを見るのも、とてもうらやましい。❷簡単だ。容易だ。「**我が許に入り来たりて、安らかに物取りては去いなむや。**」〈今昔〉訳「私の家に入って来て、**簡単に**物を取って行けようか、いや、できまい。」❸わざとらしくない。あっさりしている。「**ただ安らかにこと少なにて、しかも妙なり。**」〈無名抄・俊恵歌体定事〉訳「（能因の歌は）ただ**あっさりしていて**ことば少なく、しかもすばらしい。」

やす-らけ・し【安らけし】形容詞〔ク〕〈（く）・く・し・き・けれ・○／から・かり・○・かる・○・かれ〉安らかだ。穏やかだ。聞き直し、見直して、平らけく、**安らけく**知ろし召せ。〈祝詞〉訳（悪いことがあったならば）聞いては直し、見ては直して、平穏に、**安らかに**支配なさってください。

●**やすらは＋□**「**やすらふ**【休らふ】■一（八行四段）」の未然形。↓**最重要語**（1258ページ）

⛉**やすらはで**…百人一首
やすらはで寝なましものをさ夜更けてかたぶくまでの月を見しかな〈後拾遺集・680・赤染衛門〉訳（あなたが来ないとわかっていたら）ためらわないで寝てしまったのに。（昨夜はあなたを待って）夜も更けて、（西に）傾くまで月を眺めていたことだ。○「ものを」は反実仮想の助動詞「まし」に付いて逆接的詠嘆を表す。

発展 作者の姉妹のもとに通っていた藤原道隆に対し、姉妹に代わって詠んだ歌。

品詞分解・修辞

やすらは	で	寝	な	まし	ものを。
八四・未	接助	ナ下二・用	確述・未	反実仮想・体	終助

〈二句切れ〉

さ夜	更け	て	かたぶく	まで	の
	カ下二・用	接助	カ四・体	副助	格助

月	を	見	し	かな
	格助	マ上一・用	過去・体	終助

やす-らひ【休らひ】名詞❶ためらうこと。躊躇。**来し方の心の休らひさへ、あやふく覚えたまへど…。**〈源氏・総角〉訳（大君に対する）今までの心にあった**ためらいまでも**、（薫は）不安だとお思いになるけれども…。❷休むこと。休息。❸心に留めないこと。

●**やすらひ＋□**「**やすらふ**【休らふ】■一（八行四段）」の連用形。↓**最重要語**（1258ページ）

やすらひ-くら・す【休らひ暮らす】動詞 他〔サ四段〕〈さ・し・す・す・せ・せ〉ぐずぐずして一日を過ごす。日が暮れるまでためらいながら過ごす。**物語などのどやかに聞こえまほしくて、休らひ暮らしたまひつ。**〈源氏・総角〉訳（薫は姫君と）話などをゆっくり申し上げたいので、**ぐずぐずして一日をお過ごしに**なった。

やす-ら・ふ【休らふ】動詞↓**最重要語**（1258ページ）

●**やすらふ＋□**「**やすらふ**【休らふ】■一（八行四段）」の終止形・連体形。または、「**やすらふ**【休らふ】■二（八行下二段）」の終止形。↓**最重要語**（1258ページ）

●**やすらふる＋□**「**やすらふ**【休らふ】■二（八行下二段）」の連体形。↓**最重要語**（1258ページ）

●**やすらふれ＋□**「**やすらふ**【休らふ】■二（八行下二段）」の已然形。↓**最重要語**（1258ページ）

●**やすらへ＋□**「**やすらふ**【休らふ】■一（八行四段）」の已然形・命令形。または、「**やすらふ**【休らふ】■二（八行下二段）」の未然形・連用形。↓**最重要語**（1258ページ）

⌔**やせがへる**…句
やせ蛙負けるな一茶これにあり〈七番日記・小林一茶〉訳やせガエルよ、負けるなよ、おまえを応援している一茶がここについているぞ。○季語やせ蛙―夏

発展 雌を争って雄ガエルが戦うことに金品をかける「蛙たたかひ」を見ての句。弱い者への同情であるとともに、カエルの姿に作者自身が重ねられている。

やせ-さらぼ・ふ【痩せさらぼふ】動詞 自〔八四段〕〈は・ひ・ふ・ふ・へ・へ〉やせこける。女法師一人、若き人の**やせさらぼひたる、色青みて…。**〈古本説話集〉訳女法師が一人、若い人で**やせこけている人が**、顔色は青ざめて…。

やせ-やせ・なり【痩せ痩せなり】形容動詞〔ナリ〕〈なら・なり（に）・なり・なる・なれ・なれ〉非常にやせている。やつれ細っている。いたう酔ひ痴れてをる顔つき、**いとやせやせなり。**〈源氏・少女〉訳ひどく酔って呆けている顔つきは、とても**やつれ細っている。**

●**やせる**（現）↓（古）**やす**【痩す】

や-ぜん【夜前】名詞 昨晩。昨夜。ゆうべ。

や-そ【八十】名詞 八十。また、数の多いこと。発展「八十神」「八十島」など、数量の多いという意味を含んだことばを作ることが多い。

や-ぞ連語（反語を表し）どうして…か、いや…ない。**やど見れば蓬の門もさしながらあるべきものと思ひけむやぞ**歌〈蜻蛉日記〉訳お屋敷を見ますと、ヨモギの生い茂った門も閉ざしたまま、すっかり荒れ果ててしまうとは**どうして**思ったろう**か、いや**、思わ**なかった。**○「さしながら」は「すっかり」という意味で、門を「鎖しながら」と掛詞になっている。

発展 終助詞「や」＋終助詞「ぞ」。

やそ-うぢびと【八十氏人】うぢびと 名詞 大勢の氏人。多くの氏族の人々。

やそ-がみ【八十神】名詞 たくさんの神々。

やそ-くに【八十国】名詞 ❶多くの国々。❷多くの国の人々。

やそ-くま【八十隈】名詞 多くの曲がり角。**この道の八十隈ごとに万たびかへり見すれど…** 歌〈万葉集・2・131〉訳→いはみのうみ…

やそ-しま【八十島】名詞 多くの島々。**わたの原八十島かけて漕ぎ出でぬと人には告げよ海人の釣り舟** 百人一首〈古今集・羇旅・407〉訳→わたのはら…

やそ-せ【八十瀬】名詞 たくさんの瀬。瀬々。

やそ-ぢ【八十・八十路】じ 名詞 ❶八十。❷八十歳。八十年。発展「ぢ」は、「十」「百」「千」の単位の数詞に付く接尾語「ち」が連濁したもの。

やそ-とものを【八十伴の緒・八十伴の男】ともの 名詞 多くの部族の長。また、上代、朝廷に仕えた多くの役人たち。

やた-がらす【八咫烏】名詞 ❶神武天皇の東征のとき、天照大御神から道案内として遣わされたカラス。❷中国の伝説で、太陽にいるとされた三本足のカラス。また、それをかたどった金属を先端に付けた幡。発展「八咫」は、大きい、長いという意味。

や-たけ・なり【弥猛なり】形容動詞〔ナリ〕〈なら・なり(に)・なり・なる・なれ・なれ〉いよいよ勇み立つ。血気にはやる。「**稚き女子のやたけにおはするぞ…。**」〈雨月・浅茅が宿〉訳「年若い妻が**いよいよ勇み立って**いらっしゃるのこそ…。」
発展 接頭語「いや」に「たけなり」が付いた「いやたけなり」が変化したことば。

やたて【矢立て】名詞 ❶矢を入れる道具。❷携帯用の筆記用具。筆入れの先に墨壺を付けたもの。

や-だね【矢種】名詞 *箙などに入れて身に付けている矢。また、手元にあるすべての矢。

やた-の-かがみ【八咫の鏡】名詞 ❶大きな鏡。❷「*三種の神器」の一つ。天照大御神が天の岩戸に閉じこもったとき献上した鏡。

や-ち【八千】名詞 八千。また、数のきわめて多いこと。

やす-ら・ふ【休らふ】らう —

動作などを中止した状態でいる

一 動詞 自 ─ ❶ためらう。躊躇する。❷たたずむ。立ち止まる。❸滞在する。❹休息する。
二 動詞 他 ─ 休ませる。緩める。

動詞 自〔ハ四段〕	未然形	連用形	終止形	連体形	已然形	命令形
	やすら・は	やすら・ひ	やすら・ふ	やすら・ふ	やすら・へ	やすら・へ
動詞 他〔ハ下二段〕	未然形	連用形	終止形	連体形	已然形	命令形
	やすら・へ	やすら・へ	やすら・ふ	やすら・ふる	やすら・ふれ	やすら・へよ

一 動詞 自〔ハ四段〕❶**ためらう。**躊躇する。**決断がつかないで迷う。**「ものや言ひ寄らまし。」とおぼせど、「うちつけにやおぼさむ。」と、心恥づかしくて、**休らひたまふ**。〈源氏・末摘花〉訳(源氏は姫君に)「何かことばをかけて近づいたものだろうか。」とお思いになるが、(姫君が)「ぶしつけだとお思いになるのではないだろうか。」と、気が引けて、**ためらい**なさる。

❷**たたずむ。立ち止まる。**下津河水増さりて、かなはずして**休らふ**ほどに、関東へ下る武士に見合ひて、はや搦め捕られぬ。〈沙石集〉訳 下津川は水が増えて、(逃げ延びていく武士は、向こう岸へ渡れず)どうしようもなくて**たたずむ**うちに、関東へ下る武士に出会って、早くも捕まり縛られてしまった。

❸**滞在する。とどまる。**そのころ、宋朝より優れたる名医渡って、本朝に**休らふ**ことあり。〈平家・3・医師問答〉訳 その当時、宋(=中国の王朝)から優れた名医が渡ってきて、我が国に**滞在する**ことがあった。

❹**休息する。休む。憩う。**岩に腰掛けてしばし**休らふ**ほど…。〈奥の細道・月山〉訳 岩に腰を下ろしてしばらく**休む**うちに…。

二 動詞 他〔ハ下二段〕**休ませる。とどめる。緩める。**貞任が轡を**休らへ**…。〈古今著聞集〉訳(安倍)貞任はウマのくつわを**緩め**…。

発展 ①**語の歴史** 「やすむ」の語幹「やす」に、接尾語「らふ」の付いたことばで、思考や行動を止め、その状態をしばらく続けている、という意味を表すと考えられる。
②**誤解から生まれた意味** 「休息する」という意味は、後世、「休む」と混同してできた用法である。中古から中世にかけて、一❶の意味で多く用いられたが、この意味では後に「ためらふ」の方が主に使われるようになっていく。ちなみに、「ためらふ」は、中古では、躊躇する意味ではなく、心を静める・静養する、などの意味を表した。

やち-くさ【八千草・八千種】名詞 ❶多くの草。❷たくさんの種類。

やち-たび【八千度】名詞 八千回。また、きわめて回数の多いこと。幾度も。

やち-また【八衢・八岐】名詞 道がいくつにも分かれている所。

やち-よ【八千代】名詞 八千年。また、きわめて多くの年代。長い年数。永遠。

や-つ【八つ】名詞 ❶数の名。はち。また、数の多いこと。❷(「八つ時」の略で)今の午前および午後の二時ごろ。❸八歳。

やつ【奴】一 名詞 (人や動物などを卑しめて)あいつ。野郎。二 形式名詞《近世語》「もの」「こと」の俗語的な言い方。発展「やつこ」の変化したことば。

や-つか【八束】名詞 八握り分の長さ。また、長いこと。

や-つか【矢束】名詞 矢の長さ。発展「束」は手のこぶしの幅に当たる長さ。

やつかれ【僕】代名詞 (謙遜して)私。私め。発展「奴吾」の縮まった形。中世後期からは「やつがれ」。近世には、男性が気取ったときに用いた。

やーつぎ【矢継ぎ】名詞 矢を射た後、次の矢を弓の弦につがえること。

やつぎーばや・なり【矢継ぎ早なり】形容動詞〔ナリ〕〈なら・なり(に)・なり・なる・なれ・なれ〉次々と矢をつがえ射る動作が巧みで速い。**すぐれたる強弓、精兵、矢継ぎ早の手きき**…。〈平家・4・競〉訳 優れた★強弓使いで、★精兵であり、**矢継ぎが巧みで速い**腕利きで…。

発展 ここから転じて、物事を続けざまに手早く行う、という意味に用いられるようになった。

やーつーこ【臣・奴】一 名詞 主人に仕える者。臣下。家来。召し使い。二 代名詞 (自分を謙遜して)私め。

発展 近世以降「やっこ」。

やっこ【奴】名詞 ❶江戸時代、武家に仕えた下男。多く、撥鬢頭に鎌髭をはやし、主人の行列に、槍や挟み箱を持って歩いた。❷江戸初期の侠客。

[やっこ❶]

やっこーあたま【奴頭】名詞 ❶江戸時代、奴や丁稚が結った髪型。月代を深く広くそりこんで、後頭部でまげを短く結ったもの。❷江戸時代、男児の両耳の上と頭の後部にだけ髪を残して他を剃った髪型。

やつ・す【俏す・窶す】動詞 ↓最重要語(1259ページ)

やっとーな 感動詞 (力を込めたり、弾みをつけたりするときに発して)よいしょ。どっこいしょ。

やつーはし【八つ橋】名詞 池や小川に、橋板を稲妻形に並べて架けた橋。

[やつはし]

やつーばち【八つ撥】名詞 ★羯鼓の別の呼び名。また、羯鼓を首から下げて撥で打ちながら踊ること。

やつ・す【俏す・窶す】

動詞 他〔サ四段〕

未然形	連用形	終止形	連体形	已然形	命令形
やつ・さ	やつ・し	やつ・す	やつ・す	やつ・せ	やつ・せ

姿・形を目立たないように変える

❶目立たない身なりにする。
❷僧の姿に変える。
❸(やせるほどに)打ち込む。◉多く「身をやつす」の形で用いられる。
❹(姿・形を変えて)まねる。◉近世中期以降の用法。
❺簡略にする。くつろぐ。◉近世語。

❶**目立たない身なりにする。目立たないようにする。みすぼらしくする。** 常よりも黒き御装ひに**やつし**たまへる御容貌、違ふところなし。〈源氏・薄雲〉訳 (喪に服するため)普段よりも黒いご衣装で**目立たない身なりにして**いらっしゃる(冷泉帝の)お顔形は、(源氏と)異なるところがない。**御車もいたくやつしたまへり。**〈源氏・夕顔〉訳 (お忍びの外出なので、源氏は)お車もたいへん**目立たないようにし**ていらっしゃる。

❷(髪をそり)**僧の姿に変える。尼の姿に変える。出家する。**「**心もなくたちまちに形をやつしてけること。**」と胸つぶれて…。〈源氏・夢浮橋〉訳「なんの考えもなく早速に(浮舟の)姿を**尼の姿に変え**てしまったことだ。」と(僧都は)心がひどく乱れて…。

❸(多く「身をやつす」の形で)(やせるほどに)**打ち込む。熱中する。** **連歌に身をやつし、心を染め**…。〈醒睡笑〉訳 連歌に**熱中し**、心を深く寄せて…。

❹《近世中期以降》(姿・形を変えて)**まねる。現代風にもじる。** **玄宗の花軍をやつし、扇軍とてあまたの美女を左右に分けて**…。〈西鶴・日本永代蔵〉訳 (中国の故事にある)玄宗皇帝の花軍(=サクラやウメの枝を持ち、二組に分かれて打ち合う遊び)を**まね**、扇軍だといって大勢の美女を左右に分けて(扇のあおぎ合いをさせ)…。

❺《近世語》**簡略にする。くつろぐ。**(姿勢・書体などを)**崩す。** **事過ぎて、後はやつして乱れ酒。**〈西鶴・好色一代男〉訳 事(=茶の湯の会)は終わって、その後は**くつろいで**無礼講の酒宴。

発展 **語の歴史** やつれる意味の動詞「やつる」の他動詞形。身なりなどを目立たなくする❶がもともとの意味で、❷は、それを僧の姿に限定したもの。❹❺は、近世中期以降、印象を変える意味に重点を置いて派生した。❶は、現代語でも「身をやつす」という言い方で残っている。

やつーばら【奴ばら】名詞 (複数の人を卑しめて)やつら。

発展「ばら」は複数を表す接尾語。

やーつぼ【矢壺・矢坪】名詞 矢を射るときの的。矢を射る目標。

やつめーさす 枕詞 地名「出雲」に係る。意味は不明。

やつ・る【俏る・窶る】動詞 自〔ラ下二段〕〈れ・れ・る・るる・るれ・れよ〉❶目立たない身なりになる。みすぼらしい身なりでいる。**たれとも知らせたまはず、いといたうやつれたまへれど**…。〈源氏・若紫〉訳 (源氏は自分を)だれともお知らせにならず、たいそうひどく**目立たない身なりになって**いらっしゃるけれど…。❷みすぼらしくなる。容色が衰える。やつれる。**太り黒みてやつれたれば**…。〈源氏・玉鬘〉訳 (昔見た男が)太って黒ずんで**容色が衰え**ているので…。

やつれ【俏れ・窶れ】名詞 ❶目立たない姿になること。忍び姿。**御やつれにまうけたまへる狩の御装束**…。〈源氏・夕顔〉訳 **お忍び姿**のために準備なさってある狩衣のご衣装に…。❷みすぼらしくなること。容色が衰えること。

「世に知らぬやつれを、『今ぞ。』とだに聞こえさすべくやはもてなしたまひける。」〈源氏・朝顔〉訳「世に例を見ない（私の）衰えぶりを、『今（恋する男のなれの果てを見てくれ）。』とだけでも申し上げることができるほど（あなたは）扱ってくださったのか、いや、そんなはずはない。」

やつ-を【八つ峰】｜名詞 多くの峰。重なり合った峰々。

やつ-てい【野体】 名詞 洗練されていない格好。

や-ど【宿・屋戸】

家やその戸口に当たる所
- ❶家。住居。自宅。
- ❷家の戸。家の入り口。
- ❸屋敷内の庭。庭先。
- ❹（旅などで）一時泊まること。また、（旅先の）宿。
- ❺（多く、妻が夫を指して）主人。

名詞 ❶家。住居。屋敷。自宅。

生まれしも帰らぬものをわが宿に小松のあるを見るが悲しさ 歌〈土佐日記・二月十六日〉訳↓むまれしも…

『宿をば離れじ。』と思ふ心深くはべるを…。」〈源氏・早蕨〉訳「『（私は宇治の）屋敷を離れたくない。』と思う気持ちが深くあるのですが…。」

❷家の戸。家の入り口。

夕さらば屋戸開け設けて我待たむ夢に相見に来むといふ人を 歌〈万葉集・4・744〉訳 夕方になったら、家の戸を開けて（あの人を迎える）用意をして私は待とう。夢で（私に）会いに来ようという人を。

❸屋敷内の庭。我が家の庭。庭先。

秋は来ぬ紅葉は宿に降り敷きぬ道踏み分けてとふ人はなし 歌〈古今集・秋下・287〉訳 秋はやって来た。紅葉は我が家の庭に降って敷き詰めたようになった。（その紅葉に埋もれた）道を踏み分けて訪れる人はいない。

❹（旅などで）一時泊まること。また、（旅先の）宿。

「道いとたどたどしければ、この辺りに宿借りはべる。」〈源氏・夕霧〉訳「（霧のために帰りの）道が実に危なっかしいので、この辺りで宿を借ります。」

❺（多く、妻が夫を指して）主人。あるじ。

「わたしの宿が五十の賀。」〈滑稽本・浮世風呂〉訳「私の主人の五十歳の祝い。」

発展 ①語の成り立ち 「屋戸」で❷の意味からとする説のほか、「屋処」で家のある所・家という❶の意味から、「屋外」で家の外・庭先という❸の意味からとする説などがある。また、❹は、四段動詞「宿る」の連用形が名詞になった「宿り」から派生したものとする説もある。

②「いへ」と「やど」 中古では、類義の「いへ」が散文に、「やど」は和歌に用いられることが多い。

やどかし-どり【宿貸し鳥】 名詞《動物》カケス。一説に、ツバメ、ウグイスとも。

やど・す【宿す】 動詞 他〔サ四段〕〈さ・し・す・す・せ・せ〉❶宿泊させる。宿を貸す。

「人宿したてまつらむとする所に、なに人のものしたまふぞ。」〈源氏・玉鬘〉訳「（身分のある）人を宿泊させ申し上げようとする部屋に、（今は）どういう人がいらっしゃるのだ。」

❷とどめる。置く。

ほど狭しといへども、夜臥す床あり、昼ゐる座あり。一身を宿すに不足なし。〈方丈記・閑居の気味〉訳（庵の）広さは狭いとはいえ、夜横になる床はあるし、昼座っている場所もある。人一人を置くのに不足はない。

やと・ふ【雇ふ・傭ふ】 動詞 他〔ハ四段〕〈は・ひ・ふ・ふ・へ・へ〉❶賃金を払って、人を使う。雇用する。雇う。

人に雇はれ、使はれもせず、いとわびしかりけるままに…。〈大和・148〉訳 人に雇われたり、使われたりもしないで、（暮らし向きが）たいへん貧しかったのにつれて…。

❷借りて使う。利用する。

舌根を雇ひて、不請の阿弥陀仏両三遍申してやみぬ。〈方丈記・みずから心に問う〉訳 舌を利用して、不請（＝儀礼を整えないで単に唱える）、阿弥陀仏の名を二三回お唱え申し上げてやめてしまった。

やど-もり【宿守】 名詞 留守番をすること。留守居。また、その人。

やどり【宿り】 名詞 ❶旅先で宿泊すること。また、その場所。

「などてかくはかなき宿りは取りつるぞ。」と、くやしさもやらむ方なし。〈源氏・夕顔〉訳「どうしてこのように心細い宿を取ってしまったのだ。」と、（源氏は）後悔してもどうしようもない。

❷住居。家。住みか。

家居のつきづきしく、あらまほしきこそ、仮の宿りとは思へど、興あるものなれ。〈徒然草・10・家居のつきづきしく〉訳 住居が（その人に）似つかわしく、理想的であるのは、（この無常の世では）仮の住居とは思うけれども、おもしろいものだ。

❸とどまること。また、その場所。

やどり-ぎ【宿り木・寄生木】 名詞 他の植物に寄生する草や木。

やどりして… 歌

宿りして春の山辺に寝たる夜は夢のうちにも花ぞ散りける〈古今集・春下・117・紀貫之〉訳（旅先で）宿を借りて春の山のほとりで寝た夜は、（サクラの花盛りで）夢の中まで（サクラの）花が散っていたなあ。○「ぞ」は係助詞で、結びは過去の助動詞「けり」の連体形「ける」。

発展 山寺の宿坊に泊まったときの歌。

やど・る【宿る】 動詞 自〔ラ四段〕〈ら・り・る・る・れ・れ〉❶旅先で泊まる。宿泊する。

「『ただ今、惟光朝臣の宿る所にまかりて、急ぎ参るべきよし言へ。』と仰せよ。」〈源氏・夕顔〉訳「『今すぐに、惟光が宿泊する所に下がって、急いで参上するようにということを伝言せよ。』と（使いの者に）言い付けよ。」

❷住む。

仮にても、宿れる住まひのほどを思ふに…。〈源氏・夕顔〉訳 一時的ではあっても、住んでいる家の程度（＝場末のあばら屋）を思うと…。

❸とどまる。居座る。

「あはれ、亡き魂や宿りて見たまふらむ…。」〈源氏・東屋〉訳「ああ、亡き人（＝大君）の魂が（ここに）とどまっていて（こちらを）見ていらっしゃるのではないだろうか…。」

❹（光や影などが）映る。

あひにあひて物思ふころのわが袖に宿る月さへ濡るる顔なる 歌〈古今集・恋5・756〉訳 私の心にぴったり合って、物思いをするときの（涙に濡れた）私の袖に映る月までも（涙に）濡れたような顔つきだなあ。

❺寄生する。

深山木に宿りたる蔦の色ぞまだ残りたる。〈源氏・宿木〉訳 山奥の木に寄生しているツタの色がまだ残っている。

やな【梁・簗】 名詞 川の瀬などで、杭を打ち並べて流れをせき止め、一か所だけに簀を敷いて、流れ落ちる魚を捕らえる仕掛け。

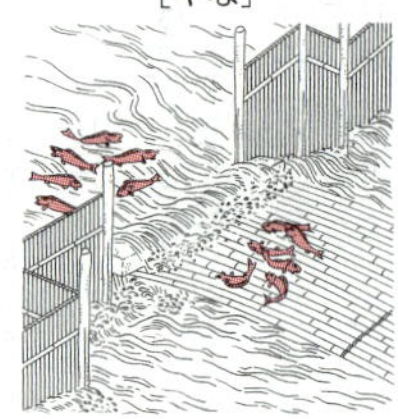
[やな]

や-な 終助詞（強い感動・詠嘆を表し）…だなあ。…よねえ。接続 名詞、形容詞の終止形、形容動詞の語幹などに付く。
よからずの右近がさまやな。〈源氏・浮舟〉訳 よくない右近のやり方**だなあ**。
発展 間投助詞「や」に終助詞「な」が付いて一語になったもの。

やない-ばこ【柳箱・柳筥】 名詞 ヤナギの細い枝を編んで作った、ふた付きの箱。すずり・墨・筆などの文房具や、冠・経巻などを入れた。後に、ふたに足を付けて物を載せる台とした。発展「やなぎばこ」が変化したもの。

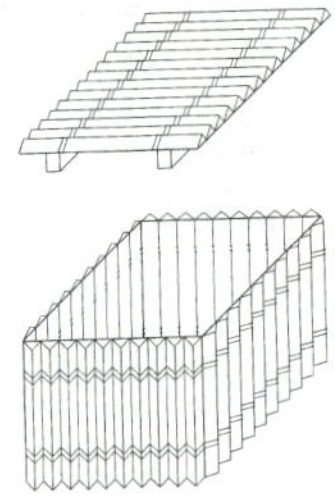
[やないばこ]

やなぎ【柳】 名詞 ❶《植物》ヤナギ科の落葉高木。ヤナギ。季語 春 ❷*襲の色目のひとつ。表は白、裏は青。春に用いる。❸縦糸は薄緑、横糸は白の織物。

やなぎ-かづら【柳鬘】 名詞 ヤナギの枝を、葉の付いたまま曲げて、髪飾りにしたもの。季語 春

柳多留 作品名 ↓誹風柳多留

やなぎ-の-いと【柳の糸】 細く長いヤナギの枝を糸にたとえたことば。季語 春

やなぎ-の-まゆ【柳の眉】 ❶ヤナギの若葉。葉の形を、人の眉にたとえたことば。❷細長く美しい眉。また、美人の眉。

や-な-ぐひ【胡簶・胡籙】 名詞 矢を入れて背負う武具。

や-なみ【矢並み】 名詞 *箙に差した矢の並び具合。矢並び。

やには-に【矢庭に】 副詞 いきなり。すぐに。ただちに。
右の眼を射抜かれて、やにはに伏して死ににけり。〈太平記〉訳 右の眼を射抜かれて、**すぐに**倒れて死んでしまった。

やは 副詞 ↓やはか

や-は

- 一 係助詞
  - ❶（反語を表し）…か、いや…ない。
  - ❷（疑問を表し）…か。
- 二 終助詞
  - ❶（反語を表し）…か、いや…ない。
  - ❷（疑問を表し）…か。

接続 一 は*主語・*連用修飾語・*接続語などに付く。また、*補助語・被補助語の間に介在する。
接続 二 は活用語の終止形に付く。動詞「思ふ」は已然形にも付く。また、助動詞「む」は已然形に付く方が多い。

一 係助詞 ❶（反語を表し）…か、いや…ない。…**だろうか、いや…ではない**。↓読解の手引き⑲（1028ページ）
いささか違ふところもあらん人こそ、「我はさやは思ふ」など争ひ憎み…〈徒然草・12・同じ心ならん人と〉訳 多少（人の意見と）違うところもあるような人は、「自分はそのように思う**か、いや**、思わ**ない**。」などと言い争って不快に思い…。
○*係り結びの法則により、文の結びとなっている四段動詞「思ふ」は、終止形ではなく連体形である。連用修飾語「さ」に付いている例。
「いまさら、かくやは。」など言ふ人もありぬべけれど…。〈徒然草・37・朝夕隔てなく〉訳「いまさら、このように（遠慮していてよい）**だろうか、いや**、よくは**ない**。」などと言う人もきっといるに違いないが…。
○「やは」の結びは省略されていて、「やは」の下に「すべき・あるべき」などを補うことができる。連用修飾語となる副詞「かく」に付いている例。

❷（疑問を表し）…か。…のか。
「まことにさることやはべる。などか、さは許させたまふ。」〈枕草子・99・五月の御精進のほど〉訳「本当にそのようなこと（＝あなたが歌会に参加しなかったこと）があるのです**か**。どうして、そのように（中宮は）お許しになるのです**か**。」○この「やは」は、問いかけを表しているが、「そうであるのは認め難い」という心理的な反語の意味合いも含まれる。「はべる」はラ変動詞の連体形。
「みづからやはかしこに出でたまはぬ。」〈源氏・東屋〉訳「自分であそこ（＝浮舟の隠れ家）においでにならないの**か**。」
○打消の助動詞「ず」の連体形が文の結びとなり、「…しないか、そうしてくれたらよいのに」という勧誘・希望の気持ちを含んでいる。

二 終助詞 ❶（反語を表し）…か、いや…ない。…**だろうか、いや…ではない**。↓読解の手引き⑲（1028ページ）
限りなき雲居のよそに別るとも人を心に後らさめやは 歌〈大和・168〉訳 果てしなく遠く離れた所に別れていても、人（＝我が子）を（私の）心から置き去りにすることがある**だろうか、いや**、あるはずは**ない**（＝いつも心の中で我が子を思っている）。
○推量の助動詞「む」の已然形に付いている例。反語の意味となる「やは」が活用語の已然形に付く例は、このように「めやは」の形になることが圧倒的に多い。
「光源氏ばかりの人は、この世におはしけりやは。」〈更級日記・宮仕え〉訳「（『源氏物語』の主人公である）光源氏ほどの（すばらしい）人は、この世にいらっしゃった**か、いや**、いらっしゃりはし**ない**。」
○過去の助動詞「けり」の終止形に付いている例。

❷（疑問を表し）…か。…のか。
「いとをかしきことかな。詠みてむやは。詠みつべくは、はや言へかし。」〈土佐日記・一月七日〉訳「（子供が返歌をするとは）とてもおもしろいことだなあ。（上手に）詠めるのだろう**か**。詠むことができそうならば、早く詠めよ。」
○推量の助動詞「む」の終止形に付いている例。この「やは」は疑いを表しているが、「…か、…ないのではないか」という反語的な気持ちも含まれている。

発展 **①語の成り立ち** 係助詞・終助詞の「や」に係助詞「は」が付いて、疑問・反語の意味を強めたことば。上代の「やも」に代わって、中古に多く用いられた。
②係助詞の「やは」 一 の係助詞の「やは」は、「や」と同じ

ように文中に置かれ、文末に活用語が来る場合は連体形で結ぶ。主語・連用修飾語・接続語などに付く。また、補助語・被補助語の間に介在する。

③**文末の「やは」**　「やは」が文末に相当する位置に置かれていても、結びが省略された形である場合は、㊁の終助詞ではなく係助詞である。終助詞の「やは」の後には、語句を補うことができない。↓結びの省略

野坡 やば 人名 ↓志太野坡

やは‐か 副詞 ❶(反語を表し)どうして…か。

「何なる新田殿とものたまへ、**やはか**堪へさうらふや。」〈太平記〉訳「どれほど(強い)新田義貞殿とおっしゃっても、**どうして**踏みとどまれるでしょう**か**。」

❷(打消推量の表現を伴って)まさか。よもや。万が一にも。

「表に進む兵を、五十騎ばかり斬り伏せうずるならば、**やはか**退かぬことはさうらふまじ。」〈謡曲・烏帽子折〉訳「前面に立って進む兵を、五十騎ほど切り倒そう(そうした)なら、**まさか**退却しないことはありますまい。」

やは・す【和す】動詞 他 〔サ四段〕〈さ・し・す・す・せ・せ〉服従させる。平定する。

山河の荒ぶる神どもを平らげ**和して**…。〈古事記・景行天皇〉訳(倭建命は)山や川の乱暴な神々を鎮め**服従させて**…。

や‐はず【矢筈】名詞 弓の弦を掛ける矢の端の部分。

やはやは‐と【柔柔と】副詞 もの柔らかに。しなやかに。

母君は、ただいと若やかにおほどかにて、**やはやはとぞ**たをやぎたまへりし…。〈源氏・玉鬘〉訳母君(=夕顔)は、ただもうたいそう若々しくおっとりとして、**もの柔らかに**しとやかになさっていらしたが…。

やはら 副詞 (ゆっくりと静かに行うようすを表し)そっと。そろそろと。類やをら

なほ物の恐ろしければ、**やはら**歩み寄りて見れば…。〈宇治拾遺〉訳やはりなんとなく恐ろしいので、**そろそろ**と歩み寄って見ると…。

やはら‐か・なり【柔らかなり】形容動詞〔ナリ〕〈なら・なり(に)・なり・なる・なれ・なれ〉❶柔らかい。しなやかだ。

「舌の**柔らかなる**ままに、君の御事な申しそ。」〈平家・11・嗣信最期〉訳「舌が**しなやかな**ことに任せて、主君のことを(あれこれ)申し上げるな。」

❷穏やかだ。柔和だ。素直だ。柔順だ。

「女は、心**柔らかなる**なむよき。」〈源氏・若紫〉訳「女の人は、心の**素直な**のがよいのだ。」

やはら・ぐ【和らぐ・柔らぐ】㊀動詞 自 〔ガ四段〕〈が・ぎ・ぐ・ぐ・げ・げ〉❶(心が)穏やかになる。柔和になる。素直になる。

かく**和らぎ**たる所ありて、その益もあるにこそと覚えはべりし。〈徒然草・141・悲田院の尭蓮上人は〉訳(上人は)このように(人柄の)**柔和になって**いるところがあって、(多くの僧のいる中で寺を管理しているのも)その効果もあるからだと思われました。

❷親しくなる。仲よくなる。

「兄弟喜び**和らぎ**て…。」〈日本書紀〉訳「兄と弟が喜んで**仲よくなって**…。」

今、この治まれる御代に随ひ、ともに**和らぎ**つつ…。〈おらが春〉訳(ガマガエルが戦ったのは遠い昔のことで)今、この平和なご時世にしたがって、(彼らは)一緒に**仲よくなって**…。

❸柔らかになる。しなやかになる。

光**和らぐ**西の海の…。〈謡曲・高砂〉訳光が**柔らかになって**(注ぐ)西の海の…。

㊁動詞 他 〔ガ下二段〕〈げ・げ・ぐ・ぐる・ぐれ・げよ〉❶穏やかにする。和やかにする。和らげる。

「国を治め道を論じ、陰陽を**和らげ**治む。」〈平家・1・鱸〉訳「(太政大臣というものは)国を治め(人の)道を正しく解き明かし、(人徳が天に通じて)★陰陽を**穏やかにし**治める。」

❷親しくさせる。仲よくさせる。

男女の仲をも**和らげ**、猛き武士の心をも慰むるは歌なり。〈古今集・仮名序〉訳男女の関係をも**親しくさせ**、荒々しい武士の心をもなごやかにさせるものは和歌である。

❸分かりやすくする。平易にする。

わが国の詞に**和らげ**て、仰せられましかば…。〈沙石集〉訳わが国のことばで**分かりやすくし**て、おっしゃったとしたら…。

やはら・ぶ【和らぶ】動詞 自 〔バ四段〕〈ば・び・ぶ・ぶ・べ・べ〉穏やかになる。柔和になる。

よしあしを論ずることも、ただなだらかに**和らびて**…。〈源氏物語玉の小櫛〉訳是非を決めることでも、ひたすら穏やかで**柔和になって**…。

発展「ぶ」は接尾語。

やぶ‐いり【藪入り】名詞 陰暦正月と七月の十六日前後に、奉公人が休みをもらって、親もとに帰ること。また、その日。季語 春

やぶさ‐か・なり【吝かなり】形容動詞〔ナリ〕〈なら・なり(に)・なり・なる・なれ・なれ〉物惜しみしている。けちだ。未練がましい。

発展 形容詞「やぶさし」から中世以降に生じたといわれ、多くは漢文訓読文に用いられた。

やぶさ‐め【流鏑馬】名詞 ウマの上から、★鏑矢で次々と的を射る競技。季語 夏 発展 もとは騎射戦の練習として行われたが、後に儀礼化し、神事の際に行われた。

[やぶさめ]

やぶ‐はら【藪原】名詞 草木が乱雑に生い茂っている野原。

やぶ・る【破る】㊀動詞 他 〔ラ四段〕〈ら・り・る・る・れ・れ〉❶壊す。砕く。裂く。

「隔ての垣を**破りて**、それより出だしたてまつらん。」〈宇治拾遺〉訳「仕切りの垣根を**壊して**、そこからお出ししよう。」

❷(心や体を)傷つける。害する。損なう。

身を**破る**よりも、心を傷ましむるは、人を害ふことなほはなはだし。〈徒然草・129・顔回は〉訳体を**傷つける**よりも、心を苦しませることは、人を傷つけることがいっそうひどい。

❸(物事を)途中でだめにする。また、(法律・戒律などを)犯す。

青嵐夢を**破つて**、その面影も見えざりけり。〈平家・3・有王〉訳強い風が(主人が戻るという)夢を**途中でだめにして**、その(=主人の)幻も見えなかった。

❹負かす。突破する。

木曽三百余騎、六千余騎が中を…そこを**破つて**行くほどに…。〈平家・9・木曽最期〉訳木曽の三百余騎は、(敵の)六千余騎の中を…そこを**突破して**行くうちに…。

㊁動詞 自 〔ラ下二段〕〈れ・れ・る・るる・るれ・れよ〉❶壊れる。砕ける。

裂ける。「物は破れたる所ばかりを修理して用ゐることぞと…。」〈徒然草・184・相模守時頼の母は〉訳「物は壊れている部分だけを修理して使うことだと…。」❷（物事が）途中でだめになる。成り立たなくなる。一事を必ず成さんと思はば、他のことの破るるをもいたむべからず。〈徒然草・188・ある者、子を法師に〉訳ひとつのことを必ず成し遂げようと思うなら、ほかのことが途中でだめになるのをも悲しんではならない。❸負ける。敗北する。皇子の軍敗れて、散り散りに逃げける程に…。〈宇治拾遺〉訳皇子の軍が負けて、ばらばらに逃げて行くうちに…。

やぶれ【破れ】 名詞 ❶破れること。また、破れたもの。❷成立しないこと。破綻。失敗。先のつまりたるは、破れに近き道なり。〈徒然草・83・竹林院入道左大臣殿〉訳将来が行き詰まっているのは、破綻が近いという道理である。

やぶれる（現）→（古）やぶる【破る】・やる【破る】

やへ【八重】 名詞 幾重にも重なっていること。

やへ-がき【八重垣】 名詞 幾重にもめぐらした垣根。

やへ-ぐも【八重雲】 名詞 幾重にも重なってわき立つ雲。

やへ-の-しほかぜ【八重の潮風】 はるかな海の上を吹いてくる風。

やへ-の-しほぢ【八重の潮路】 はるかに遠い海路。遠く長い海路。

やへ-むぐら【八重葎】 名詞 幾重にも茂っているムグラ（＝つる草）。発展 家や庭の荒れているようすを表して用いられる。

やへむぐら… 百人一首 八重むぐら茂れる宿の寂しきに人こそ見えね秋は来にけり〈拾遺集・140・恵慶〉訳幾重にも、つる草が生い茂っている寂しい宿（＝河原院）に、人は訪ねては来ないが、秋は（いつもと変わらずに）やって来たことだなあ。○「人こそ見えね」は「こそ＋已然形」で係り結びを成し、強調逆接の用法となって「…けれど」の意味で下に続く。発展 河原院（＝源融の別荘）で荒れ果てた宿の立秋を詠む。

品詞分解・修辞

八重むぐら	茂れ	る	宿	の	寂しき	に
	ラ四・已	存続・体		格助	形・体	格助

人	こそ	見え	ね	秋	は	来	に	けり
	係助（係）	ヤ下二・未	打消・已（結）		係助	カ変・用	完了・用	詠嘆・終

やへ-やま【八重山】 名詞 幾重にも重なっている山。

や-ほ【八百】 名詞 八百。また、数の多いこと。

や-ほ【弥帆・矢帆】 名詞 船首に張る小さな帆。

や-ぼ【野暮】 名詞《近世以降》世情に疎く、態度・行動・趣味が洗練されていないこと。また、その人。無粋。特に、遊里の事情に疎いこと。対粋

やほ-あひ【八百会ひ】 名詞 たくさんのものが集まること。また、その場所。

やほ-か【八百日】 名詞 きわめて多くの日数。

やほ-へ【八百重】 名詞 幾重にも重なっていること。また、きわめて遠く隔たっていること。

やほ-よろづ【八百万】 名詞 数が非常に多いこと。発展「神」「代」の前に付けて、多くの神、長い年月の意味で用いることが多い。

やま【山】 名詞 ❶高く盛り上がった所。❷比叡山。また、そこにある延暦寺。❸山の形に作ったもの。庭園の築山など。❹墓地。特に天皇の墓地。御陵。❺物事が多く積み重なっていること。❻あこがれたり、頼りにしたりする人。仰ぐべきもの。❼物事の絶頂。最も重要な時期。❽（「山鉾」の略で）上部を山の形にして、その上に鉾などを立てた山車。

やま-あらし【山嵐】 名詞 山の方から吹いてくる激しい風。類山颪

やま-あゐ【山藍】 名詞《植物》トウダイグサ科の多年草。ヤマアイ。山野の日陰に生える。葉をつぶして取った汁を薄い藍色の染料にする。

やまい（現）→（歴）やまひ【病】 発展「やまゐ」とも。

やま-うつぼ【山靫】 名詞 山野の狩りなどに用いる、簡略な矢入れ。

やま-うど【山人】 名詞 →やまびと

やま-おろし【山颪】 名詞 山から吹き下ろす冷たい風。類山嵐

やまおろしに… 歌 山おろしに耐へぬ木の葉の露よりもあやなくもろきわが涙かな〈源氏・橋姫〉訳山から吹き下ろす風に耐えきれないで散り落ちる木の葉のその露よりも、わけもなくこぼれやすい私の涙だなあ。○「露」と「涙」は縁語。「かな」は詠嘆の終助詞。発展 八の宮を宇治に訪ねた薫が詠んだ歌。

やま-が【山家】 名詞 山の中の住まい。山里の家。

やま-がくれ【山隠れ】 名詞 山に隠れて見えないこと。また、その場所。

やま-かげ【山陰】 名詞 山に隠れて見えない所。

やま-かぜ【山風】 名詞 山の中の風。また、山から吹き下ろす風。

やま-がた【山形】 名詞 ❶鞍の前輪と後輪の、中央の高くなっている部分。❷紋所のひとつ。山の形をかたどったもの。

やま-かたづ-く【山片付く】 山の近くに寄る。山に沿う。雪をおきて梅をな恋ひそあしひきの山片付きて家居せる君 歌〈万葉集・10・1842〉訳雪をさしおいてウメを恋しがるな。山の近くに寄って家を構えているあなた。○「あしひきの」は「山」に係る枕詞。

やま-がつ【山賤】

山里で生計を立てる、身分が低いとされていた人
- ❶山里に住む、身分の低い人。
- ❷❶の住む家。粗末な家。

名詞 ❶山里に住む、身分の低い人。木こり。猟師。あやしき賤、山賤も、力尽きて、薪さへ乏しくなりゆけば、頼む方なき人は、自らが家をこぼちて、市に出でて売る。〈方丈記・飢渇〉訳（大飢饉のため）身分の低く卑しい者や木こりも、力が尽きて、薪までもが乏しくなっていくので、頼りにする方面（＝縁者）がない人は、自分の家を壊して、（薪にして）市場に出て売る。❷❶の住む家。粗末な家。山賤の垣穂荒るとも折々にあはれはかけよ撫子の露 歌〈源氏・帚木〉訳（私の）粗末な家の垣根は荒れていても、その時々には情けをかけて（訪れて）くれ。（垣根に咲く）ナデシコの（上にいつも降りる）露（のように）。

やま-かづら【山蔓・山鬘】 名詞 ❶《植物》ヒカゲノカズラの別の呼び名。神事の際に、髪飾りとした。❷夜明け前に、山の端にかかる雲。

やま-かは【山川】 名詞 山と川。また、山の神と川の神。

やま-がは【山川】 名詞 山中を流れる川。山あいの川。

やまがはに… 百人一首
山川に風のかけたるしがらみは流れもあへぬもみぢなりけり〈古今集・秋下・303・春道列樹〉訳 山あいの川に風がかけたしがらみは、（流れようとして）流れきれないで（たまって）いる紅葉であったよ。○「しがらみ」は川の流れをせき止める仕掛け。「〜は〜なりけり」の用法で、上の句でなぞを掛け、下の句でそれを解く構成になっている。
発展 風を擬人化し、山中の秋の風景を詠む。

品詞分解・修辞
山川 に(格助) 風 の(格助) かけ(カ下二・用) たる(完了・体) しがらみ は(係助)
流れ も(係助) あへ(補動ハ下二・未) ぬ(打消・体) もみぢ なり(断定・用) けり(詠嘆・終)

やまがは-の【山川の】 枕詞 （山川の流れのようすから）「あさ」「音」「激つ」「早し」に係る。

やま-がひ【山峡】 名詞 山と山の間の谷間。山あい。

やま-から【山柄】 名詞 山の品格。山のようす。

やま-ぎは【山際】

空の、山に接する辺り → ❶山と空の接する、空の部分。山の稜線に近い空。 ❷山すそ。山のそば。

名詞 ❶**山と空の接する、空の部分。山の稜線に近い空。** 春は曙。やうやう白くなりゆく山際、少し明かりて、紫だちたる雲の細くたなびきたる。〈枕草子・1・春は曙〉訳 春は夜がほのぼのと明けようとするころ（がよい）。しだいに白くなっていく**山の稜線に近い空**が、少し明るくなって、紫がかっている雲が細く横になびいているのは（趣深い）。
❷**山すそ。山のそば。** 佐藤庄司が旧跡は、左の山際一里半ばかりにあり。〈奥の細道・佐藤庄司が旧跡〉訳 （源平の合戦のあった時代の）佐藤（元治という）領主の旧跡は、左手の**山すそ**を一里半（＝約五・七キロメートル）ほど（行った所）にある。

類語比較「やまぎは」と「やまのは」
共通点＝山と空の境界部分を表す。
やまぎは＝山に接する辺りの空の部分をいう。
やまのは＝空に接する山の上部をいう。

やま-ぐさ【山草】 名詞 ❶山に生えている草。❷《植物》シダ類のウラジロの別の呼び名。葉を正月の飾りに用いる。季語 春

やま-ぐち【山口】 名詞 ❶山の入り口。登り口。（比喩的に、新しい世界への）入り口。
❷鷹狩りの狩り場に入ること。また、その入り口。
❸兆し。前ぶれ。猟師が山の入り口で獲物の有無を直感することからいう。
「かくこそは、すぐれたる人の山口はしるかりけれ」と…。〈源氏・松風〉訳「こんなにも、優れた人の**兆し**は（幼いときから）明らかであったのだった」と…。

やま-ごえ【山越え】 名詞 ❶山を越えること。また、その場所や道。❷関所を通らず、ひそかに山を越えること。

やま-ごもり【山隠り・山籠り】 名詞 山の中に隠れ住むこと。また、山寺にこもって仏道修行をすること。

やま-ごも・る【山隠る・山籠る】 動詞 他 ラ四段〈ら・り・る・る・れ・れ〉山々に囲まれる。
倭は国のまほろばたたなづく青垣山隠れる倭し美し〈古事記・景行天皇〉訳 大和は国々の中で（最も）優れたよい所だ。重なり合っている青々とした垣根のような山々、その**山々に囲まれ**ている大和は美しい。

山崎 地名 今の京都府南部、天王山の東側のふもと付近。古くからの交通の要地。一五八二（天正十）年、豊臣秀吉が明智光秀を破った「山崎の合戦」が行われた。

山崎宗鑑 人名 室町の連歌・俳諧師。『★新撰犬筑波集』の編者で、★荒木田守武とともに俳諧の祖とされる。生没年不明。

やま-さち【山幸】 名詞 山で捕れる獲物。狩猟で得た鳥や獣。また、それを捕る道具。対 海幸

山幸彦 登場人物 記紀神話中の神。火遠理命の通称。邇邇芸命と木花之佐久夜毘売の子。兄の海幸彦と争い、釣り針を探して海底へ行き、海神の娘の豊玉毘売と結婚。塩盈珠・塩乾珠を得て帰り、兄を降伏させる。

やま-ざと【山里】 名詞 山中の人里。また、山荘。

やまざとは… 百人一首
山里は冬ぞ寂しさまさりける人目も草もかれぬと思へば〈古今集・冬・315・源宗于〉訳 山里は（とりわけ）冬が（その）寂しさが強く感じられる。人の訪れもなくなり、草も枯れてしまうと思うと。○「人目」は、人の出入りという意味。「かれ」は「離れ」（＝遠ざかる）と「枯れ」の掛詞。
発展 山里に訪れようとしている冬の寂しさを詠む。

品詞分解・修辞
山里 は(係助) 冬 ぞ(係助) 寂しさ まさり(ラ四・用) ける(詠嘆・体)。〈三句切れ〉（係→結）
人目 も(係助) 草 も(係助) かれ(ラ下二・用)(離れ／枯れ（掛詞）) ぬ(完了・終) と(格助) 思へ(ハ四・已) ば(接助)

やまざと-びと【山里人】 名詞 山里に住む人。

やまざと・ぶ【山里ぶ】 動詞 自 バ上二段〈び・び・ぶ・ぶる・ぶれ・びよ〉山里のようになる。山里の人のように見える。
山里びたる若人どもは、さし答へむ言の葉もおぼえで…。〈源氏・橋姫〉訳 **山里の人のように見える**若い女房たちは、（客に不慣れなので）応対すべきことばも思いつかず…。

やまし 名詞《植物》ユリ科の多年草。ハナスゲ。

やま・し【疾し・疚し】 形容詞 →こころやまし
発展「ぶ」は接尾語。

やま-した【山下】 名詞 山のふもと。また、山の草木の茂みのかげ。

やました-みづ【山下水】 名詞 山のふもとを流れる水。

山科 地名 今の京都市山科区付近。古くから、大和国と近江国を結ぶ交通の要地。↓ビジュアルチェック ㉓(1093ページ)

山城 旧国名 畿内五か国の一つ。今の京都府南部。古くは「山代」「山背」と書かれた。鎌倉時代には京都守護、後に六波羅探題が置かれ、室町時代には幕府の所在地となった。応仁の乱により荒廃、群雄の抗争の地となるが、織田信長が制圧。江戸時代には京都所司代が置かれた。↓京都・ビジュアルチェック ⑦(450ページ)・㉓(1093ページ)

やま-すげ【山菅】 名詞 ❶山野に自生しているスゲ。❷《植物》ユリ科の多年草。ヤブランの古い呼び名。発展「や

ますが」とも。

やますげ‐の【山菅の】 枕詞 （ヤマスゲの実の意味から）「み」に、（葉の乱れた状態から）「乱る」「背向（そがひ）」に、（同音の繰り返しで）「止（や）まず」に係る。

やま‐ずみ【山住み】 名詞 山里に住むこと。また、俗世を離れて山寺に住むこと。また、その人。対 里住（さとず）み

やま‐だ【山田】 名詞 山の中にある田。山あいの田。

やま‐だち【山立ち】 名詞 山賊。追いはぎ。

やま‐たちばな【山橘】 名詞《植物》ヤブコウジの別の呼び名。山地の日陰に生え、秋から冬に赤い実を付ける。

やまたづ‐の【山たづの】 枕詞 （山たづはニワトコの古い呼び名で、その葉が向き合っていることから）「迎（むか）へ」に係る。

やま‐ぢ【山路】 名詞 山の道。山道。

やまぢきて… 句

山路来て何やらゆかしすみれ草〈野ざらし紀行・松尾芭蕉〉訳 山道を歩いてきて、ふと見ると道端にスミレの花がひっそりと咲いている。見る人もない山中で無心に咲くその姿に、何か心が引かれることだ。○季語 すみれ草―春

発展 前書きに「大津（＝今の滋賀県大津市付近）に至る道、山路を越えて」とある。

やま‐ぢさ【山萵苣】 名詞《植物》エゴノキの別の呼び名。一説に、イワタバコ、また、山に自生するチシャとも。

やま‐づと【山苞】 名詞 山からのみやげ。

やま‐つみ【山神・山祇】 名詞 山の神。山の霊。対 海神（わたつみ）

発展「つ」は上代の格助詞。「み」は神という意味。

やま‐づら【山面】 名詞 山の表面。

大和（やまと） 旧国名 畿内五か国の一つ。今の奈良県。古代の政治・文化の中心地で、藤原京・平城京が置かれた。↓奈良・ビジュアルチェック ❼（450ページ）・㉕（1097ページ）

やまと‐うた【大和歌】 名詞 ❶日本の歌。和歌。「唐歌（からうた）」に対していう。

大和歌は、人の心を種として、万（よろづ）の言（こと）の葉とぞ成れりける。〈古今集・仮名序〉訳 **日本の歌**（というもの）は、人の心を種（＝根源）として、多くの歌に変化していたのだった。

❷古代の大和地方の風俗歌。大和舞に用いられる。

やまと‐ぐら【大和鞍】 名詞 和風の飾り鞍。★障泥（あふり）や厚総（あつふさ）に特色がある。対 唐鞍（からぐら）

やまと‐ごころ【大和心】 名詞 ↓やまとだましひ

やまと‐ごと【大和琴・倭琴】 名詞 ↓わごん

やまと‐ことのは【大和言の葉】 名詞 ↓やまとうた・やまとことば

やまと‐ことば【大和言葉・大和詞】 名詞 ❶日本語。和語。❷和歌。また、それをする人。

やまと‐さう【大和相】 名詞 日本流の人相占い。

大和猿楽（やまとさるがく） 文芸用語 室町時代、大和地方を本拠地とした猿楽を演じる集団。興福寺・法隆寺・春日神社などに属し、その神事祭礼に奉仕した。↓猿楽

大和三山（やまとさんざん） 地名 ★天（あま）の香具山・★畝傍山・★耳成山の総称。奈良県橿原市にあり、藤原京跡を囲んで三角形を成して位置する。

やまと‐しま【大和島】 名詞 大和国を中心とした地方。生駒山や葛城山などが、大阪湾の方から島のように見えることからいったもの。類 大和島根

やまと‐しまね【大和島根】 名詞 ❶日本の国。❷↓やまとしま

日本武尊（やまとたけるのみこと） 登場人物 記紀神話中の英雄。景行天皇の皇子。『古事記』では「倭建命」と書く。激しく勇ましい性質で、西の熊襲を討ち、東国を平定。死後、白鳥と化したという。

やまと‐だましひ【大和魂】 名詞 処世上の知恵や実務の能力。政治的な才覚。また、日本人の生来の知恵や才能。類 大和心

やまと‐なでしこ【大和撫子】 名詞 ❶《植物》ナデシコの別の呼び名。❷日本女性をたたえていうことば。

倭姫（やまとひめ） 登場人物 記紀神話中の女性。垂仁天皇の皇女。★日本武尊の東征にあたって天叢雲剣（あめのむらくものつるぎ）を授け、斎宮を大和から伊勢の五十鈴川のほとりに移し、★天照大御神を祭ったといわれる。

［やまとぐら］

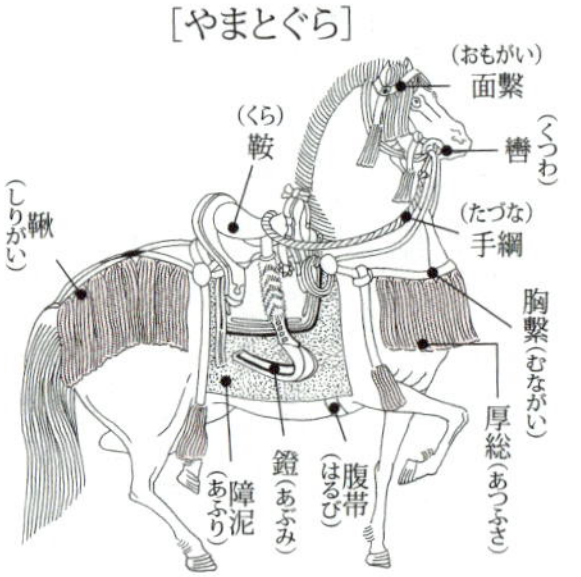

やまと‐まひ【大和舞・倭舞】 名詞 大和地方に起こった舞。神事や祭事に、大和歌に合わせて舞われた。

大和物語（やまとものがたり） 作品名 平安中期の歌物語。作者不明。一七〇余段から成り、前半は多数の実在人物についての歌にまつわる話を、後半はより古い時代の人物の伝承を収める。成立年不明。

やま‐どり【山鳥】 名詞《動物》キジ科の鳥。

あしひきの山鳥の尾のしだり尾の長々し夜をひとりかも寝む 百人一首〈拾遺集・778〉訳 ↓あしひきの…

発展 雌雄が峰を隔てて寝るという言い伝えから、「ひとり寝」のたとえに用いられる。また、尾が長いことから、長いこと、特に夜が長いことにも用いられる。

やまどり‐の【山鳥の】 枕詞 （ヤマドリは雌雄別々に寝ると考えられたことから）「ひとり寝」に、（尾の意味から）「を」の同音や類音を含む「尾上（をのへ）」「おのれ」「おのづから」などに係る。

やまと‐ゑ【大和絵・倭絵】 名詞 日本の風景・事物を題材にして描いた優雅な作風の絵。平安中期に成立。対 唐絵（からゑ）

やまなかや… 句

山中や菊はたをらぬ湯の匂（にほ）ひ〈奥の細道・山中・松尾芭蕉〉訳 山中温泉の効能はすばらしいことだ。長寿のためのキクを手折る必要もないほど、湯の匂いが立ちこめている。○季語 菊―秋。「山中や」は軽い詠嘆を表す。

発展 山中温泉（＝今の石川県にある）に泊まって、宿の主人に挨拶（あいさつ）代わりに出した句。菊水を汲（く）んで長寿を保ったという、中国の伝説を踏まえる。

やま‐なし【山梨】 名詞《植物》バラ科の落葉高木。季語 秋

やま‐なみ【山並み】 名詞 山が連なり並んでいること。また、そのような所。連峰。

山上憶良（やまのうへのおくら） 人名 奈良前期の歌人。遣唐使や東宮侍講などを経て筑前守（ちくぜんのかみ）となる。★大伴旅人と交際し、『万葉集』に歌七十余首、ほかに漢詩文を残す。中国文学の影響を強く受け、生の苦しみや人間愛を主題とした思想性の強い特異な作品を生み出

す。660—733ごろ

やま-の-ざす【山の座主】比叡山延暦寺の長。天台座主。

やま-の-たをり【山のたをり】|山のくぼんだ所。

やま-の-にしき【山の錦】秋の山の紅葉。

やま-の-は【山の端】

名詞 **山の上部の、空に接する部分。山の稜線。尾根。**

山の、空に接する辺り ─ 山の上部の、空に接する部分。山の稜線。尾根。

夕日の射して、**山の端**いと近うなりたるに…。〈枕草子・1・春は曙〉訳夕日が差して、**山の稜線**にたいへん近くなっているときに…。

類語比較「やまぎは」と「やまのは」↓山際

やまのはの… 歌 山の端の心も知らで行く月は上の空にて影や絶えなむ〈源氏・夕顔〉訳山の端(=あなた)の心も知らないで従って行く月(=私)は、落ち着かない不安な気持ちに、上空で姿を消してしまうのではないだろうか。○「上の空」は「上空」と「落ち着かない」の意味を掛ける。

発展 源氏に誘われて廃院へ付いて行くことになった夕顔の歌。「山の端」を源氏に、「月」を自分にたとえ、不安な気持ちを詠む。

やま-の-べ【山の辺】↓やまべ

やま-の-ゐ【山の井】|↓やまゐ(山井)

やまばと-いろ【山鳩色】名詞 染め色のひとつ。黄色に青みのかかった色。織り糸では縦糸が青、横糸が黄。「禁色」のひとつで、主として天皇の衣服に用いられた。

やまひ【病】名詞 ❶病気。❷欠点。難点。短所。特に、詩歌や文章で避けるべき修辞上の欠点。❸気がかり。心配の種。

やまひ-つ-く【病つく】|病気になる。病気にかかる。なほなやましく、例ならず**病づきてのみ過ぐしたまふ**。〈源氏・若菜下〉訳(柏木は)依然として気分が悪く、いつもと違って**病気になって**お過ごしになるばかりである。

発展「つく」は四段動詞。「やまひづく」とも。

やま-びと【山人】名詞 ❶山に住む人。炭焼き・木こりなど、山で働く人。❷仙人。

発展「やまうど」とも。

やま-ひめ【山姫】名詞 山を守り、治める女神。

やまふかみ… 歌 山深み春とも知らぬ松の戸にたえだえかかる雪の玉水〈新古今集・春上・3・式子内親王〉訳山が深い(=山奥な)ので、春(になった)とも気づかない(山の家の粗末な)マツの戸にとぎれとぎれに落ちかかる、(日光を受けて輝く)玉のような雪解け水よ。○「深み」は形容詞語幹＋接尾語「み」で理由を表す。

発展 雪に埋もれた山里に訪れた春を詠む。

やま-ぶき【山吹】名詞 ❶《植物》バラ科の落葉低木。山野に自生し、春に黄色の花を付ける。❷★襲の色目のひとつ。表は朽ち葉色、裏は黄色。また、表は黄色、裏は紅色とも。

やまぶき-いろ【山吹色】名詞 ❶ヤマブキの花のような色。黄金色。❷黄金。大判や小判。

やま-ぶし【山伏・山臥】名詞 ❶山で寝ること。世を捨てて山中に住むこと。また、その人。

山伏も野伏もかくて試みつ今は舎人のねやぞゆかしき 歌〈拾遺集・529〉訳**山で寝ることも**野原で寝ることもこのように経験した。今度は舎人の寝所を知りたい。

❷山にこもって修行する僧。❸修験道の行者。修験者。

やま-ふところ【山懐】名詞 山に囲まれて深く入り込んだ所。

やま-ぶみ【山踏み】名詞 山中を歩くこと。山歩き。特に、仏道修行のために寺に詣でること。

やま-べ【山辺】名詞 山の辺り。山のほとり。山の辺。

山部赤人 人名 奈良時代の歌人。★三十六歌仙の一人。聖武天皇のころ、宮廷歌人として活躍。『万葉集』に長短歌五十首が収められ、旅の歌が多い。長歌では対句を多く使用した構成美が、短歌では透徹した自然描写が特色。★柿本人麻呂とともに歌聖として敬われた。生没年不明。

やま-ほととぎす【山時鳥】名詞《動物》ホトトギス。特に、山から里に下りてきていないホトトギス。季語 夏

やま-ぼふし【山法師】|名詞 比叡山延暦寺の僧兵。↓寺法師・奈良法師 発展「やまほふし」とも。

やま-もと【山本】名詞 山のふもと。

山本荷兮 人名 江戸前期の俳人。初め★貞門に、後に蕉門に入り、『★冬の日』『春の日』『★阿羅野』を編集。尾張蕉門を指導するが、晩年は連歌に転じた。1648—1716

やま-もり【山守り】名詞 山を守ること。山の番をすること。また、その人。

やまわかれ… 歌 山別れとびゆく雲の帰りくる影見るときはなほ頼まれぬ〈新古今集・雑下・1693・菅原道真〉訳山から離れて飛んでゆく雲が帰ってくる姿を見るときは、(私もいつか雲のように都に帰れるのではないかと)やはり頼みに思われることだ。○「頼まれぬ」の「れ」は自発。

発展 大宰府に左遷された作者が都への思いを詠む。『大鏡』にも見える。

やまわけ-ごろも【山分け衣】名詞 山道を踏み分けていくときに着る衣。特に、山伏などが修行のため山に入るときに着る衣。

やま-ゐ【山井】|名詞 山の中の清水のわき出る所。山の井。

やま-ゐ【山藍】|名詞 トウダイグサ科の多年草。和歌では、多く「山井」に掛けて用いられる。発展「やまあゐ」の変化したもの。

やみ【闇】名詞 ❶光がないこと。暗闇。❷心が乱れ迷うこと。道理が分からないこと。❸文字が読めないこと。また、その人。

やみ-うち【闇打ち】名詞 闇にまぎれて人を襲うこと。

やみ-ぢ【闇路】|名詞 ❶暗い道。闇夜の道。❷心の迷い。思慮分別のないこと。❸あの世に行く道。また、あの世。

やみ-に-く-る【闇に暮る】❶日が暮れて暗くなる。

月も出でで**闇に暮れたる姨捨に何とて今宵たづね来つらむ** 歌〈更級日記・後の頼み〉訳↓つきもいでで…

❷(悲しみや嘆きのあまり)途方に暮れる。分別を失う。

闇に暮れて伏し沈みたまへるほどに…。〈源氏・桐壺〉訳(娘を失った悲しみで)**途方に暮れて**物思いに沈んでいらっしゃるうちに…。

発展 名詞「やみ」＋格助詞「に」＋下二段動詞「くる」。

やみ-に-まど-ふ【闇に惑ふ】|❶理性を失う。分別を失う。類 闇に暮る

かきくらす心の闇に惑ひにき夢うつつとは今宵定めよ

歌〈伊勢・69〉訳（うちとけないまま帰ってしまった女に対して）悲しみにくれる（私の）心の暗闇によって、**分別を失っ**てしまった。（あなたの言う）夢か現実かは、今晩（再び訪れて）決めてくれ。

❷煩悩に惑う。現世のことに思い悩む。

いかでわれ心の月をあらはして闇に惑へる人を照らさむ

歌〈詞花集・414〉訳なんとかして自らが心の月をあらわし(=悟りを得)て、**煩悩に惑って**いる人々を救いたいものだ。

発展 名詞「やみ」＋格助詞「に」＋四段動詞「まどふ」。

やみ‐の‐うつつ【闇の現】 暗闇の中での現実。はっきりしないこと。定かでないこと。

うばたまの闇の現は定かなる夢にいくらも勝らざりけり

歌〈古今集・恋3・647〉訳**暗闇の中での**（あなたに逢ったという）**現実**は、はっきりした夢（の中であなたに逢うこと）に（比べて）たいして勝っていなかったのだなあ。○「うばたまの」は「闇」に係る枕詞。

やみ‐の‐よ【闇の夜】 ❶月の出ていない夜。❷「*闇の夜の錦」の略。

やみのよの… 歌

闇の夜の行く先知らず行く我をいつ来まさむと問ひし児らはも〈万葉集・20・4436〉訳行き先も分からないで出かけて行く私なのに、いつ帰っていらっしゃるのだろうと尋ねたあの娘よ。○「闇の夜の」は「行く先知らず」に係る枕詞。「ら」は接尾語で、ここでは親愛の気持ちを表す。「はも」は強い詠嘆を表す終助詞。

発展 防人の歌。

やみ‐の‐よ‐の‐にしき【闇の夜の錦】 かいのないこと。無益なこと。発展 闇夜に錦を着ても、見えなくて無意味なことから。

やみ‐やみ‐と【闇闇と】 副詞（されるままであるようすを表し）わけもなく。むざむざと。

「**やみやみと敵に討ちとられたまはんこと、誠に子孫の御恥辱たるべし。**」〈古活字本平治〉訳「**むざむざと**敵に討ち取られなさるようなことは、実に子孫のご恥辱であるに違いない。」

や・む【止む】 動詞 ↓**最重要語**（1267ページ）

や・む【病む】 一 動詞 自〔マ四段〕（ま・み・む・む・め・め）病気にな

や・む【止む】

継続していた動作・作用が中断し、終わる

一 動詞 自
- ❶**中断する。とだえる。**
- ❷**中止になる。**
- ❸**終わりになる。** ◉多く「〜てやむ」「〜でやむ」の形で用いられる。
- ❹（病気や苦痛などが）**治る。**

二 動詞 他
- ❶**終わりにする。**
- ❷（病気や癖などを）**治す。**

	未然形	連用形	終止形	連体形	已然形	命令形
動詞 自〔マ四段〕	や・ま	や・み	や・む	や・む	や・め	や・め
動詞 他〔マ下二段〕	や・め	や・め	や・む	や・むる	や・むれ	や・めよ

一 動詞 自〔マ四段〕❶**中断する。とだえる。**（雨・風などが）**やむ。また、死ぬ。**

日一日、風やまず。〈土佐日記・一月二十七日〉訳一日中、風が**やま**ない。

❷**中止になる。**（予期していたことが）**起こらないで終わる。**

「母過ちあり。」といひて、斎院を代へられむとしけるを、そのことやみにければ、詠める。〈古今集・雑上・885・詞書〉訳「（賀茂神社に仕える皇女である斎院の）母に過失がある。」といって、斎院をお代えになろうとしたが、その話が**中止になって**しまったので、詠んだ歌。

❸（多く「〜てやむ」「〜でやむ」の形で）**終わりになる。そのままになる。**

人にも言はでやみぬ。〈蜻蛉日記〉訳人にも言わないで**そのままになって**しまった。

❹（病気や苦痛などが）**治る。**（気持ちが）**治まる。**

我こそや見ぬ人恋ふる病すれあふひならではやむ薬なし

歌〈拾遺集・665〉訳この私は見たこともない人を恋する（という）病気をすることだ。逢う日（という名の）アオイでなくては、（この恋の病が）**治る**薬はない。○「あふひ」は、「逢ふ日」と、薬用にも用いられた植物名「葵」との掛詞。

二 動詞 他〔マ下二段〕❶**終わりにする。やめる。**

上のおごり費やすところをやめ、民をなで、農を勧めば…。〈徒然草・142・心なしと見ゆる者も〉訳上に立つ為政者がぜいたくをして浪費することを**やめ**、人民をかわいがり、農業を奨励するならば…。

❷（病気や癖などを）**治す。**

「いたはりやめたてまつりたまへ。」〈源氏・手習〉訳「（浮舟の）病気を**治して**差し上げてください。」

発展 **四段・下二段両方がある動詞** 二は、四段活用自動詞の一の他動詞形として下二段活用になったもの。ただし、「やむ」の下二段の例は、古典語としては少ない。下一段化した近世以降増えて現代に至っている。↓頼む

類語比較 **「やむ」と「とまる」**

共通点＝とだえる・中止になる、などの意味。

やむ＝①連続してきた動作・作用が中断して、消失する・終わりになる意味を表す。②たとえば、風や雨が「やむ」といえば、荒れ狂っていた状態が終わり、勢いを失うことを表し、必ず消失感が伴う。③中古では、行事などが中止になる意味でも用いられるが、その行事が完全にとりやめになってしまうことをいう。

とまる＝①単に、動いていたものが停止する意味を表す。②そこには「やむ」のような消失感はなく、動作の主体は存在したままである点が異なっている。③中古では、行事などが中止になる意味でも用いられるが、いずれ再開の可能性を残していると考えられる。

る。患う。傷を負う。また、痛む。うずく。からき命まうけて、久しく病みゐたりけり。〈徒然草・53〉これも仁和寺の法師〉訳（僧は）危うい命を拾い取って、長く患い続けていたのであった。

二動詞 他 マ四段〈ま・み・む・む・め・め〉❶病気に冒される。「にはかに胸を病みて亡せにき。」〈源氏・橋姫〉訳「（小侍従は）急に胸を病気に冒されて亡くなってしまった。」❷（「心病む」の形で）心配する。思い悩む。いといたう心病みけり。〈伊勢・5〉訳とてもひどく思い悩んだのだった。

類語比較「わづらふ」「なやむ」「やむ」→煩ふ

やむかりの… 句→びゃうがんの…

やむごと-な・し 形容詞 →最重要語（1268ページ）

や-め【矢目】 名詞 矢の当たった跡。矢傷。

や-も 《上代語》**一** 係助詞 接続 文中の種々の語に付く。❶（詠嘆を伴った反語を表し）…だろうかなあ、いや…ない。

❷（詠嘆を伴った疑問を表し）…かなあ。…か。

をのこやも空しくあるべき万代に語り継ぐべき名は立てずして 歌〈万葉集・6・978〉訳男子たるものが空しく終わってよいものだろうかなあ、いや、よいはずがない。永久に語り伝えるはずの名を立てないままで。

❷（詠嘆を伴った疑問を表し）…かなあ。…か。大夫の心はなくて秋萩の恋のみにやもなづみてありなむ 歌〈万葉集・10・2122〉訳立派な男らしい心はうせて、秋ハギに対する恋しさにばかり沈んでいてよいものか。

二 終助詞 接続 活用語の終止形・已然形に付く。❶（詠嘆を伴った反語を表し）…だろうかなあ、いや…ではない。かくしても相見るものを少なくも年月経れば恋しけれやも 歌〈万葉集・18・4118〉訳こうしてお会いできるのに、（お会いせずに）年月を送ると、少しばかり恋しいだけだろうかなあ、いや、少しばかりの恋しさではない。

❷（詠嘆を伴った疑問を表し）…かなあ。…か。隠口の泊瀬の少女が手に巻ける玉は乱れてありといはずやも 歌〈万葉集・3・424〉訳泊瀬の少女が手に巻いている玉は（緒が切れて）乱れているというではないか。

〇「隠口の」は「泊瀬」に係る枕詞。

やも-め【寡・寡婦・鰥】 名詞 結婚していない人。独身。

発展「め」は女性を指すので、本来は、夫のいない女性をいったと考えられる。男性については「鰥夫」ということばも

やむごと-な・し

形容詞 ク

そのまま放置できないくらい尊く、大切なようす

❶やむをえない。捨てて置けない。
❷格別である。並々でない。
❸（地位・家柄などが）高貴である。重々しい。
❹貴重である。尊い。もったいない。

未然形	連用形	終止形	連体形	已然形	命令形
やむごとな・く やむごとな・から	やむごとな・く やむごとな・かり	やむごとな・し ○	やむごとな・き やむごとな・かる	やむごとな・けれ ○	○ やむごとな・かれ

❶**やむをえない。捨てて置けない。無視できない。そうするしかない。**「それはしも、やむごとなきことあり。」とて出でむとするに…。〈蜻蛉日記〉訳「それはとても、やむをえない用事（＝どうしても辞退できない朝廷の用事）がある。」と言って出ていこうとするときに…。

遠き所はさらなり、同じ都のうちながらも隔たりて、身にやむごとなく思ふ人の悩むを聞きて…。〈枕草子・276〉うれしきもの〉訳遠い所はもちろん、同じ都の中でも離れて（住み）、自分に（とって）捨てて置けないと思う人が病気になっているのを聞いて…。〇自分にとって捨てて置けない人、つまり大事に思う人という意味で❶のもともとの意味から、❷の意味へと移行していく過渡的用法と思われる。

❷**格別である。並々でない。この上ない。**法師なれど、いと心恥づかしく、人柄もやむごとなく世に思はれたまへる人なれば…。〈源氏・若紫〉訳（なにがしの僧都は）僧ではあるが、まことにこちらが気後れするほど立派で、人柄も並々でないと世間から思われていらっしゃる人であるので…。

人に恐れられたる兵どももなりければ、摂津の守もこれらをやむごとなき者にして、後前に立ててぞ使ひける。〈今昔〉訳（三人の家来は）人に恐れられている武士たちだったので、★摂津の国守もこの者たちをこの上ない（大切な）者として、（自分の）周辺に置いて用いた。

❸（地位・家柄などが）**高貴である。重々しい。**→古語チャート❸（67ページ）

いづれの御時にか、女御、更衣あまたさぶらひたまひける中に、いとやむごとなき際にはあらぬが、優れて時めきたまふ、ありけり。〈源氏・桐壺〉訳どの帝の御代であっただろうか、女御、更衣が大勢お仕え申し上げていらっしゃった中に、それほど高貴な家柄ではない方で、際立って（帝の）寵愛を受けていらっしゃる方が、あったのだった。

この山にこもりゐて後、やむごとなき人の隠れたまへるもあまた聞こゆ。ましてその数ならぬたぐひ、尽くしてこれを知るべからず。〈方丈記・閑居の気味〉訳（私が）この（京都の奥の）山にこもり住んで以後、（京都では）高貴な方々がお亡くなりになったことも数多く耳に入る。なおさら取るに足りない人々（の亡くなった数）は、全部が全部これを知ることはできない。

❹**貴重である。尊い。もったいない。**今出で来たる者の心も知らぬに、やむごとなき物持たせて、人のもとにやりたるに、遅く帰る。〈枕草子・70・おぼつかなきもの〉訳新しく（奉公に）出て来た者（＝召し使い）で気心も知れない者に、貴重な物を持たせて、人のもとに（使いに）行かせたところ、遅く帰る（＝なかなか帰らない）のは（気にかかる）。

御仏名、荷前の使ひ立つなどぞ、あはれにやんごとなき。〈徒然草・19・折節の〉訳★御仏名や、荷前の使い（＝年末に諸国からの貢ぎ物を伊勢神宮など へ奉るための勅使）が出発するようすなどは、趣深く尊いことだ。

発展 ❶～❹の意味の展開　「止む事無し」が一語になったもので、❶の「やむをえない・捨てて置けない」がもともとの意味。そこから、❷の対象を重んじる意味に変化し、さらに❸❹のように、身分・家柄などが一流であるようすや、尊いようすをも表すようになったといわれる。「やうごとなし」「やごとなし」「やんごとなし」とも。

類語比較「あてなり」と「やむごとなし」→貴なり

ある。また、夫・妻を亡くした人を表す現代語の「やもめ」とは異なり、独身の男女について広く用いられた。

やもめ-ずみ【寡住み】名詞 夫や妻のいない暮らし。独身生活。

やや【良・稍・漸】

普通と程度が異なるようす。また、事態がしだいに進むようす → ❶かなり。少し。 ❷しだいに。だんだん。

副詞 ❶（程度の大小にかかわらず、普通と程度が異なるようすを表し）かなり。相当。少し。いくらか。**京には友待つばかり消え残りたる雪、山深く入るままに、やや降りうづみたり。**〈源氏・浮舟〉訳 都では（あとから降ってくる雪の）仲間を待つだけという程度に少しだけ残っている雪が、（宇治の）山深く入っていくにつれて、かなり降り積もっている。**ややためらひて、仰せ言伝へきこゆ。**〈源氏・桐壺〉訳（靫負の命婦は）少し気を落ち着けてから、（帝の）おことばを（亡き更衣の母に）お伝え申し上げる。❷しだいに。だんだん。**垣根の草萌え出づるころより、やや春深くかすみわたりて…**〈徒然草・19・折節の〉訳 垣根の草が芽を出しはじめるころから、しだいに春が深まり一面に霞がかかって…。

発展 ①**語の成り立ち** 数量の多いことを表す名詞「や」を重ねたもの（❶の意味）とする説と、事態がしだいに進む意味を表す接頭語「いや」を重ねた「いやいや」が変化したもの（❷の意味）とする説がある。用例としては❶の方が早く現れる。

②「かなり」か「少し」か？ ❶は、「かなり」か「少し」か判断に迷う例が多く、文脈から判断するしか方法はない。❷は、季節や時間の移り変わりに用いられることが多い。

や-や 感動詞 ❶（呼びかけるときに発して）これこれ。もしもし。おいおい。**「やや。」と呼び返して…。**〈十訓抄〉訳「**もしもし。**」と呼び返して…。❷（驚いたとき、思いついたとき、いらだったときなどに発して）おやまあ。あれまあ。ああっ。ええい。**「やや。」とて手を捧げて迷ふに…。**〈今昔〉訳「**あれまあ。**」と言って手を宙に挙げてうろたえるのに…。

やや-ま・し 形容詞［シク］〈しく・しく・し・しき・しけれ・○／しから・しかり・○・しかる・○・しかれ〉いよいよ不安だ。心苦しい。気がかりだ。気がとがめる。**あやしきさまのやつれ姿して、御馬にておはする、心地ももの恐ろしくややましけれど…。**〈源氏・浮舟〉訳（匂宮は）粗末な身なりの忍び姿で、おウマで（宇治へ）いらっしゃるのは、気持ちもなんとなく怖くて**気がとがめるけれど**…。

発展 四段動詞「ややむ」が形容詞になったもの。

やや・む 動詞 自［マ四段］〈ま・み・む・む・め・め〉ますます苦しむ。悩みぬく。困り果てる。**いと苦しげにややみて、久しく降りて、ゐざり入る。**〈源氏・宿木〉訳（浮舟は）ひどく苦しそうに**悩みぬいて**、長い時間かかって（車から）降りて、膝を地に着けたまま中に入る。

やや-も-すれ-ば【動もすれば】連語 どうかすると。ともすれば。**いといたく思ひしめりて、ややもすれば花の木に目をつけて眺めやる。**〈源氏・若菜上〉訳 とてもひどく悲しみに沈んで、**どうかすると**サクラの木に目をやってぼんやりと見る。

発展 副詞「やや」＋係助詞「も」＋サ変動詞「す」の已然形＋接続助詞「ば」。

やや-も-せ-ば【動もせば】連語 ↓ややもすれば

ややもせば… 歌 **ややもせば消えをあらそふ露の世におくれ先だつほど経ずもがな**〈源氏・御法〉訳 どうかすると消えるのを争う露の（ようにはかない）世の中だが、（われわれは）後れたり先立ったりする間を開けずに（同じときに）死にたいものだ。○「消え」は「露」の縁語。「もがな」は願望を表す終助詞。

発展 紫の上（↓おくとみる…）、明石の中宮と互いに歌を詠み合う場面での源氏の歌。

や-よ 感動詞 ❶（呼びかけるときに発して）やあ。おい。ねえ。**思ふらむ心の程ややよいかにまだ見ぬ人の聞きか悩まむ** 歌〈源氏・明石〉訳（私のことを）思っているとかいう（あなたの）気持ちの程度は、**ねえ**、どういうものだろう。まだ会ってもいない人がうわさで悩むものだろうか。❷はやしことば。

やよ・し 形容詞［ク］〈く・く・し・き・けれ・○／から・かり・○・かる・○・かれ〉ますます多い。**わたくしの老いの数さへやよければ身は卑しくて年高きことの苦しさ…** 歌〈古今集・雑体・1003〉訳（公に仕えた三十年に加えて）個人として年取った年数でも**ますます多い**ので、身分は低くて高齢であることの苦しさ（は耐えがたい）よ…。

やよひ【弥生・三月】名詞 陰暦三月。季語 春

やよ-や 感動詞（呼びかけるときに発して）おい。やあ。ねえ。**いぶせくも心にものを悩むかなやよやいかにと問ふ人もなみ** 歌〈源氏・明石〉訳 気の晴れないことにも、心にあれこれと思い悩むことだなあ。「**ねえ**どうかしたの。」と尋ね（てくれ）る人もいないので。

やら 副助詞 ❶（多く疑問の表現を伴って、不確かさを表し）…だろうか。…だか。…のか。**「その人の二番目の子を、女房どもが何と思ひ入りましたやら、是非にと望みます。」**〈西鶴・世間胸算用〉訳「その人の二番目の息子を、女房がなんと思い込みましたのか、ぜひ（婿に）と望みます。」❷（「～やら～やら」の形で、決めかねる事柄を列挙し）…やら。**「理屈をつめてねだれ言腹が立つやら、憎いやら。」**〈近松・冥途の飛脚〉訳「理屈を並べて身請けを迫られ腹が立つやら、憎いやら。」

発展 中古の「にやあらむ」が、「やらん」→「やらう」と変化し、中世後期に「やら」となった。

やら-う 連語 ↓やらん

やら＋□ 「やる【破る】⊟（ラ行四段）」の未然形。

やら-ず【遣らず】連語 …（し）きれない。接続 動詞の連用形に付く。**えも乗りやらず。**〈源氏・桐壺〉訳（気が動転して車に）どうにも乗りきれない。

発展 四段補助動詞「やる」の未然形＋打消の助動詞「ず」。

やら-ふ【遣らふ】やら（ろ）う ⊟連語《上代語》繰り返し追い払う。⊟動詞 他［ハ四段］〈は・ひ・ふ・ふ・へ・へ〉追い払う。追い出す。

「儺やらはむに、音高かるべきこと、何わざをせさせむ。」〈源氏・幻〉訳「鬼を追い払ったりするときに、音が大きく出そうなことをして、どういうことをさせたらいいだろう。」
発展 一は、四段動詞「やる」の未然形＋上代の反復・継続の助動詞「ふ」。二は、後に一が一語として定着し意味が変化したもの。

やら-む 連語 ↓やらん

やら-む-かた-な-し【遣らむ方なし】連語 ↓やるかたなし

やら-ん 連語 ❶（疑問・推量を表し）…だろうか。…ではなかろうか。…だろう。
「**人は何として仏には成りさうらふやらん。**」〈徒然草・243・八つになりし年〉訳「人はどのようにして仏にはなりますの**だろうか**。」
❷（不確かなことを表し）…とかいう。…とやらいう。
「**その浦島とやらんは、はや七百年以前のことと申し伝へさうらふ。**」〈御伽草子・浦島太郎〉訳「その浦島**とかいう**人は、もう七百年も前のことと申し伝えております。」
❸（婉曲を表し）…ようだ。
「**鞠も、難き所を蹴出だして後、やすく思へば、必ず落つとはべるやらん。**」〈徒然草・109・高名の木登り〉訳「*蹴鞠も、難しい所を（うまく）蹴り上げた後は、簡単だと思うと、きっと（失敗して鞠が地面に）落ちるとかいう**ようでございます**。」
❹（「〜やらん〜やらん」の形で、決めかねる事柄を列挙して）…やら…やら。
「**かやうに浪のたつやらん風の吹くやらんも知らぬ体にて**…。」〈平家・6・横田河原合戦〉訳「このように波が立つ**やら**風が吹く**やら**も知らないようすで…。」
発展 「にやあらん」（断定の助動詞「なり」の連用形＋係助詞「や」＋ラ変動詞「あり」の未然形＋推量の助動詞「ん（む）」）の連体形）が変化したもの。中古末期にも見えるが、中世以降に多く用いられる。

やり【槍】名詞 柄の先に細長い刃を取り付け、相手を突き刺す武器。鎌倉末期から用いられた。

❷**やり**＋□「**やる**【破る】二（ラ行四段）」の連用形。

やり-いだ-す【遣り出だす】動詞 他（サ四段）〈さ・し・す・す・せ・せ〉（牛車などを）進め出す。押し出す。
「一条の大路へ**車やり出だして**…。」〈平家・12・六代被斬〉訳 一条の大路へ車を**進め出して**…。

やり-すご-す【遣り過ごす】動詞 他（サ四段）〈さ・し・す・す・せ・せ〉（後から来るものを）先に行かせる。通過させる。
「車二つ三つ引き続けて、ののしり来…**やり過ごして**…。」〈蜻蛉日記〉訳 牛車が二、三台連ねて、威勢よくやって来る…（それを）**先に行かせて**…。

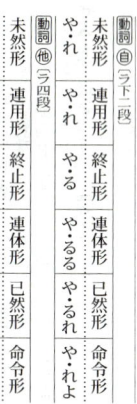

やり-す-つ【破り捨つ】動詞 他（タ下二段）〈て・て・つ・つる・つれ・てよ〉破り捨てる。
「あぢきなきすさびにて、かつ**やり捨つ**べきものなれば、人の見るべきにもあらず。」〈徒然草・19・折節の〉訳（私が書いているものは）つまらない慰みで、次々に**破り捨てる**はずのものであるから、人が見るはずの（価値のある）ものでもない。

［やり］

やり-て【遣り手】名詞 ❶牛を使う人。牛車を動かす人。また、それが上手な人。❷遊里で、遊女の監督や指導をする年配の女性。

やり-ど【遣り戸】名詞 溝を横にすべらせて開閉する戸。引き戸。

やり-みづ【遣り水】名詞 寝殿造りなどで、庭に外から水を導き入れて流れるようにしたもの。季語 夏

やり-よ-す【遣り寄す】動詞 他（サ下二段）〈せ・せ・す・する・すれ・せよ〉（車などを）進めて近寄らせる。
「**近くやり寄するほど**、わびしう…。」〈枕草子・160・心もとなきもの〉訳 そばに（車を）**進めて近寄らせる**間、いらだたしくて…。

や-る【遣る】動詞 補助動詞 ↓最重要語（1271ページ）

や-る【破る】
紙や布地などに裂け目ができてちぎれる
一 動詞 自〔ラ下二段〕破れる。壊れる。
二 動詞 他〔ラ四段〕破る。裂く。

動詞 自〔ラ下二段〕

未然形	連用形	終止形	連体形	已然形	命令形
やれ	やれ	やる	やるる	やるれ	やれよ

動詞 他〔ラ四段〕

未然形	連用形	終止形	連体形	已然形	命令形
やら	やり	やる	やる	やれ	やれ

一 動詞 自〔ラ下二段〕**破れる。裂ける。壊れる。**
「**うちひさす宮路を行くに我が裳はやれぬ玉の緒の思ひ乱れて家にあらましを**」歌〈万葉集・7・1280〉訳（宮仕えをする人に恋をして）宮殿に通う道を（何度も）行くので、私の裳（＝腰から下にまとった衣服）は**破れて**しまった。（その人を慕い）思い悩んで家にいた方がよかったなあ。
〇「うちひさす」は「宮」に、「玉の緒の」は「乱れ」に係る枕詞。

二 動詞 他〔ラ四段〕**破る。裂く。**
「**忘れがたく、口惜しきこと多かれど、え尽くさず。とまれかうまれ、とくやりてむ。**」〈土佐日記・二月十六日〉訳 忘れられないことや、残念なことがたくさんあるが、（書きたいことを）全部出すことはできない。何はともあれ、（こんな私の日記など）早く**破って**しまおう。

発展 **「やぶる」と「やる」** 類義語の「破る」が、主に立体的な物の破壊についていうのに対し、「やる」は、紙・布地など平面状の物の破損について用いられる。

関連語 破る

やる 助動詞〔四段型〕〈やら・やり・やる・やる・やれ・やれ（や）〉（多く「お…やる」の形で、軽い尊敬を表し）…なさる。お…になる。接続 動詞の連用形に付く。
「**今そなたのお尋ねやる末広がり屋の亭主は身共でおりやる。**」〈狂言・末広がり〉訳「今あなたが**お聞きになる**末広がり屋の亭主は私でございます。」
発展 補助動詞「あり」の連体形「ある」が変化したもの。動詞の連用形が二音節以上の場合、その語尾と融合し、「おくれやる」が「おくりゃる」、「おたづねやる」が「おたづにゃる」となるように、拗音になることもある。

❸**やる**＋□「**やる**【破る】一（ラ行下二段）」の終止形。または、「**やる**【破る】二（ラ行四段）」の終止形・連体形。

やる【遣る】

先方に送る。また、物事を先へと進める。

- 一 動詞 他
  - ❶(人を)行かせる。遣わす。
  - ❷(物などを)送る。与える。
  - ❸(心の憂さを)払いのける。(気を)晴らす。
  - ❹(水などを)流れていくようにする。(車などを)どんどん先へ進める。
  - ❺逃げるに任せる。逃がす。◉中世後期以降の用法。
- 二 補助動詞
  - ❶(離れた所から)遠くまで…する。はるかに…する。
  - ❷(その動作を最後までやり終える意味を表し)…(し)きる。◉多く、下に打消の語を伴う。

接続 二は動詞の連用形に付く。

	未然形	連用形	終止形	連体形	已然形	命令形
動詞 他〔ラ四段〕 補助動詞〔ラ四段〕	や・ら	や・り	や・る	や・る	や・れ	や・れ

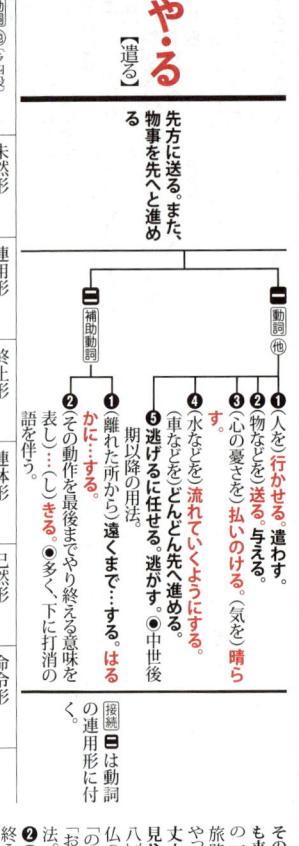

一 動詞 他 〔ラ四段〕 ❶(人を)行かせる。遣わす。

大船に真楫繁貫きこの吾子を唐国へやる斎へ神たち 歌〈万葉集・19・4240〉訳 大船に櫓をたくさん取り付けて、このわが子を唐の国(=中国)へ遣わす。(どうか)守ってください。神々よ。

「はやく跡なきことにはあらざめり。」とて、人をやりて見するに、おほかた逢へる者なし。〈徒然草・50・応長のころ〉訳「(鬼がいるというわさは)もともと根拠がないことではないようだ。」と思って、人を行かせて見せるが、一向に(鬼に)会った者はいない。

❷(物などを)送る。与える。

人のもとにわざと清げに書きてやりつる文の返り事、「今は持て来ぬらむかし。怪しう遅き。」と待つ程に…。〈枕草子・25・すさまじきもの〉訳(ある)人の所にわざわざきれいに書いて送った手紙の返事を、「もはやきっと持って来ているだろうよ。(それなのに)不審に(思えるほど)遅いことだ。」と待つ間に…。

❸(心の憂さを)払いのける。(気を)晴らす。

夜光る玉といふとも酒飲みて心をやるにあに及かめやも 歌〈万葉集・3・346〉訳 夜光の玉などと宝のようにいっても、酒を飲んで気を晴らすことに、どうしてまさるだろうか、いや、まさりはしないのだ。

思ふどち心やらむと馬並めて… 歌〈万葉集・17・3991〉訳 気の合った者同士が、心の(憂さ)を払いのけようとウマを並べて(行った先は)…。

❹(水などを)流れていくようにする。(車などを)どんどん先へ進める。

玉を貫き、岩を立て、水をやり、えも言はず調ぜさせたまへる裳も、唐衣を…。〈大鏡・道長下〉訳 美しい石を突き通し、岩を立て、水を流れていくようにして、なんとも言えない(模様に)新調していらっしゃる裳や、唐衣を…。

車をやれと言ふと心得て、五、六町こそ足掻かせたれ。〈平家・8・猫間〉訳 牛車をどんどん先へ進めろと(木曾義仲が)言うのだと(牛飼いは誤って)理解して、五、六町(=約五〜六〇〇メートル)も(牛車のウシを)足早に進ませた。

❺《中世後期以降》逃げるに任せる。逃がす。

「あの誑しが。やるまいぞ、やるまいぞ。」〈狂言・入間川〉訳「あの詐欺師が。逃がすものか、逃がすものか。」○「やるまいぞ」は、狂言の最終場面で使われる決まり文句。

二 補助動詞〔ラ四段〕 ❶(離れた所から)遠くまで…する。はるかに…する。

その河のほとりに群れゐて、思ひやれば、「限りなく遠くも来にけるかな。」とわびあへるに…。〈伊勢・9〉訳(男たちの一行は)その川のほとりに群がって座って、(都からの長い旅路に)はるかに思いをはせると、「果てしなく遠くまでもやって来たものだなあ。」と互いに嘆き合っていると…。

丈六の仏の、いまだ粗造りにおはするが顔ばかり、見やられたり。〈更級日記・富士川〉訳 一丈六尺(=約四・八メートル)の仏像で、まだ仕上げをしてない状態でいらっしゃる仏の顔だけが、はるかに眺められた。○「丈六の仏の」の「の」は同格を表し、「おはする」の下に「仏」を補って解する。「おはするが顔ばかり」の「が」は「の」に相当する連体格の用法。

❷(多く、下に打消の語を伴って、その動作を最後までやり終える意味を表し)…(し)きる。

「これもわりなき心の闇になむ。」と、言ひもやらず、むせかへりたまふほどに、夜も更けぬ。〈源氏・桐壺〉訳「これ(=桐壺の帝に対する恨み言)も(私が、桐壺の更衣という娘を失い)道理に合わない親が子を愛するあまりに迷う心のせいで(ございます)。」と、(更衣の母は最後まで)言いきりもしないで、ひどくむせび泣いていらっしゃるうちに、夜も更けてしまった。○この例のように動詞の連用形との間に「も」などの係助詞が割り込むことも多い。

なまじひに究竟の水練にておはしければ、沈みもやりたまはず。〈平家・11・能登殿最期〉訳(平宗盛と清宗の親子は)なまじっか優れた水泳の達人でいらっしゃったので、沈みきっておしまいにならない。

発展 ①「やる」の基本的な意味　人や物を遠方へ移動させるというのがもともとの意味。一では、移動させるものが人であれば❶、物であれば❷の意味になる。❸は、心の中の憂いを自分の外へ移動させるという意味からできた用法といえる。

②「おこす」と「やる」　一❶❷の意味での「やる」と対応することば「おこす」は、自分が遠くへ物や人を送ることを表す「やる」に対して、他の人から自分の方へ物や人を送ってくることを表す。

関連語 遣おこす

やる-かた-な・し【遣る方無し】連語 どうしようもない。どうにもならない。
なほ悲しさの**やるかたなく**…。〈源氏・夕顔〉訳 やはり(夕顔を失った)悲しさは**どうしようもなく**…。
発展 四段動詞「やる」の連体形＋名詞「かた」＋形容詞「なし」。

やる-る＋□「やる【破る】㊀(ラ行下二段)」の連体形。

やる-れ＋□「やる【破る】㊀(ラ行下二段)」の已然形。

やれ 感動詞 ❶(呼びかけたり、注意を向けようとして)やあ。おい。
やれ打つな蠅が手をすり足をする 句〈八番日記・一茶〉訳 **おい、**打つな。ハエが手をこすり合わせ足をこすり合わせて(打たないでくれと頼んで)いるよ。
❷(ふと気づいたとき、困ったときなどに発して)おや。まあ。

や-れ 副助詞《近世語》(「〜やれ〜やれ」の形で、決めかねる事柄を列挙し)…やら…やら。…だとか…だとか。…だの…だの。
「何ともをかしき名字がある。野尻の**やれ**、草部の**やれ**。」〈醒睡笑〉訳「なんともおもしろい名字がある。野尻**だとか**、草部**だとか**。」
発展 副助詞「やら」が変化したもの。

やれ＋□「やる【破る】㊀(ラ行下二段)」の未然形・連用形。または、「やる【破る】㊁(ラ行四段)」の已然形・命令形。

やれやれ-と【破れ破れと】副詞 (ひどく破れているようすを表し)ぼろぼろに。
果てには**やれやれと**着なしてありけり。〈宇治拾遺〉訳 しまいには**ぼろぼろに**(なるまで)着ていた。

や-わたり【家渡り】名詞 引っ越し。転居。

やわらかなり(現)→(歴)**やはらかなり**【柔らかなり】

やわらぐ(現)→(歴)**やはらぐ**【和らぐ・柔らぐ】

やわらげる(現)→(古)**やはらぐ**【和らぐ・柔らぐ】

やをら 副詞 そっと。おもむろに。
谷の底に鳥の居るやうに、**やをら**落ちにければ…。〈宇治拾遺〉訳 谷底に鳥が降り立つように、**そっと**落ちたので…。

やんごと-な・し 形容詞 →やむごとなし 最重要語(1268ページ)

ゆ

ゆ-【斎】造語 神聖な、汚れのない、という意味を表す。語例 斎庭・斎種

ゆ【柚】名詞《植物》ユズの古い呼び名。

ゆ【湯】名詞 ❶水を熱くしたもの。❷温泉。ふろ。❸煎じ薬。薬湯。❹船の中にたまった水。船湯。

ゆ【揺】名詞 左手で弦を揺する琴の演奏法。また、その音。

ゆ 格助詞《上代語》接続 体言、活用語の連体形に付く。❶(動作の時間的・空間的起点を表し)…から。…より。
彦星は織女と天地の別れし時ゆいなむしろ川に向き立ち… 歌〈万葉集・8・1520〉訳 彦星は織り姫と、天と地が分かれたとき**から**天の川に向き合って立ち…。
○「いなむしろ」は「川」に係る枕詞。
❷(動作の経過する地点を表し)…を。…を通って。
田子の浦ゆうち出でて見れば真白にそ富士の高嶺に雪は降りける 歌〈万葉集・3・318〉訳 →たごのうらゆ…
❸(動作の手段・方法を表し)…によって。…で。
赤駒を山野にはかし捕りかにて多摩の横山徒歩ゆか遣らむ 歌〈万葉集・20・4417〉訳 栗毛のウマを山野に放牧していて捕らえかね、多摩の横山を(あなたを)徒歩**で**行かせるのだろうか。
❹(比較の基準を表し)…より。…よりも。
人言はしましそ我妹綱手引く海ゆまさりて深くしそ思ふ 歌〈万葉集・11・2438〉訳 人のうわさはしばらくの間だよ、おまえ。綱手を引く海**よりも**もっと深く思っているよ。
発展 類語に「ゆり」「よ」「より」があるが、中古以降は「より」だけが用いられた。

ゆ 助動詞 下二段型〈え・え・ゆ・ゆる・ゆれ・○〉《上代語》接続 四段・ナ変・ラ変動詞の未然形に付く。❶(自発を表し)自然に…れる。…ないではいられない。
瓜食めば子ども思ほゆ栗食めばまして偲はゆ… 歌〈万葉集・5・802〉訳 ウリを食べると、(ウリの好きな)子どもたちのことが**自然に思われる**。クリを食べると、いっそう恋しく思わ**ないではいられない**(＝しのばれる)…。
❷(受身を表し)…れる。…られる。
か行けば人に厭はえかく行けば人に憎まえ… 歌〈万葉集・5・804〉訳 あちらに行けば人にいやがら**れ**、こちらに行けば人に嫌わ**れ**…。
❸(多く打消の語を伴って、可能を表し)…することができる。
日な曇り碓氷の坂を越えしだに妹が恋ひしく忘らえぬかも 歌〈万葉集・20・4407〉訳 碓氷の坂を越えたとき、(出がけに)妻が恋しがったのが忘れる**ことができない**ことよ。○「日な曇り」は「碓氷」に係る枕詞。
発展 「射ゆ」「見ゆ」が存在することから、古くは上一段動詞の未然形にも接続したと考えられる。中古になると、「る」が多く用いられ、「覚ゆ」「聞こゆ」「あらゆる」「いはゆる」などの中に残るだけとなる。
→古語チャート❽(291ページ)

ゆ-あみ【湯浴み】名詞 ❶湯や水で体を洗うこと。入浴。❷温泉に入って病気などを治すこと。湯治。

ゆい(現)→(歴)**ゆひ**【結ひ】

ゆい-かい【遺戒・遺誡】名詞 後世の人に書き残した訓戒。遺訓。

維摩 人名 (「維摩羅詰」の略で)中インド毘耶離城の長者。釈迦の高弟のひとりで、在俗のまま菩薩道を行じたという。

ゆいま-きゃう【維摩経】名詞「*維摩」の教えを記した経典。

ゆいま-ゑ【維摩会】名詞《仏教語》陰暦十月十日から七日間、「*維摩経」を講読する法会。発展「維摩講」とも。

ゆう(現)→(歴)**いう**【右・酉・又・尤・優・友・幽・悠・憂・有・猶・由・祐・誘・遊・郵】

ゆう(現)→(歴)**いふ**【邑】

ゆう(現)→(歴)**ゆふ**【夕】【木綿】【結ふ】

夕顔 登場人物『源氏物語』中の人物。三位の中将の女。*頭中将の子*玉鬘を産む。夕顔の花をきっかけに源氏と知り合い、互いの素性を明かさぬまま交際するが、物の怪に襲われて急死する。

夕霧 登場人物『源氏物語』中の人物。源氏の長男。

母は★葵の上。幼なじみの雲居の雁との恋をかなえるが、後に親友★柏木の未亡人落葉の宮をも妻とする。実直な性格で、左大臣になる。

幽玄【ゆうげん】［イウ―］文芸用語 和歌・連歌・能を中心とする芸術の基本理念。『古今和歌集』真名序以降、和歌において、奥深い優美さや、微妙な詩情の表現が用いられた。鎌倉初期に★藤原俊成が「あはれ」「艶」などを含む余情のある情調美を指して用い、重要な歌論用語となる。以後、中世を代表する美的理念として、連歌論では優を基調とする美、能楽論では柔和で典雅な美を表した。

ゆうそく（現）↓（歴）**いうそく**【有識・有職】

有職故実［イウソク―］文芸用語 公家や武家の公事の習慣などを研究する学問。後に、公家の場合を有職、武家の場合を故実ということが多くなった。

ゆうなり（現）↓（歴）**いうなり**【優なり】最重要語（113ページ）

ゆう-みゃう【勇猛】［―みょう］形容動詞［ナリ］《仏教語》勇ましく強い。勇猛だ。
「文覚無上の願を起こして、勇猛の行をくはたつ。」〈平家・5・文覚荒行〉訳「文覚はこの上なき願を立てて、勇ましく強い修行を志している。」
発展「ゆみゃう」とも。

ゆえ（現）↓（歴）**ゆゑ**【故】最重要語（1286ページ）

ゆおびかなり（現）↓（歴）**ゆほびかなり**

ゆか【床・牀】名詞 ❶家の中で一段高く造り、寝所などにする所。❷家の中で、板を張り渡した所。❸劇場で、浄瑠璃を語る人や三味線を演奏する人が座る所。

ゆか-し 形容詞 ↓最重要語（1274ページ）

ゆかし-が-る 動詞 他［ラ四段］〈ら・り・る・る・れ・れ〉知りたがる。見たがる。聞きたがる。
露塵のことも**ゆかしがり**、聞かまほしうして…〈枕草子・28・憎きもの〉訳（他人のうわさは）ごくわずかのことでも**知りたがり**、聞きたいと思って…。

ゆかし-げ-なり 形容動詞［ナリ］〈なら・なり（に）・なり・なる・なれ・なれ〉心引かれていそうだ。見たそうだ。聞きたそうだ。知りたそうだ。
大宮の、いと**ゆかしげに**おぼしたるもことわりに、心苦しければ…。〈源氏・少女〉訳（祖母の）大宮が、（夕霧の元服姿を）とても**見たそうに**お思いなさるのももっともで、気の毒なので…。

ゆ-かたびら【湯帷子】名詞 入浴時や、入浴後に着る単衣。浴衣。季語 夏

ゆ-がみ【結髪】名詞 ウマのたてがみを何か所かで束ねて結んだもの。発展「ゆひがみ」の変化したもの。

ゆがみ-もじ【歪み文字】名詞 平仮名の「く」の字。文字の形が、折れ曲がっているところからいう。

ゆが・む【歪む】一 動詞 自［マ四段］〈ま・み・む・む・め・め〉❶整っていた形が崩れる。曲がる。
烏帽子**ゆがみ**、紐はづし、脛高くかかげて、用意なき気色、日ごろの人とも覚えず。〈徒然草・175・世には心得ぬことの〉訳 烏帽子が**曲がり**、（衣服の）紐をはずし、（裾をまくり）すねを高いところまで見せて、たしなみのないようすは、いつもの人とも思えない。
❷（心や行いが）公正でなくなる。よこしまになる。
「世の静かならぬことは、かならず政の直く**ゆがめる**にもよりはべらず。」〈源氏・薄雲〉訳「世の中が静かでないことは、必ずしも政治が正しいとか**公正でなくなっている**とかによるわけではありません。」
❸（発音が）なまる。
この聖、声うち**ゆがみ**、あらあらしくて…〈徒然草・141・悲田院の尭蓮上人は〉訳 この上人は、発音は**なまり**、荒っぽくて…。
二 動詞 他［マ下二段］〈め・め・む・むる・むれ・めよ〉整っていた形を崩す。ねじ曲げる。ゆがめる。
いみじくしどけなく、かたくなしく、直衣、狩衣など**ゆがめ**たりとも…〈枕草子・63・暁に〉訳（明け方に女性のもとから帰る人が）たいへん締まりがなく、見苦しく、直衣や、狩衣などを**崩して**着ていたとしても…。

ゆかり【縁】
血縁などによる人と人のつながり ― 血縁。姻戚。また、その人。縁者。

名詞 **関係があること**。血縁。姻戚。また、その人。縁者。
憂しとおぼしなす**縁**多うて、おぼろけならず忍びたまへば、いとあながちにも聞こえたまはずなりぬ。〈源氏・須磨〉訳（朧月夜の君の身内には源氏を）憎らしいと決め込んでいらっしゃる**縁者**が多くて、（朧月夜の君も）並々でなく人目をはばかっていらっしゃるので、（源氏は）そうむやみにも（手紙を）お差し上げにならないままになってしまった。

類語比較「よすが」「ゆかり」「えん」↓縁

ゆき【行き】名詞 行くこと。また、旅。
君が**行き**日長くなりぬ山尋ね迎へか行かむ待ちにか待たむ 歌〈万葉集・2・85〉訳↓きみがゆき…

ゆき【雪】名詞 ❶雪。季語 冬 ↓古語チャート㉑（783ページ）❷白いもののたとえ。特に、白髪。

ゆ-き【悠紀・斎忌・由基】名詞 大嘗祭のとき、穀物や酒を献上するように占いによって選ばれた、第一の国もしくは郡。

ゆき【靫】名詞 矢を入れて背に負う、細長い箱型の道具。
発展「ゆぎ」とも。

ゆき-あか・る【行き別る】動詞 自［ラ下二段］〈れ・れ・る・るる・るれ・れよ〉それぞれ別れて行く。離れ離れになる。類 行き別る。
「『見捨て**行きあかれ**にけり。』と、つらくや思はむ。」〈源氏・夕顔〉訳「『（自分を）見捨てて**それぞれ別れて行って**しまったのだった。』と、恨めしく堪えがたく思うのではないだろうか。」

ゆき-あひ【行き合ひ】［―あい］名詞 ❶行き合うこと。出会うこと。また、その時や場所。❷季節の変わり目。二つの季節にまたがること。

ゆき-あ・ふ【行き合ふ・行き会ふ】［―あう］一 動詞 自［ハ四段］〈は・ひ・ふ・ふ・へ・へ〉たまたま出会う。偶然出くわす。また、交差する。
宇津の山越ゆる程にも、阿闍梨の見知りたる山伏**行きあひたり**。〈十六夜日記・駿河より伊豆路へ〉訳 宇津の山を越えるちょうどそのとき、（作者の子の）★阿闍梨の知り合いの山伏が（作者たちに）**偶然出くわした**。
二 動詞 他［ハ下二段］〈へ・へ・ふ・ふる・ふれ・へよ〉交差させる。重ならせる。
鶉鳥領布とりかけて鶺鴒尾**行き合へ**庭雀うずすまり居て…〈古事記・雄略天皇〉訳 ウズラ（の首に白い斑点がある）ように領布を首に懸け、セキレイのように長い裾を**交差させ**、庭のスズメのようにうずくまり集まっていて…。

ゆき-いた・る【行き至る】動詞 自 〔ラ四段〕〈ら・り・る・る・れ・れ〉
行き着く。到着する。
むかし、男、**陸奥**の国にすずろに**ゆきいたりけり**。〈伊勢・14〉訳 昔、ある男が、陸奥の国に何の目的もなく**行き着いた**。

ゆき-か・つ【行きかつ】動詞 自 〔タ下二段〕〈て・て・つ・つる・つれ・てよ〉（下に打消の語を伴って）行くことができる。
落ち激つ走井**水の清くあればおきては我は行きかてぬかも** 歌〈万葉集・7・1127〉訳 激しくわき流れる泉の水が清いので（この泉を）見捨てては私は**行くことができない**よ。
発展「かつ」は上代の補助動詞。

ゆき-か・ふ【行き交ふ】一 かこう

人や年月などが行き来する
- ❶行き来する。行き違う。親しく出入りする。
- ❷去っては、またやって来る。（年月などが）移っていく。

未然形	連用形	終止形	連体形	已然形	命令形
ゆきか・は	ゆきか・ひ	ゆきか・ふ	ゆきか・ふ	ゆきか・へ	ゆきか・へ

動詞 自 〔ハ四段〕 ❶行き来する。**往来する。行き違う。親しく出入りする。**
雨降れば笠取山の紅葉は**行き交ふ**人の袖さへぞ照る 歌〈古今集・秋下・263〉訳 雨が降るので、笠取山の紅葉した葉は、**行き来する**人の袖にまで美しく映えている。〇「笠取山」は、その名から「雨」とともに詠み込まれることが多い。「雨降れば」は「笠取山」に係る枕詞とする説もある。
「**百敷に行き交ひはべらむことは、ましていとはばかり多くなむ。**」〈源氏・桐壺〉訳「宮中に**親しく出入りし**ますようなことは、いっそうひどく恐れ慎むことが多く（ございます）。」
❷**去っては、またやって来る。**（年月などが）**移っていく。**
月日は百代の過客にして、行き交ふ年もまた旅人なり。〈奥の細道・発端〉訳 月日は永遠の旅人（のようなもの）であって、**去っては、またやって来る**年も同様に旅人（のようなもの）である。

ゆき-かへ・る【行き帰る】一 かえる 動詞 自 〔ラ四段〕〈ら・り・る・る・れ・れ〉行って帰る。往復する。 発展 上代は「ゆきがへる」。

ゆき-がへ・る【行き返る】一 がえる 動詞 自 〔ラ四段〕〈ら・り・る・る・れ・れ〉（年月が）改まる。
あらたまの年**行きがへり**春花のうつろふまでに**相見ねば**…歌〈万葉集・17・3978〉訳 年が**改まり**春の花が散るころまでも（妻と）互いに会わないので…。〇「あらたまの」は「年」に係る枕詞。

ゆき-かよ・ふ【行き通ふ】一 かよう 動詞 自 〔ハ四段〕〈は・ひ・ふ・ふ・へ・へ〉行き来する。往来する。
母は筑前守の妻にて下りにければ、父君のもとを里にて行き通ふ。〈源氏・末摘花〉訳（大輔命婦は）母は筑前守の妻になって下向してしまったので、父君の所を実家として（宮中に）**行き来する。**

ゆき・く【行き来・往き来】動詞 自 〔カ変〕〈こ・き・く・くる・くれ・こ（こよ）〉行ったり来たりする。往来する。
葦屋**の菟原処女の奥つ城を行き来と見れば音のみし泣かゆ** 歌〈万葉集・9・1810〉訳 葦屋の菟原処女の墓を**往来する**途上で見ると、自然に声を出して泣けてくるものだ。

ゆき-くら・す【行き暮らす】動詞 他 〔サ四段〕〈さ・し・す・す・せ・せ〉歩き続けて一日を過ごす。日が暮れるまで歩き続ける。
あしひきの**山行き暮らし宿借らば妹立ち待ちて宿貸さむかも** 歌〈万葉集・7・1242〉訳 山を**日が暮れるまで歩き続けて**、宿を借りたら、恋しい女が立って待っていて、宿を貸してくれるだろうなあ。〇「あしひきの」は「山」に係る枕詞。

ゆか・し

対象に心が引かれ、そこに行きたいという気持ち
- ❶興味が持たれる。知りたい。見たい。聞きたい。
- ❷（なんとなく）心が引かれる。慕わしい。懐かしい。

未然形	連用形	終止形	連体形	已然形	命令形
ゆか・しく	ゆか・しく	ゆか・し	ゆか・しき	ゆか・しけれ	○
ゆか・しから	ゆか・しかり	○	ゆか・しかる	○	ゆか・しかれ

形容詞〔シク〕
❶**興味が持たれる。知りたい。見たい。聞きたい。読みたい。**
いみじく心もとなく、**ゆかしく**おぼゆるままに、「この源氏の物語、一の巻よりしてみな見せたまへ。」と心の内に祈る。〈更級日記・物語〉訳 たいへんじれったく、**読みたい**と思われるので、「この源氏物語を、一巻から始めて全部お見せください。」と心の中で祈る。
「そも、参りたる人ごとに山へ登りしは、何事かありけん、**ゆかしかりしかど**、神へ参るこそ本意なれと思ひて、山までは見ず。」〈徒然草・52・仁和寺にある法師〉訳「それにしても、（石清水八幡宮に）参詣している人々が皆山へ登ったのは、どのようなことがあったのだろうか、**知りたかった**けれど、神へ参詣することが本来の志であると思って、山（の上）までは見ない。」
❷（なんとなく）**心が引かれる。慕わしい。懐かしい。**
「昔の名残もさすが**ゆかしくて**、手慣れし琴を弾くほどに、やすうも聞き出ださされけりな。」〈平家・6・小督〉訳「昔（宮中にいたころの出来事）の思い出もなんといってもやはり**懐かしくて**、弾き慣れた琴を弾くうちに、（自分がここにいることを）簡単に聞き出されて（=見つかって）しまったことよ。」
山路来て何やらゆかしすみれ草 句〈野ざらし紀行・芭蕉〉訳 →やまぢきて…
発展 **語の成り立ち** 動詞「行く」が形容詞になったもので、対象に強く心を引かれ、そこに行きたいという主観的な心情を表すのがもともとの意味だが、具体的には「見たい・読みたい・知りたい・聞きたい」と訳す例がほとんどである。
類語比較 **「ゆかし」と「いぶかし」**
→古語チャート㊺（1275ページ）
共通点＝「知りたい・見たい」などの意味を表す。
ゆかし＝興味や愛着に基づく好奇心を表す。
いぶかし＝「はっきりさせたい思いが満たされず、気が晴れない」というのがもともとの意味であることから、不審に基づく好奇心を表す。

ゆき-く・る【行き暮る】 動詞 自〔ラ下二段〕〈れ・れ・る・るる・るれ・れよ〉行くうちに日が暮れる。
木幡山路に行き暮れて月を伏見の草枕〈閑吟集〉訳 木幡の山道を**行くうちに日が暮れて**、月を伏見(=地名)の辺りで伏して見るような旅寝だ。

ゆきくれて… 歌
行き暮れて木の下陰を宿とせば花や今宵の主ならまし〈平家・9・忠度最期〉訳 行くうちに日が暮れて、(サクラの)木の下を宿とするならば、(サクラの)花が今夜の主人(となってもてなしてくれる)であろうか。○「まし」は推量を表す助動詞。
発展 忠度が一の谷の合戦から敗走する途中で、「旅宿花」と題して詠んだ歌。

ゆき-げ【雪気】 名詞 今にも雪が降り出しそうな空模様。

ゆき-げ【雪消・雪解】 名詞 雪が解けて消えること。雪解け。また、雪解け水。季語 春 発展「雪消え」の変化したもの。

ゆき-げた【行き桁】 名詞 橋などの、架けた方向に沿って渡した桁。

ゆき-じもの【雪じもの】 副詞 雪のように。一説に「ゆき」に係る枕詞とも。
ひさかたの天伝ひ来る雪じもの行き通ひつついや常世まで 歌〈万葉集・3・261〉訳 天から降ってくる**雪のように**、(この御殿に)行き通い続けて、お仕えしよう。いよいよ長くいつまでも。○「ひさかたの」は「天」に係る枕詞。
発展「じもの」は接尾語。

ゆき-す・ぐ【行き過ぐ】 動詞 自〔ガ上二段〕〈ぎ・ぎ・ぐ・ぐる・ぐれ・ぎよ〉通り過ぎる。通過する。行き過ぎる。

ゆき-ずり【行き摩り・行き摺り】 名詞 ❶すれ違うこと。また、そのときに色や香りが付くこと。❷通りすがり。❸一時の出来心。かりそめ。

ゆき-ち・る【行き散る】 動詞 自〔ラ四段〕〈ら・り・る・る・れ・れ〉散り散りになって別れて行く。
「**年月経へば、かかる人々も、えしもありはてでや行き散らむ。**」など…。〈源氏・須磨〉訳「年月が過ぎたら、これらの人々(=二条院に仕える女童たち)も、いつまでもこのままの状態でいることもできないで**散り散りになって別れて行く**のではないだろうか。」などと…。

ゆき-つ・く【行き着く】 動詞 → いきつく

ゆき-つ・る【行き連る】 動詞 自〔ラ下二段〕〈れ・れ・る・るる・るれ・れよ〉連れ立って行く。同行する。
ある人、清水へまゐりけるに、老いたる尼の行きつれたりけるが…。〈徒然草・47・ある人、清水へ〉訳 ある人が、清水寺へ参詣したときに、年老いた尼で**連れ立って行った**のが…。

ゆきとけて… 句
雪とけて村一ぱいの子どもかな〈七番日記・小林一茶〉訳 長い冬もようやく終わり雪が解けて、春を待ちかねて子供たちが村じゅうのあちこちに遊び回っていることだ。○季語 雪どけ―春
発展 子どもに焦点を当て、雪国の春の訪れを詠む。

ゆき-とぶら・ふ【行き訪ふ】 動詞 自〔ハ四段〕〈は・ひ・ふ・ふ・へ・へ〉訪問する。見舞いに行く。
心ざしふかかりける人、行きとぶらひけるを…。〈伊勢・4〉訳(その女を)恋い慕う気持ちの深かった男が、(女のもとを)**訪問して**はいたのだが…。

ゆき-とま・る【行き止まる】 動詞 自〔ラ四段〕〈ら・り・る・る・れ・れ〉行き着く。到着する。
世の中はいづれかさしてわがならむ行きとまるをぞ宿とさだむる 歌〈古今集・雑下・987〉訳 世の中ではどれを指して自分の(宿)と言ったらよいのだろうか。**行き着く**所を宿と決めるのがよいよ。

ゆき-の-した【雪の下】 名詞 ❶《植物》ユキノシタ科の半常緑多年草。湿った場所に生え、初夏に白い花を付ける。葉は食用。季語 夏 ❷★襲の色目のひとつ。表は白、裏は紅。

ゆき-はばか・る【行き憚る】 動詞 自〔ラ四段〕〈ら・り・る・る・れ・れ〉行くことをためらう。行きかねる。
み吉野の高城の山に白雲は行きはばかりてたなびけり見ゆ 歌〈万葉集・3・353〉訳 み吉野の高城の山に白雲が**行くことをためらって**たなびいている、それが見える。

ゆきふかみ… 歌
雪深み深山の道は晴れずともなほふみ通へ跡絶えずし

まとめて覚えよう古語チャート 45

動詞から形容詞へ変化したことば

赤字は最重要語・重要語

動詞が形容詞に変化する場合の、代表的なパターンを示した図です。

図に挙がっている形容詞には、すべて基になった動詞の意味が含まれています。

例えば、「1ゆかし」は、動詞「2ゆく(行く)」から生まれた形容詞で、「(魅力的なので)そこに行きたい」という気持ちを表しています。動詞「3なつく(懐く)」(=なれ親しむ)の形容詞化したことばが「4なつかし(懐かし)」で、古くは、なれ親しんだ状態でいたい、という気持ちを表していました。同様に、「5いそぐ(急ぐ)」ときの状態を表すのが形容詞「6いそがし(忙し)」です。

なお、この図にあるのは四段活用の動詞ですが、下二段活用の動詞にも「やす(痩す)」→「やさし(恥し)」のように、類似のパターンが見られるものがあります。ちなみに、「やさし」というのは「恥ずかしい」という意味、つまり、「痩せるほど恥ずかしい」という意味であり、このことからも二つのことばの関係がよくわかるでしょう。

四段活用の動詞		シク活用の形容詞(動詞の未然形＋「し」)
2ゆく(行く)	→	1ゆかし
のぞむ(望む)	→	のぞまし(望まし)
3なつく(懐く)	→	4なつかし(懐かし)
つつむ(慎む)	→	つつまし(慎まし)
5いそぐ(急ぐ)	→	6いそがし(忙し)

て〈源氏・薄雲〉訳雪が深くて奥山の道は晴れなくても、それでもやはり(雪を)踏んで通ってきてくれ(=手紙を絶やさないでくれ)、足跡が絶えることのないようにして。○「ふみ」は「文」と「踏み」の掛詞。
発展 明石の君が、紫の上の養女となる娘(=後の明石の中宮)に同行する乳母へ向けて詠む。乳母の歌(↓ゆきまなき…)参照。

ゆき-ふ・る【行き触る】 動詞 自〔ラ下二段〕〈れ・れ・る・るる・るれ・れよ〉行って触る。行くときに触れる。↓触る
草枕旅行く人も行き触ればにほひぬべくも咲ける萩かも 歌〈万葉集・8・1532〉訳旅行く人がもし**行くときに触れたら**、(色が移って旅人の着物が)あざやかに色づいてしまいそうなほど美しく咲いているハギであるよ。○「草枕」は「旅」に係る枕詞。

ゆきふれば… 歌
雪降れば木ごとに花ぞ咲きにけるいづれを梅とわきて折らまし〈古今集・冬・337・紀友則〉訳雪が降るとどの木にも(雪の)花が咲いたよ。どれをウメと区別して折ったらよいものかなあ。○「まし」は、ここでは思い迷う意味を表す。
発展「梅」を「木」「毎」と二字に分解して文字遊びをした歌。

ゆき-ぼとけ【雪仏】 名詞 雪で作った仏像。雪だるま。季語 冬

ゆき-ま【雪間】 名詞 ❶積雪の消えた所。季語 春
春日野の雪間を分けて生ひ出で来る草のはつかに見えし君はも 歌〈古今集・恋1・478〉訳↓かすがのの…
❷雪の晴れ間。雪の降りやんでいる間。

ゆきまなき… 歌
雪間なき吉野の山を尋ねても心の通ふ跡絶えめやは〈源氏・薄雲〉訳(たとえ)雪のやむ間のない吉野の山を探し尋ねてでも、心の通う道の跡(=手紙)が途絶えることがあろうか、いや、途絶えることはない。○「吉野の山」は雪が深い所として知られ、ここでは通うことの難しさを表現する。
発展 娘との音信が途絶えることを心配する明石の君の歌(↓ゆきふかみ…)に対して乳母が詠んだ歌。

ゆき-まろばし【雪転ばし】 名詞 雪を転がしながら、だんだん大きな塊にしていく遊び。発展「雪まろげ」とも。

ゆき-み【雪見】 名詞 雪景色を眺め楽しむこと。

ゆき-むか・ふ【行き向かふ】 動詞 自〔ハ四段〕〈は・ひ・ふ・ふ・へ・へ〉❶次々と過ぎ去っては、またやって来る。
行き向かふ年の緒長く仕へ来し君が御門を… 歌〈万葉集・13・3324〉訳**次々と過ぎ去っては、またやって来る**年月長くお仕えしてきた主君の御殿を…。
❷出かけて行く。立ち向かう。
鳥羽まで行き向かうて見けれども、わが主は見えたまはず。〈平家・3・有王〉訳鳥羽まで**出かけて行って**見たが、自分の主人はお見えにならない。○「行き向かう」は、連用形「行き向かひ」のウ音便。

ゆき-めぐ・る【行き廻る・行き巡る】 動詞 自〔ラ四段〕〈ら・り・る・る・れ・れ〉❶あちこち巡り歩く。さすらう。
誰により世をうみやまに行きめぐり絶えぬ涙にうきしづむ身ぞ 歌〈源氏・澪標〉訳だれのせいで世の中がいやになって海や山を**さすらい**、絶えることのない涙に浮き沈みしたわが身なのか。○「うみ」は「倦み」と「海」の掛詞。
❷(一巡して)元に戻る。運行を繰り返す。
行きめぐりつひにすむべき月影のしばし曇らむ空な眺めそ 歌〈源氏・須磨〉訳**運行を繰り返して**最後には明るく光る月影がしばらくは曇るでしょうが、その空を(悲しそうに)ごらんにならないで。

ゆ-ぎゃう【遊行】 名詞 動詞 自〔サ変〕〈せ・し・す・する・すれ・せよ〉❶《仏教語》僧が諸国を巡り歩いて、教化や修行をすること。類 行脚 ❷ぶらぶら歩くこと。散歩。❸(「遊行上人」の略で)時宗の総本山の遊行寺の歴代住職。特に開祖の、一遍のこと。

ゆき-や・る【行き遣る】 動詞 自〔ラ四段〕〈ら・り・る・る・れ・れ〉(多く打消の語を伴って)どんどん行く。滞りなく進む。
勢多の橋こほれて、え行きやらず。〈更級日記・竹芝寺〉訳勢多の橋がこわれていて、**滞りなく進む**ことができない。

ゆきゆきて… 句
行き行きてたふれ伏すとも萩の原〈奥の細道・山中・河合曾良〉訳病身なので歩き続けた末に倒れるかもしれないが、たとえそうなっても、そこがハギの花が美しく咲き乱れている野であるなら悔いはない。○季語 萩―秋
発展 病気のために芭蕉と別れ、ひとり縁者の所へ向かうときの句。

ゆき-ゆ・く【行き行く】 動詞 自〔カ四段〕〈か・き・く・く・け・け〉どんどん進んで行く。行き続ける。
行き行きて駿河の国にいたりぬ。〈伊勢・9〉訳**どんどん進んで行って**駿河の国に到着した。

ゆ・く【行く・往く】 ━ 動詞 自〔カ四段〕〈か・き・く・く・け・け〉❶(現在の場所から他の場所に)移動する。出かける。去る。↓**古語チャート❼**(273ページ)
❷通過する。通り過ぎる。また、往来する。
春日野の若菜摘みにや白妙の袖振りはへて人の行くらむ 歌〈古今集・春上・22〉訳春日野の若菜を摘むために、白い着物の袖を振って、わざわざ(若い)女性たちが**往来している**のだろうか。
❸(雲や水が)流れる。流れ去る。
ゆく河の流れは絶えずして、しかももとの水にあらず。〈方丈記・ゆく河〉訳**流れる**川の流れは途絶えることがなくて、それでいて前のままの水ではない。
❹時が移る。月日が過ぎる。
むかし、月日のゆくをさへ嘆く男…。〈伊勢・91〉訳昔、月日が**過ぎる**のをまで嘆く男が…。
❺死ぬ。亡くなる。
あしひきの山縵の児今日行くと我に告げせば帰り来ましを 歌〈万葉集・16・3789〉訳縵児(=女性の名)が、今日**死ぬ**と私に告げてくれたなら、帰って来たであろうのに。○「あしひきの」は「山」に係る枕詞。
❻(心が)晴れる。満足する。
わがやどに花ぞ咲きたるそを見れど心もゆかず… 歌〈万葉集・3・466〉訳わが家の庭に花が咲いている。それを見るけれど、心も**晴れ**ない…。
❼(養子や嫁として)他家に出る。
━ 補助動詞〔カ四段〕〈か・き・く・く・け・け〉(動作や状態が継続的に進行する意味を表して)…し続ける。ずっと…する。
語り継ぎ言ひ継ぎ行かむ富士の高嶺は 歌〈万葉集・3・317〉↓あめつちの…
発展「ゆく」と「いく」は上代から併用されているが、「ゆく」の方が広い範囲にわたって用いられた。「いく」は、「ゆく」に比べると、新しく、卑俗な感じがあったようで、中古になると、「いく」は口語に、「ゆく」は和歌に用いられた。

ゆく-あき【行く秋】 ↓**古語チャート㊺**(1275ページ) 過ぎ去ろうとしている秋。暮れ行く

秋。晩秋。季語 秋

ゆく-かた【行く方】名詞 ❶進んで行く方向。行く先。❷（多く「なし」を伴って）気晴らしの方法。やるかた。

ゆく-さ【行くさ】名詞 行くとき。行きしな。行きがけ。

ゆく-さき【行く先】名詞 ❶目指して行く所。目的地。また、道のり。

❷将来。行く末。前途。

行く先多く、夜も更けにければ…。〈伊勢・6〉訳 **目的地**は（まだ）遠く、夜も更けてしまったので…。

来し方行く先思し続けられて、心弱く泣きたまひぬ。〈源氏・賢木〉訳（源氏は）過去や**将来**のことをお思い続けにならないではいられなくて、気弱にお泣きになってしまう。

❸余命。

「この頼もし人は、**行く先**短かりなむ。」〈源氏・帚木〉訳「この頼りになる人は、きっと**余命**が短いだろう。」

ゆく-さ-くさ【行くさ来さ】行くときと来るとき。行きがけと帰りがけ。

青海原風波なびき行くさ来さつつむことなく舟は早けむ〈万葉集・20・4514〉訳 青い広々とした海の風も波も静まり、**行くときと来るとき**障害が起きることもなく、舟は早く進むだろう。

ゆく-すゑ【行く末】
- 空間的・時間的に、これから進んで行く先
  - ❶（遠く）進んで行く先。目的地。
  - ❷今後の成り行き。将来。前途。
  - ❸余命。

名詞 ❶（遠く）**進んで行く先**。**目的地**。

行く末は空も一つの武蔵野に草の原より出づる月影歌〈新古今集・秋上・422〉訳 **進んで行く先**は、空も（野原と）一つの（ものと見える）ような（広大な）武蔵野に、草原から姿を現す月明かり（の趣深さよ）。

❷今後の成り行き。将来。前途。

前の世の契り知らるる身の憂さに行く末かねて頼みがたさよ歌〈源氏・夕顔〉訳（あなたと私の）前世からの運命的なつながりは（たいした程度ではないと）自然と知られる（今の私の）身の上のつらさのために、（あなたとの）**将来**は前もって当てにできそうもないことだよ。

❸余命。残された命。

「**行く末短う**、もの心細くて、行ひがちになりにてはべれば…。」〈源氏・柏木〉訳「（私は）**残された命**も短く、なんとなく心細くて、仏前のお勤めばかりするようになってしまっておりますので（こちらに伺えませんで）…。」

関連語 来し方・来し方行く先・行く先・行く末

ゆく-て【行く手】名詞 ❶進んで行く方向。類 行く先 ❷行くついで。行きがけ。

ゆくとり-の【行く鳥の】枕詞（飛び立つ鳥が先を争い、群れをなすことから）「あらそふ」「むらがる」に係る。

ゆく-はる【行く春】過ぎ去ろうとしている春。暮れ行く春。晩春。季語 春

ゆくはるや…句

ゆく春やおもたき琵琶の抱きごころ〈五車反古・与謝蕪村〉訳 過ぎ行く春よ。春を惜しむ心の慰めにと琵琶を取り出したが、その抱き心地までが気だるさを感じさせることだ。〇季語 ゆく春―春

発展 春を惜しむ気持ちを詠む。

行く春や鳥啼き魚の目は泪〈奥の細道・旅立ち・松尾芭蕉〉訳 春はもう過ぎ行こうとしているよ。春との別れを惜しんで、鳥は悲しげに鳴き、魚の目には涙がたまっているかのようだ。旅立つ私も見送ってくれる人々も別れを惜しんで涙を流している。〇季語 行く春―春。「行く春」に「旅に行く」の意味も掛ける。

発展 見送りの人々との別れを惜しむ『奥の細道』への旅立ちの際の句。

ゆくはるを…句

行く春を近江の人と惜しみける〈猿蓑・松尾芭蕉〉訳 過ぎ行く春を、おぼろにかすむ琵琶湖のほとりで近江の人とともにしみじみと惜しむことだ。〇季語 行く春―春。「惜しみける」は、詠嘆を強調する連体形止め。

発展「湖水を望んで春を惜しむ」との前書きがある。琵琶湖の風景に春を惜しむ歌が『万葉集』以来多く詠まれており、それを念頭に置いての句。

ゆく-へ【行方】名詞 ❶目指して行く所。目的地。また、行った先。❷将来。行く末。前途。

ゆくへ-な・し【行方無し】連語 ❶行く先が知れない。どこへ行ったか分からない。

「ただ今、**行方なく飛び失せなば**、いかが思ふべき。」〈更級日記・大納言殿の姫君〉訳「たった今、（私が）**行く先も知れず**飛んでいなくなってしまったら、（あなたは）どう思うだろうか。」

❷あてどない。不安である。

ゆくほたる…歌

ゆく蛍雲の上まで往ぬべくは秋風吹くと雁に告げこせ〈後撰集・252・在原業平〉訳 飛んでゆくホタルよ、雲の上まで行くはずのものなら（地上ではもう）秋風が吹いているとガンに告げてくれ。

〇「べく」は、推量の助動詞の未然形。「雁」は秋に渡ってくる鳥。「こせ」は上代の助動詞「こす」の命令形で、他に対する願望を表す。

発展『伊勢物語』四十五段にも見え、男が亡くなった女をしのぶ歌となっている。

ゆく-みづ【行く水】流れて行く水。

ゆくみづに…歌

行く水に数書くよりもはかなきは思はぬ人を思ふなりけり〈古今集・恋1・522〉訳 流れ行く水に数を書くよりもはかないことは、（自分を）思ってくれない人を恋い慕うことだったのだなあ。〇「～は～なりけり」の構文。「行く水に数書く」ははかないことのたとえ。

発展 作者不明の歌。片思いの空しさを詠んだ典型的な歌。

ゆく-ゆく【行く行く】副詞 ❶行きながら。道すがら。

ゆくゆく飲み食ふ。〈土佐日記・十二月二十八日〉訳（航海の）**道すがら**飲んだり食べたりする。

❷やがて。将来。

「**ゆくゆく**は、こなたのご指南をうけたうござる。」〈狂言・腹不立〉訳「**将来**は、こちら様のご指導を受けたく存じます。」

ゆくゆく-と副詞 ❶遠慮なく。すらすらと。

何ごとにかは、とどこほりたまはむ、ゆくゆくと宮にも愁へきこえたまふ。〈源氏・賢木〉訳（右大臣は）どんなことで、ためらったりなさるであろうか、いや、そんなことはない、**すらすらと**宮（＝弘徽殿の大后）にも訴え申し上げなさる。

❷しだいに。ずんずん。どんどん。

御腹はゆくゆくと高くなる。〈宇津保〉訳 お腹は**どんどん**大きくなる。

ゆくり-か・なり 形容動詞〔ナリ〕〈なら・なり(に)・なり・なる・なれ・なれ〉❶思いがけない。にわかだ。不意だ。
ゆくりかに寄り来たる気配におびえて、おとど色もなくなりぬ。〈源氏・玉鬘〉訳(大夫監が)**不意に**詰め寄ってきた物音におびえて、(玉鬘の)乳母の殿は顔色も真っ青になってしまった。
❷不用意だ。軽はずみだ。
ゆくりかに見せたてまつりて、思し数まへざらむときには…。〈源氏・明石〉訳**不用意に**(娘を)お会わせ申し上げて、(源氏が)人並みに扱ってくださらなかったりするときには…。

ゆくり-な・し 形容詞 ↓**最重要語**(1278ページ)

ゆくり-な・し
形容詞〔ク〕
予想に反して事態が突然に発生したり、突発的に何かを行うようす
❶**思いがけない。突然である。**
❷**不用意である。軽はずみである。**

未然形	連用形	終止形	連体形	已然形	命令形
ゆくりな・く	ゆくりな・く	ゆくりな・し	ゆくりな・き	ゆくりな・けれ	○
ゆくりな・から	ゆくりな・かり	○	ゆくりな・かる	○	ゆくりな・かれ

❶**思いがけない。突然である。**
かく言ひて眺めつつ来る間に、ゆくりなく風吹きて、漕げども漕げども、後へ退きに退きて、ほとほとしく打ちはめつべし。〈土佐日記・二月五日〉訳このように(歌を)詠んで(景色を)物思いにふけりながらぼんやり見やっては行くうちに、**突然に**風が吹いて、漕いでも漕いでも、後方へ戻りに戻って(=ひたすらに戻って)、ほとんど(海に)落とし込んで(=沈めて)しまいそうである。
いさよふ月にゆくりなくあくがれむことを、女は思ひやすらひ…。〈源氏・夕顔〉訳ためらう(=沈みそうでなかなか沈まない)月に(誘われて)**思いがけず**浮かれた気分で出歩いたりすることを、女(=夕顔)はためらい…。○突然の成り行きで荒れ果てた廃院へ誘われた夕顔の心理を「ゆくりなし」と表現している。
❷**不用意である。軽はずみである。**
「**あたら、思ひやり深うものしたまふ人の、ゆくりなく、かうやうなること折々交ぜたまふを、人も怪しと見るらむかし。**」〈源氏・賢木〉訳「惜しいことに、思慮深くていらっしゃる方(=源氏)でありながら、**不用意に**、このようなこと(=人目もはばからず、藤壺の中宮に手紙を送り付けること)をときどき(行動に)加えなさるのを、人々も不審だと見ているだろうよ。」
発展 ①**語の成り立ち** 形容動詞「ゆくりかなり」と同じ語源で、思いがけないという意味を表す「ゆくり」に、状態を表す接尾語「なし」が付いたことば。連用形「ゆくりなく」の形で副詞的に用いられることが多い。また、「ゆくりもなし」と係助詞「も」を挟んで用いられることもある。↓**古語チャート㉙**(923ページ)
②**❶と❷の違い** 評価を含まない場合は❶の意味となり、否定的な評価を含む場合は❷の意味となる。
関連語 ゆくりかなり

ゆ-げ【遊戯】 名詞・動詞 自〔サ変〕〈せ・し・す・する・すれ・せよ〉❶遊ぶこと。遊び楽しむこと。遊戯。
❷喜ぶこと。愉快がること。楽しそうにすること。
「**命は、今日延びぬる心地しはべり。**」と、**いたく遊戯するを…。**〈大鏡・後一条院〉訳「寿命は、今日(一日だけで)延びてしまった気持ちがいたします。」と、(繁樹が)非常に**楽しそうにするので…。**

ゆげ-ひ【靫負】 名詞(★靫を背負うことから)★六衛府の武官の総称。発展「靫負ひ」が変化したもの。「ゆうげ」「ゆけ」とも。

ゆげひ-の-じょう【靫負の尉】― 名詞 ★衛門府の三等官。

ゆげひ-の-すけ【靫負の佐】― 名詞 ★衛門府の次官。

ゆげひ-の-つかさ【靫負の司】― 名詞 ★六衛府。特に、★衛門府。

ゆげひ-の-みゃうぶ【靫負の命婦】 名詞 父か兄、あるいは夫が靫負である五位以上の女官。

ゆ-さん【遊山】 名詞 ❶《仏教語》禅宗で、自然に接して心を爽快にすること。❷野山で遊ぶこと。行楽。❸気晴らし。慰み。

ゆじゅん【由旬】 名詞 古代インドの距離の単位。一由旬は帝王が一日に進む距離。

ゆすり-み・つ【揺すり満つ】 動詞 自〔タ四段〕〈た・ち・つ・つ・て・て〉みんなで騒ぎ立てる。すべての者が動揺しざわめく。
「いかになりたるぞや。」とて泣けば、家のうちの人も、**揺すり満ちて…。**〈堤中納言・はいずみ〉訳「どうなってしまっているのか。」と言って泣きわめくと、家中の人も、**すべての者が動揺しざわめいて…。**

ゆする【泔】 名詞 洗髪や整髪に用いる湯水。また、それを用いて洗髪や整髪をすること。★強飯を蒸した後の湯や米のとぎ汁などが用いられた。

ゆす・る【揺する】 一 動詞 自〔ラ四段〕〈ら・り・る・る・れ・れ〉❶揺れ動く。揺らぐ。
何心なく掻き鳴らすに、天地揺すりて響く。〈宇津保〉訳(琴を)何気なくかき鳴らすと、天地が**揺れ動く**ように(音が)響いている。
❷大騒ぎする。
天の下揺すりて、西の宮へ、人走りまどふ。〈蜻蛉日記〉訳世の中では**大騒ぎし**て、西の宮へ、人々がひたすら走る。
二 動詞 他〔ラ四段〕〈ら・り・る・る・れ・れ〉❶揺り動かす。揺さぶる。
大き海の磯本揺すり立つ波の寄せむと思へる浜の清けく 歌〈万葉集・7・1239〉訳大海の磯の底を**揺り動かし**、立つ波が寄せようと思っている浜の清らかさよ。
❷《近世以降》金銭などをおどし取る。

ゆする-つき【泔坏】 名詞 ★泔を入れる器。

[ゆするつき]

ゆ-ずゑ【弓末】ー名詞 弓を立てたときの上部。発展「弓末（ゆみずゑ）」が変化したもの。

ゆた-か・なり【豊かなり】形容動詞（ナリ）〈なら・なり（に）・なり・なる・なれ・なれ〉❶満ち足りている。裕福だ。富み栄えている。

今はひとへに豊かなるいきほひになりて…。〈更級日記・春秋の定め〉訳 今ではひたすら**裕福な**財産家になって…。

❷ゆったりしている。悠々としている。おおようだ。

紙絵は限りありて、山水の豊かなる心ばへをえ見せ尽くさぬものなれば…。〈源氏・絵合〉訳 紙絵は紙の大きさに限りがあって、山水の**悠々とした**風情を十分に表現し尽くせないものなので…。

ゆ-だけ【裄丈】名詞 着物の背縫いから袖口までの長さ。ゆきたけ。↓古語チャート❹（103ページ）

ゆた-け・し【豊けし】形容詞（ク）〈く・く・し・き・けれ・○／から・かり・○・かる・○・かれ〉❶豊かだ。盛大だ。裕福だ。

最勝王経・金剛般若寿命経など、いと豊けき御祈りなり。〈源氏・若菜上〉訳 最勝王経、金剛般若寿命経など、とても**盛大な**ご祈願である。

❷ゆったりしている。悠々としている。広々としている。

海原の豊けき見つつ葦が散る難波に年は経ぬべく思ほゆ 歌〈万葉集・20・4362〉訳 海原の**悠々としている**のを見ていると、この難波の国で年月を送りたいと思われることだ。〇「葦が散る」は「難波」に係る枕詞。

ゆ-だち【弓立ち】名詞 矢を射る身がまえ。

ゆたに-たゆたに【寛にたゆたに】（ゆったりと揺れ動くようすを表し）ゆらゆらと。

わが心ゆたにたゆたに浮き蓴辺にも沖にも寄りかつましじ 歌〈万葉集・7・1352〉訳 私の心は**ゆらゆらと**、水面に浮かぶジュンサイのように岸にも沖にも寄ることができないだろう。

発展 副詞「ゆたに」＋副詞「たゆたに」。

ゆた・ふ 動詞 自〔八四段〕〈は・ひ・ふ・ふ・へ・へ〉たるむ。ゆるむ。

継ぎ目現れて、皮ゆたひ、身に着たる物は、絹布の分きも見えず。〈平家・3・有王〉訳（やせた男は）関節があらわに見えて、皮が**たるみ**、身に着けている物は、絹か布かの区別もつかない。

ゆ-たん【油単】名詞 油を引いた単の布や紙。防水・防湿のために家具などの覆いや敷物として用いた。

ゆ-つ-【斎つ】接頭語 神聖な、清浄な、という意味を表す。

語例 **斎つ**磐群・**斎つ**桂。発展「つ」は上代の格助詞。また、「五百箇」の変化したもので、多数という意味を表すという説もある。

ゆ-づか【弓束・弓柄】名詞 弓の握りの部分。また、そこに巻く皮。

ゆづら・ふ【譲らふ】動詞 他〔八四段〕〈は・ひ・ふ・ふ・へ・へ〉互いに譲る。譲り合う。

「上は下に助けられ、下は上になびきて、事広きにゆづらふらむ。」〈源氏・帚木〉訳「（宮仕えでは）上の者は下の者に助けられ、下の者は上の者に服従して、多方面にわたって**譲り合っている**のだろう。」

発展「ゆづりあふ」の変化したもの。

ゆづり-は【譲り葉・交譲木】ー名詞《植物》トウダイグサ科の常緑高木。新しい葉が生長してから古い葉が落ちるので、この名がある。季語 春 発展 新年、相続など、新旧交代の祝事の飾り物に用いる。

ゆ-づる【弓弦】名詞 弓の弦。

ゆ-づゑ【弓杖】ー名詞 ↓ゆんづゑ

湯桶読み 国語・国文法「湯桶」のように、漢字二字の熟語の、上字を訓読み、下字を音読みにする読み方。「手本」「朝座」「今様」など。↓重箱読み

ゆ-どの【湯殿】名詞 ふろ。浴室。また、入浴すること。

湯殿山 地名 今の山形県中部、月山の南西部にある山。出羽三山の一つで、三山の奥の院とされる。

ゆ-ば【弓場】名詞 弓を射る場所。弓の練習所。

ゆ-はず【弓筈・弓弭】名詞 弓の両端の弦を掛ける部分。発展「ゆみはず」とも。

ゆ-はた【纈】名詞 絞り染め。

ゆば-どの【弓場殿】名詞 平安時代、宮中で天皇が弓術を見る御殿。↓ビジュアルチェック⑫（715ページ）

ゆひ【結ひ】名詞 ❶結うこと。結ぶこと。❷田植えなどのとき、互いに力を貸し合うこと。また、その人。

ゆひ-つ・く【結ひ付く】ー動詞 他〔カ下二段〕〈け・け・く・くる・くれ・けよ〉結び付ける。離れないように縛る。

「木にこれ結ひ付けて持て参れ。」〈大鏡・道長下〉訳「木にこれを**結び付けて**（宮中へ）持って参上せよ。」

ゆふ【夕】名詞 夕暮れ時。夕方。日が暮れるころ。類 夕べ 対 朝 発展 一日を、昼を中心とした時間と夜を中心とした時間に分けると、「ゆふ」が前者の終わりの時間帯を指し、「ゆふべ」は後者の始まりの時間帯を指すが、時間的には同じである。↓古語チャート❶（47ページ）

ゆふ【木綿】名詞 コウゾの樹皮の繊維を細かく裂いて糸状にしたもの。

ゆ・ふ【結ふ】動詞 他〔八四段〕〈は・ひ・ふ・ふ・へ・へ〉❶結ぶ。縛る。ゆわえる。

多くの人の差縄どもを取り集めて結ひて、結ひ継ぎて…。〈今昔〉訳 多くの人の手綱を取り集めて**結び付けて**、次々に結び合わせて…。

❷髪を結んで整える。結う。

毎日、髪頭も自ら梳きて、丸曲に結ひて…。〈西鶴・日本永代蔵〉訳 毎日、髪も自分でとかして、丸曲の型に**結って**…。

❸組み立てる。組み合わせて作る。

やすからかに結ひて参らせたりけるが、思ふやうにめぐりて…。〈徒然草・51・亀山殿の御池に〉訳 楽々と**組み立てて**差し上げた水車が、思うように回って…。

❹縫う。繕う。

几帳どものほころび結ひつつ…。〈枕草子・90・宮の五節出ださせたまふに〉訳 いくつかの几帳の合わせ目をそれぞれに**縫って**…。

類語比較「むすぶ」と「ゆふ」↓結ぶ

ゆふ-うら【夕占・夕卜】ー名詞 ↓ゆふけ（夕占）

ゆふ-か・く【夕掛く】ー動詞 自〔カ下二段〕〈け・け・く・くる・くれ・けよ〉夕方になる。類 夕さる・夕づく

夕掛けて、みな帰りたまふほど…。〈源氏・藤裏葉〉訳 **夕方になって**、みながお帰りになるころ…。

発展 和歌では、多く「木綿かく」に掛けた。

ゆふ-かげ【夕影】ー名詞 ❶夕暮れ時の弱い日の光。対 朝影

春の野に霞たなびきうら悲しこの夕影にうぐひす鳴くも 歌〈万葉集・19・4290〉訳 ↓はるののに…

❷夕暮れ時の薄明かりの中に見える姿。また、夕日に映える姿。

一日の源氏の御夕影、ゆゆしうおぼされて…。〈源氏・紅葉賀〉訳 先日の（試楽の日の）源氏の**夕日に映える姿**を、（優美すぎて）不吉だと（帝は）お思いになら

ずにいられなくて…。

ゆふかげ-ぐさ【夕陰草】(ゆうかげ) 名詞 夕方、物陰で花を付ける草。また、夕方の薄明かりの中に見える草。

ゆふ-がほ【夕顔】(ゆうがお) 名詞《植物》ウリ科のつる性一年草。夏の夕方に白い花を咲かせる。実は干瓢(かんぴょう)の材料とする。季語 夏

ゆふ-ぎり【夕霧】(ゆう) 名詞 夕方に立ちこめる霧。

★**ゆふぐれは**…歌

夕暮れは雲のはたてに物ぞ思ふ天つ空なる人を恋ふとて〈古今集・恋1・484〉訳 夕暮れには、雲の果ての方へと物思いをすることだ。天上にいる(ようなとても手の届かない)人を恋しているからということで。○「天つ空」は「雲」の縁語で、身分が高いことを暗示する。

発展 作者不明の歌。『毎月抄(まいげっしょう)』にも引かれる。「はたて」を「旗手」ととらえ、心の乱れるたとえとする説もある。

ゆふ-け【夕占】(ゆう) 名詞 夕方、往来に立って人の話などを聞き、吉凶を占うこと。

発展「ゆふうら」とも。

ゆふ-け【夕食】(ゆう) 名詞 夕方の食事。夕食。対 朝食(あさけ)

ゆふ-けぶり【夕煙】(ゆう) 名詞 夕方、食事の支度などで立つ煙。また、夕方に煙のように立ちこめるもや。

ゆふ-ざ【夕座】(ゆう) 名詞《仏教語》(法華八講(ほっけはっこう)などを朝夕行う時の)夕方の講座。対 朝座(あさざ)

ゆふ-さら-ず【夕さらず】(ゆう) 夕方ごとに。毎夕。

今日もかも明日香(あすか)の川の夕さらずかはづ鳴く瀬のさやけくあるらむ 歌〈万葉集・3・356〉訳 今日もまた明日香の川では夕方ごとにカエルの鳴く瀬がすがすがしいことだろう。

ゆふ-さり【夕さり】(ゆう) 名詞 夕方になること。また、その時刻。夕方。

朝(あした)には狩りに出(い)だし立ててやり、夕さりは帰りつつ、そこに来(こ)させけり。〈伊勢・69〉訳 (斎宮(さいぐう)は、男をもてなして)朝には狩りの用意をして送り出してやり、夕方は(男が狩りから)帰ってき帰ってきするたびごとに、そこ(=自分の御殿)に来させたのだった。

発展 名詞「ゆふ」に、季節や時間がやって来る意味を表す四段動詞「さる(去る)」の連用形が付き、名詞になったもの。

ゆふさり-つ-かた【夕さりつ方】(ゆうさり) 名詞 夕方のころ。

発展「つ」は「の」の意味の上代の格助詞。

ゆふ-さ・る【夕さる】(ゆう)

━ 夕方がやって来る ─ 夕方になる。夕方が来る。

未然形	連用形	終止形	連体形	已然形	命令形
ゆふさ・ら	ゆふさ・り	ゆふさ・る	ゆふさ・る	ゆふさ・れ	ゆふさ・れ

動詞 自 〔ラ四段〕夕方になる。夕方が来る。対 朝(あさ)さる

夕さらば潮満ち来(き)なむ住吉(すみのえ)の浅香(あさか)の浦に玉藻(たまも)刈りてな 歌〈万葉集・2・121〉訳 夕方になったら、きっと潮が満ちてくるだろう。住吉(=今の大阪市住吉(すみよし)区一帯)にある浅香の浦で海藻を採ってしまっておこう。

発展 **語の成り立ち** 名詞「ゆふ」に、季節や時間などがやって来るという意味を表す四段動詞「さる(去る)」が付いてできたことば。已然形「夕され」に接続助詞「ば」の付いた「夕されば」の形で用いられることが多い。

★**ゆふされば**…百人一首

夕されば門田(かどた)の稲葉(いなば)おとづれてあしのまろ屋に秋風ぞ吹く〈金葉集(きんようしゅう)・173・源経信(つねのぶ)〉訳 夕方になると家の前にある田のイネの葉をさやさやと音を立てて、アシでふいた(この)小屋に秋風が吹いてくることだ。○「され(さる)」は時間や季節を表すことばに付くと、「やって来る」の意味になる。「おとづれて」には「音を立てる」に「訪れる」の意味も掛けてある。

発展「田家(でんか)の秋風」の題で詠んだ歌。

品詞分解・修辞

夕され	ば	門田	の	稲葉	おとづれ	て
ラ四・已	接助		格助		ラ下二・用	接助

あし	の	まろ屋	に	秋風	ぞ	吹く
	格助		格助		係助	カ四・体

(係)→(結)

★**ゆふされば**…歌

夕されば野にも山にも立つ煙(けぶり)なげきよりこそ燃えまさりけれ〈大鏡・時平(ときひら)〉訳 夕方になると野にも山にも立ち昇る煙よ。(その煙は)嘆きという投げ木によっていっそう激しく燃えたのだった。○「なげき」は「嘆き」と「投げ木」の掛詞。

発展 菅原道真(すがわらのみちざね)が、無実の罪で大宰府(だざいふ)へ追いやられた嘆きを詠んだ歌。

夕されば野辺の秋風身にしみてうづら鳴くなり深草(ふかくさ)の里〈千載集(せんざいしゅう)・259・藤原俊成(しゅんぜい)〉訳 夕方になると野辺を吹く秋風が身にしみて、ウズラが(寂しげに)鳴くのが聞こえる。この深草の里は。○「秋」に「飽き」を掛ける。「深草の里」は今の京都市伏見区付近。

発展『伊勢物語』百二十三段をもとに、男に去られた女がウズラになって鳴いている情景を、作者が深草の里で感じた哀感に重ねて詠む。去ろうとする男の歌(↓としをへて…)と、残る女の歌(↓のとならば…)を踏まえている。『無名抄(むみょうしょう)』にも引かれる歌。

夕されば物思(も)ひまさる見し人の言問(こと)ふ姿面影にして〈万葉集・4・602・笠女郎(かさのいらつめ)〉訳 夕方になると物思いもいっそう募ってくる。前に会った(あの)人の、ことばをかけてくれる姿が面影に現れて。○「にして」は断定の助動詞「なり」の連用形＋接続助詞。

発展 大伴家持(やかもち)のことを詠んだ歌といわれる。

夕されば小倉(をぐら)の山に鳴く鹿(しか)は今夜(こよひ)は鳴かず寝(い)ねにけらしも〈万葉集・8・1511・舒明天皇(じょめいてんのう)〉訳 夕方になるといつも小倉の山で鳴くシカは、今夜は鳴かない。もう寝てしまったらしいなあ。○「小倉の山」は、今の奈良県桜井市にある山か。

発展 毎夜、妻を求めて悲しげに鳴くシカを詠む。シカの鳴き声は恋しい相手を呼ぶ声として、しばしば歌に詠まれた。

ゆふ-しほ【夕潮・夕汐】(ゆうしお) 名詞 夕方に満ちてくる潮。

ゆふ-だすき【木綿襷】(ゆう) 名詞 木綿で作ったたすき。神事のとき神官が用いる。

ゆふ-だたみ【木綿畳】(ゆう) 一 名詞 木綿を折りたたむこと。また、その木綿。二 枕詞 (木綿を折りたたみ神に捧げることから)「手向(たむ)け」に、また(「た」の音を持つ)地名「田上(たなかみ)」に係る。

発展「ゆふたたみ」とも。

ゆふ-だ・つ【夕立つ】(ゆう) 動詞 自 〔タ四段〕(た・ち・つ・つ・て・て) ❶夕方、(風・雪・雲・波などが)にわかに起こる。

かき曇り夕立つ波の荒ければ浮きたる舟ぞしづ心なき 歌〈新古今集・羈旅・918〉訳 空が一面に曇り、夕方にわかに起こる波が荒いので、浮いている舟が落ち着かないよう

すだ。
❷夕立が降る。
朝露に濡れにし袖を乾す程にやがて夕立つ我が袂かな 歌〈山家集・1266〉訳 朝露に濡れてしまった袖を乾かす間に、すぐに夕立が降る私の袂であるなあ。

ゆふ-つ-かた【夕つ方】 名詞 夕方。

ゆふ-づきよ【夕月夜】 名詞 ↓ゆふづくよ

ゆふ-づ・く【夕づく】 動詞 自（カ下二段）〈け・け・く・くる・くれ・けよ〉夕方になる。類 夕掛く・夕さる
「さるべき人々、**夕づけてこそは迎へさせたまはめ**。」〈源氏・若紫〉訳「適当な人たちを、**夕方になって**からお呼びになるがよいだろう。」

ゆふ-づく-ひ【夕づく日】 名詞 夕日。

ゆふ-づくよ【夕月夜】 一 名詞 夕方に出る月。また月の出ている夕方。季語 秋 対 暁月夜・朝月夜
二 枕詞「暁闇」「をぐら」「入る」などに係る。
発展 一は後世「ゆふづきよ」とも。

ゆふづくよ… 歌
夕月夜潮満ち来らし難波江の蘆の若葉を越ゆる白波〈新古今集・春上・26・藤原秀能〉訳 月の出ている夕方、潮が満ちてくるらしい。難波の入り江（＝今の大阪湾）のアシの若葉を越えて（寄せ）てくる白波よ。
○第三句以下で、第一・二句の理由を述べる。
発展 若葉の緑と波の白を配し、月の出と満潮の関係を絵画的に詠む。

ゆふつけ-どり【木綿付け鳥】 名詞《動物》ニワトリの別の呼び名。発展 世の中の騒乱のとき、ニワトリに木綿を付けて都の四方の境界で鳴かせて祓えをしたところからいう。後、「木綿付け」を「夕告げ」と解して、「夕告げ鳥」の語が生じた。

ゆふ-つづ【長庚・夕星】 名詞 宵の明星。夕方、西の空に見える金星。

ゆふつづ-の【長庚の・夕星の】 枕詞（長庚が現れる時刻から）「夕べ」に、（金星は明けの明星として東にも現れることから）「か行きかく行き」に係る。

ゆふ-なぎ【夕凪】 名詞 夕方、海岸で風がしばらく吹きやむこと。

ゆふなみ-ちどり【夕波千鳥】 名詞 夕方、うち寄せる波の上を群れ飛ぶチドリ。
近江の海夕波千鳥汝が鳴けば情もしのに古思ほゆ 歌〈万葉集・3・266〉訳 ↓あふみのうみ…

ゆふ-ばえ【夕映え】 名詞 夕方、辺りが薄暗くなるころに、物の色や形などがかえって美しくくっきり見えること。

ゆふ-は-ふ・る【夕羽振る】 夕方鳥が羽ばたくように風や波が立つ。対 朝羽振る
朝はふる風こそ寄せめ夕はふる波こそ来寄れ… 歌〈万葉集・2・131〉訳 ↓いはみのうみ…

ゆふ-べ【夕べ】 名詞 ❶夕方。日が暮れて夜に入るころ。類 夕 ❷昨夜。前夜。発展 上代は「ゆふへ」。

ゆふ-まぐれ【夕間暮れ】 名詞 夕方の薄暗いこと。また、その時分。
夕まぐれの人のまよひに、対面させせたまへり。〈源氏・少女〉訳 **夕方の薄暗い時分**の人（の行き来）の紛れによって、（大宮は二人を）対面させなさった。
発展「まぐれ」は「目暗れ」の意。

ゆふ-まどひ【夕惑ひ】 名詞 夕方から眠くなること。

ゆふ-やみ【夕闇】 名詞 陰暦二十日前後の夕方の、月が出るまでの暗さ。また、その時刻。

ゆぶ-ゆぶ 副詞（水分を吸って、たるんでいるようすを表し）ぶくぶく。ぶよぶよ。どぼどぼ。
人も住まぬうきのゆぶゆぶとしたる…〈宇治拾遺〉訳 人も住まない湿地で**ぶくぶくとした**所が…。
発展「ゆふゆふ」とも。多く「と」を伴って用いる。

ゆほ-びか・なり 形容動詞（ナリ）〈なら・なり（に）・なり・なる・なれ・なれ〉ゆったりしている。豊かで広々している。
「あやしく、異所に似ず、**ゆほびかなる所にはべる**。」〈源氏・若紫〉訳「（明石の浦は）不思議なことに、他所の景色と違って、**ゆったりとしている**所でございます。」

ゆ-まき【湯巻き】 名詞 ❶貴人が入浴のとき、身に巻いた布。また、入浴に奉仕する女官が衣服の上にまとった布。❷腰巻き。ゆもじ。

ゆみ【弓】 名詞 ❶矢を射る道具。古くは檀などの丸木で作ったが、平安以降、木を芯にして両側を竹で挟み、籐や糸で巻くようになった。❷弓を射ること。弓術。

ゆみ-とり【弓取り】 名詞 ❶弓射ること。また、その人。❷弓術に優れていること。また、その人。❸武士。また、武勇に優れた者。

ゆみ-なら・す【弓鳴らす】 悪霊などを退散させるため、矢をつがえずに弓を引いて弦を鳴らす。類 弦打ち・弓引く

［ゆみ❶（重籐）］
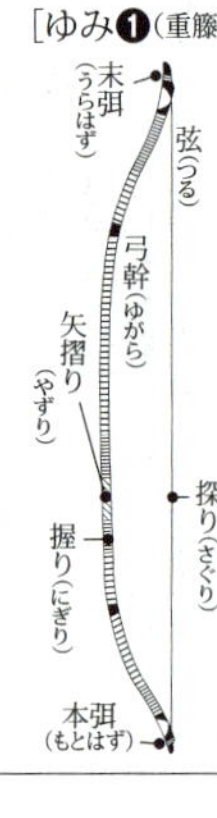

ゆみ-はり【弓張り】 名詞 ❶弓に弦を張ること。また、それをする人。❷「弓張り月」の略。❸（「弓張り提灯」の略で）弓のように曲げた竹の両端に掛けて開くようにした提灯。

［ゆみはり❶］

ゆみはり-づき【弓張り月】 名詞 半月。発展 弦を張った弓の形に似ているところから。

ゆみ-ひ・く【弓引く】 ❶↓ゆみならす ❷矢を射る。
「**この二十余年は弓引かず**…。」〈源平盛衰記〉訳「この二十数年は**矢を射て**いなく…。」
❸逆らう。手向かう。
「**鎌倉へ弓引かんとはあさはかな了簡。**」〈神霊矢口渡〉訳「鎌倉側へ**逆らう**つもりとはあさはかな考え。」

ゆみ-や【弓矢】 名詞 ❶弓と矢。転じて、武器。❷武道。武芸。❸武士。武家。

ゆ-みやう【勇猛】 形容動詞 ↓ゆうみやう

ゆみや-とり【弓矢取り】 名詞 ↓ゆみとり

ゆみや-はちまん【弓矢八幡】 一 名詞 戦いの神である八幡大菩薩。
二 副詞（少しも偽りのないことを表し）神かけて。誓って。断じて。
「**弓矢八幡、成敗致す。**」〈狂言・入間川〉訳「**神かけて**、成敗を致します。」
三 感動詞（失敗したときなどに発し）残念。しまった。

「弓矢八幡、この男を一杯喰はせた。」〈傾城禁短気〉訳「しまった、この男(=自分)をだましたな。」

ゆみ-を-ひ・く【弓を引く】→ゆみひく

ゆめ【夢】名詞 ❶睡眠中に、いろいろなことを見聞きしたと感じる現象。→**絵で見る古典生活史㉙**(1283ページ)

❷はかない出来事。不確かなこと。**夏草や兵どもが夢の跡** 句〈奥の細道・平泉・芭蕉〉訳→なつくさや…

❸心の迷い。妄想。**結ぶ手に濁る心をすすぎなば憂き世の夢や醒めが井の水** 歌〈十六夜日記・近江路〉訳(水を)すくう手によって濁った心を清めたならば、つらいこの世の**心の迷い**もさめてしまうだろうか、この醒が井の水は。○「醒が井」の「醒」に「(夢)覚む」の「覚め」が掛けられている。

発展「寝目」が変化したもの。上代では「いめ」。

ゆめ【努・謹】副詞 →最重要語(1282ページ)

ゆめ-うつつ【夢現】名詞 夢と現実。また、夢か現実かはっきりしないこと。**かきくらす心の闇に惑ひにき夢現とは今宵定めよ** 歌〈伊勢・69〉訳(うちとけないまま帰ってしまった女に対して)悲しみにくれる(私の)心の暗闇によって、分別を失ってしまった。(あなたの言う)**夢か現実か**は、今晩(再び訪れて)決めてくれ。

ゆめ-がたり【夢語り】名詞 ❶夢で見たことを、人に話すこと。夢の話。**言ひ出でむも頼りなさに、まことならぬ夢語りをす。**〈伊勢・63〉訳言い出すようなのもついでがないので、ほんとう(に見たわけ)ではない**夢の話**をする。

❷夢のようにはかない話。「**あさましかりし世の夢語りをだに**…。」〈源氏・夢浮橋〉訳「思いもよらなかった(あの)折の**夢のようにはかない話**だけでも…。」

ゆめ-ぢ【夢路】名詞 夢の中で通う道。また、夢に見ること。夢の中。類夢の通ひ路 **夢路には足も休めず通へどもうつつに一目見しごとはあらず** 歌〈古今集・恋3・658〉訳**夢の中の通い道**では足も休ませずに通って(いつも会って)いるけれど、(かつて)現実に一目見たような(楽しい)ものではない。

ゆめ-とき【夢解き】名詞 見た夢の内容によって吉凶を判

ゆめ【努・謹】
強い禁止・打消を表す

❶**決して**(…するな)。**断じて**(…するな)。◉「ゆめ～禁止」の形をとる。
❷**少しも**(…ない)。**まったく**(…ない)。◉「ゆめ～打消」の形をとる。

副詞 ❶(「ゆめ～禁止」の形で)**決して**(…するな)。**断じて**(…するな)。**葦北の野坂の浦ゆ船出して水島に行かむ波立つなゆめ** 歌〈万葉集・3・246〉訳葦北の野坂の浦から船出をして、水島に行こう。波よ立つな、**決して**。○「ゆめ波立つな」の倒置表現で、助詞「な」が禁止を表している。「**ゆめこの雪落とすな**。」と、使ひに言ひてなむ、奉りける。〈大和・139〉訳(マツの葉に降り積もった雪を枝ごと折って歌に添えて)「**決して**この雪を落とすな。」と、(中納言の君は)使いの者に命じて、(宮に)差し上げたのだった。

❷(「ゆめ～打消」の形で)**少しも**(…ない)。**まったく**(…ない)。**全然**(…ない)。**落窪の君とゆめ知らず、また一所に参り集はむこともゆめ知らで、皆おのおの隠しささめきなむしける。**〈落窪〉訳(中納言邸の女房たちは、新しく勤める先が)落窪の君だと**全然**知らず、再び同じ所に参上して集まったりすることとも**全然**知らないで、皆それぞれに秘密にしてひそひそ話したのだった。

発展 ①**語の由来** 形容詞「ゆゆし」の語源で神聖であることを表す「ゆ(斎)」に、「め(目)」が付いたことばかといわれ、もともとは、物事を忌み慎むようにと忠告・命令する意味を表す。したがって、「夢」とはまったく別のことばであったが、中古以降は「夢」と混同して用いられた例が多い。

②**「ゆめ」単独の用法も** 「ゆめ」は、下に来る表現を省略して単独で用いられることもある。たとえば、「向かつ峰に立てる桃の木生らめやと人そささやく汝が心ゆめ(=向こうの峰に立っているモモの木は実がならないだろう(=二人の恋は成就しないだろう)、と人がささやく。あなたの心は決して。)」〈万葉集・7・1356〉の「ゆめ」の後には、「たゆむな」などを補って「決して油断なさるな」などの意味に解釈する。

ゆ-ゆ・し
神聖なものを恐れ慎む気持ち

❶**神聖で恐れ多い。忌み慎まれる。**
❷**不吉である。縁起が悪い。**
❸**恐ろしい。気味が悪い。**
❹(程度が)**並々でない。**

形容詞〔シク〕	未然形	連用形	終止形	連体形	已然形	命令形
	ゆゆ・しく	ゆゆ・しく	ゆゆ・し	ゆゆ・しき	ゆゆ・しけれ	○
	ゆゆ・しから	ゆゆ・しかり	○	ゆゆ・しかる	○	ゆゆ・しかれ

❶**神聖で恐れ多い。忌み慎まれる。** **かけまくもゆゆしきかも言はまくもあやにかしこき**… 歌〈万葉集・2・199〉訳心に思うことも**忌み慎まれる**ことだなあ。口で言うことも、どうにも恐れ多い…。**青柳の枝切り下ろし斎種まきゆゆしき君に恋ひわたるかも** 歌〈万葉集・15・3603〉訳青々としたヤナギの枝を切り下ろして清めた種をまくように、**神聖で恐れ多い**あなたをずっと恋しく思い続けることだなあ。○「斎種」と「ゆゆし」の「ユ」が同音であることのほかに、ヤナギの枝を苗代に差して稲作の吉凶を占う習俗があったことから、上の句全体が「ゆゆし」を導き出す序詞になっている。

❷**不吉である。縁起が悪い。** **世にたぐひなくゆゆしき御ありさまなれば、「世に長くおはしますまじきにや。」と、天の下の人の騒ぎなり。**〈源氏・夕顔〉訳(源氏が)この世に二人となく**不吉な**(ほど優れた)ごようすであるので、「この世に長く生きてはいらっしゃ

断すること。また、それを判断する人。↓絵で見る古典生活史㉙（1283ページ）

ゆめ-に【夢に】 副詞（打消の表現を伴って）少しも。まったく。夢にも。かやうの好き好きしきわざ、**ゆめにせぬ**ものを…。〈枕草子・8・大進生昌が家に〉訳（大進生昌は）このような好色めいた行為を、**まったく**しないものなのに…。

ゆめ-の-うきはし【夢の浮き橋】 夢の中で通う道。また、夢。**春の夜の夢の浮き橋とだえして峰に別るる横雲の空** 歌〈新古今集・春上・38〉訳↓はるのよの…

ゆめ-の-かよひぢ【夢の通ひ路】 類夢路　夢の中で通う道。また、夢に見ること。夢の中。**住の江の岸に寄る波よるさへや夢の通ひ路人目よくらむ** 百人一首〈古今集・恋2・559〉訳↓すみのえの…

ゆめ-の-ゆめ【夢の夢】 夢の中で見る夢。きわめてはかないことのたとえ。

ゆめ-の-よ【世】 はかないこの世。

ゆめ-ゆめ【努努・謹謹】 副詞 ❶（禁止の表現を伴って、相手の動作を強く制止して）決して。断じて。「このあなる子ども、**ゆめゆめ憎みたまふな**。」〈落窪〉訳「こちらにいるとかいう子供たちを、**決して**お嫌いなさるな。」❷（相手の動作を強く勧誘・要請して）ぜひ。つとめて。心して。「夕方ぞ帰り来たるべき。**ゆめゆめ**、かくてゐたまひたれ。」〈今昔〉訳「夕方に帰って来るつもりだ。**ぜひ**、このままでいてください。」❸（打消の表現を伴って、強い否定を表し）まったく。少しも。「**ゆめゆめ疎略を存ずまじうさうらふ**。」〈平家・7・忠度都落〉訳「**まったく**粗末に扱うことを考えたりしていないつもりでございます。」

発展 副詞「ゆめ」を重ねたことば。多くが禁止の表現を伴って用いられるところから、呼応する禁止の表現を省略して「ゆめゆめ」だけで強い禁止を表す場合もある。↓古語チャート㉓（835ページ）

ゆ-や【湯屋】 名詞 ❶浴室。ふろ場。❷ふろ屋。銭湯。

ゆ-ゆ-し 形容詞 ↓最重要語（1282ページ）

ゆゆしげ-なり 形容動詞【ナリ】〈なら・なり(に)・なり・なる・なれ・なれ〉❶不吉な感じだ。縁起が悪い。**ゆゆしげに引き隔てめぐらしたる儀式の方は隠して**…。〈源氏・夕霧〉訳（葬儀のため）**不吉な感じに**（隔ての幕を）立てて仕切りとし囲むように置いてある儀式の方は見えないようにして…。❷（立派だ・身分が高い・ひどいなど、よい意味にも悪い意味にも用いて）いかにもそんな感じだ。とても…そうだ。**都の人のゆゆしげなるは、睡りていとも見ず**。〈徒然草・137・花は盛りに〉訳都の人で**とても身分の高そうな**人は、眠っていて（祭りを）あまり見ない。

ゆ-ら 副詞 玉や鈴が触れ合って鳴る音を表す。**足玉も手玉もゆらに織る服を君が御衣に縫ひもあへむかも** 歌〈万葉集・10・2065〉訳足に付けた玉も手に付けた玉も**鳴らして**織る布を、君のお着物に間に合うように縫い上げることができるだろうか。

発展 多く「に」を伴って用いる。

由良 歌枕 ❶今の和歌山県日高郡由良町付近。歌に

れないのではないだろうか。」と、世の中の人の騒ぐことである。〇あまりに美しい人は神が魅入ってその命を奪うという当時の俗信から、「ゆゆし」が用いられる。❸**恐ろしい。気味が悪い。** **地獄絵の屏風とりわたして、宮に御覧ぜさせたてまつらせたまふ。ゆゆしういみじきことかぎりなし。**〈枕草子・81・御仏名のまたの日〉訳地獄絵の屏風を持って来て、（帝は）中宮様にご覧に入れ申し上げなさる。**気味が悪く**恐ろしいことこの上もない。〇地獄絵の気味の悪さをいっており、後の文は「ゆゆしさに小部屋に隠れ臥しぬ。」と続く。「ゆゆしう」は連用形「ゆゆしく」のウ音便。❹（程度が）**並々でない。**（よい場合に）**すばらしい。**（悪い場合に）**ひどい。** **東山のふもと、鹿谷といふ所は、後ろは三井寺に続いて、ゆゆしき城郭にてぞありける。**〈平家・1・鹿谷〉訳東山のふもとの、鹿谷という所は、背後は三井寺に続いていて、**すばらしい**城郭であった。「**例の鉢来にたり。ゆゆしくふくつけき鉢よ。**」〈宇治拾遺〉訳「いつものように鉢が（食べ物をもらいに、飛んで）来ている。**ひどく**欲深い鉢であることよ。」

発展 **語の歴史** 神聖であることを表す「斎」から派生したことばで、神聖なものをけがしてはならないと思う❶がもともとの意味。忌み慎まれるものに触れると災いを招くという考えから、❷❸のように否定的な姿勢を持つ意味も生じた。中古以降は、❹の、よくも悪くも程度が並々でない意味で多く用いられた。

類語比較 「いみじ」と「ゆゆし」↓いみじ
「かしこし」と「ゆゆし」↓畏し

絵で見る古典生活史㉙ 夢占い

昔は、夢は神のお告げであり、将来の予言が秘められている神聖なものでした。

『江談抄』には、★藤原兼家が、雪がまだらに積もっている★逢坂の関を越える夢を見た話が出てきます。文章博士の大江匡衡は、逢坂の関の「関」は関白の「関」、雪は「白」だから、兼家が関白になる、と解きました。占いどおり、翌年兼家は関白になりました。

（絵…★藤原道綱母の夢の世界〈石山寺縁起〉より）

『★蜻蛉日記』には、石山寺で会った法師から「あなたに関する夢を見たので『これ夢解き（=夢判断の専門家）に問はせたまへ。』」と言って寄こしたことなど、いくつか夢についての記事が見られます。

また物語の中では、『★源氏物語』に夢占いの場面があります。ある日、異常な夢を見た源氏が占わせたところ、「ご謹慎なさらなければならない事態がございます。」と言うので、源氏が「もしさるやうもや。」と思い当たるというシーンがあります。そのころ、藤壺の宮は、源氏との密会の果てに懐胎していたのでした。

は、「由良の御崎」「由良の湊」という形で詠まれた。❷今の京都府宮津市、由良川の河口付近。近世まで「由良の門」の名で呼ばれた。

ゆら・く【揺らく】 動詞 自〔カ四段〕〈か・き・く・く・け・け〉（玉や鈴などが）揺れ動いて音を立てる。**初春の初子の今日の玉箒手に取るからに揺らく玉の緒** 歌〈万葉集・20・4493〉訳 初春の初めての子の日である今日の玉の飾りの付いたほうきは、手に取るだけで、玉の緒が**揺れ動いて音を立てる**（ことだ）。

発展 副詞「ゆら」が動詞になったもの。後に「ゆらぐ」とも。

由良の門 歌枕 →由良

ゆらのとを… 【百人一首】

由良の門を渡る舟人梶緒絶え行方も知らぬ恋の道かな〈新古今集・恋1・1071・曾禰好忠〉訳 由良の海峡を渡る舟人が、梶をつないでいた縄が切れて（途方に暮れているように）、どこへ（流されて）行くか分からない、そんな（不安な）恋の前途だなあ。○上の句は「行方も知らぬ」を導く序詞。「梶緒」を「梶を」として、「梶をなくして」と解釈する説もある。「渡る」「行方」は「道」の縁語。

発展 梶を失った舟に託して、不安な恋心を詠んだ歌。

品詞分解・修辞

〈序詞〉↓行方も知らぬ

由良	の	門	を	渡る	舟人	梶緒	絶え
	格助		格助	ラ四・体（縁語）			ヤ下二・用

行方（縁語）	も	知ら	ぬ	恋	の	道（縁語）	かな
	係助	ラ四・未	打消・体		格助		終助

ゆら・ふ【揺らふ】 ゆら(ろ)う 一 動詞 自〔ハ下二段〕〈へ・へ・ふ・ふる・ふれ・へよ〉とどまる。控える。また、（進むのを）ためらう。**後陣はいまだ興福寺の南大門にゆらへたり。**〈平家・4・宮御最期〉訳 後陣はいまだ興福寺の南大門（の辺り）に**とどまって**いた。

二 動詞 他〔ハ下二段〕〈へ・へ・ふ・ふる・ふれ・へよ〉とどめる。控えさせる。また、休息させる。**兵等をゆらへむがため、責め討たず。**〈今昔〉訳 兵どもを**休息させ**ようとするために、（それ以上）追撃しない。

ゆらり-と 副詞（軽快に体を動かすようすを表し）ひらりと。**足をそろへて閾をゆらりと越ゆるを見ては…。**〈徒然草・185・城陸奥守泰盛は〉訳（ウマが）足をそろえて敷居を**ひらりと**越えるのを見ると…。

ゆり【百合】 名詞 ❶《植物》ユリ科の植物の総称。❷★襲の色目のひとつ。表は赤、裏は朽ち葉色。夏に用いる。

ゆり【後】 名詞《上代語》のち。のちほど。将来。

ゆり 格助詞 →より

ゆり-あ・ぐ【揺り上ぐ】 動詞 他〔ガ下二段〕〈げ・げ・ぐ・ぐる・ぐれ・げよ〉揺り動かしながら上げる。揺すり上げる。**舟は揺り上げ揺り据ゑただよへば…。**〈平家・11・那須与一〉訳 舟は（波が）**揺すり上げ**たり揺すり下げたりして漂っているので…。

ゆり-す・う【揺り据う】 動詞 他〔ワ下二段〕〈ゑ・ゑ・う・うる・うれ・ゑよ〉揺り動かしながら置く。揺すり下げる。また、揺すりながら落ち着かせる。**夕立の晴るれば月ぞ宿りける玉ゆり据うる蓮の浮き葉に** 歌〈山家集・249〉訳 夕立が晴れると、月が宿ったことだ。（雨後の露の）玉を**揺すりながら落ち着かせる**、（水に）浮かんでいるハスの葉に。

ゆ・る【許る】 動詞 自〔ラ上二段〕〈り・り・る・るる・るれ・りよ〉❶許される。許可される。**禁色雑袍をゆり、綾羅錦繍を身にまとひ…。**〈平家・1・吾身栄花〉訳 禁じられた色の衣服や普段着（で宮中に出入りすること）を**許可され**、華美な衣服を身に着け…。❷（罪などを）許される。赦免される。**さて、程なく大赦のありければ、法師もゆりにけり。**〈宇治拾遺〉訳 ところで、まもなく大赦があったので、法師も**赦免されて**しまった。❸（才能などを）認められる。評価される。「**みな世に許りたる古き道の者どもなり。**」〈増鏡〉訳「みな（優れた歌人として）世間から**認められ**た年を経たその道の熟練の人たちである。」

ゆ・る【揺る】 一 動詞 自〔ラ四段〕〈ら・り・る・る・れ・れ〉揺れる。震える。**山川ことごとに動み、国土皆揺りき。**〈古事記・天照大御神と須佐之男命〉訳（須佐之男命が天に上るとき）山や川はことごとく鳴りとどろき、国土全体が**震えた**。

二 動詞 他〔ラ四段〕〈ら・り・る・る・れ・れ〉揺り動かす。揺さぶる。**そこはかとなき藻くづどもの揺られ寄りけるなかに…。**〈平家・2・卒都婆流〉訳 どこからともなく藻くずが（波に）**揺り動かされ**（こちらに）近づいてきた中に…。

ゆるがし-いだ・す【揺るがし出だす】 動詞 他〔サ四段〕〈さ・し・す・す・せ・せ〉（歌などを）苦心して作り出す。苦吟する。**題出だして、女房にも歌よませたまふ。皆、気色ばみゆるがしいだすに…。**〈枕草子・99・五月の御精進のほど〉訳 題を出して、女房にも歌をお詠ませになる。（女房たちは）みんな、気取って（歌を）**苦心して作り出す**ときに…。

発展 苦しそうに身体を揺り動かして外に出すということから生まれた意味。

ゆるが・す【揺るがす】 動詞 他〔サ四段〕〈さ・し・す・す・せ・せ〉揺り動かす。揺さぶる。**風の吹き揺るがすも、ふとおどろかる。**〈枕草子・29・心ときめきするもの〉訳 風が吹いて（戸を）**揺り動かす**音にも、はっと目覚めないではいられない。

ゆるかせ・なり【忽せなり】 形容動詞〔ナリ〕〈なら・なり（に）・なり・なる・なれ・なれ〉❶いいかげんだ。なおざりだ。おろそかだ。**知らざることを知らずとせよ。ゆるかせに思ふことなかれ。**〈伊曾保〉訳 知らないことは知らないとはっきりせよ。**おろそかに思って**はならない。❷のんびりしている。のん気だ。緩やかだ。寛大だ。**世をゆるかせに暮らしける。**〈義経千本桜〉訳 世間を**のん気に暮らして**いた。

発展 近世以降「ゆるがせなり」。

ゆるぎ-あり・く【揺るぎ歩く】 動詞 自〔カ四段〕〈か・き・く・く・け・け〉体を揺すって歩きまわる。**手を折りて打ち数へなどして、揺るぎありきたるも、いとほしうすさまじげなり。**〈枕草子・25・すさまじきもの〉訳 指を折って数えたりして、（虚勢を張って）**体を揺すって歩きまわって**いるのも、（そのようすはとても）気の毒で興ざめのする感じである。

ゆる・ぐ【揺るぐ】 動詞 自〔ガ四段〕〈が・ぎ・ぐ・ぐ・げ・げ〉❶揺れ動く。**馬車のはせちがふ音、天もひびき大地も揺るぐ程なり。**〈平家・6・入道死去〉訳 ウマや牛車の急ぎ行き交う音は、天も響き大地も**揺れ動く**ほどである。❷心が動く。気が変わる。

「今めきたる言の葉に**揺るぎたまはぬこそ、妬きことははたあれ**。」〈源氏・玉鬘〉訳「(末摘花が)当世風のことばに**心がお動きに**ならないというのは、ねたましくなるほどすばらしいことでは一方ある。」

❸ゆったりとする。くつろぐ。

揺るぎたる所のおはしまさざりしなり。〈大鏡・道長下〉訳(源雅信は)**ゆったりとしている**ところがおありにならなかったのである。

ゆるさ-れ【許され】名詞 許されること。許可。

「**都に帰らむことも、まだ世に許されもなくては**…。」〈源氏・明石〉訳「都に帰ったりすることも、まだ世間で**許されることも**ない状態では…。」

発展 四段動詞「ゆるす」の未然形＋受身の助動詞「る」の連用形が名詞になったもの。

ゆる・し【緩し】形容詞〔ク〕〈く・く・し・き・けれ・○／から・かり・○・かる・○・かれ〉❶(風などの勢いが)弱い。緩い。

三月ばかりの夕暮れに緩く吹きたる雨風。〈枕草子・197・風は〉訳三月ごろの夕暮れ時に**弱く**吹いている雨まじりの風(は趣深い)。

❷緩んでいる。たるんでいる。油断している。

心緩く懈怠ならん人のために…。〈発心集〉訳気が**緩んでいて**怠けがちであったりする人のために…。

❸おおらかだ。寛大だ。

緩くして柔らかなる時は、一毛も損せず。〈徒然草・211・万のことは〉訳**寛大で**あって柔軟な気持ちのときは、毛一筋(=少し)も損なうことがない。

ゆるし-いろ【許し色・聴し色】名詞 だれでも自由に着用できる衣服の色。紅、紫の淡いもの。対禁色

ゆるし-ぶみ【赦し文】名詞 罪を許すことを記した文書。赦免状。

ゆる・す【緩す・許す・赦す】動詞 他〔サ四段〕〈さ・し・す・す・せ・せ〉

❶緩くする。緩める。

猫の綱ゆるしつれば、心にもあらずうち嘆かる。〈源氏・若菜上〉訳(絡み付いた)ネコの綱を**緩めて**しまったので、(御簾が下りてしまい、夕霧は)思わずため息をつかないではいられない。

❷受け入れる。聞き入れる。承認する。許可する。

まかでなむとしたまふを、暇さらに許させたまはず。〈源氏・桐壺〉訳(病気のため宮中から里に)退出してしまおうとなさるけれども、(帝は更衣の)休暇をまったく**お聞き入れ**にならない。

❸放す。解放する。自由にしてやる。逃がしてやる。

めでたくおぼえさせたまひて、「ゆるさじとす。」とて…。〈竹取・かぐや姫の昇天〉訳(帝はかぐや姫を)すばらしいとお思いにならないではいられなくて、「**放さ**ないぞ。」と言って…。

❹(義務や負担を)免除する。

煙の乏しきを見たまふ時は、限りある貢ぎ物をさへゆるされき。〈方丈記・都遷り〉訳(昔の賢王は、民のかまどから出る)煙が少ないのをご覧になったときには、限度がある租税までも**免除**なさった。

❺(能力や人格を)認める。評価する。

人に許されて、並びなき名を得ることなり。〈徒然草・150・能をつかんとする人〉訳世間の人に(能力を)**認められ**て、比類ない名声を手に入れるものである。

ゆる・なり【緩なり】形容動詞〔ナリ〕〈なら・なり(に)・なり・なる・なれ・なれ〉❶緩やかだ。

琴の緒もいとゆるに張りて、いたう下して調べ…。〈源氏・若菜上〉訳和琴の緒もずいぶんと**緩やかに張って**、非常に調子を低くして演奏し…。

❷厳しくない。寛大だ。寛容だ。

『**ゆるになむおはします。**』と、**世には申す**。」〈大鏡・道長下〉訳「『(村上天皇は)**寛容で**いらっしゃる。』と、世間では申し上げている。」

❸いい加減だ。おろそかだ。怠慢だ。手ぬるい。

「**いかに者ども、戦をばゆるに仕るぞ**。」〈平家・8・水島合戦〉訳「どうしておまえたちは、戦だというのに**いい加減に**いたすのだ。」

ゆる・ふ【緩ふ・弛ふ】一動詞 自〔ハ四段〕〈は・ひ・ふ・ふ・へ・へ〉❶緩くなる。緩む。たるむ。

瑞垣の久しき時ゆ恋すれば我が帯緩ふ朝夕ごとに 歌〈万葉集・13・3262〉訳長い間恋い焦がれているので、(恋の苦しさにやせて)私の帯は**緩くなる**朝にも夕にも。○「瑞垣の」は「久し」に係る枕詞。

❷気が緩む。思いが薄らぐ。油断する。

心には緩ふことなく須加の山すかなくのみや恋ひわたりなむ 歌〈万葉集・17・4015〉訳心の中では**思いが薄らぐ**こともなくつまらないとばかり思いながら恋い続けることであろうか。○「須加の山」は「すかなく」に係る枕詞。「すかなく」は、心が楽しまないようすをいう形容詞「すかなし」の連用形。

❸くつろぐ。のびのびとする。

穏しきものに、今はと目馴るるに心緩びて…。〈源氏・若菜上〉訳平穏な夫婦関係に加え、今では(もう安心だ)と慣れてくるにつれて(夕霧は)心も**のびのびとして**…。

二動詞 他〔ハ下二段〕〈へ・へ・ふ・ふる・ふれ・へよ〉緩くする。緩める。また、寛大にする。気を許す。

梓弓引きて緩へぬますらをや恋といふものを忍びかねてむ 歌〈万葉集・12・2987〉訳梓弓を引いて**緩め**ない勇猛な男が恋というものをこらえられないのであろうか。

発展「ゆるぶ」とも。

類語比較「たゆむ」「うむ」「ゆるふ」→弛む

ゆるゆる-と【緩緩と】副詞 ❶急がないで。ゆっくりと。

ゆるゆると久しく行くはいとわろし。〈枕草子・32・檳榔毛は〉訳(網代車が)**ゆっくりと**時間をかけて通って行くのはとてもよくない。

❷ゆったりと。のんびりと。

桜の下襲、いと長う裾ひきて、ゆるゆるとことさらびたる御もてなし…。〈源氏・行幸〉訳桜の下襲、(それを)大変長く裾をひいて、**ゆったりと**改まって振る舞っているご態度は…。

❸柔らかく。

かの堅かりける物、ゆるゆるとなりて、跡形なく溶けて失せにけり。〈沙石集〉訳あの堅かった物は、**柔らかく**なって、跡形もなく溶けてなくなってしまった。

ゆる-らか・なり【緩らかなり】形容動詞〔ナリ〕〈なら・なり(に)・なり・なる・なれ・なれ〉❶緩やかだ。ゆっくりだ。

いとゆるらかに誦じたるを…。〈源氏・賢木〉訳(源氏をあてこする故事を)とても**ゆっくりと**口ずさんでいるのを…。

❷たっぷりとして豊かだ。ゆったりとしている。

髪の打ちたたなはりてゆるらかなる程…。〈枕草子・36・七月ばかりいみじう暑ければ〉訳髪の毛が重なって**ゆったりとしている**ありさま(を見て)…。

発展「ゆるるかなり」とも。

ゆるる-か・なり【緩るかなり】形容動詞→ゆるらかなり

ゆれる(現)→(古)**ゆる【揺る】**

ゆゑ【故】名詞 形式名詞 ↓最重要語(1286ページ)

ゆゑ-だ・つ【故立つ】自動詞 タ四段〈た・ち・つ・つ・て・て〉 わけがありそうに振る舞う。もったいぶる。気取る。
「おとらず思ひて、**ゆゑだち遊びありく**に…」〈枕草子・161〉 訳 負けないぞと思って、**気取ってあちこち遊び回る**ので…。

ゆゑ-づ・く【故付く】 一 自動詞 カ四段〈か・き・く・く・け・け〉 わけがありそうに見える。由緒ありげである。風情や趣がある。類 故ぶ
「つややかなる狩衣に、濃き指貫、いと**ゆゑづきたる**さまにて…」〈徒然草・44・あやしの竹の編み戸〉 訳 (若い男が)つやつやと光り輝いている狩衣に、紫色が濃い指貫(という)、たいへん**由緒ありげな**ようすで…。

二 他動詞 カ下二段〈け・け・く・くる・くれ・けよ〉 わけがありそうに振る舞う。風情があるようにする。
「手をいますこし**ゆゑづけたらば**。」と…。〈源氏・蛍〉 訳 「筆跡をもう少し**風情があるようにし**たならば。」と…。

ゆゑ-な・し【故無し・由縁無し】形容詞 ク〈く・く・し・き・けれ・○／から・かり・○・かる・○・かれ〉 ❶理由がない。根拠がない。
「**ゆゑなきことにより御官位を取りたてまつりたまひ**し、いかに悪事なりしかは。」〈大鏡・兼通〉 訳 (兼通が弟兼家から)**根拠のない**ことによってご官位を取り上げ申し上げなさったのは、どんなにひどいことだったか。

❷風情がない。趣がない。また、心得がない。たしなみがない。
「はかなくし出でたることわざも、**ゆゑなからず見えたらむ**…。」〈源氏・帚木〉 訳 「たいしたこともなく仕上げた芸事も、**たしなみがなく**はないと見えていたりするのは…。」

❸縁故がない。無縁だ。
「**ゆゑなき**人の恵みを受けて、いつまで生くべき命なるぞ。」〈雨月・浅茅が宿〉 訳 「**縁故のない**人(=他人)の哀れみを受けて、いつまで生きることのできる命であるのだ。」

ゆゑ-ぶ【故ぶ】動詞 ↓ゆゑづく 一

ゆゑ-ゆゑ・し【故故し】

いかにも由緒がありそうなようす ― **由緒ありげである。**風格ある感じだ。ものものしい。

ゆゑ【故】

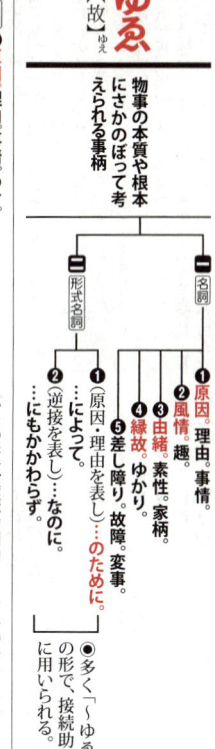

物事の本質や根本にさかのぼって考えられる事柄

- 一 名詞
  - ❶原因。理由。事情。
  - ❷風情。趣。
  - ❸由緒。素性。家柄。
  - ❹縁故。ゆかり。
  - ❺差し障り。故障。変事。
- 二 形式名詞
  - ❶(原因・理由を表し)…によって。…のために。
  - ❷(逆接を表し)…なのに。…にもかかわらず。

◉多く「～ゆゑに」の形で、接続助詞的に用いられる。

一 名詞 ❶**原因。理由。事情。わけ。**
「あなめでたや。この獅子の立ちやう、いとめづらし。深き**故あらん**。」〈徒然草・236・丹波に出雲といふ所あり〉 訳 「ああすばらしいことだ。この(狛犬と背中合わせに立っている)獅子の立ち方は、本当にめったにない。(何か)深い**わけ**があるのだろう。」

❷**風情。趣。**
「はかなき小柴垣も**故**あるさまにしなして…。」〈源氏・夕霧〉 訳 ちょっとした柴でできた低い垣根でも**風情**のあるようすに作って…。

❸**由緒。素性。家柄。**
「男はもとより**故ありける**人の末なりければ、口惜しからぬさまにてはべりけり。」〈宇治拾遺〉 訳 男はもともと**由緒**のあった人の子孫であったので、情けなくはない(=世間から軽蔑されない)ようすで(暮らして)いました。

❹**縁故。ゆかり。**
「もし古き男にてありし人の**故**などにてもやおはしますらむと思ひつれば、日ごろは申さざりつるに…。」〈今昔〉 訳 「(あなたが)もしかしたら昔の夫であった人の**縁故**(の方)などでいらっしゃるのではないだろうかと思ったので、ここ数日は(自分の過去を)申し上げなかったが…。」

❺**差し障り。故障。変事。**
「何のつつましき御さまなければ、**故もなく入りたまひにけり**。」〈堤中納言・思はぬ方にとまりする少将〉 訳 (少将は姫君の家が)なんの遠慮されるごようすもないので、**差し障り**もなくお入りになった。

二 形式名詞 (体言や活用語の連体形に付いて、多く「～ゆゑに」の形で、接続助詞的に用いて) ❶(原因・理由を表し)**…のために。…によって。…のせいで。**
「とてもかくても、我**ゆゑ**にかかることを見たまふこと。」〈落窪〉 訳 「いずれにしても、私**のせいで**(落窪の君は)このようなこと(=ひどい目)にお遭いになることよ。」

❷(逆接を表し)**…なのに。…にもかかわらず。**
「紫のにほへる妹を憎くあらば人妻**ゆゑ**に我恋ひめやも」歌〈万葉集・1・21〉 訳 ↓むらさきの…
「朝去にて夕へは来ます君**ゆゑ**にゆゆしくも我は嘆きつるかも」歌〈万葉集・12・2893〉 訳 朝に去って夕方いらっしゃるあなた**なのに**、縁起の悪いことに私はため息をついてしまったことよ。

発展 **中古での意味**　物事の本質的なより所・原因・理由を表す 一 ❶がもともとの意味。中古では❺のような否定的な意味ではあまり使われず、よい結果をもたらす物事についていうことが多い。

類語比較 **「ゆゑ」と「よし」**
共通点＝理由・由緒・縁故・風情などの意味を表す。
ゆゑ＝①物事の本質的なより所を表すのがもともとの意味。②そこから、特に中古の女流文学では、本質的・先天的に、由緒正しいことや一流の血統を持つ人、また、そうした人に見られる一流の風情や趣味の意味で用いられた。
よし＝①物事の本質や根本に関係づけることを表すのがもともとの意味で、二次的・人為的な由緒や事情などを表す。②そこから、風情・趣味などの意味もできたが、優れているが後天的なもので、一流とはいえない風情や趣味を表す点で、「ゆゑ」と区別される。

未然形	連用形	終止形	連体形	已然形	命令形
ゆゑゆゑ・しく	ゆゑゆゑ・しく	ゆゑゆゑ・し	ゆゑゆゑ・しき	ゆゑゆゑ・しけれ	○
ゆゑゆゑ・しから	ゆゑゆゑ・しかり	○	ゆゑゆゑ・しかる	○	ゆゑゆゑ・しかれ

形容詞〔シク〕 **由緒ありげである。風格ある感じだ。ものものしい。**

ことにやむごとなき程ならねど、まことにゆゑゆゑしく、歌詠みとて、よろづのことにつけて詠み散らさねど…。〈紫式部日記〉訳（赤染衛門の歌は）特に優れているという程ではないけれども、本当に**由緒ありげで**、歌人（だから）といって、すべてのことに関して（歌を）やたらに詠んだりはしないが…。

歌や詩などをいとなだらかに、ゆゑゆゑしう言ひ続けまねぶに、見聞く人々、目もあやにあさましく、あはれにもまもりゐたり。〈大鏡・時平〉訳（世継が）和歌や漢詩などをたいへん流暢に、**風格ある感じに**（そっくり）まねして語り続けるので、（これを）見聞きする人々は、まぶしいほどの見事さに驚いて、感慨深くも見つめている。○「ゆゑゆゑしう」は連用形「ゆゑゆゑしく」のウ音便。

発展 **語の成り立ち** 由緒・風情などの意味を表す名詞「ゆゑ」を重ねて形容詞にしたもの。

ゆゑ-よし【故由】ゆえ― 名詞 ❶由来。いわれ。❷奥ゆかしさ。品格。風流心。

ゆゑん【所以】ゆえん 名詞 理由。わけ。いわれ。

ゆん-ぜい【弓勢】 名詞 弓を引く力。また、弓を射当てる力量。発展「ゆみせい」の変化したもの。

ゆん-だけ【弓丈】 名詞 弓一張りの長さ。類 弓杖(ゆんづゑ) 発展「ゆみだけ」の変化したもの。「ゆだけ」とも。親指と人指し指を開いた長さを五寸とし、その十五倍の七尺五寸を標準の長さとした。

ゆん-づゑ【弓杖】―づえ 名詞 ❶（戦いに疲れたときに）弓を杖にしてもたれること。また、その弓。❷→ゆんだけ

ゆん-で【弓手】 名詞 弓を持つ方の手。左手。また、左側。類 馬手(めて) 発展「ゆみて」の変化したもの。↓**古語チャート**㉕（861ページ）

よ

よ【世・代】 名詞 ↓**最重要語**（1288ページ）

よ【余】 名詞 ❶それより少し多いこと。以上。余り。❷その他。それ以外。

「**兼平一人さうらふとも、余の武者千騎とおぼしめせ。**」〈平家・9・木曾最期〉訳「兼平一人がおりましても、**その他**の武者千騎とお思いになってください。」

よ【夜】 名詞 よる。対 日

よ【節】 名詞 （タケやアシなどの茎の）節と節との間。また、節。

節ごとに、黄金ある竹を見付くること重なりぬ。〈竹取・かぐや姫の出生〉訳 **節と節との間**ごとに、黄金が（中に）あるタケを見つけることが度重なった。

よ【予・余】 代名詞 （男性が自分を呼んで）私。自分。

いづれの年にか江戸に来たりて、予を尋ぬ。〈奥の細道・等栽〉訳 いつの年であったか江戸にやって来て、**私**を訪ねる。

よ 格助詞《上代語》接続 体言、活用語の連体形に付く。❶（動作や作用の起点を表し）…から。…より。

我が背子を我が松原よ見渡せば海人娘子ども玉藻刈る見ゆ 歌〈万葉集・17・3890〉訳 私が（待つ）松原**から**見渡すと、海人の娘らが玉藻を刈っているのが見える。○「我が背子を」は、「我が待つ」の意味も掛けた「我が松原」に係る枕詞。

❷（動作や作用の経過する地点を表し）…を通って。…から。

ほととぎすこよ鳴き渡れ灯火を月夜になそへその影も見む 歌〈万葉集・18・4054〉訳 ホトトギスよ、ここを**通って**鳴きながら飛んでおくれ。灯し火を月に見立ててその姿でも見よう。

❸（動作の手段・方法を表し）…によって。…で。

浅小竹原腰なづむ空は行かず足よ行くな〈古事記・景行天皇〉訳 丈の低い小竹の原は（まつわりついて）腰が行き悩んで進行しない。（ハクチョウは空を飛ぶのに）こちらは空を行けないで、足**で**（歩いて）行くことだなあ。

❹（比較の基準を表し）…より。…よりも。

上野伊奈良の沼の大藺草よそに見しよは今こそまされ 歌〈万葉集・14・3417〉訳 上野の伊奈良の沼のオオイグサのように、遠くから見たとき**よりも**今こそ恋しさが増した。

よ 間投助詞 接続 種々の語に付く。❶（感動・詠嘆を表し）…なあ。…よ。

発展 類語に「ゆ」「ゆり」「より」がある。

人の言ふらむことをまねぶらむよ。〈枕草子・41・鳥は〉訳（オウムは）人の言うようなことを口まねするとかいうことだ**よ**。

❷（相手や対象を示す語に付いて、呼びかけを表し）…よ。

「**少納言よ、香炉峰の雪いかならむ。**」〈枕草子・299・雪のいと高う降りたるを〉訳「（清）少納言**よ**、香炉峰の雪はどんなであろう。」

❸（命令や禁止を表す語に付いて、命令や禁止の意味を強め）…よ。…だぞ。

「**今、秋風吹かむ折ぞ来むとする。待てよ。**」〈枕草子・43・虫は〉訳「今に、秋風が吹くようなころに来るとしよう。待っていろ**よ**。」

❹（取り立て強調し）…はよ。…というものはよ。

世の中よ道こそなけれ思ひ入る山の奥にも鹿ぞ鳴くなる 百人一首〈千載集・1151〉訳 ↓よのなかよ…

❺（強く知らせる気持ちを表し）…だよ。…だぞ。

「**我こそ山だちよ。**」**と言ひて**…。〈徒然草・87・下部に酒飲まする事は〉訳「自分は山賊**だぞ**。」と言って…。

発展 文中用法の「よ」を間投助詞、文末用法の「よ」を終助詞とする説もある。

よ-あう【余殃】―おう 名詞 悪事を重ねた報いとして受ける災い。先祖の悪事の報いとして子孫が受ける災い。対 余慶

よい（現）↓（歴）**よひ【宵】**

よ-いち【世一】 名詞 当世第一。天下一。最高。無類。

いけずきといふ世一の馬には乗ったりけり…。〈平家・9・宇治川先陣〉訳 いけずきという**当世第一**のウマには乗っていたし…。

よう【良う】「よ（良）く」のウ音便。

よう（現）↓（歴）**えう**【杳：腰：幼：妖：揺：曜：】

窯：耀：要：謡：遥：夭】

❸よう（現）↓（歴）えふ【葉】

❸よう（現）↓（歴）やう【影：揚：楊：様：洋：羊：陽：養：瑩：瓔：瘍】

よう（現）↓（歴）ゑふ【酔ふ】

よう【用】 名詞 ❶役に立つこと。必要なこと。有用。入用。❷用事。❸費用。❹働き。作用。

よう-い【用意】 名詞 動詞 自〈サ変〉〈せ・し・す・する・すれ・せよ〉❶気を配ること。気を付けること。気遣い。配慮。用心。注意。女房の**用意**ありさまさへ、いみじくととのへなしたまへり。〈源氏・藤裏葉〉訳（明石の君は）女房たちの**気遣い**や態度までも、とても立派にしつけていらっしゃった。❷前もって準備しておくこと。準備。支度。

妖艶【エウ】 文芸用語 歌論用語。優美・華麗美を基調とする「艶」が強調されたようす。★藤原定家が重視した美的理念で、巧みで細やかな表現により、かすかで繊細な、あやしいまでに美しい世界を作り上げている歌を指した。

拗音 国語・国文法 日本語の発音で、「や」「ゆ」「よ」「わ」の仮名を、他の仮名の右下に小さく書いて表す音。「キャ」「シュ」「チョ」「クワ」など。もともと日本語にはなかったが、漢字の音が入ってきたときに生じた。↓直音

よう-がん【容顔】 名詞 顔かたち。顔立ち。顔つき。

よう-ぎ【容儀】 名詞 ❶礼儀正しい態度や動作。また、その姿。❷容姿。姿かたち。

用言 国語・国文法 自立語で、活用があり、単独で述語となることのできる語の総称。終止形の違いにより次の三品詞に分ける。
①動詞―終止形がウ段音で終わる。ただし、ラ変は存在を表し、イ段音で終わる。
②形容詞―終止形が「し」で終わる。
③形容動詞―終止形が「なり」「たり」で終わる。
対 体言 ↓補助用言

よう-さ-つ-かた【夜さつ方】 名詞 夜になったころ。晩方。宵。発展「ようさりつかた」の変化したことば。

よう-さり【夜さり】 名詞 夜になる時分。夕方。また、今夜。発展「よさり」の変化したことばか。

よう-しゃ【用捨】 名詞 動詞 他〈サ変〉〈せ・し・す・する・すれ・せよ〉❶用いることと捨てること。採否。取捨。歌の大事は、詞の**用捨**にてはべるべし。〈毎月抄〉訳和歌の重要なことは、言葉の**採否**であるに違いありません。❷扱い方。加減。特に、人の使い方。

よう-じん【用心】 名詞 心を用いること。気を配ること。心構え。また、油断しないこと。警戒。「かりにも無常を観ずることなかれ。これ第一の**用心**なり。」〈徒然草・217・ある大福長者の〉訳「かりにも無常を考えてはならない。これが第一の**心構え**である。」

よう・す【用す】 動詞 他〈サ変〉〈せ・し・す・する・すれ・せよ〉用いる。

よ【世・代】

人の一生や世の中など、限られた期間や範囲
- [期間]
  - ❶一生。生涯。人生。寿命。
  - ❷（統治者が）国を治める期間。御代。治世。時代。
- [時]
  - ❸時節。季節。機会。折。
  - ❹前世・現世・来世の三世の一つ。特に、現世。◉仏教語。
- [社会]
  - ❺世間。世の中。俗世間。世間の動向。時勢。時流。
  - ❻男女の仲。夫婦の関係。
  - ❼生活。生計。暮らし。

名詞 ❶**一生。生涯。人生。寿命。** 立ちしなふ君が姿を忘れずは**世**の限りにや恋ひわたりなむ 歌〈万葉集・20・4441〉訳しなやかに立つあなたの姿を忘れないで、（私は）**寿命**のある限り（あなたを）きっと慕い続けるのではないだろうか。

❷（統治者が）**国を治める期間。御代。治世。時代。**↓古語チャート40（1167ページ）「東宮の御**世**、いと近うなりぬれば、疑ひなき御位なり。」〈源氏・紅葉賀〉訳「皇太子のご**治世**は、とても近くなったのだから、（皇太子の母であるあなたも）疑いのない（皇太后の）お位である。」

❸**時節。季節。機会。折。** 紺青を塗りたるやうなるに、雪の消ゆる**世**もなく積もりたれば…〈更級日記・足柄山〉訳（富士山は）まるで鮮やかな藍色を塗ったよう（な色）であるところに、雪が消える**時節**もなく積もっているので…。

❹《仏教語》**前世・現世・来世の三世の一つ。特に、現世。この世。** この世にし楽しくあらば来む**世**には虫に鳥にも我はなりなむ 歌〈万葉集・3・348〉訳↓このよにし…
前の**世**にも御契りや深かりけむ…〈源氏・桐壺〉訳（帝と桐壺の更衣とは）**前世**においてもご宿縁が深かったのではなかろうか…。

❺**世間。世の中。俗世間。世間の動向。時勢。時流。** 親しう仕うまつり、**世**になびかぬ限りの人々、殿の事執り行ふべき、上下定め置かせたまふ。〈源氏・須磨〉訳（源氏に）親しくお仕え申し上げて、**時勢**になびかない人たちだけに、（源氏は）殿（＝二条院）の（留守中の）事務を行うのに適当な、上役下役を決めて配置させなさる。**事を知り、世を知れれば、願はず、走らず、ただ静かなるを望み、憂へなきを楽しみとす。**〈方丈記・閑居の気味〉訳（街に住めば）大事（に立ち至ること）を知り、**世間**を知っているので、欲張らず、あくせくせず、ひたすら平穏であることを望み、心配事のないことを楽しみとする。

❻**男女の仲。夫婦の関係。**「まだ**世**に慣れぬは、五、六の君ならむかし…。」〈源氏・花宴〉訳「（朧月夜の君が）まだ**男女の仲**に慣れていないのは、（右大臣の）五、六番目の（若い）姫君なのだろうよ…。」

❼**生活。生計。暮らし。境遇。**「**世**の過ぎがたければ、さりとてはとて、かくのごとく仕まつるなり。」〈宇治拾遺〉訳「（今のままでは）**生活**が立ちゆきにくいので、（僧でありながら占い師のまね事をして稼ぐのはよくないと分かってはいるが）そうはいってもと思って、このように致しているのである。」

発展 タケの節と節の間を表す名詞「節よ」と同じ語源といわれる。

関連語 世の中

使用する。使う。

牛車を用する人なし。〈方丈記・都遷り〉訳牛車を使う人はいない。

よう-せ-ず-は【良うせずは】 連語 ひょっとしたら。もしかしたら。悪くすると。もしかすると。

おとなる子どももあまた、**ようせずは**、孫などもはひ歩きぬべき人の親どち昼寝したる。〈枕草子・25・すさまじきもの〉訳成人である子供を大勢(持ち)、**もしかすると**、孫などもはいまわっていそうな(年の)人の親同士が昼寝をしているのは(興ざめだ)。

発展 形容詞「よし」の連用形のウ音便＋サ変動詞「す」の未然形＋打消の助動詞「ず」の未然形＋接続助詞「は」。

よう-だい【容体】 名詞 姿かたち。↓様体 発展「ようたい」「ようてい」とも。

よう-どう【用途】 名詞 費用。発展「ようど」「ようとう」とも。

ようやく(現)↓(歴)**やうやく【漸く】**

ようよう(現)↓(歴)**やうやう【漸う】**

よか【良か】 ❶《上代東国方言》よい。よろしい。

伊香保ろの沿ひの榛原ねもころに奥をなかねそまさかし**良かば** 歌〈万葉集・14・3410〉訳伊香保の近くの榛原のようにこまごまと将来のことを悩まないでおくれ。もしも今が**よい**ならば。〇「伊香保」は、今の群馬県中央部の地名。「ろ」は接尾語。「榛原」はハンノキの密生地。

❷よい。よろしい。

「消息を言はむに、『**よかなり**。』とはたれか言はむ。」と、げにぞをかしき。〈枕草子・8・大進生昌が家に〉訳「(男が)訪ねてきたことを(わざわざ)ことばに出したならば、その時に『(女の部屋に入っても)**よい**ようだ。』とはだれが言うだろうか、いや、だれも言いはしない。」と思って、なるほど(生昌の行動は)滑稽である(ことだ)。

発展 ❶は、形容詞「よし」の上代の未然形「よけ」の東国方言。❷は、形容詞「よし」の連体形「よかる」の撥音便「よかん」の「ん」を表記しない形。

よ-がたり【世語り】 名詞 世間の評判。世間話。

-よか-なり 接尾語 ↓-やかなり

よ-がれ【夜離れ】 名詞 男性が女性のもとへ通わなくなること。男女の付き合いが絶えること。

横川 [カハ] 歌枕 比叡山★延暦寺にある横川中堂を中心とした区域。和歌には、「横川の水」の形で「澄む」を伴って詠まれ、さらに、「住む」を掛けることが多い。

よき【斧】 名詞 小形の斧。手斧。

よき-みち【避き道・避き路】 名詞 本道に障害があったり、人目を避けたいときに通る道。わき道。発展「よきぢ」とも。

よ-きょう【余興】 名詞 尽きない興。後まで残る興。

よき・る【過きる】 動詞 自 〔ラ四段〕〈ら・り・る・る・れ・れ〉通り過ぎる。通過する。

「**よきり**おはしましけるよし、ただ今なむ人申すに…。」〈源氏・若紫〉訳「(私の坊を)お**通り過ぎ**になったということを、ただ今人が申しますので…。」

発展「よぎる」とも。

よ・く【避く】 ❶ 動詞 他 〔カ上二段〕〈き・き・く・くる・くれ・きよ〉さける。よける。

吹く風にあつらへつくるものならばこの一本は**よきよ**と言はまし 歌〈古今集・春下・99〉訳吹く風に依頼して注文を付けることができるものであるなら、(サクラの花が満開の)この一本だけは**よけてくれ**と言おうと思うのに。

❷ 動詞 他 〔カ四段〕〈か・き・く・く・け・け〉❶の意味に同じ。

秋風にさそはれ渡るかりがねは物思ふ人の宿を**よかなむ** 歌〈後撰集・360〉訳秋風に誘われて渡って来るガンの鳴き声は、思い悩んでいる人の家を**よけて**ほしいものだ。

❸ 動詞 他 〔カ下二段〕〈け・け・く・くる・くれ・けよ〉❶の意味に同じ。

尤もこの大路をこそ通らせたまふべきに、いかにも**よけ**させたまひけり。〈古今著聞集〉訳(摂政忠通は)第一に(三位中将忠雅の屋敷のある)この大路をお通りになるはずなのだが、どのようにしても(＝絶対に)お**さけ**になったのだった。

発展 上代では上二段活用だけだったが、中古には四段活用も併用され、中古末期からは下二段活用が一般化する。それが下一段活用化して現代語「よける」となった。

よく【良く・能く】 副詞 ❶十分に。念入りに。

「かぐや姫のかたち、優におはすなり。**よく**見て参るべきよし、のたまはせつるになむ、参りつる。」〈竹取・かぐや姫の昇天〉訳「かぐや姫の容貌が、優美でいらっしゃるということだ。(そこで)**念入りに**見て参内しなければならない次第を、(帝が)おっしゃったので、(私は)参上した(のです)。」

❷ひどく。はなはだしく。非常に。とても。

いと**よく**肥えて、つぶつぶとをかしげなる胸をあけて、乳などくくめたまふ。〈源氏・横笛〉訳(雲居の雁は)本当に**とても**太って、ふっくらと美しい胸を開けて、お乳などを(子の)口に含ませなさる。

❸上手に。巧みに。うまく。

院入りたまへば、え**よく**も隠したまはで、御褥の下に差し挟みたまひつ。〈源氏・若菜下〉訳院(＝源氏)が入っていらしたので、(女三の宮は手紙を)**うまく**隠すこともおできにならないで、お敷物の下に差し込みなさってしまった。

❹(普通ではないことに対する感嘆を表し)よくもまあ。よくぞ。

「汝ら、**よく**持て来ずなりぬ。」〈竹取・竜の頸の玉〉訳「お前たち、**よくぞ**(竜の首の玉を)持ってこなかった。」

❺たびたび。しばしば。しょっちゅう。

「この丁稚は、**よく**いたづらをしやあがる。」〈滑稽本・浮世床〉訳「この丁稚は、**しょっちゅう**いたずらをしやがる。」

よく-かい【欲界】 名詞《仏教語》「★三界」の一つ。欲望に支配される世界。

よく-よく【良く良く・能く能く】 副詞 念を入れて。十分に。はなはだしく。

「**よくよく**、たれもたれも聞こし召せ。」〈大鏡・後一条院〉訳「**念を入れて**、どなたさまもお聞きください。」

よ-けい【余慶】 名詞 善行の報いとして受ける幸福。先祖のよい行いにより、子孫が受ける幸福。対 余殃

よ-げ・なり【好げなり・善げなり】 形容動詞〔ナリ〕〈なら・なり(に)・なり・なる・なれ・なれ〉よさそうだ。

めづらしき御対面に、いと御気色**よげなりつる**は…。〈源氏・行幸〉訳すばらしいご対面で、とてもご機嫌が**よさそうだった**のは…。

よける(現)↓(古)**よく【避く】**

よこ【横】 名詞 ❶(縦に対して)横。(垂直に対して)水平。(前後に対して)左右。(南北に対して)東西。

❷わき。そば。傍ら。

❸不正。よこしま。無理。

年中、偽と**横**と欲とを元手にして世を渡り…。〈西鶴・好色一代女〉訳一年中、うそと**不正**と欲とを

元手にして生活をして…。

横井也有【よこいやゆう】[ヨコヰ ヤイウ] 人名 江戸中期の俳人。本名、横井時般。別号、知雨亭など。著書の『★鶉衣』は、洗練された俳文集として有名。1702—1783

よこ-がみ【横上】名詞 縦長の旗を垂らすために、上端に付けた細い横木。

よこ-がみ【横紙】名詞 すき目を横にした和紙。また、すき目を横にして紙を用いること。

よこがみ-を-や・る【横紙を破る】横暴なことをする。無理を押し通す。理不尽なことをする。
さしも**横紙をやられつる**も…。〈平家・3・医師問答〉訳 あれほど**横暴なことをし**なさったけれども…。
発展「やる」は破るという意味。「横紙を破ぶる」とも。紙はすき目に沿って縦に破ると破れやすいが、横には破れにくい。それをあえて破ることから生じたことば。

よこ-ぐも【横雲】名詞（明け方の東の空に）横にたなびく雲。
春の夜の夢の浮き橋とだえして峰に別るる**横雲**の空 歌〈新古今集・春上・38〉訳↓はるのよの…

よ-ごころ【世心】名詞 男女間の微妙な情が分かる心。また、異性を慕い求める心。

よこ-ざ【横座】名詞 上座。正面の席。発展 主人の座る場所だけは敷物を横向きに敷くことからいう。

よこさま・なり【横様なり】形容動詞〔ナリ〕〈なら・なり(に)・なり・なる・なれ・なれ〉❶横になっている。横向きだ。対 縦様なり
風のいたう吹きて**横様に**雪を吹きかくれば…。〈枕草子・247・雪高う降りて〉訳 風が強く吹いて**横向きに**雪を吹きつけるので…。
❷道理に合わない。異常だ。非道だ。横暴だ。
「今何の報いにか、ここら**横様なる**波風におぼほれたまはむ。」〈源氏・明石〉訳「（皇子である源氏が）今なんの報いによって、ひどく**非道な**波風に溺れ死になさるのだろうか。」
発展「よこざまなり」とも。

よこさま-の-しに【横様の死に】災害や殺害などによって死ぬこと。不慮の死。非業の死。類 横死

よこ-しま【横しま・邪】名詞 正しくないこと。不正。悪事。邪悪。

よこ-しま・なり【横しまなり・邪なり】形容動詞〔ナリ〕〈なら・なり(に)・なり・なる・なれ・なれ〉正しくない。不正だ。邪悪だ。邪道だ。非道だ。
よこしまなる方つのりて後は、いかばかりの賢聖に会へるとも詮なかるべし。〈ささめごと〉訳 **正しくない**考えがますますひどくなった後では、どんなにすばらしい賢人や聖人に出会ったとしてもかいがないであろう。

よこ-たは・る【横たはる】一 動詞 自〔ラ四段〕〈ら・り・る・る・れ・れ〉横になる。横に伏す。類 横ほる
いたうしきばみ**横たはれる**松の、木高きほどにはあらぬに…。〈源氏・藤裏葉〉訳 とても気取って**横になっている**マツで、高いという程度ではないマツに…。
二 動詞 自〔ラ下二段〕〈れ・れ・る・るる・るれ・れよ〉一の意味に同じ。
大きなる木の風に吹き倒されて、根をささげ**横たはれ**臥せる。〈枕草子・125・無徳なるもの〉訳 大木が風に吹き倒されて、根を上にして**横になって**転がっているのは（ぶざまだ）。

よこ-た・ふ【横たふ】一 動詞 他〔ハ下二段〕〈へ・へ・ふ・ふる・ふれ・へよ〉❶横にする。横たえる。
琴を**横たへて**弾きていはく…。〈日本書紀〉訳 琴を**横にして**弾いて歌っていうには…。
❷（横にして）持つ。身に付ける。
反り脇差を**横たへ**、樫の杖を携へて、我々が先に立ちて行く。〈奥の細道・出羽の大山越え〉訳 反った脇差を**身に付け**、カシの木の杖を携えて、我々の先に立って行く。
発展 中世では、「よこだふ」とも。「よこたふ」の自動詞形は「よこたはる」だが、「よこたふ」でも、『奥の細道』の「荒海や佐渡に横たふ天の川」（↓あらうみや…）のように自動詞的用法を見せることもある。

よこ-て【横手】名詞（多く「横手を打つ」「横手を合はす」の形で、感動したり納得したときに）思わず両手を打ち合わせること。

よ-ごと【寿詞】名詞 ❶（天皇の治世が長く栄えるように祝う）賀辞。祝いのことば。❷祈願のことば。祈りのことば。
↓古語チャート⑯（535ページ）

よ-ごと【善事・吉事】名詞 よいこと。めでたいこと。対 禍事
新たしき年の初めの初春の今日降る雪のいやしけ**吉事** 歌〈万葉集・20・4516〉訳↓あらたしき…

よこ-なば・る【横訛る】動詞 自〔ラ四段〕〈ら・り・る・る・れ・れ〉訛りがある。
横なばりたる声どもにて、「いたくな早めそ、早めそ。」と言ひ行けば…。〈今昔〉訳 **訛っている**声々で、「あまり急がせないでくれ、急がせないでくれ。」と言って行くと…。

余呉の湖【よごのうみ】歌枕 今の滋賀県伊香郡余呉町にある湖。賤ケ岳によって琵琶湖から隔てられ、歌には、「余呉の浦」という形でも詠まれた。白鳥処女説話で知られる。

よこ-ぶえ【横笛】名詞 横にして吹く笛。特に、雅楽に用いる笛。四〇センチメートルほどで、吹き口のほかに七つの穴がある。↓笛（図）
発展「わうてき」「やうでう」とも。

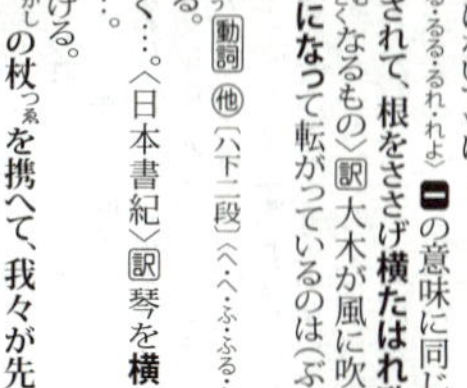
[よこぶえ]

よこ-ほ・る【横ほる】動詞 自〔ラ四段〕〈ら・り・る・る・れ・れ〉横たわる。横になる。類 横たはる
甲斐が嶺をさやにも見しがけけれなく**横ほり**ふせる小夜の中山 歌〈古今集・東歌・1097〉訳↓かひがねを…

よこ-め【横目】名詞 ❶わき見すること。目だけで横を見ること。また、その目つき。❷ほかに心を移すこと。浮気心を抱くこと。❸監視すること。また、その人。❹（「横目付」の略で）中世以降の武家の職名。敵状の視察や、武士の監視などに当たった。横目役。

よ-ごもり【夜籠り】名詞 ❶夜が更けたこと。深夜。❷一晩中、社寺にこもって神仏に祈ること。

よ-ごも・る【世籠る】動詞 自〔ラ四段〕〈ら・り・る・る・れ・れ〉世に出ないでいる。世間のことを知らずにいる。また、年が若く将来がある。
「**世籠りて過ぐす**年月こそ、あいな頼みに、行く末心憎く思ふらめ…。」〈源氏・明石〉訳「（私が）**若くて将来があって過ごしている**年月は、（両親は）あてにならないことをあてにして、将来が楽しみだと思っているのだろうが…。」

よ-ごろ【夜来】名詞 ❶夜の回数が重なること。幾夜。また、ここ数夜。❷夜のうち。夜の間。

よ-ざかり【世盛り】 名詞 栄えること。また、全盛期。

与謝の海 歌枕 今の京都府北部、宮津湾の奥の部分。和歌には「霞」「月」「海人」「松」「千鳥」などとともに詠まれた。

与謝蕪村 人名 ↓必修古典ビッグ30 ㉖(1146ページ)

よ-ざま・なり【善様なり】 形容動詞〔ナリ〕〈なら・なり(に)・なり・なる・なれ・なれ〉よいようすだ。よい感じだ。対悪し様なり

「**人の御名をよざまに言ひ直す人は難きものなり。**」〈源氏・夕霧〉訳「人のお噂をよい感じに言い直してくれる人はめったにないものだ。」

発展「よさまなり」とも。

よ-さむ【夜寒】 名詞 秋の深まりとともに、夜が寒く感じられること。また、その季節。季語 秋

「**やうやう夜寒になるほど、雁鳴きてくるころ**…。」〈徒然草・19・折節の〉訳 しだいに**夜が寒く感じられる時期**になるころ、ガンが鳴きながらやって来るころ…。

よ-さり【夜さり】 名詞 夜になる時分。夜。また、今夜。

「**下りまほしうなりにたらむ。さらば、はや。夜さりは疾く。**」〈枕草子・184・宮に初めて参りたるころ〉訳「(あなたは初めての宮仕えで疲れて)退出したくなってしまっているだろう。それなら、早く(退出しなさい)。(そのかわり)**夜**には早く(出仕しなさい)。」

発展 名詞「よ」に、季節や時間がやって来る意味を表す四段動詞「さる(去る)」の連用形が付き、名詞になったもの。

よ-さん【余算】 名詞 残りの寿命。余命。

「**そもそも一期の月影かたぶきて、余算の山の端に近し。**」〈方丈記・みずから心に問う〉訳 そもそも(私の)一生は月が傾いて(光が弱まって)いるように終わりに近くなり、**残りの寿命**は(月が)山の稜線に近い(ようなわずかなものとなった)。

よ-さん【予参・預参】 名詞 動詞 自〔サ変〕〈せ・し・す・する・すれ・せよ〉参加すること。参集すること。参列。参会。

よし【葦・蘆・葭】 名詞《植物》アシの別の呼び名。発展「あし」が「悪し」に通じるのを嫌って、「良し」の同音に言い換えたもの。↓葦

よし【由】 名詞 形式名詞 ↓最重要語(1291ページ)

よ・し【良し・好し・善し】 一 形容詞〔ク〕〈く・く・し・き・けれ・○／から・かり・○・かる・○・かれ〉❶優れている。価値がある。立派だ。上等だ。

よし【由】

物事のより所となる事柄

- 一 名詞
  - ❶由緒。由来。いわれ。
  - ❷理由。口実。言い訳。
  - ❸事の次第。いきさつ。事情。
  - ❹縁故。つて。ゆかり。
  - ❺手段。方法。手立て。
  - ❻趣。風情。◉多く「由あり」の形で用いられる。
- 二 形式名詞 …(する)ようす。…(する)素振り。…(する)振り。

一 名詞 ❶**由緒。由来。いわれ。**

父の大納言はなくなりて、母北の方なむ、古の人の、由あるにて…。〈源氏・桐壺〉訳(桐壺の更衣の)父親である大納言は亡くなって、母親である奥方は、古風な人で、(一応の)**由緒**ある(家柄の)方で…。

❷**理由。口実。言い訳。**

妹が門行き過ぎかねつひさかたの雨も降らぬかそを由にせむ 歌〈万葉集・11・2685〉訳 彼女の家の前を(そのまま)通り過ぎることができなかった。雨でも降らないだろうか。(降ってくれれば)それを**口実**にし(て彼女の家を訪ね)よう。

○「ひさかたの」は「雨」に係る枕詞。

❸**事の次第。いきさつ。事情。**

それの年の、十二月の二十日あまり一日の日の、戌の時に門出す。その由、いささかに、物に書き付く。〈土佐日記・十二月二十一日〉訳 これこれの年の、十二月の二十と、あと一日(=二十一日)の日の、戌の時(=午後八時ごろ)に出発する。その**事の次第**を、ほんの少し、物(=日記)に書き付ける。

❹**縁故。縁。つて。ゆかり。**

昔、男、初冠して、奈良の京、春日の里に領る由して、狩りに往にけり。〈伊勢・1〉訳 昔、(ある)男が、元服して、奈良の都、春日の里に領地を持つ**縁**があって、(そこへ)鷹狩りに出かけた。

❺**手段。方法。手立て。**

遠き山関も越え来ぬいまさらに逢ふべき由のなきが寂しさ 歌〈万葉集・15・3734〉訳 遠い山や関所を越えてやって来た。(しかし)今となってはもう(彼女に)逢うことのできる**手段**がないことの寂しさよ。

❻(多く「由あり」の形で)**趣。風情。**

清げなる屋、廊など続けて、木立いと由あるは、「何人の住むにか。」と問ひたまへば…。〈源氏・若紫〉訳 こざっぱりした家や、渡り廊下などを続けて(建てて)、(庭の)木立がたいへん**趣**のある所は、「どんな人が住んでいるのか。」と(源氏が供の者に)お尋ねになると…。

二 形式名詞 …(する)**ようす**。…(する)**素振り**。…(する)**振り**。

よく知らぬよしして、さりながら、つまづま合はせて語るそらごとは、おそろしき事なり。〈徒然草・73・世に語り伝ふること〉訳 よく知らない**振り**をして、しかしながら、つじつまを合わせて話すうそは、(だまされやすく)恐ろしいことだ。

さまざまに推し、心得たるよしして、賢げに打ちうなづき、ほほゑみてゐたれど、つやつや知らぬ人あり。〈徒然草・194・達人の〉訳 さまざまに推し量り、理解している**振り**をして、賢そうにうなずき、微笑してはいるが、まったく分かっていない人もいる。

発展 ①**語の歴史** 四段動詞「寄す」の連用形が名詞になったもので、ものの本質や根本に関係づけるというのがもともとの意味。二次的・人為的な由緒や事情などを表すことから、一❷のように、言い訳という意味も表した。中古以降、趣や風情などの意味も生まれたが、そこには後天的に備わった風情という意味合いが含まれる。↓**古語チャート** ㊻(1305ページ)

②**「ゆゑ」と「よし」の違い** 「ゆゑ」が一流の風情や趣味を表すのに対して、「よし」は優れてはいるが一流とはいえない風情や趣味を表す点で区別される。

類語比較「ゆゑ」と「よし」↓故

「よき筆、白き色紙、みちのくに紙など得つれば、こよなう慰みて。」〈枕草子・277・御前にて人々とも〉訳「上等の筆や、白い色紙、みちのくに紙などを手に入れると、この上もなく気が紛れて。」

❷美しい。きれい。優美だ。「死じ子、顔よかりき。」といふやうもあり。〈土佐日記・二月四日〉訳「死んだ子は、顔が美しかった。」ということもある。

〇「死じ子」は「死にし子」が撥音便化して、撥音が表記されなかったもの。

❸身分が高い。高貴だ。上品だ。教養がある。**かいまめば、われにはよくて見えしかど**…。〈大和・149〉訳すきまからそっと(女のようすを)のぞき見ると、自分には(以前は)上品に見えたが…。

❹盛んだ。栄えている。富裕だ。裕福だ。**貧しく経ても、なほ、昔よかりし時の心ながら、世の常のことも知らず。**〈伊勢・16〉訳貧しく暮らしていても、依然として、昔裕福だったときと同じ気持ちのままで、世間並みの暮らし方も知らない。

❺巧みだ。上手だ。**この歌、よしとにはあらねど、**「げに。」と思ひて…。〈土佐日記・一月十一日〉訳この歌が、上手だというわけではないが、(人々は)「(歌のことばどおり)なるほど。」と思って…。

❻快い。楽しい。好ましい。望ましい。喜ばしい。「さる心ざましたる人ぞよき。」〈徒然草・36・久しく訪れぬころ〉訳「そのような気立てをしている人(=女性)は好ましい。」

❼適当だ。ふさわしい。格好だ。似つかわしい。合っている。「この酒を飲みてむ。」とて、よき所を求めゆくに…。〈伊勢・82〉訳「この酒を飲んでしまおう。」と言って、(酒宴に)格好の場所を探し求めて行くうちに…。

❽むつまじい。親しい。女どちも、契り深くて語らふ人の、末まで仲よき人難し。〈枕草子・75・ありがたきもの〉訳女同士でも、約束が確かで(=信頼関係が強くて)親しく付き合っている人で、最後まで(相互の)関係がむつまじい(=仲のよい)人はめったにいない。

❾利益がある。有利だ。便利だ。有効だ。効き目がある。**石麻呂に我物申す夏痩せによしといふものぞ鰻捕りめせ** 歌〈万葉集・16・3853〉訳石麻呂に申し上げる。夏痩せに効き目があるといわれるものだ。ウナギを捕って食べなさい。

❿正しい。理にかなっている。適切だ。もっともだ。**さしたる事なくて、人のがり行くは、よからぬことなり。**〈徒然草・170・さしたることなくて〉訳たいした用事もないのに、人のもとへ行くのは、適切でないことだ。

⓫不足がない。十分だ。完全だ。**三月ばかりになるほどに、よきほどなる人になりぬれば**…。〈竹取・かぐや姫の出生〉訳(かぐや姫は)三か月ぐらいになるころに、十分な大きさ(=一人前)の人になったので…。

■補助形容詞〔ク〕〈く・く・し・き・けれ・○／から・かり・○・かる・○・かれ〉

❶…(し)やすい。接続 動詞の連用形に付く。**山里はもののわびしきことこそあれ世の憂きよりは住みよかりけり** 歌〈古今集・雑下・944〉訳山里(の暮らし)は心細いことひとしおではあるが、俗世間の心苦しい生活よりは住みやすかったことよ。

❷かまわない。差し支えない。結構だ。接続 打消の助動詞「ず」の連用形や形容詞の連用形に、「ても」「とも」を介して付く。「はかなきついでの情あり、をかしきに進める方なくてもよかるべし。」〈源氏・帚木〉訳「(夫の世話という点から見れば)ちょっとした折に趣を理解する心があり、風情があることに心が向かっている点がなくてもかまわないはずだ。」

発展 一定の水準に達している意味の「よろし」(=悪くはない)が消極的な肯定であるのに対し、「よし」は積極的な肯定を表す。意味上の段階では「よし」「よろし」「わろし」(=よくはない)「あし」(=悪い)の順となる。

類語比較 「よし」「よろし」「わろし」「あし」→悪し

よし【縦し】 副詞 ❶(満足ではないが、仕方がないという気持ちを表し)まあよい。ままよ。「よし、後にも人は参りなむ。」〈源氏・若紫〉訳「まあよい、後からでもおつきの者がきっと参上すればよい。」

❷(逆接の仮定条件を表す語を伴って)たとえ。かりに。**人はよし思ひやむとも玉かづら影に見えつつ忘らえぬかも** 歌〈万葉集・2・149〉訳他の人はたとえお慕いすることをやめようとも、(私は)面影がちらついて、忘れられないことだなあ。〇「玉かづら」は「影」に係る枕詞。

よ-し 間投助詞 《上代語》(詠嘆を表し)…よ。…なあ。類 や

接続 形容詞の連体形、助詞などに付く。**山川の退き方を遠み愛しきよし妹を相見ずかくや嘆かむ** 歌〈万葉集・17・3964〉訳(都から)山川の隔たった所が遠いので、いとしいなあ、妻にも会えず、こうも嘆くのだろうか。

〇「遠み」は、形容詞「遠し」の語幹＋接尾語「み」。「～を～み」の形で原因・理由を表す。

よし-あ・り【由有り】 ❶一応の由緒がある。一応の教養がある。**母北の方なむ、古の人の、よしあるにて**…。〈源氏・桐壺〉訳(桐壺の更衣の)母親である奥方は、古風な人で、一応の由緒ある(家柄の)方で…。

❷一応の風情がある。一応の奥ゆかしさがある。**古う作りなせる前水、木立、よしあるさまの所なり。**〈平家・灌頂・大原御幸〉訳古めかしく作り上げてある庭の前の池、木立など、一応の風情あるようすの所である。

発展 「ゆゑ」が、第一流の血統・趣などに用いるのに対し、「よし」は、「ゆゑ」には及ばないながらもそれらしいよさを示す。そこで、「よしあり」には、「一応の…」「一定の…」の意味が含まれる。

よしあり-がほ【由有り顔】 ― 名詞 いかにも理由がありそうな表情。わけあり顔。

よしあり-がほ・なり【由有り顔なり】 ― 形容動詞〔ナリ〕〈なら・なり(に)・なり・なる・なれ・なれ〉いかにも理由がありそうな表情だ。わけあり顔だ。**鞍馬の一のきざはしに、由あり顔にて立ちゐたる。**〈小栗〉訳(深泥池の大蛇は美人に変身して)鞍馬寺の一番目の階段に、わけあり顔で立っていた。

吉田兼好 〔一〕〔ケンカウ〕人名 鎌倉末期から南北朝時代の歌人・随筆家。藤原為世に和歌を学び、『続千載集』などに入集。一時期宮廷に出仕するが、後に出家し、随筆『徒然草』(→必修古典ビッグ30 ㉑ 858ジペ)を著す。★鴨長明とともに、★隠者文学の代表的作家として後世への影響は大きい。1283ごろ―1352ごろ。

よし-づ・く【由付く】 動詞 自〔カ四段〕〈か・き・く・く・け・け〉風情や趣がある。由緒ありげである。類 由ばむ

ただならず気色（けしき）よしづきてなどぞありける。〈源氏・夕顔〉訳（伊予介（いよのすけ）は）並々でなく態度が**由緒ありげで**などあったのだった。

義経千本桜（よしつねせんぼんざくら）作品名 江戸後期の浄瑠璃。時代物。五段。二世＊竹田出雲（たけだいずも）・並木千柳（なみきせんりゅう）（並木宗輔（そうすけ））・三好松洛（みよししょうらく）の合作。一七四七（延享四）年初演。都落ちする源義経（よしつね）を中心に、没落した平家の知盛（とももり）・維盛（これもり）・教経（のりつね）の後日談により構成する。『＊仮名手本忠臣蔵（かなでほんちゅうしんぐら）』『＊菅原伝授手習鑑（すがわらでんじゅてならいかがみ）』とともに三大名作といわれる。

◎**よしともの**…句
義朝（よしとも）の心に似たり秋の風〈野ざらし紀行・松尾芭蕉〉
訳 荒涼として、寒々しい源義朝の孤独な心に似ていることだ。義朝の愛した常盤（ときわ）の墓の辺りに吹く秋の風は。〇季語 秋の風―秋。「義朝」は源義朝のこと。発展 常盤御前の墓を訪れたときの句。義朝は父と弟を殺し、後に平氏に追われ、家臣に殺された。その心中を秋風に見ている。

よし-な・し【由無し】形容詞 ↓**最重要語**（1293ページ）

よしなし-ごころ【由無し心】名詞 つまらぬ思い。たわいもない考え。
今は、昔の**よしなし心**も悔しかりけりとのみ思ひ知りはて…。〈更級日記・春秋の定め〉訳 今では、昔（＝若いころ）の**たわいもない考え**も後悔されたのだったとばかりすっかりわきまえ知って…。

よしなし-ごと【由無し事】名詞 つまらないこと。とりとめもないこと。
つれづれにはべるままに、**よしなしごと**ども、書きつくるなり。〈堤中納言（つつみちゅうなごん）・よしなしごと〉訳 退屈でございますのに任せて、**とりとめもないこと**を、書きつけるのである。

吉野（よしの）地名 今の奈良県＊吉野川中流域一帯。古くは吉野離宮への行幸があった。平安時代、金峰山（きんぶせん）寺が開かれ、以後は修験道の道場となった。南北朝時代は南朝の所在地となる。雪深い場所として、また、サクラの名所として知られる。↓ビジュアルチェック㉕（1097ページ）

よし-な・し【由無し】

理由や根拠が感じられず不満であるようす

❶根拠がない。理由がない。
❷手段・方法がない。
❸つまらない。取るに足りない。
❹かいがない。利益がない。無益である。
❺具合が悪い。不都合である。
❻無関係である。縁がない。
❼風情がない。（家柄・身分・教養などが）低い。

形容詞〔ク〕

未然形	連用形	終止形	連体形	已然形	命令形
よしな・く	よしな・く	よしな・し	よしな・き	よしな・けれ	○
よしな・から	よしな・かり	○	よしな・かる	○	よしな・かれ

❶**根拠がない。根拠にならない。理由がない。理由にならない。**
「やむごとなきまづの人々おはすといふことは、**よしなきことなり**。」〈源氏・若菜上〉訳「〔内裏にはすでに〕無視できない前々からの方々（＝中宮や女御（にょうご）たち）がいらっしゃるということは、（女三の宮の入内（じゅだい）を妨げる）**理由にならないこと**である。」〇「由（＝理由・根拠）」＋「無し」の意味。

❷**手段・方法がない。すべがない。**
男、血の涙を流せども、とどむる**よしなし**。〈伊勢・40〉訳 男は、血の涙を流して悲しむけれども、（女を）引きとどめる**方法がない**。〇「由（＝手段・方法）」＋「無し」の意味。

❸**つまらない。取るに足りない。**
「その馬、**よしなから**む人に請ひ取られなむとす。」〈今昔〉訳「そのウマは、**取るに足りない**ような人に求められ取られようとしている。」〇「よしなからむ人」は、名馬に値しないつまらない人という意味で用いられている。「請ひ取られ」は「請はれ取られ」の意となる。＊対偶中止法。
持経（ぢきゃう）・本尊（ほんぞん）に至るまで、よき物を持つ、**よしなきことなり**。〈徒然草・98・尊（たふと）き聖（ひじり）の〉訳 常に身から離さない経典、仏壇中央に祭られる仏に至るまで、立派な物を持つことは、**つまらないこと**である。

❹**かいがない。利益がない。無益である。**
「乗り知らぬ車に乗りて、殿ばらに会ひたてまつりて、引き落として蹴（く）ゑられてや、**よしなき**死にをやせむずらむ。」〈今昔〉訳「乗り慣れない牛車（ぎっしゃ）に乗って、（お供の者たちに）引き落とされ蹴（け）られなどして、**無益な**死に方をするのではないだろうか。」
開けて見るなとありしを、開けにけるこそ**よしなけれ**。〈御伽草子（おとぎぞうし）・浦島太郎〉訳 開けて見るなと言われたのに、開けてしまったのは**無益なことである**よ。

❺**具合が悪い。不都合である。**
「我はものへ行かむずる門出なれば、はかなき傷も打ち付けられなば、**よしなし**。」〈今昔〉訳「私は（これから）よそへ出かけようとする出発の時であるので、ちょっとした傷でも付けられたとしたら、**具合が悪い**。」

❻**無関係である。縁がない。**
待つ人ある所に…忍びやかに門（かど）たたけば、胸少しつぶれて、人出（い）だして問はするに、あらぬ**よしなき**者の名乗りして来たるも…。〈枕草子・25・すさまじきもの〉訳（恋人を）待つ人がいる家で…ひそやかに門をたたく（者がいる）ので、（恋人がやって来たのかと）胸が少しどきどきして、人を出して尋ねさせると、（恋人とは）別の**無関係な**男が名乗ってやって来たのも…。〇「由（＝縁・関係）」＋「無し」の意味。

❼**風情がない。**（家柄・身分・教養などが）**低い。**
「さやうの住まひに**よしなから**ずはありぬべし。」とおぼす。〈源氏・松風〉訳（源氏は）「そのような（＝明石（あかし）の君を住まわせる）住まいとしてきっと**風情がない**わけではないに違いない。」とお思いになる。〇「由（＝趣・風情）」＋「無し」の意味。

発展 **語の成り立ち**　名詞「由」＋形容詞「なし」が一語になったもの。「由」の意味が多様なため、❶から❼までのさまざまな意味で用いられる。↓**古語チャート**㉙（923ページ）・㊻（1305ページ）

吉野川【よしのがわ】[一][歌枕] 奈良県中央部を東西に流れる川。和歌山県に入って紀の川となる。万葉以来、清らかな川として、後には、急流に恋心を託して詠まれた。↓ビジュアルチェック㉕(1097ページ)

◆**よしのなる…**[歌]
吉野なる夏実の河の川淀に鴨そ鳴くなる山陰にして〈万葉集・3・375・湯原王〉[訳]吉野にある夏実の川の水のよどんでいる所で、カモが鳴いているのが聞こえる。(あの)山の陰になった所で。○「夏実の河」は吉野の菜摘付近を流れる吉野川。「鳴くなる」の「なる」は、推定・伝聞の助動詞「なり」の連体形。
[発展]山陰の音を、カモの鳴き声と推定して詠む。

吉野山【よしのやま】[歌枕] 奈良県、★吉野川南岸より大峰山に至る尾根の総称。南朝の史跡が多く、古くからのサクラの名所。↓ビジュアルチェック❶(194ページ)

◆**よしのやま…**[歌]
吉野山やがて出でじと思ふ身を花散りなばと人や待つらむ〈新古今集・雑中・1619・西行〉[訳](花を見に行って)吉野山からそのまま出るまいと思っている私を、花が散ったら(帰ってくるだろう)と、人は待っているのだろうか。○「やがて」は「そのまま」の意味。
[発展]俗世を離れようとする気持ちと、自分を待つ人を思う気持ちの、微妙な揺れ動きを詠む。

よしばみ-ごと【由ばみ事】[名詞] 趣ありげなこと。風流ぶること。由緒ありげに振る舞うこと。
えもいはぬ**よしばみごと**しても、われ賢かしに思ひたる人…〈紫式部日記〉[訳]表現のしようがない(つまらない)**趣ありげなこと**をしても、自分こそ優れていると思っている人は…。

よし-ば・む【由ばむ】[動詞][自][マ四段]〈ま・み・む・む・め・め〉由緒ありげに振る舞う。風情や趣があるように見せる。気取る。[類]由よしづく・由よしめく
いたう古めきたれど、書きざま**よしばみたり**。〈源氏・明石〉[訳](明石の入道の代筆は)ひどく古風に見えるが、書きぶりは**風情や趣があるように見せて**いる。
[発展]「ばむ」は接尾語。

よし-み【好しみ・誼】[名詞]❶親しい交わり。親交。付き合い。❷縁故。ゆかり。かかわり。

良岑安世【よしみねのやすよ】[人名] 平安前期の廷臣・漢詩人。桓武天皇の皇子。★遍昭の父。勅撰漢詩集『★経国集』の撰者の一人。また、藤原冬嗣らと『★日本後紀』などを編集した。785—830

よし-め・く【由めく】[動詞] ↓よしばむ

よし-や【縦しや】[副詞]❶まあいい。ままよ。
「いとど思ほし疎むなめりかし。**よしや**…。」とて…。〈源氏・若紫〉[訳](源氏は葵の上に)「ますます(あなたは私を)うとましくお思いになるようだね。**まあいい**…。」と言って…。
❷(下に逆接の仮定条件を伴って)たとえ。かりに。
吉野川よしや人こそつらからめはやく言ひてし言は忘れじ[歌]〈古今集・恋5・794〉[訳]**たとえ**あの人は(自分に)冷淡であろうとも、(私は)かつて(自分があの人に)言ったことばを忘れないようにし(て愛し続け)よう。○「吉野川」は「よし(や)」に係る枕詞。
[発展]副詞「よし」+間投助詞「や」が一語になったもの。

予州【よしゅう】[一][旧国名]↓伊予いよ

よし-よし【縦し縦し】[副詞]それならそれでいい。ええい、どうでもよい。
「**よしよし**。さらに見えたてまつらじ。」〈源氏・葵〉[訳]「**それならそれでいい**。もう決してお目にかかるまい。」
[発展]副詞「よし」を重ねて強調したことば。

よしよし・し【由由し】[形容詞][シク]〈しく・しく・し・しき・しけれ・○／しから・しかり・○・しかる・○・しかれ〉由緒ありげだ。風情がある。趣がある。
御手、いと**よしよししく**なまめきたるに…〈源氏・賢木〉[訳](六条御息所の)ご筆跡は、たいへん**趣があって**優美であるところに…。

よし-ゑ-やし【縦しゑやし】[一][副詞]たとえ。仮に。
よしゑやし直ならずともぬえ鳥のうら嘆げ居りと告げむ子もがも[歌]〈万葉集・10・2031〉[訳]**たとえ**直接にではなくとも、ヌエドリのように、心の内で嘆いていると告げる子がいてほしいものだ。
[発展]副詞「よし」+上代の間投助詞「ゑ」+上代の間投助詞「やし」

よ・す【寄す】[一][動詞][自][サ四段]〈さ・し・す・す・せ・せ〉《上代語》寄る。近づく。
[二][動詞][自][サ下二段]〈せ・せ・す・する・すれ・せよ〉❶↓[一]
寄する波うちも寄せなむわが恋ふる人忘れ貝下りて拾はむ[歌]〈土佐日記・二月四日〉[訳]↓よするなみ…
❷攻め寄せる。攻撃する。
八島へ既に**寄せんとす**。〈平家・8・水島合戦〉[訳]八島へいよいよ**攻め寄せ**ようとしている。
[三][動詞][他][サ四段]〈さ・し・す・す・せ・せ〉《上代語》寄せる。近づける。
[四][動詞][他][サ下二段]〈せ・せ・す・する・すれ・せよ〉❶↓[三]
そこも「いざ見む。」と言ひて、車**寄せて**下りぬ。〈枕草子・99・五月の御精進のほど〉[訳]そこも「さあ見物しよう。」と言って、牛車を**近づけて**(牛車から)降りた。
❷心を傾ける。心を向ける。また、任せる。ゆだねる。
人はみな春に心をよせつめり我のみや見む秋の夜の月[歌]〈更級日記・春秋の定め〉[訳]人はみな、春に心を**傾けて**しまったようだ。私(ひとり)だけが眺めるのではないだろうか、秋の夜の月を。
❸かこつける。口実とする。
横川に通ふ道の便りによせて、中将、ここにおはしたり。〈源氏・手習〉[訳]横川に通う道のついでを**口実として**、中将が、ここにいらっしゃった。
❹贈る。寄付する。寄進する。
御堂殿の作り磨かせたまひて、庄園多く寄せられ…〈徒然草・25・飛鳥川の淵瀬〉[訳]御堂殿(=道長)が(寺などを)立派にお作りになって、私有地をたくさん**寄進**なさり…。

よすが【縁・因・便】[名詞]↓古語チャート❾(375ページ)・㊻(1305ページ)↓最重要語(1295ページ)

よ-すがら【夜すがら】[副詞]一晩中。夜通し。[類]夜もすがら[対]日ひすがら
風雲の夜すがら月の千鳥かな[句]〈蕪村句集〉[訳]風を吹き起こす雲が冬の月をかすめ、そのような空を**夜どおし**チドリが鳴き交わしているよ。

よ-すぎ【世過ぎ】[名詞]世渡り。生活。

よすて-びと【世捨て人】[名詞]世の中を捨てた人。俗世と縁を切った僧や隠者。

◆**よするなみ…**[歌]
寄する波うちも寄せなむわが恋ふる人忘れ貝下りて拾はむ〈土佐日記・二月四日〉[訳](浜辺に)近づく波よ、(忘れ貝を)打ち寄せてほしい。(もし寄せてくれたら)私が恋しく思う人を忘れさせてくれる忘れ貝を(船から)降りて拾

おう。○「人忘れ貝」は「人を忘れる」という意味と「忘れ貝」を掛ける。発展「恋ふる人」は、作者である紀貫之の亡くなった子供のこと。

よせ【寄せ】名詞 ❶後ろ盾となる人。後見人。**一の皇子は、右大臣の女御の御腹にて、寄せ重く**…。〈源氏・桐壺〉訳第一の皇子は、右大臣の(娘である)女御のお子様で、**後見人**もしっかりしていて…。❷理由。わけ。**国を争ひて戦ひをなすこと、数へ尽くすべからず。それもみな、一ふし二ふしの寄せはありけん。**〈増鏡〉訳国を奪い合って戦うことは、数えきれない。それもみな、一つや二つの**理由**はあったであろう。❸縁故。ゆかり。**させることの寄せなけれども、女院の御所など借り申す、故実なりとぞ。**〈徒然草・156・大臣の大饗は〉訳これというほどの**縁故**はなくても、女院の御所などをお借り申し上げるのが、古くからの習わしだ(そうだ)。❹信望。信頼。心を寄せること。**大方の寄せ、おぼえよりはじめ、なべてならぬ御ありさま、容貌なるに**…。〈源氏・藤裏葉〉訳(明石の姫君は)世間の**信望**や、評判をはじめとして、たいへん立派なお姿、お顔つきであるので…。
↓古語チャート46(1305ページ)

よ-せい【余情】名詞 ❶余情。余韻。ことばで言い尽くせない深い趣。**「返る」「寄る」などといふ言葉は、柔かなれば、おのづから余情になるやうなり。**〈風姿花伝〉訳「返る」「寄る」などという言葉は、(響きが)柔らかいので、自然と**深い趣**につながるようだ。❷外見を飾ること。見えを張ること。

よ-せい・なり【余情なり】形容動詞〔ナリ〕〈なら・なり(に)・なり・なる・なれ・なれ〉外見を飾っている。見えを張っている。景気のよい。**「出雲、加賀の入札に行きて、それからこれへ参った。」と、よせいなる商ひばなし。**〈西鶴・諸艶大鑑〉訳「出雲、加賀の入札に行って、それからこちらへ伺った。」と、**景気のよい商売のはなし。**

よせ-か-く【寄せ掛く・寄せ懸く】一動詞他〔カ下二段〕〈け・け・く・くる・くれ・けよ〉もたせ掛ける。立て掛ける。**門なども片方は倒れたる、横ざまに寄せ掛けたる所のあだげなるに**…。〈宇治拾遺〉訳門なども片方は倒れている家で、横の方に**立て掛け**てある所がもろそうな家に…。二動詞自〔カ下二段〕〈け・け・く・くる・くれ・けよ〉押し寄せる。攻め寄せる。**七千余騎…唐崎の松の辺まで寄せ懸けたり。**〈太平記〉訳七千余りの騎馬が…唐崎のマツの辺りまで**攻め寄せ**てきた。

よせ-ばし【寄せばし】名詞 ウマをつないでおく柱。

よせ-ぶみ【寄せ文】名詞 寄進状。

よせる(現)↓(古)**よす**【寄す】

よ-そ【四十】名詞 しじゅう。発展「よそぢ」とも。

よそ【余所】名詞 ❶かけ離れた場所。ほかの所。また、外部。外。❷親しくない人。他人。

よそおう(現)↓(古)**よそふ**【装ふ】

よそ-げ・なり【余所げなり】形容動詞〔ナリ〕〈なら・なり(に)・なり・なる・なれ・なれ〉よそよそしい。素知らぬようすだ。
もみぢ葉はおのが染めたる色ぞかしよそげに置ける今朝の霜かな 歌〈新古今集・冬・602〉訳もみじの紅色は霜自身が染めた色なのだよ。それなのに**素知らぬようすで**その上に白く置いた今朝の霜であることよ。

よそ-ぢ【四十】名詞 ❶しじゅう。❷四十年。四十歳。
発展「ぢ」は数詞に付く接尾語「ち」の濁音。❶は「よそ」とも。

よそ-ながら【余所ながら】副詞 離れたままで。距離を置いて。
泉には手、足さし浸して、雪にはおり立ちて跡つけなど、万の物、よそながら見ることなし。〈徒然草・137・花は盛りに〉訳(田舎者は)泉には手、足をひたして、雪(見のとき)には(地面に)降りて立って足跡を付けるなど、すべての

よすが【縁・因・便】

より所となるもの
❶身を寄せる所。
❷手掛かり。手段。
❸頼りとする縁者。夫。妻。

名詞 ❶**身を寄せる所。頼りとすること。**ゆかり。
時鳥の縁とさへ思へばにや、なほさらに言ふべうもあらず。〈枕草子・37・木の花は〉訳(タチバナは花の美しさに加えて)ホトトギスの**身を寄せる所**とまで思うからだろうか、やはりまったく言いようもない(ほどすばらしい)。
❷**手掛かり。**手段。
山林に入りても、飢ゑを助け、嵐を防く縁なくてはあられぬわざなれば…。〈徒然草・58・道心あらば〉訳(出家して)山林に入っても、飢えをしのぎ、風雨を防ぐ**手段**がなくては生きていけないことなので…。
❸**頼りとする縁者。**夫。妻。
すなはち、五十の春を迎へて、家を出で、世を背けり。もとより妻子なければ、捨てがたき縁もなし。〈方丈記・我が過去〉訳そこで、五十歳の春を迎えたとき、家を出て、出家した。もともと妻子がいないので、(出家にあたって)捨てることができない(=心残りの)**頼りとする縁者**もいない。

発展 上代は「よすか」とも。

類語比較「よすが」「ゆかり」「えん」
共通点=三語とも「縁」と漢字表記されるとおり、縁のあること・縁者の意味を表す。
よすが=①もともと、より所という意味を表す。②そこから、より所となる手掛かり、また、頼りとする縁者の意味が派生した。
ゆかり=①人間関係について用いられることが多く、特に血縁・姻戚関係にあることをいう。②「よすが」よりも用法が狭いといえる。
えん=①もともと仏教語で、原因と結果とを結び付けるところに働く作用をいう。中古では、仏教思想に基づいた宿命的・必然的な関係ととらえられる場合に用いた。②そこから、広く物事の相互の関係やつながりをいうようになった。③人間関係に用いると、「ゆかり」と意味が近くなる。
↓古語チャート46(1305ページ)

ものを、**離れたままで**見るということがない。

よそ・なり【余所なり】 形容動詞〔ナリ・ノ〕〈なら・なり(に)・なり・なる・なれ・なれ〉無関係だ。無縁だ。

よその君達は、「便なきことをも奏してけるかな。」と思ふ。〈大鏡・道長上〉訳(道長の帝へのご返答とは)**無関係な**君達は、「(道長は)不都合なことを申し上げてしまったことだなあ。」と思う。

よそ-の-きき【余所の聞き・外の聞き】 他人が聞いた感じ。人聞き。外聞。

よそひ【装ひ】 一 名詞 ❶準備。したく。❷装束。衣服。特に、晴れ着。❸飾り。装飾。二 助数詞 ❶衣服・調度などのまとまりを数えることば。そろい。❷器に盛り付けた飲食物を数えることば。杯。

よそ-びと【余所人】 名詞 関係のない人。他人。

よそ・ふ【寄そふ・比ふ】

他のものと関係づけ、比べる → ❶**関係づける。**かこつける。 ❷**比べる。**たとえる。

未然形	連用形	終止形	連体形	已然形	命令形
よそへ	よそへ	よそふ	よそふる	よそふれ	よそへよ

動詞 他〔ハ下二段〕❶(あるものと)**関係づける。かこつける。事寄せる。**

思ふどちひとりびとりが恋ひ死なば誰によそへて藤衣着む〈歌〉〈古今集・恋3・654〉訳恋い慕う者同士(である私たち)のどちらかひとりが焦がれ死んでしまったならば、(身内の)だれ(が死んだこと)に**かこつけて**喪服を着たらいいのだろうか。

❷**比べる。たとえる。なぞらえる。**

梅の花まづ咲く枝を手折りてば苞と名付けてよそへてむかも〈歌〉〈万葉集・10・2326〉訳ウメの花の真っ先に咲く枝を(私が)手で折り取ったなら、(世間の人は、私の恋人への)贈り物だと称して、きっと**なぞらえ**(てうわさす)るだろうことよ。

花鳥の色にも音にもよそふべき方ぞなき。〈源氏・桐壺〉訳(亡き桐壺の更衣のすばらしさは)花の色にも鳥の声にも**たとえる**ことのできる方法がないことだ。

よそ・ふ【装ふ】 動詞 他〔ハ四段〕〈は・ひ・ふ・ふ・へ・へ〉❶準備する。用意する。取りそろえる。

西の対に御座など装ふほど…。〈源氏・夕顔〉訳西の対の屋にご座所などを**準備する**間…。

❷身支度をする。身に着ける。着飾る。

君なくはなぞ身装はむくしげなる黄楊の小櫛も取らむとも思はず〈歌〉〈万葉集・9・1777〉訳あなたがいないならどうして身を**着飾る**だろうか。櫛箱にあるツゲの小櫛も手に取ろうとも思わない。

❸飲食物を食器に盛る。

飯うづ高くよそひ…。〈平家・8・猫間〉訳飯を山盛りに**盛り**…。

よそほ・し【装ほし】 形容詞〔シク〕〈しく・しく・し・しき・しけれ・○/しから・しかり・○・しかる・○・しかれ〉きちんと整っている。立派で美しい。

一年の春宮の御元服、南殿にてありし儀式、よそほしかりし御響きにおとさせたまはず。〈源氏・桐壺〉訳(若宮の元服の儀について)先年の東宮のご元服で、南殿で行われた儀式が、**立派で美しかっ**たというご評判に劣らないようになさる。

よそほひ【装ひ】 名詞 ❶準備すること。取りそろえること。したく。

❷身なりを整えること。飾ること。装束。服装。

「**中宮の、装ひ殊にて参りたまへるに…。**」〈源氏・少女〉訳「(梅壺の)中宮が、**したく**が格別(立派なよう)で入内申し上げなさっているために…。」

天人の装ひしたる女、山の中より出で来て…。〈竹取・蓬莱の玉の枝〉訳天人の**装束**をしている女が、山の中から出てきて…。

❸ようす。ありさま。趣。風情。

「**何となく所狭き身の装ひにて…。**」〈源氏・若菜上〉訳「なんとなく窮屈な身分の**ありさま**であって…。」

よそほ・ふ【装ふ】 動詞 ↓よそ(装)ふ

よそ-め【余所目】 名詞 ❶それとなく見ること。ちょっと見。一見。また、離れた場所から見ること。遠目。

袖の渡り、尾駮の牧、真野の萱原などよそめに見て、遥かなる堤を行く。〈奥の細道・平泉〉訳袖の渡し、尾駮の牧(という丘陵)、(その東方の)真野の萱原など(の歌枕の地)を**遠目**に見ながら、長い堤を進む。

❷他人の見る目。はた目。

よそ目にも、「すは、上手出で来たり。」とて、人も目に立つるなり。〈風姿花伝〉訳**はた目**にも、「さあ、上手(な役者)が出現した。」といって、人々も注目するのである。

❸よそごととして見ること。傍観。

憂き目をばよそめとのみぞのがれゆく雲のあはたつ山の麓に〈歌〉〈古今集・墨滅・1105〉訳世の中のいやなことを**よそごととして見ること**だけで都を逃れて行く、雲がわき上がる山のふもとへと。

よそ-よそ・し【余所余所し】 形容詞〔シク〕〈しく・しく・し・しき・しけれ・○/しから・しかり・○・しかる・○・しかれ〉他人行儀だ。隔てがましい。冷たい。

時々など参りて、よそよそしからむもてなしに…。〈狭衣〉訳時には参上して、**他人行儀であっ**たりする(今後の)待遇に…。

よそ-よそ・なり【余所余所なり】 形容動詞〔ナリ〕〈なら・なり(に)・なり・なる・なれ・なれ〉❶離れ離れだ。別々だ。

「**しばしにても、よそよそに思ひの外の交じらひはべらむが…。**」〈源氏・薄雲〉訳「しばらくの間でも、**離れ離れに**(なって)思いがけない宮仕えをしたり致しますことが…。」

❷よそよそしい。親しくない。疎遠だ。

僧よそよそにて衣などを隔て寝けれども…。〈今昔〉訳僧は**よそよそしく**て着物などを隔てて寝たけれども…。

❸血縁関係がない。無関係だ。

「**よそよそにて、あしくもよくもあらむは、いかがはせむ。**」〈源氏・浮舟〉訳「(薫大将の正妻女二の宮と娘浮舟とは)**血縁関係がない**のだから、(その処遇が)悪かろうとよかろうと、どうしようもないだろう。」

よそ・る【寄そる】 動詞 自〔ラ四段〕〈ら・り・る・る・れ・れ〉❶自然に引き寄せられる。なびく。

夕づく日さすや川辺に作る屋の形を宜しみうべ寄そりけり〈歌〉〈万葉集・16・3820〉訳夕日が照る川辺に造った建物の形がよいので、なるほど**自然に引き寄せられる**のだった。

❷(波が)うち寄せる。寄せる。

白波の寄そる浜辺に別れなばいともすべなみ八度袖振る〈歌〉〈万葉集・20・4379〉訳白波が**うち寄せる**浜辺で別れてしまったら、どうしようもないので、幾度も袖を振るに違いない。

よ-だけ・し【弥猛し】 形容詞〔ク〕〈く・く・し・き・けれ・○／から・かり・○・かる・○・かれ〉❶仰々しい。ものものしい。大げさだ。**御しつらひなどのことことしく、よだけく、うるはしきに**…。〈源氏・若菜上〉訳御調度品などが大げさで、**仰々しく**、格式ばっているのに対して…。❷面倒だ。おっくうだ。「**籠りはべれば、よろづうひうひしう、よだけくなりにてはべり。**」〈源氏・行幸〉訳「閉じこもっておりますので、すべてに不慣れで、**おっくうに**なってしまっております。」

四段活用【よだんかつよう】 国語・国文法 動詞の活用の種類のひとつ。活用語尾が、五十音図のア・イ・ウ・エの四つの段にわたって活用する形式。この活用をする語は、カ・ガ・サ・タ・ハ・バ・マ・ラの八行にあり、動詞の約六割が、この活用をする。現代語の表記（＝現代仮名遣い）では、助動詞「う」に連なる場合、「行こう」などのようにオ段の音も加わるので、五段活用と呼ばれる。↓動詞活用表（12ページ）

よ-ちか・し【世近し】 形容詞〔ク〕〈く・く・し・き・けれ・○／から・かり・○・かる・○・かれ〉死期が近い。余命いくばくもない。「**今はむげに世近くなりぬる心地してもの心細きを**…。」〈源氏・若菜下〉訳「今はむしょうに**死期が近く**なってしまった気がして何となく心細いので…。」

よ-つ【四つ】 名詞❶よっつ。❷（「四つ時」の略で）今の午前および午後の十時ごろ。❸四歳。

よ・づ【攀づ】 一 動詞 他〔ダ上二段〕〈ぢ・ぢ・づ・づる・づれ・ぢよ〉つかんで引く。引き寄せる。**時じき藤の花と萩の黄葉てると二つの物をよぢて**…。〈万葉集・8・1627・題詞〉訳時期はずれのフジの花とハギで紅葉しているのとの二つの物を**引き寄せて**…。

二 動詞 自〔ダ上二段〕〈ぢ・ぢ・づ・づる・づれ・ぢよ〉すがりつく。また、よじ登る。**峰によぢ、谷に下れども**…。〈平家・3・有王〉訳峰に**よじ登り**、谷に下ったりしたが…。

よつ-あし【四つ足】 名詞❶四本の足があること。また、獣類。けもの。❷「*四つ足門」の略。

よつあし-もん【四つ足門】 名詞 二本の主柱の前後に袖柱が二本ずつあり、切り妻破風の屋根を載せた門。

四つ仮名【よつがな】 国語・国文法「じ」「ぢ」「ず」「づ」の四つの仮名、およびそれらで表される発音の違いをいう。本来は、それぞれ異なった音で発音・区別されていたが、室町後期になると「じ―ぢ」「ず―づ」に発音の混同が起こり、表記にも混乱が生じた。

［よつあしもん］

よ-づかは・し【世付かはし】 形容詞〔シク〕〈しく・しく・し・しき・しけれ・○／しから・しかり・○・しかる・○・しかれ〉世情に通じている。男女の情を解している。好色がましい。**世づかはしう軽々しき名の立ちたまふべきを**…。〈源氏・夕霧〉訳（落葉の宮に）**好色がましく**軽はずみな浮き名が立ちなさるに違いないことを…。○「世づかはしう」は、連用形「世づかはしく」のウ音便。

発展 四段動詞「よづく」が形容詞になったもの。

よ-つぎ【世継ぎ】 名詞❶跡目を継ぐこと。また、その人。跡継ぎ。跡取り。❷天皇の治世のことを代々語ること。また、それを記した書物。発展『大鏡』『栄花物語』などの歴史物語は「世継ぎ物語」と呼ばれた。

よ-づ・く【世付く】

世間のことに通じる
- ❶世慣れる。
- ❷世間並みになる。
- ❸男女の情が分かる。
- ❹世俗に染まる。

未然形	連用形	終止形	連体形	已然形	命令形
よづ・か	よづ・き	よづ・く	よづ・く	よづ・け	よづ・け

動詞 自〔カ四段〕❶**世慣れる。世情に通じる。**「**この和歌は、『仕うまつりたり。』となむ思ひたまふる。」と、うち笑みたるも、世付かず初々しや。**〈源氏・玉鬘〉訳（大夫監が）「この（私が詠んだ）和歌は、『（うまく）お作り申し上げた。』と思わせていただく（＝存じます）ことだ。」と、にっこり笑っているようすも、**世慣れ**なくてうぶな感じだよ。

❷**世間並みになる。**「**まろは、いかで死なばや。世付かず心憂かりける身かな。**」〈源氏・浮舟〉訳「私は、なんとかして死にたいものだ。**世間並みになる**こともなく情けなかった身の上だなあ。」

❸**男女の情が分かる。**「『**この君や世付いたる程におはする。**』**とぞ思すらむ。**」〈源氏・若紫〉訳『この姫君（＝紫の上）は**男女の情が分かっている**年ごろでいらっしゃるのではないか。』と（源氏は）お思いになっているのだろう。○「世付い」は連用形「世付き」のイ音便。

❹**世俗に染まる。俗化する。****九重の神さびたるありさまこそ、世付かず、めでたきものなれ。**〈徒然草・23・衰へたる〉訳宮中の神々しいようすをしているたたずまいは、**世俗に染まら**ず、すばらしいものである。

よっ-て【因って・依って・仍って】 接続詞 そういうわけで。そこで。だから。したがって。類因りて・因て **謀反の輩からめとるべき由下知せらる。よって二百余騎三百余騎、あそこここにおし寄せおし寄せからめとる。**〈平家・2・西光被斬〉訳謀反の連中を逮捕せよということを命令なさる。**そこで**二三百騎余りが、あちらこちらに押しかけて逮捕した。

発展「よりて」が変化したもの。

よっ-どき【四つ時】 名詞↓よつ❷

よつ-の-たみ【四つの民】 名詞❶士・農・工・商の四つの身分。❷すべての民。国民。発展「四民」を訓読みしたもの。

よつ-の-ふね【四つの船】 遣唐使の船。四隻の船に、大使・副使・判官・主典の四使と随員たちが分乗した。

よっ-ぴ・く【能っ引く】 動詞 他〔カ四段〕〈か・き・く・く・け・け〉弓を十分に引きしぼる。**与一鏑を取ってつがひ、よっぴいてひゃうど放つ。**〈平家・11・那須与一〉訳那須与一は鏑矢を取ってつがえ、**弓を十分に引きしぼって**ひゅっと射る。○「よっぴい」は連用形「よっぴき」のイ音便。

発展「能く引く」の「能く」の「く」が促音便化したもの。

よ-づま【夜妻】 名詞 夜、人目を忍んで会う女性。隠し妻。

よ-て【因て・依て・仍て】 接続詞↓よって

よ-と【夜音】 名詞 夜、聞こえる物音。

よど【淀・澱】 名詞 水の流れが停滞すること。また、その場所。よどみ。

淀よど 歌枕 今の京都市伏見区、桂川・宇治川・木津川の合流点付近。古くから水陸交通の要地で、江戸時代には京都・大坂間の水運により栄えた。和歌には、「若菰わかごも」「真菰まこも」などとともに詠まれた。↓ビジュアルチェック㉓(1093ページ)

淀川よどがわ〔ガハ〕 歌枕 滋賀県琵琶湖びわこに発し、京都・大阪を流れる川。大津市南郷なんごうまでを瀬田川、京都府南部を宇治川と呼び、桂川・木津川と合流してから大阪湾に注ぐまでを淀川と呼ぶことも多い。下流部は、古くは当時の難波江なにわえにあたる。↓ビジュアルチェック㉓(1093ページ)

よ-とぎ【夜伽】 名詞《中世末期以降》夜、付き添うこと。また、その人。↓伽とぎ

難波なにの病床に、人々によとぎの句をすすめて…。〈去来抄きょらいしょう・先師評〉訳 難波で病床に(伏せっていたとき)、人々に**夜の付き添い**の句を(作ることを)勧めて…。

よど-せ【淀瀬】 名詞 水のよどんだ瀬。

よ-どの【夜殿】 名詞 夜、寝る所。寝室。

よどみ【淀み・澱み】 名詞 「よど」に同じ。

淀みに浮かぶうたかたは、かつ消え、かつ結びて、久しくとどまりたる例ためしなし。〈方丈記・ゆく河〉訳 **よどんだ所に**浮いている水の泡は、一方では形がなくなり、他方では形を作って、いつまでもそのままでいる例はない。

よど・む【淀む】 動詞 自〔マ四段〕〈ま・み・む・む・め・め〉❶水の流れが止まって滞る。

落ち激たぎち流るる水の岩に触れ淀める淀に月の影見ゆ 歌〈万葉集・9・1714〉訳 たぎり落ち流れる水が岩に触れて**流れが止まって滞っ**ている淀に、月の影が映っている。

❷物事が順調に進まない。また、ためらう。

よ-とり【世取り】 名詞 世継ぎ。跡取り。

よ-な 連語 ❶(詠嘆を表し)…だなあ。

『木立こだち』とこそ言へ、『木立きだち』と言ふらむよな。」〈今昔〉訳「(世間では)『木立こだち』と言うのに、(奈良の法師たちは)『木立きだち』と言っているよう**だなあ**。」

❷(念を押し、確かめるという意味を表し)…だな。

「**信業のぶなりを招いて申さんずるやうはよな…。**」〈平家・2・西光被斬さいこうがきられ〉訳「信業を呼び出して申し上げたりすることには**だな**…。」

発展 間投助詞「よ」＋終助詞「な」。室町時代以降、「よなう」「よのう」の形となり、終助詞化する。

よ-に【世に】

突出しているようす ─ ❶とりわけ。実に。／❷決して(…ない)。少しも(…ない)。

副詞 ❶**とりわけ。実に。**非常に。

「**よにいみじき夢なり。必ず大臣まで成り上がりたまふべきなり。**」〈宇治拾遺うじしゅうい〉訳「(あなたの夢を占ってみたところ)**とりわけ**すばらしい夢だ。必ず大臣にまで出世なさるはずだ。」

一道いちだうに携はる人、あらぬ道の筵むしろに臨みて、「あはれ、わが道ならましかば、かく余所よそに見はべらじものを。」と言ひ、心にも思へること、常のことなれど、よにわろく覚ゆるなり。〈徒然草・167・一道いちだうに携たづさはる人〉訳 一つの専門の道にかかわっている人が、専門外の場に出席して、「ああ、自分の専門の方面だったなら、このようにわきで(黙って)見てはいないでしょうに。」と言い、心にも思っていることは、通常のことであるけれど、**実に**よくないと感じられるのである。

❷(「よに～打消」の形で)**決して**(…ない)。**少しも**(…ない)。**全然**(…ない)。**どうしても**(…ない)。

わが妻はいたく恋ひらし飲む水に影かごさへ見えてよに忘られず 歌〈万葉集・20・4322〉訳 私の妻は(私のことを)たいそう思い慕っているらしい。飲もうとする水にその面影までが見えて、**どうしても**忘れることができない。

女、「**ぬしに消息せうそこ聞こえば申してむや。文はよに見たまはじ。ただことばにて申せよ。**」と言ひければ…。〈大和・157〉訳 女は、「(もし私が)ご主人に便りを申し上げるならば(そのときは)申し上げてくれないか。(あの人は)手紙では**決して**ご覧にならないだろう。ただ(おまえの)発話で申し上げよ。」と言ったので…。

「**よに異人ことひと出でゐて見じ**」。**宰相とそこのほどならむと推し量りつ。**〈枕草子・278・関白殿くわんぱく、二月二十一日に〉訳「**決して**他の人が出て(その場に)いて見(たので)はないだろう。(花を盗む人を見たのは)宰相(＝女房の名)とおまえ(＝作者)ぐらいだろう、と推測したのだ。」

発展 **「世に」と「よに」** 名詞「よ」＋格助詞「に」が、一語になったもの。「世の中に」の意味である「世に」と形の上でも用法の上でも区別がつきにくい。たとえば「ささうらへばこそ、よにありがたき物にははべりけれ(＝そうでございますからこそ、非常に珍しい物でございましたよ)」〈徒然草・88・ある者、小野道風をののたうふうの〉の例の「よにありがたき」を「ドコニ～ドンナダ」という関係で考えれば、「世の中にめったにない」という意味になる。

よ-なうのう 終助詞 ↓よな

よ-なが【夜長】 名詞 秋の夜が長く感じられること。季語 秋

よな-よな【夜な夜な】 一 名詞 毎晩。

昼は人目の繁ければ、夜な夜な歩行かちにて…。〈平家・1・鹿谷ししのたに〉訳 昼は人目が多いので、**毎晩**徒歩で…。

二 副詞 夜ごとに。毎夜毎夜。対 朝あさな朝あさな

わりなきさまにて、夜な夜な対面したまふ。〈源氏・賢木さかき〉訳 分別を失ったようすで、(源氏は朧月夜おぼろづくよの君と)**毎晩毎晩**お会いになる。

よ-な・る【世慣る・世馴る】 動詞 自〔ラ下二段〕〈れ・れ・る・るる・るれ・れよ〉❶異性との交際に慣れる。男女のことに通じている。

あやしく様変はりて、世馴れたる人ともおぼえねば…。〈源氏・夕顔〉訳 (夕顔は)不思議に(他の女とは)ようすが違っていて、**異性との交際に慣れ**ている人とも思われないので…。

❷世間に慣れる。世の中のことに通じる。

心知らぬ人に心得ず思はすること、世なれず、よからぬ人の、必ずあることなり。〈徒然草・78・今様いまやうのことどもの〉訳 意味の分からない人に納得できないように思わせることは、**世の中のことに通じ**ていない、教養のない人が、必ずすることである。

よ-に【世に】 副詞 ↓最重要語(1298ページ)

よに-あ・ふ【世に合ふ・世に逢ふ】あう 〈時世に適合して〉羽振りがよい。栄える。

いと今めかしう、**世にあひめでたげにおぼしたり。**〈栄花〉訳とても当世風で、**羽振りがよく**満足そうに思っていらっしゃる。

よ-に-あ・り【世に有り】連語 ❶この世にいる。生きている。**この女見では世にあるまじき心地のしければ**…。〈竹取・仏の御石の鉢〉訳この女と結婚しなくては**生きていられない**ような気がしたので…。❷世間に認められる。評判が高い。**世にある僧どもの参らぬはなし。**〈宇治拾遺〉訳**評判の高い僧たち**で参上しない者はいない。❸生きていく。暮らしを立てる。「この道を立てて**世にあらんには**…」〈宇治拾遺〉訳「この(仏画の)道を職業として**生きていく**には…」

よ-に-い・づ【世に出づ】ー出世する。官職に就く。「**老いおとろへて世に出で交らひしは、をこがましく見えしかば**…」〈更級日記・鏡の影〉訳「老い衰えて**官職に就いて**(世間と)交際したのは、ばかげているように思われたから…」

よ-に-しら-ず【世に知らず】たとえようがない。ほかに例がない。めったにない。比べようがない。**世に知らずをかしくあはれなりしか。**〈枕草子・9・上にさぶらふ御猫は〉訳**たとえようがなく**おもしろくもありかわいそうでもあった。

よ-に-な・し【世に無し】連語 ❶この世に存在しない。**鳶、烏などのうへは、見入れ聞き入れなどする人、世になしかし。**〈枕草子・41・鳥は〉訳トビ、カラスなどの(つまらない鳥の)ことについては、関心を持って見(また)聞いて心に留めなどする人は、**この世に存在しない**よ。❷またとない。めったにない。**世になく清らなる、玉の男皇子さへ生まれたまひぬ。**〈源氏・桐壺〉訳**またとない**ほど気品があって美しい、玉のような男の皇子までもがお生まれになった。

よ-に-に-ず【世に似ず】連語 世に類がない。この上もない。かぐや姫のかたちの**世に似ずめでたきことを**…。〈竹取・かぐや姫の昇天〉訳かぐや姫の容姿が**この上もなく**美しいことを…。

よ-に-ふ【世に経】この世に生き続ける。生き長らえる。また、俗世で暮らす。世の中のことを経験する。↓経ふ「**世にへし時だに、人に似ぬ心ばへにより世をもてひがむるやうなりしを**…。」〈源氏・若菜上〉訳「(明石の入道は)**俗世で暮らし**たときでさえ、普通の人と違った気性のため世をすねているようだったが…。」○「世にへ」の「へ」は下二段活用の動詞「経ふ」の連用形。「**わがここにさし放ち据ゑざらましかば、いみじく憂き世にふとも、いかでか必ず『深き谷』をも求め出でまし。**」〈源氏・蜻蛉〉訳「私がここに(浮舟を連れて来て)そのまま放っておかなかったとしたら、実につらい**この世で生き続ける**としても、どうして(身を投げるために)何が何でも『深き谷』を探し出したりしただろうか、いや、探し出したりはしなかっただろう。」○「深き谷」は「世の中の憂きたびごとに身を投げば深き谷こそ浅くなりなめ」訳↓みをなぐ❶を踏まえている。

よ-に-ふ・る【世に旧る・世に古る】世間で言いふるされている。世間で珍しくなくなる。**世にふりぬることをも、おのづから聞きもらすあたりもあれば**…〈徒然草・234・人のものを問ひたるに〉訳**世間で言いふるされている**ことも、たまたま聞きもらすむきもあるので…。

よに-も【世にも】副詞 ❶いかにも。さも。**宰相よにも心苦しげにて**…。〈平家・2・少将乞請〉訳宰相(＝教盛)は**いかにも**つらそうなようすで…。❷(打消の表現を伴って)断じて。決して。どんなことがあっても。**筑波嶺の岩もとどろに落つる水よにもたゆらにわが思はなくに**歌〈万葉集・14・3392〉訳筑波山の岩も鳴り響くほどに落ちる水のように、**決して**、(私たちの仲も)ゆらゆら揺れているとは私は思っていないのに。

よね【米】名詞 ❶米。❷(「米」の字を分解すると八十八になることから)八十八歳。米寿。

よ-の-おぼえ【世の覚え】世間の評判。うわさ。類世の聞こえ **世の覚えあなづらはしうなりそめにたるをば謗りやはする。**〈枕草子・41・鳥は〉訳**世間の評判**も見くびりたくなる感じになり始めてしまっている人を(それ以上)けなしたりするか、いや、しない(ものだ)。

よ-の-おもし【世の重し】国を治める重要人物。国家の重鎮。

よ-の-かため【世の固め】国家を固めること。また、その人。

よ-の-きこえ【世の聞こえ】↓よのおぼえ

よ-の-ことごと【夜の悉】一晩中。夜通し。

よ-の-さが【世の性】世の常。世の習い。

世之介登場人物 浮世草子『★好色一代男』の主人公。大坂の富豪と京都の名高い太夫の間に生まれ、七歳で恋に目覚める。各地を巡って色道の修業に励み、遺産により好色の限りを尽くす。六十歳で、仲間七人と女護ヶ島を目指して伊豆の沖から船出をし、行方不明となる。

よ-の-すゑ【世の末】ー ❶後の時代。後世。「**もし、世の末におぼつかなくいふ人もあらば**…。」〈無名抄・俊成自讃歌事〉訳「もし、**後世**に不確かに言う人があったら…。」❷晩年。老年。さべき人々にも立ち後れ、**世の末に残り留まれる類**をれ、**老年**に残りとどまっている例を…。…〈源氏・行幸〉訳頼りになるはずの人々にも死に遅

よ-の-ためし【世の例】❶語りぐさ。話の種。**世の例にもなりぬべき御もてなしなり。**〈源氏・桐壺〉訳(世間の)**語りぐさ**にでもなりそうな(帝の桐壺の更衣に対する)ご待遇である。❷世の習わし。よくあること。目の前に寂しげになりゆくこそ、**世の例**も思ひ知られてあはれなれ。〈徒然草・137・花は盛りに〉訳(祭りが)目の前でひっそりとしてゆくのは、(はかない)**世の習わし**も思い知られてしみじみする。

よ-の-つね【世の常】❶平常。普通。人並み。**衣食世の常なる上に僻事せん人をぞ、まことの盗人とは言ふべき。**〈徒然草・142・心なしと見ゆる者も〉訳衣食が**人並み**であるうえに、悪事をするような人を、本当の盗人というのに違いない。❷ことばでは言い尽くせない。言うも愚か。**あさましとは世の常なり。**〈源氏・葵〉訳(生霊の仕業に)あきれ果てると言うのは**言うも愚か**だ。

よ-の-なか【世の中】

人の生きている世界・社会
- [社会]
  - ❶この世。現世。
  - ❷世間。社会。世相。また、俗世間。浮き世。
  - ❸天皇の治世。御代。
  - ❹世間一般であること。世の常。
  - ❺辺り。外界。自然界。特に、天候の具合。
- [個人]
  - ❻身の上。境遇。運命。人生。
  - ❼男女の間柄。夫婦仲。
  - ❽世間的な名声。権勢。

名詞 ❶**この世。現世。**
世の中のすべなきものは年月は流るるごとし…歌〈万葉集・5・804〉訳**この世**でどうしようもないものは、年月は流れるよう(な早さで過ぎ去ること)だ…。

❷**世間。社会。世相。また、俗世間。浮き世。**
その年の祭りの前より、世の中きはめて騒がしきに…。〈大鏡・道長上〉訳その年の賀茂の祭りの前から、(伝染病が流行して)**世間**がひどく不穏であるうえに…。○この例のように「世の中騒がし」の形で用いられる場合は、伝染病で世間が不穏になる意味を表すことが多い。

❸**天皇の治世。御代。**
世の中変はりて後、よろづもの憂くおぼされ…。〈源氏・葵〉訳(桐壺の帝から朱雀帝へと)**天皇の治世**が変わってからは、(源氏は)何事につけても憂鬱だとお思いにならないではいられなくて…。

❹**世間一般であること。世の常。**
世の中の女にしあらば我が渡る痛背の川を渡りかねめや歌〈万葉集・4・643〉訳(私が)**世の常**の女であったなら、(裏切った夫と別れて)私が渡る痛背川(=三輪山のふもとにある穴師川)を渡れないことがあろうか、いや、渡れるだろう。○「痛背」という地名に、「背(=夫)」に裏切られてつらいという意味を含ませてある。

❺**辺り。外界。自然界。特に、天候の具合。**
秋待ちつけて、世の中少し涼しくなりては、御心地もいささか爽やぐやうなれど…。〈源氏・御法〉訳秋を待ち受けて、**辺り**が少し涼しくなってからは、(病床の紫の上の)ご気分もいくらかよくなるようであるけれども…。

❻**身の上。境遇。運命。人生。**
『**世の中いとはかなければ、今は形をも異になしてむ。**』**とてなむ、ささのところに月ごろはものせらるる。**」〈蜻蛉日記〉訳「『(私の)**身の上**はまことに頼りないので、今は外形をも普通と違う(尼の)姿にしてしまおう。』ということで、しかじかの所にここ数か月の間はお住まいになっているのだよ。」

❼**男女の間柄。夫婦仲。**
夢よりもはかなき世の中を、嘆きわびつつ明かし暮らすほどに…。〈和泉式部日記〉訳夢よりも頼りにならない(亡き為尊親王との)**仲**を(追憶し)、憂いに沈み続けて日々を過ごしているうちに…。

❽**世間的な名声。権勢。**
父殿失せたまひにしかば、世の中衰へなどして、御病も重くて…。〈大鏡・兼通〉訳(朝光は)父君(=兼通)がお亡くなりになってしまったので、**世間的な名声**も衰えたりして、ご病気も重くて…。

よのなか-ごこち【世の中心地】
名詞 はやり病。疫病。

よのなかに…歌
世の中に思ひやれども子を恋ふる思ひにまさる思ひなきかな〈土佐日記・一月十一日〉訳世の中に、いろいろと思いを馳せてみても、(亡くした)子を恋しく思う気持ちに勝る悲しみはないことだなあ。○「思ひ」の内容はそれぞれ異なる。
発展 亡くなった子を思って紀貫之の詠んだ歌。

世の中にさらぬ別れのなくもがな千代もとなげく人の子のため〈古今集・雑上・901・在原業平〉訳世の中にどうしても避けることのできない別れ(=死別)などがなかったらなあ。(親に)千年も(生きてほしい)とこいねがう子のために。○「もがな」は他への願望を表す終助詞。
発展『伊勢物語』八十四段では第四句を「千代もといのる」とした形で収録されている。母の歌(↓おいぬれば…)への返歌。

世の中にたえて桜のなかりせば春の心はのどけからまし〈古今集・春上・53・在原業平〉訳もし世の中にまったくサクラがなかったなら、春(を過ごす人)の心はのどかであるだろうに。○「せば…まし」で反実仮想を表す。
発展 本来、春はのどかな季節であるのに、サクラが咲いたり散ったりすることが気になり落ち着かないと詠み、サクラへの愛情を逆説的に表現する。『伊勢物語』八十二段にも見える。返歌(↓ちればこそ…)参照。

よのなかは…百人一首
世の中は常にもがもな渚漕ぐ海人の小舟の綱手かなしも〈新勅撰集・525・源実朝〉訳世の中は永遠に変わらないものであってほしいなあ。波打ち際を漕いでいく漁師の小舟の、綱で引かれている光景の、しみじみせつないことよ。
発展「河上のゆつ岩群に草生さず常にもがもな常処女にて」〈万葉集・1・22〉と「陸奥はいづくはあれど塩釜の浦漕ぐ舟の綱手かなしも」〈古今集・東歌・1088〉の二首を本歌とする。

品詞分解・修辞

世の中	海人
は(格助)	の(格助)
常に(形動・用)	小舟
もがも(終助)	の(格助)
な。(終助)〈二句切れ〉	綱手
渚	かなし(形・終)
漕ぐ(ガ四・体)	も(終助)

よのなかは…歌
世の中は何か常なる飛鳥川昨日の淵ぞ今日は瀬になる〈古今集・雑下・933〉訳世の中は(いったい)何が不変であるのか(変わらないものはない)。(「明日」という名を持つ)飛鳥川も昨日の淵が今日は浅瀬になっている。○「飛鳥川」に「明日」を掛ける。「明日」「昨日」「今日」は縁語。
発展 作者不明。世の中の無常を詠んだ歌として広く知られている。

よのなかよ…百人一首
世の中よ道こそなけれ思ひ入る山の奥にも鹿ぞ鳴くなる〈千載集・1151・藤原俊成〉訳ああ、この世の中というものはよ、(つらさを逃れる)道がないのだなあ。(世を捨てようと)思い詰めて入った山の奥にもシカが(悲しげに)鳴いていることだよ。○「思ひ入る」に「(山に)入る」を掛ける。第三句以下が「道こそなけれ」の理由。

発展 世俗のつらさから逃れようと山奥に入っても、つらいことはなくならなかったという嘆きを詠む。

品詞分解・修辞

世の中	よ	道	こそ	なけれ。	思ひ入る
	間助		係助	形・已	ラ四・体

(係)→(結)〈二句切れ〉

山	の	奥	に	も	鹿	ぞ	鳴く	なる
	格助		格助	係助		係助	カ四・終	推定・体

(係)→(結)

よのなかを… 歌 **世の中を憂しとやさしと思へども飛び立ちかねつ鳥にしあらねば**〈万葉集・5・893・山上憶良〉訳 世の中を、つらいとも身が細るほど耐え難いとも思うけれども、(どこかへ)飛び立つことができない、鳥ではないのだから。○第四句と第五句は倒置。

発展「貧窮問答歌」の反歌。

よ-は【夜半】 名詞 夜。夜中。夜ふけ。↓古語チャート❶(47ページ)

よ-はう【四方】 名詞 四角。方形。発展「方」の表記は「はう」だが、「ほう」と表記されることも多い。

よはし(誤)↓(正)**よわし【弱し】**

よ-ばな・る【世離る】 動詞 自 ラ下二段〈れ・れ・る・るる・るれ・れよ〉世間から遠ざかる。俗世を離れる。「すくよかならぬ山の気色、木深く、**世離れて**畳みなし…」〈源氏・帚木〉訳「(本当の名人は)険しくない山の風景を、木々が茂って奥深く、**世間から遠ざかって**(いるような感じに)幾重にも重ね(て描き)…。」

よは-の-けぶり【夜半の煙】 夜に立ち昇る煙。特に、火葬の煙。

よばは・る【呼ばはる】 動詞 他 ラ四段〈ら・り・る・る・れ・れ〉大声で呼ぶ。叫ぶ。「ただ今、城の内へまっさきかけて討たれたまひぬるぞや。」と**呼ばはりければ**…〈平家・9・二度之懸〉訳「ついさっき、城のなかへ一番乗りをして討たれておしまいになったよ。」と**叫んだ**ところ…。

よはひ【齢】 名詞 ❶年齢。年。**年経ればよはひは老いぬしかはあれど花をし見ればもの思ひもなし** 歌〈古今集・春上・52〉訳↓としふれば…

❷年ごろ。年配。**我が子の小次郎がよはひ程にて、容顔まことに美麗なりければ**…〈平家・9・敦盛最期〉訳 自分の子の小次郎の**年ごろ**ぐらいで、容貌は非常に美しかったので…。

❸寿命。「**世を棄てたる法師の心地にも、いみじう世の憂へ忘れ、齢延ぶる、人の御ありさまなり。**」〈源氏・若紫〉訳「世を棄てている法師の気持ちにも、まったく世の中の不安を忘れ、**寿命**の延びるような、その方(=源氏)のごようすである。」

よばひ【呼ばひ・婚ひ】 名詞 ❶求婚の呼びかけ。❷夜、男性が女性の寝所に忍び込むこと。

よばひ-ぼし【婚ひ星】 名詞 流れ星。季語 秋

よば・ふ【呼ばふ】

繰り返し呼ぶ ─ ❶**呼び続ける。** ❷**言い寄る。求婚する。**

未然形	連用形	終止形	連体形	已然形	命令形
よば・は	よば・ひ	よば・ふ	よば・ふ	よば・へ	よば・へ

動詞 他 ハ四段 ❶**呼び続ける。何度も呼ぶ。** **声を高く上げて妻を呼ばふに、妻、さらに答へず。**〈今昔〉訳 声を高く張り上げて妻を**呼び続ける**が、妻は、一向に返答しない。

❷**言い寄る。求婚する。** **昔、津の国に住む女ありけり。それを呼ばふ男二人なむありける。**〈大和・147〉訳 昔、津の国(=今の大阪府北西部と兵庫県南東部)に住む女がいた。それ(=その女)に**言い寄る**男が二人いたのだった。

発展 ①**語の成り立ち** 四段動詞「よぶ」の未然形に、反復・継続を表す接尾語「ふ」が付いたもの。この「ふ」は、上代では助動詞であったが、中古以降は「呼ばふ」など、限られた動詞にしか付かず、接尾語になったものと考えられる。↓ふ(助動詞・接尾語)

②❷は「婚ふ」とも書く。

よば・る【呼ばる】 動詞 他 ラ四段〈ら・り・る・る・れ・れ〉《近世以降》呼ぶ。「大声あげて**呼ばらば**、助けてくれべし…。」〈北越雪譜〉訳「大声をあげて**呼んだら**、助けてくれるに違いない…。」○「べし」は終止形に接続するので、古語の正しい表現としては「くるべし」でなければならない。

発展「呼ばはる」の変化したもの。

よひ【宵】 名詞 夜に入ってから間もないころ。↓古語チャート❶(47ページ)

よび-あ・ぐ【呼び上ぐ】 動詞 他 ガ下二段〈げ・げ・ぐ・ぐる・ぐれ・げよ〉呼びつける。「にげ入りて、局なる人々**呼びあげ**などせむもみぐるし。」〈更級日記・春秋の定め〉訳「逃げ込んで、部屋にいる女房たちを**呼びつけ**などしたりするのもみっともない。」

よび-おろ・す【呼び下ろす】 動詞 他 サ四段〈さ・し・す・す・せ・せ〉(高貴な所から)呼び寄せる。呼んで退出させる。**語らふ人の上にものしたまふを、たびたび呼びおろすに**…〈更級日記・宮仕え〉訳 話し相手が御前に詰めていらっしゃるので、何度も(御前から下がるように)**呼び寄せる**と…。

よび-す・う【呼び据う】 動詞 他 ワ下二段〈ゑ・ゑ・う・うる・うれ・ゑよ〉呼び寄せて座らせる。**御供の人は、西の廊に呼びすゑて、この宿直人あひしらふ。**〈源氏・橋姫〉訳(薫の)お供の人は、西の廊に**呼び寄せて座らせて**、この宿直人がもてなしている。

よび-た・つ【呼び立つ】 動詞 他 タ下二段〈て・て・つ・つる・つれ・てよ〉声を張り上げて呼ぶ。大声で呼ぶ。**秋萩の散りのまがひに呼び立てて鳴くなる鹿の声の遥けさ** 歌〈万葉集・8・1550〉訳 秋のハギの散ることが入り乱れているときに(妻を)**声を張り上げて呼んで**鳴いているように聞こえるシカの声がはるか遠いことよ。

よ-ひと【世人】 名詞 世間の人。

よ-ひとよ【夜一夜】 副詞 一晩中。夜通し。**夜一夜寝も寝られず、悲しうおぼえければ**…〈大和・156〉訳 **一晩中**寝ることもできなくて、悲しく思われたので…。

よび-とよ・む【呼び響む】 一 動詞 自 マ四段〈ま・み・む・む・め・め〉響きとどろく。鳴り響く。**杣人は宮木引くらしあしひきの山の山彦呼びとよむなり** 歌〈古今集・墨滅・1101〉訳 木こりが宮殿を造るための材木を引っ張っているらしい。山(の木こり)の山彦(=反響)が**響きとどろく**のが聞こえる。○「あしひきの」は

「山」に係る枕詞。

■二 動詞 他〔マ下二段〕〈め・め・む・むる・むれ・めよ〉響きとどろかせる。鳴り響かせる。**春過ぎて夏来向かへばあしひきの山呼びとよめ…** 歌〈万葉集・19・4180〉訳春が過ぎて夏がやってくるときまって、(ホトトギスはその声を)山に**鳴り響かせ**…。○「あしひきの」は「山」に係る枕詞。

よび-と・る【呼び取る】 動詞 他〔ラ四段〕〈ら・り・る・る・れ・れ〉近くに呼び寄せる。そばに呼ぶ。**宿守りのやうにてある人を呼びとりて語らふ。**〈源氏・松風〉訳管理人のようになっている人を**近くに呼び寄せ**て相談する。

よひ-まどひ【宵惑ひ】 名詞 ↓ゆふまどひ

よひ-やみ【宵闇】 名詞 ↓ゆふやみ

よひ-よひ【宵宵】 名詞 毎晩。宵ごと。

よひ-ゐ【宵居】 名詞 夜遅くまで起きていること。夜ふかし。

よ・ぶ【呼ぶ】 ■一 動詞 自〔バ四段〕〈ば・び・ぶ・ぶ・べ・べ〉声が響く。鳴り響く。**月読みの光を清み夕なぎに水手の声呼び浦廻漕ぐかも** 歌〈万葉集・15・3622〉訳月の光が澄んでいるので夕なぎに水夫の声が**響き**浦辺を漕いでいくことだ。

■二 動詞 他〔バ四段〕〈ば・び・ぶ・ぶ・べ・べ〉❶求めて声を出す。声を掛ける。❷招く。招待する。**浪人仲間へ、「酒ひとつもらん。」と、呼びに遣はし…。**〈西鶴諸国ばなし〉訳浪人仲間へ、「酒を一献飲ませ(=差し上げ)たい。」と、**招き**に行かせ…。❸名付ける。称する。**五位になして大夫黒と呼ばれし馬なり。**〈平家・11・嗣信最期〉訳五位にして大夫黒と**名付けられ**たウマである。

よ-ぶか・し【夜深し】 形容詞〔ク〕〈く・く・し・き・けれ・○／から・かり・○・かる・○・かれ〉夜遅い。深夜だ。**夜深く打ち出でたる声の、らうらうじう愛敬付きたる…。**〈枕草子・41・鳥は〉訳(ホトトギスの)**夜遅く**鳴き出した声が、洗練されて愛らしさがあるのは…。

よぶこ-どり【呼子鳥】 名詞《動物》人を呼ぶように鳴く鳥。カッコウとも。ホトトギスともいわれるが不明。季語 春

よ-べ【昨夜】 名詞 昨日の晩。昨夜。ゆうべ。

よほろ【丁】 名詞 古代、公用の労役のために徴用された者。

よほろ【膕】 名詞 ひざの裏側の、くぼんだ部分。

よみ【黄泉】 名詞 死後、霊魂が行くという世界。あの世。黄泉の国。類冥途 発展「よみぢ」とも。↓**絵で見る古典生活史㉒**(907ページ)

よみ-あ・ぐ【読み上ぐ】 動詞 他〔ガ下二段〕〈げ・げ・ぐ・ぐる・ぐれ・げよ〉声に出して読む。朗読する。読み上げる。**声遣ひもものものしく神さびて読みあげたるほど、いとおもしろし。**〈源氏・少女〉訳(講師が絶句を)口調も堂々としておごそかに**朗読し**ているようすは、実に風情がある。

よみ-いだ・す【詠み出だす】 動詞 他〔サ四段〕〈さ・し・す・す・せ・せ〉詩歌を作って披露する。**みな人々詠み出だして、よしあしなどさだめらるる程に…。**〈枕草子・99・五月の御精進のほど〉訳そこにいる人たちはみな**歌を作って披露し**て、よいか悪いかなどをお決めになるときに…。

よみ-か・く【詠み掛く・読み掛く】 動詞 他〔カ下二段〕〈け・け・く・くる・くれ・けよ〉❶歌などを詠んで、人にその返歌を求める。**わづかに、直衣の袖をひかへて、この歌を詠みかければ…。**〈俊頼髄脳〉訳軽く、(相手の)平服の袖を押さえて、この歌を**詠んで、その返歌を求め**たところ…。❷読んで聞かせる。また、呪文などを唱える。**その所に船を浮かべて、海の上に物を書きて、物を読み掛けて…。**〈今昔〉訳その場所に船を浮かべて、海の上に何かを書いて、(それに向かって)呪文を**唱え**て…。

よみ-がへ・る【蘇る】 動詞 自〔ラ四段〕〈ら・り・る・る・れ・れ〉生き返る。**「忌むことのしるしによみがへりてなむ…。」**〈源氏・夕顔〉訳「受戒のご利益によって**生き返って**…。」

発展 黄泉の国から帰る意味。

よみ-ぢ【黄泉】 名詞 ↓よみ

よみ-びと【詠み人】 名詞 和歌の作者。詠者。

よみ-びと-しらず【詠み人知らず】 文芸用語 和歌の撰集で、作者が不明または匿名の場合に使うことば。

読本(よみほん) 文芸用語 江戸時代の小説の一分野。絵入りの「★草双紙」に対して、文章を読むことを主とする。十八世紀の中ごろ、上方に起こって江戸に移り、寛政の改革(一七八七〜一七九三)後に流行した、和漢混交文体の伝奇的な話を中心とする作品。前期は、知識人が中国の小説をまねて日本の歴史・説話・怪異奇談を通して作家の人間観・世界観を表現したものが多い。後期は教訓的な話が多く、勧善懲悪思想が強い。前期の代表作品に『雨月物語』(↓**必修古典ビッグ30**❸186ページ)、後期に『★南総里見八犬伝』がある。

よ・む 動詞 他〔マ四段〕〈ま・み・む・む・め・め〉■一【読む】❶数を数える。**春花のうつろふまでに相見ねば月日読みつつ妹待つらむぞ** 歌〈万葉集・17・3982〉訳春の花が散り果てるまでも会っていないので、月日を**数え**ながら妻は待っているだろうよ。❷(書かれたものを)声を出して読む。朗読する。唱える。**ゆるるかに読みたまへる、また世に知らず聞こゆ。**〈源氏・須磨〉訳(源氏が)緩やかに(お経を)お**唱え**になっているのが、さらにたとえようがなく(すばらしく)聞こえる。

■二【詠む】詩歌を作る。**開けで、歌をなむ詠みて出だしたりける。**〈伊勢・24〉訳(女は戸を)開けないで、和歌を**詠ん**で(男に)出したのだった。

よ-め【夜目】 名詞 夜、暗い中で見ること。

よ-も【四方】 名詞 東西南北。四方。あちらこちら。周囲一帯。**はるかに霞みわたりて、四方の梢そこはかとなう煙りわたれる程…。**〈源氏・若紫〉訳遠くまで一面に霞がかかって、**周囲一帯**の(木々の)梢がどこということもなく一面にかすんで見える辺りを…。**物言はぬ四方のけだものすらだにも哀れなるかな親の子を思ふ** 歌〈金槐集・718〉訳口をきかない**あちらこちら**の獣でさえも心を動かされるものであるなあ。親が子をいとおしく思うことについては。

よも ある事態が起こることを疑う気持ち ―まさか(…ないだろう)。

副詞（主に「よも〜じ」の形で）まさか（…ないだろう）。絶対に（…ないだろう）。決して（…ないだろう）。

「相戦はむとすとも、かの国の人来なば、たけき心つかふ人も、よもあらじ。」〈竹取・かぐや姫の昇天〉訳「（月の国の人と）戦い合おうとしていても、あの（＝月の）国の人がやって来てしまったなら、勇猛な心を奮う人も、決していないだろう。」

『よも起きさせたまはじ。』とて伏しはべりにき。」〈枕草子・83・返る年の二月二十日余日〉訳「（伝言があったけれど、あなたは眠っていたので）『まさかお起きにならないだろう。』と思って（私もそのまま）寝てしまいました。」

発展「よも」の呼応
下に打消推量の助動詞「じ」を伴って用いられる例が圧倒的に多いが、中世以降は反語表現を伴う形でも用いられた。

よも-あら-じ→よも（副詞）

よもぎ【蓬】 名詞《植物》キク科の多年草。季語春 発展平安以降、アサジ・ムグラなどとともに、荒れ果てた場所や寂しい場所の描写に用いられた。

よもぎおひて… 歌
蓬生ひて荒れたる宿を鶯の人来と鳴くや誰とか待たむ〈大和・173〉訳ヨモギが生い茂って荒れてしまった宿なのにウグイスが人が来ると鳴いている。（あてなどないが）だれだと思って待とうか。〇「うぐひす」の「う」は「憂」との掛詞。「や」は強意の係助詞。
発展出家する前の遍昭が雨宿りした家の女が、ひとりごととして詠んだ歌。返歌（↓きたれども…）参照。

よもぎ-が-そま【蓬が杣】 ヨモギが生い茂った所。発展ヨモギが茂ったさまを杣山（＝植林した山）に見立てたことば。また、自分の家を謙遜しても用いる。

よもぎ-ふ【蓬生】 名詞ヨモギなどの雑草が生い茂った荒れ地。

よ-も-すがら【夜もすがら】

日没から夜明けまで連続するようす ― 夜通し。一晩中。

副詞夜通し。一晩中。終夜。対終日

二年ばかりありて、また石山にこもりたれば、夜もすがら雨ぞいみじく降る。〈更級日記・初瀬〉訳二年ほどたって、再び石山寺に参籠したところ、夜通し雨がひどく降る。

発展**①語の成り立ち**　上代では「夜はすがらに」という形で慣用的に用いられていたことばが、中古以降「夜もすがら」となったもの。同様に「日ねもすがらに」が略されてできたことばに副詞「ひねもす」（＝一日中）がある。この「すがらに」「すがら」は、始めから終わりまでずっと、という意味を表す副詞と考えられ、「すがら」は中古以降接尾語となる。
②連体修飾語を受ける場合　「夜もすがら」の「夜」が連体修飾語を受けることもある。たとえば、「さばかり寒き夜もすがらここかしこにねぶりゐたるこそをかしけれ（＝ひどく寒い（夜も）夜通しあちらこちらに（宿直の者が）眠っているのは趣がある）。」〈徒然草・23・衰へたる〉の例では、「さばかり寒き」が「夜」に係っているので、この場合の「夜」には名詞としての意識が残っている。↓古語チャート❶（47ページ）

よもすがら… 百人一首
夜もすがらもの思ふころは明けやらで閨のひまさへつれなかりけり〈千載集・766・俊恵〉訳（あの人の冷たさを恨んで）一晩中物思いに沈んでいるこのごろは、（なかなか）夜が明けきらず、寝室の板戸の透き間までもが（あの人と同じように）冷たいことだなあ。〇「さへ」は添加の副助詞で、恋人に加えて戸の透き間までもが冷たいという気持ちを表している。
発展恋に悩む女性の心を想像して詠んだ歌。「千載集」では、第三句が「明けやらぬ」となっている。

品詞分解・修辞

夜もすがら	もの思ふ	ころ	は	明けやら	で
副	ハ四・体		係助	ラ四・未	接助
閨	の	ひま	さへ	つれなかり	けり
	格助		副助	形・用	詠嘆・終

よもすがら… 句
終宵秋風聞くやうらの山〈奥の細道・全昌寺・河合曾良〉訳一晩中寝付くこともできないで、寺の裏山を吹く秋風のわびしい音を聞くことだ。〇季語秋風―秋
発展旅の途中で病気になり、芭蕉と別れて、ひとりで寺に泊まった夜の句。

よも-つ-ひらさか【黄泉つ平坂】 ★黄泉の国と、この世との境にあるという坂。

よも-の-あらし【四方の嵐】 周りを吹き荒れる強風。また、世間の風当たりが強いことのたとえ。

よも-の-うみ【四方の海】 四方の海。また、天下。類四海

よも-や 副詞（打消の推量表現を伴って）まさか。決して。
よもや裏ばかりも出来まじ。〈西鶴・世間胸算用〉訳（この値段では）まさか着物の裏ほどもできないだろう。

よも-やま【四方山】 名詞❶四方の山々。❷あちらこちら。周囲。世間。❸いろいろ。種々雑多。

よ-や 感動詞（強く呼びかけて）よう。おおい。
「**助けよや、猫股、よやよや。**」〈徒然草・89・奥山に、猫股と〉訳「助けてくれえ、猫股（＝ネコの化け物）だ、おおいおおい。」

よ-よ【世世・代代】 名詞❶長年。年々。代々。
甍を争へる高き賤しき人の住まひは、世々を経て尽きせぬものなれど…。〈方丈記・ゆく河〉訳屋根の高さを競っている身分の高い人や身分の低い人の住居は、長年にわたってなくならないものであるけれど…。
❷（「おのがよよ」の形で）それぞれの人生。別々の生活。↓己が世世
❸《仏教語》過去・現在・未来の三世。

よよ-と 副詞❶（しゃくりあげて泣くようすを表し）おいおいと。
いと悲しくて、おのれもよよと泣きぬ。〈源氏・夕顔〉訳（夕顔の頓死が）たいそう悲しくて、自分（＝惟光）もおいおいと泣いた。
❷（水分が滴るようすを表し）だらだらと。
筍をつと握り持ちて、雫もよよと食ひ濡らしたまへば…。〈源氏・横笛〉訳（若君は）筍をしっかり握ったまま、よだれもだらだらと（流しながら）濡らして食べていらっしゃるので…。
❸（酒などを勢いよく飲むようすを表し）ぐいぐいと。
酒を出だしたれば、さし受けさし受け、よよと飲みぬ。〈徒然草・87・下部に酒飲ますることは〉訳酒を出したところ、（男は何度も杯を）受けてはまた受け、ぐいぐいと

飲んだ。

より

❶（動作・作用の時間的・空間的な起点を表し）…から。
❷（動作・作用の経過点を表し）…を通って。…を通して。
❸（比較の基準を表し）…より。
❹（手段・方法を表し）…で。…によって。
❺…（する）とすぐに。

接続 体言、活用語の連体形に付く。

格助詞 ❶（動作・作用の時間的・空間的な起点を表し）…から。**暁より雨降れば、同じ所に泊まれり。**〈土佐日記・一月十四日〉訳 夜明け前**から**雨が降るので、（昨日と）同じ所に泊まっている。

❷（動作・作用の経過点を表し）…を通って。…を通して。**荒れたる板屋の隙より、月の漏り来て…。**〈更級日記・野辺の笹原〉訳 破れた板屋根の透き間**を通って**、月光が漏れてきて…。

❸（比較の基準を表し）…より。…よりも。**その人、かたちよりは心なむ勝りたりける。**〈伊勢・2〉訳 その人は、容貌**よりも**気立ての方が優れていたのだった。

❹（手段・方法を表し）…で。…によって。**他夫の馬より行くに己夫し徒歩より行けば見るごとに音のみし泣かゆ…** 歌〈万葉集・13・3314〉訳 よその夫がウマ**で**行くのに、私の夫は徒歩**で**行くので、（夫の哀れさを）見る度に声を出して泣かずにはいられない…。

❺…（する）とすぐに。…（する）やいなや。**名を聞くより、やがて面影は推し量らるる心地するを、見る時は、また、かねて思ひつるままの顔したる人こそなけれ。**〈徒然草・71・名を聞くより〉訳 名前を聞く**やいなや**、すぐに（その人の）顔つきは自然と推量される気持ちがするのに、（実際に）対面するときは、同じように、前もって想像していたままの顔立ちをしている人はないものだ。

発展 ①❶の時間的な起点を表す用法 「見しより（＝見たときから）」のように、活用語（この場合は過去の助動詞「き」）の連体形に付く場合、「見たので」という原因・理由を表す用法ともとれるため、この「より」や❺の用法の「より」を接続助詞とする説もある。
②「〜よりほか」の形で「…以外」の意味でも用いられる。
③❶❷の用法は「から」などに、❹の用法は「にて」などにしだいに取って代わられた。
④上代には「ゆり」という形もあった。

より-あひ【寄り合ひ】 名詞 ❶互いに寄ってきて合わさること。寄り集まること。❷人々が目的を持って集まること。集会。会合。❸《連歌・俳諧用語》（「寄り合ひ付け」の略で）付け句と前句を結び付ける詞や素材。また、その付け方。

より-うど【寄人】 名詞 ❶宮中の記録所などで、庶務や執筆などに当たった職員。❷宮中の和歌所で和歌の選定などを担当した職員。召人。❸鎌倉・室町幕府の政所・問注所・侍所で、執筆や雑務に当たった職員。発展「よりびと」の変化したことば。

より-き【与力】 一 名詞・動詞 他〔サ変〕〈せ・し・す・する・すれ・せよ〉加勢すること。味方すること。助力すること。また、その人。**与力の輩誰々ぞ。**〈平家・1・鹿谷〉訳 **加勢した仲間**はだれとだれか。
二 名詞 ❶室町時代、武将などに属した武士。❷江戸時代、奉行の部下として同心を指揮し、上役の業務を補佐した職。

より-つ-く【寄り付く】 動詞 自〔カ四段〕〈か・き・く・く・け・け〉❶そばに寄る。近づく。**恐ろしうて寄りつきたまはず。**〈源氏・真木柱〉訳（鬚黒の大将は北の方のもとに）恐ろしくてお**近づきに**ならない。
❷頼りにして身を寄せる。頼って近づく。**いとどしくさびしく、寄りつかむ方なきままに…。**〈源氏・橋姫〉訳（北の方の死後）いよいよさびしくなり、**頼りにして身を寄せる**ようなすべもないのに従って…。

より-て【因りて・依りて・仍りて】 接続詞 ↓よって

よりてこそ… 歌
寄りてこそそれかとも見め黄昏にほのぼの見つる花の夕顔〈源氏・夕顔〉訳（もっと）近寄って、まさにそれ（＝あなたが夕顔の花にたとえた私）かということも（はっきり）見たらどうか。夕暮れ時にほのかに（あなたが）見た夕顔の花（のような私）を。○「見め」の「め」は推量の助動詞「む」の已然形で、勧誘の意味を表す。
発展 夕顔の歌（↓こころあてに…）への源氏からの返歌。

より-どころ【拠り所】 名詞 頼る所。支えとなるもの。また、根拠。

より-ふ-す【寄り臥す・凭り臥す】 動詞 自〔サ四段〕〈さ・し・す・す・せ・せ〉寄りかかって横になる。**「心地あし。」とて、寄り臥しぬ。**〈源氏・明石〉訳「気分が悪い。」と言って、（入道の娘は）**寄りかかって横になって**しまった。

より-まし【寄りまし】 名詞 修験者が祈禱するとき、呼び降ろした霊魂や物の怪を一時的に乗り移らせる人。女性や子供、また人形を使った。

よりゅうど （現）↓（歴）**よりうど【寄人】**
↓古語チャート46（1305ページ）

より-より【度度】 副詞 おりおり。その時その時。**すぐれたる人も…片糸のよりよりに絶えずぞありける。**〈古今集・仮名序〉訳 優れた歌人も…**その時その時**に絶えないで出ていた。○「片糸の」は「より」に係る枕詞。「より」は糸を「よる」を掛ける。

より-ゐる【寄り居る】 動詞 自〔ワ上一段〕〈ゐ・ゐ・ゐる・ゐる・ゐれ・ゐよ〉寄りかかって座る。**前栽見たまふとて、脇息に寄り居たまへるを…。**〈源氏・御法〉訳（紫の上が）庭の植え込みをご覧になると言って、ひじ掛けに**寄りかかって座って**いらっしゃるのを…。

よる【夜】 名詞 日没から日の出までの間。

よ・る【因る】 動詞 自〔ラ四段〕〈ら・り・る・る・れ・れ〉❶基づく。原因となる。**吉凶は人によりて、日によらず。**〈徒然草・91・赤舌日〉訳 吉凶はその人に**基づいて**、日（のよしあし）に**基づく**のではない。
❷かかわる。左右される。**「道心あらば、住む所にしもよらじ。」**〈徒然草・58・道心あらば〉訳「仏道の悟りを得ようとする心があるなら、住む場所には決して**左右され**ないだろう。」

よ・る【寄る】 動詞 自〔ラ四段〕〈ら・り・る・る・れ・れ〉❶近づく。近寄る。接近する。**すべて下衆のあたりにも寄らず、つと前にのみありて、物もきたなげなるは、ほかざまに顔を向けて食はず。**〈更級日記・大納言殿の姫君〉訳（ネコは）まったく召し使いの周囲にも**近寄ら**ないで、じっと（私たちの）前にばかりいて、食物も汚らしいものは、よその方に顔を向けて食べない。
❷集まる。
親しき者、老いたる母など、枕上まくらがみ**に寄りゐて泣き悲しめども**…。〈徒然草・53・これも仁和寺にんなじの法師ほふし〉訳親しい者や、年老いた母などが、枕もとに**集まり**座って泣き悲しむけれども…。
❸途中で訪れる。立ち寄る。
「**旅の御姿ながら、我が御家へも寄りたまはずしておはしましたり**。」〈竹取・蓬莱ほうらいの玉の枝〉訳「旅のご服装のままで、ご自分の家へもお**立ち寄り**にならないで（こちらへ）いらっしゃった。」
❹もたれかかる。寄りかかる。
「**あなかま**。」**とて、脇息**けふそく**に寄りおはす**…。〈源氏・帚木ははきぎ〉訳「お静かに。」と言って、（源氏が）ひじかけに**もたれかかって**いらっしゃるのが…。

❺気持ちが傾く。好意を寄せる。
歌**梓弓**あづさゆみ**引けど引かねど昔より心は君によりにしものを**〈伊勢・24〉訳→あづさゆみ…
❻多くなる。積もり重なる。
「**入道も年こそ寄ってさうらふとも**…。」〈平家・4・源氏揃げんじぞろえ〉訳「入道（＝頼政）も年齢こそ**多くなって**おりましても…。」○「寄っ」は連用形「寄り」の促音便。
❼寄付される。寄進を受ける。
「**庄**しゃう**など寄りぬれば、別当なにくれなど出**い**で来て、なかなかむつかしく**…。」〈宇治拾遺うじしゅうい〉訳「荘園などの**寄進を受け**てしまうと、役人が何やかやと出しゃばって、かえって面倒で…。」
❽頼りにする。
伊勢いせ**の海人**あま**も舟流したる心地して寄らむ方なく悲しきに**…。歌〈古今集・雑体・1006〉訳伊勢の漁師も舟を流してしまったような気持ちになって、**頼りにする**ようなところもなく悲しい折に…。

「寄る」「寄す」から生まれたことば

まとめて覚えよう古語チャート㊻

相手にもたれ掛かることをいう「1寄る」は、さらに抽象的な概念としての「気持ちが傾く」意をまで表し、多くの派生語を生みました。「2かたよる」「3たよる」は、「かた」や「た」を冠した「1寄る」でしょう。

さて、自動詞「1寄る」に対応する他動詞は「4寄す」です。現代語の「寄せる」で、「気持ちを傾ける」意です。「1寄る」と「4寄す」とは、それぞれ複合名詞「5寄る辺べ」「寄す処が（→6縁よすが）」においても、対応しています。「6縁」がこれから頼りにしようとする積極的な方向を表すのに対して、「5寄る辺」のほうは、現にこの段階で頼りにできるものに限っていいます。

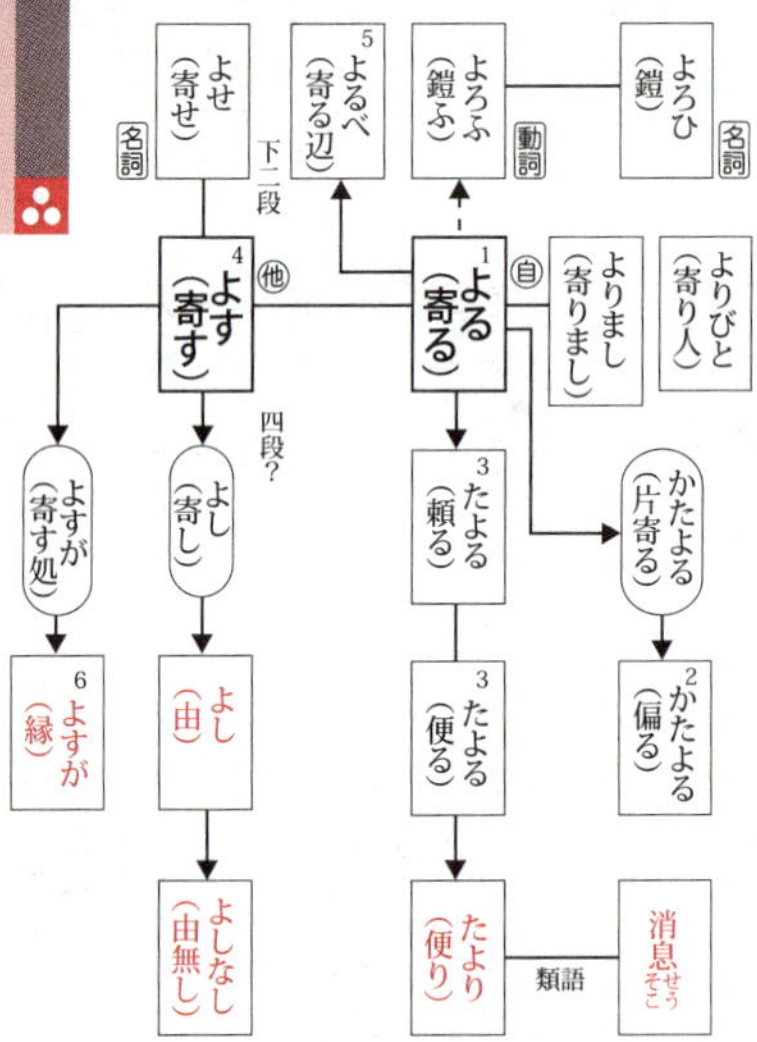

赤字は最重要語・重要語

→古語チャート❾（375ページ）・㊻（1305ページ）
よ・る【縒る・撚る】 ■一動詞他〔ラ四段〕（ら・り・る・る・れ・れ）（糸状のものを）何本かねじり合わせて一本にする。
女をんな**の髪すぢをよれる綱には、大象**だいぞう**もよくつながれ**…。〈徒然草・9・女をんなは髪の〉訳女の髪の毛を**何本かねじり合わせて一本にして**ある綱には、大きな象もしっかりつなぎとめられ…。
■二動詞自〔ラ下二段〕（れ・れ・る・るる・るれ・れよ）よじれる。ねじれる。しわになる。
よれたりし裳も**にうち畳**たた**なはれたる、いとめでたし**。〈宇津保うつほ〉訳**しわになって**しまった*裳に（髪が）幾重にも折り重なっているのは、とてもすばらしい。

よる-の-おとど【夜の御殿】 名詞貴人の寝室。特に、清涼殿せいりょうでんの中にある天皇の寝室。類夜よるの御座おまし↓ビジュアルチェック⓬（715ページ）

よる-の-おまし【夜の御座】 名詞→よるのおとど
よる-の-ころも【夜の衣】 名詞夜、寝るときに着る衣服。

よるのころも-を-かへ-す【夜の衣を返す】 ―夜、寝るときに着る着物を裏返しに着て寝る。

いとせめて恋しきときはむばたまの夜の衣を返してぞ着る 歌〈古今集・恋2・554〉訳ひどく身に染みて恋しいときは（せめて夢ででも会えるようにと）**夜の着物を裏返しにして**着（て寝）ることだ。○「むばたまの」は「夜」に係る枕詞。

発展夜、寝るときに着る着物を裏返しに着て寝ると、恋しい人の夢を見ると信じられていた。

よる-の-にしき【夜の錦】 名詞かいのないこと。無駄なこと。類闇やみの夜よの錦にしき 発展夜に錦を着飾っても人目に付かなくて無意味であることから。

夜の寝覚よるのねざめ 作品名平安時代後期の物語。作者不明。*菅原孝標女すがわらのたかすえのむすめ作とも。十一世紀後半の成立。女主人公寝覚の君と義理の兄の中納言との悲恋を中心に、女君の波乱の運命を描く。『源氏物語』の「*宇治十帖うじじゅうじょう」の影響が強く、複雑な女性心理を描いたところに特色がある。「よはの寝覚」「寝覚」とも。

よる-の-もの【夜の物】 名詞夜、寝るときに用いる物。寝具や夜着など。

よる-べ【寄る辺】 名詞❶頼みとする所。よりどころ。❷頼みとする人。特に、夫または妻。発展上代は「よるへ」。
→古語チャート㊻（1305ページ）

よるべ-の-みづ【寄る辺の水】みず｜名詞 神前に供える水。神霊がよりつくという。

よる-よる【夜夜】名詞 夜ごと。毎晩。

よる-を-ひる-に-な-す【夜を昼になす】昼夜の別なく行う。一日中行う。男どもの中にまじりて、**夜を昼になして**取らしめたまふ。〈竹取・燕の子安貝〉訳 家来たちの中にまじって、**昼夜の別なく行って**(貝を)お取りになる。

❷**よろこばず**【喜ばず】(現)→(古)**よろこびず**【喜びず】発展 バ行上二段動詞「よろこぶ」の未然形＋打消の助動詞「ず」。

よろこび【喜び・悦び・慶び】

名詞 ❶喜ぶこと。うれしく思うこと。❷任官。昇進。❸祝い事。また、そのことば。祝辞。❹お礼。

名詞 ❶**喜ぶこと。うれしく思うこと。うれしさ**。この歌は、都近くなりぬる**喜び**に堪へずして、言へるなるべし。〈土佐日記・二月七日〉訳 この歌は、都が近くなった**うれしさ**に我慢できなくて、詠んだのであるに違いない。

❷**任官。昇進**。頼む人の**喜び**の程を、心もとなく待ち嘆かるるに、秋になりて待ち出でたるやうなれど…。〈更級日記・夫の死〉訳 当てにする人(＝夫)の**任官**の時を、じれったく待ちわびないではいられないでいると、秋になって(あたかも)待ち受けていたように(任官があったの)であるが…。

❸**祝い事。また、そのことば。祝辞**。御迎への人々参りて、怠りたまへる**喜び**聞こえ、内よりも御とぶらひあり。〈源氏・若紫〉訳 お迎えの人々が参上して、(源氏の熱病が)お治りになっている(ことへの)**祝いのことば**を申し上げ、帝からもお見舞いがある。

❹(任官・昇進などの)**お礼**。→慶び申し　人の**喜び**して走らする車の音、異に聞こえてをかし。〈枕草子・3・正月一日は〉訳 (任官した)人が**お礼**をして(まわるために)素速く移動させる車の音は、格別に(晴れ晴れしく)聞こえておもしろい。

類語比較「よろこび」と「いはひ」
共通点＝めでたい事について用いられる。
よろこび＝人間関係の中でもたらされる吉事をうれしく思うことを表す。特に、任官や昇進などの慶事や、そのお礼のことばなどの意味で用いられることが多い。
いはひ＝人為を超えたものからもたらされる吉事を表す。吉事があったことに感謝する気持ちや、神仏へ吉事のあることを祈願する行事などの意味で用いられる。

よろこび-まうし【慶び申し】もうし｜名詞 昇進や任官を果たした人が、お礼を申し上げること。また、その儀式。

よろこ-ぶ【喜ぶ・悦ぶ】一 動詞 自 バ上二段(び・び・ぶ・ぶる・ぶれ・びよ)《上代語》うれしく思う。うれしがる。こほろぎの待ち**喜ぶる**秋の夜を寝る験なし枕と我は 歌〈万葉集・10・2264〉訳 コオロギが待ちうけ**うれしく思う**秋の夜だが、寝るかいもない。枕と私は。二 の意味に同じ。

二 動詞 自 四段(ば・び・ぶ・ぶ・べ・べ) また、知らず、仮の宿り、誰がためにか心を悩まし、何によりてか目を**喜ばしむる**。〈方丈記・ゆく河〉訳 そしてまた、分からない、(はかないこの世の)一時的な住まいを、だれのために心を苦しめ、何のために(豪邸を建てて)目を**うれしがらせる**のか。

発展 中古以降、四段活用が一般的になった。

よろこぼ-ふ【喜ぼふ】よろこぼう｜動詞 自 八四段(は・ひ・ふ・ふ・へ・へ) とてもうれしく思う。しきりに喜ぶ。**よろこぼひて**、「思ひけらし。」とぞ言ひける。〈伊勢・14〉訳 (女は)**とてもうれしく思って**、「(男は私を恋しく)思っていたらしい。」と言うのだった。

発展 四段動詞「よろこぶ」の未然形に、反復・継続を表す接尾語「ふ」が付いた「よろこばふ」が変化したもの。

よろ-し【宜し】形容詞 →最重要語(1307ページ)

よろづ【万】よろず

数の単位「万」の意味から、数の多いこと、すべてのこと
一 名詞 ❶万。また、数の多いこと。さまざまなこと。❷あらゆること。万事。
二 副詞 すべて。万事につけて。

一 名詞 ❶**万。また、数の多いこと。さまざまなこと**。野山に交じりて竹を取りつつ、**よろづ**のことに使ひけり。〈竹取・かぐや姫の出生〉訳 (竹取の翁は)野山に分け入って竹を採取しては、**さまざま**なことに用立てたのだった。

大和歌は、人の心を種として、**万**の言の葉とぞ成れりける。〈古今集・仮名序〉訳 日本の歌(というもの)は、人の心を種(＝根源)として、**多く**の歌に変化していたのだった。

❷**あらゆること。すべてのこと。万事**。久しく見たまはぬ程、いとど玉の台に磨きしつらひ、**よろづ**を調へたまへり。〈源氏・若紫〉訳 (左大臣邸でも源氏を)長い間ご覧にならない(でいた)間に、(左大臣は自邸を)ますます美しく立派な建物として装い飾り立てて、**万事**を調えていらっしゃる。

「人は**よろづ**をさしおきて、ひたぶるに徳をつくべきなり。貧しくては生けるかひなし。」〈徒然草・217・ある大福長者〉訳 「人間は**万事**を放っておいて、ひたすら財産を身に付けるべきである。貧しくては生きているかいがない。」

二 副詞 **すべて。万事につけて**。「なべて心柔らかに、情けあるゆゑに、人の言ふほどのこと、けやけく否び難くて、**よろづ**、え言ひ放たず、心弱く言承けしつ。」〈徒然草・141・悲田院の尭蓮上人は〉訳 「(都の人は)総じて心が柔和で、思いやりがあるために、他人が言う(＝頼む)ぐらいのことは、はっきりと断りにくくて、**万事につけて**、遠慮なく言うことができず、気弱に引き受けてしまう。」

［よろひ(大鎧)］
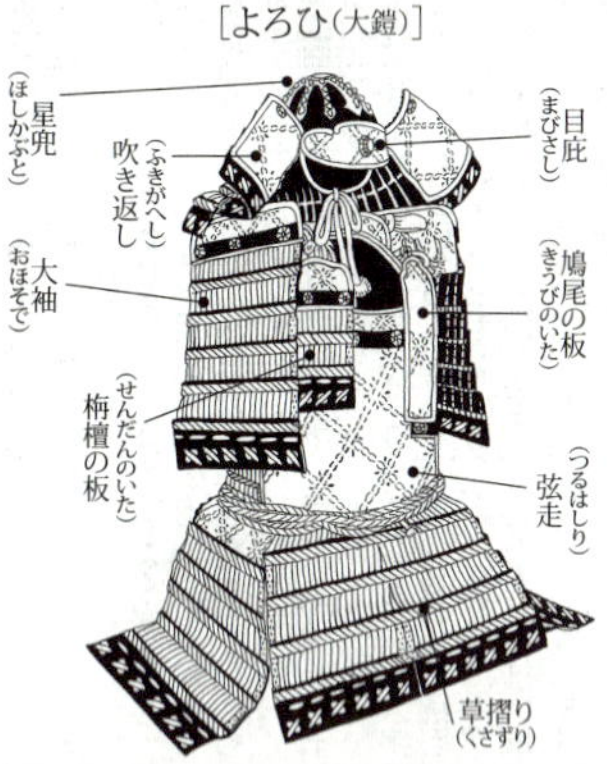

よろづ‐たび【万度】｜副詞 たびたび。何度も。この道の八十隈ごとに**よろづたび**かへり見すれどいや遠に里は離りぬ…歌〈万葉集・2・131〉訳↓いはみのうみ…

よろづ‐に【万に】副詞 なにかにつけて。すべてに。

よろづ‐よ【万世・万代】｜名詞 限りなく続く世。永久。永遠。

‐よろひ【具】助数詞 組になったものを数えることば。
語例 箱一**具**・弓矢二**具**

よろひ【鎧・甲】名詞 戦場で身を保護するために着用した武具。広い意味では、袖やすね当てなども含む甲冑の総称だが、狭い意味では、胴の部分だけを指す。多く、革や鉄の薄板をつづり合わせて作る。↓図（前ページ）
↓古語チャート46（1305ページ）

よろひ‐ひたたれ【鎧直垂】｜名詞 鎧の下に着る★直垂。綾・錦・練り絹・生絹などで仕立て、袖口と袴の裾にくくり緒を付ける。

［よろひひたたれ］

発展 略して、「直垂」ということが多い。

よろ・ふ【鎧ふ】動詞 他［八四段］〈は・ひ・ふ・ふ・へ・へ〉鎧を着る。甲冑を身に着ける。甲冑を**よろひ**、弓箭を帯し馳せ集まる。〈平家・2・西光被斬〉訳 よろいとかぶとを**身に着け**、弓矢を身に付け駆け集まる。
↓古語チャート46（1305ページ）

よろぼ・ふ 動詞 自［八四段］〈は・ひ・ふ・ふ・へ・へ〉❶よろよろと歩く。よろめく。「**よろぼひ倒れて**、橋よりも落ちぬべければ…。」〈源氏・夕顔〉訳「（年かさの女房があわてて）**よろめき**倒れて、橋からも落ちてしまいそうなので…。」
❷崩れかかる。倒れかかる。**この面かの面あやしくうちよろぼひて**、むねむねしからぬ軒のつまなどに…。〈源氏・夕顔〉訳 あちらこちらがみすぼらしく**倒れかかって**、しっかりしていない（家の）軒先などに…。
発展 上代は「よろほふ」。

よろ・し【宜し】

形容詞［シク］

十分満足できるほどではないが、まあまあの水準に達しているようす

❶好ましい。心にかなう。
❷ふさわしい。適当である。似つかわしい。
❸かなりよい。悪くない。まずまずだ。
❹平凡である。普通である。
❺（病気などが悪い状態を脱して）少しましな状態である。少し快方に向かう。

未然形	連用形	終止形	連体形	已然形	命令形
よろ・しく	よろ・しく	よろ・し	よろ・しき	よろ・しけれ	○
よろ・しから	よろ・しかり	○	よろ・しかる	○	よろ・しかれ

❶**好ましい。心にかなう。**物皆は改まるよしただしくも人は古りゆく**よろしかるべし** 歌〈万葉集・10・1885〉訳 物はみな新しくなるのがよい。ただし人間は年を取った方が**好ましい**はずである。

❷**ふさわしい。適当である。似つかわしい。**湯浴みなどせむとて、辺りの**よろしき**所に下りてゆく。〈土佐日記・一月十三日〉訳（女たちは）水浴びなどしようとして、付近の（人目を避けるのに）**適当な**場所に下りてゆく。「同じくは**よろしき**程におはしまさましかば。」〈源氏・若紫〉訳「どうせなら（源氏と紫の上が）**似つかわしい**年ごろでいらっしゃったなら（よかったのに）。」

❸**かなりよい。かなりうまい。悪くない。まずまずだ。** **よろしう**詠みたると思ふ歌を人のもとにやりたるに、返しせぬ。〈枕草子・25・すさまじきもの〉訳 **かなりうまく**詠んだと思う歌を人のところへ贈ったのに、返歌をしてこないのは（興ざめだ）。○「よろしう」は連用形「よろしく」のウ音便。**よろしき**姿したる者、ひたすらに家ごとに乞ひありく。〈方丈記・飢渇〉訳（大飢饉の終わりごろには）**かなりよい**（身分と思われる）格好をしている者が、もっぱら（食物を求めて）一軒一軒もの乞いをしてまわる。

❹**平凡である。普通である。**冠者の君、物の後ろに入りゐて見たまふに、人のとがめむも、**よろしき**時こそ苦しかりけれ…。〈源氏・少女〉訳 冠者の君（＝夕霧）は、物陰に隠れていて（雲居の雁を）ご覧になるうちに、人が見とがめたりするのも、**普通の**時（＝会える当てのある時）は（ただ）つらいと思う（だけで済んだ）のだったが（今は会うこともできず）…。春ごとに咲くとて、桜を**よろしう**思ふ人やはある。〈枕草子・39・節は五月に〉訳 毎春咲くからといって、サクラを**平凡である**と思う人はいるのか、いや、いるはずがない。

❺**（病気などが悪い状態を脱して）少しましな状態である。少し治まるようである。少し快方に向かう。**「**よろしき**ひまあらば、聞こえまほしきこともはべれど、ただ消え入るやうにのみなりゆくは、口惜しきわざにこそ。」〈源氏・総角〉訳「（気分が）**少しましな状態の**時があったら、申し上げたいこともございますが、ひたすらこのまま息が絶え入るようになっていくばかりなのは、残念なことで（ございます）。」病に沈みて久しくこもりゐてはべりけるが、たまたま**よろしく**なりて、内に参りて…。〈新古今集・哀傷・854・詞書〉訳 病に沈んで長い間（家に）こもっておりましたが、偶然にも**少し治まるように**なって、内裏に参上して…。

類語比較「よし」「よろし」「わろし」「あし」↓悪し

よわ‐げ・なり【弱げなり】形容動詞［ナリ］〈なら・なり（に）・なり・なる・なれ・なれ〉弱々しい。御答へ時々聞こえたまふも、なほいと**弱げなり**。〈源氏・葵〉訳（物の怪によって憔悴した葵の上が源氏に）ご返事をときどき申し上げなさるのも、やはりひどく**弱々しい**。

よわ‐ごし【弱腰】名詞 腰のくびれた部分。

よわ・し【弱し】形容詞［ク］〈く・く・し・き・けれ・○／から・かり・○・かる・○・かれ〉❶弱い。体力がない。衰弱している。病弱だ。

女、にはかに病をして、いと**弱く**なりにける時…。〈古今集・哀傷・858・詞書〉訳妻が、急に病気をして、ひどく**病弱に**なってしまったときに…。

❷意志がしっかりしていない。勇気がない。感情に流されやすい。

「少し**弱きところつきて**、なよび過ぎたりしけぞかし。」〈源氏・柏木〉訳「(柏木の過ちは)少し**意志がしっかりしていない**ところがあって、優しくもの柔らか過ぎたせいなのだよ。」

❸劣っている。欠点がある。

「乗るべき馬をば、まづよく見て、強き所、**弱き所**を知るべし。」〈徒然草・186・吉田と申す馬乗りの〉訳「乗ろうとするウマを、まずよく観察して、優れている点、**劣っている**点を知らなくてはならない。」

与話情浮名横櫛(よわなさけうきなのよこぐし) 作品名 歌舞伎脚本。世話物。三世瀬川如皐作。一八五三(嘉永六)年初演。博徒の妾のお富との密会が発覚して、なぶり切りにされた主人公の与三郎が、ならず者となってお富と再会する「源氏店(玄冶店)」の場面で知られる。通称「切られ与三」。

よ-ゐ【夜居】一 名詞 貴人のそばに、夜通し控えていること。

よ-を-こめ-て【夜を籠めて】まだ夜が明けないうちに。法皇、**夜をこめて**大原の奥へぞ御幸なる。〈平家・灌頂・大原御幸〉訳法皇は、**まだ夜が明けないうちに**大原の奥へお出かけになる。

発展 名詞「よ」+格助詞「を」+下二段動詞「こむ」の連用形+接続助詞「て」。

よをこめて… 百人一首

夜をこめて鳥のそら音ははかるともよに逢坂の関は許さじ〈後拾遺集・939・清少納言〉訳まだ夜が明けないうちにニワトリの鳴きまねをしてだまそうとしても、(あの函谷関ならともかく)逢坂の関は(通行を)決して許さないだろう。

発展 孟嘗君の一行が秦から逃げるとき、ニワトリの鳴きまねをして函谷関の門を開けさせたという中国の故事を踏まえた歌。『枕草子』百三十六段にも見える。また、『後拾遺集』では、第二句が「鳥のそら音に」となっている。

品詞分解・修辞

夜 を(格助) こめ(マ下二・用) て(接助) 鳥 の(格助) そら音 は(係助)
はかる(ラ四・終) とも(接助)
よに(副) 逢坂の関(逢ふ／逢坂(掛詞)) は(係助) 許さ(サ四・未) じ(打消推量・終)

よ-を-しの-ぶ【世を忍ぶ】世間を避ける。世間から隠れる。

男も**世を忍ぶ**者なりけん、人にまぎれて行方なく去にけり。〈浮世物語〉訳男も**世間を避ける**者だったのだろう、人ごみに紛れてどこへとなく行ってしまった。

よ-を-し-る【世を知る】❶世の中のことを知る。世情に通じる。特に、男女のことが分かる。

「ひたぶるに若びたるものから、**世をまだ知らぬにもあらず**…。」〈源氏・夕顔〉訳「(夕顔は)ひたすら子供っぽいものの、**男女のことがまだ分からない**というのでもないし…。」

〇この例のように、打消の表現を伴って用いられることが多い。

❷世の中を治める。国を治める。

殿の御前、**世を知りそめさせたまひて後**、帝は三代にならせたまふ。〈栄花〉訳殿の御前(=道長)が、**世の中を治め**はじめなさってから、天皇は三代におなりになる。

よ-を-す-つ【世を捨つ】俗世間から離れる。隠遁する。出家する。

よ-を-そむ-く【世を背く】❶出家する。類世を遁る

すなはち、五十の春を迎へて、家を出で、**世を背けり**。〈方丈記・我が過去〉訳そこで、五十歳の春を迎えたとき、家を出て、**出家した**。

❷この世を去る。他界する。死ぬ。

「この国の人、**世を背き**冥途に至る時…。」〈今昔〉訳「この国の人が、**この世を去って**あの世に来るとき…。」

よ-を-たも-つ【世を保つ】国を治める。国を統治する。

世を保たせたまふこと二年。〈大鏡・花山院〉訳(花山天皇が)**国をお治めになること**二年間。

よ-を-つく-す【世を尽くす・代を尽くす】一生を送る。生涯を過ごす。生涯を終える。

代を尽くしたまふべき御さまども、口惜しと言ふもおろかなり。〈増鏡〉訳(こんな所で)**生涯を終え**ようとしていらっしゃるお姿は、残念だというような言葉では言い尽くせない。

よ-を-のが-る【世を遁る】↓よをそむく❶

よ-を-はばか-る【世を憚る】世間に気がねする。世間体を気にする。

いといたく**世を憚り**、まめだちたまひけるほど…。〈源氏・帚木〉訳とてもひどく**世間に気がねして**、まじめにお振る舞いになっていたその間…。

よ-を-ひ-に-つ-ぐ【夜を日に継ぐ】昼夜の別なく行う。一日中行う。類夜を昼になす

もし立ち直りて命を全くせば、**夜を日に継ぎて**、この事かの事、怠らず成じてん。〈徒然草・241・望月の〉訳もしも回復して寿命をまっとうするならば、**昼夜の別なく行って**、このこともあのことも、なまけないでやり遂げてしまおう。

よ-を-ひびか-す【世を響かす】世間を響くようにさせる。世間に響きわたる。世間の評判となる。

楽の声、鼓の音、**世をひびかす**。〈源氏・紅葉賀〉訳管絃の声や、鼓の音が、**世間に響きわたる**。

よ-を-むさぼ-る【世を貪る】俗世の利益や愛欲などにばかり執着する。

ひたすら**世をむさぼる**心のみ深く…。〈徒然草・7・化野の露〉訳いちずに**俗世の利益にばかり執着する**心ばかり強くなって…。

よ-をり【節折り】一 名詞 陰暦六月・十二月の晦日に、宮中で行われた儀式。天皇・中宮・皇太子の身長を測って折った竹で、★祓へを行う。

よ-を-わた-す【世を渡す】❶(仏が)世の人を救う。

「仏の世に出でたまひて、**世を渡したまへる**…。」〈栄花〉訳「仏がこの世に出現なさって、**世の人をお救いなされた**(というべき殿が)…。」

❷(隠居して)家督を譲る。

子孫に**世を渡し**、隙の明きたるお祖母たちは…。〈西鶴・世間胸算用〉訳子や孫に**家督を譲り**、暇のできたお婆たちは…。

よん-べ【昨夜】名詞 ↓よべ

よ

ら

ら 助動詞**り**の未然形。↓基本助動詞20(1317ページ)

-ら 接尾語 ❶(名詞や代名詞に付いて)複数ある中のひとつのものを示し、他に同じようなものがあるという意味を表す。語例 今日(けふ)ら・少女(をとめ)ら
❷(自分を表すことばに付いて)謙遜(けんそん)の気持ちを表す。語例 憶良(おくら)ら
❸(相手や第三者を表すことばに付いて)親愛の気持ちや、軽蔑(けいべつ)の気持ちを表す。語例 子(こ)ら・おのれら
❹ことばの調子を整える。語例 夜よら

ら【羅】 名詞 薄く織った絹。

らい-かう【来迎】(こう) 名詞《仏教語》念仏を唱える者が死を迎えるとき、極楽浄土に導くために阿弥陀如来(あみだにょらい)などが迎えに来ること。発展「らいがう」とも。

頼山陽(らいさんよう)[サンヤウ] 人名 江戸後期の儒学者・史家。詩・書に優れた。『日本外史(にほんがいし)』などを著し、幕末の尊王攘夷(そんのうじょうい)運動に大きな影響を与えた。*1780—1832*

らい-し【礼紙】 名詞 書状などを巻いて包む白紙。

らい・す【礼す】 動詞 他 〔サ変〕〈せ・し・す・する・すれ・せよ〉拝む。礼拝する。
五十丁(ごじっちゃう)、**山に入りて、永平寺を礼す**。〈奥の細道・汐越(しおごし)の松〉訳(街道から)五十丁ほど、山の方に入って、永平寺を**礼拝する**。

らい-せ【来世】 名詞《仏教語》*三世(さんぜ)の一つ。死後、次に生まれ変わる世。類 後世(ごせ)。対 前世(ぜんぜ)・現世(げんぜ)

らい-だう【礼堂】(どう) 名詞 寺院の本堂の前にあって、本尊を礼拝する堂。礼拝堂。

らい-はい【礼拝】 名詞 動詞 他〔サ変〕〈せ・し・す・する・すれ・せよ〉《仏教語》仏や菩薩(ぼさつ)などに敬意を表すために、頭を低くし合掌して拝むこと。

らい-ばん【礼盤】 名詞《仏教語》仏前の高座。礼拝・読経のとき、導師があがる。発展「らいはん」とも。

らい-ふく【礼服】 名詞 五位以上の官人の正装。身分によって、形や色に区別があった。発展 即位式・大嘗会(だいじょうえ)・元日の節会(せちえ)などの大きな儀式に着用したが、後には、即位式のみに用いた。

[らいふく]

らう【労】(ろう) 名詞 ❶骨折り。苦労。❷功労。年功。❸熟練。❹心遣いが行き届いていること。いたわり。ねぎらい。↓古語チャート47(1309ページ)・48(1313ページ)

らう【廊】(ろう) 名詞 寝殿造りで、建物と建物をつなぐ屋根付きの長い渡り廊下。類 細殿(ほそどの)・渡殿(わたどの)

らう【霊】(ろう) 名詞 ↓りゃう(霊)

らう(ろう) 助動詞〔特殊型〕〈○・○・らう・らう・○・○〉(現在の事実についての推量、あるいはその原因・理由についての推量を表し)…ているだろう。…ているのだろう。接続 ラ変型以外の活用語の終止形、ラ変型活用語の連体形に付く。
宇治の川瀬の水車(みづぐるま)なにと憂(う)き世をめぐるらう〈閑吟集(かんぎんしゅう)〉訳 宇治川の浅瀬にある水車は、どうしてこのつらい世の中を(変わることなく)回っ**ているのだろう**。
発展 現在推量の助動詞「らむ」から変化して、中世後期以降に用いられるようになった。

らう-あ・り【労あり】(ろう) ❶経験を積んでいる。熟練している。
「**玉淵(たまぶち)はいと労ありて、歌などいとよく詠みき。**」〈大鏡・道長下〉訳「大江玉淵は(歌の道に)たいへん**熟練していて**、歌などを非常に上手に詠んだ。」
❷心遣いが行き届いている。
気色いと労あり、なつかしき心ばへと見えて…。〈源氏・胡蝶(こちょう)〉訳(玉鬘(たまかずら)の)ようすはとても**心遣いが行き届いて**、親しみやすい気性と思われて…。

まとめて覚えよう古語チャート47

漢語から生まれたことば

「さぼる」ということばがあります。仕事や授業を怠けることですが、これは、フランス語の名詞「サボタージュ」の省略形に「る」が付いて、動詞として作られたことばです。古語の中にも、外国語である漢語からの造語が多く見られます。

この図では、漢語を基にして生まれた、代表的なことばを集めました。

たとえば、「¹らうたし(労たし)」は、「いたわる」「ねぎらう」意の漢語「²労(らう)」に、程度が極端であることを表す形容詞「いたし」が付いた「らういたし」が変化してできたことばです。

動詞「³さうぞく(装束く)」は、漢語名詞「⁴装束(さうぞく)」の末尾の「く」を四段に活用させたことばです。「⁵さうどく(騒動く)」もこれと似た経緯で成立しました。

また、「⁶乱」の字音「らん」の撥音を「う」と表記した「らう」に、接尾語「がはし」が付いた語が「⁷らうがはし」です。

漢語		生まれたことば	
2 労(らう)	●心遣いが行き届いていること ●いたわること ねぎらうこと	1 らうたし(労たし)	形容詞 ●かわいそうだ ← ●かわいらしい
6 乱(らん)		7 らうがはし(乱がはし)	形容詞 ●騒がしい
騒動(さうどう)		5 さうどく(騒動く)	動詞 ●騒ぎたてる
4 装束(さうぞく)		3 さうぞく(装束く)	動詞 ●装束を着ける

赤字は最重要語・重要語

らう-あん【諒闇】ろう 名詞 ↓りゃうあん

らう-えい【朗詠】ろう 名詞 雅楽の曲種のひとつ。漢詩文の中の名句を節を付けて歌うように読み、それに合わせて管楽器を演奏するもの。後には和歌にも節を付けて歌われた。平安時代に儀式や管絃の遊びとして行われた。発展 朗詠に使われた詩歌を集めたものに『和漢朗詠集』『新撰朗詠集』などがある。

らう-がは-し【乱がはし】形容詞 ↓最重要語（1310ページ）

らう-け【労気】ろう 名詞 疲労から起こる病気。

らう-ざ【老者】ろう 名詞 老人。

らう-じ-し-む【領じ占む】ろうじ 動詞 他〔マ下二段〕〈め・め・む・むる・むれ・めよ〉自分のものとする。領有する。
入道の領じ占めたる所々、海の面にも山隠れにも…。〈源氏・明石〉訳（明石の）入道が**領有し**ているあちこちの土地は、海のほとりにも山の陰になる場所にも（あって）…。

らう-じゅう【郎従】ろう 名詞 ↓らうどう❶

らう-しょ【領所】ろう 名詞 領地。

らう-す【労す】ろうす 動詞 自〔サ変〕〈せ・し・す・する・すれ・せよ〉苦労する。力を尽くす。
労して功むなしく、たましひ疲れ…。〈幻住庵記〉訳**苦労し**たわりに功労はほとんどなく、心も疲れ果てて…。

らう-ず【領ず】ろうず 動詞 ↓りゃうず

らう-せう-ふぢゃう【老少不定】ろうしょうふじょう《仏教語》老人が若者より先に死ぬとは限らないこと。人の命のはかないこと。

らう-ぜき【狼藉】ろう 名詞 ❶無秩序。乱雑なこと。
❷無法な行為。無作法。無礼。乱暴。
「**何者なればかやうの狼藉をば仕まつるぞ。**」〈太平記〉訳「だれであるのでこのような**乱暴**を致すのだ。」
❸物騒なこと。騒動。
かつがつ南都の狼藉を鎮めんとて…。〈平家・5・奈良炎上〉訳（平清盛は）ともかくも奈良の**騒動**を鎮圧しようとして…。
発展 オオカミが寝るときに下草を藉いて荒らすことから。

らう-ぜき・なり【狼藉なり】ろうぜき 形容動詞〔ナリ〕〈なら・なり（に）・なり・なる・なれ・なれ〉❶無秩序だ。乱雑だ。
野分はしたなう吹いて、紅葉みな吹き散らし、落葉すこぶる狼藉なり。〈平家・6・紅葉〉訳秋の暴風が激しく吹いて、紅葉をすべて吹き散らし、落葉がずいぶん**乱雑である**。
❷無法だ。無作法だ。無礼だ。乱暴だ。
「**布衣の者のさうらふは何者ぞ、狼藉なり、罷り出でよ。**」〈平家・1・殿上闇討〉訳「無紋の狩衣の者が伺候しているのは何者だ、**無礼である**、退出せよ。」
❸物騒だ。不穏だ。
「**このごろは大路の狼藉にさうらふに、とうとう。**」〈平家・10・内裏女房〉訳「近ごろは都の大通りが**物騒で**ございますから、早く早く（お帰りなさい）。」

らう-がは・し【乱がはし】ろうがわし

乱雑で秩序のないようす

- ❶（物理的にも心理的にも）乱雑だ。混雑している。むさくるしい。煩わしい。
- ❷理不尽だ。無作法だ。みだらだ。
- ❸騒がしい。やかましい。

形容詞〔シク〕	未然形	連用形	終止形	連体形	已然形	命令形
	らうがは・しく	らうがは・しく	らうがは・し	らうがは・しき	らうがは・しけれ	○
	らうがは・しから	らうがは・しかり	○	らうがは・しかる	○	らうがは・しかれ

❶（物理的にも心理的にも）**乱雑だ。混雑している。むさくるしい。煩わしい。**
「**らうがはしき大路に立ちおはしまして。**」〈源氏・夕顔〉訳「（源氏が）**混雑している**大通りにお立ちになっていらっしゃって。」
「**行ひがちになりにてはべれば、かかるほどのらうがはしき心地するにより、え参り来ぬを…。**」〈源氏・柏木〉訳「（私は今）仏前のお勤めばかりするようになってしまっておりますので、こうした間（＝あなたの出産時期）は**煩わしい**気持ちがするせいで、（あなたのもとに）参上できないのだが…。」

❷**理不尽だ。無作法だ。みだらだ。**
「**なほこなたに入らせたまへ。いとらうがはしきさまにはべる罪は、おのづからおぼし許されなむ。**」〈源氏・柏木〉訳「（失礼とは思いますが）やはりこちらにお入りになってください。（取り散らかしているうえに、横になったままという）ひどく**無作法な**ようすでおります（私の）罪は、（病中ということで）自然にきっとお許しくださるであろう。」

❸**騒がしい。やかましい。**
よからぬ人は、たれともなく、あまたの中に打ち出でて、見ることのやうに語りなせば、皆同じく笑ひののしる、いとらうがはし。〈徒然草・56・久しく隔たりて〉訳身分が低く教養もない人は、だれということもなく、大勢の中にしゃしゃり出て、（まるで自分が）見る（＝見てきた）ことのように話すので、皆同じように笑って大騒ぎするのは、たいそう**騒がしい**。

発展 ①**語の成り立ち**　「みだりがはし」の「みだり」に漢語「乱」を当てて音読みした「乱がはし」が生じ、その「乱」の「ん」を「う」と表記して生まれたものといわれる。無秩序で乱雑なようすや、そうした状態に対する不快感・非難の気持ちを表す。↓古語チャート㊼（1309ページ）
②「**かまびすし**」と「**らうがはし**」　❸は他者の無秩序で乱雑な状態が耳に入って「やかましい、うるさい」という気持ちであることを表し、純粋に聴覚的に「うるさい」という意味を表す「かまびすし」とはその点で異なる。
関連語 喧し・乱りがはし

らう-だう【郎党】ろうどう 名詞 ↓らうどう

らう-た-が・る【労たがる】ろうた 動詞 他〔ラ四段〕〈ら・り・る・る・れ・れ〉かわいがる。かわいいと思う。↓らうたし
あからさまにきたる子ども、わらはべを見入れらうたがりて、をかしきもの取らせなどするに…。〈枕草子・28・憎きもの〉訳ちょっと遊びに来た（それぞれの親の）子どもたちや幼児に目をかけてやり**かわいがって**、おもしろいものを与えたりなどすると…。

らう-た-げ・なり【労たげなり】ろうた 形容動詞〔ナリ〕〈なら・なり（に）・なり・なる・なれ・なれ〉いかにもかわいらしい。
「**らうたげなる姫君のもの思へる見るに、片心付くかし。**」

〈源氏・蛍〉訳「いかにもかわいらしい姫君が(物語に熱中して)もの思いに沈んでいるさまを見ると、ちょっとした関心がわくものだよ。」

らう‐た・し【労たし】形容詞 ↓最重要語(1311ページ)

らう‐どう【郎等】一 名詞 ❶家来。従者。類郎従
「言ふかひなき人の**郎等**に組み落とされさせたまひて…。」〈平家・9・木曾最期〉訳「つまらぬ人の**家来**に組み付かれ(ウマから)落とされなさって…。」
❷所領を持たない家来。後には、主人と血縁関係のない家来。因家の子
発展 近世になってからは、「郎党」とも書いた。

らう‐まい【糧米・粮米】一 名詞 食糧にする米。

らう‐らう・じ【労労じ】

教養を積んで心配りが行き届き洗練されているようす ― ❶**物慣れて巧みである。才気があって洗練されている。** ❷**気高く美しい。上品でかわいらしい。**

未然形	連用形	終止形	連体形	已然形	命令形
らうらう・じく	らうらう・じく	らうらう・じ	らうらう・じき	らうらう・じけれ	○
らうらう・じから	らうらう・じかり	○	らうらう・じかる	○	らうらう・じかれ

形容詞〔シク〕❶**物慣れて巧みである。才気があって洗練されている。気が利いている。**
夜深く打ち出でたる声の、**らうらうじう**愛敬付きたる、いみじう心あくがれ、せむ方なし。〈枕草子・41・鳥は〉訳(ホトトギスの)夜遅く鳴き出した声が、**洗練されて**愛らしさがあるのは、たいへん心を引かれ、どうしようもない。〇「らうらうじう」は連用形「らうらうじく」のウ音便。
「**らうらうじう**、かどめきたる心はなきなめり。」〈源氏・末摘花〉訳「(姫君は)**物慣れて巧みで**、才気走った心はないようである。」
折節につけつつ**らうらうじく**、ありがたかりし、人の御心ばへなりかし。〈源氏・御法〉訳その時々に応じて**気が利いていて**、珍しいほど立派だった、あの方(=亡き紫の上)のご性質であることよ。

らう‐た・し【労たし】ろう 一

手を貸していたわりたくなるようなかわいらしいようす ― **かわいらしい。愛らしい。いとしい。可憐だ。**

形容詞〔ク〕	未然形	連用形	終止形	連体形	已然形	命令形
	らうた・く	らうた・く	らうた・し	らうた・き	らうた・けれ	○
	らうた・から	らうた・かり	○	らうた・かる	○	らうた・かれ

かわいらしい。愛らしい。いとしい。可憐だ。
をかしげなる児の、あからさまに抱きて遊ばしうつくしむほどに、かい付きて寝たる、いと**らうたし**。〈枕草子・151・うつくしきもの〉訳愛らしい感じの幼児が、ほんのちょっと抱いて遊ばせかわいがっているうちに、(私に)しがみついて寝てしまったのは、とても**かわいらしい**。〇手をかけて、いたわりたくなるようなかわいらしさを表す、典型的な例である。
御目の尻の少し下がりたまへるが、いとど**らうたく**おはするを…。〈大鏡・師尹〉訳(宣耀殿の女御の)目じりが少し下がっていらっしゃるのが、いちだんと**かわいらしく**ていらっしゃるところを…。

発展 **古代日本語にないラ行音で始まる語** いたわる、ねぎらうという意味を持つ漢語「労」に形容詞「いたし」が付いた「らういたし」から変化したことば。ラ行音で始まることばは古代の日本語にはなく、中古になってから漢語をもとに新たに作られたものである。弱々しく無力なものをなんとかしてやりたいという気持ちが伴ったかわいらしさ、いとしさを表すことばといわれている。↓古語チャート㊼(1309ページ)・㊽(1313ページ)

類語比較「うるはし」「うつくし」「らうたし」↓麗し
「らうらうじ」と「らうたし」↓労労じ

❷**気高く美しい。上品でかわいらしい。**
顔もいと**らうらうじく**、もてなしなど、らうたげになよびかなり。〈紫式部日記〉訳(大納言の君という女房は)顔もとても**上品でかわいらしく**、振る舞いなども、いかにも愛らしくてもの柔らかである。

類語比較「らうらうじ」と「らうたし」
共通点=いたわる・ねぎらうという意味の漢語「労」をもとにしてできた形容詞。かわいらしいという意味を表す。
らうらうじ=年功・教養を積むことによって得られる気高い美しさ、上品なかわいらしさを表す。
らうたし=弱々しく無力なもの・幼少の者などをいたわりたいという意味から、大切に世話してやりたいような可憐さ・かわいらしさを表す。

らう‐れう【糧料・粮料】名詞 食料。食糧米。

らう‐ろう【牢籠】一 名詞 動詞 自〔サ変〕〈せ・し・す・する・すれ・せよ〉❶引きこもること。❷圧迫されて動きが取れなくなること。困窮すること。苦境に立つこと。❸活発に行われないこと。衰えること。衰退。
二 名詞 動詞 他〔サ変〕〈せ・し・す・する・すれ・せよ〉手に入れること。手に入れて自由に操ること。

ら‐がい【羅蓋】名詞 薄い絹を張った豪華な日傘で、貴人にさしかざすもの。

‐らか・なり 接尾語(形容詞の語幹などに付いて)…のような、…の状態、という意味を表す。語例 高らかなり・清らかなり 発展 形容動詞(ナリ活用)化する。中古以降はあまり使われなくなった。

らかん【羅漢】名詞 ↓あらかん

ラ行変格活用 国語・国文法 動詞の活用の種類のひとつ。略して「ラ変」とも。五十音図の四つの段にわたって活用するが、四段活用とは終止形が異なる。動詞の中で、終止形がウ段音で終わらないのは、ラ行変格活用だけである。所属語は、「あり」「をり」「はべり」「いますがり(いまそがり)」。「あり」は、また、形容詞・形容動詞の補助活用、断定の助動詞「なり」「たり」など一部の助動詞の成立にもかかわりを持っており、補助動詞としての働きも注目される。↓動詞活用表(12ページ)・**読解の手引き**❶(98ページ)

らむ 基本助動詞20

現在の見えない事柄や行われている事柄、またその原因・理由などを推し量る

- ❶(直接経験していない現在の事実についての推量を表し)(今ごろ)…ているだろう。
- ❷(現在の事実についての原因・理由の推量・疑いを表し)(…だから)…ているのだろう。
- ❸(現在の事柄についての伝聞・婉曲を表し)…ているような。…とかいう。◉連体形で用いられる。
- ❹(単なる推量を表し)…だろう。

未然形	連用形	終止形	連体形	已然形	命令形
○	○	らむ(らん)	らむ(らん)	らめ	○

助動詞〔四段型〕接続 活用語の終止形、ラ変型には連体形に付く。

助動詞〔四段型〕❶(直接経験していない現在の事実についての推量を表し)(今ごろ)…**ているだろう**。

風吹けば沖つ白波たつた山夜半にや君がひとり越ゆらむ 歌〈古今集・雑下・994〉訳→かぜふけば…

さて、月ごろ経て、「今はよくなりぬらん。」とて見れば、よくなりにけり。〈宇治拾遺〉訳そうして(=ヒサゴの実をつるして)、数か月たって、「今はきっと(乾いて)よい具合になっ**ているだろう**。」と思って見ると、よい具合になっていた。

❷(現在の事実についての原因・理由の推量・疑いを表し)(…だから)…**ているのだろう**。…**だからだろう**。**どうして…ているのだろう**。

心ざし深く染めてし折りければ消えあへぬ雪の花と見ゆらむ 歌〈古今集・春上・7〉訳(だれかが)思いを深く込めて折り取ったので、消えきれない雪が(ウメの)花のように見え**ているのだろう**。

○雪が花のように見えることについて、初めの三句でその原因・理由を推量している。

白露の色は一つをいかにして秋の木の葉を千々に染むらむ 歌〈古今集・秋下・257〉訳(草木に降りる)白い露の色は一つなのに、どのようにして秋の木の葉をさまざま(な色)に染め**ているのだろう**。

○原因・理由を表す句がなく、「いかにして」という疑問語を伴って、その原因を疑っている。

春の色の至り至らぬ里はあらじ咲ける咲かざる花の見ゆらむ 歌〈古今集・春下・93〉訳(今ではもう)春の気配が行き渡っていない里はないだろう。(それなのに)**どうして**咲いている花と咲いていない花とが見え**ているのだろう**。

○原因・理由を表す句も疑問語もない例。「どうして」を補って解釈する。なお、「至り至らぬ里」は「行き渡っている里と行き渡っていない里」という意味にもとれるが、ここでは「至る」を強調するために二回重ねたものと解釈してある。

❸(連体形で、現在の事柄についての伝聞・婉曲を表し)…**ているような**。…**とかいう**。

「あが仏、何事思ひたまふぞ。おぼすらむこと、何事ぞ。」〈竹取・かぐや姫の昇天〉訳「私の大切な人(=かぐや姫)よ、どのようなことをお思い悩みになっているのか。(今)お思いになっ**ているような**ことは、どのようなことなのか。」

○この「らむ」は想定(ここでは話し手である翁の想定)を表すとも解され、「お思いになっていると思われること」と訳されもする。

柏木、いとをかし。葉守の神のいますらむもかしこし。〈枕草子・40・花の木ならぬは〉訳カシワの木は、たいへん趣深い。葉を守る神がいらっしゃる**とかいう**ことも恐れ多い。○この「らむ」は、連体形の★準体法になっているので、下に「こと」などの体言を補って解釈する。人から聞いたことのように述べている。

❹(単なる推量を表し)…**だろう**。

目を配りて読みゐたるこそ、「罪や得らむ。」とおぼゆれ。〈枕草子・190・八月ばかりに〉訳(僧が参拝客にばかり)目をやって(経を)読んでいるのは、「仏罰を被るのではない**だろうか**。」と思われる。

○推量の助動詞「む」と同じ意味で用いられている。なお、眼前の事実にもとづいた確実性の高い推量を表しているとする考え方もある。

発展 ①**「む」「けむ」と「らむ」** 「らむ」が現在の事柄についての推量を表すのに対して、まだ起こっていない未来の事柄についての推量には「む」、過去の事柄についての推量には「けむ」が用いられる。

②**限られた活用形** 「む」「らむ」「けむ」などは、話し手の主体的な気持ちを表現する助動詞であるため、他の助動詞と併せて用いられる場合、必ず最下位に付く。したがって、用法も活用形も限られ、❶❷❹は、文末か文末に相当する位置(引用文の末尾や、終助詞・接続助詞の上など)にしか付かない。この場合の活用形は、終止形・連体形・已然形のいずれかとなる(推量を表す助動詞には命令形は存在しえない)。一方、文中に用いられる「らむ」は❸の伝聞・婉曲の用法で、連体形に限られる。

③**ウ段音に付く** 「らむ」のような、活用語の終止形に接続する助動詞が、ラ変型の活用語に付く場合に限り連体形に付くのは、ウ段音に付くという共通の性質があるためである。

④**「らむ」→「らん」** 「らむ」は中古中期以降「らん」とも発音されるようになり、中世以降「らん」とも表記されるようになる。さらに中世には、口語では「らう」の形も生じた。

⑤**「むずらむ」** 「らむ」が推量・意志の助動詞「むず」に付いた「むずらむ」は、ほとんど「む」「むず」と同じ意味になる。

識別 「らむ」の識別

品詞と用法	見分け方	例文と訳
現在推量の助動詞「らむ(らん)」の終止形・連体形	活用語の終止形に付いている。ラ変型には連体形に付く。	袖ひちてむすびし水のこほれるを春立つけふの風やとくらむ歌〈古今集・春上・2〉訳(夏の日に)袖が濡れて(手に)すくった(あの)水が(冬の間)凍っていたのを、立春の今日の風が溶かしているのだろうか。

「むず」はもともと俗語的な印象の強いことばであったため、「むずらむ」も、会話文中か、まれに和歌の中で用いられるだけである。→むずらむ

❻「見らむ」　上代では、上一段動詞「見る」に付く場合、「見らむ」となることがあった。この「見」は、未然形とも連用形ともいわれるが、それ以外にも、語幹とか、古い終止形であるとか、諸説ある。中古でも、和歌にはまれに見られる。

関連語 けむ(基本助動詞20)・む(基本助動詞20)

完了(存続)の助動詞「り」の未然形＋推量(婉曲)の助動詞「む(ん)」の連体形	四段動詞の已然形に付いている。サ変動詞に付く場合は未然形の「せ」に付く。	後は誰にと志す者あらば、生けらんうちにぞ譲るべき。〈徒然草・140・身死して〉訳死後はだれそれにと心に決める人があるならば、生きているような間に譲るのがよい。
断定の助動詞「なり」の未然形語尾「ら」＋推量(婉曲)の助動詞「む(ん)」の連体形	「らむ(らん)」の上の部分を独立させても意味が通じない(下の例文では「ならん」の「な」だけを独立させられない)。	同じ心ならん人としめやかに物語して…。〈徒然草・12・同じ心ならん人と〉訳同じ心であるような人としんみりと世間話などをして…。

ら-く …ていること。…たこと。**御民我生けるしるしあり天地の栄ゆる時に会へらく思へば** 歌〈万葉集・6・996〉訳天皇の民である私は生きているかいがある。天地の栄えるときに生まれ合わせた**たこと**を思うと。

発展 完了の助動詞「り」の未然形＋接尾語「く」。

-らく 接尾語 (上二段・下二段・カ変・サ変・ナ変の動詞、および助動詞「つ」「ぬ」「しむ」などの終止形、上一段動詞の未然形に付いて)❶…こと、という意味を表して、名詞を作る。語例 恋ふらく・見らく ❷(文末に用いて)…ことよ、という詠嘆の意味を表す。

発展 四段・ラ変の動詞、形容詞、助動詞「けり」「り」「む」「ず」などには、接尾語「く」が付く。→く(接尾語)・ク語法

らく【洛】 名詞 (「洛陽」の略で)都。特に、京都。

らく-きょ【落居】 名詞 動詞 自〔サ変〕〈せ・し・す・する・すれ・せよ〉落ち着くこと。平静になること。決まりがつくこと。落着。決着。特に、裁判などが決着すること。判決。発展「らっきょ」とも。

「いたし」が付いてできた形容詞

まとめて覚えよう古語チャート㊽

「[1]いたし」は、これで一語の形容詞ですが、あたかも接尾語のように、いろいろな語に下接して新しい形容詞を構成しました。ただ、語頭が母音の「い」であるため、やがて語の中に入りこんで、どこに「いたし」が含まれているのか、気づきにくくもなりました。

形容詞「[2]うしろめたし」は、「うしろへ」「うしろめ」に「[1]いたし」を付けて「うしろへいたし」「うしろめいたし」といっていたものが、「うしろめたし」となったと考えられます。「[3]こちたし」は、「こといたし」の「と」と「い」とが融合して「ち」の音になったものとみられます。

助動詞「[4]たし」も、「いたし」から「い」が脱落してできました。「行きいたし」が「行きたし」となり、現代語の「行きたい」になっているのです。

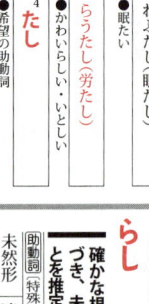

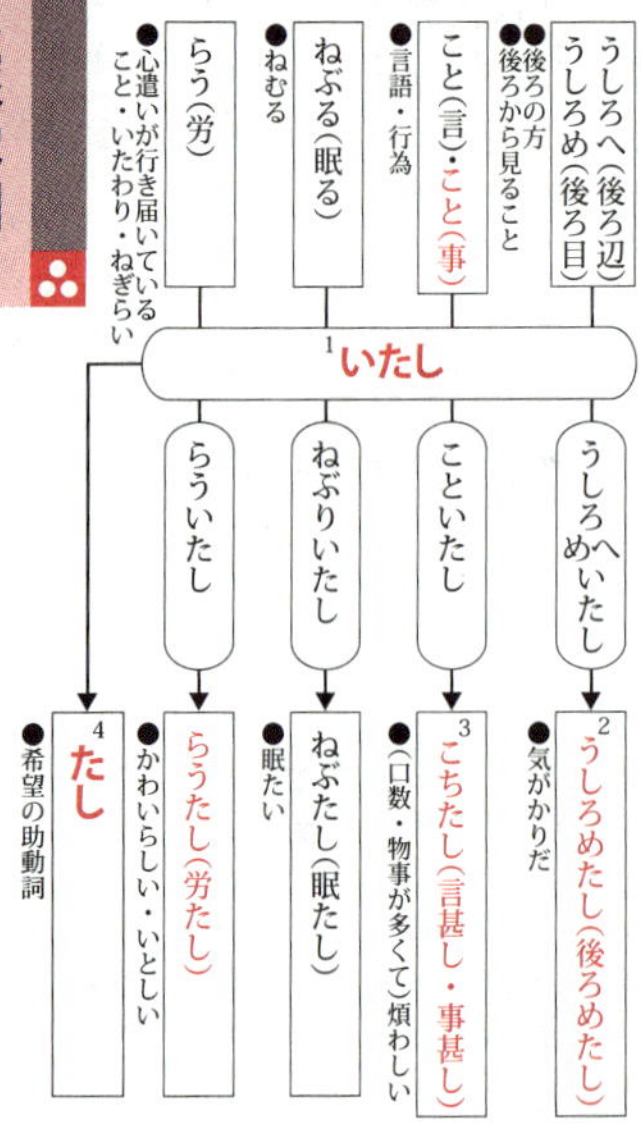

赤字は最重要語・重要語

らく-くゎ【落花】 名詞 花が散ること。また、その花。季語 春

らく-ぐゎい【洛外】 名詞 都の外。京都の町の外。対 洛中

らく-しゅ【落首】 名詞 社会や政治を風刺して、匿名で詠まれた歌。

らく-しょ【落書】 名詞 社会や政治を風刺して、匿名で書かれた文書や詩歌。人目に付く場所に張り出したり、落としたりした。

らく-そん【落蹲】 名詞 雅楽の曲名。二人舞の「納曾利」を一人で舞うときの呼び名。

らく-ちゅう【洛中】 名詞 都の中。京都の町の中。対 洛外

らくちゅう-づくし【洛中尽くし】 名詞 京都の町並みや名所旧跡などを、高い所から見渡したように描いたもの。また、文章に書き並べたもの。

らく-ゐ【楽居】 名詞 動詞 自〔サ変〕〈せ・し・す・する・すれ・せよ〉楽な姿勢で座ること。

らし

確かな根拠に基づき、未知のことを推定する　(推定を表し)…らしい。…ようだ。

助動詞〔特殊型〕接続 活用語の終止形、ラ変型には連体形に付く。

未然形	連用形	終止形	連体形	已然形	命令形
○	○	らし	らし(らしき)	らし	○

（推定を表し）…らしい。…ようだ。…に違いない。

春過ぎて夏来たるらし白たへの衣干したり天の香具山 歌〈万葉集・1・28〉訳 春が過ぎて夏がやってくるらしい。白い布の衣が干してある。天の香具山に。○「白たへの衣干したり」が目の前の事実で、それを確かな根拠として、夏の到来を推定している。

わが妻はいたく恋ひらし飲む水に影さへ見えてよに忘られず 歌〈万葉集・20・4322〉訳 私の妻は（私のことを）たいそう思い慕っているらしい。飲もうとする水にその面影までが見えて、どうしても忘れることができない。

○「恋ひらし」は「恋ふらし」の東国方言。

水底の月の上より漕ぐ船の棹にさはるは桂なるらし 歌〈土佐日記・一月十七日〉訳 水の底に（映って）いる月の上を通って漕ぐ船の棹に引っ掛かるのは（月の世界にある木だという）桂であるに違いない。

○根拠や理由は明示されていないが、伝説の知識から推定している。

発展 **①語の歴史** 上代に多く、中古にはしだいに現在推量の助動詞「らむ」や推定の助動詞「めり」の用法に取り込まれていき、和歌に残るだけとなったが、中世にはそれも衰退した。

②「けらし」「ならし」 助動詞「けらし」「ならし」は、過去の助動詞「けり」・断定の助動詞「なり」の連体形に「らし」が付いた「けるらし」「なるらし」から変化したものとみる説と、「けり」「なり」が形容詞化したと考える説とがある。

③上代は連体形の結びも 上代には、係助詞「こそ」の結びとして「らしき」が用いられている。「こそ」の結びとなる文末の活用語は已然形になるはずだが、上代では形容詞型活用語の已然形が未発達であったため、結びが連体形であることもよくあった。そのため、この「らしき」も「らし」の連体形のひとつかといわれる。

らしやう-もん【羅城門・羅生門】 名詞 平城京・平安京で、南面中央にある正門。朱雀大路の南端に位置し、北端の朱雀門と相対する。

発展「羅城」とは城の周囲の外郭という意味。「らじやうもん」とも。

らせつ【羅刹】 名詞《仏教語》空を飛び、足が速く、人を惑わして食うという悪鬼。後、仏教の守護神となった。羅刹鬼。羅刹天。

らち【埒】 名詞 ❶馬場の周囲の柵。❷（❶から転じて）物事のけじめ。区切り。

らち-あ・く【埒明く】 一 動詞 自〔カ四段〕〈か・き・く・く・け・け〉かたづく。決まりがつく。はかどる。

「一月三十日の中には、用むき半分も埒明きまうさずさうらふ。」〈一茶・書簡〉訳「一か月三十日の間には、用件の半分もかたづきませんでおります。」

二 動詞 他〔カ下二段〕〈け・け・く・くる・くれ・けよ〉済ませる。かたづける。決着をつける。

我一代は、一足にて埒を明けんと思ひしに…。〈西鶴・世間胸算用〉訳 私一代は、（この下駄）一足で済まそうと思っていたのに…。

らち-も-な・い【埒もない】 順序立っていない。筋道が通らない。めちゃくちゃである。

はて埒もないこと。一度切ったる景清がよみがへるべきやうなし。〈近松・出世景清〉訳 はて筋道が通らないこと。一度切り殺した景清が生き返るはずがない。

発展 名詞「らち」＋係助詞「も」＋形容詞「ない」。

ら-てん【螺鈿】 名詞 ヤコウガイ・オウムガイ・アワビなどの貝殻の内側の、真珠のように光る部分をさまざまな形に切り、器物（特に漆器）の表面にはめ込んで、磨き出して飾りにしたもの。

発展 近世以降「らでん」。

-ら・なり 接尾語（ク活用形容詞の語幹、シク活用形容詞の終止形に付いて）そのような状態にあることを表す。語例 賢しらなり・もの悲しらなり

発展 形容動詞（ナリ活用）化する。

らに【蘭】 名詞《植物》❶キク科の多年草、フジバカマの古い呼び名。季語 秋 ❷ラン科の植物の総称。

らふ【臈】 名詞 ❶《仏教語》僧が安居（＝九十日間こもって修行を行うこと）の功を積んだ年を数えることば。❷年功を積むこと。その順位。また、身分の高低。

らふ【臘】 名詞 陰暦十二月の別の呼び名。臘月。季語 冬

らふ-た・く【臈たく】 動詞 自〔カ下二段〕〈け・け・く・くる・くれ・けよ〉年功を積む。また、気品が備わる。洗練される。

いみじくらふたけて、匂やかなる気色、言ふばかりなく…。〈太平記〉訳 とても気品が備わって、華やかなようすは言うまでもなく…。

ラ変 国語・国文法 ↓ラ行変格活用（1312ページ）

らむ↓基本助動詞20（1312ページ）

ら-む …ているだろう。…ているような。

あたら夜の月と花とを同じくはあはれ知れらむ人に見せばや 歌〈後撰集・103〉訳 せっかくの（春の）夜の月と花とを、同じことなら、しみじみとした趣を理解しているような人に見せたいものだ。

発展 完了（存続）の助動詞「り」の未然形＋推量の助動詞「む」。

らめ 助動詞らむの已然形。↓基本助動詞20（1312ページ）

ら-もん【羅文】 名詞 立て蔀や透垣などの上に、細い竹や木を二本ずつ菱形に交差させて組んだ飾り。

発展「らんもん」とも。

［らもん］

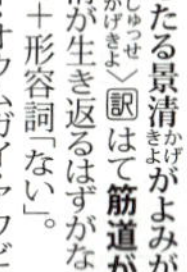

らゆ 助動詞〔下二段型〕〈らえ・○・○・○・○・○〉《上代語》（可能を表し）…れる。…できる。接続 四段・ナ変・ラ変以外の動詞の未然形に付く。

妹を思ひ眠の寝らえぬに暁の朝霧隠り雁がねぞ鳴く 歌〈万葉集・15・3665〉訳 妻を思い眠ることができないときに、未明の朝霧に隠れてガンが鳴く。

発展「らゆ」は、実際には「いのねらえぬ」という形でしか見られない。したがって、活用形も未然形だけしか認定できないが、「ゆ」や「らる」といった同系の語から、他の活用形の存在や受身・自発の用法の存在も推測され、また未然形接続であることも推定される。

らる↓基本助動詞20（1315ページ）

らるる 助動詞らるの連体形。↓基本助動詞20（1315ページ）

らるれ 助動詞らるの已然形。↓基本助動詞20（1315ページ）

られ 助動詞らるの未然形・連用形。↓基本助動詞20（1315ページ）

られよ 助動詞らるの命令形。↓基本助動詞20（1315ページ）

らん 助動詞らむの終止形・連体形。↓基本助動詞20（1312ページ）

らる

基本助動詞20

程度や状態が自然にあらわれたり、自然に心に感じられたりすることを表す

❶（自発を表し）…**られる**。…**れる**。**自然に…られる**。…（し）**ないではいられない**。
❷（可能を表し）…**できる**。◉中古では、下に打消の語を伴う。
❸（受身を表し）…**られる**。…**れる**。
◉無生物が主語となることは少ない。
❹（尊敬を表し）**お…になる**。

[助動] 〔下二段型〕[接続] 四段・ナ変・ラ変以外の動詞および使役の助動詞「す」「さす」の未然形に付く。

未然形	連用形	終止形	連体形	已然形	命令形
られ	られ	らる	らるる	らるれ	られよ

❶（自発を表し）…**られる**。…**れる**。**自然に…られる**。…（し）**ないではいられない**。**住み慣れしふるさと、限りなく思ひ出でらる**。〈更級日記・野辺の笹原〉[訳] 住み慣れた故郷を、この上なく思い出さ**ないではいられない**。○下二段動詞「思ひ出づ」の未然形に付いている例。**花橘は名にこそ負へれ、なほ梅のにほひにぞ、古のことも立ち返り恋しう思ひ出でらるる**。〈徒然草・19・折節の〉[訳] タチバナの花は（昔を思い出させる手がかりとして）有名であるが、それでもやはりウメの花の香りによって、昔のことも（当時に）立ち返って恋しく思い出さ**れる**。○下二段動詞「思ひ出づ」の未然形に付いている例。「花橘は…負へれ」は、「…こそ～已然形」の形で、逆接の意味で下へ続く挿入文。

❷（可能を表し）…**できる**。…（する）**ことができる**。「**いと興あること言ふ老者たちかな。さらにこそ信ぜられね**。〈大鏡・序〉[訳]「たいへんおもしろいことを言う老人方だなあ。（あなたたちの話は）まったく信じる**ことができ**ない。」○サ変動詞「信ず」の未然形に付いている例。上に係助詞「こそ」があるので、★係り結びの法則により、文末の打消の助動詞「ず」は已然形「ね」で結ばれている。中古では、下に打消の語を伴って不可能の意味を表すことが多い。

❸（受身を表し）…**られる**。…**れる**。…**される**。…（し）**てもらう**。→**古語チャート㊷**（1191ページ）**ありがたきもの。舅に褒めらるる婿。また、姑に思はるる嫁の君**。〈枕草子・75・ありがたきもの〉[訳] めったにないもの。舅に褒め**られる**婿。また、姑に愛されるお嫁さん。○下二段動詞「褒む」の未然形に付いている例。「思はるる」の「るる」は、「らる」と同じ意味の助動詞「る」の連体形である。この例のように「思ふ」などの四段動詞に付く場合には、「る」が用いられる。→[発展]①

❹（尊敬を表し）**お…になる**。…**なさる**。「**木曾殿の、最後の軍に女を具せられたりけり**。」〈平家・9・木曾最期〉[訳]「木曾（義仲）殿が、最後の戦いに女を**お連れになって**いた。」○サ変動詞「具す」の未然形に付いている例。「具す」という動作をする木曾義仲に対する敬意を表す。**亀山殿の御池に、大井川の水をまかせられんとて、大井の土民におほせて、水車を造らせられけり**。〈徒然草・51・亀山殿の〉[訳] 亀山殿のお池に、（後嵯峨上皇が）大井川の水を引き入れ**なさろう**として、大井の地元の人々にお言い付けになって、水車を**お造らせになった**のだった。○前の「られ」は、下二段動詞「まかす」の未然形。後の「られ」は、四段動詞「造る」の未然形「造ら」＋使役の助動詞「す」の未然形「せ」に付いている例。

[発展] ①「**る」と「らる」**　自発・可能・受身・尊敬の助動詞には「らる」のほかに「る」があり、意味・用法はまったく同じ。「る」と「らる」の違いは接続の仕方だけで、四段・ナ変・ラ変動詞の未然形（語尾はみなア段音）には「る」が付き、それ以外の動詞の未然形（語尾はイ・エ・オ段音）には「らる」が付く。現代語では「れる」「られる」が古典語の「る」「らる」とほぼ同じ意味・用法で対応している。接続の特徴も古典語に倣い、「れる」は五段・サ変、「られる」はそれ以外に付く。この接続の関係は、使役・尊敬の助動詞「す」「さす」の場合と同様である。

②**もとは❶の自発から**　もともとの意味は、程度や状態などが自然に現れてくること、自然に心に感じられることを表す❶の自発であるといわれる。自発の意味では、「思ひ出づ」「ながむ」など心情を表す動詞に付く場合が多い。

③**❷の可能**　自然に物事が成立していくようすを、主体の作為的な動作に関していう場合には❷の可能の意味になる。ただし、下に打消の語や反語による否定表現を伴って、不可能の意味を表すことが多かった。肯定文の中で用いられるのは中世以降であるが、その用例は少ない。

④**❶・❷に命令形はない**　自発と可能の用法には、意味上、命令形は存在しない。

⑤**❸の受身**　ある状態に自然になるということが、主体に対する他のものの動作によって起こる場合、❸の受身になる。この意味では、無生物が主語となることは少ない。

⑥**❹の尊敬**　高貴な人の動作を表すときに、それが自然に行われたものとして婉曲的にとらえるところから、中古以降、❹の尊敬の意味も生じた。他の尊敬語に比べて敬意が低いので、天皇など最高階級の人の動作にはあまり用いられない。

⑦**「す」「さす」と「る」「らる」**　使役・尊敬の助動詞「す」「さす」が、尊敬の補助動詞「たまふ」を伴った「せたまふ」「させたまふ」などの形で尊敬の意味を表すことが多いのに対して、「る」「らる」の尊敬の用法の場合には、下に「たまふ」が付くことはない。そのため、「見られたまふ」などと使われる例の「らる」は、尊敬以外の意味であると考えられる。

⑧**「仰せらる」「御覧ぜらる」**　「仰す」に「らる」の付いた「仰せらる」は、「言ふ」の尊敬語として中古から一語の動詞としても用いられたが、尊敬語「御覧ず」に付いた「御覧ぜらる」の「らる」は、中古までは尊敬以外の意味で用いられた。この場合の「らる」が尊敬の意味になるのは、中世以降のことである。→仰せらる・御覧ぜらる

⑨**上代は「らゆ」**　上代には、「らる」の用例はまだ見られず、代わりに「らゆ」が用いられていた。

[関連語] らゆ・る（基本助動詞20）・す（基本助動詞20）・さす（基本助動詞20）

蘭学事始 作品名 江戸末期の回想録。杉田玄白著。蘭学草創期の苦心談、『解体新書』成立までのいきさつなどを述べたもの。「蘭東事始」「和蘭事始」とも。一八一五（文化十二）年成立。

らん‐ぐひ【乱杭・乱杙】 名詞 川や堀、道などに不規則に打ち込んだ多数の杭。これに縄を張り巡らして敵を防いだ。

らん‐けい【鸞鏡】 名詞 ❶鸞鳥（＝中国の想像上の鳥）を裏面に刻んだ鏡。❷音名。十二律の第九音。発展「らんきゃう」とも。

らん‐ざう【乱声】 名詞 ↓らんじゃう

らん‐じゃ【蘭麝】 名詞 ランの花と麝香を調合した香。また、香りのよい香。

らん‐しゃう【濫觴】 名詞 物事のおこり。起源。発展 揚子江のような大河も、その水源は「觴を濫べる」ほどの小さな流れであるという孔子のことばから。

らん‐じゃう【乱声】 名詞 ❶雅楽の前奏曲の一種。特に舞人の登場音楽として用いられる。竜笛または高麗笛を中心として鉦鼓や太鼓によって、にぎやかにはやしたてるように演奏する。❷戦いのとき、鐘や太鼓を乱打して大声を上げること。鬨の声。発展「らんざう」とも。

蘭東事始 作品名 ↓蘭学事始

らん‐ばう【濫妨・乱妨】 名詞 動詞 他〔サ変〕〈せ・し・す・する・すれ・せよ〉 暴力で他人の物をかすめ取ること。奪い取ること。略奪。発展「乱暴」のもとになったことば。

らん‐びゃうし【乱拍子】 名詞 特殊な足の踏み方をする舞。

らん‐ぶ【乱舞】 名詞 ❶酒宴などで、歌い踊ること。特に、五節・豊の明かりの節会などで、殿上人が今様などを歌いながら舞うこと。❷乱れて舞うこと。踊り狂うこと。❸能で、演技の間に行う舞。発展 ❸は「らっぷ」とも。

らん‐もん【羅文】 名詞 ↓らもん

り

り ↓基本助動詞20（1317ページ）

り【里】 名詞 ❶律令制下における地方行政区画の単位。五十戸を一里とした。❷条里制における田地面積の単位。一里は六町四方（約三五ヘクタール）。❸距離の単位。時代、地域により統一性に欠けたが、中世以降はほぼ三六町（約四キロメートル）。

り【理】 名詞 物事の筋道。道理。

りう【流】 名詞 ❶学問・芸術・武術などの流派。❷血筋。また、仲間。同類。

りう‐かう【流行】 名詞 動詞 自〔サ変〕〈せ・し・す・する・すれ・せよ〉 ❶世間に広く行われること。はやること。❷《俳諧用語》★蕉門俳諧で、その時代に応じて、常に新しい境地に進むこと。対 不易 ↓不易流行

りうきう【琉球】 地名 ↓琉球（りゅうきゅう）

りうくゎゑん【柳花苑】 名詞 雅楽の曲名。唐楽で、双調。元は「柳花怨」と書き、女心をヤナギに託したものという。舞は絶え、楽のみが伝わっている。

りう‐ご【輪鼓・立鼓・輪子】 名詞 ❶猿楽の曲芸に使われた道具。中央がくびれていて、鼓の胴のような形のもの。また、そのくびれた所にひもを巻いて空中に回し投げ、ひもの上に受け止める曲芸。❷中央のくびれた形。❸紋所のひとつ。❶を図案化したもの。丸に輪鼓・二つ輪鼓などがある。

りう‐せん【流泉】 名詞 琵琶の曲名。秘曲とされる。発展 平安時代の「流泉」「啄木」「楊真操」を琵琶の三曲という。↓三曲

りう‐たん【竜胆】 名詞 ↓りんだう

りう‐はつ【柳髪】 名詞 女性の長く美しい髪。発展 風になびくヤナギのように、しなやかであることから。

り‐うん【理運・利運】 名詞 ❶道理にかなっていること。なるべくしてなること。当然出会うべき運。

小式部これより歌よみの世におぼえ出で来にけり。これは、うちまかせての理運のことなれども…。〈十訓抄〉訳 小式部内侍はこれ以降歌人の世界に世評が生じた（＝名声が広まった）のであった。このことは、（母の和泉式部の血をひいているので）ふつうの**道理にかなっている**ことであるけれども…。

❷運がよいこと。（特に戦いにおける）好運。❸運のよいにまかせた勝手な態度。高慢なようす。

り‐かん【利勘】 名詞 （＝「利益勘定」の略で）計算ずくなこと。損得をよく考えること。打算的なこと。

これも利勘にて、大仏の前へあつらへ、一貫目につき何程と極めける。〈西鶴・日本永代蔵〉訳 これも**計算ずく**で、大仏の前の（餅屋）へ注文し、（餅）一貫につきいくらと決め（て餅をつかせ）た。

り‐き …ていた。

「かの事一日ものたまへりき。」〈落窪〉訳「あのことは先日もおっしゃって**いた**。」発展 完了（存続）の助動詞「り」の連用形＋過去の助動詞「き」。

りき‐じ【力士】 名詞 ❶力の強い人。また、相撲取り。❷「★金剛力士」の略。発展 後世「りきし」とも。

りきじ‐まひ【力士舞】 名詞 古代の舞のひとつ。★金剛力士に仮装し、鉾などを持って舞った。

りき‐どう【力動】 名詞 （多く「力動風」の形で）能楽で、鬼の表現様式のひとつ。力強く荒々しい動きをする。

り‐ぎん【利銀】 名詞 利息の金。利子。

りく‐ぎ【六義】 名詞 ❶漢詩における六種の体。内容上の分類である「風」（＝国ぶりを民謡で表す）・雅（＝宮廷政治をたたえる）・頌（＝祖先の徳をたたえる）と、表記上の分類である「賦」（＝物事をありのままに述べる）・興（＝植物動物などによせて心を述べる）・比（＝物事を何かにたとえて述べる）の六種。❷和歌における六種の体。『古今和歌集』の紀淑望の真名序・紀貫之の仮名序で、❶を和歌の分類に応用したもの。「そへ歌」「かぞへ歌」「なずらへ歌」「たとへ歌」「ただごと歌」「いはひ歌」で、順に❶の「風・賦・比・興・雅・頌」に相当する。❸（❷から転じて）和歌のこと。❹さまざまの道理。筋道。法式。

芸の六義が義理につまりて、あはれなれば…。〈難波土産〉訳 芸（＝浄瑠璃）の**筋道**が義理につまって、憂いをもよおすとなれば…。

りく‐げい【六芸】 名詞 中国で士以上の者に必須の教養

とされた六つの技芸。礼・楽・射(=弓術)・御(=馬術)・書・数の六つ。

陸前 【旧国名】今の宮城県中・北部と岩手県南東部に当たる。一八六八(明治元)年、陸奥国より分割された。→ビジュアルチェック❼(450ページ)

陸中 【旧国名】今の岩手県のほぼ全域と秋田県北東部に当たる。一八六八(明治元)年、陸奥国より分割された。→ビジュアルチェック❼(450ページ)

りく-ゑふ【六衛府】 【名詞】衛府の総称。左右の近衛府・兵衛府・衛門府。【発展】「ろくゑふ」とも。

り-けり ❶(「けり」が過去を表す場合)…ていた(そうだ)。…た(ということだ)。**もとよりよくしたまへりける事なれば、いそがせたまふ。**〈落窪〉【訳】以前から上手になさっていたことなので、急がせなさる。

基本助動詞20 り

動作や状態が存在し継続していること(存続)を表す

❶(動作・作用が継続・進行している意味を表し)…ている。…てある。
❷(動作・作用が完了して、その結果が状態として存続している意味を表し)…ている。…てある。…た。
❸(動作・作用が完了した意味を表し)…た。…てしまった。

未然形	連用形	終止形	連体形	已然形	命令形
ら	り	り	る	れ	れ

【助動詞】(ラ変型)【接続】四段動詞の已然形、サ変には未然形に付く。

❶(動作・作用が継続・進行している意味を表し)…ている。…てある。**この女君いみじくわななき惑ひて、「いかさまにせむ。」と思へり。**〈源氏・夕顔〉【訳】この女君(=夕顔)はたいへんひどく震えて、「どのようにしようか。」と思っている。

野中に、丘だちたる所に、ただ木ぞ三つ立てる。〈更級日記・門出〉【訳】野原の中で、丘のようになっている所に、ただ木が三本立っている。○四段動詞「立つ」の已然形に付いている例。上に係助詞「ぞ」があるので、*係り結びの法則により、結びは「り」の連体形「る」になっている。

事を知り、世を知れれば、願はず、走らず、ただ静かなるを望み、憂へなきを楽しみとす。〈方丈記・閑居の気味〉【訳】(街に住めば)大事(に立ち至ること)を知り、世間を知っているので、欲張らず、(世俗のことに)あくせくせず、ひたすら平穏であることを望み、心配事のないことを楽しみとする。○四段動詞「知る」の已然形に付いている例。「り」の已然形の下に接続助詞「ば」を伴って、順接の確定条件として後に続いている。

❷(動作・作用が完了して、その結果が状態として存続している意味を表し)…ている。…てある。…た。**天人の中に、持たせたる箱あり。天の羽衣入れり。**〈竹取・かぐや姫の昇天〉【訳】天人の中(の一人)に、持たせてある箱がある。(その中には)天の羽衣が入っている。

富士の山を見れば、五月の晦に、雪いと白う降れり。〈伊勢・9〉【訳】富士山を見ると、(陰暦夏の)五月の月末なのに、雪がたいへん白く降(り積も)っている。○四段動詞「降る」の已然形に付いている例。単に「雪降れり」という場合は、今降っているという❶の意味になることもあるが、この例は夏の場面なので、雪が降るという作用が完了して、降り積もった結果が残っている状態を表す。

❸(動作・作用が完了した意味を表し)…た。…てしまった。**講師、むまのはなむけしに出でませり。**〈土佐日記・十二月二十四日〉【訳】国分寺の住職が、餞別をしにおいでになった。○尊敬語の四段動詞「出でます」の已然形に付いている例。

『親の掟に違へり。』と思ひ嘆きて…。〈源氏・帚木〉【訳】『(自分を宮仕えにという)親の取り決めに背いた。』と(空蟬は)思い嘆いて…。○四段動詞「違ふ」の已然形に付いている例。

【発展】**①語の成り立ち**　四段・サ変動詞の連用形にラ変動詞「あり」が付いた複合動詞「立ちあり」「しあり」などが、「立てり」「せり」などと変化した、その「り」が独立してできた助動詞である。「り」を取り除くと、「立て」「せ」がそれぞれ四段の已然形・サ変の未然形に当たる。*万葉仮名と呼ばれる漢字で書かれた『万葉集』では、「有」という文字を「り」(あるいは「たり」)とも読ませていることからも、「り」には「あり」の意味が含まれていることが分かる。

②エ段音にしか接続しない　四段動詞の已然形とサ変動詞の未然形にのみ接続するということは、言い換えると、エ段音にしか付かないということである。ただし、上代の万葉仮名では、四段動詞の已然形と命令形とではっきりとした仮名の使い分けがあり、「り」が付く場合は命令形に相当する仮名を用いていたことが分かっている。しかし、中古以降は已然形と命令形との仮名の区別はなくなったため、一般には四段動詞の已然形・サ変動詞の未然形に付くものとして取り扱われる。

③存続の助動詞　「り」「たり」「つ」「ぬ」は一括して完了の助動詞と呼ばれるが、「り」「たり」は存続の意味に重点が置かれる。逆に「つ」「ぬ」にはその意味がない。したがって、「もの思へり」といえば、物思いをするという動作が存続している意味が加わるが、「もの思ひぬ」といえば、物思いをするという動作が終わったことを表す。

④❶・❷・❸の識別　用例によっては、❶❷❸のどの意味で用いられているかを区別しにくい場合も多い。❷の『伊勢物語』の例のように、前後の文脈から判断することが必要である。もっとも、❸の完了を表す用例は比較的少ないので、たいていの場合「…ている」「…てある」と訳すことができる。

【識別】「る」の識別→る(基本助動詞20)

【類語比較】**「り」と「たり」**

共通点＝存続・完了の意味を表す助動詞で、意味のうえでの違いはほとんどなく、接続の違いがあるだけである。

り＝①四段動詞の已然形・サ変動詞の未然形にしか付かない。②「たり」よりも接続上の制約が多いため、しだいに用いられなくなった。③ただし、中古までは、特定の四段動詞には「り」を付けるのが普通であった。たとえば「たまふ」という動詞(あるいは補助動詞)には「たまへり」が用いられ、「たまひたり」となる例はめったにない。

たり＝①ラ変以外のすべての動詞、および動詞型活用の助動詞の連用形に付く。②「り」よりも接続上の制約が少ないため用例も多かった。

【関連語】ぬ(基本助動詞20)・つ(基本助動詞20)

❷（「けり」が気付きや詠嘆を表す場合）…ていたのだった。…たことだ。**帯刀がもとにも同じさまにいみじき事をなむ言へりける。**〈落窪〉訳帯刀（＝人の名）の所へも同じように（姫君が）ひどく困っている（という）事情を言い送っていたのだった。発展 完了の助動詞「り」の連用形＋過去の助動詞「けり」。

り-こう【利口】名詞 ❶口達者。話上手。また、気の利いたことば。「**人間は米をもってこそ五臓六腑をととのへ、足手達者に、利口をものたまへ。**」〈御伽草子・猫の草紙〉訳「人間は米によって五臓六腑を整え、手足をすこやかにし、気の利いたことばをもおっしゃる（ことができる）のだ。」❷滑稽なことを言うこと。洒落。冗談。**興言利口は、当座に笑ひを取り、耳を驚かすこと。**〈古今著聞集〉訳興に乗じて言うことばや滑稽なことを言うことは、その場に居合わせた人々に笑いを起こし、はっとさせるということ。

り-こう・なり【利口なり】形容動詞〔ナリ〕〈なら・なり（に）・なり・なる・なれ・なれ〉❶口達者だ。話上手だ。ことば巧みだ。「**まことに和君行きて、利口に言ひ聞かせよ。**」〈今昔〉訳「実際にあんたが行って、ことば巧みに言い聞かせるようにせよ。」❷滑稽な言い方だ。洒落た物言いだ。機知に富んだ表現だ。**少々は空物語もあり、利口なることもあり…。**〈宇治拾遺〉訳（この宇治大納言物語の中には）少しは作り話もあり、機知に富んだ話もあり…。❸賢い。利発だ。

り-こん【利根】名詞《仏教語》仏道修行の資質に優れていること。転じて、賢いこと。気が利いていること。利発で鋭敏な生まれつき。対鈍根

り-し【律師】名詞 ↓りっし

り-しゃう【利生】名詞《仏教語》仏・菩薩が衆生に恵みを施すこと。恵み。利益。**平家かやうに繁昌せられけるも、熊野権現の御利生とぞ聞こえし。**〈平家・1・鱸〉訳平家がこのように繁栄なさったのも、熊野権現のご利益と広く伝わった。

りしゃう-はうべん【利生方便】名詞《仏教語》仏・菩薩が、それぞれの場合に適した方法で衆生に利益を与えること。また、その方法。

り-そく【理即】名詞《仏教語》天台宗で、六即（＝悟りに至るまでの六段階）の第一段階。迷いの中にあって仏の教えを知らない段階。

り-ぞく【離俗】名詞 俗世間を離れること。特に、与謝蕪村が唱えた俳諧理念で、用いることばは平俗でありながら、精神は俗事を離れて、より高尚な美の境地を求めること。

りち【律】名詞 ↓りつ

り-ち-ぎ【律儀・律義】名詞 ❶《仏教語》仏の戒めを守ること。守るべき戒律。**戒行、律儀に随ひ行けば、自然に身安く…。**〈正法眼蔵随聞記〉訳正しい行いや、守るべき戒律に従って行くと、自然と身体が安楽になり…。❷義理堅いこと。実直なこと。正直。**律儀を立てて、思ひつめたることをば翻さぬ人あり。**〈浮世物語〉訳義理堅いことを重んじて、一度思い込んだことを（決して）変えない人もいる。発展「りつぎ」とも。

り-ち-ぎ・なり【律儀なり・律義なり】形容動詞〔ナリ・ノ〕〈なら・なり（に）・なり・なる・なれ・なれ〉❶《仏教語》（戒律を）守らなければならない。**まづ律儀の戒行を守らば、心も随って改まるべきなり。**〈正法眼蔵随聞記〉訳まず第一に守らなければならない戒律を守るならば、心もそれにつれて改まって行くものである。❷義理堅く正直だ。実直だ。まじめだ。「**当世めかぬ律義な人の所へ参りたうございます。**」〈滑稽本・浮世風呂〉訳「現代的でない実直な人の所に嫁ぎたいと存じます。」発展「りつぎなり」とも。

りつ【律】名詞 ❶刑罰の規定。刑法。↓律令 ❷雅楽の十二調子（音）のうち、音階が高く陽に属するもの。壱越・平調・下無・鳧鐘・鸞鏡・神仙の六音の総称。りち。対呂 ❸漢詩の形体のひとつ。八句で成り立つ近体詩で、一句五字の五言律詩と一句七字の七言律詩がある。❹《仏教語》仏教の戒律。

りっ-か【立夏】名詞 二十四節気の一つ。暦の上ではこの日から夏になる。季語 夏 ↓ビジュアルチェック⑳（958ページ）

りつ-ぎ【律儀・律義】名詞 ↓りちぎ

六国史（りっこくし）［リッ］文芸用語 奈良時代から平安時代にかけて編纂された、官撰による六部の国史の総称。『★日本書紀』『★続日本紀』『★日本後紀』『★続日本後紀』『★日本文徳天皇実録』『★日本三代実録』。漢文による★編年体の歴史書で、神代から八八七（仁和三）年までの記事を収める。

りっ-し【律師】名詞 ❶《仏教語》戒律をよく守る高僧。❷僧の役職のひとつで僧正・僧都に次ぐ位。正・権があり、官位の五位に準じた。発展「りし」とも。

りっ-しう【立秋】名詞 二十四節気の一つ。暦の上ではこの日から秋になる。季語 秋 ↓ビジュアルチェック⑳（958ページ）・古語チャート⑳（767ページ）

りっ-しゃ【竪者・立者】名詞《仏教語》❶法会の際に行う論議問答で、質問に筋道を立てて答える役の僧。❷天台宗で、論議の試験に及第した僧。

りっ-しゅん【立春】名詞 二十四節気の一つ。暦の上ではこの日から春になる。季語 春 ↓ビジュアルチェック⑳（958ページ）・古語チャート⑳（767ページ）

立正安国論（りっしょうあんこくろん）［リッシャウ］作品名 鎌倉中期の仏教書。★日蓮著。問答体で、「★法華経」こそが正法であり、天変地異が起こるのは邪法を信じるからであると説く。一二六〇（文応元）年成立。

り-づめ【理詰め】名詞 理屈でおし進めること。合理的な考え方。**今時の人はよくよく理詰めの実らしきことにあらざれば合点せぬ世の中…。**〈難波土産〉訳最近の人はよほど合理的な考え方の本物らしいことでないと納得しない世の中で…。

りつ-りゃう【律令】名詞 古代、日本の基本法典。「律」は刑罰の規定、「令」は官制・田制などの一般法令。また、広い意味で法律の総称。発展 唐の法律を模範として作られ、飛鳥浄御原律令などを経て文武天皇の大宝律令から元正天皇の養老律令にかけて完成した。

りつりゃう-きゃくしき【律令格式】名詞 奈良・

平安時代の法律制度の総称。「格」は律令の補則、「式」は律令の施行規則。

りつ-りょ【律呂】 名詞 雅楽の調子の総称。陽に属する「律」の六音と、陰に属する「呂」の六音。また、音楽の調子・旋律。音楽。

り-とく【利得・利徳】 名詞 もうけ。利益。得分。

り-はつ【理髪】 名詞 男子は★元服、女子は★裳着のとき、頭髪の先を切って成人の髪型にすること。

り-はつ・なり【利発なり】 形容動詞〔ナリ〕〈なら・なり（に）・なり・なる・なれ・なれ〉賢い。気が利いている。利口だ。

藤市、利発にして、一代のうちにかく手前富貴になりぬ。〈西鶴・日本永代蔵〉訳 藤市は、**利口で**あって、自分一代のうちにこのように生活が豊かになった。

発展「利口発明」の意味。

り-ひ【理非】 名詞 道理にかなうこととかなわないこと。是非。

りふ-ぐゎん【立願】 名詞 動詞 自〔サ変〕〈せ・し・す・する・すれ・せよ〉神仏に願を立てること。祈願すること。また、その願。

り-べつ【離別】 名詞 人と別れること。特に、夫婦が離縁すること。

り-もつ【利物】 名詞《仏教語》仏が、生きとし生けるものに利益を授けること。発展「物」は一切衆生という意味。

り-やう【利養】 — 名詞 財物を得ようとして利益をむさぼること。発展 多く「名聞利養」の形で用いられ、現世的欲望を表す。

りやう【両】 一 名詞 ❶対になっているものの双方。両方。❷重さの単位。二十四朱（＝約三七・五グラム）。❸薬の量の単位。約四匁（＝十五グラム）。❹江戸時代の貨幣単位。

二 助数詞 ❶対のものを数えることば。❷車の台数を数えることば。

りやう【領】 一 名詞 ❶領地。❷郡司の官職名。長官・次官をそれぞれ大領・少領と呼ぶ。

二 助数詞 装束や鎧などを数えることば。

発展 一は「らう」とも。

りやう【霊】 名詞 魂。特に、たたりをする生き霊・死霊。↓怨霊 発展「らう」とも。

りやう-あん【諒闇】 — 名詞 天皇が父母の喪に服する期間。期間は一年間。

りやう-がへ【両替】 名詞 ❶貨幣を別種の貨幣と交換すること。また、それを仕事にしている人や店。❷貨幣を品物と交換すること。

りやう-け【領家】 — 名詞 荘園の実際の所有者。名義上の所有者である「本家」に対していう。また、地方在住の豪族などから土地の寄進を受け、名義だけの所有者となった領主。どちらも鎌倉時代に「地頭」が置かれてから権威がなくなった。発展「本家」「領家」のどちらも、「本所」ともいわれた。

りやうげ-の-くゎん【令外の官】 名詞 律令制で、令に定められた以外の官職または官庁。時代の変遷に伴い必要に応じて置かれたため、実務・実権を握る重要なものが多い。主なものに、内大臣・中納言・参議・勘解由使・按察使・検非違使・蔵人所・近衛府・摂政・関白・征夷大将軍などがある。

りやう-じ【令旨】 — 名詞 皇太子または三宮（＝太皇太后・皇太后・皇后）の命令を記した文書。後に、親王・法親王・王・女院などのものもいった。発展「れいし」とも。

りやう-じゃう【領状・領掌】 名詞 動詞 自〔サ変〕〈せ・し・す・する・すれ・せよ〉承知すること。承諾。了承。

りやうじゅ-せん【霊鷲山】 — 名詞 インドにある山の名。釈迦が説法した地という。

りやう-しょ【領所】 — 名詞 領有している所。領地。

りやう-ず【領ず】 動詞 他〔サ変〕〈ぜ・じ・ず・ずる・ずれ・ぜよ〉❶自分のものとする。領有する。

未の時ばかりに、この按察使大納言の領じたまひし宇治の院にいたりたり。〈蜻蛉日記〉訳 午後二時ぐらいに、あの按察使大納言が**領有**なさっていた宇治の院に到着した。

❷（霊・魔物などが）乗り移る。取り付く。魅了する。

「鬼神も、あが君をばえ領じたてまつらじ。」〈源氏・蜻蛉〉訳「鬼神でも、あなたに**乗り移り**申し上げることはできまい。」

発展「らうず」「りやうす」とも。

りやう-ぜん【霊山】 — 名詞 ❶《仏教語》「霊鷲山」の略。❷京都、東山三十六峰の一つ。平安時代のはじめに最澄が創建した正法寺がある。

りやう-ぶ【両部】 — 名詞 ❶《仏教語》密教で、知を表す金剛界と、理を表す胎蔵界。それぞれに本尊の大日如来がいる。❷「★両部神道」の略。

りやうぶ-しんたう【両部神道】 名詞 神道の一宗派で、神仏習合思想のひとつ。平安中期以降、真言密教で唱えられた。大日如来を本地、他の諸神仏を垂迹とみなす。↓本地垂迹

りやう-りやう・じ【労労じ】 形容詞 ↓らうらうじ

り-やく【利益】 名詞 動詞 他〔サ変〕〈せ・し・す・する・すれ・せよ〉❶《仏教語》如来・菩薩などが衆生に功徳を授けること。仏が恵みを施すこと。また、その恵み。ご利益。類 利生。

❷他人を利すること。ためになること。

りゅう（現）↓（歴）**りう【柳・流・溜・留・硫】**

りゅう（現）↓（歴）**りふ【立・粒】**

りゅう【竜】 名詞 想像上の動物。体は大蛇に似て、頭には二本の角がある。水を支配して雨・雲を巻き起こし、水にもぐって天に昇るという。

りゅう-がん【竜顔】 名詞 ↓りょうがん

琉球【リウキウ】 地名 沖縄の別の呼び名。今の沖縄県全域を中心に、奄美諸島をも含む。

りゅうげ-さんゑ【竜華三会】 — 名詞《仏教語》弥勒菩薩が未来の世に現れ、竜華樹の下で三度開くという法会。釈迦の説法にもれた衆生が救われるという。

りゅう-じん【竜神】 名詞《仏教語》雨と水をつかさどる神。発展 八種あることから、八大竜神あるいは八大竜王ともいう。

柳亭種彦【リウテイ—】 人名 江戸後期の戯作者。『★修紫田舎源氏』で★合巻の第一人者となった。ほかに『正本製』など。また、『用捨箱』などの風俗考証的随筆がある。*1783—1842*

りゅうとう-げきしゅ【竜頭鷁首】 名詞 ↓りょうとうげきす

りゅうび-だん【竜尾壇】 名詞 大極殿の南庭の、他よりも高くなっている所。↓ビジュアルチェック⑮（757ページ）

りゅう-め【竜馬】 名詞 優れたウマ。名馬。駿馬。発展「りょうめ」とも。

●成立…平安時代末期
●撰者…後白河院
●分野…歌謡集
●歌数…五百六十六首

必修古典ビッグ30 ㉚

梁塵秘抄

▼後白河院像

【書名の由来】
昔、中国の魯の虞公が歌をうたったとき、あまりにも美しい声だったので、梁の塵まで動いたという。そこから、巧みな音楽のことを「梁塵を動かす」というようになったという故事によっている。

【成立と撰者】
●成立…未詳であるが、一一六九(嘉応元)年以降と考えられている。
●撰者…後白河院。第七十七代天皇。鳥羽天皇の第四皇子。一一五五(久寿二)年即位、一一五八(保元三)年譲位して上皇に、一一六九(嘉応元)年に法皇となり、以後五代にわたって院政を行う。
今様に対する造詣の深さは本作品によって知られるが、和歌についても同様で、『千載和歌集』の撰集を命じた。

【概要】
●本来は二十巻であり、歌謡などを収めた『梁塵秘抄』十巻と、歌謡に関する口伝(＝奥義を伝えた書物)を記した『梁塵秘抄口伝集』十巻とからなっていたと想像されている。そのうち現在までに発見されているのは、『梁塵秘抄』の巻一の部分(二十一首)と巻二(五百四十五首)、『梁塵秘抄口伝集』巻一の部分と巻十のみ。
●収められているのは、今様をはじめとした各種の歌謡である。「今様」とは、当世風の歌謡の意味で、催馬楽や神楽歌などの古風な歌謡に対するものである。初め遊女や白拍子などの間で歌われ、主として七五の四句からなる調子の良いリズムが、しだいに貴族の間にも流行した。
●内容は、神仏に対する信仰を歌った法文歌や神歌などが、約五百五十首と数が多い。
しかし、内容的に面白いのは、同じ神歌でも雑の部の歌で「このごろ京に流行るもの　柳黛髪々似而非鬘しほゆき近江女女冠者長刀持たぬ尼ぞなき」などのように当時の風俗や庶民のようすを表した歌謡である。

【歌謡集に関係する人物】
●乙前…生没年未詳。後白河院の今様の師。傀儡という身分の低い芸人であるが、今様の名手として知られていた。巻十『口伝集』に詳しく記されている。
後白河院は、一一五七(保元二)年のはじめ、側近の者たちに、かねてから乙前の芸に接したいという希望を持っていたことを漏らす。信西入道の手引きで探し出されるが、乙前は高齢を理由に辞退し続ける。しかし、許されず、ついに参上した。そのときの院の興奮ぶりが、文章からうかがえる。以後十年の間、乙前から、新しい曲や今様の奥義を伝えられる。乙前は八十四歳で亡くなるが、院はその病床を訪ねたり、亡くなったあと法要をとり行ったりと、手厚い待遇をほどこしている。
●清太…経歴は不明。巻二の三七〇と三七一の歌謡は、清太という男を主題にしたものである。それによると、その当時の実在の農夫であり、詳しい経歴などはわからないが、いわゆる村の人気者といえるような存在だったのだろうと考えられている。
●聖…修行者、苦行する僧侶の意味。本作品には、聖や山伏のように深い山の中で修行する人々を歌った歌謡も多く含まれている。たとえば、二九八のように、「聖の住所はどこどこぞ」と歌い出して多くの地名を列挙するものや、三〇六のように「聖の好むもの」と歌ってたいへん簡素な彼らの生活をリアルに語るものなどがある。
●巫女…神に仕える女性で、神楽を舞い、神のことばを伝達する役割をもつ。本作品には、彼女らの踊りのようすからはかない嘆きのことばまで、その生態を細かに描いた歌謡が多い。また五五六「東には女はなきか男巫さればや神の男には憑っく」のように、多少おどけたものもある。

【ことばと表現】
●仏や神など、宗教色の強い歌謡の多い中で、巻二「四句神歌」には当時の庶民の意識や感情を素朴な表現で歌ったものが多くある。次に挙げる例がそれである。

熊野へ参らんと思へども　徒歩より参れば道遠し　すぐれて山峻し　馬にて参れば苦行ならず　空より参らん　羽賜べ若王子

訳 熊野へ参詣しようと思うけれども、徒歩で参詣すると、道中が遠い。とりわけ山路も非常にけわしい。(そうかといって)馬に乗って参詣するとなると、苦行(の志)が成就しない。(思いきって)天翔って参詣しよう。(私に)翼を与えてください。若王子の神よ。

わが子は二十になりぬらん　博打してこそ歩くなれ　国々の博党に　さすがに子なれば憎かなし　負かいたまふな　王子の住吉西宮

訳 わが子は二十歳になったでしょう。(今では)博打をして歩いているとか。諸国の博打仲間に(近づいたからといって)、それでも我が子だから憎くはありません。負かせなさるな、王子の宮や、住吉、西宮の神様たちよ。

●『口伝集』は、載録した諸歌謡の唱い方などについての故実や口伝を収めたものである。その会話文においては、推量や意志を表す「んず」や、疑問の推量を表す「やらん」といった当代の口頭語を用いている一方、地の文においては、平安時代と変わることなく、直接経験を表す「き」で通している。

「あまりにては。時々はこれにてもいかで聞かではあらんずるぞ。」とて…。

大進申して云ふ。「よも変はり候はじ。いかに変はり候ふやらん、承り候はばや。」と申す。

昼は終日に謡ひ暮らし、夜は終夜謡ひ明かさぬ夜は無かりき。

りょ【呂】 名詞 雅楽の十二調子(音)のうち、音階が低く陰に属するもの。断金・勝絶・上無の六音の総称。対 律

りょう(現)↓(歴)**りやう**【亮：両：梁：涼：糧：良：諒：量：領：令：冷：霊：裲：輛】

りょう(現)↓(歴)**れう**【了：僚：寮：料：療：遼：寥：聊】

りょう(現)↓(歴)**れふ**【漁：猟】

りょう【竜】 名詞 ↓りゅう(竜)

凌雲集 りょううんしゅう［シフ］ 作品名 平安初期の漢詩集。日本最初の勅撰詩集。「凌雲新集」とも。★嵯峨天皇の命を受けた小野岑守らの撰。漢詩九十一首を作者別に配列して収める。八一四(弘仁五)年成立。

良寛 りょうかん［リャウ］［クヮン］ 人名 江戸後期の僧・歌人。越後の人。十八歳で出家、諸国行脚の後、四十歳ころに帰郷し、国上山の五合庵に住む。万葉調歌人として高く評価される一方、書や漢詩にも優れた。*1758—1831*

りょう-がん【竜顔】 名詞 天皇のお顔。

りょうき-でん【綾綺殿】 名詞 内裏十七殿の一つ。宜陽殿の北、麗景殿の南にある。天皇が沐浴して身を清め、斎服を着る所。↓**ビジュアルチェック⑯**(759ページ)

梁塵秘抄 りょうじんひしょう［リャウヂン］［ヒセウ］ 作品名 ↓**必修古典ビッグ30** ㉚(1320ページ)

りょう・ず【凌ず・陵ず・掕ず】 りょうず 動詞 他〔サ変〕〈せ・じ・ず・ずる・ずれ・ぜよ〉ひどい目に合わせる。暴力を加える。「**此かくりょうぜられては、何の益やくの有るべきぞ。**」〈今昔〉訳「こんなに**ひどい目に合わせられ**たのでは、(牛車に乗ることに)どんな得があるといえようか。」
発展 仮名書き例では「れうず」とするものが多いが、虐げるの意味の漢語「凌」などをサ変動詞化したことばと考えられるので、「りょうず」とした。中古中期以降「れう」と「りょう」の発音が同じになったために生じた仮名遣いの混乱によるものと思われる。

りょうどう-げきす【竜頭鷁首】 名詞 平安時代、貴人の遊宴用の船。二艘で一対とし、船首に、水をつかさどる竜と鷁(=サギに似た想像上の水鳥で、風を恐れず速く飛ぶという)の頭の彫刻を飾る。池に浮かべ、船遊びをしたり楽人を乗せて演奏させたりした。発展「りゅうとうげきしゅ」「りょうとうげきしゅ」とも。

りょう-ら【綾羅】 名詞 綾絹と薄絹。高価で美しい布。また、それで仕立てた高級な衣服。

りょく-い【緑衣】 名詞 六位の官人の着る緑色の袍(=上着)。平安末期には、名はそのままで縹色に変わった。緑の衣。類 緑衫

[りょうどうげきす]

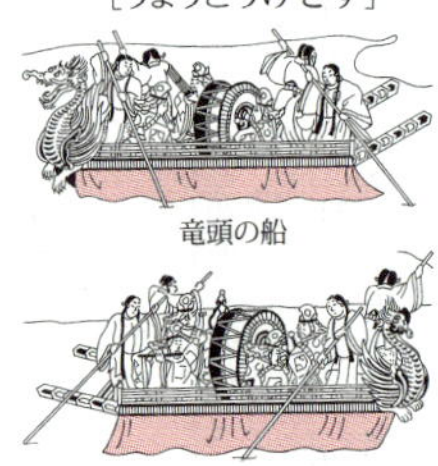

竜頭の船

鷁首の船

りょく-ら【緑蘿】 名詞 緑色のツタ。

りょ-ぐわい・なり【慮外なり】 ―がいなり 形容動詞〔ナリ〕〈なら・なり(に)・なり・なる・なれ・なれ〉❶思いのほかだ。思いがけない。「**丁度ある。さあさあ、汝も飲め。」「これは慮外にござる。**」〈狂言・松楪〉訳「(酒が)いっぱいある。さあさあ、おまえも飲め。」「これは**思いのほかで**ございます。」
❷ぶしつけだ。無礼だ。失敬だ。「**あゝこは慮外な。おのれが母様とは。馬方の子は持たぬ。**」〈近松・丹波与作待夜の小室節〉訳「ああこれは**ぶしつけな**。おまえの母様とは。(私は)馬方の子など持たない。」〇「慮外な」は連体形の口語化したもの。

り-ゑん【梨園】 ―えん 名詞 演劇界。特に、歌舞伎俳優の社会。発展 唐の玄宗皇帝が、ナシの園で演技を教えたという故事から。

りん【輪】 名詞(「覆輪」の略で)襟・袖口・裾などを、別の布で細くふちどったもの。

りん-かう【臨幸】 ―こう 名詞 動詞 自〔サ変〕〈せ・し・す・する・すれ・せよ〉天皇がその場所に臨まれること。天皇の外出。お出まし。類 行幸

りん-き【悋気】 名詞 動詞 自〔サ変〕〈せ・し・す・する・すれ・せよ〉《近世語》やきもち。嫉妬。

りん-げん【綸言】 名詞 天皇のことば。みことのり。類 綸命

りん-し【綸旨】 名詞 平安後期以降、天皇の命令を受けて蔵人が出す公文書。勅書。発展「綸言の旨」という意味。「りんじ」とも。

りんじ-きゃく【臨時客】 名詞 平安時代、陰暦正月二日、三日に摂政・関白の家で大臣以下の公卿を招いて行った饗宴。また、その客。発展「大饗」と異なり、非公式のものであることからいう。

りんじ-の-まつり【臨時の祭り】 恒例の祭りのほかに行う祭り。後に恒例化して名目だけ「臨時」といったものもある。発展 賀茂神社では陰暦十一月最後の酉の日、石清水八幡宮では陰暦三月の午の日、八坂神社では陰暦六月十五日に行われた。

りん-ぜつ【輪説】 名詞 ❶雅楽の変則的な演奏法。❷根拠のない自分勝手な意見。自己流の見解。

りん-だう【竜胆】 ―どう 名詞 ❶《植物》リンドウ科の多年草。秋に紫色の花を咲かせる。根は健胃剤として用いられる。「疫草」「苦菜」の古い呼び名がある。季語 秋 ❷★襲の色目のひとつ。表は蘇芳(=黒っぽい紅)で裏は青。秋に着用。❸紋所のひとつ。❶の花や葉を図案化したもの。

りん-と【凜と】 副詞 ❶(重さの単位の「厘」まで正確であることから)きちんと。正確に。**杜斤の目りんと請け取ってかへしぬ。**〈西鶴・日本永代蔵〉訳 さおばかりの目盛りを**きちんと**(量って、餅を)受け取り(餅屋を)帰した。
❷(態度や容姿が引き締まっているようすを表し)きりっと。びしっと。「**首筋立ちのび、目のはりりんとして…。**」〈西鶴・好色五人女〉訳 首筋がすらっとして、目の張りが**きりっと**して…。

りん-ね【輪廻】 名詞 動詞 ↓りんゑ

りん-の-て【輪の手】 名詞 箏の奏法のひとつ。静掻きと早掻きを混ぜて行うもの。

りん-めい【綸命】 名詞 ↓りんげん

りん-ゑ【輪廻】 ―ね 名詞 動詞 自〔サ変〕〈せ・し・す・する・すれ・せよ〉❶《仏教語》永久に生まれ変わり続け、生死を繰り返すこと。❷深く執着すること。執念深いこと。❸《連歌・俳諧用語》付け句をするとき、その内容が前々の句と内容が重複すること。堂々めぐりになるために、変化が乏しくなるので、避けるべきものとされた。発展 ふつう、★連声で、「りんね」と読む。

る

る ↓基本助動詞20（1322ページ）

る 助動詞**り**の連体形。↓基本助動詞20（1317ページ）

るい【類】 名詞 ❶一族。親族。一家。「**類**ひろく、娘がちにて所狭かりければ…。」〈源氏・須磨〉訳（大宰大弐は）**一族**が多く、娘が多数で厄介だったので…。❷仲間。知人。「竜は鳴る神の**類**にこそありけれ。」〈竹取・竜の頸の玉〉訳「竜は雷の**仲間**であったのだ。」❸たぐい。同じ種類。似たもの。「つねにわが国の物語、草紙等の**類**をば見ずといふものもなかりき。」〈折たく柴の記〉訳 いつもわが国の物語や、草紙などの**たぐい**を読まないでいるということもなかった。

類聚名義抄（るいじゅみょうぎしょう）［ミョウギセウ］ 作品名 平安時代末期の漢和辞書。巻冊数・著者・成立年不明。「名義抄」「三宝字類抄」ともいう。仏・法・僧の三部に分けた漢字をさらに部首別に分類し、音読・意義をしるしたもの。その和訓には、声点というアクセント符号が付けられている。古辞書の中では最も大規模なもので、国語学研究上の貴重な資料である。

るい・す【類す】 動詞 自〔サ変〕〈せ・し・す・する・すれ・せよ〉❶一緒になる。連れ立つ。「院の人々**類して**いにけり。」〈大和・103〉訳 院の人々は**一緒になって**行ってしまった。❷同類のものになる。似る。「心、花にあらざる時は鳥獣に**類す**。」〈笈の小文〉訳 心が、花（のようにきれい）でないときは鳥獣と**同類のものになる**。

類推（るいすい） 国語・国文法 ひとつのものを挙げて、他のものを推し量る理解。程度の軽いものを挙げて、それより重いものを類推させる意味を持つ語に、副助詞の「だに」があるが、中世末までに限られ、その後は、「さへ」が用いられた。上代には「すら」もあったが、その「すら」は中古には漢文訓読の世界に限られ、近世末から、その訓読語の一つとして一般の表現にも現れることになる。↓さへ・すら・だに

るい-たい【累代】 名詞 代を重ねること。代々。発展「るいだい」とも。

る-ざい【流罪】 名詞 ❶律に定められた五刑の一つ。罪人を辺境の地に追放して、そこから移動することを禁じるもの。死罪に次いで重く、遠流・中流・近流の三段階に分けられていた。流刑。「知らず、なんぢ等、只今禁獄、**流罪**にも及び…。」〈平家・6・紅葉〉訳「知らないぞ、お前たちは、今すぐ獄に入れられたり、**流刑**にもされたりし…。」❷江戸時代の刑罰のひとつ。島流し。遠島。

るしゃな-ぶつ【盧遮那仏】 名詞 ↓びるしゃなぶつ

る-てん【流転】 名詞 動詞 自〔サ変〕〈せ・し・す・する・すれ・せよ〉❶《仏教語》生死や因果が、果てしなく繰り返し巡ること。類 輪廻（りんね） ❷物事が、とどまることなく流れ移ってゆくこと。

る-にん【流人】 名詞 流罪にされた者。

る-ふ【流布】 名詞 動詞 自〔サ変〕〈せ・し・す・する・すれ・せよ〉広く世間に行き渡ること。世間に知れ渡ること。また、世間に知らせること。

る-らう【流浪】［ーロウ］ 名詞 動詞 自〔サ変〕〈せ・し・す・する・すれ・せよ〉❶さまようこと。さすらい歩くこと。「仏の道を修行して所々に**流浪する**が…。」〈今昔〉訳 仏道を修行してあちらこちらを**さすらい歩く**けれど…。❷生活の基盤を失うこと。路頭に迷うこと。「年端もいかぬ三人の子が**流浪する**。」〈近松・女殺油地獄〉訳 幼い三人の子が**路頭に迷う**。

るり【瑠璃・琉璃】 名詞 ❶《仏教語》七宝の一つ。青色をはじめ種々の色の宝石。❷（「瑠璃色」の略で）紫がかった紺色。❸ガラスの古い呼び名。❹《動物》ヒタキ科の小鳥。ルリチョウ。

るる 助動詞**る**の連体形。↓基本助動詞20（1322ページ）

る-るい【流類】 名詞 同族の仲間。親族。発展 漢字表記については、「累類」「類類」などという説もある。

るれ 助動詞**る**の已然形。↓基本助動詞20（1322ページ）

る　基本助動詞20

程度や状態が自然にあらわれたり、自然に心に感じられたりすることを表す

❶（自発を表し）…**れる**。…**られる**。**自然に…れる**。…（し）**ないではいられない**。
❷（可能を表し）…**できる**。◉中古では、下に打消の語を伴う。
❸（受身を表し）…**れる**。…**られる**。◉無生物が主語となることは少ない。
❹（尊敬を表し）**お…になる**。

助動詞〔下二段型〕接続 四段・ナ変・ラ変動詞の未然形に付く。

未然形	連用形	終止形	連体形	已然形	命令形
れ	れ	る	るる	るれ	れよ

❶（自発を表し）…**れる**。…**られる**。**自然に…れる**。…（し）**ないではいられない**。「**今日は都のみぞ思ひやらるる**。」〈土佐日記・一月一日〉訳「今日は都（のこと）ばかりに思いをはせ**ないではいられない**。」○四段動詞「思ひやる」の未然形に付いている例。上に係助詞「ぞ」があるので、★係り結びの法則により、文末の「る」は連体形「るる」になっている。「**人間には参りつつ額を突きし薬師仏の立ちたまへるを、見捨てたてまつる悲しくて、人知れず打ち泣かれぬ**。」〈更級日記・門出〉訳（かつて）人のいないときには何度もお参りして額を床に付けて拝んだ★薬師仏が（仏間に）立っていらっしゃるのを、お見捨て申し上げ（て旅に出）ることが悲しくて、ひそかに泣か**ないではいられなかった**。○四段動詞「打ち泣く」の未然形に付いている例。「立ちたまへる」の「る」は、完了（存続）の助動詞「り」の連体形。
❷（可能を表し）…**できる**。…（する）**ことができる**。「**など答へもせぬ**。」と言へば、「**涙のこぼるるに、目も見えず、ものも言はれず**。」と言ふ。〈伊勢・62〉訳（以前夫だった男が）「どうして返事もしないのか。」と言うと、（女は）「涙がこぼれるので、目も見えないし、ものも言う**ことができない**。」と言う。○四段動詞「言ふ」の未然形に付き、下に打

消の助動詞「ず」を伴っている例。中古では、この例のように、下に打消の語を伴って不可能の意味を表すことが多い。なお、「こぼるるに」の「るる」は、下二段動詞「こぼる」の連体形の活用語尾である。

家の作りやうは、夏を宗とすべし。冬はいかなる所にも住まる。〈徒然草・55・家の作りやうは〉訳家の作り方は、夏（に快適に暮らせること）を主とするのがよい。冬はどんな所にでも住むことができる。○打消の語を伴わずに可能の意味を表しているまれな例。

❸（受身を表し）…れる。…られる。…される。…（し）てもらう

いといたく世を憚り、まめだちたまひけるほど、なよびかにをかしきことはなくて、交野の少将には、笑はれたまひけむかし。〈源氏・帚木〉訳（源氏は）とてもひどく世間に気がねして、まじめにお振る舞いになっていたその間、艶っぽくおもしろい出来事はなくて、（古い物語の主人公で有名な色好みの）交野の少将には、笑われなさっただろうよ。○四段動詞「笑ふ」の未然形に付いている例。この例のように、「る」の付いた動詞の表す動作が、「〜に」という形で示される人の行為である場合は、受身の意味になる。ここでは、「笑う」という動作の主体は「交野の少将」である。

世の中になほいと心憂きものは、人に憎まれむことこそあるべけれ。〈枕草子・267・世の中になほ〉訳この世でなんといってもひどくつらいものは、人に嫌われるようなことであるに違いない。○四段動詞「憎む」の未然形に付いている例。この例では、「憎む」という動作の主体は「人」である。

❹（尊敬を表し）お…になる。…なさる。

「かの大納言、いづれの船にか乗らるべき。」〈大鏡・頼忠〉訳「あの大納言（＝藤原公任）は、どの船にお乗りになるつもりなのか。」○四段動詞「乗る」の未然形に付いている例。「乗る」動作をする人物（＝藤原公任）に対する敬意を表す。

京に上りて、枇杷殿に参りぬ。殿会ひたまひて、「何事にて上られたるぞ。」とのたまへば…。〈宇治拾遺〉訳（東大寺の僧は）上京して、枇杷殿（＝藤原仲平）の（所）に参上した。殿は（その僧に）お会いになって、「どのようなことで上京なさったのか。」とおっしゃるので…。○四段動詞「上る」の未然形に付いている例。話し手の仲平が、目の前に控えている僧に対して、軽い敬意を表す「る」を付けたもの。僧の動作には、地の文では敬語が付いていないが、会話文で、僧が聞き手となっているため、敬語が付いたのである。

発展 ①「らる」と「る」　自発・可能・受身・尊敬の助動詞には「る」のほかに「らる」があり、意味・用法はまったく同じ。「る」と「らる」の違いは接続の仕方だけで、四段・ナ変・ラ変動詞の未然形（語尾はみなア段音）には「る」が付き、それ以外の動詞の未然形（語尾はイ・エ・オ段音）には「らる」が付く。現代語では「れる」「られる」が古典語の「る」「らる」とほぼ同じ意味・用法で対応している。接続の特徴も古典語に倣い、「れる」は五段・サ変、「られる」はそれ以外に付く。この接続の関係は、使役・尊敬の助動詞「す」「さす」の場合と同様である。

②もとは❶の自発から　「移す↔移る」「倒す↔倒る」「流す↔流る」など、語尾が「す」と「る」とで対応する動詞の関係にも見られるように、「す」が人為的な動作を表し、「る」が自発的・無作為的な動作を表す語尾である。助動詞「る」「らる」も、このような動詞の性質を決める語尾の「る」と同じ語源と考えられている。したがって、程度や状態などが自然に現れてくること、自然に心に感じられることを表す❶の自発がもともとの意味であるといわれる。自発の意味では、「思ふ」「嘆く」など心情を表す動詞に付いて用いられる場合が多い。

③❷・❸の意味展開　自然に物事が成立していくようすを、主体の作為的な動作に関していう場合には❷の可能の意味になる。また、主体に対する他のものの動作によって、ある状態になる場合は❸の受身の意味になる。この意味では、無生物が主語となることは少ない。

④❶・❷に命令形はない　自発と可能の用法には、意味上、命令形は存在しない。

⑤❹の尊敬　高貴な人の動作を表すときに、それが自然に行われたものとして婉曲的にとらえるところから、❹の尊敬の意味も生じた。他の尊敬語に比べて敬意が低いので、天皇など最高階級の人の動作にはあまり用いられない。

⑥「す」「さす」と「る」「らる」　使役・尊敬の助動詞「す」「さす」が、尊敬の補助動詞「たまふ」を伴った「せたまふ」「させたまふ」などの形で尊敬の意味を表すことが多いのに対して、「る」「らる」の尊敬の用法の場合には、下に「たまふ」が付くことはない。そのため、「知られたまふ」などと使われる例の「る」は、尊敬以外の意味であると考えられる。

⑦「おぼさる」「おぼしめさる」　「おぼす」「おぼしめす」などの尊敬語に付いた「おぼさる」「おぼしめさる」などの「る」も、中古までは尊敬以外の意味で用いられ、多くが自発であった。この場合の「る」が尊敬の意味になるのは、中世以降のことである。

⑧「ゆ」と「る」　上代では、「る」と同じ意味・用法の助動詞に「ゆ」もあったが、中古以降は完全に「る」に取って代わられた。「ゆ」は「聞こゆ」「おぼゆ」などの動詞の中に取り込まれた形で残るだけとなった。

関連語 ゆ（助動詞）・らる（基本助動詞20）・す（基本助動詞20）・さす（基本助動詞20）

識別「る」の識別

品詞と用法	見分け方	例文と訳
自発・可能・受身・尊敬の助動詞「る」の終止形	上にア段の音がくる。	我が命、明日は必ず失はるべしと…。〈徒然草・108・寸陰惜しむ人なし〉訳自分の命は、明日は必ず失われる（＝なくなる）はずだと…。
完了（存続）の助動詞「り」の連体形	上にエ段の音がくる。	せちに思へる心なむありける。〈伊勢・14〉訳痛切に恋い慕っている心があった。
下二段動詞の連体形の一部。（語尾が「る」のもの）	「る」を独立させると、上の下二段動詞「暮る」が終止形ということになるが、終止形に付く「る」は存在しない。	明けぬれば暮るるものとは知りながら…百人一首〈後拾遺集・672〉訳夜が明けてしまうと、（やがてまた日が）暮れて（しまって、あなたに再び会える）ものとは分かっていながらも…。

れ

れ ㊀ 助動詞「り」の已然形・命令形。↓基本助動詞20(1317ページ)
㊁ 助動詞「る」の未然形・連用形。↓基本助動詞20(1322ページ)

れい【例】名詞 ❶先例。しきたり。習慣。ならわし。「**例に依りて進上、件のごとし。**」〈枕草子・133・頭の弁の御もとより〉訳「**先例**によって献上するのは、右の通りである。」
❷普通。ありきたり。あたりまえのこと。ありがちなこと。**世の中の例として、思ふをば思ひ、思はぬをば思はぬものを**…。〈伊勢・63〉訳男女のことに**ありがちなこと**として、恋しい人をいとしいと思い、恋しくない人はいとしいと思わないものなのに…。**かく例にもあらぬ鳥の跡のやうなれば、とみにも見解きたまはで**…。〈源氏・夕霧〉訳(手紙の文字は)このように**普通と違った**鳥の足跡のようであるので(読みにくく)、(夕霧は)すぐにも見て理解なさらないで…。
❸平素。ふだん。験者求むるに、**例ある所にはなくて**…。〈枕草子・28・憎きもの〉訳(祈禱を行って病気を治す)修験者を探すが、**ふだん**いる所にはいなくて…。

れい【霊】名詞 ❶魂。霊魂。❷目には見えない不思議な力を持つ存在。

れいけい-でん【麗景殿】名詞 内裏の後宮七殿の一つ。宣耀殿の南にあり、皇后・中宮・女御などが住む。↓ビジュアルチェック⑯(759ページ)

れい-げん【霊験】名詞 祈る者に対して、神仏が示す不可思議なしるし。祈りの効き目。御利益。

れい-ざま・なり【例様なり】形容動詞ナリ〈なら・なり(に)・なり・なる・なれ・なれ〉普段どおりだ。いつもと同じだ。「をのこどもに召し仰せさぶらひつれば、**例様にならせたまひにき。**」〈宇治拾遺〉訳「下男たちに向けてお呼び寄せになり(キツネの口を借りた利仁の命令を)お命じなさいましたところ、(キツネの憑いた奥方が)**普段どおりになりました。**」

れい-さん【霊山】名詞 神仏を祭った神聖な山。

れい-しゃ【霊社】名詞 霊験あらたかな神社。

れい-じん【伶人】名詞 ↓がくにん

冷泉家(れいぜいけ) 文芸用語 歌道の家。*藤原為相を祖とする。名称は、祖父定家の冷泉邸を相続したことによるという。歌風は京極家に近い自由なもので、伝統的な*二条家と対立した。

冷泉為守(れいぜいためもり) 人名 鎌倉末期の歌人。藤原定家の孫、為家の子。母は『十六夜日記』の作者阿仏尼で、冷泉家の祖とされる為相の同母弟。出家し、「暁月」「教月」を名乗った。和歌のほか、連歌・狂歌を詠み、近世狂歌の祖といわれる。*1265—1328*

れいぜい-ゐん【冷泉院】名詞 平安時代の後院(=内裏外に設けた予備的な御所)のひとつ。二条大路北・東大宮大路東に位置し、四町を占めた。嵯峨天皇が造営して以降多くの天皇の後院になり、「累代の後院」といわれた。初めは「冷然院」と書いた。↓ビジュアルチェック⑭(756ページ)

れい-ち【霊地】名詞 神仏の霊が宿っているという土地。多くは神社や寺などがある所を指す。霊場。霊域。

れい-ぢゃう【霊場】名詞 ↓れいち

れい-なら-ず【例ならず】連語 ❶いつもと違う。**雪のいと高う降りたるを、例ならず御格子参りて**…。〈枕草子・299・雪のいと高う降りたるを〉訳雪がとても高く降(り積も)っているのに、**いつもと違って**格子をお下げ申し上げて…。
❷体調が普通でない。病気である。親などの**心地悪しとて、例ならぬ気色なる。**〈枕草子・150・胸つぶるるもの〉訳親などが気分が悪いといって、**病気であるようすである**のは(心配で胸がどきどきする)。
発展 名詞「れい」+断定の助動詞「なり」の未然形+打消の助動詞「ず」。

れい-の【例の】

ある物事が、習慣や普通のことになっているようす
- ❶ **いつもの。通常の。** ◉「例の+体言」の形で用いる。
- ❷ **いつものように。例によって。** ◉「例の〜用言」の形で用いる。

連語 ❶(「例の+体言」の形で)**いつもの。定まった。お決まりの。通常の。普通の。** ある人、県の四年五年果てて、**例の事どもみなし終へて、解由など取りて**…。〈土佐日記・十二月二十一日〉訳ある人が、任国での四年か五年(の任期)が終わって、**お決まりの**事務などをすべてやり終えて、解由状(=国司の事務の引き継ぎが完了したことを証明する公文書)などを受け取って…。
例の御座所にはあらで、廂に御座敷きて、大殿籠りなどして…。〈大和・140〉訳(親王は)**いつもの**お部屋ではなくて、*廂の間にお敷物を敷いて、お休みになったりしてから…。
顔を打ち守りつつ和う鳴くも、心のなし、目の打ち付けに、例の猫にはあらず、聞き知り顔にあはれなり。〈更級日記・大納言殿の姫君〉訳(ネコが私の)顔をじっと見つめながら穏やかに鳴くのも、気のせいか、(何の考えもなく)ちょっと見たところ、**普通の**ネコではなく(思われて)、(私のことばを)いかにも聞き知っているような顔つきでいとしい。
❷(「例の〜用言」の形で)**いつものように。例によって。** 日暮るるほど、**例の集まりぬ。**〈竹取・五人の貴公子〉訳日が暮れるころ、(五人の貴公子たちが)**いつものように**集まった。
惟喬親王、**例の狩りしにおはします供に、馬の頭なる翁仕うまつれり。**〈伊勢・83〉訳惟喬親王が、**いつものように**鷹狩りしにおいでになるお供として、馬の頭という翁がお仕え申し上げていた。○「狩りしにおはします」に係っていく例。「狩りす」はサ変複合動詞。
その日は、女君に御物語のどかに聞こえ暮らしたまひて、例の、夜深く出でたまふ。〈源氏・須磨〉訳(須磨へ向かう)その当日は、(源氏は)女君(=紫の上)にお話をくつろいで申し上げながら日暮れまでお過ごしになって、**例によって**、夜が更けてから(須磨へ)お立ちになる。○「夜深く出でたまふ」に係っていく例。「夜深く」で一語の形容詞。当時の旅行の出発は夜明け前が通常で、そうした習慣に従って、という意味で「例の」が用いられている。
発展 ①名詞「れい」+格助詞「の」。
②**連体修飾語とも連用修飾語ともなる「例の」**
格助詞「の」は、下に体言を伴って連体修飾語を作るのが基本的な用法であるが、比喩・例示の用法では連用修

飾語を作ることもある。そのため、「例の」の形をとる場合も、❶と❷の用法に分かれる。中世以降は❷の用法が減り、「例のごとく」「例のやうに」という形で同じ意味を表すようになる。

れい-ぶつ【霊仏】 名詞 霊験あらたかな仏や寺。

れい-む【霊夢】 名詞 神仏が見せる不思議な夢。お告げの夢。

れい-らく【零落】 名詞 動詞 自〔サ変〕〈せ・し・す・する・すれ・せよ〉❶葉や花が枯れ落ちること。❷落ちぶれること。

れう【料】 一 名詞 ❶用いるための物。材料。品物。❷費用。代金。

二 形式名詞 ため。わけ。せい。目的。「**燕の持たる子安貝を取らむ料なり。**」〈竹取・燕の子安貝〉訳「ツバメが持っている(という)子安貝を取ったりする**ため**である。」

れう【寮】 名詞 ❶省の下に属する役所のひとつ。図書寮、大学寮、雅楽寮、左右の馬寮など。❷寺院の中の、学問僧のための宿舎。❸茶室。茶寮。また、町人や遊女屋の別宅。

れう-ぐわい【料外】 名詞 思いがけないこと。意外。

れう-けん【料簡・了簡】 名詞 動詞 他〔サ変〕〈せ・し・す・する・すれ・せよ〉❶考えを巡らすこと。考え。思慮。「**さるにつきて、なほこの下の了簡、愚推をわづかにめぐらしみはべれば…**」〈毎月抄〉訳「そのようなこと(=歌における詞と内容の関係)について、さらにこの以下の**考え**に、私めの推論をいささか企ててみますと…」❷よく考えて人の非を許すこと。勘弁すること。我慢して許すこと。堪忍。「**男盛りの者どもさへ了簡して帰るに、おのれ一人あとに残り…。**」〈西鶴・世間胸算用〉訳「男盛りの者までも**堪忍して**帰ったのに、お前一人後に残って…。」

れう-し【寮試】 名詞 大学寮の試験。合格すると擬文章生になる。

れう-じ・なり【聊爾なり】 形容動詞〔ナリ〕〈なら・なり(に)・なり・なる・なれ・なれ〉❶軽々しい。いい加減だ。「**さては聊爾なる事を申す者にてさうらふ。やがて追っ返しさうらふべし。**」〈謡曲・檀風〉訳「それでは(あの子供は)**いい加減な**ことを申す者でございます。すぐに追い返しましょう。」❷ぶしつけで失礼だ。「**聊爾な申しごとながら、そなたはどれからどれへおりゃるぞ。**」〈狂言・今参〉訳「**ぶしつけな**申し方だが、あなたはどこからどこへおいでになるのか。」

れうず(誤)→(正)**りょうず【凌ず・陵ず・掕ず】**

れう-そく【料足】 名詞《中世・近世語》金銭。銭。

れう-り【料理】 名詞 ❶物事を取り計らって、うまく処理すること。きりもり。❷調理。また、調理した食べ物。

歴史的仮名遣い 国語・国文法 仮名遣いのひとつ。ふつう、平安中期以前の仮名の用い方を基準にしたもの。そのころまでは、いろは四十七文字のすべてが発音と一対一で対応していた。たとえば、「を」は「お」と別音(ウォ[wo]のような音)であった。また、「ゐ」「ゑ」も「い」「え」と別音(ウィ[wi]・ウェ[we]のような音)であった。しかし、その後、発音が変化し、それらは同音となったが、文字のほうは残った。そこで、文字と発音にずれが生じたため、古語の仮名遣いが問題となったのである。

江戸時代に★契沖という学者が研究したのが、この仮名遣いのおおもとになった。明治には、それまでの研究成果が教科書や辞書などに採用されて普及し、「歴史的仮名遣い」と呼ばれて、現代仮名遣いが行われている現在でも、古典の本文や古語辞典などには使用されている。

なお、「古典的仮名遣い」「旧仮名遣い」ともいう。

歴史物語 文芸用語 物語の分類のひとつ。主に歴史を扱った物語をいう。『★栄花物語』および『★大鏡』『★今鏡』『★水鏡』『★増鏡』の四鏡がその代表作品。

れき-れき【歴歴】 名詞 家柄・身分・才能が優れていること。また、その人。

「**歴々の婿となって、家蔵数をつくりて…。**」〈西鶴・日本永代蔵〉訳「**身分家柄が立派な人**の婿となって、家や蔵をいくつも建てて…。」

発展「歴」は明らかの意味。

れき-れき・たり【歴歴たり】 形容動詞〔タリ〕〈たら・たり(と)・たり・たる・たれ・たれ〉明らかだ。はっきりしている。「**また見ずや、東郊の秋風に、歴々たる白楊の声を。**」〈本朝文粋〉訳「また見ないか(いや、見るだろう)、東の郊外を吹く秋風に、**はっきりした**白いヤナギ(=墓場のヤナギ)が立てる音を。」

れっ-けん【列見】 名詞 平安時代、陰暦二月十一日に行われた公事。六位以下の文武官の候補者を点呼し、大臣以下が面接した。

発展「れけん」とも。

れよ 助動詞**る**の命令形。→**基本助動詞20**(1322ページ)

連歌 文芸用語 五・七・五の長句(上の句)と七・七の短句(下の句)とを、交互に連ねて詠む合作文芸。

二句一連の★短連歌から、それを基にして長句・短句を続ける鎖連歌(長連歌)へと成長していった。平安時代は主として短連歌が行われていたが、院政期ごろから、原則として複数の人によって行われる長連歌が流行する。その後、形式・用語、ともに変遷が見られるが、長連歌には、その句数によって、★歌仙(三十六句)・世吉(四十四句)・五十韻・百韻・千句・万句などの形式がある。

また、和歌的な情趣を持った優雅な表現を主とするものを有心連歌、俗語の使用や滑稽な表現を主とするものを無心連歌という。室町時代には有心連歌が盛んで、室町末期から「★俳諧の連歌」が興った。

連句 文芸用語 五・七・五の長句を第一句として、これに七・七の短句を連ね、さらに長句・短句を一定の規則のもとに交互に連ねたもの。巻頭の第一句を発句、第二句を脇句、第三句を第三、最終句を挙げ句といい、それ以外の句を平句という。卑俗な素材・用語も嫌わずに使い、そこに新たな詩情を見いだそうとするところに特色がある。

「連句」とは、もともとは「★俳諧の連歌」(略して俳諧)の別の呼び名として用いられたが、明治以降、発句が独立して「俳句」と呼ばれるのに伴い、連歌・俳句と区別して用いられるようになった。

れん-げ【蓮華】 名詞《植物》ハスの花。季語 夏

発展 極楽に咲くといわれ、仏法の象徴としての意味も持つ。

れんげ-の-ざ【蓮華の座】 仏像の台座の形式のひとつ。ハスの花の形をしている。類 蓮座・蓮台 →蓮弁

れん-ざ【蓮座】 名詞 →れんげのざ

れん-し【連枝】 名詞 貴人の兄弟。

れん-じ【櫺子・連子】 名詞 窓などに、縦または横に一定の間隔で木、竹などを取り付けて作った格子。

れん-しゃ【輦車】 名詞 →てぐるま

れん-じょ【連署】 名詞 ❶一通の文書に、数人が署名、または判を連ねること。❷鎌倉幕府の職名。執権を補佐して政務を執り、公文書に連署・連判する重役。

連声 国語・国文法 二つの漢字が熟語を構成するときに起こる発音上の変化。前の漢字音の末尾が[m][n][t]の子音である場合、後の漢字音の語頭のア・ヤ・ワ行の音がマ・ナ・タ行の音に転化する現象。「さん・ゐ(m＋ゐ)→さん**み**(三位)」「くゎん・おん(n＋おん)→くゎん**のん**(観音)」「せつ・いん(t＋いん)→せっ**ちん**(雪隠)」など。

れん・ず【練ず】 一 動詞 自〈サ変〉〈ぜ・じ・ず・ずる・ずれ・ぜよ〉熟練する。経験を積んで慣れる。「為義、**いまだ合戦に練ぜざるものにてさうらふ。**」〈保元〉訳「為義(＝私)は、いまだに合戦に**熟練していない**者でございます。」

二 動詞 他〈サ変〉〈ぜ・じ・ず・ずる・ずれ・ぜよ〉調教する。慣れさせる。「年来**撫で飼ふ竜の駒** 馬場**の末にぞ練ずなる**…」〈梁塵秘抄〉訳長年かわいがって飼っている極上のウマを馬場の隅で**調教しているよう**だ…。

れんぜん-あしげ【連銭葦毛】 名詞 ウマの毛色の一種。葦毛(＝白に黒や濃褐色の毛の混じったもの)に灰色の銭の形をした斑点のあるもの。

れん-だい【蓮台】 名詞 →れんげのざ

れん-だい【輦台・連台】 名詞 川を渡る人を乗せる台。板に二本の棒を結び付けて、数人の人足が担ぐ。

[れんだい]

連体格 国語・国文法 体言を含む文節が連体修飾語となっているときの格。「★連用格」に対する。「**雁が**音」「**梅の**立ち枝」などの太字部分が連体格に当たる。

連体形 国語・国文法 →連体形の用法／読解の手引き⑩(668ページ)

連体形止め 国語・国文法 連体形で文を終止させる用法。連体止めともいう。次の二つの場合がある。
①多く、和歌において、詠嘆や驚きの気持ちを効果的に表すのに用いられた。本来なら下に続くはずの体言が想像されることから余情・余韻の表現となる。体言止めと同様の効果をねらったものと解される。「**梅散らす風もこえてや吹きつらむかをれる雪の袖にみだるる**」は連体形「みだるる」で終止する歌で、下の句は「まるでよい香りを放つ雪のような花びらが袖に**降りかかることだ。**」と訳される。
②会話文で、話し手が事情を説明するようなときに用いられた。「**雀の子を犬君が逃がしつる**(＝スズメの子を犬君が逃が**してしまったのだ**)。」の例は、近時、断定の助動詞「なり」が下に略されている(「～つるなり」)と見られている。訳すときは、「なり」を補うとよい。→言い切りの形

連体形の用法 国語・国文法 「連体」とは、★体言に連なるという意味であり、主に①の用法によって「連体形」と命名される。連体形自体の用法には、次のようなものがある。
①★連体修飾語となる(連体法という)。「**飛ぶ**雁の数さへ見ゆる秋の夜の月」
②係助詞「ぞ」「なむ」「や」「か」を受け、★係り結びの結びとなる。「その宮へなむおはしまし**ける**」
③疑問・反語の意味を表す語を受けて、文を終止する。「夕べは秋となに思ひ**けむ**」
④→連体形止め
⑤→準体法
また、「**あるまじき**恥」「寄りて**見るに**」のように、連体形の下に助動詞や助詞が続くこともある。

連体詞 国語・国文法 品詞のひとつ。自立語で活用がなく、常に単独で★連体修飾語だけに用いられる語。これに属するすべての語は他の品詞・連語から変化して生じたものである。「ある山里」「いはゆる西方浄土」「往んじ(＝去る)安元三年四月」「さる体にて(＝それ相当の形にして)」「さしたることなくて(＝たいした用事もないのに)」などの傍線部がその例。

連体修飾語 国語・国文法 文節の役割の名称のひとつ。体言を修飾する文節(★連文節)をいう。「形容詞的修飾語」とも。次の種類がある。
①連体詞。「**ある**博士」
②用言の連体形。または、用言＋助動詞の連体形。「**白き**衣ども」
③体言(★準体言)＋格助詞(連体格)。「**竹取が**家に」
④形容詞、または形容動詞の語幹＋格助詞「の」。「**心憂の**ことや」
⑤副詞、または副詞＋格助詞「の」。「**ただ**一つ二つなど」「野分の**またの**日こそ」

連体止め 国語・国文法 →連体形止め

連濁 国語・国文法 二つの語が結合して複合語・派生語を作るとき、あとの語の語頭の音節が清音から濁音になる現象。「山桜(やまざくら)」「旅人(たびびと)」「花盛(はなざかり)」「素手(すで)」など。動詞の音便にも、「住み＋て」→「住んで」のように文節を作る場合には、連濁が生ずることがある。

れん-ちゅう【簾中】 名詞 ❶簾の中。部屋の奥。❷簾の中にいる貴婦人。❸公卿・大名などの正妻を敬った言い方。

れん-ぱい【連俳】 名詞 ❶連歌と俳諧。❷連歌形式の俳諧。俳諧の★連句。

れん-ぷ【蓮府】 名詞 大臣の邸宅。また、大臣の別の呼び名。→相府 発展 中国・晋の大臣が、家にハスを植えたという故事による。

連文節 国語・国文法 一つの文の中で、いくつかの★文節が意味的にひとまとまりとなり、一つの文節のような働きをするもの。たとえば「祭りのかへさ、いとをかし。」という文についていうと、A「祭りの―かへさ」とB「いと―をかし」とは、ともに二つの文節が結びついて、主語(A)・述語(B)の関係を構成している。そのようなA・Bは、それぞれ連文節であり、さらに文節と連文節、また連文節と連文節が結びついたものも連文節という。

れん-べん【蓮弁】 名詞 仏像の台座の一部分。ハスの花が開いた形をしている。

れん-ぼ【恋慕】 名詞 動詞 他〈サ変〉〈せ・し・す・する・すれ・せよ〉恋い慕うこと。

連用格 国語・国文法 体言を含む文節が連用修飾語

となっているときの格。「★連体格」に対する。「川を下る」「山に咲く」などの太字部分が連用格に当たる。

連用形（れんようけい）国語・国文法 ↓連用形の用法

連用形の用法（れんようけいのようほう）国語・国文法 「連用」とは、★用言に連なるという意味で、①③の用法などによって「連用形」と命名される。連用形の用法には、次のようなものがある。
①★連用修飾語となる（連用法という）。「いとは**つらく**見ゆれど」「**たまさかに**立ち出づるだに」○形容詞「つらし」、形容動詞「たまさかなり」の連用形。
②文を一度切って、さらに続ける（★中止法という）。→古語チャート⑲（737ページ）・㊾（1327ページ）「池めいて**くぼまり**、水つける所あり」○動詞「くぼまる」の連用形。
③複合動詞を作る。「**浮き**立つ」「**移り**行く」
④名詞に変化して、体言の資格を持つ。「遊び」「行（おこ）ひ」「流れ」○それぞれ動詞「遊ぶ」「行（おこ）ふ」「流る」の名詞化。

連用修飾語（れんようしゅうしょくご）国語・国文法 文節の役割の名称のひとつ。用言を修飾する文節（★連文節）をいう。「副詞的修飾語」とも。具体的にどのようなものを指すかについては、諸説あるが、狭い意味では、次の二種類が挙げられる。
①副詞。「小さく見ゆるは、**いと**をかし」「**つゆ**まどろまれず」
②用言の連用形。「船**とく**こげ」「**あからさまに**抱きて」
さらに、広い意味では、次のようなものがある。
③時の意味にかかわる体言。「**昔**、男ありけり」
④数や量を表す体言。「その種、ただ**一つ**賜（た）べ」
⑤体言（準体言）に連用格助詞の付いたもの。「**青葉に**なりゆくまで」「**栗栖野**（くるす の）**といふ所を**過ぎて」
→古語チャート㊾（1327ページ）

れん-り【連理】名詞 ↓れんりのえだ

れんり-の-えだ【連理の枝】一本の木の枝がつながって、一本の木のようになっていること。男女・夫婦が深く結び付いていることのたとえ。↓比翼（ひよく）の鳥（とり）

まとめて覚えよう古語チャート㊾
頻度を表すことば

動詞を修飾して、その頻度を表すことばを集めてみました。
副詞が動詞を修飾するのはもちろんですが、形容動詞にも、連用形が副詞のように使われる用法があります（↓連用形の用法）。また、名詞にも副詞に似た働きを示すものがあります。「¹をりをり」などは、そのひとつです。そのように、頻度、時、数や量に関する名詞は、副詞となることもあります。
日本語の頻度に関することばは、品詞も成立も多様です。そして、それぞれのことばが表している頻度には幅があります。頻度に関する認識というものは、必ずしも厳密ではないもののようです。

古語	多 → 少	古語
たえず 副詞	いつも	つねに 副詞／つねなり 形容動詞
しばしば 副詞	何度も何度も	あまたたび 副詞
をりふし 名詞→副詞	ときどき	¹をりをり 名詞→副詞
たまさかなり 形容動詞	時に・たまに	まれなり 形容動詞
たえだえ 副詞	とぎれとぎれに	まれまれ 副詞
たえて 副詞（下に打消の表現を伴う）	まったく…ない	つゆ 副詞（下に打消の表現を伴う）

赤字は最重要語・重要語

ろ

-ろ 接尾語《上代東国方言》（名詞に付いて）親しみの意味を表したり、ことばの調子を整えたりする。語例 児（こ）ろ・嶺（ね）ろ

ろ【炉】名詞 いろり。季語 冬

ろ 間投助詞《上代語》（多く「ろかも」の形で、感動を表し）…よ。…なあ。接続 体言、または形容詞の連体形に付く。
常なりし笑（ゑ）まひ振舞（ふるま）ひいや日異（ひけ）に変はらふ見れば悲しきろかも 歌〈万葉集・3・478〉訳（舎人（とねり）たちの）絶えることのなかった笑顔も動作も日を追って変わっていくのを見ると、悲しいことだなあ。
発展 終助詞、あるいは接尾語とする説もある。

ろ 間投助詞《上代東国方言》（相手に強く働きかける気持ちを表し）…よ。…ね。接続 活用語の終止形・命令形などに付く。
草枕（くさまくら）旅の丸寝の紐（ひも）絶えば我（あ）が手と付けろこれの針（はる）持（も）し 歌〈万葉集・20・4420〉訳 ↓くさまくら…
発展 ほとんどが文末に用いられるので、終助詞とする説もある。現代語の「起きろ」「着けろ」「しろ」などの命令形活用語尾の「ろ」は、この「ろ」を受け継いだものといわれる。

◐**ろう**（現）↓（歴）**らう**【労・廊・朗・浪・牢・狼・老・郎・琅・粮・踉】

◐**ろう**（現）↓（歴）**らふ**【蠟・臘・臈・鑞】

ろう【楼】名詞 高く造った建物。たかどの。類 楼閣（ろうかく）

ろう-かく【楼閣】名詞 階を重ねて高く造った建物。

◐**ろうがわし**（現）↓（歴）**らうがはし**【乱がはし】最重要語（1310ページ）

ろう-きょ【籠居】名詞 動詞 自（サ変）（せ・し・す・する・すれ・せよ）世間との交際を絶って、家の中に引きこもっていること。謹慎や物忌みなどのためにすることが多い。

ろう-こく【漏刻・漏剋】名詞 水時計の一種。底に穴をあけた容器に水を入れ、漏れ落ちる水を受ける容器のほうに目盛りを刻んだ矢を立てて、その水位によって時を計る装置。↓図（次ページ）

ろう-さう【緑衫】（そう）一 名詞 六位の官人が着る緑色の袍

ほう（＝上着）。発展「ろくさん」が変化したもの。「緑衣」とも。

ろう・ず【弄ず】動詞 他〈サ変〉〈ぜ・じ・ず・ずる・ずれ・ぜよ〉からかう。なぶる。愚弄する。もてあそぶ。

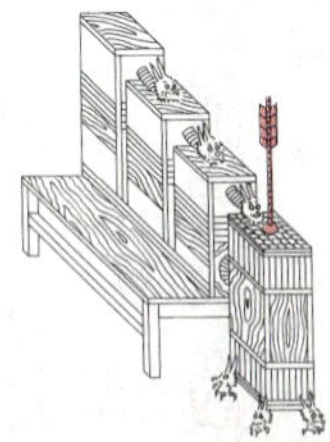
［ろうこく］

御よろこびなど、言ひおこする人も、かへりては弄ずる心地して、ゆめ嬉しからず。〈蜻蛉日記〉訳お祝いなどを、言ってよこす人も（いるが）、かえって**愚弄している**ような気がして、まったくうれしくない。

●**ろうどう【郎等】**（現）↓（歴）**らうどう**

ろう-もん【楼門】名詞 寺社などの二階造りの門。

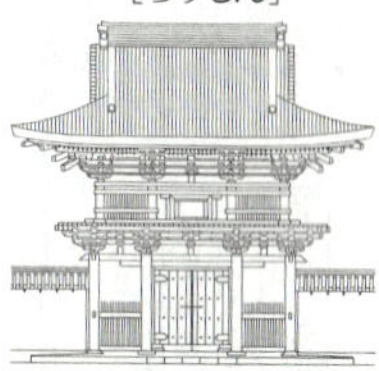
［ろうもん］

ろう-ろう・たり【朧朧たり】形容動詞〈タリ〉〈たら・たり（と）・たり・たる・たれ・たれ〉おぼろにかすんでいる。ぼんやりと薄明るい。

弥生も末の七日、あけぼのの空朧々として、月は有明にて、光をさまれるものから、富士の峰かすかに見えて…。〈奥の細道・旅立ち〉訳三月も下旬の二十七日、明け方の空は**おぼろにかすんでいて**、月は有り明けの月で、光がなくなっているので、富士山はかすかに見えて…。

ろ-かも《上代語》（親愛の気持ちや感動を表して）…よ。…なあ。↓ろ（間投助詞）

発展 間投助詞「ろ」＋終助詞「かも」。

ろ-ぎん【路銀】名詞 旅行用の金銭。旅費。

ろく【禄】名詞 ❶官人に与えられる給与。❷ほうび。祝儀。

「**禄を出だされば、肩に掛けて、拝して退く。**」〈徒然草・66・岡本関白殿〉訳「**祝儀**（の衣服）をお出しになると必ず、（それを）肩に掛けて、拝舞の礼をして退出する。」

●**ろくいのくろうど**（現）↓（歴）**ろくゐのくらうど【六位の蔵人】**

ろく-かせん【六歌仙】名詞 平安初期に活躍し、『古今和歌集』の序で批評されている六人の優れた歌人。遍昭・在原業平・文屋康秀・喜撰・小野小町・大伴黒主の六人。

ろく-くゎんおん【六観音】名詞《仏教語》六道のそれぞれにいて、衆生を救う六種の観音。千手（地獄道）・聖（餓鬼道）・馬頭（畜生道）・十一面（阿修羅道）・准胝（人間道）・如意輪（天道）の総称。

ろく-こん【六根】名詞《仏教語》人間の迷いを生じさせる根元。眼・耳・鼻・舌・身・意の称。

ろくこん-しゃうじゃう【六根清浄】《仏教語》★六根の迷いを断って、けがれのない身になること。発展 霊山に登るときなどに唱える。

ろくさい-にち【六斎日】名詞《仏教語》一か月のうち、身を慎む六か日。八日・十四日・十五日・二十三日・二十九日・三十日。

ろく-じ【六字】名詞 六つの文字。特に、「南無阿弥陀仏」の六字。

ろく-じ【六時】名詞《仏教語》一日を六つに分けた時。晨朝・日中・日没・初夜・中夜・後夜の総称。この時ごとに念仏・読経などを行う。

ろくじ-の-みゃうがう【六字の名号】名詞「南無阿弥陀仏」のこと。

ろく-しゃく【六尺・陸尺】名詞 ❶駕籠を担ぐ人足。駕籠かき。❷雑用に使われている者。下男。

ろく-じょう【鹿茸】名詞 シカの角が初夏に生え変わるとき、新しく生えてくる角。袋角。強壮薬として用いた。季語 夏

六条御息所 ろくじょうのみやすどころ［ロクデウノ］登場人物『源氏物語』中の人物。ある大臣の女で、東宮妃となり一女をもうけたが、東宮と死別。才気あふれる高貴な未亡人として評判が高く、光源氏も心を動かされて深い仲となるが、やがて理知的な御息所に気詰まりを覚え遠ざかる。御息所は嫉妬のため、自分の意思とはかかわりなく、生き霊となって、★葵の上を取り殺す。

ろくじ-らいさん【六時礼賛】《仏教語》★六時に仏を礼拝し、その功徳をたたえること。また、そのときに唱える偈（＝仏を賛美した韻文）。

ろく-しん【六親】名詞 六種の親族。父・子・兄・弟・夫・妻、または父・母・兄・弟・妻・子の総称。

ろく-たい【六体】名詞 ↓りくぎ

ろく-だう【六道】名詞《仏教語》人が生前の行いによって、死後におもむくという六つの世界。地獄道、餓鬼道、畜生道、阿修羅道、人間道、天道。発展「りくだう」とも。

ろくだう-ししゃう【六道四生】《仏教語》★六道での四つの生まれ方。胎生・卵生・湿生・化生。

ろくだう-の-ちまた【六道の巷】↓ろくだうのつじ

ろくだう-の-つじ【六道の辻】❶死者が★六道のどれかへ行く道の分岐点。類六道の巷 ❷京都鳥辺野の火葬場へ通じる道筋。

ろく-ぢん【六塵】名詞《仏教語》六根（＝眼・耳・鼻・舌・身・意）を通して煩悩を起こし、仏心をけがすもとになる六種の刺激。色・声・香・味・触・法の総称。

ろく-つう【六通】名詞《仏教語》六つの神通力。天眼・天耳・神足（神境とも）・他心・宿命・漏尽の総称。六神通。

ろくでう-まゐり【六条参り】名詞 京都の六条にある東・西両本願寺に参拝すること。また、その人。

●**ろくどう**（現）↓（歴）**ろくだう【六道】**

六波羅 ろくはら 地名 今の京都市東山区、鴨川の東岸で、南北はほぼ五条以南・七条以北の地に当たる。平安末期には、平氏一門の屋敷が並び、政権の本拠地となった。鎌倉時代には六波羅探題が置かれ、京都支配の拠点となった。

ろくはら-たんだい【六波羅探題】名詞 鎌倉幕府が京都の六波羅に置いた出張機関。また、その長官。南北に分かれ、内裏の守護、朝廷の監視、尾張・加賀以西の軍事・裁判を取り扱う役所で、北条氏が任務を担当した。

ろく-はらみつ【六波羅蜜】名詞《仏教語》菩薩が悟りを得るために行う六つの修行。布施・持戒・忍辱・精進・禅定・知恵の総称。

ろく-よく【六欲】名詞《仏教語》六根（＝眼・耳・鼻・舌・身・意）によって起こる欲。色欲・形貌欲・威儀姿態欲・語言音声欲・細滑欲（＝肌のきめが細かくなめらかであることを願う欲）・人相欲の総称。

ろく-ゐ【六位】名詞 ❶律令制で、位階の第六番目。

正・従にそれぞれ上下があり、四段階に分かれる。官人の最下位に当たり、蔵人以外は昇殿を許されなかった。❷「六位の蔵人」の略。

ろくゐ-の-くらうど【六位の蔵人】名詞 蔵人所の役人で六位の者。定員は四人。六位ではこの職だけが昇殿を許され、宮中の雑事や天皇の食事の給仕などに当たった。

六位の蔵人の青色など着て…袖うち合はせて立ちたるこそをかしけれ。〈枕草子・76・内裏の局〉訳 **六位の蔵人**が青色の上着などを着て…かしこまって袖をかき合わせて立っている姿は趣がある。

ろくゑ-の-つかさ【六衛の司】名詞 ↓りくゑふ

ろくゑふ【六衛府】名詞 ↓りくゑふ

ろ-し【路次】名詞 道の途中。道中。

ろ-せん【路銭】名詞 旅費。

ろ-だい【露台】名詞 ❶建物から張り出した、屋根のない台。❷紫宸殿と仁寿殿との間にある屋根のない板張りの台。節会のとき、舞が行われた。↓ビジュアルチェック⑯(759ページ)

ろ-ぢ【露地・露路】名詞 ❶屋根などのないむき出しの土地。❷茶室に付属する庭。また、茶室に至る通路。❸庭や建物の間の細い通路。

六家集 文芸用語『新古今和歌集』時代の六歌人の私家集を集成したもの。「りっかしゅう」とも。藤原俊成の『長秋詠藻』、藤原良経の『秋篠月清集』、慈円の『拾玉集』、西行の『山家集』、藤原定家の『拾遺愚草』、藤原家隆の『壬二集(玉吟集)』。室町時代後期に編纂され、江戸初期の寛文(一六六一〜一六七三)ごろ版行されたとみられる。

六百番歌合 作品名 鎌倉初期の歌合。藤原良経・定家・季経・顕昭ら十二人の詠。藤原俊成判。「左大将家百首歌合」とも。九条家歌壇の頂点を成す催しで、当時の歌論や歌壇の史料となる。一一九三(建久四)年からその翌年の成立。

ろ-なう【論無う】副詞 いうまでもなく。もちろん。当然。**春宮に参りたまひて、「論なう、通ひたまへるところあらむかし。」と、目とどめて見たてまつるに…**〈源氏・若菜下〉訳 東宮の所に参上なさって、「**当然**、(女三の宮に)似ていらっしゃるところがあるだろうよ。」と、(柏木が)目をこらしてお見申し上げると…。

発展「論なう」の「ん」を表記しない形。

ろ-びらき【炉開き】名詞 茶人の家で、陰暦十月の亥の日に地炉(=地面や床に切った炉)を使い始めること。後には、十月一日に行った。季語 冬 対 炉塞ぎ

ろ-ふさぎ【炉塞ぎ】名詞 茶人の家で、陰暦三月の晦日に、冬の間使っていた地炉(=地面や床に切った炉)をふさぐこと。季語 春 対 炉開き

ろん-ぎ【論議・論義】名詞 動詞 自〔サ変〕〈せ・し・す・する・すれ・せよ〉❶《仏教語》法会の席で、僧が問答して論じ合い、教義を説き明かすこと。❷討議。議論。問答。意見を述べ合うこと。❸《能楽用語》シテと地謡、あるいはシテと他の役との間で、問答形式によって交互に謡いを謡う部分。

論語 作品名 中国の儒教の経典。十巻二十編。四書の一つ。孔子とその門人たちの言行をまとめたもの。人間の最高の徳として「仁」を説き、儒教の原初的な理念を示している。

ろん-ず【論ず】動詞 他〔サ変〕〈ぜ・じ・ず・ずる・ずれ・ぜよ〉❶物事の道理を説く。正しく解き明かす。「**国を治め道を論じ、陰陽をやはらげ治む。**」〈平家・1・鱸〉訳「(太政大臣というものは)国を治め(人の)道を**正しく解き明かし**、(人徳が天に通じて)陰陽を穏やかにし治める。」

❷討論する。論評する。また、言い争う。訴訟で争う。**この人々のとりどりに論ずるを聞こしめして、左右と方分かたせたまふ。**〈源氏・絵合〉訳(藤壺の中宮は)この人々がそれぞれに(絵を)**論評する**のをお聞きになって、左と右に組をお分けになる。

ろん-な-し【論無し】形容詞〔ク〕〈く・く・し・き・けれ・○／から・かり・○・かる・○・かれ〉言うまでもない。もちろんだ。**ろんなう、くしたる人の名ならむ。**〈落窪〉訳(落窪という名は)**言うまでもなく**、卑屈になっている人の名だろう。○「ろんなう」は連用形「ろんなく」のウ音便。

負ひたてまつりて下るに、ろんなく、人追ひて来らむと思ひて…〈更級日記・竹芝寺〉訳(姫宮を)背負い申し上げて(ここまで)下ったので、**言うまでもなく**、追っ手が迫って来ているだろうと思って…。

発展「ろなし」とも。

わ

わ【倭・和】㊀名詞 古く中国で、日本国や日本民族を呼んだことば。

㊁造語 日本のものであることを表す。語例 和歌・和琴

わ

自分自身の呼び名。また相手を呼ぶときに付けることば	㊀【我・吾】代名詞 われ。私。
	㊁【吾・我・和】接頭語 相手に親愛の気持ちを表す。また、軽んじて卑しめる気持ちを表す。

㊀【我・吾】代名詞 **われ。私。自分。**

我が妹子が偲ひにせよと着けし紐糸になるとも我は解かじとよ 歌〈万葉集・20・4405〉訳 **私**のいとしい妻が思い出の品にしてくれと言って(私の服に)着けた紐が(すり切れて)糸になっても、**私**は解かないでおこうと思うよ。

馬来田の嶺ろの笹葉の露霜の濡れて我来なば… 歌〈万葉集・14・3382〉訳 望陀の峰の笹葉に置く露や霜のように濡れて**私**がやって来たなら…。

㊁【吾・我・和】接頭語 **相手に親愛の気持ちを表す。また、見下したり、軽んじて卑しめる気持ちを表す。** 語例 吾殿・吾主・吾女

発展 ①「わ＋助詞」の形 ㊀の代名詞の用法は、上代は格助詞「が」「を」「に」、係助詞「は」などを伴って用いられたが、中古以降は「が」以外の助詞は付かなくなる。また、これらの助詞を伴わない形はまれで、助詞を伴わない場合は「われ」「あれ」が用いられた。

②同じ意味の代名詞「吾」の方が古い形といわれる。

わ ㊀終助詞(感動・詠嘆を表し)…よ。…わ。接続 文末に付く。

「まづ、第一冥利がいいわさ。」〈滑稽本・浮世風呂〉訳「とにかく、第一に神仏のご利益がいい**よ**な

あ。」

二 間投助詞《上代語》❶(呼びかけに用いて)…よ。…や。接続 感動詞「いざ」などに付く。**見欲しきは雲居に見ゆるうるはしき十羽の松原童どもいざわ出で見む**…歌〈万葉集・13・3346〉訳 見たいものは空のかなたに見える美しい十羽の松原だ。皆の者よ、いざや(=さあ)出て見よう…。

❷(感動・詠嘆を表し)…よ。…や。接続 文節の終わりに付く。**いざ吾君振熊が痛手負はずは鳰鳥の淡海の海に潜きせなわ**〈古事記・仲哀天皇〉訳 さあ、わが将軍よ。振熊(=敵方の将軍の名)の与える痛手なんか負わないで、この近江の琵琶湖に身を沈めることをしようよ。○「鳰鳥の」は「淡海」に係る枕詞。

発展 一は終助詞「は」が中世以降、発音どおりに「わ」と表記されるようになったもの。二❷は終助詞とする説もある。

わ-い 終助詞(感動を表し)…だなあ。…よ。接続 活用語の終止形・連体形、体言に付く。「**これまた小桶をならべたことわい。**」〈滑稽本・浮世風呂〉訳「これまた小さな桶を並べたこと**だなあ**。」

発展 終助詞「わ」に終助詞「い」が付いて、中世後期以降に成立した。

わい-かぢ【脇楫】― 名詞 船の両側のへりに付けた櫓。

わい-だて【脇楯】 名詞 鎧の一部。胴の右脇に当ててすき間をふさぐもの。

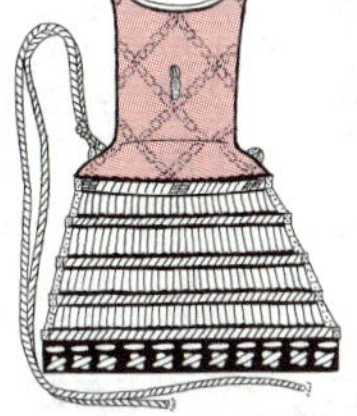
[わいだて]

わい-ため【弁別】 名詞 区別。けじめ。

わい-の 終助詞(感動を込めて念を押す気持ちを表し)…よねえ。…よ。接続 活用語の終止形・連体形、体言に付く。「**わしは病になるわいの。**」〈近松・曾根崎心中〉訳「私は病気になる**よねえ**。」

発展 終助詞「わい」に終助詞「の」が付いて一語になったもの。

わい-やい 連語《近世語》(語末に付き、語気を強めて)…だよ。…よな。…よ。「さてさて、せはしない。今やる**わいやい**。」〈狂言・二人大名〉訳「何ともまあ、(せかせか言い)せっかち(な奴)だ。今やる**よ**。」

発展 終助詞「わい」+終助詞「やい」。

わう【王】 名詞 ❶一国の君主。国王。❷天皇の子や孫で、親王宣下がなく、姓も与えられていない男子。

わう-かう【横行】 名詞 動詞 自(サ変)〈せ・し・す・する・すれ・せよ〉望ましくない者が、大いばりで歩き回ること。

わう-くゎん【往還】 名詞 ❶行きと帰り。往来すること。❷往き来する道。道路。街道。

わう-け【王気】― 名詞 王者にふさわしい気品。気高い品位。発展「わうげ」とも。

わうけ-づ・く【王気付く】― 動詞 自〈カ四段〉〈か・き・く・く・け・け〉王者にふさわしい品位が備わる。「**女御の御宮たち、はた、父帝の御方ざまに、王気付きて気高うこそおはしませ**…」〈源氏・柏木〉訳 女御のお子様たちは、やはりまた、父である帝のご血筋により、**王者にふさわしい品位が備わり**気品高くていらっしゃるけれども…。

わう-し【王氏】― 名詞 天皇の子や孫で臣下としての姓を与えられていない者。皇族。

わう-し【横死】― 名詞 殺されたり、事故や災害などによって死ぬこと。不慮の死。

わう-しき【黄鐘】― 名詞 音名。十二律の第八音。

わうしき-でう【黄鐘調】 名詞 雅楽の六調子の一つ。黄鐘の音を基音とするもの。発展「わうしきてう」とも。

わう-じゃう【王城・皇城】 名詞 皇居。都。

わう-じゃう【往生】 名詞 動詞 自(サ変)〈せ・し・す・する・すれ・せよ〉❶《仏教語》この世を去って、仏の世界である浄土に生まれ変わること。特に、念仏の功徳によって阿弥陀仏の極楽浄土に生まれること。極楽往生。**善人なほもって往生を遂ぐ。いはむや、悪人をや。**〈歎異抄〉訳 善人でもやはり**浄土に生まれ変わること**を果たす(ことができる)。まして、悪人(が往生を遂げること)は言うまでもない。○この「悪人」は、自己の罪悪や煩悩を深く自覚して、どうしても自己の力に頼り切ることができずに、ただひたすら、弥陀の本願にすがろうとする人。❷この世を去ること。死ぬこと。❸あきらめること。いやいや承知すること。

わう-じゃく【往昔】― 名詞 むかし。いにしえ。

わう-じゃく【尫弱】― 形容動詞〈ノ〉❶弱々しい。ひ弱そうだ。**尫弱の勢がさを見て、大勢の敵などか勇まであるべき。**〈太平記〉訳 **ひ弱そうな**軍勢の数を見て、大軍勢の敵がどうして勇気がわかないことがあろうか、いや、わくに違いない。❷貧しい。みすぼらしい。「**尫弱の官人、たまたま出仕の微牛を取らるべきやうなし。**」〈徒然草・206〉訳「**貧しい**下役人が、偶然にして出勤用の痩せ牛を没収されなければならない理由はない。」

わう-じゃく・たり【尫弱たり】― 形容動詞〈タリ〉〈たら・たり(と)・たり・たる・たれ・たれ〉(体力・勢力・能力などが)弱く乏しい。弱々しい。また、貧しい。みすぼらしい。「**尫弱たる弓を敵の取り持って**…」〈平家・11・弓流〉訳「(弦の張りの)**弱々しい**(私の)弓を敵が奪い取って…。」

わう-ずい【黄水】― 名詞 胃から吐き戻す液体。へど。発展「きみづ」とも。

わう-ぢ【王地】― 名詞 帝王が治める土地。類 王土

わう-ど【王土】― 名詞 ↓わうぢ

わう-にょうご【王女御】― 名詞 女御になった皇女。皇族出身の女御。

わう-ばん【椀飯・埦飯】― 名詞 ❶椀に盛った飯。❷もてなしの食膳。発展「わんはん」の変化したことば。

わう-ばん【往反】― 名詞 動詞 自(サ変)〈せ・し・す・する・すれ・せよ〉行き来すること。行き帰り。往復。発展「わうへん」とも。

わう-ぼふ【王法】 名詞《仏教語》仏教の立場から、世俗の国王の法令・政治をいうことば。対 仏法

わう-みゃうぶ【王命婦】 名詞 命婦になった皇女。皇族出身の命婦。

わう-らい【往来】― 名詞 ❶行き来。行き帰り。往復。また、行き来する道。道路。❷往信と来信。手紙。あいさつ。また、贈答品。手土産。❸手紙の文例集。また、中世以降は広く教科書的な書物をいう。↓往来物

わうらい-もの【往来物】― 名詞 平安末期から明治

初期まで用いられた書簡形式の初等教科書。初めは手紙の模範文例集であったが、鎌倉以降には用語集なども現れ、しだいに実用の知識などを教えるものになり、江戸時代には寺子屋の教科書などに使われた。種類は多く、庶民の教育に大きな役割を果たした。『庭訓往来』『商売往来』などが、これに当たる。

わう-ろく【女王禄】名詞 白馬の節会の翌日（＝陰暦正月八日）と新嘗の祭りの翌日（＝陰暦十一月の中の巳の日）、紫宸殿で女性皇族に絹・綿などを与える儀式。発展「女」という字は慣例的に読まない。

わう-わく【枉惑】名詞 不正。非道。

わか【若】一 名詞 子。子供。また、幼児。幼い子。
二 造語 若い、幼い、という意味を表す。語例 **若君・若草**
三 接尾語（男児の名に付いて）幼いという意味を表す。語例 **亀若・鶴若**

わ-か【和歌・倭歌】名詞 ❶長歌・短歌・旋頭歌など、日本の定型歌。後には、短歌のみを指す。❷（万葉集で）相手に和して答える歌。❸（能で）舞の後に謡う謡物の総称。詞章は短歌形式を基本とする。発展 ❶は、漢詩に対していうことば。連歌・俳諧などは含まない。「やまとうた」とも。→**絵で見る古典生活史**30（1331ページ）

わ-が【我が・吾が】一（「が」が連体格を示す場合）❶私の。われわれの。「**わが国にかかる歌をなむ、神代より神も詠んたび…。**」〈土佐日記・一月二十日〉訳「**私の**国ではこのような歌を、神々の時代から神もお詠みになり…。」
❷自分自身の。自分の。「**わが御家へも寄りたまはずしておはしましたり。**」〈竹取・蓬萊の玉の枝〉訳「**自分の**お屋敷へもお立ち寄りにならないでいらっしゃった。」
二（「が」が主格を示す場合）私が。自分が。**わが乗りたるは、その車の主さへ憎し。**〈枕草子・28・憎きもの〉訳（きしきしと音を立てる牛車に）**自分が**乗っている場合は、（牛車だけでなく）その牛車の持ち主までもがしゃくに障る。
発展 代名詞「わ」＋格助詞「が」。

わがいほは…百人一首
わが庵は都のたつみしかぞ住む世をうぢ山と人はいふなり〈古今集・雑下・983・喜撰〉訳 私の粗末な仮小屋は都の東南にあって、このように（心安らかに）住んでいる。（それなのに）世の中を憂えて住む宇治山だと（世間の）人は言っているそうだ。〇「うぢ」は、地名「宇治」と「憂し」を掛ける。
発展「しか」の指す内容には諸説ある。ここでは「心安らかに」とした。憂えてなどいない、というのである。これに対して、「しか」の指す内容は下の句にあるとする解釈もある。それによれば、世の中を憂えて住む、ということになる。

絵で見る古典生活史 30
ことば遊び

古典の「ことば遊び」という場合、まず和歌の技法が挙げられます。例えば、「*折句」の歌、「*物の名」歌、一首中に同じ語を繰り返して用いる歌、同じ文字を使わない歌などがあります。

折句の歌とは、『*古今和歌集』や『*伊勢物語』に見えるもので、「唐衣きつつなれにしつましあればはるばるきぬる旅をしぞ思ふ（訳↓からころも…）」という*在原業平の歌が代表的です。各句の初めの字だけを見ると「かきつばた」ということばになります。また、上からも下からも同じに読める「*廻文歌」も登場しました。

『*徒然草』には、「二つ文字牛の角文字直な文字ゆがみ文字とぞ君は覚ゆる」という歌が出ています。「二つ文字」とは平仮名の「こ」、「牛の角文字」は「い」（一説に「ひ」）、「直な（＝真っすぐな）文字」は「し」、「ゆがみ文字」は「く」を表し、歌の意味は「こい（ひ）しく（恋しく）」思うという謎掛けになります。

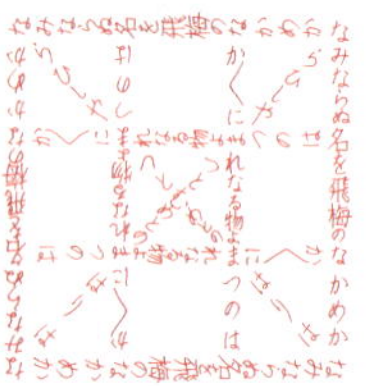

（図…八重襷と呼ばれる、歌の中の文字を交差させる遊び〈日導上人〉より）

品詞分解・修辞

わが（代・格助） 庵 は（係助） 都 の（格助） たつみ しか（副） ぞ（係助） 住む（マ四・体）　（係）→（結）〈三句切れ〉
世 を（格助） うぢ山（憂し／宇治（掛詞）） と（格助） 人 は（係助） いふ（ハ四・終） なり（伝聞・終）

わか-うど【若人】名詞 ❶若い人。若者。❷（宮仕えで）慣れていない新参者。新参の女房。

わ-が-おほきみ【我が大君】当代の天皇・皇子を敬った言い方。

わか-かへで【若楓】名詞 ❶若葉の萌え出たカエデ。季語 夏 ❷*襲の色目のひとつ。表は薄萌葱、裏は薄紅梅。あるいは、表は薄青、裏は薄紅。初夏に着用する。発展 ❶は「わかかへるで」とも。

わがかみの…歌
わが髪の雪と磯辺の白波といづれまされり沖つ島守〈土佐日記・一月二十一日〉訳 私の髪の雪（のような白さ）と、（あの）磯の辺りに打ち寄せる白波とどちらが（白さで）勝っているか。沖の島の番人よ。〇「沖つ島守」は、ここでは船頭への呼びかけ。
発展 海と海賊の来襲に対する恐怖のため、白髪になったことを詠む。

わか-ぎみ【若君】名詞 ❶貴人の子を敬った言い方。❷貴人の娘のうち、妹の方。発展 ❷は、姉を「姫君」というのに対していう。

わか-くさ【若草】名詞 ❶春先に芽を出した草。多く、若い女性や幼女をたとえていう。季語 春 ❷*襲の色目のひとつ。表は薄青、裏は濃い青。

わかくさ-の【若草の】枕詞（若草のみずみずしい印象から）「夫」「妻」「新」「わか」などに係る。

わか-こ【若児】名詞 幼い子。幼児。類 若子 発展「わかご」とも。

わがこころ…歌
わが心慰めかねつ更級や姨捨山に照る月を見て〈古今集・雑上・878〉訳 私の心は（慰めようとしても）どうしても慰めることができない。（この）更級の姨捨山に照る月を見ると。〇二句目までの理由が、それ以後の句で述べられる。「姨捨山」は今の長野県にある山で、棄老伝説で知られる。

発展 作者不明の歌。『大和物語』百五十六段によると、男はこの歌を詠んで、捨てた老婆を再び迎えにゆく。

わがこひは… 歌

わが恋は松を時雨の染めかねて真葛が原に風騒ぐなり〈新古今集・恋1・1030・慈円〉訳 私の恋はマツを時雨が染めきれない(=紅葉させることができない)で(いるよ)うに、私の涙はあなたの心を変えられず、真葛が原に風が吹き騒いでいる(ように恨みがましく心が騒いでいる)ようだ。○「葛」の葉は風が吹くと白い裏を見せることから「恨み(裏見)」を暗示する。

発展 恋しい人を「松」に、自分を「時雨」にたとえ、常緑樹であるマツが、自分に心を向けないことを表現する。

わか-ごも【若菰】 名詞 若くて柔らかいマコモ(=水草の名)。季語 春

わかごも-を【若菰を】 枕詞 (若菰を刈るという意味から、「刈る」と同音を含む)地名「猟路」に係る。

若狭 旧国名 若州。★北陸道七か国の一つ。今の福井県南西部。↓ビジュアルチェック ❼(450ページ)

わか・し【若し】 形容詞〔ク〕〈く・く・し・き・けれ・○／から・かり・○・かる・○・かれ〉❶年齢の少ない。幼い。若い。

若き子供はをちこちに騒き泣くらむ… 歌〈万葉集・17・3962〉訳 **幼い**子供たちは、あちこちで泣き騒いでいることであろう…。

❷あどけない。子供っぽい。幼稚だ。

物をいと恐ろしと思ひたるさま、若う心苦し。〈源氏・夕顔〉訳 (夕顔が)不気味な気配をひどく恐ろしいと思っているようすが、**子供っぽく**ていじらしい。○「若う」は、連用形「若く」のウ音便。

❸若々しい。生気に満ちあふれている。

若かりし肌も皺みぬ黒かりし髪も白けぬ… 歌〈万葉集・9・1740〉訳 **若々しかった**肌もしわが寄ってしまったし、黒々としていた髪も白くなってしまった…。

発展 上代では生まれて間もないころから幼年期までを指し、中古以降では主に青年期を指す。
↓古語チャート ❹(103ページ)

わ-が-せ【我が背】(女性が、親しみを込めて夫・恋人・兄弟を呼んで)あなた。対 吾妹 ↓古語チャート ㊱(1057ページ) 発展 男性が用いることもある。「我が背子」とも。

わがせこを… 歌

わが背子を大和へ遣るとさ夜ふけて暁露に我が立ち濡れし〈万葉集・2・105・大伯皇女〉訳 あの人を大和へ帰そうとして(見送るうちに)夜が更けて、夜明け前の露に私が立ったまま濡れたことだよ。○「立ち濡れし」は連体形止めで、詠嘆の気持ちを表す。

発展 弟の大津皇子が謀反の罪で処刑される直前に、伊勢の斎宮であった作者が心配して詠んだ歌。

わがそでは… 百人一首

わが袖は潮干に見えぬ沖の石の人こそ知らね乾く間もなし〈千載集・恋二・760・二条院讃岐〉訳 私の袖は、引き潮のときにも見えない沖の石のように、人は知らないけれども、(いつも恋の涙に濡れて)乾く間もない。○第一・二句は「乾く間もなし」を導く序詞。「人こそ知らね」は挿入句。

発展 「石に寄する恋」という題で詠まれた。『千載集』では、第五句が「乾く間ぞなき」となっている。

品詞分解・修辞

わ(代) が(格助) 袖 は(係助) 潮干 に(格助) 見え(ヤ下二・未) ぬ(打消・体)〈序詞〉→乾く間もなし
沖 の(格助) 石 の(格助) 人 こそ(係助) 知ら(ラ四・未) ね(打消・已)　(係)→(結)
乾く(カ四・体) 間 も(係助) なし(形・終)

わがそのに… 歌

我が園に梅の花散るひさかたの天より雪の流れ来るかも〈万葉集・5・822・大伴旅人〉訳 わが(家の)庭にウメの花が散っている。天から雪が(降り)流れてくるのだろうか。○「ひさかたの」は「天」に係る枕詞。

発展 宴を開いた際に、ウメの花を題に詠んだ三十二首のうちの一首。ウメの花は、しばしば雪にたとえられた。

わがそのの… 歌

わが園の李の花か庭に散るはだれのいまだ残りたるかも〈万葉集・19・4140・大伴家持〉訳 わが家の庭園のスモモの花なのか。(それとも)庭に薄くまだらに降り積もった雪がまだ(消えずに)残っているのかなあ。○「はだれ」は「斑」で、はらはらと降る雪や薄く積もった雪をいう。

発展 父の旅人の歌(↓わがそのに…)を参考にして詠んだもの。

わか-たう【若党】―とう 名詞 ❶若い家来。若手の従者。また、江戸時代に足軽よりも上位の従者。❷若い侍。

わか-だち【若立ち】 名詞 新しく芽が出ること。また、その芽。

わか-だ・つ【若立つ】 動詞 自〔タ四段〕〈た・ち・つ・つ・て・て〉新しい芽や枝が生え出る。

桃の木の若立ちて、いと楉がちにさし出でたる…。〈枕草子・144・正月十余日のほど〉訳 モモの木で(その)**新しい枝が生え出**て、(また)たいそう多く若い小枝が伸びて差し出ている木が…。

わかち【分かち】 名詞 ❶区別。見分け。

誰が踏むやらたたくやら、さらに分かちはなかりけり。〈近松・曾根崎心中〉訳 だれが踏みつけるのか殴るのか、まったく**区別**はないのだった。

❷分別。判断。思慮。考え。

全く衆道の分かち思ひよらず。〈西鶴・好色一代男〉訳 まったく男色の道(に入る)という**考え**は思いつかない。

❸事情。わけ。

天皇は始終の分かちを聞こしめし…。〈義経千本桜〉訳 天皇は始めから終わりまでの**事情**をお聞きになり…。

わか・つ【分かつ】 動詞 他〔タ四段〕〈た・ち・つ・つ・て・て〉❶分ける。別々にする。分割する。

この人々のとりどりに論ずるを聞こしめして、左右と方分かたせたまふ。〈源氏・絵合〉訳 (藤壺の中宮は)この人々がそれぞれに(絵を)論評するのをお聞きになって、左と右に組を**お分けに**なる。

❷分配する。配当する。

蜑の小舟こぎつれて、肴分かつ声々に…。〈奥の細道・末の松山〉訳 小さな漁船が漕ぎつらなって、(海辺で)魚を**分配する**声々に…。

❸見分ける。判別する。判断する。

君御成人の後、清濁を分かたせたまひてのうへのことにてこそあるに…。〈平家・6・紅葉〉訳 君(=高倉上皇)がご成人の後、物事の善悪を**判断**なさったうえのことであるのに…。

わが‐つま【我が夫】(妻から夫を、あるいは夫から妻を、親しみを込めて)あなた。おまえ。

🪭**わがつまは…** 歌
わが妻はいたく恋ひらし飲む水に影さへ見えてよに忘られず〈万葉集・20・4322・若倭部身麿〉訳 私の妻は(私のことを)たいそう思い慕っているらしい。飲もうとする水にその面影までが見えて、どうしても忘れることができない。○第三・四・五句で第一・二句の理由を示す。「恋ひらし」は「恋ふらし」、「影」は「影」の東国方言。
発展 作者は遠江の国(=今の静岡県)の人で、防人として派遣された九州で詠む。当時、水に姿が現れるのは、その人が自分のことを思っているからだと考えられた。

🪭**わがつまも…** 歌
わが妻も絵に描き取らむ暇もが旅行く我は見つつ偲はむ〈万葉集・20・4327・物部古麻呂〉訳 私の妻でも絵に描きとったりする時間があればなあ。(防人として)旅立つ私は、(それを)何度も見ては恋い慕いたい。○「暇」は「いとま」の東国方言。
発展 作者は遠江の国(=今の静岡県)の人。防人として遣わされる際の気持ちを詠む。

わか‐どころ【和歌所】 名詞 勅撰和歌集の編纂などのために、宮中に臨時に設けられた役所。別当・開闔・寄人などの職員がいた。発展 村上天皇のときの九五一(天暦五)年、『後撰和歌集』編纂と『万葉集』の訓読のために梨壺(=★昭陽舎)に設けられたのが始まり。

わか‐とのばら【若殿ばら】 名詞 若い武士たち。若者たち。

わか‐な【若菜】 名詞 ❶初春に摘む、食用にする菜。季語 春
君がため春の野に出でて若菜摘むわが衣手に雪は降りつつ 百人一首〈古今集・春上・21〉訳 ↓きみがため…
❷正月の最初の「子の日」に、吸い物にして天皇に献上した若菜。

わかな‐つみ【若菜摘み】 名詞 正月の最初の「子の日」に、七種の野草を摘む宮中の行事。発展 神事として若い女性が摘んだが、後には春の行楽になって民間にも広まった。

わが・ぬ【綰ぬ】 動詞 他 〔ナ下二段〕〈ね・ね・ぬ・ぬる・ぬれ・ねよ〉曲げて輪にする。類 綰ぐむ
文を見れば、いと香ばしき紙に、**切れたる髪を少しかいわがねて包みたり。**〈大和・103〉訳 手紙を見ると、たいそうよいにおいのする紙に、切り取られた髪を少し**曲げて輪にして**包んである。

わか‐ぬし【若主】 名詞 (若い人を敬って)若いお方。

和歌の浦 歌枕 今の和歌山市南部、和歌川河口の入り江。古くからの景勝地で、和歌の神としてあがめられる玉津島神社がある。「若の浦」とも書く。↓玉津島・ビジュアルチェック ❶(194ページ)

🪭**わかのうらに…** 歌
若の浦に潮満ち来れば潟を無み葦辺をさして鶴鳴き渡る〈万葉集・6・919・山部赤人〉訳 若の浦に潮が満ちてくると干潟がないので、アシの生えている岸辺に向かってツルが鳴きながら飛んでゆく。○「若の浦」は前項の「和歌の浦」。「無み」の「み」は、理由を表す接尾語。
発展 聖武天皇が紀伊の国(=今の和歌山県)に行幸した際に詠んだ長歌に添えた反歌。

〰**わかばして…** 句
若葉して御目の雫拭はばや〈笈の小文・松尾芭蕉〉訳 (初夏のみずみずしい)若葉で、(目の不自由な鑑真和尚の)お目の涙を拭って差し上げたいものだ。○季語 若葉—夏。「して」は、方法を表す格助詞。「ばや」は終助詞。
発展 唐招提寺の鑑真像を拝しての句。中国からの渡来に何回も失敗して失明した鑑真の苦難を思いやる。

わか・ぶ【若ぶ】 動詞 自 〔バ上二段〕〈び・び・ぶ・ぶる・ぶれ・びよ〉若々しいようすでいる。子供っぽく振る舞う。
「いといたく**若びたる人にて、物に気取られぬるなめり。**」と、せむかたなき心地したまふ。〈源氏・夕顔〉訳「本当にひどく**子供っぽく振る舞っ**ている人だから、物の怪に魂を奪われてしまったのであるようだ。」と、(源氏は)どうしようもないお気持ちになる。
発展 「ぶ」は接尾語。

🪭**わがふねは…** 歌
わが舟は比良の湊に漕ぎ泊てむ沖辺な離りさ夜ふけにけり〈万葉集・3・274・高市黒人〉訳 私の舟は比良の港に漕いでいって停泊しよう。沖の方へ離れてゆくなよ、夜もすっかり更けたことだ。○「比良」は琵琶湖西岸の地。「な」は禁止を表す副詞。
発展 舟のかじ取りへ与える注意のことばに、早く港に着きたいという気持ちがにじみ出る。

わが‐まま【我が儘】 自分の思うとおり。意のまま。自分勝手。
「いかにぞやなど、物言ふべき主もなくて、**我がままにも宿りゐるかな。**」〈宇治拾遺〉訳「どうかなどと、声を掛けなければならない主人もいなくて、**自分勝手**に泊まり込んでいることだなあ。」

わが‐まま・なり【我が儘なり】 形容動詞 〔ナリ〕〈なら・なり(に)・なり・なる・なれ・なれ〉存分に金を懸ける。贅沢だ。
「金拵への大脇差、**我がままに見ゆるところ**、長崎でないか。」〈西鶴織留〉訳「金無垢作りの大脇差を差していらっしゃる身なりで、**贅沢に見受けられる**ところ(から察して)、(お国元は)長崎ではないか。」
発展 代名詞「わ」+格助詞「が」+形式名詞「まま」が一語の形容動詞として定着したものである。

わ‐が‐み【我が身】 ■一 名詞 自分自身。自分。当人。■二 代名詞 ❶(多く女性が用いて)私。❷(目下の者に対して)おまえ。そち。そなた。

わか‐みづ【若水】 名詞 立春の日の朝にくんで用いる水。季語 春 発展 一年の邪気を払い人を若返らせるといわれ、宮中では天皇に献上した。後世には元旦にくむようになった。

わか‐みや【若宮】 名詞 ❶幼い皇子・皇女。また、皇族の子。❷本宮の祭神の分霊を祭る神社。また、本宮を別の土地に移し変えて祭った神社。新宮。

わか‐むらさき【若紫】 名詞 ❶ムラサキ科の多年草ムラサキの別の呼び名。季語 春 ❷淡い紫色。

若紫 登場人物 『源氏物語』中の人物。「★紫の上」の幼いころの呼び名。

わか‐やか・なり【若やかなり】 形容動詞 〔ナリ〕〈なら・なり(に)・なり・なる・なれ・なれ〉若々しい。
四位、五位、**若やかに心地よげなるはいとたのもしげなり。**〈枕草子・3・正月一日は〉訳 四位、五位(の人の中)で、**若々しく**気持ちよさそうな(感じの)人は実に頼もしそうだ。

わかやぎ‐だ・つ【若やぎ立つ】 動詞 自 〔タ四段〕〈た・ち・つ・つ・

て・て〉若々しく装う。若々しく振る舞う。↓若やぐ
みな若やぎだちて、すべて尊きことの限りもあらず、をかしき見物なり。〈枕草子・35・小白河といふ所は〉訳皆若々しく振る舞って、すべて尊いことこの上なく、すばらしくて見る価値のあるものである。
発展「だつ」は接尾語。

わかや・ぐ【若やぐ】 動詞 自〔ガ四段〕〈が・ぎ・ぐ・ぐ・げ・げ〉若々しく振る舞う。若々しい気分になる。若返る。類若ゆ
「六十にあまっていくさの陣へ向かはん時は、鬢鬚を黒う染めて、若やがうど思ふなり。」〈平家・7・実盛〉訳「六十歳を過ぎて戦場に向かうような時は、鬢や鬚を黒く染めて、若返ろうと思うのだ。」

わがやどの… 歌
わがやどのいささ群竹吹く風の音のかそけきこの夕へかも〈万葉集・19・4291・大伴家持〉訳私の家の少しばかり群がり生えているタケに吹く風の音が、かすかに聞こえるこの夕べであるなあ。○「いささ」は「少しばかり」の意味で、同時にタケの葉のこすれる音も重ねている。
発展夕暮れ時の情感を音によって表現する。

わか・ゆ【若ゆ】 動詞 自〔ヤ下二段〕〈え・え・ゆ・ゆる・ゆれ・えよ〉若くなる。若返る。類若やぐ
老いず死なずの薬もが君が八千代を若えつつ見む 歌〈古今集・雑体・1003〉訳不老不死の薬があればなあ。帝の限りない御代を幾度も若返っては見たいと思う。

わか・る【別る・分かる】 動詞 自〔ラ下二段〕〈れ・れ・る・るる・るれ・れよ〉❶分離する。別々になる。
天地の分かれし時ゆ神さびて高く貴き駿河なる富士の高嶺を… 歌〈万葉集・3・317〉訳↓あめつちの…
❷遠く離れる。別れる。
限りとて別るる道の悲しきにいかまほしきは命なりけり 歌〈源氏・桐壺〉訳↓かぎりとて…

わかれ【別れ】 名詞 ❶別れること。別離。❷別に分かれ出たもの。分家。傍系。

わかれ-じも【別れ霜】 名詞 春に降りる霜。季語 春 類 忘れ霜

わかれ-ぢ【別れ路】 名詞 別れて行く道。また、別離。

★**わかれる**（現）↓（古）**わかる【別る・分かる】・あかる【離る・別る・散る】**

わか-わか・し【若若し】 形容詞〔シク〕〈しく・しく・し・しき・しけれ・○／しから・しかり・○・しかる・○・しかれ〉❶子供っぽい。大人げない。年がいもない。
「いかでかまからむ。暗うて。」と言へば、**「あな若々し。」**とうち笑ひたまひて…。〈源氏・夕顔〉訳「どうしてお伺いすることができましょうか。暗くて。」と(右近が)言うと、「なんとまあ**年がいもない**ことだ。」と(源氏が)笑いなさって…。
❷非常に若い。若くて世間知らずだ。未熟だ。
「さぶらふ人とても、**若々しきのみこそ多かれ。**」〈源氏・藤裏葉〉訳「お仕え申し上げる女房といっても、**若くて世間知らずな者ばかりが多い。**」

和漢混交文 国語・国文法 文体のひとつ。広い意味では、和文の要素と★漢文訓読文の要素が入り交じった文体をいう。奈良時代の宣命から、平安時代の『竹取物語』、また、『今昔物語集』などの説話文学、仏教関係の書や『栄花物語』『大鏡』などの歴史物語の文体をいう。狭い意味では、対句や七五調を用い、俗語も取り入れた、鎌倉時代の『保元物語』『平治物語』『平家物語』など軍記物語の文体をいう。

わかんどほり 名詞 皇室の血統。皇族。発展「わか」は「王家」、「んどほり」は「御裔」の変化したことばか。

わかんどほり-ばら【わかんどほり腹】 名詞 皇族の女性から生まれたこと。また、その人。

和漢朗詠集 作品名 平安中期の歌謡集。二巻。★藤原公任撰。一〇一三(長和二)年ごろ成立。上巻を四季、下巻を雑とする。朗詠のために選ばれた漢詩文の句五八八首、和歌二一六首を収める。漢詩では白楽天・菅原道真、和歌では紀貫之・凡河内躬恒・柿本人麻呂・中務らが採られている。宮廷貴族の朗詠の流行を背景に、当時の人々の美意識が反映され、後世に与えた影響は大きい。

わき【分き・別き】 名詞 区別。違い。また、分別。
絹、布の分きも見えぬ物を結び集めてぞ着たりける。〈平家・灌頂・大原御幸〉訳絹、布の**区別**も見えない物を結び集めて着ていた。○「絹布の分きも見えず」は落ちぶれたようすをいうときの慣用句。

わき【脇・腋】 名詞 ❶腕の付け根の下側の部分。脇の下。❷かたわら。そば。❸↓ワキ ❹「★脇句」の略。

ワキ 文芸用語 能楽でシテの相手役。別にワキツレという役もあり、ワキとワキツレを合わせてワキ方という。ワキは常に現実の人間として登場し、必ず男性で直面(=面を付けず素顔のままのこと)で演じられる。対シテ ↓連れ❶❷

わき-あけ【脇明け・腋明け】 名詞 ❶↓けってき❷ ❷年少の男女の衣服の脇の下を縫わずに開けておくこと。また、その衣服。

わき-かへ・る【湧き返る・沸き返る】 動詞 自〔ラ四段〕〈ら・り・る・る・れ・れ〉❶水などが激しくわき出す。また、水しぶきをあげる。ほとばしる。
たぎりて流れゆく水、水晶をちらすやうにわき返るなど、いづれにもすぐれたり。〈更級日記・初瀬〉訳激しく流れてゆく水が、水晶を散らすように**ほとばしる**ようなど、どこの風景よりも優れている。
❷(心が)激しく動揺する。
「これを見つけてせきとめたらましかば。」と、**わき返る心地したまへど、かひなし。**〈源氏・蜻蛉〉訳「これ(=浮舟が自殺しようとする現場)を見つけて引き留めていたらなあ。」と、(匂宮は)**激しく動揺する**気持ちにおなりになるけれども、(今さら)どうにもならない。
❸湯などが煮えたぎる。沸騰する。
湯のわき返る焔、遠くて見るにそら、わが身に懸かる心地して、暑く堪へがたし。〈今昔〉訳湯の**煮えたぎる**煙が、遠くから見ているときでさえ、自分の体に懸かるような気がして、暑くて堪えがたい。

わき-く【脇句】 名詞 連歌・俳諧で、発句(五・七・五)を受けて詠む七・七の句。発句の意味に添うように付け、季節は発句にそろえる。

わき-ざ【脇座】 名詞 能舞台で、ワキが座る所。客席から向かって右側、脇柱のやや後方の位置。

わき-さし【脇さし】 名詞 付き添い従うこと。また、その人。従者。同行者。発展「わきざし」とも。

わき-ざし【脇差・脇指】 名詞 ❶筒形に巻いた絹布。ほうびや祝儀などに用いた。
❷太刀以外に脇に差す刀。江戸時代には、大小両刀で一組となり、そのうち小刀をいう。刃渡り一尺から二尺(約三〇～六〇センチメートル)で、武士以外でも、旅行などには所持

が許された。

わき-て【別きて】 副詞 特に。ことさらに。「うるはしき皮なめり。**わきて**まことの皮ならむとも知らず。」〈竹取・火鼠の皮衣〉訳「立派な皮のようだ。（でも、これが）**特に**本当の（火鼠の）皮であるだろうと（いうこと）も分からない。」

わき-ばしら【脇柱】 名詞 能舞台の四隅にある太い柱のうち、客席から向かって右側、舞台前方の柱。↓脇座

わき-ば・む【脇ばむ】 動詞 他〔マ四段〕〈ま・み・む・む・め・め〉大切にする。慈しむ。「**脇ばみ**思ふ君にまさらせむと思ひつる。」〈落窪〉訳「（私が）**慈しみ**（大切に）思う（三の）君よりも（落窪の君を）立ち勝らせようと思ったのだ。」

わぎへ【我家】 名詞 自分の家。私の家。わが家。発展「わがいへ」の変化したことば。

わきまえる（現）↓（古）**わきまふ【弁ふ】**

わきま・ふ【弁ふ】 動詞 他〔ハ下二段〕〈へ・へ・ふ・ふる・ふれ・へよ〉❶見分ける。判別する。また、ものの道理などを理解する。心得る。「聖教の細やかなることわり、いと**わきまへ**ずもやと思ひしに…。」〈徒然草・141・悲田院の尭蓮上人は〉訳 仏教の細かい道理は、たいして**心得**ないかもしれないと思ったが…。❷弁償する。償う。「彼の母の借れる所の稲を員のごとく**わきまへ**て、母を責めしめず成りぬ。」〈今昔〉訳 その母が（息子から）借りたイネをその数の通りに**弁償し**て、母を責めさせないまですんでしまった。

わきまへ【弁へ】 名詞 ❶見分けること。識別すること。また、理解すること。心得。❷償い。弁償。

わきまへ-し・る【弁へ知る】 動詞 他〔ラ四段〕〈ら・り・る・る・れ・れ〉細かな差異をよく知る。よく理解し心得る。「その感ずるべき心ばへを**わきまへ知り**て感ずるを、あはれを知るとはいふなり。」〈源氏物語玉の小櫛〉訳 その感動すべき風情を**よく理解し心得**て感動することを、あはれを知っているというのだ。

わ-ぎみ【吾君・我君・和君】 代名詞（相手を親しんで）あなた。あんた。おまえさん。「まことに**和君**行きて、利口に言ひ聞かせよ。」〈今昔〉訳「実際に**あんた**が行って、ことば巧みに言い聞かせるようにせよ。」発展「わ」は接頭語。

わぎめ-こ【吾妹子】 名詞 ↓わぎも

わぎも【吾妹】 名詞（男性が、妻や恋人などを親しみを込めて呼んで）おまえ。対 我が背 ↓古語チャート36（1057ページ）発展「わがいも」の変化したことば。

わぎも-こ【吾妹子】 名詞 ↓わぎも

わぎもこ-に【吾妹子に】 枕詞（吾妹子に会うという意味から、「あふ」と同音を含む）地名「逢坂山」「淡海」「淡路」や「あふちの花」などに係る。

わぎもこ-を【吾妹子を】 枕詞（吾妹子をいざ見よう、早く見ようという意味から）地名「いざみの山」「早見の浜」に係る。

わき-を-か・く【脇を搔く】 脇の辺りをさする。「その時に起き上がりて、裸なる**脇をかき**て、手をねぶりて…。」〈今昔〉訳 その瞬間に起き上がって、裸の**脇の辺りをさすって**、手につばを付けて…。発展 得意げなようすを表すときの動作。

わ・く【別く・分く】

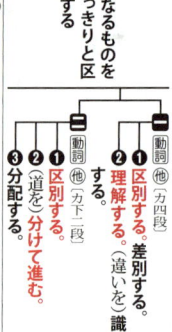

異なるものをはっきりと区別する
- 一 動詞 他〔カ四段〕 ❶区別する。差別する。 ❷理解する。（違いを）識別する。
- 二 動詞 他〔カ下二段〕 ❶区別する。 ❷（道を）分けて進む。 ❸分配する。

動詞 他〔カ四段〕

未然形	連用形	終止形	連体形	已然形	命令形
わ・か	わ・き	わ・く	わ・く	わ・け	わ・け

動詞 他〔カ下二段〕

未然形	連用形	終止形	連体形	已然形	命令形
わ・け	わ・け	わ・く	わ・くる	わ・くれ	わ・けよ

一 動詞 他〔カ四段〕❶（精神的に）**区別して意識する**。**区別する**。**別々にする**。**差別する**。

我が恋は夜昼**分かず**百重なす心し思へばいたも術なし 歌〈万葉集・12・2902〉訳 私の恋は夜か昼かを**区別しない**。（夜も昼も）幾重にも重なって心に思うので、とてもどうすることもできない。

❷**理解する**。（違いを）**識別する**。「神代には、歌の文字も定まらず、素直にして言の心**分き**難かりけらし。」〈古今集・仮名序〉訳 神々の時代には、歌の文字（の数）も決まっていなくて、飾らずありのまま（に歌うの）であって（歌われている）ことばの意味もなかなか**理解し**にくかったらしい。

二 動詞 他〔カ下二段〕❶（具体的に物を）**区別する**。**区切る**。「宮の御桟敷の、一続きにて二間ありけるを**分け**て…。」〈蜻蛉日記〉訳 親王のご見物席で、一続きで二間あった席を**区切って**…。

❷（道を）**分けて進む**。（障害物を）**押し分ける**。「野、山、蘆、荻の中を**分くる**よりほかのことなくて…。」〈更級日記・竹芝寺〉訳 野や、山、アシや、オギの（生えている）中を**分けて進む**こと以外の（変わりばえする）ことはなくて…。

❸**分配する**。（物を）**分ける**。「おのおの物**分け**て、この男にも与へてけり。」〈古今著聞集〉訳（強盗たちは）それぞれ（盗んだ）物を**分配し**て、この男にも与えたのだった。

発展 **活用による意味の区別** 中世までは、一が精神的な働きについて、二は具体的な動作について用いられる、というように区別があった。

わく-ご【若子】 名詞 ❶幼い子。幼児。類 若児 ❷若い男性を褒め親しんでいうことば。

わぐ・む【綰ぐむ】 動詞 ↓わがぬ

わくら-ば【病葉】 名詞 夏に赤や黄色に変色して朽ちた葉。病害虫などにおかされて枯れた葉。季語 夏

わくらば-に 副詞 たまたま。偶然に。まれに。「『**わくらばに**、人に勝ることもや。』とこそ思ひつれ、妬くもあるかな。」〈源氏・少女〉訳「『**偶然に**、人に勝ることもあるのではないか。』と期待していたのに、残念なことでもあるなあ。」

わくらばに… 歌
わくらばに問ふ人あらば須磨の浦に藻塩たれつつわ

ぶと答へよ〈古今集・雑下・962・在原行平〉訳たまたま(私のことを)尋ねる人がいたら、須磨の浦で海藻に海水をかけ(=涙を流し)ながら心細がって(暮らして)いると答えてくれ。

○「藻塩たれ」は、海藻に海水をかける意味に、涙を流すという意味の「しほたる」を掛ける。

発展 都から遠く流された身の上を嘆いた歌。『源氏物語』の須磨の巻にも「おはすべき所は、行平の中納言の、藻塩たれつつわびける家居近きわたりなりけり」とあり、この歌が引用されている。

わくゎう-どうぢん【和光同塵】名詞《仏教語》仏・菩薩が衆生を救うために、知徳の光を隠し、姿を変えて俗塵にまみれたこの世に現れること。

わけ 名詞 ㊀【分け・別け】❶区別。違い。❷他人の食べ残し。供え物のお下がり。❸もうけを折半すること。❹支払い。勘定。また、その内訳。

㊁【訳】❶物事の道理。筋道。❷理由。事情。いきさつ。❸情事。また、色恋に通じていること。

わけ【戯奴】代名詞《上代語》❶(自分を卑下して)私め。❷(自分より目下の者に対して)おまえ。

わけ-い・づ【分け出づ】動詞 自〔ダ下二段〕〈で・で・づ・づる・づれ・でよ〉かき分けて出る。

かへすがへすも、山路分け出でけむ程、現とも覚えず悔しく悲しければ…。〈源氏・宿木〉訳(中の君は)かえすがえすも、(宇治から都へ)山道をかき分けて出て来たりした時分のことが、正気とも思えず悔しく悲しいので…。

わけ-い・る【分け入る】動詞 自〔ラ四段〕〈ら・り・る・る・れ・れ〉かき分けて入る。踏み分けて入る。

埒のきはに寄りたれど、ことに人多く立ちこみて、分け入りぬべきやうもなし。〈徒然草・41・五月五日〉訳馬場の柵のそばに近寄ったけれど、特に人が多く混雑していて、かき分けて入ることができそうな状態でもない。

わけ-しり【訳知り】名詞《遊里語》男女の機微をよく知っていること。また、その人。粋人。通人。

わけず【別けず】(現)→(古)**わかず**【別かず】発展 カ行四段動詞「わく」の未然形＋打消の助動詞「ず」。

わける(現)→(古)**わく**【別く・分く】

わ-こ【和子】名詞 ぼっちゃん。若様。

わ-ご【我ご・吾ご】連体詞(多く「わごおほきみ」の形で)私の。私たちの。我々の。

やすみしし**わご大君**高照らす日の皇子…歌〈万葉集・1・52〉訳我々の天皇で、日の神の御子である天皇が…。○「やすみしし」は「わご大君」に、「高照らす」は「日」に係る枕詞。

わ-こく【和国・倭国】名詞(外国に対して)日本の国。発展「倭」は、中国から日本を呼んだことば。

わ-ごぜ【吾御前・我御前】代名詞(女性を親しんで)そなた。あなた。おまえさん。

「いでいで、**わごぜ**があまりに言ふことなれば、見参してかへさん。」〈平家・1・祇王〉訳「どれどれ、**そなた**があんまり言うことなので、(仏御前に)会ってやってから帰そう。」

発展「わ」は接頭語。

わ-ごと【和事】名詞 歌舞伎の演技・演出の一様式。恋愛・情事などの場面を演じるもの。元禄期の上方歌舞伎において発展した。対 荒事

わ-ごばう【吾御房・我御房】代名詞(僧を親しんで)お坊さま。発展「わ」は接頭語。

わ-ごりょ【吾御寮・我御料】代名詞(同等、またはそれ以下の者を親しんで)おまえ。君。そなた。発展「わ」は接頭語。「わごれう」の変化した形で、男女ともに用いる。

わ-ごれう【吾御寮・我御料】代名詞 →わごりょ

わ-ごん【和琴】名詞 日本固有の弦楽器。雅楽や神楽に用いる。六弦で、胴長は約一九〇センチメートル。古くはクスノキ、平安以降はキリで作った。類 大和琴・東琴 対 唐琴

[わごん]

わざ【業・態・技】名詞 形式名詞 →最重要語(1337ページ)

わさ-いひ【早稲飯】名詞 早く実るイネの米で炊いた飯。季語 秋

わざ-ごと【俳諧】名詞 冗談。たわむれ。

わさ-だ【早稲田】名詞 早く実るイネを作る田。季語 秋

わざ-と【態と】

自然でなく、意識的にするようす

❶わざわざ。意図的に。
❷特別に。とりわけ。◉多く「わざと＋形容詞・形容動詞」の形で用いる。
❸本格的に。正式に。◉多く「わざとの＋名詞」の形で用いる。

副詞 ❶**わざわざ。意図的に。ことさらに。**

あぢきなきもの。**わざと**思ひ立ちて宮仕へに出で立ちたる人の、もの憂がり、うるさげに思ひたる。〈枕草子・79・あぢきなきもの〉訳まともとは思えないもの。**わざわざ**決心して宮仕えに出仕した人でありながら、なんとなく気が進まないと思ったり、わずらわしそうに思っているのは(まともでない)。

その日を最後とや思はれけん、**わざと**兜は着たまはず。〈平家・4・橋合戦〉訳(源頼政は)その日が最後とお思いになったのではなかろうか、**意図的に**兜はお着けにならない。

❷(多く「わざと＋形容詞・形容動詞」の形で)**特別に。とりわけ。**

御前へのを下ろしたるとて、**わざと**めでたき冊子ども、硯の箱のふたに入れておこせたり。〈更級日記・梅の立ち枝〉訳宮様の(お持ち物)を下げ渡して(くださっ)たのだということで、(親類が)**特別に**立派な本をいくつか、硯の箱のふた(の中)に入れて(贈って)よこした。

❸(多く「わざとの＋名詞」の形で)**本格的に。正式に。**

わざとの御学問はさるものにて、琴、笛の音にも雲居を響かし…。〈源氏・桐壺〉訳(源氏の)**本格的**な漢学のご学問(の深さ)は言うまでもないこととして、琴や、笛の音色につけても宮中に評判を立てさせ…。

発展 **現代語との違い** 自然な成り行きや、何かのついでを利用してというのではなく、意図的に物事を行うようすを表す。古語では、現代語のように悪意をもって故意に行う意味はない。

わざと-がま・し【態とがまし】形容詞〔シク〕〈しく・しく・しし・しき・しけれ・○／しから・しかり・○・しかる・○・しかれ〉わざとらしい。いかにも大げさだ。また、特別な心遣いがある。配慮が行き届いている。

北の殿より、**わざとがましくし集めたる**鬚籠ども、破子など奉れたまへり。〈源氏・初音〉訳明石の君か

ら、**特別な心遣いがあって**集めた鬚籠(=果実・花・若菜などを入れるかご)や、破子(=食べ物を入れる白木の箱)などを(姫君に)差し上げなさった。

発展「がまし」は接尾語。

わざと-ならず【態とならず】格別なようすではない。さりげない。何気ない。

荒れたる庭の露繁きに、わざとならぬ匂ひ、しめやかにうち薫りて…。〈徒然草・32・九月二十日のころ〉訳荒れている庭で露がたくさんある(その)庭に、(わざわざ薫いたのではない)**さりげない**(香の)香りが、しっとりと漂って…。

発展副詞「わざと」＋断定の助動詞「なり」の未然形＋打消の助動詞「ず」。

わざと-め・く【態とめく】動詞 自〔カ四段〕〈か・き・く・く・け・け〉わざとらしく見える。また、格別に気を遣っているように見える。特別な感じがする。

わざとめきよしある火桶に、侍従をくゆらかして、物ごとに染しめたるに…。〈源氏・初音〉訳**特別な感じがして**風情のある丸火鉢に、侍従(=香の名)をくゆらして、(部屋にある)あらゆる物にたきしめてあるのに加えて…。

発展副詞「わざと」に接尾語「めく」が付いて一語になったもの。

わざ-はひ【災ひ・禍】わい 名詞 ❶災難。不幸。凶事。❷(「や」「か」などの感動の助詞を伴って、不愉快な気持ちを表し)いやだ。ひどい。

「**この殿は不運にはおはするぞかし。災ひや、災ひや。**」〈大鏡・道長上〉訳「この殿は不運でいらっしゃるのだな。**いやだよ、いやだよ。**」

わさ-ほ【早稲穂】名詞 早く実るイネの穂。季語 秋

わざわい(現)↓(歴)**わざはひ【災ひ・禍】**

わざ-わざ・し【態態し】形容詞〔シク〕〈しく・しく・し・しき・しけれ・○／しから・しかり・○・しかる・○・しかれ〉不自然だ。わざとらしい。

わざわざしく、ことことしく聞こゆれど…。〈大鏡・序〉訳わざとらしく、おおげさに聞こえるけれども…。

わざ-をき【俳優】名詞 滑稽な振る舞いや歌舞などの芸で、神や人を楽しませること。また、その人。発展「芸招き」という意味。後世は「わざをぎ」。

わ-さん【和讃】名詞 声明の曲種のひとつ。仏の徳や高僧の業績を賛美するもの。和文で七五調の句を連ね、後に四句を一首とする形式が主流となった。平安中期以降に多く作られ、『今様』の成立などにも影響を与えた。

わざ【業・態・技】

深い意図や重要な意味を含んだ行い

- 一 名詞
  - ❶行為。行い。仕業。
  - ❷仏事。法要。
  - ❸仕事。勤め。職業。
  - ❹技芸。技術。方法。
  - ❺災い。たたり。
- 二 形式名詞 ─ …(する)こと。…(する)もの。…(する)ようす。

一 名詞 ❶(意図をもってする)**行為。行い。仕業。**

「**公の畏まりなる人の、現しざまにて世の中にあり経るは、咎重き業に、人の国にも、しはべるなるを…。**」〈源氏・須磨〉訳「朝廷に咎め(を受けている状態)である者でありながら、普通に世間で過ごしているのは、罪の重い**行為**だとして、外国でも、扱うそうでございますのに…。」

❷**仏事。法事。法要。**

中陰の程、山里などに移ろひて、便あしく狭き所にあまたあひゐて、後の業ども営み合へる、心慌たたし。〈徒然草・30・人の亡き後ばかり〉訳人の死後四十九日の間、(縁者たちが)山里などに移り住んで、条件がよくない狭い所に(人が)数多く一緒にいて、**法事**などを一緒に行っているのは、気ぜわしい。

❸**仕事。勤め。職業。**

上の衣を洗ひて、手づから張りけり。…さる卑しき業も習はざりければ、上の衣の肩を張り破りてけり。〈伊勢・41〉訳(身分の低い男を夫とした女は、夫の)正装用の上着を洗って、自分の手でのり付けをして板に広げ延ばした。…(しかし女は)そのような卑しい**仕事**も習い覚えていなかったので、上着の肩(の部分)を強く張り過ぎて破ってしまった。

❹**技芸。技術。方法。**

武士のこと、弓馬の業は、生仏、東国の者にて、武士に問ひ聞きて書かせけり。〈徒然草・226・後鳥羽院の御時〉訳(『平家物語』を作るに当たって)武士のことや、弓術や馬術などの**技術**(のこと)は、生仏(=『平家物語』を語った人物)が、東国(出身)の者なので、武士に尋ね聞いて(信濃前司行長に)書かせた。

❺**災い。たたり。**

「**向後、悪心去って、世の人に業を致さじ。**」〈西鶴・武道伝来記〉訳「今後は悪い心を取り除いて、世間の人に**災い**をもたらさないつもりだ。」

二 形式名詞 …(する)**こと。**…(する)**もの。**…(する)**ようす。**

「**鍵を置き惑はしはべりて、いと不便なるわざなりや。**」〈源氏・夕顔〉訳「鍵を(どこかに)置き忘れまして、たいへん不都合な**こと**だよ。」

わし 代名詞《近世語》(親しい間柄で自分を呼んで)わたし。おれ。

わし 感動詞(古代歌謡のはやしことばで)よいしょ。わっしょ。

和州 わしゅう〔シウ〕旧国名 ↓大和

わし・る【走る】動詞 自〔ラ四段〕〈ら・り・る・る・れ・れ〉❶走る。駆ける。また、奔走する。駆けずり回る。

蟻のごとくに集まりて、東西に急ぎ、南北にわしる。〈徒然草・74・蟻のごとくに〉訳アリのように集まって、東に西に急ぎ、南に北に**走る**。

❷(心に余裕がなく)せかせかする。あくせくする。あたふたする。

事を知り、世を知れれば、願はず、わしらず、ただ静かなるを望み、憂へなきを楽しみとす。〈方丈記・閑居の気味〉訳(街に住めば)大事(に立ち至ること)を知り、世間を知っているので、欲張らず、(世俗のことに)**あくせくせ**ず、ひたすら平穏であることを望み、心配事のないことを楽しみとする。

わ・す【座す】一 動詞 自〔サ下二段〕〈せ・せ・す・する・すれ・せよ〉(「あり」「来」の尊敬語で)いらっしゃる。おいでになる。

恋しくはとうてもわせよ高観房千福にあるぞ

藤四郎のもとに〈沙石集〉訳恋しかったらたずねてもいらっしゃいよ。高観房(=人名)よ、千福(=地名)にいるぞ。藤四郎の所に。

二 動詞 自〔サ四段〕〈さ・し・す・せ・せ〉一の意味に同じ。

発展「おはす」の変化したもので、本来はサ変動詞であるが、中世以降、下二段にも四段にも活用した。敬意は「おはす」よりも低い。

わずかなり（現）→（歴）**わづかなり**【僅かなり】

わずらう（現）→（歴）**わづらふ**【煩ふ】

わすらるる…百人一首

忘らるる身をば思はず誓ひてし人の命の惜しくもあるかな〈拾遺集・恋四・870・右近〉訳（あなたに）忘れられる（この）身のことは何とも思わない。（ただ、神にかけて変わらぬ愛を）誓った人(=あなた)の命が（誓いを破った天罰で失われるのではないかと）惜しまれるのだ。

発展『大和物語』八十四段にも見える。忘れられてもなお相手を思ういじらしい気持ちとも、不実な相手への皮肉とも解釈ができる。

品詞分解・修辞

忘ら	るる	身	を	ば	思は	ず。〈二句切れ〉
ラ四・未	受身・体		格助	係助	八四・未	打消・終

誓ひ	て	し	人	の	命	の
八四・用	完了・用	過去・体		格助		格助

惜しく	も	ある	かな
形・用	係助	補動ラ変・体	終助

わす・る【忘る】一 動詞 他〔ラ四段〕〈ら・り・る・る・れ・れ〉❶（意識的に）忘れる。思わないようにする。**わが妻はいたく恋ひらし飲む水に影さへ見えてよに忘られず** 歌〈万葉集・20・4322〉訳→わがつまは…

❷（自然に）記憶から消える。つい忘れる。**程なければ、御けはひもほのかなれど、懐かしう聞こゆるに、つらさも忘られて、まづ涙ぞ落つる。**〈源氏・賢木〉訳（藤壺の中宮の御座所と）距離がないので、（御簾の内の）ごようすもかすかだけれども、慕わしく聞こえてくるために、（日ごろの）恨めしさも**つい忘れ**て、（源氏は）まず涙がこぼれ落ちる。

二 動詞 他〔ラ下二段〕〈れ・れ・る・るる・るれ・れよ〉❶→一❶　❷→一❷

「**それを忘れて、物見て日を暮らす**…。」〈徒然草・41・五月五日〉訳それ(=今すぐ死ぬかもしれないこと)を**つい忘れて**、見物して日を過ごすのが…。」

発展 活用は、上代では四段・下二段活用が併用されたが、中古では下二段活用が一般的となった。ただし、中古以降でも四段活用の未然形「忘ら」だけは、助動詞「る」などを伴って慣用的に用いられた。

わすれ-がたみ【忘れ形見】名詞 ❶昔を忘れないための記念の品。また、形見の品。遺品。❷親（特に父親）の死後、その面影をしのばせる子。遺児。発展「忘れ難み」と掛けて用いられることが多い。

わすれ-がひ【忘れ貝】名詞 恋しい人を忘れさせるという貝。また、離れ離れになった二枚貝の一片。**寄する波うちも寄せなむわが恋ふる人忘れ貝下りて拾はむ** 歌〈土佐日記・二月四日〉訳→よするなみ…

わすれがひ…歌

忘れ貝拾ひしもせじ白玉を恋ふるをだにも形見と思はむ〈土佐日記・二月四日〉訳忘れ貝を決して拾ったりはしないことにしよう。白玉（のようなあの子）を恋しく思う（気持ち）だけでも（あの子の）形見だと思おう。○「忘れ貝」は、それを拾うとつらいことを忘れるとされた貝。「白玉」は、美しい石と亡き子の意味を掛ける。

発展 浜辺の貝や石を見て死んだ子を思い出し紀貫之が詠んだ歌（→よするなみ…）に、居合わせた人がこたえるようにして詠む。

わすれ-ぐさ【忘れ草】名詞《植物》ユリ科の多年草、カンゾウの別の呼び名。ヤブカンゾウ。身に付けると悲しみを忘れると信じられていた。季語 夏

わすれじの…百人一首

忘れじのゆく末までは難ければけふを限りの命ともがな〈新古今集・恋3・1149・儀同三司の母〉訳（私のことを）忘れないつもりだ（ということば）が先々まで（変わらない）ということは難しいので、今日を限りの命であってほしいものだ。○「忘れじの」は相手のことばの引用。

発展 藤原道隆が、作者のもとに初めて通ってきたときの歌。

品詞分解・修辞

忘れ	じ	の	ゆく末	まで	は
ラ下二・未	打消意志・終	格助		副助	係助

難けれ	ば	けふ	を	限り	の	命	と	もがな
形・已	接助		格助		格助		格助	終助

わすれ-じも【忘れ霜】名詞 春に降りる霜。季語 春 類 別れ霜

わすれず（現）→（古）**わすらず**【忘らず】

発展 ラ行四段動詞「わする」の未然形＋打消の助動詞「ず」。

わすれては…歌

忘れては夢かとぞ思ふ思ひきや雪踏みわけて君を見むとは〈古今集・雑下・970・在原業平〉訳（あなたが出家したということを）忘れて、夢（ではない）かと思ってしまう。思っただろうか、（深い）雪を踏み分けて（こんな所で）あなたに会おうとは。○二句目までの理由が下の句に示される。

発展 出家した惟喬親王を訪ねたときの歌。『伊勢物語』八十三段にも見える。

わすれ-みづ【忘れ水】名詞 野中の茂みや岩陰などを、人から忘れられたように細々と流れる水。

わすれる（現）→（古）**わする**【忘る】

わせ【早稲・早生】名詞 早く実るイネ。季語 秋 対 奥手・晩稲

わせのかや…句

わせの香や分け入る右は有磯海〈奥の細道・那古の浦・松尾芭蕉〉訳かぐわしく漂う早く実るイネの香りよ。その一面のイネを分けて入ると右手に見えるのは青い有磯海だ。○季語 わせの香―秋。「有磯海」は、今の富山県高岡市付近の海岸。

発展 加賀の国(=今の石川県)へ入る峠で詠む。

わ-せんじゃう【吾先生・和先生】代名詞（相手を親しみ、また見下げて）おまえさん。あんた。**童の項を取りて、引きとどめていふやう、「わせんじやうはいかでこの鮭を盗むぞ。」**〈宇治拾遺〉訳子供の襟首をつかんで、引き止めて言うには、「**おまえさん**はどうしてこのサケを盗むのか。」

発展「わ」は接頭語。

わ-そう【吾僧・和僧】代名詞（僧を親しみ、また見下げて）坊さん。

「**わそうは山法師か。**」「**山法師でさうらふ。**」〈平家・12・泊瀬六代〉訳「**坊さん**は延暦寺の僧か。」「延

暦寺の僧でございます。」
発展「わ」は接頭語。

わた【海】名詞 海。

わだ【曲】造語 曲がりくねった所、入り込んだ場所、という意味を表す。語例 大曲・曲瀬

わ-たう【吾党・和党】代名詞 (相手を親しみ、また見下げて)おまえ。おまえたち。
「**わたうたちこそ、させる能もおはせねば、物をも惜しみたまへ。**」〈宇治拾遺〉訳「**おまえ**たちは、これというほどの才能もおありにならないので、物を惜しみなさるのだ。」
発展「わ」は接頭語。

わだかま・る【蟠る】一 動詞 自〔ラ四段〕〈ら・り・る・る・れ・れ〉曲がりくねる。また、(ヘビなどが)とぐろを巻く。
蛇は板敷の下に、柱のもとにわだかまりてあり。〈宇治拾遺〉訳 ヘビは板敷の下に、柱のもとに**とぐろを巻いて**いる。
二 動詞 他〔ラ四段〕〈ら・り・る・る・れ・れ〉《近世語》他人の物をだまし取る。着服する。横領する。
主人の金子を**わだかまり**、清十郎親子に無実を言ひかけ…。〈近松・五十年忌歌念仏〉訳 主人の金銭を**着服し**、清十郎親子に無実(の罪)をひっかぶせ…。

わた-ぎぬ【綿衣】名詞 綿を縫い込んだ衣服。綿入れ。季語 冬

わたくし【私】

- 一 名詞
  - ❶ 個人的なこと。自分の一身上のこと。
  - ❷ 自分の利益を図ること。私心。私利私欲。
- 二 代名詞 (目上の人などに対して)私。自分。

自分個人にかかわること

一 名詞 ❶ **個人的なこと。自分の一身上のこと。** 対 公
「暮れ惑ふ心の闇も耐へがたき片端をだに、晴るくばかりに聞こえまほしうはべるを、**私にも、心のどかにまかでたまへ。**」〈源氏・桐壺〉訳「(娘を亡くした悲しみで)途方に暮れる親心の分別を失った悩みも耐え難い(その)一端だけでも、晴れ晴れとさせるほどに申し上げとうございますので、(今度は帝のお使いとしてではなく)**個人的にも**、ゆったりとした気持ちで(宮中からこちらへ)退出してお出かけください。」

❷ **自分の利益を図ること。私心。私利私欲。**
弓矢取って私なし。しかれども、佳名はいまだ半ばならず。〈謡曲・八島〉訳 (源義経は)弓矢を手に持って(戦う時に)は**私利私欲**がない。けれども、(武士としての)名声はまだ半分にも達していない。

二 代名詞《中世後期以降》(目上の人などに対して)**私。自分。**
「よい酒か悪しい酒か**私**がきいてみずはなりますまいほどに、ひとつ、きかせてくだされい。」〈狂言・伯母が酒〉訳「うまい酒かまずい酒か**私**が味見をしてみなければならないでしょうので、試しに、味見をさせてくださいよ。」

わたくし-ごと【私事】名詞 個人的な事柄。私的な用事。私用。対 公事
「あらず、**私事なり。**」〈枕草子・133・頭の弁の御もとより〉訳「いえ、(これは)**私用**である。」

わたくし-ざま【私様】名詞 個人的な方面。内々の事柄。また、非公式。対 公様

わたくし-に-も【私にも】個人的にも。
「**私にも心のどかにまかでたまへ。**」〈源氏・桐壺〉訳「(今度は帝のお使いとしてではなく)**個人的にも**ゆったりとした気持ちで(宮中からこちらへ)退出してお出かけください。」
発展 名詞「わたくし」＋格助詞「に」＋係助詞「も」。

わたくし-の-うしろみ【私の後ろ見】将軍の後見である執権のこと。発展 天皇の後見である摂政・関白を「公の後ろ見」というのに対していう。

わたくし-もの【私物】名詞 自分のものとして大切にしている人や物。
この君をば私物に思ほしかしづきたまふこと限りなし。〈源氏・桐壺〉訳 (桐壺の帝は)この若君(＝後の源氏)を**自分のもの**とお思いになって大切に養育なさることはこの上もない。

わた-こ【綿子】名詞 真綿で作った防寒用の衣類。季語 冬

わたし-もり【渡し守】名詞 渡し船の船頭。

わた・す【渡す】

水上を移動させる

- 一 動詞 他
  - ❶ (水の上を一方から他方へ)移す。
  - ❷ (人や物を一方から他方へ)移す。授ける。
  - ❸ 救済する。
  - ❹ (橋を)渡す。架ける。
  - ❺ 引き回す。
- 二 補助動詞
  - ずっと…する。あまねく…する。つぎつぎと…する。

接続 二は動詞の連用形に付く。

一 動詞 他〔サ四段〕

未然形	連用形	終止形	連体形	已然形	命令形
わた・さ	わた・し	わた・す	わた・す	わた・せ	わた・せ

❶ (水の上を一方から他方へ)**移す。渡す。**(海外から)**伝える。もたらす。**
宇治川を舟**渡せ**をと呼ばへども聞こえずあらし楫の音もせず 歌〈万葉集・7・1138〉訳 宇治川を舟で**渡せ**、と呼び続けるけれども聞こえないらしい。櫓や櫂の音もしない。

❷ (人や物を一方から他方へ)**移す。授ける。**
「宮に**渡し**たてまつらむとはべるめるを…御年よりも若びて慣らひたまへれば、いとかたはらいたくはべる。」〈源氏・若紫〉訳「(紫の上を父である式部卿宮の)御殿にお**移し**申し上げようということのようでございますが…(紫の上は)お年よりも幼げに振る舞うことが習慣になっていらっしゃるので、たいそう気の毒なのでございます。」

❸ (此岸から彼岸へ)**渡す。**(仏の力で)**救済する。**
「愛宕の聖だに…人の願ひを満てたまはむこそ尊からめ。」とのたまへば、「**人渡すこともはべらぬに。**…」と、苦しげに思ひたれど…。〈源氏・東屋〉訳「愛宕山の高僧でも…人の願いをかなえてくださったりすることこそがありがたいのだろう。」と(薫が浮舟への仲介を頼んで)おっしゃるので、(弁の尼は)「(私などは)人を**救済する**こともご

ざいませんのに。…」と、つらそうに思っているけれど…。
❹〈橋を〉渡す。架ける。
上つ瀬に玉橋渡し下つ瀬に舟浮け据ゑ… 歌〈万葉集・9・1764〉訳川の上流にある瀬に美しい橋を架け、下流の瀬に舟を浮かべておいて…。
❺〈見せしめのために罪人の身柄などを〉移送する。引き回す。
大臣、公卿、大路を渡して、その首を獄門にかけらる。〈平家・12・大地震〉訳大臣や、公卿（までも）が〈罪に問われて〉、大通りを引き回してから、その首をさらし首にされる。
二 補助動詞〔サ四段〕〈動作が広い範囲にわたる意味を表し〉ずっと…する。あまねく…する。つぎつぎと…する。
人々驚きて、めでたうおぼゆるに忍ばれで、あいなう起きゐつつ、鼻を忍びやかにかみわたす。〈源氏・須磨〉訳〈源氏の琴や歌で〉人々は目を覚まして、すばらしく思われることに〈源氏の都を追われた哀れさを思うと〉我慢できなくて、わけもなく起きたり座ったりしては、つぎつぎとひそやかに鼻をかんでいる。
関連語 渡る

わた-つ-うみ【わたつ海】 名詞 ↓わたつみ

わたつうみの… 歌
わたつ海の沖にこがるる物みればあまの釣りしてかへるなりけり〈枕草子・182・村上の前帝の御時に〉訳沖にこがれているものを見ると、漁師が釣りをして帰るのであったよ。○「わたつ海の」は「沖」に係る枕詞。「沖」は「燠（=赤くおこった炭火）」を、「こがるる」は「漕がるる」と「焦がるる」を、「かへる」は「帰る」と「カエル」を掛ける。
発展 兵衛の蔵人が、火鉢の中の燠火にカエルが飛び込んで焦げているのを見てきて、煙の原因を報告するのに引用した古歌。

わた-つ-み【海神】 名詞 ❶海を支配する神。❷海。大海。
発展「海つ霊」の意味。「つ」は上代の格助詞。後世「わだつみ」とも。

わた-どの【渡殿】 名詞 建物と建物をつなぐ屋根のある廊下。渡り廊下。

わた-なか【海中】 名詞 海の中。海上。

わた-の-かみ【海の神】 ↓わたつみ

わた-の-そこ【海の底】 枕詞（海底は奥深いことから、「奥」と同音の「沖」に係る。

わた-の-はら【海の原】 名詞 大海。大海原。

わたのはら… 百人一首
わたの原漕ぎ出でて見ればひさかたの雲居にまがふ沖つ白波〈詞花集・382・藤原忠通〉訳大海原に〈舟を〉漕ぎ出して見渡すと、雲と見まちがえるような沖の白波だよ。○「ひさかたの」は「雲」に係る枕詞。
発展「海上遠望」という題で詠む。

品詞分解・修辞
わたの原　漕ぎ出で（ダ下二・用）　て（接助）　見れ（マ上一・已）　ば（接助）
ひさかた〈枕詞〉↓雲　の（格助）　雲居　に（格助）　まがふ（ハ四・体）　沖つ白波〈体言止め〉

[わたどの]

わたの原八十島かけて漕ぎ出でぬと人には告げよ海人の釣り舟〈古今集・羈旅・407・小野篁〉訳大海原をたくさんの島を目指して漕ぎ出したと〈都の〉人には告げてくれ、漁師の釣り舟よ。○釣り舟に擬人法を用いている。
発展 流罪になって舟で送られるときの歌。

品詞分解・修辞
わたの原　八十島　かけ（カ下二・用）　て（接助）　漕ぎ出で（ダ下二・用）　ぬ（完了・終）　と（格助）〈四句切れ〉
人　に（格助）　は（係助）　告げよ（ガ下二・命）。　海人　の（格助）　釣り舟〈体言止め〉

わた-ばな【綿花】 名詞 綿で作った造花。「★男踏歌」のとき舞人が頭に飾った。

わた-まし【渡座・移徙】 名詞（貴人の転居を敬って）お引っ越し。ご転居。転じて、引っ越し。転居。

わたら-せ-たま-ふ【渡らせ給ふ】 連語
一 ❶〈「渡る」「行く」「来」の尊敬語で〉おいでになる。お越しになる。
帥殿の、南院にて人々集めて弓あそばししに、この殿渡らせたまへれば…。〈大鏡・道長上〉訳帥殿（=伊周）が、南院で人々を集めて弓の競射をなさったときに、この殿（=道長）がおいでになったので…。
❷《中世以降》〈「あり」の尊敬語で〉いらっしゃる。生きていらっしゃる。
「この世に渡らせたまふをも見まゐらせてさうらはばこそ…。」〈平家・3・少将都帰〉訳「この世に生きていらっしゃるのを拝見いたしましたなら…。」
二《中世以降》〈補助動詞「あり」の尊敬表現で〉…〈て〉いらっしゃる。…〈で〉いらっしゃる。
「岩つつじとり具して持たせたまひたるは、女院にてわたらせたまひさぶらふなり。」〈平家・灌頂・大原御幸〉訳「イワツツジを取りそろえてお持ちになっているのは、女院でいらっしゃいます。」
発展 四段動詞または補助動詞「わたる」の未然形＋尊敬の助動詞「す」の連用形＋四段補助動詞「たまふ」。

わたらひ【渡らひ】 名詞 生活のための仕事。また、生計。暮らし向き。類 生業

わたらひ-ごころ【渡らひ心】 名詞 生活のための心がけ。世渡りの心得。

わたら-ふ【渡らふ】《上代語》❶渡っていく。移っていく。
雲間より渡らふ月の惜しけども… 歌〈万葉集・2・135〉訳雲の間を移っていく月のように名残惜しいけれども…。
❷生活している。暮らしている。
「肉食らひてわたらふ。」〈日本書紀〉訳「〈蝦夷は〉肉を食べて生活している。」
発展 四段動詞「わたる」の未然形＋反復・継続を表す上代の助動詞「ふ」。

わたり【辺り】

ある場所の付近一帯。また、人を婉曲に指し示すことば
→ ❶あたり。付近一帯。ほとり。
→ ❷人。お方。人々。

名詞 ❶あたり。付近一帯。ほとり。
「このわたり、海賊の恐りあり。」と言へば、神仏を祈

る。〈土佐日記・一月二十三日〉訳（ある人が）「このあたりは、海賊の心配がある。」と言うので、神仏に祈る。

❷（人を婉曲に指し示して）人。お方。人々。方々。

少し故づきて聞こゆるわたりは、御耳留めたまはぬ隈なきに…。〈源氏・末摘花〉訳 少しでも趣があると評判の（女性の）**方々**（がいる所）については、（源氏は）お耳にお留めにならない所がないのに加えて…。

関連語 辺り・辺

わたり【渡り】 一 名詞 ❶川や海などで、対岸へ渡ること。また、その場所。渡し場。❷（「御渡り」の形で）身分の高い人の来訪。❸品物が海外から来ること。舶来。また、その品物。❹「★渡り者」の略。❺交渉。掛け合うこと。

二 助数詞 物事が全体に広く及ぶ回数を数えることば。

わたり-あ・ふ【渡り合ふ】 動詞 他 〔八四段〕〈は・ひ・ふ・ふ・へ・へ〉相手になる。応戦する。

三尺五寸の小長刀、茎短に取りて渡り合ふ。〈太平記〉訳 三尺五寸の小さい長刀で、柄を短めに持って**応戦する**。

わたり-がは【渡り川】 名詞 三途の川。

わたり-く【渡り来】 動詞 自 〔カ変〕〈こ・き・く・くる・くれ・こ(こよ)〉やって来る。移って来る。

「**つれづれなるままに、南の半部ある長屋に渡り来つつ**…。」〈源氏・夕顔〉訳「することもなく退屈なのにまかせて、（若い女房たちが）南の★半部のある長屋に**やって来て**は…。」

わたり-せ【渡り瀬】 名詞 歩いて渡れる浅瀬。

わたり-もの 名詞 一【渡り物】❶先祖伝来の品物。❷外国から渡来した物。舶来品。❸祭礼で町中を練り歩く行列や山車など。練り物。

二【渡り者】転々と奉公先を変えて渡り歩く者。

わたり-もり【渡り守】 名詞 ↓わたしもり

わた・る【渡る】 動詞 補助動詞 ↓最重要語（1343ページ）

わづ-か・なり【僅かなり】 形容動詞〔ナリ〕〈なら・なり(に)・なり・なる・なれ・なれ〉❶（程度・数量などが）少ない。ほんの少しだ。わずかだ。

いにしへ見し人は、二、三十人が中にわづかに一人二人なり。〈方丈記・ゆく河〉訳 以前会った人（で、今も生きている人）は、二、三十人のうちで**わずかに**一人か二人である。

↓古語チャート⑲（737ページ）

❷ささやかだ。貧しい。貧弱だ。みすぼらしい。

浜はわづかなる海士の小家にて、侘しき法花寺あり。〈奥の細道・種の浜〉訳 浜には漁師の小さな家が並び、貧相な法華宗の寺がある。

類語比較「はつかなり」と「わづかなり」↓はつかなり

わっさり-と 副詞（こだわりのないようすを表し）あっさりと。さっぱりと。

「**わっさりと仰せ付けらるるによって**…。」〈狂言・粟田口〉訳「（ご主人は）**あっさりと**お言い付けになるので…。」

わっち 代名詞《近世語》私。おのれ。発展「わし」の変化した形。もとは奴詞で、後に町家の女性や遊女などが用いた。

わづらは・し【煩はし】 形容詞〔シク〕〈しく・しく・し・しき・しけれ・○／しから・しかり・○・しかる・○・しかれ〉❶うるさい。やっかいだ。めんどうだ。いやだ。

煩はしかりつることは事なくて、易かるべきことはいと心苦し。〈徒然草・189・今日は、そのことを〉訳 **めんどうだった**ことは（意外と）容易で、たやすいはずのことは（うまくいかず）とてもつらい。

❷気を遣わせられる。気がおかれる。はばかられる。

黒木の鳥居ども、さすがに神々しう見わたされて、煩はしき気色なるに…。〈源氏・賢木〉訳（野宮の）簡素な黒木の鳥居などが、さすがに神々しいと一面に眺めないではいられなくて、（歩くのが）**はばかられる**ようであるが…。

❸事情が複雑だ。手数がかかる。

「**宮仕へ仕うまつらずなりぬるも、かく煩はしき身にてはべれば**…。」〈竹取・かぐや姫の昇天〉訳「（帝のもとに）宮仕えし申し上げないままになったのも、このように**事情が複雑な**身の上でございますので…。」

❹体の具合が悪い。病気がひどい。

さまざまにつくろひければ、煩はしくなりて…。〈徒然草・42・唐橋中将〉訳 いろいろと治療したけれども、**病気がひどく**なって…。

わづらはし-が・る【煩はしがる】 動詞 自 〔ラ四段〕〈ら・り・る・る・れ・れ〉煩わしいと思う。

世の聞こえを煩はしがりて、訪れきこえたまはず…。〈源氏・須磨〉訳（式部卿宮は）世間のうわさを**煩わしいと思って**、（娘の紫の上に）手紙で安否をお尋ね申し上げることもなさらないし…。

わづらは・す【煩はす】 動詞 他 〔サ四段〕〈さ・し・す・す・せ・せ〉苦しめる。思い悩ます。迷惑を掛ける。

「**口腹のために人を煩はさんや。**」とて、敢へて承くることなし。〈雨月・菊花の約〉訳「暮らし向きのことでどうして他人に**迷惑をかけ**ようか、いや、絶対にかけない。」と言って、決して（財貨をもらうことを）承知することがない。

わづらひ【煩ひ】 名詞 ❶ゆううつになること。めんどう。心配。迷惑。

思ひ返して、煩ひを出だされんために…。〈沙石集〉訳（不実な者は）考え直して、（正直な者に）**めんどうを掛けようとして**…。

❷気分がすぐれないこと。病気。

「**人間の身は煩ひあるもの。**」〈西鶴・日本永代蔵〉訳「人間の身は**病気**（だって）するもの。」

わづら・ふ【煩ふ】

心身または状況が思うようにならなくなる
- 一 動詞 自 ❶思い悩む。また、病気になる。❷難儀する。
- 二 補助動詞 …（し）かねる。

接続 二は動詞の連用形に付く。

未然形	連用形	終止形	連体形	已然形	命令形
わづら・は	わづら・ひ	わづら・ふ	わづら・ふ	わづら・へ	わづら・へ

一 動詞 自 〔八四段〕❶（精神的に）悩む。**思い悩む**。気に病む。また、**病気になる**。病気で苦しむ。患う。

かにかくに思ひ煩ひ音のみし泣かゆ 歌〈万葉集・5・897〉訳 あれこれと思って**悩み**、ただもう声に出して泣かないではいられない。

にはかに煩ふ人のあるに、験者求むるに…。〈枕草子・28・憎きもの〉訳 急に**病気で苦しむ**人がいるので、（祈祷を行って病気を治す）修験者を探すが…。

❷**難儀する**。つらい思いをする。苦労する。

漕ぎ上るに、川の水干て、悩み煩ふ。〈土佐日記・二月七日〉訳（川を船で）こぎ上るが、川の水が引いて（少なくなり）、苦労し難儀する。○「悩む」と「煩ふ」が並列され、同じ意味で用いられている。

二 補助動詞〔ハ四段〕（物事がうまく運ばない意味を表し）…（し）かねる。
下を「冬の月」「霜の月」、置きわづらひはべるよし聞こゆ。〈去来抄・先師評〉訳下五を「冬の月」「霜の月」（のいずれにすべきか）、決めかねていますということを（手紙に書いて）差し上げる。

類語比較「わづらふ」「なやむ」「やむ」
共通点＝思い悩む・病気になるなどの意味。
わづらふ＝①もともと精神的に苦しむことを表し、病気で苦しむという意味は中古半ばごろから現れる。
②形容詞「わづらはし」を生じた。
なやむ＝①肉体的に苦しむことを表すのがもともとの意味といわれる。
②病気だけでなく出産で苦しむ場合にもいう。
③形容詞「なやまし」を生じた。
やむ＝①「なやむ①」に同じ。
②傷を負う・傷がうずくという意味でも用いられる。
③形容詞「やまし」を生じた。

わ-どの【吾殿・和殿】 代名詞（同等、またはそれ以下の者に対して、親しみを込めて）君。おまえ。あんた。
「なのらせたまへ。」と言葉をかければ、「かういふわどのは誰ぞ。」〈平家・7・実盛〉訳「お名乗りください。」と言葉を掛けると、「そのように言うおまえはだれだ。」
発展「わ」は接頭語。「わとの」とも。

わ-な 終助詞（念を押す気持ちを表し）…よ。接続 文末に付く。
「はて、おめへ、後でわかる事だわな。」〈滑稽本・浮世風呂〉訳「はて、おまえ、後で分かることだよ。」
発展 終助詞「わ」に終助詞「な」が付いて一語になったもの。「わ」は本来「は」なので、「はな」とも表記される。

わなな-か・す【戦慄かす】 動詞 他〔サ四段〕〈さ・し・す・す・せ・せ〉声や体を震わせる。
「生前の親ならむ。な騒ぎそ。」と、うちわななかし…。〈堤中納言・虫めづる姫君〉訳「私の存命中の親なのだろう。騒ぎなさんな。」と、声を震わせ…。

わななき-い・づ【戦慄き出づ】 動詞 自〔ダ下二段〕〈で・で・づ・づる・づれ・でよ〉❶震えながら出て来る。
宿直衣の袖の上に、あをき紙の松につけたるを置きて、わななき出でたり。〈枕草子・87・職の御曹司におはしますころ、西の廂にて〉訳宿直着の袖の上に、青い紙（＝手紙）でマツに結び付けてあるのを置いて、（寒さに）震えながら出て来た。
❷震えるような声や音などがする。
「雪の積もり光り合ひたるに、篳篥のわななき出でたるは、春秋もみな忘れぬかし。」〈更級日記・春秋の定め〉訳「雪が降り積もって（月光が）一面に照り映えているところに、篳篥（＝竹製の縦笛）の震えるような音がしているのは（趣があり）、春や秋（のすばらしさ）もすっかり忘れてしまうよ。」

わなな・く【戦慄く】 動詞 自〔カ四段〕〈か・き・く・く・け・け〉
❶（寒さ・恐怖・怒り・緊張などで）体が小刻みに震える。
いみじう臆したまひて、御手もわななく故にや、的の辺りにだに近く寄らず…。〈大鏡・道長上〉訳（伊周は）ひどく気おくれなさって、お手も小刻みに震えるせいではないだろうか、（矢は）的の付近にさえ近くにいかないで…。
❷（声や音などが）震える。震動する。
ただ泣きに泣きて、御声のわななくも、をこがましけれど…。〈源氏・行幸〉訳ただもう泣きに泣いて、お声が震えるのも、みっともないが…。
❸（筆跡や髪などが）乱れる。くしゃくしゃになる。
入れたるを見れば、あやしうわななきたる手にて…。〈蜻蛉日記〉訳（書いて）入れてきたのを見ると、妙に乱れている筆跡で…。
❹ざわざわと動く。ざわめく。
下臈の、物見むとわななき騒ぎ笑ふこと限りなし。〈落窪〉訳身分の低い者たちが、見物しようとざわめき騒いで笑っていることがはなはだしい。

わに【鰐】 名詞《動物》サメの古い呼び名。

わに-ぐち【鰐口】 名詞 ❶とても危険な場所。また、危険な場合。❷世間の恐ろしいうわさ。悪意に満ちた評判。❸神社や仏殿の軒につるす円板形の鳴り物。中空で下部が横に裂けており、多くは銅製。

わぬ 代名詞《上代東国方言》私。われ。

わ-ぬし【吾主・和主】 代名詞（同等、またはそれ以下の者に対して、親しみを込めて）君。おまえ。そなた。おまえさん。
「わぬしが、制することを聞かず、いたくこの鹿を殺す。」〈宇治拾遺〉訳「おまえが、（私の）制止することを聞かないで、ひどくこのシカを殺す。」
発展「わ」は接頭語。

[わにぐち❸]

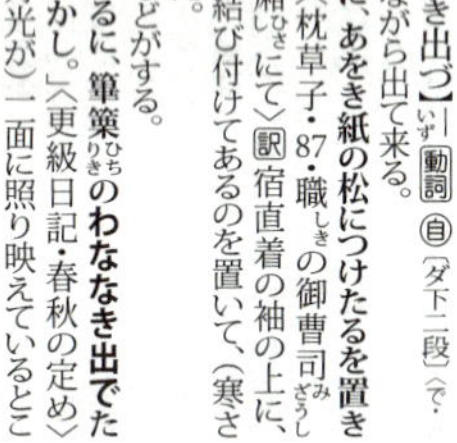

わび【侘び】 名詞 ❶気落ちすること。落胆。❷（茶の湯や俳諧などで）閑寂・簡素でしみじみとした趣。質素な中にある、落ち着いた渋い味わい。
発展 ❷は中世以降、千利休らの茶の湯で重視された根本的な美的理念で、これを松尾芭蕉はさらに深化させて「*さび」の理念につなげた。

わび-うた【侘び歌】 名詞 悩みや悲嘆を詠んだ歌。

わび-こと 名詞 一【侘び言・詫び言】❶思い悩む心情を訴えることば。恨みごと。ぐち。❷謝罪のことば。わびること。❸辞退のことば。ことわり。
二【侘び事・詫び事】❶わびしく思う事柄。嘆きのたね。❷謝罪すること。また、嘆願すること。

わび・し【侘びし】 形容詞 ↓最重要語（1344ページ）

わびし-げ・なり【侘びしげなり】 形容動詞〔ナリ〕〈なら・なり（に）・なり・なる・なれ・なれ〉❶やるせなさそうだ。心細い感じだ。
ねぶたしと思ひて伏したるに、蚊の細声にわびしげに名乗りて、顔のほどに飛びありく。〈枕草子・28・憎きもの〉訳眠たいと思って横になっているのに、カがか細い声でやるせなさそうに鳴いて、顔の辺りを飛びまわっているのは（しゃくに障る）。
❷みすぼらしい。貧乏じみている。
「さては、このうちにこそ。」と門をたたけば、わびしげなる女の出でて…。〈奥の細道・等栽〉訳「それでは、この家に違いない。」と門をたたくと、みすぼらしい女が出てきて…。
↓古語チャート⓫（427ページ）

わた・る【渡る】

広く空間的・時間的に移動する

- **一** 動詞 自
  - 〔空間〕
    - ❶(水の上を一方から他方へ)**移る。渡る。**
    - ❷(鳥が空中を)**飛んで横切る。**(月や太陽が空を)**移動する。**
    - ❸(ある所に)**移動する。移る。行く。来る。**(ある地点を)**通過する。**
    - ❹**広く及ぶ。通じる。**
  - 〔時間〕
    - ❺(時を)**過ごす。**(年月を)**送る。**
  - 〔敬語〕
    - ❻**いらっしゃる。**◉中世以降の用法。「わたらせたまふ」の形で用いられる。
- **二** 補助動詞
  - 〔空間〕
    - ❶(辺り)**一面に…する。広く…する。**
  - 〔時間〕
    - ❷(ある期間)**ずっと…(し)続ける。長い間…する。**
  - 〔敬語〕
    - ❸…(て)**いらっしゃる。**◉中世以降の用法。「～わたらせたまふ」の形で用いられる。

接続 **二**は動詞の連用形に付く。

	未然形	連用形	終止形	連体形	已然形	命令形
動詞 自〔ラ四段〕 補助動詞〔ラ四段〕	わた・ら	わた・り	わた・る	わた・る	わた・れ	わた・れ

一 動詞 自〔ラ四段〕❶(水の上を一方から他方へ)**移る。渡る。越えていく。渡航する。** もののふの宇治川**渡り**…くれくれとひとりそ我が来る妹が目を欲り 歌〈万葉集・13・3237〉訳宇治川を**渡り**…悲しみに心が沈んで、たったひとり私は行く。妻に会いたいと願って。○「もののふの」は「宇治」に係る枕詞。❷(鳥が空中を)**飛んで横切る。**(月や太陽が空を)**移動する。** 大空を**渡る**春日の影なれや余所にのみしてのどけかるらむ 歌〈大和・48〉訳(あなたは)大空を**移動する**春の日の光だから、(宮中を)疎遠にばかりして(里で)のんびりとしているのではないだろうか。❸(ある所に)**移動する。移る。行く。来る。**(ある地点を)**通過する。通り過ぎる。** 宮は、三条の宮に**渡り**たまふ。〈源氏・賢木〉訳宮(=藤壺の中宮)は、三条の宮にお**移り**になる。殿上人の車多く並べ立てて、物見ける前**渡る**ほどに…。〈宇治拾遺〉訳(元輔という男が)昇殿を許された(高貴な)人が牛車をたくさん並べ立てて、見物をしていた(その)前を**通り過ぎる**ときに…。❹**広く及ぶ。通じる。** この戒め、万事に**渡る**べし。〈徒然草・92・ある人、弓射ること〉訳この(目の前のことに全力を尽くせという)教えは、すべてのことに**通じる**はずだ。❺(時を)**過ごす。**(年月を)**送る。** 遠き所も、出で立つ足下より始まりて年月を**渡り**…。〈古今集・仮名序〉訳遠い所(への旅)でも、(まずは)出発する足のすぐそば(=第一歩)から始まって(ついには長い)年月を**送り**…。❻《中世以降》(「わたらせたまふ」の形で、「あり」の尊敬語となり)**いらっしゃる。**↓渡らせ給ふ

二 補助動詞〔ラ四段〕❶(辺り)**一面に…する。広く…する。** はるかに霞み**わたり**て、四方の梢そこはかとなう煙り**わたれる**程…。〈源氏・若紫〉訳遠くまで**一面に**霞がかかって、周囲一帯の(木々の)梢がどこということもなく**一面に**かすんで見える辺りを…。なほ所々は打ちこぼれつつ、あはれげに咲き**わたれり**。〈更級日記・竹芝寺〉訳(ナデシコの花は季節はずれだというが)それでもやはり所々には散り落ちながらも、感慨深げに**一面に**咲いている。❷(ある期間)**ずっと…(し)続ける。長い間…する。** 月ごろ、「悔し。」と思ひ**わたる**心の内、苦しきまでなりゆくさまを、つくづくと言ひ続けたまひて…。〈源氏・宿木〉訳(中の君が匂宮に引き取られてから)ここ数か月、(薫は)「残念だ。」と**ずっと**思い**続ける**心の中が、つらいほどになっていくようすを、しみじみと言い続けなさって…。「来むとありしを、さやある。」と、目をかけて待ち**わたる**に…。〈更級日記・梅の立ち枝〉訳「(恋しい継母がウメの咲くころには)来ようと言っていたが、(本当に)そうであるか。」と、(ウメの木を)見守って**ずっと**待ち**続ける**が…。❸《中世以降》(「～わたらせたまふ」の形で、補助動詞「あり」の尊敬表現を作り)…(て)**いらっしゃる。**…(で)**いらっしゃる。**↓渡らせ給ふ

関連語 渡す

わび・し・む【侘びしむ】動詞 他 〔マ下二段〕〈め・め・む・むる・むれ・めよ〉❶わびしがらせる。寂しく思わせる。**寝覚めする人の心をわびしめて時雨るる音は悲しかりけり** 歌〈山家集・492〉訳目覚めた人の心をわびしがらせて時雨が降る(その)音は悲しいものだなあ。❷困らせる。つらい目に合わせる。**いとよくわびしめて後に、置きたる算をさらさらと押しこぼちたれば、笑ひさめにけり。**〈宇治拾遺〉訳とてもひどく困らせた後に、置いてあった算木をさらさらと押して壊したところ、笑いが止まってしまった。

わびし-ら-に【侘びしらに】副詞 寂しげに。切なそうに。**わびしらに猿な鳴きそあしひきの山のかひある今日にやはあらぬ** 歌〈古今集・雑体・1067〉訳せつなそうにサルよ鳴いてくれるな。山の谷間ではないが、(お前たちは、法皇さまを迎えて鳴く)甲斐のある今日ではないのか。〇「あしひきの」は「山」に係る枕詞。「あしひきの山の」は「峡」を導く序詞。「かひ」は「峡」と「甲斐」を掛ける。

わび-し・る【侘び痴る】動詞 自 〔ラ下二段〕〈れ・れ・る・るる・るれ・れよ〉あまりにもつらい目に遭ってぼけたようになる。困窮のあまりばかのようになる。**かくわびしれたる者どもの、歩くかと見れば、すなはち倒れ伏しぬ。**〈方丈記・飢渇〉訳このように困窮のあまりばかのようになってしまった者たちが、歩いていたかと思うと、すぐに倒れて死んでしまう。

わ-ひと【吾人】代名詞 (目下の者に対して)おまえ。そなた。「**わひとどもは砥浪山のいくさに追い落とされ、からき命いきて北陸道にさまよひ…。**」〈平家・11・嗣信最期〉訳「おまえたちは砥浪山の戦いで追い落とされ、危うい命を保って北陸道にさまよい…。」
発展「わ」は接頭語。

わび-なき【侘び鳴き】名詞 寂しそうに鳴くこと。

わびぬれば… 百人一首
わびぬれば今はた同じ難波なるみをつくしても逢はむとぞ思ふ〈後撰集・960・元良親王〉訳(このように)切なく悩んでしまったのだから今はもう(身を滅ぼしたのも)同じことだ。難波にある澪標のように、この身を尽くして(=命をかけて)も(あなたに)逢おうと思う。〇「みをつくし」は「澪標(=水路を示す杭)」と「身を尽くし」の掛詞。「みをつくし」は「難波」の縁語。
発展京極御息所との交際が発覚してしまったときの気持ちを詠んだ歌。

品詞分解・修辞
わび ぬれ ば 今 はた 同じ。〈二句切れ〉 難波(縁語) なる
バ上二・用 完了・已 接助 副 形・終 存在・体
み を つくし(澪標／身を尽くし〈掛詞〉縁語) て も 逢は む と ぞ 思ふ
格助 サ四・用 接助 係助 八四・未 意志・終 格助 係助 八四・体 (係)→(結)

わびぬれば… 歌
わびぬれば身を浮き草の根を絶えて誘ふ水あらばいなむとぞ思ふ〈古今集・雑下・938・小野小町〉訳つらい思いで暮らしているので、わが身がいやになって、(まるで)浮き草の根がなくて漂うように、(私も)誘う水(=人)があれば(どこへでも)行ってしまおうと思う。〇「身を浮き草の」には、「(身を)憂き」と、「浮き草」とを掛けている。
発展★文屋康秀が三河の掾になったとき、一緒に行こうと誘ったのに対する返歌。『無名草子』にも引かれる。

わび-ね【侘び寝】名詞 寂しい思いを抱いて寝ること。

わび-びと【侘び人】名詞 世をはかなんで暮らす人。わびしい境遇の人。失意の人。落ちぶれた人。また、貧しい人。

わ・ぶ【侘ぶ】動詞 補助動詞 ↓最重要語(1345ページ)

わ・ぶる【侘ぶる】動詞 自 〔ラ下二段〕〈れ・れ・る・るる・るれ・れよ〉わびしく思う。気落ちする。やるせなく思う。**立ち反り泣けども我は験なみ思ひわぶれて寝る夜しそ多き** 歌〈万葉集・15・3759〉訳繰り返し泣いても私はかいがないので、**わびしく思って**寝る夜が多い。

わび・し【侘びし】

形容詞〔シク〕

物事が自分の思いどおりにならない、あるいは期待外れであることからくる失望・落胆・困惑する気持ち
- ❶期待外れだ。がっかりだ。
- ❷困ったことだ。やり切れない。切ない。
- ❸心細い。頼りない。もの寂しい。
- ❹興味がわかない。つまらない。興ざめだ。
- ❺みすぼらしい。貧しい。

未然形	連用形	終止形	連体形	已然形	命令形
わび・しく	わび・しく	わび・し	わび・しき	わび・しけれ	○
わび・しから	わび・しかり	○	わび・しかる	○	わび・しかれ

❶**期待外れだ。がっかりだ。** **人のもとにわざと清げに書きてやりつる文の返り事…「御物忌みとて取り入れず。」と言ひてもて帰りたる、いとわびしくすさまじ。**〈枕草子・25・すさまじきもの〉訳(ある)人の所にわざわざきれいに書いて送った手紙の返事を…「★物忌み(をされている)ということで受け取らない。」と言って持って帰ったのは、ひどく**がっかりで**興ざめだ。〇期待が裏切られた落胆の気持ちを「わびし」で表し、「すさまじ」がさらにそれを強めている。

「**風吹きぬべし。御船返してむ。」と言ひて、船帰る。この間に雨降りぬ。いとわびし。**〈土佐日記・一月十七日〉訳「きっと風が吹くに違いない。お船を戻してしまおう。」と(船頭は)言って、船は引き返す。そのうちに雨が降り出した。本当に**がっかりだ**。

❷**困ったことだ。やり切れない。切ない。つらい。** **女は、なほいと艶に恨みかくるを、「わびし。」と思ひありきたまふ。**〈源氏・紅葉賀〉訳女(=老女房の源典侍)は、依然としてとても色っぽく恨み言を言いかけるので、(源氏は)「**やり切れない**。」と思いながら月日を送っていらっしゃる。

「**まだ、かかるわびしき目、見ず。いかならむとするぞ。**」〈竹取・竜の頸の玉〉訳「今までに、こんな**つらい**目に遭ったことはない。どうなることであろうか。」

❸**心細い。頼りない。もの寂しい。** **わびしくわななく書きて取らせて、いかに思ふらむ、とわび**

★……見出し語として掲載している語

し。〈枕草子・106・二月晦ごもりごろに〉訳(私は)ふるえふるえ(渡された歌の上かみの句を)書いて渡して、(藤原公任きんとうが今ごろ)どのように思っているだろう、と(思うと)心細い。

「息もせで伏させたまへ。」と言ふを聞くにも、いといみじうわびしく恐ろしうて、夜を明かす程、千年ちとせを過ぐす心地す。〈更級日記・初瀬はつせ〉訳「(この宿はどうも怪しい感じがするので)息も殺してお休みなさい。」と(一行の者たちが)言うのを聞くにつけても、実にひどく心細く恐ろしくて、夜を明かす間が、千年を過ごす(ような)気持ちがする。

❹**興味がわかない。つまらない。興ざめだ。**

「吉祥天女きちじょうてんにょを思ひかけむとすれば、法気ほふけづき…またわびしかりぬべけれ。」〈源氏・帚木ははきぎ〉訳「吉祥天女を(理想の女性として)恋い慕おうとすると、仏くさくなり…またきっと興ざめであるに違いない。」

前栽せんざいの草木まで心のままならず造りなせるは、見る目も苦しく、いとわびし。〈徒然草・10・家居いへゐのつきづきしく〉訳 庭の植え込みの草木までも(自然な)心任せではなく(意図的に)造り上げてあるのは、見た目にも不快で、たいへん興ざめだ。

❺**みすぼらしい。貧しい。**

人に雇はれ、使はれもせず、いとわびしかりけるままに…。〈大和・148〉訳 人に雇われもしないし、使われたりもしないで、(暮らし向きが)たいへん貧しかったのにつれて…。〇「雇はれもせず、使はれもせず」の意となる★対偶中止法の構文。

とかくして、身一つばかり、わびしからで過ぐしけり。〈宇治拾遺うじしゅうい〉訳 どうにかこうにかして、我が身一つだけは、みすぼらしくなく暮らしていた。

発展 **語の成り立ち** 上二段動詞「侘わぶ」が形容詞になったもの。「わびし」の❶❷❺は「侘ぶ」の❶❷❹を受けて成立した意味である。

類語比較 「さびし」と「わびし」→寂さびし

→**古語チャート**⑪(427ページ)

わ・ぶ 【侘ぶ】

物事が思いどおりにならず、がっかりしたり、困ったりする

一 動詞 自
- ❶気落ちする。気弱になる。
- ❷(途方に暮れて)困る。困惑する。
- ❸(恋の物思いなどで)つらいと思う。切なく悩む。
- ❹(みすぼらしく)落ちぶれる。みじめな暮らしになる。
- ❺どうにも困って頼む。許しを求める。
- ❻俗世間を離れて静かに暮らす。閑寂に親しむ。◉中世以降の用法。

二 補助動詞 ……に耐える気力がなくなる。…(し)続けにくいと感じる。…(し)かねる。

接続 二は動詞の連用形に付く。

	未然形	連用形	終止形	連体形	已然形	命令形
動詞 自〔バ上二段〕 補助動詞〔バ上二段〕	わ・び	わ・び	わ・ぶ	わ・ぶる	わ・ぶれ	わ・びよ

一 動詞 自〔バ上二段〕❶**気落ちする。気弱になる。**

我あれなしとなわび我が背子せこほととぎす鳴かむ五月は玉を貫ぬかさね 歌〈万葉集・17・3997〉訳 私がいないといって気落ちするな、我が友よ。ホトトギスの鳴くであろう五月には、(タチバナを)玉(としたもの)を(糸で)刺し通して(五月の節句の★薬玉くすだまを一緒に作って)ください。〇「なわび」の「な」は禁止の意味を表す副詞。

❷(途方に暮れて)**困る。困惑する。迷惑に感じる。**

「悩ましきに、いといたう強ひられて、わびにてはべり。」〈源氏・花宴はなのえん〉訳「気分が悪いところに、とてもひどく(飲酒を)無理強いされて、困ってしまっております。」〇「にて」は、完了の助動詞「ぬ」の連用形＋接続助詞「て」。

❸(恋の物思いなどで)**つらいと思う。切なく悩む。心細がる。**

わびぬればしひて忘れむと思へども夢といふものぞ人頼だのめなる 歌〈古今集・恋2・569〉訳(恋しくて)つらいと思ったので、無理にでも忘れようと思うけれども、(ときどき、あの人を夢に見てしまう。だから)夢というものは、人にむなしい期待を持たせるものであることよ。

❹(みすぼらしく)**落ちぶれる。みじめな暮らしになる。**

時を失ひ、世にわび、親しかりしも疎くなり…。〈古今集・仮名序〉訳 時流に合わず勢力がなくなり、境遇も落ちぶれ、親しかった人も疎遠になり…。

❺**どうにも困って頼む。許しを求める。**

法師の言ふやう、「…ただ許し賜はらん。」とわびければ…。〈宇治拾遺うじしゅうい〉訳 僧が言うには、「…ともかくお許しいただきたい。」と(安倍晴明あべのせいめいに)許しを求めたので…。

❻《中世以降》**俗世間を離れて静かに暮らす。閑寂に親しむ。もの寂しい雰囲気を好む。**

「この須磨すまの浦に、心あらん人は、わざともわびてこそ住むべけれ。」〈謡曲・松風〉訳「この須磨の浦で、趣を理解するような人は、わざわざもの寂しい雰囲気を好んで住むに違いない。」

二 補助動詞〔バ上二段〕**…に耐える気力がなくなる。…(し)続けにくいと感じる。…(し)かねる。…(し)あぐねる。**

内に入りてそのかせど、娘はさらに聞かず。…言ひわびて入道ぞ書く。〈源氏・明石あかし〉訳(明石の入道は)部屋の中に入って(源氏への返事を)促すけれども、娘は一向に聞き入れない。…(娘に)言いかねて入道が(代わりに)書く。

発展 **「わびる」「わび」とのつながり** 一については、❶❷❸が自分自身の心情を表す場合で、❹は外から見た状態を表す場合といえる。❷の困惑するという意味から、そのような状態であることを人に訴える用法として、現代語の「わびる」に通じる❺の意味を生じた。また、❹のみじめな暮らしになるという意味から、そのような状況を好んで受け入れる❻の意味にもなり、そこから、茶の湯・俳諧はいかいの美的理念である「わび」が生まれる。

関連語 侘わび・侘わびし

和文体【わぶんたい】 国語・国文法 もっぱら和語(日本固有のことば)を用い、★平仮名で書かれた文章を**和文**という。平安時代の女流文学作品が、その代表で、用語や語法も、当時の話しことばで、柔らかく優しく上品な感じの文章である。そのような、和文で書かれた★文体を**和文体**といい、その平安時代の女流文学はもちろん、江戸時代の★擬古文や明治時代の近代文語文に見る美文などが、それである。「仮名文」ともいわれる。男性の文体であった漢文体・漢文訓読文体と対照をなす文体である。

わ-みこと【吾尊・我尊】(同等、またはそれ以下の者を親しんで)おまえ。そなた。 発展「わ」は接頭語。

➡**わらう**(現)→(歴)**わらふ**【笑ふ・咲ふ】

わら-うだ【藁蓋・円座】 名詞 →わらふた

わら-うづ【藁沓】 名詞 →わらぐつ

わら-ぐつ【藁沓】 名詞 わらを編んで作ったくつ。わらじ。 発展「わらぐつ」が「わらうづ」→「わらんづ」→「わらんぢ」と変化して「わらぢ」になった。

わらは【童】 名詞 ❶元服前の子供。三歳から十六歳ぐらいまでの子供。❷子供の召し使い。子供の従者。❸子供の髪型。髪を束ねずに下げ垂らしたもの。

わらは【妾】 代名詞 (女性が謙遜して)私。「**もとよりわらはは推参の者にて**…。」〈平家・1・祇王〉 訳「もともと**私**は一方的な押しかけの者で…。」 発展「童」から生じたことば。中世以降の用法。

わらは-あそび【童遊び】 名詞 子供の遊び。

わらは-おひ【童生ひ】 名詞 子供のころの生い立ち。生まれ育ち。

わらは-か・す【笑はかす】 動詞 他 サ四段 〈さ・し・す・す・せ・せ〉 笑わせる。「**物語はせじ、ただ笑はかさんとあるは、猿楽をしたまふか。**」〈宇治拾遺〉 訳「話はしない、単に**笑わせよう**と言うのは、猿楽をなさるのか。」

わらは・ぐ【童ぐ】 動詞 自 ガ下二段 〈げ・げ・ぐ・ぐる・ぐれ・げよ〉 子供っぽく振る舞う。あどけないしぐさをする。「**中納言は、わらはげたるわざして止むことを人に聞かせじとしたまひけれど**…」〈竹取・燕の子安貝〉 訳 中納言は、**子供っぽく振る舞った**行いをして(求婚が)だめになったことを人に聞かせまいとなさったけれど…。

わらは-ごこち【童心地】 名詞 子供ごころ。

わらは-ごと【童言】 名詞 子供っぽい言い方。

わらは-てんじゃう【童殿上】 名詞 宮中の作法見習いのため、貴族の子供が昇殿を許されて殿上に奉仕すること。また、その子供。

わらは-な【童名】 名詞 元服前の名。幼名。

わらは-べ【童部】 名詞 ❶子供。子供たち。❷子供の召し使い。❸(自分の妻を謙遜して)愚妻。 発展「わらべ」「わらんべ」とも。

わらは-め【童女】 名詞 女の子。少女。

わらは-やみ【瘧・瘧病】 名詞 マラリアに似て、隔日または毎日、時を定めて発熱する病気。

わらはれ-ぐさ【笑はれ種】 名詞 物笑いのたね。人に笑われるもと。

わら-び【蕨】 名詞《植物》シダ類の多年草。早春に出る渦巻形の新葉を早蕨といい、食用にする。

わら-ふ【笑ふ・咲ふ】 一 動詞 自 ハ四段 〈は・ひ・ふ・ふ・へ・へ〉 ❶笑う。「**少納言よ、香炉峰の雪いかならむ。**」**と仰せらるれば、御格子上げさせて、御簾を高く上げたれば、笑はせたまふ。**〈枕草子・299・雪のいと高う降りたるを〉 訳「(清)少納言よ、★香炉峰の雪はどんなであろう。」とおっしゃるので、(人に命じて)御格子を上げさせて、(私は)御簾を高く(巻き)上げたところ、(中宮は)お**笑い**になる。❷(比喩的に)つぼみが開く。花が咲く。また、果実が熟して裂ける。
二 動詞 他 ハ四段 〈は・ひ・ふ・ふ・へ・へ〉 嘲笑する。あざける。ばかにする。「**なにの難かさうらふべき。**」**と陳じたれば、いよいよ笑ひけり。**〈古今著聞集〉 訳「どんな難点があるでしょうか。」と言い訳をしたので、ますます(人々は)**嘲笑した**。
類語比較「ゑむ」と「わらふ」→笑ゑむ

わら-ふた【藁蓋・円座】 名詞 ワラ・ガマ・スゲなどを渦巻き状に編んで作った円形の敷き物。 発展「わらふだ」「わらうだ」「ゑんざ」とも。

わら-べ【童】 名詞 →わらはべ

わらら-か・なり【笑らかなり】 形容動詞 ナリ 〈なら・なり(に)・なり・なる・なれ・なれ〉 にこやかだ。陽気だ。屈託がない。「**女は、笑らかに賑はしくもてなしたまふ本性ももて隠して**…。」〈源氏・真木柱〉 訳 女君(=玉鬘)は、**陽気で**快活に振る舞いなさる本来のご気性をも押し殺して…。

➡**わらわ**(現)→(歴)**わらは**【童】

わら-んぢ【草鞋】 名詞 →わらぐつ

わらん-べ【童部】 名詞 →わらはべ

わり-ご【破子・破籠】 名詞 食物を入れる容器。ヒノキの白木で作り、中に仕切りがあり、ふたが付いている。弁当箱。また、それに入れた食物。

[わりご]

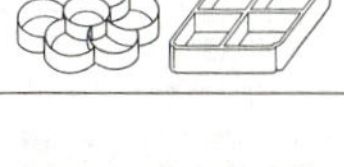

わり-さま【わり様】 代名詞《近世語》(同等、またはそれ以下の者に対して)おまえさん。 発展「我様」の変化したもの。

わり-な・さ【理なさ】 名詞 道理や分別がないこと。どうにもならないこと。

わり-な・し 形容詞 →最重要語(1347ジ)

わり-ふ【割り符】 名詞 ❶竹片・木片などに文字などを記して二つに割ったもの。一方ずつ持ち、後に合わせて証拠にする。❷(転じて)証拠となるもの。

わり-まつ【割り松】 名詞 マツの木を細かく割った薪。

わ・る【割る・破る】 一 動詞 自 ラ下二段 〈れ・れ・る・るる・るれ・れよ〉 ❶割れる。砕ける。壊れる。「**大海の磯もとどろに寄する波割れて砕けて裂けて散るかも**」 歌〈金槐集・697〉 訳 →おほうみの…
❷分かれる。別々になる。「**瀬を早み岩にせかるる滝川のわれても末にあはむとぞ思ふ**」 百人一首〈詞花集・229〉 訳 →せをはやみ…
❸(心が)乱れる。思い乱れる。「**聞きしより物を思へば我が胸は割れて砕けて利心もなし**」 歌〈万葉集・12・2894〉 訳(以前あなたのうわさを)聞いたときから物思いをしているので、私の心は**思い乱れて**悩んで、しっかりした心もない。
二 動詞 他 ラ四段 〈ら・り・る・る・れ・れ〉 ❶割る。砕く。壊す。「**岩戸割る手力もがもた弱き女にしあればすべの知らなく**」 歌〈万葉集・3・419〉 訳 岩の戸を**壊す**(ほどの)腕力があったらいいなあ。か弱い女であるので、どうしたらよいか分からなくて。
❷分ける。分割する。割り当てる。「**女房の曹司には、廊の廻りにしたるをなむ割りつつ**

たまへりける。〈宇津保〉訳女房たちの部屋としては、渡り廊下の辺りに造ったのをそれぞれ割り当ててはお与えになっていた。

❸押し分けて進む。うち破る。**熊谷親子は、なかをわられじと立ち並んで、太刀を額にあて、後ろへ一引きも引かず**…。〈平家・9・一二之懸〉訳熊谷親子は、二人の間を**うち破られ**まいと立ち並んで、太刀を額にあて、後ろへ一歩も引かず…。

わるい(現)↓(古)**わろし**【悪し】最重要語(1349ページ)

わる・し【悪し】形容詞↓**わろし** 最重要語(1349ページ)

われ【我・吾】代名詞 ❶私。類我 対汝 「**我**は京人にもはべらず、高き宮仕へなどもしはべらず。」〈大鏡・道長下〉訳「**私**は都の人間でもございませんし、高貴な方へのお仕えなども致しておりません。」

❷自分自身。その人自身。**昔、いやしからぬ男、我よりは勝りたる人を思ひかけて、年経ける**。〈伊勢・89〉訳昔、身分の低くない男が、**自分自身**よりは(身分の)優れている人を恋しく思って、年月が経った。

❸(同等、またはそれ以下の者に対し)おまえ。あんた。**この女の言ふことには、「我、この馬の口引きてたべ。道のゆゆしく悪しくて、落ちぬべく覚ゆるに。」**〈宇治拾遺〉訳この女が言うことには、「**おまえ**、このウマの口をお引きなさい。道がとても悪くて、(私はウマから)落ちてしまいそうに思われるから。」

われ-か【我か】❶私のことか。**秋の野に人まつ虫の声すなり我かと行きていざとぶらはむ** 歌〈古今集・秋上・202〉訳秋の野で人を待つマツムシの鳴き声が聞こえてくる。(この)**私のことか**(=私を待っているのか)と行って、さあ、尋ねてみよう。○「まつ」は「(人を)待つ」と「マツ(ムシ)」を掛ける。

❷「我か人か」の略。**汗もしとどになりて、我かの気色なり**。〈源氏・夕顔〉訳(夕顔は)汗もびっしょりとかいて、**正気を失っている**ようすである。

発展 代名詞「われ」+係助詞「か」。

わり-な・し

自分の理性ではどうにも判断・分別がつかず、困惑し不満な気持ち

❶**道理に合わない。**分別がない。むちゃくちゃだ。
❷苦しい。つらい。耐え難い。
❸なすすべがない。どうしようもない。やむをえない。
❹**特別に。**たいへん。◉連用形「わりなく」の副詞的用法が多い。
❺特別に優れている。すばらしい。◉中世以降の用法。
❻縁が深い。親しい。◉近世語。

形容詞(ク)

未然形	連用形	終止形	連体形	已然形	命令形
わりな・く	わりな・く	わりな・し	わりな・き	わりな・けれ	○
わりな・から	わりな・かり	○	わりな・かる	○	わりな・かれ

❶**道理に合わない。分別がない。むちゃくちゃだ。** **覚えいとやむごとなく、上衆めかしけれど、わりなくまつはさせたまふあまりに**…。〈源氏・桐壺〉訳(桐壺の更衣は)世間の評判もたいへん格別で、貴人らしく見えるけれど、(帝が)**分別なく**絶えず身近にいさせなさりすぎた結果によって…。

「**これもわりなき心の闇になむ**。」〈源氏・桐壺〉訳「これ(=帝に対する恨み言)も(娘を失い)**道理に合わない**(親が子を愛するあまりに)迷う心のせいで(ございます)。」

❷**苦しい。つらい。耐え難い。** 「**一昨日より腹を病みて、いとわりなければ、下にはべりつるを**…。」〈源氏・空蟬〉訳「一昨日からおなかをこわして、ひどく**つらい**ので、自室におりましたが…。」

❸**なすすべがない。どうしようもない。やむをえない。** **身の憂きをもとにて、わりなきことなれど、うち捨てたまへる恨みのやる方なきに**…。〈源氏・明石〉訳(明石の入道の娘は)わが身のつらいこと(=不運)が原因であって、**どうしようもない**ことではあるけれど、(源氏が)お見捨てになっている(ことの)恨めしさが晴らしようもないうえに…。

路次の煩ひとなれるこそわりなけれ。〈奥の細道・草加〉訳(断り切れない餞別などが)道中の悩みの種となっているのは**やむをえない**。

❹(多く、連用形を副詞的に用いて)**特別に。ひどく。たいへん。** **『僻覚えをもし、忘れたる所もあらばいみじかるべきこと。』と、わりなうおぼし乱れぬべし**。〈枕草子・23・清涼殿の丑寅の〉訳『(和歌の)記憶違いをしたり、忘れている箇所でもあったらたいへんなことになるだろうなあ。』と、きっと**ひどく**お心がお乱れになってしまうに違いない。」○「わりなう」は連用形「わりなく」のウ音便。

❺《中世以降》**特別に優れている。すばらしい。この上ない。** 「**見目かたち、心ざま、優にわりなき者でさうらふとて**…。」〈平家・10・千手前〉訳「(千手前は)容姿や、気立てが、優雅で**すばらしい**女房ですというので…。」

❻《近世語》**縁が深い。親しい。懇意だ。また、いじらしい。** **降り積む雪の下にうづもれて、春を忘れぬ遅桜の花の心わりなし**。〈奥の細道・月山〉訳降り積もる雪の下に埋もれても、春を忘れずに咲く遅咲きのサクラの心は**いじらしい**ことだ。○「親しみが持てる」という意味から、「殊勝だ・けなげだ・いじらしい」などと意味が派生していった、その一例。

発展 ①**語の成り立ち** 道理や筋道という意味の名詞「ことわり」と同じ意味を表す「わり」に、形容詞「なし」が付いて一語になったもの。

②**❶→❸の意味の展開** 常識的な理屈で考えて解決しようとしてもどうにもならないようすをいう❶がもともとの意味である。自分の理性ではどうにも判断・分別がつかないので、❷の「つらい・苦しい」という意味になり、あきらめると❸の「なすすべがない・どうしようもない」という意味になる。

類語比較 「**あやなし**」と「**わりなし**」↓あやなし

われ-か-ひと-か【我か人か】 自分なのか他人なのか分からないほど気分がもうろうとすること。失意などで心が乱れぼんやりとすること。正気を失っていること。

天彦(あまびこ)のおとづれじとぞ今は思ふ我か人かと身をたどる世に 歌〈古今集・雑下・963〉訳 山彦（が行って返るようにあなたを訪れたいが、そ）のように、訪れないようにしようと今は思う。（意外な出来事のために）**自分なのか他人なのか分からないほど気分がもうろうとして**あれこれと思い悩む（この）時に。

発展 代名詞「われ」＋係助詞「か」＋名詞「ひと」＋係助詞「か」。略して「われか」とも。

われ-から 名詞《動物》海藻などに付着する甲殻類の一種。

発展「割れ殻」で、乾くと割れる意味という。和歌では、多く「我から」に掛ける。

われ-から【我から】 連語 自分が原因で。自分のせいで。

「**よし、これも我からなめり。**」と恨み、かつは語らひ、暮らしたまふ。〈源氏・夕顔〉訳「（まあ）よい、これも**私のせいで**あるようだ。」と（源氏は夕顔に）恨み言を言ったり、（一方で）親しく語り合ったりして、一日お過ごしになる。

発展 代名詞「われ」＋格助詞「から」。

★われこそは… 歌

我こそは新島守(にひじまもり)よ隠岐(おき)の海の荒き波風心して吹け〈増鏡(ますかがみ)〉訳 自分こそは、この島の新しい番人であるよ。隠岐の海の荒い波風よ、注意して吹いてくれ。〇二句切れ。

発展 後鳥羽院が隠岐の島に流された時の作である。

われ-さか・し【我賢し】 形容詞［シク］〈しく・しく・し・しき・しけれ・〇／しから・しかり・〇・しかる・〇・しかれ〉自分だけが賢いと思っている。自分で優れていると思っている。利口ぶっている。

我賢しう思ひ沈めたまふにはあらねど…〈源氏・椎本(しいがもと)〉訳（大君(おほいぎみ)は）**自分で優れていると思って**気持ちを落ち着かせていらっしゃるのではないけれど…。

われ-たけ・し【我猛し】 形容詞［ク］〈く・く・し・き・けれ・〇／から・かり・〇・かる・〇・かれ〉自分が偉いと思っているようだ。得意ぶっているようだ。

「『かしこく教へたつるかな。』と思ひたまへて、**我たけく言ひそしはべるに**…。」〈源氏・帚木(ははきぎ)〉訳「『（我ながら）上手に教え諭してやったものだなあ。』と存じまして、**自分が偉いというように言い過ぎますと**…。」

われ-だのみ【我頼み】 名詞 自分自身を頼みにすること。自負。うぬぼれ。

われ-て【破れて】 副詞 思い余って。こらえきれず。

男、**われて**「あはむ。」と言ふ。〈伊勢・69〉訳 男は、**思い余って**「（今夜）会おう。」と言う。

われ-と【我と】 連語 自分自身で。ひとりでに。自然と。

我と悪心発(おこ)れば、魂入れ替はり…〈西鶴・世間胸算用(せけんむねさんよう)〉訳 **自然と**悪事を働こうとする考えが起こると、（善と悪との）魂が入れ替わり…。

発展 代名詞「われ」＋格助詞「と」。

われ-どち【我どち】 名詞 自分たち同士。仲間同士。

われ-と-は-な-し-に【我とはなしに】 自分とは同じ身の上ではないけれど。

郭公(ほととぎす)我とはなしに卯(う)の花の憂(う)き世の中に鳴き渡るらむ 歌〈古今集・夏・164〉訳 ホトトギスは**自分とは同じ身の上ではないけれど**、（私が泣いて世の中を生きているように）つらいこの世の中で鳴いて飛んでいるのだろう。〇「卯の花の」は「憂」に係る枕詞。

発展 代名詞「われ」＋格助詞「と」＋係助詞「は」＋補助形容詞「なし」の終止形＋接続助詞「に」。

われ-なら-な-く-に【我ならなくに】 私ではないのに。

陸奥(みちのく)のしのぶもぢずりたれゆゑに乱れそめにし我ならなくに 百人一首〈古今集・恋4・724〉訳 →みちのくの…

発展 代名詞「われ」＋助動詞「なり」の未然形＋打消の助動詞「ず」の古い未然形＋接尾語「く」＋助詞「に」。

われ-に-も-あら-ず【我にもあらず】 我を忘れる。自分を見失う。何が何だか分からずにいる。ぼうぜんとする。

あやしう、**我にもあらぬ御心地をおぼし続くるに**…。〈源氏・葵(あふひ)〉訳 どうも不思議なことと、**自分を見失った**お気持ちをお思い続けになると…。

発展 名詞「われ」＋断定の助動詞「なり」の連用形＋係助詞「も」＋ラ変補助動詞「あり」の未然形＋打消の助動詞「ず」。

われ-に-も-あら-で【我にもあらで】 自分の本心からではなく。思わず。

いたく乞(こ)ひければ、**我にもあらで取らせたりければ**…。〈宇治拾遺(うじしゅうい)〉訳 熱心に頼んだので、**自分の本心からではなく**返してよこしたところ…。

発展 名詞「われ」＋断定の助動詞「なり」の連用形＋係助詞「も」＋ラ変補助動詞「あり」の未然形＋接続助詞「で」。

われは-がほ・なり【我は顔なり】 形容動詞［ナリ］〈なら・なり（に）・なり・なる・なれ・なれ〉自分こそは優れていると思っているような顔つきだ。得意気な顔だ。

「直人(なほびと)の、上達部(かむだちめ)などまで成り上(のぼ)り、**我は顔にて家の内を飾り**、『人に劣らじ。』と思へる…。」〈源氏・帚木〉訳「平凡な家柄の人でありながらも、三位以上などまで出世し、**得意気な顔で**家の中を飾り立てて、『人にひけを取るまい。』と思っている（人と）…。」

われ-ぼめ【我褒め】 名詞 自分で自分を褒めること。自賛。自慢。

われもかう【吾亦紅・地楡】 名詞 ❶《植物》バラ科の多年草。山野に自生し、秋に暗紅紫色の豆のような小さい穂花を付ける。季語 秋 ❷織物の模様。❶の花をかたどったもの。

われ-ら【我等】 代名詞 ❶（複数を表して）私たち。我々。

「**我等が尼になりしをこそ、世にためしなきことのやうに人も言ひ**…。」〈平家・1・祇王(ぎおう)〉訳「**私たち**が尼になったことを、世の中に例のないことのように人も言い…。」

❷（単数を表して）私。我。

「夢は取るといふことのあるなり。**この君の御夢、我等に取らせたまへ。**」〈宇治拾遺〉訳「夢は（他人の夢を自分のものとして）取るということがあるそうだ。この君の夢を、**私**に取らせてください。」

★われる（現）→（古）**わる【割る・破る】**

わ-ろ【和郎】 名詞 ❶子供。特に、男の子。❷（人をののしって）やろう。やつ。者。

わ-ろ【我ろ・吾ろ】 代名詞《上代東国方言》私。

発展 ❶は「わらは」→「わらう」→「わろ」と変化したことば。

わろ・し【悪し】 形容詞 →**最重要語**（1349ページ）

わろ-びと【悪人】 名詞 身分や地位の低い人。

わろ-び・る【悪びる】 動詞 自［ラ下二段］〈れ・れ・る・るる・るれ・れよ〉気後れしておどおどする。悪びれる。

西光(さいくわう)もとよりすぐれたる大剛(だいかう)の者なりければ、ちっとも色も変ぜず、**わろびれたる景気もなし**…。〈平家・2・西光被斬(さいくわうがきられ)〉訳 西光はもともとずばぬけて勇敢で強い者だったので、少しも顔色を変えず、**気後れしておどお**

どしたようすもない…。

わろ-ぶ【悪ぶ】 動詞 自〔バ上二段〕〈び・び・ぶ・ぶる・ぶれ・びよ〉悪く見える。体裁が悪い。みっともない。

「**心は心として事足らず、わろびたることども出でくるわざなめれば**…。」〈源氏・帚木〉訳「(貴族が没落すると)気位は気位として(生活面では)十分ではなく、(そうすると)**悪く見え**てしまうことも多く出てくるもののようなので…。」

わろ-もの【悪者】 名詞 教養のない者。劣っている者。

わわ・く 動詞 自〔カ下二段〕〈け・け・く・くる・くれ・けよ〉(衣服などが)破れる。ぼろぼろになる。

表の衣の**わわけ、下襲の半臂**もなき…。〈宇津保〉訳 上着は**ぼろぼろになり**、下襲の(上に着る)*半臂もなく…。

わわ・し 形容詞〔シク〕〈しく・しく・し・しき・しけれ・○／しから・しかり・○・しかる・○・しかれ〉❶落ち着きがない。軽々しい。

このごろの人は、よろづわわしき様にのみ、連歌の道もなりゆくなり。〈筑波問答〉訳 近ごろの人々は、万事**落ち着きがない**ようすにばかり、連歌道もなってゆくのである。

❷やかましい。騒がしい。口うるさい。

行列を争ひて、**随身もわわしくののしれば**…。〈増鏡〉訳(左大将と右大将が)行列の先を争って、従者たちも**やかましく**大声で騒ぎ立てるので…。

わ-をとこ【吾男・我男・和男】 代名詞 (同等、またはそれ以下の男性に対して)おまえ。あんた。

「**わをとこの、そこに有りし時に告げずして、これにて言ふこそ憎けれ。**」〈今昔〉訳「**おまえ**が、(私が)そこにいたときには知らせなくて、ここで言うのは気にくわない。」

発展「わ」は接頭語。

わ-をんな【吾女・我女・和女】 代名詞 (女性を親しみ、また見下して)おまえ。あんた。きみ。

男ども女に言ふやう、「**わをんなは、何の心によりて、我らが涼みに来るだに、暑く苦しく大事なる道を**…。」〈宇治拾遺〉訳 男たちが女に言うことには、「**あんた**は、どんなわけで、私たちが涼みに来るのさえ、暑く苦しく大変な道を…。」

発展「わ」は接頭語。

わろ・し【悪し】

客観的に見て、普通よりは少し劣っていたり、悪かったりするようす

❶**劣っている**。よくない。感心しない。
❷**体裁が悪い**。聞こえが悪い。
❸(容貌などが)**見劣りがする**。(見た感じが)美しくない。
❹(技術・技量が)**つたない**。下手である。
❺**貧しい**。
❻(性格などが)**まともでない**。たちが悪い。下品だ。

形容詞〔ク〕

未然形	連用形	終止形	連体形	已然形	命令形
わろ・く	わろ・く	わろ・し	わろ・き	わろ・けれ	○
わろ・から	わろ・かり	○	わろ・かる	○	わろ・かれ

❶**劣っている。よくない。感心しない。**

昼になりて、ぬるくゆるびもていけば、火桶の火も白き灰がちになりてわろし。〈枕草子・1・春は曙〉訳 昼になって、生暖かく(寒さが)だんだん和らいでいくと、*火桶の火も白い灰が多くなって**感心しない**。

「**よからねど、むげに書かぬこそわろけれ。**教へきこえむかし。」〈源氏・若紫〉訳「(字が)上手でなくても、まったく書かないのは**感心しない**。お教え申し上げようよ。」

❷(「人わろし」に近い用法で)**体裁が悪い。聞こえが悪い。**

「**いとわろき名の、末の世まであらむこそ、口惜しかなれ。**」〈枕草子・82・頭の中将の〉訳「たいへん**聞こえが悪い**名前(=作者に付けられた「草の庵」というあだ名)が、末代まで残るようなことは、残念だ。」

「**ことのほかにのみもてなしたまふが人目もわろければ、この日ごろは参らざりつる。**」〈夜の寝覚〉訳「(寝覚の君が、内大臣であるこの私を)問題外のようにお取り扱いになるばかりであるのが人の目にも**体裁が悪い**ので、ここ数日は参上しなかったのだ。」

❸(容貌などが)**見劣りがする**。(見た感じが)**美しくない**。

かの空蝉の、打ち解けたりし宵の側目には、いと**わろかりし容貌**ざまなれど…。〈源氏・末摘花〉訳 あの空蝉の、くつろいでいた宵の横顔については、たいへん**見劣りがした**顔形であったけれども…。

「**我はこのごろわろきぞかし。盛りにならば、かたちも限りなくよく、髪もいみじく長くなりなむ。**」〈更級日記・物語〉訳「私は今のところ**美しくない**ことだよ。(しかし)年ごろになったら、容貌もこの上なく美しく、髪もきっとたいへん長くなるだろう。」

❹(技術・技量が)**つたない。下手である。まずい。**

「**この度はわろく舞うたり。返す返すわろし。その取りたりし質の瘤返したべ。**」〈宇治拾遺〉訳「今度は**下手に**舞ったな。まったく**下手だ**。その(老人から)取り上げていた(もう一度来るという)担保の瘤を返してやれ。」

「**あはれ、しつる所得かな。年ごろは、わろくかきけるものかな。**」〈宇治拾遺〉訳「ああ、大変なもうけものよ。長い間、(火炎を)**まずく**描いたものよ。」

❺**貧しい**。(生活が)**思うようにならない**。

年ごろ思ひ交はして住むに、この女、いとわろくなりにければ、思ひ煩ひて…。〈大和・149〉訳 長年の間愛し合って暮らしていたが、この女が、ひどく**貧しく**なってしまったので、(男は)思い悩んで…。

女も男も、いと下種にはあらざりけれど、年ごろ渡らひなどもいとわろくなりて…。〈大和・148〉訳 女も男も、それほど身分の低い者ではなかったけれど、この数年生活のための仕事などもとても**思うようにならなく**なって…。

❻(性格などが)**まともでない。たちが悪い。下品だ。**

「**今は、さは、この人のわろく疎ましからんことを見て、思ひ疎まばや。**」〈宇治拾遺〉訳「(女が自分になびかないのなら)今となっては、それでは、この女の**下品で**いとわしいようなことを見て、嫌いになりたいものだ。」

発展「わるし」の変化形。

類語比較「よし」「よろし」「わろし」「あし」→悪し

ゐ

-ゐ【位】ゐ 接尾語 官位を表すことば。語例 正一**位**・従四**位**下 発展 一位から八位まであり、それぞれ正・従の二つに分かれる。四位以下はさらに上・下に分かれる。

ゐ【井】ゐ 名詞 ❶小川や泉などで、飲み水をくむ場所。❷地面を掘って地下水をくみ上げる所。井戸。

ゐ【亥】ゐ 名詞 ❶十二支の十二番目。イノシシ。❷時刻の名。今の午後十時ごろ。また、その前後二時間。❸方角の名。北北西。
→ビジュアルチェック❹(349ページ)・❺(393ページ)・⑲(881ページ)

ゐ【猪】ゐ 名詞《動物》イノシシ・ブタの総称。特に、イノシシ。
→古語チャート㉝(983ページ)

ゐ-あか・す【居明かす】ゐ 動詞 他〔サ四段〕〈さ・し・す・す・せ・せ〉 起きたままで夜を明かす。徹夜する。
女の限りしては、さもえ**居明かさ**ざらましを、ただなるよりはをかしう、好きたる有り様など言ひ合はせたり。〈枕草子・181・雪のいと高うはあらで〉訳 女ばかりでは、そうも**起きたままで夜を明かす**ことはできなかったであろうに、普通の折(＝女ばかりのふだん)よりはおもしろく、(前夜の)風流な(男の)態度などを(女同士で)語り合っている。

ゐ-い・る【居入る】ゐ 動詞 自〔ラ四段〕〈ら・り・る・る・れ・れ〉 (中に入って)座り込む。
心もとなきもの。人のもとにとみの物縫ひにやりて、今々と苦しう**居入り**て、あなたを守らへたる心地。〈枕草子・160・心もとなきもの〉訳 待ち遠しいもの。人の所に急ぎの(仕立)物を縫いにやって、(出来上がるのが)今か今かと気がかりに(思い)**座り込ん**で、そちらの方を見つめている気持ち。

ゐ-かか・る【居掛かる】ゐ 動詞 自〔ラ四段〕〈ら・り・る・る・れ・れ〉 座って寄り掛かる。
優なる女の、姿、にほひ、人よりことなるが、わけ入りて膝に**居掛かれ**ば…。〈徒然草・238・御随身近友が〉訳 上品な女で、姿や気配の、人より優れているのが、割り込んで(私の)膝に**寄り掛かる**ので…。

ゐ-かく・る【居隠る】ゐ 動詞 自〔ラ下二段〕〈れ・れ・る・るる・るれ・れよ〉 (物陰に)隠れて座る。
内なる人、一人柱にすこし**居隠れ**て…。〈源氏・橋姫〉訳 内にいる人は、一人は柱に少し**隠れて座っ**て…。

ゐ-かは・る【居替はる】ゐかわる 動詞 自〔ラ四段〕〈ら・り・る・る・れ・れ〉 居場所を替わる。交替して座る。
互ひに**居替はり**て、羽の上の霜はらふむ程など。〈枕草子・41・鳥は〉訳 (オシドリの雄雌が)互いに**居場所を替わっ**て、(相手の)羽の上の(冷たい)霜をはらうとかいうようすなど(はまことに情趣を感じる)。

ゐ-き【位記】ゐ 名詞 位階や勲等を授けたことを記録した公文書。

ゐ-ぎ【威儀】ゐ 名詞 礼にかなって、重々しくいかめしい姿や動作。

ゐぎ-の-おもの【威儀の御膳】いぎ 元旦などの節会のときに、天皇が儀式として食べる食膳。

ゐぎ-の-みこ【威儀の親王】いぎ 天皇の即位式で、威儀を整えるために立ち並ぶ親王。

ゐ-ぐつ【藺履】ゐ 名詞 イグサで編んだ、裏を付けない草履。

ゐ-くび【猪首・猪頸】ゐ 名詞 ❶イノシシのように、首が太くて短いこと。また、その首。❷兜を少し後ろに傾けてかぶること。あみだかぶり。発展 ❷は敵の矢を恐れない、勇ましい態度を表すかぶり方。

ゐ-こぼ・る【居溢る】ゐ 動詞 自〔ラ下二段〕〈れ・れ・る・るる・るれ・れよ〉 (大勢の人が集まって)座りきれずに外にあふれ出る。
縁に**居こぼれ**、庭にもひしと並み居たり。〈平家・2・教訓状〉訳 板敷の所に**座りきれずに外にあふれ出**、庭にもびっしりと並んで座っていた。

ゐ-こ・む【居籠む】ゐ 動詞 他〔マ下二段〕〈め・め・む・むる・むれ・めよ〉 (大勢の人を)詰めて座らせる。
いま、里より参る人々は、なかなか**居こめ**られず…。〈紫式部日記〉訳 新たに、実家から参上している女房たちは、とうてい**詰めて座らせる**ことができなくて…。

ゐ-こん【遺恨】ゐ 名詞 ❶残念なこと。遺憾。
「**遺恨**のわざをもしたりけるかな。」とて、甘えおはしましける。〈大鏡・道長下〉訳 「**残念な**ことをしたのだったなあ。」とおっしゃって、(帝は)恥ずかしがっていらっしゃったのだった。〇この「遺恨の」は、「形容動詞の語幹＋の」に近い用法。
❷(忘れることのできないような)恨みや憎しみ。
「何の**遺恨**をもって、この一門ほろぼすべき由御結構はさうらひけるやらん。」〈平家・2・小教訓〉訳 「何の**恨み**を理由として、(あなたは)この(平氏)一門を滅ぼそうという旨のご計画があったのでございましょうか。」

ゐざり-い・づ【膝行り出づ】いざりいず 動詞 自〔ダ下二段〕〈で・で・づ・づる・づれ・でよ〉 膝を地に付けて座った姿勢のまま進み出る。そっと退出する。
とかうひきつくろひて、**ゐざり出で**たまへり。〈源氏・末摘花〉訳 (姫君は)あれこれ身なりを整えて、**膝を地に付け座った姿勢のまま**(源氏の横に)**進み出て**いらっしゃる。

ゐざり-い・る【膝行り入る】いざり 動詞 自〔ラ四段〕〈ら・り・る・る・れ・れ〉 膝を地に付けて座った姿勢のまま入る。
奥ざまへ**ゐざり入り**たまふさま、いとうひうひしげなり。〈源氏・末摘花〉訳 (姫君が)奥の方へ**膝を地に付けて座った姿勢でお入り**になるようすは、実に初々しい感じである。

ゐざり-よ・る【膝行り寄る】いざり 動詞 自〔ラ四段〕〈ら・り・る・る・れ・れ〉 膝を地に付けて座った姿勢のまま進み寄る。
ゐざり寄りて答へしたまふ。〈源氏・手習〉訳 (浮舟は)**膝を地に付けて座った姿勢のまま進み寄っ**て(僧都に)お答えをなさる。

ゐ-ざ・る【膝行る】ゐ 動詞 自〔ラ四段〕〈ら・り・る・る・れ・れ〉 ❶膝を地に付けた姿勢で移動する。
ゐざり帰るにやおそきと上げ散らしたるに、雪降りにけり。〈枕草子・184・宮に初めて参りたるころ〉訳 (中宮のもとから)**膝を地に付けた姿勢で退いて**(局に)帰るやいなや(格子を)ばたばたと上げたところ、雪が降っていたのだ。
❷(船などが)のろのろと進む。
船を曳きつつ上れども、川の水なければ、**ゐざり**にのみ**ゐざる**。〈土佐日記・二月九日〉訳 船を引っ張り引っ張りして(川を)上るけれども、川の水がないので、ただ**のろのろと進む**だけだ。

ゐ-しづま・る【居鎮まる・居静まる】いしずまる 動詞 自〔ラ四段〕〈ら・り・る・る・れ・れ〉 座について静かになる。
講師のぼりぬれば、みな**ゐしづまり**て、そなたをのみ見る程に…。〈枕草子・35・小白河といふ所は〉訳講師が（高座に）上ったので、みな座について静かになって、そちらをだけ見ているうちに…。

ゐ-じゅん【違順】 名詞《仏教語》逆境と順境。

ゐ-しょ【位署】 名詞 公文書に官位・姓名を書くこと。また、その書式。

ゐ-ずまひ【居住まひ】 名詞 座ったようす。座った姿勢。座り方。

ゐ-せき【堰・井堰】 名詞 水をほかの所へ引くために、川の流れをせき止めた場所。発展「ゐで」とも。

ゐ-たけ【居丈】 名詞 座ったときの高さ。座高。

ゐたけ-だか【居丈高】 形容動詞〔ナリ〕❶（座った姿勢で）背丈が高い。

居丈高に髪少なにて、椅子のおましに上りたまはむは、見苦しうやあらまし。〈栄花〉訳背丈が高く髪も少なくて、椅子のお敷物に上っていらっしゃるとしたら、きっと見苦しいことであろう。❷背をそびやかして相手を威圧するようだ。いきり立っている。

義盛居丈高になり…高声なりければ…。〈曾我物語〉訳義盛はいきり立って…大声だったので…。

ゐ-た-つ【居立つ】 動詞 自〔タ四段〕〈た・ち・つ・つ・て・て〉座ったり立ったりする。

太政大臣居立ちて、いかめしく、こまかに、もののきよら、儀式を尽くしたまへりけり。〈源氏・若菜下〉訳太政大臣が座ったり立ったりして、荘厳で、きめ細やかで、華美のかぎりと、儀式を（最高に）極めなさったのだった。発展 熱心に世話をしたり、気がかりでじっとしていられないようすを表す。

ゐ-ちょく【違勅】 名詞・動詞 自〔サ変〕〈せ・し・す・する・すれ・せよ〉天皇の命令に従わないこと。

ゐ-つ-く【居着く】 動詞 自〔カ四段〕〈か・き・く・く・け・け〉❶訪問したまま帰らずにずっとそこにいる。腰が落ち着く。「さる程に、ゐつきさぶらひては、翁をまた一夜も外目せさせはべらぬをや。」〈大鏡・道長下〉訳「そうこうしている間に、（妻も）腰が落ち着きましたからには、私を一晩だってよそ見させませんよ。」❷住み着く。定住する。

むつかしき事ありと言ひ伝へて、大方人もえ居つかねば、そこはただその塚一つぞある。〈宇治拾遺〉訳気味悪いことがあると言い伝えて、まったく、人も住み着くことがないので、そこはただその塚ひとつだけがある。

ゐ-づつ【井筒】 名詞 ❶木や石を組んで作った、井戸の地上部分の囲い。本来は円筒形のものを指すが、後には方形のものもいう。❷紋所のひとつ。❶を図案化したもの。

ゐ-で【堰・井手】 名詞 ↓ゐせき

ゐで【井手】 歌枕 ↓井手（いで）

ゐ-て-くだ-る【率て下る】 （都から地方へ）一緒に連れて行く。「幼かりし時、あづまの国にゐて下りてだに…。」〈更級日記・子忍びの森〉訳「幼かったときに、東国に一緒に連れて行ったときでさえ…。」

ゐ-なか【田舎】 名詞 ❶都から遠く離れた土地。地方。類鄙 ❷（接頭語のように用いて）野卑・粗暴という意味を表す。「田舎武者」「田舎侍」など。

ゐなか-うど【田舎人】 名詞 地方に住んでいる人。いなか者。

ゐなか-せかい【田舎世界】 名詞 地方。いなか。

ゐなか-だ-つ【田舎立つ】 動詞 自〔タ四段〕〈た・ち・つ・つ・て・て〉いかにも田舎だという感じがする。田舎くさい。

田舎だちたる所に住む者どもなど、みな集まり来て…。〈枕草子・25・すさまじきもの〉訳いかにも田舎だという感じがしている所に住む者たちなどが、残らず集まって来て…。発展「だつ」は接尾語。

ゐなか-びと【田舎人】 名詞 地方に住んでいる人。いなか者。

ゐなか-ぶ【田舎ぶ】 動詞 ↓ゐなかだつ

ゐ-ながら【居ながら】 副詞 座ったままで。すぐその場で。

一旦の害を逃れんが為に、居ながら七枚の起請文を書いて…。〈平家・12・土佐房被斬〉訳当面の危害を逃れようとするために、すぐその場で七枚の誓いの文書を書いて…。

ゐ-なが-る【居流る】 動詞 自〔ラ下二段〕〈れ・れ・る・るる・るれ・れよ〉並んで座る。居並ぶ。類居並む

二、三千も有らんと覚えたるが、左右に居流れて、上座に一人の大人あり。〈太平記〉訳二、三千人もいるだろうと思われる客が、左右に並んで座って、上座に官位の高い人が一人いる。

ゐなか-わたらひ【田舎渡らひ】 名詞 地方を回って暮らすこと。地方回り。

むかし、田舎渡らひしける人の子ども、井のもとに出でて遊びけるを…。〈伊勢・23〉訳昔、地方回り（の仕事を）していた人の子供たちが、井戸の近くに出て遊んでいたのだが…。

ゐ-なほ-る【居直る】 動詞 自〔ラ四段〕〈ら・り・る・る・れ・れ〉❶きちんと座り直す。居ずまいを正す。

守り刀より、笄抜き出だして、鬢かいつくろひて、居直りて…。〈十訓抄〉訳守り刀から、笄を抜き出して、鬢の毛を整え、居ずまいを正して…。

❷急に態度を変える。

ちっとも色も変ぜず、わろびれたる景気もなし、居直りあざわらって申しけるは…。〈平家・2・西光被斬〉訳少しも顔色を変えず、気後れしておどおどしているようすもない、（それどころか）急に態度を変え高笑いして申したことは…。

ゐ-な-む【居並む】 動詞 自〔マ四段〕〈ま・み・む・む・め・め〉並んで座る。居並ぶ。類居流る

多くの人居並みて待ちはべるに、日漸く午の時傾きて…。〈今昔〉訳大勢の人が並んで座って待っておりますと、日もしだいに傾いて正午が過ぎ…。

ゐ-なら-ふ【居慣らふ・居習ふ】 動詞 自〔ハ四段〕〈は・ひ・ふ・ふ・へ・へ〉座り慣れる。いつも座る。

「かかる、物の外には、まだ居ならはず。」〈源氏・東屋〉訳「このような、（遣り戸で隔てられた）物の外側には、まだ座り慣れていない。」

ゐ-なり【居成り】 名詞 そのままでいること。変わらないこと。

ゐ-ぬ【率寝】 動詞 他〔ナ下二段〕〈ね・ね・ぬ・ぬる・ぬれ・ねよ〉連れて行って一緒に寝る。共寝する。

引田の若栗栖原若くへにゐねてましもの老いにけるかも〈古事記・雄略天皇〉訳引田のクリの若木が生えている原ではないが、（おまえが）若いうちに共寝しておけばよかったのに、今では年を取ってしまったなあ。○「引田の若栗栖原」は「若く」を導く序詞。発展 上一段動詞「率る」の連用形＋下二段動詞「寝」が一語になったもの。

ゐる【居る】

座って、じっとしている

- 一 動詞 自
  - ［人間］
    - ❶座る。しゃがむ。
    - ❷（ある場所に）じっとしている。とどまる。
    - ❸（ある場所に）住みつく。いる。存在する。住む。
    - ❹地位に就く。
    - ❺（怒りが）治まる。◉「腹がゐる」の形で用いられる。
  - ［自然］
    - ❻（かすみ・雲・ほこりなどが）かかる。
    - ❼（風や波が）治まる。
    - ❽（水草が）生える。（氷やつららが）生じる。
  - ［その他］
    - ❾（動物などが）じっとしている。（鳥などが）止まる。
    - ❿（船が）水底に触れ、泊まっている。
- 二 補助動詞 ……（し）続ける。

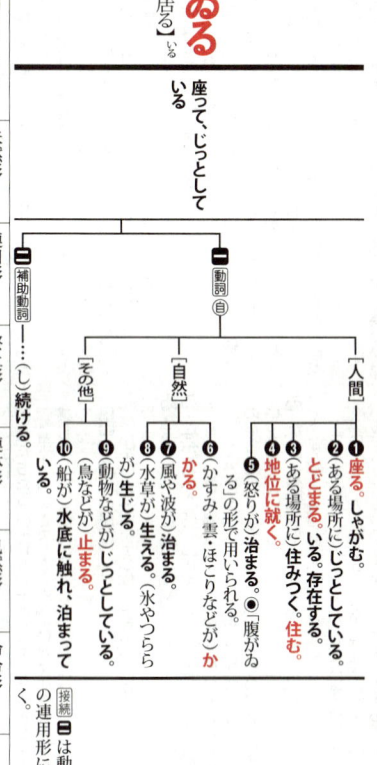

	未然形	連用形	終止形	連体形	已然形	命令形
動詞 自〔ワ上一段〕 補助動詞〔ワ上一段〕	ゐ	ゐ	ゐる	ゐる	ゐれ	ゐよ

接続 二は動詞の連用形に付く。

一 動詞 自〔ワ上一段〕❶**座る。しゃがむ。** 対立つ　↓古語チャート 37（1075ページ）

天そそり高き立山…立ちて**ゐ**て見れども異し…　歌〈万葉集・17・4003〉訳天高くそそり立ち、高さを誇る立山は…立ったり**座っ**たりして見ても神秘的である…。

❷（ある場所に）**じっとしている。とどまる。いる。存在する。**

難波辺に人の行けれぱ後れ**ゐ**て春菜摘む子を見るがかなしさ　歌〈万葉集・8・1442〉訳難波（＝今の大阪市一帯）辺りに人（＝娘の夫）が行っているので後に残り**とどまっ**て春の若菜を摘む子（＝娘）を見るのは切ないことだ。

❸（ある場所に）**住みつく。住む。**

第一に食ふ物、第二に着る物、第三に**ゐる**所なり。〈徒然草・123・無益のことを〉訳（人が生きていくのに必要な物は）第一に食べる物、第二に着る物、第三に**住む**所である。

❹（天皇・皇后・皇太子・斎宮などの）**地位に就く。**

前坊の姫宮、斎宮に**ゐ**たまひにしかば…〈源氏・葵〉訳前の皇太子の姫宮が、斎宮の**地位にお就き**になってしまったので…。

❺（「腹がゐる」の形で）（怒りが）**治まる。** 対立つ

梶原この言葉に腹が**ゐ**て…。〈平家・9・生ずきの沙汰〉訳梶原はこの言葉に怒りが**治まっ**て…。

❻（かすみ・雲・ほこりなどが）**かかる。**

水は、さながらありけり。上に、ちり**ゐ**てあり。〈蜻蛉日記〉訳（夫の兼家が以前使った）水は、そのまま（残って）あった。（その水の）表面に、ほこりが**かかっ**ている。

❼（風や波が）**治まる。** 対立つ

立てば立つ**ゐ**ればまた**ゐる**吹く風と波とは思ふどちにやあるらむ　歌〈土佐日記・一月十五日〉訳（風が）立つと必ず（波が）立つ。（風が）**治まる**と必ずまた（波も）**治まる**。吹く風と波とは気の合った者同士であるのではないだろうか。

❽（水草が）**生える。**（氷やつららが）**生じる。張る。**

池などある所も水草**ゐ**…。〈枕草子・178・女のひとり住む所は〉訳池などがある所も水草が**生え**…。

照る月の光冴えゆく宿なれば秋の水にも氷**ゐ**にけり　歌〈金葉集・193〉訳照る月の光がますます冷たいほど澄む家なので、（まだ）秋である水にも氷が**張っ**てしまったよ。

❾（動物などが）**じっとしている。座る。**（鳥などが）**止まる。浮かぶ。**

水鳥のひまなく**ゐ**て立ち騒ぎしが、いとをかしう見えしなり。〈枕草子・38・池は〉訳水鳥が透き間なく（池に）**浮かん**で騒いでいたのが、たいへん趣深く見えたことだ。

❿（船が）**水底に触れ、泊まっている。**

鶚**ゐる**洲に**ゐる**舟の夕潮を待つらむよりは我こそ勝れ　歌〈万葉集・11・2831〉訳ミサゴ（＝鳥の名）が止まる洲（＝海辺で土砂が積もって水面に現れた所）で、**水底に触れ、泊まっている**舟が夕方に満ちてくる潮を待っていたりすることよりも、私（の方）が（あなたを待つことでは）勝っている。○初めの「ゐる」は❾の意味。

二 補助動詞〔ワ上一段〕…（し）**続ける。**

後は坊の内の人にも見えずこもり**ゐ**て…。〈徒然草・42・唐橋中将と〉訳（僧は）以後は僧坊の中の人にも見られないように引きこもり**続け**て…。

発展 ①**現代語との違い**　現代語の「いる」は、人や動物の存在を表す動詞であるが、古語では、生物・無生物のどちらにも存在を表す意味では「あり」を用いる。古語の「ゐる」は、もともと一❶のように、「座る」などの動作を表す動詞である。中古の和文では、完了（存続）の助動詞「たり」が付いた「ゐたり」の形で、「座っている・とどまっている」という状態を表す意味で用いられる用例が目立って多い。また、尊敬の補助動詞「たまふ」を間に挟んだ「ゐたまへり」の形でも用例が多い。

②**「をり」との関連**　上代では、「ゐる」は「たり・り」を伴うことがない。「ゐたり」の意味を「をり」が担っていたためかと考えられるが、「をり」には、存在するものを低く見る意味が含まれるといわれる。

③**動物に限らない「ゐる」**　その場にとどまっているという意味では、現代語の「いる」と意味が近いが、古語の「ゐる」は人や動物に限らず、❻❼❽❿のように、自然現象や植物、船についても用いられた。

関連語 有り・居り

ゐ-ねう【囲繞】 名詞 動詞 他〔サ変〕〈せ・し・す・する・すれ・せよ〉❶《仏教語》大勢の僧が仏の回りを巡り歩いて礼拝すること。❷取り囲むこと。取り巻くこと。

ゐ-の・く【居退く】 動詞 自〔カ四段〕〈か・き・く・く・け・け〉その場からしりぞく。立ちのく。立ち去る。

挟み畢てたてまつり、聖人居のかむとする時に…。〈今昔〉訳(剃髪のために)すっかりはさみをお入れ申し上げて、聖人が立ち去ろうとするときに…。

ゐ-の-こ【亥の子】 名詞 ❶陰暦十月の亥の日。この日の亥の時刻(=午後十時ごろ)に、万病を除き子孫が繁栄することを願って餅を食べる亥の子の祝いを行った。季語 冬 ❷「★亥の子餅」の略。

ゐのこ-もち【亥の子餅】 名詞 陰暦十月の亥の日に行う「★亥の子」の祝いで食べる餅。季語 冬 発展「ゐのこもちひ」とも。

ゐ-の-しし【猪】 名詞《動物》イノシシ科の哺乳類。ブタの原種で、山地に住む。肉は「山鯨」「牡丹」と呼ばれ、食用にする。季語 秋 →古語チャート㉝(983ページ)

ゐのしし-むしゃ【猪武者】 名詞 考えなしに、むやみに突進する武者。猛進する武士。

ゐ-ふう【遺風】 名詞 昔からある風習。

ゐ-ふたぎ【韻塞ぎ】 名詞 →ゐんふたぎ

ゐまち-づき【居待ち月】 一 名詞 陰暦十八日の月。特に、八月十八日の月。十七日夜の月(=立ち待ち月)・十九日夜の月(=臥し待ちの月)に対していう。月の出が少し遅いので、座って待つ月の意味でいう。季語 秋 →ビジュアルチェック⑰(833ページ)

二 枕詞 (月が明るいこと、また、寝ずに夜を明かすことから)地名「明石」に係る。

発展 一は、「ゐまちのつき」とも。

ゐ-まは・る【居回る】 動詞 自〔ラ四段〕〈ら・り・る・る・れ・れ〉輪になって座る。車座になる。類 居回ぐる

百人ばかりひしめき集まりて、火を天の目のごとくにともして、わが居たるうつほ木の前に居まはりぬ。〈宇治拾遺〉訳 百人ほど(の鬼)が押し合いへし合い集まって、火を太陽のようにともして、自分のいた洞穴の木の前に**輪になって座った**。

ゐ-めぐ・る【居回る】 動詞 自〔ラ四段〕〈ら・り・る・る・れ・れ〉輪になって座る。車座になる。類 居回る

ゐる【率る】

指図して、共に行かせる → ❶引き連れる。伴う。❷身に付けて持つ。携帯する。

動詞 他〔ワ上一段〕

未然形	連用形	終止形	連体形	已然形	命令形
ゐ	ゐ	ゐる	ゐる	ゐれ	ゐよ

❶**引き連れる。**連れて行く。伴う。

草枕旅には妻はゐたれども櫛笥の内の玉こそ思ほゆれ 歌〈万葉集・4・635〉訳 旅には妻は**引き連れて**いるが、(本当は)櫛箱の中の宝石(のようなあなただけ)が思われてならない。〇「草枕」は「旅」に係る枕詞。

やうやう夜も明けゆくに、見れば、ゐて来し女もなし。〈伊勢・6〉訳 しだいに夜も明けていくのに、見ると、**引き連れ**てきた女もいない。

❷**身に付けて持つ。携える。携帯する。携行する。**

内侍所、神璽、宝剣ばかりをぞ、忍びてゐて渡させたまふ。〈増鏡〉訳 (後醍醐天皇は)★八咫の鏡、★八尺瓊の曲玉、★天の叢雲の剣(の三種の神器)だけを、こっそりと**携えて**お移しになる。

発展 **中古以降は「ゐて」** 上代には、❶の『万葉集』のように、単独で現れる例があったが、中古以降は単独で用いられず、連用形「ゐ」が接続助詞「て」を伴った「ゐて」として、他の動詞や敬語補助動詞へと続く形で用いられる。そして、❶の「ゐる」の意味では、「ひきゐる」が用いられた。

心頭のあたりの微し暖かなるにぞ、若しやと居めぐりて守りつも三日を経にけるに…。〈雨月・夢応の鯉魚〉訳 (息を引き取った師の)胸の辺りが少し暖かいので、もしやと(思って、枕元に)**輪になって座って**見守りながら三日を経たところ…。

ゐや【礼】 名詞 敬うこと。礼儀。発展「うや」とも。

ゐ-や【居屋】 名詞 住む家。住居。

ゐや-な・し【礼無し】 形容詞〔ク〕〈く・く・し・き・けれ・○/から・かり・○・かる・○・かれ〉無礼だ。無作法だ。無遠慮だ。

「西の方に熊曾建二人あり。これ伏はず、ゐやなき人どもなり。」〈古事記・景行天皇〉訳「西の地方に熊襲の国の勇猛な者が二人いる。この者たちは(朝廷に)服従しない、**無礼な**者どもだ。」

発展「うやなし」とも。

ゐや-ま・ふ【礼ふ・敬ふ】 動詞 他〔ハ四段〕〈は・ひ・ふ・ふ・へ・へ〉尊んで礼を尽くす。うやまう。

「朕、神をゐやまふこと、尚いまだ尽くさずや。」〈日本書紀〉訳「朕(=私)は、神を**尊んで礼を尽くすこと**が、やはりまだ完全ではないのか。」

ゐや-やか・なり【礼やかなり】 形容動詞〔ナリ〕〈なら・なり(に)・なり・なる・なれ・なれ〉礼儀正しい。

家の人の出で入り、憎げならずゐややかなり。〈土佐日記・二月十五日〉訳 家の人の立ち居振る舞いは、感じが悪くなくて**礼儀正しい**。

ゐや-ゐや・し【礼礼し】 形容詞〔シク〕〈しく・しく・し・しき・しけれ・○/しから・しかり・○・しかる・○・しかれ〉丁寧で礼儀正しい。うやうやしい。

ゐやゐやしく書きなしたまへり。〈源氏・真木柱〉訳 (玉鬘の源氏への返事は)**丁寧で礼儀正しく**お書きになってある。

ゐ-よ・る【居寄る】 動詞 自〔ラ四段〕〈ら・り・る・る・れ・れ〉座ったまま近寄る。にじり寄る。

少しよろしき者どもは、見おこせ、居寄りなどしけり。〈大鏡・序〉訳 まあまあ身分の悪くない者たちは、(老人たちの方に)目を向けたり、**座ったまま近寄ったり**などしたのだった。

ゐる【居る】 動詞 補助動詞 →最重要語(1352ページ)

ゐる【率る】 動詞 →最重要語(1353ページ)

ゐ-れい【違例】 名詞 ❶恒例でないこと。ふだんと違うこと。❷体の状態がふだんと異なること。病気。特に、貴人の病気。

ゐ-わか・る【居分かる】 動詞 自〔ラ下二段〕〈れ・れ・る・るる・るれ・れよ〉

れ・れよ〉分かれて座る。別々に座る。

男女居分かれて、見證の人など、いとおほく居並みてあはするに…。〈枕草子・143・殿などの〉訳 男女が**分かれて座って**、勝負の立会人なども、とても多く並んで座って(なぞなぞを)合わせると…。

ゐん【院】名詞 ❶周囲に垣を巡らし、一区画をなす大きな建物。貴人の邸宅など。❷上皇・法皇・女院の御所。また、その別宅。❸上皇・法皇・女院を敬った言い方。
発展 ❸は、複数の上皇がいる場合、それぞれ本院・中院・新院と呼んで区別した。

ゐん【韻】名詞 漢字の音のうち、語頭の子音を除いた残りの部分。また、それを分類したもの。
↓**古語チャート㉖**(873ページ)

ゐん-がう【院号】名詞 退位した天皇や皇太后などに天皇が贈る称号。「朱雀院」「建礼門院」など。

ゐん-ざん【院参】名詞 動詞 自 サ変〈せ・し・す・する・すれ・せよ〉上皇や法皇の御所へ参上すること。

ゐん-し【院司】名詞 院に仕えている職員。発展「ゐんじ」「ゐんづかさ」とも。

ゐん-じゅ【院主】名詞 ❶寺院の主。住職。❷禅宗で、寺の監督役である監主の古い呼び名。

ゐん-ぜん【院宣】名詞 上皇・法皇の命令を記した公文書。院の宣旨。

ゐん-ちゅう【院中】名詞 院の御所。また、その中。
発展「ゐんぢゅう」とも。

ゐん-づかさ【院司】名詞 ↓ゐんし

ゐん-の-うへ【院の上】 上皇を敬った言い方。

ゐん-の-ごしょ【院の御所】 上皇・法皇の御所。

ゐん-の-べったう【院の別当】 院の御所に仕える職員の長。当初は天皇在位中の蔵人の頭が就任したが、後には大納言などが兼任した。

ゐん-の-みかど【院の帝】 上皇を敬った言い方。

ゐん-ふたぎ【韻塞ぎ】名詞 漢詩の押韻している文字を隠して出し、それを当てさせる遊び。発展「ゐふたぎ」とも。

ゐん-もり【院守】名詞 院の番人。
「**この院守などに聞かせむことは、いと便なかるべし。**」〈源氏・夕顔〉訳「この**院の番人**などに(秘密を)聞かせるようなことは、非常に具合が悪いに違いない。」

ゑ

ゑ 下二段動詞「飢う」の未然形・連用形「うゑ」の「う」が落ちたもの。↓飢う

ゑ【会】名詞 人々が多く集まって行う会。多く、法会をいう。
めでたき御堂の会とののしれども…。〈栄花〉訳 立派な阿弥陀堂の**法会**と声高に騒ぐが…。

ゑ 間投助詞《上代語》(詠嘆を表し)…よ。…なあ。接続 活用語の終止形、副詞、一部の助詞に付く。
山の端にあぢ群さわき行くなれど我はさぶしゑ君にしあらねば 歌〈万葉集・4・486〉訳 山の端にアジガモが群がって鳴き騒いで飛んでゆくようだが、私は寂しい**よ**。あなたでないので。
発展 副詞の「よしゑ」「よしゑやし」、感動詞「しゑや」なども、この「ゑ」が要素となっている。

ゑ-あはせ【絵合はせ】名詞 物合わせの一種。左右二組に分かれ、絵を出し合ってその優劣を争うもの。

ゑ-かう【回向・廻向】名詞 動詞 自 サ変〈せ・し・す・する・すれ・せよ〉《仏教語》❶自分の善行の功徳を他人に回して、共に極楽浄土に往生できるように祈願すること。❷法会や法要、読経などをして、死者の霊の冥福を祈ること。❸寺に金品などを寄進すること。

ゑ-がち・なり【笑勝ちなり】形容動詞 ナリ〈なら・なり(に)・なり・なる・なれ・なれ〉にこやかだ。ほほえんでいる。
なでふことなき人の、笑がちに物いたう言ひたる。〈枕草子・28・憎きもの〉訳 たいしたことのない人が、**にこやかに**よくしゃべっているのは(気にくわない)。

ゑ-し【絵師・画師】名詞 仕事として絵を描く者。絵かき。
いみじき絵師といへども、筆限りありければ、いと匂ひ少なし。〈源氏・桐壺〉訳 (絵に描かれた楊貴妃の容貌は)優れた**絵かき**であっても、筆力に限度があったので、まったく生き生きとした美しさが少ない。

ゑ-じ【衛士】名詞 ★衛門府に属する兵士。諸国の兵の中から選ばれて上京し、宮中の警護に当たった。警護の兵。警備兵。

ゑじま【絵島】歌枕 ↓絵島(えじま)

ゑ-しゃく【会釈】名詞 動詞 自 サ変〈せ・し・す・する・すれ・せよ〉❶《仏教語》(「和会通釈」の略で)仏の教えの中の、一見矛盾しているような説を検討して、その底に流れる真実の意味を理解すること。また、その主旨を理解した上で、手を加えること。❷事情をよく理解して思いやること。思いやり。配慮。❸言いわけをすること。弁明。また、とりなすこと。❹応対すること。もてなし。取り扱い。❺愛想よくすること。愛敬。❻挨拶すること。お辞儀。

ゑしゃ-ぢゃうり【会者定離】《仏教語》この世は無常であって、会うものは必ず離別する運命にあるということ。

ゑ-しん【回心・廻心】名詞 動詞 自 サ変〈せ・し・す・する・すれ・せよ〉《仏教語》仏法を信じて心を改め、仏道に励むこと。

ゑ・ず【怨ず】動詞 ↓ゑんず

ゑちご【越後】旧国名 ↓越後(えちご)

ゑちごやに… 句
越後屋にきぬさく音や衣更〈五元集・宝井其角〉訳 越後屋に切り売りの布を裂く音が絶え間なく響く。衣替えの季節になったことだなあ。〇季語 衣更—夏。「越後屋」は当時の日本橋駿河町にあった呉服店で、現金切り売りで繁盛した。
発展 活気にあふれる江戸の町の初夏の風物詩を詠んだ斬新な句。

ゑちぜん【越前】旧国名 ↓越前(えちぜん)

ゑっちゅう【越中】旧国名 ↓越中(えっちゅう)

ゑ-つぼ【笑壺】名詞 笑い興じること。

ゑつぼ-に-い・る【笑壺に入る】 ❶大笑いする。
女房ども皆笑壺に入りにけり。〈今昔〉訳 女房たちはみな**大笑いした**。
❷笑いを浮かべる。にっこりする。
法皇笑壺に入らせおはしまして「者ども、参って猿楽つかまつれ。」と仰せければ…。〈平家・1・鹿谷〉訳 法皇は**笑いをお浮かべ**になって「皆の者、参上して★猿楽を致せ。」とおっしゃったので…。
発展 名詞「ゑつぼ」＋格助詞「に」＋四段動詞「入る」。❶は大勢の場合に、❷はひとりの場合に用いる。

ゑ-ど【穢土】名詞 ❶《仏教語》汚れたこの世。現世。対

浄土 ❷糞の別の呼び名。

ゑ-どころ【絵所・画所】― 名詞 平安時代、宮中で絵画のことを取り扱った役所。また、中世以降、大きな寺社や幕府で絵画のことを取り扱った所。

ゑにし〈誤〉→〈正〉**えにし【縁】**

ゑ-はう【恵方】 名詞 →えはう

ゑは・す【酔はす】 動詞 他〈サ四段〉〈さ・し・す・せ・せ〉酔わせる。

宰相中将御使ひ尋ね留めさせたまひて、いたう酔はしたまふ。〈源氏・梅枝〉訳 宰相の中将(＝夕霧)が、(朝顔の姫君からの)ご使者を捜し出してお引きとめになり、(酒をふるまって)ひどくお**酔わせ**になる。

ゑひ【酔ひ】 名詞 ❶酒や乗り物などに酔うこと。❷心を奪われて夢中になること。

ゑひ-あ・く【酔ひ飽く】― 動詞 自〈カ四段〉〈か・き・く・く・け・け〉泥酔する。うんざりするほど酔っ払う。

上中下酔ひあきて、いと怪しく、塩海のほとりにて、あざれ合へり。〈土佐日記・十二月二十二日〉訳 高い身分から中ぐらいや身分の低い者までみなが**うんざりするほど酔っ払って**、まったく不思議なことに、(物が腐るはずのない)塩からい海のそばで、ふざけ(＝腐り)合っている。

ゑひ-し・ぬ【酔ひ死ぬ】― 動詞 自〈ナ変〉〈な・に・ぬ・ぬる・ぬれ・ね〉死にそうになるほど酔う。酔ってひどく苦しむ。

いまだ車に一度も乗らざりける者どもにて、かく悲しくして酔ひ死にたりける…。〈今昔〉訳 まだ牛車に一度も乗ったことのなかった者たちで、このように気の毒な状態で(牛車に)**死にそうになるほど酔っ**ていたのは…。

ゑひ-し・る【酔ひ痴る】― 動詞 自〈ラ下二段〉〈れ・れ・る・るる・るれ・れよ〉ひどく酔って正体をなくす。酔って呆ける。

童まで酔ひ痴れて、一文字をだに知らぬ者しが、足は十文字に踏みてぞ遊ぶ。〈土佐日記・十二月二十四日〉訳 子供までが**ひどく酔って正体をなくして**、それこそ一という文字をさえ知らない者が、足は十という文字に(なるように)調子をつけて足踏みをして(踊って)楽しむ。

いたう酔ひ痴れてをる顔つき、いとやせやせなり。〈源氏・少女〉訳 ひどく**酔って呆けて**いる顔つきは、とてもやつれ細っている。

ゑひ-なき【酔ひ泣き】― 名詞 酒に酔って泣くこと。

ゑ-ふ【衛府】― 名詞 宮中の警備や行幸の警護を行った役所。また、その武官。衛門・左右の衛士・左右の兵衛の五衛府で発足し、八一一(弘仁二)年以降、左右の近衛・兵衛・衛門の六衛府の体制が確立した。

ゑ・ふ【酔ふ】 動詞 自〈ハ四段〉〈は・ひ・ふ・ふ・へ・へ〉❶(酒や乗り物などに)酔う。

思ふ人のいたく酔ひて、同じことしたる。〈枕草子・96・かたはらいたきもの〉訳 (恋しく)思っている人がひどく(酒に)**酔って**、同じことを繰り返ししているのは(いたたまれない)。

❷中毒になる。

「和太利と云ふ茸こそ、人それを食ひつれば、酔ひて必ず死ぬる。」〈今昔〉訳「ワタリというきのこは、人がそれを食べてしまったら、**中毒になって**必ず死ぬ。」

❸心を奪われる。ぼうっとする。

物に酔ひたる心地して、うつぶしに伏せり。〈竹取・かぐや姫の昇天〉訳 (何か)物に**心を奪われた**(ような)気分がして、うつぶせに腹ばいになっている。

ゑ-ぶくろ【餌袋】― 名詞 ❶タカ狩りのとき、タカのえさなどを入れる袋。❷弁当などの食物を入れる携帯用の袋。

ゑふ-づかさ【衛府司】― 名詞 ★衛府の役所。また、その役人。

ゑ-ぶっし【絵仏師】― 名詞 仏画を描いたり、仏像の彩色や寺院内部の装飾を仕事にしている人。

[ゑぶくろ❶]

ゑふ-の-かみ【衛府の督】― 名詞 ★衛府の長官の総称。近衛府では大将、兵衛府・衛門府では督という。

ゑふ-の-くらうど【衛府の蔵人】 名詞 ★衛府の武官で蔵人を兼任した者。

ゑふ-の-すけ【衛府の佐】― 名詞 ★衛府の次官の総称。近衛府では中将・少将、兵衛府・衛門府では佐という。

ゑぼし〈誤〉→〈正〉**えぼし【烏帽子】**

ゑ-ま【絵馬】― 名詞 祈願やお礼のため寺社に奉納する小さな額。ウマを奉納する代わりにウマの絵を描くことが多い。

ゑまき-もの【絵巻物】― 名詞 物語や高僧の伝記、寺社の縁起などを絵にした巻物。詞書(＝文章)とその場面を描いた絵を交互に繰り返す形式が多い。発展 平安時代から鎌倉時代にかけて盛んに作られ、『源氏物語絵巻』『信貴山縁起絵巻』『伴大納言絵詞』などの傑作が生まれた。

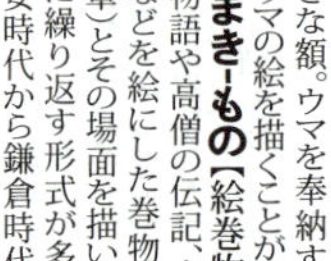

[ゑま]

ゑま・し【笑まし】 形容詞〈シク〉〈しく・しく・し・しき・しけれ・○／しから・しかり・○・しかる・○・しかれ〉ほほえましい。思わずほほえんでしまう。

「かれはただいと切になまめかしう愛敬づきて、見るに笑ましく…。」〈源氏・藤裏葉〉訳「あの方(＝源氏)はただもうとてもひたすら優美で情味あふれ、会うと**思わずほほえんでしまい**…。」

発展 四段動詞「ゑむ」が形容詞になったもの。

ゑまひ【笑まひ】 名詞 ❶ほほえみ。微笑。❷つぼみがほころぶこと。花が咲き始めること。

ゑま・ふ【笑まふ】《上代語》❶ほほえむ。にっこり笑う。❷花が咲く。つぼみがほころぶ。

心には思ひ誇りて笑まひつつ渡る間に… 歌〈万葉集・17・4011〉訳 心の中では(自分のタカを)自慢に思って**ほほえみながら**過ごしている間に…。

発展 四段動詞「ゑむ」の未然形＋反復・継続を表す上代の助動詞「ふ」。

ゑみ【笑み】 名詞 ❶笑うこと。ほほえむこと。笑顔。❷つぼみが開くこと。また、実が熟して割れること。

ゑみ-こだ・る【笑みこだる】― 動詞 自〈ラ下二段〉〈れ・れ・る・るる・るれ・れよ〉姿勢が崩れるほど大笑いする。笑い転げる。

横座の鬼、盃を左の手に持ちて笑みこだれたるさま、ただこの世の人のごとし。〈宇治拾遺〉訳 上座にいる鬼が、杯を左の手に持って**姿勢が崩れるほど大笑いして**いるようすは、まるでこの世の人間のようである。

発展「こだる」は、姿勢が崩れるという意味の下二段動詞。

ゑみ-さか・ゆ【笑み栄ゆ】― 動詞 自〈ヤ下二段〉〈え・え・ゆ・ゆる・ゆれ・えよ〉満面に笑みをたたえる。にこにこする。

賤の男まで、おのが顔のならむさまをば知らで、**笑みさかえたり**。〈源氏・葵〉訳身分の卑しい男まで、自分の顔が（下品に）なったりするありさまを知らないで、**満面に笑みをたたえている**。

ゑみ-ひろご・る【笑み広ごる】― 動詞 自 ラ四段〈ら・り・る・る・れ・れ〉顔全体に笑みを浮かべる。満面の笑顔になる。笑い崩れる。女ばら、物の背後に近づき参りて、**笑みひろごりてゐたり**。〈源氏・宿木〉訳女房たちが、物陰に近づいてお伺い申し上げて、**満面の笑顔になって座っている**。

ゑみ-ま・ぐ【笑み曲ぐ】― 動詞 自 ガ下二段〈げ・げ・ぐ・ぐる・ぐれ・げよ〉口や眉が曲がるほどの笑顔になる。相好を崩す。「いともいともうれし。いみじ。」と思ひて、口は耳もとまで**笑みまげてゐたり**。〈落窪〉訳「とてもとてもうれしい。ありがたい（ことだ）。」と思って、口が耳もとまで**曲がるほどの笑顔になっていた**。

ゑみゑみ-と【笑み笑みと】― 副詞（感じの悪い笑いを浮かべるようすを表し）にやにやと。にたにたと。としよりたるうばの、**ゑみゑみとしたる形をあらはしてみえけり**。〈古今著聞集〉訳年を取った女が、**にやにやと**笑っている姿を現していると見えた。

ゑ・む【笑む】

口もとや花などが自然に開く ― ❶**ほほえむ**。❷（つぼみが）**ほころぶ**。（花が）**咲く**。❸（果実の殻などが）**割れる**。

未然形	連用形	終止形	連体形	已然形	命令形
ゑ・ま	ゑ・み	ゑ・む	ゑ・む	ゑ・め	ゑ・め

動詞 自 マ四段 ❶**ほほえむ**。**にっこり笑う**。青山を横切る雲のいちしろく我と**笑まして**人に知らゆな 歌〈万葉集・4・688〉訳草木が青々と茂った山を横切る雲が白くはっきり見えるように、はっきりと私に**ほほえみなさって**、（私たちの恋を）人に悟られるな。〇「青山を横切る雲の」は「いちしろく」を導く序詞。「笑まして」の「し」は、上代の尊敬の助動詞「す」の連用形。見るに**笑まるる**さまは、立ちも並びぬべく見ゆる。〈源氏・野分〉訳見ると**ほほえまず**にはいられない（玉鬘の）姿は、（紫の上と）張り合うこともできそうだと見える。❷（つぼみが）**ほころぶ**。（花が）**咲く**。**花の笑める**を見ればたれもをかしと見るらめど… 歌〈好忠集〉訳花が**咲いている**のを見ると、だれでも趣があると見ているだろうが…。❸（果実の殻などが）**割れる**。栗も**笑み**をかしかるらむと思ふにもいでやゆかしや秋の山里 歌〈建礼門院右京大夫集・180〉訳クリも（殻が）**割れて**（実が飛び出したりして）今ごろは趣も深くなっているだろうと思うにつけても、いやもう心引かれるよ。秋の山里は。

発展「**ゑむ」は「咲」だった** 『今昔物語集』などでは、「咲」が「さく」「ゑむ」両方に用いられているが、「咲」は、本来「わらふ」「ゑむ」にあたる漢字で、「さく」という意味は日本語としてだけのものである。

類語比較「**ゑむ」と「わらふ**」
共通点＝口もとや花・果実などがほころぶという意味。
ゑむ＝「わらふ」よりも穏やかな印象を持つことば。
わらふ＝声を出して笑う場合には、主に「わらふ」が用いられ、あざけって笑う意味にもなる。

ゑ-もん【衛門】― 名詞 ❶「*衛門府」の略。❷「*右衛門府」の略。

ゑもん-の-かみ【衛門の督】― 名詞 *衛門府の長官。左右に各一名ずつ置かれ、多く中納言や参議が兼任した。

ゑもん-の-すけ【衛門の佐】― 名詞 *衛門府の次官。左右に各一名ずつ置かれた。

ゑもん-ふ【衛門府】― 名詞 *六衛府の一つ。大内裏外郭の諸門の警備や行幸の警護を行った役所。左右に分かれ、督・佐・尉・志の四等官のほか、医師・門部などの職員がいた。類 靫負司

ゑ-やう【絵様】― 名詞 ❶もののようすを絵に写したもの。絵図面。また、下絵。❷模様。図案。

ゑら・く 動詞 自 カ四段〈か・き・く・く・け・け〉笑い興じる。楽しそうに笑う。「当に豊葦原中国は、必ず為長夜くらむ。いかにぞ天鈿女命如此**ゑらくや**。」〈日本書紀〉訳「確かに豊葦原中国は、きっと常夜が続いているのだろう。（それなのに）どうして天鈿女命はこんなに**楽しそうに笑うのか**。」

ゑ・る【彫る】 動詞 他 ラ四段〈ら・り・る・る・れ・れ〉❶彫る。彫刻する。また、刻み目をつけて金銀珠玉をはめこむ。白きには梅を**ゑりて**…。〈源氏・梅枝〉訳白い壺には梅を**彫刻して**…。❷えぐる。くりぬく。八人してこの木を伐りて忽ちに**ゑりつ**。〈今昔〉訳八人でこの木を切って大急ぎで（船の形に）**くりぬいてしまった**。

ゑ-わら・ふ【ゑ笑ふ】 動詞 自 ハ四段〈は・ひ・ふ・ふ・へ・へ〉声を出して笑う。行き違ふさまなどのつつましげならず、もの言ひ、**ゑわらふ**。〈枕草子・184・宮に初めて参りたるころ〉訳行き交う（女房たちの）ようすなどが遠慮がちでもなく、（平気で）物を言ったり、**声を出して笑う**。

ゑん-あう【鴛鴦】 名詞 オシドリの雌雄。いつも一緒にいることから仲のよい男女、または夫婦にたとえる。

ゑん-が【垣下】― 名詞 朝廷や公卿の屋敷で催される饗宴で、正客の相手をし、自分も客としてもてなされる人。相伴の客。また、その人の座る席。発展「ゑんか」「ゑが」とも。また、「かいもと」とも。

ゑん-ざ【円座】― 名詞 円形の敷物。わら・ガマ・スゲなどでうず巻状に編んで作ったもの。発展「わらふた」「わらうだ」とも。

ゑん-じゃく【円寂】― 名詞 動詞 自 サ変〈せ・し・す・する・すれ・せよ〉《仏教語》*涅槃に入ること。仏の死。転じて、僧が死ぬこと。にはかに病に侵され、**円寂したまひける**とかや。〈太平記〉訳急に病に襲われ、**死に**なさったとかいうことだ。

ゑん・ず【怨ず】

相手に対する不満をことばや態度で表す ― **恨み言を言う**。**不満を漏らす**。

未然形	連用形	終止形	連体形	已然形	命令形
ゑん・ぜ	ゑん・じ	ゑん・ず	ゑん・ずる	ゑん・ずれ	ゑん・ぜよ

[動詞] ㊀他〔サ変〕 **恨み言を言う。不満を漏らす。** 露塵のこともゆかしがり、聞かまほしうして、言ひ知らせぬをば**ゑんじ**、そしり…。〈枕草子・28・憎きもの〉[訳](他人のうわさは)ごくわずかのことでも知りたがり、聞きたいと思って、話して知らせないことについて**恨み言を言い**、非難し…。

ゑんじたまへば、顔うち赤めてゐたり。〈源氏・帚木〉[訳](源氏が)**恨み言を言い**なさるので、(小君は)顔を赤くしている。

[発展]「ゑず」とも。

ゑん-どん【円頓】[名詞]《仏教語》(「円実頓悟」の略で)すべてを完全に備え、すぐさま悟ること。特に、天台宗の教義を指す。

ゑん-りょ【遠慮】[名詞] ❶遠い先まで見通した深い考え。❷ことばや行動を控えめにすること。❸江戸時代、僧・武士に対する刑罰のひとつ。門を閉じて昼間の外出を禁じたもの。夜間、くぐり戸からの出入りは許された。

を

を↓基本助詞25(1358ページ)

を-【小】[接頭語] ❶(名詞に付いて)小さい、細かい、などの意味を表したり、語調を整えたりする。[語例] **小舟・小忌・小櫛** ❷(用言に付いて)わずかな、ちょっと、という意味を表す。[語例] **小暗し・小止む・小弛む**

を【尾】[名詞] ❶しっぽ。❷長く延びた山裾。

を【牡・雄・男・夫】↓古語チャート50(1357ページ) ㊀[名詞] おす。男性。おとこ。また、夫。 **吾が大国主汝こそは男にいませば…若草の妻持たせらめ**〈古事記・大国主神〉[訳]私の(夫である)大国主神よ、あなたは**男**でいらっしゃるから…(どこにでも多くの)妻をお持ちになっているだろう。○「若草の」は「妻」に係る枕詞。 ㊁[接頭語] 雄々しい、勇ましい意味を添えることば。[語例] **雄叫び**

を[名詞] ㊀【峰】みね。山の高い所。山頂。頂上。 ㊁【丘】おか。

を【麻・苧】[名詞]《植物》アサの別の呼び名。また、アサ・カラムシの茎の皮で作った糸。

を【緒】[名詞] ❶ひも・糸など、物を結ぶものの総称。 **大刀が緒もいまだ解かずて…**〈古事記・大国主神〉[訳]太刀の**下げ緒**もまだ解かないままで…。 ❷弓や楽器などに張る弦。 **弾くにはあらで、緒などを手まさぐりにして…**〈枕草子・93・無名といふ琵琶の御琴を〉[訳]弾くのではなくて、**弦**などを手で触れたりして…。 ❸(「…の緒」の形で)長く続くこと。 **あらたまの年の緒長く逢はざれど異しき心を我が思はなくに**[歌]〈万葉集・15・3775〉[訳]年数の**長く続くこと**(として)長く逢っていないけれども、(他の人に思いを移したりする)不実な気持ちを私が思ったりしないからね。○「あらたまの」は「年」に係る枕詞。「年の緒長く」で慣用的な言い回しだったようで、「何年もずっと長く」と解される。 ❹命。生命。 **己が緒を凡にな思ひそ庭に立ち笑ますがからに駒に逢ふものを**[歌]〈万葉集・14・3535〉[訳]自分の**命**をいい加減に思ってはいけない。庭に立って(あなたが)ほほえまれるだけで、(私は)ウマに(乗ってあなたに)逢いにくるのに。

をい[感動詞] ❶(思いがけないことに出会って)おや。おお。❷(納得したり承知したりして)おお。❸(人に呼びかけて)おい。[発展]表記は「おい」とも。

をい-をい[感動詞] ❶(返事や承諾をして)はいはい。❷(呼びかけて)おいおい。[発展]表記は「おいおい」とも。

を-うと【夫】[名詞] 夫。[発展]「をひと」の変化したことば。

をうな【女】[名詞] おんな。女性。[発展]「をみな」の変化したことば。

をかし【犯し】[名詞] 犯した罪。罪。 **「命尽きなむとするは、前の世の報いか、この世の犯しか…」**〈源氏・明石〉[訳]「(今にも)命が尽きてしまおうとするのは、前世からの報いか、この世で**犯した罪**(によるの

男・女の老若をいうことば

まとめて覚えよう古語チャート50

赤字は最重要語・重要語

男：1を　3き
女：2め　4み

	男	女
老	おきな(翁) ●おじいさん	おみな → おうな(嫗) ●おばあさん
	をとこ(男) ●男性一般 ●年若い男性	をみな → をんな(女) ●女性一般
		をとめ(少女) ●未婚の女性
若	をのこ(男の子) ●おとこの子	めのこ(女の子) ●おんなの子

この図は、「男」と「女」のことばの対応を示したものです。厳密ではありませんが、上から順に、「老」から「若」への流れとなっています。

「1を」はそれだけで「男」あるいは「おす」を意味し、「2め」はそれだけで「女」あるいは「めす」を意味しました。また、『古事記』に出てくる万物の祖先となった神の名が、イザナ**キ**ノミコト(男神)・イザナ**ミ**ノミコト(女神)であることからもわかるように、「3き」は「男」、「4み」は「女」を意味していたようです。

なお、「若」という概念を表すのは形容詞「若し」ですが、「老」という概念を表すのは動詞「老ゆ」です。「若」は状態ですが、「老」は変化していくさまをいうところが品詞の違いとなって表れたのでしょうか。

か…。」

をか・し 形容詞 **↓最重要語**（1360ページ）

をかし-が・る 動詞 自〔ラ四段〕〈ら・り・る・る・れ・れ〉興味深く感じる。趣があると思う。おもしろがる。

ものあはれなる気色を人々をかしがる。〈源氏・竹河〉訳なんとなくしみじみとした趣があるようすを女房たちは**興味深く感じる**。

発展 形容詞「をかし」に接尾語「がる」が付いて動詞となったもの。

をかし-げ・なり 形容動詞〔ナリ〕〈なら・なり(に)・なり・なる・なれ・なれ〉いかにも趣がある。愛らしい感じだ。

いとをかしげなる指にとらへて、大人などに見せたる、いとうつくし。〈枕草子・151・うつくしきもの〉訳(幼児が小さなちりを)とても**愛らしい感じの**指でつまんで、大人などに見せ(たりし)ているのは、とてもかわいらしい。

をかし-やか・なり →古語チャート⑪(427ページ) 形容動詞〔ナリ〕〈なら・なり(に)・なり・なる・なれ・なれ〉趣が深い。風情がある。心を引くようだ。意味ありげだ。

「**をかしやかに気色ばめる御文などのあらばこそ、とかくも聞こえ返さめ。**」〈源氏・少女〉訳「**意味ありげに**気持ちをほのめかしたお手紙などが(贈り物に)添えてあるならば、なんとか申し上げてお返しするだろうのに。」

をか・す【犯す・侵す・冒す】 動詞 他〔サ四段〕〈さ・し・す・す・せ・せ〉❶(法を)破る。法律や道徳などに背いた行為をする。悪事を行う。

「**我は、いかなる罪を犯してかく悲しき目を見るらむ。**」〈源氏・明石〉訳「自分は、どのような罪を**犯し**てこんな悲しい目に遭っているのであろう。」

人を苦しめ、法を犯さしめて、それを罪なはんこと、不便のわざなり。〈徒然草・142・心なしと見ゆる者も〉訳人々を苦しめ、(そのために)法律を**破らせ**て(おいて)、それを罰するようなことは、かわいそうな行いである。

を　基本助詞25

- 一 間投助詞
  - ❶(感動・強調を表し)…ねえ。◉文中に置かれる。
  - ❷(詠嘆を表し)…のになあ。◉文末に置かれる。
  - ❸(原因・理由を表し)…が(…ので)。…の(…さに)。◉「体言＋を＋形容詞の語幹＋み(接尾語)」の形をとる。
- 二 格助詞
  - ❶(動作の対象・目標・起点・通過点・期間などを表し)…を。
  - ❷(行為の対象となる相手を表し)…に。…に対して。
  - ❸(希望・好悪などの対象を表し)…が。
  - ❹意味の似た名詞と動詞との間に置かれ、慣用表現を作る。
- 三 接続助詞
  - ❶(逆接の確定条件を表し)…のに。…が。
  - ❷(順接の確定条件を表し)…ので。…から。
  - ❸(単純な接続を表し)…と。…ところ。

接続 一は種々の語に付く。

接続 二は体言、活用語の連体形に付く。

接続 三は主に活用語の連体形(まれに体言)に付く。

一 間投助詞 ❶(文中に用いて、感動・強調を表し)…ねえ。…ね。…なあ。

人はいさ我はなき名の惜しければ昔も今も知らずとを言はむ〈古今集・恋3・630〉訳あなた(がどう思っているか)は、さあどうだか知らないが、私は(あなたとのことで)身に覚えのないうわさ(を立てられること)が残念なので、昔も今も(あなたのことを)知らないと**ねえ**、言っておこう。○「を」を取り除いても、文の意味は変わらない。特に訳出しないことも多い。

❷(文末に用いて、詠嘆を表し)…のになあ。…なのになあ。…かなあ。

さ寝がには誰とも寝めど沖つ藻のなびきし君が言待つ我を〈万葉集・11・2782〉訳寝るだけなら、だれとでも寝ようが、心を寄せて寝たあなたのことばを待つ私**なのになあ**。○「沖つ藻の」は「なびく」に係る枕詞。

❸(「体言＋を＋形容詞の語幹＋み(接尾語)」の形で、全体として原因・理由を表し)…が(…ので)。…の(…さに)。

人言を繁み言痛み己が世にいまだ渡らぬ朝川渡る〈万葉集・2・116〉訳人のうわさ**が**うるさく煩わしい**ので**、(人目を避けるために)私(=但馬皇女)の生涯で今まで渡ったことのない朝の川を渡る。○共に「うるさい・煩わしい」という意味を表す形容詞「繁し」「言痛し」の語幹に、「…ので」という意味を表す接尾語「み」が付いた表現のなかに用いられている。

若の浦に潮満ち来れば潟を無み葦辺をさして鶴鳴き渡る〈万葉集・6・919〉訳↓わかのうらに…

二 格助詞 ❶(動作の対象・目標・起点・通過点・期間などを表し)…を。…から。…を通って。

大和の国にまかれりけるときに、雪の降りけるを見て詠める。〈古今集・冬・332・詞書〉訳大和の国(=今の奈良県)に参りましたときに、雪の降ったようす**を**見て詠んだ歌。○「降りけるを」の「ける」は過去の助動詞「けり」の連体形で、★準体法になっているので、「ける」の下に「ようす」などの体言を補って解する。「降りける」が「見る」動作の対象を表す。

年ごろを住みし所の名にし負へば来寄る波をもあはれとぞ見る〈土佐日記・一月二十九日〉訳(この場所は、私がここ数年**を**住んだ(所と同じ)土地の名を持っているので、寄せて来る波**を**も感慨深く感じられることだと思って見るよ。○「年ごろを」の「を」は「住みし」ことの期間を表し、「波を」の「を」は「見る」動作の対象を表す。

山の端に日のかかるほど、住吉の浦を過ぐ。〈更級日記・初瀬〉訳山の端に日の沈むころ、★住吉の海岸**を**通り過ぎる。○この「を」は「過ぐ」という動作の通過点を表す。

「**一門の平家は運尽き、すでに都を落ちぬ。**」〈平家・7・一門都落〉訳「一門の平家(=平家一族)は命運が尽き、もう京都**から**逃げてしまった。」○この「を」は「落つ」という動作の起点を表す。

❷(行為の対象となる相手を表し)…に。…に対して。…と。

かぐや姫を必ず会はむ設けして、ひとり明かし暮らしたまふ。〈竹取・竜の頸の玉〉訳(大伴の大納言は)かぐや姫**と**必ず結婚しよう(という)準備をして、ひとりの日々を過ごしていらっしゃる。○「会ふ」という行為の対象となる相手が「かぐや姫」であることを表している。

❸(希望・好悪などの対象を表し)…が。…を。

香具山は畝傍を愛しと耳梨と相争ひき…歌〈万葉集・1・13〉訳香具山は畝傍山**が**いとおしいと思って、耳梨山と互いに争った…。○「愛し」という好悪の対象となる相手が「畝傍」であることを表している。「畝傍を愛しと」は「畝傍雄々しと」と訓んで、畝傍山が男らしいとして、と解する見方もある。

❹**意味の似た名詞と動詞との間に置かれ、慣用表現を作る。**↓寝を寝・音を泣く

心の内に恋しくあはれなりと思ひつつ、忍び音をのみ泣きて、その年も返りぬ。〈更級日記・梅の立ち枝〉訳心の中で(継母を)恋しくもしみじみいとしいと思っては、人知れず泣くことばかりして、その年も改まってしまった。○「音を泣く(＝声を出して泣く)」という慣用表現に対して、「忍び音を泣く」とひねった表現である。間に副助詞「のみ」が挟まれている。

花の色は雪に交じりて見えずとも香をだににほへ人の知るべく歌〈古今集・冬・335〉訳(ウメの白い)花の色は雪(の色)に交じって見えなくても、せめて香りだけでも薫らせよ。(どこに咲いているか)人が知ることができるように。○「香」と「にほふ」という意味の似たことばの間に、最小限の希望を表す副助詞「だに」を伴って置かれている。

三 接続助詞 ❶(逆接の確定条件を表し)…**のに**。…**が**。…**けれども**。…**なのに**。

おのづから軽き方にも見えしを、この皇子生まれたまひて後は、いと心異に思ほしおきてたれば…。〈源氏・桐壺〉訳(桐壺の更衣は)自然と身分が低い者とも見られた**が**、この皇子(＝源氏)がお生まれになって以後は、(帝は更衣のことを)本当に格別だと心にお決めになっているので…。

○過去の助動詞「き」の連体形に付いている例。「を」の前の句と後の句とが相反する内容になっている。

白露の色は一つをいかにして秋の木の葉を千々に染むらむ歌〈古今集・秋下・257〉訳(草木に降りる)白い露の色は一つ**なのに**、どのようにして秋の木の葉をさまざま(な色)に染めているのだろう。

○「一つ」という名詞に付いている例。このように、まれに体言に付くこともある。

❷(順接の確定条件を表し)…**ので**。…**から**。

「明日は物忌みなるを、門強くさささせよ。」〈蜻蛉日記〉訳「明日は＊物忌みである**から**、門をしっかり閉めさせておけ。」○断定の助動詞「なり」の連体形に付いている例。前の句が後の句の理由となっている。

❸(単純な接続を表し)…**と**。…**ところ**。…**が**。

民部の大輔篤昌といふ者ありけるを、法性寺殿の御時、蔵人所の所司に良輔とかやいふ者ありけり。〈宇治拾遺〉訳＊民部省の次官に篤昌という者がいた**が**、法性寺殿(＝藤原忠通)のご治世に、＊蔵人所の役人で良輔とかいう者がいた。○過去の助動詞「けり」の連体形に付いている例。「を」の前後の内容に因果関係はない。

発展 **①語の歴史**　三種類に分かれる助詞の「を」は、間投助詞→格助詞→接続助詞の順に派生したとみられている。一❷の、文末に置かれて詠嘆を表す用法については、終助詞とする説もある。

②一の間投助詞の「を」　上代に多く用いられたが、中古以降は和歌以外ではあまり見られなくなる。特に、❸の「〜を〜み」の用法は、和歌でしか用いられない。用例に挙げた「人言を繁み言痛み」「潟を無み」のほか、「瀬を早み」「野を懐かしみ」といった例や、「を」を用いない「山高み」のような例もある。この用法は、体言に付くので格助詞とする説もあるが、「を」を用いない例があることを考え合わせ、間投助詞と考える方がよい。

③二の格助詞か？三の接続助詞か？　体言に付く場合は、ほとんどの場合、二の格助詞と考えてよい。ただし、三の接続助詞でも、❶の第二例に挙げたように、まれに体言に付くことがある。活用語の連体形に付く場合は、格助詞と接続助詞とを区別しなければならない。格助詞に付く連体形は必ず＊準体法になっているので、下に「こと・もの・人」などの体言が補える。接続助詞の場合は、「を」の前の句と後の句とが、逆接・順接などの関係でつながっているので、活用語の連体形の下に体言を補うと意味が通らなくなる。つまり、連体形が準体言になっていれば格助詞で、そうでなければ接続助詞である。

④「ど」「ども」と「を」　三❶の逆接の確定条件を表す用法は、「ど」「ども」など他の逆接の接続助詞と比べて柔らかな感じを持つため、中古の女流文学に好んで用いられた。

⑤現代語「を」との違い　対象を表す格助詞の「を」や「に」は、現代語においてもほぼ同じ意味で使われるが、古語では現代語のようにはっきりと目的格を示すものではない。したがって、二の「を」を受ける動詞が他動詞になるとは限らず、❶の用例の「住む」「落つ」、❷の用例の「会ふ」などの自動詞や、❸の用例の「愛し」などの形容詞にも係る。特に❷の、行為の対象となる相手を表す「人を会ふ」「人を別る」などの用法は現代語には見られないものである。

識別 **「を」の識別**

品詞と用法	見分け方	例文と訳
格助詞「を」	上は体言か活用語の連体形(準体言)。活用語の場合は連体形の下に体言(または助詞「の」)が補える。	袖ひちてむすびし水のこほれるを春立つけふの風やとくらむ歌〈古今集・春上・2〉訳(夏の日に)袖が濡れて(手に)すくった(あの)水が(冬の間)凍っていたのを、立春の今日の風が溶かしているのだろうか。
接続助詞「を」	上は活用語の連体形。その下に体言が補えない。	葉の色よりはじめて、あいなく見ゆるを、唐土には限りなきものにて…。〈枕草子・37・木の花は〉訳(ナシの花は)葉の色を第一として、おもしろくなく見えるが、中国ではこの上ないもの(＝花)として…。
間投助詞「を」	感動・強調を表している。「を」を取り除いても文の意味は変わらない。	立ちとまり見てを渡らむ紅葉は雨と降るとも水は増さらじ歌〈古今集・秋下・305〉訳(川を渡る前に、ウマをとめ)立ち止まって(この紅葉が散るのを)見て渡ろう。紅葉はたとえ雨のように降っても川の水は増えないだろう。

❷侵略する。攻め入る。「異国の人の、いかでかこの国の土をばをかすべき。」〈大和・147〉訳「他国の人が、どうしてこの国の土地を侵略してよいものだろうか、いや、よいはずがない。」❸(心や身体を)害する。病気や眠気などが襲う。また、女性を暴行する。「念仏の時、睡りにをかされて行を怠りはべること、いかがして、この障りをやめはべらん。」〈徒然草・39・ある人、法然上人に〉訳「念仏のとき、眠気に襲われて勤行を怠けますことについて、どうやって、この妨げをなくしたらよいでしょうか。」

をか-び【岡廻・丘廻】 名詞《上代語》丘の辺り。丘の周り。

をか-へ【岡辺・丘辺】 名詞 丘の辺り。丘の近く。発展「をかべ」とも。

を-かみ【尾髪】 名詞 ウマのしっぽとたてがみ。特に、しっぽ。発展「をがみ」とも。

をがみ-い・る【拝み入る】 動詞 他〔ラ四段〕〈ら・り・る・る・れ・れ〉ひたすら祈願する。心を込めて拝む。「なほさらに手をひき放たず**拝み入り**てをり。」〈源氏・玉鬘〉訳 いちだんと手を(額から)離さず**ひたすら祈願し**て座っている。

をが・む【拝む】 動詞 自〔マ四段〕〈ま・み・む・む・め・め〉❶おじぎをしたり、手を合わせたりして、願いごとをする。特に、神仏に礼拝する。❷(貴人に)お目にかかる。拝謁する。「正月に**拝み**たてまつらむとて、小野にまうでたるに…。」〈伊勢・83〉訳(出家した惟喬親王に)正月に**拝謁**申し上げようと思って、小野の里に参上したところ…。

をぎ【荻】 名詞《植物》イネ科の多年草。水辺に自生し、ススキに似るが葉や穂は大きい。

をぎのはの… 歌「荻の葉のこたふるまでも吹きよらでただに過ぎぬる笛の音ぞうき」〈更級日記・大納言殿の姫君〉訳 オギの葉が答えるまでも(笛を)吹き(続け、辛抱強く待つこともなく)こちら(へ)寄らないで、さっさと(通り)過ぎて(いって)しまった笛の音(の主)こそが憎らしいなあ。〇「荻の葉のこたふる」は、オギの葉が風になびいてそよそよと立てる音を、「其よ(＝そうですよ)」という相手の相づちを思わせるものとしてとらえた擬人法。発展 菅原孝標女の歌(↓ふえのねの…)に対する姉の返歌。孝標女が、オギの葉を女性に見立て、そのつれなさを責めているのに対し、姉の歌は、それを肯定しながらも、待ち切れずに去った男性(＝「笛の音」)のつれなさを訴えている。

をき-びと【招き人】 名詞 物の怪を招き寄せる修験者。

を・く【招く】 動詞 他〔カ四段〕〈か・き・く・く・け・け〉招き寄せる。呼び寄せる。招く。招

をか・し

理知的・客観的に見て趣深いようす

❶滑稽である。笑いたくなる。
❷趣がある。趣深い。風情がある。◉中古で最も一般的な用法。
❸愛らしい。魅力的である。
❹怪しげだ。変だ。

形容詞〔シク〕	未然形	連用形	終止形	連体形	已然形	命令形
	をか・しく をか・しから	をか・しく をか・しかり	をか・し ○	をか・しき をか・しかる	をか・しけれ ○	○ をか・しかれ

❶**滑稽である。笑いたくなる。**「中将、をかしきを念じて、引き立てたまへる屏風のもとに寄りて…。」〈源氏・紅葉賀〉訳 中将(＝頭中将)は、**笑いたくなる**のを我慢して、(源氏が)お立てになった屏風のそばに近づいて…。「妻、『**をかし**。』と思ひて、笑ひてやみにけり。」〈今昔〉訳(倒れてきた障子に悲鳴を上げる夫を見て)妻は、「**滑稽だ**。」と思って、笑って(夫を責めるのを)やめにしてしまった。

❷**趣がある。趣深い。風情がある。おもしろい。**「ただ一つ二つなど、ほのかに打ち光りてゆくも**をかし**。」〈枕草子・1・春は曙〉訳(ホタルの)ほんの一匹二匹などが、ぼんやりと光って(飛んで)行くのも**風情がある**。「歩み入りてみれば、階の間に梅いと**をかしう**咲きたり。」〈大和・173〉訳(土蔵の中に)歩いて入ってみると、階段のほとりにウメがとても**趣深く**咲いている。〇「をかしう」は連用形「をかしく」のウ音便。

❸**愛らしい。魅力的である。美しい。**↓古語チャート⑫(429ページ)「けづることをもうるさがりたまへど、**をかし**の御髪や。」〈源氏・若紫〉訳「(紫の上は)櫛でとかすことをも嫌がりなさるけれども、**美しい**髪だよ。」〇「あな＋形容詞の語幹」(シク活用形容詞の場合は語幹相当形)で感動表現を作るが、この例はその「あな」が省略された形。したがって、「をかし」は外見上は終止形でも、語幹相当形である。

「人は、見目**をかしき**ことをこそ好むなれ。」〈堤中納言・虫めづる姫君〉訳「世間の人は、(毛虫などではなく)見た目の**愛らしい**ものを好むようだ。」

❹**怪しげだ。変だ。いぶかしい。**「人々のあまた聞きしに、故もなくさることをのたまひしかば、『**をかし**。』と思ひてやみはべりき。」〈今昔〉訳「人々が大勢聞いていたところで、理由もなくそのようなこと(＝ある男の首を取れということ)をおっしゃったので、『**変だ**。』と思って(そのまま何もしないで)済ませました。」〇現代語の「(どこか)おかしい・変だ」の意味につながっていく用法。

発展 ①語の成り立ち　「をこ(痴)」が形容詞になったもので「滑稽」がもともとの意味とも、また「招く」が形容詞になったもので「手もとに招き寄せたい」がもともとの意味ともいわれる。しかし、古くから❶の意味で用いられた例が多いことから、「をこ(＝ばかげている)」をもともとの意味とし、滑稽なようすがほほえましいという意味から、❷の「趣がある」という意味へと変化したものと考えられる。

②「あはれなり」と「をかし」　主観的にしみじみとした情感を表す形容動詞「あはれなり」に対し、「をかし」は知的な興味や客観的で明るい感じを伴って用いられるが、❷の意味が、中古で最も一般的な用法である。

類語比較「あはれなり」と「をかし」↓あはれなり
「おもしろし」「あはれなり」「をかし」↓面白し
↓古語チャート⑪(427ページ)

月立ちし日より**招きつつうち偲ひ**待てど来鳴かぬほととぎすかも 歌〈万葉集・19・4196〉訳 月の初めの日から幾度も**招き寄せて**は恋い慕って待っているのだけれども、来て鳴かないホトトギスよ。

をーぐし【小櫛】 名詞 櫛。発展「を」は接頭語。

をーぐな【童男】 名詞 男の子。男児。

をーぐら・し【小暗し】 形容詞〔ク〕〈く・く・し・き・けれ・○／から・かり・○・かる・○・かれ〉薄暗い。

虫の声ばかり紛れなくて、山の方小暗く、何のあやめも見えぬに…。〈源氏・宿木〉訳（夕方の庭では）虫の声だけがはっきりと聞こえて、山の方は**薄暗く**、もうなんの見分けもつかないのに…。

発展「を」は接頭語。和歌では「小倉山」に掛けて用いる。

をぐらやま【小倉山】 歌枕 ↓小倉山（おぐらやま）

をぐらやま… 百人一首

小倉山峰のもみぢ葉心あらば今ひとたびのみゆき待たなむ〈拾遺集・1128・藤原忠平〉訳 小倉山の峰のモミジの葉よ。（おまえにもし）心があるならば（このまま散らずに）もう一度（今度は）天皇のお出かけを待っていてほしいものだ。○「なむ」は他に対する願望を表す終助詞。

発展 大堰川へ出かけた宇多上皇が小倉山の紅葉が見事なので子の醍醐天皇にも見せたいと言ったことに対して、作者が詠んだ歌。『大和物語』九十九段にも見える。

品詞分解・修辞
小倉山｜峰｜の（格助）｜もみぢ葉。｜心｜あら（ラ変・未）｜ば（接助）　〈二句切れ〉
今｜ひとたび（副）｜の（格助）｜みゆき｜待た（夕四・未）｜なむ（終助）

をぐらやま…歌 ↓あさまだき…

をーけ【麻笥】 名詞 細く裂いて、長くつないだ麻を入れる容器。ヒノキの薄板を曲げて円筒形に作る。

をこーがま・し【痴がまし】

笑いものになりかねないような愚かしいようす
- ❶**間が抜けて見える。みっともない。ぶざまだ。**
- ❷**差し出がましい。出過ぎている。厚かましい。**◉近世以降の用法。

未然形	連用形	終止形	連体形	已然形	命令形
をこがま・しく	をこがま・しく	をこがま・し	をこがま・しき	をこがま・しけれ	○
をこがま・しから	をこがま・しかり	○	をこがま・しかる	○	をこがま・しかれ

形容詞〔シク〕❶**間が抜けて見える。みっともない。ぶざまだ。ばからしい。**

「**御前にさぶらふ人々も、をこがましく思ふらむ。**」〈大鏡・兼通〉訳（弟の兼家が病気の兼通の家の前を素通りしたことについて）「おそばにお仕え申し上げる人々も、（私のことを）**ぶざまだ**と思っているだろう。」

ありのままに言はんはをこがましとにや、心惑はすやうに返り事したる、よからぬことなり。〈徒然草・234・人のものを問ひたるに〉訳（人の質問に対して）ありのままに言うようなことは**ばからしい**と思うのではないだろうか、（相手の）心を乱すように返事をしているのは、よくないことである。

❷《近世以降》**差し出がましい。厚かましい。出過ぎている。**

「**天に代はって窮民を救ふといふもをこがましいが**…。」〈青砥稿花紅彩画〉訳「天に代わって困窮した民を救うというのも**差し出がましいが**…。」○この例では、口語化して「をこがましい」となっている。

発展 ①**語の成り立ち** ばかげているようすを表す形容動詞「をこなり」の語幹「をこ」に、そのようであるという意味を表す接尾語「がまし」が付いたことば。

②**現代語とのつながり** ❶がもともとの意味で、他人のことについていう場合が多い。現代語にも通じる❷の意味は、近世以降に生じたもの。

をこーが・る【痴がる】 動詞 他〔ラ四段〕〈ら・り・る・る・れ・れ〉ばからしいと思う。ばかにする。

この聞く男ども、をこがり嘲りて…。〈宇治拾遺〉訳 この（話を）聞く男たちは、**ばからしいと思い**あざ笑って…。

発展「がる」は接尾語。

をーごころ【雄心】 名詞 雄々しい心。勇ましい心。

をこつ・る【誘る】 動詞 他〔ラ四段〕〈ら・り・る・る・れ・れ〉だまして誘う。そそのかす。また、ご機嫌を取る。なだめる。

あやにくがりすまひたまへど、よろづに**をこづり**、祈りをさへして、教へきこえさするに…。〈大鏡・道兼〉訳（福足君が）だだをこねていやがりなさるけれど、いろいろと**ご機嫌を取り**、祈禱をまでして、（舞を）お教え申し上げるのだが…。

発展「をこづる」とも。

をーごと【小琴】 名詞 琴。発展「を」は接頭語。

ヲコト点 国語・国文法 漢文を日本語として読み下すために、漢字の四隅・四辺・中間などに白や朱で記した符号。主に、助詞・助動詞、活用語尾、形式名詞を表した。平安初期、奈良の学僧たちが工夫し、広まったといわれる。流派・学派によってさまざまな形式がある。最も広く行われた博士家点の右上の点が「ヲ」「コト」を表したことから、こう呼ばれる。

［ヲコト点］

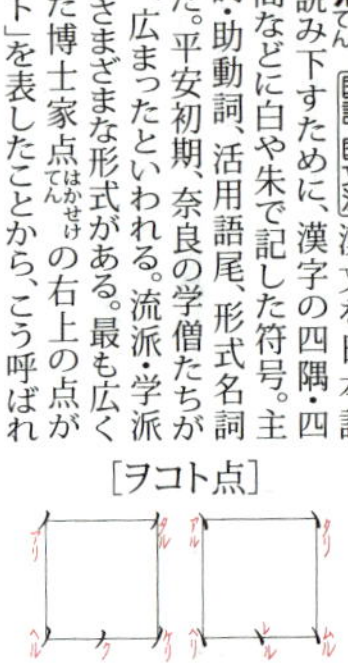

をこ・なり【痴なり・烏滸なり・尾籠なり】

愚かで、ばかげているようす ― **愚かだ。ばかげている。**

未然形	連用形	終止形	連体形	已然形	命令形
をこ・なら	をこ・なり をこ・に	をこ・なり	をこ・なる	をこ・なれ	をこ・なれ

形容動詞〔ナリ・ノ〕**愚かだ。ばかげている。ばかばかしい。**

「**よく尋ね寄りてをうち出でよ。人違へしてはをこならむ。**」〈源氏・蓬生〉訳「（末摘花の屋敷に行ったら）よく確かめたうえでね、話してみよ。人違いをしてしまったならば**ばかげていよう**。」○「尋ね寄りてを」の「を」は間投助詞。

発展「うこなり」とも。中世になって「をこ」に「尾籠」という漢字が当てられたところから、この字を音読みした「びろう」ということばも生まれた。

関連語 尾籠

をこーめ・く【痴めく】 動詞 自〔カ四段〕〈か・き・く・く・け・け〉愚かに見える。ばかげて見える。ふざける。

「**昔物語などに、ことさらにをこめきて作り出でたる物の譬ひにこそはなりぬべかめれ。**」〈源氏・総角〉訳

「昔の話などの中に、わざわざ**愚かに見える**ように作り出した人物の例になってしまうに違いないように見える。」
発展「めく」は接尾語。

❷をごめく（誤）→（正）**おごめく【蠢く】**

をこ-ゑ【痴絵・烏滸絵】 名詞 滑稽なことを描いた絵。戯画。漫画。

をさ【長】 名詞 人々をまとめ、率いる人。頭。長。

をさ【筬】 名詞 薄い竹の小片を、櫛の歯のようにして長方形の枠に並べた機織りの道具。縦糸をその目に通し、横糸を織り込むたびに動かして織り目を詰める。

をざさ-はら【小笹原】 名詞 笹が生い茂った原。
発展「をざさがはら」とも。

をさな-げ・なり【幼げなり】 形容動詞［ナリ］〈なら・なり（に）・なり・なる・なれ・なれ〉いかにも幼い。幼く見える。子供っぽい。
八つ、九つ、十ばかりなどの男児の、声は**幼げにて**文読みたる、いとうつくし。〈枕草子・151・うつくしきもの〉訳 八歳、九歳、十歳ぐらいの男の子が、声は**いかにも幼くて**本を読んでいるのは、とてもかわいい。

をさな-ごこち【幼心地】 名詞 子供心。幼心。

をさな-し【幼し】 形容詞［ク］〈く・から・く・かり・し・き・かる・けれ・○・かれ〉❶幼い。年が少ない。小さい。
幼き心地に母君を忘れず…。〈源氏・玉鬘〉訳（玉鬘は）**幼い気持ちの中で母君**（＝夕顔）**のことを忘れないで**…。
❷大人げない。子供っぽい。幼稚だ。未熟だ。愚かだ。無分別だ。
女子の**ためには、親幼くなりぬべし**。〈土佐日記・二月四日〉訳 娘のためには、親もきっと**無分別に**なるのだろう。
発展「長無し」の意味。

をさな・ぶ【幼ぶ】 動詞 自［バ上二段］〈び・び・ぶ・ぶる・ぶれ・びよ〉幼く見える。子供っぽい。対 大人ぶ
愛しとほしやさらに**心の幼びて**魂切れらるる恋もするかな 歌〈山家集・1320〉訳 哀れなものだ。いっそう心は**子供っぽくなって**びくびくせずにはいられないような恋をするものだなあ。
発展 形容詞「をさなし」の語幹＋接尾語「ぶ」。

をさな-め【幼目】 名詞 子供の目。幼いときに見たこと。

をさま・る 動詞 自［ラ四段］〈ら・り・る・る・れ・れ〉

をさ-をさ

十分に、しかも整然としているようす

❶**ほとんど**（…ない）。**めったに**（…ない）。**なかなか**（…ない）。
◉「をさをさ～打消」の形をとる。
❷**きちんと。しっかりと。**

副詞 ❶（「をさをさ～打消」の形で）**ほとんど**（…ない）。**めったに**（…ない）。**なかなか**（…ない）。
ここにはかしこまりて、自らも**をさをさ参らず**、もの隔たりたる下の屋にさぶらふ。〈源氏・明石〉訳（明石の入道は）こちら（＝源氏のいる部屋）には遠慮して、自分でも**めったに参上しない**で、いくぶん離れた母屋の後ろの建物にお控え申し上げる。
さて、冬枯れの気色こそ、秋には**をさをさ劣るまじけれ**。〈徒然草・19・折節の〉訳 ところで、冬枯れの景色は、秋（の景色）には**ほとんど劣らない**に違いない。
❷**きちんと。すっかり。しっかりと。**
よろづの人の「婿になりたまへ」と、**をさをさ聞こえたまへ**ども、さもものしたまはず。〈宇津保〉訳 多くの人々が（侍従に向かって）「婿になってください。」と、**きちんと**申し上げなさるけれども、それにも応じようとなさらない。
「その御陰に隠されて、父母に別れし恨みも**をさをさ慰み**はべりき。」〈とはずがたり〉訳「そうした（後深草院の）ご恩に助けられて、父母に死に別れた未練も**すっかり**晴れました。」
発展 **陳述から状態へ** もともとは物事が十分に備わっているようすを表すといわれる。下に打消の語を伴うと、「十分には…ない」となり、結果的に❶のように、不十分である意味を表すようになる。ただ、打消表現を伴わない例も散見されるため、★陳述の副詞から★状態の副詞へと変化した可能性を考える説もある。

㊀**【治まる】**❶（世情や天候などが）安定した状態になる。平穏になる。
世もめでたく治まって、民のわづらひもなかりしが…。〈平家・5・富士川〉訳 世の中もすばらしく**平穏になって**、民衆の苦労もなかったのだが…。
❷（心や病気、苦痛などが）静まる。落ち着く。
日を経つつ世の中浮き立ちて、**人の心も治まらず**…。〈方丈記・都遷り〉訳 日がたつにつれ世の中が騒がしくなって、人の心も**落ち着かず**…。
㊁**【収まる・納まる】**❶片付く。済む。終わる。
わろしと返され、又奉るにも、なに事とかやありて、三度奏して後こそ**納まりにけれ**。〈増鏡〉訳（選んだ歌を）よくないと返され、再びご提出申し上げても、何事とかいうようなこと（＝具合の悪いこと）があって、三度奏上して後（やっと撰集が）**終わった**のだった。
❷消える。なくなる。
あけぼのの空朧々として、月は有明にて、**光をさまれるものから**、富士の峰かすかに見えて…。〈奥の細道・旅立ち〉訳 明け方の空はおぼろにかすんでいて、月は有り明けの月で、光が**なくなっている**ので、富士山はかすかに見えて…。○「ものから」を逆接と見て、「のに」と解する考え方もあるが、一般には順接と解している。

をさ・む 動詞 他［マ下二段］〈め・め・む・むる・むれ・めよ〉
㊀**【治む・修む】**❶平定する。統治する。治める。
わが大君の天の**下治めたまへば**…。歌〈万葉集・19・4254〉訳 わが大君が天下をお**治め**になるので…。
❷心を静める。落ち着かせる。
「かううち捨てられて、**心治めむ方**なきに、いとど人わろうかたくなになりはつるも…。」〈源氏・桐壺〉訳「このように（桐壺の更衣に）先立たれて、心を**静めたり**する方法もないせいで、ますますみっともなくすっかり偏屈になってしまったのも…。」
❸治療する。病気を治す。
牟婁温湯に往きて、病を**をさむる**偽して来まきて、…〈日本書紀〉訳（有間皇子は）牟婁温泉に行って、病気を**治療する**ふりをして（天皇のもとに）帰って来て…。○「来まき」は、ウ音便化させて「来まうき」とも読まれる。

❹〈建物などを〉造営する。修理する。管理する。**壁の土くづれ落ちしあまた所あれど、くづれし土水にひたして、そのやぶれを修め塗らしむ。**〈折たく柴の記〉訳壁の土が崩れ落ちた所が多いので、崩れた土を水にひたして、その壊れた所を**修理し**塗らせる。

三【収む・納む】❶しまっておく。収納する。所蔵する。**我妹子が赤裳ひづちて植ゑし田を刈りて収めむ倉無の浜** 歌〈万葉集・9・1710〉訳わが妻が赤い裳をぬらして植えた田を刈って**しまっておく**倉ではないが倉無の浜。

❷死体を葬る。埋葬する。**堀川の太政大臣、身まかりにける時に、深草の山にをさめてけるのちによみける。**〈古今集・哀傷・831・詞書〉訳堀川の太政大臣が、亡くなったときに、深草山に**埋葬した**後で詠んだ歌。

をさ‐め【長女】 名詞 下級の女官。また、その長である老女。

発展 名詞「★長」が動詞になったもので、「長」が乱れを正しく整え、安定した状態にするというのがもともとの意味。

をさめ‐どの【納め殿】 名詞 ❶衣服や日常の道具、貴重品などをしまっておく所。納戸。❷宮中で、歴代の宝物などをしまっておく所。宜陽殿の中にあった。

をさ‐をさ 副詞 →最重要語（1362ページ）

をさをさ・し【長長し】

人の上に立つのにふさわしいようす ─ **大人びている。しっかりと落ち着いている。きちんとしている。**

未然形	連用形	終止形	連体形	已然形	命令形
をさをさ・しく	をさをさ・しく	をさをさ・し	をさをさ・しき	をさをさ・しけれ	○
をさをさ・しから	をさをさ・しかり	○	をさをさ・しかる	○	をさをさ・しかれ

形容詞〔シク〕**大人びている。きちんとしている。しっかりと落ち着いている。** **若ければ、文もをさをさしからず、ことばも言ひ知らず…。**〈伊勢・107〉訳（女は）年が若いので、手紙も**きちんとして**ないし、ことばさえも言い方を知っていなくて…。

発展 **語の成り立ち** 人の上に立つ者を表す名詞「をさ」を重ねて形容詞にしたことば。

をし【鴛鴦】 名詞《動物》カモ科の水鳥、オシドリの古い呼び名。季語 冬

を・し【惜し・愛し】

変化し失われていくものをいとおしむ気持ち ─ ❶**大切で手放しにくい。名残惜しい。** ❷**かわいい。愛らしい。いとおしい。**

未然形	連用形	終止形	連体形	已然形	命令形
を・しく	を・しく	を・し	を・しき	を・しけれ	○
を・しから	を・しかり	○	を・しかる	○	を・しかれ

形容詞〔シク〕❶**大切で手放しにくい。名残惜しい。失いたくない。** **「などかうは泣かせたまふぞ。この花の散るを惜しう覚えさせたまふか。」**〈宇治拾遺〉訳「どうしてそんなにお泣きになるのか。このサクラの花が散るのを**名残惜しい**とお思いになるのか。」〇「惜しう」は連用形「惜しく」のウ音便。

❷**かわいい。愛らしい。いとおしい。** **香具山は畝傍を愛しと耳梨と相争ひき…** 歌〈万葉集・1・13〉訳香具山は畝傍山が**いとおしい**と思って耳梨山と互いに争った…。〇「畝傍を愛しと」は「畝傍雄々しと」と訓んで、畝傍山が男らしいとして、と解する見方もある。

発展 愛着を感じる物や人を失いたくない気持ちを表し、❷の意味も❶に含めて、あえて区別しない立場もある。

類語比較 「あたらし」と「をし」→可惜し

をし 感動詞 平安時代、貴人の先払いをするお供の者が、人々を静めるために発する声。発展 表記は「おし」とも。

を‐しき【折敷】 名詞 ヒノキやスギなどの薄い板で作った、四角または隅切りの盆。発展「をりしき」の変化したもの。

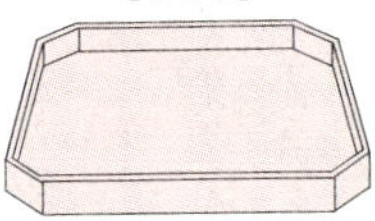

［をしき］

をしけ‐く【惜しけく】 名詞《上代語》惜しいこと。発展 形容詞「をし」の古い未然形＋接尾語「く」。

をしけ・し【惜しけし】 形容詞〔ク〕〈く・く・し・き・けれ・○／から・かり・○・かる・○・かれ〉惜しい。手放しにくい。失いたくない。名残惜しい。いとしい。類惜し

紫のゆゑに心を占めたれば淵に身投げむ名やは惜しけき 歌〈源氏・胡蝶〉訳紫に縁のある方にすっかり心を奪われているので、たとえ恋の淵に身を投げてしまったとしても、それで失う今の名声が**惜しい**ことがあろうか、いや惜しくはない。

をし‐げ・なり【惜しげ】 形容動詞〔ナリ〕〈なら・なり（に）・なり・なる・なれ・なれ〉いかにも大切で手放しにくそうだ。残念でもったいないようだ。名残惜しそうだ。

さま変へたまはむこと惜しげなり。〈源氏・桐壺〉訳姿を（童子から成人に）変えなさったりすることが**残念でもったいないようすだ。**

をし‐どり【鴛鴦】 名詞《動物》カモ科の水鳥。季語 冬

発展 雌雄がいつも一緒にいるとされることから仲のよい夫婦のたとえに用いられる。

をしどり‐の【鴛鴦の】 枕詞（オシドリが水に浮くことから）「浮き」、および（同音の）「憂き」に係る。

をし・ふ【教ふ】 動詞 他〔ハ下二段〕〈へ・へ・ふ・ふる・ふれ・へよ〉教える。知らせる。

父も母も、ただ二人の中に臥せて、教ふることのみをなむ、したまひける。〈古本説話集〉訳父も母も、（娘に何もしてやれず）ただ二人の間に寝かせて、（いろいろと）**教える**ことだけを、なさったのだった。

発展 室町時代ごろから、ヤ行下二段に転じて、「をしゆ」ともいわれた。

をじま【雄島】 歌枕 →雄島（おじま）

をし・む【惜しむ】 動詞 他〔マ四段〕〈ま・み・む・む・め・め〉❶もったいないと思う。物惜しみする。

寸陰惜しむ人なし。〈徒然草・108・寸陰惜しむ人なし〉訳わずかな時間を**もったいないと思う**人はいない。

❷大切にする。深く愛する。慈しむ。

花惜しみたまふ心ばへども深からず、いといはけなし。〈源氏・幻〉訳（匂宮は）花を**慈しみ**なさる気持ちなども深くなく、実に幼い。

発展 ❷は、「愛しむ」とも書く。

をし-もの【食し物】ー名詞 貴人の食物。召し上がり物。お食事。

をし-しゃう【和尚】ー名詞 ❶僧。特に、高僧や住職。❷技芸に秀でた人。茶道や武芸の師匠。❸江戸の遊廓で、上位の遊女の呼び名。発展「和尚」を、天台宗では「くわしやう」、禅宗・浄土宗では「をしゃう」、法相宗・真言宗・律宗では「わじゃう」とする。

をし・ゆ【教ゆ】動詞 →をしふ

を-す【小簾】ー名詞 簾。発展「を」は接頭語。

を・す【食す】動詞 他〔サ四段〕〈さ・し・す・す・せ・せ〉《上代語》❶（「治む」の尊敬語で）お治めになる。統治なさる。**和射見が原の行宮に天降りいまして天の下治めたまひをす国を定めたまふと…** 歌〈万葉集・2・199〉訳 和射見が原の仮宮に行幸なさって、天下をお治めになり、**統治なさる**（この）国を平定なさるということで…。

❷（「飲む」「食ふ」「着る」の尊敬語で）召し上がる。お召しになる。→古語チャート⑬（453ページ）

御粮をす処に、その坂の神白き鹿に化りて来立ちき。〈古事記・景行天皇〉訳（倭建命が）干した飯を**召し上がっている**その場所に、その（＝足柄）坂の神が白いシカに姿を変えてやって来た。

を-せなが・なり【を背長なり】ー形容動詞〔ナリ〕〈なら・なり（に）・なり・なる・なれ・なれ〉胴長だ。**居丈の高く、を背長に見えたまふに…。**〈源氏・末摘花〉訳（末摘花の容姿は）座高が高く、**胴長に**見えなさるので…。

を-だ【小田】ー名詞 田。発展「を」は接頭語。

を-だまき【苧環】ー名詞 ❶紡いだ麻糸を巻いて、中が空洞の玉にしたもの。❷枝も葉もない枯れ木。❸紋所のひとつ。枠に糸を交差させて巻いた図案。

をち【彼方・遠】ー名詞 ❶遠く離れた所。かなた。向こう。❷それ以前。また、それ以後。

をち【復ち】名詞 もとへ戻ること。特に、若返ること。

を-ぢ 名詞 ❶【小父】老人。翁。❷【伯父・叔父】父母の兄弟。対 伯母

をち-かた【彼方・遠方】ー名詞 遠く離れた方。向こうの方。対 此方

をちかた-びと【遠方人】ー名詞 遠くにいる人。向こうにいる人。

をち-かへ・る【復ち返る】動詞 自〔ラ四段〕〈ら・り・る・る・れ・れ〉❶若返る。類 復つ **朝露の消易き我が身老いぬともまたをちかへり君をし待たむ** 歌〈万葉集・11・2689〉訳 朝露のように消えやすい我が身は年老いても、また**若返り**、あなた（が来るの）を待とう（と思う）。

❷元へ戻る。また、繰り返す。類 復つ **たれに見せたれに聞かせむ山里のこのあかつきもをちかへる音も** 歌〈更級日記・東山なる所〉訳 だれに見せ、だれに聞かせよう。山里のこの夜明けの風景も、**繰り返す**（ホトトギスの）鳴き声も。

をち-こち【彼方此方・遠近】ー名詞 ❶遠くと近く。あちらこちら。❷未来と現在。

をちこち-びと【彼方此方人】ー名詞 あちらこちらの人。

をち-ど【越度】ー名詞 過失。失敗。手落ち。発展「をつど」とも。

をぢ-な・し ー形容詞〔ク〕〈く・く・し・き・けれ・○／から・かり・○・かる・○・かれ〉❶臆病だ。気が弱い。**「をぢなきことする船人にもあるかな。」**〈竹取・竜の頸の玉〉訳「**臆病な**ことを言う船頭であることだなあ。」

❷劣っている。つたない。**古き万の書の心を人にも問ひ、をぢなき心にも心をやりて見るに…。**〈歌意考〉訳 古いさまざまな書の内容を人にも聞いたり、（自身の）**つたない**理解によってではあるが心をそこに注いで見ると…。

を・つ【復つ】動詞 自〔タ上二段〕〈ち・ち・つ・つる・つれ・ちよ〉もとへ戻る。また、若返る。**古ゆ人の言ひ来ける老人のをつといふ水ぞ名に負ふ滝の瀬** 歌〈万葉集・6・1034〉訳 昔から人々の言い伝えてきた老人が**若返る**という水だ。（養老という）名にそむかない滝の急流だ。

をつつ【現】ー名詞 現在。今。

をつ-ど【越度】ー名詞 →をちど

をても-このも【彼面此面】ー名詞 あちらの面とこちらの面。かなたこなた。あちこち。発展「遠面此面」の変化したことば。

をと【彼方・遠】ー名詞 →をち（彼方・遠）

をと-こ【男】ー

男性。特に、年若い成人した男性
- ❶元服して一人前になった男子。成人した男性。
- ❷（一般に）男性。男。また、男の子。息子。
- ❸夫。恋人。情夫。
- ❹出家していない男性。俗世間にいる男性。
- ❺（男性の）奉公人。下男。

名詞 ❶**元服して一人前になった男子。成人した男性。** **十九にて男になし、鎌田三郎正近とぞ申しける。**〈義経記〉訳（母方の親戚が少進坊を）十九歳で**元服して一人前になった男子**にさせて、（その後の名前は）鎌田三郎正近と申し上げたのだった。

❷（一般に）**男性。男。また、男の子。息子。** **男もすなる日記といふものを、女もしてみむとて、するなり。**〈土佐日記・十二月二十一日〉訳 **男**も書くという日記というものを、女（である私）も書いてみようと思って、（この日記を）書くのである。

❸**夫。恋人。情夫。** **「男は田舎にまかりて、妻なむ若く、事好みて、はらからなど宮仕へ人にて来通ふ。」**〈源氏・夕顔〉訳「**夫**は田舎に下っていて、妻は若く、風流を好んで、（その）姉妹などが宮仕えをする人であって（その家に）出入りしている。」

❹**出家していない男性。俗世間にいる男性。俗人。** **「そのやすら殿は、男か法師か。」**〈徒然草・90・大納言法印の〉訳「そのやすら殿（という人）は、**俗人**なのか（それとも）僧なのか。」

❺（男性の）**奉公人。下男。** **けうとき客人などの参る折節の方なりければ、男どもぞ御簾の外にありける。**〈源氏・若紫〉訳（二条院の西の離れは）疎遠な客などが参上するその時々に使う場所であったので、**下男ら**が簾の外に（警固をして）いたのだった。

発展 **語の歴史** 若返るという意味の動詞「復つ」と同じ語源で、もとは「少女」の対義語として、若い成人したば

かりの男性を指した。後に「女」の対義語として意味が広がり、男性一般、さらに夫・恋人、僧に対する俗人などをもいうようになった。↓古語チャート 50(1357ページ)

類語比較「をとこ」と「をのこ」
共通点＝男性を表すことば。
をとこ＝もともと、成人した若い男性を指し、夫・恋人などの立場にある男性の意味で用いられる。
をのこ＝①「女の子」の対義語で、一般に男性を表す。②子供や目下の者に対して用いられることが多い。

関連語 少女・女

をとこ-あるじ【男主】 名詞 主人。亭主。発展「をとこしゅう」とも。

をとこ-がた【男方】 名詞 男の方。男性側。対女方

をとこ-が-た・つ【男が立つ】 面目が立つ。男としての名誉を保つ。

をとこ-ぎみ【男君】 名詞 ❶貴族の男子を敬った言い方。対女君 ❷婿・夫を敬った言い方。

をとこ-きんだち【男君達・男公達】 名詞 貴族の息子たち。

をとこ-ぐるま【男車】 名詞 男性用の牛車。男性が乗っている牛車。対女車

をとこ-じもの【男じもの】 副詞《上代語》男でありながら。男のくせに。

面形の忘るさあらばあづきなく男じものや恋ひつつ居らむ 歌〈万葉集・11・2580〉訳(いとしい人の)顔かたちを忘れるときがあったら、ふがいなく**男のくせに**いつまでも恋しがっていようか。

をとこ-しゅう【男主】 名詞 ↓をとこあるじ

をとこ-だて【男伊達・男達】 名詞 弱い者を助け、強い者に対しては勇敢で、信義を重んじること。また、そのような男。任侠。侠客。

をとこ-たふか【男踏歌】 名詞 男性のする踏歌。平安時代、陰暦正月の十四日または十五日に行われた行事で、殿上人以下の人が催馬楽を歌いながら宮中などを巡り、集団で舞うもの。季語 春 発展 歌の囃子詞から、「あられ走り」とも。

をとこ-で【男手】 名詞 漢字。類真名 対女手

「ただその書きて奉られたる本をこそは、**男手**も女手も習ひたまふめれ。」〈宇津保〉訳「(東宮は)いちずにその(＝右大将仲忠が)書いて献上した(習字の)手本ばかりを(見て)、**漢字**も平仮名もお習いになるようだ。」

発展 男性用の手(＝文字)の意。「男文字」とも。

をとこ-に-な・る【男に成る】 男子が成人になる。元服する。

殿の君達の、まだ男にならせたまはぬ、童にて皆仕うまつらせたまへりき。〈大鏡・道長下〉訳殿(＝道長)のご子息方で、まだ**元服**なさらない方々が、童姿ですべてお供申し上げなさっていた。

をとこ-まひ【男舞】 名詞 ❶女性が男装して演じる舞。十二世紀、鳥羽天皇のときに白拍子が始めたといわれる。❷能の舞の一種。武士や山伏の装束を着けて、面を着けずに力強く舞うもの。

をとこ-みこ【男御子】 名詞 皇子。親王。対女御子 発展「をのこみこ」とも。

をとこ-もじ【男文字】 名詞 ↓をとこで

をとこ-やま【男山】 歌枕 ↓男山(おとこやま)

をどし【縅・威】 名詞 鎧の札(＝鉄や革で作った小さな板)を、糸や布、細い革でとじること。また、そのもの。材料によって糸縅・革縅・綾縅・練貫縅など、色や模様によって緋縅・卯の花縅・小桜縅・黒革縅・紫裾濃縅など、つづり方によっては荒目・毛引き・素懸け・敷目など、多くの種類がある。

[をどし(小桜縅)]

をど・す【縅す】 動詞 他 サ四段〈さ・し・す・す・せ・せ〉鎧の札(＝鉄または革で作った小さな板)を糸や革などのとじひもでつなぎ合わせる。↓縅

黒唐綾を太くたたみてをどしたる大荒目の鎧の…。〈保元〉訳黒地の唐綾を太く幾重にも重ねて**つなぎ合わせた**大荒目の鎧で…。

をと-つ-ひ【一昨日】 名詞 おととい。一昨日。発展「彼方つ日」という意味。「つ」は上代の格助詞。↓古語チャート 41(1179ページ)

をと-め【少女・乙女】 名詞 ❶若い女性。未婚の女性。↓古語チャート 50(1357ページ) ❷「★五節の舞姫」と同じ。

類語比較「をんな」と「をとめ」↓女

をとめ-こ【少女子】 名詞 ↓をとめ

をとめ-さび【少女さび】 名詞 少女らしいようすをすること。少女らしい振る舞い。

をとめ-らに【少女等に】 枕詞 (少女に会うという意味から)「あふ」「ゆきあふ」に係る。

をど・る【踊る】 動詞 自 ラ四段〈ら・り・る・る・れ・れ〉❶飛び跳ねる。跳ね上がる。❷音楽や拍子に合わせて体を動かす。類舞ふ

雀の子の、ねず鳴きするにをどり来る。〈枕草子・151・うつくしきもの〉訳スズメの子が、ネズミの鳴きまねをすると**飛び跳ねて来る**のは(かわいらしい)。

を-なは【麻縄・苧縄】 名詞 麻糸をよって作った縄。

を-の【小野】 名詞 野。野原。発展「を」は接頭語。

をの【斧】 名詞 木を切ったり割ったりする道具。

斧入れて香におどろくや冬木立 句〈秋しぐれ・与謝蕪村〉訳勢いよく斧を打ち込むと、その木から立ちのぼる新鮮な香りにはっとする。冬枯れの寒々とした姿の中に、みずみずしい生命を宿している木立よ。○季語 冬木立―冬

発展 枯れ木の中に秘められていた生命への感動を、動的な人間と静的な自然を配して描き出す。

を-の-こ【男・男の子】

男性。特に、目下の男性
- ❶(一般に)男性。男。また、男の子。息子。
- ❷(男性の)奉公人。下男。
- ❸清涼殿の殿上の間に仕える男性。殿上人。
- ❹(接尾語的に用いて)目下の者の名に付けて呼ぶことば。

名詞 ❶(一般に)**男性**。**男**。また、**男の子**。**息子**。

男も、慣らはぬはいとも心細し。まして女は船底に頭を突き当てて、音をのみぞ泣く。〈土佐日記・一月九日〉

訳男でも、(船旅に)慣れていない者は本当に頼りなく不安だ。なおさら女は(夜の海の恐ろしさに)船底に頭を押し当てて、ただ泣くばかりである。
❷(男性の)奉公人。下男。
家に使はるる男どものもとに、「燕の、巣くひたらば告げよ。」とのたまふを…。〈竹取・燕の子安貝〉訳(中納言が)家で使われている下男らのもとに、「ツバメが、巣を作ったならば知らせよ。」とおっしゃるのを…。
❸清涼殿の殿上の間に仕える男性。殿上人。
猫を御懐に入れさせたまひて、男ども召せば…。〈枕草子・9・上にさぶらふ御猫は〉訳(天皇は大切にしている)ネコを(襲いかかるイヌから守るため)お召し物の内側にお入れになって、殿上人らをお呼びになると…。
❹(接尾語的に用いて)目下の者の名に付けて呼ぶことば。…という男。
「又五郎男を師とするよりほかの才覚さうらはじ。」〈徒然草・102・尹大納言光忠入道〉訳「又五郎という男を(年末の儀式の)師匠とする以外によい方法はないでしょう。」
発展「をのこ」と「をとこ」　「女の子」の対義語で、男性一般および男の子供を表す❶がもともとの意味。類義の「をとこ」が男女の性別を意識して夫・恋人などの意味でも用いられるのに対して、「をのこ」にはそのような意識が少なく、❷以下の意味のように、目下の者に対して用いられることが多い。↓古語チャート50(1357ジ)
類語比較「をとこ」と「をのこ」→男
をのこ-ご【男子】名詞❶息子。❷男の子。また、男性。
をのこ-みこ【男御子】名詞→をとこみこ
をの-え-も-く・つ【斧の柄も朽つ】　ちょっとの間と思っているうちに長い年月を過ごす。年月が久しくなることのたとえ。
千年も見聞かまほしき御ありさまなれば、斧の柄も朽ちぬべけれど…。〈源氏・松風〉訳千年の間でも見たり聞いたりしていたい(源氏のすばらしい)ごようすなので、(人々は)ちょっとの間と思っているうちに長い年月を過ごしてしまいそうだけれども…。
発展名詞「をの」+格助詞「の」+名詞「え」+係助詞「も」+上二段動詞「くつ」。山中で仙人の囲碁を見ているうちに持っていた斧の柄が腐ってしまったのに驚き、村に帰ってみると、知人はみな死んでいたという故事による。
を-の-へ【尾の上】名詞山の峰。山頂。発展「峰の上」の変化したことば。
を-の-わらは【男の童】名詞男の子。
を-は【尾羽】名詞尾と羽。
を-ば【伯母・叔母】名詞父母の姉妹。対伯父
を-ば連語(動作の対象を強調し)…を。
あばらなる蔵に、女をば奥に押し入れて…。〈伊勢・6〉訳がらんとした蔵に、女を奥に押し込んで…。
発展「をは」(格助詞「を」+係助詞「は」)の変化したもの。
を-はうちから・す【尾羽打ち枯らす】　みすぼらしくなる。貧乏になる。生活が苦しくなる。
次第にをはうちからして渡世成り難く…。〈西鶴・武家義理物語〉訳しだいに貧乏になって生活できなくなり…。
発展名詞「をは」+四段動詞「うちからす」。
をばすてやま【姨捨山】歌枕→姨捨山(おばすてやま)
を-ばな【尾花】名詞❶ススキの花穂。秋の七草の一つ。季語秋 ❷*襲の色目のひとつ。表は白、裏は薄縹。秋に用いる。発展❶は、形が馬の尾に似ていることから。
をはり【終はり】名詞❶終わること。最後。しまい。❷一生の終わり。死に際。最期。臨終。
をはり【尾張】旧国名↓尾張(おわり)
をは・る【終はる】動詞自〔ラ四段〕〈ら・り・る・る・れ・れ〉❶終わりになる。終了する。
❷死ぬ。亡くなる。
その庵のうちにて、遂に終はりたまひぬ。〈平家・3・僧都死去〉訳その庵の中で、とうとうお亡くなりになった。

類語比較「はつ」と「をはる」→果つ
を-はん-ぬ【畢んぬ・了んぬ】連語(動詞・助動詞の連用形に付いて)…てしまった。…た。

強盗乱入し、房中にありける物みな捜し取り出しをはんぬ。〈古事談〉訳強盗が乱入し、部屋の中にあったものすべてを捜して持って行ってしまった。

発展「をはりぬ」(四段動詞「をはる」の連用形+完了の助動詞「ぬ」)の撥音便。

を-ふ【麻生】名詞アサの生えている所。アサ原。

を・ふ【終ふ】一動詞自〔ハ下二段〕〈へ・へ・ふ・ふる・ふれ・へよ〉終わる。果てる。

天地と共に終へむと思ひつつ仕へまつりし心違ひぬる〈万葉集・2・176〉訳天地(が終わるの)と一緒に終わろう(=永遠に続けたい)と思い続けてお仕え申し上げてきた気持ちが、(希望と)異なる結果になって(皇子は亡くなって)しまった。

二動詞他〔ハ下二段〕〈へ・へ・ふ・ふる・ふれ・へよ〉終える。果たす。し尽くす。

命を終ふる期、忽ちに至る。〈徒然草・108・寸陰惜しむ人なし〉訳一生を終える時は、すぐにやって来る。

を-ぶね【小船・小舟】名詞小さな舟。発展「を」は接頭語。

を-み【小忌・小斎】名詞❶神事のとき、官人が厳重に斎戒して心身を清め、*小忌衣を着て神事に奉仕すること。また、その官人。❷「小忌衣」の略。発展「をいみ」の変化したことば。

を-み【麻績】名詞アサを細く裂き、より合わせて糸にすること。また、それを仕事とする人。発展「麻績み」の変化したことば。

をみ-ごろも【小忌衣】名詞神事に奉仕する官人や舞人が装束の上に着た衣。形は狩衣に似ており、白地に春の草や小鳥などの模様を青摺りにした。右肩に赤いひもを二本垂らし、冠には「*日陰の蔓」を付ける。

[をみごろも]
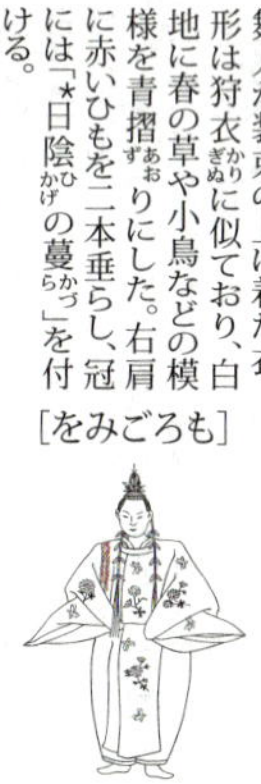

をみな【女】名詞おんな。女性。特に、若い女性。類女↓古語チャート50(1357ジ)発展後に「をうな」→「をんな」と変化した。
をみなへし【女郎花】名詞❶《植物》オミナエシ科の多年草。秋の七草の一つ。秋、枝先に黄色の小花が密集して咲く。季語秋 ❷*襲の色目のひとつ。表は縦糸が青で横糸が黄、裏は青。陰暦七・八月ごろ用いる。発展❶は、和歌では多く女性にたとえられる。中世以降「をみなべし」「をみなめし」とも。
をむな【女】名詞→をんな
を-め・く【喚く】動詞自〔カ四段〕〈か・き・く・く・け・け〉大声を

出す。叫ぶ。わめく。「われと思はん人々は高綱に組めや。」とて、をめいてかく。〈平家・9・宇治川先陣〉訳「我こそはと思う者は(この)高綱と勝負しろ。」と、叫んで(敵陣へ)突入する。

をーや 連語 一❶(「や」が疑問を表す場合)…を…か。…をではないだろうか。「**心地もいささかあしければ、これをやこの国に見捨てて、惑はむとすらむと思ふ。**」〈更級日記・子忍びの森〉訳「(私の)体の具合も少し悪いので、この子をこの国に残して、路頭に迷うことになるのではないだろうかと思う。」

❷(「や」が反語を表す場合)…を…か、いや…ない。「**影をば踏まで、面をや踏まぬ。**」〈大鏡・道長上〉訳「(公任などの)影は踏まないで、顔を踏まないでおこうか、いや、踏まずにはおかない。」

二❶(詠嘆を表し)…ではないか。…だなあ。**翁もの覚えての後は、かかることさぶらはぬものをや。**〈大鏡・道長上〉訳このじじい(=私)がもの心ついてからは、こういうことはございませんのになあ。

❷(「いはむ(ん)や…をや」の形で、ある例を挙げて、他を類推させて)…においてはなおさらだ。…は言うまでもない。**世の人、常にいはく「悪人なほ往生す。いかにいはむや、善人をや」と。**〈歎異抄〉訳世間の人が、普通に言うことには「悪人がそれでも極楽浄土に行く。まして善人は言うまでもない。」と。

発展 一は、格助詞「を」＋係助詞「や」。二は、間投助詞「を」＋間投助詞「や」。

をーやまだ【小山田】 名詞 山あいや山のふもとにある田。山田。発展「を」は接頭語。

をーやみ【小止み】 名詞 少しの間止まること。

をやみーな・し【小止み無し】 少しも止まることがない。とぎれがない。ただ、例の、雨の**おやみなく**降りて…。〈源氏・明石〉訳ただ、あいかわらず、雨は**とぎれがなく**降って…。

発展 名詞「をやみ」＋形容詞「なし」。

をーや・む【小止む】 動詞 自 マ四段 〈ま・み・む・む・め・め〉 少しの間止まる。とぎれる。**雷鳴りやみ、雨すこしをやみぬるほどに、大臣渡りたまひて…。**〈源氏・賢木〉訳雷が鳴りやみ、雨が少しの間**とぎれた**時分に、大臣(=右大臣)がいらっしゃって…。

発展「を」は接頭語。

をら【居ら】 動詞・補助動詞**をり**(居り)の未然形。

をら＋口 「**をる**【折る】」一 目(ラ行四段)の未然形。

をり【折】

時の変わり目や節目になる時
一 名詞 季節。時節。
二 形式名詞 (…の)とき。(…の)場合。

一 名詞 **季節。時節。**生り物の木の、**折**に生りたる、多かりければ、それを取り食ひて明かし暮らすほどに、秋にもなりにけり。〈宇治拾遺〉訳果物の木で、(その)**季節**に実っている果物が、多かったので、それを取って食べて生活するうちに、(いつしか)秋にもなってしまったのだった。

二 形式名詞 (…の)**とき**。(…の)**場合**。(…の)**際**。**憎きもの。急ぐことあるをりに来て、長言する客人。**〈枕草子・28・憎きもの〉訳しゃくに障るもの。急用のある**とき**にやって来て、長話をする客。

を・り【居り】 一 動詞 自 ラ変 〈ら・り・り・る・れ・れ〉 ❶存在する。いる。ある。

❷座っている。→古語チャート37(1075ページ)「**我鹿に代はりて殺されなば、さりとも少しはとどまりなんと思へば、かくて射られんとしてをるなり。**」〈宇治拾遺〉訳「私がシカになり代わって殺されたなら、いくらなんでも少しはやめるだろうと思ったので、こうして射られようとして**いるの**だ。」

恋しきが方も方こそありと聞け立てれをれどもなき心地かな 歌〈古今集・雑体・1024〉訳恋しい思いについても、対処法はあると聞くが、立っていても**座っていて**も、どうにもしようがない気持ちだなあ。

二 補助動詞 ラ変 〈ら・り・り・る・れ・れ〉 ❶(動作・状態の継続を表し)…(て)いる。**世に仕ふる程の人、たれか一人ふるさとに残りをらん。**〈方丈記・都遷り〉訳朝廷に仕える身分の人は、だれがひとりでも旧都に残って**い**ようか、いや、残っていない。

❷(他人の動作・行為をののしって)…やがる。「**いや、抜かれは致しませぬ。**」「**まだ言ひをる。**」〈狂言・末広がり〉訳「いいえ、だまされはいたしません。」「まだ言い**やがる**。」○この例は四段活用で用いられた例。↓発展

発展「ゐあり」の変化したもので、座ったままの状態を続けるというのが本来の意味。上代には自分の動作について用いられ、中古では動作を卑しめる感情を含んで用いられることが多い。そんな流れから二の❷の用法も生じたという。中世以降、四段にも活用した。

をり＋口 「**をる**【折る】」一 目(ラ行四段)の連用形。

をりーあか・す【居り明かす】 動詞 他 サ四段 〈さ・し・す・す・せ・せ〉 起きたままで夜を明かす。その場にいて夜を明かす。

をりーえだ【折り枝】 名詞 折った木の枝。また、造花を付けた枝。

をりーえぼし【折り烏帽子】 名詞 頂を折って伏せた烏帽子。風折り烏帽子や侍烏帽子など。対 立て烏帽子。→直垂(図)

をりーか・く【折り掛く・折り懸く】 一 動詞 自 カ下二段 〈け・け・く・くる・くれ・けよ〉 (波などが)繰り返し寄せる。寄せては返す。**岩根越す清滝川のはやければ波折りかくる岸の山吹** 歌〈新古今集・春下・160〉訳岩を越えて流れる清滝川の流れが速いので、波が**繰り返し寄せる**岸のヤマブキよ。

二 動詞 他 カ下二段 〈け・け・く・くる・くれ・けよ〉 ❶折り曲げて(それに物を)掛ける。**賤の男が篠に折りかけて干す衣いかに干せばか乾ざらん…**〈梁塵秘抄〉訳卑しい男が細いタケを**折り曲げて**(それに)**掛けて**干す衣は、どのように干してあるから乾かないのであろうか…。

❷折って、そのままにしておく。**矢三筋四筋折り懸けぬ人もなかりけり。**〈太平記〉訳矢が三、四本(ささり、それを)**折って、そのままにして**おかない人もなかった。

をりーかへ・す【折り返す】 動詞 他 サ四段 〈さ・し・す・す・せ・せ〉 ❶折って重ねる。二重に折る。

❷繰り返す。反復する。**御笛二つして、「高砂」を折り返して吹かせたまふは**…〈枕草子・245・一条の院をば〉訳(帝が師と)お笛二本で、『高砂』を**繰り返して**お吹きになるのは…。

をりーから【折柄】 一 名詞 ちょうどその時。ちょうどよい時。

折からの思ひかけぬ心地して、胸に当たりけるにや。〈徒然草・41・五月五日〉訳 ちょうどよい時の思いもかけない気持ちがして、心に響いたのであろうか。

二 副詞 ちょうどそのときに。都合よく。類 折しも

折から、あはれなりし人の文、雨など降り、つれづれなる日、さがし出でたる。〈枕草子・30・過ぎにし方恋しきもの〉訳（受け取った）**ちょうどそのときに、**しみじみと心に染みて感じた人の手紙を、雨などが降って、所在ない日に、探し出したのは（過ぎ去った昔が恋しく感じられる）。

をり-く【折り句】 国語・国文法 → 折句（おりく）

をり-ごと【折り琴】― 名詞 折りたたみができる琴。

をり-しも【折しも】― 副詞 ちょうどその時。折も折。

折しも、冠者の君参りたまへり。〈源氏・少女〉訳（雲居の雁を引き取る話をしていると）**ちょうどその時、**元服した若君（＝夕霧）が参上なさった。

発展 名詞「をり」＋副助詞「しも」が一語になったもの。

をりしも-あれ【折しもあれ】― ちょうどその時もその時。まさにその時。折も折。

「**折しもあれ、対面に聞こえつべきほどにもあらざりければ**…。」〈蜻蛉日記〉訳「**ちょうどその時も時、**お目にかかって申し上げられるときでもなかったので…。」

発展 副詞「をりしも」＋ラ変動詞「あり」の已然形。「折しも」をさらに強調したことば。

をりしり-がほ・なり【折知り顔なり】 形容動詞（ナリ）〈なら・なり（に）・なり・なる・なれ・なれ〉（時節や情景などに）いかにもふさわしい。心得ているかのようだ。

折知り顔なる時雨うちそそきて…。〈源氏・葵〉訳（悲しい気持ちに）**いかにもふさわしい**時雨がさっと降って…。

をり-ど【折り戸】― 名詞 蝶番の所で折れるようになっている戸。

をり-に-つ-く【折に付く】― 時期に応じる。季節にふさわしい。

すべて折に付けつつ、一年ながらをかし。〈枕草子・2・頃は〉訳 すべて**時期に応じて、**一年中趣がある。

をり-は・ふ【折り延ふ】― 動詞 他〔ハ下二段〕〈へ・へ・ふ・ふる・ふれ・へよ〉時を延長する。長く続ける。

あしひきの山郭公をりはへて誰かまさると音をのみぞなく 歌〈古今集・夏・150〉訳 山のホトトギスが**長く続けて**（鳴いているが、あれは）だれか（この悲しさに）勝るのかと声高く鳴いているのだ。〇「あしひきの」は「山」に係る枕詞。

をり-はへ-て【折り延へて】 連語 時間をずっと延ばして。長い間にわたって。長く続けて。発展 下二段動詞「をりはふ」＋接続助詞「て」。

をり-びつ【折り櫃】― 名詞 肴や菓子を入れる、ふた付きの箱。ヒノキの薄板を折り曲げて、四角や六角形などに作る。

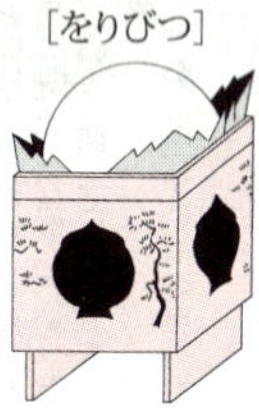
［をりびつ］

をりびつ-もの【折り櫃物】― 名詞 折り櫃に入れた食物。

をり-ふし【折節】―

ある物事に対応する時
- 一 名詞 ❶その時々。その場合場合。❷場合。折。❸季節。
- 二 副詞 ❶ちょうどその時。折から。❷ときどき。

一 名詞 ❶**その時々。その場合場合。**

けうとき客人などの参る折節の方なりければ、男どもぞ御簾の外にありける。〈源氏・若紫〉訳（二条院の西の離れは）疎遠な客などが参上する**その時々**に使う場所であったので、下男らが簾の外に（警固をして）いたのだった。

❷**場合。**折。

前の世の契りもつらき折節なれど、「さるべきにこそはありけめ。」と…この君をしもいとかなしうしたてまつりたまふ。〈源氏・橋姫〉訳（産後の肥立ちが悪くて今にも死にそうな八の宮の正妻は）前世の因縁も恨めしい**折**ではあるけれど、「こうなる宿命であったのだろう。」と思って…この（生まれた）姫君を特にかわいくお思い申し上げなさる。

❸**季節。**

折節の移り変はるこそ、ものごとにあはれなれ。〈徒然草・19・折節の〉訳 **季節**がしだいに変化するようすは、何事につけても趣深いように感じる。

二 副詞 ❶**ちょうどその時。**折から。

勧賞には闕国を賜ふべき由仰せ下されける。折節、但馬の国空きたりけるを賜ひにけり。〈平家・1・殿上闇討〉訳（鳥羽上皇は平忠盛に）褒美として国守の欠けている国をお与えになるのがよいという趣旨のご命令をお与えになった。**ちょうどその時、**但馬の国（＝今の兵庫県北部）が空いていたのをお与えになったのだった。

❷**ときどき。たまに。** →古語チャート 49（1327ページ）

所々の風景過ぐさず思ひ続けて、折節あはれなる作意など聞こゆ。〈奥の細道・汐越しの松〉訳（芭蕉の門人の北枝は道すがらも）所々の風景を見逃さずに（句を）考え続けて（いて）、**ときどき**情緒のある趣向（の句を詠んでいる声）が聞こえてくる。

をり-め【折り目】― 名詞 ❶折った所。特に、袴などを折った筋目。❷行儀作法。

をりめ-だか・なり【折り目高なり】― 形容動詞（ナリ）〈なら・なり（に）・なり・なる・なれ・なれ〉着物の折り目をはっきりさせている。また、行儀作法などがきちんとしている。折り目正しい。

馬士荷歩持までも、洗濯布子の粘強きを折り目高に着なして…。〈滑稽本・東海道中膝栗毛〉訳（都では）馬子や荷物人夫までもが、洗濯した綿入れでのりがよくきいているのを**折り目をはっきりさせて着て**…。

をり-をり【折折】― **一** 名詞 そのたびごと。そのつど。その時々。

「**恋しからむをりをり、取り出でて見たまへ。**」〈竹取・かぐや姫の昇天〉訳「恋しくなるような**その時々に、**（手紙を）取り出してご覧ください。」

二 副詞 ❶たびたび。機会あるごとに。

入道にもをりをり語らはせたまふ。〈源氏・明石〉訳（源氏は娘に訪ねて来てほしいから）入道にも**機会あるごとに**繰り返し（娘に話を）もちかけさせなさる。

❷しだいに。だんだん。

齢は歳々にたかく、栖はをりをりに狭し。〈方丈記・方丈〉訳 年齢は年月を重ねるごとに高くなり、住居は（移すたびに）**だんだん**と狭くなる。

発展 **一**の用例は「恋しからむ」という連体修飾語を受け

ているので、名詞。㊁❶の用例は「語らはせたまふ」を修飾している連用修飾語なので、副詞。→古語チャート㊾(1327ページ)

❓**をる【居る】** 動詞・補助動詞**をり**(居り)の連体形。

を・る【折る】 ㊀動詞 自 ラ四段〈ら・り・る・る・れ・れ〉(波が折り重なるように)寄せては返す。**今日もかも沖つ玉藻は白波の八重折るが上に乱れてあるらむ** 歌〈万葉集・7・1168〉訳 今日もまた沖の美しい海藻は白波の幾重にも**寄せては返す**(その)上で乱れているのだろうか。

㊁動詞 自 ラ下二段〈れ・れ・る・るる・るれ・れよ〉❶曲がる。また、曲がって切れる。**大きなる木の枝などの折るる音も、いとうたてあり。**〈源氏・野分〉訳 大きな木の枝などが**曲がって切れる**音も、とても不気味だ。

❷曲がって行く。進行方向を変える。**朱雀より五条の大路を西ざまに折れたまふ。**〈源氏・行幸〉訳 朱雀大路から五条の大路を西の方角に**曲がって行き**なさる。

❸気がくじける。負ける。服従する。**僧正理に折れていふ事なかりけり。**〈古今著聞集〉訳 僧正は理屈に**負けて**いうことがなかった。

❹和歌で、第三句(腰句)と第四句とがうまく続かなくなる。**ややもせば、腰はなれぬばかり折れかかりたる歌を詠み出で**…。〈紫式部日記〉訳 どうかすると、第三句が離れてしまうほど**第三句と第四句とがうまく続かなくなって**しまっている歌を詠み出して…。

㊂動詞 他 ラ四段〈ら・り・る・る・れ・れ〉❶曲げる。また、曲げて切る。ちぎる。**心あてに折らばや折らむ初霜の置きまどはせる白菊の花** 百人一首〈古今集・秋下・277〉訳 →こころあてに…

❷折り目を付ける。折り畳む。**下襲は縫ひ出でて袍への折らむとて**…。〈落窪〉訳 (姫君は)下に着るものを縫い上げて上着に**折り目を付け**ようとして…。

❓**をる＋□** 「**をる**【折る】㊀㊂(ラ行四段)」の終止形・連体形。または、「**をる**【折る】㊁(ラ行下二段)」の終止形。

❓**をるる＋□** 「**をる**【折る】㊁(ラ行下二段)」の連体形。

❓**をるれ＋□** 「**をる**【折る】㊁(ラ行下二段)」の已然形。

❓**をれ【居れ】** 動詞・補助動詞**をり**(居り)の已然形・命令形。

❓**をれ＋□** 「**をる**【折る】㊀㊂(ラ行四段)」の已然形・命令形。または、「**をる**【折る】㊁(ラ行下二段)」の未然形・連用形。

をろが・む【拝む】 動詞 自 マ四段〈ま・み・む・む・め・め〉《上代語》おがむ。拝礼する。類 拝む **その隼人に大臣の位を賜ひ、百官をしてをろがましめたまふに**…。〈古事記・履中天皇〉訳 その隼人に大臣の位を授け、多くの官吏に**拝礼させ**なさると…。

をろ-た【峰ろ田】 名詞 丘の上の田。山の田。

をろ-ち【大蛇】 名詞 大きなヘビ。大蛇。

を-を-し【雄雄し・男男し】 形容詞 シク〈しく・しく・し・しき・しけれ・○/しから・しかり・○・しかる・○・しかれ〉男らしい。勇猛だ。「『**院の帝は、雄々しくすくよかなる方の御才などこそ、心もとなくおはします。』と世人思ひためれ**…。」〈源氏・若菜上〉訳 「『朱雀院は、**男らしく**堅実な学問(＝儒学)などの面では、頼りなくていらっしゃる。』と世間では思っているようだが…。」

をを-り【撓り】 名詞 花や葉を多く付けて、枝がしなうこと。また、その枝。

をを・る【撓る】 動詞 自 ラ四段〈ら・り・る・る・れ・れ〉《上代語》(花や葉が付いて)枝がしなう。たわみ曲がる。**春へには花咲きををり秋されば霧立ち渡る**…。歌〈万葉集・6・923〉訳 春ごろには花が咲いて**枝がしない**、秋になると、霧が一面に立ちこめる…。

〇「秋されば」は、「秋部者」とある本文もあるので、「秋へには」とも訓まれる。

をん-がい【怨害】 名詞 怨霊のなす災い。

をん-ごく【遠国】 名詞 都から遠く離れた国。地方。発展「ゑんごく」とも。

をんぞうゑ-く【怨憎会苦】 名詞《仏教語》★八苦の一つ。この世の中では、恨み憎む人や事物に必ず出会うという苦しみ。

をん-てき【怨敵】 名詞 深い恨みのある敵。かたき。

をんな【女】

女性。特に、成人した女性
- ❶(一般に)女性。女。特に、成人した女性。若い女性。
- ❷妻。恋人。

名詞 ❶(一般に)**女性。女。特に、成人した女性。若い女性。** **大人になりければ、男も女も恥ぢ交はしてありけれど、男は「この女をこそ得め。」と思ふ。**〈伊勢・23〉訳 (幼なじみの男女が共に)成人してしまったので、男も女も互いに恥ずかしがっていたけれど、男は「この**女**を妻にしたいものだ。」と思う。

❷**妻。恋人。** **例の童ばかりを御供にておはしまして、門をたたかせたまふに、女、目を覚まして**…。〈和泉式部日記〉訳 (敦道親王が)いつものように召し使いの少年だけをお供にして(恋人の家に)おいでになって、(少年に)門をたたかせなさると、(親王の)**恋人**は、目を覚まして…。

発展 ①**語の成り立ち** 主に上代に用いられた「をみな」が変化してできたことば。「をむな」「をうな」とも。

②**「をとこ」と「をんな」** 中古以降、「をとこ」の対義語として、広く女性一般を指して用いられ、特に成人した若い女性をいう。なお、「おんな」は老女の意味を表す「おみな(嫗)」が変化したことばで、「をんな」とは別のことばである。→古語チャート㊿(1357ページ)

類語比較 **「をんな」と「をとめ」**
共通点＝主に若い女性を表すことば。
をんな＝①広く一般の女性を指し、妻・恋人の意味でも用いられる。②中古以降、若い女性という意味では「をとめ」よりも「をんな」が中心に用いられるようになった。
をとめ＝①若返るという意味の動詞「復つ」と同じ語源で、もともとは、若い女性、未婚の女性をいい、上代では特に宮廷に奉仕する若い官女をも指した。②中古以降、もっぱら「★五節の舞姫」を指すようになった。

関連語 男・女

をんな-あるじ【女主】 名詞 女主人。

をんな-がた【女方】 名詞 ❶女性の方。女性側。**こよなきことはおぼさねど、女方の心ゆるしたまはぬ事**

の紛れあるは…。〈源氏・竹河〉訳不相応な縁談とはお考えにならないが、**女性の方**がお許しにならない(うちに)ごたごたがあるのは…。

❷女性のいる所。特に、女房の詰め所。「男、**女方許されたりければ**…〈伊勢・65〉訳男は、(年少であったため)**女房の詰め所**に(出入りを)許されていたので…。

❸歌舞伎で、女役を演じる役者。女形。

をんな-かぶき【女歌舞伎】｜名詞 出雲のお国が歌舞伎踊りを創始した後、それを模倣して女芸人や遊女らが演じた初期の歌舞伎。遊女屋が経営し、抱えの遊女が演じたものを、特に「遊女歌舞伎」という。江戸時代初期に流行したが、風紀を乱すという理由で幕府により禁止された。

をんな-ぎみ【女君】｜名詞 貴族の女子を敬った言い方。姫君。対男君 発展「めぎみ」とも。

をんな-きんだち【女公達・女君達】｜名詞 貴族の娘。対男公達

をんな-ぐるま【女車】｜名詞 女性の乗る牛車。簾の脇や下から着物の袖や裾を出した。対男車

をんな-ご【女子】｜名詞 女の子。娘。

「京にて生まれたりし**女子**、国にてにはかに失せにしかば…。〈土佐日記・十二月二十七日〉訳都で生まれていた**女の子**が、(任地である土佐の)国で急に亡くなってしまったので…。

をんな-し【女し】形容詞〔シク〕〈しく・しく・し・しき・しけれ・○／しから・しかり・○・しかる・○・しかれ〉女らしい。

「なよびかに**女しと見れば**、**あまり情けにひきこめられて**…。」〈源氏・帚木〉訳「優しくて**女らしい**と思うと、(きまってそういう女は)とかく情愛にこだわりすぎて…。」

をんな-で【女手】｜名詞 平仮名。類仮名 対男手

「**女手を心に入れて習ひし盛りに、事もなき手本多く集へたりし中に**…。」〈源氏・梅枝〉訳「(私が)**平仮名**を熱心に習っていた(その)最も盛んなころに、無難で欠点もない手本を多く集めてあった中で…。」

をんな-てがた【女手形】｜名詞 江戸時代、女性が関所を通るための通行証。人相・年齢・旅行の目的など、男性のものより詳しく記した。

発展 女性用の手(＝文字)の意。「女文字」とも。

をんな-でら【女寺】｜名詞 ❶尼寺。❷女の子を教える寺子屋。

をんな-どち【女どち】｜名詞 女性同士。

をんな-にて【女にて】❶(自分が)女性として。女性の立場で。

「**女にてなどか愛でざらむ**。」〈源氏・夕霧〉訳「(男盛りの夕霧を)**女性として**どうしてすばらしいと思わないだろうか、いや、必ず思うだろう。」

❷(相手を)女性として。女性と思って。

御灯影いとめでたく、女にて見たてまつらまほし。〈源氏・帚木〉訳(源氏の)灯火に照らされたお姿はまことにすばらしく、(この方を)**女性として**見申し上げたい(くらいだ)。

発展 名詞「女」＋格助詞「にて」。

をんな-の-すぢ【女の筋】｜名詞 女性関係。情事。

をんな-はらから【女同胞】｜名詞 姉妹。↓同胞

をんな-ふみ【女文】｜名詞 女性の書いた手紙。

をんな-ぶり【女ぶり】｜名詞《近世以降》女性的な傾向。

古今歌集の頃となりては、**男も女ぶりに詠みしかば**…。〈歌意考〉訳古今和歌集の時代になってからは、男も**女性的な傾向**で詠んだので…。

をんな-みこ【女御子】｜名詞 皇女。内親王。類女宮 対男御子

をんな-みや【女宮】｜名詞 ↓をんなみこ

をんな-めか・し【女めかし】形容詞〔シク〕〈しく・しく・し・しき・しけれ・○／しから・しかり・○・しかる・○・しかれ〉女らしい。

「**さこそ細やかに女めかしくおはすれども**…。」〈宇治拾遺〉訳「(妹は)あんなにほっそりとしていて**女らしくいらっしゃるが**…。」

発展「めかし」は接尾語。

をんな-もじ【女文字】｜名詞 ↓をんなで

をんな-わらは【女童】｜名詞 女の子。少女。類女の童

をんな-ゑ【女絵】｜名詞 ❶特に情趣の豊かな絵、あるいは大和絵ともいう説があるが、はっきりしない。❷女性の姿を描いた絵。美人画。

をん-りやう【怨霊】｜名詞 人を恨んでたたる霊。

をん-る【遠流】｜名詞 都から非常に遠い所へ流す刑。流罪の中で最も重い。伊豆・安房・常陸・佐渡・隠岐など へ流した。遠島。

ん

ん 助動詞 ↓む基本助動詞20(1193ページ)

んす 助動詞〔特殊型〕〈んせ(んしょ)・んし・んす・んす・んすれ・んせ(んし)〉

❶《近世語》(尊敬を表し)お…になる。…なさる。接続 四段・ナ変動詞の未然形に付く。

「若後家にならんすを見るやうな。」〈幼稚子敵討〉訳「若い後家さんに**おなりになる**のを見るようだ。」

❷《遊里語》(丁寧を表し)…ます。接続 動詞の連用形に付く。

「どうござんすぞ、金のことは存じやせぬ。遣り手にお問ひなさりんせ。」〈近松・女殺油地獄〉訳「どうでございましょう、金遣いのことまでは存じません。遣り手にお尋ねなさい**ませ**。」

発展 ❶は、「しゃんす」が変化したもの。❷は、助動詞「ます」が変化したもの。

んず 助動詞 ↓むず

んず-らん 連語 …だろう。

よきやうに申すこともあらんずらんと頼みをかけ…。〈平家・3・足摺〉訳よいように取り成してくれることもある**だろう**とあてにして…。

発展「むずらむ」の中世以降の表記。推量の助動詞「んず(むず)」の終止形＋現在推量の助動詞「らん(らむ)」。

❶**んずる** 推量・意志の助動詞**んず**(むず)の連体形。

❷**んずれ** 推量・意志の助動詞**んず**(むず)の已然形。

ん-と-す 連語 …だろう。…(し)ようとする。

家の内にをれば、たちまちにひしげなんとす。〈方丈記・大地震〉訳(大地震で)家の中にいると、すぐさま押しつぶされてしまう**だろう**。

発展「むとす」の中世以降の表記。

ステップアップ企画

初見の古文を読み解くには ―― 1372-1379

古語辞典活用編

文学史年表 ―― 1380-1388

最重要語・重要語索引 ―― 1389-1392

類語比較一覧 ―― 1393-1395
識別一覧 ―― 1396-1397

小倉百人一首一覧 ―― 1398-1400
和歌・俳句見出し索引 ―― 1401-1407

初見の古文を読み解くには

入試で出題される**初見の古文を読み解く**には、次の力が必要です。

①単語力　※本辞典で、**最重要語・重要語**を重点的におさえよう
（前見返し「最重要語・重要語の使い方」参照）

②文法力　※本辞典の「**読解の手引き**」コラムでポイントをおさえよう
（後見返し「コラム索引」参照）

右の二つに加え、もうひとつ、必要となる力があります。

③古文の文脈を大づかみする力

古文は主語が省略されることが多いうえに、一文が長いため、文脈がつかみにくくなっています。そのため、単語をところどころにあてはめてみても断片的な読みにしかつながりませんし、いちいち品詞分解をしていては、読解のスピードが落ちるうえに、俯瞰的な読みにはつながりません。そこで、この「**ステップアップ企画**」では③の力を身につけるための着眼点をご紹介します。次の文をご覧ください。

大納言の姫君、二人ものしたまひし、まことに物語に書きつけたるありさまに劣るまじく、何事につけてもめでたく生ひ出でたまひしに、故大納言も母上も、うちつづき隠れたまひにしかば、いと心細き古里に、ながめ過ごしたまひしかど、はかばかしく御乳母だつ人もなし。〈堤中納言・思はぬ方にとまりする少将〉

この長い一文を目の前にしたときに、どのように整理し把握していくかがポイントとなります。

この「**ステップアップ企画**」では以下の手順による読解を提案します。【**現代文感覚でOK**】の項目が多いのに驚くでしょう。古文といえども、現代語と同じ日本語ですから、現代日本語の感覚を踏まえれば、文脈の大筋をつかむことが可能なのです。

ポイント1　**文の基本的な構造に着目する**
【現代文感覚でOK】文の成分と述語との関係

ポイント2　**長い文の接続関係に着目する**
【現代文感覚でOK】（その1）接続助詞「て」による接続
【現代文感覚でOK】（その2）連用形による連接
【覚えればOK】（その3）条件接続
【覚えればOK】（その4）非条件接続

実践編❶　連用形と接続助詞に注目して読解する

とはいえ、古典語には現代語にはもう見られなくなってしまった現象がいくつかあります。そういった点をきっちりおさえることで差がつきます。

ポイント3　**古文と現代文との決定的な違いをおさえる**
【古文特有の現象だ】（その1）「係り結び」の構文
［ア］強調文　［イ］疑問文
【古文特有の現象だ】（その2）準体法
【古文特有の現象だ】（その3）同格

実践編❷　係り結びを含む文の読解

実践編❸　同格を含む文の読解

では、次のページから詳しい解説をスタートします。

ポイント1

文の基本的な構造に着目する
——文の成分と述語との関係——

a　**川　谷より　里へ　はるかに　流る。**

という文を考えてみましょう。この文を構成している成分の意味的な役割は、次のようになります。

a　(何が) 川　(どこから) 谷より　(どこへ) 里へ　(どのように) はるかに　(どうする) 流る。

それでは、これらの成分は、どのように結びついて文を構成しているのでしょうか。わかりやすく図にしてみましょう。

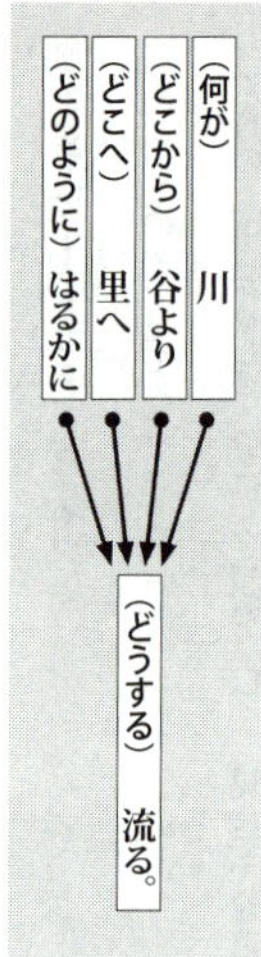

(どうする) の部分を「述語」と言います。

(どこから) (どこへ) は、「谷」「里」などの体言が「より」「へ」などの格助詞を伴うことによって、その役割を担うことができます。

(どのように) は、主に副詞・形容詞の連用形・形容動詞の連用形によって表されます。

(何が) は主語にあたります。主語を表す格助詞は限られた構文以外では用いられません。

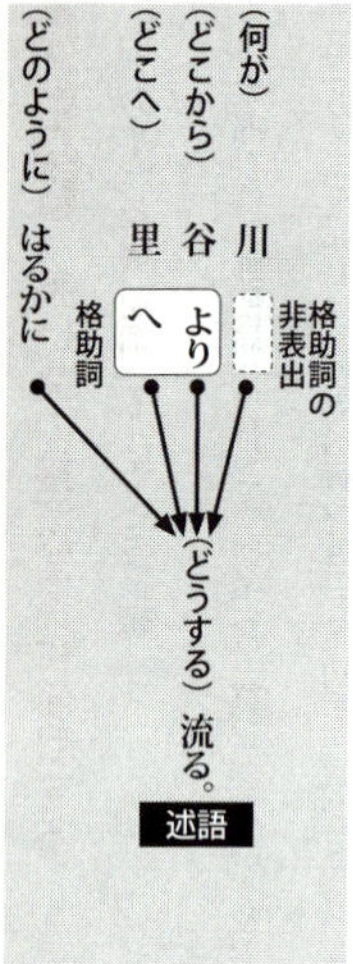

「何を」「何に」も、次の例のようにしばしば格助詞「を」「に」を伴うことなく表されます。

b　**船 ⬚ 出ださず。**(=船を出さない。) … **「を」の非表出**

c　**淡路の島は　夕されば　雲居 ⬚　隠りぬ…**(=淡路島は、夕方になるときまって、雲に隠れてしまう。…) … **「に」の非表出**

なお、**(どうする)** にあたる述語はaの例文のような動詞ばかりではなく、形容詞(d) 形容動詞(e)や「体言＋断定の助動詞」(f) であることもあります。その場合、主語と述語との関係は、「何が―どんなだ」「何が―なんだ」になります。

d　(何が) **空**　(どんなだ) **青し。**
e　(何が) **森**　(どんなだ) **静かなり。**
f　(何が) **我**　(なんだ) **男なり。**

以上のように、日本語の文は、文を構成する要素が述語と意味的につながりを持つことによって成り立っています(これは現代語であろうと古典語であろうと同じです)。このように、「何が―どうする」、「どこへ―どうする」など、述語と意味的なつながりを持つ要素を「★文の成分」、または「成分」と呼ぶことにします。

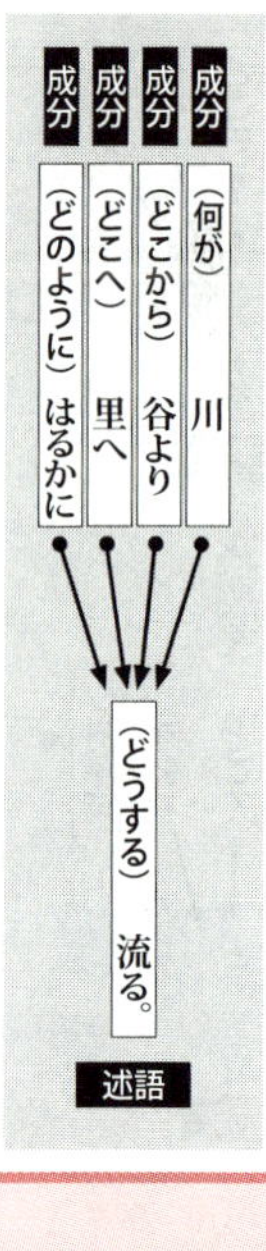

ポイント2 長い文の接続関係に着目する

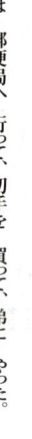

（その1） 接続助詞「て」による接続

a　**太郎君は　郵便局へ　行って、切手を　買って、弟に　やった。**

この文は、「太郎君は郵便局へ行って」と「切手を買って」と「弟にやった」という内容に分けることができます。それぞれの内容をポイント1の考え方を踏まえて整理すると、文を構成するパーツ(注)が「て」によって接続されていると捉えることができます。

（何が）太郎君は●→（どうする）行って、
（どこへ）郵便局へ●→
（何を）切手を●→（どうする）買って、
（何に）弟に●→（どうする）やった。

次に、古文の例を見てみましょう。

b　**六月の　頃、あやしき　家に、夕顔の　白く　見えて、蚊遣り火　ふすぶるも　あはれなり。**（＝陰暦六月の頃、みすぼらしい家に、ユウガオの花が白く見えて、カを追い払うための火が煙を立てるのも趣深い。）

この文では、「六月の頃、あやしき家に、夕顔の白く見えて」と「蚊遣り火ふすぶるもあはれなり」が「て」によって接続されています。

（いつ）六月の頃、●→
（どこに）あやしき家に、●→
（何が）夕顔の●→
（どのように）白く●→（どうする）見えて、
（何が）蚊遣り火ふすぶるも●→（どんなだ）あはれなり。

このように文は、パーツがいくつか接続して構成されることが多く、それらパーツを接続させるはたらきを持った語を**接続助詞**といいます。なお、接続助詞によって、接続する活用語の活用形は決まっています。ここで説明した「て」は、連用形に接続します。

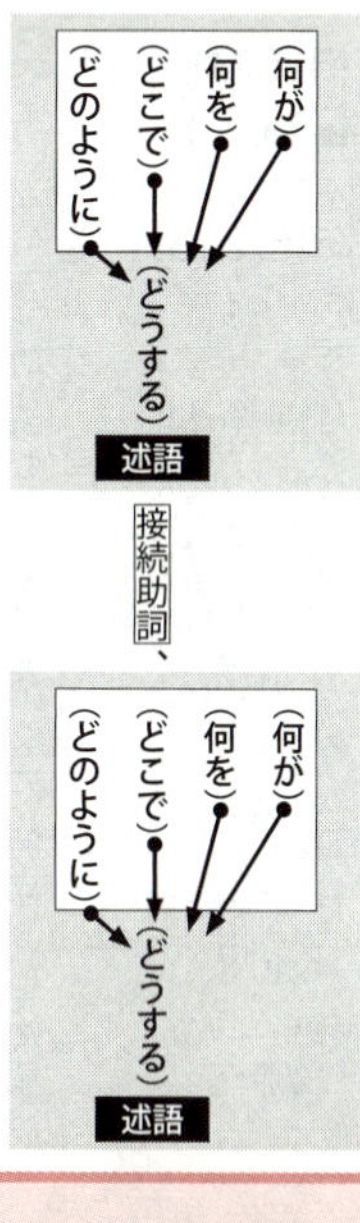

（その2） 連用形による連接

まず、次の現代語の例を見てみましょう。

a　**太郎君は　郵便局へ　行き、切手を　買い、弟に　やった。**

連用形「行き」「買い」で文を一時的に中止させながら、一文が構成されています。この用法を「**連用中止法**」といいます（↓中止法）。古文の例を見てみましょう。

b　**東西に　急ぎ、南北に　走る。**

ところが、形容詞型・形容動詞型活用語の連用形の場合は、「連用中止法」ばかりではなく、「**連用修飾**」になることもあり、特に長い文の場合は十分な注意が必要です。

c　**野に　舞ふ　蝶　おもしろく、咲く　花の ごとく　見ゆ。**（連用修飾）

d　**野に　舞ふ　蝶　おもしろく、日も　こよなう　のどけし。**（連用中止）

（その3） 条件接続

接続助詞は、「て」のように、パーツを単純に接続して積み重ねていくはたらきを担うものばかりではありません。次の例を見てみましょう。

a **海　荒ければ、船　出ぃださず。**（＝海が荒れているので、船を出さない。）〔注〕「荒けれ」は形容詞「荒し」の已然形。

ここでは、接続助詞「ば」が、二つのパーツをつないでいます。この場合、上のパーツは「ば」を付けることによって、下のパーツに対して原因・理由を表す「**順接確定条件**」になります。**条件法**の主なものは、

❶ **順接確定条件**　❷ **逆接確定条件**
❸ **順接仮定条件**　❹ **逆接仮定条件**
❺ **順接恒常的条件**　❻ **逆接恒常的条件**

などがあります。詳しくは、**読解の手引き⓫**条件法を解き明かす（669ページ）を参照してください。

（その4）非条件接続

接続助詞による接続関係は（**その3**）のaで見たような「**条件接続**」ばかりではなく、「**非条件接続**」を表すものもあります。例を見てみましょう。

b **寄りて見るに、筒の中光りたり。**（＝近づいて見ると、（タケの）筒の中が光を放っている。）

この「に」は、「に」の上の動作「寄りて見る」と「に」の下の状態「光りたり」の間に因果関係がなく、近づいて見ると、たまたま光を放っていた、という関係を表しています。「非条件接続」には、bの例文のような「**単純接続**（**偶然的条件**ともいう）」のほかに、「打消の接続」「動作の反復・継続」「複数の動作の並行」などがあります。

長い文の接続関係の基本的構造は、現代語も古典語も同じですが、（その3）（その4）で示したように、語彙ごいの面からは異なるものが多くあります。そこで、接続助詞の接続のしかたを表形式でまとめておきました。接続助詞にはそれぞれ用法の広がりが見られます。特に、「が」「に」「を」は、接続助詞としての語義が多様なうえに、格助詞としての用法もあり、注意が必要です。

条件接続

	接続する主な活用形	接続助詞	訳語
❶順接確定条件	〜已然形＋	ば[1]、…	〜ので、…
	〜連体形＋	に[1]、… を[1]、… ものから[1]、… ものゆゑ[1]、…	〜から、…
❷逆接確定条件	〜已然形＋	ども[1]、… ど[1]、… ば[2]、…	〜が、… 〜けれども、… 〜のに、…
	〜連体形＋	に[2]、… を[2]、… が[1]、… ものの、… ものを、… ものから[2]、… ものゆゑ[2]、…	
	〜連用形＋	ながら[1]、…	

	接続する主な活用形	接続助詞	訳語
❸順接仮定条件	〜未然形＋	ば[3]、… は、…	〜ならば、…
❹逆接仮定条件	〜終止形＋	と、… とも、…	〜ても、… 〜としても、…
	〜已然形＋	ども[2]、…	
❺順接恒常的条件	〜已然形＋	ば[4]、…	〜（する）といつも、…
❻逆接恒常的条件	〜已然形＋	ども[3]、… ど[2]、…	〜ても、必ず…

非条件接続

	接続する主な活用形	接続助詞	訳語
❶単純接続	〜連用形＋	て、… して、…	〜て、… 〜と、… 〜ところ、…
	〜連体形＋	に[3]、… を[3]、… が[2]、…	
	〜已然形＋	ば[5]、…	
❷打消の接続	〜未然形＋	で、…	〜ないで、… 〜ずに、…
❸動作の反復・継続	〜連用形＋	つつ[1]、…	〜（し）続けて、…
❹複数の動作の並行	〜連用形＋	つつ[2]、… ながら[2]、…	〜ながら、…

同一の見出し語で、複数の種類の助詞がある場合には、右肩に数字を付けた。

実践編❶ 連用形と接続助詞に注目して読解する

大納言の姫君、二人ものしたまひし、まことに物語に書きつけたるありさまに劣るまじく、何事につけてもめでたく生ひ出でたまひしに、故大納言も母上も、うちつづき隠れたまひにしかば、いと心細き古里に、ながめ過ごしたまひしかど、はかばかしく御乳母だつ人もなし。〈堤中納言・思はぬ方にとまりする少将〉

〈注〉大納言である父と母を亡くした二人の姫君が若い女房たちとさびしく暮らしている場面。

ものしたまふ…「あり」の尊敬表現。いらっしゃる。

めでたく…原文で省略されていると想定される文言を補った。「立派に」の意。

生ひ出づ…成長する。

古里…この場面では、わが家・自宅の意。


〈手順1〉長い一文は、いくつかのパーツが接続することで構成されています。最初に、文を連用形があるところと、接続助詞が用いられているところで区切って、パーツに分けてみましょう。特にパーツが長く、連用修飾か連用中止法であるかの判断が難しいとき（1374ページの（その2）参照）は、「連用形」の部分で切っておいて、パーツどうしの関係から判断するとよいでしょう。左は整理のしかたの一例です。

① **大納言の姫君、二人ものしたまひし、まことに物語に書きつけたるありさまに劣るまじく、**（連用形）
② **何事につけてもめでたく**（連用形）
③ **生ひ出でたまひしに、**（接続助詞。※①〜③と④は逆接の関係にあるので、接続助詞とわかる。ちなみに、格助詞「に」には、逆接の用法はない。）
④ **故大納言も母上も、うちつづき隠れたまひにしかば、**（接続助詞）
⑤ **いと心細き古里に、ながめ過ごしたまひしかど、**（接続助詞）
⑥ **はかばかしく御乳母だつ人もなし。**

〈手順2〉次に、③④⑤の接続助詞の、接続の種類をみましょう。
③の「生ひ出でたまひしに」の「に」は、〈手順1〉③の※で前述したように、逆接確定条件と解釈できます（接続助詞「に」には、そのほかに、「単純接続」「順接確定条件」の用法がありますが、意味的につながりません）。
④の「うちつづき隠れたまひにしかば」の「ば」は、⑤の「ながめ過ごしたまひしか」の原因となっていますから、順接確定条件です。⑤の「ながめ過

〈手順3〉ポイント1でしたように、パーツの末尾にある述語を軸にして、★文の成分を整理しましょう。

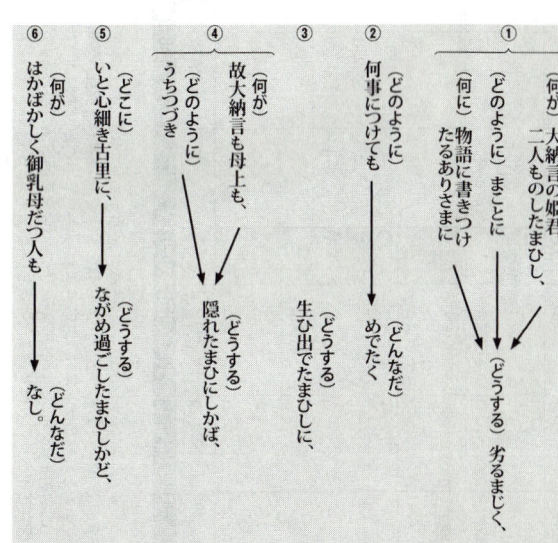

①（何が）大納言の姫君、二人ものしたまひし、
　（どのように）まことに
　（何に）物語に書きつけたるありさまに
　（どうする）劣るまじく、
②（どのように）何事につけても
　（どんなだ）めでたく
③（どうする）生ひ出でたまひしに、
④（何が）故大納言も母上も、
　（どのように）うちつづき
　（どうする）隠れたまひにしかば、
⑤（どこに）いと心細き古里に、
　（どうする）ながめ過ごしたまひしかど、
⑥（何が）はかばかしく御乳母だつ人も
　（どんなだ）なし。

①大納言の姫君で、二人いらっしゃった姫君は、本当に物語に描かれている（すばらしい）ようすに劣るはずもなく、
②どんなことにでも立派に
③ご成長なさったけれども、
④（父の）故大納言も母上も、続いて亡くなっておしまいになったので、
⑤とても心細い親の家に、物思いがちに暮らしていらっしゃったけれども、
⑥頼もしく乳母らしく見える女房もいない。

ごしたまひしかど」の「ど」は逆接確定条件を表します。

ポイント3　古文と現代文との決定的な違いをおさえる

（その1）「係り結び」の構文

［ア］強調文

古典語の構文で、現代語にはない特徴の一つに「係り結び」があります。

a　川　谷より　里へ　はるかに　流る。　＝通常の文
b　川ぞ　谷より　里へ　はるかに　流るる。
c　川なむ　谷より　里へ　はるかに　流るる。
d　川こそ　谷より　里へ　はるかに　流るれ。　＝係り結びの文

b・c・dのような係り結びの文は、文の成分に係助詞「ぞ」「なむ」「こそ」が付いて、それらに呼応して連体形や已然形で言い切る**強調文**です。

〔係り結びの公式〕
成分＋ぞ　〜連体形。
成分＋なむ〜連体形。
成分＋こそ〜已然形。

係助詞「ぞ」「なむ」「こそ」の表す強調のニュアンスは、今となってはよくわかりませんが、「なむ」→「ぞ」→「こそ」の順に強調の度合いが強くなると考えられています。

例文b・c・dでは、係助詞は主語成分「川」に付いていますが、その他の成分にも付くことがあります（ただし、二つ以上同時に付くことはありません）。bを例にとるとこうなります。

b1　川　谷よりぞ　里へ　はるかに　流るる。
b2　川　谷より　里へぞ　はるかに　流るる。
b3　川　谷より　里へ　はるかにぞ　流るる。

このことを成分の意味的な役割の側面から見てみましょう。

次の図のように、係助詞が付いた成分（ここでは「里へ」）が終止形とは別の特別な活用形で言い切る述語と呼応することで強調される仕組みが「係り結び」なのです。

※連用中止法は、一時的に文を中止した後、後の文節には対等（並列）の関係で続きます。ここでは、①の「本当に〜劣るはずもなく」と、②の「どんなことにでも立派に」とが対等な関係にあり、ともに③の「ご成長なさったけれども、」に連用修飾語として係るとみることができます。

（何が）　川
（どこから）　谷より
（どこへ）　里へぞ
（どのように）　はるかに
→係助詞が付くことのできる位置
（どうする）　流るる。　←連体形

また、「結び」（述語）に助動詞などが付く場合には、最後の活用語の活用形だけが変わります。

b4　川　谷より　里へぞ　はるかに　流れける。　←過去の助動詞「けり」の連体形

［イ］疑問文

係り結びの仕組みには、「強調文」を作りあげるはたらきだけではなく、「疑問文」を作りあげるはたらきもあります。例を見てみましょう。

e　川　流る。　＝通常の文
f　川や　流るる。（＝川が流れるのか。）
g　いづくよりか　川　流るる。（＝どこから川が流れるのか。）　＝係り結びの文（疑問文）

疑問文を作りあげる係助詞は「や」と「か」で、ともに連体形で言い切ります。例文fのように、疑問語を伴わない疑問文には「や」が用いられます。一方、「か」は例文gのように疑問語（ここでは疑問の代名詞「いづく」）を伴った疑問文に用いられます。

（その2） 準体法

次の例では、用言の連体形に「を」が付いています。

a　**水の　流るる　を　聞く。**（＝水の流れる音を聞く。）

この場合、連体形が修飾するはずの体言（ここでは「音」）は表に現れないで、連体形の中に含み込まれてしまったものと考えられます。したがって、「流るるを」は、前後関係から体言を補って左のように解釈することができます。

a1　**水の　流るる　音　を　聞く。**（流るる＝準体法　音＝体言）

このように、体言と同じようなはたらきを担わされている連体形の用法を**準体法**といいます。準体法は、体言を補って解釈する方法のほかに、準体助詞「の」を使って、「水の流れるのを聞く」というように解釈することもできます。

また、「流るる」のような動詞ばかりでなく、助動詞も準体法を作ります。その場合、その助動詞が連体形になります。

a2　**水の　流れ　ける　を　聞く。**（ける←過去の助動詞「けり」の連体形）

ただ、準体法が現れるのは、右の例のように、次に格助詞や係助詞・副助詞などがくる場合、あるいは、左の例のように、その格助詞や係助詞・副助詞がきているものと想定されるだけで、実際には表出されていない場合に限られます。

b　**照る月の　流るる　―　見れば…。**（＝照っている月が流れていくようすを見ると…。）（―←「を」の非表出）

なお、助動詞「む」「けむ」「らむ」は、準体法を作るとともに、「★婉曲（えんきょく）」（加えて「む」の場合は「仮定」、「けむ」「らむ」の場合は「伝聞」の場合があります）で訳出する必要があるので、注意が必要です。

c　**神のいますらむ　も　かしこし。**（＝神がいらっしゃるとかいう（→伝聞）ことも恐れ多い。）

（その3） 同格

次の例を見てみましょう。

a　**咲きたる　花の　白き、窓より　見ゆ。**

この文で用いられている「の」は、たとえば、「月の都」のような、連体修飾語を作る「の」とは違います。まず、「白き」が**準体法**であることに気づいてください。「白き」の後に「花」を補ってみると、わかりやすくなります。

つまり、「咲きたる　花」と「白き（花）」は、同じものを表しているのです。「咲いている花で、白い花」と解釈しましょう。「花」が重複してしまうので、「咲いている花で、白いの」あるいは、「咲いている花で、白いもの」などとした方がより自然です。

このような「の」のはたらきを**同格**と呼びます。

それでは、この文の成分の関係を見てみましょう。

（何が） 咲きたる　花（同格）の　白き　花、→ **（どうする）** 見ゆ。（＝見える。）
（どこから） 窓より → **（どうする）** 見ゆ。

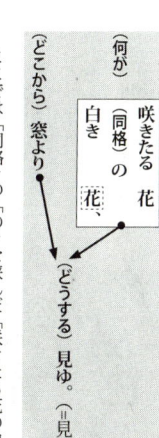

ここでは「同格」の「の」を挟んだ「咲きたる花の白き」は、主語になります。「同格」は主語以外の「何を」「何に」などを表す成分にも用いられますので、注意しましょう。

実践編❷　係り結びを含む文の読解

唐土（もろこし）とこの国とは、言（こと）異なるものなれど‖、月の影は同じことなるべければ‖、人の心も同じことにやあらむ。〈土佐日記・一月二十日〉 訳 中国とこの国とは、言語は違っているものであるけれども、月の光は同じことであるに違いないので、人の心も同じことではないだろうか。

〈解説〉

手順通り、次のように区切ることができます。

① **唐土と～なれど‖**（接続助詞）
② **月の影は～べければ‖**（接続助詞）
③ **人の心も同じことにやあらむ。**

この場合、③が疑問文（＝疑問を表す係助詞「や」を含み、文末の助動詞「む」は連体形で結ばれている係り結びの文）であることに注意してください。

「係り結び」は、基本的には「文を言い切る」場面で使われますので、長い文の後部に現れます。強調・疑問・反語は主にこの部分で行われ、文の主張や結論を決定づけますので、解釈するうえでは特に注意を払う必要があります。

また、①②のような位置にも「係り結び」が現れる特殊な場合があります。

↓読解の手引き❸疑問文の構造と作り方（324ページ）・係り結び（かかりむすび）

実践編❸　同格を含む文の読解

世をすてたる人の‖、よろづにするすみなるが‖、なべてほだし多かる人の、よろづにへつらひ‖、望みふかきを見て‖、むげに思ひくたすはひがごとなり。〈徒然草・142・心なしと見ゆる者も〉 訳 世間を捨て出家した人で、すべてにおいて自分の身ひとつである人が、何事にも束縛するものが多い人が、何かにつけて追従し、欲の深いのを見て、むやみに軽蔑するのは間違ったことである。

〈解説〉

この文を、仮に、次のように区切ってみましょう。

① **世をすてたる人の‖、よろづにするすみなるが‖、**
② **なべてほだし多かる人の、よろづにへつらひ‖、**（連用形）
③ **望みふかきを見て‖、**（接続助詞）
④ **むげに思ひくたすはひがごとなり。**

①は同格の構文になっているので、「が」は接続助詞ではなく、主語を表す格助詞で、①全体が主語になっていることがわかります。そして③の「～見て」がその述語となっています。

以上のことからこの文は次のような構造になっています。

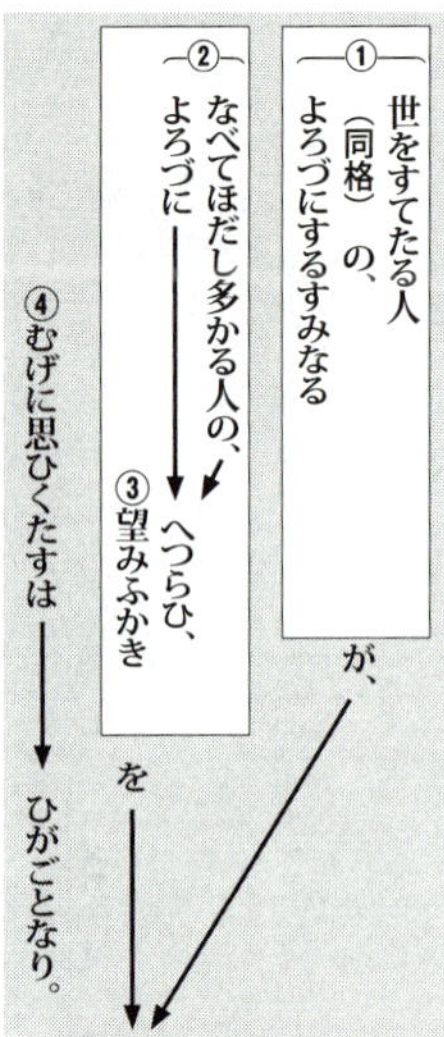

↓読解の手引き⓱古語ならではの同格（876ページ）

文学史年表

●この年表は古典文学の主要作品・資料を、上代・中古・中世・近世の時代別に、それぞれ、三、四のジャンルに分けて収録し、参考として歴史上のおもなできごとを併載したものです。
●作者・撰者・編者が特定できるものは（　）に入れて示しました。
●赤太字は「必修古典ビッグ30」コラム、黒太字は漢字見出しに掲載されている作品・人物です。

●このキャラクターの解説は言語事項のトピックスです。

上代

西暦	天皇	年号	詩歌	物語・説話・史書	日記・評論他	背景
七一二	元明	和銅5		**古事記**（**太安万侶**）		七一〇 **平城京**に遷都
七一三		6		**風土記**編纂への勅命下る		
七二〇	元正	養老4		**日本書紀**（**舎人親王**他）		
七三三	聖武	天平5		出雲国風土記		
七五一	孝謙	天平勝宝3	**懐風藻**			七五二 **東大寺**大仏開眼
七五九	淳仁	天平宝字3	⇒**万葉集**			
七七二	光仁	宝亀3			歌経標式（藤原浜成）	

漢字伝来の過程
一～二世紀に入っていた漢字は、馬よりも役に立たないとされていた。それが日本語の表記に活用されるのは、ようやく六～七世紀に至ってからである。

漢字を万葉仮名として活用する
助詞や助動詞、活用語尾など、日本語的な要素は中国語にない。漢字の音と訓を借りてそれらを示し、ひいては日本語全体が音を表す漢字で書き表せた。

中古

西暦	天皇	年号	詩歌	物語・説話・史書	日記・評論他	背景
七九七	桓武	延暦16		**続日本紀**（淡海三船他）		七九四 **平安京**に遷都
八〇七	平城	大同2		古語拾遺（斎部広成）		八〇四 **最澄**・**空海**入唐
八一四	**嵯峨**	弘仁5	**凌雲集**（小野岑守他）			八〇五 **最澄**天台宗を伝える
八一八		9	**文華秀麗集**（仲雄王他）			八〇六 **空海**真言宗を伝える
八二〇		11			⇔**文鏡秘府論**（**空海**）	
八二三	淳和	14		⇨**日本霊異記**（景戒）		八二二 **最澄**没
八二七		天長4	**経国集**（**良岑安世**他）			八三五 **空海**没
八四〇	仁明	承和7		**日本後紀**（藤原緒嗣他）		八六六 応天門の変 藤原良房、摂政となる
八六九	清和	貞観11		**続日本後紀**（藤原良房他）		このころから**催馬楽**行われる
八七九	陽成	元慶3		**日本文徳天皇実録**（藤原基経他）		八八七 藤原基経、関白となる
八九三	宇多	寛平5	⇒寛平御時后宮歌合			
八九四		6	句題和歌（**大江千里**）			八九四 遣唐使廃止
九〇〇	醍醐	昌泰3	**菅家文草**（**菅原道真**）	⇒**竹取物語**		
九〇一		延喜元		**日本三代実録**（藤原時平）	⇔新撰字鏡（昌住）	九〇一 **菅原道真**、大宰府

片仮名・平仮名が作られる
千字近くもあった万葉仮名から、片仮名に続いて平仮名を発明し、二百字足らずに簡素化した。これでだれもが日本語を書くことができるようになった。

西暦	天皇	年号	和歌・漢詩文	物語	日記・随筆・その他
				ひら他)	
九〇五		5	⇔**古今**《こきん》**和歌集**(**紀貫之**《きのつらゆき》他)		
九一三		13	新撰万葉集《しんせんまんようしゅう》下巻(**菅原道真**《すがわらのみちざね》か) 亭子院歌合《ていじいんうたあわせ》	⇔**伊勢**《いせ》**物語**	
九三五	朱雀	承平5			**土佐**《とさ》**日記**(**紀貫之**《きのつらゆき》)
九三八		天慶元			⇔和名類聚抄《わみょうるいじゅうしょう》(**源順**《したがう》)
九四〇		3		⇔**将門記**《しょうもんき》	
九五一	村上	天暦5	**後撰**《ごせん》**和歌集**(**源順**《したがう》他)撰集《せんじゅう》の下命	⇔**大和**《やまと》**物語**	
九六〇		天徳4		⇔**平中**《へいちゅう》**物語**	
九七〇	円融	天禄元		⇔**宇津保**《うつほ》**物語**	
九七四		天延2			⇔**蜻蛉**《かげろう》**日記**(**藤原道綱母**《みちつなのはは》)
九八四	花山《かざん》	永観2		三宝絵《さんぼうえ》(源為憲《ためのり》) ⇔**落窪**《おちくぼ》**物語**	
九八五		寛和元	⇒古今和歌六帖《こきんわかろくじょう》		**往生要集**《おうじょうようしゅう》(源信《げんしん》)
一〇〇一	一条	長保3	⇐好忠集《よしただしゅう》(**曾禰好忠**《そねのよしただ》)		⇔**枕草子**《まくらのそうし》(**清少納言**《せいしょうなごん》)
一〇〇四		寛弘元			⇔**和泉式部**《いずみしきぶ》**日記**(**和泉式部**)
一〇〇六		3	⇔**拾遺**《しゅうい》**和歌集**(**花山院**《かざんいん》か)	⇔**住吉**《すみよし》**物語**	
一〇〇八		5		⇔**源氏**《げんじ》**物語**(**紫式部**《むらさきしきぶ》)	
一〇一〇		7			⇔**紫式部**《むらさきしきぶ》**日記**(**紫式部**)
一〇一三	**三条**《さんじょう》	長和2	⇔**和漢朗詠集**《わかんろうえいしゅう》(**藤原公任**《きんとう》)		
一〇二二	後一条	治安元			⇒御堂関白記《みどうかんぱくき》(**藤原道長**《みちなが》)
一〇三二		長元5			⇒小右記《しょうゆうき》(藤原実資《さねすけ》)
一〇四一	後朱雀	長久2			⇔**新撰髄脳**《しんせんずいのう》(**藤原公任**《きんとう》)
一〇五五	後冷泉	天喜3		⇔**堤中納言**《つつみちゅうなごん》**物語** ⇔**浜松中納言**《はままつちゅうなごん》**物語** ⇔**夜の寝覚**《よるのねざめ》	
一〇六〇		康平3	⇔**本朝文粋**《ほんちょうもんずい》(**藤原明衡**《あきひら》)	⇔篁《たかむら》物語	⇔**更級**《さらしな》**日記**(**菅原孝標女**《すがわらのたかすえのむすめ》)
一〇七三	白河	延久5	成尋阿闍梨母集《じょうじんあざりのははしゅう》(成尋阿闍		

へ左遷
九〇五 延喜式編纂始まる
九〇七 唐滅亡
九三五～九四一 将門・純友の乱
九五一 梨壺に和歌所設置
九六〇 宋建国
九六九 安和の変
九八六 **花山**《かざん》**天皇**出家、一条天皇即位、**藤原兼家**《かねいえ》摂政となる
九九〇 **藤原定子**《ていし》入内 藤原道隆、摂政となる
九九五 **藤原道長**《みちなが》に内覧の宣旨下る
九九九 **藤原彰子**《しょうし》入内
一〇一三 このころ**藤原道長**全盛期
一〇一七 **藤原道長**太政大臣となる
一〇二七 **藤原道長**没
一〇五一 前九年の役起こる
一〇五二 宇治平等院建立
一〇六〇 このころから今様歌行われる

中古のつづき

西暦	天皇	年号	詩歌	物語・説話・史書	日記・評論他	背景
一〇七四		承保元	梨母)	⇔**狭衣**《さごろも》**物語**		一〇八三 後三年の役起こる 末法思想が流行する
一〇八六	堀河	応徳3	**後拾遺**《ごしゅうい》**和歌集**(藤原通俊《みちとし》)			一〇八六 院政始まる
一一〇七	鳥羽	嘉承2		⇒**栄花**《えいが》**物語**		
一一〇九		天仁2			⇔**讃岐典侍**《さぬきのすけ》**日記**(讃岐典侍)	
一一一四		永久2			⇔俊頼髄脳《としよりずいのう》(源俊頼《としより》)	
一一二〇		保安元		⇔**今昔物語集**《こんじゃくものがたりしゅう》		
一一二七	崇徳《すとく》	大治2	⇔**金葉**《きんよう》**和歌集**(源俊頼《としより》)	⇔**大鏡**《おおかがみ》		
一一四四	近衛	天養元		⇐**古本説話集**《こほんせつわしゅう》	⇐色葉字類抄《いろはじるいしょう》	
一一五一		仁平元	⇔**詞花**《しか》**和歌集**(藤原顕輔《あきすけ》)		⇔奥儀抄《おうぎしょう》(藤原清輔《きよすけ》)	
一一五七	後白河《ごしらかわ》	保元2			⇔袋草紙《ふくろぞうし》(藤原清輔《きよすけ》)	一一五六 保元の乱
一一六九	高倉	嘉応元	⇐**梁塵秘抄**《りょうじんひしょう》(後白河院《ごしらかわいん》)			一一五九 平治の乱 一一六七 **平清盛**《きよもり》太政大臣となる
一一七〇		2		⇔**今鏡**《いまかがみ》		一一七五 **法然**《ほうねん》、浄土宗を開く
一一七八		治承2	長秋詠藻《ちょうしゅうえいそう》(藤原俊成《しゅんぜい》)			一一八〇 福原に遷都　**源頼朝**《よりとも》挙兵
一一八八	後鳥羽《ごとば》	文治4	**千載**《せんざい》**和歌集**(藤原俊成《しゅんぜい》)			一一八五 **平氏**《へいし》滅亡
一一九〇		建久元	⇔**山家集**《さんかしゅう》(西行《さいぎょう》)	在明の別《ありあけのわかれ》 ⇔**とりかへばや物語**	⇔**類聚名義抄**《るいじゅみょうぎしょう》	一一九〇 **西行**《さいぎょう》没

中世

西暦	天皇	年号	詩歌	物語・説話・史書	日記・評論他	背景
一一九三	後鳥羽《ごとば》	建久4	**六百番歌合**《ろっぴゃくばんうたあわせ》	⇔松浦宮物語《まつらのみやものがたり》(**藤原定家**《ていか》か)		一一九二 **源頼朝**《よりとも》、征夷大将軍となり、鎌倉に幕府を開く
一一九七		8		⇔**水鏡**《みずかがみ》(中山忠親《なかやまただちか》か) ⇔撰集抄《せんじゅうしょう》	**古来風躰抄**《こらいふうていしょう》(藤原俊成《しゅんぜい》)	
一二〇二	土御門	建仁2	**千五百番歌合**《せんごひゃくばんうたあわせ》			一二〇二 **栄西**《えいさい》、このころ臨済宗を広める
一二〇四		元久元	**秋篠月清集**《あきしのげっせいしゅう》(藤原良経《よしつね》)		⇒**無名草子**《むみょうぞうし》(藤原俊成女《しゅんぜいのむすめ》か)	
一二〇五		2	**新古今**《しんこきん》**和歌集**(藤原定家《ていか》他)			
一二〇九		承元3			近代秀歌《きんだいしゅうか》(藤原定家《ていか》)	
一二一二	順徳《じゅんとく》	建暦2		古事談《こじだん》(源顕兼《あきかね》)	**方丈記**《ほうじょうき》(鴨長明《かものちょうめい》)	

和漢混交文あらわれる

漢文を書き下し文にしたのが始まり。意識的に仮名を交ぜて、無学の者の啓蒙を意図した。現在一般に行われる表記スタイルはここに遡る。

定家は膨大な古典を書写して後世に伝えた偉人であるが、独自のかなづかい観があった。「を」と「お」を自分のアクセントに拠って使い分けていたのである。

西暦	天皇	年号	和歌	物語・説話	日記・随筆・評論
一二一三		建保元	**金槐和歌集**(源実朝)		
一二一六		4	拾遺愚草(藤原定家)	⇒**発心集**(鴨長明)	⇒**無名抄**(鴨長明) ⇔源家長日記(源家長) たまきはる(建春門院中納言)
一二一九		建保7／承久元		⇔**宇治拾遺物語** ⇔**保元物語** ⇔**平治物語**	⇔**毎月抄**(藤原定家)
一二二〇		2		⇔**平家物語**	**愚管抄**(慈円)
一二二二	後堀河	貞応元		閑居友(慶政)	
一二二三		2			⇔**海道記** 後鳥羽院御口伝(後鳥羽院)
一二三二	四条	貞永元	⇔**建礼門院右京大夫集**(建礼門院右京大夫)		
一二三五		文暦2／嘉禎元	**新勅撰和歌集**(藤原定家) ⇔**小倉百人一首**		⇒**明月記**(藤原定家)
一二三八		嘉禎4／暦仁元			⇒**正法眼蔵随聞記**(懐奘)
一二四〇		仁治元		⇔今物語	
一二四二	後嵯峨	3			⇔**東関紀行**
一二四八	後深草	宝治2			⇔**教行信証**(親鸞)
一二五一		建長3	**続後撰和歌集**(藤原為家)	⇔**源平盛衰記**	
一二五二		4		**十訓抄**(六波羅二臈左衛門)	⇔弁内侍日記(後深草院弁内侍)
一二五三		5			⇒**正法眼蔵**(道元)
一二五四		6		**古今著聞集**(橘成季)	
一二六〇	亀山	文応元			**立正安国論**(日蓮)
一二六四		文永元		⇐**吾妻鏡**	
一二六五		2	**続古今和歌集**(藤原為家他)		
一二七一		8		⇔苔の衣	
一二七八	後宇多	弘安元	**続拾遺和歌集**(藤原為氏)		
一二八〇		3			⇔**十六夜日記**(阿仏尼)
一二八三		6		**沙石集**(無住)	
一二八八	伏見	正応元			⇔**歎異抄**(唯円)

定家古典を書写する

- 一二一九　**源実朝**、殺される
- 一二二一　承久の乱
- 一二二四　**親鸞**、このころ浄土真宗を開く
- 一二二七　**道元**、曹洞宗を伝える
- 一二三二　貞永式目制定
- 一二五三　**日蓮**、日蓮宗を開く
- 一二七一　元建国
- 一二七四　文永の役
- 一遍、このころ時宗を開く
- 一二八一　弘安の役

中世のつづき

西暦	天皇	年号	詩歌	物語・説話・史書	日記・評論他	背景
一三〇一	後二条	正安3	⇦宴曲集（明空）			
一三〇三		嘉元元	新後撰和歌集（藤原為世）			
一三〇六		徳治元			⇦とはずがたり（後深草院二条）	
一三一〇	花園	延慶3	⇦夫木和歌抄（藤原長清）			
一三一二		正和元	玉葉和歌集（京極為兼）			
一三二〇	後醍醐	元応2	続千載和歌集（藤原為世）			
一三二六		嘉暦元	続後拾遺和歌集（二条為定）			

中世（南北朝）

天皇・年号は、右側が北朝、左側が南朝

西暦	天皇	年号	詩歌	物語・説話・史書	日記・評論他	背景
一三三一	光厳 / 後醍醐	元徳3 / 元弘元			⇦徒然草（吉田兼好）	一三三三 鎌倉幕府滅ぶ 一三三三～五 建武の新政 南北朝対立 一三三六 後醍醐天皇、吉野に遷幸 足利尊氏、室町幕府を開く
一三三九	光明 / 後村上	暦応2 / 延元4		神皇正統記（北畠親房）		
一三四九	崇光	貞和5 / 正平4	⇦風雅和歌集（光厳上皇）		⇦連理秘抄（二条良基）	
一三五六	後光厳	延文元 / 正平11	菟玖波集（二条良基）			
一三五九		延文4 / 正平14	新千載和歌集（二条為定）	⇦神道集		
一三六〇		延文5 / 正平15			⇦井蛙抄（頓阿）	
一三六四		貞治3 / 正平19	新拾遺和歌集（二条為明）		⇦河海抄（四辻善成）	
一三七二	後円融 / 長慶	応安5 / 文中元		⇦増鏡 ⇦太平記	⇨筑波問答（二条良基）	
一三八一		永徳元 / 弘和元	新葉和歌集（宗良親王）			
一三八四	後小松 / 後亀山	至徳元 / 元中元	新後拾遺和歌集（二条為遠他）			一三九二 南北朝統一

中世

西暦	天皇	年号	詩歌	物語・説話・史書	日記・評論他	背景
一四〇〇	後小松	応永7		⇦曾我物語	風姿花伝（世阿弥）	能・狂言盛行する
一四二四	称光	31		⇦義経記	花鏡（世阿弥）	
一四三〇	後花園	永享2			申楽談儀（世阿弥）	
一四三九		11	新続古今和歌集（飛鳥井雅世）	⇦浄瑠璃御前物語		このころから御伽草子行われる
一四四八		文安5			⇦正徹物語（正徹）	
一四六三		寛正4			ささめごと（心敬）	

西暦	天皇	年号	詩歌・俳諧	小説・物語・軍記／演劇	日記・評論・研究他	背景
一四六七	後土御門	応仁元			⇐吾妻問答（飯尾宗祇）	一四六七 応仁の乱始まる
一四八七		長享元			⇒節用集	
一四八八		2	水無瀬三吟何人百韻（飯尾宗祇他）	⇐応仁記		
一四九五		明応4	新撰菟玖波集（一条冬良・飯尾宗祇）			
一五一八	後柏原	永正15	閑吟集			
一五三二	後奈良	天文元	⇔新撰犬筑波集（山崎宗鑑）			
一五四〇		9	守武千句（荒木田守武）			
						一五四三 ポルトガル船、種子島に漂着
						一五四九 ザビエル来日
						一五七三 室町幕府滅びる
一五九三	後陽成	文禄2		イソポ物語		
						一六〇〇 関ヶ原の合戦

ローマ字伝来する
ポルトガル人宣教師が用いたローマ字による日本語の表記から、Xeqen（＝シェケン世間）・Feiqe（＝フェイケ平家）など、当時の発音を知ることができる。

近世

西暦	天皇	年号	詩歌・俳諧	小説・物語・軍記／演劇	日記・評論・研究他	背景
一六〇三	後陽成	慶長8			日葡辞書（イエズス会）	一六〇三 徳川家康、征夷大将軍となり、江戸幕府を開く
						一六一二 キリスト教禁制
一六一五	後水尾	元和元		⇔伊曾保物語		
一六二三		9	⇒おもろさうし	醒睡笑（安楽庵策伝）		
一六二五		寛永2		太閤記（小瀬甫庵）		
一六三三	明正	寛永10	犬子集（松江重頼）			
						一六三六 清建国
						一六三七 島原の乱
						一六三九 鎖国令
一六四二		19		可笑記（如儡子）		
一六四三	後光明	20			⇔戴恩記（松永貞徳）	
一六四五		正保2			毛吹草（松江重頼）	
一六五一		慶安4			俳諧御傘（松永貞徳）	
						一六五七「大日本史」編纂始まる（〜一九〇六）
一六五八	後西	万治元		⇔二人比丘尼（鈴木正三）		
一六六一		寛文元		東海道名所記（浅井了意） ⇐浮世物語（浅井了意）		
一六六六	霊元	6		伽婢子（浅井了意）		
一六七五		延宝3	談林十百韻（田代松意）			
一六八一		延宝9／天和元	西鶴大矢数（井原西鶴）			
一六八二		2		好色一代男（井原西鶴）		
一六八三		3	虚栗（榎本其角）			
一六八四		貞享元	冬の日（山本荷兮）	諸艶大鑑（井原西鶴）		一六八四 このころ竹本座創設
一六八五		2		西鶴諸国ばなし（井原西鶴） 出世景清（近松門左衛門）	野ざらし紀行（松尾芭蕉）	
一六八六		3	春の日（山本荷兮）	好色五人女（井原西鶴）		

整版本を用いた出版業の発展に伴い、仮名草子作者が輩出した。西鶴『好色一代男』を契機に小説界は一変し、その後百年続くこのジャンルは浮世草子と呼ばれる。

出版文化が発達する

近世のつづき

西暦	天皇	年号	詩歌・俳諧	小説・物語・軍記／演劇	日記・評論・研究他	背景
一六八七	東山	貞享4		好色一代女（井原西鶴） 本朝二十不孝（井原西鶴） 男色大鑑（井原西鶴） 武道伝来記（井原西鶴）	鹿島紀行（松尾芭蕉）	一六八五 徳川綱吉、生類憐みの令発布
一六八八		元禄元		武家義理物語（井原西鶴） 日本永代蔵（井原西鶴）	万葉代匠記（契沖） ⇔更科紀行（松尾芭蕉）	
一六八九		2	阿羅野（山本荷兮）		銀河の序（松尾芭蕉）	
一六九一		4	猿蓑（向井去来・野沢凡兆）		幻住庵記（松尾芭蕉）	一六九一 湯島聖堂・昌平坂学問所成る
一六九二		5		世間胸算用（井原西鶴）		
一六九三		6		西鶴置土産（井原西鶴）	許六離別の詞（松尾芭蕉）	
一六九四		7	炭俵（志太野坡他）	西鶴織留（井原西鶴）	奥の細道（松尾芭蕉）	
一六九五		8			和字正濫鈔（契沖） 笈日記（各務支考）	
一六九六		9	韻塞（河野李由他）	万の文反古（井原西鶴）		
一六九八		11	続猿蓑（服部沾圃他）			
一七〇二		15			三冊子（服部土芳）	一七〇二 赤穂浪士討ち入り
一七〇三		16	松の葉（秀松軒）	曾根崎心中（近松門左衛門）		一七〇三 豊竹座創設
一七〇四		宝永元			去来抄（向井去来）	
一七〇五		2		用明天王職人鑑（近松門左衛門）		
一七〇六		3			風俗文選（森川許六）	
一七〇七		4		五十年忌歌念仏（近松門左衛門） 丹波与作待夜の小室節（近松門左衛門）		
一七〇八		5		傾城反魂香（近松門左衛門）		
一七〇九	中御門	6			笈の小文（松尾芭蕉）	
一七一一		正徳元		傾城禁短気（江島其磧） 冥途の飛脚（近松門左衛門）		
一七一二		2			読史余論（新井白石）	
一七一五		5		国性爺合戦（近松門左衛門） 世間子息気質（江島其磧）		
一七一六		享保元		⇔八百屋お七（紀海音）	折たく柴の記（新井白石）	一七一六 享保の改革
一七一八		3			独ごと（上島鬼貫）	

契沖は、文献に現れる最も古いものを正しいかなづかいとした。現在の古典教材に見るかなづかいは、契沖の原則に基づいて構築したものである。

かなづかいを探求する

一七二〇		5		**心中天の網島**（**近松門左衛門**）		一七二三 このころ 国学が盛んになる
一七二一		6		**女殺油地獄**（**近松門左衛門**）		一七二九 このころ 心学運動おこる
一七二二		7		心中宵庚申（**近松門左衛門**）		
一七三二		17	⇔**俳諧七部集**（佐久間柳居）		駿台雑話（室鳩巣）	
一七三八	桜町	元文3			**難波土産**（三木貞成）	
一七三九		4			都鄙問答（石田梅岩） 常山紀談（湯浅常山）	
一七四二		寛保2			国歌八論（**荷田在満**）	
一七四六		延享3		**菅原伝授手習鑑**（**竹田出雲**他）		
一七四七	桃園	4		**義経千本桜**（**竹田出雲**他）		
一七四八		寛延元		**仮名手本忠臣蔵**（**竹田出雲**他）		
一七四九		2		英草紙（都賀庭鐘）		
一七五一		宝暦元		一谷嫩軍記（**並木宗輔**他）		
一七五三		3			**嵯峨日記**（**松尾芭蕉**）	
一七六〇		10			歌意考（**賀茂真淵**）	
一七六三	後桜町	13		風流志道軒伝（**平賀源内**）	**石上私淑言**（**本居宣長**）	
一七六五		明和2	⇐**誹風柳多留**（呉陵軒可有 他）			
一七六六		3		本朝廿四孝（**近松半二**他）		
一七六八		5		西山物語（建部綾足） 傾城阿波の鳴門（**近松半二**他）	⇔万葉考（**賀茂真淵**）	
一七七〇	後桃園	7		遊子方言（田舎老人多田爺） 神霊矢口渡（**平賀源内**）		
一七七一		8		妹背山婦女庭訓（**近松半二**）		一七七二 田沼意次、老中となる
一七七五		安永4		**金々先生栄花夢**（**恋川春町**）	物類称呼（越谷吾山）	
一七七六		5		**雨月物語**（**上田秋成**）		
一七七七		6	夜半楽（**与謝蕪村**） **新花摘**（**与謝蕪村**）	**伽羅先代萩**（奈河亀輔）		
一七七八		7			あゆひ抄（富士谷成章）	
一七八三	光格	天明3	万載狂歌集（**大田南畝**他）			
一七八五		5		**江戸生艶気樺焼**（**山東京伝**）	詞の玉緒（**本居宣長**）	一七八七 寛政の改革

既に行われなくなっていた係り結びについて、室町末期から歌学者などが注目しはじめた。その一人である本居宣長は和歌を中心とした学問的な調査によってその法則を実証した。

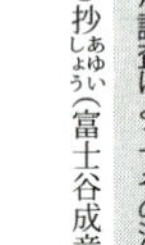

近世のつづき

西暦	天皇	年号	詩歌・俳諧	小説・物語・軍記／演劇	日記・評論・研究他	背景
一七八七		天明7		通言総籬(山東京伝)	⇦鶉衣(横井也有)	一七九〇 寛政異学の禁
一七九六		寛政8			源氏物語玉の小櫛(本居宣長)	
一七九八		10			うひ山ぶみ(本居宣長) 古事記伝(本居宣長)	
一八〇一		享和元			玉勝間(本居宣長) 父の終焉日記(小林一茶)	
一八〇二		2	うけらが花(加藤千蔭)	⇦東海道中膝栗毛(十返舎一九)		
一八〇六		文化3	賀茂翁家集(賀茂真淵)		藤簍冊子(上田秋成)	
一八〇七		4		⇦椿説弓張月(滝沢馬琴)	日本外史(頼山陽)	
一八〇八		5		⇔春雨物語(上田秋成)		
一八〇九		6		⇦浮世風呂(式亭三馬)		
一八一一		8	六帖詠草(小沢蘆庵)		我春集(小林一茶)	
一八一三		10	琴後集(村田春海)	⇦浮世床(式亭三馬)		
一八一四		11		⇦南総里見八犬伝(滝沢馬琴)		
一八一五		12			蘭学事始(杉田玄白)	
一八一八	仁孝	文政元			花月草紙(松平定信)	
一八一九		2			⇨群書類従(塙保己一)	
一八二〇		3	おらが春(小林一茶)	⇦花暦八笑人(滝亭鯉丈)		
一八二五		8		東海道四谷怪談(鶴屋南北)		一八二五 外国船打払令出る
一八二九		12		⇦偐紫田舎源氏(柳亭種彦)		
一八三〇		天保元	桂園一枝(香川景樹)			一八三九 人情本全盛
一八三二		3	春色梅児誉美(為永春水)			一八四一 天保の改革
一八三七		8			北越雪譜(鈴木牧之)	一八五三 ペリー、浦賀へ来港
一八五三	孝明	嘉永6		与話情浮名横櫛(瀬川如皐)	守貞謾稿(喜多川守貞)	一八五八 安政の大獄
一八六〇		万延元		三人吉三廓初買(河竹黙阿弥)		一八六〇 桜田門外の変

最重要語・重要語索引

●最重要語は黒太字、重要語は黒細字で示した。
●最重要語のうち、基本助動詞20、基本助詞25、基本敬語25に該当する語は赤太字で示した。
●複数の漢字表記がある場合には、先頭の漢字表記を記した。ただし、辞典本文において、中分類番号(❶❷…)によって漢字表記の異なりを示している場合は、割愛していない。

あいぎゃう(愛敬)……33
あいなし……35
あかず(飽かず)……37
あかなくに(飽かなくに)……37
あからさまなり……39
あきらむ(明らむ)……43
あく(飽く)……43
あくがる(憧る)……45
あさまし……51
あさむ(浅む)……52
あし(悪し)……54
あした(朝)……55
あそばす(遊ばす)……58
あそぶ(遊ぶ)……58
あそび(遊び)……59
あた(仇)……59
あだこと(徒事)……60
あだなり(徒なり)……60
あたらし(可惜し)……62
あぢきなし……63
あづかる(与る・預かる)……64
あつし(篤し)……65
あてなり(貴なり)……66
あな……69
あない(案内)……69
あながちなり(強ちなり)……70
あなかま(あな喧)……71
あなづらはし(侮らはし)……71
あなり……71
あはす(合はす)……73
あはれ……74
あはれなり……75
あひかまへて(相構へて)……76
あふ(合ふ・会ふ)……78
あふ(敢ふ)……78
あへなし(敢へ無し)……81
あま(海人)……82
あまた(数多)……84
あめり……88
あやし(怪し・賤し)……89
あやなし……90
あやにくなり……91
あらがふ(争ふ)……93
あらたし(新たし)……94
あらぬ……96
あらはなり(顕はなり)……97
あらまし……97
あらまほし……99
あり(有り)……100
ありがたし(有り難し)……101
ありありて(有り有りて)……102
ありく(歩く)……102
ありし(有りし)……104
ありつる(有りつる)……104
あるじ(主・饗)……107
い(寝)……112
いうなり(優なり)……113
いかが(如何)……114
いかがせむ(如何せむ)……115
いかがはせむ(如何はせむ)……115
いかさま(如何様)……116
いかさまなり(如何様なり)……116
いかでかは(如何でかは)……116
いかで(如何で)……117
いかに(如何に)……119
いかめし(厳めし)……120
いぎたなし(寝汚し)……121
いさ……124
いざ……125
いささか(聊か)……126
いささかなり(聊かなり)……126
いざたまへ(いざ給へ)……127
いそぎ(急ぎ)……131
いたし(甚し・痛し)……133
いたづらなり(徒らなり)……135
いたはし(労し)……136
いたはる(労る)……136
いちはやし(いち早し)……139
いつく(斎く・傅く)……141
いつしか(何時しか)……142
いづち(何方)……144
いで……145
いと……147
いとけなし(幼けなし)……147
いとど……148
いとふ(厭ふ)……149
いとま(暇)……150
いな(否)……150
いとほし……151
いにしへ(古)……152
いぬ(寝ぬ)……152
いぬ(往ぬ)……153
いはけなし(稚けなし)……155
いはむかたなし
(言はむ方無し)……156
いひけつ(言ひ消つ)……160
いぶかし(訝し)……164
いふかひなし(言ふ甲斐無し)……164
いぶせし……165
いふもおろかなり
(言ふも疎かなり)……165
いへばさらなり
(言へば更なり)……166
いまいまし(忌ま忌まし)……167
います(坐す)……168
いますがり(坐すがり)……169
いまだ(未だ)……169
いまめかし(今めかし)……170
いまやう(今様)……171
いみじ……171
いむ(忌む)……172
いも(妹)……172
いやし(卑し)……173
いらふ(答ふ)……175
うく(浮く)……184
うけたまはる(承る)……185
うけふ(誓ふ)……187
うし(憂し)……189
うしろめたし(後ろめたし)……191
うしろやすし(後ろ安し)……191
うす(失す)……192
うたて……196
うたてし……196
うち(内)……199
うちつけなり(打ち付けなり)……203
うちはへ(打ち延へ)……205
うつくしむ(慈しむ)……208
うつくし(愛し)……209
うつしごころ(現し心)……209
うつす(移す)……209
うつせみ(現せみ・空蝉)……210
うつつ(現)……211
うつる(移る)……212
うつろふ(映ろふ)……213
うつろふ(移ろふ)……213
うとし(疎し)……214
うとまし(疎まし)……214
うへ(上)……216
うべ(宜)……218
うべなり(宜なり)……218
うまし(甘し)……219
うらむ(恨む)……223
うらなし(うら無し)……224
うるさし……225
うるはし(麗し)……226
うれふ(憂ふ)……227
うんず(倦んず)……228
え……229
えうなし(要無し)……231
えさす(得さす)……231
えさらず(え避らず)……231
えならず(え成らず)……233
えんなり(艶なり)……237
おいらかなり……239
おうな(嫗)……241
おきつ(掟つ)……243
おきな(翁)……243
おくゆかし(奥ゆかし)……247
おくる(後る)……248
おこす(遣す)……249
おこたる(怠る)……250
おこなひ(行ひ)……250
おこなふ(行ふ)……251
おぢゃる……257
おつ(落つ)……258
おと(音)……259
おとど(大殿)……260
おとな(大人)……261
おとなおとなし(大人大人し)……261
おとなし(大人し)……261
おとなふ……262
おとにきく(音に聞く)……262
おどろおどろし……263
おどろかす(驚かす)……264
おどろく(驚く)……265
おのがじし(己がじし)……266
おのづから(自ら)……266
おはします(御座します)……269
おびたたし(夥し)……270
おはす(御座す)……271
おふ(負ふ)……272
おぼえ(覚え)……272
おほかた(大方)……274
おほかたなり(大方なり)……275
おほけなし……276
おほしたつ(生ほし立つ)……279
おぼしめす(思し召す)……281
おほす(仰す)……282
おぼす(思す)……282
おほせらる(仰せらる)……284
おほとのごもる(大殿籠る)……284
おぼつかなし(覚束なし)……285
おぼほる(溺ほる)……287
おぼめかし……287
おほやけ(公)……288
おぼゆ(覚ゆ)……289
おぼろけなり……290
おまへ(御前)……292

おもだたし(面立たし)……293
おもしろし(面白し)……294
おもと(御許)……295
おもなし(面無し)……295
おもひおきつ(思ひ掟つ)……297
おもひくたす(思ひ腐す)……299
おもひくんず(思ひ屈ず)……299
おもひのどむ(思ひ和む)……302
おもひやる(思ひ遣る)……303
おもひわく(思ひ分く)……304
おもふ(思ふ)……304
おもほしめす(思ほし召す)……305
おもほす(思ほす)……305
おもほゆ(思ほゆ)……306
おもむき(趣)……306
おもむく(赴く)……306
およすく……307
おろかなり(疎かなり)……310
おろそかなり(疎かなり)……311
か……312
が……314
かいまみる(垣間見る)……317
かう(斯う)……318
かうぶり(冠)……321
かかぐ(掲ぐ)……322
かかづらふ……323
かかる(斯かる)……325
かぎり(限り)……330
かく(斯く)……331
かくる(隠る)……334
かげ(影・陰)……335
かけて(掛けて)……336
かこつ(託つ)……340
かごと(託言)……340
かざし(挿頭)……341
かし……342
かしかまし(囂し)……342
かしこし(畏し・賢し)……343
かしこまる(畏まる)……344
かしづく(傅く)……345
かずまふ(数まふ)……347
かそけし(幽けし)……348
かたくななり(頑ななり)……351
かたし(難し)……352
かたじけなし(辱し)……352
かたたがへ(方違へ)……352
かたち(形)……354
かたはらいたし(傍ら痛し)……355
かたへ(片方)……355
かたほなり(片秀なり)……356
かたみに(互に)……356
かたらふ(語らふ)……357
かたゐ(乞丐)……358
かち(徒)……358
かつ(且つ)……359
かつがつ……359
かづく(潜く)……360
かづく(被く)……360
かど(才)……362
かどかどし(才才し)……363
かな……363
がな……364
かなしうす(愛しうす)……364
かなしがる(愛しがる)……364
かなし(愛し・悲し)……365
かなふ(叶ふ)……367
かぬ(予ぬ)……367
かねて(予ねて)……368
かは……368
かひなし(甲斐無し)……372
かへし(返し)……373
かへり(返り)……374
かへりみる(顧みる)……375
かまふ(構ふ)……377
かまへて(構へて)……377
かみ(上)……378
かみさぶ(神さぶ)……379
かよふ(通ふ)……382
からし(辛し)……385
がり(許)……386
かりそめなり(仮初なり)……388
かる(離る)……388
かろがろし(軽軽し)……390
かんだちめ(上達部)……394
き……396
きこえ(聞こえ)……403
きこえさす(聞こえさす)……407
きこす(聞こす)……408
きこしめす(聞こし召す)……409
きこゆ(聞こゆ)……410
きは(際)……418
きみ(君)……420
きよげなり(清げなり)……426
きよし(清し)……426
きよらなり(清らなり)……428
きんだち(公達)……433
くし(奇し)……438
ぐす(具す)……439
くすし(薬師)……439
くすし(奇し)……440
くだくだし……441
くだる(下る)……443
くちをし(口惜し)……446
くま(隈)……452
くまなし(隈無し)……453
くもゐ(雲居)……456
くるし(苦し)……460
くんず(屈ず)……469
け(褻)……471
けいす(啓す)……472
けうとし(気疎し)……474
けうなり(希有なり)……474
けさう(懸想)……476
けし(異し)……477
けしうはあらず
（異しうはあらず）……477
けしからず(異しからず)……478
けしきだつ(気色だつ)……478
けしき(気色)……479
けしきばむ(気色ばむ)……480
げす(下種)……481
けだい(懈怠)……481
けつ(消つ)……482
けに(異に)……484
げに(実に)……485
けはひ(気はひ・化粧)……486
けむ……488
けやけし(尤けし)……488
げらふ(下臈)……490
けり……491
こうず(困ず)……501
ここだ(幾許)……507
ここち(心地)……508
ここら(幾許)……509
こころあり(心有り)……510
こころう(心得)……511
こころうし(心憂し)……511
こころおとり(心劣り)……512
こころぐるし(心苦し)……513
こころざし(志)……514
こころづきなし(心付き無し)……515
こころづくし(心尽くし)……516
こころなし(心無し)……517
こころにくし(心憎し)……518
こころばせ(心ばせ)……519
こころばへ(心延へ)……520
こころふかし(心深し)……520
こころぼそし(心細し)……520
こころまさり(心勝り)……521
こころやすし(心安し)……521
こころもとなし(心許無し)……522
こころやまし(心疾し)……522
こころゆく(心行く)……523
こころよわし(心弱し)……523
こしかた(来し方)……527
こしらふ(慰ふ・拵ふ)……528
ごす(期す)……529
こそ……531
こたい(古体・古代)……532
こたいなり(古体なり)……532
こちたし(言甚し)……533
こちなし(骨なし)……533
こと(事)……537
ことごと(悉)……538
ことざま(異様)……538
ことことし(事事し)……539
ごとし(如し)……539
こととふ(言問ふ)……541
ことなり(異なり・殊なり)……542
ことのは(言の葉)……543
ことやうなり(異様なり)……544
ことわり(理・断り)……545
ことわる(理る)……545
このかみ(兄)……547
こほつ(毀つ)……551
こまやかなり(細やかなり)……553
こよなし……556
ごらんず(御覧ず)……557
さ(然)……563
さいつごろ(先つ頃)……565
さうざうし……567
さうぞく(装束)……568
さうなし(双無し)……569
さうなし(左右無し)……569
さうらふ(候ふ)……570
ざえ(才)……571
さが(性)……572
さかし(賢し)……573
さがなし……574
さくもん(作文)……578
ささめく……580
さしいらへ(差し答へ)……582
さす……586
さすが(遉)……587
させる……588
さすがなり(遉なり)……589
さた(沙汰)……589
さだかなり(定かなり)……590
さだむ(定む)……590
さだめて(定めて)……591
さて(然て)……592
さながら(然ながら)……595
さはる(障る)……597
さびし(寂し)……598
ざふしき(雑色)……599
さぶらふ(候ふ)……600
さへ……601
さやかなり(清かなり)……604
さゆ(冴ゆ)……605
さらず(然らず)……607
さらず(避らず)……607
さらでも(然らでも)……608
さらなり(更なり)……608
さらに(更に)……609
さらぬ(然らぬ)……609
さらぬわかれ(避らぬ別れ)……610
さらば(然らば)……610
さり(然り)……611
さりとて(然りとて)……612
さりとも(然りとも)……612
さりぬべし(然りぬべし)……613
さる(去る)……613
さる(避る)……614
さる(然る)……614
さるは(然るは)……615
さるべき(然るべき)……617
さるものにて(然るものにて)……618
されど(然れど)……618

されば(然れば) 619
さんざうらふ(さん候ふ) 621
し 624
じ 624
しかり(然り) 629
した(下) 636
したたかなり 637
したたむ(認む) 638
しつらふ 643
して 643
しどけなし 645
しな(品) 646
しのぶ(忍ぶ) 648
しのぶ(偲ぶ) 649
しむ 656
しも(下) 657
しらぶ(調ぶ) 675
しりへ(後方) 676
しる(知る) 676
しる(治る) 677
しれもの(痴れ者) 678
しろしめす(知ろし召す・領ろし召す) 678
しるし(徴・験・印・証・璽) 679
しるし(著し) 679
す(為) 685
す 686
ず 687
ずいじん(随身) 688
すき(好き) 691
すきずきし(好き好きし) 692
すくせ(宿世) 694
すくよかなり(健よかなり) 694
すごし(凄し) 695
すさぶ(進ぶ) 696
すさむ(進む) 698
すさまじ(凄まじ) 699
すずろなり(漫ろなり) 701
すだく(集く) 701
ずちなし(術無し) 702
すでに(既に) 703
すなはち(即ち) 704
すべ(術) 705
すべて(総て) 705
すべなし(術無し) 705
すまふ(争ふ) 707
すゑ(末) 710
せうそこ(消息) 716
せうと(兄人) 716
せちなり(切なり) 720
せむかたなし(為む方無し) 725
せめて 726
せんざい(前栽) 727
せんじ(宣旨) 728
せんなし(詮無し) 729
ぞ 731
そうす(奏す) 732
そこはかとなし(そこはかと無し) 736
そこばく(若干) 736
そこら 736
そぞろなり(漫ろなり) 738
そのかみ(其の上) 741
そばむ(側む) 742
そむく(背く) 744
そらごと(空言) 746
そらなり(空なり) 747
それがし(某) 748
たいだいし(怠怠し) 754
たうぶ(賜ぶ) 761
たえて(絶えて) 762
たがふ(違ふ) 765
たく(長く) 767
たぐひ(比) 768
たぐふ(比ふ) 768
たくみ(工) 769
たけし(猛し) 769
たし 772
ただ(直・唯) 773
ただなり(直なり・徒なり・常なり・只なり) 776
ただびと(徒人) 776
たづき(方便) 784
たづぬ(尋ぬ) 784
たてまつる(奉る) 786
だに 791
たのもし(頼もし) 791
たのむ(頼む) 792
たばかる(謀る) 792
たふ(耐ふ) 795
たぶ(賜ぶ) 795
たま(玉) 796
たまのを(玉の緒) 799
たまはす(賜はす) 799
たまはる(賜はる) 800
たまふ(賜ふ)[四段] 802
たまふ(賜ふ)[下二段] 803
ためし(例) 804
ためらふ(躊躇ふ) 804
たゆし(弛し) 805
たゆむ(弛む) 806
たより(頼り) 807
たり〈完了〉 808
たり〈断定〉 808
ちぎり(契り) 816
ちぎる(契る) 817
ぢげ(地下) 817
ついたち(朔日) 827
つ 828
ついゐる(突い居る) 828
ついで(序) 829
つかうまつる(仕うまつる) 830
つかさ(官) 830
つかはす(使はす) 831
つかまつる(仕まつる) 832
つきごろ(月頃) 834
つきづきし 834
つきなし(付き無し) 835
つごもり(晦) 840
つたなし(拙し) 841
つつ 842
つつまし(慎まし) 843
つつむ(慎む) 845
つとに(夙に) 846
つとめて 847
つぼね(局) 849
つま(夫) 850
つま(端) 850
つゆ(露) 853
つらし(辛し) 855
つれづれなり(徒然なり) 856
つれなし 857
て 859
て(手) 860
で 861
てうず(調ず) 862
てしがな 864
と〈副詞〉 872
と〈助詞〉 874
ど 875
とかく 879
とき(時) 880
ときめく(時めく) 883
とく(解く) 884
ところ(所) 886
ところせし(所狭し) 887
とし(疾し) 887
としごろ(年来) 889
どち 891
とねり(舎人) 893
との(殿) 894
とのゐ(宿直) 894
とふ(問ふ) 895
とぶらふ(訪ふ・弔ふ) 896
とみなり(頓なり) 898
とみに(頓に) 898
とむ(尋む) 899
ども 900
ともし(羨し) 901
とよむ(響む) 902
とりなす(取り成す) 905
な〈助詞〉 908
な〈副詞〉 909
なか(中) 910
なかなか 912
なかなかなり 913
ながむ(眺む) 914
ながむ(詠む) 914
ながら 915
なぐさむ(慰む) 917
なげく(嘆く) 919
なごり(余波・名残) 920
なさけ(情け) 921
なつかし(懐かし) 925
なづむ(泥む) 926
なでふ(何でふ) 926
など 927
など(等) 928
などか 929
なのめならず(斜めならず) 933
なのめなり(斜めなり) 934
なべて(並べて) 936
なほ(猶) 937
なほざりなり(等閑なり) 937
なまじひなり(生強ひなり) 939
なまめかし(生めかし) 940
なむ 942
なめし 943
なやまし(悩まし) 944
なやむ(悩む) 944
ならひ(慣らひ) 946
ならふ(慣らふ) 946
なり〈推定・伝聞〉 948
なり〈断定〉 949
なる(生る) 950
なる(慣る・萎る・熟る) 950
なんでふ(何でふ) 952
に 954
にくし(憎し) 957
にげなし(似げ無し) 958
にて 961
になし(二無し) 961
にほひ(匂ひ) 964
にほふ(匂ふ) 965
にょうばう(女房) 966
ぬ(寝) 968
ぬ 968
ぬし(主) 970
ね(音) 973
ねたし(妬し) 975
ねぶ 977
ねんごろなり(懇ろなり) 978
ねんず(念ず) 979
の 980
のく(退く) 982
のたまはす(宣はす) 984
のどかなり(長閑かなり) 984
のたまふ(宣ふ) 985
のどけし(長閑けし) 986
ののしる(罵る) 987
のぼる(上る) 988
のみ 988
のる(乗る・載る) 989
は 990
ば 991
ばう(坊) 992
はかなくなる(果無くなる) 994

はかなし(果無し)……994
はかばかし……996
ばかり……997
はかる(計る・図る)……997
はぐくむ(育む)……998
はしたなり(端なり)……1001
はしたなし(端なし)……1003
はた(将)……1004
はつ(果つ)……1008
はづ(恥づ)……1008
はづかし(恥づかし)……1009
はつかなり……1009
はばかる(憚る)……1015
はべり(侍り)……1018
ばや……1020
はやう(早う)……1020
はやく(早く)……1021
はらから(同胞)……1023
ひがこと(僻事)……1031
ひがひがし(僻僻し)……1032
ひぐらし(日暮らし)……1038
ひごろ(日頃)……1039
ひじり(聖)……1041
ひそむ(顰む)……1042
ひたぶるなり(一向なり)……1044
ひつ(漬つ)……1045
ひと(人)……1046
ひとめ(人目)……1051
ひとやりならず(人遣りならず)……1052
ひとわろし(人悪し)……1052
ひなぶ(鄙ぶ)……1053
ひねもす(終日)……1053
ひま(隙・暇)……1055
びんなし(便無し)……1061
ふ……1063
ふし(節)……1070
ふすま(衾)……1076
ふつつかなり(不束なり)……1079
ふびんなり(不便なり)……1081
ふみ(文)……1082
ふりはへ(振り延へ)……1086
ふる(旧る)……1087
ふる(触る)……1087
ふるさと(古里)……1088
へ……1092
べし……1099
べちなり(別なり)……1100
ほい(本意)……1102
ほいなし(本意無し)……1102
ほくめん(北面)……1106
ほだし(絆)……1109
ほど(程)……1111
ほとほと(殆)……1112
ほのかなり(仄かなり)……1114
ま(間)……1119
まうけ(設け)……1120
まうく(設く)……1121
まうす(申す)……1123
まうづ(詣づ)……1124
まうでく(詣で来)……1124
まかづ(罷づ)……1125
まがふ(紛ふ)……1126
まかる(罷る)……1126
まがまがし(禍禍し)……1127
まぎる(紛る)……1128
まぎれ(紛れ)……1128
まさし(正し)……1136
まさに(正に)……1136
まさなし(正無し)……1137
まじ……1137
まし……1138
まします(坐します)……1139
ます(坐す)……1140
また(又)……1141
まだき(夙)……1142
またし(全し)……1142
まだし(未だし)……1142
またのひ(又の日)……1143
まで……1147
まどふ(惑ふ)……1149
まな(真名)……1149
まねぶ(学ぶ)……1151
まばゆし(目映ゆし)……1151
まほし……1153
まほなり(真秀なり)……1154
ままに(儘に)……1155
まめなり(実なり)……1156
まめまめし(実実し)……1157
まめやかなり(実やかなり)……1157
まもる(守る)……1158
まよふ(迷ふ)……1158
まらうと(客人)……1159
まゐらす(参らす)……1161
まゐる(参る)……1162
みいだす(見出だす)……1166
みいる(見入る)……1166
みおこす(見遣す)……1168
みかど(御門)……1169
みぐるし(見苦し)……1170
みそかなり(密かなり)……1173
みだる(乱る)……1175
みち(道)……1175
みづから(自ら)……1178
みなひと(皆人)……1180
みまかる(身罷る)……1183
みや(宮)……1185
みやび(雅び)……1186
みやぶ(雅ぶ)……1187
みゆ(見ゆ)……1188
みる(見る)……1190
む……1193
むくつけし……1196
むげなり(無下なり)……1196
むげに(無下に)……1197
むず……1199
むすぶ(結ぶ)……1200
むつかし(難し)……1202
むつまし(睦まし)……1202
むなし(空し)……1203
むねあく(胸開く)……1205
むねと(宗と)……1205
め(目)……1210
めざとし(目敏し)……1213
めざまし(目覚まし)……1214
めす(召す)……1216
めづらかなり(珍かなり)……1216
めづ(愛づ)……1217
めづらし(珍し)……1218
めでたし(愛でたし)……1219
めやすし(目安し)……1220
めり……1221
も……1222
もがな……1224
もし(若し)……1225
もてなす(もて成す)……1229
もてはやす(もて映やす)……1230
もと(本・元・許・職)……1230
もどく(擬く)……1231
もとすゑ(本末)……1231
もの(物)……1233
ものうし(物憂し)……1234
ものから……1236
ものぐるほし(物狂ほし)……1237
ものす(物す)……1239
もはら(専ら)……1242
や……1248
やう(様)……1251
やうやう(漸う)……1251
やがて(軈て)……1252
やさし(恥し・優し)……1255
やすし(安し・易し)……1256
やすらふ(休らふ)……1258
やつす(俏す)……1259
やど(宿)……1260
やは……1261
やまがつ(山賤)……1263
やまぎは(山際)……1264
やまのは(山の端)……1266
やむ(止む)……1267
やむごとなし……1268
やや(良)……1269
やる(破る)……1270
やる(遣る)……1271
ゆかり(縁)……1273
ゆかし……1274
ゆきかふ(行き交ふ)……1274
ゆくすゑ(行く末)……1277
ゆくりなし……1278
ゆふさる(夕さる)……1280
ゆめ(努)……1282
ゆゆし……1282
ゆゑ(故)……1286
ゆゑゆゑし(故故し)……1286
よ(世)……1288
よし(由)……1291
よしなし(由無し)……1293
よすが(縁)……1295
よそふ(寄そふ)……1296
よづく(世付く)……1297
よに(世に)……1298
よのなか(世の中)……1300
よばふ(呼ばふ)……1301
よも……1302
よもすがら(夜もすがら)……1303
より……1304
よろこび(喜び)……1306
よろづ(万)……1306
よろし(宜し)……1307
らうがはし(乱がはし)……1310
らうたし(労たし)……1311
らうらうじ(労労じ)……1311
らむ……1312
らし……1313
らる……1315
り……1317
る……1322
れいの(例の)……1324
わ(我・吾)……1329
わく(別く)……1335
わざと(態と)……1336
わざ(業)……1337
わたくし(私)……1339
わたす(渡す)……1339
わたり(辺り)……1340
わづらふ(煩ふ)……1341
わたる(渡る)……1343
わびし(侘びし)……1344
わぶ(侘ぶ)……1345
わりなし……1347
わろし(悪し)……1349
ゐる(居る)……1352
ゐる(率る)……1353
ゑむ(笑む)……1356
ゑんず(怨ず)……1356
を……1358
をかし……1360
をこがまし(痴がまし)……1361
をこなり(痴なり)……1361
をさをさ……1362
をさをさし(長長し)……1363
をし(惜し)……1363
をとこ(男)……1364
をのこ(男)……1365
をり(折)……1367
をりふし(折節)……1368
をんな(女)……1369

類語比較一覧

❶では辞典本文内で 類語比較 の対象となっているすべての語を音順に列記しています。
❷では 類語比較 で比較対照している語のグループを示しています。
太字で示している見出し語に、 類語比較 の解説があります。

❶見出し語	❷類語比較
あからさまなり	**あからさまなり**・かりそめなり
あがる【上がる】	**のぼる**・あがる
あし【悪し】	**よし**・よろし・わろし・**あし**
あたらし【可惜し】	**あたらし**・をし
あぢきなし	**あへなし**・あぢきなし
あてなり【貴なり】	**あてなり**・やむごとなし
あはれなり	**あはれなり**・をかし
あはれなり	**おもしろし**・あはれなり・をかし
あふ【敢ふ】	**あふ**・たふ
あへなし【敢へ無し】	**あへなし**・あぢきなし
あやなし	**あやなし**・わりなし
あゆむ【歩む】	**ありく**・あゆむ
あらまし【有らまし】	**あらまほし**・あらまし
あらまほし	**あらまほし**・あらまし
ありがたし【有り難し】	**ありがたし**・めづらし
ありく【歩く】	**ありく**・あゆむ
ありさま【有り様】	**かたち**・ありさま・すがた
ありし【有りし】	**ありつる**・ありし
ありつる【有りつる】	**ありつる**・ありし
あるじ【主】	**あるじ**・ぬし
いうなり【優なり】	**いうなり**・えんなり
いさ	**いさ**・いざ
いざ	**いさ**・いざ

❶見出し語	❷類語比較
いたづらなり【徒らなり】	**いたづらなり**・むなし
いつく【斎く】	**いつく**・いはふ
いとけなし【幼けなし】	**いはけなし**・いとけなし
いとほし	**いとほし**・かはゆし
いとほし	**かなし**・いとほし
いとま【暇】	**ひま**・いとま・はさま
いにしへ【古】	**いにしへ**・むかし
いはけなし【稚けなし】	**いはけなし**・いとけなし
いはひ【祝ひ】	**よろこび**・いはひ
いはふ【斎ふ】	**いつく**・いはふ
いぶかし【訝し】	**いぶせし**・いぶかし
いぶかし【訝し】	**ゆかし**・いぶかし
いぶせし	**いぶせし**・いぶかし
いみじ	**いみじ**・ゆゆし
いらふ【答ふ】	**いらふ**・こたふ
うけふ【誓ふ】	**うけふ**・ちかふ
うし【憂し】	**うし**・つらし
うし【憂し】	**むつかし**・うし・うるさし
うしろめたし【後ろめたし】	**おぼつかなし**・うしろめたし・こころもとなし
うたた【転】	**うたて**・うたた
うたて	**うたて**・うたた
うち【内】	**うち**・なか
うつくし【愛し】	**うるはし**・うつくし・らうたし
うへ【上】	**うへ**・かみ・した・しも
うむ【倦む】	**たゆむ**・うむ・ゆるふ

❶見出し語	❷類語比較
うらやまし【羨まし】	**ともし**・うらやまし
うるさし	**むつかし**・うし・うるさし
うるはし【麗し】	**うるはし**・うつくし・らうたし
うれふ【憂ふ】	**なげく**・うれふ
えん【縁】	**よすが**・ゆかり・えん
えんなり【艶なり】	**いうなり**・えんなり
えんなり【艶なり】	**やさし**・えんなり・なまめかし
おと【音】	**おと**・ね
おどろおどろし	**こちたし**・ことことし・ものものし・おどろおどろし
おほけなし	**おほけなし**・かたじけなし
おぼつかなし【覚束なし】	**おぼつかなし**・うしろめたし・こころもとなし
おぼろなり【朧なり】	**ほのかなり**・おぼろなり・かすかなり
おもしろし【面白し】	**おもしろし**・あはれなり・をかし
おもなし【面無し】	**はづかし**・やさし・おもなし・ひとわろし・はしたなし
おる【下る】	**くだる**・おる・さがる
おろかなり【疎かなり】	**おろかなり**・おろそかなり
おろかなり【疎かなり】	**なのめなり**・おろかなり・なかなかなり
おろそかなり【疎かなり】	**おろかなり**・おろそかなり
か(係助詞)	**か**・や
が(格助詞)	**が**(格助詞)・の(格助詞)
かぎり【限り】	**かぎり**・きは

❶見出し語	❷類語比較
かしこし【畏し】	**かしこし**・ゆゆし
かしこし【賢し】	**さかし**・かしこし
かすかなり【幽かなり】	**ほのかなり**・おぼろなり・かすかなり
かたじけなし【辱し】	**おほけなし**・かたじけなし
かたち【形】	**かたち**・ありさま・すがた
かつ【且つ】	**また**・さらに・かつ
かなし【愛し・悲し】	**かなし**・いとほし
かはゆし	**いとほし**・かはゆし
かひなし【甲斐無し】	**はかなし**・かひなし・むなし
かみ【上】	**うへ**・かみ・した・しも
かりそめなり【仮初なり】	**あからさまなり**・かりそめなり
かをる【薫る】	**にほふ**・かをる
き(過去)	**けり**・き
きは【際】	**かぎり**・きは
きよげなり【清げなり】	**きよらなり**・きよげなり
きよし【清し】	**きよし**・さやけし
きよらなり【清らなり】	**きよらなり**・きよげなり
くだる【下る】	**くだる**・おる・さがる
くちをし【口惜し】	**くちをし**・くやし
くやし【悔し】	**くちをし**・くやし
けしき【気色】	**けはひ**・けしき
けしきだつ【気色だつ】	**けしきばむ**・けしきだつ
けしきばむ【気色ばむ】	**けしきばむ**・けしきだつ
けはひ【気はひ】	**けはひ**・けしき
けり(過去)	**けり**・き

❶見出し語	❷類語比較
こころなし【心無し】	**こころなし**・なさけなし
こころばせ【心ばせ】	**こころばへ**・こころばせ
こころばへ【心延へ】	**こころばへ**・こころばせ
こころもとなし【心許無し】	**おぼつかなし**・うしろめたし・こころもとなし
こそ(係助詞)	**なむ**・ぞ・こそ
こたふ【答ふ】	**いらふ**・こたふ
こちたし【言甚し】	**こちたし**・ことことし・ものものし・おどろおどろし
こと【事】	**もの**・こと
ごとくなり【如くなり】	ごとくなり・**ごとし**・やうなり
ことことし【事事し】	**こちたし**・ことことし・ものものし・おどろおどろし
ごとし【如し】	ごとくなり・**ごとし**・やうなり
こまかなり【細かなり】	**こまやかなり**・こまかなり
こまやかなり【細やかなり】	**こまやかなり**・こまかなり
さうざうし	**さうざうし**・さびし・つれづれなり
さかし【賢し】	**さかし**・かしこし
さがる【下がる】	**くだる**・おる・さがる
さす(使役)	**さす**・す・しむ
さびし【寂し】	**さうざうし**・さびし・つれづれなり
さびし【寂し】	**さびし**・わびし
さへ(副助詞)	**さへ**・だに・すら
さやけし【清けし】	**きよし**・さやけし
さらに【更に】	**また**・さらに・かつ
さわぐ【騒ぐ】	**ののしる**・さわぐ
じ(打消推量)	**じ**・まじ
した【下】	**うへ**・かみ・した・しも
したたむ【認む】	**したたむ**・まうく
しひて【強ひて】	**せめて**・しひて

❶見出し語	❷類語比較
しむ(使役)	**さす**・す・しむ
しも【下】	**うへ**・かみ・した・しも
す(使役)	**さす**・す・しむ
すがた【姿】	**かたち**・ありさま・すがた
ずちなし【術無し】	**すべなし**・ずちなし
すべなし【術無し】	**すべなし**・ずちなし
すら(副助詞)	**さへ**・だに・すら
せめて	**せめて**・しひて
ぞ(係助詞)	**なむ**・ぞ・こそ
それがし【某】	**それがし**・なにがし
たがふ【違ふ】	**たがふ**・ちがふ
たけし【猛し】	**たけし**・つよし
たし(希望)	**まほし**・たし
たづぬ【尋ぬ】	**とふ**・たづぬ
だに(副助詞)	**さへ**・だに・すら
たふ【耐ふ】	**あふ**・たふ
たゆむ【弛む】	**たゆむ**・うむ・ゆるふ
たり(断定)	**なり**(断定)・たり(断定)
たり(完了)	**り**・たり
ちかふ【誓ふ】	**うけふ**・ちかふ
ちがふ【違ふ】	**たがふ**・ちがふ
つ(完了)	**つ**・ぬ
つきづきし	**つきづきし**・につかはし
つよし【強し】	**たけし**・つよし
つらし【辛し】	**うし**・つらし
つれづれなり【徒然なり】	**さうざうし**・さびし・つれづれなり
とふ【問ふ】	**とふ**・たづぬ
とまる【止まる】	**やむ**・とまる
とむ【尋む】	**とむ**・たづぬ・もとむ
ともし【羨し】	**ともし**・うらやまし
なか【中】	**うち**・なか
なかなかなり	**なのめなり**・おろかなり・なかなかなり

なげく【嘆く】	**なげく**・うれふ
なさけなし【情け無し】	**こころなし**・なさけなし
なにがし【何某】	**それがし**・なにがし
なのめなり【斜めなり】	**なのめなり**・おろかなり・なかなかなり
なまめかし【生めかし】	**やさし**・えんなり・なまめかし
なむ（係助詞）	**なむ**・ぞ・こそ
なめし	**めざまし**・なめし
なやむ【悩む】	**わづらふ**・なやむ・やむ
なり（推定・伝聞）	**めり**・なり（推定・伝聞）
なり（断定）	**なり**（断定）・たり（断定）
に（格助詞）	**に**・へ
につかはし【似付かはし】	**つきづきし**・につかはし
にほふ【匂ふ】	**にほふ**・かをる
ぬ（完了）	**つ**・ぬ
ぬし【主】	**あるじ**・ぬし
ね【音】	**おと**・ね
の（格助詞）	**が**（格助詞）・の（格助詞）
のどかなり【長閑かなり】	**のどかなり**・のどけし
のどけし【長閑けし】	**のどかなり**・のどけし
ののしる【罵る】	**ののしる**・さわぐ
のぼる【上る】	**のぼる**・あがる
のみ（副助詞）	**ばかり**・のみ
はかなし【果無し】	**はかなし**・かひなし・むなし
ばかり（副助詞）	**ばかり**・のみ
はざま【狭間】	**ひま**・いとま・はざま
はしたなし【端なし】	**はづかし**・やさし・おもなし・ひとわろし・はしたなし
はつ【果つ】	**はつ**・をはる
はづかし【恥づかし】	**はづかし**・やさし・おもなし・ひとわろし・はしたなし

はつかなり	**はつかなり**・わづかなり
ひとわろし【人悪し】	**はづかし**・やさし・おもなし・ひとわろし・はしたなし
ひま【隙】	**ひま**・いとま・はざま
へ（格助詞）	**に**・へ
ほのかなり【仄かなり】	**ほのかなり**・おぼろなり・かすかなり
まうく【設く】	**したたむ**・まうく
まがふ【紛ふ】	**まがふ**・まぎる・まじる
まぎる【紛る】	**まがふ**・まぎる・まじる
まじ（打消推量）	**じ**・まじ
まじる【交じる】	**まがふ**・まぎる・まじる
また【又】	**また**・さらに・かつ
まどふ【惑ふ】	**まどふ**・まよふ
まほし（希望）	**まほし**・たし
まもる【守る】	**まもる**・もる
まよふ【迷ふ】	**まどふ**・まよふ
むかし【昔】	**いにしへ**・むかし
むすぶ【結ぶ】	**むすぶ**・ゆふ
むつかし【難し】	**むつかし**・うし・うるさし
むなし【空し】	**いたづらなり**・むなし
むなし【空し】	**はかなし**・かひなし・むなし
めざまし【目覚まし】	**めざまし**・なめし
めづらし【珍し】	**ありがたし**・めづらし
めり（推定）	**めり**・なり（推定・伝聞）
もとむ【求む】	**とむ**・たづぬ・もとむ
もの【物】	**もの**・こと
ものものし【物物し】	**こちたし**・ことことし・ものものし・おどろおどろし
もる【守る】	**まもる**・もる
や（係助詞）	**か**・や
やうなり	ごとくなり・**ごとし**・やうなり
やさし【恥し】	**はづかし**・やさし・おもなし・ひとわろし・はしたなし
やさし【優し】	**やさし**・えんなり・なまめかし
やまぎは【山際】	**やまぎは**・やまのは

やまのは【山の端】	**やまぎは**・やまのは
やむ【止む】	**やむ**・とまる
やむ【病む】	**わづらふ**・なやむ・やむ
やむごとなし	**あてなり**・やむごとなし
ゆかし	**ゆかし**・いぶかし
ゆかり【縁】	**よすが**・ゆかり・えん
ゆふ【結ふ】	**むすぶ**・ゆふ
ゆゆし	**いみじ**・ゆゆし
ゆゆし	**かしこし**・ゆゆし
ゆるふ【緩ふ】	**たゆむ**・うむ・ゆるふ
ゆゑ【故】	**ゆゑ**・よし
よし【由】	**ゆゑ**・よし
よし【良し】	よし・よろし・わろし・**あし**
よすが【縁】	**よすが**・ゆかり・えん
よろこび【喜び】	**よろこび**・いはひ
よろし【宜し】	よし・よろし・わろし・**あし**
らうたし【労たし】	**うるはし**・うつくし・らうたし
らうたし【労たし】	**らうらうじ**・らうたし
らうらうじ【労労じ】	**らうらうじ**・らうたし
り（完了）	**り**・たり
わづかなり【僅かなり】	**はつかなり**・わづかなり
わづらふ【煩ふ】	**わづらふ**・なやむ・やむ
わびし【侘びし】	**さびし**・わびし
わらふ【笑ふ】	**ゑむ**・わらふ
わりなし	**あやなし**・わりなし
わろし【悪し】	よし・よろし・わろし・**あし**
ゑむ【笑む】	**ゑむ**・わらふ
をかし	**あはれなり**・をかし
をかし	**おもしろし**・あはれなり・をかし
をし【惜し】	**あたらし**・をし
をとこ【男】	**をとこ**・をのこ
をとめ【少女】	**をんな**・をとめ
をのこ【男】	**をとこ**・をのこ
をはる【終はる】	**はつ**・をはる
をんな【女】	**をんな**・をとめ

識別一覧

本書の最重要語・重要語には、同音異義語を見分けるための識別情報を表形式で掲載している。ここでは、その掲載ページを一覧にした。

識別対象	品詞・用法	頁数
あらまほし	連語「あらまほし」(ラ変動詞「あり」の未然形＋希望の助動詞「まほし」)	99
	形容詞「あらまほし」	
いかに	形容動詞「いかなり」の連用形	119
	副詞「いかに」	
	感動詞「いかに」	
いつしか	連語「いつしか」(代名詞「いつ」＋強意の副助詞「し」＋係助詞「か」)	142
	副詞「いつしか」	
え	下二段動詞「う(得)」の未然形	229
	下二段補助動詞「う(得)」の未然形	
	副詞「え」	
かまへて	下二段動詞「かまふ」の連用形＋接続助詞「て」	378
	副詞「かまへて」	
しか	過去の助動詞「き」の已然形	396
	過去の助動詞「き」の連体形＋終助詞「か」	
	終助詞「てしか」「にしか」の一部	
けに	形容動詞「けなり」の連用形	484
	副詞「けに」	
けむ	過去推量の助動詞「けむ」	489
	形容詞の上代の未然形語尾「け」＋推量の助動詞「む」	
けれ	過去の助動詞「けり」の已然形	491
	形容詞の已然形活用語尾	
	助動詞(形容詞型活用)の已然形活用語尾	
	カ行四段動詞の已然形活用語尾＋存続の助動詞「り」の已然形	
し	副助詞「し」	624
	過去の助動詞「き」の連体形	
	サ変動詞「す」の連用形	
して	格助詞「して」	644
	接続助詞「して」	
	サ変動詞「す」の連用形＋接続助詞「て」	
せ	尊敬の助動詞「す」の未然形・連用形	687
	使役の助動詞「す」の未然形・連用形	
	サ変動詞「す」の未然形	
	過去の助動詞「き」の未然形	
せめて	下二段動詞「せ(責)む」の連用形＋接続助詞「て」	727
	副詞「せめて」	
たえて	下二段動詞「た(絶)ゆ」の連用形＋接続助詞「て」	762
	副詞「たえて」	
たまふ	尊敬語の補助動詞「たまふ」	803
	謙譲語Ⅱの補助動詞「たまふ」	
たる	完了(存続)の助動詞「たり」の連体形	809
	断定の助動詞「たり」の連体形	
	タリ活用の形容動詞の連体形活用語尾	
つゆ	名詞「つゆ(露)」	853
	副詞「つゆ」	
て	接続助詞「て」	859
	完了の助動詞「つ」の連用形	
	完了(確述)の助動詞「つ」の未然形	
と	格助詞「と」	875
	接続助詞「と」	
	タリ活用の形容動詞の連用形活用語尾	
	断定の助動詞「たり」の連用形	
	副詞の一部	
としごろ	名詞「としごろ」	889
	副詞「としごろ」	
な	禁止を表す終助詞「な」	909
	詠嘆を表す終助詞「な」	
	意志・願望を表す終助詞「な」	
	副詞「な」	
	完了(確述)の助動詞「ぬ」の未然形	
なでふ	連体詞「なでふ」	927
	副詞「なでふ」	
なむ	係助詞「なむ」	942
	終助詞「なむ」	
	確述の助動詞「ぬ」の未然形「な」＋推量・意志の助動詞「む」	
	ナ変動詞の未然形語尾「な」＋推量・意志の助動詞「む」	

なり	推定・伝聞の助動詞「なり」の終止形 断定の助動詞「なり」の終止形 四段動詞「なる」の連用形 ナリ活用の形容動詞の終止形活用語尾	948
に	格助詞「に」 接続助詞「に」 断定の助動詞「なり」の連用形 完了の助動詞「ぬ」の連用形 ナリ活用の形容動詞の連用形活用語尾 副詞の一部	955
にて	格助詞「にて」 ナリ活用の形容動詞の連用形活用語尾＋接続助詞「て」 断定の助動詞「なり」の連用形＋接続助詞「て」 完了の助動詞「ぬ」の連用形＋接続助詞「て」	961
ぬ	完了の助動詞「ぬ」の終止形 打消の助動詞「ず」の連体形 下二段動詞「ぬ(寝)」の連体形の一部 ナ変動詞「い(往)ぬ」の終止形語尾	969
ね	完了の助動詞「ぬ」の命令形 打消の助動詞「ず」の已然形 下二段動詞「ぬ(寝)」の未然形・連用形 願望を表す上代の終助詞「ね」	969
ばや	終助詞「ばや」 接続助詞「ば」(仮定条件)＋係助詞「や」 接続助詞「ば」(確定条件)＋係助詞「や」	1020
むげに	形容動詞「むげなり」の連用形 副詞「むげに」	1197
らむ	現在推量の助動詞「らむ(らん)」の終止形・連体形 完了(存続)の助動詞「り」の未然形＋推量(婉曲(えんきょく))の助動詞「む(ん)」の連体形 断定の助動詞「なり」の未然形語尾「ら」＋推量(婉曲)の助動詞「む(ん)」の連体形	1312
る	自発・可能・受身・尊敬の助動詞「る」の終止形 完了(存続)の助動詞「り」の連体形 下二段動詞の連体形の一部(語尾が「る」のもの)	1323
を	格助詞「を」 接続助詞「を」 間投助詞「を」	1359

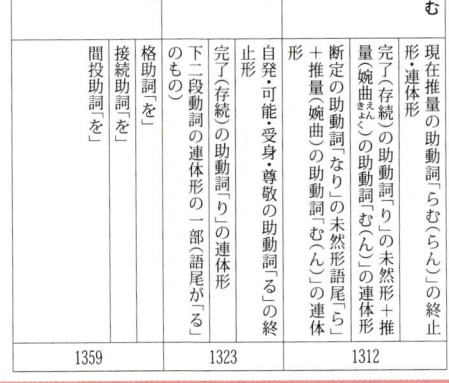

小倉百人一首一覧

▽上段では『小倉百人一首』の百首の歌を、初句の五十音順に配列した。
▽白抜き数字は配列順を、その下の数字は歌番号を示す。〈 〉内は出典・歌番号・詠者。
▽下段は下の句からも検索できるよう、下の句を五十音順に掲載した。
▽辞典本文中には、初句見出しで立項している。現代語訳のほか、品詞分解・修辞が図示されているので、参照のこと。

1	79	秋風にたなびく雲の絶え間より	もれ出づる月の影のさやけさ	〈新古今集・秋上・413・藤原顕輔〉
2	1	秋の田のかりほの庵の苫をあらみ	わが衣手は露にぬれつつ	〈後撰集・302・天智天皇〉
3	52	明けぬれば暮るるものとは知りながら	なほ恨めしき朝ぼらけかな	〈後拾遺集・672・藤原道信〉
4	39	浅茅生の小野の篠原忍ぶれど	あまりてなどか人の恋しき	〈後撰集・577・源等〉
5	31	朝ぼらけ有り明けの月と見るまでに	吉野の里に降れる白雪	〈古今集・冬・332・坂上是則〉
6	64	朝ぼらけ宇治の川霧絶え絶えに	あらはれわたる瀬々の網代木	〈千載集・420・藤原定頼〉
7	3	あしひきの山鳥の尾のしだり尾の	長々し夜をひとりかも寝む	〈拾遺集・778・柿本人麻呂〉
8	78	淡路島通ふ千鳥の鳴く声に	いく夜寝覚めぬ須磨の関守	〈金葉集・270・源兼昌〉
9	45	あはれとも言ふべき人は思ほえで	身のいたづらになりぬべきかな	〈拾遺集・950・藤原伊尹〉
10	43	逢ひ見てののちの心にくらぶれば	昔はものを思はざりけり	〈拾遺集・710・藤原敦忠〉
11	44	逢ふことの絶えてしなくはなかなかに	人をも身をも恨みざらまし	〈拾遺集・678・藤原朝忠〉
12	12	天つ風雲の通ひ路吹き閉ぢよ	少女の姿しばしとどめむ	〈古今集・雑上・872・遍昭〉
13	7	天の原ふりさけ見れば春日なる	三笠の山に出でし月かも	〈古今集・羇旅・406・阿倍仲麻呂〉
14	56	あらざらむこの世のほかの思ひ出でに	いまひとたびの逢ふこともがな	〈後拾遺集・763・和泉式部〉
15	69	あらし吹く三室の山のもみぢ葉は	竜田の川の錦なりけり	〈後拾遺集・366・能因〉
16	30	有り明けのつれなく見えし別れより	暁ばかり憂きものはなし	〈古今集・恋3・625・壬生忠岑〉
17	58	有馬山猪名の笹原風吹けば	いでそよ人を忘れやはする	〈後拾遺集・709・大弐三位〉
18	61	いにしへの奈良の都の八重桜	けふ九重ににほひぬるかな	〈詞花集・29・伊勢大輔〉
19	21	今来むと言ひしばかりに長月の	有り明けの月を待ち出でつるかな	〈古今集・恋4・691・素性〉
20	63	今はただ思ひ絶えなむとばかりを	人づてならで言ふよしもがな	〈後拾遺集・750・藤原道雅〉
21	74	憂かりける人を初瀬の山おろしよ	激しかれとは祈らぬものを	〈千載集・708・源俊頼〉
22	65	恨みわび干さぬ袖だにあるものを	恋に朽ちなむ名こそ惜しけれ	〈後拾遺集・815・相模〉
23	5	奥山にもみぢ踏み分け鳴く鹿の	声聞く時ぞ秋は悲しき	〈古今集・秋上・215・猿丸大夫〉
24	72	音に聞く高師の浜のあだ波は	かけじや袖のぬれもこそすれ	〈金葉集・469・祐子内親王家紀伊〉
25	60	大江山いく野の道の遠ければ	まだふみも見ず天の橋立	〈金葉集・550・小式部内侍〉
26	95	おほけなく憂き世の民におほふかな	我が立つ杣にすみぞめの袖	〈千載集・1137・慈円〉
27	82	思ひわびさても命はあるものを	憂きに堪へぬは涙なりけり	〈千載集・818・道因〉
28	51	かくとだにえやはいぶきのさしも草	さしも知らじな燃ゆる思ひを	〈後拾遺集・612・藤原実方〉
29	6	かささぎの渡せる橋に置く霜の	白きを見れば夜ぞ更けにける	〈新古今集・冬・620・大伴家持〉
30	98	風そよぐならの小川の夕暮れは	禊ぞ夏のしるしなりける	〈新勅撰集・192・藤原家隆〉

16	30	↑暁ばかり憂きものはなし
87	71	↑あしのまろ屋に秋風ぞ吹く
64	19	↑逢はでこの世を過ぐしてよとや
52	75	↑あはれ今年の秋も往ぬめり
89	93	↑海人の小舟の綱手かなしも
4	39	↑あまりてなどか人の恋しき
6	64	↑あらはれわたる瀬々の網代木
19	21	↑有り明けの月を待ち出でつるかな
59	53	↑いかに久しきものとかは知る
8	78	↑いく夜寝覚めぬ須磨の関守
75	27	↑いつ見きとてか恋しかるらむ
41	70	↑いづくも同じ秋の夕暮れ
17	58	↑いでそよ人を忘れやはする
14	56	↑いまひとたびの逢ふこともがな
100	26	↑今ひとたびのみゆき待たなむ
27	82	↑憂きに堪へぬは涙なりけり
58	84	↑憂しと見し世ぞ今は恋しき
35	29	↑置きまどはせる白菊の花
24	72	↑かけじや袖のぬれもこそすれ
60	86	↑かこちがほなるわが涙かな
83	59	↑かたぶくまでの月を見しかな
68	67	↑かひなく立たむ名こそ惜しけれ
54	17	↑からくれなゐに水くくるとは
31	48	↑砕けてものを思ふころかな
79	87	↑霧立ちのぼる秋の夕暮れ
80	57	↑雲隠れにし夜半の月かな
61	36	↑雲のいづこに月宿るらむ
97	76	↑雲居にまがふ沖つ白波
18	61	↑けふ九重ににほひぬるかな
96	54	↑けふを限りの命ともがな

31 48 風をいたみ岩打つ波のおのれのみ　砕けてものを思ふころかな　〈詞花集・211・源重之〉
32 15 君がため春の野に出でて若菜摘む　わが衣手に雪は降りつつ　〈古今集・春上・21・光孝天皇〉
33 50 君がため惜しからざりし命さへ　長くもがなと思ひけるかな　〈後拾遺集・669・藤原義孝〉
34 91 きりぎりす鳴くや霜夜のさ筵に　衣片敷きひとりかも寝む　〈新古今集・秋下・518・藤原良経〉
35 29 心あてに折らばや折らむ初霜の　置きまどはせる白菊の花　〈古今集・秋下・277・凡河内躬恒〉
36 68 心にもあらで憂き世に長らへば　恋しかるべき夜半の月かな　〈後拾遺集・860・三条天皇〉
37 97 来ぬ人をまつほの浦の夕凪に　焼くや藻塩の身もこがれつつ　〈新勅撰集・849・藤原定家〉
38 24 このたびは幣も取りあへず手向山　もみぢの錦神のまにまに　〈古今集・羇旅・420・菅原道真〉
39 41 恋すてふわが名はまだき立ちにけり　人知れずこそ思ひ初めしか　〈拾遺集・621・壬生忠見〉
40 10 これやこの行くも帰るも別れては　知るも知らぬも逢坂の関　〈後撰集・1089・蝉丸〉
41 70 寂しさに宿を立ち出でてながむれば　いづくも同じ秋の夕暮れ　〈後拾遺集・333・良暹〉
42 40 忍ぶれど色に出でにけりわが恋は　ものや思ふと人の問ふまで　〈拾遺集・622・平兼盛〉
43 37 白露に風の吹きしく秋の野は　つらぬきとめぬ玉ぞ散りける　〈後撰集・308・文屋朝康〉
44 18 住の江の岸に寄る波よるさへや　夢の通ひ路人目よくらむ　〈古今集・恋2・559・藤原敏行〉
45 77 瀬を早み岩にせかるる滝川の　われても末にあはむとぞ思ふ　〈詞花集・229・崇徳院〉
46 73 高砂の尾の上の桜咲きにけり　外山の霞立たずもあらなむ　〈後拾遺集・120・大江匡房〉
47 55 滝の音は絶えて久しくなりぬれど　名こそ流れてなほ聞こえけれ　〈千載集・1035・藤原公任〉
48 4 田子の浦にうち出でて見れば白妙の　富士の高嶺に雪は降りつつ　〈新古今集・冬・675・山部赤人〉
49 16 立ち別れいなばの山の峰に生ふる　まつとし聞かば今帰り来む　〈古今集・離別・365・在原行平〉
50 89 玉の緒よ絶えなば絶えね長らへば　忍ぶることの弱りもぞする　〈新古今集・恋1・1034・式子内親王〉
51 34 たれをかも知る人にせむ高砂の　松も昔の友ならなくに　〈古今集・雑上・909・藤原興風〉
52 75 契りおきしさせもが露を命にて　あはれ今年の秋も往ぬめり　〈千載集・1026・藤原基俊〉
53 42 契りきなかたみに袖をしぼりつつ　末の松山波越さじとは　〈後拾遺集・770・清原元輔〉
54 17 ちはやぶる神代も聞かず竜田川　からくれなゐに水くくるとは　〈古今集・秋下・294・在原業平〉
55 23 月見れば千々にものこそ悲しけれ　わが身ひとつの秋にはあらねど　〈古今集・秋上・193・大江千里〉
56 13 筑波嶺の峰より落つる男女川　恋ぞ積もりて淵となりぬる　〈後撰集・776・陽成院〉
57 80 長からむ心もしらず黒髪の　乱れて今朝はものをこそ思へ　〈千載集・802・待賢門院堀河〉
58 84 長らへばまたこのごろやしのばれむ　憂しと見し世ぞ今は恋しき　〈新古今集・雑下・1843・藤原清輔〉
59 53 嘆きつつひとり寝る夜の明くる間は　いかに久しきものとかは知る　〈拾遺集・912・藤原道綱の母〉
60 86 嘆けとて月やはものを思はする　かこちがほなるわが涙かな　〈千載集・929・西行〉
61 36 夏の夜はまだ宵ながら明けぬるを　雲のいづこに月宿るらむ　〈古今集・夏・166・清原深養父〉
62 25 名にし負はば逢坂山のさねかづら　人に知られで来るよしもがな　〈後撰集・700・藤原定方〉
63 88 難波江のあしのかりねのひとよゆゑ　みをつくしてや恋ひわたるべき　〈千載集・807・皇嘉門院別当〉
64 19 難波潟短き蘆の節の間も　逢はでこの世を過ぐしてよとや　〈新古今集・恋1・1049・伊勢〉
65 96 花誘ふあらしの庭の雪ならで　ふりゆくものはわが身なりけり　〈新勅撰集・1052・藤原公経〉

---

36 68←恋しかるべき夜半の月かな
56 13←恋ぞ積もりて淵となりぬる
22 65←恋に朽ちなむ名こそ惜しけれ
34 91←衣片敷きひとりかも寝む
67 2←衣干すてふ天の香具山
23 5←声聞く時ぞ秋は悲しき
28 51←さしも知らじな燃ゆる思ひを
69 33←しづ心なく花の散るらむ
50 89←忍ぶることの弱りもぞする
40 10←知るも知らぬも逢坂の関
29 6←白きを見れば夜ぞ更けにける
53 42←末の松山波越さじとは
73 81←ただ有り明けの月ぞ残れる
15 69←竜田の川の錦なりけり
43 37←つらぬきとめぬ玉ぞ散りける
46 73←外山の霞立たずもあらなむ
33 50←長くもがなと思ひけるかな
7 3←長々し夜をひとりかも寝む
85 32←流れもあへぬもみぢなりけり
47 55←名こそ流れてなほ聞こえけれ
81 100←なほあまりある昔なりけり
3 52←なほ恨めしき朝ぼらけかな
76 90←ぬれにぞぬれし色は変はらず
91 85←閨のひまさへつれなかりけり
21 74←激しかれとは祈らぬものを
70 35←花ぞ昔の香ににほひける
82 66←花よりほかに知る人もなし
94 92←人こそ知らね乾く間もなし
84 47←人こそ見えね秋は来にけり
39 41←人知れずこそ思ひ初めしか
20 63←人づてならで言ふよしもがな
62 25←人に知られで来るよしもがな
98 11←人には告げよ海人の釣り舟
95 38←人の命の惜しくもあるかな
86 28←人目も草もかれぬと思へば

66 9 花の色は移りにけりないたづらに わが身世にふるながめせしまに〈古今集・春下・113・小野小町〉
67 2 春過ぎて夏来にけらし白妙の 衣干すてふ天の香具山〈新古今集・夏・175・持統天皇〉
68 67 春の夜の夢ばかりなる手枕に かひなく立たむ名こそ惜しけれ〈千載集・964・周防内侍〉
69 33 ひさかたの光のどけき春の日に しづ心なく花の散るらむ〈古今集・春下・84・紀友則〉
70 35 人はいさ心も知らずふるさとは 花ぞ昔の香ににほひける〈古今集・春上・42・紀貫之〉
71 99 人も愛し人も恨めしあぢきなく 世を思ふゆゑにもの思ふ身は〈続後撰集・1202・後鳥羽院〉
72 22 吹くからに秋の草木のしをるれば むべ山風をあらしといふらむ〈古今集・秋下・249・文屋康秀〉
73 81 ほととぎす鳴きつる方をながむれば ただ有り明けの月ぞ残れる〈千載集・161・藤原実定〉
74 49 御垣守衛士のたく火の夜は燃え 昼は消えつつものをこそ思へ〈詞花集・225・大中臣能宣〉
75 27 みかの原わきて流るるいづみ川 いつ見きとてか恋しかるらむ〈新古今集・恋1・996・藤原兼輔〉
76 90 見せばやな雄島の海人の袖だにも ぬれにぞぬれし色は変はらず〈千載集・886・殷富門院大輔〉
77 14 陸奥のしのぶもぢずりたれゆゑに 乱れそめにし我ならなくに〈古今集・恋4・724・源融〉
78 94 み吉野の山の秋風さ夜更けて ふるさと寒く衣打つなり〈新古今集・秋下・483・藤原雅経〉
79 87 村雨の露もまだ干ぬ槙の葉に 霧立ちのぼる秋の夕暮れ〈新古今集・秋下・491・寂蓮〉
80 57 めぐり逢ひて見しやそれとも分かぬ間に 雲隠れにし夜半の月かな〈新古今集・雑上・1499・紫式部〉
81 100 ももしきや古き軒端のしのぶにも なほあまりある昔なりけり〈続後撰集・1205・順徳院〉
82 66 もろともにあはれと思へ山ざくら 花よりほかに知る人もなし〈金葉集・521・行尊〉
83 59 やすらはで寝なましものをさ夜更けて かたぶくまでの月を見しかな〈後拾遺集・680・赤染衛門〉
84 47 八重むぐら茂れる宿の寂しきに 人こそ見えね秋は来にけり〈拾遺集・140・恵慶〉
85 32 山川に風のかけたるしがらみは 流れもあへぬもみぢなりけり〈古今集・秋下・303・春道列樹〉
86 28 山里は冬ぞ寂しさまさりける 人目も草もかれぬと思へば〈古今集・冬・315・源宗于〉
87 71 夕されば門田の稲葉おとづれて あしのまろ屋に秋風ぞ吹く〈金葉集・173・源経信〉
88 46 由良の門を渡る舟人梶緒を絶え 行方も知らぬ恋の道かな〈新古今集・恋1・1071・曾禰好忠〉
89 93 世の中は常にもがもな渚漕ぐ 海人の小舟の綱手かなしも〈新勅撰集・525・源実朝〉
90 83 世の中よ道こそなけれ思ひ入る 山の奥にも鹿ぞ鳴くなる〈千載集・1151・藤原俊成〉
91 85 夜もすがらもの思ふころは明けやらで 閨のひまさへつれなかりけり〈千載集・766・俊恵〉
92 62 夜をこめて鳥のそら音ははかるとも よに逢坂の関は許さじ〈後拾遺集・939・清少納言〉
93 8 わが庵は都のたつみしかぞ住む 世をうぢ山と人はいふなり〈古今集・雑下・983・喜撰〉
94 92 わが袖は潮干に見えぬ沖の石の 人こそ知らね乾く間もなし〈千載集・760・二条院讃岐〉
95 38 忘らるる身をば思はず誓ひてし 人の命の惜しくもあるかな〈拾遺集・870・右近〉
96 54 忘れじのゆく末までは難ければ けふを限りの命ともがな〈新古今集・恋3・1149・儀同三司の母〉
97 76 わたの原漕ぎ出でて見ればひさかたの 雲居にまがふ沖つ白波〈詞花集・382・藤原忠通〉
98 11 わたの原八十島かけて漕ぎ出でぬと 人には告げよ海人の釣り舟〈古今集・羇旅・407・小野篁〉
99 20 わびぬれば今はた同じ難波なる みをつくしても逢はむとぞ思ふ〈後撰集・960・元良親王〉
100 26 小倉山峰のもみぢ葉心あらば 今ひとたびのみゆき待たなむ〈拾遺集・1128・藤原忠平〉

---

11 44↑人をも身をも恨みざらまし
74 49↑昼は消えつつものをこそ思へ
48 4↑富士の高嶺に雪は降りつつ
65 96↑ふりゆくものはわが身なりけり
78 94↑ふるさと寒く衣打つなり
25 60↑まだふみも見ず天の橋立
49 16↑まつとし聞かば今帰り来む
51 34↑松も昔の友ならなくに
13 7↑三笠の山に出でし月かも
30 98↑禊ぞ夏のしるしなりける
77 14↑乱れそめにし我ならなくに
57 80↑乱れて今朝はものをこそ思へ
9 45↑身のいたづらになりぬべきかな
99 20↑みをつくしても逢はむとぞ思ふ
63 88↑みをつくしてや恋ひわたるべき
10 43↑昔はものを思はざりけり
72 22↑むべ山風をあらしといふらむ
42 40↑ものや思ふと人の問ふまで
38 24↑もみぢの錦神のまにまに
1 79↑もれ出づる月の影のさやけさ
37 97↑焼くや藻塩の身もこがれつつ
90 83↑山の奥にも鹿ぞ鳴くなる
88 46↑行方も知らぬ恋の道かな
44 18↑夢の通ひ路人目よくらむ
5 31↑吉野の里に降れる白雪
92 62↑よに逢坂の関は許さじ
93 8↑世をうぢ山と人はいふなり
71 99↑世を思ふゆゑにもの思ふ身は
32 15↑わが衣手に雪は降りつつ
2 1↑わが衣手は露にぬれつつ
26 95↑我が立つ杣にすみぞめの袖
55 23↑わが身ひとつの秋にはあらねど
66 9↑わが身世にふるながめせしまに
45 77↑われても末にあはむとぞ思ふ
12 12↑少女の姿しばしとどめむ

和歌・俳句見出し索引

一――この索引は辞典本文中の
①和歌見出し（見出し語の例 **あかねさす**…歌／**あそびをせんとや**…歌謡／**うたよみは**…狂歌）
②百人一首見出し（見出し語の例 **あけぬれば**…百人一首）
③俳句見出し（見出し語の例 **あかあかと**…句／**いしゃへゆく**…川柳）
を検索するための索引である。

二――配列は、和歌と俳句を分け、各々、漢字仮名交じりの歴史的仮名遣いによる五十音順とした。ただし、百人一首と和歌とで初句が同様のものがある場合は、百人一首を先に掲載した。

三――百人一首②は百人一首ラベルで示した。

四――原則として初句を掲げ、初句が同様のものがある場合は、判別がつくまでを示した。

五――〈　〉内には、百人一首②と俳句③は作者名を、百人一首を除く和歌①は出典名を示した。

六――立項しているページ数を示した。

七――百人一首②は、本文中の各百人一首見出し内で品詞分解・修辞を図示している。また、1398ページに「小倉百人一首一覧」を掲載している。

和歌

あ

飽かなくに…〈古今集〉……38
あかねさす日に向かひても…〈金葉集〉……38
あかねさす紫野行き…〈万葉集〉……38
秋風にたなびく雲の…百人一首〈藤原顕輔〉……40
秋風にしばしとまらぬ…〈源氏〉……40
秋来ぬと…〈古今集〉……40
あきになる…〈大鏡〉……41
秋の田のかりほの庵の…百人一首〈天智天皇〉……41
秋の田の穂の上に霧らふ…〈万葉集〉……42
秋山の…〈万葉集〉……42
明けぬれば…百人一首〈藤原道信〉……46
明けばまた…〈新古今集〉……46
安積山…〈万葉集〉……48
浅茅生の…百人一首〈源等〉……49
朝床に…〈万葉集〉……50
朝ぼらけ有り明けの月と…百人一首〈坂上是則〉……50
朝ぼらけ宇治の川霧…百人一首〈藤原定頼〉……51
朝まだき…〈拾遺集〉……52
浅緑糸よりかけて…〈古今集〉……52
浅緑花もひとつに…〈新古今集〉……52
葦垣の…〈万葉集〉……54
あしひきの山鳥の尾の…百人一首〈柿本人麻呂〉……56
あしひきの山川の瀬の…〈万葉集〉……56
葦辺行く…〈万葉集〉……56
遊びをせんとや…〈梁塵秘抄〉……58
梓弓引けど引かねど…〈伊勢〉……65
梓弓真弓つき弓…〈伊勢〉……65
東路の…〈新古今集〉……66
東路は…〈後拾遺集〉……66
あな醜…〈万葉集〉……71
足の音せず…〈万葉集〉……72
淡路島…百人一首〈源兼昌〉……73
あはれとも…百人一首〈藤原伊尹〉……75
あひ思はで…〈伊勢〉……76
相思はぬ…〈万葉集〉……76
逢ひ見ての…百人一首〈藤原敦忠〉……77
逢ふことの…百人一首〈藤原朝忠〉……79
あふことも…〈竹取〉……79
近江の海…〈万葉集〉……80
天雲の…〈土佐日記〉……83
天離る…〈万葉集〉……83
天つ風…百人一首〈遍昭〉……84
あまの刈る…〈古今集〉……85
天の原…百人一首〈阿倍仲麻呂〉……86
天地の…〈万葉集〉……87
あめのした…〈大鏡〉……88
あらき風…〈源氏〉……93
あらざらむ…百人一首〈和泉式部〉……94
あらし吹く…百人一首〈能因〉……94
新たしき…〈万葉集〉……95
あらたまの年立ちかへる…〈拾遺集〉……95
あらたまの年の三年を…〈続古今集〉……95
有り明けの…百人一首〈壬生忠岑〉……99
有馬山…百人一首〈大弐三位〉……105
あるものと…〈土佐日記〉……108
沫雪の…〈万葉集〉……109
青柳の…〈古今著聞集〉……110

い

いかにして…〈枕草子〉……118
生きての世…〈大鏡〉……122
いざ子ども…〈万葉集〉……126
磯の上に…〈万葉集〉……131
出でて往なば…〈伊勢〉……146

いとどしく…〈源氏〉…148
いにしへの奈良の都の…百人一首〈伊勢大輔〉…152
いにしへの倭文の苧環…〈伊勢〉…152
いにしへも…〈源氏〉…152
稲つけば…〈万葉集〉…153
命こそ…〈源氏〉…153
命の…〈古事記〉…154
磐代の…〈万葉集〉…154
石ばしる…〈万葉集〉…155
石見の海…〈万葉集〉…156
石見のや…〈万葉集〉…156
家ろには…〈万葉集〉…157
家にあれば…〈万葉集〉…166
今来むと…百人一首〈素性〉…168
今はただ…百人一首〈藤原道雅〉…170
今はとて…〈竹取〉…170
妹と来し…〈万葉集〉…172
妹として…〈万葉集〉…173
いろいろに…〈源氏〉…178
色見えで…〈古今集〉…179

う

憂かりける…百人一首〈源俊頼〉…183
鶯の…〈新古今集〉…185
うしとのみ…〈源氏〉…189
薄く濃き…〈新古今集〉…192
うすさ濃さ…〈枕草子〉…192
疑はし…〈拾遺集〉…193
うたた寝に…〈古今集〉…196
歌詠みは…〈狂歌才蔵集〉…197
宇治橋の…〈源氏〉…205
鶉鳴く…〈金葉集〉…212
采女の…〈万葉集〉…215
生まれしも…→生まれしも…
海ならず…〈新古今集〉…220
うらうらに…〈万葉集〉…222
恨みわび…百人一首〈相模〉…223
瓜食めば…〈万葉集〉…225

お

老いぬれば…〈古今集〉…238
沖つ島…〈万葉集〉…242
起きもせず…〈古今集〉…244
おくと見る…〈源氏〉…245
奥山に…百人一首〈猿丸大夫〉…245
憶良らは…〈万葉集〉…247
おしなべて…〈後撰集〉…253
音に聞く…百人一首〈祐子内親王家紀伊〉…262
同じ枝に…〈新千載集〉…264
生ひそめし…〈源氏〉…270
生ひ立たむ…〈源氏〉…270
大海の…〈金槐集〉…273
大江山…百人一首〈小式部内侍〉…274
おほかたの…〈源氏〉…275
おほけなく…百人一首〈慈円〉…276
大空に…〈後撰集〉…283
大空は…〈新古今集〉…283
大舟に…〈万葉集〉…286
面影に…〈新勅撰集〉…293
思ひあまり…〈新古今集〉…297
思ひいでて…〈古今集〉…297
思ひ出すとは…〈閑吟集〉…300
思ひつつ…〈古今集〉…300
思ひわび…百人一首〈道因〉…304

か

かきくらす…〈古今集〉…327
かきつめて…〈源氏〉…328
かきつらね…〈源氏〉…328
限りとて…〈源氏〉…329
かくとだに…百人一首〈藤原実方〉…333
香具山は…〈万葉集〉…334
影をのみ…〈源氏〉…339
かこつべき…〈源氏〉…340
かささぎの…百人一首〈大伴家持〉…341
春日野の飛ぶ火の野守…〈古今集〉…346
春日野の雪間を分けて…〈古今集〉…346
春日野の若紫の…〈新古今集〉…346
春日野は…〈古今集〉…346
霞立ち…〈古今集〉…347
風通ふ…〈新古今集〉…347
風そよぐ…百人一首〈藤原家隆〉…347
風吹けば沖つ白波…〈古今集〉…348
風吹けば落つるもみぢ葉…〈古今集〉…348
風わたる…〈新古今集〉…348
風をいたみ…百人一首〈源重之〉…348
桂川…〈土佐日記〉…362
鐘の音の…〈源氏〉…368
河上の…〈万葉集〉…370
鳥毛虫の…〈堤中納言〉…370
甲斐が嶺を…〈古今集〉…371
帰りける…〈万葉集〉…374
韓衣…〈古今集〉…384
唐衣…〈古今集〉…384
からをだに…〈源氏〉…386
狩り暮らし…〈古今集〉…387
薫る香に…〈千載集〉…392

き

来たれども…〈大和〉…414
昨日こそ…〈古今集〉…417
君があたり…〈万葉集〉…421
君が住む…〈大鏡〉…421
君がため春の野に出でて…百人一首〈光孝天皇〉…421
君がため惜しからざりし…百人一首〈藤原義孝〉…421
君が行き…〈万葉集〉…421
君が行く…〈万葉集〉…421
君来むと…〈新古今集〉…421
君ならで…〈古今集〉…421
君待つと…〈万葉集〉…421
君や来し…〈古今集〉…422
君をおきて…〈古今集〉…422
君をのみ…〈蜻蛉日記〉…422
きりぎりす…百人一首〈藤原良経〉…431
桐の葉も…〈新古今集〉…431

く
草枕…〈万葉集〉…438
百済野の…〈万葉集〉…442
雲の上は…〈十訓抄〉…455
雲の上も…〈源氏〉…455
暗きより…〈拾遺集〉…457
くらべこし…〈伊勢〉…458
暮れがたき…〈伊勢〉…461
暮れてゆく…〈新古今集〉…461
くれなゐの…〈源氏〉…461
黒髪の…〈後拾遺集〉…462

け
げにやげに…〈蜻蛉日記〉…485

こ
心あてに折らばや折らむ…百人一首〈凡河内躬恒〉…510
心あてにそれかとぞ見る…〈源氏〉…510
心あらむ…〈後拾遺集〉…510
心から…〈源氏〉…513
心なき…〈新古今集〉…516
心には…〈古今六帖〉…518
心にも…百人一首〈三条天皇〉…518
東風吹かば…〈拾遺集〉…534
来ぬ人を…百人一首〈藤原定家〉…546
このたびは…百人一首〈菅原道真〉…547
木の間より…〈古今集〉…547
この世にし…〈万葉集〉…548
この世をば…〈小右記〉…548
恋すてふ…百人一首〈壬生忠見〉…549
恋せじと…〈古今集〉…550
恋ひわびて…〈源氏〉…550
駒とめて…〈新古今集〉…553
籠もよ…〈万葉集〉…554
これやこの…百人一首〈蟬丸〉…559

さ
賢しみと…〈万葉集〉…572

防人に…〈万葉集〉…576
防人に…〈万葉集〉…576
桜田へ…〈万葉集〉…578
桜花散り交ひ曇れ…〈古今集〉…578
桜花散りぬる風の…〈古今集〉…578
楽浪の志賀の大わだ…〈万葉集〉…580
楽浪の志賀の唐崎…〈万葉集〉…580
さざなみや…〈千載集〉…580
ささの隈…〈古今集〉…580
笹の葉は…〈万葉集〉…580
五月待つ…〈古今集〉…591
さねさし…〈古事記〉…596
寂しさに宿を立ち出でて…百人一首〈良暹〉…598
寂しさにたへたる人の…〈新古今集〉…598
寂しさは…〈新古今集〉…598
さ夜更くる…〈後拾遺集〉…607

し
志賀の浦や…〈新古今集〉…628
鹿の音を…〈無名抄〉…628
死出の山…〈源氏〉…644
信濃道は…〈万葉集〉…646
忍ぶれど…百人一首〈平兼盛〉…650
潮の満つ…〈枕草子〉…654
霜氷…〈源氏〉…658
白雲に…〈古今集〉…673
白玉か…〈新古今集〉…674
白珠は…〈万葉集〉…674
白露に…百人一首〈文屋朝康〉…674
験なき…〈万葉集〉…677
銀も…〈万葉集〉…678
白妙の…〈新古今集〉…680

す
鈴虫の…〈源氏〉…700
すべもなく…〈万葉集〉…706
住の江の…百人一首〈藤原敏行〉…707
駿河なる…〈新古今集〉…710
末遠き…〈源氏〉…711

せ
瀬を早み…百人一首〈崇徳院〉…725

そ
袖ひちて…〈古今集〉…740
空さむみ…〈枕草子〉…746
空はなほ…〈新古今集〉…747

た
絶え間のみ…〈源氏〉…762
高砂の…百人一首〈大江匡房〉…763
滝の音は…百人一首〈藤原公任〉…766
田子の浦に…百人一首〈山部赤人〉…771
田子の浦ゆ…〈万葉集〉…772
橘の…〈新古今集〉…780
立ち別れ…百人一首〈在原行平〉…781
尋ねゆく…〈源氏〉…785
頼めしを…〈更級日記〉…791
旅にして…〈万葉集〉…794
旅人の袖吹きかへす…〈新古今集〉…794
旅人の宿りせむ野に…〈万葉集〉…794
旅人は…〈続古今集〉…794
多摩川に…〈万葉集〉…797
玉くしげ…〈後撰集〉…797
玉の緒よ…百人一首〈式子内親王〉…799
たまゆらの…〈新古今集〉…801
たよりあらば…〈拾遺集〉…807
たれこめて…〈古今集〉…810
たれをかも…百人一首〈藤原興風〉…811

ち
契りおきし…百人一首〈藤原基俊〉…816
契りきな…百人一首〈清原元輔〉…817
父母が…〈万葉集〉…818
ちはやぶる…百人一首〈在原業平〉…819
勅なれば…〈拾遺集〉…824
散ればこそ…〈伊勢〉…826

つ
月見れば…百人一首〈大江千里〉……836
月も出でで…〈更級日記〉……836
月やあらぬ…〈古今集〉……836
筑波嶺に…〈万葉集〉……838
筑波嶺の…百人一首〈陽成院〉……838
筒井つの…〈伊勢〉……846
津の国の…〈新古今集〉……847
つひにゆく…〈古今集〉……848
つめどなほ…〈枕草子〉……852

て
照る月を…〈大鏡〉……867
手をひてて…〈土佐日記〉……868

と
時知らぬ…〈新古今集〉……882
常世出でて…〈源氏〉……885
年たけて…〈新古今集〉……890
年月を…〈源氏〉……890
年のうちに…〈古今集〉……890
年経れば…〈古今集〉……890
年を経て…〈古今集〉……890
富人の…〈万葉集〉……898

な
長からむ…百人一首〈待賢門院堀河〉……911
なかなかに…〈万葉集〉……913
長らへば…百人一首〈藤原清輔〉……916
流れゆく…〈大鏡〉……916
泣く涙…〈古今集〉……918
嘆きつつ…百人一首〈藤原道綱の母〉……918
嘆きわび空に乱るる…〈源氏〉……919
なげきわび身をば捨つとも…〈源氏〉……919
嘆けとて…百人一首〈西行〉……919
鳴けや鳴け…〈後拾遺集〉……919
なごの海の…〈新古今集〉……920
名残なく…〈竹取〉……921
夏の野の…〈万葉集〉……925
夏の夜は…百人一首〈清原深養父〉……926
七重八重…〈後拾遺集〉……929
名にし負はば逢坂山の…百人一首〈藤原定方〉……931
名にし負はばいざ言問はむ…〈古今集〉……931
難波江の…百人一首〈皇嘉門院別当〉……933
難波潟…百人一首〈伊勢〉……933

に
熟田津に…〈万葉集〉……956
鳰の海や…〈新古今集〉……963

ぬ
ぬばたまの…〈万葉集〉……972
濡れ濡れも…〈金葉集〉……973

ね
願はくは…〈続古今集〉……974
ねは見ねど…〈源氏〉……976

の
のちにまた…〈源氏〉……984
野とならば…〈古今集〉……986
法の師と…〈源氏〉……989

は
箱根路を…〈金槐集〉……1000
はちす葉の…〈古今集〉……1007
初雁の…〈古今集〉……1010
初雁は…〈源氏〉……1010
初草の…〈源氏〉……1010
花誘ふあらしの庭の…百人一首〈藤原公経〉……1012
花さそふ比良の山風…〈新古今集〉……1012
花散らす…〈古今集〉……1013
花の色は…百人一首〈小野小町〉……1013
春霞かすみていにし…〈古今集〉……1025
春がすみ立つを見すてて…〈古今集〉……1025
春過ぎて夏来にけらし…百人一首〈持統天皇〉……1026
春過ぎて夏来るらし…〈万葉集〉……1026
春の園…〈万葉集〉……1026
春の野に霞たなびき…〈万葉集〉……1026
春の野にすみれ摘みにと…〈万葉集〉……1026
春の夜の夢ばかりなる…百人一首〈周防内侍〉……1027
春の夜の闇はあやなし…〈古今集〉……1027
春の夜の夢の浮き橋…〈新古今集〉……1027

ひ
ひきわかれ…〈源氏〉……1037
ひさかたの光のどけき…百人一首〈紀友則〉……1039
ひさかたの月に生ひたる…〈土佐日記〉……1039
ひさかたの月の桂も…〈古今集〉……1039
人知れぬ…〈古今集〉……1048
人住まぬ…〈新古今集〉……1048
ひととせに…〈古今集〉……1049
人に似ぬ…〈堤中納言〉……1049
人の親の…〈後撰集〉……1049
人はいさ…百人一首〈紀貫之〉……1050
人もなき…〈万葉集〉……1051
人も愛し…百人一首〈後鳥羽院〉……1051
東の…〈万葉集〉……1056

ふ
笛の音の…〈更級日記〉……1064
吹く風は…〈金槐集〉……1067
吹くからに…百人一首〈文屋康秀〉……1067
二つ文字…〈徒然草〉……1077
二人行けど…〈万葉集〉……1078
冬ながら…〈古今集〉……1084
振り放けて…〈万葉集〉……1085
ふるさとに…〈源氏〉……1088
古畑の…〈新古今集〉……1089

ほ
仏は常に…〈梁塵秘抄〉……1110
ほととぎす鳴きつる方を…百人一首〈藤原実定〉……1112
ほととぎすなくや五月の…〈古今集〉……1112
ほのぼのとあかしの浦の…〈古今集〉……1114
ほのぼのと春こそ空に…〈新古今集〉……1114

ま
ま草刈る…〈万葉集〉……1130
枕とて…〈伊勢〉……1135
まことにて…〈土佐日記〉……1135
籬のうちなる…〈古今著聞集〉……1141
またや見む…〈新古今集〉……1143
待つ宵に…〈新古今集〉……1145
窓近き…〈新古今集〉……1148
舞へ舞へ蝸虫…〈梁塵秘抄〉……1153

み
御垣守…百人一首〈大中臣能宣〉……1168
みかの原…百人一首〈藤原兼輔〉……1169
みさぶらひ…〈古今集〉……1171
見し人の…〈土佐日記〉……1171
見せばやな…百人一首〈殷富門院大輔〉……1172
陸奥の…百人一首〈源融〉……1176
陸奥は…〈古今集〉……1176
道のべに…〈新古今集〉……1176
みな人は…〈古今集〉……1180
宮城野の露吹き結ぶ…〈源氏〉……1185
宮城野のもとあらの小萩…〈古今集〉……1185
都には…〈千載集〉……1186
都へと…〈土佐日記〉……1186
都をば…〈後拾遺集〉……1186
み吉野の山の秋風…百人一首〈藤原雅経〉……1189
み吉野の象山のまの…〈万葉集〉……1189
み吉野の高嶺の桜…〈新古今集〉……1189
み吉野の山かき曇り…〈新古今集〉……1189
み吉野の山の白雪…〈古今集〉……1189
見る人も…〈古今集〉……1189
見るほどぞ…〈源氏〉……1189
見わたせば花も紅葉も…〈新古今集〉……1190
見わたせば柳桜を…〈古今集〉……1190
見わたせば山もとかすむ…〈新古今集〉……1191
三輪山を…〈万葉集〉……1191
身を変へて…〈源氏〉……1191

む
むかし思ふ…〈新古今集〉……1194
昔見し…〈徒然草〉……1194
武庫の浦の…〈万葉集〉……1198
むすぶ手の…〈古今集〉……1200
生まれしも…〈土佐日記〉……1207
紫の色こき時は…〈古今集〉……1208
紫のにほへる妹を…〈万葉集〉……1208
紫のひともとゆゑに…〈古今集〉……1208
村雨の…百人一首〈寂蓮〉……1208

め
めぐり逢ひて…百人一首〈紫式部〉……1213
目に近く…〈源氏〉……1219

も
もの思ふと…〈源氏〉……1235
もの思へば…〈後拾遺集〉……1235
もののふの八十宇治川の…〈万葉集〉……1240
もののふの八十娘子らが…〈万葉集〉……1240
黄葉の…〈万葉集〉……1243
ももしきや…百人一首〈順徳院〉……1244
ももづたふ…〈万葉集〉……1244
もろともに…百人一首〈行尊〉……1247

や
八雲立つ…〈古事記〉……1254
やすらはで…百人一首〈赤染衛門〉……1257
宿りして…〈古今集〉……1260
八重むぐら…百人一首〈恵慶〉……1263
山おろしに…〈源氏〉……1263
山川に…百人一首〈春道列樹〉……1264
山里は…百人一首〈源宗于〉……1264
山の端の…〈源氏〉……1266
山深み…〈新古今集〉……1266
山別れ…〈新古今集〉……1266
闇の夜の…〈万葉集〉……1267
ややもせば…〈源氏〉……1269

ゆ
行き暮れて…〈平家〉……1275
雪深み…〈源氏〉……1275
雪降れば…〈古今集〉……1276
雪間なき…〈源氏〉……1276
ゆく蛍…〈後撰集〉……1277
行く水に…〈古今集〉……1277
夕暮れは…〈古今集〉……1280
夕されば門田の稲葉…百人一首〈源経信〉……1280
夕されば野にも山にも…〈大鏡〉……1280
夕されば野辺の秋風…〈千載集〉……1280
夕されば物思ひまさる…〈万葉集〉……1280
夕されば小倉の山に…〈万葉集〉……1280
夕月夜…〈新古今集〉……1281
由良の門を…百人一首〈曾禰好忠〉……1284

よ
吉野なる…〈万葉集〉……1294
吉野山…〈新古今集〉……1294
寄する波…〈土佐日記〉……1294
世の中に思ひやれども…〈土佐日記〉……1300
世の中にさらぬ別れの…〈古今集〉……1300
世の中にたえて桜の…〈古今集〉……1300
世の中は常にもがもな…百人一首〈源実朝〉……1300
世の中は何か常なる…〈古今集〉……1300
世の中よ…百人一首〈藤原俊成〉……1300
世の中を…〈万葉集〉……1301
蓬生ひて…〈大和〉……1303
夜もすがら…百人一首〈俊恵〉……1303
寄りてこそ…〈源氏〉……1304
夜をこめて…百人一首〈清少納言〉……1308

わ
わが庵は…百人一首〈喜撰〉……1331
わが髪の…〈土佐日記〉……1331
わが心…〈古今集〉……1331
わが恋は…〈新古今集〉……1332
わが背子を…〈万葉集〉……1332

わが袖は…百人一首〈二条院讃岐〉……1332
我が園に…〈万葉集〉……1332
わが園の…〈万葉集〉……1332
わが妻は…〈万葉集〉……1333
わが妻も…〈万葉集〉……1333
若の浦に…〈万葉集〉……1333
わが舟は…〈万葉集〉……1333
わがやどの…〈万葉集〉……1334
わくらばに…〈古今集〉……1335
忘らるる…百人一首〈右近〉……1338
忘れ貝…〈土佐日記〉……1338
忘れじの…百人一首〈儀同三司の母〉……1338
忘れては…〈古今集〉……1338
わたつ海の…〈枕草子〉……1340
わたの原漕ぎ出でて見れば…百人一首〈藤原忠通〉……1340
わたの原八十島かけて…百人一首〈小野篁〉……1340
わびぬれば今はた同じ…百人一首〈元良親王〉……1344
わびぬれば身を浮き草の…〈古今集〉……1344
我こそは…〈増鏡〉……1348

を

荻の葉の…〈更級日記〉……1360
小倉山峰のもみぢ葉…百人一首〈藤原忠平〉……1361
小倉山あらしの風の…↓朝まだき…

俳句

あ

あかあかと…〈松尾芭蕉〉……35
秋風やむしりたがりし…〈小林一茶〉……40
秋風や藪も畠も…〈松尾芭蕉〉……40
秋涼し…〈松尾芭蕉〉……41
秋十とせ…〈松尾芭蕉〉……41
秋の日の…〈苗村千里〉……42
秋深き…〈松尾芭蕉〉……42
あけぼのや…〈松尾芭蕉〉……46
暑き日を…〈松尾芭蕉〉……64
仰のけに…〈小林一茶〉……80
蜑の屋は…〈松尾芭蕉〉……86
蜑の家や…〈宮地伍耳〉……86
荒海や…〈松尾芭蕉〉……93
あらたふと…〈松尾芭蕉〉……95
有り明けや…〈小林一茶〉……102
ありがたや…〈松尾芭蕉〉……103
蟻の道…〈小林一茶〉……105
悠然として…〈小林一茶〉……112
几巾…〈与謝蕪村〉……120
いざさらば…〈松尾芭蕉〉……126
医者へ行く…〈誹風柳多留〉……128
石山の…〈松尾芭蕉〉……129
命二つの…〈松尾芭蕉〉……154
岩端や…〈向井去来〉……155
うき我を…〈松尾芭蕉〉……184
うづくまる…〈内藤丈草〉……208
卯の花に…〈河合曾良〉……215
卯の花を…〈河合曾良〉……215
馬に寝て…〈松尾芭蕉〉……219
海くれて…〈松尾芭蕉〉……220
梅一輪…〈服部嵐雪〉……220
梅が香に…↓梅が香に…
愁ひつつ…〈与謝蕪村〉……227
応々と…〈向井去来〉……239
御手討ちの…〈与謝蕪村〉……259
大晦日…〈井原西鶴〉……287
おもしろうて…〈松尾芭蕉〉……293

か

陽炎や…〈与謝蕪村〉……339
笠島は…〈松尾芭蕉〉……341
かさねとは…〈河合曾良〉……341
語られぬ…〈松尾芭蕉〉……357
かれ枝に…〈松尾芭蕉〉……389
菊の香や…〈松尾芭蕉〉……403
象潟や雨に西施が…〈松尾芭蕉〉……411
象潟や料理なに食ふ…〈河合曾良〉……411
きつつきも…〈松尾芭蕉〉……415
きぬた打ちて…〈松尾芭蕉〉……416
狂句こがらしの…〈松尾芭蕉〉……423
行水の…〈上島鬼貫〉……423
霧しぐれ…〈松尾芭蕉〉……431
草の戸も…〈松尾芭蕉〉……438
草臥れて…〈松尾芭蕉〉……442
雲の峰…〈松尾芭蕉〉……455
今日よりや…〈松尾芭蕉〉……487
こがらしに…〈山本荷兮〉……503
こがらしの…〈向井去来〉……503
この木戸や…〈宝井其角〉……547
この道や…〈松尾芭蕉〉……548
御廟年経て…〈松尾芭蕉〉……551
これがまあ…〈小林一茶〉……559

さ

さしぬきを…〈与謝蕪村〉……584
五月雨の…〈松尾芭蕉〉……602
さみだれや…〈与謝蕪村〉……602
五月雨を…〈松尾芭蕉〉……602
猿を聞く人…〈松尾芭蕉〉……618
さればここに…〈西山宗因〉……618
叱られて…〈各務支考〉……629
閑かさや…〈松尾芭蕉〉……641
死にもせぬ…〈松尾芭蕉〉……647
しばらくは…〈松尾芭蕉〉……651
汐越や…〈松尾芭蕉〉……653
塩鯛の…〈松尾芭蕉〉……653

しほらしき…→しをらしき…
下京や…〈野沢凡兆〉……658
しら梅に…〈与謝蕪村〉……673
白露や…〈与謝蕪村〉……674
しをらしき…〈松尾芭蕉〉……680
涼風の…〈小林一茶〉……698
涼しさや…〈松尾芭蕉〉……699
ずぶ濡れの…→づぶ濡れの…
蕭条として…〈与謝蕪村〉……716
剃り捨てて…〈河合曾良〉……747

た

大根引き…〈小林一茶〉……752
田一枚…〈松尾芭蕉〉……754
滝口に…〈与謝蕪村〉……766
蛸壺や…〈松尾芭蕉〉……771
旅に病んで…〈松尾芭蕉〉……794
旅人と…〈松尾芭蕉〉……794
塚も動け…〈松尾芭蕉〉……833
月清し…〈松尾芭蕉〉……834
月天心…〈与謝蕪村〉……835
月や霰…〈上田秋成〉……836
月を柄に…〈山崎宗鑑〉……836
づぶ濡れの…〈小林一茶〉……849
露とくとく…〈松尾芭蕉〉……854
手にとらば消えん…〈松尾芭蕉〉……865
鳥羽殿へ…〈与謝蕪村〉……895
ともかくも…〈小林一茶〉……900

な

夏草や…〈松尾芭蕉〉……925
夏山に…〈松尾芭蕉〉……927
菜の花や…〈与謝蕪村〉……933
波こえぬ…〈河合曾良〉……941
波の間や…〈松尾芭蕉〉……941
奈良七重…〈松尾芭蕉〉……945
庭掃いて…〈松尾芭蕉〉……962
野ざらしを…〈松尾芭蕉〉……983
蚤虱…〈松尾芭蕉〉……988
野を横に…〈松尾芭蕉〉……990

は

芭蕉野分して…〈松尾芭蕉〉……1004
初しぐれ…〈松尾芭蕉〉……1010
花守や…〈向井去来〉……1014
花よりも…〈松永貞徳〉……1014
蛤の…〈松尾芭蕉〉……1017
はるさめや暮れなんとして…〈与謝蕪村〉……1026
春雨や小磯の小貝…〈与謝蕪村〉……1026
春なれや…〈松尾芭蕉〉……1026
春の海…〈与謝蕪村〉……1026
ひうひうと…〈上島鬼貫〉……1030
一つ家に…〈松尾芭蕉〉……1049
病雁の…〈松尾芭蕉〉……1056
風流の…〈松尾芭蕉〉……1064
深川や…〈苗村千里〉……1065
武士町や…〈小林一茶〉……1071
文月や…〈松尾芭蕉〉……1083
冬木立…〈高井几董〉……1084
古池や…〈松尾芭蕉〉……1088
牡丹散りて…〈与謝蕪村〉……1110
ほととぎす大竹薮を…〈松尾芭蕉〉……1112
ほととぎす平安城を…〈与謝蕪村〉……1112
ほろほろと…〈松尾芭蕉〉……1117

ま

松島や…〈河合曾良〉……1145
まゆはきを…〈松尾芭蕉〉……1158
道のべの…〈松尾芭蕉〉……1176
麦秋や…〈小林一茶〉……1195
むざんやな…〈松尾芭蕉〉……1198
梅が香に…〈松尾芭蕉〉……1207
目出度さも…〈小林一茶〉……1217
目には青葉…〈山口素堂〉……1219

や

やせ蛙…〈小林一茶〉……1257
山路来て…〈松尾芭蕉〉……1265
山中や…〈松尾芭蕉〉……1265
病む雁の…→病雁の…
雪とけて…〈小林一茶〉……1275
行き行きて…〈河合曾良〉……1276
ゆく春やおもたき琵琶の…〈与謝蕪村〉……1277
行く春や鳥啼き魚の…〈松尾芭蕉〉……1277
行く春を…〈松尾芭蕉〉……1277
義朝の…〈松尾芭蕉〉……1293
終宵…〈河合曾良〉……1303

わ

若葉して…〈松尾芭蕉〉……1333
わせの香や…〈松尾芭蕉〉……1338
越後屋に…〈宝井其角〉……1354
斧入れて…〈与謝蕪村〉……1365

ベネッセ全訳古語辞典 改訂版

一九九六年十一月　初版発行
二〇〇七年十一月　改訂版発行
二〇一七年五月　改訂版第十三刷発行

編者――中村幸弘
発行人――山﨑昌樹
発行所――株式会社　ベネッセコーポレーション
〒二〇六―八六八六　東京都多摩市落合一―三四
電話（〇四二）三五六―一一〇〇
印刷・製本――大日本印刷株式会社

表紙には非フタル酸系ポリ塩化ビニルを使用しています。

落丁・乱丁はお取り替えいたします。
ISBN978-4-8288-0473-6 C7581
NDC813 1408pp. 18.2×13.0㎝
Printed in Japan

コラム索引

▼コラムの通し番号とタイトル、ページ数、最も関連の深い見出し語の順に記載した。
▼原則として、各コラムは、最も関連の深い見出し語と同一見開き内、あるいはその前後の見開きに掲載している。
▼コラムを掲載している見開きには、右ページ右下角に、コラムツメを付けた。コラムの種別は、ここで示したアイコンによって表示している。

読解の手引き

1 ラ変動詞「あり」の暗躍……98・あり【有り】
2 会話文・心内文の見分け……318・会話文
3 疑問文の構造と作り方……324・係り結び
4 訳に注意すべき係り結び……325・係り結び
5 掛詞の重要な二つの形式……336・掛詞
6 和歌の句切れ……436・句切れ
7 動作主を特定する方法……470・敬語
8 「さるべき」が担う内容……616・さるべき【然るべき】
9 指示語は情報の宝庫……634・指示語
10 名詞のように働く連体形……668・準体法
11 条件法を解き明かす……669・条件法
12 和歌に序詞を入れると…672・序詞(じょし)
13 挿入句のループをたぐる……732・挿入句
14 対偶中止と対偶否定……750・対偶中止法
15 呼応する「だに」と「まして」……790・だに
16 「たまふ」は尊敬か謙譲か……804・たまふ【賜ふ】
17 古語ならではの同格……876・同格
18 二方向への敬語とは？……962・二方向に対する敬語
19 反語はNOを要求する……1028・反語
20 反実仮想が表す内容……1029・反実仮想の助動詞
21 補助動詞―動詞のもう一つの顔……1108・補助動詞

まとめて覚えよう古語チャート

全50項目のラインナップ！

1 一日の時間帯を表すことば……47・あけぼの【曙】
2 「あだ」と「まめ」の対応……61・あだなり【徒なり】
3 身分と品位を表すことば……67・あてなり【貴なり】
4 品詞が異なる反対語……103・あり【有り】
5 「生く」の三つの活用型……123・いく【生く】
6 嫌がる気持ちを表す動詞……215・うとむ【疎む】
7 「いらっしゃる」という意味の尊敬語……273・おはす【御座す】
8 上代の助動詞「ゆ」が含まれる動詞……291・おぼゆ【覚ゆ】
9 サ・ラ行で自・他が対応する動詞……375・かへす【返す】
10 名詞も活用するの？（「木」の変化形）……397・き【木】
11 接尾語「げなり」が下に付く単語……427・きよげなり【清げなり】
12 容姿の美しさを表すことば……429・きよらなり【清らなり】
13 〈食べる〉意味を表すことば……453・くふ【食ふ】
14 「暮る」「明く」と「黒」「赤」との対応……459・くる【暮る】
15 天皇の「妻」を表すことば……463・くゎうごう【皇后】
16 「こと」の二つの意味……535・こと【言】
17 形容詞にも形容動詞にもなる語幹……605・さやけし【清けし】
18 「死ぬ」意味を表すことば……647・しぬ【死ぬ】
19 量の多少を表すことば……737・そこばく【若干】
20 季節の推移を表す動詞……767・たく【長く】
21 気象に関係する三つの動詞……783・たつ【立つ】
22 「与える」意味を表す敬語……789・たてまつる【奉る】
23 畳語タイプのシク活用形容詞の成り立ち……835・つきづきし
24 「築地(ついぢ)」「築垣(ついがき)」の成り立ち……839・つく【築く】
25 「て」と「た」は同じことば（「手」の変化形）……861・て【手】
26 皇位を表すことば……873・てんわう【天皇】
27 「訪問する」意味を表すことば……895・とふ【問ふ】
28 「な（名）」の二つの意味……911・な【名】
29 形容詞「なし」と接尾語「なし」……923・なし【無し】
30 接尾語「なふ」の働き……935・なふ
31 「眠る」意味を表すことば……971・ぬ【寝】
32 立腹・後悔を表すことば……977・ねたし【妬し】
33 格助詞「の」の働き……983・の
34 「のる（告る）」から生まれたことば……989・のる【告る】
35 「はか」〈計・果〉から生まれたことば……995・はか【計】
36 親族内の男女関係を表すことば……1057・ひめ【姫】
37 起居や歩行の動作を表すことば……1075・ふす【伏す】
38 火という意味を表す「ほ」のつくことば……1105・ほかげ【火影】
39 参上・退出を意味する動詞……1129・まかる【罷る】
40 接頭語「み（御）」の働き……1167・み
41 上代の格助詞「つ」「な」「だ」の働き……1179・みづから【自ら】
42 「見る」意味を表すことば……1191・みる【見る】
43 「め」と「ま」は同じことば（「目」の変化形）……1211・め【目】
44 賞賛と嫌悪を表すことば……1215・めづ【愛づ】
45 動詞から形容詞へ変化したことば……1275・ゆかし
46 「寄る」「寄す」から生まれたことば……1305・よる【寄る】
47 漢語から生まれたことば……1309・らうがはし【乱がはし】
48 「いたし」が付いてできた形容詞……1313・らうたし【労たし】
49 頻度を表すことば……1327・連用修飾語
50 男・女の老若をいうことば……1357・を【牡】